Kniffka/Jurgeleit
Bauvertragsrecht

Bauvertragsrecht

Kommentar

zu den Grundzügen des gesetzlichen Bauvertragsrechts (§§ 631–650v BGB)
unter besonderer Berücksichtigung der Rechtsprechung des Bundesgerichtshofs

Begründet von
Prof. Dr. Rolf Kniffka
Vorsitzender Richter am BGH a.D.

Herausgegeben und bearbeitet von
Prof. Dr. Andreas Jurgeleit
Richter am BGH

Mitbearbeitet von

Dr. Stefan Bruinier
Rechtsanwalt und Fachanwalt
für Bau- und Architektenrecht

Thomas Manteufel
Vorsitzender Richter
am OLG Köln, Bonn

Dr. Florian Krause-Allenstein
Rechtsanwalt und Fachanwalt
für Bau- und Architektenrecht

Björn Retzlaff
Vorsitzender Richter
am Kammergericht

Dr. Hans-Egon Pause
Rechtsanwalt und Fachanwalt
für Bau- und Architektenrecht

Dr. Claus Schmitz
Rechtsanwalt und Fachanwalt
für Bau- und Architektenrecht

Dr. Claus von Rintelen
Rechtsanwalt und Fachanwalt
für Bau- und Architektenrecht

Dr. Achim Olrik Vogel
Rechtsanwalt und Fachanwalt
für Bau- und Architektenrecht

Anna Stretz
maître en droit, Rechtsanwältin,
Fachanwältin für Bau- und
Architektenrecht, Fachanwältin
für Miet- und WEG-Recht

Dr. Alexander Zahn
Rechtsanwalt und Fachanwalt für
Bau- und Architektenrecht

4. Auflage 2022

Zitiervorschlag: Kniffka/Jurgeleit Bauvertragsrecht § ... Rn. ...

www.beck.de

ISBN 978 3 406 79362 2

© 2022 Verlag C.H.Beck oHG
Wilhelmstraße 9, 80801 München

Druck: Beltz Grafische Betriebe GmbH
Am Fliegerhorst 8, 99947 Bad Langensalza

Satz: Fotosatz H. Buck,
Zweikirchener Str. 7, 84036 Kumhausen
Umschlaggestaltung: Druckerei C.H.Beck, Nördlingen

Gedruckt auf säurefreiem, alterungsbeständigem Papier
(hergestellt aus chlorfrei gebleichtem Zellstoff)

Bearbeiterverzeichnis

Dr. Stefan Bruinier
§§ 649, 650

Prof. Dr. Andreas Jurgeleit
Einführung vor § 631, §§ 633, 634a, 650a

Dr. Florian Krause-Allenstein
§§ 634, 635–639

Thomas Manteufel
§ 650d

Dr. Hans-Egon Pause
§§ 640, 641, 644–646, 650g, 650u, 650v

Björn Retzlaff
§§ 642–643

Dr. Claus von Rintelen
§§ 631–632a, 650b–650c

Dr. Claus Schmitz
§§ 647–648a, 650e–650f, 650h

Anna Stretz
§§ 650i–650o

Dr. Achim Olrik Vogel
§§ 640, 641, 644–646, 650g, 650u, 650v

Dr. Alexander Zahn
§§ 650p–650t

Vorwort zur 4. Auflage

Die nunmehr vorliegende Neuauflage stellt personell eine Zäsur dar. Der Begründer dieses Werks und bisherige Herausgeber und Kommentator, Vorsitzender Richter am BGH a. D. Prof. Dr. Rolf Kniffka, der bedeutendste Baurechtler der letzten Jahrzehnte, hat die Kapitänsbinde weitergegeben. Ebenso hat sich Vorsitzender Richter am OLG Hamm a. D. Günter Jansen, allseits hoch geschätztes Urgestein des Baurechts und Kommentator der ersten Stunde, aus Altergründen zurückgezogen. Beiden gilt unser herzlichster Dank!

Seit der letzten Auflage ist das Bauvertragsrecht insbesondere durch die Rechtsprechung des BGH kontinuierlich weiterentwickelt worden. Herauszuheben sind die Entscheidungen zum Vergütungs- und Entschädigungsrechts sowie der Bemessung des Schadensersatzes. Der Gerichtshof der Europäischen Union hat sich mehrfach zu den Mindest- und Höchstsätzen in den bisherigen Fassungen der HOAI geäußert. Als Folge davon hat der Verordnungsgeber eine neue HOAI geschaffen. Im Bauträgerrecht gilt es, beurkundungsrechtliche Probleme zu lösen und die Frage zu klären, wer nach der Reform des WEG befugt ist, Mängelrechte am Gemeinschaftseigentum geltend zu machen. Diese Stichworte zeigen exemplarisch den großen Bedarf für eine Neuauflage.

Als neue Kommentatoren konnten mit Rechtsanwalt Dr. Stefan Brunier, Vorsitzenden Richter am OLG Köln Thomas Manteufel und Rechtsanwältin Anna Stretz hochrangige Baurechtsexperten gewonnen werden.

Bochum, im Mai 2022
Andreas Jurgeleit

Vorwort zur 3. Auflage

Das Gesetz zur Reform des Bauvertragsrechts, zur Änderung der kaufrechtlichen Haftung und zur Stärkung des zivilprozessualen Rechtsschutzes vom 28. April 2017 ist ein Meilenstein in der Entwicklung des privaten Bauvertragsrechts. Es gilt für alle Verträge, die ab dem 1.1.2018 geschlossen worden sind oder werden. Dieses Gesetz schafft erstmals auf die verschiedenen Vertragstypen des Bauvertragsrechts zugeschnittene Regelungen. In Ergänzung zum allgemeinen Werkvertrag werden der Bauvertrag, der Verbraucherbauvertrag, der Architekten- und Ingenieurvertrag und der Bauträgervertrag nun definiert und in unterschiedlicher Intensität geregelt. Das neue Gesetz enthält naturgemäß eine Vielzahl von Interpretationsspielräumen und leider auch Unklarheiten insbesondere dort, wo nicht nur die durch die Rechtsprechung geschaffene Rechtslage kodifiziert worden ist, sondern neues Recht gestaltet wird. Die vorliegende Kommentierung beschäftigt sich eingehend mit der neuen Rechtslage und versucht zu den zahlreichen offenen Rechtsfragen praxistaugliche Lösungen zu entwickeln. Sie folgt dem bewährten Aufbau des Kommentars, wirft also im Rahmen der Gesetzes-Kommentierung immer auch einen Blick auf die dem neuen Gesetz nicht angepassten und deshalb teilweise problematischen Regelungen der VOB/B. Die bisherigen Erläuterungen zum Architekten-und Ingenieurvertrag sowie zum Bauträgervertrag im Rahmen des allgemeinen Werkvertragsrechts sind in größerer Tiefe in die Kommentierung der jeweiligen neuen gesetzlichen Vertragstypen integriert worden.

Das neue Bauvertragsrecht wird umfassend von Autoren kommentiert, die die Reform im Deutschen Baugerichtstag aktiv begleitet haben. Das Autorenteam ist erweitert worden durch Herrn Vorsitzenden Richter am Kammergericht Björn Retzlaff und Rechtsanwalt Dr. Alexander Zahn.

Vorwort

Erste Stellungnahmen zu dem neuen Gesetz wurden nach dem Stand 31. Januar 2018 eingearbeitet. Die aktuelle Rechtsprechung ist ebenfalls bis zu diesem Stichtag berücksichtigt.

Hamm, im Januar 2018
Rolf Kniffka

Vorwort des Herausgebers aus der ersten Auflage

Dieser Kommentar zum Bauvertragsrecht behandelt im Schwerpunkt das Recht des Bauvertrages, also des Vertrages zwischen dem Besteller eines Bauwerks bzw. einer baulichen Anlage und dem Unternehmer. Ein Bauvorhaben beschränkt sich allerdings nicht auf die Beauftragung von Bauunternehmern. Deshalb befasst sich der Kommentar auch mit den Besonderheiten der Verträge, die mit den sonstigen Baubeteiligten geschlossen werden, wie z. B. den Architekten und Ingenieuren oder Projektsteuerern. Behandelt werden auch besondere Bauformen, wie der Bauträgervertrag oder der Baubetreuungsvertrag. Auf Besonderheiten, die sich bei Anwendung der Allgemeinen Vertragsbedingungen für die Ausführung von Bauleistungen (VOB/B) ergeben können, wird hingewiesen.

Der Kommentar wird geleitet durch die höchstrichterliche Rechtsprechung des Bundesgerichtshofs zum Bauvertragsrecht. Diese Anknüpfung soll dem Rechtsuchenden die Orientierung in einem Rechtsgebiet erleichtern, das nur in Grundzügen vom Gesetz bestimmt wird. Im Hinblick darauf, dass das private Baurecht im Gesetz nicht eigenständig geregelt ist und das Werkvertragsrecht die rechtlichen Besonderheiten des privaten Baurechts nur unvollständig abbildet, war und ist die Rechtsprechung aufgerufen, eine diesen Besonderheiten Rechnung tragende Struktur zu entwickeln. Dazu hat der Bundesgerichtshof über viele Jahrzehnte Leitlinie entworfen, deren Kenntnis und Verständnis unabdingbar ist.

Der Kommentar befasst sich mit den Grundzügen des Bauvertragsrechts. Sein Schwerpunkt liegt auf dem Versuch, die praktischen Probleme einer rechtlichen Auseinandersetzung im privaten Baurecht zu erfassen. Selbstverständlichkeiten werden vorausgesetzt; wissenschaftliche Überhöhung wird vermieden. Das bedeutet allerdings nicht, dass im Einzelfall keine vertiefte Auseinandersetzung mit widerstreitenden Meinungen stattfindet. Diese ist insbesondere dann notwendig, wenn eine gefestigte Rechtsprechung noch nicht festzustellen ist oder diese in Frage gestellt werden muss.

Eine Besonderheit dieses Kommentars besteht darin, dass er parallel auch online veröffentlich ist (www.ibr-online.de). Der Online-Bereich ist gleichsam die Werkstatt dieses Buch-Kommentars. Dort wurde er entwickelt, ständig aktualisiert und überarbeitet. Mit dem Buch-Kommentar liegt nunmehr eine zitierfähige Fassung vor. In der Datenbank ibr-online wird der Kommentar jedoch laufend aktualisiert und fortentwickelt. Der Leser des Buchs hat die zitierfähige Fassung in den Händen, dem Nutzer von ibr-online wird gleichzeitig eine Aktualität geboten, die das Medium Buch alleine nicht leisten kann. Darüber hinaus ist die online-Fassung mit allen zitierten Entscheidungen verlinkt. Aber auch die Buch-Fassung verfügt über eine Vernetzungsfunktion. In der Zitat-Übersicht finden Sie alle zitierten Entscheidungen, nach Gerichten, Datum und Aktenzeichen sortiert, mit einschlägigen Fundstellen sowie mit Hinweis auf die Ausgangsstelle, in der sich das Zitat befindet.

Karlsruhe, im November 2011
Prof. Dr. Rolf Kniffka

Inhaltsübersicht

Einführung vor § 631 BGB *(Jurgeleit)*		1
§ 631 BGB	Vertragstypische Pflichten beim Werkvertrag *(von Rintelen)*	35
§ 632 BGB	Vergütung *(von Rintelen)*	224
§ 632a BGB	Abschlagszahlungen *(von Rintelen)*	240
§ 633 BGB	Sach- und Rechtsmangel *(Jurgeleit)*	271
§ 634 BGB	Rechte des Bestellers bei Mängeln *(Krause-Allenstein)*	307
§ 634a BGB	Verjährung der Mängelansprüche *(Jurgeleit)*	353
§ 635 BGB	Nacherfüllung *(Krause-Allenstein)*	444
§ 636 BGB	Besondere Bestimmungen für Rücktritt und Schadensersatz *(Krause-Allenstein)*	463
§ 637 BGB	Selbstvornahme *(Krause-Allenstein)*	496
§ 638 BGB	Minderung *(Krause-Allenstein)*	521
§ 639 BGB	Haftungsausschluss *(Krause-Allenstein)*	526
§ 640 BGB	Abnahme *(Pause/Vogel)*	537
§ 641 BGB	Fälligkeit der Vergütung *(Pause/Vogel)*	566
§ 642 BGB	Mitwirkung des Bestellers *(Retzlaff)*	600
§ 643 BGB	Kündigung bei unterlassener Mitwirkung *(Retzlaff)*	638
§ 644 BGB	Gefahrtragung *(Pause/Vogel)*	644
§ 645 BGB	Verantwortlichkeit des Bestellers *(Pause/Vogel)*	651
§ 646 BGB	Vollendung statt Abnahme *(Pause/Vogel)*	657
§ 647 BGB	Unternehmerpfandrecht *(Schmitz)*	658
§ 647a BGB	Sicherungshypothek des Inhabers einer Schiffswerft *(Schmitz)*	660
§ 648 BGB	Kündigungsrecht des Bestellers *(Schmitz)*	661
§ 648a BGB	Kündigung aus wichtigem Grund *(Schmitz)*	691
§ 649 BGB	Kostenanschlag *(Bruinier)*	712
§ 650 BGB	Anwendung des Kaufrechts *(Bruinier)*	728
§ 650a BGB	Bauvertrag *(Jurgeleit)*	751
§ 650b BGB	Änderung des Vertrages; Anordnungsrecht des Bestellers *(von Rintelen)*	762
§ 650c BGB	Vergütungsanpassung bei Anordnungen nach § 650b Absatz 2 *(von Rintelen)*	827
§ 650d BGB	Einstweilige Verfügung *(Manteufel)*	877
§ 650e BGB	Sicherungshypothek des Bauunternehmers *(Schmitz)*	891
§ 650f BGB	Bauhandwerkersicherung *(Schmitz)*	902
§ 650g BGB	Zustandsfeststellung bei Verweigerung der Abnahme, Schlussrechnung *(Pause/Vogel)*	951
§ 650h BGB	Schriftform der Kündigung *(Schmitz)*	969
§ 650i BGB	Verbraucherbauvertrag *(Stretz)*	971
§ 650j BGB	Baubeschreibung *(Stretz)*	977

Inhaltsübersicht

§ 650k BGB	Inhalt des Vertrages *(Stretz)*	986
§ 650l BGB	Widerrufsrecht *(Stretz)*	990
§ 650m BGB	Abschlagszahlungen; Absicherung des Vergütungsanspruchs *(Stretz)*	997
§ 650n BGB	Erstellung und Herausgabe von Unterlagen *(Stretz)*	1002
§ 650o BGB	Abweichende Vereinbarungen *(Stretz)*	1008
§ 650p BGB	Vertragstypische Pflichten aus Architekten- und Ingenieurverträgen *(Zahn)*	1008
§ 650q BGB	Anwendbare Vorschriften *(Zahn)*	1083
§ 650r BGB	Sonderkündigungsrecht *(Zahn)*	1110
§ 650s BGB	Teilabnahme *(Zahn)*	1120
§ 650t BGB	Gesamtschuldnerische Haftung mit dem bauausführenden Unternehmer *(Zahn)*	1140
§ 650u BGB	Bauträgervertrag; anwendbare Vorschriften *(Pause/Vogel)*	1162
§ 650v BGB	Abschlagszahlungen *(Pause/Vogel)*	1229
Zitatübersicht		1245
Stichwortverzeichnis		1405

Literaturverzeichnis

Zitierweise:	Literatur
Althaus/Heindl-Bearbeiter	Der öffentliche Bauauftrag, 2. Aufl. 2013 (hrsgg. von Althaus/Heindl)
Beck'scher HOAI- und Architektenrechts-Kommentar/*Bearbeiter*	Beck'scher HOAI- und Architektenrechts-Kommentar, 2016 (hrsgg. von Fuchs/Berger/Seifert)
Beck'scher VOB-Kommentar/*Bearbeiter*, VOB/A	Beck'scher VOB- und Vergaberechtskommentar, Teil A, 2. Aufl. 2009 (hrsgg. von Motzke/Pietzcker/Prieß)
Beck'scher VOB-Kommentar/*Bearbeiter*, VOB/B	Beck'scher VOB- und Vergaberechts-Kommentar, Teil B, 3. Aufl. 2013 (hrsgg. von Ganten/Jansen/Voit)
Englert/Grauvogl/Maurer-Bearbeiter Handbuch des Tiefbaurechts	Handbuch des Baugrund- und Tiefbaurechts 5. Aufl. 2016 (hrsgg. von Englert/Grauvogl/Maurer)
Erman/Bearbeiter, BGB	Erman, Handkommentar zum BGB, 16. Aufl. 2020
Heiermann/Riedl/Rusam-Bearbeiter	Handkommentar zur VOB, 14. Aufl. 2017
Ingenstau/Korbion-Bearbeiter, VOB	Ingenstau/Korbion, VOB, Teile A und B, Kommentar, 20. Aufl. 2017 (hrsgg. von Leupertz/v. Wietersheim)
Kapellmann/Messerschmidt-Bearbeiter, VOB	Kapellmann/Messerschmidt, VOB Teile A und B, 6. Aufl. 2018
Kapellmann/Schiffers	Kapellmann/Schiffers, Vergütung, Nachträge und Behinderungsfolgen beim Bauvertrag, Band 1 – Einheitspreisvertrag, 7. Aufl. 20171; Band 2 – Pauschalvertrag einschließlich Schlüsselfertigbau, 6. Aufl. 2017
Kleine-Möller/Merl-Bearbeiter	Kleine-Möller/Merl/Glöckner, Handbuch des privaten Baurechts, 5. Aufl. 2014
Kniffka/Koeble/Jurgeleit/Sacher	Kniffka/Koeble/Jurgeleit/Sacher, Kompendium des Baurechts, 5. Aufl. 2020
Korbion/Mantscheff/Vygen-Bearbeiter, HOAI	Korbion/Mantscheff/Vygen, HOAI, 9. Aufl. 2017
Leinemann-Bearbeiter, VOB/B	Leinemann, VOB/B Kommentar, 6. Aufl. 2016
Locher/Koeble/Frik, HOAI	Locher/Koeble/Frik, Kommentar zur HOAI, 15. Aufl. 2021
Löffelmann/Fleischmann	Architektenrecht, 7. Aufl. 2017 (hrsgg. von Löffelmann)
MünchKomm/*Bearbeiter*, BGB	Münchner Kommentar zum Bürgerlichen Gesetzbuch, Band 1/Teilband 1: Allgemeiner Teil, 9. Aufl. 2021; Band 2: Schuldrecht Allgemeiner Teil, 8. Aufl. 2020; Band 3: Schuldrecht Besonderer Teil, 8. Aufl. 2019
Palandt/*Bearbeiter*, BGB	Palandt, Bürgerliches Gesetzbuch, Kommentar, 80. Aufl. 2021
Pause	Pause, Bauträgerkauf und Baumodelle, 6. Aufl. 2018
PWW-*Bearbeiter*, BGB	Prütting/Wegen/Weinreich, BGB, Kommentar, 16. Aufl. 2021
Staudinger/*Bearbeiter*, BGB	Staudinger, Kommentar zum Bürgerlichen Gesetzbuch mit Einführungsgesetz und Nebengesetzen, 1993 ff.
Vygen/Joussen/Lang/Rasch	Vygen/Joussen/Lang/Rasch, Bauverzögerung und Leistungsänderung, 8. Aufl. 2021
Vygen/Joussen	Vygen/Joussen, Bauvertragsrecht nach VOB und BGB, Handbuch des privaten Baurechts, 6. Aufl. 2017
Werner/Pastor	Werner/Pastor, Der Bauprozess, 17. Aufl. 2020

Einführung vor § 631 BGB

Übersicht

	Seite
A. Die Reform des Bauvertragsrechts	1
B. Die Entwicklung des Bauvertragsrechts bis zum BauVG	2
I. Die Vernachlässigung des Herstellungsprozesses	2
II. VOB/B und gesetzgeberische Maßnahmen bis zum BauVG	2
C. Das Gesetz zur Reform des Bauvertragsrechts	4
I. Die Entwicklung des Gesetzes	4
II. Gesetzeszweck	4
III. Systematik und Überblick	5
1. Werkvertrag	5
2. Werklieferungsvertrag	6
3. Bauvertrag	6
4. Verbraucherbauvertrag	7
5. Bauträgervertrag	8
6. Zusammenfassung	8
7. Architekten- und Ingenieurvertrag	8
IV. Würdigung	8
V. Vertragsgestaltungsbedarf	10
D. Die Bedeutung der VOB/B im Bauvertrag	10
I. Rechtsnatur der VOB/B	11
II. Anwendung des AGB-Rechts	12
1. Einbeziehung der VOB/B in den Vertrag	12
2. Anwendung des § 305b und § 305c BGB	13
3. Inhaltskontrolle der VOB/B	14
a) Auswirkung der Inhaltskontrolle	15
b) Inhaltskontrolle der §§ 1 und 2 VOB/B in Verträgen ab dem 1.1.2018	16
c) Inhaltskontrolle im Verbrauchervertrag	16
d) Beschränkung der Inhaltskontrolle	17
E. Einordnung anderer Verträge als Werkvertrag	21
I. Architekten- und Ingenieurvertrag	21
II. Vertrag über Bodenuntersuchungen	21
III. Projektsteuerungsvertrag	21
IV. Baubetreuungsvertrag	23
V. Bauträgervertrag	23
VI. Abgrenzung zu Baulieferungsverträgen	23
VII. Weitere Einzelfälle	25
1. Abbrucharbeiten	25
2. Gerüstarbeiten	25
3. Gutachten	25
4. Wartungsarbeiten	26
VIII. Arbeitnehmerüberlassung	26
IX. Baugeräteüberlassung	27
X. Auskunfts- und Beratungsvertrag	28
1. Auskunft über eine Mängelhaftung begründende Eigenschaften des Werkes	28
2. Auskunft über sonstige Eigenschaften	29
3. Beratung ohne Zusammenhang mit einem Werkvertrag	32
XI. Gefälligkeitsverhältnis	33

A. Die Reform des Bauvertragsrechts

1 Durch das Gesetz zur Reform des Bauvertragsrechts, zur Änderung der kaufrechtlichen Mängelhaftung, zur Stärkung des zivilprozessualen Rechtsschutzes und zum maschinellen Siegel im Grundbuch- und Schiffsregisterverfahren (hier abgekürzt mit BauVG) ist das Bauvertragsrecht in der Bundesrepublik Deutschland erstmals gesetzlich strukturiert worden. Es ist am 1.1.2018 in Kraft getreten, und gilt für alle Verträge, die nach dem 31.12.2017 geschlossen werden, Art. 229 § 39 EGBGB.

2 Das Gesetz sieht den Vertrag über bauliche Maßnahmen unverändert als Werkvertrag. Es ändert einige der für das Bauen wichtige Regelungen des Werkvertragsrechts ab. Aufbauend auf dem erneuerten Werkvertragsrecht entwickelt es zwei verschiedene Vertragstypen für das Bauen, für die es besondere Regelungen vorsieht: den Bauvertrag, § 650a BGB, und den Verbraucherbauvertrag, § 650i BGB. Außerdem sieht es Sonderregelungen für den Architekten- und Ingenieurvertrag, §§ 650p ff. BGB, sowie für den Bauträgervertrag, §§ 650u f. BGB, vor. Diese Vertragstypen bezeichnet das Gesetz als „werkvertragsähnlich". Das neue Gesetz wird mit dieser Neuauflage des Kommentars kommentiert. Wegen der Kommentierung der Rechtslage für Verträge, die bis zum 31.12.2017 geschlossen werden, wird auf die 2. Auflage des Bauvertragsrechts verwiesen.

B. Die Entwicklung des Bauvertragsrechts bis zum BauVG

I. Die Vernachlässigung des Herstellungsprozesses

3 Das gesetzliche Recht der Verträge über Baumaßnahmen war ausschließlich im Werkvertragsrecht verankert. Verträge über Baumaßnahmen sind Werkverträge, wenn der Unternehmer sich zur Herstellung eines Werks verpflichtet. Der Werkvertrag ist als Vertragstyp in §§ 631 ff. BGB abgebildet und nach diesen Regelungen als punktueller Austauschvertrag im Zeitpunkt der Abnahme konzipiert (Kapellmann/Messerschmidt-von Rintelen, VOB/B, 7. Aufl., Einleitung Rdn. 42). Im Vordergrund steht der vereinbarte Erfolg, wobei nach der Grundkonzeption des Werkvertrags der Unternehmer allein für diesen Erfolg verantwortlich ist und es ihm überlassen bleibt, wie er ihn herbeiführt (Messerschmidt/Voit – Voit, Privates Baurecht, 3. Aufl., Syst. Teil A Rdn. 3). Diese gesetzliche Konzeption wird dem Vertrag über Baumaßnahmen nicht gerecht (vgl. Schmid, Die Natur des Bauvertrages, S. 6 ff.). Denn sie vernachlässigt den Herstellungsprozess, also den Vorgang, der zu dem vereinbarten Erfolg führt. Der Herstellungsprozess ist ein wesentliches Element einer Baumaßnahme. Das gilt bereits für die Art und Weise der Herstellung. Diese muss in bestimmten Bahnen erfolgen, um den Erfolg zu gewährleisten. So sind die anerkannten Regeln der Technik für die Ausführung der Leistung grundsätzlich einzuhalten. Für bestimmte Baumaßnahmen sind besondere Bauformen zu beachten, die im Einzelnen auch vereinbart werden, wie z. B. im Terrassenbau die Verlegetechnik oder im Tunnelbau die Art und Weise des Vortriebs bis hin zum Einsatz der Vortriebsmaschine. Die Annahme, den Besteller interessiere die Art und Weise des Herstellungsprozesses nicht, mag bei einfachen Baumaßnahmen zutreffend sein. Dort, wo der Herstellungsprozess durch Regelwerke abgesichert wird, ist das nicht der Fall. Denn der Besteller will regelmäßig auch die Vorteile dieser Regelwerke für sein Bauvorhaben verwirklicht sehen, wie z. B. die Durchführung eines Heat-Soak-Testes vor dem Einbau von ESG-Glas.

4 Unangemessen wäre es auch, den Herstellungsprozess allein dem Verantwortungsbereich des Unternehmers zuzuschlagen. Ein Bauvertrag kann ohne die Mitwirkung des Bestellers regelmäßig nicht durchgeführt werden. Die Rechtsbeziehungen zwischen Unternehmer und Besteller erschöpfen sich nicht in dem Austausch von Werk und Geld. Vielmehr ist ein Bauvertrag nur bei einer der Sachlage angemessenen Kooperation der Vertragsparteien erfolgreich zu bewerkstelligen. Die Mitwirkungshandlungen des Bestellers sind von großer Bedeutung und im Gesetz in § 642 BGB erwähnt. Die Rechtsprechung des BGH bewertet die erforderlichen Mitwirkungshandlungen des Bestellers grundsätzlich als Obliegenheiten, deren Verletzung keine Schadensersatzpflichten begründen (vgl. BGH, Urt. v. 27.11.2008 – VII ZR 206/06 Rn. 35). Für den Besteller negative Rechtsfolgen ergeben sich aus §§ 642, 643, 645 Abs. 1 Satz 2 BGB. An dem auf längeren Leistungsaustausch angelegten Vertrag sind zudem andere Regelungen nicht orientiert, wie die zur Gefahrtragung (trotz Besitzübergangs), zu den Mängeln vor der Abnahme, zu den Leistungsänderungen, zu Bauzeitverzögerungen usw.

II. VOB/B und gesetzgeberische Maßnahmen bis zum BauVG

5 Der Gesetzgeber hat lange keine Notwendigkeit zu einer gesetzlichen Initiative für das Bauvertragsrecht gesehen. Das liegt im Wesentlichen daran, dass die öffentliche Hand verpflichtet ist, in ihren Verträgen die Allgemeinen Vertragsbedingungen für die Ausführung von Bauleistungen (VOB/B) zu vereinbaren. Diese Vertragsbedingungen versuchen im Ansatz die Schwächen des Werkvertragsrechts auszugleichen. Sie enthalten insbesondere Bedingungen, die den Herstellungsprozess regeln und damit den Besonderheiten eines Bauvertrages mehr gerecht werden. Die VOB/B kann jedoch Gesetzesrecht nicht ersetzen, weil sie nicht in allen Verträgen vereinbart wird und auch kein Gewohnheitsrecht oder einen Handelsbrauch darstellt (Messerschmidt/Kapellmann-Rintelen, VOB, 7. Aufl., Einleitung Rdn. 40). Hinzu kommt, dass der Vergabe- und Vertragsausschuss es in den letzten Jahrzehnten verpasst hat, die Regelungen der VOB/B zu überarbeiten, sodass auch in diesem Vertragswerk ein großer Reformstau entstanden ist (von Rintelen, a.a.O. Rdn. 4).

6 Es ist deshalb nicht verwunderlich, dass schon lange der Ruf nach dem Gesetzgeber laut wurde (vgl. Abschlussbericht der Kommission zur Überarbeitung des Schuldrechts, Bundesanzeiger 1992, S. 243 ff.; Bauvertraglicher Ergänzungsentwurf zum Diskussionsentwurf eines Schuldrechtsmodernisierungsgesetzes des Instituts für Baurecht Freiburg i.Br. e.V., Sonderheft BauR 4/2001 und Sonderheft BauR 4/2002; NZBau 2001, 183; Kraus/Vygen/Oppler, BauR 1999, 964; Peters, NZBau 2002, 113, 120; Kraus, ZfBR 2001, 513).

7 So blieb der Gesetzgeber in der Verantwortung, ein auf den Bauvertrag zugeschnittenes Recht zu entwickeln.

8 Mit dem am 1.5.1993 in Kraft getretenen Bauhandwerkersicherungsgesetz (BGBl. I 1993 S. 509) hat es die erste baurechtlich orientierte Gesetzesinitiative gegeben. Mit diesem Gesetz, das mit dem Forderungssicherungsgesetz (BGBl. I 2008, S. 2022) grundlegend überarbeitet und geändert worden ist, wurde dem Unternehmer gemäß § 648a BGB erstmals die Möglichkeit eingeräumt, die Vorleistung abzusichern.

9 Die nächste Initiative war das am 1.5.2000 in Kraft getretene Gesetz zur Beschleunigung fälliger Zahlungen (BGBl. I 2000 S. 330; zur Entstehungsgeschichte vgl. Kniffka, ZfBR 2000, 227), mit dem erstmals ein Anspruch auf Abschlagszahlungen in das Werkvertragsrecht eingefügt wurde. Das Gesetz verfolgte das Ziel, die Zahlungsmoral zu stärken, ein Ziel das nicht erreicht wurde. Das Gesetz zur Beschleunigung fälliger Zahlungen wurde deshalb durch das Forderungssicherungsgesetz (BGBl. I 2008, S. 2022) ersetzt.

10 Mit dem Gesetz zur Modernisierung des Schuldrechts (BGBl. I 2001 S. 3138) ist das Werkvertragsrecht grundlegend überarbeitet worden, ohne dabei die Besonderheiten des Bauvertrages zu berücksichtigen. Die Bundesregierung hatte sich entschlossen, die durch verschiedene Richtlinien (Richtlinie 1999/44/EG des Europäischen Parlaments und des Rates vom 25.5.1999 zu bestimmten Aspekten des Verbrauchsgüterkaufs und der Garantien für Verbrauchsgüter – Verbrauchsgüterkaufrichtlinie/ABl. EG Nr. L 171 S. 12; Richtlinie 2000/35/EG des Europäischen Parlaments und des Rates vom 29.6.2000 zur Bekämpfung von Zahlungsverzug im Geschäftsverkehr – Zahlungsverzugsrichtlinie/ABl. EG Nr. L 200 S. 35; Richtlinie 2000/31/EG des Europäischen Parlaments und des Rates vom 8.6.2000 über bestimmte rechtliche Aspekte der Dienste der Informationsgesellschaft, insbesondere des elektronischen Geschäftsverkehrs, im Binnenmarkt, E-Commerce-Richtlinie/ABl. EG Nr. L 178 S. 1) notwendig gewordenen gesetzgeberischen Maßnahmen auf deren Umsetzung zu beschränken. Vielmehr wurden wesentliche Teile des Schuldrechts überarbeitet. Im Zentrum stand dabei die Änderung des Leistungsstörungsrechts und des Kaufrechts. Inhaltlich erfolgte eine Ausrichtung am UN-Kaufrecht, das sich international durchgesetzt hat und die modernen Vertragsprinzipien beherrscht, vor allem aber auch die umgesetzte Verbrauchsgüterkaufrichtlinie (Pick, ZIP 2001, 1174, 1175). Auch das Werkvertragsrecht wurde teilweise mit dem Ziel verändert, eine weitgehende Übereinstimmung von Kauf- und Werkvertragsrecht zu erreichen. Diese Absicht unterlag der irrigen Vorstellung, dass der Werk- und damit auch der Bauvertrag keine grundsätzlichen Besonderheiten aufweisen. Diese Annahme ist bereits aufgrund der unterschiedlichen Rechtsnatur der Vertragstypen und daher grundlegend falsch. Insbesondere die Dynamik der Herstellungsverpflichtung als Verwirklichung einer Idee bleibt unberücksichtigt (s. im Einzelnen Jurgeleit, NJW 2019, 2649). Der Gesetzgeber nutzte die Chance nicht, dass Werkvertragsrecht vollständig zu überarbeiten. Damit blieb auch die Forderung des Bundesrates nach einem Bauvertragsrecht unerfüllt, die anlässlich der Verabschiedung des Gesetzes zur Beschleunigung fälliger Zahlungen erhoben worden war.

11 Eine wesentliche Änderung erfuhr auch der Allgemeine Teil des Bürgerlichen Gesetzbuchs. Hier stand im Mittelpunkt die Änderung des Verjährungsrechts. In das Bürgerliche Gesetzbuch integriert wurden die Regelungsgehalte der Verbraucherschutzgesetze (AGB-Gesetz, Fernabsatzgesetz, Verbraucherkreditgesetz, Haustürwiderrufsgesetz und Teilzeit-Wohnrechtegesetz), um der zunehmenden Rechtszersplitterung entgegenzuwirken.

12 Ein großer Teil der genannten Änderungen hat Auswirkungen auf das Bauvertragsrecht. Kaum einer der wichtigen Bereiche, vom Vergütungsrecht über das Recht der Leistungsstörungen bis zum Gewährleistungsrecht, blieb unberührt. Die Änderungen gelten grundsätzlich für alle Verträge, die ab dem 1.1.2002 geschlossen wurden, Art. 229 §5 EGBGB. Sie sind jedoch lediglich auf die sonstigen Änderungen im allgemeinen Schuldrecht oder Kaufrecht zurückzuführen.

13 Die nächste Entwicklungsstufe war das Forderungssicherungsgesetz (BGBl. I 2008, S. 2022), das seit dem 1.1.2009 in Kraft ist. Das Gesetzgebungsverfahren ist mit dem Ziel eingeleitet worden, die Zahlungsmoral der Vertragspartner von Handwerkern zu stärken (vgl. z.B. BT-Drucks. 458/04, S. 21). Es hat mehrere Jahre gedauert, bis der Gesetzgeber erkannt hat, dass ein solches Ziel mit Änderungen des Werkvertragsrechts nicht zu erreichen ist (vgl. Bericht des Rechtsausschusses zum FoSiG, BT-Drucks. 16/9787, S. 16). Letztlich hat dann das Forderungssicherungsgesetz nur marginale Änderungen bewirkt, von denen einige mit dem Bauvertragsgesetz bereits wieder beseitigt sind und andere kaum positive Auswirkungen auf die Praxis haben. Der Gesetzgeber hat regelrecht resigniert. So gesteht der Bericht der Fraktionen offen ein, dass das Gesetz die wirklichen Probleme im Zusammenhang mit der Errichtung von Bauwerken und dem Zahlungsverhalten der Auftraggeber nicht lösen werde (BT-Drucks. 16/9787, S. 16.f.). Man hat darauf hingewiesen, dass häufig nicht die Einschätzung ihrer Rechtsposition, sondern das wirtschaftliche Kalkül die Unternehmer zu Verhaltensweisen drängt, die letztlich dazu führen, dass sie ihrem Geld hinterherlaufen. Bestehende Möglichkeiten, sich abzusichern oder Forderungen einzutreiben, werden mit Rücksicht auf weitere Geschäfte oder aus Unkenntnis einfach nicht wahrgenommen (a.a.O.).

C. Das Gesetz zur Reform des Bauvertragsrechts

I. Die Entwicklung des Gesetzes

14 Das Gesetz zur Reform des Bauvertragsrechts ist ein Meilenstein in der Entwicklung des Bauvertragsrechts. Bisher wurde der Bauvertrag gesetzlich allein im Werkvertragsrecht des Bürgerlichen Gesetzbuches abgebildet. Die Regelungen des Werkvertragsrechts sind jedoch nicht geeignet, die Komplexität eines Bauvertrages zu erfassen. Es bedarf spezieller Regelungen, die Leitbilder für die besonderen Probleme des Bauvertrages darstellen. Auf dem ersten Deutschen Baugerichtstag im Jahre 2006 hat die Arbeit daran begonnen, Empfehlungen für ein neues Bauvertragsrecht auszusprechen. In vielen Arbeitskreisen des Deutschen Baugerichtstags haben hoch spezialisierte Baurechtler an der weiteren Entwicklung gearbeitet. Die veröffentlichten Berichte über die Deutschen Baugerichtstage belegen das eindrücklich (1. DGBT, BauR 2006, 1535 ff.; 2. DBGT, BauR 2008, 1677 ff.; 3. DBGT, BauR 2010, 1287; 4. DBGT, BauR 2012, 1443 ff.; 5. DBGT, BauR 2014, 1529 ff.; 6. DBGT, BauR 2016, 1533 ff.). Das Bundesministerium der Justiz hat die Initiative aufgegriffen und 2010 einen „Arbeitskreis Bauvertragsrecht" gegründet. Dieser hat in einer Vielzahl von Sitzungen die Möglichkeiten einer Reform des Bauvertrages beraten. Im Abschlussbericht dieses Arbeitskreises vom 18.6.2013 wird ein Bauvertragsgesetz empfohlen (abrufbar unter https://www.bmjv.de/SharedDocs/Gesetzgebungsverfahren/Dokumente/Abschlussbericht_AG_Bauvertragsrecht.html). Das Bundesministerium der Justiz und für Verbraucherschutz hat am 24.9.2015 einen Referentenentwurf vorgelegt (abrufbar unter http://www.bmjv.de/SharedDocs/Gesetzgebungsverfahren/Dokumente/RefE_Bauvertragsrecht.pdf?__blob=publicationFile&v=2). Diesem folgte am 2.3.2016 ein modifizierter Regierungsentwurf (BT-Drucks. 18/8486, Seiten 1 bis 75). Der Bundesrat hat dazu am 12.4.2016 neue Vorschläge eingebracht (BT-Drucks. 18/8486 Seiten 81 bis 94), zu denen die Bundesregierung eine Gegenäußerung abgegeben hat (BT-Drucks. 18/8486 Seiten 104 bis 101). Das Gesamtpaket für die Bundestagsberatung in erster Lesung ist am 18.5.2016 vorgelegt worden. Nach Überweisung an den Rechtsausschuss hat am 22.6.2016 eine Anhörung von Sachverständigen stattgefunden. Dem folgte eine intensive politische Auseinandersetzung, die zu Verzögerungen im weiteren Verlauf geführt hat. Der Rechtsausschuss hat schließlich eine modifizierte Empfehlung ausgesprochen (BT-Drucks. 18/11437), die Gesetz geworden ist.

II. Gesetzeszweck

15 Das Gesetz verfolgt mehrere Ziele. Zum einen sollen grundlegende gesetzliche Regelungen für den Bauvertrag geschaffen werden, die den komplexen, auf eine längere Erfüllungszeit angelegten Verträgen Rechnung tragen. Verschiedene Vorschriften wurden vereinfacht oder effektiver ausgestaltet. So sollen kostenintensive Konflikte und eine Störung des Liquiditätsflusses der Bauunternehmen vermieden werden (BT-Drucks. 18/8486, S. 25). Des weiteren soll den Besonderheiten des Verbraucherbauvertrages Rechnung getragen werden. Weiterhin werden spezielle Regelungen für den Architekten- und Ingenieurvertrag entwickelt. Das Gesetz erfasst den Bauträgervertrag nunmehr im Ansatz auch als eigenen Vertragstypus. Schließlich soll der zivilrechtliche Rechtsschutz gestärkt werden, ein Ziel, das über die Initiative des Rechtsausschusses Eingang in das Gesetzgebungsverfahren gefunden hat.

Ein weiteres Kernstück ist die Änderung der kaufvertraglichen Haftung. Diese Änderung ist bedingt durch eine Änderung der Rechtsprechung in den Fällen, in denen ein Werkunternehmer Baustoffe in das Bauwerk einbaut, die mangelhaft geliefert worden sind. Dieser Einbau führt in aller Regel zu einem Mangel des Bauwerks, für den der Unternehmer verschuldensunabhängig haftet. Er ist verpflichtet, den Mangel zu beseitigen, was in aller Regel dadurch geschieht, dass der mangelhafte Baustoff ausgebaut und ein mangelfreier Baustoff eingebaut wird. Die gesamten Kosten des Ein- und Ausbaus muss der Unternehmer tragen. Für den Unternehmer kommt es darauf an, ob er den Lieferanten des mangelhaften Baustoffes verschuldensunabhängig auf die Ein- und Ausbaukosten in Anspruch nehmen kann. Das war nach der Rechtsprechung des Bundesgerichtshofs nicht durchgehend möglich (BGH, Urt. v. 17.10.2012 – VIII ZR 226/11; Beschl. v. 16.4.2013 – VIII ZR 375/11; Urt. v. 2.4.2014 – VIII ZR 46/13). Die Rechtsprechung hat in, vermeintlich durch Vorgaben des Europäischen Gerichtshofs erzwungener Differenzierung nur dem Verbraucher einen verschuldensunabhängigen Rückgriff auf Erstattung der Ein- und Ausbaukosten gegen den Verkäufer gestattet, nicht jedoch dem Unternehmer. Der Unternehmer kann nach für bis zum 31.12.2017 abgeschlossene Verträge geltender Rechtslage den Verkäufer wegen der Ein- und Ausbaukosten nur auf Schadensersatz, d. h. verschuldensabhängig, in Anspruch nehmen. Da dem Verkäufer eine verschuldete Pflichtwidrigkeit selten zur Last fällt, weil er in aller Regel nicht erkennen kann, dass das gelieferte Produkt mangelhaft ist, kann der Unternehmer sich in der Praxis häufig nicht schadlos halten, eine Rechtslage, die zu Recht als unbefriedigend empfunden wird. Das hat das Gesetz korrigiert. Nunmehr ist ein verschuldensunabhängiger Regress beim Verkäufer unter genau bezeichneten Voraussetzungen möglich. Der Verkäufer kann zudem Regress bei seinem Lieferanten hin bis zum Hersteller nehmen. **16**

III. Systematik und Überblick

Gesetzestechnisch ist der Gesetzgeber wie folgt vorgegangen: Der Titel 9 des Bürgerlichen Gesetzbuches „Werkvertrag und ähnliche Verträge" bestand bisher nur aus den Untertiteln „Werkvertragsrecht" und „Reisevertrag". Nunmehr besteht er aus den vier Untertiteln „Werkvertrag", „Architekten- und Ingenieurvertrag", „Bauträgervertrag" und „Reisevertrag". Der Untertitel 1 „Werkvertrag" enthält vier Kapitel: „Allgemeine Vorschriften", „Bauvertrag", „Verbraucherbauvertrag" und „Unabdingbarkeit". **17**

Aus dieser Systematik wird deutlich: Es gibt für Verträge, die ab dem 1.1.2018 geschlossen werden, ganz verschiedene Typen von Verträgen über Baumaßnahmen im Gesetz für die jeweils eigene Vorschriften gelten. Das sind **18**

1. Werkvertrag

Jeder Vertrag, mit dem die vollständige oder teilweise Herstellung eines Bauwerks oder einer Außenanlage oder Arbeiten an einem bestehenden Bauwerk oder einer Außenanlage oder sonstige Baumaßnahmen vereinbart werden, ist ein Werkvertrag. Gleiches gilt für einen Vertrag über Abbrucharbeiten. Es gelten die Regeln des Bürgerlichen Gesetzbuches zum Werkvertragsrecht. Diese haben sich teilweise geändert. **19**

- Das Recht der Abschlagszahlung ist vereinfacht, § 632a Abs. 1 BGB. Der Wert der Abschlagszahlung bemisst sich anhand der vereinbarten Vergütung. Auch bei wesentlichen Mängeln besteht nur ein Leistungsverweigerungsrecht in Höhe des in der Regel Doppelten der Mängelbeseitigungskosten.

- Die sogenannte fiktive Abnahme ist abweichend geregelt worden, § 640 Abs. 2 BGB, so dass größere Rechtssicherheit geschaffen wird. Sie liegt ungeachtet von Mängeln vor, wenn der Besteller sich auf die gesetzte Frist hin keinen Mangel geltend macht.

- Die Kündigung aus wichtigem Grund ist gesetzlich geregelt mit dem Anspruch beider Parteien auf Leistungsstandsfeststellung, § 648a BGB.

2. Werklieferungsvertrag

20 Davon zu unterscheiden sind die Verträge, in denen die Lieferung eines herzustellenden Bauprodukts ohne Einbauverpflichtung vereinbart wird. Diese Verträge werden grundsätzlich als Kaufverträge behandelt, § 650 BGB (für vor dem 1.1.2018 geschlossene Verträge: § 651 BGB).

Beispiel: Anfertigung eines Stahlträgers, der angeliefert, aber nicht vom Lieferanten eingebaut wird; Betonanlieferung; Fertigelemente für Bauwerke.

Das Kaufvertragsrecht hat sich für nach dem 31.12.2017 geschlossene Verträge hinsichtlich der Lieferung fehlerhafter Bauprodukte geändert.

Beispiel: Der Unternehmer baut vom Lieferanten L gelieferte Fliesen ein, die eine mangelhafte Glasur haben. Der Kunde rügt das. Die Fliesen müssen ausgebaut werden. Der Lieferant L liefert neue Fliesen. Diese müssen eingebaut werden. Die Ein- und Ausbaukosten muss der Unternehmer im Rahmen des Nacherfüllungsanspruchs des Kunden nach § 634 Nr. 1 BGB tragen. Nunmehr haftet der Lieferant auf die Ein- und Ausbaukosten und kann sich auch bei seinem Lieferanten hin bis zum Hersteller schadlos halten (§§ 439 Abs. 3, 445a BGB).

3. Bauvertrag

21 Das Gesetz hat einen eigenen Vertragstyp entwickelt. Das ist der Bauvertrag. Für diesen Vertragstyp gelten besondere Regelungen. Das sind:

- das Anordnungsrecht des Bestellers, § 650b BGB, gilt nicht nur – wie bisher – bei für die Funktionalität notwendige Änderungen, sondern auch bei willkürlichen Änderungen. Jedoch muss die willkürliche Änderung für den Unternehmer zumutbar sein. Das Anordnungsrecht wird in spezifischer Weise geregelt.
- die Anpassung der Vergütung nach Anordnung des Bestellers, § 650c Abs. 1 und 2 BGB. Sie soll verhindern, dass unangemessene Wettbewerbspreise zwingend fortgeschrieben werden.
- das Recht des Unternehmers, 80 Prozent Abschlagsforderung aus einem Nachtragsangebot anzusetzen, § 650c Abs. 3 BGB, was den Zahlungsfluss erleichtern soll.
- ein gerichtliches Eilverfahren (§ 650d BGB), u. a. zur Bestimmung der zutreffenden Abschlagszahlungsforderung für Nachträge, § 650c Abs. 3 BGB, was eine zügige Beilegung des Streits über Nachtragsforderungen ermöglichen soll.
- ein Anspruch des Unternehmers auf Eintragung einer Sicherungshypothek, § 650e BGB.
- ein Anspruch des Unternehmers auf Bauhandwerkersicherung, § 650f BGB.
- ein Anspruch des Unternehmers auf Zustandsfeststellung nach wegen Mängeln verweigerter Abnahme, § 650g Abs. 1 bis 3 BGB.
- die Fälligkeit des Schlusswerklohns hängt von einer nachprüfbaren Rechnung ab, § 650g Abs. 4 BGB.
- jede Kündigung bedarf der Schriftform, § 650h BGB.

22 Bauverträge sind Verträge über

- die Neuherstellung,
- Wiederherstellung,
- die Beseitigung oder
- den Umbau

eines Bauwerks, einer Außenanlage oder eines Teils davon, § 650a Abs. 1 BGB. Damit sind die meisten Verträge über Baumaßnahmen „Bauverträge".

Beispiel: Alle Verträge über Arbeiten im Bestand, die für Konstruktion, den Bestand oder den bestimmungsgemäßen Gebrauch von wesentlicher Bedeutung sind, z.B

– Austausch einer Heizung
– Modernisierung von Fenstern
– Einbau einer Klimaanlage
– Neugestaltung einer Gartenanlage

Einführung **Einf. v. §631**

23　Ausgenommen vom Geltungsbereich des Bauvertrages sind Verträge über Instandhaltungsmaßnahmen, die – so die Definition – für die Konstruktion, den Bestand oder den bestimmungsgemäßen Gebrauch nicht von wesentlicher Bedeutung sind. Nach der hier vertretenen Auffassung liegt auch bei anderen Maßnahmen kein Bauvertrag vor, die für die Konstruktion oder den bestimmungsgemäßen Gebrauch nicht von wesentlicher Bedeutung sind → §650a BGB Rdn. 28 ff. Ausgerechnet diese wichtige Frage ist aber nicht deutlich im Gesetz geklärt.

Beispiel: Untergeordnete Arbeiten unterfallen nicht dem Bauvertrag:

– Austausch von Lampen

– Schönheitsreparaturen durch Malerarbeiten

– Austausch eines defekten Heizkörpers

– Einpflanzen von Sträuchern

Für die letzt genannten Arbeiten gilt nur Werkvertragsrecht. Die oben genannten Besonderheiten gelten nicht.

4. Verbraucherbauvertrag

24　Das Gesetz hat zum Zwecke des Verbraucherschutzes den Verbraucherbauvertrag entwickelt, §650i BGB. Der Schutz des Verbrauchers im Verbraucherbauvertrag wird mit mehreren Maßnahmen verwirklicht:

- Der Unternehmer hat eine Informationspflicht über die wesentlichen Eigenschaften des Bauwerks und über die Bauzeit, §650j BGB i. V. m. Art. 249 §1 und 2 EGBGB.
- der Verbraucher hat ein Widerrufsrecht, §650l BGB i. V. m. Art. 249 §3 EGBGB.
- Abschlagszahlungen können nur bis zu 90 Prozent der vereinbarten Vergütung verlangt werden, §650m Abs. 1 BGB.
- Der Unternehmer muss eine Vertragserfüllungssicherheit von 5 Prozent bei der ersten Abschlagszahlung leisten, §650m Abs. 2 und 3 BGB.
- Der Unternehmer muss dem Verbraucher alle Urkunden herausgeben, die dieser für die Baugenehmigung oder die öffentliche Abnahme benötigt, §650n BGB.

Diese Regelungen sind weitgehend nicht abänderbar, §650o BGB.

25　Diese Schutzvorschriften gelten nur für einen eng umrissenen Vertragstyp, den Verbraucherbauvertrag. Den definiert das Gesetz wie folgt, §650i Abs. 1 BGB:

Verbraucherbauverträge sind Verträge, durch die der Unternehmer von einem Verbraucher

- zum Bau eines neuen Gebäudes oder
- zu erheblichen Umbaumaßnahmen an einem bestehenden Gebäude verpflichtet wird.

Nicht jeder Vertrag mit einem Verbraucher über Baumaßnahmen ist also ein Verbraucherbauvertrag. Ein Verbraucher ist nach dem Gesetz jede natürliche Person, die ein Rechtsgeschäft zu Zwecken abschließt, die überwiegend weder ihrer gewerblichen noch ihrer selbständigen beruflichen Tätigkeit zugerechnet werden können, §13 BGB.

Beispiel: Ein Familienvater schließt einen Vertrag über den Bau eines Einfamilienhauses. Das ist ein Verbraucherbauvertrag.

Ein Rechtsanwalt schließt einen Vertrag über einen erheblichen Büroumbau. Das ist kein Verbraucherbauvertrag.

Eine nur aus Privatpersonen bestehende Gesellschaft bürgerlichen Rechts schließt einen Vertrag über ein Mehrfamilienhaus zum Zwecke der Altersabsicherung durch Mieteinnahmen. Das ist ein Verbraucherbauvertrag.

Im Verbraucherbauvertragsrecht sind neben den allgemeinen Vorschriften des Werkvertragsrechts auch diejenigen des Bauvertrags anwendbar, soweit dessen Voraussetzungen vorliegen. Das ist insbesondere wichtig für die besonderen Regeln des Anordnungsrechts, der Abschlagszahlung und der Zustandsfeststellung und der Bauhandwerkersicherung (s. aber §650f Abs. 6 Nr. 2 BGB).

Jurgeleit

5. Bauträgervertrag

26 Der Bauträgervertrag, den das Gesetz als „werkvertragsähnlich" benennt, ist ein Vertrag, der die Errichtung oder den Umbau eines Hauses oder eines vergleichbaren Bauwerks zum Gegenstand hat und gleichzeitig die Verpflichtung zur Eigentumsverschaffung oder Übertragung eines Erbbaurechts enthält, §650u BGB. Auf diesen Vertragstyp sind grundsätzlich alle Regelungen des Werkvertragsrechts, des Bauvertrags und des Verbraucherbauvertrags anwendbar, soweit es um die Errichtung geht. Das Gesetz enthält jedoch erhebliche Ausnahmen, §650u Abs. 2 BGB.

6. Zusammenfassung

27 Diese Systematik ist von wesentlicher Bedeutung, weil sie die gesetzlichen Pflichten für die verschiedenen Vertragstypen regelt. Vereinfacht kann man sagen:

- Für Verträge über kleinere Maßnahmen im Bestand und kleinere Maßnahmen bei Neubauten, die für Konstruktion, Bestand oder bestimmungsgemäßen Gebrauch nicht von wesentlicher Bedeutung sind, gilt nach der hier vertretenen, allerdings streitigen Auffassung → §650a BGB Rdn. 25 ff. nur das Werkvertragsrecht, gleich ob der Vertrag mit einem Verbraucher geschlossen wird oder nicht.
- Für Verträge über alle anderen Baumaßnahmen (wesentliche Maßnahmen zu Neubauten oder im Bestand inkl. Umbauten) gilt zusätzlich das Recht des Bauvertrages, gleich ob der Vertrag mit einem Verbraucher geschlossen wird oder nicht.
- Für Verträge über Gebäudeneubauten und erhebliche Umbauten gilt zusätzlich das Recht des Verbrauchervertrages, wenn der Besteller ein Verbraucher ist.
- Handelt es sich um einen Bauträgervertrag, so gelten alle Regelungen mit den im Gesetz genannten Ausnahmen.

7. Architekten- und Ingenieurvertrag

28 Auf den Architekten- und Ingenieurvertrag als werkvertragsähnlicher Vertrag ist das Werkvertragsrecht anwendbar. Für anwendbar erklärt werden auch bestimmte Regelungen des Bauvertrags, §650p Abs. 1 BGB. Ein werkvertragsspezifisches Verbraucherschutzrecht gibt es hingegen nicht (s. aber §§312 ff. BGB).

Der Gesetzgeber hat versucht einige Probleme, die er im Zusammenhang mit Architekten- und Ingenieurverträgen gesehen hat, zu lösen. Das sind:

- Der Architekt ist nicht nur verpflichtet, den vertraglichen Erfolg herbeizuführen, sondern auch die dazu erforderlichen Planungs- bzw. Überwachungsmaßnahmen durchzuführen, §650p Abs. 1 BGB.
- Sind die wesentlichen Eigenschaften des zu planenden Bauwerks (Planungsziele) noch nicht vereinbart, muss der Architekt vor der eigentlichen Planung eine Planungsgrundlage mit diesen Eigenschaften nebst Kosteneinschätzung erarbeiten und diese dem Besteller zur Zustimmung vorlegen, §650p Abs. 2 BGB.
- Der Besteller kann nach Vorlage dieser Planungsgrundlage den Vertrag ohne Begründung kündigen. Der Architekt hat ein Kündigungsrecht, wenn der Besteller nicht zustimmt. Abgerechnet werden nur die erbrachten Leistungen, §650r BGB.
- Der Architekt hat einen gesetzlichen Anspruch auf Teilabnahme, wenn die letzte Abnahme der Unternehmerleistungen erfolgt ist. Die Teilabnahme verkürzt vor allem die Gewährleistungsfrist für die bis dahin erbrachten Leistungen wesentlich, §650s BGB, wenn der Architekt mit der Objektbetreuung beauftragt ist und keine Teilabnahme vereinbart hat.
- Der bauüberwachende Architekt kann wegen Überwachungsfehlern nur in Anspruch genommen werden, wenn zuvor dem Bauunternehmer fruchtlos eine Frist zur Beseitigung des Bauwerkmangels gesetzt worden ist, §650t BGB.

IV. Würdigung

29 Das Gesetz muss schon deshalb begrüßt werden, weil es erstmals den Besonderheiten des Bauvertrags und auch des Architekten- und Ingenieurvertrags gerecht werden will. Das Gesetz regelt einige der praktisch bedeutsamen Fragen. Dazu gehören Verbesserungen bei den Voraussetzungen für Abschlagszahlungen und bei der fiktiven Abnahme im Werkvertrag. Das Anordnungsrecht und der korrespondierende Vergütungsanspruch im Bauvertrag sind normiert. Die Rechte des einen Bauvertrag schließenden Verbrauchers werden deutlich gestärkt. Bei den Besonderheiten des Architektenvertrags wird die Zielfindungsphase mit einem eigenen Kündigungsrecht geregelt und zudem dem Architekten Erleichterungen bei der Teilabnahme und durch Einführung einer Art sekundäre Haftung verschafft. Die Regelung des Bauträgervertrags enthält im Wesentlichen nichts Neues, ist aber als Platzhalter für eine erhoffte und in einem Arbeitskreis des Bundesministeriums der Justiz und für Verbraucherschutz behandelten grundlegenden Reform des Bauträgervertragsrechts vorgesehen.

Die Reform des Baurechts ist eingeleitet worden durch die Diskussionen auf den Deutschen Baugerichtstagen. Der Deutsche Baugerichtstag e. V. ist mit dem Ziel gegründet worden, die rechtlichen Rahmenbedingungen für das Bauen zu verbessern und spezielle Regelungen zu schaffen, die den Besonderheiten des Bauvertrages gerecht werden (Kniffka, BauR 2006, 1549). Im Deutschen Baugerichtstag ist die Diskussion öffentlich geführt worden und es hat sich alsbald herausgestellt, welche tiefen Interessengegensätze zwischen organisierten Unternehmer- und Bestellerseiten bestehen. Wie nicht anders zu erwarten war, hat auch das Bestreben eine große Rolle gespielt, die Bedeutung der Vergabe- und Vertragsordnung für Bauleistungen nicht zu schwächen, die zwingend vom öffentlichen Auftraggeber vereinbart werden muss. Eine Diskussion darüber, ob die VOB/B nicht in Teilen Ursache für die Fehlentwicklungen im Bauvertragsrecht ist, hat jedoch nicht stattgefunden. Wie bekannt ist, hat es in den letzten Jahrzehnten trotz dieser Fehlentwicklungen keine grundlegende Überarbeitung der VOB/B gegeben (Kapellmann/Messerschmidt-von Rinteln, VOB, 7. Aufl., Einleitung Rdn. 4). Diese hat sich vielmehr größtenteils darauf beschränkt, unreflektiert Entscheidungen der Rechtsprechung umzusetzen. Dabei wurde durchweg verkannt, dass die Entscheidungen auf der Grundlage der jeweils geltenden VOB/B bzw. der geltenden Rechtslage mit allen ihren Schwächen ergingen und deshalb eine unreflektierte Umsetzung auch dazu führen kann, die Schwächen der VOB/B noch zu vertiefen. Beispielhaft sei die Umsetzung der Rechtsprechung zum Verlust des Einwands der fehlenden Prüffähigkeit nach dreißig Tagen genannt, die nunmehr sogar in das Gesetz Einzug gehalten hat. Das Urübel ist es, wie in der VOB/B geschehen, die Prüffähigkeit zur Fälligkeitsvoraussetzung zu erheben, weil damit neues Konfliktpotential geschaffen wird, ohne dass dies der Sache wirklich dienlich ist. Das konnte die Rechtsprechung angesichts der Vorgaben der VOB/B nicht beseitigen. Letztlich geht es immer um die Frage, ob eine Vergütungsforderung berechtigt ist und nicht darum, wie die Rechnung beschaffen ist.

Es kann allerdings vorausgesetzt werden, dass sich die VOB/B im Grundsatz bewährt hat. Gleichwohl hat sie auch schwache Regelungen, zu denen insbesondere das wichtige Vergütungsrecht gehört (Vgl. Kniffka, BauR 2012, 411 ff.). Gerade die Schwächen der Regelung des Vergütungsrechts zu Rechtsunsicherheit geführt. Die Rechtsprechung des Bundesgerichtshofs konnte in den letzten Jahren dazu beitragen, Klarheit zu schaffen (s. insbesondere zur Vergütungsanpassung bei Mehrmengen nach § 2 Abs. 3 Nr. 2 VOB/B: BGH, Urt. v. 8.8.2019 – VII ZR 34/18). Die Kommentare übertreffen sich mit Interpretationsversuchen und Bildung von Gegenmeinungen. Sie haben auch dazu geführt, dass sich Rechtsgrundsätze fern ab vom eigentlichen, auf fairen Leistungsaustausch bedachten Grundhaltung der VOB/B entwickelt haben, wie „guter Preis bleibt guter Preis und schlechter Preis bleibt schlechter Preis", ein Grundsatz der einerseits die Spekulation fördert und andererseits empfindliche Störungen des vertraglichen Äquivalenzverhältnisses mit sich bringen kann. Das führt sogar so weit, dass der Auftraggeber in der Preisentwicklung von Nachträgen an ihm nicht bekannte, willkürliche Urkalkulationen gebunden sein soll, eine Hypothese, für die es keine Grundlage und vor allem auch keine Rechtfertigung gibt (vgl. Kniffka/Koeble/Jurgeleit/Sacher, Kompendium des Baurechts, 5. Aufl., 5. Teil Rdn. 201 ff.). Die vielen Interpretationsspielräume der VOB/B sind deren Makel, der zu einer kaum überschaubaren Interpretationsliteratur mit divergierenden Grundsätzen und ebenso divergierenden Ausnahmetatbeständen und zu Entscheidungen der Instanzgerichte geführt hat, die beim besten Willen nicht in Übereinstimmung zu bringen sind.

Letztlich hat sich der Gesetzgeber in vielen Punkten nicht von teilweise über die Jahre fehlinterpretierten Regelungen der VOB/B, sondern von Lösungsvorschlägen motivieren lassen, die aus seiner Sicht die Kooperation der Bauvertragsparteien fördern. Das betrifft nicht nur das Nachtragswesen. Beispielhaft sind die Regelungen zur Behandlung von Mängeln bei Abschlagsforderungen, zur Leistungsstandsfeststellung bei der Kündigung, zur Zustandsfeststellung bei verweigerter Abnahme. Auch wenn es nicht auf den ersten Blick klar wird, ist der Kooperationsgedanke auch im Anordnungs- und Vergütungsrecht für Nachträge ein wesent-

Einf. v. § 631   Einführung

liches Element. Das feine Zusammenspiel der Regelungen, zu denen auch die Möglichkeit der Herbeiführung einer Eilentscheidung gehört, soll dazu führen, dass Drohszenarien bei Streitigkeiten über Nachträge und Abschlagsforderungen dafür weitgehend vermieden werden.

33 Das sind gute Ansätze und auch deshalb muss das Gesetz begrüßt werden. Es wird darauf ankommen, dem Willen des Gesetzgebers Geltung zu verschaffen und nicht die Ziele des Gesetzgebers aus den Augen zu verlieren. Die Gerichte sind in einer ganz besonderen Verantwortung, weil es viele Auslegungsfragen gibt, wie bei einem neuen Gesetz nicht anders zu erwarten ist und wie es auch nicht verhindert werden kann.

V. Vertragsgestaltungsbedarf

34 Die den Herstellungsprozess regelnden Vorschriften sind punktuell und in kein Gesamtsystem eingebunden. Es muss vorrangige Aufgabe sein, den Bauvertrag als Langzeit-Systemvertrag zu begreifen, der grundlegende Abläufe im Herstellungsprozess abbildet. Die wirkliche Struktur ist das Zusammenwirken des Bestellers und des Unternehmers auf längere Zeit zu einem gemeinsamen Ziel, aber mit unterschiedlichen Interessen. Baurisiken, wie Bodenverhältnisse oder schlechtes Wetter oder technisch nicht beherrschbare Risiken betreffen sowohl Besteller als auch Unternehmer und es ist zweifelhaft, ob die jetzige Vertragsstruktur mit Pflichten einerseits und Obliegenheiten andererseits dem gerecht wird. Es ist nicht von überraschend, dass die Entwicklung zu einer kooperativen Vertragsgestaltung dahin geht, diese Risiken von vornherein offenzulegen und zu bewerten. Dazu gibt es Wege, die Leupertz auf dem 6. DBGT zusammenfassend vorgestellt hat (BauR 2016, 1546 ff.):

- Frühzeitiger Austausch und gesicherte Erfassung aller für die Projektrealisierung wesentlichen Informationen;
- frühzeitige und vollständige Planung der Baumaßnahme vor Beginn der Bauausführung,
- Vermeidung und/oder ggf. preisliche Bewertung von Risiken,
- Erarbeitung faktenfundierte Budgets,
- transparente Vertrags- und Preisgestaltung; Vermeidung eines „verdeckten Wettbewerbs" und Liquiditätssicherung.

Ob dies – jedenfalls langfristig – Thema der Gesetzgebung sein wird, ist fraglich. Das muss bei allen Änderungen, wie sie z. B. das Zusammenwirken der Parteien im Rahmen von beiderseitigen Aufklärungspflichten betreffen, bedacht werden. Entscheidend ist deshalb, im Wege der Vertragsgestaltung für alle Beteiligten interessengerechte Regelungen zu schaffen. Werden dagegen Interessen einer Vertragspartei einseitig und ohne Rücksichtnahme verwirklicht, wird die Rechtsprechung des BGH entsprechende Klauseln, die auch im unternehmerischen Rechtsverkehr auf überlegener wirtschaftlicher Macht beruhen, nach § 310 Abs. 1 Satz 1, 2, § 307 Abs. 1, 2 BGB für unwirksam erachten.

D. Die Bedeutung der VOB/B im Bauvertrag

35 Das Bauvertragswesen musste bisher damit leben, dass es kein geeignetes gesetzliches Bauvertragsrecht gibt. In den vergangenen Jahrzehnten haben die Allgemeinen Vertragsbedingungen für für die Ausführung von Bauleistungen (VOB/B) die Lücke gefüllt, die das Gesetz hinterlassen hat. Die VOB/B sind Teil der Vergabe- und Vertragsordnung für Bauleistungen, die im Auftrag des Deutschen Vergabe- und Vertragsausschusses für Bauleistungen vom DIN Deutsches Institut für Normung e. V. als DIN 1961 herausgegeben werden. Sie gilt nicht für Architektenleistungen (BGH, Urt. v. 17.9.1987 – VII ZR 166/86); allerdings kann Abweichendes vereinbart werden (BGH, Urt. v. 26.7.2007 – VII ZR 42/05). Mit der Einbeziehung der VOB/B in den Vertrag werden auch die Allgemeinen Technischen Vertragsbedingungen für Bauleistungen (VOB/C) Vertragsbestandteil, § 1 Abs. 2 Satz 2 VOB/B. Diese Vertragsbedingungen sind das Kernstück jeden Bauvertrages, weil sie in den jeweiligen Abschnitten 2 (Stoffe und Bauteile) und 3 (Ausführung) der DIN 18299 ff. umfangreiche Vorgaben zu den Leistungsinhalten und zum Herstellungsprozess machen. Zudem finden sich im Abschnitt 4 (Nebenleistungen und Besondere Leistungen) wichtige Regelungen zur Vertragsauslegung und im Abschnitt 5 zur Abrechnung. Die Regelungen der VOB/C sind auch deshalb von besonderer Bedeutung, weil sie die Auslegung von Verträgen maßgeblich beeinflussen. So werden

Besondere Leistungen im Sinne des Abschnitts 4 der VOB/C grundsätzlich nur dann von der Vergütungsvereinbarung erfasst, wenn sie in der Leistungsbeschreibung besonders erwähnt werden (BGH, Beschl. v. 10.4.2014 – VII ZR 144/12; Urt. v 27.7.2006 – VII ZR 202/04). Darüber hinaus werden von der Vergütungsvereinbarung grundsätzlich solche Leistungen nicht erfasst, die nach Abschnitt 0 der VOB/C nach den Umständen des Einzelfalls beschrieben werden müssten, jedoch nicht beschrieben worden sind (BGH, Urt. v. 22.12.2011 – VII ZR 67/11; Urt. v. 21.3.2013 – VII ZR 122/11).

Die VOB/B genießt bei öffentlichen Auftraggebern und in der Bauwirtschaft hohes Ansehen. Öffentliche Auftraggeber sind gesetzlich verpflichtet, sie in ihren Verträgen zu vereinbaren. Die Bauwirtschaft verwendet sie häufig als Vertragsgrundlage, wenn auch oft mit abweichenden oder ergänzenden Bestimmungen. Sie wird auch von Unternehmern und Handwerkern verwendet, die Verträge mit Verbrauchern schließen. Das gilt insbesondere dann, wenn der Auftragnehmer Verwender ist. Aber auch dann, wenn der Verbraucher Verwender ist, wird die VOB/B Vertragsinhalt, häufig auf Anraten der vom Verbraucher zur Beratung herangezogenen Architekten oder Anwälte. Nach einer vom Bauherren-Schutzbund e. V. in Auftrag gegebenen Untersuchung des Instituts für Bauforschung e. V. wird in 60 % der privaten Hausbauverträge die VOB/B vereinbart (IFB Abschlussbericht 10553/2010). Die VOB/B hat danach eine große praktische Bedeutung im Bauvertragsrecht. Sie ist gewissermaßen das Leitbild der Allgemeinen Geschäftsbedingungen für den Abschluss von Bauverträgen. Diese Überhöhung führt manchmal zu einer unkritischen Hinnahme ihrer Bedingungen in der Praxis. Vor den Gerichten sieht das anders aus. Denn dort stellt sich bei Anwendung der VOB/B die Frage, ob deren Regelungen einer Inhaltskontrolle unterzogen werden können und ob die Regelungen der Inhaltskontrolle nach den §§ 305 ff. BGB stand halten. Insoweit bestehen durchaus Probleme, weil einige Regelungen der Inhaltskontrolle wegen ihres unangemessenen Inhalts nicht stand halten, vgl. → Rdn. 53 ff. Darüberhinaus ist die VOB/B auch überarbeitungsbedürftig. Ihre Regelungen sind teilweise sprachlich, teilweise inhaltlich missglückt und müssen unter dem Gesichtspunkt der Transparenz, Verständlichkeit und Systematik überarbeitet werden. Das gilt insbesondere für die zentralen Regelungen des § 2 VOB/B (vgl. BGH, Urt. v. 8.8.2019 – VII ZR 34/18 zu § 2 Abs. 3 Nr. 2 VOB/B; Kniffka, BauR 2012, 411 ff.). **36**

Die Regelungen der VOB/B sind nicht elementarer Gegenstand dieser Kommentierung. Im Hinblick auf die große Bedeutung der Einbeziehung der VOB/B in einen Bauvertrag soll hier jedoch dazu und auch zu der Privilegierung der VOB/B Stellung genommen werden. Im Übrigen erfolgen ergänzende Hinweise bei der Kommentierung der §§ 631 ff. BGB zu den Besonderheiten der Regelungen der VOB/B. **37**

I. Rechtsnatur der VOB/B

Die VOB/B wird im Deutschen Vergabe- und Vertragsausschuss (DVA) entwickelt. Der DVA ist ein nicht rechtsfähiger Verein (§ 1 seiner Satzung). Ihm gehören zur Zeit über 80 Vertreter aller wichtigen öffentlichen Auftraggeber, Ressorts des Bundes und der Länder, sonstige öffentliche Auftraggeber, kommunale Spitzenverbände und Spitzenorganisationen der Wirtschaft und der Technik, in paritätischer Zusammensetzung an. Der DVA hat die Aufgabe, für die fachgerechte Vergabe und Abwicklung von öffentlichen Bauaufträgen Grundsätze zu erarbeiten und weiterzuentwickeln. Dies erfolgt insbesondere durch die Erarbeitung und Fortschreibung der Vergabe- und Vertragsordnung. Ein weiteres Aufgabenfeld des DVA liegt in der Erstellung von Regelwerken zur Rationalisierung im Bauwesen mittels der elektronischen Datenverarbeitung (§ 2 der Satzung). **38**

Der Tätigkeit des Ausschusses liegt die Erwägung zugrunde, dass ein gemeinsam von Auftraggeber- und Auftragnehmerseite erarbeitetes Vertragswerk besser als ein Gesetz oder eine Verwaltungsanordnung geeignet ist, allgemeine Anerkennung und Anwendung zu finden und auch das erforderliche Vertrauensverhältnis zwischen beiden Lagern anzubahnen. Der Ausschuss geht davon aus, dass er ein Vertragswerk erarbeitet, das die Interessen der Baubeteiligten ausgewogen berücksichtigt (vgl. BGH, Urt. v. 24.7.2008 – VII ZR 55/07). **39**

Die vom DVA entwickelte VOB/B ist ein Mustervertrag. Nach grundlegenden Entscheidungen des Bundesgerichtshofs sind die Regelungen der VOB/B für eine Vielzahl von Verträgen vorformulierte Vertragsbedingungen. Werden sie bei Abschluss des Vertrages von einer Partei (Verwender) der anderen Partei gestellt, so sind sie Allgemeine Geschäftsbedingungen im Sinne des § 305 Abs. 1 BGB (BGH, Urt. v. 16.12.1982 – VII ZR 92/82; Urt. v. 2.10.1997 – VII ZR 44/97; Urt. v. 24.7.2008 – VII ZR 55/07). Diese Einordnung der Rechtsprechung ist bestätigt **40** durch § 310 Abs. 1 Satz 3 BGB (Kapellmann/Messerschmidt-von Rintelen, VOB, 7. Aufl., Einleitung Rdn. 44 f.).

II. Anwendung des AGB-Rechts

41 Demgemäß sind §§ 305 ff. BGB auf die VOB/B anwendbar (vgl. allgemein zur AGB-Kontrolle von Bauvertragsklauseln → § 631 BGB Rdn. 76 ff. Die Regelungen der VOB/B werden nur dann Vertragsbestandteil, wenn sie gemäß § 305 Abs. 2 BGB ordnungsgemäß in den Vertrag einbezogen worden sind, unabhängig davon, ob sie insgesamt oder nur in einzelnen Regelungen in den Vertrag einbezogen werden soll (BGH, Urt. v. 17.9.1987 – VII ZR 166/86; Urt. v. 7.5.1987 – VII ZR 129/86).

1. Einbeziehung der VOB/B in den Vertrag

42 Für die Einbeziehung der VOB/B in den Vertrag gelten die allgemeinen Regeln. Der Vertragspartner des Verwenders muss in der gesetzlich vorgesehen Form auf die Geltung der VOB/B hingewiesen werden. Gegenüber einem Unternehmer, § 14 BGB, reicht der nicht formgebundene Hinweis auf die Geltung der VOB/B. Es ist nicht notwendig, dass dem Vertragpartner des Verwenders der Text der VOB/B vermittelt wird. Der Hinweis auf die Geltung der VOB/B muss jedoch deutlich genug sein, so dass zwischen Adressen versteckte Hinweise unwirksam sein können (Kniffka/Koeble, Kompendium des Baurechts, 4. Aufl., 3. Teil Rdn. 24). Voraussetzung ist eine auf Vereinbarung beruhende Einbeziehung, § 305 Abs. 2 BGB. Allein der Umstand, dass Anwälte in einem Prozess vortragen, die VOB/B sei vereinbart, ohne dies mit entsprechenden Tatsachen zu hinterlegen, belegt keine Vereinbarung, sondern nur die Rechtsauffassung von einer Vereinbarung (BGH, Urt. v. 8.7.1999 – VII ZR 237/98; vgl. auch BGH, Urt. v. 26.6.2003 – VII ZR 281/02; zweifelhaft deshalb OLG Düsseldorf, Urt. v. 26.10.2010 – 21 U 159/09).

43 Gegenüber einem Verbraucher reicht der Hinweis auf die Geltung der Allgemeinen Geschäftsbedingungen nicht. Diese geschäftlich unerfahrene Partei muss nicht nur auf die Geltung der Allgemeinen Geschäftsbedingungen des Verwenders hingewiesen werden, sondern ihr muss auch die Möglichkeit verschafft werden, in zumutbarer Weise von ihrem Inhalt Kenntnis zu nehmen, § 305 Abs. 2 BGB. Das gilt auch für die Einbeziehung der VOB/B. Soll die VOB/B Vertragsinhalt werden, muss die geschäftlich unerfahrene Partei darauf hingewiesen werden und Gelegenheit gehabt haben, die VOB/B bei Vertragsabschluss inhaltlich zur Kenntnis zu nehmen (BGH, Urt. v. 14.2.1991 – VII ZR 132/90; Urt. v. 9.11.1989 – VII ZR 16/89; Urt. v. 26.6.2003 – VII ZR 281/02) und zwar auch bei notariellen Verträgen (BGH, Urt. v. 26.3.1992 – VII ZR 258/90). Eine Ausnahme macht die Rechtsprechung dann, wenn der Vertragspartner des Verwenders sich rechtsgeschäftlich durch einen erfahrenen Fachmann vertreten lässt (OLG Hamm, Urt. v. 17.1.1990 – 26 U 112/89; Urt. v. 14.6.1995 – 12 U 142/94; Urt. v. 3.12.1997 – 12 U 125/97 (durch Architekt); OLG Düsseldorf, Urt. v. 5.3.1993 – 22 U 221/92 (durch Treuhänder); OLG Hamm, Urt. v. 3.12.1997 – 12 U 125/97). Eine weitere Ausnahme ist auch in den Fällen gemacht worden, in denen der Vertragspartner des Verwenders im Baugewerbe tätig oder im Baubereich bewandert ist (BGH, Urt. v. 16.12.1982 – VII ZR 92/82; Urt. v. 10.6.1999 – VII ZR 170/98). Diese Rechtsprechung kann allerdings nicht den Verbraucherschutz des § 305c Abs. 2 BGB aushebeln. Deshalb ist allenfalls dann bei einem Verbraucher die Gelegenheit zur Kenntnisnahme der VOB/B entbehrlich, wenn dieser den gesamten Text präsent hat, so dass die Einhaltung der gesetzlichen Regelung als überflüssige Förmelei gilt. Diese Voraussetzungen dürften nie vorliegen. Auch einem Rechtsanwalt oder einem Universitätsprofessor oder einem vergleichbaren Rechtsanwender ist der Inhalt der VOB/B nicht präsent. Steht allerdings fest, dass er in seiner Wirkungsstätte auf den Text der VOB/B zugreifen kann, wäre die abermalige Übermittlung der VOB/B reine Förmelei und deshalb entbehrlich.

44 Ist der Auftraggeber bei Vertragsschluss rechtsgeschäftlich durch einen Architekten vertreten, reicht der Hinweis auf die Geltung der VOB/B, weil der Architekt im Baugewerbe bewandert ist. Nicht ausreichend ist, dass der Auftraggeber lediglich einen Architekten mit Planung und Bauüberwachung beauftragt hat (OLG Saarbrücken NJW-RR 2011, 1659); unerheblich ist im Allgemeinen auch, ob er sich durch einen Architekten beraten lässt, denn dadurch wird in aller Regel keine ausreichende Kenntnis der VOB/B vermittelt. Unklar ist, ob das OLG Nürnberg (Urt. v. 27.11.2013 – 6 U 2521/09 anders davon ausgehen will, es reiche, wenn die Vertragsverhandlungen mit „Unterstützung" durch einen Architekten geführt werden.

Einführung   **Einf. v. § 631**

Ob dem Vertragspartner ausreichend Gelegenheit gegeben worden ist, vom Inhalt der   **45** VOB/B Kenntnis zu nehmen, ist eine Frage des Einzelfalles. Nicht ausreichend ist es, in einer Vertragsklausel anzubieten, den Text auf Wunsch kostenlos zur Verfügung zu stellen (BGH, Urt. v. 10.6.1999 – VII ZR 170/98). Nach OLG Zweibrücken soll es genügen, dass der Text der VOB/B am Ort und zur Zeit des Vertragsschlusses zur Einsicht ausgelegt ist und der Vertrag darauf hinweist (OLG Zweibrücken Urt. v. 25.11.2011 – 2 U 11/11). Auch soll es genügen, wenn in einem Angebot rechtzeitig vor Vertragsschluss angeboten wird, den Vertragstext der VOB/B zur Verfügung zu stellen (OLG Hamm, Urt. v. 10.12.1990 – 23 U 41/90). Der Hinweis im Angebot des Auftragnehmers, die VOB/B liege in der Firma vor, reicht hingegen nicht (OLG Naumburg NJW-RR 2011, 1101, 1102). Der sicherste Weg ist die Einbeziehung des VOB-Textes in den Vertrag. Das sollte beweiskräftig geschehen und erfolgt am besten dadurch, dass die VOB/B in das vorgedruckte Vertragsformular aufgenommen wird. Geschieht das nicht, sollte eine feste Verbindung hergestellt werden (z. B. durch Klammern). Eine Klausel, mit der der Vertragspartner des Verwenders den Erhalt der VOB/B bestätigt, ist unwirksam (BGH, Urt. v. 24.3.1988 – III ZR 21/87), wenn sie nicht als gesondert unterschriebenes Empfangsbekenntnis formuliert ist (vgl. BGH, Urt. v. 9.11.1989 – IX ZR 269/87).

Von der Rechtsprechung noch nicht geklärt ist, auf welche Weise ausreichende Möglichkeit   **46** der Kenntnisnahme der in den Vertrag einbezogenen Vertragsbedingungen der VOB/C verschafft wird. Es besteht allerdings kein Anlass, insoweit das Gesetz außer Kraft zu setzen (Vogel/Vogel, BauR 2000, 345, 347; Kapellmann/Messerschmidt-von Rintelen, VOB, 7. Aufl., § 1 Rdn. 20). Eine Einbeziehung der VOB/C kann deshalb nur nach den Regeln des § 305 Abs. 2 VOB/B erfolgen. Ist die VOB/C nicht wirksam in den Vertrag einbezogen, so bleibt deren Anwendungsbereich nur, soweit es sich um anerkannte Regeln der Technik handelt, deren (beiderseitige) Einhaltung auch ohne ausdrückliche Vereinbarung Gegenstand des Vertrages ist (zu sonstigen Umgehungsversuchen vgl. von Rintelen, a. a. O. Rdn. 22).

Hat der Unternehmer die VOB/B gegenüber einem Verbraucher nicht wirksam in dern Ver-   **47** trag einbezogen, kann er sich auf die für ihn günstigen Regelungen der VOB/B nicht berufen. Anders ist das aber für die Berufung des Verbrauchers auf die für den Unternehmer ungünstigen Regelungen zu beurteilen. Das Recht der Allgemeinen Geschäftsbeziehungen schützt den Vertragspartner des Verwenders und bezweckt nicht, ihm die Vorteile der von der anderen Seite gestellten Allgemeinen Geschäftsbedingungen zu nehmen. Der Bundesgerichtshof hat deshalb erwogen, dass die VOB-Regelung trotz unwirksamer Einbeziehung anwendbar ist, wenn sie den Verbraucher begünstigt (BGH, Urt. v. 8.7.1999 – VII ZR 237/98; angenommen von OLG Celle, Urt. v. 13.10.2004 – 7 U 114/02).

In vielen Fällen werden die Formulare von dem Architekten des Auftraggebers zusammen-   **48** gestellt und zum Vertragsschluss verwendet. In diesem Fall ist der Auftraggeber Verwender. Es gelten die Regelungen zur Einbeziehung gegenüber Unternehmern. Es ist nicht notwendig, dass der Auftraggeber Kenntnis von der VOB/B hat (BGH, Urt. v. 9.10.2008 – VII ZR 80/07).

2. Anwendung des § 305b und § 305c BGB

Es gilt der Vorrang der Individualabrede, § 305b BGB. Eine Allgemeine Geschäftsbedingung   **49** wird jedoch nicht dadurch zu einer Individualabrede, dass die Parteien die Geltung des Rechts der Allgemeinen Geschäftsbedingungen ausschließen wollen. Denn dieses Recht ist zwingend und kann nicht, auch nicht durch eine Individualvereinbarung ausgeschlossen werden (BGH, Urt. v. 20.3.2014 – VII ZR 248/13).

§ 305c Abs. 1 BGB, wonach überraschende Klauseln nicht Vertragsbestandteil werden, dürfte   **50** angesichts der weiten Verbreitung der VOB/B keine Bedeutung haben (vgl. dazu BGH, Urt. v. 28.1.2016 – I ZR 60/14: für weit verbreitete Geschäftsbedingungen eines Kranunternehmers).

Anwendbar ist jedoch zu Lasten des jeweiligen Verwenders die Zweifelsregelung des § 305c   **51** Abs. 2 BGB. Da die VOB/B eine Vielzahl von unklaren Regelungen enthält, hat die Zweifelsregelung eine nicht zu unterschätzende Bedeutung. So kann es zweifelhaft sein, ob der Auftragnehmer eine vom Auftraggeber angeordnete notwendige Planänderung ausführen muss, wenn sein Betrieb nicht darauf eingerichtet ist. Nach § 1 Abs. 3 VOB/B bleibt dem Auftraggeber vorbehalten, Änderungen des Bauentwurfs anzuordnen. Nach § 1 Abs. 4 Satz 1 VOB/B hat der Auftragnehmer nicht vereinbarte Leistungen, die zur Ausführung der vertraglichen Leistung erforderlich werden, auf Verlangen des Auftraggebers auszuführen, außer wenn sein Betrieb auf derartige Leistungen nicht eingerichtet ist. Da eine Änderung des Bauentwurfs dazu führt,

Einf. v. § 631

dass eine nicht vereinbarte Leistung auszuführen ist, kann § 1 Abs. 4 Satz 1 dahin verstanden werden, der Auftragnehmer müsse der Anordnung nicht Folge leisten, wenn sein Betrieb auf die geänderte Leistung nicht eingerichtet ist. Die Regelung kann aber auch so verstanden werden, dass § 1 Abs. 3 VOB/B die Planänderung betrifft, während § 1 Abs. 4 die zusätzliche Leistung betrifft. Kann – wie anzunehmen ist – durch Vertragsauslegung kein klares Ergebnis gewonnen werden, gilt die Zweifelsregelung zugunsten des Auftragnehmers, wenn der Auftraggeber die VOB/B verwendet hat. Hat hingegen der Auftragnehmer die VOB/B verwendet, gilt die Zweifelsregelung zugunsten des Auftraggebers. Die gleichen Grundsätze gelten für den Streit darüber, wie ein Preis nach § 2 Abs. 5 VOB/B unter Berücksichtigung der Mehr- oder Minderkosten zu vereinbaren ist. Bei vertretbaren unterschiedlichen Berechnungsmethoden gilt die für den Auftragnehmer günstigere, wenn der Auftraggeber Verwender der VOB/B ist. Bei den vielen Streitfragen, die die Regelungen der VOB/B aufwerfen, sollte § 305c Abs. 2 VOB/B niemals aus den Augen verloren werden.

52 Einen besonderen Anwendungsfall hat der BGH entschieden (Urt. v. 20.7.2017 – VII ZR 259/16). Der Auftraggeber hat eine unwirksame Festpreisklausel verwendet. Nachrangig sollte die VOB/B gelten. Der BGH hat entschieden, es sei unklar, ob die Nachrangigkeitsklausel auch für den Fall gelten sollte, dass eine unwirksame Bestimmung gelte. Sollte das der Fall sein, müsse die gesetzliche Regelung gelten. Sollte das nicht der Fall sein, müsse die Regelung des § 2 Abs. 3 VOB/B gelten, die für den Auftragnehmer günstiger sei. Wegen der Zweifel, was gewollt sei, finde § 2 Abs. 3 VOB/B Anwendung.

3. Inhaltskontrolle der VOB/B

53 Die Regelungen der VOB/B unterliegen als Allgemeine Geschäftsbedingungen an sich der Inhaltskontrolle nach § 307 BGB und nach §§ 308, 309 BGB (zu der Beschränkung nach § 310 Abs. 1 Satz 3 BGB s. Rn. 65 ff.). Das bedeutet, dass sie zu Lasten des Verwenders darauf überprüft werden, ob sie den Vertragspartner nach Maßgabe des § 307 Abs. 1 BGB unangemessen benachteiligen oder diese Benachteiligung nach §§ 308, 309 BGB zwingend anzunehmen ist mit der Folge, dass die jeweilige Klausel der VOB/B unwirksam ist.

54 Vor der Inhaltskontrolle einer Regelung der VOB/B steht ihre Auslegung. Erst wenn feststeht, welchen Inhalt die Regelung hat, kann beurteilt werden, ob sie den Vertragspartner des Verwenders unangemessen benachteiligt. Die Auslegung von Allgemeinen Geschäftsbedingungen hat nach den allgemeinen Auslegungsregeln der §§ 133, 157 BGB zu erfolgen. Allgemeine Geschäftsbedingungen sind ausgehend von den Interessen, Vorstellungen und Verständnismöglichkeiten eines rechtlich nicht vorgebildeten Durchschnittskunden einheitlich auszulegen, wie sie von verständigen und redlichen Vertragspartnern unter Abwägung der Interessen der normalerweise beteiligten Verkehrskreise verstanden werden (BGH, Urt. v. 22.11.2001 – VII ZR 150/01; Urt. v. 4.7.2013 – VII ZR 249/12). Dabei kann eine Differenzierung nach unterschiedlichen Verkehrskreisen geboten sein (BGH, Urt. v. 17.6.2004 – VII ZR 75/03), so dass bei gewerblichen Vertragspartnern im Einzelfall ein anderes Verständnis der VOB-Regelungen zugrunde gelegt werden kann als bei Verbrauchern. Ist eine Klausel unklar und ist die für den Vertragspartner schlechtere Variante unwirksam, so führt die Zweifelsregelung des § 305c Abs. 2 BGB dazu, dass die Klausel unwirksam ist (BGH, Urt. v. 20.3.2014 – VII ZR 248/13). Ist die Klausel nach allen Auslegungsvarianten wirksam, so gilt die für den Vertragspartner günstigere Regelung (BGH, Urt. v. 16.6.2009 – XI ZR 145/08).

55 Zutreffend wird in der Literatur darauf hingewiesen, dass die allgemeinen Auslegungsgrundsätze von der Rechtsprechung für die Auslegung der VOB/B nicht durchgehend eingehalten werden (Kapellmann/Messerschmidt-von Rintelen, VOB, 7. Aufl., Einleitung Rdn. 107 ff. m. w. N.). Das hat historische Gründe und ist darauf zurückzuführen, dass die VOB/B früher in der allgemeinen Wahrnehmung nahezu gesetzesgleichen Charakter, jedenfalls aber eine privilegierte Stellung hatte. Diese Überhöhung der VOB/B ist jedoch nicht mehr gegeben. Deshalb ist die Rechtsprechung gehalten, die allgemeinen Auslegungsgrundsätze anzuwenden und nicht mit Auslegungsakrobatik den Regelungen entgegen alle Zweifels- und Unklarheitsregeln des Gesetzes einen bestimmten Inhalt zu geben. Gerade die konsequente Anwendung des Rechts würde dazu führen, dass der Vergabe- und Vertragsausschuss mehr Sorgfalt auf die Regelungen der VOB/B verwenden und sich vor allem darüber im Klaren sein müsste, was er überhaupt inhaltlich regeln will.

56 Auch für die Auslegung der VOB/C gelten die allgemeinen Auslegungsgrundsätze. Der Verkehrssitte kommt allerdings insbesondere im gewerblichen Bereich eine besondere Bedeutung zu. Das Verständnis der jeweiligen Regelung in den von ihr typischerweise betroffenen

Verkehrskreisen muss ausreichend ermittelt werden. Werden die Technischen Vertragsbedingungen in Verträgen zwischen Bauunternehmern vereinbart, so ist das den Wortlaut sowie den Sinn und Zweck der Regelung berücksichtigende redliche Verständnis der Vertragspartner des Baugewerbes maßgebend. Dies kann durch Stellungnahmen der Handwerkskammern oder der Industrie- und Handelskammer oder der Verbände ermittelt werden. Die Ermittlung der Verkehrssitte kann in einem Prozess auch einem Sachverständigen übertragen werden. Es ist jedoch nicht zulässig, die Verkehrssitte aus einer isolierten Meinung eines Sachverständigen abzuleiten (BGH, Urt. v. 17.6.2004 – VII ZR 75/03). Gegen diese Regel wird in der Praxis allerdings häufig verstoßen.

Die Inhaltskontrolle findet nur zu Lasten desjenigen statt, der die Allgemeine Geschäftsbedingung verwendet (BGH, Urt. v. 9.3.2006 – VII ZR 268/04). Denn das Gesetz will nur dessen Vertragspartner schützen. Führt also ein Vertragspartner für ihn selbst ungünstige Bedingungen in den Vertrag ein, so sind sie anwendbar. Bei der Inhaltskontrolle der VOB-Regelungen ist dementsprechend stets vorab die Frage zu klären, wer Verwender der VOB/B ist. **57**

Maßstab der nach §307 Abs.1 Satz 1 BGB vorzunehmenden Inhaltskontrolle ist die nach Treu und Glauben unangemessene Benachteiligung des Vertragspartners des Verwenders. Als unangemessen im Sinne dieser Vorschrift wird nach der ständigen Rechtsprechung des Bundesgerichtshofs eine Klausel angesehen, in der der Verwender missbräuchlich eigene Interessen auf Kosten des Vertragspartners durchzusetzen versucht, ohne die Interessen des Vertragspartners hinreichend zu berücksichtigen und ihm einen angemessenen Ausgleich zuzugestehen (BGH, Urt. v. 20.3.2014 – VII ZR 248/13; Urt. v. 4.7.2013 – VII ZR 249/12). Eine unangemessene Benachteiligung kann sich auch daraus ergeben, dass eine Bestimmung nicht klar und verständlich ist, §307 Abs.1 Satz 2 BGB. Eine unangemessene Benachteiligung ist im Zweifel anzunehmen, wenn eine Bestimmung mit wesentlichen Grundgedanken der gesetzlichen Regelung, von der abgewichen wird, nicht zu vereinbaren ist oder die wesentlichen Rechte und Pflichten, die sich aus der Natur des Vertrages ergeben, so einschränkt, dass die Erreichung des Vertragszwecks gefährdet ist, §307 Abs.2 Nr.1 und 2 BGB. Eine unangemessene Benachteiligung liegt jedoch nicht vor, wenn die Leitbildabweichung sachlich gerechtfertigt ist und der gesetzliche Schutzzweck auf andere Weise sicher gestellt wird. Der Kontrollmaßstab ist in erster Linie das Gesetz und nicht etwa sind es die Regelungen der VOB/B (BGH, Urt. v. 10.6.1999 – VII ZR 365/98). **58**

Auf dieser Grundlage ergeben sich viele Probleme mit den Regelungen der VOB/B. So können die Preisregelungen des §2 VOB/B teilweise als bedenklich angesehen werden, weil sie vom Wortlaut her anderes ausdrücken wollen, als vermutet werden kann (Im Einzelnen Kniffka, BauR 2012, 477ff. m.N.). Ist der Regelungsgehalt schwer verständlich, kann ein Verstoß gegen das Transparenzgebot vorliegen. Ansonsten kann die Zweifelsregelung des §305c Abs.2 BGB helfen. **59**

Die Inhaltskontrolle ist von nicht zu unterschätzender Bedeutung, weil der Bundesgerichtshof bereits einige Klauseln der VOB/B für unwirksam erklärt hat:

a) Auswirkung der Inhaltskontrolle

Der Inhaltskontrolle halten nach der Rechtsprechung des Bundesgerichtshofs nicht stand: **60**

- §2 Nr.8 Abs.1 Satz 1 VOB/B a.F. bei Verwendung gegenüber dem Auftragnehmer (BGH, Urt. v. 31.1.1991 – VII ZR 291/88);
- §12 Abs.5 Nr.1 VOB/B bei Verwendung gegenüber einem Verbraucher (BGH, Urt. v. 27.7.2006 – VII ZR 276/05; Urt. v. 15.4.2004 – VII ZR 130/03;
- §13 Nr.4 VOB/B a.F. – zweijährige Verjährungsfrist bei Verwendung gegenüber dem Auftraggeber (BGH, Urt. v. 10.10.1985 – VII ZR 325/84; Urt. v. 28.11.2002 – VII ZR 4/00; Urt. v. 15.4.2004 – VII ZR 129/02); auch bei Verwendung gegenüber Kaufleuten (BGH, Urt. v. 8.3.1984 – VII ZR 349/82);
- §16 Nr.3 Abs.2 VOB/B a.F. bei Verwendung gegenüber dem Auftragnehmer – vorbehaltlose Annahme der Schlusszahlung (BGH, Urt. v. 17.9.1987 – VII ZR 155/86);
- §16 Nr.3 Abs.2 VOB/B n.F. bei Verwendung gegenüber dem Auftragnehmer (BGH, Urt. v. 19.3.1998 – VII ZR 116/97; Urt. v. 9.10.2001 – X ZR 153/99; Urt. v. 22.1.2004 – VII ZR 419/02; Urt. v. 10.5.2007 – VII ZR 226/05; Urt. v. 12.7.2007 – VII ZR 186/06; Urt. v. 24.3.2016 – VII ZR 201/15).

Einf. v. § 631   Einführung

- § 16 Nr. 5 Abs. 3 VOB/B a. F. bei Verwendung gegenüber dem Auftraggeber – Verzinsung nur nach Nachfrist (BGH, Urt. v. 20.8.2009 – VII ZR 212/07)
- § 16 Nr. 6 VOB/B a. F. bei Verwendung gegenüber dem Auftragnehmer – Zahlung an Nachunternehmer (BGH, Urt. v. 21.6.1990 – VII ZR 109/89).

61 Der Bundesgerichtshof hat in der Vergangenheit auch darüber entschieden, dass bestimmte Klauseln der VOB/B der Inhaltskontrolle stand halten. Die Inhaltskontrolle orientierte sich vor allem an dem Leitbild des Gesetzes, wie es zur Zeit der Verwendung der Klauseln verstanden wurde und an allgemeinen Angemessenheitsüberlegungen, soweit ein Leitbild nicht vorhanden war. Diese Entscheidungen können nicht unbesehen herangezogen werden, wenn es um die Inhaltskontrolle von VOB-Klauseln geht, die in Verträgen verwendet werden, die ab dem 1.1.2018 geschlossen werden. Denn insoweit haben sich insbesondere die gesetzlichen Leitbilder im Anordnungsrecht und im Recht der Vergütungsanpassung verschoben. Zum alten Recht halten der Inhaltskontrolle stand:

62
- § 1 Nr. 4 Satz 1, § 2 Nr. 5 Satz 1 und § 18 Nr. 4 VOB/B bei Verwendung gegenüber dem Auftragnehmer (BGH, Urt. v. 25.1.1996 – VII ZR 233/94);
- § 2 Nr. 6 Satz 2 VOB/B a. F. bei Verwendung gegenüber dem Auftragnehmer allerdings mit Einschränkungen (BGH, Urt. v. 23.5.1996 – VII ZR 245/94).
- § 13 VOB/B a. F. mit fünfjähriger Frist in einem vom Bauträger dem Bauhandwerker gestellten Vertrag (BGH, Urt. v. 27.9.2018 – VII ZR 45/17).

63 Darüber hinaus sind weitere Bestimmungen der VOB/B von den Instanzgerichten für unwirksam gehalten worden (Überblick über die Rechtsprechung der Instanzgerichte bei Markus/Kaiser/Kapellmann, AGB Handbuch Bauvertragsklauseln, 4. Aufl., Rdn. 69 ff.; Schenke, BauR 2008, 1972; Schlünder BauR 1998, 1126).

b) Inhaltskontrolle der §§ 1 und 2 VOB/B in Verträgen ab dem 1.1.2018

64 Nach dem In-Kraft-Treten des neuen Bauvertragsrechts zum 1.1.2018 unverändert geblieben. Aus dieser Gemengelage hat sich eine umfassende Diskussion entwickelt, ob Regelungen der VOB/B, soweit diese nicht in ihrer Gesamtheit ohne inhaltliche Abweichungen in den Vertrag einbezogen ist, im unternehmerischen Rechtsverkehr einer Inhaltskontrolle am Maßstab des § 307 Abs. 2 Nr. 1 BGB standhalten (s. nur die Stellungnahmen im Arbeitskreis Ib – Bauvertragsrecht – des 7. Deutschen Baugerichtstags, BauR 2018, 1498 – 1513 und Kniffka in der Vorauflage Rn. 73 ff.). Abschließend wird das der VII. Zivilsenat des BGH entscheiden, wenn ihm die entsprechenden Fälle unterbreitet werden. Bis dahin besteht für die Vertragsgestaltung eine Unsicherheit, wenn die VOB/B nicht als Ganzes vereinbart, sondern modifiziert werden soll. Unsicherheiten bei der Einschätzung streitiger Rechtsfragen bis zur höchstrichterlichen Klärung sind indes nicht ungewöhnlich. Zudem kann von folgenden allgemeinen Grundsätzen bei der Vertragsgestaltung ausgegangen werden:

65 Maßgeblich für die Inhaltskontrolle ist der durch Auslegung zu ermittelnde Inhalt der einzelnen Regelungen der VOB/B. Dieser richtet sich nach dem ggf. übereinstimmenden Verständnis der Vertragsparteien, ansonsten nach dem typischen im Baugewerbe vorliegenden Verständnis.

66 Allein ein Abweichen vom Gesetz führt nicht zur Unwirksamkeit, da es Sinn von AGB ist, vom Gesetz abweichende Regelungen zum Vertragsinhalt zu machen.

67 Es muss also von „wesentlichen Grundgedanken" der gesetzlichen Regelung abgewichen werden. Und soweit das der Fall ist, ist eine Regelung der VOB/B in diesen Fällen nur „im Zweifel" unwirksam. Diese Vermutung entfällt, wenn die Leitbildabweichung sachlich gerechtfertigt ist und der gesetzliche Schutzzweck in anderer Weise beachtet wird.

c) Inhaltskontrolle im Verbrauchervertrag

68 In einem Vertrag eines Unternehmers mit einem Verbraucher geht die Inhaltskontrolle weiter. §§ 308 und 309 BGB enthalten einen Katalog zwingend unwirksamer Regelungen, wenn Bedingungen gegenüber einem Verbraucher verwendet werden. Eine Angemessenheitskontrolle findet nicht statt. Im Verkehr mit Unternehmern (§ 14 BGB), juristischen Personen des öffentlichen Rechts oder öffentlich-rechtlichen Sondervermögen sind §§ 308 Nummern 1, 2 bis 8 und 309 BGB nicht anwendbar, § 310 Abs. 1. Jedoch hat die Aufnahme einer Klausel in den Katalog dieser Regelungen Indizwirkung für eine unangemessene Benachteiligung des Vertragspartners im kaufmännischen Verkehr (BGH, Urt. v. 8.3.1984 – VII ZR 349/82;

Urt. v. 3.3.1988 – X ZR 54/86; Urt. v. 28.10.2004 – VII ZR 385/02; Urt. v. 19.9.2007 – VIII ZR 141/06; Urt. v. 10.10.2013 – VII ZR 19/12), es sei denn, sie kann wegen der besonderen Interessen und Bedürfnisse des unternehmerischen Geschäftsverkehrs ausnahmsweise als angemessen angesehen werden (BGH, Urt. v. 19.9.2007 – VIII ZR 141/06). Es ist insoweit jedoch nicht geboten, die strengen Maßstäbe anzulegen, die für die Inhaltskontrolle von Klauseln gelten, die gegenüber Verbrauchern verwandt werden. Es erfolgt eine Parallelwertung in der Unternehmenssphäre (Berger ZIP 2006, 2149, 2153). Insbesondere sind die Gepflogenheiten des kaufmännischen Rechtsverkehrs auch unter Berücksichtigung internationaler Regelungen, die gesteigerte Eigenverantwortlichkeit eines Unternehmers, der Wissens- und Erkenntnisvorsprung eines Unternehmers vor Verbrauchern, die Beherrschbarkeit des durch die Klausel auferlegten Risikos, in Grenzen auch dessen Versicherbarkeit und allgemein die branchentypischen Umstände in die Würdigung mit einzubeziehen (Vgl. z.B. Berger, NJW 2010, 465 ff. mit der Forderung nach einer gesetzlichen Regelung; Acker/Bopp, BauR 2009, 1040, 1048; Langer, WM 2006, 1233; Berger, ZIP 2006, 2149, 2154).

d) Beschränkung der Inhaltskontrolle

Die Inhaltskontrolle findet uneingeschränkt in Verträgen statt, in denen ein Vertragspartner **69** die VOB/B gegenüber einem Verbraucher verwendet. Dabei ist ohne Belang, ob die VOB/B insgesamt vereinbart worden ist oder nur einzelne Bestimmungen der VOB/B Gegenstand des Vertrages sind, §310 Abs. 1 BGB. Diese mit dem Forderungssicherungsgesetz eingeführte Regelung gilt für Verträge, die ab dem 1.1.2009 geschlossen worden sind. Nach der Rechtsprechung des Bundesgerichtshofs findet die Inhaltskontrolle jedoch auch auf zuvor geschlossene Verträge mit Verbrauchern statt (BGH, Urt. v. 24.7.2008 – VII ZR 55/07).

Soweit die VOB/B nicht gegenüber Verbrauchern, sondern gegenüber Unternehmern, **70** juristischen Personen des öffentlichen Rechts oder öffentlich-rechtlichem Sondervermögen verwendet wird, schränkt §310 Abs. 1 Satz 3 BGB die Inhaltskontrolle ein. Sie findet hinsichtlich einzelner Klauseln nicht statt, wenn die VOB/B insgesamt vereinbart ist. Mit diesem Teil des Forderungssicherungsgesetzes ist ein Richterrecht kodifiziert worden, das mit einer grundlegenden Entscheidung des Bundesgerichtshofs seinen Anfang genommen hat (BGH, Urt. v. 16.12.1982 – VII ZR 92/82).

Der Bundesgerichtshof hat damals entschieden, dass die Bestimmungen der VOB/B nicht **71** der Inhaltskontrolle unterzogen sind, wenn sie als Ganzes vereinbart worden ist. Er hat das damit begründet, dass die VOB/B kein Vertragswerk sei, das den Vorteil nur einer Vertragsseite verfolge. Bei ihrer Ausarbeitung seien Interessengruppen der Auftraggeber wie der Auftragnehmer beteiligt, und zwar auch die öffentliche Hand. Sie enthalte einen auf die Besonderheiten des Bauvertragsrechts abgestimmten, im Ganzen einigermaßen ausgewogenen Ausgleich der beteiligten Interessen. Von den Bestimmungen des Werkvertragsrechts des Bürgerlichen Gesetzbuchs werde teils zugunsten des Auftraggebers, teils zum Vorteil des Auftragnehmers abgegangen. Es sei daher verfehlt, einzelne Bestimmungen der VOB/B einer Billigkeitskontrolle zu unterwerfen. Würden auf diese Weise bestimmte, die Interessen einer Vertragsseite bevorzugende Bestimmungen für unwirksam erklärt, so würde gerade dadurch der von dem Vertragswerk im Zusammenwirken sämtlicher Vorschriften erstrebte billige Ausgleich der Interessen gestört. Das mit der Inhaltskontrolle nach dem AGB-Gesetz verfolgte Ziel würde verfehlt. Diese Entscheidung fiel unter dem Eindruck, dass auch der Gesetzgeber von der Ausgewogenheit der VOB/B ausgegangen sei, wie sich daraus ergebe, dass nach §23 Abs. 2 Nr. 5 AGBG die §§10 Nr. 5, 11 Nr. 10f. AGBG auf Leistungen nicht anzuwenden seien, für die die VOB/B Vertragsgrundlage sei (Begründung zum Gesetzentwurf der Bundesregierung, BT-Drucks. 7/3919, S. 42; Bericht des Rechtsausschusses, BT-Drucks. 7/5422, S. 14).

Diese Entscheidung war durch die damaligen Gesetze nicht vorgegeben, die lediglich an- **72** ordneten, dass §10 Nr.5 und §11 Nr. 10 AGBG nicht anwendbar waren, wenn die VOB/B vereinbart war. Mit diesen Gesetzen war erreicht, dass die Verjährungsregel der VOB/B und die Bestimmungen, in denen Willenserklärungen fingiert wurden (in erster Linie §12 Nr. 5 VOB/B a. F.) nicht zwingend als unwirksam angesehen werden konnten, nicht mehr und nicht weniger. Weder war eine Inhaltskontrolle dieser Regelungen nach §9 AGBG untersagt noch enthielt das Gesetz die Anordnung, dass die VOB/B insgesamt nicht einer Inhaltskontrolle unterlag. Die Entscheidung des Bundesgerichtshofs vom 16.12.1982 hat deshalb nicht etwa das Gesetz ausgelegt, sondern das Gesetz fortgebildet.

Der Bundesgerichtshof hat seine Rechtsfortbildung dann mit der Entscheidung vom **73** 24.7.2008 (VII ZR 55/07) präzisiert. Er hat darauf hingewiesen, dass dem Vergabe- und Ver-

Einf. v. § 631

tragsausschuss keine Interessenvertreter der Verbraucher angehören, so dass diese ihre Interessen bei der Ausgestaltung der VOB/B nicht unmittelbar einbringen könnten. Es sei deshalb nicht gerechtfertigt, die VOB/B der Inhaltskontrolle zu entziehen, wenn sie gegenüber Verbrauchern verwendet werde.

74 Dieses Richterrecht war stets umstritten (vgl. Koch, BauR 2001, 162, 165 f. m. w. N.). Auch war umstritten, ob das Richterrecht nach der Schuldrechtsmodernisierung noch fortgelten könne, nachdem der Gesetzgeber es nicht ausdrücklich bestätigt habe. Der Streit gehört der Vergangenheit an, nachdem der Gesetzgeber es uneingeschränkt kodifiziert hat. In seiner Entscheidung vom 24.7.2008 (VII ZR 55/07) hat der Bundesgerichtshof bereits darauf hingewiesen, dass sich an dem Richterrecht durch die Schuldrechtsmodernisierung nichts geändert habe. Die Diskussion wird sich nunmehr auf die Auslegung des § 310 Abs. 1 Satz 3 BGB konzentrieren.

75 Danach sind einzelne Klauseln nicht der Inhaltskontrolle unterzogen, wenn die VOB/B insgesamt vereinbart ist. Insgesamt ist die VOB/B nach der vom Gesetzgeber zugrunde gelegten Rechtsprechung vereinbart, wenn sie ohne Abweichungen vereinbart worden ist. Soll nach dem Inhalt des Vertrages die VOB/B nicht in der vom DVA entwickelten und im Bundesanzeiger veröffentlichten Fassung gelten, so findet die Inhaltskontrolle aller Klauseln zu Lasten des Verwenders statt. Das ist gerechtfertigt, weil der Verwender des Vertragswerks dem Vertrag in diesem Fall nicht das einigermaßen ausgewogene Regelwerk der VOB/B zugrunde legen will, sondern ein Regelwerk, dessen Ausgewogenheit gestört ist.

76 Nach der älteren Rechtsprechung des Bundesgerichtshofs kam es bei Beurteilung der Frage, ob die VOB/B insgesamt oder „als Ganzes" vereinbart worden ist, darauf an, ob eine „ins Gewicht" fallende Abweichung von der VOB/B vorlag oder „in deren Kernbereich eingegriffen" wurde. Diese Rechtsprechung hat zu Recht erhebliche Kritik erfahren (vgl. Siegburg, BauR 1993, 9, 10, 16; Bunte, FS Korbion, S. 18; Anker/Zumschlinge, BauR 1995, 325; Schlünder, NJW 1995, 1057; Kraus, BauR, Beilage zu Heft 4/1977; Kraus/Vygen/Oppler, BauR 1999, 967; Kraus, BauR 2001, 1, 10; vgl. auch Tomic, BauR 2001, 14, 16; Kniffka/Quack, FS 50 Jahre BGH, S. 17, 25), weil sie keine verlässliche Prognose ermöglichte und der Rechtssicherheit im Wege stand. Nach der deshalb geänderten Rechtsprechung kommt es nur noch darauf an, ob irgendeine Abweichung von der VOB/B vereinbart sein sollte. Damit ist die Inhaltskontrolle auch dann eröffnet, wenn nur geringfügige inhaltliche Abweichungen von der VOB/B vorliegen und auch unabhängig davon, ob eventuell benachteiligende Regelungen im vorrangigen Vertragswerk möglicherweise durch andere Regelungen „ausgeglichen" werden (BGH, Urt. v. 22.1.2004 – VII ZR 419/02; Urt. v. 15.4.2004 – VII ZR 129/02; Urt. v. 10.5.2007 – VII ZR 226/05). Das gilt selbstverständlich auch für ein Vertragswerk, das vom öffentlichen Auftraggeber verwendet wird (BGH, Urt. v. 10.5.2007 – VII ZR 226/05).

77 Inhaltliche Änderungen liegen grundsätzlich nicht vor, wenn die Regelung der VOB/B nach ihrem Inhalt nur gelten soll, wenn die Parteien nichts anderes vereinbart haben (Änderungsvorbehalt), z. B. § 13 Abs. 4, § 17 Abs. 8 Nr. 2 VOB/B. Deshalb liegt eine inhaltliche Änderung nicht allein deshalb vor, weil die Parteien statt der Regelfrist von vier Jahren eine Verjährungsfrist von fünf Jahren vereinbaren. Diese Frage ist allerdings noch nicht abschließend geklärt (Ausdrücklich offen gelassen in BGH, Urt. v. 23.2.1989 – VII ZR 89/87; entgegen Dammann/Ruzik NZBau 2013, 265, 267 kann auch den Urteilen v. 22.1.2004 – VII ZR 267/02 und v. 24.7.2008 – VII ZR 55/07 nichts anderes entnommen werden) und umstritten (Gegen eine Abänderung der VOB/B: OLG Brandenburg, Urt. v. 8.11.2007 – 12 U 30/07; OLG Koblenz, Urt. v. 23.4.1997 – 9 U 760/96; OLG Hamm, Urt. v. 18.12.1996 – 12 U 46/96; für eine Abänderung: OLG Hamm, Urt. v. 17.7.2008 – 21 U 145/05; OLG Dresden, Beschl. v. 13.12.2007 – 12 U 1498/07; OLG München, Urt. v. 25.1.1994 – 13 U 5798/93; OLG Hamm, Urt. v. 9.12.1994 – 12 U 41/94). Sieht die VOB/B eine Öffnungsklausel vor, so steht ihre Ausgewogenheit nicht in Gefahr, solange angemessene Bedingungen an die Stelle der VOB-Regelung treten (a. A. Dammann/Ruzik NZBau 2013, 265, 267). Diskutiert werden kann nach der hier vertretenen Auffassung allenfalls, ob eine von der Regelfrist abweichende Verjährungsfrist dann als vom Änderungsvorbehalt nicht erfasste Änderung angesehen werden kann, wenn sie nicht dem Maßgabe des § 9 Abs. 6 VOB/A entspricht. Denn dort ist geregelt, wann der öffentliche Auftraggeber eine Änderung des § 13 Abs. 4 VOB/B vorsehen soll, so dass ein Verstoß gegen diese Regelung als für die Ausgewogenheit der VOB/B schädliche Anwendung des Änderungsvorbehalts angesehen werden könnte. Tritt man diesem Gedanken näher, kann allerdings schon im Interesse der Rechtssicherheit nur ein klarer Verstoß gegen § 9 Abs. 6 VOB/A zu der Wertung führen, die VOB/B sei nicht mehr insgesamt vereinbart. Das dürfte

Einführung   **Einf. v. § 631**

in aller Regel nicht anzunehmen sein, wenn die gesetzliche Verjährungsfrist von fünf Jahren vereinbart wird (ähnlich Kapellmann/Messerschmidt-von Rintelen, VOB, 7. Aufl., Einleitung Rdn. 79 ff., auch unter Hinweis auf § 8 Abs. 4 VOB/A).

Ähnlich liegt es bei Klauseln, die mehrere Varianten offen lassen. So sieht die VOB/B die **78** Möglichkeit vor, dass jede Partei eine förmliche Abnahme verlangen kann, § 12 Abs. 4 Nr. 1 VOB/B. Wird keine Abnahme verlangt, so ist die fiktive Abnahme möglich, § 12 Abs. 5 Nr. 1 und 2 VOB/B. Eine fiktive Abnahme ist danach ausgeschlossen, wenn die Abnahme verlangt wird. Eine Vertragsklausel, mit der eine förmliche Abnahme vereinbart wird, entscheidet sich von vornherein für die erste Variante. Denn die Vereinbarung einer förmlichen Abnahme, steht dem Verlangen nach förmlicher Abnahme im Sinne des § 12 Abs. 4 Nr. 1 VOB/B gleich. Das stellt entgegen der Auffassung des Kammergerichts, Urt. v. 10.1.2017 – 21 U 14/16, (auch OLG Hamm, Urt. v. 17.7.2008 – 21 U 145/05) keinen Eingriff in die VOB/B dar.

Nach Kammergericht, a. a. O., ist die VOB/B auch dann nicht als Ganzes vereinbart, wenn **79** der öffentliche Auftraggeber für die Vertragserfüllungsbürgschaft des Unternehmers einen Verzicht auf die Einreden des § 770 BGB (Anfechtungsrecht des Schuldners nach Abs. 1, und Aufrechnungsmöglichkeit durch den Gläubiger, Abs. 2) vorgesehen hat. § 17 Abs. 4 VOB/B verhält sich zu dem Inhalt der Bürgschaft wie folgt: Die Bürgschaftserklärung ist schriftlich unter Verzicht auf die Einrede der Vorausklage abzugeben (§ 771 BGB); sie darf nicht auf bestimmte Zeit begrenzt und muss nach Vorschrift des Auftraggebers ausgestellt sein. Der Auftraggeber kann als Sicherheit keine Bürgschaft fordern, die den Bürgen auf Zahlung auf erstes Anfordern verpflichtet. Ansonsten wird die Formulierung der VOB/B jedenfalls im Zweifel so zu verstehen sein, dass die Bürgschaft den gesetzlichen Anforderungen entsprechen muss. Dann ist die ohnehin AGB-rechtlich unzulässige uneingeschränkte Forderung auf einen Verzicht auf die Einreden des § 770 BGB (vgl. BGH, Urt. v. 24.10.2017 – XI ZR 600/16) eine Abweichung von der Regelung der VOB/B.

Sprachliche Modifizierungen, ohne Abweichung vom Regelungsgehalt (zB die Verwen- **80** dung des Wortes „Muster" statt „Anforderung" in § 17 Abs. 4 VOB/B) sind keine inhaltliche Änderungen in dem genannten Sinn. Ungeklärt ist, ob eine inhaltliche Abweichung von der VOB/B auch dann vorliegt, wenn Regelungen der VOB/C abgeändert werden. Im Hinblick auf den Wortlaut des Gesetzes dürfte das zu verneinen sein, weil die VOB/B in diesem Fall unverändert vereinbart bleibt.

Der Eingriff in die VOB/B als Ganzes kann durch Individualvereinbarung erfolgen, ge- **81** schieht in der Praxis jedoch häufig durch Allgemeine Geschäftsbedingungen, die den Regelungen der VOB/B vorgehen und diese jedenfalls teilweise abändern. Selbst Vertragswerke der öffentlichen Hand enthalten noch Abweichungen von der VOB/B, obwohl diese nur als Ganzes vereinbart werden soll (vgl. Schulze-Hagen, IBR 2007, 412). Ob die abweichenden Regelungen ihrerseits der Inhaltskontrolle standhalten, ist unerheblich (BGH, Urt. v. 17.11.1994 – VII ZR 245/93). Ein Eingriff in diesem Sinne liegt natürlich auch vor, wenn nur einzelne Regelungen der VOB/B in den Vertrag übernommen werden. Derart isolierte Regelungen unterliegen uneingeschränkt der Inhaltskontrolle.

Eine Inhaltskontrolle der insgesamt vereinbarten VOB/B ist nach dem allerdings nicht ganz **82** eindeutigen Text des § 310 Abs. 1 Satz 3 BGB möglich. Das ergibt sich aus der Begründung zum Gesetzentwurf, in der ausdrücklich der Wille zum Ausdruck gebracht wird, die Rechtsprechung des Bundesgerichtshofs zur Privilegierung der VOB/B übernehmen zu wollen. Nach dieser Rechtsprechung verbleibt die Möglichkeit, die VOB/B als Ganzes einer Inhaltskontrolle zu unterziehen. Möglich bleibt also die Prüfung, ob die Vereinbarung der VOB/B als Ganzes den Vertragspartner unangemessen benachteiligt (Kapellmann/Messerschmidt-von Rintelen, VOB, 7. Aufl., Einleitung Rdn. 47e). Diese Möglichkeit musste der Gesetzgeber den Gerichten erhalten, weil er ohne Verstoß gegen verfassungsrechtliche Grundsätze der Legitimität nicht ein Klauselwerk der Inhaltskontrolle insgesamt entziehen kann, das er nicht kennt (Weyer, BauR 2002, 857, 861; ähnlich Tomic, BauR 2001, 14, 22).

Die Gerichte haben diese Prüfung von Amts wegen vorzunehmen, wenn es in einem Rechts- **83** streit auf diese Frage ankommt. Der Bundesgerichtshof hat zum Gegenstand dieser Prüfung nur kurz in der Entscheidung vom 16.12.1982 (VII ZR 92/82) Stellung genommen. Danach kommt es darauf an, ob die Regelungen insgesamt einen angemessenen Interessenausgleich zwischen den Interessen der Bauvertragsparteien vorsehen und den Vertragspartner des Verwenders nicht unangemessen benachteiligen. Der Bundesgerichtshof hat diese Prüfung stillschweigend damals vorgenommen und lediglich das Ergebnis mitgeteilt. Die damalige Fassung der VOB/B hat den Vertragspartner des Verwenders, einen Bauhandwerker, nicht unangemessen

Jurgeleit

benachteiligt. Seither sind weder der Bundesgerichtshof noch andere Gerichte auf diese Frage zurückgekommen, was den Schluss veranlasst hat, Bedenken gegen die Ausgewogenheit der VOB/B bestünden nicht. Diese Frage ist aber mit der Zeit zunehmend streitig geworden, wobei es allerdings häufig um die nicht mehr virulente Frage ging, ob die Ausgewogenheit auch bei Verwendung gegenüber einem Verbraucher bejaht werden könne (vgl. dazu Kutschker, FS Craushaar S. 149 ff., 155; dies. BauR 1999, 454 ff.; Tomic, BauR 2001, 23). Virulent ist die Frage nicht mehr, weil die VOB/B bei Verwendung gegenüber einem Verbraucher ohnehin nicht privilegiert ist.

84 Es bleibt bei der Verpflichtung der Gerichte, die Ausgewogenheit der VOB/B weiterhin zu prüfen. Das Gesetz nimmt insoweit für keine der Fassungen eine Wertung vor, denn es verbietet nur die Prüfung einzelner Bestimmungen der VOB/B in der jeweils gültigen Fassung. Es lässt damit die Ausgewogenheitskontrolle der VOB/B als Ganzes in jeder anwendbaren Fassung zu, sei es eine vergangene Fassung oder eine zukünftige.

85 Die Frage bleibt demnach latent, ob die VOB/B als Ganzes der Inhaltskontrolle standhält. Was die Beurteilung durch die Gerichte angeht, kann eine gewisse Beständigkeit festgestellt werden, weil die Ausgewogenheit der VOB/B niemals in Frage gestellt oder problematisiert worden ist. Das ist allerdings kein Grund für den Vergabe- und Vertragsausschuss, diesem Aspekt nicht große Aufmerksamkeit zu widmen. Zur Beurteilung steht immer wieder neu, ob die Summe aller Regeln zu einer insgesamt ausgewogenen, die Interessen der Parteien angemessen berücksichtigenden Vertragsordnung führen. Diese Beurteilung muss sich natürlich in erster Linie an der vom Ausschuss selbst vorgenommenen Einschätzung orientieren. Sein Ergebnis sollte grundsätzlich akzeptiert werden. Wenn in den Verhandlungen auf gleicher Augenhöhe ein bestimmtes Regelwerk mit Vor- und Nachteilen jeweils der einen oder anderen Seite herauskommt, sollte die Rechtsprechung nicht mit penibler Dogmatik dieses Ergebnis torpedieren. Auf der anderen Seite darf die Kontrollfunktion der Rechtsprechung nicht zur Makulatur werden. Der Deutsche Vergabe- und Vertragsausschuss darf nicht die vom Gesetz gesetzten Grenzen überschreiten. Er muss dafür Sorge tragen, dass die VOB/B als Ganzes nicht in Konflikt gerät mit den tragenden Grundsätzen des Rechts der Allgemeinen Geschäftsbedingungen.

86 Die unbedachte Änderung einzelner Regeln kann insoweit ebenso problematisch sein, wie die Fortführung zweifelhafter Regeln. Denn die Frage der Ausgewogenheit muss auch stets im Lichte der aktuellen Verhältnisse, wie sie durch die wirtschaftlichen und rechtlichen Rahmenbedingungen vorgegeben werden, gesehen werden. Regelungen aus dem Jahre 1926 können sich später als nicht mehr angemessen erweisen und auch die Ausgewogenheit der VOB/B in Frage stellen. Das mag vor allem für die Regelung in § 16 Abs. 3 VOB/B problematisch sein. Denn diese Regelung führt zu einem Verlust des Vergütungsanspruchs des Unternehmers aus rein formalen Gründen. Die Rechtsprechung hat diese Unangemessenheit stets herausgestrichen (BGH, Urt. v. 17.9.1987 – VII ZR 155/86; Urt. v. 19.3.1998 – VII ZR 116/97; Urt. v. 9.10.2001 – X ZR 153/99; Urt. v. 22.1.2004 – VII ZR 419/02; Urt. v. 10.5.2007 – VII ZR 226/05; Urt. v. 12.7.2007 – VII ZR 186/06; BGH, Urt. v. 24.3.2016 – VII ZR 201/15). Die nachteiligen Rechtsfolgen sind für den Auftragnehmer so gravierend, dass sie bei der Beurteilung der Gesamtausgewogenheit ein ganz erhebliches Gewicht erlangen. Auch wird die Frage immer wieder neu gestellt werden müssen, ob sich unter dem Blickpunkt eines veränderten Verständnisses von einem ausgewogenen Interessenausgleich noch rechtfertigen lässt, dass die Ausgewogenheit letztlich auch dadurch erreicht wird, dass sich in der VOB/B zu Lasten beider Vertragsseiten Bedingungen finden, die bei isolierter Betrachtungsweise als unangemessen beurteilt werden (Vgl. Kniffka/Quack, FS 50 Jahre BGH, S. 17 ff.; dazu ausführlich Kapellmann/Messerschmidt-von Rintelen, VOB, 7. Aufl., Einleitung Rdn. 51 ff.). Die Richtung muss jedenfalls dahin gehen, dass die Ausgewogenheit durch Vertragsbedingungen hergestellt wird, die nicht anrüchig sind und letztlich nicht dazu führen, dass im Einzelfall die eine oder andere Partei einen Nachteil erleidet, der als unangemessen empfunden wird. Insbesondere aber muss sich die Ausgewogenheitskontrolle an einem im Recht der Allgemeinen Geschäftsbedingungen immer stärker hervortretenden Gesichtspunkt orientieren: der Transparenz. Die VOB/B enthält Bedingungen, die nur schwer verständlich sind. Allein die wichtigen Regelungen der § 2 Abs. 3 bis 8 VOB/B werfen viele Fragen auf, die dadurch entstehen, dass die Formulierungen unklar und nicht aufeinander abgestimmt sind (Kniffka, BauR 2012, 411). Zum Beispiel führt die Vermengung von Begriffen wie „Grundlagen der Preisermittlung", „Mehr- und Minderkosten" und „Preis" in § 2 Abs. 5 VOB/B zu einer Vielzahl von Streitfragen in einem der wichtigsten Segmente des Vergütungsrechts. Die doppelte Regulierung des Falles, dass auftragslose Leistungen notwendig und im mutmaßlichen Willen des Auftraggebers erbracht sind, § 2 Abs. 8 Nr. 2 und Nr. 3 VOB/B, ist nicht nachvollziehbar und kann rational kaum zu be-

wältigende Irritationen auslösen. Die Beispiele könnten platzfüllend fortgeführt werden. Auch muss sich der Vergabe- und Vertragsausschuss den Anforderungen stellen, die praxisrelevant von Rechtswissenschaftlern erhoben werden. Die Diskussion zu §§ 1 Abs. 3 und Abs. 4 VOB/B und den korrespondierenden Regelungen in §§ 2 Abs. 5 und Abs. 6 VOB/B (Vgl. nur einerseits Thode ZfBR 2004, 214 ff.; ders. BauR 2008, 155; und andererseits Zanner/Keller, NZBau 2004, 353; ders. BauR 2006, 177, 178; auch Breyer, BauR 2006, 1222 ff.; Vygen, BauR 2006, 166, 168) mag in vielen Punkten überhöht und überflüssig sein. Im Kern belegt sie jedoch, dass ein Abstimmungs- und Regelungsbedarf besteht. Eine grundlegende Renovierung der VOB/B würde deshalb gut tun, wie sie in der Vergangenheit schon versucht worden, jedoch leider gescheitert ist. Hinzu kommt nunmehr, dass der Gesetzgeber zu Regelungsbereichen der VOB/B grundlegend andere Entscheidungen getroffen hat, insbesondere zum Anordnungs- und Vergütungsrecht für Nachträge, §§ 650b bis § 650d BGB. Auch in diesem Licht stellt sich nicht nur die Frage der Inhaltskontrolle der einzelnen Regelungen in § 1 Abs. 3 und 4 sowie § 2 Abs. 5, § 2 Abs. 6 und § 16 Abs. 1 → Rdn. 64, sondern auch die Frage der Ausgewogenheit insgesamt.

E. Einordnung anderer Verträge als Werkvertrag

I. Architekten- und Ingenieurvertrag

Die Rechtsnatur des Architekten- und Ingenieurvertrages ist Gegenstand ständiger Auseinandersetzung (vgl. zum 3. Deutschen Baugerichtstag, BauR 2010, 1381). Mit dem Gesetz zur Reform des Bauvertragsrechts sind Teile des Architekten- und Ingenieurvertrages im Untertitel 2 zum Titel 9 des Bürgerlichen Gesetzbuches, „Werkvertrag und ähnliche Verträge" geregelt worden. Der Gesetzgeber hat damit einerseits grundsätzlich bestätigt, dass der Architekten- und Ingenieurvertrag als Werkvertrag einzuordnen ist, soweit es um Planungs- und Überwachungsleistungen für ein Bauwerk oder eine Außenanlage geht (BT-Drucks. 18/8486, S. 66). Andererseits hat er aber Regelungen gefunden, die den Besonderheiten dieses Vertragsyps durch speziell Rechnung tragen. Um den besonderen Charakter der Architekten- und Ingenieurverträge deutlich zu machen, sind diese Vorschriften in einem eigenen Untertitel zusammengefasst worden. Wegen der sich aus dieser Einordnung ergebenden Rechte und Pflichten des Architekten und Ingenieurs wird auf die Darstellung unter § 650p und § 650q Bezug genommen. 87

II. Vertrag über Bodenuntersuchungen

Ein Vertrag, der Bodenuntersuchungen zur Vorbereitung von Bauvorhaben zum Gegenstand hat, ist ein Werkvertrag. Ebenso wie die Leistungen der Architekten und Ingenieure dienen die Leistungen der Bodenuntersuchung zur Herstellung einer baulichen Anlage und sind insoweit erfolgsbezogen (BGH, Urt. v. 26.10.1978 – VII ZR 249/77). Das gilt gleichermaßen für Verträge über Bodengutachten, Baugrunduntersuchungen oder sonstige Verträge im Zusammenhang mit der Beurteilung des Bodens (BGH, Urt. v. 28.4.1992 – X ZR 27/91). 88

III. Projektsteuerungsvertrag

Verträge über das Projektmanagement, die Projektsteuerung und das Projektcontrolling für Bauobjekte haben eine mannigfaltige Ausgestaltung (eingehend: Eschenbruch, Projektmanagement und Projektsteuerung für die Immobilien- und Bauwirtschaft, 3. Aufl.). Im Wesentlichen geht es um Verträge über die Wahrnehmung von Aufgaben des Bestellers, die gewährleisten sollen, dass das Projekt hinsichtlich der 89

1. Organisation, Information, Koordination und Dokumentation
2. Qualitäten und Quantitäten
3. Kosten und Finanzierung
4. Termine, Kapazitäten und Logistik
5. Verträge und Versicherungen

optimal gestaltet wird.

Einf. v. § 631 Einführung

90 Die Rechtsnatur eines Projektsteuerungsvertrages hängt von den getroffenen Vereinbarungen ab. Sie bestimmen, ob der Vertrag eine Geschäftsbesorgung zum Gegenstand hat und ob er als Dienst- oder Werkvertrag einzuordnen ist (vertiefend: Eschenbruch, Projektmanagement und Projektsteuerung, 3. Aufl., Rdn. 892 ff.). Das Recht des Werkvertrages ist anwendbar, wenn der Projektsteuerer durch seine vertragliche Leistung einen Erfolg im Sinne des § 631 Abs. 2 BGB schuldet. Es ist nicht notwendig, dass der Projektsteuerer ausschließlich erfolgsorientierte Pflichten wahrnimmt. Werkvertragsrecht kann auch dann anwendbar sein, wenn der Unternehmer ein Bündel von verschiedenen Aufgaben übernommen hat und die erfolgsorientierten Aufgaben dermaßen überwiegen, dass sie den Vertrag prägen. Insoweit gilt die vom Bundesgerichtshof schon für den Baubetreuungsvertrag entwickelte Schwerpunkttheorie (BGH, Urt. v. 10.6.1999 – VII ZR 215/98). Eschenbruch (a. a. O. Rdn. 892 ff.) hat überzeugend nachgewiesen, dass für einen Großteil der Leistungen, die in Projektsteuerungsverträgen vereinbart werden, Werkvertragsrecht anzuwenden ist, weil diese Leistungen erfolgsbezogen sind. Die Frage ist allerdings streitig (Nachweise bei Eschenbruch a. a. O. Rdn. 914 ff.) und vom Bundesgerichtshof noch nicht endgültig entschieden. Aus ersten Entscheidungen zur Rechtsnatur des Projektsteuerungsvertrags wurde allerdings eine Tendenz zur Einordnung als Dienstvertrag herausgelesen. In der Sache haben diese Entscheidungen eine solche Einordnung jedoch nicht vorgenommen, sondern lediglich Rechtsfehler der Vorinstanz bei der Auslegung des Vertrages beurteilt (BGH, Urt. v. 26.1.1995 – VII ZR 49/94: Erfolgshonorar ist kein Indiz für Werkvertrag; Urt. v. 6.4.1995 – VII ZR 36/94: Kein Rechtsfehler in der Anwendung des Dienstvertragsrechts beim Einsatz eines freien Mitarbeiters mit Aufgaben der Projektsteuerung). Auf der Grundlage der Schwerpunkttheorie hat der Bundesgerichtshof einen Vertrag, mit dem der Projektsteuerer im Schwerpunkt Überwachungsaufgaben wahrgenommen hat, als Werkvertrag eingeordnet. Der Auftragnehmer hatte die Prüfung aller Ausführungszeichnungen, Leistungsverzeichnisse, Montagepläne, Berechnungen und anderer Ausführungsunterlagen auf Übereinstimmung mit den vertraglichen Leistungen zugesagt. Ebenso hat er sich zur Baustellenkontrolle vor Ort mit der Maßgabe verpflichtet, dass die festgestellten Mängel gegenüber dem Bauunternehmer gerügt werden. Die technischen Kontrollen von Leistungen, die bei der Schlussabnahme nicht kontrolliert werden können, sollte er durchführen. Ebenso hatte es der Auftragnehmer übernommen, die Planungsleistungen und verwendeten Materialien auf Vertragskonformität zu kontrollieren. Auch sollte die Mängelbeseitigung überwacht werden, der Bautenstand festgestellt und die Abschlagsrechnungen geprüft werden. Alle diese Aufgaben sind erfolgsbezogen, weil sie den zentralen Zweck haben, die vertragsgerechte Ausführung des Bauvorhabens zu gewährleisten.

91 In dieser Entscheidung hat der Bundesgerichtshof es noch offen gelassen, ob ein Vertrag, der sich (nur) an dem Leistungskatalog des § 31 HOAI a. F. orientiert, als Dienst- oder Werkvertrag einzuordnen ist. Er hat allerdings dann später keine Bedenken gegen die Annahme des Berufungsgerichts geäußert, ein Vertrag nach der Leistungs- und Honorarordnung Projektsteuerung nach dem AHO/DVP Modell (vgl. dazu Locher/Koeble/Frik, HOAI, 12. Aufl., Einleitung Rdn. 409 ff.) müsse nach Werkvertragsrecht beurteilt werden und auf dieser Basis § 649 BGB angewandt (BGH, Beschl. v. 25.1.2007 – VII ZR 112/06; vgl. auch OLG Hamburg, Urt. v. 3.9.2002 – 9 U 8/02). Auch wenn der Bundesgerichtshof darauf hingewiesen hat, dass die Beurteilung des Berufungsgerichts im Verfahren der Nichtzulassungsbeschwerde nicht angegriffen worden ist, ist diese Entscheidung ein Hinweis darauf, dass nach dem AHO/DVP Modell geschlossene Verträge als Werkverträge eingeordnet werden können. Denn die rechtliche Beurteilung richtet sich nicht nach den Angriffen einer Partei. Ältere Entscheidungen der Instanzgerichte (OLG München, Urt. v. 7.11.1995 – 9 U 3153/95; OLG Düsseldorf, Urt. v. 1.10.1998 – 5 U 182/98) könnten dadurch in Frage gestellt sein.

92 Geht es um Schadensersatzansprüche des Auftraggebers wegen Verletzung von Pflichten aus dem Projektsteuerungsvertrag, kann die Rechtsnatur des Vertrages häufig dahingestellt bleiben. Sie ist nur dann relevant, wenn dem Projektsteuerer noch ein Recht zur Nacherfüllung eingeräumt ist. Ist das nicht der Fall, weil der eingetretene oder bevorstehende Schaden nicht durch Nacherfüllung verhindert werden kann, haftet der Projektsteuerer gemäß § 280 Abs. 1 BGB. Hat der Projektsteuerer z. B. die Koordinierung und Kontrolle von Finanzierungs- und Förderungsverfahren übernommen und hat er pflichtwidrig nicht dafür gesorgt, dass Vergabeauflagen durch die fördernde Institution eingehalten werden, so haftet er für den Schaden, der dadurch entsteht, dass die Förderung widerrufen wird (OLG Düsseldorf, Urt. v. 27.6.2014 – 17 U 5/14: Projektsteuerer handelt pflichtwidrig, wenn er gegen die Auflage nicht öffentlich ausschreiben lässt und nicht für eine ordentliche Dokumentation der Vergabeentscheidungen sorgt).

IV. Baubetreuungsvertrag

93 Baubetreuer ist, wer gewerbsmäßig Bauvorhaben im fremden Namen für fremde Rechnung wirtschaftlich vorbereitet oder durchführt (§ 34c Abs. 1 Satz 1 Nr. 2b GewO). Der Baubetreuer übernimmt die technische, wirtschaftliche und finanzielle Betreuung des Bauherrn, auf dessen Grundstück – bei der Baubetreuung im engeren Sinne – ein Bauwerk errichtet werden soll, sogenannte Vollbetreuung. Der Baubetreuer handelt hierbei im Namen und in Vollmacht des Betreuten sowie auf dessen Rechnung. Der betreute Besteller, nicht der Baubetreuer wird Vertragspartner der Handwerker usw. (BGH, Urt. v. 17.1.1980 – VII ZR 42/78). Verspricht der Baubetreuer, das Bauwerk zu einem Festpreis herstellen zu lassen, ist das eine Preisgarantie, die ihn verpflichtet, den Bauherrn von den über den Festpreis hinausgehenden Forderungen der Bauhandwerker freizustellen (BGH, Urt. v. 18.11.1976 – VII ZR 150/75). Der Baubetreuer verpflichtet sich in aller Regel, durch organisatorische, planerische, steuernde und beaufsichtigende Tätigkeit ein Bauvorhaben für den Besteller (schlüsselfertig) zu errichten. Dabei hat er auch die wirtschaftlichen und finanziellen Interessen des Bestellers wahrzunehmen (vgl. zu den Pflichten eines Baubetreuers: BGH, Urt. v. 13.7.2000 – VII ZR 139/99; Urt. v. 22.12.1977 – VII ZR 94/76; Urt. v. 13.2.1975 – VII ZR 78/73). Seiner Rechtsnatur nach ist der Baubetreuungsvertrag ein Werkvertrag, der eine Geschäftsbesorgung zum Gegenstand hat (BGH, Urt. v. 13.2.1975 – VII ZR 78/73; Urt. v. 17.4.1991 – IV ZR 112/90; Urt. v. 30.6.1994 – VII ZR 116/93; Urt. v. 11.6.1976 – I ZR 55/75). Hat der Baubetreuer die Betreuung von Planungen übernommen, so haftet er nach den für den Architektenvertrag entwickelten Grundsätzen. Er schuldet die ordnungsgemäße Erbringung der in den Bereichen der Planung, Vergabe und Überwachung übernommenen Leistungen und hat, wie ein Architekt, im Sinne einer Erfolgshaftung dafür einzustehen, dass diese Leistungen für die Entstehung eines mangelfreien Bauwerks geeignet sind (BGH, Urt. v. 30.6.1994 – VII ZR 116/93). Hat ein Baubetreuer allerdings nur die finanzwirtschaftliche Betreuung übernommen, so sollen nach einer Entscheidung des Bundesgerichtshofs keine Bedenken gegen die Einordnung als Geschäftsbesorgungsvertrag mit Dienstleistungscharakter bestehen (BGH, Urt. v. 9.6.2005 – III ZR 436/04). Der Baubetreuungsvertrag hat auch Elemente des Geschäftsbesorgungsvertrages, so dass die Vorschriften des Auftrags Anwendung finden (BGH, Urt. v. 10.7.1969 – VII ZR 87/67; Urt. v. 13.2.1975 – VII ZR 78/73).

V. Bauträgervertrag

94 Die heutige Form des Bauträgervertrages hat sich im Wesentlichen nach dem 2. Weltkrieg entwickelt, um der Wohnungsnot und dem schlechten Wohnungsbestand zu begegnen (ausführlich und instruktiv zur Entwicklung des Bauträgervertrages: Pause, Bauträgerkauf und Baumodelle, Rdn. 1 ff.). 1973 wurde der Vertragstyp gesetzgeberisch in § 34c der Gewerbeordnung erfasst (Gesetz zur Änderung der Gewerbeordnung v. 16.8.1972, BGBl. I S. 1465) und 1974/1975 die gesetzlichen Sicherungen in der Makler- und Bauträgerverordnung vorgesehen (Verordnung vom 20.6.1974, BGBl. I S. 1314 und Verordnung vom 13.5.1975, BGBl. I. S. 1110), wie sie auch heute noch weitgehend Bestand haben, vgl. §§ 2 ff. MaBV. Das Gewerberecht ist als Ordnungsrecht (dazu Pause, Rdn. 41 ff.) allerdings nicht geeignet, den Vertragstyp mit seinen Besonderheiten zu erfassen und als Leitbild zu dienen. Mit dem Gesetz zur Reform des Bauvertragsrechts ist dieser Vertragstyp im Untertitel 3 des Titels 9 des Bürgerlichen Gesetzbuches „Werkvertrag und ähnliche Verträge" erfasst worden. Wegen der vertraglichen Einordnung wird auf die Kommentierung des § 650u BGB Bezug genommen.

VI. Abgrenzung zu Baulieferungsverträgen

95 Vom Bauvertrag sind die Verträge abzugrenzen, nach denen Bauteile zu liefern sind. Enthält der Vertrag eine reine Lieferverpflichtung, so handelt es sich um einen Kaufvertrag, z. B. beim Kauf einer Photovoltaikanlage, die der Käufer selbst oder für ihn ein Dritter montiert (vgl. BGH, Urt. v. 9.10.2013 – VIII ZR 318/12; so auch OLG Oldenburg, Urt. v. 22.1.2013 – 2 U 47/12, obwohl der liefernde Unternehmer teilweise Montageleistungen vorgenommen hat). Das gilt auch für Verträge, in denen der gesamte Bausatz für ein Haus geliefert wird (BGH, Urt. v. 10.3.1983 – VII ZR 301/82), ohne dass der Lieferant an der Montage beteiligt ist. Ein Vertrag, dem – ebenso wie im Versandhandel – eine Bestellung aus einem Warenkatalog des

Anbieters zugrunde liegt, ist ein Kaufvertrag und kein Werklieferungsvertrag (BGH, Urt. v. 2.4.2014 – VIII ZR 46/13: Lieferung beschichteter Aluminiumprofile nach Katalog).

96 Ist mit der Anlieferung von Bausätzen auch die Verpflichtung verbunden, Baupläne, Bauzeichnungen und statische Berechnungen zu liefern, handelt es sich um einen typengemischten Vertrag. Dieser enthält jedenfalls hinsichtlich der Verpflichtung, Baupläne usw. zu liefern, werkvertragliche Elemente (BGH, Urt. v. 12.11.1980 – VII ZR 338/79). Soweit die Planungen die angelieferten Teile betreffen und nicht den Schwerpunkt des Vertrages bilden, ist gemäß §651 BGB Kaufrecht anwendbar. Allein der Umstand, dass die angelieferten Teile auf der Grundlage einer Planung hergestellt worden sind, rechtfertigt nicht die Anwendung von Werkvertragsrecht (BGH, Urt. v. 23.7.2009 – VII ZR 151/08). Soweit die architektonischen Leistungen sich nicht auf die angelieferten Bauteile beziehen, ist Werkvertragsrecht anzuwenden.

97 Ist mit der Lieferung von Bauteilen eine Herstellungsverpflichtung verbunden, so ist regelmäßig Werkvertragsrecht anwendbar, wenn die Herstellungsverpflichtung den Bau selbst oder den Einbau der angelieferten Sache in das Bauwerk betrifft. Deshalb ist ein Vertrag über die Lieferung und Errichtung eines Ausbauhauses als Werkvertrag eingeordnet worden (BGH, Urt. v. 22.12.2005 – VII ZR 183/04). Gleiches gilt für die Errichtung eines Fertighauses (BGH, Urt. v. 10.3.1983 – VII ZR 302/82; Urt. v. 8.11.1984 – VII ZR 256/83; Urt. v. 27.4.2006 – VII ZR 175/05; vgl. auch Urt. v. 22.3.2007 – VII ZR 268/05). Nach zutreffender Einordnung ist die Installation einer Photovoltaikanlage durch den Unternehmer nach Werkvertragsrecht zu beurteilen (BGH, Urt. v. 2.6.2016 – VII ZR 348/13; OLG Bamberg, Beschl. v. 12.1.2013 – 6 W 38/11; OLG Jena, Urt. v. 6.3.2013 – 2 U 105/12; OLG Naumburg, Urt. v. 20.2.2014 – 1 U 86/13; so auch OLG München NJW 2014, 867; vgl. auch Lakkis NJW 2014, 829). Dabei kommt es nicht darauf an, ob die Photovoltaikanlage im Freiland oder auf dem Dach eines Gebäudes errichtet wird. Diese Unterscheidung kann bei der Beurteilung einer Rolle spielen, ob ein Bauwerk errichtet wurde, so dass die fünfjährige Verjährungsfrist gilt, §634a Abs.1 Nr.2 BGB (vgl. dazu BGH, Urt. v. 2.6.2016 – VII ZR 348/13: Bauwerk, wenn Eingriffe in die Konstruktion eines Daches notwendig waren). Dabei spielt es keine Rolle, dass die Photovoltaikanlage einmal direkt und das andere mal nur indirekt über das Dach mit dem Erdboden verbunden wird (BGH, Urt. v. 2.6.2016 – VII ZR 348/13; vgl. auch Grabe, BauR 2015, 1 ff.). Auch mit dem Erdboden fest verbundene Photovoltaikanlagen können Bauwerke sein.

98 Hat der Unternehmer nur eine Pflicht zur Lieferung hergestellter Sachen und keine Herstellungsverpflichtung derart übernommen, dass sie an dem Bauwerk zu erbringen ist, ist grundsätzlich Kaufvertragsrecht anzuwenden. Es spielt keine Rolle, dass die von ihm hergestellte Bauleistung (z.B. Fenster, Türen, Betonteile usw.) dazu vorgesehen sind, in ein Bauwerk eingebaut zu werden (BGH, Urt. v. 23.7.2009 – VII ZR 151/08). Das betrifft nicht nur die Verträge über die Anlieferung von Baustoffen und Materialien, sondern auch die Verträge über die Anlieferung von Bauteilen, z.B. Fertigteilen (OLG Brandenburg, Urt. v. 22.2.2012 – 4 U 69/11), die vom Lieferanten hergestellt werden (vgl. BGH, Urt. v. 24.2.2016 – VIII ZR 38/15). Denn auf einen Vertrag, der die Lieferung herzustellender oder zu erzeugender beweglicher Sachen zum Gegenstand hat, finden die Vorschriften über den Kauf Anwendung, §650 BGB. Soweit es sich allerdings bei den herzustellenden oder zu erzeugenden Sachen um nicht vertretbare Sachen handelt, also z.B. um Sachen, die eigens für das Bauvorhaben angepasst hergestellt wurden, sind auch die §§642, 643, 645, 649 BGB mit der Maßgabe anzuwenden, dass an die Stelle der Abnahme der nach den §§446 und 447 BGB maßgebliche Zeitpunkt tritt, §650 Satz 3 BGB, vgl. → §650 BGB Rdn.38. Nach Kaufrecht ist danach auch die Anlieferung von den Teilen anzusehen, die für die Errichtung eines Fertighauses notwendig sind, auch wenn diese Teile vom Lieferanten hergestellt worden sind. Anders ist es dagegen, wenn der Unternehmer nicht nur die Teile anliefert, sondern auch die Montage übernimmt (Kniffka/Koeble/Jurgeleit/Sacher, 5. Aufl.; 10. Teil Rdn.10).

99 Zwischen diesen beiden Vertragstypen steht der Kauf mit Montageverpflichtung. Auf ihn ist ebenfalls Kaufrecht anzuwenden, wenn die Montageverpflichtung untergeordnete Bedeutung hat, vgl. → §650 BGB Rdn.16. Die Abgrenzung der Fälle, in denen ein Kauf mit Montageverpflichtung oder ein Werkvertrag angenommen werden kann, ist im Einzelfall schwierig. Rudolph (BauR 2012, 557 ff.) hat nachgewiesen, dass die Kategorien des alten Rechts, wonach allein darauf abgestellt wurde, ob der Warenumsatz prägend ist (dann Kaufvertrag) oder die Herstellungsverpflichtung (dann Werkvertrag) nicht ohne Weiteres übertragbar sind. Denn Kaufrecht ist nach neuem Recht auch dann anwendbar, wenn Herstellungspflichten den Vertrag dominieren, jedoch eine bewegliche Sache zu liefern ist. Handlungen, die sich auf die zu liefernde Sache beziehen, sind ohnehin dem kaufrechtlichen Element des Vertrages zuzuordnen. Bewirken Montageleistungen jedoch eine Veränderung einer bereits bestehenden anderen als die gelieferte Sache, so dürfte in aller Regel Werkvertragsrecht anwendbar sein. Mit diesem Abgrenzungskriterium lässt sich z. B. der Fall lösen, dass eine erworbene Küchenzeile in eine Küche eingepasst wird (sog. Einbauküche). Es geht nicht allein um eine Montage der Küchenzeile, sondern um eine funktionsgerechte Einpassung in eine Küche. Das rechtfertigt die Anwendung des Werkvertragsrecht (vgl. BGH, Urt. v. 7.3.2013 – VII ZR 162/12; Rudolph, BauR 2012, 557, 567 f. m. w. N.). Anders ist das beim reinen Aufstellen, Verbinden und Installieren von Küchenmöbeln (Kaufvertrag mit untergeordneter Montageverpflichtung: vgl. BGH, Urt. v. 30.8.2018 – VII ZR 243/17).

Problematisch ist auch die Lieferung von einzelnen Anlagenteilen (z. B. Maschinen, Förderbänder) für größere industrielle Anlagen. Reine Lieferungen unterfallen dem Kaufrecht (vgl. BGH, Urt. v. 24. Februar 2016 – VIII ZR 38/15). Anders kann das sein, wenn die Maschinen vom Lieferanten auch eingepasst, also Montageleistungen vorgenommen werden. Auch insoweit kommt es darauf an, ob die Montageleistungen von untergeordneter Bedeutung sind. Dann ist Kaufrecht anzuwenden. Dient die Montage jedoch dazu, die Funktion der Gesamtanlage zu gewährleisten, ist in aller Regel Werkvertragsrecht anwendbar (vgl. BGH, Urt. v. 7.12.2017 – VII ZR 101/14). Führt die Montage zu einer Änderung der bestehenden Anlage, ist ebenfalls Werkvertrag anwendbar (vgl. BGH, Urt. v. 7.12.2017 – VII ZR 101/14). 100

VII. Weitere Einzelfälle

1. Abbrucharbeiten

Der Vertrag über den Abbruch von Bauwerken oder Teilen davon ist Werkvertrag (BGH, Urt. v. 21.2.1974 – VII ZR 52/72). Das ist durch die Regelung des § 650a Abs. 1 BGB bestätigt. Es handelt sich um einen Bauvertrag im Sinne dieser Regelung, wenn die Leistung die Beseitigung eines Bauwerks, einer Außenanlage oder eines Teils davon zum Gegenstand hat. Ein Bauvertrag dürfte jedoch nach der allerdings nicht klaren Regelung des § 650a Abs. 1 BGB nicht vorliegen, wenn die Abbrucharbeit für die Konstruktion, den Bestand oder die Gebrauchstauglichkeit eines Gebäudes nicht von wesentlicher Bedeutung ist, also z. B. nur eine Dachpfannenreihe über einer Außenmauer entfernt wird. Dann ist lediglich Werkvertragsrecht anwendbar → § 650a BGB Rdn. 28. 101

2. Gerüstarbeiten

Wie der Vertrag über die Errichtung und Vorhaltung von Gerüsten, die für anderweitige Baumaßnahmen benötigt werden, einzuordnen ist, ist noch nicht endgültig geklärt (offen gelassen in BGH, Urt. v. 11.4.2013 – VII ZR 201/12). Es liegt ein typengemischter Vertrag vor. Denn der Auf- und Abbau des Gerüsts birgt werkvertragliche Elemente, die Vorhaltung dagegen mietvertragliche (OLG Celle, BauR 2007, 1583, wonach Ansprüche aus einer Verlängerung der Vorhaltezeit nach Mietrecht zu beurteilen sind; anders aber OLG Düsseldorf, BauR 2008, 2043; zu den Auswirkungen der unterschiedlichen Vertragstypen vgl. Schmidt, NJW-Spezial 2011, 236). Der Bundesgerichtshof hat offen gelassen, wie der Vertrag einzuordnen ist (BGH, Urt. v. 6.10.1988 – VII ZR 367/87). In der Instanzrechtsprechung wird der Vertrag als Mietvertrag (OLG Hamm, Urt. v. 21.12.1990 – 30 U 128/90), aber auch als Werkvertrag beurteilt (OLG Köln Urt. v. 26.3.1999 – 4 U 47/9; OLG Hamburg, Urt. v. 20.8.1993 – 11 U 82/92). Dieser Einordnung ist grundsätzlich der Vorzug zu geben. Denn der Gerüstbauer schuldet einen Werkerfolg, wenn er damit beauftragt wird, ein Gerüst für ein bestimmtes Bauwerk diesem angepasst zu erstellen und zum Zwecke der Bauarbeiten bereit zu halten. Das gilt jedenfalls dann, wenn das Gerüst für eine Baustelle zweckentsprechend errichtet wird und mit dem Gebäude verankert wird (OLG Köln, a. a. O.). 102

3. Gutachten

Ein Vertrag, der die Erstattung eines Gutachtens zum Gegenstand hat, ist nach der Rechtsprechung des Bundesgerichtshofs in aller Regel ein Werkvertrag (BGH, Urt. v. 28.2.1974 – VII ZR 120/72). Das gilt sowohl für den Vertrag über die Erstellung eines Rechtsgutachtens (vgl. BGH, Urt. v. 20.10.1964 – VI ZR 101/63), wie für einen Vertrag über die Schadensfeststellung (BGH, Urt. v. 8.12.1966 – VII ZR 114/64) als auch für den Vertrag über die Erstellung eines Wertgutachtens (BGH, Urt. v. 10.6.1976 – VII ZR 129/74,) wie auch für den Vertrag, der die Erstellung eines Gutachtens über Mängel eines Bauvorhabens zum Gegenstand hat. 103

Enthält der Gutachtervertrag Planungselemente, die sich im Bauwerk verkörpern, liegt schon wegen des Bezugs zur Planung ein Werkvertrag vor. Deshalb ist der Vertrag über die Erstellung eines Sanierungsgutachtens mit der dafür erforderlichen Planung Werkvertrag (BGH, Urt. v. 12.3.1987 – VII ZR 80/86) und auch der Vertrag über die Durchführung einer vergleichenden Umweltverträglichkeitsprüfung für eine Deponie (BGH, Urt. v. 27.10.1998 – X ZR 116/97).

4. Wartungsarbeiten

104   Der Vertrag über die Wartung von Bauteilen oder Maschinen ist Werkvertrag (BGH, Urt. v. 23.7.2009 – VII ZR 164/08). Er ist ein Bauvertrag im Sinne des § 650a Abs. BGB, wenn das Werk für die Konstruktion, den Bestand oder den bestimmungsgemäßen Gebrauch von wesentlicher Bedeutung ist. Als Beispiel dafür ist in der Gesetzesbegründung der Vertrag über die Inspektion von Brücken oder zur Pflege und Wartung von tragenden oder sonst für den Bestand eines Bauwerks wichtigen Teilen (BT-Drucks. 18/8684 S. 53).

VIII. Arbeitnehmerüberlassung

105   Werkvertragsrecht ist nicht anwendbar, wenn die Parteien eine Arbeitnehmerüberlassung vereinbart haben (vgl. dazu auch Hök, BauR 1995, 45). Diese Art von Verträgen gewinnt eine zunehmende Bedeutung. Bei der Arbeitnehmerüberlassung werden dem Entleiher die Arbeitskräfte zur Verfügung gestellt. Der Entleiher setzt sie nach seinen Vorstellungen und Zielen in seinem Betrieb wie eigene Arbeitnehmer ein. Die Arbeitskräfte sind voll in den Betrieb des Entleihers eingegliedert und führen ihre Arbeiten allein nach dessen Weisungen aus. Die Vertragspflicht des Verleihers gegenüber dem Entleiher endet, wenn er den Arbeitnehmer ausgewählt und ihn dem Entleiher zur Arbeitsleistung zur Verfügung gestellt hat. Im Gegensatz dazu organisiert der Werkunternehmer die zur Erreichung eines wirtschaftlichen Erfolgs notwendigen Handlungen nach eigenen betrieblichen Voraussetzungen und bleibt für die Herstellung des geschuldeten Werks gegenüber dem Drittunternehmen verantwortlich. Die zur Ausführung des Dienst- oder Werkvertrags eingesetzten Arbeitnehmer unterliegen der Weisung des Unternehmers und sind dessen Erfüllungsgehilfen (vgl. BAG, Urt. v. 6.8.2003 – 7 AZR 180/03 m. w. N.).

106   Inwieweit eine Arbeitnehmerübernehmerlassung oder eine Werkleistung vorliegt, hängt von den Umständen des Einzelfalles ab. Die Rechtsprechung hat zu der Frage, ob ein Werkvertrag oder eine Arbeitnehmerüberlassung vorliegt, Grundsätze aufgestellt, die auf die Erforschung des wirklichen Willens unabhängig von der äußeren Gestaltung des Geschäfts abstellen. Für die rechtliche Einordnung eines Vertrages ist weder die von den Parteien gewünschte Rechtsfolge noch die von ihnen gewählte Bezeichnung maßgeblich. Vielmehr bestimmt der sich aus dem Wortlaut des Vertrags und dessen praktischen Durchführung ergebende wirkliche Wille der Vertragspartner den Geschäftsinhalt und damit den Vertragstyp (BGH, Urt. v. 25.6.2002 – X ZR 83/00; vgl. auch BAG, Urt. v. 6.8.2003 – 7 AZR 180/03). Wird ein Werkerfolg nicht geschuldet, sondern werden allein Arbeiter abgestellt, die für einen Unternehmer arbeiten sollen und in dessen Betriebsablauf eingegliedert sind, liegt eine Arbeitnehmerüberlassung vor (vgl. OLG Oldenburg, Urt. v. 20.2.2002 – 2 U 277/01; OLG Naumburg, Urt. v. 28.10.2004 – 4 U 138/04; OLG Celle, Urt. v. 27.8.2003 – 7 U 52/03). Arbeitnehmerüberlassung liegt vor, wenn die Arbeitnehmer die vertraglich geschuldete Leistung im Rahmen einer von einem Dritten bestimmten Arbeitsorganisation zu erbringen haben und in diese eingegliedert sind, weil sie hinsichtlich Ort, Zeit und Ausübung ihrer Tätigkeit einem umfassenden Weisungsrecht des Vertragspartners (Arbeitgebers) unterliegen (BGH, Urt. v. 21.1.2003 – X ZR 261/01). Dieser Maßstab ist auch maßgebend für die Beurteilung von Verträgen mit qualifiziertem Fachpersonal, wie z. B. einem Schweißer (vgl. OLG Naumburg, Urt. v. 28.10.2004 – 4 U 138/04) oder einem Ingenieur.

107   Da eine Arbeitnehmerüberlassung teilweise nicht wirksam im Bauhauptgewerbe (BGH, Urt. v. 17.2.2000 – III ZR 78/99) vereinbart werden kann, werden entsprechende Verträge häufig als Werkverträge getarnt. Maßgeblich ist jedoch nicht die Bezeichnung, sondern der tatsächliche Wille. Die zwingenden Vorschriften des Arbeitnehmerüberlassungsgesetzes (AÜG) können nicht dadurch umgangen werden, dass die Arbeitnehmerüberlassung unter dem Mantel des Werkvertrages geschieht (BGH, Urt. v. 25.6.2002 – X ZR 83/00; Urt. v. 21.1.2003 – X ZR 261/01).

Liegt eine illegale Arbeitnehmerüberlassung vor, ist der Vertrag zwischen Besteller und **108** Unternehmer unwirksam. Auch der Arbeitsvertrag zwischen Verleiher und Leiharbeitnehmer ist unwirksam, § 9 Nr. 1 AÜG. § 10 AÜG fingiert deshalb ein Arbeitsverhältnis zwischen Leiharbeitnehmer und Entleiher. Zahlt der Verleiher keinen Lohn, kann sich der Leiharbeitnehmer an den Entleiher halten. Ist ein auf illegale Arbeitnehmerüberlassung gerichteter Vertrag unwirksam, so hat der Verleiher keinen vertraglichen Vergütungsanspruch gegen den Entleiher. Dem Verleiher steht aber gegen den Entleiher ein Bereicherungsanspruch auf Wertersatz für die Dienste der illegal verliehenen Arbeitnehmer zu. Die Höhe dieses Bereicherungsanspruchs entspricht den Zahlungen des Verleihers an die Arbeitnehmer. Dieser Bereicherungsanspruch verjährt in der Frist, in der auch der Werklohnanspruch bei gültigem Vertrag verjährt. Hat der Verleiher die Leiharbeitnehmer bereits bezahlt, was der Regelfall ist, kann er einen Bereicherungsanspruch auch daraus ableiten, dass er damit die kraft Gesetzes fingierte Schuld des Entleihers getilgt hat, § 267 BGB. Dieser Bereicherungsanspruch verjährt jedoch in der Frist, die für den Anspruch des Leiharbeitnehmers gegen den Entleiher gilt (BGH, a. a. O.).

IX. Baugeräteüberlassung

Die reine Baugeräteüberlassung ist Miete oder Leihe. Schwierig ist die Beurteilung von **109** Verträgen, in denen sich ein Unternehmer verpflichtet, dem anderen Unternehmer für die Bewältigung von Bauaufgaben Gerät nebst Personal zur Verfügung zu stellen. In Betracht kommt die Einordnung als Mietvertrag verbunden mit einem Dienstverschaffungs-, Dienst oder Werkvertrag oder in vollem Umfang als Mietvertrag, Dienstvertrag bzw. Dienstverschaffungsvertrag oder Werkvertrag (vgl. dazu Saller, BauR 1995, 50 ff.). Sie hängt von der Ausgestaltung der Vertragsbeziehungen im einzelnen Falle, vor allem davon ab, welche der Leistungen dem Vertrag das Gepräge geben (BGH, Urt. v. 26.3.1996 – X ZR 100/94 m. w. N.). Maßgeblich ist, ob der Schwerpunkt der vereinbarten Leistung auf der Vermietung des Gerätes, der Überlassung der Arbeitskraft oder einem Werkerfolg liegt. Die Beurteilung muss anhand sämtlicher Vertragsumstände und unter Berücksichtigung der mit dem Vertrag verfolgten Interessen erfolgen (BGH, Urt. v. 26.3.1996 – X ZR 100/94). Die Annahme eines reinen Dienstverschaffungsvertrags kommt in Betracht, wenn das vom Personal mitgebrachte Gerät keine eigenständige Bedeutung hat, sondern lediglich das typische Handwerkszeug ist. Werden darüberhinausgehende Baugeräte oder Baumaschinen, wie Kräne, Transportmittel, Förderbänder, Betoniergeräte auf die Baustelle gebracht, so hat der Vertrag mietvertragliche Elemente. Soweit das Bedienpersonal zur Verfügung gestellt wird, handelt es sich um einen Vertrag mit dienstverschaffungsvertraglichen und mietvertraglichen Komponenten (BGH, Urt. v. 22.5.1968 – VIII ZR 21/66). Die Annahme eines mit einem Mietvertrag verbundenen Dienstverschaffungsvertrages erfordert allerdings die Feststellung, daß die Durchführung der Arbeiten ausschließlich beim Mieter lag und das vom Vermieter gestellte Bedienungspersonal den Weisungen des Mieters unterworfen war (BGH, a. a. O.; OLG Celle, Urt. v. 22.5.1996 – 20 U 15/95). Wird nicht lediglich das Arbeitsgerät nebst dem Bedienungspersonal mit der Möglichkeit überlassen, dieses für sich zu nutzen, sondern ein Werk oder ein bestimmter Arbeitserfolg geschuldet, so liegt ein Werkvertrag vor. Nach diesen Grundsätzen ist z.B. ein Autokrangestellungsvertrag über die Überlassung eines Krans nebst Bedienungspersonal als kombinierter Miet- und Dienstverschaffungsvertrag und nicht als Werkvertrag zu qualifizieren, wenn zwischen den Parteien nicht die Gestellung eines Autokrans zu von vornherein in zeitlicher und umfänglicher Hinsicht genau bestimmten Aufgaben vereinbart ist, sondern vielmehr die pauschale Gestellung des Krans nebst Bedienungspersonal über mehrere Tage zu zuvor nicht näher festgelegten De- und Montagearbeiten (OLG Düsseldorf, Urt. v. 29.10.1993 – 22 U 83/93). Auch ist ein Werkvertrag verneint worden, wenn das Gerät nebst Bedienpersonal (hier Frontlader) nur zu einem allgemeinen Verwendungszweck angefordert worden ist (KG, Urt. v. 29.1.1965 – 7 U 2312/63). Ein Werkvertrag in der Sonderform eines Frachtvertrages liegt vor, wenn sich ein Kranunternehmer verpflichtet, im Zusammenhang mit dem Abbruch einer Industrieanlage einen Ofen auszuheben und zu einem Frachtschiff zu transportieren (BGH, Urt. v. 28.1.2016 – I ZR 60/14).

Die Einordnung der Verträge spielt vor allem eine Rolle bei den haftungsrechtlichen Fragen **110** (vgl. dazu Saller, BauR 1995, 50 ff.). Soweit es um Mängel des Geräts geht und kein Werkvertrag vorliegt, ist Mietrecht anwendbar. Der Vermieter haftet für die Gebrauchsfähigkeit der Geräte und muss auch Schäden ersetzen, die aus dem Mangel der Mietsache entstehen. Soweit der Vermieter auch das Bedienpersonal zur Verfügung stellt, schuldet er die ordnungsgemäße Auswahl des Personals und dessen Einsatz. Bei Bedienfehlern des Personals kommt es darauf an, ob im Vertrag die dienst- oder mietvertraglichen Elemente überwiegen. Überwiegen (ausnahmsweise) die dienstvertraglichen Elemente, so haftet derjenige, der das Personal zur Verfügung stellt, auch für die Bedienfehler des Personals (OLG Karlsruhe, Urt. v. 19.5.1971 – 5 U 107/70). Überwiegen hingegen die mietvertraglichen Elemente, ist es Sache des Mieters, für eine ordnungsgemäße Bedienung zu sorgen (OLG Hamm, Urt. v. 4.11.1977 – 6 U 66/77). Er muss die notwendige Einweisung und Überwachung gewährleisten. Für fehlerhafte Einweisung oder Überwachung haftet der Mieter nicht nur dem Vermieter, sondern auch Dritten gegenüber. Die mietvertraglichen Elemente überwiegen nach der Rechtsprechung regelmäßig dann, wenn der Einsatz des Gerätes oder der Maschine nach Weisungen des Mieters erfolgen. Das gilt auch dann, wenn das Personal für den Einsatz der Maschine besonders qualifiziert ist und die Bedienung deshalb weisungsfrei erfolgt, wie z.B. bei der Gestellung eines Baukrans mit Personal (OLG Hamm, Urt. v. 4.11.1977 – 6 U 66/77; OLG Düsseldorf, Urt. v. 12.12.1978 – 4 U 77/78). Liegt ein Werkvertrag vor, trägt der Unternehmer das Risiko der Tauglichkeit seiner Geräte. Er ist auch dafür verantwortlich, dass ein Kran auf dem aufgestellten Gelände einsetzbar ist. Regelungen in Allgemeinen Geschäftsbedingungen eines Kranunternehmers, mit denen wie in Ziffer 20 Abs. 1 Satz 1, 2 und 4 der AGB-BSK Kran und Transport 2008 dem Auftraggeber einschränkungslos und ohne Festlegung von Mitwirkungspflichten des Kranunternehmers die Verantwortlichkeit für die Eignung der Bodenverhältnisse für den vereinbarten Kraneinsatz und die Verpflichtung, auf die Lage und das Vorhandensein von unterirdischen Hohlräumen am Einsatzort unaufgefordert hinzuweisen, auferlegt werden, benachteiligen den Auftraggeber unangemessen und sind deshalb unwirksam.

X. Auskunfts- und Beratungsvertrag

111 Nach §675 Abs. 2 BGB ist derjenige, der einem anderen einen Rat oder eine Empfehlung erteilt, unbeschadet der sich aus einem Vertragsverhältnis, einer unerlaubten Handlung oder einer sonstigen gesetzlichen Bestimmung ergebenden Verantwortlichkeit zum Ersatz des aus der Befolgung des Rats oder der Empfehlung entstehenden Schadens nicht verpflichtet. Damit wird eine besondere Form der Gefälligkeit → Rdn. 129 gesetzlich geregelt. Aus einer in diesem Sinne unverbindlichen Auskunft kann keine Haftung des Auskunftgebers hergeleitet werden. Die unverbindliche Auskunft ist jedoch im Geschäftsverkehr die Ausnahme. In aller Regel liegt der Auskunft ein Schuldrechtsverhältnis zugrunde, das eine Haftung für fehlerhafte Auskunft begründen kann. In Betracht kommen insoweit in dem hier interessierenden Zusammenhang die Haftung aus einer Verletzung vorvertraglicher Pflichten, aus einer Nebenpflichtverletzung des Werkvertrages oder die Haftung aus einem Auskunfts- oder Beratungsvertrag. Daneben sind aber auch die zur Haftung aus Gefälligkeitsverhältnissen entwickelten Grundsätze anwendbar, so dass eine Haftung für eine fehlerhafte Auskunft selbst dann in Betracht kommt, wenn sie nicht aufgrund einer vertraglichen Verpflichtung erteilt wurde.

1. Auskunft über eine Mängelhaftung begründende Eigenschaften des Werkes

112 Der Unternehmer schuldet ein Werk, dass die vereinbarte oder nach dem Vertrag vorausgesetzte Funktion hat. Insoweit liegt eine Beschaffenheitsvereinbarung vor. Was die vereinbarte oder nach dem Vertrag vorausgesetzte Funktion ist, ergibt die Auslegung des Vertrages. Ist das Werk nach Maßgabe dieser Vereinbarung nicht funktionstauglich, haftet der Unternehmer wegen des Mangels. Er muss ein funktionstaugliches Werk herstellen → §633 BGB Rdn. 40. Funktionsvereinbarungen können auch stillschweigend getroffen werden und hängen häufig – insbesondere im Hinblick auf die übernommenen Risiken – davon ab, inwieweit eine Aufklärung vorgenommen oder unterlassen worden ist → §633 BGB Rdn. 70 ff. Wegen der unterschiedlichen Verjährung wird immer wieder die Frage aufgeworfen, ob der Unternehmer wegen der mangelhaften Funktionstauglichkeit nicht nur auf Mängelhaftung in Anspruch genommen werden kann, sondern auch wegen der fehlerhaften Aufklärung darüber, dass das bestellte Werk die nach dem Vertrag vorausgesetzte oder vereinbarte Funktion nicht hat. In Betracht kommt insoweit eine Haftung aus Verletzung eines durch Aufnahme von Vertragsverhandlungen begründeten Schuldverhältnisses, §311 Abs. 2 i. V. m. §280 BGB, oder aus Verletzung eines Beratungsvertrages. Insoweit würde die regelmäßige Verjährung gelten, so dass Ansprüche – abhängig von der Kenntnis vom Schuldner oder der Pflichtverletzung – auch nach Verjährung der Mängelhaftungsansprüche durchgesetzt werden könnten. Diese Möglichkeit ist durch die Rechtsprechung jedoch weitgehend ausgeschlossen. Kommt nach einer fehlerhaften vorvertraglichen Beratung oder Aufklärung über die Eigenschaften eines

Einführung **Einf. v. § 631**

Werkes und dessen Funktionen ein Vertrag zustande, gehen etwaige Schadensersatzansprüche aus einer unrichtigen Beratung in dem Mängelanspruch auf, wenn sich der aus der fehlerhaften Beratung oder Aufklärung geltend gemachte Schaden mit dem aus der Mängelhaftung deckt (BGH, Urt. v. 25.5.1972 – VII ZR 165/70; Urt. v. 27.2.1975 – VII ZR 138/74; Urt. v. 10.7.1975 – VII ZR 243/73). Mit dieser leicht unpräzisen Formulierung hat der Bundesgerichtshof eine Anspruchskonkurrenz ausgeschlossen und der Mängelhaftung den Vorrang eingeräumt → § 634a BGB Rdn. 235. Anspruchskonkurrenz besteht hingegen bei einer vorsätzlichen Verletzung von vorvertraglichen Aufklärungspflichten, sei es aus Verletzung durch Aufnahme von Vertragsverhandlungen, sei es durch Verletzung eines Beratungsvertrages (vgl. BGH, Urt. v. 27.3.2009 – V ZR 30/08). Ist die Sachmängelhaftung nicht betroffen, kann uneingeschränkt auf die Grundsätze des Verschuldens bei Vertragsschluss zurückgegriffen werden (BGH, Urt. v. 11.11.2011 – V ZR 245/10).

Unabhängig davon scheitert eine Haftung aus einem Beratungsvertrag regelmäßig daran, 113 dass Auskünfte und Beratungen über die Eigenschaften des Werkes im Rahmen der Vertragsverhandlungen, wie sie – insbesondere über dessen Funktionen – üblich sind, nicht ausreichend sind, den Abschluss eines Beratungsvertrages annehmen zu können (BGH, a. a. O.).

Leider wird die Abgrenzung zwischen Mängel der vereinbarten Funktion und Fehler einer 114 Beratung nicht immer konsequent durchgehalten. Als Beispiel dient folgender Fall:

Beispiel: Der Besteller wünscht eine Sanierung seine Heizungsanlage mit einer Wär- 115 mepumpe, die zur Absenkung der Heizkosten führen soll, so dass die Heizungsanlage wirtschaftlich betrieben werden kann. Der Unternehmer klärt nicht darüber auf, dass dies nach einer angestellten Wärmebedarfsberechnung nicht möglich ist, sondern zusätzlich die Ölheizung in Betrieb bleiben muss und installiert die Wärmepumpenanlage.

Das OLG Oldenburg (Urt. v. 9.10.2013 – 3 U 5/13) hat eine Aufklärungspflichtverletzung 116 angenommen und den Unternehmer verurteilt, den erhaltenen Werklohn Zug um Zug gegen Rückgabe der Wärmepumpe zurückzuzahlen. Das ist im Ergebnis richtig, nicht jedoch in der Begründung. Denn der Schadensersatzanspruch des Bestellers besteht wegen einer mangelhaften Werkleistung. Die Sanierung hat den geschuldeten Erfolg nicht bewirkt, so dass die Wärmepumpenanlage mangelhaft errichtet worden ist. Verjährungsrechtlich würde sich das dahin auswirken, dass die fünfjährige Frist des § 634a Abs. 1 Nr. 2 BGB gälte, nicht die Regelfrist des § 195 BGB.

2. Auskunft über sonstige Eigenschaften

Anders liegen die Fälle, in denen der geltend gemachte Anspruch nicht mit dem Anspruch 117 aus der Mängelhaftung des Unternehmers korrespondiert. Insoweit ist vor allem an Fälle zu denken, in denen das Werk nicht mangelhaft ist, weil es die vertraglich vereinbarte Beschaffenheit, insbesondere die nach dem Vertrag vorausgesetzte Funktion hat, der Besteller jedoch falsche Vorstellungen über die Eigenschaften und Funktionen des Werks hatte. In diesen Fällen stellt sich die Frage, inwieweit der Unternehmer wegen einer fehlerhaften Auskunft oder Beratung in Anspruch genommen werden kann → § 631 BGB Rdn. 257 und → § 634 BGB Rdn. 33. In aller Regel geht es um Fälle, in denen der Besteller falsche Vorstellungen über Eigenschaften des Werks hat, er diese Vorstellungen aber nicht in einer Weise zum Ausdruck gebracht hat, dass sie die nach dem Vertrag vereinbarte oder vorausgesetzte Funktion beeinflussen könnten. Das ist z. B. dann der Fall, wenn ein Material, z. B. ein Stein, verschiedene Eigenschaften hat und die Wahl des Steins davon abhängt, welche Eigenschaften der Besteller bevorzugt. Das gilt aber auch für Nachhaltigkeit von bestimmten Bauweisen, insbesondere im Hinblick auf Folgekosten für Wartung und Pflege (Vgl. dazu BGH, Urt. v. 25. Februar 2016 – VII ZR 210/13, wo aber die relevante Frage, inwieweit der Unternehmer eine Aufklärungspflicht verletzt, wenn die von ihm verlegten Fugen nicht mit einem bestimmten Reinigungsmittel gereinigt werden dürfen, unerwähnt bleibt. Der BGH erörtert nur die funktionale Haftung, wenn die Fugen nach der Beschaffenheitsvereinbarung einer Reinigung durch das Reinigungsmittel standhalten mussten). Erkennt der Besteller nach Errichtung des Werkes, dass die von ihm, aber nicht nach dem Vertrag vorausgesetzten Eigenschaften nicht vorhanden sind, sieht er sich in seiner Erwartung getäuscht. Es stellt sich die Frage, ob er den Unternehmer dann aus einer Verletzung einer Beratungs- oder Aufklärungspflicht in Anspruch nehmen kann, weil er ihn nicht über alle Eigenschaften des Werkes, insbesondere über das Für und Wider einer Bestellung aufgeklärt hat.

Jurgeleit

Einf. v. § 631

118 Die Rechtsprechung hat sich mit diesen Fallkonstellationen im Werkvertrag nur wenig beschäftigt (vgl. BGH, Urt. v. 24.9.1992 – VII ZR 213/91 unter 2.; Urt. v. 9.7.1987 – VII ZR 208/86). Die von der Rechtsprechung entwickelten Grundsätze zum selbständigen Beratungsvertrag beim Kaufvertrag (BGH, Urt. v. 15.10.2004 – V ZR 223/03; Urt. v. 16.6.2004 – VIII ZR 303/03; Urt. v. 16.6.2004 – VIII ZR 258/03) sind nicht ohne weiteres anwendbar, weil sie in aller Regel die Beratung über die Verwendbarkeit des Kaufobjekts für eine bestimmte Funktion betreffen. So hat der Bundesgerichtshof z. B. einen selbständigen Beratungsvertrag zwischen Verkäufer und Käufer angenommen, wenn der Käufer ein für eine bestimmte Verwendung (Lackierung von Gartenmöbeln) geeignetes Produkt sucht und der Verkäufer ihm ein Produkt zum Kauf empfiehlt, das nicht geeignet ist (BGH, Urt. v. 16.6.2004 – VIII ZR 258/03). Vergleichbare Fälle, in denen der Unternehmer die Herstellung übernimmt, sind im Werkvertragsrecht nicht problematisch, weil sie wegen der Funktionsuntauglichkeit zur Sachmängelhaftung führen.

119 Nach allgemeinen Grundsätzen kommt eine Haftung des Unternehmers wegen fehlerhafter Beratung oder Auskunft in Betracht, wenn er Eigenschaften des Werks verschwiegen hat, die für die Entscheidung des Bestellers erkennbar von Bedeutung waren, ohne dass diese Eigenschaften als Beschaffenheit vereinbart sind. Denn ein Vertragspartner muss den anderen über alle solche Umstände aufklären, die den Vertragszweck des anderen vereiteln können und daher für dessen Entscheidung über den Vertragsschluss von wesentlicher Bedeutung sind, sofern eine Mitteilung nach der Verkehrsauffassung erwartet werden kann (BGH, Urt. v. 11.11.2011 – V ZR 245/10). Es kommt einerseits auf den Beratungsbedarf des Bestellers und andererseits auf das Fachwissen des Unternehmers an (BGH, Urt. v. 2.11.1995 – X ZR 81/93). Voraussetzung für eine Haftung ist danach, dass gewisse, den Vertragszweck betreffende Umstände für den anderen Vertragspartner erkennbar von wesentlicher Bedeutung sind und sie nicht ohnehin als Funktionalitätsbeschaffenheit vereinbart sind → vgl. § 633 BGB Rdn. 70 ff. Ist über diese Umstände nicht geredet worden, fehlt es häufig daran. Es kommt dann darauf an, ob der Unternehmer von sich aus, eine Aufklärung über möglicherweise bedeutsame Umstände betreiben muss. Diese Frage lässt sich nicht allgemein, sondern nur unter Berücksichtigung aller Umstände beantworten (instruktiv OLG Nürnberg, Urt. v. 17.6.2011 – 2 U 1369/10 zur Pflicht eines Bauunternehmers, auf Fehlvorstellungen hinsichtlich der Auswirkungen einer Hanglage hinzuweisen; OLG Düsseldorf, Urt. v. 13.12.2013 – 22 U 67/13 zur fehlenden Verpflichtung des Unternehmers über die Möglichkeiten aufzuklären, eine „thermische Behaglichkeit" des Wintergartens zu erreichen). Maßgeblich dürfte sein, welchen Informationsbedarf der Besteller zum Ausdruck bringt und welche Erwartungshaltung der Unternehmer objektiv erweckt. Insoweit wird sich der Besteller generell darauf verlassen können, dass der Unternehmer ihn über solche Umstände aufklärt, die regelmäßig nur er aufgrund seiner überlegenen Sachkunde hat und von denen er erkennt, dass sie für die Zwecke und Bedürfnisse des Bestellers von Bedeutung sind (BGH, Urt. v. 9.7.1987 – VII ZR 208/86) → § 634 BGB Rdn. 33. Über Nachteile und Risiken von von ihm angebotener neuer Techniken oder Materialien muss er umfassend, auch wegen wirtschaftlicher Aspekte, aufklären (BGH, a. a. O.; vgl. auch OLG Koblenz, Beschl. v. 30.5.2011 – 5 U 297/11 für den Fall, dass eine Beratung über die richtige Wahl von Fenstern vornimmt und die Pflichtverletzung nicht ohnehin eine solche aus dem Architektenvertrag ist; OLG Oldenburg, Urt. v. 9.10.2013 – 3 U 5/13 für den Fall, dass eine eingebaute Wärmepumpe nur nachhaltigen Erfolg zur Kosteneinsparung hat, wenn gleichzeitig eine Wärmedämmung erfolgt, worauf nicht hingewiesen wird; der Fall hätte aber über das Mängelhaftungsrecht gelöst werden können, weil der mit dem Einbau der Wärmepumpe verfolgte Zweck bei unverändertem Bau nicht erreicht werden konnte → Rdn. 115). Sucht der Besteller die Beratung hinsichtlich der Vor- und Nachteile eines Produkts oder Materials oder wirbt der Unternehmer mit solchen Beratungsleistungen, so liegt die Annahme eines Beratungsvertrages darüber näher als in dem Fall, dass der Besteller ohne weiteres ein bestimmtes Produkt oder Material vorgibt, z. B. in einem Leistungsverzeichnis. Ist der Besteller fachlich bereits beraten, kann der Unternehmer häufig davon ausgehen, dass eine weitere Beratung über Vor- und Nachteile des Produkts oder Materials nicht mehr notwendig ist.

120 Ein Beratungsvertrag kann konkludent zustande kommen. Seiner Annahme steht nicht entgegen, dass eine besondere Vergütung nicht vereinbart ist. Zu berücksichtigen ist aber, dass die Planung eines Werkes grundsätzlich Aufgabe des Bestellers ist und dem Unternehmer, solange ihm keine Planungsaufgaben übertragen werden, durch die Annahme eines Beratungsvertrages nicht in unangemessener Weise Risiken einer fehlerhaften oder nicht vorhandenen Planung auferlegt werden dürfen. Erneut muss darauf hingewiesen werden, dass der Unternehmer ohnehin in der Sachmängelhaftung ist, wenn das Werk die nach dem Vertrag vorausgesetzten

Funktionen nicht erfüllt. Werden Auskünfte erteilt, die für den Besteller von Bedeutung sind und führen sie nicht ohnehin zu einer Beschaffenheitsvereinbarung, so wird die Annahme eines selbständigen Beratungsvertrages nahe liegen. Ist ein Beratungsvertrag zustande gekommen, so muss der Unternehmer vollständig beraten. Auskünfte müssen richtig sein. Die Auskunft muss auch so sein, dass sie ihren Zweck erfüllen kann. Kann der Vertragspartner nach den Umständen eine gezielte Aufklärung erwarten, so reicht es nicht, dass der Unternehmer, ohne diese vorzunehmen, Unterlagen aus Anlass des Vertragsschlusses überreicht, aus denen sich bei genauem Studium der aufklärungsbedürftige Umstand ergibt (vgl. BGH, Urt. v. 11.11.2011 – V ZR 245/10). Damit ist die Warnfunktion der erforderlichen Aufklärung im Einzelfall nicht erfüllt.

Von den dargestellten Fällen einer Falschberatung durch den Bauunternehmer sind die Fälle zu unterscheiden, in denen andere Personen zur Beratung herangezogen werden, die nicht gleichzeitig das Bauvorhaben errichten. Insoweit ist vor allem an den Architekten zu denken. Dieser ist kraft seines Architektenvertrages verpflichtet, den Besteller über die Vor- und Nachteile eines Planungsvorschlages umfassend zu informieren und diesem Handlungs- und Entscheidungsalternativen aufzuzeigen (vgl. OLG Stuttgart, Urt. v. 27.1.2012 – 10 U 90/11). Diese Beratungspflichten gehören zu den Hauptpflichten des Architekten, so dass die daraus sich ergebenden Ansprüche – auch hinsichtlich der Verjährung – nach Werkvertragsrecht zu beurteilen sind (vgl. BGH, Urt. v. 23.3.1970 – VII ZR 87/68; Urt. v. 30.10.1975 – VII ZR 309/74). **121**

Durch das Gesetz zur Umsetzung der Verbraucherrechterichtlinie (Richtlinie 2011/83/EU des Europäischen Parlaments und des Rats vom 25.10.2011 über die Rechte der Verbraucher) und zur Änderung des Gesetzes zur Regelung der Wohnraumvermittlung vom 20.9.2013 (BGBl. I S. 3642) sind mit Wirkung zum 13.6.2014 gesetzliche Aufklärungspflichten für den Unternehmer geschaffen worden, wenn er Verträge mit Verbrauchern schließt. Der insoweit maßgebliche Art. 246 EGBGB lautet: **122**

„(1) Der Unternehmer ist, sofern sich diese Informationen nicht aus den Umständen ergeben, nach § 312a Absatz 2 des Bürgerlichen Gesetzbuchs verpflichtet, dem Verbraucher vor Abgabe von dessen Vertragserklärung folgende Informationen in klarer und verständlicher Weise zur Verfügung zu stellen:

1. die wesentlichen Eigenschaften der Waren oder Dienstleistungen in dem für den Datenträger und die Waren oder Dienstleistungen angemessenen Umfang,
2. seine Identität, beispielsweise seinen Handelsnamen und die Anschrift des Ortes, an dem er niedergelassen ist, sowie seine Telefonnummer,
3. den Gesamtpreis der Waren und Dienstleistungen einschließlich aller Steuern und Abgaben oder in den Fällen, in denen der Preis auf Grund der Beschaffenheit der Ware oder Dienstleistung vernünftigerweise nicht im Voraus berechnet werden kann, die Art der Preisberechnung sowie gegebenenfalls alle zusätzlichen Fracht-, Liefer- oder Versandkosten oder in den Fällen, in denen diese Kosten vernünftigerweise nicht im Voraus berechnet werden können, die Tatsache, dass solche zusätzlichen Kosten anfallen können,
4. gegebenenfalls die Zahlungs-, Liefer- und Leistungsbedingungen, den Termin, bis zu dem sich der Unternehmer verpflichtet hat, die Waren zu liefern oder die Dienstleistungen zu erbringen, sowie das Verfahren des Unternehmers zum Umgang mit Beschwerden,
5. das Bestehen eines gesetzlichen Mängelhaftungsrechts für die Waren und gegebenenfalls das Bestehen und die Bedingungen von Kundendienstleistungen und Garantien,
6. ...

(2) Absatz 1 ist nicht anzuwenden auf Verträge, die Geschäfte des täglichen Lebens zum Gegenstand haben und bei Vertragsschluss sofort erfüllt werden."

Dienstleistungen im Sinne dieses Gesetzes sind auch Leistungen aufgrund von Werkverträgen. Das Gesetz gilt deshalb für alle Werkverträge, jedoch mit Ausnahme der Verbraucherbauverträge, § 312 Abs. 2 Nr. 3 BGB und der notariell zu beurkundenden Verträge, § 312 Abs. 2 Nr. 1 b), oder der ohne entsprechenden Zwang beurkundeten Verträge, wenn der Notar auf den Entfall der Informationspflicht hingewiesen hat. **123**

Es wird sich bei den ab dem 13.6.2014 geschlossenen Verträgen die Frage stellen, welche Informationspflichten der Unternehmer (Handwerker) hat, was also die wesentlichen Eigenschaften seines Werkes sind, über die zu informieren ist, inwieweit er Alternativen aufzeigen muss und welche Rechtsfolgen daraus abgeleitet werden können, dass die gesetzlich vorgeschriebene **124**

Einf. v. § 631

Information nicht stattgefunden hat (zu allem vgl. Glöckner, BauR 2014, 411 ff.). Da das Gesetz lediglich Informationen über die Werkleistung (inklusive der verwendeten Materialien) abfordert, dürfte keine Beratung gefordert sein, die die Vor- und Nachteile dieser Leistung (inklusive Materialien) umfasst. Insoweit verbleibt es bei den allgemeinen Grundsätzen.

125 Mit § 650i BGB ist der Verbraucherbauvertrag gesetzlich installiert worden. Verbraucherbauverträge sind Verträge, durch die der Unternehmer von einem Verbraucher zum Bau einen neuen Gebäudes oder zu erheblichen Umbaumaßnahmen an einem bestehenden Gebäude verpflichtet wird. Für diesen Vertragstyp gelten die besonderen Regelungen der §§ 650 i ff. BGB. Dazu gehört auch die Informationspflicht des Bauunternehmers nach § 650j BGB i. V. m. Art. 249 EGBGB. Die Lücke, die die Informationspflichten nach § 312 Abs. 2 Nr. 3 BGB gelassen hat, ist damit geschlossen. Wegen der Informationspflichten aus § 650j BGB wird auf die Kommentierung dieser Regelung verwiesen. Die Verletzung dieser vorvertraglichen Informationspflichten kann zu Schadensersatzansprüchen führen. Die ersten Einschätzungen gehen dahin, dass solche Schadensersatzansprüche schwer durchsetzbar sein dürften (Retzlaff, BauR 2017, 1834; Pause, Das neue Bauvertragsrecht, S. 229). Allerdings sind Fälle denkbar, in denen die Baubeschreibung nicht den Anforderungen des Gesetzes entspricht und der Besteller wegen der fehlerhaften Aufklärung über bestimmte wesentliche Eigenschaften des Bauwerks im Wege des Schadensersatzes verlangt, dass der Vertrag rückabgewickelt wird, verbunden mit der Behauptung, bei richtiger Baubeschreibung wäre der Vertrag nicht geschlossen worden. Das kann z. B. eine unvollständige Beschreibung der Schallschutzeigenschaften im Einfamilienhaus sein oder auch eine unvollständige Beschreibung der Risiken, die sich aus Bodenverhältnissen ergeben. Denn über solche Risiken soll nach der Begründung zum BauVG auch aufgeklärt werden müssen (BT-Drucks. 18/8486).

3. Beratung ohne Zusammenhang mit einem Werkvertrag

126 Steht eine Beratung nicht im Zusammenhang mit einem abgeschlossenen Werkvertrag, so kann ein Beratungsvertrag zustande kommen, der zu einer zutreffenden Beratung verpflichtet. Das ist z. B. in einem Fall angenommen worden, in dem ein Kaufinteressent einen Architekten zur Beurteilung der Qualität eines Hauses hinzugezogen hat, ohne dass ein Gutachten erstellt werden sollte (OLG Hamm, Urt. v. 22.6.1999 – 21 U 155/98). Soll der Unternehmer Beratungsleistungen für die energetische Sanierung eines Mehrfamilienhauses unter Berücksichtigung der Förderungsfähigkeit erbringen, liegt ein Beratungs- und kein Werkvertrag vor (OLG Celle, Urt. v. 27.2.2014 – 16 U 187/13). Ein Beratungsvertrag ist hingegen abgelehnt worden, wenn ein Projektentwickler einen Architekten lediglich beauftragt, Auskünfte bei der Behörde über Bedenken gegen ein Bauvorhaben einzuholen und an ihn weiterzugeben, ohne dass eine Bauvoranfrage gestellt werden sollte (OLG Düsseldorf, Urt. v. 22.11.2013 – 22 U 57/13).

127 Vor allem aber kommt ein Beratungsvertrag mit Herstellern in Betracht, wenn diese um Auskunft darüber ersucht werden, ob ein bestimmtes, von ihnen hergestelltes Material geeignet ist, in einem bestimmten Bauwerk verwendet zu werden. Ein (konkludenter) Beratungsvertrag setzt in diesen Fällen voraus, dass die Gesamtumstände unter Berücksichtigung der Verkehrsauffassung und des Verkehrsbedürfnisses den Rückschluss zulassen, dass beide Vertragsteile nach dem objektiven Inhalt ihrer Erklärungen die Auskunft zum Gegenstand selbständiger Rechte und Pflichten gemacht haben. Umstände, die für einen Verpflichtungswillen des Auskunftgebers sprechen, sind etwa dessen eigenes wirtschaftliches Interesse am Geschäftsabschluss, sein persönliches Engagement in der Form der Zusicherungen oder Empfehlungen, die Hinzuziehung des Auskunftgebers zu Vertragsverhandlungen auf Verlangen des Auskunftsempfängers oder die Einbeziehung in solche Verhandlungen als unabhängige, neutrale Person sowie eine bereits anderweit bestehende Vertragsbeziehung zwischen Auskunftgeber und Auskunftempfänger (BGH, Urt. v. 18.12.2008 – IX ZR 12/05; Urt. v. 13.2.1992 – III ZR 28/90; Urt. v. 18.9.1985 – IVa ZR 199/83). Berücksichtig werden muss auch das wirtschaftliche oder persönliche Interesse des Auskunftsempfängers an einer richtigen Auskunft. Dieses Interesse führt allerdings nicht zwingend zur Annahme eines Auskunfts- oder Beratungsvertrages. Verlässt die Rechtsbeziehung der Parteien die Ebene, in denen es nur um Verkaufsgespräche mit den damit verbundenen, oft unverbindlichen und wenig aussagekräftigen Anpreisungen geht, so liegt die Annahme eines Beratungsvertrages häufig nahe. Die Herausgabe einer Gebrauchsanleitung oder ähnlicher technischer Informationen/Merkblätter ist für sich allein nicht ausreichend, um einen Beratungsvertrag anzunehmen, gleiches gilt für mündliche Erläuterungen des Produkts (OLG Düsseldorf, Urt. v. 25.10.2013 – 22 U 27/13).

128 Eine persönliche Haftung des Beratenden ist in der Regel nicht gegeben, wenn der Auskunftserteilende als Hilfsperson des etwaigen Vertragspartners Auskünfte erteilt. Denn in diesen Fällen kann der Auskunftsempfänger nicht davon ausgehen, dass eine zusätzliche rechtsgeschäftliche Bindung entsteht. Er kann sich aus dem Vertrag oder dem vorvertraglichen Verhältnis mit dem Vertragspartner i. V. m. § 278 BGB schadlos halten (BGH, Urt. v. 13.2.1992 – III ZR 28/90; Urt. v. 18.9.1985 – IVa ZR 199/83). Ausnahmsweise kommt eine persönliche Haftung in Betracht, wenn der Beratende ein unmittelbares eigenes wirtschaftliches Interesse hat oder wenn er ein besonderes persönliches Vertrauen in Anspruch genommen und hierdurch die Vertragsverhandlungen oder den Vertragsschluss erheblich beeinflusst hat (OLG Düsseldorf, Urt. v. 25.10.2013 – 22 U 27/13).

XI. Gefälligkeitsverhältnis

Bei aus Gefälligkeit übernommenen Bau- oder Architektenleistungen gelten die allgemeinen Grundsätze. Ob den Erklärungen der Parteien ein Wille zur rechtlichen Bindung zu entnehmen ist oder die Parteien nur aufgrund einer außerrechtlichen Gefälligkeit handeln, ergibt die Auslegung der Erklärungen und des Verhaltens. Inwieweit bei einer Partei ein Rechtsbindungswille vorhanden ist, ist danach zu beurteilen, ob die andere Partei unter den gegebenen Umständen nach Treu und Glauben mit Rücksicht auf die Verkehrssitte auf einen solchen Willen schließen musste. Heranzuziehen sind vor allem die wirtschaftliche sowie die rechtliche Bedeutung der Angelegenheit, insbesondere für den Begünstigten, und die Interessenlage der Parteien (BGH, Urt. v. 21.7.2005 – I ZR 312/02 m. w. N.). Eine erwiesene Gefälligkeit hat nur dann rechtsgeschäftlichen Charakter, wenn der Leistende den Willen hat, dass seinem Handeln rechtliche Geltung zukommen soll, wenn er also eine Rechtsbindung herbeiführen will und der Empfänger die Leistung in diesem Sinn angenommen hat. Gefälligkeiten des täglichen Lebens halten sich regelmäßig außerhalb des rechtsgeschäftlichen Bereichs; das gleiche gilt für Gefälligkeiten, die im gesellschaftlichen Verkehr wurzeln (BGH, Urt. v. 2.7.1968 – VI ZR 135/67). Weder der Umstand, dass das Motiv für die Leistung persönliche Gründe, wie z. B. Pflege der Freundschaft oder Nachbarschaft, und nicht ein geschäftliches Interesse ist, noch der Umstand, dass die Leistung unentgeltlich oder preisgünstig erbracht wird, stehen allerdings einer vertraglichen Bindung zwingend entgegen. Eine vertragliche Bindung liegt insbesondere nahe, wenn der Leistungsempfänger sich erkennbar auf eine Zusage verlässt und für ihn erhebliche wirtschaftliche Werte auf dem Spiel stehen (BGH, Urt. v. 17.5.1971 – VII ZR 146/69; OLG Celle, Urt. v. 19.6.2001 – 16 U 260/00; OLG Köln, Urt. v. 28.9.2005 – 11 U 16/05; OLG Frankfurt, Urt. v. 29.9.2010 – 15 U 63/08; OLG Frankfurt, Urt. v. 30.4.2008 – 15 U 91/07; OLG Karlsruhe Urt. v. 23.12.2009 – 15 U 243/08; OLG Stuttgart Urt. v. 6.9.2012 – 2 U 3/12 m. w. N.). In diesen Fällen kommt ein konkludenter Haftungsausschluss für einfache Fahrlässigkeit in Betracht, wenn der Gläubiger der Leistung eine dahingehende Forderung billigerweise nicht hätte ablehnen dürfen, wobei die versicherungsrechtlichen Gegebenheiten und die Auswirkungen einfacher Fehler von wesentlicher Bedeutung sind (BGH, Urt. v. 14.11.2002 – III ZR 87/02; OLG Dresden, Urt. v. 23.12.2013 – 9 U 1820/10). Nach OLG Frankfurt, Urt. v. 29.9.2010 – 15 U 63/08, kommt ein aus Treu und Glauben hergeleitetes, jederzeitiges Kündigungsrecht des Unternehmers/Architekten in Betracht, wenn keine oder nur eine geringfügige Gegenleistung vereinbart wurde, wie es typisch für Gefälligkeitsleistungen ist.

129

Aber auch dann, wenn eine vertragliche Bindung nicht festgestellt werden kann, kommt eine Haftung wegen Schlechterfüllung in Betracht. Das hat der Bundesgerichtshof in Fällen entschieden, in denen ein Architekt aus Gefälligkeit Leistungen erbracht hat. Übernimmt er bei der Vertragsausführung Aufgaben, die nach dem Vertrag nicht geschuldet sind, so hat er für dabei schuldhaft verursachte Schäden einzustehen (BGH, Urt. v. 11.1.1996 – VII ZR 85/95). Ein Architekt kann deshalb auch dann für fehlerhafte Höheneintragungen in einen Lageplan haftbar gemacht werden, wenn er die Genehmigungsplanung nur übernommen hat, weil der ihn beauftragende Generalunternehmer einen vorlageberechtigten Architekten benötigte und die Ermittlung der Höhen an sich Sache des Generalunternehmers war (BGH, Urt. v. 8.2.2001 – VII ZR 152/00). Übernimmt er außerhalb eines Werkvertrages unentgeltlich Leistungen, die für den Bauherrn von einiger Bedeutung sind, so liegt in aller Regel ein Auftragsverhältnis vor (vgl. BGH, Urt. v. 14.7.1970 – VI ZR 203/68). Selbst wenn ein Rechtsbindungswillen, der auch für den Auftrag erforderlich ist, nicht festgestellt werden sollte, wird eine Haftung wie bei einem entsprechenden Vertrag bejaht, wenn die gefälligkeitshalber übernommene Leistung von überragender wirtschaftlicher Bedeutung ist, wie z. B. eine ohne vertragliche Bindung übernommene Bauüberwachung (OLG Celle, Urt. v. 19.6.2001 – 16 U 260/00; OLG Köln, Urt. v. 28.9.2005 – 11 U 16/05).

130

§ 631 BGB Vertragstypische Pflichten beim Werkvertrag

(1) Durch den Werkvertrag wird der Unternehmer zur Herstellung des versprochenen Werkes, der Besteller zur Entrichtung der vereinbarten Vergütung verpflichtet.

(2) Gegenstand des Werkvertrags kann sowohl die Herstellung oder Veränderung einer Sache als auch ein anderer durch Arbeit oder Dienstleistung herbeizuführender Erfolg sein.

Übersicht

	Seite
A. Sinn und Zweck der Regelung	41
B. Die rechtliche Einordnung des Bauvertrags	41
C. Abschluss des Werkvertrages	42
I. Verhandlungen über den Werkvertrag	42
1. Gesetzliches Schuldverhältnis durch Verhandlung	42
2. Abbruch der Verhandlungen	42
II. Antrag auf Abschluss des Bauvertrags = Angebot	43
1. Auslegung der Erklärung	43
2. Bindung an das Angebot	45
3. Erlöschen des Antrags	45
III. Annahme des Antrags auf Abschluss des Bauvertrags	46
1. Auftragsbestätigung	47
2. Zuschlag bei öffentlicher Vergabe	47
3. Annahmezeitpunkt	48
4. Modifizierte Annahme	49
a) Modifizierte Annahme als neues Angebot	49
b) Annahme eines modifizierten Angebots	50
5. Verzögertes Vergabeverfahren	50
a) Inhalt des Bauvertrages	50
b) Anpassung der Vergütung	51
6. Bedingter Vertragsschluss	54
7. Kaufmännisches Bestätigungsschreiben	54
8. Änderung des Werkvertrages	55
IV. Recht der Allgemeinen Geschäftsbedingungen	55
1. Zum Begriff der „Allgemeinen Geschäftsbedingungen"	55
a) Vorformulierte Vertragsbedingungen	55
aa) Allgemeine Grundsätze	55
bb) VOB/B und VOB/C	56
b) Ausgehandelte Vertragsbedingungen	56
2. Stellen der Geschäftsbedingungen	57
3. Die Einbeziehung Allgemeiner Geschäftsbedingungen in den Vertrag	58
a) Möglichkeit der Kenntnisnahme	58
aa) Allgemeine Grundsätze	58
bb) Einbeziehung der VOB/B und VOB/C	58
b) Keine überraschende Klausel im Sinne von § 305c BGB	59
4. Inhaltskontrolle Allgemeiner Geschäftsbedingungen	59
a) Auslegung Allgemeiner Geschäftsbedingungen	59
b) Inhaltskontrolle Allgemeiner Geschäftsbedingungen	60
aa) § 307 Abs. 1 Satz 1 BGB	60
bb) § 307 Abs. 1 Satz 2 BGB	61
cc) §§ 308 und 309 BGB	61
5. Rechtsfolgen der Unwirksamkeit	61
D. Wirksamkeit des Werkvertrages	62
I. Verstoß gegen ein gesetzliches Verbot – Schwarzarbeit	62
II. Unmöglichkeit der Vertragserfüllung	63
III. Sittenwidrige Preisvereinbarung – Änderung der Geschäftsgrundlage – rechtsmissbräuchliche Durchsetzung überhöhter Ansprüche	64
1. Überhöhter Werklohn	65
a) Unwirksame Vergütungsvereinbarung	65
b) Grenzen der Preisfortschreibung bei Mengenmehrungen	66

		aa)	Sittenwidrige Preisbildung für die Mehrmengen	66
		bb)	Wegfall/Änderung der Geschäftsgrundlage	68
	2.	Zu geringer Werklohn		69

IV. Schmiergeldabrede 69
V. Form des Bauvertrages 70
  1. Schriftformvereinbarungen 70
  2. Notarielle Beurkundung 70
    a) Rechtliche Einheit von Bau- und Grundstücksvertrag 70
    b) Mittelbarer Zwang zum Grundstückserwerb 71
    c) Umfang der Beurkundung 72
    d) Rechtsfolgen 73
  3. Verträge mit der öffentlichen Hand 73
    a) Gesetzliche Form- und Vertretungsregeln 73
    b) Schriftform 74
    c) Ausnahme für Geschäfte der laufenden Verwaltung 74
    d) Geschäfte eines Bevollmächtigten 75
    e) Rechtsfolgen des Verstoßes 75
    f) Folgen bei Verstoß gegen Vieraugenprinzip 75
    g) Folgen bei Verstoß gegen Vertretungsregeln 75
    h) Folgen bei alleinigem Verstoß gegen Schriftform 75
    i) Ausnahmen nach Treu und Glauben 76
    j) Anspruch aus GoA, Schadensersatzanspruch des Unternehmers 76
    k) Verstoß gegen die Informationspflicht des öffentlichen Bestellers 77
    l) Vertragsschluss ohne Vergabeverfahren 77
VI. Vertretergeschäfte 78
  1. Allgemeines 78
  2. Konkludente Vollmacht des Baustellenpersonals 78
  3. Architektenvollmacht 78
  4. Anscheins- und Duldungsvollmacht 79
  5. Vollmacht des Ehegatten 80
  6. Vollmacht des Hausverwalters 81
VII. Anfechtung 81
  1. Anfechtung wegen Erklärungsirrtums 81
  2. Anfechtung wegen Täuschung und Drohung 81
VIII. Widerruf des Bauvertrages 82
  1. Vertraglich vereinbartes Widerrufsrecht 82
  2. Gesetzliches Widerrufsrecht für Verbraucher-Bauverträge 82
IX. Doppelbeauftragung 82
E. Vertragspflichten des Unternehmers 83
I. Herstellungsverpflichtung 83
  1. Allgemeine werkvertragliche Grundsätze 83
  2. Sonderregelungen für den Verbraucherbauvertrag 84
II. Sonstige vertraglich übernommene Leistungspflichten 85
III. Weitere Pflichten des Unternehmers 85
  1. Kooperationspflicht 86
  2. Prüfungs- und Aufklärungspflichten 86
  3. Beratungspflichten 86
    a) Die Bedeutung der Beratungspflichten für die Bestimmung der geschuldeten Leistung 86
    b) Die rechtliche Einordnung der haupt- oder nebenvertraglichen Beratungspflichten und die Folgen ihrer Verletzung 87
      aa) Beratungspflicht als Hauptleistungspflicht 87
        (1) Die Beratungspflicht als Teil der Herstellungsverpflichtung 88
        (2) Die rechtlich selbständige (Haupt-)Beratungspflicht 88
      bb) Beratungspflicht als vorvertragliche bzw. vertragliche Nebenleistungspflicht . 89
        (1) Entstehung und Umfang der nebenvertraglichen Beratungspflichten 89
        (2) Rechtsfolgen der Verletzung vor- bzw. nebenvertraglicher Beratungspflichten 90
  4. Pflicht zur Vorlage „bauwerkbezogener Unterlagen" 91
    a) Rechtsgrundlage 91
      aa) Verbraucher-Bauverträge 91
      bb) Anderweitige Rechtsgrundlagen 91
    b) Einzelfälle 92
      aa) Nachweise über die Überprüfung bestimmter Arbeiten während des Herstellungsvorgangs 92

	bb)	Revisionsunterlagen/-pläne		92
	cc)	Abnahmebescheinigungen		93
	dd)	Bedienungsanleitungen und Wartungshinweise		93
	ee)	Werkzeichnungen, Ergebnisse von Güteprüfungen		93
IV. Leistungsstörungen				94
1. Unmöglichkeit				94
	a) Grundsatz			94
	b) Anfängliche Unmöglichkeit			94
		aa)	Garantiehaftung nach altem Recht	95
		bb)	Änderungen nach neuem Recht	95
		cc)	Schadensersatzregelung bei anfänglicher Unmöglichkeit	95
		dd)	Sonstige Schadensersatzregelung	96
2. Mangelhafte Leistungen				96
3. Verzögerte Leistungen				96
	a) Fälligkeit der Leistung			96
	b) Verzugsbegründende Voraussetzungen			98
		aa)	Mahnung	98
		bb)	Kalenderzeit	98
		cc)	Berechenbare Zeit	99
		dd)	Ernsthafte und endgültige Leistungsverweigerung	99
		ee)	Interessenwegfall	99
		ff)	Verschulden	99
	c) Rechtsfolgen des Verzugs			99
		aa)	Verschärfte Haftung	99
		bb)	Verzögerungsschaden	100
		cc)	Verzinsung	100
		dd)	Rücktritt	100
			(1) Fruchtloser Fristablauf	100
			(2) Rücktritt vor Fälligkeit	101
			(3) Ausschluss des Rücktrittsrechts	101
			(4) Beschränktes Rücktrittsrecht	101
			(a) Unerhebliche Pflichtverletzung	101
			(b) Interessenfortfall	101
			(5) Rechtsfolgen	102
		ee)	Schadensersatz statt der Leistung	102
4. Vertragsstrafeversprechen				102
	a) Individuelle Vereinbarung einer Vertragsstrafe			102
		aa)	Unwirksamkeit wegen eines Verstoßes gegen die guten Sitten	103
		bb)	Herabsetzung der Vertragsstrafe	104
		cc)	Durchsetzungsverbote	104
			(1) Durchsetzung als Verstoß gegen Treu und Glauben	104
			(2) Vertragsstrafevereinbarung unter Verstoß gegen Vergaberecht	104
	b) Vereinbarung der Vertragsstrafe durch Allgemeine Geschäftsbedingungen			104
		aa)	Individuelles Aushandeln	105
		bb)	Inhaltskontrolle der Vertragsstrafe wegen Verzugs	105
			(1) Verstoß gegen das Transparenzgebot	105
			(2) Bemessungsgrundlage	106
			(3) Unangemessene Höhe der Vertragsstrafe für Verzug	106
			(4) Kumulationsverbot	107
			(5) Verzug	108
			(6) Anrechnung des Schadensersatzanspruchs	109
			(7) Vorbehalt bei der Abnahme	109
			(8) Trennbare Teile	109
		cc)	Sonstige Vertragsstrafen	109
	c) Voraussetzungen der Vertragsstrafe			110
		aa)	Fristüberschreitung	110
		bb)	Verschiebungen strafbewehrter Termine	111
		cc)	Verzug	112
		dd)	Berechnung der Vertragsstrafe	113
		ee)	Vorbehalt der Vertragsstrafe	113
F. Vertragspflichten des Bestellers				114
I. Vergütungspflicht				114
1. Vorleistungspflicht und Vorleistungsrisiko				114
2. Inhalt des Vergütungsanspruchs				115
	a) Einheitspreisvertrag			115

	aa)	Einheitspreis	116
	bb)	Aufmaß	116
		(1) Allgemeines	116
		(2) Gemeinsames Aufmaß	116
		(3) Bedeutung des Aufmaßes	118
		(a) Prüfbares Aufmaß als Durchsetzungsvoraussetzung	118
		(b) Fälligkeit auch ohne Aufmaß	118
		(c) Folgen fehlender Prüffähigkeit des Aufmaßes	119
		(4) Einwendungen gegen das Aufmaß	119
		(5) Aufmaß und Mangel	120
b)	Pauschalvertrag		120
c)	Stundenlohn		122
	aa)	Vereinbarung von Stundenlohnarbeiten	122
	bb)	Abrechnung von Stundenlohnarbeiten	123
	cc)	Abrechnung bei der Vereinbarung von Stundenzetteln	123
	dd)	Unterzeichnung von Stundenzetteln	124
	ee)	Darlegungs- und Beweislast	125

3. Umsatzsteuer ... 126
   a) Höhe der Umsatzsteuer ... 127
   b) Preisanpassung bei Umsatzsteuererhöhung ... 127
   c) Umkehrsteuer ... 128
4. Bauabzugssteuer ... 130
   a) Prozessuale Auswirkungen auf Klageantrag ... 131
   b) Voraussetzungen für den Steuerabzug ... 131
      aa) Bauleistungen ... 131
      bb) Leistungsempfänger ... 132
      cc) Befreiung vom Steuerabzug durch Freistellungserklärung ... 132
   c) Pflichten und Haftung des Leistungsempfängers ... 133
   d) Zivilrechtliche Auswirkungen ... 133
      aa) Erlöschen der Vergütungsforderung durch Steuerabführung ... 133
      bb) Rückerstattung bei versehentlich unterbliebenem Abzug ... 134
      cc) Fälligkeit ohne Freistellungserklärung ... 134
      dd) Aufrechnung und Bürgenzahlung ... 135
      ee) Auswirkungen in der Zwangsvollstreckung ... 135
   e) Berücksichtigung des Steuerabzugs von Amts wegen ... 135
5. Beweislast in Bezug auf Werklohnansprüche ... 136
6. Preisveränderungen ... 137
   a) Vertragliche Preisänderungsmöglichkeiten ... 137
      aa) Preisänderung wegen Kostenänderung – Preisgleitklauseln ... 137
         (1) Zulässige Währungssicherungsklauseln ... 138
         (2) AGB-rechtliche Wirksamkeit ... 138
      bb) Preisänderungen wegen Mengenänderungen (§ 2 Abs. 3 VOB/B) ... 139
      cc) Umsatzsteuergleitklauseln ... 139
   b) Vergütungsänderungen wegen Störung der Geschäftsgrundlage ... 139
      aa) Preisveränderungen ... 140
      bb) Mengenänderungen ... 141
         (1) Einheitspreisvertrag ... 141
         (2) Pauschalvertrag ... 142
      cc) Externer Kalkulationsirrtum ... 143
7. Nachträgliche Verständigung über die Werklohnforderung ... 144
   a) Vergleich ... 144
      aa) Irrtum über Vergleichsgrundlage ... 144
      bb) Verbindlichkeit bloßer Teileinigungen ... 145
   b) Schuldanerkenntnisse in Bausachen ... 145
      aa) Das abstrakte Schuldanerkenntnis ... 146
      bb) Das kausale Schuldanerkenntnis ... 146
      cc) Das beweiserleichternde Schuldbekenntnis ... 148
         (1) Terminologie und Anwendungsfälle ... 148
         (2) Rechtswirkungen ... 150
         (3) Auswirkungen des Schuldbekenntnisses auf die Darlegungsanforderungen ... 151
   c) Erlass oder Verzicht ... 152
8. Vergütungsrelevante Klauseln in Allgemeinen Geschäftsbedingungen des Bestellers ... 153
   a) Vollständigkeits- und Pauschalierungsklauseln ... 153
   b) Schriftformklauseln ... 156
   c) Vertretungsklauseln/Bestätigungsklauseln ... 157

§631 Werkvertragsrecht

- d) Sonstige vergütungsrelevante Klauseln 158
- II. Verhältnis von Vergütung und Mängelhaftung 158
  - 1. Kürzung der Vergütung wegen Mängeln 158
    - a) Kürzung wegen Mindermengen bei mangelhafter Leistung 159
    - b) Kürzung eines Pauschalpreises wegen fehlender Leistungen 159
    - c) Honorarkürzung bei mangelhaften Architektenleistungen 159
  - 2. Verrechnung und Aufrechnung 160
    - a) Verrechnung ersetzt nicht Aufrechnung 160
    - b) Verrechnungsverhältnis 161
    - c) Folgen der Rechtsprechung 161
      - aa) Aufrechnungsverbote 161
        - (1) Aufrechnungsverbote in §§ 392, 406 BGB 162
        - (2) Aufrechnungsverbote in Vollstreckungsordnungen 162
        - (3) Aufrechnungsverbote in Individualvereinbarungen 162
        - (4) Aufrechnungsverbote in AGB 163
      - bb) Vorbehaltsurteil nach § 302 ZPO 164
      - cc) Zurückweisung der Aufrechnung in der Berufung 166
      - dd) Streitwerterhöhung wegen Hilfsaufrechnung 166
  - 3. § 320 und Vorschläge gegen den Justizkredit 166
- III. Weitere Pflichten des Bestellers 167
  - 1. Kooperationspflicht 167
  - 2. Mitwirkungspflichten 167
  - 3. Aufklärungspflichten 168
  - 4. Obhuts- und Schutzpflichten 169
- IV. Leistungsstörungen des Bestellers 169
  - 1. Verzögerte Zahlung von Werklohn 169
    - a) Fälligkeit des Anspruchs 169
    - b) Anspruch auf Ersatz des Verzugsschadens 170
      - aa) Mahnung 170
      - bb) Klage und Mahnbescheid 171
      - cc) Kalenderfrist 171
      - dd) Eintritt eines ungewissen Ereignisses 171
      - ee) Erfüllungsverweigerung 172
      - ff) 30-Tage-Regelung 172
      - gg) Verzug nach Empfang der Gegenleistung 172
    - c) Beendigung des Verzugs 173
    - d) Verzugsschaden 173
      - aa) Verzugszinsen 173
      - bb) Prozesszinsen 174
      - cc) Sonstiger Verzugsschaden 174
    - e) Vertragsbeendigung durch Rücktritt oder Kündigung 175
    - f) Schadensersatz statt der Leistung 176
  - 2. Verzögerung anderer Leistungspflichten 176
    - a) Verzögerung der Abnahme 176
    - b) Verzögerung von geschuldeten Mitwirkungen 176
      - aa) Leistungspflichten 176
      - bb) Fälligkeit 180
      - cc) Verzug 181
        - (1) Mahnung 181
        - (2) Entbehrlichkeit der Mahnung 182
        - (3) Verschulden des Auftraggebers 182
      - dd) Verzugsschaden 183
        - (1) Differenzhypothese 183
        - (2) Kausalitäten 184
        - (3) Schadensumfang 186
          - (a) Schadensschätzung 186
          - (b) Schadenspositionen, Rentabilitätsvermutung und Kommerzialisierung 188
          - (c) Entgangener Gewinn 190
          - (d) Umsatzsteuer 190
      - ee) Vertragsbedingung durch Rücktritt oder Kündigung 190
        - (1) Verletzung von Leistungspflichten 190
        - (2) Verletzung der Pflicht zur Rücksichtnahme 191
      - ff) Schadensersatz statt der Leistung 192
      - gg) Ansprüche nach Verletzung der Pflicht zur Rücksichtnahme bei Vertragsanbahnung 192

von Rintelen   39

G. Im Nachgang: Grundsätze der Vertragsauslegung 194
　I. Auslegung des gesamten Vertragswerks 194
　II. Bedeutung des Wortlauts 196
　III. Maßstab für Konkretisierungen 197
　　1. Auslegung der geschuldeten Qualitäten 197
　　2. Leistungsbestimmungsrechte 197
　IV. Auslegung von Risikoübernahmen im Bauvertrag 199
　　1. Risikoübernahme durch den Unternehmer 199
　　2. Risikoübernahme durch den Besteller 201
　V. Besonderheiten einer Ausschreibung nach VOB/A 202
H. Vertragsänderungen, insb. Leistungsänderungen oder -erweiterungen 203
　I. Gesetzliche Ausgangslage: Konsensprinzip 203
　II. Ausnahme: Einseitiges Änderungsrecht im Bauvertrag gemäß §650b BGB 203
　III. Anpassungsanspruch bei notwendigen zusätzlichen oder geänderten Leistungen 203
I. Gesetzliche Ansprüche des Unternehmers anstelle vertraglicher Vergütungsansprüche ... 205
　I. Aufwendungsersatz aus Geschäftsführung ohne Auftrag 205
　II. Bereicherungsansprüche 205
　III. Ansprüche des Unternehmers gegen einen Vertreter ohne Vertretungsmacht 206
　IV. Ansprüche des Vertreters gegen den Bauherrn 206
J. Einbeziehung Dritter in die Zahlung 207
　I. Schuldbeitritt 207
　II. Zweitbeauftragung durch Hauptauftraggeber 207
　III. Rechnungsstellung gegenüber Dritten 207
　IV. Zahlungsabwicklung nach §16 Abs. 6 VOB/B 208
K. Verjährung und Verwirkung des Vergütungsanspruchs 209
　I. Verjährungsfrist für den Vergütungsanspruch 209
　　1. Regelmäßige Verjährung und ihre Berechnung 209
　　2. Sonderproblem Bauträgervertrag 209
　　3. Entstehung des Vergütungsanspruchs 210
　　　a) Fälligkeit des Werklohns mit Abnahme 210
　　　b) Fälligkeit der Bauwerklohns durch Rechnungserteilung 210
　　　c) Keine Verjährung ohne Fälligkeit 210
　　　　aa) Verjährung bei nicht prüfbarer Abrechnung 211
　　　　bb) Möglichkeiten des Bestellers, die Fälligkeit herbeizuführen 211
　　4. Kenntnis des Unternehmers von den den Anspruch begründenden Umständen und der Person des Schuldners 212
　II. Hemmung und Neubeginn der Verjährung 212
　　1. Hemmung der Verjährung 213
　　　a) Schweben von Verhandlungen, §203 BGB 213
　　　b) Sonstige Hemmungstatbestände, §204 BGB 214
　　　　aa) Klage 214
　　　　bb) Mahnbescheid 215
　　　　cc) Selbständiges Beweisverfahren und Streitverkündung 215
　　　　dd) Aufrechnung 216
　　　　ee) Ende der Hemmungswirkung 216
　　　c) Vereinbarung über Leistungsverweigerungsrecht, §205 BGB 216
　　　d) Anrufung der vorgesetzten Stelle nach §18 Abs.2 VOB/B, Gutachteneinholung nach §18 Abs.3 VOB/B 217
　　2. Neubeginn der Verjährung 217
　　　a) Anerkenntnis 217
　　　b) Gerichtliche oder behördliche Vollstreckungshandlung 218
　III. Vereinbarungen über die Verjährung 218
　IV. Übergangsregelung 219
　V. Verwirkung der Vergütungsforderung 220
L. Besonderheiten der VOB/B 220
　I. Einbeziehung der VOB/B in den Bauvertrag/Inhaltskontrolle 220
　II. Besonderheiten bei der Auslegung einer Ausschreibung nach VOB/A 220
　III. Preisänderungen beim VOB-Vertrag (§2 Abs.3 VOB/B) 220
　IV. Leistungs- und Vergütungsänderungen beim VOB-Vertrag 222
　V. Ansprüche bei nicht (wirksam) beauftragten Leistungen 223
　VI. Fälligkeit der Vergütung 223
　VII. Einbeziehung Dritter in die Zahlung 223
M. Besonderheiten des Architekten- und Ingenieurvertrages 223

A. Sinn und Zweck der Regelung

Der Werkvertrag ist ein gegenseitiger entgeltlicher Vertrag. Der Unternehmer verpflichtet 1 sich zur Herstellung des versprochenen Werkes, der Besteller zur Zahlung der vereinbarten Vergütung. Diese gegenseitigen Verpflichtungen werden in §631 Abs.1 BGB ausdrücklich hervorgehoben und der gesetzlichen Regelung des Werkvertragsrechts vorangestellt. Die Regelung ist sehr allgemein gehalten. Die Vergütungspflicht des Bestellers wird deshalb genauer geregelt in §632 Abs.1 und 2 BGB. Da auch die dort getroffene Regelung den Besonderheiten des Bauvertrages nicht gerecht wird, hat der Gesetzgeber durch das am 1.1.2018 in Kraft getretene Gesetz zur Reform des Bauvertragsrechts und zur Änderung der kaufrechtlichen Mängelhaftung (BGBl. I, 2017, 969 ff.) besondere Regelungen für den Bauvertrag geschaffen, so in §650 b BGB zum Anordnungsrecht des Bestellers und in §650c BGB zu den sich daraus ergebenden Vergütungsfolgen. Überdies sieht die VOB/B in §2 ergänzende Regelungen vor, insbesondere für die Behandlung von Mehr- und Minderleistungen, Änderungen des Bauentwurfs und die Erteilung zusätzlicher Aufträge. Die Herstellungsverpflichtung des Unternehmers wird näher konkretisiert in §633 Abs.1–3 BGB. Danach hat der Unternehmer dem Besteller das Werk frei von Sach- und Rechtsmängeln zu verschaffen → §633 BGB Rdn.1 ff.

B. Die rechtliche Einordnung des Bauvertrags

Der Vertrag über die Errichtung eines Bauwerks ist ein Werkvertrag → Vor §631 BGB 2 Rdn.1 f. 2018 hat der Gesetzgeber den Bauvertrag als Sonderform des Werkvertrages in das Gesetz eingeführt und für diesen eine Reihe zusätzlicher Regelungen getroffen, die die Besonderheiten des Bauens besser berücksichtigen Das Gesetz kommt nun mit einem einheitlichen Tatbestand der Pflichtverletzung aus sollen. Die Neuregelung gilt aber nicht für alle bauwerkbezogenen Werkverträge, sondern nur für die Bauverträge, die die Definition in §650a BGB erfüllen. Ergänzend hat er Sonderregelungen für den Verbraucherbauvertrag zum Bau eines neuen Gebäudes bzw. erheblichen Umbaumaßnahmen in §§650i ff. BGB geschaffen. Damit wird also zwischen den „großen" Verbraucherbauverträgen nach §650i BGB, allgemeinen Bauverträgen im Sinne von §650a BGB, und sonstigen bauwerkbezogenen Werkverträgen unterschieden. Während die Verbraucher-Neubauverträge klar abgrenzbar sind, wird es Aufgabe der Rechtsprechung sein, die recht unscharfe Begriffsbestimmung des Gesetzgebers in §650a BGB auszufüllen und brauchbare Abgrenzungskriterien zu allgemeinen Werkverträgen zu entwickeln.

Von den als Werkvertrag einzuordnenden Bauverträgen zu unterscheiden sind jedoch Verträge, 3 die allein die Lieferung von herzustellenden beweglichen Bau- und Anlagenteilen – Fertigbetonteile, Markisen – zum Gegenstand haben. Diese sind nach Maßgabe des §650 BGB nach Kaufrecht zu beurteilen. Die Zweckbestimmung der Teile, in Bauwerke eingebaut zu werden, rechtfertigt keine andere Beurteilung. Diese ist auch dann nicht gerechtfertigt, wenn Gegenstand des Vertrages auch Planungsleistungen sind, die der Herstellung der Bauteile vorauszugehen haben, aber nicht den Schwerpunkt des Vertrages bilden (BGH, Urt. v. 23.7.2009 – VII ZR 151/08; OLG Düsseldorf, Urt. v. 6.11.2012 – I-21 U 75/11). Werkvertragsrecht ist auf solche Lieferverträge daher nur dann anzuwenden, wenn neben der Fertigung Planungs- oder Montageleistungen von so erheblichem Gewicht erbracht werden müssen, dass diese dem Vertrag rechtlich das Gepräge geben → Vor §631 BGB Rdn.99 ff. und → §650 BGB Rdn.1 ff. Werkvertragsrecht ist darüber hinaus aber auch dann anzuwenden, wenn der Vertrag auf die Herbeiführung eines über die Herstellung, die Lieferung und den Einbau bestimmter Bauteile hinausgehenden Werkerfolges gerichtet ist (OLG Bremen IBR 2011, 406).

Davon wiederum zu unterscheiden sind Verträge, die nicht auf die Herstellung, sondern nur 4 auf die Lieferung und Montage von beweglichen – in der Regel marktgängigen – Bau- und Anlagenteilen gerichtet sind. Auf diese Verträge ist §650 BGB überhaupt nicht anwendbar. Sie unterfallen direkt dem Kaufrecht oder dem Werkvertragsrecht. Für die Einordnung eines Vertragsverhältnisses als Kaufvertrag mit Montageverpflichtung oder als Werkvertrag kommt es darauf an, auf welcher der beiden Leistungen bei der gebotenen Gesamtbetrachtung der Schwerpunkt liegt (BGH, Beschl. v. 16.4.2013 – VIII ZR 375/11). Verträge über die Lieferung und den Einbau von Parkett sind immer als Werkverträge einzuordnen (BGH, Beschl. v. 16.4.2013 – VIII ZR 375/11). Bei Verträgen über die Lieferung und den Einbau von Fenstern und Türen kommt es auf die Umstände des Einzelfalles an (OLG Köln, Beschl. v. 13.4.2015 –

11 U 183/14; in der Regel liegt der Anteil der Montage- und Einbaukosten allerdings deutlich über den hier angenommenen 5% der Rechnungssumme). Umstritten ist die rechtliche Einordnung von Verträgen über die Lieferung und den Einbau einer Photovoltaik-Anlage (BGH, Urt. v. 9.10.2013 – VIII ZR 318/12: Kaufvertrag mit Montageverpflichtung; BGH, Urt. v. 2.6.2016 – VII ZR 348/13: Werkvertrag)

5   Verträge über die Lieferung von „Rohstoffen" – Sand, Zement, Steine – sind allein nach Kaufrecht zu beurteilen.

C. Abschluss des Werkvertrages

6   Der Abschluss des Werkvertrages erfolgt nach allgemeinen vertragsrechtlichen Grundsätzen. Er kommt zustande durch Angebot und inhaltsgleiche Annahme, §§ 145 ff. BGB.

I. Verhandlungen über den Werkvertrag

1. Gesetzliches Schuldverhältnis durch Verhandlung

7   Dem Abschluss des Vertrages gehen in der Regel Vertragsverhandlungen voraus. Die in den Verhandlungen gemachten Erklärungen erfolgen in der Regel ohne Rechtsbindungswillen und erzeugen grundsätzlich keine Bindung im Hinblick auf den Vertragsschluss (BGH, Urt. v. 10.6.2016 – V ZR 295(14); Staudinger/Bork Vor §§ 145–156 Rn. 45). Zur Begründung eines Schuldverhältnisses durch Rechtsgeschäft ist, sofern das Gesetz nicht etwas anderes vorschreibt, ein Vertrag zwischen den Beteiligten erforderlich, § 311 Abs. 1 BGB. Das gilt auch für die Änderung des Schuldverhältnisses. Die während der Verhandlung abgegebenen Erklärungen sind aber nicht rechtlich bedeutungslos. Sie können vielmehr für die Auslegung der späteren Vertragserklärungen wichtig sein.

8   Nach § 311 Abs. 2 BGB entsteht ein Schuldverhältnis mit Pflichten nach § 241 Abs. 2 BGB auch durch die Aufnahme von Vertragsverhandlungen, durch die Anbahnung des Vertrages, bei welcher der eine Teil im Hinblick auf eine etwaige rechtsgeschäftliche Beziehung dem anderen Teil die Möglichkeit der Einwirkung auf seine Rechte, Rechtsgüter und Interessen gewährt oder ihm diese anvertraut, oder durch ähnliche geschäftliche Kontakte. Ein derart begründetes Schuldverhältnis kann nach seinem Inhalt jeden Teil zur Rücksicht auf die Rechte, Rechtsgüter und Interessen des anderen Teils verpflichten, § 241 Abs. 2 BGB. Aus diesen gesetzlichen Regeln lassen sich zahlreiche vorvertragliche Pflichten bei Anbahnung eines Vertragsverhältnisses oder ähnlicher geschäftlicher Kontakte ableiten.

2. Abbruch der Verhandlungen

9   Vertragsverhandlungen können grundsätzlich jederzeit abgebrochen werden. Aufnahme und Durchführung von Vertragsverhandlungen begründen keine Verpflichtung, einen ins Auge gefassten Vertrag auch zu schließen. Auch schriftlich niedergelegte Vorstellungen zum Vertragsinhalt in Absichtserklärungen, Memoranda of Understanding etc. sind grundsätzlich nur Verfahrensschritte, die Vertragsbereitschaft signalisieren und den Vertragsprozess kanalisieren; sie begründen aber noch keine Leistungsverbindlichkeit (OLG Schleswig, Urt. v. 27.2.2015 – 17 U 91/14; OLG Stuttgart, Urt. v. 17.9. 2008 – 14 U 10/08; OLG Köln, Urt. v. 28.5.2002 – 16 U 1/01; Staudinger/Bork Vor §§ 145–156 Rn. 45; Schulze, Die Naturalobligation, S. 349 f.). Eine Bindung tritt nach dem Gesetz erst ein, wenn die Parteien sich über alle Punkte, über die sie sich eignen wollten, auch tatsächlich geeinigt haben, § 154 Abs. 1 BGB; damit schützt das Gesetz bewusst die negative Vertragsfreiheit (Motive Bd. 2, S. 162). Aus einer abgebrochenen Verhandlung kann also nicht die Erfüllung eines Vertrages gefordert werden, der nicht geschlossen worden ist. Solche Ansprüche bestehen nur, wenn bereits Vorverträge oder Rahmenverträge geschlossen sind, die den Inhalt der zu treffenden Vereinbarung konkret genug beschreiben (BGH, Urt. v. 30.4.1992 – VII ZR 159/91; BGH, Urt. v. 23.11.1972 – II ZR 126/70). Dann kommt ein auf das positive Interesse gerichteter Schadensersatzanspruch wegen Nichterfüllung des Vor- oder Rahmenvertrages in Betracht.

10 Wegen der negativen Vertragsfreiheit kommt ein auf das Vertrauensinteresse gerichteter Schadenersatzanspruch aus § 311 Abs. 2 i. V. m. § 241 Abs. 2 BGB wegen Abbruchs einer Vertragsverhandlung nur ausnahmsweise in Betracht, wenn ein Verhandlungspartner bei dem

anderen zurechenbar das berechtigte Vertrauen erweckt hat, der Vertrag werde mit Sicherheit zustande kommen, dann aber die Vertragsverhandlungen ohne triftigen Grund abbricht (BGH, Urt. v. 22.2.1989 – VIII ZR 4/88; Urt. v. 10.1.1996 – VIII ZR 327/94; BGH, Urt. v. 7.12.2000 – VII ZR 360/98). Ein solcher Fall liegt jedoch nicht vor, wenn eine Gemeinde zunächst beschlossen hat, aufgrund eines Vorhaben- und Erschließungsplans eine Investition zu ermöglichen, der Vorhabenträger daraufhin Grundstücke im Gebiet der Gemeinde erwirbt, die Gemeinde jedoch dann beschließt, das Projekt nicht weiter zu verfolgen. Denn es besteht kein Anspruch auf den Erlass einer Satzung über einen Vorhaben- und Erschließungsplan oder eines vorhabenbezogenen Bebauungsplans; (sogar vertragliche) Zusagen der Gemeinden, einen inhaltlich näher bestimmten Bebauungsplan aufzustellen oder doch zumindest die Aufstellung in Übereinstimmung mit dem Vertragspartner zu fördern, sind unwirksam. Vielmehr kann die Gemeinde in Ausübung ihrer Planungshoheit jederzeit entscheiden, von einem Vorhaben Abstand zu nehmen. Die Berufung auf die Planungshoheit ist grundsätzlich ein triftiger Grund zum Abbruch von Vertragsverhandlungen, solange sich die Gemeinde im Rahmen ihres Planungsermessens hält (BGH, Urt. v. 18.5.2006 – III ZR 396/04). Ein Anspruch aus § 311 BGB Abs. 2 i. V. m. § 241 Abs. 2 BGB kann in solchen Fällen daher grundsätzlich nur in einem Verhalten der Gemeinde gesehen werden, das außerhalb der eigentlichen Bauleitplanung liegt, namentlich in einem Verhalten, das dem Vertragspartner unrichtige, seine Vermögensdispositionen nachteilig beeinflussende Eindrücke über den Stand der Bauleitplanung vermittelt (BGH, a. a. O.).

Bei einem Grundstückskaufvertrag haftet die vollmachtlos vertretene Partei nicht schon **11** dann auf Ersatz der vergeblichen Vertragskosten, wenn sie die als sicher erscheinende Genehmigung ohne triftigen Grund verweigert, sondern nur, wenn eine besonders schwerwiegende, in der Regel vorsätzliche Treuepflichtverletzung vorliegt, etwa das Vorspiegeln einer tatsächlich nicht vorhandenen Genehmigungsbereitschaft (BGH, Urt. v. 9.11.2012 – V ZR 182/11, BauR 2013, 601).

Besonderheiten gelten allerdings für die von der öffentlichen Hand durchgeführten **Ver-** **12** **gabeverfahren.** Hier kann die vergabeverfahrenswidrige Ausscheidung eines einzelnen Angebotes, die kollektive Ablehnung aller Angebote oder die fehlerhafte Aufhebung des Vergabeverfahrens Schadensersatzansprüche einzelner Bieter auslösen, §§ 126 GWB, 311 Abs. 2, 241 Abs. 2 i. V. m. §§ 280, 282 BGB. Insoweit kann hier nur auf die einschlägige Kommentierung zu §§ 16, 17 VOB/A verwiesen werden.

II. Antrag auf Abschluss des Bauvertrags = Angebot

1. Auslegung der Erklärung

Der Antrag auf Abschluss des Bauvertrags ist eine Willenserklärung. Ob eine Erklärung **13** als Antrag auf Abschluss eines Vertrags anzusehen ist oder eine rechtlich noch nicht bindende Anfrage oder Aufforderung an die Gegenseite, ein solches Angebot abzugeben = invitatio ad offerendum, ist durch Auslegung der Erklärung zu ermitteln. Voraussetzung für eine Angebotserklärung ist das entsprechende Erklärungsbewusstsein mit dem Willen, sich rechtlich zu binden. Diese Voraussetzungen liegen regelmäßig nicht vor, wenn ein potentieller Besteller Angebote von Unternehmern einholt, um sodann darüber zu entscheiden, welchem Unternehmer der Auftrag erteilt wird. Diese Aufforderungen zur Abgabe eines Angebots oder so genannte Offerten binden den potentiellen Besteller als Vertragserklärung noch nicht. Er schafft dadurch aber bereits ein vorvertragliches Verhältnis im Sinne des § 311 Abs. 2 Nr. 1 BGB.

Regelmäßig wird deshalb von einem Angebot im Sinne einer bindenden Erklärung erst **14** dann ausgegangen werden können, wenn sich aus ihm ergibt, dass es nur noch angenommen werden muss, um dem Vertrag Wirksamkeit zu verschaffen. Voraussetzung dafür ist, dass das Angebot alle Einzelheiten des Vertrages enthält, die nach der Vorstellung des objektiven Erklärungsempfängers notwendig sind, um den Vertrag zu schließen. Dazu sind bei einem Bauvertrag grundsätzlich Angaben über die Vergütung erforderlich. Allerdings ergibt sich aus § 632 BGB, dass eine Einigung über die Vergütung nicht zu den Wirksamkeitsvoraussetzungen eines Werkvertrages gehört. Nach der Verkehrssitte wird aber grundsätzlich eine Einigung über die Vergütung erwartet. Ausnahmen davon gelten bei Bauaufträgen mit geringfügigem Umfang oder geringer Bedeutung, wie z. B. kleinere Reparatur- oder Sanierungsarbeiten.

Voraussetzung für ein wirksames Angebot ist, dass die Bauleistung so genau beschrieben ist, **15** dass der Vertragsinhalt bestimmt oder zumindest einseitig durch eine Partei nach Maßgabe des § 315 BGB bestimmbar ist. Ob das der Fall ist, ergibt die Auslegung der Erklärung (dazu grundlegend Kniffka, Irrungen und Wirrungen in der Rechtsprechung des Bundesgerichtshofs zur Auslegung von Bauverträgen, BauR 2015, 1893; dazu auch OLG Frankfurt, Urt. v. 23.10.2006 – 16 U 91/06). Dafür sind alle Erklärungen und Unterlagen heranzuziehen, die nach dem Willen der Parteien zur Vertragsgrundlage werden sollten. Ist die Leistung danach hinreichend bestimmbar, liegt ein wirksames Angebot vor. Sind die Angaben in der Leistungsbeschreibung dahin auszulegen, dass von der vorgesehenen Vergütung auch Leistungen umfasst sein sollen, die in den in den Vertrag einbezogenen DIN-Normen als besondere Leistungen aufgeführt sind, sind diese von der daraufhin vereinbarten Vergütung umfasst. Für die Ausführung kann dann keine zusätzliche Vergütung verlangt werden (BGH Beschl. v. 10.4.2014 – VII ZR 144/12 –; so aber auch schon BGH, Urt. v. 28.2.2002 – VII ZR 376/00 („Brückenkappen-" bzw. „Konsolträgerüstentscheidung" und BGH, Urt. v. 27.7.2006 – VII ZR 202/04). Probleme kann die genaue Bestimmung der angebotenen Leistungen insbesondere bei Wartungsverträgen bereiten (dazu OLG Düsseldorf, Urt. v. 29.7.2016 – I – 22 U 24/16). Im Einzelfall können auch im Werkvertragsrecht Werbeaussagen für die Auslegung des Angebots bzw. des auf dieser Grundlage geschlossenen Vertrages Bedeutung erlangen und zu einer stillschweigenden Beschaffenheitsvereinbarung führen (OLG Düsseldorf, Urt. v. 7.10.2016 – I – 22 U 60/16).

16 Ob die Erbringung von nicht vereinbarten Bauleistungen als konkludentes Angebot auf Abschluss eines entsprechenden Vertrages anzusehen ist, ist ebenfalls im Wege der Auslegung zu ermitteln. In aller Regel wird ein entsprechendes Erklärungsbewusstsein fehlen. Denn der Unternehmer erbringt die Leistung in der Regel im Bewusstsein einer vertraglichen Verpflichtung. Auch beim Leistungsempfänger wird in aller Regel dieses Bewusstsein bestehen. Jedenfalls kommt in diesen Fällen regelmäßig ein Vertrag schon deshalb nicht zustande, weil es an einer Annahmeerklärung des Empfängers der Leistung fehlt. Denn allein die Entgegennahme von Leistungen lässt nicht den Schluss auf den Willen zu, ein entsprechendes Angebot anzunehmen (BGH, Urt. v. 10.4.1997 – VII ZR 211/95). Erforderlich sind weitere Umstände, die rechtsgeschäftlichen Willen zum Abschluss eines Vertrages erkennen lassen (BGH, Urt. v. 24.6.1999 – VII ZR 196/98). Das kann z.B. ein Anerkenntnis der Leistung im Sinne des § 2 Abs. 8 Nr. 2 Satz 1 VOB/B sein.

17 Bei der Auslegung einer Willenserklärung sind nur solche Umstände zu berücksichtigen, die dem Empfänger bei Zugang der Erklärung erkennbar waren. Allerdings kann und muss bei der Auslegung eines Rechtsgeschäfts auch das nachträgliche Verhalten der Partei in dem Sinne berücksichtigt werden, dass spätere Vorgänge Rückschlüsse auf den tatsächlichen Willen und das tatsächliche Verständnis der am Rechtsgeschäft Beteiligten zulassen können (BGH, Beschl. v. 13.10.2011 – VII ZR 222/10).

18 Hat der Auftraggeber entgeltlich die Reparatur solcher Leistungen in Auftrag gegeben, die der Auftragnehmer bereits erbracht hat und die von einem Drittunternehmen vor der Abnahme beschädigt worden sind, entfällt die Vergütungspflicht für diesen Auftrag nicht bereits deshalb, weil der Auftragnehmer möglicherweise noch die Vergütungsgefahr trug. Es muss vielmehr im Wege der Vertragsauslegung ermittelt werden, ob der Auftraggeber bereit war, trotz dieses Umstandes und unter Berücksichtigung der sonstigen dem Reparaturauftrag zugrundeliegenden Umstände eine Vergütungspflicht zu begründen (OLG Celle, Urt. v. 9.5.2012 – 14 U 147/10, rechtskräftig durch BGH Beschl. v. 8.5.2014 – VII ZR 159/12, BauR 2016, 98).

19 Die Auslegung eines wirksam geschlossenen Vertrages kann – auch und gerade bei öffentlicher Vergabe – insbesondere dann Schwierigkeiten bereiten, wenn in der Ausschreibung die geforderten Leistungen nur ungenau oder unvollständig beschrieben oder besondere Risiken – etwa schwierige Bodenverhältnisse – für den Bieter nicht oder nur schwer erkennbar sind. Hier hat die Rechtsprechung lange Zeit eine klare Linie vermissen lassen (Kniffka, Irrungen und Wirrungen in der Rechtsprechung des Bundesgerichtshofs zur Auslegung von Bauverträgen, BauR 2015, 1893) und mit Hilfe der merkwürdigen Rechtsfigur des „frivolen Bieters" das Risiko aus solchen ungenauen Ausschreibungen nur allzu oft dem Bieter auferlegt, obwohl die Ausschreibung gar nicht von ihm stammte (BGH, Urt. v. 25.2.1988 – VII ZR 310/86; Urt. v. 25.11.2010 – VII ZR 201/08; Beschl. v. 23.3.2011 – VII ZR 216/08; Urt. v. 7.3.2013 – VII ZR 68/10; Urt. v. 14.3.2013 – VII ZR 116/12; OLG Düsseldorf, Urt. v. 28.7.1993 – 22 U 55793). Dem ist der BGH nunmehr aber zu Recht entgegengetreten und hat erklärt, es sei Sache des öffentlichen Auftraggebers, die geforderten Leistungen so auszuschreiben, dass der Bieter die Preise sicher kalkulieren könne. Er dürfe dem Bieter kein ungewöhnliches Wagnis auferlegen (BGH, Urt. v. 22.12.2011 – VII ZR 67/11 und 21.3.2013 – VII ZR 122/11).

Dem ist zuzustimmen. Entscheidend ist, wie eine Ausschreibung aus der Sicht des „redlichen Bieters" zu verstehen ist. Dieser ist nicht gehindert, erkennbare Risiken auf sich zu nehmen. Verwirklicht sich ein erkennbares Risiko, hat er Pech gehabt. Verwirklicht es sich nicht, hat er Glück gehabt (BGH, Urt. v. 13.3.2008 – VII ZR 194/06 „Bistro-Fall; OLG Düsseldorf, Urt. v. 24.3.2015 – I – 21 U 136/14, BauR 2015, 1987 zum erkennbar unvollständigen Leistungsverzeichnis). Ist die Leistungsbeschreibung aber unklar und das Risiko für den „redlichen Bieter" nicht erkennbar, muss dieser sich nicht entgegenhalten lassen, „frivol" gehandelt und seine Aufklärungspflichten verletzt zu haben. Es ist vielmehr Sache des öffentlichen Auftraggebers, die geforderten Leistungen präzise auszuschreiben. Dass der Bieter es unterlassen hat, die Unklarheiten in der Ausschreibung aufzuklären, ist unerheblich. Dieser Umstand kann das Ergebnis einer objektiven Auslegung nicht beeinflussen (BGH, Urt. v. 13.3.2008 – VII ZR 194/06; 22.12.2011 – VII ZR 67/11; 21.3.2013 – VII ZR 122/11; 12.9.2013 – VII ZR 227/11).

Wer das Risiko von schlechtem Wetter zu tragen hat, ist auch eine Frage der Auslegung der 20 von den Parteien abgegebenen Willenserklärungen bzw. des Vertrages. Sind keine abweichenden Vereinbarungen getroffen, ist es keine dem Auftraggeber obliegende Mitwirkungshandlung im Sinne von §642 BGB, während der Dauer des Herstellungsprozesses außergewöhnlich ungünstige Witterungseinflüsse auf das Baugrundstück in Form von Frost, Eis und Schnee, mit denen nicht gerechnet werden musste, abzuwehren. Derartige Umstände können zwar gemäß §6 Abs. 2 VOB/B zu einer Verlängerung der Ausführungsfrist führen, begründen in der Regel aber keinen zusätzlichen Vergütungs-, Entschädigungs- oder Schadensersatzanspruch aus §2 Abs. 5 oder 6 VOB/B bzw. §6 Abs. 6 VOB/B i. V. m. §642 BGB (BGH, Urt. v. 20.4.2017 – VII ZR 194/13).

Schwierigkeiten kann die Bestimmung der angebotenen bzw. geschuldeten Leistungen auch 21 bei vereinbarter Schlüsselfertigkeit bereiten (dazu Pauly BauR 2016, 1675).

Wegen der bei der Auslegung eines Verbraucherbauvertrags geltenden Besonderheiten wird 22 auf die Ausführungen zu §650k Abs. 1 und 2 BGB verwiesen.

2. Bindung an das Angebot

Nach §145 BGB ist der Antragende an den Antrag gebunden, wenn er die Bindung nicht 23 ausgeschlossen hat. Eine Bindung entsteht erst mit dem Zugang, §130 BGB. Sie entsteht nicht, wenn gleichzeitig oder zuvor ein Widerruf zugeht, §130 Abs. 1 Satz 2 BGB.

Eine Bindung an ein Angebot kann nicht entstehen, wenn die Willenserklärung nach all- 24 gemeinen Grundsätzen unwirksam ist. In Betracht kommt insbesondere die Nichtigkeit wegen Verstoßes gegen ein gesetzliches Verbot, §134 BGB, wegen Sittenwidrigkeit, §138 BGB, wegen des Verstoßes gegen Formvorschriften, §125 BGB, oder wegen unwirksamer Vertretung, §§164 ff. BGB, vgl. unten → Rdn. 194ff., 108ff. Die Bindung kann entfallen, insbesondere durch eine Anfechtung nach §§119ff. BGB, vgl. unten → Rdn. 207ff.

Weigert sich eine Vertragspartei ernsthaft und endgültig, sich an einem bindenden Vertrags- 25 angebot festhalten zu lassen und bringt sie zum Ausdruck, dass sie nicht bereit ist, nach Annahme ihres Angebots die Leistung vertragsgemäß zu erbringen, stellt dies eine Pflichtverletzung dar. Wird der Angebotsempfänger dadurch veranlasst, das Angebot nicht anzunehmen, ist er berechtigt, den Schaden geltend zu machen, der ihm dadurch entstanden ist, dass der Vertrag nicht zustande kam. Weigert sich ein Bieter in einem Ausschreibungsverfahren, sich an seinem bindenden Angebot festhalten zu lassen, ist der Auftraggeber berechtigt, den Schaden ersetzt zu verlangen, der ihm dadurch entstanden ist, dass er einen anderen Bieter beauftragen musste (BGH, Urt. v. 24.11.2005 – VII ZR 87/04). Das gilt allerdings dann nicht, wenn die Erteilung des Zuschlags auf ein von einem Kalkulationsirrtum beeinflusstes Angebot als Verstoß gegen die Pflicht zur Rücksichtnahme auf die Interessen des betroffenen Bieters anzusehen ist. Die Schwelle zu einem solchen Pflichtenverstoß ist überschritten, wenn dem Bieter aus Sicht eines verständigen öffentlichen Auftraggebers bei wirtschaftlicher Betrachtung schlechterdings nicht mehr angesonnen werden kann, sich mit dem irrig kalkulierten Preis als einer auch nur annähernd äquivalenten Gegenleistung für die zu erbringende Bau-, Liefer- oder Dienstleitung zu begnügen (BGH, Urt. v. 11.11.2014 – X ZR 32/14).

3. Erlöschen des Antrags

Der Antrag auf Abschluss des Werkvertrages erlischt, wenn er dem Antragenden gegenüber 26 abgelehnt oder wenn er nicht diesem gegenüber nach den §§147 bis 149 BGB rechtzeitig angenommen wird, §146 BGB.

III. Annahme des Antrags auf Abschluss des Bauvertrags

27 Die Annahme eines Angebots auf Abschluss eines Bauvertrags ist ebenfalls eine Willenserklärung. Es gelten die allgemeinen Grundsätze. Ob ein Vertrag angenommen worden ist, ist durch Auslegung des Verhaltens des Annehmenden zu ermitteln. Die Annahmeerklärung kann ausdrücklich oder konkludent durch ein Verhalten erfolgen, das zum Ausdruck bringt, das Angebot annehmen zu wollen. Ein konkludentes Verhalten liegt regelmäßig in der Ausführung der Leistung in Kenntnis eines Angebots, das die ausgeführten Leistungen vorsieht.

28 Auch die Annahmeerklärung muss zugehen, sonst ist sie nicht wirksam. Etwas anderes gilt nach dem Ausnahmetatbestand des § 151 BGB.

29 Die Annahmeerklärung muss deckungsgleich mit dem Angebot sein. Eine von dem Angebot abweichende „Annahme" ist rechtlich ein neues Angebot, das seinerseits angenommen werden muss, § 150 Abs. 2 BGB. Das spielt sehr häufig eine Rolle bei der Vereinbarung von Fristen und Terminen und im Bereich der Preisabreden, insbesondere wenn es um Nachlässe und Skonti geht. Werden diese vom Bauherrn nach Abgabe des Angebotes durch den Unternehmer in seinem Auftragsschreiben erstmals verlangt, kommt eine entsprechende Abrede nur zustande, wenn der Unternehmer dieses neue Angebot annimmt (OLG Hamm, Urt. v. 14.2.1992 – 26 U 118/92). Das kann auch konkludent durch die Aufnahme der Arbeiten geschehen. Enthält das Angebot des Unternehmers keine Angaben zur Bauzeit, so kommt durch ein Auftragsschreiben des Bestellers, mit welchem er erstmals die Bauzeit festlegt, kein Vertrag zustande. Der Besteller gibt vielmehr ein neues Angebot ab, welches der Annahme durch den Unternehmer bedarf, damit ein Vertrag zustande kommt (BGH Beschl. v. 22.7.2004 – VII ZR 148/03; vgl. zum vom Besteller verschobenen Termin BGH, Urt. v. 3.7. 2020 – VII ZR 144/19). Auch hier hängt es von den Umständen des Einzelfalles ab, ob aus der Aufnahme der Arbeiten auf das Einverständnis des Unternehmers geschlossen werden kann.

30 Probleme bereiten in der Praxis gelegentlich „untergeschobene modifizierte Vertragsangebote". Darunter versteht man Annahmeerklärungen, die auf den ersten Blick wie eine uneingeschränkte Annahme des Angebotes wirken, tatsächlich aber versteckte Abänderungen enthalten. Diese können Fristen und Termine betreffen, auch die vereinbarten Preise, es kann sich aber auch um Vorgaben zur Beschaffenheit des Werkes und zu seiner Funktionalität handeln. Hierzu hat der BGH durch Urt. v. 14.5.2014 – VII ZR 334/12 – erklärt, dass die Grundsätze von Treu und Glauben erfordern, dass der Empfänger eines Vertragsangebots seinen davon abweichenden Vertragswillen in der Annahmeerklärung klar und unzweideutig zum Ausdruck bringen muss. Diese Anforderungen könnten im Einzelfall nicht gewahrt sein, wenn der Empfänger eines schriftlichen Angebots anstelle des ursprünglichen Textes die von ihm vorgenommenen wesentlichen Änderungen mit gleichem Schriftbild so in den Vertragstext einfügt, dass diese nur äußerst schwer erkennbar sind, und in einem Begleitschreiben der Eindruck erweckt wird, er habe das Angebot unverändert angenommen. Dem ist uneingeschränkt zuzustimmen. Die Entscheidung betrifft aber nur die Fälle, in denen der Rechtsmissbrauch deutlich zutage tritt und entbindet den Vertragspartner nicht von der Verpflichtung, den Vertrag vor der Unterzeichnung noch einmal sorgfältig zu lesen.

31 Ein wirksamer Vertrag kommt trotz (noch) nicht deckungsgleicher Erklärungen dann zustande, wenn die Parteien sich trotz erkennbar offener Punkte vertraglich bereits binden wollen, § 154 Abs. 1 S. 1 BGB. Das ist in der Praxis gar nicht selten, da häufig beide Parteien an einem verbindlichen Vertragsschluss und der baldigen Arbeitsaufnahme interessiert sind, obwohl noch einzelne Fragen nachverhandelt werden müssen. Es stellt sich dann aber die Frage der Reichweite einer solchen Bindung. Verhandeln die Parteien über einen Architektenvertrag der LP 1 bis 9 und soll der Architekt vor Abschluss der Verhandlungen bereits Vorentwürfe liefern, ist der Vollarchitekturvertrag damit noch nicht zustande gekommen. Haben sich die Parteien über die auszuführende Leistung sowie Preis, Ort und Zeit für die Leistung geeinigt, liegt eine Einigung über die wesentlichen Vertragsbestandteile und damit ein Vertragsschluss vor. Fehlende öffentlich-rechtliche Genehmigungen stehen einem Vertragsschluss jedenfalls nicht entgegen, wenn beide Parteien mit deren Erteilung rechnen (OLG Frankfurt, Urt. v. 12.11.2010 – 10 U 74/10, NZB zurückgewiesen durch BGH, Beschl. v. 14.7.2011 – VII ZR 215/10) und sich – so muss man ergänzen – deshalb schon jetzt binden wollen.

32 Auch ein Bauvertrag kann im Rahmen einer Internet-Auktion zustande kommen (OLG Hamm, Urt. v. 27.2.2007 – 21 W 8/07).

1. Auftragsbestätigung

Eine Annahme kann durch eine schriftliche „Auftragsbestätigung" erfolgen. Ist der Vertrag nicht bereits zuvor geschlossen worden, handelt es sich bei der „Auftragsbestätigung" in Wahrheit nicht um eine Bestätigung des Vertrages, sondern um die konstitutive Annahmeerklärung. Enthält eine Auftragsbestätigung Abweichungen vom Angebot, liegt eine modifizierte Annahme und damit ein neues Angebot vor, vgl. → Rdn. 44 ff. **33**

2. Zuschlag bei öffentlicher Vergabe

Öffentliche Besteller sind in aller Regel verpflichtet, Bauleistungen nach dem förmlichen Verfahren der VOB/A zu vergeben, § 6 VgV. Die Annahme des Angebots erfolgt hier durch den Zuschlag. Der Zuschlag ist möglichst bald, mindestens aber so rechtzeitig zu erteilen, dass dem Bieter die Erklärung noch vor Ablauf der Zuschlagsfrist zugeht, § 18 Abs. 1 VOB/A. **34**

Nach allgemeinem Verständnis ist der Zuschlag eine andere Bezeichnung für die Annahmeerklärung des öffentlichen Bestellers. Die Entscheidung, welchem Bieter der Auftrag erteilt werden soll, und der Abschluss des Bauvertrages stellen nämlich einen einheitlichen Akt dar, der nicht in einen öffentlich-rechtlichen und einen privatrechtlichen Teil aufgespalten werden darf. Die Annahmeerklärung ist aber eine empfangsbedürftige Willenserklärung, die erst zu dem Zeitpunkt wirksam wird, zu dem sie dem Bieter zugeht, § 130 Abs. 1 Satz 1 BGB (Kapellmann/Messerschmidt-Stickler § 18 VOB/A Rdn. 5 ff., 17). **35**

Der Zuschlag, also die Annahmeerklärung, ist nur wirksam, wenn sie von dem Vertretungsorgan des öffentlichen Bestellers abgegeben wird. Der Beschluss eines Gemeinderats oder eines Ausschusses, einen bestimmten Bieter zu beauftragen, ist daher noch kein Zuschlag. Dieser kann nur durch den Bürgermeister oder einen bevollmächtigten Vertreter erfolgen. **36**

Werden Erweiterungen, Einschränkungen oder Änderungen vorgenommen oder wird der Zuschlag nach Ablauf der Zuschlagsfrist erteilt, so kommt der Vertrag nur zustande, wenn sich der Bieter damit einverstanden erklärt, § 18 Abs. 2 VOB/A. Der Bieter ist nicht verpflichtet, ein Änderungsangebot anzunehmen. Schweigt er, kommt der Vertragsschluss nicht zustande. Andererseits kann aber in der kommentarlosen Aufnahme der Arbeiten eine konkludente Zustimmungserklärung liegen. **37**

Die Erteilung des Zuschlags auf ein unterkalkuliertes Angebot kann einen Verstoß gegen die Pflicht zur Rücksichtnahme auf die Interessen des betreffenden Bieters darstellen. Die Schwelle zu einem solchen Pflichtenverstoß ist nach Auffassung des BGH überschritten, wenn dem Bieter aus Sicht eines verständigen öffentlichen Auftraggebers bei wirtschaftlicher Betrachtung schlechterdings nicht mehr angesonnen werden kann, sich mit dem irrig kalkulierten Preis als einer auch nur annähernd äquivalenten Gegenleistung für die zu erbringende Bau-, Liefer- oder Dienstleistung zu begnügen (BGH, Urt. v. 11.11.2014 – X ZR 32/14; OLG Celle, Urt. v. 20.2.2014 – 5 U 109/13; OLG Brandenburg, Urt. v. 25.11.2015 – 4 U 7/14). Die Umsetzung dieser Entscheidung des X. Senats wird den Gerichten Probleme bereiten. Zunächst wird man diese Fälle abgrenzen müssen von den Fällen des anfechtbaren Erklärungsirrtums. Wann ein Verstoß gegen das gesetzliche Gebot zur Rücksichtnahme im Sinne von § 241 Abs. 2 BGB vorliegt, das den Zuschlag als rechtsmissbräuchlich erscheinen lässt, hängt von den Umständen des Einzelfalles ab, die schwer zu beurteilen sein können. Hier kommt es darauf an, ob nur einzelne Positionen unterkalkuliert sind oder als Folge dieser Unterkalkulation das Angebot sich insgesamt nicht mehr in einem vergleichbaren Rahmen bewegt. Nicht jede Unterkalkulation lässt auf einen Kalkulationsirrtum schließen. Es kann sein, dass ein ungewöhnlich niedriger Positionspreis auf ungewöhnliche Umstände zurückzuführen ist (die einzubauenden Bodenmassen kann der Unternehmer auf einer benachbarten Baustelle abbauen). Es kann auch sein, dass der Unternehmer an dem Auftrag ein besonderes Interesse hat. Die Abgrenzung der Fälle der irrtümlichen Unterkalkulation von den Fällen der bewussten Unterkalkulation, an der sich der Unternehmer nunmehr nicht mehr festhalten lassen möchte, kann Schwierigkeiten bereiten. Offen ist auch, ob der Rechtsmissbrauch nur zu bejahen ist, wenn der öffentliche Auftraggeber – wie in dem vom BGH entschiedenen Fall – die Unterkalkulation rechtzeitig erkannt hat, oder auch schon dann, wenn er sich dieser Erkenntnis treuwidrig verschlossen hat. Stellt der irrig kalkulierte Preis kein auch nur im Ansatz äquivalentes Entgelt für die angebotene Leistung dar, kann der Bieter nur verlangen, dass der Ausschreibende von der Erteilung des Zuschlags insgesamt absieht. Er kann nicht einen in Teilen anderen Zuschlag verlangen (OLG Brandenburg, Urt. v. 25.11.2015 – 4 U 7/14). **38**

3. Annahmezeitpunkt

39 Der einem Anwesenden gemachte Antrag kann nur sofort angenommen werden. Dies gilt auch von einem mittels Fernsprecher oder einer sonstigen technischen Einrichtung von Person zu Person gemachten Antrag, § 147 Abs. 1 BGB.

40 Der einem Abwesenden gemachte Antrag kann nur bis zu dem Zeitpunkt angenommen werden, in welchem der Antragende den Eingang der Antwort unter regelmäßigen Umständen erwarten darf, § 147 Abs. 2 BGB. Der Antragende kann jedoch eine Frist bestimmen. Ist das geschehen, kann die Annahme nur innerhalb der Frist erfolgen. Das gilt auch, wenn die Frist nicht einseitig bestimmt worden ist, sondern sich beide Parteien vorab auf die Frist geeinigt haben. Schwierigkeiten kann die Berechnung der Annahmefrist bereiten. Eine Klausel in einem von einem Verkaufsberater vermittelten Vertrag über die Erstellung eines Ausbauhauses, nach der der Unternehmer das Angebot des Bestellers innerhalb eines Monats nach dessen Unterzeichnung des Vertragsformulars annehmen kann, ist so zu verstehen, dass für die Fristberechnung das im Vertragsformular eingetragene Datum maßgeblich ist und nicht das tatsächliche Datum der Unterzeichnung durch den Besteller. Für beide Parteien besteht nämlich ein erkennbares Bedürfnis, die Frist anhand des Vertragsformulars sicher berechnen zu können. Sieht das Vertragsformular eine Datumsangabe für die Erklärungen der Vertragsbeteiligten vor, so wird diesem Bedürfnis allein dadurch Rechnung getragen, dass das darin angegebene Datum für die Fristberechnung maßgebend sein soll. Das liegt auch im Interesse des Unternehmers, dem die Verträge durch einen Verkaufsberater vermittelt worden sind, dem der Zeitpunkt der tatsächlichen Unterzeichnung durch den Besteller regelmäßig unbekannt ist und der keine anderen Anhaltspunkte für die Berechnung der Monatsfrist findet als das Datum der Unterzeichnung. Aber auch der Besteller hat ein schützenswertes Interesse daran, einen verlässlichen Anhaltspunkt für die Berechnung der Monatsfrist im Vertrag zu finden. Den Interessen beider Parteien würde daher eine Auslegung der Klausel dahin, dass für die Fristberechnung das tatsächliche Datum der Unterzeichnung maßgebend sein soll, nicht gerecht (BGH, Urt. v. 5.5.2011 – VII ZR 181/10).

41 Eine Fristbestimmung in AGB kann unwirksam sein, wenn sie den zukünftigen Vertragspartner unangemessen benachteiligt. Es gilt das Klauselverbot des § 308 Nr. 1 BGB. Danach ist die Klausel in einem Formular des Bauträgers, mit der er berechtigt ist, den Antrag des Erwerbers auf Abschluss des Bauträgervertrages binnen einer Frist von zehn Wochen anzunehmen, für unwirksam gehalten worden (OLG Dresden, Urt. v. 26.6.2003 – 19 U 512/03, Revision nicht zugelassen, BGH, Beschl. v. 13.5.2004 – VII ZR 370/03; vgl. dazu Weber NJW 2007, 125, 127), weil die Bindung unangemessen lang ist. Wirksam ist hingegen eine Klausel in einem Vertrag über die Erstellung eines Ausbauhauses, nach der der Besteller vier Wochen an sein Angebot gebunden ist. Dem Unternehmer muss nämlich ein angemessener Zeitraum zur Prüfung eingeräumt werden, ob in dem vorgesehenen Zeitraum der Hausbau für ihn möglich ist. Überdies muss er in aller Regel auch eine Bonitätsprüfung vornehmen. Eine Bindefrist von einem Monat ist daher auch unter Berücksichtigung der Interessen des Bestellers an möglichst schneller Klärung, ob der Vertrag durchgeführt wird, nicht unangemessen lang (BGH, Urt. v. 5.5.2011 – VII ZR 181/10; Urt. v. 11.6.2010 – V ZR 85/09). Zeitlich darüber hinausgehende Annahmefristen, die der Bauträger in dem von ihm vorformulierten Angebot des Erwerbers vorgesehen hat, begegnen aber durchgreifenden Bedenken. Der V. Senat des BGH hat dazu nämlich erklärt, auch bei finanzierten und beurkundungsbedürftigen Bauträgerverträgen könne der Eingang der Annahmeerklärung regelmäßig innerhalb eines Zeitraums von 4 Wochen erwartet werden (§ 147 Abs. 2 BGB; Fortführung von BGH, Urt. v. 11.6.2010 – V ZR 85/09). Klauseln in AGB, nach denen der den Abschluss eines Bauträgervertrages Antragende an sein Angebot länger als drei Monate gebunden sei, seien mit § 308 Nr. 1 BGB unvereinbar (BGH, Urt. v. 27.9.2013 – V ZR 52/12). Eine vom Bauträger vorformulierte Bindefrist, nach der der Erwerber an sein Angebot auf Abschluss eines Bauträgervertrags für 6 Wochen oder länger gebunden sei, überschreite die regelmäßige gesetzliche Frist des § 147 Abs. 2 BGB von vier Wochen wesentlich; sie sei nur dann nicht unangemessen lang im Sinne von § 308 Nr. 1 BGB, wenn der Verwender hierfür ein schutzwürdiges Interesse geltend machen könne, hinter dem das Interesse des Kunden am baldigen Wegfall der Bindung zurückstehen müsse (BGH, Urt. v. 17.1.2014 – V ZR 5/12). An dieser Rechtsprechung wird sich die Praxis zu orientieren haben, auch wenn die Erwägungen, mit denen die Missbräuchlichkeit des Rückabwicklungsverlangens nach 7, 8 oder 10 Jahren zufriedenen Wohnens verneint wird, nicht überzeugen. Im Übrigen klingt diese Rechtsprechung nur auf den ersten Blick verbraucherfreundlich. Im

Regelfall wird es künftig nicht der Erwerber sein, der sich auf die Unwirksamkeit des Vertrages beruft, sondern der auf Mängelbeseitigung in Anspruch genommene Bauträger.

Besonderheiten gelten für Bindungsfristen, die in einer öffentlichen Vergabe vorgesehen sind. Nach § 10 Abs. 6 VOB/A soll die Zuschlagsfrist so kurz wie möglich und nicht länger bemessen werden, als der Besteller für eine zügige Prüfung und Wertung der Angebote (§ 16 VOB/A) benötigt. Sie soll nicht mehr als 30 Kalendertage betragen; eine längere Zuschlagsfrist soll nur in begründeten Fällen festgelegt werden. Das Ende der Zuschlagsfrist ist in der Ausschreibung durch Angabe des Kalendertages zu bezeichnen. Nach § 10 Abs. 7 VOB/A ist vorzusehen, dass der Bieter bis zum Ablauf der Zuschlagsfrist an sein Angebot gebunden ist = Bindefrist. Nach dieser Regelung ist eine unangemessen lange Bindungsfrist unwirksam. Der öffentliche Besteller ist nach Treu und Glauben an den Regelungsgehalt des § 10 Abs. 6 VOB/A gebunden. Er kann sich treuwidrig zu seinem Verhalten in Widerspruch setzen, wenn er in nicht begründeten Fällen eine längere Frist als 30 Tage festsetzt (BGH, Urt. v. 21.11.1991 – VII ZR 203/90 zu der früheren Regelung in § 28 VOB/A). Die Beweislast für ein treuwidriges Verhalten und die Festsetzung einer unangemessen langen Frist trägt der Auftragnehmer (BGH, Urt. v. 30.3.2006 – VII ZR 44/05 unter Aufgabe der Beweislastentscheidung in Urt. v. 21.11.1991 – VII ZR 203/90 Maßgebend sind die Umstände des Einzelfalls, die Besonderheiten aufweisen müssen. Ausreichend für die Annahme einer angemessenen Frist trotz Überschreitung der Frist von 30 Tagen können schon organisatorische Besonderheiten sein, wie z.B. die fehlende Möglichkeit einer Gemeinde, alle Entscheidungsträger in der Zuschlagsfrist rechtzeitig einzubinden (BGH, Urt. v. 21.11.1991 – VII ZR 203/90). Bei einer ungerechtfertigt langen Frist gilt nicht die Frist von 30 Tagen, sondern die gesetzliche Regelung. Es ist dann noch im Einzelfall zu bestimmen, innerhalb welcher Frist der Zuschlag zu erwarten war, § 147 Abs. 2 BGB (BGH, Urt. v. 21.11.1991 – VII ZR 203/90).

Eine Sonderregelung trifft § 149 BGB. Ist eine dem Antragenden verspätet zugegangene Annahmeerklärung dergestalt abgesendet worden, dass sie bei regelmäßiger Beförderung ihm rechtzeitig zugegangen sein würde, und musste der Antragende dies erkennen, so hat er die Verspätung dem Annehmenden unverzüglich nach dem Empfang der Erklärung anzuzeigen, sofern es nicht schon vorher geschehen ist. Verzögert er die Absendung der Anzeige, so gilt die Annahme als nicht verspätet.

4. Modifizierte Annahme

a) Modifizierte Annahme als neues Angebot

Wird ein Antrag nach den vorstehenden Grundsätzen verspätet angenommen, so gilt die verspätete Annahme ihrerseits als Antrag, § 150 BGB. Der zunächst Antragende hat nun grundsätzlich die freie Wahl, ob er diesen Antrag annimmt. Er kann ihn zurückweisen, womit der Rückantrag erloschen ist, § 146 BGB.

Gleiches gilt für einen Antrag, der nur mit Modifikationen angenommen wird. Diese modifizierte Annahme gilt als Ablehnung des ursprünglichen Antrags, § 150 Abs. 2 BGB. Damit ist dieser erloschen, § 146 BGB. Gleichzeitig gilt die modifizierte Ablehnung ihrerseits als neuer Antrag. Auch diesen kann der zunächst Antragende ablehnen, womit es keine wirksamen Willenserklärungen mehr gibt, § 146 BGB. Die Bedeutung dieser Regelung wird in Bauvertragssachen häufig verkannt. Bereits geringfügige Modifikationen des Antrags gelten als Ablehnung und als neuer Antrag. Ein neuer Antrag kann vorliegen, wenn die in der Ausschreibung und demgemäß in dem Angebot enthaltene Bauzeitbestimmungen in dem Zuschlag abweichend vom Angebot geregelt ist (BGH, Urt. v. 24.2.2005 – VII ZR 141/03; BGH, Urt. v. 6.9.2012 – VII ZR 193/10; BGH, Urt. v. 3.7.2020 – VII ZR 144/19). Es kommt dann auf die Einzelheiten des Vertragsschlusses an, welche Bauzeit gelten soll. Enthält der neue Antrag eine neue Bauzeitbestimmung, gilt diese, wenn das Angebot angenommen worden ist. Enthält der neue Antrag die Bestimmung, dass ein Bauzeitplan aufzustellen ist, verpflichtet das die Parteien, einen Bauzeitplan aufzustellen, der die neue Bauzeit auf der Grundlage der Bauzeitbestimmung der Ausschreibung anpasst. Das neue Angebot kann auch als Leistungsbestimmungsrecht der einen oder anderen Partei ausgelegt werden. Inwieweit in solchen Fällen der alte Preis weiter gilt oder die Parteien zu einer Preisanpassung wegen etwaiger Mehrkosten verpflichtet sind, ist sehr umstritten (vgl. Kapellmann, NZBau 2007, 401 ff.). Der Bundesgerichtshof hat in einem Fall, in dem die Korrespondenz vor dem Zuschlag ergab, dass der Unternehmer keine Mehrkosten geltend machen wollte, entschieden, dass der Preis nicht angepasst werden muss, wenn der Unternehmer das modifizierte Angebot stillschweigend annimmt (BGH, a. a. O.). Ansonsten kommt es auf die Umstände des Einzelfalles an.

§ 631

46 Die modifizierte Annahme muss aber für den Erklärungsempfänger als solche erkennbar sein. Die Grundsätze von Treu und Glauben erfordern es nämlich, dass der Empfänger eines Vertragsangebotes seinen davon abweichenden Vertragswillen in der Annahmeerklärung klar und unzweideutig zum Ausdruck bringt (BGH, Urt. v. 22.7.2010 – VII ZR 129/09, NZBau 2010, 628). Diese Anforderungen können im Einzelfall nicht gewahrt sein, wenn der Empfänger eines schriftlichen Angebots anstelle des ursprünglichen Textes die von ihm vorgenommenen wesentlichen Änderungen mit gleichem Schriftbild so in den Vertragstext einfügt, dass diese nur äußerst schwer erkennbar sind, und in einem Begleitschreiben der Eindruck erweckt wird, er habe das Angebot unverändert angenommen (BGH, Urt. v. 14.5.2014 – VII ZR 334/12).

b) Annahme eines modifizierten Angebots

47 Ob ein modifiziertes Angebot seinerseits angenommen worden ist, beurteilt sich nach den allgemeinen Grundsätzen über die Annahmeerklärung. Reines Schweigen reicht nicht (OLG Köln, Urt. v. 4.3.1994 – 19 U 204/93). Die Annahme kann aber konkludent erfolgen. Eine konkludente Annahme liegt regelmäßig in der Aufnahme der Arbeiten, wenn dem Unternehmer zu diesem Zeitpunkt der Wille des Bestellers, sein ursprüngliches Angebot nur modifiziert annehmen zu wollen, bekannt ist und er bei der Aufnahme der Arbeiten insoweit keinen Vorbehalt erklärt. Denn die Erbringung der Leistung ist aus Sicht des Anbietenden die Annahme seines Angebots (BGH, Urt. v. 22.3.1995 – VIII ZR 20/94). Allerdings kann sich im Einzelfall auch ergeben, dass der Unternehmer mit der Aufnahme der Arbeiten noch keinen modifizierten Vertrag schließen wollte, sondern diese im Vertrauen auf den zukünftigen Vertragsschluss erfolgte. Das gilt nach § 154 Abs. 2 BGB dann, wenn der Vertrag nach dem Willen der Parteien schriftlich abgeschlossen werden sollte und ein Verzicht hierauf nicht vorliegt. Das liegt auch dann nahe, wenn der Besteller seinerseits auf die Aufnahme der Arbeiten in dem Bewusstsein drängte, dass der Unternehmer das modifizierte Angebot nicht ohne weiteres annehmen wird, sondern noch Verhandlungen notwendig sein werden. Erfolgt die letzte modifizierende Erklärung durch den Unternehmer, gelten die vorhergehenden Erwägungen entsprechend.

48 Eine Annahme eines modifizierten Angebots setzt voraus, dass die Modifikation für den Erklärungsempfänger als solche erkennbar war. Diese Anforderungen können im Einzelfall nicht gewahrt sein, wenn der Empfänger eines schriftlichen Angebots anstelle des ursprünglichen Textes die von ihm vorgenommenen wesentlichen Änderungen mit gleichem Schriftbild so in den Vertragstext einfügt, dass diese nur äußerst schwer erkennbar sind und in einem Begleitschreiben der Eindruck erweckt wird, er habe das Angebot unverändert angenommen (BGH, Urt. v. 14.5.2014 – VII ZR 334/12). Denn die Grundsätze von Treu und Glauben erfordern es, dass der Empfänger eines Vertragsangebots seinen davon abweichenden Vertragswillen in der Annahmeerklärung klar und unzweideutig zum Ausdruck bringt (BGH, Urt. v. 22.7.2010 – VII ZR 129/09). In diesem Fall kommt der Vertrag mit dem Inhalt des ursprünglichen Angebots zustande.

5. Verzögertes Vergabeverfahren

49 Der Bundesgerichtshof hat in einer Reihe von Entscheidungen geklärt, wie die Fälle zu behandeln sind, in denen sich der Zuschlag durch ein Vergabenachprüfungsverfahren verzögert, deshalb die ausgeschriebene Bauzeit nicht eingehalten werden kann und Mehrkosten dadurch entstehen, dass der Vertrag in einer anderen Bauzeit durchgeführt wird.

a) Inhalt des Bauvertrages

50 In der Grundsatzentscheidung des Bundesgerichtshofs vom 11.5.2009 – VII ZR 11/08 – ging es um Mehrkosten wegen erhöhter Stahl- und Zementpreise aufgrund vergabebedingt verschobener Bauzeit. Nach der Entscheidung des BGH kommt der Vertrag zu den (bauzeitlichen) Bedingungen des Angebots zustande, soweit der Auftraggeber nicht ganz ausdrücklich davon mit seinem Zuschlag abweicht (unter Hinweis auf BGH, Urt. v. 18.11.1982 – VII ZR 223/80). Dem liegt die Erwägung zugrunde, dass der öffentliche Besteller in einem öffentlichen Vergabeverfahren den Zuschlag wegen des Nachverhandlungsverbots grundsätzlich nur auf einen nicht modifizierten Antrag eines Bieters erteilen darf. Weil das allen Teilnehmern des Vergabeverfahrens bekannt ist, kann i. d. R. davon ausgegangen werden, dass der öffentliche Besteller sich daran auch halten will. Erklärungen während des Vergabeverfahrens sind deshalb im Zweifel dahin auszulegen, dass die Ausschreibung nicht modifiziert werden soll. Die Parteien sind aus Rechtsgründen auch nicht gehindert, einen Vertrag mit einer Bauzeit zu schließen, die nicht mehr eingehalten werden kann, sofern nicht ausnahmsweise ein absolutes Fixgeschäft vorliegen sollte. Diese Auslegung gilt auch, wenn die Bieter aufgefordert worden sind, die Bindefrist wegen des laufenden Nachprüfungsverfahrens zu verändern und selbst dann, wenn ein Bieter die Verlängerung der Bindefrist davon anhängig gemacht hat, dass er wegen etwaiger durch die Verzögerung bedingter Kostensteigerungen Mehrvergütungsansprüche geltend macht. Erklärungen zur Bauzeit und zu etwaigen Mehrkosten während des Vergabeverfahrens sind im Zweifel nicht als Abänderung des Angebots auszulegen, sondern nur als Hinweis darauf zu verstehen, dass – sollte der Zuschlag dem erklärenden Bieter erteilt werden – er seine Rechte aus dem abgeschlossenen Vertrag geltend machen werde.

Der Bundesgerichtshof hat seine Entscheidung als Versuch dargestellt, die Lücken zu füllen, **51** die sich aus einer fehlenden Regelung des Gesetzgebers im Zusammenhang mit der Installation des Nachprüfungsverfahrens ergeben. Das Gleichbehandlungsgebot aller an einem Vergabeverfahren beteiligten Bieter ist tangiert, weil kein Wettbewerb über die Ausführung nach neuer Bauzeit eröffnet wird. Auch scheint es schwer verständlich, einem Zuschlag den Inhalt zu geben, den er bei verständiger Würdigung eigentlich nicht haben kann. Eine verständige Würdigung wird jedoch im öffentlichen Vergabeverfahren durch dessen Formstrenge überlagert.

Es kommt aber auf die Auslegung im Einzelfall an. Wenn der Ausschreibende im Zuschlag- **52** schreiben bloß erwähnt, dass die vorgesehene Bauzeit nicht mehr eingehalten werden kann und eine neue Bauzeit nennt, muss das Zuschlagsschreiben noch nicht als Ablehnung des Antrags verbunden mit einem neuen Angebot verstanden werden. Hierfür ist erforderlich, dass der Besteller eindeutig zum Ausdruck bringt, dass der Vertrag nur zu veränderten zeitlichen Bedingungen geschlossen werden soll (BGH, Urt. v. 6.9.2012 – VII ZR 193/10). Soweit die Vermutung vergaberechtskonformen Verhaltens trägt, kann der Bieter den Zuschlag noch als vorbehaltlose und unveränderte Annahme des Angebots des Bieters verstehen, verbunden mit dem Vorschlag einer Einigung über die neue Bauzeit (BGH, Urt. v. 22.7.2010 – VII ZR 213/08; Urt. v. 22.7.2010 und VII ZR 129/09). Das gilt ebenso, wenn das Zuschlagsschreiben des Bestellers den Hinweis auf später „noch mitzuteilende exakte Fristen" enthält (BGH, Urt. v. 25.11.2010 – VII ZR 201/08).

Etwas anderes gilt aber dann, wenn der Ausschreibende die neue Bauzeit nicht nur unver- **53** bindlich vorschlagen will, sondern unter Abweichen von dem Angebot des Bieters neue Baufristen vertraglich bindend regeln will. Das ist der Fall, wenn sich aus dem Zuschlagsschreiben des öffentlichen Bestellers klar und eindeutig ergibt, dass nicht die in der Auftragsbekanntmachung und den ursprünglichen Vergabeunterlagen enthaltene, sondern – abweichend hiervon – eine neue Bauzeit zum Bestandteil des Vertrags werden soll. Dann hat der Auftraggeber mit seinem Zuschlagsschreiben das Angebot des Bieters nicht angenommen, sondern lediglich einen modifizierten Zuschlag gem. § 150 Abs. 2 BGB erteilt (BGH, Urt. v. 6.9.2012 – VII ZR 193/10). Eine solche klare Erklärung kann durch die Vermutung vergabekonformen Verhaltens nicht überschrieben werden. Denn es gibt keinen Grundsatz, dass der öffentliche Besteller sich stets vergaberechtskonform verhält (BGH, Urt. v. 3.7. 2020 – VII ZR 144/19).

Relevant für die Auslegung sind auch die Unterschiede zwischen einem förmlichen Vergabe- **54** verfahren und einem Verhandlungsverfahren. Bei letzterem gilt das Nachverhandlungsverbot nicht. Deshalb reicht im Verhandlungsverfahren die bloße Ankündigung von verzögerungsbedingten Mehrvergütungsansprüchen bei einer Bindefristverlängerung nicht aus, wenn die Parteien anschließend einen Vertrag mit den für die tatsächliche Bauzeit maßgeblichen Terminen und Fristen mit Vergütungsvereinbarung schließen (BGH, Urt. v. 10.9.2009 – VII ZR 255/08).

Diese Grundsätze gelten auch für Ausschreibungen ohne kalendarisch bestimmte Bauter- **55** mine. Wenn z.B. mit den Bauarbeiten nach der Ausschreibung spätestens 12 Werktage nach Zuschlag zu beginnen war, ist dies in Bezug auf die Leistungszeit dahin zu verstehen, dass der vertraglich vorgesehene Baubeginn an die ausgeschriebene Zuschlagsfrist anknüpft, auch wenn der Zuschlag tatsächlich später erfolgt (BGH, Urt. v. 10.9.2009 – VII ZR 152/08). Wenn demgegenüber in einem öffentlichen Vergabeverfahren die Bauzeit an einen noch nicht feststehenden tatsächlichen Zuschlagstermin gekoppelt würde, würde dem Bieter damit entgegen § 7 VOB/A ein ungewöhnliches Wagnis aufgebürdet.

b) Anpassung der Vergütung

Kommt der Vertrag mit den ausgeschriebenen Bauzeiten zustande, gelten auch die sonstigen **56** Bedingungen der Ausschreibung, insbesondere der vereinbarte Preis. Dadurch, dass die ausgeschriebene Bauzeit nicht mehr eingehalten werden kann, entsteht jedoch eine Vertragslücke, die nach der Entscheidung des Bundesgerichtshofs im Wege der ergänzenden Vertragsauslegung zu schließen ist. Die Parteien hätten, wenn sie die Verzögerung durch das Vergabenachprüfungsverfahren vorausgesehen hätten, redlicherweise eine Vereinbarung getroffen, nach der sie sich verpflichten, den Vertrag sowohl hinsichtlich der veränderten Bauzeit als auch hinsichtlich etwaiger durch die Verzögerung bedingter Mehrkosten anzupassen.

57 Die Bauzeit ist unter Berücksichtigung der Umstände des Einzelfalles anzupassen. Besonderheiten, wie etwa Bauerschwernisse oder -erleichterungen durch jahreszeitliche Verschiebungen, sind unter Berücksichtigung der schutzwürdigen Interessen beider Parteien und vor dem Hintergrund, dass der Unternehmer der Bindefristverlängerung zugestimmt hat, zu berücksichtigen. Die Grundsätze des bei öffentlichen Aufträgen vereinbarten § 6 Nr. 3 und 4 VOB/B sind sinngemäß zu berücksichtigen.

58 Zugleich ist der vertragliche Vergütungsanspruch in Anlehnung an die Grundsätze des § 2 Abs. 5 VOB/B anzupassen (BGH, Urt. v. 11.5.2009 – VII ZR 11/08). Diese Vorschrift haben die Parteien mit der Einbeziehung der VOB/B als angemessene Regel bei einer durch den Auftraggeber veranlassten Änderung der Grundlagen des Preises vereinbart. Die Vermutung der Ausgewogenheit von Leistung und Gegenleistung gilt bei einem Bauvertrag nicht unabhängig von der vereinbarten Leistungszeit, weil diese regelmäßig Einfluss auf die Vereinbarung der Höhe der Vergütung des Unternehmers hat. Deshalb hat die durch ein verzögertes Vergabeverfahren bedingte Änderung der Leistungszeit auch zur Folge, dass die Parteien redlicherweise vereinbart hätten, sich auf eine angepasste Vergütung zu verständigen. Denn die einfache Verlängerung der Bindefrist durch einen Bieter hat nur die Bedeutung, dass sein ursprüngliches Vertragsangebot für den Zeitraum der Verlängerung inhaltlich konserviert werden soll. Sie hat nicht den Inhalt, im Falle des fristgerechten Zuschlags die Arbeiten zu dem angebotenen Preis zu einem sich aus der Fristverlängerung ergebenden neuen, von der Ausschreibung abweichenden Termin auszuführen BGH, Urt. v. 26.11.2009 – VII ZR 131/08).

59 Sie bemessen sich aus der Differenz zwischen den Kosten, die bei dem Auftragnehmer für die Ausführung der Bauleistung tatsächlich angefallen sind, und den Kosten, die er für die Erbringung der Bauleistung in dem nach der Ausschreibung vorgesehenen Zeitraum hätte aufwenden müssen (BGH, Urt. v. 10.9.2009 – VII ZR 152/08; OLG Düsseldorf, Urt. v. 20.7.2011 – VI-U (Kart) 1/11). Das kann die Differenz zwischen den tatsächlich durch die Beauftragung eines Nachunternehmers entstandenen Kosten und denjenigen Kosten sein, die dem Unternehmer bei Einhaltung der ursprünglichen Bauzeit durch die Annahme des bindenden Angebots eines günstigeren Nachunternehmers entstanden wären (BGH, Urt. v. 8.3.2012 – VII ZR 202/09). Für die Bestimmung des angepassten Preises nach § 2 Abs. 5 VOB/B ist eine Vergleichsrechnung anzustellen, die die ursprüngliche Kalkulation des Auftragnehmers mit allen Bestandteilen, die durch die Leistungsänderung nicht beeinflusst werden, unverändert lässt und sie nur unter Berücksichtigung aller durch die Änderung verursachter Mehr – und Minderkosten fortschreibt. Hierfür ist es erforderlich, dass der Auftragnehmer seine tatsächlichen Mehr- und Minderkosten im Einzelnen konkret darlegt (OLG München, Urt. v. 14.7.2009 – 28 U 3805/08, NZB zurückgewiesen durch BGH, Beschl. v. 28.7.2011 – VII ZR 140/09). Der Mehrvergütungsanspruch nach verzögerter Vergabe erstreckt sich nicht nur auf die bis zur Zuschlagserteilung eingetretenen Preiserhöhungen, sondern auf alle Preissteigerungen, die sich durch die infolge der verzögerten Vergabe tatsächlich eingetretene Bauzeitverschiebung ergeben. Dabei ist der neue Preis anhand der Urkalkulation des Unternehmers unter Berücksichtigung der preiserhöhenden Faktoren sowie unter Beibehaltung der bisherigen Parameter der Preisermittlung zu bestimmen (OLG Celle, Urt. v. 25.5.2011 – 14 U 62/08).

60 Der Bieter trägt grundsätzlich das Risiko, dass seine kalkulatorischen Annahmen infolge der Verzögerung des Vergabeverfahrens hinfällig werden und er Material und Fremdleistungen zu höheren Preisen einkaufen muss. Für die Ermittlung der durch Preissteigerungen bedingten Mehrkosten, mit denen die Angebotspreise zur Ermittlung des neuen Vertragspreises beaufschlagt werden können, kann deshalb nicht auf die Einkaufspreise abgestellt werden, welche der Bieter in seine Angebotskalkulation eingerechnet hat. Maßgebend sind vielmehr die Preise, die er bei Einhaltung der geplanten Bauzeit hätte zahlen müssen. Ergeben sich Mehrkosten aus der Verzögerung eines Vergabeverfahrens und aus einer Bauentwurfsänderung, ist eine gestaffelte Mehrkostenermittlung vorzunehmen. Zunächst sind die Mehrkosten, die aus der ersten – auf Verzögerungen im Vergabeverfahren beruhenden – Bauzeitverschiebung resultieren mit der Modifikation zu ermitteln, dass anstatt der in der verschobenen Bauzeit tatsächlich angefallenen Kosten der Preis angesetzt wird, der bei einer Leistungsausführung in der verschobenen Bauzeit angefallen wäre. Dies kann der Marktpreis im Zeitpunkt des verschobenen Baubeginns sein; dieser Marktpreis ist sodann Ausgangspunkt für die allgemein anerkannten

Kalkulationsmethoden folgende Ermittlung der Mehr- oder Minderkosten aus der zweiten, in der Vertragslaufzeit bedingten Bauzeitverschiebung aus den Entwurfsänderungen. Wird durch eine Leistungsänderung die Bauzeit verschoben, kann der darauf zurückzuführende und deshalb zu vergütende Mehraufwand aus einem längeren oder höheren Personaleinsatz oder dem Einsatz anderer als ursprünglich geplanter Geräte entstehen, ferner aber auch aus Preissteigerungen in Bezug auf Material- und Personalkosten resultieren (OLG Düsseldorf, Urt. v. 23.11.2011 – VI U (Kart) 12/11).

Der Bundesgerichtshof hat die Auffassungen als nicht interessengerecht verworfen, die eine Vergütungsanpassung in derartigen Fällen verneint haben (Dabringhausen, VergabeR 2007, 176, 177 f.; Bröker, BauR 2008, 591 ff.). Die Verzögerung durch ein Nachprüfungsverfahren ist mit einer nach Vertragsschluss durch den Besteller veranlassten Verzögerung vergleichbar. Dass den Besteller kein Verschulden an der Verzögerung trifft, ist demnach nicht entscheidend. Der Rechtsordnung ist nicht fremd, dass dem Besteller auch Risiken zugewiesen werden, die er nicht zu vertreten hat. Die Verzögerung darf nicht zu Lasten des Bieters gehen, der sich im Wettbewerb durchgesetzt hat. Denn dadurch wird das Vergabeverfahren letztlich stark entwertet. Auch wird der Besteller nicht unbillig belastet, weil er die unvermeidlichen Mehrkosten ohnehin zu tragen hätte. Das Risiko, dass die Mehrkosten des Bieters nicht wirtschaftlich sind, folge aus den vertraglichen Vergütungsanpassungsregelungen und gelte auch für andere Nachträge. **61**

Der Bundesgerichtshof betont, dass die damit verbundene Einschränkung des Wettbewerbs unvermeidbar ist. Sie lässt sich danach in Fällen der vorliegenden Art nur verhindern, indem man bei jeder eingetretenen Verzögerung den Wettbewerb neu eröffnet. Dadurch wird aber der bisher wirtschaftlichste Bieter benachteiligt, weil alle anderen Bieter jetzt in Kenntnis seines Angebots neu bieten können. Zum anderen eröffnet dies die Gefahr einer endlosen Schleife von Vergabeverfahren, die nie durch einen Vertragsschluss beendet werden kann. Eine Vorlage seiner Rechtsprechung zum Mehrvergütungsanspruch wegen verzögerter Vergabe an den Gerichtshof der Europäischen Union hat der BGH – Beschl. vom 10.1.2013 – VII ZR 37/11 – später mit der Begründung abgelehnt, es bestehe kein Grund zu Annahme, dass seine Rechtsprechung gegen europarechtliche Vorgaben des Vergaberechts verstoße. **62**

Ein Mehrvergütungsanspruch besteht aber nicht schon dann, wenn nach Verlängerung der Bindefristen durch die Bieter der Zuschlag später als ursprünglich in der Ausschreibung vorgesehen erteilt worden ist. So hat ein Unternehmer geltend gemacht, dass sich durch den späteren Zuschlag seine Kalkulationsgrundlagen wegen Preiserhöhungen seiner Lieferanten im Zeitraum der Bindefristverlängerung geändert hätten. Diese Kalkulationsgrundlagen sind aber grundsätzlich nicht Geschäftsgrundlage des später geschlossenen Vertrages. Eine Preisanpassung im Wege ergänzender Vertragsauslegung setzt eine Regelungslücke voraus. Ändern sich die Kalkulationsgrundlagen aber allein infolge einer Verschiebung des Zuschlags, ohne dass dies auch zu einer Änderung der Ausführungsfristen führt, enthält der Vertrag gar keine Regelungslücke, weil der in der Ausschreibung vorgesehene Zeitpunkt des Zuschlags nicht Vertragsbestandteil ist (BGH, Urt. v. 10.9.2009 – VII ZR 82/08; BGH, Urt. v. 10.9.2009 – VII ZR 152/08; BGH, Urt. v. 8.3.2012 – VII ZR 202/09; BGH, Urt. v. 22.10.2020 – VII ZR 10/17). Das Risiko etwaiger Unwägbarkeiten wegen (des Fortbestands) der Kalkulationsgrundlagen, z.B. einer Preisbindung der Lieferanten, liegt beim Bieter. Dass der Bieter sich auf die Verlängerung der Bindefrist nur deshalb eingelassen hat, weil er sonst aus dem Wettbewerb ausgeschieden wäre, rechtfertigt keine andere Zuordnung. Es ist damit seine Sache, die Nachunternehmerbindung synchron zu verlängern. Unterlässt er das und führt die Bindefristverlängerung zur Unwirtschaftlichkeit seines Angebots, darf er ihr nicht zustimmen (BGH, Urt. v. 10.9.2009 – VII ZR 82/08). Ebenfalls keinen Anspruch begründen Vorhaltekosten für eigenes Gerät, die dadurch entstehen, dass der Unternehmer in Erwartung des verzögerten Zuschlages über das Gerät nicht anderweitig disponiert (BGH v. 26.4.2018 – VII ZR 81/17). Sie beruhen nicht auf einer Veränderung von rechtsgeschäftlich an die Einhaltung der Bauzeit geknüpften Leistungspflichten. **63**

Der Bundesgerichtshof hat damit die Frage der Mehrkosten bei verspäteter Zuschlagserteilung im Prinzip zu Lasten des öffentlichen Bestellers entschieden. Dieser kann dem ihm damit auferlegten Risiko auch nicht dadurch entgehen, dass er vergaberechtswidrig gar keine Frist für den Beginn der Ausführung vorsieht und dem Bieter damit ein ungewöhnliches Wagnis auferlegt. Er kann dieses Kostenrisiko vielmehr nur dadurch vermeiden, dass er die Ausschreibung so frühzeitig durchführt, dass auch ein mögliches Vergabenachprüfungsverfahren noch vor dem Beginn der vorgesehenen Ausführungszeit durchlaufen werden kann (Verfürth, NZBau 2010, **64**

§ 631 Werkvertragsrecht

1, 5; zu den vergaberechtlichen Gestaltungsmöglichkeiten des öffentlichen Auftraggebers aber auch Kayser/Pfarr NZBau 2011, 584 und Franz IBR 2011, 683).

65   Es verwundert nicht, dass diese Rechtsprechung des Bundesgerichtshofs in der baurechtlichen Literatur viel Zustimmung, aber auch in vielen Punkten Kritik erfahren hat (statt vieler: Peters, NZBau 2010, 156; Leinemann, NZBau 2009, 624, BauR 2009, 1032 und NJW 2010, 471; Drittler, BauR 2010, 143; Verfürth, NZBau 2010, 1; Leinemann/Schoofs, VOB/B § 2 Rdn. 196 ff., 205; Roquette/Viering/Leupertz, Handbuch Bauzeit, S. 203 ff.). Das ändert aber nichts daran, dass es sich um eine nunmehr fest gefügte Rechtsprechung des Bundesgerichtshofs handelt, an der sich die baurechtliche Praxis zu orientieren haben wird.

6. Bedingter Vertragsschluss

66   Die zum Vertragsschluss erforderlichen Erklärungen können unter Bedingungen erfolgen. Als Bedingungen werden häufig die Rahmenbedingungen für die Durchführung des Bauvorhabens vereinbart, z. B. Vertragsschluss unter dem Vorbehalt der Baugenehmigung oder der Finanzierung. Ist streitig, ob ein Vertrag unbedingt oder unter einer aufschiebenden Bedingung geschlossen worden ist, trägt die Partei, die aus dem Vertrag Rechte herleiten will, die Beweislast für einen unbedingten Vertragsschluss (BGH, Urt. v. 10.6.2002 – II ZR 68/00). Ein vereinbarter Finanzierungsvorbehalt kann aber zwischenzeitlich mit der Folge aufgehoben worden sein, dass der Vertrag unbedingt geschlossen worden ist (BGH, Urt. v. 23.4.2015 – VII ZR 163/14). Haben sich die Parteien über die auszuführende Leistung sowie Preis, Ort und Zeit für die Leistung geeinigt, liegt eine Einigung über die wesentlichen Vertragsbestandteile und damit ein Vertragsschluss vor. Fehlende öffentlich-rechtliche Genehmigungen stehen einem Vertragsschluss jedenfalls dann nicht entgegen, wenn beide Parteien mit deren Erteilung rechnen (OLG Frankfurt, Urt. v. 12.11.2010 – 10 U 74/10, NZB zurückgewiesen durch BGH, Beschl. v. 14.7.2011 – VII ZR 215/10) und sich – so muss man ergänzen – schon jetzt binden wollen. Ein in einem Bauvertrag vereinbarter Vorbehalt der Finanzierung kann mit der Folge einvernehmlich aufgehoben werden, dass der Vertrag unbedingt geschlossen ist (BGH, Beschl. v. 23.4.2015 – VII ZR 163/14).

7. Kaufmännisches Bestätigungsschreiben

67   Wird der Abschluss eines mündlich geschlossenen Vertrages unmittelbar nach den Vertragsverhandlungen schriftlich bestätigt, spricht man von einem kaufmännischen Bestätigungsschreiben. Im Handelsverkehr und im geschäftlichen Verkehr unter Personen, die in erheblichem Umfang am Geschäftsleben teilnehmen, wie z. B. Architekten (BGH, Urt. v. 11.10.1973 – VII ZR 96/72), gilt die widerspruchslose Entgegennahme eines solchen Schreibens als Einverständnis mit dessen Inhalt, wenn sich daraus die Funktion des Bestätigungsschreibens unmissverständlich ergibt (BGH, Urt. v. 14.12.2000 – I ZR 213/98). Das gilt auch dann, wenn es gegenüber dem mündlich Vereinbarten ergänzende oder klarstellende Bestimmungen enthält (OLG Koblenz, Urt. v. 26.6.2006 – 12 U 685/05). Durch das Schweigen auf ein kaufmännisches Bestätigungsschreiben kann auch erst der Vertragsschluss bewirkt werden. Das gilt auch dann, wenn für den Empfänger des Schreibens bei den Vertragsverhandlungen ein vollmachtloser Vertreter aufgetreten ist (BGH, Urt. v. 10.1.2007 – VIII ZR 380/04 und Urt. v. 27.1.2011 – VII ZR 186/09). Ein Bestätigungsschreiben kann diese Wirkungen nicht entfalten, wenn der Bestätigende das Verhandlungsergebnis bewusst unrichtig wiedergibt oder das Bestätigungsschreiben inhaltlich so weit von dem mündlich Besprochenen abweicht, dass der Absender vernünftiger Weise mit dem Einverständnis des Empfängers nicht rechnen kann (BGH, Urt. v. 25.2.1987 – VIII ZR 341/86; Urt. v. 12.11.1964 – VII ZR 143/63; OLG Düsseldorf, Urt. v. 14.4.2015 – I – 21 U 178/14). Diesen Tatbestand muss allerdings der Empfänger des Bestätigungsschreibens darlegen und beweisen (OLG Koblenz, Urt. v. 26.6.2006 – 12 U 685/05). Der Empfänger muss auch beweisen, dass er einem Bestätigungsschreiben sofort widersprochen hat, wodurch dessen Wirkung nicht einträten (BGH, a. a. O.). Diese Grundsätze gelten auch dann, wenn Verhandlungen über einen bereits abgeschlossenen Vertrag geführt werden. Der Vertretene, der auf Einladung zu einem Termin zur Verhandlung über einen bereits geschlossenen Vertrag einen Vertreter ohne Vertretungsmacht entsendet, muss sich dessen Erklärungen nach den zum kaufmännischen Bestätigungsschreiben entwickelten Grundsätzen zurechnen lassen, wenn er den im über die Verhandlung erstellten Protokoll enthaltenen und unterschriebenen Erklärungen des Vertreters nicht unverzüglich nach Zugang des Protokolls widerspricht (BGH, Urt. v. 27.1.2011 – VII ZR 186/09).

Die Grundsätze zum kaufmännischen Bestätigungsschreiben sind aber nur anwendbar, wenn 68
ein bereits geschlossener Vertrag bestätigt werden soll. Das ist nicht der Fall, wenn durch eine
Annahmeerklärung oder eine Auftragsbestätigung der Vertrag erst herbeigeführt werden soll
(OLG Düsseldorf, Urt. v. 14.4.2015 – I – 21 U 178/14). Das ist erst recht nicht der Fall, wenn
die Auftragsbestätigung vom Angebot abweicht, also gemäß § 150 Abs. 2 BGB ein neues Angebot darstellt. In derartigen Fällen ist für die Anwendung der Grundsätze zum kaufmännischen
Bestätigungsschreiben kein Raum (OLG Schleswig, Urt. v. 18.3.2004 – 11 U 137/02).

8. Änderung des Werkvertrages

Für die Änderung eines Werkvertrages gelten gemäß § 311 BGB grundsätzlich die gleichen 69
Anforderungen wie für den Abschluss des Werkvertrages. Die hiermit zusammenhängenden
Fragen werden im Rahmen der Kommentierung von Leistungsänderungen des § 650 b BGB
erörtert (→ § 650b BGB Rdn. 27 ff.).

IV. Recht der Allgemeinen Geschäftsbedingungen

Allgemeine Geschäftsbedingungen (AGB) spielen gerade in Bauverträgen eine große 70
Rolle. Sie kommen in ganz unterschiedlichen Formen vor. Die Aufzählung in § 1 Abs. 2
VOB/B – Besondere Vertragsbedingungen, Zusätzliche Vertragsbedingungen, Zusätzliche
Technische Vertragsbedingungen, Allgemeine Technische Vertragsbedingungen für Bauleistungen und Allgemeine Vertragsbedingungen für die Ausführung von Bauleistungen – ist
keineswegs abschließend. Die Verwendung von AGB ist gerade bei komplexen Vertragswerken
nützlich und oft unvermeidbar. Nicht selten versucht aber der Verwender, durch Einbeziehung
der von ihm gestellten AGB seine Position in einer Weise zu verbessern, die von der Rechtsordnung nicht mehr hingenommen werden kann. Der Gesetzgeber hat daher in § 305 ff. BGB
Regelungen geschaffen, die eine einseitige Ausnutzung der Vertragsgestaltungsfreiheit durch
die Verwendung von AGB verhindern sollen (BGH, Urt. v. 30.1.1994 – VII ZR 116/93; Urt.
v. 11.12.2003 – VII ZR 31/03). Das Gesetz sieht zu diesem Zweck Regelungen über die wirksame Einbeziehung von AGB und über ihre inhaltliche Überprüfung = Inhaltskontrolle vor.

1. Zum Begriff der „Allgemeinen Geschäftsbedingungen"

a) Vorformulierte Vertragsbedingungen

aa) Allgemeine Grundsätze

Allgemeine Geschäftsbedingungen im Sinne von § 305 Abs. 1 BGB sind alle für eine Viel- 71
zahl von Verträgen vorformulierten Vertragsbedingungen, die eine Vertragspartei der anderen Vertragspartei bei Abschluss des Vertrages stellt. Vertragsbedingungen in diesem Sinne
sind alle Regelungen, die den Vertragsinhalt gestalten sollen, nicht aber bloße Bitten oder
unverbindliche Vorschläge (BGHZ 124, 39 und 133, 184). Vorformuliert sind diese Vertragsbedingungen, wenn sie für eine mehrfache Verwendung in irgendeiner Weise aufgezeichnet
sind, ohne dass dies schriftlich geschehen muss (BGH NJW 2001, 2635). Ausreichend ist ein
„Speichern im Kopf des Verwenders" (Palandt/Grüneberg § 305 Rdn. 8). Unerheblich ist, ob
die Bestimmungen in den Vertragstext aufgenommen worden sind oder – etwa als Anlage
zum Vertrag – einen gesonderten Vertragsbestandteil bilden. Die Allgemeinen Geschäftsbedingungen müssen für eine Vielzahl von Verträgen vorgesehen sein. Das ist der Fall, wenn sie
für eine mindestens dreimalige Verwendung geschaffen sind (BGH, Urt. v. 27.9.2001 – VII
ZR 388/00; Urt. v. 11.12.2003 VII ZR 31/03), wobei die mehrfache Verwendung gegenüber
demselben Vertragspartner reicht (BGH, Urt. v. 11.12.2003 – VII ZR 31/03). Es genügt, wenn
die AGB von dritter Seite (Formularbuch, Vordruck) vorformuliert sind, der Verwender sie
dann aber nur einmal benutzt (Beck'scher VOB-Kommentar/Funke B Vor § 2 Rdn. 223). Die
Mehrfachverwendung in Ausschreibungsunterlagen für ein- und dasselbe Vorhaben deutet
noch nicht auf eine Mehrfachverwendungsabsicht hin, wenn letztlich nur ein Vertrag abgeschlossen werden soll (BGH, Urt. v. 26.9.1996 – VII ZR 318/95; Urt. v. 24.11.2005 – VII ZR
87/04). Dass der Verwender theoretisch die Möglichkeit gehabt hätte, andere gleichgelagerte
Geschäfte abzuschließen, reicht nicht aus, wenn er das nicht beabsichtigte (OLG Köln BauR
2011, 1010). Erteilt der Auftragnehmer den Auftrag an einen Generalüber- oder Generalunternehmer und verwendet dieser das Vertragswerk gegenüber mehreren Nachunternehmern, so
handelt er in Mehrfachverwendungsabsicht, so dass die §§ 305 ff. BGB auf die Verträge mit den
Nachunternehmern anzuwenden sind (Kapellmann/Messerschmidt-Kapellmann VOB/B § 2

Rdn. 51). Die Absicht der Mehrfachverwendung ist auch dann zu bejahen, wenn der Auftraggeber sich vorbehalten hat, den Auftrag in drei oder mehr Losen zu vergeben (Kapellmann/Messerschmidt-Kapellmann VOB/B §2 Rdn. 51).

72 Die Beweislast dafür, dass es ich um eine – unwirksame – Allgemeine Geschäftsbedingung handelt, trifft nach allgemeinen prozessualen Grundsätzen denjenigen, der sich auf ihre Unwirksamkeit beruft. Handelt es sich um ein bekanntes Vertragsmuster, ist der Nachweis leicht zu führen (dazu *Kniffka* ZfBR 1992, 195). In anderen Fällen muss der Beweispflichtige zumindest einen gleichlautenden Vertrag vorlegen können (OLG Koblenz, Urt. v. 26.3.2010 – 8 U 1325/05; zustimmend Kniffka/Koeble-Kniffka 3. Teil Rdn. 11). Generell können sich aber aus der äußeren Gestaltung und dem Inhalt des Vertrages so deutliche Anhaltspunkte für eine Mehrfachverwendungsabsicht ergeben, dass eine Beweiserleichterung bis hin zur Beweislastumkehr anzunehmen ist, etwa wenn formelhafte Regelungen enthalten sind, die mit dem konkreten Vorhaben nichts zu tun haben (BGH, Urt. v. 20.3.2014 – VII ZR 248/13; Urt. v. 20.8.2009 – VII ZR 212/07; Urt. v. 24.11.2005 – VII ZR 87/04; Beschl. v. 23.6.2005 – VII ZR 277/04; Urt. v. 11.12.2003 – VII ZR 31/03; Urt. v. 27.11.2003 – VII ZR 53/03).

73 Für Verbraucherverträge gilt die Sonderregelung des § 310 Abs. 3 BGB. Danach ist eine Inhaltskontrolle immer dann durchzuführen, wenn der Vertrag von dem Unternehmer verwendet wird, ohne dass der Verbraucher auf den Inhalt Einfluss nehmen konnte. Es spielt in diesen Fällen keine Rolle, ob der Vertrag zur Mehrfachverwendung vorformuliert war, § 310 Abs. 3 Nr. 2 BGB.

74 Eine GbR, deren Gesellschafter eine natürliche und eine juristische Person sind, ist unabhängig davon, ob sie lediglich zu privaten Zwecken und nicht gewerblich oder selbständig beruflich tätig ist, nicht Verbraucher im Sinne von § 13 BGB in der bis zum 13.6.2014 geltenden Fassung (BGH, Urt. v. 30.3.2017 – VII ZR 269/15).

bb) VOB/B und VOB/C

75 Die VOB/B ist ein im Auftrag des Deutschen Vergabe- und Vertragsausschusses (DVA) vom Deutschen Institut für Normung e. V. als DIN 1961 geschaffenes privates Regelwerk für Bauleistungen, auf das die gesetzlichen Regelungen über die Allgemeinen Geschäftsbedingungen hinsichtlich ihrer Einbeziehung in den Vertrag und ihrer Inhaltskontrolle anzuwenden sind (BGH, Urt. v. 24.7.2008 – VII ZR 55/07, NZBau 2008, 640).

76 Die in der VOB/C zusammengefassten Allgemeinen Technischen Vertragsbedingungen für Bauleistungen bestehen aus allgemeinen Regelungen für Bauarbeiten jeder Art und aus Regelungen für spezifische Gewerke. Sie führen eine DIN-Bezeichnung mit Angabe des jeweiligen Gewerkes. Die DIN 18299 enthält Regelungen für Bauarbeiten jeder Art, die DIN 18300 ff. enthalten Regelungen für bestimmte Gewerke. Die einzelnen DIN-Normen enthalten insbesondere in den Abschnitten 4 und 5 nicht nur technische Regelungen, sondern auch Vorgaben für Aufmaß und Abrechnung, bei denen es sich um vertragliche Regelungen mit AGB-Charakter handelt (BGH, Urt. v. 17.6.2004 – VII ZR 75/03; Vogel/Vogel BauR 2000, 345, 346).

b) Ausgehandelte Vertragsbedingungen

77 Eine zur Mehrfachverwendung vorformulierte Vertragsbedingung ist dann keine Allgemeine Geschäftsbedingung, wenn sie zwischen den Parteien ausgehandelt worden ist, § 305 Abs. 1 Satz 3 BGB (dazu Miethauer NJW 2010, 3121). Das wird häufig geltend gemacht, ist aber nur selten der Fall (Beck'scher VOB-Kommentar/Funke B Vor §2 Rdn. 225). Ausgehandelt ist eine vorformulierte Vertragsbedingung nämlich nur dann, wenn „der Verwender den in seinen AGB enthaltenen gesetzesfremden Kerngehalt, die den wesentlichen Inhalt der gesetzlichen Regelung ändernden oder ergänzenden Bestimmungen, inhaltlich ernsthaft zur Disposition stellt und dem Vertragspartner Gestaltungsfreiheit zur Wahrung eigener Interessen einräumt mit zumindest der Möglichkeit, die inhaltliche Ausgestaltung der Vertragsbedingungen zu beeinflussen" (BGH, Urt. v. 10.10.1991 – VII ZR 289/90; Urt. v. 23.1.2003 – VII ZR 210/01; Urt. v. 14.4.2005 – VII ZR 56/04; Urt. v. 20.3.2014 – VII ZR 248/13). Die Anforderungen der Rechtsprechung sind außerordentlich hoch. Es reicht nicht, wenn der Verwender lediglich auf die Regelung hingewiesen oder diese erläutert hat. Es reicht auch nicht, wenn er seinem Vertragspartner die Wahl zwischen verschiedenen vorgegebenen Gestaltungsmöglichkeiten eingeräumt hat (BGH, Urt. v. 5.5.1981 – VI ZR 280/79; Urt. v. 29.9.1983 – VII ZR 225/82; Kniffka/Koeble-Kniffka, 3. Teil Rdn. 20). Ein „Aushandeln" der Geschäftsbedingung liegt vielmehr erst dann vor, wenn der Verwender deutlich zum Ausdruck bringt, dass über alle vom gesetzlichen Leitbild abweichenden Punkte inhaltlich verhandelt werden kann und dass

Werkvertragsrecht **§ 631**

er ernsthaft zu einer Abänderung bereit ist (BGH, Urt. v. 24.3.2014 – VII ZR 248/13; Urt. v. 23.1.2003 – VII ZR 210/01; OLG Düsseldorf, Urt. v. 24.3.2015 – I – 23 U 66/14). Die allgemein geäußerte Bereitschaft, über alle Vertragsklauseln zu verhandeln, reicht nicht (BGH, Urt. v. 24.3.2014 – VII ZR 248/13; Urt. v. 14.4.2005 – VII ZR 56/04). Einem Aushandeln steht es aber nicht unbedingt entgegen, wenn der Verwender sich auf die verlangte Änderung der Allgemeinen Geschäftsbedingung nur gegen ein höheres Entgelt einlassen will (BGH IBR 2003, 179 mit Anm. Leitzke; Beck'scher VOB-Kommentar/Funke B Vor § 2 Rdn. 225). Grundsätzlich bezieht sich das Aushandeln auf die jeweilige Klausel. Sind Allgemeine Geschäftsbedingungen insgesamt mit unterschiedlichen Vorstellungen und Formularen zwischen großen Unternehmen verhandelt worden, können sie insgesamt als ausgehandelt anzusehen sein (vgl. OLG Hamburg, Urt. v. 12.12.2008 – 1 U 143/07).

Eine AGB-Klausel, in der der Vertragspartner das Aushandeln der Geschäftsbedingungen bestätigt, ist unwirksam (BGH, Urt. v. 28.1.1987 – IVa ZR 173/85). **78**

Dass die zur Mehrfachverwendung vorformulierte Vertragsbedingung im Einzelnen ausgehandelt worden ist, muss der Verwender darlegen und beweisen (BGH, Urt. v. 29.1.1982 – V ZR 82/81; Urt. v. 3.4.1998 – V ZR 6/97; Urt. v. 20.3.2014 – VII ZR 248/13). **79**

Ob diese hohen Anforderungen des BGH an das „Aushandeln der Geschäftsbedingungen" den Bedürfnissen im unternehmerischen Geschäftsverkehr wirklich gerecht wird und der damit praktizierte „Gleichklang zwischen Verbraucherschutz und Unternehmerschutz" gesetzlich wirklich zwingend geboten ist, wird in der baurechtlichen Literatur aber zu Recht in Zweifel gezogen (dazu Schulze-Hagen NZBau 2016, 395 m. w. N.). Im internationalen Rechtsverkehr stoßen diese Grundsätze jedenfalls auf wenig Verständnis. Dort hält man mehr davon, die Vertragsparteien im kaufmännischen Verkehr an dem gesprochenen oder geschriebenen Wort festzuhalten und auf den Bestand der vertraglichen Abreden zu vertrauen. **80**

2. Stellen der Geschäftsbedingungen

Als Allgemeine Geschäftsbedingungen im Sinne der §§ 305 ff. BGB sind nur vorformulierte Vertragsbedingungen anzusehen, die von einer der Parteien als **Verwender gestellt werden** (BGH, Urt. v. 17.2.2010 – VIII ZR 67/09; Urt. v. 5.4.1979 – VII ZR 308/77). Es ist dafür nicht erforderlich, dass der Verwender die Vertragsbedingungen selbst vorformuliert hat; er kann auch die von Dritten entworfenen AGB stellen (BGH, Urt. v. 17.2.2010 – VIII ZR 67/09). **81**

In der Praxis kommt es häufig zum Streit darüber, wer Verwender ist. Hat der Auftraggeber die Leistungen ausgeschrieben und in den Ausschreibungsunterlagen die Einbeziehung seiner Allgemeinen Geschäftsbedingungen bzw. der VOB/B vorgegeben, ist er als Verwender anzusehen (zustimmend Kniffka/Koeble-Kniffka 3. Teil Rdn. 15). Das gilt ebenso, wenn eine Vertragspartei Verträge regelmäßig nur unter Verwendung bestimmter Geschäftsbedingungen abschließt und der Vertragspartner diese deshalb „im Wege vorauseilenden Gehorsams" in sein Angebot aufgenommen hat (BGH, Urt. v. 9.3.2006 – VII ZR 268/04; Urt. v. 4.3.1997 – X ZR 141/95). **82**

Wünschen beide Parteien übereinstimmend die Einbeziehung bestimmter Vertragsbedingungen – etwa der VOB/B -, ist keine von ihnen als Verwender anzusehen. Dafür reicht es aber nicht, dass eine Partei die VOB/B zum Vertragsbestandteil machen will und die andere Partei den Vertrag unter Einbeziehung der VOB/B geschlossen hätte. Die öffentliche Hand ist danach in der Regel Verwender der VOB/B, weil sie in ihren Ausschreibungen deren Einbeziehung verlangt. Wenn der Unternehmer aber seinen Angeboten aber i. d. R. auch die VOB/B zugrunde legt, kann die Verwenderstellung des Bestellers nicht bereits damit begründet werden, dass die VOB/B von Unternehmern regelmäßig nur in abgeänderter Form verwandt wird (Kniffka/Koeble-Kniffka 2. Teil Rdn. 17). Denn eine AGB-Kontrolle erfolgt nicht in Bezug auf den ganzen Vertrag, sondern grundsätzlich jeweils klauselbezogen. VOB/B-Regelungen, die keine Partei abändern will, wären demnach beidseitig einbezogen (vgl. Kapellmann/Messerschmidt/von Rintelen Vor § 1 VOB/B Rn. 103). **83**

Schließen die Parteien einen von einem Dritten entworfenen Vertrag, kommt es darauf an, ob einer von ihnen die Verwendung dieses Vertragsentwurfs zugerechnet werden kann, etwa weil sie dieses Vertragsmuster üblicherweise benutzt oder von einem Notar zur Mehrfachverwendung hat entwerfen lassen (BGH, Urt. v. 27.9.2001 – VII ZR 388/00; Urt. v. 14.5.1992 – VII ZR 204/90; OLG Köln VersR 2000, 730).

von Rintelen

84 Eine Sonderregelung gilt für Verbraucherverträge. Nach §310 Abs. 3 Nr. 1 BGB gelten allgemeine Geschäftsbedingungen als vom Unternehmer gestellt, es sei denn, dass sie durch den Verbraucher in den Vertrag eingeführt worden sind.

3. Die Einbeziehung Allgemeiner Geschäftsbedingungen in den Vertrag

85 Der Gesetzgeber hat die wirksame Einbeziehung Allgemeiner Geschäftsbedingungen in den Vertrag an die Einhaltung bestimmter Voraussetzungen geknüpft.

a) Möglichkeit der Kenntnisnahme
aa) Allgemeine Grundsätze

86 Nach §305 Abs. 2 BGB setzt die wirksame Einbeziehung der AGB voraus, dass der Vertragspartner auf ihre beabsichtigte Einbeziehung hingewiesen und ihm die Möglichkeit eingeräumt worden ist, in zumutbarer Weise von dem Inhalt der AGB Kenntnis zu nehmen. Eine Ausnahme gilt gemäß §310 Abs. 1 BGB nur für Verträge mit Unternehmern im Sinne von §14 BGB sowie juristischen Personen des öffentlichen Rechts und dem öffentlich-rechtlichen Sondervermögen, bei denen es für die Einbeziehung der AGB reicht, wenn der Verwender in hinreichender Deutlichkeit auf ihre beabsichtigte Einbeziehung verweist. Bei allen anderen Verträgen – insbesondere bei **Verbraucherverträgen** – setzt die wirksame Einbeziehung der einseitig gestellten AGB aber voraus, dass dem Vertragspartner die Möglichkeit eingeräumt wird, in zumutbarer Weise von ihrem Inhalt Kenntnis zu nehmen. Welche Anforderungen insoweit zu stellen sind, hängt von den Umständen des Einzelfalles ab.

87 Unwirksam können sog. „Staffelverweisungen" sein. Diese sind zwar grundsätzlich üblich und zulässig. Wenn sie aber das Rangverhältnis der einzubeziehenden Regelungen und ihr Verhältnis zu der ebenfalls einbezogenen VOB/B nicht erkennen lassen, entfällt die Regelung und damit die Einbeziehung der weiteren Klauselwerke (BGH NJW 1990, 3197; näher Kapellmann/Messerschmidt/von Rintelen §1 VOB/B Rn. 38 und Schöne in Westphalen, Vertragsrecht und AGB-Klauselwerke, Stromlieferungsverträge, Rn. 23 ff.).

bb) Einbeziehung der VOB/B und VOB/C

88 Probleme bereitet in der Praxis nicht selten die Frage, ob die VOB/B wirksam in den Bauvertrag einbezogen worden ist. Das setzt bei einem nicht unter §310 Abs. 1 BGB fallenden Vertragspartner voraus, dass er nicht nur auf die beabsichtigte Einbeziehung der VOB/B hingewiesen worden ist, sondern auch in zumutbarer Weise von ihrem Inhalt Kenntnis nehmen konnte (BGH, Urt. v. 14.2.1991 – VII ZR 132/90; Urt. v. 9.11.1989 – VII ZR 16/89; Urt. v. 26.6.2003 – VII ZR 281/02). Das gilt auch für notarielle Verträge (BGH, Urt. v. 26.3.1992 – VII ZR 258/90). Auf keinen Fall reicht es für eine wirksame Einbeziehung der VOB/B aus, wenn dem Vertragspartner im Vertragstext angeboten wird, den Text der VOB/B zur Verfügung zu stellen (BGH, Urt. v. 10.6.1999 – VII ZR 170/98). Die Zurverfügungstellung muss rechtzeitig vor Vertragsschluss und kostenlos angeboten worden sein (OLG Hamm, Urt. v. 10.12.1990 – 23 U 41/90). Alternativ genügt es, wenn der Text bei Vertragsschluss zur Einsichtnahme tatsächlich angeboten wird. Ob hierfür eine Bestätigung im Formularvertrag ausreicht (so OLG Zweibrücken Urt. v. 25.11.2011 – 2 U 11/11), ist zweifelhaft.

89 Diese Anforderungen gelten nicht, wenn der Vertragspartner des Verwenders im Baugewerbe tätig ist oder sich durch einen erfahrenen Fachmann vertreten lässt (BGH, Urt. v. 16.12.1982 – VII ZR 92/82; Urt. v. 10.6.1999 – VII ZR 170/98; OLG Hamm, Urt. v. 17.1.1990 – 26 U 112/89; Urt. v. 14.6.1995 – 12 U 142/94; Urt. v. 3.12.1997 – 12 U 125/97; OLG Düsseldorf, Urt. v. 5.3.1993 – 22 U 221/92). Dafür reicht es, wenn der Bauherr bei Vertragsschluss durch einen Architekten rechtsgeschäftlich vertreten wird. Es genügt aber nicht, wenn der Architekt lediglich mit der Planung und Bauüberwachung beauftragt ist (OLG Saarbrücken, NJW-RR 2011, 1659 und BauR 2006, 2060; Kniffka/Koeble-Jurgeleit 23. Teil Rdn. 188).

90 Offen ist, welche Anforderungen an die wirksame Einbeziehung der VOB/C zu stellen sind. In der Praxis dürfte diese und damit auch die Geltung der in den Abschnitten 4 und 5 regelmäßig vorgesehenen Aufmaß- und Abrechnungsregelungen oft schon daran scheitern, dass die Allgemeinen Technischen Vertragsbedingungen entgegen §305 Abs. 2 Nr. 2 BGB bei Vertragsschluss überhaupt nicht vorgehalten bzw. überreicht werden (dazu Kapellmann/Messerschmidt/von Rintelen §1 VOB/B Rn. 19 f.).

Werkvertragsrecht **§ 631**

b) Keine überraschende Klausel im Sinne von § 305c BGB

Nach § 305 c BGB werden Bestimmungen in Allgemeinen Geschäftsbedingungen, die 91 nach den Umständen, insbesondere nach dem äußeren Erscheinungsbild des Vertrages, so ungewöhnlich sind, dass der Vertragspartner des Verwenders mit ihnen nicht zu rechnen brauchte, nicht Vertragsbestandteil. Dabei kommt es nicht auf den Erkenntnisstand des jeweiligen Vertragspartners an, sondern auf die Erkenntnismöglichkeiten des für solche Verträge in Betracht kommenden Personenkreises. Auch die Unterbringung einer Klausel an ungewöhnlicher Stelle im Vertragstext kann sie zu einer überraschenden Klausel machen (BGH, Urt. v. 26.7.2012 – VII ZR 262/11; Urt. v. 21.7.2010 – XII ZR 189/08). Überraschend ist eine von dem Generalübernehmer in einem Vertrag über die schlüsselfertige Errichtung eines Hauses verwendete Klausel, nach der er zur Vergabe der Aufträge im Namen des Bauherrn bevollmächtigt sein sollte (BGH NZBau 2002, 561). Das gilt ebenso für eine Höchstpreisklausel in Allgemeinen Geschäftsbedingungen eines Auftraggebers, nach der bei einem Einheitspreisvertrag die Auftragssumme limitiert sein sollte (BGH NZBau 2005, 148). Überraschend ist auch eine Stoffpreisgleitklausel des öffentlichen Auftraggebers von Bauleistungen, die ohne ausreichenden Hinweis den Auftragnehmer zur Vermeidung erheblicher Nachteile bei Stoffpreissenkungen dazu anhält, bei seiner Kalkulation von üblichen Grundsätzen abzuweichen (BGH, Urt. v. 1.10.2014 – VII ZR 344/13).

Angesichts der weiten Verbreitung der VOB/B dürfte § 305c BGB für ihre wirksame Einbeziehung keine Rolle spielen. 92

4. Inhaltskontrolle Allgemeiner Geschäftsbedingungen

Die **Inhaltskontrolle** einbezogener AGB spielt in der baurechtlichen Praxis eine große Rolle. 93 Sie findet grundsätzlich nur zu Lasten des Verwenders statt, da das Gesetz seinen Vertragspartner vor einer Übervorteilung schützen will. Für den Verwender nachteilige Klauseln sind daher wirksam (BGH, Urt. v. 4.12.1986 – VII ZR 354/85; Urt. v. 9.3.2006 – VII ZR 268/04; Urt. v. 30. 6. 2016 – VII ZR 188/13). Bei der Inhaltskontrolle ist schrittweise vorzugehen. Es ist zunächst durch Auslegung der zutreffende Inhalt der jeweiligen AGB-Klausel zu ermitteln. Danach ist zu prüfen, ob die Regelung den Anforderungen der §§ 307 ff. BGB standhält.

a) Auslegung Allgemeiner Geschäftsbedingungen

AGB sind nach den üblichen Grundsätzen der §§ 133, 157 BGB so auszulegen, wie sie 94 von verständigen und redlichen Vertragspartnern unter Abwägung der Interessen der beteiligten Verkehrskreise verstanden werden (BGH, Urt. v. 22.11.2011 – VII ZR 150/01; Urt. v. 23.3.2004 – XI ZR 14/03; Urt. v. 17.6.2004 – VII ZR 75/03; Urt. v. 5.5.2011 – VII ZR 181/10; Urt. v. 4.7.2013 – VII ZR 249/12). Dabei kann es auf das Verständnis in unterschiedlichen Verkehrskreise ankommen (BGH, Urt. v. 17.6.2004 – VII ZR 75/03). Verbleibende Unklarheiten und Zweifel gehen zu Lasten des Verwenders, § 305 Abs. 2 BGB. Bleiben verschiedene Auslegungsmöglichkeiten offen, ist für die Inhaltskontrolle die für den Vertragspartner ungünstigste Auslegungsmöglichkeit zugrunde zu legen (BGH, Urt. v. 20.3.2014 – VII ZR 248/13).

Das gilt grundsätzlich auch für die Auslegung der in der VOB/B enthaltenen Regelungen. 95 Unklarheitsregelung, Transparenzprinzip und Restriktionsgebot sind allerdings in der bisherigen Auslegung des BGH (bewusst) nicht angewandt worden (Kapellmann/Messerschmidt/von Rintelen Einl. VOB/B Rn. 107 ff.). Denn er hat (stillschweigend) der VOB/B eine Sonderrolle zukommen lassen, weil es sich um von Auftraggeber- und Auftragnehmerseite gemeinsam entwickelte AGB handelt, die auf beiden Seiten verwendet werden, so dass eine Auslegung zulasten des Verwenders untunlich erscheint (vgl. Quack FS Ganten 2007, 211, 212; vgl. zu dem „Bumerangeffekt" beim Einsatz unwirksamer AGB Rodemann, BauR 2020, 519 ff.). Hier scheint sich allerdings ein Wandel zu vollziehen, wie die geänderte Rechtsprechung zu § 2 Abs. 3 VOB/B belegt (BGH, Urt. v. 8.08.2019 – VII ZR 34/18).

Bei der VOB/C kommt hinzu, dass wenn Wortlaut und Sinn der Regelung nicht eindeutig 96 zu ermitteln sind, der Verkehrssitte maßgebende Bedeutung erlangen kann. Diese wird das Gericht häufig nur mit Hilfe eines Sachverständigen ermitteln können. Dabei ist aber darauf zu achten, dass es nicht genügt, dass dieser seine subjektive Einschätzung wiedergibt. Erforderlich ist vielmehr, dass in geeigneter Weise – etwa durch Umfrage in den beteiligten Verkehrskreisen – ermittelt wird, wie die jeweilige Regelung dort verstanden wird. Kommentierungen der VOB/C bieten nur dann eine verlässliche Entscheidungsgrundlage, wenn sich aus ihnen

§ 631

entnehmen lässt, wie die Regelung in den jeweiligen Verkehrskreisen üblicherweise verstanden wird und worauf diese Erkenntnis beruht (BGH, Urt. v. 17.6.2004 – VII ZR 75/03). Bloße subjektive Einschätzungen des jeweiligen Verfassers reichen nicht aus.

b) Inhaltskontrolle Allgemeiner Geschäftsbedingungen

97   Rechtliche Grundlage der von Amts wegen vorzunehmenden Inhaltskontrolle sind die §§ 307–309 BGB.

98   Die Inhaltskontrolle erstreckt sich gemäß § 307 Abs. 3 Satz 1 BGB nur auf Bestimmungen in Allgemeinen Geschäftsbedingungen, durch die von Rechtsvorschriften abweichende oder diese ergänzende Regelungen vereinbart werden. Der Inhaltskontrolle unterliegen daher nur die Nebenabreden (BGH, Urt. v. 10.6.1999 – VII ZR 365/98; Urt. v. 17.3.1999 – IV ZR 137/98). Die Inhaltskontrolle erstreckt sich nicht auf die Preis- und Leistungsabreden (BGH, Beschl. v. 11.5.2006 – VII ZR 309/04). Die Abgrenzung kann Schwierigkeiten bereiten. Ob das Ausfüllen von Leerstellen in Formularverträgen eine Individualvereinbarung darstellt, hängt von dem Regelungsgehalt der Ausfüllung ab. Die Festlegung einer Baukostenobergrenze im Architektenvertrag gehört zur Bestimmung der Leistung des Architektenvertrages und unterliegt damit nicht der Inhaltskontrolle (BGH, Urt. v. 11.7.2019 – VII ZR 266/17). Demgegenüber wird das Festlegen einer Sicherheitshöhe als unsere ständige Ergänzung angesehen (OLG Celle, Urt. v. 2.10.2019 – 14 U 94/19).

99   Der Inhaltskontrolle unterliegen aber alle Preisnebenabreden, die sich nur mittelbar auf Preis und Leistung auswirken und die entsprechenden gesetzlichen Regelungen ergänzen oder modifizieren. So unterliegt ein von den gesetzlichen Regelungen abweichender Zahlungsplan in AGB der Inhaltskontrolle (BGH, Urt. v. 8.11.2012 – VII ZR 191/12), ebenso Rabattklauseln (OLG Koblenz DB 1988, 1692) bzw. Klauseln über Nachlässe (Beck'scher VOB-Kommentar/ Funke B Vor § 2 Rdn. 235). Der Inhaltskontrolle unterliegen auch Klauseln, durch die der Verwender Aufwand für Tätigkeiten, die ihm obliegen oder eigentlich auf seine Rechnung gehen, auf den Vertragspartner abwälzt (BGH, Urt. v. 7.12.2010 – XI ZR 3/10). So unterliegt die verbreitete „Schuttklausel" der Inhaltskontrolle, eine Klausel über die Umlage der Bauwesenversicherung hingegen nicht (BGH, Urt. v. 6.7.2000 – VII ZR 73/00). Ebenso wenig unterliegt eine Klausel, die die Art und Weise der Leistungserbringung und ihre Abrechnung regelt (Bedarfsermittlung für Stoffe, die der Auftraggeber zu stellen hat; Beförderung zur Baustelle, Lagerung, Entsorgung) der Inhaltskontrolle (BGH, Beschl. v. 11.5.2006 – VII ZR 309/04). Als kontrollfrei gelten auch Regelungen des Entgelts für die Anfahrt (BGHZ 116, 117, 119), Pauschalen für den Verbrauch von Bauwasser und Baustrom (BGH BauR 1999, 1290), Regelungen über die Auferlegung von Transport- und Entsorgungspflichten (KG BauR 2005, 1032 = IBR 2006, 434 mit Anm. *Schwenker*, NZB zurückgewiesen durch BGH Beschl. v. 11.5.2006 – VII ZR 309/04) und Preisgleitklauseln (BGH, Urt. v. 24.3.2010 – VIII ZR 304/08, NJW 2010, 2793; anders OLG Naumburg IBR 2011, 3 zu einer Stoffpreisgleitklausel).

100   Handelt es sich um eine kontrollfähige Nebenabrede, gelten für die Inhaltskontrolle die nachfolgenden Regelungen:

aa) § 307 Abs. 1 Satz 1 BGB

101   Nach § 307 Abs. 1 Satz 1 BGB sind Bestimmungen in Allgemeinen Geschäftsbedingungen unwirksam, wenn sie den Vertragspartner des Verwenders entgegen den Geboten von Treu und Glauben unangemessen benachteiligen. Das ist der Fall, wenn der Verwender missbräuchlich eigene Interessen durchzusetzen versucht, ohne die Interessen des Vertragspartners hinreichend zu berücksichtigen oder ihm einen angemessenen Ausgleich zu gewähren (BGH, Urt. v. 8.12.2011 – VII ZR 111/11; Urt. v. 9.12.2010 – VII ZR 7/10). Nach § 307 Abs. 2 BGB ist eine unangemessene Benachteiligung im Zweifel anzunehmen, wenn eine Bestimmung mit wesentlichen Grundgedanken der gesetzlichen Regelung, von der abgewichen wird, nicht zu vereinbaren ist oder wesentliche Rechte und Pflichten, die sich aus der Natur des Vertrages ergeben, so einschränkt, dass die Erreichung des Vertragszwecks gefährdet ist. Danach führt nicht jede Abweichung von dem gesetzlichen Leitbild zur Unwirksamkeit der Klausel. Vielmehr kann die Abweichung sachlich gerechtfertigt sein (BGH, Urt. v. 7.3.2013 VII ZR 162/12). Die Beurteilung erfolgt aufgrund einer generalisierenden Betrachtungsweise, nicht auf Grundlage der Umstände des jeweiligen Einzelfalles (BGH, Urt. v. 20.1.2000 – VII ZR 46/98; Urt. v. 17.1.2002 – VII ZR 198/00; Urt. v. 23.1.2003 – VII ZR 210/01; Urt. v. 30.3.2006 – VII ZR 44/05). Das kann dazu führen, dass eine Typisierung verschiedener Bauverträge er-

forderlich wird und die Angemessenheit einer Klausel bei einem normalen Bauvertrag anders zu beurteilen ist als bei einem Bauträgervertrag (Kniffka/Koeble-Kniffka 3. Teil Rdn. 38).

Die Unangemessenheit wird nicht auf Basis der konkreten Umstände des Einzelfalls beurteilt, sondern abstrakt-generell (BGH, Urt. v. 20.1.2000 – VII ZR 46/98). So ist ein Tagessatz von 0,5 % für eine Vertragsstrafe in Bauverträgen unangemessen hoch, weil er i. d. R. den bei solchen Verträgen üblicherweise zu erwartenden Gewinn innerhalb kürzester Zeit aufzehren würde; ob das auch im konkreten Fall so ist, spielt dafür keine Rolle (BGH, Urt. v. 17.1.2002 – VII ZR 198/00). 102

bb) § 307 Abs. 1 Satz 2 BGB

Nach § 307 Abs. 1 Satz 2 BGB – Transparenzgebot – kann sich eine unangemessene Benachteiligung auch daraus ergeben, dass die Bestimmung nicht klar und verständlich ist. Das gilt nach § 307 Abs. 3 BGB nicht nur für Nebenabreden, sondern auch für Leistungs- und Preisbestimmungen in Allgemeinen Geschäftsbedingungen, die im Übrigen nicht der Inhaltskontrolle unterliegen (BGH, Urt. v. 26.10.2005 – VIII ZR 48/05). Die Regelung hat im Bauwesen erhebliche Bedeutung, insbesondere für Verbraucherverträge. Erforderlich ist danach, dass die fragliche Klausel für den durchschnittlichen Verbraucher verständlich ist und die wirtschaftlichen Nachteile und Belastungen hinreichend erkennbar macht (BGH, Urt. v. 8.5.2013 – IV ZR 84/12; Urt. v. 23.2.2011 – VII ZR 101/09; Urt. v. 9.5.2001 – IV ZR 121/00; Urt. v. 9.5.2001 – IV ZR 138/99). 103

Probleme bereiten in der Praxis insbesondere intransparente Klauseln über den Leistungsumfang bei Verträgen über die schlüsselfertige Erstellung eines Bauvorhabens. Hier werden immer wieder in oft schwer erkennbarer Weise einzelne Leistungen aus dem eigentlich zu erwartenden Leistungsumfang herausgenommen (Erdaushub, Außenanlage, Innenausbau, Anstrich) (dazu Kniffka/Koeble-Kniffka 3. Teil Rdn. 42). Probleme bereiten auch die vielfach undurchsichtigen Preis- und Leistungsbestimmungen in den Allgemeinen Geschäftsbedingungen von Bauverträgen, insbesondere schwer verständliche Regelungen in unklaren und lückenhaften Leistungsbeschreibungen (dazu Thode NZBau 2002, 360, 366). 104

Hinsichtlich der Inhaltskontrolle der Einzelregelungen in der VOB/B wird auf die Ausführungen von *Kniffka* in der Einleitung verwiesen (dazu im Übrigen auch Kniffka/Koeble-Kniffka 3. Teil Rdn. 52 ff.).

cc) §§ 308 und 309 BGB

Die §§ 308 und 309 BGB enthalten einen umfangreichen Katalog mit Regelungen, die zwingend unwirksam sind, ohne dass sie noch auf ihre Angemessenheit überprüft werden müssten. Nach § 310 Abs. 1 BGB gelten diese Vorschriften zwar nicht im Verkehr mit Unternehmern im Sinne von § 14 BGB, juristischen Personen des öffentlichen Rechts oder öffentlich-rechtlichen Sondervermögen. Die Aufführung in dem Klauselkatalog der §§ 308, 309 BGB hat jedoch Indizwirkung und lässt auch im kaufmännischen Verkehr auf eine unangemessene Benachteiligung des Vertragspartners schließen, wenn die Regelung nicht wegen der Besonderheiten des unternehmerischen Geschäftsverkehrs ausnahmsweise als angemessen angesehen werden kann (BGH, Urt. v. 10.10.2013 – VII ZR 19/12; Urt. v. 19.9.2007 – VIII ZR 141/06; Urt. v. 28.10.2004 – VII ZR 385/02; Urt. v. 3.3.1988 – X ZR 54/86; Urt. v. 8.3.1984 – VII ZR 349/82). Erforderlich ist eine Parallelwertung in der Unternehmersphäre (Berger ZIP 2006, 2149, 2153; Kniffka/Koeble-Kniffka 3. Teil Rdn. 39), bei der die besonderen Gepflogenheiten im kaufmännischen Verkehr, die internationale Praxis, aber auch die branchentypischen Besonderheiten einzubeziehen sind (dazu Berger a. a. O. und NJW 2010, 465 ff.; Acker/Bopp BauR 2009, 1040, 1048; dazu eingehend Schulze-Hagen NZBau 2016, 395, der zu Recht den von der Rechtsprechung im unternehmerischen Verkehr praktizierten „Gleichklang von Verbraucherschutz und Unternehmerschutz" kritisiert). 105

5. Rechtsfolgen der Unwirksamkeit

Hält eine Klausel der Inhaltskontrolle nicht stand, ist sie insgesamt unwirksam. Eine „geltungserhaltende Reduktion" durch Rückführung auf den gerade noch zulässigen Restgehalt ist unzulässig (BGH, Urt. v. 5.5.2011 – VII ZR 181/10; Urt. v. 23.1.2003 – VII ZR 210/01; Urt. v. 6.12.1984 – VII ZR 227/83). Die Unwirksamkeit ist allerdings nicht absolut, sondern wirkt nur (halbseitig) zulasten des Verwenders (BGH, Urt. v. 04.12.1997 – VII ZR 187/96). 106

§ 631

Der Verwendungsgegner kann sich auf die Klausel weiter berufen, wenn sie für ihn günstig ist (vgl. näher Rodemann, BauR 2020, 519 ff.).

107 Inhaltlich voneinander trennbare Teile, die auch aus sich heraus verständliche Regelungen enthalten, die auch für sich allein im Gesamtgefüge des Vertrages sinnvoll sind, sind gesondert auf ihre Wirksamkeit zu überprüfen. Das kann dazu führen, dass ein Teil der Klausel wirksam, ein anderer unwirksam ist (BGH Beschl. v. 27.11.2013 – VII ZR 371/12; Urt. v. 7.11.2013 – VII ZR 167/11; Urt. v. 18.1.2001 – VII ZR 238/00). Würde die teilweise Aufrechterhaltung eines Teils der Klausel aber zu einer erheblichen Änderung des Vertrages führen, ist die Klausel insgesamt unwirksam (BGH, Urt. v. 28.7.2011 – VII ZR 207/09). In Ausnahmefällen hat die Rechtsprechung allerdings aus Gründen des Vertrauensschutzes eine an sich unwirksame Regelung für einen bestimmten Zeitraum als wirksam behandelt (BGH, Urt. v. 23.1.2003 – VII ZR 210/01; Urt. v. 8.7.2004 – VII ZR 24/03; Urt. v. 8.7.2004 – VII ZR 24/03 zu Vertragsklauseln, die in Übereinstimmung mit der früheren Rechtsprechung die Höchstgrenze der Vertragsstrafe auf 10 % festsetzten).

108 Ist eine Allgemeine Geschäftsbedingung ganz oder teilweise unwirksam, bleibt der Vertrag gemäß § 306 Abs. 1 BGB im Übrigen wirksam. Die Vertragslücke ist dann im Regelfall im Wege der ergänzenden Vertragsauslegung zu schließen (BGH, Urt. v. 8.6.2006 – VII ZR 13/05 zur Vertragsauslegung bei einer unwirksamen Lohngleitklausel). Das setzt aber voraus, dass festgestellt werden kann, mit welchem Inhalt die Parteien den Vertrag geschlossen hätten, wenn ihnen die Unwirksamkeit der Klausel bewusst gewesen wäre (BGH, Urt. v. 22.11.2001 – VII ZR 208/00). Eine ergänzende Vertragsauslegung ist nicht möglich, wenn der Verwender eine Klausel in Kenntnis ihrer Unwirksamkeit verwandt und damit zum Ausdruck gebracht hat, dass er keine andere Regelung will. Dann gilt das Gesetz (BGH, Urt. v. 28.7.2011 – VII ZR 207/09).

109 Der Vertrag ist gemäß § 306 Abs. 3 BGB ausnahmsweise insgesamt unwirksam, wenn das Festhalten an ihm auch unter Berücksichtigung der nach Absatz 2 vorgesehenen Änderung eine unzumutbare Härte für eine Vertragspartei darstellen würde (dazu Thode NZBau 2002, 360, der diese Regelung für einen Verstoß gegen Art. 8 der Richtlinie 93/13/EWG hält).

D. Wirksamkeit des Werkvertrages

I. Verstoß gegen ein gesetzliches Verbot – Schwarzarbeit

110 Ein Rechtsgeschäft, das gegen ein gesetzliches Verbot verstößt, ist nichtig, wenn sich aus dem Gesetz nicht ein anderes ergibt, § 134 BGB.

111 Das kann namentlich bei einem Verstoß gegen das Gesetz zur Bekämpfung der Schwarzarbeit der Fall sein. Die frühere gesetzliche Regelung ist insoweit durch das am 1.8.2004 in Kraft getretene Gesetz zur Bekämpfung der Schwarzarbeit und illegalen Beschäftigung (Schwarzarbeitsbekämpfungsgesetz-SchwarzArbG) vom 23. Juli 2004 abgelöst worden (BGBl. I S. 1842). Die Tatbestände der Schwarzarbeit sind dabei erheblich erweitert und weitere Tatbestände als Schwarzarbeit definiert worden. Schwarzarbeit leistet nach § 1 Abs. 2 SchwarzArbG nunmehr auch derjenige, der Dienst- oder Werkleistungen ausführen lässt und dabei bestimmte in den Nrn. 1–3 beschriebene Merkmale erfüllt. Die gesetzliche Neuregelung, die ausweislich § 1 Abs. 1 SchwarzArbG der Intensivierung der Bekämpfung der Schwarzarbeit dienen sollte, hat den BGH veranlasst, die bisherige Rechtsprechung zu den Folgen eines Verstoßes gegen das SchwarzArbG zu überprüfen. Die frühere Rechtsprechung lief nämlich faktisch auf die Bagatellisierung eines Verstoßes gegen die gesetzliche Regelung hinaus, indem eine „Light-Version" des eigentlich nichtigen Vertrages konstruiert wurde, die unter gewissen Voraussetzungen Mängelansprüche des Bestellers (BGH, Urt. v. 24.4.2008 – VII ZR 42 und 140/07) und bereicherungsrechtliche Zahlungsansprüche des Unternehmers (BGH, Urt. v. 31.5.1990 – VII ZR 336/89; OLG Düsseldorf BauR 1993, 487; OLG München BauR 2002, 1097, 1100; OLG Hamburg Beschl. v. 23.12.2010 – 5 U 248/08) zuließ. Diese Rechtsprechung hat der BGH nunmehr ausdrücklich aufgegeben und zur Begründung darauf verwiesen, dass sich die im Urteil vom 31.5.1990 zum Ausdruck gekommene Erwartung, der Ausschluss vertraglicher Ansprüche verbunden mit der Gefahr einer Strafverfolgung und der Nachzahlung von Steuern und Sozialabgaben bei Bekanntwerden der Schwarzarbeit entfalte bereits die gewünschte generalpräventive Wirkung, nicht erfüllt habe.

Werkvertragsrecht §631

Der BGH hat dazu nunmehr in seinem Urteil vom 1.8.2013 – VII ZR 6/13 – erklärt, § 1 **112** Abs. 2 Nr. 2 SchwarzArbG verbiete den Abschluss eines Werkvertrages, der Regelungen enthalte, die dazu dienten, dass eine Vertragspartei als Steuerpflichtige ihre sich auf Grund der nach dem Vertrag geschuldeten Werkleistungen ergebenden steuerlichen Pflichten nicht erfülle. Das Verbot führe jedenfalls dann zur Nichtigkeit des Vertrages gemäß § 134 BGB, wenn der Unternehmer vorsätzlich hiergegen verstoße und der Besteller den Verstoß des Unternehmers kenne und bewusst zum eigenen Vorteil ausnutze. Mängelansprüche des Bestellers bestünden in einem solchen Fall grundsätzlich nicht.

Durch Urteil vom 10.4.2014 – VII ZR 241/13 – hat der BGH weiter entschieden, dass dem **113** Unternehmer, wenn der Werkvertrag wegen Verstoßes gegen § 1 Abs. 2 Nr. 2 SchwarzArbG vom 23.7.2004 nichtig sei, für erbrachte Bauleistungen ein bereicherungsrechtlicher Anspruch auf Wertersatz gegen den Besteller nicht zustehe. Dem Unternehmer stehen daher in diesem Fall keinerlei Zahlungsansprüche zu, weder aus dem (nichtigen) Vertrag, noch aus GoA oder § 812 BGB. Ergänzend hat der BGH durch Urteil vom 11.6.2015 – VII ZR 216/14 – klargestellt, dass in derartigen Fällen bereits erbrachte Zahlungen nicht zurückverlangt werden dürfen.

Ein zunächst nicht gegen ein gesetzliches Verbot verstoßender Werkvertrag kann auch dann **114** nach § 1 Abs. 2 Nr. 2 SchwarzArbG, § 134 BGB nichtig sein, wenn er nachträglich so abgeändert wird, dass er nunmehr von dem Verbot des § 1 Abs. 2 Nr. 2 SchwarzArbG erfasst wird (BGH, Urt. v. 16.3.2017 – VII ZR 197/16).

Verstöße gegen das Gesetz zur Bekämpfung der Schwarzarbeit führen grundsätzlich nur **115** dann zur Nichtigkeit eines Werkvertrags, wenn beide Parteien vorsätzlich gegen das Gesetz verstoßen haben. Das ist bei „Ohne-Rechnung-Abreden" notwendigerweise der Fall. Ist der Unternehmer „nur" in die Handwerksrolle nicht eingetragen oder hat er sein Gewerbe nicht angemeldet, tritt Nichtigkeit nur ein, wenn der Besteller den Verstoß kennt und ihn zu seinem Vorteil ausnutzt (KG, Urt. v. 5.9.2017 – 7 U 136/16; OLG Zweibrücken, Urt. v. 31.07.2015 – 2 U 10/15; OLG Düsseldorf, Beschl. v. 1.3.2016 – I – 23 U 110/15; a. A. evtl. OLG Frankfurt, vom 24.05.2017 – 4 U 269/15, das die subjektive Seite nicht erörtert).

Der Verstoß gegen das Schwarzarbeitsverbot ist von Amts wegen zu berücksichtigen (OLG **116** Schleswig, Urt. v. 20.12.2016 – 7 U 49/16), z. B. wenn er sich aus der schriftlichen Kommunikation zwischen den Parteien ergibt (OLG Düsseldorf, Urt. v. 21.1.2020 – 21 U 34/19).

Damit dürfte trotz Kritik (Dölle, BauR 2015, 393; Peters, NZBau 2017, 200) das Thema **117** „Schwarzgeldabrede" für den BGH weitgehend geklärt sein. Offen ist noch, ob die vom BGH vorgegebenen Rechtsfolgen durch entsprechende Vertragsgestaltung unterlaufen werden können (dazu Jerger NZBau 2014, 421). Offen ist auch, wie sich die Versagung von Mängelansprüchen auf das Rechtsverhältnis zum Architekten auswirkt, der wegen fehlerhafter Bauaufsicht auch dann in Anspruch genommen werden kann, wenn der Vertrag mit dem ausführenden Unternehmer wegen einer Schwarzgeldabrede nichtig ist. Das darf aber nicht dazu führen, dass der Architekt, dem bei einem wirksamen Vertrag des Auftraggebers mit dem Unternehmer Regressansprüche gegen diesen zustünden, nunmehr in vollem Umfang haften muss. Der Besteller wird den Architekten vielmehr allenfalls in dem Umfang in Anspruch nehmen können, in dem er auch bei einem wirksamen Vertrag des Auftraggebers mit dem Unternehmer haften würde (so auch OLG Schleswig, Urt. v. 22.3.2018 – 7 U 48/16 und Jerger NZBau 2014, 415, die eine Haftungsbegrenzung nach § 242 BGB befürworten).

II. Unmöglichkeit der Vertragserfüllung

Die Fälle der Unmöglichkeit haben im Baurecht bis zum Inkrafttreten des Schuldrechts- **118** modernisierungsgesetzes am 1.1.2002 keine große Rolle gespielt. Zwar sah § 306 BGB a. F. vor, dass ein auf eine unmögliche Leistung gerichteter Vertrag nichtig sei. Die Rechtsprechung ging aber davon aus, dass diese Regelung im Baurecht erheblichen Einschränkungen unterliege. Den Unternehmer treffe nämlich die werkvertragstypische Erfolgshaftung. Habe er ein Bauvorhaben nach von ihm gefertigten Plänen zu errichten versprochen, so hafte er, wenn die Planung nicht genehmigungsfähig sei, nach den werkvertraglichen Gewährleistungsregeln. Diese stellten nämlich eine Sonderregelung dar, die der Anwendung des § 306 BGB a. F. entgegenstehe (BGH, Urt. v. 21.12.2000 – VII ZR 17/99). Die Rechtsregeln über die Unmöglichkeit seien auch dann nicht anwendbar, wenn die Herstellung einer zugesicherten Eigenschaft technisch objektiv nicht möglich sei (BGHZ 54, 236). Habe der Auftragnehmer eine technisch nicht ausführbare Leistung übernommen, schulde er eine dem Leistungsziel entsprechende andere Ausführung (BGH, Urt. v. 20.4.1989 – VII ZR 80/88).

119 Zu der durch das Schuldrechtsmodernisierungsgesetz geschaffenen neuen Rechtslage hat der BGH in seinen Entscheidungen vom 8.5.2014 – VII ZR 203/11 – und 9.7.2014 – VII ZR 161/13 – Stellung genommen. In dem zu Grunde liegenden Fall hatte sich der Unternehmer verpflichtet, die Fassade mit thermisch vorgespannten Glasscheiben zu verkleiden, die keine zerstörenden Einschlüsse (z.B. Nickelsulfit) haben durften. Alle Scheiben sollten einem fremdüberwachten Heißlagerungstest (Heat-Soak-Test) unterzogen werden. Das geschah auch. Tatsächlich kann aber auch die Durchführung eines Heißlagerungstests die Freiheit der Glasscheiben von Nickel-Sulfit-Einschlüssen nicht vollständig gewährleisten. In der Folgezeit zerborsten wiederholt Scheiben. Der Besteller machte deshalb Mängelansprüche geltend. Der BGH hat einen Mangel der Werkleistung bejaht, gleichwohl aber Mängelansprüche verneint. Geschuldet gewesen sei nach den vertraglichen Vereinbarungen der Einbau von Glasscheiben, bei denen kein Risiko eines Glasbruches bestanden habe. Wenn der Unternehmer das trotz Durchführung eines Heißlagerungstests verbleibende Restrisiko nicht habe übernehmen wollen, hätte er darauf hinweisen und den Ausschluss dieses Risikos vereinbaren müssen (BGH, Urt. v. 17.5.1984 – VII ZR 169/82; 11.11.1999 – VII ZR 403/98; 4.6.2009 – VII ZR 54/07). Die erstellte Fassade sei daher mangelhaft. Dem Besteller stünden aber Mängelrechte nicht zu, da die Beseitigung des Mangels unmöglich sei. Der vollständige Ausschluss von Nickel-Sulfit-Einschlüssen könne technisch nicht gewährleistet werden. Die vereinbarte Funktionalität sei daher nicht erreichbar. Es liege ein Fall der dauernden Unmöglichkeit im Sinne von § 275 Abs. 1, 2. Fall BGB vor. Folge der Unmöglichkeit sei das Entfallen des Erfüllungsanspruchs und damit ebenso des Nacherfüllungsanspruchs (§ 634 Nr. 1, § 635 Abs. 1 BGB) und des Selbstvornahmerechts einschließlich des Vorschussanspruchs gemäß § 634 Nr. 2, 637 BGB (BGH, Urt. v. 23.11.2000 – VII ZR 242/99). Dem Besteller stehe aber unter den Voraussetzungen von § 634 Nr. 4, § 311a Abs. 2 BGB ein Schadensersatzanspruch zu. Die in § 311a Abs. 2 BGB geregelte Schadensersatzpflicht umfasse auch die Erstattung von Folgeschäden. § 311a Abs. 2 BGB trete insoweit als eigenständige Anspruchsgrundlage an die Stelle von § 280 BGB, so dass es eines Rückgriffs auf diese Norm nicht bedürfe. Es gelte daher für alle Schadenspositionen der Verschuldensmaßstab des § 311a Abs. 2 Satz 2 BGB. Eine Haftung des Unternehmers sei deshalb nur ausgeschlossen, wenn er das verbleibende Risiko von Nickel-Sulfid-Einschlüssen nicht gekannt und seine Unkenntnis nicht zu vertreten habe. Zu prüfen sei weiter, ob dem Besteller ein Mitverschulden (§ 254 BGB) zuzurechnen sei, weil seinen Beratern bekannt gewesen sei, dass auch bei einem ordnungsgemäß durchgeführten Heat-Soak-Test ein Restrisiko verbleibe.

120 Diesen Erwägungen dürfte im Prinzip zuzustimmen sein. Grundlage ist aber die Annahme des BGH, dass zwischen den Parteien vereinbart gewesen sei, dass die einzubauenden Scheiben keine Nickel-Sulfit-Einschlüsse aufweisen dürften. Das mag im konkreten Fall so gewollt gewesen sein. Wenn aber ein durch ein fachkundiges Planungsbüro beratener Besteller mit einem Fachunternehmer eine solche Vereinbarung trifft, im nächsten Satz ausdrücklich die Durchführung eines Heat-Soak-Tests vereinbart wird und beide wissen, dass auch durch diesen Heißlagerungstest ein Restrisiko nicht gänzlich ausgeschlossen werden kann, dann kommt auch eine Auslegung des Vertrages dahin in Betracht, dass alle technischen Möglichkeiten zur Vermeidung dieses Risikos ausgeschöpft werden sollten, ein verbleibendes Restrisiko aber hinzunehmen sei. Es wird also in vergleichbaren Fällen sehr genau zu prüfen sein, was die Parteien wirklich vereinbaren wollten (dazu auch *Althaus*, BauR 2014, 1369).

121 In Fortführung der oben dargestellten BGH-Rechtsprechung hat das OLG München (Urt. v. 10.3.2015 – 9 U 2902/14) entschieden, dass eine Unmöglichkeit der Leistung zu bejahen sei, wenn durch den Einbau der vertraglichen geschuldeten Fußbodenheizung die vereinbarte Raumtemperatur nicht zu erreichen sei; auf den zusätzlichen Einbau von Heizkörpern müsse sich der Besteller nicht einlassen.

122 Im Übrigen wird auf die Ausführungen unter → Rdn. 253 ff. verwiesen.

III. Sittenwidrige Preisvereinbarung – Änderung der Geschäftsgrundlage – rechtsmissbräuchliche Durchsetzung überhöhter Ansprüche

123 Ein Rechtsgeschäft, das gegen die guten Sitten verstößt, ist nichtig, § 138 Abs. 1 BGB. Nichtig ist insbesondere ein Rechtsgeschäft, durch das jemand unter Ausbeutung der Zwangslage, der Unerfahrenheit, des Mangels an Urteilsvermögen oder der erheblichen Willensschwäche eines anderen sich oder einem Dritten für eine Leistung Vermögensvorteile versprechen oder gewähren lässt, die in einem auffälligen Missverhältnis zu der Leistung stehen, § 138 Abs. 2 BGB.

§ 138 BGB ist die als notwendig angesehene Einschränkung der allgemeinen Vertragsfreiheit. 124 Die Privatautonomie ist nur in den Grenzen gewährleistet, die § 138 BGB beschreibt.

Nach § 313 BGB kann überdies die Anpassung des Vertrages verlangt werden, wenn sich 125 Umstände, die zur Grundlage des Vertrages geworden sind, nach Vertragsschluss schwerwiegend verändert haben und die Parteien, wenn sie diese Veränderung vorausgesehen hätten, den Vertrag nicht oder mit anderem Inhalt geschlossen hätten, soweit einem Teil das Festhalten am unveränderten Vertrag nicht zugemutet werden kann.

Letztlich kann die Durchsetzung unangemessen hoher Ansprüche rechtsmissbräuchlich 126 sein, § 242 BGB.

Alle diese Vorschriften enthalten unbestimmte Rechtsbegriffe, die im Einzelfall wertend 127 ausgefüllt werden müssen. Dabei haben sich auch für das Bauvertragsrecht Fallgruppen entwickelt, die aber nicht abschließend sind.

1. Überhöhter Werklohn

a) Unwirksame Vergütungsvereinbarung

Ein Verstoß gegen die guten Sitten kann vorliegen, wenn Leistung und Gegenleistung außer 128 jedem vernünftigen Verhältnis stehen, so dass die Ungleichheit von der Rechtsordnung nicht mehr hingenommen werden kann.

Ein überhöhter Werklohn für eine Bauleistung führt selbst dann nicht ohne weiteres zur 129 Sittenwidrigkeit, wenn die Überhöhung ungewöhnlich hoch ist, also das Verhältnis von Leistung und Gegenleistung deutlich gestört ist. Die Annahme einer Sittenwidrigkeit ist vielmehr nur bei einem so genannten wucherähnlichen Rechtsgeschäft berechtigt. Zu einem auffälligen Missverhältnis von Leistung und Gegenleistung müssen weitere sittenwidrige Umstände hinzutreten, etwa wie verwerfliche Gesinnung, wie z. B. die Ausnutzung einer wirtschaftlich schwächeren Lage oder ein verwerfliches Gewinnstreben. Bei einem besonders groben Missverhältnis zwischen Leistung und Gegenleistung besteht eine tatsächliche Vermutung für ein Handeln mit verwerflicher Gesinnung.

Nach diesen Grundsätzen ist die Vereinbarung über die Zahlung einer Nebenkostenpauscha- 130 le in einem Architektenvertrag unwirksam, wenn die Pauschale zu den im Zeitpunkt des Vertragsschlusses zu erwartenden Nebenkosten objektiv in einem auffälligen Missverhältnis steht und weitere Umstände hinzutreten, wie etwa eine verwerfliche Gesinnung des begünstigten Architekten oder Ingenieurs. Liegt ein grobes, besonders krasses Missverhältnis vor, rechtfertigt dieser Umstand regelmäßig den Schluss auf eine verwerfliche Gesinnung und damit auf einen sittenwidrigen Charakter der Vereinbarung. Bei der Beurteilung, ob ein solches Missverhältnis gegeben ist und ob die subjektiven Voraussetzungen des § 138 Abs. 1 BGB erfüllt sind, ist auch die Unsicherheit der Prognose zu berücksichtigen, die im maßgeblichen Zeitpunkt hinsichtlich der zu erwartenden Nebenkosten besteht (BGH, Urt. v. 25.9.2003 – VII ZR 13/02).

Ein besonders grobes Missverhältnis wird im allgemeinen Vertragsrecht angenommen, wenn 131 die Vergütung den Wert der Leistung um das ungefähr Doppelte übersteigt, sog. „Grenze des Doppelten" (vgl. BGH, Urt. v. 2.7.2004 – V ZR 213/03 und Urt. v. 14.1.2005 – V ZR 260/03: zum Kaufpreis für eine Eigentumswohnung; Urt. v. 17.6.2005 – V ZR 220/04 zum Erbbauzins nach Erwerb eines anteiligen Erbbaurechts im Steuersparmodell; Urt. v. 23.6.2006 – V ZR 147/05 für den Erwerb eines sanierungsbedürftigen Herrenhauses; dort auch zur Wertermittlung). Nach diesen Grundsätzen sind in der Rechtsprechung bereits Verträge über den Erwerb von Grundeigentum mit oder ohne Errichtungsverpflichtung für sittenwidrig angesehen worden, in denen der Erwerbspreis um knapp das Doppelte über dem Wert des Grundstücks lag (BGH, Urt. v. 8.11.1991 – V ZR 260/90; Urt. v. 2.7.2004 – V ZR 213/03; Urt. v. 17.6.2005 – V ZR 220/04).

Derselbe Maßstab gilt grundsätzlich auch für den reinen Bauvertrag (vgl. KG, Urt. 132 v. 28.3.1995 – 7 U 6252/94). Ein Werklohn, der den üblichen Werklohn um mehr als das Doppelte überschreitet, kann deshalb als sittenwidrig zu beurteilen sein, wenn dieser Preisbildung eine verwerfliche Gesinnung des Werkunternehmers zugrunde liegt. Diese ist bei einer derartigen Preisbildung zu vermuten. Das gilt auch bei einer Überschreitung der Nachunternehmerangebote um 156 %. (OLG Düsseldorf, Beschl. v. 24.2.2014 – I-23 U 102/13). Die

Vermutung kann jedoch widerlegt werden. Maßgeblich ist grundsätzlich der Gesamtpreis für einen Auftrag. Ist ein Einheitspreisvertrag geschlossen, kommt es deshalb auf den Gesamtpreis an, der sich aus der Summe der Positionspreise bildet. Ist ein einzelner Einheitspreis um mehr als das Doppelte überhöht, rechtfertigt das allein noch nicht die Annahme, die Preisvereinbarung sei sittenwidrig; das verkennt Kapellmann (NJW 2009, 1380) bei seiner Kritik gegen das Urteil des Bundesgerichtshofs vom 18.12.2008 – VII ZR 201/06. Zwar können auch Teile eines Rechtsgeschäfts, wie einzelne Regelungen und damit auch die Vereinbarung eines Einheitspreises, als sittenwidrig zu beurteilen sein. So ist der Einheitspreis einer Eventualposition für „Baustelleneinrichtung, Verlängerung" über 13.230,00 €, der einen Wagnis- und Gewinnanteil von 11.750,00 € enthält, sittenwidrig überhöht (OLG Celle, Urt. v. 30.7.2015 – 5 U 24/15). Bei der Beurteilung ist jedoch immer auch die Gesamtvereinbarung mit zu berücksichtigen. Da vor Beauftragung die Angebote der Unternehmer nach dem angebotenen Gesamtpreis beurteilt werden, ist es regelmäßig nicht gerechtfertigt, einen Einheitspreis allein wegen seiner Überhöhung bereits als sittenwidrig einzuordnen. Denn die Vermutung eines sittenwidrigen Gewinnstrebens ist schlecht möglich, wenn der Gesamtpreis nicht unangemessen ist, sondern ggf. sogar das günstigste Angebot war.

b) Grenzen der Preisfortschreibung bei Mengenmehrungen
aa) Sittenwidrige Preisbildung für die Mehrmengen

133 Im Wettbewerb um den Auftrag muss der Unternehmer sehr günstige oder je nach Baukonjunktur teilweise auch nicht auskömmliche Preise anbieten, um den Zuschlag zu erhalten. § 2 VOB/B will nach traditioneller Auslegung dieses günstige Preisniveau des Wettbewerbs auch für Nachträge durch den Grundsatz der Fortschreibung der Preise sichern (Schulze-Hagen, FS Jagenburg, 2002, S. 815, 819). Zur Verbesserung des Baustellenergebnisses tendieren Unternehmer zu einer spekulativen Kalkulation durch Erhöhung von Preisen oder Kostenkalkulationen für potentiell nachtragsrelevante Positionen bei gleichzeitiger Reduktion von Preisen für Positionen mit potentiellen Mindermengen. So soll auf Basis des Leistungsverzeichnisses ein im Wettbewerb günstiges Angebot abgegeben werden, während anderseits die Abrechnungssumme auf Basis prognostizierter (Mengen-)Änderungen maximiert wird (vgl. Messerschmidt/Voit/Kattenbusch, Teil U Rn. 27 mit instruktiven Beispielen zur Preisspekulation und Silbe/Reister Jahrbuch BauR 2005, 279 ff.).

134 Diese Preisspekulation wurde zunehmend nicht als bloßes „kaufmännisches Geschick" eingeordnet, sondern als rechtsmissbräuchlich, weil es dem gesetzlichen Leitbild eines Vertrages, mit einem fairen, von Treu und Glauben geprägten Leistungsaustausch widerspricht, weil das vertragliche Äquivalenzverhältnis erheblich gestört wird und Auseinandersetzungen provoziert werden. Sie waren letztlich der maßgebliche Grund, warum entgegen der ersten Überlegungen das BGB zur Ermittlung der Nachtragspreise § 650c BGB nicht mehr primär auf eine Preisfortschreibung abstellt, sondern auf erforderliche Kosten (→ § 650c Rdn. 17).

135 Bereits vorher musste sich allerdings auch der BGH mit diesem Problem rechtlich auseinandersetzen. Zur Bekämpfung der Preisspekulation bei VOB/B-Verträgen hatte der BGH 2008 entschieden, dass auch einzelne Einheitspreise sittenwidrig sein können, wenn sie bewusst deutlich überhöht werden, um so eine erhöhte Nachtragsvergütung zu erhalten (BGH, Urt. v. 18.12.2008 – VII ZR 201/06). Diese in mehreren Entscheidungen entwickelte Rechtsprechung konnte wegen der hohen Schranken für eine Sittenwidrigkeit allerdings lediglich grobe Preisausreißer bekämpfen, nicht aber eine spekulative moderate Überhöhung von Einheitspreisen. Deshalb hat der BGH nach der Schaffung des neuen Bauvertragsrechts das Problem anders angepackt und in Abkehr von bisherigen Verständnis festgestellt, dass die Regelung in § 2 Abs. 3 VOB/B und damit höchstwahrscheinlich auch die gleichlautende Regelung in § 2 Abs. 5 VOB/B gar keine Preisfortschreibung anordnen (BGH, Urt. v. 8.8.2019 – VII ZR 34/18). Damit hat sich das Problem sittenwidriger Einheitspreise für die VOB/B in der gegenwärtigen Fassung zumindest teilweise erledigt, da nun die Vergütung für Mehrleistungen oder Änderungsleistungen auf Basis der tatsächlichen Kosten zuzüglich Zuschlägen ermittelt wird (vgl. von Rintelen NZBau 2019, 696). Der spekulative Preis gilt nur noch für die Vertragsleistung. Die Rechtsprechung zu sittenwidriger Preisbildung bleibt allerdings weiter relevant für Bauverträge, die eindeutig eine Preisfortschreibung anordnen, wie das für eine novellierte VOB/B angenommen werden kann, und aktuell für § 2 Abs. 6 VOB/B. Selbst wenn diese Regelung, wie heute vielfach angenommen wird, einer Inhaltskontrolle nicht mehr standhalten kann, würde die Unwirksamkeit nicht zu Lasten des spekulierenden Unternehmers als Verwendungsgegner gelten (→ Rdn. 106).

Werkvertragsrecht §631

Nach der 2008 begründeten Rechtsprechung kann eine deutliche Überhöhung eines Einheitspreises bzw. die darauf beruhende Preisbildung für die Mehrmenge nach § 138 BGB unwirksam sein, wenn dies – wie es § 2 Abs. 3 oder § 2 Abs. 5 VOB/B nach traditioneller Auslegung vorgesehen haben – zu einem Preis für die Zusatzleistungen/Mehrmengen führt, der in einem außergewöhnlichen Missverhältnis zu der Leistung steht. Dabei kommt es darauf an, ob der über das übliche Maß hinausgehende Preisanteil zum einen absolut gesehen und zum anderen im Vergleich zur Gesamtauftragssumme in einer Weise erheblich ist, dass dies von der Rechtsordnung nicht mehr hingenommen werden kann (BGH, Urt. v. 7.3.2013 – VII ZR 68/10). Ist das der Fall, ist zu vermuten, dass der Vereinbarung ein verwerfliches Gewinnstreben des Unternehmers zugrunde liegt. Dabei können einzelne Leistungspositionen auf ihre Sittenwidrigkeit untersucht werden = vertikale Teilbarkeit der Preisvereinbarung. 136

Die Prüfung kann beschränkt werden auf den Teil der Vereinbarung, der die Geltung des Einheitspreises für die Mehrmenge vorsieht = horizontale Teilbarkeit der Preisvereinbarung (BGH, Urt. v. 18.12.2008 – VII ZR 201/06 und v. 7.3.2013 – VII ZR 68/10). Nach der Rechtsprechung des Bundesgerichtshofes wird vermutet, dass der ungewöhnlich hohe Preis deshalb angeboten worden ist, weil eine Spekulation auf Mehrmengen vorliegt. Diese Spekulation ist verwerflich, weil sie auf einem dem Besteller nicht offenbarten Informationsvorsprung beruht und letztlich dazu führt, dass unangemessene Preise für die Mehrmengen bezahlt werden, ohne dass ihnen ein entsprechender Gegenwert gegenübersteht. Nicht erforderlich ist, dass der infolge der Mengenmehrung insgesamt zu zahlende Gesamtwerklohn sittenwidrig wird. Denn die Spekulation auf Mehrmengen mit entsprechenden Preisvereinbarungen kann isoliert nach § 138 BGB beurteilt werden. Sie ist verwerflich, wenn sie zu deutlich überhöhten und betragsmäßig relevanten Positionspreisen führt (BGH, Urt. v. 18.12.2008 – VII ZR 201/06). Die Vermutung einer verwerflichen Gesinnung des Unternehmers setzt weder voraus, dass der Begünstigte das besonders grobe Missverhältnis kannte (BGH, Urt. v. 19.1.2001 – V ZR 437/99), noch dass der Benachteiligte das besonders grobe Missverhältnis nicht kannte (BGH, Urt. v. 29.6.2007 – V ZR 1/06). Der Beurteilung der Sittenwidrigkeit steht nicht entgegen, dass der Auftraggeber die Überhöhung des Preises und damit möglicherweise auch dessen spekulativen Charakter hätte erkennen können. Sie entfällt nur, wenn sie im Einzelfall durch besondere Umstände, die der Begünstigte darzulegen und zu beweisen hat, erschüttert wird (BGH, Urt. v. 23.6.2006 – V ZR 147/05). 137

Nach der 2013 fortentwickelten Rechtsprechung des BGH ist die Geltendmachung der Sittenwidrigkeit erleichtert, weil kein – ohnehin häufig leicht zu widerlegendes – verwerfliches Gewinnstreben bei Abschluss der Preisvereinbarung vermutet bzw. festgestellt werden muss, sondern es ausreicht, wenn ein auffälliges Missverhältnis zwischen Leistung und Gegenleistung besteht und die Ausnutzung der Preisvereinbarung durch Geltendmachung des Vergütungsanspruchs rechtlich zu missbilligen ist. Damit ist bereits die Durchsetzung überhöhter Einheitspreise rechtsmissbräuchlich, wenn der Auftragnehmer dadurch einen sittlich verwerflichen Gewinn erlangen würde (BGH, Urt. v. 7.3.2013 – VII ZR 68/10 – und v. 14.3.2013 – VII ZR 116/12). Das ist der Fall, wenn die Vergütung in einem auffälligen wucherähnlichen Missverhältnis zur Leistung steht und mit der Durchsetzung des Vergütungsanspruchs ein sittlich verwerfliches Gewinnstreben zutage tritt. 138

Anstoß für die grundlegende Entscheidung des BGH 2008 (BGH, Urt. v. 18.12.2008 – VII ZR 201/06) war ein Fall, bei dem der Unternehmer bei einem viel zu niedrig ausgeschriebenen Vordersatz in Erwartung von Mehrmengen den Einheitspreis für Stahl um das 894-fache übersetzt hat und auf Basis der Korbion'schen Formel für die Mehrleistung mit einem Marktwert von ca. 2.000 EUR eine Mehrvergütung von ca. 1,7 Mio. EUR gerichtlich durchsetzen wollte. Das war nicht nur ausgesprochen dreist, sondern begründete nach Auffassung des BGH ein so auffälliges Missverhältnis von Leistung und Gegenleistung, das die Vermutung der spekulativen Preisbildung offensichtlich rechtfertigt. 139

Der Bundesgerichtshof hat keine starren Grenzen für die Vermutung einer verwerflichen Gesinnung bei einem auffälligen Missverhältnis von Preis und Gegenleistung im Falle von Mehrmengen gebildet. Der entschiedene Fall war ebenso eindeutig wie es eine Überhöhung um das 420fache ist (OLG Dresden Urt. v. 11.12.2009 – 4 U 1070/09). Auch ein Preis, der den üblichen Preis um das Zweihundertfache übersteigt, steht entgegen der Auffassung des OLG Dresden in seinem ersten Berufungsurteil noch in einem derartigen auffälligen Missverhältnis von Leistung und Gegenleistung, dass die Vermutung der verwerflichen Gesinnung bei der Preisbildung gerechtfertigt ist (BGH, Urt. v. 18.12.2008 – VII ZR 201/06). Das kann auch für den achtfachen Preis gelten (BGH, Urt. v. 7.3.2013 – VII ZR 68/10). Eine Überhöhung auf 140

von Rintelen

das Doppelte dürfte aber allein angesichts der üblichen Abweichungen der Einzelpreise bei den Preisspiegeln und der vielfältigen Gründe, die ein Bauunternehmer haben kann, diesen Preis zu fordern, für eine Vermutung verwerflicher Gesinnung nicht ausreichen.

141 Fraglich ist, wie der insoweit darlegungsbelastete Unternehmer die Vermutung verwerflicher Gesinnung wieder entkräften kann. Für die Vermutung der verwerflichen Gesinnung ist ohne Belang, dass der Unternehmer in anderen Positionen eventuell auffällig niedrige Preise angeboten hat. Das ist regelmäßig Bestandteil der Spekulation. Nicht entlastend ist es auch, wenn der Unternehmer – ausgehend von einer geringeren Mengenmehrung – mit der Spekulation nur einen angemessenen Gesamtgewinn angestrebt hat, aber einen noch höheren Gewinn billigend in Kauf genommen hat (OLG Dresden, Urt. v. 11.12.2009 – 4 U 1070/09). Die Vermutung der verwerflichen Gesinnung kann auch nicht durch den kaum nachvollziehbaren Hinweis des Unternehmers ausgeräumt werden, er habe sich bei der Bildung der Einheitspreise keine vertieften Gedanken gemacht (so aber OLG Jena, Urt. v. 11.8.2009 – 5 U 899/05 nach Zurückverweisung durch den BGH). Im Nichtannahmebeschluss gegen das zweite Berufungsurteil hat der Bundesgerichtshof (Beschl. v. 25.3.2010 – VII ZR 160/09) klargestellt, dass die Vermutung der Sittenwidrigkeit nur durch Angaben zur Preisbildung widerlegt werden kann, die den Schluss auf ein sittlich verwerfliches Gewinnstreben ausschließen. Widerlegt wäre die Vermutung damit, wenn – tatsächlich – ein Kalkulations- oder Schreibfehler den auffällig überhöhten Einzelpreis der Mehrungsposition erklärt. Der irrtümlich falsche kalkulierte Einzelpreis bleibt dann im gleichen Umfang zugunsten wie zulasten des Unternehmers bindend. Anders ist das aber, wenn ein externer Kalkulationsirrtum vorliegt.

142 Kompliziert ist der Fall, in dem eine Mengenmehrung auch in Positionen stattfindet, für die ein außergewöhnlich niedriger Preis vereinbart ist. Die Vermutung der Verwerflichkeit ergibt sich weiter aus der extremen Überhöhung einer oder einiger Positionen, soweit die Preisbildung nicht völlig systemlos erscheint. Die Reichweite des Sittenwidrigkeitsverdikts kann aber nicht mittels einer „Rosinentheorie" nur auf die überhöhten Einzelpreise beschränkt werden; vielmehr wäre nur eine Gesamtbeurteilung der Spekulation möglich. Umgekehrt kann in diesen Fällen ein sittenwidriges Gewinnstreben des Bestellers vorliegen, wenn er versucht, einen spekulativ niedrigen Einheitspreis durch erhebliche Leistungsänderungen bewusst auszunutzen (vgl. BGH, Urt. v. 18.12.2008 – VII ZR 201/06 Rdn. 26, dort offengelassen).

143 Rechtsfolge des sittenwidrig überhöhten Einheitspreises ist (nur) dessen Nichtigkeit für die Mehrmengen. Der Bundesgerichtshof ist dem Versuch des Berufungsgerichts entgegengetreten, diese Preisbildung nach Treu und Glauben auf den gerade „noch angemessenen Spekulationspreis" zurückzuführen. Ist ein Preis nach den vorgenannten Grundsätzen sittenwidrig, tritt für die Mehrmenge an seine Stelle gemäß § 632 BGB der übliche Preis, bei Mehrmengen nach § 2 Abs. 3 Nr. 2 VOB/B ab 110% (BGH, Urt. v. 18.12.2008 – VII ZR 201/06; BGH v. 7.3.2013 – VII ZR 68/10; BGH, Urt. v. 14.3.2013 – VII ZR 116/12).

144 Alternativ wird vorgeschlagen, anstelle einer Sittenwidrigkeitsprüfung eine vorvertragliche Aufklärungspflichtverletzung des Bieters/Unternehmers zu konstruieren (so Noltensmeier, Spekulationspreise im Bauvertrag, S. 259 ff.). Die Begründung vorvertraglicher Aufklärungspflichten in Bezug auf die Vergütung kann allerdings nicht schlicht mit einem erkennbaren Informationsgefälle begründet werden (vgl. Fleischer, Informationsasymmetrie im Vertragsrecht, S. 296 ff.). Auch darf kein Widerspruch zur Regelung des § 649 BGB zum Kostenanschlag begründet werden.

bb) Wegfall/Änderung der Geschäftsgrundlage

145 Nach § 313 Abs. 1 und 2 BGB kann die Anpassung des Vertrages verlangt werden, wenn sich wesentliche Vorstellungen der Parteien, die zur Grundlage des Vertrages geworden sind = Geschäftsgrundlagen, als falsch herausstellen. Bei gegenseitigen entgeltlichen Verträgen gehört der Gedanke der Gleichwertigkeit von Leistung und Gegenleistung zur Geschäftsgrundlage, auch wenn dies bei den Vertragsverhandlungen nicht besonders angesprochen oder bedacht worden ist (BGH, Urt. v. 23.5.2014 – V ZR 208/12; Kapellmann NJW 2009, 1380. 1383). Geschäftsgrundlage kann auch die Vorstellung der Parteien über ein nach oben begrenztes Mengenvolumen sein (BGH Beschl. v. 23.3.2011 – VII ZR 216/08). Ob das der Fall ist und wo die Grenze liegt, kann nur im Einzelfall entschieden werden (BGH, Urt. v. 7.3.2013 – VII ZR 68/10). Ganz erhebliche Mengenabweichungen liegen nach Ansicht des BGH regelmäßig außerhalb der gemeinsamen Vorstellungen der Parteien, rechtfertigen aber für sich allein noch nicht die Annahme, die Geschäftsgrundlage habe sich geändert. Eine Anpassung kann vielmehr nur gefordert werden, wenn einem der Vertragspartner unter Berücksichtigung

aller Umstände des Einzelfalles, insbesondere der vertraglichen oder gesetzlichen Risikoverteilung, das Festhalten am unveränderten Vertrag nicht zugemutet werden kann (BGH, Urt. v. 7.3.2013 – VII ZR 68/10). Dabei kommt es auch auf den vereinbarten Preis an. Bei hohen Preisen liegt die Grenze niedriger als bei niedrigen Preisen. Allgemein gültige Prozentsätze lassen sich aber nicht festlegen (BGH, Urt. v. 7.3.2013 – VII ZR 68/10).

Liegen die Voraussetzungen vor, ist der Preis anzupassen. Wie das zu geschehen hat, ist bislang ungeklärt. Die Rechtsprechung greift vielfach ab einer bestimmten Menge auf den üblichen Preis zurück (OLG Schleswig Urt. v. 10.10.2008 – 17 U 6/08: ab 300%; OLG Dresden Urt. v. 25.11.2011 – 1 U 571/10: ab 110%). Die baurechtliche Literatur bemüht sich um eine Preisbestimmung anhand von Selbstkosten zuzüglich fortgeschriebener Gewinnzuschläge (Kapellmann NJW 2009, 1380, 1384; Kapellmann/Schiffers/Markus Bd. 1 Rdn. 611). Eine Preisanpassung über § 313 BGB bleibt letztlich aber immer eine Frage des Einzelfalls. **146**

Vorteil gegenüber der Sittenwidrigkeitsprüfung wäre eine flexible Anpassungsmöglichkeit. Schon die Anwendbarkeit neben den vertraglichen Anpassungsregelungen ist allerdings problematisch (vgl. Noltensmeier, Spekulationspreise im Bauvertrag, S. 245 f.). Letztlich wird man deshalb auch mit dieser Variante nur Ausnahmefälle erfassen können. **147**

Vorrangig ist im Übrigen immer die Frage der Sittenwidrigkeit – dazu unter aa) – zu prüfen (BGH, Urt. v. 7.3.2013 – VII ZR 68/10). **148**

2. Zu geringer Werklohn

Die vorstehenden Erwägungen gelten sinngemäß auch für Verträge, in denen das Verhältnis zwischen Leistung und Gegenleistung deshalb auffällig gestört ist, weil der Werklohn deutlich zu gering ist. Auch diese Verträge sind mit der Rechtsordnung nicht vereinbar, wenn ein auffälliges Missverhältnis vorliegt und der Vertragsschluss auf einer verwerflichen Gesinnung des Begünstigten beruht. Grenzen, ab wann eine verwerfliche Gesinnung des Bestellers in diesem Fall anzunehmen ist, sind noch nicht entwickelt worden. Auch in diesen Fällen wird eine verwerfliche Gesinnung vermutet werden können, wenn der Wert der Leistung um ungefähr das Doppelte über der Vergütung liegt. **149**

IV. Schmiergeldabrede

Ein Vertrag, der aufgrund einer Schmiergeldabrede mit einem Bevollmächtigten des Bestellers zustande kommt, ist nach der rigorosen Rechtsprechung des Bundesgerichtshofs gemäß § 138 BGB nichtig, wenn er den Besteller zu einer nachteiligen Vertragsgestaltung führt (BGH, Urt. v. 17.5.1988 – VI ZR 233/87; Urt. v. 4.11.1999 – IX ZR 320/98; Urt. v. 16.1.2001 – XI ZR 113/00; Urt. v. 18.01.2018 – I ZR 150/15). Wenn der Architekt einen Planungsvertrag durch Bestechung des Geschäftsführers des Bestellers erhalten hat, jedoch nach der HOAI zulässige Gebühren vereinbart (Mittelsatz), ohne dass Anhaltspunkte für eine Überteuerung vorliegen, soll der Vertrag nicht sittenwidrig und nichtig, sondern wegen Missbrauchs der Vertretungsmacht schwebend unwirksam und genehmigungsfähig sein (BGH, Urt. v. 6.5.1999 – VII ZR 132/97; vgl. dazu Schlüter/Nell NJOZ 2008, 223). Dagegen ist die Nichtigkeit des Hauptvertrages bejaht worden, wenn eine Preisüberteuerung festgestellt worden ist. Diese Rechtsprechung ist verfehlt, weil sie dem Besteller keine Chance gibt, an dem Vertrag festzuhalten. Besser wäre es, im Hinblick auf den Missbrauch der Vertretungsmacht die schwebende Unwirksamkeit des Vertrages anzunehmen und dem Besteller die Möglichkeit einzuräumen, die Genehmigung zu verweigern oder zu erteilen. Im Falle der Genehmigung bleiben dem Besteller z. B. Gewährleistungsansprüche. Außerdem hat der Besteller ein außerordentliches Kündigungsrecht, wenn er von dem kollusiven Zusammenwirken zwischen Vertreter und Vertragspartner erfährt (BGH, Urt. v. 6.5.1999 – VII ZR 132/97). Auch wenn der Besteller am Vertrag festhält, kann ihm gegen seinen Vertragspartner in Höhe des gezahlten Schmiergeldbetrages ein Schadensersatzanspruch zustehen, da im Zweifel davon auszugehen ist, dass er die Werkleistung um die Schmiergeldzahlung zu teuer bezahlt hat (OLG Frankfurt, Urt. v. 9.2.2009 – 17 U 247/07 unter Hinweis auf BGH, Urt. v. 14.3.1991 – VII ZR 342/89). Die Darlegungslast für den Besteller ist erleichtert, weil die Schmiergeldabrede vor ihm geheim gehalten wird. Er genügt seiner Darlegungslast, wenn er ausreichend Anhaltspunkte dafür vorträgt, dass eine derartige Vereinbarung getroffen worden ist (BGH, Urt. v. Urt. v. 18.01.2018 – I ZR 150/15). **150**

V. Form des Bauvertrages

151 Der Bauvertrag kann grundsätzlich formfrei geschlossen werden. Eine Ausnahme gilt für Verbraucherbauverträge gem. § 650i BGB, die der Textform bedürfen (→ § 650i BGB Rdn. 1).

1. Schriftformvereinbarungen

152 Es gelten die allgemeinen Grundsätze, vgl. § 125, §§ 126 ff. BGB. Zur Vereinbarung von Schriftformklauseln vgl. → Rdn. 199 ff.

2. Notarielle Beurkundung

153 Der Bauvertrag kann gemäß § 311b Abs. 1 BGB der notariellen Beurkundung bedürfen.

154 Die Vereinbarung eines freien Rücktrittsrechts in einem notariellen Kaufvertrag rechtfertigt es nicht, dass der Notar die Beurkundung ohne Einhaltung der Regelfrist von zwei Wochen nach § 17 Abs. 2a Satz 2 Nr. 2 BeurkG vornimmt (BGH, Urt. v. 25.6.2015 – III ZR 292/14).

a) Rechtliche Einheit von Bau- und Grundstücksvertrag

155 Das ist der Fall, wenn die Verträge über den Kauf und die Bebauung eines Grundstücks eine rechtliche Einheit bilden. Eine rechtliche Einheit liegt vor, wenn die Verträge miteinander stehen und fallen. Ein an sich formfreies Geschäft wird nicht schon deshalb beurkundungsbedürftig, weil es im Zusammenhang mit einem Grundstückserwerb geschlossen wird. Vielmehr ist es notwendig, dass der Grundstückserwerb von dem formfreien Geschäft abhängt (BGH, Urt. v. 26.11.1999 – V ZR 251/98). Danach besteht für den Bauvertrag keine Beurkundungspflicht, wenn das Grundstück unabhängig davon erworben wird, ob, wie und mit wem es bebaut wird.

156 Beurkundungszwang besteht hingegen, wenn der Erwerb des Grundstücks vom Bauvertrag abhängt (BGH, Urt. v. 13.6.2002 – VII ZR 321/00). Es ist also die Frage zu stellen, ob der Erwerb des Grundstücks mit dem Bauvertrag in der Weise steht und fällt, dass das Grundstück ohne den Bauvertrag nicht erworben würde. Diese Frage wird häufig bejaht werden müssen, insbesondere wenn Bau- und Grundstücksvertrag aus einer Hand vermittelt und beworben werden. Denn regelmäßig will der Erwerber das Grundstück kaufen, weil dessen Bebauung nach dem Bauvertrag beabsichtigt ist. Dementsprechend ist die Beurkundung für einen Bauvertrag verlangt worden, der mit einem Generalunternehmer zur Bebauung eines bestimmten, vom Besteller noch zu erwerbenden Grundstücks geschlossen wurde (BGH, Urt. v. 6.11.1980 – VII ZR 12/80; BGH, Urt. v. 16.12.1993 – VII ZR 25/93; OLG Hamm, Urt. v. 10.3.1995 – 25 U 73/94; OLG Köln, Urt. v. 29.6.2000 – 12 U 254/99). Gleiches gilt für die Beurkundung eines Betreuungsvertrages, der zu einem Festpreis die Betreuung der Errichtung eines Bauwerks auf einem bestimmten Grundstück vorsah (BGH, Urt. v. 12.2.2009 – VII ZR 230/07). Es ist nicht notwendig, dass Grundstückseigentümer und Unternehmer identisch sind (BGH, Urt. v. 6.11.1980 – VII ZR 12/80; OLG Hamm, Urt. v. 21.11.1996 – 17 U 49/95). Erforderlich ist, dass der Erwerber aus objektiver Sicht das Grundstück nicht erworben hätte, wenn er den Bauvertrag nicht geschlossen hätte. Die von der Rechtsprechung angenommene Vermutung, dass kein rechtlicher Zusammenhang zwischen Grundstückserwerb und Bauvertrag besteht, wenn die Verträge in verschiedenen Urkunden niedergelegt ist (BGH, Urt. v. 6.12.1979 – VII ZR 313/78), spielt in der Praxis kaum eine Rolle, weil der Sachverhalt, der zum Grundstückserwerb im Zusammenhang mit einem Bauvertrag führt, in aller Regel unstreitig ist (vgl. auch BGH, Urt. v. 6.11.1980 – VII ZR 12/80). Abweichend von tendenziell anderslautenden früheren Entscheidungen (BGH, Urt. v. 6.12.1979 – VII ZR 313/78 und 6.11.1980 – VII ZR 12/80) hat der Bundesgerichtshof in Anlehnung an eine andere Entscheidung (BGH, Urt. v. 24.9.1987 – VII ZR 306/86) klargestellt, dass die Vereinbarung eines Rücktrittsrechts in einem Vertrag der rechtlichen Einheit mit einem anderen Vertrag nicht entgegensteht (BGH, Urt. v. 12.2.2009 – VII ZR 230/07). Denn die Vereinbarung eines Rücktrittsrechts vermag den rechtlichen Zusammenhang nicht aufzulösen. Sie erleichtert vielmehr dem Rücktrittsberechtigten, von dem Vertrag loszukommen.

157 Diese Grundsätze hat der Bundesgerichtshof in seinem Urteil vom 22.7.2010 – VII ZR 246/08, dazu Drescher/Pichler NZBau 2015, 752) – noch einmal bekräftigt und erklärt, ein Bauvertrag sei gemäß § 311b Abs. 1 Satz 1 BGB beurkundungsbedürftig, wenn er mit einem Vertrag über den Erwerb eines Grundstücks eine rechtliche Einheit bilde. Eine solche bestehe, wenn die Vertragsparteien den Willen hätten, beide Verträge in der Weise miteinander zu verknüpfen, dass sie miteinander stehen und fallen sollen. Seien die Verträge nicht wechselseitig voneinander abhängig, sei der Bauvertrag nur dann beurkundungsbedürftig, wenn das Grundstücksgeschäft von ihm abhänge (Anschluss an BGH, Urt. v. 13.6.2002 – VII ZR 321/00). Ein Bauvertrag könne auch dann beurkundungsbedürftig sein, wenn er vor einem Grundstückskaufvertrag geschlossen werde und die Parteien des Bauvertrages nicht identisch seien mit den Parteien des bevorstehenden Grundstückskaufvertrages. In diesem Fall sei der Bauvertrag beurkundungsbedürftig, wenn die Parteien des Bauvertrages übereinstimmend davon ausgingen, dass der Grundstückserwerb nach dem Willen der Parteien des Kaufvertrages von dem Bauvertrag abhänge. Danach ist der Bauvertrag auch dann beurkundungsbedürftig, wenn der Bauunternehmer den Abschluss des Kaufvertrages maßgeblich fördert, der Bauvertrag sich auf das später erworbene Grundstück bezieht und dies den Parteien des Bauvertrags und des Grundstückskaufvertrags bekannt ist (OLG Koblenz, Urt. v. 25.3.2014 – 3 U 1080/13).

Beurkundungsbedürftig kann auch ein Fertighausvertrag sein, wenn er zur Bebauung eines **158** vom Unternehmer zu beschaffenden Grundstücks dient, ohne dass dieses bei Vertragsschluss bereits bestimmt ist (OLG Köln, Urt. v. 10.6.1996 – 18 U 213/95). Ist allerdings der Bauvertrag ganz unabhängig von dem Erwerb eines Grundstücks geschlossen worden, so ist er nicht beurkundungsbedürftig. Das ist natürlich dann der Fall, wenn der Besteller bereits ein Grundstück zur Verfügung hatte, das nach dem Vertrag bebaut werden sollte. Das kann aber auch in dem in der Praxis eher seltenen Fall sein, dass der Besteller noch kein Grundstück hat, jedoch der Vertragsschluss mit dem späteren Grundstückserwerb in keinem Zusammenhang steht (vgl. BGH, Urt. v. 6.12.1979 – VII ZR 313/78). Nach den vorstehenden Grundsätzen ist auch die Frage zu beurteilen, ob ein Architektenvertrag beurkundungspflichtig ist. Hängt der Erwerb des Grundstücks von dem Architektenvertrag für dieses Grundstück ab, so ist er der Architektenvertrag in der Regel beurkundungspflichtig. Es ist jedoch zu beachten, dass die Beauftragung eines Architekten auch zu dem Zweck erfolgen kann, die bestimmte Art der Bebaubarkeit des Grundstücks zu ergründen. In solchen, häufig vorkommenden Fällen, will der Erwerber das Grundstück nicht selten unabhängig davon erwerben, dass er einen Architekten mit der Planung beauftragt hat.

Der Bauträgervertrag ist regelmäßig beurkundungspflichtig (BGH, Urt. v. 12.2.1981 – VII **159** ZR 230/80), ebenso der mit dem Erwerb des Grundstücks verbundene Baubetreuungsvertrag (BGH, Urt. v. 8.11.1984 – III ZR 132/83; Urt. v. 12.2.2009 – VII ZR 230/07).

b) Mittelbarer Zwang zum Grundstückserwerb

Ein Vertrag kann auch dann beurkundungsbedürftig sein, wenn durch ihn ein mittelbarer **160** Zwang zur Veräußerung oder zum Erwerb eines Grundstücks herbeigeführt wird (BGH, Urt. v. 1.7.1970 – IV ZR 1178/68; Urt. v. 30.10.1970 – IV ZR 1176/68; Urt. v. 30.10.1970 – IV ZR 1176/68; Urt. v. 25.4.1973 – IV ZR 80/72; Urt. v. 3.11.1978 – V ZR 30/77). Der Bundesgerichtshof hat einen die Entschließungsfreiheit eines Grundstückseigentümers erheblich beeinträchtigenden Zwang bei Maklerverträgen dann angenommen, wenn der Eigentümer zur Zahlung einer Vertragsstrafe in Höhe der Maklerprovision für den Fall verpflichtet wird, dass er sein Grundstück nicht verkauft (BGH, Urt. v. 1.7.1970 – IV ZR 1178/68; Urt. v. 30.10.1970 – IV ZR 1176/68; Urt. v. 30.10.1970 – IV ZR 1176/68). Dasselbe gilt auch dann, wenn die Entschließungsfreiheit des Erwerbers in Frage steht (BGH, Urt. v. 3.11.1978 – V ZR 30/77). In diesen Fällen wird durch das Strafversprechen der Zweck verfolgt, den Grundstückseigentümer oder Erwerbsinteressenten zum Abschluss des Grundstückskaufvertrags zu bringen, damit der Makler seinen Lohnanspruch erhält. Dieses uneigentliche Strafgedinge ist eine unangemessene wirtschaftliche Belastung bei der Grundstücksvermittlung und beeinträchtigt die Willensentschließung des Veräußerungsinteressenten oder Erwerbsinteressenten in einem solchen Maße, dass bereits diese Vereinbarung – dem Zweck des § 313 BGB entsprechend – formbedürftig ist. Es genügt aber nicht schon jeglicher Druck, der sich aus der Verpflichtung ergibt, einen Vertrag einzuhalten.

Die Beurkundungsbedürftigkeit kann unter diesem Gesichtspunkt nicht allein daraus ab- **161** geleitet werden, dass ein Bauvertrag geschlossen wird, ohne dass der Bauherr ein zu bauendes Grundstück hat (BGH; Urt. v. 6.12.1979 – VII ZR 313/78). Denn das bedeutet noch keinen Zwang zum Erwerb eines bestimmten Grundstücks. Ein unangemessener Zwang zum Erwerb eines Grundstücks besteht jedoch dann, wenn der Bauherr für den Fall, dass er von dem Bauvertrag Abstand nimmt, weil er ein Grundstück nicht erwirbt, eine unangemessene Entschädigung zahlen soll (BGH, Urt. v. 18.3.1993 – VII ZR 176/92). Dagegen besteht kein Beurkundungszwang, wenn der Bauvertrag vorsieht, dass der Bau durch den Verkauf eines Hauses finanziert wird (BGH, Urt. v. 28.2.2002 – VII ZR 434/99).

c) Umfang der Beurkundung

162 Beurkundungsbedürftig ist der gesamte Vertrag und zwar alle Vereinbarungen, aus denen sich nach dem Willen der Parteien das schuldrechtliche Veräußerungsgeschäft zusammensetzt (BGH, Urt. v. 30.6.2006 – V ZR 148/05 m. w. N.). Gleichgültig ist grundsätzlich, ob es sich um eine wesentliche oder unwesentliche Vertragsabrede handelt. Jedoch kann insoweit eine Teilnichtigkeit angenommen werden, als der Vertrag auch ohne den nicht beurkundeten Teil geschlossen worden wäre (BGH, Urt. v. 20.6.1980 – V ZR 84/79).

163 Sieht der Vertrag eine Bebauung des zu erwerbenden Grundstücks vor, so muss der Vertrag auch beurkundet werden, soweit der Inhalt der Bebauungspflicht beschrieben ist. Beurkundungsbedürftig sind demnach alle vertraglichen Unterlagen, die die Bauleistungspflicht beschreiben, wie eine Leistungsbeschreibung, Baubeschreibung, Teilungserklärung, die Leistung beschreibende Pläne und Bauzeichnungen usw. (vgl. BGH, Urt. v. 23.9.1977 – V ZR 90/75; Urt. v. 6.4.1979 – V ZR 72/74; Urt. v. 20.12.2001 – IX ZR 401/99). Sämtliche Beschaffenheitsvereinbarungen müssen im notariellen Kaufvertrag beurkundet sein (BGH, Urt. v. 6.11.2015 – V ZR 78/14, BauR 2016, 663). Das gilt auch für den Erwerb von Sanierungsobjekten, wie sanierte Altbauten, Eigentumswohnungen oder Reihenhäuser. Die Beurkundungspflicht besteht unabhängig davon, ob und inwieweit der Bauträger die geschuldete Werkleistung zum Zeitpunkt des Vertragsschlusses tatsächlich ausgeführt hat (BGH, Urt. v. 10.2.2005 – VII ZR 184/04). In der Praxis ist immer wieder zu beobachten, dass die Notare die Beurkundung fehlerhaft vornehmen, weil sie den Umfang der Herstellungspflichten nicht richtig beurkunden. Der Bundesgerichtshof hat darauf hingewiesen, dass in diesem Fall der Erwerbsvertrag unwirksam ist. Es kann aber eine Heilung nach § 311b Abs. 1 Satz 2 BGB stattfinden (BGH, Urt. v. 16.12.2004 – VII ZR 257/03). Der eine Baubeschreibung fehlerhaft nicht beurkundende Notar kann für den Fall, dass sich eine Partei auf die Unwirksamkeit des Vertrages beruft, schadensersatzpflichtig sein (BGH, Urt. v. 3.7.2008 – III ZR 189/07).

164 Allerdings lässt sich die Nichtigkeit eines Vertrags wegen mangelhafter Beurkundung nicht allein aus der Behauptung herleiten, es sei nicht der vollständige Vertragsinhalt beurkundet worden. Vielmehr muss der fehlerhaft nicht beurkundete Teil substantiiert vorgetragen werden. Nur so ist die Prüfung möglich, ob es sich um beurkundungsbedürftige Vertragsabreden handelt. Das gilt insbesondere in dem Fall, dass in einer notariellen Urkunde Bezug auf andere Urkunden oder mündliche Abreden genommen wird. Zu beachten ist nämlich, dass Bezugnahmen in notariellen Urkunden nur dann zu einem Beurkundungsmangel führen können, wenn auf Erklärungen verwiesen wird, die nach dem Willen der Parteien eine Regelung enthalten, d. h. Rechtswirkungen erzeugen sollen. Hieran kann es fehlen, wenn die Bezugnahme nur den Charakter eines „Identifizierungsbehelfs" hat oder wenn sie einen Punkt betrifft, den die Parteien zwar als regelungsbedürftig angesehen, zu dem sie aber keine endgültigen Festlegungen getroffen haben (BGH, Urt. v. 30.6.2006 – V ZR 148/05). Die Feststellung, welcher nicht beurkundete Vereinbarung Vertragsinhalt geworden ist, ist selbst dann unentbehrlich, wenn der Vertrag insoweit deutliche Hinweise enthält, die aber nicht eindeutig sind (BGH, a. a. O.).

165 Die Rechtsprechung des BGH zum Umfang der notariellen Beurkundungspflicht ist widersprüchlich. Nach einer älteren Entscheidung soll ein Bodengutachten, das nach der Baubeschreibung zu beachten ist, nicht aber die vertragliche Beschaffenheit des Gebäudes bestimmt, keiner Beurkundung bedürfen (BGH, Urt. v. 14.3.2003 – V ZR 278/01). Diese Entscheidung birgt einen Widerspruch in sich. Denn wenn das Bodengutachten nach der Baubeschreibung zu beachten ist, so bestimmt es die vertragliche Beschaffenheit. Die Entscheidung ist auch deshalb bedenklich, weil sie es ermöglichen würde, lediglich eine allgemein gehaltene Baubeschreibung zu beurkunden, jedoch die für die Vertragserfüllung wichtigen Einzelheiten in nicht beurkundungspflichtigen Bezugsurkunden zu vereinbaren, wie z. B. das besagte Bodengutachten oder auch Pläne. Demgegenüber hat derselbe Senat des BGH in einem späteren Beschluss (BGH Beschl. v. 19.1.2012 – V ZR 141/11) entschieden, dass durch vorvertragliche Angaben des Verkäufers (zur Größe der Wohnfläche in einem Expose) mit dem Vertragsschluss konkludent eine entsprechende Beschaffenheitsvereinbarung nach § 434 Abs. 1 Satz 1 BGB zustande komme. Auch an dieser Rechtsprechung hat der Senat aber nicht lange festgehalten und in einer neueren Entscheidung (BGH, Urt. v. 6.11.2015 – V ZR 78/14) erklärt, eine Beschreibung von Eigenschaften eines Grundstücks oder Gebäudes vor Vertragsschluss durch den Verkäufer, die in der notariellen Urkunde keinen Niederschlag finde, führe in aller Regel nicht zu einer Beschaffenheitsvereinbarung nach § 434 Abs. 1 Satz 1 BGB. Angesichts dieser widersprüchlichen und für die Notare schwer kalkulierbaren Rechtsprechung kann den Vertragsbeteiligten nur zu einer möglichst umfassenden Beurkundung geraten werden.

Auch nachträgliche Änderungen eines beurkundungspflichtigen Bauvertrages müssen grundsätzlich beurkundet werden. Es gelten jedoch Ausnahmen: **166**

Verträge, die die Veräußerungs- oder Erwerbsverpflichtung weder unmittelbar noch mittelbar verschärfen oder erweitern, sind formfrei (BGH, Urt. v. 5.5.1976 – IV ZR 63/75). Ist in einem notariell beurkundeten Grundstückaufvertrag vereinbart, dass eine Partei innerhalb einer bestimmten Frist vom Vertrag zurücktreten kann, bedarf demgemäß eine Vereinbarung, durch die diese Frist verlängert wird, nicht der notariellen Beurkundung. **167**

Vereinbarungen, die lediglich der Beseitigung von Schwierigkeiten dienen, die bei der Abwicklung des Vertrages aufgetreten sind, und die Leistungspflichten im Kern unberührt lassen, sind formfrei möglich (BGH, Urt. v. 2.10.1987 – V ZR 42/86; Urt. v. 26.10.1973 – V ZR 194/72; Urt. v. 27.10.1972 – V ZR 37/71). Vereinbaren die Vertragsparteien eines notariell beurkundeten Erwerbervertrages im Hinblick auf einen unvorhersehbaren Umstand nachträglich eine Frist für den Baubeginn und ein Rücktrittsrecht des Erwerbers für den Fall des verspäteten Baubeginns, um die zeitgerechte Bauausführung und die fristgerechte Fertigstellung zu regeln, unterliegt diese Vereinbarung nach dieser Regel nicht der Formvorschrift des § 311b BGB (BGH, Urt. v. 5.4.2001 – VII ZR 119/99). Gleichwohl ist hier aber große Vorsicht geboten. Die Grenze zur wesentlichen Änderung von Vertragspflichten ist schnell überschritten. Im Übrigen kann auch eine wirksame Abrede über die Änderung von Fristen und Terminen zur Folge haben, dass der an dieser Abrede unbeteiligte Bürge nicht mehr aus seiner Erfüllungsbürgschaft in Anspruch genommen werden kann. **168**

Änderungsvereinbarungen nach Auflassung des Grundstücks sind nicht formbedürftig (BGH, Urt. v. 28.9.1984 – V ZR 43/83). **169**

d) Rechtsfolgen

Ist der Vertrag nicht nach den Formvorschriften geschlossen, ist er unwirksam, § 125 BGB. Grundsätzlich ist der gesamte Vertrag nichtig, es gilt jedoch § 139 2. Halbsatz BGB. Die Berufung auf die durch den Formmangel bedingte Nichtigkeit verstößt nur in Ausnahmefällen gegen Treu und Glauben. Allein die Voraussetzungen, die eine Verwirkung begründen könnten, reichen nicht, die Berufung auf den Formmangel zu versagen. Es gelten strengere Anforderungen. Das Scheitern des Rechtsgeschäfts an dem Formmangel muss zu einem Ergebnis führen, das für die betroffene Partei nicht nur hart, sondern schlechthin unerträglich ist. Diese Voraussetzung erfüllen insbesondere zwei Fallgruppen, nämlich zum einen die Fälle der Existenzgefährdung und zum anderen die Fälle einer besonders schweren Treuepflichtverletzung. Dagegen reicht es nicht, dass ein Vertrag trotz Verletzung der Beurkundungsvorschriften über längere Zeit hinweg als wirksam behandelt wird. Anders kann es sein, wenn die sich auf den Formmangel berufende Partei über einen längeren Zeitraum Vorteile aus dem Vertrag gezogen hat (BGH, Urt. v. 16.7.2004 – V ZR 222/03). **170**

Die Nichtigkeit wird geheilt durch die Auflassung des Grundstücks und die Eintragung in das Grundbuch, § 311b Abs. 1 Satz 2 BGB (BGH, Urt. v. 22.3.2007 – VII ZR 268/05). Voraussetzung ist, dass zum Zeitpunkt der Auflassung die Willensübereinstimmung noch fortbestand (BGH, Urt. v. 15.10.1993 – V ZR 19/92). **171**

3. Verträge mit der öffentlichen Hand

a) Gesetzliche Form- und Vertretungsregeln

Wie öffentliche Körperschaften wirksam Verträge abschließen können, ist in den für die jeweiligen Körperschaften geltenden Gesetzen geregelt. Häufig bedürfen Erklärungen, durch welche die Körperschaften verpflichtet werden sollen, einer besonderen Form. Nach vielen Gemeindeordnungen sind verpflichtende Erklärungen durch den Bürgermeister oder seinen Stellvertreter zu unterzeichnen (z.B. § 54 GO Baden-Württemberg oder § 63 GO Niedersachsen), bisweilen nach dem Vieraugenprinzip sogar noch zusätzlich durch einen vertretungsberechtigten Beamten oder Angestellten (z.B. § 64 Abs. 1 GO Nordrhein-Westfalen). **172**

Gilt das Vieraugenprinzip, können der Bürgermeister oder sein Stellvertreter das Geschäft nicht allein abschließen, sondern ein vertretungsberechtigter Beamter oder Angestellter muss mitwirken. Zudem gilt ein Schriftformerfordernis, vgl. auch die Regelungen in verschiedenen Eigenbetriebsverordnungen, wonach die Erklärungen des Eigenbetriebs, durch die die Gemeinde verpflichtet werden sollen, vom Bürgermeister (oder seinem Stellvertreter) sowie einem Mitglied der Betriebsleitung handschriftlich zu unterzeichnen sind (dazu BGH, Urt. v. 22.9.2005 – VII ZR 34/04). **173**

174 Welcher Beamter oder Angestellter vertretungsberechtigt ist, ergibt sich aus den weiteren Regelungen der Gemeindeordnung und den entsprechenden Bevollmächtigungen. Vertretungsberechtigt sind die Beigeordneten in Nordrhein-Westfalen z. B. nach Maßgabe des § 68 GO. Sie vertreten den Bürgermeister in ihrem Arbeitsgebiet oder im Vertretungsfall. Bestimmte Angelegenheiten können auf andere Beamte oder Angestellte übertragen werden (zum Umfang der Vertretungsmacht des Ersten Bürgermeisters einer bayrischen Kommune: OLG Stuttgart, Urt. v. 9.2.2016 – 10 U 137/15).

b) Schriftform

175 Die Schriftform ist in § 126 Abs. 1 BGB geregelt. Es muss eine Vertragsurkunde erstellt werden, die eigenhändig durch Namensunterschrift oder mittels notariell beglaubigten Handzeichens unterzeichnet werden muss. Der Bürgermeister und der vertretungsberechtigte Beamte und Angestellte dürfen also nicht nur mit einem Kürzel die Urkunde abzeichnen. Sie müssen vielmehr mit der Namensunterschrift unterzeichnen. Es finden sich immer wieder Verträge, bei denen selbst diese Formalien nicht richtig eingehalten werden.

176 Zu beachten ist, dass nur die Verpflichtungserklärung der Schriftform bedarf. Aus § 64 Abs. 1 GO NW kann deshalb nicht abgeleitet werden, dass bei einem Vertrag die Unterzeichnung beider Vertragsparteien auf derselben Urkunde erfolgen muss. Es reicht vielmehr aus, wenn das Angebot oder die Annahme eines Vertragsangebotes vom Bürgermeister und einem vertretungsberechtigten Beamten oder Angestellten unterschrieben ist und die Gegenerklärung auf einer anderen Urkunde erfolgt.

177 Die Erklärungen des Bürgermeisters und eines vertretungsberechtigten Beamten oder Angestellten müssen sich jedoch auf derselben Urkunde befinden. Das gilt auch für Nachtragsvereinbarungen, sofern sie keine Geschäfte der laufenden Verwaltung darstellen. Die einseitige Anordnung von Änderungen des Bauentwurfs oder von zusätzlichen Leistungen, die der Unternehmer nach § 1 Abs. 3 oder § 1 Nr. 4 VOB/B befolgen muss, ist noch kein Vertrag. Handelt es sich um eine Anordnung, die zusätzliche Vergütungsansprüche auslöst, muss sie aber auch vom Bürgermeister und einem vertretungsberechtigten Beamten oder Angestellten schriftlich erteilt werden, wenn kein sonstiger Bevollmächtigter im Sinne des § 64 Abs. 3 GO NW auftritt. Denn durch die Anordnung wird die Gemeinde gemäß § 2 Abs. 5, 6 oder 7 VOB/B zur Zahlung der geänderten Vergütung verpflichtet (BGH, Urt. v. 27.11.2003 – VII ZR 346/01). Wird über den Nachtrag eine Vereinbarung getroffen, wie z. B. eine Preisvereinbarung, muss die Verpflichtungserklärung erneut diesen Anforderungen genügen.

c) Ausnahme für Geschäfte der laufenden Verwaltung

178 Ausgenommen vom Formzwang sind in der Regel Geschäfte der laufenden Verwaltung (z. B. § 64 Abs. 2 GO NW). Mündliche Aufträge der Vertretungsorgane sind bei diesen Geschäften wirksam, es sei denn die rechtsgeschäftliche Vereinbarung sieht Schriftform vor oder es ist sogar kraft Gesetzes oder Vereinbarung die Beurkundung notwendig. Was Geschäfte der laufenden Verwaltung sind, ist im Gesetz nicht geregelt. Unter Geschäften der laufenden Verwaltung werden solche Angelegenheiten verstanden, die weder nach der grundsätzlichen Seite nicht für den Gemeindehaushalt von erheblicher Bedeutung sind und zu den normalerweise anfallenden Geschäften der Gemeinde gehören (BGH, Urt. v. 4.12.2003 – III ZR 30/02). Ob Bauaufträge und Nachträge für aktuelle Bauvorhaben danach zu den Geschäften der laufenden Verwaltung gehören, kann nur im Einzelfall beurteilt werden. Allerdings kann davon ausgegangen werden, dass gewöhnliche kleinere Bauaufträge zu den Geschäften der laufenden Verwaltung gehören. Das ist jedoch anders, wenn sie den Gemeindehaushalt besonders belasten oder sonst eine grundsätzliche Bedeutung haben. Es kommt also einerseits auf das Bauvorhaben, andererseits auf die Summe des Auftrags an. Auch Nachträge, die gemessen am Gemeindehaushalt herausragende Bedeutung haben, können deshalb im Einzelfall nicht mehr laufende Geschäfte der Verwaltung sein, wie z. B. ein Nachtrag wegen unvorhergesehener Bodenverhältnisse beim Bau einer Turnhalle über 50.000 Euro durch den Bürgermeister einer 5.000-Seelen Gemeinde. In dem Grenzbereich tragen die Vertragsparteien das Risiko der nachträglichen Bewertung. Wird objektiv festgestellt, dass ein Bürgermeister ohne Einhaltung der Form einen Nachtrag beauftragt hat, der wegen seiner hohen Auftragssumme nicht mehr als Geschäft der laufenden Verwaltung anzusehen ist, so bindet der Auftrag nicht. Es kommt nicht darauf an, dass sowohl der Bürgermeister als auch sein Vertragspartner davon ausgegangen sind, dass der Bürgermeister insoweit zuständig war.

d) Geschäfte eines Bevollmächtigten

Eine weitere in den Gesetzen vorgesehene Alternative ist die Beauftragung durch einen Bevollmächtigten, der für ein bestimmtes Geschäft oder einen Kreis von Geschäften ausdrücklich bevollmächtigt ist, vgl. z. B. § 64 GO NW (dazu Rehn/Cronauge/von Lennep, GO NW § 64 Abs. 3). Diese Beauftragung bedarf keiner besonderen Form, kann also auch mündlich erfolgen. Sie muss sich im Rahmen der Vollmacht bewegen. Außerdem muss die Vollmacht in der Form des § 64 Abs. 1 GO NW erteilt sein. Bei Bauvorhaben wird diese Art der Beauftragung relativ häufig vorkommen. Bevollmächtigt werden können auf diese Weise auch Sachbearbeiter, für die Gemeinde als Beamte oder Angestellte tätige Architekten oder Ingenieure bzw. Bauleiter für Vertragsänderungen und ähnliches. Bevollmächtigt werden können aber auch gemeindeexterne Personen, wie aufgrund eines Werk- oder Dienstvertrages tätige Gesellschaften, Bauleiter, Projektsteuerer oder ähnliche Funktionsträger.

e) Rechtsfolgen des Verstoßes

Bei den (Form)-Vorschriften in den jeweiligen Gesetzen, die für die Erklärungen von öffentlich-rechtlichen Gebietskörperschaften gelten, handelt es sich um materielle Beschränkungen der Vertretungsmacht. Das führt zur Anwendung der §§ 177 ff. BGB (BGH, Urt. v. 27.11.2003 – VII ZR 346/01). Die von der Rechtsprechung zu „unternehmensbezogenen Geschäften" entwickelten Grundsätze geltend entsprechend. Handelt der bevollmächtigte Vertreter erkennbar im fremden Namen, ohne die von ihm vertretene Anstalt oder Körperschaft des öffentlichen Rechts genau zu bezeichnen, kommt der Vertrag gleichwohl mit dieser zustande (OLG Düsseldorf, Beschl. v. 22.8.2008 – 23 U 57/08 zur Verpflichtung der Universität als Anstalt des öffentlichen Rechts).

f) Folgen bei Verstoß gegen Vieraugenprinzip

Hat der Bürgermeister oder sein Stellvertreter den Vertrag allein unterschrieben, so ist die Gemeinde nicht wirksam vertreten, wenn kein Geschäft der laufenden Verwaltung vorliegt. Eine Erklärung, die ein Vertreter ohne Vertretungsmacht abgibt, ist schwebend unwirksam. Das gilt auch für eine Erklärung, die ein Gesamtvertreter ohne die Mitwirkung des anderen abgibt. Der Vertreter, der die Erklärung noch nicht unterschrieben hat, kann das in der erforderlichen Schriftform nachholen (BGH, Urt. v. 4.12.1981 – V ZR 241/80; Urt. v. 10.5.2001 – III ZR 111/99 m. w. N.). Eine Ausnahme gilt für rechtsgestaltende Erklärungen, die binnen einer bestimmten Frist vorgenommen werden müssen. Diese können nur in der vorgesehenen Frist genehmigt werden (BGH, Urt. v. 15.4.1998 – VIII ZR 129/97; Urt. v. 28.11.2002 – VII ZR 270/01 m. w. N.).

Eine Genehmigung durch die Körperschaft soll trotz § 182 Abs. 2 BGB nicht reichen, wenn sie nur durch ihr Vertretungsorgan wirksam nach außen vertreten werden kann, wie z. B. die Gemeinde durch den Bürgermeister (BGH, Urt. v. 10.5.2001 – III ZR 111/99). In den Fällen, in denen das Beschlussorgan der Körperschaft (z. B. Gemeinderat) genehmigt hat, ist es der Körperschaft jedoch grundsätzlich verwehrt, sich auf die Unwirksamkeit der Erklärung zu berufen (BGH, Urt. v. 20.1.1994 – VII ZR 174/92), so dass der Verstoß gegen die Formvorschrift überspielt wird.

g) Folgen bei Verstoß gegen Vertretungsregeln

Diese Grundsätze gelten auch, wenn jemand für die Gemeinde gehandelt hat, der z. B. nicht die nach § 64 Abs. 3 GO NW notwendige Vollmacht hatte. Dabei spielt es keine Rolle, ob er eine etwa erteilte Vollmacht überschritten hat oder ob die Vollmacht nicht in der nach § 64 Abs. 1 GO NW notwendigen Form erteilt worden ist. In beiden Fällen ist der Handelnde Vertreter der Gemeinde ohne Vertretungsmacht. Die Erklärungen des Vertreters sind schwebend unwirksam. Der Bürgermeister und ein vertretungsberechtigter Beamter oder Angestellter können das Geschäft schriftlich genehmigen.

h) Folgen bei alleinigem Verstoß gegen Schriftform

Haben bei Geltung des Vieraugenprinzips der Bürgermeister und ein vertretungsberechtigter Beamter oder Angestellter zwar gemeinsam gehandelt, jedoch die Schriftform nicht eingehalten, so ist § 125 BGB, wonach das Rechtsgeschäft nichtig wäre, nicht anwendbar. Denn die Regelungen der Gemeindeordnung, wonach die Schriftform notwendig ist, werden von der Rechtsprechung als Vertretungsregelungen angesehen (BGH, Urt. v. 10.5.2001 – III ZR 111/99 m. w. N.). Eine Genehmigung ist kaum vorstellbar, weil die Schriftform Wirksamkeitsvoraussetzung ist, also stets nachgeholt werden muss. Eine Beseitigung des Mangels ist nur durch Neuvornahme unter Einhaltung der Förmlichkeiten vorstellbar (BGH, a. a. O.). Allerdings darf sich die Gemeinde nach einer Genehmigung des Gemeinderats nach Treu und Glauben nicht mehr auf die fehlende Schriftform berufen.

i) Ausnahmen nach Treu und Glauben

185 Letztlich steht jede Rechtsausübung unter den Geboten von Treu und Glauben. Vorschriften über die Vertretungsmacht der zur Vertretung berufenen Organe können (anders als Bestimmungen über reine Förmlichkeiten wie Schriftform, Angabe der Dienstbezeichnung, Beifügung des Amtssiegels) im Ergebnis nicht durch den Einwand des Verstoßes gegen Treu und Glauben außer Kraft gesetzt werden (BGH, Urt. v. 20.9.1984 – III ZR 47/83). Die Anwendung der Grundsätze von Treu und Glauben muss auf den Ausnahmefall beschränkt bleiben (BGH vom 4.4.2002 – VII ZR 26/01). Sie kommt nur in Betracht, wenn die Nichtigkeitsfolge für den Vertragspartner schlechthin untragbar ist. Den im öffentlichen Interesse bestehenden Zuständigkeitsregeln der öffentlichen Hand darf auch nicht über die Anwendung von Rechtsscheintatbeständen (hier Anscheinsvollmacht) ihre Wirkung genommen werden (OLG Düsseldorf, Beschl. v. 22.8.2008 – 23 U 57/08).

186 Der Schutzzweck der Formvorschriften ist nicht mehr gefährdet, wenn ein Geschäft zwar ohne Einhaltung der Formvorschriften geschlossen worden ist, der zuständige Gemeinderat diesem Geschäft jedoch zugestimmt hat. Dabei dürfte es keinen Unterschied machen, ob der Gemeinderat von vornherein eingewilligt hat oder erst nachträglich seine Genehmigung erteilt. Der Bundesgerichtshof hat entschieden, dass die Gemeinde sich nach Treu und Glauben dann nicht auf einen Verstoß gegen die Formvorschriften der Gemeindeordnung berufen kann, wenn das nach der Gemeindeordnung für die Willensbildung zuständige Organ den Abschluss des Verpflichtungsgeschäfts gebilligt hat (BGH, Urt. v. 20.1.1994 – VII ZR 174/92; Urt. v. 10.5.2001 – III ZR 111/99 m. w. N.).

j) Anspruch aus GoA, Schadensersatzanspruch des Unternehmers

187 Der auf Grund eines formunwirksamen Vertrags tätige Unternehmer kann im Prinzip einen gesetzlichen Anspruch aus Geschäftsführung ohne Auftrag gegen den vermeintlichen Auftraggeber haben. Die Erfüllung vermeintlicher eigener Pflichten aus dem unwirksamen Vertrag steht dem nicht entgegen (OLG Rostock, Urt. v. 19.6.2008 – 3 U 12/08, Nichtzulassungsbeschwerde zurückgewiesen durch Beschluss des BGH vom 12.2.2009 – VII ZR 148/08). Voraussetzung für einen Anspruch aus GoA ist aber immer, dass die auftragslos erbrachte Leistung dem wirklichen oder mutmaßlichen Willen des vermeintlichen Auftraggebers entspricht, was bei der Ausführung von Bauleistungen für ein kommunales Unternehmen regelmäßig zu verneinen sein dürfte, da dieses besonderen Vergabe- und Formvorschriften unterworfen ist (so jedenfalls OLG Frankfurt, Urt. v. 8.3.2011 – 5 U 48/10, NZB zurückgewiesen durch BGH, Beschl. v. 14.7.2011 – VII ZR 74/11).

188 Der Unternehmer kann aus dem pflichtwidrigen Verhalten der Körperschaftsorgane u. U. aber auch Schadensersatzansprüche herleiten. Scheitert ein Vertrag daran, dass die Form- oder Vertretungsregeln nicht eingehalten werden, ist ein Verschulden der Amtswalter der Körperschaften bei der Anbahnung der Vertragsverhandlungen in der Regel schon deshalb zu bejahen, weil sie die für sie geltenden Vertretungs- und Zuständigkeitsvorschriften besser kennen müssen als der Vertragspartner (BGH, Urt. v. 20.9.1984 – III ZR 47/83). Der Unternehmer kann aus diesem Grund vorbehaltlich eines Mitverschuldens, grundsätzlich den Schaden ersetzt verlangen, den er im Vertrauen auf die Gültigkeit der Erklärungen erlitten hat. Diese Schadensersatzpflicht kann auch aus §§ 31, 89, 839 BGB hergeleitet werden. Denn das handelnde Organ hat gegenüber dem Vertragspartner die Amtspflicht, die Form- und Vertretungsvorschriften einzuhalten. Er haftet für den aus der Verletzung dieser Pflicht entstandenen Vertrauensschaden nach § 839 BGB. Dieser Anspruch kann gemäß §§ 31, 89 BGB gegen die Gemeinde geltend gemacht werden (BGH, Urt. v. 10.5.2001 – III ZR 111/99; BGH, Urt. v. 4.12.2003 – III ZR 30/02).

189 Der Schadensersatzanspruch ist darauf gerichtet, den durch die Pflichtwidrigkeit erlittenen Schaden auszugleichen. Der Schadensersatzanspruch erfasst die Aufwendungen des Unternehmers für die erbrachten Leistungen (etwa Material- und Personalkosten), kann sich aber auch auf den im Werklohn enthaltenen Gewinnanteil erstrecken, etwa wenn der Unternehmer diesen Gewinn bei anderweitigem Betriebseinsatz ebenfalls hätte erzielen können. Insoweit sind §§ 252 BGB, 287 ZPO anzuwenden. Jedenfalls hat der Unternehmer Anspruch auf Ersatz

Werkvertragsrecht **§ 631**

der nicht erfüllungsbezogenen Aufwendungen, die er im Vertrauen auf die Gültigkeit der Vertragserklärungen des Gemeindeorgans gemacht hat. Nach der Entscheidung des BGH vom 22.9.2005 – VII ZR 34/04 kann der Schaden allerdings nicht mit der Begründung in Höhe des Werklohns geltend gemacht werden, bei pflichtgemäßem Verhalten wäre der Vertrag gültig zustande gekommen. Offenbar sollte damit vermieden werden, dass der durch die Formvorschriften bezweckte Schutz der öffentlich-rechtlichen Körperschaften vollends umgangen wird.

Im Einzelfall kann davon abweichend der Schaden dem positiven Interesse entsprechen, **190** wenn bei pflichtgemäßem Verhalten des Gemeindeorgans der Vertrag mit der Gemeinde zustande gekommen wäre (BGH, Urt. v. 10.5.2001 – III ZR 111/99; BGH, Urt. v. 4.12.2003 – III ZR 30/02; Urt. v. 22.9.2005 – VII ZR 34/04). Der Grundsatz, dass über die Vertrauenshaftung der Vertragspartner grundsätzlich nicht so gestellt werden darf, als wäre der Vertrag wirksam zustande gekommen, weil dann die zum Schutz der Körperschaft erlassenen Form- und Vertretungsregeln umgangen werden könnten (BGH, Urt. v. 11.6.1992 – VII ZR 110/91; Urt. v. 10.6.1999 – IX ZR 409/97), ist nach dieser Rechtsprechung in Ausnahmefällen nicht verletzt. Denn die Schadensersatzpflicht ergibt sich aus der Verletzung einer Sorgfaltspflicht, nicht daraus, dass ein unwirksamer Vertrag abgeschlossen worden ist (BGH, Urt. v. 22.9.2005 – VII ZR 34/04).

k) Verstoß gegen die Informationspflicht des öffentlichen Bestellers

Die Vergabeverordnung trifft nähere Bestimmungen über das bei der Vergabe der öffentli- **191** chen Aufträge einzuhaltende Verfahren sowie über die Zuständigkeit und das Verfahren bei der Durchführung von Nachprüfungsverfahren für öffentliche Aufträge, deren geschätzte Auftragswerte die so genannten Schwellenwerte übersteigen, § 1 VgV. Vor der Vergabe dieser Aufträge trifft den Besteller gemäß § 101a GWB die Pflicht, die übrigen Bieter zu informieren. Er muss die Bieter informieren, deren Angebote nicht berücksichtigt werden sollen, über den Namen des Bieters, dessen Angebot angenommen werden soll und über den Grund der vorgesehenen Nichtberücksichtigung ihres Angebots. Er sendet die Information in Textform spätestens 14 Kalendertage vor dem Vertragsschluss an die Bieter ab. Die Frist beginnt am Tag nach der Absendung der Information durch den Besteller. Auf den Tag des Zugangs der Information beim Bieter kommt es nicht an. Ein Vertrag darf vor Ablauf der Frist oder ohne dass die Information erteilt worden und die Frist abgelaufen ist, nicht geschlossen werden. Ein dennoch abgeschlossener Vertrag ist unwirksam, sofern der Verstoß in einem Nachprüfungsverfahren rechtzeitig festgestellt wird, § 101b GWB.

l) Vertragsschluss ohne Vergabeverfahren

Bis zum Inkrafttreten des Gesetzes zur Modernisierung des Vergaberechts am 24.4.2009 **192** (BGBl. I S. 790) wurden Verträge, die ohne das erforderliche Vergabeverfahren erteilt worden waren (sog. de facto Vergaben), überwiegend für wirksam gehalten. Das gesetzliche Gebot, ein Vergabeverfahren durchzuführen, betreffe nur die Vertragsanbahnung. Der Vertrag selbst verstoße nicht gegen ein gesetzliches Verbot. Eine dem § 13 Satz 6 VgV a. F. (Unwirksamkeit eines verfahrensfehlerhaft zustande gekommenen Vertrages) vergleichbare Bestimmung fehle. Ein Schluss dahin, dass der Vertrag, der ohne vorgeschriebenes Vergabeverfahren geschlossen sei, erst recht nichtig sein müsse, wenn schon ein Vertrag, der ohne die vorgeschriebene Benachrichtigung in einem laufenden Vergabeverfahren nichtig sei, sei nicht ohne weiteres möglich. Das gelte insbesondere unter Berücksichtigung des Ausnahmecharakters des § 13 Satz 6 VgV a. F. Allerdings sei die Bundesrepublik Deutschland gemäß Art. 228 EG-Vertrag zur Beseitigung der Verletzung des EG-Vertrages verpflichtet. Der vergaberechtswidrige Zustand dauere an, solange der ohne Vergabeverfahren geschlossene Vertrag gültig sei (EuGH, Urt. v. 18.11.2004 – Rs. C-126/03). Daraus dürfte das Recht des öffentlichen Auftraggebers abzuleiten sein, den Vertrag außerordentlich zu kündigen (vgl. Bitterich, NJW 2006, 1845).

Die VgV ist durch das am 24.4.2009 in Kraft getretene Gesetz zur Modernisierung des **193** Vergaberechts in wesentlichen Punkten abgeändert worden, um die EG-Vergaberichtlinien 2004/17 EG, 2004/18 EG und 2007/66 EG umzusetzen. Verschiedene Regelungen aus der VgV a. F. – u. a. § 13 VgV a. F. – sind aufgehoben und entsprechende gesetzliche Regelung in das GWB aufgenommen worden. Nach § 101b GWB n. F. ist nunmehr ein Vertrag von Anfang an unwirksam, wenn der Besteller gegen § 101a GWB (Pflicht zur rechtzeitigen Information) verstoßen hat oder einen öffentlichen Auftrag unmittelbar an ein Unternehmen erteilt, ohne andere Unternehmen an dem Vergabeverfahren zu beteiligen, ohne dass dies auf Grund eines

Gesetzes gestattet ist, und dieser Verstoß in einem Nachprüfungsverfahren nach § 101b Absatz 2 GWB rechtzeitig festgestellt worden ist.

VI. Vertretergeschäfte

1. Allgemeines

194 Es gelten die allgemeinen Regeln der §§ 164 ff. BGB. Die rechtsgeschäftliche Vertretung der Parteien setzt demnach grundsätzlich eine gesetzliche Vertretungsmacht oder eine rechtsgeschäftliche Vollmacht voraus. Die rechtsgeschäftliche Vollmacht kann nach allgemeinen Grundsätzen als Innen- oder Außenvollmacht erteilt werden. Auch die konkludente Vollmachtserteilung ist möglich. Fehlt es an einer wirksamen Bevollmächtigung, ist dem Geschäftsherrn die Erklärung des vollmachtlosen Vertreters als solche nicht zuzurechnen. Das schließt allerdings nicht aus, dass er nach den zum kaufmännischen Bestätigungsschreiben entwickelten Grundsätzen daran doch gebunden ist. So muss sich der Vertretene, der auf Einladung zu einem Termin zur Verhandlung über einen bereits geschlossenen Vertrag einen Vertreter ohne Vertretungsmacht entsendet, dessen Erklärungen nach den zum kaufmännischen Bestätigungsschreiben entwickelten Grundsätzen zurechnen lassen, wenn er den im über die Verhandlung erstellten Protokoll enthaltenen und unterschriebenen Erklärungen des Vertreters nicht unverzüglich nach Zugang des Protokolls widerspricht (BGH, Urt. v. 27.1.2011 – VII ZR 186/09).

195 Ob eine Erklärung als Bevollmächtigung verstanden werden kann und in welchem Umfang, ist durch Auslegung zu ermitteln. Die gängige Klausel in Bauverträgen, wonach die Vertretung des Bestellers gegenüber dem Unternehmer der Bauleitung obliegt, kann eine Bevollmächtigung zum Abschluss von Nachtragsaufträgen nicht entnommen werden, denn die Vertretungsmacht der Bauleitung betrifft grundsätzlich nur Maßnahmen, die sich – jedenfalls im Wesentlichen – in den Grenzen des Vertrages halten (BGH, Urt. v. 12.6.1975 – VII ZR 195/73). Andererseits kann der Bauvertrag eine Regelung enthalten, in der dem Architekten die rechtsgeschäftliche Befugnis eingeräumt wird, Nachträge zu erteilen. Die Erklärung des Auftraggebers, sein Bauleiter sei zur „allumfänglichen Vertretung" berechtigt, beinhaltet eine umfassende rechtsgeschäftliche Bevollmächtigung einschließlich der Beauftragung von Nachtragsleistungen und nicht nur zur Vertretung in „fachtechnischen Fragen" (OLG Köln IBR 2013, 137). Die Vollmacht kann auf Geschäfte bis zu einem bestimmten Auftragsvolumen beschränkt werden. Wird die Vertretungsmacht auf Verfügungen bis zu einem bestimmten Betrag (z. B. 5.000 Euro) beschränkt, ist damit regelmäßig auch eine Beschränkung für Verpflichtungsgeschäfte gemeint (BGH, Urt. v. 13.5.2004 – VII ZR 301/02).

196 Eine Klausel in einem Generalunternehmervertrag, wonach der Generalunternehmer berechtigt ist, Aufträge im Namen des Bestellers zu vergeben, ist so überraschend, dass sie unwirksam ist, § 305c Abs. 1 BGB (BGH, Urt. v. 27.6.2002 – VII ZR 272/01).

2. Konkludente Vollmacht des Baustellenpersonals

197 Das auf der Baustelle tätige Personal ist nicht kraft seiner Funktion bevollmächtigt, den Besteller oder Unternehmer rechtsgeschäftlich zu vertreten. Das gilt auch für Personal des Bestellers, wie z. B. für seinen Architekten oder bauleitenden Architekten oder Ingenieur oder für seinen Projektsteuerer. Entgegen einer missverständlichen Entscheidung des X. Senats des Bundesgerichtshofs (Urt. v. 8.1.2002 – X ZR 6/00) reicht es im Bauvertragsrecht nicht, dass Mitarbeiter Zusatzleistungen in Auftrag geben, um eine Vergütungsforderung des Unternehmers entstehen zu lassen. Allein die Veranlassung einer zusätzlichen Leistung kann einen vertraglichen Vergütungsanspruch nicht begründen. Erforderlich ist ein rechtsgeschäftliches Verhalten (BGH, Urt. v. 27.11.2003 – VII ZR 53/03). Besteht keine Vertretungsmacht, die auch auf einer Handlungsvollmacht nach § 54 HGB beruhen kann (vgl. BGH, Urt. v. 19.3.2002 – X ZR 157/99), ist der Besteller grundsätzlich an die Auftragsvergaben des technischen Personals nicht gebunden. Der Ausgleich kann dann nur über quasivertragliche Ansprüche und Bereicherungsansprüche erfolgen.

3. Architektenvollmacht

198 Der nicht besonders bevollmächtigte Architekt/Ingenieur/Bauleiter hat grundsätzlich keine Befugnis, den Besteller rechtsgeschäftlich zu vertreten oder die rechtsgeschäftlichen Vereinbarungen zwischen Unternehmer und Besteller zu ändern (BGH, Urt. v. 4.7.1960 – VII ZR

107/59; Urt. v. 15.2.1960 – VII ZR 10/59; Urt. v. 12.6.1975 – VII ZR 195/73; a. A. OLG Düsseldorf, Urt. v. 6.11.1997 – 5 U 89/96 für zur mangelfreien Errichtung erforderliche Zusatzleistungen; zur Fiktion der „originären Vollmacht" Quack, BauR 1995, 441). Er darf demgemäß keine rechtsgeschäftlichen Änderungen des Vertrages vornehmen, z. B. darf er nicht ohne Zustimmung des Bestellers die Vertragsfristen ändern oder Abschlagszahlungen vereinbaren. Er ist ohne entsprechende Bevollmächtigung auch nicht befugt, die rechtsgeschäftliche Abnahme zu erklären. Rechnungsprüfungen und Anerkenntnisse durch den Bauleiter haben grundsätzlich keine für den Besteller bindende Wirkung. Der Architekt ist im Grundsatz auch nicht befugt, Aufträge oder Zusatzaufträge zu vergeben. Er darf zwar im Rahmen seines Architektenauftrags grundsätzlich Planungsanordnungen im Rahmen der vertraglichen Vereinbarungen erteilen. Sobald diese Zusatzkosten auslösen, etwa wegen einer Planungsänderung oder einer zusätzlichen Leistung, sind die Anordnungen jedoch grundsätzlich nur mit der Genehmigung des Bestellers rechtsverbindlich (BGH, Urt. v. 12.6.1975 – VII ZR 195/73; OLG Düsseldorf, Urt. v. 29.2.2000 – 5 U 10/99; Urt. v. 9.12.1999 – 12 U 195/98). Die nachträgliche (dazu OLG Brandenburg, Urt. v. 8.12.2016 – 12 U 192/15) Genehmigung kann auch durch schlüssiges Handeln erfolgen (OLG Naumburg, Urt. v. 30.9.2011 – 12 U 12/11). Nach der Rechtsprechung des Bundesgerichtshofs darf der Architekt den Besteller allerdings wirksam verpflichten, sofern die Mehrbelastung geringfügig ist (BGH, Urt. v. 20.4.1978 – VII ZR 67/77; OLG Düsseldorf, Urt. v. 9.1.1997 – 5 U 104/96; OLG Hamburg, Urt. v. 25.4.2001 – 13 U 38/00; OLG Oldenburg, Urt. v. 18.1.2007 – 8 U 181/06, Nichtzulassungsbeschwerde zurückgewiesen durch Beschluss des BGH vom 27.8.2009 – VII ZR 20/07; KG, Urt. v. 10.10.2006 – 21 U 75/04). Der Architekt ist grundsätzlich nicht zu wesentlichen Vertragsänderungen befugt. Eine etwa erteilte Vollmacht ist im Zweifelsfall eng auszulegen, um den Auftraggeber vor ungewollten rechtsgeschäftlichen Verpflichtungen zu schützen. Sieht der Bauvertrag allerdings vor, dass nach Ermessen des Architekten noch zu erstellende Werkpläne und Detailzeichnungen für die Bauausführung maßgeblich sein sollen, ist dies ein Anknüpfungspunkt für eine Anscheinsvollmacht zur Konkretisierung des Bausolls (OLG Hamm, Urt. v. 5.5.2011 – 24 U 147/08; man hätte aber auch an eine zumindest konkludent erteilte rechtsgeschäftliche Bevollmächtigung denken können). Nach Auffassung des OLG Köln ist der an sich vollmachtlose bauleitende Architekt aber befugt, Mängelrügen auszusprechen, Fristen zu setzen und zu vereinbaren sowie für den Fall des fruchtlosen Fristablaufs die Kündigung anzudrohen (OLG Köln, Urt. v. 29.12.2016 – 7 U 131/15).

Diese Befugnis wird durch die gängigen Musterverträge durchweg ausgeschlossen. Die in vielen Bauverträgen enthaltene Klausel: „Als Bevollmächtigter des Bauherrn gilt der Bauleiter. Er ist berechtigt, Anordnungen zu treffen, die zur vertraglichen Durchführung der Leistung erforderlich sind" enthält keine rechtsgeschäftliche Vollmacht zur Beauftragung von Nachträgen, die Vertragsänderungen beinhalten (BGH, Urt. v. 7.3.2002 – VII ZR 1/00).

Diese Grundsätze sind auch auf den Bauleiter eines Bauträgers im Verhältnis zu den beauftragten Handwerkern anzuwenden. Eine Bestimmung in Allgemeinen Geschäftsbedingungen eines Bauträgers, wonach sein Bauleiter nicht befugt ist, für den Besteller Änderungen, Erweiterungen und Ergänzungen des Auftrags gemäß § 1 Abs. 3 und 4 VOB/B anzuordnen, hält einer Inhaltskontrolle stand, weil sie nur die Gesetzeslage wiedergibt (BGH, Urt. v. 14.7.1994 – VII ZR 186/93; OLG Köln, Urt. v. 26.2.2003 – 12 U 254/99).

Auch bei der Auslegung eines beurkundungspflichtigen Rechtsgeschäftes muss sich der Vertretene die Kenntnis des Vertreters und dessen Verständnis vom Inhalt der abgegebenen Erklärungen nach § 166 Abs. 1 BGB zurechnen lassen. Das gilt auch, wenn er das Handeln eines vollmachtlosen Vertreters genehmigt (BGH, Urt. v. 29.3.2000 – VIII ZR 81/99).

4. Anscheins- und Duldungsvollmacht

Es gelten im Bauvertrag die von der Rechtsprechung zur Duldungs- und Anscheinsvollmacht entwickelten Grundsätze. Eine Duldungsvollmacht liegt vor, wenn der Vertretene es wissentlich geschehen lässt, dass ein anderer für ihn wie ein Vertreter auftritt, und der Geschäftsgegner dieses Dulden nach Treu und Glauben dahin verstehen darf, dass der als Vertreter Handelnde bevollmächtigt ist. Das ist der Fall, wenn der Bauherr es wissentlich geschehen lässt, dass der bauleitende Architekt für ihn wie ein Vertreter auftritt und der Unternehmer dieses Dulden nach Treu und Glauben so verstehen darf, dass der Architekt bevollmächtigt ist (OLG Karlsruhe, Urt. v. 23.3.2010 – 8 U 43/09, NZB zurückgewiesen durch BGH, Beschl. v. 29.9.2011 – VII ZR 64/10). Die Anscheinsvollmacht unterscheidet sich von der Duldungsvollmacht dadurch, dass bei ihr der Vertreter das Handeln des in seinem Namen Auftretenden zwar nicht kennt und duldet, es aber bei pflichtgemäßer Sorgfalt hätte erkennen müssen und verhindern können (OLG Dresden, Urt. v. 22.9.2010 – 6 U 61/05). In aller Regel kann ein derartiger Rechtsschein einer Bevollmächtigung nicht durch ein einmaliges Handeln erzeugt werden; vielmehr ist ein Verhalten von gewisser Häufigkeit und Dauer erforderlich. Wie die Duldungsvollmacht erfordert auch die Anscheinsvollmacht, dass der Geschäftsgegner nach Treu und Glauben annehmen darf, der als Vertreter Handelnde sei bevollmächtigt. Das setzt in der Regel voraus, dass der Geschäftsgegner die Tatsachen kennt, aus denen sich der Rechtsschein der Bevollmächtigung ergibt (BGH, Urt. v. 10.1.2007 – VIII ZR 380/04). Von einer Anscheinsvollmacht (vgl. BGH, Urt. v. 24.6.1999 – VII ZR 120/98) ist insbesondere auszugehen, wenn der Besteller dem Architekten allein die Vertragsverhandlungen mit dem Unternehmer überlässt (BGH, Urt. v. 2.12.1982 – VII ZR 63/82) oder in anderer Weise dem Architekten völlig freie Hand bei der Durchführung des Bauvorhabens lässt, ohne sich selbst um den Bau zu kümmern (vgl. KG, Urt. v. 10.10.2006 – 21 U 75/04; OLG Hamburg, Urt. v. 29.9.1995 – 6 U 105/95; OLG Jena, Urt. v. 9.10.2007 – 5 U 684/06). Wird nach dem Abschluss des Bauvertrags ein Termin zur Erstellung eines Verhandlungsprotokolls vereinbart und entsendet der Auftragnehmer dazu einen mit der Sache befassten sachkundigen Mitarbeiter, so muss er sich dessen rechtsgeschäftliche Erklärungen im Wege der Anscheinsvollmacht zurechnen lassen (BGH, Urt. v. 27.1.2011 – VII ZR 186/09). Anders liegt es aber, wenn der Architekt nur die Angebote eingeholt hat (OLG Köln, Urt. v. 3.4.1992 – 19 U 191/91) oder seine Vollmacht durch Allgemeine Geschäftsbedingungen ausdrücklich beschränkt wird (OLG Stuttgart, Urt. v. 13.4.1994 – 9 U 320/93; OLG Düsseldorf, Urt. v. 8.9.2000 – 22 U 47/00). Allein der Umstand, dass der Architekt bevollmächtigt ist, den Hauptauftrag zu vergeben, begründet noch keinen Anschein einer uneingeschränkten Vollmacht für Zusatzaufträge (OLG Düsseldorf, Urt. v. 29.2.2000 – 5 U 10/99). Ein Anschein für eine Vollmacht kann dadurch entstehen und bekräftigt werden, dass der Besteller Abschläge auf Forderungen zahlt, die der Architekt in Auftrag gegeben hat (OLG Brandenburg, Urt. v. 22.11.2001 – 12 U 65/01; KG, Urt. v. 10.10.2006 – 21 U 75/04). Auf eine Anscheinsvollmacht kann sich der Unternehmer dann nicht berufen, wenn sein eigenes Verhalten zeigt, dass er nicht von einer Bevollmächtigung des Architekten ausgegangen ist (OLG Brandenburg, Urt. v. 30.11.2011 – 4 U 144/107).

203 Umstritten ist, ob der rechtsgeschäftlich bevollmächtigte Architekt auch solche Zusatzleistungen in Auftrag geben darf, die erforderlich werden, weil er diese Leistungen bei der Aufstellung des Leistungsverzeichnisses übersehen hat. Das hat das OLG Oldenburg (Urt. v. 22.6.2010 – 2 U 15/10) in einem Fall bejaht, in dem die zusätzlichen Leistungen notwendig waren und – Sowiesokosten – vom Auftraggeber ohnehin hätten bezahlt werden müssen. Anders liegt es aber, wenn die nachträgliche Beauftragung zusätzliche Kosten verursacht oder der Verdeckung eigener Planungs- oder Bauleitungsfehler des Architekten dienen soll.

5. Vollmacht des Ehegatten

204 Erteilt ein Ehegatte den Auftrag, stellt sich die Frage, ob der andere Ehegatte mitverpflichtet ist. Das hängt zunächst davon ab, ob der Auftrag auch im Namen des anderen Ehegatten erteilt worden ist und ob der abschließende Ehegatte bevollmächtigt war. Das ist eine Frage des Einzelfalles. Aus den Umständen kann sich ergeben, dass der beauftragende Ehegatte nicht nur für sich, sondern auch für den anderen Ehegatten handeln wollte. Das gilt insbesondere dann, wenn beide Eheleute bei den Vertragsverhandlungen gemeinschaftlich auftreten und die Bauleistung der gemeinsamen Ehewohnung zu Gute kommt, letztlich aber nur einer von ihnen unterschreibt. In dem gemeinschaftlichen Auftreten kann auch die konkludente Erteilung einer Vollmacht gesehen werden (OLG Düsseldorf, Urt. v. 5.12.2000 – 21 U 68/00).

205 Die Mitverpflichtung des Ehegatten kann sich auch aus § 1357 BGB ergeben. Danach ist jeder Ehegatte berechtigt, Geschäfte zur angemessenen Deckung des Lebensbedarfs der Familie mit Wirkung für den anderen Ehegatten zu besorgen. Durch solche Geschäfte werden beide Ehegatten berechtigt und verpflichtet, es sei denn, dass sich aus den Umständen etwas anderes ergibt. Bei Aufträgen für handwerkliche Arbeiten an der gemeinsamen Ehewohnung im Rahmen der durch den allgemeinen Lebensunterhalt gedeckten Kosten und der erkennbaren Lebensgewohnheiten der Eheleute wird es sich häufig um Geschäfte zur angemessenen Deckung des Lebensbedarfs der Familie handeln (OLG Düsseldorf, Urt. v. 5.12.2000 – 21 U 68/00 (Malerarbeiten nach Wasserschaden); OLG Düsseldorf, Urt. v. 16.1.2001 – 21 U 87/00 (Elektroarbeiten nach Brandschaden). Der Bauvertrag über die Errichtung eines Wohnhauses sprengt hingegen den durch § 1357 BGB gezogenen Rahmen (BGH, Urt. v. 29.9.1988 – VII ZR 186/87).

6. Vollmacht des Hausverwalters

Die Vergabe von Bauleistungen durch den Hausverwalter wird, soweit sich aus den Umständen (§ 164 Abs. 1 Satz 2 BGB) nichts anderes ergibt, in der Regel für dessen Auftraggeber vorgenommen (BGH, Urt. v. 8.1.2004 – VII ZR 12/03; noch offen in BGH, Urt. v. 21.10.2003 – X ZR 66/01). Der Umfang der vergebenen Arbeiten ist nicht entscheidend für die Frage, ob der Hausverwalter im eigenen oder in fremdem Namen gehandelt hat (BGH, Urt. v. 8.1.2004 – VII ZR 12/03). Auftraggeber des Hausverwalters ist in der Regel der Eigentümer des Grundbesitzes. Handelt es sich um Wohnungseigentum sind in aller Regel die Wohnungseigentümer die Vertragspartner. Nach der neueren Rechtsprechung ist die Wohnungseigentümergemeinschaft teilrechtsfähig (BGH, Beschl. v. 2.6.2005 – V ZB 32/05; Urt. v. 12.4.2007 – VII ZR 236/05; Urt. v. 15.1.2010 – V ZR 80/09 zu den Ansprüchen von „Erwerbsnachzüglern"; Urt. v. 10.3.2011 – VII ZR 54/10). Diese kann durch Auftragserteilungen des Hausverwalters verpflichtet werden. Vertragspartner sind dann nicht die einzelnen Wohnungseigentümer, sondern ist die Wohnungseigentümergemeinschaft. Es kommt nicht darauf an, ob dem Unternehmer die jeweiligen Eigentümer bekannt sind. Legt er Wert darauf, den durch den Hausverwalter vertretenen Eigentümer oder die Wohnungseigentümergemeinschaft zu kennen, muss er sich danach erkundigen.

VII. Anfechtung

Die allgemeinen Grundsätze über die Anfechtung von Willenserklärungen gelten auch für den Bauvertrag, §§ 119ff., 123 BGB.

Wer bei der Abgabe einer Willenserklärung über deren Inhalt im Irrtum war oder eine Erklärung dieses Inhalts überhaupt nicht abgeben wollte, kann die Erklärung anfechten, wenn anzunehmen ist, dass er sie bei Kenntnis der Sachlage und bei verständiger Würdigung des Falles nicht abgegeben haben würde, § 119 Abs. 1 BGB.

1. Anfechtung wegen Erklärungsirrtums

Eine Willenserklärung, die auf einem Erklärungsirrtum beruht, ist anfechtbar. Der Erklärungsirrtum liegt vor, wenn der Erklärende meint, eine bestimmte Erklärung abgegeben zu haben, in Wahrheit jedoch eine andere abgibt, die er nicht abgeben wollte. Er ist z. B. zu bejahen, wenn ein Unternehmer einen Preis von 100 Euro als Einheitspreis einsetzt und 10 Euro einsetzen wollte. Der Unternehmer muss diesen Erklärungsirrtum aber im Streitfall beweisen. Ein Erklärungsirrtum in diesem Sinne liegt auch dann vor, wenn der irrtumsfrei gebildete Wille des Erklärenden auf dem Weg zum Empfänger durch eine unerkannt fehlerhafte Software verfälscht wird. Hat der Unternehmer z. B. einen Einheitspreis von 100 Euro einsetzen wollen und wird durch ein fehlerhaftes Softwareprogramm ein Preis von 10 Euro ausgeworfen, so ist die Erklärung anfechtbar (vgl. BGH, Urt. v. 26.1.2005 – VIII ZR 79/04). Das gilt auch im umgekehrten Fall, dass der Besteller irrtümliche Angaben in der Ausschreibung macht und sich der Irrtum dann bei der Erklärung der Annahme des vom Unternehmer abgegebenen Angebots fortsetzt (BGH, a. a. O.). Davon zu unterscheiden sind – auch durch Softwarefehler – bedingte Irrtümer (BGH, Urt. v. 7.7.1998 – X ZR 17/97) bei der Willensbildung. Diese Irrtümer sind regelmäßig sogenannte Motivirrtümer, denn die Überlegungen für die letztlich abgegebene Erklärung sind auch deren Motiv. Sie sind grundsätzlich unbeachtlich. Dazu gehören vor allem die sogenannten Kalkulationsirrtümer.

Ein Erklärungsirrtum kann auch vorliegen, wenn der Unternehmer eine Ausschreibung falsch verstanden hat und deshalb der Auffassung war, bestimmte Leistungen seien nicht zu erbringen, die Auslegung des Vertrages jedoch ergibt, dass diese Leistungen Vertragsgegenstand sind. Weist der Unternehmer nach, dass er diesem Irrtum erlegen ist, kann er die auf den Vertragsschluss gerichtete Willenserklärung anfechten. Das ist z. B. dann in Erwägung zu ziehen, wenn die vom Besteller bereit gestellten Vertragsunterlagen zum Teil widersprüchlich und unübersichtlich sind (vgl. BGH, Urt. v. 24.11.2005 – VII ZR 87/04).

2. Anfechtung wegen Täuschung und Drohung

Sofern Erklärungen durch arglistige Täuschung herbeigeführt sind, gilt das Anfechtungsrecht nach § 123 BGB. Ein Bieter kann sein Angebot anfechten, wenn es durch arglistige Täuschung bewirkt ist (OLG Bamberg, Urt. v. 7.11.2005 – 4 U 59/05). Anfechtungsgründe

§ 631

können auch in der arglistigen Täuschung über die Qualität des Unternehmers liegen. So kann ein Vertrag vom Besteller angefochten werden, wenn der Unternehmer verschweigt, dass er keine Gewerbeanmeldung und keine notwendige Eintragung in die Handwerksrolle hat (KG, Urt. v. 17.7.2006 – 24 U 374/02). Wird der Besteller/Erwerber über die Finanzierung getäuscht, kann der Vertrag anfechtbar sein. In Betracht kommt auch ein Schadensersatzanspruch statt der Leistung wegen Verletzung der vom Unternehmer übernommenen Beratungspflichten hinsichtlich der Finanzierbarkeit (BGH, Urt. v. 6.4.2001 – V ZR 402/99). Eine arglistige Täuschung kann auch zu bejahen sein, wenn der getroffenen Preisvereinbarung unrichtige Angaben des Unternehmers über den Deponiepreis zugrunde liegen (BGH, Beschl. v. 6.6.2013 – VII ZR 116/11). Hat der getäuschte Vertragspartner aber nachträglich in Kenntnis aller Umstände das Rechtsgeschäft bestätigt, liegt darin in der Regel der Verzicht auf etwaige Schadensersatzansprüche (BGH, Urt. v. 4.12.2015 – V ZR 142/14).

212 Anfechtbar sind nach § 123 BGB auch Willenserklärungen, die durch eine widerrechtliche Drohung herbeigeführt worden sind.

213 Eine widerrechtliche Drohung kann dann vorliegen, wenn der Unternehmer im Streit über die Frage ob eine geforderte Leistung bereits vereinbart ist, die Einstellung der Arbeiten androht, wenn der Besteller nicht bereit ist, die Leistung zusätzlich zu vergüten. Der daraufhin im Hinblick auf die drohende Verzögerung und den dadurch eintretenden Schaden geschlossene Vertrag über die vermeintliche Zusatzleistung kann angefochten werden, wenn sich herausstellt, dass die Leistung bereits vertraglich geschuldet war (BGH, Urt. v. 13.9.2001 – VII ZR 415/99). Denn die Drohung mit der Arbeitseinstellung ist widerrechtlich, weil der Unternehmer keinen Anspruch hatte und die Notlage des Bestellers ausgenutzt hat.

214 Voraussetzung für eine widerrechtliche Drohung ist allerdings, dass die Androhung der Arbeitseinstellung widerrechtlich ist. Das ist sie nicht, wenn der Besteller zwar eine zusätzliche oder geänderte Leistung fordert, die der Unternehmer nach § 1 Abs. 3 oder Abs. 4 VOB/B ausführen muss, jedoch nicht bereit ist, die dafür nach § 2 Abs. 5 bis 7 VOB/B vertraglich geschuldete Vergütung zu zahlen. Verweigert der Besteller von vornherein die Vergütung, ist der Unternehmer berechtigt, die Nachtragsleistungen zu verweigern, § 320 BGB (BGH, Urt. v. 24.6.2004 – VII ZR 271/01). Das ist kein Fall von § 18 Abs. 4 VOB/B (OLG Düsseldorf, Urt. v. 25.4.1995 – 21 U 192/94; OLG Düsseldorf, Urt. v. 14.9.2001 – 22 U 37/01 m. N. zum Meinungsstand).

VIII. Widerruf des Bauvertrages

215 Zu unterscheiden ist zwischen dem vertraglich vereinbarten und dem gesetzlichen Widerrufsrecht.

1. Vertraglich vereinbartes Widerrufsrecht

216 Die Vertragspartner können in Ausübung ihrer Vertragsfreiheit ein Widerrufsrecht vertraglich vereinbaren und sind dabei auch in der Bestimmung der Widerrufsgründe – soweit die in §§ 134, 138, 242 BGB gezogenen Grenzen nicht überschritten werden – frei (OLG Düsseldorf, Beschl. v. 24.2.2014 – I-23 U 102/13).

2. Gesetzliches Widerrufsrecht für Verbraucher-Bauverträge

Seit dem 1.1.2018 ist das Widerrufsrecht für Verbraucher-Bauverträge neu und umfassend geregelt. Nach § 650l BGB steht dem Verbraucher bei Abschluss eines solchen Vertrages ein gesetzliches Widerrufsrecht gemäß § 355 BGB zu, es sei denn, der Vertrag wurde notariell beurkundet (→ § 650l BGB Rdn. 1).

IX. Doppelbeauftragung

217 Hat der Auftraggeber dem Auftragnehmer die Reparatur solcher Leistungen in Auftrag gegeben, die dieser bereits erbracht hat und die von einem Drittunternehmen vor der Abnahme beschädigt worden sind, entfällt die Vergütungspflicht nicht bereits deshalb, weil der Auftragnehmer möglicherweise noch die Vergütungsgefahr trug. Es muss vielmehr im Wege der Vertragsauslegung ermittelt werden, ob der Auftraggeber bereit war, trotz dieses Umstandes und unter Berücksichtigung aller sonstigen dem Reparaturauftrag zu Grunde liegenden

Umstände eine Vergütungspflicht zu begründen (BGH, Urt. v. 8.3.2012 – VII ZR 177/11 in Fortführung von BGH, Urt. v. 26.4.2005 – X ZR 166/04). Hier stellen sich die gleichen Fragen wie bei Putativnachträgen und sonstigen „versehentlichen" Reparaturaufträgen (→ § 650b BGB Rdn. 318 ff.).

E. Vertragspflichten des Unternehmers

I. Herstellungsverpflichtung

1. Allgemeine werkvertragliche Grundsätze

Durch den Werkvertrag wird der Unternehmer zur Herstellung des versprochenen Werkes verpflichtet. Der Umfang der übernommenen Pflichten richtet sich nach dem Vertrag. Er ist durch Auslegung zu ermitteln. Die Auslegung erfolgt nach allgemeinen Grundsätzen. Sie ergibt einerseits, welchen Werkerfolg die Parteien vereinbaren, andererseits welches Leistungssoll sie vereinbaren, um diesen Werkerfolg zu erreichen. 218

Der Werkerfolg ist Maßstab für die Erfolgshaftung des Unternehmers. Er besteht grundsätzlich darin, das nach dem Vertrag geschuldete Werk funktionstauglich und zweckentsprechend zu errichten. Diesen Erfolg hat er herbeizuführen, um seine Herstellungspflicht zu erfüllen = „Funktionaler Herstellungsbegriff" (dazu Kniffka/Koeble-Kniffka, Kompendium des Baurechts, Teil 6 Rdn. 18 ff.). Solange der Erfolg nicht herbeigeführt ist, ist der Vertrag nicht erfüllt. Dem Besteller stehen der Erfüllungsanspruch und die Rechte und Ansprüche aus § 634 BGB zu. Was danach im Einzelfall geschuldet ist, ist mitunter schwer zu bestimmen. Entscheidend kommt es auf die vertraglichen Vereinbarungen der Parteien an, aber auch auf die Umstände des Einzelfalles. Fehlen nähere Angaben in der Baubeschreibung, kann der Auftraggeber eine bestimmte auch höherwertige Ausführung verlangen, wenn er eine solche nach dem vereinbarten Komfort- und Qualitätsstandard des Bauwerks erwarten kann (BGH, Urt. v. 21.11.2013 – VII ZR 275/12). Das hat der Gesetzgeber nunmehr für den Verbraucher-Bauvertrag in § 650k Abs. 2 BGB ausdrücklich festgeschrieben. 219

Das „Leistungssoll" ist hingegen das Äquivalent für die vereinbarte Vergütung. Es beschreibt die „verpreisten" Leistungen, die die Parteien vereinbart haben, um den vertraglich geschuldeten Erfolg herbeizuführen. Ob mit der vereinbarten Pauschalvergütung auch die Bewältigung bestimmter Erschwernisse „verpreist" und abgegolten ist, hängt davon ab, ob der redliche Bieter nach den Ausschreibungsunterlagen mit einer derartigen Erschwernis rechnen musste. Das Ergebnis der Auslegung eines Bauvertrages aufgrund öffentlicher Ausschreibung wird nicht dadurch beeinflusst, dass der Auftragnehmer etwaige Unklarheiten in der Ausschreibung nicht aufgeklärt hat (BGH, Urt. v. 13.3.2008 – VII ZR 194/06, BGHZ 176, 23 und Urt. v. 12.9.2013 – VII ZR 227/11). 220

Der vertraglich geschuldete Erfolg kann aber über dieses Leistungssoll hinausgehen. Es kann sein, dass die im Vertrag beschriebenen Leistungen nicht ausreichen, den vertraglich vereinbarten Erfolg herbeizuführen, manchmal sind sie dazu nicht einmal geeignet. Der Unternehmer darf sich dann nicht darauf beschränken, das Leistungsverzeichnis abzuarbeiten. Das gilt auch dann, wenn dieses vom Besteller vorgegeben ist. Er muss vielmehr alles tun, was erforderlich ist, um den vereinbarten Leistungserfolg herbeizuführen (Leupertz BauR 2010, 273, 276; Oberhauser BauR 2010, 308, 310; Juntunen BauR 2010, 698, 702; Bolz Jahrbuch Baurecht 2011, 107; einschränkend Peters/Jacoby, Staudinger-BGB, § 631 Rdn. 1 ff.; Kapellmann, Kapellmann/Schiffers, Bd. 1, Rdn. 100 ff.; ders., Jahrbuch Baurecht 2011, 195; Vorwerk BauR 2003, 1, 5; Peters NZBau 2008, 609, 610; Motzke NZBau 2011, 705, 710; Ganten FS Franke 2009, 67). Die Frage ist nur, ob er die weiteren Leistungen zusätzlich vergütet verlangen kann. Das ist aber eine Frage der rechtlichen Einordnung des Vertrages und seiner Auslegung. Nur in Ausnahmefällen wird die Unmöglichkeit der Herbeiführung des vereinbarten Leistungserfolges zu bejahen sein, etwa wenn die Parteien eine Funktionalitätsvereinbarung getroffen haben, die technisch nicht zu verwirklichen ist (BGH, Urt. v. 8.5.2014 – VII ZR 203/11 und Urt. v. 9.7.2014 – VII ZR 161/13 – zur Vereinbarung der „uneingeschränkten Bruchsicherheit" einer Glasfassade). 221

Soweit für die Bauleistung allgemein anerkannte Regeln der Technik bestehen, beschreiben diese die im allgemeinen Rechtsverkehr erwartete Beschaffenheit und die stillschweigend vereinbarte Mindestqualität, so dass ein Verstoß gegen allgemein anerkannte Regeln der 222

Technik im Regelfall zu einem Mangel führt. Allgemein anerkannte Regeln der Technik für handwerkliche Gewerke (hier Holztreppen) können auch vorsehen, dass entweder bei bestimmten Bauteilen eine Mindeststärke eingehalten oder ein Standsicherheitsnachweis im Einzelfall vorgelegt werden muss (BGH, Urt. v. 7.3.2013 – VII ZR 134/12; die Bestätigung des Regelwerks als anerkannte Regel der Technik dürfte aber allein darauf zurückzuführen sein, dass der BGH sich an die entsprechende tatsächliche Feststellung des OLG gebunden fühlte.). DIN-Normen geben häufig den Inhalt der anerkannten Regeln der Technik wieder, allerdings können DIN-Normen auch überholt sein und hinter den allgemein anerkannten Regeln der Technik zurückbleiben. Eine Bauleistung kann aber auch dann mangelhaft sein, wenn sie mit den Anforderungen der geltenden technischen Regeln übereinstimmt. Ob die Hof- und Zugangsfläche einer Wohnanlage ein Gefälle zum leichteren Abfluss von Oberflächenwasser haben muss, kann nicht allein danach beurteilt werden, dass es in den einschlägigen DIN-Normen bzw. der Baubeschreibung nicht vorgesehen und auch nicht zwingend erforderlich ist. Es kommt vielmehr darauf an, ob der Besteller ein solches Gefälle nach den dem Vertrag zu Grunde liegenden Umständen, insbesondere dem vereinbarten Komfort- und Qualitätsstandard, erwarten kann (BGH, Urt. v. 21.11.2013 – VII ZR 275/12). Das ist in § 650k Abs. 2 BGB für den Verbraucher-Bauvertrag ausdrücklich festgeschrieben. Hat der Bauträger hochwertige Doppelhäuser in großzügiger Raumaufteilung und einer Bauqualität für anspruchsvolles Wohnen verkauft, müssen auch die Treppen im Keller- und Erdgeschoss diesem Qualitätsstandard entsprechen. Das ist nicht der Fall, wenn die Treppen als schwer begehbar empfunden werden (OLG Brandenburg Urt. v. 26.9.2013 – 12 U 115/12).

223 Besondere Probleme bereitet in der Praxis nicht selten die Frage, welche Bedeutung Aussagen in Werbebroschüren für die Bestimmung der geschuldeten Leistung beizumessen ist. Insoweit ist davon auszugehen, dass sich der Unternehmer an Aussagen zur Beschaffenheit, Funktion und Leistungsfähigkeit entsprechend den Grundsätzen des Kaufvertragsrechts zu öffentlichen Äußerungen des Anbieters i. S. v. § 434 Abs. 1 Satz 3 BGB gewährleistungsrechtlich festhalten lassen muss. Auch wenn § 434 Abs. 1 Satz 3 BGB wegen der regelmäßig größeren Individualbezogenheit des Werkvertrages nicht in § 633 BGB übernommen worden ist, ändert dies auch im werkvertraglichen Gewährleistungsrecht nichts daran, dass Werbeaussagen als Begleitumstände für die Vertragsauslegung erhebliche Bedeutung erlangen können und zu einer stillschweigenden Beschaffenheitsvereinbarung führen, wenn sie – dem Werkunternehmer erkennbar – für den Auftraggeber von erheblicher Bedeutung sind (OLG Düsseldorf, Beschl. v. 27.1.2015 – I – 22 U 154/14).

224 Andererseits steht es den Parteien im Rahmen der Vertragsfreiheit aber auch frei, geringere qualitative Anforderungen an das bestellte Werk zu stellen, als sie üblich sind (Beschaffenheitsvereinbarung „nach unten"). Um eine Vereinbarung der Beschaffenheit „nach unten" geht es aber dann nicht, wenn die Funktionstauglichkeit des Werks für den vertraglich vorausgesetzten Gebrauch mit der vertraglich vereinbarten Leistung oder Ausführungsart nicht zu erreichen ist (OLG Celle, Urt. v. 16.5.2013 – 13 U 11/09, rechtskräftig durch BGH, Beschl. v. 7.5.2015 – VII ZR 155/15).

2. Sonderregelungen für den Verbraucherbauvertrag

225 Wegen der besonderen Schutzbedürftigkeit des meist bauunkundigen Verbrauchers hat der Gesetzgeber durch das Gesetz zur Reform des Bauvertragsrechts mit Wirkung ab 1.1.2018 Sonderregelungen für den Verbraucher-Bauvertrag geschaffen, die auch für die Bestimmung des Leistungsumfangs des Unternehmers von erheblicher Bedeutung sind. Diese Regelungen betreffen Verbraucher-Bauverträge im Sinne von § 650i BGB, also alle Verträge, durch die der Unternehmer von einem Verbraucher zum Bau eines neuen Gebäudes oder zu erheblichen Umbaumaßnahmen an einem bestehenden Gebäude verpflichtet wird. Diese Verträge bedürfen gemäß § 650i Abs. 2 BGB der Textform. Die gesetzlichen Anforderungen an die Textform sind geringer als die an die Schriftform. Nach § 126b BGB genügt jede lesbare, dauerhafte Erklärung, in der die Person des Erklärenden genannt ist und erkennbar ist, dass diese Erklärung abgegeben wurde. Es bedarf keiner eigenhändigen Unterschrift. Eine Erklärung durch E-Mail, SMS bzw. auf DVD genügt. Nach § 650j BGB hat der Unternehmer den Verbraucher über die sich aus Art. 249 des Einführungsgesetzes zum Bürgerlichen Gesetzbuch ergebenden Einzelheiten in der dort vorgeschriebenen Form zu unterrichten, es sei denn, der Verbraucher oder ein von ihm Beauftragter macht die wesentlichen Planungsvorgaben. Nach § 650k Abs. 1 BGB werden die Angaben der vorvertraglich zur Verfügung gestellten Baubeschreibung Inhalt des Vertrags, es sei denn, die Vertragspartner haben ausdrücklich etwas anderes vereinbart.

Soweit die Baubeschreibung unvollständig oder unklar ist, ist der Vertrag nach §650k Abs. 2 BGB unter Berücksichtigung sämtlicher vertragsbegleitender Umstände, insbesondere des Komfort- und Qualitätsstandards nach der übrigen Leistungsbeschreibung, auszulegen. Zweifel bei der Auslegung des Vertrags bezüglich der vom Unternehmer geschuldeten Leistung gehen zu dessen Lasten. Nach §650k Abs. 3 BGB muss der Bauvertrag verbindliche Angaben zum Zeitpunkt der Fertigstellung des Werks oder, wenn dieser zum Zeitpunkt des Abschlusses des Bauvertrags nicht angegeben werden kann, zur Dauer der Bauausführung enthalten. Enthält der Vertrag diese Angaben nicht, werden die vorvertraglich in der Baubeschreibung übermittelten Angaben zum Zeitpunkt der Fertigstellung des Werks oder zur Dauer der Bauausführung Inhalt des Vertrags.

II. Sonstige vertraglich übernommene Leistungspflichten

Der Unternehmer hat auch die sonstigen Vereinbarungen des Vertrages einzuhalten. Welche das sind, ergibt sich aus den Einzelheiten des abgeschlossenen Vertrages. **226**

Zu den vertraglichen Vereinbarungen gehören häufig Bauzeitvereinbarungen. Die Einhaltung der vertraglich vereinbarten Bauzeit ist geschuldet. Ihre Überschreitung löst unter den gesetzlichen oder vertraglich vereinbarten Voraussetzungen den Verzug des Unternehmers aus und kann Ansprüche des Bestellers auf Ersatz des Verzugsschadens begründen. Insoweit wird auf die Ausführungen unter „IV. Leistungsstörungen" verwiesen. **227**

III. Weitere Pflichten des Unternehmers

Auch im Vertrag nicht ausdrücklich geregelte Pflichten können sich aus der Auslegung des Vertrages, insbesondere unter Berücksichtigung der gesamten Vertragsumstände und seines Zweckes ergeben. **228**

Der Gesetzgeber hat in §241 BGB die Pflichten aus einem Schuldverhältnis, gleich ob vertraglich oder gesetzlich geregelt. Mit dieser Regelung sollte die frühere Rechtsprechung zu den Schutz- und Rücksichtnahmepflichten in einem Schuldverhältnis kodifiziert werden. Das moderne Schuldrecht unterscheidet zwischen Leistungs- und Schutzpflichten (oder auch weiteren Verhaltenspflichten). Schutzpflichten aus einem Schuldverhältnis sollen den Gläubiger vor Beeinträchtigungen seiner gegenwärtigen Güterlage bewahren. Schutzpflichten verpflichten die Beteiligten zu einem gesteigerten Schutz der Rechtsgüter des jeweils anderen. Ihre Verletzung begründete bei Vertragsverhältnissen nach altem Recht Ansprüche aus positiver Vertragsverletzung. Im vorvertraglichen Verhältnis haben sie Ansprüche aus culpa in contrahendo begründet, weil die Rechtsprechung davon ausgegangen ist, dass auch vor dem Vertragsschluss bereits ein schuldrechtlich relevantes Verhältnis vorliegt. Das ist nunmehr in §311 Abs. 2 BGB ausdrücklich geregelt. Danach entsteht ein Schuldverhältnis mit Pflichten nach §241 Abs. 2 BGB auch durch **229**

1. die Aufnahme von Vertragsverhandlungen,
2. die Anbahnung eines Vertrags, bei welcher der eine Teil im Hinblick auf eine etwaige rechtsgeschäftliche Beziehung dem anderen Teil die Möglichkeit zur Einwirkung auf seine Rechte, Rechtsgüter und Interessen gewährt oder ihm diese anvertraut, oder
3. ähnliche geschäftliche Kontakte.

Nach §241 Abs. 3 BGB kann ein Schuldverhältnis mit Pflichten nach §241 Abs. 2 BGB auch zu Personen entstehen, die nicht selbst Vertragspartei werden sollen. Ein solches Schuldverhältnis entsteht insbesondere, wenn der Dritte in besonderem Maße Vertrauen für sich in Anspruch nimmt und dadurch die Vertragsverhandlungen oder den Vertragsschluss erheblich beeinflusst. **230**

Der Gesetzgeber hat es als seine Aufgabe angesehen, die genannten Regelungen zur Verletzung von vertraglichen Nebenpflichten im neuen BGB zu regeln, weil diese Regelungen zum Kernbestand des deutschen Zivilrechts gehörten und ihren Platz in der zentralen Kodifikation finden müssten (RegEntw. S. 283). Letztlich konnte eine solche Regelung nur inhaltsleer bleiben. Denn welche Schutzpflichten sich aus einem Schuldverhältnis ergeben, hängt von dem Schuldverhältnis im konkreten Fall ab. **231**

Abzugrenzen sind die Schutzpflichten von den Leistungspflichten. Diese Abgrenzung kann im Einzelfall schwierig sein. Das gilt insbesondere in den Fällen, in denen sonst als Schutzpflichten einzuordnende Pflichten kraft der vertraglichen Vereinbarung Gegenstand der Leis- **232** tungspflicht geworden sind. Die Begründung erwähnt insoweit Verträge über Beratungs- und Aufklärungspflichten.

233 Die Regelung der §§ 280, 281 BGB wird ergänzt durch § 282 BGB. Verletzt der Schuldner eine Pflicht, die nicht leistungsbezogen ist, so kann der Gläubiger, wie bei jeder anderen Pflichtverletzung, Schadensersatz verlangen. Von dieser Regelung sind diejenigen Tatbestände erfasst, die nach altem Recht Schadensersatzansprüche wegen positiver Vertragsverletzung begründeten.

234 **Beispiel:** Verschmutzen die Arbeiter des Unternehmers z.B. die vom Vorunternehmer frisch gestrichenen Wände der Küche bei der Frühstückspause, so muss der Unternehmer die Kosten für den Neuanstrich ohne weiteres als Schadensersatz leisten, § 280 BGB.

1. Kooperationspflicht

235 Wie auch der Besteller hat der Unternehmer die Verpflichtung zur Kooperation. Entstehen während der Vertragsdurchführung Meinungsverschiedenheiten zwischen den Parteien eines Bauvertrages über die Notwendigkeit oder die Art und Weise einer Anpassung des Vertrages oder seiner Durchführung an geänderte Umstände, sind die Parteien grundsätzlich verpflichtet, durch Verhandlungen eine einvernehmliche Beilegung der Meinungsverschiedenheiten zu versuchen (BGH, Urt. v. 28.10.1999 – VII ZR 393/98). Die unberechtigte Einstellung der Arbeiten zur Durchsetzung eines Nachtrags kann als schwerwiegende Verletzung der baurechtlichen Kooperationspflicht einen wichtigen Grund zur Kündigung des Bauvertrags darstellen und Schadensersatzansprüche auslösen (OLG Frankfurt, Urt. v. 21.9.2011 – 1 U 154/10).

2. Prüfungs- und Aufklärungspflichten

236 Mit Vertragsschluss trifft den Unternehmer die Verpflichtung, ein mangelfreies Werk herzustellen. Er hat dann die vertraglichen Rahmenbedingungen daraufhin zu überprüfen, ob sie geeignet sind, ein mangelfreies Werk entstehen zu lassen. Führt die Verletzung dieser Pflicht dazu, dass das Werk mangelhaft erstellt wird, ist der Vertrag nicht erfüllt. Daneben bestehen Schadensersatzansprüche wegen der Verletzung der Prüfungs- und Hinweispflicht.

3. Beratungspflichten

237 Beratungspflichten können schon mit Aufnahme der Vertragsverhandlungen entstehen, §§ 311 Abs. 2, 241 Abs. 2 BGB. Sie können sich aber auch als Haupt- bzw. Nebenpflichten aus dem abgeschlossenen Vertrag ergeben. Das gilt für alle Vertragsarten, in besonderer Weise aber für den Werkvertrag, weil der häufig wenig fachkundige Besteller von dem Unternehmer neben der eigentlichen Werkleistung – zu Recht oder zu Unrecht – auch fachliche Beratungsleistungen erwartet. So ist der Bauunternehmer beispielsweise verpflichtet, auf Widersprüche zwischen den Bauherrenanweisungen und den Bauzeichnungen hinzuweisen (BGH, Beschl. v. 18.1.2017 – VII ZR 181/16). Der mit der Erneuerung einer Heizungsanlage beauftragte Werkunternehmer hat den Auftraggeber darüber aufzuklären, dass die angebotene Anlage angesichts der baulichen Gegebenheiten nur dann wirtschaftlich betrieben werden kann, wenn umfangreiche und kostenintensive Wärmeschutzmaßnahmen an dem Gebäude durchgeführt werden (OLG Oldenburg, Urt. v. 9.10.2013 – 3 U 5/13, rkr. durch BGH, Beschl. v. 13.7.2016 – VII ZR 305/13).

238 Die Beratungspflicht kann im Einzelfall die Qualität einer Hauptleistungspflicht erlangen, für deren Verletzung der Unternehmer nach § 280 Abs. 1 BGB bzw. – wenn sie als werkvertragliche Verpflichtung einzuordnen ist – §§ 634 ff. BGB einzustehen hat und zwar unabhängig davon, ob das Werk als solches mangelfrei erstellt ist. Im Regelfall ist aber lediglich die Erbringung der geschuldeten Werkleistung Hauptleistungspflicht, die Beratungspflicht ist vertragliche Nebenpflicht. Auch wenn sie „nur" als solche anzusehen ist, hat sie aber für das Vertragsverhältnis erhebliche Bedeutung. Sie kann schon für die Bestimmung der geschuldeten Leistung wichtig sein. Ihre Verletzung kann zu einem Mangel des Werkes führen, aber auch – unabhängig von der mangelfreien Erstellung des Werkes – Schadensersatzansprüche auslösen.

a) Die Bedeutung der Beratungspflichten für die Bestimmung der geschuldeten Leistung

239 Beratungspflichten werden in der baurechtlichen Literatur üblicherweise im Zusammenhang mit der Frage diskutiert, ob das Werk mangelfrei erstellt worden ist bzw. ob dem Besteller ein

Schadensersatzanspruch wegen fehlerhafter Beratung zusteht. Dabei wird häufig ein wesentlicher Aspekt übergangen. Schon für die Bestimmung der geschuldeten Leistung kann es von ausschlaggebender Bedeutung sein, ob vorvertragliche Beratungspflichten bestanden und erfüllt worden sind.

Beispiel: Der Bauträger weist bei den Vertragsgesprächen vollmundig darauf hin, dass er persönlich dafür einstehe, „dass die Schalldämm-Werte in sämtlichen Räumen der Doppelhaushälfte voll und ganz den Vorgaben der DIN 4109 entsprechen". Der Erwerber, der von Schallschutz keine Ahnung hat, nimmt das hocherfreut zur Kenntnis, weil er nicht weiß, dass die (damalige) DIN 4109 technisch insoweit überholt war. Im notariellen Vertrag findet sich dieselbe Zusicherung. Nach Einzug stellt der Erwerber fest, dass die Geräuschbelästigung unerträglich ist. Der Bauträger verweist darauf, dass ein Schallschutz nach DIN 4109 im Vertrag ausdrücklich vereinbart und eingehalten sei. Mehr habe er nicht geschuldet. 240

Der Bundesgerichtshof hat dazu in seinen Urteilen vom 14.6.2007 – VII ZR 45/06 – und vom 4.6.2009 – VII ZR 54/07 – erklärt, dass sich der geschuldete Schallschutz nach den im Vertrag getroffenen Vereinbarungen richte. Vorzunehmen sei aber eine Gesamtabwägung, in die nicht nur der Vertragstext, sondern auch die erläuternden und präzisierenden Erklärungen der Vertragsparteien, die sonstigen vertragsbegleitenden Umstände, die konkreten Verhältnisse des Bauwerks und seines Umfeldes, der qualitative Zuschnitt, der architektonische Anspruch und die Zweckbestimmung des Gebäudes einzubeziehen seien. Der Erwerber einer Doppelhaushälfte mit üblichen Qualitäts- und Komfortansprüchen dürfe in der Regel einen entsprechenden Schallschutz erwarten, der sich nicht aus den Schalldämm-Maßen der DIN 4109 ergebe. Diese sollten nach ihrer Zweckbestimmung Menschen in Aufenthaltsräumen lediglich vor unzumutbaren Belästigungen schützen, das angegebene Schallschutzmaße entspreche aber nicht dem üblichen Qualitäts- und Komfortstandard. Das gelte selbst dann, wenn die Parteien in ihren vertraglichen Vereinbarungen ausdrücklich auf die DIN 4109 Bezug genommen hätten. Auch dann habe eine Gesamtabwägung stattzufinden. Wolle der Unternehmer von den (im Zeitpunkt des Vertragsschlusses geltenden) anerkannten Regeln der Technik abweichen, dürfe der Erwerber eine entsprechende Aufklärung erwarten, die ihm mit aller Klarheit verdeutliche, dass die Mindestanforderungen der in Bezug genommenen DIN-Norm nicht mehr den anerkannten Regeln der Technik entsprächen, er im konkreten Fall also einen Schallschutz erhalte, der deutlich unter den Anforderungen liege, die er für seine Wohnung eigentlich erwarten dürfe (so schon BGH, Urt. v. 16.7.1998 – VII ZR 350/96; Urt. v. 9.5.1996 – VII ZR 181/93; Urt. v. 17.5.1984 – VII ZR 169/82; Kögl, BauR 2009, 156). In der Regel habe der Erwerber nämlich keine Vorstellung davon, was sich hinter den Schalldämm-Maßen der DIN 4109 verberge. 241

Der Bundesgerichtshof hat damit allgemeine Grundsätze zur Vertragsauslegung aufgestellt, die über die entschiedenen Schallschutzfälle hinaus weitreichende Bedeutung haben. Dass nicht nur auf den Vertragstext, sondern auf die Gesamtheit aller relevanten Umstände abzustellen ist und dass der Erwerber grundsätzlich eine dem allgemeinen Qualitätsstandard seiner Wohnung entsprechende Leistung erwarten darf, bedarf keiner näheren Erläuterung. Wichtig ist aber der Hinweis darauf, dass auch die ausdrückliche Erwähnung einer technisch überholten DIN-Norm jedenfalls dann nicht maßgebend ist, wenn der unbedarfte Vertragspartner keine Vorstellung davon hat, was sich dahinter verbirgt. Etwas anderes gilt nur dann, wenn er über die Bedeutung und die Folgen dieser Vereinbarung in aller Klarheit aufgeklärt worden ist. Die geschuldete Leistung wird also in diesen Fällen maßgeblich davon bestimmt, ob der Vertragspartner seiner vorvertraglichen Beratungspflicht nachgekommen ist oder nicht. Das ist aber in aller Regel nicht der Fall, weil die Veräußerer diese Aufklärung aus nachvollziehbaren Gründen scheuen und die Rechtsprechung an die Erfüllung der Beratungspflicht und ihren Nachweis sehr hohe Anforderungen stellt. 242

Etwas anderes gilt natürlich dann, wenn der Besteller fachkundig ist und genau weiß, worauf er sich einlässt. Dann ist es den Parteien unbenommen, eine Ausführungsart zu vereinbaren, die jedenfalls in Teilbereichen hinter dem sonstigen Qualitätsstandard zurückbleibt. 243

b) Die rechtliche Einordnung der haupt- oder nebenvertraglichen Beratungspflichten und die Folgen ihrer Verletzung
aa) Beratungspflicht als Hauptleistungspflicht

Bauverträge sind in der Regel auf die Errichtung des von dem Besteller in Auftrag gegebenen Bauwerks gerichtet. Neben der Herstellungsverpflichtung kann der Unternehmer aber auch Beratungspflichten übernehmen, die rechtlich die Qualität einer Hauptleistungspflicht erlan- 244

§ 631

gen können. Diese auf Beratung gerichtete Hauptleistungspflicht kann mit der eigentlichen Herstellungsverpflichtung in so engem Zusammenhang stehen, dass ihre Verletzung zu einem Mangel des Werkes führt. Sie kann sich aber auch rechtlich so weit verselbständigen, dass ihre Verletzung – unabhängig von der mangelfreien Herstellung des Werkes – einen Schadensersatzanspruch aus § 280 Abs. 1 BGB bzw. §§ 634 Nr. 4, 636 BGB auslöst.

245 **(1) Die Beratungspflicht als Teil der Herstellungsverpflichtung.** Ein schönes Beispiel für die mit der Herstellungsverpflichtung verknüpften Beratungspflichten, deren Verletzung zu einem Mangel des Werkes führt, bietet der Architektenvertrag. Der Architekt übernimmt dabei üblicherweise ein ganzes Bündel von Haupt- und Nebenpflichten, darunter in planerischer, technischer und wirtschaftlicher Hinsicht auch umfangreiche Beratungspflichten, die rechtlich die Qualität einer Hauptleistungspflicht erlangen können.

246 **Beispiel:** Der Bauherr plant die Errichtung eines großen Verwaltungskomplexes mitten in Frankfurt, das Großunternehmen zur Anmietung angeboten werden soll, möglichst im Ganzen. Der Architekt legt eine beeindruckende Planung vor. Danach sollen zwei schmale 15-stöckige Gebäude errichtet werden, die im 5., 10. und 15. Stockwerk mit einem gläsernen Übergang verbunden sind. Der Bauherr ist begeistert. Nach Fertigstellung stellt sich heraus, dass die Büroflächen nicht vermietbar sind. Für kleinere Firmen sind sie von ihrem Zuschnitt her ungeeignet. Die angesprochenen Großunternehmen wären interessiert gewesen, wenn ihnen in dieser Lage Büroflächen von bestimmter Größe angeboten worden wären, stören sich hier aber an der Zerlegung in zwei Komplexe mit entsprechend geringeren Arbeitsflächen und der unglücklichen Verbindung durch lediglich drei Übergänge, durch die die Arbeitsabläufe nachhaltig erschwert werden.

247 Das ist ein Planungsfehler, der Architekt hat aber auch den Bauherrn falsch beraten. Folge dieses Planungs- und Beratungsfehlers ist, dass das erstellte Werk mangelhaft ist. Der Architekt haftet dafür nach §§ 634 Nr. 4, 636 BGB.

248 **(2) Die rechtlich selbständige (Haupt)-Beratungspflicht.** Der Unternehmer kann aber auch neben seiner Herstellungsverpflichtung rechtlich selbständige Beratungspflichten übernehmen, deren Verletzung dann einen Schadensersatzanspruch aus § 280 Abs. 1 BGB bzw. – wenn der Beratungsvertrag als Werkvertrag einzuordnen ist – Mängelansprüche aus §§ 634 ff. BGB auslöst, die rechtlich selbständig sind und auch dann bestehen, wenn das Bauwerk als solches mangelfrei errichtet worden ist.

249 Dabei kann es sich auch um eine Beratungspflicht handeln, die in engem Zusammenhang mit der Herstellungsverpflichtung steht, deren Verletzung aber nicht zu einem Mangel des Werkes führt.

250 **Beispiel:** Bauer B möchte auf seiner Wiese eine Windkraftanlage errichten. Der Berater der Landwirtschaftskammer rät zu einem etwas kleineren Windrad eines bestimmten Herstellers und legt dazu auch eine erfolgversprechende Wirtschaftlichkeitsberechnung vor, in die auch die zu erwartenden öffentlichen Mittel zutreffend eingestellt worden sind. B wendet sich an den Hersteller und legt diesem auch die Wirtschaftlichkeitsberechnung vor. Er bittet um Prüfung und Beratung, welche der von ihm angebotenen Anlagen er nehmen soll. Der Hersteller teilt ihm mit, er habe die Sache eingehend geprüft, die von dem Berater der Landwirtschaftskammer ins Auge gefasste Anlage sei für B goldrichtig. B erteilt den Auftrag. Die Anlage wird mangelfrei erstellt, die Wirtschaftlichkeitsberechnung erweist sich als zutreffend. Nunmehr erfährt B aber, dass einige Wochen vor Vertragsabschluss die Subventionsvorschriften geändert worden sind. Die zuständigen Behörden hatten sich entschlossen, größere Anlagen besonders großzügig zu fördern, um auf diese Weise die Zahl der Windkraftanlagen gering zu halten. Hätte B die nächstgrößere und nur wenig teurere Anlage gewählt, wäre er in den Genuss dieser besonders großzügigen Subventionen gekommen und hätte an der Anlage noch wesentlich mehr verdient, als es jetzt der Fall ist. Die Änderung der Rechtslage war dem Hersteller bestens bekannt. Er hatte B darauf aber nicht hingewiesen, weil er gerne seine kleineren Anlagen losschlagen wollte.

251 Hier hat der Unternehmer neben seiner Herstellungsverpflichtung eine Beratungspflicht übernommen, die – unterstellt – als Hauptleistungspflicht einzuordnen ist, weil die Beratungsleistung für B erkennbar von besonderer Bedeutung war. Die Verletzung dieser Beratungspflicht hat sich aber nicht in einem Mangel des Werkes niedergeschlagen. B hat ein Windrad eines bestimmten Typs bestellt und erhalten. Dieses funktioniert tadellos, es wirft auch den erwarteten Gewinn ab. Gleichwohl kann ihm gegen den Hersteller ein rechtlich selbständiger Schadensersatzanspruch wegen fehlerhafter Beratung zustehen.

bb) Beratungspflicht als vorvertragliche bzw. vertragliche Nebenleistungspflicht

Nebenvertragliche Hinweis- und Beratungspflichten sind in den unterschiedlichsten Formen denkbar. Sie können in engem Zusammenhang mit der Herstellungsverpflichtung stehen. In diesen Fällen kann ihre Verletzung zu einem Mangel des hergestellten Werkes führen, aber auch einen eigenständigen Schadensersatzanspruch auslösen. Sie können auch selbständig neben der werkvertraglichen Herstellungsverpflichtung stehen. In diesen Fällen kann ihre Verletzung einen Schadensersatzanspruch aus §§ 280 Abs. 1, 241 Abs. 2 BGB selbst dann auslösen, wenn das geschuldete Werk mangelfrei und pünktlich hergestellt worden ist. 252

(1) Entstehung und Umfang der nebenvertraglichen Beratungspflichten. Aus der Aufnahme von Vertragsverhandlungen bzw. aus dem abgeschlossenen Vertrag ergeben sich neben den Hauptleistungspflichten vielfältige rechtlich selbständige Nebenpflichten. Jede Partei ist nämlich zur Rücksichtnahme auf die Rechte, Rechtsgüter und Interessen der anderen Partei verpflichtet, §§ 311 Abs. 2, 241 Abs. 2 BGB. 253

Zu diesen Nebenpflichten können auch Beratungspflichten gehören, insbesondere dann, wenn eine der Parteien über überlegenes Fachwissen verfügt, auf das die andere Partei vertraut. Das ist gerade in Bausachen nicht selten der Fall. Hier kann die Beratungspflicht dann darauf gerichtet sein, Hinweise für den zweckmäßigen Arbeitsablauf zu geben, aber auch bessere oder wirtschaftlich günstigere Möglichkeiten aufzuzeigen. Es gehört auch zum Pflichtenkreis des sachkundigen Unternehmers, den nicht sachkundigen Besteller darüber aufzuklären, ob das bestellte Werk für den vorgesehenen Zweck tauglich ist und den Bedürfnissen des Bestellers entspricht (BGH, Urt. v. 2.7.1996 – X ZR 2/95; OLG Düsseldorf, Hinweisbeschl. v. 14.2.2014 – I – 22 U 101/13). 254

Er hat ihn ferner über die Wartung und Bedienung des Werkes – insbesondere bei technischen Anlagen – aufzuklären. Umgekehrt treffen aber auch den Besteller Aufklärungspflichten gegenüber dem Unternehmer. So hat der Besteller nicht nur für die Richtigkeit seiner dem Vertragsschluss zugrunde gelegten Angaben einzustehen, er hat den Unternehmer vielmehr auch über alle Umstände aufzuklären, aus denen Gefahren für das Gelingen des Werkes hervorgehen könnten. Der Zweck dieser gegenseitigen Aufklärungsverpflichtungen ist, dem jeweils anderen Vertragspartner Klarheit über die ihm unter Umständen drohenden Risiken und Gefahren zu verschaffen, die er auf Grund seiner eigenen Sach- und Fachkunde allein nicht zu erkennen oder richtig einzuschätzen vermag (BGH, Urt. v. 25.11.1986 – X ZR 38/85; Urt. v. 19.5.2011 – VII ZR 24/08). Den Parteien können auch nachvertragliche Beratungspflichten obliegen. Bemerkt der Unternehmer, dass Nachfolgeunternehmer das Werk gefährden oder dass die Mitarbeiter des Bestellers unsachgemäß damit umgehen, muss er den Besteller auf diese Risiken hinweisen und ihn über den sachgemäßen Umgang mit dem erstellten Werk beraten. Das gilt ebenso, wenn nach der Herstellung des Werkes auf Grund neuer technischer Erkenntnisse unerwartete Risiken und Gefahren zu befürchten sind (BGH, Urt. v. 19.5.2011 – VII ZR 24/08). 255

Der Umfang der Beratungspflichten hängt naturgemäß von den Umständen des Falles ab. Die beiderseitigen Hinweis- und Beratungspflichten haben aber auch ihre Grenzen. Der Rahmen der vertraglich übernommenen Verpflichtungen steckt bei einem Werkvertrag nämlich zugleich den Umfang der Obhuts- und Beratungspflichten ab (BGH, Urt. v. 3.5.2000 – X ZR 49/98). Diese Risikoverteilung darf nicht durch eine allzu großzügige Auferlegung von Beratungspflichten in ihr Gegenteil verkehrt werden. Grundsätzlich trifft den Besteller danach das Finanzierungs- und Verwendungsrisiko der von ihm in Auftrag gegebenen Leistung. Der Unternehmer muss ihn nicht darüber aufklären, dass er diese Leistung anderswo günstiger erhalten kann. Er muss auch nicht von sich aus Nachforschungen anstellen, wie der Besteller das in Auftrag gegebene Werk verwenden will. Der mit der Durchführung einer Reparatur beauftragte Unternehmer muss auch nicht von sich aus nachforschen, ob auch die von der Reparatur nicht betroffenen Teile der Anlage reparaturbedürftig sind (BGH, Urt. v. 3.5.2000 – X ZR 49/98). Derjenige, der sich ein technisches Gerät oder eine technische Anlage anschafft, muss sich grundsätzlich selbst darum kümmern, dass er damit umzugehen lernt. Das gilt insbesondere für den Bereich des industriellen Anlagenbaus (BGH, Urt. v. 25.11.1986 – X ZR 38/85). Anders liegt es, wenn der Unternehmer konkrete Anhaltspunkte dafür hat, dass eine bestimmte Verwendungsart beabsichtigt ist und das Werk sich dafür überhaupt nicht oder nur eingeschränkt eignet. So muss der Bauunternehmer, der mit der Planung und Errichtung einer als Fitnessstudio zu nutzenden Werkhalle aus Betonfertigteilen beauftragt ist, den Besteller darauf hinweisen, dass die vertragsgemäß vorgesehene Wärmedämmung für die vorgesehene Nutzung nicht ausreicht (OLG Köln NZBau 2013, 45). Der Unternehmer, der mit der Ver- 256

§ 631

legung von Natursteinplatten in einem Einfamilienhaus von gehobener Ausstattung beauftragt ist, kann auch verpflichtet sein, den nicht durch einen Architekten beratenen unkundigen Besteller darauf hinzuweisen, dass die nach den einschlägigen DIN-Normen hinzunehmenden Unregelmäßigkeiten in der Verlegung durch eine aufwändigere Verlegeart vermieden werden können (OLG Hamm Urt. v. 8.5.2012 – 21 U 89/11). Der Vertreiber eines Fertighauses, das auf einem Hanggrundstück errichtet werden soll, muss den Besteller vor Vertragsschluss darauf hinweisen, dass nur auf der Grundlage einer Höhenvermessung zuverlässig beurteilt werden kann, wie das Haus im Hang liegt und welche zusätzlichen Kosten durch die Hangbebauung zu erwarten sind (OLG Nürnberg, Urt. v. 17.6.2011 – 2 U 1369/10).

257 Etwas anderes gilt natürlich in den Fällen, in denen der Unternehmer gerade wegen seiner Fachkunde beauftragt worden ist, ein für den vorgesehenen Verwendungszweck geeignetes Werk zu planen und herzustellen. In diesen Fällen muss der Unternehmer von sich aus alle Umstände zu klären versuchen, die maßgeblich sind, insbesondere den genauen Verwendungszweck. Das gilt in besonderem Maße, wenn es sich um eine neuartige und noch nicht erprobte Anlage handelt (BGH, Urt. v. 9.7.1987 – VII ZR 208/86; Urt. v. 24.9.1992 – VII ZR 213/91). Im Einzelfall kann der fachkundige Unternehmer sogar verpflichtet sein, dem unbedarften Bauherrn von seiner Beauftragung mit bestimmten Arbeiten abzuraten, weil diese unzweckmäßig, nutzlos oder sogar schädlich wären (OLG Celle, Urt. v. 5.8.2010 – 16 U 11/10, IBR 2011 461 mit zustimmender Anm. Bröker).

(2) Rechtsfolgen der Verletzung vor- bzw. nebenvertraglicher Beratungspflichten.
258 Die Verletzung vor- bzw. nebenvertraglicher Beratungspflichten kann ganz unterschiedliche Rechtsfolgen auslösen. Sie kann – wie zu den oben erwähnten Schallschutzfällen dargelegt – für die Bestimmung der geschuldeten Werkleistung von maßgebender Bedeutung sein. Sie kann direkt zur Mängelhaftung führen, sie kann aber auch selbst bei mangelfreier Erstellung des geschuldeten Werkes Schadensersatzansprüche aus §§ 241 Abs. 2, 280 Abs. 1 BGB auslösen.

259 Bestimmt – wie in den oben erwähnten Schallschutzfällen – die Erfüllung der Beratungspflicht den geschuldeten Leistungsumfang, führt die unzureichende Beratung zwangsläufig zu einem Mangel des Werkes. Da der Bauträger den Erwerber nicht über die Bedeutung der Vereinbarung der Schalldämm-Maße der DIN 4109 aufgeklärt hatte, waren diese auch nicht wirksam vereinbart worden. Geschuldet waren damit deutlich höhere Schalldämm-Maße, wie sie dem sonstigen Qualitätskomfort des Hauses entsprachen. Da diese nicht eingehalten waren, war das Bauwerk mangelhaft. Hier führte die Verletzung der Beratungspflicht also direkt in die Mängelhaftung.

260 Das gilt im Ergebnis ebenso in den Fällen der (teil-)funktionalen Leistungsbestimmung. Hier wirkt sich die Verletzung der Beratungspflicht häufig nicht aus, weil der Leistungserfolg ohnehin funktional beschrieben ist und deshalb alles geschuldet wird, was zur Erreichung des Vertragszwecks erforderlich ist und bei ausreichender Beratung auch ausdrücklich vereinbart worden wäre.

261 In anderen Fällen schlägt sich die Verletzung der Beratungspflicht nicht in einem Sachmangel nieder, sondern – nicht selten – in einem Vermögensschaden.

262 **Beispiel:** Der Besteller beauftragt einen Fachunternehmer mit der Herstellung einer Biogasanlage. Die Parteien sprechen auch über die Finanzierung. Der Besteller erklärt, er werde den bereits ausgefüllten Antrag auf Gewährung öffentlicher Mittel in der folgenden Woche persönlich bei der zuständigen Behörde einreichen, zusammen mit dem abgeschlossenen Vertrag über die Errichtung der Anlage. Tatsächlich hängt, was der Besteller nicht weiß, die Gewährung der öffentlichen Mittel davon ab, dass der Antrag vor Vertragsabschluss eingereicht wird. Der Fachunternehmer, der das genau weiß, aber den Vertrag zum Abschluss bringen will, schweigt. Die Biogasanlage wird errichtet und funktioniert tadellos, der Antrag auf Gewährung öffentlicher Mittel wird aber als verspätet zurückgewiesen. Hier steht, bejaht man die Verletzung einer Beratungspflicht, dem Besteller ein Schadensersatzanspruch zu, unabhängig von der rechtzeitigen und mangelfreien Erfüllung der Herstellungsverpflichtung.

263 **Weiteres Beispiel:** Bauer B möchte die oben schon erwähnte Windkraftanlage errichten. Im Unterschied zu dem geschilderten Fall ersucht er den Hersteller aber nicht um eine eigene Prüfung und Beratung, sondern schickt ihm sogleich die Wirtschaftlichkeitsberechnung der Landwirtschaftskammer und das von ihm schon unterzeichnete Vertragsexemplar zu. Der Hersteller nimmt das Angebot an, ohne auf die Änderung in den Richtlinien für die Subventionierung hinzuweisen. Er erkennt zwar, dass die Wirtschaftlichkeitsberechnung

vor der Änderung der Richtlinien erstellt worden ist und dem B bei Antragstellung offensichtlich unbekannt war, möchte aber seine alten Anlagen verkaufen.

In diesem Fall ist zwar kein selbständiger Beratungsvertrag zustande gekommen. Mit Aufnahme der Vertragsverhandlungen entstand aber zwischen den Parteien ein Schuldverhältnis, das beide zur Rücksichtnahme auf die Rechtsgüter und Interessen des anderen Teils verpflichtete, §§ 311 Abs. 2, 241 Abs. 2 BGB. Der Hersteller war hier wohl auch ohne zusätzlichen Beratungsauftrag zu einem Hinweis auf die geänderten Richtlinien verpflichtet. Er hat daher den entstandenen Schaden zu ersetzen und B so zu stellen, wie er bei einem Hinweis auf die geänderten Richtlinien gestanden hätte, §§ 280 Abs. 1, 241 Abs. 2 BGB.

4. Pflicht zur Vorlage „bauwerkbezogener Unterlagen"

Der Auftragnehmer schuldet – wie oben dargelegt – die Herstellung eines mangelfreien und funktionsfähigen Werkes. Rechtlich nur unzureichend geregelt ist aber die Frage, ob und in welchem Umfang dazu auch die Bereitstellung „bauwerkbezogener Unterlagen" gehört und welche Form und welchen Detaillierungsgrad diese aufweisen müssen. Streitig ist auch, ob die unterbliebene oder unzureichende Vorlage bestimmter Unterlagen nach im Übrigen mangelfreier Herstellung des Werkes gegenstandslos sein kann oder ob sie zur Abnahmeverweigerung berechtigt bzw. zur Geltendmachung eines Zurückbehaltungsrechts, von Mängelansprüchen oder von selbständigen Erfüllungsansprüchen. Die kaum noch überschaubare Vielfalt der in Betracht kommenden Unterlagen

- Bauaufsichtliche Zulassungen, Zeugnisse über Güteprüfungen, Zertifizierungen
- Prüfprotokolle zum Nachweis der fachgerechten Ausführung
- Revisionspläne, Bestandszeichnungen, Schaltpläne
- Bedienungsanleitungen, Wartungshinweise
- sonstige vertraglich vereinbarte Dokumentationen

schließt eine „summarische Gesamtbetrachtung" aus. Es muss vielmehr im Einzelfall sehr genau geprüft werden, um welche „bauwerkbezogene Unterlage" es geht, ob und aus welchem Grunde ihre Vorlage geschuldet ist, in welcher Form und in welchem Detaillierungsgrad sie zu erbringen ist und welche Rechtsfolgen sich aus der unterbliebenen oder unzureichenden Vorlage ergeben.

a) Rechtsgrundlage

aa) Verbraucher-Bauverträge

Für Verbraucher-Bauverträge gilt die Sonderregelung in § 650n, BGB, wonach der Unternehmer vor Ausführung Planungsunterlagen zu übergeben hat und nach Fertigstellung bestimme Dokumentationsunterlagen zur ausgeführten Leistung (→ § 650n BGB Rdn. 1).

bb) Anderweitige Rechtsgrundlagen

Rechtlich kann sich die Verpflichtung des Auftragnehmers zur Vorlage bestimmter Unterlagen schon aus dem Gesetz ergeben, etwa weil sie zum üblichen Leistungsumfang gehört, sie kann aber auch vertraglich vereinbart sein, individualvertraglich bzw. formularmäßig, auch durch wirksame Einbeziehung der VOB/C, die für zahlreiche Gewerke die Vorlage bestimmter Unterlagen – etwa von Prüfprotokollen – vorsieht. Das ist im jeweiligen Einzelfall zu klären. Besondere Probleme bereiten dabei in der Praxis die Fragen, ob auch ohne gesonderte vertragliche Vereinbarung eine Vorlagepflicht besteht und welche Form und Detaillierungsgrad die vorzulegenden Unterlagen aufweisen müssen. Auch die einschlägigen DIN-Normen helfen hier häufig nicht weiter. Probleme bereiten auch die Fälle, in denen der Auftraggeber dem Auftragnehmer durch AGB über den üblichen Leistungsumfang hinaus umfangreiche und oft schwer zu erfüllende Nachweispflichten auferlegt. Derartige Klauseln können – sofern sie nicht ausnahmsweise einschränkend auszulegen sind (so OLG Frankfurt Urt. v. 24.2.2015 – 16 U 135/14 zur Reichweite einer vertraglichen Abrede darüber, dass bestimmte Unterlagen baubegleitend zu erstellen und auf Datenträger mit dem Datenformat dwg zu liefern waren, bei dem es sich um ein Dateiformat für 2D- oder 3D Zeichnungen handelt, das für die Bestandsdokumentation zweckmäßig sein kann, für bloße Messprotokolle aber keinen Sinn macht) – gemäß § 305 ff. BGB unwirksam sein, etwa weil sie überraschend sind oder den Auftragnehmer unangemessen benachteiligen. Das kann auch dann der Fall sein, wenn sich die auferlegte Dokumentationspflicht im Prinzip aus der wirksam einbezogenen

§ 631

DIN-Norm ergibt, die Vertragsklausel aber hinsichtlich Form und Detaillierungsgrad über das gebotene Maß deutlich hinausgeht.

b) Einzelfälle

268 Besteht eine Verpflichtung zur Vorlage bestimmter Unterlagen und ist der Auftragnehmer dieser nicht hinreichend nachgekommen, ist in jedem Einzelfall zu prüfen, welche Rechtsfolgen sich aus dieser Pflichtverletzung ergeben. Auch hier verbietet sich eine „summarische Gesamtbetrachtung". Es sollen vielmehr einige praktisch bedeutsame Fallgruppen genauer betrachtet werden.

aa) Nachweise über die Überprüfung bestimmter Arbeiten während des Herstellungsvorgangs

269 Bestimmte „bauwerkbezogene Unterlagen" dienen dem Nachweis, dass einzelne Leistungen schon während des Herstellungsvorgangs auf ihre Mangelfreiheit überprüft worden sind. Das ist insbesondere dann sinnvoll, wenn diese Leistungen nach Fortführung der Arbeiten bzw. Fertigstellung des Bauvorhabens gar nicht mehr oder nur mit großem Aufwand überprüft bzw. Mängel nur noch mit hohem Aufwand beseitigt werden können. Das gilt beispielsweise für Protokolle über durchgeführte Druckprüfungen nach DIN 18380 Abschnitt 3.7. Umstritten ist, ob derartige Prüfprotokolle bei der Abnahme auch ohne fehlende vertragliche Abrede generell vorzulegen sind, um die Einhaltung der Regeln der Technik und die Erbringung einer vertragsgemäßen Leistung nachzuweisen, und ob bei ihrem Fehlen die Abnahme verweigert werden darf (dazu OLG Rostock NJW-RR 1995, 1422 mit Anm. Kniffka IBR 1995, 333; OLG Brandenburg Urt. v. 4.7.2012 – 13 U 63/08 mit Anm. Lotz NZBau 2012, 570ff.; Mandelkov BauR 2007, 1474, 1477f.). Das wird bei Druckprüfungsprotokollen jedenfalls dann zu verneinen sein, wenn die Dichtigkeit anderweitig, etwa durch Sachverständigengutachten, nachgewiesen ist (OLG Stuttgart Beschl. v. 25.1.2010 – 10 U 119/09; Berding IBR 2010, 443). Das Fehlen derartiger Prüfprotokolle berechtigt den Auftraggeber auch dann nicht mehr zur Abnahmeverweigerung, wenn die Anlage bereits zwei Jahre in Betrieb ist und sich Anzeichen für eine mangelnde Dichtigkeit der Leitungen nicht ergeben haben (OLG Köln Urt. v. 7.8.2015 – I – 19 U 104/04). Ist die notwendige Druckprüfung unterblieben, das Bauwerk aber gleichwohl ohne Vorbehalt abgenommen und liegen keine Anhaltspunkte für Undichtigkeiten (etwa erhöhter Wasserverbrauch) vor, besteht – sofern keine weitergehenden vertraglichen Abreden getroffen sind – wohl auch kein Anspruch mehr auf die nachträgliche Durchführung von Druckprüfungen bzw. die Erstellung von Druckprüfungsprotokollen (OLG Brandenburg Urt. v. 4.7.2012 – 13 U 63/08).

bb) Revisionsunterlagen/-pläne

270 Diese Unterlagen dienen nicht dem Nachweis der fachgerechten Ausführung. Es handelt sich vielmehr um bauwerkbezogene Unterlagen, die den Auftraggeber darüber informieren sollen, wie das Bauwerk im Einzelnen ausgeführt worden ist (etwa Installations- oder Verteilerpläne). Damit soll dem Auftraggeber die Möglichkeit verschafft werden, später auftretende Funktionsbeeinträchtigungen, Mängel oder Schäden schnell und einfach zu lokalisieren und zu beheben. Auch bei einem späteren Umbau können solche Pläne sehr hilfreich sein. Sie sind daher auch bei im Übrigen mangelfreier Erstellung des Bauwerks von erheblicher Bedeutung. Was unter dem Begriff „Revisionsunterlagen" genau zu verstehen ist, ist im Gesetz nicht geregelt. Auch den technischen Regelwerken – etwa den DIN 18379 (Lüftungsanlagen), 18380 (Heizanlagen und zentrale Wassererwärmungsanlagen) bzw. 18381 (Wasser- und Entwässerungsanlagen) – ist eine allgemeine Begriffsbestimmung nicht zu entnehmen. Sie enthalten zwar konkrete Vorgaben über die Verpflichtung zur Vorlage derartiger Unterlagen, regeln aber nicht deren Umfang, Form und Detaillierungsgrad. Es kann daher nur dringend angeraten werden, diese Frage vertraglich genau zu regeln (so auch Miegel/Lennertz in Beck'scher VOB-Kommentar, Teil C, DIN 18380 Rn. 202). Da das in der Praxis aber häufig versäumt wird, kommt es darüber immer wieder zu unerfreulichen Rechtsstreitigkeiten, zumal der Umfang der Vorlagepflicht auch von dem Umfang und der Komplexität des Vorhabens abhängig sein kann und auch die Form und der im Einzelfall geschuldete Detaillierungsgrad häufig nur mit sachverständiger Hilfe zu ermitteln sind.

271 Legt der Auftragnehmer vertraglich geschuldete Revisionsunterlagen nicht vor, ist das im Regelfall als Mangel der Werkleistung anzusehen. Streitig ist, ob der Auftraggeber deshalb die Abnahme des im Übrigen mangelfreien Werkes verweigern darf (OLG Stuttgart Beschl.

Werkvertragsrecht **§ 631**

v. 25.1.2010 – 10 U 119/09 – spricht insoweit von einer „Hauptpflicht". Miegel/Lennertz in Beck'scher VOB-Kommentar, Teil C, DIN 18380 Rn. 202 bezeichnen die Vorlage als „zentrale Leistung".). Das OLG Celle geht in einer schon älteren Entscheidung (OLG Celle BauR 1995, 261; so auch Oppler In Ingenstau/Korbion, VOB/B, § 12 Abs. 3 Rn. 4) davon aus, dass das Fehlen geschuldeter Revisionsunterlagen in aller Regel nicht als wesentlicher Mangel anzusehen sei, der zur Abnahmeverweigerung berechtige, wohl aber zur Geltendmachung eines Zahlungsverweigerungsrechts nach §§ 320, 641 Abs. 3 BGB. Folgt man dem, besteht nur ein Zurückbehaltungsrecht in Höhe des Doppelten der für die Mangelbeseitigung = nachträgliche Herstellung der Revisionsunterlagen erforderlichen Kosten (OLG Frankfurt Urt. v. 24.2.2015 – 16 U 135/14). Dabei sind die Kosten aus der Beauftragung eines Drittunternehmers zu Grunde zu legen und nicht die beim Auftragnehmer ggf. anfallenden oder von ihm kalkulierten Kosten (wohl verkannt in der Entscheidung OLG Brandenburg Urt. v. 4.7.2012 – 13 U 63/08). Demgegenüber haben die Oberlandesgerichte Bamberg (OLG Bamberg Urt. v. 8.12.2010 – 3 U 93/09) und Hamm (OLG Hamm Urt. v. 17.6.2008 – 19 U 152/04) auch ein Recht zur Abnahmeverweigerung bejaht. Die Nichtzulassungsbeschwerde gegen das Urteil des OLG Hamm hat der BGH zurückgewiesen und damit zu Recht die große Bedeutung der Revisionsunterlagen bestätigt (BGH Beschl. v. 18.6.2009 – VII ZB 184/08; ferner Urt. v. 29.6.1993 – X ZR 60/92; Urt. v. 18.02.2003 – X ZR 245/00; Kniffka/Pause-Vogel, Bauvertragsrecht, § 640 BGB Rn. 40). Dem Auftraggeber ist es aber auch unbenommen, das Fehlen der Revisionsunterlagen bei der Abnahme zu rügen, die Leistung abzunehmen und den Anspruch auf die Vorlage der Revisionsunterlagen selbständig weiterzuverfolgen. Anders als bei den unter 1) beschriebenen Unterlagen besteht der Anspruch nämlich trotz Abnahme fort, weil der Auftraggeber an der nachträglichen Vorlage ein berechtigtes Interesse hat. Ob das auch dann gilt, wenn der Auftraggeber das Fehlen der Revisionsunterlagen bei Abnahme nicht gerügt hat, hat die Rechtsprechung bislang nicht entschieden. Auch wenn man in diesem Fall § 640 Abs. 2 BGB für anwendbar hielte, stünde ihm gleichwohl ein Schadenersatzanspruch gemäß § 634 Nr. 4, 656, 280, 281 BGB zu.

cc) Abnahmebescheinigungen

Diese Unterlagen – etwa der Schlussabnahmeschein des Schornsteinfegers – haben häufig eine Zwitterfunktion. Einerseits bestätigen sie die bei der Abnahme zu prüfende Übereinstimmung mit den öffentlich-rechtlichen Bauvorschriften, andererseits können sie für den künftigen Betrieb der Anlage erforderlich sein. So gehört die Mitteilung der Ventileinstellung zur künftig benötigten Dokumentation, um beim Verstellen der Werte diese problemlos wieder in die ursprüngliche Position zu bringen (Lotz NZBau 2012, 573). Die Rechtsfolgen der unterbliebenen Vorlage entsprechen daher eher den unter bb) dargelegten Grundsätzen. **272**

dd) Bedienungsanleitungen und Wartungshinweise

Ähnliches gilt für die Unterlagen, die für den **Betrieb und die Instandhaltung erforderlich** sind. Auch hier kommt es – sind keine konkreten Abreden getroffen – bei der Auslegung der vertraglichen Vereinbarungen und der Bestimmung der geschuldeten Leistungen, der Form und des Detaillierungsgrades der vorzulegenden Unterlagen auf die Umstände des Einzelfalles an. Im Streitfall lässt sich daher oft nur mit sachverständiger Hilfe ermitteln, welche Bedienungsanleitungen und Wartungshinweise, in welcher Form und in welchem Detaillierungsgrad erforderlich sind und üblicherweise vorgelegt werden. Geschuldete Bedienungsanleitungen und Wartungshinweise sind im Regelfall aber so bedeutsam, dass ihr Fehlen oder ihre unzureichende Vorlage zur Abnahmeverweigerung berechtigen kann (BGH, Urt. v. 16.12.2003 – X ZR 129/01). **273**

ee) Werkzeichnungen, Ergebnisse von Güteprüfungen

Nach § 4 Abs. 1 Nr. 2 VOB/B hat der Auftragnehmer auf Verlangen des Auftraggebers Werkzeichnungen und andere Ausführungsunterlagen sowie die Ergebnisse von Güteprüfungen zur Einsicht vorzulegen und die erforderlichen Auskünfte zu erteilen. Dadurch soll der Auftraggeber in die Lage versetzt werden, schon im Ausführungsstadium zu prüfen, ob die Werkzeichnungen und anderen Ausführungsunterlagen plangerecht gefertigt wurden. Insbesondere die Ergebnisse von Güteprüfungen sind aufgrund der Vielfalt neuer Baustoffe und Bauteile von erheblicher Bedeutung (Kapellmann/Messerschmidt-Merkens, VOB/B, § 4 Rn. 17). Auch hier hängt es aber von den Umständen des Einzelfalles ab, welche Unterlagen, in welcher Form und in welchem Detaillierungsgrad geschuldet sind, was im Streitfall oft nur mit sachverständiger Hilfe zu klären sein wird. **274**

IV. Leistungsstörungen

275 Eine der wesentlichen Neuerungen der Schuldrechtsmodernisierung 2002 war die prinzipielle Auflösung der alten Tatbestände für Leistungsstörungen. Das alte BGB differenzierte zwischen verschiedenen Leistungsstörungen und knüpfte die erforderlichen Sanktionen an ganz unterschiedliche Voraussetzungen. So kannte es die anfängliche und nachträgliche Unmöglichkeit einer Leistung und die objektive und subjektive Unmöglichkeit, insgesamt vier Varianten, die zum großen Teil unterschiedliche Rechtsfolgen auslösten, wie Nichtigkeit des Vertrages, Garantiehaftung des Schuldners oder Verpflichtung zum Ersatz des Erfüllungs- bzw. Vertrauensinteresses. Es kannte den Verzug mit Haupt- und mit Nebenpflichten. Und vor allem kannte es auch die Schlechtleistung, die zu Gewährleistungsansprüchen führte, daneben aber andere Rechtsinstitute neben sich gelten lassen musste, wie die positive Vertragsverletzung oder das Verschulden bei Vertragsschluss. Zu diesen unterschiedlichen Rechtsinstituten hat sich eine Flut von Rechtsprechung entwickelt, die letztlich zu einer recht unüberschaubaren Rechtslage geführt hat. Diese hat auch zu Irritationen im Bauvertragsrecht geführt. So war es z.B. kaum nachvollziehbar, dass der Unternehmer für einen so genannten entfernten Mangelfolgeschaden dreißig Jahre haftete, für den Mangel selbst und den so genannten engen Mangelfolgeschaden nur sechs Monate oder fünf Jahre bei Arbeiten am Bauwerk. Drang z.B. wegen einer fehlerhaften Abdichtung sechs Jahre nach Abnahme Feuchtigkeit in ein Bauwerk, so musste der Unternehmer zwar nicht mehr den Mangel selbst beseitigen (Mangelschaden) und auch nicht die Schäden am Bauwerk (Mangelfolgeschäden), wohl aber noch die Schäden an den Möbeln ersetzen (entfernte Mangelfolgeschäden).

276 Das alles hat sich mit Schuldrechtsreform von 2002 geändert. Das Gesetz kommt nun mit einem einheitlichen Tatbestand der Pflichtverletzung aus. Der Begriff der Pflichtverletzung umfasst alle Formen der Leistungsstörungen. Mit der Pflichtverletzung wurde ein Grundtatbestand geschaffen, der die Grundsätze der positiven Vertragsverletzung verallgemeinert und zugleich die Abgrenzung zu den gesetzlich besonders geregelten Fällen der Unmöglichkeit, des Verzugs und zur Sonderregelung der Gewährleistung weitgehend überflüssig macht. Es ist unerheblich, ob der Schuldner eine Haupt- oder eine Nebenpflicht, eine Leistungs- oder eine Schutzpflicht verletzt hat. §280 Abs. 1 BGB stellt allein auf die Kausalität zwischen der Pflichtverletzung und dem Schaden ab.

277 Die Rechtsfolgen sind Schadensersatz oder Rücktritt. Bezüglich des Schadensersatzes finden die §§280ff. BGB Anwendung. Der vertragliche Schadensersatzanspruch ist grundsätzlich auf das positive Interesse gerichtet. Die verschiedenen Vorschriften erklären sich mit zusätzlichen Voraussetzungen für bestimmte Schadensarten. Voraussetzung für Verzögerungsschäden ist grundsätzlich eine Mahnung (§§280 Abs. 2, 286 BGB), während Schadenersatz statt der Leistung erst nach Nachfrist möglich ist (§§280 Abs. 3, 281 Abs. 1 BGB). Der Rücktritt vom gegenseitigen Vertrag ist in §§323ff. BGB geregelt, die Unmöglichkeit und deren Rechtsfolgen in §275, §283, §311a, §326. §634 BGB verweist für die Gewährleistungsrechte nunmehr weitgehend auf diese Regelungen.

1. Unmöglichkeit

278 Die Unmöglichkeit der Werkleistung wird in §§275, 283 und 311a, 326 BGB geregelt.

a) Grundsatz

279 Ist die geschuldete Leistung unmöglich, wird der Unternehmer von seiner Leistungspflicht gemäß §275 Abs. 1 BGB unabhängig davon frei, ob er die Unmöglichkeit zu vertreten hat. Das gilt sowohl für die anfängliche als auch für die nachträgliche Unmöglichkeit. Auch wird nicht zwischen objektiver und subjektiver Unmöglichkeit unterschieden. Der Anspruch auf die Gegenleistung, also im Regelfall die Vergütung, entfällt, §326 Abs. 1 BGB, es sei denn, der Besteller hat die Unmöglichkeit allein oder überwiegend zu vertreten oder sie tritt in einer Zeit ein, in der der Besteller in Annahmeverzug war, §326 Abs. 2 BGB. In diesem Fall behält der Unternehmer den Anspruch auf die Gegenleistung, jedoch abzüglich der ersparten Aufwendungen, des anderweitigen Erwerbs und des böswillig unterlassenen anderweitigen Erwerbs.

b) Anfängliche Unmöglichkeit

280 Nach §311a Abs. 1 BGB steht es der Gültigkeit eines Vertrags nicht entgegen, dass die Leistung für den Unternehmer oder für jedermann schon bei Vertragsschluss unmöglich ist.

§ 631

aa) Garantiehaftung nach altem Recht

281 Nach altem Recht führte die anfängliche Unmöglichkeit, eine Bauleistung so zu erbringen, wie sie vertraglich vereinbart war, nicht gemäß § 306 BGB a. F. zur Nichtigkeit des Vertrages. Die Rechtsprechung nahm vielmehr eine Garantiehaftung des Unternehmers an. Sie gewährte dem Besteller Schadensersatzansprüche nach § 635 BGB a. F. So haftete z. B. ein Generalunternehmer auf Schadensersatz wegen Nichterfüllung, wenn er einen Vertrag über die Errichtung eines Bauwerks nach der von ihm gefertigten und zum Vertragsgegenstand gewordenen Planung geschlossen hatte, diese Planung jedoch nicht genehmigungsfähig war (BGH, Urt. v. 21.12.2000 – VII ZR 17/99; Urt. v. 24.11.1988 – VII ZR 222/87). Der Bundesgerichtshof hat es stets abgelehnt, solche Verträge gemäß § 306 BGB a. F. als nichtig anzusehen, obwohl sie nicht durchführbar waren.

bb) Änderungen nach neuem Recht

282 Voit (BauR 2002, 149) meint, dieser Garantiegedanke habe auch weiterhin Gültigkeit. § 311a BGB sei nur in den seltenen Fällen anwendbar, in denen auch nach altem Recht ausnahmsweise eine Nichtigkeit des Vertrages angenommen worden sei. Andere weisen darauf hin, dass die Rechtsprechung weiterhin die Möglichkeit habe, in den Fällen des anfänglichen Unvermögens zu den bisherigen Ergebnissen zu gelangen. In dem Versprechen einer Leistung liege die Garantie einer gegenwärtigen Leistungsfähigkeit (Zimmer, NJW 2002, 1, 3).

283 Dem kann nicht zugestimmt werden. Gesetzgeberisches Ziel war es, die bisherige Garantiehaftung abzuschaffen (Teichmann, BB 2001, 1485, 1487; vgl. auch Canaris, JZ 2001, 499, 506). Es ist naheliegend, dass die Rechtsprechung auf die bisherigen Fälle der Garantiehaftung § 311a BGB anwendet und zwar unabhängig davon, ob es sich um objektive oder subjektive Unmöglichkeit handelt (für das anfängliche Unvermögen will Voit, BauR 2002, 151, offenbar § 311a BGB anwenden). Denn die Garantiehaftung hatte ohnehin nur den Sinn, einen bei Nichtigkeit des Vertrages sonst nicht bestehenden Schadensersatzanspruch wegen Nichterfüllung zu gewähren. Dieser ist nun in § 311a BGB geregelt. Gegen den Fortbestand einer Garantiehaftung spricht auch, dass der Gesetzgeber die Garantie als besonders zu vereinbarenden Fall der Haftung geregelt hat, § 276 BGB (vgl. auch Gegenäußerung Nr. 53, in der eine vom Bundesrat geforderte Garantiehaftung wegen Rechtsmängeln, BR-Stellungn. Nr. 53, abgelehnt wird). Eine Garantievereinbarung setzt voraus, dass sie anlässlich des Abschluss eines Vertrages. Das ist mittlerweile für den Kaufvertrag klargestellt (BGH, Urt. v. 19.10.2007 – V ZR 211/06) und muss in gleicher Weise auch für den Werkvertrag gelten. (so auch Teichmann, a. a. O.), zumal das Herstellungsrisiko in der Regel größer ist als das Beschaffungsrisiko beim Kaufvertrag.

cc) Schadensersatzregelung bei anfänglicher Unmöglichkeit

284 Nach § 311a BGB steht es der Wirksamkeit eines Vertrags nicht entgegen, dass der Unternehmer nach § 275 Abs. 1 bis 3 BGB nicht zu leisten braucht und das Leistungshindernis schon bei Vertragsschluss vorliegt. § 275 Abs. 1 BGB regelt die Unmöglichkeit dahin, dass der Anspruch auf Leistung ausgeschlossen ist, soweit diese für den Unternehmer oder für jedermann unmöglich ist. Der Unternehmer ist also nicht verpflichtet, eine Bauleistung zu erbringen, die er nicht erbringen kann. Dabei kommt es nicht darauf an, ob die Bauleistung aus tatsächlichen oder rechtlichen Gründen unmöglich ist. Ein rechtlicher Grund für die Unmöglichkeit liegt zum Beispiel vor, wenn für die beabsichtigte Bauleistung keine Baugenehmigung erlangt werden kann, aber z. B. auch dann, wenn der Bauträger das Grundstück nicht erwerben kann oder z. B. eine notwendige Teilungserklärung öffentlich-rechtlich nicht erteilt werden kann (vgl. Wälzholz/Bülow, MittBayNot 2001, 509, 510). Die Unmöglichkeit ist auch dann zu bejahen, wenn die Parteien Anforderungen an die Funktionalität des Werkes vereinbart haben, die technisch nicht einzuhalten sind. Das ist beispielsweise der Fall, wenn sie vertraglich die „uneingeschränkte Bruchsicherheit" einer einzubauenden Glasfassade vereinbart haben, obwohl Brüche durch zerstörende Einflüsse (Nickelsulfid) auch bei Ausschöpfung aller technischen Möglichkeiten (etwa Heißlagerungstest = „Heat-Soak-Test") nicht gänzlich auszuschließen sind (BGH, Urt. v. 8.5.2014 – VII ZR 203/11 und Urt. v. 9.7.2014 – VII ZR 161/13).

285 Die Folge der Unmöglichkeit ist das Entfallen des Erfüllungsanspruches und damit ebenso des Nacherfüllungsanspruches (§ 634 Nr. 1, 3 635 Abs. 1 BGB) und des Selbstvornahmerechts einschließlich des Vorschussanspruches gemäß § 634 Nr. 2, § 637 BGB (BGH, Urt. v. 23.11.2000 – VII ZR 242/99). Den Unternehmer trifft aber bei der anfänglichen Unmöglichkeit die Schadensersatzverpflichtung nach § 311a Abs. 2 BGB. Der Besteller kann nach seiner Wahl Schadensersatz statt der Leistung oder Ersatz seiner Aufwendungen in dem in § 284

§ 631

BGB bestimmten Umfang verlangen. Dies gilt nicht, wenn der Unternehmer das Leistungshindernis bei Vertragsschluss nicht kannte und seine Unkenntnis auch nicht zu vertreten hat. § 281 Abs. 1 Satz 2 und 3 und Abs. 5 BGB finden entsprechende Anwendung.

286 Der Schadensersatz wegen Nichterfüllung nach dem Recht vor der Schuldrechtsmodernisierung kann also nur verlangt werden, wenn der Unternehmer die anfängliche Unmöglichkeit kannte oder verschuldet nicht kannte (BGH, Urt. v. 8.5.2014 – VII ZR 203/11). Wird der Unternehmer von der Unmöglichkeit ohne Verschulden überrascht, gibt es keine Schadensersatzansprüche des Bestellers. Allerdings dürften hohe Anforderungen an die Erkundigungspflicht des Unternehmers zu stellen sein (vgl. Medicus, ZfBR 2001, 507, 508). In den Fällen nicht erteilter Baugenehmigungen dürfte in aller Regel eine Erkennbarkeit vorliegen. Auch in den Fällen, in denen Werkleistungen versprochen werden, die technisch nicht machbar sind, dürfte im Regelfall ein Erkennbarkeitsvorwurf zu machen sein. Der Unternehmer muss sich vor Vertragsschluss vergewissern, was möglich ist.

287 Die Erfüllung seiner vertraglichen Pflichten kann dem Unternehmer aber auch nachträglich unmöglich werden. Das ist beispielsweise der Fall, wenn der Nachunternehmer noch ausstehende Teile seiner dem Hauptunternehmer geschuldeten Leistung aufgrund eines gesonderten Vertrages direkt für dessen Auftraggeber erbringt. Der Vergütungsanspruch des Nachunternehmers gegen den Hauptunternehmer ist in diesem Fall entsprechend § 441 Abs. 3 BGB in gleicher Weise zu errechnen wie der Anspruch auf Vergütung aus einem gekündigten Werkvertrag (BGH, Urt. v. 17.7.2007 – X ZR 31/06; Urt. v. 14.1.2010 – VII ZR 106/08).

288 Der Schadensersatzanspruch aus § 311a Abs. 2 BGB umfasst auch den Anspruch des Bestellers auf Erstattung der ihm entstandenen Folgeschäden. § 311a Abs. 2 BGB tritt als eigenständige Anspruchsgrundlage an die Stelle von § 280 BGB, so dass es für Folgeschäden eines Rückgriffs auf diese Norm nicht bedarf (BGH, Urt. v. 8.5.2014 – VII ZR 203/11 und Urt. v. 9.7.2014 – VII ZR 161/13).

dd) Sonstige Schadensersatzregelung

289 Einen Schadensersatzanspruch gibt das Gesetz auch in den Fällen des § 275 Abs. 2 bis 3 BGB, also in den Fällen, in denen der Schuldner die Leistung wegen unverhältnismäßiger Aufwendungen oder wegen Unzumutbarkeit verweigert.

2. Mangelhafte Leistungen

290 Das Haftungsrecht für Mängel ist in → §§ 633 ff. BGB geregelt. Auf die Kommentierung dort wird verwiesen.

3. Verzögerte Leistungen

291 Verzögert der Unternehmer die vertraglich geschuldeten Leistungen, sind die Rechtsfolgen aus dem allgemeinen Schuldrecht abzuleiten. Schadensersatz wegen Verzögerung der Leistung kann der Besteller nur unter den Voraussetzungen des § 286 BGB verlangen, § 280 BGB. Nach der Grundregel des § 286 Abs. 1 BGB ist Voraussetzung für einen Schadensersatzanspruch der Verzug des Unternehmers.

a) Fälligkeit der Leistung

292 Voraussetzung für den Verzug ist die Fälligkeit der Leistungsverpflichtung. Diese richtet sich nach den vertraglichen Vereinbarungen.

293 Für Verbraucher-Bauverträgen bestimmt § 650k Abs. 3 BGB, dass der Bauvertrag verbindliche Angaben zur Fertigstellung enthalten muss (→ § 650k BGB Rdn. 16). Wegen der Bedeutung der Bauzeit enthalten die meisten Verträge auch Regelungen hierzu.

294 Enthält der Vertrag keinerlei Vereinbarungen zur Fälligkeit von Leistungen und Teilleistungen, findet § 271 BGB Anwendung. Danach hat der Unternehmer mit der Bauleistung alsbald zu beginnen (OLG Hamburg, Urt. v. 29.10.2009 – 6 U 253/08, NZB zurückgewiesen durch BGH, Beschl. v. 8.9.2011 – VII ZR 180/09). Für den Zeitpunkt der Fertigstellung kommt es darauf an, in welcher Zeit bei nach dem Vertrag vorauszusetzendem Bauablauf die Fertigstellung möglich war. Der Unternehmer hat die Herstellung in angemessener Zeit zügig zu Ende zu führen (BGH, Urt. v. 8.3.2001 – VII ZR 470/99; Urt. v. 22.5.2003 – VII ZR 469/01). Bei Bestimmung der Frist nach § 271 BGB kommt es grundsätzlich auf die objektiven Umstände an, nicht also auf die aktuellen Kapazitäten des konkreten Unternehmers. Macht der Unternehmer

Werkvertragsrecht **§ 631**

geltend, dass die an sich angemessene Fertigstellungsfrist auf Grund besonderer Umstände – etwa Behinderungen im Sinne von § 6 Abs. 1 und 2 VOB/B – noch nicht abgelaufen sei, muss er diese Umstände substantiiert darlegen. Aus § 271 BGB lässt sich nach traditioneller Auffassung die Fälligkeit von Teilleistungen nicht ableiten. § 271 BGB wäre insoweit erst anwendbar, wenn selbständige Teilerfolge vereinbart sind, auf die der jeweils § 271 BGB anwendbar ist.

Streiten die Parteien darüber, wann der Unternehmer mit der Leistung zu beginnen oder sie **295** zu beenden hat, ist es dessen Sache darzulegen und zu beweisen, dass aufgrund einer rechtsgeschäftlichen Festlegung oder der Umstände des Falls erst zu einem bestimmten späteren Zeitpunkt zu leisten ist. Dies trifft auch bei Streit zu, wann im konkreten Fall die angemessene Fertigstellungsfrist tatsächlich abgelaufen und deshalb Fälligkeit eingetreten ist (BGH, Urt. v. 21.10.2003 – X ZR 218/01).

Liegt eine nach öffentlichem Recht für die Bebauung notwendige Genehmigung noch nicht **296** vor, so kann die Frist nicht beginnen. Der Besteller kann die Bauleistung nicht verlangen, solange er die von ihm zu beschaffenden öffentlich-rechtlichen Genehmigungen nicht vorlegt (BGH, Urt. v. 21.3.1974 – VII ZR 139/71; Urt. v. 21.10.1982 – VII ZR 51/82). Dazu gehören alle Unterlagen, ohne die der Unternehmer nach öffentlichem Recht die Bauleistung nicht erbringen darf. Das sind z.B. die Baugenehmigungen, Baufreigaben und auch die vom Prüfstatiker freigegebenen Pläne. Nach den Landesbauordnungen darf der Unternehmer ohne die geprüften Pläne nicht arbeiten. Er muss die Pläne auf der Baustelle vorliegen haben. Lehnt der Bauunternehmer aber in dem Glauben, die Baugenehmigung sei bereits erteilt, die Ausführung der übernommenen Bauarbeiten aus einem anderen, nicht gerechtfertigten Grunde ernsthaft und endgültig ab, so liegt darin eine Vertragsverletzung, die den Besteller zur Entziehung des Auftrags berechtigt (BGH, Urt. v. 21.3.1974 – VII ZR 139/71).

Enthält der Vertrag Termine, sind diese maßgeblich, sofern es sich um Termine handelt, **297** die den Unternehmer verpflichten, die Leistung oder eine Teilleistung zu einem bestimmten Zeitpunkt fertig zu stellen. Die Leistung ist dann mit Ablauf des vertraglich vereinbarten Termins fällig. Gleiches gilt, wenn der Vertrag einen bestimmbaren Termin enthält, wie z.B. die Regelung, dass das Bauvorhaben binnen 8 Monaten nach Erteilung der Baugenehmigung fertig zu stellen ist (BGH, Urt. v. 4.5.2000 – VII ZR 53/99).

Die Möglichkeiten, vertragliche Fälligkeiten von Leistungen und Teilleistungen zu regeln, **298** sind vielfältig. Die Parteien können eine Fälligkeit für die Aufnahme der Arbeiten regeln, sie können Fälligkeitstermine für Teilleistungen vereinbaren (OLG Düsseldorf, Urt. v. 9.5.2008 – 22 U 191/07). Auch können sie die Fälligkeit der gesamten Bauleistung regeln. Ob die Vereinbarung von Bauzeitplänen als Vereinbarung von Vertragsfristen zu verstehen ist, nach denen der Unternehmer das Bauwerk innerhalb der im Bauzeitplan vorgesehenen Frist fertig zu stellen hat, ist eine Frage der Vertragsauslegung im Einzelfall. Ist die VOB/B vereinbart, gelten in einem Bauzeitenplan enthaltene Einzelfristen nur dann als Vertragsfristen, wenn dies im Vertrag ausdrücklich vereinbart ist, § 5 Abs. 1 VOB/B.

Die Parteien können die vereinbarten Termine oder den sich aus § 271 BGB ergebenden **299** Fälligkeitstermin einverständlich ändern. Inwieweit eine einverständliche Änderung des vertraglich einzuhaltenden Termins vorliegt, ergibt die Auslegung der rechtsgeschäftlichen Erklärungen während des Bauvorhabens. Ist im Vertrag nichts anderes vereinbart, ist allein der Umstand, dass der Unternehmer die Bauleistung aus nicht von ihm zu vertretenden Gründen nicht oder nicht rechtzeitig erbringen konnte, grundsätzlich nicht ausreichend, eine Vertragsänderung anzunehmen. In diesem Fall kann der Unternehmer nicht in Verzug geraten, weil Verzug ein Verschulden des Unternehmers voraussetzt. Im Einzelfall kann sich aus dem Verhalten der Parteien der gemeinsame Wille ergeben, die Vertragsfristen zu ändern. Das kann z.B. dann der Fall sein, wenn der Besteller umfangreiche Zusatzaufträge erteilt, die erkennbar nicht in der vertraglich vorgesehenen Zeit zu erledigen sind. In diesem Fall bestimmt sich die neue Vertragsfrist unter Berücksichtigung der zu § 271 BGB entwickelten Grundsätze. Im Einzelfall kann ein Verhalten des Bestellers auch als Stundung in dem Sinne verstanden werden, dass der vereinbarte Termin auf seinen Wunsch überschritten werden kann. Ein derartiger Fall kann vorliegen, wenn der Besteller seine Mitwirkungshandlungen nicht vornehmen kann und den Unternehmer daher bittet, die Leistung vorübergehend noch nicht zu erbringen. Ist die Stundung auf unbestimmte Zeit erfolgt, kann der Besteller entsprechend §§ 316, 315 BGB einen neuen Leistungstermin bestimmen (vgl. BGH, Urt. v. 24.10.1990 – VIII ZR 305/89). Kommt es zu gravierenden auftraggeberseitigen Ablaufstörungen, können die vereinbarten Vertragsfristen sogar ersatzlos wegfallen (OLG Düsseldorf, Urt. v. 28.2.2014 – I – 22 U 112/13).

von Rintelen

300 Die Bauleistung wird trotz der Vereinbarung und des Ablaufs eines Fälligkeitstermins nicht fällig, wenn der Besteller die Leistung nicht fordern kann, weil dem Unternehmer ein Leistungsverweigerungsrecht nach § 320 BGB zusteht. Inwieweit ein solches Leistungsverweigerungsrecht besteht, ergibt sich aus den vertraglichen Vereinbarungen und den Umständen des Einzelfalles. In der Praxis spielt das Leistungsverweigerungsrecht wegen unterbleibender Gegenleistung die größte Rolle. In der Regel geht es um nicht beglichene Abschlagsforderungen des Unternehmers. Der Unternehmer kann die Leistung verweigern, wenn diese Forderungen nicht erfüllt sind und ihrerseits fällig und einredefrei durchsetzbar sind. Allerdings besteht häufig Streit darüber, inwieweit die Abschlagsforderung berechtigt ist, insbesondere wegen der vom Besteller erhobenen Gegenrechte (dazu OLG Koblenz, Urt. v. 6.11.2014 – 6 U 245/14).

301 Eine Frage der Vertragsauslegung ist auch, inwieweit eine einverständliche Fristverlängerung erfolgt, wenn der Besteller bereits die Verzögerung der Leistung gerügt hat und der Unternehmer daraufhin einen neuen Terminplan vorlegt. Stimmt der Besteller dem neuen Terminplan nicht zu, bleibt es bei dem vertraglich vereinbarten Fälligkeitstermin. Der Besteller kann bei dessen Überschreitung die sich aus der Vertragsverletzung ergebenden Rechte geltend machen. Unerheblich ist, ob zu dem neuen Terminplan Verhandlungen stattgefunden haben, die schließlich nicht zu einer Einigung geführt haben (vgl. BGH, Urt. v. 4.5.2000 – VII ZR 53/99). Gleiches dürfte dann gelten, wenn der Besteller dem neuen Terminplan nicht widerspricht. Denn das Schweigen auf die neue zeitliche Vorstellung wird in der Regel nicht dahin gedeutet werden können, dass der Besteller unter Verlust seiner Rechte aus der Verzögerung bereit ist, den Fälligkeitstermin zu ändern. Problematisch sind die Sachverhalte, in denen der Besteller dem neuen Terminplan zustimmt. Diese Zustimmung kann die Bedeutung haben, dass der vertraglich vereinbarte Fälligkeitstermin abgeändert ist. Allerdings ist bei der Auslegung der Erklärung zu berücksichtigen, dass der Besteller jedenfalls dann, wenn die Verantwortung für die Verzögerung eindeutig beim Unternehmer liegt, im Regelfall keine Veranlassung hat, auf die sich daraus ergebenden Rechte zu verzichten. Die Zustimmung zu dem neuen Terminplan kann deshalb auch bedeuten, dass der Besteller nicht den Fälligkeitstermin ändern will, sondern lediglich damit einverstanden ist, dass der Unternehmer trotz der Verzögerung bis zu dem neuen Termin seine Leistung fortsetzt. In diesen Fällen ist der Anspruch auf Ersatz des Verzugsschadens nicht ausgeschlossen, jedoch das Recht auf Rücktritt.

b) Verzugsbegründende Voraussetzungen

302 Die weiteren Voraussetzungen des Verzugs sind in § 286 Abs. 1 und 2 BGB geregelt.

aa) Mahnung

303 Grundsätzlich ist eine Mahnung erforderlich, um den Verzug zu begründen. Eine Mahnung ist die ernsthafte Aufforderung zur Leistung. Gefordert werden darf grundsätzlich nur die vertraglich vorgesehene Leistung. Wird eine andere Leistung gefordert, ist die Mahnung bedeutungslos. Davon zu unterscheiden sind die Fälle, in denen der Besteller eine qualitativ andere Leistung fordert, also mehr als er beanspruchen kann. In diesen Fällen ist die Rechtsprechung anwendbar, die zur Zuvielforderung bei Zahlungsansprüchen entwickelt worden ist (vgl. dazu BGH, Urt. v. 5.10.2005 – X ZR 276/02).

304 Die Mahnung kann den Verzug nur begründen, wenn sie zu einem Zeitpunkt erfolgt, in dem die Bauleistung fällig ist, § 286 Abs. 1 Satz 1 BGB. Eine vor dem Fälligkeitstermin erfolgte Mahnung ist wirkungslos (BGH, Urt. v. 11.11.1963 – VII ZR 54/62). Haben sich der vertraglich vereinbarte oder der sich aus § 271 BGB ergebende Fälligkeitstermin geändert, ist eine vor dem geänderten Termin erfolgte Mahnung ebenfalls wirkungslos (BGH, Urt. v. 27.10.1977 – VII ZR 298/75; Urt. v. 14.1.1999 – VII ZR 73/98). Der Mahnung steht die Erhebung der Klage auf die Leistung gleich, § 286 Abs. 1 Satz 2 BGB.

bb) Kalenderzeit

305 § 286 Abs. 2 BGB enthält auch für den Bauvertrag wichtige Ausnahmen. Der Mahnung bedarf es nicht, wenn für die Leistung eine Zeit nach dem Kalender bestimmt ist, § 286 Abs. 2 Nr. 1 BGB. Das ist der Fall, wenn der Bauvertrag für die Fertigstellung oder die Einhaltung der Zwischentermine bestimmte Kalenderdaten enthält oder die Kalenderdaten sich bei Vertragsschluss genau bestimmen lassen. Nicht ausreichend ist eine Vereinbarung, wonach lediglich ein ungefährer Termin vereinbart ist (Fertigstellung bis ca. Ende Januar: OLG Köln, Urt. v. 10.11.2006 – 20 U 18/06).

Die Zeit für die Leistung ist gemäß § 286 Abs. 2 Nr. 1 BGB auch dann nach dem Kalender 306 bestimmt, wenn eine Fertigstellung der Bauarbeiten nach Ablauf eines bestimmten Zeitraums im Vertrag vereinbart ist und das Datum des Beginns des Zeitraums während der Vertragsdurchführung einvernehmlich festgelegt wird (BGH, Urt. v. 13.12.2001 – VII ZR 432/00).

cc) Berechenbare Zeit

Nach der Regelung des § 286 Abs. 2 Nr. 2 BGB bedarf es der Mahnung zur Begründung 307 des Verzugs nicht, wenn der Leistung ein Ereignis vorauszugehen hat und eine angemessene Zeit für die Leistung in der Weise bestimmt ist, dass sie sich von dem Ereignis an nach dem Kalender berechnen lässt. Der Unternehmer kann danach abweichend vom alten Recht auch dann in Verzug geraten, wenn nach der vertraglichen Regelung die Leistung von einem ungewissen Ereignis abhängt, die Leistungszeit nach Eintritt des Ereignisses auf der Grundlage der vertraglichen Vereinbarung jedoch berechnet werden kann. Diese Neuregelung birgt große Gefahren für den Unternehmer, weil er nunmehr selbständig ermitteln muss, wann er in Verzug gerät und nicht mehr durch eine Mahnung gewarnt wird.

dd) Ernsthafte und endgültige Leistungsverweigerung

Eine Mahnung ist entbehrlich, wenn der Schuldner die Leistung ernsthaft und endgültig 308 verweigert, § 286 Abs. 2 Nr. 3 BGB.

ee) Interessenwegfall

Verzug tritt ohne Mahnung oder sonstige Voraussetzungen ein, wenn aus besonderen 309 Gründen unter Abwägung der beiderseitigen Interessen der sofortige Eintritt des Verzugs gerechtfertigt ist, § 286 Abs. 2 Nr. 4 BGB.

ff) Verschulden

Der Unternehmer kommt nicht in Verzug, solange die Leistung infolge eines Umstands 310 unterbleibt, den er nicht zu vertreten hat, § 286 Abs. 4 BGB. Umstände, die der Unternehmer nicht zu vertreten hat, sind häufige Ursache für Bauverzögerungen. Sie können in der Verantwortung des Bestellers liegen, aber auch in der Verantwortung Dritter. Haben die Parteien sich wegen dieser Umstände nicht auf eine Bauzeitverlängerung geeinigt und ergibt sich aus dem Vertrag oder aus Treu und Glauben kein Anspruch des Unternehmers auf eine Verschiebung des vertraglich vereinbarten Fälligkeitstermins, wird die Leistung zwar mit dem Ablauf des Termins fällig. Der Unternehmer gerät gleichwohl nicht in Verzug.

Im Streitfall muss der Unternehmer darlegen und beweisen, dass er die Verzögerung nicht 311 zu vertreten hat. Diese aus dem Gesetz zwingend abgeleitete Verteilung der Beweislast kann ihn bei komplexen Baustellen vor große Probleme stellen. Denn er muss – möglicherweise Jahre nach der Bauausführung – den Beweis dafür erbringen, dass ihn an der Verzögerung kein Verschulden trifft. Ein derartiger Beweis ist schwierig, wenn als Ursachen für die Verzögerung auch Pflichtverletzungen des Bestellers in Betracht kommen, wie z.B. verzögerte Planlieferungen, Anordnungen, notwendige Planungsänderungen (vgl. BGH, Urt. v. 10.5.2001 – VII ZR 248/00) oder sonstige Mitwirkungshandlungen, jedoch eine Dokumentation darüber nicht vorliegt.

An dem Verschulden des Unternehmers kann es fehlen, wenn er alle ihm zumutbaren 312 Beschleunigungsmaßnahmen ergriffen hat und davon ausgehen durfte, dass die getroffenen Maßnahmen ausreichen würden, um die zeitliche Verzögerung auszugleichen (OLG Hamburg, Urt. v. 12.12.2008 – 1 U 143/07, NZB zurückgewiesen durch BGH, Beschl. v. 4.3.2010 – VII ZR 21/09).

c) Rechtsfolgen des Verzugs

aa) Verschärfte Haftung

Der Unternehmer hat während des Verzugs jede Fahrlässigkeit zu vertreten. Er haftet wegen 313 der Leistung auch für Zufall, es sei denn, dass der Schaden auch bei rechtzeitiger Leistung eingetreten wäre, § 287 BGB.

bb) Verzögerungsschaden

314 Der Besteller hat gemäß §§ 280 Abs. 2, 286 BGB Anspruch auf Ersatz des durch den Verzug entstandenen Schadens. Zur Bestimmung ob und in welcher Höhe ein ersatzfähiger Schaden entstanden ist, findet allgemeines Schadensersatzrecht, §§ 249 ff. BGB, Anwendung. Der Unternehmer hat die durch den Verzug begründeten Vermögensnachteile des Bestellers auszugleichen. Welchen Schaden der Besteller erleidet, hängt von den Umständen des Einzelfalles ab.

315 Die in der Rechtsprechung lange Zeit umstrittene Frage, unter welchen Voraussetzungen dem Besteller eine Nutzungsausfallentschädigung zusteht, wenn der Unternehmer mit der Fertigstellung des Hauses in Verzug gerät, hat der BGH durch die Urteile v. 20.2.2014 – VII ZR 172/13 und 8.5.2014 – VII ZR 199/13 – dahin entschieden, dass ein ersatzfähiger Vermögensschaden dann anzunehmen sei, wenn sich der Umstand, dass die Nutzung eines herzustellenden Hauses vorenthalten werde, signifikant auf die eigenwirtschaftliche Lebenshaltung des Bestellers auswirke, wobei ein strenger Maßstab anzulegen sei. Hiernach könne die Nutzungsausfallentschädigung nicht versagt werden, wenn dem Besteller während des Verzugs lediglich Wohnraum zur Verfügung gestanden habe, der mit dem herzustellenden Wohnraum nicht vergleichbar sei, sondern eine deutlich geringere Qualität besitze, z.B. eine deutlich kleinere Wohnung. Es komme – so aber noch das OLG – insoweit nicht darauf an, ob dem Besteller im Verzugszeitraum ein noch angemessener Wohnraum zur Verfügung gestanden habe. Maßgeblich sei allein, ob dieser dem vorenthaltenen Wohnraum gleichwertig sei. Nur in Ausnahmefällen – besonderer Luxus – könne eine andere Betrachtungsweise gerechtfertigt sein. Bei der Beurteilung der Gleichwertigkeit sei eine objektivierte, typisierende Betrachtungsweise geboten.

cc) Verzinsung

316 Der auf Zahlung gerichtete Anspruch wird nach Maßgabe der §§ 288 ff. BGB verzinst.

dd) Rücktritt

317 Der Besteller hat bei verzögerter Leistung gemäß § 323 BGB das Recht, vom Vertrag zurückzutreten. Voraussetzung ist, dass der Unternehmer eine fällige Leistung nicht oder nicht vertragsgemäß erbringt und eine ihm vom Besteller gesetzte angemessene Frist zur Leistung fruchtlos abgelaufen ist, § 323 Abs. 1 BGB. Wegen der Fälligkeit wird auf → Rdn. 292 Bezug genommen. Der Gläubiger kann aber nicht gemäß § 323 Abs. 1 BGB vom Vertrag zurücktreten, wenn er die Frist zur Leistung vor deren Fälligkeit gesetzt hat. Das gilt auch dann, wenn bereits vor Fälligkeit ernsthafte Zweifel an der Leistungsfähigkeit oder der Leistungswilligkeit des Schuldners bestehen (BGH, Urt. v. 14.6.2012 – VII ZR 148/10).

318 Handelt es sich um einen VOB-Vertrag kann der Besteller unter den in §§ 5 Abs. 4, 8 Abs. 3 VOB/B genannten Voraussetzungen kündigen, etwa wenn verbindlich vereinbarte Zwischenfristen nicht eingehalten werden (OLG Düsseldorf, Urt. v. 9.5.2008 – 22 U 191/07).

319 Ob eine rechtsgeschäftliche Erklärung den Sinngehalt einer Rücktrittserklärung beinhaltet, ist nach allgemeinen Kriterien aufgrund einer entsprechenden Auslegung zu entscheiden. Für die Annahme einer Rücktrittserklärung ist ausreichend, wenn der Erklärung des Rücktrittsberechtigten nach §§ 133, 157 BGB entnommen werden kann, er wolle die beiderseitigen Leistungspflichten aus dem Vertrag beenden und die bereits ausgetauschten Leistungen wieder rückgängig machen. Der Auslegung als Rücktrittserklärung steht nicht zwingend entgegen, dass der Gläubiger sein Verlangen nach Rückabwicklung der erbrachten Leistungen mit einem Schadensersatzanspruch verbindet (OLG Düsseldorf, Urt. v. 30.7.2014 – I – 21 U 43/14).

320 **(1) Fruchtloser Fristablauf.** Die Fristsetzung ist in den in § 323 Abs. 2 Nr. 1 bis 3 BGB genannten Ausnahmefällen entbehrlich.

321 Die Fristsetzung muss grundsätzlich mit der Aufforderung zur Leistung oder Nacherfüllung verbunden sein. Zu der Frage, wie konkret die Leistungsaufforderung sein muss und wie genau die Mängel beschrieben werden müssen, hat sich der Bundesgerichtshof im Urteil vom 25.3.2010 – VII ZR 224/08 – geäußert. Danach reicht eine Rüge nicht aus, wenn der Unternehmer aus ihr nicht erkennen kann, warum der Besteller die Leistung nicht als vertragsgemäß akzeptieren will. Daraus darf aber nicht der Schluss gezogen werden, dass die Leistungsaufforderung mit Fristsetzung unwirksam ist, wenn der Besteller die Defizite der Leistung nicht im Einzelnen aufführt. Es reicht vielmehr, wenn er die fehlende Funktionalität beanstandet und den Unternehmer auffordert, die vertragliche Leistung zu erbringen.

Fristsetzungen zur Abgabe von Erklärungen, ob der Unternehmer leistungswillig ist oder 322
die Fertigstellungsfrist einhalten wird, reichen grundsätzlich nicht. Ausnahmsweise ist das anders, wenn die rechtzeitige Erfüllung eines Bauvertrages durch Hindernisse ernsthaft in Frage gestellt wird, die im Verantwortungsbereich des Unternehmers liegen, und dem Besteller ein weiteres Zuwarten nicht mehr zuzumuten ist. Dann kann es genügen, wenn der Besteller dem Unternehmer eine angemessene Frist setzt, die fristgerechte Erfüllbarkeit des Bauvertrages nachzuweisen, und er gleichzeitig erklärt, dass er dem Unternehmer nach fruchtlosem Ablauf der Frist den Auftrag entziehen werde (BGH, Urt. v. 21.10.1982 – VII ZR 51/82).

Allein die Erklärung des Schuldners, er werde zum Fälligkeitszeitpunkt nicht leisten können, 323
begründet keine ernsthafte und endgültige Erfüllungsverweigerung im Sinne des § 323 Abs. 2 Nr. 1 BGB (BGH, Urt. v. 14.6.2012 – VII ZR 148/10).

Der Gläubiger kann aber nach Fälligkeit der Leistung ohne Setzen einer Nachfrist gemäß 324
§ 323 Abs. 2 Nr. 3 BGB sofort zurücktreten, wenn feststeht, dass die gemäß § 323 Abs. 1 BGB dem Schuldner zu setzende angemessene Frist zur Leistung nicht eingehalten werden wird (BGH, Urt. v. 14.6.2012 – VII ZR 148/10).

(2) Rücktritt vor Fälligkeit. Der Besteller kann schon vor dem Eintritt der Fälligkeit zu- 325
rücktreten, wenn offensichtlich ist, dass die Voraussetzungen des Rücktritts eintreten werden, § 323 Abs. 4 BGB. Damit ist ein allgemeiner Rechtsgedanke zum Ausdruck gebracht worden, der auch dann anwendbar ist, wenn der Unternehmer eine gesetzte Frist offenbar nicht einhalten wird (vgl. BGH, Urt. v. 4.5.2000 – VII ZR 53/99; Urt. v. 28.1.2003 – X ZR 151/00). Das Rücktrittsrecht nach § 323 Abs. 4 BGB kann aber nicht mehr ausgeübt werden, wenn die Leistung fällig geworden ist. Die Wirksamkeit eines Rücktritts bestimmt sich ab diesem Zeitpunkt vielmehr nach § 323 Abs. 1 und 2 BGB (BGH, Urt. v. 14.6.2012 – VII ZR 148/10).

(3) Ausschluss des Rücktrittsrechts. Der Rücktritt ist nach § 323 Abs. 6 BGB ausge- 326
schlossen, wenn der Besteller für den Umstand, der ihn zum Rücktritt berechtigen würde, allein oder überwiegend verantwortlich ist (vgl. zum alten Recht BGH, Urt. v. 5.5.1992 – X ZR 115/90) oder wenn der vom Schuldner nicht zu vertretende Umstand zu einer Zeit eintritt, zu welcher der Besteller im Verzug der Annahme ist.

(4) Beschränktes Rücktrittsrecht

(a) Unerhebliche Pflichtverletzung. Maßgeblich ist die zur Verzögerung führende 327
Pflichtverletzung. Ist diese unerheblich, ist der Rücktritt ausgeschlossen. Die Unerheblichkeit der Pflichtverletzung muss sich in erster Linie daran orientieren, welche Auswirkungen sie im Vertragsverhältnis hat. Eine geringfügige Überschreitung der Frist kann als unerheblich einzustufen sein (vgl. auch zum alten Recht BGH, Urt. v. 20.3.2001 – X ZR 180/98 – Fristüberschreitung um einen Tag: Rücktritt verstößt gegen Treu und Glauben).

(b) Interessenfortfall. Hat der Unternehmer bereits eine Teilleistung bewirkt, so kann 328
der Besteller vom ganzen Vertrag nur zurücktreten, wenn er an der Teilleistung kein Interesse hat, § 323 Abs. 5 Satz 1 BGB. Aus dieser Regelung folgt, dass der Besteller für den Fall, dass er an der erbrachten Leistung Interesse hat, den Rücktritt nur hinsichtlich der nicht erbrachten Leistung erklären kann. Das hat für Bausachen eine besondere Bedeutung, weil bei verzögerter Bauleistung in aller Regel das Interesse des Bestellers an der erbrachten Leistung fortbesteht. Grundsätzlich besteht das Interesse fort, wenn der Besteller das Bauwerk durch einen anderen Unternehmer fertig stellen lässt.

Hat der Unternehmer lediglich mangelhaft geleistet, kann der Besteller vom Vertrag nicht 329
zurücktreten, wenn die Pflichtverletzung unerheblich ist, § 323 Abs. 5 Satz 2 BGB (→ § 636 BGB Rdn. 12). In diesem Fall muss der Besteller am Vertrag festhalten und kann die sonstigen Mängelrechte geltend machen. Das sind der Nacherfüllungsanspruch, die Minderung, der Kostenerstattungsanspruch bzw. der Vorschuss und der kleine Schadensersatz.

Die Abgrenzung zwischen Teilleistung und nicht vertragsgemäßer Leistung ist in Bausachen 330
schwierig. Ist eine Leistung zum Fertigstellungstermin noch nicht fertig gestellt, jedoch der erbrachte Teil mangelfrei, so ist das Rücktrittsrecht hinsichtlich des gesamten Vertrages allein danach zu beurteilen, ob der Besteller Interesse an der erbrachten Teilleistung hat. Ist zum Fertigstellungstermin zwar vollständig, jedoch mangelhaft geleistet, ist das Rücktrittsrecht allein danach zu beurteilen, ob die Pflichtverletzung erheblich ist, also in der Regel danach, ob die Mängel ohne Schwierigkeiten behoben werden können. Ist die Leistung zum Fertigstellungstermin sowohl unvollständig als auch mangelhaft erbracht, können beide Kriterien herangezogen werden. Letztlich kommt es stets darauf an, ob das Interesse am vollständigen

§ 631

331 **(5) Rechtsfolgen.** Der Rücktritt wandelt das bisherige Vertragsverhältnis in ein Rückgewähr- und Abwicklungsverhältnis um (BGH, Urt. v. 10.7.1998 – V ZR 360/96). Die bisherigen Leistungsansprüche und Leistungspflichten erlöschen.

332 Sind mehrere Rechtsgeschäfte zu einem einheitlichen Rechtsgeschäft ausgestaltet worden – etwa Grundstückskaufvertrag und Bauvertrag – so kann das Rücktrittsrecht grundsätzlich nur einheitlich ausgeübt werden. Von einer rechtlichen Einheit der verbundenen Rechtsgeschäfte ist immer dann auszugehen, wenn die beiden an sich selbständigen Vereinbarungen (auch bei unterschiedlichen Vertragspartnern des Bauherrn) nach dem Willen der Beteiligten derart zu einem einheitlichen Rechtsgeschäft verbunden worden sind, dass die Gültigkeit des einen Rechtsgeschäfts von der des anderen abhängen sollte (OLG Düsseldorf, Urt. v. 30.7.2014 – I – 21 U 43/14).

333 Erklärt der Besteller den Rücktritt, soweit die Leistungen nicht erbracht worden sind (Teilrücktritt), geht nur insoweit der Erfüllungsanspruch unter. Der Vertragsgegenstand reduziert sich auf die erbrachte Teilleistung. Hinsichtlich der nicht erbrachten Teilleistung gilt das Rücktrittsrecht. Da der Besteller die erbrachte Leistung aufgrund des insoweit fortbestehenden Vertrages behalten darf, muss er sie nicht zurückgeben. Der Besteller muss diesen Teil der Leistung vergüten. Es finden die von der Rechtsprechung entwickelten Grundsätze zur Abrechnung nach der Beendigung eines Bauvertrages Anwendung.

ee) Schadensersatz statt der Leistung

334 Hat der Unternehmer die Verzögerung zu vertreten, kann der Besteller unter den Voraussetzungen des § 281 Abs. 1 BGB Schadensersatz statt der Leistung fordern.

335 Im Streitfall muss der Unternehmer darlegen und beweisen, dass ihn an einer Verzögerung kein Verschulden trifft, § 280 Abs. 1 Satz 2 BGB (vgl. BGH, Urt. v. 8.3.2001 – VII ZR 470/99; Urt. v. 17.1.2002 – VII ZR 490/00; OLG Hamburg, Urt. v. 12.12.2008 – 1 U 143/07, NZB zurückgewiesen durch BGH, Beschl. v. 4.3.2010 – VII ZR 21/09).

336 Hat der Besteller an einer Teilleistung noch Interesse, vgl. dazu oben, kann er Schadensersatz statt der Leistung nur für den nicht erbrachten Teil fordern, § 281 Abs. 1 Satz 2 BGB.

337 Hat der Unternehmer eine Leistung erbracht, so kann Schadensersatz statt der ganzen Leistung nicht verlangt werden, wenn die zur Verzögerung führende Pflichtverletzung unerheblich ist, § 281 Abs. 1 Satz 3 BGB. Hat der Unternehmer hingegen die Leistung überhaupt nicht erbracht, so kommt es auf die Schwere der Pflichtverletzung nicht an.

338 Eine dem § 323 Abs. 6 BGB vergleichbare Regelung fehlt. Hat der Besteller den Umstand, der zur Verzögerung der Teilleistung führt, überwiegend mit zu verantworten, so ist der Schadensersatzanspruch nicht ausgeschlossen. Der Besteller muss sich jedoch seinen Verantwortungsteil nach § 254 BGB zurechnen lassen. Hat er ihn nicht zu verantworten, scheidet ein Schadensersatzanspruch ohnehin aus.

339 Der Schadensersatzanspruch statt der Leistung wird nach Maßgabe der §§ 249 ff. BGB berechnet.

4. Vertragsstrafeversprechen

340 Mit der Vereinbarung einer Vertragsstrafe können die gegenseitigen Ansprüche der Parteien abgesichert werden. Die Vertragsstrafe hat den Zweck, Druck auf den Vertragspartner auszuüben, die Leistung vertragsgerecht zu erfüllen. Außerdem hat sie den Zweck, den Schadensersatzanspruch infolge der Nichterfüllung zu pauschalieren. In Bauverträgen wird die Vertragsstrafe in erster Linie vereinbart, um einen Fertigstellungstermin oder Zwischentermine zu sichern. Sie wird aber auch vereinbart, um die Einhaltung anderer Vertragspflichten zu sichern, z.B. den Einsatz von ordnungsgemäß angemeldeten Arbeitskräften (vgl. zur sog. Schwarzarbeiterregelung: OLG Brandenburg, Urt. v. 8.11.2006 – 4 U 54/0).

a) Individuelle Vereinbarung einer Vertragsstrafe

341 Individuell vereinbarte Vertragsstrafen sind grundsätzlich wirksam. Dazu muss es sich aber tatsächlich um eine Individualvereinbarung handeln und nicht um eine Allgemeine Geschäftsbedingung (→ Rdn. 77). Bereits aus dem Inhalt und der Gestaltung der in einem Bauvertrag

verwendeten Bedingungen kann sich ein vom Verwender zu widerlegender Anschein dafür ergeben, dass sie zur Mehrfachverwendung vorformuliert sind. Diese Grundsätze gelten nicht nur für Bauverträge, die von im Immobiliengewerbe tätigen Personen oder Unternehmen formuliert werden, sondern auch für Privatpersonen, die nicht im Baugewerbe tätig sind, da i. d. R. auch sie (über ihre Architekten) auf zur Mehrfachverwendung vorgesehene Vertragsmuster zurückgreifen (BGH, Urt. v. 20.8.2009 – VII ZR 212/07). Eine Allgemeine Geschäftsbedingung unterliegt auch dann weiterhin der Inhaltskontrolle nach den §§ 305 ff. BGB, wenn sie von den Parteien nachträglich geändert wird; sie unterliegt der Inhaltskontrolle nur dann nicht mehr, wenn die Änderung es rechtfertigt, die AGB wie eine von vornherein getroffene Individualvereinbarung zu behandeln. Das ist nach der strengen Rechtsprechung nur der Fall, wenn der Verwender den gesetzesfremden Kerngehalt der Klausel zur Disposition gestellt hat (BGH, Urt. v. 7.3.2013 – VII ZR 162/12). Da eine mit einem Vertrag gestellte Vertragsstrafenregelung praktisch nicht mehr ausgehandelt werden kann, verbleibt als Alternative zur AGB nur die Einigung auf die Vertragsstrafe, bevor Vertragsmuster vorgelegt werden.

aa) Unwirksamkeit wegen eines Verstoßes gegen die guten Sitten

342 Individualstrafen sind nur ausnahmsweise unwirksam, wenn sie gegen die guten Sitten verstoßen, § 138 Abs. 1 BGB. Ein Verstoß gegen die guten Sitten kann vorliegen, wenn eine ganz und gar unangemessene Vertragsstrafe vereinbart wird. Das kann der Fall sein, wenn eine Vertragsstrafe, gemessen an dem Interesse des Bestellers an rechtzeitiger Fertigstellung und Absicherung etwaiger Schäden in hohem Maße unangemessen ist. Ein Verstoß gegen die guten Sitten ist im Einzelfall bejaht worden, wenn eine Vertragsstrafe vereinbart ist, die bereits mit einem Tag der Fristüberschreitung verwirkt ist und zudem dann anfällt, wenn nur noch ein Mangel vorhanden ist (vgl. dazu OLG Celle, Urt. v. 22.3.2001 – 13 U 213/00).

343 Allerdings ist die Rechtsprechung zu Recht zurückhaltend, einen Verstoß gegen die guten Sitten anzunehmen. Nach der althergebrachten und noch immer vom BGH verwandten Anstandsformel (vgl. schon RG, Urt. v. 11.04.1901 – VI 443/00; BGH, Urt. v. 15.10.2013 – VI ZR 124/12) muss die Vertragsstrafenvereinbarung gegen das Anstandsgefühl aller billig und gerecht Denkenden verstoßen. Bei der Bestimmung sind alle Umstände des Einzelfalles zu berücksichtigen, insbesondere die Interessen eines Bestellers an einer Terminsicherung wie auch die Möglichkeiten des Unternehmers, eine andere Vereinbarung herbeizuführen oder – außerhalb des kaufmännischen Verkehrs – die Herabsetzung der Vertragsstrafe zu beantragen, § 343 Abs. 1 BGB.

344 Die Parteien können individuell eine Vertragsstrafe auch verschuldensunabhängig vereinbaren. Es kann deshalb nicht in jedem Fall davon ausgegangen werden, dass eine (lediglich) an die Überschreitung des Fertigstellungstermins anknüpfende Vertragsstrafe unwirksam ist. Die individuelle Vereinbarung einer verschuldensunabhängigen Einstandspflicht ist in anderen Rechtsordnungen wie im Common Law völlig üblich und auch in Deutschland nicht sittenwidrig. Eine solche Vertragsstrafe hat dann eine garantieähnliche Funktion. Allerdings wird eine derartige Vereinbarung nur anzunehmen sein, wenn die besondere Interessenlage der Vertragspartner eine solche Vertragsgestaltung nahelegt (BGH, Urt. v. 11.3.1971 – VII ZR 112/69). Eine Vertragsstrafenvereinbarung kann auch vorsehen, dass sich der Unternehmer auf Behinderungen nicht berufen darf, wenn er sie nicht angezeigt hat. Es kann deshalb zu hohen Vertragsstrafen auch dann kommen, wenn der Unternehmer die Fristüberschreitung nicht zu vertreten hat (OLG Dresden, Urt. v. 26.5.1999 – 8 U 327/99, Revision nicht angenommen, BGH, Beschl. v. 15.6.2000 – VII ZR 218/99). Ist eine solche verschuldensunabhängige Vertragsstrafenvereinbarung ohne besonderes Termininteresse des Bestellers auf seine starke Marktstellung zurückzuführen, kann das ein Indiz für eine sittenwidrige Vereinbarung sein.

345 Die individuell vereinbarte Vertragsstrafe muss auch nicht zwingend eine Höchstgrenze zur Begrenzung von Kumulierungseffekten enthalten (BGH, Urt. v. 31.5.1990 – I ZR 285/88); der BGH hat sogar in mietrechtlichen AGB unlimitierte Vertragsstrafen gebilligt, soweit die Druck- und Sanktionsfunktion das rechtfertigen (BGH, Urt. v. 12.03.2003 – XII ZR 18/00). Vertragsstrafenvereinbarungen, die weit über den Schaden hinausgehen, der typischerweise durch eine Terminüberschreitung eintritt, sind auch nicht per se sittenwidrig, da die Vertragsstrafe vom Gesetz ja gerade auch zum Schutz nicht schadensersatzbewehrter Interessen geschaffen wurde. Die Anforderungen für eine Sittenwidrigkeit einer Vertragsstrafe sind damit ziemlich hoch.

§ 631

bb) Herabsetzung der Vertragsstrafe

346 Ist eine verwirkte, individuell vereinbarte (und noch nicht gezahlte) Vertragsstrafe unangemessen hoch, so kann sie auf Antrag des Unternehmers durch Urteil auf den angemessenen Betrag herabgesetzt werden, § 343 Abs. 1 BGB. Bei der Beurteilung der Angemessenheit ist jedes berechtigte Interesse des Gläubigers, nicht bloß das Vermögensinteresse, in Betracht zu ziehen. Auf in Allgemeinen Geschäftsbedingungen vereinbarte Vertragsstrafen findet § 343 Abs. 1 BGB keine Anwendung. Dort sind unangemessene Vertragsstrafen schlicht unwirksam, § 307 Abs. 1 S. 1 BGB.

347 § 343 Abs. 1 BGB gilt zudem nicht für Kaufleute, § 348 HGB. Da die meisten Unternehmer im Baugewerbe Kaufleute sind, hat die Regelung des § 343 Abs. 1 BGB in Bausachen nur geringe Bedeutung. Sofern die Durchsetzung der vereinbarten Vertragsstrafe gegen Treu und Glauben verstößt (→ Rdn. 348), wäre nach der Rechtsprechung trotz § 348 HGB aber auch eine Herabsetzung möglich (BGH, Urt. v. 17.7.2008 – I ZR 168/05).

cc) Durchsetzungsverbote

348 **(1) Durchsetzung als Verstoß gegen Treu und Glauben.** In Ausnahmefällen kann die Durchsetzung der Vertragsstrafe gegen Treu und Glauben verstoßen. Steht eine vereinbarte Vertragsstrafe in einem außerordentlichen Missverhältnis zur Bedeutung der Zuwiderhandlung, ist ihre Herabsetzung nach dem Grundsatz von Treu und Glauben gemäß § 242 BGB geboten. Das gilt auch dann, wenn eine Verringerung der Vertragsstrafe wegen unverhältnismäßiger Höhe nach § 343 BGB gemäß § 348 HGB ausgeschlossen ist. In diesem Fall ist die Vertragsstrafe nicht auf die nach § 343 BGB angemessene Höhe, sondern nur auf das Maß zu reduzieren, das ein Eingreifen des Gerichts nach § 242 BGB noch nicht rechtfertigen würde (BGH, Urt. v. 17.7.2008 – I ZR 168/05).

349 **(2) Vertragsstrafevereinbarung unter Verstoß gegen Vergaberecht.** Teilweise wurde die Durchsetzung der gesamten Vertragsstrafe als Verstoß gegen Treu und Glauben angesehen, wenn nach den Vorgaben der von § 12 Nr. 1 Satz 1 VOB/A a. F. bzw. § 9 Abs. 5 VOB/A eine Vertragsstrafe nicht hätte vereinbart werden sollen, weil keine erheblichen Nachteile durch eine Fristüberschreitung drohten (OLG Jena, Urt. v. 22.10.1996 – 8 U 474/96; LG Lüneburg, Urt. v. 12.9.2000 – 5 O 86/00). Das betrifft dann gerade auch grundsätzlich wirksame Vertragsstrafen in AGB. Nach der Rechtsprechung des BGH kann die VOB/A aber insoweit keine unmittelbaren zivilrechtlichen Rechtswirkungen für den geschlossenen Vertrag entfalten (BGH, Urt. v. 30.3.2006 – VII ZR 44/05). Mangels vertragsgestaltender Wirkung kann der Umstand, dass der Besteller die Ausschreibungsregeln missachtet hat, nur mittelbar Rechtswirkungen unter dem Gesichtspunkt eines Verstoßes gegen Treu und Glauben entfalten, wenn die Voraussetzungen treuwidrigen widersprüchlichen Verhaltens vorliegen. Das wäre aber nur der Fall, wenn der Unternehmer das Verhalten des Bestellers bei Abgabe des Angebots als widersprüchlich werten durfte und er in seinem schutzwürdigen Vertrauen darauf, dass der Auftraggeber sich an die Regelung des § 12 Nr. 1 Satz 1 VOB/A a. F. bzw. § 9 Abs. 5 VOB/A halten werde, enttäuscht worden ist.

350 Ein widersprüchliches Verhalten des Bestellers liegt nicht vor, wenn er bei seiner Ausschreibung subjektiv und nicht unvertretbar zu der Einschätzung gekommen ist, dass die Überschreitung der Vertragsfrist erhebliche Nachteile verursachen und deshalb die Vertragsstrafe vorsieht. Wenn dem Unternehmer seinerseits bereits bei Abgabe des Angebots die Umstände bekannt sind oder er sie bei zumutbarer Prüfung hätte erkennen können, die den Schluss rechtfertigen, dass die Voraussetzungen für die Vereinbarung einer Vertragsstrafe im konkreten Fall nicht vorliegen, fehlt ein schutzwürdiges Vertrauen darauf, dass der Besteller sich vergabekonform verhält.

351 Es ist Sache des Unternehmers, die Voraussetzungen vorzutragen, die es rechtfertigen, die Durchsetzung der Vertragsstrafe im Einzelfall an Treu und Glauben scheitern zu lassen (BGH, Urt. v. 30.3.2006 – VII ZR 44/05; anders noch BGH, Urt. v. 21.11.1991 – VII ZR 203/90). Die Darlegung eines Verstoßes gegen Treu und Glauben wegen der objektiven Missachtung des § 12 Nr. 1 Satz 1 VOB/A a. F. bzw. § 9 Abs. 5 VOB/A ist nach den vorstehenden Grundsätzen außerordentlich schwierig.

b) Vereinbarung der Vertragsstrafe durch Allgemeine Geschäftsbedingungen

352 Eine Vereinbarung des Vertragsstrafeversprechens in Allgemeinen Geschäftsbedingungen ist grundsätzlich zulässig (BGH, Urt. v. 16.7.1998 – VII ZR 9/97). Sind Vertragsstrafen durch

Allgemeine Geschäftsbedingungen vereinbart – was hinreichend klar und deutlich geschehen muss (vgl. KG, Urt. v. 25.3.2014 – 27 U 99/13 zu der Vertragsstrafenregelung der Deutschen Bahn; zur Vereinbarung bei unterbliebenem Ankreuzen des dafür vorgesehenen Kästchens BGH, Urt. v. 20.6.2013 – VII ZR 82/12) –, erfolgt eine Inhaltskontrolle zu Lasten des Verwenders nach § 307 BGB. Benachteiligt eine Vertragsstrafenklausel den Vertragspartner des Verwenders entgegen den Geboten von Treu und Glauben unangemessen, ist sie insgesamt unwirksam. Bei Unangemessenheit von nur Teilen der Regelung stellt sich die Frage der Trennbarkeit (→ Rdn. 370).

aa) Individuelles Aushandeln

Nach § 305 Abs. 1 Satz 3 BGB liegen Allgemeine Geschäftsbedingungen nicht vor, soweit die Vertragsbedingungen zwischen den Vertragsparteien im Einzelnen ausgehandelt sind (→ Rdn. 77). Die Anforderungen der Rechtsprechung hieran sind sehr hoch. Die bloße Erörterung der Vertragsstrafenregelung reicht nicht aus. Dem Unternehmer muss im Rahmen der Vertragsverhandlungen vielmehr die Möglichkeit eingeräumt werden, die vorgegebene Vertragsstrafenklausel in den für ihn nachteiligen Punkten abzuändern (BGH, Urt. v. 23.1.2003 – VII ZR 210/01). Ein Aushandeln liegt auch nicht vor, wenn der Verwender die prozentuale Höhe der Vertragsstrafe pro Werktag sowie die Höchstgrenze dargestellt hat und der Vertragspartner dies „abnickt" (OLG Köln, Urt. v. 17.8.2010 – 3 U 69/09). Sofern eine Klausel in mehreren Punkten von den Grundgedanken der gesetzlichen Regelung abweicht, müssen alle Punkte zur Disposition gestellt werden (BGH, Urt. v. 16.7.1998 – VII ZR 9/97). Wird nur ein Punkt wie die Höhe individuell ausgehandelt, kann hinsichtlich des Restes (z.B. Verschuldensunabhängigkeit) gleichwohl eine Allgemeine Geschäftsbedingung vorliegen (OLG Frankfurt, Urt. v. 25.11.1997 – 14 (27) U 137/96, BGH, Beschl. v. 20.8.1998 – VII ZR 452/97 [Revision nicht angenommen]). Eine Allgemeine Geschäftsbedingung verliert ihren Charakter auch nicht allein dadurch, dass sie von den Parteien nachträglich geändert wird. Vielmehr muss die nachträgliche Änderung in einer Weise erfolgen, die es rechtfertigt, sie wie eine von vornherein getroffene Individualvereinbarung zu behandeln. Das ist nicht der Fall, wenn der Verwender auch nach Vertragsschluss dem Vertragspartner keine Gestaltungsfreiheit eingeräumt und den gesetzesfremden Kerngehalt der Klausel nicht zur Disposition gestellt hat (BGH, Urt. v. 7.3.2013 – VII ZR 162/12).

bb) Inhaltskontrolle der Vertragsstrafe wegen Verzugs

(1) Verstoß gegen das Transparenzgebot. Die Wirksamkeit der Vertragsstrafenklausel ist häufig fraglich, wenn sie nicht transparent genug ist (BGH, Urt. v. 20.8.2009 – VII ZR 212/07). Die Voraussetzungen für die Verwirkung der Vertragsstrafe und für ihre Berechnung müssen hinreichend verständlich sein.

Die Unsitte, in Bauverträgen verschiedene Geschäftsbedingungen zu koppeln, kann dazu führen, dass es ganz verschiedene Regelungen der Vertragsstrafen gibt und bisweilen unklar ist, an welche Fristüberschreitung eigentlich angeknüpft werden soll. Unklarheiten gehen zu Lasten des Bestellers als Verwender, § 305c Abs. 2 BGB. Intransparent sind Regelungen in Formularen, mit denen Vertragsinhalte durch Fußnoten in der Weise geregelt werden sollen, dass die Fußnote sprachlich auf eine bestimmte Rechtslage hinweist. Diese Fußnotenvermerke können in aller Regel nicht dahin verstanden werden, dass sie die Vertragsinhalte regeln. Vielmehr handelt es sich um Handlungsanweisungen an den Verwender. Mit einer Vertragsgestaltung, „Vertragsstrafe 1) ist vereinbart mit 3 Tausendstel der Abrechnungssumme (ohne MwSt)" und einer Fußnote 1): „Insgesamt darf die vereinbarte Vertragsstrafe 10 v.H. der Abrechnungssumme nicht überschreiten", ist z.B. keine Obergrenze wirksam vereinbart. Das Formular enthält in der Fußnote einen Hinweis darauf, dass eine Obergrenze nicht überschritten werden darf. Das ist ein redaktioneller Hinweis und keine Vereinbarung einer derartigen Obergrenze (BGH, Beschl. v. 24.2.2005 – VII ZR 340/03). Ein Verstoß gegen das Transparenzgebot ist auch angenommen worden, wenn als Bezugspunkt für die Bemessungsgrundlage in der gleichen Klausel die Auftragssumme und die Schlussrechnungssumme genannt ist (BGH, Urt. v. 6.12.2007 – VII ZR 28/07).

Eine Vertragsstrafe in Allgemeinen Geschäftsbedingungen eines öffentlichen Bestellers, der nach VOB/A ausschreibt, ist nicht schon deshalb unangemessen, weil die vergaberechtlichen Vorgaben (§ 9 Abs. 5 VOB/A n.F.) nicht vorliegen (BGH, Urt. v. 30.3.2006 – VII ZR 44/05). Der Verstoß gegen vergaberechtliche Vorgaben hat in der Regel keine zivilrechtliche Auswirkung. Nach der maßgeblichen generalisierenden Betrachtungsweise im Rahmen des

§ 307 BGB kommt es allein darauf an, ob die Ausgestaltung der Vertragsstrafe allgemein bei Bauverträgen mit öffentlichen Bestellern als angemessen anzusehen ist. Es ist nicht maßgeblich, ob in dem besonderen Vertrag (ausnahmsweise) keine erheblichen Nachteile durch eine Terminüberschreitung zu erwarten sind. Unwirksam sind auch Klauseln, die bei verwenderfeindlicher Auslegung auch so verstanden werden können, dass eine Anrechnung der Vertragsstrafe auf Schadensersatzansprüche unterbleiben soll. Das hat das LG Frankfurt/Oder (Urt. v. 14.3.2011 – 14 O 69/10) in einem Fall bejaht, in dem eine Vertragsstrafenklausel mit dem Satz endete: „Darüber hinaus bleibt die Geltendmachung von Schadensersatzansprüchen ausdrücklich vorbehalten."

357 **(2) Bemessungsgrundlage.** Problematisch und damit intransparent kann die Festlegung der Bemessungsgrundlage für die Vertragsstrafe sein. In Betracht kommen primär die anfängliche oder zwischenzeitlich durch beauftragte Nachträge erhöhte Auftragssumme und anderseits die Abrechnungssumme. Vielfach wählt der Besteller als Bemessungsgrundlage für die Vertragsstrafe die Schlussrechnungssumme in Erwartung, dass diese höher als die Auftragssumme ist. Das wird grundsätzlich als wirksam angesehen und so verstanden, dass die tatsächlich berechtigte Schlussrechnungssumme maßgeblich ist (BGH, Urt. v. 13.3.2008 – VII ZR 194/06; Reuter, Vertragsstrafen im privaten Baurecht, S. 188), auch wenn hier zumindest überlegt werden könnte, ob es sich um die ungeprüfte Schlussrechnungssumme, die vom Besteller geprüfte Schlussrechnungssumme oder die letztlich berechtigte Schlussrechnungssumme geht.

358 Werden ohne nähere Bezeichnung die Begriffe Auftragssumme oder Vertragssumme verwandt, neigt die Rechtsprechung dazu, beide Begriffe gleichermaßen als die nach Abwicklung des Auftrages geschuldete Vergütung ohne Abzüge, wie Skonto oder Gewährleistungseinbehalte, anzusehen (BGH, Urt. v. 6.12.2007 – VII ZR 28/07; Nachweise bei Greiner, ZfBR 1999, 62 f.; Vogel, ZfIR 2005, 373, 378). Das erfolgte vor dem Hintergrund, dass die berechtigte Abrechnungssumme als geeignetste Bemessungsgrundlage angesehen wird. Eine unmissverständliche Bezeichnung wäre besser. Wegen Intransparenz unwirksam ist jedenfalls eine Vertragsstrafe, die als Berechnungsgrundlage für den Tagessatz die Auftragssumme und für den Höchstsatz die Schlussrechnungssumme bezeichnet (BGH, Urt. v. 6.12.2007 – VII ZR 28/07). Verwendet der (öffentliche) Auftraggeber in seinen Vertragsbedingungen neben dem Begriff „Auftragssumme" auch noch den Begriff „Endbetrag der Auftragssumme" sei im Ergebnis unklar, was genau die Berechnungsgrundlage einer Vertragsstrafe sein soll, so dass die Intransparenz und daher die Unwirksamkeit der Vertragsstrafenregelung angenommen wird (so LG Osnabrück, Urt. v. 31.3.2011 – 4 O 122/11; anders aber OLG Köln, Urt. v. 14.2.2012 – 22 U 184/10).

359 Umstritten ist, ob ohne klare Festlegung vom Nettobetrag ohne Umsatzsteuer auszugehen ist, wenn der Besteller zum Vorsteuerabzug berechtigt ist. Da letztlich auch der Umsatzsteuerbetrag als Teil des Werklohns geschuldet ist, gehört er zur Auftrags-, Abrechnungs- oder Vertragssumme usw. Bei dieser Auslegung ergeben sich Probleme hinsichtlich der Inhaltskontrolle. Wenn der Besteller vorsteuerabzugsberechtigt ist, orientiert sich die Vertragsstrafe nicht an dem Wert der Leistung. Aus diesem Grund wird eine an die Bruttovergütung anknüpfende Vertragsstrafe für unwirksam gehalten (OLG Jena, Urt. v. 10.4.2002 – 7 U 938/01).

360 **(3) Unangemessene Höhe der Vertragsstrafe für Verzug.** Eine unangemessene Benachteiligung des Unternehmers kann sich insbesondere aus der Höhe der Vertragsstrafe ergeben. Sieht die Klausel eine unangemessen hohe Vertragsstrafe vor, ist die Vertragsstrafenvereinbarung insgesamt unwirksam. Eine ihrem Inhalt nach unwirksame Klausel kann nicht auf das angemessene Maß reduziert werden (Verbot geltungserhaltender Reduktion).

361 Unangemessen kann sowohl der Tagessatz (bzw. Wochensatz) als auch die in AGB notwendige Obergrenze der Vertragsstrafe sein. Die Rechtsprechung nimmt eine Inhaltskontrolle nach einem generalisierenden Maßstab vor. Das bedeutet, dass die jeweilige Vertragsstrafe für die Verträge, für die sie vielfach verwendet wird, generell angemessen sein muss. Als Maximalbetrag einer angemessenen Vertragsstrafe für Bauverträge hat der BGH 5 % der Vertragssumme angesetzt (→ Rdn. 362). Für den Tages- bzw. Wochensatz gibt es keine verbindlichen Prozentsätze für die jeweiligen Vertragstypen, die die Angemessenheit der Vertragsstrafe indizieren (BGH, Urt. v. 18.11.1982 – VII ZR 305/81). Wird die Vertragsstrafenregelung generell für Bauverträge verwendet, ist eine Vertragsstrafe bis zu 0,3% der Auftragssumme pro Arbeitstag für die Überschreitung des Fertigstellungstermins nicht beanstandet worden (BGH, Urt. v. 1.4.1976 – VII ZR 122/74; Urt. v. 18.1.2001 – VII ZR 238/00; OLG Köln Urt. v. 23.12.2011 – 19 U 24/11 = IBR 2013, 14; anders hingegen: 0,3% pro Kalendertag: OLG Dresden, Urt. v. 8.2.2001 – 16 U 2057/00, das bei der Hochrechnung darauf abstellt, dass ein

Werkvertragsrecht § 631

Prozentsatz von 0,42% pro Arbeitstag – ohne Samstag und Sonntag – herauskommt; 0,3% pro Werktag, was bei fünf Arbeitstagen 0,34% pro Arbeitstag entspräche: OLG Schleswig, Urt. v. 21.4.2005 – 5 U 154/04, das noch zusätzlich auf den kurzen Zeitraum der Verwirkung abstellt). Das gleiche gilt für eine Vertragsstrafe von 0,2% pro Kalendertag, die bei Umrechnung auf Werktage unter Ausschluss des Samstags, § 11 Abs. 3 VOB/B, einen Tagessatz von 0,28% ergibt (vgl. BGH, Urt. v. 18.1.2001 – VII ZR 238/00). Ein Tagessatz von 0,5% der Auftragssumme ist hingegen unangemessen hoch (BGH, Urt. v. 20.1.2000 – VII ZR 46/98; OLG Köln, Urt. v. 17.8.2010 – 3 U 69/09) und zwar grundsätzlich unabhängig von der Höhe der Obergrenze (BGH, Urt. v. 17.1.2002 – VII ZR 198/00; BGH, Urt. v. 7.3.2002 – VII ZR 41/01). Fraglich ist, ob ein Wochensatz von 1% pro angefangener Kalenderwoche noch angemessen ist, auch wenn dieser Satz schon beim nur einem Kalendertag Verzug anfällt, weil die maximal zulässige Vertragsstrafe erst nach 29 Kalendertagen erreicht wird (so OLG Hamm, Urt. v. 12.7.2017 – I-12 U 156/16 mit abl. Anm. Berger NJW 2018, 1028; kritisch auch Luft NZBau 2018, 541).

Problematisch sind auch solche Klauseln, die für Zwischenfristen die üblichen Sätze von 0,1% oder 0,2% oder sogar 0,3% pro Tag vorsehen (OLG Hamm, Urt. v. 10.2.2000 – 21 U 85/98; OLG Celle, Urt. v. 13.7.2005 – 7 U 17/05; BGH, Urt. v. 25.3.1976 – VII ZR 259/75; OLG Nürnberg, Urt. v. 24.3.2010 – 13 U 201/10 für die Vereinbarung einer Vertragsstrafe von 0,2% pro Werktag für Verzögerungen „bei Beginn und Fertigstellung"; OLG Naumburg, Urt. v. 15.11.2011 -1 U 51/11). Denn nennenswerte Schäden treffen den Besteller in aller Regel erst mit Überschreitung der Fertigstellungsfrist. Bedenklich kann auch sein, wenn die Überschreitung der Zwischenfrist pönalisiert wird, obwohl der Endtermin eingehalten wird. Allerdings kann es in besonders gelagerten Fällen einen guten Grund geben, die Zwischenfristen unter Vertragsstrafe zu stelle (dazu Berger, Jahrbuch Baurecht 2012, 77).

Eine formularmäßige Vertragsstrafenklausel des Bestellers muss nach der Rechtsprechung 362 des 7. Zivilsenats stets eine Begrenzung der Gesamthöhe enthalten, so dass der Unternehmer infolge der Fristüberschreitung nicht Gefahr läuft, mit einer unangemessen hohen Gesamtsumme belastet zu werden. BGH, Urt. v. 19.1.1989 – VII ZR 348/87; zur Anwendung dieser Grundsätze auf eine Schwarzarbeiterklausel vgl. OLG Brandenburg, Urt. v. 8.11.2006 – 4 U 54/06; dagegen Staudinger/Rieble, 13. Bearb, § 339 Rn. 151; anders zum Mietrecht auch BGH, Urt. v. 12.03.2003 – XII ZR 18/00). Auch wenn die Angemessenheit einer Obergrenze eigentlich von den gesamten Umständen des typisierten Vertragsverhältnisses abhängt, hat der BGH durch seine Rechtsprechung praktisch feste Grenzen für Vertragsstrafen in allen Bauverträgen eingeführt. Seit 2003 dürfen Vertragsstrafenklauseln für Bauverträge generell eine Obergrenze 5% der Auftragssumme nicht überschreiten (BGH, Urt. v. 23.1.2003 – VII ZR 210/01; BGH, Urt. v. 8.7.2004 – VII ZR 24/03). Zuvor hatte der BGH eine Obergrenze von 10% jedenfalls bei einer Abrechnungssumme bis 13 Millionen DM nicht beanstandet (BGH, Urt. v. 25.9.1986 – VII ZR 276/84) und deshalb Vertrauensschutz für Verträge bis 13 Millionen DM, die vor dem 30.06.2003 geschlossen worden sind, gewährt (BGH, Urt. v. 8.7.2004 – VII ZR 24/03; ablehnend Schwenker, ZfIR 2003, 419, dagegen wiederum Wolter, BauR 2003, 1278; Pauly, BauR 2005, 1229, 1230). In der Literatur war ergänzend erwogen worden, bei Altverträgen mit Auftragssummen von über 13 Mio. DM im Wege ergänzender Vertragsauslegung eine Vertragsstrafe in Höhe von 5% anzunehmen (Minuth, NZBau 2003, 316, 317; Pauly, BauR 2005, 2229 1233). Diesem Ansatz ist der Bundesgerichtshof nicht gefolgt (BGH, Urt. v. 13.3.2008 – VII ZR 194/06).

Diese generalisierende Rechtsprechung ist rechtlich nicht völlig unproblematisch, da in an- 363 deren Bereichen des Wirtschaftslebens derartige strikte Beschränkungen für Vertragsstrafen in AGB nicht gelten (vgl. BGH, Urt. v. 12.03.2003 – XII ZR 18/00 zum Mietrecht; für generelle Obergrenze auch BGH, Urt. v. 07.5.1997 – VIII ZR 349/96 zum Vertragshändlervertrag). Sie haben auf der anderen Seite zu einer Steigerung der Rechtssicherheit und auch zur Reduzierung der Tagessätze geführt, so dass es keinen Sinn macht, die maximale Tagessatzhöhe von 0,3% auszureizen, um bei einer Obergrenze von 5% die Druckfunktion der Vertragsstrafe innerhalb von z. B. 3 Wochen zu erschöpfen.

(4) Kumulationsverbot. Wird die Vertragsstrafe an die Überschreitung mehrerer Fristen 364 (Zwischenfristen und Fertigstellungstermin) geknüpft, kann sich der an sich ausreichend niedrige Tagessatz infolge einer Kumulation zu einem unangemessen hohen Tagessatz wandeln. In diesem Fall kann die Vertragsstrafe unwirksam sein (OLG Bremen, Urt. v. 7.10.1986 – 1 U 151/85; OLG Hamm, Urt. v. 10.2.2000 – 21 U 85/98, vgl. auch OLG Koblenz, Urt. v. 23.3.2000 – 2 U 792/99). Das kann der Fall sein, wenn die Zwischentermine so liegen, dass

von Rintelen

sie gleichzeitig überschritten werden, so dass eine Verzögerungsursache mehrfach wirkt und es bei Anknüpfung der Vertragsstrafe an die volle Auftragssumme zu einer Kumulierung der Vertragsstrafe kommt. Kein Verstoß gegen das Kumulierungsverbot hinsichtlich der Höchstgrenze liegt vor, wenn einzelne, nachfolgende Bauabschnitte vertragsstrafenbewehrt sind, die Höchstgrenze jedoch nach den für diese Bauabschnitte geltenden Teilauftragssummen berechnet wird. Denn das führt nur zu einer Vertragsstrafe mit der Höchstgrenze für die gesamte Summe (BGH, Urt. v. 23.1.2003 – VII ZR 210/01).

365 Eine in Allgemeinen Geschäftsbedingungen des Auftraggebers eines Bauvertrags vorgesehene Vertragsstrafenregelung, die eine für die schuldhafte Überschreitung einer **Zwischenfrist** zu zahlende Vertragsstrafe auf höchstens 5% der Gesamtauftragssumme festlegt, ist hingegen unwirksam. Die Überschreitung einer Zwischenfrist kann in AGB nämlich nur durch eine Vertragsstrafe pönalisiert werden, wenn ein besonderes Interesse an ihrer Einhaltung besteht. Auch wenn das der Fall ist, muss sich die Höhe der Vertragsstrafe für die Zwischenfristüberschreitung aber an den von der Rechtsprechung aufgestellten Grundsätzen zur Vertragsstrafe für eine Endfristüberschreitung messen lassen. Obergrenze ist daher der bis zu diesem Zeitpunkt verdiente Werklohn (5% der bis dahin entstandenen Auftragssumme, so BGH, Urt. v. 6.12.2012 – VII ZR 133/11).

366 **(5) Verzug.** Nach der gesetzlichen Regelung ist die Vertragsstrafe verwirkt, wenn der Unternehmer in Verzug kommt, §339 BGB. Das setzt zunächst die Fälligkeit des Anspruchs voraus. Eine an die Möglichkeit des Umzugs – „umzugsfertig" – geknüpfte Vertragsstrafe ist aber nicht verwirkt, wenn zu diesem Termin das Gebäude – hier eine Produktionshalle – noch nicht sämtliche für die später beabsichtigte Nutzung erforderlichen Funktionen aufweist (BGH, Beschl. v. 27.1.2011 VII ZR 240/08). Verzug setzt weiter das Verschulden des Unternehmers an der Fristüberschreitung voraus. Viele Vertragsstrafenvereinbarungen versuchen die Verwirkung der Vertragsstrafe vom Verzug und vom Verschulden des Unternehmers abzukoppeln. Diese Abweichung vom gesetzlichen Leitbild indiziert die Unangemessenheit der Regelung und führt regelmäßig zu deren Unwirksamkeit. So kann die Vertragsstrafe durch Allgemeine Geschäftsbedingungen des Bestellers grundsätzlich nicht verschuldensunabhängig vereinbart werden. Eine verschuldensunabhängige Formulierung wird schon darin gesehen, dass die Vertragsstrafe lediglich an die Überschreitung des Fertigstellungstermins geknüpft wird (BGH, Urt. v. 26.9.1996 – VII ZR 318/95; OLG Düsseldorf, Urt. v. 25.10.1983 – 23 U 61/83; OLG Bamberg, Urt. v. 19.4.1989 – 3 U 124/88). Im VOB-Vertrag ist die Vertragsstrafe immer vom Verzug abhängig, ohne dass das in der entsprechenden Klausel ausdrücklich erwähnt sein müsste, §11 Abs. 2 VOB/B. Ergibt sich aus dem gesamten Vertragswerk nichts Gegenteiliges, ergänzt die Regelung des §11 Abs. 2 VOB/B nach ihrem Sinn und Zweck die im Vertrag an anderer Stelle getroffene Vertragsstrafenvereinbarung (BGH, Urt. v. 13.12.2001 – VII ZR 432/00; Urt. v. 8.7.2004 – VII ZR 231/03; Urt. v. 8.7.2004 – VII ZR 24/03; Urt. v. 30.3.2006 – VII ZR 44/05; Urt. v. 21.12.2006 – VII ZR 275/05). Ändern die vorrangigen Vertragsbedingungen die VOB/B ab, so kann fraglich sein, ob mit einer verschuldensunabhängig formulierten Vertragsstrafenvereinbarung auch die Regelung des §11 Abs. 2 VOB/B abbedungen sein soll. Zweifel gehen dann zu Lasten des Bestellers als Klauselverwender (vgl. BGH, Urt. v. 25.9.1986 – VII ZR 276/84; OLG Frankfurt, Urt. v. 21.12.1998 – 18 U 65/97; OLG Hamm, Urt. v. 18.4.1996 – 17 U 132/95; OLG Frankfurt, Urt. v. 13.12.1999 – 22 U 7/98; OLG Oldenburg, Urt. v. 23.2.2000 – 2 U 296/99; OLG Bamberg, Urt. v. 19.4.1989 – 3 U 124/88). Die Klausel in einem VOB-Vertrag „Für jeden Arbeitstag der Fristüberschreitung wird eine Vertragsstrafe von 0,1% der Auftragssumme, höchstens jedoch 5% der Auftragssumme vereinbart" weckt noch keine Zweifel. Diese Regelung wird ergänzt durch §11 Abs. 2 VOB/B, wonach die Fristüberschreitung nicht ausreicht, sondern Verzug vorliegen muss. Zweifel können erst entstehen, wenn die Klausel so formuliert ist, dass Verzug nicht vorliegen muss oder sich aus dem Gesamtzusammenhang des Vertrages ergibt, dass §11 Abs. 2 VOB/B abbedungen ist. Das ist aber nicht schon dann zu bejahen, wenn die Klausel eine Vertragsstrafenvereinbarung enthält und nachrangig die VOB/B vereinbart ist (a. A. OLG Oldenburg, Urt. v. 23.02.2000 – 2 U 296/99).

367 Bedenklich sind insbesondere solche Klauseln, die die Verwirkung der Vertragsstrafe auch dann zulassen, wenn die Verzögerung bauseitig verursacht wurde (OLG Hamm, Urt. v. 21.3.1996 – 17 U 93/95 OLG Hamm, Urt. v. 18.4.1996 – 17 U 132/95; OLG Düsseldorf, Urt. v. 14.2.1992 – 22 U 155/91) oder witterungsbedingt ist (BGH, Urt. v. 6.12.2007 – VII ZR 28/07). Zu beachten ist, dass auch beim VOB-Vertrag der Unternehmer immer die Möglichkeit haben muss, das fehlende Verschulden an der Fristüberschreitung nachzuweisen und zwar auch

dann, wenn er die nachträglich geltend gemachte Behinderung nicht während der Bauphase angezeigt hat (BGH, Urt. v. 14.1.1999 – VII ZR 73/98; OLG Hamm, Urt. v. 18.4.1996 – 17 U 132/95).

(6) Anrechnung des Schadensersatzanspruchs. Nach §§ 341 Abs. 2, 340 Abs. 2 BGB 368 wird die Vertragsstrafe auf einen Schadensersatzanspruch angerechnet. Davon abweichende Allgemeine Geschäftsbedingungen sind unwirksam (BGH, Urt. v. 29.2.1984 – VIII ZR 350/82; OLG Düsseldorf, Urt. v. 22.3.2002 – 5 U 85/01). Entsprechend dem Schutzzweck des § 340 BGB ist die Vertragsstrafe allerdings nur insoweit auf den Schadensersatzanspruch des Gläubigers anzurechnen, als Interessenidentität besteht. Zwischen dem Anspruch auf Zahlung einer Vertragsstrafe und dem Anspruch auf Ersatz der Anwaltskosten, die durch die Geltendmachung der Vertragsstrafe entstanden sind, besteht keine solche Identität (BGH, Urt. v. 8.5.2008 – I ZR 88/06).

(7) Vorbehalt bei der Abnahme. Wird das Erfordernis des Vorbehalts bei der Abnahme 369 in Allgemeinen Geschäftsbedingungen vollständig abbedungen, ist die Vertragsstrafenklausel insgesamt unwirksam (BGH, Urt. v. 18.11.1982 – VII ZR 305/81; OLG Celle, Urt. v. 26.10.2016 – 7 U 27/16). Eine Verschiebung des Vorbehalts bis zur Schlussabrechnung (BGH, Urt. v. 18.11.1982 – VII ZR 305/81) bzw. Schlusszahlung ist hingegen zulässig (BGH, Beschl. v. 13.7.2000 – VII ZR 249/99 „von der sich aus der Schlussrechnung ergebenden Werklohnforderung des Auftragnehmers in Abzug gebracht werden kann"; BGH, Urt. v. 23.1.2003 – VII ZR 210/01:„Er kann sie vielmehr bis zur Schlußzahlung geltend machen"). Hiergegen wird eingewandt, dass der Besteller die Vorbehaltsfrist durch Verzögerung seiner Zahlungsverpflichtung verlängern kann bzw. dass die Regelung unklar ist (→ § 640 BGB Rdn. 101). Die Verschiebung des Vorbehalts bis zur Schlusszahlung wird deshalb anderseits auch nur in diesem einschränkenden Sinne der Fälligkeit der Schlusszahlung verstanden (KG, Urt. v. 23.3.1999 4 U 1635/97), was aber dem Verständnis des BGH in der Entscheidung vom 23.1.2003 entspricht. Die Vertragsstrafe muss allerdings spätestens dann vorbehalten werden, wenn der Besteller die Bezahlung endgültig verweigert (BGH, Urt. v. 12.10.1978 – VII ZR 139/75; Urt. v. 23.1.2003 – VII ZR 210/01).

(8) Trennbare Teile. Die Wirksamkeit von trennbaren Klauseln ist für jeden Teil gesondert 370 zu prüfen. Ist eine Vertragsstrafe jeweils für den Ausführungsbeginn, für Zwischenfristen nach Bauzeitplan und für die Fertigstellungsfrist vereinbart und ist die Klausel für die Zwischenfristen wegen unangemessener Höhe unwirksam, berührt das die Vertragsstrafenvereinbarung für die Überschreitung der Fertigstellungsfrist nicht, weil die Klausel insoweit trennbar ist (BGH, Urt. v. 14.1.1999 – VII ZR 73/98; Urt. v. 18.1.2001 – VII ZR 238/00). Wird in einer Vertragsstrafenklausel wegen der strafbewehrten Fristen auf eine weitere Klausel Bezug genommen, in der die Fertigstellungsfrist neben anderen Fristen gesondert aufgeführt ist, so liegt insoweit eine trennbare Regelung der Vertragsstrafe vor, die einer eigenständigen Inhaltskontrolle unterzogen werden kann (BGH, Beschl. v. 27.11.2013 – VII ZR 371/12).

Dagegen ist eine Vertragsstrafenklausel insgesamt unwirksam, wenn die Anrechenbarkeit 371 auf den Schadensersatzanspruch ausgeschlossen ist (BGH, Urt. v. 21.11.1991 – I ZR 87/90; OLG Düsseldorf, Urt. v. 22.3.2002 – 5 U 85/01). Ebenso soll eine Klausel insgesamt unwirksam sein, wenn sie auf den Vorbehalt der Vertragsstrafe ganz verzichtet (so wohl BGH, Urt. v. 23.1.2003 – VII ZR 210/01; anders noch BGH, Urt. v. 18.11.1982 – VII ZR 305/81 zu § 242 BGB wo die Vertragsstrafe mangels Vorbehalts und dessen nicht wirksamer Abbedingung erloschen war).

cc) Sonstige Vertragsstrafen

In vielen Bauverträgen werden nicht nur Vertragsstrafen für Verzug vorgesehen, sondern 372 auch für andere Vertragsverletzungen wie den Einsatz nicht genehmigter Subunternehmer, den Einsatz von Schwarzarbeitern (OLG Brandenburg, Urt. v. 8.11.2006 – 4 U 54/06), Wettbewerbsverbote (LG Gießen, Urt. v. 2.5.1994 – 4 O 521/93), zu späte Nachtragsangebote, fehlende Dokumentationen etc.

Eine Vertragsstrafe in AGB setzt nach der Rechtsprechung grundsätzlich ein berechtigtes 373 Interesse des Verwenders voraus. Welche Anforderungen an ein berechtigtes Interesse zu stellen sind, wird unterschiedlich gewertet. Einige betonen, dass auch die formularvertragliche Vertragsstrafe keiner „Bedürfnisprüfung" unterliegen dürfe; vielmehr müsse jedes berechtigte Interesse des Gläubigers, nicht bloße Vermögensinteressen, grundsätzlich respektiert werden (Staudinger/Rieble, 13. Bearb., § 339 Rn. 116). Andere stellen strengere Anforderungen auf

§ 631

und prüfen insbesondere bei einer erhöhten Schutzbedürftigkeit der anderen Vertragsseite, wie z. B. im Arbeitsrecht oder im Bauvertragsrecht Erforderlichkeit, Angemessenheit und Verhältnismäßigkeit (vgl. z. B. Dammann in Wolf/Lindacher/Pfeiffer, AGB-Recht, § 309 Nr. 6 Rn. 66 ff.).

374 Hierbei werden im unterschiedlichen Maß insbesondere folgende Umstände für ein berechtigtes Interesse geprüft:

(1) ob die strafbewehrte Pflicht für den Gläubiger hinreichend wichtig ist;

(2) ob mildere Kontroll- oder Sanktionsmechanismen dem Gläubiger zur Verfügung stehen;

(3) ob ausreichende gesetzliche Sanktionen für das Fehlverhalten bestehen.

375 So hat das OLG Nürnberg eine Vertragsstrafe für den verspäteten Beginn der Arbeitsaufnahme als unangemessen angesehen, da kein konkretes Interesse des Auftraggebers bestand und der Sanktionsmechanismus sinnlos sei, da der Unternehmer die Arbeiten bereits am nächsten Tage sanktionslos wieder unterbrechen kann (OLG Nürnberg, Beschl. v. 24.3.2010 – 13 U 201/10).

376 Hinsichtlich der Höhe der Vertragsstrafe ist es erforderlich, dass die Vertragsstrafe in einem angemessenen Verhältnis zum Pflichtenverstoß steht. Bei der Bemessung ist die Funktion der Vertragsstrafe zu berücksichtigen. Die Vertragsstrafe ist nicht nur Druckmittel, sondern soll dem Gläubiger auch einen konkreten Schadensnachweis ersparen. Aus dieser Bi-Funktionalität der Rechtsprechung leitet die Rechtsprechung ab, dass die Vertragsstrafe trotz ihrer Funktion als Druckmittel nicht völlig losgelöst von der Höhe eines wahrscheinlichen Schadens sein darf (BGH, Urt. v. 17.7.2008 – I ZR 168/05). Das führt allerdings wegen des Prüfungsmaßstabes von AGB dazu, dass eine Vertragsstrafe nur dann nicht unangemessen hoch ist, wenn sie auch angesichts des typischerweise geringsten erfassten Vertragsverstoßes noch angemessen ist (BGH, Urt. v. 20.1.2016 – VIII ZR 26/15). Viele in Bauverträgen vorgesehene Vertragsstrafen für sonstige Verstöße berücksichtigen diese Anforderungen ersichtlich nicht.

c) Voraussetzungen der Vertragsstrafe

377 Wenn die Vertragsstrafe wirksam vereinbart ist und die vertraglichen Voraussetzungen erfüllt sind, kann die Vertragsstrafe gefordert werden. Sie kann dann auch im Wege der Aufrechnung gegenüber dem Werklohnanspruch des Unternehmers durchgesetzt werden. Die Vertragsstrafe ist akzessorisch zur Verbindlichkeit, die zu erfüllen ist (vgl. Vogel, ZfIR 2005, 373). Ein Anspruch auf Vertragsstrafe kann also nur entstehen, wenn die strafbewehrte Hauptverbindlichkeit (noch) besteht. Deshalb können die strafbewehrte Hauptverbindlichkeit und der Vertragsstrafenanspruch vor dessen Verwirkung nicht getrennt abgetreten werden (BGH, Urt. v. 24.11.1989 – V ZR 16/88).

aa) Fristüberschreitung

378 Welche Frist verbindlich vereinbart ist, ergibt die Vertragsauslegung. Verbindliche Vertragsfristen müssen zwischen den Parteien als solche vereinbart sein (OLG Düsseldorf, Urt. v. 9.5.2008 – 22 U 191/07 –, Nichtzulassungsbeschwerde zurückgewiesen durch Beschluss des BGH vom 26.2.2009 – VII ZR 121/08). In Vertragsstrafenvereinbarungen können unterschiedliche Fristen strafbewehrt werden, wie Zwischenfristen, Fertigstellungsfristen, Bezugsfertigkeitsfristen, Einzelfristen, Gesamtfristen usw. (dazu Mayr BauR 2013, 1192). Die Auslegung, wie diese Vereinbarungen zu verstehen sind, ist nach allgemeinen Grundsätzen vorzunehmen (Hafkesbrink/Schoofs BauR 2010, 133). Unklare Vereinbarungen werden zu Lasten des Bestellers ausgelegt. Das gilt nach der Regelung des § 305c Abs. 2 BGB für Allgemeine Geschäftsbedingungen, wird im Ergebnis aber auch für Individualvereinbarungen angewandt, obgleich eine interpretatio contra proferentem kein anerkannter Auslegungsgrundsatz im deutschen Recht ist und § 133 BGB nicht entspricht (BGH, Urt. v. 19.11.1970 – VII ZR 238/68; näher Meyer ZHR 174 (2010), 108, 141). Die Rechtsprechung fordert aber zu Recht, dass der Besteller klare und unmissverständliche Regelungen in den Vertrag einbringen muss, wenn er daran eine Vertragsstrafe knüpfen will (vgl. BGH, Urt. v. 8.2.2001 – VII ZR 427/98; KG, Urt. v. 1.6.2007 – 7 U 190/06). „Fertigstellung" im Sinne einer Vertragsstrafenklausel muss nicht mangelfreie Leistung bedeuten, sondern kann auch heißen, dass das Werk lediglich abnahmereif sein muss, d. h. unwesentliche Mängel einer Fertigstellung nicht entgegen stehen (OLG Karlsruhe, Urt. v. 5.9.1997 – 8 U 136/96; OLG Dresden, Urt. v. 8.2.2001 – 16 U 2057/00; OLG Oldenburg, Urt. v. 30.9.2004 – 8 U 86/01 Sichert die Vertragsstrafe die Nutzung des Bauwerks, kann die Anknüpfung an die Fertigstellung auch bedeuten, dass die vorgesehene Nutzung möglich ist (OLG München, Urt. v. 21.3.2006 – 13 U 5102/05).

Im Einzelfall können dann auch als wesentlich einzustufende Mängel einer „Fertigstellung" nicht entgegenstehen, wenn sie die Nutzung des Bauwerks, auch bei der Mängelbeseitigung, nicht wesentlich beeinträchtigen (vgl. auch Vogel, ZfIR 2005, 373, 376 m. w. N.). Sieht eine Vertragsstrafenklausel in einem Vertrag über die Fertigstellung von Wohnungen in einer Wohnungsanlage für den Fall des Verzugs der Fertigstellung eine Vertragsstrafe vor, kommt es darauf an, ob sich die Wohnungen in einem bezugsfertigen Zustand befunden haben (KG, Urt. v. 28.5.2002 – 15 U 4/01; Revision nicht zugelassen, BGH, Beschl. v. 26.6.2003 – VII ZR 246/02; OLG Naumburg, Urt. v. 25.11.1999 – 12 U 197/99). Zu Recht wird darauf hingewiesen, dass eine Vertragsstrafenvereinbarung an der Inhaltskontrolle scheitern kann, wenn dieses Verständnis abbedungen und die Verwirkung der Vertragsstrafe allein daran geknüpft wird, dass die Leistung vollständig mangelfrei ist, ungeachtet der Möglichkeit, das Bauwerk bestimmungsgemäß zu nutzen (Vogel, ZfIR 2005, 373, 376).

Knüpft die Klausel die Strafe an die Fertigstellung, kommt es nur auf diese an und nicht auf die Abnahme oder auf die Anzeige der Fertigstellung (BGH, Urt. v. 14.1.1999 – VII ZR 73/98). Sieht eine Klausel vor, dass Fertigstellungstermine noch vereinbart werden, kann nicht auf einen nach dem Vertrag zu errechnenden Fertigstellungstermin abgestellt werden (BGH, Urt. v. 10.5.2001 – VII ZR 248/00). 379

Voraussetzung für die Vertragsstrafe ist die Überschreitung der vereinbarten Frist. Die Beweislast gegen den Verzug trägt der Unternehmer. Er muss beweisen, dass er die vertraglich vereinbarte Frist eingehalten hat, vgl. § 345 BGB. 380

bb) Verschiebungen strafbewehrter Termine

Zunächst ist zu klären, ob die vereinbarte Frist noch Bestand hat. Das ist nicht der Fall, wenn sie nach Abänderungsvereinbarungen oder nach § 6 Abs. 1 bis 4 VOB/B verlängert hat. Hat sich die Frist verschoben, kann ohne Verzug ohne Mahnung i. d. R. nicht mehr eintreten (BGH, Urt. v. 14.1.1999 – VII ZR 73/98). 381

Bei einer Veränderung der Termine stellt sich weiter die Frage, ob die Vertragsstrafe auch für die neuen Termine gilt. Die Vertragsstrafenvereinbarung entfällt insbesondere nach der Rechtsprechung insgesamt, wenn durch den Besteller bedingte Verzögerungen den Zeitplan völlig aus dem Takt gebracht haben (BGH, Urt. v. 13.1.1966 – VII ZR 262/63; Urt. v. 28.10.1971 – III ZR 142/69; Urt. v. 29.11.1973 – VII ZR 205/71; Urt. v. 14.1.1993 – VII ZR 185/91; OLG Celle, Urt. v. 13.7.2005 – 7 U 17/05; OLG Düsseldorf, Urt. v. 7.4.2016 – 5 U 81/15). Hiergegen wird eingewandt, dass eine tragfähige dogmatische Begründung für den Entfall schlicht fehle (Kapellmann/Messerschmidt/Schneider § 11 VOB/A Rn. 57; Pauly NZBau 2016, 251 ff.; Börgers, BauR 1997, 917, 921). 382

Zu trennen ist, ob die vereinbarte oder verlängerte Frist überschritten ist, also Fälligkeit der Bauleistung vorliegt, oder ob der Unternehmer die Verzögerung zu vertreten hat. Auch wenn die Frist nach den oben dargestellten Grundsätzen überschritten ist, kann sich der Unternehmer immer noch damit verteidigen, dass er das nicht zu vertreten hat. Das ist insbesondere für den BGB-Vertrag wichtig, der die automatischen Fristverlängerungstatbestände des § 6 Abs. 1 bis 4 VOB/B nicht kennt, und auch in den Fällen, in denen der Unternehmer die Behinderung nicht angezeigt hat, denn auch dann kann er sich auf fehlendes Verschulden berufen (BGH, Urt. v. 14.1.1999 – VII ZR 73/98). Im Einzelfall kann er sich dadurch entlasten, dass er darlegt, dass er alle ihm zumutbaren Beschleunigungsmaßnahmen getroffen hat und davon ausgehen durfte, dass diese ausreichen würden, um die zeitliche Verzögerung auszugleichen (OLG Hamburg, Urt. v. 12.12.2008 – 1 U 143/07, NZB zurückgewiesen durch BGH, Beschl. v. 4.3.2010 – VII ZR 21/09). 383

Vom Einzelfall hängt es auch ab, ob eine Vertragsstrafenvereinbarung noch Bestand hat, wenn die Parteien einverständlich den strafbewehrten Vertragstermin ändern, ohne die Vertragsstrafe anzusprechen (Hafkesbrink/Schoofs, BauR 2010, 133). Es kommt zunächst darauf an, wie die Vertragsstrafenvereinbarung formuliert ist. Ist sie terminneutral formuliert, gilt sie grundsätzlich auch für die neuen Termine (vgl. auch als Ergebnis der Einzelfallprüfung: BGH, Urt. v. 30.3.2006 – VII ZR 44/05). Ist die Vertragsstrafenvereinbarung auf bestimmte Termine bezogen, so gilt sie grundsätzlich nur für diese Termine. Haben die Parteien dann neue Termine vereinbart, ohne eine Regelung zur Vertragsstrafe zu treffen, können sie allerdings stillschweigend die Vertragsstrafenvereinbarung auch auf diese Termine übertragen haben (vgl. OLG Köln, Urt. v. 30.8.2000 – 11 U 25/99). 384

§ 631

385 Klare Grundsätze dazu, wann von einer derartigen stillschweigenden Übertragung auszugehen ist, hat die Rechtsprechung noch nicht entwickelt; bei einer Auslegung kommt es auf die Umstände des Einzelfalls an (vgl. auch OLG Düsseldorf, Urt. v. 16.12.1999 – 23 U 75/99; OLG Hamm, Urt. v. 11.10.1995 – 25 U 70/95; OLG Jena, Urt. v. 22.10.1996 – 8 U 474/96; OLG Celle, Urt. v. 13.7.2005 – 7 U 17/05). Je gewichtiger die Terminverschiebung ist, umso weniger wird man davon ausgehen können, dass die alte Vertragsstrafenvereinbarung Bestand haben soll. Das gilt insbesondere dann, wenn eine Verkürzung der Termine ohne Beschleunigungsvergütung vereinbart wurde (OLG Zweibrücken, Urt. v. 20.6.2007 – 1 U 50/07), die Terminverschiebung zu ganz anderen Baubedingungen geführt hat, wie z.B. Winterbau oder Bau unter erschwerten Umständen (OLG Naumburg, Urt. v. 21.12.1998 – 2 U 21/98; BGH, Beschl. v. 25.11.1999 – VII ZR 95/99 (Revision nicht angenommen); vgl. auch OLG Jena, Urt. v. 22.10.1996 – 8 U 474/96, BGH, Beschl. v. 19.2.1998 – VII ZR 354/96 (Revision nicht angenommen; OLG Düsseldorf, Urt. v. 13.3.1978 – 5 U 97/77; OLG Naumburg, Urt. v. 21.12.1998 – 2 U 21/98) oder erfolgte, nachdem ohnehin der gesamte Zeitplan durcheinander geraten war, so dass die vereinbarte Vertragsstrafe keinen Bestand mehr hatte (OLG Celle, Urt. v. 13.7.2005 – 7 U 17/05; OLG Düsseldorf, Urt. v. 7.4.2016 – 5 U 81/15).

386 Die gleichen Grundsätze gelten, wenn die Parteien die Fortsetzung der Arbeiten vereinbaren, nachdem der Besteller wegen des Verzugs zunächst zu Recht zurückgetreten ist, gekündigt hat oder Schadensersatz statt der Leistung gewählt hat. Soll die Vertragsstrafenvereinbarung unverändert weiterbestehen, muss das aus der Vereinbarung hervorgehen (OLG Düsseldorf, Urt. v. 12.7.2002 – 5 U 238/00). Ebenso ist der Fall zu behandeln, dass die Parteien eine völlige Neuordnung des Zeitplans vornehmen und keine Regelung zu einer dazu passenden Vertragsstrafe treffen (OLG Celle, Urt. v. 5.6.2003 – 14 U 184/02).

387 Um eine Geltung der Vertragsstrafe auch für verschoben oder neu vereinbarte Termine sicherzustellen, sehen Besteller in ihren AGB vor, dass die Vertragsstrafe auch für neue oder angepasste Termine gelten soll. Soweit eine derartige Bindung nicht eingeschränkt wird und damit bei kundenfeindlicher Auslegung auch in dem Fall einer grundlegenden Änderung des Zeitplans eingreifen kann, wird die Regelung als unangemessen angesehen (LG München v. 10.08.1989 – Az. 7 O 7763/89; LG München v. 22.12.2004 – 8 O 23/04; Kemper, BauR 2001, 1015, 1019f.).

cc) Verzug

388 Nach der gesetzlichen Regelung ist eine Vertragsstrafe nur bei Verzug des Schuldners (Unternehmers) durchzusetzen, § 339 Satz 1 BGB. Der Unternehmer gerät nicht in Verzug, wenn er eine Fristüberschreitung nicht zu vertreten hat, § 286 Abs. 4 BGB. Dafür trägt er die Darlegungs- und Beweislast.

389 Voraussetzung des Verzugs ist grundsätzlich eine Mahnung. Ist eine Frist vereinbart, gilt diese. Jedoch kann die Frist auf Grund abändernder Vereinbarungen der Parteien oder wegen vom Unternehmer nicht zu vertretender Verzögerungen hinfällig geworden sein. Die neue Frist löst den Verzug nicht automatisch aus, wenn sie nicht gemäß § 286 Abs. BGB vereinbart ist. Vielmehr ist dann eine Mahnung notwendig (BGH, Urt. v. 23.1.2003 – VII ZR 210/01; Urt. v. 14.1.1999 – VII ZR 73/98). Über den fehlenden Verzug werden also auch solche Fälle erfasst, in denen eine Verlängerung der vertraglichen Frist nicht angenommen werden kann. Kommt es zu Störungen des Bauablaufs, die der Unternehmer nicht zu vertreten hat und ist der Zeitplan dadurch nicht vollständig außer Takt geraten, wird dieser Teil auf die Vertragsstrafe nicht angerechnet (BGH, Urt. v. 10.5.2001 – VII ZR 248/00). Der Unternehmer kann sich auf fehlendes Verschulden auch berufen, wenn er die von ihm nicht zu vertretenden Behinderungen nicht angezeigt hat (BGH, Urt. v. 14.1.1999 – VII ZR 73/98).

390 Ein solcher Fall kann auch vorliegen, wenn der Unternehmer den Vertragstermin nicht einhalten kann, weil zeitintensive Zusatzaufträge erteilt worden sind, ohne dass der gesamte Zeitplan aus den Fugen geraten ist (OLG Düsseldorf, Urt. v. 30.5.2000 – 22 U 214/99, vgl. Vogel, a.a.O. S. 382). Allerdings gilt das nicht, wenn die Parteien sich darüber einig waren, dass der Zusatzauftrag den Fertigstellungstermin nicht berührt.

391 Die vereinbarte Vertragsstrafe ist aber insgesamt hinfällig, wenn auftraggeberseitige Verzögerungen und Behinderungen den Zeitplan völlig aus dem Takt gebracht haben. Das gilt insbesondere im Fall von verzögerten Mitwirkungshandlungen bzw. fehlender Vorgewerke. Es kommt dafür nicht darauf an, ob der Unternehmer diese Behinderungen rechtzeitig angezeigt hat (OLG Düsseldorf Beschl. v. 19.4.2012 – I-23 U 150/11 = BauR 2012, 1421).

Werkvertragsrecht § 631

dd) Berechnung der Vertragsstrafe

392 Wie die Vertragsstrafe berechnet wird, ergibt sich aus der entsprechenden Vereinbarung. Häufig wird sie in Höhe eines bestimmten Prozentsatzes pro Arbeits-, Werk- oder Kalendertag bzw. angefangener oder vollendeter (Kalender-)Woche vereinbart. Ist sie nach Tagen bemessen, so gilt für den VOB-Vertrag die Bemessung nach Werktagen, wozu auch der Samstag gehört, § 11 Abs. 3 VOB/B.

393 Steht fest, dass ein Teil der Verzögerung nicht vom Unternehmer zu vertreten ist, wird dieser Teil nicht berechnet. Kann er nicht genau bestimmt werden, findet eine Schätzung statt, § 287 ZPO analog. Kann die Fertigstellung aufgrund fehlender Mitwirkungshandlungen des Bestellers nicht rechtzeitig erfolgen, kommt es nicht darauf an, ob den Unternehmer für einzelne Teile seines Gewerks ein Verschulden trifft. Da die Gesamtleistung nicht fällig wird, fällt keine Vertragsstrafe an (BGH, Urt. v. 14.1.1999 – VII ZR 73/98; OLG Hamm, Urt. v. 11.10.1995 – 25 U 70/95).

394 Der Verzug endet mit dem Erreichen des strafbewehrten Leistungsziels, aber auch nun mit Untergang des Erfüllungsanspruchs als strafbewehrter Hauptverbindlichkeit. Die Vertragsstrafe kann nur für einen Zeitraum verlangt werden, in dem der Erfüllungsanspruch besteht. Das wird zum einem relevant wenn der Erfüllungsanspruch durch einen Schadensersatzanspruch abgelöst wird. Wählt der Besteller nach Ablauf einer Frist zur Vertragserfüllung zu Recht Schadensersatz, geht der Erfüllungsanspruch unter (vgl. OLG Düsseldorf, Urt. v. 12.7.2002 – 5 U 238/00). Das gilt erst recht bei einer Vertragsbeendigung. Ab dem Zeitpunkt einer Kündigung kann die Vertragsstrafe nicht mehr berechnet werden, vgl. auch § 8 Abs. 6 VOB/B. Jedoch hindert die Kündigung nicht, die Vertragsstrafe bis zum Zeitpunkt der Kündigung zu berechnen, soweit sie bis dahin verwirkt war. Haben die Voraussetzungen für die Inanspruchnahme der Vertragsstrafe im Zeitpunkt der Kündigung noch nicht vorgelegen, so kann überhaupt keine Vertragsstrafe verlangt werden (BGH, Urt. v. 18.5.1962 – I ZR 91/60).

ee) Vorbehalt der Vertragsstrafe

395 Hat der Besteller die Leistung abgenommen, so kann er – vorbehaltlich einer anderen zulässigen Vereinbarung (vgl. BGH, Urt. v. 11.3.1971 – VII ZR 112/69) – eine Vertragsstrafe nur verlangen, wenn er sich dies bei der Abnahme vorbehalten hat, § 341 Abs. 3 BGB. Das gilt gemäß § 11 Abs. 4 VOB/B auch für den VOB-Vertrag. Der Vorbehalt ist eine empfangsbedürftige Erklärung des Auftraggebers, aus welcher sich eindeutig der Wille entnehmen lässt, dass der Auftraggeber auch unter dem Eindruck der Erfüllung des Vertrages den verwirkten Vertragsstrafenanspruch nicht aufgibt (BGH, Urt. v. 24.5.1974 – V ZR 193/72).

396 Maßgeblich ist der Vorbehalt „bei" der Abnahme. Hier ist die Rechtsprechung streng und fordert grundsätzlich Parallelität. Eine frühere oder spätere Geltendmachung des Vorbehalts genügt nicht (BGH, Urt. v. 17.3.1958 – VII ZR 62/57; Urt. v. 18.11.1982 – VII ZR 305/81). Schriftliche Ankündigungen der Verwirkung der Vertragsstrafe zwischen Verzugseintritt und Abnahme reichen damit nicht aus.

397 Nur ein in ganz engem zeitlichem Zusammenhang vor der Abnahme erklärter Vorbehalt kann ausreichen, wenn der Schuldner auch im Moment der Abnahme von dem fortbestehenden Vorbehaltswillen des Gläubigers unzweifelhaft ausgehen muss (OLG Düsseldorf, Urt. v. 8.9.2000 – 22 U 34/00). Zunächst hatte der BGH einen Vorbehalt auch dann für erforderlich angesehen, wenn der Besteller bereits mit dem Vertragsstrafenanspruch aufgerechnet hatte (BGH, Urt. v. 4.11.1982 – VII ZR 11/82). Später hat der BGH allerdings einen Vorbehalt bei Abnahme für entbehrlich angesehen, wenn der Besteller bereits vor Abnahme die Aufrechnung mit der Vertragsstrafe erklärt hat und der Anspruch auf Vertragsstrafe infolgedessen bereits vollständig erloschen ist (BGH, Urt. v. 5.11.2015 – VII ZR 43/15). Auch wenn der Vertragsstrafenanspruch bereits gerichtlich geltend gemacht worden ist, bedarf es keines Vorbehaltes mehr bei der Abnahme (BGH, Urt. v. 24.5.1974 – V ZR 193/72). Ebenso wie die klageweise Geltendmachung einer Vertragsstrafe bringt auch die gegenüber der Werklohnklage erhobene Prozessaufrechnung das Strafverlangen dauerhaft zum Ausdruck, sodass eine weitere ausdrückliche Vorbehaltserklärung nicht mehr erforderlich ist (OLG Zweibrücken, Urt. v. 12.2.2015 – 6 U 40/13). Eines Vorbehalts bedarf es auch nicht mehr, wenn der Unternehmer den Anspruch anerkannt hat (OLG Celle, Urt. v. 17.12.1998 – 14 U 282/97; OLG Naumburg, Urt. v. 22.7.1994 – 6 U 57/94).

398 Bei der fiktiven Abnahme gemäß § 12 Abs. 5 Nr. 2 VOB/B durch Bezug des errichteten Hauses muss der Vorbehalt wegen einer Vertragsstrafe innerhalb von sechs Werktagen nach

§ 631

Beginn der Benutzung erklärt werden (BGH, Urt. v. 3.11.1960 – VII ZR 150/59); ein vorher ausgesprochener Vorbehalt ist wirkungslos (OLG Düsseldorf, Urt. v. 12.11.1993 – 22 U 91/93). Das dürfte auch für eine fiktive Abnahme nach § 640 Abs. 1 Satz 3 BGB gelten (BeckOGK/Kögl BGB § 640 Rn. 233; offengelassen in BGH, Urt. v. 5.11.2015 – VII ZR 43/15).

399 Der Vorbehalt einer Vertragsstrafe kann auch in eine formularmäßig vorbereitete Abnahmeniederschrift aufgenommen und mit deren Unterzeichnung erklärt werden (BGH, Urt. v. 25.9.1986 – VII ZR 276/84). Bei der förmlichen Abnahme ist nach Auffassung einiger Gerichte der Vorbehalt nur dann wirksam, wenn er auch in das Abnahmeprotokoll aufgenommen worden ist (vgl. LG Mannheim, Urt. v. 7.6.1991 – 5 O 473/90; OLG Frankfurt, Urt. v. 9.11.1984 – 10 U 195/83; wohl auch BGH, Urt. v. 25.9.1986 – VII ZR 276/84). Zur Abgabe der Vorbehaltserklärung ist im Zweifel jeder zur Durchführung der (förmlichen) Abnahme bevollmächtigte Vertreter befugt (BGH, Urt. v. 25.9.1986 – VII ZR 276/84). Demgegenüber reicht es aus, wenn der Vorbehalt gegenüber einem Erklärungsboten abgegeben wird.

400 Findet eine Abnahme gar nicht statt, weil etwa der Vertrag gekündigt worden ist oder die Abnahme wegen mangelhafter Leistung verweigert wird, muss die Vertragsstrafe auch nicht vorbehalten werden (BGH, Urt. v. 9.4.1981 – VII ZR 192/80).

F. Vertragspflichten des Bestellers

I. Vergütungspflicht

401 Der Besteller wird durch den Werkvertrag zur Zahlung der vereinbarten Vergütung verpflichtet. Ansonsten läge kein Werkvertrag, sondern ein (unentgeltlicher) Auftrag vor.

402 Der Vergütungsanspruch entsteht mit Abschluss des Vertrages. Er wird grundsätzlich mit der Abnahme der Bauleistung fällig, § 641 Abs. 1 BGB. Wegen der Einzelheiten zur Abnahme wird auf die Kommentierung zu → § 641 BGB verwiesen. Auch ohne Abnahme kann der Unternehmer unmittelbar auf Werklohn – und nicht erst auf Abnahme klagen, wenn das Werk abnahmereif ist (OLG Koblenz, Beschl. v. 3.1.2014 – 5 U 1310/13; dazu näher Weyer, NZBau 2014, 421; zum alten Recht BGH, Urt. v. 25.1.1996 – VII ZR 26/95).

403 Allerdings hat der Unternehmer heute auch einen gesetzlich begründeten Anspruch auf Abschlagzahlungen auf die anteilige vereinbarte Vergütung gemäß § 632a BGB in Höhe des Vertragswerts der erbrachten Leistungen (→ § 632a BGB Rdn. 1). Ein gesetzlicher Anspruch auf Abschlagszahlungen ist erst mit dem Gesetz zur Beschleunigung fälliger Zahlungen (BGBl. I 2000 S. 330) in sehr eingeschränkter Form eingeführt worden und zum 1.1.2009 wesentlich erweitert worden. Das Bauvertragsgesetz hat weitere Änderungen bewirkt (→ § 632a BGB Rdn. 2).

404 Die Parteien können auch weitergehend Vorauszahlungen vereinbaren. Diese unterscheiden sich Abschlagszahlungen – wie ihr Name schon besagt – dadurch, dass sie bereits vor Erbringung entsprechender Leistungen gezahlt werden.

1. Vorleistungspflicht und Vorleistungsrisiko

405 Der Unternehmer ist nach der Konzeption des gesetzlichen Werkvertragsrechts grundsätzlich vorleistungspflichtig, da die Vergütung erst mit der Abnahme fällig wird (BGH, Urt. v. 7.3.2013 – VII ZR 162/12). Er muss seine Leistung vorfinanzieren und trägt zudem das Risiko, mit seiner Werklohnforderung auszufallen, wenn der Besteller während oder nach Vollendung des Bauvorhabens zahlungsunfähig wird, sog. Vorleistungsrisiko.

406 Durch die gesetzliche oder vertragliche Pflicht, vgl. § 632a BGB bzw. § 16 Abs. 1 VOB/B, zur Abschlagszahlung wird das Vorleistungsrisiko des Unternehmers gemindert, jedoch nicht ausgeschaltet. Es bleibt für die bis zur Zahlung der jeweiligen Abschlagsforderung erbrachten Leistungen bestehen.

407 Der Unternehmer kann sich durch eine Bauhandwerkersicherung nach Maßgabe des § 650f BGB (gegen Zahlung der Avalkosten) oder durch Vereinbarung vertraglicher Sicherheiten absichern. Für Sicherungsabreden in AGB gelten allerdings recht enge Grenzen. Der BGH hatte zwar vor Inkrafttreten des § 650m Abs. 4 BGB eine vollständige Absicherung des Werklohnanspruchs gegenüber einem privaten Auftraggebers für ein Einfamilienhaus zugelassen (BGH, Urt. v. 27.05.2010 – VII ZR 165/09; kritisch Joussen BauR 2010, 1655; vgl. auch Pauly

BauR 2011, 910). Nach § 650m Abs. 4 BGB darf nun beim Verbraucherbauvertrag bei einer vertraglichen Abschlagzahlungsregelung oder bei der Forderung von Abschlagszahlungen nach § 632a BGB eine vertragliche Sicherheit die nächste Abschlagszahlung oder 20 Prozent der vereinbarten Vergütung nicht übersteigen. Auch im Übrigen ist bei der Bemessung des angemessenen Sicherungsbedürfnisses der vereinbarte Abschlagszahlungsanspruch (vgl. OLG Celle, Urt. v. 19.8.2009 – 13 U 48/09) und auch die Grenzen für Vertragserfüllungssicherheiten des Bestellers von 10% (BGH, Urt. v. 9.12.2010 – VII ZR 7/10) zu berücksichtigen.

Das Vorleistungsrisiko wird auf den Besteller verlagert, soweit die Parteien Vorauszahlung vereinbaren. In diesem Fall finanziert der Besteller die Leistung des Unternehmers vor. Er übernimmt das Vorleistungsrisiko, also das Risiko für seine Vorleistung keine Gegenleistung z. B. infolge der Insolvenz des Unternehmers zu erhalten. **408**

Üblicherweise werden Vorauszahlungen durch entsprechende Sicherheiten abgesichert. Vereinbaren die Parteien wie in der Praxis üblich und zulässig Bürgschaften auf erstes Anfordern, scheinen beide Parteien abgesichert zu sein. Während der Besteller dem Unternehmer die gezahlten Abschlagsforderungen nicht mehr entziehen kann, kann er ihn relativ leicht durch (ggf. unberechtigte) Inanspruchnahme der Bürgschaft aufs erste Anfordern wirtschaftlich wieder alle Vorauszahlungen entziehen. Die Inanspruchnahme einer Bürgschaft auf erstes Anfordern lässt sich nur mit liquiden Beweismittel und evidenten Rechtsmissbrauch verhindern. Die in Anspruch genommene Bank darf und wird bei Erfüllung der nur formalen Inanspruchnahmevoraussetzungen vielfach zahlen und kann auf die vom Unternehmer für das Aval gestellte Sicherheiten, z.B. ein Bardepot, sofort zugreifen. Der Unternehmer verliert damit wirtschaftlich die Zahlung und muss einen Rückforderungsprozess gegen den Besteller anstrengen. In Höhe der durch Sicherheiten auf erstes Anfordern abgesicherten Vorauszahlungen ist das Vorleistungsrisiko trotz der Zahlung damit noch erheblich beim Unternehmer. **409**

2. Inhalt des Vergütungsanspruchs

Der Besteller schuldet die vereinbarte Vergütung. Die Einzelheiten der Vergütungsvereinbarung ergeben sich damit aus dem Vertrag. Insbesondere bestimmt der Vertrag auch den Be- bzw. Abrechnungsmodus für die Vergütung, z.B. als Einheitspreisvertrag, Pauschalvertrag oder Aufwands- bzw. Stundenlohnvertrag. Haben die Parteien die Vergütung offen gelassen, greift § 632 BGB ein. **410**

a) Einheitspreisvertrag

Beim Einheitspreisvertrag vereinbaren die Parteien keine endgültig fixierte Auftragssumme. Vielmehr werden nur Einzelpreise für Einzelleistungen vereinbart. Die endgültige Vergütung wird erst anhand der tatsächlich erbrachten Leistungen ermittelt. Hierzu wird die geschuldete Leistung in einem nach Positionen gegliederten Leistungsverzeichnis ihrer Art nach beschrieben und hierfür ein Einheitspreis vereinbart. Der Preis bezieht sich auf eine Einheit der unter der Position bezeichneten Menge. In aller Regel werden unter den einzelnen Positionen technisch und wirtschaftlich einheitliche Teilleistungen erfasst, deren Menge nach Maß, Gewicht oder Stückzahl angegeben wird, vgl. § 4 Abs. 1 Nr. 1 VOB/A. Eine Position kann auch nur eine Einheit einer Leistung betreffen. **411**

Der Begriff des Einheitspreisvertrages bezeichnet nur eine Abrechnungsmethode. Aus ihm ergibt sich nicht zwingend eine Detaillierung aller zu erbringenden Leistungen. So findet man in Einheitspreis-Leistungsverzeichnissen auch Teilpauschalen, wenn z.B. der Unternehmer neben detailliert beschriebenen und aufgegliederten Einzelleistungen für die „erforderliche Wasserhaltung" einen bestimmten Preis angeben soll. Dann wird für die funktional beschriebene Leistung ein Teilpauschalpreis vereinbart. **412**

Die vorläufige Auftragssumme wird beim Einheitspreisvertrag in zwei Schritten ermittelt. Zunächst wird für jede Einzelleistung aus der Multiplikation von den im Leistungsverzeichnis geschätzten Vordersätzen/Mengenansätzen mit dem vereinbarten Einheitspreis eine vorläufige Summe (Positionspreis) ermittelt. Die Addition aller Positionspreise ergibt die vorläufige Auftragssumme. Letztlich geschuldet ist aber die Vergütung, die sich aus der Multiplikation der tatsächlich erbrachten Mengen mit den jeweiligen Einheitspreisen ergibt. **413**

Die Ermittlung der tatsächlich ausgeführten Mengen erfolgt durch das Aufmaß. Während die Einheitspreise ja vertraglich feststehen, ergeben sich bei der Ermittlung der erbrachten Leistungen vielfach Streitigkeiten, weshalb diese nachfolgend näher dargelegt werden. **414**

von Rintelen

aa) Einheitspreis

415 Der Einheitspreis ist ein vertraglich festgelegter Festpreis für die jeweils beschriebene Einzelleistung. Er bleibt, abgesehen von den Ausnahmen, die für den Wegfall der Geschäftsgrundlage und den offenen Kalkulationsirrtum gebildet werden, grundsätzlich unverändert. Eine Änderung setzt eine Preisänderungsvereinbarung voraus (→ Rdn. 540 ff.). Die praktisch wichtigste Regelung ist § 2 Abs. 3 VOB/B, wonach im Falle der erheblichen Mengenänderung beim VOB-Vertrag für beide Parteien ein Anpassungsanspruch besteht.

bb) Aufmaß

416 Zu vergüten sind die tatsächlich erbrachten Leistungen. Ihre Ermittlung erfolgt durch das sog. Aufmaß. Der Begriff löst aber noch nicht alle damit zusammenhängende, mögliche Streitfragen. Das Gesetz enthält, anders als die VOB/B, keine besonderen Regelungen zum Aufmaß. Maßgeblich sind deshalb die vertraglichen Vereinbarungen bzw. ihre ergänzende Auslegung.

417 **(1) Allgemeines.** Haben die Parteien Aufmaßregeln vereinbart, muss der Unternehmer sie auch einhalten. Aufmaßregeln finden sich üblicherweise in Allgemeinen Geschäftsbedingungen. Damit kommt es zunächst einmal auf deren wirksame Einbeziehung an, was gegenüber Verbrauchern häufig nicht erfolgt.

Ist die VOB/B wirksam vereinbart, wird automatisch nach § 1 Abs. 1 VOB/B auch die VOB/C mit ihren technischen Vertragsbedingungen vereinbart. Die VOB/C enthält für die einzelnen Gewerke-DINs jeweils in den Abschnitten 5 auch Aufmaßregelungen. Im Grundsatz gilt, dass die Leistung aus Zeichnungen zu ermitteln ist, sofern diese vorhanden sind und dem Bauist entsprechen, VOB/C DIN 18299 Abschnitt 5. Die gewerkspezifischen Regelungen enthalten in ihrem Abschnitt 5 teilweise davon abweichende Bestimmungen, in denen insbesondere aus Vereinfachungsgründen Übermessungen u. ä. geregelt sind. Die Aufmaßregeln zur Ermittlung der Vergütung in den jeweiligen Abschnitten 5 der VOB/C sind Allgemeine Geschäftsbedingungen (BGH, Urt. v. 17.6.2004 – VII ZR 75/03) und daher der Inhaltskontrolle zugänglich. Gegenüber Verbrauchern ist die automatische Einbeziehung über § 1 Abs. 1 VOB/B regelmäßig unwirksam, da die wirksame Einbeziehung Allgemeiner Geschäftsbedingungen nach § 305 Abs. 2 BGB neben dem ausdrücklichen Hinweis in § 1 Abs. 1 VOB/B auch die zumutbare Möglichkeit der Kenntnisnahme des vollständigen Textes voraussetzt (vgl. BGH, Urt. v. 14.2.1991 – VII ZR 132/9 zur VOB/B; siehe auch → Vor § 631 BGB Rdn. 53). Eine Zurverfügungstellung der VOB/C erfolgt in der Praxis aber nicht (Kapellmann/Messerschmidt-v. Rintelen, VOB/B § 1 Rdn. 20).

418 Die Aufmaßregeln der DIN-Normen wären auch beim BGB-Vertrag anzuwenden, soweit diese der Verkehrssitte entsprechen (vgl. OLG Saarbrücken, Urt. v. 27.6.2000 – 7 U 326/99, im konkreten Fall für DIN 18350 aber offen gelassen; kritisch Quack ZfBR 2005, 731). Denn die Verkehrssitte wäre gemäß § 157 BGB im Rahmen der ggf. ergänzenden, Auslegung zu berücksichtigen. Die Einordnung als Verkehrssitte führt aber nicht zu der in der Regel nur problematischen Einbeziehung gegenüber Verbrauchern, da sie an den fraglichen Verkehrskreisen nicht beteiligt sind.

419 Auch gilt zu bedenken, dass die Anforderungen an die Feststellung eines Handelsbrauchs bzw. einer Verkehrssitte hoch sind. Die bloße Praxis der vertraglichen Vereinbarung durch eine ausdrückliche Einbeziehung reicht nicht (Messerschmidt/Voit-v. Rintelen Syst. Teil H Rdn. 47 ff. m. w. N.). Der Umstand, dass Regelungen der Abschnitte 2 und 3 der DIN 18299 ff. zu den anerkannten Regeln der Technik gehören, führt nicht zur Verbindlichkeit von im konkreten Fall nicht einbezogenen formularvertraglichen Abrechnungsregeln. Das gilt insbesondere für die teilweise großzügigen Übermessungsregelungen. Werden sie nicht wirksam vereinbart, ist die tatsächlich erbrachte Leistung abzurechnen. Haben die Parteien keine Vereinbarung über die Vergütungshöhe getroffen, können die Abrechnungsregeln der VOB/C mittelbar tatsächliche Bedeutung erlangen. Denn sie können bei der Bestimmung der ortsüblichen Vergütung relevant sein (OLG Saarbrücken, Urt. v. 27.6.2000 – 7 U 326/99).

420 **(2) Gemeinsames Aufmaß.** Ein gemeinsames Aufmaß dient zur Klärung der Abrechnungsgrundlagen und ist zur Streitvermeidung sinnvoll. Auch wenn keine vertragliche Vereinbarung vorliegt, kann jede Partei ein gemeinsames Aufmaß verlangen. Das folgt aus dem jedem Bauvertrag immanenten Kooperationsgebot (BGH, Urt. v. 22.5.2003 – VII ZR 143/02). Beide Vertragsparteien müssen bei einer fairen Abwicklung eines Bauvertrages ein hohes Interesse daran haben, dass ein gemeinsames Aufmaß genommen wird.

Werkvertragsrecht **§ 631**

Rechnet der Unternehmer auf Basis eines einseitigen Aufmaßes ab, obgleich die Parteien **421**
ein gemeinsames Aufmaß vereinbart haben, wird sein Vergütungsanspruch dennoch fällig
und durchsetzbar (BGH, Urt. v. 29.4.1999 – VII ZR 127/98). Denn die Vereinbarung des
gemeinsamen Aufmaßes dient i.d.R nur der Streitvermeidung, nicht aber als Bedingung für
die Werklohnfälligkeit. Der Unternehmer verliert nur die beweismäßigen Vorteile, die ein
gemeinsames Aufmaß hat.

Der Bundesgerichtshof hat entschieden, dass der Unternehmer das gemeinsame Aufmaß **422**
jedenfalls dann verlangen kann, wenn er Abnahme fordern kann. Der richtige Anknüpfungspunkt ist freilich nicht die Abnahme, sondern die Berechtigung, Vergütung zu verlangen
(BGH, Urt. v. 19.12.2002 VII ZR 103/00). Das Aufmaß ist z.B. auch Grundlage für die
Abrechnung von Abschlagsforderungen. Nach Kündigung aus wichtigem Grund entsteht für
beide Vertragsparteien das Recht, die Mitwirkung an einer gemeinsamen Feststellung des
Leistungsstandes zu verlangen (§ 648a Abs. 4 BGB).

Unklar ist, inwieweit ein gemeinsames Aufmaß die Parteien an die getroffenen Feststel- **423**
lungen bindet. Die Parteien können eine solche Bindungswirkung vereinbaren. Ob allerdings
allein der Umstand, dass ein gemeinsames Aufmaß vereinbart wird oder eine Partei dem Verlangen nach einem gemeinsamen Aufmaß nachkommt, stets die Annahme einer konkludenten
vereinbarten Bindungswirkung rechtfertigt, ist zweifelhaft. Allerdings geht die Rechtsprechung der Instanzengerichte wohl in diese Richtung, wenn sie im Hinblick auf den Zweck des
Aufmaßes, eine Klärung der Abrechnungsgrundlagen zu erreichen, eine Bindungswirkung wie
bei einem deklaratorischen Schuldanerkenntnis bejaht. Die Bindungswirkung soll in diesem
Fall entfallen, wenn der Vertragspartner, der sich an ein gemeinsames Aufmaß nicht gebunden
fühlt, im einzelnen darlegt und beweist, dass ihm die die Unrichtigkeit begründenden Tatsachen erst nach dem gemeinsamen Aufmaß bekannt geworden sind. Allein der Vortrag, das
Aufmaß sei unrichtig, soll nicht reichen (OLG Düsseldorf, Urt. v. 14.4.1994 – 5 U 139/93;
OLG Hamm, Urt. v. 12.7.1991 – 26 U 146/89; OLG Braunschweig, Urt. v. 18.11.1999 – 8
U 136/99). Bindungswirkung soll auch eintreten, wenn der Unternehmer aufmisst und der
Architekt das ihm zugesandte Aufmaß überprüft und gegebenenfalls korrigiert (OLG Düsseldorf, a.a.O.). Ein gemeinsames Aufmaß soll aber nicht mehr vorliegen, wenn der Architekt
lediglich die Massenangaben in der Schlussrechnung prüft und billigt (OLG Hamm, Urt.
v. 12.3.1996 – 21 U 147/95).

Die Rechtsprechung der Instanzengerichte ist teilweise mit der Rechtsprechung des Bun- **424**
desgerichtshofs nicht im Einklang. Eine Bindungswirkung wie bei einem deklaratorischen
Anerkenntnis setzt den Willen der Parteien voraus, das Aufmaß endgültig dem Streit zu entziehen (BGH, Urt. v. 14.10.2004 – VII ZR 190/03; vgl. auch BGH, Urt. v. 24.10.1966 – VII
ZR 92/64, wo das gemeinsame Aufmaß den vorhergehenden Streit über das richtige Aufmaß
beseitigen sollte). Inwieweit dieser Wille anzunehmen ist, hängt von den Umständen des Einzelfalles ab. Nicht jedes gemeinsame Aufmaß wird diesen Willen begründen. Insbesondere bei
Aufmaßen, die ohne weiteres auch später noch überprüfbar sind, kann dieser Wille nicht ohne
weiteres angenommen werden, erfolgt doch das Aufmaß in dem Bewusstsein dieser Überprüfbarkeit. Dagegen wird in den Fällen, in denen auch nach dem Bewusstsein der Parteien das
Aufmaß später nicht mehr überprüfbar ist, etwa weil überbaut wird oder nach einer Kündigung
weiter gebaut wird, eine deklaratorische Wirkung zu bejahen sein. Die Rechtsprechung nimmt
für diese Alternative auch eine Vollmacht des Architekten zum Anerkenntnis des Aufmaßes an,
wenn ihm die örtliche Bauleitung und die geschäftliche Oberleitung übertragen ist (BGH, Urt.
v. 15.2.1960 – VII ZR 10/59; OLG Brandenburg, Urt. v. 27.8.2002 – 11 U 15/99).

Ein deklaratorisches Anerkenntnis allein durch Rechnungsprüfung wird regelmäßig nicht **425**
vorliegen. Akzeptiert der Architekt des Bestellers die Massen, die auf einem Aufmaß des Unternehmers beruhen, so liegt darin kein Anerkenntnis des Bestellers. Das gilt auch dann, wenn
der Besteller die vom Architekten geprüfte Rechnung an den Unternehmer übersendet. Der
Prüfvermerk des Architekten ist lediglich die Bestätigung seiner Rechnungsprüfung. Sie allein
gibt keinen Anhaltspunkt dafür, dass ein Streit der Parteien geklärt abschließend werden soll,
wie es Voraussetzung für das deklaratorische Anerkenntnis ist (BGH, Urt. v. 6.12.2001 – VII
ZR 241/00; BGH, Urt. v. 14.10.2004 – VII ZR 190/03; BGH, Urt. v. 14.4.2005 – VII ZR
14/04; BGH, Urt. v. 27.7.2006 – VII ZR 202/04).

Das Aufmaß entfaltet vorbehaltlich einer abweichenden vertraglichen Vereinbarung keine **426**
Bindungswirkung hinsichtlich der vertraglichen Abreden (BGH, Urt. v. 30.1.1992 – VII ZR
237/90). Der Besteller ist deshalb z.B. nicht gehindert, nach einem gemeinsamen Aufmaß

geltend zu machen, die aufgemessene Fläche sei nicht vertraglich vereinbart oder das Aufmaß entspreche nicht den vertraglichen Grundlagen (BGH, Urt. v. 29.1.1962 – VII ZR 195/60).

427 In den Fällen, in denen eine (vertraglich begründete) deklaratorische Wirkung nicht bejaht werden kann, kommt eine tatsächliche Beweiswirkung in Betracht (BGH, Urt. v. 24.1.1974 – VII ZR 73/73; BGH, Urt. v. 30.1.1975 – VII ZR 206/73).

428 Diese Beweiswirkung hat der Bundesgerichtshof auch angenommen, wenn der Besteller sich einem berechtigten Verlangen nach einem gemeinsamen Aufmaß widersetzt. Dem Unternehmer bleibt dann nichts anderes übrig als ein einseitiges Aufmaß zu nehmen. Dessen Richtigkeit muss er im Prozess grundsätzlich nachweisen. Ist dieser Nachweis jedoch nicht zu führen, weil die Überprüfung nicht mehr möglich ist, z.B. etwa durch Über- oder Weiterbau (→ Rdn. 431), hat der Besteller vorzutragen und zu beweisen, welche Massen zutreffend oder dass die vom Unternehmer angesetzten Massen unzutreffend sind. Gleiches gilt, wenn der Besteller die einseitig ermittelten Massen des Aufragnehmers bestätigt und aufgrund nachfolgender Arbeiten eine Überprüfung der Massen nicht mehr möglich ist (BGH, Urt. v. 22.5.2003 – VII ZR 143/02; BGH, Urt. v. 24.7.2003 – VII ZR 79/02; BGH, Urt. v. 27.7.2006 – VII ZR 202/04; OLG Celle, Urt. v. 28.8.2002 – 22 U 159/01).

429 **(3) Bedeutung des Aufmaßes.** Die Prüfbarkeit einer Schlussrechnung ist nunmehr auch im BGB-Bauvertrag gemäß § 650g Abs. 4 BGB Fälligkeitsvoraussetzung, nicht aber für den allgemeinen Werkvertrag. Die Fälligkeit der Werklohnforderung kann dann auch beim Bauvertrag in der Form des Einheitspreisvertrages von der Vorlage eines Aufmaßes abhängen. Denn wird eine prüfbare Schlussrechnung zur Fälligkeitsvoraussetzung erhoben, muss zur Prüfbarkeit der angesetzten Massen soweit erforderlich ein Aufmaß vorgelegt werden und das Aufmaß aus sich heraus verständlich sein. Allerdings enthält das BGB anders als § 14 Abs. 1 Satz 3 VOB/B keine generelle Verpflichtung zu Beifügung von Aufmaßunterlagen. Die Gesetzesbegründung zu § 650g BGB vermerkt nur sehr generell, dass „je nach Art und Umfang der erbrachten Leistungen sind Mengenberechnungen, Zeichnungen und sonstige Belege beizufügen" sind (BT-Drucks. 18/11437, S. 49). Beim BGB-Bauvertrag kommt es also auf den Einzelfall an.

430 **(a) Prüfbares Aufmaß als Durchsetzungsvoraussetzung.** Bei umfangreichen Arbeiten dürfte eine Schlussrechnung vielfach nur prüfbar sein, wenn die Mengenberechnungen, Zeichnungen und andere Belege beigefügt sind. Sind Aufmaßunterlagen vereinbart oder für die Prüfbarkeit erforderlich, müssen Aufmaße mit Mengenberechnungen ggf. unter Zuordnung der entsprechenden Plänen den einzelnen Leistungen zuzuordnen sein. Ist das nicht möglich, kann die Rechnung nicht prüfbar sein (z.B. OLG Brandenburg, Urt. v. 16.3.1999 – 11 U 107/98). Es kommt aber auf den Einzelfall an. Es sind Fallgestaltungen denkbar, in denen fehlende Abrechnungszeichnungen zur Klärung oder zum Nachweis einer Rechnungsposition der Schlussrechnung nicht erforderlich sind. Dann kann auch die Pflicht zur Vorlage der Abrechnungszeichnungen entfallen (BGH, Urt. v. 10.5.1990 – VII ZR 257/89; BGH, Urt. v. 22.12.2005 – VII ZR 316/03). Wenn Preiskalkulation für die vertraglich pauschal vorgegebenen Leistungen eines Bauauftrags über den Abriss eines Gebäudekomplexes nur über Kalkulation über Umrechnungsfaktoren erfolgt, ist im Zweifel auch die Abrechnung des Auftragnehmers auf Basis dieser Umrechnungsfaktoren zulässig und prüfbar (OLG Naumburg, Urt. v. 19.02.2020 – 2 U 177/12).

431 **(b) Fälligkeit auch ohne Aufmaß.** Fälligkeit und Durchsetzbarkeit des Werklohnanspruchs scheitern aber nicht an einem fehlenden Aufmaß, wenn feststeht, dass das Aufmaß nicht mehr genommen werden kann oder dem Unternehmer aus anderen Gründen die Vorlage eines Aufmaßes nicht zumutbar ist. In diesem Fall müssen die für die Feststellung des geschuldeten Einheitspreises notwendigen Mengen anderweitig ermittelt werden. Denn das Aufmaß kann nur dann Fälligkeitsvoraussetzung sein, wenn es noch in zumutbarer Weise genommen werden kann (vgl. bereits BGH, Urt. v. 25.9.1967 – VII ZR 46/65). Auch eine ausdrückliche Aufmaßregelung wie in § 14 Abs. 1 VOB/B kann nicht dahin ausgelegt werden, dass dem Unternehmer jeder Vergütungsanspruch auf Dauer abgeschnitten ist, wenn ein Aufmaß nicht mehr in zumutbarer Weise genommen werden kann. Dabei kommt es grundsätzlich nicht darauf an, aus welchem Grunde die Aufmaßnahme nicht mehr möglich ist. Praktisch sind Fälle, in denen das Aufmaß nicht mehr genommen werden kann, weil der Besteller durch Fortführung der Arbeiten ein Aufmaß der erbrachten Leistungen objektiv vereitelt hat (BGH, Urt. v. 17.06.2004 – VII ZR 337/02; BGH, Urt. v. 27.7.2006 – VII ZR 202/04). Ein Benachteiligungsbewusstsein ist nicht erforderlich. Der Unternehmer hat ohnehin grundsätzlich die

Werkvertragsrecht **§ 631**

Nachteile zu tragen, die ihm dadurch entstehen, dass die erbrachten Mengen nicht mehr sicher feststellbar sind. Der Werklohn kann nur noch auf der Grundlage einer Schätzung ausgeurteilt werden, § 287 ZPO, die zu Lasten des Unternehmers erfolgt. Der Unternehmer genügt seiner Darlegungslast, wenn er alle ihm zur Verfügung stehenden Umstände mitteilt, die Rückschlüsse auf den Stand der erbrachten Leistung ermöglichen. Zulässig sind dann zur Beweiserhebung alle Beweismittel, insbesondere auch Augenschein oder Fotobeweis. Der Richter muss die erbrachten Mengen schätzen, § 287 ZPO (BGH, Urt. v. 17.6.2004 – VII ZR 337/02; BGH, Urt. v. 8.12.2005 – VII ZR 50/04; BGH, Urt. v. 22.12.2005 – VII ZR 316/03; BGH, Urt. v. 27.7.2006 – VII ZR 202/04).

Nur in Ausnahmefällen kann die Fälligkeit wegen des endgültig fehlenden Aufmaßes verneint werden. Das kann z. B. dann sein, wenn das Aufmaß mutwillig nicht genommen wird oder das Verschulden des Unternehmers an dem Fehlen des Aufmaßes so schwer wiegt, dass es dem Besteller nicht zugemutet werden kann, eine Forderung zu begleichen, obwohl die Fälligkeitsvoraussetzungen nicht vorliegen (vgl. Schmitz, IBR 2005, 5). **432**

(c) Folgen fehlender Prüffähigkeit des Aufmaßes. Ist das Aufmaß nicht prüffähig, kann der Besteller bis zur Vorlage eines prüffähigen Aufmaßes die Zahlung verweigern. Der Besteller kann sich aber nicht auf fehlende Prüfbarkeit berufen, wenn er oder das von ihm zur Rechnungsprüfung eingeschaltete Hilfspersonal die objektiv fehlenden Informationen anderweitig erlangt hat oder nicht benötigt (vgl. BGH, Urt. v. 27.11.2003 – VII ZR 288/02; BGH, Urt. v. 11.2.1999 – VII ZR 399/97). Die Fälligkeit tritt dann in dem Zeitpunkt ein, in dem dieser Umstand nach außen tritt. Demgemäß hindert das Fehlen von Aufmaßunterlagen die Fälligkeit nicht, wenn der Besteller diese Unterlagen zur Prüfung nicht benötigt, etwa weil er sie anderweitig erlangt hat (BGH, Urt. v. 22.12.2005 – VII ZR 316/03). Allerdings ist der Besteller nicht verpflichtet, das Aufmaß selbst zu nehmen, um die Prüfbarkeit herbeizuführen. **433**

Auf fehlende Prüfbarkeit kann sich der Besteller auch dann nicht berufen, wenn er die Rechnung trotz der fehlenden Aufmaßunterlagen erfolgreich geprüft hat und auch dann nicht, wenn er das Aufmaß nicht überprüfen will, etwa weil er es unstreitig stellt. **434**

Der Einwand der fehlenden Prüfbarkeit muss innerhalb der gesetzlichen Prüffrist von 30 Tagen oder einer ggf. abweichend vereinbarten Prüffrist für die Schlussrechnung vorgebracht werden. Das ist heute in § 650g Abs. 4 BGB bzw. vergleichbar in § 16 Abs. 3 VOB/B ausdrücklich geregelt. Dieser Grundsatz war allerdings schon vorher von der Rechtsprechung zur beschleunigten Abwicklung baurechtlicher Streitigkeiten entwickelt worden (BGH, Urt. v. 27.11.2003 – VII ZR 288/02; BGH, Urt. v. 23.9.2004 – VII ZR 173/03; BGH, Urt. v. 8.12.2005 – VII ZR 50/04; BGH, Urt. v. 22.12.2005 – VII ZR 316/03). Die Rüge mangelnder Prüffähigkeit innerhalb der Prüffrist ist nur beachtlich, wenn sie die fehlende Prüffähigkeit konkret bezeichnen und außerdem dem Auftragnehmer deutlich machen, dass der Besteller ohne die Vorlage neuer Unterlagen gar nicht in die sachliche Prüfung eintreten will (BGH, Urt. v. 22.4.2010 – VII ZR 48/07). Ist die Rüge nicht ordnungsgemäß oder fristgerecht erhoben, können formelle Einwendungen gegen das Aufmaß die Fälligkeit der Schlussforderungen nicht mehr hindern; sie sind ggf. bei der inhaltlichen Prüfung zu berücksichtigen, ob die Forderung und in welcher Höhe sachlich berechtigt ist (vgl. → § 641 Rdn. 43). Die Forderung wird mit Ablauf der Prüffrist fällig und bleibt es auch, selbst falls nachträglich neue nicht prüfbare Unterlagen vorgelegt werden und diese fristgerecht vom Besteller als nicht prüffähig gerügt werden (BGH, Urt. v. 27.1.2011 – VII ZR 41/10). Bedeutung hat das auch für den Beginn der Verjährung (→ Rdn. 881). **435**

(4) Einwendungen gegen das Aufmaß. Inhaltliche Einwendungen gegen die Richtigkeit des Aufmaßes sind entgegen überholter Entscheidungen von Oberlandesgerichten (OLG Düsseldorf, Urt. v. 30.1.1990 – 23 U 136/89; OLG Düsseldorf, Urt. v. 1.7.1997 – 21 U 245/96; vgl. auch OLG Celle, Urt. v. 13.9.1995 – 13 U 30/95) nicht schon deshalb ausgeschlossen, weil sie erst nach Ablauf der Prüffrist erhoben werden. Der Ablauf der Prüffrist führt nur dazu, dass die Fälligkeit eintritt; dann hat eine sachliche Prüfung der Forderung einschließlich des Aufmaßes zu erfolgen. Einwände, die neben der Prüfbarkeit auch die sachliche Berechtigung der Forderung in Frage stellen, kann der Besteller grundsätzlich innerhalb der zivilverfahrensrechtlichen Vorgaben erheben (BGH, Urt. v. 27.1.2011 – VII ZR 41/10). Wird die Forderung nicht gemäß der vertraglichen Vorgaben abgerechnet, ist sie zwar fällig, aber unschlüssig. Sie wäre endgültig abzuweisen. **436**

Nur ausnahmsweise aufgrund besonderer Umstände kann die Berufung auf ein fehlerhaftes oder fehlendes Aufmaß nach Treu und Glauben ausgeschlossen sein. Nach allgemeinen Grund- **437** sätzen, die auch für Einwände gegen die Schlussrechnung maßgeblich sind, ist der Einwand der Verwirkung solcher Einwände nur begründet, wenn der Unternehmer aufgrund des Zeitablaufs und weiterer auf dem Verhalten des Bestellers beruhenden Umstände darauf vertraut hat und darauf vertrauen durfte, dass der Besteller seine Rechte nicht mehr geltend machen wird. Die auf dem Zeitablauf beruhenden Beweisschwierigkeiten des Unternehmers rechtfertigen allein nicht die Annahme der Verwirkung (BGH, Urt. v. 18.1.2001 – VII ZR 416/99; BGH, Urt. v. 6.12.2001 – VII ZR 241/00).

438 (5) **Aufmaß und Mangel.** Maßgebend ist die aufgemessene Leistung auch dann, wenn sie hinter dem vertraglich geschuldeten Erfolg zurückbleibt. Der Besteller muss nur die tatsächlich erbrachte Menge vergüten. Das ist Inhalt der Vergütungsvereinbarung. Dem kann nicht entgegengehalten werden, damit könne der Besteller eine Minderung ohne die gesetzlichen Voraussetzungen für den Gewährleistungsanspruch durchsetzen (so aber Miernik, BauR 2005, 1698 ff.). Der Vergütungsanspruch besteht unabhängig davon, welche Gewährleistungsansprüche der Besteller hat. Das Recht zur Minderung wegen einer mangelhaften Leistung folgt eigenen Regeln. Dem Besteller stehen neben den gegen die Vergütung gerichteten Einwendungen für den Fall einer mangelhaften Leistung Gewährleistungsansprüche zu. Macht er diese geltend, kann der Preis der nicht vergüteten, jedoch für die Herstellung einer mangelfreien Leistung notwendigen Mengen als Sowiesokosten zu berücksichtigen sein (BGH, Urt. v. 11.9.2003 – VII ZR 116/02). Bessert der Unternehmer seine Leistung nach, ist die Menge zu vergüten, die er bei ordnungsgemäßer Leistung hätte berechnen können. Der Besteller muss die Nacherfüllung nach allgemeinen Regeln zulassen.

b) Pauschalvertrag

439 Der Pauschalvertrag wird über eine bestimmte oder bestimmbare Leistung zu einem Gesamtpreis geschlossen. Der Preis ist nicht einzelnen Leistungselementen zugeordnet. Er ist die „Pauschale" für die vereinbarte Leistung.

440 Ist als Vergütung der Leistung eine Pauschalsumme vereinbart, so bleibt die Vergütung bei unveränderter Leistung grundsätzlich ebenfalls unverändert. Die vertraglich vorgesehene Leistung ist grundsätzlich zu dem vereinbarten Pauschalpreis zu erbringen, unabhängig davon, welchen tatsächlichen Aufwand sie für den Unternehmer verursacht hat (BGH, Urt. v. 22.3.1984 – VII ZR 50/82). Der erforderliche Aufwand ist Kalkulationsgrundlage für den Pauschalpreis.

441 Weicht bei unveränderter Leistungsverpflichtung der tatsächliche Aufwand von dem vertraglich vorgesehenen Aufwand so ab, dass ein Festhalten an der Pauschalsumme nicht zumutbar ist, so kann sowohl beim BGB-Vertrag als auch beim VOB-Vertrag, § 2 Abs. 7 VOB/B, nach den Grundsätzen über die Störung der Geschäftsgrundlage unter Berücksichtigung der Mehr- oder Minderkosten verlangt werden. Das gilt auch im Fall der Mengenänderung, vgl. → Rdn. 568 ff. Ein solcher Anpassungsanspruch gleicht die Abweichung aber nicht vollständig aus. Er setzt zum einen eine erhebliche Abweichung voraus und teilt diese zwischen den Parteien wie auch immer auf.

442 Etwas anders gilt im Falle der Leistungsänderung oder zusätzlichen Leistung. Hier sind die Grundsätze über die Störung der Geschäftsgrundlage bzw. § 2 Abs. 7 VOB/B nicht einschlägig (vgl. BGH, Beschl. v. 12.9.2002 – VII ZR 81/01). Vielmehr erfolgt in diesem Fall eine volle Preisanpassung nach allgemeinen Grundsätzen (→ § 650b BGB Rdn. 142). Das ist für den VOB-Vertrag in § 2 Abs. 7 Nr. 1 Satz 4 VOB/B ausdrücklich geregelt.

443 Die vorrangige und entscheidende Frage ist damit, was zum vertraglichen Leistungsumfang gehört. Auch bei einem Pauschalvertrag mit funktionaler Leistungsbestimmung wird die Leistungspflicht des Auftragnehmers von den vertraglichen Vereinbarungen der Parteien bestimmt, aber auch begrenzt. Fordert der Auftraggeber ein funktionales Angebot des Auftragnehmers unter Vorlage der von ihm erstellten Planung, wird diese grundsätzlich Gegenstand des Angebots und Grundlage der Kalkulation des Unternehmers (BGH, Urt. v. 13.3.2008 – VII ZR 194/06). Das setzt allerdings voraus, dass sich aus den Vertragsunterlagen eine solche Eingrenzung der Leistungspflicht auch tatsächlich entnehmen lässt. Der Unternehmer ist nämlich nicht gehindert, Risiken einzugehen und sich zu verpflichten, zu dem vereinbarten Pauschalpreis Leistungen zu erbringen, die er im Zeitpunkt des Vertragsschlusses – etwa weil das Leistungsverzeichnis erkennbar unklar oder unvollständig ist – noch nicht vollständig abschätzen kann (BGH, Urt. v. 13.3.2008 – VII ZR 194/06; Urt. v. 23.1.1997 – VII ZR 65/96; Urt. v. 27.6.1996 VII ZR 59/95; KG, Urt. v. 26.11.2010 – 21 U 57/09). Bietet er auf eine detaillierte Leistungs-

beschreibung zu einem Pauschalpreis an, ohne bestimmte Risiken, die aus einem aus den Ausschreibungsunterlagen übergebenen Baugrundgutachten erkennbar waren, auszunehmen, hat er zu diesem Preis alle Risiken zu bewältigen, die aus den Angebotsunterlagen erkennbar waren (OLG München, Urt. v. 10.6.2008 – 9 U 2192/07, NZB zurückgewiesen durch BGH, Beschl. v. 12.2.2009 – VII ZR 145/08).

Anders liegt es aber, wenn die Risiken für ihn nicht erkennbar waren. Sind in einem der Ausschreibung beiliegenden Bodengutachten bestimmte Bodenverhältnisse beschrieben, werden diese regelmäßig zum Leistungsinhalt erhoben, wenn sie für die Leistung des Auftragnehmers und damit auch für seine Kalkulation erheblich waren, was im Regelfall zu bejahen ist. Ordnet der Besteller die Ausführung dann für tatsächlich davon abweichende Bodenverhältnisse an, liegt darin eine Änderung des Bauentwurfs, die auch bei teilfunktionaler Ausschreibung zu einem Anspruch auf veränderte Vergütung führen kann (BGH, Urt. v. 20.8.2009 – VII ZR 205/07; OLG Dresden, Urt. v. 22.9.2009 – 10 U 980/08, NZB zurückgewiesen durch BGH, Beschl. v. 10.11.2011 – VII ZR 177/09 zur Bedeutung einer „Schlüsselfertigkeitsklausel" und OLG Rostock, Urt. v. 19.5.2009 – 4 U 84/05, NZB zurückgewiesen durch BGH, Beschl. v. 13.1.2011 – VII ZR 114/09 – zur Bedeutung einer Komplettheitsklausel). An Risikoübernahmeklauseln bezüglich unbekannter Faktoren, die zum Vergütungsausschluss führen, sind hohe Anforderungen zu stellen (OLG Düsseldorf, Urt. v. 19.7.2011 – 21 U 76/09). **444**

Nach §7 Abs. 1 Nr. 7 VOB/A hat der öffentlichen Auftraggeber beim Aufstellen der Leistungsbeschreibung die Hinweise jeweils in Abschnitt 0 der Allgemeinen Technischen Vertragsbedingungen für Bauleistungen, DIN 18299 ff. zu beachten. Enthält das Leistungsverzeichnis keine Angaben zu Bodenkontaminationen, darf der Bieter deshalb bei Fehlen abweichender Anhaltspunkte davon ausgehen, dass lediglich schadstofffreier Boden auszuheben und zu entfernen ist (BGH, Urt. v. 21.3.2013 – VII ZR 122/11; OLG Zweibrücken, Urt. v. 21.5.2015 – 4 U 101/13). Der Bieter ist also gehalten, auch ein Leistungsverzeichnis mit sprachlichen und strukturellen Mängeln sorgfältig zu lesen, inhaltsmäßig genau zu erfassen und auf Grund der Gesamtheit aller maßgeblicher Umstände auszulegen (OLG Koblenz, Urt. v. 12.4.2010 – 12 U 171/09, NZB zurückgewiesen durch BGH, Beschl. v. 20.12.2010 – VII ZR 77/10, IBR 2011, 250 mit Anm. von Rintelen). Im Einzelfall muss der Bieter den Umständen entnehmen, dass statt des ausgeschriebenen „normalen" Bodens kontaminierter Boden auszuhebenn und abzutransportieren ist. Ein ausdrücklicher Hinweis auf die Kontaminierung des zum Aushub und zur Weiterverwendung vorgesehenen Bodens ist daher nicht notwendig, wenn sich aus den Umständen klar und eindeutig ergibt, dass der im Leistungsverzeichnis beschriebene Boden regelmäßig kontaminiert ist (hier: Boden unterhalb einer teerhaltigen Asphaltschicht, der – so der Sachverständige in der Vorinstanz – regelmäßig kontaminiert ist) (BGH, Urt. v. 22.12.2011 – VII ZR 67/11; vgl. Kniffka, BauR 2015, 1893, 1898 f.). **445**

Diese Beispiele zeigen, dass die Feststellung des vertraglichen Leistungsumfanges nicht schematisch erfolgen kann, sondern eine sinnhafte und ganzheitliche Auslegung aller Vertragsgrundlagen erforderlich wird. Das gilt nicht nur für Pauschalverträge, sondern z. B. auch für die Abgrenzung des Leistungsumfangs von Einheitspreis-Positionen. Die Grundsätze der Vertragsauslegung von Bauverträgen wird deshalb unten zusammenfassend erörtert (→ Rdn. 807 ff.) und dabei insbesondere auch die Grundsätze zur Auslegung von Risikoübernahm im Bauvertrag dargestellt (→ Rdn. 833 ff.). **446**

Auch wenn eine Leistung danach zum vertraglichen Leistungsumfang gehört, hat die Bindung an die getroffene Pauschalpreisvereinbarung bestimmte Grenzen. Nicht selten finden sich nämlich in Ausschreibungen mengenmäßig spekulativ untersetzte Angaben zu Leistungspositionen, die der Bieter kaum abschätzen kann (Bodenverhältnisse, Menge des zu entsorgenden Grünzeugs, Umfang einer Zulageposition). Der Grund liegt häufig darin, dass der Auftraggeber hofft, dass der Bieter bei seiner Kalkulation diese Position mengenmäßig unterschätzt, sich anschließend auf eine Pauschalpreisvereinbarung einlässt und – so die Erwartung des Auftraggebers – die tatsächlich weit höheren Mengen dann ohne zusätzliche Vergütung bewältigen muss. Diese Spekulation geht aber jedenfalls dann nicht auf, wenn der Auftraggeber den Eindruck erweckt hat, der Bieter könne sich auf seine Mengenangaben verlassen. Beschreibt der Auftraggeber in einem Pauschalvertrag Mengen oder die Mengen beeinflussende Faktoren (hier: Estrichstärke in einer Zulageposition), können diese nämlich zur Geschäftsgrundlage des Vertrags erhoben worden sein. Das kann insbesondere dann angenommen werden, wenn der Auftragnehmer davon ausgehen durfte, der Auftraggeber habe eine gewisse Gewähr für eine verlässliche Kalkulationsgrundlage geben wollen. In diesem Fall kommt eine Anpassung des Vertrags nach §313 BGB bzw. bei einem VOB-Vertrag ein Ausgleichsanspruch nach §2 **447**

§ 631

Abs. 7 VOB/B in Betracht, wenn sich eine deutliche Mengensteigerung ergibt. Wirken sich die von den irreführenden Mengenangaben des Auftraggebers im Vertrag abweichenden Mengen derart auf die Vergütung aus, dass das finanzielle Gesamtergebnis des Vertrags nicht nur den zu erwartenden Gewinn des Auftragnehmers aufzehrt, sondern auch zu Verlusten führt, ist das Festhalten an der Preisvereinbarung häufig nicht mehr zumutbar. Auf eine starre Risikogrenze von 20% der Gesamtvergütung kann nicht abgestellt werden (BGH, Urt. v. 30.6.2011 – VII ZR 13/10).

448 Die Ausführungen zum Verhältnis zwischen Vergütungsanspruch und Mangel beim Einheitspreisvertrag gelten entsprechend, vgl. → Rdn. 644 ff. Der Besteller kann eine Anpassung der Vergütung unter den dargestellten Voraussetzungen auch dann verlangen, wenn die erbrachte Menge deshalb von der vertraglich geschuldeten Menge abweicht, weil die Leistung mangelhaft ist (BGH, Urt. v. 11.9.2003 – VII ZR 116/02).

c) Stundenlohn

aa) Vereinbarung von Stundenlohnarbeiten

449 Beim Stundenlohnvertrag vereinbaren die Parteien eine Vergütung der zu erbringenden Leistung, die nach einem vereinbarten Lohn pro Stunde berechnet wird. Maßgebende Berechnungsgrundlage für die geschuldete Vergütung ist die Anzahl der Stunden, die der Unternehmer für die geschuldete Leistung aufgewandt hat.

450 Problematisch kann sein, welche Leistungen nach dem Stundenlohn abgerechnet werden kann. Fehlen klare Vereinbarungen, muss die Vereinbarung ggf. ergänzend ausgelegt werden. Interne Vorbereitungsmaßnahmen des Unternehmers, wie der Zeitaufwand für die Bereitstellung oder Beschaffung von notwendigen Material und Gerät, sog. Rüstzeiten, sind i. d. R. abgegolten (AG Stadthagen, Urt. v. 15.6.2011 – 41 C 414/10). Das gilt auch für An- und Abfahrtkosten; jedenfalls im Baugewerbe; etwas anders gilt in aller Regel nur bei Werkleistungen, die in ein oder zwei Stunden auszuführen sind (OLG Düsseldorf, Urt. v. 28.2.2012 – 23 U 59/11; OLG Hamm, Urt. v. 8.2.2011 – 21 U 88/10; OLG Düsseldorf, Urt. v. 16.5.2000 – 21 U 145/99). Auch durch Auslegung zu ermitteln ist, ob und welcher Verbrauch von Materialen bzw. welcher Einsatz von Geräten und Maschinen gesondert abgerechnet werden dürfen. Hiervon geht § 15 Abs. 1 und 3 VOB/B aus. Ob zwingende Aufsichtsarbeiten getrennt ansatzfähig sind, z. B. soweit die Aufsicht zur fachgerechten Bewältigung der Arbeiten erforderlich ist, ist ebenfalls im Wege der Auslegung zu ermitteln. Regelmäßig werden hierfür abweichende/ höhere Stundensätze vereinbart. § 15 Abs. 2 VOB/B sieht eine gesonderte Abrechnung der vom Auftraggeber oder den Unfallverhütungsvorschriften geforderten Aufsicht vor.

451 Die Besteller können besondere vertragliche Voraussetzungen für die (in der Regel nur angehängten) Stundenlohnarbeiten vereinbaren. So werden beim VOB-Vertrag Stundenlohnarbeiten nur vergütet, wenn sie als solche vor ihrem Beginn ausdrücklich vereinbart worden sind, § 2 Abs. 10 VOB/B (zur Unwirksamkeit der Regelung nach AGB-Recht: OLG Schleswig, Urt. v. 2.6.2005 – 11 U 90/04). Auch in anderen Verträgen wird die Stundenlohnabrede häufig in einem Einheitspreisvertrag als Rahmenvereinbarung derart gestaltet, dass Stundenlohnabrechnungen nur für vertraglich noch nicht vorgesehene Leistungen vereinbart werden. In diesem Fall bedarf es zur Auslösung der Stundenarbeiten einer besonderen Beauftragung der Leistung. Die Beauftragung folgt allgemeinen Regeln. Die Wirksamkeit der Beauftragung durch eine andere Person als den Besteller hängt davon ab, ob diese Person bevollmächtigt ist oder eine Anscheins- oder Duldungsvollmacht bejaht werden kann. Auch ein Schriftformerfordernis wird als wirksam angesehen (OLG München, Urt. v. 27.4.2016 – 28 U 4738/13; OLG Hamm, Urt. v. 19.06.2012 – 21 U 85/11; OLG Zweibrücken, Urt. v. 10.3.1994 – 4 U 143/93).

452 Die bloße Ermächtigung etwa eines Bauleiters, Stundenlohnnachweise abzuzeichnen, ist keine Bevollmächtigung, Stundenlohnarbeiten in Auftrag zu geben (BGH, Urt. v. 14.7.1994 – VII ZR 186/93; BGH, Urt. v. 24.7.2003 – VII ZR 79/02; OLG Dresden, Urt. v. 6.12.2005 – 14 U 1523/05).

453 Andererseits enthalten Verträge häufig Klauseln, wonach der Bauleiter bevollmächtigt ist, Zusatzaufträge im Stundenlohn (ggf. in gewissen Grenzen) zu vergeben, z. B. die Klausel (nach OLG Nürnberg, Urt. v. 8.8.1997 – 6 U 351/96; der BGH hat die Revision nicht angenommen, Beschl. v. 8.7.1999 – VII ZR 381/97): „Stundenlohnarbeiten werden nur vergütet, wenn sie von der örtlichen Bauleitung angeordnet worden sind. Die Abrechnung erfolgt nur nach Anerkennung der Stundenzettel durch die örtliche Bauleitung". In diesen Fällen kann durch das

Anerkenntnis auch bestätigt sein, dass es sich um Zusatzleistungen handelt. Es kommt auf die jeweilige Vertragsgestaltung an.

Zum Inhalt einer Vereinbarung über Stundenlohnarbeiten gehört auch die Höhe des Stundenlohns. Haben die Parteien hierüber keine Vereinbarung getroffen, ist nach § 632 Abs. 2 BGB die übliche Vergütung als vereinbart anzusehen. 454

bb) Abrechnung von Stundenlohnarbeiten

Schwierigkeiten bereitet in der Praxis häufig die Abrechnung der Stundenlohnarbeiten, weil der Inhalt der Stundenlohnvereinbarung nicht ausreichend berücksichtigt wird. Der Unternehmer muss nach dem Vertrag abrechnen. Bei einer einfachen Stundenlohnabrede muss der Unternehmer in seiner Abrechnung nur die Anzahl der geleisteten Stunden für die Vertragsleistung angeben und diese mit dem vereinbarten Stundenlohn multiplizieren (BGH, Urt. v. 5.1.2017 – VII ZR 184/14; Urt. v. 28.5.2009 – VII ZR 74/06, vgl. näher → Rdn. 471 ff.). 455

Danach reicht es für eine schlüssige Klage auf Werklohn aus, dass der Unternehmer der geleisteten Stunden die Vertragsleistung bezeichnet und die Anzahl dafür angefallenen Stunden. Einzelheiten muss er nicht angeben. Es bedarf grundsätzlich auch nicht der Vorlage von Stundennachweisen oder sonstigen Belegen zum Umfang der erbrachten Tätigkeiten. Das hat auch beweismäßige Auswirkungen. Zum Nachweis der Leistungen muss nicht bewiesen werden, dass bestimmte Leistungen an einem bestimmten Ort zu einer bestimmten Zeit erbracht worden sind; es genügt, ob ein Stundenaufwand für die erbrachte Leistung nachgewiesen werden könne (BGH, Urt. v. 5.1.2017 – VII ZR 184/14 Rdn. 20). 456

cc) Abrechnung bei der Vereinbarung von Stundenzetteln

Eine Verpflichtung zu einer detaillierteren Abrechnung kann sich aus vertraglichen Vereinbarungen ergeben, was auch konkludent geschehen kann. Es ist jedoch bei der Auslegung darauf zu achten, dass der Unternehmer nicht etwa nachträglich durch vom Besteller oder einem Gericht aufgestellte Anforderungen überrascht wird. Vielmehr muss er objektiv Anlass gehabt haben, eine Dokumentation zu erstellen, die es ihm ermöglicht, die Einzelheiten darzulegen (BGH, Urt. v. 17.4.2009 – VII ZR 164/07). 457

In aller Regel wird die Berechtigung, den vereinbarten Stundenlohn abzurechnen, vertraglich an die Vorlage von Stundenzetteln geknüpft. Inwieweit die Stundenzettel eine Vergütungsvoraussetzung oder lediglich eine Beweisurkunde sind, hängt von dem Inhalt der vertraglichen Vereinbarung ab. Der Wille, den Stundenzettel als Voraussetzung für die vertragliche Vergütung zu vereinbaren, muss deutlich hervortreten. Eine AGB-Klausel, die die Vergütung von Stundenlohnarbeiten an die Vorlage von Stundennachweisen innerhalb einer Woche knüpft, ist unwirksam (OLG Düsseldorf, Urt. v. 17.1.1997 – 22 U 145/96). 458

Eine solche vertragliche Vereinbarung zur Vorlage von Stundenzetteln ergibt sich für den VOB-Vertrag aus § 15 VOB/B. Die Stundenlohnarbeiten sind vor Beginn anzuzeigen, in Stundenlohnzetteln zu dokumentieren und innerhalb der genannten Fristen einzureichen, vom Auftraggeber zu bescheinigen und zurückzugeben. 459

Die Stundenzettel müssen alle notwendigen Angaben enthalten, die den Vergütungsanspruch rechtfertigen (insoweit zutreffend OLG Hamm, Urt. v. 8.2.2005 – 24 W 20/04 mit aber nach BGH, Urt. v. 28.5.2009 – VII ZR 74/06 zu weitgehenden Anforderungen). Soweit Stundenlohnzettel der Leistungskontrolle dienen, müssen sie auch ohne konkretisierende Vorgabe den genauen Zeitpunkt oder Zeitraum der verrichteten Arbeiten oder die genaue Bezeichnung der Leistung angeben (so OLG Hamm, Urt. v. 8.2.2005 – 24 W 20/04; OLG Düsseldorf v. 9.8.2013 – 22 U 161/12). Schlagwortartige Beschreibungen reichen aber aus. Nach dem Wortlaut von § 15 Abs. 2 Satz 2 VOB/B müssen nur die Anzahl der geleisteten Arbeitsstunden sowie detaillierte Angabe zu dem (gesondert abrechnungsfähigen) Material- und Geräteeinsatz gemacht werden. Die VOB-Literatur fordert zusätzliche Angaben zum Gegenstand der geleisteten Arbeiten sind mit dem Wortlaut der Regelung nicht zu vereinbaren. Demgegenüber eindeutig fordert Ziff. 18 des ZVB des Vergabehandbuchs einen qualifizierten Stundenlohnzettel. Ausdrücklich werden „außer den Angaben nach § 15 Abs. 3" u.a. Angaben zum konkreten Ausführungsort und Art der Leistung gefordert. 460

Die Stundenzettel müssen auch nicht (anders Ziff. 18 ZVB), sollten aber zur Beweiszwecken den Arbeitskräften namentlich zugeordnet sein (OLG Düsseldorf v. 9.8.2013 – 22 U 161/12). Sofern unterschiedliche Stundenlöhne für Fachkräfte und Hilfskräfte vereinbart sind, muss sich aus den Stundenzetteln ergeben, um welche Kräfte es sich handelt. 461

462 Soweit gesondert neben dem Stundenlohn abrechnungsfähig und nicht gesonderte Materialzettel geführt werden, gehören auf den Stundenzettel Angaben zum verbrauchten Material, u. U. verbunden mit den dazu gehörenden Nachweisen wie Lieferscheinen oder Wiegescheinen.

463 In der Praxis ist immer wieder festzustellen, dass die Stundenzettel gar nicht oder sehr unsorgfältig ausgefüllt sind. Verstößt der Unternehmer gegen die Verpflichtung zur Dokumentation seiner Arbeiten in Stundenzettel, so verletzt er (nur) eine vertragliche Nebenpflicht, verliert aber nicht seinen Vergütungsanspruch. Formularklauseln, die eine Vergütungsfähigkeit bei fehlenden Stundenlohnzetteln bzw. genehmigten Leistungsnachweisen generell ausschließen, benachteiligen den Unternehmer unangemessen und sind unwirksam. (OLG Düsseldorf, Urt. v. 11.04.2014 – 22 U 156/13). Zur Schlüssigkeit seines Anspruchs muss er dann aber die vereinbarten Angaben im Prozess vortragen (OLG Hamm, Urt. v. 8.2.2005 – 24 W 20/04; OLG Düsseldorf v. 9.8.2013 – 22 U 161/12). Fehlen auf einem qualifizierten Stundenzettel z. B. nach Ziff. 18 ZVB anspruchsbegründende Angaben, könnte dem Unternehmer nachträglich der erforderliche Nachweis häufig schwer fallen. Seine Mitarbeiter als Zeugen wären sehr unzuverlässige Beweismittel, weil das Erinnerungsvermögen gerade an Details gar nicht vorhanden ist oder mit der Zeit deutlich schwindet.

dd) Unterzeichnung von Stundenzetteln

464 Die Parteien können vereinbaren, dass einer Unterschrift des Bestellers auf dem Stundenzettel rechtliche Wirkung zukommt. Vereinbaren die Parteien, dass der Besteller mit der Unterschrift „den Stundenzettel" anerkennt, so ist damit im Regelfall ein deklaratorisches Anerkenntnis gemeint.

465 Der Umfang des Anerkenntnisses umfasst die tatsächlichen Angaben des Stundenzettels. Der Besteller bestätigt mit seiner Unterschrift die Richtigkeit dieser Angaben, soweit nach der Verkehrssitte davon ausgegangen werden kann, dass er sie bestätigen kann und will. Das Anerkenntnis hat Beweiswirkung. Es bindet den Besteller, solange er nicht nachweist, dass die Angaben auf den Stundenlohnzetteln falsch sind und die Unrichtigkeit nicht gekannt hat, als er die Zettel zurückgab, bzw. die vertragliche Rückgabefrist verstreichen ließ (BGH, Urt. v. 23.6.1958 – VII ZR 84/57; Urt. v. 24.10.1966 – VII ZR 92/64; KG, Urt. v. 9.8.2002 – 7 U 203/01).

466 Unerheblich ist, wann die Unterschrift geleistet wird. Die Wirkung des Anerkenntnisses tritt auch bei verspätet eingereichten Stundenlohnzetteln ein, wenn der Besteller sie dann anerkannt hat (BGH, Urt. v. 24.10.1966 – VII ZR 92/64; OLG Saarbrücken, Urt. v. 29.3.2011 – 4 U 242/10). Anders verhält es sich, wenn die Stundenzettel verspätet eingereicht, aber nicht unterzeichnet und damit anerkannt worden sind. Die Auffassung des OLG Saarbrücken (Urt. v. 29.3.2011 – 4 U 242/10), die Anerkenntniswirkung verspätet eingereichter Stundenzettel entfalle nur dann, wenn dem Auftraggeber auf Grund der verspäteten Vorlage eine Überprüfung des dokumentierten Stundenansatzes nicht mehr möglich sei, überzeugt nicht (vgl. Urteilsanmerkung v. Rintelen in IBR 2011, 317). Sie ist auch mit den Regelungen der VOB/B nicht vereinbar. Erst mit der Schlussrechnung vorgelegte Stundenzettel könnten nämlich nicht innerhalb der Prüfungsfrist von damals 2 Monaten, sondern müssten innerhalb der ersten Woche beanstandet werden.

467 Die Parteien können vereinbaren, dass Stundenzettel als anerkannt gelten, wenn sie nicht innerhalb einer bestimmten Frist zurückgegeben werden, vgl. § 15 VOB/B. In diesem Fall entstehen die Wirkungen des deklaratorischen Anerkenntnisses mit Fristablauf (OLG Celle, Urt. v. 28.8.2002 – 22 U 159/01). Das ist aber kein allgemeiner und damit auch ohne Vereinbarung geltender Rechtsgedanken (BGH, Urt. v. 28.5.2009 – VII ZR 74/06).

468 Fraglich ist, ob auch solche Einwendungen durch das Anerkenntnis der Stundenzettel abgeschnitten werden, die sich nicht unmittelbar aus dem Stundenzettel ergeben, wie z. B. die Angemessenheit der Stunden. Diese Einwendungen sind nicht ausgeschlossen, weil sich die Angemessenheit der Stunden nicht aus den Stundenlohnzetteln ergibt und nicht davon ausgegangen werden kann, dass der Besteller sie mit seiner Unterschrift bestätigen will (vgl. BGH, Urt. v. 28.9.1970 – VII ZR 228/68; OLG Düsseldorf, Urt. v. 20.7.1994 – 21 U 47/94; OLG Frankfurt, Urt. v. 14.6.2000 – 23 U 78/99).

469 Die Unterzeichnung eines Stundenzettels hindert den Besteller erst recht nicht, Einwendungen gegen die Vergütung dem Grunde nach zu erheben, die sich aus dem Vertrag ergeben. So kann er trotz Unterzeichnung des Stundenzettels grundsätzlich den Einwand erheben, eine Stundenlohnvergütung sei für die erbrachte Leistung nicht vereinbart (BGH,

Urt. v. 13.5.2004 – VII ZR 301/02) oder die Arbeiten seien nicht wirksam in Auftrag gegeben (vgl. BGH, Urt. v. 14.7.1994 – VII ZR 186/93; BGH, Urt. v. 24.7.2003 – VII ZR 79/02). Etwas anderes gilt, wenn die Frage, ob die vereinbarte Leistung nach Stundenlohn zu vergüten war, schon vor Unterzeichnung des Zettels streitig war und der Besteller sie durch seine Unterschrift dem Streit entziehen wollte.

Umstritten ist, ob der bauleitende Architekt des Bestellers Stundenzettel wirksam anerkennen kann, wenn dies nicht besonders vereinbart ist. Der Bundesgerichtshof hat das bisher nur für einen besonderen Ausnahmefall bejaht (BGH, Urt. v. 24.10.1966 – VII ZR 92/64), in dem sich aus den Umständen eine besondere Bevollmächtigung ergab. **470**

ee) Darlegungs- und Beweislast

Die Beweislast für die Vereinbarung einer nach Stundenlohn zu vergütenden Leistung trägt der Unternehmer (BGH, Urt. v. 17.4.2009 – VII ZR 164/07). Der Beweis einer Vereinbarung kann nicht ohne den Beweis deren Inhalts erfolgen. Der Unternehmer muss also den Beweis führen für die Vereinbarung, wonach eine bestimmte oder bestimmbare Leistung zu einem bestimmten oder bestimmbaren (auch über § 632 BGB) Stundenlohn zu vergüten ist. Der Unternehmer muss weiter den Beweis führen, dass die abgerechnete Leistung identisch ist mit der Leistung, die nach Stundenlohn zu vergüten ist. Hierzu muss er ggf. die substantiierte Behauptung des Bestellers widerlegen, die abgerechneten Leistungen seien nach dem Vertrag bereits durch die Einheitspreise abgegolten (dazu KG, Urt. v. 29.2.2000 – 4 U 1926/99; OLG Frankfurt, Urt. v. 14.6.2000 – 23 U 78/99) oder die Leistung sei bereits aufgrund einer Pauschalierung geschuldet (OLG Hamm, Urt. v. 8.2.2005 – 24 W 20/04). **471**

Hinsichtlich der Forderungshöhe reicht bei einer einfachen Stundenlohnabrede aus, dass der Unternehmer die Haupttatsachen für seinen Anspruch vorträgt, nämlich die Anzahl der geleisteten Stunden für die Vertragsleistung angibt und diese mit dem vereinbarten Stundenlohn multipliziert (BGH, Urt. v. 5.1.2017 – VII ZR 184/14; Urt. v. 28.5.2009 – VII ZR 74/06; BGH, Urt. v. 24.6.1999 – X ZR 195/97). Weitere Einzelheiten muss er nicht angeben. **472**

Den Unternehmer trifft aber eine sekundäre Darlegungslast, wenn der Besteller – ohne eigene Versäumnisse – nicht nachvollziehen kann, für welche konkreten Leistungen der Unternehmer den Stundenlohn fordert und ihm deshalb die Möglichkeit genommen ist, die Wirtschaftlichkeit des abgerechneten Zeitaufwands zu beurteilen (BGH, Urt. v. 28.5.2009 – VII ZR 74/06; BGH, Urt. v. 17.4.2009 – VII ZR 164/07; BGH, Beschl. v. 8.3.2012 – VII ZR 51/10; OLG Schleswig, Urt. v. 15.11.2013 – 1 U 59/12). Der Unternehmer muss zu Art und Inhalt der nach Zeitaufwand abgerechneten Leistungen jedenfalls so viel vortragen, dass dem für die Unwirtschaftlichkeit der Leistungsausführung darlegungspflichtigen Besteller eine sachgerechte Rechtswahrung ermöglicht wird (BGH, Beschl. v. 8.3.2012 – VII ZR 51/10. Der Umfang hängt davon ab, wie konkret die Leistungen bereits im Vertrag umrissen sind, ob z.B. Tätigkeiten wiederholt erbracht werden mussten oder ob Mitarbeiter unterschiedlicher Qualifikation für unterschiedliche Tätigkeiten eingesetzt wurden (BGH, Urt. v. 17.4.2009 – VII ZR 164/07, Rdn. 50). Insbesondere bei eigenverantwortlich erbrachten Architekten- oder anderen Beratungsleistungen ist i.d.R. eine nähere Substantiierung unverzichtbar (BGH, Urt. v. 4.2.2010 – IX ZR 18/09). **473**

Der Besteller trägt immer – auch dann wenn keine Stundenzettel unterzeichnet sind – die Darlegungs- und Beweislast dafür, dass die Anzahl der vom Unternehmer für die vereinbarte Leistung berechneten Stunden nicht einer wirtschaftlichen Betriebsführung entsprechen. Denn in einer nicht wirtschaftlichen Betriebsführung entsprechenden zu langen Arbeitsdauer liegt beim Stundenlohnvertrag eine Vertragsverletzung, § 280 BGB, die derjenige zu beweisen hat, der daraus Rechte herleitet (BGH, Urt. v. 17.4.2009 – VII ZR 164/07; BGH, Urt. v. 1.2.2000 – X ZR 198/97; OLG Karlsruhe, Urt. v. 15.10.2002 – 17 U 96/01; OLG Düsseldorf, Urt. v. 10.12.2002 – 21 U 106/02; a.A. Peters, JR 2014, 415, der darauf hinweist, dass der Beauftragte gemäß § 670 BGB die Erforderlichkeit der Aufwendungen beweisen muss). Der Unternehmer muss jedoch im Rahmen einer sekundären Darlegungslast zuvor zu Art und Inhalt der nach Zeitaufwand abgerechneten Leistungen jedenfalls so viel vortragen, dass dem Besteller eine sachgerechte Rechtswahrung ermöglicht wird. Welchen Sachvortrag der Unternehmer danach zur Erfüllung seiner sekundären Darlegungslast konkret zu führen hat, ist einer generalisierenden Betrachtung nicht zugänglich und muss im Einzelfall unter Berücksichtigung des jeweiligen Vorbringens der Gegenseite beurteilt werden. Maßstab hierfür ist das Informations- und Kontrollbedürfnis des Bestellers (BGH, Urt. v. 17.4.2009 – VII ZR 164/07). Der bei wirtschaftlicher Betriebsführung angemessene Stundenaufwand kann nach **474**

§ 287 ZPO geschätzt werden. Das kann auf der Grundlage eines Sachverständigengutachtens geschehen. Es ist darauf hinzuweisen, dass die Anzahl der Stunden bei einer wirtschaftlichen Betriebsführung nicht notwendig identisch ist mit der üblichen Anzahl der Stunden, weil ggf. die Eigenart des beauftragten Betriebes zu berücksichtigen ist.

475 Bei strikter Beachtung der oben dargestellten Grundsätze kann es bei einer einfachen Stundenlohnabrede nur noch in seltenen Ausnahmefällen dazu kommen, dass eine Stundenlohnklage als unschlüssig abgewiesen wird. Der Unternehmer muss, wie dargelegt, zunächst nur die Anzahl der geleisteten Stunden für die Vertragsleistung angeben und diese mit dem vereinbarten Stundenlohn multiplizieren (BGH, Urt. v. 28.5.2009 – VII ZR 74/06). Weitere Einzelheiten, z.B. zu Personen oder exakten Leistungszeiten, muss er nicht angeben. Nur wenn Leistungsumfang oder Wirtschaftlichkeit bestritten wird und der Unternehmer keine ausreichenden Angaben dazu liefert, was er mit dem Stundenlohn abrechnet, kommt ohne Beweiserhebung eine Entscheidung zu Lasten des Unternehmers in Betracht. Der Bundesgerichtshof hat darauf hingewiesen, dass auch in diesem Fall der dem Unternehmer nach den feststehenden Angaben zustehende Werklohn ausgeurteilt werden muss. Gegebenenfalls ist der dem Unternehmer in jedem Fall zustehende Anspruch nach § 287 ZPO zu schätzen (BGH, Urt. v. 24.6.1999 – X ZR 195/97).

476 Der Auftraggeber, der die Rückforderung überzahlter Stunden nach Bezahlung der Schlussrechnung begehrt, muss darlegen und beweisen, dass die berechneten und bezahlten Stunden nicht geleistet worden sind. An seine Darlegungslast dürfen aber keine überzogenen Anforderungen gestellt werden. Den Unternehmer trifft auch hier die sog. sekundäre Darlegungslast, soweit es um Tatschen innerhalb seines Wahrnehmungsbereichs geht, die dem Besteller nicht bekannt sind. Erfüllt er die Anforderungen an die sekundäre Darlegungslast nicht und begnügt sich stattdessen mit einem einfachen Bestreiten der Behauptungen des Bestellers, greift die Geständnisfiktion des § 138 Abs. 3 ZPO ein (Schleswig-Holsteinisches OLG, Urt. v. 24.10.2008 – 1 U 6/07, NZB zurückgewiesen durch BGH, Beschl. v. 27.1.2011 – VII ZR 239/08).

477 Stellt sich bei der Schlussabrechnung heraus, dass der Auftraggeber durch Voraus- oder Abschlagszahlungen bereits zu viel bezahlt hat, steht ihm ein vertraglicher Rückzahlungsanspruch zu, der auf den Ausgleich des Saldos gerichtet ist (→ § 632a BGB Rdn. 92). Anders verhält es sich, wenn die Schlussabrechnung bereits durch Schlusszahlung vollzogen ist. Stand die Schlusszahlung – wie bei der öffentlichen Hand üblich – unter dem ausdrücklichen Vorbehalt der Rückforderung, steht dem Auftraggeber auch jetzt ein vertraglicher Rückzahlungsanspruch zu. Fehlt es an einem solchen Vorbehalt, folgt der Rückforderungsanspruch aus dem Bereicherungsrecht (BGH, Urt. v. 6.12.1990 – VII ZR 98/89; OLG Schleswig, Urt. v. 24.10.2008 – 1 U 6/07, NZB zurückgewiesen durch BGH, Beschl. v. 27.1.2011 – VII ZR 239/08, IBR 2011, 318 mit Anm. Rohrmüller). Der Auftragnehmer könnte also einen Wegfall der Bereicherung einwenden.

3. Umsatzsteuer

478 Haben die Parteien nicht klargestellt, ob der vereinbarte Preis ein Brutto- oder Netto-Preis ist, schließt der vereinbarte Preis im Zweifel die Umsatzsteuer ein (BGH, Urt. v. 11.5.2001 – V ZR 492/99; BGH, Urt. v. 28.2.2002 – I ZR 318/99). Der Unternehmer muss beweisen, dass abweichend davon Nettopreise vereinbart sind, auf die die Umsatzsteuer nach der vertraglichen Vereinbarung zusätzlich zu entrichten ist. Das kann durch den Nachweis geschehen, dass es dem regionalen Handelsbrauch entspricht, die Preise als Nettopreise mit der Maßgabe zu vereinbaren, dass die Mehrwertsteuer ohne entsprechende Vereinbarung zusätzlich verlangt werden kann. Ein derartiger Brauch muss jedoch nicht schon deshalb angenommen werden, weil eine deutliche Mehrheit ihn bejaht. Ein Handelsbrauch beruht auf einer gleichmäßigen und einheitlichen Übung, so dass er schon dann verneint werden kann, wenn sich nur ein Viertel der Beteiligten anders verhält als die Mehrheit (BGH, Urt. v. 11.5.2001 – V ZR 492/99).

479 Haben die Parteien einen Nettopreis zuzüglich „gesetzlicher" oder „gültiger" Mehrwertsteuer vereinbart, so ist diese nicht geschuldet wenn sie tatsächlich nicht anfällt, soweit die Parteien nicht die Vergütung unabhängig von den steuerlichen Gegebenheiten auf den Gesamtbetrag festlegen wollten (vgl. BGH, Urt. v. 28.7.2004 – XII ZR 292/02; BGH, Urt. v. 21.1.2009 – XII ZR 79/07, jeweils zu Mietverträgen und auch zur Frage ergänzender Auslegung). Das soll auch für den Fall gelten, dass die Parteien einen Preis „einschl. 16% MWSt" vereinbart haben und die Mehrwertsteuer in den Rechnungen gesondert ausgewiesen wird (OLG Köln, Beschl. v. 3.11.2011 – 19 U 104/11).

§ 631

a) Höhe der Umsatzsteuer

Kommt es zu einer Änderung des Umsatzsteuersatzes, so ist maßgebend für den Umsatzsteuersatz der Zeitpunkt, zu dem der jeweilige Umsatz ausgeführt wird, § 27 Abs. 1 UStG. Es kommt weder auf den Zeitpunkt des Vertragsschlusses oder der Rechnungsstellung, noch auf den Zeitpunkt der Vereinnahmung des Entgelts an. Bei Teilleistungen ist der Umsatzsteuersatz maßgebend, der im Zeitpunkt des Abschlusses der jeweiligen Teilleistung gilt. Bauleistungen sind steuerrechtlich grundsätzlich zu dem Zeitpunkt ausgeführt, in dem sie beendet oder vollendet sind. Das ist der Zeitpunkt, in dem sie abnahmefähig erbracht oder abgenommen sind. Grundsätzlich kommt es also auf den Zeitpunkt der Abnahme an. Wird diese zu Unrecht verweigert, ist der Zeitpunkt der vertragsgemäßen Erbringung, der sich regelmäßig im Abnahmeverlangen dokumentiert, maßgebend. Findet eine Abnahme zeitnah nicht statt und wird diese auch nicht abgelehnt, kommt es auf die Beendigung der Leistung an. Das bedeutet z.B., dass der Unternehmer 19% Umsatzsteuer schuldet, wenn er aufgrund eines im Jahre 2006 geschlossenen Vertrages die Leistungen erst im Jahre 2007 vollendet. Denn ab dem 1.1.2007 wurde der allgemeine Umsatzsteuersatz um drei Prozentpunkte auf 19% erhöht. **480**

Ein neuer Steuersatz gilt für die Gesamtleistung unabhängig davon, ob auf die Leistung bereits Abschlagszahlungen oder Vorauszahlungen in den Vorjahren geleistet worden sind. Voranmeldungen können zwar insoweit mit 16% ausgewiesen werden, wenn die Zahlungen 2006 vereinnahmt werden. Eine Nachversteuerung erfolgt dann aber zum Zeitpunkt der Fertigstellung (Abnahme) der betreffenden Leistung oder Teilleistung. Die weitere Umsatzsteuer von noch 3% ist nach zu entrichten. Durch Anzahlungen, Vorauszahlungen oder Abschlagszahlungen kann man also einer Steuererhöhung nicht ausweichen (Everts, ZfIR 2006, 661, 662; Weise, NJW-Spezial 2006, 549). **481**

Etwas anderes gilt bei Teilleistungen. Teilleistungen liegen gemäß § 13 Abs. 1 Nr. 1a Satz 3 UStG vor, wenn für bestimmte Teile einer wirtschaftlich teilbaren Leistung das Entgelt gesondert vereinbart wird. Derartige Teilleistungen werden für Werkleistungen anerkannt, wenn folgende Voraussetzungen erfüllt sind (Wittmann/Zugmaier, NJW 2006, 2150; Rath/Hiemer, BauR 2006, 1655, 1659; Weise, NJW-Spezial 2006, 549; Stemmer, IBR 2006, 597 mit Vorschlag für eine Teilleistungsvereinbarung): **482**

1. Es muss sich um einen wirtschaftlich abgrenzbaren Teil einer Werkleistung oder Werklieferung handeln;
2. Der Leistungsteil muss noch im alten Steuerjahr erbracht, d. h. bei Werkleistungen vollendet oder beendet, bei Werklieferungen abgenommen werden;
3. Noch im alten Steuerjahr muss vereinbart werden, dass für den Leistungsteil ein Teilentgelt zu zahlen ist;
4. Das Teilentgelt muss gesondert abgerechnet werden.

Diese Voraussetzungen müssen eingehalten werden. Abrechnungsregelungen für den Fall von Mehrwertsteueränderungen, insb. durch AGB, werden entsprechend ausgelegt werden müssen (anders wohl BGH, Urt. v. 25.8.2016 – VII ZR 193/13, der trotz der Vorgabe einer „Abrechnung entsprechend den steuerlichen Vorschriften" möglicherweise einen weitergehenden Anspruch aufgrund vertraglicher Regelung annehmen will).

b) Preisanpassung bei Umsatzsteuererhöhung

Grundsätzlich hat der Unternehmer gegen den Besteller Anspruch auf Bezahlung der Umsatzsteuer nur nach Maßgabe des geschlossenen Vertrages. Liegt dem Vertrag ein alter Umsatzsteuersatz zugrunde, stellt sich die Frage, ob eine Anpassung des Umsatzsteuersatzes möglich ist oder der Unternehmer die erhöhte Umsatzsteuer aus seinem Werklohn selbst aufbringen muss. Enthält der Vertrag eine Umsatzsteuergleitklausel, greift diese (→ Rdn. 554). Bei länger laufenden Verträgen ergibt sich aus § 29 UStG ein gesetzlicher Ausgleichsanspruch. Die Regelung lautet: **483**

> „(1) Beruht die Leistung auf einem Vertrag, der nicht später als vier Kalendermonate vor dem In-Kraft-Treten dieses Gesetzes abgeschlossen worden ist, so kann, falls nach diesem Gesetz ein anderer Steuersatz anzuwenden ist, [...] der eine Vertragsteil von dem anderen einen angemessenen Ausgleich der umsatzsteuerrechtlichen Mehr- oder Minderbelastung verlangen. Satz 1 gilt nicht, soweit die Parteien etwas anderes vereinbart haben. [...]
>
> (2) Absatz 1 gilt sinngemäß bei einer Änderung dieses Gesetzes."

§ 631 Werkvertragsrecht

484 Es handelt sich um eine zivilrechtliche Spezialbestimmung, die im Rahmen ihres Anwendungsbereichs (→ Rdn. 488) den Regeln über die Störung der Geschäftsgrundlage vorgeht (Wittmann/Zugmaier, NJW 2006, 2150, 2151). Der Ausgleichsanspruch greift nur für Verträge, die älter als vier Monate vor Inkrafttreten der Umsatzsteueränderung sind. Insoweit besteht eine gewollte Parallele zu § 309 Nr. 1 BGB, wonach Regelungen in Allgemeinen Geschäftsbedingungen unwirksam sind, die Preiserhöhungen für Lieferungen und Leistungen innerhalb von vier Monaten nach Vertragsschluss vorsehen.

485 Sind die Verträge älter als vier Monate, kann der Unternehmer nach § 29 UStG vom Besteller einen angemessenen Ausgleich der umsatzsteuerrechtlichen Mehrbelastung verlangen. Grundsätzlich ist der Ausgleich in voller Höhe der Erhöhung des Umsatzsteuersatzes angemessen (BGH, Urt. v. 22.3.1972 – VIII ZR 119/70). So kann z. B. der Unternehmer in dem Fall, dass er vor dem 1.9.2006 einen Vertrag geschlossen hat, nach dem der Besteller nur 16 % Umsatzsteuer schuldet, für Leistungen, die er erst 2007 ausgeführt hat, 19 % Umsatzsteuer verlangen. Etwas anderes gilt, wenn die Leistung infolge einer von ihm zu vertretenden Verzögerung erst im Jahr 2007 ausgeführt wurde.

486 Eine automatische Anpassung ergibt sich auch, wenn das Entgelt unmittelbar durch eine gesetzliche Gebührenordnung bestimmt wird. So hat der Architekt oder Ingenieur nach § 16 HOAI einen Anspruch auf die „gesetzlich geschuldete Umsatzsteuer". Vergleichbare Regelungen enthält z. B. das RVG, die StBGebV oder die KostO.

487 Der Ausgleichsanspruch nach § 29 UStG kann nicht geltend gemacht werden, wenn er vertraglich ausgeschlossen wurde oder – wegen des spiegelgleichen Schadenersatzanspruchs – wenn der Unternehmer mit der Leistung in Verzug ist und sie noch zu Zeit des alten Steuersatzes hätte fertig stellen müssen. Inwieweit der Vertrag eine Anpassung nach § 29 UStG ausschließt, ist eine Frage der Auslegung. Denkbar ist, dass eine Festpreisvereinbarung eine Anpassung ausschließt (Wittmann/Zugmaier, NJW 2006, 2150, 2151). Es kommt auf den Einzelfall an. Ist die Festpreisvereinbarung auf der Grundlage eines Einheitspreisangebotes geschlossen worden, ist es jedenfalls bei vorsteuerabzugsberechtigten Bestellern denkbar, dass der Anpassungsanspruch nicht ausgeschlossen ist. Anders ist das bei Klauseln, in denen die Anpassung aufgrund Änderung des Regelsteuersatzes ausdrücklich ausgeschlossen ist. Insoweit stellt sich aber die Frage der Inhaltskontrolle, weil das Recht auf Vertragsanpassung nach den Grundsätzen der Störung der Geschäftsgrundlage nur dann ausgeschlossen werden kann, wenn dadurch die berechtigten Interessen des Vertragspartners nicht unangemessen benachteiligt werden.

488 Außerhalb des Anwendungsbereichs des § 29 UStG bleibt eine Anpassung des Vertrages nach den Grundsätzen der Störung der Geschäftsgrundlage möglich. So ist es nicht ausgeschlossen, dass Geschäftsgrundlage der Vereinbarung des alten Umsatzsteuersatzes war, dass die Parteien davon ausgingen, dass die Leistung noch bis zur Erhöhung des Umsatzsteuersatzes erbracht ist. Ein Anpassung auf den erhöhten Satz bei einer Verschiebung der Fertigstellung nach der Erhöhung kommt insbesondere dann in Betracht, wenn der Leistungsempfänger selbst Unternehmer und zum Vorsteuerabzug berechtigt ist. Hat der Besteller die Verzögerung verschuldet, besteht ein Zwang zur Anpassung schon nach allgemeinem Leistungsstörungsrecht.

489 Die Umsatzsteuererhöhung kann auch bei Bauträgerverträgen eine Rolle spielen. Allerdings ist der Erwerb von Immobilien von der Umsatzsteuer befreit (§ 4 Nr. 9a UStG i. V. m. § 1 GrEStG). Bei Verträgen, die mit Erwerbern geschlossen werden, die ihrerseits nicht umsatzsteuerpflichtig sind, können die Bauträger nicht auf die Umsatzsteuer optieren, § 9 Abs. 1 UStG. Umsatzsteuer wird demgemäß in den Erwerbspreisen nicht ausgewiesen. Eine Preisanpassung nach § 29 UStG kommt demnach nicht in Betracht. Voraussetzung dieser Regelung ist die Besteuerung nach dem Umsatzsteuergesetz (a. A. Everts, ZfIR 2006, 661, 663). Grundsätzlich wird auch eine Preisanpassung nach den Grundsätzen der Störung der Geschäftsgrundlage nicht in Betracht kommen (Everts, a. a. O.). Inwieweit Preisanpassungsklauseln im Bauträgervertrag zulässig sind, ist nicht unproblematisch und hängt jedenfalls von der Gestaltung der Klauseln ab (vgl. dazu Everts, a. a. O.).

c) Umkehrsteuer

490 Für bestimmte Bauleistungen kommt es seit 2010 zur Eindämmung des Vorsteuerbetrugs bei Umsatzsteuer zur Umkehrung der Steuerschuldnerschaft vom Unternehmer/Leistungserbringer auf den Leistungsempfänger. Das betrifft insbesondere Bauunternehmen, die ihrerseits Bauaufträge an Nachunternehmer vergeben. § 13 b UStG lautet in der aktuellen Fassung:

§ 13b UStG

(2) Für folgende steuerpflichtige Umsätze entsteht die Steuer mit Ausstellung der Rechnung, spätestens jedoch mit Ablauf des der Ausführung der Leistung folgenden Kalendermonats:

1. Werklieferungen und nicht unter Absatz 1 fallende sonstige Leistungen eines im Ausland ansässigen Unternehmers;

[...]

4. Bauleistungen, einschließlich Werklieferungen und sonstigen Leistungen im Zusammenhang mit Grundstücken, die der Herstellung, Instandsetzung, Instandhaltung, Änderung oder Beseitigung von Bauwerken dienen, mit Ausnahme von Planungs- und Überwachungsleistungen. [...]

[Als Grundstücke gelten insbesondere auch Sachen, Ausstattungsgegenstände und Maschinen, die auf Dauer in einem Gebäude oder Bauwerk installiert sind und die nicht bewegt werden können, ohne das Gebäude oder Bauwerk zu zerstören oder zu verändern. Nummer 1 bleibt unberührt;

[...]

(5) ¹In den in den Absätzen 1 und 2 Nummer 1 bis 3 genannten Fällen schuldet der Leistungsempfänger die Steuer, wenn er ein Unternehmer oder eine juristische Person ist; in den in Absatz 2 Nummer 5 Buchstabe a, Nummer 6, 7, 9 bis 11 genannten Fällen schuldet der Leistungsempfänger die Steuer, wenn er ein Unternehmer ist. ²In den in Absatz 2 Nummer 4 Satz 1 genannten Fällen schuldet der Leistungsempfänger die Steuer unabhängig davon, ob er sie für eine von ihm erbrachte Leistung im Sinne des Absatzes 2 Nummer 4 Satz 1 verwendet, wenn er ein Unternehmer ist, der nachhaltig entsprechende Leistungen erbringt; davon ist auszugehen, wenn ihm das zuständige Finanzamt eine im Zeitpunkt der Ausführung des Umsatzes gültige auf längstens drei Jahre befristete Bescheinigung, die nur mit Wirkung für die Zukunft widerrufen oder zurückgenommen werden kann, darüber erteilt hat, dass er ein Unternehmer ist, der entsprechende Leistungen erbringt. ...[...]

⁶Die Sätze 1 bis 5 gelten vorbehaltlich des Satzes 10 auch, wenn die Leistung für den nichtunternehmerischen Bereich bezogen wird. ⁷Sind Leistungsempfänger und leistender Unternehmer in Zweifelsfällen übereinstimmend vom Vorliegen der Voraussetzungen des Absatzes 2 Nummer 4, 5 Buchstabe b, Nummer 7 bis 11 ausgegangen, obwohl dies nach der Art der Umsätze unter Anlegung objektiver Kriterien nicht zutreffend war, gilt der Leistungsempfänger dennoch als Steuerschuldner, sofern dadurch keine Steuerausfälle entstehen. ⁸Die Sätze 1 bis 6 gelten nicht, wenn bei dem Unternehmer, der die Umsätze ausführt, die Steuer nach § 19 Absatz 1nicht erhoben wird. ⁹Die Sätze 1 bis 8 gelten nicht, wenn ein in Absatz 2 Nummer 2, 7 oder 9 bis 11 genannter Gegenstand von dem Unternehmer, der die Lieferung bewirkt, unter den Voraussetzungen des § 25a geliefert wird. ¹⁰In den in Absatz 2 Nummer 4, 5 Buchstabe b und Nummer 7 bis 11 genannten Fällen schulden juristische Personen des öffentlichen Rechts die Steuer nicht, wenn sie die Leistung für den nichtunternehmerischen Bereich beziehen....

Unternehmen, die selbst Bauleistungen erbringen und Bauaufträge an Nachunternehmer vergeben, müssen die Umsatzsteuer auf die Leistungen ihrer Nachunternehmer selbst an die Finanzverwaltung abführen Nachunternehmer von Bauleistern können deshalb nur Nettorechnungen stellen. Sie führen keine Umsatzsteuer ab (vgl. zu dem Gesetz das BMF-Schreiben vom 31.3.2004 – IV D 1 – S 7279 – 107/04 und das Merkblatt des BMF zur Umsatzbesteuerung in der Bauwirtschaft Stand Juli 2004, IV B 7 – S 7270 – 3/04, beide in www.ibr-online/ Materialien). **491**

Schwierig und wechselhaft war die Einordnung von Bauträgern. Nach der zum 1.1.2011 geänderten Finanzverwaltungsauffassung sollten auch Bauträger zu den Umsatzsteuerschuldnern nach § 13b UStG gehören, wenn sie die Objekte vor Fertigstellung veräußern und damit der Erwerber die Möglichkeit zu individuellen Abweichungen hat (vgl. Forster DStR 2011, 351). Der BFH hat aber inzwischen klargestellt, dass die Steuerschuldnerschaft nur dann auf den Leistungsempfänger übergeht, wenn dieser die Bauleistung seinerseits für die Erbringung einer Bauleistung verwendet (BFH, Urt. 22.8.2013 – V R 37/10; vgl. auch BMF-Schreiben v. 8.5.2014, DStR 2014, 1005). Das hat zu Steuerrückforderungen von Bauträgern wegen zuvor abgeschlossener und durchgeführter Verträge und anschließenden Nachversteuerung bei deren Leistungserbringern geführt. Zivilrechtlich steht dem Bauunternehmen dann aufgrund einer ergänzenden Vertragsauslegung ein Anspruch auf (Nach-)Zahlung des Umsatzsteuerbetrags gegen den Bauträger zu. Dieser scheitert i. d. R. auch nicht an der Verjährung, weil die **492**

§ 631   Werkvertragsrecht

Verjährung erst mit dem Schluss des Jahres zu laufen beginnt, in dem der Erstattungsantrag gestellt ist und der Bauunternehmer davon Kenntnis erlangt oder hätte erlangen müssen (BGH, Urt. v. 17.5.2018 – VII ZR 157/17; BGH, Urt. v. 10.1.2019 – VII ZR 6/18; OLG Celle, Urt. v. 14.5.2020 – 5 U 131/19).

493 Der Begriff der Bauleistungen wird wie bei der Bauabzugssteuer nach § 48 EStG weit ausgelegt. Bauleistungen können sich danach auf Bauwerke, aber auch auf Verkehrseinrichtungen und technische Anlagen beziehen. Der Begriff der Bauleistungen umfasst alle Leistungen, die in die Bauwerkssubstanz eingehen. Ausgenommen sind Planungsleistungen, reine Materiallieferungen, Baugerätemieten etc. Außerdem besteht für Reparatur- und Wartungsarbeiten eine Bagatellgrenze von netto 500,– Euro (dazu Eisolt, Umkehr der Steuerschuldnerschaft bei Bauleistungen, NWB Nr. 9 vom 28.2.2005, Fach 7, S. 6405 ff.). Für die von § 13b UStG erfassten Bauleistungen wird anstelle des Leistenden nunmehr der Leistungsempfänger zum Steuerschuldner, wenn und soweit er selbst nachhaltig Bauleistungen erbringt. Das ist nach Auffassung der Finanzverwaltung (Abschnitt 13b Abs. 11 Satz 1 Umsatzsteuer-Anwendungserlass UStAE) der Fall, wenn sich mindestens 10 % seines weltweiten Umsätze auf Bauleistungen beziehen. Ob die 10 % Grenze ein taugliches Abgrenzungskriterium für Nachhaltigkeit ist, ist in der finanzgerichtlichen Rechtsprechung aber umstritten (dagegen FG Münster, Urt. v. 1.9.2010 – 5 K 3000/08 U; anders FG Berlin-Brandenburg, Beschl. v. 23.3.2009 – 7 V 7278/08). Bei nachhaltiger Erbringung von Bauleistungen hat der Leistende für ausgeführte Bauleistungen eine Rechnung auszustellen, die das Nettoentgelt und den Hinweis auf die Steuerschuldnerschaft des Leistungsempfängers enthält. Die Rechnung darf keine Umsatzsteuer ausweisen, sondern muss einen Hinweis auf die Steuerschuldnerschaft des Leistungsempfängers enthalten, § 14a Absatz 5, Satz 1, 3 UStG (dazu Kapellmann/Messerschmidt-Messerschmidt, VOB/B § 16 Rdn. 60, auch zu den Rechtsfolgen eines Verstoßes gegen § 13b UStG).

494 Zur Anwendung des Gesetzes war von Anfang an einiges unklar (vgl. Grabau, ZfIR 2004, 849). Fehleinschätzungen bei der Anwendung des § 13b UStG begründen nicht nur steuerliche Haftungsrisiken, sondern können auch zivilrechtlich zu Überzahlungen führen. Stellt z. B. ein Nachunternehmer entgegen § 13b UStG Umsatzsteuer in Rechnung, so bleibt der Hauptunternehmer auch dann zur Abführung der Umsatzsteuer an das Finanzamt verpflichtet, wenn er diese Rechnung des Nachunternehmers einschließlich Umsatzsteuer bezahlt hat. Fraglich ist, ob das Finanzamt eine tatsächliche Abführung der gezahlten Umsatzsteuer durch den Nachunternehmer zugunsten des Hauptunternehmers auf dessen Steuerschuld anrechnen muss; denn diese Zahlung des Nachunternehmers erfolgte auf dessen vermeintliche eigene Steuerschuld (vgl. näher Rath/Hiemer, BauR 2006, 1655, 1661).

495 Die Steuerschuld des Leistungsempfängers gemäß § 13b UStG setzt voraus, dass die Leistungen gegenüber einem Unternehmen erbracht werden und dieses Unternehmen seinerseits Bauleistungen ausführt. Der Vorlage einer Freistellungsbescheinigung gemäß § 48b EStG kommt dabei keine tatbestandsbegründende Wirkung für die Erfüllung der Voraussetzungen des § 13b UStG zu (so jedenfalls in einem summarischen Vorverfahren FG Hamburg, Beschl. v. 3.2.2011 – 6 V 251/10). Zur Erhöhung der Rechtssicherheit regelt § 13b Abs. 5 S. 3 UStG seit dem 30.7.2014, dass eine entsprechende Bescheinigung des Finanzamtes für die Einordnung maßgeblich sein soll.

496 Zur Frage, wie der Sicherheitseinbehalt bei Vereinbarung einer Sicherheitsleistung nach § 17 Nr. 1 VOB/B zu ermitteln ist: Groß, BauR 2005, 1084 ff., Theurer, BauR 2006, 7 ff. und Döhler, BauR 2006, 14 ff.

4. Bauabzugssteuer

497 Die Bauabzugssteuer betrifft die Einkommenssteuer. Sie ist eine Entrichtungssteuer vergleichbar der Lohnsteuer oder Kaptalertragsteuer und wurde zum 1.1.2002 eingeführt. Danach muss der Besteller einer Bauleistung einen Steuerabzug von 15 % des zu zahlenden Betrages vornehmen und an das Finanzamt abführen, soweit der Unternehmer keine Freistellungsbescheinigung vorlegt (vgl. dazu BMF-Schreiben v. 27.12.2002, BStBl I 2002, 1399; Jebens, NZBau 2001, 533; Reich/Böhme, DNotZ 2001, 924 m. w. N.; Basty, MittBayNot 2001, 535; Ulbrich, BauR 2002, 354; Wagner, ZfBR 2002, 322; Hök, ZfBR 2002, 113; Hoor/Hübner/Schlößer, BB 2003, 709). Der Zweck des Gesetzes ist die Bekämpfung illegal tätiger Werkvertragsunternehmer, wie z. B. steuerlich nicht erfasster Unternehmer, Scheinfirmen und Firmen mit tatsächlichem oder fingiertem Sitz im Ausland, die steuerlich nicht erfasst sind. Der Besteller haftet dem Finanzamt gegenüber gem. § 48a Abs. 3 S. 1 EStG für die Bauabzugssteuer; er nimmt die Zahlung jedoch für Rechnung des Leistenden vor, § 48 Abs. 1 S. 1 EStG.

§ 631

Eigentlicher – zumindest potenzieller – Steuerschuldner ist der Leistende, denn der Steuerabzug dient dazu, die Einkommens- und Körperschaftsbesteuerung für den Gewinn des die Bauleistung erbringenden Unternehmers sowie ergänzend die Besteuerung des Arbeitslohns zu sichern (BGH, Urt. v. 26.9.2013 – VII ZR 2/13). Der Steuerabzug unterbleibt, wenn eine Freistellungsbescheinigung vorgelegt wird oder die Freigrenzen nicht überschritten sind. Die Regelungen hierzu befinden sich in §§ 48 bis 48d EStG.

498 Verpflichtet zum Steuerabzug sind grundsätzlich alle Besteller von Bauleistungen, die Unternehmer i. S. v. § 2 UStG (egal ob Endabnehmer der Bauleistung, Generalunternehmer, Subunternehmer) oder eine juristische Person des öffentlichen Rechts sind (→ Rdn. 503). Es gibt drei Ausnahmen. Die wichtigste ist die Vorlage einer gültigen, vom zuständigen Finanzamt des Leistenden ausgestellten Freistellungsbescheinigung. Daneben gibt es zwei Bagatellausnahmen. Nach der Zwei-Wohnungs-Regelung entfällt der Steuerabzug für Bauleistungen an Kleinvermieter von bis zu zwei Wohnungen, § 48 Abs. 1 S. 2 EStG. Daneben besteht eine allgemeine Geringfügigkeitsschwelle gemäß § 48 Abs. 2 EStG, wenn die jährliche Gesamtzahlungen des Leistungsempfängers an den Bauleistenden voraussichtlich 5.000 EUR nicht übersteigen werden bzw. 15.000 EUR, wenn der Leistungsempfänger ausschließlich umsatzsteuerfreie Mietumsätze nach § 4 Nr. 12 UStG hat.

499 Dem Steuerabzug von 15 % unterliegt der volle Betrag der Gegenleistung. Zur Gegenleistung gehört das Entgelt für die Bauleistung zuzüglich Umsatzsteuer. Das gilt auch im Fall der sog. Umkehrsteuer (→ Rdn. 490), also wenn der Besteller selbst Bauleistungen erbringt und deshalb selbst Schuldner der Umsatzsteuer ist (vgl. dazu Grabau, ZfIR 2004, 849, 852). Selbstverständlich sind Voraus- oder Abschlagzahlungen wie auch die Auszahlung eines Sicherungseinbehalts Zahlungen auf den Werklohn.

a) Prozessuale Auswirkungen auf Klageantrag

500 In einem Prozess zur Zahlung des Werklohns spielt die ggf. noch nicht vorgelegte Freistellungsbescheinigung grundsätzlich keine Rolle. Der Anspruch auf Werklohn wird hierdurch nicht reduziert (→ Rdn. 512). Es geht nur um eine besondere Form der Steuererhebung, die an die Zahlung/Erfüllung anknüpft. Solange eine Bescheinigung nach § 48b EStG nicht vorgelegt ist, ist nicht etwa der Werklohn nicht fällig, sondern die Empfängerin der Bauleistungen hätte die pauschale Bauabzugsteuer von 15 % vorzunehmen, wobei der Werklohnanspruch des Werkunternehmers aber unberührt bleibt, solange die Empfängerin der Bauleistungen die Bauabzugsteuer nicht an das Finanzamt abgeführt hat (OLG Naumburg, Urt. v. 24.01.2014 – 10 U 7/13; OLG Dresden, Urt. v. 6.3.2013 – 13 U 545/12; OLG München, Urt. v. 19.1.2005 – 13 W 3007/04; a. A. Beck'scher VOB-Kommentar/Kandel Vor § 16 VOB/B Rdn. 82; Kapellmann/Messerschmidt § 16 VOB/B Rdn. 59). Grundsätzlich muss also unbeschadet des Umstands, dass eine Freistellungsbescheinigung im Prozess noch nicht vorgelegt worden ist, der Werklohn in vollem Umfang ausgeurteilt werden. Fraglich ist, ob das auch gilt, wenn bereits im Prozess feststeht, dass die Freistellungsbescheinigung nicht vorgelegt werden kann. In diesem Fall ist Zahlungsverpflichtung in der Weise auszuurteilen, dass 85 % an den Unternehmer und 15 % an das Finanzamt zu zahlen sind.

b) Voraussetzungen für den Steuerabzug

aa) Bauleistungen

501 Bauleistungen sind alle Leistungen, die der Herstellung, Instandsetzung, Instandhaltung oder Änderung von Bauwerken im Inland dienen. Der Begriff der Bauleistungen wird im Sinne des § 211 Abs. 1 SGB III i. V. m. der Baubetriebe-Verordnung ausgelegt (abgedruckt in DB 2001, Beilage Nr. 8/01, S. 7, 8; dort auch das Schreiben des BMF vom 1.11.2001). Gemeint sind Leistungen, wie sie von einem Betrieb des Baugewerbes erbracht werden. Planungs- und Bauaufsichtsleistungen von Architekten und Ingenieuren gehören nicht zu den Bauleistungen im Sinne des § 48 Abs. 1 Satz 1 EStG (BGH, Urt. v. 7.7.2005 – VII ZR 430/02 m. w. N.; Kesselring, BauR 2002, 1173, 1174; a. A. Ulbrich, BauR 2002, 354, 355). Reine Wartungsarbeiten und Baustofflieferungen sind ebenfalls keine Bauleistungen im Sinne dieser Regelung. Abgrenzungsschwierigkeiten können aber bei solchen Leistungen auftreten, die mit dem Bauwerk fest verbunden werden, wie z. B. Anlagen und Maschinen und auch bei Leistungen, die zwar der Errichtung eines Bauwerks dienen, sich jedoch nicht unmittelbar auf die Bausubstanz auswirken, wie z. B. Gerüstarbeiten (vgl. Kesselring, BauR 2002, 1173). Nach dem BMF-Schreiben vom 27.12.2002, Rdn. 12, gehört isolierter Gerüstbau nicht zu den Bauleistungen im Sinne des Gesetzes.

502 Bauleistender im Sinne des Gesetzes ist nach § 48 Abs. 1 S. 4 EStG nicht nur der tatsächliche Leistungserbringer, sondern auch derjenige, der Bauleistungen nur abrechnet, ohne sie selbst erbracht zu haben, also der rein zivilrechtliche Leistende. Danach erbringt der Generalübernehmer oder der Bauträger ebenso Bauleistungen wie sog. Briefkastenfirmen (BMF-Schreiben v. 27.12.2002, BStBl I 2002, 1399 Rdn. 18; Wagner ZNotP 2002, 101; Basty, MittBayNot 2001, 535; Reich/Böhme, DNotZ 2001, 924 ff.). Kein Leistender ist derjenige, der Bauleistungen nur vermittelt.

bb) Leistungsempfänger

503 Abzugspflichtig ist der Leistungsempfänger, wenn es sich um eine juristische Person des öffentlichen Rechts oder um einen Unternehmer im Sinne des § 2 UStG handelt. Unternehmer i. S. v. § 2 UStG ist jede selbstständige und nachhaltig auf die Erzielung von Einnahmen gerichtete Tätigkeit. Dazu gehören auch Kleinunternehmer (§ 19 UStG) und pauschal versteuernde Land- und Forstwirte (§ 24 UStG). Unternehmer in diesem Sinne sind aber auch Personen, die ausschließlich steuerfrei Umsätze ausführen, insbesondere aus Vermietung und Verpachtung. Ausgenommen sind nach § 48 Abs. 1 S. 2 EStG nur private Vermieter, die nicht mehr als zwei Wohnungen vermieten. Zu den so eingegrenzten Leistungsempfängern können z. B. auch Wohnungseigentümergemeinschaften gehören (vgl. Kleiner, IBR 2002, 122). Nicht Unternehmer sind Selbstnutzer der Immobilie. Das gilt auch in Mischfällen. Nutzt der Bauherr in einem Mehrfamilienhaus eine Wohnung selbst, besteht keine Abzugspflicht hinsichtlich des hierauf entfallenen Anteils (Schmidt, EStG § 48 Rdn. 17). Problematisch war, ob die Leistungen der Bauträger an die Erwerber Bauleistungen i. S. v. § 48 Abs. 1 EStG sind. Teilweise wurde auch in Bauträgerverträgen die Vorlage der Freistellungsbescheinigung generell zur Fälligkeitsvoraussetzung erhoben (vgl. dazu näher Wagner, ZfBR 2002, 322; Pause Rdn. 197). Das BMF hat jedoch mit Schreiben vom 27.12.2002 klargestellt, dass die Leistungen des Bauträgers nur dem Steuerabzug unterliegen, wenn der Abnehmer der von dem Bauträger erstellten Bauwerke selbst als Bauherr i. S. d. BMF-Schreibens vom 31.8.1990, (BStBl I S. 366) anzusehen ist. Das ist in aller Regel aber nicht der Fall, da Bauherr im Sinne des Bauherrenerlass nur derjenige ist, der für eigene Rechnung und Gefahr baut oder bauen lässt. Werden in einem Wohnungseigentumsobjekt Bauleistungen erbracht, ist nach dem BMF-Schreiben vom 27.12.2002, Rdn. 20 zu unterscheiden. Bei Bauleistungen für das Sondereigentum ist der jeweilige Sondereigentümer als Leistungsempfänger zur Durchführung des Steuerabzugs verpflichtet, sofern er die Voraussetzungen des § 48 Abs. 1 EStG erfüllt, also mehr als zwei Wohnungen vermietet. Bei Bauleistungen für das Gemeinschaftseigentum ist die Wohnungseigentümergemeinschaft als Leistungsempfängerin zur Durchführung des Steuerabzugs verpflichtet. Die Wohnungseigentümergemeinschaft ist Unternehmerin im Sinne des § 2 UStG, da sie Leistungen gegenüber den Eigentümern nämlich die Instandhaltung des Bauwerks, erbringt (vgl. auch Kahlen, ZMR 2005, 685).

504 Zahlt ein Hersteller aufgrund einer Gewährleistungsvereinbarung oder Garantie dem Handwerker die Kosten für die Mängelbeseitigung, so besteht keine Verpflichtung zum Bausteuerabzug. Denn dem Hersteller gegenüber werden keine Leistungen erbracht (Hoor/Hübner/Schlößer, BB 2003, 709).

cc) Befreiung vom Steuerabzug durch Freistellungserklärung

505 Der Steuerabzug kann steuerrechtlich nach § 48 Abs. 2 EStG unterbleiben, wenn der Leistende dem Besteller eine im Zeitpunkt der Gegenleistung gültige Freistellungserklärung vorlegt. Die Freistellungsbescheinigung muss spätestens im Zeitpunkt der Erbringung der Gegenleistung (Zahlung) vorliegen. Das gilt auch für Abschlagzahlungen oder den ggf. erst später auszuzahlenden Sicherungseinbehalt. Liegt sie im Zahlungszeitpunkt nicht vor, bleibt die Verpflichtung zum Steuerabzug auch dann bestehen, wenn die Bescheinigung nachträglich vorgelegt wird. Eine nachgereichte Freistellungserklärung lässt also nicht die Abzugspflicht, wohl i. d. R. aber die steuerliche Haftung entfallen.

506 Die Freistellungsbescheinigung muss dem Besteller ausgehändigt werden, wenn sie nur für den mit ihm abgeschlossenen Auftrag gilt. Ansonsten reicht die Übergabe einer Kopie. Vorzulegen ist die Freistellungsbescheinigung auch bei Vorauszahlungen oder Abschlagzahlungen. Der maßgebliche Zeitpunkt, in dem bei der Aufrechnung des Bestellers eine Freistellungsbescheinigung vorliegen muss, ist der Zeitpunkt der Aufrechnungserklärung, wenn zu diesem Zeitpunkt gemäß § 387 BGB die Gegenforderung vollwirksam und fällig sowie die Hauptforderung erfüllbar sind, (Nr. 34 des BMF-Schreibens). Eine erst später überreichte Freistel-

lungsbescheinigung reicht grundsätzlich selbst dann nicht, wenn sie im Zeitpunkt der Zahlung gültig war (BMF-Schreiben vom 27.12.2002, Rdn. 45). Das Finanzamt kann jedoch davon absehen, den Leistungsempfänger in die Steuerhaftung zu nehmen (BMF, a. a. O., Rdn. 74 f.).

Hat der Leistende die Forderung auf Gegenleistung abgetreten, ist gleichwohl die Vorlage einer Freistellungsbescheinigung des Leistenden notwendig. Eine Freistellungsbescheinigung des Zessionars reicht nicht. Das folgt aus dem Zweck des Gesetzes (BGH, Urt. v. 12.5.2005 – VII ZR 97/04). **507**

c) Pflichten und Haftung des Leistungsempfängers

Der Leistungsempfänger hat den innerhalb eines Kalendermonats einbehaltenen Steuerabzugsbetrag unter Angabe des Verwendungszwecks jeweils bis zum 10. des Folgemonats an das für die Besteuerung des Einkommens des Leistenden zuständige Finanzamt (Finanzkasse) abzuführen, das beim Leistenden oder Finanzamt zu erfragen ist. Dem Leistungsempfänger ist ein Abrechnungsbeleg zu erteilen. **508**

Ist der Steuerabzug nicht ordnungsgemäß durchgeführt worden, so haftet der Leistungsempfänger für den nicht oder zu niedrig abgeführten Abzugsbetrag (§ 48a Abs. 3 Satz 1 EStG). Die Haftung ist grundsätzlich unabhängig vom Verschulden. Jedoch haftet er nicht, wenn er auf eine ihm vorgelegte Freistellungsbescheinigung vertrauen durfte. Die Freistellungsbescheinigung wird auf amtlichem Vordruck erteilt. Der Besteller muss sie auf Echtheit überprüfen und kontrollieren, ob die Freistellungsbescheinigung mit einem Dienstsiegel versehen ist und eine Sicherheitsnummer trägt (BMF-Schreiben, Rdn. 74). Einer ständigen Kontrolle bedarf es nicht. Ggf. kann sich der Leistungsempfänger durch eine Internetabfrage beim Bundesamt der Finanzen (www.bff-online.de) Gewissheit verschaffen. Der Leistungsempfänger soll auch dann nicht in Haftung genommen werden, wenn nachträglich eine im Zeitpunkt der Gegenleistung gültige Fertigstellungsbescheinigung vorgelegt wird (BMF-Schreiben, Rdn. 75). **509**

Wegen der weiteren Einzelheiten, insbesondere auch zum Anrechnungs- und Erstattungsverfahren wird auf das BMF-Schreiben vom 27.12.2002 verwiesen. Dieses Schreiben hat allerdings keine Gesetzes- oder Verordnungskraft und bedarf in streitigen Punkten der richterlichen Kontrolle. **510**

In § 48d EStG ist geregelt, dass die Vorschriften über die Einbehaltung, Abführung und Anmeldung der Steuer ungeachtet eines Doppelbesteuerungsabkommens anzuwenden sind. Auf einen insoweit möglichen Verstoß gegen EU-Recht (freier Dienstleistungsverkehr) wird hingewiesen (Ulbrich, BauR 2002, 354, 356). **511**

d) Zivilrechtliche Auswirkungen
aa) Erlöschen der Vergütungsforderung durch Steuerabführung

Das Steuergesetz (§§ 48 ff. EStG) ändert grundsätzlich nichts an der Vertragslage. Der Besteller schuldet weiterhin den vereinbarten Werklohn, § 631 Abs. 1 BGB. Mit der Abzugsverpflichtung tritt in Höhe des Abzugsbetrages für den Leistungsempfänger neben seine zivilrechtliche Leistungsverpflichtung gegenüber dem Leistenden eine öffentlich-rechtliche Zahlungsverpflichtung und Haftung gegenüber dem Finanzamt des Leistenden. Das zivilrechtliche Vertragsverhältnis wird durch die gesetzliche Abzugsverpflichtung abgabenrechtlich überlagert (BGH, Urt. v. 26.9.2013 – VII ZR 2/13; FG Hamburg, Urt. v. 9.3.2007 – 6 K 181/05). Sofern der Leistungsempfänger seiner bestehenden Zahlungspflicht gegenüber dem Finanzamt des Leistenden zur Vermeidung einer Haftung nach § 48a Abs. 3 Satz 1 EStG nachkommt, verhält er sich im Verhältnis zum Leistenden nicht vertragswidrig. Er ist gegenüber dem Unternehmer berechtigt, 15 % vom Bruttowerklohn einzubehalten und verpflichtet, diesen Betrag an das Finanzamt abzuführen, wenn die gesetzlichen Voraussetzungen vorliegen. **512**

Hat der Besteller an das Finanzamt 15 % vom Werklohn abgeführt, sind die Grundsätze anzuwenden, die der Bundesgerichtshof in seiner Entscheidung zur Abführung der Steuer im Abzugsverfahren aufgestellt hat (BGH, Urt. v. 12.5.2005 – VII ZR 97/04; Hök, ZfBR 2002, 113, 114). Zahlt der Besteller eines Werkes im umsatzsteuerrechtlichen Abzugsverfahren (§ 18 Abs. 8 UStG, §§ 51 UStDV) einen Teil der Vergütung an den Finanzfiskus, nachdem dieser die Steuerpflichtigkeit der Vergütungsforderung nach deutschem Recht festgestellt hat und den Besteller bei Meidung eines Haftungsbescheides (§ 55 UStG) zur Zahlung aufgefordert hat, so erlischt die Vergütungsforderung des Unternehmers in dem Umfang, in dem der Besteller die Vergütung für Rechnung des Unternehmers zur Tilgung von dessen Steuerschuld verwendet. Denn der Besteller erfüllt in Höhe des Abzugsbetrages seine zivilrechtliche Leistungspflicht, **513**

von Rintelen

indem er der ihm abgabenrechtlich auferlegten Abzugsverpflichtung gegenüber dem Finanzamt nachkommt.

514 Die Erfüllung tritt auch dann ein, wenn die steuerrechtliche Rechtslage zur Zeit der Zahlung an den Fiskus ungeklärt ist (BGH, Urt. v. 26.9.2013 – VII ZR 2/13; Urt. v. 17.7.2001 – X ZR 13/99). Dem liegt der Gedanke zugrunde, dass es Sache des Steuerschuldners ist, seine steuerrechtliche Verpflichtung gegenüber dem Finanzamt, notfalls unter Beschreitung des Finanzrechtswegs zu klären. Der Besteller kann mit Unsicherheiten, die sich durch Rechtsfragen zum Gesetz ergeben, grundsätzlich nicht belastet werden. Das bedeutet, dass die Erfüllung auch dann eintreten muss, wenn keine Stellungnahme oder Anforderung des Finanzamts vorliegt, jedoch unklar ist, ob die Voraussetzungen des Steuerabzugs vorliegen (BGH, Urt. v. 12.5.2005 – VII ZR 97/04; BGH, Urt. v. 26.9.2013 – VII ZR 2/13). Der Besteller muss lediglich prüfen, ob die Voraussetzungen des Steuerabzugs nach dem Wortlaut des Gesetzes vorliegen. Nicht ganz abwegige Auslegungsfragen zum Wortlaut und Verständnis des Gesetzes gehen nicht zu Lasten des Bestellers. Gleiches gilt für rechtliche Zweifelsfragen. Die Erfüllungswirkung tritt auch dann ein, wenn die Voraussetzungen des Steuerabzugs nicht vorlagen, der Besteller jedoch Zweifel daran haben konnte und an das Finanzamt wegen dieser Zweifel gezahlt hat. Das erfordert der gebotene Schutz des Bestellers vor Gefahren, wie sie ansonsten durch doppelte Inanspruchnahme, gerichtliche Auseinandersetzungen einerseits mit den Finanzbehörden, andererseits mit dem Gläubiger der Werklohnforderung etc. drohen.

515 Etwas anderes gilt, wenn für den Besteller aufgrund der ihm im Zeitpunkt der Zahlung bekannten Umstände eindeutig erkennbar war, dass eine Verpflichtung zum Steuerabzug nach § 48 EStG für ihn nicht besteht. Der Unternehmer hat bei unberechtigtem Abzug die Möglichkeit, den gezahlten Betrag mit Zahlung an sich, vgl. § 37 Abs. 2 AO, vom Finanzamt zurückzufordern.

516 Die gesetzliche Pflicht zur Abführung eines Abzugsbetrages besteht auch, wenn der Leistende die Forderung abgetreten hat. Die Pflicht knüpft nach dem Wortlaut des § 48 Abs. 1 EStG an die Erbringung der Gegenleistung durch den Leistungsempfänger an. Die Abzugspflicht besteht unabhängig davon, wann die Bauleistung erbracht worden ist und ob die Gegenleistung dem Leistenden zivilrechtlich noch zusteht oder nicht (BGH, Urt. v. 12.5.2005 – VII ZR 97/04 unter Hinweis auf BT-Drucks. 14/4658, 11).

517 Wird Bauabzugssteuer an das Finanzamt abgeführt, nachdem über das Vermögen des leistenden Bauunternehmers das Insolvenzverfahren eröffnet wurde, so kann nach einer Entscheidung des Bundesfinanzhofs (Beschl. v. 13.11.2002 – I B 147/02) das Finanzamt den abgeführten Betrag nicht außerhalb des Insolvenzverfahrens vereinnahmen. Es muss sich vielmehr so behandeln lassen, als hätte der Steuerschuldner während der Insolvenz gezahlt. In diesem Fall wäre die Zahlung unwirksam und deshalb an die Masse zurückzugeben. Dem Finanzamt steht für seinen Steueranspruch gegenüber dem Bauunternehmer nur die nach Insolvenzrecht zu ermittelnde Verteilungsquote zu. Der Bundesfinanzhof hat auf dieser Grundlage dem Insolvenzverwalter einen im Wege der einstweiligen Anordnung (§ 114 FGO) durchsetzbaren Anspruch auf Erteilung einer Freistellungsbescheinigung zugebilligt, die dieser brauchte, um den vollen Werklohn für bereits abgewickelte Aufträge zur Masse zu ziehen. Der Umstand der Insolvenz berechtigt das Finanzamt nicht, die Freistellungsbescheinigung zu verweigern. Denn das steuerrechtliche Abzugsverfahren dient ausschließlich dem Ziel, Steuerausfälle zu vermeiden oder zu vermindern, die durch ein pflichtwidriges Verhalten des Steuerschuldners verursacht werden können. Dass darüber hinaus die insolvenzrechtliche Stellung des Steuergläubigers verbessert werden soll, lässt sich dem Gesetz nicht entnehmen (BFH, a. a. O.).

bb) Rückerstattung bei versehentlich unterbliebenem Abzug

518 Zahlt der Besteller bei fehlender oder ausgelaufener Freistellungsbescheinigung versehentlich den gesamten Werklohn an den Unternehmer aus, ist das faktisch eine Überzahlung an den Unternehmer. Da § 48a EStG die Vertragslage nicht ändert, sollen Bereicherungsansprüche ausscheiden (OLG München v. 11.12.2012 – 13 U 2013/12). Vielmehr trifft den Unternehmer einen vertraglichen Erstattungsanspruch, den zu Unrecht nicht einbehaltenen Betrag an den Besteller zurückzuzahlen (BGH, Urt. v. 26.9.2013 – VII ZR 2/13) Die Voraussetzungen für eine Urkundenklage dürften i. d. R. vorliegen.

cc) Fälligkeit ohne Freistellungserklärung

519 Ist in einem Bauvertrag oder Bauträgervertrag die Vorlage der Freistellungsbescheinigung unter der beiderseitigen Annahme der Parteien zur Fälligkeitsvoraussetzung gemacht worden und wird sie dann vom Finanzamt nicht erteilt, weil es die Auffassung vertritt, es läge kein Anwendungsbereich des Gesetzes vor, so ist jedenfalls aus dem Gesichtspunkt der Störung der Geschäftsgrundlage die Forderung ohne die Freistellungsbescheinigung fällig (vgl. auch Wagner, ZfBR 2002, 322, 323).

Unter welchen Voraussetzungen die Freistellungsbescheinigung verweigert werden kann, ist ausführlich im BMF-Schreiben vom 27.12.2002 (a. a. O., Rdn. 29 ff.) dargestellt. **520**

dd) Aufrechnung und Bürgenzahlung

Eine Aufrechnung des Bestellers gegen den Werklohnanspruch ist weiterhin möglich. Liegt keine notwendige Freistellungsbescheinigung vor, so muss der Besteller jedoch 15% des Werklohns an das Finanzamt abführen. **521**

Nimmt der Unternehmer eine Erfüllungsbürgschaft für den Werklohn in Anspruch, haftet der Bürge in dem Umfang, in dem der Besteller Werklohn schuldet. Der Bürge kann sich bei fehlender, notwendiger Freistellungsbescheinigung also darauf berufen, dass dem Unternehmer nur 85% ausgezahlt werden dürfen. Abführungspflichtig ist allerdings der Besteller. **522**

ee) Auswirkungen in der Zwangsvollstreckung

Probleme können sich bei der Vollstreckung bereits titulierter Werklohnansprüche ergeben. Es wird unter Hinweis auf die ähnliche Problematik bei der Vollstreckung des Bruttolohns (einschließlich abzuführender Sozialversicherungsbeiträge) vertreten, dass der Gerichtsvollzieher den vollen Anspruch vollstrecken kann, jedoch das Finanzamt benachrichtigen muss (Hök, ZfBR 2002, 113, 115). Hat der Besteller nach rechtskräftiger Titulierung die Steuer an das Finanzamt abgeführt, kann er das Erlöschen der Werklohnforderung in dieser Höhe im Wege der Vollstreckungsgegenklage geltend machen (BGH, Urt. v. 12.5.2005 – VII ZR 97/04). Nach OLG München (Urt. v. 19.1.2005 – 13 W 3007/04) tritt die Erfüllungswirkung noch nicht mit der Anmeldung der Steuer durch den Besteller beim Finanzamt ein, sondern erst durch Zahlung. Eine Vollstreckung ist bis zur Zahlung danach zulässig. Die Vollstreckung kann aber treuwidrig sein, wenn der Unternehmer trotz Anmeldung der Steuer vollstreckt und nicht zahlt. **523**

Wird in die Forderung des Leistenden von einem Gläubiger vollstreckt, so kann nach dem BMF-Schreiben vom 27.12.2002 Leistungsempfänger als Drittschuldner unabhängig davon, ob er im Zeitpunkt des Wirksamwerdens der Pfändung 15% der Gegenleistung bereits für Rechnung des Leistenden an das Finanzamt gezahlt hat oder er noch verpflichtet ist, diesen Steuerabzug zu erbringen, geltend machen, dass die zu pfändende Forderung nur i.H. von 85% der Gegenleistung besteht. **524**

e) Berücksichtigung des Steuerabzugs von Amts wegen

Die Verpflichtung zum Steuerabzug ist eine öffentlich-rechtliche Verpflichtung, die weitgehend zu einer verschuldensunabhängigen Haftung des Leistungsempfängers auf den Abzugsbetrag führt. Der Besteller hat den Steuerabzug ohne jede weitere Aufforderung vorzunehmen, solange ihm keine Freistellungsbescheinigung vorliegt. Diejenigen, die den Besteller bei der Zahlung beraten, müssen das beachten. Das kann dazu führen, dass Architekten und Projektsteuerer sich einer Pflichtverletzung schuldig machen, wenn sie den von ihnen beratenen Besteller nicht darauf hinweisen, dass mangels einer Freistellungsbescheinigung der Abzug vorzunehmen ist. Allerdings gehört dieser Hinweis noch nicht zur Rechnungsprüfung. Diese dient lediglich dazu, die Forderung des Unternehmers festzustellen. Gibt der Architekt oder Projektsteuerer jedoch die Rechnung zur Zahlung frei, muss er entweder geprüft haben ob eine Freistellungserklärung vorliegt oder den Besteller darauf hinweisen, dass eine solche vorliegen muss, wenn nicht ein Ausnahmefall vorliegt Richtig ist zwar, dass die Architekten und Ingenieure keine Rechtsberatung schulden. Das ändert nichts daran, dass, abhängig von den vertraglich vereinbarten Pflichten, der Architekt im Rahmen der Beratung des Bestellers die vertraglichen und gesetzlichen Voraussetzungen für die Freigabe des Werklohnanspruchs zu beachten hat. Dementsprechend kann der Besteller auch einen Hinweis erwarten, wenn eine Freistellungsbescheinigung nicht vorliegt, nach der Sachlage jedoch die Verpflichtung zur Vorlage einer Freistellungsbescheinigung in Betracht kommt (a. A. Kesserling, BauR 2002, 1173, 1175). Auch Rechtsanwälte müssen darauf achten, dass die Bescheinigung vorliegt. **525**

5. Beweislast in Bezug auf Werklohnansprüche

526 Der allgemeine Grundsatz für die Beweislast ist, dass diejenige Partei, die sich für ihren Anspruch auf den Inhalt des Werkvertrages stützt, hierfür die Beweislast trägt. Damit trägt der Unternehmer die Darlegungs- und Beweislast für den Grund und die Höhe seiner Werklohnforderung, und zwar unabhängig von einer Abnahme (BGH, Urt. v. 13.10.1994 – VII ZR 139/93). Er muss damit ggf. den Werkvertrag, insbesondere die geschuldete Leistung, und die Höhe der hierfür vereinbarten Vergütung beweisen. Natürlich muss er ggf. auch den Umfang der erbrachten Arbeiten beweisen.

527 Der Besteller trägt die Beweislast für Einreden und Einwendungen, nachträgliche Reduzierungen des Anspruchs (→ Rdn. 536), Skontoabreden (→ Rdn. 533), Vereinbarung von Sicherungseinbehalten (OLG Düsseldorf, Urt. v. 19.12. 2008 – 22 U 86/08) und natürlich eine Erfüllung (→ Rdn. 537). Bei Mängeleinbehalten kommt es darauf an, ob der Besteller nach Abnahme für den Mangel beweisbelastet ist, oder der Unternehmer noch die Mangelfreiheit nachweisen muss.

528 Keine vom Besteller zu beweisende Einwendung ist die Behauptung einer (aufschiebenden) Bedingung. So können insbesondere Planungsverträge unter der Bedingung von Grundstückserwerb, Finanzierung oder Genehmigung gestellt werden. Behauptet der Besteller eine solche Bedingung, handelt es sich nach herrschender Meinung um eine Anspruchsleugnung. Der Unternehmer muss den unbedingten Vertragsschluss beweisen (BGH, Urt. v. 17.10.1984 – VIII ZR 181/83).

529 Die Beweislast ändert sich auch nicht dann, wenn der Unternehmer den üblichen Werklohn nach §632 BGB fordert. Auch in diesem Fall muss er als Voraussetzung des §632 BGB beweisen, dass keine Vereinbarung über die Vergütung getroffen wurde; er muss deshalb ggf. die Behauptung des Bestellers widerlegen, es sei ein geringerer Werklohn vereinbart; gelingt ihm das nicht, so steht ihm Werklohn nur in der vom Besteller als vereinbart behaupteten Höhe zu (BGH, Urt. v. 14.4.1983 – VII ZR 198/82; OLG Köln, Urt. v. 29.8.2014 – 19 U 200/13; OLG Karlsruhe, Urt. v. 28.4.2015 – 8 U 143/13; kritisch v. Mettenheim NJW 1984, 776). Rechnet der Unternehmer z. B. nach Einheitspreisen ab, muss beweisen, dass die vom Besteller behauptete niedrigere (Pauschal-)Preisabrede nicht getroffen wurde. Das gilt auch beim VOB-Vertrag (BGH, Urt. v. 9.4.1981 – VII ZR 262/80). Will der Unternehmer seinerseits nach einem Pauschalpreis abrechnen, verlangt der Besteller eine Abrechnung nach Aufmaß und Einheitspreisen, ist der Unternehmer auch für die von ihm geltend gemachte Pauschalpreisabrede beweisbelastet (BGH a. a. O.).

530 Allerdings muss der Besteller im Einzelnen nachvollziehbar und widerspruchsfrei darlegen, mit welchem genauen Inhalt, wann, wo, mit wem und unter welchen Umständen die behauptete Pauschalpreisvereinbarung getroffen worden ist (sog. qualifizierte Darlegungslast), um so den Unternehmer in die Lage zu versetzen, die Behauptung zu widerlegen (BGH, Urt. v. 26.3.1992 – VII ZR 180/91; OLG Hamm, Urt. v. 23.6.1995 – 12 U 25/95; OLG Düsseldorf, Urt. v. 19.11.1999 – 22 U 229/98; OLG Düsseldorf, Urt. v. 21.6.2000 – 5 U 177/99; OLG Köln, Urt. v. 29.8.2014 – 19 U 200/13). An diese Beweisführung dürfen keine zu strengen Anforderungen gestellt werden (BGH, Urt. v. 26.03.1992 – VII ZR 180/91; OLG Hamm, Urt. v. 5.11.1993 – 12 U 203/93; OLG Köln, Beschl. v. 6.2.2014 – 19 U 150/13).

531 Macht allerdings der Besteller die Vereinbarung einer Unentgeltlichkeit für Leistungen geltend, die nur gegen Vergütung zu erwarten sind, muss er diese Abweichung von §632 BGB beweisen (BGH, Urt. v. 9.4.1987 – VII ZR 266/86; näher → §632 BGB Rdn. 40). Das gilt auch für den Fall, dass die Vergütungspflicht – nicht der Gesamtvertrag – unter einer Bedingung steht (Kniffka/Koeble, 5. Teil Rdn. 53).

532 Die Beweislast trifft den Unternehmer auch in Bezug auf Frage, welche Leistungen er für die vereinbarte Vergütung erbringen muss (BGH, Urt. v. 23.1.1996 – X ZR 63/94). Das wird immer dann relevant, wenn der Besteller einen anderen, insbesondere vergrößerten vertraglich geschuldeten Leistungsumfang, einwendet (Rosenberg, Beweislast, S. 319 f.). Der Unternehmer muss damit ggf. auch beweisen, dass Leistungen, für die er Mehrvergütung fordert, vom Grundvertrag umfasst sind (OLG Nürnberg, Urt. v. 18.4.2002 – 13 U 3981/01. Das gilt aber nicht mehr, wenn nicht der Unternehmer Vergütung, sondern der Besteller die Mehrleistung fordert. Dann macht er einen vertraglichen Leistungsanspruch geltend, den er auch beweisen muss (Rosenberg, Beweislast, S. 321).

533 Die Beweislast des Unternehmers erstreckt sich auch auf die Frage, ob der vereinbarte Preis die Mehrwertsteuer einschließt oder ein Netto-Preis ist (BGH, Urt. v. 28.2.2002 – I ZR

318/99) oder auf die Frage, ob er dem Besteller bei Vertragsabschluss einen Nachlass eingeräumt hat (BGB-RGRK/Glanzmann, § 631 Rdn. 22). Für eine Skontovereinbarung soll der Besteller – ebenso wie für das Vorliegen der Skontovoraussetzungen (OLG Düsseldorf, Urt. v. 8.9.2000 – 22 U 25/00) – beweisbelastet sein (Baumgärtel/Laumen/Prütting/Kessen, Handbuch der Beweislast § 632 BGB Rdn. 8; Kapellmann/Messerschmidt/Messerschmidt § 16 VOB Rdn. 304). In der Regel handelt es sich betragsmäßig aber nicht um eine Abänderung des § 272 BGB, sondern um einen bedingten Nachlass.

Anders war das beim Architektenvertrag wegen des zwingenden Preisrechts der HOAI a. F. (BGH, Urt. v. 16.7.1998 – I ZR 32/96; BGH, Urt. v. 19.12.2002 – VII ZR 176/02; näher → § 632 BGB Rdn. 69). **534**

Liegt eine Vertragsurkunde vor, gilt die Vermutung der Vollständigkeit und Richtigkeit der Urkunde. Diese Beweisvermutung hilft nicht, wenn lediglich eine Urkunde über das Angebot vorliegt, dieses jedoch mündlich angenommen wurde (vgl. BGH, Beschl. v. 27.9.2007 – VII ZR 198/06). Da es sich nur um eine Vermutung handelt, kann sie darüber hinaus die auch durch den Nachweis entkräftet werden kann, dass neben dem schriftlichen Vertrag weitere Abreden getroffen worden sind, ohne dass der Gegenbeweis der Vereinbarung geführt werden muss (vgl. OLG Brandenburg, Urt. v. 30.8.2006 – 3 U 210/05). **535**

Wird eine Vertragsänderung behauptet, so trägt derjenige die Darlegungs- und Beweislast, der daraus Rechte herleiten will (BGH, Urt. v. 11.10.1994 – X ZR 30/93). Das gilt auch dann, wenn die Parteien unstreitig einen Teil ihrer Vereinbarung durch eine Neuregelung ersetzt haben und lediglich darüber Streit besteht, ob eine darüber hinausgehende weitere Änderung vereinbart wurde (BGH, a.a.O.). Haben die Parteien einen Einheitspreisvertrag geschlossen, ist der Auftragnehmer für seine Behauptung, es sei später ein Pauschalpreis vereinbart worden, beweispflichtig (OLG Köln Urt. v. 6.10.2010 – 11 U 39/10) **536**

Die Beweislast für die Erfüllung der Werklohnforderung trägt der Besteller. Es gelten die allgemeinen Grundsätze (vgl. OLG Koblenz, Urt. v. 20.10.2005 – 6 U 1303/04: zur Beweiskraft einer Schlussrechnung). Eine Zahlung zur Abwendung der Zwangsvollstreckung während eines laufenden Prozesses ist im Zweifel keine Erfüllung des Klageanspruchs (BGH, Urt. v. 16.11.1993 – X ZR 7/92; OLG Hamm, Urt. v. 18.10.2005 – 24 U 59/05). **537**

6. Preisveränderungen

Preisveränderungen meint hier reine Preisänderungen, also Änderungen des Preises – der Vergütung – bei unveränderter Leistungspflicht. Die Auswirkungen von Leistungsveränderungen auf die Vergütung werden unten gesondert dargestellt (→ Rdn. 846ff.). **538**

Die Bindung an den vereinbarten Preis entsteht mit Vertragsschluss. Eine Abänderung des Preises ist bei unveränderter Leistung grundsätzlich nur mit Zustimmung des Vertragspartners, also auf Grundlage einer nachträglichen Einigung möglich, es sei denn, der Vertrag enthält bereits Preisänderungsregelungen. **539**

a) Vertragliche Preisänderungsmöglichkeiten

aa) Preisänderung wegen Kostenänderung – Preisgleitklauseln

Insbesondere Bauverträge mit langer Ausführungsfrist sehen Preisänderungsvorbehalte vor, z.B. in Form von Lohn- oder Materialgleitklauseln. Insoweit bestimmt § 9 Abs. 9 VOB/A, dass wenn wesentliche Änderungen der Preisermittlungsgrundlagen zu erwarten sind, deren Eintritt oder Ausmaß ungewiss ist, eine angemessene Änderung der Vergütung in den Vertragsunterlagen vorgesehen werden kann. Die stark schwankenden Stahlpreise machten deshalb vielfach Stahlpreisklauseln erforderlich. **540**

Preisgleitklauseln regeln, wie sich der Einheitspreis bei Veränderung einer Bezugsgröße verändert. Folgende Klauseln sind in Verträgen mit der öffentlichen Hand üblich (sogenannte Pfennigklausel/Centklausel): **541**

„Bei Änderung des maßgebenden Lohns um jeweils 1 Cent [früher: Pfennig]/Stunde wird die Vergütung für die nach dem Wirksamwerden der Änderung zu erbringenden Leistungen um den in der Leistungsbeschreibung vereinbarten Änderungssatz erhöht oder vermindert ..."

„Der Änderungssatz wird wie folgt vereinbart: z.B. 0,45 v. T. der Vergütung ..."

„Von dem danach ... ermittelten Mehr- oder Minderkostenbetrag wird nur der über 0,5 v.H. der Abrechnungssumme hinausgehende Teilbetrag erstattet (Bagatell- und Selbstbeteiligungsklausel)."

542 Zur Anwendung und Wirkung üblicher Preisgleitklausel bei öffentlichen Vergaben vgl. Kapellmann/Messerschmidt/Schneider § 9d VOB/A Rdn. 13 ff.

543 Preisgleitklauseln können nach dem Preisklauselgesetz verboten oder genehmigungsbedürftig sein. Darüber hinaushandelt es sich i. d. R. um AGB, so dass sie auch am Maßstab des § 307 BGB gemessen werden müssen.

544 **(1) Zulässige Währungssicherungsklauseln.** Der rechtliche Rahmen für Wertsicherungsklauseln hat sich mehrfach geändert. Bis 1999 galt § 3 WährG, das für viele Wertsicherungsabreden einen Genehmigungsvorbehalt regelte. Diese Vorschrift bleibt auf früher geschlossene Verträge auch anwendbar, wenn ein endgültig abgeschlossener Sachverhalt zu beurteilen ist (BGH, Urt. v. 9.12.2010 – VII ZR 189/08). Mit der Einführung des Euros galt seit dem 1.1.1999 die Preisklauselverordnung. 2007 wurde sie in das Preisklauselgesetz (PreisklG) überführt. Anstelle der früheren Genehmigungsvorbehalte ist ein relativ begrenztes Verbotssystem mit Legalausnahmen getreten. Das Preisklauselgesetz wird in der Regel im Zusammenhang mit §§ 244, 245 BGB mitkommentiert (Vgl. MünchKomm/Grundmann §§ 244, 245 BGB Rdn. 68 ff.) bzw. als Anhang (jurisPK-BGB/Toussaint Bd. 2 §§ 1 ff. PrKG.)

545 Zulässig sind nach § 1 Abs. 2 Nr. 2 PreisKlG Spannungsklauseln. Das sind Preisklauseln, die die Vergütung für die (Bau-)Leistung an die Preise von im Wesentlichen gleichartig oder zumindest vergleichbaren Leistungen knüpft. Das gilt z. B. für die Kopplung des Baupreises an den einschlägigen Baupreisindex.

546 Sog. „Kostenelementeklauseln" waren zu jeder Zeit genehmigungsfrei (vgl. OLG Schleswig, Urt. v. 17.4.2007 – 14 U 113/06 zu § 3 WährG). Das gilt auch nach § 1 Abs. 2 Nr. 3 PreisklG für Klauseln bei „denen der geschuldete Betrag insoweit von der Entwicklung der Preise oder Werte für Güter oder Leistungen abhängig gemacht wird, als diese die Selbstkosten des Gläubigers bei der Erbringung der Gegenleistung unmittelbar beeinflussen (Kostenelementeklauseln)". Maßstab sind jetzt nicht fremde Preise, sondern eigene Kosten. Hierunter fällt die oben zitierte Lohngleitklausel in Form einer sogenannten „Pfennigklausel". Das gilt aber nur, wenn der Änderungssatz zutreffend, jedenfalls nicht überhöht festgelegt wird.

547 Wird der Veränderungsschlüssel zu hoch angesetzt war, war die Klausel früher ohne die Genehmigung unwirksam, § 134 BGB (OLG Dresden, Urt. v. 14.6.2006 – 6 U 195/06; OLG Schleswig, Urt. v. 17.4.2007 – 14 U 113/06). Bei Unwirksamkeit konnte der Besteller auch nachträglich, soweit kein Vertragsanpassungsanspruch besteht (→ Rdn. 548) und keine Verwirkung vorliegt, Überzahlungen zurückfordern. Ein Rechtsmissbrauch lag darin grundsätzlich nicht, wenn er nicht selbst die Unwirksamkeit bei Vertragsschluss gekannt hat (BGH, Urt. v. 8.6.2006 – VII ZR 13/05; vgl. auch OLG Dresden, Urt. v. 14.6.2006 – 6 U 2321/05). Heute regelt § 8 PreisklG abweichend von § 134 BGB, dass die Unwirksamkeit erst mit der rechtskräftigen Feststellung eines Verstoßes, und auch nur mit Wirkung ex nunc, eintritt. Eine Preisklausel, die zwar gegen § 1 Abs. 1 PreiklG verstößt, wegen § 8 PreisklG aber nicht unwirksam ist, ist dann auch nicht wegen dieses Verstoßes nach § 307 Abs. 1 BGB unwirksam (BGH, Urt. v. 14.05.2014 – VIII ZR 114/13). Bereicherungsrechtliche Rückforderungsansprüche können folglich auch nicht aus einem Verstoß gegen das PreisklG hergeleitet werden können (BGH v. 14.5.2014 – VIII ZR 114/13).

548 Ist bzw. wird nach heutigem Recht eine Lohngleitklausel unwirksam, so erfolgt nach der ständigen Rechtsprechung eine Angleichung im Wege der ergänzenden Vertragsauslegung. Der hypothetische Wille der Parteien geht dahin, die Angleichung auf der Grundlage der zulässigen Regelung zu treffen, also Weitergabe der reinen Lohnfaktoren. Eine ergänzende Vertragsauslegung führt nicht dazu, dass die Selbstbeteiligungsklausel wegfällt. Es gibt keinen Grund anzunehmen, dass die Selbstbeteiligungsklausel bei Anwendung des richtigen Satzes nicht vereinbart worden wäre (BGH, Urt. v. 8.6.2006 – VII ZR 13/05). Die Selbstbeteiligungsklausel hält im Übrigen einer Inhaltskontrolle stand (BGH, Urt. v. 22.11.2001 – VII ZR 150/01). Ungeklärt ist, ob ein Gewinnzuschlag auf die Lohnkalkulation in den Änderungssatz einberechnet werden darf.

549 **(2) AGB-rechtliche Wirksamkeit.** Nach § 309 Nr. 1 BGB sind Regelungen in Allgemeinen Geschäftsbedingungen unwirksam, die Preiserhöhungen für Lieferungen und Leistungen innerhalb von vier Monaten nach Vertragsschluss vorsehen. Eine vertragliche Anpassungsklausel in Allgemeinen Geschäftsbedingungen mit Verbrauchern ist deshalb unwirksam, wenn sie

die zeitliche Begrenzung von vier Monaten nicht enthält. Demgegenüber besteht grundsätzlich bei den Verträgen, die außerhalb der Frist von vier Monaten geschlossen worden sind, die Möglichkeit zur Preisänderung auch durch Allgemeine Geschäftsbedingungen. In Verträgen mit Unternehmern dürfte jedoch die Frist von vier Monaten kein Maßstab sein, der die Unangemessenheit indiziert.

Zu beachten ist ferner, dass die Anpassungsklauseln Preisreduzierungen entsprechend berücksichtigen und transparent genug sein müssen. Das ergibt sich für Preisklauseln nach §§ 3 bis 7 PreisklG auch aus § 2 Abs. 3 PreisklG. Der Erwerber muss bereits bei Vertragsschluss aus der Formulierung der Klausel ersehen können, in welchem Umfang Preiserhöhungen auf ihn zukommen können. Die Preiserhöhungsklausel darf nicht zu einem willkürlich vom Bauträger festgesetzten Preis führen (BGH, Urt. v. 20.5.1985 – VII ZR 198/84). Sofern eine Preiserhöhung bei Bauträgerverträgen überhaupt klauselmäßig vereinbart werden könnte, wäre jedenfalls zu berücksichtigen, dass nicht allgemein eine Erhöhung des Erwerbspreises in Höhe von 3 % vereinbart wird, sondern nur die Erhöhungen weitergegeben werden, die auch den Bauträger betreffen (Everts, ZfIR 2006, 664). 550

Da grundsätzlich nach dem Gesetz kein Preisanpassungsanspruch besteht, kann die Preisgleitklausel auch wirksam den Anwendungsbereich durch eine sog. Bagatell- und Selbstbeteiligungsklausel begrenzen (BGH, Urt. v. 22.11.2001 – VII ZR 150/01). 551

Selbstverständlich muss eine Anpassungsklausel auch in ihren Auswirkungen nicht überraschend sein. Das hat der BGH für die Stoffpreisgleitklausel HVA B-StB-Stoffpreisgleitklausel (03/06) der öffentlichen Hand angenommen, die bei üblicher und ordnungsgemäßer Kalkulation zu einer erblichen Minderung der Vergütung führen sollte (BGH, Urt. v. 8.1.2015 – VII ZR 6/14). 552

bb) Preisänderungen wegen Mengenänderungen (§ 2 Abs. 3 VOB/B)

Die Parteien können abweichend von der Gesetzeslage auch für einen BGB-Werkvertrag vereinbaren, dass Mengenveränderungen Auswirkungen auf den vereinbarten Einheitspreis haben sollen. Eine solche Preisänderungsregelung findet sich in § 2 Abs. 3 VOB/B. Danach führen Änderungen der ausgeführten Mengen einer Leistungsposition über 10 % im Vergleich zur ausgeschriebenen Menge zu einem Anpassungsanspruch (→ Rdn. 938 ff.) 553

cc) Umsatzsteuergleitklauseln

Nach § 29 UStG besteht bei Umsatzsteuererhöhungen ein gesetzlicher Ausgleichsanspruch (→ Rdn. 484). Dennoch kann wegen dessen zeitlicher Begrenzung eine vertragliche Regelung sinnvoll sein. 554

Umsatzsteuergleitklauseln („Umsatzsteuer in der jeweils gesetzlichen Höhe", „zzgl. der jeweils gültigen MwSt." o. ä.) sind im Geschäftsverkehr üblich und nicht unangemessen (Wittmann/Zugmaier, NJW 2006, 2150, 2152; Weinbrenner DStR 2010, 982, 984), soweit sie den steuerrechtlichen Vorgaben auch entsprechen (problematisch BGH, Urt. vom 25.8.2016 – VII ZR 193/13, vgl. → Rdn. 482). 555

In Verträgen mit Verbrauchern sind uneingeschränkte Gleitklauseln wie „Änderungen des Umsatzsteuersatzes berechtigen beide Parteien zur entsprechenden Preisanpassung" oder „Der Preis für die vertraglichen Leistungen beträgt ... Euro zzgl. Umsatzsteuer in der jeweils gesetzlichen Höhe" aber nach § 309 Nr. 1 BGB unwirksam (Wittmann/Zugmaier, NJW 2006, 2150, 2152), weil der Anpassungsvorbehalt so allgemein formuliert ist, dass er auch eine Preisänderung innerhalb der Karenzfrist von vier Monaten zulässt. 556

b) Vergütungsänderungen wegen Störung der Geschäftsgrundlage

Nach den Grundsätzen der Störung der Geschäftsgrundlage kann ein Anspruch eines Vertragspartners auf Anpassung des vertraglich vereinbarten Preises auch bei vertraglich unverändertem Leistungsumfang bestehen. Das ist insbesondere dann der Fall, wenn der Leistungsumfang oder Arbeitsaufwand bei unverändertem Leistungssoll tatsächliche wesentlich größer als der gemeinsam vorgestellte Leistungsumfang ist. Die Fälle von Leistungsänderungen und ihre Auswirkungen werden unten gesondert erörtert (→ Rdn. 846 ff.). 557

Die Störung der Geschäftsgrundlage ist seit der Schuldrechtsmodernisierung ausdrücklich geregelt, § 313 BGB. Geschäftsgrundlage sind nach ständiger Rechtsprechung die bei Vertragsschluss bestehenden gemeinsamen Vorstellungen beider Parteien oder die dem Geschäftsgegner erkennbaren und von ihm nicht beanstandeten Vorstellungen der einen Vertragspartei vom 558

§ 631

Vorhandensein oder dem zukünftigen Eintritt gewisser Umstände, sofern der Geschäftswille der Parteien auf dieser Vorstellung aufbaut (BGH, Urt. v. 25.2.1993 – VII ZR 24/92). Haben sich die Umstände, die Geschäftsgrundlage geworden sind, nach Vertragsschluss schwerwiegend verändert und hätten die Parteien den Vertrag nicht oder mit anderem Inhalt geschlossen, wenn sie diese Veränderung vorausgesehen hätten, so kann Anpassung des Vertrags verlangt werden, soweit einem Teil unter Berücksichtigung aller Umstände des Einzelfalls, insbesondere der vertraglichen oder gesetzlichen Risikoverteilung, das Festhalten am unveränderten Vertrag nicht zugemutet werden kann. Einer Veränderung steht es gleich, wenn wesentliche Vorstellungen, die zur Grundlage des Vertrags geworden sind, sich als falsch herausstellen, § 313 Abs. 2 BGB.

559 Der Anspruch auf Preisanpassung nach den Grundsätzen über die Störung der Geschäftsgrundlage unterliegt grundsätzlich keinen zeitlichen Beschränkungen. Er ist sofort fällig, wenn die Anpassung verlangt werden kann. Er kann auch in eine Abschlagsforderung eingestellt werden (BGH, Urt. v. 21.11.1968 – VII ZR 89/66). Eine Begrenzung ergibt sich aus Treu und Glauben und dem Grundsatz der Verwirkung. Eine Verwirkung kommt in Betracht, wenn die Werklohnforderung erloschen ist, etwa durch Zahlung. Denn dann wird neben dem Zeitmoment auch häufig das Umstandsmoment zu bejahen sein.

560 Weigert sich eine Vertragspartei, dem berechtigten Verlangen der anderen Partei auf Anpassung des Vertrags wegen Änderung der Geschäftsgrundlage zu entsprechen, so darf sich grundsätzlich die betroffene Partei vom Vertrag lösen. Zu einem der VOB/B unterliegenden Bauvertrag hat der Bundesgerichtshof entschieden, dass die Lösung durch Kündigung erfolgt. Das wird auch für den BGB-Vertrag gelten (BGH, Urt. v. 21.11.1968 – VII ZR 89/66).

aa) Preisveränderungen

561 Es ist nicht ausgeschlossen, dass auch Kalkulationselemente der Vergütung Geschäftsgrundlage sind und deshalb deren Veränderung einen Preisanpassungsanspruch begründet. Es müssen die folgenden Voraussetzungen vorliegen:

562 Voraussetzung ist zunächst eine wesentliche Änderung der Kalkulationselemente.

563 Es muss sich um eine Änderung solcher Kalkulationselemente handeln, die nach den Vorstellungen beider Parteien oder jedenfalls erkennbar einer Partei zur Geschäftsgrundlage gemacht werden (zur Schrottmenge bei Abbrucharbeiten vgl. OLG Brandenburg, Urt. v. 6.9.2006 – 7 U 235/97).

564 Keine Partei darf das Risiko der Änderung der Geschäftsgrundlage (allein) übernommen haben. Die Risikoübernahme kann sich aus den gesetzlichen Regeln oder der Vertragsgestaltung ergeben. In Allgemeinen Geschäftsbedingungen kann die Risikoverteilung nur begrenzt wirksam geregelt werden (OLG Düsseldorf, Urt. v. 30.9.2003 – 23 U 204/02). Wenn die Parteien mit § 6 VOB/B vereinbaren, dass bei außergewöhnlich ungünstigen Witterungseinflüssen der Auftragnehmer zwar eine Verlängerung der Ausführungsfristen erhält, aber keine Anpassung der Vergütung, führt diese Übernahme des finanziellen Risikos durch den Auftragnehmer dazu, dass er auch bei einer zweimonatigen Unterbrechung der Bauausführung Mehraufwendungen auch nicht unter dem Gesichtspunkt der Störung der Geschäftsgrundlage verlangen kann (BGH, Urt. v. 20.4.2017 – VII ZR 194/13).

565 Nur im Ausnahmefall kann eine unvorhergesehene Materialpreis- oder Lohnkostenerhöhungen, Erhöhung öffentlicher Lasten (z.B. Kippgebühren), Steuern oder Versicherungsbeiträgen einen Anspruch auf Preisanpassung nach den Grundsätzen der Störung der Geschäftsgrundlage begründen. Grundsätzlich fallen die Preisbildung und damit auch die Entwicklung der preisbildenden Umstände in den Risikobereich einer Partei, regelmäßig des Unternehmers (BGH, Urt. v. 19.12.1985 – VII ZR 188/84). Wenn z.B. bei einem größeren Bauvorhaben Besteller und Bauunternehmer Einheitspreise als „Festpreise für die Dauer der Bauzeit" vereinbaren, so ist der Unternehmer gehindert, wegen während der Bauzeit eingetretener Lohnerhöhungen aus dem Gesichtspunkt des Wegfalls der Geschäftsgrundlage eine Nachzahlung zu verlangen, wenn er die Lohnerhöhungen nach der Gestaltung der Tarifverträge teilweise hatte voraussehen können und er, da er zu Einheitspreisen abgeschlossen hatte, sich bewusst sein musste, ein großes Risiko durch Preissteigerungen und Lohnsteigerungen während der langen Bauzeit auf sich zu nehmen (BGH, Urt. v. 28.9.1964 – VII ZR 47/63). Nur ganz extreme, nicht vorhersehbare Preisentwicklungen können eine Anpassung des Vertrages rechtfertigen (BGH, Urt. v. 13.7.1995 – VII ZR 142/94). Deshalb können Lohn- und Materialpreissteigerungen, die außerhalb der Dauer des eigentlichen Annahmeverzuges nicht mehr durch § 642 BGB erfasst werden (vgl. näher → § 642 BGB Rdn. 110 ff.), auch nicht unter dem Gesichtspunkt des Wegfalls der Geschäftsgrundlage gemäß § 313 BGB geltend gemacht werden (BGH, Urt. v. 26.10.2017 – VII ZR 16/17).

Der von der Änderung der Geschäftsgrundlage betroffenen Partei darf das Festhalten an dem Vertrag nicht zuzumuten sein. Das kann nur bejaht werden, wenn es sich um eine massive Störung des Gleichgewichts zwischen Leistung und Gegenleistung handelt (BGH, Urt. v. 8.7.1993 – VII ZR 79/92). Die Beurteilung kann sich nicht allein an den jeweiligen Preisen orientieren, sondern daran, ob der Vertrag insgesamt eine schwer wiegende Äquivalenzstörung aufweist (vgl. z. B. OLG Düsseldorf, Urt. v. 7.11.1995 – 21 U 12/95). Einer Preisanpassung nach den Grundsätzen über die Störung der Geschäftsgrundlage muss eine Gesamtschau zugrunde liegen. Nach der älteren Rechtsprechung des Bundesgerichtshofs kann z. b. dem Unternehmer, der auf der Grundlage eines Festpreises arbeitet, unter Berücksichtigung der Grundsätze von Treu und Glauben eine Erhöhung der vertraglichen Vergütung nur dann zugestanden werden, wenn die bei Ausführung der Arbeiten auftretenden Schwierigkeiten jedes bei Vertragsschluss voraussehbares Maß übersteigen und der Unternehmer bei Einhaltung seiner vertraglichen Verpflichtungen zu Aufwendungen gezwungen wäre, die zu der ihm eingeräumten Vergütung in keinem vertretbaren Verhältnis stehen, oder wenn die mit der Durchführung der übernommenen Arbeiten verbundenen Kosten in Anbetracht seiner wirtschaftlichen Verhältnisse und des Umfangs seines Unternehmens im Verhältnis zu dem ihm eingeräumten Werklohn so hoch sind, dass ihm ein weiteres Festhalten am Vertrag schlechterdings nicht zumutbar ist. Die dem Bauunternehmer obliegende Leistung erscheine noch nicht unzumutbar, wenn die tatsächlichen Kosten mehr als 20% (BGH, Urt. v. 20.10.1960 – VII ZR 126/59) oder das Doppelte der veranschlagten Gesamtsumme betragen (BGH, Urt. v. 27.6.1957 – VII ZR 293/56). 566

Es kommt auf die Umstände des Einzelfalls an, wobei stets eine Gesamtschau notwendig ist. So kann eine unvorhergesehene Materialpreiserhöhung (z. B. der Stahlpreise, vgl. dazu Luz, IBR 2004, 359; Homann/Jamm, IBR 2004, 504; OLG Hamburg, Urt. v. 28.12.2005 – 14 U 124/05) in einem Fall einen Anspruch auf Preiserhöhung rechtfertigen, weil dem Unternehmer ein Festhalten am Vertrag unter Berücksichtigung aller Umstände dieses Vertrages und insbesondere der Auswirkungen auf den Unternehmer nicht zuzumuten ist, während im anderen Fall der Anspruch zu verneinen ist, etwa weil sich die Erhöhung des Materialpreises nur unwesentlich auf den Gesamtpreis auswirkt. 567

bb) Mengenänderungen

Eine Preisanpassung nach Grundsätzen der Störung der Geschäftsgrundlage kommt auch bei unvorhergesehenen Mengenänderungen in Betracht. Zu unterscheiden ist zwischen Einheitspreis- und Pauschalvertrag. Beim Einheitspreisvertrag fällt die Mengenänderung gegenüber den dem Vertragsschluss zugrunde gelegten Vordersätzen nicht so stark ins Gewicht wie beim Pauschalvertrag. 568

(1) **Einheitspreisvertrag.** Beim Einheitspreisvertrag wird ohnehin der Preis aus dem Produkt von Menge und Einheitspreis gebildet. Die Abweichung von den geschätzten Vordersätzen ist also grundsätzlich preisneutral. Sie kann aber kalkulatorisch zu Gewinnen oder Verlusten führen, je nach Verteilung der Zuschläge. Außerdem können höhere Mengen zu kalkulatorisch nicht vorhergesehenen Aufwendungen führen, sie können aber auch zu nicht einkalkulierten Vorteilen führen, z. B. zur Überdeckung von Baustellengemeinkosten oder Allgemeinen Geschäftskosten. Grundsätzlich sind derartige kalkulatorische Änderungen unerheblich. Beim BGB-Vertrag hat keine Partei einen Anspruch auf Preisanpassung bei Abweichung der tatsächlichen Menge von der dem Vertrag zugrunde gelegten, geschätzten Menge. Ein solcher Preisanpassungsanspruch kann vertraglich vereinbart werden, wie z. B. in § 2 Abs. 3 VOB/B geschehen. Das dürfte zwar wegen der weiten Verbreitung der VOB/B praktisch ein Normalfall sein, rechtlich ist es die Ausnahme von der Grundregel. Aus diesem Grund hält eine Vertragsklausel, die in einem VOB-Vertrag die Preisanpassungsregel des § 2 Abs. 3 VOB/B ausschließt, der Inhaltskontrolle stand. Denn sie entspricht der gesetzlichen Regel. Ausgenommen davon sind Preisanpassungsansprüche nach den Grundsätzen über die Störung der Geschäftsgrundlage (BGH, Urt. v. 8.7.1993 – VII ZR 79/92; Beschl. v. 23.3.2011 – VII ZR 216/08). 569

Die Hürden für einen Preisanpassungsanspruch ohne vertragliche Vereinbarung nach den Grundsätzen des Wegfalls der Geschäftsgrundlage sind sehr hoch (→ Rdn. 566). Diese Grundsätze des Wegfalls der Geschäftsgrundlage sind anwendbar, wenn aufgrund einer Kombination von erheblicher Überhöhung des Einheitspreises und erheblicher Mengenabweichung eine Störung des Äquivalenzverhältnisses eintritt. Eine Anpassung soll möglich sein, wenn die Summe 570 aller Mehrmengen 30% der Auftragssumme erreicht (OLG Schleswig, Urt. v. 10.10.2008 – 17 U 6/08 für den Fall einer 40fachen Überhöhung, die zu einer Mehrvergütung vom über 700.000 Euro geführt hat; vgl. dazu BGH, Beschl. v. 23.3.2011 – VII ZR 216/08).

571 Der Unternehmer kann einen Schadensersatzanspruch gegen den Besteller haben, wenn die vertraglichen Angaben zu den Mengen von ihm schuldhaft fehlerhaft gemacht wurden. Der Unternehmer kann dann als Vertrauensschaden Ersatz derjenigen Einbußen verlangen, die ihm gerade dadurch entstanden sind, dass er nach seiner Kalkulation auf die kostensenkende Wirkung der im Vertrag angegebenen Mengen vertrauend einen niedrigen Einheitspreis angeboten hat und nunmehr bei der tatsächlichen Ausführung geringerer Mengen entsprechende kostensenkende Effekte nicht realisieren kann (OLG Nürnberg, Urt. v. 24.11.2006 – 2 U 1723/06). Dazu ist es notwendig, dass der Unternehmer die dem Vertrag zugrunde liegende Kalkulation offen legt. Das gilt auch wenn durch eine Mengenreduktion die Kalkulation von Fixkosten in den Einheitspreisen eine Unterdeckung erfährt.

572 **(2) Pauschalvertrag.** Beim Pauschalvertrag bleibt der Gesamtpreis grundsätzlich ebenfalls unverändert, wenn die tatsächliche Menge von der dem Vertrag zugrunde gelegten Menge abweicht. Mengenabweichungen wirken sich beim Pauschalvertrag in der Regel jedoch weitaus deutlicher auf die Kalkulationsgrundlagen aus als beim Einheitspreisvertrag. Denn der Unternehmer erhält für die Mehrmenge nicht eine unterdeckende Vergütung, sondern trotz Mehrmenge keine Mehrvergütung. Andererseits muss der Besteller eine nicht zur Ausführung gelangte Menge voll bezahlen. Bei gravierenden Mengenabweichungen kommt deshalb eine Preisanpassung nach den Grundsätzen der Störung der Geschäftsgrundlage in Betracht. Dieser sich bereits aus dem Gesetz ergebende Anspruch ist im VOB-Vertrag in § 2 Abs. 7 VOB/B ausdrücklich wiederholt. Er greift aber nicht, wenn der Pauschalpreis erst nach Durchführung der Leistung vereinbart wird (OLG Düsseldorf, Urt. v. 4.11.2014 – I-23 U 33/114). Wann ein Festhalten an der vertraglich vereinbarten Pauschalsumme wegen Mengenänderungen unzumutbar ist, kann nicht allgemein gesagt werden. Die Rechtsprechung stellt auf den Einzelfall ab. Entscheidungen, die allein auf die Mengenansätze abstellen, z.B. Mengenabweichung von bis zu 20% soll noch zumutbar sein (BGH, Urt. v. 20.10.1960 – VII ZR 126/59; OLG Hamm, Urt. v. 20.9.2005 – 24 U 152/04; eine darüber liegende Überschreitung der Mengenansätze wurde hingegen als erheblich angesehen, OLG Düsseldorf, Urt. v. 23.12.1975 – 21 U 235/75), lassen unberücksichtigt, dass es darauf ankommt, wie sich die Mengenabweichung auswirkt. Nur eine unzumutbare Auswirkung führt zu einem Anspruch auf Preisanpassung. Es kommt deshalb darauf an, wie die gesamte Vertragskalkulation beeinflusst ist (vgl. Moufang, IBR 2007, 180). Der Bundesgerichtshof hat hervorgehoben, dass es eine starre Grenze (von 20% Mehrkosten) nicht gibt (BGH, Urt. v. 2.11.1995 – VII ZR 29/95; BGH, Urt. v. 27.11.2003 – VII ZR 53/03). Maßgeblich sind die wirtschaftlichen Auswirkungen, insbesondere inwieweit Mengenabweichungen zu einer Mehrbelastung des Unternehmers geführt haben. Es ist stets eine Gesamtschau notwendig, denn Mengenüberschreitungen in einer Position können durch Mengenunterschreitungen in anderen Positionen ausgeglichen sein (OLG Düsseldorf, Urt. v. 20.2.2001 – 21 U 118/00). Im Rahmen des anzuwendenden § 242 BGB ist auch zu berücksichtigen, wie es zu der Mengenabweichung gekommen ist. Dabei spielt vor allem eine Rolle, wer die dem Pauschalvertrag zugrunde liegende Menge geschätzt hat. Fehlschätzungen des ausschreibenden Bestellers berechtigen eher zu einer Preisanpassung als Fehlschätzungen des Unternehmers (vgl. aber OLG Schleswig, Urt. v. 31.3.2006 – 1 U 162/03: keine Preisanpassung bei einer Volumenänderung von 2%, die aus dem Risikobereich des Bestellers stammt). Ist eine Mengenreduzierung auf fehlerhafte (unvollständige) Leistung des Unternehmers zurückzuführen, gelten die dargestellten Grundsätze (BGH, Urt. v. 11.9.2003 – VII ZR 116/02). Die Mengenreduzierung muss derart sein, dass dem Besteller ein Festhalten an dem Vertrag nicht mehr zuzumuten ist. In aller Regel wird allerdings zu berücksichtigen sein, dass dem Besteller wegen der Mengenreduzierung ein Gewährleistungsanspruch zusteht, so dass zu einer Preisanpassung kein Anlass besteht.

573 Die Klausel in einem auf der Grundlage eines detaillierten Leistungsverzeichnisses mit Mengenangaben geschlossenen Pauschalvertrages, dem die VOB/B zugrunde liegt und nach der Mehr- und Mindermassen von 5% als vereinbart gelten, regelt das Mengenrisiko. Sie ist dahin zu verstehen, dass bei einer nicht durch Planänderungen bedingten Mengenabweichung in den einzelnen Positionen, die über 5% hinausgeht, auf Verlangen ein neuer Preis nach Maßgabe des § 2 Abs. 7 Nr. 1 Satz 2 und 3 VOB/B gebildet werden muss. Bei der Preisbildung ist das übernommene Mengenrisiko zu berücksichtigen. Der neue Preis darf diese Risikoverteilung nicht verändern (BGH, Urt. v. 11.9.2003 – VII ZR 116/02).

Werkvertragsrecht **§ 631**

Aus einer schuldhaften Fehlschätzung des Bestellers in der Ausschreibung kann der Unternehmer ebenso wie beim Einheitspreisvertrag im Übrigen einen Schadensersatzanspruch aus § 311a, § 280 BGB herleiten. 574

cc) Externer Kalkulationsirrtum

Ein externer Kalkulationsirrtum kann zu einer Preisanpassung nach den Grundsätzen über die Störung bzw. das Fehlen der Geschäftsgrundlage führen. Externe Kalkulationsirrtümer sind vor allem offene Berechnungsfehler bei der Ermittlung der Vergütung. Das kann sowohl die Berechnung des Einheitspreises als auch die Berechnung eines Pauschalpreises betreffen. Allerdings wird die offen gelegte Kalkulation in beiden Fällen selten Geschäftsgrundlage des Vertrages sein. Eine Berechnungsgrundlage bedeutet nicht automatisch Geschäftsgrundlage. Eine Anpassung der Vergütung kommt in Betracht, wenn der andere Teil sich die unrichtige Kalkulation soweit zu Eigen gemacht hat, dass eine Verweigerung der Anpassung gegen das Verbot des venire contra factum proprium verstoßen würde. Das kann z. B. der Fall sein, wenn ein zwischengeschalteter Generalunternehmer nach Wunsch des Bestellers auf der Grundlage des Angebots eines Nachunternehmers (mit einem Aufschlag) ein Pauschalpreisangebot abgibt und sich herausstellt, dass bestimmte Leistungen, die an sich hätten bepreist werden müssen, nicht bepreist sind. Auch kommt eine Anpassung in Betracht, wenn beide Parteien einen bestimmten Berechnungsmaßstab zur Grundlage ihrer Vereinbarung gemacht haben. Ein solcher Fall kann vorliegen, wenn die Parteien die zu erbringenden Leistungen übereinstimmend feststellen und mit einem bestimmten Preis bewerten, der rechnerisch fehlerhaft ermittelt wird. Auch kann eine Anpassung vorzunehmen sein, wenn die andere Seite den Irrtum bemerkt oder treuwidrig ausgenutzt hat (vgl. sogleich unten). Auch in diesen Fällen ist es allerdings nötig, dass das Festhalten an dem Vertrag für die benachteiligte Partei unzumutbar ist. Geringfügige externe Kalkulationsirrtümer sind deshalb regelmäßig nicht über das Fehlen der Geschäftsgrundlage zu korrigieren (zu allem: BGH, Urt. v. 13.7.1995 – VII ZR 142/94). 575

Unterhalb der Grenze der Störung der Geschäftsgrundlage sind Kalkulationsirrtümer der Parteien regelmäßig unbeachtlich. Ein Anfechtungsgrund liegt nicht allein darin, dass in der Kalkulation irrtümlich preisbildende Faktoren nicht oder fehlerhaft berücksichtigt worden sind (BGH, Urt. v. 7.7.1998 – X ZR 17/97). Das gilt auch dann, wenn nach dem Vertrag geschuldete Leistungen irrtümlich bei der Preisbildung nicht berücksichtigt worden sind (BGH, Urt. v. 19.12.1985 – VII ZR 188/84). 576

Auch wenn ein Kalkulationsirrtum nach außen getreten ist und vom Besteller erkannt wurde oder die Kenntnis treuwidrig vereitelt wurde, besteht kein Anfechtungsrecht (BGH, Urt. v. 7.7.1998 – X ZR 17/97). Die Kenntnis allein reicht für ein Anfechtungsrecht nicht aus (OLG Brandenburg, Urt. v. 17.03.2016 – 12 U 76/15; Riehm, JuS 2015, 644). 577

In diesem Fall kommen – neben dem Anspruch auf Anpassung nach den Grundsätzen der Störung der Geschäftsgrundlage – bei schwerwiegenden Kalkulationsfehlern Schadensersatzansprüche aus schuldhafter Verletzung der Aufklärungspflicht und aus Verletzung der Pflicht zur Rücksichtnahme auf die Interessen des anderen Vertragsteils nach § 241 Abs. 2 BGB in Betracht. Das gilt sowohl für den Bereich der öffentlichen Vergabe wie bei privaten Beauftragungen (BGH, Urt. v. 17.5.1965 – VII ZR 66/63; offengelassen von OLG Düsseldorf, Urt. v. 9.2.2016 – I-21 U 100/15). Dem Unternehmer steht ein Schadensersatzanspruch gegen den Besteller zu, wenn dieser einen erkannten Irrtum zu Lasten des Unternehmers ausnutzt (BGH, Urt. v. 4.10.1979 – VII ZR 11/79; BGH, Urt. v. 7.7.1998 – X ZR 17/97; OLG Stuttgart, Urt. v. 18.12.1996 – 1 U 118/96 (Verschweigen bevorstehender Deponiegebührenerhöhung bei Auftrag zur Deponieablagerung); OLG Frankfurt, Urt. v. 3.7.1997 – 1 U 157/95,vgl. auch BGH, Urt. v. 11.11.2014 – X ZR 32/14). Der Besteller ist verpflichtet, den Unternehmer auf einen vom ihm erkannten Kalkulationsfehler hinzuweisen. Unterlässt er dies, ist das gemäß § 311 Abs. 2 Nr. 1 i. V. m. § 241 Abs. 2 BGB eine Pflichtverletzung mit der Folge von Schadensersatzansprüchen des Unternehmers gemäß § 280 Abs. 1 BGB. Der Unternehmer hat dann Anspruch darauf so gestellt zu werden, wie er bei vertragsgerechter Aufklärung stünde. Ob das zu einem angepassten Preis oder zur Vertragsauflösung führt, ist eine Frage des Einzelfalls. Ein Anspruch aus Verschulden bei Vertragsschluss besteht nicht nur, wenn der Besteller den Kalkulationsirrtum positiv erkannt hat. Es reicht aus, dass sich der Tatbestand des Kalkulationsirrtums mit seinen unzumutbaren Folgen für den Unternehmer aus dem Angebot des Unternehmers oder aus dem Vergleich zu den weiteren Angeboten oder aus dem Besteller bekannten sonstigen Umständen geradezu aufdrängt und er gleichwohl den Auftrag erteilt hat (BGH, Urt. v. 7.7.1998 – X ZR 17/97). 578

579 Bei öffentlichen Vergaben nützt die Aufklärung über den Kalkulationsirrtum in Anbetracht des bindenden Angebots nicht weiter. Hier kann die Annahme eines Vertragsangebots und das Bestehen auf Vertragsdurchführung ein treuwidriges Verhalten sein (BGH, Urt. v. 11.11.2014 – X ZR 32/14; Urt. v. 28.4.1983 – VII ZR 259/82; OLG Brandenburg, Urt. v. 17.03.2016 – 12 U 76/15). Die Schwelle zum Pflichtverstoß bei der Vergabe öffentlicher Aufträge ist dann überschritten, wenn dem Bieter aus Sicht eines verständigen öffentlichen Auftraggebers bei wirtschaftlicher Betrachtung schlechterdings nicht mehr besonnen werden kann, sich mit dem irrig kalkulierten Preis als einer auch nur annähernd äquivalenten Gegenleistung für die zu erbringende Bauleistung zu begnügen. Eine solche Unzumutbarkeit der Vertragsdurchführung hat der BGH in einem Fall angenommen, bei dem das Angebot des Bieters mit ca. EUR 455.000 signifikant unter dem Angebot des zweitgünstigsten Bieters mit EUR 621.000 lag. Der Bieter hatte auch noch vor Zuschlag den Kalkulationsirrtum nachvollziehbar angezeigt. Steht der Kalkulationsirrtum im Zeitpunkt der Zuschlagserteilung außer Streit, muss bei derartigen Fällen der Ausschreibende im Hinblick auf die Pflicht zur Rücksichtnahme auf die Interessen des betroffenen Bieters (§ 241 Abs. 2 BGB) von der Zuschlagserteilung absehen. Diese Grenze ist nicht erst erreicht, wenn die wirtschaftliche Existenz des Bieters auf dem Spiel steht. Eine unbillige Differenz zwischen Leistung und Gegenleistung reicht aus. Diese kann vorliegen, wenn der Positionspreis nur ein Sechstel des üblichen Preises ist und damit der Endpreis des Angebots 27 % hinter dem nächsten zurückbleibt, wobei es aber immer auf die Umstände des Einzelfalls ankommt (BGH, Urt. v. 11.11.2014 – X ZR 32/14). Ein grobes Missverhältnis im Sinn von § 138 BGB muss nicht vorliegen (BGH, Urt. v. 17.5.1965 – VII ZR 66/63). Es kann ausreichen, wenn der angebotenen Einzelpreis von EUR 4.172,00 einem Preis von EUR 79.825 bei zutreffender Kalkulation gegenübersteht, auch wenn die Differenz zum Nächstbietenden nur 7,3 % oder EUR 20.804 ist (OLG Brandenburg, Urt. v. 17.03.2016 – 12 U 76/15). 10 % Abstand zum Nächstbietenden bei einer Auftragssumme von EUR 92.500 reicht aber wohl aus (OLG Brandenburg, Urteil vom 25.11.2015 – 4 U 7/14).

580 Ob der Ausschreibende im Angebotsverfahren die Preise nicht auf Auskömmlichkeit überprüft hat oder das Angebot hätte mangels Auskömmlichkeit zurückweisen müssen, ist nicht entscheidend. Diese Vorschriften dienen anderen Schutzzwecken. Sie schützen in erster Linie die öffentlichen Auftraggeber und sind kein Instrument dafür, dem einzelnen Bieter die Folgen seines eigenen unauskömmlichen Angebots zu ersparen (BGH, Urt. v. 11.11.2014 – X ZR 32/14; Beschl. v. 31.8.1994 – 2 StR 256/94; OLG Düsseldorf, Urt. v. 9.2.2016 – I-21 U 100/15; OLG Brandenburg, Urt. v. 25.11.2015 – 4 U 7/14).

7. Nachträgliche Verständigung über die Werklohnforderung

581 Die Parteien können sich nach oder während der Durchführung des Vertrages nach allgemeinen Grundsätzen über die zu zahlende Vergütung verständigen. Vereinbaren die Parteien eine abweichende Vergütung, liegt eine Abänderungsvereinbarung vor. Deren Inhalt und Rechtsfolgen richtet sich nach allgemeinen Vertragsgrundsätzen. Anlass für eine abweichende Vergütung wird vielfach ein geänderter Leistungsumfang sein. Ändert sich nachträglich die Auffassung einer Partei zur Berechtigung der Vertragspreisänderung, stellt sich die Frage der Verbindlichkeit der Absprache. Vergleiche und kausale Schuldanerkenntnisse sind kausale Feststellungsverträge, die bei einem Grundlagenirrtum unwirksam sein können. Abstrakte Schuldanerkenntnisse können ggf. kondiziert werden.

a) Vergleich

582 Erfolgt die Einigung zur Beilegung eines Streits durch einen Vergleichs, ist § 779 BGB anwendbar. Nach § 779 BGB ist ein Vertrag, durch den der Streit oder die Ungewissheit der Parteien über ein Rechtsverhältnis im Wege des gegenseitigen Nachgebens beseitigt wird (Vergleich) unwirksam, wenn der nach dem Inhalt des Vertrags als feststehend zugrunde gelegte Sachverhalt der Wirklichkeit nicht entspricht und der Streit oder die Ungewissheit bei Kenntnis der Sachlage nicht entstanden sein würde.

aa) Irrtum über Vergleichsgrundlage

583 § 779 BGB birgt für die Parteien eine gewisse Ungewissheit. Denn die Regelung eröffnet es einer Partei, die Unwirksamkeit des Vergleichs geltend zu machen, wenn der dem Vergleich als (unstreitig) feststehend zugrundegelegte Sachverhalt der Wirklichkeit nicht entspricht. Welcher Sachverhalt dem Vergleich als unstreitig zugrunde gelegt wird, ist eine Frage des Einzelfalls. Relevant ist immer nur der Sachverhalt in tatsächlicher Hinsicht, nicht die rechtliche Würdigung der Parteien. Irren sich diese über die rechtliche Bewertung eines Sachverhalts, führt nachträgliche bessere Erkenntnis nicht zur Unwirksamkeit des Vergleichs. Ein allein relevanter Sachverhaltsirrtum liegt vor, wenn einzelne tatsächliche Voraussetzungen eines Anspruchs fehlerhaft zugrunde gelegt werden. Das ist z. B. der Fall, wenn die Parteien davon ausgehen, dass ein bestimmter vertragsstrafenbewehrter Fertigstellungstermin tatsächlich vereinbart und nicht eingehalten worden ist. Einigen sich die Parteien auf dieser Grundlage über die Höhe der Vertragsstrafe, kann die Einigung gemäß § 779 BGB unwirksam sein (vgl. BGH, Urt. v. 21.12.2006 – VII ZR 275/05). Allerdings wird dieser Fall eher selten sein, weil zumeist erst der Streit über die tatsächlichen Voraussetzungen zu einem Vergleich führt.

Problematisch kann deshalb auch eine Einigung über eine Mehrvergütung für Nachträge bei nur streitiger Höhe sein, wenn der Besteller nachträglich zu Erkenntnis gelangt, dass der Nachtrag bereits dem Grunde nach unberechtigt ist. Ein beiderseitiger Irrtum über die Berechtigung eines Nachtrages dem Grunde nach muss die Bindungswirkung einer Nachtragsvergleichs nicht notwendig entfallen, da der Irrtum über die grundsätzliche Berechtigung des Nachtrages auch ein bloßer Rechtsirrtum sein kann, der nicht zur Unwirksamkeit des Vergleiches führt (BGH, Urt. v. 7.6.1961 – VIII ZR 69/60 m. w. N.) Allerdings liegt nach der neueren Rechtsprechung zumindest dann kein reiner Rechtsirrtum mehr vor, sondern ein Tatsachenirrtum i. S. d. § 779 BGB, wenn es um die Auslegung eines Vertrages geht und dieser eine umfassende Wertung erfordert, bei der tatsächliche Umstände von entscheidender Bedeutung sein können (BGH, Urt. v. 6.11.2003 – III ZR 376/02; vgl. auch BGH, Urt. v. 25.6.2003 – VIII ZR 335/02; KG, Beschl. v. 29.3.2003 – 24 W 242/02). Entdeckt z. B. der zwischenzeitlich eingeschaltete Anti-Claim-Manager des Bestellers nachträglich die Vertragspassagen, die die Nachtragsleistung als Vertragsleistung ausweisen, kann die die Wirksamkeit des Vergleichs entfallen (näher v. Rintelen, FS Kapellmann, S. 373, 379, m. w. N.). Vgl. zu sog. Doppelbeauftragung näher → § 650b BGB Rdn. 318 ff. 584

Soll der Vergleich allerdings gerade bestimmte tatsächliche Voraussetzungen dem Streit entziehen, ist § 779 BGB nicht anwendbar, wenn die Parteien übereinstimmend falsche Vorstellungen dazu entwickeln. Dann ist es nicht nur bloße Vergleichsgrundlage, sondern unmittelbarer Vergleichsgegenstand; was Gegenstand des Vergleichs ist, kann nicht zu dessen Unwirksamkeit führen (BGH, Urt. v. 21.12.2006 – VII ZR 275/05). Bei einer beabsichtigten Generalbereinigung werden vielfach alle in den Vergleich einfließenden Positionen Vergleichsgegenstand sein, auch soweit über einzelne Positionen oder einzelne Elemente einer Position zwischen den Parteien kein Streit bestand. Der Vergleich wird dann durch einen tatsächlichen Irrtum über die unstreitigen Positionen nicht berührt. 585

Vielfach wird deshalb eine Vereinbarung über die Höhe einer Vertragspreisanpassung auch bei einem die Höhe betreffenden Irrtum bindend bleibend bleiben, weil die Vereinbarung ja gerade der verbindlichen Klärung der Vergütungshöhe diente (vgl. dazu Althaus/Heindl-Althaus/Bartsch/Usselmann Teil 4, Rdn. 251 f.). Das gilt z. B. auch, wenn die Parteien erst nach Durchführung der Leistungen einen Pauschalpreis vereinbaren (OLG Düsseldorf, Urt. v. 22.8.2014 – 22 U 7/14). 586

bb) Verbindlichkeit bloßer Teileinigungen

Streitig bei der Geltendmachung einer vergleichsweisen Einigung ist häufiger, ob eine gefundene Übereinstimmung bereits ein verbindlicher (Vergleichs)Vertrag ist. Eine Teileinigung ist im Zweifel noch nicht verbindlich, da § 154 BGB eindeutig bestimmt: „Solange nicht die Parteien sich über alle Punkte eines Vertrags geeinigt haben, über die nach der Erklärung auch nur einer Partei eine Vereinbarung getroffen werden soll, ist im Zweifel der Vertrag nicht geschlossen. Die Verständigung über einzelne Punkte ist auch dann nicht bindend, wenn eine Aufzeichnung stattgefunden hat." Das Gesetz schützt damit bewusst die negative Vertragsfreiheit gegenüber einer frühzeitigen Teilverbindlichkeit. Eine unverbindliche Übereinstimmung begründet keinen Kontrahierungszwang, sondern ggf. Verhandlungspflichten (näher Martinek, AcP 1998, 329 ff.). 587

b) Schuldanerkenntnisse in Bausachen

Grundsätzlich ist zu unterscheiden zwischen rechtsgeschäftlichen Anerkenntnissen und Anerkenntnissen mit rein tatsächlicher Wirkung. Zu den rechtsgeschäftlichen Anerkenntnissen gehören das abstrakte (konstitutive) und das kausale (auch deklaratorische) Anerkenntnis. Zu den Anerkenntnissen mit tatsächlicher Wirkung gehört das sogenannte beweiserleichternde 588

Anerkenntnis. Auch wenn letztere Anerkenntnisse in der Praxis überwiegen dürften, sollen zunächst die rechtsgeschäftlichen Schuldanerkenntnisse erörtert werden.

aa) Das abstrakte Schuldanerkenntnis

589 Nur das in der Praxis sehr seltene abstrakte Schuldanerkenntnis ist im Gesetz in § 781 BGB geregelt. Es führt zu einer Abstrahierung des anerkannten Forderungsbetrages durch Schaffung einer neuen abstrakten Forderung mit eigenem Schuldgrund. Es erlangt vor allem Bedeutung bei der Abgrenzung zu einem kausalen Schuldanerkenntnis. Folge des abstrakten Schuldanerkenntnisses ist, dass der Gläubiger allein aus dem abstrakten Schuldanerkenntnis vorgehen kann; die wirtschaftlich zugrunde liegende anerkannte Schuld spielt für die Begründung des Zahlungsanspruchs keine Rolle mehr.

590 Wegen dieser Abstrahierung wird ein abstraktes Schuldanerkenntnis als riskant empfunden; auch die Gerichte legen sich Zurückhaltung auf, eine die Schuld bestätigende Erklärung des Schuldners als abstraktes Schuldanerkenntnis auszulegen (vgl. BGH, Urt. v. 18.12.1985 – IVa ZR 103/84).

591 Eine Novation durch abstraktes Schuldanerkenntnis überschreitet in aller Regel die Vorstellungskraft juristischer Laien und wird in der Praxis die Ausnahme bleiben. Nur bedingt richtig ist allerdings die Einschätzung, das abstrakte Schuldanerkenntnis sei besonders gefährlich (zutreffend Ehmann, WM 2007, 329, 332 f.). Zwar ist mit der Abstrahierung der Ausschluss von Einwendungen gegen die alte Forderung gegenüber der neu begründeten Schuld verbunden. Nicht ausgeschlossen ist jedoch die Kondiktion des gesamten abstrakten Schuldanerkenntnisses mit der Begründung, die dem Anerkenntnis zugrunde liegende Schuld bestehe in Wahrheit nicht. Auf dieser Grundlage erweist sich das abstrakte Schuldanerkenntnis hinsichtlich der ihr zugrunde liegenden Schuld nicht als einwendungsfest. Denn der Schuldner kann den Anspruch aus dem Anerkenntnis mit der Behauptung zu Fall bringen, die zugrunde liegende Schuld bestehe nicht, das Anerkenntnis sei ohne Rechtsgrund abgegeben, es könne kondiziert werden. Allerdings trägt der Schuldner nach allgemeinen Regeln die Beweislast. Das abstrakte Schuldanerkenntnis bindet mithin im Ergebnis nur vorläufig und bewirkt letztlich nur eine Umkehr der Beweislast.

bb) Das kausale Schuldanerkenntnis

592 Das in der Praxis viel verbreitete kausale Schuldanerkenntnis ist im Gesetz nicht geregelt. Es ist aus den Grundsätzen des allgemeinen Vertragsrechts entwickelt (vgl. BGH, Urt. v. 24.3.1976 – IV ZR 222/74 m.w.N.; eingehend Marburger, Das kausale Schuldanerkenntnis als einseitiger Feststellungsvertrag, 1971; Staudinger/Marburger BGB (2015), § 781 Rdn. 8 m.w.N.; kritisch Leitmeier NZBau 2013, 681). Darunter versteht man einen Vertrag, der im Unterschied zum abstrakten Schuldanerkenntnis den in Frage stehenden Anspruch nicht auf eine neue Anspruchsgrundlage hebt, sondern ihn dadurch verstärkt, dass er ihn Einwänden des Anspruchsgegners entzieht. Ausgeschlossen werden durch ein kausales Schuldanerkenntnis Einwendungen und Einreden, die bei Abgabe der Erklärung bestanden und dem Anspruchsgegner bekannt waren oder mit denen er zumindest rechnete. Zweck eines solchen Vertrages ist es, das Schuldverhältnis insgesamt oder zumindest in bestimmten Beziehungen dem Streit oder der Ungewissheit zu entziehen und es (insoweit) endgültig festzulegen (vgl. BGH, Urt. v. 10.1.1984 – VI ZR 64/82; Urt. v. 14.7.1981 – VI ZR 304/79; Urt. v. 10.10.1977 – VIII ZR 76/76; Urt. v. 24.3.1976 – IV ZR 222/74; Urt. v. 13.3.1974 – VII ZR 65/72).

593 Damit erweist sich das kausale Schuldanerkenntnis als wirklich riskant für einen Schuldner. Im Umfang der erzielten Einigung führt das Anerkenntnis zu einem endgültigen Ausschluss der Einwendungen gegen eine Forderung. Das wird als Einrede- oder Einwendungsverzicht bezeichnet; dieser Verzicht ist richtigerweise Folge des kausalen Schuldanerkenntnis – parallel zum Vergleich als kausaler Schuldfeststellungsvertrag (dazu näher Ehmann, Schuldanerkenntnis und Vergleich, 2005, 186 ff.). Rechtliche Konsequenz ist jedenfalls, dass diese Erklärung kann nicht mehr mit der Begründung kondiziert werden, die ausgeschlossene Einwendung bestehe in Wahrheit doch.

594 Die weitreichenden Rechtsfolgen zu Lasten des Anerkennenden sind für den Bundesgerichtshof immer wieder Anlass gewesen, auf die hohen Anforderungen für die Annahme eines kausalen Schuldanerkenntnisses hinzuweisen. Der erklärte Wille der Beteiligten muss die mit einem kausalen Schuldanerkenntnis verbundenen Rechtsfolgen auch tragen. Ihr damaliger tatsächlicher Wille zur Schuldfeststellung ist maßgebend, nicht das nachträgliche Interesse einer Partei oder eines Gerichts, einen Sachverhalt nicht mehr aufzuklären. Da die Parteien diesen Willen i. d. R. a nicht ausdrücklich erklären, setzt die Annahme eines kausalen Schuldanerkenntnisses voraus, dass diese Rechtsfolgen der Interessenlage der Beteiligten, dem mit der Erklärung erkennbar verfolgten Zweck und der allgemeinen Verkehrsauffassung über die Bedeutung eines solchen Anerkenntnisses entsprechen (BGH, Urt. v. 10.1.1984 – VI ZR 64/82).

Man muss sich zunächst vergegenwärtigen, dass auch das kausale Schuldanerkenntnis **595** keine einseitige Gestaltungserklärung, sondern – wie ein Vergleich – ein Vertrag ist (BGH, Urt. v. 11.1. 2007 – VII ZR 165/05). Mit ihm soll – wie beim Vergleich – eine Forderung/ ein Schuldverhältnis insgesamt oder in einzelnen Beziehungen dem Streit entzogen und geklärt werden. Es unterscheidet sich vom Vergleich dadurch, dass es ein einseitiger Vertrag ist (vgl. nur Staudinger/Marburger, BGB (2015), §781, Rdn. 8 m. w. N.). Die Annahme einer Vereinbarung über Streitpunkte und Ungewissheiten setzt aber voraus, dass bestimmte Punkte aus der Sicht der Vertragsparteien nach den Umständen des Einzelfalles auch klärungs- und regelungsbedürftig waren (BGH, Urt. v. 19.2.1998 – VII ZR 236/96; Urt. v. 4.11.1976 – VII ZR 74/75; BGH, Urt. v. 24.3.1976 – IV ZR 222/74). Eine Erklärung einer Vertragspartei zu einer Forderung ohne eine Ungewissheit, ist nicht das Angebot zu einem kausalen Schuldanerkenntnis, sondern eine reine Wissenserklärung. Sie kann richtig oder falsch sein, begründet aber als solche (mit Ausnahme eines möglichen Beweises gegen sich selbst, vgl. → Rdn. 603) keine Rechtsfolgen. Kündigt der Besteller nach Mahnungen seine Bereitschaft an, einen Zahlungsplan auszuarbeiten, beziehen sich die wechselseitigen Äußerungen nur auf die Durchführung von Zahlungen; es besteht kein Anlass für einen kausalen Feststellungsvertrag (BGH, Urt. v. 29.4.1999 – VII ZR 248/98). Es ist vor allem nicht zulässig, verjährungsunterbrechende Anerkenntnisse gemäß §212 BGB mit kausalen Schuldanerkenntnissen gleichzusetzen. Für den Neubeginn der Verjährung genügen einseitige, nichtrechtsgeschäftliche Anerkenntnisse, die als Wissenserklärungen den unten erörterten beweiserleichternden Schuldbekenntnissen entsprechen (Staudinger/Marburger BGB (2015), §781 Rdn. 27).

Das Anerkenntnis kann seinem Zweck entsprechend Einwendungen nur insoweit ausschließen, als der Streit beigelegt werden sollte (BGH, Urt. v. 24.3.1976 – IV ZR 222/74). **596** Einwendungen, über die (noch) kein Streit bestand, sind nur dann ausgeschlossen, wenn diese (ausnahmsweise) Gegenstand des Anerkenntnisses waren. Auf dieser Grundlage hat der Bundesgerichtshof immer wieder Entscheidungen der Instanzengerichte korrigiert, die keine sorgfältige Prüfung der gesamten Umstände vorgenommen, sondern allein aus bestimmten Umständen ein kausales Schuldanerkenntnis hergeleitet haben, ohne dabei die Interessen der Parteien und vor allem des Schuldners vollständig zu würdigen. Es muss aber darauf hingewiesen werden, dass sich eine Kategorisierung von vornherein verbietet, weil es auf die Umstände des Einzelfalles ankommt. Allerdings erlauben die Entscheidungen des Bundesgerichtshofs eine verlässliche Bewertung insoweit, als sie klarstellen, welche Umstände allein für sich genommen nicht ausreichen, um ein kausales Schuldanerkenntnis in Baustreitigkeiten anzunehmen.

Ausgehend von diesen Anforderungen versteht es sich nahezu von selbst, dass eine Rechnungsprüfung durch den Architekten nichts anderes ist als ein interner Vorgang zur Information **597** des Unternehmers. Der Prüfungsvermerk des Architekten auf der Rechnung kann in der Regel keine rechtsgeschäftlichen Wirkungen entfalten; er allein kann also auch dann nicht ein kausales Schuldanerkenntnis des Bestellers darstellen, wenn der Architekt dem Unternehmer die geprüfte Rechnung übersendet (BGH, Urt. v. 6.12.2001 – VII ZR 241/00; Urt. v. 14.10.2004 – VII ZR 190/03; Urt. v. 14.4.2005 – VII ZR 14/04; Urt. v. 27.7.2006 – VII ZR 202/04).

Aber auch allein der Umstand, dass der Besteller eine geprüfte Rechnung an den Unternehmer übersendet, reicht nicht zur Annahme eines kausalen Schuldanerkenntnisses aus. Enthält die geprüfte Rechnung Kürzungen in einzelnen Positionen, bedeutet das nicht, dass die anderen Positionen voll und die gekürzten Positionen in nicht gekürztem Umfang anerkannt sind (BGH, Urt. v. 6.12.2001 – VII ZR 241/00; Urt. v. 14.10.2004 – VII ZR 190/03; Urt. v. 14.4.2005 – VII ZR 14/04; OLG Düsseldorf, Urt. v. 4.11.2014 – I-23 U 33/14). Selbst aus der Erklärung des Bestellers, gegen die Rechnung würden keine Einwände erhoben oder er sei mit der Berechnung der Forderung einverstanden oder die Forderung werde anerkannt, kann nicht ohne weiteres der Wille abgeleitet werden, die Forderung solle in einer Weise dem Streit entzogen werden, dass der Einwand, die berechnete Forderung bestünde nicht oder nicht in der geltend gemachten Höhe, materiell-rechtlich ausgeschlossen sei. Ein kausales Anerkenntnis liegt auch nicht vor, wenn der Besteller die Schlussrechnung des Unternehmers unterschreibt, um den Betrag gegenüber Dritten (Baubehörde) als richtig zu dokumentieren. Die davon abweichende Entscheidung des Bundesgerichtshofs (BGH, Urt. v. 11.2.1965 – VII ZR 78/63) ist durch die neuere Rechtsprechung überholt.

599 Schließlich ist auch die Bezahlung einer Rechnung ohne das Hinzutreten weiterer Umstände nach ständiger Rechtsprechung kein kausales Anerkenntnis einer Schuld (BGH, Urt. v. 8.3.1979 – VII ZR 35/78; Urt. v. 29.10.1985 – VI ZR 56/84; Beschl. v. 26.2.2004 – VII ZR 96/03; Urt. v. 11.1.2007 – VII ZR 165/05; Urt. v. 11.11.2008 – VIII ZR 265/07; Urt. v. 12.1.2011 – VIII ZR 296/09; OLG Koblenz, Urt. v. 19.1.2012 – 1 U 1287/10). Das gilt dann erst recht für die bloße Ankündigung einer Bezahlung (OLG Düsseldorf, Urt. v. 4.11.2014 – I-23 U 33/14). Auch kann in der Bezahlung von Rechnungen auf einer bestimmten Abrechnungsgrundlage nicht ohne weiteres ein Anerkenntnis zukünftiger Forderungen, die auf derselben Abrechnungsgrundlage gestellt werden, gesehen werden (BGH, Urt. v. 11.7.1995 – X ZR 42/93). Ebenso wenig kann die Zahlung von Abschlagszahlungen als kausales Anerkenntnis einer eigenen Schuld gewertet werden, wenn mehrere Schuldner in Betracht kommen und zur Zeit der Zahlung Streit nicht bestand (vgl. aber OLG Köln, Urt. v. 11.4.2006 – 22 U 204/05). Ein Anerkenntnis liegt entgegen einer zu weitgehenden Entscheidung (OLG Schleswig, Urt. v. 22.12.2005 – 5 U 55/05), nicht darin, dass ein Generalunternehmer die Rechnung des Nachunternehmers bei seinem Auftraggeber einreicht. Lehnt der Auftraggeber die Bezahlung ab, ist der Generalunternehmer nicht gehindert, die Berechnung des Nachunternehmers in Zweifel zu ziehen.

600 Aus diesem Grunde verbietet es sich auch in den sonstigen Fällen, in denen rechtsgeschäftliche Erklärungen abgegeben werden, die das Bestehen der Forderung voraussetzen, ohne das Hinzutreten besonderer Umstände ein kausales Schuldanerkenntnis anzunehmen. Das gilt sowohl für den Fall, dass der Schuldner um Stundung bittet als auch für den Fall, dass er mit einer Forderung aufrechnet (BGH, Urt. v. 24.1.1972 – VII ZR 171/70; Urt. v. 8.6.1989 – X ZR 50/88). Solche Handlungen werden i.d.R. zum Neubeginn der Verjährung nach §212 BGB führen, nicht aber zum Einwendungsausschluss (→ Rdn. 595).

601 Allen zuvor genannten Vorgängen mag zwar jeweils die Annahme des Bestellers zugrunde liegen, die Forderung sei berechtigt. Das allein reicht nicht zur Annahme einer Erklärung über einen Einwendungsausschluss. Denn es fehlt an dem Willen, einen Streit oder eine Ungewissheit über die Forderung zu beenden. Die zahlreichen davon abweichenden Entscheidungen der Instanzengerichte sind vermutlich nur damit zu erklären, dass die Annahme eines kausalen Schuldanerkenntnisses zur frühzeitigen Beendigung des Rechtsstreits führt und die in Bausachen häufig schwierige Sachaufklärung vermeidet. Diese Schwierigkeiten rechtfertigen es nicht, bei Werklohnforderungen geringere Anforderungen an ein kausales Schuldanerkenntnis zu stellen als bei anderen Forderungen.

602 Besondere Zurückhaltung hat die Rechtsprechung entwickelt, wenn der Besteller einer öffentlichen Rechnungsprüfung unterliegt. In diesen Fällen steht der Annahme eines kausalen Schuldanerkenntnisses regelmäßig entgegen, dass die auftraggebende Behörde sich aufgrund der bevorstehenden Rechnungsprüfung nicht festlegen und damit den Weg verschließen will, aufgrund des Prüfergebnisses der Forderung Einwendungen entgegenzusetzen oder sogar Rückforderungen durchzusetzen (BGH, Urt. v. 8.3.1979 – VII ZR 35/78; Urt. v. 14.1.1982 – VII ZR 296/80; OLG Frankfurt, Urt. v. 29.2.1996 – 1 U 283/94 ; OLG Celle, Urt. v. 7.12.2006 – 14 U 61/06).

cc) Das beweiserleichternde Schuldbekenntnis

603 In der Rechtsprechung ist anerkannt, dass Erklärungen des Schuldners, mit denen dieser die Forderung des Gläubigers bestätigt, selbst dann Rechtswirkungen äußern können, wenn sie nicht rechtsgeschäftlich sind. Begrifflichkeit, Voraussetzungen und Rechtswirkungen sind allerdings bisher nur unscharf und auch nicht immer widerspruchsfrei von der Rechtsprechung entwickelt worden.

604 **(1) Terminologie und Anwendungsfälle.** Grundlage des beweiserleichternden Anerkenntnisses ist eine Erklärung oder ein Verhalten des Schuldners, aus dem der Schluss auf das Bestehen einer Schuld oder ihrer Voraussetzungen gezogen wird. Es geht also um rein tatsächliche Vorgänge ohne einen Rechtsbindungswillen. Die Rechtsprechung spricht insoweit von einem „Bekenntnis der Schuld" (BGH, Urt. v. 10.1.1984 – VI ZR 64/82), von einem „Zeugnis des Anerkennenden gegen sich selbst" (BGH, Urt. v. 24.3.1976 – IV ZR 222/74) oder einer „Bestätigungserklärung" (BGH, Urt. v. 5.5.2003 – II ZR 50/01; Urt. v. 13.3.1974 – VII ZR 65/72). Die Rede ist auch von einem „außergerichtlichen Geständnis" (BGH, Urt. v. 28.9.1987 – II ZR 35/87) oder „Auskunft und Wissenserklärung" (BGH, Urt. v. 10.10.1977 – VIII ZR 76/76). In der Literatur finden sich Formulierungen wie „einseitiges Schuldanerkenntnis" (Jauernig/Stadler, BGB, §781 Rdn. 2), „Anerkenntnis ohne Vertragscharakter" (MünchKomm/Habersack, BGB, 7. Aufl., § 781 Rdn. 7, 26), „einseitiges nichtrechtsgeschäftliches Anerkenntnis" (Ehmann, Schuldanerkenntnis und Vergleich, S. 11): „Absichts- oder Bereitschaftserklärung" (Larenz/Canaris, Lehrbuch des Schuldrechts, Band II/2, BT, 1994, § 61, S. 30), „Beweiserleichterungserklärung" (Wellenhofer-Klein, Jura 2002, 505, 510), „Wissenserklärung" (Coester, JA 1982, 579) und „einfaches Anerkenntnis" (Grams, BauR 2004, 1513, 1516).

Mit dieser unterschiedlichen Terminologie werden verschiedenartige, teilweise typologisierte Fälle erfasst, in denen der Schuldner die Schuld oder die dazu führenden Umstände „bestätigt" hat, ohne dass dies zu einem abstrakten oder kausalen Anerkenntnis geführt hätte. In den Anwendungsbereich fallen z. B. Erklärungen am Unfallort zur eigenen Schuld am Unfall (BGH, Urt. v. 10.1.1984 – VI ZR 64/82), Erklärungen des Drittschuldners gemäß § 840 ZPO, die Forderung des Schuldners bestehe einwendungsfrei (BGH, Urt. v. 10.10.1977 – VIII ZR 76/76), der mit Stempel untermauerte Anerkennungsvermerk eines Bestellers auf einer Architektenrechnung (BGH, Urt. v. 13.3.1974 – VII ZR 65/72), Erklärungen in einer Gesellschafterversammlung in Anwesenheit des Gläubigers, es bestehe dessen Forderung gegenüber der Gesellschaft (BGH, Urt. v. 5.5.2003 – II ZR 50/01). Jedenfalls mit dem letzten Urteil ist klargestellt, dass die Grundsätze zum Schuldbekenntnis mit Beweiswirkung auch im Vertragsrecht gelten, woran an sich kein Zweifel bestehen kann, weil jedes Verhalten beweisrechtliche Wirkungen äußert. Vorübergehende Zweifel sind nur deshalb entstanden, weil der VII. Zivilsenat in einer vereinzelt gebliebenen Entscheidung apodiktisch entschieden hat, die von der Rechtsprechung entwickelten Grundsätze zur Beweislastumkehr bei einem „Schuldbekenntnis" seien auf Erklärungen über Grund und Höhe vertraglicher Forderungen nicht anwendbar. Sie beträfen eine Erklärung in der besonderen Situation an einem Unfallort (BGH, Urt. v. 24.1.2002 – VII ZR 206/00). Dieser Rechtssatz ist nicht haltbar und wird sogleich dadurch relativiert, dass der VII. Zivilsenat Erklärungen von Vertragsparteien als „Anerkenntnis gegen sich selbst" würdigt, wenn auch im konkreten Fall ohne positives Ergebnis (BGH, Urt. v. 24.1.2002 – VII ZR 206/00).

605

Das beweiserleichternde Anerkenntnis ist seiner Natur nach an keine Form gebunden. Die Bestätigung einer Schuld kann mündlich erfolgt sein, z. B. durch die Erklärung, die Werklohnforderung werde zweifelsohne, sie werde in den nächsten Tagen bezahlt. Besonders häufig wird ein Schuldbekenntnis schriftlich vorliegen. Insoweit gibt es praktisch bedeutsame Formen. So kann eine Schuldbestätigung auf einer Rechnung des Unternehmers erfolgen, indem die Rechnung ausdrücklich „anerkannt" wird (BGH, Urt. v. 13.3.1974 – VII ZR 65/72). Das beweiserleichternde Schuldbekenntnis kann sich auch in Protokollen oder Berichten wieder finden, die das Ergebnis gemeinsamer Verhandlungen betreffen. Schuldbekenntnisse können in der Korrespondenz enthalten sein, in anwaltlichen Schriftsätzen oder auch in Berichten über das Ergebnis einer Prüfung. Allgemein ist jede Urkunde, die sich direkt oder indirekt über eine Forderung verhält, geeignet, die Beweiswürdigung zu beeinflussen. Soll das Schuldbekenntnis über die reine Indizwirkung hinausgehen, muss sie ein besonderes Gewicht haben. Dieses besondere Gewicht entnimmt die Rechtsprechung insbesondere der besonderen Zweckbestimmung einer schuldbestätigenden Erklärung.

606

Der von einem Schuldbekenntnis verfolgte Zweck kann allerdings so untergeordnet sein, dass es nicht gerechtfertigt ist, über die reine Indizwirkung hinaus dem Gläubiger Beweiserleichterungen zu verschaffen. Das ist z. B. dann der Fall, wenn Erklärungen zur Schuld lediglich abgegeben werden, um den Gläubiger zu beruhigen oder um Dritte über eine vermeintliche Forderung zu informieren, ohne dass diese in irgendeiner Weise einer näheren Prüfung unterzogen wird. In solchen Fällen bleibt es bei einer schwachen Indizwirkung. Eine mündliche Erklärung, die Forderung werde bald bezahlt, hat in aller Regel keinen anderen Zweck als zu beruhigen, ohne ein Beweismittel gegen sich selbst zu schaffen. Die Erklärung in einem Bauantrag über eine bestimmte Bausumme, kann nicht eine beweiserleichternde Wirkung zur Behauptung des Bestellers haben, es sei mit dem Architekten eine Baukostenobergrenze in Höhe dieser Bausumme vereinbart worden (vgl. BGH, Urt. v. 13.2.2003 – VII ZR 395/01).

607

Der Zweck einer Erklärung kann aber auch gerade darin liegen, eine Beweiswirkung zu erzeugen. So kann insbesondere bei der Erstellung von Urkunden mit Aussagen über eine Schuld der Zweck verfolgt werden, ein Beweismittel zu schaffen, das den Beweis erleichtern soll. Ganz besonders deutlich wird das bei einem außergerichtlichen Geständnis, wie z. B. dem Eingeständnis der Schuld nach einem Unfall. Auch kann ein gemeinschaftliches Protokoll einer Verhandlung zu dem Zweck erstellt worden sein, nicht nur das Ergebnis der Verhandlung zu dokumentieren, sondern auch tatsächliche Umstände als aus der Sicht der Verhandlungspartner

608

§ 631 Werkvertragsrecht

als richtig und feststehend zu fixieren. Urkunden über eine Schuld oder deren Voraussetzungen können auf dem Hintergrund erstellt werden, dass später eine Aufklärung der Voraussetzungen einer Schuld nicht mehr möglich ist und der Gläubiger durch die Urkunde ein Beweisdokument erhalten soll, das ihm die Durchsetzung des Anspruchs ermöglicht. Denkbar sind auch Kombinationen von Zwecken.

609 Der Schlüssel zur Bestimmung des Umfangs der Beweiserleichterung ist die Zweckbestimmung. Der Zweck des Schuldbekenntnisses kann es erfordern, dem Schuldner die Beweislast dafür aufzuerlegen, dass der geltend gemachte Anspruch nicht besteht. Es kann aber auch ausreichen, dem Schuldner die Beweislast dafür aufzuerlegen, dass der durch das Schuldbekenntnis erzeugte Anschein einer tatsächlich bestehenden Schuld widerlegt wird, so dass die Beweislast für das Bestehen des Anspruchs jedenfalls dann wieder beim Gläubiger liegt. Die Ermittlung des Zwecks einer Schuldbestätigung muss sorgfältig erfolgen und unterliegt natürlich der freien Beweiswürdigung nach § 286 ZPO. Die in der Literatur teilweise geäußerte Besorgnis gegenüber beweiserleichternden Wirkungen eines bestätigenden Anerkenntnisses (dazu Ehmann, a.a.O., S. 16 ff.) ist deshalb unbegründet. Der Richter muss die Überzeugung gewonnen haben, dass das Schuldbekenntnis einem bestimmten Zweck dient, der die jeweilige Beweiserleichterung rechtfertigt. Inwieweit diese Überzeugung gewonnen werden kann, hängt von allen Umständen ab, die zu der Schuldbestätigung führen. Die Beweiswürdigung gibt dem Richter genügend Spielraum, eine Erklärung so einzuordnen, dass eine beweiserleichternde Wirkung nicht oder nur in einem bestimmten eingeschränkten Umfang anerkannt wird. Mag bei Erklärungen am Unfallort von vornherein eine gewisse Skepsis begründet sein, beweiserleichternde Wirkungen zuzuerkennen, weil solche Erklärungen unter dem ersten, manchmal unzutreffenden Eindruck einer Alleinschuld abgegeben werden (Ehmann, a.a.O., S. 16), so ist das bei Erklärungen zu vertraglichen Verpflichtungen insbesondere dann anders, wenn dem Verhandlungen oder auch Streitigkeiten vorausgegangen ist. Es kommt aber auch insoweit auf den Einzelfall an. Ist z. B. eine Vertragserklärung des Bestellers zu einer Schuld erkennbar abgegeben worden, um den Unternehmer von der angedrohten Arbeitseinstellung abzuhalten, so kann es gerechtfertigt sein, dieser Erklärung nicht mehr als die „normale" Indizwirkung hinsichtlich der Schuld zuzugestehen. Denn es kann gerechtfertigt sein, einer Erklärung, die unter einer Drohung mit einem empfindlichen Übel abgegebenen wurde, den gegen sich selbst gerichteten Beweiszweck abzuerkennen.

610 **(2) Rechtswirkungen.** Die Rechtswirkungen des beweiserleichternden Schuldbekenntnisses hängen nach der Rechtsprechung von den Umständen des Einzelfalles ab. Da das beweiserleichternde Schuldbekenntnis keine rechtsgeschäftliche Erklärung ist, können auch keine rechtsgeschäftlichen Rechtsfolgen aus einem solchen Anerkenntnis abgeleitet werden. Die Wirkungen beschränken sich auf das Tatsächliche. Eine Erklärung oder ein Verhalten des Schuldners, mit dem die Schuld oder deren Voraussetzungen bestätigt werden, kann insbesondere bei der Beweiswürdigung eine Rolle spielen. Das ist an sich selbstverständlich, weil bei der Beweiswürdigung alle im Zusammenhang mit dem geltend gemachten Anspruch stehenden Umstände, also auch Erklärungen und das Verhalten des Schuldners, umfassend zu würdigen sind, § 286 ZPO. Eine besondere Bedeutung erlangt das Schuldbekenntnis durch die daran geknüpften besonderen Beweiserleichterungen. Der Erklärungsempfänger kann nach der Rechtsprechung als Folge der Erklärung der Beweisanforderungen, denen er ohne die Erklärung zur Erreichung seines Prozessziels genügen müsste, vorübergehend oder dauerhaft enthoben sein. Im ersten Fall trifft ihn die Notwendigkeit, die sein Prozessbegehren tragenden Behauptungen zu beweisen, erst dann, wenn dem Erklärenden der Nachweis der Unrichtigkeit des Anerkannten gelingt (vgl. BGH, Urt. v. 24.3.1976 – IV ZR 222/74). Im zweiten Fall trägt der Bekennende die Beweislast dafür, dass dem Gläubiger tatsächlich keine oder nur geringere Ansprüche zustehen (BGH, Urt. v. 13.3.1974 – VII ZR 65/72; Urt. v. 5.5.2003 – II ZR 50/01). Auf dieser Grundlage hat das Kammergericht Berlin in zwei Entscheidungen Forderungen wegen Bauzeitverzögerungen zugesprochen, deren Grund und Höhe im Prozess streitig waren. In einem Fall hat der dazu ermächtigte Vertreter des Bestellers einen Dritten mit der Prüfung der Verzögerungstatbestände und der sich daraus ergebenden Forderungen und mit den Verhandlungen mit dem Unternehmer beauftragt. Die sich aus der Prüfung ergebenden tatsächlichen Feststellungen und Ansprüche sind dann von dem Vertreter des Bestellers bestätigt worden. Der Besteller hat jedoch einer Nachtragsvereinbarung auf dieser Grundlage die Zustimmung verweigert. Das Landgericht Berlin (LG Berlin, Urt. v. 23.2.2005 – 18 O 456/03) und ihm folgend das Kammergericht (KG, Beschl. v. 13.12.2005 – 7 U 80/05) haben angenommen, die Feststellungen aus dem Prüfergebnis seien der Entscheidung zugrunde zu legen. Den Besteller treffe die Beweislast für abweichende Feststellungen. In einem anderen

Werkvertragsrecht § 631

Fall hat der Sachbearbeiter der für den Besteller auftretenden Behörde dem Unternehmer mitgeteilt, dass jedenfalls ein Mehrkostenanspruch für einen Verlängerungszeitraum von drei Monaten außer Streit stünde. Er hat mitgeteilt, er sei nach telefonischer Rücksprache mit der Oberfinanzdirektion in der Lage mitzuteilen, dass dem Unternehmer der durch die Bauzeitverzögerung entstandene Schaden vergütet werde. Schließlich hat er die daraufhin erstellte Rechnung des Unternehmers korrigiert und zur Grundlage einer Besprechung gemacht, in der der korrigierte Betrag als Schuld zugrunde gelegt wurde. Im Prozess bestritt er den Anspruch dem Grund und der Höhe nach. Das Kammergericht hat eine Beweislastumkehr angenommen und wegen des nicht geführten Gegenbeweises der Klage in Höhe der korrigierten Rechnung stattgegeben (KG, Urt. v. 22.11.2005 – 27 U 53/04; die Revision ist insoweit nicht zugelassen worden, BGH, Beschl. v. 8.2.2007 – VII ZR 280/05). Diese Rechtsprechung muss teilweise hinterfragt werden. Eine beweislastumkehrende Wirkung eines Schuldbekenntnisses kann nur dann gerechtfertigt sein, wenn der Schuldner das Schuldbekenntnis zu dem Zweck abgegeben hat, dem Gläubiger den Beweis zu erleichtern und der Gläubiger durch das Schuldbekenntnis davon abgehalten wird, die zur erfolgreichen Durchsetzung des Anspruchs erforderlichen Vorkehrungen zu treffen und dadurch die Durchsetzung des Anspruchs tatsächlich erschwert oder unmöglich gemacht wird (vgl. BGH, Urt. v. 26.9.1968 – VII ZR 126/66: Prüfung eines Anspruchs wegen Behinderung und Bestätigung der dem Anspruch zugrunde liegenden Tatsachen vor Weiterleitung an die letztlich zahlende Behörde; BGH, Urt. v. 10.1.1984 – VI ZR 64/82; Urt. v. 24.1.2002 – VII ZR 206/00) Ein solches Schuldbekenntnis ordnet sich in die allgemeinen Beweisgrundsätze zur Beweisvereitelung ein (vgl. i. e. und zu den Anwendungsfällen im Baurecht: Kniffka, FS Kapellmann, S. 209 ff.).

(3) Auswirkungen des Schuldbekenntnisses auf die Darlegungsanforderungen. Die 611 von der Rechtsprechung zuerkannte Beweiswirkung macht eine schlüssige Darstellung des geltend gemachten und bestätigten Anspruchs nicht entbehrlich. Insoweit besteht ein Unterschied zu den Wirkungen eines rechtsgeschäftlichen Anerkenntnisses. Dieses hat die Funktion, Anspruchsvoraussetzungen oder Einwände der rechtlichen Prüfung zu entziehen. Aus diesem Grund wird je nach Inhalt des Anerkenntnisses auch die Darlegungslast gemindert.

Demgegenüber hat das beweiserleichternde Schuldbekenntnis grundsätzlich keine Auswir- 612 kungen auf die Darlegungslast des Gläubigers. Dieser muss sämtliche anspruchsbegründenden Tatsachen vortragen. Ein Anspruch kann nicht allein darauf gestützt werden, der Schuldner habe eine (nicht rechtsgeschäftliche) Bestätigung der Schuld abgegeben. Das beweiserleichternde Schuldbekenntnis entbindet den Schuldner auch nicht davon, komplexe Sachverhalte für das Gericht nachvollziehbar darzustellen. So bleiben z.B. die zur Darlegungslast von Ansprüchen aus Bauzeitverzögerungen entwickelten Grundsätze anwendbar (BGH, Urt. v. 24.2.2005 – VII ZR 141/03; Urt. v. 24.2.2005 – VII ZR 225/03). Denkbar ist allenfalls, dass sich die Anforderungen an eine detaillierte Darstellung mindern, weil der Schuldner die Schuld bestätigt hat. Das kann z.B. dann der Fall sein, wenn die Höhe des Anspruchs sich aus einer Beweisurkunde ergibt.

Der Schuldner ist nach einer vorgerichtlichen Erklärung, mit der das Bestehen der Schuld 613 bestätigt wird, nicht gehindert, die Forderung zu bestreiten. In komplexen Sachverhalten kann er durch detailliertes Bestreiten eine detaillierte Anspruchsbegründung herausfordern (BGH, Urt. v. 20.9.2002 – V ZR 170/01). Auch dieses Vorgehen darf ihm nicht deswegen abgeschnitten werden, weil er die Schuld einmal bestätigt hat. Keinesfalls darf durch unzulässige Zurückweisung des Beklagtenvortrages im Hinblick auf seine vorprozessuale Schuldbestätigung dieser mittelbar die Wirkung eines abstrakten oder kausalen Schuldanerkenntnisses zuerkannt werden. Es muss dabei bleiben, dass die Schuldbestätigung lediglich Beweiswirkung hat. Fehlerhaft ist es deshalb, substantiierten Vortrag des Schuldners zum tatsächlichen Sachverhalt allein deswegen zurückzuweisen, weil er mit der Bestätigung nicht übereinstimme. Mit dem Vortrag eines von der Bestätigung abweichenden Sachverhalts wird grundsätzlich die Behauptung erhoben, diese sei falsch. Diese Behauptung ist immer zulässig und in der Regel erheblich. Erläutert der Schuldner allerdings nicht, warum er einen von der nunmehrigen im Prozess erhobenen Behauptung abweichenden Sachverhalt zuvor außerprozessual bestätigt hat, kann das ein Indiz dafür sein, dass der neue Sachverhalt „ins Blaue hinein" behauptet wird. Nur unter diesen Voraussetzungen (BGH, Urt. v. 1.7.1999 – VII ZR 202/98; Urt. v. 20.9.2002 – V ZR 170/01) und dann, wenn die neue Behauptung so ungenau ist, dass ihre Erheblichkeit nicht beurteilt werden kann (BGH, Urt. v. 23.4.1991 – X ZR 77/89), kann der Vortrag als unerheblich zurückgewiesen werden.

§ 631

c) Erlass oder Verzicht

614 „Gegenstück" zum kausalen Schuldanerkenntnis des Bestellers wäre ein Erlass oder Verzicht des Unternehmers. Zu Recht stellt die Rechtsprechung auch an die Darlegung eines Erlassvertrages oder Verzichts hohe Anforderungen. Eine auf Abschluss eines derartigen Vertrages gerichtete Willenserklärung ist im Zweifel eng auszulegen. Sie verlangt, dass diese vom Empfänger als Aufgabe des in Frage stehenden Rechts verstanden werden muss (BGH, Urt. v. 22.6.1995 – VII ZR 118/94; Urt. v. 13.7.1995 – VII ZR 142/94; Urt. v. 14.12.2000 – I ZR 213/98; Urt. v. 10.5.2001 – VII ZR 356/00). Stets sind die Gesamtumstände zu berücksichtigen, selbst wenn der Wortlaut eindeutig scheint (BGH, Urt. v. 15.1.2002 – X ZR 91/00). Konsequenterweise ist der BGH auch bei der Annahme einer Gesamtwirkung eines Verzichts oder Erlasses im Rahmen eines Vergleichs mit einem Gesamtschuldner sehr zurückhaltend (BGH, Urt. v. 22.12.2011 – VII ZR 7/11).

615 Ein unzweideutiges Verhalten ist auch in den Fällen erforderlich, in denen der Schuldner einen Scheck über einen Teilbetrag unter Hinweis darauf übersendet, mit der Einlösung des Schecks seien die gesamten noch offenen Forderungen abgegolten (vgl. zur sog. Erlassfalle Schönfelder NJW 2001, 492). Die tatsächlichen Voraussetzungen sind durch die weitgehende Umstellung auf Electronic Banking vielfach entfallen. Die Rechtsprechung steht der Erlassfalle für den Bauvertrag auch sehr zurückhaltend gegenüber (KG, Urt. v. 26.5.2000 – 4 U 4025/99). Die Einlösung des Schecks ist nicht zwingend die Annahme eines Vergleichsangebots oder eines Erlassvertrages. In der Regel kann das nur angenommen werden, wenn entsprechende Verhandlungen vorausgegangen sind (BGH, Urt. v. 10.5.2001 – XII ZR 60/99).

616 Wird in einer Schlussrechnung die Werklohnforderung nicht vollständig ausgewiesen, so liegt hier – selbstverständlich – grundsätzlich kein Verzicht auf eine weitergehende Forderung vor. Das gilt für inzwischen auch für Architekten, wo früher eine Bindungswirkung angenommen wurde (vgl. BGH, Urt. 23.10.2008 – VII ZR 105/07; Urt. v. 22.4.2010 – VII ZR 48/07). Auch wird die Forderung durch die bloße Stellung einer Schlussrechnung nicht in anderer Weise verkürzt.

617 Deutlich schneller als ein isolierter Verzicht wird eine Verzichtswirkung bei der Annahme von Abgeltungswirkungen von Vertragsänderungen angenommen. Wird bei einer Zuschlagsverzögerung ein Vertrag mit verschobener Bauzeit aber alten Preis angeboten, und nimmt der Unternehmer die Arbeiten auf, kann hierin ein Vertragsschluss unter Verzicht auf die Mehrkosten der Bauzeitänderung liegen (vgl. BGH, Urt. v. 24.2.2005 – VII ZR 141/03; Urt. v. 6.9.2012 – VII ZR 193/10; vgl. auch Urt. v. 10.9. 2009 – VII ZR 255/08; OLG Hamm, Urt. v. 5.12.2006 – 24 U 58/05.)

618 Davon sind die Fälle zu unterscheiden, in denen der Besteller, ohne Einwendungen gegen die Forderung zu erheben, dem Unternehmer nach Abschluss der Arbeiten eine sofortige Zahlung in verminderter Höhe zu erbringen und der Unternehmer dann diese Zahlung mit der Vereinbarung der Erledigung aller Ansprüche annimmt. In der Praxis ist sehr häufig zu beobachten, dass der Besteller die Zahlung ohne einen triftigen Grund verweigert. Nach Drängen des Unternehmers bietet er dann eine sofortige Zahlung in geringer Höhe, bisweilen weniger als die Hälfte des tatsächlich zustehenden Betrages, an und verlangt „im Gegenzug" einen Verzicht des Unternehmers auf den überschießenden Betrag. Bisweilen wird dieses Verhalten mit dem Hinweis unterfüttert, ansonsten müsse der Unternehmer prozessieren und sich mit den dann zu erwartenden Einwendungen des Bestellers auseinandersetzen. Es sei unsicher, was am Ende herauskäme und ob überhaupt nach jahrelangem Prozessieren noch etwas „zu holen" sei. Geht der Unternehmer auf dieses Ansinnen des Bestellers ein und verzichtet er auf einen Teil seiner Forderung, um sofortige Zahlung zu erlangen, so ist diese Vereinbarung nach allgemeinen rechtsgeschäftlichen Grundsätzen zu beurteilen. Danach ist sie grundsätzlich wirksam. Denn es handelt sich um einen Erlassvertrag, vgl. § 397 BGB. In Betracht kommt aber eine Unwirksamkeit des Erlassvertrages nach § 138 BGB. Die Vereinbarung eines Erlasses kann gegen die guten Sitten verstoßen (BGH, Urt. v. 10.10.1997 – V ZR 74/96; Urt. v. 26.4.2002 – BLw 29/01).

619 Die Voraussetzungen für die sittenwidrige Benachteiligung muss der Verzichtende darlegen und beweisen. Bisher hat der Bundesgerichtshof die Grundsätze zur Verteilung der Darlegungs- und Beweislast bei einem groben Missverhältnis von Leistung und Gegenleistung unter Hinweis darauf nicht angewandt, dass bei einem Erlassvertrag eine Gegenleistung fehle (BGH, Beschl. v. 16.6.2000 – BLw 19/99). Ist die Vereinbarung wirksam, kann sie möglicherweise angefochten werden, wenn die Tatbestände einer arglistigen Täuschung und auch einer widerrechtlichen Drohung vorliegen. Eine arglistige Täuschung kann z.B. dann vorliegen, wenn der Besteller den Verzicht unter Hinweis auf wirtschaftliche Schwierigkeiten herbeiführt, die nicht oder nicht im behaupteten Ausmaß bestehen. Eine widerrechtliche Drohung kann darin liegen, dass der Besteller dem Unternehmer mit einem Prozess droht, in dem er nach seiner Erklärung gar nicht bestehende Einwendungen, wie z.B. Mängelrügen, erheben wird, um den Prozess in die Länge zu ziehen.

8. Vergütungsrelevante Klauseln in Allgemeinen Geschäftsbedingungen des Bestellers

a) Vollständigkeits- und Pauschalierungsklauseln

Kataloge zu unwirksamen Bauvertragsklausel verleiten dazu, nicht den konkreten Sachverhalt zu würdigen, sondern rechtlich durch unpassende Einheitslösungen zu vergewaltigen. Gerade bei Vollständigkeitsklausel kommt es darauf an festzustellen, welcher Leistungsumfang abgefragt und angeboten wurde. 620

Pauschalierungsklauseln sind deshalb unbedenklich, sofern sie nur den Inhalt der vertraglichen Vereinbarung über die Leistung wiedergeben oder bestätigen. Haben die Parteien z.B. aufgrund einer Leistungsermittlung des Unternehmers einen sogenannten Globalpauschalvertrag übernommen, so ist eine Klausel, nach der „weiterhin alle Leistungen und Lieferungen, die zur funktionsgerechten, technisch einwandfreien, termingerechten Ausführung erforderlich sind, auch wenn sie in den Vertragsunterlagen nicht ausdrücklich erwähnt sind ..." unbedenklich (OLG Brandenburg, Urt. v. 6.3.2007 – 11 U 166/05). Denn mit der Klausel wird nichts anderes ausgedrückt, als die Parteien ohnehin vereinbart haben (vgl. auch OLG Düsseldorf, Urt. v. 30.9.2003 – 23 U 204/02; vgl. auch OLG Düsseldorf, Urt. v. 27.5.2014 – 23 U 162/13).

Die der individuellen Vereinbarung vorgenommene Risikoverteilung im Bauvertrag kann jedoch nicht durch Allgemeine Geschäftsbedingungen einseitig unangemessen zu Lasten des Unternehmers verändert werden. Übernimmt der Unternehmer durch eine individuelle Vereinbarung keine Planungsverantwortung, verbleibt sie grundsätzlich bei dem Besteller. Mit § 307 BGB ist es nicht vereinbar, wenn die Planungsverantwortlichkeit durch Allgemeine Geschäftsbedingungen in Nebenabreden auf den Unternehmer verlagert wird. Es ist zwar unbedenklich, wenn dem Unternehmer umfassende vertraglich Prüfungspflichten auferlegt werden, soweit sie in seine unternehmerische Verantwortung gehören, vgl. § 3 Abs. 3 VOB/B; § 4 Abs. 1 Nr. 4, Abs. 3 VOB/B. Regelmäßig bedenklich ist es jedoch, wenn Nachträge, deren Anlass im Verantwortungsbereich des Bestellers liegt, wegen Verletzung der Prüfungspflicht vollständig ausgeschlossen werden oder der Besteller sich von seinem Verantwortungsbeitrag vollständig freizeichnet (OLG Hamburg, Urt. v. 6.12.1995 – 5 U 215/94; OLG Zweibrücken, Urt. v. 10.3.1994 – 4 U 143/93; OLG München, Urt. v. 30.1.1986 – 29 U 3832/85; OLG Karlsruhe, Urt. v. 22.7.1982 – 9 U 27/81; vgl. auch BGH, Beschl. v. 26.2.2004 – VII ZR 96/03). 621

Ähnlich liegt die Problematik bei den Pauschalierungsklauseln. Darunter sind diejenigen klauselmäßigen Preis- bzw. Leistungsnebenabreden zu verstehen, die über die individuelle Vereinbarung hinaus den Leistungsumfang pauschalieren. Ob das gewollt ist, ist durch Auslegung zu ermitteln, wobei die Auslegung zunächst davon auszugehen hat, dass der Besteller dem Unternehmer im Zweifel keine ungewöhnlichen Risiken auferlegen will (vgl. dazu BGH, Urt. v. 26.7.2007 – VII ZR 42/05). Die Klausel des Bestellers „Werden nach Abschluss des Vertrages aus bautechnisch notwendigen Gründen Planung oder Ausführung mit der Folge von Mehr- oder Minderkosten geändert, so verpflichten sich die Vertragsparteien, die Kosten der Mehr- oder Minderleistungen auf der Basis des Pauschalpreises zu ermitteln und auf den Pauschalpreis aufzuschlagen bzw. vom Pauschalpreis in Abzug zu bringen" schließt eine Preisanpassung nach § 2 Abs. 4 bis 6 VOB/B in den Fällen, in denen die Vertragsänderung nicht auf bautechnisch notwendigen Gründen beruht, nicht aus (BGH, Urt. v. 29.6.2000 – VII ZR 186/99). Die Klausel: „Die Angebots- und Vertragspreise gelten für die fertige Leistung bzw. Lieferung frei Bau einschließlich Abladen und Verpackung. Für die angebotenen Leistungen übernimmt der Unternehmer die Verpflichtung der Vollständigkeit, d.h. Leistungen und Nebenleistungen, die sich aus den Positionen zwangsläufig ergeben, sind einzukalkulieren, auch wenn sie im Leistungsverzeichnis nicht ausdrücklich erwähnt sind" ist als wirksame Verpflichtung des Unternehmers zu verstehen, die zur Ausführung der angebotenen Leistungen einer ausgeschriebenen Position notwendigen Teilarbeiten bei der Kalkulation vollständig zu berücksichtigen. Sie überträgt kein Mengenrisiko (BGH, Beschl. v. 26.2.2004 – VII ZR 96/03) und schließt auch keine Nachforderungen wegen zusätzlicher oder geänderter Leistungen aus. Eine Klausel, wonach der Unternehmer alle behördlichen Auflagen und Bedingungen zu erfüllen hat, besagt nichts darüber, inwieweit diese Auflagen und Bedingungen bereits von der Preisabrede erfasst 622

§ 631

sind. Durch nachträgliche Auflagen und Bedingungen begründete Mehrvergütungsansprüche werden dadurch nicht ausgeschlossen (BGH, Beschl. v. 11.5.2006 – VII ZR 309/04).

623 Die Klausel „Der Unternehmer versichert, dass ihm alle zur Ausführung des Auftrages notwendigen Informationen zur Verfügung stehen und ausreichend sind, um sämtliche zur Preisbildung erforderlichen Umstände zu erfassen. Er sichert zu, auf der Grundlage der vereinbarten Preise die Leistungen abnahmefähig und funktionsfähig erbringen zu können" kann dahin ausgelegt werden, dass die abgegebene Versicherung lediglich den ausgeschriebenen Leistungsteil erfasst. Damit werden also nicht Nachforderungen ausgeschlossen, die sich aus der Unvollständigkeit der Leistungsbeschreibung ergeben. Die Zusicherung im zweiten Satz könnte dahin verstanden werden, dass Mehrvergütungsansprüche ausgeschlossen werden sollen, die auf unzureichenden Ausführungsunterlagen, wie Leistungsverzeichnis und Plänen, beruhen. In diesem Sinne soll der durch diese Unterlagen definierte Leistungsumfang erweitert werden. Häufig werden in anderen Klauseln nebenher noch weitere, nicht erkennbare Risiken, wie z.B. das Risiko der Bodenbeschaffenheit, auf den Unternehmer verlagert. Die Klausel „Der Bieter wird ausdrücklich angehalten, sich vor Kalkulation des Angebots von der Situation an Ort und Stelle zu informieren. Nachforderungen auf Grund unberücksichtigter Schwierigkeiten werden grundsätzlich nicht anerkannt" ist bedenklich, weil es sich um eine unangemessene Verlagerung des Risikos handelt. Der Unternehmer hat in vielen Fällen überhaupt keine Möglichkeit, sich vor der Kalkulation des Angebots von der Situation an Ort und Stelle zu informieren. Die Klausel stellt dann eine unangemessene Fiktion dar mit dem Zweck, den Besteller von der genauen Beschreibungspflicht zu Lasten des Unternehmers zu befreien (Bedenken angemeldet in: BGH, Beschl. v. 26.2.2004 – VII ZR 96/03).

624 Inwieweit durch Leistungsmodifizierungen in Allgemeinen Geschäftsbedingungen der individuell durch das Leistungsverzeichnis und andere Vertragsunterlagen festgelegte Leistungsinhalt erweitert werden kann, ist noch nicht abschließend geklärt. Entscheidend ist die Vertragsgestaltung im Einzelfall, wobei sorgfältig unterschieden werden muss, ob die Pauschalierungsklauseln noch zu den Preis- bzw. Leistungsvereinbarungen gehören oder schon zu den Preis- bzw. Leistungsnebenabreden. Nur letztere unterliegen uneingeschränkt der Inhaltskontrolle, §307 Abs. 3 Satz 1 BGB (vgl. BGH, Urt. v. 10.6.1999 – VII ZR 365/98; Beschl. v. 11.5.2006 – VII ZR 309/04; Urt. v. 17.9.2014 – VIII ZR 258/13). Preis- und Leistungsabreden unterliegen der Inhaltskontrolle nur insoweit, als die Unwirksamkeit durch einen Verstoß gegen das Transparenzgebot begründet sein kann, §307 Abs. 3 Satz 2 i.V.m. §307 Abs. 1 Satz 2 BGB.

625 Komplettheitsklauseln, Schlüsselfertigkeitsklauseln, oder Fix- und Fertigklauseln können nicht ohne Bezug auf die Gesamtvertragsgestaltung von vornherein als unwirksam angesehen werden (vgl. OLG Düsseldorf; Urt. v. 16.8.1995 – 22 U 256/93). Genauso falsch wäre es allerdings, sie generell als Teil der vertraglichen Leistungsbeschreibung anzusehen (zumindest missverständlich OLG Düsseldorf, Urt. v. 27.05.2014 – 23 U 162/13; vergleiche dazu Roquette/Vogt, BauR 2015, 909ff.; von Kiedrowski, jurisPR-PrivBauR 5/2015 Anm. 4). Maßgeblich ist, in welchem Gesamtzusammenhang sie stehen (vgl. näher Markus/Kaiser/Kapellmann, AGB-Handbuch, Rdn. 200 ff.). Klauseln, die das Hauptleistungsversprechen einschränken, verändern oder aushöhlen oder ausgestalten und modifizieren, unterliegen der Inhaltskontrolle (BGH, Urt. v. 12.3.1987 – VII ZR 37/86; Urt. v. 17.3.1999 – IV ZR 137/98; nach OLG Düsseldorf, Urt. v. 19.3.1991 – 23 U 141/90 kann dem Leistungsverzeichnis der Vorrang der Individualabrede zukommen, §305b BGB, vgl. aber auch OLG Köln, Urt. v. 4.4.1990 – 17 U 34/89). Deshalb kommt es darauf an, welchen Inhalt das Hauptleistungsversprechen hat. Haben die Parteien einen Pauschalvertrag mit funktionaler Leistungsbeschreibung vereinbart, drückt die Komplettheitsklausel nichts anderes aus, als ohnehin als Hauptleistungsversprechen vereinbart ist (vgl. OLG Düsseldorf, Urt. v. 30.9.2003 – 23 U 204/02; OLG Brandenburg, Urt. v. 6.3.2007 – 11 U 166 (05). Das gilt jedenfalls, soweit der Vertrag keine Detaillierungen enthält, die durch die Komplettheitsklausel dann doch wieder überspielt werden sollen. Von Bedeutung ist bei Einheitspreisverträgen oder Detailpauschalverträgen auch, was die Klausel stellt (OLG Düsseldorf, a.a.O.). Bei der Auslegung der Klausel ist deren Reichweite danach zu bestimmen, was der Unternehmer nach seinem Empfängerhorizont als Komplettheitsanforderung erkennen konnte.

626 Sind derartige Klauseln als Preis-, Leistungsnebenabreden einzuordnen, besteht Einigkeit darüber, dass sie das nach der Vertragsgestaltung beim Besteller liegende Planungsrisiko nicht einseitig auf den Unternehmer verlagern dürfen (OLG München, Urt. v. 22.5.1990 – 9 U 6108/89). Bei einer detaillierten Leistungsbeschreibung führt eine formularmäßige Kom-

plettheitsklausel nicht zu einer Leistungspauschalierung (OLG Rostock, Urt. v. 19.5.2009 – 4 U 84/05; OLG Brandenburg, Urt. v. 9.7.2002 – 11 U 187/01; Markus/Kaiser/Kapellmann, AGB-Handbuch, Rdn. 200; zweifelhaft OLG Düsseldorf, Urt. v. 27.5.2014 –23 U 162/13). Eine Erweiterung des individuell vereinbarten Leistungsumfangs kann neben Komplettheitsklauseln auch durch Günstigkeits- oder Unklarheitklauseln versucht werden. Auch sie sind formularmäßig i. d. R. unwirksam (BGH, Beschl. v. 5.6.1997 – VII ZR 54/96). Verbreitet sind daneben sog. Abgeltungsklauseln. Mit ihnen soll eine Leistungserweiterung durch die Einbeziehung in der Leistungsbeschreibung nicht enthaltener, an sich zusätzlich vergütungspflichtiger Leistungen unter den vereinbarten Preis verursacht werden. Jedenfalls dann, wenn die Erweiterung des Leistungsumfanges nicht kalkulierbar oder überraschend ist, werden sie nach § 307 BGB unwirksam sein.

Beispiele: Schuttklausel: Entfernen des Schutts fremder Unternehmer (OLG München, Urt. v. 15.1.1987 – 29 U 4348/86);

Gerüstklausel 1: Vorhaltung des Gerüstes für Nachfolgeunternehmer (OLG München, Urt. v. 30.1.1986 – 29 U 3832/85);

Gerüstklausel 2: unkalkulierbare Gerüsthöhe (OLG Celle, Urt. v. 5.1.1995 – 22 U 7/94);

Gerüstklausel 3: Vorhaltung des Gerüstes für einen Nachfolgeunternehmer auch ohne Angaben der Dauer ist kalkulierbar, wenn der Unternehmer auf Erfahrungswerte zurückgreifen kann. Ihm wird durch eine entsprechende Position im LV kein ungewöhnliches Wagnis auferlegt (BGH, Urt. v. 8.9.1998 – X ZR 85/97);

Schlitzklausel: Herstellen usw. von Schlitzen auf Anweisung des Bauleiters (OLG München, Urt. v. 15.1.1987 – 29 U 4348/86);

Vorhaltekostenklausel: unentgeltliche Vorhaltung auch bei vom Besteller zu vertretendem Baustillstand (OLG München, Urt. v. 15.1.1987 – 29 U 4348/86);

Änderungen 1: Auf Wünsche des Bestellers oder der zuständigen Behörde zurückzuführende Änderungen der statistischen Berechnungen sind vom Unternehmer ohne Anspruch auf eine zusätzliche Vergütung zu fertigen und dem Auftraggeber zur weiteren Veranlassung zu übergeben (BGH, Beschl. v. 5.6.1997 – VII ZR 54/96);

Änderungen 2: Der Unternehmer ist verpflichtet, aufgrund von Prüfungen gemachte Auflagen zu beachten und zu erfüllen. Hieraus resultierende Terminverschiebungen oder Mehrkosten gehen zu seinen Lasten (BGH, Beschl. v. 5.6.1997 – VII ZR 54/96);

Zusatzleistungen 1: In die Einheitspreise ist mit einzukalkulieren: Beseitigung aller Mängel des Putzuntergrundes (LG München I, Urt. v. 9.12.1993– 7 O 9529/93, zitiert nach Hofmann/Frikell/Schwamb, Unwirksame Bauvertragsklauseln, 12. Aufl., S. 174);

Zusatzleistungen 2: Auf Verlangen des Bestellers hat der Unternehmer notwendige bzw. vom Besteller als erforderlich erachtete Prüfungen/Abnahmen bei unabhängigen Prüfungsinstituten/Gutachtern zu veranlassen ... Der Unternehmer hat keinen Anspruch auf eine besondere Vergütung/Kostenerstattung (BGH, Beschl. v. 5.6.1997 – VII ZR 54/96);

Zusatzleistungen 3: Der Unternehmer verpflichtet sich zur Gestellung eines zuverlässigen Poliers oder Vorarbeiters, der während der Dauer der Vertragserfüllung an der Baustelle dauernd zur Verfügung steht (OLG Frankfurt, Urt. v. 3.6.2002 – 1 U 26/01);

Zusatzleistungen 4: Der Besteller kann verlangen, dass Besprechungen auch außerhalb des Ortes der Baustelle, jedoch innerhalb der BRD, durchgeführt werden. Ein Anspruch auf Kostenerstattung entsteht dadurch nicht (BGH, Beschl. v. 5.6.1997 – VII ZR 54/96).

Durch Preisnebenbestimmungen kann dem Vertrag auch nicht ein Inhalt gegeben werden, der der individuellen Vereinbarung das Gepräge nimmt. Haben die Parteien einen Vertrag geschlossen, dem durch die essentialia des Vertragsformulars das Gepräge eines Einheitspreisvertrages gegeben worden ist (Bezeichnung der Vertragsart als Einheitspreisvertrag, Zugrundelegung eines Leistungsverzeichnisses, das mit Einheitspreisen versehen ist, Bezeichnung der Vergütung als Einheitspreissumme), so ist eine Klausel des Bestellers „Auch bei einem Einheitspreisvertrag ist die Auftragssumme limitiert" überraschend im Sinne des § 305c Abs. 1 BGB, so dass sie nicht Vertragsbestandteil geworden ist (BGH, Urt. v. 14.10.2004 – VII ZR 190/03). Ein Unternehmer, der einen Einheitspreis geschlossen hat, muss nicht damit rechnen, dass im Klauselwerk des Bestellers eine Preislimitierung vorhanden ist, die das Wesen des Einheitsvertrages abändert. Dieses besteht darin, dass der Vertragspreis sich aus den tatsächlichen Massen und Einheitspreisen zusammensetzt und keine Begrenzung dahin enthält, dass ab bestimmten Massen keine weitere Vergütung verlangt werden kann. Die Klausel will hingegen einen Höchstpreis etablieren, der letztlich zu einer nur für den Unternehmer nachteiligen Massenbegrenzung führt.

b) Schriftformklauseln

629 Mit Schriftformklauseln wird die Vereinbarung von Zusatzaufträgen oder von Leistungsänderungen von der Einhaltung der Schriftform abhängig gemacht.

630 Schriftformklauseln sind nicht schlechthin nach § 307 BGB unzulässig. Ihre Wirksamkeit hängt von der Ausgestaltung und dem Anwendungsbereich der Klausel ab. An der Schriftformklausel können beide Vertragsparteien eines Bauvertrages ein Interesse haben, denn die Schriftform dient der Sicherheit im Rechtsverkehr. Ihre Wirkung bleibt aber begrenzt, da sie sich letztlich nicht gegen formlose Individualvereinbarungen durchsetzen kann.

631 Vollständigkeitsklauseln („mündliche Nebenabreden wurden nicht getroffen") wiederholen im Ergebnis nur die ohnehin geltende Vollständigkeitsvermutung. Da sie die Rechtslage nicht ändern, sind sie AGB-rechtlich unproblematisch, aber auch überflüssig (BGH, Urt. v. 26.11.1984 – VIII ZR 214/83). Das gilt auch für Schriftformklauseln, die sie nur dem Zweck der Klarstellung und Beweiserleichterung dienen (so genannte deklaratorische Schriftform); eine dennoch mündliche getroffene Abrede bleibt wirksam.

632 Die meisten Klauseln regeln die Schriftform jedoch als Wirksamkeitsvoraussetzung („konstitutive Schriftform"). Allerdings können auch derartige AGB-Klauseln im Ergebnis nicht die Erweiterung des Vertrages durch mündliche Abreden verhindern. Die Parteien können die vereinbarte Form jederzeit und formlos wieder aufheben. Wenn die Parteien die Verbindlichkeit des mündlich Abgesprochenen gewollt haben, folgt hieraus eine stillschweigende Aufhebung der Schriftform, und zwar auch dann, wenn die Parteien an den Formzwang gar nicht gedacht haben (BGH, Beschl. v. v. 25.1.2017 – XII ZR 69/16; Urt. v. 21.9.2005 – XII ZR 312/02; Urt. v. 10.5.2001 – III ZR 111/99). Das gilt auch bei sog. doppelten Schriftformklauseln; diese bleiben jedenfalls wegen des Vorrangs der Individualvereinbarung nach § 305b BGB wirkungslos (BGH, Beschl. v. 25.1.2017 – XII ZR 69/16; BAG, Urt. v. 20.5.2008 – 9 AZR 382/07; KG, Urt. v. 19.5.2016 – 8 U 207/15; OLG Hamm, Urt. v. 21.4.2016 _ 18 U 17/14; a. A. OLG Frankfurt, Urt. v. 18.3.2013 – 2 U 179/12 mit Anm. v. Remmy, ZfJR 2013, 588) Unwirksam ist eine Schriftformklausel, wenn sie dazu dient, insbesondere nach Vertragsschluss getroffene mündliche Individualabreden zu unterlaufen, indem sie beim anderen Vertragsteil den Eindruck erweckt, eine lediglich mündliche Absprache sei entgegen diesen allgemeinen Rechtsgrundsätzen unwirksam (BGH, Urt. v. 21.9.2005 – XII ZR 312/02; Urt. v. 27.9.2000 – VIII ZR 155/99; Urt. v. 15.2.1995 – VIII ZR 93/94). Eine Klausel nach der sämtliche, also auch nachträgliche mündliche individuelle Vereinbarungen nur gültig sind, wenn sie schriftlich niedergelegt sind, ist damit nichtig (BGH, Urt. v. 28.4.1983 – VII ZR 246/82; Urt. v. 26.3.1986 – VIII ZR 85/85; OLG Frankfurt, Urt. v. 20.1.1995 – 24 U 267/93; OLG Karlsruhe, Urt. v. 6.7.1993 – 3 U 57/92 für die Klausel: „Werden Leistungen gefordert, zu denen der Besteller nach dem Vertragsbild nicht verpflichtet ist, so entfällt ein Anspruch auf zusätzliche Vergütung, wenn diese nicht vor der Ausführung schriftlich vereinbart wurden").

633 Die Rechtsprechung legt bei der Beurteilung, ob die Klausel individuelle Vereinbarungen ausschließt jedenfalls dann einen strengen Maßstab an, wenn die Schriftformklausel gegenüber Verbrauchern verwendet wird. In diesem Fall hat sie die gängige Klausel: „Nachträgliche Änderungen und Ergänzungen dieses Vertrages gelten nur bei schriftlicher Vereinbarung" als unwirksam beurteilt, weil sie beim Verbraucher den Eindruck erwecke, mündliche Abreden hätten keine Wirksamkeit (BGH, Urt. v. 21.9.2005 – XII ZR 312/02). Gleiches gilt für die Klausel in einem Verbrauchervertrag „Mündliche Abmachungen haben ohne schriftliche Bestätigung der Firma keine Gültigkeit" (BGH, Urt. v. 26.3.1986 – VIII ZR 85/85).

634 Hat sich der Besteller die Befugnis vorbehalten, einseitig zusätzliche Leistungen anzuordnen (vgl. § 1 Abs. 4 VOB/B), kann er die Vergütungspflicht nicht in Allgemeinen Geschäftsbedingungen von einer schriftlichen Preisvereinbarung abhängig machen (OLG Düsseldorf, Urt. v. 15.12.1988 – 5 U 103/88). Unwirksam sind auch Schriftformklauseln, die jeden Anspruch versagen, wenn eine schriftliche Vereinbarung nicht wirksam zustande gekommen ist. Denn mit diesen Klauseln wird auch der Anspruch aus Geschäftsführung ohne Auftrag oder Bereicherung oder aus § 2 Abs. 8 VOB/B ausgeschlossen. Das benachteiligt den Unternehmer unangemessen (BGH, Urt. v. 14.10.2004 – VII ZR 190/03). Das Interesse des Bestellers an Kostenklarheit, Kostensicherheit und Vermeidung unliebsamer Überraschungen sowie von Auseinandersetzungen über die häufig umstrittenen Nachforderungen vermag nicht ausrei-

chend zu begründen, dass der Besteller die Leistungen ohne geldwerten Ausgleich behalten und nutzen kann. Denn letztlich sind diese Nachforderungen, so sie denn berechtigt sind, in vielen Fällen entweder auf nachträgliche Sonderwünsche des Bestellers, Änderungen der öffentlich-rechtlichen Rahmenbedingungen, unzureichende Ausschreibung und Beauftragung oder auf eine nach Nutzerwünschen geänderte Planung zurückzuführen, die sich der Besteller häufig zu eigen macht. Sie haben deshalb ihre Ursache regelmäßig im Verantwortungsbereich des Bestellers (BGH, Urt. v. 27.11.2003 – VII ZR 53/03).

Richtig ist allerdings, dass die Schriftformklausel nicht nur einseitige Interessen verfolgt. Auch der Unternehmer erhält Sicherheit dadurch, dass er die Beauftragung von der Einhaltung der Schriftform abhängig machen kann. Das bedeutet, dass er bei Vereinbarung einer solchen Schriftformklausel die zusätzlich beauftragte Leistung grundsätzlich verweigern kann, solange ihm kein schriftlicher Auftrag erteilt worden ist. Andererseits greift die gesetzliche Regelung nur in den Fällen, in denen er von diesem Leistungsverweigerungsrecht keinen Gebrauch gemacht hat. In diesem Fall darf ihm der gesetzliche Schutz nicht genommen werden. 635

Wird in einer Schriftformklausel die Schriftform zur einzigen Möglichkeit erhoben, Ansprüche wegen vertraglich zunächst nicht geschuldeter Leistungen durchzusetzen, ist sie auch unwirksam, soweit vertragliche Ansprüche ausgeschlossen sind (BGH, a.a.O.). Das bedeutet, dass vertragliche Ansprüche auch dann entstehen können, wenn die Schriftform nicht eingehalten worden ist. Etwas anderes gilt, wenn die Klausel so gestaltet ist, dass sie trennbar zwischen vertraglichen und gesetzlichen Ansprüchen unterscheidet. 636

Eine Klausel, die lediglich die vertraglichen Ansprüche davon abhängig macht, dass die Schriftform eingehalten wird, ist nicht zu beanstanden, wenn sie den Vorrang der Individualabrede nicht ausschließt. Bedenklich sind aber Klauseln, nach denen der vertragliche Vergütungsanspruch nur dann entstehen soll, wenn der Unternehmer ein Nachtragsangebot für erforderliche Mehrleistungen einreicht, dem ein Angebot seines Nachunternehmers zugrunde liegt. 637

Ist die unwirksame Schriftformklausel integraler Bestandteil eines damit hinfälligen Leistungsanordnungsrechts, führt das bei Zugrundelegung der VOB/B nicht ohne weiteres zur Geltung der §1 Abs. 3, 4, §2 Abs. 5, 6 VOB/B. Vielmehr gilt §306 Abs. 2 BGB, wonach an die Stelle der unwirksamen AGB die gesetzliche Regelung anwendbar ist (vgl. BGH, Urt. v. 27.11.2003 – VII ZR 53/03). Dazu müsste die nachrangigen VOB-Klauseln überhaupt als Ersatzbedingung gewollt gewesen sein. Grundsätzlich wird die Vereinbarung abweichender vorrangiger Bedingungen aber den Ausschluss einer anderslautenden nachrangigen VOB-Regelung bedeuten (Kapellmann/Messerschmidt/v. Rintelen §1 VOB/B Rdn. 47 m.w.N.; Kniffka/Koeble Teil 3 Rdn. 49). Die Parteien haben durch die von der VOB/B abweichende Vereinbarung zum Ausdruck gebracht, dass sie deren Regelung nicht wünschen. Das gilt jedenfalls dann, wenn das gesamte Vertragswerk zahlreiche von der Vergütungsregelung der VOB/B abweichende Regelungen trifft (BGH, Urt. v. 27.11.2003 – VII ZR 53/03). 638

c) Vertretungsklauseln/Bestätigungsklauseln

Einen etwas anderen Weg gehen die so genannten Vertretungs- oder Bestätigungsklauseln. Sie verlangen für eigene Anordnungen die Schriftform oder für die wirksame Einbeziehung von Abreden die (schriftliche) Bestätigung des Vertragspartners oder einer bestimmten Betriebsstelle. Sie wollen verhindern, dass Vertragsregelungen durch hierzu nicht bevollmächtigte Personen geändert oder erweitert werden. Als AGB sind sie in der Regel zulässig, wenn sie nur auf eine tatsächlich nicht vorhandene Vertretungsmacht des Handelnden hinweisen oder die Entstehung der Tatbestandsvoraussetzungen für die Duldungs- oder Anscheinsvollmacht verhindern wollen (BGH, Urt. v. 14.7.1994 – VII ZR 186/93) Unwirksam sind solche Regelungen, falls sie eine tatsächlich bestehende gesetzliche oder rechtsgeschäftliche (auch Innen-) Vollmacht des Handelnden begrenzen sollen. 639

So sind Klauseln gegenüber Bauunternehmern als wirksam beurteilt worden, in denen der Besteller die Schriftform für Vereinbarungen verlangt, die mit für ihn handelnden Personen getroffen werden. In diesem Fall kommt die Kontrollfunktion der Schriftformklausel zum Tragen. Im Prinzip handelt es sich jeweils um eine Beschränkung der jeweiligen Vertretungsmacht. Der Besteller hat ein berechtigtes Interesse an einer Klausel, mit der die Vereinbarung seines Vertreters (z. B. Bauleiters) von einer schriftlichen Genehmigung durch die Geschäftsleitung abhängig gemacht wird (BGH, Urt. v. 14.7.1994 – VII ZR 186/93). Der noch im Urt. v. 26.3.1986 – VIII ZR 85/85 hervorgehobene Gesichtspunkt, dass auch eine mündliche Genehmigung ausreichen könne und die Klausel darüber täusche, dass auch diese wirksam sei, hat in dieser Entscheidung keine Rolle gespielt. Es zeigt sich, dass die Bewertung in der 640 höchstrichterlichen Rechtsprechung nicht ganz stringent ist und möglicherweise davon abhängt, wem gegenüber die Schriftformklausel verwendet wird.

641 Schriftformklauseln in privatrechtlichen Verträgen, die in Vertretung des Bundes, der Länder sowie der Gemeinden oder vergleichbarer Körperschaften geschlossen werden, haben erkennbar nicht die Zielrichtung, Individualvereinbarungen auszuschließen. Sie dienen der Kontrolle der Verwaltung und schließen sich an Formvorschriften für öffentlich-rechtliche Verträge an. Sie sind deshalb nicht zu beanstanden (BGH, Urt. v. 10.5.2007 – VII ZR 288/05; a. A. Voit ZfBR 2008, 366). Gesetzliche Ansprüche werden durch diese Klausel nicht ausgeschlossen (BGH, a. a. O.; Urt. v. 27.11.2003 – VII ZR 53/03).

d) Sonstige vergütungsrelevante Klauseln

642 Unwirksam ist eine Klausel in Allgemeinen Geschäftsbedingungen des Hauptunternehmers, in der die Fälligkeit der Vergütung des Nachunternehmers davon abhängig gemacht wird, wann der Besteller des Hauptunternehmers zahlt, z. B. die Klausel: „Zahlung erfolgt innerhalb von zehn Arbeitstagen nach Bezahlung der in Rechnung gestellten Leistungen durch den Hauptauftraggeber" (OLG Koblenz, Urt. v. 5.12.2003 – 8 U 1016/03 unter Bezug auf die vorinstanzliche Entscheidung des LG Koblenz v. 31.7.2003 – 9 O 477/01, Revision nicht zugelassen, BGH, Beschl. v. 26.8.2004 – VII ZR 5/04). Dem Nachunternehmer würde das Risiko aufgebürdet, dass der Besteller den Hauptunternehmer deshalb nicht bezahlt, weil andere Nachunternehmer fehlerhaft gearbeitet haben und deshalb ein Leistungsverweigerungsrecht geltend gemacht wird.

643 Zulässig sind Preisabreden in AGB; kontrollfähig wären nur Preisnebenabreden. Möglich sind deshalb Pauschalierungen von abrechnungsfähigen Positionen in AGB, z. B. die Kosen von An- und Abfahrt. Der BGH hat sie als nicht kontrollfähige (Pauschal-)Preisabrede eingeordnet (BGH, Urt. v. 19.11.1991 – X ZR 63/90). Das gleiche gilt für die Bereitstellung eines Gerätewagens bei einem Werkvertrag (BGH, Urt. v. 17.11.1992 – X ZR 12/91). Auch eine Abzugsklausel in den Besteller-ABG für bauseitige Beistellungen wie Strom, Wasser oder Versicherung sind zulässige Preisabreden (BGH, Urt. v. 10.6.1999 – VII ZR 365/98; Urt. v. 26.9.1996 – VII ZR 318/95; OLG Celle, Urt. v. 26.8.1998 – 13 U 17/98; a. A. OLG Stuttgart, Urt. v. 25.7.1997 – 2 U 4/97).

II. Verhältnis von Vergütung und Mängelhaftung

1. Kürzung der Vergütung wegen Mängeln

644 Der Anspruch auf Vergütung entsteht mit Abschluss des Werkvertrages. Er wird fällig mit der Abnahme der Werkleistung oder mit einem Abnahmesurrogat (vgl. → §641 BGB Rdn. 1 ff.), bzw. bei Bauvertrag mit Schlussrechnung gemäß §650g BGB (→ §650g BGB Rdn. 30). Der Vergütungsanspruch entsteht nach Maßgabe der Vergütungsvereinbarung. Mängel können zu diesem Zeitpunkt noch keine Rolle spielen.

645 Mit der Abnahme wird der gesamte, nach Maßgabe der Vergütungsvereinbarung entstandene Vergütungsanspruch fällig. Mängel berühren die Fälligkeit des Anspruchs grundsätzlich nicht. Der Besteller hat jedoch das Recht, die Zahlung des Anspruchs in der Regel in Höhe des Zweifachen (bis zum FoSiG 2008: mindestens Dreifachen) der Mängelbeseitigungskosten zu verweigern, solange die Mängel nicht beseitigt sind, §641 Abs. 3 BGB. Vor der Abnahme kann er die gesamte Schlusszahlung verweigern, wenn die Mängel wesentlich sind, §641 Abs. 1 Satz 1 BGB. Das Bindeglied zwischen dem von Mängeln grundsätzlich unbeeinflussten Vergütungsanspruch und den Mängeln ist demnach grundsätzlich das sowohl vor als auch nach der Abnahme aus §320 Abs. 1 BGB hergeleitete Leistungsverweigerungsrecht des Bestellers (vgl. schon BGH, Urt. v. 6.2.1958 – VII ZR 39/57). Zur Möglichkeit, bei zu Recht verweigerter Abnahme Abschlagszahlungen zu verlangen, vgl. BGH, Urteil vom 15. Juni 2000 – VII ZR 30/99 und → §632a BGB Rdn. 104.

646 Bestehen Mängel kann der Besteller unter den Voraussetzungen des §638 BGB mindern. Der Vergütungsanspruch reduziert sich um den Minderungsbetrag. Anderseits hindern Mängelrechte nicht die Durchsetzung unmittelbarer vergütungsrechtlicher Einwendungen gegen den Werklohnanspruch.

§ 631

a) Kürzung wegen Mindermengen bei mangelhafter Leistung

Führen Minderleistungen zu Mängeln, ist der Besteller nicht auf die Mängelrechte beschränkt. Unabhängig von dem Vorliegen von Mängelrechten muss, soweit die Parteien einen Einheitspreis vereinbart haben, der Besteller (selbstverständlich) nur die tatsächlich erbrachten Mengen bezahlen. Das gilt auch dann, wenn eine Minderung z.B. mangels Vorbehalts bei der Abnahme oder wegen Ablauf einer kurzen Verjährungsfrist nicht mehr möglich ist. Dass die Mengenminderung auch zu einem Mangel führt, ist unerheblich. das gilt auch im Falle eines Pauschalvertrages, wenn die Schwelle für eine Anpassung des Preises nach § 2 Abs. 7 VOB/B vorliegen (BGH, Urt. v. 11.9.2003 – VII ZR 116/02; Beschl. v. 20.12.2010 – VII ZR 95/10). Diese Reduzierung wirkt allerdings nur temporär, wenn der Bestellung Nachbesserung verlangt. Im Rahmen der Nacherfüllung sind die Kosten, die entstanden wären, wenn der Unternehmer von vornherein vertragsgemäß geleistet hätte, Sowiesokosten (BGH, a.a.O.). 647

b) Kürzung eines Pauschalpreises wegen fehlenden Leistungen

Beim Pauschalvertrag wird nach der Abnahme grundsätzlich die vereinbarte Pauschale geschuldet. Fehlen einzelne Leistungen oder sind sie nicht oder nicht vollständig erbracht, führt das nicht zu einem teilweisen Wegfall der vertraglich vereinbarten Vergütung. Diese kann durch das Mängelhaftungsrecht erreicht werden. Eine Änderung der Vergütung im Pauschalvertrag kommt in Ausnahmefällen nach den Grundsätzen über die Störung der Geschäftsgrundlage in Betracht (vgl. oben → Rdn. 572). Diese kann vorliegen, wenn der bei Vertragsschluss kalkulierte Aufwand (z.B. Mengen) so erheblich von dem tatsächlichen Aufwand abweicht, dass einer der Parteien oder beiden ein Festhalten an dem Vertrag nicht mehr zuzumuten ist. Hat die Aufwandsveränderung ihre Ursache in einer mangelhaften Leistung, ist es dem Besteller allerdings in aller Regel zuzumuten, den Gewährleistungsanspruch geltend zu machen, so dass eine Anpassung der Vergütung (z.B. bei einer Mindermenge, die gleichzeitig einen Mangel begründet) aus diesem Grund ausscheiden dürfte. 648

c) Honorarkürzung bei mangelhaften Architektenleistungen

In Rechtsprechung und Literatur war umstritten, welche vergütungsmäßigen Auswirkungen die Nichterbringung einzelner (Teil-)Leistungen eines Architekten hat. In seiner älteren Rechtsprechung hatte der Bundesgerichtshof nur auf den Gesamterfolg abgestellt. Der Architekt schulde keine Einzelleistungen, sondern nur die einwandfreie Gesamtleistung. Sein Honoraranspruch ist objekt- und nicht zeit- oder tätigkeitsbezogen. Werde der geschuldete Erfolg in Gestalt eines einwandfreien Bauwerks erreicht, so könne nicht gesagt werden, dass das Architektenwerk einen Mangel aufweise, wenn Einzelleistungen unvollständig erbracht werden; eine Minderung scheidet aus (BGH, Urt. v. 11.3.1982 – VII ZR 128/81). Der weggelassenen Leistung fehlt – anders als beim Einheitspreisvertrag – eine vergütungsrechtlichen Bewertung bzw. eine dem nicht erbrachten Teil zuzuordnende Vergütung. Eine Aufgliederung kann auch nicht über § 8 Abs. 2 HOAI erfolgen, da diese Vorschrift nur für die Vergütungsvereinbarung, nicht aber für die Beurteilung fehlender Leistungen gilt (Kniffka, FS Vygen, S. 20 ff.). Etwas anders sollte nur für das Nichterbringen ganzer Leistungsphasen in Betracht kommen (BGH, Urt. v. 20.6.1966 – VII ZR 40/64). In der obergerichtlichen Rechtsprechung und Literatur wurde demgegenüber zum Teil darauf abgestellt, ob es sich um zentrale oder wesentliche Leistungen handelt (vgl. z.B. OLG Naumburg, Urt. v. 2.12.1997 – 9 U 325/96). Deren Weglassung sollte zu einer Honorarminderung führen. 649

Der Bundesgerichtshof hat dann entschieden, dass es darauf ankommt, ob die einzelnen Leistungen nach dem Parteiwillen einen selbstständigen werkvertraglichen (Teil-)Erfolg darstellen (BGH, Urt. v. 24.6.2004 – VII ZR 259/02; so bereits Kniffka, FS Vygen 1999, S. 20, 22). Diese Rechtsprechung hat ins im neuen Bauvertragsrecht kodifiziert worden. Nach § 650p Abs. 1 BGB ist der Architekt verpflichtet, die Leistungen zu erbringen, die nach dem jeweiligen Stand der Planung und Ausführung des Bauwerks oder der Außenanlage erforderlich sind, um die zwischen den Parteien vereinbarten Planungs- und Überwachungsziele zu erreichen. Das Gesetz selbst regelt, dass der Architekten- und Ingenieurvertrag eine leistungsbezogene Komponente hat; der Architekt schuldet nicht nur den Gesamterfolg, sondern auch die hierzu erforderlichen Leistungen (Kniffka, BauR 2017, 1846, 1850; näher → § 650p BGB Rdn. 83 ff.). Der Honoraranspruch des Architekten entfällt damit, wenn der Tatbestand einer Regelung des allgemeinen Leistungsstörungsrechts des BGB oder des werkvertraglichen Gewährleistungsrechts erfüllt ist, die den Verlust oder die Minderung der Honorarforderung als Rechtsfolge vorsieht. 650

651 Maßgebend zur Beurteilung der geschuldeten „erforderlichen Leistungen" ist zunächst die getroffene Vereinbarung, die festlegt, welche Planungsschritte oder Überwachungsleistungen vorzunehmen sind (→ §650p BGB Rdn. 74). Vereinbaren die Parteien bestimmte oder alle Grundleistungen der HOAI, so sind diese regelmäßig als Leistung „erforderlich", soweit nicht die Erbringung unter dem Vorbehalt der Erforderlichkeit stand (Kniffka, BauR 2015, 883, 891). Nach dem Grundsatz einer interessengerechten Auslegung wird der Besteller im Regelfall ein Interesse an den Arbeitsschritten haben, die als Vorgaben auf Grund der Planung des Architekten für die Bauunternehmer erforderlich sind, damit diese die Planung vertragsgerecht umsetzen können und an den Arbeitsschritten, die es ihm ermöglichen zu überprüfen, ob der Architekt den geschuldeten Erfolg vertragsgemäß bewirkt hat, der ihn in die Lage versetzen, etwaige Gewährleistungsansprüche gegen Bauunternehmer durchzusetzen, und die erforderlich sind, die Maßnahmen zur Unterhaltung des Bauwerks und dessen Bewirtschaftung zu planen (BGH, Urt. v. 24.6.2004 – VII ZR 259/02; vgl. näher zur Frage der betroffenen Leistungen Kniffka, BauR 2015, 1031 ff. und Fuchs BauR 2006, 1978, 1982 f. sowie → §650p BGB Rdn. 74 ff.). Eine solche vertragliche Festlegung liegt in der Regel in der Vereinbarung der Leistungsbilder der HOAI; der Architekt schuldet dann die vereinbarten Arbeitsschritte als Teilerfolg des geschuldeten Gesamterfolgs. Erbringt der Architekt einen derartigen Teilerfolg nicht, ist sein Werk mangelhaft (BGH, Urt. v. 24.6.2004 – VII ZR 259/02; Urt. v. 11.11.2004 – VII ZR 128/03).

652 Die Mängelansprüche aus §634 Nr. 2 bis 4 BGB hängen davon ab, ob der Besteller eine Frist zur Mängelbeseitigung gesetzt hat oder die Fristsetzung entbehrlich ist. Die Fristsetzung ist entbehrlich, wenn der Besteller das Interesse an der Leistung deshalb verloren hat, weil die Leistung ihren vertraglich vorgesehenen Zweck nicht mehr erfüllen kann. Das ist bei allen projektablaufgebundenen Leistungen der Fall; anerkanntermaßen ist bei nachgeholten Kostenermittlungen, die nur zu Zwecken der Honorarberechnung vorgelegt werden, vergütungsrechtliche Auswirkungen möglich (BGH, Urt. v. 11.11.2004 – VII ZR 128/03). Zu weiteren Fällen vgl. z. B. OLG Düsseldorf, Urt. v. 23.6.2009 – 23 U 140/08 (zum Projektsteuerer), OLG Hamm, Urt. v. 12.5.2006 – 12 U 44/05, OLG Frankfurt, Urt. v. 17.8.2006 – 26 U 20/05, zur Darlegungslast OLG Naumburg Urt. v. 14.3.2008 – 10 U 64/07 und die Aufsätze von Motzke, NZBau 2005, 361 Ziegler, ZfBR 2006, 424, Kniffka, BauR 2015, 883 und 1031 ff.

2. Verrechnung und Aufrechnung

653 Minderung bzw. Rücktritt und großer Schadensersatzanspruch haben unmittelbare Auswirkungen auf den Vergütungsanspruch. Die Minderung führt zu einer Herabsetzung des Werklohns nach Maßgabe des §638 Abs. 3 BGB. Der Rücktritt gemäß §323 BGB und das Verlangen nach großem Schadensersatz statt der Leistung nach §281 Abs. 1 BGB führen zum Untergang des Vergütungsanspruchs. Es entsteht ein Rückabwicklungsverhältnis.

654 Die übrigen Mängelrechte des Bestellers wirken sich nur mittelbar auf den Vergütungsanspruch aus. Wenn der Besteller den Aufwendungsersatzanspruch, §637 Abs. 1 BGB, den Vorschussanspruch, §637 Abs. 3 BGB oder den Anspruch auf kleinen Schadensersatz, §281 BGB, geltend macht, bleibt der Vergütungsanspruch in voller Höhe bestehen. Es findet jedoch eine Abrechnung mit den auf Zahlung gerichteten Ansprüchen statt.

a) Verrechnung ersetzt nicht Aufrechnung

655 Umstritten war, ob diese Abrechnung durch Aufrechnung der beiderseitigen Ansprüche geschieht oder eine Verrechnung stattfindet (vgl. OLG Koblenz, Urt. v. 10.1.2002 – 2 U 825/01; OLG Hamm, Urt. v. 4.12.2003 – 24 U 34/03 mit ausführlicher Darstellung des Meinungsstandes; OLG Düsseldorf, Urt. v. 28.6.2002 – 5 U 61/01). Die Aufrechnung unterliegt den Regeln der §§387 ff. BGB. Für sie gelten auch die gesetzlichen Regelungen zur Aufrechnung, wie etwa gesetzliche Aufrechnungsverbote in §§392, 406 BGB und den Vollstreckungsordnungen, die Möglichkeit einer Zurückweisung der Aufrechnung in der Berufung, §533 ZPO, oder eines Vorbehaltsurteils gemäß §302 ZPO. Für eine Verrechnung gelten diese Regelungen nicht.

656 Der Bundesgerichtshof hat für den Fall, dass im Abrechnungsverhältnis der Unternehmer Werklohn fordert und der Besteller Mängelansprüche geltend macht, grundsätzlich die Regelungen über die Aufrechnung angewandt (BGH, Urt. v. 11.3.1982 – VII ZR 128/81). Allerdings hat er das nicht stringent durchgehalten, sondern in einzelnen Entscheidungen auch eine Verrechnung für möglich gehalten mit der Folge, dass vertragliche Aufrechnungsverbote in Allgemeinen Geschäftsbedingungen des Unternehmers nicht zur Anwendung kamen (BGH, Urt. v. 19.1.1978 – VII ZR 175/75; Beschl. v. 5.4.2001 – VII ZR 161/00). Dem sind die In-

stanzengerichte zum Teil gefolgt (OLG München, Urt. v. 26.1.1987 – 28 W 3010/86; OLG Oldenburg, Urt. v. 2.2.1994 – 2 U 216/93; OLG Hamm, Urt. v. 14.10.1991 – 17 U 15/90; OLG Köln, Urt. v. 18.3.1992 – 19 W 7/92; OLG Naumburg, Urt. v. 1.3.2000 – 12 U 63/98; KG, Urt. v. 9.8.2002 – 7 U 203/01).

Der Bundesgerichtshof hat klargestellt, dass im Abrechnungsverhältnis die vertraglichen oder gesetzlichen Regelungen zur Aufrechnung anwendbar sind, wenn der Unternehmer Werklohn fordert und der Besteller Mängelansprüche geltend macht (BGH, Urt. v. 23.6.2005 – VII ZR 197/03). Stehen sich in einem Werkvertrag Ansprüche aufrechenbar gegenüber, können Aufrechnungsverbote nicht dadurch umgangen werden, dass ein Verrechnungsverhältnis angenommen wird. Der Bundesgerichtshof erteilt damit der Verrechnungstheorie eine Absage. Ausdrücklich aufgegeben wurden die Entscheidungen vom 5.4.2001 – VII ZR 161/00 und vom 19.1.1978 – VII ZR 175/75, soweit darin eine Verrechnung auch für den Fall eingreifen soll, dass der Besteller gegenüber dem Werklohnanspruch des Unternehmers den so genannten kleinen Schadensersatz wegen Mängeln geltend macht. Es ist nicht möglich, durch einfache Umbenennung einer Aufrechnung in eine Verrechnung die für die Aufrechnung geltenden Regelungen zu umgehen. 657

b) Verrechnungsverhältnis

Aus dieser Entscheidung folgt zunächst, dass ein Verrechnungsverhältnis nur dann angenommen werden kann, wenn sich Forderungen nicht aufrechenbar gegenüberstehen. Macht jede der Parteien eine selbständige Forderung geltend, stehen sich die Forderungen aufrechenbar gegenüber. Anders ist das, wenn die beiderseitigen Forderungen lediglich Rechnungsposten in einem einheitlichen Abrechnungsverhältnis sind. Das hat der Bundesgerichtshof dann zu Recht angenommen, wenn der Besteller vom Unternehmer den großen Schadensersatz fordert (BGH, Urt. v. 19.1.1978 – VII ZR 175/75). Mit der Wahl des großen Schadensersatzes entsteht ein Abwicklungsverhältnis. Der Besteller kann Schadensersatz statt der Leistung in der Weise fordern, dass er das vom Unternehmer errichtete Werk zur Verfügung stellt und die Aufwendungen für die Herstellung des Werkes durch einen Dritten fordert. Der Besteller muss jedoch bei der Berechnung des Schadens den Werklohn, den er an den Unternehmer hätte zahlen müssen, abziehen. Der Schaden besteht von vornherein nur in Höhe der Fertigstellungsmehrkosten. 658

Fordert der Unternehmer hingegen Werklohn bei einem fortbestehenden Vertrag, stehen sich sein Anspruch und die auf Zahlung gerichteten Ansprüche des Bestellers, auch wegen Mängeln, aufrechenbar gegenüber. Das gilt z. B. für den Kostenerstattungsanspruch (vgl. auch BGH, Urt. v. 13.7.1970 – VII ZR 176/68; Urt. v. 27.3.1980 – VII ZR 214/79) und für den Anspruch auf Schadensersatz statt der Leistung, z. B. in Höhe der Fertigstellungsmehrkosten. Gleiches gilt für den Anspruch auf Zahlung von Vorschuss (vgl. schon BGH, Urt. v. 13.7.1970 – VII ZR 176/68). Dieser Anspruch besteht in Höhe der voraussichtlichen Mängelbeseitigungskosten. Er wird nicht von vornherein dadurch gemindert, dass der Besteller noch Werklohn schuldet. Beide Ansprüche sind selbständig. Das gilt auch für einen Schadensersatzanspruch. Dieser kann nicht deshalb im Wege der Verrechnung gekürzt werden, weil der Besteller von dem Unternehmen Befreiung von dem Werklohnanspruch in Höhe des Schadens hätte. Das hat der Bundesgerichtshof in einer älteren Entscheidung entschieden (BGH, Urt. v. 19.1.1978 – VII ZR 175/75), jedoch in der neueren Entscheidung ausdrücklich aufgegeben (BGH, Urt. v. 23.6.2005 – VII ZR 197/03). Der Unternehmer muss deshalb mit seinem Werklohnanspruch aufrechnen. Ohne die Aufrechnung wird der Anspruch nicht berücksichtigt. 659

c) Folgen der Rechtsprechung

Die Entscheidung des Bundesgerichtshofs hat weitreichende Konsequenzen. 660

aa) Aufrechnungsverbote

Die Verrechnungstheorie ist in erster Linie entstanden, um vertragliche oder gesetzliche Aufrechnungsverbote zu umgehen (vgl. BGH, Beschl. v. 5.4.2001 – VII ZR 161/00 und Urt. v. 19.1.1978 – VII ZR 175/75). Diese Umgehung von Aufrechnungsverboten durch Umbenennung ist nicht mehr möglich. Die Aufrechnungsregelungen sind anwendbar. Allerdings ist stets sorgfältig zu prüfen, inwieweit Aufrechnungsverbote den zur Entscheidung stehenden Fall überhaupt erfassen, einschränkend nach Sinn und Zweck der jeweils getroffenen Regelung ausgelegt werden müssen oder, z. B. mit Rücksicht auf § 309 Nr. 3 BGB (§ 11 Nr. 3 AGBG) oder auf § 307 Abs. 1 BGB (§ 9 Abs. 1 AGBG), wirksam vereinbart sind. 661

§ 631

662 **(1) Aufrechnungsverbote in §§ 392, 406 BGB.** Die Rechtsprechung hat die Aufrechnungsverbote nach §§ 392, 406 BGB einschränkend ausgelegt. Der Bundesgerichtshof hat für den Anwendungsbereich des § 406 2. Hs. 2. Alt. BGB entschieden, dass gegen den Wortlaut dieser Regelung eine Aufrechnung des Schuldners gegenüber dem neuen Gläubiger nicht ausgeschlossen ist, wenn die Durchsetzung der Forderung durch ein Zurückbehaltungsrecht gehindert war und die eigene Forderung während des Zurückbehaltungsrechts fällig geworden ist (BGH, Urt. v. 27.4.1972 – II ZR 122/70). Dem Schuldner muss trotz der Abtretung die Aussicht darauf erhalten bleiben, dass er mit der aus dem Zurückbehaltungsrecht erwachsenen Forderung aufrechnen kann. Gleiches gilt für den Fall, dass dem Schuldner ein Leistungsverweigerungsrecht nach § 320 BGB zusteht (BGH, Urt. v. 22.12.1995 – V ZR 52/95). Diese Erwägungen gelten entsprechend im Anwendungsbereich des § 392 2. Alt. BGB. Dem Schuldner, der die Befriedigung der Forderung verweigert, soll durch die Beschlagnahme der gegen ihn gerichteten Forderung kein Vor- und Nachteil erwachsen, wenn ihm ein Leistungsverweigerungsrecht zustand (BGH, Urt. v. 18.12.2003 – VII ZR 315/02).

663 **(2) Aufrechnungsverbote in Vollstreckungsordnungen.** Aufrechnungsverbote in den Vollstreckungsordnungen können ebenfalls nicht dadurch umgangen werden, dass eine Verrechnung angenommen wird. Es ist allerdings zu prüfen, inwieweit die Aufrechnungsverbote der Konkurs-, Gesamtvollstreckungs- und Insolvenzordnung bestimmte Fälle überhaupt erfassen. Das gilt insbesondere für die Fälle, in denen der Verwalter noch Werklohn fordert und der Besteller mit Ansprüchen wegen mangelhafter Erfüllung aufrechnet. Nach der Entscheidung vom 23.6.2005 – VII ZR 197/03 kann der Besteller gegen den Werklohnanspruch des Unternehmers für bis zu einer Kündigung erbrachte Leistungen mit dem Schadensersatzanspruch in Höhe der Mehrkosten der Fertigstellung auch im Gesamtvollstreckungsverfahren aufrechnen, wenn die Kündigung vor der Eröffnung des Verfahrens erfolgt ist. Nach § 7 Abs. 5 GesO wirkt die vor Eröffnung des Verfahrens begründete Aufrechnungslage auch danach fort. Der Anspruch auf Ersatz der Fertigstellungsmehrkosten wird in aller Regel mit der Kündigung fällig. Denn es reicht aus, dass dieser Anspruch dem Grunde nach geltend gemacht werden kann. Der Anspruch muss nicht bezifferbar sein. Ausreichend ist die Möglichkeit einer Feststellungsklage. Der Schadensersatzanspruch ergibt sich nach einer außerordentlichen Kündigung aus der Pflichtverletzung, die zur Kündigung geführt hat. Er ist zu unterscheiden von dem in § 8 Abs. 3 Nr. 2 VOB/B geregelten Kostenerstattungsanspruch. Dieser wird erst fällig, wenn die Kosten aufgewandt sind.

664 Auch nach der Insolvenzordnung wirkt eine vor Eröffnung des Verfahrens begründete Aufrechnungslage fort. Ist allerdings eine der Forderungen im Zeitpunkt der Eröffnung des Verfahrens noch nicht fällig, kann nach dem Wortlaut des § 95 Abs. 1 Satz 3 InsO der Besteller mit Mängelansprüchen nur aufrechnen, wenn diese nicht später als die Werklohnforderung fällig werden. Der Bundesgerichtshof hat entschieden, dass diese Regelung einschränkend auszulegen ist (BGH, Urt. v. 22.9.2005 – VII ZR 117/03). Sie lehnt sich an die Regelungen der §§ 392, 406 BGB an. Die Erwägungen zur einschränkenden Auslegung dieser Vorschriften gelten gleichermaßen für § 95 Abs. 1 Satz 3 InsO. Ist der Anspruch des Insolvenzgläubigers aus einem Zurückbehaltungsrecht oder Leistungsverweigerungsrecht erwachsen, steht deshalb der Aufrechnung nicht entgegen, dass die Forderung des Insolvenzschuldners eher fällig geworden ist. Leistungsverweigerungsrechte nach § 320 BGB bestehen unabhängig von der Kenntnis des Schuldners von den ihnen zugrunde liegenden Sachverhalten. Maßgebend ist allein das objektive Bestehen des Leistungsverweigerungsrechts (BGH, Urt. v. 18.12.2003 – VII ZR 315/02). Deshalb hat der Bundesgerichtshof eine Aufrechnung des Bestellers gegen den Werklohnanspruch des Insolvenzverwalters für möglich gehalten, wenn der Mängelanspruch erst während des Insolvenzverfahrens und nach dem Werklohnanspruch fällig geworden ist (BGH, Urt. v. 22.9.2005 – VII ZR 117/03).

665 **(3) Aufrechnungsverbote in Individualvereinbarungen.** Die Rechtsprechung zur einschränkenden Auslegung von Aufrechnungsverboten in gesetzlichen Regelungen kann auch bei der Auslegung von Individualvereinbarungen fruchtbar gemacht werden (Kessen, BauR 2005, 1691, 1694). Es ist stets sorgfältig zu prüfen, ob mit dem nach dem Wortlaut anwendbaren Aufrechnungsverbot nicht gegen dessen Sinn und Zweck verstoßen wird und deshalb die Regelung einschränkend auszulegen ist. Danach ist es nicht ausgeschlossen, dass eine individuelle Vereinbarung in einem Bauvertrag, wonach die Aufrechnung des Bestellers mit Gegenforderungen ausgeschlossen ist, nicht in dem Fall greift, dass der Besteller wegen Mängeln mit Ansprüchen auf Zahlung der Mängelbeseitigungskosten aufrechnet.

§ 631

(4) Aufrechnungsverbote in AGB. Problematisch sind viele Aufrechnungsverbote in 666
Allgemeinen Geschäftsbedingungen. Das gilt insbesondere für die häufig verwendete Klausel, nach der der Besteller gegen Zahlungsansprüche des Unternehmers nur mit unbestrittenen oder rechtskräftig festgestellten Ansprüchen aufrechnen kann. Diese Klausel lässt den Eindruck entstehen, dass auch mit Mängelansprüchen nur unter den genannten Voraussetzungen aufgerechnet werden kann. Der Besteller könnte aufgrund der synallagmatischen Verbindung zwar ein Leistungsverweigerungsrecht geltend machen, der Übergang zu einer auf Zahlung gerichteten Gegenforderung würde zu dem widersinnigen Ergebnis führen würde, dass der Werklohn nunmehr durchsetzbar ist. Die in der Literatur befürwortete einschränkende Auslegung eines Aufrechnungsverbots bei konnexen Gegenforderungen (Palandt/Grüneberg, § 309 Rdn. 20 m. w. N.; Pause, Rdn. 426) erfolgt gegen den Wortlaut, führt zu fehlender Transparenz, verstößt gegen das Verbot geltungserhaltender Reduktion und verhindert nicht die Durchsetzung der Allgemeinen Geschäftsbedingungen im allgemeinen Geschäftsverkehr. Tatsächlich werden in der Praxis vertragliche Aufrechnungsverbote sehr häufig vom Unternehmer zur Abwehr der Mängelansprüche herangezogen. Der Bundesgerichtshof hat eine solches uneingeschränktes Aufrechnungsverbot wegen Verstoßes gegen § 307 BGB bzw. § 9 AGBG für unwirksam erklärt, wenn die Aufrechnung auch dann untersagt wird, wenn sie das durch den Vertrag geschaffene Äquivalenzverhältnis von Leistung und Gegenleistung wahren oder wiederherstellen soll (BGH, Urt. v. 7.4.2011 – VII ZR 209/07; vgl. auch OLG Nürnberg, Urt. v. 20.8.2014 – 12 U 2119/13). Offen geblieben ist, ob Aufrechnungsverbote im Hinblick auf Ansprüche zulässig wären, die nicht auf Mängelbeseitigungs- oder Fertigstellungsmehrkosten gerichtet sind. Differenziert ein Aufrechnungsverbot nicht, kann es nicht hinsichtlich unbedenklicher Gegenforderungen aufrechterhalten werden (BGH a. a. O.; Kessen BauR 2005, 1691, 1695). Ein Aufrechnungsverbot kann aber auch grundsätzlich wirksam sein, im Einzelfall die Berufung hierauf gegen Treu und Glauben verstoßen. Nach der Rechtsprechung des Bundesgerichtshofs greift ein individualvertraglich oder in Allgemeinen Geschäftsbedingungen niedergelegtes Aufrechnungsverbot dann nicht, wenn über das Vermögen des durch das Aufrechnungsverbot Begünstigten das Konkurs- oder Vergleichsverfahren eröffnet worden ist (BGH, Urt. v. 2.12.1974 – II ZR 132/73; Urt. v. 6.7.1978 – III ZR 65/77; Urt. v. 12.10.1983 – VIII ZR 19/82). Auch in sonstigen Fällen des nachträglichen Vermögensverfalls des Aufrechnungsgegners oder einer anderweitigen Uneinbringlichkeit von Forderungen gegen diesen hat der Bundesgerichtshof der Berufung auf ein individuell oder im Rahmen von Allgemeinen Geschäftsbedingungen vereinbartes Aufrechnungsverbot wiederholt die Wirksamkeit versagt, weil es mit Treu und Glauben (§ 242 BGB) unvereinbar ist, dem Aufrechnungsgegner, der zur Erfüllung der ihn selber treffenden Verpflichtungen nicht mehr imstande sei, das Recht einzuräumen, unter Berufung auf das vereinbarte Aufrechnungsverbot die ihm geschuldete Leistung zu verlangen. An einem Aufrechnungsverbot, das in solchen Fällen wirtschaftlich auf einen mit der Vereinbarung dieses Verbots nicht beabsichtigten Forderungsverzicht hinauslaufe, könne der aufrechnende Vertragspartner nicht festgehalten werden (BGH, Urt. v. 15.2.1962 – VII ZR 187/60; Urt. v. 6.3.1975 – III ZR 137/72; Urt. v. 26.2.1987 – I ZR 110/85). Die sich aus § 242 BGB ergebenden Einschränkungen müssen nicht ausdrücklich im Klauseltext aufgenommen werden (BeckOK BGB-Becker, § 309 Nr. 3 Rdn. 13).

Ist eine einschränkende Auslegung nicht möglich, dürften Regelungen, die die Aufrechnung 667
mit dem Anspruch auf Ersatz der Mängelbeseitigungskosten bzw. Fertigstellungsmehrkosten ausschließen, der Inhaltskontrolle nach § 307 Abs. 1 BGB nicht standhalten. Der Bundesgerichtshof hat im Urt. v. 23.6.2005 – VII ZR 197/03 deutlich zum Ausdruck gebracht, dass er Klauseln in Bedingungen des Unternehmers für unangemessen hält, in denen die Aufrechnung mit Mängelansprüchen ausgeschlossen wird, mit denen das synallagmatische Verhältnis von Leistung und Gegenleistung aufrecht erhalten oder erst hergestellt wird. Der Unternehmer würde einen unangemessenen Vorteil erlangen, wenn er den Werklohn für eine mangelhafte oder unfertige Leistung ungeachtet derjenigen Ansprüche durchsetzen könnte, die darauf gerichtet sind, die Kosten für ein mangelfreies Werk zu erlangen.

Grundsätzlich hat die Prüfung, inwieweit ein Aufrechnungsverbot unangemessen ist, zu 668
differenzieren, ob ein Vertrag im Anwendungsbereich der §§ 308, 309 BGB vorliegt, oder nicht. Liegt ein Vertrag mit einem Verbraucher vor, ist § 309 Nr. 2 und 3 BGB zu beachten. Danach können Leistungsverweigerungsrechte und Zurückbehaltungsrechte aus demselben Vertragsverhältnis durch Allgemeine Geschäftsbedingungen überhaupt nicht ausgeschlossen werden. Es wäre ein nicht hinnehmbares Ergebnis, wenn der Unternehmer die Aufrechnung mit solchen Ansprüchen ausschließen könnte, die an die Stelle des Leistungsverweigerungsrechts deshalb getreten sind, weil er weiter vertragsuntreu ist. Es hilft auch nichts, wenn das Aufrechnungsver-

bot nach der Formulierung der Klausel unbestrittene oder rechtskräftig festgestellte Ansprüche nicht erfasst. Damit entzieht sich die Klausel dem Unwirksamkeitsverdikt des § 309 Nr. 3 BGB, aber nicht der Angemessenheitskontrolle nach § 307 Abs. 1 BGB. Herangezogen werden kann in Verbraucherverträgen auch der Gedanke, dem der Hinweis Nr. 1b im Anhang zu § 3 Abs. 3 der EG-Richtlinie über missbräuchliche Klauseln in Verbraucherverträgen zugrunde liegt. Danach können u. a. Klauseln als missbräuchlich anzusehen sein, die darauf abzielen oder zur Folge haben, dass die Möglichkeit ausgeschlossen oder ungebührlich eingeschränkt wird, eine Verbindlichkeit gegenüber dem Gewerbetreibenden durch eine etwaige Forderung gegen ihn auszugleichen, wenn der Gewerbetreibende eine vertragliche Verpflichtung ganz oder teilweise nicht oder mangelhaft erfüllt hat. Das erfasst auch die Aufrechnung, wobei nicht einmal Konnexität der Gegenforderung vorausgesetzt wird (vgl. Palandt/Grüneberg, BGB, § 309 Rdn. 20); Ulmer/Brandner/Hensen, AGBG, § 11 Nr. 3 Rdn. 14). Erst recht kann die Aufrechnung mit solchen Forderungen nicht ausgeschlossen werden, die nicht nur konnex sind, sondern aus der Pflichtverletzung entstanden sind. Es ist deshalb auch unbehilflich, dass nach der Gesetzesbegründung zu § 11 Nr. 3 AGBG (jetzt § 309 Nr. 3 BGB) die Zulässigkeit von Aufrechnungsverboten bei konnexen Gegenforderungen ausdrücklich gewollt war (BT-Drucks. 7/3919, S. 29).

669 Im Geschäftsverkehr zwischen Kaufleuten und im Anwendungsbereich des § 310 Abs. 1 BGB ist grundsätzlich keine andere Beurteilung geboten. Denn auch dann ist es unangemessen, dem Werkunternehmer die Durchsetzung seines Werklohnanspruchs zu ermöglichen, obwohl er nicht vollständig oder nicht mangelfrei geleistet hat. Es ist also nicht so, dass lediglich die Allgemeinen Geschäftsbedingungen unwirksam sind, die die Aufrechnung mit unbestrittenen oder rechtskräftig festgestellten Gegenforderungen untersagen (BGH, Urt. v. 16.10.1984 – X ZR 97/83). Vielmehr darf durch Allgemeine Geschäftsbedingungen im kaufmännischen Geschäftsverkehr grundsätzlich auch nicht die Aufrechnung mit solchen Gegenforderungen ausgeschlossen werden, die einem Leistungsverweigerungsrecht wegen unvollständiger oder mangelhafter Vertragserfüllung erwachsen sind. Allerdings lässt die bisherige Rechtsprechung des Bundesgerichtshofs eine vertiefte Auseinandersetzung mit dem Problem vermissen. Das beginnt bereits damit, dass der Ausschluss eines Leistungsverweigerungsrechts im kaufmännischen Geschäftsverkehr den Vertragspartner nicht unangemessen benachteiligen soll, so dass entsprechende Allgemeine Geschäftsbedingungen einer Inhaltskontrolle stand halten sollen, wenn sie für unbestrittene oder rechtskräftig festgestellte Gegenforderungen eine Ausnahme vorsehen (BGH, Urt. v. 10.10.1991 – III ZR 141/90). Gegen die Unwirksamkeit des in § 32 ADSp geregelten Aufrechnungsverbots hat sich der I. Zivilsenat ausgesprochen (BGH, Urt. v. 14.12.1988 – I ZR 235/86; Urt. v. 26.2.1987 – I ZR 110/85 unter Hinweis auf die Zulässigkeit von Aufrechnungsverboten in anderen Bank-, Kauf- und Mietverträgen). Der X. Senat des Bundesgerichtshofs hat ein in einem Werkvertrag geregeltes Aufrechnungsverbot mit bestrittenen Ansprüchen im kaufmännischen Geschäftsverkehr ohne weiteres für wirksam gehalten (BGH, Urt. v. 18.4.1989 – X ZR 31/88). Diese Entscheidungen reduzieren die Inhaltskontrolle darauf, dass die Klausel nach § 309 Nr. 2 und 3 BGB (damals § 11 Nr. 2 und 3 AGBG) nicht unwirksam ist. Das ist keine ausreichende Begründung. Vielmehr muss eine Interessenabwägung stattfinden, die sich am Leitbild des Gesetzes, hier der §§ 320, 273 BGB, zu orientieren hat. Diese lassen es nicht zu, dass der Unternehmer Werklohn für eine Leistung beanspruchen kann, die er nicht erbracht hat. Die Entscheidung des X. Zivilsenats des Bundesgerichtshofs steht dem letztlich nicht entgegen. Die Sache betraf einen Fall, in dem der Besteller, ein zwischengeschalteter Hauptunternehmer, mit Ansprüchen aufrechnete, die sich daraus ergaben, dass sein Auftraggeber Gegenansprüche geltend gemacht hat. Er machte also Mangelfolgeschäden geltend, ohne eine Mängelbeseitigung gefordert zu haben. Für die Aufrechnung mit Mangelfolgeschäden gelten die vorangehenden Erwägungen nicht.

670 Klauseln in Allgemeinen Geschäftsbedingungen des Unternehmers, die den Ausschluss der Aufrechnung mit Mängelansprüchen gegenüber der Werklohnforderung vorsehen, sind danach unwirksam. Dabei kann dahinstehen, ob eine Klausel, die die Aufrechnung mit einem Mangelfolgeschaden in den Grenzen des § 309 Nr. 3 BGB ausschließt, wirksam wäre. Denn eine geltungserhaltende Reduktion ist nicht möglich. Auch sind Klauseln unwirksam, die eine Aufrechnung mit den Fertigstellungsmehrkosten oder den Mängelbeseitigungskosten nach einer Kündigung ausschließen (Weise, NJW-Spezial, 2006, 22). Das sind ebenfalls Ansprüche, die aus einer Verletzung des Synallagmas entstanden sind.

bb) Vorbehaltsurteil nach § 302 ZPO

671 Ist nur der Rechtsstreit in Bezug auf den eingeklagten Werklohn entscheidungsreif, nicht aber über eine zur Aufrechnung gestellte Gegenforderung, liegen die formalen Voraussetzungen für ein Vorbehaltsurteil nach § 302 ZPO vor. Das Gericht muss sein von § 302 ZPO eingeräumtes Ermessen erkennen und ausüben. Das kann nach der Entscheidung des BGH vom 23.6.2005 – VII ZR 197/03 nicht dadurch umgangen werden, dass, wie früher, eine Verrechnung angenommen wird (so noch OLG Hamm, Urt. v. 4.12.2003 – 24 U 34/03; OLG Oldenburg, Urt. v. 25.2.2003 – 2 U 232/02 unter Hinweis auf BGH, Beschl. v. 5.4.2001 – VII ZR 161/00; OLG Koblenz, Urt. v. 10.1.2002 – 2 U 825/01).

Seit der Neufassung des § 302 Abs. 1 ZPO durch das Gesetz zur Beschleunigung fälliger Zahlungen 2002 kann ein Vorbehaltsurteil auch dann ergehen, wenn die zur Aufrechnung gestellte Forderung in einem rechtlichen Zusammenhang mit der Werklohnforderung steht. Danach wäre ein Vorbehaltsurteil an sich möglich, wenn mit einem auf Zahlung gerichteten Mängelanspruch aufgerechnet wird. Der für ein Vorbehaltsurteil notwendigen und zu begründenden Ermessensentscheidung steht aber die enge synallagmatische Verknüpfung der Werklohnforderung mit der Forderung auf mangelfreie Erfüllung entgegen. Es wäre ein nicht hinnehmbares Ergebnis, wenn trotz Leistungsverweigerungsrecht der Werklohn – wenn auch nur vorübergehend – durchsetzbar wäre. Der Bundesgerichtshof hat deshalb dem durch § 302 Abs. 1 ZPO den Gerichten eingeräumten Ermessen Grenzen gesetzt (BGH, Urt. v. 24.11.2005 – VII ZR 304/04). Der Auftragnehmer hat kein schützenswertes Interesse an einem schnellen Titel, wenn er mangelhaft geleistet hat (vgl. Kessen, BauR 2005, 1691, 1696; a. A. Schäfer NZBau 2006, 206). Er hat dann die Gegenleistung für den beanspruchten Werklohn noch gar nicht erbracht. Es wäre unbillig, demjenigen Unternehmer einen vollstreckbaren Titel zu gewähren, der nicht erfüllt hat und zudem auch noch die Frist zur Nacherfüllung hat verstreichen lassen, so dass der Besteller nunmehr aufrechnet. Die aufgerechneten Gegenansprüche dienen dazu, das Gleichgewicht von Leistung und Gegenleistung herzustellen. Die Unsicherheit, ob der geltend gemachte Anspruch besteht, fällt wie bei der Geltendmachung eines Leistungsverweigerungsrechts dem Unternehmer zur Last. Ein Vorbehaltsurteil nach § 302 Abs. 1 ZPO ist deshalb grundsätzlich ausgeschlossen, wenn der Besteller gegenüber der Werklohnforderung mit einem Anspruch aus demselben Vertragsverhältnis auf Ersatz der Kosten der Mängelbeseitigung oder der Fertigstellung aufrechnet (KG, Urt. v. 19.2.2002 – 4 U 18/01; zum Architekten vgl. → Rdn. 674). **672**

Andererseits gibt es Ausnahmen von diesem Grundsatz, die durch Zweck des Gesetzes zur Beschleunigung fälliger Zahlungen vorgegeben sind. Ein Vorbehaltsurteil kommt in dem Fall, dass mit Mängelansprüchen oder Ansprüchen auf Ersatz von Fertigstellungsmehrkosten aufgerechnet wird, ausnahmsweise in Betracht, wenn nach der auf der Grundlage des gesamten Streitstoffs vom Gericht vorzunehmenden Einschätzung die Gegenansprüche geringe Aussicht auf Erfolg haben und es unter Berücksichtigung der beiderseitigen Interessen und der voraussichtlichen Dauer des weiteren Verfahrens angezeigt erscheint, dem Unternehmer durch einen Titel die Möglichkeit zu eröffnen, sich sofortige Liquidität zu verschaffen oder jedenfalls eine Sicherheit vom Besteller zu erlangen. Ein solcher Ausnahmefall kann z. B. vorliegen, wenn die Gegenforderung bei Würdigung des Parteivortrags oder der bisherigen Beweisergebnisse, z. B. eines überzeugenden Privatgutachtens oder der Ergebnisse eines selbständigen Beweisverfahrens, wahrscheinlich nicht besteht oder im Verhältnis zur Werklohnforderung wahrscheinlich geringes Gewicht hat und die weitere Aufklärung voraussichtlich so lange dauern wird, dass es nicht hinnehmbar ist, dem Unternehmer die Möglichkeit einer Vollstreckung vorzuenthalten. **673**

Dient die Gegenforderung nicht dazu, das Verhältnis von Leistung und Gegenleistung herzustellen, so ist das von § 302 Abs. 1 ZPO eingeräumte Ermessen nicht beschränkt. Das gilt z. B. dann, wenn gegenüber einer Werklohnforderung aus einem Bauvorhaben mit Mängelansprüchen aus einem anderen Bauvorhaben aufgerechnet wird oder, wenn mit Ansprüchen auf Ersatz des Verzugsschadens gegenüber der Werklohnforderung aufgerechnet wird (Beispiele nach BGH, Urt. v. 24.11.2005 – VII ZR 304/04). Auch für sonstige Mangelfolgeschäden dürfte die dargestellte Ermessensbindung nicht bestehen. Zweifelhaft kann das allerdings sein, wenn gegenüber dem Honoraranspruch des Architekten ein Schadensersatzanspruch wegen mangelhafter Vertragserfüllung geltend gemacht wird, der sich nach den Mängelbeseitigungskosten des Bauwerks berechnet. Diesem Schadensersatzanspruch geht kein Leistungsverweigerungsrecht des Bestellers voran. Der Architekt haftet in aller Regel ohne weiteres auf Schadensersatz, weil sich der Mangel seiner Leistung regelmäßig erst zeigt, wenn er im Bauwerk verkörpert ist. Dieser Anspruch geht über das Erfüllungsinteresse an der Nachbesserung der fehlerhaften Architektenleistung selbst hinaus (dazu BGH, Urt. v. 19.11.2008 – IV ZR 277/05). Deshalb dürfte trotz der Verknüpfung mit dem eigenen Mangel – entgegen der Tendenz der Vorauflage – ein Vorbehaltsurteil zulässig sein, jedenfalls wenn der vom Besteller geltend gemachte Schadenersatzanspruch unter den Deckungsschutz der Berufshaftpflichtversicherung fällt **674**

(OLG Düsseldorf, Urt. 23.10.2014 – 5 U 51/13 mit abl. Anm. Zepp, NZBau 2015, 376; OLG Naumburg, Urt. v. 10.10.2013 – 1 U 9/13 –; offen gelassen in BGH, Urt. v. 7.4.2011 – VII ZR 209/07).

675 Umstritten ist, ob § 302 ZPO Anwendung findet, wenn der Besteller den Werklohn mindert. Insoweit wird unter Hinweis darauf, dass die Minderung nach der Schuldrechtsmodernisierung ein Gestaltungsrecht ist, der (analogen) Anwendung des § 302 Abs. 1 ZPO das Wort geredet (Buscher, BauR 2002, 871, 872 ff.). Eine direkte Anwendung des § 302 Abs. 1 ZPO scheidet sicher aus, weil eine Minderung keine Aufrechnung ist. Daran ändert auch nichts, dass nunmehr die Minderung ein Gestaltungsrecht ist. Ob die Voraussetzungen einer Analogie vorliegen, ist zweifelhaft. Dazu reicht es nicht, dass die Interessenlage bei der Minderung ähnlich ist, also eine Prozessverschleppung auch in den Fällen einer unberechtigten Minderung verhindert werden sollte. Selbst wenn § 302 Abs. 1 ZPO auch in dem Fall anwendbar wäre, dass der Besteller den Werklohn wegen Mängeln mindert, wären die dargestellten Grenzen des Ermessens zu berücksichtigen.

cc) Zurückweisung der Aufrechnung in der Berufung

676 Nach § 533 ZPO kann die Aufrechnung in der Berufung zurückgewiesen werden. § 533 ZPO ist auch anwendbar, wenn der Unternehmer mit einem Werklohnanspruch gegen Mängelansprüche in der Berufung erstmals aufrechnet (BGH, Urt. v. 6.10.2005 – VII ZR 229/03).

dd) Streitwerterhöhung wegen Hilfsaufrechnung

677 Wird mit einem Mängelanspruch die Hilfsaufrechnung erklärt, erhöht sich nach § 45 Abs. 3 GKG (§ 19 Abs. 3 GKG a. F.) der Streitwert um den Wert der aufgerechneten Forderung. Diese Streitwerterhöhung wurde früher häufig dadurch umgangen, dass eine Verrechnung angenommen wurde (so noch OLG Hamm, Urt. v. 7.6.2005 – 19 U 100/04; dagegen OLG Düsseldorf, Urt. v. 24.5.2005 – 5 W 37/04). Auch das ist nach der Entscheidung des BGH vom 23.6.2005 – VII ZR 197/03 in dieser Weise nicht mehr möglich. Gleichwohl ist die Streitwerterhöhung nicht zwingend. Denn das Gebührenrecht wird bestimmt von einer wirtschaftlichen Betrachtungsweise. Verteidigt sich der Besteller in erster Linie mit der fehlenden Fälligkeit, etwa weil keine Abnahme wegen der Mängel erfolgt ist, und hilfsweise mit dem Mängelanspruch, ist sein Klageziel unverändert auf die Abweisung der Klage wegen der Mängel gerichtet. In diesen Fällen ist eine Streitwerterhöhung nicht geboten (OLG Hamm, Urt. v. 30.11.2005 – 17 W 42/05), ebenso wenig wie in dem Fall, dass der Besteller in erster Linie Minderung und hilfsweise Schadensersatz wegen der Mängel geltend macht (BGH, Beschl. v. 20.04.2000 – VII ZR 13/00, vgl. Kessen, BauR 2005, 1691, 1697; siehe aber auch gegenteilig BGH, Beschl. v. 10.3.1994 – VII ZR 139/93).

3. § 320 und Vorschläge gegen den Justizkredit

678 Die synallagmatische Verknüpfung von Werklohn und mangelfreier Leistung führt bei Mängeln sowohl vor als auch nach der Abnahme zu einem aus § 320 BGB hergeleiteten Leistungsverweigerungsrecht des Bestellers (vgl. schon BGH, Urt. v. 6.2.1958 – VII ZR 39/57). Das führt in der Prozesspraxis dazu, dass die Behauptung von Mängeln dem Werklohnanspruch die (schnelle) Durchsetzung nehmen, vorgebrachte Mängel also zu einem sog. Justizkredit – wenn auch heute zu hohen Zinsen – führen.

Zur Verhinderung missbräuchlicher Einwendungen sind im Laufe der Zeit zahlreiche Vorschläge gemacht worden, um solche Mängeleinreden leer laufen zu lassen. So sollte die Nichtstellung einer Sicherheit nach § 650f BGB zur Einredefreiheit des gesamten Werklohns führen (z. B. OLG Jena, Urt. v. 1.11.2001 – 1 U 479/01; OLG Düsseldorf, Urt. v. 10.7.2003 – 12 U 4/03). Nachdem der Bundesgerichtshof diese Lösung als nicht Gesetzeskonform verworfen hat (BGH, Urt. v. 22.1.2004 – VII ZR 183/02; VII ZR 267/02; VII ZR 68/03) und das Zurückbehaltungsrecht bei Nichtstellung jedenfalls in einfacher Höhe der Mängelbeseitigungskosten besteht (→ § 650f BGB Rdn. 177), wurde eine teleologische Reduktion des § 320 BGB vorgeschlagen, nach dessen Abs. 1 Satz 3 die Anwendung des § 273 Abs. 3 BGB ausgeschlossen ist (Heiland, BauR 2004, 1209, 1213). Die vorgeschlagene Anwendung des § 273 Abs. 3 BGB würde es dem Unternehmer ermöglichen, das wegen Mängeln geltend gemachte Leistungsverweigerungsrecht durch Sicherheitsleistung abzuwenden. Der Besteller müsste also ein mangelhaftes Werk bezahlen, könnte jedoch auf die Sicherheit zurückgreifen, wenn die Mängel nicht beseitigt sind. Auch das ist de lege lata nicht möglich. Auch muss man im Auge behalten, dass es nicht nur gilt, den Unternehmer vor ungerechtfertigten Leistungsverweigerungen zu schützen. Auch der Besteller ist vor Leistungsverweigerungen des Unternehmers zu schützen, die darin bestehen, dass der Unternehmer Mängel nicht beseitigt. Das durch Sicherheitsleistung nicht abwendbare Leistungsverweigerungsrecht ist ein Druckmittel gegen den Unternehmer, diesen zur Mängelbeseitigung zu bewegen. Es wird gemindert, wenn diesem der Werklohn zufließt und der Besteller nunmehr eine Sicherheit in Anspruch nehmen muss. Eine derartige Lösung scheidet auch von vornherein bei unstreitigen oder schon festgestellten Mängeln aus.

III. Weitere Pflichten des Bestellers

Neben der Verpflichtung des Bestellers zur Zahlung einer Vergütung bestehen auch weitere vertraglich begründete Pflichten. Diese können ausdrücklich vereinbart sein oder ergeben sich aus dem durch Auslegung zu ermittelnden Inhalt des Vertrags. **679**

1. Kooperationspflicht

Ebenso wie den Unternehmer (→ Rdn. 248) treffen den Besteller Kooperationspflichten. Entstehen während der Vertragsdurchführung Meinungsverschiedenheiten zwischen den Parteien eines Bauvertrages über die Notwendigkeit oder die Art und Weise einer Anpassung des Vertrages oder seiner Durchführung an geänderte Umstände, sind die Parteien grundsätzlich verpflichtet, durch Verhandlungen eine einvernehmliche Beilegung der Meinungsverschiedenheiten zu versuchen (BGH, Urt. v. 28.10.1999 – VII ZR 393/98). Bei der Kooperationspflicht handelt sich nicht um eine einzelne konkrete Pflicht, sondern um ein die Haupt- und Nebenpflichten umspannendes Prinzip, mittels dessen im Wege der Auslegung konkrete vertragliche Nebenpflichten oder auch Obliegenheiten entnommen werden. Diese werden im Rahmen der Kommentierung jeweils dort angesprochen, wo sie relevant werden. Im Übrigen muss auf die Spezialliteratur verwiesen werden (Fuchs, Kooperationspflichten der Bauvertragsparteien, 2003, passim; Schwarze, Das Kooperationsprinzip des Bauvertragsrechts, 2003, passim; Kniffka, Jahrbuch Baurecht 2001, 1 ff.). **680**

2. Mitwirkungspflichten

Im Baubereich kann der Unternehmer seine Werkleistung häufig gar nicht ohne Mitwirkungshandlungen des Bestellers erstellen. So muss beim klassischen (reinen) Bauvertrag dem Unternehmer eine Planung zur Verfügung gestellt werden, nach der das Werk errichtet soll. Diese Mitwirkungshandlungen sind im Gesetz allerdings nicht geregelt worden. Der BGB-Gesetzgeber hatte sich bei der Kodifikation des Werkvertragsrechts mehr an der handwerklichen Herstellung und Bearbeitung orientiert und deshalb vor allem den Austausch der Leistungen geregelt. Regelungen über das Zusammenwirken beider Parteien während der Herstellungsphase hat er als entbehrlich angesehen und die Parteien auf vertragliche Regelungen verwiesen (Motive zum BGB, Bd. 2, S. 469 f.). **681**

In Anbetracht der großen Bandbreite möglicher Werkverträge – von Gutachten über einfache Reparaturen bis zum Großanlagenbau – wäre eine zugleich konkrete wie allgemeingültige Regelung der Mitwirkungspflichten auch kaum möglich gewesen. Schon für den Baubereich kann nicht generell eine Planungsverpflichtung und -obliegenheit unterstellt werden. Viele Bauverträge beinhalten zumindest teilweise auch Planungsleistungen des Unternehmers. Beim Totalunternehmervertrag bzw. Bauträgervertrag erfolgt die Planung sogar allein durch den Unternehmer. Die Mitwirkungspflichten lassen sich deshalb nicht abstrakt, sondern nur konkret in Bezug auf einen Bauvertrag(-typus) feststellen. **682**

Unabhängig davon lassen sich für den Baubereich typische Mitwirkungshandlungen des Bestellers benennen, vgl. näher → § 642 BGB Rdn. 31 ff. Sie beginnen bei der Bereitstellung des Baugrundstücks bzw. der Vorleistung, der rechtzeitigen Übergabe der Ausführungsunterlagen (Pläne), betreffen aber auch die Koordinierung der auf der Baustelle Tätigen sowie die Mitwirkung bei Anpassungsnotwendigkeiten (vgl. Kniffka, Jahrbuch BauR 1998, S. 1, 6 ff.). In der VOB/B und VOB/C sind die in der Baupraxis wichtigsten Mitwirkungspflichten ausdrücklich geregelt. Vielfach sind die dortigen Regelungen nur Ausdruck eines allgemeinen Rechtsgedankens und gelten dann auch für den BGB-Bauvertrag. Wegen der Ungewissheiten einer ergänzenden Vertragsauslegung sollten die Parteien eines BGB-Bauvertrages die notwendigen oder gewünschten Mitwirkungshandlungen aber vertraglich vereinbaren. **683**

684 Ob und wann es sich bei den Mitwirkungshandlungen um echte Schuldnerpflichten handelt, ist streitig. Die Rechtsnatur und der mögliche Inhalt der Mitwirkungshandlungen werden unten (→ Rdn. 670 ff.) und bei § 642 im Einzelnen dargestellt.

3. Aufklärungspflichten

685 Dem Besteller erwachsen Aufklärungspflichten, soweit der Unternehmer Risiken und Gefahren aus eigener Sach- und Fachkunde alleine nicht zu erkennen oder richtig einzuschätzen vermag (BGH, Urt. v. 25.11.1986 – X ZR 38/85). Die Aufklärungspflichten beginnen im vorvertraglichen Stadium. Dabei trifft den Besteller die Pflicht zu korrekten Angaben. Tatsächliche Angaben, die der Besteller macht, müssen zutreffen; Anfragen des Unternehmers muss der Besteller korrekt beantworten. Diese Pflicht bedeutet aber andererseits nicht, dass der Besteller die Pflicht träfe, alle Angaben zu ermitteln, die für eine ordnungsgemäße Angebotskalkulation erforderlich wären. Die vergaberechtlichen Grundsätze des § 7 VOB/A, wonach der Auftraggeber dem Auftragnehmer keine unkalkulierbare Wagnisse aufbürden darf, haben keine unmittelbaren zivilrechtliche Auswirkungen, sind aber ggf. im Rahmen der Auslegung der Vertragserklärungen zu berücksichtigen. Risikoübertragungen durch funktionale Leistungselemente oder Pauschalpreisvereinbarungen auf den Unternehmer sind zivilrechtlich in den Grenzen der §§ 138, 242 BGB zulässig (BGH, Urt. v. 27.6.1996 – VII ZR 59/95; Urt. v. 13.3.2008 – VII ZR 194/06). Bei unvollständigen Angaben können Schadensersatzansprüche des Unternehmers nach der Rechtsprechung auch an der ihn treffenden Prüfpflicht scheitern. Waren die nicht angegebenen Umstände für den Unternehmer bei zumutbarer Prüfung erkennbar oder durfte er wegen erkennbaren Unrichtigkeiten nicht auf die Ausschreibungsunterlagen vertrauen, fehlt es an der Voraussetzung schutzwürdigen Vertrauens (OLG Brandenburg, Urt. v. 20.4.2004 – 6 U 116/03).

686 Verfügt der Besteller über für den Unternehmer vertragswesentliche Informationen, trifft ihn die Verpflichtung zur Aufklärung und Mitteilung. Insbesondere eine positive Kenntnis oder Verdachtsmomente über besondere Gefahren oder Umstände, die für den Abschlusswillen des Unternehmers von Bedeutung sind, muss er von sich aus offenbaren, soweit sie für den Unternehmer nicht erkennbar sind (BGH, Urt. v. 7.2.2003 – V ZR 25/02 zum Kaufrecht; BGH, Urt. v. 24.3.1977 – III ZR 198/74; BGB-RGRK/Glanzmann, § 631 Rdn. 64). Eine Gemeinde, die Kenntnis von einer bevorstehenden Erhöhung von Deponiegebühren hat, muss das jedenfalls bei einer Gebührenanfrage des Unternehmers offenbaren (OLG Stuttgart, Urt. v. 18.12.1996 – 1 U 118/96). Hat der Besteller positive Kenntnis höherer Bodenbelastungen, darf er nicht lediglich pauschal auf die Möglichkeit von Abweichungen einer in der Ausschreibung angegebenen durchschnittlichen Belastung hinweisen (OLG Naumburg, Urt. v. 15.12.2005 – 1 U 5/05).

687 Aufklärungspflichten treffen den Besteller auch während der Vertragsdurchführung. Diese Pflichten sind wegen der unterschiedlichen Hauptleistungspflichten deutlich weniger intensiv als die des Unternehmers. Deutlich wird das z.B. an den leistungsablaufbezogenen Informationspflichten. Hier treffen den Unternehmer insbesondere beim VOB/B-Vertrag (§§ 5 und 6 VOB/B), aber auch beim BGB-Vertrag zahlreiche Informationspflichten. Der Besteller muss seinerseits den Unternehmer, soweit die Leistungszeit nicht vereinbart wurde, über den voraussichtlichen Arbeitsbeginn aufklären. Diese Verpflichtung ist für den VOB/B-Vertrag in § 5 Abs. 2 VOB/B ausdrücklich geregelt worden. Verursacht der Besteller Behinderungen, muss er dem Unternehmer zunächst über den wahrscheinlichen Wegfall und anschließend über den tatsächlichen Wegfall informieren (Beck'scher VOB-Kommentar/Berger, Vor § 6 VOB/B Rdn. 18). Nach § 17 Abs. 6 Nr. 1 VOB/B besteht eine Mitteilungspflicht über Einbehalte und deren Einzahlung auf ein Sperrkonto. Verzögern sich Leistungen des Bestellers ohne sein Verschulden, muss er den Unternehmer nach § 242 BGB informieren (Palandt/Grüneberg § 286 Rdn. 32).

688 Die wichtigste Mitteilungspflicht ist jedoch die kooperationsrechtlich gebotene Aufklärung über die Ausübung von Leistungsverweigerungsrechten oder der beabsichtigen Ausübung von Gestaltungsrechten. Der Besteller muss bei Nichtzahlung der Vergütung den Grund mitteilen; ansonsten kann der Unternehmer seinerseits – trotz tatsächlichem Vorliegen eines Leistungsverweigerungsrechts – wegen grundloser Zahlungsverweigerung zu Kündigung berechtigt sein (OLG Celle, Urt. v. 24.2.1999 – 14a (6) U 4/98; Adler/Everts BauR 2000, 1111; Fuchs, Kooperationspflichten der Bauvertragsparteien, S. 248 ff.). Auch vor einer Kündigung ist in der Regel eine Kündigungsandrohung notwendig, vgl. § 314 Abs. 2 BGB, § 8 Abs. 3 VOB/B.

4. Obhuts- und Schutzpflichten

Eine Vertragspartei, die von der anderen Vertragspartei etwas verlangt, das ihr nach dem Vertrag nicht geschuldet ist, oder ein Gestaltungsrecht ausübt, das nicht besteht, verletzt ihre Pflicht zur Rücksichtnahme nach § 241 BGB. Jede Vertragspartei hat bei der Ausübung ihrer Vertragsrechte auf die Rechte und Interessen der anderen Partei Rücksicht zu nehmen. Sie darf deshalb grundsätzlich die andere Vertragspartei nicht zu Unrecht in Anspruch nehmen (BGH, Urt. v. 16.1.2009 – V ZR 133/08). Wegen des mit Mängelbeseitigungsarbeiten möglicherweise erheblichen Kostenaufwandes, erfordert die Rücksichtnahme auf die Interessen der gegnerischen Vertragspartei es, dass eine Vertragspartei vor Inanspruchnahme der anderen Vertragspartei wegen Mängeln im Rahmen ihrer Möglichkeiten sorgfältig prüft, ob die in Betracht kommenden Ursachen für das Symptom, hinter dem er einen Mangel vermutet, nicht in seiner eigenen Sphäre liegt. Ein unberechtigtes Mängelbeseitigungsverlangen kann – anders als die bloß unbegründete Klage – eine zum Schadensersatz verpflichtende schuldhafte Vertragsverletzung darstellen, wenn der Auffordernde erkannt oder fahrlässig nicht erkannt hat, dass ein Mangel nicht vorliegt, sondern die Ursache für die von ihm beanstandete Erscheinung in seinem eigenen Verantwortungsbereich liegt (BGH, Urt. v. 23.1.2008 – VIII ZR 246/06 zum Kaufrecht; die Pflichten im Werkvertrag, der über den punktuellen Leistungsaustausch hinausgeht, können nicht geringer sei; anders aber noch OLG Düsseldorf, Urt. v. 18.12.1998 – 22 U 148/98). Beim Verschuldensmaßstab ist jedoch zu beachten, dass eine Plausibilitätskontrolle ausreicht: Es genügt, wenn der Besteller prüft, ob die Vertragsstörung auf eine Ursache zurückzuführen ist, die dem eigenen Verantwortungsbereich zuzuordnen, der eigene Rechtsstandpunkt mithin plausibel ist (BGH, Urt. v. 16.1.2009 – V ZR 133/08). Die vom Bundesgerichtshof verwandten Worte „plausibel" und „vertretbar" legen den Schluss nahe, dass die Anforderungen nicht allzu hoch anzusetzen sind (Depenbrock, NJW 2009, 1247f.).

IV. Leistungsstörungen des Bestellers

1. Verzögerte Zahlung von Werklohn

Das Gesetz gewährt dem Unternehmer verschiedene Rechte für den Fall, dass der Besteller eine Zahlung, sei es nun Vorauszahlung, Abschlagszahlung oder Schlusszahlung, verzögert. Da die Zahlungspflicht eine im Gegenseitigkeitsverhältnis stehende Hauptleistung ist, kann der Unternehmer unter den Voraussetzungen des § 320 Abs. 1 und 2 BGB seine eigene Leistung verweigern. Hinsichtlich konnexer Verpflichtungen kann er unter den Voraussetzungen des § 273 BGB ein Zurückbehaltungsrecht geltend machen. Außerdem können dem Unternehmer auch Schadenersatzansprüche zustehen. Der Unternehmer kann den durch die Verzögerung entstehenden Schaden gemäß § 280 BGB i. V. m. § 286 BGB geltend machen. Dazu gehört insbesondere der Anspruch auf Verzugszinsen gemäß § 288 BGB. Der Unternehmer kann wegen eines Zahlungsverzuges sich auch durch Kündigung gemäß § 648a BGB vom Vertrag lösen.

a) Fälligkeit des Anspruchs

Alle Rechte setzen voraus, dass der Unternehmer einen fälligen und durchsetzbaren Zahlungsanspruch hat, der noch nicht erfüllt ist. Wegen einer nicht fälligen Forderung kann der Unternehmer weder seine Leistung verweigern noch Verzugszinsen fordern und erst recht sich nicht vom Vertrag lösen. Weder Vorauszahlungsansprüche noch ihre Fälligkeit sind gesetzlich geregelt; sie können sich nur aus den vertraglichen Abreden ergeben. Wegen der Fälligkeit des Anspruchs auf Abschlagszahlungen wird auf → § 632a BGB Rdn. 65 ff. Bezug genommen. Wegen der Fälligkeit des Schlusszahlungsanspruchs wird auf → § 641 BGB Rdn. 1 ff. und → § 650g BGB Rdn. 30 ff. verwiesen.

Eine dauernde oder aufschiebende Einrede schließt die Durchsetzbarkeit eines Anspruchs aus. Deshalb kann der Besteller nicht in Verzug mit einem verjährten Zahlungsanspruch geraten. Die Einrede wird allerdings in einem Prozess nur berücksichtigt, wenn sie prozessual erhoben wird. Der Anspruch des Unternehmers ist auch nicht durchsetzbar, wenn dem Besteller ein Leistungsverweigerungsrecht nach § 320 Abs. 1 BGB zusteht. Dieses Recht besteht, wenn der Besteller die Zahlung von der Erfüllung eines fälligen Anspruchs auf Vertragserfüllung abhängig machen kann. Das Leistungsverweigerungsrecht schließt einen Verzug ipso iure aus, unabhängig davon, ob der Besteller sich darauf beruft (BGH, Urt. v. 14.1.1993 – VII ZR 185/91; Urt. v. 6.5.1999 – VII ZR 180/98; Urt. v. 23.5.2003 – V ZR 190/02; Urt. v. 22.9.2005 – VII ZR 117/03).

693 Anders ist das, wenn dem Besteller lediglich ein Zurückbehaltungsrecht gemäß § 273 BGB zusteht. Das Zurückbehaltungsrecht kann den Verzug erst hindern, wenn der Besteller sich darauf berufen hat (BGH, Urt. v. 26.2.2009 – VII ZR 73/08). Der Unternehmer hat dann die Möglichkeit, es durch Sicherheitsleistung abzuwenden, § 273 Abs. 3 BGB. Ist der Besteller bereits in Verzug geraten, bevor die Einrede des Zurückbehaltungsrechts erhoben wurde, kann er den Verzug nur beseitigen, wenn er seinerseits die Zahlung des Werklohns Zug um Zug gegen Vornahme der Handlung anbietet, die das Zurückbehaltungsrechts begründet (BGH, a. a. O.). Wer Klageabweisung ohne Einschränkung beantragt, bietet die Zahlung des Werklohns nicht an.

694 Probleme entstehen, wenn – wie bei Vereinbarung der VOB/B – eine prüfbare Abrechnung Fälligkeitsvoraussetzung ist. Ist die Rechnung objektiv nicht prüfbar, tritt keine Fälligkeit ein. Diese Konsequenzen hat der BGH aber dadurch entschärft, dass der Einwand fehlender Prüffähigkeit nur innerhalb der Prüffrist erhoben werden kann (→ Rdn. 883 und auch → Rdn. 435).

695 Auch Mängel der Werkleistung haben Auswirkungen zumindest auf die Durchsetzbarkeit des Zahlungsanspruchs. Die Mangelhaftigkeit nimmt dem Zahlungsanspruch – wenn es sich nicht um wesentliche Mängel bei Abschlagzahlungen handelt – zwar nicht die Fälligkeit, gibt dem Besteller aber ein Leistungsverweigerungsrecht gemäß § 320 BGB, das, wie dargelegt, den Eintritt des Verzuges hindert, und zwar ohne dass es einer Geltendmachung bedarf. Gemäß § 320 Abs. 2 BGB erfasst das Leistungsverweigerungsrecht bei geringfügigen Mängeln allerdings nicht die gesamte Vergütung, sondern nach neuem Recht regelmäßig nur einen Teil in Höhe des in der Regel 2-fachen der Mängelbeseitigungskosten (vgl. § 641 Abs. 3 BGB). Der vom Leistungsverweigerungsrecht nicht betroffene Vergütungsteil bleibt durchsetzbar; mit ihm kann der Besteller in Verzug geraten.

696 Das kann für den Unternehmer durchaus risikoträchtig sein. Stellen sich nach Leistungsverweigerung und Kündigung/Rücktritt größere zunächst verdeckte Mängel heraus, war der Besteller objektiv nicht im Verzug. Der Unternehmer kann seine Leistungsverweigerungs- oder Kündigungsrechte nicht mehr auf Verzug stützen. Diese müssen aber nicht vollständig entfallen. In diesem Fall kann der Unternehmer wegen der zunächst grundlosen Zahlungsverweigerung unter dem Gesichtspunkt erheblicher Störungen des Vertrauensverhältnisses dennoch zur Kündigung berechtigt gewesen sein (→ Rdn. 688).

b) Anspruch auf Ersatz des Verzugsschadens

697 Der Unternehmer kann den Verzugsschaden gemäß §§ 280 Abs. 1 und 2, 286 BGB geltend machen. Verzögert der Besteller die Zahlung, ist das eine Pflichtverletzung. Diese verpflichtet ihn gemäß § 280 Abs. 1 BGB zum Ersatz des dem Unternehmer durch die Verzögerung entstandenen Schadens, wenn er die Verzögerung zu vertreten hat. Es müssen gemäß § 280 Abs. 1 BGB die zusätzlichen Voraussetzungen des § 286 BGB vorliegen. Danach ist Voraussetzung für den Anspruch auf Ersatz des Verzögerungsschadens grundsätzlich, dass der Auftraggeber auf eine Mahnung des Auftragnehmers nicht geleistet hat, die nach dem Eintritt der Fälligkeit erfolgt ist (Verzug). Der Mahnung steht die Erhebung der Klage auf die Leistung gleich, sowie die Zustellung eines Mahnbescheids im Mahnverfahren, § 286 Abs. 1 Satz 2 BGB. Die Mahnung ist in verschiedenen Fällen entbehrlich, § 286 Abs. 2 und 3 BGB (→ Rdn. 706 ff.).

698 Ohne Verschulden kommt der Besteller nicht in Verzug, § 286 Abs. 4 BGB. Zwar hat der Besteller unterlassene Zahlungen regelmäßig zu vertreten. Anders ist das aber, wenn er _ – auch soweit die Rechnung nicht ohnehin Fälligkeitsvoraussetzung ist – zur Prüfung der Frage, ob die Forderung des Unternehmers berechtigt ist, eine Rechnung benötigt, diese jedoch nicht bekommt (vgl. zu den Voraussetzungen des Verzugs eines Bürgen: BGH, Urt. v. 10.2.2011 – VII ZR 53/10). Anders ist das auch, wenn dem Besteller eine Rechnung gestellt ist, die unberechtigte Forderungen enthält und ohne Verschulden die wirklich geschuldete Forderung nicht allein ausrechnen kann, weil sie von ihm unbekannten Daten des Gläubigers abhängt (BGH, Urt. v. 12.7.2006 – X ZR 157/05 m. w. N.; vgl. auch BGH, Urt. v. 21.12.2006 – III ZR 117/06). Dagegen entschuldigt es den Besteller regelmäßig nicht, wenn er deshalb nicht bezahlt, weil er sich zur Bezahlung nicht verpflichtet hält. Denn ein entschuldbarer Rechtsirrtum lässt das Verschulden nicht entfallen (BGH, Urt. v. 12.7.2006 – X ZR 157/05).

aa) Mahnung

699 Grundsätzlich tritt Verzug nur durch eine Mahnung ein. Die Mahnung ist die Aufforderung, die fällige Leistung zu erbringen. Fordert der Unternehmer den Besteller auf, innerhalb einer bestimmten Frist die Forderung zu begleichen, liegt darin eine Mahnung. Eine Fristsetzung ist allerdings für eine Mahnung nicht erforderlich. Es genügt, wenn die Leistung verlangt wird.

Allerdings kann es im Einzelfall an einem Verschulden des Bestellers fehlen, wenn ihm keine oder eine zu kurze Zahlungsfrist gesetzt wird und er wegen Fehler in der Rechnung über das Bestehen und die Höhe der Schuld im Ungewissen sein durfte. Dann beginnt der Verzug erst nach Ablauf einer angemessenen Frist zur Prüfung und Feststellung der berechtigten Forderung (BGH, Urt. v. 12.7.2006 – X ZR 157/05). **700**

Ist die Zahlungsaufforderung mit einer Fristsetzung verbunden, wird in aller Regel Verzug erst mit Ablauf der Frist eintreten (vgl. BGH, Urt. v. 12.7.2006, a.a.O.). Denkbar ist aber auch, dass die Zahlungsaufforderung so gestaltet ist, dass der Verzug sofort eintreten soll und die Frist nur dazu dient, die Voraussetzungen für den Rücktritt oder den Schadensersatz statt der Leistung zu schaffen. **701**

Eine Mahnung vor Eintritt der Fälligkeit ist wirkungslos (BGH, Urt. v. 27.3.1980 – VII ZR 214/79; Urt. v. 29.4.1992 – XII ZR 105/91). Ausreichend ist es, die Mahnung mit der die Fälligkeit begründenden Handlung zu verbinden (BGH, Urt. v. 13.7.1970 – VII ZR 189/68). Allein die Übersendung einer Rechnung ist aber noch keine Mahnung. Einer Mahnung kann allerdings mit in den Text der Rechnung aufgenommen werden, welche zugleich Voraussetzung für die Fälligkeit der Forderung ist (BGH, Urt. v. 12.7.2006 – X ZR 157/05). **702**

Verzug kann auch dann eintreten, wenn der Unternehmer eine zu hohe Zahlung anmahnt, jedoch nur eine geringere Schuld besteht. Nach der Rechtsprechung ist zu prüfen, ob unter Berücksichtigung der Umstände des Einzelfalles der Schuldner die Erklärung des Gläubigers als Aufforderung zur Bewirkung der tatsächlich geschuldeten (und nicht nur der zu hohen Forderung) verstehen muss und der Gläubiger auch zur Annahme der gegenüber seinen Vorstellungen geringeren Leistung bereit ist (BGH, Urt. v. 5.10.2005 – X ZR 276/02; Urt. v. 12.7.2006 – X ZR 157/05). Das wird in aller Regel zu bejahen sein (BGH, Urt. v. 25.6.1999 – V ZR 190/98). Bei einer unverhältnismäßig hohen Zuvielforderung hat die Rechtsprechung allerdings die Wirkung einer Mahnung auch schon verneint (BGH, Urt. v. 13.11.1990 – XI ZR 217/89). **703**

bb) Klage und Mahnbescheid

Klage und Mahnbescheid sind der Mahnung gemäß § 286 Abs. 1 Satz 2 BGB gleich gestellt. In welche prozessuale Form die Rechtsbehelfe gekleidet sind, ist gleich. Die Voraussetzungen erfüllen eine Widerklage oder eine Hilfswiderklage ebenso wie ein Hilfsantrag. Eine Feststellungsklage reicht nicht, auch nicht eine Aufrechnung im Prozess. **704**

cc) Kalenderfrist

Der Mahnung bedarf es nicht, wenn im Vertrag für die Leistung eine Zeit nach dem Kalender bestimmt ist, § 286 Abs. 2 Nr. 1 BGB. Das kann durch Rechtsgeschäft oder durch das Gesetz geschehen. Ein Fall des § 286 Abs. 2 Nr. 1 BGB liegt vor, wenn der Bauvertrag für die Zahlungen bestimmte Kalenderdaten enthält oder die die Fälligkeit begründenden Kalenderdaten sich bei Vertragsschluss genau bestimmen lassen. Der Besteller gerät danach ohne Mahnung in Verzug mit Zahlungspflichten, wenn der Vertrag Zahlungstermine benennt. In welcher Weise die Zahlungstermine benannt sind, ist grundsätzlich gleichgültig. Maßgeblich ist lediglich, ob sie aus dem Kalender ableitbar sind. Der Besteller gerät z.B. am 1. Mai in Verzug, wenn die Zahlung bis Ende April zu erfolgen hat. Ausreichende Berechenbarkeit nach dem Kalender liegt z.B. vor, wenn die Zahlung sechs Wochen nach Vertragsschluss erfolgen soll, oder jeweils zum 1. eines Monats beginnend mit dem dritten Monat nach Vertragsschluss. **705**

dd) Eintritt eines ungewissen Ereignisses

Ein Schuldner kann auch dann in Verzug geraten, wenn nach der vertraglichen Regelung die Leistung von einem ungewissen Ereignis abhängt, die Leistungszeit danach jedoch berechnet werden kann. Das gilt z.B. für eine vertragliche Regelung: „Zahlung zwei Wochen nach Rechnungserteilung". Verzug kann damit auch dann eintreten, wenn in einem Bauträgervertrag die Fälligkeit von Abschlagszahlungen in einem Zeitraum von z.B. zwei Wochen nach der jeweiligen Bautenstandmitteilung geregelt ist. Maßgeblich ist die vertragliche Vereinbarung. Es reicht deshalb nicht aus, dass der Unternehmer in einer Rechnung die Regelung vorsieht, „zahlbar zwei Wochen nach Erhalt". Außerdem muss in der vertraglich vorgesehenen Fälligkeitsregelung eine angemessene Zeit zur Erfüllung gewährt werden. Welche Frist angemessen ist, richtet sich nach den Umständen des Einzelfalles. Weiterhin ist zu fordern, dass **706** der Schuldner tatsächlich die Möglichkeit hat, die Frist zu berechnen. So kann z. B. in einem Bauträgervertrag die Klausel „Zahlung zwei Wochen, nachdem folgende Voraussetzungen erfüllt sind ... (es folgen die üblichen Fälligkeitsvoraussetzungen, vgl. § 3 Abs. 2 MaBV)" den Verzug nicht begründen. Denn der Erwerber hat regelmäßig keinen Überblick darüber, wann die Fälligkeitsvoraussetzungen erfüllt sind, z. B. die erforderlichen Genehmigungen für die Durchführung des Vertrages vorliegen, § 3 Abs. 1 Nr. 1 MaBV, die Vormerkung eingetragen worden ist, § 3 Abs. 1 Nr. 2 MaBV oder die Freistellungserklärung vorliegt, § 3 Abs. 1 Nr. 3 MaBV. Bereits dieses Beispiel zeigt, dass § 286 Abs. 2 Nr. 2 BGB jedenfalls in Verbraucherverträgen bedenkliche Konsequenzen hat. Denn es entfällt jegliche Warnung, wobei die Fristenkontrolle durchaus schwierig sein kann, weil sie an ungewisse Ereignisse anknüpft. Die einseitig zugunsten des Bauträgers formulierten Vorschläge von Notaren gehen bereits dahin, in Bauträgerverträgen die Fälligkeit von Abschlagszahlungen so zu regeln, dass diese eine Woche (oder 10 bis 14 Tage) nach Zugang der Bautenstandmitteilung des Bauträgers fällig werden (Brambring, NotZ 2001, 590, 610; Hertel, DNotZ 2001, 910, 916). Dabei wird hervorgehoben, dass nach dem Gesetz diese Formulierung zu einem sofortigen Verzug des Erwerbers führt, wenn er beim Fälligkeitstermin nicht zahlt. Die Regelung sei interessengerecht. Wie häufig, so stellt sich auch hier die Frage, welche Interessen die Notare vertreten, wenn sie die Möglichkeiten eines Gesetzes sofort uneingeschränkt bis zur Grenze der Belastbarkeit zu Lasten des Erwerbers und zu Gunsten des Bauträgers ausschöpfen. Derartige Regelungen in Bauträgerverträgen sind für den Verbraucher nicht interessengerecht. Daran ändert auch der bisweilen im Vertrag vorgesehene Belehrung durch den Notar nichts, dass mit Überschreitung des Fälligkeitstermins der Verzug eintritt und Verzugszinsen zu zahlen sind.

707   Ausgewogen wäre eine Regelung, die für den Bauträger eine Mahnpflicht vorsieht, zumal mit der Mahnung ohnehin sofort Verzug eintritt.

ee) Erfüllungsverweigerung

708   Der Besteller kommt mit der Zahlung in Verzug, wenn er diese endgültig verweigert (vgl. BGH, Urt. v. 10.6.1974 – VII ZR 30/73). Dieser Tatbestand, § 286 Abs. 2 Nr. 3 BGB, wird in Gerichtsverfahren häufig übersehen. Insbesondere wird häufig nicht bedacht, dass das Verhalten in einem Gerichtsprozess darauf zulässt, dass der Besteller trotz einer Mahnung nicht bezahlt hätte. Dann wäre die Mahnung reine Förmelei gewesen, so dass auch ohne diese ein Verzug angenommen werden kann. Beruft sich der Besteller z. B. auf Verjährung, so ist das in aller Regel eine endgültige Erfüllungsverweigerung. Eine Mahnung ist überflüssig. Gleiches gilt, wenn der Besteller die Zahlung wegen angeblicher Mängel verweigert. Auch in diesen Fällen wird sich häufig feststellen lassen, dass eine Mahnung ohne Erfolg gewesen wäre. Das gilt insbesondere dann, wenn der Unternehmer die Zahlung einklagen muss, weil der Besteller auf der Mängelrüge besteht. Stellt sich dann im Prozess heraus, dass Mängel nicht vorliegen, kann Verzug regelmäßig bereits für den Zeitpunkt angenommen werden, in dem die Zahlung unter Hinweis auf die Mängelrüge verweigert worden ist.

ff) 30-Tage-Regelung

709   Der Schuldner einer Entgeltforderung, das ist eine Zahlungsforderung aus einem gegenseitigen Vertrag, kommt gemäß § 286 Abs. 2 Nr. 3 BGB spätestens in Verzug, wenn er nicht innerhalb von 30 Tagen nach Fälligkeit und Zugang der Rechnung oder gleichwertigen Zahlungsaufstellung leistet. Ein Verbraucher muss auf diese Folgen in der Rechnung oder Zahlungsaufstellung besonders hingewiesen worden sein. Der Hinweis muss seine Warnfunktion erfüllen können und deshalb drucktechnisch ausreichend deutlich sein. Außerdem gilt die Regelung nur für Entgeltforderungen (→ Rdn. 714), während sie früher für alle Geldforderungen anwendbar war.

gg) Verzug nach Empfang der Gegenleistung

710   Wenn der Zeitpunkt des Zugangs der Rechnung oder Zahlungsaufstellung unsicher ist, kommt der Schuldner, der nicht Verbraucher ist, spätestens 30 Tage nach Fälligkeit und Empfang der Gegenleistung in Verzug, § 286 Abs. 3 Satz 2 BGB. Das Gesetz will den Verzug bei ungewissem Rechnungseingang erleichtern und ist eine Ergänzung zu § 286 Abs. 3 Satz 1 BGB. Nach seiner Formulierung greift es nur, wenn der Zeitpunkt des Zugangs der Rechnung unsicher ist. Danach müsste der Gläubiger zunächst einmal darlegen und beweisen, dass überhaupt eine Rechnung zugegangen ist. Streitig ist, ob das Gesetz, das in Vollzug von Art. 3 Abs. 1 b lit. ii der Zahlungsverzugsrichtlinie ergangen ist, so zu verstehen ist. Nach einer Auf-

fassung will es dem Gläubiger auch für den Fall Erleichterung verschaffen, dass der Schuldner überhaupt eine Rechnungserteilung bestreitet (so Voit, BauR 2002, 163; vgl. auch Däubler, NJW 2001, 3729, 3732 Fußnote 26). Der Schuldner, der nicht Verbraucher ist, kommt dann 30 Tage nach Fälligkeit und Empfang der Gegenleistung in Verzug. Nach anderer Auffassung kann der Zugang als solches nicht über § 286 Abs. 3 BGB fingiert werden (OLG Brandenburg, Urt. v. 26.11.2009 – 12 U 2/09; MünchKomm/Ernst § 286 Rdn. 90).

Die Regelung des § 286 Abs. 3 stellt auch keine Erleichterung für den Gläubiger auf, wenn der Zugang der Rechnung erst Fälligkeitsvoraussetzung ist, wie z. B. in § 650g Abs. 4 BGB und bislang in § 16 Abs. 3 Nr. 1 VOB/B und § 15 HOAI geregelt. In diesem Fall müsste eigentlich der Gläubiger den Zugang der Rechnung beweisen (Stellungnahme der Bundesregierung, Gegenäußerung zu Nr. 36). Insoweit begründet aber nun § 286 Abs. 5 i. V. m. § 271a Abs. 1 S. 3 BGB die Vermutung, „dass der Zeitpunkt des Zugangs der Rechnung oder Zahlungsaufstellung auf den Zeitpunkt des Empfangs der Gegenleistung fällt; hat der Gläubiger einen späteren Zeitpunkt benannt, so tritt dieser an die Stelle des Zeitpunkts des Empfangs der Gegenleistung". „Empfang der Gegenleistung" bedeutet dabei nicht Abnahme, sondern die Erbringung/Zur-Verfügung-Stellung des abnahmereifen Werks (vgl. BT-Drucks 18/1309, S. 14 f.; Christiansen, ZfBR 2015, 211, 212). Mit § 271a BGB schränkt das Gesetz die Vertragsfreiheit bei der Vereinbarung von Zahlungsfristen und anderen Fälligkeitsvereinbarungen sogar durch Individualvereinbarung ein (vgl. näher Faust, DNotZ 2015, 645 ff.). Fälligkeitsvereinbarungen von mehr als 30 Tagen nach Empfang der Gegenleistungen müssen ausdrücklich getroffen werden und dürfen nicht grob unbillig sein (§ 271a Abs. 3 BGB). In AGB sind gemäß § 308 Nr. 1 b BGB im Zweifel sogar mehr als 15 Tage unangemessen, wobei das ausdrücklich auch gegenüber Unternehmern gilt, vgl. § 310 Abs. 1 S. 1 BGB. 711

c) Beendigung des Verzugs

Der Verzug endet mit dem Untergang der Forderung, z. B. durch Zahlung oder Aufrechnung oder dem Entstehen einer die Durchsetzbarkeit hindernden Einrede. Eine Forderung auf Abschlagszahlung geht jedenfalls dann unter, wenn die Voraussetzungen der Schlusszahlung vorliegen und Schlusszahlung gefordert wird. Der Verzug mit Abschlagszahlungen wirkt hinsichtlich der Schlusszahlungsforderung nicht fort (BGH, Urt. v. 15.4.2004 – VII ZR 471/01; vgl. → § 632a BGB Rdn. 113). Den bis zur Beendigung des Verzugs erlittenen Schaden durch verzögerte Abschlagszahlungen kann der Unternehmer weiter geltend machen. Das sind die Verzugszinsen bis zur Erteilung der Schlussrechnung und eventuell ein Schaden, der dadurch erlitten wird, dass der Unternehmer Kredite nicht zurückführen kann oder das Geld angelegt hat. Mit dieser Begründung kann auch ein Zinsausfall oder die Verpflichtung zur weiteren Zinszahlung über den Zeitraum des Verzugs hinaus geltend gemacht werden. 712

d) Verzugsschaden

aa) Verzugszinsen

Nach § 288 Abs. 1 BGB hat der Gläubiger Anspruch auf gesetzliche Verzugszinsen. Wenn an dem Vertrag kein Verbraucher beteiligt ist, beträgt der Zinssatz für Entgeltforderungen aus Verträgen, die ab dem 29.7.2014 geschlossen werden (Art. 34 EGBGB), 9 Prozentpunkte über den Basiszinssatz gemäß § 247 BGB. Er richtet sich nach dem Zinssatz für die jüngste Hauptrefinanzierungsoperation der Europäischen Zentralbank und wird jeweils zum 1.1. und 1.7. angepasst. Der Basiszinssatz wird im Bundesanzeiger bekannt gemacht. Er kann unter www.basiszinssatz.de abgerufen werden. Der Nachweis eines niedrigeren Zinsschadens ist nicht möglich, jedoch kann ein höherer Schaden geltend gemacht werden, § 288 Abs. 4 BGB. Der höhere Zinssatz gilt z. B. auch für Verträge zwischen einem Unternehmer und einem Architekten. Denn Freiberufler sind gemäß § 14 BGB auch Unternehmer im Sinne des Gesetzes. 713

Der Verzugszinssatz von 9 Prozentpunkten gilt nur für Entgeltforderungen. Voraussetzung für das Vorliegen einer Entgeltforderung ist, dass die Geldforderung die Gegenleistung für die von dem Gläubiger erbrachte oder zu erbringende Leistung ist (BGH, Urt. v. 21.4.2010 – XII ZR 10/08). Für alle anderen Forderungen gilt auch im Unternehmerverkehr der ermäßigte Satz von 5 Prozentpunkten über dem Basiszinssatz. Das dürfte schon für Entschädigungsansprüche gemäß § 642 BGB gelten (OLG Celle, Urt. v. 9.11.2006 – 13 U 120/06), da die Vorschrift grundsätzlich eng auszulegen ist (BGH, Urt. v. 6.11.2013 – KZR 61/11). 714

Ist ein Verbraucher am Rechtsgeschäft beteiligt, beträgt der Verzugszins immer nur 5 Prozentpunkte über dem Basiszinssatz. Er gilt für beide Vertragspartner. Der Verbraucher kann 715 also auch für Entgeltforderungen keine 9 Prozentpunkte, sondern nur 5 gegenüber einem Unternehmer als Verzugszinssatz geltend machen.

716 Die gesetzlichen Zinsen stellen einen Mindestschaden dar. In allen Fällen bleibt es dem Gläubiger unbenommen, einen höheren Zinsschaden oder einen anderweitigen weiteren Schaden nachzuweisen, § 288 Abs. 4 BGB. Auf den nachgewiesenen Verzugsschaden muss sich der Geschädigte gesetzliche oder vertragliche Verzugszinsen aber voll anrechnen lassen (BGH, Urt. v. 19.9.1984 – IVa ZR 67/83; vgl. auch BGH, Urt. v. 27.07.2001 – V ZR 221/00).

bb) Prozesszinsen

717 Die vorstehenden Ausführungen gelten auch für die Prozesszinsen, § 291 Satz 2 BGB.

718 Aufgrund mancher Fehlanwendung in der Praxis muss betont werden, dass es auch für den erhöhten Prozesszinssatz jeweils auf den Zeitpunkt des jeweiligen Vertragsabschluss ankommt; der Zinssatz für Forderungen aus zuvor abgeschlossenen Verträgen steigt also nicht dynamisch mit der Entwicklung der gesetzlichen Zinssätze (BGH, Urt. v. 9.2.2012 – VII ZR 31/11). Eine Ausnahme gilt bei Dauerschuldverhältnissen; hier gilt der neue Zinssatz von 9 Prozentpunkten über den Basiszinssatz für Entgeltforderungen, wenn die jeweilige Gegenleistung nach dem 30.6.2016 erbracht wird (Art. 34 EGBGB).

719 Eine Geldschuld hat der Schuldner von dem Eintritt der Rechtshängigkeit an zu verzinsen, auch wenn er nicht im Verzug ist; wird die Schuld erst später fällig, so ist sie von der Fälligkeit an zu verzinsen. Die Regelung dieses Halbsatzes wird häufig in Bauprozessen übersehen, wenn der Besteller wegen eines Mangels teilweise ein Leistungsverweigerungsrecht geltend macht. In Höhe des Betrages, den der Besteller zurückbehalten darf, wird der Vergütungsanspruch nicht fällig, so dass weder Verzugs- noch Prozesszinsen gefordert werden dürfen (BGH, Urt. v. 8.7.2004 – VII ZR 317/02; Urt. v. 14.1.1971 – VII ZR 3/69).

720 Erfolgt die Mängelbeseitigung während des Verfahrens, können Prozesszinsen erst mit dem Datum der Mängelbeseitigung oder, falls vertraglich vorgesehen, mit dem Datum der Abnahme der Mängelbeseitigung gefordert werden.

cc) Sonstiger Verzugsschaden

721 Für die ab dem 29.7.2014 geschlossen Verträge (Art. 34 EGBGB) wurden außerdem eine Verzugspauschale von EUR 40 gemäß § 288 Abs. 5 BGB eingeführt, die nach § 288 Abs. 6 S. 2 BGB auch im Grundsatz unabdingbar ist.

722 Liegt Zahlungsverzug des Bestellers vor, kann der Unternehmer seinen dadurch entstandenen weiteren Schaden nach §§ 288 Abs. Abs. 4, 280 Abs. 1 BGB geltend machen. Die Verzugshaftung umfasst wie die Haftung allgemein grundsätzlich auch Folgeschäden. Die Differenzhypothese ist anwendbar. Es ist also die Vermögensdifferenz auszugleichen, die durch den Vergleich der Vermögenslagen mit und ohne die Verzögerung entstanden ist. Natürlich muss sich auch der Geschädigte bei einer solchen konkreten Schadensberechnung auf den nachgewiesenen Verzugsschaden gesetzliche oder vertragliche Zinsen anrechnen lassen (BGH, Urt. v. 19.9.1984 – IVa ZR 67/83; BGH, Urt. v. 27.7.2001 – V ZR 221/00).

723 Die Vorenthaltung von Geld kann zu höheren Schäden führen, wenn der Unternehmer das vorenthaltene Geld nicht gewinnbringend verwenden kann. Der früher in der Praxis verbreitete Nachweis des Entgehens höherer Gewinne (Zinsen) aus entgangenen Anlagemöglichkeiten (vgl. BGH, Urt. v. 18.2.2002 – II ZR 355/00 zu Spekulationsgeschäften) ist mit der Erhöhung der gesetzlichen Zinsen und dem Verfall der Anlagerenditen aus tatschlichen Gründen nur noch schwer möglich. Dem Unternehmer kann mangels liquider Mittel z. B. die Möglichkeit entgehen, mit dem Geld ein weiteres Geschäft vorzufinanzieren, so dass er aus dem entgangenen Geschäft voraussichtlich erzielten Gewinn als Schaden geltend machen kann. Ein Schaden kann auch dadurch entstehen, dass der Unternehmer die Leistungen wegen der ausbleibenden Zahlungen zunächst zu Recht einstellt und nach Wiederaufnahme nicht einkalkulierte Teuerungen bei Material oder Personal hinnehmen muss, z. B. Materialpreiserhöhungen oder Tariflohnerhöhungen. Der Unternehmer kann einen Schaden auch dadurch erleiden, dass er mit dem vorenthaltenen Geld seine eigenen Verbindlichkeiten nicht rechtzeitig zurückführen kann. Typischerweise werden die fortlaufenden Zinsen auf die Verbindlichkeiten als Schaden verlangt. In Extremfällen kann der Zahlungsverzug des Bestellers zu hohen Schäden des Unternehmers führen, z. B. dann wenn der Unternehmer infolge ausbleibender Zahlungen Insolvenz anmelden muss. Es besteht allerdings eine Hinweispflicht des Gläubigers bei der Gefahr besonders hoher Schäden (vgl. BGH, Urt. v. 22.12.2005 – VII ZR 71/04).

e) Vertragsbeendigung durch Rücktritt oder Kündigung

Bezahlt der Besteller eine fällige Forderung nicht oder nicht vollständig, so kann der Unternehmer vom Vertrag unter den Voraussetzungen des § 323 BGB zurücktreten oder alternativ gemäß § 648a BGB außerordentlich kündigen. Das neu kodifizierte Kündigungsrecht aus wichtigem Grund schließt ebenso wenig wie das Kündigungsrecht aus § 314 BGB das allgemeinere Rücktrittsrecht aus (vgl. Schwarze, Das Recht der Leistungsstörungen, 2. Aufl., § 15 Rdn. 53), wie auch die Verweisungen in § 634 Nr. 3 und § 636 BGB zeigen. Die Rechtsfolgen sind wegen des i. d. R. vorrangigen Teilrücktritts weitgehend gleich. Das in der Praxis üblichere Kündigungsrecht wird in § 648a BGB umfassend erläutert (→ § 648a BGB Rdn. 1 ff.).

Wie bei der Kündigung muss der Unternehmer vor einem Rücktritt grundsätzlich eine angemessene Frist zur Zahlung setzen. Die Fristsetzung ist in den im Gesetz genannten Ausnahmefällen, § 323 Abs. 2 BGB, entbehrlich. Der wichtigste Fall davon ist die ernsthafte und endgültige Erfüllungsverweigerung, die häufig dann vorliegt, wenn wegen vermeintlicher Schlechterfüllung die Zahlung endgültig verweigert wird (→ Rdn. 642). Verzug ist nicht Voraussetzung des Rücktrittsrechts aus § 323 Abs. 1 BGB. Allerdings liegt Verzug bei einer zu vertretenden Verzögerung regelmäßig mit Ablauf der Frist vor.

Der Rücktritt ist grundsätzlich unwirksam, wenn der Besteller bis zum Ablauf der Frist nicht zur Leistung verpflichtet war. Das wäre bei dem Leistungsverweigerungsrecht gem. § 320 BGB der Fall. Nach der Rechtsprechung kommt es nicht darauf an, ob er sich auf das Leistungsverweigerungsrecht beruft; allein dessen Bestand verhindert den Verzug (BGH, Urt. v. 28.3.1996 – VII ZR 228/94; Urt. v. 23.5.2003 – V ZR 190/02; Urt. v. 22.9.2005 – VII ZR 117/03). Problematisch ist, ob nach dieser Rechtsprechung ein Rücktritt des Unternehmers unwirksam ist, wenn dem Besteller ein Leistungsverweigerungsrecht nach § 320 BGB zusteht, er sich aber bis zum Ablauf der Frist darauf nicht berufen hat. Solche Fälle sind in der Praxis nicht selten. Sie liegen z. B. dann vor, wenn der Besteller wegen Mängeln zur Leistungsverweigerung berechtigt ist, er sich jedoch bis zum Rücktritt nicht auf die Mängel beruft, sei es weil er sie nicht vorbringen will, sei es weil er sie noch gar nicht kennt. Im Ergebnis wäre es nicht hinnehmbar, den Rücktritt deshalb für unwirksam zu halten, weil ein Leistungsverweigerungsrecht bestand, dessen Voraussetzungen jedoch nicht bekannt waren. Denn dann würde die rechtliche Möglichkeit des Rücktritts entwertet. Der Unternehmer muss einen gewissen Schutz davor haben, dass die sich objektiv darstellenden Voraussetzungen des Rücktritts nicht durch nicht vorbrachte Umstände nachträglich entwertet werden. Die Rechtsprechung behilft sich damit, dass sie einen Verstoß gegen die Kooperationspflichten des Bestellers annimmt, wenn dieser bis zum Rücktritt ihm nicht bekannte Mängel nicht vorgebracht hat und dem Unternehmer damit auch keine Möglichkeit eingeräumt hat, diese zu beseitigen. Der Verstoß gegen die Kooperationspflicht führt dazu, dass entweder der Rücktritt wirksam ist oder der Besteller sich nicht auf die Unwirksamkeit des Rücktritts berufen kann (vgl. OLG Celle, Urt. v. 24.2.1999 – 14a (6) U 4/98; Adler/Everts, BauR 2000, 1111; Schmitz, BauR 2000, 1126, 1129). So kann eine Fortsetzung des Vertragsverhältnisses für den Unternehmer bereits dann unzumutbar sein, wenn der Besteller an einer Zahlungsverweigerung festhält, obwohl er keine berechtigten Beanstandungen gegen die (nicht prüfbare) Abschlagsrechnungen erhoben hat (BGH, Urt. v. 16.12.1999 – VII ZR 392/96).

Das erfasst jedoch nur die Fälle, in denen der Besteller die Mängel kannte oder jedenfalls kennen konnte. Stellen sich erst später Mängel heraus, die der Besteller also bis zum Rücktritt nicht vorbringen konnte, ist ein Verstoß gegen die Kooperationspflicht nicht zu begründen. Aber auch in diesen Fällen, wäre es nicht hinnehmbar, den Rücktritt für unwirksam zu halten, mit der Folge, dass der Unternehmer zur Leistung verpflichtet bliebe und seinerzeit in Verzug geraten sein könnte. Vielmehr muss Rechtssicherheit dadurch geschaffen werden, dass der Rücktritt auch dann wirksam ist, wenn der Besteller sich auf ein objektiv bestehendes Leistungsverweigerungsrecht nicht berufen hat. Die dargestellte Rechtsprechung, wonach ein Verzug des Bestellers nicht eintreten kann, solange er zur Leistungsverweigerung berechtigt ist, hat in erster Linie dessen Schutz vor Augen, nicht mit Kompensationsforderungen überzogen zu werden. Sie steht deshalb nicht entgegen, einen wirksamen Rücktritt zu bejahen. Der Unternehmer kann jedoch keinen Schadensersatz statt der Leistung geltend machen. Noch weitergehend kann bereits die grundlose Zahlungsverweigerung eine zum Rücktritt berechtigende Vertragsverletzung begründen.

Hat der Schuldner eine Teilleistung bewirkt, kann der Gläubiger vom ganzen Vertrag nur zurücktreten, wenn er an der Teilleistung kein Interesse hat, § 323 Abs. 5 Satz 1 BGB. Der Unternehmer, der auf fremdem Grundstück baut, hat in aller Regel Interesse an den bereits

§ 631

erhaltenen Teilzahlungen. Er will sie behalten. Er kann deshalb nach § 323 Abs. 5 Satz 1 BGB nur den Teilrücktritt erklären. Theoretisch kann er zurücktreten, soweit der Besteller seine Leistung nicht erbracht hat. Das ist nicht im Interesse des Unternehmers, weil dann wegen des nicht bezahlten Teils eine Rückabwicklung nach §§ 346 ff. BGB stattfinden müsste, die ohnehin regelmäßig nur über den Wertausgleich zu bewerkstelligen ist. Der Unternehmer wird deshalb in der Praxis zurücktreten, soweit er seine Bauleistung noch nicht erbracht hat. Eine Rückabwicklung findet dann nicht statt, vielmehr nur noch eine Abrechnung nach den Grundsätzen, die die Rechtsprechung zur Abrechnung des gekündigten Vertrages entwickelt hat. Einen etwaigen Schadensersatzanspruch wegen der infolge des Rücktritts entgangenen Vergütung und etwaiger Mehraufwendungen wegen der Vertragsstörung kann der Unternehmer nach § 325 BGB auch dann geltend machen, wenn er Rücktritt gewählt hat.

729 Anders liegt das in den Fällen, in denen der Unternehmer auf seinem eigenen, noch zu übereignenden Grundstück baut, wie der Bauträger. In diesem Fall hat er an der Teilzahlung kein Interesse, vielmehr benötigt er eine Rückabwicklung des Vertrages, um das Bauwerk für einen anderen Erwerber zu errichten. Er kann vom ganzen Vertrag zurücktreten, wenn der Zahlungsrückstand erheblich ist, § 323 Abs. 5 Satz 2 BGB. Erhaltener Werklohn ist dann allerdings zurückzuzahlen. Ein etwaiger Schadensersatzanspruch bleibt unberührt, § 325 BGB.

730 Ist ein Zahlungsrückstand nur unerheblich, kann der Unternehmer an einem Vorgehen aus § 323 Abs. 1 BGB gehindert sein. Denn wegen einer unerheblichen Pflichtverletzung kann er nicht vom Vertrag zurücktreten, § 323 Abs. 5 BGB.

731 Wegen der Rechtsfolgen des Rücktritts wird auf → § 636 BGB Rdn. 19 ff. verwiesen.

f) Schadensersatz statt der Leistung

732 Hat der Besteller die unterlassene Zahlung zu vertreten, kann der Unternehmer unter den Voraussetzungen des § 281 Abs. 1 BGB Schadensersatz statt der Leistung fordern (vgl. Brügmann, FS Jagenburg, S. 63, 69 f.; Peters, NZBau 2014, 681). Die Nichtzahlung einer fälligen Forderung hat der Besteller stets zu vertreten, wenn er keinen Grund zur Leistungsverweigerung hat. Die Wahl des Schadensersatzes statt der Leistung ist ebenso wie der Rücktritt eine Gestaltungserklärung. Sie führt zu einer Beendigung des Erfüllungsstadiums und wandelt das Vertragsverhältnis in ein Abwicklungsverhältnis um. Der Anspruch auf Erfüllung erlischt, § 281 Abs. 4 BGB.

2. Verzögerung anderer Leistungspflichten

a) Verzögerung der Abnahme

733 Der Besteller ist zur Abnahme des vertragsmäßig hergestellten Werkes verpflichtet, § 640 Abs. 1 BGB. Die Abnahme ist eine Leistungspflicht des Bestellers (BGH, Urt. v. 26.2.1981 – VII ZR 287/79). Wird sie verzögert, kann der Auftragnehmer auf Abnahme klagen oder unter den Voraussetzungen des § 280 in Verbindung mit § 286 BGB den durch die Verzögerung entstandenen Schaden geltend machen, vgl. → § 640 BGB Rdn. 36 ff. Der Unternehmer ist allerdings gehalten, die Abnahmewirkung gemäß § 640 Abs. 1 Satz 3 BGB herbeizuführen und dadurch einen etwa entstehenden Schaden gering zu halten, § 254 Abs. 1 BGB.

734 Ein Rücktrittsrecht wegen verzögerter Abnahme ist ausgeschlossen. Denn mit Ablauf einer dem Besteller gesetzten Frist zur Abnahme wird diese fingiert, wenn eine Abnahmeverpflichtung besteht, § 640 Abs. 1 Satz 3 BGB. Aus gleichem Grund ist ein Schadensersatz statt der Leistung ausgeschlossen. Allerdings wird mit der verzögerten Abnahme in aller Regel auch eine verzögerte Zahlung des Werklohns einhergehen. Wegen dieser Zahlungsverzögerung können Ansprüche aus §§ 280 BGB in Verbindung mit § 286 BGB entstehen und kann auch das Rücktrittsrecht, sowie das Recht auf Schadensersatz statt der Leistung geltend gemacht werden, vgl. oben → Rdn. 624 ff.

b) Verzögerung von geschuldeten Mitwirkungen
aa) Leistungspflichten

735 Der Besteller kann sich seinerseits in Bauverträgen zu bestimmten Leistungen verpflichten. Ob und welche Leistungsverpflichtung den Besteller gegenüber dem Unternehmer trifft, ist nach der jeweiligen vertraglichen Gestaltung zu beurteilen. Die Durchführung von Bauverträgen erfordert zahlreiche Mitwirkungen des Bestellers. Der Besteller muss im Regelfall ein Grundstück zur Verfügung stellen, auf dem gebaut werden kann. Er muss, abhängig von der

Vertragsgestaltung, die Genehmigungen oder die Baupläne bereitstellen. Er muss bei Bemusterungen mitwirken oder Entscheidungen treffen, wenn es zu Störungen des Vertrages kommt, vgl. im einzelnen → § 642 BGB Rdn. 43 ff. Mitwirkungen dieser Art sind jedenfalls Gläubigerobliegenheiten. Deren Verletzung ist in §§ 642 ff. BGB geregelt, vgl. → § 642 BGB Rdn. 1 ff.

Das Unterlassen und Verzögern von Mitwirkungshandlungen ist nicht ohne weiteres mit der Verletzung von Leistungspflichten gleichzusetzen. Mitwirkungen im Sinne des § 642 BGB werden vielmehr nur dann zu Leistungspflichten erhoben, wenn der Vertrag eine entsprechende Regelung enthält. Inwieweit das der Fall ist, ergibt die Auslegung des Vertrages. In der Rechtsprechung haben sich bisher nur wenige gefestigte Grundsätze herausgebildet, die zur Auslegung des Vertrages herangezogen werden können (vgl. Kniffka, Jahrbuch Baurecht 2001, 1, 12 ff.). Sie sind fallbezogen und wenig stringent. Auszugehen ist davon, dass die zur Herstellung des Werkes erforderlichen Mitwirkungen grundsätzlich keine Leistungspflichten sind, deren Verletzung Ansprüche aus §§ 280 ff. BGB oder das Recht zum Rücktritt auslösen kann. Das Gesetz hält ein Konfliktlösungsmuster bereit, das die unterlassene Mitwirkung sanktioniert. Es gewährt dem Unternehmer bei fortbestehendem Vertrag einen Entschädigungsanspruch, § 642 BGB, und erlaubt es ihm auch, den Vertrag aufzulösen, § 643 BGB, und die Vergütung gemäß § 645 BGB zu verlangen. Es ist nachgewiesen, dass die Einordnung von bei der Herstellung des Werkes erforderlichen Mitwirkungen als Obliegenheiten dem Willen des Gesetzgebers entsprach (vgl. die sorgfältige Darstellung bei Müller-Foell, Die Mitwirkung des Auftraggebers beim Werkvertrag, S. 23 ff. mit zahlreichen Nachweisen). **736**

Damit ist jedoch nichts darüber gesagt, ob derartige Mitwirkungshandlungen auch Schuldnerpflichten darstellen können. Bereits der Gesetzgeber hat darauf hingewiesen, dass eine derartige Einordnung vertraglich vereinbart werden kann (Motive Band II, S. 496). Ob das geschehen ist, ist durch die Auslegung des Vertrages zu ermitteln und nicht durch „eine an der heutigen Rechtswirklichkeit orientierte vertragstypusentsprechenden Norminterpretation" zu erreichen (so aber Müller-Foell, a. a. O. S. 105). Das Problem besteht darin, dass Verträge selten eine derartige ausdrückliche Zuordnung vorsehen. Das Auslegungsergebnis wird in der Regel maßgeblich geleitet von der Bewertung der Parteiinteressen und dem Versuch, einen an Treu und Glauben orientierten, angemessenen Interessenausgleich zu erlangen. Diese Bewertung der Parteiinteressen ist nicht statisch. Sie ist fließend und beeinflusst durch die einen ständigen Wandel unterzogenen gesellschaftlichen, rechtlichen und tatsächlichen Rahmenbedingungen. Darauf hat zutreffend zunächst Nicklisch (BB 1979, 533 ff.) hingewiesen. Er hat den Langzeitcharakter des Bauvertrages hervorgehoben und die Notwendigkeit der vertragsbegleitenden Kooperation. Er hat auch darauf hingewiesen, dass das statische Modell des Bürgerlichen Gesetzbuches in § 642 BGB den Interessen der Parteien, insbesondere des Unternehmers bei einem Großbauvorhaben und beim Anlagenbau nicht gerecht wird. Deshalb hat er dafür votiert, die offenbar bestehende Scheu, Mitwirkungshandlungen des Bestellers als Rechtspflichten einzuordnen, abzulegen. Jedenfalls die in der VOB/B kategorisch formulierten Verhaltensanforderungen an den Besteller sollten als Rechtspflichten und nicht als bloße Obliegenheiten eingeordnet werden. **737**

Dem ist grundsätzlich zuzustimmen. Die Abgrenzung zwischen Obliegenheit und Rechtspflicht kann sich nicht mehr allein an gesetzgeberischen Wertungen am Anfang des vergangenen Jahrhunderts orientieren, sondern muss die Wertordnung des heutigen Verständnisses eines Werk- und Bauvertrages berücksichtigen. Entscheidend ist vor allem der Zweck der jeweiligen vertraglichen Regelung. Dient sie nicht nur zur Vermeidung von Rechtsnachteilen oder Schaffung von Rechtsvorteilen für den Betroffenen, sondern auch dem Schutz seines Vertragspartners, lässt sich dieser Schutz in aller Regel nicht ausreichend verwirklichen, wenn nur eine Obliegenheit angenommen würde. Schon Glanzmann (BGB-RGRK, § 631 Rdn. 46) hat darauf hingewiesen, dass zur Herstellung erforderliche Mitwirkungshandlungen des Bestellers ebenso zum Gelingen des Bauwerks beitragen, wie die notwendigen Bauleistungen des Unternehmers. Es wäre nicht zeitgemäß, unterschiedliche rechtliche Kategorien anwenden zu wollen, mit denen letztlich eine Art Über- und Unterordnungsverhältnis zwischen den Vertragsparteien geschaffen würde. Hat Kohler noch reklamiert, dass sich kein Besteller zum Sklaven des Unternehmers machen würde (Iherings Jahrbücher 17 (1879), S. 261, 280) und es deshalb nicht möglich sei, die Mitwirkungshandlungen als Rechtspflichten anzusehen, so weist Grieger (BauR 2000, 969) zutreffend darauf hin, dass Verträge allgemein und natürlich auch Bauverträge auf der Basis eines Gleichordnungsverhältnisses geschlossen werden, das beiden Parteien Rechte und eben auch Pflichten verschafft. Es wäre ein fundamentaler Irrglaube zu meinen, dass das Recht des Unternehmers auf Vertragserfüllung durch den Besteller nicht schützenswert ist. Er ist vielmehr zur Erfüllung seiner weitreichenden Vertragspflichten – eigenverantwort- **738** liche Herbeiführung des geschuldeten Erfolges – auf die Mitwirkung des Bestellers angewiesen (dazu grundlegend Leupertz, BauR 2010, 1999). Der Unterschied zu anderen Verträgen besteht allerdings darin, dass der Besteller eines Werkvertrages das Recht zur freien Kündigung hat, § 648 Satz 1 BGB. Solange er den Vertrag nicht kündigt, muss er jedoch seine Einbindung in den durch den Vertrag geschaffenen Rechte- und Pflichtenkreis hinnehmen. Es mag die Einordnung als bloße Obliegenheit sein (bezeichnend spricht Kramer von „Pflichten geringerer Intensität": MünchKomm/Kramer, 5. Aufl., vor § 241, Rdn. 44), die gerade bei Auftraggebern den Eindruck erweckt, ihre Mitwirkung sei eher eine moralische Kategorie, sei es auch um den Preis der Rechtsfolgen aus §§ 642 ff. BGB. Dem muss jedenfalls dann entgegengewirkt werden, wenn die im Vertrag vorgesehenen kooperativen Verhaltensweisen auch den Unternehmer schützen. Gleiches gilt im umgekehrten Fall. Sieht der Vertrag Verhaltensweisen bei der Abwicklung des Vertrages vor, die Rechts- und Vermögenswerte des Bestellers schützen, so ist kein Grund ersichtlich, diese lediglich als Obliegenheiten einzuordnen. Der Anwendungsbereich von Obliegenheiten muss sich daher grundsätzlich auf diejenigen Verhaltensweisen beschränken, die lediglich die eigene Rechtssphäre des Obliegenden betreffen.

739 Die Rechtsprechung ist allerdings grundsätzlich zurückhaltend, wenn es darum geht, aus den gesamten Umständen des Vertrages Mitwirkungen des Bestellers zu Leistungspflichten zu erheben. Allein der Umstand, dass die Mitwirkungen zur ordnungsgemäßen Herstellung erforderlich sind, reicht danach nicht. Insbesondere können die Mitwirkungen nicht allein aus einer Kooperationspflicht zu Vertragspflichten erhoben werden (a. A. Kapellmann/Schiffers/Markus, Vergütung, Band 1, Rdn. 1280 m. w. N.). Es gibt keine einen durchsetzbaren Anspruch begründende „originäre" Vertragspflicht des Bestellers zur Mitwirkung. Diese entsteht vielmehr nur durch entsprechende rechtsgeschäftliche Vereinbarungen der Vertragsparteien, die ausdrücklich oder konkludent getroffen werden können (Leupertz, BauR 2010, 1999, 2001 unter Hinweis auf BGH, Urt. v. 21.10.1999 – VII ZR 185/98 (Vorunternehmer) und BGH, Urt. v. 27.11.2008 – VII ZR 206/06 (Glasfassade).

740 Vertragliche Mitwirkungspflichten hat der Bundesgerichtshof in ständiger Rechtsprechung angenommen, soweit der Besteller dem Unternehmer Planungsleistungen zur Verfügung stellen muss (BGH, Urt. v. 29.11.1971 – VII ZR 101/70; Urt. v. 27.6.1985 – VII ZR 23/84; Urt. v. 21.10.1999 – VII ZR 185/98; etwas zurückhaltender allerdings nunmehr in BGH, Urt. v. 27.11.2008 – VII ZR 206/06 – Glasfassade). Der Besteller haftet deshalb – wenn eine vertragliche Verpflichtung zu bejahen ist (dazu Leupertz, BauR 2010, 1999, 2001) – für Verzögerungen oder mangelhafte Leistungen des Architekten oder eines anderen Planers. Zur vertraglichen Mitwirkungspflicht des Bestellers im Sinne einer Schuldnerpflicht kann je nach Vertragsgestaltung auch die so genannte Koordinierungspflicht gehören (BGH, Urt. v. 21.10.1999 – VII ZR 185/98). Als vertragliche Schuldnerpflicht wurde auch die Benennung des Ausführungstermins gemäß § 5 Abs. 2 VOB/B angesehen (BGH, Urt. v. 30.9.1971 – VII ZR 20/70). Diese Rechtsprechung belegt die im Sinne einer rechtlichen Verstärkung der Kooperationsbereitschaft richtige Tendenz, vertraglich vereinbarte Mitwirkungshandlungen als Schuldnerpflichten einzuordnen (für eine Einordnung der Mitwirkungspflichten aus §§ 3 und 4 VOB/B als Schuldnerpflichten: Beck'scher VOB-Kommentar/Hartung, vor § 3 Rdn. 33 m. w. N.; von Craushaar, BauR 1987, 14). Hierauf wird die Vertragsgestaltung verstärkt achten müssen, nachdem der BGH den Entschädigungsanspruch nach § 642 BGB im Wesentlichen auf die Dauer des Annahmeverzugs begrenzt hat (→ § 642 BGB Rdn. 125 ff.).

741 Diese Einordnung ist aber dann nicht gerechtfertigt, wenn der Vertrag keine Regelung in diese Richtung enthält und die gebotene Interessenabwägung zu dem Ergebnis führt, dass der Besteller sich gegenüber dem Unternehmer nicht zu einer bestimmten Verhaltensweise oder einem bestimmten Ergebnis verpflichten will. In ständiger Rechtsprechung hat der Bundesgerichtshof bisher angenommen, dass der Besteller dem Unternehmer gegenüber nicht die vertragliche Verpflichtung dafür übernehmen wolle, dass andere an der Herstellung des Bauwerks beteiligte Unternehmer (Vorunternehmer) ihre Aufgaben vertragsgerecht wahrgenommen haben (BGH, Urt. v. 27.6.1985 – VII ZR 23/84 und Urt. v. 21.10.1999 – VII ZR 185/98, wobei hier aber eine Obliegenheit im Sinne von § 642 BGB bejaht wurde). Als maßgeblicher Grund wurde angeführt, dass der Besteller keine ausreichenden Einflussmöglichkeiten auf die Vorunternehmer habe, um die rechtzeitige oder mangelfreie Leistung sicher zu stellen. Vielmehr könne und wolle er dementsprechend mangels anderer Vereinbarungen dem Unternehmer nur versprechen, für eine korrekte Auswahl des Unternehmers und die Koordinierung der Arbeiten zu sorgen. Sofern der Vertrag keine andere Regelung enthalte, sei deshalb die Bereitstellung des durch andere Unternehmer vorbebauten Grundstücks lediglich Obliegenheit und keine Schuldnerverpflichtung. Dementsprechend hafte der Besteller nicht aus §§ 280, 286 BGB für

Werkvertragsrecht **§ 631**

Verzögerungen, die durch Vorunternehmer entstanden seien. Diese seien nicht zur Erfüllung von Vertragspflichten eingeschaltet.

Diese Rechtsprechung ist als wenig stringent kritisiert worden (vgl. dazu vor allem Kapellmann/Schiffers/Markus, Band 1, Rdn. 1366 ff. mit Literaturnachweis in Fußnote 1595; Vygen/Schubert/Lang, Teil A Rdn. 275 ff.). So sei die Unterscheidung zwischen Vorunternehmerleistungen und Planlieferungen eher geringfügig. In der Sache seien beide Leistungen notwendig, um die reibungslose Abwicklung eines Bauvorhabens zu gewährleisten. Wäre die Rechtsprechung konsequent, müsste sie auch Planungsleistungen und Koordinierungsleistungen als reine Obliegenheiten einordnen, sofern sich aus dem Vertrag nichts anderes ergebe. Damit würde jedenfalls der zunächst ins Feld geführte Gedanke, dass diejenigen eine Zweckgemeinschaft bilden, die vom Besteller mit der Errichtung des Bauwerks beauftragt sind (BGH, Urt. v. 27.6.1985, a. a. O.), konsequent fortgeführt. **742**

Den Parteien bleibt es unbenommen, in dem Bauvertrag die Einstandspflicht des Bestellers für Fehler des Vorunternehmers zu vereinbaren (BGH, Urt. v. 26.10.2017 – VII ZR 16/17). Allerdings muss die Vereinbarung mit hinreichender Deutlichkeit ergeben, dass der Besteller die Schuldnerverantwortung insoweit übernehmen will. Allein der Umstand, dass die VOB/B vereinbart ist, gibt nichts dafür her, dass der Besteller für Fehler des Vorunternehmers einstehen will. Der VOB/B lässt sich nicht entnehmen, dass der Besteller die bebaubare Bereitstellung des Grundstücks durch andere Auftragnehmer als Schuldnerpflicht ansieht. § 3 VOB/B bezeichnet das Abstecken der Hauptachsen der baulichen Anlagen, ebenso der Grenzen des Geländes, das dem Unternehmer zur Verfügung gestellt wird, und das Schaffen der notwendigen Höhenfestpunkte in unmittelbarer Nähe der baulichen Anlagen als „Sache des Auftraggebers". Dem kann mittelbar entnommen werden, dass auch die Bereitstellung des bebaubaren Grundstücks „Sache des Auftraggebers" ist. Demgegenüber ergibt sich aus der Gestaltung der VOB/B nichts dafür, dass der Besteller die Bereitstellung des Grundstücks als Vertragspflicht für den Fall übernommen hat, dass andere Unternehmer Vorleistungen zu erbringen haben. Es bedarf deshalb auch beim VOB-Vertrag einer besonderen Regelung im Vertrag, die den Schluss darauf zulässt, dass der Besteller die vertragliche Pflicht übernimmt, das Grundstück mit anderen Unternehmern baureif zur Verfügung zu stellen. Der Bundesgerichtshof hat darauf hingewiesen, dass allein die Vereinbarung eines Bauzeitenplans (BGH, Urt. v. 27.6.1985 – VII ZR 23/84) oder von Vertragsfristen (BGH, Urt. v. 21.10.1999 – VII ZR 185/98) nicht den Schluss darauf zulässt, dass der Besteller gegenüber dem Unternehmer die Verpflichtung übernimmt, für die Rechtzeitigkeit der Vorunternehmerleistung einzustehen. Die Vereinbarung des Bauzeitenplans dient lediglich der Koordinierung. Die Vereinbarung von Vertragsfristen hat grundsätzlich den Zweck, den Unternehmer zu binden. Sie soll den Unternehmer verpflichten, zum vorgesehenen Zeitpunkt seine Leistung zu erbringen. Dagegen liegt es angesichts der Unsicherheit des Bestellers darüber, ob der Vorunternehmer rechtzeitig fertig ist, fern, insoweit eine vertragliche Einstandspflicht annehmen zu wollen. **743**

Dem Unternehmer steht daher kein durchsetzbarer Erfüllungsanspruch gegen den Besteller auf Bereitstellung einer mangelfreien Vorunternehmerleistung zu, wenn dieser nicht eine entsprechende Einstandspflicht übernommen hat. Ebenso wenig kann er dann einen Schadensersatzanspruch aus § 280 ff. BGB bzw. ein Recht zum Rücktritt daraus herleiten, dass die Vorunternehmerleistung verspätet oder mangelhaft bereitgestellt worden ist. Mit großer Spannung – so Leupertz, BauR 2010, 1999, 2008 – wird allerdings erwartet, welche Auswirkungen das Glasfassadenurteil des BGH vom 27.11.2008 – VII ZR 206/06 – auf die Rechtsprechung zu den sog. Vorunternehmerfällen haben wird. Bislang hat der Bundesgerichtshof – wie dargelegt – eine Mithaftung des Bestellers für Fehler des Vorunternehmergewerks im Verhältnis zum Unternehmer aus den oben dargelegten Erwägungen immer verneint (BGH, Urt. v. 27.6.1985 – VII ZR 23/84). Im Glasfassadenurteil vom 27.11.2008 – VII ZR 206/06 – hat der Bundesgerichtshof aber mit durchaus verallgemeinerungsfähigen Erwägungen eine Obliegenheit des Bestellers bejaht, dem lediglich bauaufsichtführenden Architekten mangelfreie Pläne zur Verfügung zu stellen. Er hat dem Besteller, der den bauaufsichtführenden Architekten wegen eines übersehenen Planungsmangels auf Schadensersatz in Anspruch nahm, das Verschulden des von ihm eingesetzten Planers anspruchsmindernd zugerechnet, §§ 254, 278 BGB. Ob die dort angestellten Erwägungen auch auf die sog. Vorunternehmerfälle zu übertragen sind und ob der Besteller sich deshalb künftig die mangelhafte Leistung des von ihm eingesetzten Vorunternehmers anspruchsmindernd zurechnen lassen muss, hängt davon ab, ob der Bundesgerichtshof, der die Bereitstellung einer mangelfreien Vorunternehmerleistung jedenfalls seit dem Urteil vom 21.10.1999 – VII ZR 185/98 – als Obliegenheit auch im Sinne von § 642 BGB ansieht, die Bereitstellung dieser Vorunternehmerleistung – wie die Pflicht **744**

§ 631

zur Bereitstellung der Baupläne – als eine Obliegenheit ansieht, an deren Erfüllung auch der Unternehmer ein rechtlich schützenswertes Interesse hat (so im Ergebnis Leupertz, BauR 2010, 1999, 2008, der diesen Schritt trotz seiner Bedenken für gerechtfertigt, jedenfalls denkbar hält, vgl. auch → § 642 BGB Rdn. 32f.).

745 Anders liegt es allerdings, wenn der Besteller selbst Leistungen aus dem für das Bauvorhaben notwendigen Leistungsspektrum übernimmt. In diesen Fällen ist in aller Regel von einer eigenen vertraglichen Verpflichtung auszugehen, weil er die rechtzeitige und mangelfreie Ausführung selbst in die Hand nimmt (BGH, Urt. v. 21.10.1999 – VII ZR 185/98 unter Hinweis auf OLG Celle, Urt. v. 15.10.1992 – 22 U 191/91 und BGH, Urt. v. 1.10.1991 – X ZR 128/89). Er haftet dann auch, wenn er diese Leistungen durch Nachunternehmer erbringen lässt und diese die Leistungen mangelhaft oder nicht rechtzeitig erbringen.

746 Aus dem bisherigen Fallmaterial lässt sich herauslesen, dass nach der Rechtsprechung Leistungspflichten vorliegen, soweit der Besteller Mitwirkungen selbst vorzunehmen hat, die unmittelbar die Baustellenversorgung und den Fortgang des Bauleistungsprozesses angehen. Das sind Eigenleistungen, wie z.B. die Errichtung einer Baustraße oder die Einrichtung einer Baustellenlogistik. Als Leistungspflicht dürfte auch die Übernahme der Strom- und Wasserversorgung einzuordnen sein oder die Zurverfügungstellung von Lagerplätzen oder Baustelleneinrichtungen.

747 Auf der Grundlage, dass der Besteller – wenn die vertraglichen Vereinbarungen das ergeben – die Lieferung von Plänen als Leistungspflicht schuldet, ergeben sich Weiterungen. Zu den Plänen gehören alle die zur Ausführung des Bauvorhabens zu liefernden Pläne, wie Ausführungs-, Schal- und Bewehrungspläne und zwar in der nach Bauordnungsrecht vorzulegenden, in der Regel auf der Baustelle bereit zu haltenden, genehmigten Form, wenn sich aus dem Vertrag nichts anderes ergibt. Daraus dürfte auch abzuleiten sein, dass der Besteller dem Unternehmer auch die jeweiligen Genehmigungen schuldet, ohne die das Bauwerk nicht errichtet werden kann. Schließlich dürften auch etwa erforderliche Bodengutachten geschuldet sein (vgl. OLG Celle, Urt. v. 15.6.2004 – 16 U 133/03). Hat der Besteller die Planungsverantwortlichkeit als Leistungspflicht übernommen, ist er auch verantwortlich dafür, dass notwendige Planungsänderungen vorgenommen und dem Unternehmer übermittelt werden. Das gilt insbesondere in den Fällen, in denen sich Mängel der Pläne feststellen. Der Bundesgerichtshof hat darauf hingewiesen, dass der Besteller im Rahmen seiner Koordinierungspflicht die Entscheidungen schuldet, die für den reibungslosen Ablauf des Bauprozesses erforderlich sind (BGH, Urt. v. 27.6.1985 – VII ZR 23/84). Soweit der Vertrag den Fortgang des Bauvorhabens davon abhängig macht, dass einvernehmliche Entscheidungen getroffen werden, ist die Mitwirkung des Bestellers regelmäßig ebenfalls als Leistungspflicht einzuordnen. Das gilt insbesondere dann, wenn der Schutzzweck der Verhandlungspflicht auch die Gegenseite einbezieht. Derartige Verhandlungspflichten sind sowohl in der VOB/B als auch in der VOB/C geregelt. Als Schuldnerpflichten dürften davon z.B. einzuordnen sein die Verpflichtung zur gemeinsamen Bestandsaufnahme in einer Niederschrift, § 3 Abs. 5 VOB/B. Diese dient der Beweissicherung. Wird sie nicht gemeinsam vorgenommen und anerkannt, kommen Beweiserleichterungen in Betracht. Denkbar sind aber auch Ansprüche, mit denen der verhandlungsbereite Vertragspartner so gestellt wird, als hätte die Verhandlung ordnungsgemäß stattgefunden. Als Vertragspflichten sind auch die in der VOB/C vorgesehenen Verhandlungsaufforderungen an die Parteien zu verstehen, die das Ziel verfolgen, eine den weiteren Bauablauf gefährdende Störung gütlich zu bereinigen. Beispielhaft können aus der DIN 18300 – Erdarbeiten – die Verpflichtungen zur gemeinsamen Festlegung zusätzlicher Maßnahmen genannt werden. Diese Verpflichtungen sind vorgesehen in den Fällen der unzureichenden vertraglichen Maßnahmen für das Beseitigen von Grundwasser, Quellwasser, Sickerwasser u.ä. (3.3.1), des Antreffens abweichender Bodenverhältnisse (3.5.3), der Erforderlichkeit von Abtreppungen oder anderen sichernden Maßnahmen (3.7.4), der Erforderlichkeit besonderer Verdichtungsmaßnahmen (3.7.7) und der Sicherung von Böschungen (3.8.2 und 3.8.4).

bb) Fälligkeit

748 Wann die jeweiligen Leistungen vorzunehmen sind, ergibt sich aus der vertraglichen Regelung, ersatzweise aus § 271 BGB. Soweit es um Eigenleistungen und Bereitstellungsleistungen für die Baustelle geht, ergibt sich der Fälligkeitszeitpunkt in aller Regel aus den Umständen. Das gilt grundsätzlich auch für die Verpflichtung zur Planlieferung. Insoweit sind übliche Vorlaufzeiten zu berücksichtigen, z.B. für Schal- und Bewehrungspläne. Soweit die Verträge Bauzeitenpläne enthalten, ist zu beurteilen, ob sich aus den Plänen die Fälligkeitszeitpunkte ergeben. Bauzeitenpläne sind allerdings häufig nur als Zeitplanung einzuordnen, die keine verbindlichen Vertragsfristen schafft. Das ist in § 5 Abs. 1 VOB/B hinsichtlich der Ausführungsfristen für den Unternehmer ausdrücklich festgehalten. Danach gelten in einem Bauzeitenplan enthaltene Einzelfristen nur dann als Vertragsfristen, wenn dies im Vertrag ausdrücklich geregelt ist. Nichts anderes gilt für Bereitstellungsfristen, die für den Besteller gelten. Das bedeutet, dass Planlieferungsfristen, die in Bauzeitenplänen enthalten sind, nur dann verbindlich sind, wenn der Vertrag das vorsieht. In der Praxis werden Planlieferungsfristen häufig abstrakt an Bauzeitenpläne gekoppelt, indem z.B. geregelt wird, dass die Schal- und Bewehrungspläne drei Wochen vor dem im Bauzeitenplan festgelegten Ausführungsbeginn zu liefern sind (BGH, Urt. v. 21.3.2002 – VII ZR 224/00).

Eine Leistungsverpflichtung des Bestellers wird nicht fällig, wenn ihm ein Leistungsverweigerungsrecht zusteht. Der Besteller kann in bestimmten Fällen die Leistung nach Treu und Glauben verweigern, wenn der Unternehmer selbst vertragsuntreu ist. Beruht die Verzögerung z.B. darauf, dass eine nach § 650e BGB geschuldete Sicherheit nicht gestellt worden ist oder dass der Unternehmer die Arbeiten mangels Zahlungen des Bestellers eingestellt hat, kommt es darauf an, ob der Besteller die Vorlage der geforderten Sicherheit bzw. die Zahlung zu Recht verweigert hat. Entscheidend ist in diesen Fällen, ob dem Besteller ein Leistungsverweigerungsrecht zustand, nicht ob er es auch geltend gemacht hat. Bereits das Bestehen eines Leistungsverweigerungsrechtes hindert den Schuldnerverzug; es kommt nicht darauf an, ob der Schuldner ein solches Recht geltend macht oder auch nur Kenntnis davon hat, sondern darauf, ob die Gegenleistung tatsächlich nicht, unvollständig oder mangelhaft bewirkt worden ist (BGH, Urt. v. 14.1.1993 – VII ZR 185/91; Urt. v. 6.5.1999 – VII ZR 180/98). 749

cc) Verzug

Soweit der Besteller Leistungspflichten übernommen hat, kann er damit unter den Voraussetzungen des § 286 BGB in Verzug geraten. Er ist gemäß § 280 BGB zum Ersatz des durch den Verzug entstandenen Schadens verpflichtet. Das Gesetz hält danach eine Regelung bereit, die in den so genannten Behinderungsfällen zum Schadensersatz verpflichtet. Die Schadensersatzpflicht ist entsprechend dem Grundsatz der Totalreparation unbeschränkt. Haftungsbeschränkungen, wie in § 6 Abs. 6 VOB/B, wonach der entgangene Gewinn nur bei grober Fahrlässigkeit oder Vorsatz ersetzt wird, müssen wirksam vertraglich vereinbar sein. 750

(1) Mahnung. Der Anspruch auf Ersatz des Verzugsschadens setzt voraus, dass die Voraussetzungen des § 286 BGB erfüllt sind. Ist die Leistungszeit nicht nach dem Kalender bestimmt, muss die Leistung angemahnt werden (OLG Düsseldorf, Urt. v. 4.2.2011 – 22 U 123/10 Rdn. 70; KG Berlin, Urt. v. 19.4.2001 – 21 U 55/07 Rdn. 101). Verzug kann nur eintreten, wenn der Unternehmer einen fälligen, durchsetzbaren Anspruch auf die Leistung hat. 751

Im Regelfall muss die Leistung nach oder mit Eintritt der Fälligkeit angemahnt werden, § 286 Abs. 1 Satz 1 BGB. Die Mahnung ist die Aufforderung, die fällige Leistung zu erbringen. Eine Fristsetzung ist nicht Voraussetzung. Der Besteller kommt mit dem Zugang der Mahnung in Verzug. An die Mahnung sind nach dem Gesetz auch keine sonstigen qualifizierten Voraussetzungen zu stellen. Gleichwohl ist zu beachten, dass sie die erforderliche Warnwirkung nur dann haben kann, wenn sie vom Besteller unmissverständlich die ausbleibende Leistung abfordert. Die Mahnung muss deshalb zum Ausdruck bringen, welche genaue Leistung von dem Besteller erwartet wird. Allgemeine Hinweise, wie z.B. auf dauernde Planverzüge oder Behinderungen, erfüllen diese Voraussetzung nicht. Andererseits ist die Wirkung einer Mahnung nicht an die qualifizierten Voraussetzungen des § 6 Abs. 1 VOB/B geknüpft. Sie muss nicht schriftlich erfolgen, wenn sich das zu Beweiszwecken auch empfiehlt. Insbesondere muss sie nicht mit der Anzeige einer Behinderung verbunden sein. Umgekehrt ist die Mahnung grundsätzlich nicht entbehrlich, wenn die Pflichtverletzung und die dadurch entstandene Behinderung offenkundig sind. Der Unternehmer kann den Besteller danach allein dadurch in Verzug setzen und die Voraussetzungen für den Ersatz des Verzugsschadens schaffen, dass er die ausbleibende Leistung abfordert. 752

Die Warnwirkung einer Mahnung ist deutlich geringer als die einer Behinderungsanzeige. Demgegenüber sind die Rechtsfolgen verschärft, weil die Schadensersatzpflicht nicht beschränkt ist. Es zeigt sich, dass die gesetzliche Regelung den Besonderheiten des Bauvertrages nicht gerecht wird. Korrektiv kann eine aus Treu- und Glauben, § 242 BGB, abgeleitete, verstärkte, an den Voraussetzungen der Behinderungsanzeige orientierte Warnpflicht sein, wenn die Besonderheiten des Bauablaufs es erfordern. Auch kann sich aus § 254 BGB ergeben, dass der Unternehmer den Besteller auf die Gefahr von Schäden besonders hinweisen muss; wenn 753

Leistungen ausbleiben. Das kann insbesondere in den Fällen so sein, in denen für den Besteller die Notwendigkeit einer sofortigen Planlieferung nicht erkennbar ist, etwa weil er der Auffassung ist, wegen einer allgemein eingetretenen Verzögerung würden die Pläne nicht benötigt oder der Unternehmer könne ohne Mehrkosten den Bauablauf umstellen.

754 **(2) Entbehrlichkeit der Mahnung.** Die Mahnung ist unter den Voraussetzungen des § 286 Abs. 2 BGB entbehrlich.

Dazu gehören die Fälle, in denen für die Leistungen des Bestellers eine Zeit nach dem Kalender bestimmt ist, § 286 Abs. 2 Nr. 1 BGB. Soweit Bauzeitpläne vorhanden sind, kommt es darauf an, ob diese die Bestellerleistungen vertraglich kalendermäßig bestimmbar fixieren. Das ist nur der Fall, wenn Verbindlichkeit herbeigeführt wird. Ist das so, kommt der Besteller allein durch Zeitüberschreitung in Verzug. Der Auftraggeber muss sich an dem verbindlich vereinbarten Bauzeitplan selbst orientieren, wann er die Leistungen, z.B. Planlieferungen, vorzunehmen hat. Er gerät in Verzug, wenn er die Zeit der Leistung nach dem Kalender berechnen kann. Das kann z.B. dann der Fall sein, wenn die Bauvertragsparteien einen Bauzeitplan vereinbart und im Vertrag geregelt haben, dass der Vorlauf für die Bewehrungspläne 18 Werktage beträgt. Eine derartige Vereinbarung kann dahin ausgelegt werden, dass eine gesonderte Anforderung der Pläne entbehrlich ist, soweit die Parteien einen verbindlichen Bauablaufplan erstellen und daraus die Zeitpunkte errechenbar waren, zu denen die Pläne zu liefern waren. Das gilt selbst dann, wenn in nachrangigen Allgemeinen Geschäftsbedingungen ein Abruf der Pläne vorgesehen ist (BGH, Urt. v. 21.3.2002 – VII ZR 224/00).

755 Eine Mahnung ist auch entbehrlich, wenn der Leistung ein Ereignis vorauszugehen hat und nach dem Vertrag eine angemessene Zeit für die Handlung in der Weise bestimmt ist, dass sie sich von dem Ereignis an nach dem Kalender berechnen lässt. Der Verzug tritt danach ohne jede weitere Vorwarnung ein, wenn der Vertrag eine nach dem Kalender bestimmbare, jedoch von einem ungewissen Ereignis abhängige Mitwirkung vorsieht. Enthält der Vertrag z.B. die Regelung, dass der Besteller die Bewehrungs- und Schalpläne drei Wochen nach Anforderung durch den Unternehmer zu liefern hat, gerät der Besteller in Annahmeverzug, wenn er die Pläne nicht innerhalb von drei Wochen nach Anforderung liefert. Es ist allerdings notwendig, dass der Besteller Kenntnis von den Tatsachen haben muss, die seine fristgebundene Leistungspflicht begründen. Wird z.B. vereinbart, dass der Baubeginn 3 Wochen nach Freigabe der geprüften Statik ist, so kann der Besteller nicht in Verzug geraten, wenn ihm die Freigabe nicht bekannt ist.

756 Vertraglich festgelegte Zeiten können ihre Verbindlichkeit verlieren, wenn der gesamte Bauablauf gestört ist. Ein Verzug mit Planlieferungen kann z.B. nicht ohne Mahnung eintreten, wenn die Baustelle schon wegen anderer Störungen aus dem Takt ist, so dass die Planvorlaufzeiten angepasst werden müssen.

757 **(3) Verschulden des Auftraggebers.** Der Besteller gerät nur dann in Verzug, wenn er die Verzögerung zu vertreten hat. Der Besteller kann sich dahin entlasten, dass ihn kein Verschulden trifft. Das ist der Fall, wenn er die Leistung weder fahrlässig noch vorsätzlich nicht rechtzeitig vorgenommen hat. Insoweit kommt es darauf an, welche Sorgfaltspflichten den Besteller treffen. Diese hängen wiederum davon ab, welche Leistungspflichten der Besteller übernommen hat. Der Besteller handelt schuldhaft, wenn er die Verletzung der Vertragspflicht vermeiden kann. Er muss die im Verkehr übliche Sorgfalt anwenden. Dazu gehören auch die erforderlichen Vorsorge- und Vorsichtsmaßnahmen. Schuldet der Besteller die Genehmigungen für das Bauvorhaben, so muss er dafür Sorge tragen, dass diese rechtzeitig vorliegen. Insbesondere muss er die dafür erforderlichen Unterlagen rechtzeitig zusammenstellen und der Genehmigungsbehörde vorlegen. Übliche Verzögerungen im Behördengang muss er einkalkulieren. Für nicht vorhersehbare Verzögerungen im Genehmigungsverfahren, die er nicht beeinflussen kann, haftet der Besteller nicht. Auch ist der Verzug nicht zu vertreten, wenn er durch sonstige Umstände bedingt ist, die er nicht zu vertreten hat (Beispiele bei Kapellmann/Schiffers/Markus, a.a.O., Rdn. 1346 ff.). Dazu gehören insbesondere die als höhere Gewalt bezeichneten Umstände, aber auch z.B. ein Streik, der dazu führt, dass Pläne verspätet geliefert werden. Planlieferungen können auch durch Verschulden des Unternehmers verspätet sein, etwa, weil notwendige Angaben des Auftragnehmers nicht gemacht worden sind, weil vom Unternehmer bereit zu stellende Genehmigungen, z.B. eine Zulassung im Einzelfall, nicht vorliegen oder weil die Baustelle durch das Verhalten des Unternehmers oder anderer Unternehmer so außer Takt geraten ist, dass der Besteller auch bei größtmöglicher Anstrengung nicht in der Lage ist, die angepassten Pläne rechtzeitig zu liefern.

Für das Verschulden seiner Erfüllungsgehilfen muss der Besteller einstehen. Soweit er Planungs- und Koordinierungspflichten übernommen hat, sind die dazu eingesetzten Personen seine Erfüllungsgehilfen. — 758

dd) Verzugsschaden

Den infolge dieser Pflichtverletzung entstandenen Verzögerungsschaden kann der Unternehmer nach § 280 Abs. 1, § 286 BGB ersetzt verlangen. — 759

(1) Differenzhypothese. Grundlage für die Berechnung des Schadens sind §§ 249 ff. BGB. Danach ist der Schaden zu ersetzen, den der Unternehmer infolge des Verzugs mit der Leistung an seinem Vermögen erlitten hat. Die Differenzhypothese ist anwendbar, es ist also ein Vergleich der Vermögenslage mit und ohne Verzug vorzunehmen. Die Differenz zwischen der (hypothetischen) Vermögenssituation ohne Verzug mit der Leistung und der tatsächlichen Vermögenssituation infolge des Verzugs ist der Schaden. Er ist grundsätzlich konkret zu berechnen (BGH, Urt. v. 20.2.1986 – VII ZR 286/84; Urt. v. 24.2.2005 – VII ZR 141/03). Bei fortbestehendem Vertrag können Leistungsverzögerungen des Bestellers zu Störungen bei der Durchführung der Bauleistung führen. Störungen sind unplanmäßige Einwirkungen auf den vom Auftragnehmer vertragsgemäß geplanten Produktionsprozess (Kapellmann/Schiffers/Markus, Band 1, Rdn. 1202). Diese können Behinderungen und Erschwernisse zur Folge haben, also Beeinträchtigungen des Produktionsprozesses zum Nachteil des Unternehmers. Dadurch können Mehrkosten entstehen. Die durch die Leistungsverzögerung des Bestellers entstandenen Mehrkosten sind ein typischer Schaden. Insoweit gibt es Schadensvarianten, die vereinzelt, gekoppelt und auch in verschiedenen Mischformen auftreten können (zur Typisierung auch: Kapellmann/Schiffers/Markus, a. a. O. Rdn. 1421 ff.). — 760

Zu ersetzen sind unabhängig von Bauzeitverzögerungen Mehrkosten, die infolge des Leistungsverzugs des Bestellers entstehen und die ohne den Verzug nicht entstanden wären. Das kann z. B. der Einsatz eines teureren Gerätes sein, weil der Unternehmer infolge der Verzögerung andere Baumstände vorfindet, die den Einsatz des zunächst geplanten Gerätes nicht mehr erlauben. Das können auch die Mehraufwendungen infolge Bauablaufumstellung sein, die zwar nicht zu einer zeitlichen Verzögerung führt, jedoch zu Mehrkosten und die durch den Leistungsverzug, z. B. verspätete Planlieferungen, notwendig geworden sind. Häufig ist in diesem Zusammenhang von Produktivitätsverlusten die Rede (vgl. z. B. Drittler, Jahrbuch Baurecht 2006, 245). Zu ersetzen sind auch Sachverständigenkosten, die durch den Verzug bedingt sind, etwa für eine Dokumentation der Störung und der dadurch entstandenen Kosten. — 761

Dazu gehören die Vermögensverluste, die dadurch entstehen, dass der Unternehmer ohne Verstoß gegen seine Schadensminderungspflicht andere Baustellen nicht oder nicht rechtzeitig bedienen konnte. Dadurch kann dem Unternehmer ein Auftrag entgehen, aus dem er den entgangenen Gewinn geltend machen kann. Es kann aber auch sein, dass der Unternehmer infolge der unzureichenden Bedienung der anderen Baustelle dort in Verzug gerät und sich Schadensersatz- oder Vertragsstrafenansprüchen des dortigen Bestellers ausgesetzt sieht. Muss er diese Ansprüche bedienen, ist das ein Verzugsschaden. Allerdings muss der Unternehmer diesen Schaden gering halten oder gar nicht erst entstehen lassen, § 254 BGB. In aller Regel wird er also andere Baustellen bedienen müssen, wenn der eigene Verzugsschaden auf der vertragsgegenständlichen Baustelle geringer ist oder bei der gebotenen Prognose deutlich geringer sein wird. Außerdem wird er den Besteller auf die Gefahr des hohen Schadens, der durch den Verzug auf einer anderen Baustelle entstehen kann, hinweisen müssen, § 254 Abs. 1 BGB (vgl. zur Hinweispflicht bei hohen Schäden: BGH, Urt. v. 22.12.2005 – VII ZR 71/04). — 762

Bei der zeitlichen Verschiebung des Bauvorhabens oder eines Teils davon ohne sonstige Störungen und bei gleich bleibender Ausführungsdauer sind diejenigen Mehrkosten des Unternehmers Schaden, die durch die Verschiebung entstanden sind. Dazu gehören z. B. erhöhte Aufwendungen für Stoffe und Personal infolge von Material- und Lohnerhöhungen; erhöhter Aufwand wegen Verschiebung in ungünstige Jahreszeiten, z. B. zur Sicherung der Bauleistung oder zur Durchführung der Bauleistung (Vorheizen des Betons). — 763

Bei der einfachen Verlängerung des Bauvorhabens oder eines Teils davon sind die dadurch entstandenen Kosten Schaden. Hier kommen insbesondere die Mehraufwendungen für Nachunternehmer, Personal und Geräte in Betracht, aber auch die erhöhten Gemeinkosten. Dazu können vor allem gehören die Vorhaltungs-, Sicherungs- und Unterhaltungskosten der Baustelleneinrichtung und Baustelle, zusätzliche Kosten für Bauleitungspersonal, zeitabhängige Gemeinkosten der Baustelle, insbesondere Kosten für verlängerten Geräteeinsatz, — 764

§ 631

wie Maschinen, Schalung, Rüstung und zusätzliche Kosten für Stoffe sowie zeitabhängige Allgemeine Geschäftskosten. Da die Verlängerung gleichzeitig eine Verschiebung des Fertigstellungstermins bedeutet, kommen auch die oben genannten Mehrkosten als Schaden in Betracht. Der vielfach verwendete Begriff der Stillstandskosten ist irreführend. Stillstandskosten als solche sind nicht ersatzfähig. Vielmehr ist der Stillstand der Baustelle die Ursache dafür, dass weitere Kosten entstehen, also Gerät oder Personal über die vorgesehene Bauzeit hinaus eingesetzt werden muss oder die Produktivität verloren geht, so dass zum Ausgleich vermehrte Produktionskosten entstehen.

765 Die Kosten von Maßnahmen, die der Unternehmer ergreift, um höheren Schaden vom Besteller fernzuhalten, § 254 BGB, können ebenfalls nach §§ 280 i. V. m. § 286 BGB zu ersetzen sein. Dazu gehören Kosten für Beschleunigungsmaßnahmen, die vom Unternehmer ergriffen werden, um die sonst entstehenden höheren Kosten einer Bauzeitverlängerung zu verhindern oder weiteren Schaden vom Besteller fernzuhalten, der diesem durch eine verspätete Fertigstellung entstehen kann. Diese Kosten sind bedingt durch die Leistungsstörung des Bestellers. Insoweit ist vor allem an Personal- und Gerätemehreinsatz zu denken einschließlich der darauf entfallenden Gemeinkosten. In aller Regel geht es um Mehrkosten durch Überstunden, Akkordlöhne, erhöhte Abschreibung von Geräten und Maschinen, Produktivitätsverluste durch Bauablaufumstellungen und Überbelegung der Baustelle mit Personal und Geräten.

766 Die Schadensersatzpflicht ist nicht auf typische Schäden beschränkt. Der Besteller ist vielmehr zum Ersatz aller Schäden verpflichtet, die adäquat kausal durch die Pflichtverletzung verursacht worden sind. Lediglich solche Schäden sind nicht zu ersetzen, die vom Normzweck nicht erfasst sind. Insoweit fehlt es an einem Zurechnungszusammenhang. Das kann z. B. der Fall sein, wenn der Unternehmer aus einer verzögerten Planlieferung für das von ihm zu errichtende Bauteil die infolge der Verzögerung dieses Bauteils entstandenen Mehrkosten aus einem anderen benachbarten Bauteil geltend macht, in dem er selbst der Besteller ist. Denn die Verpflichtung zum Ersatz eines Verzugsschadens, der durch die Verletzung von Bestellerpflichten entsteht, dürfte es nicht rechtfertigen, auch den Schaden einzubeziehen, den der Unternehmer zufällig dadurch erfährt, dass er in der Nachbarschaft seinerseits Besteller ist.

767 **(2) Kausalitäten.** In der Praxis bestehen große Schwierigkeiten, einen durch eine Pflichtverletzung des Bestellers verursachten Schaden schlüssig darzustellen und im Streitfall nachzuweisen (vgl. Roquette/Laumann, BauR 2005, 1829; Leinemann, NZBau 2009, 563; Roquette/Fußy, BauR 2009, 1506; Diederichs/Streckel, NZBau 2009, 1; Eschenbruch/v. Rintelen, NZBau 2010, 40). Der Streit geht in der Regel darum, ob eine Pflichtverletzung des Bestellers vorliegt, diese zu einer Erschwernis oder Behinderung der Bauleistung des Unternehmers geführt hat und daraus der vom Unternehmer beanspruchte Schaden entstanden ist. Die Darlegungs- und Beweislast für den Schadensersatzanspruch trägt zu allen anspruchsbegründenden Voraussetzungen der Unternehmer. Nur wenn es um das Verschulden des Bestellers an seiner Pflichtverletzung geht, trägt dieser die Beweislast dafür, dass ihn ein solches nicht trifft.

768 Der Unternehmer hat den Nachweis zu führen, dass der geltend gemachte Schaden durch den Verzug mit einer Leistung entstanden ist, zu der der Besteller verpflichtet war. Der Unternehmer muss die Kausalkette beweisen, die vom Verzug mit einer Leistungspflicht über die schadensbegründenden Umstände (Erschwernis oder Behinderung) bis hin zu dadurch entstandenen Mehrkosten führt.

769 Ansatzpunkt für die Darlegung eines Verzögerungsschadens infolge einer Leistungsverzögerung des Bestellers ist zunächst die jeweils verletzte Pflicht, also z. B. die Pflicht, Genehmigungen vorzulegen oder Pläne beizubringen. Der Unternehmer hat sodann darzulegen, dass sich der Besteller mit dieser Leistungspflicht in Verzug befunden hat, in aller Regel also eine ausreichend konkrete Mahnung oder die Umstände, die eine Mahnung entbehrlich machen. Ferner hat der Unternehmer die den Schaden begründenden Umstände darzulegen, die durch den Verzug mit der Leistungspflicht entstanden sind. Das sind in aller Regel Erschwernisse oder Behinderungen bei der Ausführung der Leistungen. Diese Erschwernisse oder Behinderungen sind konkret darzulegen. Es ist also regelmäßig darzulegen und zu beweisen, aufgrund welcher verzögerten Pflichtwidrigkeiten des Bestellers welche vorgesehenen Bauarbeiten nicht oder nicht in der vorgesehenen Zeit durchgeführt werden konnten und wie sich die Verzögerungen konkret auf die Baustelle ausgewirkt haben. Auch die Dauer der Behinderung ist darzulegen und zu beweisen. Maßstab für die Beweisführung ist § 286 ZPO. Denn für den Haftungsgrund ist der Vollbeweis im Sinne dieser Regelung zu erbringen. Zum Grund eines Schadensersatzanspruchs gehört die Feststellung, dass ein Schaden entstanden ist (BGH, Urt. v. 7.5.2004 – V ZR 77/03). Damit betrifft die Frage, ob eine Pflichtverletzung des Bestellers zu einer Erschwernis oder Behinderung des Unternehmers geführt hat, die haftungsbegründende Kausalität. § 287 ZPO ist insoweit nicht anwendbar (BGH, Urt. v. 24.2.2005 – VII ZR 141/03 in Abgrenzung zu BGH, Urt. v. 20.2.1986 – VII ZR 286/84; Urt. v. 24.2.2005 – VII ZR 225/03; beide Entscheidungen zu § 6 Abs. 6 VOB/B). Umfang und Höhe des Schadens gehören zur haftungsausfüllenden Kausalität. Hier greift die Beweiserleichterung des § 287 ZPO (→ Rdn. 711 ff.).

In der Praxis versagen die Darlegungen der haftungsbegründenden Kausalität oder die Beweisführung häufig, weil dem Unternehmer nicht die Darstellung gelingt, wie sich eine Pflichtverletzung konkret auf den Bauablauf störend ausgewirkt hat. Es muss zunächst nachgewiesen werden, dass die Pflichtverletzung überhaupt zu einer Störung des Bauablaufs geführt hat. Dazu muss dargelegt werden, wie sich der Bauablauf dargestellt hätte, wenn es nicht zu der Störung gekommen wäre. Bei komplexen Bauvorhaben gestaltet sich das mitunter als sehr schwierig, weil es häufig keine konkreten Bauablaufplanungen gibt oder diese jedenfalls nicht mehr dargestellt werden können. Außerdem können sich die dem Vertrag zugrunde gelegten Bauabläufe bereits durch andere, vom Besteller nicht zu vertretende Störungen geändert haben. Eine leicht nachvollziehbare Darstellung zu den verschiedenen Möglichkeiten der vom Unternehmer oder vom Besteller zu vertretenden Störungen und der Behandlung gleichzeitig einwirkender Störungen findet sich bei Duve/Richter, BauR 2006, 608 ff. Allgemeine Darstellungen, wie Hinweise darauf, dass die verzögerte Lieferung von Plänen zu Bauablaufstörungen, Störungen des optimalen Bauablaufs und zu dadurch bedingten Produktivitätsverlusten geführt habe, die durch Beschleunigungsmaßnahmen ausgeglichen worden seien, genügen den Anforderungen an die Darlegungslast einer Behinderung des Unternehmers nicht. Sie sind auch keine geeignete Grundlage für eine Schadensschätzung (BGH, Urt. v. 21.3.2002 – VII ZR 224/00; Urt. v. 24.2.2005 – VII ZR 141/03). Das gilt insbesondere dann, wenn auf der Grundlage von Vorabzügen gearbeitet worden ist und die eigentliche Behinderung dadurch entstanden ist, dass die freigegebenen Pläne immer wieder Abweichungen von den Vorabzügen enthielten (BGH, a. a. O.). Dann ist zu diesen Behinderungen und deren Folgen genau vorzutragen. **770**

In aller Regel ist die Darlegung eines Behinderungsschadens nicht nach den Grundsätzen des Anscheinsbeweises erleichtert. Denn diese Darlegungs- und Beweiserleichterung setzt voraus, dass ein Sachverhalt feststeht, der nach der Lebenserfahrung auf eine bestimmte Ursache oder einen bestimmten Geschehensablauf hinweist (BGH, Urt. v. 27.5.1986 – III ZR 239/84). Nur dann ist es gerechtfertigt, dem Anspruchsgegner die Beweislast dafür aufzuerlegen, dass die Umstände ausnahmsweise anders gelagert sind. In vielen Fällen lässt eine Verletzung von Mitwirkungspflichten des Bestellers nicht den aus der Lebenserfahrung gewonnenen Schluss zu, dass der Bauablauf tatsächlich in einer Weise behindert war, die einen Schaden des Unternehmers hervorgerufen hat. Dafür sind die Bauabläufe zu variabel und die Ursachen für Bauablaufstörungen zu mannigfaltig; Störungen können, müssen aber keine Kostenfolgen haben (vgl. Kapellmann/Schiffers/Markus, a. a. O., Rdn. 1414 ff.). **771**

Es müssen solche zum Gegenstand eines Streits gewordene Umstände ausgeschlossen werden, die nicht auf die Leistungsverzögerung des Bestellers zurückzuführen sind. Derartige Umstände können vielfach vorliegen. So können schlechte Witterungsverhältnisse zu einer Bauablaufstörung führen oder Behinderungen durch andere Unternehmer, die dem Besteller grundsätzlich nicht zuzurechnen sind, es sei denn, sie sind auf unzureichende, vom Besteller übernommene Koordination der Baustelle zurückzuführen. Insbesondere kann eine Bauablaufstörung auch durch Fehlkalkulation, fehlerhafte Terminplanung oder Fehlleistungen des Unternehmers bedingt sein, sei es, dass ihm Material oder Personal nicht ausreichender Menge oder Qualität zur Verfügung steht, sei es dass die nötige Produktivität nicht erbracht wird, sei es, dass Mängel produziert wurden, deren Beseitigung zu Verzögerungen führt. Der Unternehmer muss den Einwand des Bestellers, die Verzögerung sei auf unzureichende Ausstattung der Baustelle mit Personal, Stoffen und Geräten zurückzuführen, bzw. der kalkulierte Bauablauf sei nicht zu verwirklichen gewesen, widerlegen. Das gelingt in der Regel nur, wenn er darlegt, welchen Einsatz von Personal, Stoffen und Geräten er kalkuliert hat, welche dieser so genannten Produktionsfaktoren eingesetzt wurden und inwieweit der nach der Kalkulation nicht mögliche Einsatz behinderungsbedingt war. Zu beachten ist jedoch, dass bei beiderseitiger Verursachung der Bundesgerichtshof eine Schätzung des Verursachungsanteiles erlaubt hat (BGH, Urt. v. 14.1.1993 – VII ZR 185/91). **772**

Der Bundesgerichtshof hat mehrfach zum Ausdruck gebracht, dass die Schwierigkeit, die Kausalitäten darzustellen und im Streitfall zu beweisen, es nicht rechtfertigen, dem Unternehmer Beweiserleichterungen über das vom Gesetz vorhergesehene Maß hinaus zu gewähren. Demjenigen Unternehmer, der sich durch Pflichtverletzungen des Bestellers behindert fühlt, ist **773** es zuzumuten, eine aussagekräftige Dokumentation zu erstellen, aus der sich die Behinderung sowie deren Dauer und Umfang ergeben. Ist ein Unternehmer mangels ausreichender Dokumentation der Behinderungstatbestände und der sich daraus ergebenden Verzögerungen zu einer den Anforderungen entsprechenden Darstellung nicht in der Lage, geht das grundsätzlich nicht zu Lasten des Bestellers (BGH, Urt. v. 24.2.2005 – VII ZR 141/03; Urt. v. 21.3.2002 – VII ZR 224/00; Urt. v. 20.2.1986 – VII ZR 286/84).

774 Die Instanzenrechtsprechung ist durchaus streng. Der Auftragnehmer muss insoweit eine aus einer oder mehreren Behinderungen abgeleitete Bauzeitverlängerung möglichst konkret darlegen; hierfür ist eine baustellenbezogene Darstellung der Ist- und Sollabläufe notwendig, die eine Bauzeitverlängerung nachvollziehbar macht (KG, Urt. v. 19.04.2011 – 21 U 55/07; OLG Düsseldorf, Urt. v. 4.2.2011 – 22 U 123/10; OLG Köln, Urt. v. 27.10.2014 – 11 U 70/13; besonders streng OLG Köln, Urt. v. 28.01.2014 – 24 U 199/12; vgl. dazu Duve, NJW 2014, 2292; Markus, NZBau 2014, 688).

775 Es bleibt darauf hinzuweisen, dass die Instanzengerichte bisweilen unnatürlich hohe Anforderungen an die Darstellung und den nach §286 ZPO zu erbringenden Beweis einer Kausalität stellen. Allein die entfernte Möglichkeit einer Verursachung durch vom Besteller nicht zu vertretende Störungen, rechtfertigt es in der Regel nicht, die Verursachung durch die nachgewiesene, vom Besteller zu vertretende Störung zu verneinen. Auch müssen die anderweitigen Ursachen plausibel vorgetragen werden. Der abstrakte Hinweis darauf reicht nicht. Der Bundesgerichtshof hat darauf hingewiesen, dass die strengen Anforderungen an die Darlegungs- und Beweislast nicht dazu führen, dass der Unternehmer Einzelheiten vortragen muss, die zur Ausfüllung des Anspruchs nicht notwendig sind. Ein Sachvortrag ist dann erheblich, wenn diejenigen Tatsachen vorgetragen werden, die in Verbindung mit einem Rechtssatz geeignet und erforderlich sind, das geltend gemachte Recht zu begründen. Die Angabe näherer Einzelheiten ist grundsätzlich nur dann erforderlich, wenn diese für die Rechtsfolgen von Bedeutung sind (BGH, Urt. v. 19.5.2011 – VII ZR 24/08 m.w.N.). Maßgeblich ist nicht die Fülle der Details. Vielmehr kommt es darauf an, ob sich aus der Darstellung des Unternehmers nachvollziehbar ergibt, dass und in welchem Umfang eine Pflichtverletzung eine Behinderung oder Erschwernis verursacht hat (vgl. BGH, Urt. v. 24.2.2005 – VII ZR 141/03). Soweit das Gericht Vortrag vermisst, der entscheidungserheblich ist und nach Lage des Falles ergänzt werden könnte, muss es die Partei vor einer negativen Entscheidung darauf unmissverständlich und fallbezogen konkret hinweisen (BGH, a.a.O.).

776 **(3) Schadensumfang.** Erst wenn feststeht, dass durch den Verzug mit einer Leistung des Bestellers eine Erschwernis oder Behinderung des Unternehmers eingetreten ist, stellt sich die Frage nach der Höhe des dadurch entstandenen Schadens.

777 **(a) Schadensschätzung.** In welchem Umfang ein Schaden entstanden ist, ist vom Unternehmer ebenfalls darzulegen und im Streitfall nachzuweisen. Für solche Umstände, die allein für die Entstehung des Schadens von Bedeutung, insbesondere der Berechnung seiner Höhe zugrunde zu legen sind, gilt die Beweiserleichterungsregel des §287 ZPO. Danach muss der Richter den durch einen bewiesenen Haftungsgrund eingetretenen Schaden schätzen, wenn ein Schadenseintritt zumindest wahrscheinlich ist und greifbare Anhaltspunkte für eine richterliche Schätzung vorhanden sind (dazu Roquette/Laumann, BauR 2005, 1829, 1839 ff.; Leinemann, NZBau 2009, 563; Roquette/Fußy, BauR 2009, 1506; Diederichs/Streckel, NZBau 2009, 1).

778 Nach §287 ZPO können bei ausreichender Schätzgrundlage die durch den bewiesenen Verzug mit Leistungen des Bestellers insgesamt verursachten Mehrkosten geschätzt werden. Das wird in der Praxis der Gerichte viel zu wenig beachtet oder es werden zu hohe Anforderungen an die Darlegung der Schätzungsgrundlagen gestellt. Diese Grundlagen können Unterlagen sein, auf die im Prozess unter Beachtung der für Bezugnahmen geltenden Grundsätze Bezug genommen werden kann (vgl. dazu Roquette/Laumann, BauR 2005, 1829, 1835). Das Gericht muss z.B. ein vorgelegtes Privatgutachten, aus dem sich die Grundlagen der Schätzung ergeben, zur Kenntnis nehmen, denn es handelt sich um qualifizierten Sachvortrag (BGH, Urt. v. 24.2.2005 – VII ZR 225/03; Urt. v. 18.9.1997 – VII ZR 300/96). Es muss sich auch sachlich damit auseinandersetzen. Die Schwierigkeiten bei der Bewertung des Schadens, unter Umständen auch bei der Bewertung komplexer baubetrieblicher Zusammenhänge, dürfen nicht dazu führen, dass Klagen kurzerhand abgewiesen werden. Ist das Gericht mangels eigener Sachkunde nicht in der Lage, eine baubetriebliche Darstellung nachzuvollziehen, muss es von Amts wegen einen Gutachter hinzuziehen (BGH, a.a.O.).

Werkvertragsrecht §631

779 Zu Unrecht wird z. B. auch darauf verwiesen, dass der Bundesgerichtshof das so genannte Äquivalenzkostenverfahren (dazu: Vygen/Joussen, Bauvertragsrecht nach VOB und BGB, Rdn. 2037 ff.) nicht anerkannt habe (BGH, Urt. v. 20.2.1986 – VII ZR 286/84). Das ist so nicht richtig. Der Bundesgerichtshof hat keine Einwendungen gegen zuverlässige baubetriebswirtschaftliche und baubetriebswissenschaftliche Methoden der Schadensschätzung. Vielmehr ist der Rückgriff auf solche Schätzungsmethoden schon deshalb zulässig, weil die genaue Abbildung des gestörten Bauablaufs in aller Regel trotz ausreichender Dokumentation nicht mehr möglich ist. Die Schätzungen dürfen sich jedoch nicht von dem Einzelfall entfernen. Sie müssen sich vielmehr auf die konkreten Bauumstände beziehen. Ihre Ergebnisse müssen auch einer einzelfallbezogenen Plausibilitätskontrolle unterzogen werden. Unzulässig sind deshalb Schadensschätzungen, die allein auf abstrakten Hypothesen beruhen, die zudem durch die Umstände des Einzelfalles widerlegt sind (BGH, Urt. v. 21.3.2002 – VII ZR 224/00; Urt. v. 20.2.1986 – VII ZR 286/84). Zu Recht wird vor dem unreflektierten Einsatz von Standardsoftware zur Terminplanung gewarnt. Diese ist für die Terminplanung geeignet, nicht aber für den Nachweis von Behinderungsschäden, denn sie arbeitet allein auf fiktiver Ebene, ohne die tatsächlichen Bauzeiten zu berücksichtigen (vgl. Drittler, Jahrbuch Baurecht 2006, 260, Fußnote 52).

780 Die Entscheidungen des Bundesgerichtshofs belegen, dass es besondere Schwierigkeiten bereitet, in den Fällen einen Schaden darzulegen und nachzuweisen, in denen die Bauzeit sich nicht verlängert hat, weil nach der Behauptung des Unternehmers zur Abwendung des Schadens Beschleunigungsmaßnahmen ergriffen worden sind, insbesondere in den Fällen, in denen allein Erschwernisse (Produktivitätsverluste) geltend gemacht werden. Das liegt daran, dass – abgesehen von den Darstellungsschwierigkeiten hinsichtlich der haftungsbegründenden Kausalität – hinsichtlich der haftungsausfüllenden Kausalität mehrfach mit Fiktionen gearbeitet werden muss. So ist Grundlage der Schadensberechnung häufig der Produktivitätsverlust bzw. Leistungsabfall, der durch die Leistungsverzögerung des Bestellers eingetreten sein und ohne die Beschleunigung zur Verlängerung der Bauzeit geführt haben soll. Dieser wird auf der Grundlage des vertraglichen Bauablaufplans nach auf Erfahrungswerten beruhenden Kennzahlen ermittelt, deren Zuverlässigkeit im Streitfall durch Sachverständigengutachten bestätigt werden muss (Beispiel bei Drittler, Jahrbuch Baurecht 2006, 272 ff.). Jedenfalls müssen diese Annahmen in plausibler Weise anhand des konkreten Ablaufs verifiziert werden. Gleiches gilt für die daraus abgeleiteten Mehrkosten gegenüber einem ungestörten Bauablauf, z. B. durch Einsatz verstärkter Arbeitskräfte, Mehrschichtbetrieb, Überstunden, vermehrten Geräteeinsatz usw. Diese können durch geeignete Dokumente und Berechnungen, wie z. B. Arbeitskalkulationen einerseits und Bautagebücher andererseits dargestellt werden. Ungeeignet als Vergleichsgrundlage ist häufig die Vertragskalkulation, weil diese den notwendigen Einsatz von Arbeitskräften, Gerät und Stoffen nicht reell wiedergibt. Sie dient dazu, im Wettbewerb zu bestehen und den Wettbewerbspreis zu ermitteln. Bei hartem Wettbewerb besteht die Gefahr von Unterkalkulation (Drittler, a. a. O.), im Übrigen wegen des spekulativen Charakters der Angebotspreise auch die Gefahr von ganz unrealistischen Kalkulationen. Ein Verfahren zur Ermittlung des tatsächlichen Mehraufwands ist ein Vergleich von behinderten mit unbehinderten Ausführungsbereichen. Auch und gerade zur Schadenshöhe kommt es auf eine aussagekräftige Dokumentation an, die die hypothetischen Annahmen von Gutachten untermauert. Hypothetische Annahmen allein können keine Grundlage für eine Schadensschätzung sein. Andererseits kann auch bei einer nur gering aussagekräftigen Dokumentation bzw. anderweitigen Feststellung der tatsächlichen Umstände ein Schaden geschätzt werden, wenn auch unter Umständen mit kräftigen Unsicherheitsabschlägen zu Lasten des Unternehmers.

781 Eine als schadensursächlich festgestellte Behinderung oder Erschwernis kann sich störend auf den weiteren Bauablauf auswirken und zu einer weiteren Verzögerung führen (Überschreitung des kritischen Weges). Inwieweit das der Fall ist, ist eine Frage der haftungsausfüllenden Kausalität. Die weiteren Folgen einer konkreten Behinderung können nach §287 ZPO beurteilt werden, soweit sie nicht mehr zum Haftungsgrund gehören, sondern dem durch die Behinderung erlittenen Schaden zuzuordnen sind. Es unterliegt deshalb der einschätzenden Bewertung durch den Tatrichter, inwieweit eine konkrete Behinderung von bestimmter Dauer zu einer Verlängerung der gesamten Bauzeit geführt hat, weil sich Anschlussgewerke verzögert haben. Auch ist §287 ZPO anwendbar, soweit es darum geht, inwieweit verschiedene als schadensursächlich festgestellte Behinderungen Einfluss auf eine tatsächliche Verlängerung der Gesamtbauzeit genommen haben (BGH, Urt. v. 24.2.2005 – VII ZR 225/03).

782 Allerdings wird eine Schätzung häufig auch dadurch erschwert, dass die Schätzgrundlagen nicht plausibel dargestellt sind. Der Bundesgerichtshof hat hervorgehoben, dass die Darlegungserleichterung aus §287 ZPO nicht dazu führt, dass der Unternehmer eine aus einer oder

mehreren Behinderungen abgeleitete Bauzeitverlängerung nicht möglichst konkret darlegen muss. Vielmehr ist auch insoweit eine baustellenbezogene Darstellung der Ist- und Sollabläufe notwendig, die die Bauzeitverlängerung nachvollziehbar macht. Zu diesem Zweck kann sich der Unternehmer der Hilfe graphischer Darstellungen durch Balken- oder Netzpläne bedienen, die gegebenenfalls erläutert werden. Baustellenbezogen heißt in diesem Zusammenhang, dass den Besonderheiten der tatsächlichen Entwicklung der Baustelle Rechnung getragen werden muss, also insbesondere auch anderweitige Störungen, die der Besteller nicht zu vertreten hat, in die graphische Darstellung eingebunden werden müssen. Je näher die Darstellung die tatsächlichen Abläufe wiedergibt, umso eher ist sie als Schätzungsgrundlage geeignet. Insbesondere die Darstellung des kritischen Weges lässt sich so plausibel nachvollziehen. In diesem Zusammenhang ist darauf hinzuweisen, dass so genannte Pufferzeiten nicht etwa von vornherein unberücksichtigt bleiben dürften. Zwar haben Puffer den Zweck, etwaige Verzögerungen auszugleichen, die auf interne Störungen oder unabwägbare Einflüsse, wie z. B. das Wetter zurückführen sind. Insoweit „gehören" sie dem Unternehmer. Jedoch bedeutet das nicht, dass der Unternehmer sie zur Vermeidung weiterer Verzögerungen nicht auch in Anspruch nehmen muss, wenn die Bauablaufstörung vom Besteller zu vertreten ist (vgl. z. B. Oppler, Gedächtnisschrift Kratzenberg, S. 163, 169ff.; Eschenbruch/von Rintelen NZBau 2010, 401, 408ff.). Dazu ist er schon aus Gründen der Schadensminderungspflicht verpflichtet. Wäre es anders, könnte der Unternehmer unter Hinweis auf die so genannten Pufferzeiten die Arbeit einstellen, obwohl er zur Arbeit in der Lage wäre. Ein Schaden kann dem Unternehmer allerdings dann entstehen, wenn er die Pufferzeiten für vom Besteller zu vertretende Verzögerungen in Anspruch genommen hat und es später zu einer internen Störung kommt, die er wegen des Verbrauchs der Pufferzeit nicht mehr ausgleichen kann, z. B. eine verspätete Materiallieferung. Führt diese Störung dann letztlich zur Überschreitung des kritischen Wegs und damit zu einer Verlängerung der gesamten Bauzeit, sind die daraus abgeleiteten Mehrkosten zu ersetzen.

783 Eine nachvollziehbare Darstellung einer Verlängerung der Gesamtbauzeit kann nicht deshalb als unschlüssig zurückgewiesen werden, weil einzelne Teile dieser Darstellung unklar oder fehlerhaft sind. Denn sie bleibt in aller Regel trotz der Unklarheit oder Fehlerhaftigkeit in einzelnen Teilen eine geeignete Grundlage, eine Bauzeitverlängerung und den daraus entstandenen Schaden gegebenenfalls mit Hilfe eines Sachverständigen zu schätzen. Jedenfalls hat das Gericht in einem Prozess auf den konkret fehlenden Sachvortrag, den es für entscheidungserheblich ansieht, unmissverständlich hinzuweisen (BGH, Urt. v. 24.2.2005 – VII ZR 225/03). Gerade die nachträglichen Darstellungen von Bausollabläufen und Bauistabläufen kranken häufig daran, dass sie Fehler und Lücken enthalten. Sie werden bisweilen nur anhand von Unterlagen aus dem Bauvorhaben gefertigt, manchmal durch externe Gutachter, die das Bauvorhaben nicht begleitet haben. In diesem Fall müssen Fehler soweit möglich vom Gericht korrigiert werden. Die Schätzung muss auf der Grundlage der korrigierten Darstellung erfolgen. Das gilt z. B. dann, wenn bereits die Bausollpläne fehlerhaft dargestellt werden, weil nicht realisierbare Arbeitszeiten angeführt sind. Es gilt auch, wenn sich herausstellt, dass bestimmte Annahmen der Bauistabläufe nicht zutreffen und deshalb der kritische Weg anders verläuft (vgl. dazu das Beispiel bei Drittler, Jahrbuch Baurecht 2006, 268).

784 **(b) Schadenspositionen, Rentabilitätsvermutung und Kommerzialisierung.** Der Sache nach handelt es sich in aller Regel um Mehrkosten infolge der durch den Leistungsverzug des Bestellers bedingten Behinderung oder Erschwernis des Unternehmers. Der Unternehmer muss also darlegen, welche Kosten er ohne den Verzug gehabt hätte und inwieweit diese Kosten infolge der Behinderung oder Erschwernis gestiegen sind. Beide Faktoren sind gleich gewichtig. Mehrkosten können nur durch einen Vergleich ermittelt werden. Die ohne den Verzug entstandenen Kosten sind also plausibel und nachvollziehbar darzustellen. Dem sind die durch den Verzug entstandenen Kosten gegenüberzustellen.

785 Maßgeblich bei dem Kostenvergleich ist die Differenz zwischen den Vermögenslagen ohne und mit der Leistungsverzögerung des Bestellers. Bei der fiktiven Ausgangsvermögenslage ist auch die Entwicklung einzubeziehen, die das Vermögen des Unternehmers ohne den Verzug genommen hätte. Dem ist das Vermögen gegenüberzustellen, das der Unternehmer hat, nachdem der verzugsbegründende Tatbestand abgeschlossen ist. Ausgangspunkt für den Vermögensvergleich ist danach zunächst bei normaler Entwicklung das Entgelt, dass der Unternehmer für die ungestörte Leistung hätte beanspruchen können. Dem steht der in Geld zu bewertende Einsatz der Produktionsfaktoren gegenüber. Infolge des Verzugs erhöht sich das Entgelt nicht. Erhöht ist vielmehr der in Geld bewertete Einsatz der Produktionsfaktoren. Maßgeblich ist im einfachsten Fall also allein der Wert der zusätzlich eingesetzten Produktionsfaktoren.

§ 631

Die Rechtsprechung hat zur schadensrechtlichen Bewertung der Produktionsfaktoren noch **786** keine verbindlichen Maßstäbe entwickelt. Der Bundesgerichtshof hat im Urt. v. 20.2.1986 – VII ZR 286/84 eine Rentabilitätsvermutung derart angestellt, dass der Unternehmer nur so viele Arbeitskräfte beschäftigt, wie er für Aufträge benötigt. Diese Vermutung macht bei der Darlegung den Nachweis entbehrlich, dass die Arbeitskräfte anderweitig ihre Kosten deckend hätten eingesetzt werden können. Es gibt keinen Grund dafür, diese Rentabilitätsvermutung nicht auch auf Geräte und Maschinen anzuwenden. Nach dieser Vermutung sind jedenfalls die Kosten für Arbeitskräfte und Geräte Schaden. Es kommt nicht darauf an, inwieweit Geräte oder Arbeitskräfte nicht anderweitig eingesetzt werden konnten. Zu demselben Ergebnis kommt man in Anwendung der Rechtsprechung zu § 252 Satz 2 BGB, wonach es bei einem Kaufmann dem gewöhnlichen Lauf der Dinge entspricht, dass er marktgängige Ware jederzeit zum Marktpreis absetzen kann. Er muss nicht die einzelnen Abnehmer bezeichnen (vgl. BGH, Urt. v. 19.10.2005 – VIII ZR 392/03). Übertragen auf den Werkvertrag bedeutet das, dass es bei einem gewerblichen Unternehmer dem gewöhnlichen Lauf der Dinge entspricht, dass er seine Produktionsfaktoren jederzeit zum Marktpreis einsetzen kann. Er muss nicht den fiktiven anderweiten Auftraggeber benennen (vgl. Kapellmann/Schiffers/Markus, a.a.O., Rdn. 1532).

Diese Kommerzialisierung der Produktionsfaktoren ist gerechtfertigt. Es ist angesichts der **787** Typizität der Schäden und des wirtschaftlich nach anerkannten Grundsätzen zu beurteilenden Werts der vom Unternehmer erbrachten Leistung nicht zu rechtfertigen, ihm auch insoweit noch den Nachweis aufzuerlegen, dass er die Produktionsfaktoren anderweitig eingesetzt hätte. Dieser Nachweis ist angesichts der komplexen Zusammenhänge bei Behinderungen außerordentlich schwer zu führen. Der pflichtwidrige Besteller würde unbillig entlastet. Das wird zwar in vereinzelten Entscheidungen der Oberlandesgerichte anders gesehen (OLG Braunschweig, Urt. v. 18.3.1994 – 4 U 51/93). Dabei bleibt jedoch unberücksichtigt, dass die Kommerzialisierung von Arbeitskraft zur Schadensbeseitigung in der Rechtsprechung bereits anerkannt ist (vgl. zum Einsatz von Arbeitsleistungen zur Schadensbehebung: BGH, Urt. v. 24.11.1995 – V ZR 88/95; Urt. v. 7.3.2001 – X ZR 160/99). Diese Sichtweise ist auch beim Einsatz von Geräten geboten. Eine derartige Bewertung verhindert unnatürliche Auswüchse der Schadensberechnung. Diese sind dadurch entstanden, dass der Schaden für Geräte und teilweise auch Personal nicht mehr anhand des Einsatzes von Eigenmitteln, sondern anhand der Mietkosten bzw. Leihkosten geltend gemacht wurden.

Auf dieser Grundlage ist es grundsätzlich gerechtfertigt, dem Unternehmer die Kosten für **788** den Einsatz von Arbeitskräften und Gerät ohne den Nachweis zu ersetzen, dass er diese anderweitig gewinnbringend eingesetzt hätte. Maßstab für die Ersatzpflicht ist der Marktwert. Das bedeutet, dass Baustellengemeinkosten und Allgemeine Geschäftskosten (dazu Roquette, BauR 2010, 1468 und Heilfort, BauR 2010, 1673) einzurechnen sind, soweit sie anderweitig erwirtschaftet worden wären oder, umgekehrt formuliert, soweit der Verzug den Auftragnehmer daran gehindert hat, diese zu erwirtschaften (OLG Düsseldorf, Urt. v. 28.4.1987 – 23 U 151/86; Kapellmann/Schiffers/Markus, Rdn. 1532 m.w.N.). Gleiches gilt aber auch für Anteile von Wagnis und Gewinn. Der Marktwert kann seinerseits geschätzt werden, § 287 ZPO, wobei auf allgemeine Erfahrungswerte zurückgegriffen werden kann. Die Bewertung kann nicht von der individuellen Vertragskalkulation abhängig gemacht werden, sondern muss sich am üblichen Preis für die Arbeitskräfte und Gerät orientieren. Denn letztlich steht hinter der Kommerzialisierung, dass der Unternehmer gehindert wird, die Produktionsfaktoren anderweitig einzusetzen. Die Fiktion erlaubt es nicht, auf individuelle Vertragsgestaltungen abzustellen. Will der Auftragnehmer einen über den üblichen Satz hinausgehenden Betrag, so muss er den Schaden konkret nach entgangenem Gewinn aus einem bestimmten Auftrag berechnen.

Folgt man dem nicht, stellen sich schwierige Fragen der Bewertung der eingesetzten Produk- **789** tionsfaktoren. Denn an sich müsste der Unternehmer nach der Differenzhypothese darlegen, dass er infolge des Verzugs gehindert war, die Produktionsfaktoren anderweit einzusetzen und damit Kosten zu decken. Soweit er laufende Kosten ohnehin nicht gedeckt hätte, ist ihm dann auch kein Schaden entstanden. Eine Ausnahme wäre dann zu machen, wenn allein der Einsatz zu einem Wertverlust führt, wie das bei Geräten angenommen wird und der Schaden dann nach der Baugeräteliste bewertet wird, wobei umstritten ist, wie die einzelnen Bewertungsfaktoren in die Schadensberechnung einfließen können (vgl. ausführlich Vygen/Joussen, Bauvertragsrecht nach VOB und BGB, Rdn. 2065 ff.; OLG Düsseldorf, Urt. v. 28.4.1987 – 23 U 151/86; OLG Düsseldorf, Urt. v. 25.2.2003 – 21 U 80/02). Dagegen könnte der Unternehmer Lohn für zusätzlich eingesetzte Arbeitskräfte nur dann verlangen, wenn er nachweist, dass er diese anderweitig und kostendeckend eingesetzt hätte. Hätte er keinen Auftrag oder nur einen geringerwertigen, wäre der Schadensersatzanspruch beschränkt, denn die Lohnkosten wären ihm ohnehin entstanden. Will man der Kommerzialisierung von Arbeitskraft und Geräten nicht folgen, so ist der erneute Hinweis auf § 287 ZPO geboten. Ein Vollbeweis des Umstandes, dass Arbeitskraft und Geräte ohne den Verzug kostendeckend oder sogar gewinnbringend eingesetzt worden wären, ist nicht notwendig. Der Richter kann diese Überzeugung auch durch eine die gesamten Umstände berücksichtigenden Einschätzung gewinnen.

790 **(c) Entgangener Gewinn.** Der Unternehmer ist nicht gehindert, den Schaden abweichend in der Weise zu berechnen, dass er den entgangenen Gewinn aus anderen Verträgen geltend macht. In diesem Fall muss er darlegen und nachweisen, dass er infolge des Verzugs des Bestellers einen Schaden dadurch erlitten hat, dass er Gerät oder Arbeitskraft nicht anderweit für den Zeitraum einsetzen konnte, in der er diese Produktionsfaktoren ohne den Verzug eingesetzt hätte. Er muss zudem darlegen und nachweisen, dass er auf diese Weise einen Gewinn erzielt hätte, der ihm durch den Verzug entgangen ist. Diese Berechnungsweise ist in der Regel ungleich schwerer. So ist z.B. bei einem Stillstand der Baustelle nicht etwa auf den Zeitpunkt des Stillstands abzustellen, denn das ist der von der vertraglichen Vergütung abgedeckte Zeitraum. Es ist vielmehr der Zeitraum maßgebend, der infolge des Verzugs den vertraglich vorgesehenen Zeitraum überschreitet. Schon insoweit kann es Darlegungsprobleme geben, weil häufig die genauen Zeiträume nicht feststehen; die interne Bauablaufplanung wird nicht Vertragsgegenstand und muss später als zwingend nachgewiesen werden. Steht fest, dass es für den Einsatz von bestimmten Produktionsfaktoren zu zeitlichen Verlängerungen oder Verschiebungen gekommen ist, muss nachgewiesen werden, dass das Gerät oder die Arbeitskraft zu den überschießenden Zeiträumen hätten eingesetzt werden können. Dann muss nachgewiesen werden, welche Vergütung für diesen Einsatz erzielt worden wäre. Erneut ist allerdings auf die Möglichkeit hinzuweisen, entgangenen Gewinn auf der Grundlage einer gewöhnlichen Entwicklung der Geschäfte zu verlangen und auch darauf, dass beim gewerblich Tätigen in der Regel nach der Rechtsprechung davon auszugehen ist, dass er die gewerbliche Tätigkeit auf dem Markt jederzeit unterbringt (→ Rdn. 720). Insoweit gibt ihm § 252 Satz 2 BGB in Verbindung mit § 287 ZPO Beweiserleichterungen. Gerade insoweit gilt der allgemeine Grundsatz, dass sich der Tatrichter seiner Aufgabe, eine Schadensermittlung vorzunehmen, nicht vorschnell unter Hinweis auf die Unsicherheit möglicher Prognosen entziehen darf (vgl. BGH, Urt. v. 26.7.2005 – X ZR 134/04).

791 **(d) Umsatzsteuer.** Soweit der Schadensersatz nicht Kompensation für eine Leistung ist, besteht für ihn keine Umsatzsteuerpflicht. Dann darf der Unternehmer auch keine Umsatzsteuer in Rechnung stellen. Soweit der Schadenersatz Vergütungscharakter hat, kommt eine Umsatzsteuerpflicht in Betracht. Maßgeblich ist, inwieweit ein Leistungsaustausch stattfindet, wie er Voraussetzung für die Besteuerung nach § 1 Abs. 1 Nr. 1 UStG ist. In aller Regel dienen Schadensersatzansprüche der Kompensation für erlittene Vermögensverluste und sind deshalb kein Umsatz im Sinne des Umsatzsteuerrechts. Das gilt grundsätzlich auch für Mehrkosten, die infolge von Pflichtwidrigkeiten des Bestellers entstanden sind. Das hat der Bundesgerichtshof ausdrücklich für den Schadensersatzanspruch aus § 6 Abs. 6 VOB/B wegen Behinderungen entschieden (BGH, Urt. v. 24.1.2008 – VII ZR 280/05). Für den Schadensersatzanspruch aus §§ 280, 286 BGB gilt nichts anderes. Demgegenüber unterfällt der Entschädigungsanspruch nach § 642 BGB der Umsatzsteuer (→ § 642 Rdn. 149).

ee) Vertragsbedingung durch Rücktritt oder Kündigung

792 **(1) Verletzung von Leistungspflichten.** Der Unternehmer kann bei Verletzung sonstiger Leistungspflichten vom Vertrag zurücktreten, wenn die Voraussetzungen des § 323 BGB vorliegen. Das Kündigungsrecht aus wichtigem Grund des § 648a BGB schließt ebenso wenig wie § 314 BGB das allgemeinere Rücktrittsrecht aus (vgl. Schwarze, Das Recht der Leistungsstörungen, 2. Aufl., § 15 Rdn. 53 und → Rdn. 724). § 323 BGB gilt für alle Vertragspflichten bei gegenseitigen Verträgen. Auf ein Synallagma kommt es nicht an.

793 Voraussetzung ist nicht der Verzug, der ein Verschulden voraussetzt, sondern der Ablauf einer dem Besteller gesetzten Frist, die von ihm geschuldete Leistung vorzunehmen, z.B. Schal- und Bewehrungspläne zu liefern. Diese Frist muss angemessen sein. Sie ist unter den Voraussetzungen des § 323 Abs. 2 BGB entbehrlich, insbesondere also dann, wenn der Besteller seine Leistung endgültig verweigert. Das ist z.B. der Fall, wenn er erklärt, die für die Fortsetzung des Bauvorhabens notwendige Änderung des Bauantrags nicht herbeizuführen. Der Unternehmer muss nicht bauordnungswidrig bauen.

794 In den Fällen, in denen der Besteller während der Durchführung des Bauvorhabens Mitwirkungspflichten nicht erfüllt, ist insbesondere § 323 Abs. 5 BGB maßgebend. Geringfügige

Störungen der Bauabwicklung rechtfertigen einen Rücktritt nicht, Satz 2. Wird durch die Störung allerdings die Fortsetzung des Bauens erheblich behindert, so kann der Rücktritt erklärt werden. In Betracht kommt in aller Regel nur ein Teilrücktritt, soweit die Leistung noch nicht erbracht ist (vgl. → Rdn. 662) Der Unternehmer erhält dann die Vergütung für die erbrachte Leistung. Hinsichtlich der Vergütung für die nicht erbrachte Leistung kann er Schadensersatzansprüche geltend machen, also die Vergütung verlangen abzüglich der ersparten Aufwendungen und des anderweitigen Erwerbs bzw. des unterlassenen anderweitigen Erwerbs.

Beachtlich ist ferner § 323 Abs. 6 BGB. Danach ist der Rücktritt ausgeschlossen, wenn der Gläubiger für den Umstand, der ihn zum Rücktritt berechtigen würde, allein oder weit überwiegend verantwortlich ist oder wenn der vom Schuldner nicht zu vertretende Umstand zu einer Zeit eintritt, zu welcher der Gläubiger im Verzug der Annahme ist. Bei wechselseitigen Ursachen für Bauverzögerungen spielt der Ausschluss des Rücktrittsrechts eine Rolle, insbesondere also dann, wenn für die Verzögerung des Bestellers eine Pflichtverletzung des Unternehmers eine Rolle gespielt hat. **795**

Der Unternehmer kann auch zurücktreten, wenn nach der Art der Pflichtverletzung eine Fristsetzung nicht in Betracht kommt. Grundsätzlich ist dann eine Abmahnung erforderlich. Diese kann entbehrlich sein unter den Voraussetzungen des § 323 Abs. 2 BGB. Insoweit ist insbesondere § 323 Abs. 2 Nr. 3 BGB beachtlich. Danach ist eine Abmahnung entbehrlich, wenn besondere Umstände vorliegen, die unter Abwägung der beiderseitigen Interessen den sofortigen Rücktritt rechtfertigen. Die unberechtigte Ausübung des Rücktrittsrechts stellt eine Pflichtverletzung dar. Ein Schadensersatzanspruch aus § 280 Abs. 1 BGB kann darauf aber nur dann gestützt werden, wenn die unberechtigt zurücktretende Vertragspartei nicht nur die mangelnde Berechtigung zum Rücktritt verkannt hat, sondern ihre Rechtsposition selbst auch nicht als plausibel ansehen durfte (BGH, Urt. v. 16.1.2009 – V ZR 133/08) **796**

(2) Verletzung der Pflicht zur Rücksichtnahme. Ähnlich liegen die Fälle, in denen der Besteller keine Leistungspflicht verletzt hat, sondern eine sonstige Pflicht zur Rücksichtnahme auf Rechte, Rechtsgüter und Interessen des anderen Teils, § 241 Abs. 2 BGB. Die Abgrenzung zwischen den Leistungspflichten und diesen Pflichten ist im Einzelnen schwierig. In der Praxis kommt es nicht darauf an. Der Rücktritt ist bei Verletzung der Pflichten aus § 241 Abs. 2 BGB möglich, wenn dem Unternehmer ein Festhalten am Vertrag nicht zuzumuten ist. Es müssen also im Falle des § 323 Abs. 2 Nr. 3 BGB[3] und des § 241 Abs. 2 BGB die Voraussetzungen vorliegen, unter denen nach der Rechtsprechung (auch) eine außerordentliche Kündigung gerechtfertigt ist, also dann, wenn durch vertragswidriges Verhalten des Bestellers das Vertrauensverhältnis nachhaltig gestört oder die Erreichung des Vertragszwecks gefährdet ist (vgl. BGH, Urt. v. 30.6.1983 – VII ZR 293/82). **797**

Das ist z.B. angenommen worden, wenn der Auftrag hinter dem Rücken des Unternehmers dessen Leute als Schwarzarbeiter beschäftigt (OLG Köln, Urt. v. 18.9.1992 – 19 U 106/91) und erst recht, wenn der Besteller den Unternehmer schwer beleidigt, Baumaterial stiehlt oder Mitarbeiter des Unternehmers besticht (Kapellmann/Messerschmidt-v. Rintelen, VOB/B, § 9 Rdn. 52 ff. m.w.N.), der Besteller eine unberechtigte fristlose Kündigung erklärt hat (BGH, Urt. v. 14.11.1966 – VII ZR 112/64; Urt. v. 1.12.1993 – VIII ZR 129/92) oder eine unzulässige Teilkündigung (BGH, Urt. v. 20.08.2009 – VII ZR 212/07; OLG München, Urt. v. 13.11.2007 – 9 U 2947/07), der Auftraggeber ein berechtigtes Verlangen nach Preisanpassung verweigert hat (BGH, Urt. v. 21.11.1968 – VII ZR 89/66; OLG Zweibrücken, Urt. v. 20.9.1994 – 8 U 214/93), nachhaltig gegen eine für den Unternehmer wichtige Vertragsfrist verstößt (BGH, Urt. v. 23.5.1996 – VII ZR 140/95; OLG Brandenburg, Urt. v. 15.1.2008 – 11 U 98/07, jeweils in Bezug auf den Unternehmer), der Besteller sich geweigert hat, einem Bedenkenhinweis Rechnung zu tragen, mit der Folge, dass der Unternehmer unter Verstoß gegen öffentliches Recht oder gegen seine Verkehrssicherungspflicht weiterarbeiten müsste (vgl. OLG Düsseldorf, Urt. v. 7.10.1987 – 19 U 13/87), der Besteller zu Unrecht eine Vertragserfüllungsbürgschaft zieht (OLG Hamm, Urt. v. 11.11.1996 – 17 U 162/95; der BGH hat die Revision nicht angenommen, Beschl. v. 19.11.1998 – VII ZR 355/97). Es ist jedoch darauf hinzuweisen, dass es sich jeweils um Einzelfallentscheidungen handelt, bei denen die Entbehrlichkeit einer Abmahnung aus den Umständen des Falles abgeleitet wurde. Insbesondere ist zu beachten, dass beide Vertragsparteien verpflichtet sind, auf die berechtigten Belange des jeweils anderen Vertragspartners Rücksicht zu nehmen. Sie sind während der Vertragsdurchführung zur Kooperation verpflichtet. Entstehen während der Vertragsdurchführung Meinungsverschiedenheiten zwischen den Parteien über die Notwendigkeit oder die Art und Weise einer Anpassung des Vertrags oder seiner Durchführung an geänderte Umstände, sind die Parteien **798**

§ 631

grundsätzlich verpflichtet, durch Verhandlungen eine einvernehmliche Beilegung der Meinungsverschiedenheiten zu versuchen. Verweigert sich eine Partei dieser Kooperationspflicht, so kann ihre Kündigung verfrüht und deshalb unberechtigt sein (BGH, Urt. v. 28.10.1999 – VII ZR 393/98). Ein unberechtigt erklärter Rücktritt kann einen Schadensersatzanspruch des Vertragspartners auslösen (→ Rdn. 730).

ff) Schadensersatz statt der Leistung

799 Der Unternehmer hat einen Anspruch auf Schadensersatz statt der Leistung, wenn dessen Voraussetzungen vorliegen, § 281 Abs. 1 BGB oder § 282 BGB und er diesen Anspruch gewählt hat.

800 Ein Schadensersatzanspruch statt der Leistung besteht auch dann, wenn der Besteller durch unterlassene Mitwirkung die Vertragsdurchführung vereitelt und zwar unabhängig davon, ob die fehlende Mitwirkungshandlung als Pflicht einzuordnen ist (BGH, Urt. v. 16.5.1968 – VII ZR 40/66). Denn jedenfalls hat der Besteller die Pflicht, die Durchführung des Vertrages nicht zu vereiteln. Der Anspruch auf Schadensersatz wegen positiver Vertragsverletzung erfasste nach der grundlegenden Entscheidung aus dem Jahre 1953 (BGH, Urt. v. 13.11.1953 – I ZR 140/52) alles, was aus dem Vertrag vom Vertragsschuldner verlangt werden kann. Dazu gehören nicht nur alle Haupt- und Nebenpflichten, wie Vorbereitungs- und Obhutspflichten, Auskunfts- und Anzeigepflichten, Mitwirkungspflichten usw., sondern auch die so genannten reinen Gläubigerobliegenheiten, zu denen z. B. beim Werkvertrag die zur Herstellung des Werkes erforderlichen Handlungen des Gläubigers zu zählen sind. Jede schuldhafte Leistungsstörung, die durch eine Verletzung dieser im weitesten Sinne aufzufassenden „Vertragspflichten" den Vertragsgegner schädigt, begründet eine Verpflichtung zum Schadensersatz (BGH, a.a.O.). Das gilt jedenfalls nach einer weiteren, diesen Grundsatz einschränkenden Entscheidung des Bundesgerichtshofs dann und soweit durch die schuldhafte Verletzung der Obliegenheit gleichzeitig Treuepflichten aus dem Vertrag verletzt sind und dies zu einer Gefährdung des gesamten Vertragszwecks führt (BGH, Urt. v. 20.6.1960 – II ZR 117/59).

801 Hat der Unternehmer Schadensersatz statt der Leistung nur gewählt, soweit er sie nicht erbracht hat, so werden die erbrachten Leistungen auf der Grundlage des Vertrages abgerechnet. Wegen des nicht erbrachten Teils kann der Unternehmer den Nichterfüllungsschaden geltend machen. Dieser besteht jedenfalls in Höhe des Werklohns, der auf den nicht erbrachten Teil entfällt, jedoch muss sich der Unternehmer nach allgemeinen Grundsätzen, vgl. § 326 Abs. 2 BGB, § 642 Abs. 2 BGB, § 648 BGB, dasjenige anrechnen lassen, was er infolge der Befreiung von der Leistung erspart oder durch anderweitige Verwendung seiner Arbeitskraft erwirbt oder zu erwerben böswillig unterlässt. Die Beweislast für Ersparnis und anderweitigen Erwerb trägt der Besteller. Nach den Grundsätzen, die der Bundesgerichtshof zu § 648 Satz 2 BGB entwickelt hat, trägt der Unternehmer aber insoweit eine Erstdarlegungslast. Er muss also nachvollziehbar darlegen, dass er keine Ersparnis und keinen anderweitigen Erwerb hat. Erst nach schlüssiger Darlegung hat der Besteller den Gegenbeweis zu erbringen. Diese Grundsätze sind im Wesentlichen auch auf den Schadensersatzanspruch nach § 281 BGB anzuwenden. Der X. Zivilsenat des Bundesgerichtshofs war zwar insoweit zunächst anderer Auffassung (vgl. BGH, Urt. v. 17.7.2001 – X ZR 29/99), hat er diese aber weitgehend aufgegeben und orientiert sich nun jedenfalls bei den Anforderungen an die Darlegungslast an den zu § 648 Satz 2 BGB entwickelten Grundsätzen (BGH, Urt. v. 17.2.2004 – X ZR 108/02).

802 Der durch die Nichterfüllung des Vertrages entstandene weitere Schaden, kann ebenfalls verlangt werden. Außerdem kann der Unternehmer den Verzugsschaden geltend machen, der dadurch entsteht, dass er Zahlungen verspätet erhält, bis zur Auflösung des Vertrags nach § 280, § 286 BGB unter den Voraussetzungen des Verzugs, danach gemäß § 281 Abs. 1 BGB. Zudem muss der Besteller alle infolge der Auflösung des Vertrages entstehenden Kosten ersetzen.

gg) Ansprüche nach Verletzung der Pflicht zur Rücksichtnahme bei Vertragsanbahnung

803 §§ 311, 241 Abs. 2, 282 und 324 BGB geben dem Unternehmer Ansprüche für den Fall, dass der Besteller bei der Vertragsanbahnung Pflichten verletzt.

804 Der Besteller kann aus §§ 311, 241 Abs. 2, 280 BGB haften, wenn die Ausschreibung unklar, unvollständig oder fehlerhaft war. Er kann zum Ersatz des Schadens verpflichtet sein, den der Unternehmer dadurch erlitten hat, dass er auf eine klare, vollständige oder fehlerfreie Ausschreibung vertrauen durfte. Unumgänglich ist die Feststellung eines Vertrauenstatbestandes.

Dieser kann nur vorliegen, wenn der Unternehmer Fehler der Ausschreibung nicht erkennen konnte (BGH, Urt. v. 11.11.1993 – VII ZR 47/93).

805 Ein wichtiger Anwendungsbereich des Schadensersatzanspruches aus §§ 311, 241 Abs. 2, 280 BGB, § 126 GWB ist der Anspruch des fehlerhaft nicht berücksichtigten Bieters in einer öffentlichen Ausschreibung. Der Teilnehmer einer öffentlichen Ausschreibung kann einen Schadensersatzanspruch haben, wenn im Verlauf des Ausschreibungs- und Vergabeverfahrens die Vorschriften des öffentlichen Vergabeverfahrens nicht eingehalten werden (BGH, Urt. v. 17.2.1999 – X ZR 101/97). Allerdings ist wird im Schadensersatzprozess die Beurteilung der Vergabestelle, eine angebotene Variante sei gleichwertig, nur daraufhin überprüft, ob sie sich als vertretbar erweist (BGH, Beschl. v. 23.3.2011 – X ZR 92/09). Die an der Vergabe öffentlicher Aufträge interessierten Bieter dürfen grundsätzlich darauf vertrauen, dass der öffentliche Besteller das Verfahren über die Vergabe seiner Aufträge ordnungsgemäß und unter Beachtung der für ihn geltenden Bedingungen einleitet und durchführt; eine Verletzung dieses Vertrauens kann zu einer Haftung nach den Grundsätzen des Verschuldens bei Vertragsschluss führen (BGH, Urt. v. 12.6.2001 – X ZR 150/99). Wird einem Bieter ein Zuschlag unter Verstoß gegen die Regelungen der VOB/A nicht erteilt, kommt ein Schadensersatzanspruch des Bieters in Betracht (BGH, Urt. v. 11.11.1993 – VII ZR 47/93 (Wasserhaltung II); Urt. v. 14.10.1993 – VII ZR 96/92 (bewusster Additionsfehler); Urt. v. 24.4.1997 – VII ZR 106/95; vgl. zu Schadensersatzprozessen auch OLG München, Urt. v. 11.5.1993 – 13 U 1716/93; OLG Celle, Urt. v. 14.3.1994 – 14 U 57/93 (Generalübernehmer); OLG Köln, Urt. v. 28.4.1993 – 13 U 201/92; OLG Zweibrücken, Urt. v. 1.2.1994 – 8 U 96/93 (zulässige Aufhebung des Verfahrens); OLG Hamm, Urt. v. 6.12.1995 – 25 U 66/94 (Verlängerte Bindefrist); OLG Nürnberg, Urt. v. 15.1.1997 – 4 U 2299/96 (Nachverhandlungsverbot); OLG Celle, Urt. v. 9.5.1996 – 14 U 21/95 (Nachverhandlungsverbot); OLG Köln, Urt. v. 29.4.1997 – 20 U 124/96 (unangemessener Preis); OLG Oldenburg, Urt. v. 21.3.1996 – 8 U 248/95 (Unvollständiges Angebot); OLG München, Urt. v. 31.1.1996 – 27 U 502/95 (Wertungskriterien); BGH, Urt. v. 24.4.1997 – VII ZR 106/95 (Änderung der Verdingungsunterlagen); Urt. v. 17.2.1999 – X ZR 101/97 (Aufteilung in Lose); Urt. v. 26.10.1999 – X ZR 30/98 (Wertungskriterien); Urt. v. 28.10.2003 – X ZR 248/02 (Bindefrist des Bieters); Urt. v. 7.6.2005 – X ZR 19/02 (EFB-Blatt); Urt. v. 24.5.2005 – X ZR 243/02 (Unvollständige Preisangabe); OLG Dresden, Urt. v. 27.1.2006 – 20 U 1873/05 (Unerheblichkeit des unvollständigen Angebots). Gleiches gilt für den Verstoß gegen die VOL/A (BGH, Urt. v. 25.11.1992 – VIII ZR 170/91). Voraussetzung ist die Enttäuschung von Vertrauen, was nicht in Betracht kommt, wenn der Bieter erkennt, dass sich der Besteller nicht an die Vergabebestimmungen hält (BGH, Urt. v. 12.6.2001 – X ZR 150/99; Urt. v. 1.8.2006 – X ZR 146/03). Ein Schadensersatzanspruch kann auch bestehen, wenn der Besteller die Ausschreibung pflichtwidrig aufhebt (dazu Kapellmann/Messerschmidt-Glahs, VOB/A, § 17 Rdn. 27 ff.). Wird eine Ausschreibung aufgehoben, ohne dass einer der in § 17 VOB/A (§ 26 VOB/A a. F.) genannten Gründe vorliegt, so setzt der auf Ersatz auch des entgangenen Gewinns gerichtete Schadensersatzanspruch aber nicht nur voraus, dass dem Bieter bei Fortsetzung des Verfahrens der Zuschlag hätte erteilt werden müssen, weil er das annehmbarste Angebot abgegeben hat; er setzt vielmehr darüber hinaus auch voraus, dass der ausgeschriebene Auftrag tatsächlich erteilt worden ist (BGH, Urt. v. 16.12.2003 – X ZR 282/02). Nimmt die öffentliche Hand von der Vergabe des ausgeschriebenen Auftrags Abstand und bleibt sie bei der vor der Ausschreibung praktizierten Art des Betriebs eines Gebäudes oder des zu seinem Betrieb erforderlichen Leistungsbezugs, ohne dass dieser von der Ausschreibung miterfasst worden ist, liegt bei der gebotenen wirtschaftlichen Betrachtungsweise in der Fortsetzung oder Wiederaufnahme der vor der Ausschreibung geübten Praxis keine zum Ersatz des positiven Interesses verpflichtende Vergabe des ausgeschriebenen Auftrags (BGH, a. a. O.).

806 Der benachteiligte Bieter kann als Vertrauensschaden die vergeblichen Aufwendungen für die Teilnahme am Angebot geltend machen (BGH, Urt. v. 25.11.1992 a. a. O.; Urt. v. 8.9.1998 – X ZR 48/97; Urt. v. 1.8.2006 – X ZR 146/03). Er kann auch entgangenen Gewinn verlangen, wenn er nachweist, dass der Vertrag bei Aufrechterhaltung der Ausschreibung und ordnungsgemäßer Erteilung des Zuschlags mit ihm zustande gekommen wäre (BGH, Urt. v. 14.10.1993 – VII ZR 96/92; Urt. v. 17.2.1999 – X ZR 101/97). Das gilt aber nur dann, wenn ein anderer Bieter pflichtwidrig den Zuschlag bekommen hat, nicht jedoch, wenn der Auftrag überhaupt nicht erteilt worden ist (BGH, Urt. v. 8.9.1998 – X ZR 48/97; Urt. v. 8.9.1998 – X ZR 99/96; Urt. v. 8.9.1998 – X ZR 109/96). Pflichtverletzungen gegenüber anderen Bietern können die Rechtsposition des übergangenen Bieters nur berühren, wenn der andere Bieter ohne den Verstoß weniger günstig geboten hätte (BGH, Urt. v. 24.4.1997 – VII ZR 106/95).

§ 631

G. Im Nachgang: Grundsätze der Vertragsauslegung

807 Die Frage, welche Leistung der Besteller fordern kann bzw. ob wegen einer Vertragsänderung eine zusätzliche oder geänderte Vergütung verlangt werden kann, hängt davon ab, was Inhalt des Bauvertrages ist bzw. eine Vertragsänderung vorliegt. Hierzu muss zunächst im Wege der Auslegung die nach dem Vertrag geschuldete Leistung ermittelt werden und mit der Leistung, wie sie tatsächlichen gefordert oder sogar durchgeführt worden ist, verglichen werden. Für eine Leistung, die bereits Gegenstand des Vertrags ist, kann keine Mehrvergütung gefordert werden (BGH, Urt. v. 20.12.2010 – VII ZR 77/10).

808 Bei der Vertragsauslegung ist zu unterscheiden zwischen dem vertraglich geschuldeten Erfolg und dem vertraglich vereinbarten Leistungssoll. Der vertraglich geschuldete Erfolg besteht grundsätzlich darin, ein funktionstaugliches und zweckentsprechendes Werk herzustellen. Dieser Erfolg ist nicht identisch mit dem Leistungssoll, das als Äquivalent für die geschuldete Vergütung verlangt wird (vgl. oben → Rdn. 164 und Motzke, NZBau 2002, 641). Bei der Frage, ob der Unternehmer verpflichtet ist, eine Leistung ohne eine veränderte Vergütung auszuführen, geht es um das Leistungssoll im letzteren Sinne. Dieses Leistungssoll ist durch Auslegung nach allgemeinen Auslegungsgrundsätzen zu ermitteln.

I. Auslegung des gesamten Vertragswerks

809 Durch die vereinbarten Preise werden alle Leistungen abgegolten, die nach den Vertragsunterlagen zur vertraglichen Leistung gehören. Dieser in § 2 Abs. 1 VOB/B niedergeschriebene Grundsatz hat allgemeine Gültigkeit. Der von der Preisabrede erfasste Leistungsinhalt ergibt sich aus dem gesamten Vertragswerk einschließlich Vorbemerkungen der Leistungsbeschreibung und der in Bezug genommenen Pläne. Leistungsinhalte können auch in Allgemeinen Geschäftsbedingungen geregelt sein, insbesondere in zusätzlichen, allgemeinen oder besonderen technischen Vertragsbedingungen (vgl. § 1 Abs. 2 d) und e) VOB/B). Dazu gehören beim VOB-Vertrag gemäß § 1 Abs. 1 VOB/B stets die Allgemeinen Technischen Vertragsbedingungen für Bauleistungen (ATV oder VOB/C). Deren Regelungen sind bei der Bestimmung des Vertragsinhalts zu berücksichtigen. Besondere Leistungen im Sinne der VOB/C sind dann zusätzlich zu vergüten. Die Entscheidung des Bundesgerichtshofs vom 28. Februar 2002 (BGH, Urt. v. 28.2.2002 – VII ZR 376/00 – „Konsolträgerüst" oder „Brückenkappen") konnte dahin verstanden werden, dass die VOB/C bei der Vertragsauslegung nur eine geringe Bedeutung hat; der Bundesgerichtshof hat nachfolgend aber klar gestellt, dass die Regelungen der VOB/C Vertragsinhalt werden und deshalb grundsätzlich (zur Ausnahme einer abweichenden Verkehrssitte vgl. unten) heranzuziehen sind. Das gilt insbesondere auch für die Frage, welche Leistungen von der vertraglichen Vergütungsvereinbarung erfasst sind (BGH, Urt. v. 27.7.2006 – VII ZR 202/04).

810 Die ATV enthalten jeweils im Abschnitt 4 (allgemeine Regelung in DIN 18299 Abschnitt 4) Regelungen zur Vergütung von Nebenleistungen und Besonderen Leistungen. Im Abschnitt 5 enthalten sie Regelungen zur Abrechnung. Diese Regelungen sind Allgemeine Geschäftsbedingungen. Für sie gelten die für Allgemeine Geschäftsbedingungen entwickelten Auslegungsgrundsätze (BGH, Urt. v. 17.6.2004 – VII ZR 75/03). Danach sind ATV nach dem Verständnis desjenigen Verkehrskreises auszulegen, in dem sie verwendet werden. Werden sie in einem Vertrag zwischen Bauunternehmern verwandt, kommt es auf das im Baugewerbe maßgebliche Verständnis an (BGH, a.a.O.). Werden sie gegenüber Verbrauchern im Sinne des § 13 BGB verwandt, kommt es auf das Verständnis eines objektiven, redlich denkenden Verbrauchers an. Der Bundesgerichtshof hat darauf hingewiesen, dass das Verständnis der maßgeblichen Verkehrskreise zwar durch Befragung eines Sachverständigen ermittelt werden kann. Wenn dieser keine ausreichende eigene Sachkunde hat, muss er jedoch Erkundigungen einziehen, z. B. durch Befragung der Industrie- und Handelskammer oder der Handwerkskammern. Die Rechtsauffassung eines Sachverständigen zum Verständnis einer ATV ist ohnehin nicht maßgebend. Maßgebend ist bei Zweifeln über die Bedeutung einer ATV auch nicht die Kommentierung, z. B. „in der VOB im Bild". Diese kann nur dann als Auslegungshilfe herangezogen werden, wenn sie das Verständnis der maßgebenden Verkehrskreise wieder gibt (BGH, a.a.O.).

811 Bei der Vertragsauslegung sind grundsätzlich alle Vertragsumstände heranzuziehen. Es können Umstände des ausgeschriebenen Vorhabens wie die konkreten Verhältnisse des Bauwerks, technischer und qualitativer Zuschnitt, architektonischer Anspruch und Zweckbestimmung des Gebäudes für die Auslegung bedeutsam sein (BGH, Urt. v. 22.4.1993 – VII ZR 118/92 (Farbpalette); Urt. v. 28.2.2002 – VII ZR 376/00 (Brückenkappen)). Eine hiervon zu trennende Frage ist, welche der Vertragsumstände im konkreten Fall für das Auslegungsergebnis maßgeblich ist (→ Rdn. 748).

Der Besteller kann redlicherweise erwarten, dass das Werk zum Zeitpunkt der Fertigstellung und Abnahme diejenigen Qualitäts- und Komfortstandards erfüllt, die auch vergleichbare andere zeitgleich abgenommene Bauwerke erfüllen. Der Unternehmer verspricht üblicherweise stillschweigend bei Vertragsschluss die Einhaltung diesen Standards (BGH, Urt. v. 14.5.1998 – VII ZR 184/97 zum Luftschallschutz). Im Zweifel gilt diese Auslegungsregel nicht nur für die Frage, ob eine mangelhafte Leistung vorliegt, sondern auch für die Frage, welche Leistung mit den vertraglich vereinbarten Preisen abgegolten ist. Das gilt aber nur im Zweifel, der insbesondere dann auftreten kann, wenn eine Leistung funktional beschrieben ist und nicht deutlich genug hervortritt, dass einzelne Elemente der Leistungsbeschreibung den dargestellten Grundsatz beschränken sollen. **812**

Zwar sind für die Auslegung grundsätzlich die gesamten Vertragsunterlagen maßgeblich. Deren Auslegung, insbesondere zu ihrem Zusammenspiel, bleibt eine Frage des Einzelfalles. Es ist jedoch darauf hinzuweisen, dass die Bedeutung von vorläufigen Unterlagen von dem Unternehmern häufig verkannt wird. So finden sich in manchen Vertragsangeboten vorläufige Lastannahmen oder auch unverbindliche Beschreibung der Bodenverhältnisse mit der jeweiligen Auflage, diese selbständig zu überprüfen. Wird der Vertrag mit der Maßgabe geschlossen, dass die tatsächlichen Lastannahmen und die tatsächlichen Bodenverhältnisse maßgebend sind, rechtfertigt eine Abweichung von den vorläufigen Ausschreibungsunterlagen in der Regel keine Preisanpassung. Allerdings bleiben Schadensersatzansprüche wegen einer missverständlichen Ausschreibung davon unberührt (vgl. z. B. OLG Hamm, Urt. v. 20.9.2005 – 24 U 152/04 und OLG Düsseldorf, Urt. v. 6.7.2006 – 5 U 89/05). **813**

Widersprüche zwischen einzelnen Vertragsunterlagen sind nach allgemeinen Grundsätzen der Vertragsauslegung aufzulösen. Der BGB-Vertrag kennt nicht die zwingende Widerspruchsregelung mit der Rangfolgenbestimmung in § 1 Abs. 2 VOB/B. Einen Vorrang innerhalb der Leistungsbeschreibung gibt es grundsätzlich nicht. Es gilt jedoch der Grundsatz, dass im Zweifel dasjenige gewollt ist, was detailliert beschrieben ist. Denn es ist in aller Regel davon auszugehen, dass die detaillierte Beschreibung eine allgemeine Beschreibung an besonderer Stelle ersetzen soll (vgl. BGH, Urt. v. 5.12.2002 – VII ZR 342/01). Ist die Leistung z. B. in einer Vorbemerkung zu einem Leistungsbeschrieb detailliert beschrieben, kann sich die Auslegung der folgenden Leistungspositionen bei Unklarheiten an dieser Beschreibung orientieren (BGH, Urt. v. 11.3.1999 – VII ZR 179/98). **814**

Für die Auslegung einzelner Leistungspositionstexte ist der Unternehmer grundsätzlich gehalten, das gesamte Leistungsverzeichnis zur Kenntnis zu nehmen. Das ist regelmäßig Voraussetzung für eine vertragsgerechte Kalkulation (BGH, Beschl. v. 10.4.2014 – VII ZR 144/12; Beschl. v. 20.12.2010 – VII ZR 77/10). Das bedeutet aber andererseits nicht, dass verdeckte Hinweise in Plänen zu anderen Positionen oder sonstigen Unterlagen für die Auslegung maßgebend sind. Der Unternehmer darf sich zunächst an dem Teil der Leistungsbeschreibung orientieren, der die betreffende Leistung konkret beschreibt BGH, Urt. v. 11.3.1999 – VII ZR 179/98). Die zum Verständnis erforderlichen Angaben haben an geeigneter Stelle im Leistungsverzeichnis oder in hierzu konkret überlassenen Plänen oder Unterlagen zu stehen (vgl. Roquette, NZBau 2001, 57, 63). Einzelinformationen aus nicht hiermit in Bezug stehenden Unterlagen werden in der Regel nicht geeignet sein, das Vertragssoll hiervon abweichend zu bestimmen. Maßgebend ist die ex-ante-Sicht aller Bieter zur Angebotserstellung, nicht eine nachträgliche Durchsicht des Gesamtvertrages nach potentiellen Indizien für in der Primärbeschreibung nicht enthaltene Hinweise. So reicht es nicht aus, dass eine Hochspannungsleitung, die den Einsatz eines für die Ausführung gebotenen Kranes verhindert, in einen Ausführungsplan eingezeichnet ist, wenn sich aus den sonstigen Unterlagen ergibt, dass die Hochspannungsleitung abgebaut werden muss (BGH, Urt. v. 12.9.2013 – VII ZR 227/11). **815**

Über den Wortlaut hinaus sind insbesondere die Vertragssystematik und auch die konkreten Verhältnisse des Bauwerks zu berücksichtigen. Diese können dann andererseits dazu führen, dass in der Leistungsbeschreibung nicht ausdrücklich enthaltene, aber für die durchschnittlichen Bieter als erforderlich erkannte Leistungen zum Vertragssoll gehören (BGH, Urt. v. 28.2.2002 – VII ZR 376/00 „Konsolträgergerüst"; Urt. v. 22.12.2011 – VII ZR 67/11 „Teerkontamination"; OLG Naumburg, Urt. v. 22.2.2013 – 12 U 120/12 – sehr weitgehend, kritisch hierzu Bolz, IBR 2013, 197 und Kniffka/Koeble, Teil 5 Rdn. 79). Das setzt aber voraus, dass **816** sich die nicht beschriebene Leistung – hier besondere Entsorgung wegen Kontaminationen – sich „aus den gesamten Vertragsumständen klar ergibt" (BGH, Urt. v. 22.12.2011 – VII ZR 67/11 „Teerkontamination"). Der Umstand, dass die Bieter mit dem Vorliegen von Belastungen rechnen mussten, reicht demgegenüber – jedenfalls bei einer öffentlichen Ausschreibung – nicht aus (BGH, Urt. v. 21.3.2013 – VII ZR 122/11 „Chloridkontamination".

817 Ziel der Auslegung ist die Ermittlung des objektiv erklärten Parteiwillens aus Sicht des Erklärungsempfängers. Es gibt im deutschen Recht keinen Auslegungsgrundsatz, wonach bei individuellen Vereinbarungen Widersprüche zu Lasten des Ausschreibenden/Vertragsgestalters (sog. contra-proferentem-Regel) gehen (BGH, Urt. v. 19.11.1970 – VII ZR 238/68; OLG Frankfurt, Beschl. v. 26.03.2019 – 21 U 17/18 Rdn. 58). Vielmehr ist der Unternehmer gehalten, auch ein Leistungsverzeichnis mit sprachlichen und strukturellen Mängeln sorgfältig zu lesen und aufgrund der Gesamtheit aller maßgeblichen Umstände auszulegen (OLG Koblenz, Urt. v. 12.4.2010 – 12 U 171/09). Umgekehrt gibt es aber auch keine Auslegungsregel, dass eine Auslegung zu Lasten des Unternehmers erfolgt, nur weil er Unklarheiten nicht aufgeklärt hat (BGH, Urt. v. 13.03.2008 – VII ZR 194/06 m. w. N.). Es gilt der allgemeine Grundsatz der beiderseits interessengerechten Auslegung (BGH, Urt. 26.6.2014 – VII ZR 289/12; Urt. v. 12.9.2013 – VII ZR 227/11; Urt. v. 30.6.2011, VII ZR 13/10; Urt. v. 27.10.1998 – X ZR 116/97; Urt. v. 7.6.1991 – V ZR 175/90). Lassen sich Widersprüche nicht durch allgemeine Auslegungsregeln auflösen, kommt auch ein Dissens mit der Folge in Betracht, dass der Vertrag ganz oder teilweise nichtig ist (Althaus, IBR 2007, 234).

II. Bedeutung des Wortlauts

818 Die Auslegung eines Vertrages unterliegt allgemeinen Auslegungsgrundsätzen. Erschwert wird die Auslegung des Vertrages in der Praxis durch ganz unterschiedliche Auslegungsansätze. So können sich die juristischen Grundsätze zur Vertragsauslegung ganz erheblich von den ingenieurtechnischen und betriebswirtschaftlichen Ansätzen unterscheiden. Die Rechtsprechung des Bundesgerichtshofs enthält eine Reihe von Beispielen, in denen die ingenieurtechnische Sicht zu kurz greift. Gleiches gilt für die betriebswirtschaftliche Bewertung, die meist von den Kalkulationsgrundlagen ausgeht, was aber ebenfalls zu juristisch unzutreffenden Bewertungen führen kann. Für die erforderliche Vertragsauslegung sind nach der Rechtsprechung des Bundesgerichtshofs folgende Grundsätze zu beachten.

819 Es kommt darauf an, wie die jeweiligen Vertragswerke nach Treu und Glauben und nach der Verkehrssitte aus der Sicht eines objektiven Erklärungsempfängers zu verstehen sind.

820 Auszugehen ist zunächst vom Wortlaut der Leistungsbeschreibung. Diesem kommt sowohl im BGB-Vertrag als auch in einem nach VOB/A ausgeschriebenen Vertrag (BGH, Urt. v. 5.12.2002 – VII ZR 342/01) besondere Bedeutung zu. Das bedeutet aber nicht, dass der Wortlaut Grenze der Auslegung ist (OLG Dresden, Urt. v. 17.4.2012 – 5 U 842/11). Das Gegenteil ergibt sich bereits aus § 133 BGB, das ein „Verbot" einer ausschließlich am Wortlaut orientierten Auslegung enthält (BGH, Urt. v. 9.6.2010 – VIII ZR 294/09).

821 Wie ein Wortlaut zu verstehen ist, hängt vom Empfängerhorizont ab. Einem Wortlaut kann demgemäß ein unterschiedliches Verständnis zukommen, abhängig davon, wem gegenüber die Erklärung abgegeben wird. Bei Leistungsbeschreibungen mit technisch spezialisiertem Text, der für technische Fachleute formuliert wurde, ist das allgemeinsprachliche Verständnis der Aussagen jedenfalls dann nicht von Bedeutung, wenn die verwendete Formulierung von den angesprochenen Fachleuten in einem spezifischen technischen Sinn verstanden wird oder wenn für bestimmte Aussagen Bezeichnungen verwendet werden, die in den maßgeblichen Fachkreisen verkehrsüblich sind, oder für deren Verständnis und Verwendung es gebräuchliche technische Regeln gibt, z. B. DIN-Normen (BGH, Urt. v. 23.6.1994 – VII ZR 163/93 (Spanngarnituren)). Das technische Verständnis eines Bauvertrags kann unter Sachverständigenbeweis gestellt werden (BGH, a. a. O.; Urt. v. 9.1.1997 – VII ZR 259/95 (Bodenposition)). Kommt es auf das Verständnis den Vertrag übergreifender Regelungen, wie z. B. einer DIN-Norm an, so muss das nach der Verkehrssitte maßgebliche Verständnis zugrunde gelegt werden. Die Ermittlung der Verkehrssitte kann ebenfalls dem Sachverständigen übertragen werden (BGH, Urt. v. 17.6.2004 – VII ZR 75/03).

822 Andererseits kann bei der späteren Auslegung des Vertrages den Ausführungen eines Sachverständigen nur begrenzte Funktion zukommen. Sie beschränkt sich im Wesentlichen darauf, das für die Beurteilung bedeutsame Fachwissen zu vermitteln, also etwa Fachsprache und Üb-

lichkeiten, vor allem wenn sie sich zu einer Verkehrssitte im Sinne von § 157 BGB verdichtet haben. Die sachverständige Begutachtung als solche muss neben allen übrigen maßgeblichen Umständen des Einzelfalles vom Gericht selbst gewürdigt werden. Vor allem die Abwägung der vom Sachverständigen vermittelten Erkenntnisse gegenüber denen, die sich aus der individuellen Situation ergeben, hat das Gericht in eigener Verantwortung vorzunehmen. Unter anderem hat es zu prüfen, ob dem Gutachten fehlerhafte juristische Vorstellungen zugrunde liegen (BGH, Urt. v. 9.2.1995 – VII ZR 143/93 (Schallschutztüren)).

Nicht ausgesprochene Einschränkungen des Wortlauts einer vertraglichen Regelung können nur zum Tragen kommen, wenn sie nach dem objektiven Empfängerhorizont verstanden werden mussten. Das kann der Fall sein, wenn nach der Verkehrssitte ein Wortlaut in einem bestimmten Sinn verstanden wird oder sogar gegen seinen eigentlichen Wortsinn. So kann sich im Baugewerbe der Begriff Nebenleistung an der Regelung der VOB/C DIN 18299 orientieren (vgl. BGH, Urt. v. 10.11.1960 – VII ZR 203/59). Es kann sich aber auch ergeben, dass nach der Verkehrssitte eine nach VOB/C an sich als Besondere Leistung zu wertende Leistung als Nebenleistung behandelt wird. Entgegen einer missverständlichen Formulierung einer BGH-Entscheidung (BGH, Urt. v. 28.2.2002 – VII ZR 376/00 (Brückenkappen)) kann eine solche Abweichung von der zum Vertragsinhalt gewordenen Regelung der VOB/C jedoch nicht allein daraus abgeleitet werden, dass die nicht ausgeschriebene Leistung für die ausgeschriebenen Leistungen erforderlich war (dazu Motzke, NZBau 2002, 641; Keldungs, BauR 2002, 324; Asam, BauR 2002, 1247; Quack, BauR 2002, 1248; Kapellmann, NJW 2005, 182; Seibel, ZfBR 2007, 310; Kniffka, BauR 2015, 1893, 1899f.). Das hat der Bundesgerichtshof klar gestellt (BGH, Urt. v. 27.7.2006 – VII ZR 202/04; Beschl. v. 10.4.2014 – VII ZR 144/12). 823

Auch aus den sonstigen Vertragsumständen kann sich ergeben, dass ein Vertrag abweichend vom Wortlaut auszulegen ist. Dafür bedarf es jedoch ausreichender Anhaltspunkte. 824

III. Maßstab für Konkretisierungen

1. Auslegung der geschuldeten Qualitäten

§ 631 BGB setzt voraus, dass das versprochene Werk im Vertrag bestimmt wird. Entsprechend sieht § 1 Abs. 1 VOB/B vor, dass „die auszuführende Leistung ... nach Art und Umfang durch den Vertrag bestimmt" wird. Tatsächlich werden Bauverträge in vielen Fällen nicht alle Leistungen und Qualitäten detailliert festlegen und – wegen der großen Anzahl von Einzelleistungen – festlegen können. Ein Teil der Festlegung erfolgt durch die zu beachtenden technischen Regelungen (→ § 633 BGB Rdn. 37 ff.) 825

Diese dienen allerdings dazu, die mangelfreie Errichtung sicherzustellen, und nicht dazu, fakultative Qualitätsstandards festzulegen. Das Recht zur endgültigen Konkretisierung nicht abschließend festgelegter Leistungen könnte in diesen Fällen einer Vertragspartei obliegen. Welcher Partei das Recht zur Konkretisierung zusteht, muss im Wege der Vertragsauslegung ermittelt werden.

Vorrangig ist allerdings zu prüfen, ob die geschuldete Leistung bzw. die nicht ausdrücklich beschriebene Qualität der Ausführung nicht unmittelbar im Wege der Auslegung festgestellt werden können. Es muss unter Berücksichtigung der gesamten Umstände des Vertrages geprüft werden, ob eine bestimmte Qualität der Ausführung stillschweigend vereinbart ist. Entsprechende Qualitätsanforderungen können sich nicht nur aus dem Vertragstext, sondern auch aus sonstigen vertragsbegleitenden Umständen, den konkreten Verhältnissen des Bauwerks und seines Umfeldes, dem qualitativen Zuschnitt, dem architektonischen Anspruch und der Zweckbestimmung des Gebäudes ergeben (BGH, Urt. v. 4.6.2009 – VII ZR 54/07; Urt. v. 14.6.2007 – VII ZR 45/06). Entspricht das versprochene Bauwerk einem bestimmten Qualitäts- und Komfortstandard, kann der Besteller in der Regel auch die Ausführung nicht näher beschriebener Details in diesem Standard verlangen und muss sich nicht mit einem Mindeststandard zufrieden geben (vgl. BGH, Urt. v. 14.6.2007 – VII ZR 45/06; Urt. v. 21.11.2013 – VII ZR 275/12; OLG Brandenburg, Urt. v. 26.9.2013 – 12 U 115/12). 826

2. Leistungsbestimmungsrechte

Insbesondere bei einer funktionalen Ausschreibung wird die Auslegung zu dem Ergebnis kommen, dass es dem Unternehmer überlassen bleibt, die Details der Bauausführung festzulegen. Denn ein wesentliches Element der funktionalen Ausschreibung besteht gerade darin, 827 dem Unternehmer die Planungshoheit in Detailfragen zu überlassen. In diesen Fällen hat der Unternehmer ein Leistungsbestimmungsrecht. Dieses unterliegt der gesetzlichen Regelung des § 315 BGB, so dass dann im Zweifel anzunehmen ist, dass die Bestimmung nach billigem Ermessen zu treffen ist. Hat der Unternehmer sich auf Einzelheiten festgelegt, ist er daran grundsätzlich gebunden, wenn er das dem Besteller mitgeteilt hat, § 315 Abs. 2 BGB. Die Entscheidung des Unternehmers unterliegt der Kontrolle danach, ob sie der Billigkeit entspricht, § 315 Abs. 3 BGB. Im Streitfall erfolgt eine Bestimmung durch gerichtliches Urteil.

828 Klärungsbedürftig bleibt dann die Frage, wie weit das Leistungsbestimmungsrecht des Unternehmers reicht. Nach der herrschenden Lehre geht das Bestimmungsrecht gemäß § 315 BGB so weit, dass alle Lösungen gewählt werden können, mit denen das Leistungsziel (noch) erreicht wird (Kapellmann/Messerschmidt-Kapellmann, VOB/B § 2 Rdn. 262 m. w. N.). Allerdings können auch werkvertragliche Leistungen Gattungscharakter haben, wie der BGH für Leistungen des Reise(werk)vertrages (BGH, Urt. v. 12.3.1987 – VII ZR 37/86) und der Verpflichtungen des Mieters zu Schönheitsreparaturen (BGH, Rechtsentscheid v. 6.7.1988 – VIII ARZ 1/88; Urt. v. 26.5.2004 – VIII ZR 77/03) festgestellt hat. Hieraus wird gefolgert, auch auf die funktionale Leistungsverpflichtung könne § 243 BGB mit der Folge angewandt werden, dass eine Leistung mittlerer Art und Güte geschuldet sei (Labrenz, NZBau 2008, 350, 352).

829 Bei der Bestimmung des Leistungssolls wird man wohl differenzieren müssen. Eine funktionale Leistungsbeschreibung ist i. d. R. gerade nicht auf die Herstellung eines vertretbaren Werks gerichtet, so dass § 243 BGB jedenfalls nicht unmittelbar anwendbar ist (vgl. OLG Celle, Urt. v. 7.7.2004 – 7 U 216/03; Messerschmidt/Voit-v. Rintelen Syst Teil H Rdn. 8a). Anders kann das bei Beschreibungen von einzelnen Bauteilen, Komponenten etc. sein. Hier könnte § 243 BGB entsprechend anwendbar sein. Die Frage einer direkten oder analogen Anwendung des § 243 BGB ist in der Baurechtsprechung allerdings, soweit ersichtlich, nicht entschieden worden. I. d. R. lässt sich das Leistungssoll im Wege der vorrangigen Auslegung ermitteln, da auch eine funktionale Leistungsbeschreibung neben globalen Festlegungen auch detaillierte Beschreibungen über die vorgegebene Beschaffenheit oder das zu erreichende Leistungssoll enthält, denen sich ein Standard entnehmen lässt (→ Rdn. 760). Ein feststellbarer Standard ist bei der Auslegung des geschuldeten Vertragssolls zunächst zu berücksichtigen.

830 Hilft das nicht weiter, muss bei der Auslegung die Besonderheit einer funktionalen Leistungsbeschreibung berücksichtigt werden. Sie enthält Chancen wie Risiken, die bei der gebotenen Auslegung des Leistungssolls nach den Interessen beider Parteien auch gleichgewichtig berücksichtigt werden müssen. Auch die Regelung des § 243 BGB ist sich insoweit ausgewogen: Der Gläubiger weiß, dass er mittlere Art und Güte erwarten darf, der Schuldner, dass er das und nicht mehr schuldet. Diese gesetzliche Symmetrie steht einer „Rosinentheorie" entgegen. Die Vorgabe bestimmter gattungsmäßiger Komponenten kann bei Fehlen anderer Konkretisierungen dahin ausgelegt werden, dass mittlere Art und Güte geschuldet ist. Wenn der Besteller allerdings im Wettbewerb eine möglichst preiswerte Leistung ausschreibt, wird man bei der Auslegung den Rahmen des dem Unternehmer eingeräumten Optimierungspotentials weiter ziehen können. Geschuldet ist dann nur eine einfache, aber mangelfreie Erstellung, die die funktionalen Ziele erreicht (OLG Celle, Urt. v. 7.7.2004 – 7 U 216/03; Messerschmidt/Voit-v. Rintelen Syst Teil H Rdn. 8b). Auf der anderen Seite kann ein hoher Preis auch für die Vereinbarung hoher Qualität sprechen (vgl. OLG Zweibrücken, Urt. v. 28.3.1984 – 2 U 27/82 zur Vereinbarung von Spitzenqualität für Chinchillas).

831 Leistungsbestimmungsrechte als Befugnis die noch nicht festgelegte Leistung zu konkretisieren, sind gesetzlich vorgesehen (§ 315 BGB) und grundsätzlich auch in Allgemeinen Geschäftsbedingungen möglich. Als Leistungsbestimmungsrecht wird auch die vertragliche Befugnis bezeichnet, eine bereits festgelegte Leistung nachträglich einseitig zu ändern. Eine solche Befugnis zur einseitigen Vertragsänderung wird in Allgemeinen Geschäftsbedingungen einer recht strikten Inhaltskontrolle unterzogen Eine solche Klausel muss triftige Gründe für die Ausübung des Leistungsbestimmungsrechts nennen, also mit notwendiger Klarheit erkennen lassen, unter welchen Ausnahmegründen von der vertraglich vereinbarten Beschaffenheit abgewichen werden kann (BGH, Urt. v. 23.6.2005 – VII ZR 200/04 m. w. N.). Eine allgemeine Klausel in einem Bauträgervertrag, wonach Änderungen der Bauausführung, der Material- bzw. Baustoffauswahl, soweit sie gleichwertig sind, vorbehalten bleiben, hält deshalb einer Inhaltskontrolle nach § 10 Nr. 4 AGBG bzw. § 308 Nr. 4 BGB nicht stand (BGH, Urt. v. 23.6.2005 – VII ZR 200/04). Eine solche Klausel entspricht nicht den Anforderungen, die die Rechtsprechung an ein formularmäßiges Leistungsbestimmungsrecht stellt, das gegenüber Verbrauchern gelten soll. Gleiches gilt für die Klausel: „Von der Leistungsbeschreibung abwei-

chende Ausführungen bleiben vorbehalten, sofern damit technische Verbesserungen verbunden und/oder der Gesamtwert des Objekts nicht wesentlich beeinträchtigt werden" (OLG Hamm, Urt. v. 10.2.2005 – 21 U 94/04).

Leistungsänderungsvorbehalte, mit denen sich der Besteller das Recht ausbedingt, geänderte oder zusätzliche Leistungen bei entsprechender Preisanpassung anzuordnen, wie z.B. in § 1 Abs. 3 und 4 VOB/B vorgesehen, sind grundsätzlich zulässig und werden im Rahmen der Ausführung zur VOB/B erörtert (→ Rdn. 978). **832**

IV. Auslegung von Risikoübernahmen im Bauvertrag

1. Risikoübernahme durch den Unternehmer

Die nach den dargestellten Grundsätzen vorzunehmende Auslegung bestimmt den Inhalt und Umfang der mit den vereinbarten Preisen abgegoltenen Leistung. Überschreitet im Rahmen der Ausführung der erforderlich werdende Aufwand den vorgestellten und kalkulierten Aufwand für die Leistungserbringung, stellt sich die Frage, inwieweit und wodurch der Leistungsumfang begrenzbar ist. **833**

Als rechtlicher Ausgangspunkt ist festzuhalten, dass die Parteien im Rahmen ihrer Privatautonomie unbeschränkte und unkalkulierbare Leistungspflichten übernehmen können. Diese damit verbindlichen Versprechen müssen sie dann auch erfüllen. Das gilt auch dann, wenn die Parteien unvernünftige Risiken übernommen haben, z.B. durch eine abgeforderte Mischkalkulation (BGH, Urt. v. 18.4.2002 – VII ZR 38/01; Kniffka, BauR 2015, 1893, 1894), oder ungünstige Geschäfte abgeschlossen haben. Auch solche vertragliche Verpflichtungen haben Gültigkeit. Der Unternehmer kann auch Leistungen, deren Aufwand zur Zeit des Vertragsschlusses nicht bestimmbar ist, zu einem bestimmten Preis übernehmen. In der Entscheidung Wasserhaltung II hat der Bundesgerichtshof hervorgehoben, dass es den Parteien grundsätzlich frei steht, jegliches Wagnis zu vereinbaren. Das ist im Kammerschleusenfall (BGH, Urt. v. 27.6.1996 – VII ZR 59/95) noch deutlicher gefasst worden: „Ob und wie sich ein Vertragspartner der Risiken eines Vertragsschlusses vergewissert, ist ausschließlich seine Sache. Es gibt keinen Rechtsgrundsatz, nach dem riskante Leistungen nicht übernommen werden können." Die Vertragspartner sind auch nicht gehindert, ein nicht überschaubares Risiko zu verteilen. Das übernommene Risiko, eine unkalkulierbare oder schwer kalkulierbare Leistung zu erbringen, führt im Falle des Risikoeintritts nicht zu einer richterlichen Abänderung der vertraglichen Risikoübernahme. So können die Parteien eines Bauvertrages vereinbaren, dass der Unternehmer auch solche Mehrleistungen ohne Anspruch auf Mehrvergütung zu erbringen hat, die dadurch entstehen, dass der Besteller nach Vertragsschluss die dem Vertrag zugrunde liegende Planung ändert (vgl. BGH, Urt. v. 13.3.2008 – VII ZR 194/06). Auch können die Vertragsparteien individuell vereinbaren, dass Mehrleistungen durch nicht vorhersehbare Auflagen der Baugenehmigungsbehörden ohne gesonderte Vergütung zu erbringen sind oder das Risiko nicht bekannter Bodenverhältnisse beim Unternehmer anzusiedeln ist (vgl. OLG Düsseldorf, Urt. v. 6.7.2006 – 5 U 89/05). Ebenso können sie einen Vertrag auf der Grundlage ungesicherter Lastannahmen schließen (BGH, Urt. v. 27.6.1996 – VII ZR 59/95; OLG Hamm, Urt. v. 20.9.2005 – 24 U 152/04). Der Unternehmer kann auch das Risiko von Bodenverhältnissen oder anderen bei Vertragsschluss schwer überschaubaren Verhältnissen übernehmen (BGH, Urt. v. 7.2.1966 – VII ZR 12/64: Kleinpflaster als zu entfernende Packlage statt Sand- und Erdschicht; BGH, Urt. v. 20.3.1969 – VII ZR 29/67). **834**

Für die Wirksamkeit einer funktional beschriebenen Leistungsverpflichtung kommt es deshalb auch nicht darauf an, ob der Unternehmer den Umfang der übernommenen Verpflichtung genau kennt oder überhaupt zuverlässig ermitteln kann (BGH, Urt. v. 23.1.1997 – VII ZR 65/96 (Karrengefängnis); OLG Düsseldorf, Urt. v. 18.11.2003 – 23 U 27/03 (Bausoll nach noch nicht vorliegender Entwurfsplanung – Peek & Cloppenburg); OLG Brandenburg, Urt. v. 6.3.2007 – 11 U 166/05 (Dicke von zu beseitigenden Betonhindernissen); OLG Schleswig, Urt. v. 31.10.2006 – 3 U 28/05 (Menge von Steinanfall bei Nassbaggerarbeiten)). Das sich aus einer funktionalen Leistungsbeschreibung ergebende Richtigkeits- und Komplettheitsrisiko ist nach der werkvertraglichen Risikoverteilung bei Vereinbarung eines Pauschalpreises ein vom Unternehmer im Rahmen seiner Erfolgshaftung zu tragendes Risiko. **835**

Die vergaberechtlichen Verbote der Nichtüberbürdung ungewöhnlicher Wagnisse (Vgl. § 7 Abs. 1 VOB/A) haben keine unmittelbaren Auswirkungen auf die bei vergabewidriger Ausschreibung übernommenen Risiken. Es gibt kein zivilrechtliches Verbot, wonach ein Schuldner **836**

§ 631

sich nicht zur Übernahme eines „ungewöhnlichen Wagnisses" verpflichten kann (Kniffka, BauR 2015, 1893, 1894f.; Quack BauR 2003, 26). Auch mit bloßen Billigkeitserwägungen lässt sich der Umfang der übernommenen Leistungspflicht nicht nachträglich beschränken. Ob der für eine Risikoübernahme geforderte Preis angemessen ist, wird von Rechts wegen nicht überprüft. Ein gerechter Preis („iustum pretium") war eine naturrechtliche Forderung, ist für einen wirksamen Vertrag nach geltendem Recht aber nicht erforderlich. Grenzen sind (nur) §§ 138, 242 BGB. Wenn der Unternehmer ein Risiko unterpreist, entlastet ihn das nicht von der Einstandspflicht,

837 Diese strengen Grundsätze der Einstandspflicht für übernommene Risiken entheben den Rechtsanwender aber nicht von der primären Frage, ob tatsächlich eine so weite Risikoübernahme vereinbart worden ist bzw. worauf sich eine Pauschalierung erstreckt (vgl. z.B. OLG Frankfurt, Urt. v. 29.03.2018 – 22 U 104/16). Der Wortlaut einer Klausel ist gemäß § 133 BGB nur der Ausgangspunkt der Auslegung. Daneben sind vor allem auch die begleitenden Umstände und der mit dem Rechtsgeschäft verfolgte wirtschaftliche Zweck zu berücksichtigen (BGH, Urt. v. 30.6.1967 – V ZR 104/64). Der BGH betont deshalb ausdrücklich das sich aus den §§ 133, 157 BGB ergebende „Verbot einer sich ausschließlich am Wortlaut orientierten Interpretation" (BGH, Urt. v. 19.12.2001 – XII ZR 281/99). Die Auslegung muss den Interessen *beider* Vertragsparteien gerecht werden; eine den Rechtsmissbrauch begünstigende Auslegung darf nicht stattfinden. Vielmehr sind nach § 157 BGB Verträge so auszulegen, wie es den Erfordernissen von Treu und Glauben unter Berücksichtigung der Verkehrssitte entspricht. Wegen der mit einer weiten oder unbeschränkten Risikoübernahme übernommenen Gefahren sind an die Annahme einer solchen Vereinbarung strenge Anforderungen zu stellen (BGH, Urt. v. 13.3.2008 – VII ZR 194/06). Die Übernahme von Risiken kann deshalb auch nur die Übernahme nur vorhergesehener oder vorhersehbarer Risiken meinen. In diesem Zusammenhang wird auch die Äquivalenzvermutung relevant. Einerseits weiß der Besteller bzw. ist für ihn erkennbar, dass der Unternehmer im Zweifel kein unbegrenztes Risiko übernehmen will. Anderseits will der Besteller selbst im Zweifel keine Risikoprämie für nur sehr fernliegende Risiken bezahlen, was er bei einer gewollten weiten Risikoübertragung aber konsequenterweise in Kauf nehmen müsste. Enthält die Leistungsbeschreibung eine Regelung, wonach der Auftragnehmer Planung, Lieferung und Einbau einer technischen Anlage „je nach Erfordernis" vorzunehmen hat, bezieht sich das im Zweifel auf die im Zeitpunkt der Angebotserstellung vorhandene Planung, nicht auf nachträgliche Erweiterungen (BGH, Urt. v. 13.3.2008 – VII ZR 194/06 – „Bistroküche"). Der BGH hat ausgeführt: „Eine solche Vereinbarung wäre zwar ungewöhnlich, weil der Auftragnehmer in keiner Weise beherrschbare Risiken übernähme. Der Grundsatz der Vertragsfreiheit lässt sie in den Grenzen der §§ 138, 242 BGB jedoch zu. Wegen der damit übernommenen Risiken sind, ähnlich wie an einen Verzicht auf Rechte (vgl. BGH, Urteil vom 22. Juni 1995 – VII ZR 118/94, BauR 1995, 701, 702 = ZfBR 1995, 264), strenge Anforderungen an die Annahme einer derartigen Vereinbarung zu stellen."

838 Unklare oder mehrdeutige Leistungsanforderungen sind deshalb nicht unbeschränkt weit, sondern im Zweifel eher eng auszulegen. Eine Pauschalierung bei detaillierten Leistungsverzeichnis mit Hinweis auf eigene Besichtigungen und Untersuchungen wird sich im Zweifel nur auf das Massenrisiko beziehen (OLG Frankfurt, Urt. v. 29.03.2018 – 22 U 104/16). Auch eine funktionale Leistungsverpflichtung bedeutet nicht zwingend, dass uneingeschränkt alles Erforderliche vertraglich geschuldet ist. Auf der Basis von Vertragsentstehung und -Verhandlung sowie den beiderseitigen Interessen muss ermittelt werden, in welchem Umfang Risiken durch den Unternehmer übernommen werden sollen. Zwar ist i.d.R. das Leistungsziel klar, auslegungsbedürftig kann aber die Ausgangsgrundlage sein, von der aus das Leistungsziel erreicht werden soll. So kann Grundlage eines funktionalen Angebots zur Herstellung einer HDI-Sohle die Bodenverhältnisse sein, die in einem der Ausschreibung beiliegenden Baugrundgutachten beschrieben sind (BGH, Urt. v. 20.8.2009 – VII ZR 205/07; vgl. auch Urt. v. 20.6.2013 – VII ZR 103/12). In der Entscheidung Wasserhaltung II hat der BGH darauf hingewiesen, dass eine dem Wortlaut nach uneingeschränkte funktionelle Leistungsverpflichtung nicht unbegrenzt ist: „Formen der Wassererhaltung, die nach der konkreten Sachlage völlig ungewöhnlich und von keiner Seite zu erwarten sind, sind z.B. nach den Umständen des Falls möglicherweise nicht inbegriffen." (BGH, Urt. v. 11.11.1993 – VII ZR 47/93; ebenso z.B. OLG Celle, Urt. v. 1.6.1995 – 7 U 182/91; Oberhauser, BauR 2003, 1110, 1112ff.; Kapellmann/Ziegler, NZBau 2005, 65; Acker/Roquette, BauR 2010, 293, 306; vgl. zur Reichweite und Rechtsfolge Kniffka, BauR 2015, 1893, 1896ff.). An eine sehr weitgehende Risikoübernahme sind strenge Anforderungen zu stellen, weil es sich wirtschaftlich um eine antizipierte Abgeltungsklausel und damit letztlich eine Art Verzicht handelt (BGH, Urt. v. 20.8.2009 – VII ZR 205/07; Grauvogl, Jahrbuch BauR 2003, 29, 48).

Der Unternehmer trägt üblicherweise nicht das Risiko, dass der Bau in der Weise möglich ist, wie er von der ihm zur Verfügung gestellten Planung vorgesehen ist. Vielmehr ist es Sache des Bestellers, ein bebaubares Grundstück zur Verfügung zu stellen oder auch die sonstigen Voraussetzungen der Bebauung zu schaffen. Das gilt auch bei unklaren Bodenverhältnissen, so dass eine Klärung durch einen Bodengutachter notwendig wird (BGH, Urt. v. 27.7.2006 – VII ZR 202/04). Dessen Kosten muss grundsätzlich mangels abweichender Vereinbarung der Besteller tragen. Maßgebend ist allerdings mangels gesetzlicher Regelung die vertragliche Vereinbarung im Einzelfall (vgl. zum Bodenrisiko → §645 BGB Rdn. 9 und die kritischen Anmerkungen von Vogelheim, Die Lehre vom „Baugrundrisiko", passim). Im Zweifel wird ein Unternehmer das Risiko einer nach der vorgesehenen Planung nicht möglichen Bebauung nicht übernehmen wollen (vgl. BGH, Urt. v. 13.3.2008 – VII ZR 194/06). Ergibt sich jedoch zweifelsfrei, dass der Unternehmer das Risiko der Bodenbeschaffenheit oder anderer Verhältnisse bei der Kalkulation seiner Preise übernommen hat, kann er sich der übernommenen Verpflichtung nicht mit allgemeinen Billigkeitserwägungen wieder entziehen (z.B. OLG München, Urt. v. 26.3.1996 – 9 U 1819/95; Revision nicht angenommen, BGH, Beschl. v. 2.10.1997 – VII ZR 219/96; OLG Düsseldorf, Urt. v. 30.9.2002 – 21 U 47/02 (jeweils Restrisiko nach Bodengutachten; OLG Düsseldorf, Urt. v. 18.11.2003 – 23 U 27/03). Ein Unternehmer kann sich gegenüber dem öffentlichen Auftraggeber auch nicht von dem Risiko einer unklaren Beschreibung dadurch befreien, dass er seinem Angebot ein bestimmtes Verständnis der Ausschreibung beilegt. So hat der Bundesgerichtshof entschieden, dass bei einem unklaren Bodengutachten, das grundsätzlich von lastenfreiem Boden ausgeht, jedoch die Möglichkeit von Belastungen nicht ausschließt, der im Angebot enthaltene Hinweis des Unternehmers, er gehe von unbelastetem Boden aus, keine vertragsrechtliche Bedeutung habe. Denn mit diesem Hinweis ändere der Unternehmer die Ausschreibung, was er im Zweifel nicht wolle. Denn dann würde er aus dem Verfahren ausgeschlossen. Der Hinweis soll also nur als Hinweis auf die eigene Kalkulation zu werten sein (BGH, Urt. v. 20.1.2009 – X ZR 113/07). Das hilft dem Unternehmer allerdings nicht, wenn die Auslegung des Vertrages zu dem Ergebnis führt, es seien auch Leistungen bei belastetem Boden geschuldet.

839

Missverstanden werden bisweilen frühere Entscheidungen des Bundesgerichtshofs. Nach diesen Entscheidungen darf der Unternehmer ein erkennbar lückenhaftes Leistungsverzeichnis nicht einfach hinnehmen, sondern muss sich daraus ergebende Zweifelsfragen vor Abgabe seines Angebots klären (BGH, Urt. v. 9.4.1992 – VII ZR 129/91; Urt. v. 25.6.1987 – VII ZR 107/86 m.w.N.). Hieraus wurde in der Praxis zu Unrecht eine Auslegung zulasten des „frivolen Bieters". Mit diesem Postulat ist nicht zum Ausdruck gebracht, dass unklare Ausschreibungen vorrangig zu Lasten des Unternehmers ausgelegt werden müssten. Es wäre mit allgemeinen Rechtsgrundsätzen kaum vereinbar, dass der Besteller durch eigene Nachlässigkeit – bei der öffentlichen Ausschreibung sogar in Form einer Pflichtverletzung – sich selbst begünstigen kann. Denn allenfalls er – und nicht der Bieter – ist es, der zunächst „frivol" handelt, wenn er die erwarteten Leistungen in der Hoffnung ungenau ausschreibt, dass sich ein Bieter finden wird, der die Risiken nicht erkennt. Deshalb hat der Bundesgerichtshof mehrfach klargestellt, dass es keine Auslegungsregel gibt, wonach ein Vertrag mit einer unklaren Leistungsbeschreibung allein deshalb zu Lasten des Auftragnehmers auszulegen ist, weil dieser die Unklarheiten vor der Abgabe seines Angebots nicht aufklärt (BGH, Urt. v. 12.9. 2013 – VII ZR 227/11; Urt. v. 13.3.2008 – VII ZR 194/06; Beschl. v. 10.4.2014 – VII ZR 144/12). Durch die fehlende Aufklärung wird mithin nur ein Vertragsrisiko für den Unternehmer begründet. Dann muss er es ggf. hinnehmen, dass die objektive Auslegung im Einzelfall zu einem anderen Ergebnis kommt, als er es seiner Kalkulation zugrunde gelegt hat (BGH, Urt. v. 13.3.2008 – VII ZR 194/06). Die Hinweise der Rechtsprechung eröffnen dem Unternehmer einen Weg, wie er diesem Risiko entgehen kann. Sie sind kein Freibrief für Besteller, dem Unternehmer durch eine unklare Ausschreibung besondere Risiken aufzuerlegen. Es wäre deshalb schön, wenn die in vielen überholten Urteilen und zahllosen Aufsätzen auftretende Kunstfigur des „frivolen Bieters" nicht weiter herumgeistern, sondern endlich zur ewigen Ruhe gebettet werden könnte.

840

2. Risikoübernahme durch den Besteller

Durch die vorrangig vorzunehmende Auslegung des Vertrages werden die Weichen gestellt. Ergibt sich danach, dass die geforderte Leistung mit dem Vertragspreis nicht abgegolten ist, ist der zusätzliche Vergütungsanspruch unter den weiteren rechtlichen Voraussetzungen

841

der jeweils anzuwendenden Vertragsordnung gerechtfertigt. Dabei kommt es grundsätzlich nicht darauf an, ob die nach der Auslegung ermittelte, mit den Vertragspreisen abgegoltene Leistung zweckmäßig, einwandfrei oder vollständig war. So wie der Unternehmer das Risiko der Auslegung trägt, trägt es auch der Besteller (Änderung der dem Vertrag zugrunde liegenden vorläufigen Statik, OLG Köln, Urt. v. 31.10.2000 – 24 U 53/94 – Revision nicht angenommen, BGH, Beschl. v. 8.11.2001 – VII ZR 450/00). Ist eine Leistung unvollständig, fehlerhaft oder unklar in Auftrag gegeben worden und ergibt sich nach dem Inhalt der Vertragsauslegung die Notwendigkeit weiterer oder geänderter Leistungen, kann dieses Ergebnis nicht mit allgemeinen Billigkeitserwägungen modifiziert werden. Insbesondere gibt es keinen Auslegungsgrundsatz, dass eine Ausschreibung stets so auszulegen ist, dass der Unternehmer alle Leistungen zu erbringen hat, die zu einer funktionstauglichen Leistung führen. Dieser Erfolgsparameter bestimmt zwar das Gewährleistungsrecht, nicht jedoch das Recht der Vergütung (BGH, Urt. v. 27.7.2006 – VII ZR 202/04). Der Unternehmer ist haftungsrechtlich verpflichtet, eine funktionsgerechte und zweckentsprechende Leistung zu erbringen. Er kann der ihm drohenden Haftung bei Ausführung des unvollständigen oder fehlerhaften Vertrages nur entgehen, wenn er seiner Bedenkenhinweispflicht nachkommt. Die Erfüllung der Pflicht wird dazu führen, dass die notwendigen Zusatz- oder Änderungsaufträge erteilt werden. Das sind die Fälle, die zu einem Vergütungsanspruch für geänderte oder zusätzliche Leistungen führen (Motzke, NZBau 2002, 641).

V. Besonderheiten einer Ausschreibung nach VOB/A

842 Bei Ausschreibungen nach der VOB/A ist für die Auslegung der Leistungsbeschreibung die objektive Sicht der möglichen Bieter als Empfängerkreis maßgebend. Das mögliche Verständnis nur einzelner Empfänger kann nicht berücksichtigt werden. Die Auslegung hat zu berücksichtigen, dass der Bieter grundsätzlich eine mit §§ 7 ff. VOB/A konforme Ausschreibung erwarten darf. Die Leistung ist grundsätzlich so eindeutig und so erschöpfend zu beschreiben, dass alle Bewerber die Beschreibung im gleichen Sinne verstehen müssen und ihre Preise sicher und ohne umfangreiche Vorarbeiten berechnen können (§ 7 Abs. 1 VOB/A). Alle preisbeeinflussenden Umstände sind festzustellen und anzugeben (§ 7 Abs. 2 VOB/A). Nach § 7 Abs. 3 VOB/A darf dem Unternehmer insbesondere kein ungewöhnliches Wagnis aufgebürdet werden für Umstände und Ereignisse, auf die er keinen Einfluss hat und deren Einwirkung auf die Preise und Fristen er nicht im Voraus schätzen kann. Nach § 7 Abs. 6 VOB/A sind die für die Ausführung der Leistung wesentlichen Verhältnisse der Baustelle, z. B. Boden- und Wasserverhältnisse, so zu beschreiben, dass der Bewerber ihre Auswirkungen auf die bauliche Anlage und die Bauausführung hinreichend beurteilen kann.

843 Etwaige Unklarheiten oder Ungenauigkeiten der Ausschreibung sind bei Auslegungszweifeln so zu interpretieren, dass eine den Anforderungen der VOB/A entsprechende Ausschreibung gewollt ist (BGH, Urt. v. 9.1.1997 – VII ZR 259/95). Bei Zweifeln über den Inhalt einer Leistungsbeschreibung kann dieser Grundsatz zu einer Auslegung führen, die dem Unternehmer kein ungewöhnliches Wagnis auferlegt (BGH, Urt. v. 9.1.1997 – VII ZR 259/95). Mängel der Ausschreibung gehen nicht zu Lasten des Unternehmers, wenn er darauf vertrauen darf, dass er über Risiken ausreichend informiert wird (BGH, Urt. v. 11.3.1999 – VII ZR 179/98 (Brückenabbruch)).

844 Da die Auslegung grundsätzlich alle für die Willensbildung relevanten Umstände umfassen muss, handelt es sich letztlich um Einzelfallentscheidungen. Die Kasuistik ist umfangreich, vielgestaltig und keinesfalls immer widerspruchfrei. Sie kann hier nicht ausgewertet werden (vgl. zur den Grundsätzen und zur Kasuistik Zmuda/Bschorr, BauR 2014, 283; Markus, BauR 2004, 180). Im Einzelfall kann der Grundsatz der im Zweifel VOB-konformen Auslegung sogar dazu führen, dass eine Ausschreibung entgegen ihrem eindeutigen Wortlaut auszulegen ist, nämlich dann wenn nach den Umständen völlig ungewöhnliche und von keiner Seite zu erwartende Leistungen notwendig werden (BGH, Urt. v. 11.11.1993 – VII ZR 47/93 (Wasserhaltung II)). Andererseits hat die Rechtsprechung wegen des Grundsatzes der ganzheitlichen Auslegung auch nicht ausdrücklich beschriebene Leistungen als für alle Bieter erkennbares Leistungssoll angesehen (BGH, Urt. v. 28.2.2002 – VII ZR 376/00 „Konsoltraggerüst" mit zu weiter Begründung vgl. Motzke, NZBau 2002, 641 und Kapellmann, NJW 2005, 182; Begründung eingeschränkt durch BGH, Urt. v. 27.7.2006 – VII ZR 202/04 und BGH, Beschl. v. 10.4.2014 – VII ZR 144/12; OLG Naumburg, Urt. v. 22.2.2013 – 12 U 120/12; kritisch hierzu Bolz, IBR 2013, 197 und Kniffka/Koeble, Teil 5 Rdn. 79).

Eine hiervon zu trennende Frage ist, welche Pflichten den Besteller im Rahmen einer 845
öffentlichen Ausschreibung bei der Beschreibung der Leistung treffen und welche schadenersatzrechtliche Konsequenzen sich bei einem Verstoß durch unklare Leistungsbeschreibung ergeben können. Das betrifft dann aber nicht mehr den Vergütungsanspruch, sondern einen eigenständigen Schadenersatzanspruch (dazu näher Kniffka/Koeble, Teil 5 Rdn. 86 ff.; Joussen, BauR 2013, 1583).

H. Vertragsänderungen, insb. Leistungsänderungen oder -erweiterungen

I. Gesetzliche Ausgangslage: Konsensprinzip

Das BGB beruht auf dem Konsensprinzip. Keine Vertragspartei ist grundsätzlich befugt, den 846
Vertrag einseitig zu ändern. Ein Anpassungsbedarf einer Partei als solches führt noch nicht zu einem einseitigen Änderungsrecht, sondern allenfalls aus § 242 BGB zu einem Anspruch auf Anpassung. Denn das BGB betont im Ausgangspunkt den Schutz des Anpassungsopponenten durch die sog. negative Vertragsänderungsfreiheit. Soweit nichts anderes geregelt ist, erfordert die Änderung eines Vertrages gemäß § 311 Abs. 1 BGB wiederum einen Vertrag der Parteien. Damit hat jede Änderung einvernehmlich zu erfolgen. Dieses Vertragsprinzip gilt sogar für nicht belastende Änderungswünsche. Das zeigt sich deutlich beim Verzicht. Selbst dieser bedarf gemäß § 397 BGB einer Einigung der Parteien (Hau, Vertragsanpassung und Anpassungsvertrag, S. 62 ff., m. w. N.). Einseitige Leistungsbestimmungsrechte, wie sie in § 1 Abs. 3 und § 1 Abs. 4 VOB/B vorgesehen sind, kannte das BGB-Werkvertragsrecht in der bis 31.12.2017 geltenden Fassung nicht.

II. Ausnahme: Einseitiges Änderungsrecht im Bauvertrag gemäß § 650b BGB

Das neue Bauvertragsrecht berechtigt den Besteller eines Bauvertrages mit § 650b Abs. 2 847
BGB zu zumutbaren freien Änderungen bzw. uneingeschränkt zu notwendigen Änderungen. Dieses Änderungsrecht ist allerdings subsidiär ausgestaltet und greift erst ein, falls sich die Parteien nicht innerhalb von 30 Tagen nach einem Änderungsbegehren des Bestellers auf eine Vertragsänderung einigen. Darüber hinaus erfasst es inhaltlich lediglich Änderungen des Werkerfolges und damit keine Änderung der Bauumstände und auch nicht der Bauzeit. Das gilt erst recht für Änderung sonstiger Vertragsbedingungen (→ § 650b BGB Rdn. 72). Soweit das Änderungsrecht nicht eingreift, bleibt es beim Konsensprinzip.

Das gilt insbesondere für den allgemeinen Werkvertrag. Hier muss ein einseitiges Änderungsrecht durch entsprechende Leistungsbestimmungsvorbehalte vertraglich begründet 848
werden. Gleiches gilt für Bauverträge, die vor dem 1.1.2018 abgeschlossen worden sind. Die früher vertretene Auffassung, ein solches Änderungsrecht ergebe sich aus dem Wesen des Werkvertrages, lässt sich nach der Normierung eines eingeschränkten Änderungsrechts nur für den Bauvertrag nicht mehr aufrechterhalten. Wegen der Einzelheiten der Diskussion wird auf die Vorauflage und auf die Kommentierung zu § 650b BGB verwiesen (→ § 650b BGB Rdn. 9 ff.).

III. Anpassungsanspruch bei notwendigen zusätzlichen oder geänderten Leistungen

Ein fehlendes einseitiges Leistungsänderungsrecht bei allgemeinen Werkverträgen bedeutete 849
und andererseits aber nicht, dass nicht aus der Kooperationsverpflichtung und Treu und Glauben ein Anspruch auf Vertragsanpassung bestehen kann. So hat der Bundesgerichtshof zur Begründung der AGB-rechtlichen Wirksamkeit des Leistungsbestimmungsrechts von § 1 Abs. 4 VOB/B ausgeführt, dass sich im Einzelfall auch beim BGB-Vertrag aus Treu und Glauben das Recht des Bestellers ergeben könne, eine zusätzliche notwendige Leistung einseitig anzuordnen (BGH, Urt. v. 25.1.1996 – VII ZR 233/94; ebenso Kniffka/Koeble, Teil 5 Rdn. 98). Dem ist mit der Konkretisierung zuzustimmen, dass sich ein Anspruch des Bestellers auf Vertragsanpassung und damit ein Kontrahierungszwang für den Unternehmer aus Treu und Glauben dann ergibt, wenn der Unternehmer keine vernünftigen Gründe hat, das angemessen bepreiste Angebot des Bestellers über eine für den Leistungserfolg notwendige Leistung abzulehnen. Ein solcher unter gewissen (engen) Voraussetzungen im Einzelfall gegebener Anspruch

aus Treu und Glauben unterscheidet sich aber deutlich von einem in Bezug auf den Bauinhalt fast unbeschränkten (subsidiären) freien Anordnungsrecht nach § 650b Abs. 2 BGB oder § 1 Abs. 3 VOB/B. Die Normierung des subsidiären einseitigen Änderungsrechts erweitert die Rechte des Bestellers und für nicht dazu, dass ein bislang aus §§ 157, 242 BGB abgeleiteter schuldrechtlicher Anpassungsanspruch negiert wird.

850 Bei einem schuldrechtlichen Anpassungsanspruch wird der Unternehmer nicht schon aufgrund einer Anordnung dem Grunde nach leistungspflichtig, sondern erst mit dem Abschluss der (auch die Vergütung regelnden) Änderungsvereinbarung bzw. einem hierauf gerichteten annahmefähigen Angebot des Bestellers. Vor Vertragsanpassung kommt der Unternehmer auch nicht in Verzug mit der Leistung, sondern nur mit seiner Kooperationsverpflichtung zur Anpassung. Der Anspruch des Bestellers auf die Änderungsleistung ist allerdings auch ohne die vom Unternehmer zu Unrecht verweigerte Vertragsänderung durch eine hierauf gerichtete Klage durchsetzbar.

851 Ein Anpassungsanspruch wird in der Regel dann bestehen, wenn die zusätzlichen oder geänderten Leistungen von der vereinbarten Vergütung nicht umfasst sind. Das ist zunächst im Wege der Auslegung zu klären (→ Rdn. 807). Sind die verpreisten Leistungen nicht ausreichend, den vertraglich geschuldeten Erfolg herbeizuführen, sind beide Vertragsparteien in Pflichten. Der Unternehmer muss auf Bedenken hinweisen, die sich aus der unzureichenden Vereinbarung über das Leistungssoll ergeben. Beide Parteien haben die Verpflichtung, an einer Lösung mitzuwirken, die den vertraglich geschuldeten Erfolg herbeiführt. Der Besteller muss, zumindest bei bestellerseitiger Planung, dem Unternehmer ein Angebot über ein geändertes Leistungssoll unterbreiten, das geeignet ist, den vertraglich geschuldeten Erfolg herbeizuführen. Der Unternehmer ist verpflichtet, dieses Angebot anzunehmen, wenn er keinen vernünftigen Grund hat, es abzulehnen. Ein vernünftiger Grund, das Angebot abzulehnen ist eine fehlende Übereinstimmung hinsichtlich der Vergütung.

852 Zur Begründung des Vertragsanpassungsanspruchs werden verschiedene Wege vorgeschlagen. Einige wollen unmittelbar oder mittelbar auf § 632 BGB zurückgreifen (OLG Dresden, Urt. v. 20.9.2005 – 14 U 878/04; Putzier, Der unvermutete Mehraufwand für die Herstellung des Bauwerks, S. 132) Vorgeschlagen wird eine ergänzende Vertragsauslegung nach § 157 BGB (Rehbein, Auftraggeberanordnungen und Risikoverteilung beim Bauwerksvertrag und VOB-Vertrag, S. 68 ff.; Fuchs, Baurecht 2009, 404, 411; Leitzke, Baurecht 2007, 1643, 1644). Die ergänzende Vertragsauslegung kommt aber nur dann in Betracht, wenn ggf. auch der Richter in Fortschreibung der vertraglichen Leistung den neuen Leistungsinhalt festlegen könnte. Das wird eher in wenigen Fällen möglich sein, wenn z. B. die Parteien zunächst eine Variante vereinbaren, die aber nicht durchführbar heraus stellt. Vielfach wird auf die Kooperationspflichten abgestellt. Diese sind in ihrer gegenwärtigen Ausbildung aber primär durch Mitwirkungs-, Informations- und Verhandlungspflichten verfahrensbezogen. Letztlich kann sich dem Anpassungsanspruch nur aus § 242 BGB ergeben, wobei die Abgrenzung zur der ebenfalls in § 242 BGB gründenden Kooperationsverpflichtung eher terminologischer Natur ist.

Dabei kann der Unternehmer für eine zusätzlich erforderliche Leistung nicht jede beliebige Preisvorstellung durchsetzen. Es besteht zwar in einem BGB-Vertrag keine Bindung an die Urkalkulation, wenn die Parteien das nicht vereinbart haben. Der Unternehmer muss deshalb nicht einen Preis anbieten, der sich aus der Urkalkulation des geschlossenen Vertrages ableitet, wie sich bereits aus § 650c Abs. 1 BGB ergibt. Auf der anderen Seite steht der Vertrag mit seiner Preisabrede von vornherein unter dem Vorbehalt einer Änderungsnotwendigkeit bei geänderten oder zusätzlichen Leistungen, die für den vereinbarten Leistungserfolg notwendig sind. Der Unternehmer darf deshalb keinen unangemessen hohen Preis fordern. Die Preisermittlung für erforderliche Zusatzleistungen kann wie zumindest bislang bei § 2 Abs. 5 und 6 VOB/B auf der Basis der Vertragspreiskalkulation erfolgen (vgl. → § 650c BGB Rdn. 177 ff.) oder auf Basis der tatsächlichen Mehrkosten plus Zuschläge bzw. der ortsüblichen Vergütung nach § 632 BGB erfolgen. Nach Treu und Glauben darf der Besteller erwarten, dass der vom Unternehmer geforderte Preis dem Preis entspricht, der sich bei einer Preisermittlung anhand einer dieser Methoden ergäbe. Deutliche Abweichungen zu seinen Gunsten, die nur deshalb gefordert werden, weil sich der Besteller infolge des unzureichenden Leistungssolls in einer Zwangslage befindet, etwa weil Termine eingehalten werden müssen, müssen nicht akzeptiert werden.

I. Gesetzliche Ansprüche des Unternehmers anstelle vertraglicher Vergütungsansprüche

1. Aufwendungsersatz aus Geschäftsführung ohne Auftrag

Nach der Rechtsprechung des Bundesgerichtshofs hat derjenige Vertragspartner, der zur Erfüllung eines vermeintlich wirksamen Vertrages leistet, die gesetzlichen Ansprüche aus der Geschäftsführung ohne Auftrag. Liegen deren Voraussetzungen vor, kann nach der Rechtsprechung bei Nichtigkeit eines Vertrages unbeschränkt auf die §§ 677 ff. BGB zurückgegriffen werden. Der Bundesgerichtshof geht davon aus, dass diese Ansprüche nicht nur dann bestehen, wenn der Geschäftsführer nur ein fremdes Geschäft erledigen will, sondern auch dann, wenn er auch ein eigenes Geschäft erledigen, also z.B. einen vermeintlich wirksamen Vertrag erfüllen will (BGH, Urt. v. 26.1.2005 – VIII ZR 66/04 m.w.N.; Urt. v. 30.9.1993 – VII ZR 178/91; Urt. v. 25.6.1962 – VII ZR 120/61). Diese Rechtsprechung ist zwar immer wieder angegriffen worden. Es bestehen jedoch keine Anhaltspunkte dafür, dass sie aufgegeben wird, auch wenn der Anwendungsbereich des auch-fremden-Geschäfts in letzter Zeit etwas eingeschränkt worden ist (vgl. Thole, NJW 2010, 1243 ff.; einschränkend z.B. BGH, Urt. v. 27.5.2009 – VIII ZR 302/07 für wegen einer unwirksamen Klausel nicht geschuldete Schönheitsreparaturen eines Mieters). 853

Entspricht die Bauleistung dem Interesse und dem wirklichen oder dem mutmaßlichen Willen des Geschäftsherrn, so kann der Geschäftsführer wie ein Beauftragter Ersatz seiner Aufwendungen verlangen, § 683 BGB. Erfolgt die auftragslose Besorgung eines fremden Geschäfts im Rahmen eines Berufs oder des Gewerbes des Geschäftsführers, so umfasst der Aufwendungsersatzanspruch nach der Rechtsprechung die übliche Vergütung (BGH, Urt. v. 26.1.2005 – VIII ZR 66/04 m.w.N.; Urt. v. 11.6.1992 – VII ZR 110/91). Üblich ist die Vergütung, die zur Zeit des Vertragsschlusses nach allgemeiner Auffassung der beteiligten Kreise am Ort der Werkleistung gewährt zu werden pflegt (BGH, Urt. v. 26.10.2000 – VII ZR 239/98). Allerdings wollte die Rechtsprechung es wohl nicht hinnehmen, dass auf diese Weise der Unternehmer bei einer unwirksamen Beauftragung einen höheren Anspruch haben könnte, als bei einer wirksamen Beauftragung. Enthält die unwirksame Vereinbarung mit dem Geschäftsherrn eine Vergütungsvereinbarung, so kann der Unternehmer keine höhere Vergütung fordern (BGH, Urt. v. 30.9.1993 – VII ZR 178/91). 854

In der Praxis werden vertragslose Leistungen insbesondere relevant bei Zusatzleistungen, die ohne vertragliche Grundlage erbracht werden. Deswegen werden die tatbestandlichen Voraussetzungen des Aufwendungsersatzanspruchs und die Einzelheiten zu seiner Berechnung im Rahmen des § 650b BGB kommentiert (→ § 650b BGB Rdn. 286 ff.). 855

II. Bereicherungsansprüche

Im Falle einer auftragslosen Leistung sind die beiderseitigen Leistungen nach Bereicherungsrecht zurückzugewähren, § 812 Abs. 1 Satz 1 1. Alt. BGB (Leistungskondiktion). Ist das Bereicherungsrecht anwendbar, muss der Leistungsempfänger die Bereicherung herausgeben, die er durch eine vertragslose Leistung des Unternehmers erhalten hat. Es kommt dabei nicht darauf an, ob die Leistung im Interesse und im mutmaßlichen Willen des Leistungsempfängers erbracht worden ist, wie das Voraussetzung eines Anspruchs aus § 670 BGB ist. Ausreichend ist der Umstand, dass er Leistungen empfangen hat und eine Bereicherung vorliegt. Da die Herausgabe der Bauleistung in aller Regel wegen der festen Verbindung mit dem Grundstück nicht möglich ist, hat der Bereicherte gemäß § 818 Abs. 2 BGB den Wert der Bauleistung zu ersetzen. Das gilt gemäß § 818 Abs. 3 BGB nicht, wenn er nicht mehr bereichert ist. Das ist jedoch ein Ausnahmefall, der sehr selten vorliegt. Danach muss ein Leistungsempfänger selbst dann noch Wertersatz leisten, wenn die ohne Auftrag erbrachten Bauleistungen nicht in seinem Interesse waren, jedoch eine Bereicherung verblieben ist (vgl. dazu Kemper/Schaarschmidt, BauR 2000, 1651, 1663). 856

Nach der Rechtsprechung des Bundesgerichtshofs besteht der Bereicherungsanspruch grundsätzlich in Höhe der ersparten Aufwendungen, wenn die Leistung plangerecht erfolgte und sie vom vermeintlichen Besteller entgegen genommen und genutzt wird (BGH, Urt. v. 26.4.2001 – VII ZR 222/99; Urt. v. 4.4.2002 – VII ZR 26/01). Grundlage für die Bewer- 857

§ 631

tung der ersparten Aufwendungen ist nach der Rechtsprechung damit ebenfalls die übliche Vergütung.

858 Wie der Aufwendungsersatzanspruch wird auch der Bereicherungsanspruch überwiegend relevant im Zusammenhang mit nicht wirksam beauftragten Zusatzleistungen. Er wird deshalb im Rahmen des § 650b BGB kommentiert (→ § 650b BGB Rdn. 291 ff.)

III. Ansprüche des Unternehmers gegen einen Vertreter ohne Vertretungsmacht

859 Scheitert ein Vertrag an der fehlenden Vertretungsmacht des Handelnden, muss die Haftung des Vertreters erwogen werden. Kann ein Vertreter seine Vertretungsmacht nicht nachweisen, ist er dem Vertragspartner nach dessen Wahl zur Erfüllung oder zum Schadensersatz verpflichtet, wenn der Vertretene die Genehmigung verweigert, § 179 Abs. 1 BGB (vgl. BGH, Urt. v. 21.10.2003 – X ZR 66/01). Der Bundesgerichtshof hat klargestellt, dass der Bürgermeister, der die Schriftform nicht einhält, nicht als Vertreter ohne Vertretungsmacht nach § 179 Abs. 1 BGB auf Erfüllung oder Schadensersatz haftet (BGH, Urt. v. 10.5.2001 – III ZR 111/99; vgl. zu dessen Vertretungsmacht BGH, Urt. v. 18.11.2016 – V ZR 266/14; Urt. v. 1.6.2017 – VII ZR 49/16). Demgemäß muss die Gemeinde nach dieser Regelung auch nicht für den Bürgermeister haften. Sie kann aber aus Amtshaftung in Anspruch genommen werden.

860 Dagegen können andere Vertreter ohne Vertretungsmacht, wie z. B. nicht bevollmächtigte Architekten oder Bauleiter in Anspruch genommen werden, wenn sie Aufträge und Nachträge erteilen, die später nicht genehmigt werden. Sie haften auf die Vergütung oder auf Schadensersatz, § 179 Abs. 1 BGB. Das gilt allerdings nicht, wenn der Unternehmer den Mangel der Vertretungsmacht kannte oder kennen musste, § 179 Abs. 3 BGB. Jede Fahrlässigkeit des Unternehmers führt insoweit zum Ausschluss der Haftung. Sie liegt nur vor, wenn die Umstände ihn veranlassen müssen, sich danach zu erkundigen, ob der Bauleiter die zumindest stillschweigend behauptete Vertretungsmacht tatsächlich hatte. Grundsätzlich darf ein Vertragspartner auf die behauptete Vertretungsmacht vertrauen (BGH, Urt. v. 9.10.1989 – II ZR 16/89; Urt. v. 10.5.2001 – III ZR 111/99). Bei Bauleitern oder anderem technischen Personal kann sich aus dem allgemein bekannten Umstand, dass diese keine originäre Vollmacht haben, ergeben, dass sie im konkreten Fall Zusatz- und Änderungsaufträge ohne Genehmigung des Bestellers nicht vergeben dürfen (offen gelassen von OLG Brandenburg, Urt. v. 22.11.2001 – 12 U 65/01).

861 Der Anspruch gegen den Vertreter schließt einen Anspruch gegen den unwirksam Vertretenen aus Geschäftsführung ohne Auftrag oder aus Bereicherung nicht aus (BGH, Urt. v. 21.10.2003 – X ZR 66/01; Urt. v. 7.3.1989 – XI ZR 25/88).

IV. Ansprüche des Vertreters gegen den Bauherrn

862 Aus § 241 BGB folgt eine generelle Pflicht zur Rücksichtnahme der Vertragsparteien auf die Rechtsgüter und Interessen des anderen Vertragsteils. Auch der Besteller hat gegenüber seinem Architekten oder Bauleiter vertragliche Schutz-, Fürsorge- und Aufklärungspflichten. Dazu gehört die Pflicht, den Bauleiter oder Architekten darüber aufzuklären, wenn dieser seine Vollmacht überschreitet. Der Besteller haftet dem in Anspruch genommenen Vertreter ohne Vertretungsmacht auf Schadensersatz, wenn er die nicht wirksam in Auftrag gegebene Leistung des Unternehmers widerspruchslos entgegennimmt, obwohl er wusste oder sich der Kenntnis bewusst verschlossen hat, dass ihr kein wirksamer Auftrag zugrunde liegt (BGH, Urt. v. 26.4.2001 – VII ZR 222/99). Darüber hinaus haftet der Besteller dem vom Unternehmer in Anspruch genommenen Vertreter ohne Vertretungsmacht aus Geschäftsführung ohne Auftrag. Das bedeutet, dass der Besteller dem als vollmachtlosen Vertreter in Anspruch Genommenen gemäß §§ 684, 812 ff. BGB Wertersatz zu leisten hat. Entspricht die vom Unternehmer auf dem Grundstück des Bauherrn rechtsgrundlos erbrachte Leistung dessen Planung, nimmt er sie entgegen und nutzt er sie, so hat er als Wertersatz grundsätzlich dasjenige zu leisten, was er bei eigener Vergabe für die Arbeiten hätte aufwenden müssen (BGH, Urt. v. 26.4.2001 – VII ZR 222/99).

J. Einbeziehung Dritter in die Zahlung

I. Schuldbeitritt

Die Vertragsparteien des Bauvertrages können sich durch Vereinbarung geändert oder ergänzt werden. Das ist besonders häufig bei finanziellen Schwierigkeiten eines Beteiligten. In diesem Fall kann es zu Vereinbarungen zwischen dem Bauherrn und den Nachunternehmern kommen, die den Fortgang des Bauablaufs sicherstellen sollen. In einer Vereinbarung, nach der der Bauherr die vom Generalunternehmer an den Nachunternehmer zu leistenden Zahlungen direkt an den Nachunternehmer leistet, liegt in aller Regel eine Sicherung des Nachunternehmers, so dass dieser in der Insolvenz des Generalunternehmers direkt Zahlung vom Bauherrn verlangen kann (BGH, Urt. v. 19.5.1994 – VII ZR 124/93). Zu beachten ist aber, dass die Einstandspflicht des Bauherrn auch als Bürgschaft ausgelegt werden kann, die der Schriftform bedarf, wenn dieser nicht Kaufmann ist (OLG Hamm, Urt. v. 10.2.1993 – 12 U 167/92). Näher liegt häufig die Annahme eines Schuldbeitritts (vgl. BGH, Urt. v. 26.10.2000 – VII ZR 117/99; OLG Düsseldorf, Urt. v. 18.10.1994 – 21 U 92/94) oder einer Garantieerklärung (OLG Rostock, Urt. v. 21.6.1995 – 2 U 74/94), die keiner Form bedürfen. Das Angebot eines Schuldbeitritts bedarf nach der Verkehrssitte im Allgemeinen keiner Erklärung der Annahme gegenüber dem Antragenden (BGH, Urt. v. 28.10.1993 – VII ZR 192/92).

863

Ein Schuldbeitritt von öffentlichen Körperschaften kann der Genehmigung durch die Rechtsaufsichtsbehörde bedürfen. Ein Schuldbeitritt oder eine Bürgschaft bedarf nach vielen Gemeindeordnungen der Genehmigung der Rechtsaufsichtsbehörde, soweit sie nicht im Rahmen der laufenden Verwaltung abgeschlossen werden, vgl. z.B. Art. 72 Abs. 2 BayGO. Bis zur Erteilung der Genehmigung ist das Rechtsgeschäft schwebend unwirksam (BGH, Urt. v. 10.6.1999 – IX ZR 409/97). Die Genehmigungserfordernisse gelten ausdrücklich oder sinngemäß auch für wirtschaftlich gleichkommende Verpflichtungen (BGH, Urt. v. 4.12.2003 – III ZR 30/02).

864

II. Zweitbeauftragung durch Hauptauftraggeber

Gerät der Hauptunternehmer in Schwierigkeiten, so dass er den Nachunternehmer nicht bezahlen kann und dieser die Leistungen einstellt, wird der Nachunternehmer häufig auch gesondert vom Auftraggeber des Hauptunternehmers mit der Leistung beauftragt. Dem ist in aller Regel eine Kündigung des Hauptunternehmers durch den Besteller vorausgegangen, die dieser an den Nachunternehmer weitergibt. Werden die Leistungen nicht gekündigt, so stellt sich die Frage, von wem der Nachunternehmer die Vergütung beanspruchen kann. In aller Regel erbringt der Nachunternehmer die Leistung aufgrund des neu geschlossenen Vertrages mit dem Besteller, so dass er von diesem die Vergütung verlangen kann. Durch die Leistung an den Auftraggeber wird die Leistung an den Hauptunternehmer unmöglich. Denn mit seiner Leistung gegenüber dem Bauherrn als seinem neuen zweiten Besteller erfüllt er nicht zugleich seine Leistungsverpflichtung gegenüber dem Hauptunternehmer (BGH, Urt. v. 17.7.2007 – X ZR 31/06). Da dieser die Unmöglichkeit in aller Regel zu vertreten hat, verbleibt dem Nachunternehmer zwar der Anspruch auf Vergütung nach § 326 Abs. 2 BGB, jedoch muss er sich das, was er durch die Beauftragung des Auftraggebers erlangt hat, anrechnen lassen (BGH a.a.O). Der Werklohnanspruch gegenüber dem Hauptunternehmer ist gemäß § 326 Abs. 1 Satz 1 i.V.m. § 441 Abs. 3 BGB zu mindern. Die Berechnung der Werklohnminderung für nicht erbrachte Leistungen kann bei Pauschalverträgen ebenso wie bei Einheitspreisverträgen – im Hinblick auf nicht gesondert vergütungsfähige Vorleistungen, wie für Vorarbeiten oder Baustelleneinrichtungen schwierig sein. Diese Leistungen sind nicht im Verhältnis der beauftragten Gesamtleistungen abzurechnen, sondern nach dem Verhältnis, in dem sie gegenüber dem jeweiligen Besteller tatsächlich erbracht worden sind (BGH, Urt. v. 14.1.2010 – VII ZR 106/08). Für die Abrechnung gelten die gleichen Grundsätze wie bei der Abrechnung nach Kündigung (vgl. → § 648 BGB Rdn. 32 ff.).

865

III. Rechnungsstellung gegenüber Dritten

Häufig vereinbaren die Parteien nach Vertragsschluss, dass die Rechnung auf eine andere, am Vertrag zunächst nicht beteiligte Partei ausgestellt wird. In dieser Vereinbarung liegt

866

§ 631

nicht ohne weiteres eine Vereinbarung darüber, dass der Rechnungsempfänger Vertragspartner werden soll oder dass er der Schuld beitritt (BGH, Urt. v. 12.4.2012 – VII ZR 13/11; 15.4.2004 – VII ZR 212/03; OLG Köln, Urt. v. 8.7.2014 – 24 U 175/13; OLG Celle, Urt. v. 5.7.2012 – 6 U 22/12; vgl. aber auch OLG Frankfurt, Urt. v. 20.12.2005 – 11 U 30/05). Eine Entlassung des bisherigen Vertragspartners aus seinen Verpflichtungen kann nur dann angenommen werden, wenn die Umstände einen in jeder Hinsicht sicheren Schluss darauf zulassen. Das gilt entsprechend für die Mitverpflichtung des neuen Rechnungsempfängers. Eine solche Zahlungsvereinbarung kann nämlich verschiedene Gründe haben, die bei der Auslegung zu berücksichtigen sind. In vielen Fällen besteht eine Vereinbarung zwischen dem Besteller und dem Rechnungsempfänger, dass dieser im Innenverhältnis die Schuld zu begleichen hat. Deshalb wird aus Gründen der Vereinfachung und aus steuerlichen Gründen der Letztzahler als Rechnungsempfänger erbeten. Das ändert aber nichts daran, dass der Vertragspartner der Schuldner bleibt (vgl. OLG Koblenz, Urt. v. 20.10.2003 – 12 U 418/02). Ein Entlassungswille kann nur angenommen werden, wenn er mit den wirtschaftlichen Interessen des Gläubigers zu vereinbaren ist. (BGH, Urt. v. 12.4.2012 – VII ZR 13/11). Eine Vertrags- oder Schuld(mit)übernahme setzt einen klaren Mitverpflichtungswillen des Dritten voraus (OLG Celle, Urt. v. 5.7.2012 – 6 U 22/12).

IV. Zahlungsabwicklung nach § 16 Abs. 6 VOB/B

867   Eine besondere Form der Zahlungsabwicklung sieht § 16 Abs. 6 VOB/B vor. Danach ist der Besteller berechtigt, zur Erfüllung seiner Vergütungspflicht an Gläubiger des Unternehmers zu leisten. Es handelt sich um eine besondere Ermächtigung oder ein bedingtes Wahlrecht des Bestellers, die ihm die schuldbefreiende Zahlung an einen Dritten erlaubt (vgl. auch § 362 Abs. 2 BGB). Ein spiegelbildlicher Anspruch des Dritten auf Zahlung an sich besteht nicht (BGH, Urt. v. 24.4.1986 – VII ZR 248/85). Voraussetzung ist, dass der Gläubiger des Unternehmers als Nachunternehmer an der Ausführung der vertraglichen Leistung des Unternehmers aufgrund eines mit diesem abgeschlossenen Dienst- oder Werkvertrags beteiligt ist, wegen Zahlungsverzugs des Unternehmers die Fortsetzung der Leistung zu Recht verweigern und die Direktzahlung die Fortsetzung der Leistung sicherstellen soll. Es ist jedoch sowohl aus insolvenzrechtlichen wie auch aus zivilrechtlichen Gründen gefährlich, von dieser Regelung Gebrauch zu machen.

868   Ist das Insolvenzverfahren gegen den Unternehmer bereits eröffnet worden (vgl. zur Rechtslage Wellensiek, BauR 2005, 186ff.), wirkt die Zahlung nach § 82 InsO nicht schuldbefreiend (BGH, Urt. v. 24.4.1986 – VII ZR 248/85 zu § 106 KO). Gleiches gilt, wenn der Besteller gezahlt hat, nachdem gegen den Unternehmer ein allgemeines Veräußerungsverbot erlassen worden ist jedenfalls dann, wenn dem Besteller das Verbot bekannt war (BGH, Urt. v. 17.6.1999 – IX ZR 176/98). Bei Zahlungen vor Eröffnung des Insolvenzverfahrens wird der Insolvenzverwalter vielfach Anfechtungsrechte haben. Denn bei Zahlungsverzug als tatbestandliche Voraussetzung des § 16 Abs. 6 VOB/B kann sich der Unternehmer schon in der (insolvenzrechtlichen) Krise befinden und deshalb die Zahlung an den Nachunternehmer als inkongruente Deckung angefochten werden (BGH, Urt. v. 20.11.2014 _ IX ZR 13/14; Urt. v. 16.10.2008 – IX ZR 2/05; Beschl. v. 6.6.2002 – IX ZR 425/99; vgl. Urt. v. 17.7.2014 – IX ZR 240/13; OLG Braunschweig, Urt. v. 10.11.2011 – 8 U 199/10; Gartz, BauR 2012, 571 ff.; Schmitz, ZIP 1998, 1430). Etwas anders gilt, wenn ein Leistungsaustausch ähnlich wie beim Bargeschäft erfolgt. Wenn der Schuldner in einem engen zeitlichen Zusammenhang eine kongruente Gegenleistung für die von ihm empfangene Leistung erbringt, welche zur Fortführung seines eigenen Unternehmens nötig ist und damit den Gläubigern im Allgemeinen nützt, fehlt der Gläubigerbenachteiligungsvorsatz. Deshalb ist eine Direktzahlung des Bauherrn an den Baumateriallieferanten nicht anfechtbar, die der Bauherr mit dem Unternehmer vereinbart und aufgrund derer der Lieferant das Material erst liefert (BGH, Urt. v. 17.7.2014 – IX ZR 240/13). Eine sog. Kongruenzvereinbarung muss vor Abschluss des Leistungsaustauschs abgeschlossen werden. Das kann auch noch der Fall sein, wenn das Material bereits angeliefert, aber noch nicht verbaut ist (BGH, Urt. v. 17.12.2015 – IX ZR 287/14). Dadurch ist der Zeitpunkt, bis zu dem die Parteien das Vertragsverhältnis anfechtungsfest ändern können, nach hinten verschoben worden.

869   Zivilrechtlich ist nicht abschließend geklärt, ob die Direktzahlung an den Nachunternehmer als Erfüllung wirken kann, wenn der Besteller Verwender der VOB/B ist und diese wie üblich nicht unverändert in den Vertrag einbezogen hat. Der Bundesgerichtshof hat für die Fassung

des § 16 Nr. 6 VOB/B vor 2002 nämlich festgestellt, dass sie einer isolierten Inhaltskontrolle nicht Stand halten kann (BGH, Urt. v. 21.6.1990 – VII ZR 109/89). Die Neufassung ab 2002 sollte die AGB-rechtlichen Bedenken beseitigen; ob das gelungen ist, ist streitig (dafür die wohl h. L. vgl. Kapellmann/Messerschmidt-Messerschmidt, VOB/B § 16, Rdn. 359 m. w. N.; a. A. Ingenstau/Korbion-Locher, VOB/B § 16 Abs. 6 Rdn. 3 m. w. N.).

K. Verjährung und Verwirkung des Vergütungsanspruchs

Das Schuldrechtsmodernisierungsgesetz hat auch zu einer grundlegenden Neuregelung der Verjährung, und damit auch der Verjährung von Werklohnansprüchen geführt. Das gilt – da die VOB/B keine abweichenden Regelungen zur Verjährung von Vergütungsforderungen enthält – auch für Verträge, denen die VOB/B zugrunde liegt. Die nachfolgenden Grundsätze gelten grundsätzlich für alle Ansprüche, mithin auch für den vergütungsgleichen Entschädigungsanspruch nach § 642 BGB und dem Anspruch aus § 648 S. 2 BGB. Die Schwierigkeit besteht nur in der Festlegung der Fälligkeit der jeweiligen Ansprüche. 870

I. Verjährungsfrist für den Vergütungsanspruch

1. Regelmäßige Verjährung und ihre Berechnung

Für die Verjährung des Vergütungsanspruches gilt die regelmäßige Verjährungsfrist des § 195 BGB. Die Verjährungsfrist beträgt drei Jahre und zwar einheitlich für alle Vergütungsansprüche, beginnend mit dem Schluss des Jahres, in dem der Anspruch entstanden ist, § 199 Abs. 1 Satz 1 BGB. 871

Die einheitliche Verjährung des Vergütungsanspruchs beginnt nach § 199 Abs. 1 mit dem Schluss des Jahres, in dem 872

1. der Anspruch entstanden ist und
2. der Gläubiger von den anspruchsbegründenden Umständen und der Person des Schuldners Kenntnis erlangt oder ohne grobe Fahrlässigkeit erlangen müsste, § 199 Abs. 1 BGB. Ohne Rücksicht auf die Kenntnis oder grob fahrlässige Unkenntnis verjährt der Vergütungsanspruch in zehn Jahren von seiner Entstehung an, § 199 Abs. 4 BGB.

Entstehung des Anspruchs meint nicht dessen Begründung durch den Vertragsabschluss, sondern Fälligkeit (→ Rdn. 876). Die dreijährige Verjährung beginnt nicht unmittelbar mit Fälligkeit und der Kenntnis (→ Rdn. 888) hiervon, sondern erst zum Ende des Jahres, in das das letzte dieser Ereignisse fällt. Diese so genannte Ultimo-Verjährung dient der leichteren Handhabung der Verjährungsfristen. 873

Nach § 199 Abs. 4 BGB verjähren Vergütungsansprüche ohne Rücksicht auf Kenntnis oder grob fahrlässige Unkenntnis in zehn Jahren von ihrer Entstehung an. Die regelmäßige Verjährung dauert demnach mindestens drei Jahre ab Fälligkeit und Kenntnis, bzw. grob fahrlässige Unkenntnis und höchstens 10 Jahre ab der Entstehung des Anspruchs. Zu beachten bleibt: Die Ultimo-Regelung gilt für die Berechnung der Höchstfrist nicht. Vielmehr muss die Verjährungshöchstfrist taggenau ab Entstehung berechnet werden. 874

2. Sonderproblem Bauträgervertrag

Mit einem Bauträgervertrag werden Ansprüche auf Übertragung des Eigentums an dem bebauten Grundstück begründet, die gemäß § 196 BGB in zehn Jahren verjähren. Folge ist, dass die Gegenansprüche ebenfalls in zehn Jahren seit der Entstehung des Anspruchs, § 200 BGB, verjähren. Damit verjährt der Anspruch auf Zahlung des Kaufpreises beim Grundstückserwerb ebenso in zehn Jahren wie andere Ansprüche, die als Gegenleistung vereinbart werden, wie z. B. Ansprüche auf Zahlung einer Rente. Welcher Verjährung der Zahlungsanspruch aus einem Bauträgervertrag unterliegt, ist noch nicht abschließend geklärt. Nach der Rechtsprechung zum alten Recht unterlagen die Zahlungsansprüche aus dem Bauträgervertrag auch wegen des Grundstücksanteils einheitlich der kurzen Verjährung des § 196 BGB a. F. (BGH, Urt. v. 12.10.1978 – VII ZR 288/77). Eine verjährungsrechtliche Aufteilung des einheitlichen Anspruchs erscheint nicht sinnvoll. Überwiegend wird heute die Auffassung vertreten, die Vergütungsansprüche aus dem Bauträgervertrag unterlägen einheitlich als Gegenleistung für 875

§ 631

das Grundstück mit Gebäude nun der zehnjährigen Frist (Pause, Rdn. 393 m. w. N; Basty, Der Bauträgervertrag, 6. Aufl., Rdn. 251; Brambring, DNotZ 2001, 904, 905; a. A. Ott, NZBau 2003, 233, 234; Blank, Bauträgervertrag Rdn. 6 f.). Im Hinblick auf die abweichende Zuordnung durch die Rechtsprechung zum alten Recht und einem häufig werkvertraglichen Schwerpunkt, ist das jedoch nicht gesichert.

3. Entstehung des Vergütungsanspruchs

876 Ein Anspruch ist entstanden im Sinne des § 199 BGB, wenn er vom Gläubiger – notfalls gerichtlich – erstmals geltend gemacht werden kann. Dieser Zeitpunkt ist mit der Fälligkeit des Anspruchs gleichzusetzen (BGH, Urt. v. 19.12.1990 – VIII ARZ 5/90; Urt. v. 10.5.1990 – VII ZR 257/89 m. w. N.; Schulze-Hagen BauR 2016, 384, 385).

a) Fälligkeit des Werklohns mit Abnahme

877 Wann eine vertragliche Vergütungsforderung fällig wird, bestimmt sich nach dem Vertrag. So können die Parteien z. B. vereinbaren, dass die Fälligkeit des Werklohns von der Vorlage von Unbedenklichkeitsbescheinigungen der Sozialkassen und der Bauberufsgenossenschaft abhängen soll (BGH, Urt. v. 15.12.2016 – IX ZR 117/16). Eine Voraussetzung für die Fälligkeit ist grundsätzlich die Abnahme der Leistung. Das gilt sowohl im VOB-Vertrag als auch im BGB-Vertrag. Die Rechtsprechung hat zahlreiche Ausnahmetatbestände entwickelt, wonach es auf die Abnahme der Leistung unter bestimmten Voraussetzungen nicht ankommt. Auf eine Abnahme kommt es nicht an, wenn ein so genanntes Abrechnungsverhältnis besteht (vgl. → § 641 BGB Rdn. 9 ff.). Beim allgemeinen Werkvertrag ist die Rechnungserteilung keine zusätzliche Fälligkeitsvoraussetzung (BGH, Urt. v. 27.1.2011 – VII ZR 41/10, Rdn. 18 a. E.), wohl aber nunmehr für den Bauvertrag gemäß § 650g Abs. 4 BGB.

Die Vereinbarung von Abschlagzahlungen entsprechend dem Leistungsfortschritt vor Abnahme ändert nichts am Verjährungsbeginn des Werklohnanspruchs, da es sich nur um vorläufige Zahlungen aufgrund vorläufiger Berechnung handelt (→ § 632a BGB Rdn. 10 ff.) Allerdings kann das Recht auf Abschlagzahlung ggf. selbständig verjähren (→ § 632a BGB Rdn. 100). Etwas anderes würde nur bei der Vereinbarung von (echten) Teilzahlungen gelten. Diese führen dazu, dass der entsprechende Teil des Anspruchs vorfällig i. S. v. § 199 BGB entsteht und damit der Lauf der Verjährung früher beginnt.

b) Fälligkeit der Bauwerklohns durch Rechnungserteilung

878 Für den Bauvertrag ist die Fälligkeit außerdem nunmehr an die Schlussrechnungsstellung durch § 650g Abs. 4 BGB geknüpft. Gemäß der Verweisungsnormen gilt das auch für den Verbraucherbauvertrag und den Bauträgervertrag. Auf die Kommentierung zu → § 650g BGB Rdn. 32 ff. wird verwiesen. Das entspricht der Rechtslage wie schon bisher beim VOB-Vertrag (§ 16 Abs. 3 Nr. 1 VOB/B). Beim BGB-Bauvertrag tritt die Fälligkeit unmittelbar mit Schlussrechnungserstellung ein, beim VOB-Vertrag muss auch die Prüfungsfrist abgelaufen sein (BGH, Urt. v. 27.1.2011 – VII ZR 41/10 m. w. N.). Erst wenn dieses Datum feststeht, kann beurteilt werden, zum Ende welchen Jahres die Verjährung beginnt (vgl. dazu BGH, Urt. v. 8.11.2001 – VII ZR 480/00; Urt. v. 8.7.1968 – VII ZR 65/66). Ein damit möglicherweise späte Fälligkeit und ein entsprechend später Verjährungsbeginn gilt auch dann, wenn die Rechnung entgegen den vertraglichen Vereinbarungen verspätet eingereicht wurde (BGH, Urt. v. 27.2.1969 – VII ZR 38/67).

879 **Beispiel:** Die Abnahme ist am 3.4.2018. Die prüfbare Schlussrechnung geht am 7.12.2018 zu. Beim BGB-Vertrag beginnt die Verjährung zum 31.12.2018. Beim VOB-Vertrag wird die Forderung mit dem Ablauf der Prüffrist nach 30 Tagen, also am 7.1.2019 fällig. Die Verjährung beginnt erst mit Ablauf des 31.12.2019.

880 Auch beim Architekten- und Ingenieurvertrag wird die Forderung fällig, wenn die Leistung vertragsgerecht erbracht ist und die prüffähige Honorarschlussrechnung überreicht ist, § 15 Abs. 1 HOAI. In anderen Vertragsverhältnissen können die Parteien vertraglich vereinbaren, dass die Schlussrechnung Fälligkeitsvoraussetzung ist, z. B. durch die vertragliche Regelung „Zahlung nach Abnahme innerhalb von zwei Wochen nach Rechnungstellung".

c) Keine Verjährung ohne Fälligkeit

881 Diese Verknüpfung mit der Fälligkeit kann dazu führen, dass der Vergütungsanspruch überhaupt nicht verjährt. Die Möglichkeit, dass in bestimmten Fällen eine Verjährung einer

Forderung überhaupt nicht eintritt, ist im Gesetzgebungsverfahren gesehen und hingenommen worden (BR-Stellungn. Nr. 4; Gegenäußerung Nr. 4). Ist die Fälligkeit von der Übermittlung einer prüfbaren Schlussrechnung abhängig, würde die Verjährung grundsätzlich nicht beginnen, bevor eine prüfbare Schlussrechnung vorgelegt worden ist. Das hat der Bundesgerichtshof zur VOB/B mehrfach bestätigt (BGH, Urt. v. 21.6.2001 – VII ZR 423/99; Urt. v. 27.11.2003 – VII ZR 288/02; dazu auch Leitmeier, NZBau 2009, 345). Die Prüfbarkeit wird aber fingiert, wenn die Prüffrist ohne Rüge der fehlenden Prüfbarkeit abgelaufen ist → Rdn. 883). Wird rechtzeitig gerügt oder wird vom Unternehmer überhaupt keine Rechnung erteilt, bleibt es dabei, dass grundsätzlich eine Verjährung nicht eintritt. In diesem Fall kommt es allein darauf an, ob die Forderung verwirkt ist (→ Rdn. 920).

Ist die Rechnung nur teilweise prüfbar und das rechtzeitig gerügt worden, so verjährt die 882 Forderung insgesamt nicht. Die Verjährung kann in diesem Fall grundsätzlich nur einheitlich beurteilt werden (BGH, Urt. v. 27.11.2003 – VII ZR 288/02). Wenn die Forderung allerdings grundsätzlich prüfbar abgerechnet worden ist, beginnt wegen der einheitlichen Fälligkeit auch für versehentlich nicht aufgenommene Positionen oder Nachträge der Verjährungslauf (BGH, Urt. v. 12.2.1970 – VII ZR 168/67; OLG Hamm, Urt. v. 21.2.2012 – 21 U 93/11; OLG Celle, Urt. v. 29.3.2007 – 5 U 171/04).

aa) Verjährung bei nicht prüfbarer Abrechnung

Allerdings galt nach der Rechtsprechung eine Rechnung als prüfbar, wenn innerhalb der 883 Prüffrist keine Einwendungen gegen die Prüfbarkeit erhoben wurden Dann tritt trotz fehlender objektiver Prüfbarkeit die Fälligkeit der Forderung ein. Gleiches gilt, wenn im konkreten Fall die eigentlich objektiv nicht prüfbare Rechnung den Kontroll- und Informationsinteressen des Bestellers genügt (BGH, Urt. v. 23.9.2004 – VII ZR 173/03). Diese Rechtsprechung ist nunmehr in § 650g Abs. 4 BGB kodifiziert. (vgl. → § 650g BGB Rdn. 32 ff.). Tritt in diesen Fällen Fälligkeit der Forderung auch ohne prüffähige Rechnung mit Ablauf der Prüffrist ein, so beginnt im Gegenzug auch die Verjährung (BGH, Urt. v. 27.1.2011 – VII ZR 41/10). Die Entscheidungen des BGH sind zur damals noch geltenden Prüffrist der VOB/B von zwei Monaten ergangen. Mit der Reduzierung der Prüffrist auf i. d. R. 30 Tage nach § 16 Abs. 3 VOB/B 2012 tritt auch die Fälligkeit (vgl. § 16 Abs. 3 Nr. 5 VOB/B) und damit die Verjährung entsprechend früher ein (Kniffka/Koeble, Teil 5 Rdn. 296). Das gilt nunmehr nach § 650g Abs. 4 BGB auch für BGB-Bauverträge und gemäß § 650p BGB für Honorarrechnungen des Architekten.

Die Verjährung einer nicht prüfbaren Rechnung beginnt danach, wenn die Prüffrist ohne 884 eine ordnungsgemäße Rüge der fehlenden Prüfbarkeit abgelaufen ist. Hat der Besteller die Rechnung geprüft und dem Unternehmer das Ergebnis der Prüfung mitgeteilt, ohne dass Beanstandungen zur Prüfbarkeit erfolgten, beginnt die Verjährung bereits mit dieser Mitteilung. Hat hingegen der Besteller innerhalb der Prüffrist Rügen gegen die Prüfbarkeit erhoben, beginnt die Verjährung nicht, wenn die Rechnung materiell nicht prüfbar ist und der Besteller nicht ausnahmsweise nach Treu und Glauben gehindert ist, sich auf die fehlende Prüfbarkeit zu berufen. In den Fällen, in denen der Besteller ausnahmsweise gehindert ist, sich nach Treu und Glauben auf die fehlende Prüfbarkeit zu berufen, er sich aber gleichwohl innerhalb der Prüffrist auf die fehlende Prüfbarkeit berufen hat, beginnt die Verjährung, wenn die Umstände, die den Verstoß gegen Treu und Glauben begründen, nach außen treten, so dass auch für den Architekten erkennbar ist, dass er die Forderung durchsetzen kann und deshalb die Verjährung beginnt (BGH, Urt. v. 27.11.2003 – VII ZR 288/02).

bb) Möglichkeiten des Bestellers, die Fälligkeit herbeizuführen

Nach den dargestellten Grundsätzen würde die Verjährung nicht beginnen, wenn der Be- 885 steller die fehlende objektive Prüfbarkeit innerhalb der Prüffrist substantiiert gerügt hat und der Unternehmer dann keine neue Rechnung stellt. Zwar steht das allgemeine Rechtsinstitut der Verwirkung der zeitlich unbeschränkten Geltendmachung auch unverjährter Forderungen entgegen. Allerdings greift es wegen der strengen Voraussetzungen nur in Ausnahmefällen (→ Rdn. 935). Neben erheblichen Zeitablauf müssen besondere Umstände hinzukommen, damit ein Verstoß gegen Treu und Glauben vorliegt, wenn der Unternehmer die Forderung durchsetzt, die dann verjährt wäre, wenn die überreichte Schlussrechnung prüfbar gewesen wäre.

Beim Architektenvertrag hat der Besteller die Möglichkeit, dem Architekten nach Be- 886 endigung der Tätigkeit eine angemessene Frist zur Übermittlung der prüffähigen Schlussrechnung zu setzen. Nach fruchtlosem Ablauf der Frist beginnt die Verjährung (BGH, Urt.

v. 11.11.1999 – VII ZR 73/99), wenn sie nach den dargestellten Grundsätzen nicht bereits vorher begonnen hat (BGH, Urt. v. 27.11.2003 – VII ZR 288/02).

887 Der Besteller hat im VOB-Vertrag die Möglichkeit, selbst eine Rechnung zu erstellen und damit den Verjährungsbeginn zu ermöglichen, § 14 Abs. 4 VOB/B (vgl. → § 650g BGB Rdn. 78). Erstellt der Besteller die Schlussrechnung, wird der Werklohn mit Zugang der Rechnung beim Unternehmer fällig. Eine Prüffrist gibt es dann nicht (BGH, Urt. v. 8.11.2001 – VII ZR 480/00). Diese Variante greift auch dann ein, wenn die Rechnung nur teilweise prüffähig war. Denn die Verjährung beginnt erst, wenn die Rechnung vollständig prüffähig ist (BGH, Urt. v. 27.11.2003 – VII ZR 288/02).

4. Kenntnis des Unternehmers von den den Anspruch begründenden Umständen und der Person des Schuldners

888 Als Kompensation für die erhebliche Verkürzung der Regelverjährung ist deren Beginn mit der Schuldrechtsmodernisierung kenntnisabhängig ausgestaltet worden. Nicht allein die Fälligkeit führt zum Beginn der Verjährung, sondern erst die Kenntnis des Gläubigers von den den Anspruch begründenden Umständen an. Bei Vergütungsansprüchen spielt die subjektive Komponente regelmäßig keine Rolle; die Kenntnis von den in § 199 Abs. 1 Nr. 2 BGB genannten Umständen wird in aller Regel vorliegen oder nur bei grober Fahrlässigkeit nicht vorliegen. Denn ein Unternehmer weiß in aller Regel, wann die Abnahme erfolgt oder die Schlussrechnung erteilt ist. Er weiß regelmäßig auch, wann eine von ihm gesetzte Frist zur Abnahme abgelaufen ist. Entscheidend ist allein die Tatsachenkenntnis, nicht die rechtliche Einordnung (BGH, Urt. v. 27.5.2008 – XI ZR 132/07). Hierfür reicht es aus, dass der Gläubiger so viele Informationen hat, dass er mit Aussicht auf Erfolg eine Klage führen kann (BGH, Urt. v. 6.3.2001 – VI ZR 30/00). Eine fehlerhafte Rechtsbeurteilung steht der Kenntnis von den die Fälligkeit begründenden Tatsachen regelmäßig nicht entgegen (vgl. BGH, Urt. v. 8.5.2008 – VII ZR 106/07 zur Kenntnis von den einen Bereicherungsanspruch begründenden Tatsachen, vgl. näher → § 634a BGB Rdn. 251 ff.). Der positiven Kenntnis von den den Anspruch begründenden Umständen und von der Person des Schuldners steht es gleich, wenn der Gläubiger die Kenntnis ohne grobe Fahrlässigkeit hätte erlangen müssen.

889 In aller Regel müsste der Gläubiger Kenntnis hinsichtlich seines eigenen Vergütungsanspruches haben. Es gibt aber durchaus Fälle, in denen er nicht die ebenfalls erforderliche Kenntnis von der Person (und Anschrift) des Schuldners hat und deshalb ggf. den Anspruch nicht oder gegen den falschen Schuldner verfolgt. Da nur grobe Fahrlässigkeit schadet, kann es auch Auswirkung auf die Verjährung haben wenn der Besteller unklar firmiert. Es muss aber zwischen fehlenden Tatsachenkenntnis und fehlerhaften Rechtsbeurteilung unterschieden werden. Im Übrigen kann auch eine unrichtige Parteibezeichnung unter Klage gegen den Vertreter durch Auslegung zur Verjährungshemmung gegenüber der richtigen Partei führen (BGH, Beschl. v. 3.2.1999 – VIII ZB 35/98; OLG Frankfurt, Beschl. v. 8.11.1976 – 5 W 18/76).

890 Der Anspruchsinhaber muss sich das Wissen eines Dritten entsprechend § 166 BGB und mit Rücksicht auf Treu und Glauben (§ 242 BGB) dann als eigenes Wissen zurechnen lassen, wenn er den Dritten mit der Erledigung bestimmter Angelegenheiten in eigener Verantwortung betraut, insbesondere ihm im Zusammenhang mit der Verfolgung des Anspruchs die Kenntnisnahme von bestimmten Tatsachen oder die Vornahme der erforderlichen Tatsachenfeststellungen übertragen hat; in diesen Fällen ist der Dritte als „Wissensvertreter" des Anspruchsinhabers zu behandeln (BGH, Urt. v. 13.12.2012 – III ZR 298/11 m. w. N.). Die Kenntnis eines anwaltlichen Vertreters ist dem Gläubiger zuzurechnen (vgl. BGH, Urt. v. 31.10.1989 – VI ZR 84/89; Urt. v. 6.3.2001 – VI ZR 30/00). Bei Behörden ist behördliche Zuständigkeitsverteilung zu respektieren (BGH, Urt. v. 12.5.2009 – VI ZR 294/08).

II. Hemmung und Neubeginn der Verjährung

891 Der Gesetzgeber hat mit Einführung des Schuldrechtsmodernisierungsgesetzes auch die Hemmungs- und Unterbrechungstatbestände völlig neu geregelt. Viele der früheren Unterbrechungstatbestände führen nach der Neuregelung nur noch zur Verjährungshemmung. Zu einem Neubeginn der Verjährung, der in seinen Folgen der früheren Unterbrechung gleichkommt, kommt es nur noch in den wenigen in § 212 BGB aufgeführten Fällen. Diese Regelungen sind für die Verjährung von Werklohnforderungen von erheblicher Bedeutung.

1. Hemmung der Verjährung

a) Schweben von Verhandlungen, § 203 BGB

Im Baubereich im besonderen Maße relevant ist die Auswirkung von Verhandlungen auf den Verjährungslauf. Nach § 203 Satz 1 BGB ist die Verjährung gehemmt, solange zwischen dem Schuldner und dem Gläubiger Verhandlungen schweben über den Anspruch oder die den Anspruch begründenden Umstände. Die Hemmung dauert an, bis der eine oder der andere Teil die Fortsetzung der Verhandlungen verweigert. Die Verjährung tritt frühestens drei Monate nach dem Ende der Hemmung ein.

Der Begriff der Verhandlung ist weit auszulegen; es genügt ein ernsthafter Meinungsaustausch über den Anspruch oder seine tatsächlichen Grundlagen zwischen dem Gläubiger und dem Schuldner, wenn nicht sofort erkennbar die Verhandlung abgelehnt wird (BGH, Urt. v. 28.11.1984 – VIII ZR 240/83; Urt. v. 8.5.2001 – VI ZR 208/00; Urt. v. 14.7.2009 – XI ZR 18/08; OLG Düsseldorf, Urt. v. 15.8.2006 – 21 U 143/05; vgl. auch → § 634a BGB Rdn. 97 ff.). Nicht erforderlich ist, dass der Schuldner Vergleichsbereitschaft erklärt oder in Aussicht stellt. Es genügen Erklärungen, die den Gläubiger zu der Annahme berechtigen, der Schuldner lasse sich auf Erörterungen über die Berechtigung des Anspruchs ein. Dafür kann es genügen, wenn der Schuldner nachfragt, ob bzw. welche Ansprüche geltend gemacht werden sollen (BGH, Urt. v. 20.2.2001 – VI ZR 179/00), wenn er seine Bereitschaft zur Aufklärung des zugrunde liegenden Sachverhalts bekundet (BGH, Urt. v. 14.7.2009 – XI ZR 18/08) oder dem Gläubiger seinen Standpunkt in einer Besprechung erläutern will (BGH, Urt. v. 13.5.1997 – VI ZR 181/96). Der Gegenstand der Verhandlung ist durch Auslegung zu ermitteln. Im Zweifel ist davon auszugehen, dass sich die Verhandlungen auf sämtliche Ansprüche erstrecken, die sich aus dem Lebenssachverhalt der Verhandlungen ergeben (BGH, Urt. v. 5.6.2014 – VII ZR 285/12). Anders ist es aber, wenn eine Partei erkennbar nur über einen abgrenzbaren Teil des Anspruchs verhandeln will (BGH, Urt. v. 19.11.1997 – IV ZR 357/96).

Es reicht nicht aus, Verhandlungen festzustellen. Die Feststellung der Hemmungsdauer macht es erforderlich, Beginn und Ende festzustellen. Für den Beginn ist der Gläubiger beweisbelastet, für das Ende der Schuldner (BGH, Urt. v. 30.9.1993 – VII ZR 136/92). Der Begriff der Verhandlung setzt die Beteiligung beider Parteien voraus. Eine einseitige Maßnahme – Rechnungsprüfung, Ablehnung der Forderung, einseitiges Bekunden der Verhandlungsbereitschaft – reicht dafür nicht aus. Auch eine in freundlichem Ton gehaltene Ablehnung stellt kein Eingehen auf ein Gesprächsangebot dar. Allerdings bleibt die Rückwirkung von begonnen Verhandlungen zu beachten. Erhebt der Gläubiger eine Forderung und lässt sich der Schuldner auf Erörterungen ein, so tritt – rückwirkend – die Hemmung bereits mit der Anspruchsgeltendmachung ein (BGH, Urt. v. 19.12.2013 – IX ZR 120/11 m. w. N.).

Die Hemmung endet, wenn eine der Parteien die Fortsetzung der Verhandlungen verweigert. Das muss durch ein klares und eindeutiges Verhalten zum Ausdruck gebracht werden (BGH, Urt. v. 30.6.1998 – VI ZR 260/97; OLG Oldenburg, Urt. v. 23.8.2006 – 5 U 31/06). Lassen die Parteien die Verhandlungen „einschlafen", ist die Hemmung zu dem Zeitpunkt beendet, zu dem nach Treu und Glauben der nächste Schritt zu erwarten gewesen wäre (BGH, Urt. v. 6.11.2008 – IX ZR 158/07; Urt. v. 8.5.2001 – VI ZR 208/00). Wann mit einer Reaktion zu rechnen war, hängt maßgeblich von dem Gang der Verhandlungen ab. Es können wenige Wochen (vgl. BGH, Urt. v. 5.6.2014 – VII ZR 285/12: 2 Wochen; OLG Köln, Urt. v. 21.3.2011 – 11 U 214/10: 4 Wochen; OLG Dresden, Urt. v. 23.2.2010 – 9 U 2043/08: 4 Wochen), aber auch 6 – 8 Wochen (OLG Hamm, Urt. v. 30.3.2012 – 19 U 186/11) und im Einzelfall auch mehrere Monate sein (vgl. BGH, Urt. v. 28.10.2010 – VII ZR 82/09 zu fortgesetzten Verhandlungen mit längeren Unterbrechungen). Die Verjährung tritt frühestens drei Monate nach dem Ende der Hemmung ein (Ablaufhemmung). Das kann – wenn von der Verjährungsfrist nur noch ein Tag übrig war – zu einer Verlängerung der Verjährungsfrist um fast drei Monate führen (Palandt/Ellenberger, § 203 BGB Rdn. 5).

Wenn die „eingeschlafenen" oder abgebrochenen Verhandlungen erneut aufgenommen, führt das zur erneuten Hemmung (BGH, Urt. v. 8.5.2001 – VI ZR 208/00). Es wird ein zweiter, vom ersten getrennter Hemmungszeitraum begründet (OLG Hamm, Urt. v. 30.3.2012 – 19 U 186/11).

§ 631

b) Sonstige Hemmungstatbestände, § 204 BGB

897 In § 204 Abs. 1 BGB werden insgesamt 14 Hemmungstatbestände aufgeführt, die teilweise gerade für die Verjährung von Werklohnforderungen von erheblicher Bedeutung sind. Dazu gehören:

- die Erhebung der Klage auf Leistung oder auf Feststellung des Anspruchs, auf Erteilung der Vollstreckungsklausel oder auf Erlass des Vollstreckungsurteils,
- die Zustellung des Mahnbescheids im Mahnverfahren,
- die Geltendmachung der Aufrechnung des Anspruchs im Prozess,
- die Zustellung der Streitverkündung,
- die Zustellung des Antrags auf Durchführung des selbständigen Beweisverfahrens,
- der Beginn eines vereinbarten Begutachtungsverfahrens,
- die Zustellung eines Antrags auf Erlass eines Arrestes, einer einstweiligen Verfügung oder einer einstweiligen Anordnung,
- die Anmeldung des Anspruchs im Insolvenzverfahren und
- der Beginn des schiedsrichterlichen Verfahrens.

898 Die Verjährungsfragen werden hier mit Bezug auf die Werklohnforderung erörtert. Sie werden im Rahmen der Kommentierung des § 634a BGB vertieft und mit Schwerpunkt auf die Mängelrechte des Bestellers erörtert. Da die rechtlichen Grundlagen dieselbe sind, wird ergänzend auf die Ausführungen zu Verjährungsfragen bei § 643a BGB Bezug genommen.

aa) Klage

899 Für die Geltendmachung des Anspruchs durch Klage oder Mahnbescheid gelten die Grundsätze fort, die nach früherem Verjährungsrecht für die Unterbrechung galten. Die Klage muss wirksam erhoben, nicht aber zulässig sein. Auch die unzulässige Klage hemmt die Verjährung, ebenso eine unsubstantiierte oder unschlüssige Klage (BGH, Urt. v. 26.6.1996 – XII ZR 38/95; Urt. v. 28.9.2004 – IX ZR 155/03; Urt. v. 6.12.2007 – IX ZR 143/06).

900 Die Klage muss aber gegen die richtige Partei erhoben sein. Die Zustellung an eine nicht vertretungsberechtigte Behörde führte nach altem Recht nicht zur Unterbrechung der Verjährung (BGH, Urt. v. 11.3.2004 – VII ZR 351/02). Erteilt eine öffentlich-rechtliche Körperschaft (z. B. ein Bundesland) im Namen und in Vertretung einer anderen Körperschaft (BRD) den Auftrag und verklagt der Unternehmer die vertretende Körperschaft und erst später die richtige Körperschaft, so ist deren Erhebung der Verjährungseinrede keine unzulässige Rechtsausübung, wenn der Irrtum nicht durch die vertretende Körperschaft veranlasst wurde (KG, Urt. v. 26.1.2006 – 27 U 55/04; NZB zurückgewiesen durch BGH, Beschl. v. 26.10.2006 – VII ZR 51/06). Ein Verklagen des Vertreters kann aber ausnahmsweise genügend Warnung für den mit ihm verbundenen Schuldner sein (BGH, Urt. v. 7.5.1991 – XII ZR 146/90; OLG Frankfurt, Beschl. v. 8.7.1976 – 5 W 18/76; Klose, NZBau 2012, 80, 82). Eine rechtsmissbräuchliche Berufung auf die Einrede der Verjährung kann vorliegen, wenn der Schuldner oder sein Vertreter den Gläubiger – auch unabsichtlich – von der Erhebung der Klage gegenüber dem „richtigen" Schuldner abgehalten hat (BGH, Urt. v. 12.6.2002 – VIII ZR 187/01;

901 Eine Teilklage hemmt die Verjährung der Vergütungsforderung nur in Höhe des eingeklagten Betrages (BGH, Urt. v. 9.1.2008 – XII ZR 33/06; Urt. v. 11.3.2009 – IV ZR 224/07). Eine Klage, mit der Teilbeträge verschiedener Ansprüche ohne nähere Aufgliederung geltend gemacht werden, hemmt die Verjährung für die einzelnen Ansprüche nur, wenn der Kläger die Aufgliederung bis zum Ende des Prozesses und in unverjährter Zeit nachholt (BGH, Urt. v. 21.10.2008 – XI ZR 466/07 unter Aufgabe der früheren Rechtsprechung). Anders verhält es sich aber, wenn es sich bei der geltend gemachten Teilforderung um den Teilbetrag aus einer einheitlichen Schlussrechnung bzw. die Summe einzelner unselbständiger Rechnungsposten aus einer weitergehenden Schlussrechnung handelt (BGH, Urt. v. 23.1.2003 – VII ZR 10/01; Urt. v. 24.1.2008 – VII ZR 43/07). Hier ist die Verjährung in Höhe des eingeklagten Teilbetrages mit Erhebung der Klage gehemmt.

902 Die Klage vor einem ausländischen Gericht im Geltungsbereich der EuGVVO hemmt die Verjährung auch, wenn dieses Gericht nicht zuständig ist (OLG Düsseldorf, Urt. v. 9.12.1977 – 16 U 48/77).

Die Zustellung der Klage wirkt auf den Zeitpunkt der Einreichung zurück, sofern sie *demnächst* erfolgt, § 167 ZPO. Hier gelten die üblichen Grundsätze zur verschuldeten bzw. unverschuldeten Verzögerung. 903

Nur die Klage des Berechtigten hemmt die Verjährung, nicht die des Nichtberechtigten (BGH, Urt. v. 29.10.2009 – I ZR 191/07; Urt. v. 4.3.1993 – VII ZR 148/92; Rabe, NJW 2006, 3089; a. A. Kähler, NJW 2006, 1769). Das wird insbesondere im Fall einer unwirksamen Abtretung relevant. Genehmigt der Berechtigte die Klage des Nichtberechtigten, wird die Verjährung mit Wirkung „ex nunc" gehemmt, es tritt keine Rückwirkung ein (BGH, Urt. v. 9.11.1966 – V ZR 176/63). Das gleiche gilt, wenn der Kläger nachträglich die Klageforderung abgetreten erhält. Auf der anderen Seite genügt es aber, wenn der Kläger im Zeitpunkt der Klagezustellung Berechtigter war, spätere Änderungen sind verjährungsrechtlich unschädlich. 904

Ist die Forderung zur Sicherheit abgetreten, der Zedent aber zur Einziehung befugt, hemmt die von ihm erhobene Klage die Verjährung auch dann, wenn er die Abtretung und die Einräumung der Einziehungsbefugnis nicht offen legt (BGH, Urt. v. 11.11.1977 – I ZR 80/75; Urt. v. 23.3.1999 – VI ZR 101/98), zur nicht offen gelegten Prozessstandschaft vgl. → § 634a BGB Rdn. 118. 905

bb) Mahnbescheid

Besondere Schwierigkeiten treten in der Praxis bei der Verjährungsunterbrechung durch Mahnbescheid auf. Da die Forderung im Mahnbescheidsverfahren nicht begründet wird, muss der Mahnbescheid den geltend gemachten Anspruch so genau bezeichnen, dass der Schuldner erkennen kann, welche Forderung gegen ihn geltend gemacht wird (BGH, Urt. v. 17.11.2005 – IX ZR 8/04). Die für die hinreichende Bezeichnung des Anspruchs erforderlichen Angaben richten sich nach den Umständen des Einzelfalles (BGH, Urt. v. 5.12.1991 – VII ZR 106/91; Urt. v. 17.12.1992 – VII ZR 84/92). Eine sehr allgemeine Bezeichnung des Rechtsverhältnisses und des geltend gemachten Anspruchs kann zur ausreichenden Individualisierung genügen. So kann die Angabe „Anspruch aus Werkvertrag" reichen, wenn zwischen den Parteien keine weiteren Rechtsbeziehungen bestehen und dem Schuldner deshalb klar ist, welche Forderung geltend gemacht werden soll (BGH, Urt. v. 6.12.2001 – VII ZR 183/00). Anders liegt es aber, wenn unterschiedliche Rechtsverhältnisse bzw. Ansprüche im Raume stehen (OLG Düsseldorf, Urt. v. 27.4.2001 – 22 U 173/00). Aus anwaltlicher Sicht ist hier höchste Vorsicht geboten, vor einer allzu pauschalen Bezeichnung kann nur gewarnt werden. 906

Auch der bei einem unzuständigen Gericht eingereichte Antrag führt zur Hemmung der Verjährung (BGH, Urt. v. 1.2.1990 – IX ZR 188/89). 907

cc) Selbständiges Beweisverfahren und Streitverkündung

Der Antrag auf Einleitung des selbständigen Beweisverfahrens und die Streitverkündung sind von Amts wegen zuzustellen, § 270 ZPO (BGH, Urt. v. 27.1.2011 – VII ZR 186/09). Die Hemmungswirkung tritt daher gemäß § 270 Abs. 3 ZPO nur dann mit Einreichung der Erklärung bei Gericht ein, wenn die Zustellung *demnächst* erfolgt. Hier muss der Anwalt Sorge tragen, dass es nicht zu Verzögerungen kommt, die der Partei zuzurechnen sind, vgl. dazu → § 634a BGB Rdn. 140 ff. Umstritten waren die Rechtsfolgen einer nicht förmlichen Zustellung des Antrags an den Antragsgegner. Der BGH hat entschieden, dass bei einer nur formlosen Übersendung durch das Gericht die Heilungsvorschrift des § 189 ZPO hierauf angewendet werden kann. Auf den fehlenden Willen des Gerichts, eine förmliche Zustellung vorzunehmen, kommt es nicht an (BGH, Urt. v. 27.1.2011 – VII ZR 186/09; Urt. v. 21.11.2013 – VII ZR 48/12). 908

Streitig ist, ob ein wegen der Mängel des Werkes betriebenes selbständiges Beweisverfahren auch die Verjährung des Vergütungsanspruchs hemmen kann. Insoweit wird auf die Ausführungen zu → § 634a BGB Rdn. 153 ff. verwiesen. Verjährungshemmung tritt jedenfalls ein, wenn der Unternehmer das selbständige Beweisverfahren einleitet (BGH, Urt. v. 9.2.12 – VII ZR 135/11). 909

Anders als bei Klagen etc. führt bei der Streitverkündung nur die Zustellung einer zulässigen Streitverkündungsschrift (vgl. dazu Ulrich, BauR 2013, 9 ff.) zur Hemmung, und zwar auch dann, wenn der Schuldner dem Verfahren beitritt (BGH, Urt. v. 6.12.2007 – IX ZR 143/06; Urt. v. 12.11.2009 – IX ZR 152/08). Im Klageverfahren ist die Streitverkündung ohne zeitliche Beschränkung bis zum Abschluss des Verfahrens möglich, § 66 Abs. 2 ZPO. Auch im Verfahren der Beschwerde gegen die Nichtzulassung der Revision kann der Streit noch verkündet und die Verjährungshemmung herbeigeführt werden (BGH, Urt. v. 12.11.2009 – IX ZR 152/08). 910

§ 631

Ebenso ist im selbstständigen Beweisverfahren eine Streitverkündung zulässig (BGH, Urt. v. 5.12.1996 – VII ZR 108/95). Eine Streitverkündung dürfte sogar im Mahnverfahren zulässig sein (so Seggewiße, NJW 2006, 3037; Kniffka/Koeble-Sacher, Teil 16 Rdn. 4), nachdem der Bundesgerichtshof die Nebenintervention im Mahnverfahren anerkennt (BGH, Beschl. v. 10.1.2006 – VIII ZB 82/05).

911 Allerdings ist zu beachten, dass eine Streitverkündung nur zulässig ist wegen Ansprüchen „auf Gewährleistung oder Schadloshaltung", vergleiche § 72 ZPO. Es ist ungeklärt, ob unter den grundsätzlich weit auszulegenden Begriff der Ansprüche auf Schadloshaltung auch Vergütungsansprüche in werkvertraglichen Leistungsketten gehören. Das LG Bielefeld hat die Zulässigkeit einer Streitverkündung wegen Werklohnansprüchen in der Leistungskette verneint (LG Bielefeld, Urt. v. 25.9.2007 – 15 O 127/07). Der Bundesgerichtshof stellt für die Reichweite zulässiger Streitverkündung auf Sinn und Zweck der Streitverkündung ab. Diese ist dazu bestimmt, verschiedene Beurteilungen desselben Tatbestandes zu vermeiden, das heißt den Streitverkünder durch die Bindungswirkung vor dem Risiko zu bewahren, dass er wegen der materiellrechtlichen Verknüpfung der im Vor- und Folgeprozess geltend gemachten bzw. geltend zu machenden Ansprüche mehrere Prozesse führen muss, dabei aber Gefahr läuft, alle zu verlieren, obwohl er zumindest einen gewinnen müsste. Er hat eine Streitverkündung bei unterschiedlichen vertraglichen Ansprüche aus Hauptmietverhältnis und Untermietverhältnis zugelassen (BGH, Urt. v. 11.2.2009 – XII ZR 114/06; vgl. auch BGH, Urt. v. 14.11.1991 – I ZR 236/89). Die besseren Gründe sprechen deshalb dafür, auch bei durchstellbaren Vergütungsansprüchen eine Streitverkündung zuzulassen (Sacher in Kniffka/Koeble, Teil 16, Rdn. 10).

dd) Aufrechnung

912 Mit der unter § 204 Abs. 1 Nr. 5 BGB genannten Geltendmachung der Aufrechnung im Prozess ist die Aufrechnung als Prozesshandlung gemeint. Der Hemmungstatbestand wird nur praktisch, wenn die Aufrechnung nicht erfolgreich ist, also etwa eine nicht berücksichtigte Eventualaufrechnung, eine prozessual unzulässige Aufrechnung oder eine wegen eines Aufrechnungsverbots nicht durchgreifende Aufrechnung (BGH, Urt. v. 28.9.2004 – IX ZR 155/03; Urt. v. 20.3.2009 – V ZR 208/07). Bei erfolgreicher Aufrechnung erlöschen nämlich die beiderseitigen Forderungen, Verjährungsprobleme treten nicht auf. Die Verjährungshemmung setzt voraus, dass sich die Aufrechnung gegen eine Forderung richtet, die Gegenstand des Rechtsstreits ist. Daran fehlt es hinsichtlich des die Hauptforderung übersteigenden Teils der Gegenforderung. Die Hemmung tritt hier nur in Höhe der Hauptforderung ein (BGH, Urt. v. 20.3.2009 – V ZR 208/07).

ee) Ende der Hemmungswirkung

913 Nach § 204 Abs. 2 BGB endet die Hemmung für die Hemmungstatbestände des § 204 BGB sechs Monate nach der rechtskräftigen Entscheidung oder anderweitigen Beendigung des eingeleiteten Verfahrens. Wird das Verfahren nicht weiter betrieben und kommt es deshalb zum Stillstand, tritt an die Stelle der Beendigung des Verfahrens die letzte Verfahrenshandlung der Parteien, des Gerichts oder der sonst mit dem Verfahren befassten Stelle. Die Hemmung beginnt erneut, wenn das Verfahren weiter betrieben wird.

914 Bei selbstständigen Beweisverfahren ist zu beachten, dass es auf dessen sachliche Erledigung ankommt (→ § 634a BGB Rdn. 154), nicht auf den förmlichen Abschluss durch einen Streitwertbeschluss o. ä. (BGH, Urt. v. 24.3.2009 – VII ZR 200/08).

c) Vereinbarung über Leistungsverweigerungsrecht, § 205 BGB

915 Nach § 205 BGB ist die Verjährung überdies gehemmt, solange der Schuldner auf Grund einer Vereinbarung mit dem Gläubiger vorübergehend zur Verweigerung der Leistung berechtigt ist. Hauptanwendungsfälle sind die nachträgliche Stundung und das pactum de non petendo (vgl. dazu BGH, Urt. v. 6.2.2003 – III ZR 223/02). Erforderlich sind rechtsgeschäftlicher Erklärungen, aufgrund deren der Schuldner berechtigt sein soll, vorübergehend die Leistung zu verweigern, und der Gläubiger sich der Möglichkeit begibt, seine Ansprüche jederzeit weiterzuverfolgen. Ziel eines solchen Abkommens ist es, eine gerichtliche Auseinandersetzung über die streitige Forderung einstweilen zu vermeiden (BGH, Beschl. v. 23.6.2009 – EnZR 49/08). Im Übrigen kann das Verhalten der Parteien auch als Anerkenntnis oder als Verhandlungen gewertet werden.

d) Anrufung der vorgesetzten Stelle nach § 18 Abs. 2 VOB/B, Gutachteneinholung nach § 18 Abs. 3 VOB/B

Für Vergütungsansprüche aus einem VOB-Vertrag stellt § 18 Abs. 2 Nr. 2 VOB/B ausdrücklich fest, dass mit dem Eingang des schriftlichen Antrags auf Entscheidung durch die vorgesetzte Behörde die Verjährung der geltend gemachten Ansprüche gehemmt ist. Die Hemmung endet drei Monate nach Zugang des schriftlichen Bescheids oder der Mitteilung der Parteien, dass sie das Verfahren nicht weiter betreiben wollen. 916

Daneben kann nach § 18 Abs. 3 VOB/B ein Verfahren zur Streitbeilegung vereinbart werden. Das betrifft alle Arten von Schlichtungs- und Schiedsgutachterverfahren. Auch durch Einleitung eines solchen Verfahrens wird die Verjährung der Ansprüche gemäß § 204 Nr. 8 BGB ab „Beginn des vereinbarten Begutachtungsverfahrens" gehemmt, die von der Einholung des Gutachtens betroffen sind. Vereinbaren die Parteien die Einholung des Gutachtens konkret für eine Streitigkeit, beginnt die Hemmung im Zeitpunkt dieser Abrede, sonst i. d. R. mit der Aufforderung zum Gutachtenbesteller (Ingenstau/Korbion-Joussen, VOB/B § 18 Abs. 3 Rdn. 4). 917

2. Neubeginn der Verjährung

Nach § 212 BGB kommt es zu einem Neubeginn der Verjährung (früher Unterbrechung) nur noch in zwei Fällen, nämlich wenn 918

- der Schuldner dem Gläubiger gegenüber den Anspruch durch Abschlagszahlung, Zinszahlung, Sicherheitsleistung oder in anderer Weise anerkennt oder
- eine gerichtliche oder behördliche Vollstreckungshandlung vorgenommen oder beantragt wird.

Die neue Verjährungsfrist wird sofort wieder in Gang gesetzt, beginnt also mit dem auf das Anerkenntnis oder die Vollstreckungshandlung folgenden Tag zu laufen (BGH, Urt. v. 29.4.1993 – III ZR 115/91). 919

a) Anerkenntnis

Ein deklaratorisches Anerkenntnis führt immer zum Neubeginn der Verjährung (BGH, Urt. v. 29.1.2002 – VI ZR 230/01). Der Begriff des Anerkenntnisses in § 212 BGB reicht aber wesentlich weiter. Es setzt keinen Vertrag und auch keine Willenserklärung voraus. Anerkenntnis im Sinne von § 212 BGB ist das rein tatsächliche Verhalten des Schuldners gegenüber dem Gläubiger, aus dem sich unzweideutig das Bewusstsein vom Bestehen des Anspruchs ergibt (BGH, Urt. v. 24.1.1972 – VII ZR 171/70; Urt. v. 30.9.1993 – VII ZR 136/92). Einer rechtsgeschäftlichen Willenserklärung bedarf es hierzu nicht. Das Anerkenntnis ist vielmehr eine geschäftsähnliche Handlung, deren Rechtsfolgen unabhängig vom Willen des Schuldners eintreten. Ein wirksames Anerkenntnis setzt aber Geschäftsfähigkeit voraus; die §§ 133, 157 BGB und die §§ 164 ff. BGB sind anzuwenden, nicht aber die Vorschriften über Willensmängel (Palandt/Ellenberger, BGB, § 212 Rdn. 2; a. A. Staudinger/Peters/Jacobi BGB § 212 Rdn. 9). Das Anerkenntnis kann auch in einem nichtigen Rechtsgeschäft liegen, etwa einer unwirksamen Abtretung (OLG Karlsruhe, Urt. v. 1.2.1939 – 1 U 178/38, HRR 39, 549). Es kann auch durch schlüssiges Verhalten zum Ausdruck kommen, ausnahmsweise sogar durch Stillschweigen (BGH, Urt. v. 6.4.1965 – V ZR 272/62). 920

§ 212 Abs. 1 Nr. 1 BGB nennt als Beispielsfälle eines tatsächlichen Anerkenntnisses Abschlagszahlung, Zinszahlung oder Sicherheitsleistung, wobei die Aufzählung nicht ausschließend ist. Problematisch ist gerade in Bausachen, unter welchen Voraussetzungen ein Anerkenntnis durch Abschlagszahlung anzunehmen ist. Die Frage stellt sich, weil Abschlagszahlungen nach § 632a BGB, § 15 HOAI oder § 16 VOB/B ja nur vorläufige Zahlungen aufgrund vorläufiger Berechnung sind. Sie sollen gerade kein Anerkenntnis des Vergütungsanspruchs darstellen, sondern stehen unter dem Vorbehalt einer späteren Überprüfung (→ § 632a BGB Rdn. 10 ff.). 921

§ 212 BGB verwendet wie die Vorgängervorschrift des § 208 BGB a. F. einen anderen Abschlagzahlungsbegriff als der erstmals 2002 eingeführte § 632a BGB. Die Vorschrift des § 212 BGB setzt einen bereits fällig gewordenen Anspruch voraus. Wäre der Anspruch nicht fällig, würde die Verjährung nicht laufen und die Frage deren Neubeginns würde sich nicht stellen. Gemeint sind hier Teilzahlungen auf bereits fällige Forderungen. Stellt der Unternehmer eine Abschlagsforderung nach § 632a BGB, so wird die Werklohnforderung als solche nicht fällig. Das tritt nach § 641 BGB erst mit der Abnahme ein. Der Bereich des § 212 BGB wäre also 922

§ 631

insoweit nur bei Abschlagzahlungen auf eine Abschlagforderungsforderung berührt. Das ist verjährungsrechtlich nicht besonders praktisch, zumal selbst verjährte Abschlagsforderungen wieder in die Schlussrechnung aufgenommen werden können (BGH, Urt. v. 5.11.1998 – VII ZR 191/97).

923 § 212 BGB betrifft demgegenüber nur Abschlagzahlungen i. S. von Teilzahlungen auf bereits fällige Forderungen. Die Abschlagzahlungen führt auch nicht als solche zum Neubeginn der Verjährung, sondern nur, wenn mit ihr ein tatsächliches Anerkenntnis der Forderung verbunden ist. Das ist mit einer vorbehaltlosen Zahlung hinsichtlich des gezahlten Betrages der Regelfall. Es ist aber zu prüfen, ob dieses Anerkenntnis sich nur auf den abschlagsweise gezahlten Teilbetrag oder die Gesamtforderung erstrecken soll (OLG Oldenburg, Urt. v. 24.9.1997 – 3 U 68/97).

924 Die Beispielsfälle Abschlagszahlung, Zinszahlung oder Sicherheitsleistung in § 212 BGB sind nicht abschließend. Der Ausdruck des tatsächlichen Bewusstseins vom Bestehen der Schuld kann auch „in anderer Weise" erfolgen. Ein Anerkenntnis liegt aber nicht vor, wenn der Bestand der Forderung gerade nicht bestätigt, sondern nur eine Prüfung oder Verfahrenshandlung zugesagt wird. Eine Erklärung, sich um eine Angelegenheit zu kümmern, enthält ebenso wenig ein Anerkenntnis (OLG Koblenz, Urt. v. 3.11.1988 – 5 U 787/88) wie die Ankündigung der Einschaltung der Haftpflichtversicherung (OLG Celle, Urt. v. 9.7.2003 – 3 U 39/03). Ein Anerkenntnis ist auch nicht gegeben, wenn in der Erklärung des Schuldners der Bestand der Forderung oder der Erfüllung von Gegenforderungen abhängig gemacht wird; ein Anerkenntnis liegt daher nicht in der Erklärung des Bestellers, er werde die Vergütung zahlen, sobald der Unternehmer die Mängel beseitigt habe (BGH, Urt. v. 27.2.1969 – VII ZR 18/67).

925 Es kommt immer auf die Auslegung des Einzelfalls an. So kann ein Anerkenntnis auch dann vorliegen, wenn der Schuldner zwar erklärt, er zahle ohne Anerkennung einer Rechtspflicht, er trotz dieser Erklärung aber in der Zahlung und den sie begleitenden Umständen sein Bewusstsein von dem Bestand der Forderung zum Ausdruck bringt (BGH, Urt. v. 28.2.1969 – VI ZR 250/67; Urt. v. 25.1.1972 – VI ZR 10/71; OLG München, Urt. v. 4.11.1976 – 1 U 2238/76). Ob eine Aufrechnungserklärung ein Anerkenntnis der Gegenforderung enthält, hängt von den Umständen des Einzelfalles ab, vgl. auch → § 634a BGB Rdn. 173.

b) Gerichtliche oder behördliche Vollstreckungshandlung

926 Der Antrag des Gläubigers auf Durchführung der Zwangsvollstreckung und die daraufhin vorgenommene Vollstreckungshandlung lassen die Verjährung neu beginnen (BGH, Urt. v. 18.1.1985 – V ZR 233/83). Als Vollstreckungshandlung gelten alle das Vollstreckungsverfahren fördernden Maßnahmen. Die Zahlung des Drittschuldners steht einer Vollstreckungshandlung gleich (BGH, Urt. v. 20.11.1997 – IX ZR 136/97). Die bloße Zustellung des Titels reicht hingegen nicht aus (BGH, Urt. v. 29.4.1993 – III ZR 115/91).

927 Der erneute Beginn der Verjährung gilt gemäß § 212 Abs. 2 BGB als nicht eingetreten, wenn die Vollstreckungsmaßnahme auf Antrag des Gläubigers oder wegen eines Mangels der gesetzlichen Voraussetzungen aufgehoben wird. Wegen eines Mangels der gesetzlichen Voraussetzungen entfällt der Neubeginn der Verjährung aber nur dann, wenn die Voraussetzungen für die Vollstreckung insgesamt fehlen, nicht wenn die Vollstreckungsmaßnahme wegen Unpfändbarkeit der Sache oder auf Grund einer Drittwiderspruchsklage aufgehoben wird (BT-Drucks 14/6040 S 121; BeckOK BGB/Henrich, § 212 Rdn. 15). Der erneute Beginn der Verjährung gilt nach § 212 Abs. 3 BGB auch dann als nicht eingetreten, wenn dem Antrag nicht stattgegeben, der Antrag vor der Vollstreckung zurückgenommen oder die erwirkte Vollstreckungshandlung nach Abs. 2 aufgehoben wird. Die Wirkung der Handlung oder des Antrags bleibt aber erhalten, wenn der Gläubiger in der Frist des § 204 Abs. 2 BGB erneut eine auf Neubeginn der Verjährung gerichtete Maßnahme ergreift.

III. Vereinbarungen über die Verjährung

928 Während § 225 BGB a. F. nur Vereinbarungen zur Erleichterung der Verjährung zuließ, Erschwerungen aber grundsätzlich verbot, gilt seit der Schuldrechtsmodernisierung der Grundsatz der Vertragsfreiheit auch für das Verjährungsrecht. Entgegen der missverständlichen Überschrift des § 202 BGB sind Vereinbarungen über die Verjährung nunmehr weitgehend zulässig. Entbehrlich sind damit, wenn die Verjährung verlängert werden soll, die früher gebräuchli-

chen fragwürdigen Hilfskonstruktionen, wie das „pactum de non petendo" oder die auf dem Grundsatz des Vertrauensschutzes beruhende eingeschränkte Anerkennung derartiger Abreden.

Vereinbarungen über die Verjährung sind danach grundsätzlich formfrei möglich. Die 929 Parteien können die Verlängerung oder Verkürzung der Verjährungsfrist vereinbaren, einen früheren oder späteren Verjährungsbeginn festlegen oder die Gründe für die Hemmung oder den Neubeginn erweitern oder einschränken. Die Vereinbarung kann vor oder nach Beginn oder sogar noch nach Ablauf der Verjährung getroffen werden. Der Schuldner kann auch nach Eintritt der Verjährung auf sein Einrederecht einseitig verzichten (BGH, Urt. v. 4.7.1973 – IV ZR 185/72; OLG München, Urt. v. 4.12.1992 – 23 U 7144/91). Ein konkludent erklärter Verzicht ist aber nur dann anzunehmen, wenn der Schuldner mit dem Eintritt der Verjährung zumindest rechnete (OLG Düsseldorf, Urt. v. 16.4.1999 – 22 U 218/98). Lässt der Schuldner die Verjährungseinrede im Prozess fallen, liegt darin nur dann ein Verzicht, wenn konkrete Anhaltspunkte dafür vorliegen, dass mit dieser Prozesserklärung auch der Verzichtswille zum Ausdruck gebracht werden soll (BGH, Urt. v. 29.11.1956 – III ZR 121/55).

Vereinbarungen über die Verjährung sind aber auch Grenzen gesetzt. Nach § 202 Abs. 1 930 BGB kann die Haftung wegen Vorsatzes nicht im Voraus durch Rechtsgeschäft erleichtert werden. Zulässig sind hingegen Vereinbarungen nach Entstehung des Anspruchs. Nach § 202 Abs. 2 BGB kann die Verjährung auch nicht über eine Verjährungsfrist von 30 Jahren ab dem gesetzlichen Verjährungsbeginn hinaus erschwert werden. Unzulässig sind daher sämtliche Abreden, die im Ergebnis zu einer längeren Verjährungsfrist als 30 Jahre führen. Ist die Abrede danach unwirksam, gilt die gesetzliche Regelung, während der Vertrag im Übrigen im Regelfall wirksam bleibt. Kein Verstoß gegen § 202 Abs. 2 BGB liegt aber vor, wenn länger laufende Dauerverbindlichkeiten begründet werden (BGH, Urt. v. 26.6.2008 – I ZR 221/05 zu einer 40jährigen Haltbarkeitsgarantie).

Verjährungsregelungen in Allgemeinen Geschäftsbedingungen sind nur wirksam, wenn sie 931 den Anforderungen der §§ 307 ff. BGB standhalten. Die Verjährungsregelungen der §§ 194 ff. BGB sind gesetzliches Leitbild im Sinne von § 307 Abs. 2 Nr. 1 BGB; auch Verjährungsvorschriften kommt erheblicher Gerechtigkeitsgehalt zu (BGH, Urt. v. 17.1.1990 – VIII ZR 292/88). Zu berücksichtigen ist zwar auch, dass § 202 BGB die Vertragsfreiheit im Verjährungsrecht stärken soll (BT-Drucks. 14/6040, S. 110 f.). Abweichenden Regelungen müssen die Grundentscheidung der §§ 194 ff. BGB aber unberührt lassen. Verjährungsverkürzungen können zugleich Haftungserleichterungen darstellen und müssen auch insoweit angemessen sein. In jedem Fall muss der Gläubiger eine faire Chance haben, seine Forderung durchzusetzen. Deshalb können kenntnisabhängige Verjährungsfristen ggf. kürzer ausgestaltet werden (BGH, Urt. v. 10.5.1990 – I ZR 175/88), während kurze kenntnisunabhängige Fristen in der Regel unangemessen sind (vgl. BGH, Urt. v. 3.4.1996 – VIII ZR 3/95; OLG München, Urt. v. 8.11.2006 – 34 Wx 45/06). Eine Verkürzung der 10-Jahresfrist auf die 6jährige Aufbewahrungsfrist dürfte angemessen sein (vgl. OLG Hamm, Urt. v. 19.5.1999 – 31 U 207/98). Eine Verjährungsverlängerung muss durch besondere Interessen des Verwenders gerechtfertigt sein (BGH, Urt. v. 17.1.1990 – VIII ZR 292/88). Der Schuldner hat grundsätzlich ein berechtigtes Interesse daran, dass nach Ablauf eines angemessenen Zeitraums Verjährung eintritt. Ein berechtigtes Interesse des Gläubigers an einer Verlängerung der dreijährigen Verjährungsfrist für Werklohnansprüche oder Schadensersatzansprüche ist auch wegen der erleichterten Hemmung durch Verhandlungen für den formularvertraglichen Regelfall i. d. R. nicht begründbar. Praktischer werden Abänderungen bei Mängelansprüchen, vgl. dazu → § 634a BGB Rdn. 218 ff.

IV. Übergangsregelung

Gerade bei Verjährungsfragen können die Übergangsregelungen in Art. 229 § 6 EGBGB 932 noch relevant sein. Danach gilt grundsätzlich das neue Verjährungsrecht auch für die Altverträge, soweit der Anspruch noch nicht verjährt ist, Art. 229 § 6 Abs. 1 Satz 1 EGBGB. Die alte Verjährungsfrist ist jedoch maßgebend, soweit diese kürzer ist als die neue Frist, Art. 229 § 6 Abs. 3 EGBGB. Danach bleibt es also für die Altverträge bei der kürzeren Verjährungsfrist von zwei Jahren aus § 196 Abs. 1 BGB a. F., denn die neue dreijährige Frist ab Kenntnis ist länger.

Es ist allerdings problematisch, welche der nach neuem Recht möglichen Fristen maß- 933 gebend ist. Das neue Recht kennt die kenntnisabhängige Regelfrist von drei Jahren und die von der Entstehung des Anspruchs abhängige Höchstfrist, in der Regel von zehn Jahren. Die Entscheidung zwischen kenntnisabhängiger kurzer und absoluter Höchstfrist kann sich nur nach den im Vergleichszeitpunkt feststehenden Umständen richten. Vergleichserheblich ist

§ 631

also diejenige Verjährungsfrist, nach welcher sich gemäß der Sachlage im Vergleichszeitpunkt die Vollendung der Verjährung bestimmen würde (BGH, Urt. v. 7.3.2007 – VIII ZR 218/06; Urt. v. 23.1.2007 – XI ZR 44/06; Gsell, NJW 2002, 1297, 1299).

934 Ist die neue Verjährungsfrist kürzer, so läuft diese für Altverträge ab dem 1.1.2002, wenn nicht die längere Frist nach altem Recht vorher abläuft, Art. 229 § 6 Abs. 4 EGBGB. Ist z. B. eine Vergütungsforderung für eine Leistung, die für den Gewerbebetrieb des Schuldners erbracht worden ist, am 5.10.1999 fällig geworden, so endete die Verjährungsfrist nach altem Recht mit Ablauf des 31.12.2003, § 196 Abs. 2 BGB a. F. i. V. m. § 201 BGB a. F. (vierjährige Verjährung). Die kürzere neue Frist (dreijährige Verjährung ab Kenntnis, §§ 195, 199 Abs. 1 BGB) lief ab dem 1.1.2002, endete also erst am 31.12.2004. Maßgebend ist die kürzere Frist nach altem Recht, Art. 229 § 6 Abs. 4 EGBGB (OLG Oldenburg, Urt. v. 24.11.2005 – 8 U 129/05).

V. Verwirkung der Vergütungsforderung

935 Bei der kurzen 3-jährigen Verjährungsfrist kommt eine Verwirkung nur unter Umständen in Betracht, die einem konkludenten Verzicht nahekommen (OLG Düsseldorf, Urt. v. 12.6.2015 – I-22 U 32/15). Eine Verwirkung wird vor allem dann relevant, wenn eine Verjährung der Forderung wegen des Erfordernisses der prüfbaren Abrechnung als Fälligkeitsvoraussetzung (HOAI, VOB/B, → Rdn. 864) gar nicht begonnen hat, weil der Unternehmer gar nicht oder nicht prüfbar abrechnet hat und der Besteller rechtzeitig innerhalb der Prüffrist die fehlende Prüffähigkeit eingewandt hat.

936 Auch in solchen Fällen kann nur ausnahmsweise die Verwirkung der Vergütungsforderung angenommen werden. Der bloße Zeitablauf – z.B. 5 1/2 Jahre nach der Kündigung (BGH, Urt. v. 14.11.2002 – VII ZR 23/02) – reicht dafür nicht aus, da dieser von den Verjährungsvorschriften erfasst und geregelt wird. Der Ablauf von 10 Jahre würde zwar das Zeitmoment erfüllen, reicht aber allein nicht aus (OLG Celle, Urt. v. 7.4.2000 – 7 U 17/99). Vielmehr muss zum Zeitmoment noch als Umstandsmoment hinzukommen, dass der Besteller sich auf Grund besonderer Umstände darauf einrichten hat und einrichten durfte, der Unternehmer werde den Anspruch nicht mehr geltend machen (BGH, Urt. v. 11.10.2012 – VII ZR 10!!; BGH, Urt. v. 30.10.2009 – V ZR 42/09; Urt. v. 12.12.2008 – V ZR 49/08; st. Rspr. vgl. schon RG, Urt. v. 4.6.1937 – VII 321/36; Urt. v. 17.12.1937 – III 3/37). Nur wenn derartige Umstände von dem darlegungs- und beweispflichtigen Besteller vorgebracht werden können, handelt der Unternehmer, der die Forderung nunmehr doch noch geltend macht, treuwidrig, § 242 BGB (vgl. OLG Hamm, Urt. v. 25.8.2010 – 12 U 138/09 für Abrechnung eines Architekten erst nach 13 Jahren bei weiteren, abgerechneten Verträgen in der Zwischenzeit).

L. Besonderheiten der VOB/B

I. Einbeziehung der VOB/B in den Bauvertrag/Inhaltskontrolle

→ Vor § 631 BGB Rdn. 49 ff.

II. Besonderheiten bei der Auslegung einer Ausschreibung nach VOB/A

937 Mehrvergütungsansprüche setzen eine Leistungsänderung gegenüber dem ursprünglichen Leistungssoll voraus. Im Wege der Auslegung muss ermittelt werden, ob der Auftraggeber lediglich die geschuldete Leistung fordert oder eine geänderte bzw. zusätzliche Leistung. Bei einer Ausschreibung nach der VOB/A ist im Rahmen der Auslegung zu berücksichtigen, dass der Bieter grundsätzlich eine mit §§ 7 ff. VOB/A konforme Ausschreibung erwarten darf (→ Rdn. 776 ff.). Dieser Grundsatz gilt nicht für private Vergaben. Hier gelten die allgemeinen Auslegungskriterien (→ Rdn. 741 ff.).

III. Preisänderungen beim VOB-Vertrag (§ 2 Abs. 3 VOB/B)

938 Nach dem BGB-Werkvertragsrecht führt eine Mengenveränderungen bei Einheitspreispositionen nicht zu einer Preisänderung (→ Rdn. 487). Hiervon abweichend regelt § 2 Abs. 3

§ 631

VOB/B einen Preisanpassungsanspruch bei sog. reinen Mengenänderungen von mehr als 10%. Der Begriff der reinen Mengenänderung zeigt bereits an, dass diese Regelung nicht für Mengenänderungen infolge Planungsänderungen oder zusätzliche Leistungen gilt. Eine Preisanpassung nach § 2 Abs. 3 VOB/B kommt nur in Betracht, wenn es ohne Eingriff des Auftraggebers in den ursprünglichen Leistungsbestand zu einer reinen Mengenänderung bei den Vordersätzen der bei Vertragsschluss festgelegten Leistungen kommt (BGH, Urt. v. 27.11.2003 – VII ZR 346/01; OLG Düsseldorf, Urt. v. 24.10.1995 – 21 U 8/95). Die Vorschrift erfasst damit nur die Fälle, bei denen die Planung oder Ausschreibung die Mengen – aus welchen Gründen auch immer – unzutreffend ermittelt/geschätzt hat. Haben die Parteien eines Gerüstbauvertrags Einheitspreise nach Gerüstmaß und Vorhaltezeit vereinbart, kann § 2 Abs. 3 VOB/B bei Überschreitung des vertraglichen Zeitmaßes anwendbar sein (BGH, Urt. v. 11.4.2013 – VII ZR 201/12).

939 Die Preisanpassung nach § 2 Abs. 3 VOB/B dient dazu, eine Unter- bzw. Überdeckung von in den Einheitspreisen einkalkulierten Zuschlägen für Gemeinkosten zu begrenzen. Für diese Fälle ist § 2 Abs. 3 VOB/B eine abschließende Spezialregelung. Ein Rückgriff auf die gesetzlichen Regelungen zum Wegfall der Geschäftsgrundlage kommt daneben grundsätzlich nicht in Betracht. Etwas anderes gilt jedoch dann, wenn die Parteien einer Einheitspreisvereinbarung ausnahmsweise eine bestimmte Menge zugrunde gelegt und für diese eine „außergewöhnliche Preisbildung" vereinbart haben. In diesen Fällen ist es möglich, dass Geschäftsgrundlage dieser Einheitspreisvereinbarung ist, dass eine bestimmte Menge nicht überschritten wird (BGH, Urt. v. 23.3.2011 – VII ZR 216/08; OLG Köln, Urt. v. 30.12.2014 – 17 U 83/13).

Erhebliche Mengenüberschreitungen können außer einer Preisanpassung weitere Folgen auslösen, z.B. Kündigungsrechte nach § 649 BGB (vgl. Popescu, NZBau 2014, 201 ff.) oder Schadenersatzansprüche wegen fehlerhafter Ausschreibung (vgl. OLG Rostock, Urt. v. 19.6.2008 – 3 U 12/08; Kniffka/Koeble Teil 5 Rdn. 170).

940 Nach § 2 Abs. 3 VOB/B sind die Vertragsparteien an den vereinbarten Einheitspreis gebunden, wenn sich Mengen einer Leistungsposition um nicht mehr als 10% erhöhen oder verringern. Abweichungen innerhalb dieses Bereiches bleiben unberücksichtigt, es gilt der vereinbarte Einheitspreis, § 2 Abs. 3 Nr. 1 VOB/B.

941 Überschreiten die ausgeführten Mengen den vertraglich vorgesehenen Umfang um mehr als 10%, so ist nur für den Teil der Leistung, der über 110% hinausgeht, ein neuer Preis zu vereinbaren, wenn eine Partei es fordert, § 2 Abs. 3 Nr. 2 VOB/B.

942 Bei einer Verringerung der Mengen über 10% hinaus ist für den gesamten erbrachten Leistungsumfang ein neuer Einheitspreis auf Verlangen des Auftragnehmers zu bilden. Eine Erhöhung des Einheitspreises kann aber nur verlangt werden, soweit der Auftragnehmer nicht durch Erhöhung der Mengen bei anderen Positionen oder in anderer Weise einen Ausgleich erhält, § 2 Abs. 3 Nr. 3 VOB/B. Mengenerhöhungen, die unter 10% liegen, bleiben dabei allerdings unberücksichtigt und auch die Mengenerhöhungen über 10%, für die bereits ein neuer Preis gebildet worden ist (BGH, Urt. v. 18.12.1986 – VII ZR 39/86). Die Darlegungs- und Beweislast für einen höheren Preis bei Mengenunterschreitungen trägt der Auftragnehmer, der seine Urkalkulation offen legen muss (OLG Schleswig, Urt. v. 24.8.1995 – 11 U 110/92; vgl. zur Berechnung Drittler, BauR 2005, 307).

943 Die Vorschrift kann in ergänzender Auslegung auch auf sog. „Nullmengen" angewandt werden, wenn also einzelne Leistungsverzeichnispositionen insgesamt entfallen. Anders als bei einer Teilkündigung muss sich der Auftragnehmer nicht nur einen echten Ersatzauftrag anrechnen lassen, sondern jede Erhöhung von Massen oder einen Ausgleich durch Zusatzvergütungsansprüche nach § 2 Abs. 5 und 6 VOB/B (BGH, Urt. v. 26.1.2012 – VII ZR 19/11).

944 § 2 Abs. 3 VOB/B begründet bei entsprechendem Verlangen einen vertraglichen Anspruch auf Einwilligung in einen neuen Preis. Kommt es trotz der insoweit bestehenden Kooperationspflicht der Parteien zu keiner Vereinbarung, kann der neue Preis unmittelbar zum Gegenstand einer Klage gemacht werden (BGH, Urt. v. 14.4.2005 – VII ZR 14/04). Die Regelung geht damit – ohne dass das im Wortlaut klar zum Ausdruck kommt – davon aus, dass der Preis nicht von einer Partei nach billigem Ermessen festgelegt wird, sondern nach den Kriterien der Regelung nur festzustellen ist (Kniffka, BauR 2012, 411, 414).

945 Ungeklärt ist, bis zu welchem Zeitpunkt das Preisanpassungsverlangen geltend gemacht werden kann. Der vertragliche Anspruch auf Preisanpassung wird durch den Tatbestand der Mengenabweichung begründet. Im Fall von Mindermengen kann der Auftragnehmer und im Falle der Mengenmehrung der Auftraggeber eine Abänderung des Preises nach Maßgabe der

§ 631

Urkalkulation verlangen. Es handelt sich um einen sog. verhaltenen Anspruch (dazu BGH, Urt. v. 29.1.2008 – XI ZR 160/07), da er nicht automatisch mit der Mengenänderung, sondern erst durch die Geltendmachung, nämlich dem Verlangen nach Preisanpassung, fällig wird. Die VOB/B sieht keine zeitliche Beschränkung für das Preisanpassungsverlangen vor. Deshalb kann das Verlangen jedenfalls solange erhoben werden, solange die Vergütung noch nicht bezahlt ist. Das Verlangen ist nach allgemeinen Grundsätzen der Verwirkung erst ausgeschlossen, wenn der durch die Preisanpassung Belastete darauf vertrauen konnte, dass es nicht mehr gestellt wird (BGH, Urt. v. 14.4.2005 – VII ZR 14/04). Bevor die Vergütung auf der Grundlage des vereinbarten Einheitspreises bezahlt ist, kommt Verwirkung von vornherein nicht in Betracht. Anders kann das nach Zahlung sein, da die Parteien gehalten sind, das Preisanpassungsverlangen möglichst beschleunigt geltend zu machen. Dann kann neben dem (verkürzten) Zeitmoment durch die Zahlung das Vertrauen gerechtfertigt sein, dass eine Preisanpassung nicht mehr verlangt wird (BGH, Urt. v. 14.4.2005 – VII ZR 14/04; OLG Düsseldorf, Urt. v. 4.11.2014 – 23 U 33/14; vgl. zur Verwirkung allgemein → Rdn. 920). Das Umstandsmoment wird i.d.R. aber voraussetzen, dass die Parteien alle Vergütungsfragen erledigt haben. Es kann i.d.R. nicht eintreten, wenn der Anpassungsanspruch vor Zahlung erhoben wurde (OLG Düsseldorf, Urt. v. 4.11.2014 – I-23 U 33/14).

946 § 2 Abs. 3 VOB/B enthält keine dem § 2 Abs. 6 Abs. 1 Satz 2 VOB/B entsprechende Anzeigepflicht. Häufig finden sich entsprechende Klauseln jedoch in Allgemeinen Geschäftsbedingungen derart, dass Mengenmehrungen vor ihrer Ausführung schriftlich anzuzeigen sind. Solche Klauseln dürften jedoch unwirksam sein, soweit sie – wie das regelmäßig der Fall ist – bezwecken, den Vergütungsanspruch für die Mehrmenge insgesamt auszuschließen. Denn dadurch wird die Ausgewogenheit von Leistung und Gegenleistung unangemessen zu Lasten des Auftragnehmers gestört. Hingegen ist es möglich, durch AGB den in § 2 Abs. 3 VOB/B vorgesehenen Preisangleichungsmechanismus durch eine Festpreisklausel auszuschalten. Das hat der Bundesgerichtshof, unter zutreffendem und allgemein gültigem Hinweis darauf entschieden, dass Maßstab der Inhaltskontrolle nicht die VOB/B, sondern das Gesetz ist (BGH, Urt. v. 8.7.1993 – VII ZR 79/92; vgl. auch OLG Köln, Beschl. v. 7.11.2014 – 19 U 55/14). Die Klausel lautete: „Die Einheitspreise sind Festpreise für die Dauer der Bauzeit und behalten auch dann ihre Gültigkeit, wenn Massenänderungen im Sinne von § 2.3 VOB/B eintreten". Der Bundesgerichtshof hat angenommen, dass es diese Klausel dem Auftragnehmer nicht verwehrt, sich auf den Wegfall der Geschäftsgrundlage zu berufen. Demgegenüber hat der Bundesgerichtshof eine ähnliche Klausel verworfen, weil sie bei kundenfeindlicher Auslegung auch mangels textlicher Beschränkung auf § 2 Abs. 3 VOB/B auch Ansprüche wegen Wegfalls der Geschäftsgrundlage ausschließt. Sie lautete: „Die dem Angebot des Auftragnehmers zugrunde liegenden Preise sind grundsätzlich Festpreise und bleiben für die gesamte Vertragsdauer verbindlich" (BGH, Urt. v. 20.7.2017 – VII ZR 259/16). Deshalb ist auch die uneingeschränkte Klausel „Massenänderungen – auch über 10% – sind vorbehalten und berechtigen nicht zur Preiskorrektur" wegen nach § 307 BGB unwirksam, weil auch sie bei der kundenfeindlichsten Auslegung Ansprüche nach § 313 BGB ausschließt (BGH, Urt. v. 4.11.2015 – VII ZR 282/14).

947 Damit bestehen gegen eine Festpreisklausel keine Bedenken, wenn sie nur den gesetzlichen Tatbestand wiedergibt, wonach der Auftragnehmer ohnehin an den vereinbarten Einheitsbzw. Pauschalpreis gebunden ist. Die Festpreisklausel darf jedoch nicht auch Sachverhalte erfassen, die den Auftragnehmer nach der gesetzlichen Regelung zu Mehrforderungen berechtigen. Auf der anderen Seite kann der Auftragnehmer gegenüber einer Festpreisvereinbarung einen Preisvorbehalt nur dann geltend machen, wenn die tatsächlichen Voraussetzungen, unter denen der Festpreis wegfallen soll, eindeutig festgelegt worden sind. Ebenso muss vereinbart werden, was anstelle des Festpreises Vertragsinhalt werden soll (OLG Köln, Urt. v. 18.2.1994 – 19 U 216/93).

IV. Leistungs- und Vergütungsänderungen beim VOB-Vertrag

948 Die VOB/B sieht in § 1 Abs. 3 und 4 sowie § 2 Abs. 5 und 6 VOB/B ein eigenständiges System für einseitige Leistungsänderungen des Auftraggebers und eine entsprechende Vergütungsanpassung vor. Diese Vorschriften werden in Zusammenhang mit § 650b BGB kommentiert (→ § 650b BGB Rdn. 171 ff.)

V. Ansprüche bei nicht (wirksam) beauftragten Leistungen

§ 2 Abs. 8 VOB/B regelt etwas unübersichtlich und wenig stringent die Vergütung von Leistungen, die der Auftragnehmer ohne Leistungen erbringt. Auch diese Vorschrift wird in Zusammenhang mit § 650b BGB kommentiert (→ § 650b BGB Rdn. 297 ff.). **949**

VI. Fälligkeit der Vergütung

Beim VOB-Vertrag war die prüfbare Schlussrechnung nach § 16 Abs. 3 Nr. 1 VOB/B schon immer Fälligkeitsvoraussetzung ist. Die Fälligkeit der Vergütung im VOB-Vertrag tritt aber noch nicht mit Zugang der Rechnung ein, sondern erst, wenn zusätzlich die Prüffrist – früher von 2 Monaten, ab VOB/B 2012 i. d. R. 30 Tage – abgelaufen ist. Genügt die Rechnung den objektiven Anforderungen an die Prüfbarkeit nicht, wird die Forderung eigentlich nicht fällig (BGH, Urt. v. 27.11.2003 – VII ZR 288/02). **950**

§ 16 Abs. 3 Nr. 1 Satz 2 VOB/B bestimmt seit der Neuausgabe 2006 – wie heute auch § 650g Abs. 4 BGB – in Nachvollzug der vom Bundesgerichtshof entwickelten Grundsätze, dass sich der Auftraggeber auf die fehlende Prüfbarkeit nicht berufen kann, wenn er Einwendungen nicht innerhalb der jeweiligen Prüffrist nach Zugang der Schlussrechnung unter Angabe der Gründe erhoben hat. **951**

In vielen Fällen scheitert die Prüffähigkeit daran, dass die Vorgaben für das Aufmaß nicht eingehalten werden. § 14 Abs. 1 S. 3 VOB/B schreibt vor, dass Mengenberechnungen, Zeichnungen und andere Belege der Rechnung beizufügen sind. Die Auswirkungen nicht prüfbarer oder vollständig unterlassener Aufmaße auf die Prüffähigkeit bzw. den Eintritt der Fälligkeit trotz Aufmaßmängel ist oben im Zusammenhang mit den Aufmaßregelungen bereits dargelegt worden. Auch hier gilt, dass der Auftraggeber sich auf die fehlende Prüfbarkeit nach Ablauf des Prüfungszeitraumes nicht mehr berufen kann. Ob der Auftraggeber das Aufmaß tatsächlich geprüft hat oder die nachträgliche Stellung eines Aufmaßes durch Fortführung der Arbeiten objektiv vereitelt hat (→ Rdn. 364 ff.). **952**

Wenn Verlauf der Verjährungsfrist erst mit der Fälligkeit eintritt (→ Rdn. 868) kann der Besteller Interesse daran haben, die Verjährung und damit den Beginn der Fälligkeit herbeizuführen. Die Möglichkeiten zur Fristsetzung bzw. zur Erstellung einer eigenen Abrechnung sind oben im Rahmen der Erörterung der Verjährungsfragen dargelegt (→ Rdn. 871). **953**

VII. Einbeziehung Dritter in die Zahlung

§ 16 Abs. 6 VOB/B gibt dem Auftraggeber das Recht, bei Zahlungsverzug des Auftragnehmers gegenüber seinen Nachunternehmern direkte Zahlungen unter Anrechnung auf den Vergütungsanspruch des Auftragnehmers zu leisten (vgl. näher → Rdn. 853). **954**

M. Besonderheiten des Architekten- und Ingenieurvertrages

Die Besonderheiten des Architektenvertrages werden im Rahmen der Kommentierung der §§ 650p bis 650t BGB erläutert. **955**

§ 632 BGB Vergütung

(1) Eine Vergütung gilt als stillschweigend vereinbart, wenn die Herstellung des Werkes den Umständen nach nur gegen eine Vergütung zu erwarten ist.

(2) Ist die Höhe der Vergütung nicht bestimmt, so ist bei dem Bestehen einer Taxe die taxmäßige Vergütung, in Ermangelung einer Taxe die übliche Vergütung als vereinbart anzusehen.

(3) Ein Kostenanschlag ist im Zweifel nicht zu vergüten.

Übersicht

	Seite
A. Allgemeines	224
I. Zweck und Anwendungsbereich	224
II. Abgrenzung zum Dissens	225
B. Erste Voraussetzung: Werkvertrag ohne Vergütungsvereinbarung	226
I. Notwendiger Vertragsschluss	227
II. Keine Vergütungspflicht ohne Vertrag	228
1. Keine Vergütung für Vorleistungen auf einen Vertrag	228
2. Werkvertragliche Begründung	229
3. Alternative Anspruchsgrundlagen	229
III. Keine Vergütungsvereinbarung	230
C. Zweite Voraussetzung: Leistung ist nur gegen eine Vergütung zu erwarten	230
I. Erfahrungssatz der Entgeltlichkeit	231
II. Ausnahmetatbestände	231
III. Unentgeltlichkeitsabrede	232
D. Bestimmung der Vergütung nach § 632 Abs. 2 BGB	232
I. Taxmäßige Vergütung	233
II. Übliche Vergütung	233
E. Keine Vergütung des Kostenanschlags gem. Abs. 3	234
I. Allgemeines	234
II. Leitbildfunktion für Allgemeine Geschäftsbedingungen	235
III. Vergütungsabrede	236
IV. Abgrenzung zu „ähnlichen Vorarbeiten"	236
V. Anspruchsgrundlagen anstelle einer Vergütung	236
F. Besonderheiten beim VOB-Vertrag	237
G. Besonderheiten des Architekten- und Ingenieurvertrags	238
I. HOAI als Taxe	238
II. Abgrenzung zu Akquisitionsleistungen	238
III. Anwendungsbereich der HOAI	239
IV. Darlegungs- und Beweislast	240
H. Besonderheiten beim Bauträgervertrag	240

A. Allgemeines

I. Zweck und Anwendungsbereich

1 § 632 BGB ist, anders als die Überschrift glauben lässt, nicht die zentrale Vergütungsvorschrift für das Werkvertragsrecht. In aller Regel wird die Vergütung ausdrücklich zwischen den Parteien vereinbart. Sie ergibt sich dann aus dieser Vereinbarung i. V. m. § 631 Abs. 1 BGB. Dementsprechend werden die allgemeinen Fragen zur Vergütungspflicht wie die unterschiedlichen Modelle zur Bestimmung der Vergütung, die sich für die Abrechnung hieraus ergebenden Folgen, steuerliche Regelungen, Möglichkeiten zur Preisveränderung etc. im Rahmen des § 631 kommentiert.

2 § 632 BGB regelt demgegenüber die Folgen fehlender Vereinbarungen über die Vergütung für Leistungen des Unternehmers. In Absatz 1 ist geregelt, ob der Unternehmer, der ein Werk erstellt hat, eine Vergütung auch verlangen kann, wenn diese nicht vereinbart ist. Absatz 2 regelt, wie diese – nicht vereinbarte – Vergütung zu bemessen ist. Absatz 3 regelt seit dem Schuldrechtsmodernisierungsgesetz einen Sonderfall, nämlich dass im Zweifel ein Kostenanschlag nicht vergütungspflichtig ist.

(von Rintelen

Vergütung **§ 632**

Aus § 631 Abs. 1 BGB ergibt sich bereits, dass der Werkvertrag seinem Wesen nach entgeltlich 3 ist. Ist das Entgelt aber nicht ausdrücklich vereinbart, besteht die Gefahr, dass eine Einigung über eine essentialia nicht festgestellt werden kann, der Vertrag also nicht wirksam zustande gekommen wäre. Das wäre schon deshalb nicht richtig, weil in vielen Fällen die Vergütung so üblich oder gar durch verbindliche Gebührenordnungen vorgegeben ist, dass die ausdrückliche Einigung über die Entgeltlichkeit und die Höhe des Entgelts von den Parteien als entbehrlich angesehen wird. Wer in ein Taxi steigt, braucht neben dem Fahrziel nicht zusätzlich zu erklären, dass er sich aus der Gebührenordnung ergebenen Fahrpreis auch zu bezahlen. Wer den Sanitärnotdienst anruft, schließt einen Werkvertrag auch ohne Vereinbarung der hierfür zu zahlenden Vergütung. § 632 Abs. 1 BGB bestimmt daher, dass auch dann, wenn keine Vergütung vereinbart wurde, sie als stillschweigend vereinbart gilt, wenn die Herstellung des Werkes den Umständen nach nur gegen eine Vergütung zu erwarten ist. Die Rechtsfolge des § 632 BGB tritt an die Stelle der Vertragslücke.

Die Rechtsfolge des § 632 BGB tritt kraft einer gesetzlichen Fiktion ein (BGH, Urt. 4 v. 23.1.1996 – X ZR 63/94; vgl. zum Meinungsstand Bamberger/Roth-Voit, BGB § 632 Rdn. 1). Es kommt deshalb auf einen entsprechenden Willen des Bestellers zur Vereinbarung der üblichen Vergütung nicht an (BGH, Urt. v. 23.1.1996 – X ZR 63/94,). Bei einem Irrtum über die Entgeltlichkeit scheidet eine Anfechtung nach §§ 119 ff. BGB aus (vgl. auch Bamberger/Roth-Voit, BGB, § 632 Rdn. 2). Die Einordnung als Fiktion hat ggf. auch Auswirkung auf die Beweislast. Eine gesetzliche Vermutung wäre schon bei deren Erschütterung nicht mehr anwendbar. Der Besteller muss die Vereinbarung einer von § 631 BGB abweichenden Unentgeltlichkeit beweisen.

Die Substituierung der für einen Vertrag eigentlich notwendigen Eignung über eine ver- 5 tragliche Hauptpflicht durch eine gesetzliche Vergütungsanordnung steht dogmatisch in einem gewissen Spannungsverhältnis zu § 154 BGB, wonach schon die Nichteinigung über Nebenpunkte im Zweifel einem Vertrag entgegensteht. Die Anordnung üblicher Vergütung bei fehlender vertraglicher Abrede hat das Gesetz aber z.B. auch in § 612 BGB für Dienstverträge und in § 653 BGB für Maklerverträge weitgehend parallel geregelt. § 354 HGB bestimmt, dass derjenige, der in Ausübung seines Handelsgewerbes einem anderen Geschäfte besorgt oder Dienste leistet, dafür auch ohne Verabredung Vergütung nach den an dem Ort üblichen Sätzen fordern kann. Gerade im Werkvertragsbereich besteht, wie aufgezeigt, für eine solche Regelung ein praktisches Bedürfnis, wie vergleichbare Regelungen in Nachbarrechtsordnungen zeigen. Wo diese fehlen, wird in der Regel eine konkludente Vergütungsvereinbarung angenommen (vgl. z.B. für die Schweiz, Gauch, Der Werkvertrag, 5. Aufl. Rdn. 111b; für England, Uff, Construction Law, 8. Aufl. S. 135 f., 240 f.).

Auch für § 632 Abs. 2 BGB muss trotz des als Auslegungsregel formulierten Wortlauts kon- 6 sequenterweise eine gesetzliche Fiktion angenommen werden (offen gelassen in BGH, Urt. v. 4.4.2006 – X ZR 122/05), da eine gesetzlich fingierte Vereinbarung zur Vergütungspflicht dem Grunde nach mangels rechtsgeschäftlichen Substrats nicht durch eine Auslegungsregel (eines Parteiwillens) der Höhe nach konkretisiert werden kann. Als Auslegungsregel kann § 632 Abs. 2 BGB nur in den Fällen betrachtet werden, in denen die Parteien selbst eine Absprache zur Vergütung dem Grunde nach getroffen haben, die Höhe der Vergütung aber offen gelassen haben (→ Rdn. 41).

§ 632 Abs. 3 zur Nichtvergütung eines Kostenanschlages ist demgegenüber eine Auslegungs- 7 regel.

II. Abgrenzung zum Dissens

§ 632 BGB regelt den Fall der fehlenden Vergütungsvereinbarung, also die Ausfüllung einer 8 Vertragslücke. Können die Parteien sich z.B. aufgrund abweichender Vorstellungen über die Vergütung nicht einigen, liegt keine Lücke, sondern grundsätzlich ein Dissens vor, je nach § 154 f. BGB dazu führt, dass im Zweifel kein Vertrag zustande kommt. Wegen der gegensätzlichen Rechtsfolgen ist eine Abgrenzung der beiden Fallgruppen notwendig.

Für die Abgrenzung der fehlenden Vergütungsvereinbarung zu den Fällen des Dissens nach 9 §§ 154 f. BGB wird man unterscheiden müssen. Haben die Parteien bewusst oder unbewusst Erklärungen zu der Frage, ob und welche Vergütung zu zahlen ist, überhaupt nicht abgegeben, greift § 632 BGB direkt ein (BGB-RGRK/Glanzmann, § 632 Rdn. 5). Streitig ist, ob § 632 BGB auch anwendbar ist, wenn die Parteien die Vergütung erörtert, aber keine Einigung erzielt

(von Rintelen)

§ 632
Vergütung

haben; denn dann liegt grundsätzlich ein (offener) Dissens über die Vergütungshöhe vor. Nach einer Auffassung soll § 632 Abs. 2 BGB vorgehen und der Vertrag mit der üblichen Vergütung zustande kommen (so BGB-RGRK/Glanzmann, § 632 Rdn. 14; Münchener Kommentar/Busche § 632 BGB Rdn. 6), § 632 BGB also die Regelung über den Dissens verdrängen. Nach wohl überwiegender Auffassung gehen hier die Regelungen über den Dissens vor (OLG Bremen, Urt. v. 29.10.2008 – 1 U 47/08 m. w. N.; OLG München, Urt. v. 7.5.2009 – 8 U 4374/08 (für § 612 BGB); Bamberger/Roth-Voit § 632 BGB Rdn. 10; NK-Raab § 632 BGB Rdn. 11; Dehner NJW 2002, 3747, 3750). Das ist zutreffend. Haben die Parteien unterschiedliche Erklärungen zu der Vergütung abgegeben, so fehlt es nach allgemeinen Grundsätzen (noch) an einer (unvollständigen) vertraglichen Einigung, die § 632 BGB ergänzen kann.

10 Fraglich ist, ob das auch gilt, wenn die Parteien keinen Dissens hatten, sondern die Einigung über die Vergütung zu unbestimmt und damit unwirksam ist. Vereinbaren die Parteien eine betragsmäßig festgelegte Vergütung abzüglich eines noch zu verhandelnden Nachlasses oder einen Höchstpreis, von dem noch Abzüge zu machen sind, liegt mangels Bestimmbarkeit des Abzugsbetrages keine wirksame Vergütungsbestimmung und damit kein wirksamer Vertragsschluss vor (RGZ 124, 81, 84; vgl. BGH, Urt. v. 20.12.1989 – VIII ZR 203/88). Das gleiche gilt umgekehrt, wenn die Vergütung sich um einen unbestimmten Aufschlag erhöhen soll (vgl. OLG Bremen, Urt. v. 29.10.2008 – 1 U 47/08). Wenn § 632 BGB eine vollständig fehlende Vergütungsvereinbarung ersetzen kann, sollte das auch für eine teilweise fehlende gelten, jedenfalls solange kein Widerspruch zu der nicht ausreichend bestimmten Teileinigung entsteht. Auch hier geht es um die Schließung einer Lücke. Anderseits schützt § 154 BGB die negative Vertragsfreiheit bewusst sehr umfassend; soll über den offenen Punkt eine Einigung von den Parteien noch getroffen werden, ist ein wirksamer Vertrag (noch) nicht zustande gekommen (Motive Bd. 1, S. 162; Flume, BGB AT § 34 6 c, S. 628). Das gilt grundsätzlich auch im Werkvertragsrecht (OLG Bremen, Urt. v. 29.10.2008 – 1 U 47/08).

11 Wenn die Arbeiten aber trotz der fehlenden Einigung tatsächlich durchgeführt werden, ist die Praxis großzügig bei der Annahme eines wirksamen Vertrages (vgl. LG Nürnberg-Fürth, Urt. v. 12.3.2012 – 6 O 3415/07 für einen Dissens über Einheitspreis- oder Pauschalvertrag; OLG Stuttgart, Urt. v. 5.5.2010 – 3 U 79/09 zu unbestimmten Entgelt für eine Weintraubenlieferung). Die Bestimmung des § 154 BGB ist nicht anwendbar, wenn sich die Parteien trotz des offenen Punkts erkennbar vertraglich binden wollten, wobei die begonnene Vertragsdurchführung Anzeichen für den Bindungswillen und zugleich Indiz dafür sein kann, wie die Lücke nach der Vorstellung der Parteien geschlossen werden sollte (BGH, Urt. v. 30.9.1992 – VIII ZR 196/91; Urt. v. 24.2.1983 – I ZR 14/81; Urt. v. 20.1.1954 – II ZR 1/53). Betrifft der Einigungsmangel allerdings die Vergütung für einen Nachtrag und hat der Nachtrag für den Besteller nicht den Wert der üblichen Vergütung, ist wegen des Einigungsmangels trotz Durchführung kein wirksamer Vertrag zustande gekommen (OLG Bremen, Urt. v. 29.10.2008 – 1 U 47/08, wobei die Prämisse – Dissens wegen Mehrdeutigkeit anstatt Irrtums – zweifelhaft erscheint, vgl. dazu Flume, BGB AT § 34 4 (S. 624 f.)). Beruht der Nachtrag demgegenüber auf einer Änderungsanordnung nach § 650b Abs. 2 BGB, so richtet sich die Vergütung trotz bzw. gerade wegen des Dissenses nach § 650c Abs. 1 BGB.

12 Das Vorliegen eines Dissenses muss für den Unternehmer nicht zwingend nachteilig sein. In der Regel erhält der Besteller die Leistung ja nicht umsonst, sondern schuldet zumindest bereicherungsrechtlich die angemessene Vergütung. Insoweit stellt sich der Unternehmer beweisrechtlich besser als bei Zustandekommen des Vertrages. Er muss beim Zustandekommen eines Vertrages die vom Besteller ggf. behauptete niedrigere Vergütungsabrede widerlegen, um die übliche oder vereinbarte Vergütung zu erhalten. In solchen Fällen dürfte es einfacher sein, einen Dissens zu belegen (vgl. OLG Bremen, Urt. v. 29.10.2008 – 1 U 47/08).

B. Erste Voraussetzung: Werkvertrag ohne Vergütungsvereinbarung

13 § 632 Abs. 1 BGB setzt voraus, dass die Parteien einen Werkvertrag geschlossen haben (BGH, Urt. v. 24.6.1999 – VII ZR 196/98; Urt. v. 9.4.1987 – VII ZR 266/86; Urt. v. 12.7.1979 – VII ZR 154/78), auch wenn dieser Vertrag nach allgemeinen Grundsätzen eigentlich wegen einer offengebliebenen essentialia negotii unvollständig wäre. Die Parteien müssen sich einig gewesen sein, dass und welches Werk der Unternehmer für den Besteller herzustellen hat.

Vergütung § 632

I. Notwendiger Vertragsschluss

Ob ein Vertrag über eine Herstellungsverpflichtung zustande gekommen ist, bestimmt 14
sich nach allgemeinen Grundsätzen (→ § 631 BGB Rdn. 6 ff.). Voraussetzung ist, dass die
Parteien ein Schuldverhältnis begründen wollten, das gegenseitige Pflichten im Sinne des
§ 631 BGB erzeugt. Nicht in den Anwendungsbereich des § 632 BGB fallen Verhältnisse, die
keine vertraglichen Pflichten begründen, wie z. B. Gefälligkeitsverhältnisse. Sie begründen
weder eine Vergütungspflicht nach §§ 631 Abs. 1 noch nach 632 BGB. Aus dem Tätigwerden
eines Unternehmers allein kann noch nicht der Abschluss eines Vertrages hergeleitet werden.
Dessen Zustandekommen hat der Unternehmer darzulegen und zu beweisen (BGH, Urt.
v. 24.6.1999 – VII ZR 196/98; Urt. v. 5.6.1997 – VII ZR 124/96). So kann der Unternehmer
auch für eine vermeintliche Reparaturleistung keine Vergütung nach § 632 BGB fordern, wenn
sich nachträglich herausstellt, dass er für den Mangel nicht verantwortlich ist (OLG Frankfurt,
Urt. v. 15.02.2012 – 4 U 148/11).

Leistungen im Vorfeld eines auch hierdurch erstrebten Vertrags, insbesondere akquisitori- 15
sche Leistungen, erfolgen ohne vertragliche Grundlage und können deshalb nicht nach § 632
Abs. 1 BGB vergütet werden (→ Rdn. 20 ff.). Relevant wird diese Abgrenzung vor allem für
Architekten und Bauträger. Diese erbringen häufig im Vorfeld eines beabsichtigen Vertrages
Entwurfsleistungen, die dazu dienen, den Besteller von einer Beauftragung zu überzeugen oder
Projekthindernisse zu überwinden. Hierzu hat sich eine Rechtsprechung entwickelt, wonach
gewisse Vorleistungen auch dann noch kein Vertragsverhältnis bzw. keine Entgeltlichkeitsver-
mutung begründen, wenn sie vom Bauherrn gewünscht werden (→ Rdn. 70).

Ist ein Vertrag nicht wirksam zustande gekommen, weil eine vereinbarte Bedingung nicht 16
eingetreten ist oder weil eine auflösende Bedingung eingetreten ist, so ist § 632 BGB ebenfalls nicht anwendbar. Macht der Besteller geltend, es sei eine Absprache getroffen worden,
wonach eine rechtliche Bindung zum Abschluss eines Werkvertrages nicht erzeugt wird, muss
der Unternehmer den substantiierten Sachvortrag der Gegenseite widerlegen. Das gilt auch
für den Fall, dass der Besteller einen Sachverhalt behauptet, nachdem der Vertragsschluss unter
einer Bedingung gestanden haben soll. Bei Zweifeln daran, ob der Vertrag unbedingt oder
unter einer aufschiebenden Bedingung abgeschlossen worden ist, trägt derjenige die Beweislast für den unbedingten Vertragsschluss, der daraus Rechte herleitet (BGH, Urt. v. 10.6.2002 – II
ZR 68/00; Urt. v. 17.10.1984 – VIII ZR 181/83). Die Behauptung kann z. B. dahin gehen,
dass das Angebot zum Abschluss des Vertrages unter Bedingungen gestellt wird, wie z. B. die
noch ausstehende Finanzierung, den Erwerb des Grundstücks oder die Erteilung von öffentlich-rechtlichen Genehmigungen usw. Erbringt der Unternehmer (auch Architekt) aufgrund
solcher bedingter Verträge Leistungen, geht er ein erhebliches Risiko ein. Wenn die Bedingung
nicht eintritt, ist seine Leistung vertragslos, so dass ein vertraglicher Vergütungsanspruch ausscheidet. Allerdings ist § 162 BGB zu beachten. Auch können Leistungen in Auftrag gegeben
werden, die nur dann einer Vertragsbindung unterliegen sollen, wenn später ein Vertrag über
weitergehende Leistungen zustande kommt (vgl. BGH, Urt. v. 5.6.1997 – VII ZR 124/96, dort
aber missverständlich abgestellt auf die Vergütungspflicht; eine Unentgeltlichkeitsabrede muss
der Besteller beweisen, vgl. → Rdn. 17; BGH, Urt. v. 31.3.1969 – VII ZR 37/67). Zu jedem
Vortrag, mit dem ein nicht dokumentierter bedingter Vertragsschluss behauptet ist, ist eine
qualifizierte Darlegung zu fordern (Kniffka/Koeble, 12. Teil Rdn. 21).

Anders ist die Rechtslage zu beurteilen, wenn nicht der Vertragsschluss bedingt ist, sondern 17
nur die Vergütungspflicht. Das ist z. B. dann der Fall, wenn der Unternehmer rechtlich verpflichtet sein soll, eine Leistung zu erbringen, die Vergütung jedoch von einer bestimmten
Bedingung abhängig gemacht wird, z. B. dem Zustandekommen der Finanzierung. In diesen
Fällen liegt die Beweislast für die Bedingung beim Besteller. Denn eine rechtliche Leistungsverpflichtung wird durch die Beauftragung erzeugt. Dann gilt die Vermutung, dass diese
nur gegen eine Vergütung erfolgt, § 632 Abs. 1 BGB. Es ist Sache des Bestellers Umstände
zu beweisen, wonach der zur Leistung verpflichtete Unternehmer unentgeltlich arbeiten soll
(OLG Düsseldorf, Urt. v. 28.10.2005 – 22 U 70/05, Revision nicht zugelassen, BGH, Beschl.
v. 29.6.2006 – VII ZR 270/05).

§ 632 BGB findet nicht nur auf die fehlende Vergütungsvereinbarung des Werkvertrages 18
als solches Anwendung, sondern auch auf die fehlende Vergütungsvereinbarung bei vertraglich vereinbarten Leistungsänderungen oder -erweiterungen (vgl. OLG Karlsruhe, Urt.
v. 13.7.2010 – 19 U 109/09; OLG Koblenz, Urt. v. 30.5.2008 – 10 U 652/07; OLG Köln,
Beschl. v. 30.4.2001 – 19 W 12/01). Das ist ein wesentlicher Unterschied des BGB-Werk-

(von Rintelen)

vertrages (→ § 650b BGB Rdn. 141) zum VOB-Vertrag (vgl. → Rdn. 65), da für letzteren ein vertragliche Preisermittlungsvorgabe gemäß § 2 Abs. 5 und 6 VOB/B gilt (vgl. → § 650c BGB Rdn. 177 ff.). Für angeordnete Leistungsänderungen nach § 650b Abs. 2 BGB gilt allerdings die Vergütungsanpassung nach § 650c Abs. 1 BGB.

19 Streitig ist, ob § 632 BGB auch Anwendung findet, falls der Unternehmer für die mängelfreie Herstellung mehr Leistungen als im Vertrag vereinbart, erbringen muss. Erfolgt keine einvernehmliche Leistungserweiterung zwischen den Parteien, liegen die tatbestandlichen Voraussetzungen des § 632 BGB für diese Zusatzleistungen nicht vor (→ § 631 BGB Rdn. 852). Die zusätzliche Vergütung der notwendigen Mehrleistungen ist im Wege der sowieso vorrangigen ergänzenden Vertragsauslegung zu ermitteln (Fuchs BauR 2009, 404, 411 m. w. N.). Er bestimmt sich dann nach fortgeschriebenen Vertragspreisen. Das würde auch gelten, wenn man für diese Fälle einen Anpassungsanspruch nach § 313 BGB annimmt (vgl. Leupertz BauR 2005, 775, 787 f.).

II. Keine Vergütungspflicht ohne Vertrag

1. Keine Vergütung für Vorleistungen auf einen Vertrag

20 Tätigkeiten, die der Unternehmer im Vorfeld des Vertrages erbringt, um ein Angebot auf Abschluss des Vertrages zu erarbeiten oder die Voraussetzungen für einen Vertragsschluss zu schaffen, sind (noch) keine vertraglichen Leistungen. Der Unternehmer erbringt sie nicht aufgrund eines bestehenden Vertrages, sondern um einen Vertrag zu erhalten. Sie sind mangels Vertragsschlusses weder nach § 631 Abs. 1 noch nach § 632 BGB vergütungspflichtig, sondern erst dann, wenn die Parteien dies im Einzelfall vereinbaren, d. h. einen hierauf bezogenen (gesonderten) Vertrag schließen. Für den Kostenanschlag hat der Gesetzgeber die Unentgeltlichkeit seit 2002 in § 632 Abs. 3 BGB klargestellt (→ Rdn. 50). Im besonderen Maße praktisch wird diese Frage bei den sog. Akquisitionsleistungen eines Architekten (→ Rdn. 70). Das gilt aber grundsätzlich für alle (Werk-)verträge (vgl. für Werkagenturverträge Kollrus, MDR 2015, 1105).

21 Der Grundsatz der Unentgeltlichkeit von Leistungen zur Förderung eines Vertragsschlusses gilt auch dann, wenn im Einzelfall die Vorleistung auf einen erhofften Vertrag umfangreich sind oder für den potentiellen Besteller bereits Nutzen haben. So hat der Bundesgerichtshof dem Unternehmer einen Vergütungsanspruch versagt, der für die Ausarbeitung eines Angebots nach einer Ausschreibung des Bauherrn erhebliche Aufwendungen für Entwürfe, Pläne, Zeichnungen, statische Berechnungen und Massenberechnungen hatte, jedoch den Zuschlag nicht erhielt (BGH, Urt. v. 12.7.1979 – VII ZR 154/78 zu Projektionskosten von ca. 17.000 DM; Urt. v. 18.1.1971 – VII ZR 82/69).

22 Auf den Umfang der Aufwendungen kommt es ebenso wenig an wie auf die Frage, ob dem Angebot zugrundeliegenden Vorarbeiten dem Besteller bereits einen Nutzen bieten (so aber tendenziell OLG Nürnberg, Urt. v. 18.2.1993 – 12 U 1663/92, das allerdings einen strengen Maßstab anlegen will; anders zu Recht OLG Düsseldorf, Urt. v. 30.1.2003 – 5 U 13/02 für eine Musterfläche im Wert von 12.500 Euro; OLG Düsseldorf, Urt. v. 13.3.1991 – 19 U 47/90 für eine Küchenplanung im Wert von 22.000 DM; OLG Koblenz, Urt. v. 31.7.1997 – 5 U 90/97 für Bauplanung eines GU über 12.350 DM;). Haben die Parteien keine Vereinbarung hinsichtlich der Kostenerstattung für Aufwendungen anlässlich der Ausarbeitung des Angebots getroffen, ist ein vertraglicher Vergütungsanspruch schon deshalb nicht gerechtfertigt, weil es nicht zum Abschluss eines Werkvertrages gekommen ist.

23 Ungenau ist es deshalb, wenn insbesondere für den Baubereich die Vergütungspflicht davon abhängig gemacht wird, ob eine Vergütung für die Leistung den Umständen nach zu erwarten ist (vgl. dazu BGB-RGRK/Glanzmann, § 632 Rdn. 9). Die Fiktion des § 632 Abs. 1 BGB erstreckt sich nur auf die Entgeltlichkeit des erteilten Auftrags, nicht auf die Auftragserteilung selbst, die allerdings wegen § 632 BGB ohne Vergütungsvereinbarung möglich ist. Im Zusammenhang mit (vorvertraglichen) Architektenleistungen hat der Bundesgerichtshof klargestellt, dass die Anwendung des § 632 BGB voraussetzt, dass es überhaupt zu einer schuldrechtlichen Bindung gekommen ist (BGH, Urt. v. 24.6.1999 – VII ZR 196/98; OLG Düsseldorf, Urt. v. 29.2.2008 – 23 U 85/07; vgl. näher → Rdn. 68) Anschließend ist in einem zweiten Schritt zu prüfen, ob die vertraglich geschuldete Leistung nur gegen Vergütung zu erwarten ist (→ Rdn. 33)

2. Werkvertragliche Begründung

Haben die Parteien demgegenüber bereits eine Vereinbarung dahin getroffen, dass der **24** Unternehmer zur Abgabe des Angebots oder zur Vorbereitung eines Vertrages bestimmte Werkleistungen auf vertraglicher Grundlage zu erbringen hat, so wäre allerdings § 632 Abs. 1 BGB anwendbar. Hierfür reicht es aber nicht aus, dass der Unternehmer im Einvernehmen mit dem Besteller so umfangreiche Vorarbeiten zu leisten hat, dass der Besteller bei Würdigung der ihm entstehenden Vorteile nicht erwarten kann, dass der Unternehmer derartige Arbeiten allein der vagen Hoffnung auf die Auftragserteilung wegen unentgeltlich leistet (OLG Nürnberg, Urt. v. 18.2.1993 – 12 U 1663/92).

Notwendig ist ein beidseitiger Rechtsbindungswille, der Besteller muss die Arbeiten also **25** auch verlangen können. Das kann insbesondere der Fall sein, wenn gerade der Besteller ein Interesse an den von ihm geforderten Leistungen hat. Maßgebend ist die Sicht des jeweiligen Erklärungsempfängers, vor allem also, ob der potentielle Besteller den Rechtsbindungswillen des Leistenden erkennen musste. Nur dann liegt eine vertragliche Vereinbarung zur Übernahme dieser Vorarbeiten, die eine Anwendung des § 632 BGB ermöglicht.

3. Alternative Anspruchsgrundlagen

Demgemäß stellt § 8 Abs. 8 Nr. 1 Satz 1 VOB/A für öffentliche Vergaben den Grundsatz **26** auf, dass die Bieter für die Bearbeitung der Angebote keine Entschädigung erhalten. § 8 Abs. 8 Nr. 2 VOB/A sieht zwar die Verpflichtung des öffentlichen Bestellers vor, eine angemessene Entschädigung festzusetzen, wenn er von den Bewerbern Entwürfe, Pläne, Zeichnungen, statische Berechnungen, Mengenberechnungen oder andere Unterlagen verlangt. Es handelt sich aber um eine Auslobung, die Festsetzung durch den Besteller ist Anspruchsvoraussetzung (OLG Düsseldorf, Urt. v. 30.1.2003 – 5 U 13/02). Die Regelung des § 8 Abs. 8 VOB/A begründet damit keinen vertraglichen Anspruch des Bieters gemäß §§ 631, 632 BGB. Ist eine Entschädigung festgesetzt, so steht sie jedem Bieter zu, der ein der Ausschreibung entsprechendes Angebot mit den geforderten Unterlagen rechtzeitig eingereicht hat. Ist sie vergaberechtlich zu Unrecht nicht festgesetzt, muss er das vor Abgabe seines Angebots rügen, um eine Festsetzung zu erreichen (vgl. auch Höfler, BauR 2000, 337).

Außerhalb von öffentlichen Ausschreibungen kommen statt vertraglicher Vergütungsansprüche Schadensersatzansprüche in Betracht, wenn der Besteller seine Verpflichtungen aus **27** dem vorvertraglichen Schuldverhältnis, das durch die Anfrage nach Vorleistungen begründet wird, verletzt. Eine Schadenersatzpflicht kann dann entstehen, wenn der Besteller aufwendige Vorarbeiten veranlasst, ohne willens oder in der Lage zu sein, einen Auftrag tatsächlich zu erteilen (OLG Düsseldorf, Urt. v. 13.3.1991 – 19 U 47/90; Staudinger/Peters/Jacoby, BGB, § 632 Rdn. 117; Gauch, Der Werkvertrag, 5. Aufl. Rdn. 455; vgl. hierzu auch → § 631 BGB Rdn. 10).

Fraglich ist, ob dem Unternehmer Ansprüche auf Schadensersatz oder Bereicherung zustehen, **28** wenn der Bauherr die Vorleistungen des Unternehmers dadurch verwertet, dass er auf ihrer Grundlage neue Angebote einholt. Der in § 8 Abs. 9 VOB/A geregelte Grundsatz, dass der Besteller Angebotsunterlagen und die in den Angeboten enthaltenen Vorschläge eines Bieters nur für die Prüfung und Wertung der Angebote verwenden darf, dürfte allgemein gelten. Die Verletzung einer vorvertraglichen Pflicht kann Schadensersatzansprüche auslösen. Ist die Vorarbeit jedoch – und das ist die Regel – nicht durch gesetzliche Schutzrechte gesichert, erleidet der Unternehmer durch die Ausnutzung seiner nicht geschützten Idee noch keinen Schaden, sondern nur den Verlust einer Chance. Es wird geltend gemacht, die Verwendung zu anderen Zwecken könne Ansprüche des Unternehmers aus Eingriffskondiktion auslösen, § 812 Abs. 1 BGB (BGB-RGRK/Glanzmann, § 632 Rdn. 13). Das würde aber voraussetzen, dass ihm an dem Inhalt der Vorarbeiten vermögensmäßig ein ausschließliches Verwertungsrecht zugewiesen ist (Enzinger, GRUR Int. 1997, 96 ff.; Staudinger/Peters/Jacoby § 632 Rdn. 117).

Von den Vorleistungen für einen künftigen Vertrag zu unterscheiden ist die Regelung in § 2 **29** Abs. 9 VOB/B. Sie betrifft das Verlangen von Zusatzleistungen des Bestellers innerhalb eines bereits geschlossenen Vertrages. Trotz ursprünglicher Unentgeltlichkeit von Vorleistungen kann ein anschließend erteilter Auftrag dazu führen, dass die Vorleistungen nachträglich in den Vertrag einbezogen und als Vorabteilerfüllung vergütungspflichtig werden. Das ist eine Frage der Auslegung des anschließend zustande gekommenen Vertrages. Auslegungsschwierigkeiten ergeben sich vor allem bei mündlichen Architektenverträgen. Erbringt der Architekt akquisitorische Vorplanungsleistungen und erhält er anschließend einen nicht näher eingeschränkten

(von Rintelen)

§ 632

Planungsauftrag, wird die Vergütungspflicht i.d.R. auch die bereits erbrachten Leistungen umfassen (Messerschmidt/Voit-Boldt, § 632 BGB Rdn. 13).

III. Keine Vergütungsvereinbarung

30 § 632 Abs. 1 BGB kommt nur zur Anwendung, wenn die Parteien zwar eine Leistungspflicht vereinbart, jedoch keine Vergütungsvereinbarung getroffen haben. Soweit die Parteien eines Werkvertrags eine Vergütungsvereinbarung getroffen haben, ist § 632 BGB nicht anwendbar (BGH, Urt. v. 1.2.2000 – X ZR 198/97; Urt. v. 14.7.1994 – VII ZR 53/92). Denn der Besteller schuldet dann nach § 631 Abs. 1 BGB die vereinbarte Vergütung, nicht die nach § 632 Abs. 2 BGB übliche Vergütung. Ausreichend für eine wirksame Vergütungsvereinbarung nach § 631 BGB ist, dass die Vergütung nach ihr bestimmt werden kann. Das ist nicht nur dann der Fall, wenn die Vergütung zahlenmäßig festgelegt ist. Es genügt, dass der Vertrag die Maßstäbe angibt, nach denen sich die Vergütung berechnen lässt; praxisrelevante Preisermittlungsregelungen sind z.B. die Regelungen in § 2 Abs. 5 und 6 VOB/B. Eine rahmenmäßige Vergütung im Sinne einer Stundenlohnvereinbarung, in der die Stundensätze festgelegt sind, genügt (BGH, a.a.O.).

31 Das gilt für ausdrückliche wie für konkludente Vergütungsvereinbarungen (z.B. Inanspruchnahme des Friseurs mit Preisaushang) gleichermaßen. Da auch eine konkludente Vergütungsvereinbarung die Anwendung des § 632 BGB ausschließt, ist sie vorrangig zu prüfen (BGH, Urt. v. 24.6.2004 – VII ZR 259/02). Haben die Parteien in vorausgegangenen Aufträgen für solche Leistungen Preisvereinbarungen getroffen, dürfte einem neuen Vertrag über gleiche Arbeiten ohne ausdrückliche Preisvereinbarung die konkludente Preisvereinbarung zu entnehmen sein, dass der bislang vereinbarte Preis auch für die neuen Leistungen gilt (vgl. OLG Koblenz, Beschl. v. 6.4.2017 –5 U 176/17; OLG Köln, Urt. v. 23.2.2010 – 3 U 33/09; OLG Frankfurt, Urt. v. 4.11.1992 – 21 U 103/91).

32 § 632 BGB greift auch nicht schon dann ein, wenn eine Vergütungsvereinbarung im Prozess nicht eindeutig feststellbar ist, sondern erst dann wenn feststeht, dass keine Vergütungsvereinbarung getroffen worden ist. (BGH, Urt. v. 23.1.1996 – X ZR 63/94; das gilt auch für den VOB-Vertrag: BGH, Urt. v. 6.12.2001 – VII ZR 241/00; Urt. v. 9.4.1981 – VII ZR 262/80). Behauptet der Besteller eine (niedrigere) Vergütungsvereinbarung, muss der Unternehmer beweisen, dass die vom Besteller behauptete Vergütungsvereinbarung nicht zustande gekommen ist (OLG Karlsruhe, Urt. v. 28.4.2015 – 8 U 143/13; OLG Celle, Beschl. v. 19.7.2018 – 13 U 39/18; OLG München, Urt. v. 7.5.2009 – 8 U 4374/08; a.A. OLG Brandenburg, Urt. v. 23.1.2019 – 7 U 251/14; → § 631 BGB Rdn. 529). Das ist die Voraussetzung für die Anwendung des § 632 Abs. 1 BGB, soweit nicht im Einzelfall ein Dissens und damit gar kein Vertrag vorliegt. Allerdings muss der Besteller im einzelnen nachvollziehbar und widerspruchsfrei darlegen, mit welchem genauen Inhalt, wann, wo, mit wem und unter welchen Umständen die behauptete Preisvereinbarung getroffen worden ist, um so den Unternehmer in die Lage zu versetzen, den geforderten Beweis erbringen zu können, so genannte qualifizierte Darlegungslast (BGH, Urt. v. 23.1.1996 – X ZR 63/94; Urt. v. 26.3.1992 – VII ZR 180/91; OLG Köln, Urt. v. 29.8.2014 – 19 U 200/13). Diese erhöhten Anforderungen an die Substantiierung sind geboten, um unrichtigen Prozessvortrag zu erschweren und dem Unternehmer den Gegenbeweis zu ermöglichen (OLG Koblenz, Urt. 23.9.2015 – 5 U 212/15). Anders ist das beim Architektenvertrag wegen der HOAI (BGH, Beschl. v. 25.7.2002 – VII ZR 143/01). Behauptet der Besteller eine Vereinbarung unter dem Mindestsatz, so konnte er das schlüssig nur unter Vorlage der schriftlichen Vereinbarung, vgl. § 7 Abs. 3 HOAI 2013 (§ 4 Abs. 2 HOAI 2002), vortragen. An die Stelle des zwingenden Preisrechts ist die Vermutung des § 7 Abs. 1 HOAI 2021 getreten. Die Einzelheiten zur Beweislast in Bezug auf die Vergütung werden im Rahmen des § 631 BGB dargestellt.

C. Zweite Voraussetzung: Leistung ist nur gegen eine Vergütung zu erwarten

33 Ist der Abschluss eines Werkvertrages nachgewiesen und steht fest, dass die Parteien keine Vergütungsvereinbarung getroffen haben, ist grundsätzlich der Anwendungsbereich des § 632 Abs. 1 und 2 BGB eröffnet. Allerdings kann die Übernahme einer Herstellungsverpflichtung

auch unentgeltlich übernommen worden sein. Dann läge ein Auftrag vor. Ergänzend zum Vertragsschluss ist deshalb zu prüfen, ob die Herstellung des Werks den Umständen nach nur gegen eine Vergütung zu erwarten ist. Erst dann wird die Vergütungsvereinbarung nach § 632 BGB fingiert.

Diese Beurteilung hängt nach § 632 Abs. 1 BGB von den Umständen und damit von objektiven Kriterien ab. Entscheidend ist, ob die Umstände des Einzelfalls ergeben, dass eine Vergütung derartiger Leistungen üblich ist (BGH, Urt. v. 9.4.1987 – VII ZR 266/86). Unter den in § 632 Abs. 1 BGB genannten Umständen sind die in der Außenwelt zutage getretenen Tatsachen zu verstehen, denen ein objektiver Beobachter die bezeichnete Erwartung entnehmen würde. Parteivorstellungen und -absichten sind also nur verwertbar, soweit sie erkennbar geworden sind (BGH, Urt. v. 18.1.1971 – VII ZR 82/69). Maßgeblich werden vor allem die in Auftrag gegebenen Tätigkeiten sein sowie der Umstand, ob der Unternehmer diese Leistungen gewerblich oder beruflich anbietet bzw. ob besondere persönliche Beziehungen im Vordergrund stehen. Die Umstände, die eine Vergütungspflicht nach § 632 Abs. 1 BGB begründen, muss der Unternehmer darlegen und beweisen. Bereits durchgreifende Zweifel, dass die Herstellung des Werkes nur gegen eine Vergütung zu erwarten war, hindern die Zuerkennung eines Vergütungsanspruchs (BGH, Urt. v. 8.6.2004 – X ZR 211/02). 34

I. Erfahrungssatz der Entgeltlichkeit

Der Unternehmer kann sich auf den Erfahrungssatz berufen, dass Unternehmer (auch Architekten und Ingenieure) in Ausübung ihrer beruflichen Tätigkeit üblicherweise nur entgeltlich tätig werden (BGH, Urt. v. 9.4.1987 – VII ZR 266/86). Das gilt nicht nur für umfangreiche Tätigkeiten, sondern auch für von vornherein begrenzte Aufgaben, insbesondere dann, wenn sie mit erheblichen Haftungsrisiken verbunden sind (BGH, a. a. O.). In gleicher Weise gilt das für Arbeiten, die nachträglich in Arbeit gegeben werden. Einigen sich die Parteien auf zusätzliche oder geänderte Leistungen und treffen sie keine Vergütungsvereinbarung, so bestimmt sich der Vergütungsanspruch vorbehaltlich abweichender vertraglicher Regelungen bzw. dem Eingreifen des § 650c Abs. 1 BGB bei der Ausübung des Änderungsrechts nach § 650b Abs. 2 BGB nach § 632 BGB. Nur in den Fällen, in denen die Mehraufwendungen so gering sind, dass üblicherweise kein Entgelt verlangt wird, kann keine zusätzliche Vergütung verlangt werden (BGH, Urt. v. 27.11.2003 – VII ZR 53/03). 35

Dieser Erfahrungssatz der Entgeltlichkeit gilt auch dann, wenn die Parteien den Leistungsumfang eines Pauschalvertrages erweitern, ohne ausdrücklich über die Vergütungsanpassung wegen der Mehrleistungen zu sprechen. Hierin kann kein Angebot über die kostenlose Erbringung der Leistungen gesehen werden (OLG Hamm, Urt. v. 16.1.2017 – 17 U 111/16). 36

II. Ausnahmetatbestände

Die Rechtsprechung hat Ausnahmetatbestände entwickelt, für die der Erfahrungssatz, dass der Unternehmer Arbeiten entgeltlich erbringt, nicht gilt. Das kann der Fall sein, wenn der Unternehmer aufgrund freundschaftlicher, nachbarschaftlicher oder verwandtschaftlicher Beziehungen vertraglich tätig wird. Es kommt auf den Einzelfall an, insbesondere auf den Wert der erbrachten Leistung (OLG Köln, Urt. v. 25.3.1994 – 19 U 212/93). Wird keine vertragliche Beziehung begründet, sondern wird der Unternehmer nur aus Gefälligkeit tätig (vgl. dazu → Vor § 631 Rdn. 125 f., dort auch zur Haftung aus dem Gefälligkeitsverhältnis) scheidet ein Vergütungsanspruch von vornherein aus. 37

Insbesondere gilt der Erfahrungssatz der Entgeltlichkeit nicht, wenn die von dem Unternehmer entwickelte Tätigkeit der werbenden Tätigkeit (Akquisition) zuzuordnen ist und dazu dient, einen Auftrag oder einen weiteren Auftrag zu erhalten. Solche akquisitorischen Tätigkeiten spielen immer wieder bei Architekten eine Rolle. Es wird allerdings nicht immer sorgfältig unterschieden, inwieweit überhaupt eine Verpflichtung nach § 631 Abs. 1 BGB begründet worden ist. In den meisten Fällen, scheitert die Vergütungspflicht bereits daran, dass die Tätigkeit des Architekten nicht auf vertraglicher Grundlage beruht und deshalb nicht vergütungspflichtig ist (vgl. → Rdn. 14 f.). Das gilt z. B. in den Fällen, in denen der Architekt aus eigenem Antrieb tätig wird (vgl. Messerschmidt/Voit-Boldt, § 632 BGB Rdn. 12). 38

(von Rintelen

39 Es sind aber auch Fälle denkbar, in denen sich der Unternehmer/Architekt zwar verpflichtet, bestimmte Leistungen zu erbringen, diese aber nach den Umständen nicht vergütungspflichtig sind. Insoweit ist allerdings Zurückhaltung geboten, vgl. näher → Rdn. 72 m. w. N.

Eine Ausnahme vom Erfahrungssatz der Entgeltlichkeit liegt bei vertraglich geschuldeten Leistungen vor, wenn sich (ausnahmsweise) aus den Umständen durchgreifende Zweifel darüber ergeben, dass sie entgeltlich erbracht werden. Nicht notwendig ist der Nachweis, dass nach den Umständen des Falls die Werkleistung vergütungsfrei zu erbringen war (BGH, Urt. v. 8.6.2004 – X ZR 211/02 zu einem Werbekonzept). Eine fehlende Vergütungspflicht kann anzunehmen sein, wenn die vertragliche Leistung in Erwartung eines weiteren Vertrages oder einer langfristigen Zusammenarbeit erbracht werden und dafür die Grundlage geschaffen werden sollte (BGH, a. a. O.). Auch können diese Leistungen als unentgeltlich einzustufen sein, weil sie in Erwartung eines Folgeauftrags erbracht werden, dessen Vorbereitung sie dienen und mit dem sogar gleichartige Leistungen vergütet würden (BGH, Urt. Urt. v. 5.6.1997 – VII ZR 124/96). Maßgeblich ist, ob die Umstände des Einzelfalls ergeben, dass für Leistung eine Vergütung nicht üblich ist.

III. Unentgeltlichkeitsabrede

40 Kann der Unternehmer nachweisen, dass eine Vergütung als stillschweigend vereinbart gilt, weil die Herstellung des Werkes den Umständen nach nur gegen eine Vergütung zu erwarten ist, ist es Sache des Bestellers eine Abrede darzulegen und zu beweisen, dass die vertraglich geschuldete Leistung unentgeltlich erfolgen sollte (BGH, Urt. v. 24.6.1999 – VII ZR 196/98; Urt. v. 9.4.1987 – VII ZR 266/86; OLG Stuttgart, Urt. v. 31.3.2015 – 10 U 93/14). Diese Beweislastregel ist an sich überraschend, denn die behauptete Unentgeltlichkeitsabrede könnte auch den Umständen zugeordnet werden, die nach § 632 Abs. 1 BGB an sich als anspruchsbegründend vom Unternehmer zu beweisen bzw. zu widerlegen sind. Darüber hinaus ist die Abrede, dass eine Vergütung nicht zu entrichten ist, auch eine Abrede zur Vergütung. Der Unternehmer trägt die Beweislast dafür, dass eine Vergütung nicht vereinbart ist. Das dürfte auch die Beweislast dafür umfassen, dass vereinbart ist, dass keine Vergütung zu zahlen ist. Die Rechtsprechung lässt sich danach nur damit begründen, dass § 632 Abs. 1 BGB interessenorientiert dahin verstanden werden muss, dass diese Regelung an objektive Kriterien unter Ausschluss der möglicherweise getroffenen Unentgeltlichkeitsvereinbarung anknüpft. Danach muss der Besteller eine Abrede beweisen, wonach der Architekt nicht bezahlt wird, wenn es nicht zum Umbau kommt (BGH, a. a. O.; vgl. aber auch Urt. v. 5.6.1997 – VII ZR 124/96 zu einer angeblich vertragslosen Leistung (Bauvoranfrage), weil diese honorarfrei erfolgen soll). Gleiches gilt, wenn er behauptet, die Vergütungspflicht aus dem abgeschlossenen Architektenvertrag sei unter eine bestimmte Bedingung gestellt. Denn das kommt einer Unentgeltlichkeitsabrede gleich. Anders wiederum ist der Fall zu beurteilen, nach welchem der gesamte Vertrag unter einer Bedingung steht. Denn dann ist der Eintritt der Bedingung Voraussetzung für die vertragliche Vergütungspflicht, vgl. → Rdn. 14 ff.

D. Bestimmung der Vergütung nach § 632 Abs. 2 BGB

41 Gilt nach § 632 Abs. 1 BGB eine Vergütung stillschweigend vereinbart, so bestimmt sich die Höhe der Vergütung nach § 632 Abs. 2 BGB (zum Rechtscharakter der Regelung vgl. → Rdn. 6). Gleiches gilt auch für den Fall, dass die Parteien eine Vergütungspflicht dem Grunde nach vereinbart haben, jedoch die Höhe der Vergütung nicht festgelegt haben. § 316 BGB, der bestimmt, dass im Falle der unterbliebenen Bestimmung der Gegenleistung deren Gläubiger sie im Zweifel bestimmen soll, ist nicht anwendbar, wenn sich der Umfang der Gegenleistung (hier: Vergütung) durch § 632 BGB objektiv bestimmen lässt; die Bestimmungsregel des § 632 Abs. 2 BGB geht der des § 316 BGB als Spezialregelung vor (BGH, Urt. v. 18.9.1985 – IVa ZR 139/83 zum Verhältnis § 316 BGB zu § 653 BGB; Mugdan II, S. 917; Bamberger/Roth-Voit § 632 BGB Rdn. 1).

42 In Abweichung hiervon kann sich beim Offenlassen der Vergütungshöhe aus den Umständen des Einzelfalls die Vereinbarung eines Leistungsbestimmungsrechts einer Partei ergeben. So soll bereits die Vereinbarung einer „angemessenen Vergütung" ein Leistungsbestimmungsrecht des Gläubigers bedeuten können (Palandt/Grüneberg, BGB, § 315 Rdn. 6), Wegen der Bestimmungsvorschrift des § 632 BGB – ebenso wie in den Fällen der §§ 612, 653 BGB –

Vergütung **§ 632**

kann im Werkvertragsrecht aber nur bei Vorliegen besonderer Umstände davon ausgegangen werden, dass die Parteien mit der Vereinbarung der Angemessenheit als Maßstab anstelle des objektiven, i.d.R. die Angemessenheit sichernden Maßstabes des § 632 BGB ein – nur durch Billigkeitsgrundsätze beschränktes – Ermessen einer Partei vereinbaren wollen (vgl. BGH, Urt. v. 6.12.2001 – III ZR 296/00; Urt. v. 18.9.1985 – IVa ZR 139/83, jeweils zum Maklerrecht; vgl. auch → Rdn. 46). Ein Leistungsbestimmungsrechts des Unternehmers setzt eine Vereinbarung voraus, dass die Festlegung der Vergütungshöhe dem billigen Ermessen des Unternehmers überlassen bleiben soll. Das wäre z.B. der Fall, wenn ein angesagter Künstler ohne Vergütungsabrede beauftragt wird. Während diese Fälle eher selten sein werden, muss vor der Anwendung des § 632 Abs. 2 BGB aber eine ergänzende Vertragsauslegung geprüft werden. So kann sich die Höhe der Vergütung aus der Preisvereinbarung anderer vorausgegangener oder paralleler Aufträge ergeben (→ Rdn. 31).

I. Taxmäßige Vergütung

Bei Bestehen einer Taxe ist die taxmäßige Vergütung geschuldet. Taxe ist ein hoheitlich nach **43** Bundes- oder Landesrecht festgelegter Preis. Sie ergibt sich insbesondere aus den Gebührenordnungen für freie Berufe, z.B. StBGebV oder RVG. Im Baubereich relevant ist vor allem die Honorarordnung für Architekten und Ingenieure (HOAI), aber auch die landesrechtlichen Gebührenordnungen für Prüfingenieure (vgl. z.B. OVG Thüringen, Urt. v. 19.12.2007 – 1 KO 1205/04), Vermessungsingenieure (vgl. dazu OLG Dresden, Urt. v. 28.10.1999 – 14 W 1786/98) oder andere Sachverständige. Keine Taxen sind „Gebührenordnungen", die von berufsständischen Organisationen erarbeitet werden, wie z.B. die AHO durch den Deutschen Verband der Projektmanager (DVP). Sie können allenfalls bei entsprechender Durchsetzung in der Praxis die übliche Vergütung prägen. Das setzt allerdings entsprechende Erhebungen voraus (vgl. BGH, Urt. v. 29.9.1969 – VII ZR 108/67). Zunächst einmal geben sie nur die (unverhandelten) Honorarvorstellungen der Verbandsmitglieder wieder.

Sieht die Taxe einen Rahmen für die Vergütung vor, z.B. Mindest- und Höchstsätze, so **44** darf der Unternehmer nicht frei die Vergütung innerhalb des Rahmens festlegen, sondern sie ist anhand der ggf. gebührenrechtlicher oder anderer objektiver Kriterien festzulegen (vgl. → Rdn. 46).

II. Übliche Vergütung

Besteht keine taxmäßige Vergütung, schuldet der Besteller nach § 632 Abs. 2 BGB die üb- **45** liche Vergütung. Üblich im Sinne von § 632 Abs. 2 BGB ist die Vergütung, die zur Zeit des Vertragsschlusses nach allgemeiner Auffassung der beteiligten Kreise am Ort der Werkleistung gewährt zu werden pflegt. Vergleichsmaßstab sind Leistungen gleicher Art, gleicher Güte und gleichen Umfangs. Die Anerkennung der Üblichkeit setzt gleiche Verhältnisse in zahlreichen Einzelfällen voraus (BGH, Urt. v. 26.10.2000 – VII ZR 239/98; Urt. v. 9.12.2014 – VI ZR 138/14). In der Regel wird die Vergütung im Baubereich leistungsbezogen zu ermitteln sein. Aufwandsbezogene Vergütung, insbesondere Stundenlohnverträge, dürften nur bei nicht realistisch zu kalkulierenden Leistungen, insbesondere Reparaturleistungen oder Regiearbeiten, der Üblichkeit entsprechen (vgl. OLG Hamm, Urt. v. 25.10.2000 – 12 U 32/00; Bamberger/Roth-Voit § 632 BGB Rdn. 13). Die gelegentlich erörterte Frage, ob eine Pauschalvergütung übliche Vergütung ist, betrifft nur deren Berechnungsart und das Massenrisiko; letzteres muss der Werkunternehmer nach § 632 BGB nicht übernehmen. Im Zweifel ist die übliche Vergütung durch ein Sachverständigengutachten zu ermitteln, soweit sie streitig ist.

Schwierigkeiten ergeben sich daraus, dass die übliche Vergütung sich in der Regel nicht exakt **46** betragsmäßig feststellen lässt, sondern die Ermittlung zu einer Bandbreite üblicher Sätze führt. Die Bandbreite steigt mit potentiellen Unterschieden bei der Leistungserbringung (vgl. Otto/Harzdorf/Thiel, BauR 2021, 1217, 1218 oder zu unterschiedliche Stundensätze von Anwälten, Hommerich/Kilian, NJW 2009, 1569). Eine Bandbreite steht einer Bestimmung der üblichen Vergütung aber nicht entgegen (kritisch Mantscheff, FS Vygen, 234, 236). Sie führt auch nicht dazu, dass in diesem Fall der Unternehmer nach §§ 315, 316 BGB berechtigt wäre, innerhalb des Rahmens die Vergütung nach Billigkeit zu bestimmen (so Peters, NJW 1977, 552). Denn das Leistungsbestimmungsrecht nach § 316 BGB wird durch die Regelung des § 632 BGB ja gerade ausgeschlossen (→ Rdn. 41). Eine objektive Bestimmung nach § 632 Abs. 2 BGB bleibt möglich, wenn innerhalb einer solchen Bandbreite die im Einzelfall von den Parteien als ange-

§ 632

messen angesehene Vergütung auszumachen und gegebenenfalls durch den Tatrichter mithilfe eines Sachverständigengutachtens zu ermitteln ist. Das wird nach der dem Gesetz zu Grunde liegenden Wertung die Regel sein (BGH, Urt. v. 4.4.2006 – X ZR 122/05; zu konkludenten Abweichungen hiervon → Rdn. 41). Bei ihrer Bemessung innerhalb einer Spanne darf der Tatrichter von einem mittleren Betrag ausgehen und diesen gegebenenfalls entsprechend der Umstände durch Zu- und Abschläge anpassen (BGH, Urt. v. 13.3.1985 – IVa ZR 211/82).

47 Die übliche Vergütung lässt sich für Standardleistungen wegen des Vergleichsmaßstabs – Leistungen gleicher Art, Güte und Umfangs – i. d. R. leichter ermitteln; es ist aber grundsätzlich auch für andere Leistungen möglich, soweit sie vergleichbar von einer Anzahl von Anbietern erbracht werden kann. Insoweit können die zu kalkulierenden Kosten für Personal und Gerät mit üblichen Sätzen zugrunde gelegt werden (vgl. auch den weitergehenden Ansatz von Duve/Richter, BauR 2013, 831, 836 ff.) So kann die Ermittlung des üblichen Honorars für Kfz-Sachverständige auf Basis der vom Bundesverband der freiberuflichen und unabhängigen Sachverständigen für das Kraftfahrzeugwesen e. V. – BSVK – durchgeführten Honorarbefragungen erfolgen (KG, Urt. v. 30.4.2015 – 22 U 31/14; LG Nürnberg-Fürth, Urt. v. 16.7.2015 – 8 O 7943/13). Bei derartigen Vergütungsumfragen ist allerdings Vorsicht geboten. Nach der Rechtsprechung des BGH muss eine von einem Berufsverband ermittelte branchenübliche Vergütung nicht zwingend der ortsüblichen Vergütung entsprechen (BGH, Urt. v. 8.6.2004 – X ZR 173/01; Urt. v. 9.12.2014 – VI ZR 138/14). Das gilt insbesondere, wenn gleich mehrere divergierende Honorarrichtlinien (vgl. zur Vergütung von Werbeagenturen Kollrus, MDR 2015, 1105, 1109) bestehen. Für Werkverträge über die Öffnung von Wohnungstüren greifen die Gerichte häufig auf die Preisempfehlungen des Bundesverbandes Metall (BVM) zurück (LG Düsseldorf, Urt. v. 3.5.2012 – 21 S 206/11; AG Lingen, Urt. v. 12.1.2017 – 4 C 839/16; AG Essen, Urt. v. 11.1.2017 – 14 C 189/16).

48 Lässt sich trotz Anwendung dieser weiten Maßstäbe zur Bestimmung der üblichen Vergütung eine solche nicht feststellen, sind die Regeln über die ergänzende Vertragsauslegung heranzuziehen (BGH, Urt. v. 4.4.2006 – X ZR 122/05). Nur wenn die Höhe der Vergütung durch ergänzende Vertragsauslegung selbst nicht zu bestimmen ist, kann sie ergeben, dass der Unternehmer die Vergütung durch Rückgriff auf die Regelungen der §§ 315, 316 Abs. 1 BGB nach billigem Ermessen bestimmen darf (BGH, Urt. v. 26.9.2006 – X ZR 181/03; vgl. auch Urt. v. 29.11.1965 – VII ZR 265/63).

49 Haben die Parteien die Vergütung nicht vereinbart, rechnet der Unternehmer eine von ihm als angemessen angesehene Vergütung ab. Bestreitet der Besteller die Üblichkeit, ist im Prozess die geforderte Gesamtvergütung auf ihre Üblichkeit zu untersuchen, nicht aber lediglich einzelne Ansätze isoliert zu überprüfen. Denn bei den verschiedenen Rechnungspositionen handelt es sich um unselbstständige Rechnungsposten eines einheitlichen Vergütungsanspruchs. Streitig wird häufig, welchen Aufwand der Unternehmer zusätzlich zum vereinbarten oder ortsüblichen Stundenlohn in Rechnung stellen kann, bei Handwerkern insbesondere der gesonderte Ansatz von Fahrzeiten. Nach der Instanzrechtsprechung ist ein gesonderter Ansatz nur üblich bei kleineren Werkleistungen, die in ein oder zwei Stunden auszuführen sind; in diesem Fall ist der Ansatz auch dann üblich, wenn sich der Leistungsort am Ort der Betriebsstätte befindet. Bei länger dauernden Arbeiten ist der gesonderte Ansatz von Fahrzeiten nicht üblich (OLG Düsseldorf, Urt. v. 28.2.2012 – 23 U 59/11; OLG Düsseldorf, Urt. v. 16.05.2000 – 21 U 145/99; → § 631 BGB Rdn. 450).

E. Keine Vergütung des Kostenanschlags gem. Abs. 3

I. Allgemeines

50 § 632 Abs. 3 ist erst durch das Schuldrechtsmodernisierungsgesetz 2002 in das BGB eingefügt worden. Die Vorschrift bestimmt lediglich, dass ein Kostenanschlag im Zweifel nicht zu vergüten ist. Der Kostenanschlag wird weder in § 632 Abs. 3 BGB definiert noch in § 649 BGB, der seit Inkrafttreten des BGB die Folgen einer Kostenüberschreitung bei einem unrichtigen Kostenanschlag (teilweise) regelt. Gemeint ist eine Auskunft über die voraussichtlichen Kosten (im Sinne der vom Besteller zu zahlenden Vergütung) einer Werkleistung, die i. d. R. in Form einer irgendwie gearteten Kostenermittlung vorgelegt wird (→ § 649 BGB Rdn. 6 ff.).

Vergütung **§ 632**

Ein Kostenanschlag kann auch in einem Angebot des Unternehmers enthalten sein. Anders 51
als ein Vertragsangebot i. S. v. § 145 BGB ist ein Kostenanschlag als solcher aber nicht bindend.
Die Abgrenzung ist für § 632 BGB nicht relevant. Denn auch Angebote sind regelmäßig nicht
vergütungspflichtig, und zwar auch dann nicht, wenn sie umfangreiche Vorarbeiten erfordern
(BGH, Urt. v. 12.7.1979 – VII ZR 154/78). Die Vergütungspflicht bedarf vielmehr einer gesonderten Vereinbarung, vgl. → Rdn. 20. Das gilt grundsätzlich auch für Nachtragsangebote
(→ § 650b BGB Rdn. 90).

Die Vorschrift des § 632 Abs. 3 BGB ist Ausdruck der allgemein fehlenden Vergütungspflicht 52
von Vorleistungen in Hinblick auf einen späteren Vertragsschluss (→ Rdn. 20 ff.). Das bedeutet
allerdings nicht, dass § 632 Abs. 3 BGB selbst die fehlende Vergütungspflicht sonstiger Vorarbeiten regelt (missverständlich Staudinger/Peters/Jacoby § 632 Rdn. 109, vgl. → Rdn. 60). Mit der
Vermutungsregelung der Unentgeltlichkeit von Kostenanschlägen reagierte der Gesetzgeber auf
wiederholte gerichtliche Streitigkeiten über die Vergütungspflicht für einen Kostenanschlag.
Der potentielle Besteller mag seine Anfrage als bloße Aufforderung zur Vorlage eines grundsätzlich unentgeltlichen Angebots verstehen, der Unternehmer insbesondere bei aufwändigen
Kostenvoranschlägen nicht, dann aus, wenn kein Vertrag zur Erbringung der veranschlagten Leistungen nachfolgt, als selbständige Werkleistung, die nach § 632 Abs. 1 zu vergüten ist (vgl. zur
parallelen Rechtsdiskussion in Österreich Hutter, Der Kostenanschlag, 1996, S. 22 ff.).

Nach der Gesetzesbegründung entspricht es dem allgemeinen Rechtsbewusstsein, dass eine 53
Vergütungspflicht für einen Kostenvoranschlag einer eindeutigen Vereinbarung bedürfe.
Denn Kostenvoranschläge dienten dazu, die veranschlagte Kostenhöhe für zu erbringende
Werkleistungen zu erfahren, an Konkurrenzangeboten zu messen und insbesondere in den
typischen Fällen der erstrebten Instandsetzung technischer Geräte den Nutzen der Reparatur
durch einen Vergleich der Kostenhöhe mit dem Zeitwert des Geräts zuverlässig einschätzen zu
können. Die Bemühungen des Werkunternehmers, einen Kostenanschlag zu erstellen, zählen
nach der berechtigten Erwartung des Publikums zu den Gemeinkosten des Werkunternehmers
(RegEntw., BR-Drucks. 338/01, S. 613).

Diese Klarstellung in § 632 Abs. 3 BGB folgt der Rechtsprechung des Bundesgerichtshofs. 54
Dieser hatte angenommen, dass eine Vergütung des Kostenanschlags nach § 632 Abs. 1 BGB
einen gesonderten Werkvertrag über die Erstellung eines Kostenanschlags voraussetzt (BGH,
Urt. v. 12.7.1979 – VII ZR 154/78; Urt. v. 8.11.1979 – VII ZR 215/78; Urt. v. 3.12.1981 – VII
ZR 368/80). In der Literatur waren aber auch weitergehende Auffassungen vertreten worden
(vgl. Kirschnek, Der unverbindliche Kostenanschlag gemäß § 650 BGB, S. 89 ff.). Die gesetzliche Vermutung macht deutlich, dass der Unternehmer eine Vergütungspflicht für einen
Kostenanschlag ausdrücklich vereinbaren muss.

Das gilt auch in Österreich gemäß § 5 Abs. 1 KSchG gegenüber Verbrauchern und nach der 55
Auslegung des OGH gegenüber Unternehmern bei Wettbewerb um einen Auftrag (OGH, Urt.
v. 19.4.1961 – 1 Ob 190/61). Auch in der Schweiz zählt der Aufwand für einen sog. Kostenansatz zu den von der jeweiligen Partei selbst zu tragenden Verhandlungskosten (Gauch, Der
Werkvertrag, 5. Aufl. Rdn. 454).

II. Leitbildfunktion für Allgemeine Geschäftsbedingungen

Die praktische Bedeutung des § 632 Abs. 3 BGB besteht in der Leitbildfunktion bei der 56
Überprüfung Allgemeiner Geschäftsbedingungen. Eine Allgemeine Geschäftsbedingung des
Unternehmers, die die Verpflichtung zur Vergütung eines Kostenanschlags vorsieht, ist nach
der Gesetzesbegründung (RegEntw., BR-Drucks. 338/01, S. 613) überraschend und wird damit
nicht Vertragsbestandteil, § 305c BGB.

Streitig ist, ob eine solche Klausel darüber hinaus auch gemäß § 307 BGB unwirksam ist, 57
weil die Vorschrift über eine bloße Beweislastregel hinaus einen gesetzlichen Grundgedanken formuliert (dafür OLG Köln, Beschl. v. 27.6.2011 – 19 U 45/11; OLG Karlsruhe, Urt.
v. 29.12.2005 – 19 U 57/05; RegEntw., BR-Drucks. 338/01, S. 613; Teichmann, ZfBR 2002,
13, 19; dagegen Bamberger/Roth-Voit, § 632 BGB Rdn. 16; Messerschmidt/Voit-Boldt, § 632
BGB Rdn. 36 mit dem Argument, eine Abweichung vom gesetzlichen Leitbild fehle, da
Abs. 3 lediglich eine am Parteiwillen orientierte Auslegungsregel enthalte). Der Kunde, der
sich über den Umfang von Reparaturkosten informieren will, darf nicht durch AGB ungewollt
in eine vertragliche Bindung gezwungen werden. Das entspricht der von der Gesetzesbegründung ausdrücklich in Bezug genommenen Rechtsprechung des Bundesgerichtshofs (Urt.

(von Rintelen

§ 632

v. 3.12.1981 – VII ZR 368/80) zur alten Rechtslage, in der es um die in Allgemeinen Geschäftsbedingungen geregelte Vergütungspflicht für Kostenanschläge im Elektrogewerbe ging, falls es nicht zu einem Reparaturauftrag kommt (vgl. auch OLG Hamm, Urt. v. 18.4.1996 – 17 U 136/95) Diese Erwägungen gelten nach Inkrafttreten des Abs. 3 erst recht und sind durchaus verallgemeinerungsfähig.

58 Es ist zwar rechtlich nicht zu beanstanden, dass Reparaturbetriebe für eine aufwändige Erstellung von Kostenanschlägen eine Vergütung fordern. Denn sie sind nicht gehalten, ihren Aufwand an Arbeitszeit und Testgeräten für diese Leistung in ihre Gemeinkosten einzukalkulieren und damit letztlich alle Kunden zu belasten, die ihr Gerät instand setzen lassen. Dementsprechend ist es in der Praxis bei der Erstellung von umfangreichen Kostenvoranschlägen durch Kfz-Werkstätten wegen des Arbeits- und Zeitaufwands häufig entgeltlich (LG Hildesheim, Urt. vom 4.9.2009 – 7 S 107/09 m. w. N.). Eine Vergütung setzt aber eine ausdrückliche Entgeltlichkeitsvereinbarung mit dem Kunden voraus, die eine vom Reparaturauftrag unabhängiger Werkvertrag über die Erstellung des Kostenanschlages begründet. Ein solcher Vertrag kommt wirksam zustande, wenn der Kunde vor seiner Zustimmung darauf hingewiesen wird, dass er eine Bearbeitungsgebühr zu zahlen habe, falls er die Reparatur nicht ausführen lasse oder kein neues Gerät erwerbe (vgl. dazu KG, Urt. v. 28.7.1982 – 23 W 3810/82).

III. Vergütungsabrede

59 Fordert der Unternehmer eine Vergütung für die Erstellung eines Kostenanschlags, muss die Vergütungspflicht i. d. R. individualvertraglich vereinbart werden. Das kann auch formlos geschehen. Der Gesetzgeber hat zu Recht davon abgesehen, ein Schriftformerfordernis (nur) für die Abrede über die Vergütung eines Kostenanschlags einzuführen. Der Werkunternehmer sollte allerdings, um seiner Beweislast am einfachsten zu genügen, die Schriftform für die Vergütungsabrede wählen (RegEntw., BR-Drucks. 338/01, S. 614).

IV. Abgrenzung zu „ähnlichen Vorarbeiten"

60 Diskutiert worden war, ob in § 632 Abs. 3 BGB auch geregelt werden soll, dass nicht nur der Kostenanschlag, sondern auch „ähnliche Vorarbeiten" im Zweifel nicht zu vergüten sind. Davon ist abgesehen worden. Die Begründung führte dazu aus (RegEntw., BR-Drucks. 338/01, S. 614):

61 „Im Gegensatz zum Begriff Kostenanschlag hat das Wort ‚Vorarbeiten' im Umgangsdeutsch keinen festen Umriss, und obschon die Verbindung mit dem Wort ‚ähnliche' eine Eingrenzung bewirken soll, wird das Vorstellungsbild durch diese Verbindung kaum klarer. Immerhin lässt sich feststellen, das unter ähnliche Vorarbeiten allein solche fallen, die auf Grund einer besonderen Abrede mit dem Besteller ausgeführt werden; denn ein Kostenanschlag wird nur auf Verlangen erstellt. Außerdem müssen es, wie es das Wort ‚Vorarbeiten' zum Ausdruck bringt, Arbeiten sein, die dem eigentlichen Werkvertrag vorausgehen. Insoweit kommen als Beispiele eine Probebohrung zur Ermittlung der Bebaubarkeit des Grundstücks, die Anfertigung eines Modells sowie zeichnerische und rechnerische Leistungen von Architekten in Betracht. Diese Beispiele zeigen, dass die Situation bei solchen Vorarbeiten sehr verschieden ist und deshalb jedenfalls nicht die allgemeine Regel bestimmt werden kann, dass sie im Zweifel nicht zu vergüten sind. Dies würde vielfach die Sache treffen, vielfach aber auch nicht.

62 In Fällen, in denen vorbereitende Arbeiten des Werkunternehmers dem entgegen eine erhebliche praktische Bedeutung erlangen, sind sie unter den Begriff ‚Vorarbeiten' nicht einzuordnen. Dies gilt für die Berechnung von ‚Rüstzeiten' und ‚Fahrtkosten'. Werkunternehmer – insbesondere Reparaturwerkstätten – stellen ihren Kunden immer häufiger die Arbeitszeiten in Rechnung, die für die Ausrüstung ihrer Reparaturfahrzeuge und/oder ihrer Monteure mit den zur Instandsetzung benötigten Ersatzteilen aufgewendet werden. Dies ist jedoch ebenso wie die Kostenposition Fahrzeit kein Problem ‚ähnlicher Vorarbeiten' sondern es handelt sich um besondere Abrechnungsposten innerhalb des Vergütung Anspruchs des Werkunternehmers."

V. Anspruchsgrundlagen anstelle einer Vergütung

63 Vereinbaren die Parteien keine Vergütungspflicht, bleiben dem Unternehmer lediglich Schadenersatzansprüche, wenn der potentielle Besteller bei der Aufforderung zu einem Kos-

Vergütung §632

tenvoranschlag eine vorvertragliche Pflicht verletzt hat. Das kann der Fall sein, wenn Kostenanschläge ohne die Absicht der Auftragserteilung angefordert werden (vgl. OLG Düsseldorf, Urt. v. 13.3.1991 – 19 U 47/90; Messerschmidt/Voit-Boldt, §632 BGB Rdn. 37; Gauch, Der Werkvertrag, 5. Aufl. Rdn. 455). Hier gelten die gleichen Grundsätze wie bei der Veranlassung eines Unternehmers zu sonstigen Vorleistungen unter falschen Voraussetzungen (→ Rdn. 27). Ohne Pflichtverletzung verbleiben nur Bereicherungsansprüche nach §812 BGB, deren Voraussetzungen bei Kostenanschlägen i. d. R. aber nicht bestehen werden (→ Rdn. 28).

F. Besonderheiten beim VOB-Vertrag

§ 632 Abs. 1 BGB ist auch beim VOB-Vertrag anwendbar. Bei der Vereinbarung der VOB/B wird in aller Regel von der Entgeltlichkeit der zu erbringenden Leistungen auszugehen sein. Haben die Parteien keine Vergütungsvereinbarung für die Vertragsleistungen getroffen, gilt auch hier die ortsübliche Vergütung als geschuldet. Eine vom Auftraggeber behauptete Vergütungsvereinbarung muss der Auftragnehmer zur Anwendung des §632 BGB widerlegen (BGH, Urt. v. 6.12.2001 – VII ZR 241/00; Urt. v. 9.4.1981 – VII ZR 262/80). Streiten sich die Parteien, welche Vergütung vereinbart worden ist, insbesondere ob ein Pauschalpreis- oder ein Einheitspreisvertrag abgeschlossen wurde, muss auch im VOB-Vertrag der Auftragnehmer die Pauschalpreisbehauptung des Auftraggebers widerlegen. Der Bundesgerichtshof hat eine Einheitspreisvermutung für den VOB-Vertrag gegen Literaturauffassungen nicht anerkannt (BGH, Urt. v. 9.4.1981 – VII ZR 262/80). Die Fragen der Beweislast für die Vergütung werden im Rahmen der Kommentierung des §631 BGB (→ §631 BGB Rdn. 526 ff.) erörtert. **64**

Etwas anderes gilt für die Vergütung von Nachträgen beim VOB/B-Vertrag. §632 BGB ist nicht auf §1 Abs. 3 und 4 VOB/B angeordnete oder ohne Auftrag durchgeführte Nachtragsarbeiten im VOB-Vertrag anwendbar, die ohne Vergütungsvereinbarung ausgeführt werden. Denn §2 VOB/B enthält insoweit eigenständige vertragliche Regelungen zur Bemessung der Nachtragsvergütung auf der Basis der Vertragspreise (OLG Düsseldorf, Urt. v. 21.11.2014 – 22 U 37/14, Rdn. 261). Eine Nachtragsberechnung nach §632 Abs. 2 BGB wäre unschlüssig und müsste zur Klageabweisung führen (OLG Dresden, Urt. v. 15.1.2015 – 9 U 764/14; OLG Düsseldorf, Urt. v. 21.11.2014 – 22 U 37/14). Ist allerdings die Einheitspreisvereinbarung für Mehrmengen gemäß §2 Abs. 3 oder §2 Abs. 5, 6 VOB/B wegen Sittenwidrigkeit nichtig, bestimmte sich der Preis für die Mehrmenge bislang nach §632 BGB (BGH, Urt. v. 18.12.2008 – VII ZR 201/06; Urt. v. 14.3.2013 – VII ZR 116/12). Nunmehr müsste hier §650c Abs. 1 BGB eingreifen. Eine weitere Ausnahme gilt nur für Zusatzleistungen nach §2 Abs. 9 VOB/B; fordert der Auftraggeber vom Auftragnehmer Zeichnungen, Berechnungen oder andere Unterlagen, die der Auftragnehmer nach dem Vertrag nicht zu beschaffen hat, ist diese Anforderung vergütungspflichtig. §2 Abs. 9 VOB/B enthält allerdings keine Aussage dazu, wie diese Zusatzleistung zu vergüten ist. Hier bleibt deshalb §632 Abs. 2 BGB anwendbar. Gleiches gilt wenn ausnahmsweise bereits für die vertragliche Hauptleistung eine Vergütungsvereinbarung fehlt. **65**

Ein weiterer Anwendungsbereich verbleibt §632 BGB bei den sogenannten anderen zusätzlichen Leistungen im Sinne des §1 Abs. 4 Satz 2 VOB/B, die für die Vertragsausführung nicht erforderlich sind, sondern nur anlässlich des Vertrages zusätzlich beauftragt werden oder für andere einvernehmliche Vertragsänderungen ohne Vergütungsvereinbarung (→ §650b BGB Rdn. 227). Werden solche nicht erforderlichen Leistungen im Rahmen eines VOB-Vertrages zusätzlich beauftragt, ohne dass eine Vereinbarung über die Vergütung getroffen worden ist, muss im Wege der Auslegung ermittelt werden, ob ihre Vergütung wegen des Zusammenhangs gemäß §2 Abs. 6 VOB/B auf der Basis des bisherigen Preisniveaus ermittelt werden soll oder ob es sich um unabhängige Anschluss- oder Folgeaufträge handelt, für die bei fehlender Vergütungsvereinbarung §632 BGB eingreift (vgl. OLG Düsseldorf, Urt. v. 22.9.1992 – 23 U 224/91 und näher Kapellmann/Messerschmidt-v. Rintelen, VOB/B, §1 Rdn. 117 ff.). Handelt es sich bei den anderen zusätzlichen Leistungen um Leistungen, für die nach dem Hauptvertrag bereits eine (Einheits-)Preisvereinbarung besteht, dürfte der Zusatzbeauftragung häufig die konkludente Preisvereinbarung zu entnehmen sein, dass der vereinbarte Preis auch für die selbstständigen Zusatzleistungen gilt (OLG Köln, Urt. v. 23.2.2010 – 3 U 33/09; vgl. auch OLG München, Urt. v. 9.3.2010 – 9 U 3488/07; anders bei verkalkulierten Preisen OLG Karlsruhe, Urt. v. 13.7.2010 – 19 U 109/09). **66**

(von Rintelen)

§ 632 Vergütung

67 Auch § 632 Abs. 3 BGB gilt im VOB-Vertrag. So bestimmt bereits § 8 Abs. 8 VOB/A, dass die Bieter keine Entschädigung für die Bearbeitung der Angebotsunterlagen erhalten. Auch in den Fällen, in denen der Auftraggeber Entwürfe oder Berechnungen fordert, soll er zwar nach § 8 Abs. 8 VOB/A eine Entschädigung gewähren. Diese Auslobung wäre für den Vergütungsanspruch aber auch notwendig, da ein Werkvertrag durch die Teilnahme an einer Ausschreibung nicht zustande kommt (OLG Düsseldorf, Urt. v. 30.1.2003 – 5 U 13/02). Aus § 632 Abs. 3 BGB folgt weiter, dass Nachtragsangebote nicht gesondert zu vergüten sind (OLG Brandenburg, Urt. v. 2.12.2015 – 11 U 102/12). Eine andere Frage ist, inwieweit ein Auftragnehmer berechtigt ist, in den Preis nach § 2 Abs. 5 und Abs. 6 VOB/B die Kosten der Nachtragsbearbeitung einzubeziehen. Diese Frage ist umstritten (vgl. Duve/Richter, BauR 2007, 1490; Weise, NJW-Spezial 2007, 444; Merkens, NZBau 2012, 529; Jahn/Klein, NZBau 2013, 473).

G. Besonderheiten des Architekten- und Ingenieurvertrags

68 § 632 BGB findet auch auf den Architektenvertrag Anwendung, wobei die Vergütungsregelungen der HOAI zu berücksichtigen sind. Die HOAI führt aber nicht per se zur Entgeltlichkeit einer Architektenleistung, sondern setzt voraus, dass die Parteien einen entgeltlichen Vertrag über HOAI-Leistungen geschlossen haben und regelt dann als Preisvorschrift die zulässige Vergütung. Es muss deshalb zunächst einmal aufgrund der Absprachen der Parteien festgestellt werden, ob nur eine bloße Akquisition oder schon ein Vertragsverhältnis vorliegt, das einen Vergütungsanspruch eröffnet, auf den dann über die Regelung des § 632 BGB die Bestimmungen der HOAI Anwendung finden. Für den Rechtsbindungswillen und damit das Zustandekommen einer vertraglichen Vereinbarung ist der Architekt beweisbelastet (BGH, Urt. v. 5.6.1997 – VII ZR 124/96; OLG München, Urt. v. 15.4.2008 – 9 U 4609/07; OLG Celle, Urt. v. 7.3.2011 – 14 U 7/11).

I. HOAI als Taxe

69 Ist ein Architektenvertrag ohne Vergütungsvereinbarung geschlossen worden, so sind die an die Stelle der früheren Mindestsätze getretenen Basishonorarsätze der HOAI als Taxe nach § 632 Abs. 2 BGB und zugleich gemäß § 7 HOAI 2021 geschuldet. Die HOAI enthält allerdings nur Vergütungsregelungen für einen Teil möglicher Architektenleistungen. Für die übrigen ist die übliche Vergütung nach § 632 Abs. 2 BGB zu ermitteln (OLG Koblenz, Urt. v. 19.1.2012 – 1 U 1287/10; Berger in Fuchs/Berger/Seifert, HOAI, Syst Teil VI Rdn. 29). Wegen der Unwirksamkeit der Mindestsätze der HOAI 2013 und den Rechtsfolgen wird auf die Kommentierung von § 650q verwiesen.

II. Abgrenzung zu Akquisitionsleistungen

70 Hiervon sind Akquisitionsleistungen abzugrenzen (vgl. dazu näher Korbion/Mantscheff/Vygen/Wirth, HOAI Einf. Rdn. 124 ff.). Mit Akquisitionsleistungen sind planerische oder sonstige Vorleistungen gemeint, die der Architekt aus der – rechtlich maßgeblichen – Sicht des Bestellers erbringt, weil er später einen Auftrag erhalten soll oder will. Fehlen klare Absprachen der Parteien, ist es häufig schwierig festzustellen, ob die Erbringung der Leistungen schon vertraglich geschuldet und den Umständen nach nur gegen eine Vergütung zu erwarten ist oder ob der Architekt zum Zwecke der Akquisition Vorleistungen erbringt, die ohne besondere Vereinbarung nicht vergütungspflichtig sind (→ Rdn. 20 f. und → Rdn. 39). Hierzu gibt es eine ebenso umfangreiche wie uneinheitliche Kasuistik (vgl. aus neuerer Zeit OLG Düsseldorf, Beschl. v. 14.10.2014 – I-22 U 104/14; OLG Frankfurt, Urt. v. 7.12.2012 – 10 U 183/11; OLG Düsseldorf, Urt. v. 21.6.2011 – 21 U 129/10; OLG Celle, Urt. v. 7.3.2011 – 14 U 7/11; Urt. v. 17.2.2010 – 14 U 138/09; OLG Karlsruhe, Urt. v. 17.2.2010 – 8 U 143/09; OLG Hamm, Urt. v. 9.9.2008 – 19 U 23/08; OLG München, Urt. v. 15.4.2008 – 9 U 4609/07; OLG Düsseldorf, Urt. v. 22.1.2008 – 23 U 88/07; OLG Frankfurt, Urt. v. 20.9.2005 – 22 U 210/02; weitere Nachweise bei Locher/Koeble/Frik, HOAI, Einl. Rdn. 55 ff.).

71 Leistungen zu Akquisitionszwecken liegen z. B. vor, wenn der Architekt die Leistungen primär unternimmt, um – ggf. im Wettbewerb mit anderen Bewerbern – einen Auftrag zu erhalten. Gleiches kann für die Bewerbung zusammen mit einem Bauunternehmen um ein

Totalauftrag gelten (OLG Hamburg, Urt. v. 10.2.2011 – 3 U 81/06), oder mit einem Investor bei einem Wettbewerb um ein Grundstück (OLG Frankfurt, Urt. v. 27.8.2008 – 3 U 125/07) oder für Zusatzleistungen, den der Architekt unternimmt, um die baurechtliche Realisierung des Vorhabens zu unterstützen (OLG Hamm, Urt. v. 9.9.2008 – 19 U 23/08). Das kann auch gelten, wenn die Realisierung des Vorhabens aus baurechtlichen oder finanziellen Gründen noch ungewiss ist (BGH, Urt. v. 26.4.1999 – VII ZR 198/98; OLG Hamm, Urt. v. 23.4.2010 – 19 U 12/08; vgl. aber auch OLG Düsseldorf, Urt. v. 22.1.2008 – 23 U 88/07). In solchen Fällen, in denen der Architekt mit seinem Auftraggeber hinsichtlich des Realisierungsrisikos in einem Boot sitzt, ergibt sich der Vertragsschluss auch nicht aus der gerade gewollten Verwertung der Planungsleistungen oder aus Änderungs- bzw. Verbesserungsvorschlägen (OLG Düsseldorf, Urt. v. 29.2.2008 – 23 U 85/07; OLG Naumburg, Urt. v. 21.4.2010 – 5 U 54/09; OLG Hamburg, Urt. v. 10.2.2011 – 3 U 81/06; allgemein zur Verwertung OLG Saarbrücken, Urt. v. 25.4.2004 – 4 U 417/03 und Bamberger/Roth-Voit § 632 BGB Rdn. 5).

In Betracht kommt in diesen Fällen aber auch von der Realisierung abhängiger (bedingter) **72** Vertrag bzw. Vergütungsanspruch (BGH, Urt. v. 28.3.1985 – VII ZR 180/84; Urt. v. 19.2.1998 – VII ZR 236/96; OLG Frankfurt, Urt. v. 27.8.2008 – 3 U 125/07; vgl. → Rdn. 17 f.). Bedingung oder Verzicht wurden auch durch das frühere Preisrecht der HOAI nicht berührt (BGH, Urt. v. 14.3.1996 – VII ZR 75/95). Ist bereits ein Vertrag über diese (Teil-)Leistungen zustande gekommen, so handelt es sich um Vertragserfüllungsleistungen, die nicht in irgendeiner Weise als „Vorleistungen" geringerer Art abgetan werden können (vgl. BGH, Urt. v. 8.6.2004 – X ZR 211/02). Früher führte das zwingende Preisrecht dazu, dass Vergütungsvereinbarungen auch für Akquisitionsleistungen nur im Rahmen der HOAI a. F. möglich waren. Das führte dann zu erheblichen Begründungsaufwand (vgl. OLG Jena (Urt. v. 08.01.2014 – 2 U 156/13 mit abl. Anm. Wessel NJW 2014, 2511). Das erübrigt sich mit der HOAI 2021.

Sobald ein Vertrag zustande gekommen ist, besteht eine Entgeltlichkeitsvermutung für die **73** vereinbarten Leistungen (BGH, Urt. v. 9.4.1987 – VII ZR 266/86). Entscheidungen, nach denen vertragliche Leistungen des Architekten, die für die eigentliche Planung (ab Entwurfsplanung) vorbereitend notwendig sind, nach den Umständen nicht vergütungspflichtig sein sollen, sind deshalb mit Vorbehalt zu versehen. Richtigerweise wird bei Vertragsleistungen nach Abschluss der Vorplanung jedenfalls von einer Entgeltlichkeit auszugehen sein (vgl. OLG Karlsruhe, Urt. v. 17.2.2010 – 8 U 143/09; OLG Hamm, Urt. v. 26.9.1989 – 26 U 183/88). Denn die Annahme unentgeltlicher Vertragsleistungen ist nur ausnahmsweise gerechtfertigt. Nicht vertragliche Akquisitionsleistungen werden allerdings auch für die Leistungsphasen 3 oder gar 4 angenommen (OLG Celle, Urt. 26.10.2011 – 14 U 54/11; OLG Hamm, Urt. v. 9.9.2009 – 19 U 23/08; OLG Düsseldorf, Urt. v. 19.4.2007 – 5 U 113/06).

III. Anwendungsbereich der HOAI

Haben die Parteien die Vergütung für entgeltliche vertragliche Leistungen nicht bei Auf- **74** tragserteilung in Textform vereinbart, sind maßgebend gemäß § 7 HOAI 2021 die Basishonorarsätze. Ob die Basishonorarsätze unmittelbar aufgrund der Fiktion des § 7 HOAI als vereinbarte Vergütung gelten oder auch, wie häufig formuliert wird, als Taxe über die Verweisung des § 632 Abs. 2 gelten, kann dahingestellt bleiben (vgl. zu den Mindestsätzen gemäß HOAI a. F. BGH, Urt. v. 6.5.1985 – VII ZR 320/84).

Allerdings gelten die Basishonorarsätze der HOAI nur im Rahmen ihrer persönlichen und **75** sachlichen Anwendungsvoraussetzungen. Maßgebend ist nicht die berufliche Qualifikation des Leistungserbringers als Architekt/Ingenieur, sondern dass die vertraglich vereinbarte Leistung zu den Leistungsbildern der HOAI gehört; auch die Rechtsnatur des Vertrages als Dienst- oder Werkvertrag ist nicht entscheidend (BGH, Urt. v. 18.5.2000 – VII ZR 125/99). Nicht erfasst werden aber Architektenleistungen, die als gesellschaftsvertragliche Beitragsleistung erbracht werden (OLG Stuttgart, Urt. v. 1.3.2016 – 10 U 105/15). Auch wenn die Architektenleistungen neben oder zusammen mit anderen Leistungen (Paradefall Bauträger) als Teil eines größeren Leistungspakets erbracht werden, ist die HOAI nicht anwendbar (BGH, Urt. v. 4.12.1997 – VII ZR 177/96). Folglich findet die HOAI keine Anwendung auf Bauregieleistungen, die neben der Vollarchitektur ein Komplettpaket weiterer Leistungen zur Erstellung und Verwaltung eines Hauses beinhaltet (OLG Hamm, Urt. v. 23.6.2014 – 17 U 114/13; vgl. auch OLG Koblenz, Urt. v. 19.1.2012 – 1 U 1287/10 für Teilungserklärung).

Das gilt auch für von der HOAI nicht erfasster Leistungen. So wurden isolierte besondere **76** Leistungen von § 5 Abs. 4 HOAI 2002 nicht erfasst (BGH, Urt. v. 5.6.1997 – VII ZR 124/96;

Urt. v. 30.9.2004 – VII ZR 456/01). Gleiches gilt für die mit der HOAI 2009 und 2013 erweiterten Bereiche, die preisrechtlich nicht mehr geregelt waren. Maßgeblich ist dann gemäß § 632 BGB die übliche Vergütung. Da für diese keine preisrechtlichen Einschränkungen gelten, kann bei einem Pauschalpreis über Grundleistungen und besonderen Leistungen bzw. Beratungsleistungen keine Mindestsatzunterschreitung vorliegen, wenn der Pauschalpreis die Mindestsätze für die preisrechtlich geregelten Leistungen erreicht.

77 Ist für die durch die HOAI nicht geregelten Leistungen eine Vergütung (oder ihre unentgeltliche Miterbringung) nicht vereinbart, so ist sie nach allgemeinen Grundsätzen zu ermitteln. Dabei können auch dort, wo es systematisch möglich wäre, wie z.B. bei in der HOAI nicht geregelten Anlagengruppen oder den isolierten besonderen Leistungen nach der HOAI 2002, die Mindestsätze oder die Mittelsätze der HOAI nicht als die übliche Vergütung unmittelbar herangezogen werden; diese muss vielmehr tatsächlich ermittelt werden (BGH, Urt. v. 5.6.1997 – VII ZR 124/96), wobei die HOAI-Regelungen ihrerseits Auswirkungen auf die Üblichkeit haben können. Deren Feststellung kann aber z.B. in den Fällen, in denen die anrechenbaren Kosten die oberen Tafelwerte überschreiten, durchaus schwierig werden, weil die Tafelwerte nicht ohne weiteres als übliche Vergütung fortgeschrieben werden können (vgl. BGH, Urt. v. 24.6.2004 – VII ZR 259/02; vgl. auch KG, Urt. v. 22.3.2004 – 24 U 57/01). Im Einzelfall kann die Fortschreibung der üblichen Vergütung entsprechen, z.B. wenn bei dem TGA-Planungsauftrag die Tafelwerte nur für einige Anlagengruppen überschritten werden (so, aber ohne Begründung OLG Hamburg, Urt. v. 10.2.2011 – 3 U 81/06).

IV. Darlegungs- und Beweislast

78 Das Textformgebot und die Basissatzfiktion des § 7 HOAI 2021 haben wie frühere die Mindestsätze Auswirkungen auf die Darlegungs- und Beweislast. Der Architekt kann die Basissätze fordern ohne dass er eine behauptete abweichende Vergütungsvereinbarung widerlegen muss. Der Besteller müsste eine Vereinbarung unter dem Basissatz beweisen, der Architekt eine über dem Basissatz. Wegen des Textformgebots für Abweichungen von den Basissätzen in § 7 HOAI 2021 kann der Streit aber nur um die Authentizität der Vereinbarung gehen. Die Darlegungs- und Beweislast für die die Höhe der Vergütung bestimmenden Parameter trägt der Architekt. So hat er z.B. auch die Höhe der anrechenbaren Kosten zu beweisen (BGH, Urt. v. 4.10.1979 – VII ZR 319/78). Verfügt der Architekt nicht über die erforderlichen Informationen, ist demgegenüber der Besteller seinerseits im Besitz der relevanten Unterlagen für die Kostenermittlung, insbesondere der Rechnungen, genügt der Architekt seiner Darlegungslast durch eine sorgfältige Schätzung. Der Besteller darf diese nicht mit Nichtwissen bestreiten; er muss vielmehr zu den streitigen Kosten unter Vorlage der Unterlagen konkret Stellung nehmen (BGH, Urt. v. 27.10.1994 – VII ZR 217/93).

H. Besonderheiten beim Bauträgervertrag

79 Ein Bauträgervertrag ohne Vergütungsvereinbarung dürfte wegen des regelmäßig bestehenden Beurkundungserfordernisses nicht praktisch werden. Hinzu kommt, dass in der Vergütung eines Bauträgervertrages auch ein Kaufpreisanteil enthalten ist und hierauf § 632 BGB nicht anwendbar ist. Damit läge ohne eine Vereinbarung zumindest des Kaufpreisanteils i.d.R. kein wirksamer Vertrag vor. Praktisch werden kann § 632 BGB im Bauträgervertrag aber bei Sonderwünschen oder Zusatzaufträgen ohne besondere Vergütungsvereinbarung. Baurechtliche Besonderheiten bestehen insoweit nicht.

§ 632a BGB Abschlagszahlungen

(1) Der Unternehmer kann von dem Besteller eine Abschlagszahlung in Höhe des Wertes der von ihm erbrachten nach dem Vertrag geschuldeten Leistungen verlangen. Sind die erbrachten Leistungen nicht vertragsgemäß, kann der Besteller die Zahlung eines angemessenen Teils des Abschlags verweigern. Die Beweislast für die vertragsgemäße Leistung verbleibt bis zur Abnahme beim Unternehmer. § 641 Abs. 3 gilt entsprechend. Die Leistungen sind durch eine Aufstellung nachzuweisen, die eine rasche und sichere Beurteilung der Leistungen ermöglichen muss. Die Sätze 1

Abschlagszahlungen **§ 632a**

bis 5 gelten auch für erforderliche Stoffe oder Bauteile, die angeliefert oder eigens angefertigt und bereitgestellt sind, wenn dem Besteller nach seiner Wahl Eigentum an den Stoffen oder Bauteilen übertragen oder entsprechende Sicherheit hierfür geleistet wird.

(2) Die Sicherheit nach Absatz 1 Satz 6 kann auch durch eine Garantie oder ein sonstiges Zahlungsversprechen eines im Geltungsbereich dieses Gesetzes zum Geschäftsbetrieb befugten Kreditinstituts oder Kreditversicherers geleistet werden.

Übersicht

	Seite
A. Entwicklung und Inhalt der Regelung für den Bauvertrag	242
B. Abs. 1: Anspruch auf Abschlagszahlungen	243
I. Abschlagszahlungen auf Werklohn	243
1. Charakteristika von Abschlagszahlungen	244
2. Rechtsnatur von Abschlagszahlungen	244
II. Voraussetzung für Abschlagszahlungen	246
1. Anwendungsbereich	246
2. Wert der erbrachten Leistungen	246
a) Erbrachte Leistungen	246
b) Vorbereitungshandlungen	247
c) Abrechnungsfähigkeit von Leistungen	247
d) Bemessung nach Vertragswerten	248
e) Rechtslage bis 2018	249
aa) Begriff des Wertzuwachses	249
bb) Zugewandte Leistung	250
cc) Bemessung der Abschlagsforderung	251
3. Auswirkungen von Mängeln	251
a) Leistungsverweigerungsrecht	251
b) Abgrenzung Mangel zur unfertigen Leistung	251
c) Zug-um-Zug-Verurteilung	252
d) Rechtslage bis 2017	252
aa) Bis 2008 mangelfreie Leistung erforderlich	252
bb) Ab 2008 Schädlichkeit nur wesentlicher Mängel	252
III. Abschlagszahlungen für Baustoffe oder Bauteile	253
1. Sicherungsnotwendigkeit	253
2. Sicherstellung durch Eigentumsübertragung	254
3. Sicherstellung durch Sicherheitsleistung	254
a) Höhe der Sicherheitsleistung	254
b) Art der Sicherheitsleistung, § 632a Abs. 2	254
4. Wahlrecht des Bestellers	255
IV. Berechnung der Abschlagszahlung	255
1. Bemessung der Abschlagsforderung	255
2. Prüfbare Aufstellung	255
3. Abschlagsrechnungen beim Pauschalvertrag	256
4. Häufigkeit	256
5. Fälligkeit	257
V. Ansprüche bei Überzahlungen	257
VI. Verjährung	259
VII. Übergang zur Schlussabrechnung	259
1. Schlussrechnungsreife	259
2. Auswirkungen der Schlussrechnungsreife auf Abschlagszahlungen	260
a) Durchsetzungssperre	260
b) Ende des Verzugs	261
VIII. Prozessuales	261
1. Klagbarkeit von Abschlagsforderungen	261
2. Klageumstellung aus Schlussrechnungsforderung	262
3. Rechtskraft	263
4. Beweislast	263
C. Weitere gesetzliche Regelungen zu Abschlagszahlungen	263
I. Abschlagszahlungen im Verbraucherbauvertrag	263
II. Abschlagszahlungen im Bauträgervertrag	264
III. Abschlagszahlungen im Architekten- und Ingenieurvertrag	264
D. Abschlagszahlungen im VOB-Vertrag	264

§ 632a   Abschlagszahlungen

     I. Gleiche Abschlagszahlungshöhe 264
     II. Abweichende Fälligkeitsregelung 264
     III. Prüfbarkeit als Fälligkeitsvoraussetzung 265
     IV. Auswirkungen von Mängeln 265
E. Von § 632a Abs. 1 BGB abweichende Vereinbarungen 265
     I. Auslegung und Anpassung von Zahlungsplänen 266
     II. Abschlagszahlungen in AGB 266
     III. Unangemessene Sicherungsvereinbarungen 267
F. Sonderprobleme von Abschlagszahlungen 269
     I. Sicherheiten des Unternehmers für Vorauszahlungen 269
     II. Abschlagszahlungen bei Teilabtretung der Werklohnforderung 270
     III. Sicherungshypothek und Abschlagsforderungen 270
     IV. Bauhandwerkersicherheit und Abschlagszahlung 271

A. Entwicklung und Inhalt der Regelung für den Bauvertrag

1   Abschlagszahlungsansprüche des Unternehmers hatte das BGB nicht von Anfang an geregelt. Sie sind erst spät mit Schaffung des § 632a BGB durch das Gesetz zur Beschleunigung fälliger Zahlungen (BGBl. 2000 I, S. 330) mit Wirkung zum 1.5.2000 in das Werkvertragsrecht eingeführt worden. Der erste Regelungsversuch erwies sich schnell als unzureichend. § 632a BGB wurde durch das Forderungssicherungsgesetz vom 23.10.2008 (BGBl. I, S. 2022) mit Wirkung zum 1.1.2009 neu gefasst.

2   Durch das neue Bauvertragsrecht ist die Regelung erneut erheblich umgestaltet worden. Der Abschlagszahlungsanspruch des Unternehmers wurde dadurch gestärkt, dass er nicht mehr vom Wertzuwachs beim Besteller abhängig gemacht wurde, sondern Bemessungsgrundlage der Wert der erbrachten Leistungen ist. Das hat allerdings die herrschende Meinung auch für die bisherige Fassung angenommen. Wichtiger ist deshalb, dass nunmehr auch wesentliche Mängel dem Anspruch auf Abschlagszahlung nicht mehr grundsätzlich entgegenstehen, sondern lediglich zu entsprechenden Abzügen berechtigen wie sonstige unwesentliche Mängel auch. Die bisher in den Absätzen 2 und 3 enthaltenen Sonderregelungen für Bauträger bzw. Verbraucherbauverträge sind in die entsprechenden Kapitel übernommen worden (→ § 650l BGB und → § 650u BGB).

3   Ohne Abschlagszahlungen träfe den Unternehmer das Vorleistungsrisiko in voller Höhe der Werkleistung. Vor dem 1.5.2000 bestand kein gesetzlicher Anspruch auf Abschlagszahlungen. Sie mussten vertraglich vereinbart werden; ansonsten konnte der Unternehmer nur ausnahmsweise im Wege ergänzender Auslegung Abschlagszahlungen fordern, wenn die Endfälligkeit der Gesamtvergütung mit Treu und Glauben nicht vereinbar war (BGH, Urt. v. 6.12.1984 – VII ZR 227/83; Urt. v. 17.9.1987 – VII ZR 155/86). Das war für umfangreiche Bauleistungen ein untragbarer Zustand. Ausgangspunkt der BGB-Regelung – wie auch früherer Gesetze – waren aber eher kleinere Werkverträge mit überschaubaren Vorleistungspflichten (vgl. näher Schmidt, Abschlagszahlungen nach gesetzlichem Werkvertragsrecht, S. 83 ff.). Größere Bauvorhaben erfolgten früher auf eigenes Risiko des Bauherrn durch Anmietung von Personal und Gerät. Mit der Industrialisierung wuchs der Leistungsumfang von Werkverträgen im Baubereich und mit ihnen das Vorleistungsrisiko. Die Verdingungsordnung für das öffentliche Auftragswesen sahen zwar Abschlagszahlungen vor (Schmidt, Abschlagszahlungen nach gesetzlichem Werkvertragsrecht, S. 101 ff.), dennoch hatte der BGB-Gesetzgeber bewusst von einer allgemeinen Regelung zu Abschlagszahlungen im Werkvertragsrecht abgesehen. Ein entsprechender Antrag, Abschlagszahlungen vorzusehen, „soweit dies bei solchen Verträgen ortsüblich ist", wurde von der Zweiten Kommission als entbehrlich angesehen, da er nur etwas „Selbstverständliches" ausspreche (Prot. II bei Mugdan S. 926 f.).

4   Die Rechtspraxis war bei der Annahme konkludenter Abschlagszahlungsansprüche aufgrund der Verkehrssitte für größere Bauverträge allerdings deutlich zurückhaltender. Nur selten wurde ein Abschlagszahlungsanspruch bei größeren Bauverträgen bereits aufgrund ergänzender Auslegung nach der Verkehrssitte bejaht (OLG München, Urt. v. 24.11.1988 – 29 U 2858/88). Überwiegend wurden Ansprüche bei fehlender Abschlagszahlungsabrede abgelehnt (OLG Celle, Urt. v. 9.7.1985 – 16 U 216/84) und eine entsprechende Verkehrssitte verneint (Schmidt, Abschlagszahlungen nach gesetzlichem Werkvertragsrecht, S. 98 f.).

§ 632a

Abschlagszahlungen

Ein gesetzlich geregelter Anspruch auf Abschlagszahlungen ist erstmals zum 1.5.2000 durch 5
das Gesetz zur Beschleunigung fälliger Zahlungen eingeführt worden; der Anspruch auf Abschlagszahlungen wurde aber nur „für in sich abgeschlossene Teile des Werkes" gewährt. Es war schwierig, den Begriff der in sich abgeschlossenen Teile der Leistung zu definieren. Die Rechtsprechung hatte für den der VOB zur Teilabnahme entlehnten Begriff keine geeigneten Abgrenzungskriterien entwickelt (vgl. dazu Thode, ZfBR 1999, 118), sodass die Feststellung der Abschlagszahlungsvoraussetzungen nicht sicher möglich war. Der mit dem Gesetz verfolgte Zweck, den Unternehmer von den Nachteilen der Vorleistungspflicht zu entlasten, konnte in der Praxis deshalb nicht erreicht werden. Auch war unklar, ob Voraussetzung für die Abschlagszahlung war, dass die „vertragsgemäße Leistung" keine, d. h. auch nicht unwesentliche Mängel, auswies, wie der Gesetzgeber es beabsichtigt hatte (BT-Drucks. 14/1246, S. 6). Die durch „ungewöhnlicher Hast" (Kniffka, ZfBR 2000, 227) bewirkte gesetzgeberische Fehlleistung sah sich weit verbreiteter und auch heftiger Kritik ausgesetzt. Sie begründete einen Meinungsstreit, ob durch eine weite Auslegung des Begriffs der Abgeschlossenheit der Norm ein weiterer Anwendungsbereich verschafft werden kann (dafür z. B. Ullmann, NJW 2002, 1073, 1075; Kniffka, ZfBR 2000, 227, 229) oder ob Teilleistungen erforderlich sind, welche für sich genommen funktionsfähig sind (Pause, NZBau 2001, 181, 182; vgl. auch Karczewski/Vogel, BauR 2001, 859, 862).

Der Meinungsstreit und die gesetzgeberischen Mängel sollten durch die Neufassung im Zuge 6
der Novellierung 2008 erledigt werden. Allerdings war sowohl der verwandte Maßstab des Wertzuwachses für Abschlagszahlungen wie der vollständige Ausschluss eines Abschlagszahlungsanspruches bei wesentlichen Mängeln problematisch (vgl. Schulze-Hagen, BauR 2009, 354; Pause, BauR 2009, 898). Mit dem neuen Bauvertragsrecht hat der Gesetzgeber bewusst und ausdrücklich in beiden Punkten einen weitgehenden Gleichlauf mit den Regelungen der VOB/B hergestellt (BT-Drucks. 18/8486, S. 48). Danach ist nunmehr ausdrücklich der Wertzuwachs nicht objektiv, sondern entsprechend dem jeweiligen Vertragswert zu ermitteln, wovon die herrschende Meinung allerdings bislang bereits ausgegangen war. Für die Praxis relevanter ist damit die Entkopplung des Abschlagszahlungsanspruchs von dem Vorhandensein möglicher wesentlicher Mängel. Die Berechnung und Durchsetzung eines Abschlagszahlungsanspruchs wird damit erleichtert.

Im Zuge der Novellierung 2008 wurde 632a BGB auch erheblich erweitert. Die Klarstellung 7
des Verhältnisses zur MaBV für Bauträgerverträge erfolgt nunmehr in § 650u BGB. Aus Gründen des Verbraucherschutzes wurde 2008 außerdem als Kompensation für den Abschlagszahlungsanspruch des Unternehmers ein gesetzlicher Anspruch des Bestellers, der Verbraucher ist, auf eine Vertragserfüllungssicherheit geschaffen, der nunmehr in § 650l Abs. 2 BGB geregelt ist.

Diese bisherige Fassung der Novellierung 2008 gilt für Verträge, die ab dem 1.1.2009 bis 8
zum 31.12.2017 geschlossen wurden, Art. 229 § 19 EGBGB. Die Neufassung gilt für alle Verträge ab dem 1.1.2018, vgl. Art. 229 § 39 EGBGB.

B. Abs. 1: Anspruch auf Abschlagszahlungen

I. Abschlagszahlungen auf Werklohn

Nach § 632a Abs. 1 BGB kann der Unternehmer „Abschlagszahlungen" für erbrachte Leis- 9
tungen in Höhe des Wertzuwachses verlangen. Abschlagszahlungen in diesem Sinn sind – in Abgrenzung zu Vorauszahlungen – Zahlungen, durch die bereits erbrachte Leistungen vergütet werden sollen. Anders als Teilzahlungen haben sie nur vorläufigen Charakter, weil die genaue Vergütungshöhe mangels endgültiger Abrechnung oder Abrechenbarkeit noch nicht feststeht (vgl. BGH, Urt. 11.2.1999 – VII ZR 399/97; Urt. v. 15.4. 2004 – VII ZR 471/01; Urt. v. 19.11.2014 – VIII ZR 79/14; Urt. v. 8.1.2015 – VII ZR 6/14). Dieser Begriff der Abschlagszahlung ist vom Gesetzgeber aus der Rechtspraxis in das Gesetz übernommen worden, obgleich er dem bereits in § 212 BGB verwandten Begriff der Abschlagszahlung nicht entspricht. § 212 Abs. 1 BGB regelt den Neubeginn der Verjährung bei „Abschlagszahlungen" und meint damit Teilzahlungen auf eine bereits fällige Forderung. Im Rahmen des § 632a BGB geht es demgegenüber um die Begründung eines Anspruchs auf Abschlagszahlungen für den erst mit der Abnahme gemäß § 641 BGB fällig werdenden Werklohn, also um die Begründung einer früheren Fälligkeit bei zugleich eingeschränkten Rechtsfolgen einer Abschlagszahlung. Im Übrigen regelt das BGB Abschlagszahlungen nicht. Nach Zeitintervallen vorgesehene z. B.

§ 632a

monatliche Abschläge sind z. B. für die Einspeisevergütung nach § 19 EEG vorgesehen. Sog. Nebenkostenvorauszahlungen müssen vertraglich begründet werden.

1. Charakteristika von Abschlagszahlungen

10   Abschlagszahlungen bzw. aus Sicht des Unternehmers Abschlagsforderungen sollen nur vorläufigen Charakter haben (BGH, Urt. v. 8.1.2015 – VII ZR 6/14). Sie sind vorfällige Zahlungen aufgrund vorläufiger Berechnung (BGH, Urt. v. 15.4.2004 – VII ZR 471/01). Ihre Zahlung bedeutet kein Anerkenntnis hinsichtlich der gezahlten Forderung. Der Werklohnanspruch wird erst mit der Abnahme endgültig ermittelt und fällig.

11   Die dieser Vorläufigkeit zugrunde liegende dogmatische Konstruktion der Abschlagsforderungen und ihr Verhältnis zur Schlussrechnungsforderung sind nicht abschließend geklärt. Unabhängig von den teilweise großen dogmatischen Differenzen herrscht hinsichtlich der praktischen Auswirkungen aber weitgehende Übereinstimmung. Die unterschiedlichen Konstruktionen dienen i. d. R. auch nicht dazu, neue abweichende Rechtsfolgen zu begründen, sondern die anerkannten Folgen von Abschlagszahlungen rechtstechnisch zu erklären. Deshalb werden zunächst die Besonderheiten von Abschlagszahlungen dargestellt werden, um auf ihrer Grundlage das Verhältnis von Abschlagsforderung und Werklohn zu bestimmen.

12   Weil Abschlagszahlungen nur vorläufige Zahlungen sind, verändert ihre Leistung nicht die Darlegungs- und Beweislast des Unternehmers für den Werklohnanspruch. Erst recht liegt in ihrer Bezahlung grundsätzlich kein deklaratorisches Anerkenntnis des Bestellers für bestimmte Forderungsteile oder gar Rechnungsposten (vgl. BGH, Urt. v. 11.1.2007 – VII ZR 165/05, siehe im Übrigen → § 631 BGB Rdn. 912). Der Besteller kann vielmehr die Berechtigung der geleisteten Abschlagszahlungen nachträglich wieder infrage stellen.

13   Mit einer Abschlagszahlung wird zugleich die Pflicht des Unternehmers begründet, die Bauleistung nach deren Beendigung endgültig abzurechnen. Erst die endgültige Abrechnung belegt, inwieweit der Unternehmer die Abschlagszahlungen (endgültig) behalten darf (vgl. dazu → Rdn. 100).

14   Abschlagszahlungen sollen die Vorleistungspflicht des Unternehmers begrenzen bzw. kompensieren. Sie sind deshalb nur bis zur Schlussrechnungsreife durchsetzbar. Sind die Leistungen des Unternehmers abgenommen, ist der Werklohnanspruch nach § 641 BGB fällig; der Unternehmer kann keine Abschlagszahlungen mehr fordern, sondern muss den Werklohn endgültig abrechnen (BGH, Urt. v. 20.8.2009 – VII ZR 205/07). Ein etwaiger Überschuss wäre unverzüglich auszukehren (OLG Düsseldorf, Urt. v. 16.12.2014 – 20 U 136/14).

15   Abschlagszahlungsforderungen sind rechtlich selbständig durchsetzbar. Für Abschlagszahlungen auf Nachträge besteht nunmehr sogar die Möglichkeit einer einstweiligen Verfügung nach § 650d BGB. Wichtiger als die Möglichkeit zur gerichtlichen Durchsetzung von Leistungsansprüchen ihr Ausbleiben von Abschlagszahlungen ist in der Praxis aber das damit entstehende Leistungsverweigerungsrecht gemäß § 320 Abs. 1 BGB. Abschlagszahlungen stehen wie der Werklohn im Synallagma des § 320 BGB (Staudinger/Peters, BGB 2019, § 632a Rdn. 3).

2. Rechtsnatur von Abschlagszahlungen

16   Der Begriff der Abschlagszahlung ist vom Gesetzgeber aus der Praxis in das Gesetz übernommen worden, ohne die oben aufgezeigten Besonderheiten im Vergleich zu „normalen" Teilzahlungen auf bereits fällige Forderungen – die vom BGB ebenfalls als Abschlagszahlungen bezeichnet werden, vgl. § 212 Abs. 1 BGB – näher zu regeln.

17   Abschlagszahlungen sind keine Ratenzahlungen i. S. v. Teilzahlungen; sie sollen gerade nicht schlichte Teilzahlungen auf den Werklohnanspruch – mit der Wirkung der Teilerfüllung i. S. v. § 362 BGB – sein. Vielmehr soll der Unternehmer weiterhin im vollen Umfang für den Werklohnanspruch darlegungs- und beweisbelastet bleiben. Ihre Leistung soll das Vorleistungsrisiko des Unternehmers begrenzen. Gleichwohl handelt es sich nicht um bloße Sicherheitszahlungen neben dem Werklohn (so Cuypers, Der Werklohn des Bauunternehmers, Rdn. B 51, D 20; vgl. auch Rodemann FS Lauer 2021, 387, 390), sondern um (Akonto- oder An-)Zahlungen auf den Werklohn (Kues/May, BauR 2007, 1137, 1138). Ihre Besonderheit besteht darin, dass solche Abschlagszahlungen vor Fälligkeit des Werklohns ihrer Natur nach nur vorläufige Zahlungen auf der Grundlage vorläufiger Berechnung sind (BGH, Urt. v. 9.1.1997 – VII ZR 69/96; Urt. v. 15.4.2004 – VII ZR 471/01).

Abschlagszahlungen   § 632a

Die Rechtsnatur der Abschlagszahlungen wird bislang – soweit überhaupt – nur in Bezug   18
auf vertraglich vereinbarte Abschlagszahlungen – z. B. durch Vereinbarung der VOB/B – erörtert. Das BGB begründet außer in § 632a Abs. 1 BGB keine Abschlagszahlungsansprüche. Die Regelungen für vertragliche Abschlagszahlungsabreden beruhen auf ergänzender Vertragsauslegung der Abschlagszahlungsabrede, insbesondere der von § 16 Abs. 1 VOB/B, durch die Rechtsprechung. Das ist für vertragliche Abschlagszahlungsvereinbarungen gemäß § 157 BGB methodisch richtig. Die weitgehende Übereinstimmung hinsichtlich der Ergebnisse und die sehr vergleichbare Auslegung zur Wirkung von Abschlagszahlungen in anderen Rechtsordnungen (vgl. Sergeant/Wieliczco, Construction Contract Variations, Rn. 10.23 ff.) indiziert, dass das Ergebnis der Auslegung auch richtig ist. Für gesetzliche Abschlagszahlungsansprüche gelten methodisch vergleichbare Auslegungsmaximen, insbesondere dann, wenn sie auf Basis einer solchen Rechtsprechung geschaffen wurden.

Über das sich hieraus ergebende Verhältnis von Abschlagszahlung zu Werklohnanspruch   19
gibt es allerdings unterschiedliche Auffassungen. Nach einer Auffassung führen Abschlagszahlungen lediglich zur Vorverlegung der Fälligkeit des entsprechenden Anteils des Werklohnanspruchs (Hochstein, BauR 1971, 7, 9). Eine Gegenauffassung will sie als vom Werklohn völlig unabhängigen Anspruch verstehen, der nur als eine Art Sicherheit geleistet wird und im Zeitpunkt der Werklohnfälligkeit mit diesem verrechnet wird (Cuypers, Der Werklohn des Bauunternehmers, Rdn. B 51, D 20; ähnlich Otto, BauR 2000, 350, 352; dagegen näher v. Rintelen, Jahrbuch BauR 2001, 25, 27). Zwischen diesen Polen finden sich verschiedene Zwischenlösungen (vgl. näher Schmidt, Abschlagszahlungen nach gesetzlichem Werkvertragsrecht, S. 32 ff. und Brunstamp, Der Abschlagszahlungsanspruch des Bauunternehmers, S. 76 ff.). Die Rechtsprechung des BGH ist an Einzelfällen ausgerichtet und zeigt sich in der dogmatischen Einordnung wechselhaft und unsicher. Während der BGH ursprünglich davon ausging, dass es sich um Teilzahlungen auf den Werklohnanspruch handelt (vgl. z. B. BGH, Urt. v. 8.12.1977 – VII ZR 60/76; Urt. v. 25.10.1990 – VII ZR 201/89; Urt. v. 6.5.1999 – IX ZR 430/97), ist er anschließend dazu übergegangen, Abschlagsforderungen als selbständige Ansprüche einzuordnen, die dann in die Schlussabrechnung als unselbständige Rechnungsposten eingehen (BGH, Urt. v. 9.1.1997 – VII ZR 69/96; Urt. v. 11.2.1999 – VII ZR 399/97). Abschlagsforderungen sind danach eigenständige Forderungen im Sinne des § 241 BGB, die auch selbstständig verjähren können, wobei der entsprechende Werklohnanteil aber mit der Schlussrechnung erneut geltend gemacht werden kann (BGH, Urt. v. 5.11.1998 – VII ZR 191/97). Zuletzt hat er den Abschlagsforderungen als eine modifizierte Form des (einheitlichen) Anspruchs auf Werklohn angesehen (BGH, Urt. v. 8.12.2005 – VII ZR 191/04).

Das zwischenzeitliche Verständnis der Abschlagsforderung als (völlig) selbständiger An-   20
spruch erscheint klar überkonstruiert. Aus der unterstellt eigenständigen Natur des Abschlagszahlungsanspruchs wollte der BGH für eine Klageumstellung von Abschlagszahlung auf Werklohnforderung sogar eine Streitgegenstandsänderung annehmen, was allerdings getrennte Lebenssachverhalte für Abschlagszahlung und Werklohn voraussetzen würde (BGH, Urt. v. 5.11.1998 – VII ZR 191/97; näher dazu v. Rintelen, Jahrbuch BauR 2001, 25, 39 f.). Diese Auffassung hat der BGH auch wieder korrigiert (BGH, Urt. v. 11.11.2004 – VII ZR 128/03; BGH, Urt. v. 8.12.2005 – VII ZR 191/04). Mit der Charakterisierung der Abschlagszahlungsforderung als modifizierte Form des einheitlichen Anspruchs auf Werklohn hat der BGH die grundsätzliche Identität von Abschlagsforderung und Werklohnforderung bestätigt, wobei allerdings der konkrete Umfang der Modifikation offen geblieben ist (ebenso z. B. OLG Frankfurt, Urt. v. 17.9.2013 – 14 U 129/12; OLG Dresden, Urt. v. 25.7.2008 – 12 U 137/08; OLG München, Urt. v. 27.2.2007 – 9 U 3566/06; Wilhelm, FS Quack, 299, 303 ff.).

Nur das ist mit dem Begriffswortlaut – das Wort „Abschlag" drückt aus, dass ein Teil von   21
einem Ganzen abgerechnet oder „abgeschlagen" wird – und dem Parteienverständnis vereinbar. Da Abschlagszahlungen weiterhin in den meisten Fällen vertraglich begründet werden, vgl. § 16 Abs. 1 VOB/B, sollten die Besonderheiten von Abschlagszahlungen weiterhin im Wege ergänzender Auslegung der Parteivereinbarung entnommen werden können, zumal das auch Grundlage für die gesetzliche Regelung war (→ Rdn. 18). Die Annahme selbständiger Ansprüche stand auch im Widerspruch zur Dogmatik in anderen Rechtsbereichen, wo eine Abschlagszahlung nur als vorzeitige (Teil-)Auszahlung der nämlichen Forderung angesehen wird. Sie führt außerdem zu erheblichen Rechtsanwendungsproblemen bei Sicherheiten für Werklohnansprüche und der Fortwirkung des bereits eingetretenen Verzugs mit einer Abschlagszahlung (→ Rdn. 154; eingehend Brunstamp, Der Abschlagszahlungsanspruch des Bauunternehmers, passim; v. Rintelen, Jahrbuch BauR 2001, 25 ff. m. w. N.).

von Rintelen

II. Voraussetzung für Abschlagszahlungen

22 Nach § 632a BGB kann der Unternehmer eine Abschlagszahlung für „erbrachte Leistungen" verlangen, und zwar „in der Höhe des Wertes der erbrachten und nach dem Vertrag geschuldeten Leistung". Danach besteht ein Abschlagszahlungsanspruch für geleistete Teile der Vertragsleistung grundsätzlich in voller Höhe des anteiligen Vertragswertes, und nicht etwa nur in Höhe von 90% oder 95% der erbrachten Leistungen. Auf Vorgaben zur Anzahl oder zum zeitlichen Abstand von Abschlagszahlungen hat das Gesetz bewusst verzichtet (→ Rdn. 86).

1. Anwendungsbereich

23 § 632a Abs. 1 BGB regelt Abschlagszahlungen für „nach dem Vertrag geschuldeten Leistungen". Bezugspunkt sind immer nur Vertragsleistungen; hierfür kann der Unternehmer Abschlagszahlungen auf den vereinbarten oder nach § 632 BGB fingierten Werklohn verlangen. Das umfasst allerdings auch alle ggf. nachträglichen Leistungserweiterungen, vgl. § 650c Abs. 3 BGB. Ausgeschlossen bleiben aber quasivertragliche Ansprüche aus Geschäftsführung ohne Auftrag oder Bereicherungsansprüche, da im Gesetz gerade keine Konversion dieser Ansprüche in vertragliche Ansprüche wie bei § 2 Abs. 8 VOB/B erfolgt.

24 Nicht erfasst werden durch § 632a Abs. 1 BGB auch sonstige potentielle Ansprüche des Unternehmers. Schadensersatzansprüche oder Entschädigungsansprüche nach § 642 BGB – unabhängig von ihrer streitigen Rechtsnatur (Kniffka/Koeble, Teil 5 Rdn. 268; a. A. für die VOB/B OLG Hamm, Urt. v. 12.2.2004 – 17 U 56/00; Kapellmann/Messerschmidt-Messerschmidt, § 16 VOB/B Rdn. 107) –, sind nicht Vergütung für nach dem Vertrag geschuldete Leistungen, sondern Kompensationen für Vertragsstörungen. Das würde auch für die Vergütung für nicht erbrachte Leistungen nach Kündigung gemäß § 649 S. 2 BGB gelten; hier scheidet ein Abschlagszahlungsanspruch nach Kündigung auch wegen Schlussrechnungsreife aus. Eine separate Frage ist, ob der Unternehmer bei Behinderungen ggf. bereits bezifferbare Teilforderungen geltend machen kann. Das ist grundsätzlich zulässig.

2. Wert der erbrachten Leistungen

25 Das Gesetz sieht Abschlagsforderungen nur für die „erbrachten Leistungen" vor. Damit unterscheiden sich Abschlagszahlungen wesensmäßig von Vorauszahlungen, die – wie ihr Name sagt – bereits vor Erbringung entsprechender Werkleistungen geleistet werden.

a) Erbrachte Leistungen

26 Fraglich ist, wann eine Leistung erbracht und damit abrechnungsfähig ist. Im Rahmen der §§ 218, 281 BGB steht dieser eher offene Begriff für jede vertragliche Leistung an den Gläubiger, auch wenn die Leistung nicht ordnungsgemäß erfolgt. Erbracht ist eine Leistung, die der Unternehmer dem Besteller zur Vertragserfüllung zuwendet. Nicht notwendig ist, dass sie eine gewisse Selbstständigkeit besitzt; grundsätzlich sind auch bloße Teile eines länger andauernden Herstellungsprozesses erbrachte Leistungen. Maßgeblich ist, dass sie dem Besteller als Gläubiger bereits zugewandt werden. Abzugrenzen ist das von bloßen internen Vorbereitungshandlungen oder Hilfsmaßnahmen, die nur der Vorbereitung einer späteren Leistung an den Besteller dienen.

27 Das Grundanliegen der Regelung wird deutlich, wenn man die historische Entwicklung der Vorschrift betrachtet. Einfach, aber zu Lasten des Unternehmers, war die Erstfassung des § 632a BGB a. F., weil danach Abschlagszahlungen nur für „Teilwerkerfolge" im Sinne „in sich abgeschlossene[r] Teile der Leistung" gefordert werden konnten. Die Abrechnung von Zwischenschritten einer Werkerstellung war erst möglich, wenn diese in sich abgeschlossene Teile der Gesamtleistung darstellten. Nach der bis 2018 geltenden Fassung reichte das bloße Erbringen einer Leistung ebenfalls noch nicht aus, weil der Besteller durch die abgerechneten Leistungen „einen Wertzuwachs erlangt" haben musste.

28 Nunmehr kann der Besteller „Abschlagszahlung in Höhe des Wertes der von ihm erbrachten nach dem Vertrag geschuldeten Leistungen verlangen". Das entspricht weitgehend – und bewusst – der Formulierungen in § 16 Abs. 1 VOB/B, wonach der Auftragnehmer einen Anspruch auf Abschlagszahlungen „in Höhe des Wertes der jeweils nachgewiesenen vertragsgemäßen Leistungen" hat. Der Gesetzgeber hat das Kriterium des Wertzuwachses wieder fallen lassen, weil es die Abrechnung lediglich erschwert. Auf den Wertzuwachs an dem Grundstück kommt es ausdrücklich nicht (mehr) an.

Für die Ermittlung der erbrachten Leistungen müssen die gleichen Grundsätze gelten wie bei der Abgrenzung zwischen erbrachten Leistungen und nicht erbrachten Leistungen im Fall einer Kündigung (→ § 648 Rdn. 31 ff.). Zu den erbrachten Leistungen gehören beim Bauvertrag jedenfalls die Leistungen, die sich im Bauwerk verkörpern. Noch nicht zu den erbrachten Leistungen gehören demgegenüber die bereits hergestellten, aber noch nicht eingebauten Bauteile, gleich, ob sie bereits auf die Baustelle geliefert wurden oder nicht (BGH, Urt. v. 9.3.1995 – VII ZR 23/93; Urt. v. 7.1.2003 – X ZR 16/01). Das ergibt sich für Abschlagszahlungen aus § 632a Abs. 1 S. 6 BGB. 29

b) Vorbereitungshandlungen

Entscheidend für eine Abrechnungsfähigkeit gemäß § 632a Abs. 1 BGB ist ebenso wie nach § 16 Abs. 1 VOB/B, dass es sich nach dem Vertrag um selbständig erbringungsfähige und damit vergütungsfähige Leistungen handelt. Bloß interne Vorbereitungsmaßnahmen wie eine nicht übergebene Planung oder die Vorfertigung von Bauteilen sind von vornherein unbeachtlich, und zwar auch dann, wenn sie erheblichen Aufwand ausgelöst haben. Die Notwendigkeit der Erbringung der Leistungen gegenüber dem Besteller führt weiterhin dazu, dass insbesondere bei geistigen Werken wie Gutachten Abschlagszahlungen trotz der Regelung des § 632a BGB in der Regel nicht möglich sein werden. Ein Gutachter wird auch nicht dadurch „erbrachte Leistungen" generieren können, dass er dem Besteller die Skizzen seiner Vorüberlegungen oder unselbständige Teile seines Gutachtens zur Verfügung stellt (→ Rdn. 44). Hiervon zu unterscheiden sind eigenständig erbringungsfähige Leistungen, die einer Abschlagszahlung fähig sind, auch wenn sie in Bezug auf den Werkerfolg Vorbereitungscharakter haben. So sind auch Vorbereitungsmaßnahmen für die eigentliche Bauleistung wie die Rodung des Baugrundstücks, den Abbruch des Bestandes oder die Aushebung der Baugrube selbstverständlich erbringungsfähige Leistungen; sie könnten ohne weiteres als eigenständige Werkerfolge vereinbart werden. 30

Das verdeutlicht, dass die Frage der Abrechnungsfähigkeit nicht generell und abstrakt beantwortet werden kann, sondern sich nach dem Inhalt des konkreten Vertrages richtet. So können eigentlich bloß interne Vorbereitungsmaßnahmen wie die Einrichtung der Baustelle oder die Anlieferung von Baugerät Gegenstand einer Abschlagsforderung sein, wenn das vertraglich vereinbart wird. Das Gesetz stellt als Bezugsgröße für die Berechnung der Abschläge bewusst und gewollt auf den Vertrag ab (BT-Drucks. 123/16, S. 48). Vorbereitungshandlungen sind deshalb dann abschlagszahlungsfähig, wenn der betreffenden Vorbereitungsleistung im Leistungsverzeichnis oder Angebot gesondert eine anteilige Vergütung zugewiesen wird. Hierdurch bestimmen die Parteien sie als gesondert erbringungsfähige und vergütungsfähige Leistung. Auf einen entsprechenden anteiligen objektiven Wertzuwachs beim Besteller kommt es für eine Abschlagszahlungsfähigkeit nicht (mehr) an. Fehlt eine entsprechende vertragliche Regelung für Vorbereitungshandlungen, sind sie keine erbrachte Leistung nach dem Vertrag, sondern nur Aufwand zur internen Leistungsvorbereitung. Das entspricht der Abrechnungssystematik der VOB/B (vgl. Hereth/Ludwig/Naschold, VOB, Ez 16.9 f.). 31

Gegen die Abrechnung von Vorbereitungshandlungen lässt sich einwenden, dass derartige Leistungen keinen „Wert" für den Besteller hätten. Bezugsgröße für den Wert ist der Vertrag; der Gesetzgeber hat sich insoweit ausdrücklich an die VOB-Regelung angelehnt, bei denen die Abrechnungsfähigkeit aller Leistungsverzeichnis-Positionen seit jeher unstreitig ist (vgl. Eplinius, Der Bauvertrag, 2. Aufl., S. 199). Die Nicht-Abrechenbarkeit derartiger Leistungen würde dazu führen, dass sie dann entgegen der vertraglichen Vereinbarung und dem Sinn der gesetzlichen Befugnis zur umfassenden Abschlagszahlung entweder bis zur Schlussrechnung gar nicht geltend gemacht werden könnten oder sie entgegen des Leistungsverzeichnisses wieder aufgelöst und in die zugehörigen Bauleistungspositionen eingerechnet werden müssten. Das Gesetz wollte allerdings ausdrücklich eine leichte Abrechnung und Überprüfung anhand des Angebots des Unternehmers (BT-Drucks. 18/8486, S. 47). 32

c) Abrechnungsfähigkeit von Leistungen

Es bestehen keine grundsätzlichen Vorgaben darüber, welche Leistungen mit Abschlagsforderungen abgerechnet werden können. Allerdings wird teilweise in Anlehnung an die Gesetzesbegründung (BT-Drucks. 16/511, S. 14) gefordert, dass die Leistungen „selbständig abrechenbar" sein müssten (Staudinger/Peters, BGB 2019, § 632a Rdn. 13). Je nach Auslegung würde das letztlich dazu führen, dass dann nur Einheitspreisverträge abschlagszahlungsfähig wären. Zwar sind für eine Abschlagszahlungsforderung gemäß § 632a Abs. 1 S. 4 BGB die 33

§ 632a

Leistungen „durch eine Aufstellung nachzuweisen, die eine rasche und sichere Beurteilung" der Leistungen ermöglicht. Hierbei handelt es sich aber nur um eine formelle Vorgabe für die Fälligkeit, und nicht um eine materielle Vorgabe für eine Abschlagsforderung.

34 Zum zweiten folgt aus dem Abrechnungserfordernis nicht, dass nur Leistungen, denen in den Vertragsunterlagen auch eine anteilige Vergütung zugewiesen ist, abschlagszahlungsfähig wären. Vielmehr sind grundsätzlich alle erbrachten Bauleistungen nach der gesetzlichen Regelung auch abschlagszahlungsfähig. Haben die Parteien nur einen nicht näher aufgegliederten Pauschalpreis vereinbart, so haben sie damit Abschlagszahlungen nicht inzident und insgesamt abbedungen. Damit bleiben erbrachte Teilleistungen auch ohne ausdrückliche Zuweisung anteiliger Vergütung grundsätzlich abrechnungsfähig. Das ist auch bei Pauschalpreisvereinbarungen ohne Zahlungsplan grundsätzlich möglich (→ Rdn. 82). Hier muss dann allerdings noch die anteilige Vergütung durch sachgerechte Aufteilung des Pauschalpreises ermittelt werden. Das erfolgt nach den gleichen Grundsätze wie die Ermittlung der anteiligen Vergütung im Falle der Kündigung eines Pauschalpreisvertrages (→ § 649 BGB Rdn. 42 ff.). Haben die Parteien andererseits einer Mehrzahl von Leistungen Einzelpreise zugewiesen, kann das zugleich die Abrede beinhalten, dass nur die bepreisten Leistungsschritte auch abschlagszahlungsfähig sein sollen. Für eine solche einschränkende Abrede wäre der Besteller darlegungs- und beweisbelastet.

d) Bemessung nach Vertragswerten

35 Der Anspruch auf Abschlagszahlung besteht in Höhe des Wertes der nachgewiesenen Leistungen. Gemeint ist nach der Neufassung weder ein objektiv ermittelter Wert noch andererseits eine Wertermittlung anhand des bereits erbrachten Aufwands des Unternehmers. Vielmehr erhält der Unternehmer für die anteilige Erbringung von Teilleistungen die (anteilige) Vertragsvergütung. Der Unternehmer soll sukzessive durch die Abschlagszahlungen die anteilige volle Vergütung erhalten. Kriterium für den vertraglichen Wert der erbrachten Leistungen können also nur der Vertragspreis bzw. die anteiligen heruntergebrochenen Vergütungsanteile sein.

36 Die Vertragswerte sind beim Einheitspreisvertrag die jeweiligen Einheitspreise. Beim Pauschalpreisvertrag muss die anteilige Vergütung anhand der erbrachten Leistungen ermittelt werden. Vorbereitungsmaßnahmen werden dann nicht gesondert angesetzt, sondern die nur dem Besteller erbrachten Leistungen. Die Berechnungssystematik zeigt sich an folgendem Beispiel:

37 Plant und baut der Unternehmer zehn Sonderanfertigungen für den Besteller, bei denen der Planungs- und Vorbereitungsaufwand für die Sonderanfertigung z. B. 50 % der Gesamtkosten ausmachen und die Fertigung jeweils weitere 5 %, so hat er dennoch nach Auslieferung von 2 Stück einen Anspruch nur auf 20 % der Vergütung. Er hat keinen Anspruch auf 60 % der Vergütung, da der interne Vorbereitungsaufwand der Sonderanfertigung nicht gesondert abschlagszahlungsfähig ist. Eine Abschlagszahlung fällt erst für die dem Besteller erbrachten Leistungen an, hier durch Einbau vor Ort, und dann anteilig zur Gesamtvergütung, hier also im Umfang von 20 %.

38 Damit erfolgt die Vergütung beim Einheitspreisvertrag nach Maßgabe der vereinbarten Einheitspreise. Das gilt auch dann, wenn der Unternehmer – wie in der Praxis durchaus üblich – die zuerst zu erbringenden Leistungen wie Baustelleneinrichtung oder Erdarbeiten höher bewertet, um einen Liquiditätsvorteil zu erzielen. Es ging dem Gesetzgeber in Anlehnung an die VOB ausdrücklich darum, dass die Höhe des jeweiligen Abschlages „unkompliziert" zu berechnen sind und dass deshalb auf das Angebot des Unternehmers bzw. das Leistungsverzeichnis abgestellt werden soll (BT-Drucks. 123/16, S. 48). Zur Erreichung dieses Zwecks hat es der Gesetzgeber bewusst hingenommen, dass „in bestimmten Bauphasen die Kosten für die Bauleistung höher sind als der durch sie bewirkte Wertzuwachs" (BT-Drucks. 123/16, S. 49). Zum einen wird diese objektive Vorleistung durch die anschließend notwendigerweise niedrigeren Abschlagszahlungen wieder ausgeglichen. Zum anderen wird der schutzbedürftige Verbraucher durch die Begrenzung der Abschlagszahlungen auf max. 90 % der Gesamtvergütung gemäß § 650m Abs. 1 BGB geschützt. Das Risiko, dass der Unternehmer unmittelbar nach Erbringung der objektiv überbewerteten Leistungen insolvent wird (vgl. Orlowski, ZfBR 2016, 419, 420), trägt der Besteller genauso wie wenn er bei einem Sukzessivliefervertrag zu hohe Preise für die zunächst anzuliefernden Sachen vereinbart. Der Gesetzgeber hat das als hinnehmbare „minimale und nur punktuell eintretende Risikoerhöhung" bewertet (BT-Drucks. 188/8486, S. 47f.). Es ist im Übrigen nicht primär Folge der Abschlagszahlungsregelungen, sondern der kopflastigen Preisvereinbarung der Parteien.

Abschlagszahlungen §632a

39 Auf den Pauschalvertrag lässt sich das allerdings nicht übertragen. Hier besteht der wesentliche Unterschied, dass Einheitspreise wegen der Pauschalierung gerade nicht vereinbart sind. Haben die Parteien einen Detailpauschalvertrag mit Leistungsverzeichnis abgeschlossen, wird dieses grundsätzlich zu Bewertung der Abschlagshöhe herangezogen werden können (→ §649 BGB Rdn. 49). Fehlen entsprechende Anhaltspunkte im Vertrag, muss nachträglich eine Aufteilung des Pauschalpreises genauso zu erfolgen wie es zur Ermittlung des Wertes erbrachter Leistungen im Falle einer Kündigung geboten ist (→ §649 BGB Rdn. 42ff.). Der Unternehmer muss das Verhältnis der erbrachten Leistung zur vereinbarten Gesamtleistung und des Preisansatzes für die Teilleistungen zum Pauschalpreis darlegen (vgl. BGH, Urt. v. 14.11.2002 – VII ZR 224/01). Das muss der Unternehmer durch eine Aufstellung nachweisen, die eine rasche und sichere Beurteilung der Leistung ermöglicht, §632a Abs. 1 S. 5 BGB. Ohne Vereinbarung eines Zahlungsplans bürdet sich der Unternehmer eine schwere Aufgabe auf.

40 In der Zuordnung des Pauschalpreises zu den Einzelleistungen ist der Unternehmer bei seiner Aufstellung nicht frei. Da hier eine vertragliche Bewertung der Teilleistungen gerade nicht vorliegt, muss die Zuordnung den objektiven Wertverhältnissen auf Basis des Vertragspreises entsprechen. Ansonsten könnte der Unternehmer aufgrund seiner Kalkulationsfreiheit die Höhe der Abschlagsforderungen einseitig festlegen. Das würde dem Gesetz nicht entsprechen.

e) Rechtslage bis 2018

41 Nach der bisherigen Fassung von §632a Abs. 1 BGB konnte Besteller für eine vertragsgemäß erbrachte Leistung eine Abschlagszahlung „in der Höhe verlangen, in der der Besteller durch die Leistung einen Wertzuwachs erlangt hat." Das Erfordernis des Wertzuwachses war das maßgebliche Kriterium für die Abschlagsforderung und stellt damit einen Unterschied zu §16 Abs. 1 VOB/B und zur aktuellen Fassung der §§632a BGB dar. Dieser Unterschied entpuppt sich aber als rein formaler Unterschied, weil die herrschende Meinung den Begriff des Wertzuwachses schon bislang vertragsbezogen ausgelegt hatte (so auch Leupertz, DRiZ 2017, 244, 245; Kniffka, BauR 2017, 1747, 1760).

aa) Begriff des Wertzuwachses

42 Der Begriff des Wertzuwachses war und ist nicht eindeutig und deshalb auch umstritten. Mit dem Erfordernis des Wertzuwachses wurde im Vergleich zur VOB/B eine zusätzliche Anforderung aufgestellt. Unklar ist, wann ein Wertzuwachs im Sinn von §632a BGB a. F. angenommen werden kann. Würde man den Begriff des Wertzuwachses im Sinne einer bereicherungsrechtlichen Mehrung des Wertes des Baugrundstücks verstehen, ließen sich Abbruchsleistungen oder der Aushub für eine Baugrube nicht ohne weiteres abrechnen, da sie auch zu einer (temporären) Minderung des Grundstückswertes führen könnten. Auch bei unvollendeten (Einzel-)Leistungen wäre fraglich, ob für die Abschlagsforderungen geltend gemacht werden können; denn solche Leistungen müssen isoliert betrachtet und ohne Vollendung zu keiner bereicherungsrechtlichen Vermögensmehrung des Bestellers führen. In diesem engen Sinn kann und darf der Begriff des Wertzuwachses aber nicht missverstanden werden (Staudinger/Peters, BGB 2019, §632a Rdn. 15).

43 Erst recht unrichtig wäre es, den Wertzuwachs davon abhängig zu machen, dass der Besteller Eigentum an der Leistung erwirbt (so grundsätzlich Hildebrandt, BauR 2009, 4, 6; dagegen aber schon BT-Drucks. 16/9787, S. 18). Der Subunternehmer könnte dann gegen seinen Auftraggeber ebenso wenig einen Abschlagszahlungsanspruch erwerben wie ein Abbruchunternehmer. §632a BGB gilt außerdem nicht nur für Bauwerksleistungen, sondern für alle Arten von Werkleistungen. Bei geistigen Werkleistungen wie EDV-Programmierungen, Planungsleistungen oder Gutachten ist die Eigentumsverschaffung an dem geistigen Werk gar nicht Vertragsinhalt und ließe sich auch nicht wirklich erfüllen.

44 Der BGH und die herrschende Meinung gehen zu recht von einem weiteren Verständnis aus. Das Erfordernis des Wertzuwachses ist erst im Laufe der Gesetzesberatung aufgenommen worden. Zunächst sollte der Unternehmer einen Abschlagszahlungsanspruch für die nachgewiesenen vertragsgemäß erbrachten Leistungen haben, die dem Besteller „in nicht mehr entziehbarer Weise zur Verfügung gestellt werden" (vgl. BT-Drucks. 16/511, S. 14). Das wurde nicht inhaltlich beanstandet, sondern wegen der unbestimmten Rechtsbegriffe als nicht bestimmt genug angesehen und durch den nur vermeintlich klareren und die Anwendung der Vorschrift erleichternden Begriff des Wertzuwachses ersetzt (BT-Drucks. 16/9787, S. 18; kritisch auch Schmidt, Abschlagszahlungen nach gesetzlichem Werkvertragsrecht, S. 167 f.). In der Sache ging es dabei nicht um die Einschränkung des Anspruchs auf Abschlagszahlungen für erbrachte Bauleistungen, sondern um die Aufstellung eines Kriteriums für andere Werkverträge, insbesondere über geistige Leistungen (Kniffka, BauR 2017, 1747, 1760). Der Gesetzgeber war der Auffassung, dass auch bei solchen Verträgen bereits Teilleistungen für den Besteller einen zur Abschlagszahlung rechtfertigenden Wert darstellen können (BT-Drucks. 16/511, S. 14). So kann auch ein Teilgutachten oder ein Teil eines EDV-Programms eine Abschlagsforderung begründen, wenn es als Teilleistung einen Wert für den Besteller hat.

45 Der Gesetzgeber hat damit darauf abgestellt, dass der Unternehmer immer dann, aber auch nur dann, eine Abschlagszahlung verlangen kann, wenn die Teilleistung für den Besteller einen Wert darstellt und ihm dieser Wert in nicht entziehbarer Weise zur Verfügung gestellt wird (BT-Drucks. 16/511, S. 14; das Erfordernis betonend BGH v. 8.11.1012 – VII ZR 191/12). Das ist bei „im Bauwerk verkörperten Leistungen" regelmäßig der Fall. Ein Wertzuwachs tritt jedenfalls ein, wenn die Teilleistung als solche bereits nutzbar ist; dann ist sie in sich werthaltig. Dabei geht es nicht darum, dass die Teilleistung einen selbständigen Gebrauchsnutzen hat. Für diese Fassung des § 632a BGB muss es ausreichen, dass sie einen Wert deshalb hat, weil sie als Grund- oder Vorleistung gegebenenfalls auch für Dritte nutzbar ist. Abzugrenzen sind sie von internen Vorbereitungshandlungen, die für den Besteller keinen Wert darstellen. Eine bloße Besichtigung oder Vorüberlegungen zu einem Gutachten sind Teilschritte zur Leistungserbringung, stellen für den Besteller aber keinen Wertzuwachs dar (BT-Drucks. 16/9787, S. 18). Ob ein nicht näher spezifizierter „Erster Entwurf" einer Planung von einem Bauträger bereits abschlagszahlungsfähig ist, hat der BGH offengelassen (BGH, Urt. v. 8.11.2012 – VII ZR 191/12).

46 Für den Bauvertrag bedeutet das: Ein Wertzuwachs ist erforderlich, sodass reine Vorbereitungsmaßnahmen ohne gegenständlichen Teilleistungserfolg nicht abschlagszahlungsfähig sind, zumal sie auch nicht zugewandt sind (→ Rdn. 48). Bei im Bauwerk verkörperten Leistungen liegt aber i. d. R. ein solcher Wertzuwachs vor.

bb) Zugewandte Leistung

47 Die den Wertzuwachs begründende Leistung muss dem Besteller zugewandt, von ihm „erlangt" worden sein. Das ist beim Bauvertrag in der Regel der Einbau, mit dem die Teilleistung ex lege in das Eigentum des Bestellers übergeht. Ein Eigentumserwerb ist aber – anders als nach § 632a S. 4 BGB a. F. – nicht erforderlich (→ Rdn. 43), sondern nur eine vermögensrechtliche Zuordnung des Wertes bzw. Verwertungsmöglichkeit der vertraglichen Leistung. Diese besteht schon bei unentziehbarer Nutzungsmöglichkeit für den weiteren Herstellungsprozess; ob der Verkehrswert des Grundstücks sich hierdurch bereits erhöht hat, ist nicht maßgeblich. Auch der Abbruch vorhandenen Bestandes oder das Aufheben der Baugrube führen zu einem solchen Wertzuwachs (Otto/Spiller, ZfIR 2009, 1, 2; Messerschmidt/Voit/Messerschmidt, § 632a Rdn. 40).

48 Interne Vorbereitungsmaßnahmen wie eine nicht übergebene Planung oder das bloße Herstellen von Einzelteilen, z. B. des Fassadenbauers, sind demgegenüber von vornherein unbeachtlich. Ein Wertzuwachs fällt erst mit dem Einbau vor Ort an.

49 Neben nicht zugewandten, i. d. R. internen Vorbereitungsmaßnahmen kommen aber auch Vorbereitungsmaßnahmen in Betracht, die als Vertragsleistungen einen zugewendeten Wertzuwachs begründen. Das ist der Fall, wenn sie von dem Besteller nutzbar sind. Das gilt z. B. für eigenständige Vorbereitungsmaßnahmen der eigentlichen Bauleistung wie die Rodung des Baugrundstücks, den Abbruch des Bestandes oder die Aushebung der Baugrube. Hierauf kann der Besteller aufbauen. Auch Teilabrechnungen sind grundsätzlich möglich. Hat der Unternehmer z. B. eine Anzahl von Bäumen gefällt, kann er diese auch anteilig abrechnen.

50 Unselbständige Vorbereitungsmaßnahmen kann der Unternehmer nach § 632a BGB nicht schon deshalb abrechnen, weil sie auf dem Baugrundstück stattfinden. Die Aufstellung eines Kranes oder der Baustelleneinrichtung ist gerade noch kein unentziehbarer Wertzuwachs. Mit Beendigung des Vertrages kann und wird der Unternehmer seine Einrichtung und seine Geräte wieder abziehen. Einen Wertzuwachs erhält der Besteller erst sukzessive durch die Erbringung der hierdurch möglichen Bauleistungen. Problematisch sind damit die Fälle, in denen im Leistungsverzeichnis für die Einrichtung der Baustelle bereits ein Einheitspreis vorgesehen ist, und erst recht, wenn dieser kalkulatorisch auch noch die Vorhaltung während der Bauzeit abgelten soll. Haben die Parteien hierfür keine konkludente Abschlagszahlungsvereinbarung getroffen, kann das keine Abschlagsforderung nach § 632a BGB begründen. Es wäre eine verkappte Vorauszahlung.

cc) Bemessung der Abschlagsforderung

Begründet eine Leistung einen Wertzuwachs, so ist der Unternehmer grundsätzlich zu einer Abschlagszahlung berechtigt. Es stellt sich im zweiten Schritt die Frage, wie die Höhe der Abschlagsforderung bemessen wird. **51**

Die Höhe der Abschlagszahlung für Leistungen mit Wertzuwachs bestimmt sich nicht anhand von Wertveränderungen des Grundstücks oder objektiv bereicherungsrechtlich, sondern ist auf Basis der vertraglichen Vergütungsabrede zu beurteilen, mit denen die Parteien das Äquivalenzverhältnis von Leistung und Gegenleistung bestimmt haben. Es geht also letztlich um den proportionalen Anteil am Gesamtwerklohn. Nur hierauf ist hinsichtlich der Höhe des Anspruchs abzustellen (Staudinger/Peters, BGB 2019, § 632a Rdn. 15). Würde man zur Bestimmung der Höhe der Abschlagsforderung auf einen außervertraglichen Maßstab abstellen, würde der Unternehmer ggf. – bei einem sehr günstigen Angebot – mehr Abschlagszahlungen als Werklohn erhalten, im umgekehrten Fall weniger als (anteilig) vertraglich vereinbart. Abschlagszahlungen sind allerdings schon begrifflich Abschläge auf den vereinbarten Werklohn. Nur dieser kann Bemessungsgrundlage für die Höhe der Forderung sein. Das ist vom Gesetzgeber auch so gewollt, da er die Regelung bewusst in Anlehnung an § 16 Abs. 1 VOB/B geschaffen hat. Der Unternehmer erlangt deshalb auch beim BGB-Werkvertrag grundsätzlich einen Anspruch auf Abschlagszahlung als anteilige Vergütung für anteilige Vertragsleistung. **52**

Die vertragsbezogene Sicht löst auch die teilweise umstrittene Einordnung der Abschlagszahlungsfähigkeit von Nachunternehmerleistungen. Baut der Nachunternehmer eine Teilleistung ein, erlangt der Hauptunternehmer bereits einen unentziehbaren Wertzuwachs. Nicht zwingend erforderlich ist, dass der Hauptunternehmer seinerseits Abschlagszahlungen erhalten hat oder aufgrund seines Vertrages Abschlagszahlungsansprüche gegen den Eigentümer erwirbt, z. B. weil sie abbedungen worden sind (vgl. Messerschmidt/Voit/Messerschmidt, § 632a Rdn. 39; Pause, BauR 2009, 898, 899; Otto/Spiller, ZfIR 2009, 1, 2; a. A. Joussen/Vygen, Subunternehmervertrag, Rdn. 308; Hildebrandt, BauR 2009, 4, 6). **53**

3. Auswirkungen von Mängeln

a) Leistungsverweigerungsrecht

Aus § 632a Abs. 1 S. 2 BGB ergibt sich, dass Mängel dem Anspruch auf Abschlagszahlungen nicht mehr entgegenstehen. Selbst bei wesentlichen Mängeln kann der Besteller für Verträge ab 2018 eine Abschlagszahlung nicht grundsätzlich verweigern. Dem Besteller verbleibt sein Recht, wegen des Mangels einen „angemessenen Teil" des Abschlags einzubehalten; das wird entsprechend § 641 BGB i. d. R. das Doppelte der voraussichtlichen Mängelbeseitigungskosten sein. Hierbei handelt es sich um eine besondere Form des Leistungsverweigerungsrechts im Bezug auf die Gegenleistung nach § 320 BGB. Das Gesetzesrecht entspricht nun im dritten Anlauf der Rechtslage wie bei Vereinbarung der VOB/B. **54**

Gemäß § 16 VOB/B kann der Auftragnehmer die anteilige Vergütung für den der fertig gestellten Leistung entsprechenden Wert verlangen; die Mangelfreiheit der erbrachten Leistungen war und ist dort keine Voraussetzung für die Fälligkeit der Abschlagsforderungen. Der Auftraggeber hat bei Mängeln (nur) ein Leistungsverweigerungsrecht in Höhe der voraussichtlichen Mängelbeseitigungskosten nebst Druckzuschlag in angemessener Höhe (BGH, Urt. v. 27.10.2011 – VII ZR 84/09), was nach alter Rechtslage insgesamt dem Zwei- bis Dreifachen der Mängelbeseitigungskosten bemessen wurde (BGH, Urt. v. 21.4.1988 – VII ZR 65/87; Urt. v. 9.7.1981 – VII ZR 40/80). Diese Rechtsprechung galt auch für Ratenzahlungen in Bauträgerverträgen, denn auch diese sind ihrer Natur nach Abschlagszahlungen (vgl. BGH, Urt. v. 14.5.1992 – VII ZR 204/90). **55**

Der Unternehmer ist für alle Voraussetzungen seines Abschlagszahlungsanspruchs beweisbelastet. Dazu gehört die Vertragsgerechtigkeit seiner Teilleistung. Damit muss der Unternehmer das Nicht-Vorliegen von Mängeln (BGH, Urt. v. 24.10.1996 – VII ZR 98/94), ggf. ihre Unwesentlichkeit und auch die Höhe der Mängelbeseitigungskosten beweisen (BGH, Urt. v. 4.7.1996 – VII ZR 125/95; Urt. v. 6.12.2007 – VII ZR 125/06, vgl. auch → § 641 BGB Rdn. 66). **56**

b) Abgrenzung Mangel zur unfertigen Leistung

Die Abgrenzung der unfertigen Teilleistungen zu einem Mangel ist wichtig, weil unfertige Leistungen allenfalls zur Folge haben, dass sie mangels „Wertes" noch keinen Abschlagszahlungsanspruch für diese unfertigen Teilleistungen begründen. Sie stellen keinen Mangel dar **57**

§ 632a

und rechtfertigen deshalb weder einen angemessenen Einbehalt i. d. R. in Höhe des Doppelten der (gar nicht abgerechneten) Restleistungen – und damit ggf. eine erhebliche Reduktion der Abschlagsforderung für erbrachte Leistungen. Die damit durchaus relevante Abgrenzung von bloß unfertiger Leistung zum Mangel wird man nach der Lebensanschauung vornehmen müssen. Ein Mangel liegt bei einem bereits im Abrechnungszeitpunkt fehlgeleiteten Herstellungsprozess vor, der nur durch einen actus contrarius wieder beseitigt werden kann. Bei einer unfertigen Leistung ist der Herstellungsprozess nicht bereits fehlgeleitet, sondern lediglich unvollständig.

58 Im Einzelfall kann die Abgrenzung von unfertiger Leistung und Mangel schwierig sein, insbesondere wenn der Unternehmer temporäre Maßnahmen durchführt. Maßgebend ist wegen der Dispositionsbefugnis des Unternehmers über die Herstellungsphase (vgl. BT-Drucks. 18/8486, S. 48) dessen realistischer Herstellungsplan. Für die Mangelfreiheit ist er sowieso darlegungs- und beweisbelastet (→ Rdn. 56).

c) Zug-um-Zug-Verurteilung

59 Das Leistungsverweigerungsrecht des Bestellers führt im Fall von Mängeln nicht zur Klageabweisung als derzeit noch nicht fällig. Die Interessen des Bestellers werden hinreichend dadurch gewahrt, dass er aufgrund seines Leistungsverweigerungsrechts das Doppelte der Mängelbeseitigungskosten einbehalten darf. Seine Einrede führt im Umfang seines Leistungsverweigerungsrechts nur zu seiner Verurteilung Zug um Zug (BGH, Urt. v. 21.12.1978 – VII ZR 269/77; Fischer, BauR 1973, 211). Hier gilt das gleiche wie bei Mängeleinwendungen gegen die Schlussrechnungsforderung (→ § 641 BGB Rdn. 64).

d) Rechtslage bis 2017

aa) Bis 2008 mangelfreie Leistung erforderlich

60 Für die erste Fassung des § 632a BGB bis 2008 war umstritten, ob schon das Vorhandensein irgendeines Mangels einer Abschlagszahlung grundsätzlich entgegenstand. In Anlehnung an die Begründung des Entwurfes zum Gesetz zur Beschleunigung fälliger Zahlungen (BT-Drucks. 14/1246, S. 6) legte die überwiegende Auffassung diese Gesetzesfassung dahin aus, dass der Abschlagszahlungsanspruch eine mängelfreie Leistung voraussetzte (Kniffka, ZfBR 2000, 227, 229). Nach der obergerichtlichen Rechtsprechung sollten jedenfalls wesentliche Mängel einem Abschlagszahlungsanspruch entgegenstehen (OLG Koblenz, Urt. v. 2.3.2017 – 2 U 296/16; OLG Schleswig, Urt. v. 30.3.2007 – 17 U 21/07; OLG Brandenburg, Urt. v. 26.11.2008 – 4 U 58/08; ebenso Motzke, NZBau 2000, 489, 492).

bb) Ab 2008 Schädlichkeit nur wesentlicher Mängel

61 Da dies den Abschlagszahlungsanspruch häufig leerlaufen ließ, wurde im Rahmen der ersten Novelle 2008 (→ Rdn. 6) ausdrücklich geregelt, dass wegen unwesentlicher Mängel Abschlagszahlungen nicht verweigert werden dürfen, sondern nur ein zweifacher Mängeleinbehalt gemäß § 641 BGB zulässig ist. Damit wurden für Abschlagsforderungen die gleichen Voraussetzungen wie für die Abnahme aufgestellt. Bei Mängeln, die den Grad der Unwesentlichkeit überschritten, bestand der Abschlagszahlungsanspruch nicht, weil dies der Wertung des § 640 Abs. 1 S. 2 BGB widersprechen würde (BT-Drucks. 16/511, S. 14).

62 Die fortbestehende Verneinung jedes Abschlagszahlungsanspruchs bei wesentlichen Mängeln wurde kritisiert, weil der Besteller dadurch die Möglichkeit erhält, mit der Behauptung eines seiner Auflassung nach wesentlichen Mangels jede Abschlagszahlung zu verweigern (vgl. zur Kritik Schulze-Hagen, BauR 2010, 354, 356 f.; Kniffka, FS Franke, S. 185, 190). Die gegen anderslautender Empfehlung (so z. B. des 1. Baugerichtstages, BauR 2006, 1557, 1573) getroffene klare gesetzgeberische Entscheidung ließ sich aber nicht durch eine abweichende „Auslegung" revidieren, wonach nur für den mangelhaften Leistungsteil kein Zahlungsanspruch bestehen soll (so aber Kuhlmann, BauR 2012, 1050; Leinemann, NJW 2008, 3745, 3746 f.). Selbst bei klar teilbaren Leistungen, deren wesentliche Mängel den Wertzuwachs hinsichtlich der anderen Leistungen nicht berühren, konnte wegen der gesetzgeberischen Entscheidung gegen Teilabnahmen insgesamt kein Abschlagszahlungsanspruch bestehen (Bamberger/Roth/Voit, § 632a BGB Rdn. 3; Kniffka, FS Franke, S. 185, 190; Otto/Spindler, ZfBR 2009, 1, 3; Schulze-Hagen, BauR 2010, 354, 35; Schmidt, Abschlagszahlungen nach gesetzlichen Werkvertragsrecht, S. 145 f.).

Abschlagszahlungen §632a

63 Der Verweis der Vorfassung ausdrücklich auf § 641 Abs. 3 BGB zeigt, dass der Gesetzgeber die gleichen Kriterien wie für die Abnahmefähigkeit angewandt wissen wollte. Die schlichte Gleichstellung von Abschlagsforderung und Abnahme durch den Gesetzgeber überging aber, dass der Unternehmer die Mängelfreiheit erst zum Abnahmezeitpunkt schuldet (so nun auch BT-Drucks. 18/8486, S. 48). Nicht alles, was der Abnahme entgegenstünde, steht schon deshalb auch einer Abschlagsforderung entgegen. Zum Zeitpunkt der Abschlagsrechnung kann noch nicht die Frage gestellt werden, ob der Besteller das Werk in diesem Zustand als im Wesentlichen vertragsgerecht annehmen muss. Ein unfertiges Werk ist per se nicht abnahmereif. Ansonsten könnten schon wegen Abnahmereife keine Abschlagszahlungen mehr gefordert werden. Auf welchem Wege und mit welchen Zwischenschritten der Unternehmer das Ziel der noch fehlenden Abnahmereife erreicht, unterliegt seiner Disposition (so nun auch BT-Drucks. 18/8486, S. 48). Deshalb ist nach alter Rechtslage die oben angesprochene Abgrenzung zwischen Mängeln und unfertigen Teilleistungen von besonderer Bedeutung (→ Rdn. 57).

64 Bei wesentlichen Mängeln bestand der Abschlagszahlungsanspruch von vornherein nicht, da dann schlicht eine negative Anspruchsvoraussetzung des Tatbestandes von § 632a Abs. 1 BGB fehlte (MünchKomm/Busche, BGB, § 632a Rdn. 7; Bamberger/Roth/Voit § 632a BGB Rdn. 3; Otto/Spiller, ZfIR 2009, 1, 3). Andere sprechen im Gegenschluss zu Satz 2 von einem Leistungsverweigerungsrecht, was einen bestehenden Anspruch unterstellt. Das Ergebnis bleibt gleich, da sich der Besteller auf ein Leistungsverweigerungsrecht grundsätzlich nicht berufen braucht. Nicht nur in der Begründung, sondern auch im Ergebnis unrichtig wäre es, nur ein Zurückbehaltungsrecht anzunehmen. In diesem Fall würde der Abschlagszahlungsanspruch entstehen und auch fällig werden können; der Besteller könnte sogar in Verzug geraten, der erst mit der materiell-rechtlich rechtsgestaltenden Erhebung der Einrede des § 273 BGB – ggf. aber mit Rückwirkung – enden würde.

65 Ein wesentlicher Mangel erfasste auch alle (weiteren) Abschlagszahlungen. Das gilt unabhängig davon, wofür eine Abschlagsforderung geltend gemacht wird. Der Unternehmer kann die Wirkung nicht dadurch umgehen, dass er die mangelhafte Teilleistung nicht mit der Abschlagsrechnung geltend macht, sondern (bewusst) ausnimmt. Mängel aus Teilleistungen, die mit der zweiten Abschlagszahlung abgerechnet wurden, wirken, z. B. weil spät erkannt, auch gegenüber der dritten oder folgenden Raten. Das gilt auch beim Bauträgervertrag (vgl. BGH, Urt. v. 10.11.1983 – VII ZR 373/82). In Ausnahmefällen kann eine Abschlagszahlung für eine werthaltige, in sich abgeschlossene Teilleistung in Betracht kommen, die von dem wesentlichen Mangel nicht berührt ist (AG Gegenbach, Urt. v. 22.11.2016 – 1 C 71/05; jurisPK-BGB/Diep, 8. Aufl. 2017, § 632a Rn. 7).

66 Entdeckt der Besteller erst nach Abschlagszahlung einen wesentlichen Mangel, so stellt sich die Frage, ob er nicht nur zukünftige Abschlagszahlungen verweigern kann, sondern auch ob er bereits geleistete Abschlagszahlungen zurückfordern kann. Dem könnte § 813 Abs. 2 BGB entgegenstehen (→ Rdn. 97).

III. Abschlagszahlungen für Baustoffe oder Bauteile

1. Sicherungsnotwendigkeit

67 Für bloß angelieferte Baustoffe und Bauteile erlangt der Unternehmer nach § 632a Abs. 1 S. 1 BGB keinen Anspruch auf Abschlagszahlung. Die Anlieferung ist eine bloße Vorbereitungshandlung und noch keine erbrachte Leistung. Bis zum Einbau gehört das Material dem Unternehmer, seiner Bank oder seinem Lieferanten. Deshalb bestimmt § 632a Abs. 1 S. 6 BGB in Anlehnung an die Regelung des § 16 Abs. 1 Nr. 1 S. 3 VOB/B für Baustoffe oder Bauteile, dass der Unternehmer einen Abschlagszahlungsanspruch nur geltend machen kann, wenn diese nicht nur angeliefert oder bereitgestellt sind, sondern dem Besteller nach seiner Wahl als Eigentum übertragen oder als Sicherheit hierfür geleistet wird.

68 Der Abschlagszahlungsanspruch gegen Sicherheit kann grundsätzlich für alle Materiallieferungen geltend gemacht werden. Das Material muss erforderlich sein, was ein sachliches und kein zeitliches Kriterium ist (BeckOGK/Mundt, BGB, § 632a Rdn. 15). „Normale" Baustoffe müssen an der Baustelle angeliefert sein, bei eigens angefertigten Bauteilen reicht es aus, dass sie an anderer Stelle, z. B. dem Produktionsort, für den Besteller bereitgestellt werden. Bauteile sind eigens angefertigt, wenn sie für das konkrete Bauvorhaben objektspezifisch hergestellt worden sind. Nach anderer Auffassung soll eine auf ein konkretes Bauvorhaben bezogene Bestellung aus einer Serienfertigung ausreichen (BeckOGK/Mundt, BGB, § 632a Rdn. 18).

69 Nach einer Auffassung soll §632a Abs. 1 S. 6 BGB eine Rechtsfolgenverweisung sein, es soll mithin nicht mehr auf das Vorliegen der Voraussetzungen der Sätze 1 bis 4 ankommen (Deckers, Forderungssicherungsgesetz, S. 54). Das ist weder mit dem Wortlaut noch mit dem Sinn und Zweck der Regelung vereinbar (Schmidt, Abschlagszahlungen nach gesetzlichem Werkvertragsrecht, S. 211 f.). Nach der Neufassung ergeben sich wegen der vertragsbezogenen Wertermittlung keine Unterschiede.

70 Der Besteller kann zwischen den Alternativen der Sicherung durch Eigentumsübertragung oder durch Gestellung einer Sicherheit wählen (→ Rdn. 77).

2. Sicherstellung durch Eigentumsübertragung

71 Wählt der Besteller Sicherung durch Übereignung, muss ihm das Eigentum an den Baustoffen oder Bauteilen durch einen Übertragungsakt gemäß §§ 929 ff. BGB verschafft werden. Besondere Formerfordernisse stellen die §§ 929 ff. BGB nicht auf; bei nicht auf der Baustelle angelieferten Bauteilen ist in der Praxis eine Kennzeichnung allerdings üblich. Eine derartige Sicherheit ist i. d. R. aber ungeeignet. Der Unternehmer wird „normale" Baustoffe in vielen Fällen nur unter Eigentumsvorbehalt gekauft oder mit Krediten bezahlt haben. Er kann dem Besteller deshalb Eigentum nur bei entsprechender Verfügungsbefugnis verschaffen. Die Voraussetzungen für einen gutgläubigen Eigentumserwerb werden in der Regel nicht vorliegen, weil kein vollständiger Besitzverlust beim Unternehmer vorliegt, sodass der Besteller sich des Eigentumsübergangs bei verlängerten Eigentumsvorbehalten oder Sicherungseigentum der Bank nicht sicher sein kann. Bei eigens hergestellten Bauteilen können auch Verarbeitungsklauseln eingreifen. Damit lässt sich in der Baupraxis für den Besteller nicht wirklich klären, ob er tatsächlich Eigentum erwirbt. Selbst wenn er es erworben hat, kann er es durch Baustellendiebstähle wieder verlieren.

3. Sicherstellung durch Sicherheitsleistung

72 Alternativ zur Sicherstellung durch Eigentumsübertragung besteht die Möglichkeit einer Sicherheitsleistung für die Abschlagszahlung. Seit 2009 entspricht die Regelung damit weitestgehend § 16 Abs. 1 S. 3 VOB/B. Umfang und Zweck der Sicherheit sind gleich. Gesichert werden soll die mögliche Rückforderung einer Abschlagszahlung, bis die Bauteile als Vertragsleistung in das Bauwerk eingefügt worden sind. Der ordnungsgemäße Einbau der Bauteile führt dazu, dass dem Unternehmer die vereinbarte Vergütung dafür „endgültig" als Abschlagsforderung nach Abs. 1 S. 1 zusteht; bis dahin soll der Anspruch des Bestellers auf Rückzahlung der Abschlagszahlung gesichert werden (BGH, Urt. v. 23.1.1986 – IX ZR 46/85). Mit Einbau ist der gesicherte potentielle Rückzahlungsanspruch ausgeschlossen. Eine Bürgschaft als streng akzessorische Sicherheit erlischt ex lege, eine abstrakte Sicherheit ist nach der zugrunde liegenden (gegebenenfalls konkludenten) Bestellabrede zurück zu gewähren.

a) Höhe der Sicherheitsleistung

73 Die Höhe der Sicherheit bemisst sich – wie bei einer Vorauszahlungsbürgschaft – nach der Höhe der hierdurch freizugebenden Abschlagszahlung. Einen Zuschlag für die Mehrkosten einer potentiellen Selbstbeschaffung des Baumaterials kann der Besteller nicht verlangen, da es sich nicht um eine Vertragserfüllungssicherheit handelt, sondern um eine Sicherheit für den Verlust der konkret geleisteten Abschlagszahlung (anders noch Deckers, Forderungssicherungsgesetz, S. 57).

b) Art der Sicherheitsleistung, §632a Abs. 2

74 Die Art zulässiger Sicherheiten ergibt sich grundsätzlich aus den §§ 232–240 BGB. Sie werden im Rahmen der Kommentierung zu §650e BGB erläutert (→ §648a BGB Rdn. 107ff.). Die dort genannten primären Sicherheiten wie Hinterlegung oder Verpfändung sind allerdings in der Praxis nicht verbreitet.

75 Üblich im Baubereich sind selbstschuldnerische Bürgen oder Garantien von Kreditinstituten oder Kreditversicherern. Ebenso wie bei §650e Abs. 2 BGB für den Besteller erweitert deshalb auch §632a Abs. 2 BGB für den Unternehmer die zulässigen Sicherungsarten hierauf. Wegen der Einzelheiten zum Inhalt des Zahlungsversprechens oder der Tauglichkeit des Sicherungsgebers kann hierauf verwiesen werden (→ §648a BGB Rdn. 110).

76 Zwischen den zulässigen Sicherheiten kann der Unternehmer wählen, vgl. §232 BGB.

4. Wahlrecht des Bestellers

Zwischen den beiden Alternativen der Absicherung kann nach der Neufassung – wie bei § 16 Abs. 1 VOB/B – der Besteller wählen. Es stellt sich die Frage, ob die Wahl der Eigentumsverschaffung dazu führt, dass es sich im Falle der Kündigung um erbrachte Leistungen handelt (vgl. hierzu auch Jacob, BauR 2019, 1361 ff.). Da sich der Besteller der Eigentumsverschaffung wie gezeigt auch nicht sicher sein kann, sollte er die Alternative der Sicherheitsleistung wählen. Die mit einer Sicherheitsgestellung verbundenen Mehrkosten trägt der Unternehmer. Der Besteller kann wegen der verbleibenden Risiken auch nicht als nach Treu und Glauben verpflichtet angesehen werden, sich auf einen vom Unternehmer zweifelsfrei nachgewiesen Eigentumserwerb verweisen zu lassen, um dem Unternehmer die Avalgebühren zu ersparen (so aber Bamberger/Roth/Voit, § 632a BGB, Rdn. 10). 77

Umgekehrt stellt sich die Frage, ob der Besteller in den Fällen, in denen der Unternehmer z. B. wegen verlängerter Eigentumsvorbehalte dem Besteller kein Eigentum verschaffen kann, dennoch die Eigentumsverschaffung wählen kann, um so eine Abschlagszahlung für die Materialien ganz zu vermeiden oder ob er eine vom Unternehmer angebotene taugliche Sicherheit annehmen muss (vgl. dazu Deckers, Forderungssicherungsgesetz, S. 56 f., der hier § 315 BGB analog anwenden will). Auch die Ausübung des Wahlrechts steht unter dem Gebot von § 242 BGB, die Belange des Vertragspartners müssen angemessen berücksichtigt werden (BGH, Urt. v. 9.6.1983 – III ZR 105/82). 78

IV. Berechnung der Abschlagszahlung

Der Unternehmer hat Anspruch auf den Anteil der Vergütung, der dem wertmäßigen Verhältnis des Anteils der jeweils nachgewiesenen vertragsgemäßen Leistungen zu der Gesamtleistung entspricht. 79

1. Bemessung der Abschlagsforderung

Der Wert der abzurechnenden Leistungen ist anhand des Vertrages, besser noch anhand der vereinbarten Preise für die einzelnen Teilleistungen zu ermitteln (→ Rdn. 35 ff.). Bemessungsgrundlage ist die vertragliche Vergütung einschließlich der Umsatzsteuer. Das wird heute in § 632a BGB anders als in § 16 Abs. 1 VOB/B und anders als in den Erstfassung des §§ 632a BGB nicht hervorgehoben. Die Streichung der gesonderten Erwähnung der Umsatzsteuer beruht allein auf der Erkenntnis der Entbehrlichkeit dieser rein deklaratorischen Hervorhebung (BT-Drucks. 16/511, S. 14). Auch die VOB/B enthielt früher keinen Hinweis auf die Umsatzsteuer und wurde erst nachträglich entsprechend der jeweilige Steuerlage angepasst (vgl. Daub/Piel/Soergel/Steffani, VOB Teil B, ErlZ 16.17). Ob die vereinbarten Preise Brutto-oder Nettopreise sind, bestimmt sich nach den allgemeinen Auslegungsregeln (→ § 631 BGB Rdn. 467). 80

2. Prüfbare Aufstellung

Der Anspruch auf Abschlagszahlung besteht für erbrachte, i. d. R. für die in einem bestimmten Zeitraum erbrachten Leistungen. Die erbrachten und nachgewiesenen Leistungen sind in eine prüfbare (→ Rdn. 88) Aufstellung einzustellen. Eine isolierte Abrechnung der Vergütung für einzelne Positionen ist zwar grundsätzlich zulässig, kommt aber nur in Betracht, wenn in deren Höhe ein positiver Saldo festgestellt werden kann. Damit bleibt für den Unternehmer die Notwendigkeit darzulegen, inwieweit insgesamt ein Zahlungsanspruch besteht (BGH, Urt. v. 20.8.2009 – VII ZR 205/07). 81

§ 632a Abs. 1 S. 5 fordert eine Aufstellung „die eine rasche und sichere Beurteilung der Leistungen ermöglichen muss." Diese geforderte Aufstellung ist in aller Regel eine prüfbare Abrechnung, auch wenn § 632a BGB anders als § 16 VOB/B ein Prüfbarkeitserfordernis nicht ausdrücklich aufstellt. Sie muss den Besteller in die Lage versetzen, die Berechtigung der Abschlagsforderung zu überprüfen. Aus der Abrechnung muss der erbrachte Leistungsstand und die hierauf entfallende Vergütung hervorgehen. Zu den Anforderungen heißt es in der Gesetzesbegründung, dass die Höhe des jeweiligen Abschlags unkompliziert zu berechnen sei und dem Besteller eine einfachere Überprüfung der Berechnung ermöglichen soll. Beim Einheitspreisvertrag erfolgt eine Abrechnung auf Basis erbrachter Massen und vereinbarte Einheitspreise. 82

§ 632a

83 Es ergibt sich – ebenso wie aus § 16 VOB/B – kein genereller Zwang, die Abschlagsrechnungen kumuliert aufzustellen (so aber z. B. ÖNORM 2110 Pkt. 8.3.2.3). Es soll ausreichen, wenn nur die neu bzw. zusätzlich ausgeführten Leistungen abgerechnet werden (Kapellmann/Messerschmidt/Messerschmidt, § 16 VOB/B Rn. 102). Allerdings setzt die erforderliche „rasche und sichere Beurteilung" der abrechnungsfähigen Leistung auch die Abgrenzung zu bereits erbrachten und abgerechneten Leistungen voraus. Aus dem Erfordernis der zeitraumbezogenen Abrechnung ergibt sich nämlich die Notwendigkeit, Abrechnungen für vergangene Zeiträume einzubeziehen und darzulegen, inwieweit insgesamt ein Zahlungsanspruch besteht. Denn dieser ergibt sich aus dem Vergütungsanspruch für die insgesamt abgerechnete Leistung abzüglich bereits erbrachter Zahlungen. (BGH, Urt. v. 20.8.2009 – VII ZR 205/07 Rdn. 59). Das wird in vielen Fällen eine Kumulierung erfordern.

84 Der Unternehmer hat Anspruch auf die gesamte (anteilige) Vergütung, die sich für die erbrachte Leistung aus dem Vertrag berechnet. Aus dem Umstand, dass eine Abschlagszahlung zu leisten ist, folgt nicht das Recht des Bestellers, die Abschlagszahlung um einen bestimmten Prozentsatz zu kürzen. Denn der Anspruch ist grundsätzlich vollwertig, auch wenn er nur zu einer vorläufigen Zahlung führt, die nach Beendigung der Leistung mit einer Schlussrechnung endgültig abgerechnet werden muss. Will der Besteller im Hinblick auf etwaige Unsicherheiten bis zur Schlussabrechnung einen Einbehalt, so muss er diesen mit einer wirksamen (→ Rdn. 148 ff.) Sicherungsvereinbarung vereinbaren. Aus dem Gesetz ergibt sich kein Recht zu einem Einbehalt (BGH, Beschl. v. 22.12.2005 – VII ZB 84/05 zur HOAI). Lediglich für Verbraucherverträge ist in § 650m Abs. 1 BGB bestimmt, dass der Gesamtbetrag der Abschlagszahlungen in 90% der vereinbarten Gesamtvergütung nicht übersteigen darf. AGB, die den Abschlagzahlungsanspruch lediglich kürzen, sind i. d. R. unwirksam (→ Rdn. 141).

3. Abschlagsrechnungen beim Pauschalvertrag

85 Besondere Schwierigkeiten macht die geforderte Aufstellung bei Pauschalvereinbarungen, falls die Parteien nicht einen meilensteinbezogenen Zahlungsplan vereinbart haben. Bei einem Detailpauschalvertrag kann die Abrechnung auf der Grundlage der erbrachten Mengen und, soweit vorhanden, eines zunächst bepreisten Leistungsverzeichnisses erfolgen. Sind die abzurechnenden Leistungsteile vertraglich nicht bewertet, wie bei Pauschalpreisverträgen mit funktionaler Leistungsbeschreibung üblich, muss der Unternehmer sie im Streitfall nach den Grundsätzen darlegen, die für die Abrechnung von Teilleistungen eines gekündigten Vertrages gelten (vgl. → § 648 BGB Rdn. 50 ff.). Hierzu muss er den Pauschalpreis in abrechenbare Leistungselemente aufgliedern. Diese hiermit verbundenen Schwierigkeiten entheben den Unternehmer nicht von der Verpflichtung, einen der geforderten Vergütung entsprechenden Wert der Leistung nachprüfbar darzulegen. Der Bundesgerichtshof hat in früheren Entscheidungen zwar zum Ausdruck gebracht (Urt. v. 9.1.1997 – VII ZR 69/96), dass die Anforderungen an die Prüfbarkeit von Abschlagsrechnungen erheblich geringer sein sollen als die die Prüfbarkeit von Schlussrechnungen. Er hat jedoch später klargestellt, dass das so nicht aufrecht erhalten bleibt. Auch die Abrechnung einer Abschlagsrechnung hat sich an den vertraglichen Voraussetzungen für den Vergütungsanspruch zu orientieren und muss den Besteller in die Lage versetzen, den Anspruch darauf hin zu prüfen, ob er sich aus dem Vertrag ergibt (BGH, Beschl. v. 22.12.2005 – VII ZB 84/05).

4. Häufigkeit

86 Auf eine Regelung zur Häufigkeit von Abschlagszahlungsforderungen hat der Gesetzgeber bewusst zur flexiblen Handhabung und wegen Vielfalt möglicher Vertragsgestaltungen verzichtet (BT-Drucks. 16/511, S. 14). Die Regelung des § 16 Abs. 1 VOB/B („in möglichst kurzen Zeitabständen") hat er ebenso wenig übernommen wie die in § 15 Abs. 2 HOAI a. F. („in angemessenen zeitlichen Abständen"). Damit besteht der Anspruch gemäß § 242 BGB in angemessenen zeitlichen oder betragsmäßigen Schritten. In der Baupraxis üblich sind wöchentliche bis monatliche Abschlagszahlungen (so z. B. ÖNORM B 2110 Pkt. 8.3.6.1). Allerdings ist der Unternehmer bei besonders werthaltigen Bauleistungen auch bereits nach wenigen Tagen zu einer erneuten Abschlagszahlung berechtigt. Schon wegen des mit der Abrechnung verbundenen Aufwandes dürfte es hier nicht zu Problemen kommen, wovon auch die Gesetzesbegründung ausgeht und die Praxis zu § 16 Abs. 1 VOB/B belegt. Im Übrigen steht es den Parteien frei, bei entsprechendem Bedarf die Häufigkeit von Abschlagsforderungen vertraglich zu regeln, wobei der Besteller in AGB nicht durch sehr große Zeiträume den Abschlagszahlungsanspruch des Unternehmers aushöhlen darf.

5. Fälligkeit

Der gesetzliche Anspruch auf Abschlagszahlungen ist ein verhaltener Anspruch i. w. S., weil **87** seine Fälligkeit von der Geltendmachung durch den Unternehmer abhängt. Der Anspruch wird erst gemäß § 271 BGB fällig, wenn der Anspruch geltend gemacht wird und die Voraussetzungen des Gesetzes vorliegen. Diese Geltendmachung hat auch nicht nur deklaratorische Wirkung. Vielmehr darf der Unternehmer in den Grenzen des § 242 BGB entscheiden, ob und in welcher Frequenz er Abschlagszahlungen geltend macht (vgl. zur Fälligkeit verhaltener Ansprüche v. Tuhr, Allgemeiner Teil des Deutschen Bürgerlichen Rechts, 1910, Bd. 1 S. 256 f.). Für die Fälligkeit der Abschlagsforderung bedarf es – anders als nun zur Fälligkeit des Werklohnanspruchs beim BGB-Bauvertrag (→ § 650g Abs. 3 BGB) – keiner Rechnungserteilung, sondern nach Abs. 1 S. 4 nur einer Aufstellung, die eine rasche und sichere Beurteilung der Leistungen ermöglicht. Ohne eine Rechnung ist der fällige Anspruch allerdings prozessual i. d. R. nicht durchsetzbar und es tritt in der Regel auch kein Verzug ein (→ § 641 BGB Rdn. 32 sowie unten → Rdn. 89). Verzug tritt auch nicht ein, solange dem Besteller ein Leistungsverweigerungsrecht zusteht (vgl. dazu → § 641 BGB Rdn. 61 ff.). Bedeutung erlangt diese Unterscheidung vor allem für den Verjährungsbeginn; der Verjährungslauf beginnt bereits mit dem Abschlagszahlungsverlangen.

Die abgerechneten Leistungen sind nach Abs. 1 S. 5 durch eine Aufstellung nachzuweisen, **88** die eine rasche und sichere Beurteilung ermöglicht. Unklar sind die Rechtsfolgen, falls diese Aufstellung nicht prüfbar ist. Der Gesetzgeber hat die noch im ursprünglichen Entwurf enthaltene Anforderung der Prüfbarkeit der Aufstellung mit folgender Begründung gestrichen (BT-Drucks. 16/9787, S. 18):

„Das Wort „prüfbar" in Absatz 1 Satz 3 wird gestrichen, weil es in der Regel als Fälligkeitsvoraussetzung verstanden wird, was zu erheblichen Problemen bei der Rechtsanwendung geführt hat. Das Wort „Aufstellung" trägt die Prüfbarkeit bereits in sich, denn die Aufstellung muss die rasche und sichere Beurteilung der Leistungen ermöglichen und daher auch stets prüfbar sein."

Ist die Aufstellung nicht prüfbar, wird die Abschlagsforderung also dennoch fällig. Das ist **89** für den Unternehmer aber nicht günstig. Denn im Abschlagszahlungsprozess wäre die Klage nicht als zur Zeit unbegründet abzuweisen, sondern – soweit die Forderung nicht noch schriftsätzlich nachvollziehbar begründet wird – als unschlüssig und damit (endgültig) abzuweisen (→ § 641 BGB Rdn. 34 ff.). Andere gehen demgegenüber von einer Fälligkeitsvoraussetzung aus (Deckers, Forderungssicherungsgesetz, S. 58 f.). Unabhängig von diesen Unterschieden kann ohne eine prüfbare Aufstellung Verzug mangels Möglichkeit des Bestellers, seine Zahlungspflicht zu beurteilen, nicht eintreten (→ § 641 BGB Rdn. 32).

Der Anspruch auf Abschlagszahlung bei Verbraucherverträgen über Hausneu- oder Um- **90** bauten ist gemäß § 650m Abs. 2 BGB außerdem nur durchsetzbar, wenn der Unternehmer dem Besteller spätestens Zug-um-Zug mit der Zahlung der ersten Abschlagsrechnung eine Fertigstellungssicherheit i. H. v. 5 % der Gesamtvergütung übergibt (→ § 650m BGB Rdn. 7).

Für den Eintritt des Verzuges gelten keine Besonderheiten (BGH, Beschl. v. 24.5.2012 – VII **91** ZR 34/11). Er tritt nach § 286 BGB spätestens 30 Tage nach Zugang der Rechnung ein. Eine Besonderheit besteht hinsichtlich des Endes des Verzuges. Denn dieser endet unabhängig von dem Ausgleich der Abschlagsforderung mit der Schlussrechnungsreife (→ Rdn. 101 ff.).

V. Ansprüche bei Überzahlungen

Aus dem Charakter einer Voraus- oder Abschlagszahlung als bloß vorläufiger Zahlung im **92** Bauvertrag folgt die vertragliche Verpflichtung des Unternehmers, seine Leistungen endgültig abzurechnen. Die Pflicht, die Leistungen endgültig abzurechnen, wird (erst) mit der Beendigung der Leistungen des Unternehmers fällig. Rechnet er nicht endgültig ab, verhält er sich vertragswidrig. Der Besteller kann dann eine Klage auf Zahlung eines Überschusses mit einer eigenen Berechnung begründen.

Soweit dem Besteller nähere Darlegung nicht möglich ist, kann er sich auf den Vortrag be- **93** schränken, der bei zumutbarer Ausschöpfung der ihm zur Verfügung stehenden Quellen seinem Kenntnisstand entspricht (BGH, Urt. v. 11.2.1999 – VII ZR 399/97; Urt. v. 24.1.2002 – VII ZR 196/00; Urt. v. 30.9.2004 – VII ZR 187/03; Urt. v. 22.11.2007 – VII ZR 130/06). Es reicht also nicht aus, nur Rückzahlung der Abschlagszahlung zu fordern, weil der Unternehmer nicht

§ 632a

abgerechnet habe. Vielmehr muss dargelegt werden, wie der Besteller abrechnet, oder warum und inwieweit er selbst nicht abrechnen kann (OLG Brandenburg, Urt. v. 24.1.2007 – 4 U 123/06; OLG Zweibrücken, Urt. v. 20.6.2012 – 1 U 105/11). Ausreichend ist z.B. die Darlegung der Abschlagszahlungen mit der Behauptung, mit diesen seien sämtliche erbrachte Leistungen berechnet und die Darlegung, warum einzelne Positionen der Abschlagsrechnungen fehlerhaft berechnet seien (BGH, Beschl. v. 9.6.2005 – VII ZR 132/04; unklar OLG Schleswig, Urt. v. 14.4.2016 – 7 U 85/15). Der Unternehmer muss dann der Berechnung entgegentreten und nachweisen, dass er berechtigt ist, die Abschlagszahlungen endgültig zu behalten (OLG Brandenburg, Urt. v. 24.1.2007 – 4 U 123/06). Das wird i. d. R. einer Stufenklage vorzuziehen sein (vgl. dazu Gothe, NZBau 2014, 270, 272).

94   Diese reduzierte Vortragslast ist Folge der vertraglichen Anspruchsgrundlage (vgl. OLG Köln, Urt. v. 17.01.2018 – 16 U 60/17). Nach der Rechtsprechung des Bundesgerichtshofs hat der Besteller einen vertraglich begründeten und nicht etwa – wie bei Überzahlung der Schlussrechnung – einen nur bereicherungsrechtlichen Anspruch auf Auszahlung des Überschusses (BGH, Urt. v. 11.2.1999 – VII ZR 399/97, Urt. v. 24.01.2002 – VII ZR 196/00). Entwickelt wurde diese Rechtsprechung für VOB-Verträge mit einer vertraglichen Abschlagszahlungsvereinbarung. Die Übertragbarkeit dieser Rechtsprechung auf den BGB-Werkvertrag wurde problematisiert (vgl. Schmidt, Abschlagszahlungen nach gesetzlichem Werkvertragsrecht, S. 60 ff.), ist aber zu bejahen (BGH, Urt. v. 8.1.2015 – VII ZR 6/14). Der Umstand, dass der Abschlagszahlungsanspruch ggf. auf dem dispositiven Gesetzesrecht beruht, ändert nichts an dessen vertraglicher Natur und damit an der Natur des Anspruchs auf Rückzahlung eines Überschusses. Hierfür kommt es nämlich nur auf den Entstehungsgrund des Schuldverhältnisses Werkvertrag an, nicht darauf, welche Rechtsfolgen ausdrücklich oder konkludent vereinbart wurden und welche sich ergänzend aus dem Gesetz ergeben (dazu v. Tuhr, Allgemeiner Teil des Deutschen Bürgerlichen Rechts, 1910, Bd. II/1 S. 163 f., 195; Flume, BGB AT, S. 3 f.; Gernhuber, Das Schuldverhältnis, S. 111). Die mittelbare Verursachung durch den Partei- und Vertragswillen reicht aus. Auch der Werklohnanspruch nach § 632 BGB ist ein vertraglicher Vergütungsanspruch.

95   Was im Wege der ergänzenden Auslegung bei einer vertraglichen Abschlagszahlungsabrede aus dem vorläufigen Charakter der Abschlagszahlung abgeleitet wird, gilt gleichermaßen für die Auslegung von Abschlagszahlungen nach dispositivem Gesetzesrecht. Auch beim BGB-Werkvertrag ist also für den Rückforderungsanspruch nicht auf das Bereicherungsrecht zurückzugreifen. Bestätigt wird das durch die Rechtsprechung zum Architektenvertrag, bei der der Rückzahlungsanspruch auch als vertraglicher Anspruch eingeordnet wird, obwohl sich der Abschlagszahlungsanspruch eigenständig aus § 15 HOAI a. F. ergab (BGH, Urt. v. 22.11.2007 – VII ZR 130/06; OLG Celle, Urt. v. 10.3.2010 – 14 U 128/09).

96   Dieser Anspruch auf Abrechnung und ggf. Auszahlung des Überschusses entsteht aber erst mit der Schlussrechnungsreife. Er wird sofort fällig (OLG Düsseldorf, Urt. v. 16.12.2014 – 20 U 136/14; Gothe, NZBau 2014, 270, 272). Fraglich ist, was gilt, wenn die weitere Durchführung des Bauvorhabens ins Stocken geraten ist und die vollständige Erfüllung des Vertrages damit bis auf Weiteres ausbleiben wird (vgl. KG, Urt. v. 16.6.2009 – 27 U 157/08). Ein Rückzahlungsanspruch setzt dann die Beendigung des Vertrages durch Kündigung (vgl. z.B. § 6 Abs. 7 VOB/B) voraus.

97   Fraglich ist, ob der Besteller bereits vor Schlussrechnungsreife eingetretene Überzahlungen nach bereicherungsrechtlichen Grundsätzen zurückfordern kann. Nach der Rechtsprechung des X. Zivilsenats kann der Besteller vor Schlussrechnungsreife weder die Abschlagszahlung zurückfordern noch Zinsen gemäß § 818 Abs. 1 BGB als gezogene Nutzungen verlangen, da Abschlagszahlungen vorläufige Zahlungen mit einer Abrechnungsvereinbarung sind. Ein Bereicherungsausgleich findet bei Zahlungen, die vor Fälligkeit geleistet worden sind, grundsätzlich nicht statt, § 813 Abs. 2 BGB; der aus der Abschlagszahlungsabrede sich ergebende vertragliche Anspruch auf Rückzahlung von überzahlten Abschlagszahlungen entsteht erst mit der durch die Schlussrechnung vorzunehmenden endgültigen Abrechnung (BGH, Urt. v. 19.3.2002 – X ZR 125/00). Der Besteller kann im Falle der Überzahlung durch Abschlagszahlungen nur bereits gezahlte, aber tatsächlich noch nicht fällige Abschläge mit späteren Abschlagsforderungen verrechnen.

98   Fraglich ist, ob das auch für die Fälle gelten soll, wenn der Besteller trotz eines wesentlichen Mangels eine Abschlagszahlung leistet, für die mithin gar kein Rechtsgrund bestand, oder versehentlich dieselbe Abschlagsforderung zweimal bezahlt. Das wird teilweise bejaht (so OLG Bremen, NZBau 2014, 229; Schmidt, Abschlagszahlungen nach gesetzlichem Werkvertrags-

recht, S. 156 ff.). Andere wollen zumindest in den Fällen, in denen der Besteller versehentlich eine Doppelzahlung auf dieselbe Abschlagsrechnung leistet, wegen des eigenständigen Charakters der Abschlagsforderung die Anwendung des Bereicherungsrechts auf jede zu Unrecht gezahlte Abschlagsforderung ermöglichen; eine doppelte Zahlung sei keine Zahlung vor Fälligkeit (Kniffka/Koeble, Teil 5 Rdn. 293; Beck'scher VOB-Kommentar/Kandel, Vor § 16 Rdn. 49; Gothe, NZBau 2014, 270, 275).

Unabhängig davon können dem Besteller Ansprüche gegen diejenigen zustehen, die vorfällige Abschlagszahlungen veranlasst haben. Ein Bauleiter, der eine nicht nachprüfbare Rechnung zur Zahlung freigibt, macht sich schadensersatzpflichtig, wenn eine Überzahlung eingetreten ist (BGH, Urt. v. 14.5.1998 – VII ZR 320/96). Zu prüfen bleibt auch, ob sich nicht auch der Unternehmer durch eine überhöhte Anforderung von Abschlagszahlungen vertragswidrig verhalten hat. Diese Ansprüche waren im Fall des BGH, Urt. v. 19.3.2002 – X ZR 125/00, nicht zu prüfen, da dort die Überzahlung auf Rechenfehlern des Bestellers beruhte. Solche Schadensersatzansprüche sind von der Rechtsprechung gegenüber Bauträgern anerkannt worden, die unter Verletzung von § 3 Abs. 2 MaBV Abschlagszahlungen gefordert haben (OLG Karlsruhe, Urt. v. 20.5.2010 – 12 U 232/09; OLG Düsseldorf, Urt. v. 15.7.2011 – 23 U 87/09).

VI. Verjährung

Abschlagsforderungen verjähren nach der (bestrittenen) Rechtsprechung des Bundesgerichtshofs selbständig. Das hindert aber nur die Durchsetzbarkeit der betreffenden Abschlagsforderung, führt aber letztlich nicht zum Fortfall des anteiligen Vergütungsanspruchs. Der Unternehmer ist nämlich auch nach der Rechtsprechung des Bundesgerichtshofs nicht gehindert, den Betrag der verjährten Abschlagsforderung als Rechnungsposten in seine Schlussrechnung einzustellen und geltend zu machen (BGH, Urt. v. 5.11.1998 – VII ZR 191/97). Nach anderer Auffassung verjähren Abschlagsforderungen bis zur Schlussrechnungsreife von vornherein nicht (Brunstamp, Der Abschlagszahlungsanspruch des Bauunternehmers, 213 ff.).

VII. Übergang zur Schlussabrechnung

1. Schlussrechnungsreife

Der Bundesgerichtshof hat zunächst die Berechtigung des Auftragnehmers zur (vorläufigen) Abschlagsabrechnung nach Abnahme und Vorlage der Schlussrechnung verneint (BGH, Urt. v. 15.4.2004 – VII ZR 471/01, zur VOB/B). Der Anspruch aus der Abschlagsrechnung und derjenige aus der Schlussrechnung seien materiell-rechtlich selbstständige Ansprüche und könnten nicht nebeneinander bestehen. Die Abschlagsforderung ist nur eine vorläufige Forderung, die unter dem Vorbehalt der Schlussabrechnung steht. Beim VOB-Vertrag entfällt damit das Recht, eine Abschlagsforderung zu erheben, jedenfalls mit Erteilung der Schlussrechnung (BGH, Urt. v. 15.4.2004 – VII ZR 471/01; Urt. v. 20.8.2009 – VII ZR 205/07). Anschließend hat der BGH präzisiert, dass es nicht auf die tatsächliche Schlussrechnungsstellung ankommt, sondern auf den Zeitpunkt, zu dem der Unternehmer in der Lage und verpflichtet ist, endgültig abzurechnen (BGH, Urt. v. 20.8.2009 – VII ZR 205/07; OLG Stuttgart, Urt. v. 12.2.2019 – 10 U 152/18; a. A. OLG Bamberg, Urt. v. 1.9.2003 – 4 U 87/03; Kues/May, BauR 2007, 1137, 1142). Das ist beim VOB/B Vertrag gemäß § 14 Abs. 3 die Fertigstellung und der Ablauf der Fristen für die Schlussrechnungserstellung (OLG Nürnberg, Urt. v. 8.6.2000 – 13 U 77/00).

§ 650g Abs. 4 BGB sieht nunmehr auch für den BGB-Vertrag eine Schlussrechnung als Fälligkeitsvoraussetzung vor. Anders als § 14 Abs. 3 VOB/B bestimmt das BGB zwar keine Frist zur Schlussrechnungsstellung; hier gilt § 271 BGB. Die Schlussrechnung ist umgehend nach Ablauf der für die Erstellung notwendigen Frist einzureichen (Kainz NZBau 2019, 583, 584). Abschlagsforderungen können danach nicht mehr geltend gemacht werden. Der Unternehmer muss nun seine Leistung insgesamt abrechnen und den Überschuss zu seinen oder des Bestellers Gunsten ermitteln. Die Berechtigung zur vorläufigen Abrechnung durch Abschlagrechnungen besteht ab diesem Zeitpunkt nicht mehr.

Kann die Schlussrechnung noch nicht gestellt werden, weil der Besteller nach den Vereinbarungen Mitwirkungsleistungen zu erbringen hat, z. B. Erstellung von Vermessungsprotokollen, soll der Unternehmer seine offenen Abschlagsrechnungen schon nach § 242 BGB weiter durchsetzen können (OLG Naumburg, Urt. v. 19.11.2010 – 6 U 115/10). Das erscheint

§ 632a

fraglich. Denn auch bei Unmöglichkeit der prüfbaren Abrechnung bleibt die Forderung in nachweisbarer bzw. schätzbarer (§ 287 ZPO) Höhe durchsetzbar (BGH, Urt. v. 23.9.2004 – VII ZR 173/03). In diesem Fall ist der Unternehmer berechtigt, auf der Grundlage der ihm zur Verfügung stehenden Quellen eine nicht (vollständig) prüfbare Schlussrechnung zu erstellen (vgl. für den Besteller → Rdn. 93) und einzuklagen.

104 Aus dem Grundsatz, dass nach Schlussrechnungsreife keine Abschlagsforderungen mehr gestellt werden können, folgt, dass der Unternehmer trotz tatsächlicher Schlussrechnungsstellung Abschlagszahlung fordern kann, falls in Wirklichkeit die Schlussrechnungsreife noch gar nicht vorliegt. Der Umstand, dass eine Schlussrechnung gestellt wurde, ist so lange unerheblich, wie die Schlusszahlungsvoraussetzungen nicht vorliegen. Der Bundesgerichtshof hat entschieden, dass der Unternehmer bei nicht beendetem Vertrag nach erteilter Schlussrechnung den einmal begründeten Anspruch auf Abschlagszahlung im Prozess jedenfalls für den Fall hilfsweise geltend machen kann, wenn er die Abnahme oder deren unberechtigte Verweigerung nicht nachzuweisen vermag (BGH, Urt. v. 15.6.2000 – VII ZR 30/99). Wird die Abnahme zu Recht verweigert, liegen die Voraussetzungen für eine Schlussrechnung nicht vor. Der Unternehmer konnte dann eine Abschlagszahlung verlangen. Mängel werden durch ein Leistungsverweigerungsrecht in Höhe der Mängelbeseitigungskosten plus Druckzuschlag berücksichtigt.

105 Für Verträge aus der Zeit vom 1.1.2009 bis 31.12.2017 ist die hilfsweise Geltendmachung einer Abschlagszahlung bei Abnahmeverweigerung aber nur in wenigen Fällen umsetzbar. Verweigert der Besteller die Abnahme wegen Mängeln, was in der Praxis i. d. R. der Grund für eine Abnahmeverweigerung ist, bestünde dann auch kein Abschlagszahlungsanspruch wegen der dann wesentlichen Mängel. Beim fehlenden Nachweis der Abnahmereife wäre also auch ein hilfsweiser Abschlagszahlungsanspruch unbegründet. Dessen hilfsweise Geltendmachung bleibt aber möglich, wenn die Parteien sich über die Schlussrechnungsreife streiten, weil sie einen unterschiedlichen Umfang der Leistungen behaupten.

106 Der Besteller, der die Schlussrechnung mangels Abnahmereife zurückweist, kann gegen Treu und Glauben verstoßen, wenn er dann gegenüber der Abschlagsforderung Schlussrechnungsreife geltend macht (OLG Dresden, Urt. v. 22.4.2004 – 4 U 1947/03).

107 Früher endete die Vorleistungspflicht im Fall einer Kündigung unmittelbar mit der Vertragsbeendigung (BGH, Urt. v. 9.10.1986 – VII ZR 249/85; Urt. v. 26.2.1987 – VII ZR 217/85). Nach der geänderten Rechtsprechung des Bundesgerichtshofs wird nun auch nach Kündigung der Werklohn erst mit der Abnahme fällig (BGH, Urt. v. 11.5.2006 – VII ZR 146/04; Kues/May, BauR 2007, 1137, 1141) und nach § 650g Abs. 3 BGB erst mit Schlussrechnung fällig. Abschlagszahlungen können auch bei Kündigung mit Schlussrechnungsreife nicht mehr geltend gemacht werden (OLG Stuttgart, Urt. v. 12.2.2019 – 10 U 152/18).

2. Auswirkungen der Schlussrechnungsreife auf Abschlagszahlungen

108 Mit der so genannten Schlussrechnungsreife erlischt nach der Rechtsprechung des Bundesgerichtshofs aber nicht nur die Berechtigung, Abschlagsforderungen zu stellen, sondern auch ihre Durchsetzbarkeit und sogar ex nunc ein Verzug bezüglich bereits gestellter Abschlagsforderungen.

a) Durchsetzungssperre

109 Die zur VOB/B entwickelte Durchsetzungssperre für Abschlagsforderungen nach Schlussrechnungsreife beruht nicht auf einem besonderen Inhalt der VOB/B-Regelungen, sondern ist Ausfluss der Rechtskonstruktion der Abschlagsforderungen als nur vorläufige Abrechnungsberechtigung und gilt deshalb auch beim BGB-Vertrag. Auch hier können Abschlagsforderungen grundsätzlich nicht mehr durchgesetzt werden, nachdem die Leistung abgenommen worden ist und die Frist abgelaufen ist, innerhalb derer die Schlussrechnung hätte gestellt werden müssen (vgl. BGH, Urt. v. 20.8.2009 – VII ZR 205/07 zu § 16 VOB/B). Denn damit wird auch beim BGB-Vertrag die gesamte Werklohnforderung fällig und ist endgültig abzurechnen; unerheblich ist, dass beim BGB-Vertrag die Rechnung keine Fälligkeitsvoraussetzung ist.

110 Auch ein unstreitiges Guthaben aus einer Abschlagszahlung kann mit Schlusszahlungsreife nicht mehr durchgesetzt werden. Der unstreitige Werklohn ist von dem Auftraggeber als Schlusszahlung zu leisten. Die Durchsetzungssperre gilt auch dann, wenn der Besteller hinsichtlich der letzten Abschlagsforderung ein deklaratorisches Schuldanerkenntnis abgegeben haben sollte (OLG Stuttgart, Urt. v. 12.02.2019 – 10 U 152/18; anders OLG Köln, Urt. v. 11.8.1992 – 3 U 213/91). Dieses hat nur den Charakter einer Schuldbestätigung, begründet aber anders als

Abschlagszahlungen　　　　　　　　　　　　　　　　　　　　　　　**§ 632a**

ein abstraktes Schuldanerkenntnis keinen neuen Schuldgrund (Novation) für die nicht länger durchsetzbare Abschlagsforderung. Vielmehr stellt sich die Frage, ob der Einwendungsverzicht nicht auch in diesem Umfang gegenüber dem entsprechenden Teil der Schlussrechnung gilt.

Es bleibt nur die Möglichkeit, Abschlagsforderungen hilfsweise für den Fall geltend zu **111** machen, dass tatsächlich Schlussrechnungsreife nicht eingetreten ist bzw. das nicht feststellbar ist (→ Rdn. 104).

b) Ende des Verzugs

Folge der Durchsetzungssperre für Abschlagsforderungen mit Schlussrechnungsreife soll **112** nach der Rechtsprechung des BGH zum VOB-Vertrag sein, dass in dem Zeitpunkt, in dem (nach Abnahme der Leistung) dem Besteller die Schlussrechnung zugeht bzw. hätte zugehen müssen, auch ein Verzug hinsichtlich einer Abschlagsforderung endet. Da mit Schlussrechnungsstellung beim VOB-Vertrag wegen § 16 Abs. 3 VOB/B nicht sofort Fälligkeit eintritt, führt das dazu, dass der Besteller einen verzugsfreien Zeitraum von heute 30 Tagen, verlängerbar auf 60 Tage, hat, in dem er die Schlussrechnung prüfen kann. Ein eingetretener Verzug mit Abschlagszahlungen wirkt auch nicht insoweit fort, soweit die Abschlagsforderung als unselbstständiger Bestandteil der Schlussrechnung weiter geltend gemacht wird.

Diese Rechtsprechung beruht auf der Konstruktion der Abschlagsforderung als eine selbst- **113** ständige, aber nur vorläufige Forderung (BGH, Urt. v. 15.4.2004 – VII ZR 471/01), die nur bis zur Erteilung der Schlussrechnung erhoben werden kann. Bei der inzwischen auch vom BGH vertretenen Annahme einer nur modifizierten Form eines einheitlichen Anspruchs auf Werklohn (→ Rdn. 20 f.) könnte das ebenso erstaunliche wie unbefriedigende Ergebnis vermieden werden (vgl. dazu → Rdn. 22 und vertiefend v. Rintelen, Jahrbuch BauR 2001, 25 ff.). Die Praxis übergeht diese merkwürdige BGH-Rechtsprechung gelegentlich und hält Verzugszinsen bis zur Fälligkeit der Schlussrechnung für gerechtfertigt (OLG München, Urt. 20.7.2010 – 13 U 4489/08; anders aber OLG Stuttgart, Urt. v. 12.02.2019 – 10 U 152/18).

Zu beachten bleibt, dass nach der Rechtsprechung des Bundesgerichtshofs der Verzug mit der **114** Abschlagszahlung nicht rückwirkend entfällt, sondern ex nunc endet; die bereits bis zum Eintritt der Durchsetzungssperre begründeten Verzugsfolgen bleiben bestehen. Der Unternehmer kann also auch nach Erteilung der Schlussrechnung weiter bereits aufgelaufene Verzugszinsen geltend machen (OLG Stuttgart, Urt. v. 12.2.2019 – 10 U 152/18). Er kann auch weiterhin einen über die Verzugszinsen hinausgehenden Schaden geltend machen, der dadurch entstanden ist, dass er zur Überbrückung des Verzugszeitraums Kredite aufnehmen musste. Auch kann er denjenigen Schaden geltend machen, der dadurch entstanden ist, dass er mögliche Investitionen oder Geldanlagen nicht vornehmen konnte.

VIII. Prozessuales

1. Klagbarkeit von Abschlagsforderungen

Die Abschlagsforderung kann (selbstverständlich) selbständig eingeklagt werden (BGH, Urt. **115** v. 5.11.1998 – VII ZR 191/97). Hiervon wird allerdings nicht zu häufig Gebrauch gemacht. Bis die Klage entscheidungsreif ist, ist entweder die Schlussrechnung gelegt oder von einer Partei das Vertragsverhältnis gekündigt worden. Schon die Schlussrechnungsreife führt dazu, dass der Abschlagszahlungsanspruch nicht länger durchsetzbar ist. Eine noch nicht entschiedene Klage müsste abgewiesen werden. Nach Ansicht des OLG Stuttgart handelt es sich bei der fehlenden Schlussrechnungsreife um ein negatives Tatbestandmerkmal der Abschlagsforderung, die vom Unternehmer bei sekundärer Darlegungslast des Bestellers – ggf. zu beweisen ist (OLG Stuttgart, Urt. v. 12.02.2019 – 10 U 152/18 mit zust. Anm. Voellmecke, jurisPR-PrivBauR 7/2019 Anm. 2).

Früher wurde demgegenüber angenommen, dass Abschlagsforderungen dann weiter pro- **116** zessual geltend gemacht werden können, wenn die Voraussetzungen der Schlusszahlung erst während eines bereits anhängigen Prozesses über die Abschlagsforderungen eintritt (so z. B. OLG Köln, Urt. v. 18.8.2005 – 7 U 129/04; OLG Hamm, Urt. v. 29.05.1996 – 25 U 154/95; Kues/May, BauR 2007, 1137, 1142; Schreiber/Neudel, BauR 2002, 1007 ff.). Nach dieser Auffassung sei nicht verständlich, wenn der Unternehmer durch die Schlussrechnung die Klage auf Abschlagszahlung hinfällig machen würde; das würde ihn dazu zwingen, die Schlussrechnung hinauszuschieben. Dieser Auffassung ist durch die neuere BGH-Rechtsprechung der Boden entzogen worden. Denn danach kommt es nicht auf die tatsächliche Vorlage der Schlussrechnung an, sondern auf den Eintritt der Schlussrechnungsreife. Nach Fertigstellung und

§ 632a

Abnahme des Bauwerks ist der Unternehmer verpflichtet, den endgültigen Werklohnanspruch zu ermitteln. Ergibt die Schlussabrechnung einen offenen Betrag, kann und muss er die Klage auf seine Schlusszahlungsforderung stützen, ohne dass eine Klageänderung vorläge. Ergibt die Schlussabrechnung eine geringere Forderung als die ursprüngliche Abschlagsforderung, so bedeutet das, dass er teilweise überzahlt war. Die Berechtigung zur vorläufigen Abrechnung besteht nicht mehr; sie nimmt dem Abschlagszahlungsanspruch die Durchsetzbarkeit. Nachdem der BGH seine Rechtsprechung zur Zulässigkeit der Klageänderung korrigiert hat (Rdn. → 90), besteht auch prozessual keine Notwendigkeit, die Abschlagsforderung als noch durchsetzbar anzuerkennen (BGH, Urt. v. 20.8.2009 – VII ZR 205/07).

2. Klageumstellung aus Schlussrechnungsforderung

117 Damit stellt sich die Frage der Umstellung der Klage auf Abschlagszahlung auf den (endgültigen) Werklohnanspruch aus der Schlussrechnung. Das ist – auch noch in der Berufungsinstanz – zulässig. Diese Aussage war aber nicht immer so klar möglich. Zunächst hatte der Bundesgerichtshof entschieden, der Übergang von der Abschlagszahlungsklage auf die Schlusszahlungsklage sei keine Klageänderung (BGH, Urt. v. 21.2.1985 – VII ZR 160/83; Urt. v. 26.2.1987 – VII ZR 217/85). Allerdings hatte er diese Auffassung auf Basis der Zwei-Forderungen-Theorie zwischenzeitlich aufgegeben (BGH, Urt. v. 5.11.1998 – VII ZR 191/97). Auch auf Basis dieser Theorie war die Annahme eines Streitgegenstandswechsels allerdings verfehlt, da es hierfür nicht auf den materiellen Anspruch, sondern auf den prozessualen Anspruch ankommt (näher v. Rintelen, Jahrbuch BauR 2001, 25, 39f.). Diese Auffassung hat der BGH aber wieder korrigiert. Danach besteht schon materiell-rechtlich hinreichende Anspruchsidentität, da die Abschlagszahlungsforderung nur eine modifizierte Form des einheitlichen Anspruchs auf Werklohn ist (BGH, Urt. v. 11.11.2004 – VII ZR 128/03; BGH, Urt. v. 8.12.2005 – VII ZR 191/04; OLG Frankfurt, Urt. v. 17.9.2013 – 14 U 129/12; OLG Dresden, Urt. v. 25.7.2008 – 12 U 137/08; ebenso BGH, Urt. v. 20.8.2009 – VII ZR 205/07 bei Betonung der Selbstständigkeit).

118 Es liegt immer ein Fall des § 264 ZPO vor und zwar selbst dann, wenn der Werklohnanspruch aus der Schlussrechnung wegen Schlussrechnungsreife bereits bei Klageerhebung hätte geltend gemacht werden können (BGH, Urt. v. 8.12.2005 – VII ZR 191/04; Urt. v. 7.5.2015 – VII ZR 145/12). Das gilt auch umgekehrt, wenn der Unternehmer zunächst die Schlussrechnungsforderung einklagt, dann aber mangels zu beweisender Abnahmereife auf die Abschlagsforderung zurückgreifen will. Der Übergang auf die Schlussrechnung kann auch erst in der Berufungsinstanz erfolgen. § 531 ZPO steht dem nicht entgegen, da es in diesem Fall nicht um neue Angriffs- und Verteidigungsmittel geht, sondern um die Schaffung neuer materiell-rechtlicher Anspruchsvoraussetzungen (BGH, Urt. v. 9.10.2003 – VII ZR 335/02; Urt. v. 6.10.2005 – VII ZR 229/03; Urt. v. 21.12.2006 – III ZR 117/06; BGH, Urt. v. 20.8.2009 – VII ZR 205/07). Erfolgt die Umstellung durch den Berufungsbeklagten und wird hierdurch die Klage auf eine höhere Schlussrechnungsforderung erweitert, so ist dies, wenn bereits erstinstanzlich Schlussrechnungsreife eingetreten war, nur innerhalb der Anschlussberufungsfrist möglich (BGH, Urt. v. 7.5.2015 – VII ZR 145/12).

119 Stellt der Unternehmer trotz Schlussrechnungsreife nicht um, muss die Klage abgewiesen werden. Für den Umstand, dass Schlussrechnungsreife bereits eingetreten ist, ist allerdings der Besteller beweisbelastet (OLG Koblenz, Beschl. v. 17.12.2012 – 2 U 1320/11). Stellt der Unternehmer erst sehr spät im Prozess auf eine neu erstellte Schlussrechnung um, besteht beim VOB-Vertrag die Gefahr der fehlenden Fälligkeit innerhalb der Prüffrist. Das ist über eine faire Verfahrensgestaltung zu lösen (BGH, Urt. v. 20.8.2009 – VII ZR 205/07; im Ergebnis abweichend OLG Frankfurt, Beschluss v. 12.12.2012 – 9 U 141/11).

120 Abgewiesen werden muss die Klage auch, wenn die Abschlagsforderung wegen erheblicher Mängel gar nicht entstanden ist. Bestehen demgegenüber nicht erhebliche Mängel, erfolgt grundsätzlich eine Zug-um-Zug-Verurteilung (BGH, Urt. v. 21.12.1978 – VII ZR 269/77; OLG Brandenburg, Urt. v. 27.04.2005 – 4 U 64/02). Es stellt sich die Frage, wie in den ersten beiden Fällen der Klageabweisung zu tenorieren ist. Wegen der Identität von Abschlagsforderungen mit dem grundsätzlich bestehenden Werklohnanspruch, der im ersten Fall auch ohne Schlussrechnung beim BGB-Werkvertrag fällig wird, sollte eine Klageabweisung als derzeit unbegründet erfolgen. Das gilt auch für den Fall wesentlicher Mängel. Eine Zug-um-Zug-Verurteilung ist anders als beim VOB-Vertrag nicht möglich, da die eingeklagte Abschlagsforderung nicht entstanden ist (Schmidt, Abschlagszahlungen nach gesetzlichem Werkvertragsrecht, S. 104f.).

Abschlagszahlungen §632a

3. Rechtskraft

121 Wegen des vorläufigen Charakters von Abschlagsforderungen als vorläufige Forderungen aufgrund vorläufiger Berechnung stellt sich die Frage, welche Rechtskraft ein Urteil hat, dass entweder einem Abschlagszahlungsanspruch stattgibt oder ihn abweist. Denn mit der Schlussrechnung verliert die Abschlagsforderung ihre rechtliche Selbstständigkeit und wird nur noch unselbstständiger Rechnungsposten der Schlussrechnung (BGH, Urt. v. 20.8.2009 – VII ZR 205/07). Würde sich die Rechtskraft auf die Feststellung des Bestehens oder Nichtbestehens von Passivrechnungsposten beschränken, könnten abgewiesene Abschlagsforderungen erneut geltend gemacht werden bzw. zugesprochene Abschlagsrechnungen vom Besteller erneut bestritten werden (vgl. näher Brunstamp, Der Abschlagszahlungsanspruch des Bauunternehmers, S. 238 ff.).

122 Wird nach sachlicher Prüfung eine Abschlagsforderung ausgeurteilt, sprechen die besseren Gründe dafür, Rechtskraft hinsichtlich der sachlichen Entscheidung über den entsprechenden Teil des Werklohns anzunehmen, da es sich hierbei nur um eine modifizierte Form des einheitlichen Anspruchs auf Werklohn handelt (OLG München, Urt. v. 27.2.2007 – 9 U 3566/06) Andere betonen den Charakter von Rechnungsposten als bloße Vorfrage und Verneinen eine Rechtskraftfähigkeit (OLG Jena, Urt. v. 14.8.1996 – 7 U 1253/95; Rodemann, FS Lauer 2021, 387, 391). Insbesondere bei einer Klageabweisung kann der Umfang der Rechtskraft nur anhand der Entscheidungsgründe ermittelt werden. Die Abweisung einer Abschlagsforderung besagt noch nicht, dass auch später kein entsprechender anteiliger Werklohnanspruch besteht (OLG Jena, Urt. v. 14.8.1996 – 7 U 1253/95). Wird demgegenüber die Vergütungspflicht für einen Nachtrag generell verneint, sollte die Forderung auch nicht mehr in die Schlussrechnung eingestellt werden können. Wegen der unklaren Rechtslage empfiehlt es sich, eine (negative) Zwischenfeststellungsklage zu erheben (Brunstamp, Der Abschlagszahlungsanspruch des Bauunternehmers, S. 242 ff.).

4. Beweislast

123 Der Unternehmer ist für die Höhe seines Abschlagszahlungsanspruchs genauso darlegungs- und beweisbelastet wie für den Werklohnanspruch. Hieran ändert auch der Ausgleich eine Abschlagsforderung durch den Besteller nichts, da es sich nur um vorläufige Zahlungen aufgrund vorläufiger Berechnung handelt (→ Rdn. 12). Der Besteller kann grundsätzlich mit der Schlussrechnung die mit Abschlagsrechnungen bereits bezahlten Positionen wieder bestreiten. Auf die Parteirolle kommt es nicht an. Geht der Besteller von einer Überzahlung aus, kann er nach Schlussrechnungsreife schon aufgrund einer nachvollziehbaren Berechnung einen so ermittelten Überschuss zu seinen Gunsten geltend machen; auch im Rückforderungsprozess des Bestellers trägt der Unternehmer wegen der Abschlagszahlungsabrede die volle Beweislast für seinen Vergütungsanspruch als Rechtsgrund zum Behalten der Abschlagszahlungen (BGH, Urt. v. 11.2.1999 – VII ZR 399/97). Das gilt sogar dann, wenn der Rückforderungsanspruch auf Bereicherung gestützt wird (BGH, Urt. V. 5.7.2005 – X ZR 60/04). Der Unternehmer muss ggf. auch den Einwand der Schlussrechnungsreife widerlegen (→ Rdn. 115).

124 Der fehlende Anerkenntnischarakter der Abschlagszahlungen führt andererseits aber auch dazu, dass der Unternehmer die mit der Abschlagsrechnung geltend gemachten Positionen in der Schlussrechnung noch ändern kann (OLG Celle, Urt. v. 10.3.2010 – 14 U 128/09).

C. Weitere gesetzliche Regelungen zu Abschlagszahlungen

125 Für spezielle Arten von Werkverträgen finden sich sowohl im BGB wie auch in Verordnungen zusätzliche Vorschriften, die einerseits zu Abschlagszahlungen berechtigen, andererseits die Befugnis zu Abschlagszahlungen zum Schutz des Bestellers in der Regel zwingend einschränken.

I. Abschlagszahlungen im Verbraucherbauvertrag

126 §650m BGB enthält zwei Sonderregungen zu Abschlagszahlungen für Verbraucherbauverträge zum Schutz von Verbrauchern Schutz vor Überzahlungen. Zum einem darf der Gesamtbetrag der Abschlagszahlungen 90% der Vergütung nicht übersteigen. Zum anderen darf der Unternehmer Abschlagszahlungen erst fordern, nachdem er seinerseits eine Vertrags-

erfüllungssicherheit i. H. v. 5% des Vertragspreises geleistet hat. Der Anspruch auf Stellung einer Sicherheit entsteht automatisch kraft Gesetzes, sobald der Unternehmer Abschlagszahlungen fordert, (BGH, Urt. v. 8.11.2012 – VII ZR 191/12; LG Wiesbaden, Urt. v. 7.2.2014 – 1 O 139/13). Das entspricht dem bisherigen § 632a Abs. 3 BGB (→ § 650m Rdn. 1 ff.).

II. Abschlagszahlungen im Bauträgervertrag

127 Eingeschränkt ist der Abschlagszahlungsanspruch auch für Bauträgerverträge zum Schutze der Besteller. Nach § 650v BGB darf ein Bauträger Abschlagszahlungen nur entsprechend der in der MaBV enumerativ zugelassenen Raten fordern (→ § 650v Rdn. 1).

III. Abschlagszahlungen im Architekten- und Ingenieurvertrag

128 Für den Architekten- und Ingenieurvertrag enthielt die HOAI a. F. eine Sonderregelung (§ 15 Abs. 2 HOAI 2013) zu Abschlagszahlungen, wonach diese „zu den schriftlich vereinbarten Zeitpunkten oder in angemessenen zeitlichen Abständen für nachgewiesene Grundleistungen gefordert werden" können. Der Architekt brauchte auf den engeren § 632a BGB nur zurückgreifen, wenn die Vertragsleistungen in der HOAI nicht geregelt waren. Nun verweist § 15 Abs. 2 HOAI 2021 schlicht auf § 632a BGB. Die Frage der Abschlagforderungen bei Architektenverträgen wird bei → § 650p BGB Rdn. 16 ff. zusammenfassend erörtert.

D. Abschlagszahlungen im VOB-Vertrag

I. Gleiche Abschlagszahlungshöhe

129 Mit dem neuen Bauvertragsrecht entsprechen sich die Regelungen von § 16 Abs. 1 VOB/B und §.632a BGB weitgehend. Nach § 16 Abs. 1 VOB/B sind Abschlagszahlungen „auf Antrag in möglichst kurzen Zeitabständen oder zu den vereinbarten Zeitpunkten zu gewähren, und zwar in Höhe des Wertes der jeweils nachgewiesenen vertragsgemäßen Leistungen einschließlich des ausgewiesenen, darauf entfallenden Umsatzsteuerbetrages." Die Höhe des Abschlagszahlungsanspruchs ist damit gleich; das gilt auch in Bezug auf angelieferte oder bereitgestellte Stoffe bzw. Bauteile. Die Hervorhebung, dass Abschlagszahlungen „in möglichst kurzen Zeitabständen" zu gewähren sind, ist eher deklaratorischer Natur. Sie bringt zum Ausdruck, dass der Auftraggeber Abschlagszahlungen nicht wegen der Kürze des Abrechnungsintervalls ablehnen darf (Hereth/Ludwig/Naschold, VOB, Ez 16.16). Da beim BGB-Vertrag keine Einschränkungen in Bezug auf die Geltendmachung von Abschlagsforderungen bestehen, können Sie auch dort in kurzen Zeitabständen geltend gemacht werden (→ Rdn. 86). Die entbehrliche Betonung, dass die Abschlagszahlung auch die Umsatzsteuer einschließt, ist ein Relikt der mehrfachen Anpassung der VOB/B an die Änderung der Umsatzsteuerbarkeit von Abschlagszahlungen.

II. Abweichende Fälligkeitsregelung

130 § 16 Abs. 1 VOB/B erhält aber zwei Ergänzungen zur Fälligkeit. Zum einen wird die Abschlagsforderung erst 21 Tagen nach Zugang fällig, § 16 Abs. 1 Nr. 3 VOB/B. Allerdings kommt der Auftraggeber nach § 16 Abs. 5 Nr. 3 auch ohne Nachfristsetzung spätestens 30 Tage nach Zugang der Rechnung in Verzug. Diese ungewöhnliche Regelungstechnik erklärt sich ausschließlich historisch. Zunächst wollten die Auftraggeber sich durch die Prüffrist als Fälligkeitsfrist, die zunächst nur 6 Werktage betrug (VOB 1952) und sukzessive auf 18 Werktage (VOB 1990) erhöht wurde, einen Zahlungsaufschub sichern. Mit der VOB 2012 wurden dann die Verzugseintrittsvoraussetzungen an die Zahlungsverzugsrichtlinie und § 286 Abs. 3 BGB angepasst. Der verbleibende Unterschied ist, dass ein Verzug mit einer Abschlagszahlung erst nach 21 Tagen plus Nachfrist möglich ist.

131 Für VOB-Verträge vor 2012 gilt, dass dort Verzug nur gemäß (der nun ersten Alternative des) § 16 Nr. 5 VOB/B durch eine Nachfristsetzung und deren Ablauf begründet werden konnte. Diese Verzugserschwerung läuft jedoch vielfach leer. Werden Abschlagsforderungen aus bestimmten, fortwirkenden Gründen nicht bezahlt, ist grundsätzlich die Annahme gerechtfertigt, dass eine Nachfrist gemäß § 268 Abs. 2 BGB entbehrlich ist. In diesem Fall beginnt der Verzug

Abschlagszahlungen §632a

spätestens mit Ablauf der Prüffrist. Hinzu kommt, dass §16 Abs. 5 VOB/B in dieser Fassung einer isolierten Klauselkontrolle nicht standhält (BGH, Urt. v. 20.8.2009 – VII ZR 212/07) und der Besteller überwiegend Verwender ist. Es bleibt dann beim Verzugseintritt gemäß der Regelung des §286 Abs. 3 BGB.

III. Prüfbarkeit als Fälligkeitsvoraussetzung

Außerdem ist im VOB-Vertrag die Prüfbarkeit ausdrücklich Fälligkeitsvoraussetzung. Die Anforderungen an die Prüfbarkeit einer Abschlagsrechnung sind beim VOB-Vertrag keine grundsätzlich anderen als an die Prüfbarkeit einer Schlussrechnung. Die Abschlagsrechnung muss die Anforderungen des §14 VOB/B erfüllen. Soweit der Bundesgerichtshof in einem obiter dictum gemeint hat, die Anforderungen an die Prüfbarkeit von Abschlagsrechnungen seien erheblich geringer als die an die Prüfbarkeit einer Schlussrechnung (BGH, Urt. v. 9.1.1997 – VII ZR 69/96), ist das zwischenzeitlich überholt (→ Rdn. 82). Aus §16 Abs. 1 VOB/B ergibt sich, dass die Abschlagsrechnung eine sichere Beurteilung der Leistung ermöglichen soll. Das ist in der Regel nur möglich, wenn nach Maßgabe des §14 VOB/B abgerechnet wird. 132

Für die Prüfbarkeit gilt ein objektiver Maßstab der Prüfbarkeit. Der Auftraggeber kann sich jedoch nach Treu und Glauben nicht auf die fehlende Prüfbarkeit berufen, wenn die Rechnung seinen Kontroll- und Informationsinteressen genügt. Darüber hinaus ist er mit dem Einwand der fehlenden Prüfbarkeit nach Treu und Glauben ausgeschlossen, wenn er den Einwand nicht innerhalb angemessener Zeit und substantiiert vorgebracht hat. Grundsätzlich müsste dieser Zeitraum von Umfang und Schwierigkeit von der Abrechnung im Einzelfall abhängen. Aus Gründen der Rechtssicherheit hat der Bundesgerichtshof für die Schlussrechnung einen Zwei-Monatszeitraum in Anlehnung an die damals geltende Prüffrist des §16 Abs. 3 Nr. 1 VOB/B (ab VOB/B 2012 i. d. R. 30 Tage) festgelegt (BGH, Urt. v. 27.11.2003 – VII ZR 288/02; Urt. v. 22.4.2010 – VII ZR 48/07). Der angemessene Zeitraum für die Prüfung einer Abschlagsrechnung im VOB-Vertrag dürfte sich konsequenterweise an der Regelung des §16 Abs. 1 Nr. 3 VOB/B orientieren. Innerhalb der dreiwöchigen Prüfungsfrist muss der Einwand fehlender Prüfbarkeit vorgebracht werden, danach ist der Auftraggeber damit ausgeschlossen. Das hindert aber nicht, die sachlichen Rügen gegen die Richtigkeit der Abschlagsrechnung vorzubringen, auch soweit sie die fehlende Prüfbarkeit begründen würden. 133

IV. Auswirkungen von Mängeln

Die VOB 1926 und 1952 gewährten Abschlagszahlungen bereits für „vertragsmäßige" Leistungen. Seit der VOB 1973 werden ausdrücklich „vertragsgemäße" Leistungen gefordert, um deutlich zu machen, dass der Auftraggeber schon gegenüber Abschlagsrechnungen Mängel des Werkes geltend machen kann (vgl. Daub/Piel/Soergel/Steffani, VOB Teil B, ErlZ 16.9). Das könnte man entsprechend des Wortlauts dahingehend verstehen, dass für die betreffenden mangelbehafteten Leistungen gar keine Abschlagsforderung geltend gemacht werden darf, alle übrigen Leistungen aber komplett abgerechnet werden können. 134

Tatsächlich legt die ganz herrschende Meinung die Regelung aber seit jeher genau wie den heutigen §632a Abs. 1 S. 2 – 4 BGB aus. Der Auftraggeber kann die Mängelbeseitigungskosten einschließlich eines Druckzuschlags in Abzug bringen (BGH, Urt. v. 21.12.1978 – VII ZR 269/77; Kapellmann/Messerschmidt/Messerschmidt, §16 VOB/B Rdn. 108 m. w. N.). Ein Unterschied besteht nicht. 135

E. Von §632a Abs. 1 BGB abweichende Vereinbarungen

§632a Abs. 1 BGB ist anders als die Regelungen zum Bauträgervertrag und zum Verbraucherbauvertrag dispositiv. Abweichende Regelungen können durch Individualvereinbarungen grundsätzlich getroffen werden (vgl. Karczewski/Vogel, BauR 2001, 859, 866). Gerade Zahlungspläne werden häufig individuell ausgehandelt, sodass dann eine Inhaltskontrolle ausscheidet. 136

Abweichende Vereinbarungen in Allgemeinen Geschäftsbedingungen unterliegen auch der inhaltlichen AGB-Kontrolle, weil die Regelungen zu Abschlagszahlungen als kontrollfähige Preisnebenbestimmungen gelten, wie sich nun auch aus §309 Nr. 15 BGB ergibt (BGH, Urt. v. 9.7.1981 – VII ZR 139/80). 137

I. Auslegung und Anpassung von Zahlungsplänen

138 In Zahlungsplänen wird die Berechtigung zu Abschlagszahlungen regelmäßig durch das Erreichen eines bestimmten Leistungsstandes ausgelöst. Entsprechendes sieht z. B. die MaBV für Bauträgerverträge vor. Der dort beschriebene Leistungsstand hat dann Bedingungscharakter. **Wird der Leistungsstand nicht vollständig erreicht, besteht insoweit kein Anspruch** auf Abschlagszahlung, auch nicht anteilig. Weisen Zahlungspläne sowohl Termine wie zu erreichende Leistungsstände (Meilensteine) auf, gehen im Zweifel letztere vor. Die Termine gebe nur an, für wann der entsprechende Leistungsstand geplant ist; wird der Leistungsstand an dem Termin noch nicht erreicht, kann allein das Verstreichen des Termins eine Abschlagszahlung nicht auslösen. Weisen Zahlungspläne nur Termine aus, ist das Erreichen des Termins Voraussetzung für die entsprechende Abschlagszahlung. Solche Vereinbarungen, wonach Abschlagszahlungen ohne weitere Nachweise zum Leistungsstand zu festgelegten Zeitpunkten in bestimmter Höhe zu leisten sind, sind wegen der für den Besteller verbundenen Risiken aber nur bei klarer Absprache anzunehmen (OLG Hamm, Urt. v. 25.6.2019 – I-21 U 21/17). Im Übrigen dürfte in der Regel die zugrunde liegende Bauablaufplanung Geschäftsgrundlage des Zahlungsplans sein. Bei erheblichen Abweichungen von Plan und Ist kann deshalb ein Anpassungsanspruch gemäß § 313 BGB bestehen.

139 Verändern sich die vereinbarten Grundlagen von Zahlungsplänen, z. B. durch den nachträglichen Entfall von zahlungsauslösenden Leistungen, besteht unmittelbar ein Anpassungsanspruch für beide Parteien. Kommen durch Nachträge zusätzliche Leistungen hinzu, ist der Zahlungsplan ebenfalls anzupassen. Ansonsten bestünde hinsichtlich dieser vom Zahlungsplan nicht erfassten Zusatzleistungen ein separater Anspruch auf Abschlagszahlungen, wie nun auch in § 650c Abs. 3 BGB geregelt (unrichtig OLG Bamberg, Urt. v. 8.7.2015 – 3 U 189/14).

II. Abschlagszahlungen in AGB

140 Allgemeine Geschäftsbedingungen des Unternehmers, die zu seinen Gunsten von dem gesetzlichen Leitbild des § 632a BGB abweichen, sind regelmäßig unwirksam, soweit sie dem Besteller Abschlagszahlungen auferlegen, die wesentlich höher sind als die nach § 632a Abs. 1 BGB zu leistenden. Es war schon bisher herrschende Meinung, dass Abschlagszahlungsverpflichtungen, die sich nicht am Wert der erbrachten Leistung orientieren, sodass die Gefahr von (ungesicherten) Vorauszahlungen besteht, unangemessen sind (OLG Karlsruhe, Urt. v. 22.3.2016 – 8 U 138/14; Karczewski/Vogel, BauR 2001, 859, 864). Das ist nun in § 309 Nr. 15 BGB ausdrücklich kodifiziert. Ist der Besteller Unternehmer gemäß § 14 BGB, ist eine begrenzte Vorleistungspflicht über den Baufortschritt hinaus bei sachlichen Gründen zulässig (Christiansen, ZfBR 2004, 736 742; Weber, AnwZert BauR 13/2018 Anm. 1; so auch vgl. OLG Hamm, Urt. v. 8.11.1988 – 26 U 113/88, mit zu strengen „sehr enge Grenzen" i. S. v. 5% der Auftragssumme). Sie dürfen nicht zu einer unzulässigen Beschränkung des Leistungsverweigerungsrechts des Bestellers führen (vgl. z. B. KG Berlin, Urt. v. 20.08.2019 – 21 W 17/19). Gegenüber unternehmerischen Bestellern können von § 632a BGB abweichende Zahlungsvereinbarungen in Allgemeinen Geschäftsbedingungen zulässig sein, wenn sie anstelle des vertraglichen Wertes auch auf den erbrachten Aufwand des Unternehmers abstellen und die Druckmittel des Bestellers auf vertragsgerechte Erfüllung nicht unangemessen beeinträchtigen (BGH, Urt. v. 4.3.2010 – III ZR 79/09). Selbst eine Vorleistungspflicht des Bestellers kann in Allgemeinen Geschäftsbedingungen zulässig sein, wenn ein sachlich rechtfertigender Grund gegeben ist und den berechtigten Interessen des Bestellers Rechnung getragen wird (BGH, Urt. v. 25.07.2017 – X ZR 71/16 zum Reisevertrag; Urt. v. 16.2.2016 – X ZR 98/14 zum Personenbeförderungsvertrag; BGH, Urt. v. 4.3.2010 – III ZR 79/09).

141 Allgemeine Geschäftsbedingungen des Bestellers, die den Unternehmer in seinem Recht, Abschlagszahlungen zu fordern, unangemessen beschränken, sind gemäß § 307 Abs. 1 BGB als Abweichungen vom gesetzlichen Leitbild des § 632a Abs. 1 BGB unwirksam. Deshalb sind Regelungen, wonach der Unternehmer lediglich 90% oder 95% der ihm nach § 632a BGB zustehenden Vergütung verlangen kann, grundsätzlich unwirksam, da sie zu einem Liquiditätsentzug beim Unternehmer führen und ihm in Höhe des Einbehalts das Insolvenzrisiko aufbürden (OLG Düsseldorf, Urt. v. 25.11.2014 – 21 U 172/12; Kandel in Beck'scher OK VOB/B § 16 Rdn. 11 a. A. Acker/Moufang, Bauvertrag nach VOB/B und BGB, Rdn. 270; Messerschmidt/Voit/Voit § 16 VOB/B Rdn. 5 hält 5% für wohl zulässig). Die Unwirksamkeit einer Reduktion des Abschlagszahlungsanspruchs auf 95% hat der Bundesgerichtshof für eine

Klausel in einem Architektenvertrag aufgrund des Leitbildcharakters des § 8 Abs. 2 HOAI a. F. entschieden (BGH, Beschl. v. 22.12.2005 – VII ZB 84/05). Für den Bauvertrag und § 632a BGB dürfte nichts anderes gelten (Kniffka/Koeble, Teil 5 Rdn. 278; Kandel in Beck'scher OK VOB/B § 16 Rdn. 11; offengelassen von BGH, Urt. v. 9.12.2010 – VII ZR 7/10).

Bereits zuvor hatte der Bundesgerichtshof eine Klausel in einem Architektenvertrag über alle Leistungsphasen der HOAI für unwirksam erklärt, die Zahlung von 95 % der Vergütung vorsieht; da eine Teilschlusszahlung lediglich nach Genehmigung der bis zur Leistungsphase 4 erbrachten Leistungen vereinbart war und die Schlusszahlung für die Leistungsphasen 5 bis 9 erst fällig wurde, wenn der Architekt sämtliche Leistungen aus dem Vertrag erfüllt hatte, benachteiligte die Kürzung der Abschlagszahlung den Architekten unangemessen. Denn er konnte Schlusszahlung in diesem Fall erst dann verlangen, wenn er neben den Leistungen aus den vorhergehenden Leistungsphasen auch alle Leistungen aus der Leistungsphase 9 erbracht hat (vgl. BGH, Urt. v. 10.2.1994 – VII ZR 20/93). Der Architekt kann dann für einen Zeitraum von typischer Weise fünf oder noch mehr Jahren 5 % der für die Leistungsphasen 5 bis 8 verdienten (vorläufigen) Vergütung nicht beanspruchen. Der damit verbundene Liquiditätsverlust ist angesichts des gesetzlichen Anspruchs auf Abschlagszahlung nicht zu rechtfertigen. Die gesetzlichen Abschlagszahlungsregelungen von § 15 Abs. 2 HOAI a. F. und § 632a BGB haben Leitbildcharakter (vgl. BGH, Beschl. v. 22.12.2005 – VII ZB 84/05 zu § 8 Abs. 2 HOAI a. F.). Etwas Gegenteiliges ergibt sich auch nicht aus § 650m Abs. 1 BGB, wonach bei Bauverträgen mit Verbrauchern die Gesamtsumme der Abschlagszahlungen 90 % der Vergütung nicht übersteigen darf. Hintergrund der Regelung ist, dass gerade bei Verbrauchern aufgrund ihrer fehlenden Fachkunde die Gefahr besteht, dass es durch überhöhte Abschlagsforderungen des Bauunternehmers zu versteckten Vorauszahlungen kommt (BT-Drucks. 18/8486, S. 65). 142

Von bloßen Kürzungen der Abschlagsforderung zu unterscheiden sind aber Einbehalte, die im Rahmen einer angemessenen Sicherungsvereinbarung (→ Rdn. 148 f.) erfolgen. Zwar kann sich der Besteller auch formularmäßig eine Vertragserfüllungssicherheit i. H. v. 10 % der des Vertragspreises ausbedingen, allerdings nicht mandatorisch als Bareinbehalt. Insoweit kann auf die parallelen Ausführungen zu Einbehalten als Mängelsicherheit verwiesen werden (→ § 641 BGB Rdn. 101 ff.). 143

Beim Architektenvertrag ist allerdings die Besonderheit zu beachten, dass die Abrechnung von Abschlagszahlungen nach früheren Kostenermittlungen erfolgen kann, sodass die anrechenbaren Kosten sich noch verändern können, und zwar auch zu Lasten des Architekten. So werden einer Abschlagszahlung für die Entwurfsplanung die anrechenbaren Kosten der Kostenschätzung zugrunde gelegt, während das dem Architekten letztlich zustehende Honorar sich nach den anrechenbaren Kosten der Kostenberechnung errechnet. Liegen die anrechenbaren Kosten der Kostenberechnung unter den anrechenbaren Kosten der Kostenschätzung, hat der Architekt für die mit den früheren Abschlagszahlungen abgerechneten Leistungen eine zu hohe Vergütung erhalten. Das kann im Rahmen von Sicherungsvereinbarungen berücksichtigt werden. 144

Andere Erschwernisse für die Durchsetzung des Anspruchs auf Abschlagszahlungen sind ebenfalls rechtlich bedenklich. Man wird Abschlagszahlungen nicht grundsätzlich von einer schriftlichen Bestätigung des Leistungsstandes durch den Bauleiter abhängig machen können (so aber OLG Frankfurt v. 5.11.2012 – 9 U 141/11). Eine einvernehmliche Feststellung des Leistungsstandes ist zwar grundsätzlich streitvermeidend. Allerdings führt das Erfordernis im Ergebnis dazu, dass der Unternehmer Abschlagszahlungen nur im Einvernehmen mit seinem Schuldner, dem Besteller oder seinen Beauftragten stellen kann. Das widerspricht dem Sinn und Zweck des §§ 632a BGB. Es kann dem Unternehmer auch nicht zugemutet werden, gegebenenfalls die erforderliche Bestätigung des Bauleiters einzuklagen. 145

Auch sind Regelungen unwirksam, die eine unangemessen lange Zahlungsfrist vorsehen (vgl. Markus/Kaiser/Kapellmann, AGB-Handbuch Bauvertragsklauseln, Rdn. 813). Nach der gesetzlichen Regelung ist der Anspruch auf Abschlagszahlung sofort fällig. 146

III. Unangemessene Sicherungsvereinbarungen

Von einer Klausel, wonach Abschlagszahlungen lediglich i. H. v. 95 % zu zahlen sind, ist eine Klausel zu unterscheiden, die dem berechtigten Sicherungsinteresse des Bestellers, das durch den Einbehalt befriedigt werden soll, ausgewogen Rechnung trägt. Da aber sowohl Abzugsregelungen zu Abschlagszahlungen wie auch Sicherungsvereinbarungen zu einem Liquidi- 147 tätsentzug für den Unternehmer führen, ist eine Gesamtschau dieser Belastungen erforderlich (BGH, Urt. v. 16.6.2016 – VII ZR 29/13; Urt. v. 9.12.2010 – VII ZR 7/10; Holatka, NZBau 2016, 737). Sicherungsvereinbarungen und Abschlagszahlungen, die jeweils für sich noch angemessen sind, können durch ihre Gesamtwirkung schnell unangemessen sein.

148 Das Interesse des Bestellers an einer Sicherheit für die ihm infolge pflichtwidriger Vertragserfüllung entstehenden Ansprüche gegen den Unternehmer ist – wie §650m Abs. 2 BGB für Bauerrichtungsverträge von Verbrauchern bestätigt – grundsätzlich anzuerkennen. In Allgemeinen Geschäftsbedingungen können Regelungen getroffen werden, die einerseits diesem Sicherungsbedürfnis angemessen Rechnung tragen, andererseits aber auch dem Interesse des Unternehmers an Liquidität und Minderung seines Vorleistungsrisikos. Das gilt grundsätzlich auch für Architektenverträge, wenn auch bei der Gesamtbewertung der Klauseln zu berücksichtigen sein wird, dass ein Architekt eine Sicherheit für Mängelansprüche durch den Nachweis einer Berufshaftpflichtversicherung bietet, weil der Deckungsanspruch gemäß §108 VVG in der Insolvenz ausgesondert werden kann bzw. bei einer Pflichtversicherung sogar ein Direktanspruch gemäß §115 VVG besteht. Ein Einbehalt ist aber auch in diesen Fällen nicht grundsätzlich ausgeschlossen, da die Versicherung gar nicht sämtliche Risiken abdeckt (vgl. Weise, NJW-Spezial 2006, 117f.; a.A. Locher/Koeble/Frik, HOAI, §15 Rdn. 115). So ist das Risiko einer Überzahlung wegen veränderter anrechenbarer Kosten von vornherein nicht versichert. Bedeutender ist allerdings der fehlende Versicherungsanspruch für Verzugsansprüche und sonstige Erfüllungsansprüche; auch im Übrigen enthalten die Haftpflichtversicherungsbedingungen praktisch relevante Ausschlüsse (Kostenüberschreitung, bewusste Pflichtwidrigkeit, vgl. Versicherungsrechts-Handbuch/v. Rintelen, §26 Rdn. 232ff.).

149 Die in AGB zulässige Höhe einer Vertragserfüllungssicherheit darf 10% betragen. Sicherheiten von 20% oder mehr sind jedenfalls unangemessen (Schulze-Hagen, BauR 2007, 170ff.). Eine Vertragserfüllungsbürgschaft von 10% hat der Bundesgerichtshof in nunmehr ständiger Rechtsprechung gebilligt, soweit sie die bis zur Abnahme entstandenen Ansprüche sichert (BGH, Urt. v. 7.4.2016 – VII ZR 56/15; Urt. v. 20.3.2014 – VII ZR 248/13; Urt. v. 5.5.2011 – VII ZR 179/10; vgl. auch OLG Koblenz, Urt. v. 20.7.2016 – 5 U 363/16). Die gesetzliche Höhe der Vertragserfüllungsbürgschaft in Verbraucherverträgen von 5% gemäß §650m Abs. 2 BGB bedeutet keine (abweichende) Obergrenze der zulässigen Sicherheitsleistung, sondern regelt nur den erforderlichen Mindestschutz des Verbrauchers (BGH, Urt. v. 7.4.2016 – VII ZR 56/15; OLG München, Urt. v. 22.12.2009 – 9 U 1937/09; a.A. Schmitz, Sicherheiten für die Bauvertragsparteien, ibr-online, Stand: 10. August 2015 Rn. 123/1 ff.). Die Sicherungshöhe von 10% entspricht der bauvertraglichen Praxis und benachteiligt den Auftragnehmer nicht entgegen Treu und Glauben. Das Vertragserfüllungsrisiko verwirklicht sich insbesondere in der Insolvenz des Unternehmers. Der sich in solchen Fällen ergebende finanzielle Mehraufwand wird vielfach 10% der Auftragssumme erreichen oder sogar überschreiten (BGH, Urt. v. 5.5.2011 – VII ZR 179/10).

150 Ob eine Sicherheit durch formularmäßigen Einbehalt auch 10% betragen darf, hat der Bundesgerichtshof offen gelassen (BGH, Urt. 9.12.2010 – VII ZR 7/10). Unwirksam ist jedenfalls eine Kumulation von 10%iger Erfüllungssicherheit durch Bürgschaft und 10%igem Einbehalt (BGH, Urt. v. 5.5.2011 – VII ZR 179/10) oder die Erweiterung einer Vertragserfüllungssicherheit von 10% auch auf die Mängelansprüche (BGH, Urt. v. 20.3.2014 – VII ZR 248/13).

151 Zu einer angemessenen Sicherungsvereinbarung gehört, dass der gesetzliche Anspruch auf Auszahlung der für die erbrachte Leistung geschuldeten Vergütung jedenfalls insolvenzfest abgesichert ist (→ §641 BGB Rdn. 102ff.). Ein Bareinbehalt von 10% der Vergütung wird dem nicht gerecht. Anders ist das, wenn der Einbehalt etwa durch Zahlung auf ein Sperrkonto insolvenzfest abgesichert ist. Wegen des hohen Interesses an Liquidität muss dem Unternehmer die Möglichkeit eingeräumt werden, den Einbehalt durch eine andere Sicherheit, insbesondere durch (selbstschuldnerische) Bürgschaft abzulösen (→ §641 BGB Rdn. 106ff.). Die Möglichkeit einer Ablösung (nur) durch eine Bürgschaft auf erstes Anfordern reicht nicht, weil der Besteller diese Bürgschaft ohne weiteres in Anspruch nehmen und dem Unternehmer damit die Liquidität wieder entziehen kann (→ §641 BGB Rdn. 120ff.).

152 Eine Sicherungsabrede in Allgemeinen Geschäftsbedingungen, wonach der Unternehmer zur Absicherung der Vertragserfüllungsansprüche eine Bürgschaft auf erstes Anfordern zu stellen hat, ist insgesamt unangemessen (BGH, Urt. v. 18.4.2002 – VII ZR 192/01; Urt. v. 5.5.2011 – VII ZR 179/10), sodass der Besteller auch keinen Anspruch auf eine einfache Bürgschaft hat. Das gilt auch für den öffentlichen Besteller (BGH, Urt. v. 25.3.2004 – VII ZR 453/02). Nur für Verträge, die bis zum 31.12.2002 geschlossen wurden, hat der Bundesgerichtshof aus dem Gesichtspunkt des Vertrauensschutzes im Wege ergänzender Vertragsauslegung entschieden, dass die Bürgschaft ohne das Merkmal „auf erstes Anfordern" geschuldet ist, also eine unbefristete, selbstschuldnerische Bürgschaft (BGH, Urt. 9.12.2010 – VII ZR 7/10).

Zu weiteren AGB-Problemen bei Sicherheiten vgl. Nossek NJW 2015, 1985 ff. und Schmitz, Bausicherheiten, Rdn. 74 ff. **153**

F. Sonderprobleme von Abschlagszahlungen

Das nicht immer sauber geklärte Verhältnis von Abschlagszahlung zu Werklohnforderung erlangt Bedeutung auch für auf Abschlagsforderungen bezogene Rechtsgeschäfte wie Sicherheiten – sowohl des Bestellers wie auch des Unternehmers – oder Abtretungen. Die Probleme und die nicht immer in sich konsistenten Lösungen sollen kurz aufgezeigt werden: **154**

I. Sicherheiten des Unternehmers für Vorauszahlungen

Abschlagszahlungen für noch nicht eingebaute Bauteile werden ebenso wie unmittelbare Vorauszahlungen in der Praxis in der Regel durch Bankbürgschaften abgesichert. Werden die vorausbezahlten Leistungen nicht oder nicht vollständig erbracht, stellt sich die Frage, in welchem Umfang der Bürge dann haftet. Denn sowohl sonstige zwischenzeitlich erbrachte Leistungen oder geleistete Abschlagszahlungen können Auswirkungen auf die Bürgenschuld haben. Nach der Dogmatik des VII. Zivilsenates müsste es eigentlich darauf ankommen, ob das Schlussrechnungssaldo einen vertraglichen Anspruch auf Rückzahlung einer Überzahlung ergibt. Nach der Rechtsprechung des früher für das Bürgschaftsrecht zuständigen IX. Zivilsenates des BGH kommt es demgegenüber darauf an, ob und inwieweit das entsprechende Baumaterial eingebaut oder die mit der Vorauszahlung „bezahlte" Teilleistung tatsächlich erbracht worden ist. **155**

Um den Umfang der Haftung des Bürgen zu bestimmen, ermittelt der BGH in einem ersten Schritt den Wert der tatsächlich erbrachten Leistungen, die durch die jeweilige Abschlagsforderung auf Bauteile oder Vorausleistungen abgegolten werden sollten. Der nicht erbrachte Teil der mit der Abschlagszahlung/Vorauszahlung erfassten Leistungen ist grundsätzlich durch die Bürgschaft gedeckt. Allerdings beschränkt sich der Rückzahlungsanspruch des Bestellers auf den bei einer Gesamtabrechnung ergebenden Gesamtsaldo der Überzahlung. Soweit mehrere Vorleistungen i. d. S. überzahlt sind, ihre Summe aber hinter der Gesamtüberzahlung zurückbleibt, ist diese anteilig auf die gesicherten und nicht gesicherten Vorleistungen aufzuteilen (BGH, Urt. v. 23.1.1986 – IX ZR 46/85; Urt. v. 6.5.1999 – IX ZR 430/97). **156**

Beispiel: Der Unternehmer hat für erbrachte Leistungen zwei Abschlagsforderungen über insgesamt EUR 60.000 erhalten sowie für nicht eingebaute Bauteile eine dritte Abschlagszahlung von EUR 40.000 gegen Bürgschaft erhalten und eine weitere – ungesicherte – vierte Abschlagszahlung von EUR 10.000. Die Schlussrechnungssumme nach Kündigung ergibt erbrachte Leistungen von insgesamt EUR 90.000 (bei Gesamtzahlungen von EUR 110.000), wovon EUR 10.000 auf eingebaute Materialien aus der dritten Abschlagsrechnung und rund EUR 25.000 auf Leistungen der vierten Abschlagsrechnung entfallen. Die Haftung des Bürgen beträgt nach dem ersten Rechnungsschritt EUR 30.000. Sie wird begrenzt durch den Gesamtbetrag der Überzahlung auf EUR 20.000. Diese ist auf alle gesicherten und ungesicherten Vorleitungen anteilig aufzuteilen, sodass hier die Haftung des Bürgen EUR 16.000 beträgt. **157**

Es fragt sich, wie dieses sicher angemessene Ergebnis dogmatisch zu begründen ist. Zunächst ging der BGH zur Begründung des ersten Schrittes noch davon aus, dass verbürgte Hauptforderung der Anspruch des Auftraggebers gegen den Auftragnehmer auf Rückgewähr der geleisteten Abschlagszahlung sei; der Einbau der Bauteile führe dazu, dass die „vereinbarte Vergütung dafür endgültig" dem Auftragnehmer zustehe, sodass der Anspruch des Auftraggebers auf „Rückzahlung der Abschlagszahlung" in dieser Höhe ausgeschlossen sei aufzuteilen (BGH, Urt. v. 23.1.1986 – IX ZR 46/85). Tatsächlich besteht eine derartige Hauptforderung allerdings nicht, da die einzelnen Abschlagszahlungen lediglich unselbstständige Rechnungsposten der Schlussrechnung sind, weder also selbstständig noch spiegelbildlich als Rückforderungsanspruch geltend gemacht werden können (BGH, Urt. v. 6.5.1999 – IX ZR 430/97; Urt. v. 4.11.1999 – IX ZR 320/98). **158**

§ 632a

159 Verbürgte Hauptforderung kann deshalb nur der sich aus der Schlussabrechnung ergebende einheitliche Anspruch des Auftraggebers auf Rückzahlung der Überzahlung sein. Dieser beträgt nach dem Beispielsfall EUR 20.000, kann aber die Bürgschaftssumme des Abschlagszahlungsbürgen auch übersteigen. Der Bürge hat sich allerdings nicht für jede Überzahlung verbürgt, sondern nur für die aus der Nicht-Erbringung der mit der gesicherten Abschlags- oder Vorausleistungen ergebende Überzahlung. Eine solche Bürgschaft ist damit eine (verdeckte) Teilbürgschaft, d. h. eine Bürgschaft, die nur einen bestimmten Teilbetrag einer einheitlichen, nicht in selbstständige Einzelforderungen zerlegten Hauptschuld sichert. Das ist grundsätzlich zulässig, sofern der Teilbetrag ausreichend individualisierbar ist. Die üblichen Bürgschaftstexte bezeichnen als gesicherte Hauptforderung den Anspruch auf Rückzahlung der Abschlagszahlung (vgl. v. Rintelen, Jahrbuch Baurecht 2001, 25, 47 f.). Diese unrichtige Bezeichnung ist unschädlich, da es für die Wirksamkeit der Bürgschaft ausreicht, wenn die gesicherte Hauptforderung im Wege der Auslegung bestimmbar ist. Die Abschlagszahlungsbürgschaft ist ein Teilbetrag eines „kausalen" Gesamtabrechnungssaldos. Die Ermittlung des maximalen Haftungsbetrages durch die Zuordnung erbrachter Leistungen zu der gesicherten Abschlags- oder Vorauszahlung stellt eine „rechnerische" „Einzelbetrachtung" dar (BGH, Urt. v. 6.5.1999 – IX ZR 430/97).

160 Diese „kausale" Ermittlung des Saldos zeigt, dass die Abschlagsforderung keine vom Gesamtwerklohnanspruch völlig eigenständige Forderung ist und die Rechnungsposten größere rechtliche Bedeutung haben als der Rechtsprechung des VII. Zivilsenats zu entnehmen ist.

II. Abschlagszahlungen bei Teilabtretung der Werklohnforderung

161 Vergleichbare Probleme treten auf, wenn der Baustofflieferant mit dem Unternehmer einen verlängerten Eigentumsvorbehalt vereinbart hat (vgl. BGH, Urt. v. 11.6.1959 – VII ZR 53/58). Dann erwirbt der Baustofflieferant mit dem Einbau des Baumaterials im Wege der Vorausabtretung in Höhe seiner Kaufpreisforderung Ansprüche gegenüber dem Besteller (vgl. dazu Munz, BauR 2003, 621; Brunstamp, Der Abschlagszahlungsanspruch des Bauunternehmers, S. 175 ff.). Werden nach dem Einbau des Baumaterials die entsprechenden Leistungen mit einer Abschlagsforderung abgerechnet und bezahlt, stellt sich die Frage, welches Sicherungsrecht der Baustofflieferant durch die anteilige Vorausabtretung des Anspruchs (noch) gegen den Besteller hat. Es wird geltend gemacht, dass der verlängerte Eigentumsvorbehalt durch diejenigen Abschlagszahlungen getilgt wird, die den Einbau der gelieferten Baustoffe erfassen (Schmitz, Die Bauinsolvenz, Rdn. 622 m. w. N.).

162 Tatsächlich betrifft die Vorauszession an den Baustofflieferanten, soweit nichts Abweichendes vereinbart wird, nicht die jeweilige Abschlagsforderung, sondern einen der Kaufpreisforderung entsprechenden Anteil am Werklohn (v. Rintelen, Jahrbuch Baurecht 2001, 25, 43; vgl. auch BGH, Urt. v. 22.10.1998 – VII ZR 167/97). Der verlängerte Eigentumsvorbehalt führt also zu einer Aufspaltung der grundsätzlich teilbaren Werklohnforderung. Die beiden – oder ggf. mehreren – Teilforderungen haben untereinander grundsätzlich gleichen Rang (BGH, Urt. v. 7.5.1991 – XII ZR 44/90). Da üblicherweise – schon mangels Kenntnis – keine ausdrückliche Tilgungsbestimmung des zahlenden Bestellers vorliegt (vgl. dazu OLG Naumburg, Urt. v. 2. 6.2010 – 5 U 23/10), werden durch die Abschlagszahlungen die Teilforderungen des Werklohnanspruchs entsprechend § 366 Abs. 2 BGB verhältnismäßig getilgt (BGH, Urt. v. 27.2.1967 – VII ZR 221/64; LG Hamburg, Urt. v. 23.9.1981 – 13 O 261/81; Munz, BauR 2003, 621, 624; v. Rintelen, Jahrbuch Baurecht 2001, 25, 43). Es kommt nicht darauf an, mit welcher Abschlagsrechnung das betreffende Baumaterial mit abgerechnet wurde (anders ggf. bei vorrangiger Abtretung LG Tübingen, Urt. v. 3.12.1990 – 1 S 227/90). Lässt sich demgegenüber der Baustofflieferant einen vorrangigen Forderungsteil abtreten, was im Innenverhältnis durchaus möglich ist, verliert er sein Sicherungsrecht ebenfalls vorrangig mit den Bezahlungen von Abschlagsforderungen nach Einbau des Materials (Brunstamp, Der Abschlagszahlungsanspruch des Bauunternehmers, S. 184).

III. Sicherungshypothek und Abschlagsforderungen

163 Der Bauunternehmer kann seinen Anspruch auf bereits erbrachte, aber noch nicht bezahlte Leistungen durch eine Bauhandwerkerhypothek gemäß § 650e BGB sichern lassen. Erhält der Unternehmer nach Eintragung der Sicherungshypothek noch Zahlungen, stellt sich die Frage, ob und was seine Sicherungshypothek noch sichert. Beantragt der Unternehmer eine Sicherungshypothek für eine bestimmte Abschlagsforderung, die als Forderung grundsätzlich sicherungsfähig ist, kommt es auf deren Fortbestand bzw. Erfüllung an (BGH, Urt. v. 26.2001 – VII ZR 293/90; → § 650e Rdn. 27). Beantragt der Unternehmer für den entsprechenden Teil der Werklohnforderung eine Sicherheit – was möglich ist, da die zu sichernde Forderung nicht fällig sein muss (→ § 650e Rdn. 29), müsste es nach den oben dargelegten Grundsätzen nur zu einer anteiligen Tilgung des gesicherten Teilwerklohnanspruchs kommen.

Ist die gesicherte Forderung wie häufig eine Abschlagszahlungsforderung und zahlt der Besteller diese bis zur Beendigung des Vertrages (z. B. durch Kündigung) nicht, muss der Unternehmer die Schlussrechnung erstellen (→ Rdn. 101). Die Abschlagsforderung verliert ihre Durchsetzbarkeit. Bei der Annahme völlig selbständiger Forderungen könnte sich die streng akzessorische Sicherungshypothek nicht auf den entsprechenden weiterhin offenen Betrag der Schlussrechnung erstrecken. Die Sicherheit wäre trotz Nichterfüllung nur wegen der Abrechnungspflicht hinfällig. Das sinnwidrige Ergebnis spricht auch dafür, die Abschlagsforderung nur als modifizierte Form des Werklohnanspruchs anzusehen. Wegen der fortbestehenden Identität bleibt dann die Sicherheit weiter bestehen (Brunstamp, Der Abschlagszahlungsanspruch des Bauunternehmers, 203 ff., 211). **164**

IV. Bauhandwerkersicherheit und Abschlagszahlung

Die aufgezeigten Schwierigkeiten zeigen die Vorteile der Bauhandwerkersicherheit. Gesichert ist dort (ganz oder anteilig) die „vereinbarte und noch nicht gezahlte Vergütung", was dem offenen Teil der endgültigen Werklohnforderung entspricht (→ § 650e Rdn. 47). **165**

Abschlagszahlungen nach Stellung der Sicherheit reduzieren die gesicherte Hauptforderung. Hat der Unternehmer lediglich Sicherheit für einen Teilbetrag des Werklohnanspruchs verlangt, kann er auf die Sicherheit zurückgreifen, soweit sein offener Werklohnanspruch die Höhe der Sicherheit erreicht. Etwas anderes gilt aber dann, wenn der offene Werklohn auch Vergütung für nachträgliche Leistungserweiterungen enthält. Hierauf erstreckt sich nach der Rechtsprechung des Bürgschaftssenats die Bürgschaft nur, wenn dies ausdrücklich vereinbart ist (BGH, Urt. v. 15.12.2009 – XI ZR 107/08). **166**

In Bezug auf das Verhältnis von Abschlagszahlung zu Werklohn lässt sich § 650e BGB entnehmen, dass die Abschlagszahlung vom Gesetz als Zahlung auf die Vergütung angesehen wird. Soweit Abschlagszahlungen geleistet worden sind, reduziert sich der Sicherungsanspruch (BGH, Urt. v. 9.11.2000 – VII ZR 82/99; → § 6450e Rdn. 83). Dementsprechend erlangt der Besteller auch mit A₁schlagszahlungen einen Anspruch auf Teilfreigabe der Bauhandwerkersicherung (→ § 650e Rdn. 164). Das Gesetz sieht also die Abschlagsforderung als nur modifizierte Form des Werklohnanspruchs an (Brunstamp, Der Abschlagszahlungsanspruch des Bauunternehmers, 165 ff., 172 f.). **167**

§ 633 BGB   Sach- und Rechtsmangel

(1) Der Unternehmer hat dem Besteller das Werk frei von Sach- und Rechtsmängeln zu verschaffen.

(2) Das Werk ist frei von Sachmängeln, wenn es die vereinbarte Beschaffenheit hat. Soweit die Beschaffenheit nicht vereinbart ist, ist das Werk frei von Sachmängeln,

1. wenn es sich für die nach dem Vertrag vorausgesetzte, sonst

2. für die gewöhnliche Verwendung eignet und eine Beschaffenheit aufweist, die bei Werken der gleichen Art üblich ist und die der Besteller nach der Art des Werkes erwarten kann.

Einem Sachmangel steht es gleich, wenn der Unternehmer ein anderes als das bestellte Werk oder das Werk in zu geringer Menge herstellt.

(3) Das Werk ist frei von Rechtsmängeln, wenn Dritte in Bezug auf das Werk keine oder nur die im Vertrag übernommenen Rechte gegen den Besteller geltend machen können.

Übersicht

	Seite
A. Herstellungs- und Verschaffungspflicht des Unternehmers	273
B. Sachmangel	273
I. Grundlegende Konzeption	273
1. Abgrenzung zum Kauf	273
a) Typik und Systematik des Kaufs	273
b) Typik und Systematik des Werkvertrags	274
c) Ergebnis	275
2. Beeinträchtigung des Werts oder der Gebrauchstauglichkeit des Werks	275
3. Zugesicherte Eigenschaften	277
4. Mängelhaftung für aliud	277
5. Werk in zu geringer Menge	277
II. Vereinbarte Beschaffenheit	277
1. Überblick	277
a) Der Inhalt des Herstellungsanspruchs	278
b) Die Grundsätze der Rechtsprechung des BGH zu einer Beschaffenheitsvereinbarung	279
2. Die Beschaffenheitsvereinbarung zur Bauausführung	279
a) Gegenstand der Beschaffenheitsvereinbarung	279
b) Einhaltung der anerkannten Regeln der Technik	280
aa) Begriff	280
bb) Bedeutung	282
cc) Zeitpunkt	282
dd) Abweichende Vereinbarung	283
ee) Schallschutz im Wohnungsbau	284
c) Herstellerrichtlinien	285
d) Sonstige Verpflichtungen	286
e) Ungeregelte Qualitätsmerkmale	286
f) Beschaffenheit „nach unten"	287
3. Die Beschaffenheitsvereinbarung zur Funktion des Werkes	288
a) Rechtsprechung	288
b) Adaption durch das Gesetz zur Reform des Bauvertragsrechts	290
c) Rechtliche Systematik	291
aa) Der Normalfall der konfliktfreien Beschaffenheitsvereinbarung	291
bb) Die konflikthaltige Beschaffenheitsvereinbarung: Ausführung versus Funktion	291
(1) Die unmögliche Leistung	291
(2) Die Vertragsanpassung	293
(a) Vertragsanpassung vor der Bauausführung	293
(b) Vertragsanpassung nach Bauausführung	294
4. Auslegungsgrundsätze	295
a) Darlegungs- und Beweislast für Beschaffenheit und Mangel	296
b) Auslegungsgrundsätze zur vereinbarten Funktion	296
c) Auslegungsgrundsätze zur vereinbarten Bauausführung	299
aa) Geltende Auslegungsregeln nach bisheriger Rechtslage	299
bb) Neue Auslegungsgrundsätze	300
(1) §650k Abs. 2 Satz 2 BGB	300
(2) §650j BGB	301
5. Auslegung und Beurkundungserfordernis	301
a) Das Problem	301
b) Vertragsimmanente Unvollständigkeit und Beurkundungspflicht	302
c) Problemlösung	302
III. Sachmangel ohne Beschaffenheitsvereinbarung	303
1. Bedeutung des Verwendungszwecks	303
a) Nach dem Vertrag vorausgesetzte Verwendung	303
b) Gewöhnliche Verwendung	303
2. Übliche Beschaffenheit	304
C. Rechtsmangel	304
I. Urheberrechte	304
II. Öffentlich-rechtliche Beschränkungen	305
III. Dingliche Rechte	305
D. VOB-Vertrag	305
E. Sonstige Verträge	306

A. Herstellungs- und Verschaffungspflicht des Unternehmers

Das Gesetz zur Reform des Bauvertragsrechts (BGBl. 2017 I 969) hat die Mängelhaftung unberührt gelassen, so dass sich keine inhaltlichen Änderungen ergeben. 1

Der Unternehmer ist gemäß § 631 Abs. 1 BGB verpflichtet, das versprochene Werk herzustellen. Dies ist grundsätzlich eine persönliche Pflicht des Unternehmers, soweit die Parteien nichts anderes vereinbaren. Eine solche Vereinbarung kann sich auch konkludent aus den Umständen des Einzelfalls ergeben. Das grundlegende Beispiel ist der Generalunternehmer- oder Generalübernehmervertrag. Der Generalunternehmer oder Generalübernehmer ist nicht zur persönlichen Leistung verpflichtet, sondern kann nach der Natur des Vertrags die Leistungen durch Nachunternehmer erbringen, wobei es Sache der Vereinbarung ist, inwieweit der Einsatz von bestimmten Nachunternehmern von der Zustimmung des Bestellers abhängig gemacht wird.

§ 633 Abs. 1 BGB konkretisiert die Verpflichtung zur Herstellung. Danach hat der Unternehmer dem Besteller das Werk frei von Sach- und Rechtsmängeln zu „verschaffen". Damit kommt zum Ausdruck, dass die bloße Herstellung des Werkes nicht reicht, das Werk vielmehr zusätzlich in die Verfügungsgewalt des Bestellers gelangen muss. Die Verschaffung ist Erfüllungshandlung. Der Besteller ist seinerseits verpflichtet, das im Wesentlichen mangelfrei hergestellte Werk als Erfüllung anzunehmen und damit im Sinne des § 640 Abs. 1 BGB abzunehmen. 2

In welcher sachenrechtlicher Form das Werk verschafft wird, hängt von den Umständen des Vertragsschlusses ab. Grundsätzlich muss der Unternehmer dem Besteller das Eigentum an dem fertigen, mängelfreien Werk übertragen. Ist der Besteller bereits Eigentümer, weil er das Eigentum z. B. nach § 946 BGB erworben hat, reicht die Besitzverschaffung. Hat der Besteller an dem Werk bereits den Besitz, so reicht die mängelfreie Herstellung des Werkes. (vgl. zum Problem m. w. N.: Messerschmidt/Voit-Moufang/Koos, Privates Baurecht, 3. Aufl., § 633 Rdn. 6). Abzugrenzen davon sind die Fälle, in denen der Unternehmer sich zur Lieferung einer herzustellenden Sache verpflichtet. Diese Fälle sind nach § 650 BGB zu beurteilen, also vorrangig nach Kaufrecht → § 650 BGB Rdn. 5 ff. 3

B. Sachmangel

I. Grundlegende Konzeption

§ 633 Abs. 2 BGB ist die zentrale Vorschrift für die Sachmängelhaftung. Dort wird der Mangel der Werkleistung definiert. Auf diese Definition nimmt § 634 BGB mit der Formulierung Bezug, „ist das Werk mangelhaft...". Die sich aus einem Mangel ergebenden Rechte sind in § 634 BGB aufgezählt und in den Folgenormen näher konkretisiert. Auf die jeweiligen Kommentierungen wird Bezug genommen, auch zur Frage, inwieweit Mängel ohne Abnahme geltend gemacht werden können. 4

1. Abgrenzung zum Kauf

Nach § 633 Abs. 2 BGB liegt ein Sachmangel vor, wenn das Werk die vereinbarte Beschaffenheit nicht hat. Ist eine Beschaffenheit nicht vereinbart, kommt es nach dem Wortlaut des Gesetzes darauf an, ob das Werk sich für die nach dem Vertrag vorausgesetzte, hilfsweise für die gewöhnliche Verwendung eignet und die übliche Beschaffenheit hat. Diese gesetzliche Regelung entspricht im Wortlaut der Regelung des § 434 Abs. 1 Satz 1 und 2 BGB zum Kaufrecht, mit der Art. 2 Abs. 1 der Verbrauchsgüterkaufrichtlinie umgesetzt wurde. Das Kaufrecht enthält zusätzlich einen weiteren Mangeltatbestand in § 434 Abs. 1 Satz 3 BGB. Daraus, aus den Rechtsnaturen von Kauf und Werkvertrag und aus der unterschiedlichen Systematik der Vorschriften zum Mangelrecht ergeben sich aber erhebliche Unterschiede, die einer Gleichbehandlung der Mangelrechte im Kauf und im Werkvertrag entgegenstehen (vgl. zur Frage der Erstattungsfähigkeit fiktiver Mangelbeseitigungskosten BGH, Beschl. V. 8.10.2020 – VII AZR 1/20). 5

a) Typik und Systematik des Kaufs

Es entspricht der Typik des Kaufvertrags, dass die verkaufte Sache tatsächlich existent und damit sichtbar und erfassbar ist. Der Käufer kann – selbst oder mit fachlicher Hilfe – beurteilen, 6

§ 633

ob die Sache seinen Anforderungen entspricht. Vor diesem Hintergrund sind die Regelungen in § 442 Abs. 1, § 444 BGB zu verstehen. Nach § 442 Abs. 1 Satz 1 BGB sind die Rechte des Käufers wegen eines Mangels ausgeschlossen sind, wenn er den Mangel bei Vertragsschluss kennt (§ 442 Abs. 1 Satz 1 BGB). Dem liegt der Gedanke zugrunde, dass der Käufer, der das Grundstück besichtigt und ggf. untersucht hat und deshalb einen Mangel kennt, nicht in seinen berechtigten Erwartungen enttäuscht wird, wenn er den Kauf trotz des Mangels gewollt hat (BGH, Urt. v. 27.5.2011 – V ZR 122/10 Rn. 13). Zudem bestehen die Rechte des Käufers wegen eines Mangels, der dem Käufer im Zeitpunkt des Vertragsschlusses infolge grober Fahrlässigkeit unbekannt geblieben ist, nur, wenn der Verkäufer den Mangel arglistig verschwiegen oder eine Garantie für die Beschaffenheit der Sache übernommen hat (§ 442 Abs. 1 Satz 2 BGB). Schließlich kommt dem Haftungsausschluss (§ 444 BGB) eine besondere Bedeutung zu, weil der Käufer sich hinsichtlich sichtbarer Mängel selbst ein Bild machen kann. Der Käufer hat insoweit die Möglichkeit, beispielsweise durch Aushandeln eines reduzierten Kaufpreises, seine Interessen zu wahren (BGH, Urt. v. 24.1.2003 – V ZR 248/02). Hinsichtlich unsichtbarer Mängel hat der Verkäufer nach dem Gesetzeszweck ein berechtigtes Interesse, sich vor der Haftung für solche Mängel zu bewahren, die ihm nicht bekannt sind (BGH, Urt. v. 24.1.2003 – V ZR 248/02). Auf einen Haftungsausschluss kann sich der Verkäufer deshalb nur dann nicht berufen, wenn er den Mangel arglistig verschwiegen oder eine Garantie für die Beschaffenheit der Sache übernommen hat.

7 Das hat Auswirkungen auf die Interpretation von § 434 Abs. 1 BGB. Nach § 434 Abs. 1 Satz 1 BGB ist die verkaufte Sache frei von Sachmängeln, wenn sie im Zeitpunkt des Gefahrübergangs (§§ 446, 447 BGB) die vereinbarte Beschaffenheit hat. Die Annahme einer Beschaffenheitsvereinbarung kommt nach der Rechtsprechung des BGH nur in eindeutigen Fällen in Betracht, in denen der Verkäufer seine Bereitschaft klar zu erkennen gibt, für alle Folgen des Fehlens einer Eigenschaft einzustehen (BGH, Urt. v. 20.3.2019 – VIII ZR 213/18 Rn. 22 m. w. N.). Soweit eine solche Beschaffenheit nicht vereinbart wurde, finden § 434 Abs. 1 Satz 2 und Satz 3 BGB Anwendung. Nach § 434 Abs. 1 Satz 2 Nr. 1 BGB ist wesentlich, ob sich die Sache nach dem im Vertrag vorausgesetzten Verwendung eignet. Gibt es eine solche Verwendung nicht, kommt es nach § 434 Abs. 1 Satz 2 Nr. 2 BGB darauf an, ob die Sache sich für die gewöhnliche Verwendung eignet und eine Beschaffenheit aufweist, die bei Sachen der gleichen Art üblich sind und die der Käufer nach der Art der Sache erwarten kann. Diese Regelung wird ergänzt durch § 434 Abs. 1 Satz 3 BGB. Danach gehören zur Beschaffenheit im Sinne von § 434 Abs. 1 Satz 2 Nr. 2 BGB grundsätzlich auch Eigenschaften, die der Käufer nach den öffentlichen Äußerungen des Verkäufers erwarten kann. Hierzu zählen beispielsweise Angaben in einem Exposé im Rahmen der Veräußerung einer Immobilie (BGH, Urt. v. 9.2.2018 – V ZR 274/16 Rn. 17 m. w. N.). Aus dieser Gesetzessystematik folgert die Rechtsprechung des BGH, dass öffentliche Äußerungen grundsätzlich nicht zu einer (konkludenten) Beschaffenheitsvereinbarung nach § 434 Abs. 1 Satz 1 BGB führen (BGH, Urt. v. 27.9.2017 – VIII ZR 271/16 Rn- 18 m. w. N.; vgl. zudem Urt. v. 22.4.2016 – V ZR 23/15).

8 Das hat im Hinblick auf einen Haftungsausschluss nach § 444 BGB erhebliche Folgen. Ein solcher Haftungsausschluss erfasst zwar nicht die Haftung des Verkäufers für das Fehlen einer vereinbarten Beschaffenheit (BGH, Urt. v. 22.4.2016 – V ZR 23/15 Rn. 14). Vom Haftungsausschluss werden aber die nach § 434 Abs. 1 Satz 2 BGB geschuldeten Eigenschaften umfasst (BGH, Urt. v. 27.9.2017 – VIII ZR 271/16 Rn. 24 f). Das gilt ebenfalls für das Fehlen von Eigenschaften im Sinne von § 434 Abs. 1 Satz 3 (BGH, Urt. v. 9.2.2018 – V ZR 274/16 Rn. 22; Urt. v. 27.9.2017 – VIII ZR 271/16 Rn. 28 ff.).

b) Typik und Systematik des Werkvertrags

9 Der Typik des werkvertraglichen Teils des Bauträgervertrages entspricht es, dass der vom Unternehmer geschuldete Erfolg erst nach Abschluss des Vertrags und Herstellung des versprochenen Werks sichtbar und erfassbar wird. Zum Zeitpunkt des Vertragsschlusses besteht nur die Idee einer Gestaltung. Der Besteller kann bei Vertragsschluss nicht selbst oder mit fachlicher Hilfe beurteilen, ob das Werk den vertraglichen Anforderungen genügt. Aber auch nach Herstellung des Werks ist es dem Besteller selbst mit fachlicher Hilfe kaum möglich zu beurteilen, ob das Werk mangelfrei ist. Denn viele gerade schwerwiegende Mängel sind versteckt und zeigen sich häufig erst nach Jahren.

10 Vor diesem Hintergrund sind die Regelungen in § 640 Abs. 3, § 639 BGB zu verstehen. § 640 Abs. 3 BGB regelt den Verlust (nur) von den in § 634 Nr. 1 bis 3 BGB vorgesehenen Mängelrechten hinsichtlich solcher Mängel, die der Besteller im Zeitpunkt einer Abnahme nach § 640

Sach- und Rechtsmangel §633

Abs. 1 Satz 1 BGB kennt und gleichwohl die Abnahme erklärt, ohne sich wegen dieser Mängel Rechte vorzubehalten. Diese Regelung beruht auf dem Gedanken, dass der Besteller grundsätzlich erst im Zeitpunkt der vom Unternehmer angebotenen Abnahme beurteilen kann, ob das Werk mangelfrei hergestellt ist (BGH, Urt. v. 19.1.2017 – VII ZR 301/13 Rn. 32). Da es aber für die Abnahme nach §640 Abs. 1 Satz 1 BGB nicht allein darauf ankommt, ob ein (sichtbarer) Mangel besteht, sondern auch bewertet werden muss, ob dieser Mangel nur unwesentlich ist (§640 Abs. 1 Satz 2 BGB), sind nach der Rechtsprechung Mängelrechte nach §640 Abs. 3 BGB nicht ausgeschlossen, wenn der Besteller bei der Bedeutung und Auswirkung des Mangels nicht beurteilen konnte (BGH, Urt. v. 9.11.2000 – VII ZR 409/99). Das wird häufig der Fall sein, wenn sich äußerlich „Kleinigkeiten" zeigen, die aber eine tiefgreifende Ursache haben und zu erheblichen Mangelbeseitigungsarbeiten führen. Eine grob fahrlässige Unkenntnis schadet dem Besteller – anders als dem Käufer nach §442 Abs. 1 Satz 1 BGB – nicht. Der Anwendungsbereich von §640 Abs. 3 BGB, der Mängelrechte nach §634 Nr. 4 BGB nicht ausschließt, ist daher eng.

§639 BGB regelt in Parallele zu §444 BGB einen vereinbarten Haftungsausschluss wegen 11 Mängel. Aber anders als im Kaufrecht, kommt dieser Norm im Werkvertragsrecht kaum Bedeutung zu. Wie im Kaufrecht findet ein Haftungsausschluss auf vereinbarte Beschaffenheitsvereinbarungen im Sinne von §633 Abs. 2 Satz 1 BGB keine Anwendung. Aber anders als im Kaufrecht ist die Rechtsprechung hinsichtlich der Annahme einer Beschaffenheitsvereinbarung aufgrund der Typik des Werkvertrags nicht zurückhaltend. Es entspricht der ständigen Rechtsprechung des VII. Zivilsenats des BGH, dass die Frage, welche Beschaffenheit die Parteien vereinbart haben, sich im Wege der Auslegung des Vertrags unter Berücksichtigung aller Umstände des Vertragsschlusses, auch öffentlicher Äußerungen, (konkludent) ergibt (BGH, Urt. v. 25.6.2015 – VII ZR 220/14 Rn. 33; Urt. v. 21.11.2013 – VII ZR 275/12 Rn. 11). Diese Rechtsprechung ist nunmehr in §650k Abs. 2 Satz 1 BGB für den Verbraucherbauvertrag normiert. Eine Regelung wie in §434 Abs. 1 Satz 3 BGB enthält §633 Abs. 2 BGB nicht. Es ist deshalb – anders als in der Systematik des §434 Abs. 1 BGB – nicht geboten, vorvertragliche öffentliche Äußerungen §633 Abs. 2 Satz 2 Nr. 2 BGB zuzuordnen.

c) Ergebnis

Die Rechtsprechung zur Beschaffenheitsvereinbarung hat sich auf der Grundlage der jeweiligen Typik des Kauf- und des Werkvertrags unterschiedlich entwickelt. Die Rechtsprechung zur Annahme einer Beschaffenheitsvereinbarung nach §434 Abs. 1 Satz 1 BGB ist zurückhaltend, um dem Haftungsausschluss nach §444 BGB eine erhebliche Bedeutung zukommen zu lassen. Dagegen ist die Rechtsprechung zur Annahme einer Beschaffenheitsvereinbarung nach §633 Abs. 2 Satz 1 BGB extensiv. Ziel dieser Rechtsprechung ist es, die berechtigten Erwartungen des Bestellers zu schützen, deren Verwirklichung grundsätzlich frühestens bei der Abnahme geprüft und beurteilt werden kann.

2. Beeinträchtigung des Werts oder der Gebrauchstauglichkeit des Werks

Ein Sachmangel liegt auch vor, wenn die Abweichung von der vereinbarten oder üblichen 13 Beschaffenheit nicht zu einer Beeinträchtigung des Werts oder der Gebrauchstauglichkeit des Werks führt (BGH, Beschl. v. 30.7.2015 – VII ZR 70/14). Das ergibt sich ohne Weiteres aus §633 Abs. 2 BGB, der die Einschränkung des §633 in der Fassung vor der Schuldrechtsmodernisierung nicht aufgreift. Nach dem Recht, das auf Verträge anwendbar ist, die bis zum 31.12.2001 geschlossen worden sind, ist das anders. Danach liegt überhaupt kein Mangel vor, wenn ein Fehler nicht den Wert oder die Gebrauchstauglichkeit beeinträchtigt. Damit fallen Bagatellabweichungen nach alter Rechtslage von vornherein nicht unter den Mangelbegriff, so dass sich nicht die Frage stellen konnte, ob der Besteller wegen solcher Mängel Ansprüche hat.

Beispiel: Die Putzdicke des Wärmedämmputzes beträgt statt vereinbarter 3 cm 3,5 cm.

Gleichwohl kann auch nach der Schuldrechtsmodernisierung nicht jede Bagatellabweichung 14 als Mangel angesehen werden. Zu prüfen ist nämlich, ob die Abweichung vertraglich zulässig ist. Sofern der Vertrag ausdrückliche Regelungen zur Abweichung enthält, schafft er Klarheit. Sofern der Vertrag keine Regelungen enthält, ist durch Auslegung zu ermitteln, ob Qualitätsangaben unbedingt einzuhalten sind oder dem Unternehmer einen Spielraum einräumen. Mit einer interessengerechten Auslegung kann in aller Regel ein unsinniges Ergebnis verhindert werden (vgl. Motzke, IBR 2001, 654; ders., in: Bauträger-, Bau- und Maklervertrag, Schriftenreihe des evangelischen Siedlungswerkes in Deutschland e. V., Band 64, S. 32). Z. B. kann nicht jede Abweichung von einem Maß als Mangel angesehen werden, wenn dadurch

Jurgeleit

§ 633

die Funktionstauglichkeit überhaupt nicht berührt wird. Eine restriktive Interpretation einer Beschaffenheitsvereinbarung ist durchaus möglich, wenn die angegebenen Maße als Zirkamaße oder je nach Sachlage als Mindest- oder Höchstmaße interpretiert werden.

Beispiel: Der Vertrag enthält die Verpflichtung zu einem 3 cm dicken Wärmedämmputz. Das kann als Mindestmaß verstanden werden, so dass 3,5 cm kein Mangel sind.

15   Das wird häufig möglich oder sogar nötig sein, wenn die Maßangaben im Dienst der Verwendungseignung stehen. So können Maßvereinbarungen bereits durch die vorgegebenen Parameter an der Baustelle hinfällig werden. In diesen Fällen der Anpassung der planerischen Fiktion an die Realität der Baustelle bedarf es einer Ergänzung des Vertrags. Ist die Maßabweichung sogar notwendig, um die nach dem Vertrag vorausgesetzte Funktion des Werkes zu erfüllen, liegt ohnehin kein Mangel vor. Denn die Funktionalität dominiert in diesem Fall den Vertrag → Rdn. 62. Deshalb wird eine Abweichung von der Beschaffenheitsvereinbarung nur dann angenommen werden können, wenn ihr unabhängig von dem Verwendungszweck eigenständige Bedeutung zukommt. Inwieweit das der Fall ist, wird der Einzelfall entscheiden. Jedenfalls müssen Maße und andere Qualitätsangaben eingehalten werden, wenn sie für das Gelingen des Bauwerks von Bedeutung sind. Das wird regelmäßig der Fall sein, wenn bestimmte Toleranzen für die weitere Verwendung eingehalten werden müssen.

16   Ein Mangel liegt auch dann vor, wenn er sich nur unter besonderen Umständen negativ auswirkt (BGH, Beschl. v. 30.7.2015 – VII ZR 70/14; Urt. v. 15.2.2005 – X ZR 43/02) und auch dann, wenn zwar die vereinbarte Funktionstauglichkeit nicht beeinträchtigt, jedoch die vereinbarte Beschaffenheit nicht erreicht ist (BGH, Urt. v. 21.9.2004 – X ZR 244/01). Grundsätzlich sind deshalb Mängelansprüche nach § 634 BGB auch bei Bagatellabweichungen denkbar. In der Praxis sind diese jedoch schwer durchsetzbar (vgl. BGH, Beschl. v. 30.7.2015 – VII ZR 70/14). Der Unternehmer wird dem Verlangen nach einer Mängelbeseitigung häufig den Einwand der unverhältnismäßigen Kosten, § 635 Abs. 3 BGB, entgegenhalten können (vgl. BGH, Beschl. v. 30.7.2015 – VII ZR 70/14; Urt. v. 1.8.2013 – VII ZR 75/11). Die Mängelbeseitigungspflicht entfällt dann. Selbst eine Minderung scheitert häufig daran, dass die Gebrauchstauglichkeit nicht beeinträchtigt ist und ein Minderwert nicht festgestellt werden kann, wenn der Wert des Werks nicht gemindert ist. Eine Minderung dürfte allerdings in dem praktisch bedeutsamen Fall regelmäßig vorzunehmen sein, dass ein von der vereinbarten Qualitätsmarke abweichendes baugleiches No-Name-Produkt verwendet wird. In diesen Fällen ist die Gebrauchstauglichkeit zwar regelmäßig nicht gemindert. Jedoch liegen eine Abweichung von der Sollbeschaffenheit und möglicherweise auch eine Wertbeeinträchtigung, jedenfalls zumindest eine Störung des Syallagmas (s. dazu BGH, Urt. v. 22.2.2018 – VII ZR 46/17) vor. Es ist gerechtfertigt, die Minderung mindestens in Höhe der Ersparnis des Unternehmers vorzunehmen, die er durch die vom Vertrag abweichende Leistung erzielt hat.

Beispiel: Der Unternehmer schuldet den Einbau eines Aggregats der renommierten Firma X. Er baut das baugleiche Aggregat der Firma Y ein und erspart 5.000 Euro. Jedenfalls um diesen Betrag ist die Minderung des Werklohns vorzunehmen.

Beispiel: Der Unternehmer baut Beton B 25 statt vereinbarter B 30. Lässt sich ein merkantiler oder technischer Minderwert nicht feststellen, muss der Unternehmer jedenfalls Minderung in Höhe seiner Ersparnis leisten (BGH, Urt. v. 9.1.2003 – VII ZR 181/00).

17   Der Rücktritt vom Vertrag wird in der Regel ausgeschlossen sein, weil das Verfehlen einer Beschaffenheitsvereinbarung, die nicht zu einer Beeinträchtigung des Werts oder der Gebrauchstauglichkeit führt, in der Regel eine unerhebliche Pflichtverletzung ist, § 323 Abs. 5 Satz 2 BGB. Aus diesem Grund scheidet jedenfalls auch der große Schadensersatzanspruch aus, § 281 Abs. 1 Satz 3 BGB. Der kleine Schadensersatzanspruch, der auf den Ersatz der Mängelbeseitigungskosten gerichtet ist, ist allerdings grundsätzlich möglich. Denn der Unternehmer kann sich beim Schadensersatzanspruch nicht darauf berufen, dass er die Nacherfüllung wegen der unverhältnismäßigen Kosten verweigern darf. Das folgt aus § 636 BGB. Gleichwohl besteht die Möglichkeit des Unternehmers, sich im Hinblick darauf, dass der Wert und die Gebrauchstauglichkeit nicht beeinträchtigt sind, auch beim Schadensersatzanspruch in Höhe der Mängelbeseitigungskosten darauf zu berufen, dass die Geltendmachung dieses Schadensersatzanspruches unverhältnismäßig ist. Denn § 251 Abs. 2 Satz 1 BGB wird dahin verstanden, dass ein derart berechneter Schadensersatzanspruch ausscheidet, wenn die Kosten auch unter Berücksichtigung des Umstandes unverhältnismäßig sind, dass der Unternehmer die Abweichung von der Beschaffenheit verschuldet hat. Insoweit ist kein anderer Maßstab anzulegen als bei der Beurteilung der Unverhältnismäßigkeit nach § 635 Abs. 2 BGB (BGH, Urt. v. 11.10.2012 – VII ZR 179).

Sach- und Rechtsmangel **§ 633**

Die Bagatellabweichungen sind abzugrenzen von der Nichterfüllung einer Beschaffenheit, 18
die zwar nicht den Wert des Werks betrifft, jedoch eine Vereinbarung beispielsweise zur Optik
oder Ästhetik des Bauwerks nicht beachtet und deshalb für die Herstellungsverpflichtung von
wesentlicher Bedeutung ist.

> **Beispiel:** Vereinbaren die Parteien einen Fassadenanstrich in der Farbe Schwarz und
> streicht der Unternehmer in der Farbe Weiß, liegt ein Mangel vor und ist der Unternehmer
> nach § 634 Nr. 1 BGB zur Nacherfüllung verpflichtet. § 635 Abs. 3 BGB steht dem nicht
> entgegen. Das gilt selbst dann, wenn der Anstrich in Weiß statt in Schwarz zu einer Steigerung des Verkehrswerts des Grundstücks führt.

3. Zugesicherte Eigenschaften

Nach der Änderung durch das Schuldrechtsmodernisierungsgesetz gibt es keine Unterscheidung mehr zwischen der Gewährleistungspflicht für Fehler und zugesicherte Eigenschaften. 19
Diese Unterscheidung hat im Bauvertragsrecht, anders als im Kaufrecht, ohnehin keine besondere Rolle gespielt.

Die zugesicherten Eigenschaften sollen nun unter dem Begriff der Garantie fallen. Für ihre 20
Einhaltung kann eine Haftung selbst durch individuelle Vereinbarung nicht ausgeschlossen
werden, vgl. → § 639 BGB Rdn. 6.

4. Mängelhaftung für aliud

Klar gestellt wird in § 633 Abs. 2 Satz 3 BGB, dass das Gewährleistungsrecht auch dann 21
Anwendung findet, wenn der Unternehmer ein anderes Werk herstellt. Diese Klarstellung ist
begrüßenswert. Denn häufig ist die Abgrenzung schwierig, ob eine vom Vertrag abweichende
Leistung lediglich mangelhaft ist oder eine dem Vertrag überhaupt nicht entsprechende Leistung darstellt, also ein anderes Werk ist.

> **Beispiel:** Schuldet der Unternehmer einen Mineralputz, bringt er jedoch einen Kunststoffputz an, kann das als mangelhafte Leistung aber auch als andere Leistung angesehen werden.

5. Werk in zu geringer Menge

Das Mängelhaftungsrecht findet auch Anwendung, wenn der Unternehmer das Werk in zu 22
geringer Menge herstellt. Es gelten die Mängelrechte, § 634 BGB. Dazu gehört auch der Rücktritt und der Schadensersatz statt der Leistung. Der Gläubiger kann vom ganzen Vertrag aber
nur zurücktreten, wenn er an der Teilleistung kein Interesse hat, § 323 Abs. 5 BGB. Gleiches
gilt für den Schadensersatzanspruch statt der Leistung, § 281 Abs. 1 Satz 2 BGB. Ansonsten
dürfte ein Teilrücktritt und Teilschadensersatz (kleiner Schadensersatz) zulässig sein (a. A.
wohl Sienz, BauR 2002, 182 f.). Im Übrigen findet das Mängelhaftungsrecht grundsätzlich nur
dann Anwendung, wenn die unvollständige Leistung des Unternehmers abgenommen worden
ist. Denn vorher ist grundsätzlich allein das Leistungsstörungsrecht anwendbar (BGH, Urt.
v. 19.1.2017 – VII ZR 301/13; Urt. v. 19.1.2017 – VII ZR 193/15; Urt. v. 19.1.2017 – VII ZR
235/15 jeweils auch zu Ausnahmetatbeständen → § 634 BGB Rdn. 13 ff.). Hat der Unternehmer
eine Leistung im Wesentlichen unvollständig erbracht, kann der Besteller die Abnahme ablehnen und Erfüllungsansprüche geltend machen, bzw. die aus der (teilweisen) Nichterfüllung
folgenden Sekundärrechte → § 634 BGB Rdn. 18 ff. Ist eine Abnahme nach der Beschaffenheit
der Sache allerdings ausgeschlossen, so kommt es darauf an, ob der Unternehmer die Leistung
als vollständige Erfüllung erbracht hat. Ist das der Fall, so ist gerechtfertigt, dem Besteller die
Rechte nach § 634 ff. BGB zu geben, so dass z. B. eine Minderung nach § 638 BGB erfolgen
kann (BGH, Urt. v. 6.6.2013 – VII ZR 355/12).

II. Vereinbarte Beschaffenheit

Nach § 633 Abs. 2 Satz 1 BGB liegt ein Sachmangel vor, wenn das Werk nicht die vereinbarte Beschaffenheit hat. 23

1. Überblick

Der Sachmangel definiert sich vorrangig danach, ob das hergestellte Werk von der vereinbarten Beschaffenheit abweicht. Entspricht die hergestellte Beschaffenheit nicht der vereinbarten 24

Jurgeleit

§ 633

Beschaffenheit, liegt ein Sachmangel vor. Unter der Beschaffenheit eines Werks sind insbesondere alle dem Werk unmittelbar und jedenfalls für eine gewisse Zeit anhaftenden physischen Merkmale zu verstehen (BGH, Urt. v. 31.8.2017 – VII ZR 5/17 Rn. 22). Auch Beziehungen zur Umwelt können zur vereinbarten Beschaffenheit gehören, wenn sie mit den physischen Eigenschaften des Werks zusammenhängen (BGH, Urt. v. 30.11.2012 – V ZR 25/12). Insgesamt gehören alle Eigenschaften des Werks zur ausdrücklich oder stillschweigend vereinbarten Beschaffenheit, die nach der Vereinbarung der Parteien den vertraglich geschuldeten Erfolg herbeiführen sollen (BGH, Urt. v. 31.8.2017 – VII ZR 5/17 Rn. 22 f).

a) Der Inhalt des Herstellungsanspruchs

25   Der Inhalt des ausdrücklich vereinbarten Herstellungsanspruchs kann sehr unterschiedlich sein. So können die Vertragsparteien eine ausführliche Leistungsbeschreibung zum Inhalt des Vertrags machen oder das Werk nur nach seiner Funktion, d.h. beschränkt auf wesentliche Vorgaben beschreiben. Für das Verständnis der Rechtsprechung des BGH zu einer Beschaffenheitsvereinbarung und ihren Auswirkungen ist deshalb von grundlegender Bedeutung, unter welchen Voraussetzungen ein auf die Errichtung oder den Umbau eines Gebäudes gerichteter Werkvertrag inhaltlich hinreichend bestimmt ist. Ein Vertrag nach §§ 145 ff. BGB setzt grundsätzlich voraus, dass im Zeitpunkt des Vertragsschlusses die geschuldeten Leistungen hinreichend bestimmt sind oder nach objektiven Maßstäben ermittelt werden können, also bestimmbar sind (BGH, Urt. v. 23.4.2015 – VII ZR 131/13 Rn. 24). Die fehlende Bestimmtheit im Zeitpunkt des Vertragsschlusses führt aber nicht zur Unwirksamkeit des Vertrags, wenn die Vertragsparteien eine (ggf. stillschweigende) Vereinbarung zu Leistungsbestimmungsrechten (§ 315 BGB) hinsichtlich der Leistungspflichten des Unternehmers getroffen haben. Dies ermöglicht es den Vertragsparteien, die Konkretisierung der geschuldeten Leistung vom Zeitpunkt des Vertragsschlusses zu lösen (BGH, Urt. v. 23.4.2015 – VII ZR 131/13 Rn. 30 f) und flexibel auf die Dynamik des Herstellungsprozesses zu reagieren.

26   Auf dieser Grundlage ist der werkvertragliche Herstellungsanspruch im Zeitpunkt des Vertragsschlusses bereits hinreichend bestimmt, wenn die Bauleistung so genau beschrieben ist, dass die nähere Konkretisierung durch eine Vertragspartei erfolgen kann (s. § 631 Rn. 15). Welcher Vertragspartei das Bestimmungsrecht zusteht, ist nach dem Zweck der funktionalen Beschreibung zu bestimmen. Geht es um Fragen der technischen Ausführung, wird das Bestimmungsrecht im Regelfall dem Unternehmer zugewiesen sein, da dieser über die entsprechende planerische Kompetenz verfügt. Stehen dagegen Gestaltungsfragen im Vordergrund, steht das Bestimmungsrecht regelmäßig dem Besteller zu. In jedem Fall ist § 315 Abs. 3 Satz 1 BGB zu beachten. Danach ist eine getroffene Bestimmung für den anderen Vertragsteil nur verbindlich, wenn sie der Billigkeit entspricht. Es wird deshalb häufig eine Kooperation der Vertragspartner notwendig sein, um im Rahmen der Bestimmung die ggf. unterschiedlichen Interessenlagen hinreichend zu berücksichtigen. Diese Grundsätze gelten auch im Rahmen des Verbraucherbauvertrags. Zwar verlangt § 650j BGB i.V.m. Art. 249 § 2 EGBGB, dass die wesentlichen Eigenschaften des angebotenen Werks, insbesondere die Informationen nach Art. 249 § 2 Abs. 1 Satz 1 EGBGB, im Rahmen einer vom Unternehmer dem Verbraucher vor Vertragsschluss in Textform zur Verfügung zu stellenden Baubeschreibung dargestellt werden. Die Erfüllung dieser Vertragspflicht ist aber für die Annahme eines wirksamen Verbraucherbauvertrags nicht konstitutiv (Kniffka/Koeble/Jurgeleit/Sacher, 5. Aufl., 2. Teil Rn. 75).

27   Aber auch dann, wenn die Vertragspartner das Werk nicht funktional beschreiben, sondern ein detailliertes Leistungsverzeichnis zum Bestandteil des Vertrages wird, ist damit der werkvertragliche Herstellungsanspruch nicht abschließend geklärt. Es ist praktisch unmöglich, jedes Detail eines herzustellenden oder umzubauenden Bauwerks zu beschreiben. Deshalb kann allein aus der Nichterwähnung eines bestimmten Details nicht geschlossen werden, dass es nicht geschuldet wird. Das ist eine Frage der Vertragsauslegung (BGH, Urt. v. 21.11.2013 – VII ZR 275/12 Rn. 11). Entsprechendes gilt, wenn vom Unternehmer verwendete technische Begriffe oder Hinweise auf DIN-Normen für den Besteller kaum nachvollziehbar sind und ggf. im Widerspruch zu den berechtigten Vorstellungen des Bestellers stehen (BGH, Urt. v. 4.6.2009 – VII ZR 54/07 Rn. 13).

Und schließlich können im Rahmen des Herstellungsprozesses Umstände auftreten, die bei Vertragsschluss nicht bedacht werden konnten.

28   Zusammenfassend ist festzustellen: Der werkvertragliche Herstellungsanspruch muss bei Vertragsschluss nur in groben Zügen beschrieben sein. Aber auch, wenn eine detaillierte Beschreibung Bestandteil des Vertrags ist, bedarf es gleichwohl der Auslegung des Vertrags,

Sach- und Rechtsmangel **§ 633**

welche konkrete Beschaffenheit der Unternehmer schuldet, da in einem Leistungsverzeichnis nicht alles geregelt werden kann und im Rahmen des Herstellungsprozesses Umstände auftreten können, die bei Vertragsschluss nicht bedacht wurden, vielleicht noch nicht einmal bedacht werden konnten. Dies hat erhebliche Auswirkungen auf die Frage, wann eine Beschaffenheitsvereinbarung angenommen werden kann.

b) Die Grundsätze der Rechtsprechung des BGH zu einer Beschaffenheitsvereinbarung

Haben die Vertragsparteien in dem Vertragstext eine bestimmte Ausführungsart ausdrücklich vereinbart, beispielsweise zum Schallschutz durch Hinweis auf eine DIN-Norm, ist dieser Vertragstext allein nicht maßgeblich. Es bedarf vielmehr einer Gesamtabwägung, in die nicht nur der Vertragstext einzubeziehen ist, sondern zusätzlich die erläuternden und präzisierenden Erklärungen der Vertragsparteien, die sonstigen vertragsbegleitenden Umstände, die konkreten Verhältnisse des Bauwerks und seines Umfelds, der qualitative Zuschnitt, der architektonische Anspruch und die Zweckbestimmung des Gebäudes. Diese zusätzlichen Umstände können dazu führen, eine vom reinen Vertragstext abweichende Beschaffenheitsvereinbarung anzunehmen. So kann der Erwerber eines Bauwerks oder einer Wohnung mit üblichen Komfort- und Qualitätsansprüchen einen entsprechenden Schallschutz erwarten. Ergibt sich diese Qualität des Schallschutzes nicht aus der im Vertragstext in Bezug genommen DIN, so ist für die vereinbarte Beschaffenheit nicht diese, sondern der übliche Standard maßgebend (BGH, Urt. v. 4.6.2009 – VII ZR 54/07). **29**

Unabhängig vom Vertragstext und den sonstigen Umständen des Vertragsschlusses kann der Besteller eines Bauwerks oder einer Wohnung stets erwarten, dass der Unternehmer die allgemein anerkannten Regeln der Technik einhält. Für diese Erwartung ist nicht der Zeitpunkt des Vertragsschlusses, sondern der Abnahme maßgeblich (BGH, Urt. v. 14.11.2017 – VII ZR 65/14 Rn. 25; Urt. v. 14.5.1998). Der Unternehmer schuldet also grundsätzlich im jeden Fall als (konkludent) vereinbarte Beschaffenheit die Einhaltung der allgemein anerkannten Regeln der Technik im Zeitpunkt der Abnahme, und zwar unabhängig davon, ob diese bei Vertragsschluss bekannt waren oder bekannt sein konnten. **30**

Haben die Vertragsparteien keine bestimmte Ausführungsart vereinbart, richtet sich die Frage, welche Beschaffenheit des Werks die Vertragsparteien vereinbart haben nach den in Rn. 28 beschriebenen Gesamtumständen und den allgemein anerkannten Regeln der Technik (BGH, Urt. v. 4.6.2009 – VII ZR 54/07 Rn. 12). Entspricht das versprochene Bauwerk dem üblichen Qualitäts- und Komfortstandard, kann der Besteller auch ohne nähere Leistungsbeschreibung die Ausführung des Gesamtwerks in diesem Standard verlangen (BGH, Urt. v. 21.11.2013 – VII ZR 275/12 Rn. 11). **31**

Der vertraglich geschuldete Erfolg bestimmt sich nicht allein nach der zu seiner Erreichung vereinbarten Leistung oder Ausführungsart, sondern zusätzlich danach, welche Funktion das Werk nach dem Willen der Vertragsparteien erfüllen soll. Das gilt unabhängig davon, ob die Vertragsparteien eine bestimmte Ausführungsart vereinbart haben oder die allgemein anerkannten Regeln der Technik eingehalten worden sind. Ist die Funktionstauglichkeit für den vertraglich vorausgesetzten oder gewöhnlichen Gebrauch vereinbart und ist dieser Erfolg mit der vertraglich vereinbarten Leistung oder Ausführungsart oder den allgemein anerkannten Regeln der Technik nicht zu erreichen, schuldet der Unternehmer gleichwohl die vereinbarte Funktionstauglichkeit (BGH, Urt. v. 8.5.2014 – VII ZR 203/11 Rn. 14). Ist die vereinbarte Funktionalität technisch nicht zu verwirklichen, steht dem Besteller als Mängelrecht ein Schadensersatzanspruch nach § 634 Nr. 4, § 311a Abs. 2 BGB zu (BGH, Urt. v. 8.5.2014 – VII ZR 203/11 Rn. 25). **32**

2. Die Beschaffenheitsvereinbarung zur Bauausführung

a) Gegenstand der Beschaffenheitsvereinbarung

Welche Beschaffenheit vereinbart ist, ist dem Vertrag zu entnehmen. Die Parteien können in den durch das Gesetz gezogenen Grenzen frei vereinbaren, welche Beschaffenheit das Werk haben soll. Das betrifft nicht nur die dem Werk anhaftenden Eigenschaften, wie Lage, Größe, Umfang, Standard, Gestaltung des Bauwerkes, Menge und Qualität der Baustoffe und Materialien, sondern auch Eigenschaften, die sich auf sonstige Merkmale, wie die Umwelt, beziehen. Die Parteien können vor allem auch bestimmte Ausführungsmodalitäten vereinbaren, die dann einzuhalten sind und dem Unternehmer die sonst bestehende Entscheidungsfreiheit nehmen. **33**

Jurgeleit

§ 633

34 Die durch Auslegung zu ermittelnde vertraglich vereinbarte Beschaffenheit orientiert sich an der im Vertrag zum Ausdruck gekommenen Beschreibung der Leistung nach Art und Weise, Qualität, Komfortstandard und Umfang (vgl. BGH, Urt. v. 31.8.2017 – VII ZR 5/17). Vorvertragliche Angaben, wozu auch werbende Angaben gehören, können zur Auslegung herangezogen werden.

35 Es ist grundsätzlich unerheblich, an welcher Stelle im Vertrag die Leistung beschrieben wird. Der Vertrag ist stets in seiner Gesamtheit auszulegen. Die Leistungsbeschreibung kann sich in der eigentlichen Vertragsurkunde, in Anlagen, in Allgemeinen Geschäftsbedingungen oder in Plänen finden. Insbesondere die DIN-Normen der VOB/C haben große Bedeutung. Die Allgemeinen Technischen Vertragsbedingungen für Bauleistungen enthalten in ihren Abschnitten 2 (Stoffe und Bauteile) Leistungsinhalte, die Vertragsinhalt werden, wenn die VOB/C vereinbart ist.

> **Beispiel:** DIN 18299 Abschnitt 2.1.1: „Die Leistungen umfassen auch die Lieferung der dazugehörigen Stoffe und Bauteile einschließlich Abladen und Lagern auf der Baustelle"; Abschnitt 2.3.2: „Stoffe und Bauteile, für die DIN-Normen bestehen, müssen den DIN-Güte und DIN-Maßbestimmungen entsprechen."

und 3 (Ausführung)

> **Beispiel:** DIN 18318 3.7.2: „Die Platten sind parallel zur Randeinfassung oder einer anderen festgelegten Achse in gleichmäßigem Verbund mit versetzten Fugen auf die Bettung zu verlegen oder in die Bettung zu versetzen …".

Dies ist stets der Fall, wenn die VOB/B in den Vertrag einbezogen wird, § 1 Abs. 1 Satz 2 VOB/B. Außerdem bergen die DIN 18299 ff. die Vermutung, dass sie die anerkannten Regeln der Technik wiedergeben (BGH, Urt. v. 24.5.2013 – V ZR 182/12), so dass auch ohne Einbeziehung der VOB/B die Leistungsinhalte bestimmt werden können. Die gewerkebezogenen DIN enthalten eine Vielzahl von Verweisungen auf andere DIN (EN) Normen, die den Vertragsinhalt ebenfalls bestimmen. Die Regelungsdichte dieser DIN ist außerordentlich hoch.

36 Die Beschaffenheit wird auch durch Pläne definiert, die der Vertragsvereinbarung zugrunde liegen oder die zu ihrem Gegenstand gemacht werden. Allgemein gilt zudem, was in §§ 3, 4 VOB/B ausdrücklich festgehalten ist. Die dem Auftragnehmer für die Ausführung übergebenen Unterlagen, z. B. Werkpläne, sind maßgebend, § 3 Abs. 3 VOB/B, wenn nichts anderes vereinbart ist. Noch nicht abschließend geklärt ist die Frage, ob die vom Unternehmer gefertigten Werkpläne zu einer Änderung der Beschaffenheitsvereinbarung führen, wenn sie die ursprünglich vereinbarte Beschaffenheit aus der Entwurfsplanung des Bestellers nicht abbilden, sondern ändern und vom Besteller genehmigt werden. Enthält der Vertrag eine Verpflichtung des Unternehmers, nur nach den genehmigten Werkplänen zu arbeiten, ist das für möglich gehalten worden (OLG Karlsruhe, Urt. v. 12.4.2016 – 8 U 174/14 mit ablehnender Besprechung von Rodemann, NZBau 2016, 25). Hat der Besteller ihm vorgelegten Pläne nicht freigegeben, ist es verneint worden (OLG Hamm, Urt. v. 12.4.2013 – 12 U 75/12). Im Grundsatz dürfte eine rechtsgeschäftliche Änderung nur dann in Betracht kommen, wenn der Besteller ein entsprechendes Erklärungsbewusstsein hat, also aus der Sicht des Unternehmers bewusst die geänderten Werkpläne als Änderung seiner Entwurfsplanung erkannt und genehmigt hat. In aller Regel wird das eine entsprechende Aufklärung des Bestellers erfordern.

b) Einhaltung der anerkannten Regeln der Technik

37 Der Unternehmer hat, auch ohne dass dies im Vertrag ausdrücklich geregelt sein müsste, grundsätzlich nach den anerkannten Regeln der Technik zu arbeiten. Auch soweit der Unternehmer verpflichtet ist, die Verkehrssicherheit zu gewährleisten, kann er sich mangels anderweitiger Vereinbarung an den anerkannten Regeln der Technik orientieren (BGH, Urt. v. 13.3.2001 – VI ZR 142/00).

aa) Begriff

38 Anerkannte Regeln der Technik sind diejenigen Regeln für den Entwurf und die Ausführung baulicher Anlagen, die in der technischen Wissenschaft als theoretisch richtig erkannt sind und feststehen sowie insbesondere in dem Kreis der für die Anwendung der betreffenden Regeln maßgeblichen, nach dem neuesten Erkenntnisstand vorgebildeten Techniker durchweg bekannt und aufgrund fortdauernder praktischer Erfahrung als technisch geeignet, angemessen und notwendig anerkannt sind (OLG Bamberg, Urt. v. 20.11.1998 – 6 U 19/98; OLG Hamm, Urt. v. 17.8.1990 – 26 U 180/89; Ingenstau/Korbion-Oppler, VOB/B § 4 Abs. 2 Rdn. 48; RG,

Sach- und Rechtsmangel **§ 633**

Urt. v. 11.10.1910 – IV 644/10; kritisch und sehr lesenswert der Beitrag von Zöller/Boldt, Anerkannte Regeln der Technik, Baurechtliche und -technische Themensammlung Heft 8, die sich insbesondere mit der Frage auseinandersetzen, dass die Praxisbewährung häufig nicht vorliegen kann). § 2 Nr. 12 HOAI (2009) definiert den Begriff allerdings mit „schriftlich fixierte Festlegungen von Verfahren, die nach herrschender Auffassung der beteiligten Fachleute, Verbraucher und der öffentlichen Hand geeignet sind, die Ermittlung der anrechenbaren Kosten nach der HOAI zu ermöglichen und die sich in der Praxis allgemein bewährt haben oder deren Bewährung nach herrschender Auffassung in überschaubarer Zeit bevorsteht". Diese für das Honorarrecht der Architekten und Ingenieure geltende, im Verfahren zur 6. HOAI-Novelle aus dem Hut gezauberte, mit der Wissenschaft nicht abgestimmte und mit der 7. HOAI-Novelle wieder entfallene Definition kann jedoch keine Anwendung für die anerkannten Regeln der Technik einer Herstellung finden. Das muss schon deshalb gelten, weil es nicht darauf ankommen kann, wann ein neuster Stand der wissenschaftlichen Anerkennung und fachlichen Bewährung schriftlich fixiert wird. Auf die schriftliche Fixierung kann es nicht ankommen, weil anderweitig Unternehmer gezwungen würden, nach überholten Methoden oder mit alten Baustoffen zu arbeiten, weil die neuen Methoden noch nicht schriftlich fixiert sind. Darüber hinaus ist nicht recht nachvollziehbar, warum Verbraucher und die öffentliche Hand einen besonderen Einfluss auf die Entscheidung nehmen sollten, ob eine anerkannte Regel der Technik vorliegt.

In der Praxis erweist es sich häufig als schwierig, im Einzelfall die für die Bauausführung **39** maßgeblichen anerkannten Regeln der Technik zu bestimmen. Regelwerke für die gewerkespezifische Ausführung bergen die widerlegliche Vermutung, dass sie den anerkannten Stand der Technik wiedergeben (BGH, Urt. v. 24.5.2013 – V ZR 182/12; OLG Hamm, Urt. v. 13.4.1994 – 12 U 171/93; OLG Stuttgart, Urt. v. 26.8.1976 – 10 U 35/76), womit die anerkannten Regeln der Technik gemeint sein dürften. Ob es sich um derartige Regelwerke handelt, muss im Streitfall im Wege der Beweisaufnahme ermittelt werden (so für das Regelwerk handwerklicher Holztreppen bejaht nach Einholung eines Sachverständigengutachtens; im Revisionsverfahren war der Bundesgerichtshof an die entsprechenden Feststellungen gebunden, vgl. BGH, Urt. v. 7.3.2013 – VII ZR 134/12). Dazu gehören DIN-Normen wie die VOB/C, die Einheitlichen Technischen Baubestimmungen des Instituts für Bautechnik, die Richtlinie des VDI, die VDE-Bestimmungen, die Flachdachrichtlinien usw.

Vereinbarungen, die den Standard der anerkannten Regeln der Technik erhöhen, gehen **40** vor. Solche Vereinbarungen müssen nicht ausdrücklich getroffen worden sein. Auch aus den Umständen kann sich eine Vereinbarung ergeben, die eine höhere Qualität der Ausführung vorsieht, als sie in DIN geregelt ist. Bezieht sich eine DIN auf einen bestimmten Qualitätsstandard, ist sie nicht maßgebend für einen höheren Standard. Das hat der Bundesgerichtshof am Beispiel der DIN 4109 entwickelt (BGH, Urt. v. 14.6.2007 – VII ZR 45/06), vgl. → Rdn. 46. Sehen DIN einen Spielraum für den Einzelfall vor, so kommt es auf die Umstände des Einzelfalles an, welche Ausführung zu wählen ist. So kann im hochwertigen Wohnungseigentum der nach DIN 18065 mögliche Spielraum eines Schrittmaßes von 59 bis 65 cm die Wahl eines Schrittmaßes von 63 cm erfordern, wenn damit den berechtigten Komfortansprüchen des Bestellers entsprochen wird. Ein Schrittmaß von 59 cm kann dann mangelhaft sein (OLG Brandenburg Urt. v. 26.9.2013 – 12 U 115/12). Die Entscheidung ist allerdings zweifelhaft. Denn der Spielraum der DIN für das Schrittmaß dürfte dem Umstand geschuldet sein, dass dieses von den sonstigen Bauumständen abhängt, die in dem einen Fall ein engeres im anderen Fall ein weiteres Schrittmaß erfordern. Hingegen ergeben sich keine Anhaltspunkte dafür, dass das wohlmöglich auch individuelle Wohlbefinden beim Treppengehen eine Rolle spielen sollte.

Anerkannte Regeln der Technik können auch ungeschriebenen, allein mündlich über- **41** lieferten Erfahrungsregeln folgen (BGH, Urt. v. 21.11.2013 – VII ZR 275/12). Geschriebene Regelwerke können darüber hinaus durch neue Entwicklungen überholt sein, so dass sie nicht mehr den zur Zeit der Abnahme geltenden allgemein anerkannten Regeln der Technik entsprechen (vgl. dazu Pause, FS Koeble, S. 177, 180). Regelwerke sind darüber hinaus häufig nicht eindeutig. Sie können Schwierigkeiten bereiten, weil sie nicht klar sind und einer fachlichen Auslegung bedürfen, die ohne die Hilfe eines Sachverständigen nicht möglich ist. Dem Sachverständigen stehen Möglichkeiten zur Verfügung, die anerkannte Regel der Technik zu verifizieren. Das sind: eigene Untersuchungen (z.B. Baustoffprüfungen, Labortests, Berechnungen), Untersuchung und Auswertung von Schadensfällen, umfassende Literaturauswertung, Analyse von Statistiken, fachlicher Erfahrungsaustausch, evtl. mit dem Vorbehalt fehlender Repräsentanz, auch Befragung von Fachleuten und Meinungsumfragen (nach Seibel, BauR 2014, 909, 913). Da auch die Sachverständigen sich häufig nicht einig sind, ist die Auslegung

Jurgeleit

§ 633

von Regelwerken manchmal mit einigen Unsicherheiten versehen. Der Bundesgerichtshof hat einige Regeln aufgestellt, die für diese Auslegung gelten (vgl. BGH, Urt. v. 17.6.2004 – VII ZR 75/03).

bb) Bedeutung

42 Der Unternehmer verpflichtet sich, üblicherweise stillschweigend, bei Vertragsschluss, das Werk so herzustellen, dass es jedenfalls den anerkannten Regeln der Technik entspricht (BGH, Urt. v. 14.5.1998 – VII ZR 184/97; Urt. v. 10.7.2014 – VII ZR 55/13). Die Beachtung der anerkannten Regeln der Technik wird unabhängig davon geschuldet, ob öffentlich-rechtlich geringere Anforderungen an die Bauausführung gestellt werden. Der Umstand, dass ein Bauwerk öffentlich-rechtlich zulässig ist und genutzt werden darf, ändert nichts daran, dass der Unternehmer die sich in den anerkannten Regeln der Technik widerspiegelnden üblichen (höheren) Qualitäts- und Sicherheitsanforderungen einzuhalten hat (BGH, Urt. v. 14.11.2017 – VII ZR 65/14 Rn. 24). Im Zuge der Schuldrechtsmodernisierung hat diese Rechtsprechung keinen Eingang in das Gesetz gefunden, da der Gesetzgeber eine Regelung für entbehrlich hielt. Denn auch ohne diese Regelung sei es nicht zweifelhaft, dass der Unternehmer grundsätzlich verpflichtet sei, die anerkannten Regeln der Technik zu beachten. Es gebe jedoch Fälle, in denen ein Werk mangelhaft sein könne, obwohl die anerkannten Regeln der Technik eingehalten seien. Das Risiko, dass sich die anerkannten Regeln der Technik als unzulänglich erwiesen, trage der Unternehmer. Daran wolle das Gesetz nichts ändern (RegEntw., BR-Drucks. 338/01, S. 617).

43 Ein Sachmangel kann aber selbst dann vorliegen, wenn das Werk den anerkannten Regeln entspricht, sich jedoch nicht für den nach dem Vertrag vorausgesetzten oder gewöhnlichen Verwendungszweck eignet (vgl. dazu BGH, Urt. v. 9.7.2002 – X ZR 242/99; Urt. v. 15.10.2002 – X ZR 69/01; Urt. v. 20.11.1986 – VII ZR 360/85; Urt. v. 17.5.1984 – VII ZR 169/82). In diesen Fällen ist die Leistung mangelhaft, obwohl die anerkannten Regeln der Technik eingehalten sind. Das liegt dann schlicht daran, dass die anerkannten Regeln der Technik fehlerhaft sind. Die entsprechende Bauweise ist also für den jeweiligen Fall zu Unrecht anerkannt. Sie kann die nach dem Vertrag vorausgesetzte Funktion nicht erfüllen. Im Rahmen der verschuldensunabhängigen Mängelhaftung trägt der Unternehmer dieses Risiko, → Rdn. 62. Er muss nacherfüllen, auch wenn ihn kein Verschulden trifft.

cc) Zeitpunkt

44 Nach der Rechtsprechung des BGH bezieht sich das stillschweigende Versprechen des Unternehmers, nach den anerkannten Regeln der Technik zu arbeiten, auf den Stand der anerkannten Regeln der Technik zur Zeit der Abnahme. In diesem Fall ist der Unternehmer grundsätzlich verpflichtet, auch bereits erbrachte Bauleistungen zu ändern, wenn sie nicht den anerkannten Regeln der Technik zum Zeitpunkt der Abnahme entsprechen, und zwar auch dann, wenn der Unternehmer die zum Zeitpunkt des Vertragsschlusses geltenden anerkannten Regeln der Technik eingehalten hat und auch nicht voraussehen konnte, dass sie sich ändern (BGH, Urt. v. 14.11.2017 – VII ZR 65/14 Rn. 25 zum VOB/B-Vertrag; Urt. v. 14.5.1998 – VII ZR 184/97 zum BGB-Vertrag). Diese Auffassung leitet sich aus der Idee her, der Vertrag über Baumaßnahmen sei ein auf punktuellen Austausch gerichteter Werkvertrag, so dass es nur darauf ankäme, was im Zeitpunkt der Abnahme abzuliefern bzw. im Sinne des § 633 Abs. 1 BGB zu verschaffen sei. Für den VOB/B-Vertrag bestimmt § 13 Abs. 1 Satz 2 VOB/B ausdrücklich, dass die Leistung zur Zeit der Abnahme frei von Sachmängeln ist, wenn sie die vereinbarte Beschaffenheit hat und den anerkannten Regeln der Technik entspricht. Der BGH hat diesen Ansatz auf den BGB-Vertrag übertragen (zur Kritik s. Vorauflage Rn. 25).

45 Mit dieser Rechtsprechung geht das Problem der Störung des bauvertraglichen Synallagmas einher. Der Unternehmer ist verpflichtet, Leistungen zur Herstellung des Werks im Zeitpunkt der Abnahme zu erbringen, die im Zeitpunkt des Vertragsschlusses nicht Gegenstand der Vergütungsvereinbarung waren. Muss also der Vergütungsanspruch des Unternehmers angepasst werden? Wenn ja, liegt die Kombination aus modifiziertem Herstellungs- und angepasstem Vergütungsanspruch nicht zwingend im Interesse des Bestellers, der mit einem bestimmten Budget das Werk herstellen lassen wollte und sich nunmehr Mehrkosten ausgesetzt sieht, die er ggf. nicht finanzieren kann oder die die Wirtschaftlichkeit des Projekts in Frage stellen. Deshalb hat der Bundesgerichtshof nachfolgendes Modell entwickelt, das die divergierenden Interessen einem gerechten Ausgleich zuführt.

46 In einem ersten Schritt (BGH, Urt. v. 14.11.2017 – VII ZR 65/14 Rn. 26–28) ist der Besteller, der grundsätzlich über entsprechende fachliche Kenntnisse nicht verfügt, über die neue

Sach- und Rechtsmangel **§ 633**

Sachlage hinreichend zu informieren. Dementsprechend hat der Unternehmer den Besteller über die Änderung und die damit verbundenen Konsequenzen und Risiken für die Bauausführung zu informieren, es sei denn, diese sind dem Auftraggeber bekannt oder ergeben sich ohne Weiteres aus den Umständen. Ist der Besteller hinreichend informiert, führt ein nach beiden Seiten hin interessengerechtes Verständnis des Bauvertrags unter Berücksichtigung von Treu und Glauben regelmäßig dazu, dass für den Auftraggeber zwei Optionen bestehen:

Der Auftraggeber kann zum einen die Einhaltung der neuen allgemein anerkannten Regeln der Technik verlangen mit der Folge, dass ein aufwändigeres Verfahren zur Herstellung des Werks erforderlich werden kann, als im Zeitpunkt des Vertragsschlusses von den Parteien vorgesehen, oder dass ein bereits erstelltes Bauwerk für die Abnahme noch ertüchtigt werden muss, was ggf. zu Mehrkosten führt.

Der Auftraggeber kann zum anderen von einer Einhaltung der neuen allgemein anerkannten Regeln der Technik und damit von einer etwaigen Verteuerung des Bauvorhabens absehen. Das entspricht einer Beschaffenheitsvereinbarung, die hinter den anerkannten Regeln der Technik zurückbleibt (s. dazu Rn. 45).

Entscheidet sich der Besteller für die Beachtung der neuen anerkannten Regeln der Technik, **47** ist hinsichtlich der Auswirkungen auf den Vergütungsanspruch zu unterscheiden (vgl. BGH, Urt. v. 14.11.2017 – VII ZR 65/14 Rn. 37 f.):

Haben die Parteien neben dem Werkerfolg eine bestimmte Herstellungsart nach Vorgaben des Bestellers ausdrücklich vereinbart, so wird regelmäßig nur diese durch die Vergütungsvereinbarung abgegolten. Schuldet der Unternehmer zur Erreichung des vereinbarten Werkerfolgs zusätzlichen Herstellungsaufwand, der nicht von der Vergütung erfasst ist, ist das rechtsgeschäftlich festgelegte Äquivalenzverhältnis zwischen Leistung und Gegenleistung gestört. Im Rahmen eines Vertrags, in den die VOB/B (2006) einbezogen ist, schaffen die Regelungen in § 1 Nr. 3 und 4, § 2 Nr. 5 und 6 VOB/B (2006) hierfür einen Ausgleich. Im Rahme eines BGB-Vertrags gelten §§ 650b, 650c BGB.

Liegen in einem solchen Fall die Voraussetzungen für einen Anspruch auf Vorschuss der im Rahmen einer Ersatzvornahme voraussichtlich anfallenden Mängelbeseitigungskosten vor, sind die Kosten für den zusätzlichen Herstellungsaufwand im Rahmen von Sowieso-Kosten zu berücksichtigen. Als Sowieso-Kosten sind danach diejenigen Mehrkosten zu berücksichtigen, um die das Werk bei ordnungsgemäßer Ausführung von vornherein teurer geworden wäre.

Gleiches gilt, wenn bei der Bestimmung des geschuldeten Werkerfolgs eine vor Abnahme **48** eingetretene Änderung der allgemein anerkannten Regeln der Technik zu berücksichtigen ist und der zur Erreichung des Werkerfolgs erforderliche zusätzliche Herstellungsaufwand nicht von der vereinbarten Vergütung erfasst ist. Auch in diesem Fall sind die hierfür anfallenden Kosten gemäß § 1 Nr. 3 und 4, § 2 Nr. 5 und 6 VOB/B (2006) oder §§ 650b, 650c BGB oder unter dem Gesichtspunkt der Sowieso-Kosten vom Besteller zu tragen.

Höchstrichterlich nicht geklärt ist damit nur die Behandlung des Globalpauschalvertrags. Bei **49** diesem Vertrag trägt der Unternehmer das Risiko der Unüberschaubarkeit der Einzelleistungen, und damit auch der Umsetzung der im Zeitpunkt der Abnahme geltenden anerkannten Regeln der Technik. Damit ist von dem Pauschalpreis auch eine Vergütung hierfür erfasst, das Äquivalenzverhältnis also nicht gestört. Eine Anpassung des Vertrags nach § 313 Abs. 1 BGB kommt wegen der vertraglichen Risikoübernahme grundsätzlich nicht in Betracht (BGH, Urt. v. 21.2.2014 – V ZR 176/12 Rn. 25 m. w. N.).

dd) Abweichende Vereinbarung

Die Parteien können bei Vertragsschluss eine Vereinbarung treffen, nach der die Bauaus- **50** führung hinter den aktuellen oder den künftigen allgemein anerkannten Regeln der Technik, soweit deren Einführung bereits absehbar ist, zurückbleibt. Dies erfordert, dass der Auftragnehmer den Auftraggeber auf die Bedeutung der allgemein anerkannten Regeln der Technik und die mit der Nichteinhaltung verbundenen Konsequenzen und Risiken hinweist, es sei denn, diese sind dem Auftraggeber bekannt oder ergeben sich ohne Weiteres aus den Umständen. Ohne eine entsprechende Kenntnis kommt eine rechtsgeschäftliche Zustimmung des Auftraggebers zu einer hinter den allgemein anerkannten Regeln der Technik zurückbleibenden Ausführung regelmäßig nicht in Betracht (BGH, Urt. v. 14.11.2017 – VII ZR 65/14 Rn. 29). Das gilt insbesondere in den Fällen, in denen der Unternehmer nicht erprobte und bewährte neue Baustoffe oder Bauweisen anwenden will. Ohne eine entsprechende Aufklärung kommt eine rechtsgeschäftliche Zustimmung dazu, dass abweichend von den anerkannten Regeln der

§ 633

Technik gearbeitet wird, regelmäßig nicht in Betracht (BGH, Urt. v. 4.6.2009 – VII ZR 54/07; Urt. v. 7.3.2013 – VII ZR 134/12; Urt. v. 14.11.2017 – VII ZR 65/14).

Die Parteien können eine solche Vereinbarung auch nach Vertragsschluss treffen (BGH, Urt. v. 14.11.2017 – VII ZR 65/14 Rn. 29).

Im Hinblick darauf, dass ohne eine abweichende Erklärung der Unternehmer die Einhaltung der anerkannten Regeln der Technik stillschweigend zusichert, kann eine solche Vereinbarung nur ausdrücklich erfolgen.

ee) Schallschutz im Wohnungsbau

51 Ein plastischer Anwendungsfall der soeben erörterten Grundsätze zu den anerkannten Regeln der Technik ist der Schallschutz im Wohnungsbau. Die Rechtsprechung hat klargestellt, dass es in erster Linie auf die vertragliche Vereinbarung ankommt. Sie hat weiter herausgestellt, dass der vertraglichen Vereinbarung über einen Schallschutz die stillschweigende Zusicherung entnommen werden kann, die anerkannten Regeln der Technik einzuhalten. Fällt der vertraglich vorgesehene Schallschutz unter die Schalldämmwerte zurück, die nach den anerkannten Regeln der Technik geschuldet sind, so kann diese Vereinbarung nur Geltung erlangen, wenn der Unternehmer darüber und über die damit verbundenen Nachteile aufgeklärt hat. Ist das nicht geschehen, so muss er die anerkannten Regeln der Technik einhalten (BGH, Urt. v. 14.6.2007 – VII ZR 45/06 und Urt. v. 4.6.2009 – VII ZR 54/07). Eine besondere Nuance erhält diese Rechtsprechung dadurch, dass die DIN 4109 in der dem Urteil zugrunde liegenden Fassung in ihren sich aus Beiblatt 1 ergebenden Werten entgegen einer häufig von Sachverständigen vertretenen Meinung keine anerkannte Regeln der Technik für die Errichtung von Bauwerken mit üblichem Qualitäts- und Komfortstandard darstellt.

52 Danach gilt: Wird für die Errichtung von Wohnbauten ein üblicher Qualitäts- und Komfortstandard geschuldet, muss sich das einzuhaltende Schalldämm-Maß an dieser Vereinbarung orientieren. Der Unternehmer muss einen Schallschutz herstellen, der einen üblichen Qualitäts- und Komfortstandard gewährleistet. Dieser wurde in der Regel nicht durch die Schalldämm-Maße der DIN 4109 in der damaligen Fassung erreicht. Diese Schalldämm-Maße können nicht herangezogen werden, weil sie lediglich Mindestanforderungen zur Vermeidung von unzumutbarer Belästigungen betreffen. Anhaltspunkte für ein dem üblichen Qualitäts- und Komfortstandard entsprechenden Schallschutz können aus den Regelwerken die Schallschutzstufen II und III der VDI-Richtlinie 4100 aus dem Jahre 1994 (dazu OLG Schleswig, Urt. v. 27.3.2015 – 1 U 87/10) oder das Beiblatt 2 zu DIN 4109 liefern (BGH, Urt. v. 14.6.2007 – VII ZR 45/06; zum Vorschlag DEGA: Pause, Rdn. 657). Das gilt sowohl für den Fall, dass der Vertrag nicht auf die DIN 4109 Bezug nimmt, als auch für den Fall, dass diese DIN Gegenstand der Vereinbarung ist. Der Umstand, dass im Vertrag auf eine „Schalldämmung nach DIN 4109" Bezug genommen ist, lässt schon deshalb nicht die Annahme zu, es seien lediglich die Mindestmaße der DIN 4109 vereinbart, weil diese Werte in der Regel keine anerkannten Regeln der Technik für die Herstellung des Schallschutzes in Wohnungen sind, die üblichen Qualitäts- und Komfortstandards genügen, und der Unternehmer verpflichtet ist, nach den anerkannten Regeln der Technik zu arbeiten, wenn er nicht nach der gebotenen Aufklärung eine Vereinbarung darüber herbeiführt, dass auf deren Einhaltung verzichtet wird (BGH, Urt. v. 4.6.2009 – VII ZR 54/07). Inwieweit die mittlerweile geänderte DIN 4109 eine abweichende Beurteilung erfordert, ist noch nicht Gegenstand der Rechtsprechung gewesen.

53 Unabhängig davon ist zu beachten, dass diejenigen über den anerkannten Regeln der Technik liegenden Schalldämm-Maße geschuldet sind, die durch die vereinbarte Bauweise bei einwandfreier, den anerkannten Regeln der Technik entsprechender Bauausführung erreicht werden. Bei gleichwertigen, nach den anerkannten Regeln der Technik möglichen Bauweisen darf der Besteller angesichts der hohen Bedeutung des Schallschutzes im modernen Haus- und Wohnungsbau erwarten, dass der Unternehmer jedenfalls dann diejenige Bauweise wählt, die den besseren Schallschutz erbringt, wenn sie ohne nennenswerten Mehraufwand möglich ist (BGH, Urt. v. 14.6.2007 – VII ZR 45/06). Dieser Aspekt der grundlegenden Entscheidung des Bundesgerichtshofs wird in der forensischen Auseinandersetzung häufig zu Unrecht vernachlässigt. Er besagt, dass die Schalldämmwerte einzuhalten sind, die sich ergeben hätten, wenn der Unternehmer die von ihm gewählte Bauausführung ordentlich erledigt hätte. Es erübrigt sich dann ein langwieriger Streit darüber, welche Werte nach den anerkannten Regeln der Technik einzuhalten gewesen wären. Hätte die Bauleistung bei ordnungsgemäßer Ausführung einen hochwertigen Schallschutz erbracht, so ist dieser geschuldet. Den meisten Schallschutzstreitigkeiten liegen Ausführungsfehler zugrunde, die Schallbrücken verursachen.

Sach- und Rechtsmangel **§ 633**

Leider hat der Bundesgerichtshof diese Auslegungsregeln für Bauverträge nicht auch auf **54** Mietverträge angewandt, so dass eine Mietwohnung nicht mangelhaft vermietet ist, wenn die für die Bauerrichtung geschuldeten Werte nicht eingehalten sind. Es reicht aus, dass die Schalldämm-Maße der DIN 4109 eingehalten sind, die zum Zeitpunkt der Errichtung des Bauwerks galten (BGH, Urt. v. 7.7.2010 – VIII ZR 85/09; Urt. v. 27.2.2015 – V ZR 73/14). Gleiches gilt im Verhältnis der Wohnungseigentümer untereinander für den Fall, dass eine Wohnung nachträglich renoviert wird. Führt das zu einer Verminderung des bisherigen Schallschutzes, kann der beeinträchtigte Wohnungseigentümer keine Rechte daraus herleiten, wenn der zur Zeit der Errichtung maßgebliche Schallschutz eingehalten wird. Es gibt keinen allgemeinen Anspruch auf Beibehaltung eines vorhandenen, die Mindestanforderungen überschreitenden Trittschallschutzes (BGH, Urt. v. 1.6.2012 – V ZR 195/11). Noch weiter geht der BGH in seiner letzten Entscheidung: Wird der in einer Eigentumswohnung vorhandene Bodenbelag (hier: Teppichboden) durch einen anderen (hier: Parkett) ersetzt, richtet sich der zu gewährende Schallschutz grundsätzlich nach der zur Zeit der Errichtung des Gebäudes geltenden Ausgabe der DIN 4109; ein höheres einzuhaltendes Schallschutzniveau kann sich zwar aus der Gemeinschaftsordnung ergeben, nicht aber aus einem besonderen Gepräge der Wohnanlage (BGH, Urt. v. 27.2.2015 – V ZR 73/14 insoweit unter Aufgabe des Senatsurteils vom 1.6.2012 – V ZR 195/11). Diese Entscheidung lässt eine merkwürdige DIN-Gläubigkeit der BGH-Richter erkennen, obwohl mehrfach zum Ausdruck gekommen und offensichtlich ist, dass die DIN 4109 die Bedürfnisse der Nutzer nicht ausreichend beachtet, soweit es um üblichen qualitätsorientierten Wohnungsbau geht. Dass bei einer Renovierung/Sanierung keine Rücksicht auf das Niveau der Wohnanlage zu nehmen sein soll, erscheint unverständlich und kann kaum belastbar damit begründet werden, die Feststellung des Niveaus sei schwierig und mit Unwägbarkeiten belastet. Das gilt für alle nicht näher beschriebenen Qualitätsanforderungen, die auch sonst nach allgemeinen Auslegungskriterien zu bestimmen sind.

c) Herstellerrichtlinien

In Prozessen machen Unternehmer immer wieder geltend, ihre Ausführung von bestimmten **55** Gewerken oder Teilen davon entspräche genau den Herstelleranweisungen und könnten deshalb nicht mangelhaft sein. Dieser Hinweis ist von vornherein unbeachtlich, wenn das Werk nicht funktionstauglich ist. Ebenso wie der Unternehmer sich in diesem Fall nicht darauf berufen kann, er habe die anerkannten Regeln der Technik eingehalten, entlastet es ihn nicht, dass er die Herstellerrichtlinien beachtet hat (vgl. BGH, Urt. v. 10.11.2005 – VII ZR 147/04). Maßgeblich ist allein, dass er ein funktionstaugliches Werk schuldet, vgl. dazu → Rdn. 62. Ansonsten gehen einer Herstelleranweisung grundsätzlich auch die anerkannten Regeln der Technik vor. Es ist nicht in allen Fällen gewährleistet, dass die Herstellerrichtlinien mit diesem Standard konform gehen. Zu klären ist allerdings sorgfältig, ob eine anerkannte Regel der Technik durch neue Herstellungstechniken, die von der Wissenschaft anerkannt sind und die sich in der Praxis bewährt haben, modifiziert worden ist. Allein der Umstand, dass eine DIN existiert, ist nicht maßgeblich. DIN-Normen bergen lediglich die Vermutung, dass sie die anerkannten Regeln der Technik wiedergeben. Diese Vermutung ist jederzeit widerlegbar (BGH, Urt. v. 24.5.2013 – V ZR 182/12; OLG Hamm, Urt. v. 13.4.1994 – 12 U 171/93; OLG Stuttgart, Urt. v. 26.8.1976 – 10 U 35/76). Ansonsten ist mit der Verwendung eines bestimmten Produktes regelmäßig vereinbart, dass der Unternehmer sich nach den Herstellerrichtlinien richtet und diese insbesondere insoweit beachtet, als sie die Funktion des Produktes gewährleisten sollen. Eine Abweichung von den Herstellerrichtlinien ist auch dann als Mangel zu beurteilen, wenn sie dazu führt, dass Risiken des Produkts erhöht werden und die Herstellergarantie verloren geht (OLG Brandenburg, Urt. v. 15.6.2011 – 4 U 144/10). Herstellerrichtlinien, die ein anderes ähnliches Produkt beschreiben, sind nicht ohne weiteres anwendbar, wenn die Abweichung des Produkts einer Anwendung der Herstellerrichtlinie entgegensteht (BGH, Urt. v. 21.4.2011 – VII ZR 130/10: Herstellerrichtlinie zur Anbringung der Beschläge betrifft die Herstellung von schweren Fenstern, eingebaut werden deutlich leichtere Fenster). Herstellerrichtlinien, die die Verkehrssicherheit des Produktes betreffen, sind auch dann zu beachten, wenn durch andere Hersteller geringere Anforderungen gestellt werden. Das gilt selbst dann, wenn der Hersteller seine Richtlinien nur denjenigen Fachfirmen zukommen lässt, mit denen er eine Lizenzvereinbarung getroffen hat und andere Unternehmer deshalb Schwierigkeiten haben, die Richtlinien zu beschaffen. Denn der Besteller kann erwarten, dass der Unternehmer sich nach diesen Richtlinien richtet, wenn er etwas anderes nicht vereinbart hat. Diese Grundsätze gelten nicht nur für einen Wartungsvertrag (BGH, Urt. v. 23.7.2009 – VII ZR 164/08), sondern allgemein.

Jurgeleit

§ 633 Sach- und Rechtsmangel

56 Inwieweit die Einhaltung anderer Herstellerrichtlinien, die nicht die Funktion und auch nicht die Sicherheit des Produkts betreffen, zum Vertragsinhalt geworden ist, hängt von den Umständen ab. Die Parteien können ausdrücklich oder konkludent die Einhaltung der Herstellerrichtlinie als geschuldete Beschaffenheit vereinbaren (vgl. OLG Schleswig, Urt. v. 12.8.2004 – 7 U 23/99). Eine konkludente Vereinbarung wird allerdings ohne besondere Umstände nicht häufig sein (vgl. Seibel BauR 2012, 1025, 1030; OLG Köln BauR 2013, 257f.; ohne Risikoerhöhung kein Mangel bei Einhaltung der anerkannten Regeln der Technik: OLG Köln MDR 2006, 147). Denn der Besteller legt in der Regel keinen Wert auf die Einhaltung von Verarbeitungsrichtlinien, sondern auf den dadurch erzielten Erfolg. Dieser kann auch durch eine andere Verarbeitung gewährleistet sein. So kann, obwohl die vom Hersteller empfohlene Spachtelstärke von 3 bis 5 mm nicht eingehalten ist, eine Fassadenspachtelung mangelfrei sein, wenn sie zu dem vereinbarten Gesamtbild führt, die anerkannten Regeln der Technik eingehalten sind und die vereinbarte Funktion erfüllt ist (OLG Jena, Urt. v. 27.7.2006 – 1 U 897/04; vgl. aber auch OLG Schleswig, Urt. v. 31.7.2009 – 3 U 80/08 zu dem Fall, dass die Herstellerrichtlinie sich nicht auf die vorgenommenen Arbeiten bezieht). Dient die Richtlinie dazu, bestimmte Risiken abzuwenden, so dürfte ein Mangel vorliegen, wenn das Risiko infolge Nichtbeachtung besteht und sich auf die Gebrauchsfähigkeit des Werks auswirken kann (Zu Sicherheitsrisiken vgl. BGH, Urt. v. 23.7.2009 – VII ZR 164/08; OLG Köln, Urt. v. 20.7.2005 – 11 U 96/04; OLG Köln Urt. v. 22.9.2004 – 11 U 93/01 (Dickbeschichtung); OLG Frankfurt Urt. v. 15.6.2012 – 2 U 205/11 (Empfehlung einer doppelten Gewebespachtelung zur Vermeidung von Rissen im Oberputz); OLG Brandenburg Urt. v. 15.6.2011 – 4 U 144/10: gleichzeitiger Verlust der Herstellergarantie; OLG Dresden Urt. v. 26.1.2012 – 9 U 494/09: Vermutung für einen Mangel, wegen der damit einhergehenden Risikoerhöhung, wenn Herstellerrichtlinie nicht beachtet wird; es dürfte aber auf den Zweck der Herstellerrichtlinie ankommen). Die Missachtung einer Herstellerrichtlinie birgt allerdings nicht die Vermutung, das Werk sei nicht nach den anerkannten Regeln der Technik errichtet. Denn es gibt keinen Rechtssatz, dass Herstellerrichtlinien den anerkannten Regeln der Technik gleichstehen. Dazu sind Herstellerrichtlinien nicht geeignet, sie sollen nur die vom Hersteller bezweckte Funktionalität sichern und nicht gewährleisten, dass das Produkt nach den anerkannten Regeln der Technik verwendet wird (a. A. Seibel BauR 2012, 1025, 1032).

d) Sonstige Verpflichtungen

57 Der Unternehmer hat die gesetzlichen und behördlichen Bestimmungen (eingehend dazu Reichert/Wedemeyer, BauR 2013, 1ff.) zu beachten, vgl. auch § 4 Abs. 2 Nr. 1 VOB/B. Darunter fallen alle Regelungen des privaten und öffentlichen Rechts, wie beispielsweise die Bauordnungen der Länder, Brandschutzvorschriften, das Wasserhaushaltsgesetz, das Bundesimmissionsschutzgesetz sowie die Wärmeschutzverordnung oder die Energieeinsparverordnung (OLG Düsseldorf, Urt. v. 23.10.2015; OLG Brandenburg, Urt. v. 2.10.2008 – 12 U 92/08). Ein Mangel kann z. B. vorliegen, wenn die nach der Bauordnung notwendige allgemeine baurechtliche Zulassung für Bauprodukte fehlt und auch kein Zulassung im Einzelfall vorliegt (OLG Stuttgart, Urt. v. 31.3.2015 – 10 U 46/14 für WDVS; zu A. für den Fall fehlender CE-Kennzeichnung OLG Oldenburg, Urt. v. 4.9.2018 – 2 U 58/18 Rn. 51). Der Unternehmer muss auch die erteilte Baugenehmigung und die darin etwa enthaltenen Auflagen einhalten (BGH, Urt. v. 8.2.1998 – VII ZR 170/96). Zu den geschuldeten Leistungen gehören Qualitätsnachweise, Bedienungsanleitungen, Dokumentationen und Entsorgungshinweise, soweit das vereinbart ist (BGH, Urt. v. 29.6.1993 – X ZR 60/92). Im Verbraucherbauvertrag gilt die Sonderregelung des § 650n, wonach der Bauunternehmer auch ohne gesonderte Vereinbarung die zur Vorlage beim Bauordnungsamt notwendigen Unterlagen herauszugeben hat, vgl. dort § 650n BGB.

e) Ungeregelte Qualitätsmerkmale

58 Enthält der Vertrag keine Angaben zu bestimmten Ausführungsmodalitäten, zu Bauteilen, Stoffen und Materialien, so bedeutet das nicht, dass insoweit keine Beschaffenheit vereinbart ist. Anhand der sonstigen Umstände des Vertrages ist zu ermitteln, ob die Parteien konkludent eine bestimmte Beschaffenheit vereinbart haben (BGH, Urt. v. 25.6.2015 – VII ZR 220/14). Aus den gesamten Vertragsmerkmalen können sich Anhaltspunkte ergeben, welcher Qualität vergleichbare Stoffe, Materialien usw. entsprechen müssen. Bestimmte Qualitäten können sich also nicht nur aus dem Vertragstext (OLG Düsseldorf, BauR 2010, 1594 – „seniorengerechtes Wohnen"; vgl. auch OLG Karlsruhe, Urt. v. 29.5.2009 – 4 U 160/08 „barrierefreien Zugang"), sondern auch aus sonstigen vertragsbegleitenden Umständen (BGH, Urt. v. 25.10.2007 – VII ZR 205/06 – Bauträgerprospekt), den konkreten Verhältnissen des Bauwerks (BGH, Urt.

Sach- und Rechtsmangel **§ 633**

v. 25.6.1987 – VII ZR 107/86 – Universitätsbibliothek; Urt. v. 22.4.1993 – VII ZR 118/92 – Sonderfarben; Urt. v. 21.11.2013 – VII ZR 275/12 – Gefälle; Urt. v. 4.6.2009 – VII ZR 54/07 – Schallschutz II; Urt. v. 14.6.2007 – VII ZR 45/06 – Schallschutz I) und seines Umfelds, dem qualitativen Zuschnitt des gesamten Bauvorhabens (OLG Düsseldorf BauR 2014, 113 – „ruhige Wohnlage"; OLG München BauR 2011, 1505 – Gartenzugang bei „großzügigen Privatgärten"), dem architektonischen Anspruch (OLG München, Urt. v. 22.5.2007 – 9 U 3081/06 – Abstand von Garagenbauteilen einer Tiefgarage und Fahrzeugen) und der Zweckbestimmung des Gebäudes ergeben (BGH, Urt. v. 11.11.1999 – VII ZR 403/98 – Produktionshallendach; BGH, Urt. v. 25.6.2015 – VII ZR 220/14). In die Beurteilung kann auch der Preis einbezogen werden. Jedoch darf aus der Annahme eines preiswerten Angebots nicht der Schluss gezogen werden, der Besteller sei mit einer wesentlichen Funktionseinschränkung einverstanden (BGH, Urt. v. 11.11.1999 – VII ZR 403/98 – Produktionshallendach; Urt. v. 13.12.1973 – VII ZR 89/71). Die gleichen Grundsätze gelten für die Altbausanierung. Verspricht der Veräußerer eines Altbaus z.B. eine Sanierung bis auf die Grundmauern, darf der Erwerber dies grundsätzlich dahin verstehen, dass der Veräußerer zu diesem Zweck im Rahmen des technisch Möglichen die Maßnahmen angewandt hat, die erforderlich sind, um den Stand der anerkannten Regeln der Technik zu gewährleisten. Etwas anderes kann sich ergeben, wenn die berechtigte Erwartung des Erwerbers unter Berücksichtigung der gesamten Vertragsumstände, insbesondere des konkreten Vertragsgegenstands und der jeweiligen Gegebenheiten des Bauwerks darauf nicht gerichtet ist (BGH, Urt. v. 16.12.2004 – VII ZR 257/03 – Kellerabdichtung). Entspricht ein versprochenes Bauwerk dem üblichen Qualitäts- und Komfortstandard, kann der Besteller in der Regel auch die Ausführung nicht näher beschriebener Details in diesem Standard verlangen und muss sich nicht mit einem Mindeststandard zufrieden geben (BGH, Urt. v. 21.11.2013 – VII ZR 275/12 – Gefälle).

Beispiel: Ob ein Eingangshof ein Gefälle haben muss, so dass es nicht zu übermäßigen Schmutzbildungen durch Wasserrückstände kommt und im Winter auch keine erhöhte Vereisungsgefahr besteht, bestimmt sich auch nach dem Qualitätsstandard des Bauwerks, wenn das Gefälle nicht – wie es nahe liegt – bereits durch die anerkannten Regeln der Technik vorgegeben ist (BGH, Urt. v. 21.11.2013 – VII ZR 275/12).

Kommt die Auslegung über die Qualitätsmerkmale zu keinem klaren Ergebnis, ist in der **59** Regel anzunehmen, dass das Werk diejenigen Qualitätsmerkmale haben muss, die auch vergleichbare, zeitgleich errichtete Bauwerke haben, vgl. jetzt ausdrücklich § 650k Abs. 2 Satz 1 BGB. Denn der Unternehmer verspricht üblicherweise stillschweigend bei Vertragsschluss die Einhaltung dieses Standards (BGH, Urt. v. 14.5.1998 – VII ZR 184/97). Das gilt insbesondere auch für Details der Ausführung. Bei mehreren Alternativen kann dem Unternehmer ein Leistungsbestimmungsrecht eingeräumt sein. Bei der Ausübung des Leistungsbestimmungsrechts sind jedoch die Interessen des Bestellers angemessen zu berücksichtigen. Gibt es mehrere kostengleiche Alternativen, so muss er grundsätzlich diejenigen wählen, die für den Besteller günstiger ist, also z.B. eine Bauweise, die höheren Schallschutz garantiert (BGH, Urt. v. 14.6.2007 – VII ZR 45/06). Das gilt jedenfalls dann, wenn die Unterschiede in der Qualität erheblich sind und zu einer spürbaren Verbesserung für den Besteller gegenüber anderen Alternativen führt.

Kann die Vereinbarung von bestimmten Qualitätsmerkmalen nicht festgestellt werden, so **60** schuldet der Unternehmer die übliche Beschaffenheit, also auch die üblichen Qualitätsmerkmale. Die übliche Beschaffenheit ist nach allgemeiner, gewerblicher Verkehrssitte unter Berücksichtigung von Treu und Glauben zu ermitteln, wobei es auf die örtlichen Gegebenheiten ankommen kann (vgl. BGH, Urt. v. 13.3.2008 – VII ZR 194/06 – Bistroküche – zum gewöhnlichen Gebrauch nach altem Recht). Es dürfte die Beschaffenheit maßgeblich sein, die nach Art, Güte und Umfang am Ort der Werkleistung bei vergleichbaren Anforderungen üblicher Weise erbracht wird (vgl. BGH, Urt. v. 26.10.2000 – VII ZR 239/98 – übliche Vergütung). Ob die vorhandene Ausführung diesen Anforderungen entspricht, ist im Streitfall durch den Richter zu beurteilen, der dazu der Hilfe des Sachverständigen bedarf. Ergeben sich mehrere Möglichkeiten, so dürfte dem Unternehmer ein Leistungsbestimmungsrecht zustehen, das er nach billigem Ermessen ausüben muss, § 315 Abs. 1 BGB.

f) Beschaffenheit „nach unten"

Die Parteien sind nicht gehindert, eine sogenannte „Beschaffenheitsvereinbarung nach **61** unten" zu treffen. Sie können vereinbaren, dass das Qualitätsniveau unterhalb des sich aus den sonstigen Umständen ergebenden Niveaus liegen soll. Wegen des damit einhergehenden

Verzichts auf eine übliche Beschaffenheit sind strenge Anforderungen an die Annahme einer solchen Vereinbarung zu stellen (OLG Celle, Urt. v. 16.5.2013 – 13 U 11/09). Soll eine Beschaffenheit mit einem niedrigeren Niveau als die anerkannten Regeln der Technik vereinbart werden, muss der Unternehmer den Besteller entsprechend aufklären (BGH, Urt. v. 4.6.2009 – VII ZR 54/07). Entsprechendes gilt, wenn der Unternehmer das Risiko nicht tragen will, ein vom Besteller ausgeschriebene Funktion des Werks zu erfüllen (BGH, Urt. v. 8.5.2014 – VII ZR 203/11 Rn. 19). Die Beweislast für die Vereinbarung einer Beschaffenheit nach unten, die also qualitativ unter die nach den Umständen übliche Beschaffenheit absinkt, sollte derjenige tragen, der sich darauf beruft (vgl. näher Kniffka/Koeble, 4. Teil, Rdn. 18; OLG Brandenburg, Urt. v. 30.3.2011 – 13 U 16/10).

3. Die Beschaffenheitsvereinbarung zur Funktion des Werkes
a) Rechtsprechung

62 Zur vereinbarten Beschaffenheit im Sinne des §633 Abs. 2 Satz 1 BGB gehören alle Eigenschaften des Werkes, die nach der Vereinbarung der Parteien den vertraglich geschuldeten Erfolg herbeiführen sollen. Der vertraglich geschuldete Erfolg bestimmt sich nicht allein nach der zu seiner Erreichung vereinbarten Leistung oder Ausführungsart, sondern auch danach, welche Funktion das Werk nach dem Willen der Parteien erfüllen soll. Der Bundesgerichtshof hat deshalb nach dem altem, für bis zum 31.12.2001 geschlossene Verträge geltendem Recht eine Abweichung von der vereinbarten Beschaffenheit angenommen, wenn der mit dem Vertrag verfolgte Zweck der Herstellung eines Werkes nicht erreicht wird und das Werk die nach dem Vertrag vorausgesetzte oder vereinbarte Funktion nicht erfüllt (BGH, Urt. v. 17.5.1984 – VII ZR 169/82; Urt. v. 16.7.1998 VII ZR 350/96; Urt. v. 11.11.1999 VII ZR 403/98; Urt. v. 15.10.2002 X ZR 69/01; Beschl. v. 25.1.2007 – VII ZR 41/06). Das gilt unabhängig davon, ob die Parteien eine bestimmte Ausführungsart vereinbart haben oder die anerkannten Regeln der Technik eingehalten worden sind (vgl. OLG Hamm, Urt. v. 27.9.2012 – 17 U 170/11 m.w.N.; OLG Brandenburg, Urt. v. 13.2.2014 – 12 U 133/13: Trockenlegung eines Kellers durch Injektionsverfahren: Trockenlegung ist in jedem Fall geschuldet; vgl. auch OLG Celle, Urt. v. 16.5.2013 – 16 U 120/12; OLG Düsseldorf, Urt. v. 7.10.2016 – 22 U 60/16). Dient der Vertrag dazu, ein Werk mit einer vereinbarten oder vorausgesetzten Funktion (zu einem bestimmten Gebrauch) zu errichten, so wird dieser Erfolg auch dann geschuldet, wenn er mit der vertraglich vereinbarten Leistung oder Ausführungsart oder den anerkannten Regeln der Technik nicht zu erreichen ist (BGH, Urt. v. 16.7.1998 – VII ZR 350/96; Urt. v. 11.11.1999 – VII ZR 403/98). Die Vereinbarung über die bestimmte Ausführungsart und über die Einhaltung der anerkannten Regeln der Technik macht die Vereinbarung über die herbeizuführende Funktion nicht obsolet. Beide Vereinbarungen sind Gegenstand des Vertrages und müssen eingehalten werden. Der Vereinbarung über die Funktion kommt jedoch ein Vorrang zu, weil der Unternehmer verpflichtet ist, diese zu gewährleisten, auch wenn die vereinbarte Ausführung dazu nicht geeignet ist. Denn die vereinbarte oder nach dem Vertrag vorausgesetzte Funktion ist das Ziel des Vertrages, die vereinbarte Ausführungsart ist (nur) der Weg dorthin. Ist der Weg falsch muss ein anderer eingeschlagen werden. Das Ziel darf jedoch nicht aus den Augen verloren werden. Diese Gewährleistung hat der Bundesgerichtshof rechtlich durch das auch in der VOB/B vorgesehene Regelungssystem abgesichert. Dieses sorgt einerseits dafür, dass der Besteller darauf vertrauen darf, die vereinbarte Funktion trotz unzureichender Ausführungsvereinbarungen zu erhalten, er aber auch die Nachteile tragen muss, die sich daraus ergeben, dass er eine Vereinbarung über die unzureichende Ausführung getroffen hat → § 634 BGB Rdn. 34 ff.

63 Irritationen gab es darüber, ob die durch die Schuldrechtsmodernisierung geänderte Fassung des Gesetzes in § 633 Abs. 2 Satz 1 BGB einen Vorrang der Vereinbarung über die Ausführungsart derart geschaffen hat, dass die Leistung mangelfrei ist, wenn die vereinbarte Ausführungsart eingehalten, die nach dem Vertrag vorausgesetzte oder vereinbarte Funktion jedoch nicht erfüllt ist. Der Bundesgerichtshof hat keine Veranlassung gesehen, seine Rechtsprechung im Lichte der Schuldrechtsmodernisierung zu ändern (BGH, Urt. v. 8.11.2007 – VII ZR 183/05). Insbesondere ergibt sich eine solche Veranlassung nicht aus § 633 Abs. 2 Satz 1 Nr. 2 BGB, wonach auf die nach dem Vertrag vorausgesetzte Verwendung erst dann abzustellen ist, wenn eine Beschaffenheit nicht vereinbart ist. Der Wortlaut des Gesetzes ist insoweit irreführend. Der Deutsche Baugerichtstag hat deshalb eine redaktionelle Anpassung empfohlen (BauR 2010, 1339). Der Gesetzgeber hatte mit der Schuldrechtsmodernisierung erkennbar nicht beabsichtigt, beim Werkvertrag die Vereinbarungen zur Funktionstauglichkeit des Werkes dem

Sach- und Rechtsmangel **§ 633**

Anwendungsbereich des § 633 Abs. 2 Satz 1 BGB im Konfliktfall zu entziehen und damit einer Auslegung dieser Regelung den Weg zu öffnen, wonach allein die Vereinbarung der jeweiligen Leistung bzw. der Ausführungsart, wie sie sich z. B. in Leistungsverzeichnissen oder sonstigen Leistungsbeschreibungen dokumentiert, Grundlage für die Beurteilung sein kann, inwieweit die vereinbarte Beschaffenheit eingehalten ist. Eine solche Auslegung des § 633 Abs. 2 Satz 1 BGB würde dazu führen, dass eine Leistung des Unternehmers als mangelfrei einzuordnen wäre, wenn die im Vertrag vorgesehene Leistung oder Ausführungsart nicht geeignet ist, ein funktionstaugliches Werk zu errichten. Es würde die vereinbarte Funktion aus der Beurteilung der vereinbarten Beschaffenheit ausblenden und damit den Willen der Parteien in einem wichtigen, für die Errichtung eines Werks in aller Regel maßgeblichen Punkt unberücksichtigt lassen (BGH, Urt. v. 8.11.2007 – VII ZR 183/05). Es blieb also schon nach der Schuldrechtsmodernisierung dabei, dass die nach dem Vertrag vorausgesetzte oder vereinbarte Funktion des Werkes zur Beschaffenheitsvereinbarung gehört und der Unternehmer auch dann verpflichtet ist, diese Funktion herbeizuführen, wenn die vereinbarte Ausführungsart dazu nicht geeignet ist.

Der Unternehmer ist durch das Regelungssystem, das in Anlehnung an § 4 Abs. 3 und § 13 Abs. 3 VOB/B entwickelt worden ist, ausreichend geschützt. Er kann sich von seiner Mangelhaftung befreien, wenn er seine Bedenkenhinweisobliegenheit erfüllt. Hat er diese Pflicht nicht erfüllt, bleibt er in der Haftung, der Besteller muss jedoch die Sowiesokosten tragen und sich in Höhe seines eventuellen Mitverschuldens wegen der fehlerhaften Leistungsbeschreibung an den Mängelbeseitigungskosten beteiligen → § 634 BGB Rdn. 36 ff. **64**

Beispiel: Der Besteller schreibt ein Bauwerk ohne besonderen Schutz gegen drückendes Wasser aus. Nach Errichtung des Baus dringt Feuchtigkeit von unten in das Bauwerk. Es hätte eine weiße Wanne errichtet werden müssen, um das zu verhindern. Das Bauwerk ist mangelhaft, weil das Gebäude dauerhaft trocken sein sollte. Das ist die vereinbarte Funktionsbeschaffenheit. Der Unternehmer haftet jedoch nur dann, wenn er bei der von ihm zu verlangenden Prüfung der Leistungsbeschreibung erkennen konnte, dass die Grundwasserverhältnisse eine weiße Wanne erfordern, und er auf diese Bedenken nicht hingewiesen hat. In diesem Fall haftet der Unternehmer nach Ablauf einer ihm gesetzten Mängelbeseitigungsfrist auf die Mängelbeseitigungskosten. Der Besteller muss sich daran in Höhe der Mehrkosten beteiligen, die entstanden wären, wenn er sofort eine weiße Wanne ausgeschrieben hätte. Zudem muss er sich mit der Mitverschuldensquote beteiligen, die zu seinen Lasten geht, wenn ihm oder seinen Planern ein Planungsfehler unterlaufen ist. Kostet die nachträgliche Errichtung der weißen Wanne z. B. 250.000 Euro und hätte der sofortige Einbau bei Errichtung des Gebäudes Mehrkosten von 30.000 Euro erfordert, muss der Unternehmer zur Mängelbeseitigung 220.000 Euro aufbringen. Hätte auch der Architekt des Auftraggebers erkennen können, dass eine weiße Wanne notwendig war und ist seine Planung und Ausschreibung deshalb fehlerhaft, so werden diese Kosten je nach dem Grad des Verschuldens verteilt; bei einem hälftigen Verschulden auf beiden Seiten müsste der Unternehmer also 110.000 Euro aufbringen. **65**

Das Modell der VOB/B nimmt den Unternehmer in die Verantwortung für seine Leistung und zwar grundsätzlich ungeachtet der Vorgaben der Leistungsbeschreibung. Es sieht jedoch in § 13 Abs. 3 VOB/B eine Befreiung von der Mängelhaftung vor, wenn der Unternehmer seiner Bedenkenhinweisobliegenheit aus § 4 Abs. 3 VOB/B nachkommt. Damit wird die Bedenkenhinweisobliegenheit zum Element der geschuldeten Leistung (vgl. auch BGH, Urt. v. 25.2.2016 – VII ZR 210/13 unter Hinweis auf Urt. v. 8.11.2007 – VII ZR 183/05). Das ist schon deshalb angemessen, weil der Unternehmer regelmäßig die größere Sachkunde besitzt. Die Prüfung und die Mitteilung von Bedenken aus der Prüfung stehen in engem Zusammenhang mit der eigenen Werkleistung und dienen genauso wie diese dazu, dem Besteller ein Werk mit der vereinbarten Funktion zu verschaffen. Dass die Bedenkenhinweisobliegenheit zum Element der nach dem Werkvertrag geschuldeten Leistung wird, ist für beide Seiten sachgerecht. Denn nur so kann die infolge fehlerhafter Leistungsbeschreibung, Stoffbereitstellung usw. mangelhafte Leistung über die Mängelansprüche abgewickelt werden. War die Fehlerhaftigkeit der Leistungsbeschreibung, Stoffbereitstellung usw. nicht erkennbar oder hat der Unternehmer die Bedenken mitgeteilt, haftet der Unternehmer nicht. War sie erkennbar und hat der Unternehmer Bedenken nicht mitgeteilt, kann der Besteller Mängelansprüche, denn das Werk ist wegen der Verfehlung der Funktionstauglichkeit mangelhaft. Er muss sich an Mängelbeseitigungskosten im Umfang seines Mitverschuldens wegen der fehlerhaften Stoffbereitstellung usw. beteiligen. Der Unternehmer hat als Korrelat auch ein Nacherfüllungsrecht. Aus allem folgt auch, dass die Verletzung der Bedenkenhinweisobliegenheit nicht der Haftungsgrund **66**

Jurgeleit

§ 633

ist, sondern lediglich die Befreiung von der Mängelhaftung verhindert (BGH, Urteil vom 25. Februar 2016 – VII ZR 210/13). Wollte man im Werkvertragsrecht dieses bewährte Muster aufgeben und statt einer von der Mangelhaftung befreienden Obliegenheit eine Pflicht annehmen, würde der Unternehmer nicht entlastet. Vielmehr haftete er wegen der schuldhaften Verletzung einer Bedenkenhinweispflicht nach § 241 Abs. 2 i. V. m. § 282 BGB ohne die Möglichkeit einer Nacherfüllung, also stets auf Geldersatz. Im Übrigen würden andere, regelmäßig längere Verjährungsfristen gelten, was zu einer komplizierten Vermengung der Verjährung von Mängelansprüchen und Schadensersatzansprüchen aus § 241 Abs. 2 BGB führen würde.

b) Adaption durch das Gesetz zur Reform des Bauvertragsrechts

67 Im Gesetzgebungsverfahren, das zum Gesetz zur Reform des Bauvertragsrechts vom 28.4.2017 (BGBl. 2017 I, 969) geführt hat, ist die Diskussion darüber geführt worden, ob und wie dieses vom Bundesgerichtshof entwickelte Verständnis der Herstellungsverpflichtung des Bauunternehmers im Gesetz verankert werden kann (vgl. Abschlussbericht der Arbeitsgruppe Bauvertragsrecht im BMJV, S. 12 → Einleitung Rdn. 16). Dies hätte zum einen eine Klarstellung in § 633 Abs. 2 BGB vorausgesetzt, dass der Verwendungszweck den Vertrag dominiert, und zum anderen hätte die Prüfungs- und Aufklärungspflicht des Unternehmers mit den Rechtsfolgen einer etwaigen Verletzung geregelt werden müssen. Es hätte also die gesamte bisher nur durch Richterrecht entwickelte Systematik in Gesetzesform gegossen werden müssen. Eine solche Regelung war wohl rechtspolitisch nicht durchsetzbar. Jedenfalls ist sie unterblieben. Gleichwohl ist die Systematik im Gesetz mittelbar über § 650b BGB verankert worden. In dieser Regelung ist das Anordnungsrecht des Bestellers geregelt. Sie unterscheidet zwischen Anordnungen, die den Werkerfolg, also die vereinbarte Funktion, ändern, und Anordnungen, die zur Erreichung des Werkerfolges notwendig sind, also deshalb erfolgen müssen, weil durch die vereinbarte Ausführungsart die vereinbarte Funktion nicht erreicht werden kann. Wird die vereinbarte Funktion geändert, so kann der Unternehmer sich auf ein Leistungsverweigerungsrecht berufen, wenn die Ausführung der geänderten Leistung für ihn unzumutbar ist. Dient die Änderungsanordnung hingegen dazu, die vereinbarte Funktion zu gewährleisten, besteht ein entsprechendes Leistungsverweigerungsrecht nicht. Das liegt daran, dass der Unternehmer unabhängig vom gewählten Weg der Ausführung verpflichtet ist, die vereinbarte Funktion zu gewährleisten. Der Regelung des § 650b BGB liegt also der von der Rechtsprechung entwickelte Mangelbegriff zugrunde. Es wäre sicher von großem Vorteil, wenn der gesetzgeberische Wille nicht nur durch diese Regelung zum Ausdruck gekommen wäre, sondern die gesamte Systematik eine gesetzliche Ordnung erhalten hätte. Gleichwohl kann kein Zweifel daran bestehen, dass auch der Gesetzgeber, wie schon zur Schuldrechtsmodernisierung, diese Systematik adaptiert.

68 Aus allem folgt, dass im Werkvertrag der weit überwiegende Anteil der Sachmängelfälle nach § 633 Abs. 2 Satz 1 BGB über einen Mangelbegriff gelöst werden muss, nach dem sowohl die Verfehlung der Leistungsbeschreibung als auch der nach dem Vertrag vorausgesetzten oder vereinbarten Funktion als Mangel anzusehen ist. Soweit von einer nach dem Vertrag vorausgesetzten Funktion die Rede ist, wird auf das Erfordernis einer Vereinbarung verzichtet und werden mit überraschender Systematik Elemente der Geschäftsgrundlage Bestandteil der vertraglichen Vereinbarung. Denn nach der Rechtsprechung, die dann auch Grundlage der Formulierung in § 633 Abs. 2 Nr. 1 BGB ist, ist eine Verwendungseignung in denjenigen Fällen nach dem Vertrag vorausgesetzt, in denen es zu einer Vereinbarung nicht gekommen ist, in denen die Parteien aber vor Vertragsschluss gemeinsame Vorstellungen über eine bestimmte Verwendungseignung hatten (BGH, Urt. v. 2.11.1995 – X ZR 81/93) oder in denen die Vorstellungen der einen Seite über eine bestimmte Verwendungseignung erkennbar waren und von der anderen Seite nicht beanstandet wurden (BGH, Urt. v. 09.07.2002 – X ZR 242/99; Urt. v. 11.7.1997 – V ZR 246/96; Urt. v. 2.7.1996 – X ZR 2/95).

69 Die übrigen Alternativen des § 633 Abs. 2 sind – auch nach der Gesetzesbegründung – lediglich Auffangtatbestände für die eher seltenen Fälle, dass eine Lösung über § 633 Abs. 2 Satz 1 BGB nicht zu erreichen ist (vgl. BR-Drucks. 338/01, S. 499 für das Kaufrecht).

70 Gleichwohl bleiben viele Fragen im Zusammenhang mit dem funktionalen Herstellungsbegriff ungeklärt. Das führt in der Literatur immer wieder zur Kritik und zu Versuchen, sich entweder ganz (Popescu, BauR 2017, 443 ff.; Staudinger/Jacobs, § 633 Rdn. 184a) oder jedenfalls in der Begründung davon zu lösen (Lederer, BauR 2017, 605 ff.; vgl. auch Schröder, BauR 2015, 319 ff. m. N. zum Meinungsstreit). Grundsätzlich ist darauf hinzuweisen, dass die Rechtsprechung des Bundesgerichtshofs über Jahrzehnte gewachsen ist (vgl. auch Kainz, BauR

Sach- und Rechtsmangel **§ 633**

2017, 798, 799), und eine verlässliche Grundlage für die Beurteilung des Mangels gibt. Die Rechtsprechung ist gefestigt und hat die notwendigen Wertentscheidungen getroffen. Wie dargelegt, sind diese von der Gesetzgebung mittelbar adaptiert worden.

c) Rechtliche Systematik

Der Ausgangspunkt der Rechtsprechung ist ohnehin völlig unproblematisch und wird allgemein geteilt. Die Verpflichtung des Unternehmers, das vereinbarte Werk herzustellen, beinhaltet auch die Verpflichtung, die vereinbarte Funktion zu gewährleisten. Welche Funktion das Werk haben muss, wird durch die Auslegung des Vertrages ermittelt. **71**

aa) Der Normalfall der konfliktfreien Beschaffenheitsvereinbarung

Im „Normalfall" ist entweder nur eine Funktion vereinbart oder zusätzlich eine Ausführungsart, also ein Weg zur Funktionserreichung, die geeignet ist, die vereinbarte Funktion zu gewährleisten. Dieser Normalfall ist zunächst das Leitbild des Gesetzes. Keine Besonderheiten ergeben sich für den Fall, dass die Ausführungsart für die vereinbarte Funktion nicht schädlich, jedoch auch nicht förderlich ist. Enthält der Vertrag eine detaillierte Leistungsbeschreibung ist diese maßgebend. Diese ist einzuhalten, wenn sie die vereinbarte Funktion gewährleistet. Das gilt auch dann, wenn die angestrebte Funktion auf andere Weise erreicht werden kann (BGH, Urt. v. 21.9.2004 – X ZR 244/01) oder für sie die Funktion des Werkes überflüssig ist. **72**

Beispiel: Die Parteien vereinbaren einen dreifachen Anstrich; ein zweifacher Anstrich hätte ausgereicht. Der Unternehmer kann die Ausführung des dritten Anstrichs nicht verweigern, weil er nicht notwendig ist.

bb) Die konflikthaltige Beschaffenheitsvereinbarung: Ausführung versus Funktion

Eine Störung dieses Leitbilds ergibt sich, wenn die vertragliche Leistungsbeschreibung nicht geeignet ist, die vereinbarte Funktion zu bewerkstelligen. In diesem Fall ist der Vertrag nicht konfliktfrei zu erfüllen. Denn der Unternehmer schuldet ein funktionstaugliches Werk. Der Unternehmer muss also das Funktionstauglichkeit herbeiführen. Gleichzeitig schuldet er die vereinbarte Ausführungsart, die dazu führt, dass die Funktionstauglichkeit nicht erreicht wird. **73**

(1) Die unmögliche Leistung. Das ist eine Form der Unmöglichkeit, weil der Unternehmer nicht in der Lage ist, den Vertrag so zu erfüllen, wie es vereinbart ist. Entweder verfehlt er die Funktionstauglichkeit oder er verfehlt die vereinbarte Ausführungsart. Steht fest, dass die Vertragserfüllung unmöglich ist, wird der Unternehmer nach § 275 Abs. 1 BGB an sich von der Leistungsverpflichtung frei. Etwas anderes gilt jedoch, wenn im Wege der ergänzenden Vertragsauslegung eine andere Lösung gefunden wird. Das ist die Grundlage der Rechtsprechung des Bundesgerichtshofs. Die Rechtsprechung ist stets bemüht, Verträge aufrechtzuerhalten und zur Durchführung zu bringen, in denen die Parteien technische Leistungen vereinbart haben, mit denen der Vertrag funktional nicht zu erfüllen ist. Jedoch hat das seine Grenze, wenn durch eine anderweitige Ausführung des Werkes dessen Gesamtkonzeption so geändert wird, dass diese dem Besteller nicht mehr als Erfüllung zugemutet werden kann. Die Beispiele aus der Rechtsprechung sind bekannt (Grundlegend BGH, Urt. v. 8.11.2007 – VII ZR 183/05 – Blockheizkraftwerk m.w.N. und zuvor BGH, Urt. v. 17.5.1984 – VII ZR 169/82 – Wärmedämmung). Der Bundesgerichtshof hat in ständiger Rechtsprechung eine Nacherfüllung dann für unmöglich gehalten, wenn die zur Beseitigung des Mangels geeignete Maßnahme die Grundsubstanz oder die Konzeption des Werkes wesentlich verändert. So hat er bereits 1988 die an sich mögliche und auch vom Bauordnungsamt genehmigte Tieferlegung eines zu niedrigen Kellers als für den Besteller unzumutbar eingeschätzt, weil sich dadurch die Statik veränderte und Risiken für Dämmung und Feuchtigkeitsschutz entstehen (BGH, Urt. v. 24.11.1988 – VII ZR 222/87 – Kellerbüro). Einem Bauträger, der wegen Nichteinhaltung der Abstandsflächen statt der versprochenen französischen Balkone Dachgauben einbauen und die lichte Wohnungshöhe von 2,50 m auf 2,40 m reduzieren wollte, hat er bescheinigt, diese Ausführung verändere die Konzeption so erheblich, dass sie dem Besteller nicht zugemutet werden könne (BGH, Urt. v. 21.12.2000 – VII ZR 17/99 – Französische Balkone und Stockwerksmaß; vgl. auch OLG München, Urt. v. 23.8.2016 – 9 U 4327/15: Unmöglichkeit einer Nachbesserung des Schallschutzes durch Vorsatzschalen bei wesentlichen Veränderungen der Raumgröße und der Wandeigenschaften). Bei Architektenverträgen geht der Bundesgerichtshof scheinbar noch weiter, weil er den Besteller überhaupt nicht für verpflichtet hält, einer Vertragsanpassung zuzustimmen, wenn sich herausstellt, dass mit der vereinbarten und zunächst **74**

Jurgeleit

§ 633

geplanten Konzeption eine Baugenehmigung nicht zu erreichen ist (BGH, Urt. v. 19.2.1998 – VII ZR 236/96, BauR 1998, 579, 581 – Sportplatz; ebenso BGH, Urt. v. 26.9.2002 – VII ZR 290/01 – Reduzierte Nutzfläche). Die entschiedenen Fälle lagen aber so, dass ohne Weiteres die Unzumutbarkeit gegeben war. Auch der Architekt muss das Recht haben, im Rahmen der gegebenen Funktionalitätsvereinbarung eine Planung anzupassen und entsprechend nachzubessern, solange das für den Besteller zumutbar ist. In der Sache ist das nichts anderes als ergänzende Vertragsauslegung, die nach §§ 133, 157 BGB immer greift und nicht für Architektenverträge ausgenommen werden kann. Ist die an sich zur Erreichung der Funktionalität mögliche Ausführung unzumutbar, weil sie die Gesamtkonzeption des Werkes verändert, so war schon nach altem Recht ein Schadensersatzanspruch gegeben, der jedoch regelmäßig auf das negative Interesse ging (BGH, Urt. v. 24.11.1988 – VII ZR 222/87, BauR 1989, 219 – Kellerbüro; fehlerhaft Althaus, a.a.O. S. 1370; zum neuen Recht s. Rn. 74 f).

75 In ähnlicher Weise behandelt der Bundesgerichtshof die Fälle, in denen die vereinbarte Funktionalität von vornherein nicht zu erreichen ist. Auch hier liegt an sich ein Fall der Unmöglichkeit vor. Die Grundsätze der ergänzenden Vertragsauslegung hat der Bundesgerichtshof in der Weise aktiviert, dass er den Unternehmer – soweit möglich – für verpflichtet hält, eine Leistung zu erbringen, die der vereinbarten Funktion möglichst nahe kommt (BGH, Urt. v. 23.6.2005 – VII ZR 200/04 – Kreuzstockfenster; Urt. v. 21.11.2013 – VII ZR 275/12 – Gefälle). Das hat er plastisch in dem Fall entschieden, dass der Besteller eine Fußbodennachtspeicherheizung deshalb in Auftrag gegeben hat, weil er einerseits keine Heizkörper und andererseits die Möglichkeit wünschte, preiswerten Nachtstrom zu beziehen (BGH, Urt. v. 20.4.1989 – VII ZR 80/88 – Fußbodenheizung). Die Heizung musste also nicht nur das Haus erwärmen, sondern hatte auch eine optische und eine wirtschaftliche Funktion zu erfüllen. Als sich herausstellte, dass die vorgesehene Heizungsanlage das Haus nicht erwärmte, musste der Unternehmer eine um ein Vielfaches teurere warmwassergeführte Fußbodenheizung mit Speicherfunktion einbauen, weil diese im Gegensatz zu den von ihm angebotenen Heizkörpern der vereinbarten Funktion am nächsten kam. Der Besteller musste sich allerdings mit Sowiesokosten beteiligen. Auch diese Art der Vertragsanpassung hat jedoch dort ihre Grenzen, wo die funktionale Gesamtkonzeption des Werkes für den Besteller unzumutbar verändert wird. Dem Unternehmer ist es nicht gestattet, die vereinbarte Funktionalität beliebig anderweitig anzudienen. Nur diejenigen Leistungen muss der Besteller akzeptieren und kann sie auch fordern, die der vereinbarten Funktionalität so nahe kommen, dass davon ausgegangen werden kann, er hätte sie bei von vornherein vorhandener Kenntnis der Unmöglichkeit beauftragt. Im Heizungsfall hatte der Bundesgerichtshof die teure Alternative (wegen der hohen Kosten nicht unproblematisch) als „noch gleichwertig" angesehen. Dagegen hat der Bundesgerichtshof Unmöglichkeit in dem Fall angenommen, in dem der Besteller eine sichere ESG-Glasfassade bestellt hat, die keinerlei Nickelsulfideinschlüsse hat, jedoch eine solche sichere Fassade technisch nicht herstellbar ist. Eine sichere Alternativlösung schied nach dem dem Bundesgerichtshof unterbreiteten Sachverhalt aus (was von Kainz, BauR 2017, 952 und Althaus, BauR 2014, 1369 ff. verkannt wird). Keine Alternative war, die gewünschte Sicherheit durch eine relative Sicherheit zu ersetzen.

76 Der Bundesgerichtshof hat stets darauf abgestellt, dass dem Besteller die Vertragsanpassung unzumutbar ist. Dagegen hat er nicht die Frage gestellt, ob sie dem Unternehmer zumutbar ist. Das liegt an der Wertung des Gesetzes. In den hier diskutierten Fällen liegt eine anfängliche Unmöglichkeit vor. Diese führt nach der Wertung des Gesetzes nicht zur Unwirksamkeit des Vertrages, § 311a Abs. 1 BGB. Der Unternehmer wird jedoch gemäß § 275 Abs. 1 BGB von seiner Leistungspflicht frei, wenn eine ergänzende Vertragsauslegung nicht möglich ist. Der Besteller kann dann nach seiner Wahl Schadensersatz statt der Leistung oder Ersatz seiner Aufwendungen in dem in § 284 BGB bestimmten Umfang verlangen. Dies gilt nicht, wenn der Unternehmer das Leistungshindernis bei Vertragsschluss nicht kannte und seine Unkenntnis auch nicht zu vertreten hat. § 281 Abs. 1 Satz 2 und 3 und Abs. 5 finden gemäß § 311a Abs. 2 BGB entsprechende Anwendung. Der Gesetzgeber weist also dem Unternehmer das Risiko der anfänglichen Unmöglichkeit zu, wenn er bei Vertragsschluss schuldhaft nicht erkannt hat, dass die vereinbarte Funktion nicht zu erfüllen ist oder aber – der weitaus häufigere Fall – die vereinbarte Ausführungsart für die vereinbarte Ausführungsart ungeeignet ist. Auf dieser Grundlage wäre es verfehlt, die Frage zu stellen, ob dem Unternehmer die Vertragsanpassung zumutbar ist. Denn diese schützt ihn grundsätzlich vor den Schadensersatzfolgen. In aller Regel ist für ihn die Zweckverfehlung erkennbar, so auch in den entschiedenen Fällen. Ist das nicht der Fall, sollte allerdings auch Rücksicht darauf genommen werden, ob die Vertragsanpassung für den Unternehmer zumutbar ist.

Im ESG-Glasfassaden-Fall hat der Bundesgerichtshof den Schadensersatzanspruch des Bestellers entwickelt, der aus § 311a Abs. 2 BGB gegen den Unternehmer hergeleitet werden kann, der einen Vertrag schließt, der hinsichtlich der vereinbarten Funktion nicht erfüllbar ist. Auf der Grundlage, dass der Unternehmer wissen musste, dass er eine völlig sichere Glasfassade im Hinblick auf unvermeidbare Nickelsulfideinschlüsse nicht liefern und einbauen konnte, ist der Unternehmer zum Ersatz des Schadens verpflichtet, der dem Besteller durch die Errichtung der mangelhaften Fassade entstanden ist. Der Besteller kann sowohl Befreiung von der Werklohnforderung als auch Ersatz von Folgeschäden verlangen. Er muss sich jedoch ein Mitverschulden seiner Fassadenplaner, das im Einzelfall nicht unerheblich sein kann, anrechnen lassen (zu allem Kniffka, BauR 2017, 159 ff.). 77

(2) Die Vertragsanpassung. Die Unmöglichkeit der Vertragsdurchführung ist allerdings der Ausnahmefall. In aller Regel wird, wie dargelegt, die ergänzende Vertragsauslegung zu einer Anpassung des Vertrages führen, → Rdn. 74. Diese Vertragsanpassung muss erfolgen, sobald offenbar wird, dass der Vertrag nicht konfliktfrei durchzuführen ist. Die Rechtsprechung hat sich stets mit Fällen beschäftigt, in denen das erst nach der Bauausführung so war. 78

(a) Vertragsanpassung vor der Bauausführung. Vorrangig stellt sich jedoch die Frage, wie der Vertrag angepasst wird, wenn der Mangel des Vertrags vor der Bauausführung erkannt wird. 79

Wird vor der Ausführung der Leistung bemerkt, dass sie nicht ausreichend für die Funktionalität ist, so ist zu unterscheiden, ob der Besteller die Verantwortung für die Verfehlung der Funktionstauglichkeit trägt oder der Unternehmer. Der erste Fall liegt vor, wenn der Besteller oder für ihn andere Personen, wie Architekten oder Ingenieure, die Leistungsbeschreibung gefertigt haben. Der zweite Fall liegt vor, wenn der Unternehmer oder Dritte für ihn die Leistungsbeschreibung gefertigt haben, die nicht geeignet ist, die Funktionstauglichkeit herbeizuführen.

Hat der Besteller die fehlerhafte Leistungsbeschreibung gefertigt, so ist er gehalten, die Leistungsbeschreibung so zu ändern, dass die vereinbarte Funktion erfüllt werden kann. Der Besteller muss an einer Änderung des Vertrages mitwirken, also eine zweckentsprechende Leistung unter Abänderung des Vertrages in Auftrag geben. Das ist im Sinne des § 642 Abs. 1 BGB eine zur Herstellung des Werkes notwendige Mitwirkungshandlung im Sinne einer Obliegenheit. Ob der Unternehmer zusätzlich einen schuldrechtlichen Anspruch hat und dementsprechend der Besteller verpflichtet ist, muss durch Auslegung des Vertrages ermittelt werden. Hat der Besteller sich schuldrechtlich verpflichtet, dem Unternehmer eine Planung zur Verfügung zu stellen (vgl. dazu Kniffka, Jahrbuch 2001, 1, 13), so hat der Unternehmer einen vertraglichen Ansspruch auf die Anpassung der Leistungsbeschreibung durch neue Planung. 80

Diesen Grundsätzen entsprechend hat der Gesetzgeber in § 650b Abs. 1 Satz 4 BGB geregelt, dass der Unternehmer nicht verpflichtet ist, ein Nachtragsangebot für eine geänderte Leistung zu erstellen, wenn der planungsverantwortliche Besteller nicht die geänderte Planung vorlegt. 81

Ist der Besteller wegen der Zweckverfehlung in der Planungsverantwortung hat er ein einseitiges Bestimmungsrecht, soweit eine Anpassung des Vertrages möglich ist. Er ist jedenfalls im Sinne einer Obliegenheit, möglicherweise auch wegen einer entsprechenden vertraglichen Verpflichtung, gehalten, die notwendigen Änderungen des Vertrages anordnen, § 650b Abs. 2 BGB, wenn die Parteien keine Einigung erzielt haben. Der Unternehmer muss diese zur Erreichung der Funktionalität erforderlichen Maßnahmen durchführen. Er hat anders als bei Anordnungen, die zur Veränderung der Funktionalität führen, § 650b Abs. 1 Nr. 1 BGB, kein Recht, die Leistung zu verweigern, es sei denn es läge ein Fall des § 275 Abs. 2 oder 3 BGB vor. Inwieweit der Unternehmer eine zusätzliche Vergütung verlangen kann, ergibt sich aus § 650c BGB. 82

Erfüllt der Besteller seine Mitwirkungsobliegenheit nicht, ist der Unternehmer berechtigt, unter den Voraussetzungen des § 643 BGB den Vertrag zu kündigen und nach § 645 Abs. 1 Satz 2 BGB abzurechnen. Eine Schadensersatzpflicht besteht zusätzlich dann, wenn der Besteller sich verpflichtet hat, eine funktionsgerechte Planung zur Verfügung zu stellen. 83

Muss der Unternehmer erst nach der Abnahme bemerken, dass die vereinbarte Ausführung nicht funktionstauglich ist, so kann er verpflichtet sein, den Besteller auf die fehlende Funktionstauglichkeit hinzuweisen. Eine solche nachvertragliche Hinweispflicht ergibt sich im Wege ergänzender Vertragsauslegung nach § 157 BGB aus Treu und Glauben und wird regelmäßig zu bejahen sein, wenn der Hinweis den Besteller vor vermeidbaren Schäden bewahrt und der 84

Jurgeleit

§ 633

Unternehmer davon ausgehen muss, dass der Besteller die fehlende Funktionstauglichkeit nicht oder nicht hinreichend berücksichtigt (vgl. BGH, Urt. v. 19.5.2011 – VII ZR 24/08).

85 Ist der Unternehmer für die Leistungsbeschreibung planerisch verantwortlich, so muss er diese ändern, so dass eine funktionstaugliche Leistung ausgeführt wird. Inwieweit eine Zustimmung des Bestellers eingeholt werden muss, hängt von dem Vertrag ab. Ist die ursprüngliche Planung des Unternehmers zustimmungsbedürftig, gilt dies auch für die geänderte Planung. Die Zustimmung begründet eine Mitwirkungshandlung im Sinne von § 642 BGB. Gibt es mehrere Planungsvarianten, muss der Unternehmer jene wählen, die den Besteller weniger belastet. Das gilt sowohl für den Fall, dass die Planung zusätzliche Ausführungskosten verursacht, als auch für den Fall, dass Folgekosten des Werkes entstehen. Der Gesetzgeber geht davon aus, dass zusätzliche Kosten für die Ausführung nicht entstehen können, wenn der Unternehmer die Planungsverantwortung hat. Er hat deshalb §§ 650b Abs. 1 Satz 5 und 650c Abs. 1 Satz 2 BGB so formuliert, dass ein Nachtragsangebot in diesem Fall nicht zu erstellen ist und der Unternehmer auch keinen zusätzlichen Vergütungsanspruch hat. Bei dieser Entscheidung hat sich der Gesetzgeber von dem Fall leiten lassen, dass der Unternehmer einen Pauschalvertrag über die zur Erreichung des Vertragsziels notwendigen Leistungen (sog. Globalpauschalvertrag) geschlossen hat, mit dem sowohl die Planung als auch die Ausführung mit einer pauschalen Vergütung abgegolten werden. In diesem Fall hat der Unternehmer keinen Anspruch auf zusätzliche Vergütung, wenn seine Planung fehlerhaft ist. Er muss die Planung kostenlos nachbessern und die Bauausführung ohne Zusatzkosten nach der geänderten Planung vornehmen. Denn mit der vereinbarten pauschalen Vergütung, sind alle notwendigen Leistungen abgegolten. Anders ist das aber, wenn der Unternehmer eine Planung schuldet, auf Grundlage dieser Planung seine Ausführungsleistungen detailliert anbietet und die Vergütung nur für diese detaillierte Ausführung vereinbart wird. In diesem Fall muss zwar die Planung kostenlos nachgebessert werden, es können sich jedoch Zusatzkosten bei der Bauausführung ergeben, weil die Preisvereinbarung nur die detaillierten Leistungen erfasst und eventuelle Mehrkosten nach §§ 650b und 650c trotz des Wortlauts des Gesetzes zu vergüten sind. Denn diesen Vertragstyp hat der Gesetzgeber nicht regeln wollen → § 650c BGB Rdn. 78f. Gleiches gilt, wenn der Unternehmer zwar die Planungsverantwortung hat, und sich die Funktionsverfehlung nicht aus einer fehlerhaften Planung, sondern daraus ergibt, dass sich die dieser Planung zugrunde liegenden Umstände geändert haben. Sind diese Umstände zum Vertragsinhalt geworden, so ist das ein Änderungssachverhalt nach § 650b Abs. 1 Nr. 2 BGB. Wird z.B. ein Homogenbereich bzw. eine Bodenklasse für die Planung vorgegeben und ergibt sich nach Vertragsschluss, dass ein anderer, höhere Kosten verursachender Homogenbereich, bzw. eine andere Bodenklasse vorgefunden wird, so muss der Vertrag insoweit geändert werden. Das hat zur Folge, dass sowohl die Planung als auch die nach der alten Planung vorgesehene Bauausführung geändert werden muss.

86 **(b) Vertragsanpassung nach Bauausführung.** Wird die Leistung ausgeführt, obwohl sie nicht die vorausgesetzte oder vereinbarte Funktion erfüllen kann, ist sie ungeachtet der Frage, wer die Leistungsbeschreibung vorgegeben hat, mangelhaft. Der Unternehmer muss grundsätzlich im Wege der Nacherfüllung dafür sorgen, dass eine funktionsgerechte Leistung entsteht, zur Mängelbeseitigungspflicht des Architekten. Von dieser Verpflichtung wird er nur frei, wenn er den Mangel der Leistungsbeschreibung nicht erkennen konnte oder er seine Bedenkenhinweispflicht erfüllt hat, also den Besteller auf für ihn nach Prüfung erkennbare Bedenken gegen die vertraglichen Vorgaben hingewiesen hat → § 634 BGB Rdn. 34ff. Ist das nicht oder nicht ordnungsgemäß geschehen, bleibt es – von gewissen Ausnahmen abgesehen – bei seiner Nacherfüllungspflicht. Der Besteller muss sich jedoch mit den sogenannten Sowiesokosten an der Nacherfüllung beteiligen → § 634 BGB Rdn. 82ff. Das sind diejenigen Kosten, die ihm bei vertragsgerechtem Verhalten des Unternehmers, also bei rechtzeitigem Hinweis auf die Ungeeignetheit der vertraglichen Vorgaben, sowieso entstanden wären. Außerdem muss sich der Besteller an den Mängelbeseitigungskosten beteiligen, wenn ihn oder seine Erfüllungsgehilfen ein Verschulden an den fehlerhaften Vorgaben im Vertrag trifft → § 634 BGB Rdn. 101ff. An der Nacherfüllung muss der Besteller mitwirken, soweit das notwendig ist. Beruht der Mangel auf einer fehlerhaften Vorleistung, muss der Besteller dafür sorgen, dass dem Unternehmer für die Mängelbeseitigung eine ordnungsgemäße Vorleistung zur Verfügung stellt. Geschieht das nicht, wird der Unternehmer von seiner Nacherfüllungspflicht frei und der Vertrag kann nach § 326 Abs. 2 BGB abgerechnet werden (BGH, Urt. v. 8.11.2007 – VII ZR 183/05). Hat der Besteller mangelhafte Stoffe gestellt, muss er dem Unternehmer zur Mängelbeseitigung mangelfreie Stoffe liefern, sofern das dazu notwendig ist (Motzke, BauR 2011, 153, 159). Umstritten ist, ob der Besteller dem Unternehmer eine neue Planung zur Verfügung zu stellen hat, wenn

der Mangel der Bauleistung auf einer fehlerhaften Planung des Bestellers beruht (zum Meinungsstand Motzke, BauR 2011, 153 ff.; Sienz, BauR 2010, 840 ff.; Oberhauser, Festschrift für Koeble, S. 167, 174 ff., vgl. auch von Rintelen → § 650b BGB Rdn. 113 f.). Zu Recht wird darauf hingewiesen, dass die Verantwortung für die zu treffenden Mängelbeseitigungsmaßnahmen in der Rechtsprechung grundsätzlich beim Unternehmer gesehen wird. Dieser muss die für die Mängelbeseitigung erforderlichen Maßnahmen treffen. Richtig ist auch der Hinweis darauf, dass der Besteller im Rahmen der Mängelbeseitigung lediglich verantwortlich dafür ist, dass die zur Verfügung gestellte Vorleistung korrigiert wird und eine Korrektur der fehlerhaften Planung nicht gleich zu stellen ist mit der Planung der Mängelbeseitigung (Motzke, a.a.O. S. 157). Das liegt daran, dass durch die mangelhafte Ausführung und Umsetzung der fehlerhaften Planung ein Bauzustand geschaffen worden ist, der nunmehr geändert werden muss. Diese Änderungsplanung ist nicht identisch mit der Korrektur einer Planung, wie sie stattgefunden hätte, wenn der Unternehmer vor der mangelhaften Ausführung auf die Bedenken gegen die Planung hingewiesen hätte. Grundsätzlich ist deshalb die Planungsverantwortung für die Mängelbeseitigung beim Unternehmer anzusiedeln. Es sind aber auch Fälle denkbar, in denen die Mängelbeseitigung derart tiefgreifend ist, dass der Unternehmer nicht einseitig vorgehen kann, sondern diese mit dem Besteller abstimmen muss. Das ist anzunehmen, wenn eine Sanierungsplanung das Bauerrichtungskonzept grundlegend verändert oder mehrere Varianten zur Verfügung stehen, deren Auswahl wegen ihrer grundlegenden Bedeutung für das Bauwerk dem Besteller überlassen bleiben muss. In diesen Fällen ist die Sanierungsplanung mit dem Besteller abzustimmen. Dieser muss an dieser Abstimmung mitwirken. Im Rahmen der Abstimmung kann er verpflichtet sein, auch eigene Planungsmaßnahmen vorzunehmen. Soweit er bei rechtzeitigem Hinweis dieselben Maßnahmen hätte planen müssen, besteht kein Grund, ihn aus der Planungsveranwortung zu entlassen.

Beispiel: Wegen einer erkennbar fehlerhaften Planung wird ein Bauwerk zu tief gesetzt, so dass durch die Glasfront drückende Wasser in das Gebäude eindringt. Weil er auf die Planungsmängel nicht hingewiesen hat, ist der Unternehmer in der Mängelbeseitigungsverantwortung. Eine Mängelbeseitigung ist auf verschiedene Weise möglich. Das Gebäude könnte abgerissen und neu gebaut werden. Es könnten die Glasfassade abgebaut und durch eine dichte Fassade bis zur Höhe des eindringenden Wassers ersetzt werden. Es könnte eine aufwändige Spezialkonstruktion für die Glasfassade eingesetzt werden. Es könnte ein wasserdichte Wanne nachträglich vor die Glaskonstruktion gesetzt werden verbunden mit weiteren Abdichtungsmaßnahmen. Es könnte eine weniger aufwändige Ableitung des Wassers durch Drainagesysteme versucht werden, die aber noch Risiken trägt. Diese Sanierung ist mit dem Besteller abzustimmen, weil elementare neue Planungsentscheidungen für die Glasfront und die Abdichtung des Bauwerks zu treffen sind. 87

Es ist Sache des Unternehmers, dem Besteller die verschiedenen Sanierungsvorschläge zu unterbreiten. Der Besteller muss die Entscheidung treffen, welche dieser Maßnahmen er akzeptiert. Dabei ist er frei, ob er auf einer vollständigen Vertragserfüllung besteht, also eine sichere Abdichtung verlangt oder nunmehr gewisse Restrisiken in Kauf nimmt, weil er dadurch z.B. auch seinen eigenen Haftungsanteil reduziert. Er kann sich seiner Verantwortung für die fehlerhafte Planung hinsichtlich der Höhenlage des Gebäudes in diesem Fall nicht vollends entziehen, sondern ist u.U. sogar verpflichtet, die Maßnahmen der Mängelbeseitigung zu planen, die er bei rechtzeitigem Hinweis auch hätte planen müssen, wie z.B. eine Abdichtung des Bauwerks durch eine wasserdichte Wanne. Zutreffend wird darauf hingewiesen, dass auch im Rahmen der Mängelbeseitigung eine Kooperation zwischen Unternehmer und Besteller notwendig sein kann, wenn beide für den Mangel verantwortlich sind (Motzke, a.a.O. S. 163). Weniger überzeugend scheint der Hinweis darauf, dass § 642 BGB im Rahmen der Mängelbeseitigung nicht anwendbar ist, weil er nur die Mitwirkung bei der Herstellung des Werkes beträfe (Motzke, a.a.O.). Würde der Mangel vor der Abnahme entdeckt, so könne der Unternehmer sich danach auf die Mitwirkungsobliegenheit des Bestellers berufen, würde er nach der Abnahme entdeckt, dagegen nicht. Das ist nicht einleuchtend, eine entsprechende Anwendung auf die Nacherfüllung ist geboten. 88

4. Auslegungsgrundsätze

In den Konfliktfällen ist regelmäßig die Frage streitig, welche Beschaffenheit die Parteien vereinbart haben. Das betrifft sowohl die vereinbarte Funktion als auch die Ausführungsart. 89

§ 633

a) Darlegungs- und Beweislast für Beschaffenheit und Mangel

90 Die Darlegungs- und Beweislast für die Beschaffenheitsvereinbarung trägt derjenige, der sich darauf beruft (BGH, Urt. v. 6.10.2016 – VII ZR 185/13; Urt. v. 9.2.2010 – X ZR 82/07).

91 Von dieser Beweislastverteilung ist diejenige zu unterscheiden, die den Nachweis der Mangelfreiheit, also die Frage betrifft, ob die vereinbarte Beschaffenheit eingehalten ist. Vor der Abnahme hat der Unternehmer zu beweisen, dass der vom Besteller substantiiert behauptete Mangel nicht vorliegt (BGH, Urt. v. 23.10.2008 – VII ZR 64/07). Kann er das nicht, unterliegt er der Herstellungsverpflichtung. Nach der Abnahme trägt hingegen der Besteller die Beweislast für den von ihm behaupteten Mangel (BGH, Beschl. v. 6.2.2014 – VII ZR 160/12).

92 Anwendbar sind die Grundsätze zum Anscheinsbeweis. Ein Anscheinsbeweis ist gegeben, wenn ein bestimmtes Schadensbild nach aller Lebenserfahrung auf eine bestimmte Ursache zurückzuführen ist (BGH, Urt. v. 1.10.2013 – VI ZR 409/12). Zweck der Rechtsfigur des Anscheinsbeweises ist es, die Beweisschwierigkeiten im Ursachenzusammenhang zu überwinden, wenn sich nicht völlig ausschließen lässt, dass auch andere als die vom Gläubiger genannten, nach typischem Geschehensablauf wahrscheinlichen Ursachen für die Schadensverursachung in Betracht kommen. Seine Anwendung ist durch zeitliche Zäsuren grundsätzlich nicht gehindert (BGH, Urt. v. 10.4.2014 – VII ZR 254/13). Ein Anwendungsfall dieses Grundsatzes ist die Verwendung risikobehafteten Materials. Wird ein riskantes Material verwendet und tritt ein Bauschaden auf, mit dem sich das Risiko verwirklicht haben kann, so kann das den Schluss darauf zulassen, dass die Verwendung des riskanten Materials Ursache für den Bauschaden ist, mag auch die Verursachung durch andere Umstände nicht mit letzter Sicherheit auszuschließen sein (BGH, Urt. v. 28.9.1972 – VII ZR 121/71; Urt. v. 15.5.1975 – VII ZR 179/74; Kapellmann/Messerschmidt-Langen, VOB/B, 7. Aufl., § 13 Rdn. 60; Beck'scher VOB-Komm-Zahn, vor § 13 Rdn. 149). Dieser Grundsatz ist auch dann anwendbar, wenn nicht riskantes Material, sondern eine riskante, schadensträchtige Bauweise zur Ausführung kommt (Vgl. BGH, Urt. v. 16.5.1974 – VII ZR 35/72). Ein weiterer, ähnlicher Fall ist der Verstoß gegen die anerkannten Regeln der Technik oder andere Regelungen, die einen bestimmten Schaden verhindern sollen. Es kann eine widerlegliche Vermutung dafür sprechen, dass im örtlichen und zeitlichen Zusammenhang mit der Missachtung von anerkannten Regeln der Technik entstandene Schäden auf die Verletzung dieser Regeln zurückzuführen sind (BGH, Urt. v. 19.4.1991 – V ZR 349/89). Es kommt allerdings auf den Einzelfall an, inwieweit die Vermutung gerechtfertigt ist (Kniffka/Koeble/Jurgeleit/Sacher, 5. Teil, Rdn. 433), insbesondere ein zeitlicher Zusammenhang noch angenommen werden kann.

b) Auslegungsgrundsätze zur vereinbarten Funktion

93 Welche Funktion nach dem Vertrag vorausgesetzt oder vereinbart ist, muss durch Auslegung ermittelt werden. Es gelten die allgemeinen Grundsätze für die Auslegung von Willenserklärungen. Die Formulierung des Gesetzes, das in § 633 Abs. 2 Satz 2 Nr. 1 BGB auf die nach dem Vertrag vorausgesetzte Verwendung abstellt, lehnt sich an die alte Fassung an, wonach es auf den nach dem Vertrag vorausgesetzten Gebrauch ankam. Schon insoweit war klar, dass die Gebrauchserwartung Gegenstand der vertraglichen Vereinbarung ist. Sie kann ausdrücklich oder auch konkludent zum Ausdruck gebracht werden. In die Auslegung sind alle Umstände einzubeziehen, die dem Vertragsschluss zugrunde liegen und die dem Unternehmer Anhaltspunkte dafür geben, einen bestimmten Verwendungszweck zugrunde zu legen. Es kommt auf den objektiven Empfängerhorizont an. Die Annahme einer nach dem Vertrag vorausgesetzten Verwendbarkeit oder Funktionstauglichkeit setzt deshalb voraus, dass sie anhand aller beim Vertragsschluss vorliegenden Informationen auch für den Unternehmer erkennbar ist. Das Ergebnis der Auslegung wird beim Werkvertrag in aller Regel eine bestimmte nach dem Vertrag vorausgesetzte Verwendung sein. So liegt eine Funktionsstörung vor, wenn das Bauwerk nicht genehmigungsfähig ist (BGH, Urt. v. 21.3.1968 – VII ZR 4/66), der Zweck, eine mangelfreie Veräußerung zu gewährleisten, nicht erreicht wird (BGH, Urt. v. 20.12.2012 – VII ZR 209/11); Fenster nicht regendicht sind (BGH, Urt. v. 2.5.1963 – VII ZR 221/61), das Dach einer Lagerhalle nicht regendicht ist (BGH, Urt. v. 11.11.1999 – VII ZR 403/98), das Bauwerk keine tragfähige Fundamentierung hat (BGH, Urt. v. 1.4.1965 – VII ZR 230/65), entgegen der Vereinbarung eine Glasfassade ein Restbruchrisiko durch Nickelsulfideinschlüsse hat (BGH, Urt. v. 8.5.2014 – VII ZR 203/11, kritisch dazu Althaus, BauR 2014, 1369, 1373; Kainz, BauR 2017, 952), Wasser in einer Tiefgarage nicht abläuft (BGH, Urt. v. 25.6.2015 – VII ZR 220/14) oder der Feuchtigkeit ausgesetzte Heizungsrohre nicht mit einem Korrosionsanstrich versehen sind (BGH, Urt. v. 15.3.1971 – VII ZR 153/69). Eine Beeinträchtigung des nach dem Vertrag

Sach- und Rechtsmangel **§ 633**

vorausgesetzten Gebrauchs liegt auch vor, wenn die mit der vertraglich geschuldeten Ausführung erreichbaren technischen Eigenschaften, die für die Funktion des Werkes von Bedeutung sind, durch die vertragswidrige Ausführung nicht erreicht werden und damit die Funktion des Werkes gemindert ist (BGH, Urt. v. 9.1.2003 – VII ZR 181/00). Wird im Vertrag lediglich eine Funktion beschrieben, ohne dass Einzelheiten der Bauausführung vereinbart werden, so kommt es darauf an, ob diese Funktion erreicht wird. Begründet z. B. die vertragswidrige Ausführung das Risiko, dass das ausgeführte Werk eine geringere Haltbarkeit und Nutzungsdauer hat und dass erhöhte Betriebs- und Instandhaltungskosten erforderlich werden, ist der nach dem Vertrag vorausgesetzte Gebrauch gemindert (BGH, Urt. v. 7.7.2005 – VII ZR 59/04; Urt. v. 9.1.2003 – VII ZR 181/00). Werden Einzelheiten der Bauausführung vereinbart, die unbekannte Risiken abdecken, so liegt eine Beeinträchtigung der Gebrauchstauglichkeit vor, wenn die vereinbarte Bauausführung nicht eingehalten ist, so dass das Risiko nicht abgedeckt ist. Unerheblich ist, ob die tatsächlich vorgenommene Ausführung gleichsam zufällig ausreichend und gleichwertig ist (vgl. BGH, Urt. v. 1.8.2013 – VII ZR 75/11).

In der Praxis stellt sich immer wieder die Frage, welches Beschaffenheitsrisiko hinsichtlich der Funktionalität der Besteller nach dem Vertrag trägt. Auch das muss durch Auslegung des Vertrages geklärt werden, wobei die Verkehrssitte neben den vertragsbegleitenden Umständen von großer Bedeutung sein kann. Ergibt sich die Funktionalität, wie das häufig der Fall ist, aus der Natur des Werkes, so wird die Auslegung nur dann zu vereinbarten oder nach dem Vertrag vorauszusetzen Einschränkungen der Funktionstauglichkeit kommen, wenn es dafür im Vertrag oder den sonstigen Umständen ausreichende Anhaltspunkte gibt. Ist das der Fall, kann die Vereinbarung eine, gemessen an der üblichen Funktion, eingeschränkte Funktionstauglichkeit oder Funktionstauglichkeit, die nur unter bestimmten Bedingungen gewährleistet ist, oder sogar fehlende Funktionstauglichkeit beinhalten (vgl. BGH, Urt. v. 19.5.2011 – VII ZR 24/08). In diese Kategorie können auch die Sachverhalte fallen, in denen ein Unternehmer sich verpflichtet, eine bestimmte Funktion zu gewährleisten, diese jedoch letztlich davon abhängt, dass ein nach ihm arbeitender, vom Besteller beauftragter Unternehmer dazu erforderliche Arbeiten vornimmt, auf die der erste Unternehmer keinen Einfluss mehr hat (Funke, BauR 2017, 169, 176 unter Hinweis auf die Beurteilung besonderer Sachverhalte; kritisch zur Entscheidung des OLG Hamm, Urt. v. 10.4.2016 – 24 U 48/15, Steffen/Scherwitzki, BauR 2016, 1815 ff.; vgl. auch LG Krefeld, Urt. v. 3.8.2016 – 2 O 346/15: schleifende Fenster funktionstauglich, weil Toleranzen eingehalten sind und Anpassung Sache der Nachgewerke ist). 94

Beispiel nach OLG Hamm, Urt. v. 10.4.2016 – 24 U 48/15: Ein Heizungsbauer verpflichtet sich eine Heizung zu bauen, die mit einer Regulierung der Kühlfunktion versehen ist. Der Heizungsbauer installiert alle dazu notwendigen Anlagen. Die Verkabelung nimmt der nachfolgende Elektriker im Auftrag des Bestellers vor. Das Funktionsversprechen des Heizungsbauers wird lebensnah dahin ausgelegt, dass die Funktion soweit gewährleistet wird, soweit der Heizungsbauer Einfluss auf die Leistung hat. Auf die ordnungsgemäße Errichtung eines Nachgewerks hat der Unternehmer grundsätzlich keinen Einfluss. Darin liegt kein Widerspruch zur Blockheizkraftwerkentscheidung des BGH, weil in diesem Fall der Heizungsbauer auf den Fehler eines Vorgewerks hinweisen musste. 95

Je nach Sachlage kann die Verwendung umfassend vorausgesetzt, aber auch durch die Vertragsgestaltung eingeschränkt sein. 96

Beispiel: Wird z. B. eine Lagerhalle gebaut, ohne dass im Detail die Ausführung festgelegt wird, kann es für die Details darauf ankommen, wie die Halle nach den vertraglichen Vereinbarungen genutzt werden soll. Steht z. B. fest, dass das Lager mit schwer beladenen Gabelstaplern befahren werden muss, was gefahrlos nur auf einem Estrich möglich ist, so kann durch diesen Verwendungszweck die Gestaltung des Bodens festgelegt sein, wenn der Pauschalvertrag dazu keine Details enthält.

Beispiel: Der Vertrag soll die Abdichtung eines Hauses bewirken. Die Feuchtigkeitsursachen sind unklar. Der Unternehmer bietet mit entsprechender Aufklärung über das Restrisiko an, eine vertikale Abdichtung herzustellen. Als diese nichts hilft, finden weitere Untersuchungen statt, mit denen festgestellt wird, dass noch eine horizontale Abdichtung erforderlich ist. Der Besteller verlangt vom Unternehmer eine solche Abdichtung. Diese wird auch nicht auf der Grundlage des funktionalen Herstellungsbegriffs geschuldet; denn aus dem Angebot des Unternehmers folgt unmissverständlich, dass er nicht verspricht, sämtliche Feuchtigkeitsursachen zu beseitigen, sondern lediglich solche, die auf fehlende vertikale Abdichtung zurückzuführen sind.

Jurgeleit

§ 633

97 **Beispiel:** Der Unternehmer bietet nach Vorlage eines Prospekts „Patentlösung für trockene Keller" an, den nassen Keller mittels Injektionsverfahrens nach Erstellung einer Baugrunduntersuchung „trocken zu legen". Das ist das Versprechen, durch die Maßnahme einen trockenen Keller zu erreichen. Ist das Injektionsverfahren nicht geeignet, ändert das nichts an der vereinbarten Funktion. Wird diese nicht erreicht, ist die Leistung mangelhaft und der Besteller kann nach Rücktritt den Werklohn zurückfordern (OLG Düsseldorf, Urt. v. 7.10.2016 – 22 U 60/16; vgl. auch OLG Düsseldorf, Urt. v. 24.3.2015 – 21 U 62/14).

Beispiel: Der Vertrag sieht die Errichtung einer Bodenplatte vor, die im Winter überbaut sein wird. Die Bodenplatte muss also der unmittelbaren Frostbelastung (Lastfall 2) nicht stand halten. Wird das Bauvorhaben nach Errichtung der Bodenplatte verzögert, so dass die Bodenplatte entgegen der nach dem Vertrag vorausgesetzten Funktion doch der unmittelbaren Frostbelastung ausgesetzt ist, liegt kein Mangel vor (vgl. BGH, Urt. v. 19.5.2011 – VII ZR 24/08).

98 Ein Mangel kann auch dann vorliegen, wenn das Bauwerk die Gefährdung von Personen oder Sachgütern birgt und eine solche Gefährdung vertraglich ausgeschlossen ist (vgl. BGH, Urt. v. 8.5.2014 – VII ZR 203/11). Auch in diesen Fällen kommt es nicht darauf an, ob die Gefahr sich bereits realisiert hat. Das gilt insbesondere dann, wenn Gesundheitsgefahren durch gefährliche Stoffe zu befürchten sind. Allerdings kann es – wenn nichts anderes vereinbart ist – nicht allein darauf ankommen, ob der Besteller überempfindlich reagiert, sondern die Beurteilung einer Gefahrenlage muss sich an einem objektiven Verständnis orientieren. Inwieweit bestimmte Risiken übernommen sind, beurteilt sich danach, inwieweit ein Besteller nach der gegebenen Sachlage eine Aufklärung über dieses Risiko erwarten kann. Das ist im Einzelfall schwierig zu beurteilen. Hinzuweisen ist darauf, dass die Rechtsprechung des Bundesgerichtshofs schnell geneigt ist, von „Risikoübernahmen" des Bestellers zu sprechen, die nur dann stattfinden könnten, wenn der Unternehmer den Besteller über das Risiko umfassend aufgeklärt habe und die Risikoübernahme rechtsgeschäftlich erfolgt sei (BGH, Urt. v. 29.9.2011 – VII ZR 87/11; Urt. v. 10.2.2011 – VII ZR 8/10; Urt. v. 12.5.2005 – VII ZR 45/04; Urt. v. 17.5.1984 – VII ZR 169/82). Von einer Risikoübernahme kann auch gesprochen werden, wenn ohne eine Aufklärung das Risiko nach allgemeiner Verkehrserwartung nicht übernommen wird (So BGH, Urt. v. 17.5.1984 – VII ZR 169/82 – Wärmedämmung; Urt. v. 26.9.2002 – VII ZR 290/01 – Genehmigungsfähigkeit der Planung; Urt. v. 25.2.1999 – VII ZR 190/97 – Nachbarwiderspruch). Fehlende Aufklärung führt in diesem Fall zu einer stillschweigend getroffenen Beschaffenheitsvereinbarung, wonach das Risiko nicht übernommen worden ist (Vgl. BGH, Urt. v. 24.9.1992 – VII ZR 213/91 – Ungewöhnliche Beheizbarkeit des Hauses durch Kamin; Urt. v. 21.12.2000 – VII ZR 17/99 – Vereinigungsbaulast).

99 Die Aufklärungspflicht hängt von der berechtigten Erwartungshaltung des Bestellers ab. Unerheblich ist grundsätzlich, ob die vom Besteller erwartete Leistung möglich ist oder nicht (so schon OLG Düsseldorf, NJW-RR 1991, 223 zum Shadingfall). Nach der Rechtsprechung muss der Unternehmer den Besteller, der über das Fachwissen des Unternehmers nicht verfügt, bei Vertragsschluss auf die Gestaltung und Verwendbarkeit des ins Auge gefassten Werkes beraten, damit es den Zwecken und Bedürfnissen des Bestellers wirklich entspricht (BGH, Urt. v. 9.7.1987 – VII ZR 208/86 – Blockheizkraftwerk I). Es gelten ähnliche Grundsätze wie für die Beratungs- und Aufklärungspflichten des Architekten bei der Verwendung neuer Baustoffe und dergleichen (BGH, Urt. v. 24.9.1992 – VII ZR 213/91 – Ungewöhnliche Beheizbarkeit des Hauses durch Kamin). Die Erwartungshaltung wird geprägt durch die Umstände des Vertragsschlusses, seinem allgemein vorauszusetzenden Vorwissen, die Verkehrsauffassung, die Werbung oder sonstige Anpreisungen des Herstellers. Geht es um die Sicherheit eines Produkts sollten auch die Wertungen des Produkthaftungsgesetzes, § 3, einbezogen werden. Danach müssen bei der Bewertung des erforderlichen Maßes an Sicherheit eines Produkts besonders die Darbietung des Produkts, der zu erwartende Gebrauch und der Zeitpunkt des Inverkehrbringens beachtet werden. Zu berücksichtigen ist auch, dass dem Besteller ohne Aufklärung die Möglichkeit genommen wird, das Risiko autonom einzuschätzen und möglicherweise Maßnahmen zu unternehmen, die Gefahr von Körper- und Sachbeschädigung zu verringern. Andererseits sind die Wertungen des Bauproduktenrechts insgesamt zu beachten. Dabei fällt insbesondere im Hinblick auf die allgemeine Verkehrserwartung ins Gewicht, wenn der Einbau eines Bauprodukts baubehördlich zugelassen ist (vgl. auch Pott, IBR 2014, 405; Vogel, IBR 2014, 588) und bisher nicht reklamiert wird, dass diese Zulassung mit dem nationalen oder europaweiten Bauproduktenrecht nicht vereinbar ist. Man wird mit Spannung erwarten, wie sich die Rechtsprechung insgesamt zu diesem Problemkreis positioniert, zumal es eine Vielzahl von Bauprodukten oder Herstellungsweisen gibt, die potentiell in der Weise gefährlich sind, dass es in Ausnahmefällen zu Schäden an Sachgütern und Leib und Leben kommen kann (vgl. z. B. die potentielle Gefahr von Radon unter bestimmten ungünstigen Voraussetzungen). Grundsätzlich wird man davon ausgehen können, dass die gesetzlich abgesicherten Wertungen der Bauaufsichtsbehörden anerkannt werden, wenn sie auf zuverlässigen Erkenntnissen beruhen und vertretbar sind. Eine Parallelwertung im zivilen und öffentlichen Recht sollte jedenfalls vermieden werden.

Der Eintritt eines Risikos kann auch stillschweigend als vertragsgerecht vereinbart sein. So ist denkbar, dass ein Mangel einer Glasfassade aus Einscheibensicherheitsglas nicht vorliegt, wenn der Besteller in Kenntnis des Umstandes, dass auch nach dem vereinbarten Heat-Soak-Test ein geringes Risiko des Glasbruchs verbleibt, eine solche Fassade bestellt. **100**

In einer Vielzahl von Fällen stellt sich die Frage, ob die vom Besteller beanstandete Erscheinung ein Mangel der Bauleistung ist oder lediglich auf üblichen Verschleiß zurückzuführen ist. Auch das ist eine Frage der vereinbarten oder nach dem Vertrag vorausgesetzten Funktion des Werkes. Es ist zu klären, welche Beschaffenheitsvereinbarung zur Nutzungsdauer des Werkes getroffen worden ist. Regelmäßig garantiert der Unternehmer die Gebrauchsfähigkeit seines Werkes während der Gewährleistungszeit. Aus der Art der Werkleistung kann sich jedoch ergeben, dass das Werk schon vorher gebrauchsunfähig werden darf. Mangelhaft ist ein verschlissenes Teil nur dann, wenn seine Haltbarkeit hinter der ausdrücklich vereinbarten oder hilfsweise der üblichen Lebensdauer zurückbleibt. Ein Angebot zur Herstellung einer Sache mit Teilen, die dem Verschleiß ausgesetzt sind, wird der Besteller redlicherweise nur dahin verstehen können, dass eine Lebensdauer der Verschleißteile vereinbart wird, die sich im Rahmen der Üblichkeit hält. Das ist bei der Herstellung kurzlebiger Verbrauchsgüter so, wie z. B. bei der Installation einer Beleuchtungsanlage hinsichtlich der Leuchtkörper. Inwieweit Verschleißteile vorliegen, muss nach Treu und Glauben unter Berücksichtigung der Verkehrssitte beurteilt werden. Gleiches gilt für die vertragsgemäße Dauer ihrer Nutzung. Ein Leuchtmittel, das nach einem Tag defekt ist, ist mangelhaft. Der Unternehmer muss es kostenlos auswechseln. Ein Leuchtmittel, das nach zwei Jahren nicht mehr brennt, muss er dagegen nicht auswechseln. Ein Mangel entsteht nicht durch den nach dem Vertrag vorausgesetzten Verschleiß. Mangelhaft ist ein Verschleißteil jedoch dann, wenn im Vertrag eine höhere als die übliche Lebensdauer vereinbart ist. **101**

Ein Mangel des hergestellten Werkes kann darüber hinaus auch dann vorliegen, wenn die Lebensdauer einzelner Verschleißteile nicht auf die Lebensdauer des gesamten Vertragswerkes abgestimmt ist und es deshalb bei Ausfall des Verschleißteiles zu nicht vereinbarten und auch unüblichen Funktionsstörungen kommt, die durch eine Auswechslung des Verschleißteiles nicht behoben werden können. Darüber hinaus kommt ein Mangel des Werkes auch dann in Betracht, wenn die Auswechslung des Verschleißteiles einen unüblichen Aufwand erfordert, etwa dann, wenn zur Auswechslung einer Schraube mit hohem Aufwand die gesamte Konstruktion geöffnet und wieder geschlossen werden muss (vgl. auch Handb. priv.BauR-Merl, § 15 Rdn. 1170). **102**

c) Auslegungsgrundsätze zur vereinbarten Bauausführung

Die nach dem subjektiven Fehlerbegriff erforderliche Ermittlung des Vertragsinhalts hinsichtlich der geschuldeten Ausführungsart bereitet in Bauverträgen häufig große Schwierigkeiten. Die Leistungsbeschreibungen in Bauverträgen sind immer wieder unvollständig, ungenau, nicht transparent und vieldeutig. Die mangelhafte Sorgfalt bei der Erstellung der Leistungsbeschreibungen ist die häufigste Quelle von Auseinandersetzungen in Bausachen. Zur Auslegung von Bauverträgen hinsichtlich der zu erbringenden Leistungen kann verwiesen werden auf die ausführliche Darstellung → § 631 BGB Rdn. 796 ff. **103**

aa) Geltende Auslegungsregeln nach bisheriger Rechtslage

Zusammenfassend ist insoweit darauf hinzuweisen, dass die Rechtsprechung des Bundesgerichtshofs zu einer Berücksichtigung aller Vertragsumstände zwingt und in aller Regel ein Auslegungsergebnis einfordert. Die vordergründige Unklarheit des Vertrages muss also durch intensive Würdigung aller Umstände aufgelöst werden. Es ist unzulässig, die insoweit entstehenden Schwierigkeiten durch vereinfachende Auslegungsregeln zu überspielen, die nicht dem Maßstab des § 157 BGB nicht gerecht werden. Danach sind Verträge auszulegen, wie Treu und Glauben mit Rücksicht auf die Verkehrssitte es erfordern. Unzulässig sind grundsätzlich allgemeine Risikozuweisungen, die auf den Urheber der unklaren Ausschreibung abstellen oder daran anknüpfen, dass der Unternehmer auf die Unklarheit eines Vertrages nicht hingewiesen hat. Eine individuelle Leistungsbeschreibung wird deshalb bei Zweifeln über deren Verständnis **104**

§633

nicht allein deshalb zu Lasten des Bestellers im Sinne des vertretbaren Verständnisses des Unternehmers ausgelegt, weil sie vom Besteller verfasst und dieser für die Unklarheit verantwortlich ist → §631 BGB Rdn.806. Gleiches gilt umgekehrt für das vom Unternehmer verfasste Leistungsverzeichnis (i.e. Kniffka, BauR 2015, 1893 ff.). Unstatthaft ist auch eine Auslegung nach der vom Besteller favorisierten Variante, weil der Unternehmer nicht auf die Unklarheit einer Ausschreibung vor Vertragsschluss hingewiesen hat (Kniffka, a.a.O., S. 1900 ff.; unter Hinweis auf BGH, Beschl. v. 10.4.2014 – VII ZR 144/12; Urt. v. 12.9.2013 – VII ZR 227/11; Urt. v. 13.3.2008 – VII ZR 194/06).

105 Die Rechtsprechung hat eine zentrale Ausnahme von diesen allgemeinen Grundsätzen zugelassen. Der öffentliche Auftraggeber verspricht in seinem eigenen Ausschreibungsprogramm dem Auftragnehmer durch seine Ausschreibung kein ungewöhnliches Wagnis aufzuerlegen, §7 VOB/A. An diesem Versprechen muss er sich im Zweifel festhalten lassen (BGH, Urt. v. 11.11.1993 – VII ZR 47/93; Urt. v. 9.1.1997 – VII ZR 259/95; Urt. v. 12.9.2013 – VII ZR 227/11). Stehen also Auslegungsvarianten zur Auswahl, nach denen dem Auftragnehmer ein ungewöhnliches Wagnis auferlegt wird und nach denen das nicht der Fall ist, so ist die zweite Alternative zu wählen. Auch insoweit wird im Einzelnen auf → §631 BGB Rdn. 831 ff. verwiesen. Ob diese Zweifelsregelung allgemein gilt, also auch für private Besteller, die nicht nach VOB/A ausschreiben, ist ungeklärt, jedoch nicht fernliegend. Denn auch das vortragliche Verhalten, wie die Ausschreibung, erfolgt nicht im rechtsfreien Raum. Vielmehr entsteht durch die Aufnahme von Vertragsverhandlungen ein Schuldverhältnis, das nach seinem Inhalt jeden Teil zur Rücksicht auf die Rechte, Rechtsgüter und Interessen des anderen Teils verpflichtet, §241 Abs.2 BGB i.V.m. §311 Abs.2 Nr.1 BGB. Ein Besteller, der ausschreibt, muss dabei auch die Interessen des Auftragnehmers beachten. Diese gehen nicht nur bei einer öffentlichen Ausschreibung dahin, die Leistungsverpflichtung richtig einschätzen und die Preise dafür verlässlich kalkulieren zu können. Das weiß auch der private Besteller. Der Unternehmer darf deshalb im Grundsatz wie bei öffentlichen Ausschreibungen davon ausgehen, dass ihm durch eine private Ausschreibung kein ungewöhnliches Wagnis auferlegt wird, sofern nicht die gegenteilige Absicht zweifelsfrei deutlich geworden ist. Das in §7 VOB/A verankerte Ausschreibungsprogramm ist nichts anderes als das auf einer redlichen, den Unternehmer nicht übervorteilenden Gesinnung beruhende Ausschreibungsverhalten. Von einem solchen Verhalten darf im Grundsatz auch der Teilnehmer an einer privaten Ausschreibung ausgehen. Im Zweifel ist auch eine private Ausschreibung so zu verstehen, dass dem Unternehmer kein ungewöhnliches Wagnis auferlegt werden soll (Kniffka, BauR 2015, 1893, 1896).

bb) Neue Auslegungsgrundsätze

106 (1) §650k Abs.2 Satz 2 BGB. Für Verbraucherbauverträge enthält das Gesetz nunmehr eine weitere Auslegungsregel in §650k Abs.2 BGB. Soweit die Baubeschreibung unvollständig oder unklar ist, ist der Vertrag unter Berücksichtigung sämtlicher vertragsbegleitender Umstände, insbesondere des Komfort- und Qualitätsstandards nach der übrigen Leistungsbeschreibung, auszulegen. Zweifel bei der Auslegung des Vertrags bezüglich der vom Unternehmer geschuldeten Leistung gehen zu dessen Lasten. Während §650k Abs.2 Satz 1 BGB den vom Bundesgerichtshof für alle Bauverträge entwickelten Auslegungsgrundsätzen entspricht, → Rdn.58, enthält §605k Abs.2 Satz 2 BGB eine grundlegende und tiefgreifende Änderung dieser Auslegungsgrundsätze. Denn nach dieser Regelung gehen Zweifel bei der Auslegung zu Lasten des Unternehmers, der die Baubeschreibung gemacht hat. Zur Begründung ist im Gesetzgebungsverfahren lapidar ausgeführt, der Entwurf knüpfe an den Rechtsgedanken des §305c Abs.2 BGB an und übertrage ihn auf die Auslegung eines Verbraucherbauvertrages mit einer unklaren oder unvollständigen Baubeschreibung (BT-Drucks. 18/8486 S.62). Die Auslegungsregel des §305c Abs.2 BGB beruht auf dem Rechtsgedanken, dass es Sache des Verwenders ist, sich klar und unmissverständlich auszudrücken. Geschieht das nicht, so trägt der Verwender das Auslegungsrisiko.

107 §650k Abs.2 Satz 2 BGB gilt für Verbraucherbauverträge. Voraussetzung für die Anwendung der Zweifelsregelung ist, dass beide Parteien vertretbare Auslegungen ins Feld führen und die Auslegung anhand des §157 BGB nicht dazu führt, dass einer dieser Auslegungen nach dem gebotenen objektiven Maßstab der Vorzug zu geben ist (Grüneberg/Grüneberg, BGB, §305c Rdn. 15). Die Auslegungsregel ändert also nichts daran, dass durch Würdigung aller Umstände zunächst zu versuchen ist, ein eindeutiges Auslegungsergebnis zu erzielen.

108 Es wird sich die Frage stellen, ob diese Auslegungsregel auf Bauverträge jeder Art übertragbar ist. Die Entwicklung muss insoweit abgewartet werden. Der Rechtsgedanke der Verantwortlichkeit für die Vertragsgestaltung Ist jedenfalls verallgemeinerbar. Es stellt sich dann für jeden Vertrag die Frage, welcher der Vertragsparteien mit welchem Anteil die Verantwortung trägt. Diese in § 650k Abs. 2 Satz 2 dem Unternehmer auf der Grundlage der nach § 650j BGB zu erstellenden Baubeschreibung zugunsten des Verbrauchers als Besteller zugewiesene Verantwortung, kann nicht ohne weiteres auf andere Verträge übertragen werden. Denn der Besteller, der nicht Verbraucher ist, wird häufig fachmännisch beraten sein. Stammt die Ausschreibung vom Besteller, ist der Unternehmer sogar häufig mehr als dieser in der Lage, die Unklarheit eines Vertrags zu erkennen und durch Hinweise und Verhandlungen zu beseitigen.

Der Schlüssel für die Vermeidung des Streits über die Auslegung eines Bauvertrages ist **109** ohnehin die Sorgfalt, die für die Baubeschreibung aufzuwenden ist. Je genauer, klarer und verständlicher Baubeschreibungen sind, umso weniger Streitpotential bieten sie. Diese Erkenntnis liegt dem Ausschreibungsprogramm der öffentlichen Hand zugrunde, wie es in §7 VOB/A verankert ist. Dieses Ausschreibungsprogramm ist detailliert in den Hinweisen für das Aufstellen der Leistungsbeschreibung in den Abschnitten 0 der Allgemeinen Technischen Vertragsbedingungen für Bauleistungen, DIN 18299 ff. Der ausschreibende öffentliche Auftraggeber muss diese Hinweise beachten. Sie sind außerordentlich ins Einzelne gehend und dienen nicht nur dazu, den fairen Wettbewerb zu ermöglichen und Preisbildungssicherheit für den Unternehmer herzustellen. Denn der Preisbildungssicherheit geht die Festlegung der Beschaffenheit voran. Der Bundesgerichtshof hat entschieden, dass der Auftragnehmer im Zweifel darauf vertrauen darf, dass dieser Teil des Ausschreibungsprogramms eingehalten wird (BGH, Urt. v. 22.12.2011 – VII ZR 67/11; Urt. v. 21.3.2013 – VII ZR 122/11).

(2) § 650j BGB. Das Gesetz zur Reform des Bauvertragsrechts enthält in § 650j BGB die **110** Verpflichtung des Bauunternehmers in Verbraucherbauverträgen den Verbraucher über die sich aus Artikel 249 des Einführungsgesetzes zum Bürgerlichen Gesetzbuch ergebenden Einzelheiten in der dort vorgesehenen Form zu unterrichten, es sei denn, der Verbraucher oder ein von ihm Beauftragter macht die wesentlichen Planungsvorgaben. Nach § 650k Abs. 1 werden die Angaben der vorvertraglich vom Unternehmer zur Verfügung gestellten Baubeschreibung in Bezug auf die Bauausführung Inhalt des Vertrags, es sei denn, die Vertragsparteien haben ausdrücklich etwas anderes vereinbart. In der Baubeschreibung sind die wesentlichen Eigenschaften des Werkes in klarer Weise mit nach Art. 249 § 2 Abs. 1 Nr. 1 bis 9 definierten Inhalten darzustellen. Auf diese Weise werden die Vertragsinhalte in Verbraucherbauverträgen besser zu beurteilen sein. Diese Regelung gilt allerdings nur für den Verbraucherbauvertrag, also einen Vertrag, in dem ein Verbraucher einen Unternehmer mit der Errichtung eines Gebäudes oder mit einem erheblichen Umbau beauftragt, § 650i BGB. Für die anderen Verträge gibt es keine gesetzliche Verpflichtung zur Leistungsbeschreibung mit vorgegebenen Inhalten. Es gelten jedoch die Informationspflichten des Verbraucherrechts, §§ 312a BGB i. V. m. Art. 246 EGBGB und § 312d BGB i. V. m. mit Art. 246a EGBGB.

5. Auslegung und Beurkundungserfordernis

a) Das Problem

Bauverträge unterliegen der notariellen Beurkundung nach § 311b Abs. 1 Satz 1 BGB, wenn **111** sie mit der Verpflichtung des Unternehmers zu einer Einheit verbunden sind, das Eigentum an dem Grundstück zu übertragen, auf dem das Bauwerk errichtet werden soll (BGH, Urt. v. 22.7.2010 – VII ZR 246/08). Aus den zu § 633 Abs. 2 Satz 1 BGB entwickelten Auslegungsgrundsätzen (s. Rn. 24 ff.) folgen aber erhebliche Schwierigkeiten, die vereinbarte Beschaffenheit eines Bauwerks darzustellen und damit zu beurkunden.

Die Beschaffenheit eines Bauwerks kann selbst dann nicht umfassend dargestellt werden, wenn ein detailliertes Leistungsverzeichnis Gegenstand des Vertrags ist. Ein „allgemeiner Qualitätsstandard" oder ein „Luxusstandard" ist in seinen Verästelungen eben so wenig einer Beurkundung zugänglich wie allgemein anerkannte Regeln der Technik im Zeitpunkt der Abnahme. Zudem ist der Herstellungsprozess dynamisch und unterliegt damit Veränderungen, insbesondere bei der Umsetzung einer vereinbarten Funktionalität, deren Verwirklichung auf technische Schwierigkeiten stößt. In diesem Fall müssen die Vertragsparteien, soweit möglich, eine andere Art der Erfüllung vereinbaren, die ihren Interessen gerecht wird (BGH, Urt. v. 8.5.2014 – VII ZR 203/11 Rn. 24).

Das Vorstehende gilt erst recht, wenn die Vertragsparteien im Zeitpunkt des Vertragsschlusses unter Verzicht auf eine Detaillierung das Bauwerk rein funktional beschreiben und sich auf wesentliche Vorgaben beschränken. In diesem Fall konkretisiert sich die vom Unternehmer

§ 633

geschuldete Herstellungspflicht erst im Rahmen der wirksamen Ausübung des (stillschweigend) vereinbarten Leistungsbestimmungsrechts.

b) Vertragsimmanente Unvollständigkeit und Beurkundungspflicht

112 Ist der werkvertragliche Teil des Bauträgervertrags vertragsimmanent unvollständig, bedarf es der Klärung, wie dies mit der Beurkundungspflicht nach § 311b Abs. 1 Satz 1 BGB zu vereinbaren ist. Dafür sind drei Prinzipien des Beurkundungsrechts in den Blick zu nehmen:

113 Vereinbaren die Vertragsparteien neben einer funktionalen Beschreibung des Bauwerks Leistungsbestimmungsrechte, die jeweils einer Vertragspartei zugeordnet werden, ist der Vertrag hinreichend konkretisiert. In diesem Fall ist nach der Rechtsprechung des BGH die Beurkundungspflicht erfüllt, wenn neben der funktionalen Beschreibung des Bauwerks die Leistungsbestimmungsrechte beurkundet werden. Einer zusätzlichen Beurkundung des Inhalts der – später zu erklärenden – Leistungsbestimmungen bedarf es nicht. Damit kann auch im Rahmen von Verträgen, die dem Beurkundungszwang unterliegen, die Bestimmung einer Vertragsleistung einer Vertragspartei überlassen werden. Mit der Beurkundung des Leistungsbestimmungsrechts ist die Warn- und Schutzfunktion der Beurkundung gewahrt. Voraussetzung ist nur, dass die Bestimmungsbefugnis im Vertrag genügend abgegrenzt und nicht in einem Ausmaß vorbehalten ist, dass ihre Tragweite und damit die von den Parteien gewollte Bindungswirkung der zu treffenden Leistungsbestimmung selbst nicht mehr bestimmbar ist (BGH, Urt. v. 8.11.1985 – V ZR 113/84).

114 Es entspricht ständiger Rechtsprechung des BGH bei formbedürftigen Erklärungen in einem ersten Schritt festzustellen, wie die Erklärungen unter zusätzlicher Berücksichtigung außerhalb der Urkunde liegender Umstände zu verstehen sind. In einem zweiten Schritt ist zu prüfen, ob die so auszulegende Erklärung der Form genügt. Dafür reicht es nach der Andeutungstheorie aus, wenn der im Wege der Auslegung ermittelte Wille in der Urkunde einen, wenn auch unvollkommenen Ausdruck gefunden hat. Die Grenze der Berücksichtigung ist erst überschritten, wenn der beurkundete Text die Richtung des rechtsgeschäftlichen Willens nicht einmal dem Grunde nach erkennen lässt (BGH, Urt. v. 11.2.2010 – VII ZR 218/08 Rn. 12 m.w.N.).

115 Besteht ein übereinstimmender Wille, ist dieser auch dann maßgeblich, wenn er im Inhalt der Erklärung keinen Ausdruck gefunden hat (falsa demonstratio non nocet). In diesen Fällen gilt das wirklich Gewollte und nicht das fehlerhaft Erklärte, und zwar auch bei formgebundenen Geschäften. Für die Wahrung der Beurkundungsform kommt es nicht darauf an, ob das wirklich Gewollte in der Vertragsurkunde einen Niederschlag gefunden hat (BGH, Urt. v. 18.1.2008 – V ZR 174/06 Rn. 12 f). Diese Rechtsfolge setzt nicht voraus, dass der Erklärungsempfänger sich den wirklichen Willen des Erklärenden zu eigen gemacht hat. Es reicht aus, dass er ihn erkannt und in Kenntnis dieses Willens den Vertrag geschlossen hat (BGH, Urt. v. 20.11.1992 – V ZR 122/91).

c) Problemlösung

116 Mit diesen Prinzipien des Beurkundungsrechts lassen sich alle der Privatautonomie unterliegen Varianten, den werkvertraglichen Herstellungsanspruch zu konkretisieren, erfassen:

117 Beschreiben die Vertragsparteien das Werk funktional und vereinbaren ausdrücklich Leistungsbestimmungsrechte, ist das unproblematisch möglich. Werden die Leistungsbestimmungsrechte nicht ausdrücklich, sondern konkludent vereinbart, greift zusätzlich die Andeutungstheorie. Durch die rein funktionale Beschreibung des Bauwerks bringen die Parteien, wenn auch nur unvollkommen, zum Ausdruck, dass sie bereits jetzt einen Vertrag schließen wollen und die Konkretisierung des Herstellungsanspruchs späteren Leistungsbestimmungen vorbehalten. Entsprechendes gilt für die Vereinbarung eines Qualitätsstandards. Vereinbaren die Parteien die Errichtung eines Bauwerks in durchschnittlicher Qualität oder einigen sich auf einen Luxusstandard, ist damit der Standard für jedes einzelne Gewerk in dem beurkundeten Vertrag angedeutet, ohne dass es eines detaillierten Leistungsverzeichnisses bedürfte. Und schließlich wird von der Vereinbarung, ein Bauwerk zu errichten, hinreichend angedeutet mit umfasst, dass der Unternehmer die allgemein anerkannten Regeln der Technik zu beachten hat.

118 Beschreiben die Vertragsparteien das Werk nicht funktional, sondern wird ein detailliertes Leistungsverzeichnis zum Bestandteil des Vertrags, finden ebenfalls die allgemein anerkannten Regeln der Technik einen hinreichenden Ausdruck im beurkundeten Vertragstext. Ergeben sich aus dem beurkundeten Leistungsverzeichnis Unklarheiten oder Widersprüche, ist der Vertrag unter Berücksichtigung sämtlicher relevanter, auch vorvertraglicher Umstände auszu-

Sach- und Rechtsmangel §633

legen. Das im Wege der Auslegung gefundene Ergebnis findet im Vertrag stets einen, wenn auch unvollkommenen Ausdruck.

Sind die Parteien aufgrund sämtlicher Umstände bis zur Beurkundung davon ausgegangen, 119
dass ein herzustellendes Bauwerk eine bestimmte Größe aufweist, und enthält der beurkundete Vertrag eine kleinere Größenangabe, spricht viel dafür, von einer falsa demonstratio auszugehen. Ein entgegenstehender Wille des Unternehmers, den er im Rahmen der Beurkundung nicht zum Ausdruck gebracht hat, stünde einer solchen Bewertung nicht entgegen.

Im Übrigen wäre zu fragen, ob sich die Größe des Bauwerks, die stets Gegenstand der Vertragsverhandlungen war, im Vertrag andeutet. Das wäre beispielsweise der Fall, wenn – wie üblich – zwischen Größe und Preis eine unstreitige bzw. aus Prospekten oder anderen Unterlagen zu schließende Verknüpfung besteht und der beurkundete Wortlaut der Größenangabe nicht zum beurkundeten Preis passt. Um auf diesem Weg zu einer Auslegung des Vertrags zu gelangen, die in der Urkunde angedeutet ist, bedarf es keiner Beurkundung der Relation zwischen Größe und Preis. Denn es reicht aus, dass das aufgrund der Gesamtumstände gefundene Auslegungsergebnis dem Grunde nach einen Ausdruck gefunden hat.

III. Sachmangel ohne Beschaffenheitsvereinbarung

Die Alternativen des § 633 Abs. 2 Satz 2 BGB kommen nur in Betracht, soweit eine Vereinbarung über die Beschaffenheit und ein nach dem Vertrag vorausgesetzter oder vereinbarter Verwendungszweck nicht vorliegen. Sie stellen sich als Auffangtatbestand dar, der in der Regel nicht greift (vgl. BR-Drucks. 338/01, S. 499 für das Kaufrecht). Denn schon die Vertragsauslegung wird in aller Regel ein Ergebnis bringen. Das gilt sowohl für die Vereinbarung über die Ausführungsmodalitäten als auch für die Vereinbarung über die Verwendung. Denn es wird in aller Regel dem Willen der Parteien entsprechen, dass das Bauwerk für die gewöhnliche Verwendung gebaut wird und die übliche Beschaffenheit, wenn sie nichts anderes vereinbart haben. 120

1. Bedeutung des Verwendungszwecks

Die Alternativen Nr. 1 und Nr. 2 des § 633 Abs. 2 Satz 2 BGB unterscheiden sich lediglich 121
darin, dass in dem einen Fall eine nach dem Vertrag vorausgesetzte Verwendung vorliegt, in dem anderen nicht. Gibt es keine nach dem Vertrag vorausgesetzte Verwendung, gilt die gewöhnliche Verwendung.

a) Nach dem Vertrag vorausgesetzte Verwendung

Ist eine Verwendung vereinbart oder nach dem Vertrag vorausgesetzt, liegt in aller Regel 122
bereits eine Beschaffenheitsvereinbarung vor. Die Alternative des § 633 Abs. 2 Satz 2 Nr. 1 BGB hat also nur die Funktion eines praktisch wenig bedeutsamen Auffangtatbestandes.

b) Gewöhnliche Verwendung

Die Verträge, in denen der Verwendungszweck nicht vertraglich definiert ist, sind selten. 123
Allerdings gilt das nur für die grobe Einordnung. Wird eine Lagerhalle erbaut, so steht nur der Verwendungszweck „Lagerung" fest. Lässt sich dem Vertrag nichts Näheres entnehmen und kann auch nicht festgestellt werden, dass die Parteien eine übliche Verwendung gewollt haben, so greift § 633 Abs. 2 Nr. 2 BGB ein: es kommt auf die gewöhnliche Verwendung als Lager an.

Beispiel: Gibt es in dem Vertrag keinen Hinweis auf die beabsichtigte Nutzung, kommt es für das obige Beispiel, welchen Boden die Halle haben muss, auf die gewöhnliche Verwendung an. An diesem Beispiel zeigt sich, dass es sehr schwierig sein kann, die gewöhnliche Verwendung zu ermitteln. Denn in den Fällen, in denen sich aus dem Vertrag kein Verwendungszweck ermitteln lässt, sind die Möglichkeiten der Verwendung in aller Regel so vielfältig, dass die gewöhnliche Verwendung häufig nicht schwer zu ermitteln ist. Das hat auch der vom Bundesgerichtshof entschiedene Fall gezeigt, wonach bestimmte Räumlichkeiten zur Verwendung als Cafe geeignet sein sollten, es jedoch große Schwierigkeiten bereitete, die Kriterien zu bestimmen, nach denen Räume für die gewöhnliche Verwendung als Cafe geeignet sind (vgl. BGH, Urt. v. 5.7.2001 – VII ZR 399/99).

Jurgeleit

§ 633

2. Übliche Beschaffenheit

124 Auf die übliche Beschaffenheit kommt es auch nur an, wenn eine Beschaffenheit nicht vereinbart ist, also nicht einmal festgestellt werden kann, dass die Parteien eben diese wollten. Durch § 633 Abs. 2 Satz 2 Nr. 2 BGB wird die fehlende Vereinbarung über die Beschaffenheit stets durch objektive Kriterien der Beschaffenheit ersetzt. Das Werk muss in der Weise hergestellt werden, wie es bei Werken der gleichen Art üblich ist und die der Besteller nach Art des Werkes erwarten kann. Das entspricht annähernd der Rechtsprechung zum alten Recht (BGH, Urt. v. 5.7.2001 – VII ZR 399/99). Danach schuldet der Unternehmer all das, was nach den örtlichen und sachlichen Gegebenheiten jeder Fachmann als notwendig erachten würde (BGH, Urt. v. 22.3.1984 – VII ZR 50/82). Zutreffend wird darauf hingewiesen, dass es in Bauvertragssachen schwierig sein kann, eine übliche Beschaffenheit ausfindig zu machen (Funke, Jahrbuch Baurecht 2002, 217, 222). Allerdings betrifft das mehr gestalterische und qualitätsbezogene Elemente als die technischen, denn gerade diese sind weitgehend genormt. Auf die übliche Beschaffenheit kommt es auch dann an, wenn sich der Inhalt einer Leistung an einer anderen Leistung orientiert, zu der keine Beschaffenheit vereinbart worden ist. Wird z. B. eine technische Ausrüstung für ein Bauwerk in Auftrag gegeben, ohne dass die Beschaffenheit des Bauwerks vereinbart ist, kommt es auf die übliche Beschaffenheit des Bauwerks an.

> **Beispiel:** Hat ein Unternehmer eine Lüftungsanlage für ein Bistro herzustellen, ohne dass die Ausstattung des Bistros mit Küchengeräten Gegenstand der dem Auftrag zugrunde liegenden Planung ist und lässt sich diese Ausstattung auch nicht aus den sonstigen Umständen ermitteln, kommt es darauf an, wie ein Bistro üblicherweise mit Küchengeräten ausgestattet ist. Hat der Unternehmer eine Lüftung hergestellt, die bei üblicher Ausstattung mit Küchengeräten nicht ausreichend ist, ist seine Leistung mangelhaft (BGH, Urt. v. 13.3.2008 – VII ZR 194/06).

125 Der Zusatz in § 633 Abs. 2 Nr. 2 BGB „und die der Besteller nach der Art des Werkes erwarten kann" ist einigermaßen unverständlich (kritisch Grauvogl, Verträge am Bau, S. 430; Siegburg, FS Jagenburg, 839, 848). Er ist auf eine Angleichung an die entsprechende Regelung des Kaufvertrages § 434 Abs. 1 Nr. 2 BGB zurückzuführen. Diese Regelung ist wiederum auf Art. 2 Abs. 2 c) und d) der Verbrauchsgüterkaufrichtlinie zurückzuführen. In Umsetzung dieser Richtlinie sind die Begriffe „Qualität und Leistung" in § 434 Abs. 1 Nr. 2 BGB zusammengefasst worden in den Begriff „Beschaffenheit". Welche Beschaffenheit erwartet werden kann, bestimmt sich nach dem Erwartungshorizont des Durchschnittskäufers. Dabei müssen Werbeaussagen mitberücksichtigt werden (RegEntw., BR-Drucks. 338/01, S. 499). Auszugehen ist danach von der üblichen Beschaffenheit. Diese kann der Besteller in aller Regel nach der Art des Werkes auch erwarten. Inwieweit das durch Werbeaussagen beeinflusst wird, muss im Einzelfall geprüft werden.

C. Rechtsmangel

126 Neu ist im Werkvertragsrecht die Verpflichtung des Unternehmers, das Werk frei von Rechtsmängeln zu verschaffen. Diese Regelung ist in Angleichung an das Kaufvertragsrecht aufgenommen worden. Rechtsmängel haben bislang im Werkvertragsrecht nur untergeordnete Bedeutung gehabt.

127 Der Begriff des Rechtsmangels ist in § 633 Abs. 3 BGB definiert.

Daraus ergibt sich, dass die Rechte sich unmittelbar auf das Werk beziehen müssen. Ein Rechtsmangel liegt nicht bereits darin, dass ein Dritter ein Recht geltend macht. Nur ein tatsächlich bestehendes Recht bildet einen Rechtsmangel (RegEntw., BR-Drucks. 338/01, S. 509).

I. Urheberrechte

128 Die Begründung erwähnt Rechte aus dem Bereich des Urheberrechts und des gewerblichen Rechtsschutzes (RegEntw., BR-Drucks. 338/01, S. 615). Insoweit ist insbesondere interessant, ob das Urheberrecht des Architekten einen Rechtsmangel im Sinne des § 633 Abs. 1 BGB darstellt. Das ist jedenfalls dann nicht der Fall, wenn der Architekt der Vertragspartner ist. Denn dann ist er kein Dritter im Sinne des Gesetzes.

Ein Rechtsmangel kann vorliegen, wenn der Architekt nicht Vertragspartner ist, jedoch 129
Urheberrechte geltend machen kann. So liegt ein Rechtsmangel sicher vor, wenn der Unternehmer eine Planung verwendet, die er aus urheberschutzrechtlichen Gründen gegen den Willen des Architekten nicht verwenden darf und der Architekt auch nicht einverstanden ist (vgl. Locher/Koeble/Frik, HOAI, Einl. Rdn. 294 ff.). Problematisch sind die Fälle, in denen eine Planung mit dem Willen des Architekten verwendet wird, dieser jedoch Urheberrechte an der Planung hat, die eine spätere Veränderung des Bauwerks erschweren. Inwieweit ein Rechtsmangel vorliegt, muss die Auslegung des Vertrages ergeben.

II. Öffentlich-rechtliche Beschränkungen

Problematisch ist auch, inwieweit öffentlich-rechtliche Beschränkungen einen Rechtsmangel 130
darstellen können. Nach der Rechtsprechung liegen bei öffentlich-rechtlichen Beschränkungen, die die Gebrauchstauglichkeit des Werkes beeinträchtigen, grundsätzlich keine Rechtsmängel, sondern Sachmängel vor. Das betrifft insbesondere öffentlich-rechtliche Beschränkungen aus dem Bauordnungsrecht. So stellt nach ständiger Rechtsprechung der Umstand, dass für das errichtete Werk keine oder nicht die versprochene Baugenehmigung erteilt wird, einen Sachmangel dar (vgl. BGH, Urt. v. 21.12.2000 – VII ZR 17/99; Urt. v. 24.11.1988 – VII ZR 222/87). Die Begründung offenbart, dass der Gesetzgeber die Frage, ob öffentlich-rechtliche Beschränkungen einen Rechtsmangel darstellen, nicht entscheiden wollte (RegEntw., BR-Drucks. 338/01, S. 509).

III. Dingliche Rechte

Zu den Rechtsmängeln gehören auch dingliche Rechte an einem Grundstück, das gleich- 131
zeitig mit dem Werk verschafft wird. Ein Vertrag, der sowohl die belastungsfreie Übereignung eines Grundstücks als auch die Errichtung eines Bauwerkes darauf zum Gegenstand hat, unterliegt unabhängig davon, ob Kauf- oder Werkvertragsrecht anwendbar ist, der Rechtsmängelgewährleistung, §§ 435, 633 BGB. Die Unterscheidung zwischen den Vertragstypen spielt jedoch bei der Verjährung eine Rolle, denn die Ansprüche wegen Rechtsmängeln verjähren beim Kaufvertrag in dreißig Jahren, wenn der Mangel in einem dinglichen Recht eines Dritten, auf Grund dessen Herausgabe des Kaufsaches verlangt werden kann, oder in einem sonstigen Recht, das im Grundbuch eingetragen ist, besteht. Beim Bauträgervertrag wird man davon ausgehen müssen, dass wegen der Rechte am Grundstück die kaufvertragliche Komponente des Vertrages zu dieser langen Verjährung führt, vgl. § 650u Abs. 1 Satz 3 BGB. Zu Recht wird darauf hingewiesen, dass für die nicht eingetragenen Rechte die lange Verjährung nicht gilt, sondern die zweijährige Verjährungsfrist, § 438 Abs. 1 Nr. 3 BGB (Heinemann, ZfIR 2002, 168).

Ein Rechtsmangel liegt bei einem Bauträgervertrag vor, wenn im Grundbuch vertragswidrig 132
Belastungen eingetragen sind, die beim Eigentumserwerb nicht gelöscht sind. Einem Rechtsmangel steht es gleich, wenn im Grundbuch ein Recht eingetragen ist, auch wenn es nicht besteht. Buchrechte verschlechtern die Rechtsposition des Erwerbers zwar nicht unmittelbar, können ihn jedoch bei einer Verfügung über das Grundeigentum behindern und bergen die Gefahr, im Wege gutgläubigen Erwerbs zum wirklichen Recht zu erstarken (RegEntw., BR-Drucks. 338/01, S. 510). Der Erwerber hat deshalb ein berechtigtes Interesse an der Grundbuchberichtigung. Dem Gesetzgeber erscheint es sachgerecht, dass Buchrechte die gleichen Rechtsfolgen nach sich ziehen wie sonstige Rechtsmängel (RegEntw., BR-Drucks. 338/01, S. 510). Die Ansprüche des Erwerbers verjähren gemäß § 438 Abs. 1 Nr. 1 BGB in dreißig Jahren, wenn der Mangel in einem dinglichen Recht eines Dritten, auf Grund dessen Herausgabe der Kaufsache verlangt werden kann, oder in einem sonstigen Recht, das im Grundbuch eingetragen ist, besteht.

Hingewiesen wird von den Notaren darauf, dass die Verjährung der Ansprüche auf Beseiti- 133
gung von im Grundbuch eingetragenen Belastungen zu kurz ist. Es wird deshalb in Bauträgerverträgen eine Verlängerung der Verjährung für Ansprüche aus Rechtsmängeln empfohlen.

D. VOB-Vertrag

Auch im VOB-Vertrag ist der Auftragnehmer verpflichtet, das Werk frei von Sach- und 134
Rechtsmängeln zu verschaffen. Die VOB/B hat sich allerdings nicht damit begnügt, auf das

§ 633

Gesetz zu verweisen, sondern in der durch die VOB/B 2002 erfolgten Anpassung an das neue Gesetz eine eigene Regelung zum Sachmangel getroffen. Diese lautet in § 13 VOB/B:

(1) Der Auftragnehmer hat dem Auftraggeber seine Leistung zum Zeitpunkt der Abnahme frei von Sachmängeln zu verschaffen. Die Leistung ist zur Zeit der Abnahme frei von Sachmängeln, wenn sie die vereinbarte Beschaffenheit hat und den anerkannten Regeln der Technik entspricht. Ist die Beschaffenheit nicht vereinbart, so ist die Leistung zur Zeit der Abnahme frei von Sachmängeln,

   a) wenn sie sich für die nach dem Vertrag vorausgesetzte, sonst

   b) für die gewöhnliche Verwendung eignet und eine Beschaffenheit aufweist, die bei Werken der gleichen Art üblich ist und die der Auftraggeber nach der Art der Leistung erwarten darf.

(2) Bei Leistungen nach Probe gelten die Eigenschaften der Probe als vereinbarte Beschaffenheit, soweit nicht Abweichungen nach der Verkehrssitte als bedeutungslos anzusehen sind. Dies gilt auch für Proben, die erst nach Vertragsschluss als solche anerkannt sind.

135   Diese Regelung in § 13 Abs. 1 VOB/B ist nahezu identisch mit der gesetzlichen Regelung. Es finden sich lediglich zwei Abweichungen. § 13 Abs. 1 VOB/B bestimmt, dass die Leistung zum Zeitpunkt der Abnahme mangelfrei verschafft werden muss. Damit ist zum Ausdruck gebracht, dass ein Mangel der Leistung nicht bereits vor der Abnahme vorliegen kann. Das Gegenteil ergibt sich aus § 4 Abs. 7 VOB/B. Danach hat der Auftragnehmer Leistungen, die schon während der Ausführung als mangelhaft oder vertragswidrig erkannt werden, auf eigene Kosten durch mangelfreie zu ersetzen. Mit § 13 Abs. 1 VOB/B wird vielmehr auf den Zeitpunkt abgestellt, in dem der Auftragnehmer dem Auftraggeber das Werk im Sinne dieser Regelung verschafft. Der Auftragnehmer verschafft dem Auftraggeber das Werk grundsätzlich, in dem er es mangelfrei herstellt und es ihm für den Fall, dass der Besteller noch keinen Eigentum oder Besitz an dem Werk hat, mangelfrei übergibt. Damit korrespondiert die Pflicht des Auftraggebers, das im Wesentlichen mangelfreie Werk abzunehmen. Insweit konsequent stellt deshalb die VOB/B auf den Zeitpunkt der Abnahme ab. Die Haftungsregeln in § 13 Abs. 3 bis 7 VOB/B betreffen demgemäß allein die Haftung nach der Abnahme.

136   Ebenso wie bei der gesetzlichen Regelung kommt es nicht darauf an, ob sich der Mangel bei der Abnahme zeigt. Maßgeblich ist allein, ob das Werk zu diesem Zeitpunkt mangelhaft ist. Das ist auch dann zu bejahen, wenn sich der Mangel erst später zeigt, aber auch dann, wenn der Mangel überhaupt nicht nach außen zu Tage tritt.

137   Die VOB/B hebt hervor, dass ein Sachmangel auch dann vorliegt, wenn das Werk nicht den anerkannten Regeln der Technik entspricht. Sachlich ergibt sich insoweit keine Änderung gegenüber dem Gesetz → Rdn. 37.

138   Ansonsten entspricht die Regelung in der VOB/B der gesetzlichen Regelung. In der VOB/B ist jedoch davon abgesehen worden, ausdrücklich vorzusehen, dass das Werk auch frei von Rechtsmängeln verschafft werden muss. Zudem ist nicht erwähnt, dass es einem Sachmangel gleichsteht, wenn der Auftragnehmer ein anderes als das bestellte Werk oder das Werk in zu geringer Menge herstellt. Da die VOB/B insoweit keine eigenen Regelungen trifft, gelten die gesetzlichen Vorschriften.

139   Eine eigene Regelung trifft die VOB/B allerdings zu einem Spezialfall, das ist die Leistung nach Probe. Die Regelung enthält Auslegungsregeln, die den praktischen Anforderungen gerecht werden, und die im Übrigen auch über eine Auslegung nach § 157 BGB zu erzielen wären. Maßgeblich ist, ob eine Leistung auf der Grundlage einer Probe vereinbart ist. Dass dann die Leistung der Probe entsprechen muss, ist selbstverständlich. Ebenso ist selbstverständlich, dass Abweichungen zulässig sind, soweit sich das aus der Verkehrssitte ergibt.

E. Sonstige Verträge

140   Auf den Architekten- und Ingenieurvertrag ist grundsätzlich Werkvertragsrecht anzuwenden → § 650p BGB Rdn. 1. Die vertragstypischen Pflichten des Architekten und Ingenieurs sind in § 650p BGB geregelt. Darüber hinaus gelten die Pflichten aus §§ 631 Abs. 1 und § 633 Abs. 1 BGB. Wegen des engen Zusammenhangs dieser Regelungen erfolgt die Kommentierung der Mängelhaftung des Architekten und Ingenieurs unter § 650p BGB.

141   Der Bauträgervertrag ist in § 650u Abs. 1 Satz 1 als Vertrag definiert, der die Errichtung oder den Umbau eines Hauses oder eines vergleichbaren Bauwerks zum Gegenstand hat und

der zugleich die Verpflichtung des Unternehmers enthält, dem Besteller das Eigentum an dem Grundstück zu übertragen. Nach § 650u Abs. 1 Satz 2 BGB finden hinsichtlich der Errichtung oder des Umbaus die Vorschriften des Untertitels 1 Anwendung, soweit sich aus den nachfolgenden Vorschriften nichts anderes ergibt. Wegen des engen Sachzusammenhangs mit dem Pflichtenkreis des Bauträgers erfolgt auch die Kommentierung der Mängelhaftung unter § 650u BGB.

§ 634 BGB Rechte des Bestellers bei Mängeln

Ist das Werk mangelhaft, kann der Besteller, wenn die Voraussetzungen der folgenden Vorschriften vorliegen und soweit nicht ein anderes bestimmt ist,

1. **nach § 635 Nacherfüllung verlangen,**
2. **nach § 637 den Mangel selbst beseitigen und Ersatz der erforderlichen Aufwendungen verlangen,**
3. **nach den §§ 636, 323 und 326 Abs. 5 von dem Vertrag zurücktreten oder nach § 638 die Vergütung mindern und**
4. **nach den §§ 636, 280, 281, 283 und 311a Schadensersatz oder nach § 284 Ersatz vergeblicher Aufwendungen verlangen.**

Übersicht

	Seite
A. Systematik des Mängelhaftungsrechts	308
B. Anwendbarkeit der §§ 634 ff. BGB vor und nach der Abnahme	309
I. Grundsatz: Keine Mängelrechte vor der Abnahme	309
II. Ausnahmen	311
III. Voraussetzungen der Rechte vor der Abnahme	312
C. Nacherfüllungsrecht des Unternehmers	312
D. Haftungsbefreiung des Unternehmers	314
I. Haftungsausschluss	314
II. Rechtsgeschäftliche Risikoübernahme	314
III. Aufklärungspflichtverletzung	315
IV. Grundsätze zur Haftungsbefreiung	316
V. Voraussetzungen der Haftungsbefreiung	317
1. Fehlerhafte Vorgaben oder Vorleistungen	317
2. Erfüllung der Mitteilungspflicht	317
a) Prüfungspflicht	317
b) Bedenkenhinweispflicht	320
aa) Bedenken des Unternehmers	320
bb) Zeitpunkt	321
cc) Form	321
dd) Inhalt	321
ee) Adressat	322
ff) Reaktion des Bestellers	323
VI. Rechtsfolgen	323
1. Haftungsbefreiung	323
2. Leistungsverweigerungsrecht	323
VII. Haftungsbefreiung wegen fehlender Kausalität der Pflichtverletzung	324
VIII. Beweislast	324
IX. Ausnahmetatbestände	325
1. Ausreißer	325
2. Unerlaubte Planungsänderung	325
E. Haftungsbefreiung in der Unternehmerleistungskette	325
F. Mitverantwortlichkeit der Baubeteiligten	326
I. Beteiligung des Bestellers	326
1. Sowieso-Kosten	326
2. Vorteilsausgleichung	328
a) Kein Abzug „Neu für Alt"	328
b) Abzug für Gebrauchsvorteile	329

   c) Rechtsgedanke der Vorteilsausgleichung im Verhältnis Subunternehmer zu Generalunternehmer 330
  3. Mitverschulden des Bestellers 331
   a) Eigenes Verschulden 331
   b) Haftung gegenüber dem Unternehmer für Erfüllungsgehilfen 333
    aa) Planer und Sonderfachleute 333
    bb) Bauleiter des Bestellers 335
    cc) Baustofflieferant 335
    dd) Vorunternehmer 335
    ee) Nachfolgeunternehmer 336
    ff) Anteil der Mithaftung gegenüber Unternehmen 336
   c) Anteil der Mithaftung gegenüber anderen Baubeteiligten 337
  4. Sicherstellung des Unternehmers 338
   a) Vorprozessuale Sicherheit 338
   b) Prozessuale Sicherungsmechanismen 338
    aa) Verurteilung des Unternehmers zur Mängelbeseitigung 338
    bb) Verurteilung des Bestellers zur Werklohnzahlung 339
 II. Gesamtschuldnerausgleich 339
  1. Gesamtschuld 339
   a) Gesamtschuldverhältnisse im Baurecht 340
   b) Gesamtschuld mehrerer Unternehmer 340
  2. Ausgleichsanspruch nach § 426 Abs. 1 BGB 341
   a) Allgemeine Grundsätze des Gesamtschuldnerausgleichs 341
   b) Probleme der Quotierung 342
    aa) Quotierung nach Verursachungsanteilen zwischen zwei Gesamtschuldnern . . 342
    bb) Quotierung bei mehreren Gesamtschuldnern 343
   c) Prozesskostenerstattungsanspruch 343
   d) Gestörter Gesamtschuldnerausgleich 344
    aa) Privilegierung durch kurze Verjährung 345
    bb) Privilegierung durch Einräumung des Mängelbeseitigungsrechts, § 650t BGB . 345
    cc) Privilegierungen durch Einigung nach Eintritt des Mangelfalls 347
     (1) Allgemeine Grundsätze 347
     (2) Baurechtliche Rechtsprechung zum gestörten Gesamtschuldnerausgleich . 347
     (3) Sonderproblem: Aufrechnung gegenüber Werklohnforderung 348
   e) Verjährung 348
  3. Rückgriff nach § 426 Abs. 2 BGB 348
G. Besonderheiten des Architekten- und Ingenieurvertrages 348
 I. Rechtsgeschäftliche Risikoübernahme durch den Besteller 348
 II. Haftungsbefreiung des Architekten und Ingenieurs 349
 III. Mitverschulden des Bestellers für Planungsfehler 350
H. Besonderheiten der VOB/B 351
 I. Allgemeines 351
 II. Mängelhaftung vor Ablauf des Fertigstellungstermins 352
 III. Grundsätze zur Haftungsbefreiung des Auftragnehmers 352

A. Systematik des Mängelhaftungsrechts

1   Diese Vorschrift fasst die Ansprüche des Bestellers wegen Mängeln des Werkes zusammen (Mängelhaftungsansprüche). § 634 BGB belegt die Systematik des Mängelhaftungsrechts. Im Zentrum steht der Nacherfüllungsanspruch des Bestellers. Dieser ist seiner Natur nach ein Anspruch auf Erfüllung des Vertrages. Mit der Verwendung des Wortes Nacherfüllung will der Gesetzgeber verdeutlichen, dass es sich um einen Anspruch auf Vertragserfüllung handelt, der auch zur Neuherstellung verpflichten kann (RegEntw. BR-Drucks. 338/01, S. 625).

2   Unsystematisch ist, dass § 634 BGB Anspruchsnorm hinsichtlich des Nacherfüllungsanspruchs ist, während alle anderen Ansprüche sich aus den folgenden Paragraphen ergeben. § 635 BGB regelt den Anspruch selbst nicht.

3   Mit dem Nacherfüllungsanspruch des Bestellers korrespondiert das Nacherfüllungsrecht des Unternehmers. Der Besteller muss dem Unternehmer grundsätzlich Gelegenheit geben, etwaige Mängel seines Werkes selbst zu beseitigen. Erst wenn der Unternehmer diese Gelegenheit nicht nutzt oder von vornherein die Mängelbeseitigung ernsthaft und endgültig verweigert, kann der Besteller weitere Ansprüche wegen der Mängel geltend machen → § 637 BGB Rdn. 3 ff.

Das Sanktionssystem der Mängelhaftungsansprüche sieht einheitlich eine angemessene **4** Fristsetzung vor. Nach fruchtlosem Fristablauf hat der Besteller die Wahl zwischen allen ihm zur Verfügung stehenden Mängelhaftungsansprüchen. Er kann wählen zwischen der Selbstvornahme und Kostenerstattung, beziehungsweise Vorschuss, dem Rücktritt, der Minderung oder dem Schadensersatz statt der Leistung. Während alle anderen Mängelhaftungsansprüche verschuldensunabhängig sind (vgl. BGH, Urt. v. 10.11.2005 – VII ZR 147/04), kann Schadensersatz nur verlangt werden, wenn der Unternehmer den Mangel zu vertreten hat. Der Anspruch auf Ersatz von Mangelfolgeschäden, die durch eine Mängelbeseitigung nicht verhindert werden können, besteht unabhängig von einer Fristsetzung.

Eine Ablehnungsandrohung ist neben der Fristsetzung nicht notwendig (vgl. aber zum **5** Recht vor der Schuldrechtsmodernisierung BGH, Urt. v. 11.9.2012 XI ZR 56/11; BGH, Urt. v. 27.2.2003 VII ZR 338/01). Nur in seltenen Ausnahmefällen wird man gemäß § 242 BGB einen besonderen Warnhinweis des Gläubigers fordern müssen, dass er nach Fristablauf Schadensersatz statt der Leistung fordern oder vom Vertrag zurücktreten wird.

Der Besteller verliert seinen Erfüllungsanspruch nicht, wenn er eine Frist gesetzt hat und **6** diese fruchtlos abgelaufen ist. Die Fristsetzung ist als Warnung und Gelegenheit für den Unternehmer zu verstehen, den Mangel zu beseitigen. Sie führt nicht zu einem Rechtsverlust des Bestellers. Vielmehr kann sich der Besteller überlegen, wie er nach fruchtlosem Fristablauf gegen den Unternehmer vorgeht und ob er unter Umständen weiterhin Erfüllung verlangt und den Unternehmer sogar auf Nacherfüllung verklagt.

Nicht geregelt ist, wie lange sich der Besteller die Wahl seiner Rechte überlegen darf, ob **7** er also die Rechte nach Fristablauf zeitlich unbeschränkt geltend machen kann. Das Gesetz enthält keine Möglichkeit des Unternehmers, insoweit Klarheit zu schaffen, etwa durch Aufforderung an den Besteller, sich binnen einer bestimmten Frist zu erklären. Das bedeutet aber nicht, dass dem Besteller keine zeitlichen Grenzen gesetzt sind. Vielmehr kann die Ausübung der Rechte nach Treu und Glauben verwirkt sein, wenn nach Fristablauf eine gewisse Zeit abgelaufen ist und die Umstände den Schluss darauf zulassen, dass der Besteller diese Rechte nicht mehr geltend machen wird. So kann z.B. eine Einigung darüber, dass der Unternehmer nochmals eine Mängelbeseitigung versuchen darf, dazu führen, dass der Besteller nach fruchtlosem Versuch eine neue Frist setzen muss. Zwingend ist das jedoch nicht. Es kommt auf die Umstände des Einzelfalles an.

B. Anwendbarkeit der §§ 634 ff. BGB vor und nach der Abnahme

Liegt ein Mangel der Werkleistung des Unternehmers vor, kann der Besteller ihm gegen- **8** über verschiedene Rechte und Ansprüche geltend machen. Problematisch ist, ob und wenn ja welche dieser Rechte dem Besteller bereits vor der Abnahme zustehen.

I. Grundsatz: Keine Mängelrechte vor der Abnahme

Das Gesetz differenziert zwischen den Ansprüchen und Rechten des Bestellers in der Er- **9** füllungsphase, d. h. vor der Abnahme, und der Nacherfüllungsphase, also nach der Abnahme. Vor der Abnahme steht dem Besteller der Erfüllungsanspruch nach § 631 Abs. 1 BGB zu. Nach der Abnahme kann der Besteller die in § 634 BGB aufgeführten Ansprüche geltend machen. Kommt der Unternehmer seiner Pflicht zur Nacherfüllung im Sinne des § 634 Nr. 1 BGB nicht nach, stehen dem Besteller die Ansprüche auf Selbstvornahme, Kostenerstattung, der Vorschuss, §§ 634 Nr. 2, 637 BGB sowie das Recht zur Minderung, §§ 634 Nr. 3, 638 BGB zu. Der Verweis in § 634 Nr. 3 und 4 BGB auf die Regelungen zum Schadensersatz und zum Rücktritt erfolgt nur bestätigend, denn diese Rechte kann der Besteller auch schon vor der Abnahme geltend machen.

Den gesetzlichen Regelungen ist ebenso wenig wie den Gesetzesmaterialien (vgl. BT- **10** Drucks. 14/6040, S. 261 ff.) eine ausdrückliche Aussage darüber zu entnehmen, ab welchem Zeitpunkt die Mängelrechte aus § 634 BGB Anwendung finden. Deshalb war die Frage, ob die Mängelrechte aus § 634 BGB vom Besteller schon vor Abnahme geltend gemacht werden können, in Rechtsprechung und Schrifttum lange umstritten (vgl. Voit, BauR 2011, 1063 ff.;

§ 634

Joussen, BauR 2009, 319 ff.; Jordan, Der zeitliche Anwendungsbereich des allgemeinen Leistungsstörungsrechts und der besonderen Gewährleistungsrechte beim Kauf-, Werk- und Mietvertrag, 2015, S. 129 ff.; K. Jansen, Die Mangelrechte des Bestellers im BGB-Werkvertrag vor Abnahme, 2010, S. 35 ff.). Während der BGH in seinen Entscheidungen die Frage zunächst offen gelassen hat (vgl. BGH, Urteile vom 8. Juli 2010 – VII ZR 171/08 Rn. 28; vom 24. Februar 2011 – VII ZR 61/10, Rn. 17 a. E.; vom 6. Juni 2013 – VII ZR 355/12 Rn. 16; vom 25. Februar 2016 – VII ZR 49/15 Rn. 41), hat er mit Urteil vom 19.01.2017 – VII ZR 193/15 entschieden, dass der Besteller Mängelrechte nach § 634 BGB grundsätzlich erst **nach Abnahme des Werks** mit Erfolg geltend machen kann (vgl. auch BGH, Urteil vom 19. Januar 2017 – VII ZR 301/13; BGH, Urteil vom 19. Januar 2017 – VII ZR 235/15). Soweit sich aus den Entscheidungen vom 11. Oktober 2012 (VII ZR 179/11 und VII ZR 180/11) etwas anderes ergeben könnte, hält der BGH daran ausdrücklich nicht fest.

11 Ob ein Werk mangelfrei ist, beurteilt sich grundsätzlich im Zeitpunkt der Abnahme. Bis zur Abnahme kann der Unternehmer grundsätzlich frei wählen, wie er den Anspruch des Bestellers auf mangelfreie Herstellung aus § 631 Abs. 1 BGB erfüllt. Könnte der Besteller bereits während der Herstellungsphase Mängelrechte aus § 634 BGB geltend machen, kann das mit einem Eingriff in dieses Recht des Unternehmers verbunden sein. Allerdings stehen dem Besteller in der Herstellungsphase Erfüllungsansprüche und Rechte des allgemeinen Leistungsstörungsrechts zur Verfügung, die unter Umständen schon vor Fälligkeit bestehen können, wie § 323 Abs. 4 BGB zeigt (vgl. BGH, Urteil vom 19.01.2017 – VII ZR 193/15). Bereits der Begriff „Nacherfüllung" in § 634 Nr. 1, § 635 BGB spricht dafür, dass die Rechte aus § 634 BGB erst nach der Herstellung zum Tragen kommen sollen. Die Erfüllung des Herstellungsanspruchs aus § 631 Abs. 1 BGB tritt bei einer Werkleistung regelmäßig mit der Abnahme ein, § 640 Abs. 1 BGB, so dass erst nach Abnahme von „Nacherfüllung" gesprochen werden kann (vgl. BGH, Urteil vom 19.01.2017 – VII ZR 193/15). Aus dem nur für den Nacherfüllungsanspruch geltenden § 635 Abs. 3 BGB folgt, dass zwischen dem auf Herstellung gerichteten Anspruch aus § 631 Abs. 1 BGB und dem Nacherfüllungsanspruch Unterschiede bestehen. § 635 Abs. 3 BGB eröffnet dem Unternehmer bei der geschuldeten Nacherfüllung nach § 634 Nr. 1 BGB weitergehende Rechte als § 275 Abs. 2 und 3 BGB. Herstellungsanspruch und Nacherfüllungsanspruch können demnach nicht nebeneinander bestehen. Dafür, dass die Abnahme die Zäsur zwischen Erfüllungsstadium und der Phase darstellt, in der anstelle des Herstellungsanspruchs Mängelrechte nach § 634 BGB geltend gemacht werden können, spricht zum einen die Regelung in § 634a Abs. 2 i. V. m. Abs. 1 Nr. 1 und 2 BGB, wonach die Verjährung von Mängelrechten in den meisten Fällen mit der Abnahme beginnt. Zum anderen stellt die Abnahme auch im Übrigen eine Zäsur dar, da mit ihr die Fälligkeit des Werklohns eintritt (§ 641 Abs. 1 BGB), die Leistungsgefahr auf den Besteller übergeht (§ 644 Abs. 1 Satz 1 BGB) und die Beweislast für das Vorliegen von Mängeln sich umkehrt, soweit kein Vorbehalt nach § 640 Abs. 3 BGB erklärt wird (vgl. BGH, Urteil vom 19.01.2017 – VII ZR 193/15).

12 Die Auslegung der werkvertraglichen Vorschriften dahingehend, dass dem Besteller die Mängelrechte nach § 634 BGB grundsätzlich erst nach Abnahme zustehen, führt zudem zu einem interessengerechten Ergebnis. Vor der Abnahme steht dem Besteller der Herstellungsanspruch nach § 631 Abs. 1 BGB zu, der ebenso wie der Anspruch auf Nacherfüllung aus § 634 Nr. 1 BGB die mangelfreie Herstellung des Werks zum Ziel hat. Der Besteller kann diesen Anspruch einklagen und, falls notwendig, im Regelfall nach § 887 ZPO vollstrecken. Die Gefahr des zufälligen Untergangs des Werks verbleibt beim Unternehmer, der Werklohn wird nicht fällig und die Beweislast für das Vorliegen von Mängeln geht nicht auf den Besteller über, solange er den Herstellungsanspruch nach § 631 Abs. 1 BGB geltend macht. Die Interessen des Bestellers sind durch die ihm vor der Abnahme aufgrund des allgemeinen Leistungsstörungsrechts zustehenden Rechte angemessen gewahrt (vgl. zur Durchsetzung der Ansprüche nach allgemeinem Leistungsstörungsrecht umfassend Moufang, BauR 2021, 876 ff.): Etwa Schadensersatz neben der Leistung nach § 280 Abs. 1 BGB, Schadensersatz statt der Leistung nach §§ 281, 280 BGB, Schadensersatz wegen Verzögerung der Leistung, § 280 Abs. 2, § 286 BGB, Rücktritt nach § 323 BGB oder Kündigung aus wichtigem Grund entsprechend § 314 BGB. Der Schadensersatzanspruch statt der Leistung gemäß § 281 Abs. 1 BGB ist zwar anders als die Mängelrechte nach § 634 Nr. 2 und 3 BGB verschuldensabhängig (§ 280 Abs. 1 Satz 2 BGB). Eine den Schadensersatzanspruch begründende Pflichtverletzung liegt aber auch vor, wenn der Unternehmer die Frist aus § 281 Abs. 1 Satz 1 BGB verstreichen lässt (vgl. zum Kaufrecht: BGH, Urteil vom 29. April 2015 – VIII ZR 104/14, NJW 2015, 2244 Rn. 12; Urteil vom 17. Oktober 2012 – VIII ZR 226/11, BGHZ 195, 135 Rn. 11 ff.). Der Besteller hat hiernach die Wahl, ob er die Rechte aus dem Erfüllungsstadium oder aber die grundsätzlich eine Abnahme voraussetzenden Mängelrechte aus §634 BGB geltend macht. Ein faktischer Zwang des Bestellers zur Erklärung der Abnahme für ein objektiv nicht abnahmefähiges Werk besteht damit entgegen verbreiteter Meinung nicht. Im Übrigen wird der Besteller, der eine Abnahme unter Mängelvorbehalt erklärt, über §640 Abs. 3, §641 Abs. 3 BGB geschützt (vgl. BGH, Urteil vom 19.01.2017 – VII ZR 193/15).

II. Ausnahmen

Von dem Grundsatz, dass der Besteller vor der Abnahme die Mängelrechte nach §634 Nr. 2 bis 4 BGB nicht geltend machen kann, gibt es Ausnahmen. Eine solche Ausnahme kann aber nicht bereits dann angenommen werden, wenn die Leistung des Unternehmers im Zeitpunkt ihrer Fälligkeit mangelhaft ist (vgl. Kniffka/Koeble, Kompendium des Baurechts, 4. Auflage, 6. Teil, Rn. 3; a. A. Peters BauR 2012, 1297, 1302), da die Erfüllungsphase in diesem Fall noch nicht beendet ist und das Gesetz für diesen Zeitpunkt keine Mängelansprüche vorsieht (vgl. Voit, BauR 2011, 1063, 1072; Joussen, BauR 2009, 319, 330). **13**

Der Besteller kann die Mängelrechte nach §634 Nr. 2 bis 4 BGB ohne vorherige Abnahme geltend machen, wenn er nicht mehr die Erfüllung des Vertrags verlangen kann und das Vertragsverhältnis in ein Abrechnungsverhältnis übergegangen ist (vgl. BGH, Urteil vom 19.01.2017 – VII ZR 193/15). Macht der Besteller gegenüber dem Unternehmer nur noch Schadensersatz statt der Leistung in Form des kleinen Schadensersatzes geltend oder erklärt er die Minderung des Werklohns, so findet nach der bisherigen Rechtsprechung des Bundesgerichtshofs zum alten Schuldrecht eine Abrechnung der beiderseitigen Ansprüche statt (vgl. BGH, Urteil vom 11. Mai 2006 – VII ZR 146/04, BGHZ 167, 345 Rn. 26; Urteil vom 10. Oktober 2002 – VII ZR 315/01, BauR 2003, 88, 89 = NZBau 2003, 35; Urteil vom 16. Mai 2002 – VII ZR 479/00, BauR 2002, 1399, 1400; jeweils m. w. N.). An dieser Rechtsprechung hält der BGH auch nach Inkrafttreten des Schuldrechtsmodernisierungsgesetzes jedenfalls für den Fall fest, dass der Unternehmer das Werk als fertiggestellt zur Abnahme anbietet (vgl. BGH, Urteil vom 19.01.2017 – VII ZR 193/15 sowie KG, Urteil vom 16.05.2017 – 27 U 132/16). Verlangt der Besteller Schadensersatz statt der Leistung nach §281 Abs. 1, §280 Abs. 1 BGB, ist der Anspruch auf die Leistung nach §281 Abs. 4 BGB ausgeschlossen. Nichts anderes gilt, wenn der Besteller im Wege der Minderung nur noch eine Herabsetzung des Werklohns erreichen will. Auch in diesem Fall geht es ihm nicht mehr um den Anspruch auf die Leistung und damit um die Erfüllung des Vertrags (vgl. BGH, Urteil vom 19.01.2017 – VII ZR 193/15); BGH, Urteil vom 19. Januar 2017 – VII ZR 235/15; BGH, Urteil vom 19. Januar 2017 – VII ZR 301/13). **14**

Verlangt dagegen der Besteller nach §634 Nr. 2, §637 Abs. 1, 3 BGB einen Vorschuss für die zur Beseitigung des Mangels im Wege der Selbstvornahme erforderlichen Aufwendungen, erlischt der Erfüllungsanspruch des Bestellers nicht. Denn das Recht zur Selbstvornahme und der Anspruch auf Kostenvorschuss lassen den Erfüllungsanspruch (§631 BGB) und den Nacherfüllungsanspruch (§634 Nr. 1 BGB) unberührt (vgl. BGH, Urteil vom 19.01.2017 – VII ZR 193/15). Der Besteller ist berechtigt, auch nach einem Kostenvorschussverlangen den (Nach-)Erfüllungsanspruch geltend zu machen (vgl. OLG Stuttgart, BauR 2012, 1961, 1962 f. = NZBau 2012, 771; Palandt/Sprau, BGB, 76. Aufl., §634 Rdn. 12; Messerschmidt/Voit/Drossart, Privates Baurecht, 2. Aufl., §634 BGB Rdn. 16, 45; Staudinger/Peters/Jacoby, 2014, BGB, §634 Rdn. 73). In Ausnahmefällen kann die Forderung des Bestellers nach Vorschuss für die Mängelbeseitigung zu einem Abrechnungs- und Abwicklungsverhältnis führen, wenn der Besteller den (Nach-)Erfüllungsanspruch aus anderen Gründen nicht mehr mit Erfolg geltend machen kann. Ein solcher Fall liegt z. B. vor, wenn der Besteller ausdrücklich oder konkludent zum Ausdruck bringt, unter keinen Umständen mehr mit dem Unternehmer, der ihm das Werk als fertiggestellt zur Abnahme angeboten hat, zusammenarbeiten zu wollen, also endgültig und ernsthaft eine (Nach-)Erfüllung durch ihn ablehnt, selbst für den Fall, dass die Selbstvornahme nicht zu einer mangelfreien Herstellung des Werks führt. In dieser Konstellation kann der Besteller nicht mehr zum (Nach-)Erfüllungsanspruch gegen den Unternehmer zurückkehren (vgl. BGH, Urteil vom 19.01.2017 – VII ZR 193/15). Weil die verbleibenden Rechte des Bestellers damit ausschließlich auf Geld gerichtet sind, entsteht ein Abrechnungs- und Abwicklungsverhältnis, in dessen Rahmen die Rechte aus §634 Nr. 2 bis 4 BGB ohne Abnahme geltend gemacht werden können (vgl. BGH, Urteil vom 19.01.2017 – VII ZR 193/15; BGH, Urteile vom 19. Januar 2017 – VII ZR 235/15 und VII ZR 301/13). **15**

Nach einer in der Literatur vertretenen Meinung sollen dem Besteller die Mängelrechte nach §634 BGB auch dann zustehen, wenn die Gefahr auf ihn übergegangen ist, etwa bei Vorliegen **16** des Annahmeverzugs im Sinne des § 644 Abs. 1 Satz 2 BGB (vgl. Joussen, BauR 2009, 319, 330) oder im Falle der Kündigung des Vertrages Joussen BauR 2009, 319, 330; Voit, BauR 2011, 1063, 1074).

17 Allein durch die Eröffnung des Insolvenzverfahrens über das Vermögen des Unternehmers auch im Falle eines Eigenantrages des Auftragnehmers entsteht kein Abrechnungsverhältnis im Sinne der vorstehend dargestellten Rechtsprechung (vgl. BGH, Urteil vom 09.11.2017 – VII ZR 116/15). Wenngleich der Eigenantrag des Unternehmers auf Einleitung des Insolvenzverfahrens einen wichtigen Grund zur Kündigung des Bauvertrages durch den Besteller beinhalten kann (vgl. BGH, Urteil vom 07. April 2016 – VII ZR 56/15 Rn. 40f.), lässt allein die Eröffnung des Insolvenzverfahrens über das Vermögens des Unternehmers den Herstellungsanspruch des Bestellers nicht endgültig entfallen.

III. Voraussetzungen der Rechte vor der Abnahme

18 Treten während der Bauphase Mängel auf, die der Besteller beseitigen lassen will, so muss er auf die ihm zustehenden Rechte und Ansprüche aus dem allgemeinen Schuldrecht zurückgreifen. Vor Ablauf der Fertigstellungsfrist kann er grundsätzlich keine wirksame Frist zur Nacherfüllung setzen (BGH, Urteil vom 14.6.2012 – VII ZR 148/10). Ist die Fertigstellungsfrist hingegen bereits abgelaufen, steht dem Besteller nach einer fruchtlos verstrichenen Frist zur Nacherfüllung der Anspruch auf Schadensersatz nach § 281 Abs. 1 BGB zu, wobei unter den in § 281 Abs. 2 BGB aufgeführten Voraussetzungen eine Fristsetzung entbehrlich ist. Gemäß § 281 Abs. 1 Satz 3 BGB kann der Besteller im Falle des Vorliegens eines erheblichen Mangels zudem Schadensersatz statt der ganzen Leistung fordern oder sich auf den Schadensersatz statt der Leistung beschränken (vgl. Jurgeleit, in: Kniffka/Koeble/Jurgeleit/Sacher, Kompendium des Baurechts, 5. Auflage, 5. Teil Rn. 13 mit weiteren Einzelheiten). Wie sich aus dem Wortlaut des § 281 Abs. 1 Satz 1 BGB ergibt, erlischt der Erfüllungsanspruch nur insoweit die Leistung mangelhaft ist; deshalb muss der Besteller gegenüber dem Unternehmer auch deutlich machen, ob er den kleinen oder den großen Schadensersatz wählt, damit klargestellt ist, inwieweit der Erfüllungsanspruch untergeht (vgl. Ernst, in: Münchener Kommentar, 7. Auflage, § 281 Rn. 114; vgl. Jurgeleit, in: Kniffka/Koeble/Jurgeleit/Sacher, Kompendium des Baurechts, 5. Auflage, 5. Teil Rn. 13). Da der Vertrag im Übrigen im Erfüllungsstadium bleibt, kann der Besteller – wenn die Restleistung abnahmefähig ist – nach Wahl des kleinen Schadensersatzanspruchs die Abnahme auch nicht mehr verweigern. Mit dem kleinen Schadensersatzanspruch kann der Besteller gegenüber dem Unternehmer z. B. die Kosten der Selbstvornahme geltend machen. Wenngleich der Anspruch verschuldensabhängig ist, reicht es aus, wenn der Unternehmer schuldhaft die Frist zur Nacherfüllung nicht einhält (vgl. Staudinger-Otto (2009), § 281 Rdn. B 86). Selbst wenn den Unternehmer somit an der Entstehung des Mangels kein Verschulden trifft, so ist er gleichwohl zum Schadensersatz verpflichtet, wenn die ihm zur Nacherfüllung gesetzte Frist schuldhaft versäumt. Nachdem der BGH in seinem Urteil vom 22. Februar 2018 (VII ZR 46/17) entschieden hat, dass dem Besteller vor einer Mängelbeseitigung gem. § 280 BGB auch ein Schadensersatzanspruch gerichtet auf Vorfinanzierung in Form der vorherigen Zahlung eines zweckgebundenen und abzurechnenden Betrags hat, kann er diesen ebenfalls vor Abnahme geltend machen (vgl. OLG Hamm, Urteil vom 30.04.2019 – 24 U 14/18).

19 Nach § 323 Abs. 4 BGB kann der Besteller sogar bereits vor Fälligkeit des Erfüllungsanspruchs die Mängelbeseitigung fordern. § 323 Abs. 4 BGB gibt dem Besteller nämlich das Recht, bereits vor Fälligkeit der Leistung zurückzutreten, wenn offensichtlich ist, dass die Voraussetzungen des Rücktritts eintreten werden. Ein solcher Fall ist etwa gegeben, wenn während der Erfüllungsphase Mängel auftreten, deren Beseitigung der Unternehmer verweigert. Eines Zuwartens des Bestellers bis zur Fälligkeit der Leistung bedarf es in diesen Fällen nicht, da offensichtlich ist, dass der Unternehmer die Mängel auch nach Eintritt der Fälligkeit nicht beseitigen wird. Diese Regelung ist dem Besteller dienlich, wenn in einer frühen Fertigstellungsphase Mängel entdeckt werden, deren Beseitigung der Auftragnehmer verweigert (vgl. vgl. Jurgeleit, in: Kniffka/Koeble/Jurgeleit/Sacher, Kompendium des Baurechts, 5. Auflage, 5. Teil Rn. 14).

C. Nacherfüllungsrecht des Unternehmers

20 Der Unternehmer hat – von Ausnahmefällen abgesehen – keinen durchsetzbaren Anspruch darauf, dass der Besteller die Erfüllung des Vertrages zulässt. Verweigert der Besteller die Mit-

wirkung bei der Erfüllung des Vertrages, leiten sich die Rechtsfolgen aus §§ 642 ff. BGB ab (Jansen, BauR 2005, 1089; Weyer, BauR 2006, 1665, 1667). Weitere Rechtsfolgen sind mittelbar in §§ 637 ff. BGB geregelt. Denn der Besteller kann auf Geldzahlung gerichtete Ansprüche aus Mängeln grundsätzlich nur geltend machen, wenn er dem Unternehmer eine Frist gesetzt hat und diese fruchtlos abgelaufen ist → § 637 BGB Rdn. 3 ff. Er muss also zur Vermeidung von Nachteilen dem Unternehmer die Möglichkeit einräumen, die Nacherfüllung zu erbringen. Man spricht insoweit von einem „Recht" des Unternehmers „zur zweiten (weiteren) Andienung". Das Nacherfüllungsrecht des Unternehmers bezieht sich nur auf seine eigene Leistung. Hat der Mangel zu Schäden an dem Werk geführt, besteht wegen dieser Mangelfolgeschäden kein Nacherfüllungsrecht des Unternehmers. Die Abgrenzung zwischen einem Mangel des Werks des Unternehmers einem Mangelfolgeschaden kann im Einzelfall schwierig sein.

Beispiel: Ein Werkunternehmer durchstößt bei Ausführung seiner Leistung (hier: dem Einbau von Rinnen) die Abdichtungsebene, so dass Wasser in die Bodenkonstruktion eindringen kann. Nach dem OLG Hamburg, Urteil vom 17.12.2010 – 6 U 79/09, ist in diesem Fall auch das Werk des Unternehmers mangelhaft, weil die Rinnen ihre Funktion, das in der Schlachterei anfallende Wasser ordnungsgemäß abzuführen, ohne in die Bodenkonstruktion einzudringen, nicht erfüllen konnten. Es wurde also nicht nur das schon teilweise erbrachte Werk eines anderen Gewerkes, der Abdichtung, beschädigt, sondern auch das eigene Werk selbst war mangelhaft. 21

Das Gesetz regelt nicht die Frage, wann dieses „Recht" des Unternehmers untergeht. Ist es untergegangen, kann der Besteller den Andienungsversuch des Unternehmers zurückweisen und unter den sonstigen Voraussetzungen des Gesetzes auf Zahlung gerichtete Ansprüche geltend machen. Der Bundesgerichtshof hat dazu sowohl für die alte als auch für die neue Rechtslage entschieden (BGH, Urt. v. 27.2.2003 – VII ZR 338/01). Danach muss der Besteller ein Nacherfüllungsangebot des Unternehmers nicht mehr annehmen, wenn der Unternehmer eine ihm zur Nacherfüllung gesetzte Frist fruchtlos hat verstreichen lassen (vgl. auch OLG Koblenz, Beschluss vom 27.03.2014 – 3 U 944/13). Ein Nachbesserungsrecht des Unternehmers nach fruchtlosem Fristablauf ist nicht damit zu vereinbaren, dass der Besteller das Recht hat, das Vertragsverhältnis nach seinem Willen zu gestalten (vgl. Vorwerk, BauR 2002, 173; Palandt/Sprau, BGB § 634 Rdn. 12, § 637 Rdn. 5; vgl. auch Jansen, BauR 2005, 1089, 191). Aus der Entscheidung des Bundesgerichtshofs (Urt. v. 16.9.1999 – VII ZR 456/98 – VII ZR 456/98) kann nichts anderes entnommen werden. Hier hat der Bundesgerichtshof entschieden, dass für den Fall, dass der Unternehmer die Mängelbeseitigung endgültig verweigert, das Abwicklungsverhältnis aus § 634 BGB a. F. nicht automatisch, sondern erst mit der Wahl des Bestellers eingeleitet wird. In diesem Zusammenhang hat er zwar erwähnt, dass das Nachbesserungsrecht des Unternehmers bis zu dieser Wahl nicht erlischt. Damit hat er aber nicht zum Ausdruck bringen wollen, dass das Nachbesserungsrecht nicht unter den Voraussetzungen des § 633 Abs. 1 BGB a. F. zuvor erlöschen kann. Das hat der Bundesgerichtshof später (Urt. v. 20.4.2000 – VII ZR 164/99) deutlich gemacht. Danach erlischt das Nachbesserungsrecht des Unternehmers, wenn er die Mängelbeseitigung endgültig verweigert hat. Das ist zwar für einen VOB-Vertrag entschieden worden, gilt gleichermaßen aber auch für den BGB-Vertrag. 22

Damit erübrigen sich auch die Überlegungen, wie der Besteller geschützt werden kann, wenn der Unternehmer nach Fristablauf die Nachbesserung anbietet, der Besteller jedoch schon einen Drittunternehmer eingeschaltet hatte. Insoweit wurde teilweise vertreten, dass der Besteller dem Drittunternehmer frei kündigen müsse (Sienz, BauR 2002, 188). Diese Lösung war ersichtlich unangemessen. Angemessen ist, dem Besteller das Recht einzuräumen, das Angebot des doppelt vertragsuntreuen Unternehmers zurückzuweisen (Jansen, BauR 2005, 1089 ff.; Weyer, BauR 2006, 1665,1670 jeweils unter zutreffendem Hinweis auf die fehlerhafte Entscheidung OLG Hamm, Urt. v. 3.12.2004 – 19 U 93/04; vgl. auch Sienz, BauR 2006, 1816, 1817). 23

Wie jedes Recht steht auch das Recht des Bestellers, das Nachbesserungsangebot des Unternehmers nach Fristablauf zurückweisen zu können, unter dem Vorbehalt, dass seine Ausübung nicht gegen Treu und Glauben verstoßen darf. Der Besteller wird also auch in Zukunft prüfen müssen, ob seine Zurückweisung unter diesem Gesichtspunkt ungerechtfertigt ist. Das kann der Fall sein, wenn die Fristüberschreitung geringfügig ist und der Besteller noch keine Dispositionen getroffen hat. Eine Zurückweisung des Nachbesserungsangebots des Unternehmers kann auch dann gegen Treu und Glauben verstoßen, wenn der Unternehmer plausibel darlegt, dass ihn an der Fristüberschreitung kein Verschulden trifft und der Besteller noch keine Dispositionen getroffen hat. 24

25 Mit Ablauf der zur Nacherfüllung gesetzten Frist erlischt nicht der Anspruch des Bestellers auf Nacherfüllung. Er kann auch gegen den Willen des Unternehmers weiter Nacherfüllung verlangen. Verlangt der Besteller die Nacherfüllung, muss er sie auch zulassen. Andernfalls verhält er sich rechtsmissbräuchlich (vgl. BGH, Urteil vom 27.11.2003 – VII ZR 93/01; OLG Koblenz, Beschluss vom 27.3.2014 – 3 U 944/13). Das bedeutet, dass der Besteller keine auf Zahlung gerichteten Mängelrechte hat, wenn der Unternehmer zwar eine ihm gesetzte Frist zur Mängelbeseitigung hat verstreichen lassen, der Besteller ihn jedoch nochmals aufgefordert hat, die Mängel zu beseitigen und dann die innerhalb der Frist angebotene Mängelbeseitigung endgültig ablehnt und einen Drittunternehmer mit der Mängelbeseitigung beauftragt (BGH, Urt. v. 27.11.2003 – VII ZR 93/01). Soweit der Bundesgerichtshof (Urt. v. 20.1.2006 – V ZR 124/05) in einem Fall aus dem Kaufrecht offen gelassen hat, ob der Käufer auch dann zurücktreten kann, wenn er nach Fristablauf zunächst Erfüllung verlangt und danach zurücktritt, obwohl eine angemessene Frist nach dem erneuten Erfüllungsverlangen noch nicht verstrichen ist, dürfte diese Frage durch die vorstehende Entscheidung des VII. Zivilsenats, die möglicherweise übersehen worden ist, entschieden sein. Aus dieser Entscheidung kann allerdings nicht abgeleitet werden, dass jede weitere Aufforderung zur Mängelbeseitigung nach Ablauf der einmal gesetzten Frist dem Unternehmer das Mängelbeseitigungsrecht einräumt. Weitere Mängelbeseitigungsaufforderungen beseitigen den Verzug des Unternehmers nicht. Der Besteller kann grundsätzlich jederzeit zur Selbstvornahme übergehen oder den Rücktritt erklären (BGH, Urt. v. 20.1.2006 – V ZR 124/05). Erst wenn der Unternehmer ernsthaft bereit ist, die Mängelbeseitigung vorzunehmen, ist die Zurückweisung rechtsmissbräuchlich. Diese Bereitschaft muss sich auch nach außen dokumentiert haben (vgl. OLG Köln, Urt. v. 9.5.2003 – 19 U 170/96). Sie muss innerhalb einer angemessenen Frist nach dem Erfüllungsverlangen des Bestellers offenbart werden.

26 Die dem Besteller eingeräumte Möglichkeit, zwischen Erfüllung und Kompensationsansprüchen zu wählen, kann nicht in der Weise missbraucht werden, dass der Besteller einem Werklohnverlangen des Unternehmers ein Leistungsverweigerungsrecht wegen der Mängel entgegensetzt, ohne die Mängelbeseitigung zuzulassen (dazu Sienz, BauR 2006, 1816, 1821). Das ist schon deshalb nicht möglich, weil das Leistungsverweigerungsrecht voraussetzt, dass die Beseitigung des Mangels gefordert wird. Ist das nicht der Fall, besteht ein Leistungsverweigerungsrecht nicht. Das gilt sowohl für das auf die verweigerte Abnahme gestützte Leistungsverweigerungsrecht in voller Höhe des Werklohns als auch für das Leistungsverweigerungsrecht in Höhe des Doppelten des Werklohns nach der Abnahme gemäß § 641 Abs. 3 BGB. Der Besteller geht also ein Risiko ein, wenn er sich auf das nicht bestehende Leistungsverweigerungsrecht beruft, ohne hilfsweise die Aufrechnung mit Geldansprüchen zu erklären. Denn dann wird der Klage in vollem Umfang trotz der Mängel stattgegeben. Kommt das Gericht allerdings zu der Auffassung, dass die Berufung auf das Leistungsverweigerungsrecht wegen ansonsten widersprüchlichen Verhaltens als Wiedereinräumung des Mängelbeseitigungsrechts zu werten ist, besteht für den Unternehmer die Möglichkeit, den Besteller in Annahmeverzug zu setzen (Sienz, BauR 2006, 1821).

D. Haftungsbefreiung des Unternehmers

27 Der Unternehmer trägt die Verantwortung für die Mangelfreiheit des von ihm erstellten Werkes.

I. Haftungsausschluss

28 Eine Haftung des Unternehmers kommt allerdings nicht in Betracht, wenn vertraglich wirksam ein Haftungsausschluss vereinbart ist, vgl. dazu → § 639 BGB.

II. Rechtsgeschäftliche Risikoübernahme

29 Der Besteller kann auch das Risiko einer mangelhaften Leistung übernehmen. Das ist der Fall, wenn er mit einer mangelhaften Leistung einverstanden ist oder jedenfalls das Risiko eines ganz oder teilweise nicht zweckentsprechenden oder funktionierenden Werkes übernimmt (vgl. BGH, Urt. v. 20.12.2012 – VII ZR 209/11). In beiden Fällen ist Inhalt der vertraglichen Vereinbarung, dass die Leistung trotz der vorhandenen Defizite vertragsgerecht ist. Eine Abweichung von der Sollbeschaffenheit liegt dann nicht vor.

Daraus folgt, dass Risikoübernahmen dieser Art rechtsgeschäftlich erfolgen müssen. Eine 30
derartige Risikoübernahme kann sich aus den gesamten Vertragsumständen ergeben (BGH,
Urt. v. 12.5.2005 – VII ZR 45/04). Eine Risikoverlagerung auf den Besteller kann nicht schon
daraus hergeleitet werden, dass dieser bei Vertragsschluss bestimmte Vorstellungen von dem
versprochenen Werk hat und die vereinbarte Ausführung nicht geeignet ist, diese Vorstellungen
zu verwirklichen. Andernfalls hätte es jeder Unternehmer in der Hand, seiner Einstandspflicht
für die Tauglichkeit des angewendeten Systems zu entgehen, indem er es zum Gegenstand
seines Angebots macht. Erforderlich ist vielmehr eine rechtsgeschäftliche Risikoübernahme
durch den Besteller (BGH, Urt. v. 17.5.1984 – VII ZR 169/82). Auch die Vereinbarung einer
bestimmten Ausführungsart, die den anerkannten Regeln der Technik nicht genügt, reicht
allein für eine Auslegung, nach der eine Ausführung nach den anerkannten Regeln nicht geschuldet ist, nicht aus (BGH, Urt. v. 16.7.1998 – VII ZR 350/96; Urt. v. 4.6.2009 – VII ZR
54/07). Ebenso wenig kann eine Risikoübernahme allein daraus abgeleitet werden, dass der
Besteller Planungsleistungen übernommen hat oder Vorleistungen durch andere Unternehmer
zu erbringen sind. Eine Risikoübernahme kann nicht darauf gestützt werden, dass der Architekt des Bestellers die Risiken seiner Planung erkannt hat. Insoweit findet keine Wissenszu-
rechnung nach § 166 BGB statt, wie das OLG Köln (Urt. v. 16.1.2007 – 3 U 214/05) meint.
Vielmehr muss eine rechtsgeschäftliche Vertretung vorliegen. Es ist für eine Risikoübernahme
auch nicht allein ausreichend, dass die Errichtung des Werks riskant ist, etwa weil neuartige
Techniken miteinander verknüpft werden. Ergibt die Vertragsauslegung, dass ein bestimmter
Erfolg trotz dieses Risikos geschuldet ist, muss der Unternehmer dafür einstehen, wenn der
Erfolg nicht eintritt.

Vielmehr kann eine Risikoübernahme durch den Besteller nur angenommen werden, wenn 31
der Unternehmer ihn vor Abschluss des Vertrages oder jedenfalls vor Ausführung der Leistung über das vorhandene Risiko aufgeklärt und der Bauherr sich rechtsgeschäftlich mit der
Risikoübernahme einverstanden erklärt hat (BGH, Urt. v. 8.5.2014 – VII ZR 203/11 Rn. 19;
BGH, Urt. v. 29.9.2011 – VII ZR 87/11; BGH, Urt. v. 10.2.2011 – VII ZR 8/10; BGH, Urt.
v. 12.5.2005 – VII ZR 45/04; BGH, Urt. v. 17.5.1984 – VII ZR 169/82; instruktiv OLG
Hamm BauR 2010, 636 für Anforderungen an eine Wärmeversorgung unter Einsparung
von Energie und Kosten.). Die Beweislast trägt in diesem Falle der Auftragnehmer. Allein der
Umstand, dass eine preiswerte Variante genommen wird, bedeutet keinen Risikoausschluss.
Der Besteller muss auf die Risiken hingewiesen werden (BGH, Urt. v. 11.11.1999 – VII ZR
403/98; OLG Düsseldorf, Urt. v. 11.12.2001 – 21 U 92/01). Ein Hinweis wird nicht deshalb
entbehrlich, weil der Architekt des Bestellers die Risiken erkannt hat und in seine Planung einbezogen hat (fehlerhaft OLG Köln, Urt. v. 16.1.2007 – 3 U 214/05). Weist der Unternehmer
darauf hin, dass er keine Erfahrungen mit einem vom Besteller gewünschten Vertragsstoff hat
und wird gleichwohl dieser Stoff bestellt, hängt es von den Umständen des Einzelfalles ab, ob
der Besteller das Risiko eines Mangels infolge der Ungeeignetheit des Stoffes (hier: Müllverbrennungsasche) übernommen hat (BGH, Urt. v. 12.5.2005 – VII ZR 45/04). Allein der Hinweis dürfte allerdings nicht reichen. Eine Risikoübernahme kann sich trotz eines erheblichen
Mangels (hier: zu hohe Gründung) aber daraus ergeben, dass der Besteller nach Kenntnis des
Mangels eigenverantwortlich dazu entschließt, weiterzubauen und das Bauvorhaben trotz der
Mangelproblematik fertigzustellen (vgl. OLG Stuttgart, Urteil vom 17.11.2010 – 3 U 101/10)
oder sich bezüglich des übernommenen Risikos und seiner Tragweite ohnehin bewusst ist
(vgl. BGH, Urt. v. 29.9.2011 – VII ZR 87/11). Nicht ausreichend ist es dagegen, dass allein dem
nicht rechtsgeschäftlich bevollmächtigten Architekten das Risiko bekannt ist; auch in diesem
Fall ist eine Risikoübernahme gleichwohl notwendig (vgl. OLG Düsseldorf Urt. v. 27.3.2009 –
23 U 83/08; a. A. OLG Köln BauR 2007, 931 oder OLG Bamberg IBR 2011, 76).

Diese Grundsätze gelten auch für den Architektenvertrag (vgl. hierzu → Rdn. 193 ff.) 32

III. Aufklärungspflichtverletzung

Von den Fällen, dass eine Leistung wegen fehlender Funktionstauglichkeit mangelhaft ist 33
und der Besteller das entsprechende Risiko übernommen hat, sind die Fälle zu unterscheiden,
in der nach der vertraglichen Vereinbarung ein Werk geschuldet ist, das von vornherein nicht
in der Lage ist, die vorausgesetzte Funktion zu erfüllen. Diese Fälle sind im Werkvertragsrecht
selten, weil in aller Regel mit der Erfolgshaftung ein funktionstaugliches Werk versprochen ist.
An dieser Erfolgshaftung ändert sich nichts, wenn die Parteien eine bestimmte Ausführungsart vereinbart haben, mit der die geschuldete Funktionstauglichkeit des Werkes nicht erreicht

werden kann. Sowieso-Kosten sind im Rahmen der Gewährleistung zu berücksichtigen (BGH, Urt. v. 16.7.1998 – VII ZR 350/96; Urt. v. 11.11.1999 – VII ZR 403/98; vgl. → Rdn. 75 ff.). Ergibt die Vertragsauslegung ausnahmsweise, dass das nach einer bestimmten Ausführung geschuldete Werk nicht den zum Vertragsinhalt gewordenen Vorstellungen des Bestellers entspricht, so kommt eine Haftung des Unternehmers aus Aufklärungspflichtverletzung in Betracht (BGH, Urt. v. 24.9.1992 – VII ZR 213/91; Urt. v. 9.7.1987 – VII ZR 208/86), vgl. auch → §631 BGB Rdn. 236 ff. Bei einem Unternehmer werden die zur Herstellung des Werkes nötigen fachlichen Kenntnisse und Fertigkeiten vorausgesetzt. Er muss für das dazu nötige Wissen und Können einstehen (BGH, Urt. v. 28.2.1956 – VI ZR 354/54; Urt. v. 11.4.1957 – VII ZR 308/56). Daraus folgt nach Treu und Glauben, dass er den Besteller, der über dieses Wissen nicht verfügt, bei Vertragsschluss über die Gestaltung und Verwendbarkeit des ins Auge gefassten Werkes beraten muss, damit es den Zwecken und Bedürfnissen des Bestellers wirklich entspricht. So hat ein Unternehmer, der neue und weitgehend unerprobte Technik liefert, die Verpflichtung, den Besteller über die Brauchbarkeit des Werks gerade für dessen konkrete Zwecke zu beraten und ihn auf Bedenken gegen die Brauchbarkeit hinzuweisen (BGH, Urt. v. 9.7.1987 – VII ZR 208/86).

IV. Grundsätze zur Haftungsbefreiung

34 Liegen ein Mangel und kein rechtsgeschäftlicher Haftungsausschluss oder keine rechtsgeschäftliche Risikoübernahme vor, so bleibt es bei der verschuldensunabhängigen Erfolgshaftung des Unternehmers. Nach der Systematik des Werkvertragsrechts haftet er grundsätzlich auch dann, wenn ihn an dem Mangel kein Verschulden trifft, also vom Grundsatz her auch dann, wenn die Mangelursache (auch) im Verantwortungsbereich des Bestellers oder eines Vorunternehmers, auf dessen Werk der Unternehmer aufbaut, liegt (BGH, Urt. v. 8.11.2007 – VII ZR 183/05; Urt. v. 22.3.1984 – VII ZR 286/82; Urt. v. 22.3.1984 – VII ZR 50/82). Die Ansprüche auf Nacherfüllung, §635 BGB, auf Erstattung der Mängelbeseitigungskosten, §637 Abs. 1 BGB, auf Vorschuss, §637 Abs. 3 BGB und die Gestaltungsrechte auf Rücktritt und Minderung, §638 BGB, sind verschuldensunabhängig. Lediglich der Schadensersatzanspruch, §280 BGB, und der Anspruch aus §284 BGB hängen vom Verschulden des Unternehmers ab. Diese aus der Erfolgsbezogenheit des Werks abgeleitete Systematik bedarf einer Korrektur, wie sie im Teilbereich bereits in §645 BGB vorgenommen ist.

35 Der grundsätzliche Ausnahmetatbestand für die Enthaftung des Unternehmers ist in §13 Abs. 3 VOB/B formuliert. Ist ein Mangel zurückzuführen auf die Leistungsbeschreibung oder auf Anordnungen des Auftraggebers, auf die von diesem gelieferten oder vorgeschriebenen Stoffe oder Bauteile oder die Beschaffenheit der Vorleistung eines anderen Unternehmers, haftet der Auftragnehmer, es sei denn, er hat die ihm nach §4 Abs. 3 VOB/B obliegende Mitteilung gemacht. Nach §4 Abs. 3 VOB/B hat der Auftragnehmer Bedenken gegen die vorgesehene Art der Ausführung (auch wegen der Sicherung gegen Unfallgefahren), gegen die Güte der vom Auftraggeber gelieferten Stoffe oder Bauteile oder gegen die Leistungen anderer Auftragnehmer dem Auftraggeber unverzüglich – möglichst vor Beginn der Arbeiten – schriftlich mitzuteilen. Diese Regelung ist Ausdruck eines allgemein für das Bauvertragsrechts aus Treu und Glauben abgeleiteten Rechtsgedankens. Sie gilt deshalb grundsätzlich inhaltlich auch im BGB-Vertrag (BGH, Urt. v. 23.10.1986 – VII ZR 267/85; Urt. v. 23.10.1986 – VII ZR 48/85; Urt. v. 14.3.1996 – VII ZR 34/95; Urt. v. 8.11.2007 – VII ZR 183/05).

36 Mit der dargestellten Regelung der VOB/B wird zunächst der allgemeine Grundgedanke des Werkvertragsrechts zum Ausdruck gebracht, wonach der Unternehmer ungeachtet der Vorgaben durch Besteller und sonstige Baubeteiligte in der Erfolgshaftung ist. §13 Abs. 3 VOB/B formuliert sodann einen Tatbestand der Haftungsbefreiung. Die Formulierung der Regelung bringt deutlich zum Ausdruck, dass es sich um einen Befreiungstatbestand handelt, dessen Voraussetzungen vom Unternehmer darzulegen und im Streitfall zu beweisen sind (BGH, Urt. v. 8.11.2007 – VII ZR 183/05). Zum Ausdruck wird auch gebracht, dass diese Systematik die Prüfungs- und Hinweispflicht des Unternehmers zur erfolgsbezogenen Leistungspflicht erhebt, deren Verletzung zur Folge hat, dass der Unternehmer in der Mängelhaftung verbleibt (BGH, a. a. O.). Der Besteller muss und kann auch nicht seinen auf Mängel gegründeten Anspruch aus der Verletzung einer Prüfungs- und Hinweispflicht herleiten, deren schuldhafte Verletzung er nachzuweisen hätte. Für einen selbständigen Anspruch des Bestellers ist kein Raum, weil die Mängelhaftung vorgeht und andere Ansprüche ausschließt, die bereits durch das Mängelhaftungsrecht abgedeckt sind (BGH, Urt. v. 10.7.1975 – VII ZR 243/73). Es ist vielmehr Sache des

Unternehmers, die Voraussetzungen des Befreiungstatbestandes darzulegen und zu beweisen, um der Mängelhaftung zu entgehen, vgl. → Rdn. 71.

V. Voraussetzungen der Haftungsbefreiung

1. Fehlerhafte Vorgaben oder Vorleistungen

Die erste Voraussetzung für die Haftungsbefreiung ist, dass der Mangel zurückzuführen ist auf die Leistungsbeschreibung oder auf Anordnungen des Bestellers, auf die von diesem gelieferten oder vorgeschriebenen Stoffe oder Bauteile oder die Beschaffenheit der Vorleistung eines anderen Unternehmers. Damit werden zwei der wichtigsten Tatbestände, die eine mangelhafte Leistung begründen können, ausdrücklich geregelt. Der eine ist die Verantwortung des Bestellers für den Mangel, der andere ist die Verantwortung des Unternehmers, auf dessen Leistung der nachfolgende Unternehmer aufbaut. Damit erschöpft sich der Befreiungstatbestand nicht. Er kann auch dann vorliegen, wenn andere bindende Vorgaben für die Unternehmerleistung mangelhaft sind, wie z.B. behördliche Anordnungen oder tatsächliche Verhältnisse. 37

Voraussetzung ist aber stets, dass die Vorgaben derart sind, dass sie dem Verantwortungsbereich des Bestellers zuzuordnen sind. Es muss also ein Tatbestand vorliegen, der es rechtfertigt, den Unternehmer von seiner allgemeinen Verantwortung für eine mangelfreie Ausführung zu entbinden und ihm Möglichkeit der Haftungsbefreiung durch Erfüllung der Bedenkenhinweispflicht zu eröffnen (BGH, Urt. v. 11.4.1957 – VII ZR 308/56; Urt. v. 23.10.1986 – VII ZR 48/85; Urt. v. 12.5.2005 – VII ZR 45/04; Urt. v. 8.11.2007 – VII ZR 183/05). Dieser Tatbestand liegt nur dann vor, wenn er vom Besteller Vorgaben erhält, die er zwingend zu befolgen hat, die ihm also keine Wahl lassen (BGH, Urt. v. 17.5.1984 – VII ZR 169/82; Urt. v. 22.5.1975 – VII ZR 204/74). Da der Unternehmer im Rahmen der dem Gewährleistungsrecht eigenen Erfolgshaftung garantiert, dass die geschuldete Leistung den vereinbarten Anforderungen entspricht, kann nicht jeder Wunsch oder jede Anregung des Bestellers zur Ausführung zur Annahme einer Risikoverlagerung im Sinne des § 13 Abs. 3 VOB/B führen. Es bedarf vielmehr einer verbindlichen Anweisung, eine Baumaßnahme in ganz bestimmter Weise bzw. mit einem ganz bestimmten Stoff auszuführen, ohne dass der Unternehmer eine Wahl oder Auswahlmöglichkeit hat. Das ist nicht der Fall, wenn der Unternehmer entscheidenden Einfluss auf die Vorgaben des Bestellers genommen hat. Eine bindende Anordnung liegt nicht vor, wenn der Besteller einen bestimmten Baustoff nur vorschlägt (BGH, a.a.O.) oder mit der Verwendung durch den Unternehmer lediglich einverstanden ist (BGH, Urt. v. 22.5.1975 – VII ZR 204/74). Das kann auch dann der Fall sein, wenn der Besteller die Geeignetheit des Stoffes selbst sorgfältig geprüft und sich sogar durch einen Sachverständigen beraten lassen hat. Eine bindende Anordnung eines Baustoffes (Vorschreiben) kann auch dann nicht angenommen werden, wenn der Baustoff auf Vorschlag des Unternehmers in das Leistungsverzeichnis aufgenommen worden ist (BGH, Urt. v. 12.5.2005 – VII ZR 45/04) oder wenn es sich bei der Leistungsbeschreibung, die dem Auftrag des Bestellers beiliegt, um eine bloße Abschrift des Angebots des Unternehmers handelt; der Unternehmer führt dann nur das aus, was er selbst vorgeschlagen bzw. angeboten hat (BGH, Urt. v. 15.3.1971 – VII ZR 153/69). 38

2. Erfüllung der Mitteilungspflicht

a) Prüfungspflicht

Der Befreiungstatbestand fordert, dass der Unternehmer Bedenken gegen die vorgesehene Art der Ausführung (auch wegen der Sicherung gegen Unfallgefahren), gegen die Güte der vom Besteller gelieferten Stoffe oder Bauteile oder gegen die Leistungen anderer Unternehmer dem Besteller unverzüglich – möglichst vor Beginn der Arbeiten – schriftlich mitteilt. Das setzt voraus, dass der Unternehmer Bedenken haben musste. Diesen Bedenken kann sich der Unternehmer nicht dadurch entziehen, dass er sich um die Vorgaben des Bestellers bzw. die Vorleistung eines Unternehmers nicht kümmert (BGH, Urt. v. 24.6.1963 – VII ZR 10/62). Auch kann er sich dem nicht dadurch entziehen, dass er dem Besteller mitteilt, dass er keine Kenntnisse und Erfahrungen mit dem ins Auge gefassten Gewerk oder den Baustoffen hat (BGH, Urt. v. 12.5.2005 – VII ZR 45/04). Vielmehr ist es Teil seiner Leistungspflichten, dass er sowohl die Anordnungen (usw.) des Bestellers als auch die Vorleistung eines Unternehmers prüft. Diese Prüfungspflicht soll sicherstellen, dass die Anordnungen des Bestellers und die Vorleistungen eines Unternehmers geeignet sind, ein mangelfreies Werk entstehen zu lassen. Sie ist eine wesentliche Pflicht, die nicht bagatellisiert werden darf (vgl. BGH, Urt. v. 24.2.2005 – 39

§ 634

VII ZR 328/03). Denn ohne geeignete Vorleistung oder Anordnung des Bestellers kann der Erfolg des vom Unternehmer hergestellten Werkes ganz erheblich gefährdet sein. Ungeeignete Vorleistungen oder fehlerhafte Anordnungen des Bestellers können den Erfolg ganz in Frage stellen. Sie können dazu führen, dass das Werk insgesamt unbrauchbar ist.

40 Jeder Werkunternehmer, der seine Arbeit auf der Grundlage von fremden Vorgaben, Planungen oder Vorleistungen auszuführen hat, muss prüfen und gegebenenfalls auch geeignete Erkundigungen einziehen, ob diese Vorgaben, Planungen, Vorarbeiten, Stoffe oder Bauteile eine geeignete Grundlage für sein Werk bieten und keine Eigenschaften besitzen, die den Erfolg seiner Arbeit infrage stellen können. Der Rahmen dieser Verpflichtung und ihre Grenzen ergeben sich aus dem Grundsatz der Zumutbarkeit, wie sie sich nach den besonderen Umständen des Einzelfalls darstellt (BGH, Urt. v. 23.10.1986 – VII ZR 48/85; Urt. v. 8.11.2007 – VII ZR 183/05; Urt. v. 8.11.2007 – VII ZR 183/05; Urt. v. 10.6.2010 – Xa ZR 3/07). Kommt der Unternehmer seinen hiernach bestehenden Verpflichtungen nicht nach und wird dadurch das Gesamtwerk beeinträchtigt, so ist er gewährleistungspflichtig (BGH, Urt. v. 8.7.1982 – VII ZR 314/81; Urt. v. 8.11.2007 – VII ZR 183/05; Urt. v. 10.6.2010 – Xa ZR 3/07).

41 Der Umfang der Prüfungspflicht hängt von den Umständen im Einzelfall ab (BGH, Urt. v. 19.1.1989 – VII ZR 87/88; vgl. auch Urt. v. 14.9.1999 – X ZR 89/97; Urt. v. 8.11.2007 – VII ZR 183/05; Urt. v. 10.6.2010 – Xa ZR 3/07). Es kommt auf das von dem Unternehmer zu erwartende Fachwissen, die sonstigen Umstände der Vorgaben und Vorleistungen und die Möglichkeiten zur Untersuchung an (BGH, a. a. O.; BGH, Urt. v. 28.2.1956 – VI ZR 354/54; vgl. auch Urt. v. 28.10.1971 – VII ZR 139/70; Urt. v. 12.12.2001 – X ZR 192/00; Urt. v. 12.5.2005 – VII ZR 45/04; Urt. v. 8.11.2007 – VII ZR 183/05; Urt. v. 8.11.2007 – VII ZR 183/05; Urt. v. 10.6.2010 – Xa ZR 3/07). Werden die zum Schaden führenden Leistungen zeitlich erst nach der Fertigstellung des Werkes des Unternehmers durch einen Dritten erbracht, trifft den Unternehmer keine Bedenkenhinweispflicht, wenn er nicht erkennen konnte, dass diese Leistungen ausgeführt werden und zu einem Schaden führen können.

Beispiel: Treten Risse in einem Estrich auf, weil nach dessen Fertigstellung durch den Estrich eine Tragkonstruktion für Maschinen gebohrt wird, trifft den Estrichleger bezüglich der Einbringung der schadensursächlichen Tragkonstruktion keine Bedenkenhinweispflicht (vgl. OLG Zweibrücken, Urteil vom 02.05.2011 – 7 U 77/09).

42 Die Aufklärungs- und Beratungspflichten des Unternehmers erstrecken sich aber grundsätzlich nur auf das ihm in Auftrag gegebene Werk und die damit zusammenhängenden Umstände. Die vertraglich übernommenen Verpflichtungen bestimmen und begrenzen insoweit auch den Umfang der Beratungspflichten. Von einem Unternehmer, dem ein konkreter Reparaturauftrag erteilt worden ist, kann deshalb nach Ansicht des OLG Saarbrücken nicht verlangt werden, dass er auch sämtliche übrigen Teile des Gegenstands, an dem er seine Werkleistung zu erbringen hat, ohne besonderen Auftrag überprüft (OLG Saarbrücken, Urteil vom 18.02.2016 – 4 U 60/15).

43 Bei einem Unternehmer werden die zur Herstellung des Werkes erforderlichen fachlichen Kenntnisse und Fertigkeiten vorausgesetzt. Er muss für das dazu nötige Wissen und Können einstehen (BGH, Urt. v. 9.7.1987 – VII ZR 208/86). Je mehr sich aus den Umständen die Gefahr einer fehlerhaften Vorleistung oder Vorgabe ergibt, umso höher können die Prüfungsanforderungen sein (BGH, Urt. v. 23.10.1986 – VII ZR 48/85; Urt. v. 4.3.1971 – VII ZR 204/69). Eine Rolle spielt auch die Position des Unternehmers in der Gesamtheit der Beteiligten. Werden von ihm Spezialkenntnisse hinsichtlich der Gesamtausführung erwartet, weil er sich als Spezialunternehmer ausweist, müssen hohe Anforderungen an seine Prüfungspflichten gestellt werden (BGH, a. a. O.; Urt. v. 23.10.1986 – VII ZR 267/85).

44 Spezialkenntnisse der jeweiligen Fachplaner muss der lediglich ausführende Unternehmer in der Regel nicht haben (OLG Hamm, Urt. v. 16.5.1994 – 17 U 32/93; OLG Köln, Urt. v. 16.3.1994 – 27 U 3/94; OLG Celle, Urt. v. 29.6.1995 – 14 U 132/94; OLG Düsseldorf, Urt. v. 10.11.2000 – 22 U 78/00). Allein der Umstand, dass eine Fachplanung vorliegt, entlastet als solcher nicht (OLG München, Urt. v. 19.6.2002 – 27 U 951/01; missverständlich insoweit OLG Dresden, Urt. v. 23.4.2002 – 15 U 77/01). Die Prüfungspflicht des Unternehmers kann zwar eingeschränkt sein, wenn der fachkundige Bauherr oder seine fachkundigen Erfüllungsgehilfen die notwendige Prüfung selbst vornehmen können oder vorgenommen haben. Sie entfällt aber vollständig nur dann, wenn der Unternehmer darauf vertrauen darf, dass diese Prüfung seine eigene inhaltlich vollständig ersetzt, ein anderes Ergebnis also bei eigener Prüfung nicht zu erwarten ist (BGH, Urt. v. 10.2.1972 – VII ZR 133/70; Urt. v. 3.7.1975 – VII ZR 190/74; Urt. v. 30.6.1977 – VII ZR 325/74). Das kann der Fall sein, wenn eine fachspezifische Planung

vorliegt, die vom Unternehmer nicht mehr nachvollzogen werden kann. Aber auch in diesem Fall obliegt dem Unternehmer eine Plausibilitätskontrolle. Der Unternehmer muss vor allem diejenigen Grundlagen der fachspezifischen Planung überprüfen, die auch Grundlage seiner Arbeit sind. Geht die Planung erkennbar von falschen Voraussetzungen aus, hat er Bedenken anzumelden. Gleiches gilt, wenn sich vor Ort Abweichungen von den Grundlagen der Planung ergeben oder die Planung erkennbar in sich widersprüchlich oder lückenhaft (vgl. OLG Naumburg, Urteil vom 29.03.2011 – 9 U 108/10) ist. Der Unternehmer darf sich also auf die Fachplanung nicht verlassen, wenn deren Lücken und Mängel erkennbar sind (BGH, Urt. v. 19.1.1989 – VII ZR 87/88; OLG Stuttgart, Urt. v. 14.10.1994 – 2 U 263/93; OLG Celle, Urt. v. 12.12.2001 – 7 U 217/00 m.w.N.). Es verbieten sich kategorisierende Einstufungen, wie sie das OLG Hamm, Urt. v. 28.1.2003 – 34 U 37/02, vornimmt. Die Prüfungs- und Hinweispflicht des Unternehmers entfällt aber dann, wenn er sich darauf verlassen kann, dass der fachkundige Besteller selbst oder durch seine bauleitenden Vertreter ein bestimmtes Risiko erkannt und bewusst in Kauf genommen hat, wie z. B. die Nichteinhaltung der DIN 18195 (vgl. OLG Bamberg, Urt. v. 14.8.2009 – 6 U 39/03). Dies gilt insbesondere, wenn das vom Auftraggeber erstellte Leistungsverzeichnis auf der Planung von Sonderfachleuten beruht, die sich im Bewusstsein einer Problematik für eine bestimmte Art der Ausführung entschieden haben.

Das gilt auch für Anordnungen einer sachkundigen Bauleitung. Diese Anordnungen entbinden den Unternehmer nicht von einer eigenen Prüfung (BGH, Urt. v. 18.1.2001 – VII ZR 457/98). **45**

Beispiele: Keine Pflicht zur Durchführung von labortechnischer Untersuchungen von durch den Besteller zur Verfügung gestellten Balkonplatten (OLG Frankfurt, Urteil vom 15.01.2018 – 21 U 22/17); Pflicht zur Baugrundprüfung (BGH, Urt. v. 30.10.1975 – VII ZR 239/73; Urt. v. 4.3.1971 – VII ZR 204/69; Betonprüfung (BGH, Urt. v. 19.1.1989 – VII ZR 87/88; Urt. v. 29.11.1971 – VII ZR 101/70); Asphaltuntergrundprüfung (BGH, Urt. v. 4.11.1965 – VII ZR 239/63): Prüfung des Untergrundes durch Fliesenleger (BGH, Urt. v. 28.10.1971 – VII ZR 139/70; Urt. v. 7.6.2001 – VII ZR 471/99; aber auch BGH, Urt. v. 19.9.1963 – VII ZR 130/62: Keine unzumutbaren Anforderungen); Prüfung der Abdichtungsplanung (BGH, Urt. v. 10.7.1975 – VII ZR 243/73; Urt. v. 18.12.1980 – VII ZR 43/80); Vertrauen auf Fachkunde des Bauherrn (BGH, Urt. v. 30.6.1977 – VII ZR 325/74); Vertrauen auf Fachkunde des Herstellers (OLG Düsseldorf, Urt. v. 18.6.1993 – 22 U 298/92); Vertrauen auf Prüfung durch den Hersteller zur Geeignetheit des verwendeten Materials (BGH, Urt. v. 9.4.1959 – VII ZR 99/58); Estrichleger muss keine Spezialkenntnisse hinsichtlich Akustik haben (OLG Düsseldorf, Urt. v. 26.5.1994 – 5 U 160/93); Fertigbauer kann auf Statik vertrauen (OLG Hamm, Urt. v. 16.5.1994 – 17 U 32/93); Vertrauen auf Fachkunde des Hauptunternehmers: Pflastersteine (OLG Brandenburg, Urt. v. 5.7.2000 – 7 U 276/99); Vertrauen des Estrichlegers auf Gefälleplanung (OLG Brandenburg, Urt. v. 30.1.2002 – 4 U 104/01); Anfälligkeit von Material gegen Bewuchs (OLG Koblenz, Urt. v. 14.2.2002 – 5 U 1640/99); Geeignetheit von Verfüllungsmaterial für den Bodenaufbau (OLG Hamm, Urt. v. 18.7.2002 – 21 U 82/01); Planung einer Kläranlage (OLG Dresden, Urt. v. 23.4.2002 – 15 U 77/01); Asbestuntersuchung (OLG Hamm, Urt. v. 11.9.2002 – 25 U 66/01); Heizungsplanung (OLG Celle, Urt. v. 3.7.2002 – 7 U 123/02); Dämmung eines Warmwasserbehälters (OLG Hamm, Urt. v. 28.1.2003 – 34 U 37/02); Fugenbreiten (OLG Brandenburg, Urt. v. 20.3.2003 – 12 U 14/02); Prüfung eines Bodengutachtens durch Fachtiefbauer (OLG Köln, Urt. v. 19.7.2006 – 11 U 139/05). Besonders umstritten ist, ob Erdbauern bereits Anfang der neunziger Jahre bekannt sein musste, dass MV-Asche nicht raumbeständig ist. Insoweit ist auf ein Merkblatt der Forschungsanstalt für Straßen- und Verkehrswesen (Teil: Müllverbrennungsasche Ausgabe 1986) hinzuweisen. In diesem Merkblatt wird auf das Problem der möglicherweise fehlenden Raumbeständigkeit hingewiesen. Es enthält die Empfehlung, die Asche vor Verwendung mindestens drei Monate auszulagern. Daraus geht hervor, dass den Unternehmern das Problem in den neunziger Jahren bekannt sein musste. Die Empfehlung lässt nicht den Schluss zu, dass der Unternehmer alles Erforderliche getan hat, wenn er die Asche drei Monate gelagert hat (OLG Köln, Urt. v. 22.1.2002 – 22 U 201/01; a. A. OLG Düsseldorf, Urt. v. 28.5.1999 – 22 U 228/98; vgl. auch BGH, Urt. v. 12.5.2005 – VII ZR 45/04); Pflicht des Heizungsinstallateurs, sich über die Geeignetheit der Heizquelle zu vergewissern: BGH, Urt. v. 8.11.2007 – VII ZR 183/05 – „Forsthausfall"). Hinweispflicht des Unternehmers, dass sich Wärmedämmverbundfassade innerhalb von fünf Jahren verfärbt (vgl. OLG Frankfurt, Beschl. v. 7.7.2010 – 7 U 76/09). Prüfungs- und Hinweispflicht eines Heizungsinstallateurs in Bezug auf die Geeignetheit des von ihm nicht gelieferten Kaminzuges, an den er aber seine Feuerungsanlage **46**

anschließt (vgl. OLG Hamm, Urt. v. 18.9.2008 – 24 U 48/07; BGH, Beschl. v. 18.5.2010 – VII ZR 214/08 (Nichtzulassungsbeschwerde zurückgewiesen).

47   Entgegen anderer Ansicht (vgl. OLG Bamberg, Urt. v. 14.8.2009 – 6 U 39/03) entfällt die Prüfungs- und Hinweispflicht des Unternehmers nicht bereits dann, wenn der bauüberwachende Architekt des Bestellers ein bestimmtes Risiko erkannt und bewusst in Kauf genommen hat. Auch in diesem Falle muss der Unternehmer den Besteller auf das bestehende Risiko hinweisen. Allerdings kann es an der Kausalität des fehlenden Hinweises für den eingetretenen Mangel fehlen, wenn der Besteller auch bei erteiltem Hinweis keine andere Leistung angeordnet hätte.

48   Den Unternehmer treffen erhöhte Sorgfaltspflichten, wenn die vorgegebene Leistungsbeschreibung die Verwendung von unerprobten Bauweisen oder Stoffen vorsieht. Er muss sich kundig machen, ob diese Vorgaben geeignet sind, den Erfolg des Werkes sicher zu stellen (BGH, Urt. v. 22.3.1984 – VII ZR 286/82).

49   Der Unternehmer muss den Besteller allerdings nicht darüber aufklären, dass er neuartiges, unerprobtes Material benutzt, wenn ihm Bedenken gegen die Eignung des Materials nicht kommen mussten (BGH, Urt. v. 12.12.2001 – X ZR 192/00). Ob dies der Fall ist, wird in erster Linie durch das vom Unternehmer zu erwartende Fachwissen, durch den vom Hersteller bzw. Lieferanten des Materials dem Unternehmer vermittelten Informationsstand, aber auch durch sonstige erhebliche Umstände bestimmt, die für den Unternehmer als bedeutsam erkennbar sind (BGH, Urt. v. 12.12.2001 – X ZR 192/00; Urt. v. 23.10.1986 – VII ZR 48/85). Der Unternehmer muss in diesem Fall auch die Eignung vor dem Einbau nicht selbst erproben (z. B. durch Druckprobe). Ähnlich ist das, wenn der Unternehmer genaue Weisungen über die Verwendung von Material durch den Besteller erhält. Er muss das Material zwar auf seine Tauglichkeit untersuchen, es genügt jedoch in aller Regel eine Sichtprüfung; labormäßige Untersuchungen können nur dann verlangt werden, wenn Anhaltspunkte für die Untauglichkeit bestehen (BGH, Urt. v. 10.1.2006 – X ZR 58/03).

50   Durch DIN-Normen wird die Überprüfungspflicht nicht beschränkt (BGH, Urt. v. 7.6.2001 – VII ZR 471/99 zur Prüfungspflicht des Fliesenlegers hinsichtlich des Estrichs).

51   Die Prüfungspflicht wird nicht dadurch aufgehoben, dass der Unternehmer dem Besteller vor der Anlieferung von zu verarbeitenden Stoffen oder Bauteilen einen Hinweis über die benötigte Beschaffenheit gegeben hat oder der Besteller es übernommen hat, sich um die nötige Beschaffenheit zu kümmern. Das gilt auch dann, wenn bei den Hinweisen ausdrücklich auf die Gefahren einer abweichenden Beschaffenheit hingewiesen wird (BGH, Urt. v. 14.9.1999 – X ZR 89/97). Auch kann der Unternehmer sich nicht auf Angaben der Vorunternehmer oder des Bestellers verlassen, sondern muss sich selbst vergewissern, inwieweit diese Angaben zutreffen und damit die Vorleistung für sein Werk geeignet ist (BGH, Urt. v. 8.11.2007 – VII ZR 183/05). Hat der Unternehmer auf Bedenken gegen die vorgesehene Art der Ausführung hingewiesen und ist darauf die Planung geändert worden, so muss er erneut prüfen, ob nach der nunmehr vorgesehenen Art der Ausführung das Bauwerk mangelfrei erstellt werden kann. Bestehen auch dagegen Bedenken, so muss er erneut darauf hinweisen (BGH, Urt. v. 29.11.1973 – VII ZR 179/71).

b) Bedenkenhinweispflicht

aa) Bedenken des Unternehmers

52   Die Pflicht, auf Bedenken hinzuweisen, besteht, wenn der Unternehmer die Ungeeignetheit der Vorleistung oder der Anordnung des Unternehmers erkannt hat. Darin erschöpft sich aber die Bedeutung des § 4 Abs. 3 VOB/B nicht. Vielmehr ist die Bedenkenhinweispflicht nur ein Annex zur Prüfungspflicht. Sie besteht deshalb auch dann, wenn dem Unternehmer bei der gebotenen Prüfung Bedenken gegen die Geeignetheit der Vorleistung eines Unternehmer oder der Anordnungen des Bestellers kommen mussten. Das ist der Fall, wenn der Unternehmer die Ungeeignetheit der Vorunternehmerleistung oder die Ungeeignetheit der Anordnungen des Bestellers erkennen konnte. Der Unternehmer kann sich also nicht darauf berufen, dass er die Ungeeignetheit nicht erkannt hat, wenn er sie hätte erkennen müssen.

53   Die Hinweispflicht soll sicherstellen, dass der Besteller ebenso wie der Unternehmer die Ungeeignetheit seiner Vorgaben oder der Vorleistung anderer Unternehmer erkennt und angemessen reagieren kann. Sie hat auch den Zweck, den Besteller vor Schaden zu bewahren und unsinnige Leistungen des Unternehmers zu verhindern. Die Rechtsprechung orientiert sich an diesem Zweck, wenn sie hohe Anforderungen an die Hinweise des Unternehmers stellt. Im Einzelnen gilt:

Rechte des Bestellers bei Mängeln § 634

bb) Zeitpunkt

Der Bedenkenhinweis hat zur rechten Zeit zu erfolgen. Er muss also so rechtzeitig erfolgen, 54
dass der Besteller noch angemessen reagieren kann. Die VOB/B formuliert das dahin, dass der
Bedenkenhinweis unverzüglich zu erfolgen hat. Der Zeitpunkt der Hinweispflicht knüpft eng
an den Zeitpunkt der Prüfungspflicht an. In dem Augenblick, in dem der Unternehmer bei
der gebotenen Prüfung den Mangel der Vorgaben usw. erkennen konnte, hat er den Besteller
ohne schuldhaftes Verzögern aufzuklären.

cc) Form

Nach § 4 Abs. 3 VOB/B hat der Bedenkenhinweis schriftlich zu erfolgen. Damit soll der War- 55
nung des Unternehmers besonderer Nachdruck verliehen werden (BGH, Urt. v. 24.9.1962 –
VII ZR 52/61). Die Schriftform wird von der Rechtsprechung als konstitutive Voraussetzung
für die Erfüllung der Hinweispflicht und damit auch für eine Haftungsbefreiung nach § 13
Abs. 3 VOB/B angesehen. Sie hat aber dennoch zu Recht eine Haftungsbefreiung für möglich
gehalten, wenn die Schriftform nicht eingehalten worden ist. Begründet wird das mit einem
Rückgriff auf § 254 BGB, wonach den Besteller bei einem Verschulden in eigener Sache
einen Teil, möglicherweise sogar den ganzen Teil des Schadens zu tragen hat (vgl. BGH, Urt.
v. 10.4.1975 – VII ZR 183/74; Urt. v. 10.11.1977 – VII ZR 252/75). Den Besteller trifft ein
ganz erhebliches Verschulden in eigener Sache, wenn er diesen Hinweis ignoriert. Trotz der in
§ 4 Abs. 3 VOB/B geforderten Schriftform kann ein mündlicher Hinweis für eine vollständige
Enthaftung ausreichen, wenn er eindeutig, d. h. inhaltlich klar, vollständig und erschöpfend
ist (OLG Düsseldorf, Urt. v. 30.8.1995 – 22 U 11/95; OLG Hamm, Urt. v. 30.3.1995 – 17 U
205/93; OLG Köln, Urt. v. 8.11.1995 – 11 U 75/95; vgl. auch BGH, Urt. v. 10.4.1975 – VII
ZR 183/74). Nach Ansicht des OLG Koblenz (Urteil vom 08.10.2020 – 6 U 1945/19) erfüllt
eine E-Mail die Schriftform im Sinne des § 4 Abs. 3 VOB/B, da sie der telekommunikativen
Übermittlung nach § 127 Abs. 2 Satz BGB zuzuordnen ist. Die Beweislast dafür, dass Fehlen
der der Schriftform ohne Bedeutung war, trägt der Unternehmer (BGH, Urt. v. 22.3.1962 –
VII ZR 255/60).

Die Schriftform ist nach Treu und Glauben nicht als Voraussetzung für die Haftungsbe- 56
freiung zu begründen. Vielmehr dient sie in erster Linie Beweiszwecken. Deshalb ist auch bei
einem BGB-Vertrag ein mündlicher Hinweis, der trotz Fehlens der Schriftform den Warnzweck erfüllt, für die Enthaftung ausreichend.

dd) Inhalt

Die nachteiligen Folgen und die sich daraus ergebenden Gefahren der unzureichenden 57
Vorgaben müssen konkret dargelegt werden, damit dem Besteller die Tragweite der Nicht-
befolgung klar wird (BGH, a. a. O.; Urt. v. 25.10.2007 – VII ZR 27/06; OLG Düsseldorf, Urt.
v. 10.11.2000 – 22 U 78/00). Allgemeine und vage Hinweise können diese Anforderungen
in der Regel nicht erfüllen (BGH, Urt. v. 7.2.1966 – VII ZR 12/64: gewisse Bedenken technischer Art). Solche allgemeinen Hinweise können aber ausreichen, ein Mitverschulden des
Bestellers zu begründen. Allgemein gilt, dass zwar strenge Voraussetzungen gelten, um eine
Haftungsbefreiung durch einen Bedenkenhinweis zu begründen, jedoch ein Mitverschulden durchaus in Betracht zu ziehen ist, wenn die Hinweise so waren, dass der Besteller ein
Risiko erkennen konnte und gleichwohl auf der Ausführung bestanden hat (vgl. BGH, Urt.
v. 26.7.2007 – VII ZR 5/06 a. E.; Urt. v. 25.10.2007 – VII ZR 27/06 a. E.).

Grundsätzlich muss deshalb der Unternehmer selbst oder dessen vertragsgemäß befugter Ver- 58
treter auf die Gefahren hinweisen, weil dadurch gewährleistet ist, dass der Besteller den Hinweis ernst nimmt. Bei beliebigen Mitarbeitern ist das nicht sicher gestellt. Allerdings darf daraus
kein Formalismus entstehen. Haben Mitarbeiter des Unternehmers auf Bedenken hingewiesen,
kann das durchaus ausreichen, wenn die sonstigen Anforderungen an den Hinweis erfüllt sind
und der Warnzweck erreicht ist. Das wird regelmäßig zu bejahen sein, wenn der Mitarbeiter
ausreichende Kompetenz zu erkennen gegeben hat. Ob der Hinweis eines Nachunternehmers
als ausreichender Hinweis des Hauptunternehmers gegenüber dem Besteller anzusehen ist,
richtet sich nach den Umständen des Einzelfalls. Insbesondere kommt es darauf an, inwieweit,
für den Besteller erkennbar, der Hauptunternehmer den Nachunternehmer als seinen befugten
Vertreter an der Baustelle auftreten lässt (BGH, Urt. v. 10.4.1975 – VII ZR 183/74).

Die Bedenkenhinweispflicht verpflichtet den Unternehmer nicht dazu, Gestaltungsvor- 59
schläge zur Behebung des Mangels der Vorgaben des Bestellers oder der Vorleistung eines
Unternehmers zu machen. Vielmehr verbleibt es bei der Verantwortung des Bestellers für

§ 634

seine Angaben, Anordnungen oder Lieferungen, § 4 Abs. 3 VOB/B. Auch soweit Vorunternehmerleistungen mangelhaft sind, muss der Besteller für deren Mangelfreiheit sorgen, um die Voraussetzungen für eine einwandfreie Leistung des Unternehmers zu ermöglichen (BGH, Urt. v. 8.11.2007 – VII ZR 183/05). Unterbreitet der Unternehmer mit dem Bedenkenhinweis einen Vorschlag, auf welche Weise der Mangel der Vorgaben oder Vorleistungen behoben werden kann, so übernimmt er damit eine Planungsverantwortlichkeit. Er übernimmt damit gleichzeitig das Risiko, dass sein Vorschlag fehlerhaft ist, so dass er in die Haftung gerät (OLG Celle, Urt. v. 23.12.1999 – 22 U 15/99).

ee) Adressat

60 Der Adressat des Bedenkenhinweises ist der Besteller oder ein zum Empfang dieses Hinweises ermächtigter Empfangsbote oder Vertreter.

61 Inwieweit Architekten oder Bauleiter Empfangsvollmacht haben, ergibt sich aus den dem Vertragsverhältnis zwischen Besteller und Architekt oder Bauleiter. Es kann allerdings auch eine Außenvollmacht erteilt worden sein. Im Übrigen gelten die Rechtsscheintatbestände, auch der der Duldungsvollmacht.

62 Empfangsbote ist, wer entweder vom Empfänger zur Entgegennahme von Erklärungen ermächtigt worden ist oder wer nach der Verkehrsauffassung als ermächtigt anzusehen ist, Willenserklärungen oder diesen gleichstehende Mitteilungen mit Wirkung für den Erklärungsempfänger entgegenzunehmen und zur Übermittlung an den Empfänger geeignet und bereit ist (BGH, Urt. v. 12.12.2001 – X ZR 192/00). Grundsätzlich wird der planende Architekt nicht als bestellter Empfangsbote anzusehen sein, wenn der Bedenkenhinweis während der Bauausführung erteilt wird, der Planer jedoch nicht mit der Bauüberwachung beauftragt ist. Etwas anderes kann sich aber aus den Umständen des Einzelfalles ergeben. Dagegen wird der bauüberwachende Architekt und Bauleiter des Bestellers in vielen Fällen als empfangsbevollmächtigt gelten müssen. Entscheidend sind die Umstände des Einzelfalles, insbesondere, inwieweit der Besteller selbst in das Baugeschehen involviert ist. Legt er die gesamte Bauabwicklung in die Hände eines Bauleiters, kann daraus im Einzelfall auch eine Bestellung zum Empfangsboten hergeleitet werden. Eine solche Empfangszuständigkeit kann sich auch aus der Verkehrsanschauung ergeben. Dabei kann eine Rolle spielen, dass der Bauleiter bei der Abwicklung des Bauvorhabens nach außen hin zwar nicht bevollmächtigt ist, rechtsgeschäftliche Entscheidungen für den Besteller zu treffen, andererseits aber die Anlaufstation für alle Unternehmer und der Koordinator der Baustelle ist (vgl. auch BGH, Urt. v. 20.4.1978 – VII ZR 67/77: Empfangszuständigkeit für den Vorbehalt der Annahme der Schlusszahlung; BGH, Urt. v. 12.6.1975 – VII ZR 195/73: Empfangszuständigkeit des Bauleiters für Anzeige einer vertragslosen Leistung, wenn dieser nach dem Vertrag der (nicht rechtsgeschäftliche) Vertreter des Bauherrn auf der Baustelle ist). Es liegt also nahe, ihn auch als Empfangsbevollmächtigten für Fragen zu technischen Sachverhalten anzusehen, denen Bedenkenhinweise meist zugrunde liegen. (vgl. BGH, Urt. v. 10.11.1977 – VII ZR 252/75). Freilich muss bei der gebotenen Wertung, inwieweit nach der im Baugewerbe maßgeblichen Verkehrsanschauung der Bauleiter als Empfangsbote des Bestellers anzusehen ist, auch berücksichtigt werden, dass die entsprechenden Befugnisse von der Bedeutung der zu empfangenden Erklärung abhängen können. Je gewichtiger der Bedenkenhinweis ist, umso weniger wird es hinzunehmen sein, allein den Bauleiter als empfangszuständig anzusehen. Denn letztlich trägt der Besteller die Konsequenzen einer fehlerhaften Reaktion auf den Bedenkenhinweis. Bei solchen Fehlern der Vorgaben des Bestellers oder Vorleistungen anderer Unternehmer, die den Erfolg des geschuldeten Werkes erheblich in Frage stellen, wird deshalb regelmäßig auch nach der Verkehrsanschauung keine Empfangszuständigkeit des Bauleiters mehr gegeben sein.

63 Eine andere Frage ist, wie sich der Unternehmer verhalten muss, wenn er den empfangszuständigen Bauleiter oder Architekten informiert hat, dieser aber die Information erkennbar nicht weitergibt oder sich den Bedenken verschließt. Bedenkenhinweise gegenüber an sich bevollmächtigte Architekten oder Bauleiter reichen nicht aus, wenn sich diese den Bedenken (BGH, Urteil vom 19.01.1989, VII ZR 87/88; BGH, Urteil vom 19.12.1996, VII ZR 309/95; OLG Düsseldorf, Baurecht 1995, 244, 245; OLG Celle, Urteil vom 21.10.2004, 14 U 26/04; OLG Düsseldorf, Urteil vom 05.02.2013, 23 U 1 U 71/18; OLG Celle, Urteil vom 04.08.2016 – 13 U 104/12). Dasselbe gilt auch für den Fall, dass die Architekten oder Bauleiter für die Planung oder planungsgleiche Anordnung verantwortlich sind. Die Bedenken müssen dann ebenfalls gegenüber dem Besteller geltend gemacht werden (BGH, Urt. v. 18.1.1973 – VII ZR 88/70; Urt. v. 10.4.1975 – VII ZR 183/74; Urt. v. 29.9.1977 – VII ZR 134/75; Urt.

v. 10.11.1977 – VII ZR 252/75; Urt. v. 19.1.1989 – VII ZR 87/88; Urt. v. 19.12.1996 – VII ZR 309/95; Urt. v. 18.1.2001 – VII ZR 457/98). Auch Anscheins- oder Duldungsvollmachten können sich nicht auf solche Tatbestände erstrecken, bei denen der Unternehmer annehmen muss, dass der Besteller in jedem Fall selbst informiert werden will. Erst Recht gilt das, wenn die Bevollmächtigung des Bauleiters mit entsprechenden Einschränkungen verbunden ist, wie etwa dann, wenn der Bauleiter vom Besteller zwar bevollmächtigt ist, Zusatzaufträge oder andere Nachtragsaufträge zu erteilen, jedoch in der Vollmacht des Bestellers gleichzeitig erklärt wird, dass Absprachen zwischen den einzelnen Mitwirkenden an dem Bauvorhaben deshalb untersagt sind, weil dem Besteller in der Vergangenheit durch diese Absprachen Schäden entstanden sind (BGH, Urt. v. 11.9.2003 – VII ZR 116/02).

Wiederum anders gelagert sind die Fälle, in denen der Unternehmer den Bauleiter oder den planenden Architekten informiert und diese die Bedenken des Unternehmers plausibel zerstreuen. Das ist z. B. dann der Fall, wenn der Unternehmer den Bauleiter auf ein nicht eingeplantes Gefälle in einer Halle verweist, dieser ihn an den Bauplaner verweist und jener ihm erläutert, dass wegen der Besonderheiten der Nutzung der Halle auf ein Gefälle verzichtet worden ist. Konnte der Unternehmer aufgrund der Darstellung des Planers darauf vertrauen, dass die Ausführung nicht zu einem Mangel seines Werkes führen würde, ist er von der Haftung frei. Jedenfalls muss sich der Bauunternehmer das Planungsverschulden des Architekten in einem Umfang anrechnen lassen, der zu einer Haftungsbefreiung für den Unternehmer führt (OLG Celle, Urt. v. 4.6.2003 – 5 U 14/03, Revision nicht zugelassen, BGH, Beschl. v. 23.9.2004 – VII ZR 301/03). Ähnlich liegt der Fall, in dem der planende Architekt bewusst ein Risiko eingeplant hat, weil er es als gering einstuft und eventuelle Mängelbeseitigungskosten einkalkuliert hat, weil eine risikofreie Planung nur mit großen Kosten zu verwirklichen gewesen wäre (vgl. OLG Köln, Urt. v. 16.1.2007 – 3 U 214/05 unter fehlerhafter Zurechnung nach § 166 BGB). 64

ff) Reaktion des Bestellers

Von der Rechtsprechung noch nicht abschließend geklärt ist, ob allein die Erfüllung der Bedenken- und Hinweispflicht ausreicht, oder ob der Unternehmer noch eine ablehnende Reaktion des Bestellers erhalten muss. Die Regelung des § 13 Abs. 3 i. V. m. § 4 Abs. 3 VOB/B ist sprachlich klar. Danach reicht der Bedenkenhinweis aus. Damit erschöpft sich die Regelung nicht. Denn sie ist Ausdruck eines allgemeinen Rechtsgedankens, der aus Treu und Glauben abgeleitet ist. Es ist deshalb nach Treu und Glauben für den Unternehmer grundsätzlich geboten, eine ablehnende Reaktion abzuwarten. Hält der Besteller trotz der Bedenken an seinem Auftrag fest, wird der Unternehmer von der Haftung frei (BGH, Urt. v. 3.7.1975 – VII ZR 224/73). Rührt der Besteller sich nach einer angemessenen Frist nicht, kann es geboten sein, durch Nachfrage zu klären, ob trotz der Bedenken weitergearbeitet werden soll. Diese Nachfrage kann insbesondere zur Klärung dienen, ob der Bedenkenhinweis ausreichend deutlich war. Eine Nachfrage wird insbesondere dann geboten sein, wenn kein Streit darüber besteht, dass das Werk unbrauchbar wird. Denn bei verständiger Würdigung des Gesamtverhaltens des Bestellers wird der Unternehmer nicht davon ausgehen dürfen, dass dieser ein solches Werk wünscht und dessen Schweigen auf den Bedenkenhinweis nicht als Einverständnis ansehen dürfen, eine unbrauchbare Leistung zu produzieren. Gleiches gilt, wenn infolge fehlerhafter Vorgaben des Bestellers oder Vorleistungen anderer Unternehmer mangelhaften Werk Gefahren für die öffentliche Sicherheit und Ordnung ausgehen werden. In diesem Fall ist der Unternehmer ohnehin verpflichtet, die Arbeit einzustellen (OLG Karlsruhe, Urt. v. 20.7.2004 – 17 U 262/01). 65

VI. Rechtsfolgen

1. Haftungsbefreiung

Liegen die Voraussetzungen vor, wird der Unternehmer von der Mangelhaftung frei. Das bedeutet, dass er keine Nacherfüllung schuldet. Ebenso wenig kann er auf die Rechte aus § 634 BGB in Anspruch genommen werden. Er haftet auch nicht auf Ersatz etwaiger Mangelfolgeschäden. 66

2. Leistungsverweigerungsrecht

Der Unternehmer hat an sich die Weisungen des Bestellers zu beachten, vgl. § 4 Abs. 1 Nr. 3 VOB/B. Er ist also grundsätzlich verpflichtet, die Leistung so zu erbringen, wie sie vertrag- 67

§ 634

lich vereinbart ist, selbst wenn er Bedenken gegen die Ausführung hat (OLG Karlsruhe, Urt. v. 20.7.2004 – 17 U 262/01). Gleichwohl kann er nach einem ordnungsgemäßen und berechtigten Bedenkenhinweis berechtigt sein, die Arbeit einzustellen. Das ist jedenfalls der Fall, wenn die Fortsetzung der Arbeiten gegen die öffentliche Sicherheit und Ordnung verstoßen würde, insbesondere dann, wenn aus der Leistung eine Gefährdung für Sachen und Personen hervorgehen würde.

68   Inwieweit ein Leistungsverweigerungsrecht besteht, weil nach der geplanten und vom Unternehmer beanstandeten Ausführung ein Mangel des Werkes entstehen würde, ist noch nicht abschließend geklärt. Jedenfalls dann, wenn der Besteller auf die fachlich begründeten Bedenken des Unternehmers überhaupt nicht eingeht und auch nicht bereit ist, ihn von einer Haftung freizustellen, darf der Unternehmer ohne vertragsbrüchig zu werden, die Leistung einstellen (BGH, Urt. v. 4.10.1984 – VII ZR 65/83). Der Unternehmer ist nicht verpflichtet, sich einen seiner begründeten Meinung nach ernstlich drohenden Gewährleistungsfall nicht absehbaren Ausmaßes geradezu aufzwingen zu lassen. Nach OLG Düsseldorf (Urt. v. 13.3.2003 – 5 U 71/01) hat er zudem ein Recht der Leistungsverweigerung, wenn feststeht, dass seine Arbeiten wegen dem Besteller obliegender Vorleistungen oder wegen des Fehlens von bauseitigen Voraussetzungen sinnlos sind, weil damit das Ziel der Arbeiten, ein mangelfreies Werk zu schaffen, nicht erreicht werden kann. Reagiert der Besteller auf die Bedenken des Unternehmers nicht, so ist der Unternehmer berechtigt, Behinderung gegenüber dem Besteller gem. § 6 Abs. 1 VOB/B anzumelden bzw. nach §§ 642 f. BGB vorsehen.

VII. Haftungsbefreiung wegen fehlender Kausalität der Pflichtverletzung

69   Aus der Systematik der §§ 4 Abs. 3 und 13 Abs. 3 VOB/B, folgt, dass der Unternehmer von der Haftung frei ist, wenn er bei der gebotenen Prüfung die Ungeeignetheit der Vorleistung eines Unternehmers oder der Anordnung des Bestellers nicht erkannt hat und auch nicht erkennen konnte. Im Hinblick darauf, dass es sich um Aufklärungspflichten handelt, gelten die allgemeinen dazu entwickelten Grundsätze. Das bedeutet, dass eine Haftung auch dann ausscheidet, wenn feststeht, dass der Unternehmer nach einem ordnungsgemäßen Hinweis ebenfalls von der Haftung frei gewesen wäre. Das ist der Fall, wenn der Besteller darauf bestanden hätte, die Leistung auf der Grundlage seiner beanstandeten Vorgaben oder der beanstandeten Vorunternehmerleistung auszuführen (BGH, Urt. v. 8.11.2007 – VII ZR 183/05; Urt. v. 10.11.1977 – VII ZR 252/75). Der unterlassene Bedenkenhinweis ist dann nicht kausal für den Mangel der Unternehmerleistung geworden.

70   Gleiches gilt, wenn der Besteller nicht aufklärungsbedürftig war. Das ist allerdings nur dann anzunehmen, wenn dem Besteller der Mangel der Vorgaben oder Vorunternehmerleistungen bewusst war und er auch die Tragweite im Hinblick auf die Mangelhaftigkeit des Unternehmerwerkes erkannt hat. Es reicht grundsätzlich nicht aus, dass der Architekt des Bestellers die Mängel der Vorleistung erkannt und in Kauf genommen hat. Eine Wissensvertretung nach § 166 BGB findet nicht statt (a. A. OLG Köln, Urt. v. 16.1.2007 – 3 U 214/05).

VIII. Beweislast

71   Der Unternehmer trägt die Beweislast für die Erfüllung der Bedenkenhinweispflicht. Der Unternehmer trägt danach die Beweislast für folgende Behauptungen, die jeweils zur Befreiung von der Erfolgshaftung führen können:

- Behauptung, er habe bei der gebotenen Prüfung der Anordnungen des Bestellers oder der Vorleistung des Unternehmers einen Mangel nicht entdeckt und auch nicht entdecken können (BGH, Urt. v. 8.11.2007 – VII ZR 183/05);
- Behauptung, er habe den erkennbaren Mangel entdeckt und in der gebotenen Form auf ihn hingewiesen (BGH, Urt. v. 8.11.2007 – VII ZR 183/05; Urt. v. 4.6.1973 – VII ZR 112/71; Urt. v. 15.1.1968 – VII ZR 84/65; Urt. v. 08.11.2007 – VII ZR 183/05).
- Behauptung, nach einem gebotenen Bedenkenhinweis hätte der Besteller auf der fehlerhaften Anordnung oder darauf bestanden, auf der fehlerhaften Vorleistung eines anderen Unternehmers aufzubauen (BGH, Urt. v. 10.11.1977 – VII ZR 252/75).

IX. Ausnahmetatbestände

1. Ausreißer

Die dargestellte Entlastung des Unternehmers wird allerdings nicht durch jede Anordnung des Bestellers bewirkt. Mit § 13 Abs. 3 VOB/B soll die Haftung des Unternehmers nur in dem Maße eingeschränkt werden, in dem es bei wertender Betrachtungsweise gerechtfertigt ist. Die für den Werkvertrag typische Einstandspflicht des Unternehmers für einen trotz genereller Eignung des Stoffes im Einzelfall auftretenden Fehler – „Ausreißer" – wird durch eine Anordnung des Bestellers, einen generell geeigneten Stoff zu verwenden, nicht aufgehoben (BGH, Urt. v. 14.3.1996 – VII ZR 34/95). Deshalb bleibt es bei der Erfolgshaftung des Unternehmers, wenn der vom Besteller vorgeschriebene Stoff an sich geeignet ist, jedoch infolge eines von keiner Seite erkannten Produktionsfehlers Mängel hat, die dann dazu führen, dass das Werk ebenfalls mangelhaft ist.

Dagegen tritt eine Enthaftung nach § 13 Nr. 3 VOB/B ein, wenn der Besteller die Verwendung eines generell ungeeigneten Stoffes vorschreibt und ein Verstoß des Unternehmers gegen seine Bedenken- und Hinweispflicht nicht vorliegt.

2. Unerlaubte Planungsänderung

Von vornherein nicht anwendbar ist § 13 Abs. 3 VOB/B i. V. m. § 4 Abs. 3 VOB/B, wenn der Unternehmer eine vom Vertrag abweichende Anordnung des Architekten ausführt, zu der dieser nicht befugt ist. Denn dann geht es nicht um die Frage, ob die wirksame Anordnung des Bestellers geeignet ist, ein mangelfreies Werk entstehen zu lassen, sondern darum, ob der Architekt bevollmächtigt war, die abweichende Anordnung zu treffen (BGH, Urt. v. 19.12.2002 – VII ZR 103/00).

Die Haftung wegen der Verletzung von Schutzpflichten bleibt unberührt. Dazu kann die Pflicht des Unternehmers gehören, den Besteller vor Gefahren zu warnen, die durch eine unsachgemäße Bauausführung anderer Bauunternehmer entstehen, sofern der Unternehmer diese wahrnimmt. Ist seine eigene Leistung mangelfrei, darf er sich allerdings grundsätzlich darauf verlassen, dass der nachfolgende Unternehmer seine auf der Vorleistung aufbauende Leistung ebenfalls nach den anerkannten Regeln der Technik ausführt. Eine Pflicht des ersten Unternehmers, auf die Beschaffenheit seiner Vorleistung hinzuweisen, kann nach Treu und Glauben ausnahmsweise nur bestehen, wenn erkennbar die Gefahr besteht, dass der zweite Unternehmer auch bei Anwendung der anerkannten Regeln der Technik nicht zu erkennen vermag, ob die Vorleistung des anderen Unternehmers für ihn eine geeignete Arbeitsgrundlage ist und in welcher Weise er seine eigene Leistung fachgerecht der Vorleistung anzupassen hat, um Mängel zu vermeiden (BGH, Urt. v. 20.3.1975 – VII ZR 221/72). Hinweispflichten des Unternehmers können auch dann bestehen, wenn er aufgrund überlegener Sachkunde Risiken der mangelfreien Bauausführung erkennt, die der Besteller nicht sieht und die zu Schäden führen können (BGH, Urt. v. 19.5.2011 – VII ZR 24/08).

E. Haftungsbefreiung in der Unternehmerleistungskette

Sind an einem Bauvorhaben mehrere Unternehmer in der Leistungskette vertikal hintereinander geschaltet, stellt sich die Frage, ob der Nachunternehmer gegenüber seinem Vor- oder Hauptunternehmer noch haftet, wenn letzterer durch seinen Auftraggeber nicht mehr wegen der in Rede stehenden Mängel in Anspruch genommen werden kann.

Beispiel: Zwischen Generalunternehmer und Subunternehmer wird eine besondere Form der Dämmung von Kalt- und Warmwasserleitungen vereinbart. Diese Dämmung schuldet der Generalunternehmer indes nicht seinem Auftraggeber. Kann der Generalunternehmer von seinem Subunternehmer Mängelansprüche wegen der nicht ausgeführten Dämmung geltend machen, wenn ausgeschlossen ist, dass der Generalunternehmen wegen der fehlenden Dämmung nicht durch seinen Auftraggeber in Anspruch genommen werden kann?

Bei Mängeln in einer werkvertraglichen Leistungskette steht dem Auftraggeber kein auf Ersatz der Mängelbeseitigungskosten gerichteter Schadensersatzanspruch gegen seinen Auftragnehmer zu, wenn feststeht, dass er (der Auftraggeber) seinerseits von seinem Besteller wegen dieses Mangels nicht in Anspruch genommen wird oder genommen werden kann (OLG Celle,

§634

Urt. v. 04.12.2013 – 14 U 74/13). Wenn nämlich feststeht, dass dem Auftraggeber keine wirtschaftlichen Nachteile durch den Mangel entstehen, ist es mit der normativen von Treu und Glauben geprägten schadensrechtlichen Wertung nicht vereinbar, dem Auftraggeber zu seiner beliebigen Verfügung den Betrag zur Verfügung zu stellen, der für die Mängelbeseitigung aufgewandt werden müsste. Anderenfalls würden dem Auftraggeber ungerechtfertigte, ihn bereichernden Vorteile zu Gute kommen (vgl. BGH, Urteil vom 1.8.2013 – VII ZR 75/11; BGH, Urteil vom 24. März 1959 – VI ZR 90/58, BGHZ 30, 29; Urteil vom 4. Juni 1992 – IX ZR 149/91, BGHZ 118, 312; Urteil vom 6. Juli 2000 IX ZR 198/99, NJW 2001, 673; OLG Celle, Urt. v. 4.12.2013 – 14 U 74/13).

78 Wirtschaftlich betrachtet ist der Hauptunternehmer lediglich Zwischenstation innerhalb der mehrgliedrigen werkvertraglichen Leistungskette von dem Nachunternehmer über den Hauptunternehmer bis zum Bauherrn/Besteller/Enderwerber. Ein Nachunternehmer erbringt seine Leistung regelmäßig am Bauvorhaben des Bauherrn. Diesem kommt im wirtschaftlichen Ergebnis die Leistung zugute, er ist von dem Mangel des Werks des Nachunternehmers betroffen. Ein zwischengeschalteter Hauptunternehmer dagegen wird mit der Mangelfrage nur wegen der besonderen durch die Leistungskette gekennzeichneten Vertragsgestaltung befasst, da zwischen dem Nachunternehmer und dem Bauherrn keine vertraglichen Beziehungen bestehen. Auch im Gewährleistungsfall ist er nur Zwischenstation. Die finanzielle Einbuße, die er durch den vom Nachunternehmer verursachten Mangel erleidet, richtet sich wirtschaftlich gesehen danach, in welchem Umfang er von seinem Auftraggeber in Anspruch genommen wird (BGH, Urteil vom 01.08.2013 – VII ZR 75/11; BGH, Urteile vom 28. Juni 2007 – VII ZR 81/06 und VII ZR 8/06). Jedenfalls dann, wenn feststeht, dass der Hauptunternehmer keine wirtschaftlichen Nachteile durch den Mangel erleidet, ist es mit § 249 Abs. 1 BGB nicht vereinbar, dem Hauptunternehmer zu seiner beliebigen Verfügung den Betrag zur Verfügung zu stellen, der für die Mängelbeseitigung notwendig ist. Anders als bei der Zuerkennung dieses Betrages als Vorschuss auf die Mängelbeseitigungskosten (vgl. § 637 Abs. 3 BGB) wäre nicht sichergestellt, dass der zuerkannte Betrag in Höhe der Mängelbeseitigungskosten tatsächlich zur Mängelbeseitigung verwendet würde (BGH, Urteil vom 01.08.2013 – VII ZR 75/11).

79 Aus vergleichbaren Erwägungen darf der Hauptunternehmer in einem solchen Fall auch die Minderung nicht nach den Mängelbeseitigungskosten berechnen, § 242 BGB (BGH, Urteil vom 1.8.2013 – VII ZR 75/11; BGH, Beschluss vom 20. Dezember 2010 VII ZR 100/10, NZBau 2011, 232).

80 Dieses Ergebnis widerspricht auch nicht dem ansonsten geltenden Grundsatz, dass ein Auftraggeber den ihm im Wege des Schadensersatzes zufließenden Betrag nicht zur Schadensbehebung verwenden muss, denn in diesem Fall verbleibt in seinem Vermögen unmittelbar der wirtschaftliche Schaden der mangelhaften Leistung (OLG Celle, Urt. v. 4.12.2013 – 14 U 74/13).

81 Wenngleich dem Hauptunternehmer in den genannten Fällen der Anspruch auf Schadensersatz gegen den Nachunternehmer nicht zusteht, kann der Hauptunternehmer gegenüber dem Werklohnanspruch des Nachunternehmers gleichwohl das Leistungsverweigerungsrecht wegen dieser geltend machen. Dem Hauptunternehmer fließen nämlich keine ungerechtfertigten Vorteile zu, wenn er die Einrede des nicht erfüllten Vertrages erhebt. Diese hat primär das Ziel, die Mängelbeseitigung zu bewirken. Wenn der Nachunternehmer die begehrte Mängelbeseitigung, die mit dem Leistungsverweigerungsrecht durchgesetzt werden soll, vornimmt, wird dadurch nicht der Hauptunternehmer, sondern dessen Besteller begünstigt (BGH, Urteil vom 1.8.2013 – VII ZR 75/11 sowie → § 641 BGB Rdn. 23).

Zur Anwendbarkeit des Rechtsinstituts der Vorteilsausgleichung → Rdn. 99 in der Leistungskette.

F. Mitverantwortlichkeit der Baubeteiligten

I. Beteiligung des Bestellers

1. Sowieso-Kosten

82 Der Besteller ist verpflichtet, sich mit den sogenannten Sowieso-Kosten an der Mängelhaftung des Unternehmers zu beteiligen. Erlangt der Besteller allein durch die Mängelhaftung

Rechte des Bestellers bei Mängeln § 634

außerhalb ohnehin bestehender vertraglicher Verpflichtungen des Unternehmers Vorteile, so hat er sie auszugleichen (BGH, Urt. v. 17.5.1984 – VII ZR 169/82; Urt. v. 12.10.1989 – VII ZR 140/88). Der Unternehmer darf nicht mit den Kosten solcher Maßnahmen belastet werden, um die das Werk bei ordnungsgemäßer Ausführung von vornherein teurer geworden wäre (BGH, Urt. v. 18.1.1990 – VII ZR 171/88). Hätte der erwünschte Erfolg nur durch Vergabe von Zusatzaufträgen oder eines anderen, teureren Auftrags erreicht werden können, handelt es sich innerhalb der Mängelbeseitigung um anrechnungsfähige Sowieso-Kosten (BGH, Urt. v. 22.3.1984 – VII ZR 50/82; vgl. BGH, Urt. v. 13.9.2001 – VII ZR 392/00; Beschl. v. 25.1.2007 – VII ZR 41/06). Zur Bezifferung dieser Sowieso-Kosten sind diejenigen Mehraufwendungen zu ermitteln, die bei Befolgung des mit der Mängelbeseitigung vorgesehenen Konzepts entstanden wären (BGH, Urt. v. 17.5.1984 – VII ZR 169/82; Urt. v. 8.7.1993 – VII ZR 176/91). Eine Schätzung dieser Kosten reicht als Vortrag im Prozess aus (BGH, Beschl. v. 25.1.2007 – VII ZR 41/06). Kosten, um die das Werk von vornherein teurer geworden wäre, sind auf den Preisstand einer seinerzeit ordnungsgemäßen Herstellung des vereinbarten Werks zu beziehen (BGH, Urt. v. 8.7.1993 – VII ZR 176/91; anders wohl noch BGH, Urt. v. 23.9.1976 – VII ZR 14/75).

Beispiel (nach BGH, Urteil vom 13.9.2001 – VII ZR 392/00): Der Unternehmer muss im Rahmen der Nachbesserung eine erforderliche, jedoch im ursprünglichen Leistungsverzeichnis nicht enthaltene Wärmedämmung einbauen, die er zuvor nicht eingebaut hatte. Die Kosten der Wärmedämmung sind Sowieso-Kosten, die auch bei sofortigem Einbau entstanden wären. 83

Mit dieser Systematik der Sowieso-Kosten werden die Vertragsparteien so gestellt, wie sie bei vertragsgerechtem Verhalten beider Parteien gestanden hätten. Denn bei vertragsgerechtem Verhalten hätte der Unternehmer sofort auf die Bedenken hinweisen müssen, die ihm infolge der fehlerhaften Planung, Leistungsbeschreibung, Anordnungen, Stoffe und Bauteile oder Vorunternehmerleistungen hätten kommen müssen. Dann hätte der Besteller durch eine Änderungsanordnung, vgl. § 1 Abs. 3 oder § 1 Abs. 4 VOB/B bzw. bei einem BGB-Bauvertrag, der nach dem 31.12.2017 geschlossen wurde, nach den §§ 650a, 650b BGB, reagieren müssen. Die Mehrkosten hätte er zu tragen gehabt, vgl. § 2 Abs. 5, 6 VOB/B bzw. § 650c BGB (BGH, Urt. v. 17.5.1984 – VII ZR 169/82). 84

Andererseits ist es dem Unternehmer nicht gestattet, sich durch Geltendmachung von Sowieso-Kosten der werkvertraglichen Erfolgshaftung zu entziehen. Es muss deshalb in jedem Einzelfall die geschuldete Leistung konkret ermittelt und aus dem Vertrag heraus festgelegt werden (BGH, Beschl. v. 25.1.2007 – VII ZR 41/06). Hat der Unternehmer einen bestimmten Erfolg zu einem bestimmten Preis versprochen, so bleibt er an seine Zusage selbst dann gebunden, wenn sich die beabsichtigte Ausführungsart nachträglich als unzureichend erweist und aufwendigere Maßnahmen erforderlich werden (BGH, Urt. v. 17.5.1984 – VII ZR 169/82; Beschl. v. 25.1.2007 – VII ZR 41/06). Hat der Unternehmer den Erfolg also z. B. pauschal ohne eine Leistungsbeschreibung oder ein Leistungsverzeichnis versprochen, so können Sowieso-Kosten nur in dem Umfang entstehen, in denen die Pauschalierung überschritten wird (BGH, Urt. v. 30.6.1994 – VII ZR 116/93; BGH, Beschluss vom 25.1.2007 – VII ZR 41/06). Zweifel über den Umfang der Pauschalierung gehen zu Lasten des Auftragnehmers (vgl. OLG Dresden, Urteil vom 17.11.2011 – 10 U 469/11). Aber selbst dann, wenn die Leistung detailliert beschrieben ist, kann sich aus der vertraglichen Abrede ergeben, dass der Unternehmer die Leistung ungeachtet der detaillierten Beschreibung zu dem vereinbarten Preis auch dann schuldet, wenn die vorgesehene Ausführungsart nicht zu dem vereinbarten Erfolg führt (BGH, Beschl. v. 25.1.2007 – VII ZR 41/06: der nach dem Leistungsverzeichnis vorgesehene Motor soll bei Eis automatisch abschalten, funktioniert jedoch so nicht: Die Kosten für den nachträglichen Einbau einer automatischen Abschaltung sind keine Sowieso-Kosten). Je weniger der Besteller in die detaillierte Leistungsbeschreibung eingebunden ist, desto mehr wird das angenommen werden können (vgl. OLG Hamm, Urt. v. 25.9.2003 – 21 U 8/03: Vereinbarter Schallschutz ist mit der allein vom Unternehmer vorgesehen Ausführung nicht zu erreichen). Entstehen dem Unternehmer Mehrkosten in einem Bereich, in dem er gegenüber dem Besteller eine Baukostengarantie übernommen hat, so kann er keinen Abzug für Sowieso-Kosten verlangen (BGH, a. a. O.). 85

Die Anrechnung von Sowieso-Kosten ist nicht gerechtfertigt, wenn sie zu einer Benachteiligung des Bestellers führen würde. Denn letztlich geht es darum, den Besteller nicht durch den Mangel besser zu stellen. Ein Generalunternehmer, der von seinem Nachunternehmer wegen eines Planungsfehlers Schadensersatz verlangen kann, aber gehindert ist, die bei der 86

Krause-Allenstein

Mängelbeseitigung entstehenden Sowieso-Kosten seinem Besteller in Rechnung zu stellen, mit dem er einen Pauschalfestpreis vereinbart hat, braucht sich diese Sowieso-Kosten nicht im Wege des Vorteilsausgleichs anrechnen zu lassen (BGH, Urt. v. 12.10.1989 – VII ZR 140/88). Denn bei richtiger Planung hätte er die Kosten weitergeben können, so dass ihm keine Mehrkosten entstanden wären. Das Gleiche gilt für den Schadensersatzanspruch eines Bauträgers gegenüber seinem Nachunternehmer. Da der Bauträger mit seinen Erwerbern Festpreise für die zu errichtenden Bauträgerobjekte vereinbart, kann auch er Sowieso-Kosten, nicht (mehr) an den Erwerber durchreichen, wenn die Bauträgerverträge bereits geschlossen sind. Der Hauptunternehmer bzw. Bauträger muss allerdings ausreichend deutlich machen, dass er in der Lage gewesen wäre, den bei von vornherein ordnungsgemäßer Ausführung erhöhten Preis auch an seinen Besteller bzw. Erwerber weiterzugeben. Dazu müssen ausreichende Anhaltspunkte vorliegen (vgl. BGH, Urt. v. 8.7.1993 – VII ZR 176/91).

87 Richtet sich die Kalkulation des Unternehmers nicht allein nach seinen eigenen Vorstellungen, sondern in erster Linie nach einem Leistungsverzeichnis des Bestellers, so umfasst der vereinbarte Preis die Werkleistung nur in der jeweils angegebenen Größe, Güte und Herstellungsart. Notwendig werdende Zusatzarbeiten sind gesondert zu vergüten. Entsprechendes muss gelten, wenn die Vertragsparteien auf Anregung des Unternehmers nicht nur den Leistungserfolg, sondern eine ganz bestimmte Ausführungsart ausdrücklich zum Vertragsgegenstand gemacht haben (BGH, Urt. v. 17.5.1984 – VII ZR 169/82; Urt. v. 22.3.1984 – VII ZR 50/82).

88 Voraussetzung für die Vorteilsausgleichung ist, dass dem Auftraggeber durch die Mängelbeseitigung ein Vorteil zufließt. Die Anrechnung von Sowieso-Kosten kommt deshalb nicht in Betracht, wenn es allein um den Ausgleich von Mangelfolgeschäden geht, die bei einer von vornherein ordnungsgemäßen, teureren Ausführung nicht entstanden wären. (vgl. KG, Urteil vom 5.10.2010 – 21 U 38/09; Jurgeleit, in: niffka/Koeble/Jurgeleit/Sacher, Kompendium des Baurechts, 5. Auflage, 5. Teil Rdn. 77; a. A. Hebel, in: FS für Koeble, S. 93 ff.)

89 **Beispiel:** Der Ingenieur hat die Wahl zwischen einer teuren und einer günstigen Verbauvariante für die Baugrube. Er entscheidet sich nach Absprache mit seinem Auftraggeber für die günstigere, die dann allerdings zu Schäden am Nachbargebäude führt. Der Nachbar nimmt daraufhin den Auftraggeber und den Ingenieur als Gesamtschuldner auf Schadensersatz in Anspruch. Der Auftraggeber zahlt und verlangt Gesamtschuldnerausgleich von seinem Ingenieur. Der Ingenieur kann dem Ausgleichsanspruch nicht diejenigen Kosten als Sowieso-Kosten entgegensetzen, die der Auftraggeber für den teureren Verbau hätte aufwenden müssen, bei dem die Schäden vermieden worden wären.

2. Vorteilsausgleichung

90 Fraglich ist, ob der Unternehmer eine Reduzierung des für die Mängelbeseitigung erforderlichen Betrages unter Hinweis darauf gelten machen kann, dass der Besteller durch die Nacherfüllung eine insgesamt längere Lebensdauer des Werkes erhält, Renovierungen erspart hat oder dass der Besteller das mangelhafte Werk genutzt hat.

a) Kein Abzug „Neu für Alt"

91 Den Einwand einer Vorteilsausgleichung wegen einer durch die verzögerte Mängelbeseitigung verlängerten Lebensdauer des Werkes hat die Rechtsprechung stets mit überzeugender Begründung zurückgewiesen. Dieser Abzug „Neu für Alt" kommt jedenfalls dann nicht in Betracht, wenn – wie das regelmäßig der Fall sein wird – die erlangten Vorteile ausschließlich auf einer Verzögerung der Mängelbeseitigung beruhen und sich der Besteller jahrelang mit einem fehlerhaften Werk begnügen musste. Der Unternehmer soll dadurch, dass der Vertragszweck nicht sogleich, sondern erst später im Rahmen der Gewährleistung erreicht wird, keine Besserstellung erfahren. Ein solches Ergebnis widerspräche dem Gesetzeszweck der Gewährleistung im Werkvertragsrecht (BGH, Urt. v. 17.5.1984 – VII ZR 169/82; Urt. v. 13.9.2001 – VII ZR 392/00; OLG Dresden, Urt. v. 16.7.2014 – 1 U 600/12; OLG München, Beschluss vom 20.12.2018 – 27 U 1515/18 Bau; OLG München, Beschluss vom 01.09.2020 – 28 U 1686/20 Bau). Zudem ist es nicht akzeptabel, dass der Anspruch des Bestellers trotz Verzögerung der Mängelbeseitigung gekürzt wird.

92 **Beispiel (BGH, Urt. v. 13.09.2001 – VII ZR 392/00):** Ein Dach weist eine unzureichende Abdichtung auf, sodass es zu Feuchtigkeitseintritten kommt. Nach langer Zeit für der für den Mangel verantwortliche Auftragnehmer zur Nachbesserung verurteilt. Eine

Vorteilsausgleichung findet nicht statt, da der Auftraggeber fühlbare Beeinträchtigungen aufgrund des Feuchtigkeitseintritts erleiden musste.

Zeigen sich Mängel, so hat der Unternehmer diese umgehend auf seine Kosten zu beseitigen. Verzögert er die ihm obliegende Nachbesserung über einen längeren Zeitraum, dürfen dem Besteller daraus keine finanziellen Nachteile erwachsen. Sähe man den alsdann ersparten Instandhaltungsaufwand oder die längere Lebensdauer der Werkleistung als auszugleichende Vorteile an, so hätte es der Unternehmer in der Hand, sich durch Verzögerung der Mängelbeseitigung seiner Gewährleistungspflicht und der damit verbundenen Kostenbelastung teilweise oder sogar ganz zu entziehen. Er brauchte umso weniger eigene Mittel einzusetzen, je länger er die Nachbesserung hinauszuzögern verstünde. 93

Zu den als Vorteil anrechenbaren Kosten können die Ersparnisse, die durch eine höhere Lebensdauer der Werkleistung oder durch ersparte Renovierungsaufwendungen entstehen, jedoch dann zählen, wenn sich der Mangel erst verhältnismäßig spät ausgewirkt hat und der Auftraggeber bis dahin keine Gebrauchsnachteile hinnehmen musste (vgl. BGH, Urt. v. 17.5.1984 – VII ZR 169/82; BGH, Urt. v. 15.6.1989 – VII ZR 14/88; BGH, Urt. v. 13.9.2001 – VII ZR 392/00; vgl. dazu auch OLG Hamm NJW-RR 1993, 1236; OLG Frankfurt SFH Nr. 65 zu § 635 BGB; OLG Brandenburg ZfBR 2001, 114; OLG Düsseldorf BauR 2002, 802, 805; OLG Dresden BauR 2008, 693 (bei erhöhter Nutzungsdauer einer Straße, die nicht komplett mangelhaft war); OLG München, Beschluss vom 11.03.2019 – 28 U 95/19 Bau für ein Flachdach, dass bei einer Lebensdauer von 25 Jahren nach 12 Jahren saniert wird)). Auch ein öffentlicher Auftraggeber muss sich entsprechende Vorteile anrechnen lassen (vgl. BGH, Urt. v. 27.9.2018 – VII ZR 45/17 Rn. 88). 94

Beispiel: Falscher, nämlich diffusionsdichter Anstrich der Fenster, der farblich dem technisch richtigen Anstrich entspricht, aber entfernt werden muss, weil sonst das Fensterholz im Laufe der Zeit Schaden nimmt. Der Auftraggeber muss sich den finanziellen Vorteil anrechnen lassen, der dadurch entsteht, dass der nach 5 Jahren fällige Neuanstrich nun zeitlich hinausgeschoben wird. 95

Vorteile können dem Auftraggeber auch dadurch entstehen, dass die durchgeführten Mängelbeseitigungsarbeiten qualitativ höherwertiger sind als die ursprünglich durch den Unternehmer geschuldete Leistung. Bei der Prüfung, ob und inwiefern in solchen Fällen eine Vorteilsausgleichung gerechtfertigt ist, muss eine wertende Betrachtungsweise erfolgen, die darauf abstellt, ob sich die Höherwertigkeit wirtschaftlich nicht auswirkt oder in einer Weise aufgedrängt ist, die es nicht rechtfertigt, den Unternehmer zu entlasten (vgl. BGH, Urt. v. 20.11.1986 – VII ZR 360/85; BGH, Urt. v. 31.1.1991 – VII ZR 63/90; OLG Stuttgart NZBau 2012, 42; kritisch dazu Miernik BauR 2012, 151, 152.) Treffen die Parteien hinsichtlich der höherwertigen Nachbesserung eine Vereinbarung, hat der Unternehmer nur dann Anspruch auf Erstattung der Mehrkosten, wenn er diese bei der Einigung gegenüber seinem Auftraggeber geltend macht (vgl. OLG Schleswig BauR 2012, 815, 820). 96

b) Abzug für Gebrauchsvorteile

Nach § 635 Abs. 4 BGB kann der Unternehmer vom Besteller Rückgewähr des mangelhaften Werkes nach Maßgabe der §§ 346 bis 348 BGB verlangen, wenn er das Werk im Rahmen der Mängelhaftung neu hergestellt hat. Die Rückgewährpflicht nach Maßgabe der §§ 346 bis 348 BGB umfasst nur im Falle des Rücktritts die gezogenen Nutzungen, nicht jedoch bei einer Ersatzlieferung durch den Unternehmer. Diese Frage hat der Europäische Gerichtshof auf Vorlage des Bundesgerichtshofs (BGH, Beschl. v. 16.8.2006 – VIII ZR 200/05) mit seiner Entscheidung vom 17.4.2008 (Rs. C-404/06) für das Kaufrecht klargestellt. Eine nationale Regelung, die dem Verkäufer gestatte, vom Verbraucher Wertersatz für die Nutzung eines vertragswidrigen Verbrauchsguts bis zum Austausch durch ein neues zu verlangen, sei mit Art. 3 Verbrauchsgüterkaufrichtlinie 99/44/EG nicht zu vereinbaren. Aus dem Wortlaut der Richtlinie gehe hervor, dass die Unentgeltlichkeit der Herstellung des vertragsgemäßen Zustands des Verbrauchsguts durch den Verkäufer zu einem wesentlichen Bestandteil des durch diese Richtlinie gewährleisteten Verbraucherschutzes gemacht werden sollte. Die Verpflichtung des Verkäufers, den vertragsgemäßen Zustand des Verbrauchsguts unentgeltlich zu bewirken, solle den Verbraucher vor finanziellen Belastungen schützen, die ihn davon abhalten könnten, seine Ansprüche geltend zu machen. Deshalb sei jede finanzielle Forderung des Verkäufers bei der Erfüllung seiner Verpflichtung zur Herstellung des vertragsmäßigen Zustands des Verbrauchsguts ausgeschlossen. Diese Auslegung entspräche auch dem Zweck der Richtlinie, mit der ein Beitrag zur Erreichung eines hohen Verbraucherschutzniveaus 97

§ 634 Rechte des Bestellers bei Mängeln

geleistet werden solle. Dieser Rechtsprechung ist der Bundesgerichtshof gefolgt (vgl. BGH, Urt. v. 11.2.2009 – VIII ZR 176/06; Urt. v. 26.11.2008 – VIII ZR 200/05; OLG Nürnberg, Urt. v. 23.8.2005 – 3 U 991/05 mit Anm. Saenger/Zurlinden in EWiR 2005, 821). Wird bei einem Verbrauchsgüterkauf allerdings anstelle der Ersatzlieferung der Rücktritt durch den Besteller gewählt, steht dem Anspruch des Verkäufers auf Nutzungswertersatz gemäß § 346 Abs. 1 BGB die Verbrauchsgüterkaufrichtlinie nicht entgegen (BGH, Urt. v. 16.9.2009 – VIII ZR 243/08; OLG Nürnberg (Urt. v. 23.8.2005 – 3 U 991/05). Auf das Werkvertragsrecht ist diese Rechtsprechung nicht unmittelbar übertragbar (vgl. Münchener Kommentar zum BGB, 6. Aufl., § 635 BGB, Rdn. 50).

98 Orientiert man sich am an sich klaren Wortlaut des geltenden Gesetzes und seiner Begründung, ist Nutzungsentschädigung zu leisten. Das bedeutet, dass der Besteller die Gebrauchsvorteile herauszugeben hat, die er dadurch erlangt hat, dass er die mangelhafte Sache genutzt hat, § 100 BGB. Die Gebrauchsvorteile werden in Geld bewertet. Maßgeblich ist der objektive Wert (BGH, Urt. v. 14.7.1995 – V ZR 45/94). Damit ist dem Grunde nach für einen Spezialfall, Neuherstellung durch den Unternehmer, der Anspruch auf Ersatz der Gebrauchsvorteile anerkannt. Es gibt nach der Gesetzesänderung wohl keinen rechtfertigenden Grund, die Ersatzpflicht für Gebrauchsvorteile nicht auch für die anderen Fälle der Mängelhaftung anzunehmen, in denen der Sache nach die Kosten für eine Neuherstellung verlangt werden. Das bedeutet, dass Gebrauchsvorteile auch dann anzurechnen sind, wenn der Besteller Kostenerstattung, Vorschuss, Minderung oder Schadensersatz in Höhe der Neuherstellungskosten verlangt. Inwieweit solche Gebrauchsvorteile bestehen und inwieweit sie zu bewerten sind, ist allerdings eine Frage des Einzelfalls. Fühlbare Beeinträchtigungen durch Mängel reduzieren den Gebrauchsvorteil zum Teil erheblich. Auch nach der zum alten Recht ergangenen Rechtsprechung gab es eine Vorteilsausgleichung, wenn sich der Mangel erst verhältnismäßig spät ausgewirkt hat und der Besteller bis dahin keine Gebrauchsnachteile hinnehmen musste (BGH, Urt. v. 17.5.1984 – VII ZR 169/82; Urt. v. 15.6.1989 – VII ZR 14/88; Urt. v. 13.9.2001 – VII ZR 392/00; vgl. dazu auch OLG Hamm, Urt. v. 20.1.1993 – 26 U 6/92; OLG Frankfurt, Urt. v. 1.2.1989 – 7 U 175/86; OLG Brandenburg, Urt. v. 11.1.2000 – 11 U 197/98; OLG Düsseldorf, Urt. v. 11.12.2001 – 21 U 92/01).

c) Rechtsgedanke der Vorteilsausgleichung im Verhältnis Subunternehmer zu Generalunternehmer

99 Nach der Rechtsprechung des Bundesgerichtshofs kann ein Haupt- oder Generalunternehmer nach Treu und Glauben und dem Rechtsgedanken der Vorteilsausgleichung gehindert sein, wegen Mängeln in Höhe der Mängelbeseitigungskosten Ansprüche gegen seinen Nachunternehmer geltend zu machen, wenn im Rahmen einer werkvertraglichen Leistungskette feststeht, dass der Hauptunternehmer von seinem Besteller wegen Mängeln am Werk nicht mehr in Anspruch genommen wird (BGH, Urt. v. 28.6.2007 – VII ZR 81/06). In dem dieser Entscheidung des Bundesgerichtshofs zugrunde liegenden Fall machte ein Nachunternehmer gegenüber seinem Lieferanten wegen mangelhaft gelieferter Fenster Schadensersatzansprüche geltend. Da jedoch die Mängelhaftungsansprüche sowohl des Generalunternehmers als Auftraggeber des Nachunternehmers als auch die des Auftraggebers des Generalunternehmers bereits verjährt waren, kam der Bundesgerichtshof zu dem Ergebnis, dass der Nachunternehmer diesen Vorteil an seinen Lieferanten weitergeben muss und in der Folge, dass er dies gegenüber keine Schadensersatzansprüche durchsetzen konnte. Diesen Grundsatz hat der Bundesgerichtshof in seiner Entscheidung vom 20.12.2010 (VII ZR 95/10) auch auf den Fall übertragen, dass der Besteller wegen eines Mangels keinen Schadensersatzanspruch geltend macht, sondern den Werklohn mindert. Der Sachverhalt, der dieser Entscheidung zugrunde liegt, zeigt aber die Probleme, die bei der Anwendung des Rechtsinstituts der Vorteilsausgleichung entstehen können, auf. In seiner vorgenannten Entscheidung vom 20.12.2010 verneint der Bundesgerichtshof den Minderungsanspruch des Hauptunternehmers gegenüber seinem Nachunternehmer, weil der Auftraggeber des Hauptunternehmers die Leistung des Nachunternehmers vorbehaltlos abgenommen und (bislang) keine Mängelhaftungsansprüche gegenüber dem Hauptunternehmer geltend gemacht hatte. Der Grundsatz der Vorteilsausgleichung kann daher immer nur dann angewendet werden, wenn feststeht, dass der Hauptunternehmer wegen des Mangels der Werkleistung des Nachunternehmers durch seinen Auftraggeber nicht mehr auf Mängelhaftung in Anspruch genommen werden kann, etwa weil zwischenzeitlich Verjährung der Ansprüche eingetreten ist oder aber weil auch im Verhältnis zwischen Hauptunternehmer und dessen Auftraggeber Art und Umfang der Mängelhaftungsansprüche wegen der Mängel der Werkleistung des Nachunternehmers rechtskräftig festgestellt wurde (vgl. hierzu OLG Saarbrücken, Urt. v. 29.6.2010 – 4 U 250/05). In vielen Fällen wird es aber während des Prozesses zwischen Nach- und Hauptunternehmer noch nicht ausgeschlossen sein, dass der Auftraggeber des Hauptunternehmers – etwa wegen noch laufender Mängelhaftungsfrist – doch noch an den Hauptunternehmer wegen der mangelhaften Leistung des Nachunternehmers herantritt; in diesen Fällen kann daher eine Vorteilsausgleichung (noch) nicht stattfinden. Ob mit der Rechtsprechung des Bundesgerichtshofs (Beschl. v. 20.12.2010 – VII ZR 95/10) in Fällen, in denen feststeht, dass der Hauptunternehmer durch seinen Auftraggeber nicht mehr auf Mängelhaftung in Anspruch genommen werden kann, tatsächlich auch das Minderungsrecht des Hauptunternehmers gegenüber dem Nachunternehmer aus dem Gesichtspunkt von Treu und Glauben nicht soll geltend gemacht werden dürfen, erscheint durchaus fraglich. Denn die Leistung des Nachunternehmers gegenüber dem Hauptunternehmer ist mangelhaft und entspricht daher nicht dem vertraglich vorausgesetzten Äquivalenzverhältnis; es erscheint vertretbar, dem Hauptunternehmer seinen Minderungsanspruch zu belassen, da es durchaus fraglich ist, ihn zu verpflichten, dem Nachunternehmer die volle Vergütung zu zahlen, obwohl dieser keine mangelfreie Leistung erbracht und die volle Vergütung deshalb nicht „verdient" hat.

Zur Haftungsbefreiung in der Leistungskette → Rdn. 75 ff.   **100**

3. Mitverschulden des Bestellers

Beruhen die Fehlerhaftigkeit des Werkes oder der weitere Schaden auf einem Fehlverhalten **101** des Bestellers oder seiner Erfüllungsgehilfen, so haftet der Besteller nach allgemeinen Grundsätzen gemäß §§ 254, 278 BGB. § 254 BGB gilt zwar unmittelbar nur für die Leistung von Schadensersatz. Als Ausprägung eines allgemeinen Rechtsgedankens ist er aber nach Treu und Glauben auch auf die werkvertragliche Nachbesserung anzuwenden. Insoweit muss sich der Besteller den Umständen nach angemessen an den Mängelbeseitigungskosten beteiligen (BGH, Urt. v. 22.3.1984 – VII ZR 50/82). Die Regelung ist deshalb auch anwendbar bei Ansprüchen auf Kostenerstattung oder Vorschuss oder bei einer Minderung des Werklohns.

a) Eigenes Verschulden

Es gelten die allgemeinen Grundsätze, § 254 BGB. Der Besteller muss sich an der Mängel- **102** beseitigung beteiligen, wenn ihn selbst ebenfalls die Verantwortung an dem Mangel trifft. Nach § 254 Abs. 1 BGB hängt dann, wenn bei der Entstehung des Schadens ein Verschulden des Beschädigten mitgewirkt hat, die Verpflichtung zum Schadensersatz sowie der Umfang des zu leistenden Ersatzes von den Umständen, insbesondere davon ab, inwieweit der Schaden vorwiegend von dem einen oder dem anderen Teile verursacht worden ist. Unerheblich ist, ob der Besteller dem Unternehmer gegenüber bestehende Pflichten verletzt hat oder ob er nur gegen ihn treffende Obliegenheiten verstoßen hat (BGH, Urt. v. 27.11.2008 – VII ZR 206/06). Ein Mitverschulden im Sinne dieser Vorschrift liegt vor, wenn der Verletzte diejenige Sorgfalt außer Acht lässt, die ein ordentlicher und verständiger Mensch zur Vermeidung eigenen Schadens anzuwenden pflegt (BGH, Urteil vom 17.6.2014 – VI ZR 281/13; BGH, Urt. v. 2.10.1990 – VI ZR 14/90). Das kann aus ganz unterschiedlichen Gründen der Fall sein.

So liegt ein Eigenverschulden (vgl. die Zusammenfassung bei Engbers NZBau 2013, 618 ff.) **103** vor, wenn der Besteller trotz entsprechender Hinweise möglichen Gefährdungen nicht nachgeht (BGH, Urt. v. 10.2.2011 – VII ZR 8/10) oder die entsprechenden Erkundigungen, z. B. durch ein Bodengutachten nicht einholt. Muss sich dem Auftraggeber aufgrund eigener Kenntnis tatsächlicher Umstände aufdrängen, dass die Planung des Architekten sowie die Statik des Tragwerksplaners eine bestimmte Gefahrenlage in Kauf nehmen, verstößt der Auftraggeber regelmäßig gegen die in seinem eigenen Interesse bestehende Obliegenheit, sich selbst vor Schaden zu bewahren, wenn er die Augen vor der Gefahrenlage verschließt und das Bauvorhaben durchführt (vgl. BGH, Urteil vom 20.6.2013 – VII ZR 4/12). Ferner darf der Auftraggeber im eigenen Interesse nicht die Augen vor einem offenliegenden Problem verschließen. Dem Hinweis muss der Auftraggeber nachgehen, um seinen Obliegenheitspflichten zu genügen (vgl. BGH, Urteil vom 19.5.2011 – VII ZR 24/08: konkreter Hinweis von fachkundiger Seite, dass die Wintertauglichkeit der Bodenplatte zweifelhaft ist). Sind dem Auftraggeber Umstände bekannt, aufgrund derer sich die Fehlerhaftigkeit der Genehmigungsplanung aufdrängt und macht er von der erteilten Baugenehmigung dennoch Gebrauch, verstößt er regelmäßig gegen die im eigenen Interesse bestehende Obliegenheit, sich selbst vor Schäden zu bewahren (vgl. BGH, Urt. v. 27.11.2008 – VII ZR 206/06; BGH, Urteil vom 10.2.2011 – VII ZR 8/10; grundlegend: Leupertz BauR 2010, 1999, 2005.). Der Auftraggeber darf auch nicht die Augen davor verschließen, dass eine vom Unternehmer getroffene Annahme im Hinblick

§ 634

auf die Ausführung des technischen notwendigen Schallschutzes allem Anschein nach unzutreffend ist und darf nicht ohne Weiteres auf der Grundlage einer infolge dieser unzutreffenden Annahme fehlerhaften Annahme das Bauwerk errichten lassen. Vielmehr ist er im eigenen Interesse gehalten, eine erkennbar zweifelhafte Rechtsauffassung des Unternehmers zu überprüfen und falls notwendig, dazu Rechtsrat einzuholen. Das gilt auch, soweit ein Bauträger aufgrund seiner Sachkunde erkennen muss, dass die rechtliche Annahme letztlich dazu führen könnte, Erwerber in ihrer berechtigten Erwartungshaltung zu enttäuschen (vgl. BGH, Urt. v. 20.12.2012 – VII ZR 209/11).

104 Den Auftraggeber trifft grundsätzlich die Obliegenheit, dem Tragwerksplaner die für die mangelfreie Erstellung der Statik erforderlichen Angaben zu den Boden- und Grundwasserverhältnissen zu machen. Hat er unzutreffende Angaben gemacht und ist deshalb die Statik mangelhaft, trifft den Auftraggeber für einen daraus entstehenden Schaden eine erhebliche Mithaftung wegen Verschuldens gegen sich selbst (vgl. BGH, Urteil vom 15.5.2013 – VII ZR 257/11; BGH, Urt. v. 22.3.1984 – VII ZR 50/82). In diesen Fällen kommt auch eine arglistige Täuschung in Betracht. Hat der vom Auftraggeber beauftragte planende Architekt die unzutreffenden Angaben gemacht, muss sich der Auftraggeber dessen Verschulden gemäß §§ 254, 278 BGB zurechnen lassen.

105 Sind etwaige Gefahren aber für den ausführenden Unternehmer selber erkennbar, trifft den Besteller keine Hinweispflicht darauf und bei Realisierung dieser Gefahren auch kein Mitverschulden (vgl. BGH Urteil vom 1.10.2013 – VI ZR 409/12 für den Fall erkennbarer Brandgefahren im Zusammenhang mit Dachabdichtungsarbeiten). Ein Verschulden des Bestellers liegt aber dann vor, wenn der Unternehmer ihn auf Bedenken hingewiesen hat, dieser Hinweis jedoch nicht den Anforderungen des § 4 Abs. 3 i. V. m. § 13 Abs. 3 VOB/B entspricht. In diesem Fall wird der Unternehmer nicht von der Gewährleistung frei. Der Besteller muss sich jedoch die Kenntnis zurechnen lassen, die er durch den unzureichenden Hinweis erhalten hat. Reagiert er darauf nicht angemessen, so kommt eine Mithaftung, u. U. auch zum überwiegenden Teil in Betracht. Gleiches gilt, wenn der Besteller Hinweise von anderen Personen erhalten hat oder aus sonstigen Gründen erkennen kann, dass die Leistung des Unternehmers fehlerhaft ist, dagegen jedoch nicht vorgeht. Ein Mitverschulden kann auch darin liegen, dass der Besteller trotz erkennbarer Gefährdungslage eine unzureichende Sanierung (z. B. einer Bodenplatte) hinnimmt und auf dieser Grundlage weiterbaut (BGH, Beschl. v. 4.8.2010 – VII ZR 207/08).

106 Ist der Besteller selbst an der Herstellung des Bauwerks beteiligt, etwa als Hauptunternehmer, kann ihn Verschulden in eigener Sache treffen, das er sich gemäß § 254 Abs. 1 BGB zurechnen lassen muss, wenn er das Werk seines Nachunternehmers ungeprüft übernimmt und sein, dem Hauptbesteller abzulieferndes Werk fehlerhaft ist, weil der Nachunternehmer Fehler gemacht hat. In diesem Fall muss sich der Hauptunternehmer an dem Schaden beteiligen, der dadurch entstanden ist, dass er ungeprüft weiter gebaut hat (BGH, Urt. v. 8.5.2003 – VII ZR 205/02). Voraussetzung der Schadensbeteiligung muss aber sein, dass der Hauptunternehmer bei entsprechender Prüfung den Mangel seines Subunternehmers (leicht) hätte erkennen können.

107 Ein Mitverschulden des Bestellers kann auch darin bestehen, dass er einem Dritten, von dessen Fachkompetenz er nicht überzeugt sein konnte, eine erkennbar gefahrenträchtige Einwirkungsmöglichkeit auf eines seiner Rechtsgüter gestattet, die dann zum Schaden führt (vgl. BGH, Urt. v. 13.1.1967 – VI ZR 86/65; Urt. v. 2.7.1985 – VI ZR 68/84; Urt. v. 29.3.1988 – VI ZR 311/87). So kann ein Mitverschulden des Bestellers darin liegen, dass er einem Nichtfachmann die – später misslungene – Herstellung eines Flachdaches ohne einen Konstruktionsplan eines Architekten übertragen hat (BGH, Urt. v. 13.12.1973 – VII ZR 89/71). Nicht maßgeblich ist, ob der beauftragte Unternehmer unter Verstoß gegen das Gesetz gegen die Schwarzarbeit handelt (BGH, Urt. v. 2.10.1990 – VI ZR 14/90).

108 Ein Mitverschulden liegt regelmäßig nicht vor, wenn der Besteller dem fachkundigen Unternehmer nach der vertraglichen Vereinbarung keine Planung zur Verfügung stellen muss und dies auch nicht tut (OLG Celle, Urt. v. 21.10.2004 – 14 U 26/04). Genauso wenig führt die eigene Fachkunde des Bestellers und die Tatsache, dass er die Entstehung des Mangels aufgrund eigener Kenntnisse hätte erkennen können, zu einem Mitverschulden (vgl. OLG Frankfurt, Urteil vom 25.3.2014 – 14 U 202/12). Die Beauftragung eines Schwarzarbeiters ist allein noch nicht geeignet, ein Mitverschulden zu begründen. Fehlt dem Schwarzarbeiter erkennbar die Fachkompetenz, kann dem deliktischen Schadensersatzanspruch des Bauherrn sein Mitverschulden entgegengehalten werden (vgl. BGH, Urt. v. 2.10.1990 – VI ZR 14/90). Ein Mitverschulden des Auftraggebers kommt auch dann in Betracht, wenn er einen Unternehmer beauftragt, obwohl der wegen fehlerhafter Bauaufsicht in Anspruch genommene

Architekt auf Bedenken hinsichtlich Fachkunde oder Zuverlässigkeit hingewiesen (vgl. BGH, Urt. v. 11.3.1999 – VII ZR 465/97).

Ob es einen Verstoß gegen die Schadensminderungspflicht des Auftraggebers darstellt, wenn 109 dieser einen Baumangel erst nach vielen Jahren mit zwischenzeitlich gestiegenen Baukosten beseitigen lässt, hängt von den Umständen des Einzelfalls ab (vgl. BGH, Urt. v. 22.1.2004 – VII ZR 426/02). Ein Einsatz eigener Mittel ist dem Auftraggeber zuzumuten, wenn dies ohne Einschränkung der gewohnten Lebensführung möglich ist. Eine Kreditaufnahme ist zumutbar, wenn der Kredit leicht zu beschaffen ist und den Auftraggeber nicht erheblich belastet (vgl. OLG Stuttgart, BauR 2010, 1240, 1243). Regelmäßig kommt ein Mitverschulden nicht in Betracht, solange Art und Weise der Mängelbeseitigung ohne sein Verschulden überhaupt nicht oder jedenfalls nicht eindeutig geklärt sind. Der Besteller darf regelmäßig abwarten, bis durch ein Gutachten eines Sachverständigen die Ungewissheit über Art, Umfang und Ursache des Mangels sowie die Art und Weise der Mängelbeseitigung ausgeräumt ist (OLG Düsseldorf, BauR 2009, 277, 281; OLG Koblenz, BauR 2010, 104).

Eine Eigenhaftung des Bestellers wird nicht durch eine vertragliche Regelung ausgeschlos- 110 sen, nach der eine Haftungsbefreiung des Unternehmers nach § 13 Abs. 3 VOB/B nicht in Betracht kommt (BGH, Urt. v. 22.3.1984 – VII ZR 50/82).

Ein auf Nacherfüllung in Anspruch genommener Unternehmer darf Maßnahmen zur 111 Mängelbeseitigung nicht davon abhängig machen, dass der Besteller eine Erklärung abgibt, wonach er die Kosten der Untersuchung und weiterer Maßnahmen für den Fall übernimmt, dass der Unternehmer nicht für den Mangel verantwortlich ist (BGH, Urt. v. 2.9.2010 – VII ZR 110/09). Den Besteller trifft deshalb kein Mitverschulden an einem Wasserschaden, der auf einem Mangel beruht, den der Unternehmer nicht beseitigt hat, weil der Besteller eine entsprechende Erklärung nicht abgegeben hat.

Das Recht des Bestellers, von einem für einen Mangel verantwortlichen Unternehmer 112 Mängelbeseitigung zu fordern, wird grundsätzlich nicht dadurch eingeschränkt, dass die Verantwortlichkeit des Unternehmers bei der Inanspruchnahme noch unklar ist. Beauftragt der Besteller nach fruchtloser Mängelrüge einen Sonderfachmann mit der Untersuchung von Mangelsymptomen und findet dieser nicht die Mangelursache, so muss sich der Besteller ein Mitverschulden nicht zurechnen lassen, wenn es später zu einem Schaden kommt (BGH, Urt. v. 2.9.2010 – VII ZR 110/09).

b) Haftung gegenüber dem Unternehmer für Erfüllungsgehilfen

Der Besteller haftet für das Verschulden von Erfüllungsgehilfen nach allgemeinen Grund- 113 sätzen, § 278 BGB. In Betracht kommt der Einsatz von Gehilfen zur Erfüllung einer Verbindlichkeit. Ist das der Fall und hat ein Erfüllungsgehilfe Fehler begangen, so muss sich der Besteller ein Mitverschulden zurechnen lassen, §§ 254, 278 BGB. Wird der Beteiligte dagegen ohne eine entsprechende Verbindlichkeit im Bauvorhaben eingesetzt, muss sich der Besteller dessen Verschulden gegenüber den anderen Beteiligten in der Regel nicht zurechnen lassen. Es ist in jedem einzelnen Haftungsverhältnis zu prüfen, inwieweit der Besteller sich zur Erfüllung seiner Verbindlichkeiten aus dem Vertrag eines Erfüllungsgehilfen bedient hat.

Der Besteller muss sich aber auch das fehlerhafte Verhalten eines Gehilfen zurechnen lassen, 114 den er eingesetzt hat, um ihm obliegende Mitwirkungshandlungen vorzunehmen. Auch insoweit ist § 278 BGB anwendbar (zutreffend: BGH, Urt. v. 2.10.1969 – VII ZR 100/67; Urt. v. 15.12.1969 – VII ZR 8/68; Urt. v. 29.11.1971 – VII ZR 101/70: Zurechnung des Verschuldens eines Architekten, wenn Pflichten oder Obliegenheiten verletzt worden sind, die den Bauherrn gegenüber dem Bauunternehmer treffen, und der Architekt insoweit als Erfüllungsgehilfe des Bauherrn gehandelt hat). Das hat der Bundesgerichtshof in Abgrenzung zu anderen Entscheidungen noch einmal klar gestellt (BGH, Urt. v. 27.11.2008 – VII ZR 206/06).

aa) Planer und Sonderfachleute

Nach den von der Rechtsprechung entwickelten Grundsätzen muss sich der Besteller gegen- 115 über dem in Anspruch genommenen Unternehmer das Planungs- und Koordinierungsverschulden der von ihm eingesetzten Fachleute zurechnen lassen (BGH, Urt. v. 27.6.1985 – VII ZR 23/84; BGH, Urt. v. 13.9.2001 – VII ZR 392/; BGH, Urt. v. 16.10.2014 – VII ZR 152/12 Rn. 24 (planender Architekt); BGH, Urt. v. 12.3.2015 – VII ZR 173/13 Rn. 46 (Projektsteuerer); BGH, Urt. v. 14.7.2016 – VII ZR 193/14 Rn. 16 ff. (Planender Architekt); BGH, Urt. v. 27.9.2018 – VII ZR 45/17 (planender Architekt)). Das ist bereits dann der Fall, wenn

§ 634

der Auftraggeber dem Auftragnehmer nach den zwischen beiden getroffenen vertraglichen Vereinbarungen, wie z. B. gem. § 3 Abs. 1 VOB/B eine Planung schuldet (vgl. BGH, Urt. v. 22.3.1984 – VII ZR 50/82; vgl. Kniffka, Jahrbuch Baurecht 2001, 6 f.; Kapellmann, NZBau 2018, 338, 339). Aber auch dann, wenn die Parteien eine solche Verpflichtung nicht treffen ist, haftet der Auftraggeber für das Planungsverschulden seines Architekten, wenn die Planung anderen Baubeteiligten zur Verfügung gestellt wird, um ihre Aufgaben im Rahmen des Bauvorhabens erfüllen zu können. Denn in diesem Fall handelt es sich bei der Zurverfügungstellung der Planung um eine notwendige Mitwirkungshandlung und damit eine Obliegenheit, für deren Fehler der Auftraggeber nach §§ 254, 278 ebenfalls einzustehen hat. Hat der Besteller dem Unternehmer eine Planung vorzulegen, sind die von ihm zur Planung eingesetzten Personen seine Erfüllungsgehilfen. Das sind nicht nur der planende Architekt, sondern auch andere von ihm eingeschaltete planende Ingenieure und andere Sonderfachleute, wie z. B. der Tragwerksplaner. Der Hauptunternehmer haftet dem Nachunternehmer für Planungsfehler seines Auftraggebers, wenn diese ursächlich für den Baumangel sind. Das gilt jedenfalls dann, wenn der Hauptunternehmer sich verpflichtet hat, dem Nachunternehmer die Planung zu stellen (vgl. BGH, Urt. v. 23.10.1986 – VII ZR 267/85), muss aber auch dann gelten, wenn das Zurverfügungstellen der Planung nur als Obliegenheit des Auftraggebers eingeordnet wird (BGH, Urt. v. 2.10.1969 – VII ZR 100/67). Planungsfehler in diesem Sinne liegen auch dann vor, wenn Teilbereiche überhaupt nicht geplant worden sind und der Mangel auf die unterlassene Planung zurückzuführen ist (vgl. BGH, Urt. v. 23.10.1986 – VII ZR 267/85).

116 Diese Grundsätze gelten in gleicher Weise, wenn mehrere Mängel eines Werkes vorliegen, die einerseits auf fehlerhafter Planung beruhen, andererseits auf Ausführungsmängeln und mit der Sanierung beide Mängel beseitigt werden. Der Unternehmer schuldet die Mängelbeseitigung, jedoch muss sich der Besteller wegen der ebenfalls ursächlichen Mängel in Höhe seiner Mitverursachungsquote beteiligen (vgl. OLG Brandenburg, Urt. v. 5.7.2000 – 7 U 276/99; OLG Hamm, Urt. v. 8.6.2000 – 24 U 127/99).

117 Die Freigabe von Werkplänen des Auftragnehmers gehört nicht zu den Pflichten bzw. Obliegenheiten des Bauherrn gegenüber dem Unternehmer, sondern ist dem Bereich der Bauüberwachung des Auftraggebers zuzuordnen, so dass die unterlassene oder aber fehlerhafte Prüfung durch den Architekten oder Statiker nicht zum Mitverschulden des Auftraggebers führt (umstritten, vgl. OLG Hamm BauR 2013, 1688; i. E. ebenso Mundt BauR 2008, 599, 607; a. A. Hammacher BauR 2013, 1592 ff. und OLG Karlsruhe, Urteil vom 12.04.2016 – 8 U 174/14). Zurechnen lassen muss sich der Besteller allerdings ein schuldhaftes Verhalten des mit der Planung beauftragten Architekten gemäß § 254 Abs. 2 Satz 2, § 278 Abs. 1 BGB, wenn der Architekt zwar nicht einseitig eine Planungsänderung vorgibt, eine solche jedoch auf sein Betreiben hin einvernehmlich zwischen Besteller und Unternehmer vereinbart wird und der Architekt hinsichtlich dieser Änderung die Planungsverantwortung übernimmt. In einem solchen Fall kommt es nicht darauf an, ob der Unternehmer einen Änderungsvorschlag unterbreitet hat (vgl. BGH, Urteil vom 16.10.2014 – VII ZR 152/12).

118 Hat der Besteller die Koordinierung des Bauvorhabens vorzunehmen, muss er sich die Fehler seines insoweit eingesetzten Personals und natürlich auch seine eigenen Fehler ebenfalls zurechnen lassen. Zur Koordinierung gehört die Verpflichtung, die für den reibungslosen Bauablauf notwendigen Entscheidungen zu treffen, auch die Abstimmung der Leistungen der einzelnen Unternehmer während der Bauausführung (BGH, Urt. v. 2.10.1969 – VII ZR 100/67; zur Koordinierungspflicht des Bauträgers bei Sonderwünschen vgl. OLG Hamm, Urt. v. 19.9.2006 – 21 U 44/06). Eine Verletzung der Koordinierungspflicht des Architekten ist aber nicht schon dann gegeben, wenn der Architekt infolge Fahrlässigkeit Mängel des Vorgewerks nicht bemerkt hat (Bauaufsicht). Vielmehr liegt sie regelmäßig erst dann vor, wenn die Pflichtverletzung ihrem Wesen nach einem Planungsfehler nahe kommt (BGH, Urt. v. 29.11.1971 – VII ZR 101/70). Ein Mitverschulden kommt in Betracht, wenn der Besteller bauen lässt, ohne die Prüfstatik abzuwarten. Zwar liegt dessen Einschaltung allein im öffentlichen Interesse und kann grundsätzlich nicht den Unternehmer wegen der Fehler der Statik entlasten (OLG Hamm, Urt. v. 28.11.1991 – 21 U 33/91; OLG Düsseldorf, Urt. v. 24.3.2000 – 22 U 180/99; Revision nicht angenommen, BGH, Beschl. v. 13.9.2001 – VII ZR 170/00), so dass der auf Mängelbeseitigung gerichtete Anspruch nicht zu kürzen ist. Andererseits verstößt der Besteller gegen eigene Obliegenheiten, so dass ein Mitverschulden wegen der in eigener Sache anzuwendenden Sorgfalt nicht ausgeschlossen scheint, wenn es wegen Fehlern der Statik zu Folgeschäden kommt, die vermieden worden wären, wenn die Prüfstatik abgewartet worden wäre. Ist ein Fehler des Vorgewerkes auch auf falsche oder unterbliebene Planung zurückzuführen, haftet der Besteller ebenfalls mit. Er muss sich das Planungsverschulden seines Architekten anrechnen lassen (BGH, Urt. v. 22.3.1984 – VII ZR 50/82).

Der Besteller muss sich das Verschulden seines Planers nicht nur im Verhältnis zum Unternehmer, sondern auch im Verhältnis zu anderen Baubeteiligten zurechnen lassen, wenn er den Planer zur Erfüllung einer Verbindlichkeit oder einer Mitwirkungsobliegenheit eingesetzt hat. Vgl. hierzu ausführlich → Rdn. 197.

bb) Bauleiter des Bestellers

Der Besteller muss sich das Aufsichtsverschulden der von ihm eingesetzten Bauleitung nicht zurechnen lassen. Denn der Besteller schuldet dem Unternehmer zwar gegebenenfalls eine ausführungsreife Planung, nicht jedoch die Bauaufsicht (BGH, Urt. v. 4.6.1973 – VII ZR 112/71; Urt. v. 15.3.1971 – VII ZR 153/69; Urt. v. 29.11.1971 – VII ZR 101/70; Urt. v. 6.5.1982 – VII ZR 172/81; BGH, Urt. v. 18.04.2002 – VII ZR 70/01; OLG München, Urteil vom 23.6.2009 – 13 U 5313/08; a.A. Hammacher, BauR 2013, 1592). Auch kann die Bauaufsicht in eigenem Interesse regelmäßig nicht als Mitwirkungshandlung eingeordnet werden, die zur Herstellung des Bauwerks erforderlich ist. Das gilt auch hinsichtlich der Bauaufsicht gegenüber einem Vorunternehmer.

Nicht von diesem allgemeinen Grundsatz erfasst sind die Fälle, in denen der Bauleiter mit ausreichender Vollmacht Planungsanordnungen erteilt, die sich als fehlerhaft erweisen und die Ursache für den Mangel des Bauwerks sind. In diesen Fällen haftet der Besteller wie für den planenden Architekten gemäß § 278 BGB. Zur Bedenkenhinweispflicht des Unternehmers in diesen Fällen vgl. aber → Rdn. 52 ff.

cc) Baustofflieferant

Ein Verschulden des Baustofflieferanten muss sich der Unternehmer nach einer gefestigt erscheinenden Rechtsprechung des Bundesgerichtshofes grundsätzlich nicht zurechnen lassen (BGH, Urt. v. 22.2.1962 – VII ZR 205/60; Urt. v. 9.2.1978 – VII ZR 84/77; Urt. v. 12.12.2001 – X ZR 192/00). Anders ist das, wenn der Lieferant als Hilfsperson in die werkvertraglichen Pflichten, z.B. bei der Beratung, einbezogen worden ist (OLG Celle, Urt. v. 29.3.1995 – 6 U 94/94). Die Rechtsprechung des Bundesgerichtshofs ist nicht zwingend. Muss der Bauherr dem Unternehmer Baustoffe beistellen, so ist das eine Mitwirkungshandlung zu deren Erfüllung er sich des Baustofflieferanten bedient. Im Hinblick darauf, dass hinsichtlich der Erfüllungsgehilfen bei Mitwirkungen eine Zurechnung nach § 278 BGB stattfindet, könnte deshalb auch daran gedacht werden, das Verschulden des Baustofflieferanten dem Besteller zuzurechnen.

dd) Vorunternehmer

Das vom Unternehmer zu erbringende Werk ist auch dann fehlerhaft, wenn an ihm ein Mangel aufgetreten ist, der auf die Beschaffenheit der Vorleistung eines anderen Unternehmers zurückzuführen ist (BGH, Urt. v. 8.11.2007 – VII ZR 183/05; Urt. v. 16.5.1974 – VII ZR 214/72; Urt. v. 23.10.1986 – VII ZR 267/85). Der Unternehmer kann der Erfolgshaftung nur entgehen, wenn er seine Bedenkenhinweispflicht erfüllt hat (vgl. hierzu ausführlich → Rdn. 33 ff.). Wird der Unternehmer in Anspruch genommen, kann er nach der bisherigen Rechtsprechung des Bundesgerichtshofs das Verschulden des Vorunternehmers im Regelfall nicht haftungsmindernd geltend machen. Der Vorunternehmer ist nach der ständigen Rechtsprechung des Bundesgerichtshofs kein Erfüllungsgehilfe des Bestellers im Verhältnis zum Unternehmer (BGH, Urt. v. 1.7.1971 – VII ZR 224/69; Urt. v. 29.11.1971 – VII ZR 101/70). Etwas anderes gilt, wenn der Besteller gegenüber dem Unternehmer die Verpflichtung zur mangelfreien Vorunternehmerleistung als vertragliche Schuld übernommen hat (BGH, Urt. v. 27.6.1985 – VII ZR 23/84; Urt. v. 21.10.1999 – VII ZR 185/98). Dafür bedarf es aber besonderer Anhaltspunkte. Allein der Umstand, dass Vorunternehmerleistungen erbracht werden müssen, um die Unternehmerleistung zu ermöglichen, begründet keine entsprechende Verpflichtung. Deshalb hat der Bundesgerichtshof es bisher abgelehnt, ein Mitverschulden des Bestellers an der Entstehung eines Mangels, das dem Vorunternehmer zur Last fällt, anzunehmen (BGH, Urt. v. 27.6.1985 – VII ZR 23/84). Zu bedenken ist allerdings, dass nach der Entscheidung des Bundesgerichtshofs vom 21.10.1999 (VII ZR 185/98) der Besteller dem Unternehmer ein zur Bebauung bereites Grundstück zur Verfügung stellen muss. Im Glasfassadenurteil vom 27.11.2008 – VII ZR 206/06 – hat der Bundesgerichtshof mit durchaus verallgemeinerungsfähigen Erwägungen zumindest eine Obliegenheit des Bestellers bejaht, dem lediglich bauauf-

§ 634

sichtsführenden Architekten mangelfreie Pläne zur Verfügung zu stellen. Er hat dem Besteller, der den bauaufsichtsführenden Architekten wegen eines übersehenen Planungsmangels auf Schadensersatz in Anspruch nahm, das Verschulden des von ihm eingesetzten Planers gemäß §§ 254, 278 BGB anspruchsmindernd zugerechnet. Ob die dort angestellten Erwägungen auch auf die sog. Vorunternehmerfälle zu übertragen sind und ob der Besteller sich deshalb künftig die mangelhafte Leistung des von ihm eingesetzten Vorunternehmers anspruchsmindernd zurechnen lassen muss, hängt davon ab, ob der Bundesgerichtshof, der die Bereitstellung einer mangelfreien Vorunternehmerleistung jedenfalls seit dem Urt. v. 21.10.1999 – VII ZR 185/98 – als Obliegenheit auch im Sinne von § 642 BGB ansieht, die Bereitstellung dieser Vorunternehmerleistung – wie die Pflicht zur Bereitstellung der Baupläne – als eine Obliegenheit ansieht, an deren Erfüllung auch der Unternehmer ein rechtlich schützenswertes Interesse hat (so im Ergebnis Leupertz, BauR 2010, 1999, 2008 und Boldt, NZBau 2009, 494, 495). Gegen eine Zurechnung könnte sprechen, dass eine ordnungsgemäße Vorunternehmerleistung – anders als die auch den Besteller zur Verfügung gestellte Planung – nicht zielgerichtet Schlechtleistungen der Nachfolgeunternehmer vermeiden soll (Gartz, BauR 2010, 703, 708). Allerdings sind die Nachfolgeunternehmer regelmäßig auf die Qualität der Vorunternehmerleistung angewiesen und müssen sich auf diese verlassen können (so auch Sohn/Holtmann, BauR 2010, 1480, 1483). Nicht richtig ist, dass die Prüf- und Hinweispflichten weitgehend entwertet würden (vgl. aber Gartz, BauR 2010, 703, 709; Liebheit, IBR 2010, 604). Denn die Prüfungs- und Hinweispflicht des Unternehmers bleibt bestehen und kann – wenn der Unternehmer ihr in gebotener Weise nachkommt – zum vollständigen Haftungsausschluss des Unternehmers führen. Die Frage des Mitverschuldens wegen Verletzung der Obliegenheit zur Lieferung einer mangelfreien Vorunternehmerleistung stellt sich daher nur dann, wenn der Unternehmer seiner Prüfungs- und Hinweispflicht nicht nachgekommen ist (so auch Weyer, IBR 2010, 603; anders Vogel → § 642 BGB Rdn. 21). Ein Mitverschulden des Bestellers aufgrund eines Mangels des Vorunternehmers soll nach dem OLG Dresden aber jedenfalls dann ausgeschlossen sein, wenn der Mangel für den Nachfolgeunternehmer offenkundig war (vgl. OLG Dresden, Urteil vom 13.05.2014 – 9 U 1800/13).

ee) Nachfolgeunternehmer

124 Der Unternehmer kann eine Mitverantwortung des Bestellers grundsätzlich nicht darauf gründen, dass der nachfolgende Unternehmer seine Prüfungspflicht verletzt hat und deshalb den Mangel seines Gewerkes nicht bemerkt hat. Denn der nachfolgende Unternehmer ist im Verhältnis zwischen Besteller und Unternehmer nicht Erfüllungsgehilfe (BGH, Urt. v. 1.7.1971 – VII ZR 224/69) So ist etwa ein Verstoß des Nachfolgeunternehmers (hier: des Fliesenlegers) gegen seine Prüfungs- und Hinweispflicht bezüglich des Vorgewerks (hier: der Vorschalenbeplankung) dem Bauherrn nicht als Mitverschulden anzurechnen. Denn der nachfolgende Unternehmer ist im Verhältnis zum ersten Handwerker kein Erfüllungsgehilfe des Bauherrn(vgl. OLG Celle, Urteil vom 02.12.2015 – 7 U 75/15). Eine Verantwortung kann den Besteller aus eigenem Verschulden treffen, wenn er den Mangel des Werkes entdeckt hat oder vor ihm die Augen verschließt (BGH, Urt. v. 10.2.2011 – VII ZR 8/10) und gleichwohl hat weiterbauen lassen oder wenn ihn ein Koordinierungsverschulden trifft.

ff) Anteil der Mithaftung gegenüber Unternehmern

125 Der Anteil der Mithaftung des Bestellers gegenüber einem Unternehmer bestimmt sich nach dem jeweils zu gewichtenden Verursachungsbeitrag des Unternehmers und des Bestellers bzw. seines Erfüllungsgehilfen. In Höhe seines Verursachungsanteils muss sich der Besteller an den Nachbesserungskosten beteiligen. Auch die nicht auf Nachbesserung gerichteten Ansprüche werden in diesem Umfang gequotelt.

126 Haftet der Unternehmer quotenmäßig wegen eines Mangels, der auf einem Planungsfehler beruht, weil er den gebotenen Hinweis unterlassen hat, so kommt es ebenfalls auf den Einzelfall an. Die beiderseitigen Verantwortungsbeiträge sind gegeneinander abzuwägen. Der Verantwortungsbeitrag des Unternehmers, der auf Bedenken nicht hingewiesen hat, darf nicht bagatellisiert werden. Denn bei Erfüllung der Bedenkenhinweispflicht wäre es zu dem Mangel nicht gekommen. Darauf hat der Bundesgerichtshof bereits im Urteil vom 11.10.1990 (VII ZR 228/89) hingewiesen (vgl. auch BGH, Urt. v. 4.6.1973 – VII ZR 112/71), womit ältere Entscheidung, die eine einseitige Haftungsverteilung gebilligt haben, überholt sein dürften (vgl. BGH, Urt. v. 19.12.1968 – VII ZR 23/66; Urt. v. 18.1.1973 – VII ZR 88/70; Urt. v. 10.4.1975 – VII ZR 183/74; Urt. v. 10.11.1977 – VII ZR 252/75). Diese Entscheidungen waren schon deshalb wenig angemessen, weil der Unternehmer auf diese Weise letztlich aus

Rechte des Bestellers bei Mängeln   §634

der Verantwortung genommen wurde, obwohl er die Bedenkenhinweispflicht nicht erfüllt hat. Es ist deshalb in aller Regel nicht gerechtfertigt, die Verantwortung des Unternehmers ganz hinter derjenigen des Bestellers zurücktreten zu lassen (vgl. BGH, Urt. v. 24.2.2005 – VII ZR 328/03). Es kommt aber immer auf den Einzelfall an (vgl. OLG Braunschweig, Urt. v. 25.5.1990 – 2 U 52/90; OLG Hamm, Urt. v. 17.6.1992 – 26 U 69/91; OLG Hamm, Urt. v. 5.2.1991 – 21 U 111/90; OLG Stuttgart, Urt. v. 26.2.1992 – 3 U 82/91; OLG Düsseldorf, Urt. v. 23.11.1993 – 21 U 78/93; unrichtig OLG Koblenz, Urt. v. 27.4.2004 – 3 U 625/03). Beruht der Mangel darauf, dass der Unternehmer seiner Hinweispflicht gegenüber einer fehlerhaften Planung nicht nachgekommen ist, obwohl er die Fehlerhaftigkeit der Planung positiv erkannt und die Mängel deshalb sicher vorausgesehen hat, tritt das Verschulden des Architekten, das sich der Besteller zurechnen lassen muss, grundsätzlich hinter das Verschulden des Unternehmers ganz zurück. Der Unternehmer haftet dann voll (BGH, Urt. v. 18.1.1973 – VII ZR 88/70; Urt. v. 11.10.1990 – VII ZR 228/89; OLG Hamm, Urt. v. 30.3.1995 – 17 U 205/93; OLG Köln, Urt. v. 14.6.1995 – 13 U 2/93). Das kann auch gelten, wenn sich der Fehler des Architekten geradezu aufdrängt (OLG Bamberg, Urt. v. 10.6.2002 – 4 U 179/01). Eine anteilige Haftung des Unternehmers kann jedoch zu bejahen sein, wenn auch der Besteller sich über Bedenken, die ihm hätten kommen müssen, z.B. aus Kostengründen hinweggesetzt hat (BGH, Urt. v. 22.3.1984 – VII ZR 50/82) oder allgemein, wenn das Planungsverschulden so schwer wiegt, dass man es nicht hinnehmbar ist, den Besteller ganz zu entlasten. In Ausnahmefällen kann der Verantwortungsbeitrag des Unternehmers ganz zurücktreten, etwa wenn der Fehler des Architekten oder Sonderplanungsfachmanns oder die Verletzung der Koordinationspflicht des Bestellers sehr schwerwiegend ist, das Verschulden des Unternehmers jedoch gering (vgl. OLG Brandenburg, Urt. v. 20.3.2003 – 12 U 14/02).

Es ist zwar grundsätzlich nicht Aufgabe des Vorunternehmers, auf eine hinreichende Ko- **127** ordinierung der nachfolgenden Arbeiten hinzuwirken. Der Vorunternehmer muss allerdings auf die Beschaffenheit der eigenen Leistung hinweisen, wenn erkennbar die Gefahr besteht, dass der Nachfolgeunternehmer auch bei Anwendung der anerkannten Regeln der Technik nicht erkennen kann, ob die Vorleistung für ihn eine geeignete Arbeitsgrundlage ist. Unterlässt er diesen Hinweis, haftet er (anteilig) für einen dadurch entstehenden Baumangel (vgl. OLG München, Urteil vom 17.7.2012 – 3 U 658/11).

Hat der Unternehmer gegen den für die Entstehung des Mangels mitverantwortlichen Be- **128** steller Anspruch auf Zahlung eines Zuschusses zur Mängelbeseitigung nach den vorstehenden Grundsätzen, richtet sich dessen Höhe grundsätzlich nach den im Rahmen der Erforderlichkeit im Zeitpunkt der Ausführung bei dem Unternehmer tatsächlich angefallenen (Selbst-) Kosten der Mängelbeseitigung und nicht nach einer angemessenen und ortsüblichen Vergütung, wie sie ein Unternehmer zum Zeitpunkt der Neuausführung auf dem Markt realisieren könnte (vgl. BGH, Urt. v. 27.5.2010 – VII ZR 182/09). Hat der Unternehmer allerdings die Mängelbeseitigung verzögert und dadurch die Mängelbeseitigungskosten verteuert, so sind – auch wenn das im Urteil vom 27.5.2010 – VII ZR 182/09 nicht klar zum Ausdruck kommt – diejenigen Kosten maßgebend, die sich ohne die Verzögerung ergeben hätten. Denn eine Verzögerung der Mängelbeseitigung kann nicht zu Lasten des Bestellers gehen (vgl. BGH, Urt. v. 6.11.1986 – VII ZR 97/85).

c) Anteil der Mithaftung gegenüber anderen Baubeteiligten

Auch sonst bestimmt sich der Anteil der Mithaftung nach den beiderseitigen Verursachungs- **129** beiträgen. Insoweit hat sich lange festgesetzt, dass derjenige in geringerem Umfang hafte, der nicht die primäre Schadensursache gesetzt habe. Die Haftung des Bauleiters gegenüber der Haftung des Architekten wurde für den Fall des Gesamtschuldnerausgleichs sogar grundsätzlich deshalb als ausgeschlossen angesehen, weil der Planer die primäre Ursache für einen Baumangel gesetzt habe und der Bauleiter den Planungsmangel lediglich nicht erkannt habe (BGH, Urt. v. 1.2.1965 – GSZ 1/64; OLG Frankfurt, Urt. v. 4.2.2004 – 1 U 52/03). Dem ist der Bundesgerichtshof deutlich entgegengetreten. Der Verursachungsbeitrag des bauaufsichtsführenden Architekten an dem Bauwerkschaden muss unter Berücksichtigung seiner besonderen Aufgabestellung gewichtet werden. Bei der Abwägung der Verursachungsbeiträge darf der Anteil des bauaufsichtsführenden Architekten nicht vernachlässigt werden. Mit seinem Fehler setzt er auch eine gewichtige Ursache für den Baumangel. Ein vollständiges Zurücktreten seiner Haftung kommt nur in seltenen Ausnahmefällen in Betracht (BGH, Urt. v. 27.11.2008 – VII ZR 206/06).

§ 634

4. Sicherstellung des Unternehmers

a) Vorprozessuale Sicherheit

130   Der Besteller kann nach diesen Grundsätzen verpflichtet sein, gegenüber dem Unternehmer den Anteil an der Mängelhaftung zu übernehmen, der durch die Sowieso-Kosten entstanden ist, den Anteil, der ihm als Gebrauchsvorteil zugeflossen ist oder den er als Vorteil durch die Mängelbeseitigung erlangt und den Anteil, den er aufgrund seines Mitverschuldens oder das seiner Erfüllungsgehilfen zu tragen hat.

131   Hat der Unternehmer die Mängelbeseitigung auf eigene Kosten vorgenommen, steht ihm in Höhe der Beteiligungspflicht des Bestellers ein Erstattungsanspruch zu. Er kann den Zuschuss also auch nachträglich einfordern (BGH, Urt. v. 22.3.1984 – VII ZR 50/82).

132   Macht der Besteller gegen den Unternehmer auf Geld gerichtete Mängelhaftungsansprüche geltend, werden seine Zuschussanteile abgezogen.

133   Verfolgt der Besteller den Nacherfüllungsanspruch, kann es dem Unternehmer nicht zugemutet werden, ohne Absicherung wegen dieses Kostenanteils in die Vorleistung zu gehen. Der Besteller, muss vorprozessual eine Sicherheit stellen (BGH, Urt. v. 22.3.1984 – VII ZR 50/82), wenn der Unternehmer das verlangt und den voraussichtlichen Instandsetzungsaufwand, die darin enthaltenen Sowieso-Kosten, den Gebrauchsvorteil oder sonstigen Vorteil und die gemachte geltend gemachte Mitverursachungsquote substantiiert und auf Verlangen sachverständig untermauert, darlegt.

134   Verweigert der der Besteller unter diesen Voraussetzungen die Sicherheitsleistung, muss der Unternehmer nicht nachbessern (schon BGH, Urt. v. 23.9.1976 – VII ZR 14/75). Gleiches gilt, wenn der Besteller eine deutlich zu geringe Sicherheit leistet, nicht aber, wenn die Sicherheit nur geringfügig unter der nachgewiesenen Anforderung des Unternehmers bleibt.

135   Darf der Unternehmer die Mängelbeseitigung nach den vorstehenden Ausführungen verweigern und lässt der Besteller den Mangel selbst beseitigen, verliert er jeden Kostenerstattungsanspruch (BGH, Urt. v. 22.3.1984 – VII ZR 50/82).

136   Leistet der Besteller die Sicherheit, muss der Unternehmer die Nachbesserung vornehmen. Nach ordnungsgemäßer Erfüllung kann er Zahlung verlangen und bei Weigerung auf die Sicherheit zurückgreifen. Die Sicherheit kann auch durch eine vertrauenswürdige Bürgschaft erbracht werden (BGH, Urt. v. 22.3.1984 – VII ZR 50/82).

137   Kommt der Unternehmer der Aufforderung, den Zuschuss zu substantiieren nicht nach, so verweigert er die Nacherfüllung unberechtigt. Der Besteller kann dann ohne weitere Fristsetzung auf Kosten des Unternehmers zur Fremdnachbesserung übergehen. Das gilt auch, wenn der Unternehmer Zahlung eines Zuschusses oder ein entsprechendes Anerkenntnis verlangt (BGH, a. a. O.).

138   Der Unternehmer hat keinen Anspruch darauf, dass er vor der Nacherfüllung den Zuschuss ausgezahlt bekommt. Eine derartige Zahlungspflicht des Bestellers ist nicht interessengerecht, weil er damit Gefahr läuft, dass der Unternehmer gleichwohl nicht nachbessert und außerdem das dem Besteller zustehende Leistungsverweigerungsrecht entwertet würde (BGH, Urt. v. 22.3.1984 – VII ZR 50/82).

139   Der Unternehmer ist auch nicht berechtigt, von dem Besteller ein betrags- oder quotenmäßiges Anerkenntnis seiner Beteiligungspflicht zu verlangen. Eine Festlegung verbietet sich schon deshalb, weil der Umfang der Beteiligung endgültig erst nach der Mängelbeseitigung feststehen dürfte.

b) Prozessuale Sicherungsmechanismen

aa) Verurteilung des Unternehmers zur Mängelbeseitigung

140   Der Mängelbeseitigungsanspruch des Bestellers wird Zug um Zug gegen Zahlung des Zuschusses ausgeurteilt (BGH, Urt. v. 22.3.1984 – VII ZR 286/82). Diese Verurteilung führt nicht dazu, dass der Besteller vor der Mängelbeseitigung den Zuschuss zahlen muss. Vielmehr muss er den Zuschuss lediglich zur Zahlung anbieten. Erklärt sich der Unternehmer nunmehr zur Mängelbeseitigung bereit, muss der Besteller den Betrag sicherstellen, so wie es auch ohne eine entsprechende Verurteilung geschehen müsste.

141   Ist der Unternehmer zur Nacherfüllung nicht bereit, kann der Besteller das Urteil vollstrecken. Die Vollstreckung erfolgt nach § 887 ZPO, indem er sich zur Selbstvornahme ermäch-

tigen lässt und ein Vorschuss auf die voraussichtlichen Mängelbeseitigungskosten ausgeurteilt wird. Beim Vorschuss wird der Zuschussbetrag dann abgezogen (BGH, a. a. O.).

bb) Verurteilung des Bestellers zur Werklohnzahlung

Klagt der Unternehmer seinen Werklohn ein und macht der Besteller ein Leistungsverweigerungsrecht wegen zu beseitigender Mängel geltend, erfolgt eine doppelte Zug um Zug Verurteilung, wenn der Besteller zuschusspflichtig ist (BGH, a. a. O.). Der Besteller wird also verurteilt, den noch geschuldeten Werklohn zu zahlen, Zug um Zug gegen Mängelbeseitigung, diese wiederum Zug um Zug gegen Zuschusszahlung. 142

Diese doppelte Zug um Zug Verurteilung ist auf den ersten Blick verwirrend. Allein sie vermag aber sicherzustellen, dass der Unternehmer nach Durchführung der Nachbesserung tatsächlich in den Genuss des Zuschusses gelangt. Andernfalls trüge er insoweit das Risiko späterer Zahlungsunfähigkeit des Bestellers. 143

Bedeutung hat diese Verurteilung für die Vollstreckung des Zahlungstitels. Der Unternehmer soll nicht Zahlung verlangen können, ohne nachgebessert zu haben. Er soll aber auch nicht nachbessern müssen, ohne sicher sein zu können, den Zuschuss zu erhalten. Will der Unternehmer vollstrecken, muss er den Besteller auffordern, den Zuschuss zu seinen Gunsten zu hinterlegen. Hinterlegt der Besteller nicht, kann der Unternehmer ohne weiteres vollstrecken, ohne nachgebessert haben zu müssen. 144

Hinterlegt der Besteller den Zuschuss, muss der Unternehmer den Mangel beseitigen. Danach kann er den Zahlungstitel vollstrecken. 145

Hat Besteller den Zuschuss hinterlegt und beseitigt der Unternehmer den Mangel nicht, kann der Besteller nach angemessener Zeit Freigabe des Zuschusses verlangen (BGH, a. a. O.). 146

II. Gesamtschuldnerausgleich

Der Gesamtschuldnerausgleich ist im Baurecht von erheblicher Bedeutung. Bauen ist das Zusammenwirken vieler Baubeteiligter mit dem gemeinsamen Ziel, ein Bauwerk funktionstauglich und zweckgerecht nach den vorgegebenen Verträgen entstehen zu lassen. Nur dieses koordinierte Zusammenwirken von Bestellern, Planern, Sonderfachleuten, Gutachtern, Bauunternehmern, Fachunternehmen und Bauleitern ermöglicht erfolgreiches Bauen. Fehler eines Baubeteiligten wirken sich häufig auf andere Beteiligte aus. Gutachterfehler führen zu Planfehlern. Planfehler führen zu Baufehlern. Aufsichtsfehler verhindern das Entdecken von Plan- und Baufehlern. Baufehler von vorleistenden Unternehmern führen zu Mängeln des nachfolgenden Gewerkes. Jeden der Baubeteiligten trifft eine eigene Verantwortung für Fehler seiner Leistung, häufig aufgrund der Erfolgshaftung des Werkvertragsrechts unabhängig von einem Verschulden. Die Folge ist, dass mehrere Baubeteiligte dem Besteller dafür einzustehen haben, dass Mängel des Bauwerks beseitigt werden oder jedenfalls dem Besteller die Mängelbeseitigungskosten zu ersetzen sind und Schadensersatz für die Folgen von Mängeln zu leisten ist. Liegen die Voraussetzungen für eine Gesamtschuld vor, haften mehrere Baubeteiligte als Gesamtschuldner. 147

1. Gesamtschuld

Voraussetzung für den Innenausgleich ist, dass zwischen den Mangelverursachern ein Gesamtschuldverhältnis besteht. Ein Gesamtschuldverhältnis wird angenommen, wenn die Verpflichtungen der jeweiligen Schuldner nach der maßgeblichen Interessenlage des Gläubigers grundsätzlich inhaltsgleich sind. Das ist in der Regel dann anzunehmen, wenn die Schuld demselben Zweck dient, wenn also jeder der Schuldner auf seine Art für die Beseitigung desselben Schadens einzustehen hat, den der Besteller dadurch erleidet, dass jeder von ihnen seine vertraglich geschuldeten Pflichten mangelhaft erfüllt hat (BGH, Urt. v. 19.12.1968 – VII ZR 23/66). Die Rechtsprechung hat die Voraussetzungen für eine Gesamtschuld zweckorientiert gefasst. Danach ist es gerechtfertigt, eine Gesamtschuld anzunehmen, wenn und weil die Baubeteiligten als Zweckgemeinschaft zusammenwirken (BGH, Urt. v. 19.12.1968 – VII ZR 23/66). Spätere, davon abweichende Formulierungen, die auf die Gleichstufigkeit der Verbindlichkeit abstellen (vgl. Thode/Wirth/Kuffer-Vorwerk, Praxishdb. ArchitektenR, § 20 Rdn. 5), sind keine Abkehr von diesem Leitbild der Gesamtschuld für Verbindlichkeiten aus Verträgen über die Errichtung und Planung von Bauwerken. Wegen der weiten Definition der Gesamt- 148 schuld, die nicht darauf abstellt, ob die Verpflichtungen gleichartig sind, ist die Gesamtschuld in den Fällen mehrerer Mängelverantwortlicher verbreitet.

a) Gesamtschuldverhältnisse im Baurecht

149 Nach dieser Maßgabe besteht ein Gesamtschuldverhältnis zwischen dem Bauunternehmer und dem bauleitenden Architekten (BGH, Beschl. v. 1.2.1965 – GSZ 1/64), wenn dieser seine Herstellungspflichten und jener seine Aufsichtspflichten verletzt und diese Pflichtverletzungen zu einem Mangel des Bauwerks führen. Die zwischen dem bauüberwachenden Architekten und dem ausführenden Unternehmer bestehende Gesamtschuld wurde durch den Gesetzgeber mit § 650t BGB in der Fassung ab dem 01.01.2018 besonders geregelt. Nach dieser Vorschrift erlangt der Architekt gegenüber dem Anspruch des Bestellers wegen eines Mangels am Gebäude ein Leistungsverweigerungsrecht, wenn auch der ausführende Bauunternehmer für den Mangel haftet und der Besteller dem bauausführenden Unternehmer noch nicht erfolglos eine angemessene Frist zur Nacherfüllung bestimmt hat vgl. unten → Rdn. 181 und → § 650t BGB Rdn. 1 ff. Neben dem bauüberwachendem Architekten und dem Bauunternehmer besteht ein Gesamtschuldverhältnis auch zwischen dem planenden und dem bauleitenden Architekten (BGH, Urt. v. 29.9.1988 – VII ZR 182/87).

150 Zwischen Architekt und Unternehmer besteht ein Gesamtschuldverhältnis, wenn sie beide wegen desselben Mangels haften. Das gilt für alle Fallmöglichkeiten, in denen Architekt und Bauunternehmer wechselseitig zu Nacherfüllung, Minderung oder Schadensersatz wegen Nichterfüllung verpflichtet sind. Ein Gesamtschuldverhältnis liegt auch dann vor, wenn der eine (Architekt) auf Zahlung und der andere (Unternehmer) im Wege des Rücktritts in Anspruch genommen wird. Auch der Rücktritt ist ein durch den Mangel bedingtes Gestaltungsrecht. Das Interesse dessen, der dem Rücktritt des Bestellers ausgesetzt ist, gebietet es, ihm hinsichtlich des durch den Rücktritt eintretenden Verlustes einen Ausgleichsanspruch zu geben, sofern und soweit der Rücktritt auch den Mitschuldner von seinen Verpflichtungen gegenüber dem Besteller befreit. Die Ausgleichspflicht im Verhältnis zwischen dem Architekten und dem Bauunternehmer kann nicht davon abhängig sein, welche Rechte aus § 634 BGB oder den entsprechenden Bestimmungen der VOB/B der Besteller gegen den Bauunternehmer geltend gemacht hat. Wenn also beide wegen eines Mangels am Bauwerk dem Besteller haften und die Leistung des einen dem anderen wenigstens teilweise zugutekommen kann, dann sind sie insoweit Gesamtschuldner. In Bezug auf die Erfüllung dieser Verbindlichkeit besteht zwischen ihnen eine rechtliche Zweckgemeinschaft. Der Zweck dieser Gemeinschaft ist, dass Architekt und Bauunternehmer jeder auf seine Art für die Beseitigung desselben Mangels einzustehen haben, den der Besteller dadurch erlitten hat, dass jeder von ihnen seine vertraglich geschuldeten Pflichten mangelhaft erfüllt hat (so schon BGH, Urt. v. 19.12.1968 – VII ZR 23/66 zur damaligen Rechtslage). Die Gesamtschuld ist allerdings begrenzt auf die Höhe, mit der beide haften. Da sich der Besteller das Planungsverschulden des Architekten gegenüber anderen Beteiligten nach den Grundsätzen, die der Bundesgerichtshof im Urteil vom 27.11.2008 (VII ZR 206/06, siehe auch BGH, Urt. v. 8.11.2007 – VII ZR 183/05) entwickelt hat, in der Regel anrechnen lassen muss, ist deren Haftungsanteil von vornherein verkürzt. Nimmt der Besteller den Architekten auf Schadensersatz und den Unternehmer auf Vorschuss in Anspruch wegen eines Mangels, der auf einem Planungsfehler und dessen Umsetzung durch den Unternehmer beruht, obwohl dieser den Planungsmangel erkennen konnte, haften beide als Gesamtschuldner im Umfang der gemeinsamen Quote. Sind die Mängelbeseitigungskosten z.B. 50.000 Euro und beträgt die dem Unternehmer zur Last fallende Quote 40 %, sind Architekt und Unternehmer Gesamtschuldner in Höhe von 20.000 Euro ungeachtet des Umstands, dass der eine Schadensersatz, der andere Vorschuss zu zahlen hat (vgl. BGH, Urt. v. 7.3.2002 – VII ZR 1/00).

b) Gesamtschuld mehrerer Unternehmer

151 Gesamtschuld ist auch möglich, wenn mehrere Unternehmer einen Baumangel verursacht haben. Ein Gesamtschuldverhältnis liegt allerdings nicht vor, wenn sich die Leistungen und auch Nacherfüllungsleistungen nicht überschneiden (BGH, Urt. v. 16.5.1974 – VII ZR 35/72).

152 Eine Gesamtschuld liegt aber vor, wenn Unternehmer sich vertraglich gesamtschuldnerisch zu derselben Leistung verpflichtet haben. Eine Gesamtschuld kommt auch in Betracht, wenn mehrere Bauunternehmer sich nicht vertraglich zu derselben Leistung verpflichtet haben, sondern unabhängig voneinander wegen eines Mangels die gleiche Nacherfüllungsleistung oder anderweitige Gewährleistung wie Kostenerstattung oder Schadensersatz schulden. Das ist angenommen, wenn unabhängig voneinander der vor- und der nachleistende Unternehmer (Rohbauer und Putzer) Mängel produzieren, die nur auf eine Weise beseitigt werden können (BGH, Urt. v. 26.6.2003 – VII ZR 126/02). Ein ähnlicher Fall liegt vor, wenn der nachfolgende Unternehmer den Mangel nicht unabhängig von dem Mangel des Vorgewerkes produziert, sondern sein Werk gerade deshalb mangelhaft ist, weil das Vorgewerk keine geeignete Grundlage für seine Leistung war. Der nachfolgende Unternehmer ist in diesen Fällen für den Mangel seines Gewerkes verantwortlich (BGH, Urt. v. 8.11.2007 – VII ZR 183/05). In den Fällen, in denen der nachfolgende Unternehmer wegen eines Mangels haftet, der auf einen Fehler des Vorgewerkes zurückzuführen ist, decken sich die originären vertraglichen Leistungspflichten nicht. Denn jeder Unternehmer schuldet ein anderes Gewerk. Deshalb wird die Auffassung vertreten, eine Gesamtschuld liege nicht vor (vgl. Werner/Pastor, Der Bauprozess, 15. Aufl., Rdn. 2479f.; OLG Frankfurt, Urt. v. 26.1.1988 – 7 U 284/86; OLG Düsseldorf, Urt. v. 12.12.1997 – 22 U 18/97. Das ist nicht richtig. Abzustellen ist auf die Verpflichtung, den Baumangel zu beseitigen. Diese Verpflichtung kann sich für Vor- und Nachunternehmer ganz oder weitgehend decken. Denn der Vorunternehmer schuldet als Mängelbeseitigung alles, was notwendig ist, um den Mangel zu beseitigen. Dazu gehört auch die Beseitigung des Nachgewerkes, soweit das zur Mängelbeseitigung notwendig ist. Außerdem schuldet der Vorunternehmer die Herstellung des ordnungsgemäßen Zustandes nicht nur seines Werkes, sondern auch anderer Gewerke, soweit er diese im Rahmen der Mängelbeseitigung beschädigt hat (BGH, Urt. v. 7.11.1985 – VII ZR 270/83; Urt. v. 10.4.2003 – VII ZR 251/02). Der Nachunternehmer schuldet die Mängelbeseitigung an seinem Gewerk. Soweit sich die Mängelbeseitigungsarbeiten decken, sind Vor- und Nachunternehmer Gesamtschuldner, denn maßgeblich ist die gleichstufige Verbundenheit der Unternehmer im Rahmen ihrer Gewährleistungspflicht, gemeinsam und in vollem Umfang für die von ihnen verursachten Mängel einstehen zu müssen. Das ist zu bejahen, wenn die Gewährleistungspflichten sich inhaltlich überlagern (vgl. BGH, Urt. v. 26.6.2003 – VII ZR 126/02; vgl. auch Ganten, BauR 1978, 187, 188; Glöckner, Gesamtschuldvorschriften und Schuldnermehrheiten bei unterschiedlichen Leistungsinhalten, S. 66ff.; Stamm, NJW 2003, 2941; ZfBR 2007, 107).

Beispiel: Werden Fliesen auf einem erkennbar fehlerhaft aufgebrachten Estrich verlegt, schuldet der Estrichleger als Nacherfüllung die Aufnahme der Fliesen und des Estrichs sowie die komplette Neuverlegung von Estrich und Fliesen. Der Fliesenleger schuldet die Aufnahme der Fliesen und deren Neuverlegung. Hinsichtlich der Aufnahme und Neuverlegung der Fliesen sind beide Gesamtschuldner. Ist die Aufnahme der Fliesen nicht ohne Zerstörung des Estrichs möglich (vgl. BGH, Urt. v. 7.6.2001 – VII ZR 471/99), sind sie für beide Leistungen Gesamtschuldner (Kniffka/Koeble, Kompendium des Baurechts, 4. Aufl., 6. Teil, Rdn. 90). 153

2. Ausgleichsanspruch nach § 426 Abs. 1 BGB

Der Ausgleich zwischen den Gesamtschuldnern findet nach § 426 BGB statt. Nach § 426 Abs. 1 BGB kann jeder Gesamtschuldner von dem anderen Ausgleich in Höhe des Anteils seiner Mitverantwortung verlangen. 154

a) Allgemeine Grundsätze des Gesamtschuldnerausgleichs

Nach der gefestigten Rechtsprechung hat der Gesamtschuldner nach § 426 Abs. 1 BGB einen Ausgleichsanspruch aufgrund eines gesetzlichen Schuldverhältnisses. Dieser Anspruch ist selbständig von dem sich aus § 426 Abs. 2 BGB ergebenden Anspruch aus übergegangenem Recht des Gläubigers (BGH, Urt. v. 29.6.1972 – VII ZR 190/71). 155

Der Anspruch aus § 426 Abs. 1 BGB ist auf Freistellung von der Verbindlichkeit gegenüber dem Gläubiger in Höhe des Anteils gerichtet, den der Ausgleichsverpflichtete gegenüber dem Ausgleichsberechtigten zu tragen hat (BGH, Urt. v. 15.10.2007 – II ZR 136/06; Urt. v. 30.11.1994 – XII ZR 59/93; Urt. v. 23.10.1986 – IX ZR 203/85; Urt. v. 21.2.1957 – VII ZR 216/56). Nach Befriedigung des Gläubigers wandelt sich der Freistellungsanspruch in einen Zahlungsanspruch. Einer Befriedigung des Gläubigers steht es gleich, wenn dieser Werklohn wegen Mängeln einbehalten hat und es feststeht, dass der Werklohn endgültig nicht mehr bezahlt werden muss (BGH, Urt. v. 9.5.1996 – VII ZR 181/93; Urt. v. 26.7.2007 – VII ZR 5/06 gegen Glöckner, BauR 1997, 529, 530). 156

b) Probleme der Quotierung

157 Der Ausgleichsberechtigte trägt die Darlegungs- und Beweislast für die Voraussetzungen des Ausgleichsanspruchs. Er muss deshalb zunächst darlegen, dass er selbst und der in Anspruch genommene Gesamtschuldner in dem behaupteten Umfang sind.

aa) Quotierung nach Verursachungsanteilen zwischen zwei Gesamtschuldnern

158 Nach § 426 Abs. 1 BGB sind die Gesamtschuldner im Verhältnis zueinander zu gleichen Anteilen verpflichtet, soweit nicht ein anderes bestimmt ist. Für die Mangelfälle besteht Einigkeit, dass sich die Quote nach dem Maß der Verursachung durch die Gesamtschuldner richtet (BGH, Urt. v. 1.2.1965 – GSZ 1/64). Es ist nach § 254 BGB zu berücksichtigen, inwieweit der Mangel und eventuelle Schaden vorwiegend von dem einen oder von dem anderen Gesamtschuldner verursacht worden sind (BGH, Urt. v. 19.12.1968 – VII ZR 23/66). Zur Begründung eines Ausgleichsanspruchs gehört also die Darlegung aller Umstände, die eine Bewertung der Verursachungsbeiträge der Gesamtschuldner erlaubt.

159 Wegen der Vielfalt der Verursachungsbeiträge und ihres unterschiedlichen Gewichts im Einzelfall entzieht sich die Quotierung weitgehend einer Systematisierung. Es haben sich jedoch gewisse Grundregeln herausgeschält. Danach soll derjenige, der die „eigentliche Ursache" für den Mangel gesetzt hat, in einem stärkeren Maße haften als derjenige, dessen Beitrag weniger direkten Einfluss hat. Derjenige, der lediglich deshalb in der Mängelhaftung ist, weil er seiner Bedenkenhinweispflicht nicht nachgekommen ist, soll grundsätzlich in geringerem Maße haften als derjenige, der die Erstursache für den Mangel gesetzt hat, sei es durch eine fehlerhafte Vorunternehmerleistung, sei es durch eine fehlerhafte Planung (BGH, Urt. v. 19.12.1968 – VII ZR 23/66; Ingenstau/Korbion-Wirth, 18. Aufl., VOB/B, Vor § 13 Rdn. 257; Werner/Pastor, Der Bauprozess, 15. Aufl., Rdn. 2495). Dieser Grundsatz ist jedoch zu relativieren. Der Unternehmer setzt auch eine wesentliche Ursache für weitere Schäden einer fehlerhaften Planung, soweit er mit der gebotenen Prüfung die Mängel hätte verhindern können. Es ist deshalb in der Regel veranlasst, dem bei einer Verschuldensabwägung erhebliches Gewicht zukommen zu lassen (BGH, Urt. v. 11.10.1990 – VII ZR 228/89, vgl. auch Weyer, IBR 2004, 12). Die (weit) überwiegende Verantwortlichkeit des Architekten mit der damit verbundenen Mitverschuldenshaftung des Bestellers, würde den Unternehmer letztlich trotz des unterlassenen Bedenkenhinweises (weitgehend) haftungsfrei stellen. Damit würde dem Gewicht der Prüfungs- und Bedenkenhinweispflicht nicht ausreichend Rechnung getragen. Sie ist ein wesentliches Element, um eine mangelfreie Herstellung eines Bauwerkes zu gewährleisten (vgl. BGH, Urt. v. 24.2.2005 – VII ZR 328/03).

160 Derjenige soll in geringerem Maße haften, der lediglich seine Aufsichtspflicht verletzt hat, gegenüber demjenigen, der an der Herstellung beteiligt war (BGH, Urt. v. 1.2.1965 – GSZ 1/64; OLG Frankfurt, Urt. v. 4.2.2004 – 1 U 52/03), wiederum entweder durch Planung oder durch Bauerrichtung. Aber das ist nicht unbedenklich, denn letztlich würde es dazu führen, dass der Bauaufsichtspflichtige (weitgehend) haftungsfrei ist. Es gelten dieselben Erwägungen wie bei der Verletzung der Bedenkenhinweispflicht (BGH, Urt. v. 27.11.2008 – VII ZR 206/07). Die alleinige Haftung des Unternehmers kann insbesondere nicht damit begründet werden, dass der Bauherr dem Unternehmer keine Aufsicht schulde (so aber Werner/Pastor, Der Bauprozess, 15. Auflage, Rdn. 2493; OLG Stuttgart, Urt. v. 13.2.2006 – 5 U 136/05). Das begründet nur, warum sich der Besteller das Verschulden des bauaufsichtsführenden Architekten nicht anrechnen lassen muss.

161 Hat der Unternehmer vor der Herstellung erkannt, dass er mangelhaft arbeitet, ohne darauf hinzuweisen, haftet er grundsätzlich allein (BGH, Urt. v. 11.10.1990 – VII ZR 228/89). Das gilt nicht nur im Verhältnis zum Besteller, sondern auch im Verhältnis zu anderen Verursachern, wenn deren Verursachungsbeitrag nur von untergeordneter Bedeutung ist, wie z. B. ein Aufsichtsfehler oder ein leichter Planungsfehler. Sind allerdings die Verursachungsbeiträge anderer Beteiligter von ähnlichem Gewicht wie die vorsätzliche Pflichtverletzung des Unternehmers, kommt eine Quotierung in Betracht. Das gilt insbesondere in den Fällen, in denen auch Planer und Bauleiter bewusst das Risiko einer fehlerhaften Ausführung hingenommen haben.

162 Letztlich werden diese Grundregeln ohnehin überlagert von den Besonderheiten des Einzelfalles, so dass sich durchaus Gerichtsentscheidungen finden, in denen die Regel auf den Kopf gestellt wird. Das alles ist wenig förderlich für die Rechtssicherheit, ist aber Ausfluss eines unbestimmten Rechtsbegriffes und des Umstandes, dass jeder Richter nach bestem Wissen und Gewissen auf der Grundlage des geltenden Rechts seine eigene Bewertung vorzunehmen hat.

Die Beweislast für eine von den Kopfanteilen abweichende günstigere Quote trägt derjenige, der sich auf diese beruft (Thode/Wirth/Kuffer-Vorwerk, Praxishdb. ArchitektenR, § 20 Rdn. 67). 163

bb) Quotierung bei mehreren Gesamtschuldnern

Der Gesamtschuldner, der den Gläubiger befriedigt, hat einen Ausgleichsanspruch gegen andere Gesamtschuldner nur in dem Umfang, der seinen eigenen Anteil übersteigt (BGH, Urt. v. 19.12.1985 – III ZR 90/84). Nach herrschender Meinung kann er von dem anderen Gesamtschuldner nicht den Rest verlangen, sondern nur den Anteil, den dieser im Innenverhältnis zu tragen hat (vgl. BGH, Urt. v. 22.2.1971 – VII ZR 110/69; Münchener Kommentar zum BGB, 8. Aufl., § 426 BGB, Rdn. 3o ff. zum Meinungsstand). Das bedeutet, dass bei mehreren Gesamtschuldnern der befriedigende Gesamtschuldner sich bei den anderen Gesamtschuldnern nur in Höhe ihrer Quote schadlos halten kann. Es gibt keine Innengesamtschuld (Beck'scher VOB-Kommentar, 3. Aufl., Zahn, vor § 13 Rdn. 112). 164

Bei Streit über die Mitverantwortung weiterer Gesamtschuldner trägt der Ausgleichsberechtigte die Beweislast, dass keine weiteren Gesamtschuldner vorhanden sind, wenn der Ausgleichsverpflichtete dazu substantiiert und gegenbeweisfähig vorgetragen hat. Die Beweislastregel des § 426 Abs. 2 BGB hilft nicht. Danach ist die Kopfhaftung die Regel. Die Regel sagt nichts darüber aus, wie viele Köpfe haften. 165

Noch schwieriger wird der Ausgleich, wenn die Behauptung erhoben wird, von einem Gesamtschuldner sei kein Ausgleich zu erlangen. Ist von einem Ausgleichsverpflichteten kein Ausgleich zu erlangen, ist der Ausfall dieses Gesamtschuldners von den übrigen zur Ausgleichung verpflichteten Schuldnern zu tragen ist, § 426 Abs. 1 Satz 2 BGB. Auch insoweit liegt die Darlegungs- und Beweislast beim Ausgleichsberechtigten. 166

Hat ein Gesamtschuldner auf der Grundlage Ausgleich geleistet, dass keine weiteren Gesamtschuldner vorhanden sind, hat er einen Rückforderungsanspruch in Höhe des zu viel gezahlten Betrages nach § 812 Abs. 1 BGB, wenn sich später herausstellt, dass noch ein weiterer Gesamtschuldner vorhanden ist, der die Quote des in Anspruch genommenen Gesamtschuldners reduziert. Hat z. B. ein Planer den Statiker auf 60 % in Anspruch genommen und stellt sich heraus, dass der Planungsfehler sowie der Statikfehler für den Unternehmer erkennbar waren, so reduziert sich die Quote beider. Der Statiker hat den überschießenden Teil ohne Rechtsgrund gezahlt, so dass er ihn vom Architekten zurückfordern kann. Dieser kann dann noch den Unternehmer in Anspruch nehmen. Zu beachten ist jedoch, dass für den Fall einer rechtskräftigen Verurteilung ein Bereicherungsausgleich nicht mehr möglich ist. 167

Ein Ausgleichsanspruch kann nicht durchgesetzt werden, wenn den Gesamtschuldnern noch ein weiterer Schuldner haftet und von diesem ohne weiteres Befriedigung erlangt werden könnte. Der Ausgleichsberechtigte muss sich dann zunächst an diesen Schuldner halten (BGH, Urt. v. 21.3.1991 – IX ZR 286/90). 168

c) Prozesskostenerstattungsanspruch

Problematisch ist, inwieweit der Ausgleichsberechtigte auch Prozesskosten verlangen kann, die ihm in einem Prozess gegen den Gläubiger entstanden sind. Grundsätzlich kann der Gesamtschuldner gemäß § 426 Abs. 1 BGB Ausgleichung im Umfang der Gesamtschuld verlangen. Dazu gehören die Prozesskosten nicht (BGH, Urt. v. 16.2.1971 – VI ZR 150/69). 169

Die Rechtsprechung hat anerkannt, dass Prozesskosten des vom Gläubiger in Anspruch genommenen Gesamtschuldners von anderen Gesamtschuldnern zu erstatten sind, soweit diese sie dadurch veranlasst haben, dass sie den in Anspruch genommenen Gesamtschuldner durch Verweigerung oder verzögerliche Erfüllung ihrer Pflicht zur anteiligen Befriedigung des Gläubigers gezwungen haben, ein ungünstiges Prozessrisiko einzugehen oder gar sich einer offensichtlich berechtigten Klage auszusetzen (BGH, a.a.O.; Urt. v. 26.6.2003 – VII ZR 126/02). Danach reicht es nicht aus, dass sich der eine Gesamtschuldner weigert, den Gläubiger zu befriedigen. Vielmehr muss der in Anspruch genommene Gesamtschuldner „gezwungen sein", ein ungünstiges Prozessrisiko einzugehen. Das ist grundsätzlich dann nicht der Fall, wenn er dem Prozess ohne weiteres durch Zahlung entgehen kann. 170

Der von der Rechtsprechung entwickelten Zahlungspflicht hinsichtlich der Prozesskosten fehlt bisher eine dogmatische Grundlage. Ein Anspruch auf Erstattung der Prozesskosten kann sich nur aus der Verletzung einer Pflicht aus dem gesetzlichen Schuldverhältnisses ergeben. Die Pflicht aus dem Gesamtschuldverhältnis besteht darin, den anderen Gesamtschuldner in 171

Höhe des selbst geschuldeten Anteils von Ansprüchen des Gläubigers freizustellen (BGH, Urt. v. 30.11.1994 – XII ZR 59/93; Urt. v. 23.10.1986 – IX ZR 203/85; Urt. v. 21.2.1957 – VII ZR 216/56).

172 In der Sache geht es um Folgekosten aus einem Verzug, die nach § 280 Abs. 1 und 2 BGB i. V. m. § 286 BGB ersetzt werden. Es geht in Anwendung der Differenzhypothese darum, wie der Ausgleichsberechtigte gestanden hätte, wenn der andere Gesamtschuldner den Befreiungsanspruch rechtzeitig erfüllt hätte. Dann hätte er von dem Gläubiger nur noch auf den restlichen Betrag in Anspruch genommen werden können. Die durch den höheren Streitwert bedingten Prozesskosten sind kausal durch die Nichterfüllung der Freistellung verursacht (a. A. Stamm, NJW 2003, 2943). Sie sind deshalb grundsätzlich ein ersatzfähiger Schaden (vgl. auch Knacke, BauR 1985, 270, 275 unter Hinweis auf BGH, Urt. v. 30.6.1983 – VII ZR 185/81 mit vergleichbarer Interessenlage).

173 Der Ausgleichsverpflichtete kann sich entlasten, indem er nachweist, dass ihn kein Verschulden daran trifft, dass er den Gläubiger nicht befriedigt hat, § 280 Abs. 1 Satz 2 BGB. Ein Verschulden ist z. B. zu verneinen, wenn der Ausgleichsverpflichtete aufgrund sachverständiger Beratung der Auffassung sein durfte, dass er nicht oder nur in geringem Umfang für den Mangel haftet (vgl. BGH, Urt. v. 26.6.2003 – VII ZR 126/02).

174 Selbst wenn ein Verschulden vorliegt, ist zu berücksichtigen, dass der ausgleichsberechtigte Gesamtschuldner den Schaden gemäß § 254 BGB vermeiden oder gering halten muss. Es kommt deshalb darauf an, ob ein Mitverschulden darin liegt, dass er sich vom Gläubiger verklagen lässt. Liegt die Haftung des in Anspruch genommenen Gesamtschuldners auf der Hand, wird das zu bejahen sein. Allerdings ist gerade in Bausachen die Haftungsfrage vor einer abschließenden gerichtlichen Klärung häufig unklar. Ein Mitverschulden dürfte hinsichtlich solcher Prozesskosten ausscheiden, die aus der Sicht des Ausgleichsberechtigten notwendig waren, um die Haftungsfrage zu klären.

d) Gestörter Gesamtschuldnerausgleich

175 Der gestörte Gesamtschuldnerausgleich ist ein spezielles Problem, dass in vielen Erscheinungsformen auftritt (vgl. zu den Problemen des gestörten Gesamtschuldnerausgleichs Kniffka, BauR 2005, 274, 279). Es geht immer darum, dass ein Gesamtschuldner im Verhältnis zum Gläubiger privilegiert ist, also nicht oder nur eingeschränkt in Anspruch genommen werden kann, diese Privilegierung jedoch möglicherweise nicht im Innenverhältnis durchgreift (grundlegend Glöckner, Gesamtschuldvorschriften und Schuldnermehrheiten bei unterschiedlichen Leistungsinhalten, S. 105 ff.). Aus der Praxis sind bekannt die Privilegierungen des Unternehmers, der grundsätzlich nicht auf Zahlung durch den Besteller in Anspruch genommen werden kann, bevor er nicht Gelegenheit zur Mängelbeseitigung hatte und durch die Verjährungsvorschriften, aber z. B. auch Privilegierungen des Architekten durch Haftungsbeschränkungen oder die Privilegierungen einer Partei durch eine nach dem Schadensereignis getroffene Einigung.

176 In vielen Punkten besteht Einigkeit. Insbesondere ist unumstößlich, dass die Privilegierung nicht den Ausgleichsberechtigten benachteiligen darf. Nach der Rechtsprechung beschränkt sie grundsätzlich nicht den Ausgleichsanspruch des nicht privilegierten Gesamtschuldners (vgl. BGH, Urt. v. 3.2.1954 – VI ZR 153/52; Urt. v. 9.3.1972 – VII ZR 178/70; Werner/Pastor, Der Bauprozess, 15. Aufl., Rdn. 2516). Es kommt grundsätzlich nicht darauf an, ob die Privilegierung vor oder nach der Entstehung der Gesamtschuld und auf welche Weise, durch Gesetz oder Vertrag, erfolgte. Insbesondere Privilegierungen, die nach Entstehung der Gesamtschuld zwischen dem Gläubiger und einem Gesamtschuldner vereinbart werden, können keine Wirkung zu Lasten eines anderen Gesamtschuldners entfalten (BGH, Urt. v. 20.4.1967 – VII ZR 326/64; BGH, Urt. v. 22.4.1965 – VII ZR 237/62). Dem entspricht die Regelung des § 423 BGB. Danach wirkt ein zwischen Gläubiger und einem Gesamtschuldner vereinbarter Erlass auch für die übrigen Schuldner, wenn die Vertragsschließenden das gesamte Schuldverhältnis aufheben wollten. Ist das so, erlischt jede Schuld und damit auch die Gesamtschuld. Entsprechendes gilt für einen Vergleich (BGH, Urt. v. 26.6.2003 – VII ZR 126/02). Allgemein gilt danach im Umkehrschluss, dass eine Haftungsprivilegierung nicht im Verhältnis zu anderen Gesamtschuldnern wirkt, solange das nicht vereinbart ist. Damit können die anderen Gesamtschuldner in Anspruch genommen werden, wodurch auch grundsätzlich der Ausgleichsanspruch erhalten bleibt.

177 Der Streit geht deshalb nur darum, ob die Privilegierung auch auf das Verhältnis des Gläubigers zum anderen, an sich nicht privilegierten Gesamtschuldner übertragen werden kann oder

ob die Privilegierung letztlich für den privilegierten Gesamtschuldner wirtschaftlich nutzlos sein kann, weil sie durch den Innenausgleich überspielt werden kann. Eine allgemeine gültige Lösung kann nicht entwickelt werden. Es kommt auf die Privilegierung und deren Zweck an.

aa) Privilegierung durch kurze Verjährung

178 Die kurze Verjährung des Anspruchs des Bestellers gegen den Unternehmer aus § 634a BGB ist eine Privilegierung des Unternehmers. Sie kann nicht zu Lasten eines anderen Ausgleichspflichtigen gehen. Das gilt nicht nur hinsichtlich der gesetzlichen Verjährung, sondern auch hinsichtlich verjährungsverkürzender Vereinbarungen, wenn also z. B. mit dem Unternehmer eine kürzere Verjährungsfrist als mit dem Architekten vereinbart worden ist (BGH, Urt. v. 9.3.1972 – VII ZR 178/70).

179 Der andere Gesamtschuldner kann Ausgleich nach den für den Ausgleichsanspruch geltenden Verjährungsvorschriften nehmen. Der Ausgleichsanspruch verjährt in der Regelfrist (BGH, Urt. v. 29.10.1970 – VII ZR 14/69). Also kann es sein, dass die kurze Verjährung durch den Innenausgleich überspielt wird (BGH, a. a. O.). Eine Gesamtwirkung der kurzen Verjährung ist schon rechtstechnisch undenkbar. Sie würde sich auch nur auf die Verjährung des Anspruchs gegen den anderen Gesamtschuldner auswirken. Unbeeinflusst bliebe die Verjährung des Gesamtschuldnerausgleichs. Der privilegierte Gesamtschuldner (hier der Unternehmer) genießt insoweit keinen Schutz. Das ist übrigens schon im Abschlussbericht der Schuldrechtskommission aus dem Jahre 1992 so gesehen worden (vgl. Abschlussbericht S. 108 f.). Dieser sah eine Regelung vor, wonach der Ausgleichsanspruch aus § 426 Abs. 1 BGB wie der Anspruch des Gläubigers gegen den ausgleichsverpflichteten Gesamtschuldner verjährt. Es sollten jedoch Ausnahmetatbestände gelten, die es dem in Anspruch genommenen Gesamtschuldner für kurze Zeit erlauben, den ausgleichspflichtigen Gesamtschuldner auch dann noch in Anspruch zu nehmen, wenn der Anspruch des Gläubigers gegen den ausgleichspflichtigen Gesamtschuldner verjährt ist (§ 426a-KE). Dieser Vorschlag hat keinen Eingang in das Gesetz zur Modernisierung des Schuldrechts gefunden.

180 Ausgeschlossen sein soll der Ausgleichsanspruch eines Architekten gegen den Unternehmer dann, wenn der Anspruch des Architekten an sich ebenfalls verjährt gewesen wäre, dieser aber deshalb haftet, weil er über seine Haftung nicht aufgeklärt hat (Sekundärhaftung). Insoweit soll bereits kein Gesamtschuldverhältnis bestehen, weil Grund für die Haftung des Architekten die Verletzung von Aufklärungspflichten sei. Entsprechende Aufklärungspflichten habe der Unternehmer nicht gehabt. Dem könne auch nicht entgegengehalten werden, die Schadensersatzverpflichtung des Architekten gehe dahin, dass er den durch den Mangel entstandenen Schaden ausgleichen müsse, denn dieser sei verjährt. Auf diesen Schaden habe der Architekt nicht zahlen müssen, das könne der Unternehmer nach Treu und Glauben dem Ausgleichsanspruch entgegenhalten (OLG Zweibrücken, Urt. v. 30.3.1993 – 4 U 22/93; Ingenstau/Korbion/Wirth, 18. Aufl., VOB/B, vor § 13 Rdn. 271). Konstruktiv ist das nicht sauber begründet, denn die Schadensersatzverpflichtung nach einer Aufklärungspflichtverletzung dahin, dass Ansprüche gegen sich selbst bestehen könnten, geht dahin, dass der Besteller so gestellt wird, als wäre der Anspruch wegen des Mangels nicht verjährt (BGH, Urt. v. 16.3.1978 – VII ZR 145/76; vgl. Kniffka/Koeble, Kompendium des Baurechts, 4. Aufl., 6. Teil, Rdn. 93). Der Architekt bleibt also trotz der an sich gegebenen Verjährung des Anspruchs gegen ihn zur Leistung verpflichtet. Die Einrede der Verjährung ist ohne Erfolg. Damit bleibt der Architekt zum Schadensersatz aus der den Mangel verursachenden Pflichtverletzung verpflichtet. Die Gesamtschuld bleibt bestehen.

bb) Privilegierung durch Einräumung des Mängelbeseitigungsrechts, § 650t BGB

181 Durch § 650t BGB wird der Besteller in Verträgen, die nach dem 31.12.2017 geschlossen wurden, vor einer Inanspruchnahme des bauüberwachenden Architekten wegen eines Baumangels verpflichtet, zunächst dem für den Baumangel gleichermaßen verantwortlichen Bauunternehmer eine angemessene Frist zur Nacherfüllung zu setzen. Anderenfalls kann der Architekt gegenüber dem gegen ihn geltend gemachten Anspruch des Bestellers ein Leistungsverweigerungsrecht ausüben (siehe ausführlich → § 650t BGB Rdn. 1). Damit wird eine vorschnelle Inanspruchnahme des Architekten oder Ingenieurs verhindert. Diese war in der Vergangenheit vor allem bei kleineren Baumängeln diagnostiziert worden. Gleichzeitig wird einer erfolgversprechenden Nachbesserung der Vorrang vor der Geltendmachung eines Schadensersatzanspruchs auch in dem durch die Gesamtschuld entstehenden Mehrpersonenverhältnis zwischen Bauherr, Architekt bzw. Ingenieur und bauausführendem Unternehmer eingeräumt, wie dies bereits im Verhältnis zwischen Besteller und bauausführenden Unternehmer der Fall ist. Das Recht zur zweiten Andienung wird damit gestärkt (vgl. Kniffka/ Retzlaff, BauR 2017, 1879).

182 Diese subsidiäre Haftung des Architekten gilt nach dem Wortlaut des § 650t BGB indes nur dann, wenn der Architekten wegen eines „Überwachungsfehlers" in Anspruch genommen wird. Macht der Besteller dagegen (jedenfalls auch) Ansprüche wegen Planungsfehlern gegen den Architekten geltend, findet § 650t BGB keine Anwendung (vgl. → § 650t BGB Rdn. 55). Diese Beschränkung, die Planungsmängel nicht in den Anwendungsbereich des Leistungsverweigerungsrechts einbezieht, ist nach der Gesetzesbegründung dadurch gerechtfertigt, dass der Architekt oder Ingenieur in diesen Fällen die Hauptursache für den Mangel gesetzt hat. Es sei in dieser Konstellation nicht angemessen, den Besteller zunächst auf eine Inanspruchnahme des Bauunternehmers auf Nacherfüllung zu verweisen. Das Problem, dass das Nacherfüllungsrecht des Unternehmers in diesen Fällen überspielt wird, ist ebenfalls nicht durch eine Gesamtwirkung zu lösen.

183 Vertreten wird, dass den Besteller ein Mitverschulden trifft, wenn er den nicht privilegierten Gesamtschuldner in Anspruch nimmt und damit der Privilegierung die Wirkung nimmt. Das soll z. B. so sein, wenn der Besteller den planenden Architekten in Anspruch nimmt, ohne den Unternehmer zur Mängelbeseitigung aufgefordert zu haben (Weise, BauR 1992, 685, 692). Das ist schon deshalb kein tragfähiger Ansatz, weil ein Mitverschulden des Bestellers beim Ausgleichsanspruch überhaupt keine Rolle spielt. Richtig ist aber, dass der Besteller verpflichtet ist, den Schaden bei beiden Gesamtschuldnern gering zu halten.

184 Die Rechtsprechung hat einen Ansatz über den Verstoß gegen Treu und Glauben gefunden. Danach kann es dem Besteller unter besonderen Umständen versagt sein, den Architekten in Anspruch zu nehmen, wenn er von dem Bauunternehmer auf einfache und billigere Art und Weise die Beseitigung des Mangels verlangen könnte, etwa, wenn dieser bereit ist, einen zu Tage getretenen Mangel zu beseitigen (BGH, Urt. v. 7.5.1962 – VII ZR 7/61). Diese Rechtsprechung ist allerdings bereits als überholt bezeichnet worden (BGH, Urt. v. 29.10.1970 – VII ZR 14/69). Sie kann nur insoweit noch Geltung habe, als nach allgemeinen Grundsätzen die Inanspruchnahme eines Gesamtschuldners ein Verstoß gegen Treu und Glauben darstellen kann, wenn sie sich als rechtsmissbräuchlich erweist, vgl. → Rdn. 185. Dem Besteller wird es außerhalb des Anwendungsfalles des § 650t BGB nicht zuzumuten sein, sich nennenswerten Schwierigkeiten bei Durchsetzung seiner Ansprüche gegen den Unternehmer auszusetzen, um den ihm ebenfalls haftenden Architekten zu schonen (BGH, Urt. v. 2.5.1963 – VII ZR 171/61). Darf der Besteller den Architekten nicht in Anspruch nehmen, entfällt auch das Rückgriffsproblem. Ist allerdings der Architekt erfolgreich in Anspruch genommen worden, wird man ihm den Ausgleichsanspruch nicht versagen können (vgl. OLG Karlsruhe, Urt. v. 13.3.2007 – 17 U 304/05). In diesem Fall würde sich die Frage stellen, ob der Unternehmer sich beim Besteller erholen kann. Eine Anspruchsgrundlage für einen derartigen Rückgriffsanspruch wäre die Verletzung vertraglicher Fürsorgepflichten. Konstruktiv lässt sich der Anspruch nur begründen, wenn man der Besteller im Verhältnis zum Unternehmer für verpflichtet hält, diesen vor dem planenden Architekten in Anspruch zu nehmen, wenn dieser bereit und in der Lage ist, den Mangel zu beseitigen und der Besteller sich auf diese Mängelbeseitigung auch einlassen muss. Bejaht man eine solche Pflicht (ablehnend Werner/Pastor, Der Bauprozess, 15. Aufl., Rdn. 2475), wäre die Inanspruchnahme des Unternehmers im Innenausgleich ein Schaden, der vom Besteller zu tragen wäre. Zu berücksichtigen wäre jedoch bei der Schadenshöhe, dass der Unternehmer eigene Kosten für die Mängelbeseitigung gehabt hätte.

185 Der dargelegte Ausnahmetatbestand bezeichnet die Grenzen, die Treu und Glauben für den Besteller setzen. Treu und Glauben dürfen nicht dazu führen, dass dem Besteller das grundsätzlich eingeräumte Wahlrecht, welchen Gesamtschuldner er in Anspruch nimmt, in nicht besonders gelagerten Fällen entzogen wird. Geht es allein um den finanziellen Ausgleich eines Schadens, ist einem Gesamtschuldner in der Regel der Einwand versagt, der Gläubiger hätte sich durch rechtzeitigen Zugriff bei dem anderen Gesamtschuldner befriedigen können oder müssen. Etwas anderes gilt nur, wenn der Gläubiger arglistig handelt, wenn also sein Vorgehen im Hinblick auf die besonderen Umstände des Falles sich als Missbrauch seines Rechts darstellen würden, die Leistung nach Belieben von jedem Schuldner zu fordern. Als rechtsmissbräuchliches Verhalten wäre das Verhalten des Gläubigers anzusehen, wenn er sich nur deswegen an einen von mehreren Gesamtschuldnern halten und ihm das Regressrisiko aufbürden würde, weil er aus missbilligenswerten Motiven die Absicht hat, gerade diesen Schuldner zu belasten (BGH, Urt. v. 26.7.2007 – VII ZR 5/06 m. w. N Der Schadensersatzanspruch kann z. B. nicht allein deshalb verneint werden, weil der Besteller entgegen der Empfehlung des Architekten Werklohn wegen Mängeln der Bauausführung nicht einbehalten hat (BGH, a. a. O.). Der Architekt kann sich grundsätzlich auch nicht der Inanspruchnahme durch den Besteller mit dem Argument entziehen, der Besteller habe in einem Werklohnprozess, den der Unternehmer gegen ihn geführt hat, nicht mit den Mängelansprüchen aufgerechnet. Es bleibt dem Besteller überlassen, gegen wen er die Mängelansprüche geltend macht und zwar unabhängig davon, ob das aktiv oder durch Aufrechnung geschieht (OLG Oldenburg, Urt. v. 9.9.2003 – 2 U 270/00, Revision nicht zugelassen, BGH, Beschl. v. 23.9.2004 – VII ZR 289/03).

cc) Privilegierungen durch Einigung nach Eintritt des Mangelfalls

(1) **Allgemeine Grundsätze.** Auch in den Fällen in denen der Besteller mit einem der für 186 den Mangel haftenden Gesamtschuldner einen Vergleich geschlossen hat, nachdem er ihn auf Zahlung in Anspruch genommen hat, gilt zunächst der unbestrittene und allgemeine Grundsatz, dass ein Vergleich mit einem Gesamtschuldner nicht zu Lasten des anderen gehen kann (Werner/Pastor, Der Bauprozess, 15. Aufl., Rdn. 2516). Es geht also auch insoweit nur darum, ob der Ermäßigung der Forderung im Vergleich (häufig als Erlass des nicht gedeckten Teils bezeichnet) eine Gesamtwirkung zukommt. Insoweit kommt eine unbeschränkte Gesamtwirkung eines Vergleichs in Betracht mit der Folge, dass der Erlass unbeschränkt auch für die anderen Gläubiger wirkt, § 423 BGB. Es kommt aber auch eine beschränkte Gesamtwirkung in Betracht. Macht ein Besteller einen Schadensersatzanspruch wegen der Mängelbeseitigungskosten in Höhe von 10.000 Euro geltend und erlässt er dem Unternehmer davon 4.000 Euro, so stellt sich z. B. die Frage, ob er vom planenden und bauleitenden Architekten diese 4.000 Euro noch verlangen kann.

In der Literatur wird der Annahme der (beschränkten) Gesamtwirkung das Wort geredet 187 und darauf hingewiesen, dass der Unternehmer nur deshalb nicht die Früchte des Vergleichs behalten könne, weil auch jemand anders hafte. Das sei ein Ergebnis, dass nicht hingenommen werden könne. Die Lösung müsse sein, dass dem Vergleich jedenfalls eine beschränkte Gesamtwirkung zukomme (vgl. Werner/Pastor, Der Bauprozess, 15. Aufl., Rdn. 2518 ff. m. w. N. in Fußnote 179; Glöckner, a. a. O. S. 110 ff.; kritisch Thode/Wirth/Kuffer-Vorwerk, Praxishdb. ArchitektenR, § 20 Rdn. 73).

(2) **Baurechtliche Rechtsprechung zum gestörten Gesamtschuldnerausgleich.** Der 188 rechtliche Ansatzpunkt ist die Auslegung der Privilegierungsvereinbarung. Diese kann ergeben, dass die Schuld des nicht privilegierten Schuldners ganz (Gesamtwirkung) oder jedenfalls insoweit erlischt, als das den eigenen Innenanteil übersteigt (beschränkte Gesamtwirkung). Denn in diesem Fall kann der Gläubiger den an der Vereinbarung nicht beteiligten Schuldner nicht in vollem Umfang in Anspruch nehmen. Es kommt dann nicht zum Innenausgleich. Da die Ausgleichspflicht des Gesamtschuldners bereits bei Begründung des Gesamtschuldverhältnisses und nicht erst mit der Leistung eines Gesamtschuldners an den Gläubiger entsteht, ist die Vereinbarung einer beschränkten Gesamtwirkung wirksam nur durch einen Vertrag zu Gunsten Dritter möglich (BGH, Urt. v. 21.3.2000 – IX ZR 39/99; Urt. v. 9.3.1972 – VII ZR 178/70).

Die Rechtsprechung des Bundesgerichtshofs hat anerkannt, dass Privilegierungsvereinbarungen in der Weise als Vertrag zugunsten des nicht beteiligten Gesamtschuldners ausgelegt werden können, dass dieser nicht mehr oder nur beschränkt in die Haftung genommen werden kann (BGH, Urt. v. 21.3.2000 – IX ZR 39/99). Insbesondere in den Fällen, in denen nach den Gesamtumständen der Besteller davon ausgehen muss, dass der Vergleichspartner eine abschließende Lösung sucht, die eine weitere Inanspruchnahme durch Innenausgleich eines weiteren Gesamtschuldners ausschließt, kann eine beschränkte Gesamtwirkung bejaht werden (OLG Hamm, Urt. v. 5.6.1997 – 2 U 123/96). Das wird insbesondere dann in Betracht kommen, wenn beide Vergleichsparteien davon ausgehen, dass der Vergleich mit dem im Innenverhältnis weit überwiegend Haftenden geschlossen wird. Denn dann ist die Gefahr des Innenausgleichs besonders hoch (vgl. OLG Köln, Urt. v. 7.4.1993 – 11 U 277/92). Dagegen kann eine beschränkte Haftung im Einzelfall nicht angenommen werden, wenn der Vergleich mit einem Bauunternehmer eine allgemeine Abgeltungsklausel enthält, die auch unbekannte Mängel erfasst, und sodann ein solcher Mangel auftaucht. Diesem Vergleich kann nicht der Wille des Bestellers entnommen werden, den Bauunternehmer auch vom Innenausgleich frei zu halten (BGH, Urteil vom 22.12.2011 – VII ZR 7/11; BGH, Urt. v. 22.4.1965 – VII ZR 237/62). Eine beschränkte Gesamtwirkung kommt nicht in Betracht, wenn der Vergleich mit einem Unternehmer geschlossen wird, nachdem der andere Gesamtschuldner den Besteller bereits schadlos gehalten hat (BGH, Urt. v. 26.6.2003 – VII ZR 126/02). Eine Gesamtwirkung kann zugunsten des bauüberwachenden Architekten vorliegen, wenn zwischen dem gemeinsamen Besteller und dem Unternehmer in Bezug auf Schäden Dritter (hier: Schäden an Versorgungsleitungen durch Erdarbeiten) eine Haftungsfreistellung vereinbart wird. Dann kann die Auslegung ergeben, dass die Haftungsfreistellung auch zugunsten des bauüberwachenden Architekten mit der Folge wirkt, dass der durch den geschädigten Dritten in Anspruch genommene Unternehmer weder gegen den Besteller noch gegen den Architekten einen Anspruch auf Gesamtschuldnerausgleich hat (BGH, Urt. v. 17.12.2009 – VII ZR 172/08; vgl. dazu Krause-Allenstein BauR 2010, 2009 ff. passim). Ob ein Vergleich eine Gesamtwirkung haben soll, ist durch Auslegung des Vertrages zu ermitteln. Im Zweifel kommt entgegen der Annahme des Berufungsgerichts einem Vergleich mit einem Gesamtschuldner grundsätzlich keine Gesamtwirkung zu (vgl. BGH, Urteil vom 22.12.2011 – VII ZR 7/11; BGH, Urteil vom 21. März 2000 – IX ZR 39/99, NJW 2000, 1942; Urteil vom 13. Oktober 2004 – I ZR 249/01, NJW-RR 2005, 34 f.). Eine Gesamtwirkung kann aber angenommen werden, wenn sich aus dem Vergleich ausdrücklich oder den Umständen nach ergibt, dass der Gläubiger den Willen hatte, auch gegenüber dem nicht am Vergleich beteiligten Gesamtschuldner auf weitergehende Ansprüche zu verzichten und ihn deshalb nicht mehr in Anspruch zu nehmen (vgl. BGH, Urteil vom 22.12.2011 – VII ZR 7/11).

190 **(3) Sonderproblem: Aufrechnung gegenüber Werklohnforderung.** Hinzuweisen ist darauf, dass ein Aspekt in der Diskussion häufig vernachlässigt wird. Eine (beschränkte) Gesamtwirkung durch Erlass der Forderung, wie sie bisher Gegenstand der Diskussion war, kommt nur dann in Betracht, wenn es sich um einen Erlass handelt. In einigen Fällen kann dem Vergleich bereits Erfüllungswirkung zukommen (vgl. Ziegler, BauR 2004, 1983). In diesen Fällen folgt die Gesamtwirkung bereits aus § 423 BGB. Denn die Erfüllung eines Gesamtschuldners wirkt auch für den anderen. Ein Erlass kann vorliegen, wenn der Besteller nur eine Mangelforderung erhebt und sich dann auf eine unter der wirklichen Forderung liegende Summe vergleicht. In der Praxis größere Bedeutung haben die Fälle, in denen der Besteller vom Unternehmer auf Zahlung in Anspruch genommen wird und mit Mängelansprüchen aufrechnet. Werden in einem Vergleich Werklohnforderung und Mängelansprüche erledigt, hat eine Aufrechnung stattgefunden. Mit diesem Vergleich kann die Mängelforderung erfüllt sein. Im Falle der Erfüllung hat der Besteller ohnehin keinen Anspruch gegen den anderen Gesamtschuldner, so dass dann auch ein Innenausgleich ausscheidet. Interessant ist die Frage, ob der Vergleich als solcher als Erfüllung angesehen werden kann, wenn die Mängelforderung eingestellt wird. Denn dann käme es darauf, in welcher Höhe sie bestand und befriedigt wurde, nicht an. Der IX. Zivilsenat will wohl davon ausgehen, dass es ausreicht, wenn die Mängelforderung überhaupt in den Vergleich eingestellt ist (Urt. v. 21.3.2000 – IX ZR 39/99).

e) Verjährung

191 Zur Verjährung wird verwiesen auf → § 634a BGB Rdn. 239 ff.

3. Rückgriff nach § 426 Abs. 2 BGB

192 Hat ein Gesamtschuldner den Gläubiger befriedigt, geht in Höhe der dem anderen zur Last fallenden Quote der Anspruch des Gläubigers auf ihn über, § 426 Abs. 2 BGB. Dieser Anspruch ist der werkvertragliche Mängelhaftungsanspruch. Er unterliegt der werkvertraglichen Verjährung. Der Unternehmer kann gegenüber diesem Anspruch auch geltend machen, dass er keine Gelegenheit hatte, den Mangel zu beseitigen, wenn das der Fall war.

G. Besonderheiten des Architekten- und Ingenieurvertrages

I. Rechtsgeschäftliche Risikoübernahme durch den Besteller

193 Eine Risikoübernahme durch den Besteller mit der Folge, dass ein Mangel der Werkleistung nicht vorliegt, kann im Bauvertrag nur angenommen werden, wenn der Unternehmer ihn vor Abschluss des Vertrages oder jedenfalls vor Ausführung der Leistung über das vorhandene Risiko aufgeklärt und der Bauherr sich rechtsgeschäftlich mit der Risikoübernahme einverstanden erklärt hat (vgl. → Rdn. 29). Diese Grundsätze gelten auch für den Architektenvertrag. Die vertraglich geschuldete Leistung des Architekten ist in der Regel nicht erbracht, wenn die

angestrebte Baugenehmigung durch die Behörde zunächst erteilt, jedoch später wegen erfolgreichen Drittwiderspruchs aufgehoben wird (vgl. BGH, Urt. v. 10.2.2011 – VII ZR 8/10; Urt. v. 25.2.1999 – VII ZR 190/97). Etwas anderes gilt dann, wenn der Besteller das Risiko der Genehmigungsfähigkeit der Planung aufgrund vertraglicher Vereinbarung übernimmt. Die Parteien eines Architektenvertrages können im Rahmen der Privatautonomie vereinbaren, dass und in welchem Umfang der Besteller rechtsgeschäftlich das Risiko übernimmt, dass die vom Architekten zu erstellende Planung nicht genehmigungsfähig ist (BGH, Urt. v. 20.12.2012 – VII ZR 209/11; BGH, Urt. v. 10.2.2011 – VII ZR 8/10; Urt. v. 26.9.2002 – VII ZR 290/01; Urt. v. 25.3.1999 – VII ZR 397/97; Urt. v. 25.2.1999 – VII ZR 190/97). Da ein Architektenvertrag einem dynamischen Anpassungsprozess unterliegt, kann eine derartige vertragliche Risikoübernahme durch den Besteller auch nach Vertragsschluss im Rahmen der Abstimmung über das geplante Bauvorhaben erfolgen (BGH, Urt. v. 20.12.2012 – VII ZR 209/11). Voraussetzung für die vertragliche Risikoübernahme durch den Besteller ist, dass dieser Bedeutung und Tragweite des Risikos erkannt hat, dass die Genehmigung nicht erteilt oder widerrufen wird. Das kann – sofern es nicht bereits offenkundig ist – in der Regel nur angenommen werden, wenn der Architekt den Besteller umfassend über das bestehende rechtliche und wirtschaftliche Risiko aufgeklärt und belehrt hat und der Besteller sich sodann auf einen derartigen Risikoausschluss rechtsgeschäftlich einlässt (vgl. BGH, Urt. v. 10.02.2011 – VII ZR 8/10; Urt. v. 9.5.1996 – VII ZR 181/93). Allein der Umstand, dass dieses Risiko dem Besteller bekannt ist, reicht nicht für die Annahme eines derartigen rechtsgeschäftlichen Risikoausschlusses (BGH, Urt. v. 26.9.2002 – VII ZR 290/01). Ein Planer, der ein von den anerkannten Regeln der Technik abweichendes System zur Ausführung vorschlägt, darf sich nicht darauf beschränken, dem Auftraggeber die Unterschiede zwischen der herkömmlichen Herstellung und der davon abweichenden Ausführungsart zu erläutern. Er muss vielmehr umfassend darüber aufklären, welche Risiken und Folgen eine nicht den anerkannten Regeln der Technik entsprechende Planung mit sich bringen kann (vgl. OLG München, Urteil vom 14.4.2010 – 27 U 31/09).

II. Haftungsbefreiung des Architekten und Ingenieurs

194 Liegt ein Mangel der Architektenleistung vor, da eine rechtsgeschäftliche Risikoübernahme durch den Besteller nicht erfolgte, kann gleichwohl eine Haftung des Architekten zu verneinen sein, wenn die unter → Rdn. 34 ff. dargestellten Grundsätze der Rechtsprechung des Bundesgerichtshofs zur Haftungsbefreiung aufgrund einer entsprechenden Bedenkenanmeldung greifen (vgl. BGH, Urt. v. 8.11.2007 – VII ZR 183/05). Trotz Mangelhaftigkeit der Architektenleistung tritt eine Haftungsbefreiung des Architekten nämlich ein, wenn ihm eine bindende Vorgabe des Bestellers für die Planung gemacht worden ist, er seiner Bedenkenhinweispflicht ordnungsgemäß nachgekommen ist und aus dem Verhalten des Bestellers der Schluss gezogen werden durfte, dieser wolle die Fortführung der aus Sicht des Architekten bedenklichen Leistung. Eine Haftungsbefreiung des Architekten kann im Falle einer bindenden Planungsvorgabe auch dann eintreten, wenn er seine Bedenkenhinweispflichten zwar verletzt hat, jedoch gleichzeitig feststeht, dass der Besteller trotz der an sich notwendigen Hinweise auf Durchführung der bedenklichen Leistung bestanden hätte (vgl. BGH, Urt. v. 10.2.2011 – VII ZR 8/10; Urt. v. 10.7.1975 – VII ZR 243/73). Ein solcher Fall kann etwa dann angenommen werden, wenn der Besteller nicht aufklärungsbedürftig war, weil er sich der Problematik bewusst war und auch die Tragweite derselben voll erkannt hat bzw. erkennen musste (vgl. BGH, Urt. v. 10.2.2011 – VII ZR 8/10 und Kniffka/Koeble, 6. Teil, Rdn. 48). Beweisbelastet für die ordnungsgemäße Erfüllung der Bedenkenhinweispflicht bzw. für die Entbehrlichkeit einer Aufklärung des Bestellers ist – schon nach allgemeinen Grundsätzen – der Architekt (vgl. BGH, Urt. v. 10.2.2011 – VII ZR 8/10; Urt. v. 8.11.2007 – VII ZR 183/05; Urt. v. 4.6.1973 – VII ZR 112/71).

195 Eine Haftungsbefreiung des Tragwerkplaners erfolgt nicht zwangsläufig dadurch, dass ihm der Prüfstatiker bestimmte Vorgaben macht, die sich später als falsch herausstellen. Dies gilt jedenfalls dann nicht, wenn der Tragwerksplaner die von ihm geschuldete Planung nicht vollständig bzw. nicht in der erforderlichen Tiefe erbringt und der Prüfstatiker sodann planerische Vorgaben zur Kompensation dieser Unzulänglichkeiten der Planung macht, die der Tragwerksplaner sodann umsetzt. In diesem Falle kann sich der Tragwerksplaner gegen die unzutreffenden Vorgaben des Prüfstatikers nicht auf einen eigenen, abweichenden Vorschlag berufen, deren Ablehnung sodann eine (ausschließliche) Haftung des Prüfstatikers begründen könnte (vgl. BGH, Urt. v. 9.2.2012 – VII ZR 31/11).

III. Mitverschulden des Bestellers für Planungsfehler

196 Unter → Rdn. 115 wurde ausgeführt, dass sich der Besteller im Rahmen seines Schadensersatzanspruches gegenüber dem Unternehmer Planungsfehler seiner Architekten und Sonderfachleute, die für den eingetretenen Baumangel mitursächlich waren, zurechnen lassen muss. Der Besteller muss sich das Verschulden seines Planers indes nicht nur im Verhältnis zum Unternehmer, sondern auch im Verhältnis zu anderen Baubeteiligten zurechnen lassen, wenn er den Planer zur Erfüllung einer Verbindlichkeit oder einer Mitwirkungsobliegenheit eingesetzt hat. Denn in seinem Vertragsverhältnis zum bauaufsichtsführenden Architekten trifft den Besteller jedenfalls eine Obliegenheit, diesem mangelfreie Pläne zur Verfügung zu stellen. Nimmt der Besteller den bauaufsichtsführenden Architekten wegen eines Bauwerkmangels in Anspruch, der darauf zurückzuführen ist, dass die gelieferten Pläne mangelhaft sind und der bauaufsichtsführende Architekt dies pflichtwidrig nicht bemerkt hat, muss er sich gemäß §§ 254 Abs. 1, 278 BGB das mitwirkende Verschulden des planenden Architekten als seines Erfüllungsgehilfen zurechnen lassen (vgl. BGH, Urt. v. 27.11.2008 – VII ZR 206/06 – „Glasfassadenurteil"). Eine Haftung des Bestellers kann nicht allein mit dem Argument ausgeschlossen werden, der Bauleiter sei dazu berufen, Mängel der Planung festzustellen. Der Bauleiter muss in erster Linie dafür sorgen, dass die Planung auf der Baustelle ordnungsgemäß umgesetzt wird. Wenn er von ihm überhaupt festzustellende Mängel der Planung dabei nicht bemerkt, verletzt er seine Pflichten. Das schließt es aber nicht aus, den Bauherrn für die eigentliche Verursachung, die mangelhafte Planung, mit haftbar zu machen.

197 Auch muss der Besteller für ein Verschulden des Architekten oder Ingenieurs einstehen, soweit dieser einem anderen (Fach-)Planer Pläne zur Verfügung gestellt hat, diese Pläne mangelhaft sind und der Fachplaner den Mangel dieser Planung nicht bemerkt (vgl. BGH, Urt. v. 27.11.2008 – VII ZR 206/06; BGH, Urt. v. 14.07.2016 – VII ZR 193/14; BGH, Urt. v. 15.05.2013 – VII ZR 257/11; OLG Hamm, Urteil vom 24.05.2016 – 24 U 10/14). Beauftragt der Besteller einen Architekten mit der Objektplanung für ein Gebäude und einen weiteren Planer mit Fachplanungsleistungen zu diesem Objekt, darf der mit den Fachplanungsleistungen beauftragte Architekt oder Ingenieur erwarten, dass die ihm vom Besteller zur Verfügung gestellten Pläne und Unterlagen des mit der Objektplanung beauftragten Architekten zutreffende Angaben über die Umstände enthalten, die er für seine eigene Planung benötigt. Die Rechtsprechung des Bundesgerichtshofs zu den Obliegenheiten des Bestellers im Verhältnis zu einem bauaufsichtsführenden Architekten und zu einem Tragwerksplaner gilt auch für das Verhältnis des Bestellers zu einem mit der Planung sonstigen Fachplanungen beauftragten Architekten oder Ingenieur, wenn dieser Pläne und Unterlagen des mit der Objektplanung beauftragten Architekten benötigt, um seine eigene Planungsleistung zu erbringen. Die Übergabe der Pläne und Unterlagen des mit der Objektplanung beauftragten Architekten stellt in diesem Fall eine Mitwirkungshandlung zur Erlangung einer sachgerechten Planung der Fachplanung dar (vgl. BGH, Urt. v. 14.07.2016 – VII ZR 193/14; BGH, Urt. v. 15.05.2013 – VII ZR 257/11; OLG Hamm, Urteil vom 24.05.2016 – 24 U 10/14). Dem Besteller obliegt es in diesem Fall, dem mit der Fachplanung beauftragten Planer mangelfreie Pläne zur Verfügung zu stellen. Überlässt der Besteller einem mit der Fachplanung beauftragten Architekten oder Ingenieur fehlerhafte Pläne des von ihm mit der Objektplanung beauftragten Architekten, muss er sich die Mitverursachung des infolge einer mangelhaften Planung eingetretenen Schadens durch diesen gemäß § 254 Abs. 2 Satz 2, § 278 BGB zurechnen lassen, weil er sich dieses Architekten zur Erfüllung der ihn aus § 254 Abs. 1 BGB im eigenen Interesse treffenden Obliegenheit bedient hat (vgl. BGH, Urteil vom 27. November 2008 – VII ZR 206/06, BGHZ 179, 55 Rn. 30 f.; Urteil vom 15. Mai 2013 – VII ZR 257/11, BGHZ 197, 252 Rdn. 20; BGH, Urt. v. 14.07.2016 – VII ZR 193/14).

198 Die vorstehenden Erwägungen gelten auch für den Fall, dass dem Architekten vom Besteller Vorgaben in Erfüllung einer dem Architekt gegenüber bestehenden Verpflichtung oder Mitwirkungsobliegenheit gemacht werden. Das kann z.B. dann sein, wenn dem Architekten vom Besteller eine fehlerhafte Statik zur Verfügung gestellt wird, auf die der Architekt abredegemäß aufbauen soll. Ähnlich liegt der Fall, dass der Architekt für eine ordnungsgemäße Planung ein Bodengutachten benötigt, das der Bauherr einholt und dem Architekten zur Verfügung stellt. Nach der bisherigen Rechtsprechung des Bundesgerichtshofs haftet der Architekt in vollem Umfang, wenn er Fehler des Gutachtens vorwerfbar nicht bemerkt und deshalb fehlerhaft plant (fehlerhafte Statik: BGH, Urt. v. 4.7.2002 – VII ZR 66/01; Urt. v. 4.3.1971 – VII ZR 204/69; fehlerhaftes Bodengutachten: Urt. v. 10.7.2003 – VII ZR 329/02; fehlerhafte Belüftungstechnik: OLG Braunschweig, Urteil vom 16.12.2010 – 8 U 123/08). Diese Rechtsprechung stellt auf den Einzelfall ab und orientiert sich daran, ob der Besteller dem Architekten eine Sonderfachplanung im Sinne einer schuldrechtlichen Verpflichtung schuldet. Dieser Ansatz wird durch das Urteil vom 27.11.2008 (VII ZR 206/06) in Frage gestellt. Auch insoweit ist zu erwägen, ob eine angemessene Verteilung des Insolvenzrisikos nicht zu einer anteiligen Mithaftung des Bestellers nach §§ 278, 254 BGB führen sollte.

Erfüllt der Besteller weder schuldrechtliche Verpflichtungen noch Obliegenheiten durch den Einsatz von Baubeteiligten neben dem Architekten, so scheidet die Anwendung des § 278 BGB aus. Deshalb kann der planende Architekt wegen eines Fehlers des bauaufsichtsführenden Architekten kein Mitverschulden des Bauherrn geltend machen (BGH, Urt. v. 29.9.1988 – VII ZR 182/87). Ebenso wenig kann der Architekt gegenüber dem Besteller anspruchsmindernd einwenden, dass dieser zu einer Besprechung über die Abstimmung von Sanierungsmaßnahmen von Rissbildungen in einer Betonsohle einen Ingenieur mit Fachkenntnissen im Betonbau hinzugezogen und dieser die Untauglichkeit der Nachbesserungsmaßnahmen nicht erkannt hat (vgl. OLG Celle, Urteil vom 28.1.2010 – 6 U 132/09). Das gleiche gilt, wenn ein Tragwerksplaner einen Teil der von ihm geschuldeten Planung unterlässt (hier: die Kippsicherheit einer Sporthalle), dies vom Prüfstatiker beanstandet wird und auf die eigene Planung des Prüfstatikers eine für den Besteller unwirtschaftlich aufwendige Konstruktion zur Kippsicherheit geplant und errichtet wird. In diesem Falle kann sich der Tragwerksplaner nicht mit dem Hinweis darauf, dass nicht seine eigene Planung zu der unwirtschaftlichen Konstruktion geführt hat, von seiner Haftung entlasten; denn hätte er seine vertraglichen Verpflichtungen ordnungsgemäß erfüllt, dann hätte es für den Prüfstatiker keine Veranlassung gegeben, selber eine (unwirtschaftliche) Planung vorzulegen. Im Ergebnis ist damit die unterlassene Planung des Tragwerksplaners ursächlich für den Schaden des Bestellers (vgl. BGH, Urteil vom 9.2.2012 – VII ZR 31/11). **199**

Ein Mitverschulden des Bestellers ist auch zu bejahen, wenn bauordnungsrechtliche Bedenken von solchem Gewicht gegen die Zulässigkeit eines Bauvorhabens bestehen, dass der Bauherr ihretwegen nicht ohne weiteres auf die Rechtmäßigkeit der erteilten Baugenehmigung vertrauen darf (vgl. BGH, Urt. v. 10.2.2011 – VII ZR 8/10; Urt. v. 12.6.1975 – III ZR 34/73). Sind dem Besteller Umstände bekannt, aufgrund derer sich die Fehlerhaftigkeit der Genehmigungsplanung des Architekten aufdrängt, und macht er von der erteilten Baugenehmigung dennoch Gebrauch, verstößt er regelmäßig gegen die im eigenen Interesse bestehende Obliegenheit des § 254 Abs. 1 BGB, sich selbst vor Schäden zu bewahren (vgl. BGH, Urt. v. 10.2.2011 – VII ZR 8/10). Der Auftraggeber darf nicht die Augen davor verschließen, dass die von einem Architekten getroffene rechtliche Annahme allem Anschein nach unzutreffend ist, und darf nicht ohne Weiteres auf der Grundlage einer infolge dieser unzutreffenden Annahme fehlerhaften Planung das Bauwerk errichten lassen. Vielmehr ist er im eigenen Interesse gehalten, eine erkennbar zweifelhafte Rechtsauffassung des Architekten zu überprüfen und falls notwendig dazu Rechtsrat einzuholen. Das gilt auch, soweit ein Bauträger aufgrund seiner Sachkunde erkennen muss, dass die rechtliche Annahme letztlich dazu führen könnte, Erwerber in ihrer berechtigten Erwartungshaltung zu enttäuschen (vgl. BGH, Urt. vom 20.12.2012 – VII ZR 209/11). **200**

Eine fahrlässige Mitverursachung des Bauherrn daran, dass ein Architekt eine baurechtswidrige Genehmigungsplanung erstellt hat, reicht grundsätzlich nicht aus, um einen Mitverschuldensanteil an der mangelhaften Architektenleistung anzunehmen, da es die primäre Pflicht des Architekten ist, den Bauherrn im Rahmen des Baugenehmigungsverfahrens aufzuklären und zu belehren (vgl. BGH, Urt. v. 10.2.2011 – VII ZR 8/10). Diese Pflicht kann nicht durch ein nur fahrlässiges Mitverschulden des Bauherrn ausgehöhlt und entwertet werden (vgl. BGH, Urt. v. 10.2.2011 – VII ZR 8/10; Urt. v. 13.1.2004 – XI ZR 355/02). **201**

H. Besonderheiten der VOB/B

I. Allgemeines

Im VOB/B-Vertrag sind Ansprüche wegen Mängeln, die nach der Abnahme erhoben werden, abschließend in § 13 VOB/B geregelt (vgl. BGH, Beschl. v. 20.12.2010 – VII ZR 95/10; Urt. v. 11.9.2003 – VII ZR 116/02). Auch nicht erledigte Mängelbeseitigungsansprüche gemäß § 4 Abs. 7 VOB/B setzen sich mit der Abnahme in Mängelrechten aus § 13 VOB/B fort (vgl. BGH, Urt. v. 25.02.1982 – VII ZR 161/80). Durch diese klare Trennung der Sachmän- **202**

§ 634

gelhaftung nach § 13 VOB/B kommt der Abnahme eine höhere Bedeutung als BGB-Werkvertrag zu, da nach der hier vertretenen Auffassung Nacherfüllungsansprüche aus §§ 634 Nr. 1, 635 BGB auch schon vor der Abnahme bestehen, sobald die Werkleistung fällig ist (vgl. dazu → Rdn. 13 ff.). Ausnahmsweise kann der Auftraggeber im VOB-Vertrag die Rechte aus § 13 VOB/B auch schon vor Abnahme geltend machen, wenn er nämlich die Abnahme ernsthaft und endgültig verweigert (vgl. OLG Düsseldorf, Urt. v. 15.10.1979 – 5 U 64/79).

203 Nach überwiegender Ansicht ist beim VOB-Vertrag ein Rücktritt vom Bauvertrag nicht möglich, da ein solches Recht in § 13 VOB/B nicht erwähnt wird (vgl. Kapellmann/Messerschmidt-Weyer, VOB Teile A und B, 4. Auflage § 13 Rdn. 371 f., m. w. N. zum Meinungsstand). Diese Frage wurde durch den Bundesgerichtshof bislang offen gelassen (vgl. BGH, Urt. v. 29.10.1964 – VII ZR 52/63).

204 Die in § 13 VOB/B enthaltenen Mängelrechte stimmen in Grundzügen zwar mit den gesetzlichen Regelungen in §§ 633 ff. BGB überein, enthalten jedoch einige erhebliche Abweichungen, auf welche näher bei der Erörterung der Einzelregelungen der Mängelrechte des Auftraggebers eingegangen werden wird. An dieser Stelle soll folgender grober Überblick genügen:

- § 13 Abs. 2 und 3 VOB/B enthalten im BGB nicht geregelte Sondertatbestände
- § 13 Abs. 4 Nr. 1 VOB/B verkürzt die Verjährungsfrist grundsätzlich auf vier Jahre
- § 13 Abs. 5 Nr. 1 Satz 1 VOB/B gewährt dem Auftraggeber grundsätzlich nur einen Anspruch auf Nacherfüllung. Dem Auftraggeber fehlt das Recht aus den §§ 634 Nr. 3, 323, 638 BGB nach fruchtlosem Ablauf der Frist zur Nacherfüllung den Rücktritt auszuüben oder den Werklohn zu mindern.
- § 13 Abs. 6 VOB/B gibt dem Auftraggeber den Minderungsanspruch nur für drei begrenzte Fallgestaltungen.

205 Der Schadensersatzanspruch des Auftraggebers regelt § 13 Abs. 7 VOB/B in unterschiedlichem Umfang und unter besonderen Voraussetzungen enger als § 634 Nr. 4 BGB.

II. Mängelhaftung vor Ablauf des Fertigstellungstermins

206 Es wurde unter → Rdn. 9 ff. darauf hingewiesen, dass die Nacherfüllungsansprüche des Bestellers in einem BGB-Vertrag, von Ausnahmen abgesehen, nach der hier vertretenen Auffassung erst dann entstehen, wenn der Fertigstellungstermin erreicht ist, da es an einer dem § 4 Abs. 7 VOB/B vergleichbaren Regelung fehlt. Im VOB-Vertrag hat der Auftraggeber das Recht, jederzeit Mängelbeseitigung zu verlangen, § 4 Abs. 7 VOB/B. Auch kann er den Schaden neben der Leistung jederzeit liquidieren, § 4 Abs. 7 VOB/B. Das Selbstvornahmerecht entsteht vor der Abnahme jedoch grundsätzlich erst dann, wenn der Auftraggeber dem Auftragnehmer die Leistung ordnungsgemäß entzogen hat. Dazu ist grundsätzlich die mit der Kündigungsandrohung verbundene Fristsetzung zur Mängelbeseitigung erforderlich. Die §§ 4 Nr. 7 und 8 Nr. 3 VOB/B enthalten eine abschließende Regelung der Ansprüche des Auftraggebers aus Mängeln, die sich schon vor Vollendung und vor Abnahme des Baus gezeigt haben. Der Auftraggeber ist danach jedenfalls im Regelfall nicht ohne Einhaltung der in § 4 Nr. 7 Satz 3 VOB/B vorgeschriebenen Vorgehensweise befugt, die Mängel auf Kosten des Auftragnehmers durch einen anderen Unternehmer beseitigen zu lassen (vgl. OLG Düsseldorf, Urteil vom 26.10.2010 – 21 U 159/09). Diese Regelung hat den Vorzug, dass es bei ihrer Einhaltung zu keiner Konfliktsituation auf der Baustelle kommt, die dadurch entstehen kann, dass der Auftragnehmer seine Leistung fortsetzen will, der vom Auftraggeber eingesetzte Drittunternehmer jedoch diese Leistung behindert oder auch umgekehrt. Sie hat jedoch den Nachteil, dass ein Auftraggeber kündigen muss, bevor er die Ersatzvornahme zu Lasten des mangelhaft leistenden Auftragnehmers vornehmen darf (vgl. dazu → § 649 BGB Rdn. 181 ff.). Die Kündigung muss sich in der Regel auf den gesamten Vertrag beziehen, da nur selten eine in sich abgeschlossene Leistung im Sinne des § 8 Abs. 3 Nr. 1 Satz 2 VOB/B vorliegen wird (vgl. BGH, Urt. v. 20.08.2009 – VII ZR 212/07).

III. Grundsätze zur Haftungsbefreiung des Auftragnehmers

207 Ist ein Mangel zurückzuführen auf die Leistungsbeschreibung oder auf Anordnungen des Auftraggebers, auf die von diesem gelieferte oder vorgeschriebene Stoffe oder Bauteile oder die Beschaffenheit der Vorleistung eines anderen Unternehmers, haftet der Auftragnehmer, es sei

Verjährung der Mängelansprüche **§ 634a**

denn, er hat die ihm nach § 4 Abs. 3 VOB/B obliegende Mitteilung gemacht. Nach § 4 Abs. 3 VOB/B hat der Auftragnehmer Bedenken gegen die vorgesehene Art der Ausführung (auch wegen der Sicherung gegen Unfallgefahren), gegen die Güte der vom Auftraggeber gelieferten Stoffe oder Bauteile oder gegen die Leistungen anderer Unternehmer dem Auftraggeber unverzüglich – möglichst vor Beginn der Arbeiten – schriftlich mitzuteilen. Diese Regelung ist Ausdruck eines allgemein für das Bauvertragsrechts aus Treu und Glauben abgeleiteten Rechtsgedankens, weshalb die Grundsätze zu dieser Regelungen oben bei den Ausführungen zum BGB-Bauvertrag behandelt werden, vgl. → Rdn. 34 ff.

§ 634a BGB Verjährung der Mängelansprüche

(1) Die in § 634 Nr. 1, 2 und 4 bezeichneten Ansprüche verjähren

1. vorbehaltlich der Nummer 2 in zwei Jahren bei einem Werk, dessen Erfolg in der Herstellung, Wartung oder Veränderung einer Sache oder in der Erbringung von Planungs- oder Überwachungsleistungen hierfür besteht,

2. in fünf Jahren bei einem Bauwerk und einem Werk, dessen Erfolg in der Erbringung von Planungs- oder Überwachungsleistungen hierfür besteht, und

3. im Übrigen in der regelmäßigen Verjährungsfrist.

(2) Die Verjährung beginnt in den Fällen des Absatzes 1 Nr. 1 und 2 mit der Abnahme.

(3) Abweichend von Absatz 1 Nr. 1 und 2 und Absatz 2 verjähren die Ansprüche in der regelmäßigen Verjährungsfrist, wenn der Unternehmer den Mangel arglistig verschwiegen hat. Im Falle des Absatzes 1 Nr. 2 tritt die Verjährung jedoch nicht vor Ablauf der dort bestimmten Frist ein.

(4) Für das in § 634 bezeichnete Rücktrittsrecht gilt § 218. Der Besteller kann trotz einer Unwirksamkeit des Rücktritts nach § 218 Abs. 1 die Zahlung der Vergütung insoweit verweigern, als er auf Grund des Rücktritts dazu berechtigt sein würde. Macht er von diesem Recht Gebrauch, kann der Unternehmer vom Vertrag zurücktreten.

(5) Auf das in § 634 bezeichnete Minderungsrecht finden § 218 und Absatz 4 Satz 2 entsprechende Anwendung.

Übersicht

	Seite
A. Allgemeines	356
B. Dreiteilung nach § 634a Abs. 1 BGB	358
I. Fünfjährige Verjährung der Ansprüche wegen Mängeln am Bauwerk und an Planungs- und Überwachungsleistungen für ein Bauwerk	359
1. Definition	359
2. Feste Grundstücksverbindung	359
3. Gebäude und Gebäudeteile als Bauwerk	360
a) Arbeiten an neuen Bauwerken	360
b) Arbeiten an bestehenden Bauwerken	361
aa) Grundlegende Erneuerung	361
bb) Umbauarbeiten	361
cc) Einfache Renovierungsarbeiten	362
c) Bearbeitung von Sachen für ein Bauwerk	362
4. Technische Anlagen als Bauwerk	363
5. Arbeiten an Außenanlagen	364
II. Zweijährige Verjährung wegen Mängeln an sachbezogenen Werken	365
III. Regelmäßige Verjährung für Mängel an sonstigen Werken	366
C. Beginn der Verjährung	366
I. Abnahme und Abnahmefiktionen	366
II. Verjährungsbeginn ohne Abnahme	366
III. Beginn der Verjährung im Fall des § 634a Abs. 1 Nr. 3 BGB	368
D. Verjährung bei arglistig verschwiegenen Mängeln	368
I. Arglistiges Verschweigen	370

§ 634a — Verjährung der Mängelansprüche

- 1. Kenntnis vom Mangel ... 370
- 2. Offenbarungspflicht ... 371
- II. Zurechnung ... 372
- III. Darlegungs- und Beweislast ... 373
- E. Verjährung nach Organisationsobliegenheitsverletzung ... 373
  - I. Zweck des Rechtsinstituts ... 374
  - II. Organisationsobliegenheitsverletzung ... 374
  - III. Ursächlichkeit der Organisationsobliegenheitsverletzung ... 376
  - IV. Darlegungs- und Beweislast ... 377
- F. Hemmung und Neubeginn der Verjährung ... 377
  - I. Symptomtheorie ... 378
  - II. Wirkung der Hemmung und des Neubeginns ... 378
  - III. Hemmung ... 379
    - 1. Hemmung durch Verhandlungen ... 379
      - a) Beginn der Hemmung ... 379
      - b) Ende der Hemmung ... 382
    - 2. Hemmung durch vereinbartes Leistungsverweigerungsrecht ... 383
    - 3. Hemmung durch Rechtsverfolgung ... 383
      - a) Hemmung durch Klage ... 385
      - b) Hemmung durch Mahnbescheid ... 386
      - c) Hemmung durch die Veranlassung der Bekanntgabe des Güteantrags ... 388
      - d) Hemmung durch Aufrechnung im Prozess ... 389
      - e) Hemmung durch Streitverkündung ... 389
      - f) Hemmung durch selbständiges Beweisverfahren ... 391
      - g) Hemmung durch Begutachtung ... 394
      - h) Hemmung durch schiedsrichterliches Verfahren ... 394
    - 4. Hemmungsverlängerung nach Ende der Rechtsverfolgung ... 395
      - a) Stillstand des Verfahrens ... 395
      - b) Hemmung nach Klagerücknahme und Prozessurteil ... 396
  - IV. Neubeginn der Verjährung ... 396
  - V. Dreißigjährige Verjährungsfrist ... 399
  - VI. Hemmung, Ablaufhemmung und Neubeginn bei anderen Ansprüchen ... 399
- G. Erhaltung der Mängeleinrede ... 400
  - I. Aufrechnung mit Schadensersatz, Kostenerstattungsanspruch oder Vorschussanspruch ... 401
  - II. Zurückbehaltungsrecht ... 401
  - III. Rücktritt und Minderung ... 401
- H. Keine Verjährung der Gestaltungsrechte ... 401
  - I. Unwirksamkeit des Rücktritts ... 402
  - II. Zeitpunkt der Einrede ... 402
  - III. Leistungsverweigerungsrecht des Bestellers nach einem unwirksamen Rücktritt ... 402
  - IV. Rücktrittsrecht des Unternehmers ... 402
  - V. Entsprechende Geltung für Minderung ... 403
- I. Prozessuales ... 403
  - I. Erhebung der Einrede ... 403
  - II. Darlegungs- und Beweislast ... 404
- J. Vereinbarungen über die Verjährung ... 404
  - I. Individualvereinbarungen ... 404
  - II. Allgemeine Geschäftsbedingungen zur Verjährung von Mängelhaftungsansprüchen ... 405
    - 1. Erleichterung der Verjährung im Werkvertrag ... 405
    - 2. Erschwerung der Verjährung ... 407
- K. Verjährung anderer Ansprüche im Zusammenhang mit der Errichtung von Bauwerken ... 408
  - I. Verjährung des Erfüllungsanspruchs ... 408
  - II. Verjährung von Zahlungsansprüchen wegen Schlechterfüllung ... 410
  - III. Verjährung des Anspruchs auf Abnahme ... 410
- L. Regelmäßige Verjährung anderer Ansprüche im Zusammenhang mit der Errichtung eines Bauwerks ... 411
  - I. Übersicht: Beginn der regelmäßigen Verjährungsfrist und Höchstfristen gemäß § 199 BGB ... 411
    - 1. Beginn der regelmäßigen Verjährung ... 411
      - a) Anspruchsentstehung ... 411
      - b) Kenntnis ... 412
      - c) Grob fahrlässige Unkenntnis ... 412
      - d) Ultimo-Regel ... 413
      - e) Verjährungs-Höchstfristen gemäß § 199 Abs. 2–4 BGB ... 413
        - aa) Höchstpersönliche Rechtsgüter ... 413

	bb) Andere Schadensersatzansprüche	413
	cc) Andere Ansprüche als Schadensersatzansprüche	413
II.	Konkurrenzprobleme	414
III.	Verjährung der Ansprüche wegen Verletzung einer Pflicht aus §241 Abs. 2 BGB	415
IV.	Verjährung deliktischer Ansprüche	415
V.	Verjährung im Gesamtschuldnerausgleich	415
	1. Verjährung des Anspruchs aus §426 Abs. 2 BGB	415
	2. Verjährung des Anspruchs aus §426 Abs. 1 BGB	415
	a) Verjährung in der Regelfrist	415
	b) Darlegungs- und Beweislast für die die Einrede der Verjährung begründenden Umstände	416
VI.	Verjährung des Anspruchs auf Rückzahlung des Vorschusses für Mängelbeseitigung	418
VII.	Verjährung des Anspruchs gegen den Bürgen	419

M. Ausnahmeregelung für die Verjährung nach der VOB/B 421
    I. Verjährung nach der VOB/B 421
        1. Überblick über die Änderungen 421
        2. Einzelheiten der Verjährung nach VOB/B 421
    II. Gesetzliche Regelung zur VOB-Verjährung 424

N. Verjährung in Architekten- und Ingenieurverträgen 425
    I. Planungs- und Überwachungsleistungen für ein Bauwerk 425
        1. Allgemeines 425
        2. Planungs- und Überwachungsleistungen 425
           a) Planungsleistungen 425
           b) Überwachungsleistungen 426
    II. Zweijährige Verjährung wegen Mängeln an speziellen Werken 426
    III. Regelmäßige Verjährung für Mängel an sonstigen Werken 427
    IV. Beginn der Verjährung 427
    V. Verjährung bei arglistig verschwiegenen Mängeln 428
        1. Arglistiges Verschweigen 429
        2. Darlegungs und Beweislast 429
    VI. Verjährung nach Organisationsobliegenheitsverletzung 430
        1. Organisationsobliegenheitsverletzung 430
        2. Darlegungs- und Beweislast 430
    VII. Verjährung bei Sekundärhaftung 430
        1. Verletzung einer Betreuungspflicht 431
        2. Umfang der Betreuungspflicht 432
        3. Rechtsfolgen 432
    VIII. Hemmung und Neubeginn der Verjährung 433
        1. Symptomtheorie 433
        2. Hemmung durch Verhandlungen 433
    IX. Verjährung nach Teilabnahme gemäß §650s BGB 434
    X. Vereinbarung über die Verjährung 435

O. Verjährung in Bauträger- bzw. Kaufverträgen 436
    I. Begriff des Bauträgervertrags 436
    II. Verjährungsbeginn der werkvertraglichen Mängelansprüche 436
    III. Verjährung der Ansprüche wegen Mängeln am Gemeinschaftseigentum und Durchsetzungsbefugnis der Eigentümergemeinschaft 437
    IV. Verjährung des Anspruchs auf Übertragung des Eigentums 438

P. Verjährung des Anspruchs wegen Mängeln einer für ein Bauwerk verwendeten Sache 438
    I. Allgemeines 438
    II. Beginn der Verjährung 438
    III. Verwendung für ein Bauwerk 438
    IV. Verwendung für ein bereits fertig gestelltes Bauwerk 439
    V. Ursächlichkeit 440
    VI. Verjährung der Aufwendungsersatzansprüche des Käufers (Ein- und Ausbaukosten) 440
    VII. Sonstige Ansprüche 440

Q. Schuldrechtsmodernisierungsgesetz und Übergangsrecht zur Verjährung 441
    I. Beurteilung von Beginn, Hemmung und Unterbrechung 442
    II. Geltung der kürzeren Verjährung nach altem Recht 443
    III. Behandlung der kürzeren Verjährung nach neuem Recht 443
    IV. Rückwirkungsregel 444

§ 634a

Verjährung der Mängelansprüche

A. Allgemeines

1   Nach Eintritt der Verjährung ist der Schuldner berechtigt, die Leistung zu verweigern, § 214 Abs. 1 BGB. Der Zweck der Verjährungsregelung im Mängelhaftungsrecht ist die Vermeidung von Streitigkeiten der Vertragsparteien über Mängelansprüche zu einem Zeitpunkt, in dem die Ursache für die Beeinträchtigung des Werkes nicht mehr oder nur noch unter Schwierigkeiten festgestellt werden kann: verdunkelnde Macht der Zeit! (Motive I 512). Dem Unternehmer soll nach einer gewissen Zeit die Abwehr unbegründeter Ansprüche erleichtert werden. Abgewehrt werden können aber auch begründete Ansprüche, weil nach einer angemessenen Zeit Rechtsfrieden eintreten muss (Grüneberg/Ellenberger, 81. Aufl., vor § 194 Rdn. 8). Es ist Aufgabe des Gesetzgebers, diesen Zeitpunkt generalisierend zu bestimmen. Grundsätzlich verjähren Ansprüche aus Pflichtverletzungen in zehn Jahren nach ihrer Entstehung, § 199 Abs. 3 und 4 BGB. Ausnahmen gelten für Schadensersatzansprüche, die auf der Verletzung des Lebens, des Körpers, der Gesundheit oder der Freiheit beruhen. Diese verjähren in dreißig Jahren nach Maßgabe des § 199 Abs. 2 BGB. Diese Fristen werden in dem Augenblick verkürzt, in dem der Gläubiger Kenntnis von den den Anspruch begründenden Umständen und der Person des Schuldners erlangt hat oder ohne grobe Fahrlässigkeit erlangen müsste, § 199 Abs. 1 BGB. Es gilt dann die Regelfrist von drei Jahren zum Jahresende, § 195 BGB.

2   § 634a BGB enthält eine Sonderregelung für die Verjährung von Ansprüchen wegen Mängeln eines Werkes. Diese betrifft sowohl den Beginn der Verjährung als auch deren Dauer. Mängelansprüche wegen werkvertraglicher Leistungen an einem Bauwerk und Planungs- oder Überwachungsleistungen hierfür verjähren in fünf Jahren, § 634a Abs. 1 Nr. 2 BGB. Mängelansprüche wegen werkvertraglicher Leistungen an sonstigen Sachen und Planungs- oder Überwachungsleistungen hierfür verjähren in zwei Jahren, § 634a Abs. 1 Nr. 1 BGB. In diesen Fällen beginnt die Verjährung mit der Abnahme, § 634a Abs. 2 BGB. Nur für sonstige Werkvertragsleistungen gilt die regelmäßige Verjährungsfrist, die einerseits an die Entstehung des Anspruchs aus der Pflichtverletzung, andererseits an die Kenntnis oder grob fahrlässige Unkenntnis anknüpft, § 634a Abs. 1 Nr. 3 i. V. m. § 199 BGB. Eine Sonderregelung gibt es für den Fall des arglistig verschwiegenen Mangels, § 634a Abs. 3 BGB. Das Gesetz zur Reform des Bauvertragsrechts usw. vom 28.4.2017 (BGBl. I 969 ff.) hat die Verjährungsregeln unberührt gelassen. Sie gelten für alle Vertragtypen, die durch das Gesetz geschaffen worden sind, soweit das Werkvertragsrecht anwendbar ist, → dazu Vor § 631 BGB Rdn. 19.

3   Die Verjährungsregelung gilt nach § 634a Abs. 1 Satz 1 BGB für die in § 634 Nr. 1, 2 und 4 BGB bezeichneten Ansprüche. Das sind die Ansprüche auf Nacherfüllung, § 634 Nr. 1 BGB, Selbstvornahme, § 634 Nr. 2, § 637 BGB und Aufwendungsersatz, § 634 Nr. 2, § 637 BGB und der Schadensersatzanspruch, § 634 Nr. 4, §§ 280, 281, 283, 311a BGB, sowie der Anspruch auf Ersatz vergeblicher Aufwendungen, § 634 Nr. 4, § 284 BGB. Nicht erwähnt wird der Vorschussanspruch aus § 637 Abs. 3 BGB. Das ist ein Redaktionsversehen. Auch er verjährt nach § 634a BGB.

4   Die Rechte auf Minderung und Rücktritt, § 634 Nr. 3 BGB, verjähren nicht, weil nur Ansprüche verjähren können, § 194 Abs. 1 BGB. Hierzu gelten besondere Regelungen, die dafür sorgen, dass auch insoweit die fünf- bzw. zweijährige Verjährungsfrist Geltung erlangen kann. Minderung und Rücktritt sind nach Maßgabe des § 634a Abs. 4 i. V. m. § 218 BGB unwirksam, wenn der Anspruch auf Nacherfüllung bereits verjährt ist und der Unternehmer sich darauf beruft. Der Besteller kann jedoch trotz einer Unwirksamkeit des Rücktritts nach § 218 Abs. 1 BGB die Zahlung der Vergütung insoweit verweigern, als er auf Grund des Rücktritts dazu berechtigt sein würde. Für die Minderung gilt entsprechendes, § 634a Abs. 4 und 5 BGB.

5   Diese gesetzliche Regelung ist – wenn sie auch hinzunehmen ist – jedenfalls insoweit kritisch zu bewerten als für Mängelansprüche wegen Werkleistungen bei einem Bauwerk und hierfür erbrachte Planungs- und Überwachungsleistungen eine Verkürzung der Verjährungsfrist gegenüber der Regelverjährung vollzogen worden ist. Der Gesetzgeber hat es im Rahmen der Schuldrechtsmodernisierung abgelehnt, die regelmäßige Verjährung mit der Höchstfrist von in der Regel zehn Jahren anzuwenden. Vielmehr hat er es bei einer Verjährungsfrist von fünf Jahren nach Abnahme belassen. Die Gesetzesbegründung ist davon ausgegangen, dass sich diese Verjährungsfrist bewährt hat. Sie hat deshalb eine Änderung der bisherigen Regelung nicht für erforderlich gehalten. Damit wird in Kauf genommen, dass Mängel bei der Herstellung eines Bauwerks erst nach Ablauf von fünf Jahren auftreten können und damit eine Durchsetzung der Rechte aus diesem Mangel nur im Fall der Arglist nicht möglich ist. Diese Fälle sind jedoch nicht so selten, dass sie vernachlässigt werden könnten. Es ist immer wieder darauf

§ 634a

Verjährung der Mängelansprüche

hingewiesen worden, dass bestimmte Mängel an Bauwerken häufig erst nach dem Ablauf von fünf Jahren auftreten (Lang, NJW 1995, 2063; Kniffka, ZfBR 1993, 97, 103; Krebs, DB 2000, Beilage 14, S. 5). Dazu gehören z. B. Mängel von Betonarbeiten, Flachdächern, Balkonen und Abdichtungen (Kaiser, ZfBR 2001, 154; Beigel, BauR 1988, 142, 143; Siegburg, FS für Locher, S. 353). Gleichwohl ist an der starren Regelung des § 638 BGB a. F. festgehalten und das Prinzip gebrochen worden, dass der Gläubiger eine faire Chance erhalten muss, seinen Anspruch durchzusetzen (Heinrichs, BB 2001, 1417). Das ist damit begründet worden, dass in einer Vielzahl von Fällen die Abgrenzung zwischen Mängeln und Abnutzungsschäden Schwierigkeiten bereitet. Außerdem bestehe die Möglichkeit einer Verlängerung der Verjährungsfrist bis zu einer Obergrenze von dreißig Jahren (RegEntw., BR-Drucks. 338/01, S. 623).

Das ist wenig überzeugend. Welche Verjährungsfristen im Einzelfall vereinbart werden, hängt nicht so sehr von den schützenswerten Interessen der Vertragspartner ab, sondern von deren wirtschaftlicher oder kraft Sachverstandes überlegenen Stellung. Das hat die Erfahrung insbesondere mit Bauträgern, aber auch mit öffentlichen Bestellern immer wieder gezeigt. Die Beibehaltung der fünfjährigen Frist steht zudem im Widerspruch mit den Bestrebungen zur Vereinheitlichung des europäischen Rechts. In einem Großteil der Rechtsordnungen enthält bereits jetzt eine längere Frist als fünf Jahre (Überblick bei Peters/Zimmermann, Gutachten und Vorschläge zur Überarbeitung des Schuldrechts, Band I, S. 267 ff.; zusammenfassend Keilholz, Gutachten und Vorschläge zur Überarbeitung des Schuldrechts, Band III, S. 252 ff.; Pfeiffer/Hess/Huber, Abschlussbericht zur Rechtsvergleichenden Untersuchung zu Kernfragen des Privaten Baurechts der Ruprecht-Karls-Universität Heidelberg, Schriftenreihe des Bundesministeriums für Ernährung, Landwirtschaft und Verbraucherschutz, Reihe A: Angewandte Wissenschaft Heft 520). Andere Länder kennen auch die subjektive Anknüpfung (z. B. die Niederlande, vgl. Leenen, JZ 2001, 552, 553). Wenig einsichtig ist zudem, dass die dreißigjährige Frist für Pflichtverletzungen, die zu Schäden an Leben, Körper, Gesundheit oder Freiheit führen, nicht anwendbar ist. **6**

Die fünfjährige Verjährungsfrist betrifft alle Ansprüche wegen Mängeln, also auch alle Schadensersatzansprüche, gleich welcher Schaden geltend gemacht wird. Nach altem Recht – also vor der Schuldrechtsmodernisierung zum 1.1.2002 – unterlagen nur Schadensersatzansprüche wegen Mangelschäden und eng und unmittelbar mit dem Mangel zusammenhängende Mangelfolgeschäden der fünfjährigen Gewährleistungsfrist. Dagegen verjährten entfernt mit dem Mangel zusammenhängende Mangelfolgeschäden in dreißig Jahren, weil sie nach den Grundsätzen der positiven Vertragsverletzung beurteilt wurden (seit BGH, Urt. v. 27.4.1961 – VII ZR 9/60). Dieses Verjährungsrecht war schon deshalb unglücklich, weil die Unterscheidung zwischen engen und entfernten Mangelfolgeschäden nicht gut vorzunehmen war und es außerdem zu kuriosen Ergebnissen kam. Es ist begrüßenswert, dass diese Unterscheidung entfallen ist. **7**

Die fünf- bzw. zweijährige Verjährungsfrist gilt für alle Mängelansprüche. Mängelansprüche entstehen grundsätzlich (erst) mit der Abnahme, es sei denn es liegt ein Abrechnungsverhältnis vor. Das ist der Fall, wenn Schadensersatz statt der Leistung oder Minderung verlangt wird, beim Vorschussverlangen hingegen nur, wenn der Besteller verbindlich zum Ausdruck bringt, dass er keine Erfüllung mehr verlangt (BGH, Urteile vom 19. Januar 2017 – VII ZR 301/13; VII ZR 193/15; VII ZR 235/15, Urteil vom 9. November 2017 – VII ZR 116/15, dazu näher → § 634 BGB Rdn. 8 ff.; Kniffka/Koeble/Jurgeleit/Sacher, Kompendium des Baurechts, 5. Aufl., 5. Teil, Rdn. 2 ff. kritisch zur neueren Rechtsprechung: Voit, NZBau 2017, 521). Die Verjährung der Mängelansprüche beginnt in jedem Fall erst mit der Abnahme oder einem Abnahmesurrogat → Rdn. 46 ff. Zur Verjährung des Erfüllungsanspruchs vgl. → Rdn. 233. Zur Verjährung eines Schadensersatzanspruchs wegen vor der Abnahme aufgetretener Mangelschäden → Rdn. 239. **8**

Die Verjährung der Mängelansprüche aus einem Kaufvertrag ist in § 438 BGB geregelt. Kaufrecht findet nicht nur auf reine Lieferverträge, sondern auch Anwendung auf Verträge, in denen der Veräußerer die Sache nicht selbst herstellt, jedoch eine Montageverpflichtung übernommen hat, die dem Vertrag keine werkvertragliche Prägung gibt. Denn in diesen Fällen bleibt es beim typischen Umsatzgeschäft, so dass die Montageverpflichtung lediglich als werkvertragliche Nebenpflicht einzustufen ist (→ § 650 BGB Rdn. 16). Werden Sachen gekauft, die entsprechend ihrer üblichen Verwendungsweise für ein Bauwerk verwendet werden, ist § 438 Abs. 1 Nr. 2 b) zu beachten (vgl. dazu unten → Rdn. 378 ff.). **9**

Auf einen Vertrag, der die Lieferung herzustellender oder zu erzeugender beweglicher Sachen zum Gegenstand hat, finden die Verjährungsregeln des Kaufs Anwendung, § 650 Abs. 1 Satz 1 BGB. Wegen der Abgrenzung zum Werkvertrag wird auf → § 650 BGB Rdn. 5 ff. verwiesen, siehe auch → Vor § 631 BGB Rdn. 93 ff. **10**

§ 634a

11 Nach § 634a BGB beurteilt sich grundsätzlich auch nicht die Verjährung von anderen als in § 634 Nr. 1, 2 und 4 BGB genannten Ansprüchen. § 634 BGB betrifft nur die Ansprüche des Bestellers wegen eines Werkmangels. Der Regelverjährung unterliegen deshalb alle Ansprüche wegen der Verletzung einer anderen Pflicht als der Pflicht zur mangelfreien Herstellung des Werkes. Dazu gehören Beratungs- Obhuts- Fürsorge und Aufklärungspflichten. Wenn die Verletzung solcher Pflichten letztlich zu einem Mangel des Werkes führen, stellt sich allerdings ein Konkurrenzproblem, vgl. → Vor § 631 BGB Rdn. 110 und → Rdn. 264. Auch die Pflichten des Unternehmers aus der Ausübung eines Gestaltungsrechts des Bestellers verjähren in der Regelfrist → Rdn. 203, wie z. B. die Auszahlung eines Minderungsbetrages, § 638 Abs. 4 BGB, nach rechtzeitiger Minderung innerhalb der Frist des § 634a BGB oder die Rückgewährpflicht aus § 346. Hingewiesen wird darauf, dass bei einem rechtzeitigen Rücktritt wegen eines Bauwerkmangels innerhalb der fünfjährigen Verjährungsfrist für den Nacherfüllungsanspruch sich noch eine regelmäßig dreijährige Verjährungsfrist für den Anspruch auf Rückzahlung der Vergütung anschließt, so dass dem Besteller mehr Zeit zur Durchsetzung des Anspruchs zur Verfügung stehen kann als in dem Fall, in dem er den großen Schadensersatzanspruch geltend macht. Entsprechendes gilt bei der Minderung. So kann z. B. nach rechtzeitiger Ausübung des Minderungsrechts kurz vor Ablauf der fünfjährigen Verjährungsfrist für den Nacherfüllungsanspruch noch eine Frist von drei Jahren vergehen, ehe der Anspruch aus der Minderung, z. B. in Höhe der Mängelbeseitigungskosten, verjährt. Werden die Mängelbeseitigungskosten hingegen direkt als Vorschuss oder Schadensersatz statt der Leistung geltend gemacht, muss dies innerhalb der fünfjährigen Frist des § 634a Abs. 1 Nr. 2 BGB geschehen. Ob dem mit einer teleologischen Reduktion zu begegnen ist, wonach dem Besteller letztlich nicht mehr als fünf Jahre nach Abnahme zur Durchsetzung von Ansprüchen, die aus Mängeln hergeleitet werden, zur Verfügung steht, ist fraglich (so aber Staudinger/Peters/Jacoby § 634a Rdn. 18; vgl. zudem Peters NJW 2008, 119 zu § 438 BGB).

12 Der Anspruch auf Auszahlung eines nicht verbrauchten Kostenvorschusses unterliegt ebenfalls der Regelverjährung → Rdn. 288. In der Regelfrist verjähren auch Ansprüche aus dem allgemeinen Leistungsstörungsrecht. Dazu gehören insbesondere auch Schadensersatzansprüche aus Verzug des Unternehmers (BGH, Urt. v. 26.9.1996 – X ZR 33/94). Soweit der Verzug allerdings auf einen Mangel zurückzuführen ist, handelt es sich um einen mangelbedingten Folgeschaden, so dass die Verjährungsfrist des § 634 Abs. 1 Nr. 1 oder 2 BGB Anwendung findet, wenn die Voraussetzungen dieser Nummern erfüllt sind (Messerschmidt/Voit-Moufang/Koos, Privates Baurecht, 3. Aufl., § 634a Rdn. 6). Regelmäßig verjähren deliktische Ansprüche unabhängig davon, ob sie inhaltlich identisch mit Mängelansprüchen sind → Rdn. 269.

B. Dreiteilung nach § 634a Abs. 1 BGB

13

Dreiteilung des § 634a Abs. 1 BGB		
Nr. 2	Nr. 1	Nr. 3
5-jährige Verjährung der Mängelansprüche – aus Bauwerksleistungen – aus Planungs- und Überwachungsleistungen für ein Bauwerk	2-jährige Verjährung der Mängelansprüche – aus Werkleistungen an einer anderen Sache als ein Bauwerk – Planungs- und Überwachungsleistungen für solche Werke	Auffangtatbestand: 3-jährige Regelverjährung für sonstige werkvertragliche Mängelansprüche
Verjährungsbeginn gemäß § 634a Abs. 2: Abnahme bzw. endgültige Abnahmeverweigerung	Verjährungsbeginn gemäß § 634a Abs. 2: Abnahme bzw. endgültige Abnahmeverweigerung	Verjährungsbeginn gemäß § 199 Abs. 1: u. a. Kenntnis bzw. Kennenmüssen

Verjährung der Mängelansprüche §634a

Dreiteilung des §634a Abs. 1 BGB		
Nr. 2	Nr. 1	Nr. 3
Beispiele: Neuerrichtung eines Bauwerks, „größere" Reparaturen, sowie darauf bezogene Planungs- und Überwachungsleistungen	Beispiele: Wartung, Maschinenbau, Arbeiten an Grundstücken, „kleinere" Reparaturen, sowie darauf bezogene Planungs- und Überwachungsleistungen	Beispiele: Softwareentwicklung, Gutachten

Die Dreiteilung in §634a BGB betrifft verschiedenartige Leistungen. Sie führt auch zu einer **14** unterschiedlichen Anknüpfung hinsichtlich des Beginns der Verjährung. Nach §634a Abs. 1 Nr. 1 und 2 BGB ist die Abnahme der maßgebliche Zeitpunkt. Nach §634a Abs. 1 Nr. 3 BGB ist die Entstehung des Anspruchs aus der Pflichtverletzung bzw. das Ende des Jahres, in dem die Kenntnis erlangt worden ist oder infolge grober Fahrlässigkeit nicht erlangt worden ist, maßgebend, §199 Abs. 3 BGB.

I. Fünfjährige Verjährung der Ansprüche wegen Mängeln am Bauwerk und an Planungs- und Überwachungsleistungen für ein Bauwerk

1. Definition

Es verjähren die Ansprüche „bei einem Bauwerk". Damit sind gemeint, die Ansprüche aus **15** Mängeln solcher werkvertraglicher Leistungen, die zur Herstellung eines Bauwerks erbracht worden sind (Arbeiten am Bauwerk).

Der Begriff des Bauwerks hat eine zentrale Bedeutung durch §650a BGB erlangt. Denn **16** er ist Grundlage der Definition des Bauvertrags. Unter einem Bauwerk wird in der Rechtsprechung eine unbewegliche, durch Verwendung von Arbeit und Material in Verbindung mit dem Erdboden hergestellte Sache verstanden (ständige Rspr. BGH, Urt. v. 20.12.2012 – VII ZR 182/10 m.w.N.; Urt. v. 24.2.2016 – VIII ZR 38/15). Von diesem Begriff ging schon Schuldrechtsmodernisierungsgesetz aus (RegEntw., BR-Drucks. 338/01, S. 533, vgl. dazu Fischer, BauR 2005, 1073). Von ihm geht auch das Gesetz zur Reform des Bauvertragsrechts usw. vom 28.4.2017 (BGBl I 2017, 969) aus (vgl. BT-Drucks. 18/8486, S. 53). Der Begriff des Bauwerks im Sinne von §634a Abs. 1 Nr. 2 BGB wird in Fortführung der Rechtsprechung zu §638 BGB a. F. nach dem Sinn und Zweck der Verjährungsvorschriften interpretiert. Obwohl §650a BGB nicht die Verjährung, sondern den Anwendungsbereich des Bauvertrags regelt, gelten die von der Rechtsprechung zum Verjährungsrecht entwickelten Grundsätze → §650a BGB Rdn. 6. Danach ist der Begriff des Bauwerks weiter als der in §§93ff. BGB verwendete des Gebäudes. Denn die sachenrechtlichen und die werkvertraglichen Regelungen haben eine unterschiedliche Zielsetzung (vgl. hierzu von Craushaar, NJW 1975, 993, 995). Während den sachenrechtlichen Bestimmungen vor allem die Ziele der Erhaltung wirtschaftlicher Werte und der Sicherheit des Rechtsverkehrs zugrunde liegen, dient §634a BGB dem Interessenausgleich zwischen den Vertragspartnern des Werkvertrages. Für die Zuordnung einer Werkleistung zu den Arbeiten bei Bauwerken ist auf den Zweck des Gesetzes abzustellen. Damit ist das spezifische Risiko maßgebend, das mit der Errichtung von Gebäuden und anderen Bauwerken verbunden ist, und welches der Grund für die unterschiedlichen Verjährungsregelungen des §634a BGB ist (BGH, Urt. v. 20.12.2012 – VII ZR 182/10 m.w.N.; Urt. v. 3.12.1998 – VII ZR 109/97).

2. Feste Grundstücksverbindung

Voraussetzung für Arbeiten am Bauwerk ist stets, dass die erbrachten Leistungen fest mit **17** dem Grundstück verbunden sind (ablehnend dazu Fischer, BauR 2005, 1073: maßgeblich sei allein das spezifische Risiko der Späterkennbarkeit von Mängeln). Eine sachenrechtliche Zuordnung spielt keine Rolle (BGH, Urt. v. 20.6.1991 – VII ZR 305/90; Urt. v. 30.1.1992 – VII ZR 86/90). Wie fest eine Verbindung mit dem Grundstück sein muss, bestimmt sich nach dem

Jurgeleit

§ 634a — Verjährung der Mängelansprüche

Zweck der fünfjährigen Verjährungsfrist. Es ist auf das spezifische Risiko abzustellen, das mit der Gebäudeerrichtung verbunden ist und das der Grund für die unterschiedlichen Verjährungsfristen des § 634a BGB ist (vgl. zum Recht des § 638 BGB a. F.: BGH, Urt. v. 30.1.1992 – VII ZR 86/90). Dieser Zweckbestimmung muss sich auch die Beurteilung unterwerfen, ob die von der Rechtsprechung geforderte Festigkeit der Verbindung mit dem Grundstück vorliegt (BGH, Urt. v. 30.1.1992 – VII ZR 86/90; Urt. v. 3.12.1998 – VII ZR 109/97; OLG Düsseldorf, Urt. v. 12.5.2000 – 22 U 194/99). Es sind keine zu hohen Maßstäbe anzulegen. Es genügt eine enge und auf längere Dauer angelegte Verbindung mit dem Grundstück (BGH, Urt. v. 30.1.1992 – VII ZR 86/90.; Urt. v. 3.12.1998 – VII ZR 109/97). Allein die Schwere der Sache kann bereits zu einer ausreichenden festen Verbindung führen. Auch kann diese durch Verschraubungen oder Anschlüsse hergestellt werden. Wird ein Grundstück mit technischen Anlagen (hier: Sportplatzbau mit technischen Komponenten) versehen, genügt es, dass die Anlage durch die Vielzahl der verbauten Komponenten mit dem Grundstück so verbunden ist, dass eine bis zum Ablauf der Nutzungszeit nicht beabsichtigte Trennung vom Grundstück nur mit einem größeren Aufwand möglich ist. Wegen der Beispiele aus der Rechtsprechung wird verwiesen auf → § 650a BGB Rdn. 8.

18 Die Verjährung von Mängelansprüchen aus werkvertragliche Leistungen, die nicht zu einer ausreichend festen Verbindung mit dem Grundstück führen, bestimmt sich nach § 634a Abs. 1 Nr. 1 oder Nr. 3 BGB. Im übrigen kann bei solchen Leistungen, wie z.B. der Einbau einer gelieferten Fernsteuerung für Rollladen mit loser Kabelverbindung oder die Verlegung eines vom Unternehmer gelieferten Teppichbodens, auch Kaufrecht anzuwenden sein, § 650 BGB.

3. Gebäude und Gebäudeteile als Bauwerk

a) Arbeiten an neuen Bauwerken

19 Der Begriff des Bauwerks erfasst neu errichtete Gebäude und andere von Menschen aus Material geschaffene, in vergleichbarer Weise ortsfest angebrachte Sachen. Auf welche Weise die Verbindung zum Erdboden hergestellt wird, ist unerheblich. Sie kann auch dadurch geschaffen werden, dass auf einem Gebäudeteil (Dach) aufgebaut wird (BGH, Urt. v. 2.6.2016 – VII ZR 348/13). Zu den Bauwerken gehören Leistungen des Hochbaus und des Tiefbaus und der Bearbeitung der Erdoberfläche als Vorbereitung für die Errichtung des Bauwerks. Es kommt nicht darauf an, inwieweit die Arbeiten das spezifische Risiko einer späten Erkennbarkeit von Mängeln haben (BGH, Urt. v. 10.1.2019 – VII ZR 184/17 Rn. 17; a.A.Fischer, BauR 2005, 1074; von Craushaar, NJW 1975, 993, 999). Maßgeblich ist vielmehr die Zuordnung der Leistungen zur Errichtung des Bauwerks in seiner funktionellen Gesamtheit. Dazu können auch die unmittelbar mit der Errichtung zusammenhängenden Arbeiten gehören, wenn sie funktional mit der Errichtung eines Bauwerks in Zusammenhang stehen, wie z.B. gemeinsam mit der Bauerrichtung beauftragte Baureinigungsarbeiten (Hdb. priv. BauR-Merl, § 15 Rdn. 1117), vgl. die Beispiele → § 650a BGB Rdn. 10.

20 Zum Bauwerk gehören auch dessen Teile, so dass auch die Herstellung der einzelnen Bauteile und Bauglieder zu den Arbeiten am Bauwerk gehört, unabhängig davon, ob sie als äußerlich hervortretende, körperlich abgesetzte Teile in Erscheinung treten (BGH, Urt. v. 24.2.2016 – VIII ZR 38/15; Urt. v. 20.5.2003 – X ZR 57/02; Urt. v. 21.12.1955 – VI ZR 246/54). Teilleistungen eines Handwerkers sind Arbeiten bei einem Bauwerk, wenn sie sich derart auf ein bestimmtes Bauwerk beziehen, dass bei wertender Betrachtung die Feststellung gerechtfertigt ist, der Unternehmer habe bei dessen Errichtung mitgewirkt (BGH, Urt. v. 9.3.2004 – X ZR 67/01), Beispiele → § 650a BGB Rdn. 15.

21 Ob temporäre Bauhilfskonstruktionen zu den Arbeiten beim Bauwerk gehören, hängt vom Einzelfall ab. Ein Berliner Verbau soll nicht dazu gehören, weil es an einer dauerhaft festen Grundstücks- und Gebäudeverbindung fehle (OLG Hamm, Urt. v. 24.2.2015 – 24 U 94/13). Dagegen dürfte z.B. die Errichtung einer mehrjährig nutzbaren Baustraße ebenso zu den Arbeiten beim Bauwerk gehören, wie die Errichtung einer vorübergehend für die Dauer längerer Arbeiten errichteten Straßenbrücke oder die Verlegung von Straßenbahnschienen.

22 Im Einzelfall kann eine Leistung nicht mehr als Arbeit beim Bauwerk zu beurteilen sein, so dass die fünfjährige Frist nicht greift, z.B. ein Elektroinstallateur montiert eine Lampe über der Hauseingangstür. Die Verjährungsregelungen differenzieren nicht zwischen der Art des Mangels. Sind einzelne, in das Bauwerk eingebaute Teile frühzeitig verschlissen, unterliegt ein daraus entstehender Mängelanspruch auch der fünfjährigen Verjährung. Ob der Verschleiß überhaupt einen Mangel darstellt, hängt von der Beschaffenheitsvereinbarung oder der üblichen Beschaffenheit des Werks ab → § 633 BGB Rdn. 74.

b) Arbeiten an bestehenden Bauwerken

Soweit der Unternehmer Leistungen für bestehende Bauwerke erbringt, unterscheidet die Rechtsprechung nach dem Umfang des Eingriffs in die Bausubstanz, da der Zweck der fünfjährigen Frist es nicht erfordert, ihr alle Arbeiten an bestehenden Bauwerken zu unterwerfen. 23

aa) Grundlegende Erneuerung

Eine grundlegende Erneuerung eines Bauwerks steht einer Neuerrichtung gleich. Unter grundlegender Erneuerung sind Arbeiten zu verstehen, die insgesamt einer vollständigen oder teilweisen Neuerrichtung gleich zu achten sind (BGH, Urt. v. 10.1.2019 – VII ZR 184/17 Rn. 14). Das hat der BGH, aaO, für den Fall bejaht, dass ein als Bürogebäude genutztes Bestandsgebäude vollständig entkernt, für die Nutzung als Studentenwohnheim neu aufgebaut und mit unterschiedlich gestalteten Wohneinheiten nebst Küche und Bad ausgestattet wurde. 24

Wird ein Gebäude grundlegend erneuert, sind grundsätzlich alle für die grundlegende Erneuerung durchgeführten Arbeiten der fünfjährigen Mängelrechtsfrist unterworfen. Unerheblich ist, ob der konkret geltend gemachte Mangel früher erkennbar war. Die für die Errichtung und damit auch die grundlegende Erneuerung typische Risikolage der späten Erkennbarkeit von Mängeln stellt keine weitere Voraussetzung im Einzelfall für die Annahme der fünfjährigen Verjährungsfrist dar, sondern beschreibt den gesetzgeberischen Grund für das Eingreifen der langen Verjährungsfrist (BGH, Urt. v. 10.1.2019 – VII ZR 184/17 Rn. 17). 25

bb) Umbauarbeiten

Umbauarbeiten unterfallen der fünfjährigen Verjährungsfrist, wenn sie für Konstruktion, Bestand, Erhaltung und Benutzbarkeit des Gebäudes von wesentlicher Bedeutung sind und die eingebauten Teile mit dem Gebäude fest verbunden werden (BGH, Urt. v. 10.1.2019 – VII ZR 184/17 Rn. 14; Urt. v. 2.6.2016 – VII ZR 348/13). Ob eine Arbeit für Konstruktion, Bestand, Erhaltung und Benutzbarkeit des Gebäudes von wesentlicher Bedeutung ist, ist eine Frage des Einzelfalles (BGH, Urt. v. 8.1.1970 – VII ZR 35/68). Die sachenrechtliche Zuordnung ist nicht maßgeblich, weil das Sachenrecht andere Zwecke verfolgt als das Gewährleistungsrecht (BGH, Urt. v. 15.2.1990 – VII ZR 175/89) → Rdn. 16. Maßgeblich für die Beurteilung ist die Zweckbestimmung, unter Einsatz nicht unerheblicher finanzieller Mittel die Gebäude durch dessen Substanz schützende und erhaltende Renovierung wiederherzustellen, die nach Umfang und Bedeutung Neubauarbeiten vergleichbar ist (BGH, Urt. v. 22.9.1983 – VII ZR 360/82; Urt. v. 20.2.1997 – VII ZR 288/94; Urt. v. 3.12.1998 – VII ZR 109/97; Urt. v. 20.5.2003 – X ZR 57/02; Urt. v. 2.6.2016 – VII ZR 348/13). Im Vordergrund steht in Abgrenzungsfragen das spezifische Risiko der späten Erkennbarkeit von Mängeln (BGH, Urt. v. 24.3.1977 – VII ZR 220/75; Urt. v. 22.9.1983 – VII ZR 360/82; Urt. v. 30.1.1992 – VII ZR 86/90; BGH, Urt. v. 3.12.1998 – VII ZR 109/97). 26

Beispiele für Arbeiten an bestehenden Bauwerken: Errichtung einer Photovoltaikanlage auf dem Dach einer Tennishalle mit konstruktiven Eingriffen in das Dach (BGH, Urt. v. 2.6.2016 – VII ZR 348/13), 27

Erneuerung des Plattenbelags einer Terrasse (OLG Hamburg, Urt. v. 11.5.1994 – 12 U 35/93),

Arbeiten an einem in das Erdreich eingebetteten Heizöltank (OLG Hamm, Urt. v. 22.3.1995 – 12 U 97/94),

Beschichtung des Außenputzes (BGH, Urt. v. 8.1.1970 – VII ZR 35/68),

neue Dacheindeckung (BGH, Urt. v. 21.12.1955 – VI ZR 246/54),

Abdichtungsarbeiten im Kellerbereich (BGH, Urt. v. 22.9.1983 – VII ZR 360/82),

Einbau einer Klimanlage (BGH, Urt. v. 22.11.1973 – VII ZR 217/71),

Erneuerung einer Elektroanlage in wesentlichen Teilen (BGH, Urt. v. 30.3.1978 – VII ZR 48/77),

Erneuerung der Heizanlage (LG Frankfurt, Urt. v. 6.5.2011 – 2/09 S 52/10),

nach Werkvertragsrecht eingebaute Einbauküche (BGH, Urt. v. 15.2.1990 – VII ZR 175/89; KG, Urt. v. 31.10.1995 – 7 U 5519/95),

§ 634a

nach Werkvertragsrecht eingebrachter, verklebter Teppichboden (BGH, Urt. v. 16.5.1991 – VII ZR 296/90),

Teppichbodenverlegung in einem Hochhaus (OLG Köln, Urt. v. 8.3.1985 – 6 U 182/84),

Umfassende Malerarbeiten (BGH, Urt. v. 16.9.1993 – VII ZR 180/92),

Einbau eines Kachelofens (OLG Koblenz, Urt. v. 17.3.1994 – 5 U 1436/93),

Dachgarten (OLG Hamm, Urt. v. 20.9.1991 – 12 U 202/90, a. A. aber zweifelhaft OLG München, Urt. v. 13.2.1990 – 25 U 4926/89).

cc) Einfache Renovierungsarbeiten

28 Renovierungsarbeiten von untergeordneter Bedeutung, geringfügige Reparaturen oder Wartungsarbeiten sind keine Arbeiten am Bauwerk im Sinne des § 634a Abs. 1 Nr. 2 BGB. Für sie gilt die zweijährige Mängelhaftungsfrist nach § 634a Abs. 1 Nr. 1 BGB.

29 **Beispiele (keine Bauwerksarbeiten):** Bloße Erneuerung des Anstrichs von Holzfenstern (BGH, Urt. v. 7.1.1965 – VII ZR 110/63),

Installation einer Beleuchtungsanlage (BGH, Urt. v. 28.1.1971 – VII ZR 173/69),

Anbringen einer Markise (OLG Köln, Urt. v. 13.9.1989 – 13 U 69/89; LG Rottweil, Urt. v. 28.7.1982 – 1 S 74/82),

Reparaturen an einer Heizung (OLG Köln, Urt. v. 26.8.1994 – 19 U 292/93) oder am Parkett (OLG Hamm, Urt. v. 28.10.1998 – 12 U 99/97),

Ablösbare Teppichfliesenverlegung (OLG Hamm, Urt. v. 28.10.1998 – 12 U 99/97),

Schotterung von Waldwegen (OLG Köln, Urt. v. 29.2.2000 – 3 U 81/99),

Anbringen eines Reklameschildes an einem Geschäftshaus (OLG München, Urt. v. 11.3.1992 – 15 U 4188/91),

Nachträglicher Einbau einer Alarmanlage (je nach Bedeutung für das Bauwerk) BGH, Urt. v. 20.6.1991 – VII ZR 305/90 (keine Bauwerksarbeit); vgl. OLG Hamm, Urt. v. 11.11.1975 – 21 U 42/75 (Bauwerksarbeiten); OLG Düsseldorf, Urt. v. 19.3.1999 – 22 U 199/98 (keine Bauwerksarbeiten).

Lieferung und Einbau einer Standardküche (AG Minden, Urt. v. 5.2.2013 – 26 C 143/12).

30 Fischer (BauR 2005, 1073, 1079) vertritt die Auffassung, dass die von der Rechtsprechung geforderte feste Verbindung mit dem Grundstück für sich gesehen kein geeignetes Kriterium sei, interessengerechte Ergebnisse zu erzielen. Maßgeblich müsse das Kriterium der Späterkennbarkeit von Mängeln sein. Dieser Ansatz verkennt, dass sich die Rechtsprechung nicht allein an einem interessengerechten Ergebnis ausrichten kann, sondern an dem Begriff des Bauwerks, wie er dem Gesetz zugrunde liegt, anzuknüpfen hat. Zudem ist die späte Erkennbarkeit von Mängeln keinesfalls ein geeigneteres ausschließliches Abgrenzungskriterium. Letztlich berücksichtigt die Rechtsprechung bei der Prüfung, inwieweit eine feste Verbindung mit dem Grundstück auch bei nachträglichen Arbeiten zu bejahen ist, bereits den Sinn und Zweck der fünfjährigen Verjährungsfrist. Deshalb kommt die Rechtsprechung durchaus zu interessengerechten Ergebnissen. Die von Fischer (a. a. O.) angeführten Beispiele lassen sich teilweise mühelos auch unter der Geltung der Rechtsprechung als Arbeiten am Bauwerk einordnen, z. B. die Verlegung eines Elektrokabels mit einer Funktion für das gesamte Gebäude, die Montage einer mangelhaften Wasserleitung, die Auswechslung einer Dachpfanne, die Verlegung von schwimmendem Estrich, die Verlegung von Böden, die in die Wohnung eingepasst werden und allein durch ihre Funktion eine feste Verbindung mit dem Gebäude eingehen, wie Parkett- oder Laminatböden. Andere Beispiele zeigen hingegen, dass das Gesetz über seine Bedeutung hinaus erweiternd ausgelegt werden soll, z. B. dann wenn Mängel an nicht fest verlegtem Bodenbelag oder an einer Küchenplatte auch als Mängel an einem Bauwerk qualifiziert werden sollen. Abgrenzungsschwierigkeiten sind nicht zu vermeiden.

c) Bearbeitung von Sachen für ein Bauwerk

31 Nach der Rechtsprechung zu § 638 BGB a. F. liegen Arbeiten am Bauwerk auch dann vor, wenn der Unternehmer Gegenstände, die für ein bestimmtes Bauwerk verwendet werden sollen, in Kenntnis der Verwendungsabsicht auf der Grundlage eines Werkvertrages bearbeitet oder herstellt (BGH, Urt. v. 18.3.1968 – VII ZR 142/66: Herstellung von Fertigbauteilen, die nicht selbst eingebaut werden; Urt. v. 12.10.1978 – VII ZR 220/77: Eloxierung von

Verjährung der Mängelansprüche §634a

Fensterrahmen; Urt. v. 27.3.1980 – VII ZR 44/79: Herstellung von Fußbodenplatten; Urt. v. 26.4.1990 – VII ZR 345/88: Beschichtung von Filterbehältern für ein Schwimmbad; Urt. v. 3.12.1998 – VII ZR 109/97; Urt. v. 19.3.2002 – X ZR 49/00). Diese Rechtsprechung bleibt anwendbar, soweit der Unternehmer einen Nachunternehmer beauftragt, vom Unternehmer zur Verfügung gestellte Sachen zu bearbeiten, die dann vom Unternehmer in das Bauwerk eingearbeitet werden. Denn in diesem Fall findet auf das Vertragsverhältnis zwischen dem Unternehmer und Nachunternehmer Werkvertragsrecht Anwendung. Der Nachunternehmer übernimmt keine Lieferpflicht. Der Umstand, dass er die vom Unternehmer an ihn gelieferte und sodann bearbeitete Sache, dem Unternehmer zurückgeben muss, erfüllt nicht den Tatbestand des §650 BGB. In diesem Fall findet §634a Abs. 1 Nr. 2 BGB Anwendung. Etwas anderes gilt jedoch, wenn der Unternehmer die zu bearbeitende Sache für das Bauwerk von vornherein bei einem anderen Unternehmer bestellt, dieser also eine Herstellungs- und Lieferungspflicht übernimmt.

Nach der sogenannten Silo-Entscheidung (BGH, Urt. v. 23.7.2009 – VII ZR 151/08) ist in 32 diesem Fall Werkvertragsrecht nicht anwendbar. Verträge, die allein die Lieferung von herzustellenden beweglichen Bau- oder Anlagenteilen zum Gegenstand haben, sind nach Maßgabe des §650 BGB nach Kaufrecht zu beurteilen → §650 BGB Rdn. 13. Die Zweckbestimmung der Teile, in Bauwerke eingebaut zu werden, rechtfertigt keine andere Beurteilung (BGH, a. a. O.). Die annähernde Gleichschaltung der Verjährungsfristen von fünf Jahren erfolgt nach Maßgabe des §438 Nr. 2b BGB, soweit Mängelansprüche bestehen. Gleiches gilt für den Fall, dass der Unternehmer die zum Einbau notwendigen Elemente bei einem Baustofflieferanten bezieht, der überhaupt keine Herstellungspflichten übernimmt (BGH, Urt. v. 2.4.2014 – VIII ZR 46/13).

4. Technische Anlagen als Bauwerk

Technische Anlagen können aus verschiedenen Gründen als Bauwerke einzuordnen sein. 33 Bauwerke liegen vor, wenn die technische Anlage selbst (als Ganzes) nach ihrer Beschaffenheit als Bauwerk anzusehen ist. Das kommt in Betracht, wenn die Verbindung mit dem Erdboden vergleichbar ist wie bei Gebäuden, wobei es ausreicht, dass eine enge und auf längere Dauer angelegte Verbindung mit dem Erdboden besteht, die auch allein durch Schwere und Gewicht herbeigeführt werden kann, eine unlösbare Verbindung ist nicht erforderlich (vgl. BGH, Urt. v. 3.12.1998 – VII ZR 109/97: Förderanlage für die Automobilproduktion). Unerheblich ist, ob die technische Anlage unmittelbar oder mittelbar über ein Gebäude fest mit dem Erdboden verbunden ist (BGH, Urt. v. 2.6.2016 – VII ZR 348/13 Rn. 29).

Entscheidend ist vielmehr, ob Vertragszweck die Erstellung einer größeren ortsfesten Anlage mit den spezifischen Bauwerksrisiken ist, die der gesetzlichen Regelung zur langen Verjährungsfrist zugrunde liegen (BGH, Urt. v. 7.12.2017 – VII ZR 101/14). Es genügt für die Arbeiten am Bauwerk, dass der Unternehmer durch das von ihm geschuldete Werk bei der Errichtung der Sache mitwirken soll, die von ihrer Größe und ihrem Gewicht her so beschaffen ist, dass eine Trennung vom Grundstück nur mit einem größeren Aufwand möglich ist (BGH, Urt. v. 23.1.2002 – X ZR 184/99: 11 to schwere Müllpresse; Urt. v. 20.5.2003 – X ZR 57/02: schwere und große Pelletieranlage; Urt. v. 19.3.2002 – X ZR 49/00; Urt. v. 7.12.2017 – VII ZR 101/14: Produktionslinie für eine Kartoffelchipherstellung). Unerheblich ist, ob eine derartige Anlage auch noch selbst mit dem Gebäude, in dem sie untergebracht ist, besonders verbunden ist (BGH, Urt. v. 20.5.2003 – X ZR 57/02). Nach diesen Maßstäben sind Windenergieanlagen (zutreffend Grabe BauR 2015, 1, 5ff.) oder eine größere, auf dem Erdboden stehende oder auf dem Dach eines Gebäudes angebrachte Photovoltaikanlage Bauwerke im Sinne des §634a BGB (BGH, Urt. v. 2.6.2016 – VII ZR 348/13 Rn. 29).

Arbeiten bei einem Bauwerk können angenommen werden, wenn die zu errichtende An- 34 lage Bauteil oder Bauglied einer Sache ist, die ihrerseits die Kriterien eines Bauwerks erfüllt, z. B. die Steuerungsanlage einer Hängebahn (BGH, Urt. v. 20.2.1997 – VII ZR 288/94); die Steuerungsanlage für eine Pelletieranlage (BGH, Urt. v. 20.5.2003 – X ZR 57/02) oder Anlagenteile für eine Produktlinie, die eingepasst und an in die vorhandene Anlage eingegliedert werden (BGH, Urt. v. 7.12.2017 – VII ZR 101/14). In diesen Fällen gilt eine ganzheitliche Betrachtungsweise, so dass es nicht darauf ankommt, ob der herzustellende Teil der Anlage selbst die Kriterien für ein Bauwerk erfüllt (BGH, Urt. v. 20.5.2003 – X ZR 57/02). Das gilt auch dann, wenn mehrere Unternehmer an einer insgesamt als Bauwerk einzustufenden technischen Anlage arbeiten, um diese zu errichten. Insbesondere liegt diese Alternative auch vor, wenn technische Anlagen in ein Gebäude eingebaut werden, ohne die es nicht komplett

§ 634a

ausgestattet wäre (BGH, Urt. v. 15.2.1990 – VII ZR 175/89: speziell angepasste Einbauküche; Urt. v. 8.3.1973 – VII ZR 43/71; OLG Düsseldorf, Urt. v. 23.2.2012 – 5 U 65/11: Zentralheizung im Wohnhaus; Urt. v. 4.12.1986 – VII ZR 354/85: Papierentsorgungsanlage mit Ballenpresse in einem Verwaltungsgebäude; Urt. v. 22.11.1973 – VII ZR 217/71: Klimaanlage in einem Druckereigebäude).

35 Voraussetzung für die Anwendung des § 634a BGB ist auch bei technischen Anlagen die Anwendung des Werkvertragsrechts. Die Herstellung und Lieferung von Anlagen kann auch nach Kaufrecht zu beurteilen sein, wenn keine Einbauverpflichtung übernommen wird oder die Lieferungspflicht lediglich mit einer untergeordneten Montageverpflichtung verbunden ist → § 650 BGB Rdn. 11 ff. Beim Einbau von größeren Anlageteilen wird jedoch in aller Regel die Herstellung und die Funktionalität im Vordergrund stehen, so dass das Werkvertragsrecht dominiert (vgl. BGH, Urt. v. 7.12.2017 – VII ZR 101/14). Am Beispiel der Photovoltaikanlagen zeigt sich, dass es auf den Einzelfall ankommt. So ist die Aufstellung einer großen Anlage zutreffend nach Werkvertragsrecht und als Arbeit beim Bauwerk beurteilt worden (BGH, Urt. v. 2.6.2016 – VII ZR 348/13; OLG München BauR 2014, 720, 721). In einer früheren Entscheidung hat der Bundesgerichtshof die Lieferung und den Einbau einer Photovoltaikanlage auf einem Gebäudedach zur privaten Nutzung als Kaufvertrag eingeordnet, weil die Einbauverpflichtung lediglich untergeordnete Bedeutung gehabt habe (BGH, Urt. v. 3.3.2004 – VIII ZR 76/03). Dieser Entscheidung sind Instanzgerichte zu Recht nicht gefolgt (OLG Jena, Urt. v. 6.3.2013 – 2 U 105/12; vgl. auch Lakkis, NJW 2014, 829; zweifelhaft OLG Oldenburg, Urt. v. 22.1.2013 – 2 U 47/12). Entscheidend dürfte beim Erwerb komplizierter technischer Anlagen, bei denen der Veräußerer auch die Montageverpflichtung übernimmt, in erster Linie sein, inwieweit die Montage die Funktionalität der Anlage sicher stellen soll → Vor § 631 BGB Rdn. 98. Ist das ohne die Montage durch den Veräußerer nicht gewährleistet, weil Spezialwissen erforderlich ist, dürfte in aller Regel Werkvertragsrecht anzunehmen sein, wobei es grundsätzlich nicht darauf ankommen kann, welchen Wert die Montageleistung hat (vgl. Kniffka/Koeble/Jurgeleit/Sacher, Kompendium des Baurechts, 5. Aufl., 10. Teil Rdn. 113 ff.).

36 Bauwerke im Sinne des § 634 Abs. 1 Nr. 2 BGB sind nicht nur Gebäude oder technische Anlagen. Vielmehr sind Bauwerke alle baulichen Anlagen. Das sind mit dem Erdboden verbundene, aus Bauprodukten hergestellte Anlagen. Herangezogen werden kann die Definition in § 2 Abs. 2 Satz 2 der Musterbauverordnung, die weitgehend mit den Landesbauordnungen übereinstimmt. Danach sind bauliche Anlagen auch Aufschüttungen und Aufgrabungen, Lagerplätze, Abstellplätze und Ausstellungsplätze, Sport- und Spielflächen, Campingplätze, Wochenendplätze und Zeltplätze, Freizeit- und Vergnügungsparks, Stellplätze für Kraftfahrzeuge, sofern sie aus Bauprodukten hergestellte Anlagen sind. Nach einer Entscheidung des Bundesgerichtshofs (Urt. v. 30.1.1992 – VII ZR 86/90) soll allerdings die Einordnung als bauliche Anlage i. S. des öffentlichen Baurechts letztlich keine entscheidende Bedeutung haben, weil der Zweck des öffentlichen Bauordnungsrechts (Gefahrenabwehr, Sicherung einer ordnungsgemäßen baulichen Entwicklung usw.) mit den Zwecken des § 638 a. F. kaum Gemeinsamkeiten aufweise. Das werde besonders bei den planungsrechtlichen Elementen der Baugenehmigung deutlich. Der Gesetzgeber bejahe zudem den Bedarf für die sicherheitsrechtliche Prüfung schon bei Anlagen, die zweifelsfrei nicht als Bauwerk i. S. des § 638 a. F. anzusehen seien. Sieht man von den Aufgrabungen ab, lässt sich allerdings nicht feststellen, dass die privatrechtlich einzuordnende Bauwerkseigenschaft nicht erfüllt wäre. Aber auch Aufgrabungen können zu den Bauwerksarbeiten gehören, wenn sie für die Errichtung eines Bauwerks erfolgen. Die Entscheidung des Bundesgerichtshofs diente denn auch nicht dazu, den Anwendungsbereich des öffentlichen Rechts einzugrenzen, sondern eher zum Beleg dafür, dass Bauwerke im Sinne des Verjährungsrechts auch dann vorliegen können, wenn sie nach öffentlichem Recht (noch) nicht als Bauwerke bewertet werden. Der Bundesgerichtshof hat Arbeiten zur Errichtung eines Trainingsplatz ebenfalls als Arbeiten an einem Bauwerk eingestuft (BGH, Urt. v. 20.12.2012 – VII ZR 182/10). Auch nach § 2 Abs. 1 Satz 2 Musterbauverordnung reicht es für eine bauliche Anlage aus, wenn eine Anlage durch eigene Schwere auf dem Boden ruht oder auf ortsfesten Bahnen begrenzt beweglich ist oder wenn die Anlage nach ihrem Verwendungszweck dazu bestimmt ist, überwiegend ortsfest benutzt zu werden.

5. Arbeiten an Außenanlagen

37 § 634a Abs. 1 Nr. 2 BGB unterwirft der besonderen Verjährung nur die Arbeiten bei einem Bauwerk sowie Planungs- und Überwachungsleistungen hierfür, nicht jedoch die Arbeiten an einer Außenanlage bzw. Planungs- und Überwachungsleistungen hierfür. Das bedeutet,

Verjährung der Mängelansprüche § 634a

dass die Arbeiten dieser Art für eine Außenanlage, zum Begriff → §650a BGB Rdn. 17, nicht der fünfjährigen Verjährung unterliegen. Ansprüche wegen mangelhafter Herstellung von Außenanlagen unterliegen der zweijährigen Verjährung, §634a Abs. 1 Nr. 1 BGB, ungeachtet des Umstandes, dass die darüber geschlossenen Verträge als Bauvertrag im Sinne des §650a Abs. 1 BGB einzuordnen sein können.

II. Zweijährige Verjährung wegen Mängeln an sachbezogenen Werken

Ansprüche wegen Mängeln an Werken, die die Herstellung, Wartung oder Veränderung 38 einer Sache zum Gegenstand haben, verjähren gemäß §634a Abs. 1 Nr. 1 BGB in zwei Jahren nach der Abnahme. Erfasst sind zunächst Mängel von Werken, mit denen Sachen hergestellt werden. Insoweit kommen bewegliche Sachen in Betracht oder unbewegliche Sachen, soweit nicht §634a Abs. 1 Nr. 2 BGB anwendbar ist. Weiter sind erfasst Ansprüche wegen Mängeln von Werken, die die Wartung oder Veränderung einer Sache zum Gegenstand haben. In den Anwendungsbereich des §634a Abs. 1 Nr. 1 BGB fallen demgemäß Ansprüche wegen Mängeln an Werken, die an einem Bauwerk vorgenommen werden, jedoch nicht als „Arbeiten an einem Bauwerk" eingeordent werden können (OLG Düsseldorf, Urt. v. 15.5.2012 – 23 U 118/11). Dazu gehören insbesondere auch Reparatur-, Instandhaltungs- und Instandsetzungsarbeiten an bestehenden Bauwerken, sofern sie für Konstruktion, Bestand, Erhaltung und Benutzbarkeit des Bauwerks nicht von wesentlicher Bedeutung sind → Rdn. 23, wie z. B. kleinere Heizungsreparatur (OLG Köln, Urt. v. 26.8.1994 – 19 U 292/93) oder Reparatur am Parkettboden (OLG Hamm, Urt. v. 28.10.1998 – 12 U 99/97). Allgemein wird davon ausgegangen, dass zu den „Arbeiten an einem Bauwerk" alle Maßnahmen gehören, die im Zusammenhang mit dem Neubau vorgebommen werden. Insoweit kann aber ein wertende Korrektur erfolgen, wenn nach wertender Betrachtung die Maßnahmen so geringfügig sind, dass der Handwerker nicht zur Herstellung eines neuen Gebäudes beiträgt (vgl. BGH, Urt. v. 9.3.2004 – X ZR 67/01). Dann ist auch nur die zweijährige Frist anwendbar.

Die Verjährung richtet sich auch nach §634a Abs. 1 Nr. 1, wenn Werkleistungen für oder an Außenanlagen, bzw. Grundstücken erbracht werden, ohne dass ein Zusammenhang mit der Bauerrichtung besteht. Dazu gehören reine Erdarbeiten, soweit sie nicht bauwerksbezogen erfolgen, sondern nur der Veränderung der Bodenstruktur dienen.

Beispiele: Reparatur- und Wartungsarbeiten an Maschinen, Anlagen und Grundstücken, gärtnerische Arbeiten (OLG Düsseldorf, Urt. v. 19.03.1999 – 22 U 199/98),

Abbruch- und Altlastenbeseitigung (BGH, Urt. v. 9.3.2004 – X ZR 67/01),

Rodungsarbeiten zur Baufreimachung eines Baugrundstücks (BGH, Beschl. v. 24.2.2005 – VII ZR 86/04),

Neugestaltung eines Gartens mit Gartenteich und 7 m tiefen Gartenbrunnen (OLG Düsseldorf, Urt. v. 26.3.1999 – 22 U 210/98).

Werden in einem Vertrag verschiedene Arbeiten übernommen, zu denen bei isolierter Be- 39 trachtung auch solche gehören, die nach §634a Abs. 1 Nr. 2 BGB zu beurteilen wären, kommt es auf eine wertende Gesamtschau an. Mängelansprüche aus Arbeiten am Grundstück, die zusammen mit Bauerrichtungsarbeiten vorgenommen werden, unterliegen der fünfjährigen Verjährungsfrist, wenn bei natürlicher Betrachtungsweise die Arbeiten zusammengehören.

Beispiele: Teilerneuerung einer Heizungsanlage (BGH, Urt. v. 8.3.1973 – VII ZR 43/71),

umfangreiche Malerarbeiten im Außen- und Innenbereich (BGH, Urt. v. 16.9.1993 – VII ZR 180/92),

Pflasterung der Terrasse, der Garagenzufahrt und des Weges zwischen Haus und Garage, die Herstellung einer Hofentwässerung und die Anlage des Gartens bei der Errichtung eines Einfamilienhauses (OLG Düsseldorf, Urt. v. 12.5.2000 – 22 U 194/99).

Denkbar ist aber auch eine Bewertung der Verjährung nach in sich abgeschlossenen Leistungen, die zwar in einem Vertrag enthalten sind, jedoch bei natürlicher Betrachtungsweise nicht zusammengehören, wie z. B. die Errichtung einer Garage und das Fällen eines Baumes im entfernt liegenden Garten (a. A. wohl OLG Düsseldorf, Urt. v. 15.5.2012 – 23 U 118/11).

III. Regelmäßige Verjährung für Mängel an sonstigen Werken

40 Übrig bleibt die Verjährung von Ansprüchen aus Mängeln von Werken, die nicht die Herstellung, Wartung oder Veränderung einer (beweglichen oder unbeweglichen) Sache zum Gegenstand haben, sondern unkörperliche Arbeitsergebnisse. Das sind solche im Sinne des § 631 Abs. 2 BGB, wonach Gegenstand eines Werkvertrages nicht nur die Herstellung oder Veränderung einer Sache, sondern auch ein anderer durch Arbeit oder Dienstleistung herbeizuführender Erfolg sein kann. Es handelt sich in erster Linie um Beratungsleistungen, die aufgrund eines Werkvertrages erfolgen. Es können aber auch Transportleistungen und vor allem geistige Leistungen sein, die keine Planungs- oder Überwachungsleistungen sind, die sich auf Sachen beziehen. Dazu können z.B. Gutachten gehören (BGH, Urt. v. 10.6.1976 – VII ZR 129/74; Urt. v. 26.10.1978 – VII ZR 249/77: Baugrundgutachten; Urt. v. 10.11.1994 – III ZR 50/94: Wertgutachten), ebenso auch die Erstellung von Fertigstellungstestaten (vgl. Schulze-Hagen, IBR 2010, 364, kritische Anmerkung zu KG, Urt. v. 16.2.2010 – 7 U 112/09). Die Ansprüche wegen Mängeln dieser Leistungen verjähren in der Regelfrist. Das ist die in § 195 BGB geregelte Frist von drei Jahren mit der Höchstfrist von 10 Jahren, § 199 Abs. 4 BGB, bzw. 30 Jahren, § 199 Abs. 2 und 3 BGB. Etwas anderes gilt allerdings dann, wenn der Gutachterauftrag kombiniert ist mit einem Auftrag zur Überprüfung der Werkleistung eines Bauunternehmers und mit der Überwachung der Nachbesserungsarbeiten. In diesem Fall dominiert die Überwachungsaufgabe, so dass § 634a Abs. 1 Nr. 2 BGB zur Anwendung kommt (OLG Düsseldorf, Urt. v. 23.2.2012 – 5 U 65/11). Baugrundgutachten enthalten häufig auch planerische Elemente. In diesem Fall dürfte ebenfalls § 634a Abs. 1 Nr. 2 BGB anwendbar sein.

C. Beginn der Verjährung

I. Abnahme und Abnahmefiktionen

41 In den Fällen des § 634a Abs. 1 Nr. 1 und 2 BGB beginnt die Verjährung mit der Abnahme, § 634a Abs. 2 BGB. Bei Teilabnahmen beginnt die Verjährung der Ansprüche, die sich auf den abgenommen Teil beziehen (BGH, Urt. v. 30.6.1983 – VII ZR 185/81). Das gilt auch für Teilabnahmen nach → § 650s BGB Rdn. 72.

42 Die fünfjährige Frist berechnet sich nach § 188 Abs. 2 BGB. Die Verjährung tritt also mit Ablauf des Tages ein, der dasselbe Datum trägt, wie der Tag der Abnahme. Die so genannte Ultimo-Verjährung zum Jahresende gilt für die fünfjährige Verjährungsfrist nicht.

43 Die Verjährung beginnt in allen Fällen, in denen die Abnahme fingiert wird, § 640 Abs. 2 BGB, § 12 Abs. 5 VOB/B.

44 Die Verjährung beginnt auch für Ansprüche aus solchen Mängeln, wegen derer sich der Besteller bei der Abnahme die Rechte gemäß § 640 Abs. 2 BGB vorbehalten hat. Denn maßgeblich ist allein, dass eine Abnahme erfolgt ist (BGH, Urt. v. 22.10.1970 – VII ZR 71/69; OLG Brandenburg, Urt. v. 20.3.2003 – 12 U 14/02).

45 Auch nach einem gekündigten Vertrag beginnt die Verjährung grundsätzlich erst mit der Abnahme (BGH, Urt. v. 19.12.2002 – VII ZR 103/00). Ältere Rechtsprechung, die teilweise auf den Zeitpunkt der Kündigung abgestellt hat, ist damit überholt (vgl. BGH, Urt. v. 2.5.1963 – VII ZR 233/61; Urt. v. 24.6.1971 – VII ZR 254/69).

Davon zu unterscheiden ist die Verjährung von Schadensersatzansprüchen nach einer Kündigung des Bestellers aus wichtigem Grund (§ 648a BGB). Auch wenn die Kündigung aus wichtigem auf einer Schlechterfüllung des Vertrags beruht, findet § 634a BGB keine Anwendung. Vielmehr gilt die regelmäßige Verjährung nach §§ 195, 199 BGB (vgl. BGH, Urt. v. 10.10.2019 – VII ZR 1/19; s. dazu Rn. …).

II. Verjährungsbeginn ohne Abnahme

46 Das Gesetz bietet keine Lösung für die Frage, wann eine Mängelhaftungsfrist läuft, wenn die Abnahme verweigert ist und gegebenenfalls welche. Es gelten die von der Rechtsprechung entwickelten Lösungen → § 640 BGB Rdn. 22. Diese gehen von dem Grundsatz aus, dass ohne eine Abnahme die Verjährung für Mängelansprüche nicht beginnt (vgl. BGH, Urt.

Verjährung der Mängelansprüche § 634a

v. 8.7.2010 – VII ZR 171/08; Urt. v. 24.2.2011 – VII ZR 61/10). Das verkennt das OLG Nürnberg (Urt. v. 27.11.2013 – 6 U 2521/09; kritisch auch Kainz, BauR 2017, 802). Der Grundsatz erfährt jedoch praktisch wichtige Durchbrechungen.

So gilt er nicht, wenn die Abnahme endgültig zu Unrecht verweigert wird. Das folgt schon **47** mittelbar aus § 640 Abs. 2 BGB. Die Abnahmewirkung tritt nach dieser Regelung ein, wenn eine gesetzte Frist zur Abnahme abgelaufen ist, ohne dass der Besteller einen Mangel gerügt hat. Eine Fristsetzung ist nach allgemeinen Grundsätzen entbehrlich, wenn die Abnahme endgültig verweigert wird. Auch ohne Fristsetzung tritt dieselbe Wirkung ein. Die Abnahme gilt als erfolgt, wenn sie unberechtigt verweigert wurde. Es läuft die fünfjährige Frist (BGH, Urt. v. 8.7.2010 – VII ZR 171/08; Urt. v. 24.2.2011 – VII ZR 61/10; Urt. v. 30.9.1999 – VII ZR 162/97; Urt. v. 2.5.1963 – VII ZR 233/61; Urt. v. 24.11.1969 – VII ZR 177/67).

Beispiel: Verweigert der Besteller zu Unrecht endgültig die Abnahme, so liegt darin eine doppelte Verjährungsfalle. Denn es beginnt nicht nur die Verjährung der Mängelansprüche. Mit der unberechtigten Abnahmeverweigerung wird auch der Werklohnanspruch fällig, so dass damit gleichzeitig die Regelverjährung der Werklohnansprüche beginnt (OLG Koblenz, Beschl. v. 19.2.2010 – 2 U 704/09), wenn etwaige sonstigen Fälligkeitsvoraussetzungen, wie eine prüfbare Schlussrechnung, vorliegen.

Der Lauf der Verjährungsfrist beginnt allerdings auch dann, wenn der Besteller die Ab- **48** nahme zu Recht endgültig verweigert. Das ist der Fall, wenn feststeht, dass eine Erfüllung durch den Besteller nicht mehr gefordert wird und auch dann, wenn der Unternehmer kein Erfüllungsrecht mehr hat, also z. B. dann, wenn der Besteller zu Recht den Schadensersatz statt der Leistung für das gesamte Werk gewählt hat. Dementsprechend kann eine endgültige Abnahmeverweigerung darin liegen, dass ein Besteller von seinem Unternehmer Schadensersatz verlangt und gleichzeitig erklärt, diesen von seinen Pflichten zu entbinden und einen anderen Unternehmer mit der Fertigstellung zu betrauen (OLG Düsseldorf, Urt. v. 8.2.2007 – 5 U 95/06). Denn dann steht fest, dass der Vertrag nicht mehr erfüllt wird. Es ist dann nicht mehr gerechtfertigt, den Beginn der Verjährungsfrist von der Abnahme abhängig zu machen. Denn diese setzt die Möglichkeit voraus, dass der Vertrag erfüllt wird. Mit endgültiger Abnahmeverweigerung läuft deshalb die fünfjährige Verjährungsfrist des § 634a Abs. 1 Nr. 2 BGB (BGH, Urt. v. 8.7.2010 – VII ZR 171/08, Rdn. 23).

Anders wiederum ist die Rechtslage, wenn der Unternehmer die Mängelbeseitigung, **49** sei es zu Recht oder zu Unrecht, nicht endgültig, sondern nur vorläufig verweigert (Urt. v. 24.11.1969 – VII ZR 177/67). Solange der Besteller die Abnahme nicht endgültig verweigert, läuft die Verjährungsfrist nicht. Wird die Abnahme wegen wesentlicher Mängel zu Recht verweigert, treten die Abnahmewirkungen solange nicht ein, solange noch Erfüllung verlangt wird (vgl. BGH, Urt. v. 8.1.2004 – VII ZR 198/02) bzw. der Mangel beseitigt ist, so dass danach die Abnahme erfolgt oder zu Unrecht verweigert wird. Bestehen die geltend gemachten Mängel nicht oder sind sie unwesentlich, beginnt die Verjährung nicht, solange die Abnahmeverweigerung nicht endgültig ist. Die Bestimmung dieses Zeitpunktes hängt von gesamten Umständen des Einzelfalls ab. Allerdings wird eine endgültige Verweigerung häufig frühzeitig, also mit der ersten Abnahmeverweigerung anzunehmen sein, wenn der Besteller von vornherein auf seinem Standpunkt beharrt, es lägen Mängel vor. Grundsätzlich wird man deshalb davon ausgehen können, dass bei unberechtigter Abnahmeverweigerung die Verjährungsfrist mit dieser Verweigerung beginnt. Allein der Umstand, dass sich der Besteller gesprächsbereit über die Mängelfrage zeigt, ändert daran nichts, wenn er letztlich bei der Abnahmeverweigerung bleibt. Ansonsten könnte der Besteller durch hinhaltendes Taktieren den Lauf der Mängelhaftungsfrist hinauszögern. Anders können die Fälle zu beurteilen sein, in denen einverständlich ein Gutachten zur Klärung der Mängelfrage eingeholt wird oder sonst versucht wird, die Mängelfrage zu klären.

Auch wenn keine ausdrückliche oder konkludente endgültige Abnahmeverweigerung vor- **50** liegt, kann die Verjährung beginnen. Denn die Verjährung beginnt auch dann, wenn sonstige Umstände gegeben sind, nach denen eine Erfüllung des Vertrages nicht mehr in Betracht kommt. Das kann so sein, wenn ein Abwicklungsverhältnis vorliegt, in dem der Besteller nur noch auf Geldzahlung gerichtete Ansprüche geltend macht oder die Leistung des Unternehmers unmöglich geworden ist, so dass er sie nicht mehr erbringen kann (BGH, Beschl. v. 19.5.2011 – VII ZR 94/09; Urt. v. 24.2.2011 – VII ZR 61/10; Urt. v. 8.7.2010 – VII ZR 171/08). Im Einzelfall kann es schwierig sein, den Zeitpunkt festzustellen, zu dem eine Erfüllung des Vertrages nicht mehr in Betracht kommt. Es geht in aller Regel um Fälle, in denen sich eine Störung des Vertrages entwickelt hat und in denen festgestellt werden muss, ab wann

Jurgeleit

§634a

die Parteien nach ihrem Verhalten davon ausgingen, dass der Vertrag nicht weiter durchgeführt wird (vgl. OLG Hamm, Urt. v. 24.2.2015 – 24 U 94/13).

Beispiel: Der Architekt hat einen Vertrag über die Leistungsphasen 1 bis 9 des § 34 HOAI abgeschlossen. Dazu gehört die Objektbegehung zur Mängelfeststellung vor Ablauf der Verjährungsfristen für Mängelansprüche. Eine Teilabnahme nach § 650s BGB ist nicht gefordert worden. Der Architekt wird wegen eines Bauüberwachungsfehlers sechs Jahre nach dem Zeitpunkt in Anspruch genommen, in dem die Mängelansprüche gegen die Handwerker verjährt sind. Der Schadensersatzanspruch gegen den Architekten ist verjährt, weil auch ohne Abnahme der Architektenleistung die Verjährung mit dem Zeitpunkt begonnen hat, in dem die letzte von dem Vertrag zu erbringende Leistung unmöglich geworden ist. Das war in dem Zeitpunkt, in dem die Ansprüche gegen die Handwerker verjährt waren. Die Feststellung dieses Zeitpunkts kann im Einzelfall schwierig sein (OLG München, Urt. v. 17.7.2012 – 13 U 4106/11; OLG Brandenburg, Urt. v. 10.1.2012 – 11 U 50/10).

51 Es wird vertreten, dass der Annahmeverzug des Bestellers mit der Abnahme zum Beginn der Verjährung führt. Dem kann nicht gefolgt werden. Die Wirkungen des Annahmeverzuges ergeben sich aus dem Gesetz, vgl. §§ 300ff., 644 BGB. Der Beginn der Verjährung gehört nicht dazu → § 640 BGB Rdn. 38. Auch wenn sich der Besteller auf ein Abnahmeverlangen des Unternehmers überhaupt nicht erklärt, ist dieser nicht schutzlos. Vielmehr kann er gemäß § 640 Abs. 2 BGB dem Besteller eine angemessene Frist zur Abnahme setzen, nach deren ergebnislosem Ablauf das Werk als abgenommen gilt, wenn nicht wenigstens ein Mangel geltend gemacht wird. Dann beginnt die Verjährung der Gewährleistungsansprüche mit dem Ablauf dieser Frist (BGH v. 8.7.2010 – VII ZR 171/08, Rdn. 26). Verweigert der Besteller zu Unrecht die Abnahme wegen Mängeln, wird das regelmäßig eine endgültige Verweigerung sein, so dass die Mängelhaftungsfrist aus diesem Grund beginnt → Rdn. 49.

III. Beginn der Verjährung im Fall des §634a Abs. 1 Nr. 3 BGB

52 Die Verjährung beginnt nach Maßgabe des § 199 BGB und des § 195 BGB.

D. Verjährung bei arglistig verschwiegenen Mängeln

53 In der regelmäßigen Verjährungsfrist verjähren Ansprüche wegen arglistig verschwiegener Mängel von Bauwerken, jedoch nicht vor Ablauf der fünfjährigen Frist, § 634a Abs. 3 BGB. Gegenüber der Regelung des § 638 BGB a. F. gibt es eine sprachliche Modifikation, weil nicht mehr darauf abgestellt wird, dass der Mangel bei der Abnahme arglistig verschwiegen wird. Sachlich soll das aber wohl keine Änderung darstellen (RegEntw., BR-Drucks. 338/01, S. 625). Es kommt deshalb darauf an, ob der Unternehmer bei der Abnahme arglistig war. Die Verjährungsregel des § 634a Abs. 3 BGB ist de facto zwingend, weil sich nach § 639 BGB der Unternehmer auf eine Vereinbarung, durch welche die Rechte des Bestellers wegen eines Mangels ausgeschlossen oder beschränkt werden, nicht berufen kann, soweit er den Mangel arglistig verschwiegen oder eine Garantie für die Beschaffenheit des Werkes übernommen hat.

54 Die Arglist nach der Abnahme hat keine Bedeutung für die Verjährung, die sich aus § 634a Abs. 1 BGB ergibt. Der maßgebliche Zeitpunkt für die Pflicht des Unternehmers, ihm bekannte oder für möglich gehaltene Mängel zu offenbaren, ist die Abnahme. Nicht entscheidend ist die Übergabe des Werkes, denn diese steht der Abnahme nicht gleich. Der Unternehmer bleibt bis zur Billigung des Werks offenbarungspflichtig. Eine nach Abnahme unterlassene Aufklärung kann zur Verletzung von Vertragspflichten führen (BGH, Urt. v. 19.5.2011 – VII ZR 24/08; Kniffka, FS Heiermann, S. 201).

55 Die Höchstfrist beträgt bei arglistig verschwiegenen Mängeln 10 Jahre für alle anderen Ansprüche als Schadensersatzansprüche, § 199 Abs. 4 BGB. Die Frist von drei Jahren beginnt mit der Entstehung des Anspruchs und der Kenntnis des Bestellers von den den Anspruch begründenden Umständen und der Person des Schuldners (zur Fristberechnung in Übergangsfällen vgl. OLG Köln Urt. v. 23.3.2007 – 19 U 162/06; Acker/Bechthold, NZBau 2002, 529, 530; auch zur Übergangsregelung). Nach OLG Karlsruhe (Urt. v. 24.1.2014 – 4 U 149/13) ist der auf Geldzahlung gerichtete Anspruch allerdings abweichend vom Grundsatz nicht erst mit Ablauf einer etwa notwendigen Mängelbeseitigungsfrist entstanden, sondern bereits mit der Abnahme. Ansonsten würden für die Verjährung des arglistig verschwiegenen Mangels ohne sachlich rechtfertigenden Grund andere Regel gelten als für die Verjährung des nicht arglistig verschwiegenen Mangels. Das überzeugt nicht. Die Anknüpfung an die Entstehung des Anspruchs richtet sich nach allgemeinen Regeln. Sehen diese besondere Voraussetzungen für die Entstehung des Anspruchs vor, so kann nicht zu Lasten des arglistig getäuschten Bestellers auf andere, ihm ungünstige Anknüpfungen zurückgegriffen werden. Dass es dann dazu kommen kann, dass der Anspruch bei Entdeckung des Mangels kurz vor Ablauf der Zehnjahresfrist über diesen Zeitraum hinaus erst verjährt, ist Folge des allgemeinen Schuldrechts und für den arglistig Getäuschten zu Recht günstig. Soweit dem die Einheitlichkeit der Verjährung aller Ansprüche entgegengehalten wird (Schulze-Hagen, BauR 2016, 384, 391), die nicht arglistig verschiegen worden sind, ist zu bedenken, dass die Arglist eben eine eigenständige Verjährung mit anderen Voraussetzungen für den Verjährungsbeginn auslöst. Soweit allerdings der Anspruch wegen arglistig verschwiegener Mängel ohne Fristsetzung geltend gemacht werden kann, beginnt die Verjährung nach der notwendigen Kenntnis sofort (zutreffend Schulze-Hagen, BauR 2016, 384, 392 unter Hinweis auf BGH, Urt. v. 12.3.2010 – V ZR 147/09; Beschl. v. 28.2.2007 – V ZB 154/06).

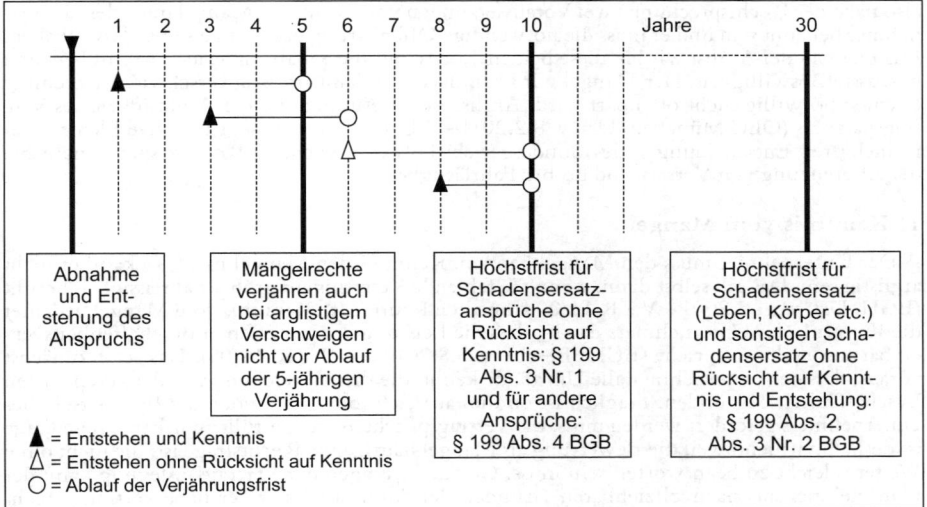

56 Schadensersatzansprüche, die auf Verletzung des Lebens, des Körpers, der Gesundheit oder der Freiheit beruhen, können bei fehlender Kenntnis bzw. grob fahrlässiger Unkenntnis oder mangels Entstehung noch 30 Jahre geltend gemacht werden, wenn ein Mangel arglistig verschwiegen worden ist. Nach der Regelung des § 199 Abs. 3 Nr. 2 BGB kommt auch für sonstige Schadensersatzansprüche unter den dort genannten Voraussetzungen eine 30-jährige Verjährungsfrist in Betracht.

57 In dem Extremfall, dass der verschwiegene Mangel sofort nach der Abnahme entdeckt oder infolge grober Fahrlässigkeit nicht entdeckt wird, besteht danach kein gravierender Unterschied zur normalen Verjährung. Das ist kein besonderes Problem. Dem Besteller bleibt genug Zeit, den Anspruch zu verfolgen. Das gilt aber auch dann, wenn der Mangel erst später erkannt wird. Dem Besteller verbleiben grundsätzlich mindestens drei Jahre, die Verjährung durch gerichtliche Maßnahmen zu hemmen. Allerdings verkürzt sich die Frist zum Ende der zehnjährigen Verjährung, weil das eine absolute Frist ist.

58 Fraglich ist jedoch, ob die kurze Verjährung von zehn Jahren den Besonderheiten des Bauens gerecht wird. Es zeigt sich immer wieder, dass arglistig verschwiegene Mängel nach Ablauf von mehr als zehn Jahren auftauchen. Es kann durch diese Mängel zu ganz erheblichen Schäden kommen. Werden Schadensersatzansprüche des Bestellers dann mit der Einrede der Verjährung blockiert, dürfte das auf wenig Akzeptanz stoßen. Der Besteller erwartet zu Recht eine lange Lebensdauer des Bauwerks. Er investiert häufig erhebliche Summen, bisweilen im privaten Wohnungsbau sein ganzes, jahrelang angespartes Vermögen. Es ist nicht interessengerecht, ihn bei einem arglistig verschwiegenen Mangel nach zehn Jahren schutzlos zu stellen.

§ 634a

59 Zur Frage der Arglist ist in den letzten 60 Jahren eine verästelte Rechtsprechung entstanden, insbesondere zur Zurechnung von Wissen der Mitarbeiter oder Nachunternehmer des Unternehmers (hierzu grundlegend Jurgeleit, BauR 2018, 389 ff.). In diesem Beitrag ist nachgewiesen, dass die Rechtsprechung des BGH zur Zurechnung arglistigen Verhaltens über § 278 BGB in Verbindung mit der Verletzung von Organisationsobliegenheiten die praktischen Probleme nicht vollständig lösen kann und dogmatisch zweifelhaft ist. Stattdessen ist eine Zurechnung über § 166 BGB (analog) vorzunehmen (so bereits Kniffka, ZfBR 1992, 1, 8), die einen Rückgriff auf Organisationsfehler obsolet macht. Ob der BGH seine Rechtsprechung ändern wird, ist offen. Die nachfolgende Darstellung orientiert sich deshalb aus praktischen Erwägungen an der zur Zeit noch aktuellen Rechtsprechung des BGH.

I. Arglistiges Verschweigen

60 Arglistig wird ein Mangel verschwiegen, der dem Unternehmer bei der Abnahme bekannt ist und gleichwohl nicht offenbart wird (BGH, Urt. 8.3.2012 – VII ZR 116/10). Es müssen also nach der Rechtsprechung zwei Voraussetzungen vorliegen: Der Mangel muss dem Unternehmer bekannt sein und er muss die notwendige Offenbarung des Mangels unterlassen haben. Das Element der Arglist wird in diese beiden Tatbestandsmerkmale integriert. Arglist bedeutet bewusste Böswilligkeit. Der Mangel wird demnach nur dann arglistig verschwiegen, wenn er bewusst böswillig nicht offenbart wird. Arglist ist die Ausnutzung der Arglosigkeit des Vertragspartners (OLG München, Urt. v. 8.2.2011 – 9 U 1758/10). Dieses subjektive Element hat in mehreren Entscheidungen des Bundesgerichtshofs eine wichtige Rolle gespielt, meist bei der Abgrenzung von Vorsatz und grober Fahrlässigkeit.

1. Kenntnis vom Mangel

61 Der Unternehmer muss den Mangel kennen. Kennt er den Mangel nicht, so kann er nicht arglistig sein. Das gilt selbst dann, wenn die fehlende Kenntnis auf grober Fahrlässigkeit beruht (BGH, Urt. v. 11.5.2001 – V ZR 14/00 zum alten Kaufrecht). Kenntnis vom Mangel bedeutet die Kenntnis des Unternehmers davon, dass die Leistung der getroffenen Beschaffenheitsvereinbarung nicht entspricht (BGH, Beschl. v. 5.8.2010 – VII ZR 46/09). Das setzt zunächst voraus, dass der Unternehmer alle Umstände kennt, die die Abweichung von der vereinbarten Beschaffenheit begründen. Fraglich ist ob dies ausreicht oder auch noch das Bewusstsein des Unternehmers gefordert werden muss, die Vertragspflichten nicht erfüllt zu haben. Diese Frage ist deshalb virulent, weil die Bewertung als Mangel häufig eine Rechtsfrage ist, die nicht ohne Weiteres leicht zu beantworten sein muss. Gerade in Fragen der Vertragsauslegung kann der Unternehmer aus nachvollziehbaren Gründen der Auffassung sein, er habe vertragsgerecht gearbeitet, weil er den Vertrag so auslegt, dass er die vertragliche Beschaffenheit erfüllt hat. Ergibt die objektive Auslegung jedoch, dass er mangelhaft gearbeitet hat, gerät er in die Gefahr als arglistig nur deshalb beurteilt zu werden, weil er in der Auslegung eine andere Auffassung hat. Die Frage wird dahin zu beantworten sein, dass eine irrtümliche fehlerhafte Bewertung als mangelfreie Leistung noch keine Arglist begründet. Die Grenze ist dort, wo der Unternehmer die Fragwürdigkeit seiner Auffassung erkennt und er billigend in Kauf nimmt, dass er dem Besteller eine mangelhafte Sache zur Abnahme anbietet. Denn es reicht aus, dass es der Unternehmer im Sinne eines Eventualvorsatzes für möglich hält, mangelhaft geleistet zu haben (BGH, Urt. v. 3.3.1995 – V ZR 43/94; Urt. v. 11.5.2001 – V ZR 14/00). Das kann der Fall sein, wenn der Unternehmer erkennt, dass der Besteller auf Vertragsinhalt gewordene Prospektangaben vertraut, die jedoch unrichtig sind (BGH, Urt. v. 25.10.2007 – VII ZR 205/06). Vertröstende oder beschönigende Angaben des Unternehmers über vom Besteller entdeckte Mangelerscheinungen, wie z. B. Feuchtigkeitserscheinungen seien auf Restfeuchte zurückzuführen oder Risse im Mauerwerk seien Schwindrisse, können auf dem Hintergrundwissen beruhen, dass sie unrichtig oder zweifelhaft sind und Mängel der Bauleistung vorliegen können. Dann kann ein arglistiges Verschweigen der Mängel vorliegen. Denn arglistig kann auch handeln, wer auf Fragen des Erwerbers ohne tatsächliche Anhaltspunkte ins Blaue hinein unrichtige Angaben über die Mängelfreiheit macht (BGH, Urt. v. 19.12.1980 – V ZR 185/79). Gleiches gilt, wenn der Unternehmer über ihm bekannte Risiken, die er selbst für aufklärungsbedürftig hält, nicht aufklärt (BGH, Urt. v. 5.3.1993 – V ZR 140/91).

62 Ein Irrtum schließt Arglist jedoch aus. Das Bewusstsein, einen Mangel zu verschweigen, fehlt, wenn ein Mangel von dem Unternehmer selbst nicht als solcher wahrgenommen wird, sei es wegen einer fehlerhaften Einschätzung der Tatsachen (vgl. dazu z. B. OLG München, Urt.

Verjährung der Mängelansprüche **§ 634a**

v. 20.12.2011 – 13 U 877/11; OLG Hamm, Urt. v. 10.4.2014 – 17 U 38/12) oder der Rechtslage, selbst wenn diese vermeidbar war (vgl. BGH, Urt. v. 29.6.2010 – XI ZR 104/08 m. w. N.). Ein Rechtsirrtum dieser Art kann z. B. vorliegen, wenn der Unternehmer fehlerhaft davon ausgeht, die anerkannten Regeln der Technik mit seinem Gewerk eingehalten zu haben und deshalb keine Aufklärung betreibt (OLG Koblenz, Beschl. v. 26.2.2013 – 3 U 916/12). Arglist fehlt auch, wenn ein bauleitender Architekt fahrlässig ein überwachungsbedürftiges Gewerk als nicht überwachungsbedüftig eingestuft hat (BGH, Urt. v. 22.7.2010 – VII ZR 77/08; OLG Köln, Urt. v. 29.8.2012 – 16 U 30/11) oder einen Mangel nicht erkennt, weil er meint, die Ausführung des Unternehmers sei vertragsgerecht (OLG Koblenz, Urt. v. 6.4.2009 – 12 U 1495/07). Es reicht nicht aus, dass der Mangel für einen Fachkundigen auf der Hand liegt oder der Unternehmer angesichts der Umstände mit einer mangelhaften Ausführung hätte rechnen müssen (Knipp, BauR 2007, 944; verkannt von OLG Koblenz, Beschl. v. 28.3.2013 – 1 U 295/12), wobei allerdings die Grenze zum Eventualvorsatz in vielen Fällen überschritten sein wird. Allein der Umstand, dass der Unternehmer bei ordnungsgemäßer Kontrolle den Mangel hätte feststellen können, begründet ebenfalls nicht den Vorwurf der Arglist (BGH, Urt. v. 12.10.2006 – VII ZR 272/05). Die erforderliche Kenntnis von einer Vertragsabweichung kann fehlen, wenn der Unternehmer davon ausgeht, dass das Werk keine vertragsrelevanten Qualitätsunterschiede aufweist (BGH, Urt. v. 18.3.1965 – VII ZR 87/63 n. v.). Das kann z. B. der Fall sein, wenn er zwar durch ein Gutachten zunächst auf die Gefahr von Setzungen hingewiesen worden ist, der Gutachter in Übereinstimmung mit anderen Fachleuten nach einer weiteren Prüfung jedoch mitteilt, die zu erwartenden Setzungen seien unerheblich, so dass keine Abweichung von der Beschaffenheitsvereinbarung vorliegt (BGH, Urt. v. 21.7.2005 – VII ZR 240/03).

Weiß der Unternehmer, dass er abweichend von den vertraglichen Vereinbarungen geleistet **63** hat, liegen die Voraussetzungen für ein arglistiges Verschweigen vor. Der Irrtum, für den Besteller sei die Abweichung nicht wichtig oder ihm werde dadurch kein Nachteil erwachsen, ist unerheblich. Es ist nicht erforderlich, dass der Unternehmer bewusst die Folgen der vertragswidrigen Ausführung in Kauf genommen hat. Arglistiges Verhalten im Sinne des § 634a Abs. 3 BGB verlangt auch keine Schädigungsabsicht oder einen eigenen Vorteil (BGH, Urt. v. 23.5.2002 – VII ZR 219/01; Beschl. v. 5.8.2010 – VII ZR 46/09, Rdn. 8; Urt. v. 25.6.2015 – VII ZR 220/14 Rdn. 63). Kenntnis vom Mangel liegt immer vor, wenn ein Unternehmer eine Bauausführung als vertragswidrig einordnet. Es reicht also aus, dass er wissentlich abweichend von den Auflagen der Genehmigungsbehörde baut (BGH, Urt. v. 5.12.1985 – VII ZR 5/85; Urt. v. 4.5.1970 – VII ZR 134/68; OLG Dresden, Urt. v. 24.6.2014 – 14 U 381/13 unter II. 6.). Kenntnis, die ein arglistiges Verhalten begründet, kann vorliegen, wenn der Unternehmer bewusst von Vorgaben des Bestellers abweicht oder eine Abweichung durch seine Mitarbeiter zulässt (BGH, Urt. v. 20.4.2004 – X ZR 141/01). Kenntnis liegt auch vor, wenn er weiß, dass er nach der vertraglichen Pflicht einen ihm unbekannten und risikobehafteten Boden vor der Gründung untersuchen muss, dies jedoch nicht tut. Kommt es dann zu einem Gründungsmangel des Hauses kann der Unternehmer nicht geltend machen, er habe darauf vertraut, seine Gründung sei in Ordnung, weil er nicht gewusst habe, dass die Bodenverhältnisse eine andere Gründung erforderten (BGH, Urt. v. 8.3.2012 – VII ZR 116/10; OLG Dresden, Urt. v. 24.6.2014 – 14 U 381/13 unter II. 6.).

2. Offenbarungspflicht

Grundsätzlich muss jeder bekannte Mangel offenbart werden, sei es ein wesentlicher oder **64** unwesentlicher Mangel. Nicht gefolgt werden kann der Auffassung, solche Mängel seien nicht aufzuklären, die für die Entschließung zur Abnahme unerheblich seien (Jurgeleit, BauR 2018, 389, 391; a. A. Kapellmann/Messerschmidt-Langen, VOB, 7. Aufl., § 13 Rdn. 163). Das würde bedeuten, dass der Unternehmer alle unwesentlichen Mängel im Sinne des § 640 Abs. 1 Satz 2 BGB verschweigen dürfte. Dafür gibt § 634a Abs. 3 BGB nichts her. Eine Ausnahme kann allenfalls dann anerkannt werden, wenn der Unternehmer zu Recht der Auffassung sein kann, der Mangel sei so geringfügig, dass der Besteller darüber nicht informiert werden will (z. B. schiefe, aber zuverlässige Verschraubung ohne optische Auswirkungen, winzige Nahtlücken beim Tapezieren usw.). Ein arglistiges Verschweigen setzt voraus, dass dem Besteller eine Aufklärung entgegen Treu und Glauben vorenthalten wird. Das ist nicht der Fall, wenn der Besteller bereits aufgeklärt ist, er also den Mangel kennt. Ein solcher Fall kann im Extremfall auch vorliegen, wenn dem Besteller ein Mängelbericht vorliegt, der eine Vielzahl von Mängeln enhält, so dass er das Vertrauen in eine mangelfreie Leistung insgesamt verloren hat (OLG München, Urt. v. 8.2.2011 – 9 U 1758/10). Arglist liegt aber vor, wenn dem Unterneh-

§ 634a

mer bewusst ist, dass dem Besteller ein Mangel unbekannt sein könnte und er das angebotene Werk bei Kenntnis des Mangels nicht als Vertragserfüllung annehmen werde (BGH, Urt. v. 14.5.1991 – X ZR 2/90). Lässt sich der Besteller bei der Abnahme durch einen Architekten vertreten, so entlastet dessen Kenntnis vom Mangel den Unternehmer nicht zwingend von seiner Aufklärungspflicht. Ist der Mangel der Werkleistung so schwerwiegend, dass der Unternehmer nicht damit rechnen kann, dass der Besteller das Werk abnimmt, wenn er aufgeklärt worden wäre, kommt es nicht darauf an, ob der für den Besteller bei der Abnahme auftretende Architekt den Mangel bemerkt und sogar geduldet hat (BGH, Urt. v. 15.1.1976 – VII ZR 96/74). Arglist liegt aber dann nicht vor, wenn der Unternehmer eine abweichende Ausführung mit dem Architekten des Bestellers besprochen hat und dann darüber bei der Abnahme nicht mehr aufklärt, weil er glaubt, der Architekt habe den Besteller informiert (vgl. OLG Hamm, Urt. v. 20.6.2002 – 24 U 45/01).

65 Verwendet der Bauunternehmer bewusst abweichend vom Vertrag ein planwidriges oder untaugliches Material, so genügt er seiner Mitteilungspflicht gegenüber dem Besteller nicht allein dadurch, dass er ihm die Verwendung des Baustoffes durch Hinweis oder Besichtigung bekannt werden lässt. Er muss vielmehr auf den schon in der Verwendung des Baustoffes liegenden Mangel und das damit verbundene erhebliche Risiko hinweisen, um dem Vorwurf arglistigen Verschweigens zu entgehen (BGH, Urt. v. 5.12.1985 – VII ZR 5/85: Errichtung grundwassergefährdeter Kelleraußenwände mit Hohlblocksteinen statt mit bauplanmäßig vorgesehenem Sperrbeton; Urt. v. 20.12.1976 – VII ZR 105/74: Verwendung ungeeigneten Sandes für Mörtel). Verwendet er einen nicht erprobten Baustoff, so handelt er arglistig, wenn er den Besteller treuwidrig hierauf und auf das mit der Verwendung dieses Baustoffs verbundene Risiko nicht hinweist (BGH, Urt. v. 23.5.2002 – VII ZR 219/01). Erfüllt er bewusst nicht seine Pflicht zur Bodenuntersuchung, so muss er den Besteller bei der Abnahme unabhängig davon darauf hinweisen, ob er der Auffassung ist, der Boden wäre für die Baumaßnahme geeignet (BGH, Urt. v. 8.3.2012 – VII ZR 116/10).

II. Zurechnung

66 Von besonderer Bedeutung ist die Frage, ob und inwieweit sich der Unternehmer die Kenntnis seiner Mitarbeiter zurechnen lassen muss. Denn der Unternehmer im Sinne des Gesetzes ist in aller Regel unwissend. Es handelt sich bei Einzelunternehmen häufig um Kaufleute, die die Baustelle nicht besuchen. Bei juristischen Personen wird die in jedem Fall zuzurechnende Kenntnis der vertretungsberechtigten Organe in aller Regel ebenfalls fehlen, weil sie die Baustelle nicht kennen und auch von ihren Baustellenmitarbeitern nicht informiert werden. Nach der Rechtsprechung des Bundesgerichtshofs (BGH, Urt. v. 12.10.2006 – VII ZR 272/05; Urt. v. 12.3.1992 – VII ZR 5/91) muss nur die Arglist solcher Mitarbeiter zurechnen lassen, deren er sich bei der Erfüllung seiner Offenbarungspflicht gegenüber dem Besteller bedient. Das sind diejenigen Hilfspersonen, die der Unternehmer mit der Ablieferung des Werks an den Besteller betraut hat oder die für den Unternehmer dabei mitgewirkt haben, sowie Personen, die vom Unternehmer (auch) mit der Prüfung des Werks auf Mangelfreiheit betraut sind, wenn allein deren Wissen und ihre Mitteilung den Unternehmer in den Stand versetzen, seine Offenbarungspflicht gegenüber dem Besteller zu erfüllen (BGH, Urt. v. 12.10.2006 – VII ZR 272/05; Urt. v. 30.11.2004 – X ZR 43/03; Urt. v. 20.12.1973 – VII ZR 184/72; Urt. v. 15.1.1976 – VII ZR 96/74). Das sind die Repräsentanten des Unternehmers bei der Abnahme, wie z.B. der Bauleiter des Unternehmers oder anderes Führungspersonal. Der Unternehmer muss sich nach diesen Grundsätzen auch die Arglist des Nachunternehmers sowie der Repräsentanten des Nachunternehmers zurechnen lassen (BGH, Urt. v. 15.1.1976 – VII ZR 96/74). Zieht der Unternehmer zur Prüfung des Werkes einen Sachverständigen hinzu, um die notwendige Gewissheit der Mängelfreiheit zu erhalten, muss er sich dessen Kenntnisse zurechnen lassen. Anders liegt der Fall, wenn er den Einsatz eines Sachverständigen durch den Besteller duldet (vgl. OLG München, Urt. v. 20.12.2011 – 13 U 877/11, wo ein Organisationsverschulden verneint worden ist).

67 Die Kenntnis derjenigen Mitarbeiter, deren er sich lediglich bei der Herstellung bedient, wie z.B. Maurer, Zimmerer usw., muss er sich dagegen grundsätzlich nicht zurechnen lassen.

68 Von diesem Grundsatz ist eine Ausnahme zu machen, wenn ohne das Wissen und die Mitteilung des ausschließlich mit der Herstellung befassten Arbeiters der Unternehmer nicht im Stande wäre, seine Offenbarungspflicht zu erfüllen (BGH, Urt. v. 15.1.1976 – VII ZR 96/74; Urt. v. 11.10.2007 – VII ZR 99/06; vgl. auch Beschl. v. 30.10.2013 – VII ZR 339/12). Je

schwieriger und kürzer sichtbar ein Mangel ist, um so eher ist es gerechtfertigt, den für diesen Abschnitt leitungsverantwortlichen Mitarbeiter als Erfüllungsgehilfen anzusehen. Danach muss sich der Unternehmer z.B. die Kenntnis eines Kolonnenführers zurechnen lassen, der weiß, dass die Abstandshalter bei Betonarbeiten nicht richtig eingebaut waren. Er muss sich auch die Kenntnis eines Gesellen zurechnen lassen, wenn er diesen allein mit Dachdeckerarbeiten befasst hat (OLG Hamm, Urt. v. 14.3.2012 – 12 U 118/10). Das gilt auch dann, wenn der Unternehmer zur Überwachung einen Bauleiter eingesetzt hat, dieser jedoch selbst bei ordnungsgemäßer Bauüberwachung einen Mangel gar nicht wahrnehmen konnte, weil er z.B. während seiner Abwesenheit produziert worden ist und später nicht mehr entdeckt werden konnte (BGH, Urt. v. 12.10.2006 – VII ZR 272/05).

III. Darlegungs- und Beweislast

Die Darlegungs- und Beweislast für die die Arglist begründenden Umstände trägt der Besteller (BGH, Urt. v. 6.2.1975 – VII ZR 209/72; Urt. v. 14.7.1983 – VII ZR 365/82; Urt. v. 12.11.2010 – V ZR 181/09). Der Besteller muss also sowohl die Kenntnis des Unternehmers nachweisen als auch die fehlende Aufklärung. Dieser Negativbeweis ist für beide Varianten schwer zu führen, so dass die Berufung auf ein arglistiges Verschweigen häufig aus Beweisgründen erfolglos bleibt. In manchen Fällen kann der Beweis des ersten Anscheins helfen. Dieser greift, wenn ein Mangel derart augenfällig ist, dass der Unternehmer oder sein Repräsentant ihn nach der Lebenserfahrung erkannt und als Mangel eingeordnet haben (vgl. dazu OLG Brandenburg, Urt. v. 30.6.1999 – 13 U 141/98; OLG Schleswig, Urt. v. 12.3.2004 – 14 U 9/03; OLG Hamm, Urt. v. 4.11.1997 – 21 U 45/97; OLG Braunschweig, Urt. v. 7.10.1999 – 8 U 91/99). Es muss jedoch bedacht werden, dass nach aller Lebenserfahrung auch ohne Weiteres erkennbare Mängel übersehen werden. Der Beweis des ersten Anscheins kann deshalb nur mit großer Zurückhaltung angewandt werden. **69**

E. Verjährung nach Organisationsobliegenheitsverletzung

Nach der Rechtsprechung wird ein Unternehmer so behandelt, als habe er bei Abnahme einen Mangel arglistig verschwiegen, wenn er seine Organisationsobliegenheiten bei der Herstellung und Abnahme des Bauwerks verletzt hat und infolge dieser Verletzung ein Mangel nicht erkannt worden ist (BGH, Urt. v. 12.3.1992 – VII ZR 5/91; Urt. v. 30.11.2004 – X ZR 43/03; Urt. v. 11.10.2007 – VII ZR 99/06; Urt. v. 27.11.2008 – VII ZR 206/06). Während sich nach der alten Rechtslage daran eine dreißigjährige Haftung knüpfte, sind die Folgen durch die Schuldrechtsmodernisierung abgemildert. Der Unternehmer haftet im Regelfall maximal zehn Jahre (Acker/Bechthold, NZBau 2002, 529, 531; Knoche, BrBp 2005, 431). Allerdings kann auch insoweit für Schadensersatzansprüche, wie beim arglistig verschwiegenen Mangel, eine dreißigjährige Frist maßgeblich sein (Mansell, NJW 2002, 89, 96), vgl. → Rdn. 56. Aus dieser Rechtsfolge ergibt sich, dass die Rechtsprechung nicht an eine Vertragspflicht des Unternehmers anknüpft, sondern an eine Verletzung einer Obliegenheit. Denn ihre Erfüllung bewahrt ihn davor, wie ein arglistiger Unternehmer behandelt zu werden (BGH, Urt. v. 11.10.2007 – VII ZR 99/06). **70**

Der Bundesgerichtshof knüpft an die Pflicht des Unternehmers an, das Werk mangelfrei zu erstellen. Er muss das Werk vor der Abnahme darauf überprüfen, ob es mangelfrei ist. Ist er arbeitsteilig organisiert, wie z.B. eine juristische Person, muss er die organisatorischen Voraussetzungen schaffen, um sachgerecht beurteilen zu können, ob das Bauwerk bei der Abnahme mangelfrei ist. Er kann sich der vertraglichen Offenbarungspflicht bei der Abnahme nicht dadurch entziehen, dass er sich unwissend hält oder sich keiner Gehilfen bei der Pflicht bedient, Mängel zu offenbaren. Sorgt er bei der Herstellung des Werkes nicht dafür, dass er seine insoweit eingesetzten Erfüllungsgehilfen etwaige Mängel erkennen können, so hat er dafür einzustehen, wenn der Mangel bei richtiger Organisation entdeckt worden wäre. Der Besteller ist dann so zu stellen, als wäre der Mangel dem Unternehmer bei der Ablieferung des Werkes bekannt gewesen (BGH, Urt. v. 12.3.1992 – VII ZR 5/91; Urt. v. 11.10.2007 – VII ZR 99/06; Urt. v. 22.7.2010 – VII ZR 77/08). **71**

I. Zweck des Rechtsinstituts

72   Maßgeblich ist die Verletzung einer Organisationsobliegenheit. Die Rechtsprechung will eine Regelungslücke beseitigen, die dadurch entsteht, dass der Unternehmer durch Arbeitsteilung die ihm ohne diese zwangsläufig zufallende Kenntnis eines Mangels bei der Abnahme „wegorganisiert". Die Anknüpfung an die Organisationsobliegenheit entspricht der Rechtstradition in anderen Bereichen (Kniffka, ZfBR 1993, 255, 256).

73   Der Zweck bestimmt und beschränkt den Anwendungsbereich des Rechtsinstituts. Es dient nicht dazu, allgemein für Mängel eine verlängerte Haftungsfrist zu schaffen. Auch ist nicht maßgebend, ob die Mängel besonders schwer oder augenfällig sind. Diese Kriterien können allenfalls den Beweis einer Organisationsobliegenheitsverletzung erleichtern (Knoche, BrBp 2005, 431 ff.) → Rdn. 84. Vielmehr knüpft die Rechtsprechung allein an die Verletzung einer Organisationsobliegenheit an. Fehler des Unternehmers, mit denen sich nicht die typischen Gefahren einer arbeitsteiligen Organisation verwirklichen, begründen keine Verlängerung der Verjährungsfrist. Übersieht der Unternehmer z. B. notwendige Schutzvorkehrungen, z. B. gegen Lochfraß, und weist er deshalb seine Arbeiter fehlerhaft ein, begründet das kein Organisationsverschulden im dargestellten Sinn (OLG Köln, Urt. v. 16.1.1998 – 20 U 43/97). Auch wenn das in der Rechtsprechung zunächst nicht so deutlich zum Ausdruck gekommen ist, kann auch nicht jede Verletzung der Organisationsobliegenheit zu einer Haftung wie bei arglistigem Verhalten führen. Vielmehr muss die Verletzung der Organisationsobliegenheit derart sein, dass es gerechtfertigt ist, den Unternehmer verjährungsrechtlich so haften zu lassen, als habe er einen Mangel arglistig verschwiegen. Die Gleichstellung der Verjährung im Falle der Verletzung einer Organisationsobliegenheit mit der Verjährung bei arglistigem Verschweigen eines Mangels ist nur dann gerechtfertigt, wenn die Verletzung der Organisationsobliegenheit ein dem arglistigen Verschweigen vergleichbares Gewicht hat (BGH, Urt. v. 27.11.2008 – VII ZR 206/06). Die Pflichtverletzung muss also zielgerichtet böswillig sein, so dass dem Unternehmer vorgeworfen werden kann, er habe die Arglisthaftung wissentlich vermieden (vgl. BGH, Urt. v. 22.7.2010 – VII ZR 77/08; Urt. v. 11.10.2007 – VII ZR 99/06; Urt. v. 27.11.2008 – VII ZR 206/06; tendenziell wohl auch OLG Naumburg, Urt. v. 12.5.2006 – 10 U 8/06) oder jedenfalls die Augen davor verschlossen, dass er durch seine Organisation keinen Repräsentanten hat, dessen Wissen er sich zurechnen lassen muss (BGH, Urt. v. 27.11.2008 – VII ZR 206/06).

II. Organisationsobliegenheitsverletzung

74   Der Unternehmer muss sowohl organisatorische Maßnahmen für die Überwachung als auch für die Prüfung des Werkes treffen. Die Organisation muss bei ordnungsgemäßer Durchführung gewährleisten, dass Mängel der Ausführung im Bereich des Möglichen entweder sofort oder jedenfalls bei der Abnahme erkannt werden. Inwieweit neben der Kontrolle eine fortlaufende Überwachung gewährleistet sein muss, kann nur von Fall zu Fall entschieden werden. Dabei wird es auch darauf ankommen, inwieweit der Herstellungsprozess im Einflussbereich oder außerhalb des Einflussbereiches des Unternehmers stattfindet. An die Überwachung der Baustelle, die regelmäßig im Einflussbereich des Unternehmers liegt, sind andere Anforderungen hinsichtlich der Organisation zu stellen als an die Überwachung einer Herstellung in der Werkstatt eines Nachunternehmers oder im Werk eines Lieferanten. Organisationsobliegenheiten können nur insoweit verletzt sein als der Unternehmer Einfluss auf die Organisation nehmen kann (BGH, Urt. v. 11.10.2007 – VII ZR 99/06).

75   Soweit es um die Überwachung der Baustelle geht, bietet die Rechtsprechung zu den Pflichten des bauüberwachenden Architekten Orientierungspunkte → § 650p BGB Rdn. 166 ff. Wichtige Bauabschnitte, von denen das Gelingen des ganzen Werkes abhängt, müssen unmittelbar überwacht werden, jedenfalls hat eine sofortige Kontrolle stattzufinden. Typische Gefahrenquellen und kritische Bauabschnitte müssen beobachtet und überprüft werden. Jedenfalls muss eine Überprüfung stattfinden, bevor die erbrachte Leistung durch Fortführung des Bauwerks unüberprüfbar wird (vgl. Kniffka, ZfBR 1993, 255, 257 m. w. N.). Der Unternehmer muss die Überprüfung und Überwachung Personen anvertrauen, die fachlich qualifiziert sind. Eine Überwachung durch Architekten reicht deshalb nicht, wenn Spezialkenntnisse erforderlich sind, die dieser nicht hat. Von der fachlichen Qualifikation hat sich der Unternehmer zu vergewissern. Der Einsatz eines qualifizierten Bauleiters reicht in aller Regel bei Baustellen, die keinen größeren Überwachungsaufwand erfordern. Wird ein ebenfalls qualifizierter Vorarbeiter mit der Überprüfung der Handwerker beauftragt, reicht es, wenn der Bauleiter die

Baustelle stichprobenartig prüft (OLG Hamm, Urt. v. 10.4.2014 – 17 U 38/12 für die Überwachung von Dachdeckerarbeiten; OLG Düsseldorf, Urt. v. 17.5.2011 – 23 U 106/10, das allerdings eine solche Überprüfung auch bei sonst nicht überwachungspflichtigen Gewerken (hier: Putzarbeiten) fordert). Eine große Baustelle kann den Einsatz mehrerer qualifizierter Bauleiter erforderlich machen. Dagegen kann es bei wenig aufwendigen Baumaßnahmen oder routinemäßigen Arbeiten ausreichen, einen Kolonnenführer, Vorarbeiter oder Polier einzusetzen, z. B. bei der Verlegung von Anschlussleitungen zum Hauskanalisation zum Haus (OLG Bamberg, Urt. v. 24.1.2000 – 4 U 174/99). Die Erstellung eines Satteldaches aus Zinkblech darf hingegen nicht ohne Überwachung Gesellen übertragen werden, auch wenn diese sich bisher als zuverlässig erwiesen haben (OLG Hamm, Urt. v. 14.3.2012 – 12 U 118/10). In solchen Fällen kann es aber sein, dass der Unternehmer seine Organisation irrtümlich als ausreichend ansieht, so dass sein Organisationsfehler nicht einem arglistigen Verhalten gleichgestellt werden kann. Arbeitet der Unternehmer selbst mit, bedarf es in der Regel bei kleineren Baustellen keiner weiteren Überwachungsorganisation. Die Überwachung eines vom Unternehmer eingesetzten Bauleiters gehört nicht mehr zu den Organisationsobliegenheiten. So reicht es aus, dass ein Bauträger für die Überwachung des Baus eines Einfamilienhauses einen erfahrenen und bewährten Bauleiter eingesetzt hat (BGH, Urt. v. 12.10.2006 – VII ZR 272/05). Etwas anderes gilt, wenn er Hinweise darauf erhalten hat, dass der Bauleiter seine Aufgaben nicht mit der gebotenen Sorgfalt wahrnimmt oder er den Einsatz bewusst so organisiert, dass der Bauleiter zu einer sorgfältigen Bauüberwachung nicht in der Lage ist, etwa weil er zu viele Baustellen gleichzeitig abwickeln muss (BGH, Urt. v. 22.7.2010 – VII ZR 77/08). Abzulehnen ist die Gedankenführung des KG, Urt. v. 10.12.2013 – 7 U 7/13, soweit es um das Organisationsverschulden eines Bauträgers geht. Nach dieser Entscheidung trifft den Bauträger schon deshalb kein Organisationsverschulden, weil er Bauherr sei. Das ist falsch. Der Bauträger haftet den Erwerbern für Errichtungsmängel aus Werkvertragsrecht, § 650u Abs. 1 Satz 2 BGB. Auch ihn trifft die Obliegenheit, die Herstellung des Bauwerks so zu organisieren, dass Mängel bei der Abnahme durch die Erwerber offenbart werden können. Wenn der Bauträger einen Generalunternehmer einschaltet, so muss er selbst dafür sorgen, dass dieser auf der Baustelle ordnungsgemäß überwacht wird. Der Bauträger muss eine Bauleitung einschalten oder aber dafür sorgen, dass der Generalunternehmer eine Bauleitung organisiert. Dazu kann er den Generalunternehmer vertraglich verpflichten. Das war nach den Feststellungen des Kammergerichts (a. a. O.) auch geschehen, so dass die Entscheidung sich im Ergebnis, jedoch weitgehend nicht in der Begründung, als richtig erweist. Denn ein Auswahlverschulden konnte dem Bauträger nicht zur Last gelegt werden. Eine Organisationsobliegenheitsverletzung des Hauptunternehmers (Bauträgers) liegt allerdings nicht vor, wenn er einfache Arbeiten an einen Nachunternehmer vergibt, ohne diese von einem Bauleiter überwachen zu lassen (fehlerhaft OLG Düsseldorf, Urt. v. 17.5.2011 – 23 U 106/10). In solchen Fällen ist aber zu prüfen, ob eine dem Hauptunternehmer zuzurechnende Kenntnis des Mangels durch Repräsentanten des Nachunternehmers vorliegt. Ausreichend kann die Kenntnis eines Poliers oder Vorarbeiters sein. Denn der Hauptunternehmer muss sich die Kenntnisse des Nachunternehmers oder seiner Repräsentanten zurechnen lassen (BGH, Urt. v. 15.1.1976 – VII ZR 96/74; Urt. v. 11.10.2007 – VII ZR 99/06).

Ähnliche Erwägungen gelten für die Überwachungspflicht eines Generalunternehmers. **76** Dieser muss die Arbeiten auf der Baustelle, zu denen er sich vertraglich verpflichtet hat, durch einen oder gegebenenfalls mehrere Bauleiter oder sonstige Verantwortliche überwachen lassen (OLG Düsseldorf, Urt. v. 17.5.2011 – 23 U 106/10) oder sicher stellen, dass seine Nachunternehmer für die Überwachung verantwortliches Personal einsetzen. Zu weit geht deshalb OLG Köln (Urt. v. 29.8.2012 – 16 U 30/11), wenn es eine Obliegenheit des Generalunternehmers zur Überwachung der Arbeiten auf der Baustelle ganz verneint. Im Ergebnis ist aber auch diese Entscheidung richtig, weil der Generalunternehmer einen Objektüberwacher eingesetzt hatte.

Ist eine Eigenkontrolle von auf die Baustelle gelieferten Bauteilen oder Materialien geboten, **77** muss der Unternehmer diese organisieren und darf sich nicht unwissend halten (OLG Düsseldorf, Urt. v. 4.2.2011 – 22 U 161/10: Kontrolle von Recyclingmaterial, dessen Herkunft unsicher ist).

Zu den Organisationsobliegenheiten des Unternehmers gehört es auch, Arbeiten an sorg- **78** fältig ausgesuchte Personen zu vergeben (BGH, Urt. v. 27.11.2008 – VII ZR 206/06). Das betrifft die Vergabe an eigene Arbeitskräfte und auch an Nachunternehmer. In der Beauftragung unqualifizierter Nachunternehmer kann ein Organisationsverschulden liegen (vgl. BGH, Urt. v. 15.1.1976 – VII ZR 96/74; Urt. v. 11.10.2007 – VII ZR 99/06; Urt. v. 22.7.2010 – VII ZR 77/08). Der Unternehmer muss in diesen Fällen verstärkte Kontrolle ausüben. Der Bundes-

§ 634a

gerichtshof hat früher eine Verletzung der Organisationsobliegenheit auch dann für möglich gehalten, wenn der Unternehmer die Arbeiten durch Dritte in dessen Werkstatt erledigen lässt und diese die Arbeit mangelhaft ausführen. Auch dann müsse er den Herstellungsprozess angemessen überwachen und das Werk vor Abnahme prüfen. In welchem Umfang er das organisiere, sei eine Frage des Einzelfalls (BGH, Urt. v. 30.11.2004 – X ZR 43/03). Im Anschluss daran hat der Bundesgerichtshof klar gestellt, dass der Unternehmer nicht für eine fehlerhafte Organisation desjenigen Nachunternehmers haftet, der Arbeiten in seiner Werkstatt vornimmt, und er grundsätzlich auch keinen Einfluss auf die Organisation des Nachunternehmers nehmen muss, um hinsichtlich der Verjährung nicht einem arglistigen Unternehmer gleichgestellt zu werden (BGH, Urt. v. 11.10.2007 – VII ZR 99/06). Wer einen ordnungsgemäß ausgesuchten Nachunternehmer einsetzt, hat keine weiteren Pflichten, soweit dessen Leistung außerhalb des Einfluss- und Organisationsbereiches des Hauptunternehmers erfolgt. Es geht deshalb auch zu weit, wenn einem Unternehmer die fehlerhafte Organisation eines Lieferanten zugerechnet wird (so wohl OLG Stuttgart, Urt. v. 9.10.1996 – 1 U 32/95). Eine Zurechnung kann nicht über § 278 BGB erfolgen, denn die Organisation des Herstellungsprozesses ist keine Pflicht, die gegenüber dem Besteller zu erfüllen ist. Sie ist eine Obliegenheit, deren Verletzung die Arglisthaftung nach sich ziehen kann (BGH, Urt. v. 11.10.2007 – VII ZR 99/06). Deshalb kann eine Organisationsobliegenheitsverletzung eines Nachunternehmers nicht ohne weiteres zu einer verlängerten Haftung des Hauptunternehmers führen. Denkbar ist allerdings, dass dem Hauptunternehmer vorzuwerfen ist, er habe die mangelhafte Organisation des Nachunternehmers erkennen können und sei nicht dagegen vorgegangen, bzw. habe nichts dazu beigetragen, dass trotz der mangelhaften Organisation ein fehlerfreies Werk entstehe. Das kann ein eigenes Organisationsverschulden begründen.

79 Die Überwachung und Prüfung des Werkes eines Lieferanten oder Nachunternehmers, der außerhalb der Baustelle Leistungen erbringt, wird zudem in vielen Fällen daran scheitern, dass der Hauptunternehmer überhaupt nicht in der Lage ist, das Werk des Nachunternehmers zu überprüfen. Dazu werden häufig die Fachkenntnisse fehlen. Gerade das kann der Grund sein, einen Nachunternehmer einzusetzen.

80 Bei der Anwendung der zum Organisationsverschulden entwickelten Grundsätze darf nicht aus dem Auge verloren werden, dass damit ein Unternehmer gestellt wird, als habe er sich arglistig verhalten. Das ist nur gerechtfertigt, wenn er die Arglisthaftung umgeht, indem er sich nicht richtig organisiert. Die Anforderungen an die Organisationsobliegenheit dürfen nicht in einer Weise überspannt werden, die dazu führt, dass der Unternehmer auch in anderen, nicht ähnlich schwer wiegenden Fällen der langen Verjährungsfrist ausgesetzt wird (vgl. Knipp, BauR 2007, 949). Deshalb ist bei allen vorgenannten Beispielen auch zu prüfen, ob die fehlende Organisation auf einem böswilligen Element in der Willensbildung des Unternehmers beruht. Denn das macht die Arglist aus. Allein der Umstand, dass bei einer rechtlichen Prüfung ein Organisationsfehler im Hinblick darauf festgestellt wird, dass die Offenbarungspflicht bei Abnahme erfüllt werden kann, reicht nicht. Das kann auf einer fehlerhaften rechtlichen Einordnung der Anforderungen an die Organisationsobliegenheit beruhen. Ebenso wie bei der Arglist dürfte der Rechtsirrtum den Unternehmer entlasten, wenn er nicht von einem Eventualvorsatz getragen ist. Der Rechtsirrtum entlastet jedoch nicht, wenn der Unternehmer die Augen davor verschließt, dass er im Irrtum ist → Rdn. 73.

81 Zur Organisationsobliegenheitsverletzung der Architekten und Ingenieure → Rdn. 341.

82 Ein Unternehmer oder Architekt, der selbst die Leistungen vornimmt und sich nicht arbeitsteilig organisiert, kann nicht nach den dargestellten Grundsätzen in die verlängerte Haftung genommen werden (vgl. BGH, Urt. v. 27.11.2008 – VII ZR 206/06; OLG Düsseldorf, Urt. v. 13.2.2007 – 21 U 109/06). Bei ihm kommt es allein darauf an, ob er den Mangel arglistig verschwiegen hat.

III. Ursächlichkeit der Organisationsobliegenheitsverletzung

83 Die Organisationsobliegenheitsverletzung führt zu einer verlängerten Haftung des Unternehmers. Diese kommt nur in Betracht, wenn der Mangel bei richtiger Organisation erkannt worden wäre (BGH, Urt. v. 12.3.1992 – VII ZR 5/91; OLG Düsseldorf, Urt. v. 20.10.2006 – 23 U 76/06). Hier liegt ein wichtiges Korrektiv im Hinblick auf untergeordnete Organisationsobliegenheitsverletzungen. Durch die genannte Einschränkung kann die Verletzung solcher Organisationsobliegenheiten von vornherein nicht haftungsverlängernd sein, deren

Verjährung der Mängelansprüche § 634a

Schutzzweck allgemein oder im Einzelfall nicht der Vermeidung fehlender Unkenntis bei der Abnahme dient (vgl. Kniffka, ZfBR 1993, 255, 257).

IV. Darlegungs- und Beweislast

Der Besteller trägt die Darlegungs- und Beweislast für die Voraussetzungen eines Organisationsfehlers (vgl. i.e. dazu Kniffka, ZfBR 1993, 255, 257). Die Darlegungslast ist, was häufig verkannt wird, eine grundsätzlich andere als zur Arglist. Darzulegen ist die einer auf Böswilligkeit beruhenden Verletzung einer Obliegenheit, den Werkprozess so zu organisieren, dass Mängel der Herstellung offenbart werden können. Der Besteller hat also, kann er ein arglistiges Verschweigen des Mangels nicht nachweisen, darzulegen und zu beweisen, dass der Unternehmer in einer der Arglist vergleichbaren Weise die Baustelle so organisiert hat, dass der Mangel nicht hat entdeckt werden können. Behauptet der Unternehmer ausreichend substantiiert, er habe die Baustelle ausreichend mit Überwachungspersonal versehen, muss der Besteller das widerlegen (instruktiv dazu OLG Hamburg, Urt. v. 26.11.2010 – 1 U 163/09). 84

Im Einzelfall können dem Besteller Darlegungs- und Beweiserleichterungen zugutekommen. Diese hat der Bundesgerichtshof angenommen, wenn der von einem Unternehmer produzierte Mangel schon zum Zeitpunkt der Abnahme so augenfällig und schwerwiegend war, dass ohne weiteres davon ausgegangen werden konnte, dass die Baustelle nicht richtig organisiert war und der Mangel bei richtiger Organisation entdeckt worden wäre (BGH, Urt. v. 12.3.1992 – VII ZR 5/91; OLG Jena, Urt. v. 27.2.2001 – 5 U 766/00). Das bedeutet nicht, dass jeder schwere Mangel den Schluss auf ein Organisationsverschulden und die Kausalität für seine Aufdeckung zulässt. Es kommt vielmehr darauf an, ob nach der Art und Erscheinungsform des Mangels bis zur Abnahme der Mangel nach aller Lebenserfahrung bei richtiger Organisation entdeckt worden wäre. Die Beurteilung, inwieweit eine Beweiserleichterung möglich ist, hängt von den Umständen des Einzelfalles ab, insbesondere von der Art des Mangels und davon, inwieweit diese einen Rückschluss auf die Organisation der Baustelle zulässt. Die Beurteilungen der Instanzgerichte sind deshalb zwangsläufig einzelfallbezogen (vgl. OLG Köln, Urt. v. 1.7.1994 – 11 U 29/94; OLG Oldenburg, Urt. v. 15.12.1993 – 2 U 147/93; Urt. v. 7.11.2001 – 2 U 135/01; Urt. v. 31.8.2004 – 12 U 63/04; OLG Stuttgart, Urt. v. 9.10.1996 – 1 U 32/95; OLG Frankfurt, Urt. v. 10.6.1998 – 15 U 67/97; OLG Hamm, Urt. v. 20.6.2002 – 24 U 45/01; OLG Braunschweig, Urt. v. 7.10.1999 – 8 U 91/99; OLG Schleswig, Urt. v. 12.3.2004 – 14 U 9/03; OLG München, Urt. v. 15.2.2000 – 9 U 4855/99; KG, Urt. v. 28.5.2009; 27 U 27/08; vgl. auch Knipp, BauR 2007, 495, 951 f.). 85

Ein durch die Art und Erscheinungsform des Mangels erzeugter Anschein für fehlende Organisation und vorhandene Kausalität kann vom Unternehmer widerlegt werden, indem er nachweist, dass er seine Baustelle richtig organisiert hat (OLG Stuttgart, Urt. v. 14.11.2006 – 12 U 52/06; vgl. dazu im einzelnen Kniffka, ZfBR 1993, 255). Weist der Unternehmer nach, dass er die notwendige Bauleitung oder anderes Überwachungspersonal sorgfältig ausgesucht und eingesetzt ist, ist die Schwere des Mangels unerheblich. Denn der Unternehmer hat den Nachweis geführt, dass ihm keine Organisationsobliegenheitsverletzung zur Last fällt (OLG Hamm, Urt. v. 31.8.2012 – 12 U 49/12; Urt. v. 21.5.2010 – 19 U 2/10; Urt. v. 9.10.1998 – 12 U 112/98). Der Unternehmer muss nicht die Einzelheiten eines Überwachungsplans vortragen oder die einzelnen Tätigkeiten des Bauleiters nachzeichnen; ausreichend ist der Vortrag zu der Beauftragung eines sorgfältig ausgesuchten Bauleiters, der die Baustelle eigenverantwortlich leitet (BGH, Urt. v. 12.10.2006 – VII ZR 272/05). Diese Gesichtspunkte werden von den Instanzgerichten immer wieder falsch beurteilt (vgl. z.B. OLG Schleswig, Urt. v. 12.3.2004 – 14 U 9/03; OLG Oldenburg, Urt. v. 31.8.2004 – 12 U 63/04). Allerdings kann ein schwerer, augenfälliger Mangel ein Beweisanzeichen dafür sein, dass ein eingesetzter Bauleiter den Mangel gekannt hat. Dann haftet der Unternehmer wegen Arglist bereits nach der unter Umständen verlängerten Verjährungsfrist des § 634a Abs. 3 i. V. m. § 199 BGB. Die Beweislast trägt allerdings auch insoweit der Besteller (vgl. OLG Schleswig, a. a. O.). 86

F. Hemmung und Neubeginn der Verjährung

Das Gesetz unterscheidet zwischen Hemmung der Verjährung (näher für den Bauprozess: Klose, NZBau 2012, 80 ff.) und Neubeginn (früher Unterbrechung) der Verjährung. Die Hemmung bewirkt einen Stillstand des Laufs der Verjährungsfrist. Der Zeitraum, während dessen 87 die Verjährung gehemmt ist, wird in die Verjährungsfrist nicht eingerechnet, § 209 BGB. Es kommt also bei einer Hemmung immer nur zu einer Verlängerung der Verjährungsfrist um den Zeitraum der Hemmung. Anders als beim Neubeginn muss deshalb eine laufende Frist ständig neu berechnet werden. Weil Hemmungstatbestände nicht immer deutlich und klar sind, bestehen insoweit erheblich Risiken (Reimann, BauR 2011, 14; Klose, NZBau 2012, 80 ff. jeweils mit Überblick über die Haftungsfallen für den Anwalt). Zutreffend wurde schon frühzeitig darauf hingewiesen, dass das mit der Schuldrechtsmodernisierung neu gestaltete Verjährungsrecht ein qualitativ neues Fristenmanagement und die Beobachtung des Laufs diverser Verjährungsfristen erfordert (Lenkeit, BauR 2002, 213). Diese wird dadurch erschwert, dass die Hemmung oder der Neubeginn der Verjährung sich grundsätzlich nur auf den Anspruch wegen des Mangels bezieht, der gerügt worden ist (BGH, Urt. v. 3.12.1992 – VII ZR 86/92; Urt. v. 12.4.2007 – VII ZR 236/05; vgl. auch Kniffka/Koeble/Jurgeleit/Sacher, Kompendium des Baurechts, 5. Aufl., 5. Teil Rdn. 169). Bei unterschiedlichen Mängelrügen und Hemmungstatbeständen kann die Fristenkontrolle große Problem bereiten, zumal manche Mängel so zusammenhängen, dass nicht klar ist, ob sie aufgrund der Symptomtheorie → Rdn. 89 schon von einer früheren Mängelrüge erfasst sind oder nicht.

88 Der Neubeginn der Verjährung führt dazu, dass die betreffende Verjährungsfrist neu zu laufen beginnt, § 212 BGB. Der Neubeginn führt also zu einer mitunter deutlichen Verlängerung der gesamten Verjährungsfrist.

I. Symptomtheorie

89 Für alle Hemmungs- und auch Neubeginntatbestände ist auf die Symptomtheorie des Bundesgerichtshofes hinzuweisen, vgl. → § 635 BGB Rdn. 16 ff. (dazu auch Ehrich, BauR 2010, 381). Danach reicht es aus, wenn der Besteller die Mangelerscheinung hinreichend beschreibt. Der Besteller schuldet dem für den Mangel verantwortlichen Unternehmer vor dessen Inanspruchnahme nicht die objektive Klärung der Mangelursache (BGH, Beschl. v. 4.11.2020 – VII ZR 261/18), deren Kenntnis erst geeignete Mängelbeseitigungs- und Schadensabwendungsmaßnahmen sicher ermöglicht. Es ist vielmehr Aufgabe des Unternehmers, Mängelbehauptungen zu prüfen und Grund und Umfang seiner Leistungspflicht selbst zu beurteilen (BGH, Urt. v. 26.2.1987 – VII ZR 64/86). Mit der Darstellung der Mangelerscheinung macht der Besteller den Mangel selbst zum Gegenstand seiner Rüge. Diese Rechtsprechung gilt auch für Rügen, die verjährungsrechtliche Wirkung haben. Die Verjährung ist also z.B. nicht nur wegen des Anspruchs gehemmt, den der Besteller wegen der gerügten Mangelerscheinung hat, z.B. Anspruch auf Beseitigung eines Risses, sondern auch wegen des Anspruchs, den er wegen des diese Erscheinung verursachenden Mangels hat, wie z.B. Anspruch auf Nachbesserung des für die Risse ursächlichen Estrich- oder Betonmangels (vgl. BGH, Urt. v. 7.7.2005 – VII ZR 59/04). Die Wirkungen dieser Rüge, wie auch die der Hemmung oder des Neubeginns der Verjährung, beziehen sich jeweils auf die gesamte der Mangelerscheinung zugrunde liegende Abweichung von der Beschaffenheitsvereinbarung (BGH, Urt. v. 18.1.1990 – VII ZR 260/88: Anerkenntnis; Urt. v. 20.4.1989 – VII ZR 334/87: Hemmung). Diese Rechtsprechung gilt auch für den Tatbestand der Hemmung durch Verhandeln. Die Hemmung tritt deshalb z.B. ein, wenn der Besteller zunächst nur das Symptom rügt und darüber ein Meinungsaustausch in der irrigen Annahme stattfindet, dem Symptom lägen keine von dem Unternehmer zu verantwortenden Mängel zugrunde (BGH, Urt. v. 30.10.2007 – X ZR 101/06).

90 Darüber hinaus erfasst nach der Rechtsprechung die Rüge einer Mangelerscheinung in einem Bauwerk nicht nur die an der jeweiligen Stelle wirkende Ursache für den Mangel. Handelt es sich um einen konstruktiv systematischen Mangel, der das gesamte Bauwerk betrifft, erfasst die Rüge der Mangelerscheinung an einer Stelle den konstruktiven Mangel im gesamten Bauwerk, auch wenn sich an anderen Stellen noch gar keine Mangelerscheinungen gezeigt haben (BGH, Urt. v. 9.10.1986 – VII ZR 184/85; Urt. v. 3.7. 1997 – VII ZR 210/96; Beschl. v. 24.8.2016 – VII ZR 41/14). Es wird dann die Verjährung der Ansprüche gehemmt, die der Besteller wegen des konstruktiven Mangels im gesamten Bauwerk hat (BGH, Urt. v. 6.10.1988 – VII ZR 227/87; kritisch dazu Weise, BauR 1991, 19, 25; vgl. aber auch Schmitz, BauR 2015, 371, 375).

II. Wirkung der Hemmung und des Neubeginns

91 Alle Hemmungs- und Neubeginntatbestände beziehen sich auf den Anspruch wegen des Mangels, der Gegenstand des Tatbestandes ist. Die Ansprüche wegen jedes einzelnen Mangels

Verjährung der Mängelansprüche §634a

können demnach unterschiedlich verjähren (BGH, Urt. v. 3.12.1992 – VII ZR 86/92; Urt. v. 18.3.1976 – VII ZR 35/75). Es ist deshalb erforderlich, dass der die Hemmung begründende Tatbestand erkennen lässt, welcher Mangel geltend gemacht wird (BGH, Urt. v. 12.4.2007 – VII ZR 236/05).

Davon zu unterscheiden ist die Frage, inwieweit ein erhobener Anspruch wegen eines Mangels die Verjährung anderer Ansprüche wegen desselben Mangels hemmt oder zum Neubeginn der Verjährung führt (s. dazu auch Rn. 187 ff.). Nach §213 BGB gelten die Hemmung und der Neubeginn der Verjährung auch für Ansprüche, die aus demselben Grund wahlweise neben dem Anspruch oder an seiner Stelle gegeben sind (BGH, Urt. v. 19.11.2020 – VII ZR 193/19 Rn. 34). Die verschiedenen Ansprüche wegen eines Mangels aus Bauverträgen verjähren danach grundsätzlich einheitlich, soweit die Voraussetzungen des §213 BGB erfüllt sind. Die Nacherfüllungsklage auf Beseitigung eines Mangels hemmt alle anderen Ansprüche, die wegen dieses Mangels an die Stelle der Nacherfüllung treten, wie z.B. auf Kostenerstattung, Vorschuss oder Schadensersatz statt der Leistung (BGH, Urt. v. 15.6.1972 – VII ZR 64/71; Urt. v. 29.4.1974 – VII ZR 29/73; Urt. v. 19.9.1985 – IX ZR 16/85; Urt. v. 18.1.1990 – VII ZR 260/88). 92

Die Klage auf Befriedigung einer der in §634 Nr. 2 bis 4 BGB genannten Ansprüche hemmt grundsätzlich die Verjährung der anderen Ansprüche, soweit sie wahlweise zur Verfügung stehen. Die Klage auf Vorschuss hemmt auch die Verjährung des Anspruchs auf Schadensersatz statt der Leistung. Gleiches gilt für die Verjährung des Anspruchs auf Aufwendungsersatz. Denn der Besteller hat die Wahl, ob er sofort Vorschuss oder später Aufwendungsersatz beansprucht. Die Hemmung tritt auch dann ein, wenn im Zeitpunkt der Klageerhebung die Anspruchsvoraussetzungen noch nicht vorlagen (BGH, Urt. v. 12.4.2007 – VII ZR 236/05). 93

Ebenso hemmt die Klage auf Schadensersatz wegen Nichterfüllung der Mangelbeseitigung die Verjährung eines Vorschussanspruchs nach §637 Abs. 3 BGB (BGH, Urt. v. 19.11.2020 – VII ZR 193/19 Rn. 35). Diese Wirkungserstreckung des §213 BGB ist nicht auf den Umfang der Hemmung durch die erhobene Klage beschränkt, weil ansonsten der mit §213 BGB beabsichtigte Schutz des Gläubigers weitgehend leer liefe (BGH, Urt. v. 19.11.2020 – VII ZR 193/19 Rn. 37). Verlangt also der Besteller zunächst Schadensersatz wegen Nichterfüllung in Höhe von 100T€, hemmt diese Klage einen späteren Vorschussanspruch über 150T€. 94

Soweit ein Wahlrecht nicht besteht, sondern die Ansprüche von vornherein nebeneinander bestehen, müssen die Ansprüche gesondert gehemmt werden. Die Klage auf Nacherfüllung oder Vorschuss hemmt nicht den Anspruch auf Ersatz der Mangelfolgeschäden aus §280 Abs. 1 BGB (Lenkeit, BauR 2002, 220). Denn dieser Anspruch tritt nicht an die Stelle des Erfüllungsanspruchs. Er ist auch nicht auf das gleiche wirtschaftliche Interesse gerichtet. Der Anspruch auf Ersatz der Mangelfolgeschäden besteht vielmehr unabhängig von der weiteren Entwicklung der Ansprüche wegen des Mangels und ist auch kein Surrogat für den Nacherfüllungsanspruch. Auch hemmt die Klage auf Nacherfüllung nicht die Verjährung des Anspruchs auf Ersatz des Verzugsschadens. Denn diese Ansprüche sind nicht auf das gleiche Interesse gerichtet (RegEntw., BT-Drucks. 14/1640 S. 122). 95

III. Hemmung

Hemmung der Verjährung tritt ein bei Verhandlungen, §203 BGB, in den Fällen, in denen Ansprüche rechtlich verfolgt werden, §204 BGB, im Falle des vereinbarten Leistungsverweigerungsrechts, §205 BGB, und der höheren Gewalt, §206 BGB. 96

1. Hemmung durch Verhandlungen

Schweben zwischen dem Schuldner und dem Gläubiger Verhandlungen über den Anspruch oder die den Anspruch begründenden Umstände, so ist die Verjährung gehemmt, bis der eine oder der andere Teil die Fortsetzung der Verhandlungen verweigert. Die Verjährung tritt frühestens drei Monate nach Ende der Hemmung ein, §203 BGB. Das ist der wichtigste Hemmungstatbestand außerhalb der Tatbestände, in denen die Hemmung durch Einleitung von Verfahren herbeigeführt wird. Zur Verhandelbarkeit des §203 BGB in verschiedenen Ausprägungen wird auf Ries/Strauch, BauR 2014, 452 und Breyer, BauR 2016, 404, 405 hingewiesen. 97

a) Beginn der Hemmung

Das für den Beginn der Verjährungshemmung erforderliche „Verhandeln" ist weit zu verstehen. Der Gläubiger muss dafür lediglich klarstellen, dass er einen Anspruch geltend macht und 98 worauf er ihn stützen will. Anschließend genügt jeder ernsthafte Meinungsaustausch über den Anspruch oder seine tatsächlichen Grundlagen, sofern nicht sofort und eindeutig jeder Ersatz abgelehnt wird (BGH, Beschl. v. 17.6.2020 – VII ZR 111/19 Rn. 28; Urt. v. 26.10.2006 – VII ZR 194/05). Das gilt auch dann, wenn die Parteien zunächst davon ausgehen, dass die gerügte Mängelerscheinung nicht in den Verantwortungsbereich des Unternehmers fällt (BGH, Urt. v. 30.10.2007 – X ZR 101/06). Verhandelt wird über einen Anspruch oder die den Anspruch begründenden Umstände. Dazu ist es nicht erforderlich, dass ein Anspruch benannt wird. Es reicht aus, dass über Umstände verhandelt wird, die den später geltend gemachten Anspruch begründen. Auch insoweit ist eine zweckorientierte Anwendung der Norm geboten, die eine aus der Verhandlungssicht der Parteien nicht interessengerechte Verengung verbietet (vgl. BGH, Urt. v. 5.6.2014 – VII ZR 285/12: Verhandlung über die Fortsetzung des Vertrages nach einer außerordentlichen Kündigung, die der Unternehmer nur als freie Kündigung akzeptieren will, betrifft auch die Ansprüche, die für den Fall einer freien Kündigung in Betracht kommen). Ausdrückliche Erklärungen zur Verhandlungsbereitschaft sind nicht erforderlich. Maßgebend ist vielmehr, wie der Gläubiger die Äußerungen oder das Verhalten des Schuldners verstehen konnte (BGH, Urt. v. 2.2.2006 – III ZR 61/05 m. w. N.). Es reicht ein Verhalten des Schuldners, das dem Gläubiger die Annahme gestattet, der Schuldner lasse sich jedenfalls auf Erörterungen über die Berechtigung des Anspruchs ein (BGH, Urt. v. 26.10.2006 – VII ZR 194/05). Nicht erforderlich ist, dass dabei eine Vergleichsbereitschaft oder eine Bereitschaft zum Entgegenkommen signalisiert wird (BGH, Urt. v. 8.5.2001 – VI ZR 208/00; Urt. v. 1.2.2007 – IX ZR 180/04). Zur Hemmung kann es genügen, wenn der Anspruchsgegner mitteilt, er habe die Angelegenheit seiner Haftpflichtversicherung zur Prüfung übersandt (BGH, Urt. v. 1.2.2007 – IX ZR 180/04; Urt. v. 7.10.1982 – VII ZR 334/80). Es kann sogar ausreichen, dass der Verzicht auf die Einrede der Verjährung erklärt wird (BGH, Urt. v. 17.2.2004 – VI ZR 429/02). Die Hemmung wirkt in diesem Fall sogar über das Datum fort, bis zu dem der Verzicht gelten soll. Durch Verhandlung ist die Hemmung auch bewirkt, wenn ein widerruflicher Vergleich über Ansprüche geschlossen wird. Die Hemmung endet drei Monate nach dessen Widerruf (BGH, Urt. v. 4.5.2005 – VIII ZR 93/04). Ergänzend ist die Rechtsprechung zu § 639 Abs. 2 BGB a. F. heranzuziehen (BGH, Urt. v. 26.10.2006 – VII ZR 194/05; Weyer, NZBau 2002, 366; Handschumacher, BauR 2002, 1440). Allgemein gilt, dass bei schwebenden Verhandlungen die Hemmung grundsätzlich auf den Zeitpunkt zurückwirkt, in dem der Gläubiger gegenüber dem Schuldner geltend gemacht hat (BGH, Beschl. v. 19.12.2013 – IX ZR 120/11; Urt. v. 1.3.2005 – VI ZR 101/04; kritisch Breyer, BauR 2016, 404, 405). Die Wiederaufnahme abgebrochener Verhandlungen führt allerdings nicht zu einer auf den Beginn der Verhandlungen rückwirkenden Hemmung der Verjährung (BGH, Urt. v. 15.12.2016 – IX ZR 58/16).

99 Die Mängelrüge des Bestellers allein führt noch nicht zu einer Hemmung, ebenso wenig die Fristsetzung. Es wird allerdings vertreten, dass der Unternehmer sich nicht auf Verjährung berufen darf, wenn die Verjährung während des Laufs einer Frist zur Mängelbeseitigung abläuft (Palandt/Sprau, 79. Aufl., § 634a Rdn. 9 m. w. N.). Das ist zweifelhaft, weil kein gesetzlicher Hemmungstatbestand vorliegt und die Inanspruchnahme von § 242 BGB im Verjährungsrecht allgemein problematisch ist. Wird der Mangel erst kurz vor Ablauf der Verjährungsfrist entdeckt, so reicht auch eine Nachbesserungsklage zur Hemmung der Verjährung. Diese ist dem Besteller in aller Regel zuzumuten und führt dazu, dass die Verjährung auch wegen erst später entstehender Zahlungsansprüche eintritt → Rdn. 92.

100 Zur Hemmung führt die Zusage der Prüfung oder der Mängelbeseitigungsarbeiten. Die Verjährung wird auch durch Vereinbarungen gehemmt, nach denen ein Gutachten über die Mängel eingeholt werden soll (BGH, Urt. v. 15.4.1999 – VII ZR 415/97; Urt. v. 23.10.1967 – VII ZR 41/65; Urt. v. 6.2.1964 – VII ZR 99/62). Die Hemmung beginnt dann spätestens mit dem Einverständnis, den Mangel prüfen zu lassen (BGH, Urt. v. 26.10.1978 – VII ZR 249/77; Urt. v. 15.4.1999 – VII ZR 415/97), möglicherweise aber auch schon mit einer vorher erhobenen Rüge → Rdn. 98. Ausreichend ist aber auch der Ratschlag des in Anspruch genommenen Unternehmers, ein Gutachten über die Mängel einzuholen (BGH, Urt. v. 26.10.2006 – VII ZR 194/05). Die Verjährung ist auch dann gehemmt, wenn der Architekt, Ingenieur oder ein Unternehmer nur das Werk eines Dritten prüfen will, seine Prüfung aber objektiv auch das eigene Werk betrifft und er damit rechnen muss, dass der Besteller von ihm auch die Prüfung seines eigenen Werks erwartet (BGH, Urt. v. 11.5.1978 – VII ZR 313/75), es sei denn der Prüfende weist von vornherein jede Verantwortung von sich (BGH, Urt. v. 27.9.2001 – VII ZR 320/00). Die Verhandlung kann derart erfolgen, dass über einen Teil der Mängel verhandelt wird, über den anderen Teil nicht. Sie kann auch auf bestimmte Teilbereiche beschränkt werden, etwa weil der Unternehmer die Verantwortung für einen Teil des Werkes – etwa wegen einer Drittbeteiligung oder einer Eigenverantwortung des Bestellers – von vornherein ablehnt.

Probleme können entstehen, wenn die Verhandlung über Mängelansprüche nicht mit dem Schuldner geführt wird, sondern mit Dritten, etwa Mithaftenden oder Versicherungen. Das kommt in Bausachen häufig vor, weil jedenfalls die Mangelfolgeschäden versichert sind. Die Verhandlung des in Anspruch genommenen Unternehmers mit seiner Versicherung hemmt den Anspruch nicht. Eine Verhandlung im Sinne des § 203 BGB liegt jedoch vor, wenn der in Anspruch genommene Unternehmer dem Besteller mitteilt, dass er seiner Versicherung den Schaden gemeldet und diese Prüfung zugesagt habe (vgl. auch BGH, Urt. v. 7.10.1982 – VII ZR 334/80; Urt. v. 22.11.1984 – VII ZR 115/83). Hemmung kann durch eine Verhandlung der Versicherung mit dem Geschädigten eintreten. Das kann sogar nach einer sehr weit gehenden Entscheidung der Fall sein, indem die Versicherung auf die Einrede der Verjährung verzichtet. Die Hemmung kann dann über den Zeitpunkt hinausgehen, bis zu dem der Verzicht erklärt worden ist (BGH, Urt. v. 17.2.2004 – VI ZR 429/02). Eine Verhandlung liegt auch dann vor, wenn der Besteller sich direkt an die Versicherung gewandt hat und diese die Prüfung zusagt, ob der Anspruch besteht (vgl. BGH, Urt. v. 7.10.1982 – VII ZR 334/80; Urt. v. 22.11.1984 – VII ZR 115/83). Die Zusage der Versicherung muss der Schuldner aufgrund der Regulierungsvollmacht, vgl. § 5.2 AHB 2012, als verjährungshemmend gegen sich gelten lassen (BGH, Urt. v. 27.1.2005 – VII ZR 158/03; OLG Düsseldorf, Urt. v. 2.7.2009 – 5 U 170/08). Das gilt ebenso, wenn der Versicherer wegen eines Selbstbehalts oder einer Überschreitung der Deckungssumme den Schaden nicht selbst reguliert (BGH, Urt. v. 11.10.2006 – IV ZR 329/05 zum Anerkenntnis). Die Regulierungsvollmacht gilt allerdings nur für den Versicherungsnehmer. Zur Vertretung eines Mitversicherten ist der Versicherer in der allgemeinen Haftpflichtversicherung lediglich befugt, wenn ihm hierzu eine rechtsgeschäftliche Vollmacht erteilt ist oder der Versicherte wenigstens konkludent zustimmt (BGH, Urt. v. 2.2.2006 – III ZR 61/05 m.w.N.). Allerdings ist die Mitteilung eines Architekten/Ingenieurs über die Einschaltung seiner Haftpflichtversicherung grundsätzlich nicht als verjährungshemmende Erörterung über den geltend gemachten Schadensersatzanspruch zu werten, wenn der Architekt/Ingenieur zugleich äußert, zur Haftung dem Grunde und der Höhe nach keine Erklärung abzugeben (BGH, Urt. v. 3.2.2011 – IX ZR 105/10). **101**

Problematisch sind auch Verhandlungen, die mit Personen geführt werden, die nicht zur Verhandlung ermächtigt sind, jedoch Ansprechpartner des Vertragspartners sind. Dazu können vor allem die Bauleiter und Architekten des Bestellers gehören. Diese sind nicht Berechtigte oder Verpflichtete des Anspruchs, können jedoch im Einzelfall zur Verhandlung im Sinne von § 203 BGB ermächtigt sein. Auch ein sonstiger Verhandlungsbevollmächtigter kann durch Aufnahme der Verhandlungen die Verjährung hemmen, z.B. ein Nachunternehmer, der vom Generalunternehmer als Verhandlungspartner für die Mängelrüge eingesetzt wird (OLG Schleswig, Beschl. v. 22.8.2011 – 3 U 101/10). Wie auch sonst im Recht sind die Organisationsstrukturen des Vertragspartners zu respektieren. Deshalb können Verhandlungen mit Tochter- oder Muttergesellschaften des Vertragspartners oder auch mit einzelnen Gesellschaftern nur dann eine Hemmung herbeiführen, wenn diese zu den Verhandlungen ermächtigt sind (OLG Naumburg, Urt. v. 30.4.2014 – 1 U 103/13). **102**

Während der Prüfung eines Mangels ist die Verjährung gehemmt (Weyer, NZBau 2002, 366, 369; a.A. Mansell, NJW 2002, 89, 98; wohl auch Breyer, BauR 2016, 404, 408). In erster Linie wird eine tatsächliche Prüfung erfolgen. Sagt der Unternehmer nach vorgenommener Prüfung oder sogar Mängelbeseitigung eine weitere Prüfung zu, um die Entwicklung abzuwarten, ist während des gesamten Zeitraums die Verjährung gehemmt. Es reicht aus, wenn der Unternehmer seine Einstandspflicht prüft (BGH, Urt. v. 22.11.1984 – VII ZR 115/83). Es muss also keine Prüfung vor Ort erfolgen. Die Prüfung muss nicht notwendig durch den Unternehmer selbst erfolgen, sondern kann für ihn durch andere vorgenommen werden, Die Prüfung durch einen anderen Unternehmer muss sich der in Anspruch genommene Unternehmer z.B. dann zurechnen lassen, wenn beide Unternehmer bei der Errichtung der Werke so zusammenwirken, dass sie dem Besteller gegenüber wie ein Unternehmer gegenübertreten (BGH, Urt. v. 30.9.1993 – VII ZR 47/92). Abweichend von § 639 Abs. 1 BGB a.F. ist es nicht notwendig, dass die Prüfung des Mangels im Einvernehmen des Bestellers erfolgt. Notwendig ist aber eine verhandlungsgleiche Situation. Das setzt zumindest voraus, dass der Besteller von der Prüfung durch den Unternehmer weiß und ihm diese Prüfung Anlass gibt, abzuwarten, wie der Unternehmer auf das Ergebnis der Prüfung reagiert. Eine Hemmung scheidet aus, wenn während der erstmaligen Prüfung des behaupteten Mangels die Verantwortung von vornherein abgelehnt wird (BGH, Urt. v. 27.9.2001 – VII ZR 320/00). **103**

Jurgeleit

§ 634a

104 Mängelbeseitigungsarbeiten hemmen die Verjährung. Es kommt nicht darauf an, ob die Mängelbeseitigung erfolgversprechend oder überhaupt möglich ist (BGH, Beschl. v. 23.8.2012 – VII ZR 155/10; Urt. v. 31.5.1976 – VII ZR 190/75; Urt. v. 15.6.1967 – VII ZR 46/66). Die Hemmung tritt auch ein, wenn der Unternehmer die Nachbesserungsversuche nur aus Gefälligkeit bzw. Kulanz ohne Anerkennung einer Rechtspflicht unternimmt, denn es kommt nach Sinn und Zweck des Hemmungstatbestandes nur auf das tatsächliche Bemühen um Mängelbeseitigung an (BGH, Urt. v. 21.4.1977 – VII ZR 135/76; Urt. v. 30.10.2007 – X ZR 101/06). Ausreichend ist auch eine Mängelbeseitigung, die vorgenommen wird, um aus einer Zug um Zug Verurteilung vollstrecken zu können (BGH, Urt. v. 18.1.1990 – VII ZR 260/88). Mängelbeseitigungsarbeiten führen möglicherweise sogar zum Neubeginn der Verjährung, wenn sie ein Anerkenntnis im Sinne des § 212 Abs. 1 Nr. 1 BGB darstellen → Rdn. 173.

105 Haben durchgehend Prüfungen und Nachbesserungsversuche stattgefunden, kann das zu einer durchgehenden Hemmung vom Beginn der ersten Prüfung an führen (BGH, Urt. v. 25.10.1962 – VII ZR 68/61; Urt. v. 15.10.1970 – VII ZR 2/70; Urt. v. 30.10.2007 – X ZR 101/06; OLG Oldenburg, Urt. v. 12.2.2008 – 12 U 42/07).

b) Ende der Hemmung

106 Vorbehaltlich der Regelung des § 203 Satz 2 BGB endet die Hemmung, bis der eine oder der andere Teil die Fortsetzung der Verhandlung verweigert. Eine solche Verweigerung muss für den Gläubiger deutlich zum Ausdruck kommen. Danach ist die Hemmung nicht zwingend dann beendet, wenn der Unternehmer das Ergebnis der Prüfung mitteilt, sondern erst dann, wenn der Unternehmer jede Verantwortung und jede weitere Diskussion ablehnt (OLG Oldenburg, Urt. v. 20.1.2009 – 12 U 101/08) oder den Mangel augenscheinlich beseitigt oder dieses erklärt hat. Allein die Beendigung der Mängelbeseitigungsarbeiten reicht zur Beendigung der Hemmung nicht aus, wenn sich die Arbeiten aus der Sicht des Bestellers nur als Mängelbeseitigungsversuch darstellen, dessen Erfolg von beiden Parteien nicht abgewartet werden muss (vgl. BGH, Urt. v. 20.4.1989 – VII ZR 334/87; Urt. v. 30.10.2007 – X ZR 101/06).

107 Haben die Parteien eine Abnahme der Mängelbeseitigungsarbeiten vereinbart, vgl. § 13 Abs. 5 Nr. 1 Satz 3 VOB/B, endet die Hemmung grundsätzlich erst mit der Abnahme. Das gilt auch dann, wenn der Unternehmer die Abnahme verlangt (Weyer, NZBau 2002, 366, 370). Die Hemmung ist allerdings auch dann beendet, wenn der Unternehmer die weitere Beseitigung des Mangels verweigert und die Verantwortung ablehnt (BGH, Beschl. v. 16.5.2013 – VII ZR 63/11). Das gilt aber auch für den umgekehrten Fall, dass der Besteller erklärt, er lehne die Mängelbeseitigung ab und werde Schadensersatzansprüche geltend machen. Tritt der Unternehmer dann nicht in Verhandlungen über diese Ansprüche ein, läuft die Verjährungsfrist ungehemmt weiter (BGH, Urt. v. 25.9.2008 – VII ZR 32/07). Anders ist das aber, wenn auf die Schadensersatzforderung hinhaltend reagiert wird, so dass der Besteller vermuten kann, die Verhandlungen gingen nun über diese Forderung weiter (BGH, Urt. v. 30.10.2007 – X ZR 101/06).

108 Schlafen die Verhandlungen allmählich ein, ohne dass sicher gesagt werden kann, wann sie endgültig beendet sind, endet die Hemmung in dem Zeitpunkt, in dem nach Treu und Glauben der nächste Schritt zu erwarten gewesen wäre (BGH, Urt. v. 6.11.2008 – IX ZR 158/07; Urt. v. 18.6.2009 – VII ZR 167/08, Rdn. 25 ff.; KG, Urt. v. 18.3.2004 – 27 U 207/03). Das ist ein unsicheres Abgrenzungskriterium. Die Unsicherheit geht in aller Regel zu Lasten des Schuldners. Denn er muss das Ende einer Hemmung darlegen und beweisen (BGH, Urt. v. 30.9.1993 – VII ZR 136/92; Urt. v. 30.10.2007 – X ZR 101/06). Einige Oberlandesgerichte behelfen sich hier mit der Faustformel, dass im Regelfall spätestens nach Ablauf eines Monats nach Zugang eines Schreibens eine Reaktion erfolgt. Ist dies nicht der Fall, sollen die Verhandlungen zwischen den Parteien und damit auch die Hemmung der Verjährung beendet sein (OLG Hamm, Urt. v. 24.2.2015 – 24 U 94/13; OLG Dresden, Urt. v. 23.2.2010 – 9 U 2043/08; KG, Urt. v. 23.11.2007 – 7 U 114/07; OLG Zweibrücken, Urt. v. 24.5.2007 – 4 U 104/06). Eine solche Faustformel darf – wenn überhaupt – nur mit kritischer Distanz angewendet werden. Es kommt auf den Einzelfall an (vgl. auch OLG Hamm, Urt. v. 24.2.2015 – 24 U 94/13: zwei Wochen Reaktionszeit auf die Bitte um Übersendung weiterer Unterlagen). Insbesondere ein fortlaufender Meinungsaustausch mit zwischenzeitlichen Zeiträumen ohne Kontakt kann für die Fortdauer der Verjährungshemmung ausreichend sein. Auch ohne fortwährende Verhandlungen kann die Hemmung weiterlaufen, wenn sich das aus den Umständen ergibt (BGH, Urt. v. 15.12.2016 – IX ZR 58/16 unter Hinweis auf BT-Drucks. 14/6857 S. 43). Hat ein Bauträger über mehrere Jahre zu erkennen gegeben, dass er Ansprüche der Erwerber von

Wohneigentum nach Abschluss eines Prozesses regeln will, den er mit dem Nachunternehmer führt, kann die Verjährung der Ansprüche der Erwerber auch dann bis zum Abschluss dieses Prozesses gehemmt sein, wenn der Bauträger sich zuletzt nicht mehr gerührt hat (BGH, Beschl. v. 28.10.2010 – VII ZR 82/09). Es kann aber auch der umgekehrte Fall vorliegen, in dem der Unternehmer die Mängelbeseitigung zunächst zusagt, jedoch längere Zeit nichts unternimmt, so dass davon ausgegangen werden muss, dass er seine Zusage nicht einhalten will.

Bereits beendete Verhandlung können wieder aufgenommen werden. In diesem Fall tritt erneut die Hemmung ein (vgl. OLG Schleswig, Beschl. v. 22.8.2011 – 3 U 101/10). Wird z. B. eine Korrespondenz über einen Mangel nach eingeschlafener Verhandlung nach ca. einem Jahr wieder aufgenommen, so liegt darin die Aufnahme von neuen Verhandlungen, die zur erneuten Hemmung führen (BGH, Urt. v. 8.5.2001 – VI ZR 208/00). **109**

Steht das Ende der Verhandlung fest und läuft die restliche Verjährungsfrist weniger als drei Monate, sorgt die Ablaufhemmung des § 203 BGB dafür, dass gleichwohl vor drei Monaten keine Verjährung eintritt (BGH, Urt. v. 26.10.2006 – VII ZR 194/05; Urt. v. 30.10.2007 – X ZR 101/06). So bleibt dem Gläubiger genügend Zeit, die angemessenen Konsequenzen aus den gescheiterten Verhandlungen zu ziehen. Hat z. B. ein Besteller zwei Monate vor Ablauf der Verjährungsfrist wegen eines Mangels Verhandlungen mit dem Unternehmer aufgenommen, so endet die Verjährung nicht schon mit dem Ablauf der Restfrist von zwei Monaten, sondern nach einer Frist von drei Monaten. **110**

2. Hemmung durch vereinbartes Leistungsverweigerungsrecht

Die Verjährung ist gehemmt, solange der Schuldner auf Grund einer Vereinbarung mit dem Gläubiger vorübergehend zur Verweigerung der Leistung berechtigt ist, § 205 BGB. Maßgeblicher Anwendungsbereich ist ein Stillhalteabkommen. Ein die Verjährung nach § 205 BGB hemmendes Stillhalteabkommen, das auch stillschweigend getroffen werden kann, ist dann anzunehmen, wenn der Schuldner auf Grund einer rechtsgeschäftlichen Vereinbarung berechtigt sein soll, vorübergehend die Leistung zu verweigern und der Gläubiger sich umgekehrt der Möglichkeit begeben hat, seine Ansprüche jederzeit weiterzuverfolgen. Ein Ziel eines Stillhalteabkommens ist es, eine gerichtliche Auseinandersetzung über eine strittige Forderung einstweilen zu verhindern (BGH, Urt. v. 28.2.2002 – VII ZR 455/00). Das kann angenommen werden, wenn die Parteien sich einig sind, zur Vermeidung einer langjährigen und kostenspieligen Auseinandersetzung eine Schiedsstelle anzurufen (BGH, a. a. O.). **111**

Die Verjährung ist nach § 205 BGB auch gehemmt, wenn der Besteller nach der vertraglichen Vereinbarung zwingend zunächst versuchen muss, sich aus abgetretenen Ansprüchen schadlos zu halten, der Unternehmer aber subsidiär haftet. Die Verjährung beginnt, wenn feststeht, dass der Versuch fehlgeschlagen ist (BGH, Urt. v. 4.6.1981 – VII ZR 212/80: Bauträger; Urt. v. 22.1.1987 – VII ZR 88/85: Architekt). Anders ist das nach OLG Köln (Beschl. v. 21.3.2011 – 11 U 214/10) aber dann, wenn die Klausel den in Anspruch genommenen Unternehmer (hier: Architekten) lediglich berechtigt, die vorige Inanspruchnahme eines Dritten (hier: Bauunternehmer) zu verlangen. Dann wird der Anspruch gegen den Unternehmer (hier: Architekten) sofort fällig. Macht er von dem Recht, die Inanspruchnahme des Dritten zu verlangen, Gebrauch, wird die Verjährung gehemmt, sofern noch keine Verjährung eingetreten ist. **112**

Auch eine nachträgliche Stundungsabrede begründet in der Regel ein vorübergehendes Leistungsverweigerungsrecht. Die Stundungsabrede kann zudem ein Anerkenntnis des Schuldners enthalten (BGH, Urt. v. 27.4.1978 – VII ZR 219/77). Zwingend ist das jedoch nicht. **113**

Die Hemmung nach § 205 BGB tritt nur ein aufgrund eines vereinbarten Leistungsverweigerungsrechts. Besteht ein gesetzliches Leistungsverweigerungsrecht, ist die Verjährung grundsätzlich nicht gehemmt. Bei solchen, die auf dem Gesetz beruhen, kann es dem Gläubiger grundsätzlich angesonnen werden, sie zu überwinden (Staudinger/Peters/Jacoby, § 205 Rdn. 6). Daraus folgt, dass auch im Falle des § 650t BGB keine Hemmung des Anspruchs gegen einen bauüberwachenden Architekten eintritt, wenn dieser sich auf sein Leistungsverweigerungsrecht beruft, a. A. Zahn → § 650t BGB Rdn. 73. Der Besteller kann das Leistungsverweigerungsrecht leicht ausschalten, indem er dem Bauunternehmer eine Frist zur Mängelbeseitigung setzt. **114**

3. Hemmung durch Rechtsverfolgung

Seit der Schuldrechtsmodernisierung führt eine Rechtsverfolgung des Anspruchs nur zur Hemmung der Verjährung des geltend gemachten Anspruchs, deren Beginn gemäß § 204 **115**

§ 634a

BGB an ganz unterschiedliche Umstände geknüpft ist (eingehend Lenkeit, BauR 2002, 214ff.; Klose, NZBau 2012, 80). Für den Bauprozess sind folgende Hemmungstatbestände interessant:

1. Klageerhebung

...

3. Zustellung des Mahnbescheids
4. Veranlassung der Bekanntgabe des Güteantrags
5. Aufrechnung im Prozess
6. Zustellung der Streitverkündung
7. Zustellung des Antrags auf Durchführung eines selbständigen Beweisverfahrens

...

11. Beginn des schiedsrichterlichen Verfahrens

116 § 204 BGB fasst die Hemmung der Verjährung durch Rechtsverfolgung zusammen. Allen Fallgruppen ist gemeinsam, dass der Gläubiger ernsthaft zu erkennen gibt, seinen behaupteten Anspruch durchsetzen zu wollen. Die verschiedenen Hemmungstatbestände sind gleichrangig; der Gläubiger ist nicht gezwungen, eine der Maßnahmen vorrangig zu ergreifen. Maßgeblich ist grundsätzlich – eine Ausnahme ist die Streitverkündung → Rdn. 141 – nicht, ob der Antrag zulässig ist oder gar, ob er Erfolg hat (BGH, Urt. v. 12.4.2007 – VII ZR 236/05; Urt. v. 6.12.2007 – IX ZR 143/06). Nach den Vorstellungen des Gesetzgebers sollte der mit der Hemmung verbundene bloße Aufschub des Verjährungsablaufs unabhängig vom Ausgang des Verfahrens sein. Daher hemmt eine unzulässige Klage die Verjährung. Eine Hemmung tritt hingegen nicht ein, wenn keine wirksame Klageerhebung nach § 253 ZPO vorliegt (Grüneberg/Ellenberger, 81. Aufl., § 204 Rdn. 5). Ein unzulässiger Antrag auf Durchführung des selbständigen Beweisverfahrens hemmt die Verjährung, wenn er nicht als unstatthaft zurückgewiesen worden ist (BGH, Urt. v. 22.1.1998 – VII ZR 204/96). Die Hemmung ist nicht an eine Entscheidung der angerufenen Stelle gebunden, sondern tritt grundsätzlich auch ein, wenn der Gläubiger den Antrag zurücknimmt. Besonders deutlich wird die Unabhängigkeit der Hemmung vom Erfolg der eingeleiteten Verfahrenshandlungen bei der Hemmung durch Aufrechnung im Prozess. Sie ist gerade auf den Fall zugeschnitten, dass die Aufrechnung unzulässig oder unmöglich ist; die Hemmung tritt zwingend nur ein, wenn keine Sachentscheidung zugunsten des Aufrechnungsgläubigers ergeht (zu allem BGH, Urt. v. 28.9.2004 – IX ZR 155/03; Grüneberg/Ellenberger, 81 Aufl., § 204 Rdn. 20 m. w. N.). Ist die Aufrechnung erfolgreich, erlischt die Forderung, so dass sich das Verjährungsproblem nicht stellt. Sollte ein Gläubiger im Einzelfall mit Hilfe unzulässiger oder unbegründeter Anträge in missbräuchlicher Weise versuchen, die Hemmung der Verjährung herbeizuführen, so kann dem durch Anwendung von § 242 BGB begegnet werden (BGH, a. a. O.).

117 Voraussetzung für eine Hemmung der Verjährung ist jedoch, dass der Antragsteller anspruchsberechtigt ist (BGH, Urt. v. 29.10.2009 – I ZR 191/07; Urt. v. 28.2.2002 – VII ZR 455/00; Urt. v. 4.3.1993 – VII ZR 148/92; Rabe, NJW 2006, 3089; a. A. Kähler, NJW 2006, 1769). Darauf ist besonders zu achten, wenn der Bauträger die Mängelansprüche gegen die Handwerker zunächst an die Erwerber abgetreten hat, dann jedoch selbständig gegen die Handwerker vorgeht. Die Erwerber müssen ihn entweder ermächtigen für sie vorzugehen oder die Ansprüche müssen zurückabgetreten werden. Eine Hemmung der Verjährung eines Anspruchs aus abgetretenem Recht tritt nicht ein, solange der Anspruch auf ein eigenes Recht gestützt wird. Denn insoweit wird ein anderer Streitgegenstand geltend gemacht (BGH, Urt. v. 4.5.2005 – VIII ZR 93/04).

118 Berechtigter ist auch der Prozessstandschafter (BGH, Urt. v. 29.10.2009 – I ZR 191/07). Die verjährungshemmende Wirkung tritt im Falle der gewillkürten Prozessstandschaft allerdings nach der Rechtsprechung erst in dem Augenblick ein, in dem diese prozessual offengelegt wird (BGH, Urt. v. 30.5.1972 – I ZR 75/71) oder offensichtlich ist (BGH, Urt. v. 3.7.1980 – IVa ZR 38/80) oder der ermächtigte Zedent einer Sicherungsabtretung klagt (BGH, Beschl. v. 8.7.2010 – VII ZR 195/08). Ob daran festzuhalten ist oder die Hemmung auch dann erfolgt, wenn die Prozessstandschaft erst nach Ablauf der Verjährungsfrist prozessual offen gelegt wird, hat der Bundesgerichtshof zuletzt offen gelassen (Urt. v. 16.9.1999 – VII ZR 385/98; das wird allerdings von BGH, Urt. v. 7.6.2001 – I ZR 49/99 Rdn. 34 geflissentlich ignoriert). Die Verjährung von Mängelhaftungsansprüchen, die Ehegatten aus der gemeinsamen Errichtung eines Hauses oder einer Eigentumswohnung zustehen, wird regelmäßig auch durch eine Klage gehemmt, die nur einer der Ehegatten erhebt und mit der er Leistung allein an sich verlangt (BGH, Urt. v. 21.3.1985 – VII ZR 148/83).

a) Hemmung durch Klage

Die Klageerhebung des Berechtigten → Rdn. 7 gegen den richtigen Schuldner (zum Problem der verklagten Wohnungseigentümer statt der Wohnungseigentümergemeinschaft vgl. BGH, Urt. v. 10.3.2011 – VII ZR 54/10; ähnlich OLG Düsseldorf, Urt. v. 7.5.2013 – 21 U 3/12) hemmt die Verjährung während der Dauer des Verfahrens und dem sich daran anschließenden Zeitraum von sechs Monaten, § 204 Abs. 1 Nr. 1 BGB. Maßgeblich ist die Zustellung der Klage. Soll durch die Zustellung die Verjährung gehemmt werden, tritt diese Wirkung bereits mit Eingang des Antrags ein, wenn die Zustellung demnächst erfolgt (§§ 167, 691 Abs. 2 ZPO). Dieselbe Wirkung hat der Beginn eines Schiedsverfahrens, § 204 Abs. 1 Nr. 11 BGB. **119**

Die wirksame, den Anforderungen des § 253 ZPO entsprechende Klage hemmt die Verjährung des geltend gemachten Anspruchs unabhängig von der Zulässigkeit → Rdn. 115 oder Begründetheit der Klage. Wer Kläger ist, muss durch Auslegung festgestellt werden. Unrichtige Bezeichnungen sind unschädlich, wenn kein Zweifel bestehen kann, dass ein anderer Berechtigter ist und dieser klagen will. Gleiches gilt für die Ermittlung des richtigen Beklagten (vgl. BGH, Urt. v. 10.3.2011 – VII ZR 54/10 m.w.N.). Werden vor Anerkennung der Teilrechts- und Parteifähigkeit der Wohnungseigentümergemeinschaft die Wohnungseigentümer gesamtschuldnerisch auf Werklohn wegen Arbeiten am Gemeinschaftseigentum in Anspruch genommen, kann nicht allein wegen der Änderung der Rechtsprechung das Rubrum dahin berichtigt werden, dass die Wohnungseigentümergemeinschaft verklagt ist. Es ist ein Parteiwechsel notwendig (BGH, Urt. v. 10.3.2011 – VII ZR 54/10). **120**

Der Umfang der Hemmung wird grundsätzlich durch den Streitgegenstand bestimmt. Bei einer Feststellungsklage erfolgt (in der Regel) keine Begrenzung des Umfangs, so dass die Verjährung des gesamten Anspruchs, der festgestellt werden soll, gehemmt ist. Die positive Feststellungsklage ist ein geeignetes Mittel zur Hemmung der Verjährung, wenn kein Vorrang der Leistungsklage besteht. Das Feststellungsinteresse wird durch die Absicht der Verjährungshemmung belegt (BGH, Urt. v. 25.2.2010 – VII ZR 187/08). Ob eine negative Feststellungsklage die Verjährung des verneinten Anspruchs hemmt oder die prozessuale Verteidigung gegen diese Klage, hat der Bundesgerichtshof zuletzt offen gelassen (BGH, Urt. v. 15.12.2009 – XI ZR 110/09; Grüneberg/Ellenberger, 78. Aufl., § 204 Rdn. 2). Gehemmt werden mit der Klageerhebung auch hilfsweise erhobene Ansprüche (Grüneberg/Ellenberger, 81. Aufl., § 204 Rdn. 13 m.w.N.). Bei der Zahlungsklage kommt es grundsätzlich auf die Bezifferung des geltend gemachten Anspruchs an. Eine Teilklage, z.B. auf Schadens- oder Aufwendungsersatz, hemmt nur in Höhe des eingeklagten Betrages (BGH, Urt. v. 9.1.2008 – XII ZR 33/06; Urt. v. 18.3.1976 – VII ZR 35/75; Urt. v. 2.5.2002 – III ZR 135/01). **121**

Werden mehrere Ansprüche mit einer Klage verfolgt, die die Summe der geltend gemachten Ansprüche nicht erreicht, so liegt eine Teilklage vor. Wird nicht bestimmt, wie sich die Ansprüche auf die Klagesumme aufteilen, so ist diese Klage zunächst unzulässig. Die Zulässigkeitsvoraussetzungen können jedoch bis zur letzten mündlichen Verhandlung in der Sache nachträglich geschaffen werden, indem die erforderliche Aufgliederung danach erfolgt, in welcher Reihenfolge und in welcher Höhe die Ansprüche geltend gemacht werden (BGH, Urt. v. 3.4.1996 – VIII ZR 315/94; Urt. v. 30.11.1999 – VI ZR 207/98). **122**

> **Beispiel:** Schadensersatzklage in Höhe der Kosten der Beseitigung von 10 verschiedenen Mängeln in Höhe von 100.000 €. Nach dem mit der Klage vorgelegten Gutachten ist die Summe der Mängelbeseitigungskosten 150.000 €. Es muss angegeben werden, in welcher Reihenfolge die einzelnen (10) Mängelansprüche geltend gemacht werden und in welcher Höhe, damit festgestellt werden kann, inwieweit Rechtskraft eintritt.

Diese nachträgliche Aufgliederung schafft nachträglich auch die Voraussetzungen für die Hemmung der Verjährung der nunmehr bestimmten Ansprüche bezogen auf den Zeitpunkt der Klageerhebung (BGH, Urt. v. 6.5.2014 – II ZR 217/13; Urt. v. 22.5.1984 – VI ZR 228/82). Danach wirkt die Individualisierung von Forderungen im Klageverfahren auch hinsichtlich der Verjährungshemmung zurück. Etwas anderes gilt jedoch im Mahnverfahren → Rdn. 126.

Die Teilklage hemmt die Verjährung des Anspruchs nur in der Höhe, in der er geltend gemacht wird. Das gilt auch dann, wenn der Kläger unsicher über die Höhe des Anspruchs ist und deshalb aus Vorsicht nur einen geringen Betrag einklagt und sich ohne Erhebung einer Feststellungsklage die Nachforderung nach Aufklärung über die Höhe des Anspruchs, z.B. durch **123** ein Sachverständigengutachten vorbehält. Das gilt sowohl für den Fall, dass ausdrücklich eine Teilklage erhoben wird (BGH, Urt. v. 9.1.2008 – XII ZR 33/06) als auch für den Fall, dass der Kläger von vornherein glaubt, ihm stünde nicht mehr zu, die Aufklärung im Prozess jedoch einen höheren Anspruch ergibt (BGH, Urt. v. 11.3.2009 – IV ZR 224/07; bedenklich deshalb OLG Celle, Urt. v. 17.1.2013 – 16 U 94/11, das zu Unrecht eine Parallele zur Vorschussklage zieht). Das Bewertungsrisiko trägt der Kläger, der diesem durch einen Feststellungsantrag entgehen kann (vgl. auch BGH, Urt. v. 26.3.2015 – VII ZR 347/12). Anders ist das nach der Rechtsprechung nur, wenn Streitgegenstand der Schadensersatzanspruch in Höhe des zur Wiederherstellung einer Sache erforderlichen Betrages ist. Dessen Bezifferung hat nur vorläufigen Charakter (BGH, Urt. v. 2.5.2002 – III ZR 135/01). Eine weitere Ausnahme hat der Bundesgerichtshof für den Fall zugelassen, dass sich bei einem auf die volle Höhe gerichteten Schadensersatzanspruch während des Prozesses herausstellt, dass sich infolge einer Änderung der allgemeinen wirtschaftlichen Verhältnisse die für die Wertermittlung maßgeblichen Faktoren geändert haben (BGH, Urt. v. 26.6.1984 – VI ZR 232/82; Urt. v. 19.2.1982 – V ZR 251/80). Das gilt aber nur wenn der Streitgegenstand gleich bleibt. Das ist nicht mehr der Fall, wenn der Unternehmer eine neue Position nachschiebt, die eine bisher nicht erfasste Leistung betrifft (Duffek, Baurecht und Baupraxis 2004, 101).

124 Eine andere Rechtslage gilt für die Vorschussklage. Ein Urteil, mit dem dem Besteller Vorschuss auf die Mängelbeseitigungskosten zugesprochen wird, enthält regelmäßig die Feststellung, dass der Unternehmer verpflichtet ist, die gesamten Mängelbeseitigungskosten zu tragen, ggf. auch die den gezahlten Vorschuss übersteigenden Selbstvornahmekosten (BGH, Urt. v. 25.9.2008 – VII ZR 204/07). Damit gilt die dreißigjährige Verjährungsfrist des § 197 Abs. 1 Nr. 3 BGB. In gleicher Weise ist der bezifferte Klageantrag dahin auszulegen, dass er einen Feststellungsantrag enthält. Die Vorschussklage hemmt danach den Anspruch auf Zahlung der voraussichtlichen Mängelbeseitigungskosten ungeachtet seiner Bezifferung in voller Höhe (BGH, Urt. v. 10.11.1988 – VII ZR 140/87). Der Kläger kann während des Verfahrens und innerhalb der dreißigjährigen Frist nach Beendigung durch ein Urteil Vorschuss wegen desselben Mangels nachfordern, ohne die Verjährungseinrede zu fürchten (BGH, Urt. v. 25.9.2008 – VII ZR 204/07; Urt. v. 18.3.1976 – VII ZR 41/74; vgl. näher → § 637 BGB Rdn. 79). Etwas anderes gilt, wenn der Kläger aus anderen Gründen als der fehlenden Sicherheit der Kosten die Klage beschränkt, etwa dann, wenn er den Beklagten nur verpflichtet hält, eine Quote der Mängelbeseitigungskosten zu bezahlen (BGH, Urt. v. 15.4.2004 – VII ZR 130/03).

b) Hemmung durch Mahnbescheid

125 Die Verjährung wird auch gehemmt durch die Zustellung des Mahnbescheides oder des Europäischen Zahlungsbefehls, § 204 Abs. 1 Nr. 3 BGB. Der Mahnbescheid hemmt, wie auch die Klage, nur die Verjährung des geltend gemachten Anspruchs (BGH, Urt. v. 23.9.2008 – XI ZR 253/07). Fraglich ist, ob ein unstatthafter Mahnantrag die Verjährung hemmt. Das ist besonders dann zu erörtern, wenn der Antragsteller eine Forderung erhebt, die von einer Zug um Zug Leistung abhängt (z. B. großer Schadensersatz). Das Mahnverfahren ist dann nicht statthaft, § 688 Abs. 2 Nr. 2 ZPO. Wagner (ZfIR 2005, 856 ff.) vertritt die Auffassung, ein Mahnbescheid, in dem wahrheitswidrig nicht angegeben sei, dass die begehrte Leistung von einer Gegenleistung abhänge, könne die Verjährung nicht hemmen. Wäre die Angabe zutreffend gemacht worden, wäre der Mahnbescheidsantrag zurückgewiesen worden mit der Folge, dass eine Hemmung nur dann eintreten kann, wenn innerhalb eines Monats Klage erhoben und diese demnächst zugestellt wird, § 691 Abs. 2 ZPO. Das hat der Bundesgerichtshof nunmehr bekräftigt. Die im § 688 Abs. 2 Nr. 2 ZPO widerstreitende Geltendmachung des „großen" Schadensersatzes, die nur Zug um Zug gegen Herausgabe des Erlangten oder eines Vorteils zu gewähren ist, stellt, wenn der Antragsteller entgegen § 690 Abs. 1 Nr. 4 ZPO bewusst falsche Angaben macht, einen Missbrauch des Mahnverfahrens dar, der dem Antragsteller nach § 242 BGB grundsätzlich verwehrt, sich auf die Hemmung der Verjährung durch Zustellung des Mahnbescheids zu berufen (BGH, Urt. v. 16.7.2015 – III ZR 238/14). Diese Rechtsprechung erlangt vor allem Bedeutung für die Rückabwicklung von Bauträgerverträgen (vgl. auch BGH, Urt. v. 23.6.2015 – XI ZR 536/14). Die Hemmung der Verjährung tritt danach nicht ein, wenn der große Schadensersatzanspruch wegen Mängeln des Bauträgervertrages geltend gemacht wird und im Mahnbescheid wahrheitswidrig angegeben wird, die Zug um Zug Leistung (Rückgabe des Objekts) sei erbracht oder nicht geschuldet. Es reicht nicht, dass die Rückgabe des Objekts angeboten, aber noch nicht vollzogen ist (BGH, Urt. v. 16.7.2015 – III ZR 238/14). Darüber hinaus ist auch die Verjährung des kleinen Schadensersatzanspruchs, der

Verjährung der Mängelansprüche §634a

z.B. in Höhe der Mängelbeseitigungskosten besteht, nicht gehemmt (BGH, Urt. v. 23.6.2015 – XI ZR 536/14).

Bei der Hemmung von Mängelansprüchen durch einen Mahnbescheid ist zu beachten, dass **126** der Mahnbescheid die Verjährung nur dann hemmt, wenn der Anspruch ausreichend individualisiert ist. Ein geltend gemachter Anspruch muss in der Weise bezeichnet sein, dass er Grundlage eines der materiellen Rechtskraft fähigen Vollstreckungstitels sein und der Schuldner erkennen kann, welche Ansprüche gegen ihn geltend gemacht werden, damit er beurteilen kann, ob und in welchem Umfang er sich zur Wehr setzt (BGH, Urt. v. 12.4.2007 – VII ZR 236/05; Beschl. v. 10.10.2013 – VII ZR 155/11). Damit der Schuldner beurteilen kann, ob er sich gegen den Anspruch zur Wehr setzen will oder nicht, muss er im Zeitpunkt der Zustellung des Mahnbescheids erkennen können, woraus der Gläubiger seinen Anspruch herleitet. Wann dieser Anforderung genüge getan ist, hängt von den Umständen des Einzelfalls ab (BGH, Beschl. v. 17.6.2020 – VII ZR 111/19 Rn. 19 zu dem Fall der Bezeichnung eines Vergütungsanspruchs unter Angabe nur der Schlussrechnungssumme bei insgesamt 16 Bauvorhaben der Parteien).

Voraussetzung für die verjährungshemmende Wirkung ist allerdings nicht, dass aus dem Mahnbescheid für einen außenstehenden Dritten ersichtlich ist, welche konkreten Ansprüche mit dem Mahnbescheid geltend gemacht werden; es reicht aus, dass dies für den Antragsgegner erkennbar ist (BGH, Urt. v. 25.3.2015 – VIII ZR 243/13 Rdn. 63). Kommen mehrere auf Zahlung gerichtete Ansprüche in Betracht, sind diese im Mahnbescheid zu benennen. Werden nur Teilansprüche aus verschiedenen Ansprüchen mit dem Mahnbescheid geltend gemacht, ist zu bezeichnen, welcher Anspruch in welcher Höhe teilweise gefordert wird (BGH, Urt. v. 21.10.2008 – XI ZR 466/07; vgl. auch VersäumnisUrt. v. 14.7.2010 – VIII ZR 229/09). Im Gegensatz zum Klageverfahren → Rdn. 122 wirkt eine nachträgliche Individualisierung der Ansprüche nach Übergang in das Klageverfahren hinsichtlich der Hemmung der Verjährung nicht zurück (BGH, Urt. v. 21.10.2008 – XI ZR 466/07).

Die Individualisierung betrifft sowohl den Gegenstand des Anspruchs als auch dessen Höhe. **127** Beides muss im Mahnbescheid ausreichend verdeutlicht werden. Eine knappe Kennzeichnung des geltend gemachten Anspruchs und der verlangten Leistung genügt den gesetzlichen Anforderungen insbesondere dann, wenn zwischen den Parteien keine weiteren Rechtsbeziehungen bestehen (BGH, Urt. v. 25.3.2015 – VIII ZR 243/13 Rdn. 63). Bestehen mehrere Rechtsverhältnisse zwischen Gläubiger und Schuldner, muss jedoch klar sein, aus welchem Rechtsverhältnis und in welcher Höhe ein Anspruch geltend gemacht wird. Bei verjährungsrechtlich selbständigen Ansprüchen, die im Hinblick auf den relevanten Sachverhalt, die Anspruchsvoraussetzungen und die Rechtsfolgen wesensmäßig verschieden sind, wie z.B. ein Schadensersatzanspruch aus Beratungsverschulden und ein Bereicherungsanspruch wegen unwirksamen Geschäftsschlusses, bewirkt die für einen Anspruch ausreichende Individualisierung (hier: Schadensersatz) keine Hemmung für den anderen Anspruch (hier: Bereicherungsanspruch, vgl. BGH, Urt. v. 23.9.2008 – XI ZR 253/07). Jedoch erstreckt sich die Hemmungswirkung bei hinreichender Individualisierung des geltend gemachten prozessualen Anspruchs im Mahnantrag auf alle im Rahmen der Anlagebewertung unterlaufenen Beratungsfehler (BGH, Urt. v. 16.7.2015 – III ZR 238/14). Gleiches gilt für wesensmäßig unterschiedliche Ansprüche wegen Mängeln. Wesensmäßig unterschiedlich sind Ansprüche auf Schadensersatz wegen Mängeln und Vorschuss wegen Mängeln. Sie stellen unterschiedliche Streitgegenstände dar. Im Mahnbescheid muss deshalb angegeben werden, welcher Anspruch geltend gemacht wird, eventuell auch ein Anspruch aus einer Minderung oder auf Ersatz von Mangelfolge- oder Verzugsschäden usw. Gehemmt wird nur die Verjährung im Mahnbescheid geltend gemachten individualisierten Anspruchs. Soweit der Besteller mit dem Mahnbescheid voraussichtliche Mängelbeseitigungskosten geltend macht, wird mangels anderer Angaben vermutet, dass er einen Vorschuss verlangt (BGH, Urt. v. 12.4.2007 – VII ZR 236/05). Diese Vermutung ist für den Besteller günstig, weil damit noch die Möglichkeit eröffnet bleibt, nach Übergang in das Klageverfahren den Schadensersatz statt der Leistung geltend zu machen. Die Verjährung dieses Anspruchs ist mit der Zustellung des Mahnbescheids auf Zahlung eines Vorschusses gehemmt worden, weil der Anspruch wahlweise statt des Vorschussanspruchs geltend gemacht werden kann, vgl. → Rdn. 92. Die Vermutung ist jedoch nicht zulässig, wenn sich aus den Umständen des Mahnbescheids etwas anderes ergibt, z.B. dann, wenn bereits vorprozessual Schadensersatz geltend gemacht worden ist.

Da jeder Mangel einen eigenen Anspruch begründet, muss der Mahnbescheid auch deutlich **128** machen, wegen welcher Mängel er erhoben wird. Die Mängelliste muss nicht zwingend im Mahnbescheid enthalten sein, wenn auch zu empfehlen ist, diese als Anlage zu überreichen. Es reicht aus, wenn der Mahnbescheid auf eine beim Schuldner bereits vorhandene Mängelliste Bezug nimmt (BGH, Beschl. v. 10.10.2013 – VII ZR 155/11 m. w. N.). Es muss jedoch streng darauf geachtet werden, dass diese Mängelliste identisch ist mit dem Begehren des Gläubigers. Da eine nachträgliche Individuisierung im Klageverfahren hinsichtlich der Hemmung nicht zurückwirkt (BGH, a. a. O. m. w. N.), muss auch darauf geachtet werden, dass der Zugang der Mängelliste, auf die der Mahnbescheid Bezug nimmt, beweisbar ist. Sonst läuft der Gläubiger Gefahr, dass die Hemmung der Verjährung erst im eingeleiteten Klageverfahren und möglicherweise zu spät erfolgt.

129 Die Individualisierung bezieht sich bei mehreren Mängeln auch auf die Höhe der wegen dieser Mängel geltend gemachten Ansprüche. Werden Ansprüche wegen verschiedener Mängel geltend gemacht, so muss der Schuldner erkennen können, welcher Betrag für welchen Mangel gefordert wird (BGH, Urt. v. 12.4.2007 – VII ZR 236/05). Eine solche Individualisierung kann sich auch aus Anlagen zum Mahnbescheid ergeben, wie z. B. einem in Bezug genommenen Sachverständigengutachten, in dem die geltend gemachten Mängel deutlich bezeichnet und ihnen Mängelkosten und sonstige Schadensersatzpositionen deutlich zugeordnet sind. Wird im Mahnbescheid nur auf das Gutachten Bezug genommen, ohne es zur Anlage zu machen, muss es dem Schuldner im Zeitpunkt der Zustellung nachweisbar zugegangen sein, damit die Hemmung der Verjährung verlässlich erreicht werden kann.

130 Soweit Ansprüche hinsichtlich ihres Gegenstandes und ihrer Höhe ausreichend individualisiert sind, bedarf es keiner Aufschlüsselung der einzelnen Rechnungsposten. Die entsprechend notwendige Substantiierung kann im Laufe des Rechtsstreits beim Übergang in das streitige Verfahren mit der Wirkung nachgeholt werden, dass in Höhe des geltend gemachten Betrages die Verjährung des Anspruchs gehemmt ist (BGH, Beschl. v. 10.10.2013 – VII ZR 155/11 m. w. N.).

131 Vorsicht ist auch geboten, wenn der im Mahnbescheid geltend gemachte Anspruch später auf abgetretenes Recht gestützt oder auf der Grundlage einer Einzugsermächtigung geltend gemacht wird (dazu BGH, Urt. v. 21.10.2008 – XI ZR 466/07).

c) Hemmung durch die Veranlassung der Bekanntgabe des Güteantrags

132 Die Verjährung wird gemäß § 204 Abs. 1 Nr. 4 BGB gehemmt durch die Veranlassung der Bekanntgabe des Güteantrags, der bei einer durch die Landesjustizverwaltung eingerichteten oder anerkannten Gütestelle oder, wenn die Parteien den Einigungsversuch einvernehmlich unternehmen, bei einer sonstigen Gütestelle, die Streitbeilegung betreibt, eingerichtet ist; wird die Bekanntmachung demnächst nach der Einreichung des Antrags veranlasst, so tritt die Hemmung der Verjährung bereits mit der Einreichung ein.

133 Vorbild für die Regelung war § 209 Abs. 2 Nr. 1a BGB a. F. Während dort die Anbringung des Güteantrags unterbrach, ist nunmehr für die Hemmung die Veranlassung der Bekanntgabe maßgebend. Allerdings wirkt die Veranlassung der Bekanntgabe zurück, wenn sie „demnächst" erfolgt ist. Eine solche Rückwirkung setzt aber voraus, dass der Güteantrag in der von der Verfahrensordnung vorgeschriebenen Form eingereicht wird. Ist Schriftform vorgesehen, reicht die Übermittlung eines Antrags per E-Mail an eine Gütestelle für den Eintritt der Verjährungshemmung nicht aus (BGH, Urt. v. 9.11.2007 – V ZR 25/07).

134 Eine die Verjährung betreffende Rechtsfolge kann grundsätzlich erst erfolgen, wenn der Schuldner die betreffende Maßnahme erfährt. Deshalb wird in § 204 Abs. 1 Nr. 1 und 3 BGB z. B. auf die Zustellung abgestellt. Das kommt bei § 204 Abs. 1 Nr. 4 BGB nicht in Betracht, weil die Zustellung in den jeweiligen Landesrechten, die das Güteverfahren gestalten, § 15a Abs. 5 EGZPO, nicht zwingend vorgeschrieben sind. Vorgeschrieben ist nicht einmal eine Bekanntmachung, so dass ein Güteverfahren auch durch formlose Bekanntgabe eingeleitet werden kann. Das hat den Gesetzgeber veranlasst, vom Prinzip eine Ausnahme zu machen. Die Hemmung tritt schon ein, wenn die Gütestelle die Bekanntgabe veranlasst. Wäre es anders, könnte der Schuldner bei einer formlosen Bekanntgabe deren Zugang bestreiten und damit auch die Hemmung nicht beweisbar machen. Verzögerungen bei der Bekanntgabe des Güteantrags, die auf einer Arbeitsüberlastung der Gütestelle beruhen, sind dem Antragsteller grundsätzlich nicht zuzurechnen (BGH, Urt. v. 22.9.2009 – XI ZR 230/08).

135 Der Güteantrag muss in der ersten Alternative bei einer durch die Landesjustizverwaltung eingerichteten oder anerkannten Gütestelle eingereicht werden. Dazu gehören in vielen Ländern Bauschlichtungsstellen bei verschiedenen Institutionen, z. B. bei den Handwerkskammern oder der Bau-Innung. Die Regelung des § 204 Abs. 1 Nr. 4 BGB ist auch anwendbar auf durch

Landesrecht anerkannte Gütestellen in Sinne des § 15a Abs. 6 Satz 1 EG ZPO (Friedrich, NJW 2003, 1781).

Unternehmen die Parteien den Einigungsversuch einvernehmlich, reicht es aus, wenn der Antrag bei einer sonstigen Gütestelle, die Streitbeilegung betreibt, eingereicht wird. Damit sind Gütestellen im Sinne des § 15a Abs. 3 EGZPO gemeint. Aus der Gesetzesbegründung zu dieser Vorschrift ergibt sich, dass diese Gütestelle dauerhaft mit Streitschlichtung befasst sein muss, ad-hoc Gütestellen reichen nicht (Friedrich, NJW 2003, 1781). Dazu gehören z. B. Verfahren der Mediation oder sonstigen Streitschlichtung, wie z. B. nach der Schlichtungsordnung für Baustreitigkeiten (SOBau), die von dem Arbeitskreis „Bauprozess- und Verfahrensrecht" der Arbeitsgemeinschaft für privates Bau- und Architektenrecht im DeutschenAnwaltVerein erarbeitet worden ist, oder nach der Streitlösungsordnung für das Bauwesen (SL-Bau), wie sie von der Deutschen Gesellschaft für Baurecht e. V. und dem Deutschen Beton- und Bautechnik-Verein e. V. herausgegeben worden ist. Bei branchengebundenen Gütestellen oder den Gütestellen der Industrie- und Handelskammern, der Handwerkskammern oder der Innungen wird unwiderleglich vermutet, dass der Einigungsversuch einvernehmlich erfolgt, § 15a Abs. 3 Satz 2 EGZPO, wenn ein Verbraucher den Güteantrag stellt. **136**

Eine sonstige Gütestelle im Sinne des § 204 Abs. 1 Nr. 4 BGB kann auch im Ausland liegen (Friedrich, NJW 2003, 1782 m. N. zur Gegenmeinung). **137**

Für das Verfahren gemäß § 18 Nr. 2 VOB/B war bis einschließlich der Fassung 2000 umstritten, ob die Anrufung der der auftraggebenden Stelle unmittelbar vorgesetzten Stelle zu einer Hemmung führt. Seit der Fassung 2002 enthält die VOB eine ausdrückliche Hemmungsregelung. **138**

d) Hemmung durch Aufrechnung im Prozess

Die Hemmung durch Aufrechnung im Prozess, § 204 Abs. 1 Nr. 5 BGB, kann nur eintreten, soweit die Aufrechnung reicht. Die Aufrechnung beschränkt sich der Höhe nach auf den Betrag der Hauptforderung (BGH, Urt. v. 20.3.2009 – V ZR 208/07; BGH, Urt. v. 24.4.1986 – VII ZR 262/85; Urt. v. 11.7.1990 – VIII ZR 219/89). Nur insoweit ist die Verjährung dann auch gehemmt, so dass auch die Aufrechnung mit einem Vorschussanspruch nur in Höhe der Klageforderung hemmt (BGH, Urt. v. 25.4.1986 – VII ZR 262/85). Die Aufrechnungserklärung bedarf keiner Zustellung, da sie kein Sachantrag ist, § 270 Abs. 2 ZPO. Sie genügt auch, wenn sie mündlich in der Verhandlung erklärt wird oder auf eine vorher erklärte Aufrechnung Bezug genommen wird. Auch und gerade eine Aufrechnung hemmt, die nicht zum Erfolg führen kann, weil die Gegenforderung nicht besteht (BGH, Urt. v. 10.4.2008 – VII ZR 58/07). Voraussetzung ist, wie stets, dass sie vom Berechtigten gegenüber dem Verpflichteten erklärt wird. Die Verjährung einer Forderung wird allerdings auch dann gehemmt, wenn die Aufrechnung in einem Prozess erfolgt, der nicht mit dem Schuldner geführt wird, sondern mit dem Zessionar, dem eine Forderung des Schuldners abgetreten worden ist (BGH, a. a. O.). Die Geltendmachung eines Zurückbehaltungsrechts hemmt den Anspruch nicht (BGH, Urteil vom 20.3.2009 – V ZR 208/07). **139**

e) Hemmung durch Streitverkündung

Hemmung tritt auch ein durch die Zustellung der Streitverkündung, § 204 Abs. 1 Nr. 6 BGB (vgl. dazu näher Sohn, BauR 2007, 1308 ff.; Schröder, BauR 2007, 1324 ff.). Maßgebend ist die Zustellung, die nach § 73 Satz 2 ZPO von Amts wegen, d. h. förmlich vorzunehmen ist. Eine Hemmung der Verjährung tritt auch ein, wenn die Streitverkündung nur formlos zugestellt worden ist, ein Zustellungswille des Gerichts also fehlte, der Empfänger jedoch Kenntnis erlangt hat, § 189 ZPO. Denn der Zweck der Verjährungsvorschriften erfordert keine formelle Zustellung (BGH, Urt. v. 27.1.2011 – VII ZR 186/09 Rdn. 26 ff.). § 167 ZPO ist anwendbar, so dass die Wirkung der Streitverkündung bereits mit dem Eingang der Streitverkündung bei Gericht erfolgt, wenn die Zustellung demnächst erfolgt. Das gilt nicht nur dann, wenn erst nach Eingang der Streitverkündungsschrift vor Zustellung die Verjährung einträte, sondern auch, wenn der Anspruch zum Zeitpunkt der demnächst erfolgten Zustellung noch nicht verjährt war (BGH, Urt. v. 17.12.2009 – IX ZR 4/08). Da die Zustellung nicht in der Hand des Streitverkünders liegt, ist eine Kontrolle, ob das Gericht die Streitverkündung zugestellt hat, zu empfehlen. § 169 ZPO ist anwendbar (Sohn, BauR 2007, 1308, 1312 unter Hinweis auf die Schwierigkeiten im Gerichtsalltag). **140**

Die hemmende Wirkung kann nur durch eine Streitverkündung erfolgen. Die Streitverkündung ist gemäß § 72 Abs. 1 ZPO ab Beginn eines Verfahrens bis zur rechtskräftigen **141**

§ 634a

Entscheidung des Rechtsstreites zulässig, mithin auch im Verfahren der Beschwerde gegen die Nichtzulassung der Revision (BGH, Urt. v. 12.11.2009 – IX ZR 152/08). Die die Verjährung des Anspruchs hemmende Wirkung tritt jedoch nur ein, wenn die Streitverkündung zulässig ist (BGH, Urt. v. 6.12.2007 – IX ZR 143/06; Urt. v. 8.12.2011 – IX ZR 204/09; Urt. v. 7.5.2015 – VII ZR 104/14). Insoweit wird eine Ausnahme davon gemacht, dass auch eine unzulässige Rechtsverfolgung die Verjährung hemmt. Der Bundesgerichtshof hat das wenig überzeugend damit begründet, die Streitverkündung eröffne dem Gegner noch nicht, dass der Anspruch wirklich verfolgt werden solle. Es ist bedauerlich, dass der Bundesgerichtshof nach der Schuldrechtsreform nicht die Möglichkeit genutzt hat, diese wenig förderliche Unterscheidung zu sonstigen Wegen der Rechtsverfolgung aufzugeben. So ist der Streitverkünder stets dem Risiko ausgesetzt, dass sich im Folgeprozess die Streitverkündung als unzulässig und und damit die beabsichtigte Verjährungshemmung als unwirksam erweist.

142 Eine Streitverkündung ist unzulässig, wenn kein von § 72 ZPO erfasster Fall der möglichen Vorgreiflichkeit vorliegt. Das ist vor allem der Fall, wenn von vornherein feststeht, dass der Ausgang des Prozesses auf die Inanspruchnahme des Streitverkündeten keine Auswirkungen hat. Das ist insbesondere dann der Fall, wenn der Streitverkündete neben dem Anspruchsgegner gesamtschuldnerisch in voller Höhe haftet und eine alternative Schuldnerschaft nicht in Betracht kommt (vgl. Kniffka/Koeble-Sacher, 4. Aufl., 16. Teil, Rdn. 3 ff.; Sohn, BauR 2007, 1308, 1316; vgl. auch BGH, Urt. v. 7.5.2015 – VII ZR 104/14).

Beispiel: Der Auftraggeber kann im Mängelprozess gegen den Bauunternehmer dem Bauleiter wegen Verletzung der Überwachungpflicht nicht zulässig den Streit verkünden, weil beide in vollem Umfang nebeneinander gesamtschuldnerisch haften. Dagegen kann der verklagte Bauleiter dem Bauunternehmer den Streit verkünden, um eine Interventionswirkung im Gesamtschuldnerausgleich zu erhalten (BGH, Urt. v. 7.5.2015 – VII ZR 104/14).

143 Besteht allerdings die Möglichkeit, dass der Beklagte sich auf ein haftungsminderndes Verschulden des Streitverkündeten berufen kann, ist die Streitverkündung zulässig, denn in Höhe der Mitverschuldensquote kann Interventionswirkung eintreten. Mit Rücksicht darauf, dass die neue Rechtsprechung des Bundesgerichtshofs zu einer Erweiterung der Möglichkeit des Mitverschuldenseinwandes führt, gibt es nur noch wenige Fälle, in denen eine Streitverkündung unzulässig ist.

Beispiel: Der Auftraggeber verklagt den aufsichtsführenden Bauleiter wegen eines Überwachungsfehlers. Dieser beruft sich darauf, dass der planende Architekt ihm fehlerhafte Pläne vorgelegt hat. War die Fehlerhaftigkeit dieser Pläne Ursache für den Baumangel und musste der Bauleiter den Fehler erkennen, haftet er auf Schadensersatz. Der Auftraggeber muss sich jedoch das Verschulden des planenden Architekten gemäß § 278 i. V. m. § 254 Abs. 1 BGB zurechnen lassen (BGH, Urt. v. 27.11.2008 – VII ZR 206/06).

144 Eine Streitverkündung ist zulässig, wenn der Beklagte des Vorprozesses (Streitverkünder) gegen einen Dritten (Streitverkündungsempfänger) aus im Zeitpunkt der Streitverkündung naheliegenden Gründen einen Gesamtschuldnerausgleichsanspruch erheben zu können glaubt (BGH, Urt. v. 7.5.2015 – VII ZR 104/14).

145 Die Streitverkündung ist ein in erster Linie den Interessen des Streitverkünders dienender prozessualer Behelf, der dazu bestimmt ist, verschiedene Beurteilungen desselben Tatbestandes zu vermeiden, d. h. den Streitverkünder durch die Bindungswirkung gemäß §§ 74, 68 ZPO vor dem Risiko zu bewahren, dass er wegen der materiell-rechtlichen Verknüpfung der im Vor- und Folgeprozess geltend gemachten bzw. geltend zu machenden Ansprüche mehrere Prozesse führen muss, dabei aber Gefahr läuft, alle zu verlieren, obwohl er zumindest einen gewinnen müsste (BGH, Urt. v. 7.5.2015 – VII ZR 104/14; Urt. v. 14.11.1991 – I ZR 236/89; Urt. v. 6.12.2007 – IX ZR 143/06). Die Streitverkündung hemmt jedoch auch dann die Verjährung, wenn wenn die Interventionswirkung nicht mehr eintreten kann (BGH, Urt. v. 12.11.2009 – IX ZR 152/08).

146 Die hemmende Wirkung betrifft die Verjährung des Anspruchs des Streitverkünders gegen den Empfänger der Streitverkündung. Gemäß § 73 ZPO muss der Streitverkündungsschriftsatz den Grund der Streitverkündung und die Lage des Rechtsstreits angeben (näher: Sohn, BauR 2007, 1308, 1311; dort auch zur Frage, inwieweit § 131 Abs. 3 ZPO Anwendung findet). Damit ist das Rechtsverhältnis gemeint, aus dem sich der Anspruch gegen den Streitverkündungsempfänger ergeben soll. Dieses Rechtsverhältnis ist unter Angabe der tatsächlichen Grundlagen so genau zu bezeichnen, dass der Streitverkündungsempfänger – gegebenenfalls nach Einsicht in die Prozessakten (ZPO § 299) – prüfen kann, ob es für ihn angebracht ist, dem Rechtsstreit bei-

zutreten. Bezogen auf die verjährungshemmende Wirkung liegt der Zweck der Vorschrift darin sicherzustellen, dass der Streitverkündungsempfänger mit Zustellung der Streitverkündungsschrift Kenntnis davon erlangt, welchen Anspruchs sich der Streitverkündende gegen ihn berühmt. Fehlen die erforderlichen Mindestangaben, wird die Verjährung nicht gehemmt (BGH, Urt. v. 6.12.2007 – IX ZR 143/06, Rdn. 28). Werden z. B. in der Streitverkündungsschrift nur Schadensersatzansprüche aus eigenem Recht erwähnt, erstreckt sich die Hemmungswirkung nicht auf Ansprüche aus abgetretenem Recht (BGH, a.a.O; vgl. auch für beschränkende Angaben in der Streitverkündungsschrift zum Regressgrund: BGH, Urt. v. 12.11.2009 – IX ZR 152/08). In Baumängelprozessen fehlt es häufig an einer ausreichenden Angabe des Grundes der Streitverkündung gemäß §73 ZPO, wenn sich aus der Streitverkündungsschrift nicht hinreichend klar ergibt, wegen welcher konkreten Pflichtverletzung und bezüglich welcher einzelnen Mängel Ansprüche erhoben werden (OLG Hamm, Urt. v. 18.11.2010 – 24 U 19/10). Werden im Prozess nach der Streitverkündung bisher nicht erhobene Ansprüche, z. B. wegen anderer Mängel als in der Klageschrift benannt, nachgeschoben, so ist die Streitverkündung auf diese anderen Ansprüche zu erweitern, um auch die Verjährung der Ansprüche gegen den Streitverkündeten wegen dieser Mängel zu hemmen (Sohn, BauR 2007, 1308, 1313).

Die verjährungshemmende Wirkung beschränkt sich nicht auf die in der Urteilsformel ausgesprochene Entscheidung des Erstprozesses. Sie ergreift vielmehr die gesamten tatsächlichen und rechtlichen Grundlagen des Urteils. Daher spielt es keine Rolle, wenn im Erstprozess nicht der Gesamtschaden eingeklagt wurde (BGH, Urt. v. 8.12.2011 – IX ZR 204/09; Urt. v. 21.2.2002 – IX ZR 127/00). Der Anspruch gegen den Streitverkündeten ist auch wegen weitergehender Schäden aus demselben Rechtsgrund gehemmt (dazu Schröder, BauR 2007, 1324, 1330). Die verjährungshemmende Wirkung kann aber begrenzt werden durch die Streitverkündungsschrift (BGH, Urt. v. 8.12.2011 – IX ZR 204/09; Urt. v. 12.11.2009 – IX ZR 152/08). **147**

Die Zulässigkeit der Streitverkündung wird erst im Folgeprozess geprüft (BGH, Beschl. v. 8.2.2011 – VI ZB 31/09; Urt. v. 8.10.1981 – VII ZR 341/80 m. w. N.). Die Zulässigkeitsprüfung erfolgt auch dann erst im Folgeprozess, wenn ein Beitritt erfolgt ist (vgl. BGH, Urt. v. 18.12.1961 – III ZR 181/60 und v. 9.10.1975 – VII ZR 130/73). Auch wenn der Streitverkündete beitritt, erfolgt keine Verjährungshemmung, wenn die Streitverkündung unzulässig war (BGH, Urt. v. 6.12.2007 – IX ZR 143/06). Anders könnte das nach der nicht klaren Rechtsprechung wohl sein, wenn die Streitverkündung deshalb unzulässig war, weil Mängel der Streitverkündungsschrift oder ihrer Zustellung vorliegen. Werden die Mängel nicht in der dem Beitritt folgenden mündlichen Verhandlung des Vorprozesses gerügt, sind sie geheilt, §295 ZPO. Voraussetzung ist, dass die Mängel erkannt worden sind oder hätten erkannt werden müssen (BGH, Urt. v. 6.12.2007 – IX ZR 143/06: zum nicht erkennbaren Mangel der fehlerhaften Angabe des Grundes der Streitverkündung). Wenn der Streitverkündete dem Rechtsstreit nicht beigetreten ist, sind die Mängel im Folgeprozess in der ersten mündlichen Verhandlung geltend zu machen, andernfalls sie nach §295 ZPO geheilt werden (BGH, Urt. v. 26.9.1985 – III ZR 61/84). Es ist nach der Entscheidung des BGH (Urt. v. 6.12.2007 – IX ZR 143/06) wohl davon auszugehen, dass die Heilung der formalen Mängel nicht nur die Interventionswirkung herbeiführt, sondern auch zur Hemmung der Verjährung führt (Zweifel allerdings bei Sohn, BauR 2007, 1308, 1312 unter Hinweis auf BGH, Urt. v. 16.6.2000 – LwZR 13/99; a. A. auch Moufang/Koss, BauR 2009, 333, 347). Dagegen kann eine nach §72 ZPO unzulässige Streitverkündung die Hemmung der Verjährung unabhängig von Heilungsvorschriften nicht herbeiführen. **148**

Die Streitverkündung ist auch im selbständigen Beweisverfahren möglich und hat hemmende Wirkung (BGH, Urt. v. 18.12.2014 – VII ZR 102/14; Urt. v. 5.12.1996 – VII ZR 108/95). Auch dort ist sie zuzustellen. Die Streitverkündung ist ein wichtiges Mittel zur Hemmung der Verjährung. Sie sollte stets in Erwägung gezogen werden, wenn ihre Voraussetzungen vorliegen, die Verjährung droht und kostengünstigere Maßnahmen nicht mehr möglich sind. Ob die Streitverkündung auch im Mahnverfahren zulässig ist, ist umstritten (vgl. Sohn, BauR 2007, 1308, 1310). **149**

f) Hemmung durch selbständiges Beweisverfahren

Die Zustellung des Antrags auf Durchführung eines selbständigen Beweisverfahrens hemmt nach §204 Abs. 1 Nr. 7 BGB. Ein unzulässiger Antrag hemmt ebenso, wie er früher unterbrochen hat (vgl. dazu Weyer, BauR 2001, 1807, 1812; BGH, Urt. v. 20.1.1983 – VII ZR 210/81). Ein unbegründeter Antrag hemmt ebenfalls. Eine Ausnahme gilt, wie stets, für den vom Un- **150** berechtigten gegen den falschen Schuldner gestellten Antrag. Zu beachten ist, dass ein Wohnungseigentümer berechtigt ist, selbständig ein Beweissicherungsverfahren einzuleiten, selbst wenn die Durchsetzung der Mängelhaftungsansprüche nur gemeinschaftlich möglich ist (BGH, Urt. v. 6.6.1991 – VII ZR 372/89; Urt. v. 11.10.1979 – VII ZR 247/78). Allerdings hemmt das Beweisverfahren nur die Verjährung seines Anspruchs, wenn er nicht gleichzeitig für die anderen Wohnungseigentümer aufgrund einer entsprechenden Ermächtigung das Beweisverfahren einleitet (BGH, Urt. v. 2.5.1963 – VII ZR 233/61). Ob der einzelne Wohnungseigentümer das selbständige Beweisverfahren wegen Mängeln des Gemeinschaftseigentums auch dann noch einleiten darf, wenn die Wohnungseigentümergemeinschaft die Durchsetzung der Rechte an sich gezogen hat, ist noch nicht entschieden. Das ist im Grundsatz zu bejahen (Koeble in Kniffka/Koeble, Kompendium des Baurechts, 4. Aufl., 2. Teil Rdn. 146). Jedenfalls dann, wenn Interessen der Gemeinschaft durch das selbständige Beweisverfahren nicht berührt sind, kann der einzelne Wohnungseigentümer das Verfahren ungeachtet eines Gemeinschaftsbeschlusses einleiten, mit dem die Ausübung der Mängelansprüche der Wohnungseigentümergemeinschaft übertragen wird. In aller Regel werden die Interessen der Wohnunseigentümergemeinschaft nicht tangiert sein. Denn das Beweisverfahren dient nur der Feststellung etwaiger Mängel (vgl. auch BGH, Urt. v. 6.6.1991 – VII ZR 372/89).

151 Erfasst sind alle Beweissicherungsverfahren, nicht nur diejenigen wegen Mängeln, wie das nach der alten Regelung des §639 Abs. 1 BGB a. F. i. V.m. §477 Abs. 2 BGB a. F. galt. Abweichend von den Altregelungen ist nicht die Einreichung des Antrags ausreichend, sondern die Zustellung erforderlich. Damit ist die förmliche, nicht eine formlose Zustellung gemeint (BGH, Urt. v. 27.1.2011 – VII ZR 186/09). Allerdings kann eine bloß formlose Zustellung ausreichen. Die Verjährung wird nämlich auch dann gem §204 Abs. 1 Nr. 7 BGB i. V.m. §189 ZPO gehemmt, wenn der Antragsgegner den Antrag auf Durchführung eines selbständigen Beweisverfahrens lediglich durch eine formlose Übersendung durch das Gericht erhalten hat. Auf den fehlenden Willen des Gerichts, eine förmliche Zustellung vorzunehmen, kommt es nicht an (BGH, Urt. v. 27.01.2011 – VII ZR 186/09). Die Zustellung steht nicht im Belieben des Gerichts; sie ist gemäß §270 ZPO zwingend vorgeschrieben, denn der Beweissicherungsantrag steht einem Sachantrag gleich (BGH, a.a.O.). Wird die Zustellung vom Gericht angeordnet und erfolgt sie demnächst, gilt für die Hemmung die Rückwirkungsregel des §167 ZPO. Praktische Hinweise für den Anwalt zur Sicherstellung der hemmenden Wirkung finden sich bei Koeble in Kniffka/Koeble, 2. Teil Rdn. 147.

152 Nach dem Wortlaut der Regelung kommt es nicht darauf an, wer das selbständige Beweisverfahren beantragt. Es stellt sich deshalb die Frage, ob die Hemmung der Verjährung nicht nur dann eintritt, wenn der Gläubiger des Anspruchs das Beweisverfahren beantragt, sondern der Schuldner. Nach altem Recht konnte das vom Schuldner beantragte Beweisverfahren nicht unterbrechen, weil §639 Abs. 1 BGB a. F. i. V.m. §477 BGB a. F. den Antrag des Bestellers forderte. Weyer (BauR 2001, 1807, 1811) weist darauf hin, dass nach der Begründung die Regelung des §477 BGB a. F. übernommen werden sollte. Das spricht dafür, dass nur der Antrag des Bestellers, bzw. seines Rechtsnachfolgers die Verjährung hemmt (so Weyer, a.a.O.). Der BGH hat darauf hingewiesen, dass die Hemmungswirkung des selbständigen Beweisverfahrens nur solche Ansprüche betrifft, für deren Nachweis die vom Gläubiger zum Gegenstand des Beweisverfahrens gemachten Tatsachenbehauptungen von Bedeutung sei. Danach kann ein vom Unternehmer eingeleitetes Beweisverfahren zum Zwecke der Feststellung der Mängelfreiheit die Verjährung der Mängelansprüche des Bestellers nicht hemmen (Kapellmann/Messerschmidt-Langen, VOB, 7. Aufl., §13 Rdn. 202; Moufang/Koss, BauR 2009, 333, 348). Das ist misslich, weil er trotz eines bereits vom Unternehmer eingeleiteten klärenden Beweisverfahrens gehalten sein kann, für eine Hemmung der Ansprüche zu sorgen, so dass er eventuell sogar vor Abschluss des Beweisverfahrens Klage erheben muss. Etwas anderes muss gelten, wenn die Parteien die Hemmungswirkung zugunsten des Mängelanspruchs des Bestellers vereinbaren (a. A. OLG Düsseldorf, NJW-RR 1992, 1174). An einer solchen Vereinbarung haben beide ein Interesse, so dass sie herbeigeführt werden sollte. Jedenfalls tritt dann die Hemmung gemäß §203 BGB ein. Diese kann aber auch ohne eine Vereinbarung eintreten, weil derjenige, der zur Abwehr eines Anspruchs ein selbständiges Beweisverfahren einleitet, zu erkennen gibt, dass er sich bis zur Klärung der erhobenen Ansprüche nicht verschließt (Kniffka/Koeble, Kompendium des Baurechts, 4. Aufl., 2. Teil Rdn. 148).

153 Eine andere Frage ist, ob das selbständige Beweisverfahren die Verjährung des Vergütungsanspruchs des Unternehmers hemmt. Das ist streitig (Nachweise bei BGH, Beschl. v. 9.2.2012 – VII ZR 135/11 Rdn. 6). Wenn die Mängelfreiheit Voraussetzung für die Durchsetzbarkeit des Vergütungsanspruchs ist, wird die Verjährung dieses Anspruchs mit einem vom Unternehmer eingeleiteten selbständigen Beweisverfahren gehemmt, mit dem er die Mängelfreiheit seiner Leistung festgestellt haben will (BGH, Beschl. v. 9.2.2012 – VII ZR 135/11 m. w. N.). Ein selbständiges Beweisverfahren zur Abwehr von erwarteten Gegenansprüchen kann dagegen die Verjährung des Vergütungsanspruchs nicht hemmen (Moufang/Koss, BauR 2009, 333, 349). Ebensowenig hemmt ein Beweisantrag des Bestellers die Verjährung seiner Mängelansprüche, der im Zahlungsprozess des Unternehmers gestellt wird (vgl. BGH, Urt. v. 12.10.1972 – VII ZR 21/72). In diesem Prozess kann aber die Aufrechnung hemmen.

Der Zeitpunkt, in dem ein selbständiges Beweisverfahren beendet ist, kann im Einzelfall schwer zu bestimmen sein, da eine förmliche Beendigung des selbständigen Beweisverfahrens im Gesetz nicht vorgesehen ist. Ein anderer Abschluss als die Sicherung eines bestimmten Beweises findet nicht statt (BGH, Urt. v. 3.12.1992 – VII ZR 86/92). Es findet deshalb stets eine rückblickende Betrachtung statt, mit der beurteilt werden muss, wann das Verfahren sachlich beendet worden ist. Diese Beurteilung hängt einerseits davon ab, wann die eigentliche Beweiserhebung beendet ist, und andererseits davon, wie Gericht und Parteien auf das Beweisergebnis reagieren (vgl. eingehend Kniffka/Koeble, Kompendium des Baurechts, 4. Aufl., 2. Teil Rdn. 151 ff. m. w. N.). In aller Regel geht es um das Ergebnis eines eingeholten Gutachtens. **154**

Das Verfahren endet mit der Übermittlung des Gutachtens an die Parteien, wenn keine weiteren Reaktionen des Gerichts oder der Parteien erfolgen. Hat das Gericht eine Frist zur Stellung der Anträge auf Anhörung des Gutachtens oder auf weitere Begutachtung gesetzt, § 411 Abs. 4 ZPO, ist das Verfahren nach Fristablauf beendet, wenn keine Anträge eingehen und das Gericht auf die Folgen der Fristversäumung hingewiesen hat (BGH, Urt. v. 28.10.2010 – VII ZR 172/09). **155**

Geht ein Antrag, auch ein Gegenantrag des Antragsgegners, ein, hängt die Frage nach der Beendigung des Verfahrens von dem Verhalten des Gerichts ab. Führt es das Verfahren – möglicherweise auch nach Verzögerung – weiter, ist es nicht beendet (BGH, Urt. v. 21.12.2000 – VII ZR 407/99). Gleiches gilt für den Fall, dass das Gericht keine Frist gesetzt hat und das Verfahren fortführt. Es kommt nicht darauf an, ob die Fortführung des Verfahrens nicht geboten war, weil die gesetzte Antragsfrist oder eine angemessene Frist zur Stellung von Anträgen in dem Fall überschritten ist, dass das Gericht von der Möglichkeit der Fristsetzung gemäß § 411 Abs. 4 ZPO keinen Gebrauch gemacht hat. Entscheidend ist nur, dass durch Fortführung des Verfahrens ein Vertrauen des Anspruchsberechtigten darauf geschützt ist, dass die Verjährung weiter gehemmt ist (BGH, Urt. v. 21.12.2000 – VII ZR 407/99). **156**

Im Falle der Fortführung des Verfahrens wird entweder eine weitere schriftliche Begutachtung angeordnet oder die mündliche Erläuterung des Gutachtens. Bei mündlicher Erläuterung des schriftlichen Gutachtens durch den Sachverständigen endet die Beweisaufnahme und damit das Beweisverfahren mit dem Verlesen oder der Vorlage zur Durchsicht des Sitzungsprotokolls über die Vernehmung des Sachverständigen (BGH, Beschl. v. 20.2.2002 – VIII ZR 228/00; Beschl. v. 24.3.2009 – VII ZR 200/08). Anders ist das, wenn aufgrund von zeitnahen Einwendungen das Verfahren durch das Gericht entweder durch eine weitere mündliche Erläuterung oder durch ein schriftliches Gutachten fortgeführt wird. **157**

Lehnt der Richter, auch auf einen Antrag der Parteien, die Fortführung des Verfahrens ab, ist es jedenfalls zu diesem Zeitpunkt beendet. Sogar wenn die Parteien rechtzeitig Einwendungen gegen das im selbständigen Beweisverfahren erstattete Gutachten erhoben haben, ist – sofern nicht eine weitere Beweisaufnahme stattfindet – das selbständige Beweisverfahren jedenfalls dann beendet, wenn der mit der Beweisaufnahme befasste Richter zum Ausdruck bringt, dass eine weitere Beweisaufnahme nicht stattfindet und dagegen innerhalb angemessener Frist keine Einwände erhoben werden (BGH, Urt. v. 28.10.2010 – VII ZR 172/09). **158**

Der Zeitpunkt der Beendigung kann aber schon früher eingetreten sein. Denn das Verfahren ist rückblickend beendet, wenn keine Partei innerhalb angemessener Frist Einwendungen vorgebracht oder Anträge oder Ergänzungsfragen gestellt hat (BGH, Urt. v. 24.3.2009 – VII ZR 200/08; Urt. v. 27.1.2011 – VII ZR 186/09). Ist eine Frist mit Belehrung nach § 411 Abs. 4 ZPO gesetzt worden und wird ein Antrag zu Recht wegen Fristüberschreitung abgelehnt, so ist das Verfahren mit Fristablauf beendet. Ist keine Frist gesetzt worden oder ist die Belehrung unterblieben, so tritt rückblickend die Beendigung mit der letzten verfahrensabschließenden Handlung ein, meist mit der Übermittlung des Gutachtens der Parteien, wenn nicht innerhalb angemessener Frist die obigen Reaktionen kommen, zu denen auch der Antrag auf Anhörung des Sachverständigengutachtens gehört. Eine Karenzzeit ist nicht zuzubilligen (Koeble in Kniffka/Koeble, Kompendium des Baurechts, 4. Aufl., 2. Teil Rdn. 151, so i. E. auch BGH, Urt. v. 28.10.2010 – VII ZR 172/09). Welche Frist angemessen ist, hängt von den Umständen des Be- **159**

§ 634a Verjährung der Mängelansprüche

weisverfahrens ab, insbesondere dem Umfang und dem Schwierigkeitsgrad des eingegangenen Gutachtens sowie der Beweisfrage und auch davon, ob die Partei weitere privatsachverständige Hilfe in Anspruch nehmen muss (BGH, Urt. v. 28.10.2010 – VII ZR 172/09; Einzelfälle bei Kniffka/Koeble, Kompendium des Baurechts, 4. Aufl., 2. Teil Rdn. 135). Hat eine mündliche Erläuterung stattgefunden, ist ein selbständiges Beweisverfahren ungeachtet des Inhalts und der Qualität des Gutachtens jedenfalls dann beendet, wenn der Gutachter sich zu den gestellten Beweisfragen geäußert und innerhalb eines angemessenen Zeitraums nach der mündlichen Anhörung keine Anträge einer Partei zur Ergänzung des Gutachtens gestellt werden. Die Ankündigung solcher Anträge reicht nicht (BGH, Beschl. v. 24.3.2009 – VII ZR 200/08).

160   Das Beweisverfahren hemmt die Verjährung der Ansprüche wegen der Mängel, die im Beweisverfahren geklärt werden sollen. Werden mehrere Gutachten zu demselben Mangel eingeholt, so kommt es für die Beendigung der Hemmung der Verjährung des wegen dieses Mangels bestehenden Anspruchs auf den Zugang und gegebenenfalls die Erläuterung des letzten Gutachtens an (BGH, Urt. v. 3.12.1992 – VII ZR 86/92). Werden zu verschiedenen Mängeln verschiedene Gutachten eingeholt, können unterschiedliche Verjährungsfristen laufen (BGH, Urt. v. 3.12.1992 – VII ZR 86/92). Das selbständige Beweisverfahren zu mehreren Mängeln hemmt die Verjährung nur solange, als die Untersuchung des den Mängelanspruch begründenden Mangels betrieben wird. Auf die Gesamtdauer des Beweisverfahrens kommt es nicht an (OLG München, Urt. v. 13.2.2007 – 9 U 4100/06). Wird ein selbständiges Beweisverfahren lediglich zu einem bestimmten Mängelpunkt oder Mängelkomplex – etwa durch ergänzende Fragen – fortgesetzt, führt es nicht zu einer Hemmung auch hinsichtlich anderer, davon nicht mehr betroffener Mängel, auch wenn diese insgesamt Gegenstand des Beweisverfahrens sind bzw. waren. Hierin liegt ein erhebliches Haftungsrisiko für Rechtsanwälte (OLG Hamm, Urt. v. 16.12.2008 – 21 U 117/08). Das alles ist allerdings nicht unbestritten. Es wird darauf hingewiesen, dass die Hemmung einer Klage, die mehrere Mängel betrifft, nicht dadurch endet, dass die Beweisaufnahme wegen eines Mangels abgeschlossen ist. Es sei nicht einsehbar, warum das beim selbständigen Beweisverfahren anders sein sollte. Es wird auch auf die praktischen Schwierigkeiten dieser Rechtsprechung verwiesen (Kainz, BauR 2017, 804 m. w. N.). Diese Rüge ist nachvollziehbar. Es ist eine Fiktion, dass das selbständige Beweisverfahren teilweise beendet ist, wenn ein Gutachten über einen Mangel vorliegt und dieses Gutachten nicht angegriffen wird. Das Beweisverfahren läuft vielmehr fort, solange noch andere Mängel behandelt werden. Anders mag das sein, wenn das Gericht das Beweisverfahren wegen eines Mangels ausdrücklich für beendet erklärt.

g) Hemmung durch Begutachtung

161   Die Verjährung wird gehemmt durch den Beginn eines vereinbarten Begutachtungsverfahrens, § 204 Abs. 1 Nr. 8 BGB. Mit vereinbarten Begutachtungsverfahren sind jegliche Verfahren angesprochen, in denen nach dem Willen der Parteien eine streitige Frage begutachtet werden soll. Für die Bausachen kommen insbesondere einvernehmliche Gutachten über die Vergütung, Abrechnung, Bauverzögerungsansprüche oder Mängel in Betracht. Dazu gehören auch Vereinbarungen über Schiedsgutachten. Ein Begutachtungsverfahren im Sinne dieser Regelung liegt nicht vor, wenn sich der Unternehmer im Einverständnis mit dem Besteller der „Begutachtung", d. h. Prüfung unterzieht (Sienz, BauR 2002, 192). In diesem Fall wird die Verjährung jedoch durch Verhandlung im Sinne des § 203 BGB gehemmt.

162   Die Verjährung wird mit Beginn des Begutachtungsverfahrens gehemmt. Der Beginn des Begutachtungsverfahrens dürfte bei anlässlich eines aktuellen Streits erfolgter Einigung mit dieser Einigung anzusetzen sein. Ist die Einigung bereits im Vertrag enthalten, kommt es darauf an, wann das Verfahren konkret eingeleitet ist. Wann das Verfahren erledigt ist, richtet sich primär nach der Parteivereinbarung. Haben die Parteien keine Vereinbarung getroffen, dürfte in der Regel von einer Erledigung auszugehen sein, sobald der Gutachter das Gutachten an die Parteien übermittelt hat. Die Hemmung endet mit Abschluss des Begutachtungsverfahrens. Ist ein Schiedsgutachten eingeholt, so endet die Hemmung mit Vorlage des Schiedsgutachtens. Haben die Parteien vereinbart, dass eine Ergänzung oder Erläuterung beantragt werden kann, gelten die Grundsätze wie sie zum selbständigen Beweisverfahren entwickelt worden sind → Rdn. 154.

h) Hemmung durch schiedsrichterliches Verfahren

163   Nach § 204 Abs. 1 Nr. 11 BGB wird die Verjährung gehemmt durch den Beginn des schiedsrichterlichen Verfahrens. Diese Regelung stellt allein auf den Beginn des Verfahrens ab, so wie er in der Schiedsgerichtsvereinbarung festgelegt ist. Damit entfällt eine Anwendung des § 167 ZPO (vgl. dazu Schulze-Hagen, IBR 2007, 1292). Die Einreichung des Antrags auf Durchführung des schiedsrichterlichen Verfahrens reicht demnach nicht, die Verjährung im Regelfall des § 1044 Satz 1 ZPO zu unterbrechen. Denn danach beginnt das schiedsrichterliche Verfahren erst mit dem Tag, an dem der Beklagte den Antrag, die Streitigkeit dem Schiedsgericht vorzulegen, empfangen hat. Es ist deshalb in den Schiedsgerichtsvereinbarungen darauf zu achten, dass die Anwendung des § 167 ZPO vereinbart wird (vgl. Gegenäußerung Nr. 11).

4. Hemmungsverlängerung nach Ende der Rechtsverfolgung

In den Fällen der Rechtsverfolgung endet die Hemmung sechs Monate nach der rechtskräftigen Entscheidung oder anderweitigen Beendigung des eingeleiteten Verfahrens. Dem Gläubiger wird also eine Überlegungszeit eingeräumt, in der er über weitere Maßnahmen gegen den Schuldner unter Berücksichtigung der Ergebnisse der beendeten Rechtsverfolgungsmaßnahme nachdenken kann. Eine solche Überlegungszeit kann z. B. dringend notwendig sein nach der Beendigung eines selbständigen Beweisverfahrens, wenn es darum geht, die Ergebnisse eines oder mehrerer Sachverständigengutachten auszuwerten. **164**

a) Stillstand des Verfahrens

Gerät das Verfahren dadurch in Stillstand, dass die Parteien es nicht betreiben, so tritt an die Stelle der Beendigung des Verfahrens die letzte Verfahrenshandlung der Parteien, des Gerichts oder der sonst mit dem Verfahren befassten Stelle, § 204 Abs. 2 Satz 2 BGB. Die Tatbestände des Nichtbetreibens eines Verfahrens sind mannigfaltig (vgl. Aufzählung bei Grüneberg/Ellenberger, 81. Aufl., § 204 Rdn. 47). Ein Mahnbescheid-/Klageverfahren kann z. B. dadurch in Stillstand geraten, dass der Kläger nach dem Widerspruch und nach Abgabe der Streitsache an das Empfangsgericht die Anspruchsbegründung trotz Aufforderung nicht einreicht. In diesem Fall betreiben die Parteien das Verfahren nicht weiter, so dass an die Stelle der Beendigung des Verfahrens die letzte Verfahrenshandlung der Parteien oder des Gerichts tritt. Die Aufforderung nach § 697 Abs. 1 Satz 1 ZPO, den Anspruch zu begründen, stellt eine derartige Prozess- bzw. Verfahrenshandlung im Sinne von § 204 Abs. 2 Satz 2 BGB dar (BGH, Urt. v. 20.2.1997 – VII ZR 227/96). Ergeht durch das Gericht eine zweite, nochmalige Aufforderung zur Anspruchsbegründung nach § 697 Abs. 1 ZPO, dann stellt diese die letzte Verfahrenshandlung des Gerichts im Sinne von § 204 Abs. 2 Satz 2 BGB dar. Das gilt jedenfalls dann, wenn die Aufforderung zur Anspruchsbegründung den Prozessbevollmächtigten des Antragstellers zunächst gegen Empfangsbekenntnis zugestellt werden sollte, diese das Empfangsbekenntnis aber nicht zurückgesandt haben und ihnen deshalb die Aufforderung zur Anspruchsbegründung nochmals gegen Postzustellungsurkunde zugestellt wird (BGH, Urt. v. 28.1.2010 – VII ZR 174/08). Ein Verfahren wird auch dann nicht betrieben, wenn es wegen außergerichtlicher Vergleichsverhandlungen (BGH, Urt. v. 16.3.2009 – II ZR 32/08) ruht, unabhängig davon, ob das Ruhen des Verfahrens angeordnet wurde oder nicht (Grüneberg/Ellenberger, 81. Aufl., § 204 Rdn. 48 m.w.N.). Während der Vergleichsverhandlung ist die Verjährung des Anspruchs nach § 203 BGB gehemmt. **165**

Eine Beendigung der Hemmung tritt nicht ein, wenn das Nichtbetreiben des Verfahrens auf einem triftigen Grund beruht (BGH, Urt. v. 27.1.1999 – XII ZR 113/97; Urt. v. 28.9.1999 – VI ZR 195/98; Urt. v. 18.10.2000 – XII ZR 85/98). Ein triftiger Grund kann nur anerkannt werden, wenn er nach außen getreten ist. Maßgeblich sind allein die nach außen erkennbaren Umstände des Prozessstillstandes, aus denen der erforderliche triftige Grund für die Untätigkeit der betreffenden Partei hervorgehen muss (BGH, Urt. v. 26.3.2015 – VII ZR 347/12). Der Bundesgerichtshof hat zwar zuletzt offen gelassen, ob die Rechtsprechung zur Rechtslage vor der Schuldrechtsmodernisierung, vgl. § 211 Abs. 2 Satz 1 BGB a. F., Anwendung findet (BGH, Urt. v. 26.3.2015 – VII ZR 347/12). Es ist jedoch kein Grund erkennbar, warum das nicht der Fall sein sollte. Was ein triftiger Grund im Sinne dieser Rechtsprechung ist, ist nicht abschließend definiert, so dass eine Prognose unsicher ist und eine Partei sich deshalb nicht auf diese rechtliche Bewertung zur Hemmung der Verjährung verlassen sollte. Die Rechtsprechung erschöpft sich in der Aufzählung von Einzelfällen, ohne eine große Linie erkennbar werden zu lassen. Während einmal darauf abgestellt wird, es sei sinnvoll ist, eine Entscheidung abzuwarten, reicht dies ein anderes mal nicht. Allgemein soll genügen, dass ein prozesswirtschaftlich vernünftiger Grund vorliegt, was immer das auch bedeuten soll (BGH, Urt. v. 12.10.1999 – VI ZR 19/99). Als einen triftigen Grund, der die Anwendung des § 211 Abs. 2 Satz 1 BGB a. F. ausnahmsweise ausschließt, hat der Bundesgerichtshof es z. B. angesehen, wenn nach Auf- **166**

§ 634a Verjährung der Mängelansprüche

fassung des Gerichts der Ausgang des Rechtsmittelverfahrens gegen ein Teilurteil erhebliche Bedeutung für den noch nicht entschiedenen Verfahrensteil hat und die Parteien deshalb auf Anraten des Gerichts erst das Berufungsverfahren abwarten (BGH, Urt. v. 7.12.1978 – VII ZR 278/77) oder wenn nach dem landgerichtlichen Urteil eine Klage derzeit unbegründet ist und vom Ausgang einer Drittwiderspruchsklage abhängt, so dass der Kläger im Vertrauen darauf zunächst von der Weiterverfolgung seiner Klage im Rechtsmittelzug absieht (BGH, Urt. v. 1.7.1986 – VI ZR 120/85). Ähnliches gilt für das Untätigbleiben einer Partei, nachdem das Gericht einen Parteiwechsel auf Klägerseite angeregt hat (BGH, Urt. v. 24.9.1987 – VII ZR 187/86). Dagegen hat der Bundesgerichtshof § 211 Abs. 2 Satz 1 BGB a. F. durchgreifen lassen, wenn die Parteien „lediglich" aus prozesswirtschaftlichen Erwägungen den Ausgang eines Musterprozesses abwarteten (BGH, Urt. v. 26.3.2015 – VII ZR 347/12; Urt. v. 21.2.1983 – VIII ZR 4/82; Urt. v. 23.4.1998 – III ZR 7/97). Ein triftiger Grund liegt nach der Rechtsprechung auch dann nicht vor, wenn eine Partei, ohne dass besondere Umstände vorliegen, lediglich wegen außergerichtlicher Verhandlungen der Parteien das Verfahren nicht betreibt (BGH, Urt. v. 26.3.2015 – VII ZR 347/12 m. w. N.). Kein triftiger Grund liegt vor, wenn das Verfahren nicht betrieben wird, weil der Kläger mangels Sachverständigengutachten noch keine Informationen über die genaue Schadenshöhe hat (BGH, Urt. v. 26.3.2015 – VII ZR 347/12 zu dem Fall, dass nur in Höhe eines Mindestbetrages in unverjährter Zeit das Mahnverfahren weiter betrieben wird).

167 Eine Beendigung der Hemmung tritt nicht ein, wenn das Nichtbetreiben des Verfahrens darauf beruht, dass eine von Amts wegen gebotene Handlung des Gerichts unterbleibt (BGH, Urt. v. 12.10.1999 – VI ZR 19/99; Urt. v. 7.2.2013 – VII ZR 263/11). Dieser Grundsatz gilt also auch für § 204 Abs. 2 BGB (Gegenäußerung Nr. 12). Die Verantwortung für das Betreiben des Prozesses kann vom Gericht auf den Kläger übergehen, wenn dieser im Hinblick auf einen Vergleichsvorschlag und die Bitte des Gegners, nicht zu terminieren, zwar nicht ausdrücklich dem Absehen von einer Terminsbestimmung zustimmt, sich aber aus den gesamten Umständen ergibt, dass eine weitere Förderung des Verfahrens von einer dahingehenden Erklärung des Klägers abhängig sein soll (BGH, Urt. v. 27.1.2005 – VII ZR 238/03 im Anschluss an Urt. v. 21.2.1983 – VIII ZR 4/82).

168 Die Hemmung beginnt erneut, wenn eine Partei das Verfahren weiter betreibt, § 204 Abs. 2 BGB. Gerät das Verfahren erneut in Stillstand, endet die Verjährungshemmung wiederum. Nach dem erneuten Weiterbetrieb des Verfahrens beginnt die Sechsmonatsfrist erneut. Denn das Gesetz knüpft diese Frist an die „sonstige Beendigung" des Verfahrens und setzt den „Stillstand des Verfahrens" der sonstigen Beendigung gleich, ohne zu unterscheiden, wie häufig dieser eintritt. Das mag zu einer unerfreulichen Verlängerung der Verjährungsfrist führen, dürfte aber nach dem Gesetzeswortlaut kaum dahin zu korrigieren sein, dass die Hemmung nur für den ersten Verfahrensstillstand gilt (so aber Lenkeit, BauR 2002, 214).

b) Hemmung nach Klagerücknahme und Prozessurteil

169 Es ist im Gesetzgebungsverfahren zum Schuldrechtsmodernisierungsgesetz bewusst davon abgesehen worden, entsprechend alter Rechtslage rückwirkend die Hemmung entfallen zu lassen, wenn die Klage oder der sonstige Antrag zurückgenommen oder durch Prozessurteil abgewiesen wird (RegEntw., BR-Drucks. 338/01, S. 265). Durch die Umstellung von der Unterbrechungs- auf die Hemmungswirkung wird in deutlich geringerem Maße als bisher auf den Lauf der Verjährung eingewirkt. Der bloße Aufschub für die Dauer des Verfahrens und der sechsmonatigen Nachfrist sollte unabhängig von dessen Ausgang sein (Gegenäußerung Nr. 10).

170 Es bleibt also bei der Hemmung, wenn die Klage oder der sonstige Antrag zurückgenommen oder durch Prozessurteil abgewiesen wird. Die Hemmung endet z. B. sechs Monate nach Rücknahme der Klage. Die Begründung geht davon aus, dass ein Rechtsmissbrauch durch mehrfache Klageerhebung und Rücknahme nur sehr selten sein wird, weil damit stets eine Kostenlast verbunden wäre. Dem ist zuzustimmen. Einer besonderen Regelung dieses Falles bedurfte es nicht.

IV. Neubeginn der Verjährung

171 Der Neubeginn der Verjährung tritt nach Maßgabe des § 212 BGB ein. Für Bausachen relevant ist vor allem § 212 Abs. 1 Nr. 1 BGB. Danach beginnt die Verjährung erneut, wenn der Schuldner dem Gläubiger gegenüber den Anspruch durch Abschlagszahlung, Zinszahlung, Sicherheitsleistung oder in anderer Weise anerkennt. Das sogenannte schuldbestätigende (de-

klaratorische) Anerkenntnis (vgl. BGH, Urt. v. 29.1.2002 – VI ZR 230/01) führt stets zum Neubeginn der Verjährung.

Die Verjährung beginnt erneut, wenn der Unternehmer dem Besteller gegenüber den Mängelanspruch anerkennt, § 212 BGB (vgl. BGH, Urt. v. 3.12.1987 – VII ZR 363/86). Das ist neben der so genannten Quasiunterbrechung des § 13 Abs. 5 Nr. 1 Satz 2 VOB/B der für das Bauvertragsrecht einzige nennenswerte Fall, in dem es zu einem neuen Lauf der Verjährungsfrist kommt. § 212 BGB gilt auch im VOB-Vertrag (BGH, Urt. v. 13.1.2005 – VII ZR 15/04). 172

Nach ständiger Rechtsprechung liegt ein Anerkenntnis im Sinne des § 212 BGB dann vor, wenn sich aus dem tatsächlichen Verhalten des Schuldners gegenüber dem Gläubiger klar und unzweideutig ergibt, dass sich der Schuldner des Bestehens der Schuld bewusst ist und angesichts dessen der Berechtigte darauf vertrauen darf, dass sich der Schuldner nicht nach Ablauf der Verjährungsfrist alsbald auf Verjährung berufen wird (BGH, Urt. v. 9.5.2007 – VIII ZR 347/06 zum Saldenanerkenntnis). Ob dies der Fall ist, hängt von den Umständen des Einzelfalls ab. Es genügt jedes zur Kenntnisnahme des Berechtigten bestimmte und geeignete Verhalten (BGH, Urt. v. 13.1.2005 – VII ZR 15/04; Urt. v. 30.9.1993 – VII ZR 136/92). Insoweit kann auch in der Aufrechnung mit einer bestrittenen (und in Wahrheit nicht bestehenden) Forderung gegen eine unbestrittene Forderung ein die Verjährung unterbrechendes „Anerkenntnis" der letzteren im vorgenannten Sinne gesehen werden (BGH, Urt. v. 8.6.1989 – X ZR 50/88; OLG Karlsruhe, Urt. v. 29.9.2008 – 1 U 51/08; vgl. auch BGH, Urt. v. 24.1.1972 – VII ZR 171/70; Urt. v. 8.6.1989 – X ZR 50/88). 173

Beispiel: Der Unternehmer wird auf Schadensersatz in Höhe von Mängelbeseitigungskosten in Anspruch genommen. Er rechnet in einem Schreiben an den Besteller mit noch offenem Werklohn auf, ohne sich gegen die Schadensersatzforderung zu wehren.

Häufig wird eine Nachbesserung oder auch schon deren Versuch ein Anerkenntnis des Mängelhaftungsanspruchs darstellen (BGH, Urt. v. 25.9.2008 – VII ZR 32/07, Rdn. 25; Urt. v. 2.6.1999 – VIII ZR 322/98; Urt. v. 29.10.1956 – VII ZR 6/56). Gleiches gilt für die Erklärung, die Mängel beseitigen zu wollen (BGH, Urt. v. 13.1.2005 – VII ZR 15/04). Es kommt auf den Einzelfall an (vgl. BGH, Urt. v. 3.12.1987 – VII ZR 363/86; Urt. v. 2.6.1999 – VIII ZR 322/98). Mit der Erklärung, den durch eine Mangelerscheinung zutage getretenen Mangel beseitigen zu wollen, erklärt der Unternehmer grundsätzlich auch die Bereitschaft, die eigentliche Ursache zu beseitigen, wenn kein entsprechender Vorbehalt erklärt wird oder er sich sonst aus den Umständen ergibt (vgl. BGH, Urt. v. 18.1.1990 – VII ZR 260/88, BauR 1990, 356). Insbesondere ergibt sich nicht ohne Weiteres eine räumliche Begrenzung des Anerkenntnisses auf die örtlich gerügte Mangelerscheinung bzw. die örtlich begrenzte Ursache. In der Literatur wird deshalb vor der Bereitschaft zur Mängelbeseitigung gewarnt, wenn die Ursache für eine Mängelerscheinung nicht überschaubar ist (Weise, BauR 1991, 19, 28). 174

Maßgebend für den Neubeginn der Verjährung ist allerdings, in welchem Umfang das Anerkenntnis erteilt wird. Wird ein Mangel umfassend anhand des Symptoms gerügt, will der Unternehmer jedoch nur eine bestimmte Ursache beseitigen, so kann das Anerkenntnis sich redlicherweise nur auf diese Mangelursache beziehen (i. E. richtig deshalb OLG München, Urt. v. 10.12.2013 – 9 U 1317/13). Das muss jedenfalls dann gelten, wenn der Unternehmer andere Ursachen ausdrücklich ausschließt oder die Verantwortung dafür ablehnt. 175

Beispiel: Erklärt ein Unternehmer die Undichtigkeit der Fenster mit einer fehlerhaften Verfugung und weist er eine Verantwortung für eine Fehlkonstruktion von sich, so sind die Arbeiten an den Fugen kein Anerkenntnis für einen Mangel der Konstruktion. Eine andere Frage ist, ob der Unternehmer wegen einer Aufklärungspflichtverletzung haftet → Rdn. 177.

Dem Unternehmer ist es nicht verwehrt, durch seine Willenserklärungen die Wirkung eines Anerkenntnisses, z. B. auch räumlich, zu beschränken. Dem Anerkenntnistatbestand liegt zugrunde, dass der Unternehmer durch sein Verhalten beim Besteller Vertrauen dahin geweckt hat, seine Ansprüche würden (zu-nächst einmal) nicht verjähren. Ein solches Vertrauen kann der Besteller aber nicht entwickeln, wenn eine Verantwortung in einem bestimmten Umfang von vornherein abgelehnt wird. Wird die Nachbesserung nur aus erklärter Kulanz oder ähnlichen Gründen vorgenommen, dürfte ein Anerkenntnis in aller Regel nicht in Betracht kommen (BGH, Beschl. v. 9.7.2014 – VII ZR 161/13; Urt. v. 8.7.1987 – VIII ZR 274/86; OLG Jena, Urt. v. 9.4.2008 – 4 U 1100/06); kritisch Breyer, BauR 2016, 404, 408. Dann bleibt es bei der vertraglich vereinbarten oder gesetzlichen Verjährungsfrist, die jedoch jedenfalls während der Nachbesserung gemäß § 203 BGB gehemmt ist (vgl. nach altem Recht: BGH, 176

Urt. v. 27.9.2000 – VIII ZR 155/99). Will ein Unternehmer vermeiden, dass der Besteller die von ihm durchgeführten Nachbesserungsarbeiten als ein verjährungsrechtlich relevantes Anerkenntnis bewertet, so muss er anlässlich der Arbeiten hinreichend klar zum Ausdruck bringen, dass er sie ausschließlich aus Kulanz vornimmt (OLG Naumburg, Urt. v. 21.3.2011 – 10 U 31/10).

177 Nach einer Entscheidung des OLG Hamm (Urt. v. 10.4.2014 – 17 U 38/12) soll sich der Unternehmer nicht darauf berufen können, dass er die Arbeiten erkennbar nur aus Kulanz vorgenommen hat, wenn er bei diesen Arbeiten erkennen konnte, dass seine Leistungen den Mangel nicht beseitigten und er den Besteller deshalb schuldhaft im Glauben gelassen hat, der Mangel sei beseitigt. Diese Entscheidung ist insoweit zutreffend, als eine Verlängerung der Verjährung angenommen wird. Denn der Unternehmer begründet durch die kulante Prüfung und Mängelbeseitigung die vertraglich geschützte Erwartung, er werde diese sorgfältig vornehmen und den Besteller über etwaige erkennbar verbliebene Mängel aufklären. Fraglich ist jedoch, ob in einem solchen Fall nicht die Regelfrist Anwendung finden muss, denn im Grunde besteht kein Unterschied zur Sekundärhaftung des Architekten, dazu → Rdn. 346.

178 Das Anerkenntnis kann auch durch den Haftpflichtversicherer aufgrund einer Regulierungsvollmacht, § 5.2 AHB 2012, wirksam erfolgen. Erkennt der Versicherer den Haftpflichtanspruch des Geschädigten an, beginnt die Verjährung zu Lasten des versicherten Schädigers neu und zwar auch insoweit, als der Versicherer wegen eines Selbstbehalts oder einer Überschreitung der Deckungssumme den Schaden nicht reguliert. Will der Versicherer von seiner Vollmacht nur eingeschränkt Gebrauch machen, muss er dies dem Geschädigten gegenüber ausdrücklich klarstellen (BGH, Urt. v. 11.10.2006 – IV ZR 329/05).

179 Die Verjährungsfrist beginnt neu im Falle eines Anerkenntnisses mit Beendigung der Nachbesserungsarbeiten (BGH, Urt. v. 23.11.1989 – VII ZR 313/88), gegebenenfalls mit deren Abnahme (BGH, Urt. v. 27.9.2000 – VIII ZR 155/99). Denn durch die Mängelbeseitigung wird die Verjährung gleichzeitig gehemmt (vgl. Weyer, NZBau 2002, 366, 369; a. A. Mansell, NJW 2002, 89, 98). Es beginnt die vereinbarte Verjährungsfrist neu, also beim VOB-Vertrag die vierjährige Frist. Haben die Parteien im VOB-Vertrag eine fünfjährige Frist vereinbart, läuft diese neu (BGH, Urt. v. 13.1.2005 – VII ZR 15/04). Mehrere Nachbesserungsversuche können zu wiederholten Anerkenntnissen führen (BGH, Urt. v. 2.6.1999 – VIII ZR 322/98). War die Verjährung im Zeitpunkt des Anerkenntnisses bereits eingetreten, kommt es nicht zu einem Neubeginn der Verjährung (BGH, Urt. v. 21.11.1996 – IX ZR 159/95). Der Mängelanspruch bleibt verjährt. Ob in dem Anerkenntnis ein Verzicht auf die Einrede der Verjährung zu sehen ist, hängt von den Umständen des Einzelfalls ab (OLG Celle, Urt. v. 15.9.2010 – 7 U 53/10). Die Prüfung von Mangelbeseitigungsmaßnahmen und die Zusage einer kostenlosen Mangelbeseitigung nach Eintritt der Verjährung müssen nicht als Verzicht auf die Einrede der Verjährung auszulegen sein, da dieses Verhalten auch als Kulanz oder Anerkennung einer Rechtspflicht verstanden werden kann (OLG Stuttgart, Urt. v. 12.2.2009 – 10 U 147/08).

180 Diskutiert wird im Kaufrecht, ob die bis dahin nur gehemmte Verjährung dann neu beginnt, wenn der Verkäufer als Nacherfüllung eine neue Sache liefert (vgl. Lorenz NJW 2007, 1, 5 unter Hinweis auf BGH, Urt. v. 5.10.2005 – VIII ZR 16/05). Dem liegt der Gedanke zugrunde, dass bei einer Neulieferung die vom Gesetz als angemessen angesehene volle Verjährungsfrist zur Verfügung stehen muss. Große praktische Bedeutung hat die Diskussion im Werkvertragsrecht nicht, weil die Mängelbeseitigung und damt auch die Neuherstellung in aller Regel als Anerkenntnis zu werten ist.

181 Diskutiert wird auch, ob die Parteien die Wirkung des § 212 BGB abbedingen können, etwa in der Art, dass Mängelbeseitigungsversuche nicht zum Neubeginn der Verjährung führen (vgl. zu dem Thema Breyer, BauR 2016, 404, 409; Auktor/Mönch, NJW 2005, 1686 ff.; Klas/Kleesiek, NJW 2010, 3339). Einer individuellen Vereinbarung dieser Art dürfte nichts entgegenstehen. Entgegen Breyer (a. a. O.) benachteiligt aber eine entsprechende AGB des Unternehmers den Besteller unangemessen, weil sie vom Leitbild des Gesetzes abweicht, ohne dass dies durch ein schützenswertes Interesse gerechtfertigt wäre. Gleiches gilt für die von ihm genannte Klausel: „Nachbesserungen einer Mängelrüge erfolgen stets auf Kulanz und ohne Anerkennung einer Rechtspflicht". Diese Klausel ist unseriös und unangemessen benachteiligend, weil sie von vornherein ausschließt, dass der Unternehmer eine Nachbesserung vornimmt, weil er dazu verpfichtet ist.

182 Die Verjährung beginnt auch neu, wenn der Schuldner den Anspruch durch Abschlagszahlung anerkennt. Leistet der Unternehmer auf eine Schadensersatzforderung eine Abschlagszahlung, kann darin ein Anerkenntnis des gesamten Schadensersatzanspruches liegen.

V. Dreißigjährige Verjährungsfrist

In dreißig Jahren verjähren rechtskräftig festgestellte Ansprüche, § 197 Abs. 1 Nr. 3 BGB, Ansprüche aus vollstreckbaren Vergleichen oder vollstreckbaren Urkunden, § 197 Abs. 1 Nr. 4 BGB und auch Ansprüche, die durch die im Insolvenzverfahren erfolgte Feststellung vollstreckbar geworden sind. Diese Regelung sichert die lange Verjährung nach einem mit einem Urteil zum Abschluss gebrachten Mängelprozess. Dazu gehört auch der Feststellungsprozess. Ist mit einer positiven Feststellungsklage ein Anspruch wegen eines Mangels festgestellt worden, verjährt der Anspruch aus diesem Mangel in dreißig Jahren nach Rechtskraft des Urteils. Ein Urteil, mit dem eine negative Feststellungsklage abgewiesen wird, steht der positiven Feststellung gleich (BGH, Urt. v. 12.12.1974 – II ZR 113/73). Der Vorschussprozess enthält einen Feststellungsanteil hinsichtlich der gesamten Kosten zur Beseitigung des Mangels, zu dessen Beseitigung Vorschuss verlangt wird → Rdn. 124. Das ist der Grund, warum auch noch nicht von dem Vorschuss erfasste Mängelbeseitigungskosten lange nachgefordert werden können, wenn ein Vorschussurteil ergangen ist. Die dreißigjährige Verjährungsfrist gilt auch für Mängelansprüche, die durch einen Schiedsspruch ausgeurteilt oder festgestellt worden sind. Denn der Schiedsspruch hat die Wirkung eines rechtskräftigen gerichtlichen Urteils, § 1055 ZPO.

183

Zu den vollstreckbaren Vergleichen gehören die in § 794 Abs. 1 Nr. 1 aufgezählten Vergleiche. Ansprüche, die sich daraus ergeben, verjähren in dreißig Jahren nach Vergleichsabschluss. Auch für Anwaltsvergleiche, die nach 796a ZPO geschlossen werden, gilt diese Verjährung. Welche Verjährungsfrist für Ansprüche gilt, die in einem außergerichtlichen Vergleich geregelt sind, hängt von den Umständen des Einzelfalles ab. Zu beachten ist, dass der Vergleich im Regelfall keine Novation des Schuldverhältnisses enthält, so dass die Verjährungsfristen sich nach dem ursprünglichen Schuldverhältnis richten (BGH, Urt. v. 25.6.1987 – VII ZR 214/86). Etwas anderes können die Parteien ausdrücklich oder konkludent vereinbaren. Eine solche Vereinbarung kann z. B. vorliegen, wenn ein Gesamtpaket verschiedenartiger Ansprüche und Gegenansprüche geschnürt wird. Der aus diesem Vergleich entstandene neue Anspruch unterliegt dann der Regelverjährung. Findet keine Novation statt, ist die Verjährung durch die Vergleichsverhandlungen gehemmt. Die Hemmung endet mit Vergleichsabschluss zzgl. 6 Monate. In aller Regel wird der Anspruch mit dem Vergleich anerkannt, so dass dann gemäß § 212 Abs. 1 Nr. 1 BGB die fünfjährige Verjährungsfrist neu beginnt.

184

Nach § 212 Abs. 1 Nr. 2 BGB beginnt die Verjährung erneut, wenn eine gerichtliche oder behördliche Vollstreckungshandlung vorgenommen oder beantragt wird. Das gilt auch für die dreißigjährige Verjährung, so dass nach Erlangung eines Titels eine relativ einfache Möglichkeit besteht, eine Verlängerung dieser Frist zu erreichen.

185

Ist die Verpflichtung zum Ersatz künftig eintretender Schäden rechtskräftig festgestellt, steht die Sperrwirkung der materiellen Rechtskraft (ne bis in idem) der Zulässigkeit einer erneuten Feststellungsklage in unverjährter Zeit mit gleichem Streitgegenstand nicht entgegen, wenn Schäden nach Ablauf der dreißigjährigen Verjährungsfrist eintreten können (BGH, Urt. v. 22.2.2018 – VII ZR 253/16).

186

VI. Hemmung, Ablaufhemmung und Neubeginn bei anderen Ansprüchen

Nach § 213 BGB gelten die Hemmung und der Neubeginn der Verjährung auch für Ansprüche, die aus demselben Grund wahlweise neben dem Anspruch oder an seiner Stelle gegeben sind (s. dazu auch Rn. 88 ff.). Es muss sich um einen Anspruch gegen den gleichen Schuldner handeln muss, der Anspruch muss auf das gleiche Interesse gehen und es muss sich um einen der Fälle handeln, in denen das Gesetz von vornherein dem Gläubiger mehrere Ansprüche zur Wahl stellt oder es ihm ermöglicht, in Verfolgung des gleichen wirtschaftlichen Interesses von einem zum anderen Anspruch überzugehen (BGH, Urt. v. 19.11.2020 – VII ZR 193/19 Rn. 34; RegEntw., BR-Drucks. 338/01, S. 274).

187

Die Mängelansprüche aus Bauverträgen verjähren danach grundsätzlich einheitlich, soweit die Voraussetzungen des § 213 BGB erfüllt sind. Die einheitliche Verjährung durch Klageerhebung kommt nur für Ansprüche aus demselben Mangel oder denselben Mängeln in Betracht, der oder die anhängig gemacht worden sind.

188

Beispiel: Die Klage gegen den Generalunternehmer wegen einer fehlerhaften Abdichtung kann nicht den Anspruch wegen einer fehlerhaften Elektroinstallation hemmen.

Denn jeder Mangel kann verjährungsrechtlich sein eigenes Schicksal nehmen (BGH, Urt. v. 3.12.1992 – VII ZR 86/92; Reimann, BauR 2011, 14, 15 m. w. N.).

189 Die Nacherfüllungsklage auf Beseitigung eines Mangels hemmt die Verjährung aller anderen Ansprüche, die wegen dieses Mangels an die Stelle der Nacherfüllung treten, wie z. B. auf Kostenerstattung, Vorschuss, Rücktritt, Minderung oder Schadensersatz statt der Leistung.

190 Die Klage auf Befriedigung einer der in § 634 Nr. 2 bis 4 BGB genannten Ansprüche hemmt grundsätzlich die Verjährung der anderen Ansprüche, soweit sie wahlweise zur Verfügung stehen. Die Klage auf Vorschuss hemmt z. B. auch die Verjährung des Anspruchs auf Schadensersatz statt der Leistung. Ebenso hemmt die Klage auf Schadensersatz wegen Nichterfüllung der Mangelbeseitigung die Verjährung eines Vorschussanspruchs nach § 637 Abs. 3 BGB (BGH, Urt. v. 19.11.2020 – VII ZR 193/19 Rn. 35). Das gilt auch, wenn die Wohnungseigentümergemeinschaft Mängelansprüche hinsichtlich des Gemeinschaftseigentums „an sich gezogen" hat. Etwaige verjährungshemmende Maßnahmen betreffen daher nicht nur die „gemeinschaftsbezogenen" Ansprüche, sondern auch die „individuellen" Ansprüche der einzelnen Erwerber auf großen Schadensersatz statt der Leistung und das Recht auf Rücktritt, so lange der Einzelerwerber noch nicht dazu übergegangen ist, ausschließlich seine „individuellen" Ansprüche zu verfolgen (vgl. dazu ausführlich → Rdn. 375 ff.).

191 Die Wirkungserstreckung des § 213 BGB ist nicht auf den Umfang der Hemmung durch die erhobene Klage beschränkt, weil ansonsten der mit § 213 BGB beabsichtigte Schutz des Gläubigers weitgehend leer liefe (BGH, Urt. v. 19.11.2020 – VII ZR 193/19 Rn. 37). Verlangt also der Besteller zunächst Schadensersatz wegen Nichterfüllung in Höhe von 100T€, hemmt diese Klage einen späteren Vorschussanspruch über 150T€.

192 Die Klage auf Nacherfüllung oder Vorschuss hemmt nicht den Anspruch auf Ersatz der Mangelfolgeschäden aus § 280 Abs. 1 BGB. Denn dieser Anspruch tritt nicht an die Stelle des Erfüllungsanspruchs. Er ist auch nicht auf das gleiche wirtschaftliche Interesse gerichtet. Der Anspruch auf Ersatz der Mangelfolgeschäden besteht vielmehr unabhängig von der weiteren Entwicklung der Ansprüche wegen des Mangels und ist auch kein Surrogat für den Nacherfüllungsanspruch. Dem entspricht es, dass die Klage auf Nacherfüllung nicht die Verjährung des Anspruchs auf Verzugsschaden hemmt. Denn diese Ansprüche sind nicht auf das gleiche Interesse gerichtet (RegEntw., BR-Drucks. 338/01, S. 274).

193 Ein weiteres Problem entsteht, wenn der Besteller Schadensersatz statt der Leistung geltend macht, dieser Anspruch jedoch z. B. deswegen unberechtigt ist, weil er keine angemessene Frist gesetzt hat. In diesem Fall bleibt ihm lediglich der Nacherfüllungsanspruch. Hat er Klage auf Schadensersatz erhoben, ist die Verjährung des Nacherfüllungsanspruchs in direkter Anwendung des § 213 BGB nicht gehemmt. Denn der Nacherfüllungsanspruch ist nicht an die Stelle des Schadensersatzanspruches getreten. Der Schadensersatzanspruch bestand auch nicht neben dem Nacherfüllungsanspruch, den der Besteller noch durchsetzen will. Es wird für eine entsprechende Anwendung des § 213 BGB plädiert. Bis zur Klärung der Rechtsfrage wird empfohlen, in Zweifelsfällen neben dem Schadensersatzanspruch an Stelle der Leistung gemäß § 281 BGB einen Hilfsantrag rechtshängig zu machen, mit dem Nacherfüllung begehrt wird (Vorwerk, BauR 2002, 173).

G. Erhaltung der Mängeleinrede

194 Wird der Besteller vom Unternehmer auf Werklohn in Anspruch genommen, so stellt sich die Frage, ob er wegen Mängeln ein Leistungsverweigerungsrecht geltend machen oder die Aufrechnung erklären kann, wenn der Nacherfüllungsanspruch oder der zur Aufrechnung gestellte Anspruch verjährt sind. Auch stellt sich die Frage, ob der Besteller noch vom Vertrag zurücktreten kann oder den Werklohnanspruch mindern kann.

195 Nach § 215 BGB schließt die Verjährung eine Aufrechnung und die Geltendmachung eines Zurückbehaltungsrechts nicht aus, wenn der Anspruch in dem Zeitpunkt noch nicht verjährt war, in dem erstmals aufgerechnet oder die Leistung verweigert werden konnte. Dem liegt der Gedanke zugrunde, dass ein Schuldner, dem eine Gegenanspruch zusteht, kraft dessen er die Inanspruchnahme durch den Gläubiger erfolgreich abwehren kann, sich als hinreichend gesichert ansehen darf und durch die Verjährungsregeln nicht zur frühzeitigen Durchsetzung seiner Forderung im Wege der Aufrechnung oder Klageerhebung gedrängt werden soll (BGH, Urt. v. 28.5.2020 – VII ZR 108/19 Rn. 24).

Verjährung der Mängelansprüche §634a

Für die Gestaltungsrechte auf Rücktritt und Minderung, die gemäß § 194 Abs. 1 BGB nicht 196
verjähren können, trifft § 218 BGB eine Sonderregelung, die ihrerseits hinsichtlich der Erhaltung
der Verjährungseinrede für das Werkvertragsrecht in § 634a Abs. 4 und 5 BGB ergänzt wird.

I. Aufrechnung mit Schadensersatz, Kostenerstattungsanspruch oder Vorschussanspruch

Die Regelung des § 215 BGB entspricht hinsichtlich der Aufrechnung dem § 390 Satz 2 BGB 197
a. F. Die Sonderregelungen aus §§ 478 ff., § 639 Abs. 1 BGB a. F. sind entfallen. Danach ist eine
Anzeige des Mangels in nicht verjährter Zeit nicht mehr notwendig, um die Verjährungseinrede zu erhalten. Ein hiermit in Einklang stehendes Verhalten des Bestellers kann daher nicht als
Verstoß gegen Treu und Glauben (§ 242 BGB) bewertet werden (BGH, Urt. v. 5.11.2015 – VII
ZR 144/14 Rn. 13). Unerheblich ist auch, ob die Forderung des Gläubigers noch nicht fällig
war, als der zur Aufrechnung gestellte Anspruch verjährte (BGH, Urt. v. 19.5.2006 – V ZR
40/05). Fraglich ist, ob die zur Aufrechnung gestellte Forderung in nicht verjährter Zeit bereits
fällig gewesen sein muss, was in der Regel den Ablauf einer zur Mängelbeseitigung gesetzten
Frist voraussetzt. Dafür spricht, dass nach § 387 BGB nur mit einer voll wirksamen und fälligen
Forderung aufgerechnet werden kann. Dagegen könnte sprechen, dass die Rechtsprechung
bei synallagmatisch verbundenen Forderungen die Aufrechnung mit einer verjährten Forderung bereits dann zulässt, wenn die Forderung in nicht verjährter Zeit bestand (BGH, Urt.
v. 19.5.2006 – V ZR 40/05). Darüber hinaus kann auf ein gesetzliches Aufrechnungsverbot
dann nicht zurückgegriffen werden, wenn die Aufrechnungslage sich aus einem Leistungsverweigerungsrecht entwickelt hat und das Leistungsverweigerungsrecht in nicht verjährter
Zeit bestand (BGH, Urt. v. 23.6.2005 – VII ZR 197/03). Da der Mängelanspruch als Nacherfüllungsanspruch synallagmatisch mit dem Werklohnanspruch verbunden ist, scheint einiges
dafür zu sprechen, dass es lediglich darauf ankommt, ob in nicht verjährter Zeit ein Mangel
vorlag (OLG München, Urt. v. 6.12.2011 – 9 U 424/11). Denn dieser begründet bereits das auf
§ 320 BGB gestützte Leistungsverweigerungsrecht.

Entscheidend ist, ob der Besteller für den Fall der Durchsetzung der Werklohnforderung in 198
nicht verjährter Zeit die Aufrechnung hätte erklären können. Das ist allerdings nicht der Fall,
wenn der Mangel während der Verjährungsfrist nicht in Erscheinung getreten ist. Eine Aufrechnung mit verjährten Ansprüchen ist danach grundsätzlich nicht mit Ansprüchen wegen
solcher Mängel möglich, die in nicht verjährter Zeit nicht erkannt worden sind (vgl. BGH,
Urt. v. 5.11.2015 – VII ZR 144/14 Rn. 11 zum Leistungsverweigerungsrecht). Denn mit Forderungen wegen solcher Mängel wäre in unverjährter Zeit ebenfalls nicht aufgerechnet worden.

II. Zurückbehaltungsrecht

Die Regelung des § 215 BGB erfasst auch das Leistungsverweigerungsrecht. Der auf Ver- 199
gütung in Anspruch genommene Besteller kann unter den Voraussetzungen des § 215 BGB die
Zahlung der Vergütung demnach auch dann in Höhe des regelmäßig Doppelten der Mängelbeseitigungskosten, § 641 Abs. 3 BGB, verweigern, wenn der Nacherfüllungsanspruch verjährt
ist. Voraussetzung ist jedoch aus den zur Aufrechnung dargelegten Gründen, dass in nicht verjährter Zeit die Leistung hätte verweigert werden können. Das setzt wiederum voraus, dass der
Mangel in dieser Zeit in Erscheinung getreten ist (BGH, Urt. v. 5.11.2015 – VII ZR 144/14).

III. Rücktritt und Minderung

Wegen der Erhaltung der Mängeleinrede bei Rücktritt und Minderung → Rdn. 204 ff. 200

H. Keine Verjährung der Gestaltungsrechte

Minderung und Rücktritt sind Gestaltungsrechte. Sie verjähren nicht, vgl. § 194 Abs. 1 BGB. 201
Es bedurfte daher einer besonderen Regelung, die den Fall erfasst, dass sich der Schuldner auf
Rücktritt beruft, wenn sein Erfüllungsanspruch verjährt wäre. Wäre der Rücktritt möglich,
könnte das Verjährungsrecht für Ansprüche leicht umgangen werden. Die Sonderregelung ist
in § 218 BGB enthalten.

Jurgeleit

§ 634a

I. Unwirksamkeit des Rücktritts

202 § 218 BGB regelt die Wirksamkeit der gestaltenden Erklärung des Rücktritts. Sie ist unwirksam, wenn der Anspruch auf Erfüllung oder Nacherfüllung im Zeitpunkt des Rücktritts verjährt ist und der Schuldner sich darauf beruft. Die Berufung des Schuldners darauf, steht der Einrede der Verjährung gleich. Auf diese Weise erfolgt eine Gleichschaltung mit der Verjährung des Anspruchs auf Nacherfüllung.

II. Zeitpunkt der Einrede

203 Wann sich der Schuldner auf die Verjährung des Nacherfüllungsanspruchs berufen und damit die Rücktrittserklärung unwirksam machen kann, ist ungeregelt. Die Begründung zum Gesetzesentwurf teilt mit, auf eine zeitliche Schranke sei bewusst verzichtet worden (RegEntw., BR-Drucks. 338/01, S. 281). In einem Prozess kann sich der Schuldner also noch bis zum Schluss der mündlichen Verhandlung auf die Unwirksamkeit berufen. Für die Frage, ob der Rücktritt wegen eines Mangels nach § 218 Abs. 1 Satz 1 BGB wirksam ist, ist entscheidend, ob der Rücktritt erklärt wird, bevor der – bestehende oder hypothetische – Nacherfüllungsanspruch verjährt ist. Auf den Zeitpunkt der gerichtlichen Geltendmachung von Ansprüchen aus dem durch den Rücktritt entstehenden Rückgewährschuldverhältnis kommt es nicht an (BGH, Urt. v. 15.11.2006 – VIII ZR 3/06; Urt. v. 7.6.2006 – VIII ZR 209/05). Ansprüche aus dem Rückgewährschuldverhältnis unterliegen der regelmäßigen Verjährung (BGH, Urt. v. 15.11.2006 – VIII ZR 3/06; Moufang/Koos, BauR 2009, 333, 335).

III. Leistungsverweigerungsrecht des Bestellers nach einem unwirksamen Rücktritt

204 Einen Ausgleich bietet § 634a Abs. 4 Satz 2 BGB. Der Besteller kann trotz der Unwirksamkeit des Rücktritts nach § 218 Abs. 1 BGB die Zahlung der Vergütung insoweit verweigern, als er auf Grund des Rücktritts dazu berechtigt sein würde. Mit dieser Regelung soll eine dem § 215 BGB entsprechende Lage geschaffen werden. Voraussetzung für die Wirkung des § 634a Abs. 4 Satz 2 BGB ist ein „an sich" wirksamer Rücktritt. Soweit erforderlich, muss dem Unternehmer also eine Frist zur Mängelbeseitigung gesetzt worden und die Frist fruchtlos abgelaufen sein. Diese Voraussetzungen müssen vor Eintritt der Verjährung geschaffen worden sein. (vgl. Grüneberg/Retzlaff, 81. Aufl., § 634a Rdn. 16 m. w. N.). Dadurch ist sichergestellt, dass der Besteller sich nicht wegen solcher Mängel auf das Leistungsverweigerungsrecht berufen kann, die erst nach Verjährung des Nacherfüllungsanspruchs entstanden sind. Das stützt die Auffassung, dass insoweit auch keine Aufrechnung oder ein Zurückbehaltungsrecht gemäß § 215 BGB möglich ist → Rdn. 197.

205 Hingewiesen wird in diesem Zusammenhang auch darauf, dass derjenige Besteller, der einen Sicherheitseinbehalt nicht rechtzeitig zurückzahlt oder eine Bürgschaft nicht nach Ablauf der Gewährleistungszeit zurückgibt, ebenfalls bevorteilt wäre (Sienz, BauR 2002, 186). Dem könnte jedoch durch eine einschränkende Auslegung der Sicherungsabrede entgegengetreten werden. Werden nur die Ansprüche wegen Mängeln gesichert, die während der Verjährungsfrist auftreten oder angezeigt werden, muss die Sicherheit nach Ablauf der Frist zurückgegeben werden. Geschieht das nicht, ist das eine Pflichtverletzung, die zum Schadensersatz führt. Im Wege des Schadensersatzes kann der Unternehmer verlangen, so gestellt zu werden, als wäre die Sicherheit zurückgegeben worden. Dann kommt die Anwendung des § 634a Abs. 4 und 5 BGB nicht in Betracht.

IV. Rücktrittsrecht des Unternehmers

206 Macht der Besteller von seinem Recht Gebrauch, die Zahlung der Vergütung zu verweigern, kann der Unternehmer nach § 634a Abs. 4 Satz 3 BGB vom Vertrag zurücktreten. Auf diese Weise kommt es dann doch zu einer Rückabwicklung. Wäre es anders, könnte der Besteller das Werk wegen des unwirksamen Rücktritts behalten, ohne es, sofern nicht schon geschehen, bezahlen zu müssen. Das darf nicht sein, wenn der Unternehmer dadurch unbillig benachteiligt ist. Das muss er abwägen. Wählt er den Rücktritt, muss er die bereits erfolgte Zahlung zurückgewähren. Er bekommt seine Leistung zurück (z. B. Bauträgervertrag), oder im Regelfall

Wertersatz (Bauvertrag). Bei diesem wird der Minderwert wegen des Mangels berücksichtigt (BGH, Beschl. v. 14.7.2011 – VII ZR 113/10). Auf diese Weise kommt es zu einer Minderung wegen des Mangels. Wählt der Unternehmer keinen Rücktritt, bleibt es beim Einbehalt des Bestellers. Liegt dieser unter dem Wert der Minderung, ist das für den Unternehmer günstig. Zutreffend wird darauf hingewiesen, dass die Rücktrittseinrede des Bestellers, die der Unternehmer wegen Verjährung zurückweist, dem Besteller keinen Anspruch auf Rückgewähr des wegen des Mangels zuviel gezahlten Betrages gibt. Insoweit muss der Besteller die Konsequenzen tragen, dass er seinen Anspruch hat verjähren lassen (Westermann/Maifeld, Das Schuldrecht 2002, S. 273).

V. Entsprechende Geltung für Minderung

§ 634a Abs. 5 BGB verweist für die Minderung auf § 218 und § 634a Abs. 4 Satz 2 BGB. Der Unternehmer kann die Minderungserklärung unwirksam machen, indem er sich darauf beruft, dass der Erfüllungs- oder Nacherfüllungsanspruch verjährt ist. Damit ist eine Herabsetzung der Vergütung ausgeschlossen. 207

Hat der Besteller die Vergütung noch nicht gezahlt, gilt die Verweisung auf § 634a Abs. 4 Satz 2 BGB. Danach kann der Besteller die Bezahlung gleichwohl verweigern, soweit die Minderung berechtigt gewesen wäre. 208

Die Minderung wegen verjährter Mängelhaftungsansprüche kann der Unternehmer nicht durch den Rücktritt abwenden. 209

I. Prozessuales

I. Erhebung der Einrede

Die Verjährung wird in einem Rechtsstreit nur auf die Einrede des Schuldners hin geprüft. Der Schuldner muss also prozessual die Einrede der Verjährung erheben. Es reicht aus, wenn sich der Schuldner auf eine vorprozessual erhobene Verjährungseinrede beruft oder sogar der Gläubiger eine vorprozessual erhobene Einrede referiert, so dass in beiden Fällen auch im Säumnisverfahren die Verjährung geprüft wird (OLG Düsseldorf, Urt. v. 5.2.1991 – 24 U 121/90). Wird im Prozess erstmals die Einrede erhoben und führt sie dazu, dass der bis dahin begründete Anspruch nicht mehr durchsetzbar ist, ist das ein erledigendes Ereignis unabhängig davon, ob die Verjährung bereits vor Klageerhebung eingetreten war (BGH, Urt. v. 27.1.2010 – VIII ZR 58/09). Der Kläger kann muss also zur Vermeidung des Prozessverlustes den Rechtsstreit für erledigt erklären und auf einen Widerspruch des Beklagten gegen die Erledigungserklärung beantrage n festzustellen, dass die Klage bis zur Einrede der Verjährung begründet war. 210

Das Berufungsgericht muss die erstinstanzlich erhobene Einrede der Verjährung beachten, auch wenn der Schuldner sie im zweiten Rechtszug nicht ausdrücklich wiederholt hat. Es genügt, wenn der Beklagte die Einrede der Verjährung einmal erhoben hat; einer Wiederholung der Einrede in der nächsten Instanz bedarf es nicht (BGH, Urt. v. 15.12.1988 – IX ZR 33/88). Die Einrede der Verjährung kann auch noch erstmals im Berufungsverfahren erhoben werden. Sie ist allerdings vom Berufungsgericht nur nach Maßgabe des § 531 ZPO zu berücksichtigen. Da unstreitige Tatsachen unabhängig von den Zulassungsgründen des § 531 Abs. 2 ZPO immer im Berufungsverfahren zu berücksichtigen sind, ist die Einrede der Verjährung vom Berufungsgericht stets zu beachten, wenn sie und die sie begründenden Tatsachen unstreitig sind (BGH, Beschl. v. 23.6.2008 – GSZ 1/08). Das gilt auch dann, wenn eine Beweisaufnahme notwendig wird (BGH, Urt. v. 16.10.2008 – IX ZR 135/07). Auf dieser Grundlage mag sich manche Partei veranlasst sehen, die die Verjährungseinrede begründenden Tatsachen kurzerhand unwahr (mit Nichtwissen) zu bestreiten. Das kann ein Verstoß gegen die Wahrheitspflicht sein und auch ein Betrugstatbestand. In der Revisionsinstanz soll die Einrede der Verjährung nicht mehr erhoben werden können, weil sie „auf tatsächlichem Gebiet liege" (BGH, Urt. v. 31.1.1996 – VIII ZR 243/94). Das dürfte auch dann gelten, wenn sich aus dem Berufungsurteil alle die Verjährungseinrede begründenden Umstände ergeben, darüber aber nicht unter dem Gesichtspunkt der Verjährung verhandelt worden ist. Denn die erstmals im Revisionsverfahren erhobene Einrede kann nicht dazu führen, dass ein Berufungsurteil allein 211 deshalb aufgehoben werden muss, weil die Einrede nicht bereits im Berufungsverfahren erhoben worden ist. Da die Einrede einen neuen rechtlichen Gesichtspunkt darstellt, muss über sie verhandelt werden.

II. Darlegungs- und Beweislast

212   Die Darlegungs- und Beweislast für alle Umstände, die die Einrede der Verjährung begründen, trägt nach der gefestigten Rechtsprechung der Schuldner, der sich auf diese Einrede beruft. Dieser muss deshalb zunächst die Umstände darlegen und im Streitfall beweisen, die die von ihm behauptete kurze Verjährung begründen (BGH, Urt. v. 20.5.2003 – X ZR 57/02). Diese Grundsätze gelten auch dann, wenn das Gesetz für einen bestimmten Anspruch je nach Fallgestaltung verschieden lange Verjährungsfristen vorsieht (BGH, Urt. v. 24.2.2016 – VIII ZR 38/15). Der Schuldner muss auch die Voraussetzungen für den Beginn der Verjährung darlegen und beweisen (BGH, Urt. v. 30.1.1980 – VIII ZR 237/78), also auch die Abnahme (BGH, Urt. v. 25.6.2015 – VII ZR 220/14; Urt. v. 28.1.1971 – VII ZR 173/69; Urt. v. 15.11.1973 – VII ZR 110/71). Steht der Beginn der Verjährung fest, so ist es Angelegenheit des Gläubigers, die Umstände darzulegen und zu beweisen, die zu einer Verjährungsverlängerung durch Hemmung oder Neubeginn führen. Dagegen trägt der Schuldner die Darlegungs- und Beweislast für den Umstand, der zur Beendigung der Hemmung führt (BGH, Urt. v. 30.9.1993 – VII ZR 136/92; Urt. v. 21.4.1977 – VII ZR 135/76). Zur Darlegungs- und Beweislast bei Arglist vgl. → Rdn. 70, bzgl. der Verletzung der Organisationsobliegenheit vgl. → Rdn. 85.

J. Vereinbarungen über die Verjährung

I. Individualvereinbarungen

213   Die Parteien können die Verjährung individuell vereinbaren. Das Gesetz enthält nur wenige Beschränkungen. Nach §202 BGB kann die Verjährung bei Haftung wegen Vorsatzes nicht von vornherein erleichtert werden. Eine Verlängerung ist, wie für den Werkvertrag auch schon nach altem Recht, §638 Satz 3 BGB a. F., möglich. Die Verjährung kann jedoch durch Rechtsgeschäft nicht über eine Verjährungsfrist von 30 Jahren ab dem gesetzlichen Verjährungsbeginn hinaus erschwert werden, §202 Abs. 2 BGB. Der Abschluss eines Garantievertrages für die Haltbarkeit einer Sache mit einer Laufzeit von 40 Jahren ist hingegen mit den Verjährungsvorschriften des Bürgerlichen Gesetzbuches vereinbar, denn §202 BGB gilt nur für die Regelung einer Verjährung, nicht hingegen für einen Garantievertrag (BGH, Urt. v. 26.6.2008 – I ZR 221/05). Zu beachten ist zudem, dass der Unternehmer sich nicht auf eine Verjährungserleichterung berufen kann, wenn er den Mangel arglistig verschwiegen hat oder eine Garantie für die Beschaffenheit des Werkes übernommen hat, §639 BGB. Außerdem zieht §138 BGB Grenzen. Ob überhaupt eine Verkürzung der gesetzlichen Verjährungsfrist für Mängelansprüche gewollt ist, muss die Auslegung ergeben. Nach einer Entscheidung des OLG Naumburg (Urt. v. 21.3.2011 – 10 U 31/10) soll die vom Handwerker in den Vertrag eingeführte Regelung „für handwerkliche Arbeiten übernehmen wir ab Rechnungsdatum 2 Jahre Garantie" nicht als Verkürzung der gesetzlichen Mängelhaftungsfrist verstanden werden. Vielmehr soll sie nach dem objektiven Bestellerhorizont als ein darüberhinausgehendes Einstandsversprechen anzusehen sein. Sie soll bedeuten, dass der Handwerker verschuldensunabhängig auch auf Schadensersatz haften will.

214   Die verjährungserschwerende Vereinbarung kann bereits bei Vertragsschluss erfolgen, jedoch auch später, sogar nach dem Entstehen des Anspruchs. Vereinbarungen darüber, dass die Verjährung bis zu einem bestimmten Zeitpunkt verlängert wird, sind daher unproblematisch möglich. Auch kann der Schuldner problemlos auf die Einrede der Verjährung verzichten, solange das nicht zu einer Überschreitung der Frist von 30 Jahren führt. Unklar ist, ob sich die Möglichkeit der individuellen Verjährungsvereinbarung nur auf die Verjährungsfristen oder auch auf Hemmung und Neubeginn sowie die Rechtsfolgen der Verjährung bezieht. Der Gesetzeswortlaut enthält lediglich die Einschränkung, dass eine Vereinbarung nicht zu einer Verjährungsfrist über 30 Jahre hinaus führen darf. Deshalb sind auch Vereinbarungen zulässig, die die Hemmung und Rechtsfolgen betreffen (Mansell, NJW 2002, 89, 96). So ist es z. B. möglich, die Ablaufhemmung nach Verhandlungen abweichend dahin zu regeln, dass die Verjährung nicht vor Ablauf von z. B. 6 Monaten eintreten soll.

Verjährung der Mängelansprüche   § 634a

Inwieweit Vereinbarungen der Parteien zu einer Abänderung der gesetzlichen Verjährungs- 215
fristen führen, hängt von dem Inhalt der Vereinbarung und deren Auslegung ab. Es kommt
auf den Einzelfall an. Eine Vereinbarung über die Verlängerung der Verjährungsfrist ist z. B.
in der Form möglich, dass ein im Gesetz nicht vorgesehener Unterbrechungsgrund vertraglich
festgelegt wird (BGH, Urt. v. 25.10.1962 – VII ZR 68/61). Auch ist es möglich, die Verjährungsfrist vertraglich nach Eintritt der Verjährung zu verlängern, was einem Verzicht auf die
Einrede der Verjährung gleich kommt (BGH, Urt. v. 27.4.1972 – VII ZR 144/70).

Einigen sich die Parteien eines Werkvertrags in einem außergerichtlichen Vergleich über die 216
vom Unternehmer geschuldete Nacherfüllung, hat dies in der Regel keine schuldumschaffende
Wirkung → Rdn. 186. Der Anspruch des Bestellers auf Nacherfüllung bzw. Kostenerstattung
oder Vorschuss unterliegt daher weiterhin der Verjährung nach § 634a BGB (vgl. zum alten
Recht BGH, Urt. v. 25.6.1987 – VII ZR 214/86). Haben die Parteien vereinbart, dass der
Unternehmer zur Nachbesserung aller innerhalb einer bestimmten Frist auftretenden Mängel
verpflichtet sein sollte, so kann das dahin zu verstehen sein, dass für alle während dieser Frist
auftretenden Mängel gehaftet werden soll und die gesetzliche Verjährungsfrist erst mit dem
Zeitpunkt zu laufen beginnt, zu dem der Mangel hervorgetreten ist. Die Vereinbarung kann
aber auch dahin zu verstehen sein, dass die Parteien damit eine Verlängerung der gesetzlichen Verjährungsfrist vereinbaren wollten (BGH, Urt. v. 7.10.1965 – VII ZR 156/64; Urt.
v. 29.5.1969 – VII ZR 55/67).

Abänderungen der einmal getroffenen Vereinbarung sind ebenfalls möglich. So können 217
die Parteien, was häufig geschieht, bei der Abnahme Regelungen zur Verjährung treffen
(ausführlich dazu Moufang, BauR 2017, 1253 ff.). Sieht ein Abnahmeprotokoll Varianten zur
Verjährung vor, so müssen diese allerdings aussagekräftig gewählt werden, wenn eine von der
vertraglichen Vereinbarung abweichende Verjährung gelten soll. Ist die Variante zwei/fünf
Jahre vorgesehen und nichts gestrichen worden, gilt die vertraglich vereinbarte Verjährung,
weil die vorgesehene Wahlmöglichkeit nicht genutzt worden ist (BGH, Urt. v. 16.12.2004 –
VII ZR 270/03).

II. Allgemeine Geschäftsbedingungen zur Verjährung von Mängelhaftungsansprüchen

1. Erleichterung der Verjährung im Werkvertrag

In vom Unternehmer verwendeten Allgemeinen Geschäftsbedingungen ist gemäß § 309 218
Nr. 8 b) ff) BGB unwirksam eine Bestimmung, durch die bei Verträgen über Lieferungen neu
hergestellter Sachen und über Werkleistungen die Verjährung von Ansprüchen gegen den Verwender wegen eines Mangels in den Fällen des §§ 438 Abs. 1 Nr. 2 und 634a Abs. 1 Nr. 2 BGB
erleichtert oder in den sonstigen Fällen eine weniger als ein Jahr betragende Verjährungsfrist
ab dem gesetzlichen Verjährungsbeginn erreicht wird.

Wirksam sind Erleichterungen der Verjährung, wenn sie vom Gläubiger selbst stammen. 219
Deshalb ist die Frist von zwei Jahren wirksam vereinbart, wenn der Besteller sie in seinen
Geschäftsbedingungen vorsieht (BGH, Urt. v. 10.10.1985 – VII ZR 325/84). Gleiches gilt für
eine vom Auftraggeber gestellte Klausel in einem VOB-Vertrag, nach der die Regelfrist der
VOB/B gilt, jedoch dann für bestimmte Gewerke verlängert wird, wenn ein Wartungsvertrag
geschlossen wird (OLG Celle, Urt. v. 15.9.2010 – 7 U 53/10).

Nach § 309 Nr. 8 b) ff) BGB kann in Allgemeinen Geschäftsbedingungen des Unternehmers 220
gegenüber einem Vertragspartner, der nicht in § 310 Abs. 1 BGB genannt ist, die fünfjährige
Verjährungsfrist für Ansprüche aus § 634 Nr. 1, 2 und 4 BGB bei einem Bauwerk und einem
Werk, dessen Erfolg in der Erbringung von Planungs- oder Überwachungsleistungen hierfür
besteht, nicht verkürzt werden. In § 634 Nr. 1, 2 und 4 BGB sind die Ansprüche auf Nacherfüllung, Selbstvornahme und Kostenerstattung sowie Schadensersatz wegen einer mangelhaften
Werkleistung geregelt. Nicht geregelt ist der Anspruch auf Vorschuss, § 637 Abs. 3 BGB. Das
ist ein Redaktionsversehen. Auch für Vorschussansprüche kann die Verjährungsfrist nicht
verkürzt werden (vgl. OLG Naumburg, Urt. v. 21.3.2011 – 10 U 31/10). Nicht geregelt sind
die Rechte auf Rücktritt und Minderung. Diese verjähren nicht. Das Gesetz enthält insoweit
eine Sonderregelung, § 218 BGB.

Die Erleichterung der Verjährung kann auf verschiedene Weise geschehen → § 640 BGB 221
Rdn. 48 f. In Betracht kommt eine direkte Regelung über eine kürzere Frist ab Abnahme,
z. B. die Vereinbarung einer zweijährigen Mängelhaftungsfrist (BGH, Urt. v. 7.5.1987 – VII

Jurgeleit

ZR 366/85, und Urt. v. 7.5.1987 – VII ZR 129/86 für Bauträgervertrag), aber auch eine Vorverlegung des Beginns der Verjährung vor die Abnahme (z. B. Anknüpfung an die Ingebrauchnahme: BGH, Urt. v. 8.9.2016 – VII ZR 168/15 oder Bezugsfertigkeit: BGH, Urt. v. 15.4.2004 – VII ZR 397/02). Unwirksam ist eine von einem Bauträger in Allgemeinen Geschäftsbedingungen eines Erwerbsvertrages verwendete Klausel, die die nach Entstehen der werdenden Wohnungseigentümergemeinschaft und Abnahme des Gemeinschaftseigentums vertragschließende Erwerber („Nachzügler") an eine durch frühere Erwerber bereits erfolgte Abnahme des Gemeinschaftseigentums bindet (BGH, Urt. v. 25.2. 2016 – VII ZR 49/15; Urt. v. 12.5.2016 – VII ZR 171/15), ebenso die Klausel, wonach die Verjährung mit der Übergabe der Eigentumswohnung an den Erwerber beginnt (BGH, Urt. v. 15.4.2004 – VII ZR 130/03). In diesen Fällen wird die Verjährung von der Abnahme des Bestellers abgekoppelt und damit erleichtert. Unwirksam ist, auch in Verträgen zwischen Unternehmern, die in vielen Verträgen zu findende Regelung, wonach erkannte Mängel in einer bestimmten kurzen Frist zu rügen sind, z. B. in einer Frist von drei Wochen oder 4 Monaten. Erst Recht gilt das, wenn der Lauf einer solchen Frist an die Erkennbarkeit geknüpft ist (BGH, Urt. v. 28.10.2004 – VII ZR 385/02; zur Vereinbarkeit einer solchen Regelung nach Kaufrecht im Fall der Lieferung einer Einbauküche (ohne Montageleistungen) vgl. zuletzt BGH, Urt. v. 7.3.2013 – VII ZR 162/12).

> **Beispiel:** Die von einem mit Pflasterarbeiten für Straßenoberflächen beauftragten Unternehmer verwendete Klausel: „Werden bei der Abnahme keine Mängelrügen vorgebracht, dann gilt die Abnahme als ohne Beanstandung erfolgt. Gewährleistungsansprüche des Auftraggebers wegen bei Abnahme erkennbarer Mängel sind ausgeschlossen, wenn diese Mängel nicht binnen einer Frist von zwei Wochen seit Abnahme der …(Auftragnehmerin) gegenüber schriftlich vorgebracht werden. Gewährleistungsansprüche wegen Mängeln, die bei der Abnahme nicht erkennbar waren, sind ausgeschlossen, wenn sie vom Auftraggeber nicht binnen einer Frist von zwei Wochen nach Erkennbarkeit schriftlich gegenüber der …(Auftragnehmerin) vorgebracht werden." verstößt bei Verwendung im kaufmännischen Bereich gegen § 9 AGBG (§ 307 BGB) und ist unwirksam (BGH, Urt. v. 28.10.2004 – VII ZR 385/02).

222 Eine Erleichterung der Verjährung tritt auch ein, wenn Hemmungs- oder Neubeginnstatbestände zugunsten des Unternehmers modifiziert werden.

223 Eine Regelung in Verbraucherverträgen, die außerhalb des Anwendungsbereichs des § 634a Abs. 1 Nr. 2 BGB (fünfjährige Frist) bei Werkverträgen die Verjährungsfrist für Mängelansprüche auf bis zu einem Jahr verkürzt, verstößt nicht gegen das Klauselverbot des § 309 Nr. 8 b) ff) BGB. Das betrifft Verjährungsregelungen in Verträgen über die Wartung und Reparatur von Sachen und Planungsleistungen dafür, § 634a Abs. 1 Nr. 1 BGB, und in Werkverträgen, die unter die Auffangregelung des § 634a Abs. 1 Nr. 3 BGB fallen. Es ist also zu erwarten, dass die Vertragspartner der Verbraucher insoweit Verkürzungen der Gewährleistungsfristen auf ein Jahr in ihre Verträge aufnehmen werden, z. B. dass Handwerker in ihren Allgemeinen Geschäftsbedingungen die Gewährleistungsfrist für Wartungsarbeiten, die nicht Arbeiten am Bauwerk sind, auf ein Jahr verkürzen werden. Zu prüfen ist dann nach dem gebotenen generalisierenden und typisierenden Maßstab, ob derartige Verkürzungen der Inhaltskontrolle nach § 307 BGB standhalten.

224 Die Regelungen des § 309 Nr. 8 b) ff) BGB haben im Rahmen von § 310 Abs. 1 Satz 2 BGB Indizwirkung im Anwendungsbereich des § 307 BGB, also auch für den kaufmännischen Verkehr (BGH, Urt. v. 10.10.2013 – VII ZR 19/12; Urt. v. 28.10.2004 – VII ZR 385/02; Urt. v. 8.3.1984 – VII ZR 349/82). Es bedarf eines besonderen Interessenlage, die eine Abweichung von den gesetzlichen Verjährungsvorschriften rechtfertigt. Das gilt nicht nur für die Frist als solche, sondern auch für die sonstigen Regelungen zur Verjährung, insbesondere der Hemmung und des Neubeginns, auch des Anerkenntnisses. Diesen Vorschriften kommt ein besonderer Gerechtigkeitsgehalt zu. Sie verkörpern wesentliche Grundgedanken des Gesetzes im Sinne des § 307 Abs. 2 Nr. 1 BGB. Auch Kaufleute im Betrieb ihres Handelsgewerbes werden als Besteller in aller Regel durch eine in Allgemeinen Geschäftsbedingungen enthaltene Verkürzung der (mit der Abnahme beginnenden) fünfjährigen Verjährungsfrist für Arbeiten an Bauwerken entgegen den Geboten von Treu und Glauben unangemessen benachteiligt, so dass die Verkürzung unwirksam ist, § 307 Abs. 1 BGB (vgl. BGH, Urt. v. 8.3.1984 – VII ZR 349/82; Urt. v. 23.1.2002 – X ZR 184/99). Kaufleute benötigen ebenfalls den Schutz der fünfjährigen Frist, weil Mängel am Bauwerk relativ spät auftreten können.

225 Auch die Beurteilung von Regelungen der Verjährung von Mängelansprüchen gegen andere Baubeteiligte als Bauunternehmer orientiert sich an der gesetzlichen Regelung. Das gilt insbesondere für Architekten und Ingenieure, die die fünfjährige Verjährungsfrist grundsätzlich ebenfalls nicht durch Allgemeine Geschäftsbedingungen abbedingen können. So ist die in den Allgemeinen Geschäftsbedingungen eines Ingenieurs enthaltene Verkürzung der Verjährungsfrist für Mängelhaftungsansprüche für auf Bauwerke bezogene Planungs- und Überwachungsleistungen auf zwei Jahre auch bei Verwendung gegenüber einer Juristischen Person des öffentlichen Rechts unwirksam (BGH, Urt. v. 10.10.2013 – VII ZR 19/12). Auch gegenüber gewerblichen Vertragspartnern darf die Verjährungsfrist grundsätzlich nicht verkürzt werden (vgl. BGH, Urt. v. 8.9.2016 – VII ZR 168/15). Allgemein gilt, dass für eine Verkürzung der gesetzlichen Verjährung ein besonderes Interesse dargelegt werden muss, weil das Gesetz insoweit Leitbildfunktion hat. Das gilt auch für eine Verkürzung der Regelfrist (BGH, Urt. v. 6.12.2012 – VII ZR 15/12).

Zur Inhaltskontrolle der VOB-Fristen vgl. → Rdn. 318 ff. 226

2. Erschwerung der Verjährung

Eine Verlängerung der Verjährungsfrist für Mängelansprüche ist auch in Allgemeinen Geschäftsbedingungen grundsätzlich möglich. Für die Verlängerung der Verjährungsfrist für Mängelansprüche gilt § 309 Nr. 8 b) ff) BGB nicht. Verfehlt wäre es, allgemein eine Verlängerung über die gesetzliche Frist hinaus in Allgemeinen Geschäftsbedingungen für unzulässig zu halten (Kapellmann/Messerschmidt-Langen, VOB, 7. Aufl., § 13 Rdn. 131 f.). Jedoch muss sich eine Verlängerung am Maßstab des § 307 BGB messen lassen. Eine unangemessene Verlängerung der Verjährungsfrist für Mängelansprüche in Allgemeinen Geschäftsbedingungen ist unwirksam. Es gilt dann die gesetzliche Frist, § 306 Abs. 2 BGB. 227

Abzustellen ist auf das anzuerkennende Bedürfnis für eine Verlängerung der Verjährungsfrist, das in aller Regel durch die Eigenart des Gewerkes begründet sein dürfte. Insbesondere bei Gewerken, bei denen Mängel erst erfahrungsgemäß spät auftreten können, kann eine deutliche Verlängerung der gesetzlichen Verjährungsfrist noch als angemessen beurteilt werden. Die fünfjährige Frist ist für einzelne Gewerke verhältnismäßig kurz → Rdn. 5 (vgl. auch BGH, Urt. v. 8.3.1984 – VII ZR 349/82; Urt. v. 9.5.1996 – VII ZR 259/94). So ist z.B. die formularmäßige Vereinbarung einer Verjährungsfrist von 10 Jahren und einem Monat für Flachdacharbeiten gegenüber einem Nachunternehmer nicht zu beanstanden (BGH, Urt. v. 9.5.1996 – VII ZR 259/94). Auch ist die Verlängerung der Verjährungsfrist auf 10 Jahre und drei Monate für die Dichtigkeit einer Fassade in Allgemeinen Geschäftsbedingungen des Bestellers für wirksam gehalten worden (OLG Köln, Urt. v. 28.7.2016 – 7 U 179/15). Ein anzuerkennendes Bedürfnis auf Verlängerung der Verjährungsfrist liegt auch in Nachunternehmerverträgen vor, wenn der Hauptunternehmer (insbesondere Generalunternehmer oder Generalübernehmer) die Abnahme erst später erlangt als sein Nachunternehmer und deshalb für ihn die Verjährung erst später beginnt. Der Hauptunternehmer hat dann ein schützenswertes Interesse an Gleichschaltung der Verjährungsfristen (BGH, Urt. v. 23.2.1989 – VII ZR 89/87; OLG Düsseldorf, Urt. v. 7.6.1994 – 21 U 90/92). 228

Die Verlängerung der Verjährungsfrist im Nachunternehmervertrag muss jedoch klar geregelt sein und darf nicht zu einer unübersehbaren Haftungsverlängerung führen → § 640 BGB Rdn. 48 (vgl. zur Klausel, nach der die Verjährung trotz Abnahme erst nach vollständiger Mängelbeseitigung beginnt: OLG Celle, Urt. v. 20.7.2000 – 13 U 271/99). Eine Klausel, wonach die Gewährleistungsfrist mit der Abnahme durch den Bauherrn beginnt und zwei Monate nach Ablauf der mit dem Bauherrn vereinbarten fünfjährigen Gewährleistungsfrist endet, ist für unwirksam gehalten worden (BGH, Urt. v. 18.1.2001 – VII ZR 247/98). Denn sie enthält keine Begrenzung nach oben und kann für den Nachunternehmer zu einer unangemessenen Benachteiligung insbesondere in den Fällen führen, in denen der Bauherr die Abnahme wegen Mängeln verweigert, die das Werk des Nachunternehmers nicht betreffen. Insgesamt ist zu fordern, dass die Verlängerung für den Unternehmer bestimmbar sein muss. Klauseln, die die Abnahme herausschieben, erschweren zu Lasten des Unternehmers die Verjährung. Das ist nur in engen Grenzen möglich. Sind diese Grenzen überschritten oder in der Klausel nicht erkennbar, ist die Klausel unwirksam, → § 640 BGB Rdn. 48. 229

Unwirksam ist nach dieser Maßgabe auch eine vom Besteller gestellte Klausel, wonach die Verjährungsfrist erst mit der Feststellung eines Mangels läuft, denn das dehnt die Verjährung unzumutbar aus (BGH, Urt. v. 7.8.2007 – 7 U 228/01). Zu widersprechen ist der Auffassung, eine Verlängerung der Verjährungsfrist für verdeckte Mängel bis zu dreißig Jahren sei angesichts des § 202 Abs. 2 BGB möglich (Kapellmann/Messerschmidt-Langen, VOB, 7. Aufl., § 13 Rdn. 132). Aus dieser gesetzlichen Vorschrift ergibt sich nur, dass eine Verlängerung der Frist 230 über dreißig Jahre hinaus generell verboten ist. Sie besagt jedoch nichts darüber, welche Regelung nach § 307 Abs. 1 BGB in Allgemeinen Geschäftsbedingungen unter Berücksichtigung der beiderseitigen Interessen der Vertragsparteien noch angemessen ist. Grundsätzlich hat die gesetzliche Regelung Leitbildcharakter und es bedarf eines triftigen Grundes, sie zu korrigieren. Allein der Umstand, dass ein Mangel sich innerhalb der fünfjährigen Frist nicht gezeigt hat, ist kein solcher triftiger Grund, denn die gesetzliche Leitbildentscheidung ist gerade auf dieser Grundlage getroffen worden. Es ist deshalb stets zu prüfen, ob sich die Verlängerung der Verjährungsfrist aus den Besonderheiten eines Gewerkes begründet.

231 Ein besonderes Problem stellt sich, wenn die Regelungen zur Verjährung in § 13 Abs. 4 Nr. 1 Satz 1, Abs. 5 VOB/B Vertragsinhalt sind und zusätzlich vereinbart wird, dass für Mängelrechte eine Frist von fünf Jahren gilt (zur Frage, ob die VOB/B noch als Ganzes vereinbart ist vgl. → Vor § 631 BGB Rdn. 97; vgl. auch → Rdn. 305; zur Inhaltskontrolle der VOB-Regelungen → Vor § 631 BGB Rdn. 64; → Rdn. 319 ff.). Das Zusammenwirken dieser Klauseln kann dazu führen, dass Mängelrechte erst nach fast sieben Jahren verjähren. Der BGH hat entschieden, dass dieses Regelungsgeflecht einer Inhaltskontrolle nach § 307 Abs. 1, 2 BGB standhält. Für das auf bis zum 31. Dezember 2001 geschlossene Verträge anzuwendende Recht hatte der BGH bereits entschieden, dass diese Regelungen einer Inhaltskontrolle standhalten, da nach den Verjährungsvorschriften ohnehin die Möglichkeit bestehe, die Verjährung weit über fünf Jahre hinaus auszudehnen (BGH, Urteil vom 23. Februar 1989 VII ZR 89/87, BGHZ 107, 75). Das gilt entsprechend für das zum 1.1.2002 grundlegend neu geregelte Verjährungsrecht. Nach diesem Recht hat der Besteller die Möglichkeit, durch Einleitung eines selbständigen Beweisverfahrens und Erhebung einer Klage die Verjährung zu hemmen (§ 204 Abs. 1 Nr. 1, Nr. 7 BGB). Die Hemmung hat nach § 209 BGB zur Folge, dass der Zeitraum der Hemmung in die Verjährungsfrist nicht eingerechnet wird. Die Hemmung endet in den Fällen des § 204 Abs. 1 Nr. 1, Nr. 7 BGB nach § 204 Abs. 2 Satz 1 BGB sechs Monate nach der rechtskräftigen Entscheidung oder anderweitigen Beendigung des eingeleiteten Verfahrens. Damit stehen dem Besteller weiterhin Rechte zu, die zu einer Verlängerung der Verjährungsfrist von weit über fünf Jahre führen können. In der Vereinbarung einer knapp siebenjährigen Verjährungsfrist liegt deshalb keine unangemessene Benachteiligung des Unternehmers, insbesondere Abweichen von wesentlichen Grundgedanken der gesetzlichen Regelung. Letzteres auch deshalb, weil § 202 Abs. 2 BGB eine Erschwernis der Verjährung zulässt (BGH, Urt. v. 27.9.2018 – VII ZR 45/17 Rn. 32 ff.).

232 Problematisiert wird auch, ob die Regelung des § 13 Abs. 5 Nr. 1 Satz 2 VOB/B zu Lasten des Bürgen wirken kann (vgl. dazu Reimann, BauR 2011, 14, 16).

K. Verjährung anderer Ansprüche im Zusammenhang mit der Errichtung von Bauwerken

I. Verjährung des Erfüllungsanspruchs

233 Von der Verjährung der Mängelansprüche ist die Verjährung des sich aus § 631 Abs. 1 BGB ergebenden Anspruchs auf Herstellung des Werks zu unterscheiden. Dieser Anspruch verjährt in der dreijährigen Regelfrist nach § 195 BGB. Die Frist beginnt nach § 199 Abs. 1 BGB mit dem Schluss des Jahres, in dem der Anspruch entstanden ist und der Besteller von den den Anspruch begründenden Umständen und der Person des Schuldners Kenntnis erlangt oder ohne grobe Fahrlässigkeit erlangen müsste. Für das Entstehen des Anspruchs ist seine Fälligkeit, § 271 Abs. 1 BGB, Voraussetzung. Maßgeblich ist danach zunächst, ob die Vertragsparteien bei Vertragsschluss (s. § 650k Abs. 3 BGB; § 5 Abs. 1 Satz 1 VOB/B) eine Leistungszeit bestimmt haben. Hilfsweise ist auf die Umstände abzustellen, d. h. auf die Natur des Schuldverhältnisses und die Verkehrssitte. Beim Bauvertrag hat der Unternehmer grundsätzlich alsbald mit den Arbeiten zu beginnen und sie in angemessener Zeit zu Ende zu führen (BGH, Urt. v. 8.3.2001 – VII ZR 470/99). Die vereinbarte oder sich aus den Umständen ergebende Leistungszeit kann anzupassen sein (ergänzende Vertragsauslegung nach §§ 133, 157 BGB; § 6 Abs. 2 VOB/B), soweit sich die Herstellung des Werks aufgrund von Umständen verzögert, die nicht im Risikobereich es Unternehmers liegen. Der Herstellungsanspruch kann daher während der Bauausführung fällig werden. Dies ist die Grundlage für Schadensersatzansprüche des Bestellers nach §§ 280 Abs. 1, 2, 286 BGB.

234 Damit können aber auch alle Voraussetzungen von § 199 Abs. 1 BGB erfüllt sein. Eine Verjährung des Herstellungsanspruchs, solange die Arbeiten am Werk nicht abgeschlossen

Verjährung der Mängelansprüche **§ 634a**

sind, dürfte gleichwohl nach § 212 Abs. 1 Nr. 1 BGB (s. Rn. 171) ausgeschlossen sein, da der Unternehmer mit der jeweiligen Arbeitsaufnahme den Herstellungsanspruch des Bestellers anerkennt. Kommt die Baustelle zeitweilig zum Erliegen, weil die Vertragsparteien über die weitere Durchführung streiten, dürften die Voraussetzungen von § 203 BGB (s. dazu Rn. 97 ff.) gegeben sein. Werden diese Verhandlungen ohne Ergebnis beendet und nimmt der Unternehmer die Arbeiten nicht wieder auf, läuft die Verjährungsfrist.

Zeigt sich also während des Herstellungsprozesses, dass der Unternehmer die vereinbarte Beschaffenheit nicht beachtet, droht eine Verjährung grundsätzlich erst, wenn der Unternehmer eine (weitere) Erfüllung des Vertrags ablehnt. **235**

Von den Fällen, in denen der Unternehmer die Bauleistung begonnen hat und nicht zu Ende führt, sind diejenigen zu unterscheiden, in denen der Unternehmer mit der Bauleistung überhaupt nicht beginnt. In diesem Fall bleibt es bei der Regelverjährung ohne Hemmung, weil kein der Hemmung vergleichbarer Tatbestand vorliegt, wenn der Unternehmer von vornherein keine Leistungen erbringt. Gleiches gilt für den Fall, dass der Unternehmer die Leistung abbricht. Der Anspruch auf Weiterarbeit verjährt in dem Zeitpunkt, in dem fest steht, dass der Unternehmer keine Leistungen mehr erbringt. Denn von diesem Zeitpunkt an kann auf Feststellung geklagt werden, dass der Unternehmer zur Weiterarbeit verpflichtet ist.

Interessant ist die Frage, ob sich der Besteller, wenn der Herstellungsanspruch verjährt ist, in die Abnahme flüchten und Nacherfüllung (§ 634 Nr. 1 BGB) verlangen kann. Die Beantwortung dieser Frage hängt davon ab, ob die Annahme vertragsähnlich ausgestaltet ist (zur Rechtsnatur der Abnahme als zumindest rechtsgeschäftsähnliche Erklärung, auf die die Vorschriften über Willenserklärungen anwendbar sind, s. § 640 Rn. 5). **236**

Ist die Abnahme vertragsähnlich, bedarf es einer aufeinander abgestimmten Vorgehensweise von Unternehmer und Besteller. Der Unternehmer erklärt, das Werk ist fertiggestellt, der Besteller akzeptiert das Werk als im Wesentlichen mängelfrei. Lehnt der Besteller dagegen die Abnahme ab, ist das Angebot des Unternehmers auf Abnahme erloschen (§ 146 BGB analog). Erklärt der Besteller nach Verjährung des Herstellungsanspruchs, er akzeptiere die Arbeiten doch als im Wesentlichen mangelfrei, liegt darin ein Angebot (§ 145 BGB analog) auf Vereinbarung einer Abnahme, das der Unternehmer aber nicht annehmen muss. Es widerspricht nicht Treu und Glauben, wenn der Unternehmer die Abnahme ablehnt, obwohl aus seiner Sicht das Werk fertiggestellt ist, um nicht die Rechtsfolgen von § 634 BGB auszulösen. Der Besteller hat sich vielmehr durch das Verstreichenlassen der Verjährungsfrist selbst die Möglichkeit der Durchsetzung seines Herstellungsanspruchs genommen.

Die Alternative besteht darin, die Abnahme als einseitiges Gestaltungsrecht des Bestellers zu qualifizieren. Das ist nur möglich, wenn durch die Abnahme die Interessen des Bestellers in keiner Weise betroffen sind. Auf den ersten Blick erscheint das nicht fernliegend, da die Abnahme zur Fälligkeit der (gesamten) Vergütung, zum Gefahrübergang und zur Veränderung der Beweislast zugunsten des Unternehmers führt. So einfach ist es indes nicht. Steht die Erklärung der Abnahme allein dem Besteller zu, kann er sie unmittelbar nach Vertragsschluss/Baubeginn erklären. Damit erlischt der Herstellungsanspruch und das gesamte Bauvorhaben richtet sich nach dem Anspruch des Bestellers auf Nacherfüllung (§ 634 Nr. 1 BGB). Wie verhält sich dieser Anspruch zu den Vereinbarungen, die die Parteien für die Herstellungsphase getroffen haben? Was ist die „angemessene Frist" (§§ 637 Abs. 1, 281 Abs. 1, 323 Abs. 1 BGB), die zu den Ansprüchen aus § 634 Nr. 2–4 BGB führt? Diese Frist muss nicht mit den im Vertrag vereinbarten Leistungszeiten übereinstimmen. Denn für die Nacherfüllung ist die Frist angemessen, in der der Unternehmer unter größtmöglicher Anstrengung Mängel beseitigen kann. Die Nacherfüllungsfrist ist die letzte Gelegenheit für den Unternehmer und muss deshalb nur ein Bruchteil der Herstellungsfrist betragen (s. § 634 Rn. 16; Kniffka/Koeble/Jurgeleit/Sacher, 5. Teil, Rn. 301 ff.). **237**

Bereits aus diesen Überlegungen wird deutlich, dass die Abnahme nicht vom Besteller einseitig vorgenommen werden kann, von ihrer Rechtsnatur her also vertragsähnlich ausgestaltet ist. An dieser Rechtsnatur ändert sich nichts in dem Zeitpunkt, in dem der Unternehmer erklärt, das Werk hergestellt zu haben und zur Abnahme auffordert. Wie bereits dargelegt, besteht zudem kein Grund, den Besteller durch auf § 242 BGB beruhenden Konstruktionen zu schützen. Während der Bauausführung steht ihm die Regelverjährungsfrist nach §§ 195, 199 Abs. 1 BGB zur Verfügung. Es stellt sich vielmehr umgekehrt die Frage, ob es einem Unternehmer noch zumutbar ist, nach Verjährung des Herstellungsanspruchs mindestens weitere fünf Jahre nacherfüllen zu müssen. **238**

Jurgeleit

II. Verjährung von Zahlungsansprüchen wegen Schlechterfüllung

239 Der Bundesgerichtshof hat entschieden, dass es grundsätzlich keine Mängelansprüche vor der Abnahme im BGB-Vertrag gibt (BGH, Urt. v. 19.1.2017 – 301/13; 193/15 und 235/15). Der Besteller muss vielmehr den Erfüllungsanspruch oder dessen Surrogate geltend machen. In Betracht kommt vor allem wegen Mängeln ein Schadensersatz als Folge der Schlechterfüllung, § 280 BGB, oder ein Schadensersatz statt der Leistung, § 281 BGB. Diese Ansprüche unterliegen der Regelverjährung (vgl. BGH, Urt. v. 8.7.2010 – VII ZR 171/08 m. w. N.).

> **Beispiel:** Ein Teil einer Bauleistung wird während des Bauens als mangelhaft erkannt. Der Bauunternehmer reißt deshalb einen Teil des Gebäudes wieder ab und errichtet ihn neu. Dadurch kommt es zu einer Bauzeitverzögerung und dadurch bedingten Schäden des Bestellers, z.B. durch längere Miete eines bisher benutzten Gebäudes oder Mehrkosten bei Folgeunternehmern. Dieser Schadensersatzanspruch gemäß § 280 BGB muss binnen drei Jahren (Ultimoverjährung) durchgesetzt werden. Eine Feststellungsklage ist möglich.

> **Beispiel:** Der Besteller macht einen Schadensersatzanspruch statt der Leistung geltend, weil er mit dem Abriss und der Neuerrichtung des Teilgewerks einen Drittunternehmer beauftragt hat, während der Unternehmer die restliche Bauleistung weiterführt. Die entstehenden, gemäß § 281 Abs. 1 BGB zu ersetzenden Mehrkosten müssen ebenfalls binnen drei Jahren nach Entstehung des Anspruchs geltend gemacht werden. Auch insoweit ist eine Feststellungsklage in der Regel frühzeitig möglich.

240 Der Bundesgerichtshof hat diese Konstellation allerdings nach neuem Recht noch nicht entschieden. Er hat sich bisher nur mit der Verjährung von vor der Abnahme bestehenden „Mängelansprüchen" befasst (BGH, Urt. v. 12.1.2012 – VII ZR 76/11; Urt. v. 24.2.2011 – VII ZR 61/10; Urt. v. 8.7.2010 – VII ZR 171/08). Bis zu einer Entscheidung ist davon auszugehen, dass er das Gesetz mit der Regelfrist anwendet, so dass Ansprüche vorsichtshalber vor Ablauf der Regelfrist geltend zu machen sind. Zu bedenken ist bei einer Entscheidung, dass die Verjährung ohne Rücksicht auf die Abnahme nicht nur störend für die Bauentwicklung ist, sondern auch gewisse Wertungswidersprüche enthält. Denn der Bundesgerichtshof hat hinsichtlich der Verjährung der Gewährleistungsansprüche ausgeführt, die Notwendigkeit einer zeitlichen Begrenzung der Ansprüche wegen Mängeln bestehe nur für den Zeitpunkt nach der Abnahme. Des durch die Verjährungsvorschriften gewährleisteten Schuldnerschutzes bedürfe es hingegen nicht, solange die Erfüllungsphase andauere und der Besteller nicht sein Einverständnis mit der Vertragsleistung erklärt habe (BGH, Urt. v. 8.7.2010 – VII ZR 171/08). Dass nun die mangelhafte Leistung vor der Abnahme nicht als „Mangel" bezeichnet wird, sondern als „Schlechterfüllung", ändert an dieser Wertung an sich nichts. Als Blaupause für eine interessengerechte Lösung könnte die Entscheidung zur Verjährung der Mängelansprüche im VOB-Vertrag gelten (BGH, Urt. v. 12.1.2012 – VII ZR 76/11). Zwar betrifft diese Entscheidung einen Fall, in dem „Mängelansprüche" vor der Abnahme gegeben sind. Letztlich wird jedoch darauf abgestellt, dass wirtschaftlich einheitliche Ansprüche nicht unterschiedlich verjähren können, es also nicht gerechtfertigt ist, die Mängelansprüche vor der Abnahme in der Regelfrist verjähren zu lassen. Ausdrücklich wird darauf hingewiesen, dass es nicht zu rechtfertigen wäre, wenn gleichartige Ansprüche wegen Mängeln vor oder nach der Abnahme unterschiedlichen Verjährungsfristen unterlägen. Gleiches müsste für die Schlechterfüllungsansprüche wegen mangelhafter Leistungen vor der Abnahme gelten. Das sollte jedenfalls gelten, soweit während der Erfüllungsphase entstandenen Ansprüche durch eine Abnahme als Mängelansprüche fortbestehen.

III. Verjährung des Anspruchs auf Abnahme

241 Auch der Anspruch des Unternehmers auf Abnahme der fertig gestellten Bauleistung verjährt in der Regelfrist. Fällig ist der Anspruch mit der mangelfreien Fertigstellung des Werks, so dass die Verjährung regelmäßig in diesem Zeitpunkt beginnt. Hingewiesen wird darauf, dass eine Vergütungsklage keinen Erfolg haben dürfte, wenn sie erhoben wird, nachdem der Anspruch auf Abnahme verjährt ist (Schulze-Hagen, BauR 384, 390). Dem dürfte der Gedanke zugrunde liegen, dass die Abnahme als Fälligkeitsvoraussetzung dann nicht mehr durchgesetzt werden kann, so dass die Fälligkeit des Vergütungsanspruchs nicht eintreten kann. Es ist jedoch daran zu denken, dass ein Vergütungsanspruch auch dann fällig wird, wenn der Besteller die Abnahme endgültig verweigert. Die Erhebung der Einrede der Verjährung könnte einer solchen Verweigerung gleichstehen und in diesem Zeitpunkt die Fälligkeit des Werklohnanspruchs auch ohne Abnahme begründen.

L. Regelmäßige Verjährung anderer Ansprüche im Zusammenhang mit der Errichtung eines Bauwerks

Für Ansprüche des Bestellers, die nicht wegen Mängeln der Bauleistung geltend gemacht werden, gelten die Regelungen des Allgemeinen Teils, §§ 194 ff. BGB, die auf der regelmäßigen Verjährungsfrist von drei Jahren aufbauen, § 195 BGB. Diese Frist gilt für alle Ansprüche, gleich ob aus Vertrag (z. B. Erfüllungsansprüche), Bereicherung (für rechtsgrundlos erbrachte Leistungen), Geschäftsführung ohne Auftrag (z. B. für unwirksam beauftragte Nachträge im BGB-Vertrag) oder andere Rechtsinstitute. Sie gilt auch für die Ansprüche aus der Verletzung von vertraglichen Pflichten, die nicht zu Mängeln des Werks geführt haben. Das sind z. B. Ansprüche aus der Verletzung der Pflichten zur Beratung, Aufklärung, Information → Vor § 631 BGB Rdn. 115 ff., Koordination, Kooperation usw., vgl. § 241 Abs. 2 BGB. Auch die Ansprüche aus der Verletzung von Pflichten aus Verschulden bei Vertragsschluss, § 311 Abs. 2, § 282 BGB, unterliegen der regelmäßigen Verjährung. 242

In Regelmäßiger Frist verjähren Schadensersatzansprüche aufgrund einer Kündigung aus wichtigem Grund (§ 648a Abs. 6 BGB). Zwar kann der wichtige Grund (§ 648a Abs. 1 Satz 2 BGB) (auch) mangelbezogen sein. Der Anspruch auf Schadensersatz betrifft aber nicht einen Nacherfüllungsanspruch (§ 634 Nr. 1 BGB) und die sich daraus ergebenden Mängelrechte (§ 634 Nr. 2–4 BGB), so dass § 634a BGB keine Anwendung findet (BGH, Urt. v. 10.10.2019 – VII ZR 1/19). 243

I. Übersicht: Beginn der regelmäßigen Verjährungsfrist und Höchstfristen gemäß § 199 BGB

1. Beginn der regelmäßigen Verjährung

Der Beginn der regelmäßigen Verjährungsfrist bestimmt sich nach der Anspruchsentstehung, zum anderen nach der entsprechenden Kenntnis bzw. grob fahrlässigen Unkenntnis des Gläubigers. 244

a) Anspruchsentstehung

Ein Anspruch ist im Sinne des § 199 Abs. 1 BGB entstanden, wenn er geltend gemacht und notfalls im Wege der Klage durchgesetzt werden kann. Das ist grundsätzlich der Zeitpunkt seiner Fälligkeit. Die Möglichkeit der Bezifferung ist nicht notwendig, ausreichend ist die Möglichkeit einer Feststellungsklage (BGH, Urt. v. 18.6.2009 – VII ZR 167/08, Rdn. 19). Im Bereich der Schadensersatzansprüche gilt das sogenannte Prinzip der Schadenseinheit. Danach ist der infolge eines bestimmten Verhaltens des Schädigers eingetretene Schaden als ein einheitliches Ganzes aufzufassen, so dass für den Anspruch auf Ersatz dieses Schadens einschließlich aller weiteren adäquat verursachten, zurechen- und voraussehbaren Nachteile eine einheitliche Verjährungsfrist läuft, sobald irgendein (Teil-) Schaden entstanden ist (BGH, Urt. v. 21.2.2002 – IX ZR 127/00). Das gilt für nachträglich weiter auftretende Schadensfolgen (Verschlimmerungen) aber nur, wenn sie im Zeitpunkt der Kenntnis vom Erstschaden als möglich voraussehbar waren (BGH, Urt. v. 16.11.1999 – VI ZR 37/99). Anwendbar ist der Grundsatz nur für einheitliche Schädigungshandlungen, nicht jedoch bei Schäden aus wiederholten Handlungen. 245

Beispiel: Auf ein Nachbargrundstück wird auf moorigem Baugrund ein Gebäude errichtet. Nach Fertigstellung stellt der Eigentümer an seinem Haus Risse fest. Die Verjährung beginnt einheitlich, auch wenn sich später weitere Rissbildungen ergeben. 246

Abgewandeltes Beispiel: Die ersten Risse zeigen sich bereits nach den Ausschachtungsarbeiten. Weitere, gravierende Risse bilden sich jedoch erst, nachdem das Gebäude vollständig fertiggestellt ist. Nach den oben dargelegten Grundsätzen kämen hier mehrere Verjährungsfristen mit unterschiedlichem Verjährungsbeginn in Betracht: Einmal das Ausschachten des Kellers, schließlich die Vollendung des Rohbaus, aus der sich der „Druck des gewichtigen Gebäudes" als Ursache weiterer Schäden ergibt (vgl. dazu: BGH, Urt. v. 31.10.1980 – V ZR 140/79).

b) Kenntnis

247 Neben dem objektiven Kriterium des Entstehens des Anspruchs fordert § 199 Abs. 1 Nr. 2 BGB als weitere Voraussetzung des Verjährungsbeginns die Kenntnis bzw. grob fahrlässige Unkenntnis des Gläubigers vom Anspruch. Mit diesem subjektiven Kriterium soll die Kürze der dreijährigen Regelverjährung ausgeglichen werden.

248 Die Kenntnis muss in der Person des Gläubigers vorliegen. Der Gläubiger muss sich das Wissen zurechnen lassen, dass ein Dritter, den er mit der Erledigung bestimmter Angelegenheiten in eigener Verantwortung betraut, in diesem Rahmen erlangt (BGH, Urt. v. 16.5.1989 – VI ZR 251/88). Bei Behörden und öffentlichen Körperschaften beginnt die Verjährungsfrist für zivilrechtliche Schadensersatzansprüche nach § 199 Abs. 1 BGB zu laufen, wenn der zuständige Bedienstete der verfügungsberechtigten Behörde Kenntnis vom Schaden und der Person des Ersatzpflichtigen erlangt; verfügungsberechtigt in diesem Sinne sind dabei solche Behörden, denen die Entscheidungskompetenz für die zivilrechtliche Verfolgung von Schadensersatzansprüchen zukommt, wobei die behördliche Zuständigkeitsverteilung zu respektieren ist (BGH, Urt. v. 12.5.2009 – VI ZR 294/08).

249 Das Wissen des Verwalters kann den einzelnen Mitgliedern einer Wohnungseigentümergemeinschaft bei der Durchsetzung ihrer Ansprüche als eigene Kenntnis im Sinne von § 199 Abs. 1 Nr. 2 BGB entsprechend § 166 BGB nur zugerechnet werden, wenn es sich um gemeinschaftsbezogene Ansprüche im Sinne von § 10 Abs. 6 Satz 3 Fall 1 WEG handelt oder wenn die Gemeinschaft Ansprüche der Wohnungseigentümer nach § 10 Abs. 6 Satz 3 Fall 2 WEG an sich gezogen hat. Die Zurechnung der Kenntnis des Verwalters wirkt im Fall des § 10 Abs. 6 Satz 3 Fall 2 WEG nicht auf den Zeitpunkt der Kenntniserlangung zurück. Vielmehr gilt der Zeitpunkt, in dem die Gemeinschaft die Ansprüche an sich gezogen hat (BGH, Urt. v. 4.7.2014 – V ZR 183/13).

250 Der neue Gläubiger muss sich die Kenntnis seines Rechtsvorgängers anrechnen lassen, zum Beispiel im Falle einer Abtretung (BGH, Urt. v. 17.10.1995 – VI ZR 246/94).

251 Erforderlich ist die Kenntnis der anspruchsbegründenden Tatsachen. Nicht erforderlich ist, dass der Gläubiger den Vorgang rechtlich zutreffend beurteilt (BGH, Urt. v. 29.1.2008 – XI ZR 160/07; Beschl. v. 19.3.2008 – III ZR 220/07; Urt. v. 8.5.2008 – VII ZR 106/07; einschränkend: Urt. v. 23.9.2008 – XI ZR 262/07; Urt. v. 15.6.2010 – XI ZR 309/09).

252 **Beispiel:** Macht ein Besteller im Rahmen eines Werkvertrags Rückforderungsansprüche wegen einer überhöhten Schlussrechnung geltend, so sind die subjektiven Voraussetzungen des § 199 Abs. 1 Nr. 2 BGB in der Regel erfüllt, wenn er das Leistungsverzeichnis, die Aufmaße und die Schlussrechnung kennt und aus diesen eine vertragswidrige Abrechnung und Massenermittlung ohne weiteres ersichtlich sind. Ausreichend ist also die Kenntnis bzw. grob fahrlässige Unkenntnis der vertragswidrigen Abrechnung bzw. Massenermittlung. Es kommt nicht auf die fehlerhafte Rechtsbeurteilung des Bestellers an. Diese steht der Kenntnis von den die Fälligkeit begründenden Tatsachen regelmäßig nicht entgegen. Insbesondere hängt der Verjährungsbeginn nicht vom Vorliegen des Ergebnisses einer behördlichen Rechnungsprüfung ab (vgl. BGH, Urt. v. 8.5.2008 – VII ZR 106/07).

Nur ausnahmsweise kann die Rechtsunkenntnis des Gläubigers den Verjährungsbeginn hinausschieben, wenn eine unsichere und zweifelhafte Rechtslage vorliegt, die selbst ein rechtskundiger Dritter nicht zuverlässig einzuschätzen vermag. In diesem Fall fehlt es an der Zumutbarkeit der Klageerhebung als übergreifender Voraussetzung für den Verjährungsbeginn (BGH, Urt. v. 15.6.2010 – XI ZR 309/09). Ein solcher Fall liegt aber nicht vor, wenn das Rechtsproblem auf der Hand liegt und eben durch die Klage entschieden werden muss. Dann ist die Klageerhebung zumutbar (BGH, Urt. v. 11.9.2012 – XI ZR 56/11).

253 Der Gläubiger muss nicht nur Kenntnis von den den Anspruch begründenden Umständen haben, sondern selbstredend auch von der Person des Schuldners. Das kann durchaus zweifelhaft sein, wenn der Besteller zum Beispiel unklar firmiert und der Unternehmer infolge einfacher Fahrlässigkeit davon ausgegangen ist, dass er mit dem Besteller X den Vertrag geschlossen hat, während sein Vertragspartner in Wahrheit Besteller Y war.

c) Grob fahrlässige Unkenntnis

254 Der positiven Kenntnis steht es gleich, wenn der Gläubiger die Kenntnis ohne grobe Fahrlässigkeit erlangen müsste. Grob fahrlässige Unkenntnis in diesem Sinne liegt vor, wenn die im Verkehr erforderliche Sorgfalt in besonders schwerem Maße verletzt worden ist und der Gläubiger auch ganz naheliegende Überlegungen nicht anstellt oder das nicht beachtet hat, was

Verjährung der Mängelansprüche **§ 634a**

im gegebenen Fall jedem hätte einleuchten müssen. Der Gläubiger muss es versäumt haben, eine gleichsam auf der Hand liegende Erkenntnismöglichkeit wahrzunehmen (BGH, Urt. v. 14.1.2010 – VII ZR 213/07). Grob fahrlässige Unkenntnis durch unterlassene Aufklärung liegt vor, wenn für den Gläubiger konkrete Anhaltspunkte für das Bestehen eines Anspruchs ersichtlich sind, so dass er aus verständiger Sicht gehalten ist, die Voraussetzungen des Anspruchs aufzuklären, soweit sie ihm nicht ohnehin bekannt sind (BGH, Urt. v. 11.10.2012 – VII ZR 10/11).

d) Ultimo-Regel

Sie gilt im gesamten Anwendungsbereich der Regelverjährung. Der einheitliche Beginn mit Ende des Jahres erspart eine dauernde Kontrolle des Fristablaufs und dient der Vereinfachung des Rechtsverkehrs. Für eine am 15.3.2010 fällig gewordene Forderung beginnt die Verjährung danach am 31.12.2010, 24:00 Uhr, und endet am 31.12.2013, 24:00 Uhr. War die Verjährung gehemmt, läuft die Frist nach Beendigung der Hemmung sofort weiter und nicht erst mit Schluss des betreffenden Jahres. **255**

e) Verjährungs-Höchstfristen gemäß § 199 Abs. 2–4 BGB

Gründe der Rechtssicherheit haben den Gesetzgeber bewogen, neben der allgemeinen Regel des § 199 Abs. 1 BGB in den Absätzen 2–4 Höchstfristen vorzusehen. Würde man nämlich bei jedem Anspruch die Verjährung kenntnisabhängig beginnen lassen, könnte dies zu unabsehbaren Verjährungsfristen führen. Daher sieht der Gesetzgeber je nach der Schwere von Rechtsgutverletzungen absolute Höchstfristen vor. Solche Höchstfristen können sich allerdings verlängern, da die Vorschriften über Hemmung, Ablaufhemmung und Neubeginn auch für diese gelten. Die Ultimo-Regel gilt für diese Fristen nicht, sie laufen taggenau. **256**

aa) Höchstpersönliche Rechtsgüter

Schadensersatzansprüche, gleichgültig ob diese auf vertraglicher oder gesetzlicher Grundlage stehen, aus der Verletzung des Lebens, des Körpers, der Gesundheit oder der Freiheit verjähren, unabhängig vom Vorliegen der Voraussetzungen des § 199 Abs. 1 BGB in 30 Jahren ab dem den Schaden auslösenden Ereignis. **257**

§ 199 Abs. 2 BGB gilt nur für die dort genau bezeichneten Rechtsgüter, erfasst allerdings neben allen materiellen Schadensersatzansprüchen auch solche auf immateriellen Schaden, insbesondere Schmerzensgeld. Die Frist beginnt mit der Setzung der Schadensursache zu laufen, unabhängig davon, wann ein Schaden erstmals auftritt. Im Strafrecht wird für die Verjährung gemäß § 78a StGB abweichend davon nicht auf die Verursachung, sondern auf den Erfolgseintritt abgestellt. **258**

Beispiel: Baut ein Unternehmer bei der Errichtung einer Geschossdecke nicht die planmäßig und statisch geforderte Zugbewehrung ein und kommt es infolge dessen 38 Jahre später zu einem Balkonabsturz mit Todesfolge, so ist ein Schadensersatzanspruch zivilrechtlich verjährt. Strafrechtlich würde die Verjährung erst mit dem Balkonabsturz beginnen. **259**

bb) Andere Schadensersatzansprüche

Ansprüche auf Ersatz von Schäden an anderen als den in § 199 Abs. 2 BGB genannten Rechtsgütern unterliegen ebenfalls der 30-jährigen Verjährung ab dem schadensstiftenden Ereignis, zusätzlich verjähren sie aber in jedem Fall 10 Jahre nach Entstehung. **260**

Beispiel: Kommt es an einem Gebäude infolge Verwendung betonzersetzender Chemikalien zu einem nach Deliktsrecht zu beurteilenden Substanzschaden und erhält der Gläubiger erst mehr als 10 Jahre später Kenntnis davon, so ist ein etwaiger Schadensersatzanspruch verjährt, weil es sich nicht um die Verletzung höchstpersönlicher Rechtsgüter handelt. **261**

cc) Andere Ansprüche als Schadensersatzansprüche

Sonstige Ansprüche verjähren ohne Rücksicht auf die Kenntnis oder grob fahrlässige Unkenntnis in 10 Jahren von ihrer Entstehung an. Diese Höchstfrist gilt zum Beispiel für Erfüllungsansprüche jeder Art, insbesondere auch Vergütungsansprüche, Bereicherungsansprüche, Ansprüche aus Geschäftsführung ohne Auftrag. Ohne Kenntnis oder Kennenmüssens gemäß § 199 Abs. 1 BGB dauert die Verjährung also 10 Jahre ab Entstehung des Anspruchs. **262**

Nicht geregelt ist die Verjährung von Ansprüchen, die noch gar nicht entstanden sind. Wie schon sonst im VOB-Vergütungsrecht sowie im Honorarrecht der Architekten (vgl. § 15 Abs. 1 **263**

§ 634a

HOAI, § 16 Abs. 3 VOB/B) kommt es nun für die Entstehung des Anspruchs im Bauvertrag auf die Stellung einer prüffähigen Schlussrechnung an, § 650g Abs. 4 Nr. 2 BGB. Solange eine prüffähige Schlussrechnung nicht gestellt ist, gibt es grundsätzlich keine Fälligkeit, so dass auch die Verjährung nicht beginnen kann. In diesen Fällen ist zu prüfen, ob der Anspruch verwirkt ist. Eine Verwirkung kommt in Betracht, wenn sich der Verpflichtete im Vertrauen auf das Verhalten des Berechtigten in seinen Maßnahmen so eingerichtet hat, dass ihm durch die verspätete Durchsetzung des Rechts ein unzumutbarer Nachteil entstünde (BGH, Urt. v. 23.1.2014 – VII ZR 177/13).

II. Konkurrenzprobleme

264   Soweit andere Pflichten verletzt werden als die Pflicht zur mangelfreien Herstellung, kann sich für Schadenersatzansprüche das Konkurrenzproblem zu § 634a BGB für den Fall stellen, dass diese Pflichtverletzungen ebenfalls Mängel zur Folge haben (vgl. Sienz, BauR 2002, 193). Nach § 634a BGB verjährt der in § 634 Nr. 4 BGB bezeichnete Schadensersatzanspruch in fünf Jahren nach der Abnahme. Der Schadensersatzanspruch aus § 634 Nr. 4 BGB kann verlangt werden, wenn das Werk mangelhaft ist. Anknüpfungspunkt ist demnach die mangelhafte Werkleistung. Dagegen ist für Schadensersatzansprüche aus fehlerhafter Beratung usw. dieses Fehlverhalten Anknüpfungspunkt. Dementsprechend fehlt in § 634 Nr. 4 BGB auch die Verweisung auf § 282 BGB.

265   Grundsätzlich gilt deshalb für Ansprüche aus fehlerhafter Beratung des Unternehmers die dreijährige Verjährungsfrist. Gleiches gilt für Ansprüche aus der Verletzung von Fürsorgepflichten, vgl. § 241 Abs. 2 BGB (Grüneberg/Retzlaff, 81. Aufl., § 634a Rdn. 3). Anders ist das, wenn die fehlerhafte Beratung bzw. Fürsorge Bestandteil der im Zusammenhang mit der Errichtung des Bauwerks übernommenen Pflichten ist → Vor § 631 BGB Rdn. 110. In diesem Fall ist die fünfjährige Frist ab Abnahme anzuwenden, wenn die Verletzung dieser Pflichten zu Werkmängeln führt (Voit, BauR 2002, 159; Hdb. priv. BauR-Merl, § 15 Rdn. 1109 f.). Nach der Rechtsprechung zum alten Recht verjähren Schadensersatzansprüche wegen Verletzung von Aufklärungspflichten, die das Fehlen zugesicherter Eigenschaften und andere Mängel der Werkleistung betreffen, in derselben Frist, wie Gewährleistungsansprüche, soweit die Ansprüche sich decken (BGH, Urt. v. 18.4.1968 – VII ZR 15/66; Urt. v. 25.5.1972 – VII ZR 165/70; Urt. v. 4.4.1974 – VII ZR 102/73). Auch soweit sich ein Anspruch aus Verschulden bei Vertragsschluss mit einem Mängelanspruch deckt oder sich die Verletzung vorvertraglicher Pflichten in einem Mangel des Bauwerks oder in dem Fehlen einer zugesicherten Eigenschaft verwirklicht, hat die Verjährung des Mängelanspruchs Vorrang (BGH, Urt. v. 3.7.1969 – VII ZR 132/67; Urt. v. 25.10.1990 – VII ZR 284/88). Anspruchskonkurrenz besteht hingegen bei einer vorsätzlichen Verletzung von vorvertraglichen Aufklärungspflichten, sei es aus Verletzung durch Aufnahme von Vertragsverhandlungen, sei es durch Verletzung eines Beratungsvertrages (vgl. BGH, Urt. v. 27.3.2009 – V ZR 30/08). Für das neue Recht gilt nichts anderes, es sei denn die Beratungspflichten betreffen den Schutz bestimmter Güter, insbesondere den Schutz des Lebens, des Körpers, der Gesundheit und der Freiheit des Gläubigers, vgl. § 199 Abs. 1 Nr. 2 BGB. In diesen Fällen kann es geboten sein, den durch die Verletzung der Beratungspflicht entstandenen Schaden der Verjährung nach § 199 Abs. 1 Nr. 2 BGB zu unterwerfen, auch wenn er sich gleichzeitig als Schaden aus einer mangelhaften Leistung darstellt. Im Einzelfall kann es zu schwierigen Abgrenzungsproblemen kommen (Lenkeit, BauR 2002, 207, 228). Zutreffend wird darauf hingewiesen, dass die Rechtsprechung immer wieder Wege gefunden hat, zu kurzen Verjährungsfristen auszuweichen (Leenen, JZ 2001, 552, 555; Raab, in: Das neue Schuldrecht, S. 244). Die Konkurrenz von Ansprüchen aus Pflichtverletzung und Ansprüchen aus mangelhafter Leistung, wird solche Möglichkeiten bieten.

266   In Regelmäßiger Frist verjähren Schadensersatzansprüche aufgrund einer Kündigung aus wichtigem Grund (§ 648a Abs. 6 BGB). Zwar kann der wichtige Grund (§ 648a Abs. 1 Satz 2 BGB) (auch) mangelbezogen sein. Der Anspruch auf Schadensersatz betrifft aber nicht einen Nacherfüllungsanspruch (§ 634 Nr. 1 BGB) und die sich daraus ergebenden Mängelrechte (§ 634 Nr. 2–4 BGB), so dass § 634a BGB keine Anwendung findet (BGH, Urt. v. 10.10.2019 – VII ZR 1/19).

267   Ansprüche aus der Ausübung von Gestaltungsrechten des Bestellers oder Unternehmers verjähren in der regelmäßigen Verjährungsfrist (BGH, Urt. v. 15.11.2006 – VIII ZR 3/06).

Verjährung der Mängelansprüche **§ 634a**

III. Verjährung der Ansprüche wegen Verletzung einer Pflicht aus § 241 Abs. 2 BGB

Schließlich unterliegen der regelmäßigen Verjährung auch die Ansprüche aus Pflichtverletzungen, die nicht zu einer mangelhaften Leistung führen, § 241 Abs. 2 BGB, vgl. zu den Aufklärungs- und Beratungspflichten → Vor § 631 BGB Rdn. 110 ff., so z. B. der Anspruch auf Schadensersatz aus § 280 oder § 282 i. V. m. § 281 BGB. **268**

IV. Verjährung deliktischer Ansprüche

Das Recht enthält keinen Vorrang der vertraglichen Verjährung vor der deliktischen Verjährung. Der werkvertragliche Anspruch verjährt fünf Jahre nach Abnahme. Er erfasst auch die Mangelfolgeschäden. Der deliktische Anspruch ist hingegen abhängig von seinem Entstehen und von der Kenntnis bzw. grob fahrlässigen Unkenntnis (§§ 195, 199 Abs. 1 BGB), so dass vor Ablauf der Frist von zehn Jahren noch Ansprüche geltend gemacht werden können (Heinrichs, BB 2001, 1417, 1420). Es besteht kein Anlass, die Rechtsprechung nicht für das durch die Schuldrechtsmodernisierung gestaltete Recht zu übernehmen, nach der die Anspruchskonkurrenz grundsätzlich zu unterschiedlichen Verjährungsfristen führt (vgl. BGH, Urt. v. 4.3.1971 – VII ZR 40/70; Urt. v. 24.3.1977 – VII ZR 319/75; Urt. v. 27.1.2005 – VII ZR 158/03; kritisch Roth, JZ 2001, 543; Mansell, NJW 2002, 89, 95, die für eine einheitliche Verjährung unter dem Regime der Verjährung für vertragliche Ansprüche plädieren). **269**

V. Verjährung im Gesamtschuldnerausgleich

1. Verjährung des Anspruchs aus § 426 Abs. 2 BGB

Die Verjährung des Anspruchs aus § 426 Abs. 1 BGB ist zu unterscheiden von der Verjährung des Anspruchs aus § 426 Abs. 2 BGB. Beide Ansprüche bestehen grundsätzlich unabhängig voneinander. Sie können unterschiedlich verjähren. **270**

Der Anspruch aus § 426 Abs. 2 BGB ist ein Anspruch aus übergegangenem Recht. Er verjährt nach diesem Recht. Der Anspruch des Bestellers wegen Mängeln eines Bauwerks verjährt nach § 634a BGB in fünf Jahren nach der Abnahme. Ist diese gesetzliche Regelung wirksam vertraglich geändert, gilt die vertraglich vereinbarte Verjährung. Durch die Eigenständigkeit dieser Verjährung besteht die Gefahr, dass der Gesamtgläubiger sich aus dem übergegangenen Anspruch nicht befriedigen kann, weil dieser verjährt ist. Das kann der Fall sein, wenn der Anspruch des Gläubigers gegen den Ausgleichsberechtigten später verjährt als der Anspruch des Gläubigers gegen den Ausgleichsverpflichteten. Insbesondere der Anspruch gegen den Architekten kann weit später als der Anspruch gegen den Unternehmer verjähren, insbesondere dann, wenn nach der vertraglichen Vereinbarung zwischen Gläubiger und Architekten dieser noch Leistungen schuldet, die nach der Abnahme des Unternehmerwerks zu erbringen sind, und eine Teilabnahme, § 650s BGB, nicht erfolgt ist. Auch in den Fällen, in denen Unternehmer (Vor- und Nachunternehmer) haften, gibt es unterschiedliche Verjährungsbeginne, denn diese hängen von der jeweiligen Abnahme ab. Darüber hinaus unterliegt jede Verjährungsfrist ihrem eigenen Schicksal, das durch Unterbrechungen (insbesondere durch Anerkenntnisse) und Hemmungen beeinflusst ist. **271**

2. Verjährung des Anspruchs aus § 426 Abs. 1 BGB

Der Anspruch aus § 426 Abs. 1 BGB unterliegt einer eigenen, nämlich der gesetzlichen Verjährung (BGH, Urt. v. 9.3.1972 – VII ZR 178/70). Diese Verjährung ist insbesondere dann von Bedeutung, wenn der Anspruch aus übergegangenem Recht verjährt ist. **272**

a) Verjährung in der Regelfrist

Es gilt die Regelverjährung nach § 199 Abs. 1 BGB. Danach verjährt der Anspruch in drei Jahren. Die Frist beginnt mit dem Schluss des Jahres, in dem der Anspruch entstanden ist und der Gläubiger von den den Anspruch begründenden Umständen und der Person des Schuldners Kenntnis erlangt oder ohne grobe Fahrlässigkeit erlangen müsste. Anwendbar ist § 199 Abs. 4 BGB, wonach der Ausgleichsanspruch ohne Rücksicht auf Kenntnis oder grob fahrlässige Unkenntnis in zehn Jahren von seiner Entstehung an, verjährt. **273**

§ 634a

274 Der Ausgleichsanspruch des Gesamtschuldners, der den Anspruch des Gläubigers erfüllt hat, wird grundsätzlich nicht davon berührt, dass der Anspruch des Gläubigers gegen den anderen Gesamtschuldner verjährt ist (BGH, Urt. v. 25.11.2009 – IV ZR 70/05; Urt. v. 9.7.2009 – VII ZR 109/08; Urt. v. 9.3.1972 – VII ZR 178/70). Der gesetzliche Ausgleichsanspruch gemäß § 426 Abs. 1 BGB zwischen Gesamtschuldnern ist eigenständiger Natur und ist – anders als der gemäß § 426 Abs. 2 BGB übergegangene Anspruch – unahängig von den Einreden – zum Beispiel Verjährung –, die der Ausgleichsverpflichtete dem Gläubiger aus seinem Vertragsverhältnis entgegenhalten kann. Diese Begünstigung des Ausgleichsberechtigten ist im Gesetz so angelegt und zu akzeptieren; dies umso mehr, als die sich daraus ergebende Benachteiligung des Ausgleichsverpflichteten durch die Verkürzung der regelmäßigen Verjährung von 30 auf drei Jahre erheblich entschärft wurde (BGH, Urt. v. 9.7.2009 – VII ZR 109/08).

275 Ein auf Ausgleich nach § 426 Abs. 1 Satz 1 BGB in Anspruch genommener Gesamtschuldner kann diesem grundsätzlich auch nicht entgegenhalten, der ausgleichsberechtigte Gesamtschuldner hätte mit Erfolg die Einrede der Verjährung gegenüber dem Gläubiger erheben können (BGH, Urt. v. 25.11.2009 – IV ZR 70/05; Sohn/Holtmann, BauR 2010, 1480, 1484).

b) Darlegungs- und Beweislast für die die Einrede der Verjährung begründenden Umstände

276 Die Voraussetzungen des Eintritts der Verjährung muss derjenige darlegen und beweisen, der sich darauf beruft. Der Ausgleichsverpflichtete muss also folgende Voraussetzungen darlegen und beweisen:

277 Er muss zunächst darlegen, wann der Ausgleichsanspruch entstanden ist. Der Anspruch entsteht nach gefestigter Rechtsprechung nicht erst durch Befriedigung des Gläubigers, sondern in dem Augenblick, in dem die mehreren Ersatzpflichtigen dem Geschädigten ersatzpflichtig werden (BGH, Urt. v. 18.6.2009 – VII ZR 167/08; Urt. v. 21.11.1953 – VI ZR 82/52). Der Ausgleichsanspruch entsteht also bereits mit der Begründung der Gesamtschuld (BGH, Urt. v. 8.11.2016 – VI ZR 200/15; Urt. v. 7.5.2015 – VII ZR 104/14; Urt. v. 18.06.2009 – VII ZR 167/08; Urt. v. 21.3.1991 – IX ZR 286/90; Urt. v. 5.3.1981 – III ZR 115/80; Urt. v. 20.12.1990 – IX ZR 268/89). Voraussetzung für das Entstehen der Ausgleichsforderung in diesem Sinne ist, dass sie im Wege der Klage durchgesetzt werden kann (BGH, Urt. v. 18.6.2009 – VII ZR 167/08). Der Ausgleichsanspruch besteht zunächst als Mitwirkungs- und Befreiungsanspruch und wandelt sich nach Befriedigung des Gläubigers in einen Zahlungsanspruch um. Hieraus folgt, dass der Ausgleichsanspruch unabhängig von seiner Ausprägung als Mitwirkungs-, Befreiungs- oder Zahlungsanspruch einer einheitlichen Verjährung unterliegt. Auch soweit er auf Zahlung gerichtet ist, ist er mit der Begründung der Gesamtschuld im Sinne des § 199 BGB entstanden (BGH, Urt. v. 18.6.2009 – VII ZR 167/08). Der Anspruch ist also nicht erst dann entstanden, wenn der Ausgleichsberechtigte den Gläubiger befriedigt hat. Für das Entstehen bzw. die Fälligkeit des Ausgleichsanspruchs zwischen Gesamtschuldnern kommt es im Übrigen auch nicht darauf an, ob der Ausgleichsverpflichtete zur Nachbesserung aufgefordert wurde (OLG Frankfurt, Beschl. v. 24.1.2011 – 25 U 108/09).

278 Nach der ständigen Rechtsprechung beginnt die an das Entstehen der Forderung anknüpfende Verjährung, wenn dem Gläubiger eine hinreichend aussichtsreiche, wenn auch nicht risikolose Klage zuzumuten ist (BGH, Urt. v. 26.11.1987 – IX ZR 162/86; Urt. v. 6.5.1993 – III ZR 2/92). Ausreichend ist eine Klage auf Feststellung, dass der andere Gesamtschuldner auf Ausgleich verpflichtet ist. Eine unbezifferte Freistellungsklage reicht ebenfalls (BGH, Urt. v. 18.6.2009 – VII ZR 167/08; Urt. v. 15.10.2007 – II ZR 136/06). Sie entspricht der Feststellungsklage.

279 Das alles ist allerdings nicht unbestritten. Es wird darauf hingewiesen, dass der Ausgleichsanspruch nach neuem Verjährungsrecht verjährt sein könnte, bevor überhaupt eine Zahlung an den Gläubiger erfolgt sei und demgemäß vom Ausgleichsberechtigten Zahlung verlangt werden könnte. Das hat eine besondere Bedeutung bei Bausachen, in denen einer Zahlung häufig eine jahrelange Auseinandersetzung vorausgeht. Es fehlt deshalb nicht an argumentativen Versuchen, die Verjährung erst in diesem Augenblick beginnen zu lassen. Konstruktiv wird das damit begründet, dass der Freistellungsanspruch ein Anspruch auf Mitwirkung sei, während der Ausgleichsanspruch ein Zahlungsanspruch sei, der erst dann entstehe, wenn der Ausgleichsberechtigte seinerseits gezahlt habe (vgl. für den ähnlich gelagerten Ausgleichsanspruch eines Gesellschafters: Dollmann, GmbHR 2004, 1330ff.; kritisch auch Kainz, BauR 2012, 420, 427; Hartmann/Lieschke, WM 2011, 205). Diese konstruktive Unterscheidung wird allerdings von der Rechtsprechung abgelehnt (BGH, Urt. v. 18.6.2009 – VII ZR 167/08). Die

Verjährung der Mängelansprüche §634a

Anknüpfung der Verjährung an die Zahlung würde dazu führen, dass der Eintritt der Verjährung von dem Verhalten des Ausgleichsberechtigten abhinge und dieser es somit in der Hand hätte, den Verjährungsbeginn und die Notwendigkeit verjährungshemmender Maßnahmen beliebig hinauszuzögern (vgl. BGH, Urt. v. 29.1.2008 – XI ZR 160/07). Andererseits hat der Bundesgerichtshof in einem wirtschaftlich ähnlich gelagerten Fall entschieden, dass für den Beginn der regelmäßigen Verjährungsfrist (§ 199 Abs. 1 Nr. 1 BGB) des Befreiungsanspruchs eines Treuhänders (Geschäftsbesorgers) nach § 257 BGB nicht auf den Schluss des Jahres abzustellen ist, in dem der Freistellungsanspruch fällig geworden ist, sondern auf den Schluss des Jahres, in dem die Drittforderungen fällig werden, von denen zu befreien ist (BGH, Urt. v. 5.5.2010 – III ZR 209/09). Auf dieser Grundlage kommt es bei einem Ausgleichsanspruch des Architekten gegen den Unternehmer darauf an, wann der Schadensersatzanspruch des Bauherrn gegen den Architekten fällig geworden ist. Das ist regelmäßig der Fall, wenn der Bauherr den Anspruch im Wege der Klage durchsetzen kann, also wenn sich der Planungs- oder Überwachungsmangel im Bauwerk verkörpert hat. In diesem Zeitpunkt beginnt die Verjährung des Ausgleichsanspruchs.

Mit der Frage, wie die Fälligkeit zu beurteilen ist, wenn der Architekt mit dem Bauherrn **280** eine Subsidiaritätsklausel vereinbart hat, beschäftigt sich Zahn (BauR 2017, 1264 mit umfangreichem Nachweis zur Rechtsprechung auch zur Wirksamkeit der verschiedenartigen Klauseln). Zu Recht wird darauf hingewiesen, dass die sofortige Fälligkeit des Anspruchs unberührt bleibt, wenn die Subsidiaritätsklausel lediglich eine Einredemöglichkeit des Architekten vorsieht. Die Verjährung des Ausgleichsanspruchs des Architekten wird auch nicht durch die neue Regelung des §650t BGB berührt. Diese Regelung gibt dem Architekten lediglich ein Leistungsverweigerungsrecht, wenn der Besteller dem Bauunternehmer noch keine Frist zur Mängelbeseitigung gesetzt hat. Die Fälligkeit des Schadensersatzanspruchs des Bestellers gegen den Architekten bleibt davon unberührt. Erhebt der Architekt die Einrede, so ist allerdings die Verjährung des gegen ihn gerichteten Anspruchs gehemmt, sofern man eine entsprechende Anwendung des §205 BGB für gegeben hält (so Zahn, a.a.O. S. 1266; anders → Rdn. 114). Ob dies auch dazu führt, dass die Verjährung des Ausgleichsanspruchs gehemmt ist, ist allerdings unklar. Insoweit ist zu bedenken, dass der Hemmungstatbestand dem Bauunternehmer nicht offenbar sein muss.

Eine hinreichend aussichtsreiche Freistellungs- oder Feststellungsklage gegen einen Gesamt- **281** schuldner setzt voraus, dass der Ausgleichsberechtigte darlegen und im Streitfall auch beweisen kann, dass

- eine Pflichtverletzung vorliegt, aus der der Gläubiger einen Anspruch gegen den Ausgleichsberechtigten hat; der Anspruch muss fällig sein (BGH, Urt. v. 7.11.1985 – III ZR 142/84).
- eine Pflichtverletzung des Ausgleichsverpflichteten besteht, aus der der Gläubiger einen Anspruch gegen den Ausgleichsverpflichteten hat,
- ein Gesamtschuldverhältnis besteht,
- die Haftungsquote bestimmt werden kann (OLG Karlsruhe, Urt. v. 24.4.2012 – 8 U 6/10).

Es liegt auf der Hand, dass die Feststellung dieser vier unterschiedlichen Tatbestände von **282** den Umständen des Einzelfalles abhängt. Selbst wenn diese objektiven Umstände feststehen, ist die Frage nicht beantwortet, ob dem Ausgleichsberechtigten eine Freistellungsklage zuzumuten ist. Das ist nur der Fall, wenn diese hinreichende Erfolgsaussichten hat. Eine riskante Klage, mit der erst wesentliche Voraussetzungen des Anspruchs geklärt werden müssen, ist ihm nicht zuzumuten. Die Würdigung kann im Einzelfall gerade in Bausachen besonders schwierig sein. So können z.B. im Anfangsstadium einer Baumängelauseinandersetzung, der Mangel, die eigene Haftung und auch die Haftung des anderen Gesamtschuldners zwar objektiv feststehen, subjektiv aber unklar sein. Eine Klage gegen einen möglichen Gesamtschuldner wird regelmäßig nicht zumutbar sein, solange der Ausgleichsberechtigte vertretbar seine eigene Haftung verneint, insbesondere während eines Prozesses mit dem Gläubiger. Denn dem Ausgleichsberechtigten ist es nicht zuzumuten, den Ausgleichsverpflichteten bereits dann auf Ausgleich in Anspruch zu nehmen, solange nicht geklärt ist, ob der Ausgleichsberechtigte tatsächlich Schuldner ist. Andernfalls käme der Ausgleichsberechtigte in die missliche Lage, dass er in dem Prozess mit dem Gläubiger seine Verantwortung bestreiten, in dem Prozess mit dem Ausgleichsverpflichteten jedoch bejahen müsste. Diese Fälle sind in Bausachen häufig. Die vertretbare Verneinung der eigenen Haftung liegt nicht nur vor, wenn die Mängelfrage noch ungeklärt ist, sondern auch dann, wenn die Rechtsfragen zu dieser Haftung ungeklärt sind.

§ 634a

283 In gleicher Weise ist eine Freistellungs- oder Feststellungsklage gegen den anderen Gesamtschuldner nicht zumutbar, wenn dessen Haftung von noch ungeklärten Voraussetzungen abhängt, z. B. die Frage einer Bauaufsichtspflichtverletzung zweifelhaft ist oder die Haftung von der nach den tatbestandlichen Voraussetzungen unklaren Frage abhängt, ob und inwieweit der andere Gesamtschuldner seine Bedenken- und Hinweispflicht verletzt hat (zurückhaltend in diesem Sinne auch Schulze-Hagen, BauR 2016, 400f).

284 Die Feststellung der oben genannten Tatbestände reicht nicht aus. Die Verjährung beginnt erst, wenn der Anspruchsberechtigte alle seinen Anspruch begründenden Umstände und die Person des Schuldners kennt oder infolge grober Fahrlässigkeit nicht kennt. Bestreitet der Ausgleichsberechtigte die Kenntnis derjenigen Umstände, die nach objektiver Wertung Anlass geben müssten, den Anspruch gegen den anderen Gesamtschuldner mit der Freistellungs- oder Feststellungsklage zu verfolgen, so trägt der Ausgleichsverpflichtete insoweit die Beweislast.

285 Für eine Kenntnis aller Umstände, die einen Ausgleichsanspruch nach § 426 Abs. 1 BGB begründen, ist es erforderlich, dass der Ausgleichsberechtigte Kenntnisse

- von den Umständen hat, die einen Anspruch des Gläubigers gegen den Ausgleichsverpflichteten begründen,
- von denjenigen, die einen Anspruch des Gläubigers gegen ihn selbst begründen,
- sowie von denjenigen, die das Gesamtschuldverhältnis begründen,
- und schließlich von den Umständen, die im Innenverhältnis eine Ausgleichspflicht begründen.

286 Für diese Kenntnis reicht es nicht aus, den im Bauwerk zu Tage getretenen Mangel zu kennen, weil daraus nicht ohne weiteres die Kenntnis der für einen Anspruch des Bestellers gegen die Baubeteiligten notwendigen weiteren Voraussetzungen abzuleiten sein muss (BGH, Urt. v. 18.6.2009 – VII ZR 167/08; i. e. Schulze-Hagen, BauR 2016, 384, 400). Andererseits reicht für Kenntnis im Sinne von § 199 Abs. 1 BGB Tatsachenkenntnis aus, zutreffende rechtliche Würdigung dieser Tatsachen ist demgegenüber keine Voraussetzung für den Verjährungsbeginn → Rdn. 251.

287 Zu Recht wird wegen der großen Unwägbarkeiten, die den Beginn der Verjährung betreffen, empfohlen, für eine Hemmung einer möglichen Verjährung zu sorgen (Kainz, BauR 2012, 420, 429; Moufang/Koos, BauR 2009, 333, 342). Das geeignete Mittel dazu ist das selbständige Beweisverfahren oder eine Streitverkündung in einem gegen den Ausgleichsberechtigten eingeleiteten Prozess. Empfohlen werden muss auch die Streitverkündung, wenn beide Gesamtschuldner in einem Prozess in Anspruch genommen werden, denn dieser Umstand allein hemmt die Verjährung der Ausgleichsansprüche nicht.

VI. Verjährung des Anspruchs auf Rückzahlung des Vorschusses für Mängelbeseitigung

288 Gemäß § 637 Abs. 3 BGB kann der Besteller unter den in Abs. 1 geregelten Voraussetzungen von dem Unternehmer für die zur Beseitigung des Mangels erforderlichen Aufwendungen Vorschuss verlangen (vgl. → § 637 BGB Rdn. 62 ff.). Ein solcher Kostenvorschuss ist vorläufiger Natur und zweckgebunden. Daher ist ein nicht verbrauchter Kostenvorschuss zurückzuzahlen (BGH, Urt. v. 14.1.2010 – VII ZR 108/08). Das gilt auch für einen gemäß § 887 ZPO im Wege der Zwangsvollstreckung erhaltenen Vorschuss auf die Mängelbeseitigungskosten (OLG Düsseldorf, Urt. v. 19.5.2009 – 23 U 118/08). Dieser Anspruch auf Rückzahlung des Vorschusses verjährt in der regelmäßigen Verjährungsfrist von drei Jahren (BGH, Urt. v. 14.1.2010 – VII ZR 213/07).

289 Maßgeblich für das Entstehen des Rückforderungsanspruchs ist der Wegfall des mit der Vorschusszahlung verbundenen Zwecks. Der Zweck besteht in der Vornahme der Mängelbeseitigung. Steht fest, dass die Mängelbeseitigung nicht mehr durchgeführt wird, so entfällt die Grundlage dafür, dass der Besteller die ihm zur Mängelbeseitigung zur Verfügung gestellten Mittel behält. Der Rückforderungsanspruch wird zu diesem Zeitpunkt fällig. Das ist insbesondere dann der Fall, wenn der Besteller seinen Willen aufgegeben hat, die Mängel zu beseitigen (BGH, Urt. v. 14.1.2010 – VII ZR 108/08; Urt. v. 5.4.1984 – VII ZR 167/83).

290 **Beispiel:** Hat der Bauträger von seinem Nachunternehmer einen Vorschuss auf Mängelbeseitigung erhalten, beruft er sich jedoch mit Erfolg gegenüber den Erwerbern auf Verjäh-

rung, steht damit fest, dass er den Vorschuss zur Mängelbeseitigung nicht mehr verwenden will. Er muss ihn zurückzuzahlen.

Ein Rückforderungsanspruch entsteht auch dann, wenn der Besteller die Mängelbeseitigung nicht binnen angemessener Frist durchgeführt hat. Welche Frist für die Mängelbeseitigung angemessen ist, ist im Einzelfall unter Berücksichtigung aller Umstände zu ermitteln, die für diese maßgeblich sind. Abzustellen ist auch auf die persönlichen Verhältnisse des Bestellers und die Schwierigkeiten, die sich für ihn ergeben, weil er in der Beseitigung von Baumängeln unerfahren ist und hierfür fachkundige Beratung benötigt (BGH, Urt. v. 14.1.2010 – VII ZR 108/08). Auf starre Fristen ist nicht abzustellen. 291

Der Rückforderungsanspruch wird jedenfalls mit Vorlage der Abrechnung des Bestellers fällig. Er wird aber auch ohne Vorlage einer Abrechnung fällig, wenn diese dem Besteller möglich und zumutbar ist. Ist das ausnahmsweise nicht der Fall, kann eine Rückforderung noch nicht erhoben werden (BGH, Urt. v. 1.2.1990 – VII ZR 150/89). Ein Rückforderungsanspruch kann auch entstehen, wenn der Besteller nach Ablauf der angemessenen Frist zwar mit der Mängelbeseitigung begonnen, diese jedoch nicht zum Abschluss gebracht hat. Allerdings kann der Unternehmer nach Treu und Glauben gehindert sein, sein Recht durchzusetzen. Der Vorschuss ist auch dann nicht zurückzuzahlen, soweit er im Zeitpunkt der letzten mündlichen Verhandlung zweckentsprechend verbraucht worden ist. Ähnlich liegt der Fall, dass der Besteller zwar die Kosten noch nicht hatte, diese ihm jedoch deshalb entstehen werden, weil er bereits Drittunternehmer mit der Mängelbeseitigung beauftragt hat. In diesen Fällen verstieße der Unternehmer, der trotz Zahlung des Vorschusses grundsätzlich zur Mängelbeseitigung verpflichtet bleibt, gegen Treu und Glauben, wenn er dem Besteller diejenigen Mittel entziehen würde, die dieser für die Bezahlung der bereits beauftragten Unternehmer benötigt (BGH, Urt. v. 14.1.2010 – VII ZR 108/08; OLG Düsseldorf, Urt. v. 16.5.2014 – 22 U 171/13). 292

Diese Schwierigkeiten, den Zeitpunkt der Fälligkeit des Rückforderungsanspruches eines Vorschusses zu ermitteln, gelten naturgemäß auch für den Verjährungsbeginn, insbesondere auch für die Kenntnis der anspruchsbegründenden Umstände. Eine Anknüpfung an starre Fristen verbietet sich. Daher wird man dem Unternehmer auch nur in seltenen Fällen grob fahrlässige Unkenntnis im Hinblick auf die Umstände vorhalten können, die die Fälligkeit des Rückzahlungsanspruchs begründen. Schon die Schätzung einer üblichen Bauzeit für die Mängelbeseitigung kann mit erheblichen Unwägbarkeiten belastet sein. Erschwert wird dies dadurch, dass dem Unternehmer in aller Regel nicht bekannt ist, ob und welche persönlichen Schwierigkeiten der Besteller im Einzelfall mit der Durchführung der Mängelbeseitigung hat. Insbesondere kann vom Unternehmer zur Vermeidung der groben Fahrlässigkeit nicht verlangt werden, dass er nach einer kurzen, sich an der Einschätzung einer üblichen Bauzeit orientierenden Frist bereits nachfragt, ob der Besteller die Mängelbeseitigung vorgenommen hat oder warum diese noch nicht beendet ist. Schließlich muss er auch damit rechnen, dass eine verfrühte Anfrage beim Besteller auf Unverständnis stößt und Anlass zu weiteren Auseinandersetzungen gibt (BGH, Urt. v. 14.1.2010 – VII ZR 213/07). 293

Ohne Schwierigkeiten lässt sich der Zeitpunkt des Entstehens des Rückforderungsanspruches ermitteln, wenn der Besteller selbst Abrechnung erteilt oder wenn dem Unternehmer Kenntnis gegeben wird, dass der Besteller die Mängelbeseitigung nicht mehr durchführen will. 294

VII. Verjährung des Anspruchs gegen den Bürgen

In vielen Fällen werden Mängelansprüche durch Bürgschaften abgesichert. Der Anspruch gegen den Bürgen verjährt grundsätzlich unabhängig von dem Anspruch gegen den Unternehmer. Es gilt die Regelverjährung. Die Fälligkeit der Forderung aus einer selbstschuldnerischen Bürgschaft tritt, sofern die Parteien nichts anderes vereinbaren, mit der Fälligkeit der Hauptschuld ein und ist nicht von einer Leistungsaufforderung abhängig (BGH, Urt. v. 11.9.2012 – XI ZR 56/11; Urt. v. 29.1.2008 – XI ZR 160/07; Urt. v. 8.7.2008 – XI ZR 230/07; Urt. v. 23.9.2008 – XI ZR 395/07). Es soll nicht in der Hand des Gläubigers liegen können, wann die Verjährung beginnt (zur durch die Rechtsprechung überholten Gegenmeinung Gay, NJW 2005, 2585). Das gilt auch in den Fällen, in denen der gesicherte Anspruch einer längeren Verjährung als der Regelverjährung unterliegt (BGH, Urt. v. 29.1.2008 – XI ZR 160/07). Nach dieser Rechtsprechung, die auch für den Anspruch aus einer Bürgschaft auf erstes Anfordern gilt (BGH, Urt. v. 8.7.2008 – XI ZR 230/07), kann der Anspruch aus der Bürgschaft vor dem Hauptanspruch verjähren. Das gilt auch in den Fällen, in denen eine Bürgschaft zur Sicherung von Mängelansprüchen vereinbart ist (BGH, Urt. v. 11.9.2012 – XI ZR 56/11). 295

Beispiel: Gesichert sind Mängelansprüche nach der Abnahme (Gewährleistungsbürgschaft). Die Abnahme war am 1.5.2011. Der Mangel wird am 1.9.2011 entdeckt. Der Besteller setzt dem Unternehmer eine Frist zur Mängelbeseitigung, die am 15.10.2011 abläuft. In diesem Zeitpunkt ist ein Vorschussanspruch entstanden. Damit ist auch der Anspruch aus der Bürgschaft fällig. Verjährung des Anspruchs tritt mit Ablauf des 31.12.2014 ein. Der Vorschussanspruch gegen den Unternehmer verjährt hingegen erst mit Ablauf des 1.5.2016.

296 Zur Vermeidung der Verjährung des Anspruchs gegen den Bürgen werden diese verhindernde Abreden sowohl in der Sicherungsabrede mit dem Unternehmer als auch in der Bürgschaftsvereinbarung mit dem Bürgen empfohlen (Kainz, BauR 2012, 420, 427). Zur Verlängerung der Verjährung des Anspruchs gegen den Bürgen auf fünf Jahre in Allgemeinen Geschäftsbedingungen einer Bank (Sicherung eines Verbraucherkredits) wird auf die Entscheidung des Bundesgerichtshofs hingewiesen (BGH, Urt. v. 21. April 2015 – XI ZR 200/14). Diese Entscheidung scheint auch durch AGB in den Verträgen mit den bürgenden Banken eine Verlängerung der Verjährungsfrist wegen des berechtigten Interesses des Unternehmers daran zu ermöglichen (vgl. Schulze-Hagen, BauR 2016, 384, 398). Dagegen ist es fraglich, ob in AGB des Gläubigers die Verjährung des Anspruchs gegen den Bürgen in irgendeiner Form von der Verjährung des Anspruchs gegen den Hauptschuldner abhängig gemacht werden kann. Das könnte die Bürgenhaftung unübersehbar verlängern und unangemessen sein.

297 Der Anspruch gegen den Bürgen kann allerdings erst fällig werden, wenn der Sicherungsfall eingetreten ist, also ein auf Geldzahlung gerichteter Anspruch gegen den Unternehmer fällig geworden ist. Das ist regelmäßig nach Ablauf einer angemessenen und vom Besteller gesetzten Frist zur Mängelbeseitigung der Fall (Kainz, BauR 2012, 420, 426; Moufang/Koos, BauR 2009, 333, 338; Reimann, BauR 2011, 14, 20). In diesem Fall wird nach Auffassung des Bundesgerichtshofs auch der Anspruch auf Erstattung von Aufwendungen für eine Mängelbeseitigung fällig (BGH, Urt. v. 11.9.2012 – XI ZR 56/11). Das ist sicherlich falsch. Denn der Anspruch auf Aufwendungsersatz entsteht erst, wenn Aufwendungen getätigt werden. Fällig wird aber der Anspruch auf Vorschuss auf die voraussichtlichen Mängelbeseitigungskosten. Wird die Bürgschaft wegen dieses Anspruchs geltend gemacht, ist Verjährung mit Ablauf der Mängelbeseitigungsfrist eingetreten. Nach der genannten Entscheidung ist allerdings auch Verjährung hinsichtlich des Anspruchs aus der Bürgschaft wegen der tatsächlich aufgewendeten Mängelbeseitigungskosten eingetreten (zustimmend Schulze-Hagen, BauR 2016, 384, 397). Insoweit wird im Ergebnis vertretbar eine einheitliche Behandlung der Mängelansprüche sichergestellt.

298 Unklar ist, wann der gesicherte Zahlungsanspruch fällig wird, wenn der Unternehmer die Mängelbeseitigung verweigert. Liegt keine endgültige Verweigerung vor, entsteht der Zahlungsanspruch erst nach Fristsetzung. Liegt eine endgültige Verweigerung vor, hat der Besteller seinen Nacherfüllungsanspruch nicht verloren. Er kann ihn weiter durchsetzen. Es wird die Meinung vertreten, ein Mängelanspruch werde erst fällig, wenn der Besteller die Wahl ausgeübt habe, ob er vom Unternehmer Kostenvorschuss oder Schadensersatz statt der Leistungsverlange (OLG Frankfurt, Urt. v. 4.1.2011 – 8 U 47/10; OLG Karlsruhe, Urt. v. 3.12.2009 – 13 U 106/09; KG, Urt. v. 24.10.2006 – 7 U 6/06; OLG Köln, Urt. v. 14.12.2005 – 11 U 109/05; Schulze-Hagen, BauR 2007, 170, 185). Das ist jedenfalls hinsichtlich des Kostenvorschusses problematisch, weil jedenfalls dieser Anspruch in dem Augenblick sofort durchsetzbar ist, in dem der Unternehmer die Leistung endgültig verweigert (vgl. zu der Problematik auch May, BauR 2007, 187, 194; Schmitz/Vogel, ZfIR 2002, 505, 519).

299 Ein besonderer Hemmungstatbestand findet sich in § 771 BGB: Erhebt der Bürge die Einrede der Vorausklage, ist die Verjährung des Anspruchs des Gläubigers gegen den Bürgen gehemmt, bis der Gläubiger über die Zwangsvollstreckung gegen den Hauptschuldner ohne Erfolg versucht hat. Damit soll sichergestellt werden, dass die Forderung aus der Bürgschaft nicht verjährt, während durch einen eventuellen Prozess und der Versuch der Zwangsvollstreckung gegen den Schuldner die Voraussetzungen der Inanspruchnahme geschaffen werden.

300 Die Verjährung des Anspruchs gegen den Bürgen wird nicht durch Verhandlungen zwischen Gläubiger und Schuldner über die Hauptschuld gehemmt (Dingler/Schnitzenbaumer, BauR 2012, 1720 f.). Diese Verhandlungen führen aber zu einer Hemmung der Verjährung des Gläubigeranspruchs gegen den Schuldner. Auf diese Hemmung kann sich der Gläubiger gegenüber den Bürgen berufen, wenn dieser die Einrede der Verjährung der Hauptschuld erhebt. Denn nach der Rechtsprechung ist eine durch ernsthafte Verhandlungen des Hauptschuldners mit dem Gläubiger gemäß § 203 Satz 1 BGB bewirkte Hemmung der Verjährung auch gegenüber dem Bürgen wirksam (BGH, Urt. v. 14.7.2009 – XI ZR 18/08; Urt. v. 26.1.2010 – XI ZR 12/09). Dagegen kann der Hauptschuldner nach § 768 Abs. 2 BGB durch den Verzicht auf die

Verjährung der Mängelansprüche § 634a

Einrede der Verjährung die Haftung des Bürgen nicht erweitern. Dabei ist unerheblich, ob im Zeitpunkt der Erklärung des Verjährungsverzichts durch den Hauptschuldner die Hauptschuld bereits verjährt war oder nicht (BGH, Urt. v. 18.9.2007 – XI ZR 447/06).

Eine gegen den Bürgen erhobene Klage hemmt auch bei einem späteren Untergang des Hauptschuldners als Rechtsperson gemäß § 204 BGB Abs. 1 Nr. 1 BGB die Verjährung der Hauptschuld (BGH, Urt. v. 14.7.2009 – XI ZR 18/08; Fortführung BGH, Urt. v. 28.1.2003 – XI ZR 243/02). **301**

M. Ausnahmeregelung für die Verjährung nach der VOB/B

I. Verjährung nach der VOB/B

1. Überblick über die Änderungen

Die alten Verjährungsfristen des § 13 Nr. 4 VOB/B sind mit der VOB/B 2002 verdoppelt worden (kritisch dazu, dass nicht die gesetzliche Frist übernommen worden ist: Kapellmann/Messerschmidt-Langen, VOB, 7. Aufl., § 13 Rdn. 136 m. w. N.). Daran hat sich durch die nachfolgenden Fassungen der VOB/B nichts geändert. Ist für Mängelansprüche keine Verjährungsfrist im Vertrag vereinbart, so beträgt sie für Bauwerke vier Jahre, für andere Werke, deren Erfolg in der Herstellung, Wartung oder Veränderung einer Sache besteht, und für die vom Feuer berührten Teile von Feuerungsanlagen zwei Jahre, § 13 Abs. 4 Nr. 1 VOB/B. Abweichend davon beträgt die Verjährungsfrist für feuerberührte und abgasdämmende Teile von industriellen Feuerungsanlagen ein Jahr. Bei maschinellen und elektrotechnischen/elektronischen Anlagen oder Teilen davon, bei denen die Wartung Einfluss auf die Sicherheit und Funktionsfähigkeit hat, beträgt die Verjährungsfrist für Mängelansprüche abweichend von Nummer 1 zwei Jahre, wenn der Auftraggeber sich dafür entschieden hat, dem Auftragnehmer die Wartung für die Dauer der Verjährungsfrist nicht zu übertragen. Das gilt auch dann, wenn für weitere Leistungen eine andere Verjährungsfrist vereinbart ist, § 13 Abs. 4 Nr. 2 VOB/B. Die Frist beginnt mit der Abnahme der gesamten Leistung; nur für in sich abgeschlossene Teile der Leistung beginnt sie mit der Teilabnahme, § 13 Abs. 4 Nr. 3 VOB/B. **302**

Die VOB/B enthält wichtige, vom Gesetz abweichende Regelung zur Verjährung nach einer Mängelrüge und nach der Abnahme der Mängelbeseitigung. Der Anspruch auf Beseitigung schriftlich gerügter Mängel verjährt in zwei Jahren, gerechnet vom Zugang des schriftlichen Verlangens an, jedoch nicht vor Ablauf der Regelfristen nach § 13 Abs. 4 VOB/B oder der an ihrer Stelle vereinbarten Frist. Nach Abnahme der Mängelbeseitigungsleistung beginnt für diese Leistung eine Verjährungsfrist von zwei Jahren neu, die jedoch nicht vor Ablauf der Regelfristen nach § 13 Abs. 4 VOB/B oder der an ihrer Stelle vereinbarten Frist endet. **303**

Im Zusammenhang mit der geänderten Verjährungsregelung steht die Änderung des § 17 Abs. 8 Nr. 2 VOB/B. Der Besteller hat danach eine nicht verwertete Sicherheit für Mängelansprüche nach Ablauf von zwei Jahren zurückzugeben, sofern kein anderer Rückgabezeitpunkt vereinbart worden ist. Das gilt auch dann, wenn noch Mängelansprüche bestehen, diese aber nicht mehr durchgesetzt werden können, weil der Auftragnehmer zu Recht die Einrede der Verjährung erhebt (BGH, Urt. v. 9.7.2015 – VII ZR 5/15). **304**

2. Einzelheiten der Verjährung nach VOB/B

Die Verjährungsfrist beträgt vier Jahre, sofern nichts anderes vereinbart ist. Eine von der sogenannten Regelfrist abweichende Vereinbarung der Verjährungsfrist geht also vor. Der Hintergrund für diese Regelung ist § 9 Abs. 6 VOB/A. Danach sollen andere Verjährungsfristen als nach § 13 Abs. 4 VOB/B nur vorgesehen werden, wenn dies wegen der Eigenart der Leistung erforderlich ist. In solchen Fällen sind alle Umstände gegeneinander abzuwägen, insbesondere, wann etwaige Mängel wahrscheinlich erkennbar werden und wieweit die Mängelursachen noch nachgewiesen werden können, aber auch die Wirkung auf die Preise und die Notwendigkeit einer billigen Bemessung der Verjährungsfristen für Mängelansprüche. Diese Anordnung an den öffentlichen Auftraggeber lässt Abweichung von der Frist nach oben → Rdn. 211 und nach unten zu. So kann die Verjährung in einem Vertrag gewerkebezogen mal mit einer Verlängerung der Verjährungsfrist, z. B. für Betonarbeiten, mal mit einer Verkürzung der Regelfrist, z. B. für Malerarbeiten, geregelt werden (vgl. auch Kapellmann/Messerschmidt-Langen, VOB/B, 7. Aufl., § 13 Rdn. 128; vgl. auch OLG Celle, Urt. v. 15.9.2010 – 7 U 53/10). **305**

Jurgeleit

§ 634a

Verjährung der Mängelansprüche

Eine solche Vereinbarung kann auch durch Formularvertrag getroffen werden (BGH, Urt. v. 26.3.1987 – VII ZR 196/86). Mit Rücksicht darauf, dass eine Inhaltskontrolle der VOB/B im Unternehmervertrag nur dann stattfindet, wenn sie nicht als Ganzes vereinbart ist, § 310 Abs. 3 Satz 3 VOB/B → Rdn. 317, stellt sich die Frage, ob die Vereinbarung einer von der Regelfrist abweichenden Verjährung von z. B. drei Jahren für Malerarbeiten dazu führt, dass die VOB/B nicht mehr als Ganzes vereinbart ist. Diese Frage, die in aller Regel dann erörtert wird, wenn durch Vereinbarung der gesetzlichen Verjährungsfrist von fünf Jahren die Regelfrist verlängert wird, ist streitig → Vor § 631 BGB Rdn. 76 (Gegen eine Abänderung der VOB/B als Ganzes: OLG Brandenburg, Urt. v. 8.11.2007 – 12 U 30/07; OLG Koblenz, Urt. v. 23.4.1997 – 9 U 760/96; OLG Hamm, Urt. v. 18.12.1996 – 12 U 46/96; für eine Abänderung: OLG Hamm, Urt. v. 17.7.2008 – 21 U 145/05; OLG Dresden, Beschl. v. 13.12.2007 – 12 U 1498/07; OLG München, Urt. v. 25.1.1994 – 13 5798/93; OLG Hamm, Urt. v. 9.12.1994 – 12 U 41/94). Der BGH hat sie für den Fall, dass die gesetzliche Frist vereinbart wurde, ausdrücklich offen gelassen (BGH, Urt. v. 23.2.1989 – VII ZR 89/87). Entgegen Dammann/Ruzik (NZBau 2013, 265, 267) kann auch anderen Entscheidungen (BGH, Urt. v. 22.1.2004 – VII ZR 267/02; Urt. v. 24.7.2008 – VII ZR 55/07) nichts anderes entnommen werden. Die Frage ist nur unter Berücksichtigung des Zusammenspiels des § 9 Abs. 6 VOB/A und des § 13 Abs. 4 VOB/B zu beantworten → Vor § 631 BGB Rdn. 76. Jedenfalls dann, wenn die in § 9 Abs. 6 VOB/A genannten Gründe für eine Verkürzung oder Verlängerung der Verjährungsfrist vorliegen, liegt kein Eingriff in die VOB/B als Ganzes vor.

306 Ist die VOB/B nicht als Ganzes vereinbart, unterliegt die Verjährungsregelung der Inhaltskontrolle zu Lasten des Verwenders → Rdn. 316. Haben die Parteien durch eine unwirksame Allgemeine Geschäftsbedingung eine von der Regelfrist abweichende Vereinbarung (z. B. in vom Unternehmer verwendeten AGB eine Frist von 2 Jahren) getroffen, gilt nicht die Regelfrist, sondern die gesetzliche Verjährungsfrist, denn die Parteien haben die VOB/B-Regelung nicht subsidiär gewollt. Etwas anderes kann sich wiederum aus den getroffenen Vereinbarungen ergeben.

307 Die Frist des § 13 Abs. 4 VOB/B gilt für alle Verträge, die unter Einbeziehung der VOB/B seit dem 15.2.2003 geschlossen worden sind. Denn an diesem Tag ist die VOB/B 2002 in Kraft getreten. Zu beachten ist, dass diese Verjährungsfrist auch für § 13 Abs. 7 Nr. 4 VOB/B gilt (BGH, Urt. v. 27.4.1972 – VII ZR 144/70). Deshalb verjähren nicht versicherbare Mangelfolgeschäden ebenfalls in vier Jahren bzw. in zwei Jahren. Für die versicherbaren Schäden gelten die gesetzlichen Verjährungsfristen. Es gilt grundsätzlich die Verjährungsfrist von fünf Jahren ab Abnahme.

308 Die Verjährungsfrist beginnt mit der Abnahme der gesamten Leistung (BGH, Urt. v. 12.1.2012 – VII ZR 76/11); für in sich abgeschlossene Teile der Leistung beginnt sie mit der Teilabnahme, § 13 Abs. 4 Nr. 3 VOB/B. Das gilt auch für Mängelansprüche, die vor der Abnahme entstanden. Entsprechen diese Ansprüche inhaltlich den Ansprüchen nach der Abnahme, ist Voraussetzung für den Beginn der Verjährung aber ein Umstand, nach dem feststeht, dass der Vertrag nicht mehr erfüllt wird, was insbesondere dann der Fall ist, wenn die Abnahme endgültig verweigert wird (BGH, Urt. v. 12.1.2012 – VII ZR 76/11). Inhaltsgleich in diesem Sinne sind die Ansprüche aus § 4 Abs. 7 Nr. 1 (§ 13 Abs. 5 Nr. 1), § 4 Abs. 7 Nr. 2 (§ 13 Abs. 7), § 8 Abs. 3 Nr. 2 (§ 13 Abs. 5 Nr. 2).

309 Eine Besonderheit des VOB-Vertrages ist es, dass nach der Abnahme einer Mängelbeseitigungsleistung für diese Leistung die Verjährungsfrist neu beginnt. Die neue Frist beträgt jedoch nur zwei Jahre. Diese Frist setzt die Abnahme voraus. Kommt es nicht zur Abnahme, ist auf die Regelungen des BGB zurückzugreifen. Bis zur Abnahme ist während der Mängelbeseitigungsarbeiten die Verjährung gehemmt, § 203 BGB. Diese Hemmung endet grundsätzlich mit der Abnahme. Die Hemmung endet jedoch auch, wenn der Auftraggeber die Abnahme endgültig verweigert, weil er eine weitere Erfüllung des Vertrages ablehnt. Sie endet ferner, wenn der Auftraggeber die Abnahme der Mängelbeseitigungsleistung verweigert und der Auftragnehmer seinerseits die weitere Mängelbeseitigung ablehnt (BGH, Urt. v. 25.9.2008 – VII ZR 32/07; Beschl. v. 16.5.2013 – VII ZR 63/11). Zu beachten ist, dass die Mängelbeseitigungsmaßnahmen grundsätzlich ein Anerkenntnis des Anspruchs wegen der Mängel darstellen, so dass mit Beendigung der Arbeiten die Frist neu läuft → Rdn. 173.

310 Die durch die Abnahme der Mängelbeseitigungsarbeiten in Gang gesetzte zweijährige Frist endet nicht vor Ablauf der Regelfrist oder der im Vertrag vereinbarten Frist, § 13 Abs. 5 Nr. 1 Satz 3 VOB/B. Diese Regelung ist auch anwendbar, wenn die Mängelbeseitigung vorgenommen wurde, obwohl die Mängelhaftungsansprüche bereits verjährt waren (BGH, Urt.

v. 15.6.1989 – VII ZR 14/88). Im BGB-Vertrag gilt diese Regelung nicht. Es kann aber nach den Regelungen des BGB zur Hemmung und auch zum Neubeginn der Verjährungsfrist durch die Mängelbeseitigung kommen.

Die Wirkung der Verlängerung erfasst nicht nur die Mängelbeseitigungsarbeiten, sondern auch den der beseitigten Mängelerscheinung zugrunde liegenden Mangel, wenn dieser nicht beseitigt worden ist. Denn der Umfang der von der neuen Verjährungsfrist erfassten Mängelansprüche des Auftraggebers ist nach denselben Grundsätzen zu beurteilen, die der BGH für die Bezeichnung von Mängeln beim Mangelbeseitigungsverlangen nach § 13 Nr. 5 Abs. 1 Satz 2 VOB/B a.F., bei der Vorschussklage, im Beweissicherungsverfahren, für die Mängelanzeige gem. §§ 639 Abs. 1, 478, 479 BGB a.F. und die Hemmung der Verjährung durch Prüfung und Beseitigung von Mängeln nach § 639 Abs. 2 BGB a.F. entwickelt hat. Wenn der Auftragnehmer eine unvollständige und fehlerhafte Nachbesserungsleistung in der Weise erbringt, daß er lediglich einige Mangelerscheinungen beseitigt, beschränkt sich die neue Verjährungsfrist nicht auf die vom Auftraggeber aufgezeigten und vom Auftragnehmer beseitigten Mangelerscheinungen, sie erfaßt vielmehr alle Mängel, die für diese Mangelerscheinungen ursächlich waren (BGH, Urt. v. 15.6.1989 – VII ZR 14/88). 311

Außerdem ist es eine Besonderheit der VOB/B, dass durch den Zugang eines schriftlichen Mängelbeseitigungsverlangens der Lauf einer eigenen zweijährigen Verjährungsfrist beginnt (BGH, Urt. v. 25.10.1962 – VII ZR 68/61). Die Verjährung kann aber trotz Ablaufs dieser Frist nicht vor Ablauf der Regelfrist von vier Jahren oder der an ihrer Stelle vereinbarten Frist eintreten, § 13 Abs. 5 Nr. 1 Satz 2 VOB/B. Im BGB-Vertrag gilt diese Regelung nicht. Grundsätzlich beginnt im BGB-Vertrag eine neue Verjährung nur durch Anerkenntnis der Haftung, ansonsten wird die Verjährung nur durch gerichtliche Maßnahmen gehemmt. Die Regelungen des BGB werden durch diejenigen der VOB/B allerdings nicht ausgeschlossen. Hat der Auftragnehmer den Mangel z.B. anerkannt, so beginnt der Lauf der Regelfrist des § 13 Abs. 4 oder einer abweichend vereinbarten Frist nach gesetzlichen Bestimmungen neu (BGH, Urt. v. 13.1.2005 – VII ZR 15/04; Bestätigung von Urt. v. 9.10.1986 – VII ZR 184/85). Es ist also nicht so, dass dann nur die zweijährige Frist der VOB/B läuft. Die Möglichkeit einer erleichterten Unterbrechung der Verjährung durch schriftliches Mängelbeseitigungsverlangen ist ursprünglich als Ausgleich für die kurze Verjährungsfrist von zwei Jahren geschaffen worden. Sie ist bestehen geblieben, obwohl die Regelfrist auf vier Jahre verdoppelt wurde. Zur Frage der Wirksamkeit bei einer AGB-Kontrolle → Rdn. 231. 312

Zum Beginn der zweijährigen Verjährung reicht eine schriftliche Mängelaufforderung. Mit dem wirksamen Zugang der schriftlichen Mitteilung beginnt der Lauf der neuen zweijährigen Frist und zwar auch dann, wenn die Parteien eine andere, z.B. fünfjährige Gewährleistungsfrist vereinbart haben (BGH, Urt. v. 9.10.1986 – VII ZR 184/85; Urt. v. 18.3.1976 – VII ZR 35/75). In dieser Art kann nur einmal die zweijährige Frist in Gang gesetzt werden (BGH, Urt. v. 5.7.1990 – VII ZR 164/89; Urt. v. 25.10.1962 – VII ZR 68/61). Eine wiederholte schriftliche Mängelrüge setzt also die einmal in Gang gesetzte Frist aus § 13 Abs. 4 VOB/B nicht erneut in Gang. Das gilt nach der Rechtsprechung des Bundesgerichtshofs selbst dann, wenn die erste schriftliche Mängelbeseitigungsaufforderung nicht dazu geführt hat, dass die vertragliche Verjährungsfrist verlängert wurde (BGH, Urt. v. 5.7.1990 – VII ZR 164/89; Urt. v. 22.1.1998 – VII ZR 204/96; OLG Karlsruhe, Urt. v. 23.9.2003 – 17 U 234/02). Selbst dann, wenn die erste Rüge nur eine vereinzelte Mängelerscheinung gerügt hat, ohne dass das ganze Ausmaß der Mängel bekannt war, soll der Rügeverbrauch gelten. Eine kurz vor Ablauf der vertraglichen Verjährungsfrist vorgenommene, auf einer umfangreichen Untersuchung beruhende umfassende Mängelrüge kann dann die Verjährung nicht mehr verlängern (OLG Karlsruhe, Urt. v. 23.9.2003 – 17 U 234/02 –, juris; vgl. dazu auch Schmitz, BauR 2015, 371, 383). 313

Etwas anderes gilt jedoch, wenn der Auftragnehmer auf die erste Mängelanzeige einen Nachbesserungsversuch unternommen hat, der sich später als untauglich herausstellt (OLG Naumburg, Urt. v. 30.4.2003 – 7 U 93/02). 314

Die schriftliche Mitteilung muss nicht ausdrücklich erfolgen, sondern kann sich aus den Umständen eines Schriftverkehrs ergeben. Es soll sogar ausreichen, dass der Auftragnehmer erkennen kann, dass von ihm Abhilfe erwartet wird (OLG Karlsruhe, Urt. v. 24.1.2012 – 8 U 172/10). Das ist gefährlich für den Auftraggeber, der möglicherweise ein Schreiben noch nicht als Mängelbeseitigungsaufforderung wertet und deshalb meint, er könne einen Quasi-Neubeginn der Verjährung mit einem weiteren Schreiben erreichen. Eine E-Mail soll nicht ausreichen (OLG Frankfurt, Beschl. v. 30.4.2012 – 4 U 269/11; ablehnend Weyer IBR 2012, 386 und Fuchs IBR 2012, 493; vgl. auch OLG Hamm, Urt. v. 29.4.2011 – 12 U 144/10). 315

§ 634a Verjährung der Mängelansprüche

316 Die nach Abnahme der Mängelbeseitigungsarbeiten erneut laufende Frist gemäß § 13 Abs. 4 Nr. 1 Satz 3 VOB/B 2002 kann nach Auffassung des OLG Hamm (Urt. v. 23.6.1992 – 26 U 132/91) erneut durch eine schriftliche Mängelanzeige, die sich auf die Nachbesserung bezieht, in Gang gesetzt werden.

317 Die Verjährung kann in Kombination mit den gesetzlichen Tatbeständen mehrmals gehemmt oder zum Neubeginn gebracht werden (BGH, Urt. v. 23.11.1989 – VII ZR 313/88; Urt. v. 2.6.1999 – VIII ZR 322/98).

Beispiel (nach Kniffka/Koeble, Kompendium des Baurechts, 4. Aufl., 6. Teil Rdn. 118: Die Parteien haben in einem VOB-Vertrag eine fünfjährige Frist vereinbart. Am 23.11.1999 ist die Abnahme erfolgt. Mit am 10.10.2004 zugegangenem Schreiben rügt der Auftraggeber einen Mangel und fordert Mängelbeseitigung. Am 5.10.2006 schreibt der Auftragnehmer nach längerer Prüfung des Mangels, er erkläre sich bereit, den Mangel alsbald zu beseitigen. Am 4.10.2011 wird dem Auftragnehmer ein Antrag des Auftraggebers auf Durchführung eines selbständigen Beweisverfahrens zugestellt, das am 12.12.2011 endet. Fünf Monate danach erhebt er Klage auf Vorschuss. Der Auftragnehmer wendet zu Unrecht Verjährung ein. Zunächst ist die Verjährung durch die schriftliche Mängelbeseitigungsaufforderung vom 10.10.2004 bis zum 10.10.2006 verlängert worden, § 13 Abs. 5 Nr. 1 Satz 2 VOB/B. Kurz vor Ablauf der Frist ist es durch das Anerkenntnis des Auftragnehmers zu einem Neubeginn der fünfjährigen Frist gekommen, § 212 BGB, so dass die Frist erst am 5.10.2011 abgelaufen wäre. Einen Tag zuvor ist die Verjährung durch Zustellung des Antrags auf Durchführung des selbständigen Beweisverfahrens gehemmt worden, § 204 Abs. 1 Nr. 7 BGB. Die Hemmung endet sechs Monate nach Beendigung des selbständigen Beweisverfahrens, § 204 Abs. 2 Satz 1 BGB. Die vor Ablauf der Hemmung erhobene Klage hemmt die Verjährung erneut, § 204 Abs. 1 Nr. 1 BGB.

II. Gesetzliche Regelung zur VOB-Verjährung

318 Zur Anwendung des AGB-Rechts auf die VOB/B vgl. → Vor § 631 BGB Rdn. 46 ff. Die AGB-Kontrolle der Verjährungsregelung des § 13 Abs. 4 VOB/B kommt nur für solche Verträge in Betracht, bei denen der Auftragnehmer Verwender der VOB/B ist. Das werden häufig Verträge zwischen Wohnbauunternehmen sowie Bauhandwerkern und Verbrauchern sein. In solchen Verträgen findet eine Inhaltskontrolle uneingeschränkt statt. Dies ergibt sich aus der Neufassung des § 310 Abs. 1 Satz 3 BGB im Rahmen des Forderungssicherungsgesetzes, womit die sogenannte Privilegierung der VOB/B für Verbraucherverträge, die ab dem 1.1.2009 geschlossen werden, abgeschafft wurde. Es kommt also nicht mehr darauf an, ob die VOB/B „als Ganzes" vereinbart wurde. Sämtliche Einzelregelungen der VOB/B unterliegen ohne Einschränkung der Inhaltskontrolle. Nach dieser ist nicht nur die in früheren Fassungen der VOB/B geregelte Verkürzung der gesetzlichen Verjährungsfrist von fünf Jahren auf zwei Jahre unwirksam (BGH, Urt. v. 28.11.2002 – VII ZR 4/00), sondern auch die Verkürzung auf die derzeitige Regelfrist gemäß § 13 Abs. 4 VOB/B von vier Jahren. In gleicher Weise unwirksam ist die gemäß § 13 Abs. 4 Nr. 1 Satz 1 VOB/B geregelte Verkürzung auf zwei Jahre für die vom Feuer berührten Teile von Feuerungsanlagen sowie die Verjährungsregelung von zwei Jahren gemäß § 13 Abs. 4 Nr. 2 VOB/B bei maschinellen und elektrotechnischen/elektronischen Anlagen oder Teilen davon, bei denen die Wartung Einfluss auf die Sicherheit und Funktionsfähigkeit hat, wenn sich der Auftraggeber dafür entschieden hat, dem Auftragnehmer die Wartung für die Dauer der Verjährungsfrist nicht zu übertragen. Dies ergibt sich aus § 309 Nr. 8 b) ff) BGB. Hierbei handelt es sich um das Verbot der Erleichterung der Verjährung ohne Wertungsmöglichkeit (vgl. auch Kapellmann/Messerschmidt-Langen, VOB/B, 7. Aufl., § 13 Rdn. 130).

319 Soweit die VOB/B nicht gegenüber Verbrauchern, sondern gegenüber Unternehmern, juristischen Personen des öffentlichen Rechts oder öffentlich-rechtlichem Sondervermögen verwendet wird, schränkt § 310 Abs. 1 Satz 3 BGB in der Fassung des zum 1.1.2009 in Kraft getretenen Forderungssicherungsgesetzes die Inhaltskontrolle ein. Sie findet hinsichtlich einzelner Klauseln nicht statt, wenn die VOB/B insgesamt vereinbart ist, vgl. dazu → Vor § 631 BGB Rdn. 57 ff. Gleichwohl stellt sich in Nicht-Verbraucher-Verträgen, in denen der Auftragnehmer die VOB/B verwendet, häufig die Notwendigkeit einer Inhaltskontrolle, weil nur in seltenen Fällen die VOB/B „als Ganzes", also ohne jegliche Abweichung (vgl. BGH, Urt. v. 24.7.2008 – VII ZR 55/07; Urt. v. 15.4.2004 – VII ZR 129/02; Urt. v. 22.1.2004 – VII ZR 419/02) vereinbart ist. Anders als bei Verbraucherverträgen ist bei solchen Verträgen das absolute Klauselverbot gemäß § 309 Nr. 8 b) ff) BGB nach § 310 Abs. 1 Satz 1 BGB nicht an-

Verjährung der Mängelansprüche   § 634a

wendbar, sondern lediglich die Inhaltskontrolle gemäß § 307 BGB. Die danach stattzufindende Angemessenheitskontrolle darf sich nicht ausschließlich auf die 4-Jahres-Regelung gemäß § 13 Abs. 4 Nr. 1 VOB/B beschränken, sondern muss die gesamte VOB-Verjährungsregelung, insbesondere die Möglichkeit der sogenannten Quasi-Unterbrechung gemäß § 13 Abs. 5 Nr. 1 Satz 2 VOB/B, mit berücksichtigen → Rdn. 231.

Besonders eklatant ist die Verjährungserleichterung in den Sonderfällen der vom Feuer berührten Teile von Feuerungsanlagen (zwei Jahre bzw. ein Jahr) gemäß § 13 Abs. 4 Nr. 1 VOB/B sowie von wartungsbedürftigen Teilen von maschinellen und elektrotechnischen/elektronischen Anlagen gemäß § 13 Abs. 4 Nr. 2 VOB/B (zwei Jahre). Allein daraus folgt noch nicht die generelle Unwirksamkeit dieser Regelungen gemäß § 307 BGB. Denn die Verjährungsverkürzung für vom Feuer berührte Teile von Feuerungsanlagen liegt offensichtlich in der Natur der Sache begründet, während der Auftraggeber von maschinellen und elektrotechnischen/elektronischen Anlagen selbst die Entscheidung für oder gegen eine Wartung und damit auch die Entscheidung über die Dauer der Verjährungsfrist treffen kann. Stellt der Auftragnehmer seinen Auftraggeber, der selbst Unternehmer bzw. öffentlicher Auftraggeber ist, vor die Wahl, einen Wartungsvertrag abzuschließen oder dies nicht zu tun und damit vor die Wahl einer langen oder kurzen Verjährungsfrist, so muss sich der Besteller an seiner Entscheidung festhalten lassen. In einem solchen Fall erscheint die Verkürzung der Verjährung nicht unangemessen. 320

N. Verjährung in Architekten- und Ingenieurverträgen

I. Planungs- und Überwachungsleistungen für ein Bauwerk

1. Allgemeines

Mängelansprüche wegen mangelhafter Planung oder Überwachung verjähren in fünf bzw. zwei Jahren. Die Dauer der Verjährungsfrist hängt davon ab, wofür die Planungs- oder Überwachungsleistung erbracht worden ist. Ist die Planungs- oder Überwachungsleistung für ein Bauwerk erbracht worden, so ist die fünfjährige Verjährungsfrist gegeben. Es gilt der oben entwickelte Begriff des Bauwerks (vgl. dazu oben → Rdn. 15 ff.). Deshalb ist die fünfjährige Frist z. B. für Ansprüche aus mangelhaften Planungsleistungen anzuwenden, die der grundlegende Erneuerung oder Erweiterung eines Bauwerks dienen (BGH, Urt. v. 22.9.1983 – VII ZR 360/82). Maßgeblich für den Beginn der Verjährung ist die Abnahme der Planungs- oder Überwachungsleistung, nicht die Abnahme des Bauwerks. 321

Unerheblich ist, ob die Planungsleistungen überhaupt zur Errichtung eines Bauwerkes geführt haben (Werner, FS Jagenburg, 1027, 1039; a. A. Lenkeit, BauR 2002, 228; Grauvogl, Verträge am Bau, S. 449). Es kommt allein darauf an, ob es sich um Planungsleistungen für ein Bauwerk handelt. 322

2. Planungs- und Überwachungsleistungen

a) Planungsleistungen

Erfasst werden sämtliche Planungsleistungen für ein Bauwerk, also nicht nur die der Architekten, sondern auch der Ingenieure und Sonderfachleute, wie z. B. Tragwerksplaner oder Planer von Verkehrsanlagen. Es kommt allerdings nur auf die Art der Leistung an, nicht auf die jeweilige Berufsbezeichnung. Es verjähren die in § 634a Abs. 1 BGB genannten Ansprüche. Dazu gehören sowohl die Nacherfüllungsansprüche wegen der fehlerhaften Planung als auch Kostenerstattungsansprüche für eine eventuelle Selbstvornahme hinsichtlich der Planung. Dazu gehören vor allem auch die Schadensersatzansprüche, die deshalb geltend gemacht werden, weil sich der Planungsmangel im Bauwerk verkörpert hat, §§ 280 ff. BGB. Insoweit bleibt es bei der Rechtslage, wie sie die Rechtsprechung zum alten Recht entwickelt hat (BGH, Urt. v. 20.1.1972 – VII ZR 148/70). Planung im Sinne des § 634a BGB sind alle geistigen Leistungen, die dazu dienen, das Bauwerk funktions- und zweckgerecht entstehen zu lassen. Dazu gehören alle Leistungen, wie sie der Planung zugewiesener Gegenstand der Grundleistungen in der Honorarordnung sind. Zu den Planungsleistungen können danach auch Beratungsleistungen des Architekten oder Ingenieurs gehören, ebenso wie Dokumentationsleistungen oder Leistungen im Zusammenhang mit der Kostenkontrolle. Aber auch in der HOAI aufgeführte Besondere Leistungen können Planung darstellen. Allerdings kann im Einzelfall die Abgrenzung schwierig sein. Fehlerhaft ist die Auffassung, die Beratung eines Architekten über die 323

§ 634a   Verjährung der Mängelansprüche

Qualität von Holzfenstern gehöre nicht zu den Planungsaufgaben, so dass sich die Verjährung nach § 634a Abs. 1 Nr. 3 BGB richte (OLG Koblenz, Beschl. v. 30.5.2011 – 5 U 297/11). Zu den Planungsleistungen gehören auch solche Leistungen von Sonderfachleuten und Gutachtern, die die Planungsleistung unterstützen. Deshalb verjährt auch der Anspruch wegen einer fehlerhaften Bodenprobe eines Gutachters, der während der Bauphase die Geeignetheit des eingebrachten Bodens für einen Sportplatz untersuchen soll, in fünf Jahren nach Abnahme dieser Leistung (vgl. zur Rechtslage nach altem Recht BGH, Urt. v. 20.12.2012 – VII ZR 182/10). Das gilt jedenfalls dann, wenn es Aufgabe des Gutachters ist, anderweitig bereits festgelegte Planungen zu bewerten oder einen Änderungsbedarf vorzugeben (Motzke, BauR 2014, 25 ff.).

b) Überwachungsleistungen

324   Der fünfjährigen Frist unterliegen die Ansprüche wegen Mängeln von Überwachungsleistungen für ein Bauwerk, also insbesondere diejenigen der Bauaufsicht durch den bauüberwachenden Architekten, unabhängig davon, ob er diese für den Besteller oder den Unternehmer vornimmt, aber auch Überwachungsleistungen von Ingenieuren. In erster Linie geht es um Schadensersatzansprüche wegen infolge der mangelhaften Bauaufsicht entstandener Mängel des Bauwerks. Die Rechtslage nach altem Recht wird fortgeschrieben (vgl. BGH, Urt. v. 2.5.1963 – VII ZR 233/61). Auch Mängel wegen anderer Leistungen, die der Bauüberwachende im Zusammenhang mit der Bauüberwachung bauwerksbezogen erbringt, wie z. B. der Schlussrechnungsprüfung, der Erstellung eines Bautagebuchs, der Aufmaßnahme mit Bauunternehmern, der Kostenfeststellung, dem Auflisten der Verjährungsfristen, unterliegen der fünfjährigen Frist. Maßgeblich ist der sachliche Zusammenhang mit der Überwachungsleistung.

325   Abgrenzungsschwierigkeiten können sich insbesondere zu Leistungen ergeben, die zwar auch darauf gerichtet sind, ein Bauwerk vertragsgerecht entstehen zu lassen, jedoch keine Bauüberwachung in dem Sinne zum Gegenstand haben, dass die Bauunternehmer ständig überwacht werden. Dazu gehören z. B. die Leistungen von so genannten Qualitätscontrollern, die die Bauleistung auf Gutachterbasis stichprobenartig überprüfen (vgl. BGH, Urt. v. 11.10.2001 – VII ZR 475/00; LG Hamburg, Urt. v. 4.12.2012 – 321 O 87/12) oder die Leistungen von Projektsteuerern, soweit sie nicht ohnehin Architektenleistungen mit übernommen haben. Solche Leistungen werden auch als Überwachungsleistungen im Sinne des § 634a Abs. 1 Nr. 2 BGB eingeordnet. Denn es macht keinen Unterschied, ob die Bauüberwachung nur in einem eingeschränkten Umfang oder komplett vereinbart wird. In beiden Fällen geht es darum, Mängel des Bauwerks zu vermeiden oder vor der Abnahme zu entdecken. Diese Einordnung ist im Prinzip günstig für den Überwacher, weil sonst § 634a Abs. 1 Nr. 3 BGB Anwendung fände mit einer möglichen Haftung von zehn Jahren (vgl. Schulze-Hagen, IBR 2002, 87 für die Qualitätscontroller). Problematisch ist auch die Einordnung von Bautenstandsüberprüfungen, z.B. die Erteilung von Fertigstellungsbescheinigungen zur Vorlage an Bauträgerkunden. Das Kammergericht stellt derartige Überprüfungen den Überwachungsleistungen eines Architekten gleich mit der Folge der fünfjährigen Verjährung gemäß § 634a Abs. 1 Nr. 2 BGB (KG, Urt. v. 16.2.2010 – 7 U 112/09). Diese Ansicht überzeugt nicht. Während das Ziel der Überwachungstätigkeit die mangelfreie Errichtung des Bauwerks ist, besteht das Ziel von Bautenstandsüberprüfungen, Fertigstellungsbescheinigungen und ähnlichen Testaten darin, einen Fälligkeitsnachweis für die bautenstandsabhängigen Zahlungsraten zu liefern. Grundsätzlich gilt für diese Leistungen gemäß § 634a Abs. 1 Nr. 3 BGB die regelmäßige Verjährung.

II. Zweijährige Verjährung wegen Mängeln an speziellen Werken

326   In zwei Jahren verjähren die Ansprüche wegen Mängeln von Planungs- und Überwachungsleistungen für die in § 634a Abs. 1 Nr. 1 BGB genannten Arbeiten (vgl. oben → Rdn. 38 ff.). Darunter fallen auch Planungsleistungen für Arbeiten, die nicht für Konstruktion, Bestand, Erhaltung und Benutzbarkeit des Gebäudes von wesentlicher Bedeutung sind. Ebenso verjähren in zwei Jahren nach Abnahme die Planungs- und Überwachungsleistungen für reine Grundstücksarbeiten, wie z. B. die Leistungen von Landschafts- und Gartenarchitekten (vgl. zum alten Recht: BGH, Urt. v. 17.12.1992 – VII ZR 45/92) oder Gutachterleistungen, die der Sanierung eines Grundstücks dienen (OLG Hamburg, Beschl. v. 4.7.2012 – 11 U 178/11).

327   **Beispiele:** Erstellung von Plänen über ein vorhandenes Rohrnetz, wobei die Pläne nicht der Vorbereitung von Bauwerksleistungen dienen sollen, sondern lediglich der Bestands-

Verjährung der Mängelansprüche § 634a

aufnahme (BGH, Urt. v. 17.12.1992 – VII ZR 45/92; OLG Köln, Beschl. v. 20.1.2010 – 11 U 3/10).

Unter § 634a Abs. 1 Nr. 1 BGB fallen auch Planungs- und Überwachungsleistungen für bewegliche Sachen. Während auf den Vertrag über die Herstellung und Lieferung der beweglichen Sache gemäß § 651 BGB Kaufrecht und damit die Verjährungsregelung des § 438 Abs. 1 Nr. 3 BGB anzuwenden ist, gilt für die dafür erforderliche Planungsleistung (z. B. Planung einer Maschine, die nicht selbst Bauwerk ist) Werkvertragsrecht und die Verjährungsregelung des § 634a Abs. 1 Nr. 1 BGB. In beiden Fällen beträgt die Verjährungsfrist zwei Jahre. Maßgeblich für den Verjährungsbeginn ist einerseits die Übergabe der Sache, andererseits die Abnahme der Planungsleistung. 328

III. Regelmäßige Verjährung für Mängel an sonstigen Werken

§ 634a Abs. 1 Nr. 3 BGB stellt einen Auffangtatbestand dar (vgl. oben → Rdn. 40). Hierunter fallen sämtliche nicht von Nr. 1 oder Nr. 2 erfassten Werkleistungen, z. B. Auskunft, Beratung, Gutachten soweit sie nicht Planungs- oder Überwachungsleistungen im Sinne der Nr. 1 oder Nr. 2 darstellen. Auch die Erstellung von Individual-Software gehört dazu. 329

Beispiele: Erstellung eines Baugrundgutachtens, soweit dieses nicht als Planungsleistung einzuordnen ist (BGH, Urt. v. 26.10.1978 – VII ZR 249/77), 330

Grundstücksbewertung (BGH, Urt. v. 10.11.1994 – III ZR 50/94; Urt. v. 10.6.1976 – VII ZR 129/74),

Fertigstellungsbescheinigung eines Sachverständigen (Schulze-Hagen, IBR 2010, 364, kritische Anmerkung zu KG, Urt. v. 16.2.2010 – 7 U 112/09).

IV. Beginn der Verjährung

Hinsichtlich des Beginns der Verjährung von Mängelansprüchen aus Architekten- und Ingenieurverträgen gelten im Grundsatz keine Besonderheiten gegenüber Bauverträgen (vgl. oben → Rdn. 41 ff.). Denn auch das Architekten- und Ingenieurwerk ist vom Besteller abzunehmen (BGH, Urt. v. 9.7.1962 – VII ZR 98/61; Urt. v. 18.9.1967 – VII ZR 88/65; Urt. v. 29.10.1970 – VII ZR 14/69; Urt. v. 30.9.1999 – VII ZR 162/97). Für den Beginn der Verjährung der in § 634 Nr. 1, 2 und 4 BGB bezeichneten Ansprüche ist also auch bei Architekten- und Ingenieurverträgen auf die Abnahme bzw. auf Abnahmefiktionen abzustellen (BGH, Urt. v. 26.9.2013 – VII ZR 220/12; Urt. v. 24.2.2011 – VII ZR 61/10; Urt. v. 8.7.2010 – VII ZR 171/08; OLG Celle, Urt. v. 23.12.2014 – 14 U 78/14; OLG München, Urt. v. 1.4.2014 – 9 U 1862/11; OLG Schleswig, Urt. v. 14.4.2015 – 1 U 187/13; OLG Zweibrücken, Urt. v. 15.6.2015 – 7 U 155/13; OLG Karlsruhe, Urteil vom 05.02.2016 – 8 U 16/14; OLG Brandenburg, Urt. v. 3.6.2016 – 11 U 183/14). Die Verjährung beginnt auch, wenn Umstände gegeben sind, nach denen eine Erfüllung des Vertrags nicht mehr in Betracht kommt (BGH, a. a. O.; OLG Brandenburg, Urt. v. 3.12.2014 – 4 U 40/14). Das ist nicht nur bei einer endgültigen Abnahmeverweigerung der Fall, sondern auch, wenn der Besteller sekundäre Mängelrechte geltend macht, also Schadensersatz statt der ganzen Leistung verlangt. Das ist z. B. der Fall, wenn der Besteller die Planung des Architekten als mangelhaft ansieht, er Schadensersatz fordert und er gleichzeitig erklärt, den Architekten von seinen Pflichten zu entbinden und mit einer anderen Planung zu betrauen (OLG Düsseldorf, Urt. v. 8.2.2007 – 5 U 95/06). In aller Regel kommt es nach diesen Kriterien zeitnah zu den erbrachten Leistungen zu einem Verjährungsbeginn gemäß § 634a BGB, entweder weil die Leistung abgenommen wird oder weil eine Abnahme nach den Umständen nicht mehr in Betracht kommt. Kann ausnahmsweise nicht festgestellt werden, dass der Vertrag nicht mehr in einem Erfüllungsstadium ist und lässt der Besteller gleichwohl einen sehr langen Zeitraum verstreichen, so kann die Geltendmachung von Schadensersatzansprüchen aus § 635 BGB a. F. verwirkt sein (BGH, Urt. v. 8.7.2010 – VII ZR 171/08; Beschl. v. 19.5.2011 – VII ZR 94/70; Bejahung der Verwirkung bei einem Zeitraum von 14 Jahren: OLG Hamm, Urt. v. 25.3.2009 – 12 U 40/09). 331

Auch nach einem gekündigten Vertrag beginnt die Verjährung der Mängelansprüche grundsätzlich erst mit der Abnahme (BGH, Urt. v. 19.12.2002 – VII ZR 103/00). Ältere Rechtsprechung, die teilweise auf den Zeitpunkt der Kündigung abgestellt hat, ist damit überholt (vgl. BGH, Urt. v. 2.5.1963 – VII ZR 233/61; Urt. v. 24.6.1971 – VII ZR 254/69). 332

Jurgeleit 427

§ 634a Verjährung der Mängelansprüche

Das gilt auch bei der Kündigung von Architekten- und Ingenieurverträgen (BGH, Beschl. v. 10.3.2009 – VII ZR 164/06).

333 Der Umstand, dass die Verjährung des Mängelanspruchs gegen den Architekten u. U. sehr spät beginnt, ändert nichts an den dargelegten Grundsätzen. Hat der Architekt die Leistungen der Leistungsphase 9 des § 34 HOAI vereinbart und hat keine Teilabnahme stattgefunden, so beginnt die Verjährung erst mit Abnahme dieser Leistungen, also in der Regel nicht vor Ablauf der Verjährungsfrist der gegen die bauausführenden Unternehmer gerichteten Ansprüche. Hat eine Teilabnahme stattgefunden, § 650s BGB, beginnt die Verjährung wegen Mängeln der abgenommenen Teilleistung mit der Teilabnahme, → Rdn. 362. Der Architekt oder Ingenieur hat nach § 650s BGB einen Anspruch auf Teilabnahme. Es kommt deshalb für ab dem 1.1.2018 geschlossene Verträge nicht darauf an, ob eine Teilabnahme vertraglich wirksam vereinbart ist, sofern eine Teilabnahme erfolgt ist. Für bis zum 31.12.2017 geschlossene Verträge besteht hingegen kein gesetzlicher Anspruch auf Teilabnahme. Diese kann der Architekt nur beanspruchen, wenn sie vertraglich vereinbart ist. Eine Teilabnahme ist nicht wirksam mit der häufig verwendeten Klausel vereinbart: „Die Verjährung beginnt mit der Abnahme der letzten nach diesem Vertrag zu erbringenden Leistung, spätestens mit Abnahme der in Leistungsphase 8 zu erbringenden Leistung, bei Leistungen nach Teil VII der HOAI unter Einschluss auch der nach § 57 zu erbringenden Leistung der örtlichen Bauüberwachung". Diese Klausel setzt die Möglichkeit einer wirksamen Teilabnahme voraus, formuliert jedoch nicht die Vereinbarung einer Teilabnahme nach Leistungsphase 8 (BGH, Urt. v. 10.10.2013 – VII ZR 19/12 m. w. N.). Auch die Klausel „Die Verjährung beginnt mit der Abnahme der letzten nach diesem Vertrag zu erbringenden Leistung, ausgenommen ist hier ausdrücklich die LP 9 (Objektbetreuung und Dokumentation)" enthält keine Regelung zur Teilabnahme vor Leistungsphase 9 (BGH, Urt. v. 8.9.2016 – VII ZR 168/15).

334 Vertragsbedingungen der öffentlichen Hand – etwa die „AVB – Allgemeine Vertragsbestimmungen für Verträge mit freiberuflich Tätigen" – knüpfen den Verjährungsbeginn mitunter an die „Übergabe an die nutzende Verwaltung". Darunter ist jedoch nicht die Übergabe der baulichen Anlage an die Verwaltung – also ein rein innerdienstlicher Vorgang –, sondern die Abnahme der Bauleistungen durch die Verwaltung zu verstehen (OLG Dresden, Urt. v. 27.4.2006 – 9 U 1816/05).

335 Bei stufenweiser Beauftragung sollen Mängelansprüche gegenüber dem Architekten nach OLG Dresden (Urt. v. 17.6.2010 – 10 U 1648/08) keiner einheitlichen Verjährungsfrist unterliegen. Vielmehr soll im Hinblick auf jede getrennt voneinander in Auftrag gegebene „Stufe" zu untersuchen sein, ob die aus einem jeweils eigenständigen Vertrag entspringenden Mängelansprüche verjährt sind (ebenso OLG Brandenburg, Urt. v. 16.3.2016 – 4 U 19/15). Diese Auffassung ist nur dann haltbar, wenn die Parteien mit der Beauftragung der zweiten Stufe keine sachliche Fortsetzung der ersten Stufe wollen, also im Ergebnis einen einheitlichen Planungsauftrag herbeiführen wollen. Das wird aber selten anzunehmen sein. In aller Regel wird die Beauftragung der zweiten Stufe als Fortsetzung der Arbeiten aus der ersten Stufe zu verstehen sein, so dass auch eine einheitliche Abnahme aller Leistungen gewollt ist. Anders ist das, wenn die Abnahme der ersten Stufe vereinbart und durchgeführt wurde. Denn dann wirkt diese Abnahme jedenfalls als Teilabnahme.

336 Mängelansprüche gemäß § 634 BGB sind vor der Abnahme grundsätzlich nicht gegeben (BGH, Urteil vom 19. Januar 2017 – VII ZR 301/13; VII ZR 193/15 und VII ZR 235/15) → Rdn. 8. Hat sich aber die Schlechterfüllung der noch nicht abgenommenen Architektenleistung bereits im Bauwerk verwirklicht, ist der Erfüllungsanspruch nach § 275 Abs. 1 BGB erloschen. Damit hat sich der Vertrag in ein Abrechnungsverhältnis gewandelt, so dass dem Besteller das Recht auf Schadensersatz neben der Leistung nach §§ 634 Nr. 4, 280 Abs. 1 BGB zusteht. Dieser Anspruch verjährt nach § 634a BGB.

Hat sich die Schlechterfüllung der noch nicht abgenommenen Architektenleistung noch nicht im Bauwerk verwirklicht, steht dem Besteller weiterhin der Herstellungsanspruch (Erstellung einer neuen Planung) zu. Daneben können Ansprüche aus § 280 Abs. 1 BGB oder §§ 280 Abs. 1, 2; 286 BGB bestehen. Diese Ansprüche verjähren nach §§ 195, 199 BGB.

V. Verjährung bei arglistig verschwiegenen Mängeln

337 Zur Frage der Arglist ist in den letzten 60 Jahren eine verästelte Rechtsprechung entstanden, insbesondere zur Zurechnung von Wissen der Mitarbeiter oder Nachunternehmer des Unternehmers (hierzu grundlegend Jurgeleit, BauR 2018, 389 ff.). In diesem Beitrag ist nachgewiesen, dass die Rechtsprechung des BGH zur Zurechnung arglistigen Verhaltens über § 278 BGB in Verbindung mit der Verletzung von Organisationsobliegenheiten die praktischen Probleme nicht vollständig lösen kann und dogmatisch zweifelhaft ist. Stattdessen ist eine Zurechnung über § 166 BGB (analog) vorzunehmen (so bereits Kniffka, ZfBR 1992, 1, 8), die einen Rückgriff auf Organisationsfehler obsolet macht. Ob der BGH seine Rechtsprechung ändern wird, ist offen. Die nachfolgende Darstellung orientiert sich deshalb aus praktischen Erwägungen an der zur Zeit noch aktuellen Rechtsprechung des BGH.

1. Arglistiges Verschweigen

Auch zum arglistigen Verschweigen eines Mangels durch den Architekten oder Ingenieur gelten die allgemeinen Grundsätze → Rdn. 53 ff. Arglistig ist der Architekt, wenn er erkennt, dass er vertragswidrig leistet und dies bei der Abnahme nicht offenbart. 338

Beispiel: Weiß der Architekt, dass zu seinen Aufgaben die Abstimmung mit einem Brandschutzsachverständigen gehört und unterlässt er diese, muss er den Besteller jedenfalls dann darüber aufklären, wenn er von Vorgaben des Gutachters bewusst abgewichen ist. Tut er das nicht, verschweigt er einen Mangel seiner Leistung arglistig (OLG Celle, Urt. v. 4.1.2012 – 14 U 126/11).

Arglistig ist auch der mit der Bauüberwachung beauftragte Architekt, der bewusst verschweigt, dass er die Bauüberwachung überhaupt nicht (BGH, Beschl. v. 17.6.2004 – VII ZR 345/03) oder nicht zu besonders schadensträchtigen Teilen vorgenommen hat (BGH, Urt. v. 5.8.2010 – VII ZR 46/09; vgl. oben → Rdn. 61 ff.). Voraussetzung für die Arglist ist, dass der Architekt das Bewusstsein hat, er habe seine Bauüberwachungsaufgabe nicht vertragsgerecht übernommen. Ein solches Bewusstsein fehlt, wenn er nicht erkennt, dass ein Gewerk oder dessen Teil (OLG Brandenburg, Urt. v. 3.6.2016 – 11 U 183/14) überwachungspflichtig ist, und er deshalb die Aufklärung darüber unterlässt, dass er eine Überwachung nicht durchgeführt hat (BGH, Urt. v. 22.7.2010 – VII ZR 77/08, Rdn. 10, 11). Geht der Architekt davon aus, es sich um einfache Arbeiten handelt, die nicht der Überwachung bedürfen, fehlt es an der Arglist auch dann, wenn diese Annahme unzutreffend ist (OLG Köln, Urt. v. 29.8.2012 – 16 U 30/11 zur Annahme, eine Dachrandbefestigung müsse nicht überwacht werden; OLG Celle, Urt. v. 4.1.2012 – 14 U 126/11 zur Annahme, die Dachabdichtung müsse nicht überwacht werden). Voraussetzung für ein arglistiges Verschweigen des Mangels der Bauüüberwachung ist jedoch nicht, dass der Architekt das Bewusstsein hat, der Unternehmer habe mangelhaft gearbeitet. Denn arglistiges Verschweigen erfordert nicht, dass der Architekt bewusst eine nachteilige Folge der vertragswidrigen Leistung in Kauf genommen hat. Es verlangt keine Schädigungsabsicht und keinen eigenen Vorteil (BGH, Urt. v. 23.5.2002 – VII ZR 219/01; Beschl. v. 5.8.2010 – VII ZR 46/09, Rdn. 8). 339

2. Darlegungs und Beweislast

Ein arglistiges Verschweigen eines Mangels der Planung oder der Bauaufsicht muss der Besteller beweisen. Praktische Bedeutung hat die Behauptung, der Architekt habe eine unzureichende Bauaufsicht arglistig verschwiegen. Der Besteller muss dazu vortragen, dass die Bauaufsicht vertragswidrig nicht oder unzureichend durchgeführt worden ist und der Architekt diesen Mangel erkannt hat. Es können Beweiserleichterungen gewährt werden, wenn Umstände vorliegen, aus denen der Schluss gezogen werden kann, dass nach aller Lebenserfahrung der Architekt die Bauaufsicht bewusst vertragswidrig durchgeführt hat. Solche Umstände werden darin gesehen, dass ein Mangel der Bauausführung schon zur Zeit der Bauüberwachung offensichtlich war (vgl. OLG Zweibrücken, Urt. v. 13.2.2013 – 1 U 46/12, das sich aber zu Unrecht auf die Rechtsprechung zur Verletzung der Organisationsobliegenheit beruft; ähnlich OLG Frankfurt, Urt. v. 30.10.2012 – 6 U 181/11). Diese Rechtsprechung geht sehr großherzig mit dem Beweis des ersten Anscheins bei Bauüberwachungsfehlern vor. Sie kann nur dann zur Geltung kommen, wenn bei den gegebenen Umständen davon ausgegangen werden muss, dass der Architekt im Zeitpunkt der Abnahme von einer unzureichenden Bauaufsicht ausgegangen ist. Daran wird es häufig fehlen, weil ja der Architekt in Unkenntnis einer fehlerhaften Bauausführung selten das Bewusstsein haben wird, die Bauüberwachung mangelhaft ausgeführt zu haben. Das Vorliegen eines an sich unübersehbaren Mangels lässt nicht ohne Weiteres den Schluss auf ein arglistiges Verschweigen einer mangelhaften Bauaufsicht zu. Es kommt nun einmal immer wieder vor, dass ein erkennbarer Mangel aus Nachlässigkeit übersehen wird und der Architekt sein Verhalten nicht als Nachlässigkeit einordnet. 340

VI. Verjährung nach Organisationsobliegenheitsverletzung

1. Organisationsobliegenheitsverletzung

341 Die Organisationsobliegenheiten treffen jeden Unternehmer im Sinne des § 631 BGB (vgl. oben → Rdn. 70 ff.). Sie treffen deshalb auch Architekten- und Ingenieurgesellschaften (BGH, Urt. v. 27.11.2008 – VII ZR 206/06). Diese müssen ebenfalls die organisatorischen Voraussetzungen dafür schaffen, dass Fehler ihrer Mitarbeiter entdeckt werden können. Das gilt sowohl für den planenden als auch für den bauleitenden Aufgabenbereich (Knoche, BrBp 2005, 431, 434; vgl. auch Knipp, BauR 2007, 945, 952 m. w. N.).

342 Die verjährungsrechtliche Gleichsetzung der Verletzung einer Organisationsobliegenheit durch einen arbeitsteilig tätigen Architekten mit arglistigem Verhalten ist nur dann gerechtfertigt, wenn den Architekten der Vorwurf trifft, er habe mit seiner Organisation die Arglisthaftung vermeiden wollen (OLG Frankfurt, Urt. v. 6.9.2012 – 22 U 119/10). Dieser Vorwurf kann sich daraus ergeben, dass er, ohne selbst tätig zu werden, ganz darauf verzichtet, Gehilfen zur Erfüllung seiner Offenbarungspflicht einzuschalten. Er ist auch gerechtfertigt, wenn der Architekt hierfür Personal einsetzt, von dem er weiß, dass es seiner Pflicht nicht nachkommen wird oder nicht nachkommen kann, sei es, weil er nicht ausreichend kompetente Gehilfen ausgesucht oder weil er ihnen keine ausreichende Möglichkeit gegeben hat, Mängel wahrzunehmen und pflichtgemäß zu offenbaren. Gleiches gilt, wenn er zwar dies betreffendes Wissen nicht hat, er aber die Augen vor dieser Erkenntnis verschließt (BGH, Urt. v. 22.7.2010 – VII ZR 77/08; Urt. v. 27.11.2008 – VII ZR 206/06, Rdn. 21 f.). Setzt er hingegen einen ausreichend qualifizierten Bauleiter ein, scheidet ein Organisationsverschulden grundsätzlich aus. Denn dessen Kenntnis von einer unzureichenden Bauüberwachung muss sich der Architekt zurechnen lassen, so dass ihm nicht der Vorwurf gemacht werden kann, er habe seine Kenntnis „wegorganisiert".

343 Ein Unternehmer oder Architekt, der selbst die Leistungen vornimmt und sich nicht arbeitsteilig organisiert, kann nicht nach den dargestellten Grundsätzen in die verlängerte Haftung genommen werden (OLG Köln, Urt. v. 29.8.2012 – 16 U 30/11; OLG Brandenburg, Urt. v. 3.6.2016 – 11 U 183/14). Bei ihm kommt es allein darauf an, ob er den Mangel arglistig verschwiegen hat.

344 Eine Verletzung der Obliegenheit, sich so zu organisieren, dass eine Mangel des Werks bei der Abnahme entdeckt wird, muss der Besteller beweisen. Wie beim Bauunternehmer können ihm auch Beweiserleichterungen zugute kommen → Rdn. 84. Ein schwerer Baumangel lässt jedoch nicht ohne weiteres den Schluss zu, dass dass eine Architektengesellschaft, die die Baubetreuung übernommen hat, ihre Organisationsobliegenheit verletzt hat. Der Mangel muss in diesem Fall so sein, dass er den Rückschluss darauf zulässt, dass die Gesellschaft ihre Pflichten bei der Organisation der Bauüberwachung in einer Weise verletzt hat, die eine Gleichstellung mit der Haftung Arglistiger rechtfertigt. Nicht jeder schwere Mangel lässt diesen Rückschluss zu (BGH, Urt. v. 27.11.2008 – VII ZR 206/06).

2. Darlegungs- und Beweislast

345 Der allein durch einen Baumangel verursachte Anschein einer Überwachungspflichtverletzung kann nur ausnahmsweise den weitergehenden Anschein erwecken, der mit der Bauüberwachung beauftragte Architekt habe seine mit der Bauleitung befasste Mitarbeiter unsorgfältig ausgesucht oder eingesetzt. Ein solcher Anschein entsteht selbst bei schwerwiegenden Baumängeln jedenfalls dann nicht, wenn der sich hieraus ergebende Bauüberwachungsfehler seiner Art nach auch einem sorgfältig ausgewählten und eingesetzten Bauleiter unterlaufen kann (BGH, Urt. v. 22.7.2010 – VII ZR 77/08).

VII. Verjährung bei Sekundärhaftung

346 Auch nach dem Schuldrechtsmodernisierungsgesetz bleibt es für den Beginn der Verjährung von Ansprüchen wegen Mängeln des Architektenwerks bei der objektiven Anknüpfung an die Abnahme. Die Vergünstigung der subjektiven Anknüpfung der Kenntnis kommt dem Besteller deshalb nicht zugute. Es ist deshalb, anders als bei anderen Freiberuflern (Rechtsanwälte und Steuerberater, vgl. Heinrichs, BB 2001, 1417, 1423) weiterhin notwendig, die von der Rechtsprechung zur Sekundärhaftung entwickelten Grundsätze auf den Architekten anzuwenden.

Verjährung der Mängelansprüche §634a

Der Architekt hat im Rahmen seines jeweiligen Aufgabenbereichs dem Bauherrn bei der Behebung von Leistungsmängeln zur Seite zu stehen. Er hat dabei nicht nur die Rechte des Bestellers gegenüber den Bauunternehmern zu wahren, ihm obliegt auch die objektive Klärung der Mängelursachen, selbst wenn hierzu Planungs- oder Aufsichtsfehler gehören. Unterlässt es der mit der Planung und Bauüberwachung beauftragte Architekt, die Ursachen einer in unverjährter Zeit aufgetretenen Mangelerscheinung zu untersuchen und den Bauherrn über das Ergebnis seiner Untersuchung und über die technischen Möglichkeiten der Beseitigung des Mangels und die Haftung zu informieren, dann haftet der Architekt aus der Pflichtverletzung in der Weise, dass er sich auf die Verjährung des Mängelhaftungsanspruchs nicht berufen kann (BGH, Urt. v. 16.3.1978 – VII ZR 145/76; Urt. v. 4.10.1984 – VII ZR 342/83; Urt. v. 26.9.1985 – VII ZR 50/84; Urt. v. 11.1.1996 – VII ZR 85/95; Urt. v. 27.9.2001 – VII ZR 320/00; Urt. v. 4.4.2002 – VII ZR 143/99; Urt. v. 15.4.2004 – VII ZR 397/02; Urt. v. 26.10.2006 – VII ZR 133/04; Urt. v. 23.7.2009 – VII ZR 134/08; Urt. v. 10.12.2009 – VII ZR 42/08). 347

1. Verletzung einer Betreuungspflicht

Die sogenannte Sekundärhaftung des Architekten knüpft an eine Verletzung der Pflichten aus dem Architektenvertrag an. Es kommt deshalb zunächst auf die Ausgestaltung dieser Pflichten in dem jeweiligen Vertrag an. Anknüpfungspunkt ist der übernommene Aufgabenkreis. Die Pflicht zu Aufklärung, auch über eigene Fehler, ergibt sich aus den übernommenen Betreuungsaufgaben (BGH, Urt. v. 27.9.2001 – VII ZR 320/00). Derartige Betreuungspflichten folgen für den umfassend beauftragten Architekten daraus, dass er die Objektüberwachung und die Objektbetreuung übernommen hat. Der Objektüberwacher und Objektbetreuer ist die zentrale Figur bei der Durchführung des Bauwerks. Er ist der primäre Ansprechpartner des Bestellers bei Problemen. Das setzt sich auch nach der Fertigstellung des Bauwerks fort. Eine derartige Sachwalterstellung kann auch dann bestehen, wenn der Architekt nicht mit allen Leistungen, die zur einwandfreien Herstellung eines Bauwerks notwendig sind, beauftragt ist, z. B. für einen Architekten, der die technische Oberleitung für die Errichtung eines Fertighauses übernommen hat (BGH, Urt. v. 11.1.1996 – VII ZR 85/95). Die zur Sekundärhaftung des Architekten entwickelten Grundsätze sind dagegen nicht auf einen Architekten anwendbar, der lediglich mit den Aufgaben der Grundlagenermittlung bis zur Vorbereitung der Vergabe (Leistungsphasen 1 – 6 des § 3 Abs. 4 HOAI) beauftragt worden ist (Urt. v. 23.7.2009 – VII ZR 134/08; vgl. auch OLG Zweibrücken, Urt. v. 15.6.2015 – 7 U 155/13 für einen Sachverständigen, der Planungsaufgaben übernommen hat). 348

Beispiel: Ein Architekt – mit den Phasen 1–6 beauftragt – plant die Abdichtung eines Wohnhauses – obwohl notwendig – nicht gegen drückendes Wasser, so dass es zu Wassereintritten kommt. In Kenntnis des Architekten nimmt der Bauherr den Bauunternehmer in Anspruch. Der Architekt bleibt passiv und weist nicht darauf hin, dass ursächlich auch sein eigener Planungsfehler sein könnte. Als der Bauherr gegen den Bauunternehmer erfolglos bleibt und nunmehr mehr als fünf Jahre nach Fertigstellung und Abnahme der Architektenleistung vergangen sind, beruft sich der Architekt zu Recht auf Verjährung. Die Grundsätze der Sekundärhaftung finden hier keine Anwendung, weil es an einer umfassenden Beauftragung fehlt und der Architekt daher kein Sachwalter ist.

Die Betreuungspflichten setzen nicht voraus, dass dem Architekten die Leistungsphase 9 des § 15 Abs. 2 HOAI übertragen werden (OLG Hamm, Urt. v. 06.12.2005 – 21 U 66/05; OLG Celle, Urt. v. 5.3.2015 – 6 U 101/14). 349

Sonderfachleute, die in die Planung einbezogen werden, haben in der Regel keine vergleichbare Sachwalterstellung, die das Vertrauen des Bauherrn erzeugt, er werde auch eine umfassende Aufklärung über eigene Mängel erhalten. Die zur Sekundärhaftung des Architekten entwickelten Grundsätze sind grundsätzlich deshalb nicht auf Sonderfachleute anwendbar (BGH, Urt. v. 28.7.2011 – VII ZR 4/10). So gelten die zur Sekundärhaftung entwickelten Grundsätze nicht für einen Elektroingenieur, auch wenn er teilweise die Bauüberwachung des Elektrogewerks übernommen hat (BGH, Urt. v. 28.7.2011 – VII ZR 4/10), und auch nicht für einen Tragwerksplaner, der die Statik zu erstellen und die Bewehrungskontrolle vorzunehmen hat (BGH, Urt. v. 27.1.2001, a. a. O.). Etwas anderes kann sich aber aus den Einzelheiten des Vertrages und der Bauumstände ergeben. Werden vom Tragwerksplaner z. B. auch Betreuungsaufgaben hinsichtlich des gesamten Bauwerks übernommen, so kann sich daraus auch eine Sachwalterstellung ergeben. Auf Ingenieure, die die Objektüberwachung von Ingenieurbauwerken übernommen haben, sind die zur Sekundärhaftung entwickelten Grundsätze anwendbar (BGH, Urt. v. 10.10.2013 – VII ZR 19/12; Urt. v. 28.7.2011 – VII ZR 4/10). 350

§ 634a

2. Umfang der Betreuungspflicht

351 Der mit Betreuungsaufgaben befasste Architekt (oder Ingenieur) muss einer Mängelrüge des Bestellers sorgfältig nachgehen. Er muss der Mängelursache ohne Rücksicht darauf nachgehen, dass er selbst Fehler gemacht haben könnte. Die Aufklärung des Mangels muss unverzüglich erfolgen (BGH, Urt. v. 4.4.2002 – VII ZR 143/99).

352 Welche Maßnahmen er im Einzelfall vornehmen muss, um auf eine Mangelerscheinung im Sinne der Rechtsprechung angemessen zu reagieren, hängt vom Einzelfall ab. Es kann allerdings genügen, dass er bei mehrdeutigen Mangelerscheinungen zunächst auf eine nahe liegende Ursache setzt und zu deren Beseitigung geeignete Maßnahmen vorschlägt. Danach obliegt ihm die Pflicht, die weitere Entwicklung zu beobachten. Kann er nach der Reaktion des Bestellers davon ausgehen, dass der Mangel beseitigt ist, kann eine Pflichtverletzung zu verneinen sein (BGH, Urt. v. 15.4.2004 – VII ZR 397/02: Kleiner Feuchtigkeitsfleck, der auf mangelhafte Belüftung zurückgeführt wurde). Wenn der Besteller ausreichend anderweitig, z. B. durch Sachverständige, beraten ist, kann im Einzelfall eine Untersuchung des Architekten „gegen sich selbst" ebenfalls entbehrlich sein (BGH, Urt. v. 22.1.1987 – VII ZR 88/85).

353 Der Architekt oder Ingenieur muss den Besteller ohne schuldhafte Verzögerung vom Ergebnis seiner Untersuchung und der sich daraus ergebenden Rechtslage unterrichten (BGH, Urt. v. 4.4.2002 – VII ZR 143/99, m.w.N.). Das gilt auch dann, wenn er selbst die Ursache für den Mangel durch eine Pflichtverletzung gesetzt hat, wie z. B. eine fehlerhafte Bauplanung oder fehlerhafte Bauüberwachung. Mit der Beendigung eines Architektenauftrags entfällt die Aufklärungspflicht nicht (BGH, a. a. O.).

354 Die Verletzung der Aufklärungspflicht muss ursächlich für den eingetretenen Schaden sein. Liegt dieser darin, dass der Mangelanspruch gegen den Architekten verjährt ist, muss festgestellt werden, dass die Verjährung infolge der unterlassenen Aufklärung eingetreten ist. Es kommt darauf an, was der Besteller unternommen hätte, wenn er rechtzeitig aufgeklärt worden wäre. Dazu kann die Einleitung verjährungshemmender Maßnahmen gehören. Dafür dass der Besteller solche Maßnahmen eingeleitet hätte, spricht eine tatsächliche Vermutung (BGH, Urt. v. 26.10.2006 – VII ZR 133/04). Die Verletzung einer Aufklärungspflicht ist nicht ursächlich, wenn der Besteller bereits anderweitig aufgeklärt ist. Das ist z. B. dann angenommen worden, wenn der Besteller ein Privatgutachten eingeholt hat, dass die Verantwortung des Architekten unmissverständlich feststellt (BGH, Urt. v. 27.1.2005 – VII ZR 158/03). Zur Frage, ob die Sekundärhaftung auch besteht, wenn der Besteller anwaltlich beraten wird, können die zur Sekundärhaftung von Anwälten und Steuerberatern entwickelten Grundsätze herangezogen werden (dazu BGH, Urt. v. 13.4.2006 – IX ZR 208/02). Danach entfällt die sekundäre Hinweispflicht, wenn der Besteller rechtzeitig wegen der Frage, inwieweit sein Architekt haftet, einen Rechtsanwalt beauftragt hat. Darauf, ob der Architekt davon weiß oder wissen muss, kommt es nicht an. Maßgeblich ist, ob der Rechtsanwalt zur Prüfung der Frage eingeschaltet worden ist, ob ein Regressfall vorliegt. Die Einschaltung des Rechtsanwalts wegen anderer Aufgaben, z. B. wegen eines Beweisverfahrens oder wegen eines Verfahrens gegen den Unternehmer, reicht selbst dann nicht aus, wenn sie im Zusammenhang mit der Regressfrage steht und den Rechtsanwalt aus seinem Mandat eine Nebenpflicht trifft, über die Regressmöglichkeit zu beraten. Allein die anwaltliche Beratung des Bestellers wegen der Mängel lässt die Sekundärhaftung ebenfalls nicht entfallen. Das gilt auch in dem etwas irrealen Fall, dass im Zuge der anwaltlichen Beratung vorsorglich dem Architekten der Streit verkündet wird (BGH, Urt. v. 4.4.2002 – VII ZR 143/99), ohne dass eine Beratung über dessen Haftung erfolgt ist. Selbst eine tatsächliche Beratung aus Anlass eines nicht regressbezogenen Mandats reicht nicht, wenn diese nicht darüber erfolgt ist, dass eine kurze Verjährungsfrist gilt (BGH, Urt. v. 13.4.2006 – IX ZR 208/02).

355 Einen besonderen Fall hat das OLG Karlsruhe, Urteil vom 5.02.2016 – 8 U 16/14, entschieden. Ein Architekt hat anlässlich einer Undichtigkeit und der insoweit erkannten Sanierungsnotwendigkeit auf Fragen des Bestellers erklärt, weitere Undichtigkeiten seien nicht vorhanden. Als später weitere Undichtigkeiten auftauchten, hat das Gericht einen Anspruch des Bestellers wegen Verletzung einer Aufklärungspflicht angenommen, der in der Regelfrist verjährt.

3. Rechtsfolgen

356 Der Architekt oder Ingenieur haftet dem Besteller für den Schaden, der ihm durch die Verletzung der Aufklärungspflicht entstanden ist.

Verjährung der Mängelansprüche　　　　　　　　　　　　　　　　　　　§ 634a

Dazu können Kosten der Inanspruchnahme eines Unternehmers im selbständigen Beweisverfahren oder im Prozess gehören, der ganz oder teilweise ohne Erfolg auf Gewährleistung in Anspruch genommen worden ist.

Eine wesentliche Folge der Verletzung der Aufklärungspflicht ist der Lauf einer eigenen Verjährungsfrist wegen der Ansprüche aus dieser Pflichtverletzung. Nach der Rechtsprechung des Bundesgerichtshofs verjährt der Anspruch in der Regelfrist, weil auf die eigenständige Verletzung der Aufklärungspflicht abgestellt wird (BGH, Urt. v. 20.12.1984 – VII ZR 13/83; Urt. v. 16.3.1978 – VII ZR 145/76). Das gilt auch nach der Schuldrechtsmodernisierung (BGH, Urt. v. 26.10.2006 – VII ZR 133/04; OLG Hamm, Urt. v. 16.7.2013 – 26 U 116/12). Es gilt nicht, auch nicht analog, die Frist für Mängelansprüche, denn die Verletzung der Pflicht gründet sich nicht auf den Mangel, sondern auf fehlerhaftes Verhalten des Architekten im Zusammenhang mit der Erforschung der Mangelursache. 357

Die Verjährung beginnt unter den Voraussetzungen des § 199 BGB. Erforderlich ist also, dass der Anspruch auf Schadensersatz entstanden ist und der Besteller Kenntnis von den den Anspruch begründenden Tatsachen und der Person des Schuldners hat. Die Verjährungsfrist eines Sekundärhaftungsanspruchs wird danach regelmäßig erst in dem Zeitpunkt beginnen, in dem der Primäranspruch verjährt ist. Denn an diesem Tag ist der durch den unterlassenen Hinweis auf die eigene Schadensersatzpflicht entstandene Schaden entstanden (BGH, Urt. v. 1.2.2007 – IX ZR 180/04 zur Sekundärhaftung des Steuerberaters). Das wird teilweise nicht beachtet (vgl. OLG Hamm, Urt. v. 16.7.2013 – 26 U 116/12, ohne Einfluss auf das Ergebnis). 358

VIII. Hemmung und Neubeginn der Verjährung

Insoweit gelten nur wenige Besonderheiten für den Architekten- und Ingenieurvertrag. 359

1. Symptomtheorie

Nach der ständigen Rechtsprechung des Bundesgerichtshofs braucht der Besteller im baurechtlichen Mängelprozess nur die Symptome vorzutragen, aus denen sich die Mangelhaftigkeit des Werks herleitet (vgl. → Rdn. 89). Über ihre Ursachen („die Mängel selbst"), also die Abweichungen von der vertraglich geschuldeten Beschaffenheit, braucht er sich nicht zu äußern. Auch sind mit hinreichend genauer Bezeichnung der Mangelerscheinungen, unabhängig davon, ob der Besteller auch vermutete Mängelursachen bezeichnet, sämtliche Abweichungen von der vertraglich geschuldeten Beschaffenheit Gegenstand des Sachvortrags (vgl. → Rdn. 89). Diese Symptomtheorie gilt auch im Mängel- bzw. Schadensersatzprozess gegenüber Architekten und Ingenieuren. Insbesondere ist der Besteller nicht gehalten, die geltend gemachten Mangelerscheinungen als Planungs- oder Überwachungsfehler einzuordnen. Er braucht sich nicht über die Ursachen zu äußern, es genügt vielmehr, wenn er die Mangelerscheinung, die er dem Architekten oder Ingenieur zum Vorwurf machen will, hinreichend genau bezeichnet (BGH, Urt. v. 8.5.2003 – VII ZR 407/01). Der Besteller ist auch nicht gehalten, die Mangelerscheinungen der Planungs- oder Aufsichtsleistung des Architekten/Ingenieurs zuzuordnen (BGH, Urt. v. 18.9.1997 – VII ZR 300/96). Für den schlüssigen Vortrag eines Schadensersatzanspruches gegen den bauaufsichtsführenden Architekten genügt es, wenn seitens des Bestellers die sichtbaren Symptome der Baumängel beschrieben werden, auf die sich die Bauaufsicht des Architekten erstreckte. Für eine Pflichtverletzung des Architekten spricht dann der erste Anschein (OLG Celle, Urt. v. 2.6.2010 – 14 U 205/03). In diesem Fall braucht der Besteller nicht anzugeben, inwieweit es der Architekt im Einzelnen an der erforderlichen Überwachung hat fehlen lassen. Vielmehr ist es Sache des Architekten, den Beweis des ersten Anscheins dadurch auszuräumen, dass er seinerseits darlegt, was er an Überwachungstätigkeit verrichtet hat. Dazu genügt nicht die bloße Behauptung, dass er die Arbeiten selbst oder durch einen Bauleiter habe überwachen lassen (OLG Celle, Urt. v. 2.6.2010 – 14 U 205/03). 360

2. Hemmung durch Verhandlungen

Verjährungsrelevante Besonderheiten bei Verhandlungen (vgl. oben → Rdn. 97 ff.) über Mängel- bzw. Schadensersatzansprüche gegen Architekten/Ingenieure ergeben sich häufig daraus, dass die Verhandlung zunächst ausschließlich zwischen dem Besteller und dem Bauunternehmer geführt wird, während der Architekt/Ingenieur den Bauherr dabei lediglich unterstützt. Allein die Unterstützung des Bestellers durch den Architekten bei der Geltendmachung von Ansprüchen gegen den Bauunternehmer führt noch nicht zur Verjährungshem- 361

Jurgeleit 433

mung (BGH, Urt. v. 30.12.1963 – VII ZR 88/62; Urt. v. 26.11.1959 – VII ZR 120/58). Die Verjährung der Mängelansprüche gegen einen Tragwerksplaner wegen Mängeln der Statik wird auch nicht allein dadurch gehemmt, dass der Tragwerksplaner an der Besichtigung der Mangelerscheinungen teilnimmt (BGH, Urt. v. 27.9.2001 – VII ZR 320/00). Die Hemmung der Verjährung rechtfertigt sich jedoch aus dem Umstand, dass der Architekt/Ingenieur bei dem Besteller den Eindruck erweckt, er werde sich um den Mangel kümmern, so dass ein weiteres Vorgehen einstweilen nicht veranlasst ist. Unternimmt der Architekt/Ingenieur daher Maßnahmen, die beim Besteller den Eindruck vermitteln, er bemühe sich um die Beseitigung etwaiger eigener Mängel, so tritt Verjährungshemmung ein. Dies kann beispielsweise der Fall sein, wenn Architekt und Handwerker gemeinsam die Mängelbeseitigung betreiben. Verjährungshemmung tritt auch ein, wenn der Architekt/Ingenieur zwar nur das Werk eines Dritten prüfen will, seine Prüfung aber objektiv auch das eigene Werk betrifft und er damit rechnen muss, dass der Besteller von ihm auch die Prüfung seines eigenen Werks erwartet (BGH, Urt. v. 11.5.1978 – VII ZR 313/75), es sei denn der Prüfende weist von vornherein jede Verantwortung von sich (BGH, Urt. v. 27.9.2001 – VII ZR 320/00).

IX. Verjährung nach Teilabnahme gemäß § 650s BGB

362 Mit § 650s BGB wird dem Architekten das gesetzliche Recht eingeräumt, nach Abnahme der letzten Leistung des bauausführenden Unternehmers oder der bauausführenden Unternehmer eine Teilabnahme der von ihm bis dahin erbrachten Leistungen zu verlangen. Wegen der Teilabnahme wird verwiesen → § 650s BGB Rdn. 40. Die durchgeführte Teilabnahme löst alle Wirkungen der Abnahme wegen des abgenommenen Teils der Leistung aus. Dazu gehört auch die Verjährung der Ansprüche wegen Mängeln des Teilwerks. Diese Verjährung zu ermöglichen, war das Ziel des Gesetzes. Viele Klauseln in Architektenverträgen haben eine Teilabnahme nicht wirksam vorgesehen. Entsprechende Klauselversuche im Einheitsvertrag für Architekten sind nach der Rechtsprechung jedoch gescheitert, weil sie die Verpflichtung zur Teilabnahme nicht deutlich genug zum Ausdruck gebracht haben (Vgl. zuletzt BGH, Urt. v. 8.9.2016 – VII ZR 168/15, zur Klausel: „Die Verjährung beginnt mit der Abnahme der letzten nach diesem Vertrag zu erbringenden Leistung, ausgenommen ist hier ausdrücklich die Leistungsphase 9 (Objektbetreuung und Dokumentation)"; vgl. auch Kniffka/Koeble/Jurgeleit/Sacher, 11. Teil Rdn. 761.). Die fehlende Teilabnahmevereinbarung führt dazu, dass der Architekt die Abnahme erst dann verlangen kann, wenn er die nach dem Vertrag insgesamt geschuldete Leistung im Wesentlichen erbracht. Hat der Architekt die sogenannte Vollarchitektur der Leistungsphasen 1 bis 9 des § 34 HOAI in Auftrag, kann er keine Abnahme seiner gesamten Leistungen verlangen, wenn die Leistungsphase 9 noch aussteht. Er kann auch nicht die Teilabnahme der bis zur Fertigstellung des Bauwerks erbrachten Planungs- und Überwachungsleistungen verlangen, wenn dies nicht vereinbart ist. Auch wegen dieser Leistungen können die Abnahmewirkungen erst nach Abnahme der Gesamtleistung, also nach Vollendung der Leistungsphase 9 eintreten, meist viele Jahre nach der Fertigstellung des Bauwerks. Das bedeutet vor allem, dass die Verjährungsfrist für Mängel des Architektenwerks, die sich im Bauwerk verkörpern, erst viele Jahre später beginnt. So kommt es zu einer Haftung des Architekten und Ingenieurs für solche Mängel über einen Zeitraum von nicht selten 10 Jahren und mehr, während der Bauunternehmer für diese Mängel gesetzlich nur 5 Jahre nach Abnahme haftbar ist, wenn er die Einrede der Verjährung erhebt.

363 Da Architekten und Ingenieure häufig daran gescheitert sind, durchgehend und verlässlich eine Teilabnahme wirksam in ihre Verträge zu implementieren, hat der Gesetzgeber ihnen die Verantwortung abgenommen und nunmehr gesetzlich das Recht zur Teilabnahme geschaffen. Damit wird hinsichtlich des überwiegenden Teils der Leistungen des Architekten oder Ingenieurs ein annähernder Gleichlauf der gesetzlichen Verjährung der Mängelhaftung mit der des bauausführenden Unternehmers erreicht. Denn in aller Regel wird die Abnahme der erbrachten Planungsleistungen und der Überwachungsleistungen ungefähr zeitgleich mit der Abnahme der Bauunternehmerleistung erfolgen. Das gilt allerdings nur für die Abnahme der letzten Leistungen der Bauunternehmer. Bei Leistungen von Unternehmern, die bereits während des Bauprojekts abgenommen worden sind, wird dieser Gleichlauf nicht erzielt. Bei der klassischen Einzelvergabe kann es also nach wie vor zu einem Auseinanderfallen der Verjährungsfristen und damit zu den aufgezeigten Problemen kommen. Denn gerade die letzten Leistungen werden nicht selten verzögert, z. B. die Außenanlagen einer Wohnanlage. Außerdem können Verzögerungen durch mangelhafte Leistungen einzelner Unternehmer entstehen, deren Leistungen zu Recht zunächst nicht abgenommen worden sind und dann später, manchmal erst lange nach Fertigstellung des Bauvorhabens abgenommen werden. Zutreffend

ist auch der Hinweis, dass ein Gleichlauf der Verjährungsfristen durch das Gesetz selbst dann nicht garantiert ist, wenn Architektenwerk und Bauunternehmerwerk in etwa zeitgleich abgenommen werden (Kuhn, ZfBR 2017, 211, 214). Schon die Vereinbarung abweichender Verjährungsfristen (z. B. der vierjährigen Verjährungsfrist nach VOB/B) führt zu Abweichungen. Diese können insbesondere auch durch Hemmungs- und Unterbrechungstatbestände entstehen.

Wegen der mit der Teilabnahme und Verjährung verbundenen Probleme wird verwiesen auf Kuhn, ZfBR 2017, 211, 216, der zutreffend darauf hinweist, dass die Teilabnahme nach § 650s BGB einen Leistungsbereich erfasst, der nicht zwingend voneinander abgrenzbar ist. Denn sie erfolgt in einem Stadium, in dem zwar die Planungs- und Überwachungsleistungen beendet sind, jedoch die sonstigen möglicherweise geschuldeten Leistungen noch nicht. Einzelne Leistungsbereiche, wie z. B. die Rechnungsprüfung oder die Aufmaßnahme können begonnen, jedoch noch nicht beendet sein. Das führt zu schwierigen Abgrenzungsproblemen, die sinnvoll dahin gelöst werden müssen, dass eine Teilabnahme nur insoweit verlangt werden kann, als abgrenzbare Teile der geschuldeten Leistung erbracht sind. **364**

Problematisiert wird der Fall, dass der Besteller die Abnahme der Bauunternehmerleistung unter dem Vorbehalt der Mängelrechte wegen bei der Abnahme gerügter Mängel erklärt hat. Insoweit wird für möglich gehalten, dass die Verjährungsfrist trotz der erklärten Abnahme nicht läuft. Dementsprechend sei es nicht zu rechtfertigen, wenn der Architekt durch das Verlangen nach Teilabnahme seine Verjährungsfrist bereits in Gang setzen könne. Dieses Problem entsteht nur, wenn es zuträfe, dass trotz unter Vorbehalt der Mängelrechte erklärter Abnahme die Verjährungsfrist für diese Mängel nicht liefe. Das ist jedoch entgegen nicht weiter begründeter Literaturmeinung (Staudinger/Jacoby, § 640 Rdn. 63) nicht der Fall. Mit der Abnahme beginnt die Verjährung, § 634a Abs. 2 BGB. Das Gesetz enthält keine Einschränkung für die Abnahme unter Vorbehalt. Nicht anwendbar ist die Rechtsprechung dazu, dass die Beweislast für das Nichtvorliegen bestimmter Mängel eines Werks beim Unternehmer verbleibt, wenn der Besteller das Werk nur unter Vorbehalt der Rechte wegen dieser Mängel abgenommen hat (BGH, Urt. v. 23.10.2008 – VII ZR 64/07.). Diese Rechtsprechung folgt daraus, dass die Beweislastregelung des § 363 BGB an die Erfüllung anknüpft, diese aber wegen dieser Mängel gerade nicht akzeptiert wird. Im Ergebnis kann der Architekt deshalb auch dann die Teilabnahme fordern, wenn die Bauunternehmerleistung mangelhaft war, jedoch die Abnahme (unter Vorbehalt der Mängelrechte) abgenommen worden ist (Deckers, ZfBR 2017, 523, 542). Eine andere Frage ist jedoch, ob die Architektenleistung mangelfrei war. Ist der Bauunternehmermangel auf einen wesentlichen Mangel der Bauüberwachungsleistung zurückzuführen, kann das die Verweigerung der Abnahme des Architektenwerks begründen. **365**

Problematisch ist auch der Fall, dass der Besteller die Abnahme der letzten Unternehmerleistung unberechtigt verweigert. Verlangt der Architekt gleichwohl die Teilabnahme, hilft ihm der Gesetzeswortlaut nicht. Kann der Architekt jedoch nachweisen, dass die Abnahme der Unternehmerleistung zu Unrecht verweigert worden ist, dürfte die Abnahmewirkung auch hinsichtlich seines Werkes eintreten, wenn dies mängelfrei ist (i. E. auch Deckers, ZfBR 2017, 523, 542). Denn nach dem Gesetzeszweck soll der Gleichlauf der Verjährungsfristen erreicht werden. Da die Verjährungsfrist für die Mängelansprüche gegen den Unternehmer mit der Abnahmeverweigerung beginnt, muss für die Verjährungsfrist für die Mängelansprüche gegen den Architekten dasselbe gelten. Voraussetzung ist aber, dass die Teilabnahme verlangt worden ist. Dammert (Das neue Bauvertragsrecht S. 109) meint, der Architekt könne eine Teilabnahme nicht verlangen, wenn der Bauunternehmer eine Frist zur Abnahme gesetzt habe und der Besteller die Abnahme unter Angabe auch eines unwesentlichen Mangels verweigert habe. Richtig daran ist, dass dann die Abnahmefiktion des § 640 Abs. 2 BGB zugunsten des Unternehmers nicht eintritt. Hat der Besteller jedoch die Abnahme wegen eines unwesentlichen Mangels verweigert, so gelten die oben dargelegten Grundsätze. Läuft wegen der unberechtigten Abnahmeverweigerung die Verjährungsfrist des Unternehmers muss auch der Architekt die Teilabnahme verlangen können. **366**

X. Vereinbarung über die Verjährung

In eigenen Vertragsbedingungen versuchen Architekten/Ingenieure häufig, eine Erleichterung der Verjährung zu vereinbaren, sei es durch eine kürzere Frist ab Abnahme oder durch eine Vorverlegung des Beginns der Verjährung vor Abnahme. Im Hinblick darauf, dass der Architekt/Ingenieur, der auch die sogenannte Objektbetreuung (Leistungsphase 9) übernommen hat, einer sehr langen Haftung ausgesetzt sein kann, ist ein Bedürfnis für solche verjäh- **367**

§ 634a

rungserleichternde Regelungen nicht von der Hand zu weisen. Werden solche Regelungen nicht in einer Individualvereinbarung getroffen, müssen sie allerdings einer AGB-rechtlichen Inhaltskontrolle standhalten. Gemäß § 309 Nr. 8 b) ff) BGB besteht nämlich ein ausdrückliches Verbot für die Erleichterung der Verjährung im Falle des § 634a Abs. 1 Nr. 2 BGB für Baumängel bzw. darauf gerichtete Planungs- und Überwachungsleistungen. Unwirksam ist danach zum Beispiel eine Bestimmung des Architekten/Ingenieurs, nach der die Verjährung mit der Bezugsfertigkeit beginnt (BGH, Urt. v. 15.4.2004 – VII ZR 397/02). In gleicher Weise kann der Beginn der Architektenverjährung nicht an die Abnahme bzw. Ingebrauchnahme der Bauunternehmerleistung geknüpft werden (BGH, Urt. v. 9.10.1986 – VII ZR 245/85). Auch an den bloßen Abschluss der Objektüberwachung kann der Verjährungsbeginn nicht geknüpft werden, da dieser eine Abnahme bzw. Abnahmefiktion voraussetzt.

368 Verjährungsrechtlich ist von besonderer Bedeutung, ob Architekten/Ingenieure in den von ihnen gestellten Vertragsbedingungen eine Teilabnahme nach Abschluss der Leistungsphase 8 (Objektüberwachung) formularmäßig vereinbaren können. Das hat der Bundesgerichtshof grundsätzlich für möglich erklärt (Beschl. v. 5.4.2001 – VII ZR 161/00). Eine solche Verpflichtung zur Durchführung einer Teilabnahme muss jedoch unmissverständlich in den Vertragsbedingungen des Architekten/Ingenieurs geregelt sein, was der Bundesgerichtshof für die Klausel 6.2 der Allgemeinen Vertragsbestimmungen zum Einheitsarchitektenvertrag für Gebäude (AVA) (Fassung vor 1991) für nicht gegeben erklärt hat (BGH, Urt. v. 11.5.2006 – VII ZR 300/04; vgl. auch Urt. v. 27.1.2011 – VII ZR 186/09 Rdn. 55); vgl. auch → Rdn. 336.

369 § 650s BGB gibt das Leitbild des Gesetzes für die Möglichkeit wieder, Vereinbarungen zur Teilabnahme nach Abnahme der letzten Unternehmerleistung zu verlangen. Allgemeine Geschäftsbedingungen in Verträgen der Besteller, die dem Architekten das Recht auf Teilabnahme nach Abnahme der letzten Bauunternehmerleistung verweigern, sind unwirksam. Das gilt auch für Allgemeine Geschäftsbedingungen, die das Recht auf Teilabnahme unangemessen modifizieren. Insoweit ist problematisch, ob Regelungen in Allgemeinen Geschäftsbedingungen des Bestellers der Inhaltskontrolle stand halten können, in denen das Recht auf Teilabnahme an den Abschluss der Leistungsphase 8 geknüpft wird (wie bisher üblich, vgl. Motzke, NZBau 2017, 251, 257), sofern die in der HOAI zur Leistungsphase 8 aufgezählten Arbeiten vereinbart werden. Zu Recht wird darauf hingewiesen, dass insbesondere die Überwachung der bei Abnahme festgestellten Mängel einen erheblichen, nicht berechenbaren Zeitraum in Anspruch nehmen kann (Kuhn, a.a.O., S. 218 f.). Das hätte zur Folge, dass der vom Gesetz bezweckte ungefähre Gleichlauf der Verjährungsfristen in Gefahr ist. Das belastet den Architekten unangemessen, weil dadurch die Verjährung bereits nach der gesetzlichen Regelung abzunehmender Leistungen verlängert wird (Dammert, Das neue Bauvertragsrecht, S. 109; a.A. Deckers, ZfBR 2017, 523, 542; Motzke, a.a.O., empfiehlt die Weiterverwendung der Klausel, die eine Abnahme nach Beendigung der Leistungsphase 8 vorsieht. Das ist jedoch aus den genannten Gründen bedenklich, es sei denn die Klausel wird vom Architekten verwendet).

O. Verjährung in Bauträger- bzw. Kaufverträgen

I. Begriff des Bauträgervertrags

370 Zu den Mängelrechten im Bauträgervertrag, zur Anwendung des Werk- bzw. Kaufvertragsrechts auf Mängelrechte bei dem Erwerb neu errichteter sowie beim Erwerb von sanierten Altbauten vgl. → § 650u BGB Rdn. 11.

371 Die Verjährung der werkvertraglichen Mängelansprüche beträgt gemäß § 634a Abs. 1 Nr. 2, Abs. 2 BGB fünf Jahre, beginnend mit der Abnahme. Die kaufvertraglichen Mängelansprüche verjähren bei einem Bauwerk in fünf Jahren gemäß § 438 Abs. 1 Nr. 2, Abs. 2 BGB, beginnend mit der Übergabe.

II. Verjährungsbeginn der werkvertraglichen Mängelansprüche

372 Zum Verjährungsbeginn durch Abnahme bzw. Abnahmeverweigerung vgl. oben→ Rdn. 41 ff. Zur Abnahme im Bauträgervertrag vgl. → § 650u BGB Rdn. 112 ff.

373 Besonderheiten ergeben sich bei dem Erwerb von Eigentumswohnungen vom Bauträger. Bei der Abnahme des vom Bauträger geschuldeten Werks ist nämlich zwischen Sonder- und

Verjährung der Mängelansprüche § 634a

Gemeinschaftseigentum zu unterscheiden. In aller Regel wird in Bauträgerverträgen vereinbart, dass Sonder- und Gemeinschaftseigentum getrennt teilabzunehmen sind, → § 650u BGB Rdn. 117 ff., so dass es jeweils zu einem unterschiedlichen Verjährungsbeginn kommt.

Abnahmeregelungen im Bauträgervertrag sind häufig problematisch, näher dazu → § 650u 374 BGB Rdn. 117 ff. Sind Abnahmeregelungen unwirksam, so gibt es zahlreiche Fälle, in denen eine Abnahme der Werkleistung des Bauträgers für das Gemeinschaftseigentum nicht stattgefunden hat. Die Verjährung der Mängelansprüche hat dann noch nicht begonnen (vgl. BGH, Urt. v. 25.2. 2016 – VII ZR 49/15; Urt. v. 12.5.2016 – VII ZR 171/15; Urt. v. 30.6.2016 – VII ZR 188/13). Es wird diskutiert, ob die Verjährung von Mängelansprüchen auch ohne Abnahme beginnen kann (vgl. auch Messerschmidt/Leidig, BauR 2014, 3 ff.). Dazu wird verwiesen auf → § 650u BGB Rdn. 126. Es wird vertreten, dass ohne Abnahme die Regelfrist beginnend mit dem Zeitpunkt der Fertigstellung läuft (Werner, NZBau 2014, 80 ff.). Das ist abzulehnen, weil damit durch eine unwirksame Regelung in Bauträgerverträgen eine vom Gesetz abweichende Verjährungsfrist zu Lasten des Bestellers installiert würde. Die Regelverjährung hat zwar für den Besteller Vorteile, weil sie zehn Jahre andauert. Sie hat aber den Nachteil, dass die Frist nur noch drei Jahre nach Kenntnis im Sinne des § 199 BGB beträgt. Der Besteller muss sich aber darauf verlassen können, dass auch im Bauträgervertrag die Verjährungsfrist von fünf Jahren kenntnisunabhängig erst nach Abnahme läuft.

III. Verjährung der Ansprüche wegen Mängeln am Gemeinschaftseigentum und Durchsetzungsbefugnis der Eigentümergemeinschaft

Zur Rechtsinhaberschaft und Durchsetzungsbefugnis der Mängelrechte am Gemeinschafts- 375 eigentum, → § 650u BGB Rdn. 60 ff. Insbesondere mit Urteil vom 12.4.2007 – VII ZR 236/05 – hat der Bundesgerichtshof das Recht der Wohnungseigentümergemeinschaft entwickelt, die Durchsetzung der auf eine ordnungsgemäße Herstellung des Gemeinschaftseigentums gerichteten Ansprüche der Einzelerwerber durch Mehrheitsbeschluss an sich zu ziehen. Dadurch verliert der einzelne Erwerber die Befugnis, seine Ansprüche selbstständig durchzusetzen. Die Durchsetzung ist nur noch gemeinschaftlich möglich, → § 650u BGB Rdn. 79. Diese Beschlusskompetenz ist allerdings beschränkt. Sie besteht nur im Rahmen der ordnungsgemäßen Verwaltung des gemeinschaftlichen Eigentums, die der ordnungsgemäßen Instandhaltung und Instandsetzung des gemeinschaftlichen Eigentums dient, → § 650u BGB Rdn. 81. Damit sind die Ansprüche der Einzelerwerber auf großen Schadensersatz statt der Leistung und das Recht auf Rücktritt der Beschlusskompetenz entzogen→ § 650u BGB Rdn. 82. Diese Unterscheidung ist auch für die Verjährung der Mängelrechte von Bedeutung. Hat nämlich die Eigentümergemeinschaft die Durchsetzung der gemeinschaftsbezogenen Mängelrechte an sich gezogen, so verliert der Einzelerwerber die Befugnis, diese durchzusetzen und auf den Lauf der Verjährung Einfluss zu nehmen. Für eine etwaige Hemmung der Verjährung ist nunmehr die Eigentümergemeinschaft verantwortlich. Führt die Eigentümergemeinschaft Verhandlungen mit dem Bauträger über die Beseitigung der Mängel, wird dadurch auch die Verjährung der Mängelbeseitigungsansprüche der einzelnen Wohnungseigentümer gehemmt (BGH, Urt. v. 19.8.2010 – VII ZR 113/09). Gemäß § 213 BGB gilt diese Hemmung auch für Ansprüche, die aus demselben Grunde wahlweise neben dem Mängelbeseitigungsanspruch gegeben sind, also auch die „individuellen" Ansprüche auf großen Schadensersatz statt der Leistung und das Recht auf Rücktritt (KG, Urt. v. 9.2.2010 – 6 U 204/08). Hat der Erwerber jedoch – nach früherem vor der Schuldrechtsmodernisierung geltendem Recht – neben dem Vorgehen der Eigentümergemeinschaft eine weitere Frist verbunden mit einer Ablehnungsandrohung gesetzt und ist diese Frist abgelaufen, so ist der Mängelbeseitigungsanspruch des Einzelerwerbers – nicht die Befugnis der Eigentümergemeinschaft, Ansprüche anderer Eigentümer durchzusetzen! – ausgeschlossen (§ 634 Abs. 1 Satz 2 Halbs. 2 BGB a. F.). In einem solchen Fall hat der Einzelerwerber nur noch seine individuellen Ansprüche auf großen Schadensersatz bzw. das Recht auf Rücktritt. Die Hemmungswirkung einer etwaigen Verhandlung zwischen der Eigentümergemeinschaft und dem Bauträger beziehen sich nicht mehr auf diese individuellen Ansprüche, soweit die Eigentümergemeinschaft nicht vom Einzelerwerber zur Verhandlung über diese Ansprüche ermächtigt ist (BGH, Urt. v. 19.8.2010 – VII ZR 113/09). Nach derzeitigem Recht ergibt sich insoweit eine Abweichung, als nach bloßem Fristablauf der Erfüllungsanspruch des Gläubigers noch nicht untergeht, sondern erst mit der Rücktrittserklärung gemäß § 323 Abs. 1 BGB oder mit Geltendmachung des Schadensersatzes statt der Leistung gemäß § 281 Abs. 4 BGB (vgl. BGH, Urt. v. 20.1.2006 – V ZR 124/05).

IV. Verjährung des Anspruchs auf Übertragung des Eigentums

376 Ansprüche auf Übertragung des Eigentums an dem bebauten Grundstück, wie sie in einem Bauträgervertrag ebenfalls begründet werden, verjähren gemäß § 196 BGB in zehn Jahren. Diese Verjährungsfrist wird allgemein als zu kurz empfunden. Eine Initiative des Bundesrates, eine dreißigjährige Verjährung festzuschreiben (BR-Stellungnahme Nr. 2), blieb jedoch erfolglos (Gegenäußerung Nr. 2). Ob der Anspruch auf Eigentumsübertragung aus einem Bauträgervertrag der Regelung des § 196 BGB unterfällt, ist umstritten. Es wird vertreten, der Schwerpunkt des Vertrages liege auf der Verschaffung des Werkes, so dass die für den Erfüllungsanspruch geltende dreijährige Frist zu gelten habe (Wagner, ZfIR 2002, 257, 262). Dem wird unter Hinweis darauf, dass bisher in dem typengemischten Bauträgervertrag hinsichtlich der Ansprüche auf Erwerb des Grundstücks das Kaufrecht dominierte und kein Grund bestehe, das zu ändern, entgegengetreten (Amann, DNotZ 2002, 94, 114). Der Anspruch auf Eigentumsverschaffung verjähre zehn Jahre nach Fälligkeit, der Anspruch auf Herstellung des Gebäudes dagegen in drei Jahren (Pause, NZBau 2002, 648, 651). Mit Rücksicht auf die Regelung in § 650u Abs. 1 Satz 3 BGB, wonach hinsichtlich des Anspruchs auf Übertragung des Eigentums an dem Grundstück oder auf Übertragung oder Bestellung des Erbbaurechts die Vorschriften über den Kauf Anwendung finden, dürfte diese Frage im Sinne der letztgenannten Meinung geklärt sein.

377 Unklar ist ob auch der Anspruch des Bauträgers auf Zahlung des Erwerbspreises in zehn Jahren verjährt.

P. Verjährung des Anspruchs wegen Mängeln einer für ein Bauwerk verwendeten Sache

378 Die fünfjährige Verjährungsfrist gilt nach § 438 Abs. 1 Nr. 2 b) BGB auch dann, wenn eine bewegliche Sache gekauft bzw. gemäß § 651 BGB geliefert worden ist, die entsprechend ihrer üblichen Verwendungsweise für ein Bauwerk verwendet worden ist und dessen Mangelhaftigkeit verursacht hat.

I. Allgemeines

379 Damit wird eine Rechtsprechung zum Werklieferungsvertrag zur Gleichschaltung der Verjährungsfristen fortgeführt und auf Kaufverträge ausgedehnt. Es ist dem wegen Mängeln in Anspruch genommenen Bauunternehmer möglich, den Baustofflieferanten in Anspruch zu nehmen, ohne im Regelfall Verjährung befürchten zu müssen. Die fünfjährige Verjährungsfrist gilt nicht nur für Ansprüche der Bauhandwerker gegen ihre Lieferanten, sondern auch für Ansprüche von Zwischenhändlern gegenüber anderen Zwischenhändlern oder den Hersteller von Baumaterialien, von Bauherren, welche die Baumaterialien selbst erwerben und entweder selbst einbauen oder einbauen lassen. Ein Kaufvertrag über Sachen, die entsprechend ihrer üblichen Verwendungsweise für ein Bauwerk verwendet werden, liegt nicht nur beim Erwerb von fertig gestellten Produkten vor, sondern nach § 650 BGB auch beim Vertrag über die Lieferung herzustellender oder zu erzeugender beweglicher Sachen. Deshalb haftet z.B. das Warenhaus, das Baumaterialien verkauft, ebenso wie der Betonlieferant nach § 438 Abs. 2 b) BGB.

II. Beginn der Verjährung

380 Die Verjährung beginnt in jedem dieser Rechtsverhältnisse nach § 438 Abs. 2 BGB mit der Ablieferung der Baumaterialien. Der spätere Zeitpunkt der Verwendung der Baumaterialien spielt keine Rolle, da der Verkäufer darauf keinen Einfluss hat. Insoweit ist für Regressansprüche kein völliger Gleichlauf der Verjährungsfristen in den einzelnen Handelsstufen erreichbar.

III. Verwendung für ein Bauwerk

381 Die Sache muss entsprechend ihrer üblichen Verwendungsweise für ein Bauwerk verwendet worden sein und dessen Mangelhaftigkeit verursacht haben. Der Begriff „entsprechend ihrer üblichen Verwendungsweise" zwingt nach der Begründung (RegEntw. S. 533) zu einer

Verjährung der Mängelansprüche § 634a

objektiven Betrachtungsweise (BGH, Urt. v. 24.2.2016 – VIII ZR 38/15). Es kommt nicht darauf an, ob der Lieferant im Einzelfall von der konkreten Verwendung Kenntnis hat. Auch ist der Anwendungsbereich des Gesetzes nicht auf übliche Baumaterialien beschränkt (BGH, a. a. O.). Die Bezugnahme auf die „übliche" Verwendung bezweckt eine andere Beschränkung des Anwendungsbereichs. Nicht erfasst sind Sachen, deren bauliche Verwendung außerhalb des Üblichen liegt. Die Begründung nennt den Fall, dass ein Künstler extravagante Sachen verwendet, um einem Gebäude eine künstlerische Note zu verleihen (RegEntw. S. 533). Unklar ist, ob die fünfjährige Frist auch für solche Sachen gilt, die vom Unternehmer ausdrücklich beim Lieferanten für den Einbau in ein Bauwerk bestellt werden, die aber üblicherweise nicht für ein Bauwerk verwendet werden.

IV. Verwendung für ein bereits fertig gestelltes Bauwerk

Nach der sprachlichen Fassung des § 438 Abs. 1 Nr. 2 b) BGB gilt die fünfjährige Frist für die Verwendung der Sache für Bauwerke. Das würde bedeuten, dass diese Frist immer dann gilt, wenn eine Sache im Sinne dieser Regelung in ein Bauwerk eingebaut wird und zwar unabhängig davon, welches Gewicht die Einbauleistungen haben. Darunter fielen auch geringfügige Verwendungen, wie z. B. die Installation einer neuen Steckdose, der Ersatz eines abgebrochenen Türgriffs, die Installation einer neuen Badezimmerarmatur usw. Aus der Begründung zum Gesetzesentwurf geht hervor, dass das nicht gewollt ist. § 438 Abs. 1 Nr. 2 b) BGB gilt zwar auch für die Fälle, in denen kein neues Bauwerk errichtet wird. Insoweit soll es jedoch darauf ankommen, ob Arbeiten an einem Bauwerk im Sinne der Rechtsprechung zum Verjährungsrecht, § 638 BGB a. F., jetzt § 634a BGB, vorgenommen werden. Das sind Arbeiten, die für Konstruktion, Bestand, Erhaltung und Benutzbarkeit des Gebäudes von wesentlicher Bedeutung sind, wenn die eingebauten Teile mit dem Gebäude fest verbunden werden (BGH, Urt. v. 24.2.2016 – VIII ZR 38/15; RegEntw. S. 533). Dagegen gilt § 438 Abs. 1 Nr. 2 b) BGB nicht, wenn das Material lediglich für eine Reparatur verwendet wird, die nach der Definition der Rechtsprechung nicht als Arbeit am Bauwerk einzustufen ist. 382

Der Ausdruck „Bauwerk" beschreibt nach der Auslegung, die er durch die höchstrichterliche Rechtsprechung zu § 638 Abs. 1 BGB aF erfahren hat, nicht nur die Ausführung des Baus als Ganzes, sondern auch die Herstellung der einzelnen Bauteile und Bauglieder, und zwar unabhängig davon, ob sie äußerlich als hervortretende, körperlich abgesetzte Teile in Erscheinung treten (BGH, Urt. v. 24.2.2016 – VIII ZR 38/15). Daraus folgt, dass eine Kaufsache aus verschiedenen Gründen als „für ein Bauwerk verwendet" angesehen werden kann, nämlich dann, wenn sie selbst als Bauwerk einzustufen ist, oder wenn sie Bauteil oder Bauglied einer Sache ist, die ihrerseits die Kriterien eines Bauwerks erfüllt, und schließlich, wenn die Sache, deren Teil oder Glied die Kaufsache ist, zwar selbst kein Bauwerk ist, jedoch ihrerseits Bauteil oder Bauglied eines Bauwerks ist (BGH, Urt. v. 24.2.2016 – VIII ZR 38/15), zu allem → Rdn. 19 ff. 383

Die Ungewissheit des Lieferanten, ob das Material für Arbeiten beim Bauwerk oder nicht verwendet wird, muss hingenommen werden. Er muss sich von vornherein auf eine fünfjährige Gewährleistung einrichten (Bedenken bei Teichmann, ZfBR 2002, 12, 20). Nach Mansell ist die fünfjährige Frist nur anwendbar, wenn das Baumaterial innerhalb von zwei Jahren ab Ablieferung eingebaut wird. Andernfalls würde ein bereits verjährter Anspruch durch bloßen Einbau in ein Bauwerk wieder aufleben (Mansell, NJW 2002, 89, 94). Im Gesetzeswortlauf findet diese Ansicht keine Stütze, deshalb kann eine teleologische Reduktion stattfinden. 384

Umstritten ist, ob eine Photovoltaikanlage auf dem Dach eines Gebäudes, die mit diesem fest verbunden wird, jedoch nicht dessen Versorgung dient, für ein Bauwerk verwendet wird. Das hat der Bundesgerichtshof zunächst verneint (BGH, Urt. v. 9.10.2013 – VIII ZR 318/12; kritisch dazu Kleefisch, NZBau 2016, 340 ff. m. w. N.). Diese Auffassung wird jedoch von dem für Baurecht zuständigen Senat nicht geteilt (BGH, Urt. v. 2.6.2016 – VII ZR 348/13). Allerdings ist darauf hinzuweisen, dass beide Senate unterschiedliche Fragestellungen zu beantworten hatten. Während dem VIII. Zivilsenat die Frage vorgelegt wurde, ob die Photovoltaikanlage für ein Bauwerk im Sinne von § 438 Abs. 1 Nr. 2 b) BGB verwendet wird, hatte der VII. Zivilsenat die Frage zu beantworten, ob die Errichtung der Photovoltaikanlage eine Arbeit am Bauwerk ist. Diese Frage ist zu Recht bejaht worden, wenn die Anlage fest mit dem Gebäude verbunden wird. Auf den Verwendungszweck kommt es nicht an. 385

Jurgeleit

V. Ursächlichkeit

386 Die fünfjährige Verjährungsfrist kommt nur in Betracht, wenn der Mangel der Sache ursächlich für den Mangel des Bauwerks ist. Hat der Unternehmer die mangelfreie Sache lediglich fehlerhaft eingebaut, greift die fünfjährige Frist nicht.

VI. Verjährung der Aufwendungsersatzansprüche des Käufers (Ein- und Ausbaukosten)

387 Nach § 439 Abs. 3 BGB ist der Verkäufer im Rahmen der Nacherfüllung verpflichtet, dem Käufer die erforderlichen Aufwendungen für das Entfernen der mangelhaften und den Einbau oder das Anbringen der nachgebesserten oder gelieferten mangelfreien Sache zu ersetzen, wenn der Käufer die mangelhafte Sache gemäß ihrer Art und ihrem Verwendungszweck in eine andere Sache eingebaut hat. Diese Regelung sorgt dafür, dass nicht nur Verbraucher verschuldensunabhängig die Ein- und Ausbaukosten vom Verkäufer ersetzt bekommt, sondern auch ein Unternehmer, der die Baumaterialien kauft und sodann verbaut oder sonst an einem Bauwerk anbringt. Die Verjährung des Anspruchs richtet sich nach § 438 BGB, vgl. → Rdn. 378 ff. Gleichzeitig wird in § 445a BGB der entsprechende Rückgriff des Verkäufers gegen seinen Verkäufer hin bis zum Hersteller geregelt (ausführlich dazu: Retzlaff, BauR 2017, 1886; Lenkeit, Das neue Bauvertragsrecht, S. 249 ff.). Die Verjährung des selbständigen Regressanspruchs gegen den Verkäufer ist in § 445b BGB in der Weise geregelt, wie sie zuvor nur für den Verbrauchsgüterkauf in § 479 Abs. 1 BGB a. F. geregelt war. Der Aufwendungsersatzanspruch des Verkäufers gegen seinen Lieferanten verjährt gemäß § 445b Abs. 1 BGB in zwei Jahren ab Ablieferung der Sache. Ergänzt wird diese Regelung durch die Ablaufhemmung in § 445b Abs. 2 BGB. Danach tritt die Verjährung der in den §§ 437 und 445a Abs. 1 bestimmten Ansprüche des Verkäufers gegen seinen Lieferanten wegen des Mangel einer verkauften neu hergestellten Sache frühestens zwei Monate nach dem Zeitpunkt ein, in dem der Verkäufer die Ansprüche des Käufers erfüllt hat. Diese Ablaufhemmung endet spätestens fünf Jahre nach dem Zeitpunkt, in dem der Lieferant die Sache dem Verkäufer abgeliefert hat. Hinzuweisen ist darauf, dass die Verjährung keine Rolle spielt, wenn der Anspruch des Unternehmers oder Lieferanten wegen Verlustes des Rügerechts nicht durchgesetzt werden kann. Denn § 377 BGB bleibt unberührt, auch soweit es um den Rückgriff geht, § 445a Abs. 4 BGB. Ist der Kauf für beide Teile ein Handelsgeschäft, muss der Käufer die Ware unverzüglich nach der Ablieferung durch den Verkäufer untersuchen, soweit dies nach ordnungsgemäßen Geschäftsgang tunlich ist, und dem Verkäufer eine unverzügliche Anzeige über erkennbare Mängel machen, § 377 Abs. 1 HGB. Unterlässt der Käufer die Anzeige, so gilt die Ware als genehmigt, es sei denn, der Mangel war bei der Untersuchung nicht erkennbar, § 377 Abs. 2 HGB. Zeigt sich später ein Mangel, so muss die Anzeige unverzüglich nach der Entdeckung gemacht werden; andernfalls gilt die Ware auch in Ansehung dieses Mangels als genehmigt. Die Anforderungen an die Untersuchungs- und Rügeobliegenheit eines Käufers im Rahmen eines beiderseitigen Handelsgeschäfts sind letztlich unter Abwägung der Interessen des Verkäufers und des Käufers zu ermitteln. Dabei ist einerseits das Interesse des Verkäufers zu berücksichtigen, sich nicht längere Zeit nach der Ablieferung der Sache dann nur schwer feststellbaren Gewährleistungsrechten ausgesetzt zu sehen. Andererseits dürfen die Anforderungen an eine ordnungsgemäße Untersuchung nicht überspannt werden (zusammenfassend BGH, Urt. v. 24.2.2016 – VIII ZR 38/15).

VII. Sonstige Ansprüche

388 Nach § 438 Abs. 1 Nr. 2 a) BGB verjähren die Ansprüche wegen Mängeln aus Kaufverträgen oder Werklieferungsverträgen, auf die nach § 650 Kaufrecht anzuwenden ist, in fünf Jahren, wenn ein Bauwerk gekauft worden ist. Die Verjährung beginnt mit der Übergabe des Grundstücks.

Verjährung der Mängelansprüche § 634a

Q. Schuldrechtsmodernisierungsgesetz und Übergangsrecht zur Verjährung

Das Gesetz zur Modernisierung des Schuldrechts, das zum 1.1.2002 in Kraft getreten ist, hat das Verjährungsrecht der §§ 195 ff. BGB sowie die besonderen werkvertraglichen Verjährungsvorschriften zum Teil grundlegend neu geregelt. Gerade bei der Beurteilung verjährungsrechtlicher Fragen kann es auch heute noch um Ansprüche aus Verträgen gehen, die vor dem 1.1.2002 geschlossen wurden. Art. 2 des Gesetzes zur Modernisierung des Schuldrechts befasst sich mit den Überleitungsvorschriften, die als ergänzende Paragraphen des Art. 229 des Einführungsgesetzes zum Bürgerlichen Gesetzbuch (EGBGB) geregelt werden. **389**

Die neuen Vorschriften gelten gemäß Art. 229 § 5 EGBGB für Neuverträge, die seit dem 1.1.2002 geschlossen werden. Es gibt eine ausgefeilte Überleitungsvorschrift zum Verjährungsrecht, wonach dieser Grundsatz eingeschränkt ist. Danach findet grundsätzlich das neue Verjährungsrecht auf die am 1.1.2002 bestehenden und noch nicht verjährten Ansprüche Anwendung. Davon gibt es jedoch wieder Ausnahmen, mit denen ein Günstigkeitsprinzip für den Schuldner verfolgt wird (Mansell, NJW 2002, 89, 90; Gsell, NJW 2002, 1297). Die Regelung des Art. 229 § 6 EGBGB lautet: **390**

§ 6 (Überleitungsvorschrift zum Verjährungsrecht nach dem Gesetz zur Modernisierung des Schuldrechts vom 26. November 2001) **391**

(1) Die Vorschriften des Bürgerlichen Gesetzbuchs über die Verjährung in der seit dem 1. Januar 2002 geltenden Fassung finden auf die an diesem Tag bestehenden und noch nicht verjährten Ansprüche Anwendung. Der Beginn, die Hemmung, die Ablaufhemmung und der Neubeginn der Verjährung bestimmen sich jedoch für den Zeitraum vor dem 1. Januar 2002 nach dem Bürgerlichen Gesetzbuch in der bis zu diesem Tag geltenden Fassung. Wenn nach Ablauf des 31. Dezember 2001 ein Umstand eintritt, bei dessen Vorliegen nach dem Bürgerlichen Gesetzbuch in der vor dem 1. Januar 2002 geltenden Fassung eine vor dem 1. Januar 2002 eintretende Unterbrechung der Verjährung als nicht erfolgt oder als erfolgt gilt, so ist auch insoweit das Bürgerliche Gesetzbuch in der vor dem 1. Januar 2002 geltenden Fassung anzuwenden.

(2) Soweit die Vorschriften des Bürgerlichen Gesetzbuchs in der seit dem 1. Januar 2002 geltenden Fassung anstelle der Unterbrechung der Verjährung deren Hemmung vorsehen, so gilt eine Unterbrechung der Verjährung, die nach den anzuwendenden Vorschriften des Bürgerlichen Gesetzbuchs in der vor dem 1. Januar 2002 geltenden Fassung vor dem 1. Januar 2002 eintritt und mit Ablauf des 31. Dezember 2001 noch nicht beendet ist, als mit dem Ablauf des 31. Dezember 2001 beendigt, und die neue Verjährung ist mit Beginn des 1. Januar 2002 gehemmt.

(3) Ist die Verjährungsfrist nach dem Bürgerlichen Gesetzbuch in der seit dem 1. Januar 2002 geltenden Fassung länger als nach dem Bürgerlichen Gesetzbuch in der bis zu diesem Tag geltenden Fassung, so ist die Verjährung mit dem Ablauf der im Bürgerlichen Gesetzbuch in der bis zu diesem Tag geltenden Fassung bestimmten Frist vollendet.

(4) Ist die Verjährungsfrist nach dem Bürgerlichen Gesetzbuch in der seit dem 1. Januar 2002 geltenden Fassung kürzer als nach dem Bürgerlichen Gesetzbuch in der bis zu diesem Tag geltenden Fassung, so wird die kürzere Frist von dem 1. Januar 2002 an berechnet. Läuft jedoch die im Bürgerlichen Gesetzbuch in der bis zu diesem Tag geltenden Fassung bestimmte längere Frist früher als die im Bürgerlichen Gesetzbuch in der seit diesem Tag geltenden Fassung bestimmten Frist ab, so ist die Verjährung mit dem Ablauf der im Bürgerlichen Gesetzbuch in der bis zu diesem Tag geltenden Fassung bestimmten Frist vollendet.

(5) Die vorstehenden Absätze sind entsprechend auf Fristen anzuwenden, die für die Geltendmachung, den Erwerb oder den Verlust eines Rechts maßgebend sind.

(6) Die vorstehenden Absätze gelten für die Fristen nach dem Handelsgesetzbuch und dem Umwandlungsgesetz entsprechend.

Diese Übergangsvorschriften bergen eine Vielzahl von Fallen, in die mancher tappen wird. Gläubiger werden vor allem daran denken müssen, dass einerseits die kürzeren Fristen gelten, andererseits diese ab 1.1.2002 nur noch gehemmt sind, so dass herauszufinden ist, welche Zeit bis zur Unterbrechung vor dem 1.1.2002 abgelaufen ist und wie viel Zeit nach Beendigung der Hemmung noch verbleibt. **392**

§ 634a   Verjährung der Mängelansprüche

Das neue Recht findet danach auf die noch nicht verjährten Ansprüche Anwendung mit folgender Ausnahme:

I. Beurteilung von Beginn, Hemmung und Unterbrechung

393   Beginn, Hemmung und Unterbrechung vor dem 1.1.2002 werden nach den alten Regelungen beurteilt. Ein vor dem 1.1.2002 eingeleitetes Beweisverfahren hat z. B. die Verjährung unterbrochen. Ist es vor dem 1.1.2002 beendet, so beginnt die volle Verjährungsfrist neu zu laufen. Im Falle einer z. B. fünfjährigen Gewährleistungsfrist für Mängelansprüche am Bauwerk beginnt die Fünfjahresfrist also erneut mit Beendigung des Verfahrens. Am Lauf dieser Verjährung ändert sich nichts durch das Gesetz zur Modernisierung des Schuldrechts.

394   Dauert die Unterbrechung am 1.1.2002 noch an, so endet sie mit Ablauf des 31.12.2001. An ihre Stelle tritt die Hemmung. Diese endet dann sechs Monate nach Beendigung des Beweisverfahrens. Eine Unterbrechung der Verjährung, die vor dem Inkrafttreten des Schuldrechtsmodernisierungsgesetzes am 1.1.2002 eingetreten ist, setzt sich jedoch nicht gemäß Art. 229 § 6 Abs. 2 EGBGB als Hemmung der Verjährung fort, wenn sie aufgrund eines nach Ablauf des 31.12.2001 eingetretenen Umstandes nach dem gemäß Art. 229 § 6 Abs. 1 Satz 3 EGBGB anzuwendenden Bürgerlichen Gesetzbuch in der vor dem 1.1.2002 geltenden Fassung als nicht erfolgt gilt (keine Unterbrechungswirkung der Streitverkündung, wenn nicht innerhalb von binnen sechs Monaten nach Beendigung des Prozesses Klage erhoben worden ist, § 215 BGB a. F.; vgl. BGH, Urt. v. 7.3.2007 – VIII ZR 218/06).

395   Von großer Bedeutung ist, welche Frist nach Ablauf der Hemmung läuft. In Betracht kommt die volle Verjährungsfrist oder die Restfrist. Das Gesetz ist leider nicht klar. Es lässt verschiedene Deutungsmöglichkeiten zu.

396   Die Unterbrechung ist nach Art. 229 § 6 Abs. 2 EGBGB mit dem Ablauf des 31.12.2002 beendet. An sich kann deshalb eine neue Verjährung nach altem Recht (§ 217 BGB a. F.) nicht mehr beginnen, denn die alten Regelungen gelten nur für den Zeitraum vor dem 1.1.2002, Art. 229 § 6 Abs. 1 EGBGB. Ein Neubeginn der Verjährung kommt nach neuem Recht nicht mehr in Betracht, weil an die Stelle der Unterbrechung die Hemmung getreten ist. Nach Beendigung der Hemmung liefe dann nur die Restfrist.

397   Dagegen dürfte jedoch die Formulierung stehen, dass ab dem 1.1.2002 die „neue Verjährung" gehemmt ist. Damit ist wohl die Formulierung aus § 217 BGB a. F. übernommen, wonach nach Beendigung der Unterbrechung erst eine „neue Verjährung" laufen kann. Daraus muss abgeleitet werden, dass der Gesetzgeber mit dem Ende der Unterbrechung noch die alte Unterbrechungswirkung, nämlich den Lauf der vollen Frist beibehalten wollte, diese – berechnet nach den Übergangsregelungen – gehemmt sei und nach Ablauf der Hemmung dann voll laufe (Westermann/Pfeiffer, Das Schuldrecht 2002, S. 248; Mansel, Das neue Schuldrecht in der anwaltlichen Praxis, S. 371; OLG Frankfurt, Urt. v. 21.12.2012 – 16 U 128/12; OLG Düsseldorf, Urt. v. 25.2.2005 – 22 U 79/04; Urt. v. 23.12.2005 – 22 U 32/04; OLG Oldenburg, Urt. v. 28.2.2006 – 12 U 85/05 mit Anm. Schmitz, ZfBR 2007, 314 zur Verfahrensentwicklung nach Hinweis Zulassung der Revision und Hinweis darauf, dass das OLG Oldenburg zutreffend entschieden haben dürfte).

398   Verbleibende Zweifel müssten den vorsichtigen Anwalt dazu zwingen, von der verjährungsrechtlich ungünstigeren Variante auszugehen, dass nach Beendigung der Hemmung und der zusätzlichen Frist von sechs Monaten aus § 204 Abs. 2 BGB nur noch die Restfrist läuft, die bis zum Beginn der Unterbrechung nicht verstrichen war (Schmitz, a. a. O.).

399   Unklar ist die Behandlung einer Hemmung nach § 639 Abs. 2 a. F. Lag einer der in § 639 Abs. 2 BGB a. F. genannten Hemmungstatbestände vor dem 1.1.2002 vor, so trat die Hemmung ein. Nach der Übergangsregelung des Art. 229 § 6 Abs. 1 EGBGB bestimmt sich die Hemmung für den Zeitraum vor dem 1.1.2002 nach dem alten Recht. Welcher Hemmungstatbestand für den Zeitraum nach dem 1.1.2002 maßgebend ist, ist jedoch offen. So ist z. B. unklar, ob eine Hemmung dadurch beendet wird, dass der Unternehmer lediglich das Ergebnis der Prüfung mitteilt, oder ab dem 1.1.2002 bereits der Tatbestand des § 203 gilt, wonach das nicht ausreichen würde, jedenfalls aber eine Hemmung nicht vor Ablauf von drei Monaten eintreten würde (offen gelassen in BGH, Urt. v. 27.1.2005 – VII ZR 158/03).

400   Eine Verhandlung, die vor dem 1.1.2002 geführt wird, hemmt nicht. Dauert die Verhandlung in das Jahr 2002 hinein, so hemmt sie erst ab dem 1.1.2002 (Heinrichs, BB 2001, 1417, 1422).

II. Geltung der kürzeren Verjährung nach altem Recht

Die nach dem neuen Recht längere Verjährung bleibt unberücksichtigt. Ist z. B. am 1.1.2002 ein Anspruch wegen Mängeln bei Grundstücksarbeiten noch nicht verjährt, gilt für die Verjährung die Einjahresfrist nach Abnahme, § 638 BGB a. F., und nicht die Zweijahresfrist des § 634a BGB n. F. (Weyer, BauR 2001, 1807, 1808). Problematisch ist, welche der nach neuem Recht möglichen Fristen maßgebend ist. Das neue Recht kennt die kenntnisabhängige Regelfrist von drei Jahren und die von der Entstehung des Anspruchs abhängige Höchstfrist, in der Regel von zehn Jahren. Die Entscheidung zwischen kenntnisabhängiger kurzer und absoluter Höchstfrist kann sich nur nach den im Vergleichszeitpunkt feststehenden Umständen richten. Vergleichserheblich ist also diejenige Verjährungsfrist, nach welcher sich gemäß der Sachlage im Vergleichszeitpunkt die Vollendung der Verjährung bestimmen würde (BGH, Urt. v. 23.1.2007 – XI ZR 44/06; Urt. v. 7.3.2007 – VIII ZR 218/06; vgl. dazu im einzelnen Gsell, NJW 2002, 1297, 1299). Dabei ist die Höchstfrist stets von dem 1.1.2002 an zu berechnen, während dies für die regelmäßige Frist des § 195 BGB nur dann gilt, wenn bereits zu diesem Zeitpunkt die subjektiven Voraussetzungen des § 199 Abs. 1 Nr. 2 BGB vorlagen (BGH, a. a. O.; Urt. v. 25.10.2007 – VII ZR 205/06). Durch Berücksichtigung der subjektiven Voraussetzungen des § 199 Abs. 1 Nr. 2 BGB soll der Wertungswiderspruch aufgelöst werden, dass ansonsten die Verjährung bei Unkenntnis des Gläubigers früher einträte als bei isolierter Anwendung des bisherigen wie auch des neuen Verjährungsrechts und der Überleitungsgläubiger damit schlechter stünde, als dies altes und neues Recht jeweils für sich genommen vorsehen (BGH, Urt. v. 7.3.2007 – VIII ZR 218/06). Die Ultimo-Regelung gilt nicht, wenn Kenntnis schon vor dem 1.1.2002 vorlag (OLG Karlsruhe, Urt. v. 21.12.2006 – 12 U 198/06).

Die Geltung der kürzeren, alten Frist knüpft nach dem Wortlaut des Gesetzes daran an, dass der Anspruch am 1.1.2002 bestand. Der Bundesgerichtshof hat für einen Gewährleistungsfall nach Kaufrecht entschieden, dass die Geltung der kürzeren Verjährung auch für am 1.1.2002 noch nicht entstandene Mängelhaftungsansprüche gilt, wenn der Vertrag vor diesem Datum geschlossen worden ist. Ansonsten kommt es zu nicht akzeptablen Ergebnissen. Der vom Gesetz verfolgte Schuldnerschutz würde nicht erreicht (BGH, Urt. v. 26.10.2005 – VIII ZR 359/04). Die Entscheidung gilt gleichermaßen für das Werkvertragsrecht. Es findet also die kurze Verjährung statt, wenn der Anspruch auf Gewährleistung nicht aus Arbeiten an einem Bauwerk abgeleitet wird, weil dann die alte Frist von sechs Monaten kürzer ist als die neue Frist von zwei Jahren. Maßgeblich ist allein, ob der Vertrag, aus dem die Gewährleistungsansprüche abgeleitet werden, vor dem 1.1.2002 geschlossen worden ist.

III. Behandlung der kürzeren Verjährung nach neuem Recht

Enthält das neue Recht eine kürzere Verjährungsfrist, beginnt diese erst am 1.1.2002 zu laufen. Die Verjährung tritt dann mit Ablauf dieser Frist ein, es sei denn sie wäre nach der alten Frist zuvor abgelaufen. Dann gilt dieser Ablauftermin.

Beispiel: Hat z. B. ein Unternehmer einen Mangel arglistig bei der Abnahme am 4.8.1995 verschwiegen und hat der Besteller das am 10.10.1998 erfahren, verjährt der Anspruch mit Ablauf des 31.12.2004. Denn die neue Verjährungsfrist ist kürzer als die alte, so dass sie mit dem 1.1.2002 beginnt. Da die alte Frist nicht vorher endet, endet die Frist nach drei Jahren.

Ein anderes Beispiel für den Anwendungsbereich dieser Regelung bietet die Verjährung des Anspruchs aus positiver Vertragsverletzung wegen entfernter Mangelfolgeschäden (Weyer, BauR 2001, 1807, 1808). Diese verjähren nach altem Recht in dreißig Jahren, nach neuem Recht jedoch in fünf Jahren nach der Abnahme des Bauwerks, wenn sie wegen Mängeln geltend gemacht werden.

Beispiel: Ist ein fehlerhaft verlegtes Ölzufuhrrohr nach 12 Jahren geplatzt und kommt es dadurch zu einer Verseuchung des Bauwerks, haftet der Unternehmer nach altem Recht 30 Jahre auf Schadensersatz, nach neuem Recht nur 5 Jahre seit der Abnahme. War die Abnahme am 13.5.2000, so wäre die alte Verjährung lange nicht beendet. Die neue Frist läuft ab dem 1.1.2002, so dass die Verjährung mit Ablauf des 31.12.2006 eintritt.

§ 635

IV. Rückwirkungsregel

407 Ist nach altem Recht gemäß § 212 Abs. 1 BGB a. F. eine Unterbrechung durch Klageerhebung nicht erfolgt, weil die Klage nach dem 31.12.2001 zurückgenommen wurde, so bleibt es bei der Wirkung nach altem Recht. Gleiches gilt für den umgekehrten Fall, dass nämlich eine vor dem 1.1.2002 bewirkte Unterbrechung rückwirkend durch einen nach Ablauf des 31.12.2001 eintretenden Umstand als erfolgt gilt.

408 **Beispiel:** Wenn z. B. der Gläubiger nach Rücknahme der Klage binnen sechs Monaten von neuem Klage erhebt, gilt die Verjährung als durch die Erhebung der ersten Klage nach dem alten § 212 Abs. 2 BGB unterbrochen.

§ 635 BGB   Nacherfüllung

(1) Verlangt der Besteller Nacherfüllung, so kann der Unternehmer nach seiner Wahl den Mangel beseitigen oder ein neues Werk herstellen.

(2) Der Unternehmer hat die zum Zwecke der Nacherfüllung erforderlichen Aufwendungen, insbesondere Transport-, Wege-, Arbeits- und Materialkosten zu tragen.

(3) Der Unternehmer kann die Nacherfüllung unbeschadet des § 275 Abs. 2 und 3 verweigern, wenn sie nur mit unverhältnismäßigen Kosten möglich ist.

(4) Stellt der Unternehmer ein neues Werk her, so kann er vom Besteller Rückgewähr des mangelhaften Werkes nach Maßgabe der §§ 346 bis 348 verlangen.

Übersicht

	Seite
A. Nacherfüllungsanspruch	445
I. Allgemeines	445
II. Durchsetzung des Anspruchs	446
III. Wahlrecht des Unternehmers	447
1. Wahl der Neuherstellung	448
2. Wahl der Nachbesserung	448
IV. Streit über geeignete Nacherfüllung	449
V. Vereinbarungen über Nacherfüllung	450
VI. Kein Anspruchsverlust durch Annahmeverzug	451
VII. Untergang des Nacherfüllungsanspruchs	451
VIII. Aufwendungen für die Nacherfüllung	451
B. Unmöglichkeit der Mängelbeseitigung	452
C. Leistungsverweigerungsrechte des Unternehmers	453
I. Unverhältnismäßige Kosten der Nacherfüllung	453
1. Einrede nach § 635 Abs. 3 BGB	453
2. Rechtsfolgen	455
II. Leistungsverweigerungsrecht nach § 275 Abs. 2 BGB	456
1. Grundgedanke des § 275 Abs. 2 BGB	456
2. Grobes Missverhältnis	456
3. Abgrenzungsschwierigkeiten	456
a) Abgrenzung zu § 635 Abs. 3 BGB	456
b) Abgrenzung zu § 313 BGB	457
4. Ausgestaltung als Einrede	458
5. Rechtsfolgen der Einrede	458
6. Anwendbarkeit auf Nacherfüllung	458
a) Gesetzesbegründung	458
b) Anwendungsbereich	458
III. Leistungsverweigerungsrecht nach § 275 Abs. 3 BGB	459
D. Rückgabeverlangen des Unternehmers	459
I. Rückgabe	459
II. Wertersatz	459
III. Gezogene Nutzungen	459
E. Besonderheiten des Architekten- und Ingenieurvertrags	460
I. Nacherfüllungsrecht des Architekten an Planungsfehlern	460
II. Kein Nacherfüllungsrecht des Architekten an Mängeln des Bauwerks	461

Nacherfüllung **§ 635**

 III. Nacherfüllungsrecht des Architekten bei vertraglicher Vereinbarung 462
 IV. Mitwirkungspflicht des Architekten bei der Nacherfüllung durch den Unternehmer 462
F. Besonderheiten der VOB/B 462

A. Nacherfüllungsanspruch

I. Allgemeines

Der Nacherfüllungsanspruch ist in § 634 Nr. 1 BGB geregelt und in § 635 BGB näher ausgestaltet.   **1**

Nach § 634 Nr. 1 BGB kann der Besteller Nacherfüllung verlangen. Zur Einbettung des **2** Nacherfüllungsanspruchs in die Systematik der Mängelansprüche wird auf → § 634 BGB Rdn. 1 ff. verwiesen. Der Nacherfüllungsanspruch hängt nach der hier vertretenen Ansicht grundsätzlich davon ab, dass der Besteller das Werk abgenommen hat. Der Nacherfüllungsanspruch kann daher nach der Abnahme und nur in den dargestellten Ausnahmefällen vor der Abnahme geltend gemacht werden, vgl. → § 634 BGB Rdn. 8 ff. dazu.

Der Nacherfüllungsanspruch setzt grundsätzlich einen wirksamen Vertrag voraus. In seinen **3** Entscheidungen vom 01.08.2013 – VII ZR 6/13 sowie 11.6.2015 – VII ZR 216/14 hat der BGH seine bisherige Rechtsprechung (BGH, Urt. v. 24.4.2008 – VII ZR 42 und 140/07), wonach der Besteller Mängelansprüche unter gewissen Voraussetzungen auch bei Verstoß gegen das SchwarzArbG zuließ, ausdrücklich aufgegeben. Nach der aktuellen Rechtsprechung des BGH führt ein Verstoß gegen § 1 Abs. 2 Nr. 2 SchwarzArbG jedenfalls dann zur Nichtigkeit des Vertrages gemäß § 134 BGB, wenn der Unternehmer vorsätzlich hiergegen verstoße und der Besteller den Verstoß des Unternehmers kenne und bewusst zum eigenen Vorteil ausnutze. Mängelansprüche des Bestellers bestehen in einem solchen Fall grundsätzlich nicht (vgl. → Vor § 631 BGB Rdn. 108 ff. mit weiteren Einzelheiten).

Der Nacherfüllungsanspruch hängt nicht davon ab, ob der Unternehmer einen Mangel verschuldet hat. Die Erfolgshaftung des Unternehmers ist verschuldensunabhängig. Der Unternehmer muss deshalb einen Mangel auch dann beseitigen, wenn ihm kein Vorwurf zu machen ist, etwa weil er unerkannt fehlerhaftes Material eingebaut hat oder er die zum Zeitpunkt der Leistung anerkannten Regeln der Technik eingehalten hat oder weil er nach allgemeinem Fachwissen auf Herstellerangaben und sonstige Informationen vertrauen konnte (BGH, Urt. v. 10.11.2005 – VII ZR 147/04).   **4**

Den Unternehmer trifft keine Pflicht zur Nacherfüllung, wenn er zwar mangelhaft geleistet hat, er jedoch zuvor seine Bedenkenhinweispflicht erfüllt hat (vgl. dazu → § 634 BGB Rdn. 49 ff.) oder ein Verstoß gegen die Bedenkenhinweispflicht nicht ursächlich für den Mangel war.   **5**

Ein Nacherfüllungsanspruch besteht nicht wegen solcher Mängel, die dem Besteller bei der Abnahme bekannt waren und derentwegen er sich seine Rechte bei der Abnahme nicht vorbehalten hat, § 640 Abs. 2 BGB.   **6**

Ein Nacherfüllungsanspruch kann nur zur Beseitigung eines Mangels der eigenen Leistung geltend gemacht werden. Hat der Mangel zu Schäden an dem Werk geführt, besteht wegen dieser Mangelfolgeschäden kein Beseitigungsanspruch. Insoweit kann lediglich Schadensersatz nach § 280 BGB gefordert werden.   **7**

Der Unternehmer kann die Erfüllung des Nacherfüllungsanspruchs davon abhängig machen, dass der Besteller ihn wegen der Sowiesokosten, der Quote mit der sich der Besteller wegen eines Mitverschuldens beteiligen muss, des eventuellen Ausgleichs nach § 635 Abs. 4 BGB sichert (vgl. → § 634 BGB Rdn. 76 ff.).   **8**

Der auf Nacherfüllung in Anspruch genommene Unternehmer darf Maßnahmen zur Mängelbeseitigung dagegen nicht davon abhängig machen, dass der Besteller eine Erklärung abgibt, wonach er die Kosten der Untersuchung und weiterer Maßnahmen für den Fall übernimmt, dass der Unternehmer nicht für den Mangel verantwortlich ist (BGH, Urt. v. 2.9.2010 – VII ZR 110/09).   **9**

Wegen eines Nacherfüllungsanspruchs kann der Besteller gemäß § 320 BGB ein Leistungsverweigerungsrecht gegenüber dem Werklohnanspruch des Unternehmers geltend machen, § 641 Abs. 3 BGB, oder gegenüber anderen Ansprüchen ein Zurückbehaltungsrecht nach § 273 BGB.   **10**

11 Der Nacherfüllungsanspruch ist unabhängig von einer Form. Er kann mündlich geltend gemacht werden. Eine schriftliche Aufforderung zur Mängelbeseitigung ist nicht notwendig. Das gilt auch im VOB-Vertrag. Die Bedeutung der Schriftform (§ 13 Abs. 5 Nr. 1 VOB/B) erschöpft sich darin, dem Besteller seine Ansprüche über den Ablauf der im § 13 Abs. 4 VOB/B bestimmten Verjährungsfrist zu erhalten (BGH, Beschl. v. 25.1.2007 – VII ZR 41/06; Urt. v. 30.10.1958 – VII ZR 24/58).

Der Anspruch ist unter der Voraussetzung, dass die Fertigstellungsfrist des Vertrages abgelaufen ist, sofort fällig. Eine Fristsetzung ist zur Durchsetzung des Anspruchs nicht erforderlich (BGH, Urt. v. 8.7.2004 – VII ZR 317/02).

12 Fehlen anderweitige Absprachen der Parteien, ist im Zweifel die Nachbesserung dort zu erbringen, wo das nachzubessernde Werk sich vertragsgemäß befindet (BGH, Urt. v. 8.1.2008 – X ZR 97/05). Zum Erfüllungsort der Nacherfüllung beim Kauf von Sachen, die bestimmungsgemäß eingebaut worden sind, dürfte nichts anderes gelten (vgl. BGH, Urt. v. 13.4.2011 – VIII ZR 220/10, Rdn. 34).

13 Der Besteller kann seine Nacherfüllungsanspruch an Dritte abtreten. Dem Unternehmer steht gegenüber dem Abtretungsempfänger des Nacherfüllungsanspruchs jedenfalls dann nach Treu und Glauben das Leistungsverweigerungsrecht bis zur Aushändigung der Abtretungsurkunde gemäß § 410 BGB zu, wenn eine anderweitige Inanspruchnahme des Unternehmers wegen Mängeln durch den abtretenden Besteller nach Lage des Falles ausgeschlossen ist. Dies ist z. B. dann der Fall, wenn der Abtretungsempfänger Kosten geltend macht, die nur ihm selbst entstanden waren (vgl. BGH, Urt. v. 23.8.2012 – VII ZR 242/11).

II. Durchsetzung des Anspruchs

14 Voraussetzung für den Nacherfüllungsanspruch ist ein Mangel des Werkes, vgl. dazu → § 633 BGB Rdn. 2 ff.

15 Will der Besteller aus dem Nacherfüllungsanspruch Rechtsfolgen (Leistungsverweigerungsrecht, Hemmung oder Unterbrechung der Verjährung, Fristsetzung, Beweisverfahren, Mängelbeseitigungsklage) herleiten, muss er den Mangel so genau bezeichnen, dass der Unternehmer in der Lage ist, eine Nacherfüllung vorzunehmen. Ein Nacherfüllungsbegehren, das nur allgemein Mängel rügt, ohne diese näher zu bezeichnen, ist gegenstandslos. Durch ein derartiges Begehren können nachteilige Rechtsfolgen zu Lasten des Unternehmers nicht ausgelöst werden. Das gleiche gilt für Mängelrügen, die den Mangel nicht so lokalisieren, dass der Unternehmer ihn auffinden kann (BGH, Urt. v. 25.9.1967 – VII ZR 46/65: Rügen schlechten Anstrichs ohne die Gebäudeteile zu bezeichnen; OLG Köln, Urt. v. 9.5.2003 – 19 U 170/96). Verlangt der Besteller im Wege der Klage Nacherfüllung, müssen die Mängel so genau bezeichnet sein, dass eine Zwangsvollstreckung aus dem Urteil möglich ist. Die Beschreibung der Mängel muss aus sich heraus verständlich sein und erkennen lassen, was der Gläubiger vom Schuldner verlangt (BGH, Urt. v. 8.10.1992 – VII ZR 272/90). Die Bezugnahme auf ein Privatgutachten, das die Mängel oder deren Symptome verständlich darstellt, reicht aus. Das Gutachten ist qualifizierter Parteivortrag. Darauf kann Bezug genommen werden (BGH, Urt. v. 31.3.2005 – VII ZR 369/02; Urt. v. 24.2.2005 – VII ZR 225/03). Gleiches gilt auch für die Bezugnahme auf ein Gutachten im selbständigen Beweisverfahren (BGH, Urt. v. 9.10.2008 – VII ZR 80/07). Falls notwendig, ist der Mangel örtlich genau einzugrenzen (zulässige Bezugnahmen auf Skizzen, Lagepläne, Sachverständigengutachten, Fotos gemäß § 131 Abs. 1 ZPO). Gleiches gilt, wenn der Besteller gegenüber einem Werklohnanspruch des Unternehmers ein Leistungsverweigerungsrecht geltend macht. Prozessualer Vortrag wie z. B. „die Abdichtung sei undicht" oder „die Pflasterung des Parkdecks sacke an einigen Stellen ab" oder „die Fugen seien nicht fachgerecht angebracht" ist jedenfalls dann unsubstantiiert, wenn der Unternehmer dieser Behauptung widerspricht und eine genaue Lokalisation fordert.

16 Der Besteller ist nach der **Symptomtheorie des Bundesgerichtshofs** nicht verpflichtet, den Mangel in allen Einzelheiten zu beschreiben. Ausreichend ist eine genaue Beschreibung des Symptoms des Mangels. Mit der Darstellung der Mangelerscheinung macht der Besteller den Mangel selbst zum Gegenstand seiner Rüge (BGH, Beschl. vom 14.12.2017 – VII ZR 217/15; BGH, Beschl. vom 24.08.2016 – VII ZR 41/14; BGH, Urt. v. 7.3.1985 – VII ZR 60/83; Urt. v. 21.12.2000 – VII ZR 192/98; Urt. v. 13.9.2001 – VII ZR 113/00). In diesem Fall sind immer alle Ursachen für die bezeichneten Symptome von der Mängelrüge erfasst. Das gilt auch, wenn die angegebenen Symptome des Mangels nur an einigen Stellen aufgetreten sind, während ihre Ursache und damit der Mangel des Werks in Wahrheit das ganze Gebäude erfasst (BGH, Beschl. vom 14.12.2017 – VII ZR 217/15; BGH, Beschl. vom 24.08.2016 – VII ZR 41/14; BGH, Urt. v. 18.1.1990 – VII ZR 260/88 – Anerkenntnis; Urt. v. 26.3.1992 – VII ZR 258/90 – Beweissicherungsverfahren; Urt. v. 28.9.1989 – VII ZR 167/88; Urt. v. 7.7.2005 – VII ZR 59/04 – Mängelrügen gemäß § 13 Abs. 5 VOB/B; Urt. v. 9.10.1986 – VII ZR 184/85; Urt. v. 26.2.1987 – VII ZR 64/86; Urt. v. 20.4.1989 – VII ZR 334/87 – Hemmung der Verjährung; Urt. v. 10.11.1988 – VII ZR 140/87 – Vorschussklage).

Genaue technische Erläuterungen sind entbehrlich (vgl. BGH, Urt. v. 7.3.1985 – VII ZR 60/83; Urt. v. 21.4.1988 – VII ZR 65/87 und Urt. v. 14.1.1999 – VII ZR 185/97 zur Behauptung einer unzureichenden Heizkraft einer Heizung). Ebenso wenig müssen die verletzten anerkannten Regeln der Technik angegeben werden (BGH, Urt. v. 28.10.1999 – VII ZR 115/97 – Schallschutzmängel). **17**

Insbesondere ist der Besteller nicht verpflichtet, die Ursachen einer Mangelerscheinung zu benennen. Ob die Ursachen eines Symptoms, das auf eine mangelhafte Herstellung zurückzuführen sein kann, tatsächlich in einer vertragswidrigen Beschaffenheit der Konstruktion oder der Ausführung zu suchen sind, ist Gegenstand des Beweises und nicht Erfordernis eines Sachvortrags (BGH, Urt. v. 14.1.1999 – VII ZR 185/97; Urt. v. 28.10.1999 – VII ZR 115/97; Urt. v. 8.5.2003 – VII ZR 407/01; Urt. v. 16.12.2004 – VII ZR 270/03; Urt. v. 7.7.2005 – VII ZR 59/04). **18**

Aus diesen Erwägungen ist es bei Mängeln des Architektenwerkes nicht notwendig, Mangelerscheinungen dem Planungs- oder Aufsichtsfehler desselben Architekten zuzuordnen (BGH, Urt. v. 18.9.1997 – VII ZR 300/96; Urt. v. 8.5.2003 – VII ZR 407/01). Das Recht des Bestellers, von einem für einen Mangel verantwortlichen Unternehmer Mängelbeseitigung zu fordern, wird deshalb grundsätzlich auch nicht dadurch eingeschränkt, dass die Verantwortlichkeit des Unternehmers bei der Inanspruchnahme noch unklar ist. Beauftragt der Besteller nach fruchtloser Mängelrüge einen Sonderfachmann mit der Untersuchung von Mangelsymptomen und findet dieser nicht die Mangelursache, so muss sich der Besteller ein Mitverschulden nicht zurechnen lassen, wenn es später zu einem Schaden kommt (BGH, Urt. v. 2.9.2010 – VII ZR 110/09).

Technische Angaben des Bestellers zu der von ihm vermuteten Mängelursache sind auch dann nicht schädlich, wenn sie fehlerhaft sind. Führt der Besteller den Mangel auf eine bestimmte, möglicherweise unzutreffende Ursache zurück, ist der Unternehmer nicht darauf beschränkt, diese Ursache zu überprüfen. Er ist stets verpflichtet, den Mangel, der sich aus der Mangelbeschreibung ergibt, vollständig zu beseitigen. **19**

Das bedeutet, dass der Unternehmer sich auch nicht darauf beschränken darf, den Mangel nur an der Stelle zu beseitigen, an der er sich gezeigt hat. Eine Beschränkung auf die vom Besteller angegebenen Stellen ist mit der Bezeichnung einer Mangelerscheinung nicht verbunden. Deren Ursachen sind von der Rüge vollständig erfasst (BGH, Beschl. vom 24.08.2016 – VII ZR 41/14; BGH, Urt. v. 17.1.2002 – VII ZR 488/00; Urt. v. 13.9.2001 – VII ZR 113/00; Urt. v. 28.10.1999 – VII ZR 115/97; Urt. v. 2.4.1998 – VII ZR 230/96). Aus diesem Grund hat der Bundesgerichtshof Verzug eines Unternehmers mit der Beseitigung von Mängeln einer Heizung in allen von ihm hergestellten Wohneinheiten angenommen, nachdem der Besteller einen gleichartigen Mangel in nur einer Einheit gerügt hatte, der sich nur dort gezeigt hatte. Auch ist danach die Angabe etwa einer Stelle, an der Wasser in einer Wohnung auftritt, nur als Hinweis auf einen festgestellten Schaden, nicht als Begrenzung des Mängelbeseitigungsverlangens zu verstehen (BGH, Urt. v. 26.3.1992 – VII ZR 258/90; Urt. v. 21.12.2000 – VII ZR 192/98). **20**

III. Wahlrecht des Unternehmers

Verlangt der Besteller Nacherfüllung, so kann der Unternehmer gemäß § 635 Abs. 1 BGB nach seiner Wahl den Mangel beseitigen oder ein neues Werk herstellen. Im Werkvertragsrecht ist das Wahlrecht anders als im Kaufrecht (§ 439 Abs. 1 BGB) geregelt. Dort hat der Käufer das Wahlrecht zwischen Nachbesserung und Neuherstellung. Die abweichende Regelung im Werkvertragsrecht rechtfertigt sich daraus, dass der Werkunternehmer viel enger mit dem Produktionsprozess befasst ist als der Verkäufer. Im Regelfall kann er auf Grund seiner größeren Sachkunde leichter entscheiden, ob der Mangel durch Nachbesserung behoben werden kann oder ob es notwendig ist, das Werk insgesamt neu herzustellen (RegEntw., BR-Drucks. 338/01, S. 626; kritisch Kohler, FS Jagenburg, 379, 385). **21**

§ 635

22 Der Unternehmer ist zur vertragsmäßigen Erfüllung des Vertrages verpflichtet. Der Nacherfüllungsanspruch des Bestellers sichert den vertraglichen Anspruch. Das gesetzliche Wahlrecht beschränkt den Anspruch nicht. Es gibt dem Unternehmer lediglich die Wahl zwischen der Nachbesserung und Neuherstellung. Voraussetzung ist, dass auch die Nachbesserung zur vertragsgemäßen Erfüllung führt (BGH, Urt. v. 10.10.1985 – VII ZR 303/84).

1. Wahl der Neuherstellung

23 Danach kann der Unternehmer grundsätzlich immer die Neuherstellung wählen, weil diese den vertraglich geschuldeten Erfolg sichert. Allerdings darf der Unternehmer das ihm eingeräumte Wahlrecht nicht schikanös ausüben. Im Einzelfall kann eine Einschränkung des Wahlrechts aus Treu und Glauben geboten sein, soweit die getroffene Wahl für den Besteller nicht zumutbar ist (RegEntw., BR-Drucks. 338/01, S. 626). Das kann z.B. dann der Fall sein, wenn eine Neuherstellung so in den Geschäftsbetrieb eingreift, dass die damit verbundenen Nachteile für den Besteller unzumutbar sind. Auch darf der Unternehmer private Besteller mit dem Wahlrecht nicht unangemessen unter Druck setzen, wie das z.B. der Fall wäre, wenn der mehrwöchige Austausch einer Heizung im Winter gewählt wird, obwohl eine Reparatur unter weitgehender Aufrechterhaltung des Betriebes möglich wäre. Zu befürchten ist auch, dass Unternehmer das Wahlrecht in den Fällen zu Lasten des Bestellers ausüben, in denen er unter Zeitdruck steht und die Drohung mit einer langwierigen Erneuerung den Besteller dazu veranlassen soll, ganz auf die Gewährleistung zu verzichten oder sich mit einer Minderung zufriedenzugeben. In allen diesen Fällen, werden die Gerichte auch das Bestellerinteresse im Auge haben müssen und mit § 242 BGB korrigierend eingreifen müssen. Der Auftraggeber kann den Abriss und die Neuherstellung des Werkes des Auftragnehmers verlangen, wenn durch eine Nachbesserung kein den anerkannten Regeln der Technik entsprechender Zustand erreicht werden kann und das erhöhte Risiko von Rissbildungen verbleibt (vgl. OLG Dresden, Urteil vom 02.02.2017 – 10 U 672/12).

2. Wahl der Nachbesserung

24 Die Nachbesserung ist in Bauverträgen der Regelfall. Die Nachbesserung kann der Unternehmer nur wählen, wenn diese den vertraglich geschuldeten Erfolg vollständig herbeiführt. Ist der Erfolg nur durch Neuherstellung zu bewirken, schuldet der Unternehmer diese und zwar unabhängig davon, ob das Werk abgenommen ist oder nicht (BGH, Urt. v. 10.10.1985 – VII ZR 303/84; OLG Karlsruhe, Urteil vom 24.2.2015 – 8 U 117/12). Neuherstellung kann auch verlangt werden, wenn ein anderes Werk als das geschuldete hergestellt worden ist. Auch insoweit gilt das Mängelhaftungsrecht, § 633 Abs. 2 Satz 3 BGB.

25 Nacherfüllungen, die den vertraglich geschuldeten Erfolg nicht vollständig herbeiführen, muss der Besteller grundsätzlich nicht akzeptieren. Unzureichende Nacherfüllungsangebote des Unternehmers kann der Besteller zurückweisen. Erklärt der Unternehmer, er werde nur wenige, unbedeutende Mängel beseitigen, die gravierenden jedoch nicht, muss der Besteller diese unvollständige Mängelbeseitigung nicht zulassen (vgl. BGH, Urt. v. 8.7.2004 – VII ZR 317/02). Gleiches gilt, wenn der Mangel auf eine Weise beseitigt wird, die den vertraglich geschuldeten Erfolg des Werkes nicht erreicht. So muss der Besteller es z.B. nicht hinnehmen, dass den Schallschutzanforderungen nicht entsprechende Geschossdecken auf der sichtbaren Unterseite mit einer zusätzlichen Dämmlage versehen werden, die dazu führt, dass die Raumhöhe verringert und die optischen Vorteile beseitigt werden (BGH, Urt. v. 27.3.2003 – VII ZR 443/01). Auch ist eine Nacherfüllung nicht vertragsgerecht, mit der Fenster mit fehlerhaftem Wärmedurchlass gegen Fenster ausgetauscht werden, die nicht der vereinbarten Optik entsprechen (Urt. v. 23.6.2005 – VII ZR 200/04). Der Besteller kann grundsätzlich darauf bestehen, dass die Einzelheiten der vertraglichen Vereinbarung durch die Nachbesserung erfüllt werden. Er ist nicht verpflichtet, einem Angebot des Unternehmers zuzustimmen, wonach vertraglich abweichende Modalitäten geliefert werden und u.U. der Minderwert durch eine Zahlung des Unternehmers ausgeglichen wird (BGH, Urt. v. 27.3.2003 – VII ZR 443/01, vgl. auch OLG Hamm, Urt. v. 8.11.2005 – 21 U 84/05). Ist eine Ausführungsmodalität allerdings im Vertrag nicht geschuldet, sondern der Leistungsbestimmung durch den Unternehmer überlassen, muss der Besteller im Wege der Nacherfüllung unter Umständen auch eine von der zunächst ausgeführten, aber mangelhaften Modalität abweichende Ausführung akzeptieren, wenn diese den vertraglichen Erfolg herbeiführt (BGH, Urt. v. 26.2.1981 – VII ZR 287/79). Insoweit wird die Bindung des Unternehmers an das Leistungsbestimmungsrecht, § 315 Abs. 1 BGB, gelockert. Das rechtfertigt sich daraus, dass der Unternehmer nicht an eine Leistungsbestimmung gebunden sein kann, die zu einer fehlerhaften Leistung führt.

Lehnt der Besteller eine den vertraglichen Anforderungen nicht vollständig genügende 26
Nacherfüllung ab, läuft er in kritischen Fällen Gefahr, dass der Unternehmer die zur vollständigen Vertragserfüllung führende Nacherfüllung zu Recht wegen unverhältnismäßiger Kosten verweigert. In diesen Fällen hat der Besteller nur Anspruch auf Schadensersatz (bei schuldhaft herbeigeführtem Mangel) oder Minderung. Er hat grundsätzlich keinen Anspruch auf eine Nacherfüllung, die den Erfolg nur annähernd herbeiführt.

Eine Ausnahme hat die Rechtsprechung für die Fälle entwickelt, in denen die Nacherfül- 27
lung nicht möglich ist, der Unternehmer jedoch verpflichtet bleibt. Das sind die nach altem Recht beurteilten Fälle, in denen der Unternehmer für den versprochenen Erfolg einzustehen hat, auch wenn dieser mit der versprochenen Leistung nicht zu erreichen war. In diesen Fällen schuldet der Unternehmer eine Leistung, auch im Wege der Nacherfüllung, die dem geschuldeten Erfolg am nächsten kommt (BGH, Urt. v. 20.4.1989 – VII ZR 80/88; Urt. v. 23.6.2005 – VII ZR 200/04).

In der Praxis empfiehlt sich in kritischen Fällen eine Einigung dahin, anstelle einer Neu- 28
herstellung, die allein den vertraglich geschuldeten Erfolg herbeiführt, eine Nachbesserung durchzuführen, die diesen zwar nur annähernd herbeiführt, jedoch weitaus geringere Gesamtbelastungen für beide Parteien mit sich bringt (z.B. schalldämmende Maßnahmen im Haus, statt Abriss der Wände, wenn der Schallschutz nicht ausreichend ist). Bietet der Unternehmer eine derartige Nachbesserung an und akzeptiert der Besteller sie, liegt darin eine Vertragsänderung. Häufig wird gleichzeitig wegen der minderwertigen Vertragserfüllung eine Minderung vereinbart. Auf diesen Minderwert hat der Besteller einen Anspruch, wenn er einer Nacherfüllung zustimmt, die den vertraglich geschuldeten Erfolg nicht vollständig herbeiführt (technischer oder merkantiler Minderwert).

Beispiel (nach Kniffka/Koeble, Kompendium des Baurechts, 4. Aufl., 6. Teil Rdn. 101): Der 29
Trittschallschutz ist mangelhaft. Der Unternehmer schlägt einen Aufbau auf dem Boden vor, der die lichte Raumhöhe um 8 cm verkürzt. Er bietet deswegen eine Minderung von 10.000 € an.

Das kann der Besteller annehmen, was häufig wirtschaftlich vernünftig sein wird. Er muss es nicht. Er kann auch kompletten Aufbruch der Decke und Einbringung eines ausreichenden Trittschallschutzes verlangen. Der Unternehmer kann allerdings die Kosten dieser Nachbesserung verweigern, wenn sie unverhältnismäßig sind. In dem Fall ist der Besteller, wenn er die angebotene Ersatzlösung nicht annimmt, in der Regel auf Minderungsansprüche beschränkt. Der Maßstab der Unangemessenheit ermittelt sich jedoch nicht aus einem Vergleich zwischen den Kosten der Maßnahme, die den Erfolg nicht vollständig herstellt und den Kosten der Maßnahme, die den Erfolg herstellt (BGH, Urt. v. 24.4.1997 – VII ZR 110/96), sondern nach allgemeinen Grundsätzen danach, ob die Kosten der geschuldeten Maßnahme außer Verhältnis zum Erfolg dieser Maßnahme stehen. Unverhältnismäßigkeit wird gerade bei schwerwiegenden Schallschutzbeeinträchtigungen häufig zu verneinen sein (vgl. OLG Hamm, Urt. v. 8.3.2001 – 21 U 24/00 sowie → Rdn. 47).

IV. Streit über geeignete Nacherfüllung

Das Gesetz gibt nur dem Unternehmer ein Wahlrecht. Der Besteller hat keines. Das bedeutet 30
bei der Durchsetzung des Anspruchs, dass der Besteller grundsätzlich nur die Beseitigung des Mangels verlangen kann. Er hat keinen Anspruch darauf, dass der Mangel in einer bestimmten Art und Weise beseitigt wird (BGH, Urt. v. 19.3.1964 – VII ZR 137/62). Im Einzelfall kann zwar der Unternehmer nach dem Vertrag oder im Hinblick auf eine nach Treu und Glauben gebotene Berücksichtigung von Belangen des Bestellers verpflichtet sein, von diesem erteilte Weisungen bei der Nachbesserung zu beachten. Auch einen sachverständigen Rat wird er nicht übergehen dürfen. In der Regel aber ist es seiner Fachkunde überlassen, wie er an seinem Werk sich zeigende Mängel beheben will, denn er trägt das Risiko einer erfolglosen Nachbesserung (BGH, Urt. v. 5.5.1969 – VII ZR 26/69). Anders ist das dann, wenn der Mangel nur auf eine bestimmte Art und Weise beseitigt werden kann, etwa durch Neuherstellung. Auch kann er eine bestimmte Art und Weise der Nachbesserung verlangen, wenn eine Neuherstellung nach den Umständen ausscheidet und nur diese Nachbesserung den vertraglich geschuldeten Erfolg herbeiführt (BGH, Urt. v. 5.5.2011 – VII ZR 28/10; Urt. v. 24.4.1997 – VII ZR 110/96). Die Beweislast, dass nur die geforderte Art der Nachbesserung zum Erfolg führt, trägt der Besteller (BGH, Urt. v. 5.5.1969 – VII ZR 26/69).

31 Herrscht Streit darüber, wie die Nachbesserung vertragsgerecht erfolgen muss, tragen beide Parteien ein Risiko, wenn sie keine Einigung erzielen. Besteht der Unternehmer auf einer Nachbesserungsmaßnahme, die unzureichend ist, kann der Besteller diese zurückweisen (vgl. OLG Stuttgart, Urteil vom 30.12.2009 – 9 U 18/09). Er gerät dann nicht in Annahmeverzug (BGH, Urt. v. 29.6.2006 – VII ZR 274/04; Urt. v. 27.3.2003 – VII ZR 443/01), der Unternehmer verliert indes sein Nacherfüllungsrecht. Einem Verlangen auf Zahlung des Werklohns kann er das gesetzliche Leistungsverweigerungsrecht entgegenhalten, vgl. § 641 Abs. 3 BGB. Auch kann er eine Frist zur vertragsgerechten Nacherfüllung setzen und nach Ablauf der Frist die Selbstvornahme auf Kosten des Unternehmers durchführen. Für die Beurteilung, ob eine durch den Unternehmer angebotene Nachbesserungsmaßnahme geeignet oder ungeeignet ist, den Mangel nachzubessern, kommt es auf objektive Maßstäbe an und nicht darauf, welche Erkenntnisse der Unternehmer zum Zeitpunkt der Abgabe eines Nachbesserungsangebotes hatte (vgl. OLG Stuttgart, Urteil vom 30.12.2009 – 9 U 18/09).

32 Lehnt der Besteller eine Nachbesserungsmaßnahme ab, die der Unternehmer durchführen will und die vertragsgemäß ist, verhält er sich vertragswidrig. Er gerät in Annahmeverzug, §§ 294 ff. BGB, so dass er die Gefahr trägt und wegen der Mängelbeseitigungskosten nur ein Leistungsverweigerungsrecht in einfacher Höhe hat (BGH, Beschl. v. 22.7.2010 – VII ZR 117/08). Auch kann der Unternehmer Werklohn verlangen und bei fortbestehendem Annahmeverzug gerichtlich in der Weise durchsetzen, dass er Zahlung Zug um Zug gegen Mängelbeseitigung oder vor der Abnahme Zahlung nach Mängelbeseitigung verlangt und den Annahmeverzug feststellen lässt. In diesem Fall kann er ohne Mängelbeseitigung den Zahlungstitel vollstrecken (vgl. dazu eingehend BGH, Urt. v. 13.12.2001 – VII ZR 27/00). Der Besteller kann allerdings jederzeit den Annahmeverzug aufheben, indem er die Mängelbeseitigung zulässt. Der Annahmeverzug führt nicht zu einem Verlust oder einer Verwirkung des Mängelbeseitigungsanspruchs (BGH, Urt. v. 8.7.2004 – VII ZR 317/02). Lehnt der Besteller eine geeignete Maßnahme endgültig ab, so kann er sogar das Mängelbeseitigungsrecht verloren haben, so dass er den Werklohn bezahlen muss, ohne noch Mängelbeseitigung beanspruchen zu können (BGH, Urt. v. 5.5.1969 – VII ZR 26/69).

33 Hat der Besteller eine geeignete Art der Nacherfüllung zurückgewiesen und einen Drittunternehmer mit einer anderen Art beauftragt und diese durchführen lassen, hat er keinen Kostenerstattungsanspruch. Denn er hat dann das dem Unternehmer zustehende Recht auf Beseitigung seiner Mängel vereitelt, vgl. → § 637 BGB Rdn. 4.

34 Besteht Streit über die geeignete Mängelbeseitigungsmaßnahme, empfiehlt sich wegen der genannten Unsicherheit eine Klärung vor deren Durchführung. An einer derartigen Klärung müssen beide Parteien ein Interesse haben.

35 Unklar ist, inwieweit beide Parteien vertraglich verpflichtet sind, an einer derartigen Klärung vor Durchführung der Mängelbeseitigungsmaßnahme mitzuwirken. Eine derartige Verpflichtung kann sich aus § 241 Abs. 2 BGB ergeben. Es kommt allerdings auf den Einzelfall an. So kann der Unternehmer im Einzelfall verpflichtet sein, bei besonders aufwändigen Sanierungsmaßnahmen ein Sanierungskonzept vorzulegen, dass es dem Besteller ermöglicht zu prüfen, ob die vorgeschlagene Sanierung den vertraglich geschuldeten Erfolg überhaupt erreicht (vgl. OLG Düsseldorf, Urteil vom 09.11.2018 – 22 U 91/14). Diese Abstimmung mit dem Besteller ist Ausfluss des Kooperationsgebotes, dass den Bauvertrag beherrscht. Keiner Partei ist mit einer Nachbesserung gedient, die sich später als unzureichend erweist.

36 Auch kann sich aus dem Kooperationsgebot ergeben, dass beide Parteien verpflichtet sind, zu der streitigen Frage die Klärung durch ein Gutachten abzuwarten, wenn eine Partei bereits ein Gutachten in Auftrag gegeben hat und es der anderen Partei zumutbar ist, das Ergebnis des Gutachtens abzuwarten.

37 Dem Grundsatz nach kann der Besteller jedoch auf der sofortigen Mängelbeseitigung bestehen. Die genannten Fälle sind Ausnahmetatbestände, so dass der Unternehmer Gefahr läuft, sein Nachbesserungsrecht zu verlieren, wenn er nicht innerhalb einer ihm gesetzten Frist die Mängelbeseitigung vornimmt.

V. Vereinbarungen über Nacherfüllung

38 Vereinbarungen über eine bestimmte Art der Nachbesserung binden die Parteien. Hat sich der Besteller mit einer minderwertigen Nachbesserung, u. U. mit einem finanziellen Ausgleich für die dauerhaften Nachteile, einverstanden erklärt, kann er nicht von dieser Vereinbarung einseitig abrücken. Auch kann er keine Nacherfüllung mehr verlangen, wenn die Parteien eine geldwerte Abgeltung des Mangels vereinbart haben. Allerdings ist stets durch Auslegung zu ermitteln, wie weit die Abgeltungsvereinbarung geht. Solche Vereinbarungen werden häufig zu einem Zeitpunkt vereinbart, in dem sich erst geringe Mangelerscheinungen gezeigt haben. Es kann dann sein, dass die Abgeltungsvereinbarung nur die sichtbare Mangelerscheinung abdeckt oder die Grundlage für die Vereinbarung entfallen ist, wenn sich später der Mangel in seinem vollen Umfang zeigt. Die Vertragspartner können sich aber auch auf eine bestimmte Art und Weise der Mängelbeseitigung einigen und eine Nacherfüllung vereinbaren, die von der ursprünglich vereinbarten Leistung abweicht. Treffen die Vertragsparteien keine Vereinbarung über die hiermit verbundenen Mehrkosten, sind diese vom Auftragnehmer zu tragen (vgl. OLG Schleswig, Beschluss vom 22.8.2011 – 3 U 101/10).

Der Besteller ist nach diesen Grundsätzen auch an einen Verzicht auf Mängelansprüche gebunden. Ein Verzicht auf die vertraglichen Mängelansprüche liegt allerdings nicht darin, dass eine bestimmte Art und Weise der Mängelbeseitigung vereinbart wird. Stellt sich diese als untauglich dar, kann der Besteller seine Ansprüche weiter verfolgen (BGH, Urt. v. 6.12.2001 – VII ZR 19/00). **39**

VI. Kein Anspruchsverlust durch Annahmeverzug

Der Besteller verliert seinen Nacherfüllungsanspruch nicht dadurch, dass er in Verzug mit der Annahme der Nacherfüllung kommt (vgl. BGH, Urt. v. 13.12.2001 – VII ZR 27/00). Er kann diesen Verzug jederzeit dadurch beenden, dass er die Nacherfüllung zulässt (BGH, Urt. v. 8.7.2004 – VII ZR 317/02). In diesem Fall kann er sich prozessual auch auf sein Leistungsverweigerungsrecht berufen, obwohl er zuvor die Nacherfüllung nicht zugelassen hat (BGH, a. a. O.). Etwas anderes gilt nur, wenn das Verhalten des Bestellers zu einer Verwirkung des Nacherfüllungsanspruchs führt. → Vgl. auch Rdn. 32. **40**

VII. Untergang des Nacherfüllungsanspruchs

Ein Nacherfüllungsanspruch des Bestellers besteht nicht mehr, wenn er durch ein Gestaltungsrecht dessen Untergang bewirkt hat. Das ist der Fall, wenn er wirksam Rücktritt, Minderung oder Schadensersatz statt der Leistung gewählt hat. Der Besteller verliert seinen Nacherfüllungsanspruch nicht dadurch, dass er ein Gestaltungsrecht, wie z.B. Schadensersatz statt der Leistung geltend macht, wenn die Voraussetzungen für diesen Anspruch nicht bestehen (BGH, Urt. v. 6.11.1975 – VII ZR 222/73), etwa weil keine Frist zur Nacherfüllung gesetzt worden war. Hat der Besteller die Selbstvornahme erfolgreich durchgeführt, ist die Mängelbeseitigung durch den Unternehmer unmöglich geworden. Hat der Besteller die Selbstvornahme lediglich erfolglos versucht, geht der Nacherfüllungsanspruch dadurch grundsätzlich nicht unter. Der Besteller kann sich nach einem erfolglosen Versuch, den Mangel durch einen Drittunternehmer zu beseitigen, grundsätzlich noch an den Unternehmer halten und den Nacherfüllungsanspruch geltend machen. **41**

VIII. Aufwendungen für die Nacherfüllung

Nach § 635 Abs. 2 BGB hat der Werkunternehmer die zum Zweck der Nacherfüllung erforderlichen Aufwendungen zutragen. Die Transport-, Wege-, Arbeits- und Materialkosten sind nur beispielhaft genannt. Fehlen anderweitig Absprachen der Parteien, ist im Zweifel die Nachbesserung dort zu erbringen, wo das nachzubessernde Werk sich vertragsgemäß befindet (BGH, Urt. v. 8.1.2008 – X ZR 97/05). Die Nacherfüllungsverpflichtung erstreckt sich nicht nur darauf, die eigene mangelhafte Leistung nachträglich in einen mangelfreien Zustand zu versetzen. Sie umfasst auch alles, was vorbereitend erforderlich ist, um den Mangel an der eigenen Leistung zu beheben. Hinzu kommen die Arbeiten, die notwendig werden, um nach durchgeführter Mängelbeseitigung den davor bestehenden Zustand wiederherzustellen (BGH, Urt. v. 7.11.1985 – VII ZR 270/83; OLG Düsseldorf, Urteil vom 26.4.2010 – 21 U 130/09). Zu zusätzlichen, aus der Nachbesserungspflicht als solcher nicht herzuleitenden Maßnahmen zum Nachweis der Mängelfreiheit seines Werkes ist der Unternehmer nur unter besonderen Umständen verpflichtet (BGH, Urt. v. 21.1.2003 – X ZR 30/01). **42**

B. Unmöglichkeit der Mängelbeseitigung

43 Der Nacherfüllungsanspruch besteht nicht, wenn die Mängelbeseitigung für den Schuldner oder für jedermann unmöglich ist, § 275 Abs. 1 BGB.

Eine für jedermann unmögliche Leistung im Sinne des § 275 Abs. 1 2. Fall liegt beispielsweise vor, wenn der vertraglich geforderte Ausschluss von Nickelsulfid-Einschlüssen in den Fensterscheiben einer Glasfassade technisch durch niemanden gewährleistet werden kann (BGH, Urteil vom 8.5.2014 – VII ZR 203/11). Eine unmögliche Leistung liegt auch vor, wenn die Parteien eine bestimmte Leistung einer Fußbodenheizung vereinbaren, die – egal mit welcher Fußbodenheizung erreicht werden kann (vgl. OLG München, Urteil vom 10.3.2015 – 9 U 2902/14 Bau). Für die Beurteilung ist grundsätzlich der Zeitpunkt des Hindernisses maßgeblich (BGH, Urteil vom 11. März 1982 – VII ZR 357/80, BGHZ 83, 197, 200; BGH, Urteil vom 8.5.2014 – VII ZR 203/11). Der Umstand, dass nicht von vornherein erkennbarer Mangel, der aber später noch auftreten kann, nach Ablauf von zehn Jahren praktisch ausgeschlossen werden kann, steht der Annahme einer vorübergehenden Unmöglichkeit nicht entgegen. Ein zeitweiliges Erfüllungshindernis ist einem dauernden gleichzustellen, wenn die Erreichung des Vertragszwecks durch die vorübergehende Unmöglichkeit in Frage gleichgestellt wird und deshalb den Vertragspartner nach dem Grundsatz von Treu und Glauben unter billiger Abwägung der Belange beider Vertragsteile die Einhaltung des Vertrages nicht zugemutet werden kann (BGH, Urteil vom 11. März 1982 – VII ZR 357/80, BGHZ 83, 197, 200; BGH, Urteil vom 8.5.2014 – VII ZR 203/11).

Die Folge der Unmöglichkeit der Leistung ist das Entfallen des Erfüllungsanspruchs und damit ebenso des Nacherfüllungsanspruchs (§ 634 Nr. 1, § 635 Abs. 1 BGB) und des Selbstvornahmerechts einschließlich des Vorschussanspruchs gemäß § 634 Nr. 2, § 637 BGB (BGH, Urteil vom 8.5.2014 – VII ZR 203/11; BGH, Urteil vom 23. November 2000 – VII ZR 242/99; OLG München, Urteil vom 10.3.2015 – 9 U 2902/14 Bau). Dem Besteller steht in diesem Fall aber ein Schadensersatzanspruch unter den Voraussetzungen von § 634 Nr. 4, § 311a Abs. 2 BGB zu.

44 Gemäß § 275 Abs. 4 BGB bestimmen sich die Rechte des Gläubigers im Falle der Unmöglichkeit nach den §§ 280, 283, 311a und 326 BGB. Der Unternehmer hat gemäß § 280 BGB den durch den Mangel entstandenen Schaden zu ersetzen, wenn er den Mangel zu vertreten hat. Der Besteller kann unter den Voraussetzungen des § 280 Abs. 1 BGB auch Schadensersatz statt der Leistung verlangen. Schadensersatz statt der ganzen Leistung kann er jedoch nicht verlangen, wenn der Mangel unerheblich ist, § 283 Satz 2 i.V.m. § 281 Abs. 1 Satz 3 BGB. Hat der Unternehmer bereits eine Teilleistung bewirkt, so kann der Besteller Schadensersatz statt der Leistung nur verlangen, wenn er an der Teilleistung kein Interesse hat, § 283 Satz 2 i.V.m. § 281 Abs. 2 BGB. Verlangt der Besteller Schadensersatz statt der Leistung, so ist der Unternehmer zur Rückforderung des Geleisteten nach den §§ 346 bis 348 BGB berechtigt, § 283 Satz 2 i.V.m. § 283 Abs. 5 BGB.

Der Besteller kann im Falle der unmöglichen Nacherfüllung auch Schadensersatz nach § 284 BGB verlangen (vergebliche Aufwendungen). Des weiteren steht dem Besteller das Recht zur Minderung zu. Wegen der fehlenden Möglichkeit, den Mangel zu beseitigen, kann die Minderung nicht an der Höhe der Mängelbeseitigungskosten orientiert werden (vgl. OLG München, Urteil vom 10.3.2015 – 9 U 2902/14 Bau).

Subjektive Unmöglichkeit im Sinne des § 275 Abs. 1 BGB liegt nur vor, wenn der Schuldner die Leistung keinesfalls erbringen kann. Das Leistungshindernis muss für ihn unüberwindbar sein. Der Umstand, dass die Leistung ohne die Mithilfe Dritter nicht erbracht werden kann, ist für sich genommen keineswegs ausreichend für die Annahme einer subjektiven Unmöglichkeit (vgl. OLG München, Urt. v. 24.1.2012 – 9 U 3012/11).

45 Für den Fall, dass die Leistung von Anfang an unmöglich ist, gilt die Sonderregelung des § 311a BGB. Die von Anfang vorliegende Unmöglichkeit führt danach gemäß § 311a Abs. 1 BGB nicht zur Unwirksam des zwischen den Parteien geschlossenen Vertrages. Vielmehr kann der Besteller in diesem Falle gemäß § 311a Abs. 2 Satz 1 BGB nach seiner Wahl Schadensersatz statt der Leistung oder Ersatz seiner Aufwendungen in dem in § 284 bestimmten Umfang verlangen. Dies gilt gemäß § 311a Abs. 2 Satz 2 BGB allerdings dann nicht, wenn der Schuldner das Leistungshindernis bei Vertragsschluss nicht kannte und seine Unkenntnis auch nicht zu vertreten hat. Die in § 311a Abs. 2 BGB geregelte Schadensersatzpflicht umfasst auch die Erstattung von Folgeschäden (BGH, Urteil vom 8.5.2014 – VII ZR 203/11). Nach dem mit der Konzeption des § 311a Abs. 2 BGB einhergehenden Willen des Gesetzgebers (BT-Drucks. 14/6040

Nacherfüllung **§ 635**

S. 166, linke Spalte) tritt § 311a Abs. 2 BGB als eigenständige Anspruchsgrundlage an die Stelle von § 280 BGB, so dass es für Folgeschäden eines Rückgriffs auf diese Norm nicht bedarf. Damit gilt für alle Schadenspositionen einheitlich der Verschuldensmaßstab des § 311a Abs. 2 Satz 2 BGB (BGH, Urteil vom 8.5.2014 – VII ZR 203/11).

C. Leistungsverweigerungsrechte des Unternehmers

§ 635 Abs. 3 BGB räumt dem Unternehmer ein Verweigerungsrecht unbeschadet des § 275 **46** Abs. 2 und 3 BGB ein, wenn die Mängelbeseitigungskosten unverhältnismäßig hoch sind.

I. Unverhältnismäßige Kosten der Nacherfüllung

1. Einrede nach § 635 Abs. 3 BGB

Aufwendungen für die Beseitigung eines Werkmangels sind dann unverhältnismäßig, **47** wenn der damit in Richtung auf die Beseitigung des Mangels erzielte Erfolg oder Teilerfolg bei Abwägung aller Umstände des Einzelfalles in keinem vernünftigen Verhältnis zur Höhe des dafür gemachten Geldaufwandes steht und es dem Unternehmer nicht zugemutet werden kann, die vom Besteller in nicht sinnvoller Weise getätigten Aufwendungen tragen zu müssen (BGH, Beschluss vom 18.7.2013 – VII ZR 231/11; BGH, Urt. v. 11.10.2012 – VII ZR 179/11; BGH, Urt. v. 10.11.2005 – VII ZR 137/04; BGH, Urt. v. 10.11.2005 – VII ZR 64/04; BGH, Urt. v. 6.12.2001 – VII ZR 241/00; BGH, Urt. v. 24.4.1997 – VII ZR 110/96; BGH, Urt. v. 23.3.1995 – VII ZR 228/93; BGH, Urt. v. 30.4.1992 – VII ZR 185/90; vgl. auch OLG Düsseldorf, Urteil vom 18.2.2014 – 23 U 62/13; OLG München, Urt. v. 24.1.2012 – 9 U 3012/11).

Beispiele: Der Heizungsbauer versieht die unter dem Estrich des Wohnhauses verlaufenden Heizschlangen mit einer 13 mm anstelle einer nach der EnEV notwendigen 20 mm starken Dämmung. Die Heizung ist gleichwohl voll funktionsfähig, es entstehen durch die leicht geringere Dämmung nur etwa 50 Euro Heizkosten mehr pro Jahr. Demgegenüber stehen unverhältnismäßig hohe Nachbesserungskosten in Höhe von 44.000 Euro (vgl. BGH, Urt. v. 11.10.2012 – VII ZR 179/11 sowie OLG Oldenburg, Urteil vom 11.12.2014 – 8 U 140/09).

Der durch den Unternehmer eingebaute Niedrigtemperatur-Kessel führt im Verhältnis zur vertraglich geschuldeten Brennwerttechnik zu einem Energiemehrverbrauch von lediglich 1,5 % (vgl. BGH, Beschluss v. 18.7.2013 – VII 231/11).

Ist die Funktionsfähigkeit des Werkes spürbar beeinträchtigt, so kann Nachbesserung regelmäßig nicht wegen hoher Kosten verweigert werden (BGH, Urteil vom 14.6.2007 – VII ZR 45/06; OLG Hamburg, Urteil vom 23.4.2012 – 11 U 173/10; OLG Köln, Urteil vom 16.9.2010 – 7 U 158/08; BGH, Urt. v. 4.7.1996 – VII ZR 24/95; vgl. auch OLG München, Urt. v. 24.1.2012 – 9 U 3012/11; OLG Düsseldorf, Urt. v. 24.2.1987 – 23 U 183/86; OLG Düsseldorf, Urt. v. 4.8.1992 – 23 U 236/91; OLG Hamm, Urt. v. 8.3.2001 – 21 U 24/00). Es reicht deshalb nicht, wenn die Mängelbeseitigungskosten hoch sind, unter Umständen sogar den Werklohn übersteigen. Je erheblicher der Mangel ist, desto weniger Rücksicht wird auf die Höhe der Kosten der Nachbesserung zu nehmen sein. Insbesondere Mängel, die den Wohnwert eines Bauwerks erheblich beeinträchtigen, werden regelmäßig ohne Rücksicht auf die Kosten zu beseitigen sein. Bei der Entscheidung, ob der Unternehmer die Nacherfüllung wegen unverhältnismäßiger Kosten verweigern darf, ist ferner zu berücksichtigen, ob und in welchem Grad der Unternehmer den Mangel verschuldet hat (BGH, Urt. v. 10.4.2008 – VII ZR 214/06; Urt. v. 10.11.2005 – VII ZR 64/04; Urt. v. 23.2.1995 – VII ZR 235/93), oder ob eine Zusicherung vorliegt (BGH, Urt. v. 17.6.1997 – X ZR 95/94). Der Umstand, dass ein schweres Verschulden vorliegt, kann bei der gebotenen Gesamtabwägung den Ausschlag geben. Unzulässig ist es hingegen, die Gesamtabwägung allein mit dem Hinweis auf ein grobes Verschulden zu unterlassen. Unverhältnismäßigkeit kann im Einzelfall auch dann vorliegen, wenn ein grobes Verschulden des Unternehmers am Mangel festgestellt wird (BGH, Beschl. v. 16.4.2009 – VII ZR 177/07).

Liegt der Mangel des Werks in einem Verstoß des Unternehmers gegen gesetzliche Vor- **48** schriften (z. B. der EnEV: BGH, Urt. v. 11.10.2012 – VII ZR 179/11), so folgt hieraus nicht zwangsläufig, dass sich der Unternehmer nicht auf Unverhältnismäßigkeit im Sinne des § 635 Abs. 3 BGB berufen kann. Für die nach § 251 Abs. 2 Satz 1 BGB vorzunehmende Unverhältnis-

§ 635

mäßigkeitsprüfung kommt diesem Umstand keine andere Bedeutung zu, als sie einem schuldhaften Verstoß gegen anerkannte Regeln der Technik oder vertragliche Beschaffenheitsvereinbarungen zuteil wird (vgl. BGH, Urt. 11.10.2012 – VII ZR 179/11). Etwas anderes muss aber dann gelten, wenn der Besteller sich durch Entgegennahme bzw. Nutzung der mangelhaften Sache selbst der Gefahr aussetzt, in einer Weise gegen gesetzliche Vorschriften zu verstoßen (z.B. eine nicht ausreichende Höhe des Balkongeländers).

49 Auch dann, wenn das Risiko einer nachhaltigen Funktionsbeeinträchtigung infolge eines Mangels besteht, kann das objektiv berechtigte Interesse des Bestellers an einer Mängelbeseitigung nicht ohne weiteres verneint werden, weil nicht feststeht, wann es zu einer solchen Funktionsbeeinträchtigung kommt (Überschreitung des Warnwerts eines Straßenbelags: BGH, Urt. v. 10.11.2005 – VII ZR 137/04). Weist der Unternehmer nach, dass sich dieses Risiko aller Voraussicht nicht vor einem Zeitpunkt verwirklichen wird, der kurz vor dem Ende der üblichen Nutzungsdauer liegt, kann es allerdings gerechtfertigt sein, den Besteller auf die Minderung zu verweisen (BGH, a.a.O.). Bei der Beurteilung der Unverhältnismäßigkeit der Mängelbeseitigung darf das Interesse des Bestellers an einer vertraglich vereinbarten höherwertigen und risikoärmeren Art der Ausführung nicht deshalb als gering bewertet werden, weil die tatsächlich erbrachte Leistung den anerkannten Regeln der Technik entspricht. Der Unternehmer kann sich nicht ohne weiteres über die Entscheidung des Bestellers hinwegsetzen, eine höherwertige Ausführung zu wählen und auch bezahlen zu wollen, indem er vertragswidrig die gängige Ausführung ausführt und sich wegen der Mängelbeseitigungskosten auf die Unverhältnismäßigkeit der Nachbesserungskosten beruft (BGH, Urt. v. 10.4.2008 – VII ZR 214/06).

50 Praktische Bedeutung erlangt § 635 Abs. 3 BGB danach für solche Mängel, die zu keiner wesentlichen Funktionsbeeinträchtigung führen. Dazu gehören u.a., aber nicht nur sogenannte Schönheitsmängel. Es kann sich auch um Mängel handeln, die zu einer geringfügigen Funktionsbeeinträchtigung führen, die aber gemessen an dem mit ihrer Beseitigung erzielten Erfolg hinzunehmen sind (vgl. OLG Celle, Urteil vom 13.12.2018 – 5 U 194/14 für einen Hallenboden, dessen Beschichtung zwar nicht den vertraglichen Vorgaben entspricht, aber die Gebrauchstauglichkeit des Bodens nicht beeinträchtigt und keine Verschlechterung zu erwarten ist). Aber auch bei solchen Mängeln hat der Einwand der zu hohen und damit unverhältnismäßigen Aufwendungen der Nachbesserung durch den Unternehmer nicht zwangsläufig regelmäßig Erfolg hat. Abzustellen ist vielmehr auch bei solchen Mängeln darauf, ob der Auftraggeber ein nachvollziehbares (nicht nur unbedeutendes) Interesse an der (auch) optisch einwandfreien Herstellung des Werkes hat. Je höher dieses Leistungsinteresse des Bestellers an einem auch optisch makellosen Erscheinungsbild des bestellten Werkes ist, desto weniger kann der Werkunternehmer mit seinem Einwand aus § 635 Abs. 3 BGB gehört werden (vgl. OLG Düsseldorf, Urteil vom 4.11.2014 – 21 U 23/14; OLG Bamberg, Urteil vom 4.4.2005, 4 U 95/04). Berührt der nur geringfügige Schönheitsfehler lediglich leicht das ästhetische Empfinden des Bestellers, ohne dass in objektivierbarer Form die „Wertschätzung" gegenüber dem Werk beeinträchtigt wird, kann von Unverhältnismäßigkeit ausgegangen werden (vgl. OLG Düsseldorf, Urteil vom 4.11.2014 – 21 U 23/14; OLG Düsseldorf, Urteil vom 10.6.1997, 21 U 188/96). Die Abgrenzung im Einzelfall ist schwierig. Eine Rolle kann dabei auch spielen, wie der Mangel in der Nutzung wahrgenommen wird. Fällt er deshalb nicht ins Gewicht, weil er ständig verdeckt ist oder sich nur in seltenen Nutzungsfällen auswirkt, liegt es nahe, Unverhältnismäßigkeit jedenfalls bei hohen Beseitigungskosten anzunehmen (vgl. z.B. OLG Düsseldorf, Urteil vom 4.11.2014 – 21 U 23/14 zu einem Anbau mit unterschiedlich hohem Dachfirst zum Bestandsgebäude; OLG Bamberg, Urt. v. 4.4.2005 – 4 U 95/04 zur Beschädigung eines hochwertigen Marmors).

51 Problematisch ist, ob die Unverhältnismäßigkeit der Mängelbeseitigungskosten noch bejaht werden kann, wenn der verbleibende Minderwert hoch ist. Insoweit besteht eine Abhängigkeit. Je höher der verbleibende Minderwert ist, desto weniger ist die Annahme gerechtfertigt, die Mängelbeseitigungskosten seien unverhältnismäßig hoch. Es kommt aber auch insoweit auf den Einzelfall an. Deshalb verbietet sich die Festlegung auf bestimmte Prozentsätze als Obergrenze, seien es bei einer Minderung 30% der Vergütung oder 30% der Mängelbeseitigungskosten (OLG Celle, Urt. v. 7.11.2002 – 6 U 12/02, vgl. auch OLG Zweibrücken, Urt. v. 25.4.2005 – 7 U 53/04; im Ergebnis Minderung wegen Schönheitsmängeln am Granitboden von ca. 30%).

52 Der Einwand der Unverhältnismäßigkeit der Kosten der Nacherfüllung ist für den Unternehmer grundsätzlich nicht deshalb ausgeschlossen, weil er vorprozessual nur das Vorhandensein von Mängeln bestreitet und aus diesem Grund die Nacherfüllung insgesamt verweigert (vgl. BGH, Urt. v. 16.10.2013 – VIII ZR 273/12).

2. Rechtsfolgen

53 Verweigert der Unternehmer die Beseitigung der Mängel zur Recht, weil die Voraussetzungen des § 635 Abs. 3 BGB vorliegen, stehen dem Besteller die Rechte auf Rücktritt und Minderung ohne Fristsetzung zu. Die Minderung kann nicht nach den Kosten der Mängelbeseitigung berechnet werden, weil ansonsten bei einem verschuldensunabhängigen Anspruch über die Minderung der § 635 Abs. 3 BGB ignoriert würde. Vielmehr bestimmt sich der Minderwert nach den technischen und merkantilen Nachteilen, die dem Besteller entstehen (zu Berechnungsmethoden vgl. → § 638 BGB Rdn. 15 ff.).

54 Der Besteller kann, sofern er für bestimmte Mängel keine Minderung fordert, im Rahmen des kleinen Schadensersatzanspruchs nach § 634 Nr. 4 BGB den mangelbedingten Minderwert des Werkes geltend machen. In seiner Leitentscheidung vom 11.10.2012 (VII ZR 179/11) hat der BGH klargestellt, dass die Grundsätze der Rechtsprechung zur Beschränkung des Schadensersatzes auf die Höhe der Verkehrswertminderung zu § 251 Abs. 2 Satz 1 BGB (vgl. BGH, Urt. v. 11.10.2012 – VII ZR 179/11; BGH, Urt. v. 29.6.2006 – VII ZR 86/05; BGH, Urt. v. 10.3.2005 – VII ZR 321/03; BGH, Urt. v. 27.3.2003 – VII ZR 443/01; BGH, Urt. v. 26.10.1972 – VII ZR 181/71) auf die Fälle des § 635 Abs. 3 BGB entsprechend anwendbar sind. Dies gilt jedenfalls dann, wenn der Besteller Schadensersatz in Höhe der Mängelbeseitigungskosten beansprucht. Durch die Zubilligung dieses Schadensersatzanspruches soll der Besteller einen Ausgleich für die Nachteile erhalten, die ihm durch die mangelhafte Ausführung der Werkleistung entstanden sind. Sein Anspruch auf monetären Ausgleich für Mangelschäden beruht auf seinem berechtigten Interesse an der Verwirklichung des vom Unternehmer geschuldeten Werkerfolgs. Er soll hinsichtlich der Beseitigung dieser Mängel im Ergebnis nicht besser stehen als er bei tauglicher Nacherfüllung durch den Unternehmer stünde. Dann aber besteht kein vernünftiger Grund, dem Unternehmer, der die Beseitigung von Mängeln wegen eines damit verbundenen unverhältnismäßigen Aufwands gemäß § 635 Abs. 3 BGB verweigern darf, gleichwohl im Wege des Schadensersatzes die Erstattung der Mängelbeseitigungskosten abzuverlangen. Aus dem Umstand, dass der Besteller Schadensersatz nur für solche Mängel beanspruchen kann, die der Unternehmer zu vertreten hat, folgt nichts anderes. Es entspricht ständiger Rechtsprechung des Bundesgerichtshofs, dass bei der Beurteilung der Unverhältnismäßigkeit nach § 635 Abs. 3 BGB das Verschulden des Unternehmers zu berücksichtigen ist (BGH, Urteil vom 23. Februar 1995 – VII ZR 235/93, BauR 1995, 540 = ZfBR 1995, 197; vgl. auch Urteil vom 27. März 2003 – VII ZR 443/01, BGHZ 154, 301; Urteil vom 10. November 2005 – VII ZR 64/04, BauR 2006, 377 = NZBau 2006, 110 = ZfBR 2006, 154). Liegt Verschulden vor, fällt es ebenso wie bei § 251 Abs. 2 Satz 1 BGB ins Gewicht, ohne dass sich hieraus die Notwendigkeit ergeben könnte, die Unverhältnismäßigkeit des Mängelbeseitigungsaufwands im Rahmen des § 251 Abs. 2 Satz 1 BGB anderen Kriterien zu unterwerfen, als sie für § 635 Abs. 3 BGB gelten. Daraus folgt im Ergebnis, dass der Besteller mangelbedingten Schadensersatz stets nur in Höhe der Verkehrswertminderung beanspruchen kann, wenn der Unternehmer die Nacherfüllung zu Recht gemäß § 635 Abs. 3 BGB als unverhältnismäßig verweigert hat (BGH, Urt. v. 11.10.2012 – VII ZR 179/11; OLG Düsseldorf, Urteil vom 4.11.2014 – 21 U 23/14). Hat die vertragswidrige Ausführung zudem eine verringerte Verwertbarkeit des Gebäudes zur Folge, muss der Auftragnehmer dem Auftraggeber auch den merkantilen Minderwert ersetzen (vgl. OLG Oldenburg, Urteil vom 11.12.2014 – 8 U 140/09). Maßgeblich hierfür ist, ob eventuelle Kaufinteressenten ein im Vergleich zur vertragsgemäßen Ausführung geringeres Vertrauen in die Qualität des Bauwerks haben (vgl. hierzu auch → § 636 BGB Rdn. 68).

55 Hat der Unternehmer den Mangel nicht verschuldet, ist es erst recht geboten, die Minderung nicht nach den Mängelbeseitigungskosten, sondern nach der Verkehrswertminderung zu berechnen.

Zusammenfassend kann festgehalten werden, dass die oben angeführten Kriterien, unter denen der Auftragnehmer das Nacherfüllungsbegehren des Auftraggebers unter Berufung auf den Unverhältnismäßigkeitseinwand gemäß § 635 Abs. 3 BGB ablehnen kann, über § 251 Abs. 2 S. 1 BGB auf einen Schadensersatzanspruch in Höhe der Aufwendungen zur Beseitigung des Mangels Anwendung findet, und im selben Maße auch, wenn bei der Bemessung eines mangelbedingten Minderungsbetrages auf die Kosten zur Mängelbeseitigung zurückgegriffen wird.

II. Leistungsverweigerungsrecht nach § 275 Abs. 2 BGB

56 Die Regelung des Leistungsverweigerungsrechts „unbeschadet des § 275 Abs. 2 und 3" bedeutet, dass diese Vorschriften neben § 635 Abs. 3 BGB anwendbar sind.

Nach § 275 Abs. 2 BGB kann ein Schuldner die Leistung verweigern, soweit diese einen Aufwand erfordert, der unter Beachtung des Inhalts des Schuldverhältnisses und der Gebote von Treu und Glauben in einem groben Missverhältnis zu dem Leistungsinteresse des Gläubigers steht. Bei der Bestimmung der dem Schuldner zuzumutenden Anstrengungen ist auch zu berücksichtigen, ob der Schuldner das Leistungshindernis zu vertreten hat. Dazu ist zunächst festzustellen, dass § 275 Abs. 2 BGB als Regelung des Allgemeinen Schuldrechts allgemeinen Charakter hat, also grundsätzlich auch auf Werkverträge anwendbar ist.

1. Grundgedanke des § 275 Abs. 2 BGB

57 § 275 Abs. 2 BGB gibt dem Schuldner auf seine Einrede ein Leistungsverweigerungsrecht bei der so genannten faktischen oder praktischen Unmöglichkeit.

Nach § 275 Abs. 1 BGB hat der Gläubiger keinen Anspruch auf die Leistung, wenn diese dem Schuldner oder jedermann unmöglich ist. Eine Leistung ist in diesem Sinne unmöglich, wenn sie von niemandem erbracht werden kann. Das kann auf Grund von rechtlichen, aber auch tatsächlichen Umständen der Fall sein. Eine tatsächliche Unmöglichkeit liegt nicht vor, wenn die Leistung zwar theoretisch möglich ist, dafür aber ein völlig indiskutabler Aufwand (RegEntw., BR-Drucks. 338/01, S. 293) notwendig ist. Für diesen Fall will das Gesetz dem Schuldner die Möglichkeit geben, von seiner Verpflichtung zur Leistung frei zu werden.

2. Grobes Missverhältnis

58 Das Verweigerungsrecht aus § 275 Abs. 2 BGB knüpft an einen Aufwand, der in einem groben Missverhältnis zu dem Leistungsinteresse des Gläubigers steht. Nur wenn der Schuldner durch unerwartete Hindernisse zu Aufwendungen gezwungen wäre, die einem groben Missverhältnis zur dem Leistungsinteresse des Gläubigers stehen, kann er die Leistung verweigern (Voit, BauR 2002, 158). Unter Aufwand versteht die Begründung sowohl Aufwendungen in Geld als auch Tätigkeiten und ähnliche persönliche Anstrengungen (RegEntw., BR-Drucks. 338/01, S. 294). Der Aufwand ist allein an dem Leistungsinteresse des Gläubigers zumessen, nicht am Verhältnis dieses Aufwands zu den eigenen Interessen des Schuldners, also etwa zu dem Vertragspreis (RegEntw., BR-Drucks. 338/01, S. 295). Das Missverhältnis zwischen dem Interesse des Gläubigers an der Leistung und dem für die Leistung erforderlichen Aufwand muss grob sein. Die Begründung weist darauf hin, dass diese hohen Anforderungen deshalb gerechtfertigt sind, weil der Schuldner bei einer erfolgreichen Einrede von seiner Leistungspflicht frei wird, der Gläubiger also jeden Anspruch auf die Leistung verliert. Damit entfallen für den Fall, dass der Schuldner die Unmöglichkeit nicht zu vertreten hat, sämtliche Möglichkeiten einer Kompensation für den Gläubiger.

3. Abgrenzungsschwierigkeiten

59 Es ist auf den ersten Blick erkennbar, dass § 275 Abs. 2 BGB mit anderen Normen kollidiert, denen im Kern dieselben Erwägungen zugrunde liegen. Das sind die Regelungen des § 635 Abs. 3, § 251 Abs. 2 und des § 313 BGB.

a) Abgrenzung zu § 635 Abs. 3 BGB

60 Nach Canaris (JZ 2001, 499, 505) ist § 275 Abs. 2 BGB als ein Versuch zur tatbestandlichen Präzisierung jener Fälle der Unmöglichkeit zu verstehen, die so stark mit normativen Elementen durchsetzt sind, dass sich ihre Qualifikation als Unmöglichkeit anders als in den von § 275 Abs. 1 BGB erfassten Fällen nicht von selbst versteht. Zugleich stellt er eine Konkretisierung des bereits in § 251 Abs. 2 Satz 1 BGB[3], § 633 Abs. 2 Satz 3 BGB a. F. enthaltenen Rechtsmissbrauchsverbots unter Rückgriff auf das Verhältnismäßigkeitsprinzip dar.

§ 275 Abs. 2 BGB wird also tatbestandlich sehr nahe an § 635 Abs. 3 BGB herangerückt, ohne jedoch mit diesem identisch zu sein. Tatsächlich sind die Kriterien des § 635 Abs. 3 und § 275 Abs. 2 BGB aber weitgehend identisch. In beiden Fällen kommt es darauf an, inwieweit die Durchsetzung des Leistungsinteresses missbräuchlich ist. Gleichwohl sind die Tatbestände inhaltlich nicht gleich, wie der Wortlaut belegt. Die Schwelle des Leistungsverweigerungs-

Nacherfüllung **§ 635**

rechts des § 275 Abs. 2 BGB liegt offenbar höher, wie sich schon daran zeigt, dass ein grobes Missverhältnis zwischen Leistungsinteresse und Aufwand vorliegen muss, reine Unverhältnismäßigkeit also nicht ausreicht (RegEntw., BR-Drucks. 338/01, S. 543). § 275 Abs. 2 BGB regelt den Fall, dass der Unternehmer eine Leistungsverpflichtung übernommen hat, die er, gemessen am Gläubigerinteresse, nur mit einem völlig indiskutablen Aufwand erfüllen kann. Dabei ist zu bedenken, dass § 275 Abs. 2 BGB zu einer Befreiung nicht nur von der Leistungspflicht, sondern auch von verschuldensunabhängigen Ansprüchen, wie der Minderung, führt. Diese bleibt in den Fällen des § 635 Abs. 3 BGB bestehen. Trotz der Verwandtschaft zwischen den beiden Regelungen, wäre es im Werkvertragsrecht nicht hinnehmbar, in den Fällen der Befreiung nach § 635 Abs. 3 BGB stets oder überwiegend auch einen Fall des § 275 Abs. 2 BGB zu bejahen. Das würde die Erfolgshaftung auf den Kopf stellen. Die Anwendung des § 275 Abs. 2 BGB kommt also nur in extremen Ausnahmefällen in Betracht.

b) Abgrenzung zu § 313 BGB

In § 313 BGB ist die Störung der Geschäftsgrundlage geregelt. Haben sich Umstände, die **61** zur Grundlage des Vertrags geworden sind, nach Vertragsschluss schwerwiegend verändert und hätten die Parteien den Vertrag nicht oder mit anderem Inhalt geschlossen, wenn sie diese Veränderung vorausgesehen hätten, so kann Anpassung des Vertrags verlangt werden, soweit einem Teil unter Berücksichtigung aller Umstände des Einzelfalls, insbesondere der vertraglichen oder gesetzlichen Risikoverteilung, das Festhalten am unveränderten Vertrag nicht zugemutet werden kann. Dieses in § 313 Abs. 1 BGB geregelte Anpassungsrecht kann nach § 313 Abs. 3 BGB auch zu einem Rücktrittsrecht des benachteiligten Teils führen, wenn eine Anpassung des Vertrags nicht möglich ist.

§ 313 BGB ist eine Ausprägung des weiterhin in § 242 BGB verankerten Grundsatzes, dass **62** Verträge nach Treu und Glauben auszulegen sind. Nicht anders verhält es sich im Grundsatz auch mit § 275 Abs. 2 BGB, wenn auch der gedankliche Ansatzpunkt ein anderer ist, weil eine „faktische" Unmöglichkeit angenommen wird, was aber nichts anderes heißt, als dass eine rechtliche Unmöglichkeit nicht vorliegt. Der Akzeptanz einer „faktischen" Unmöglichkeit als Befreiungstatbestand liegt bereits das Element von Treu und Glauben zugrunde. Dementsprechend schwierig dürfte es sein, entgegen der Auffassung von Canaris (JZ 2001, 499, 501, 505), der keine Abgrenzungsprobleme sieht, sein, die faktische Unmöglichkeit, die zur Befreiung von der Leistungspflicht führt, von der Störung der Geschäftsgrundlage abzugrenzen, die grundsätzlich lediglich zu einer Vertragsanpassung führt. Maßgebend dürfte die Erwägung sein, dass eine Befreiung von der Leistungspflicht als einseitig für den Schuldner günstige Rechtsfolge nur dann gerechtfertigt ist, wenn sogar die Grenze des § 313 BGB überschritten wird. Die Schwelle des § 275 Abs. 2 BGB liegt höher. Es muss sich um unerwartete Verhältnisse handeln, die den übernommenen Risikorahmen sprengen und zu einem groben Missverhältnis führen. Solche Fälle dürften außerordentlich selten sein. Der Maßstab mag an einem veröffentlichten Beispiel außerhalb des Werkvertragsrecht verdeutlicht werden: Ein Fall der faktischen Unmöglichkeit liegt vor, wenn ein gekentertes Tretboot im Wert von 5.000 DM nur mit einem Aufwand von 300.000 DM wieder geborgen werden kann (Däubler, NJW 2001, 3729, 3732)! Ein Fall des § 275 Abs. 2 BGB liegt nach Canaris (JZ 2001, 499, 502) ferner vor, wenn die Übereignung eines Grundstücks geschuldet wird, das vertragswidrig mit einer Vormerkung belastet ist und diese Vormerkung vom Schuldner auf das Verlangen des Berechtigten nur mit dem Dreißigfachen des Grundstückswerts beseitigt werden kann. Schon diese Beispiele zeigen, dass § 275 Abs. 2 BGB nur in extremen Ausnahmefällen anwendbar ist.

Es ist zwar vorauszusehen, dass § 275 Abs. 2 BGB von den Unternehmern auch in den Fällen **63** herangezogen wird, in denen es zu unerwarteten Erschwernissen bei der Ausführung kommt, wie z. B. bei unvermuteten Boden- und Wasserverhältnissen. Das sind jedoch grundsätzlich Äquivalenzstörungen, die unter dem Gesichtspunkt der Störung der Geschäftsgrundlage zu prüfen sind, § 313 BGB, so sie denn überhaupt relevant sind (vgl. Peters, NZBau 2002, 113, 116). In diesen Fällen geht es darum, ob es dem Schuldner nach Treu und Glauben trotz des unerwarteten Aufwandes noch zuzumuten ist, die Leistung zu erbringen. Störungen, in denen es um ein Missverhältnis zwischen dem kalkulierten und dem tatsächlichen Aufwand geht, sind im Rahmen des § 275 Abs. 2 BGB grundsätzlich unbeachtlich. Sie können im Ausnahmefall die Berufung auf den Wegfall der Geschäftsgrundlage rechtfertigen (Medicus, ZfBR 2001, 507, 508; vgl. auch Zimmer NJW 2002, 1, 11).

4. Ausgestaltung als Einrede

64 Der Schuldner muss gemäß § 275 Abs. 2 BGB eine entsprechende Einrede erheben (Canaris, JZ 2001, 499, 501, 504). Das ist nach dem Wortlaut des Gesetzes eindeutig. Allerdings wird auch vertreten, es handele sich um eine rechtsvernichtende Einwendung, die von Amts wegen zu berücksichtigen sei (Teichmann, BB 2001, 1485, 1487).

5. Rechtsfolgen der Einrede

65 Ist die Einrede begründet, wird nicht nur der Schuldner frei, sondern nach § 326 Abs. 1 BGB auch der Gläubiger. Etwas anderes gilt, wenn der Gläubiger für den Umstand, der zur Unmöglichkeit führt, allein oder weit überwiegend verantwortlich ist oder der Umstand während des Annahmeverzuges eingetreten ist, § 326 Abs. 2 BGB. Der Gläubiger kann jedoch zurücktreten, § 326 Abs. 5 BGB.

66 Ist die faktische Unmöglichkeit vom Schuldner zu vertreten, hat er gemäß § 275 Abs. 4 BGB Schadensersatz nach § 280, § 283 bis § 285, § 311a BGB zu leisten.

6. Anwendbarkeit auf Nacherfüllung

a) Gesetzesbegründung

67 Nach der Begründung ist § 275 Abs. 2 BGB auch dann anwendbar, wenn es um die faktische Unmöglichkeit der Nacherfüllung geht (RegEntw., BR-Drucks. 338/01, S. 627). Das wird mit einer Argumentation für sachgerecht gehalten, die so allerdings kaum nachvollziehbar ist. Denn auf diese Weise soll der Nacherfüllungsanspruch des Bestellers insbesondere in den Fällen eingeschränkt werden, in denen der Mangel des Werks auf einem Verschulden eines Lieferanten des Werkunternehmers beruht und der Werkunternehmer die Mangelhaftigkeit des Werks nicht zu vertreten hat. In diesem Fall werde dem Werkunternehmer eine Nacherfüllung regelmäßig nicht zumutbar sein (RegEntw., BR-Drucks. 338/01, S. 627). Das ist von dem Kommissionsbericht (Abschlussbericht S. 253) übernommen worden, ohne dass eine Auseinandersetzung mit der dazu ergangenen Kritik stattgefunden hat (vgl. Kniffka, ZfBR 1993, 99).

Dem liegt offenbar die Wertung zugrunde, dass der Schuldner überhaupt keine Anstrengungen zur Überwindung des Leistungshindernisses zu unternehmen braucht, wenn er dieses nicht zu vertreten hat. Diese Wertung ist schon im Allgemeinen Schuldrecht verfehlt (Canaris, JZ 2001, 499, 503), erst recht aber im Werkvertragsrecht. Sie würde einen ganz erheblichen Eingriff in die Erfolgshaftung des Werkvertragsrechts bedeuten (Sienz, BauR 2002, 187). Sie hat im Gesetz selbst keinen Niederschlag gefunden. Auch in § 275 Abs. 2 BGB ist das Verschulden des Schuldners nur ein Gesichtspunkt, der berücksichtigt werden kann. In der Rechtsprechung hat das Verschulden für den Mangel in dem Sinne immer eine Rolle gespielt, dass bei erhöhtem Verschulden eine Berufung auf Unverhältnismäßigkeit erschwert war. Das kann nicht dazu führen, dass immer dann, wenn der Werkmangel auf einer mangelhaften Lieferung eines Werkstoffes beruht, eine Nachbesserungsverpflichtung ausscheidet. Vielmehr kann sich das Leistungsverweigerungsrecht nur an den im Gesetz genannten Kriterien beurteilen lassen, die vorrangig auf das Leistungsinteresse des Gläubigers abstellen. Dieses ist in der Regel unabhängig davon ungebrochen, ob der angelieferte Werkstoff mangelhaft war.

b) Anwendungsbereich

68 Diese Überlegung ändert aber nichts daran, dass § 275 Abs. 2 BGB nach der ausdrücklichen Anordnung des § 633 Abs. 3 BGB auch dann anwendbar ist, wenn es um die faktische Unmöglichkeit des Nacherfüllungsanspruchs geht. Das Leistungsverweigerungsrecht nach § 275 Abs. 2 BGB kommt nur in besonders gelagerten Ausnahmefällen in Betracht, die wertungsmäßig der Unmöglichkeit in § 275 Abs. 1 BGB nahe kommen (RegEntw., BR-Drucks. 338/01, S. 543). Paradox ist allerdings, dass die faktische Unmöglichkeit auch dadurch entstehen kann, dass der Schuldner das Werk zunächst mangelhaft errichtet hat und infolge dieser mangelhaften Leistung ein Fall der nachträglichen Unmöglichkeit entsteht, etwa weil die Mängelbeseitigungskosten in einem groben Missverhältnis zum Leistungsinteresse des Gläubigers stehen. Der Schuldner wird von seiner Nacherfüllungspflicht frei, muss jedoch Schadensersatz leisten, wenn er die faktische Unmöglichkeit zu vertreten hat.

III. Leistungsverweigerungsrecht nach § 275 Abs. 3 BGB

Nach § 275 Abs. 3 BGB kann der Schuldner die Leistung ferner verweigern, wenn er sie persönlich zu erbringen hat und sie ihm unter Abwägung des seiner Leistung entgegenstehenden Hindernisses mit dem Leistungsinteresse des Gläubigers nicht zugemutet werden kann. Soweit es um Mängelbeseitigung geht, sind für den Bauvertrag kaum Anwendungsfälle denkbar. Die Regelung des § 275 Abs. 3 BGB betrifft den Fall, dass der Schuldner die Leistung persönlich zu erbringen hat. Das ist für den Bauvertrag eher die Ausnahme (Wertenbruch, ZGS 2003, 54). Denkbar ist diese Konstellation jedoch beim Architektenvertrag, Ingenieurvertrag oder Projektsteuerungsvertrag. Die in der Begründung genannten Fälle der persönlichen Unzumutbarkeit zeigen jedoch, dass diese Regelung von geringem praktischem Gewicht ist. Schulbeispiel soll der Fall der Sängerin sein, die sich weigert aufzutreten, weil ihr Kind lebensgefährlich erkrankt sei. Das sind Fälle, die nach früherem Recht zum Wegfall der Geschäftsgrundlage führen konnten (vgl. Medicus, ZfBR 2001, 507, 508).

D. Rückgabeverlangen des Unternehmers

Neu ist die Regelung des § 635 Abs. 4 BGB, wonach der Unternehmer Rückgabe des mangelhaften Werkes nach Maßgabe der §§ 346 bis 348 BGB verlangen kann, wenn er ein neues Werk herstellt.

I. Rückgabe

Das ist unproblematisch in den Fällen, in denen die Bauleistung des Unternehmers ohne weiteres wieder zurückgegeben werden kann. Ist z.B. der falsche Heizkessel geliefert worden, so ist dieser zurück zu gewähren, wenn ein neuer eingebaut wird. Damit wird im Prinzip ein gerechter Interessenausgleich geschaffen, denn es war häufig so, dass der Besteller die mangelhafte Sache behalten oder noch wirtschaftlich verwertet hat, obwohl er eine Nachbesserung bekommen hat.

II. Wertersatz

Problematisch ist diese Regelung jedoch, wenn die Bauleistung nicht ohne weiteres entfernt werden kann. Ist z.B. ein Fundament falsch gegossen worden und muss deshalb ein neues Fundament hergestellt werden, scheidet die Rückgabe des alten Fundamentes aus.

Die Frage ist, ob nach § 346 Abs. 2 BGB in einem derartigen Fall Wertersatz geleistet werden muss. Dazu enthält § 346 Abs. 2 BGB einen Katalog von Fällen (vgl. dazu § 636 BGB). Die Rückgabe eines Fundamentes dürfte unter § 346 Abs. 2 Nr. 1 BGB fallen, denn sie dürfte nach der Natur der Leistung ausgeschlossen sein (vgl. Voit, BauR 2002, 154 m. w. N.). Unproblematisch ist § 346 Abs. 2 BGB, wenn die beim Besteller verbleibende Leistung infolge des Mangels wertlos ist, weil dann auch kein Wertersatz zu leisten ist. Es gibt aber Fälle, in denen das nicht der Fall ist. Verbleibt z.B. eine den vertraglichen Vereinbarungen nicht entsprechende Wärmedämmung im Bauwerk und kommt eine weitere Wärmedämmung hinzu, so kann das zu einer noch besseren Wärmedämmung führen, als er vertraglich vereinbart war. Die alte Wärmedämmung wäre also nicht ganz wertlos (vgl. z.B. den Fall aus BGH, Urt. v. 17.5.1984 – VII ZR 169/82). Gleichwohl bestehen Bedenken gegen eine Wertersatzpflicht, weil es sich um eine aufgedrängte Wertmehrung handelt.

III. Gezogene Nutzungen

Die Rückgewährpflicht nach Maßgabe der §§ 346 bis 348 BGB umfasst auch die Verpflichtung des Bestellers, im Falle der Neuherstellung die gezogenen Nutzungen herauszugeben. Sie ist bedenklich (so schon Kniffka, ZfBR 1993, 97, 100; Gsell, NJW 2003, 1969). Sie bedeutet, dass der Besteller die Gebrauchsvorteile herauszugeben hat, die er dadurch erlangt hat, dass er die mangelhafte Sache genutzt hat, § 100 BGB. In der Sache läuft die Anerkennung eines Anspruchs auf Ersatz der Gebrauchsvorteile darauf hinaus, dass eine von der Rechtsprechung bisher stets abgelehnte Vorteilsausgleichung stattfindet. Der Grund für die Ablehnung der

§ 635

Vorteilsausgleichung war, dass der Besteller dadurch, dass er den Vertragszweck nicht sogleich, sondern u. U. erst jahrelang später durch eine Nacherfüllung herbeigeführt hat, keine Besserstellung erfahren darf. Der Besteller hat durch den Mangel in aller Regel auch Gebrauchsnachteile hinzunehmen und es ist nicht gerechtfertigt, dem vertragsuntreuen Unternehmer einseitig einen Ausgleich zu gewähren. Deshalb ist eine Vorteilsausgleichung ausnahmsweise nur dann als zulässig angesehen worden, wenn der Besteller durch den Mangel keine oder nur unwesentliche Nachteile hinnehmen musste (vgl. Kniffka/Koeble, Kompendium des Baurechts, 4. Aufl., 6. Teil Rdn. 171).

74 Diese Regelung ist darüber hinaus auch deshalb bedenklich, weil sie den Unternehmer einseitig bevorzugt, denn der Besteller hat keine Möglichkeit, die Zinsvorteile, die durch die verzögerte Nacherfüllung beim Unternehmer entstehen, abzuschöpfen (zweifelnd jedoch Gsell, NJW 2003, 1969, 1970). Es kommt zu einer ungleichgewichtigen Abwicklung des Mängelanspruchs zu Gunsten des Vertragsbrüchigen (Kohler, FS Jagenburg, S. 379, 390).

75 In welchen Fällen nach Maßgabe der §§ 346 bis 348 BGB gezogene Nutzungen herausgegeben werden müssen, hat der Europäische Gerichtshof auf Vorlage des Bundesgerichtshofs (BGH, Beschl. v. 16.8.2006 – VIII ZR 200/05) mit seiner Entscheidung vom 17.4.2008 (Rs. C-404/06) für das Kaufrecht klargestellt. Danach muss der Käufer nur dann Wertersatz für die Nutzungen des vertragswidrigen Verbrauchsguts leisten, wenn er aufgrund des Mangels vom Kaufvertrag zurücktritt; im Falle der Ersatzlieferung durch den Verkäufer besteht diese Verpflichtung dagegen nicht, da dies mit Art. 3 Verbrauchsgüterkaufrichtlinie 99/44/EG nicht zu vereinbaren ist. Dieser Rechtsprechung ist der Bundesgerichtshof gefolgt (vgl. BGH, Urt. v. 11.2.2009 – VIII ZR 176/06; Urt. v. 26.11.2008 – VIII ZR 200/05; OLG Nürnberg, Urt. v. 23.8.2005 – 3 U 991/05; EWiR 2005, 821 mit Anm. Saenger/Zurlinden). Auf das Werkvertragsrecht ist die Rechtsprechung nicht unmittelbar übertragbar (vgl. Münchener Kommentar zum BGB, 6. Aufl., § 635 BGB, Rdn. 50). Es ist Aufgabe der Rechtsprechung, den Anwendungsbereich auch im Werkvertragsrecht auf ein vernünftiges Maß zu beschränken. In erster Linie wird das über eine genaue Prüfung zu erreichen sein, inwieweit überhaupt Gebrauchsvorteile entstanden sind (vgl. → § 634 BGB Rdn. 82 ff.).

76 Der Unternehmer kann die Nacherfüllung nicht davon abhängig machen, dass der Wertersatz bzw. der Ersatz der Gebrauchsvorteile gezahlt oder zumindest sichergestellt wird. Zwar enthält § 348 BGB die Regelung, dass die sich aus dem Rücktritt ergebenden Verpflichtungen der Parteien Zug um Zug zu erfüllen sind. Aus § 635 Abs. 4 BGB ergibt sich jedoch, dass der Anspruch auf Wertersatz bzw. Nutzungsausfall erst entstehen kann, wenn die Nacherfüllung stattgefunden hat, so dass der Unternehmer vorleistungspflichtig ist. Aus der Verweisung auf § 320 BGB folgt weiter, dass der Unternehmer die Mängelbeseitigung nicht davon abhängig machen darf, dass er wegen des Anspruchs auf Nutzungsentschädigung gesichert wird. Erst recht kann er die Nacherfüllung nicht von der Zahlung abhängig machen.

E. Besonderheiten des Architekten- und Ingenieurvertrags

I. Nacherfüllungsrecht des Architekten an Planungsfehlern

77 Auf Architekten- und Ingenieurverträge sind die Regelungen über die Nacherfüllung im Sinne des § 635 Abs. 1 bis 4 BGB grundsätzlich ebenfalls anwendbar. So ist der Architekt berechtigt, eine zunächst nicht genehmigungsfähige Planung nachzubessern (vgl. BGH, Urt. v. 21.12.2000 – VII ZR 488/99). Das gilt auch nach der Kündigung des Vertrages, sofern die mangelhafte Leistung bis zur Kündigung erbracht worden ist. Denn die Kündigung beendet den Vertrag nur für die Zukunft. Gewährleistungsansprüche für die erbrachten Leistungen werden durch sie grundsätzlich nicht berührt (BGH, Urt. v. 25.6.1987 – VII ZR 251/86; Urt. v. 21.12.2000 – VII ZR 488/99). Das Nacherfüllungsrecht des Architekten besteht für sämtliche Arten von Planungsfehlern, solange sich diese noch nicht im Bauwerk realisiert haben (vgl. OLG Hamm, Urt. v. 8.5.2008 – 12 U 124/06; OLG Hamm, Urt. v. 2.2.1995 – 17 U 162/92). Da die Nacherfüllung der Planungsleistung des Architekten zwangsläufig auch Änderungen des zu errichtenden Bauwerks mit sich bringt, sind dem Nacherfüllungsrecht des Planers Grenzen gezogen. Ein nachträgliches Weglassen von Bauteilen etwa als dem Bauherrn zumutbare Maßnahme zur Einhaltung der Baukostenobergrenze kommt nur dann in Betracht, wenn die Planung ausgewogen bleibt, der Charakter des Bauvorhabens nicht wesentlich verändert wird und anzunehmen ist, dass der Besteller von Anfang an damit einverstanden gewesen wäre, eine Verringerung der Baukosten durch das Entfallen von Bauteilen in dieser Form zu akzeptieren (OLG Naumburg, Urt. v. 17.7.2007 – 9 U 164/06; vgl. auch OLG Nürnberg, Urt. v. 14.12.2001 – 6 U 2285/01 für den Fall der Nacherfüllung bei fehlender Genehmigungsfähigkeit), vgl. auch → § 633 BGB Rdn. 90 ff.

II. Kein Nacherfüllungsrecht des Architekten an Mängeln des Bauwerks

Das Nacherfüllungsrecht des Planers beschränkt sich nach der Rechtsprechung des Bundesgerichtshofs auf das durch ihn erstellte „Werk" in Form der Planungs- und Bauüberwachungsleistung. Das körperliche Bauwerk, dessen Entstehenlassen der Architekt durch seine Planungs- und Bauüberwachungsleistungen schuldet, stellt nicht das „Werk" des Architekten dar, so dass der Planer grundsätzlich kein Nacherfüllungsrecht in Bezug auf eingetretene Baumängel hat. Denn durch die Nacherfüllung des Planungsfehlers kann der sich bereits im Bauwerk realisiert habende Baumangel als Mangelfolgeschaden nicht mehr beseitigt werden (vgl. BGH, Urt. v. 7.5.1962 – VII ZR 7/61; Urt. v. 9.4.1981 – VII ZR 263/79; Urt. v. 25.4.1996 – VII ZR 157/94; Urt. v. 30.9.1999 – VII ZR 162/97; Urt. v. 11.10.2007 – VII ZR 65/06; a. A. aber noch BGH, Urt. v. 23.11.1961 – VII ZR 251/60 sowie OLG Brandenburg, Urteil vom 10.1.2012 – 11 U 50/10). Fehler der Bauüberwachung münden zwangsläufig unmittelbar in einen Mangel des Bauwerks, so dass die Leistungen der Bauüberwachung dann nicht mehr nachgebessert werden können. Daher scheidet ein Nacherfüllungsrecht des Architekten nach der Rechtsprechung des Bundesgerichtshofs ebenfalls aus. Diese Grundsätze gelten auch für am Bau beteiligte Sonderfachleute, wie Statiker, Haustechnikplaner und Projektsteuerer, deren Leistungsmängel sich im Bauwerk verkörpert haben.

78

Dem Architekten das Recht zur Nacherfüllung seiner mangelhaften Planung zu versagen, wenn sich der Fehler der Erstplanung bereits im Bauwerk realisiert hat, erscheint keineswegs zwingend. Denn den Mangel seiner Planungsleistung kann der Architekt auch dann nachbessern, wenn sich dieser Mangel im Bauwerk realisiert hat. Hieran hat der Besteller in aller Regel auch ein (werthaltiges) Interesse, weil die Nachbesserung dieser Planung anderenfalls durch einen dritten Architekten vornehmen lassen müsste. Fraglich erscheint auch, ob es mit den Grundsätzen des Werkvertragsrechts vereinbar ist, dem Architekten insofern das Recht zur Nacherfüllung seiner eigenen Planungsleistung zu verwehren, zumal der Planer für Kosten, die durch die Nachbesserung seiner Planung entstehen, keinen Versicherungsschutz hat (vgl. BGH, Urt. v. 19.11.2008 – IV ZR 277/05; Krause-Allenstein, r+s 2006, 372 f.; Schmalzl/Krause-Allenstein, Berufshaftpflichtversicherung des Architekten und Bauunternehmers, Rdn. 513). Aus denselben Erwägungen könnte es vertretbar sein, dem Architekt das Recht zuzubilligen, die Arbeiten der Unternehmer zur Beseitigung der eingetretenen Baumängel selbst zu überwachen (vgl. auch OLG Brandenburg, Urteil vom 10.1.2012 – 11 U 50/10; OLG Celle, Urt. v. 25.11.1998 – 14a (6) U 205/97). Bezüglich der Bauüberwachungsleistung ergibt sich das Nacherfüllungsrecht des Architekten zudem aus der ihm obliegenden Pflicht für den Fall, dass er durch den Besteller auch mit den Leistungen der Leistungsphase 9 im Sinne der Anlage 11 zu § 33 HOAI beauftragt wurde. Gemäß lit. b) dieser Leistungsphase gehört es dann zu den durch den Planer übernommenen Pflichten, die Beseitigung von Mängeln zu überwachen, die innerhalb der Verjährungsfrist für Mängelansprüche auftreten, auch wenn es sich bei der HOAI nur um Preisrecht handelt.

79

In besonderen Fällen kann der Architekt berechtigt sein, selbst dafür zu sorgen, dass der Baumangel behoben wird, und der Bauherr kann gegen seine Schadensminderungspflicht aus § 254 Abs. 2 Satz 1 BGB verstoßen, wenn er dem Architekten hierzu keine Gelegenheit gibt (OLG Brandenburg, Urteil vom 10.1.2012 – 11 U 50/10; BGH, Beschl. v. 1.2.1965 – GSZ 1/64; Urt. v. 7.5.1962 – VII ZR 7/61, v. 12.7.1971 – VII ZR 239/69 und v. 15.6.1978 – VII ZR 15/78). Dies ist beispielsweise dann der Fall, wenn der Architekt schlüssig dargelegt hat, dass er den bestehenden Baumangel einer Flachdachkonstruktion mit wesentlich geringeren Kosten beseitigen lassen kann als sie der Besteller für notwendig erachtet, ohne insbesondere das vorhandene Dach durch ein neues zu ersetzen (BGH, Urt. v. 12.7.1971 – VII ZR 239/69). Gleiches kann gelten, wenn der Architekt seine Haftung anerkennt, sich zur Nachbesserung des Mangels bereit erklärt und jemanden an der Hand hat, der die Mängel vorschriftsmäßig und preiswert beseitigt (vgl. BGH, Urt. v. 9.11.1967 – VII ZR 5/66). Die durch den Architekten vorgeschlagenen Maßnahmen der Nacherfüllung der sich im Bauwerk realisiert habenden Mängel müssen erfolgversprechend und für den Bauherrn zumutbar sein (vgl. BGH, Urt. v. 12.7.1971 – VII ZR 239/69).

80

III. Nacherfüllungsrecht des Architekten bei vertraglicher Vereinbarung

81 Ein Nacherfüllungsrecht des Baumangels kann sich ferner aus einer vertraglichen Vereinbarung zwischen dem Architekten und dem Besteller ergeben (vgl. OLG Hamm, Urt. v. 27.11.1991 – 25 U 51/91). Ist ein solches Nacherfüllungsrecht des Architekten vertraglich vereinbart, so braucht der Bauherr den Planer auf dieses Recht nur hinzuweisen; es ist dann Sache des Architekten, sich zwischen dem Schadensersatz oder der Nacherfüllung zu entscheiden (vgl. BGH, Urt. v. 9.4.1981 – VII ZR 263/79).

IV. Mitwirkungspflicht des Architekten bei der Nacherfüllung durch den Unternehmer

82 Der Architekt kann verpflichtet sein, an der Beseitigung eines Mangels des Bauwerks mitzuwirken, auch wenn er den Mangel nicht mit verursacht hat. Es handelt sich um eine vertragliche Verpflichtung. In Einzelfällen kann dem Bauherrn gegen den Architekten ein Anspruch auf entsprechende Mitwirkung zustehen, z. B. dann, wenn Unternehmer und Architekt einen Konstruktionsfehler verursachen und der Unternehmer nicht in der Lage ist, die Nacherfüllung alleine vorzunehmen (vgl. Ganten NJW 1970, 687, 691; Werner/Pastor, Der Bauprozess, 15. Aufl., Rdn. 2173). Die nachvertraglichen Mitwirkungspflichten des Architekten beinhalten auch nach der Rechtsprechung des Bundesgerichtshofs die Aufforderung des Unternehmers zur Nacherfüllung eines aufgetretenen Bauwerksmangels, selbst wenn die Leistungen des Architekten bereits abgenommen wurden (vgl. BGH, Urt. v. 24.5.1973 – VII ZR 92/71).

83 Die Mitwirkungspflicht des Architekten in Form der Verfolgung der Nacherfüllungsansprüche des Auftraggebers endet in dem Augenblick, in dem der Unternehmer die von ihm geschuldete Nacherfüllung endgültig verweigert (vgl. OLG Düsseldorf, Urt. v. 28.3.1972 – 21 U 100/71; Werner/Pastor, Der Bauprozess, 15. Aufl., Rdn. 2174).

F. Besonderheiten der VOB/B

84 Im Unterschied zu § 635 Abs. 1 BGB bedarf die Aufforderung zur Nacherfüllung durch den Auftraggeber gegenüber dem Auftragnehmer nach dem Wortlaut des § 13 Abs. 5 Nr. 1 Satz 1 VOB/B der Schriftform. Gleichwohl hängt die Entstehung des Nacherfüllungsanspruchs des Bestellers nicht davon ab, dass dieser schriftlich geltend gemacht wird (vgl. BGH, Urt. v. 30.10.1958 – VII ZR 24/58; BGH, Urt. v. 27.4.1972 – VII ZR 144/70). Die eigentliche Bedeutung der Schriftform besteht in dem durch sie bewirkten „Quasi-Neubeginn" der Verjährungsfrist (vgl. BGH, Urt. v. 30.10.1958 – VII ZR 24/58) vgl. dazu → § 634a BGB Rdn. 269.

85 Hat der Auftraggeber dem Auftragnehmer gemäß § 13 Abs. 5 Nr. 1 Satz 1 VOB/B eine schriftliche Frist zur Nacherfüllung gesetzt, so unterliegt der Anspruch auf Beseitigung der von der Nacherfüllungsaufforderung erfassten Mängel gemäß § 13 Abs. 5 Nr. 1 Satz 3 VOB/B einer neuen Verjährungsfrist (vgl. dazu → § 634a BGB Rdn. 269). Das gesetzliche Werkvertragsrecht kennt eine solche Regelung nicht.

86 Gegenüber § 13 Abs. 5 Nr. 2 VOB/B sah das alte Schuldrecht eine weitere Änderung insofern vor, als § 633 Abs. 3 BGB a. F. für die Ersatzvornahme den Verzug des Auftragnehmers mit der Nachbesserung forderte. Gemäß § 637 Abs. 1 BGB lässt es nun auch das gesetzliche Werkvertragsrecht für das Entstehen des Rechts zur Selbstvornahme ausreichend, dass der Auftraggeber dem Auftragnehmer erfolglos eine angemessene Frist zur Nacherfüllung gesetzt hat.

§ 636 BGB Besondere Bestimmungen für Rücktritt und Schadensersatz

Außer in den Fällen der §§ 281 Abs. 2 und 323 Abs. 2 bedarf es der Fristsetzung auch dann nicht, wenn der Unternehmer die Nacherfüllung gemäß § 635 Abs. 3 verweigert oder wenn die Nacherfüllung fehlgeschlagen oder dem Besteller unzumutbar ist.

Übersicht

	Seite
A. Rücktritt	464
I. Fristsetzung	464
II. Vorfälliger Rücktritt	466
III. Rücktritt bei Teilleistung	467
IV. Rücktritt bei unerheblichen Mängeln	467
V. Rücktritt bei überwiegendem Mitverschulden des Bestellers	468
VI. Rücktritt bei Annahmeverzug ausgeschlossen	469
VII. Erlöschen des Rücktrittsrechts durch Nacherfüllung	469
VIII. Schadensersatz neben dem Rücktritt	469
IX. Rechtsfolgen des Rücktritts	469
1. Keine Rückgabepflicht bei nicht trennbaren Bauleistungen	469
2. Wertersatz bei nicht trennbaren Bauleistungen	470
3. Wertersatz in anderen Fällen	470
4. Wegfall der Wertersatzverpflichtung	471
5. Rückgabepflicht bei trennbaren Bauleistungen	471
6. Herausgabe gezogener Nutzungen	472
7. Herausgabe nicht gezogener Nutzungen und Verwendungsersatz	472
a) Nicht gezogene Nutzungen	472
b) Verwendungs- und Aufwendungsersatzanspruch	472
8. Pflicht zur Rücknahme	473
B. Schadensersatz	474
I. Schadensersatz nach § 280 und § 281 BGB	474
1. Schadensersatz neben der Leistung	474
a) Mangelfolgeschäden	474
b) Sonderfall Privatgutachterkosten	476
c) Sonderfall Nutzungsausfall	478
d) Merkantiler und technischer Minderwert	479
2. Schadensersatz statt der Leistung	480
a) Schadensersatz statt der Leistung in Form des kleinen Schadensersatzes	480
aa) Schadensbemessung gesetzlich nicht geregelt	480
bb) Alte Rechtsprechung des BGH zur Schadensbemessung	481
(1) Schadensbemessung nach Vermögensbilanz	481
(2) Schadensbemessung nach fiktiven Mängelbeseitigungskosten	481
cc) Aufgabe der Rechtsprechung des VII. Zivilsenats des BGH zur Schadensbemessung nach fiktiven Mängelbeseitigungskosten	482
dd) Die Alternative zu fiktiven Mängelbeseitigungskosten – Schadensbemessung auf der Grundlage der Störung des Äquivalenzverhältnisses	482
ee) Beibehaltung der neuen Rechtsprechung des VII. Zivilsenats trotz divergierender Auffassung des V. Zivilsenats	483
ff) Leistungsketten	484
b) Großer Schadensersatz	485
aa) Varianten des großen Schadensersatzanspruchs	485
bb) Kein Anspruch bei unerheblichen Mängeln	487
cc) Sonderregelung für Teilleistungen	489
c) Abgrenzung zwischen nicht oder nicht wie geschuldet erbrachter Leistung	489
d) Fristsetzung und deren Entbehrlichkeit	490
e) Erlöschen des Erfüllungsanspruchs	490
II. Verhältnis der Ansprüche aus Verzug und Mängeln	491
III. Rücktrittsrecht anwendbar	491
IV. Verschulden	491
V. Ersatz vergeblicher Aufwendungen	492
C. Besonderheiten des Architekten- und Ingenieurvertrages	493
D. Besonderheiten der VOB/B	495
I. Rücktritt im VOB-Vertrag	495
II. Schadensersatz im VOB-Vertrag	495

§ 636 Besondere Bestimmungen für Rücktritt und Schadensersatz

A. Rücktritt

1   Wegen des Rücktritts verweist § 634 BGB auf die §§ 323, 326 Abs. 5 BGB. § 636 BGB enthält lediglich eine ergänzende Regelung. Der Rücktritt ist eine Gestaltungserklärung, die eine weitere Erfüllung des Vertrages ausschließt. Vielmehr tritt mit dem Rücktritt das Rückabwicklungsverhältnis ein. Die nachträgliche Wahl des Erfüllungsanspruchs, z. B. durch einen Widerruf des Rücktritts, ist grundsätzlich ausgeschlossen (Palandt-Sprau, 80. Aufl., § 636 BGB Rdn. 7). Etwas anderes gilt dann, wenn die Gegenseite dem nach dem Rücktritt durch den Vertragspartner begehrte Nacherfüllung einwilligt oder die Rücktrittserklärung unwirksam war, z. B. weil zuvor keine Frist zur Nacherfüllung gesetzt wurde (vgl. OLG Naumburg, Urteil vom 9.4.2015 – 2 U 127/13; OLG Bremen, Urteil vom 27.3.2015 – 2 U 12/15) oder die Nacherfüllung verhindert (vgl. BGH, Urteil vom 1.7.2015 – VIII ZR 226/14). Abgefedert wird das durch die Möglichkeit, nach dem Rücktritt noch Schadensersatz fordern zu können, § 325 BGB. Diskutiert wird, ob der Gläubiger zum kleinen Schadensersatzanspruch übergehen kann, wenn er bereits den Rücktritt vom ganzen Vertrag gewählt hat (vgl. Derleder, NJW 2003, 998, 1000). Diese Frage wird z. B. relevant, wenn der Gläubiger feststellt, dass er den Rückzahlungsanspruch gegen den Schuldner aus § 346 Abs. 1 BGB nicht realisieren kann. Allerdings ist der Übergang auf den kleinen Schadensersatzanspruch schwer zu begründen. Denn mit dem Rücktritt erlöschen sämtliche Erfüllungsansprüche, so dass sie wieder aufleben würden, würde man den kleinen Schadensersatzanspruch zulassen (vgl. Kleine/Scholl, NJW 2006, 3462, 3465 m.w. N.). Außerdem wird vertreten, dass der Besteller jedenfalls dann nicht an die Wahl des Rücktritts gebunden ist, wenn der Unternehmer das Rücktrittsrecht bestreitet. Der Besteller soll dann die Möglichkeit haben, die Minderung zu wählen (Wertenbruch, JZ 2002, 862, 864). Ein unberechtigter Rücktritt bindet selbstverständlich nicht.

2   Das Rücktrittsrecht steht dem Besteller als einseitiges Gestaltungsrecht verschuldensunabhängig zu. Der Besteller kann also auch in den seltenen Fällen vom Vertrag zurücktreten, in denen der Unternehmer den Mangel seiner Leistung nicht verschuldet hat, z. B. weil er nach den anerkannten Regeln der Technik gearbeitet hat, diese jedoch die Funktionstauglichkeit nicht gewährleisten. Voraussetzung für den Rücktritt wegen eines Mangels ist grundsätzlich, dass der Nacherfüllungsanspruch fällig ist. Steht dem Unternehmer ein Leistungsverweigerungsrecht nach § 635 Abs. 2 BGB zu, kann der Besteller den Nacherfüllungsanspruch nicht durchsetzen, wenn der Unternehmer sich darauf beruft. Er kann dann auch keinen Rücktritt verlangen.

I. Fristsetzung

3   Ist der Nacherfüllungsanspruch fällig, kann der Besteller dem Unternehmer eine angemessene Frist zur Nacherfüllung bestimmen. Nach fruchtlosem Fristablauf kann der Besteller vom Vertrag zurücktreten. Die Fristsetzung ist entbehrlich, wenn die Voraussetzungen des § 323 Abs. 2 BGB vorliegen. Außerdem ist die Fristsetzung unter den in § 636 BGB genannten Voraussetzungen entbehrlich. Dies ist etwa der Fall, wenn der Unternehmer die Nacherfüllung wegen Unverhältnismäßigkeit gemäß § 635 Abs. 3 BGB verweigert hat (vgl. BGH, Urt. v. 11.10.2012 – VII ZR 179/11 sowie BT-Drucks. 14/6040, S. 234 und 265). Das Rücktrittsrecht entsteht in diesen Fällen indes erst dann, wenn der Unternehmer tatsächlich von seinem diesbezüglichen Leistungsverweigerungsrecht Gebrauch gemacht hat (vgl. BGH, Urt. v. 19.12.2012 – VIII ZR 96/12). Erfolgte die Fristsetzung des Bestellers vor Abnahme und nimmt der Besteller später das Werk gleichwohl ab, so kann der Besteller nach der Abnahme nicht ohne weitere Fristsetzung zurücktreten, da die vor der Abnahme durchgeführte Fristsetzung „verbraucht" ist (vgl. OLG Frankfurt, Urt. v. 17.8.2011 – 12 U 125/08).

4   Liegen die Voraussetzungen des Rücktrittsrechts vor, hat der Besteller die Wahl, ob er weiterhin Erfüllung oder Rücktritt oder auch die anderen Rechte auf Minderung oder Schadensersatz statt der Leistung wählt (ius variandi). Wird diese Wahl nicht sofort ausgeübt, so entsteht ein Schwebezustand. Da die Gesetzeslage keine Wahlschuld des Unternehmers begründet, kann dieser den Schwebezustand nicht gemäß § 264 Abs. 2 BGB dadurch beenden, dass er dem Besteller eine Frist zur Entscheidung setzt (BGH, Urt. v. 20.1.2006 – V ZR 124/05). Primärer Erfüllungsanspruch und Sekundärrechte stehen in elektiver Konkurrenz. Der Anspruch auf Erfüllung kann grundsätzlich nur dadurch untergehen, dass der Unternehmer erfüllt oder der Besteller die Gestaltungsrechte ausübt, also den Rücktritt erklärt, oder Minderung oder Schadensersatz statt der Leistung verlangt. Der Besteller kann deshalb auch nach geraumer Zeit

Besondere Bestimmungen für Rücktritt und Schadensersatz **§ 636**

noch Rücktritt verlangen, selbst wenn er zuvor Mängelbeseitigung gewollt hat (BGH, Urt. v. 20.1.2006 – V ZR 124/05). Das gilt jedenfalls dann, wenn der Schuldner das Erfüllungsverlangen in angemessener Zeit nicht erfüllt hat. Rücktritt kann allerdings nicht zur Unzeit erklärt werden. Ein solcher Fall kann vorliegen, wenn der Unternehmer aufgrund des nach Fristablauf erneuerten Erfüllungsverlangens bereits kostenintensive Maßnahmen unternommen hat, um die Erfüllung zu bewirken, z. B. aufwändige Planungsleistungen oder Werkstattarbeiten oder Beauftragungen von Nachunternehmern (zu einem solchen Fall vgl. OLG Düsseldorf, Urt. v. 24.6.2010 – 5 U 135/09). Das und die Ernsthaftigkeit seiner Maßnahmen muss allerdings der Unternehmer darlegen und beweisen. Dagegen dürfte es im Werkvertragsrecht weniger darauf ankommen, ob eine für die Erfüllung angemessene Frist abgelaufen ist (vgl. dazu Lorenz, NJW 2007, 1, 3 m. w. N.). Denn dem Besteller muss die Möglichkeit verbleiben, vom Vertrag sofort zurückzutreten, wenn er erkennt, dass der Unternehmer dem auch nach Ablauf der Frist aufrechterhaltenen Erfüllungsverlangen nicht nachkommt.

Der durch den Ablauf der Frist eintretende Schwebezustand ist für den Unternehmer unangenehm. Denn er muss sich sowohl darauf einstellen, dass der Besteller noch Erfüllung verlangt oder die Gestaltungsrechte ausübt. Dieser Schwebezustand kann nicht dadurch aufgelöst werden, dass der Unternehmer gegen den Willen des Bestellers leistet. Der Besteller ist nicht verpflichtet, die Leistung anzunehmen. Einmal entstandene Gestaltungsrechte kann der Besteller nicht mehr dadurch verlieren, dass der Unternehmer gegen seinen Willen leistet, indem er z. B. Mängel beseitigt (BGH, Urt. v. 27.7.2006 – VII ZR 276/05). Der Wirksamkeit einer Fristsetzung steht es auch nicht entgegen, dass der Besteller sich bereit erklärt, die Frist unter Umständen zu verlängern (BGH, Urt. v. 19.8.2010 – VII ZR 113/09). Willigt der Besteller in die Erfüllung ein, so ist sein Recht, Rücktritt usw. zu verlangen jedenfalls dann verwirkt, wenn der Unternehmer unverzüglich mit der Leistung beginnt. **5**

Fraglich ist, ob der Unternehmer vom Besteller eine Erklärung binnen einer angemessenen Frist verlangen kann, ob er an dem Vertrag festhalten will (vgl. Hanau, NJW 2007, 22806 mit Übersicht zum Streitstand). Im Hinblick darauf, dass der Unternehmer die Sicherheit haben muss, dass von ihm etwa zu erbringende Vorleistungen (Planungsleistungen, Werkstattleistungen usw.) nicht vergeblich sind, wird man von dem Besteller eine Erklärung nach Treu und Glauben verlangen können. Die Rechtsfolge einer nicht abgegebenen Erklärung kann allerdings nur sein, dass der Besteller seinen Anspruch auf Erfüllung verliert. Ebenso problematisch ist, ob der Unternehmer den Besteller in Annahmeverzug setzen kann, indem er die Leistung nach Ablauf der Frist anbietet. Insoweit wird vertreten, dass der Gläubiger in Annahmeverzug gerät, wenn der Schuldner ihm die Leistung nach Fristablauf anbietet und er dann nicht den Rücktritt erklärt oder Schadensersatz statt der Leistung fordert (vgl. Lorenz NJW 2007, 1, 3 m. w. N. unter Hinweis auf BT-Drucks. 14/6040, S. 140, 185). Das ist in Bauvertragssachen sehr problematisch, weil der Besteller Zweifel an der Ernsthaftigkeit des Angebots haben kann und solche Angebote häufig nur zur Verzögerung erfolgen. Es scheint nicht interessengerecht, ihn dann auf den Erfüllungsanspruch festzulegen und dann auch noch den Annahmeverzug zu begründen. Deshalb ist die Lösung vorzugswürdig, nach der das ablehnende Verhalten des Bestellers dazu führt, dass er grundsätzlich daran festgehalten wird, so dass er dann nur noch Minderung, Schadensersatz statt der Leistung oder Rücktritt wählen kann (vgl. auch Kleine/Scholl NJW 2006, 3462 m. w. N.). **6**

Nach nahezu allgemeiner Meinung in der Literatur kann die Nachfrist erst gesetzt werden, wenn die Leistung fällig ist, ansonsten ist die Fristsetzung unbeachtlich (Staudinger/Otto/Schwarze [2009], § 323 Rdn. B 47; Ernst, in: Münchener Kommentar zum BGB, 6. Aufl., § 323 BGB Rdn. 56; Palandt/Grüneberg, BGB, 80. Aufl., § 323 Rdn. 12; Soergel/Gsell, BGB, 13. Aufl., § 323 Rdn. 68; Bamberger/Roth/Grothe, BGB, 3. Aufl., § 323 Rdn. 17; jurisPK-BGB/Alpmann, 5. Aufl., § 323 Rdn. 25; Stürner in PWW-BGB, 10. Aufl., § 323 Rdn. 4; Erman/Westermann, BGB, 13. Aufl., § 323 Rdn. 6, 10; Faust, Schuldrechtsmodernisierung, Kapitel 3, Rdn. 133; a. A. Brox/Walker, Allgemeines Schuldrecht, 40. Aufl., § 23 Rdn. 38). Das entspricht der Rechtsprechung des Bundesgerichtshofs zu § 326 Abs. 1 BGB a. F. (BGH, Urteil vom 28. Januar 2003 – X ZR 151/00, NJW 2003, 1600 = NZBau 2003, 274 Rdn. 6; Urteil vom 15. März 1996 – V ZR 316/94, NJW 1996, 1814), aus denen Westermann hergeleitet wird, dass eine Nachfrist nicht wirksam vor Verzugseintritt gesetzt werden kann (BGH, Urteil vom 15. März 1996 V ZR 316/94, a. a. O. unter Bezug auf RGZ 93, 180, 182). Der Bundesgerichtshof hat auch schon zur Regelung des § 323 Abs. 1 BGB die Auffassung vertreten, dass die Frist zur Leistung oder zur Nacherfüllung nicht wirksam vor der Fälligkeit der Leistung gesetzt werden kann (BGH, Urteil vom 20. Januar 2006 V ZR 124/05, BauR 2006, 1134 = NJW 2006, 1198 Rdn. 13). Auch wenn sich dies nicht mehr zwingend aus dem Wortlaut der **7**

Regelung herleiten lässt (vgl. Faust, Schuldrechtsmodernisierung, S. 119), hat sich der BGH dieser Auffassung nunmehr ausdrücklich angeschlossen (BGH, Urteil vom 14.6.2012 – VII ZR 148/10). Der Gesetzgeber wollte ersichtlich in Anknüpfung an die Regelung des § 326 Abs. 1 BGB a. F. das Rücktrittsrecht aus § 323 Abs. 1 BGB nur für den Fall zulassen, dass die Frist in einem Zeitpunkt gesetzt wird, in dem die Leistung fällig ist. Das ergibt sich ohne weiteres daraus, dass in der Begründung zu dieser Norm lediglich darauf eingegangen wird, dass die sonstigen Voraussetzungen des Verzugs und der Ablehnungsandrohung entfallen sind, und ansonsten ersichtlich davon ausgegangen wird, dass die Frist nach Fälligkeit der Leistung gesetzt wird (BR-Drucks. 338/01, S. 427/428). Es hat im Zusammenhang mit der Regelung des § 323 Abs. 1 BGB auch keinerlei Erörterungen des Falles gegeben, in dem eine sogenannte Erfüllungsgefährdung vorliegt, also ein Fall, in dem bereits vor Fälligkeit der Leistung ernsthafte Zweifel an der Leistungsfähigkeit oder der Leistungswilligkeit des Schuldners bestehen (vgl. dazu Staudinger/Otto/Schwarze [2009], § 281 BGB Rdn. B 185 ff.; Ernst, in: Münchener Kommentar zum BGB, 8. Aufl., § 323 BGB Rdn. 134). Der Fall der Erfüllungsgefährdung ist von § 323 Abs. 1 BGB nicht erfasst. Diese Regelung betrifft vielmehr den Fall, dass die Leistung zum Fälligkeitszeitpunkt nicht erbracht ist und stellt dazu den Grundsatz auf, dass ein Rücktrittsrecht nur besteht, wenn der Gläubiger dem Schuldner dann erfolglos eine angemessene Frist zur Leistung bestimmt hat (BGH, Urteil vom 14.6.2012 – VII ZR 148/10).

8 Ist bei einem Grundstückskauf der Kaufpreis von einem Dritten gezahlt worden und hat, nachdem dieser Dritte insolvent geworden ist, der Insolvenzverwalter die Zahlung angefochten, so kann der Verkäufer dem Käufer erst dann eine Frist zur Erfüllung der wieder aufgelebten Kaufpreisforderung setzen und den Rücktritt vom Vertrag androhen, wenn der insolvenzrechtliche Rückgewähranspruch erfüllt ist (vgl. BGH, Urteil vom 8.1.2015 – IX ZR 300/13).

II. Vorfälliger Rücktritt

9 Der Besteller kann wegen eines Mangels auch vor Ablauf der Fertigstellungsfrist zurücktreten, wenn offensichtlich ist, dass diese wegen des Mangels nicht eingehalten werden kann, § 323 Abs. 4 BGB oder wenn das Festhalten am Vertrag unzumutbar ist, wie das z. B. der Fall sein kann, wenn bereits während der Herstellung ungewöhnlich viele Mängel auftreten (BGH, Urteil vom 14.6.2012 – VII ZR 148/10; BGH, Urteil vom 12. September 2002 – VII ZR 344/01; BGH, Beschl. v. 8.5.2008 – VII ZR 201/07). Damit hat der Gesetzgeber im Falle der Erfüllungsgefährdung dem Besteller eine gesetzliche Möglichkeit verschafft, den Rücktritt schon vor der Fälligkeit zu erklären (Ernst in MünchKomm-BGB, 6. Aufl., § 323 Rdn. 132). Diese Möglichkeit besteht nicht mehr, wenn die Fälligkeit eingetreten ist. Denn in diesem Zeitpunkt liegt kein Tatbestand der Erfüllungsgefährdung mehr vor. Vielmehr hat sich die Pflichtverletzung nunmehr erwiesen. Für diesen Fall enthält das Gesetz in § 323 Abs. 1 BGB die Regel, dass ein Rücktritt grundsätzlich erst dann möglich ist, wenn eine Frist zur Leistung oder Nacherfüllung gesetzt wird und diese erfolglos abgelaufen ist. Es besteht kein Grund, demjenigen Gläubiger, der die Erleichterung des § 323 Abs. 4 BGB nicht in Anspruch nimmt, noch die Möglichkeit des Rücktritts ohne eine Fristsetzung einzuräumen (BGH, Urteil vom 14.6.2012 – VII ZR 148/10). Dementsprechend wird auch zu der Regelung des Art. 72 UN-Kaufrecht, auf die die Gesetzesbegründung zu § 323 Abs. 4 BGB Bezug genommen hat (BT-Drucks. 338/01, S. 431), einhellig die Auffassung vertreten, dass der Gläubiger das Rücktrittsrecht aus Art. 72 Abs. 1 UN-Kaufrecht nur bis zum Erfüllungstermin ausüben kann und danach auf die sonstigen Behelfe des UN-Kaufrechts zurückgreifen muss (BGH, Urteil vom 15. Februar 1995 – VIII ZR 18/94, NJW 1995, 2101; Achilles, Kommentar zum UN-Kaufrechtsübereinkommen, Art. 72 Rdn. 1, 2; Honsell, Kommentar zum UN-Kaufrecht, 2. Aufl., Art. 72 Rdn. 7; Schlechtriem/Schwenzer-Hornung/Fountoulakis, Kommentar zum Einheitlichen UN-Kaufrecht, 5. Aufl., Art. 72 Rdn. 21; Staudinger/Magnus, Wiener UN-Kaufrecht [2012], Art. 72 CISG Rdn. 16; Soergel/Lüderitz-Dettmeier, BGB, 13. Aufl., Art. 72 CISG Rdn. 2).

10 Hat der Besteller bereits vor Fälligkeit der Leistung ernsthafte Zweifel an der Leistungsfähigkeit oder der Leistungswilligkeit des Unternehmers, hat er ein schützenswertes Interesse daran, Klarheit über den Vertrag zu erlangen (Staudinger/Otto/Schwarze [2009], § 281 Rdn. B 182). Jedenfalls nach der zu § 326 Abs. 1 BGB a. F. ergangenen Rechtsprechung kann der Besteller deshalb dem Unternehmer vor Fälligkeit der Leistung eine angemessene Frist zur Erklärung eigener Leistungsbereitschaft und zum Nachweis fristgerechter Erfüllung des Vertrages setzen, wenn die rechtzeitige Erfüllung durch Hindernisse ernsthaft in Frage gestellt ist, die im Verantwortungsbereich des Unternehmers liegen, und dem Besteller ein weiteres

Zuwarten nicht zuzumuten ist. Nach fruchtlosem Ablauf dieser Frist kann er vom Vertrag zurücktreten (BGH, Urteil vom 14.6.2012 – VII ZR 148/10; BGH, Urteile vom 21. Oktober 1982 VII ZR 51/82, BauR 1983, 73 = ZfBR 1983, 19; vom 6. Oktober 1976 VIII ZR 66/75, NJW 1977, 35; vom 10. Dezember 1975 – VIII ZR 147/74, WM 1976, 75). Dieses Klärungsbedürfnis rechtfertigt es aber nicht, dem Besteller die Möglichkeit einzuräumen, dem Unternehmer bereits – sozusagen auf Vorrat – vor Fälligkeit der Leistung eine Nachfrist zu setzen mit der Folge, dass nach Ablauf dieser Frist das Rücktrittsrecht entsteht (BGH, Urteil vom 14.6.2012 – VII ZR 148/10; Ramming, ZGS 2009, 209, 210). Das würde dem erklärten Willen und der Systematik des Gesetzgebers entgegenstehen, der das Rücktrittsrecht daran anknüpft, dass die Frist in einem Zeitpunkt gesetzt wird, in dem die Leistung fällig ist. Der Besteller hat an einer Fristsetzung vor Fälligkeit der Leistung auch kein schützenswertes Interesse. Denn die Nachfrist könnte ohnehin nicht vor Fälligkeit der Leistung beginnen und es kann ihm in der Regel zugemutet werden, die Fälligkeit der Leistung bis zur Fristsetzung abzuwarten. Ist offensichtlich, dass die Voraussetzungen des Rücktritts vorliegen, kann der Besteller ohnehin sofort vom Vertrag zurücktreten, § 323 Abs. 4 BGB. Die Klärung der Erfüllungsbereitschaft wird zudem häufig dazu führen, dass die Voraussetzungen des Rücktritts nach § 323 Abs. 4 BGB bejaht werden können (vgl. Ernst, in: Münchener Kommentar zum BGB, 8. Aufl., § 323 BGB, Rdn. 105). Ist das nicht der Fall, ist es nicht gerechtfertigt, bei der entsprechenden unsicheren Prognose bereits in einem Zeitpunkt, in dem die Leistung noch nicht fällig ist, eine Nachfrist zu setzen, weil damit die mit der Nachfristsetzung verbundene Warnfunktion nicht auf einer ausreichenden Grundlage beruht, die darin besteht, dass die Fälligkeit der Leistung bereits eingetreten ist. Letztlich würde in nicht zu rechtfertigender Weise der Gefährdungstatbestand dem Tatbestand der Pflichtverletzung, der die Fälligkeit der Leistung immanent ist, gleichgesetzt (BGH, Urteil vom 14.6.2012 – VII ZR 148/10; vgl. auch Staudinger/Otto/Schwarze [2009], § 281 Rdn. 183 f.).

III. Rücktritt bei Teilleistung

Hat der Schuldner eine Teilleistung bewirkt, so kann der Gläubiger vom ganzen Vertrag nur zurücktreten, wenn er an der Teilleistung kein Interesse hat (vgl. dazu unten zum Schadensersatz → Rdn. 18). 11

IV. Rücktritt bei unerheblichen Mängeln

Der Rücktritt ist bei unerheblichen Mängeln ausgeschlossen, § 323 Abs. 5 Satz 2 BGB 12 (vgl. dazu OLG Koblenz, Urteil vom 14.12.2012 – 8 U 185/12; KG, Urt. v. 29.3.2007 – 27 U 133/06; OLG Düsseldorf, Urt. v. 8.6.2005 – 3 U 12/04). Ein unerheblicher, nicht zum Rücktritt berechtigender Mangel liegt nach dem OLG Koblenz (Urteil vom 14.12.2012 – 8 U 185/12) vor, wenn ein Wohngebäude anstelle der vertraglich vereinbarten zwei Stufen des Eingangspodestes vier Stufen aufweist und die Parteien keine Barrierefreiheit bzw. Rollstuhlgerechtheid des Gebäudes vereinbart haben. Die Prüfung der Erheblichkeit der Pflichtverletzung erfordert eine umfassende Interessenabwägung, bei der die Bedeutung des Mangels, der Veranlassungsbeitrag des Unternehmers und auch die Möglichkeiten der Mängelbeseitigung und deren Kosten zu berücksichtigen sind. Mängel, die die Funktion eines Werkes beeinträchtigen, berechtigen in aller Regel zum Rücktritt. Kann der Mangel mit geringem Aufwand durch Selbstvornahme selbst beseitigt werden, kann ein Rücktritt allerdings ausgeschlossen sein. Wann ein unerheblicher Mangel vorliegt, muss anhand der besonderen Umstände des Einzelfalles beurteilt werden (BGH, Urteil vom 12.5.2014 – VIII ZR 94/13; OLG Düsseldorf, Urteil vom 10.3.2015 – 21 U 93/14). Allgemeingültige Prozentsätze zur Höhe der Nacherfüllungskosten können hier entgegen anderer Ansicht (vgl. OLG Bamberg, Beschl. v. 18.9.2008 – 8 W 60/08) nicht festgelegt werden. Im Rahmen der für die Beurteilung der Frage, ob eine Pflichtverletzung unerheblich im Sinne des § 323 Abs. 5 Satz 2 BGB ist, notwendigen Interessenabwägung indiziert ein Verstoß gegen eine Beschaffenheitsvereinbarung die Erheblichkeit der Pflichtverletzung in der Regel (BGH, Urteil vom 6.2.2013 – VIII ZR 374/11; BGH, Urteil vom 28.5.2014 – VIII ZR 94/13; OLG Oldenburg, Urteil vom 10.3.2015 – 13 U 73/14). Unabhängig vom Vorliegen einer Beschaffenheitsvereinbarung scheidet die Annahme von Unerheblichkeit regelmäßig dann aus, wenn sich dem konkreten Vertrag entnehmen lässt, dass der betreffende Qualitätsaspekt wesentlich sein sollte (OLG Oldenburg, Urteil vom 10.3.2015 – 13 U 73/14). In seiner Entscheidung vom 28.5.2014 (VIII ZR 94/13)

§ 636 Besondere Bestimmungen für Rücktritt und Schadensersatz

hat der für Kaufvertragssachen zuständige VIII. Zivilsenat des Bundesgerichtshofs die bislang offen gelassene Rechtsfrage, wann ein erheblicher Mangel vorliegt, ferner dahin gehend entschieden, dass beim behebbaren Mangel im Rahmen der nach den Umständen des Einzelfalles vorzunehmenden Interessenabwägung von einer Unerheblichkeit der Pflichtverletzung in der Regel dann nicht mehr auszugehen ist, wenn der Mangelbeseitigungsaufwand mehr als 5 % des Kaufpreises beträgt. Einer generellen Erhöhung der Erheblichkeitsschwelle über diesen Prozentsatz hinaus hat der BGH eine Absage erteilt und dies damit begründet, dass eine solche Vorgehensweise durch den im Gesetzeswortlaut und durch die Gesetzesmaterialien klar zum Ausdruck gebrachten Willen des Gesetzgebers nicht gedeckt wäre und, dem Sinn und Zweck des § 323 Abs. 5 S. 2 BGB sowie der Systematik der Rechte des Käufers bei Sachmängeln zuwiderlaufen würde (BGH, Urteil vom 28.5.2014 – VIII ZR 94/13; OLG Düsseldorf, Urteil vom 10.3.2015 – 21 U 93/14).

Maßgeblich ist allerdings die Einschätzung im Zeitpunkt des Rücktritts (vgl. BGH, Urteil vom 15.6.2011 – VIII ZR 139/09). Liegt ein die Funktionsfähigkeit erheblich beeinträchtigender Mangel vor, der vom Unternehmer trotz Mängelbeseitigungsaufforderung und Fristsetzung nicht beseitigt wird, und ist die Mangelursache unklar, so kann der Besteller den Rücktritt erklären. Der Umstand, dass sich in einem späteren Prozess herausstellt, dass mit geringem Aufwand der Mangel beseitigt werden könnte, kann die Berechtigung des Rücktritts nicht in Frage stellen (BGH, Urteil vom 15.6.2011 – VIII ZR 139/09).

Beispiel: Der Besteller macht Schallschutzmängel geltend. Der Unternehmer weist die Rügen zurück, ohne der Mangelursache nachzugehen. Der Besteller tritt zurück. Im Prozess stellt sich heraus, dass eine Mörtelbrücke vorhanden ist, die leicht beseitigt werden kann. Der Rücktritt ist gleichwohl berechtigt.

Eine den Rücktritt und die Geltendmachung von Schadensersatz der ganzen Leistung ausschließende unerhebliche Pflichtverletzung ist in der Regel zu verneinen, wenn der Unternehmer bei Vertragsschluss über das Vorhandensein eines Mangels arglistig getäuscht hat. Das hat der Bundesgerichtshof für den Rücktritt eines Käufers entschieden (BGH, Urt. v. 24.3.2006 – V ZR 173/05; Urt. v. 12.3.2010 – V ZR 147/09; Urt. v. 12.3.2010 – V ZR 147/09). Für den Rücktritt des Bestellers gilt nichts anderes. Wird der Abschluss eines Vertrages durch arglistiges Verhalten einer Partei herbeigeführt, so verdient deren Vertrauen in den Bestand eines Rechtsgeschäfts keinen Schutz. Vielmehr bleibt es in diesem Fällen bei dem allgemeinen Vorrang des Gläubigerinteresses an einer Rückabwicklung des Vertrags, ohne dass es hierzu im Grundsatz weiterer Abwägung bedürfe. Etwas anderes kann gelten, wenn selbst unter Berücksichtigung der arglistigen Täuschung die Pflichtverletzung derart unbedeutend ist, dass eine verständige Vertragspartei ohne weiteres am Vertrag festhalten würde (Bagatellmängel).

V. Rücktritt bei überwiegendem Mitverschulden des Bestellers

13 Neu ist die Regelung des § 323 Abs. 6 BGB. Danach ist der Rücktritt ausgeschlossen, wenn der Gläubiger für den Umstand, der ihn zum Rücktritt berechtigen würde, allein oder weit überwiegend verantwortlich ist, oder wenn der vom Schuldner nicht zu vertretende Umstand zu einer Zeit eintritt, zu welcher der Gläubiger in Verzug der Annahme ist. Dieser Ausschluss des Rücktrittsrechts betrifft in Bausachen vor allem die allerdings eher seltenen Fälle, dass der Mangel auf einer fehlerhaften Leistungsbeschreibung beruht und dieser Planungsfehler die weit überwiegende Verantwortlichkeit des Bestellers begründet.

14 Die Bewertung, ob eine Verantwortung des Bestellers „weit überwiegend" ist, wird sich an den zu § 254 BGB entwickelten Kriterien messen lassen müssen. Danach entfällt eine Beteiligung des Schuldners an dem auch von ihm verursachten Schaden, wenn der Verursachungsanteil des Gläubigers weit überwiegt. In diesen Fällen geht man also von einer Alleinverantwortlichkeit des Gläubigers aus (Canaris, JZ 2001, 499, 511). Ob ein derartig schwer wiegender Verantwortungsbeitrag des Gläubigers vorliegt, ist eine Wertungsfrage, die nur unter Berücksichtigung der Umstände des Einzelfalles möglich ist. Darin liegt ein gewisses Gefährdungspotential für den Besteller, denn es kann sein, dass seine Wertung in einem Gerichtsverfahren nicht bestätigt wird, so dass dann feststeht, dass sein Rücktritt unberechtigt war. Da der Besteller allerdings gemäß § 325 BGB auch nach Ausübung des Rücktrittsrechts noch Schadensersatz verlangen kann, wird er das in aller Regel tun, sofern die Voraussetzungen dafür vorliegen. In diesem Fall findet dann ohnehin § 254 BGB Anwendung.

In den angesprochenen Fällen, dass der Unternehmer eine fehlerhafte Planung des Bestellers ausgeführt hat, kommt es auf den Einzelfall an. War der Planungsfehler nicht erkennbar, ist der Unternehmer ohnehin von seiner Haftung befreit. War der Planungsfehler erkennbar, so kann der Vorwurf der fehlenden oder unzureichenden Prüfung der Planung recht schwer wiegen, zumal der Unternehmer für die Ausführung seines Werkes eigenverantwortlich ist. Es gibt aber auch Fälle, in denen die Verantwortung des Unternehmers hinter der Planungsverantwortung des Bestellers so weit zurücktritt, dass ein Rücktritt ausgeschlossen ist. Das ist insbesondere dann möglich, wenn die Planung derart speziell ist, dass die Überprüfung nur schwer möglich ist und dem Unternehmer hinsichtlich der fehlerhaften Überprüfung nur ein geringer Vorwurf zu machen ist.

VI. Rücktritt bei Annahmeverzug ausgeschlossen

Auch die Fälle des Annahmeverzuges sind im Zusammenhang mit Mängelrügen nicht selten. Denn es kommt immer wieder vor, dass Besteller die angebotene Mängelbeseitigung nicht zulassen. Häufig liegt das daran, dass ihnen die vom Unternehmer angebotene Maßnahme nicht ausreichend erscheint. Sind die angebotenen Maßnahmen tatsächlich nicht ausreichend, ist der Besteller nicht verpflichtet, die Maßnahme zuzulassen, denn er braucht keine von vornherein unzureichende Mängelbeseitigungsmaßnahme zu dulden. Ist das jedoch nicht der Fall und ist die vom Unternehmer angebotene Maßnahme ausreichend, gerät der Besteller in Annahmeverzug, wenn er sie nicht zulässt (vgl. BGH, Beschl. v. 22.7.2010 – VII ZR 117/08). Ein etwaiger Rücktritt während dieser Zeit wäre unwirksam.

VII. Erlöschen des Rücktrittsrechts durch Nacherfüllung

Setzt der Besteller dem Unternehmer für die Nacherfüllung eines Mangels eine Frist und kommt der Unternehmer innerhalb der Frist der Forderung auf Nacherfüllung erfolgreich nach, erlischt dadurch das Rücktrittsrecht des Bestellers. Das gilt auch dann, wenn der Unternehmer den Mangel arglistig verschwiegen hat. Mit der Aufforderung zur Nacherfüllung gibt der Besteller zu erkennen, dass sein Vertrauen in die Bereitschaft zur ordnungsgemäßen Nacherfüllung trotz des arglistigen Verhaltens des Unternehmers weiterhin besteht. Kommt der Unternehmer innerhalb der Frist dem Verlangen des Bestellers nach und wird der Mangel behoben, scheidet der Rücktritt des Bestellers vom Vertrag aus, weil das Werk – nunmehr – vertragsgerecht ist (für das Kaufrecht: BGH, Urt. v. 12.3.2010 – V ZR 147/09).

VIII. Schadensersatz neben dem Rücktritt

Nach dem Rücktritt kann der Gläubiger gemäß § 325 BGB Schadensersatz verlangen. Ein Besteller kann zum Beispiel nach einem Rücktritt wegen eines Mangels, der in angemessener Frist nicht beseitigt worden ist, weiterhin den Ersatz der Mangelfolgeschäden verlangen und zusätzlich den Schadensersatz statt der Leistung gemäß § 281 BGB fordern (vgl. BGH, Urt. v. 14.4.2010 – VIII ZR 145/09). Zur Frage, ob nach einem Rücktritt vom ganzen Vertrag noch der kleine Schadensersatz gefordert werden kann, vgl. → Rdn. 1.

IX. Rechtsfolgen des Rücktritts

Der Rücktritt wandelt das bisherige Vertragsverhältnis in ein Rückgewähr- und Abwicklungsverhältnis um (BGH, Urt. v. 10.7.1998 – V ZR 360/96). Die bisherigen Leistungsansprüche und Leistungspflichten erlöschen. Nach dem Rücktritt sind nach § 346 Abs. 1 BGB die empfangenen Leistungen zurückzugewähren und die gezogenen Nutzungen herauszugeben.

1. Keine Rückgabepflicht bei nicht trennbaren Bauleistungen

Fraglich ist, inwieweit die Rückgabepflicht für Bauleistungen gilt. Das Gesetz sieht für bestimmte Fälle vor, dass der Rückgewährschuldner die Leistung nicht zurückgewähren, sondern nur Wertersatz leisten muss. Nach § 346 Abs. 2 Nr. 2 BGB gilt das, wenn der Rückgewährschuldner den empfangenen Gegenstand verbraucht, veräußert, belastet, verarbeitet oder umgestaltet hat. In diesen Fällen kann der Schuldner der Rückgewährpflicht nicht nachkommen, weil danach die Leistung grundsätzlich so zurückzugewähren ist, wie sie erlangt worden ist. Bei einer Bauleistung ist das häufig ähnlich, denn sie kann zumeist nicht ohne Zerstörung oder Eingriff in die restliche Bausubstanz zurückgewährt werden. Allerdings liegt das nicht daran, dass der Besteller die Bauleistung „veräußert, belastet, verarbeitet oder umgestaltet" hat. Eine direkte Anwendung dieses Tatbestandes scheidet somit aus.

21 Ein Ausschluss des Rückgewähranspruchs dürfte jedoch in vielen Fällen über § 346 Abs. 2 Nr. 1 BGB geboten sein. Wird die Leistung beim Rückbau zerstört oder unbrauchbar, so ist die Rückgewähr nach der Natur des Erlangten ausgeschlossen (Voit, BauR 2002, 154, so wohl auch Gaier, WM 2002, 1, 4; a. A. Kaiser, JZ 2001, 1057, 1059). Allerdings kann nicht davon ausgegangen werden, dass eine Rückgewähr immer ausgeschlossen ist, weil der Besteller aufgrund des Einbaus gemäß § 946 ff. BGB Eigentümer geworden ist (so aber wohl Englert, Verträge am Bau, S. 343). Denn der Umstand, dass der Besteller Eigentümer geworden ist, ändert nichts an seiner Rückgewährpflicht. Auch ist nicht Maßstab, wie die Werkleistung des Unternehmers sachenrechtlich zu beurteilen ist. Gegen den Ausschluss des Rückgewähranspruchs (wie sollte der verwirklicht werden?) spricht nicht, dass der Besteller dann schlechter gestellt wird als bei einer Minderung, weil er noch die Nutzungsvorteile herausgeben müsste. Denn der Besteller erhält auch die Nutzungen des Unternehmers ersetzt. Außerdem ist er nicht gezwungen, den Rücktritt zu wählen, sondern kann die Minderung fordern.

2. Wertersatz bei nicht trennbaren Bauleistungen

22 Der Besteller hat in diesem Fall grundsätzlich Wertersatz zu leisten, § 346 Abs. 2 BGB.

Zu ersetzen ist der objektive Wert der Leistung, die nicht zurückzugeben werden muss. Nach § 346 Abs. 2 Satz 2 BGB ist bei der Berechnung des Wertansatzes die im Vertrag bestimmte Gegenleistung zugrunde zu legen. Das ist also in dem hier erörterten Fall, dass der Besteller zurücktritt, der Werklohn. Das führt letztlich doch zu einer Vergütungspflicht für die erbrachte Leistung, soweit diese werthaltig ist.

23 Dagegen werden Bedenken von Voit (BauR 2002, 159) erhoben, weil es so dazu kommen könne, dass der Besteller eine „Vergütung" unter Umständen auch für eine Leistung zu zahlen habe, die als Teilleistung für ihn wertlos ist. Dass dieses Ergebnis nicht sein darf und auch vom Gesetz nicht gewollt ist, liegt auf der Hand. Man wird es dadurch verhindern können, dass nur derjenige objektive Wert zu ersetzen ist, der bei dem Besteller verbleibt (so auch Englert, Verträge am Bau, S. 343). Ist die erbrachte Leistung wertlos, dürfte der Besteller auch keinen Wertersatz schulden. Ist die Leistung lediglich mangelhaft und hat beim Besteller noch einen Wert, so ist der Wertersatz in Höhe des Werklohns abzüglich des Minderwertes zu erstatten (Gaier, WM 2002, 1, 5). Hier liegt es nahe, den Wertabzug nach den für die Minderung geltenden Grundsätzen zu bemessen. Maßgebend sind in erster Linie die Mängelbeseitigungskosten (zu einem solchen Fall vgl. OLG Brandenburg, Urt. v. 10.6.2010 – 12 U 135/06). Nur in Fällen, in denen die Mängelbeseitigung unmöglich oder deren Kosten unverhältnismäßig sind oder ein Leistungsverweigerungsrecht nach § 275 Abs. 2 und 3 BGB besteht, ist die Minderung des Verkehrswertes maßgeblich.

In der Sache führt der Rücktritt zu demselben Ergebnis wie eine Minderung. Das ist sachgerecht. Wenn die Leistung nicht zurückgewährt werden kann, ist das primäre Ziel des Rücktritts ohnehin nicht zu erreichen. Es muss dann das Ziel des Gesetzes sein, keine Partei schlechter zu stellen als bei der Minderung, die als gleichwertiger Rechtsbehelf neben dem Rücktritt besteht.

3. Wertersatz in anderen Fällen

24 In den Fällen, in denen eine Bauleistung ohne weiteres wieder vom Grundstück entfernt werden kann oder in denen die Bauleistung mit dem Grundstück zurückgegeben werden kann, wie z. B. beim Bauträgervertrag, bleibt der Besteller nach dem Rücktritt grundsätzlich zur Rückgewähr verpflichtet. Aber auch in solchen Fällen, in denen § 346 Abs. 2 Satz 1 Nr. 1 BGB nicht eingreift, kann die Rückgewähr nach § 346 Abs. 2 Satz 1 Nr. 2 und 3 BGB ausgeschlossen sein. Das ist z. B. dann der Fall, wenn der Rückgewährschuldner den empfangenen Gegenstand veräußert hat (Nr. 2) oder der Gegenstand sich verschlechtert hat oder untergegangen ist, ausgenommen der Verschlechterung durch Ingebrauchnahme. Solche Fälle sind nicht so selten, z. B. dann, wenn eine vom Bauträger erworbene Wohnung bereits weiterveräußert ist (Nr. 2). Ein Untergang einer Werkleistung kann vorkommen, z. B. bei einem Brand oder Sturm, durch die die Leistung zerstört wird (Nr. 3). In diesen Fällen, in denen es dem Rückgewährschuldner unmöglich ist, den empfangenen Gegenstand in seiner ursprünglichen Form zurückzugeben – eine Pflicht zur vorherigen Reparatur besteht nicht (BGH, Urt. v. 10.10.2008 – V ZR 131/07) – ist ebenfalls Wertersatz zu leisten. Jedoch ist auch insoweit ein Abzug für etwaige Minderleistungen zu machen (Gaier, WM 2002, 1, 9). Eine Verschlechterung liegt nicht schon darin, dass ein Mangel der Bauleistung nunmehr entdeckt wird. Führt der Mangel jedoch zu einer Folgebeeinträchtigung, so kann das ein Fall des § 346 Abs. 2 Satz 1 Nr. 3 BGB sein.

4. Wegfall der Wertersatzverpflichtung

Die Pflicht zum Wertersatz entfällt nach § 346 Abs. 3 BGB. Die dort geregelten Fälle können als die Gefahrtragung steuernde Ausnahmetatbestände gekennzeichnet werden (Köhler, JZ 2001, 325; Gaier, WM 2002, 1, 10). Entfällt die Verpflichtung zum Wertersatz, so verbleibt ein Bereicherungsanspruch des Rückgewährgläubigers. Dieser richtet sich nach der verbleibenden Bereicherung des Rückgewährschuldners. 25

Nach § 346 Abs. 3 Nr. 2 BGB ist die Verpflichtung zum Wertersatz ausgeschlossen, wenn der Rückgewährgläubiger die Verschlechterung oder den Untergang der Leistung zu vertreten hat oder der Schaden bei ihm gleichfalls eingetreten wäre. Diese Regelung erfasst insbesondere die Fälle, in denen die Werkleistung wegen eines Mangels untergeht oder sich verschlechtert (Gaier, WM 2002, 1, 10). Stürzt z. B. eine Halle ein, weil die Träger nicht ausreichend dimensioniert waren, entfällt auch die Verpflichtung zum Wertersatz (1. Alt.). Wird eine Eigentumswohnung durch Blitzschlag zerstört, gilt das Gleiche, weil dieser Schaden beim Rückgewährgläubiger gleichfalls eingetreten wäre (2. Alt.). 26

Nach § 346 Abs. 3 Nr. 3 BGB entfällt die Pflicht zum Wertersatz, wenn im Fall eines gesetzlichen Rücktrittsrechts die Verschlechterung oder der Untergang beim Berechtigten eingetreten ist, obwohl dieser diejenige Sorgfalt beobachtet hat, die er in eigenen Angelegenheiten anzuwenden pflegt (vgl. dazu Gaier, WM 2002, 1, 11).

5. Rückgabepflicht bei trennbaren Bauleistungen

Zu behandeln bleiben die Fälle, in denen der Rückgewährschuldner zur Rückgabe verpflichtet bleibt. Das sind die Fälle, in denen eine Bauleistung ohne weiteres wieder vom Grundstück entfernt werden kann oder in denen die Bauleistung mit dem Grundstück zurückgegeben werden kann und kein Ausnahmetatbestand aus § 346 Abs. 2 Satz 1 Nr. 2 und 3 BGB greift. Wann kein Fall des § 346 Abs. 1 Satz 1 Nr. 1 BGB vorliegt, muss im Einzelfall bestimmt werden. Beim Bauträgervertrag ist das grundsätzlich zu bejahen, weil die Bauleistung mit dem Grundstück zurückgegeben werden kann. Probleme können beim Bauträgervertrag auftreten, wenn das Grundstück zwischenzeitlich belastet wird. Grundsätzlich ist es frei von den zwischenzeitlichen Belastungen zurückzugeben (BGH, Urt. v. 10.10.2008 – V ZR 131/07). Ist die Beseitigung der Belastung möglich, kommt ein Anspruch des Rückgewährgläubigers auf Wertersatz nicht in Betracht. Denn die primären Rückgewährpflichten nach § 346 Abs. 1 BGB gehen der Verpflichtung zum Wertersatz nach § 346 Abs. 2 BGB vor. Das gilt auch dann, wenn dem Rückgewährschuldner die finanziellen Mittel fehlen, um die dingliche Belastung zu beseitigen (BGH, a. a. O.). Der Rückgewährgläubiger kann dem Schuldner eine Frist zur Beseitigung der Belastung setzen. Nach fruchtlosem Ablauf der Frist hat er einen Schadensersatzanspruch statt der Leistung. Im Hinblick darauf, dass die sich aus dem Rücktritt ergebenden Verpflichtungen Zug um Zug zu erfüllen sind (§§ 348, 320 BGB), muss er zuvor allerdings die Rückgewähr der von ihm empfangenen Leistungen in einer den Annahmeverzug begründenden Weise anbieten. Andernfalls fehlt es an einer Pflichtverletzung des Rückgewährschuldners im Sinne des § 346 Abs. 4 BGB (BGH, a. a. O.). 27

In den übrigen Fällen kommt es darauf an, wie gravierend der Eingriff zur Trennung des geleisteten Werkes von dem Grundstück und Bauwerk ist. In der Sache geht es darum, wann die Rückgewähr nach der Natur des Erlangten im Sinne des § 346 Abs. 2 BGB ausgeschlossen ist. Hier wird es auf die Umstände des Einzelfalles ankommen. Der Maßstab ist nicht dem § 275 Abs. 2 BGB zu entnehmen. Denn es geht nicht um die faktische Unmöglichkeit der Rückgabe, sondern darum, ob nach der Natur der Bauleistung ihre Rückgabe ausgeschlossen ist. In erster Linie ist auf das Bestellerinteresse abzustellen. Der Besteller muss bei einer Trennung der Bauleistung vom Gebäude Eingriffe in die Substanz des Gebäudes in der Regel nicht hinnehmen, es sei denn, sie sind so untergeordnet, dass sie nicht ins Gewicht fallen. Zurückzugeben sind danach alle leicht trennbaren Leistungen, wie z. B. lose befestigte oder angeschraubte Werkleistungen; nicht dagegen solche, die nur durch (Teil-) Zerstörung der Gebäudesubstanz getrennt werden können. 28

§ 636   Besondere Bestimmungen für Rücktritt und Schadensersatz

6. Herausgabe gezogener Nutzungen

29   Nach § 346 Abs. 1 BGB müssen auch die gezogenen Nutzungen herausgegeben werden. Es sind die Gebrauchsvorteile zu ersetzen, § 100 BGB.

30   Die Rechtsprechung des Bundesgerichtshofs zur Frage, wie die Gebrauchsvorteile des Bestellers berechnet werden, ist nach divergierenden Entscheidungen einigermaßen unklar (vgl. Drasdo, NJW-Spezial 2006, 529). Nach der Rechtsprechung des V. Zivilsenats wird der Nutzungsvorteil grundsätzlich nach dem üblichen Mietzins berechnet. Das gilt auch in Fällen der Eigennutzung. Anders ist das, wenn der Käufer sich darauf beschränkt, den Leistungsaustausch rückgängig zu machen und Ersatz der Vertragskosten zu verlangen. Dann wird als Nutzungsvorteil die abnutzungsbedingte, zeitanteilig linear zu berechnende Wertminderung der Immobilie angerechnet (BGH, Urt. v. 31.3.2006 – V ZR 51/05). Nach der Rechtsprechung des VII. Zivilsenats wird bei der Rückabwicklung des Erwerbs von Wohnungseigentum, das vermietet worden ist, der Nutzungsvorteil ebenfalls nach dem objektiven Mietwert bemessen (BGH, Urt. v. 9.2.2006 – VII ZR 228/04). Dagegen ist die zeitanteilig linear ermittelte Wertminderung des erworbenen Objekts maßgeblich bei selbstgenutztem Eigentum (BGH, Urt. v. 6.10.2005 – VII ZR 325/03).

31   Problematisch ist die Verpflichtung zum Ersatz der Gebrauchsvorteile bei der Nacherfüllung (vgl. → § 635 BGB Rdn. 73 ff.).

32   Die Gebrauchsvorteile des Unternehmers ergeben sich aus der Nutzung des an ihn gezahlten Geldes. Es sind die erzielten Zinsen zu ersetzen oder die Vorteile aus einer Geldanlage oder aus der Ersparnis von Schuldzinsen.

33   Wird bei einem Verbrauchsgüterkauf Rücktritt durch den Besteller gewählt, steht dem Anspruch des Verkäufers auf Nutzungswertersatz gemäß § 346 Abs. 1 BGB die Verbrauchsgüterkaufrichtlinie nicht entgegen (BGH, Urt. v. 16.9.2009 – VIII ZR 243/08; OLG Nürnberg, Urt. v. 23.8.2005 – 3 U 991/05 (EWiR 2005, 821 mit Anm. Saenger/Zurlinden). Zum Ersatz der Gebrauchsvorteile im Werkvertragsrecht, vgl. → § 635 BGB Rdn. 73 ff.

7. Herausgabe nicht gezogener Nutzungen und Verwendungsersatz

34   § 346 Abs. 1 BGB betrifft nur die gezogenen Nutzungen. Die weiteren Regelungen enthält § 347 BGB.

a) Nicht gezogene Nutzungen

35   Gemäß § 347 Abs. 1 Satz 1 BGB schuldet der Rückgewährschuldner Wertersatz für nicht gezogene Nutzungen. Das sind Nutzungen, die entgegen den Regeln einer ordnungsgemäßen Wirtschaft nicht gezogen worden sind, obwohl sie gezogen worden sein könnten. Diese Regeln sind allerdings nicht objektiv zu bestimmen, sondern ergeben sich aus der vertraglichen Funktion des zur Nutzung erlangten Gegenstandes. Erwirbt ein Erwerber ein Haus zu eigener Nutzung, gehört es nicht zur ordnungsgemäßen Bewirtschaftung das Haus zu vermieten. Wird jedoch ein Miethaus erworben, so muss der Besteller die erzielbare Miete auch dann ersetzen, wenn er sie tatsächlich nicht erzielt hat, weil er etwa keine ordentlichen Bemühungen im Hinblick auf den bevorstehenden Rücktritt mehr angestellt hat. Dennoch ist der Rückgewährschuldner privilegiert, wenn ihm ein gesetzliches Rücktrittsrecht zusteht. Der gesetzlich zum Rücktritt Berechtigte schuldet keinen Wertersatz für nicht gezogene Nutzungen, wenn die unterbliebene Nutzung derjenigen Sorgfalt entsprach, die er in eigenen Angelegenheiten anzuwenden pflegt, § 347 Abs. 1 Satz 2 BGB. Die Obliegenheit zur Nutzungsziehung entfällt mit dem Rücktritt.

36   Hinsichtlich der nicht gezogenen Nutzungen des Unternehmers ist vor allem auf die fehlende Anlage von erhaltenem Werklohn hinzuweisen. Der Einwand, der erhaltene Werklohn sei nicht verzinslich angelegt, ist danach unerheblich, wenn eine verzinsliche Anlage möglich gewesen und den Regeln der ordnungsgemäßen Wirtschaft entsprochen hätte. Erzielte Zinsen sind vom Unternehmer im Fall des Rücktritts bereits nach § 346 Abs. 1 BGB auszuzahlen.

b) Verwendungs- und Aufwendungsersatzanspruch

37   Der Verwendungsersatzanspruch ist in § 347 BGB geregelt. Er spielt in den Baurechtsfällen durchaus eine Rolle, z.B. dann, wenn der Besteller die Eigentumswohnung bereits umgestaltet oder notwendige Reparaturen vorgenommen hat. § 347 Abs. 2 Satz 1 BGB verschafft ihm einen Anspruch auf Ersatz der notwendigen Verwendungen. Verwendungen sind Vermögensaufwendungen, die der Erhaltung, Wiederherstellung oder Verbesserung der Sache dienen (BGH, Urt. v. 14.6.2002 – V ZR 79/01).

Der Rückgewährschuldner hat Anspruch auf Ersatz der notwendigen Verwendungen. Notwendig sind Verwendungen, die nach einem objektiven Maßstab zum Zeitpunkt der Vornahme zur Erhaltung oder ordnungsgemäßen Bewirtschaftung erforderlich sind (BGH, a.a.O.; Urt. v. 20.6.1975 – V ZR 206/74; Urt. v. 24.11.1995 – V ZR 88/95). Zutreffend wird darauf hingewiesen, dass der objektive Maßstab sich nach dem vertraglich vorgesehenen Gebrauch richtet, wenn ein gesetzliches Rücktrittsrecht wegen einer Vertragsverletzung ausgeübt wird (Kaiser, JZ 2001, 1068). Die über §994 BGB a.F. erzeugte Bindung an das Eigentümerinteresse besteht nach neuem Recht nicht mehr. Zu den notwendigen Verwendungen gehören die Kosten für die Reparatur und auch die gewöhnlichen Erhaltungskosten. Diese sind unabhängig davon zu ersetzen, ob und ggf. in welchem Umfang sie zu einer Erhöhung des Wertes des Leistungsgegenstandes zum Zeitpunkt der Rückgewähr geführt haben (Gaier, WM 2002, 1, 7). 38

Wird der Gläubiger bereichert, trifft ihn eine uneingeschränkte Ersatzpflicht für andere Aufwendungen. Der Anspruch besteht, wenn der Schuldner den Gegenstand zurückgibt, Wertersatz leistet oder seine Wertersatzpflicht gemäß §346 Abs.3 Nr.1 und 2 BGB ausgeschlossen ist. Andere Aufwendungen sind andere als notwendige Verwendungen, also nützliche Verwendungen oder aber auch unnütze Verwendungen. Ersatz ist für die nach dem Verkehrswert zu ermittelnde Wertsteigerung der zurückerhaltenen Leistung zu leisten (Gaier, WM 2002, 1, 7). Soweit die Verwendungen für den Rückgewährempfänger nicht vom Nutzen sind, stellt sich das Problem der aufgedrängten Bereicherung (Staudinger/Kaiser [2011], §347 Rdn. 50). Hat der Besteller z.B. die zurück zu gewährende Eigentumswohnung zwischenzeitlich umgestaltet, handelt es sich in der Regel nicht um notwendige Verwendungen, sondern um andere Aufwendungen, die nicht einmal nützlich sein müssen, sondern häufig von den persönlichen Geschmacksvorstellungen des Erwerbers abhängen. Diese sind nur zu ersetzen, wenn eine Wertsteigerung eingetreten ist. Ist das der Fall, so ist es in der Regel recht und billig, dass der Unternehmer, so er die Eigentumswohnung zurückerhält, auch diese Wertsteigerung ausgleicht, denn bei einer erneuten Veräußerung kann er diese Wertsteigerung in aller Regel auch über den Kaufpreis realisieren. Der Unternehmer muss die Aufwendungen auch dann ersetzen, wenn er Ersatz erhöhter Nutzungen verlangen kann. Das ist z.B. dann so, wenn der Besteller eine Eigentumswohnung mit einem Marmorboden ausgestattet hat und er sie deshalb teurer vermietet oder vermieten kann. Ist dem Unternehmer ausnahmsweise nicht zuzumuten, die anderen Aufwendungen zu ersetzen, so muss er dem Besteller die Möglichkeit einräumen, die gegenständlichen Leistungen wieder zu entfernen, soweit das ohne weiteres möglich ist. 39

Nicht ersatzfähig sind Aufwendungen, die der Schuldner in der Zeit nach der Rechtshängigkeit des Rückgewähranspruchs gemacht hat, §292 Abs.2 i.V.m. §994 Abs.2 BGB. 40

Die sich aus dem Rücktritt ergebenden Verpflichtungen der Parteien sind Zug um Zug zu erfüllen, §348 BGB. Das gilt auch für die Ansprüche auf Ersatz der Verwendungen (Gaier, a.a.O., S.7). 41

§347 Abs.2 BGB enthält keine abschließende Regelung. Der Besteller kann auch dann gemäß §284 BGB Anspruch auf Ersatz vergeblicher Aufwendungen geltend machen, wenn er wegen eines Mangels zurücktritt. Der Anspruch ist nicht gemäß §347 Abs.2 BGB auf den Ersatz notwendiger Verwendungen oder solcher Aufwendungen beschränkt, durch die der Unternehmer bereichert wird (vgl. BGH, Urt. v. 20.7.2005 – VIII ZR 275/04 zum Kaufrecht). 42

8. Pflicht zur Rücknahme

Unklar ist, inwieweit der Unternehmer verpflichtet ist, die Bauleistung zurückzunehmen bzw. zurückzubauen. Zur Wandelung wurde eine Rücknahmeverpflichtung des Unternehmers nicht direkt aus §346 BGB a.F. hergeleitet, sondern ausnahmsweise aus §242 BGB, wenn der Besteller an der Rücknahme, bzw. dem Rückbau ein besonderes Interesse hatte; über §635 BGB a.F., wenn der Unternehmer den Mangel verschuldet hatte oder unter Hinweis auf §1004 BGB (dazu Acker/Konopka, BauR 2002, 1307, 1308). Auch das neue Recht dürfte keinen unmittelbaren Anspruch zur Rücknahme geben. Zutreffend wird darauf hingewiesen, dass mit der Neuregelung in §346 Abs.2 Nr.1 BGB klar gestellt sein dürfte, dass eine Rücknahmepflicht in den Fällen ausscheidet, in denen die Rückgewähr nach der Natur des Erlangten ausgeschlossen ist. Das sind die Fälle, in denen die eingebaute Sache nicht ohne ihre Beschädigung oder die Beschädigung des Bauwerks getrennt werden kann. Tritt eine Vertragspartei von dem geschlossenen Werkvertrag zurück, obwohl ein Rücktrittsgrund nicht gegeben ist, 43

§ 636   Besondere Bestimmungen für Rücktritt und Schadensersatz

verletzt sie dadurch ihre Pflicht zur Rücksichtnahme nach § 241 Abs. 2 BGB und handelt im Sinne von § 280 Abs. 1 Satz 1 BGB pflichtwidrig, so dass dem anderen Vertragsteil gegen die zurücktretende Vertragspartei ein Schadensersatzanspruch zustehen kann (vgl. BGH, Urt. v. 16.1.2009 – V ZR 133/08).

B. Schadensersatz

44   Ist das Werk mangelhaft, kann der Besteller gemäß § 634 Nr. 4 BGB Schadensersatz nach den §§ 280, 281, 283 und 311a BGB verlangen. Damit findet eine Verweisung auf das Schadensersatzsystem des allgemeinen Schuldrechts statt. Danach kann der Auftraggeber nach §§ 636, 280, 281, 283 und 311a BGB Schadensersatz oder nach § 284 BGB Ersatz vergeblicher Aufwendungen verlangen, wenn das Werk mangelhaft ist.

I. Schadensersatz nach § 280 und § 281 BGB

45   Der Besteller kann zwei Arten des Schadensersatzes geltend machen; er kann Schadensersatz statt der Leistung fordern oder Schadensersatz neben der Leistung. Während beim Schadensersatz statt der Leistung der Nacherfüllungsanspruch des Bestellers untergeht, bleibt er beim Schadensersatz neben der Leistung bestehen.

> **Beispiel:** Macht der Besteller im Wege des Schadensersatzes die Kosten für die Mängelbeseitigung geltend oder weist der Besteller das gesamte Werk des Unternehmers zurück und verlangt die Kosten für einen Drittunternehmer, so verfolgt er den Anspruch auf Schadensersatz statt der Leistung. Der Besteller kann nicht gleichzeitig Nacherfüllung und die Kosten dafür verlangen. Macht der Besteller dagegen Ersatz von Schäden geltend, die infolge des Mangels eingetreten sind, verfolgt er den Anspruch auf Schadensersatz neben der Leistung.

Nach der Grundregel des § 280 Abs. 1 Satz 1 BGB ist der Unternehmer zum Schadensersatz verpflichtet, wenn er eine Pflicht aus dem Schuldverhältnis mit dem Besteller verletzt hat. Die mangelhafte Werkleistung des Unternehmers stellt die Pflichtverletzung im Sinne des § 280 Abs. 1 Satz 1 BGB dar. Beim Schadenersatz nach § 280 Abs. 1 BGB geht es um Schäden, die unabhängig davon eintreten oder eingetreten sind, ob der Erfüllungsanspruch noch erfüllt wird, also um Mangelfolgeschäden. Eine Fristsetzung zur Nacherfüllung und deren fruchtloser Ablauf sind keine Voraussetzung für den Anspruch aus § 280 Abs. 1 BGB. Sie wären sinnlos, weil die unter § 280 Abs. 1 BGB fallenden Schäden durch die Nacherfüllung nicht verhindert werden können. Den infolge der Lieferung einer mangelbehafteten Sache entstandenen Nutzungsausfallschaden kann der am Vertrag festhaltende Käufer daher nach §§ 437 Nr. 3, 280 Abs. 1 BGB ersetzt verlangen (vgl. BGH, Urt. v. 19.6.2009 – V ZR 93/08). Dem Besteller steht gemäß § 280 Abs. 1 Satz 2 BGB indes nur dann der Schadensersatzanspruch zu, wenn der Unternehmer den Mangel zu vertreten hat.

46   Nicht nach § 280 Abs. 1 BGB ersetzt werden die Schäden, die durch eine Nacherfüllung verhindert werden können. Diese sind nur unter den Voraussetzungen des § 281 Abs. 1 zu ersetzen. Fordert daher eine Vertragspartei Schadensersatz statt der Leistung, so ist eine zur Nacherfüllung gesetzte Frist nach §§ 280 Abs. 3, 281 BGB notwendig (vgl. BGH, Urt. v. 19.6.2009 – V ZR 93/08). Dazu gehören in erster Linie die Mängelbeseitigungskosten. Durch die Geltendmachung des Schadensersatzanspruchs statt der Leistung geht der Anspruch des Bestellers auf Nacherfüllung gemäß § 281 Abs. 4 BGB unter.

1. Schadensersatz neben der Leistung

a) Mangelfolgeschäden

47   Ersetzt werden zunächst die Schäden, die am nicht vom Unternehmer hergestellten Bauwerk als Mangelfolgeschäden eingetreten sind und unabhängig davon zu ersetzen sind, ob die mangelhafte Leistung nachgebessert wird. Es handelt sich um Mangelfolgeschäden, die auch bei rechtzeitiger Nacherfüllung eingetreten wären, weshalb es nicht notwendig ist, dass der Besteller den Unternehmer zuvor eine Frist zur Nachbesserung setzt (vgl. BGH, Urteil vom 8.12.2011 – VII ZR 198/10). Die Abgrenzung zu solchen Schäden, die durch Nacherfüllung noch verhindert werden können, fällt nicht immer leicht, wie auch die unterschiedliche Recht-

Besondere Bestimmungen für Rücktritt und Schadensersatz **§ 636**

sprechung hierzu zeigt (vgl. Kniffka/Koeble, Kompendium des Baurechts, 4. Auflage, 6. Teil, Rdn. 154; Ostendorf, NJW 2010, 2833 ff.; Popescu, NZBau 2012, 136, 141).

Es kann sich um Schäden handeln, die am Bauwerk als Schäden eintreten, weil sie zwangsläufig am sonstigem Eigentum des Bestellers entstehen (BGH, Urt. v. 16.5.1974 – VII ZR 35/72); Schäden am Wandanstrich, an Tapeten und an verlegten Teppichfußböden infolge einer fehlerhaften Feuchtigkeitsisolierung (BGH, Urt. v. 15.3.1990 – VII ZR 311/88) oder eines fehlerhaft verlegten Estrichs (BGH, Urt. v. 10.4.2003 – VII ZR 251/02); Schäden am Bauwerk infolge mangelhafter Rohr- und Putzarbeiten (BGH, Urt. v. 13.12.1962 – VII ZR 196/60).

Ferner gehören dazu die Schäden, die nach altem Recht als entfernte Mangelfolgeschäden ersetzt wurden, also solche Folgen des Mangels, die nicht mehr im unmittelbaren, engen Zusammenhang mit dem Mangel eingetreten sind,

wie z. B. Brandschäden nach mangelhafter Leistung (BGH, Urt. v. 13.4.1972 – VII ZR 4/71; Urt. v. 17.5.1982 – VII ZR 199/81); Wasserschäden nach Bruch eingebauter Heizkörper (BGH, Urt. v. 22.2.1962 – VII ZR 205/60); Beschädigung von Gegenständen nach Absturz eines nicht richtig befestigten Regals (BGH, Urt. v. 22.3.1979 – VII ZR 133/78); Schäden durch auslaufendes Öl infolge fehlerhafter Montage einzelner Teile ölführender Leitungen (BGH, Urt. v. 11.11.1971 – VII ZR 57/70) oder durch auslaufendes Wasser (BGH, Urt. v. 18.4.2002 – VII ZR 70/01); Folgen eines Einbruchs nach fehlerhaftem Einbau einer Alarmanlage (BGH, Urt. v. 25.6.1991 – X ZR 4/90); Folgen eines Unfalls infolge fehlerhaft montierter Anzeigegeräte (BGH, Urt. v. 8.12.1992 – X ZR 85/91).

Auch gehören dazu Kosten für die Anmietung einer Ersatzwohnung während der Mängelbeseitigung (BGH, Urt. v. 28.11.1966 – VII ZR 79/65) oder der Anspruch auf Ersatz des entgangenen Gewinns während der Mangelhaftigkeit oder Mängelbeseitigung (BGH, Urt. v. 10.6.1976 – VII ZR 129/74; Urt. v. 8.6.1978 – VII ZR 161/77; Urt. v. 16.3.2000 – VII ZR 461/98; OLG Stuttgart, Urt. v. 17.6.2004 – 7 U 148/03, Nichtzulassungsbeschwerde zurückgewiesen durch BGH, Beschl. v. 31.3.2005 – VII ZR 157/04: Mietausfall ist durch Insolvenz des Mieters eines Fitnessstudios bedingt, diese wiederum durch den mangelbedingten Kundenrückgang); BGH, Urt. v. 27.9.2007 – VII ZR 80/05 (Mietausfall für den Vermieter einer Klinik) oder wegen mängelbedingter Mehraufwendungen (BGH, Urt. v. 12.3.1992 – VII ZR 266/90) und Schäden am sonstigen Eigentum. Wenn der Unternehmer zur Nachbesserung des Mangels in Form von Feuchtigkeitseintritten im Fußbodenaufbau den Fußbodenbelag durchtrennt, um Trocknungsarbeiten durchzuführen, sind die Arbeiten für die Wiederherstellung des Fußbodenaufbaus nach erfolgreich durchgeführter Trocknung durch den Unternehmer ebenfalls Mangelfolgeschäden.

48 Mangelfolgeschäden sind auch Personenschäden. Wird der Besteller durch eine mangelhafte Leistung verletzt, besteht ein Schmerzensgeldanspruch nach § 253 Abs. 2 BGB. Erfolgt die Verletzungshandlung durch Erfüllungs-/Verrichtungsgehilfen, ist der Entlastungsnachweis aus § 831 BGB nicht mehr möglich. Der Unternehmer haftet deshalb für schuldhaftes vertragswidriges Verhalten seiner Arbeiter oder Nachunternehmer stets auf Schmerzensgeld, wenn dadurch der Besteller verletzt wurde.

49 In allen Fällen ist Voraussetzung, dass der Mangel die adäquate Ursache für den Schaden war. Das wird insbesondere dann in Frage gestellt, wenn ein Bestellerverhalten mitursächlich für den geltend gemachten Schaden ist. Das sind die Fälle, in denen der Besteller den Schaden durch eine selbständige Willensentscheidung mit beeinflusst, wenn er sich mit einem Dritten über die geltend gemachte Schadenssumme vergleicht. Zu denken ist an den Fall, dass der Hauptunternehmer sich mit dem Besteller wegen eines Mangels auf eine Schadenssumme vergleicht und diesen Betrag dann vom Nachunternehmer als mangelbedingten Folgeschaden geltend macht. Auch gehören dazu die Konstellationen, in denen sich der Besteller mit dem Mieter auf Folgekosten vergleicht, wie z. B. zusätzliche Heizkosten oder entgangenen Gewinn und diesen im Vergleich erzielten Betrag dann als Folgeschaden geltend macht. In solchen Fällen kann die adäquate Verursachung nicht verneint werden. Denn ohne den Mangel wäre der Vergleich nicht geschlossen worden. Es stellt sich jedoch regelmäßig die Frage, inwieweit die geltend gemachten Beträge noch dem Schädiger zugerechnet werden können. Dazu ist die Kenntnis der Rechtsprechung von den Grundsätzen der Haftungsbeschränkung durch den Zurechnungszusammenhang notwendig.

50 Die adäquate Zurechnung eines Schadens steht unter dem Vorbehalt eines haftungserweiternden oder -begrenzenden besonderen Zwecks der Haftungsnorm oder des der Haftung zugrunde liegenden Vertragsverhältnisses. Eine Schadensersatzpflicht besteht nur, wenn der geltend gemachte Schaden aus dem Bereich der Gefahren stammt, zu deren Abwendung die verletzte Norm erlassen oder die verletzte vertragliche Pflicht übernommen worden ist. Die Schadensersatzpflicht hängt zum einen davon ab, ob das übertretene Gesetz oder die Vertragspflicht überhaupt den Schutz des Einzelnen bezweckt und der Verletzte gegebenenfalls zu dem geschützten Personenkreis gehört. Zum anderen muss geprüft werden, ob die Verbotsnorm das verletzte Rechtsgut schützen soll. Schließlich muss die Verbotsnorm den Schutz des Rechtsguts gerade gegen die vorliegende Schädigungsart bezwecken; der geltend gemachte Schaden muss also nach Art und Entstehungsweise unter den Schutzzweck der verletzten Norm fallen. Diese Grundsätze zum Schutzzweck der Norm sind auch bei der Prüfung eines Mitverschuldens nach § 254 BGB zu beachten. Sie gelten daher auch bei Verletzung einer Obliegenheit (BGH, Urt. v. 14.3.2006 – X ZR 46/04).

51   Nach diesen Grundsätzen muss beurteilt werden, ob z. B. eine im Vergleich mit einem Drittgeschädigten erzielte Summe dem Schädiger noch zugerechnet werden kann. Das bedeutet vor allem, dass eine Vergleichssumme auch dann als Folgeschaden in Betracht kommt, wenn sie nicht exakt dem tatsächlichen Schaden entspricht. Vielmehr stellt sich die Frage, ob die geltend gemachte Summe nach dem Normzweck noch ersatzfähiger Schaden ist. Dabei muss vor allem die Situation im Einzelfall berücksichtigt werden, die zum Vergleichsschluss geführt hat. So kann der Hauptunternehmer berechtigt sein, einen Vergleichsbetrag als Schaden zu liquidieren, der über dem tatsächlich dem Besteller entstandenen Schaden liegt, wenn der Vergleichsvorschlag in einem gerichtlichen Verfahren von dem Richter gemacht worden ist (vgl. BGH, Urt. v. 7.3.2002 – VII ZR 41/01). Große Risiken bei der Sachaufklärung können den Geschädigten berechtigen, einem Vergleich zuzustimmen, der diese Risiken angemessen abdeckt. Deutliche Abweichungen von dem tatsächlichen Schaden dürften jedoch in aller Regel dazu führen, dass der Zurechnungszusammenhang unterbrochen ist (BGH, Urt. v. 27.9.2007 – VII ZR 80/05).

52   Die gleichen Fragen stellen sich, wenn der Geschädigte nicht einen Vergleichsbetrag fordert, sondern schlicht den Betrag, den er auf dessen Forderung an einen Drittgeschädigten bezahlt hat. Dass allein die Zahlung den Schaden beim Geschädigten hervorruft, kann nicht zweifelhaft sein. Es muss allerdings im Einzelfall bereits die adäquate Kausalität hinterfragt und im Zweifel vom Geschädigten bewiesen werden, wenn Anhaltspunkte dafür bestehen, dass die Zahlung nicht durch das schädigende Ereignis bedingt ist (vgl. z. B. BGH, Urt. v. 27.9.2007 – VII ZR 80/05). Ist diese, wie regelmäßig, zu bejahen, stellt sich die Frage nach dem Zurechnungszusammenhang. Dieser kann unterbrochen sein, wenn die Zahlung ohne nähere Prüfung erfolgt und sich herausstellt, dass sie deutlich überhöht ist (BGH, Urt. v. 27.9.2007 – VII ZR 80/05).

53   In den Fällen des Mietausfalls oder ähnlicher Schadenspositionen ist auch stets zu prüfen, inwieweit ein Mitverschulden des Bestellers darin liegt, dass er den Mangel nicht selbst hat beseitigen lassen. Die Mängelbeseitigung ist eine eigene Verpflichtung aus dem Mietvertrag. Ein Besteller darf nicht auf unabsehbare Zeit dem Anwachsen des Schadens tatenlos zusehen, sondern muss sich im Rahmen der Zumutbarkeit um baldmögliche Beseitigung der Mängel und Vermietbarkeit der Räume bemühen, wenn er Mietausfall fordern will (BGH, Urt. v. 27.9.2007 – VII ZR 80/05; Urt. v. 26.10.1972 – VII ZR 181/71). Inwieweit die Mängelbeseitigung zumutbar ist, obwohl der Unternehmer sie nicht vornimmt und auch die dazu erforderlichen Mittel nicht zur Verfügung stellt, hängt von den Umständen des Einzelfalles ab. Ist der Besteller finanziell dazu nicht in der Lage, dürfte ein Verschulden in der Regel nicht vorliegen. Anders ist das allerdings, wenn ihm zugemutet werden kann, im Rahmen seines kaufmännischen Betriebs übliche Verbindlichkeiten einzugehen, wie z. B. die Belastung seines Kreditrahmens. Die Verzögerung der Mängelbeseitigung kann auch dadurch verursacht sein, dass zunächst eine möglicherweise langwierige Aufklärung notwendig ist, welche Maßnahmen überhaupt unternommen werden müssen, um einen Mangel zu beseitigen (vgl. BGH, Urt. v. 20.12.1973 – VII ZR 153/71).

b) Sonderfall Privatgutachterkosten

54   Die Kosten eines vom Auftraggeber eingeholten **Privatgutachtens**, um etwaig bereits vorhandene oder etwaig noch zu erwartende Mängel (Symptome/Erscheinungen) bzw. Ursachen) festzustellen bzw. um abzuklären, welche Maßnahmen zur Mängelbeseitigung erforderlich sind, sind unter bestimmten Voraussetzungen als Mangelfolgeschäden im Sinne eines materiell-rechtlichen Schadensersatzanspruchs und zwar ggf. als Gewährleistungsanspruch (insoweit neben dem Nacherfüllungsanspruch und ohne Fristsetzung mit Ablehnungsandrohung,

Besondere Bestimmungen für Rücktritt und Schadensersatz **§ 636**

vgl. BGH, Urteil vom 27.2.2003 – VII ZR 338/01; OLG Düsseldorf, Urteil vom 9.8.2013 – 22 U 4/13), aus Verzug bzw. aus Verletzung vertraglicher Rücksichtnahmepflicht bzw. aus Delikt (§§ 634 Nr. 4 BGB, 280, 286, 241 BGB bzw. §§ 823 ff. BGB bzw. §§ 4 Abs. 7 Satz 2, § 13 Abs. 5 Nr. 1 und 2 VOB/B, § 13 Abs. 7 Nr. 3 Satz 1, § 6 Abs. 6 Satz 1 VOB/B) erstattungsfähig (vgl. BGH, Urteil vom 13.9.2001 – VII ZR 392/00; BGH, Urteil vom 22.10.1970 – VII ZR 71/69; OLG Düsseldorf, Urteil vom 9.8.2013 – 22 U 4/13; OLG München, Urteil vom 22.12.2005 – 9 U 4071/05). Hiervon sind indes die Fälle abzugrenzen, bei denen – entsprechend der vertraglichen Bauüberwachung durch Architekten bzw. Fachingenieure – nur vorbeugend die Vollständigkeit und Mangelfreiheit der Bauleistungen überwacht werden soll (vgl. OLG Düsseldorf, Urteil vom 9.8.2013 – 22 U 4/13; OLG Düsseldorf, Urteil vom 12.10.2010 – 21 U 194/09) bzw. der Auftraggeber einen Privatgutachter insbesondere zu dem Zweck beauftragt, ihn ganz allgemein über die Qualität der Bauleistungen in Kenntnis zu setzen bzw. ihm die notwendigen Erkenntnisgrundlagen für sein weiteres Vorgehen gegen seine/n Auftragnehmer zu liefern (vgl. OLG Düsseldorf, Urteil vom 9.8.2013 – 22 U 4/13; OLG Köln, Beschluss vom 25.6.1997 – 17 W 135/97).

Der materiell-rechtliche Anspruch auf Erstattung von Privatgutachterkosten ist vom prozessrechtlichen Erstattungsanspruch im Kostenfestsetzungsverfahren zu unterscheiden, für den im Hinblick auf die Frage der Notwendigkeit/Erforderlichkeit eines Privatgutachtens im erst späteren (vorprozessualen bzw. prozessualen) Stadium eines Gewährleistungsverlangens teilweise abweichende Grundsätze gelten (vgl. BGH, Beschluss 7.2.2013 – VII ZB 60/11; BGH, Beschluss vom 20.12.2011 – VI ZB 17/11; BGH, Beschluss vom 23.5.2006 – VI ZB 7/05; OLG Düsseldorf, Urteil vom 9.8.2013 – 22 U 4/13; OLG Brandenburg, Urteil vom 9.4.2008, 4 U 102/07). 55

Voraussetzung für einen materiell-rechtlichen Anspruch auf Erstattung von Privatgutachterkosten ist regelmäßig, dass die Beauftragung des Privatgutachters unter Berücksichtigung der konkreten Umstände des Einzelfalls nach Zeitpunkt, Inhalt und Umfang des Auftrags bei objektiver, verständiger Sicht erforderlich erscheinen durfte (OLG Düsseldorf, Urteil vom 9.8.2013 – 22 U 4/13; OLG Naumburg, Beschluss vom 10.5.2000 – 1 Verg 3/99). Andernfalls fehlt der notwendige adäquat kausale Zurechnungszusammenhang im Sinne einer „Herausforderung" (OLG Düsseldorf, Urteil vom 9.8.2013 – 22 U 4/13) zwischen dem Verhalten des Auftragnehmers und dem als solchen eigenständigen und daher zu rechtfertigenden Willensentschluss des Auftraggebers, sich im konkreten Zeitpunkt sachkundiger Hilfe eines Privatsachverständigen zu bedienen. 56

Im privaten Baurecht ist bei der Beurteilung der Erforderlichkeit der Einschaltung eines Privatgutachters (bzw. der Frage, ob sich der Auftraggeber durch etwaig vertragswidrige Leistungen des Auftragnehmers dazu „herausgefordert" fühlen durfte) zum einen ergänzend zu berücksichtigen, dass sich der Auftraggeber zur Geltendmachung von Gewährleistungsansprüchen auf die Rüge von Mangelerscheinungen/-symptomen beschränken darf (OLG Düsseldorf, Urteil vom 9.8.2013 – 22 U 4/13), wodurch für den Auftraggeber – im Umkehrschluss – nicht ohne weiteres eine Notwendigkeit besteht, selbst durch Einschaltung eines Privatgutachters bereits die (dem Auftragnehmer obliegende) Feststellung von Mängelursachen zu betreiben (vgl. OLG Düsseldorf, Urteil vom 9.8.2013 – 22 U 4/13; OLG Koblenz, Beschluss vom 16.3.2010 – 14 W 138/10). 57

Zum anderen ist im privaten Baurecht regelmäßig und angemessen zu berücksichtigen, dass im Regelfall dem Auftragnehmer selbst die (von ihm indes auch entsprechend eigenverantwortlich zu treffende) Beurteilung und Entscheidung über Art und Umfang etwaig notwendiger Vertragserfüllungsmaßnahmen bzw. Nacherfüllungsmaßnahmen obliegt (BGH, Urteil vom 27.5.2010 – VII ZR 182/09, BauR 2010, 1583; BGH, Urteil vom 16.10.1997 – VII ZR 249/96; OLG Düsseldorf, Urteil vom 9.8.2013 – 22 U 4/13), wodurch für den Auftraggeber – ebenfalls im Umkehrschluss – nicht ohne weiteres eine Notwendigkeit besteht, selbst durch Einschaltung eines Privatgutachters bereits (dem Auftragnehmer obliegende) Feststellungen zu Art und Umfang etwaig notwendiger Vertrags- bzw. Nacherfüllungsmaßnahmen zu veranlassen.

Ist nach den vorstehenden Grundsätzen die Erstattungsfähigkeit von Privatgutachterkosten zu bejahen, ist es regelmäßig unschädlich, wenn sich einzelne Feststellungen im Privatgutachten später als falsch herausstellen, soweit sie sich gleichwohl noch als durch einen Baumangel verursacht darstellen (vgl. OLG Düsseldorf, Urteil vom 9.8.2013 – 22 U 4/13; OLG Stuttgart, Urteil vom 25.5.2011 – 9 U 122/10), es sei denn, mit dem Privatgutachten haben sich vermutete Mängel gar nicht oder nur teilweise bestätigt. In letzterem Fall sind die Privatgutachterkosten ggf. anteilig zu kürzen (vgl. OLG Düsseldorf, Urteil vom 9.8.2013 – 22 U 4/13; OLG Düsseldorf, Urteil vom 27.4.2010 – 21 U 122/09). 58

§ 636

c) Sonderfall Nutzungsausfall

59 Als Mangelfolgeschaden ist auch ein eventuell zu ersetzender Nutzungsausfall einzuordnen. Nutzungsausfall kommt in Betracht, wenn der Besteller das Bauwerk infolge des Mangels nicht nutzen kann. Maßgeblich sind die Grundsätze, die der Große Senat des Bundesgerichtshofs (Urt. v. 9.7.1986 – GSZ 1/86) aufgestellt hat. Bei Sachen, auf deren ständige Verfügbarkeit die eigenwirtschaftliche Lebenshaltung des Menschen angewiesen ist, kann der zeitweise Verlust der Nutzungsmöglichkeit ein Vermögensschaden sein. Der Ersatz der verlorenen Nutzungsmöglichkeit muss grundsätzlich Fällen vorbehalten bleiben, in denen sich die Funktionsstörung typischerweise auf die materielle Lebenshaltung signifikant auswirkt. Deshalb beschränkt sich der Nutzungsausfallersatz auf Sachen, deren ständige Verfügbarkeit für die eigenwirtschaftliche Lebenshaltung typischerweise von zentraler Bedeutung ist (BGH, Urteil vom 20.2.2014 – VII ZR 172/13; BGH, Beschluss vom 9.7.1986 – GSZ 1/86).

60 Diese für eine deliktische Haftung entwickelten Grundsätze des Großen Senats für Zivilsachen hat der Bundesgerichtshof auf die Vertragshaftung übertragen (BGH, Urteil vom 20.2.2014 – VII ZR 172/13; BGH, Urteil vom 24. Januar 2013 – III ZR 98/12, BGHZ 196, 101 Rdn. 9; Urteil vom 21. Februar 1992 – V ZR 268/90, BGHZ 117, 260, 262; zuvor bereits: BGH, Urteil vom 10. Oktober 1985 – VII ZR 292/84, BGHZ 96, 124, 127 f.; Urteil vom 28. Februar 1980 – VII ZR 183/79, BGHZ 76, 179, 181 f.; Urteil vom 15. Juni 1983 – VIII ZR 131/82, BGHZ 88, 11, 14 f.) und auch für die Beurteilung von verzugsbedingt entgangenen Gebrauchsmöglichkeiten herangezogen (BGH, Urteil vom 31. Oktober 1986 – V ZR 140/85, NJW 1987, 771, 772).

61 Danach kann der längere Entzug der Gebrauchsmöglichkeit einer zum Eigengebrauch erworbenen Eigentumswohnung einen Vermögensschaden begründen (BGH, Urteil vom 20.2.2014 – VII ZR 172/13). Dagegen können nach dieser Rechtsprechung für entgangene Nutzungen für gewerblich genutzte Bauwerke keine Ansprüche wegen Nutzungsausfall geltend gemacht werden; insoweit ist stets auf entgangenen Gewinn, § 252 BGB, abzustellen oder auf die Kosten für Ersatznutzung.

62 Der Bundesgerichtshof bejaht einen Vermögensschaden nur, wenn die Wohnung für die Lebenshaltung von zentraler Bedeutung ist, was nur dann der Fall sein kann, wenn der Bauherr das Haus selbst bewohnen muss, nicht aber, wenn er es vermietet (BGH, Urt. v. 31.10.1986 – V ZR 140/85). Der Umstand, dass die Nutzung einer erworbenen Eigentumswohnung vorenthalten wird, muss sich signifikant auf die eigenwirtschaftliche Lebenshaltung des Erwerbers auswirken. Insoweit ist ein strenger Maßstab anzulegen (vgl. BGH, Urteil vom 20.2.2014 – VII ZR 172/13; BGH, Urteil vom 24. Januar 2013 – III ZR 98/12, BGHZ 196, 101 Rdn. 10; Urteil vom 10. Juni 2008 – VI ZR 248/07, NJW-RR 2008, 1198, 1199). Ein Anspruch auf Nutzungsentschädigung besteht, wenn der Nutzungsausfall zu einer „fühlbaren" Gebrauchsbeeinträchtigung geführt hat (vgl. BGH, Urteil vom 20.2.2014 – VII ZR 172/13; BGH, Urteil vom 10. Oktober 1985 – VII ZR 292/84, a.a.O., S. 128). Daran fehlt es, wenn der Erwerber das erworbene Objekt ohnehin nicht eigenwirtschaftlich nutzen konnte oder wollte (BGH, Urteil vom 21. Februar 1992 – V ZR 268/90, BGHZ 117, 260, 262; Urteil vom 31. Oktober 1986 – V ZR 140/85, NJW 1987, 771, 772).

63 Ein Anspruch besteht in der Regel ferner nur dann, wenn das Haus überhaupt nicht nutzbar ist. Ist die Nutzung (z.B. nur einzelne Zimmer sind nicht bewohnbar) nur beschränkt, kommt ein Schadensersatzanspruch wegen Nutzungsausfall nur in Betracht, wenn die Störung des Gebrauchs so nachhaltig war, dass sie objektiv dem Entzug der Nutzung nahe kommt, der Betroffene also bei vernünftiger Betrachtung sich eine Ersatzwohnung hätte beschaffen dürfen (BGH, Urt. v. 5.3.1993 – V ZR 87/91; OLG Düsseldorf, Urt. v. 14.6.1991 – 22 U 293/90: nicht für bauordnungswidrig errichteten Hobbykeller). Ein Anspruch auf Ausfall der Nutzung eines Wohnraums kommt auch dann nicht in Betracht, wenn der Bedarf des Bestellers an adäquater Unterbringung anderweitig gedeckt war. Das ist angenommen worden, wenn der Besteller ein vom Unternehmer errichtetes Hauses infolge Verzuges nicht beziehen konnte, er jedoch in seiner seinen Verhältnissen angemessenen Mietwohnung bleiben konnte. In diesem Fall muss er den Verzugsschaden nach der gezahlten Miete berechnen (OLG Stuttgart, Urt. v. 30.3.2010 – 10 U 87/09).

64 Des Weiteren ist bei einem lediglich kurzfristigen Nutzungsausfall, den der Geschädigte bei wirtschaftlich vernünftiger Betrachtung durch zumutbare Dispositionen auffangen kann, ein ersatzfähiger Schaden zu verneinen (vgl. BGH, Urteil vom 20.2.2014 – VII ZR 172/13; BGH, Beschluss vom 9. Juli 1986 – GSZ 1/86, a.a.O., S. 224). An einem Schaden kann es auch fehlen, wenn dem Erwerber während des Verzugs mit der Fertigstellung der Wohnung ein

in etwa vergleichbarer anderer Wohnraum zur Verfügung steht und ihm die Kosten der Anmietung ersetzt werden. Denn dann kann von einer fühlbaren Beeinträchtigung der zentralen Lebensführung regelmäßig nicht ausgegangen werden (vgl. BGH, Urteil vom 20.2.2014 – VII ZR 172/13; BGH, Urteil vom 24. Januar 2013 – III ZR 98/12, a. a. O., Rdn. 15, 19 m. w. N.).

Eine Nutzungsausfallentschädigung kann hingegen nicht versagt werden, wenn dem Erwerber während des Verzugs lediglich Wohnraum zur Verfügung stand, der mit dem erworbenen Wohnraum nicht vergleichbar ist, sondern eine deutlich geringere Qualität besitzt (Vgl. BGH, Urteil vom 20.2.2014 – VII ZR 172/13; anders OLG Stuttgart, Urteil vom 8. Juli 2013 – 5 U 7/13 S. 17 unter Hinweis auf BGH, Urteil vom 14. Mai 1976 – V ZR 157/74, BGHZ 66, 277, 281, 282). Dabei kann dahinstehen, ob entsprechende Überlegungen für die Nutzungsausfallentschädigung bei Kraftfahrzeugen eine Rolle spielen könnten (vgl. BGH, Urteile vom 2. Dezember 1966 – VI ZR 72/65, NJW 1967, 552, 553 und vom 5. Februar 2013 – VI ZR 290/11, NJW 2013, 1149 Rdn. 25 ff.; andererseits BGH, Urteil vom 17. März 1970 – VI ZR 108/68, NJW 1970, 1120, 1121; dazu auch Oetker in: Münchener Kommentar zum BGB, 6. Aufl., § 249 BGB, Rdn. 60 ff. und 427 ff., 441 m. w. N. aus der obergerichtlichen Rechtsprechung). Der Wohnwert einer Wohnung hat eine andere Bedeutung für die Lebensführung als die Nutzungswerte anderer Gegenstände. Insbesondere ist er mit dem Nutzungswert von Kraftfahrzeugen nicht vergleichbar. Die Wohnung ist regelmäßig der zentrale Mittelpunkt im Leben. Das gilt nicht nur für die Wohnung an sich, sondern auch in der konkreten Ausgestaltung. Ihr misst die Verkehrsanschauung eine derartige Bedeutung zu, dass es nicht gerechtfertigt wäre, eine Nutzungsentschädigung allein deshalb zu versagen, weil dem Geschädigten während der Zeit des Entzugs oder der Vorenthaltung ein anderer Wohnraum zur Verfügung steht, wenn dieser nicht in etwa gleichwertig ist. Der Geschädigte ist vielmehr auch dann in seiner zentralen Lebensführung fühlbar beeinträchtigt, wenn er deutlich minderwertigeren Wohnraum zur Verfügung hat, z. B. eine deutlich kleinere Wohnung. Dabei kommt es nicht darauf an, ob dieser Wohnraum – gemessen an den für die Wohnraumförderung oder für die sozialrechtliche Unterstützung geltenden Maßstäben – noch ausreichend ist. Eine derartige Betrachtung würde sich an für die Bewertung des konkret erlittenen Vermögensschadens ungeeigneten Kriterien orientieren und vor allem unberücksichtigt lassen, dass sich die Bewertung des Schadens im Falle eines vertraglichen Anspruchs an dem Vertrag zu orientieren hat (BGH, Urteil vom 20.2.2014 – VII ZR 172/13).

Nach der Rechtsprechung kann Nutzungsausfall für eine erworbene, aber infolge eines Baumangels nicht nutzbare Tiefgarage gewährt werden (BGH, Urt. v. 10.10.1985 – VII ZR 292/84), nicht dagegen für ein vorübergehend infolge eines Baumangels nicht nutzbares Schwimmbad (BGH, Urt. v. 28.2.1980 – VII ZR 183/79). Die Nutzung einer Garage hat jedenfalls dann keine zentrale Bedeutung für die Lebenshaltung, wenn das Fahrzeug auch in zumutbarer Entfernung außerhalb der Garage abgestellt werden kann (BGH, Urt. v. 5.3.1993 – V ZR 87/91). Auch gibt es nach dieser Entscheidung keinen Nutzungsausfall für eine nicht nutzbare Terrasse und einen nicht nutzbaren Garten. Gleiches gilt für einen nicht nutzbaren Balkon (OLG Saarbrücken, Urt. v. 26.9.2006 – 4 U 525/05) oder nicht nutzbare Kellerräume, die für Abstellzwecke vorgesehen sind (vgl. OLG Celle, Urteil vom 25.9.2013 – 7 U 86/12).

Wie die Entschädigung für Nutzungsausfall berechnet wird, ist weitgehend unklar. Auf der Grundlage der Ausführungen des Großen Senats (BGH, Urt. v. 9.7.1986 – GSZ 1/86) kommt folgende Berechnung in Betracht: Marktüblicher Mietzins für die genutzte Wohnung abzüglich

- durch die Vermietung erzielte Gewinnspanne,
- nicht anfallende Kosten bei privater Nutzung.

Es sind aber auch andere Berechnungsmethoden zulässig, z. B. Kapitalverzinsung für ein Finanzierungsdarlehen zzgl. Aufwendungen zur Erhaltung der Nutzungsfähigkeit und andere laufende Kosten, zzgl. Altersminderwert für die Zeit der Gebrauchsentziehung. Der VII. Senat hat eine Berechnung für zulässig gehalten, nach der der Minderwert infolge des Mangels bei endgültiger Unbenutzbarkeit errechnet wird und sodann der Zeitanteil für die vorübergehende Unbenutzbarkeit bestimmt wird (BGH, Urt. v. 10.10.1985 – VII ZR 292/84).

d) Merkantiler und technischer Minderwert

Zu den Mangelfolgeschäden, die nach § 280 Abs. 1 BGB zu ersetzen sind, gehören auch ein merkantiler Minderwert, der von vornherein trotz vollständiger und ordnungsgemäßer Nachbesserung verbleibt (BGH, Urt. v. 19.9.1985 – VII ZR 158/84; OLG München, Urteil vom 17.12.2013 – 9 U 960/13). Ein merkantiler Minderwert liegt vor, wenn nach erfolgter Mängelbeseitigung eine verringerte Verwertbarkeit gegeben ist, weil die maßgeblichen Verkehrskreise ein im Vergleich zur vertragsgemäßen Ausführung geringeres Vertrauen in die Qualität des Gebäudes haben. (BGH, Urt. v. 6.12.2012 – VII ZR 84/10; BGH, Urt. v. 9.1.2003 – VII ZR 181/00; BGH, Urt. v. 15.12.1994 – VII ZR 246/93; BGH, Urt. v. 11.7.1991 – VII ZR 301/90; BGH, Urt. v. 19.9.1985 – VII ZR 158/84; OLG Oldenburg, Urteil vom 11.12.2014 – 8 U 140/09). Steht von vornherein fest, dass die Nacherfüllung nur unter Inkaufnahme eines technischen Minderwerts erfolgen kann, so kann auch dieser nach §280 Abs. 1 BGB ersetzt verlangt werden. Die Bemessung des merkantilen Minderwerts ist – wie die Schätzung der Höhe des Schadensersatzes insgesamt – Sache des nach §287 ZPO besonders freigestellten Tatrichters. Grundlage für eine solche Schätzung des merkantilen Minderwerts durch en Tatrichter kann z. B. eine durch den gerichtlichen Sachverständigen vorgenommene Befragung von Marktteilnehmern sein (BGH, Urt. v. 6.12.2012 – VII ZR 84/10).

2. Schadensersatz statt der Leistung

69 Soweit der Unternehmer die fällige Leistung nicht oder nicht wie geschuldet erbringt, kann der Besteller unter den Voraussetzungen des §280 Abs. 1 Schadensersatz statt der Leistung verlangen, wenn er dem Unternehmer erfolglos eine angemessene Frist zur Leistung oder Nacherfüllung bestimmt hat, §281 Abs. 1 BGB.

70 §281 Abs. 1 BGB regelt den Schadensersatz statt der Leistung. Dieser Schadensersatzanspruch erfasst die Schäden, die durch eine Nacherfüllung verhindert werden könnten. Dem Unternehmer muss die Möglichkeit eröffnet werden können, die Nacherfüllungshandlung vorzunehmen. Ihm wird damit auch die Gelegenheit gegeben, durch die Nacherfüllung vermeidbare Schäden zu verhindern. Dazu gehören in erster Linie die Mängelbeseitigungskosten, aber auch andere Schäden, die durch eine Mängelbeseitigung verhindert werden könnten. Diese Schäden können nur ersetzt verlangt werden, wenn der Erfüllungsanspruch ausgeschlossen ist. Schäden, die unabhängig davon entstehen, ob die Mängel beseitigt werden, werden nach §280 Abs. 1 BGB ersetzt. Denn Erfüllungsanspruch und Schadensersatz statt der Leistung (wegen Nichterfüllung) können nicht nebeneinander bestehen.

71 Der Schadensersatzanspruch statt der Leistung kompensiert das Erfüllungsinteresse des Bestellers. Der Besteller hat also Anspruch darauf, so gestellt zu werden, als wäre der Vertrag ordnungsgemäß erfüllt worden.

a) Schadensersatz statt der Leistung in Form des kleinen Schadensersatzes

72 Behält der Besteller das Werk, hat er Anspruch auf den sogenannten kleinen Schadensersatz. Er kann den durch die mangelhafte Ausführung verursachten Schaden verlangen. Diese Art der Schadensberechnung spielt bei Bauverträgen die weitaus größere Rolle, da dem Bauherrn mit der Zurückweisung des Bauwerks in aller Regel wenig gedient ist. Der kleine Schadensersatzanspruch ist der in §281 Abs. 1 BGB genormte Regelfall. Der Anspruch besteht nur, soweit die Leistung nicht oder nicht wie geschuldet erbracht wird. Das bedeutet, dass der Anspruch auf Erfüllung bestehen bleibt, soweit die Leistung wie geschuldet erbracht worden ist. Der Schadenersatzanspruch ist Kompensation lediglich für den nicht erbrachten Teil. Unerheblich ist, ob der nicht erfüllte Teil, d. h. der Mangel, erheblich ist.

aa) Schadensbemessung gesetzlich nicht geregelt

73 Das Gesetz enthält weder in §634 Nr. 4 BGB noch in §§280, 281, 249 BGB Aussagen dazu, wie der Schaden zu berechnen ist. §281 Abs. 4 BGB legt fest, Mängelbeseitigung keine zulässige Form der Naturalrestitution im Sinne des §249 Abs. 1 BGB ist (vgl. z. B. BGH, Urteil vom 22.07.2010 – VII ZR 176/09). Aufgrund der zahlreichen unterschiedlichen Vertragstypen und der gesetzlichen Schuldverhältnisse hat der Gesetzgeber die Entwicklung von Grundsätzen zur Ermittlung der Schadenshöhe, die sich am Leistungsinteresse des jeweiligen Schuldners orientieren, der Rechtsprechung überlassen (vgl. Motive II S. 19; Mugdan I S. 10). Dies gilt auch für den VOB/B-Vertrag.

74 Der Besteller, der sich dafür entscheidet, das mangelhafte Werk zu behalten, und Schadensersatz statt der Leistung geltend macht (kleiner Schadensersatz), kann vielmehr Ersatz in Geld verlangen, soweit er durch den Mangel einen Vermögensschaden erleidet. Lässt er den Mangel nicht im Wege der Selbstvornahme beseitigen, ist der bereits durch den Mangel des Werks selbst entstandene Vermögensschaden festzustellen und in Geld zu bemessen. Die Bemessung kann im Wege der Schadensschätzung gemäß §287 ZPO erfolgen. Sie hat sich am Leistungs-

interesse des Bestellers zu orientieren. Denn der Schadensersatzanspruch statt der Leistung gemäß § 634 Nr. 4, §§ 280, 281 BGB tritt an die Stelle des Anspruchs auf Leistung und ersetzt diesen (vgl. BGH, Urteil vom 22.02.2018 – VII ZR 46/17).

Verfahrensrechtlich ist für die Schadensbemessung der Zeitpunkt der letzten mündlichen Verhandlung maßgebend (vgl. z. B. BGH, Urteil vom 06.11.1986 – VII ZR 97/85; BGH, Urteil vom 23.01.1981 – V ZR 200/79). 75

bb) Alte Rechtsprechung des BGH zur Schadensbemessung

Nach der Rechtsprechung des BGH bis zum 22.02.2018 stehen dem Besteller, der das Werk behält und den Mangel nicht beseitigen lässt, zwei Möglichkeiten zur Verfügung, seinen Vermögensschaden zu bemessen. 76

(1) Schadensbemessung nach Vermögensbilanz. Der Besteller hat die Möglichkeit, den Schaden nach allgemeinen schadensrechtlichen Grundsätzen in der Weise zu bemessen, dass er im Wege einer Vermögensbilanz die Differenz zwischen dem hypothetischen Wert der durch das Werk geschaffenen oder bearbeiteten, im Eigentum des Bestellers stehenden Sache ohne Mangel und dem tatsächlichen Wert der Sache mit Mangel ermittelt (vgl. BGH, Urteil vom 11.10.2012 – VII ZR 179/11; BGH, Urteil vom 08.01.2004 – VII ZR 181/02; BGH, Urteil vom 16.11.2007 – V ZR 45/07, NJW 2008, 436 Rn. 11 f.). Diese Art der Schadensbemessung ist ausschließlich auf Ausgleich des Wertunterschieds gerichtet. 77

Hat der Besteller die durch das Werk geschaffene oder bearbeitete Sache veräußert, ohne dass eine Mängelbeseitigung vorgenommen wurde, kann er den Schaden nach dem konkreten Mindererlös wegen des Mangels der Sache bemessen. Der Mindererlös wird typischerweise anhand der Differenz zwischen dem hypothetischen Wert der Sache ohne Mangel und dem gezahlten Kaufpreis ermittelt werden können. Da der Kaufpreis den tatsächlichen Wert der Sache indiziert, entspricht der so ermittelte Mindererlös im Regelfall dem Minderwert der betroffenen Sache. Haben neben dem vom Unternehmer zu verantwortenden Mangel auch andere Mängel zu dem Mindererlös geführt, ist zu ermitteln, welcher Anteil des Mindererlöses auf den vom Unternehmer zu verantwortenden Mangel entfällt. 78

Dem Besteller bleibt bei Veräußerung der Sache die Möglichkeit, den Schaden nach einem den konkreten Mindererlös übersteigenden Minderwert zu bemessen, wenn er nachweist, dass der erzielte Kaufpreis den tatsächlichen Wert der Sache übersteigt. Denn der in Höhe des Minderwerts bestehende Schaden wird durch ein vom Besteller abgeschlossenes günstiges Geschäft grundsätzlich nicht gemindert. Nach den normativen von Treu und Glauben geprägten schadensrechtlichen Wertungen unter Berücksichtigung des in § 254 Abs. 2 BGB zum Ausdruck kommenden Gedankens sollen dem Ersatzpflichtigen solche Vorteile grundsätzlich nicht zugutekommen, die sich der Ersatzberechtigte durch Abschluss eines – den Ersatzpflichtigen nicht berührenden – Vertrags mit einem Dritten erarbeitet hat (vgl. BGH, Urteil vom 14.01.2016 – VII ZR 271/14; BGH, Urteil vom 19.09.1980 – V ZR 51/78). Wendet demgegenüber der Unternehmer ein, der Minderwert sei geringer, weil der erzielte Kaufpreis den tatsächlichen Wert der Sache unter schreite, ist der infolge der Veräußerung entstandene (höhere) Mindererlös insoweit nicht als Schaden zu ersetzen, als dem Besteller ein Verstoß gegen die Obliegenheit zur Schadensminderung gemäß § 254 Abs. 2 BGB vorzuwerfen ist. 79

An dieser Möglichkeit der Schadensbemessung ändert sich durch die neue Rechtsprechung nichts. 80

(2) Schadensbemessung nach fiktiven Mängelbeseitigungskosten. Der BGH hat dem Besteller bis zum 22.02.20218 alternativ auch einen Zahlungsanspruch in Höhe der fiktiven Mängelbeseitigungskosten zugebilligt. Dabei handelte es sich nicht um die Zubilligung einer vereinfachten Form der Bemessung des mangelbedingten Wertunterschieds im Rahmen einer Vermögensbilanz (vgl. zu dieser Form der Bemessung BGH, Urteil vom 16.11.2007 – V ZR 45/07 Rn. 12). Vielmehr war der Besteller danach stets berechtigt, bis zur Grenze der Unverhältnismäßigkeit (§ 251 Abs. 2 Satz 1 BGB) Zahlung in Höhe der fiktiven Mängelbeseitigungskosten zu verlangen, auch wenn diese den Minderwert im Vermögen des Bestellers überstiegen. Denn bereits der Mangel des Werks selbst sei – unabhängig von dessen Beseitigung – der Schaden, und zwar in Höhe dieser Kosten (vgl. z. B. BGH, Urteile vom 28.06.2007 – VII ZR 8/06; BGH, Urteil vom 10. 03.2005 – VII ZR 321/03; BGH, Urteil vom 10.04.2003 – VII ZR 251/02; BGH, Urteil vom 06.11.1986 – VII ZR 97/85). 81

cc) Aufgabe der Rechtsprechung des VII. Zivilsenats des BGH zur Schadensbemessung nach fiktiven Mängelbeseitigungskosten

82 An der Rechtsprechung zur Schadensbemessung nach fiktiven Mängelbeseitigungskosten hält der jedenfalls der VII. Zivilsenat des BGH für ab dem 1. Januar 2002 geschlossene Werkverträge nicht mehr fest (vgl. BGH, Urteil vom 22.02.2018 – VII ZR 46/17; BGH, Beschluss vom 08.10.2020 – VII ARZ 1/20; BGH, Urteil vom 24.09.2020 – VII ZR 91/18). Dies beruht auf folgenden Erwägungen:

83 Der Besteller, der keine Aufwendungen zur Mängelbeseitigung tätigt, hat keinen Vermögensschaden in Form und Höhe dieser (nur fiktiven) Aufwendungen. Sein Vermögen ist im Vergleich zu einer mangelfreien Leistung des Unternehmers nicht um einen Betrag in Höhe solcher (fiktiven) Aufwendungen vermindert. Erst wenn der Besteller den Mangel beseitigen lässt und die Kosten hierfür begleicht, entsteht ihm ein Vermögensschaden in Höhe der aufgewandten Kosten (Halfmeier, BauR 2013, 320, 322 f.). Entgegen der bisherigen Auffassung kann die Schadensbemessung nach fiktiven Mängelbeseitigungskosten nicht damit begründet werden, dass der Mangel selbst der Vermögensschaden in Höhe dieser Kosten sei. Ein Mangel des Werks ist zunächst nur ein Leistungsdefizit, weil das Werk hinter der geschuldeten Leistung zurückbleibt (vgl. Knütel, BauR 2004, 591, 593). Auch wenn es gerechtfertigt ist, bereits dieses Leistungsdefizit mit der Folge der Störung des Äquivalenzverhältnisses als einen beim Besteller eingetretenen Vermögensschaden zu bewerten, ist damit gerade nicht geklärt, in welcher Höhe ein solcher Vermögensschaden besteht.

84 Eine Schadensbemessung nach fiktiven Mängelbeseitigungskosten bildet das Leistungsdefizit im Werkvertragsrecht – insbesondere im Baurecht – auch bei wertender Betrachtung nicht zutreffend ab. Vielmehr führt sie häufig zu einer Überkompensation und damit einer nach allgemeinen schadensrechtlichen Grundsätzen (vgl. Lange/Schiemann, Schadensersatz, 3. Aufl., S. 9 f.) nicht gerechtfertigten Bereicherung des Bestellers. Denn der (fiktive) Aufwand einer Mängelbeseitigung hängt von verschiedenen Umständen ab, zum Beispiel von der Art des Werks, dem Weg der Mängelbeseitigung, dem Erfordernis der Einbeziehung anderer Gewerke in die Mängelbeseitigung, und kann die vereinbarte Vergütung, mit der die Parteien das mangelfreie Werk bewertet haben, (nicht nur in Ausnahmefällen) deutlich übersteigen. Er ist daher nicht geeignet, ein beim Besteller ohne Mängelbeseitigung verbleibendes Leistungsdefizit und die hierdurch eingetretene Äquivalenzstörung der Höhe nach zu bestimmen.

85 Auf den Gesichtspunkt der Überkompensation hat der VII. Zivilsenat des BGH bereits in früheren Urteilen (BGH, Urteil vom 22.07.2010 – VII ZR 176/09; BGH, Urteil vom 11.03.2015 – VII ZR 270/14) hingewiesen und im Hinblick darauf eine Ersatzpflicht jedenfalls in Höhe der Umsatzsteuer verneint, wenn diese wegen nicht durchgeführter Mängelbeseitigung nicht anfällt. Auch die Entscheidungen des VII. Zivilsenats des BGH zum Schaden in der Leistungskette (vgl. BGH, Urteil vom 01.08.2013 – VII ZR 75/11; BGH, Urteil vom 28.06.2007 – VII ZR 8/06; BGH, Urteil vom 28.06.2007 – VII ZR 81/06; BGH, Urteil vom 10.07.2008 – VII ZR 16/07) waren dadurch gekennzeichnet, dass sie eine Überkompensation durch Ersatz fiktiver Mängelbeseitigungskosten zu vermeiden suchen. In Fortführung dieser Rechtsprechung hält es der BGH seit seinem Urteil vom 22.02.2018 (VII ZR 46/17) für notwendig, den Umfang des Schadensersatzes statt der Leistung gemäß § 634 Nr. 4, §§ 280, 281 BGB noch stärker daran auszurichten, welche Dispositionen der Besteller tatsächlich zur Mängelbeseitigung trifft. Dies entspricht dem Regelungskonzept des § 634 BGB, der das Leistungsinteresse des Bestellers schützt und den Ausgleich bei Verletzung daran orientiert, ob eine Mängelbeseitigung durchgeführt wird. Ersatz fiktiver Kosten für nicht getroffene Dispositionen scheidet danach aus.

86 Diese Erwägungen gelten im VOB/B-Vertrag entsprechend. Auch nach dem Regelungskonzept des § 13 VOB/B ist ein Ersatz fiktiver Mängelbeseitigungskosten aus den genannten Gründen abzulehnen (vgl. BGH, Urteil vom 22.02.2018 – VII ZR 46/17).

dd) Die Alternative zu fiktiven Mängelbeseitigungskosten – Schadensbemessung auf der Grundlage der Störung des Äquivalenzverhältnisses

87 Dem Besteller bleibt jedoch eine im Einzelfall unter Umständen einfachere Möglichkeit, auch ohne eine Vermögensbilanz seinen Vermögensschaden darzutun und zu bemessen, wenn er den Mangel nicht beseitigen lässt. Denn er kann sich auf die Betrachtung des mangelhaften Werks selbst im Vergleich zu dem geschuldeten (also mangelfreien) Werk beschränken und aus einer Störung des werkvertraglichen Äquivalenzverhältnisses einen Anspruch ableiten.

Aus § 634 BGB folgt, dass sich der Ausgleich des verletzten Leistungsinteresses des Bestellers, **88** der das mangelhafte Werk behalten will, daran orientiert, ob er die Mängel beseitigen lässt oder nicht. Sieht der Besteller von der Mängelbeseitigung ab, kann er nach § 634 Nr. 3, § 638 BGB als Ausgleich für das verletzte Leistungsinteresse die Vergütung mindern. Diese Wertungen sind bei der Bemessung des Schadens im Rahmen des Schadensersatzanspruchs statt der Leistung in Form des kleinen Schadensersatzes gemäß § 634 Nr. 4, §§ 280, 281 BGB zu berücksichtigen. Denn der Besteller soll diesbezüglich durch die Wahl des – im Hinblick auf das Verschuldenserfordernis strengeren Voraussetzungen unterliegenden – Schadensersatzanspruchs nicht schlechter gestellt werden als im Fall der Geltendmachung des Rechts zur Minderung gemäß § 634 Nr. 3, § 638 BGB. Der Schaden kann deshalb in Anlehnung an § 634 Nr. 3, § 638 BGB in der Weise bemessen werden, dass ausgehend von der für das Werk vereinbarten Vergütung der Minderwert des Werks wegen des (nicht beseitigten) Mangels geschätzt wird. Maßstab ist danach die durch den Mangel des Werks erfolgte Störung des Äquivalenzverhältnisses. Die von den Parteien durch den Werkvertrag zum Ausdruck gebrachte Bewertung des (mangelfreien) Werks in Höhe der Vergütung rechtfertigt es, bereits das Ausbleiben der vollständigen (mangelfreien) Gegenleistung mit der Folge der Störung des Äquivalenzverhältnisses – unabhängig von einer objektivierten Bewertung durch einen „Markt" – als einen beim Besteller eingetretenen Vermögensschaden anzusehen.

Der mangelbedingte Minderwert des Werks ist danach ausgehend von der Vergütung als **89** Maximalwert nach § 287 ZPO unter Berücksichtigung der Umstände des Einzelfalls zu schätzen. Im Rahmen dieser – sich an § 634 Nr. 3, § 638 BGB anlehnenden – Schadensbemessung können die fiktiven Mängelbeseitigungskosten nicht als Maßstab herangezogen werden. Soweit dem Urteil des BGH vom 24.02.1972 (VII ZR 177/70) entnommen werden kann, dass die Berechnung einer Minderung regelmäßig durch den Abzug fiktiver Mängelbeseitigungskosten erfolgen könne, hält der BGH auch hieran aus den bereits oben ausgeführten Erwägungen nicht fest (vgl. BGH, Urteil vom 22.02.2018 – VII ZR 46/17). Dagegen kommt beispielsweise eine Schadensbemessung anhand der Vergütungsanteile in Betracht, die auf die mangelhafte Leistung entfallen (vgl. z.B. BGH, Urteil vom 09.01.2003 – VII ZR 181/00 für die Ausführung mit minderwertigem Material). Ergeben sich die Vergütungsanteile nicht aus dem Vertrag, sind sie zu schätzen (vgl. zum Reisevertragsrecht BGH, Urteil vom 21.11.2017 – X ZR 111/16 Rn. 10; zu optischen Fehlern z.B. OLG Düsseldorf, NJW-RR 1994, 341; zu möglichen Schätzmethoden ferner Messerschmidt/Voit/Moufang/Koos, Privates Baurecht, 2. Aufl., § 638 BGB Rn. 24; Kapellmann/Messerschmidt/Langen, VOB Teile A und B, 6. Aufl., § 13 VOB/B Rn. 386; Genius in jurisPK-BGB, 8. Aufl., § 638 Rn. 18 a.E., 20; Staudinger/Peters/Jacoby, 2014, BGB, § 634 Rn. 113–115, jeweils m.w.N.).

Für den VOB/B-Vertrag ergeben sich insoweit keine Besonderheiten, die zu abweichenden **90** Erwägungen führen. Der Umstand, dass die Minderung gemäß § 13 Abs. 6 VOB/B nur in den dort genannten Fällen möglich ist, hindert nicht die Geltendmachung eines an der Vergütung orientierten Minderwerts des Werks wegen des nicht beseitigten Mangels (vgl. BGH, Urteil vom 25.02.1982 – VII ZR 161/80; vgl. auch Kapellmann/Messerschmidt/Langen, VOB Teile A und B, 6. Aufl., § 13 VOB/B Rn. 392 m.w.N.).

Der Auftraggeber, der Schadensersatz statt der Leistung in Form des kleinen Schadensersatzes gemäß § 634 Nr. 4, § 281 BGB verlangt, hat grundsätzlich weiterhin das Recht, Vorschuss **91** gemäß § 634 Nr. 2, § 637 BGB zu fordern, wenn er den Mangel beseitigen will. § 281 Abs. 4 BGB steht dem nicht entgegen (vgl. BGH, Urteil vom 22.02.2018 – VII ZR 46/17 Rdn. 48 f.). Danach ist zwar der Anspruch auf Leistung ausgeschlossen, sobald der Besteller Schadensersatz statt der Leistung verlangt hat. Der Besteller kann mithin nicht mehr Nacherfüllung gemäß § 634 Nr. 1, § 635 BGB verlangen. Die Geltendmachung eines Vorschusses ist nach dem Wortlaut dieser Vorschrift jedoch nicht ausgeschlossen. Auch insoweit gilt für einen VOB/B-Vertrag nichts anderes.

ee) Beibehaltung der neuen Rechtsprechung des VII. Zivilsenats trotz divergierender Auffassung des V. Zivilsenats

Auf eine Anfrage des V. Zivilsenats gemäß § 132 Abs. 3 GVG (vgl. BGH, Urteil vom **92** 13.03.2020 – V ZR 33/19) hat der VII. Zivilsenat mit Antwortbeschluss vom 08.10.2020 (VII ARZ 1/20) mitgeteilt, an seiner mit Urteil vom 22.02.2018 (VII ZR 46/17) geänderten Rechtsprechung zu den fiktiven Mängelbeseitigungskosten festzuhalten. Hintergrund dieser Anfrage des V. Zivilsenats war, dass dieser für das Kaufrecht weiterhin vertreten möchte, dass bei einem Schadensersatzanspruch statt der Leistung (kleiner Schadensersatz) der Schaden des

Käufers gem. § 437 Nr. 3, § 280 Abs. 1, § 281 Abs. 1 BGB generell nach fiktiven Mängelbeseitigungskosten bemessen werden kann, sich hieran aber durch das Senatsurteil vom 22.03.2018 (VII ZR 44/17) aber gehindert sieht (BGH, Beschluss vom 08.10.2020 – VII ARZ 1/20; BGH, Beschluss vom 13.03.2020 – V ZR 33/19).

93 Der VII. Zivilsenat weist in seinem Antwortbeschluss im Kern darauf hin, dass nach seiner Auffassung die Schadenbemessung nach fiktiven Mängelbeseitigungskoste nicht durch die §§ 280, 281 BGB für alle Vertragstypen vorgegeben wird, so dass die Berücksichtigung werkvertraglicher Besonderheiten möglich und sogar erforderlich ist (vgl. BGH, Beschluss vom 08.10.2020 – VII ARZ 1/20). Die §§ 280, 281 BGB regeln die allgemeinen Voraussetzungen eines Schadenersatzanspruchs statt der Leistung, nicht hingegen die Schadensbemessung. Auch aus dem Umstand, dass sowohl das Kauf- als auch das Werkvertragsrecht einen Nacherfüllungsanspruch vorsehen, folgt keine Schadensbemessung einheitlich für alle Vertragstypen ohne Rücksicht auf deren Besonderheiten (vgl. BGH, Beschluss vom 08.10.2020 – VII ARZ 1/20 Rn. 23 ff.). Jedenfalls im Werkvertragsrecht ist zudem eine Abkehr von der Schadensberechnung nach fiktiven Mängelbeseitigungskosten erforderlich geworden, um eine Fehlentwicklung zu beenden, da diese Form der Schadensbemessung in zahlreichen Fällen – insbesondere bei Mängeln, mit denen der Besteller „leben kann" – zu einer erheblichen Überkompensation des Bestellers führt (vgl. BGH, Beschluss vom 08.10.2020 – VII ARZ 1/20 Rn. 38 bis 57). Da nach Auffassung des VII. Zivilsenats die §§ 280, 281 BGH nur den Haftungsgrundtatbestand, nicht aber die Schadensbemessung regeln und das Regelungskonzept der werkvertraglichen Mängelrechte in zentralen Punkten von dem des Kaufrechts abweicht, ein Gleichlauf hinsichtlich der Schadensbemessung im Rahmen der werk- und kaufvertraglichen Mängelhaftung nicht geboten.

94 In einer weiteren Entscheidung (vgl. BGH, Urteil vom 12.03.2021 – V ZR 33/19) hält der V. Zivilsenat trotz der divergierenden Rechtsprechung des VII. Zivilsenats für das Werkvertragsrecht an seiner Auffassung fest, dass der kaufvertragliche Anspruch auf Schadensersatz statt der Leistung (Schadensersatz) gemäß § 437 Nr. 3, §§ 280, 281 BGB anhand der voraussichtlichen erforderlichen, aber (noch) nicht aufgewendeten „fiktiven" Mängelbeseitigungskosten bemessen werden kann. Im Kern begründet der V. Zivilsenat seine Auffassung damit, dass es nicht vertretbar sei, wenn der Käufer die Mängelbeseitigungskosten vorfinanzieren müsse. Dabei übersieht der V. Zivilsenat, dass nach vertretenen Auffassung, dieses Vorfinanzierungsrisiko über das durch den VII. Zivilsenat entwickelte Institut des Schadensersatzanspruchs auf Vorfinanzierung in Form der vorherigen Zahlung eines zweckgebundenen und abzurechnenden Betrags gemäß § 634 Nr. 4, 280 BGB (vgl. BGH, Urteil vom 22.02.2018 – VII ZR 46/17) ein solches Vorfinanzierungsrisiko nicht besteht. Ferner lässt der V. Zivilsenat unberücksichtigt, dass in denjenigen Fällen, in denen sich der Käufer bzw. Besteller entscheidet, die Kaufsache bzw. das Werk im mangelhaften Zustand zu belassen, z. B. im Rahmen eines Weiterverkaufs der Sache bzw. des Werks an einen Dritten durch die Gewährung eines Schadenersatzanspruchs in Höhe der fiktiven Mängelbeseitigungskosten eine Überkompensation in den Fällen erlangt, in denen der Käufer bzw. Besteller im Zuge des Weiterverkaufs der Sache bzw. des Werks keine Minderung des Kaufpreises bzw. des Werklohns oder jedenfalls nicht in der Höhe der fiktiven Mängelbeseitigungskosten erfährt. Eine nachvollziehbare Begründung des V. Zivilsenates dafür, warum auch in diesen Fällen dem Käufer bzw. Besteller in voller Höhe ein Schadenersatzanspruch in Höhe der fiktiven Mängelbeseitigungskosten zugutekommen soll, ist nicht ersichtlich.

ff) Leistungsketten

95 Der Besteller muss sich nach Treu und Glauben die Vorteile anrechnen lassen, die er dadurch erlangt, dass er von seinem Auftraggeber wegen des Mangels nicht oder nicht in vollem Umfang in Anspruch genommen wird (BGH, Urt. v. 28.6.2007 – VII ZR 81/06; dazu Aengenvoort, BauR 2008, 16 ff.; OLG Stuttgart, Urteil vom 14.10.2014 – 10 U 15/14; BGH, Urteil vom 22.02.2018 – VII ZR 46/17).

96 Das bedeutet auch, dass ein Bauträger keinen Mängelanspruch gegen seine Handwerkermehr durchsetzen kann, wenn er von den Erwerbern, etwa wegen Verjährung, nicht mehr in Anspruch genommen werden kann (BGH, Urt. v. 28.6.2007 – VII ZR 81/06 unter Aufgabe der älteren Rechtsprechung, Urt. v. 24.3.1977 – VII ZR 319/75; OLG Stuttgart, Urteil vom 14.10.2014 – 10 U 15/14). Dabei kommt es grundsätzlich nicht darauf an, ob die Verjährungseinrede schon erhoben worden ist oder nicht. Denn der Generalunternehmer ist mit Rücksicht auf die vertragliche Beziehung zum Nachunternehmer in aller Regel gehalten, sie zu erheben. Auch muss sich ein Bauträger die Vorteile anrechnen lassen, die er dadurch erzielt, dass er sich mit seinem Auftraggeber auf eine Reduzierung des Werklohns einigt. Unerheblich ist, ob Bauträger und Auftraggeber dabei auch eine Entlastung des Nachunternehmers bezweckten oder ob die Einigung auf die Initiative des Nachunternehmers zustande kam. Einigt er sich darauf, dass er die Gewährleistungsfrist verlängert und eine Sicherheit stellt, so kann er nach Treu und Glauben ein entsprechendes Angebot des Nachunternehmers nicht zurückweisen (BGH, Urt. v. 28.6.2007 – VII ZR 8/06). Das gleiche gilt dann, wenn der Besteller mit dem Nachunternehmer bezüglich einer mangelhaften Werkleistung einen Gewährleistungs- und Einwendungsverzicht auch mit Wirkung für den Hauptunternehmer vereinbart; in diesem Falle ist der Hauptunternehmer nicht berechtigt, der Werklohnklage des Nachunternehmers Gewährleistungsansprüche entgegenzuhalten (vgl. OLG Hamm, Urteil vom 22.2.2010 – 17 U 67/09). Die Vorteilsausgleichung in diesen Fällen erfährt ihre Berechtigung darin, dass der Bauträger lediglich Zwischenstation innerhalb der mehrgliedrigen Leistungskette ist. Die Leistung des Nachunternehmers kommt wirtschaftlich von vornherein dem Besteller des Bauträgers zugute. Deshalb können diese Fälle auch nicht mit denjenigen gleich gesetzt werden, in denen eine Vorteilsausgleich versagt wird, weil es keinen Grund gibt, den Schädiger an einem Vorteil teilhaben zu lassen, den sich der Geschädigte „selbst erarbeitet hat" (verkannt von Schiemann, NJW 2007, 3038). Es kommt allerdings stets auf den Einzelfall an, ob ein Vorteil, den der Bauträger erlangt, nach Treu und Glauben an den Nachunternehmer weitergegeben werden muss (Aengenvoort, BauR 2008, 16, 22). Eine Vorteilsausgleichung findet z.B. nicht statt, wenn dies zu einer insolvenzrechtlichen Benachteiligung anderer Gläubiger führen würde, vgl. BGH, Urt. v. 16.9.1993 – IX ZR 255/92).

Andererseits hat der Hauptunternehmer Anspruch auf Erstattung desjenigen Betrages, den er für einen vom Nachunternehmer zu verantwortenden Mangel an den Besteller gezahlt hat, sei es, weil er dazu verurteilt worden ist, sei es, weil sich Besteller und Hauptunternehmer verglichen haben (BGH, Urt. v. 25.1.2001 – VII ZR 446/99). Ist der Betrag allerdings deutlich überhöht, kann es, abgesehen von einem Mitverschulden des Hauptunternehmers, das nach § 254 BGB zu berücksichtigen wäre, an einem Zurechnungszusammenhang zwischen Mangel und Schaden fehlen → Rdn. 50 (vgl. zum vergleichbaren Rechtlage beim Verzug: BGH, Urt. v. 7.3.2002 – VII ZR 41/01). 97

Die vorstehend dargelegten Grundsätze zum Schadensersatzanspruch des Bestellers im Rahmen von Leistungsketten gelten auch für Architektenleistungen. Die Tatsache, dass ein Architekt kein Nacherfüllungsrecht mehr hat, wenn sich sein Planungs- oder Bauüberwachungsfehler im Bauwerk realisiert hat, rechtfertigt keine andere Beurteilung. Hat ein Architekt daher einen Ingenieur als Subplaner beauftragt, kann er von diesem wegen Planungsfehlern dann keinen Schadensersatz verlangen, wenn er selbst von seinem Auftraggeber wegen des im Bauwerk konkretisierten Planungsfehlers aus Gründen der Verjährung nicht mehr in Anspruch genommen werden kann und im Hinblick auf seinen Werklohn vollständig befriedigt wurde (vgl. OLG Stuttgart, Urteil vom 14.10.2014 – 10 U 15/14). 98

b) Großer Schadensersatz

Nach § 281 Abs. 1 BGB kann der Besteller auch Schadensersatz statt der ganzen Leistung unter der Voraussetzung verlangen, dass der Mangel erheblich ist. Das ist im Gesetz negativ dahin formuliert, dass Schadensersatz statt der ganzen Leistung nicht verlangt werden kann, wenn die Pflichtverletzung unerheblich ist, § 281 Abs. 1 Satz 3 BGB. Verlangt der Besteller Schadensersatz statt der ganzen Leistung, weist er die ganze Leistung zurück und will in diesem Umfang Kompensation. Er macht den durch die Nichterfüllung des gesamten Vertrages entstandenen Schaden geltend. 99

aa) Varianten des großen Schadensersatzanspruchs

Auch auf diesen Anspruch sind die allgemeinen Schadensersatzregelungen der §§ 249 ff. BGB anwendbar, also auch die Differenztheorie. Der Schadensersatz statt der ganzen Leistung wird in Bausachen hauptsächlich in zwei Varianten geltend gemacht. In der einen Variante lässt der Besteller das Werk anderweitig fertig stellen. Der Schadensersatz berechnet sich dann nach den Mehrkosten, die durch die anderweitige Fertigstellung entstanden sind und allen weiteren Schäden, die durch die Nichterfüllung entstanden sind. Von den Kosten des Drittunternehmers ist bei dieser Berechnung der Werklohn des Altunternehmers abzuziehen, weil dieser nicht mehr zu entrichten ist. Nach älterer Rechtsprechung kann der Besteller im Wege des Schadensersatzes Befreiung von der Verbindlichkeit verlangen (BGH, Urt. v. 5.5.1958 – VII ZR 130/57; Urt. v. 6.5.1968 – VII ZR 33/66; Urt. v. 19.1.1978 – VII ZR 175/75). Eine 100

§ 636 Besondere Bestimmungen für Rücktritt und Schadensersatz

bereits gezahlte Vergütung kann zurückgefordert werden (BGH, Urt. v. 19.1.1978 – VII ZR 175/75). Der Bundesgerichtshof hat klargestellt, dass das berechtigte Verlangen nach großem Schadensersatz jedenfalls vor der Abnahme dazu führt, dass der Werklohnanspruch untergeht (BGH, Urt. v. 29.6.2006 – VII ZR 86/05). In der Sache liegt darin kein Unterschied zu dem zuvor erwähnten Befreiungsanspruch. Der Untergang des Werklohnanspruchs hat insoweit Bedeutung als der Unternehmer auch dann nichts verlangen kann, wenn die Kosten der Errichtung des Werkes durch einen anderen Unternehmer den Werklohn nicht erreichen. Die Rechtslage ist also anders als beim sogenannten kleinen Schadensersatzanspruch. Es findet keine Aufrechnung des Schadensersatzanspruches mit dem Werklohnanspruch statt.

101 Wie auch sonst ist gemäß § 251 Abs. 2 BGB zu prüfen, ob das Verlangen nach großem Schadensersatz deshalb ausgeschlossen ist, weil die Aufwendungen für die Neuerrichtung eines Werkes inklusive der Aufwendungen für die Entfernung des mangelhaften Werkes unverhältnismäßig wären. Es gelten im Wesentlichen die zu § 635 Abs. 3 BGB dargestellten Grundsätze mit der Maßgabe, dass bei einer verschuldensabhängigen Haftung noch strengere Anforderungen zu stellen sind. Die Unverhältnismäßigkeit kann nicht schon deshalb bejaht werden, weil das zurückgenommene Bauwerk für den Unternehmer nicht mehr verwertbar ist und auch nicht Teile davon (BGH, Urt. v. 29.6.2006 – VII ZR 86/05). Vielmehr kommt es darauf an, ob der mit der Neuerrichtung herbeigeführte Erfolg den Aufwand rechtfertigt. Der Bundesgerichtshof hat auf dieser Grundlage den Verlust des gesamten Werklohns in Höhe von ca. 140.000 Euro nicht als unverhältnismäßig angesehen, wenn eine Lagerhalle zu niedrig gebaut wurde und der Besteller nicht mehr, wie vorgesehen, seine gesamte Ernte darin unterbringen kann, sondern mit einem Aufwand von ca. 50.000 Euro eine weitere Halle auf seinem Grundstück bauen müsste.

102 Daneben kann der Besteller alle anderen Schäden liquidieren, die er infolge der Nichterfüllung hat, also z. B. Nutzungsausfall, Abschreibungsausfall, usw. Er muss sich umgekehrt die Vorteile anrechnen lassen, die ihm durch das schadensstiftende Ereignis zugeflossen sind. Wird z. B. ein Bauträgervertrag im Wege des großen Schadensersatzes rückabgewickelt, sind Steuervorteile des Erwerbers bei der vorzunehmenden Saldierung von Vor- und Nachteilen grundsätzlich zu Lasten des Erwerbers zu berücksichtigen. Das gilt jedoch nicht, wenn die Rückabwicklung des Erwerbs zu einer Besteuerung beim Erwerber führt, die erzielte Steuervorteile wieder nimmt (grundlegend: BGH, Urt. v. 15.7.2010 – III ZR 336/08). Im Wege der Rückabwicklung zurückgewährte steuerlich berücksichtigte Aufwendungen für Werbungskosten sind beim Erwerber in derselben Einkunftsart zu versteuern. Dazu gehören auch Absetzungen für Abnutzung (AfA). Diese sind den Aufwendungen für Werbungskosten gleich gestellt. Der durch die Rückabwicklung zurückerlangte Teil des Erwerbspreises ist in Höhe der AfA bei der Einkunftsart zu versteuern, bei der die AfA geltend gemacht worden ist (BGH, Urteil vom 26.1.2012 – VII ZR 154/10; BGH, Urt. v. 19.6.2008 – VII ZR 215/06). Es kommt grundsätzlich nicht darauf an, in welcher Höhe der Rückfluss versteuert wird, so dass eine Vorteilsausgleichung auch dann unterbleibt, wenn unter dem Strich noch ein Vorteil für den Erwerber verbleibt, weil er durch den Ansatz der Werbungskosten mehr Steuern erspart hat als er durch den Rückfluss zahlen muss. Eine Ausnahme von diesem Grundsatz gilt jedoch, wenn der Schädiger darlegt, auf deren Grundlage dem Geschädigten auch nach einer Anrechnung der aus der Ersatzleistung resultierenden Steuerlast außergewöhnlich hohe Steuervorteile verbleiben (BGH, Urteil vom 26.1.2012 – VII ZR 154/10; BGH, Urt. v. 19.6.2008 – VII ZR 215/06; Urt. v. 30.11.2007 – V ZR 284/06).

103 In der zweiten Variante lässt der Unternehmer das Werk überhaupt nicht mehr fertig stellen. Er stellt das unfertige oder mangelhafte Werk zur Verfügung. Der Schadensersatzanspruch berechnet sich dann nach dem Vermögensverlust, den der Besteller infolge des Scheiterns des Objekts erlitten hat. Nach der älteren Rechtsprechung kann der Besteller Befreiung von der Verbindlichkeit verlangen (BGH, Urt. v. 19.1.1978, a. a. O.). Er muss also einen Werklohn nicht mehr bezahlen, bereits gezahlten Werklohn kann er zurückfordern. Nach neuerer Rechtsprechung wird zutreffend angenommen, dass der Werklohnanspruch infolge der Wahl des großen Schadensersatzes untergeht (vgl. BGH, Urt. v. 29.6.2006 – VII ZR 86/05). Darüber hinaus sind alle sonstigen Vermögensschäden zu ersetzen. Der Besteller kann Ausgleich dafür verlangen, dass nach Rückgabe des Werkes seinen Aufwendungen kein entsprechender Gegenwert gegenübersteht. Der ausgebliebene Gegenwert bemisst sich hierbei grundsätzlich nach der Höhe der Aufwendungen zur Erlangung der Gegenleistung und der Kosten, die den Erwerber allein aufgrund des Umstands trafen, dass er Empfänger der mangelhaften Gegenleistung wurde (BGH, Urt. v. 12.3.2009 – VII ZR 26/06). In die Berechnung können also alle sogenannten frustrierten Aufwendungen eingestellt werden, die der Besteller im Hinblick darauf hatte, dass er das Werk als Gegenleistung erhalten hätte. Dazu gehören beim Hauptanwendungsbereich

Besondere Bestimmungen für Rücktritt und Schadensersatz §636

des Erwerbs eines vom Bauträger zu bebauenden Grundstücks der Erwerbspreis, die Kosten der Finanzierung des Erwerbspreises (BGH, Urt. v. 12.3.2009 – VII ZR 26/06), die Erwerbsnebenkosten wie z. B. der Maklerlohn und sonstige Aufwendungen.

Hat der Besteller das Werk bereits selbst genutzt, muss er sich im Rahmen der Saldierung die dadurch erlangten Vorteile anrechnen lassen. Das ist ständige Rechtsprechung und kann nicht mit dem Argument widerlegt werden, ohne das schadensstiftende Ereignis wäre der Nutzungsvorteil bei dem Geschädigten verblieben (BGH, Urt. v. 12.3.2009 – VII ZR 26/06). Bei der Wahl des großen Schadensersatzes in der Form der frustrierten Aufwendungen wählt der Geschädigte eine Berechnungsmethode, die es verbietet, ihm die Vorteile aus der Nutzung zu belassen. Denn mit der Rückabwicklung will er nicht so gestellt werden, als hätte er das Objekt behalten. Anders ist das nur, wenn der große Schadensersatz als Schadensersatz wegen Nichterfüllung auf das positive Interesse gerichtet ist. 104

Die Rechtsprechung des Bundesgerichtshofs zur Frage, wie die Gebrauchsvorteile berechnet werden, ist nach divergierenden Entscheidungen einigermaßen unklar → Rdn. 30. Nach der Rechtsprechung des VII. Zivilsenats wird bei der Rückabwicklung des Erwerbs von Wohnungseigentum, das vermietet worden ist, der Nutzungsvorteil ebenfalls nach dem objektiven Mietwert bemessen (BGH, Urt. v. 9.2.2006 – VII ZR 228/04; Urt. v. 12.3.2009 – VII ZR 26/06). Dagegen ist die zeitanteilig linear ermittelte Wertminderung des erworbenen Objekts maßgeblich bei selbstgenutztem Eigentum (BGH, Urt. v. 6.10.2005 – VII ZR 325/03). 105

War das Werk mangelhaft, so erfolgt eine Reduzierung des zeitanteilig linear ermittelten Nutzungsvorteils wegen des Mangels. Dieser wird gemäß §287 ZPO geschätzt, wobei die Nutzungsbeeinträchtigung maßgebend ist, nicht sind es die Mängelbeseitigungskosten oder die Wertminderung des Bauwerks (BGH, a. a. O.). Hat der Besteller eines Hauses z. B. einen Werklohn von 200.000 Euro gezahlt und ist die geschätzte Nutzungsdauer des Hauses 100 Jahre, so muss sich der Besteller für jedes Jahr der Selbstnutzung 2.000 Euro anrechnen lassen. War der Schallschutz während der Nutzung beeinträchtigt, kann das zu einer prozentualen Reduzierung der Nutzungsentschädigung um z. B. 20% führen, so dass für jedes Jahr der Nutzung in diesem Beispiel nur 1.600 Euro zu zahlen wären.

Zu den danach in die Differenzrechnung einzustellenden Vorteilen können grundsätzlich auch solche staatlichen Zuwendungen und Förderungen gehören, die der Geschädigte im Zusammenhang mit dem Erwerb des Wohnungseigentums erhalten hat (BGH, Urt. v. 19.6.2008 – VII ZR 215/06). Eine vom Besteller vereinnahmte Eigenheimzulage stellt allerdings keinen Vorteil dar, den er sich bei der Berechnung des erstattungsfähigen Schadens anrechnen lassen muss. Dies gilt zunächst für den Fall, in dem die Rückabwicklung des Erwerbsvorgangs zu einer Besteuerung führt, die dem Geschädigten die durch den Erwerb erzielten Steuervorteile wieder nimmt (BGH, Urt. v. 19.6.2008 – VII ZR 215/06; Urt. v. 12.11.2009 – VII ZR 233/08). Im Falle der Eigenheimzulage gilt dies aber auch dann, wenn der Besteller sie behalten kann. Bei der gemäß §19 Abs. 9 EigZulG inzwischen abgeschafften Eigenheimzulage handelte es sich um eine staatliche Leistung mit dem Ziel, die Vermögensbildung – auch im Hinblick auf die private Altersvorsorge – durch den Erwerb eigengenutzten Wohneigentums insbesondere für sog. Schwellenhaushalte mit geringerer Einkommen und Familien mit Kindern zu fördern (BT-Drucks. 13/2235, S. 14). Dieser, an die Eigennutzung von Wohnungseigentum geknüpfte Zweck wird verfehlt, wenn der durch die Eigenheimzulage geförderte Eigentumserwerb rückabgewickelt wird und der Erwerber das Wohnungseigentum wieder verliert. Er kann dann nur noch durch den Erwerb eines anderen Wohnobjektes erreicht werden. Hierfür erhält der Erwerber gemäß §6 Abs. 1 Satz 1 EigZulG indes keine (erneute) Förderung, wenn und soweit er für den Ersterwerb gewährte Eigenheimzulage nicht zurückzahlen muss (Blümlich/Erhard, EStG, KStG, GewStG, 103. Aufl., EigZulG §6, Rdn. 15). Müsste sich der Besteller bei dieser Konstellation die Eigenheimzulage auf die im Wege des Schadensersatzes zu erstattenden Aufwendungen für den Erwerb des Wohnungseigentums anrechnen lassen, so wäre ihm der Vorteil staatlicher Wohnungseigentumsförderung endgültig genommen, obwohl er die persönlichen und wirtschaftlichen Voraussetzungen für die Gewährung einer solchen Förderung erfüllt. Eine solche Folge wäre mit dem Grundsatz nicht zu vereinbaren, dass der Geschädigte im Rahmen des „großen Schadensersatzes" wirtschaftlich so zu stellen ist, wie er bei ordnungsgemäßer Erfüllung des Vertrages gestanden hätte (BGH, Urt. v. 12.11.2009 – VII ZR 233/08). 106

bb) Kein Anspruch bei unerheblichen Mängeln

Bei unerheblichen Mängeln (Leistung nicht wie geschuldet bewirkt) kann Schadensersatz statt der ganzen Leistung nicht gefordert werden. Damit wird die alte Rechtslage im Wesent- 107 lichen bestätigt. Denn diese sah den Ausschluss der Wandelung bei unerheblichen Mängeln vor, § 634 BGB a. F. Nach der Rechtsprechung war der große Schadensersatzanspruch ausgeschlossen, wenn seine Geltendmachung gegen Treu und Glauben verstieß (BGH, Urt. v. 5.5.1958 – VII ZR 130/57). Der Besteller musste dann am Vertrag festhalten. Er war jedoch im Falle des Verschuldens nicht gehindert, den kleinen, auf Ersatz der Mängelbeseitigungskosten und der Folgeschäden gerichteten Schadensersatzanspruch geltend zu machen (vgl. auch Roth, JZ 2001, 543, 549).

108 Wann Mängel im Sinne des § 281 Abs. 1 Satz 3 BGB erheblich sind, ist nicht definiert. Nach der Begründung (RegEntw., BR-Drucks. 338/01, S. 318) wird der Gläubiger sich mit dem kleinen Schadensersatzanspruch nur dann begnügen müssen, wenn es sich um abgrenzbare Mängel handelt, die ohne Schwierigkeiten behoben werden können. Im Übrigen werde das Interesse des Gläubigers an der geschuldeten Leistung oft Schadensersatz statt der ganzen Leistung erforderlich machen. Je umfangreicher die Mängel sind, desto eher wird Schadensersatz statt der ganzen Leistung verlangt werden können (RegEntw., BR-Drucks. 338/01, S. 319). Es verbietet sich entgegen anders vertretener Ansicht (vgl. OLG Bamberg, Beschl. v. 18.9.2008 – 8 W 60/08) wegen der umfassend notwendigen Interessenabwägung, die Erheblichkeit eines Mangels nach dem Prozentsatz der Mängelbeseitigungskosten von der Auftragssumme zu bemessen.

In erster Linie wird es bei der Frage, ob ein Mangel unerheblich oder erheblich ist, darauf ankommen, ob das Interesse des Bestellers an einer ordnungsgemäßen Erfüllung des Vertrages ausreichend gewahrt ist, wenn er auf den kleinen Schadensersatzanspruch verwiesen wird. Ausschlaggebend ist, ob die erbrachte Leistung und der für das Defizit zu zahlende Geldbetrag in ihrer Addition das Leistungsinteresse des Bestellers decken oder nicht (Canaris, JZ 2001, 499, 513). Es kommt deshalb weniger darauf an, ob die Mängel in irgendeiner Weise abgrenzbar sind oder nicht. Maßgebend kann auch nicht sein, ob die Mittel des kleinen Schadensersatzes ausreichen, um den Mangel zu beheben. Denn das ist immer der Fall. Der kleine Schadensersatz erfasst mindestens die Mängelbeseitigungskosten. Vielmehr kann es nur darauf ankommen, ob dem Erfüllungsinteresse des Bestellers noch genügt ist, wenn er darauf verwiesen wird, gegen seinen Willen die Mängelbeseitigung mit dem ihm zur Verfügung gestellten Mittel selbst vorzunehmen zu müssen. Insoweit kommt es darauf an, welche Anstrengungen dem Besteller im Einzelfall zumutbar sind. Diese Bewertung hängt von den Umständen des Einzelfalles und insbesondere von den Möglichkeiten des Bestellers ab, die Mängelbeseitigung in tatsächlicher und zeitlicher Hinsicht selbst so rechtzeitig durchführen zu können, dass das Interesse an der Leistung gewahrt bleibt. So kann es für einen gewerblichen Besteller, wie z. B. einem Bauträger zumutbar sein, auch einen technisch aufwendigen Mangel beseitigen zu lassen, während ein privater Besteller mit dieser Aufgabe überfordert sein kann. Auch nach altem Recht konnte der Besteller gemäß § 326 BGB a. F. nur zurücktreten bzw. den großen Schadensersatz verlangen, wenn er das Interesse (an der Teilleistung) verloren hat. Beim Bauträgervertrag hat die Rechtsprechung in aller Regel einen Interessenverlust bei größeren Mängeln verneint, weil es dem Erwerber eines schlüsselfertigen Objekts nicht zugemutet werden kann, diese Mängel in eigener Regie zu beseitigen. Damit würde der Vertrag über die Mängelbeseitigung des Wesens des Schlüsselfertigbaus entkleidet. Die Bewertung, ob das Leistungsinteresse ausreichend mit dem kleinen Schadensersatz ausreichend gewahrt ist, kann auch nicht unabhängig davon erfolgen, wie gesichert es ist, dass dem Besteller die Mittel zur Mängelbeseitigung zufließen.

109 In diesem Licht muss auch das von Canaris (JZ 2001, 499, 513) gebildete Beispiel gesehen werden. Stellt sich heraus, dass der Boden eines gekauften Grundstücks bis in 1 m Tiefe verseucht ist, soll der Erwerber in der Regel nach Canaris nur den kleinen Schadensersatzanspruch haben, also den Anspruch auf Ersatz der Kosten für den Bodenaustausch zuzüglich eines etwaigen Minderwertes sowie von Folgeschäden. Dieser Wertung liegt der Grundsatz zugrunde, dass ein Erwerber sein Leistungsinteresse grundsätzlich nicht verliert, wenn die Leistung mangelhaft geliefert wird. Der kleine Schadensersatzanspruch ist grundsätzlich ausreichende Kompensation. Freilich wird man den großen Schadensersatzanspruch zubilligen müssen, wenn z. B. der Umfang der Verseuchung nicht feststeht, weil dann das Risiko des Erwerbers unüberschaubar wird und er zu Recht das Interesse an dem Erwerb dieses Grundstücks verloren hat. Auch wird der große Schadensersatzanspruch zugebilligt werden müssen, wenn die Anstrengungen für die Mängelbeseitigung so groß sind, dass sie dem Erwerber nach Treu und Glauben nicht zugemutet werden können, oder wenn ein unüberschaubares Restrisiko nach der Mängelbeseitigung verbleibt.

110 Die unerhebliche Pflichtverletzung im Sinne des § 281 Abs. 1 Satz 3 BGB ist nicht zu verwechseln mit dem unwesentlichen Mangel im Sinne des § 640 BGB (a. A. Palandt/Sprau,

Besondere Bestimmungen für Rücktritt und Schadensersatz §636

80. Aufl., §636 BGB, Rdn. 6). Unwesentlich im Sinne des §640 BGB ist nach der Definition der Rechtsprechung (zu §12 Abs. 3 VOB/B) ein Mangel, wenn er an Bedeutung so weit zurücktritt, dass es unter Abwägung der beiderseitigen Interessen für den Besteller zumutbar ist, eine zügige Abwicklung des gesamten Vertragsverhältnisses nicht länger aufzuhalten und deshalb nicht mehr auf den Vorteilen zu bestehen, die sich ihm vor vollzogener Abnahme bieten (BGH, Urt. v. 26.2.1981 – VII ZR 287/79). Die Unwesentlichkeit ist allein ein Kriterium für die Abnahmepflicht. Allerdings wird ein unwesentlicher Mangel im Sinne des §640 BGB grundsätzlich eine unerhebliche Pflichtverletzung im Sinne des §281 Abs. 1 Satz 3 BGB sein. Umgekehrt ist das nicht so. Ein wesentlicher Mangel kann auch eine unerhebliche Pflichtverletzung sein, wenn er z. B. einfach durch den Besteller mit dem ihm über den kleinen Schadensersatz zur Verfügung gestellten Mitteln zu beseitigen ist.

cc) Sonderregelung für Teilleistungen

111 Auch für den Fall, dass lediglich Teilleistungen erbracht werden, gilt grundsätzlich das Prinzip des §281 Abs. 1 Satz 1 BGB, dass Schadensersatz nur verlangt werden kann, soweit die Leistung nicht erbracht worden ist. Aus §281 Abs. 1 Satz 2 BGB ergeben sich die Voraussetzungen, unter denen ausnahmsweise Schadensersatz statt der ganzen Leistung, also der große Schadensersatz gefordert werden kann.

Hat der Schuldner eine Teilleistung bewirkt, kann der Gläubiger Schadensersatz statt der ganzen Leistung nur verlangen, wenn er an der Teilleistung kein Interesse hat. Nach der Begründung (RegEntw., BR-Drucks. 338/01, S. 318) kann großer Schadensersatz grundsätzlich nur verlangt werden, wenn der erbrachte Teil der Leistung unter Berücksichtigung des Schadensersatzes statt der ausgebliebenen Leistung das Leistungsinteresse nicht voll abdeckt.

112 Bei einer teilweisen Leistung wird Schadensersatz statt des ausgebliebenen Teils der Leistung das Leistungsinteresse des Schuldners danach meist voll abdecken und Schadensersatz statt der ganzen Leistung eher die Ausnahme sein. Eine solche Ausnahme ist denkbar, wenn der Besteller mit der teilweise erbrachten Leistung im Sinne der vertragsgerechten Zweckentsprechung nichts anfangen kann, wie z. B. dann, wenn Marmorplatten einer bestimmten, einmaligen Struktur einzubauen sind, das vorhandene Kontingent aber nicht ausreicht (Beispiel nach Schalk, Verträge am Bau, S. 238). Der Marmorboden muss dann im Zweifel vollständig neu verlegt werden. Sie liegt auch dann vor, wenn der Besteller die gesamte Leistung zu einem bestimmten Termin oder zu einem bestimmten Zweck benötigte und die Teilleistung zu dem im Vertrag bestimmten Termin nicht ausreicht.

113 Grundsätzlich gilt diese Regelung nicht für die mangelhafte Leistung. Denn eine mangelhafte Leistung ist keine Teilleistung im Sinne des §281 Abs. 1 BGB, sondern eine „nicht wie geschuldet" erbrachte Leistung.

c) Abgrenzung zwischen nicht oder nicht wie geschuldet erbrachter Leistung

114 In manchen Fällen kann es schwierig sein, die nicht oder nicht wie geschuldet erbrachte Leistung voneinander abzugrenzen.

Ist zum vertraglichen Fertigstellungszeitpunkt das Bauwerk nicht fertig gestellt, kann es zweifelhaft sein, ob eine Teilleistung vorliegt oder eine mangelhafte Leistung. Ist allerdings die zum Zeitpunkt der Fertigstellung vorhandene Leistung mangelfrei, dürfte ein Fall der Teilleistung vorliegen (Pause, NZBau 2002, 648, 651). Anwendbar ist dann §281 Abs. 1 Satz 2 BGB. Der Besteller kann großen Schadensersatz nur verlangen, wenn er an dieser Leistung kein Interesse mehr hat. Das ist jedenfalls grundsätzlich dann nicht der Fall, wenn er das Bauwerk fertig stellen lässt. Der Besteller kann jedoch das Interesse an der Teilleistung dann verloren haben, wenn er an der Fertigstellung wegen des Verzuges kein Interesse mehr hat.

115 Ist die Leistung zum Fertigstellungstermin teilweise unvollständig und teilweise mangelhaft fertig gestellt, liegt sowohl ein Fall des §281 Abs. 1 Satz 2 BGB als auch Satz 3 vor. Welche Regelung dominiert, sagt das Gesetz nicht. Im Hinblick darauf, dass sowohl der Regelung des Satzes 2 als auch des Satzes 3 der Grundsatz zugrunde liegt, dass es auf das Interesse des Gläubigers an der erhaltenen Leistung ankommt, ist die Frage, welche dieser beiden Alternativen anwendbar ist, möglicherweise nicht von großer praktischer Bedeutung. Entscheidend dürfte sein, ob das Interesse des Bestellers ausreichend gewahrt ist, wenn er darauf verwiesen wird, dass er die bisherige mangelhafte Teilleistung behält. In vielen Baumängelfällen dürfte diese Konstellation vorliegen. Das gilt auch für den Fall, dass der Unternehmer eine geringere Menge, also z. B. statt 20 Fenster nur 19 Fenster einbaut. Es kann deshalb entgegen (Sienz, Ver-

träge am Bau, S. 93) nicht ohne weiteres davon ausgegangen werden, dass in diesem Fall stets großer Schadensersatz verlangt werden kann. Vielmehr dürfte dieses Beispiel ein Paradebeispiel für den Fall sein, dass lediglich der kleine Schadensersatzanspruch verlangt werden kann, der Besteller also die Mittel dafür bekommt, das fehlende Fenster anderweitig einbauen zu lassen und darüber hinaus den Ersatz des Folgeschadens verlangen kann.

d) Fristsetzung und deren Entbehrlichkeit

116 Voraussetzung für den Schadensersatz statt der Leistung ist der erfolglose Ablauf einer vom Besteller zur Mängelbeseitigung gesetzten angemessenen Frist. Die Fristsetzung ist unter den in § 281 Abs. 2 BGB genannten Voraussetzungen entbehrlich. Außerdem ist die Fristsetzung unter den in § 636 BGB genannten Voraussetzungen entbehrlich. Dies ist etwa dann der Fall, wenn der Unternehmer die Nacherfüllung wegen Unverhältnismäßigkeit gemäß § 635 Abs. 3 BGB verweigert hat (vgl. BGH, Urt. v. 11.10.2012 – VII ZR 179/11 sowie BT-Drucks. 14/6040, S. 234 und 265). Das Rücktrittsrecht entsteht in diesen Fällen indes erst dann, wenn der Unternehmer tatsächlich von seinem diesbezüglichen Leistungsverweigerungsrecht Gebrauch gemacht hat (vgl. BGH, Urt. v. 19.12.2012 – VIII ZR 96/12). Eine unangemessene Frist setzt den Lauf der angemessenen Frist in Gang, vgl. im Einzelnen → § 637 BGB Rdn. 18.

117 Erfolgte die Fristsetzung des Bestellers vor Abnahme und nimmt der Besteller später das Werk gleichwohl ab, so kann der Besteller nach der Abnahme nicht ohne weitere Fristsetzung Schadensersatz verlangen, da die vor der Abnahme durchgeführte Fristsetzung „verbraucht" ist (vgl. OLG Frankfurt, Urt. v. 17.8.2011 – 12 U 125/08).

e) Erlöschen des Erfüllungsanspruchs

118 Mit dem Verlangen des Schadensersatzes statt der Leistung ist der Anspruch auf die Leistung ausgeschlossen, § 281 Abs. 4 BGB. Das betrifft jedoch nur den Teil der Leistung, statt dessen der Besteller Schadensersatz verlangen kann. Verlangt der Besteller den kleinen Schadensersatz, bleibt der Erfüllungsanspruch hinsichtlich des Teils, der nicht der Anlass für das Schadensersatzverlangen ist, bestehen. Wird Schadensersatz statt der ganzen Leistung verlangt, erlischt der Erfüllungsanspruch insgesamt. Wegen der rechtsgestaltenden Wirkung der Erklärung ist darauf zu achten, dass eindeutig erklärt wird, ob der kleine oder der große Schadensersatz verlangt wird. Soweit sich das aus der Erklärung nicht ergibt, wird im Zweifel der kleine Schadensersatz gewollt sein, denn er ist der Regelfall des Gesetzes. Die Wahl des kleinen Schadensersatzanspruchs hindert allerdings nicht an einer späteren Wahl des großen Schadensersatzanspruchs. Hat der Gläubiger hingegen den großen Schadensersatzanspruch gewählt, ist jeglicher Erfüllungsanspruch untergegangen. Er kann deshalb nicht mehr den kleinen Schadensersatzanspruch wählen (Kleine/Scholl, NJW 2006, 3466 m. w. N.; a. A. Derleder, NJW 2003, 998, 1001).

119 Der Erfüllungsanspruch erlischt nicht schon mit Ablauf der Frist, sondern erst wenn der Besteller Schadensersatz geltend macht, § 281 Abs. 4 BGB. Voraussetzung ist natürlich ein berechtigtes Verlangen nach Schadensersatz statt der Leistung (Gegenäußerung Nr. 29). Verlangt der Besteller den großen Schadensersatz, ohne dass die Voraussetzungen des § 281 Abs. 1 Satz 2 oder Satz 3 BGB vorliegen, wird die Erklärung regelmäßig so verstanden werden müssen, dass jedenfalls der kleine Schadensersatz gewählt ist.

120 Nach Rücktritt oder der Wahl des Schadensersatzes statt der Leistung ist ein späterer Übergang auf die Minderung ausgeschlossen. Denn diese setzt den Erfüllungsanspruch voraus. Insoweit dürfte sich das Recht zu Lasten des Bestellers verschärft haben. Nach altem Recht wurde davon ausgegangen, dass die Wahl der Gewährleistungsrechte solange frei ist, solange der Unternehmer nicht eingewilligt oder rechtskräftig verurteilt worden ist (BGH, Urt. v. 25.3.1982 – VII ZR 175/81). War der geltend gemachte große Schadensersatzanspruch noch nicht vollzogen, konnte der Besteller noch auf Minderung übergehen (OLG Stuttgart, Urt. v. 18.8.2003 – 5 U 62/03; Nichtzulassung: BGH, Beschl. v. 25.3.2004 – VII ZR 254/03).

121 Das Verlangen nach Schadensersatz wirkt wie die rechtsgestaltende Erklärung des Rücktritts. Es muss den eindeutigen Willen des Gläubigers erkennen lassen, sich auf das Schadensersatzbegehren beschränken zu wollen. So reicht nach der Begründung (RegEntw., BR-Drucks. 338/01, S. 320) eine allgemeine Ankündigung, weitere Rechte „bis hin zum Schadensersatz" geltend machen zu wollen, nicht aus. Problematisch ist, ob auch ein mit der Fristsetzung bereits angekündigtes Verlangen nach Schadensersatz ausreicht, z. B. mit der Formulierung „nach Ablauf der Frist wird Schadensersatz verlangt". Da vor Ablauf der Frist nicht Schadensersatz verlangt werden kann, ist auf eine Erklärung nach Fristablauf abzustellen. Die bloße Ankündigung, Schadensersatz zu verlangen, reicht nicht (str., zum Meinungsstand Derleder/Zänker, NJW 2003, 2778, 2781).

Die Parteien sind nicht gehindert, den Vertrag nach Erlöschen des Erfüllungsanspruchs wieder in Vollzug zu setzen. Sie können eine Erfüllungsabrede treffen, wonach der Besteller das Recht zur Mängelbeseitigung haben soll. Dem entspricht das Recht des Unternehmers, diese auch durchführen zu dürfen. Eine Einigung dieser Art wird regelmäßig dahin ausgelegt werden können, dass die Lage vor fruchtlosem Ablauf der Frist zur Mängelbeseitigung wiederhergestellt werden soll (BGH, Urt. v. 10.6.2003 – X ZR 86/01). 122

II. Verhältnis der Ansprüche aus Verzug und Mängeln

Ungeklärt ist das Verhältnis von § 286 BGB zu § 280 BGB und § 281 BGB, wenn der Mangel oder die Mängelbeseitigung zu einer Verzögerung führt und der Besteller dadurch Schaden erleidet. Die während des Gesetzgebungsverfahrens geforderte Klarstellung (Roth, JZ 2001, 543, 547) ist leider nicht erfolgt. Der grundsätzliche Wertungswiderspruch zwischen der Regelung des § 286 BGB und derjenigen der §§ 280, 281 BGB besteht darin, dass ein Verzugsschaden im Grundsatz eine Mahnung voraussetzt, während der Schadensersatz auch dann verlangt werden kann, wenn eine solche nicht erfolgt ist. 123

Dieser Wertungswiderspruch spielt im Regelfall keine Rolle, wenn nur der Folgeschaden nach Ablauf einer gesetzten Frist verlangt wird, weil in der Fristsetzung, die grundsätzlich erforderlich ist, um den Anspruch aus § 281 BGB zu begründen, regelmäßig eine Mahnung zu sehen ist (Canaris, JZ 2001, 499, 515). 124

Anders ist das aber, wenn ein Mangelfolgeschaden vor Ablauf einer Frist oder ohne jegliche Fristsetzung geltend gemacht wird, z.B. ein Betriebsausfallschaden, weil das Bauwerk nicht oder teilweise nicht brauchbar ist. Insoweit ist zu differenzieren. Mangelfolgeschäden, die mit dem Mangel bereits eingetreten sind, sind ohne Verzug zu ersetzen (vgl. auch BGH, Urt. v. 19.6.2009 – V ZR 93/08). Der Schutzzweck des § 286 BGB wäre verfehlt, wollte man eine Mahnung fordern. Auch solche Schäden, die während der Mängelbeseitigung zwangsläufig entstehen, können ohne Mahnung durchgesetzt werden, so dass der Unternehmer z.B. auf den entgangenen Gewinn während der Mängelbeseitigung nach § 280 BGB auch haftet, wenn er es gar nicht zu einer Mahnung kommen lässt, sondern den Mangel sofort beseitigt. 125

Aber auch dann, wenn durch die Verzögerung der Mängelbeseitigung Mangelfolgeschäden entstehen, dürfte § 280 Abs. 1 BGB anwendbar sein, denn § 286 BGB betrifft nur den Ersatz des Schadens, der allein dadurch entsteht, dass der Schuldner seine Leistungspflicht bei Fälligkeit nicht erfüllt (Canaris, ZIP 2003, 321, 323, 326; zum Meinungsstand vgl. die Nachweise bei Arnold/Dötsch, BB 2003, 2250 Fußnote 2 und 3; Kiel, NJW 2004, 1761, 1762; Lorenz, NJW 2007, 1, 2 m.w.N.). Dementsprechend ist für den VOB-Vertrag entschieden, dass sich der Anspruch auf Ersatz des Mangelfolgeschadens aus § 4 Abs. 7 Satz 2 VOB/B herleitet, nicht aus § 6 Abs. 6 VOB/B (BGH, Urt. v. 6.4.2000 – VII ZR 199/97). 126

§ 280 Abs. 2 i.V.m. § 286 BGB ist hingegen anwendbar, wenn der Schaden allein durch eine Verzögerung verursacht worden ist. Hält der Heizungsbauer den vereinbarten Termin nicht ein und muss deshalb der Besteller eine Elektroheizung mit erheblichen Mehrkosten bis zur Erledigung der Arbeiten einsetzen, so kann der Mehraufwand als Schadensersatz nur unter den Voraussetzungen des § 286 BGB geltend gemacht werden. Gleiches gilt z.B. dann, wenn der Dachdecker ein Dach reparieren soll, zum vereinbarten Termin nicht erscheint und es deshalb zu Feuchtigkeitseinbrüchen kommt (vgl. Canaris, NJW 2003, 325). 127

III. Rücktrittsrecht anwendbar

Verlangt der Besteller Schadensersatz statt der ganzen Leistung, so ist der Unternehmer zur Rückforderung des Geleisteten nach den §§ 346 bis 348 BGB berechtigt. 128

IV. Verschulden

Der Unternehmer haftet nur für schuldhaft verursachte Mängel, § 280 Abs. 1 Satz 2 BGB. Das Verschulden bestimmt sich nach der allgemeinen Regelung des § 276 BGB. 129

Problematisiert wird, ob die Haftung des Unternehmers nach der Schuldrechtsmodernisierung deshalb verschärft ist, weil das Verschulden sich auf alle Tatbestände des § 633 BGB beziehen kann. Danach haftet der Unternehmer auch dann schuldhaft, wenn er die Erwartungen fehlerhaft einschätzt, die der Besteller nach Art des Werks an die Beschaffenheit des Werks stellen darf (vgl. Vorwerk, BauR 2003, 1, 5). Daraus wird sich aber in der Regel keine Abweichung nach altem Recht ableiten lassen. Virulent wird die Frage z. B. dann, wenn der Unternehmer nach den anerkannten Regeln der Technik gearbeitet hat, jedoch das Werk nicht funktionstauglich ist, weil die Fachwelt einen Gesichtspunkt übersehen hat, der sich erst anhand des betreffenden Bauwerks zeigt. In diesen Fällen handelt der Unternehmer nicht schuldhaft (vgl. BGH, Urt. v. 9.7.2002 – X ZR 242/99; Urt. v. 10.11.2005 – VII ZR 147/04). Er verkennt keineswegs die Erwartung des Bestellers an ein funktionierendes Werk. Er will ein solches auch erstellen, irrt sich jedoch schuldlos in der gewählten Ausführungsart.

V. Ersatz vergeblicher Aufwendungen

130   § 284 BGB gibt dem Gläubiger generell einen Anspruch darauf, anstelle des Schadensersatzes statt der Leistung Ersatz der Aufwendungen zu verlangen, die er im Vertrauen auf den Erhalt der Leistung gemacht hat und billigerweise machen durfte, es sei denn, deren Zweck wäre auch ohne die Pflichtverletzung des Schuldners nicht erreicht worden. Da der Anspruch an die Stelle des Schadensersatzanspruchs statt der Leistung tritt, müssen die Voraussetzungen für diesen Anspruch vorliegen. Der Anspruch ist u.a. davon abhängig, dass der Unternehmer die Pflichtverletzung (den Mangel) zu vertreten hat (Westermann/Maifeld, Das Schuldrecht 2002, S. 269). Diese Regelung erleichtert insbesondere bei Bauträgerverträgen die Abrechnung des Schadensersatzes des Erwerbers. Sie ermöglicht es, den Schadensersatz auf die so genannten frustrierten Aufwendungen zu beschränken, wie z. B. gezahlte Vergütung, Notarkosten, Maklerkosten, Kosten für den Grunderwerb, Steuern, usw. Dazu gehören auch solche Aufwendungen, die in das erworbene Objekt investiert worden sind und die sich durch die Rückabwicklung als nutzlos erweisen. § 347 Abs. 2 BGB begrenzt den Anspruch nicht, auch dann nicht, wenn er neben dem Rücktritt geltend gemacht wird (BGH, Urt. v. 20.7.2005 – VIII ZR 275/04; a.A. Staudinger/Otto, BGB, § 284 Rdn. 22; MünchKomm/Ernst, BGB, § 284 Rdn. 18). Es kommt auch nicht darauf an, ob die Aufwendungen zu kommerziellen Zwecken gedient haben oder nur privaten Zwecken. Ebenso wenig kommt es darauf an, ob die Investitionen in das Objekt für ein anderes Objekt verwendet werden könnten (BGH, a.a.O.). Der Erwerber dürfte allerdings wegen § 254 BGB gehalten sein, solche Investitionen in das Objekt, die in einem anderen Objekt verwerten kann, auch zu verwerten.

131   Der Anspruch auf Ersatz der Aufwendungen für Investitionen in das Objekt wird um den Anteil gekürzt, zu dem dem Erwerber die Aufwendungen zugutegekommen sind (BGH, Urt. v. 20.7.2005 – VIII ZR 275/04). Werden bei der Rückabwicklung eines Immobilienerwerbs im Wege des großen Schadensersatzes die Anschaffungskosten dadurch zurückgewährt, dass der Erwerber von seiner Darlehensverbindlichkeit gegenüber der finanzierenden Bank befreit wird, und haben sich die Anschaffungskosten als Absetzung für Abnutzung steuerrechtlich ausgewirkt, fließen dem Erwerber als Werbungskosten geltend gemachte Aufwendungen zu, die als Einnahmen aus Vermietung und Verpachtung zu versteuern sind (BGH, Urt. v. 26.1.2012 – VII ZR 154/10). Diese Steuerverbindlichkeit ist bei der Berechnung des Schadensersatzanspruchs zu berücksichtigen, soweit der Erwerber sich die erzielten Steuervorteile anrechnen lässt (BGH, Urt. v. 26.1.2012 – VII ZR 154/10; BGH, Urt. v. 19.6.2008 – VII ZR 215/06).

132   Das Verlangen auf Ersatz der sogenannten frustrierten Aufwendungen war nach der Rechtsprechung aufgrund einer Rentabilitätsvermutung auch vor der Schuldrechtsmodernisierung möglich. Danach wurde widerleglich vermutet, dass die Aufwendungen, die der Gläubiger mit Bezug auf die ihm geschuldete Leistung gemacht hat, rentabel gewesen wären. Der Schaden des Gläubigers bestand darin, dass seine Aufwendungen wegen des Ausbleibens der Leistung nutzlos geworden sind (BGH, Urt. v. 22.10.1999 – V ZR 401/98; Urt. v. 26.3.1999 – V ZR 364/97). Diese Rechtsprechung ist jetzt manifestiert, ohne dass es noch auf die Rentabilitätsvermutung ankommt. Die frustrierten Aufwendungen können deshalb auch dann verlangt werden, wenn Rentabilität gar nicht angestrebt war, wie das beim privaten Nutzer und beim öffentlichen Besteller häufig der Fall ist, z.B. wenn er ein Atomkraftwerk baut (grundlegend: mit kritischem Ansatz Tröger, ZIP 2005, 2238).

133   Der Gläubiger kann jedoch nur den Ersatz solcher Aufwendungen verlangen, die er gemacht hat und billigerweise machen durfte. Hierdurch soll die Ersatzfähigkeit exzessiver Aufwendungen ausscheiden.

Die frustrierten Aufwendungen sind auch dann nicht ersatzfähig, wenn deren Zweck auch 134
ohne die Pflichtverletzung des Schuldners nicht erreicht worden wäre. Auf diese Weise kommt
es doch zu einer Art Widerleglichkeit der Rentabilitätsvermutung. Denn es geht nicht etwa um
den Zweck des Vertrages, sondern um den Zweck der Aufwendungen. Die Begründung nennt
als Beispiel die Anmietung eines Ladens zum Verkauf unverkäuflicher Kunstgegenstände. Der
damit vorprogrammierte Verlust soll beim Gläubiger verbleiben (RegEntw. S. 329).

Von dieser Regelung sind jedoch nicht die Fälle erfasst, in denen die Aufwendungen allein 135
der Durchführung des Vertrags dienten und der Vertrag keine Rentabilität versprach, wie z. B.
bei dem erbauten Atomkraftwerk, das nur Forschungszwecken dient und keinen Gewinn liefert. Scheitert der über die Errichtung des Kraftwerks geschlossene Vertrag, kann der Besteller
die frustrierten Aufwendungen verlangen.

Frustrierte Aufwendungen können nur anstelle des Schadensersatzes statt der Leistung gel- 136
tend gemacht werden. Der Gläubiger kann nicht gleichzeitig verlangen, so gestellt zu werden,
als ob der Vertrag nicht geschlossen (frustrierte Aufwendungen), und so, als ob er ordnungsgemäß erfüllt worden wäre (positives Interesse). Das war auch nach altem Recht nicht anders.
Im Einzelnen ist jedoch vieles streitig (vgl. Tröger, ZIP 2005, 2243 m.w. N.).

Umstritten ist, ob §284 BGB in erweiternder Auslegung dieser Vorschrift auch dann an- 137
wendbar ist, wenn der Besteller nicht Schadensersatz statt der Leistung fordert, sondern Erfüllung verlangt. Es geht insoweit um die Frage, ob nach §284 BGB frustrierte Aufwendungen
geltend gemacht werden können (z. B. Aufwendungen bei der Weiterverarbeitung des Werkes).
§347 BGB, der über §281 Abs. 5 BGB anwendbar ist, wenn Schadensersatz statt der ganzen
Leistung gefordert wird oder der Unternehmer ein neues Werk liefert, §635 Abs. 4 BGB, hilft
nicht, soweit die Verwendungen nicht notwendig waren und der Unternehmer nicht bereichert ist. Allerdings kann der Anspruch nicht schon mit der Begründung verneint werden,
dass §347 Abs. 2 BGB eine abschließende Regelung darstellt (BGH, Urt. v. 20.7.2005 – VIII
ZR 275/04). Eine erweiternde Anwendung des §284 BGB dürfte jedoch daran scheitern, dass
diese Regelung daran anknüpft, dass die Voraussetzungen des Schadensersatzanspruchs statt
der Leistung vorliegen müssen.

C. Besonderheiten des Architekten- und Ingenieurvertrages

Für Architekten- und Ingenieurverträge gelten die vorstehenden Ausführungen zum Rück- 138
tritt und Schadensersatz im Werkvertragsrechts entsprechend.

So kann der Besteller bei Mängeln des Architektenwerks grundsätzlich auch vom Planervertrag zurücktreten. Erbringt der Architekt bis zum vereinbarten Termin die ihm obliegenden
Leistungen nur teilweise, aber mangelfrei, kann der Bauherr vom Architektenvertrag insgesamt allerdings nur dann zurücktreten, wenn die bereits erbrachten Teilleistungen wegen des
Rücktritts und der daraus folgenden Teilung des Vertrags für ihn nicht mehr von Interesse
sind (vgl. §323 Abs. 5 Satz 1 BGB). An den Wegfall des Interesses an den erbrachten Teilleistungen sind hohe Anforderungen zu stellen (vgl. KG, Urt. v. 19.5.2006 – 6 U 97/05). Tritt der
Besteller vom Architektenvertrag wegen vermeintlich fehlender Genehmigungsfähigkeit der
Planung zurück, bevor der Architekt eine Abstimmung mit der Baubehörde für ein Vorhaben
im Außenbereich durchgeführt und die Genehmigungsplanung endgültig eingereicht hat, so
muss im Wege der Prognose festgestellt werden, ob die bisher erstellten Planungsunterlagen
die Planvorstellungen des Bauherrn aufgreifen und auf dieser Grundlage eine genehmigungsfähige Planung entwickelt werden kann (vgl. OLG Karlsruhe, Urt. v. 10.5.2005 – 8 U 238/04).
Ein Rücktrittsrecht vom Architektenvertrag besteht für den Besteller ferner dann, wenn der
Architekt seine Planung nicht innerhalb der vereinbarten Fristen erstellt (vgl. OLG Köln, Urt.
v. 29.7.2003 – 24 U 129/02).

Nach der Rechtsprechung des BGH schuldet der Architekt dem Besteller gemäß §634 139
Nr. 4, §280 Abs. BGB Schadensersatz wegen der von ihm zu vertretenden Planungs- oder
Überwachungsfehler, die sich im Bauwerk bereits verwirklicht haben. Bei dem gegen den
Architekten gerichteten Schadensersatzanspruch wegen Mängeln des Bauwerks, die auf seine
Planungs- oder Überwachungsfehler zurückzuführen sind, handelt es sich in der Sache nach
um einen Schadenersatz neben der Leistung nach §280 Abs. 1 BGB, denn die Mängel des Bauwerks können nicht durch Nacherfüllung der Architektenleistung noch beseitigt werden. Mit
dem Schadenersatzanspruch neben der Leistung gemäß §280 Abs. 1 BGB kann Schadensersatz

§ 636   Besondere Bestimmungen für Rücktritt und Schadensersatz

für Schäden beansprucht werden, die an anderen Rechtsgütern des Bestellers oder an dessen Vermögen eintreten (vgl. BGH, Urteil vom 16.02.2017 – VII ZR 242/13; BGH, Urteil vom 22.02.2018 – VII ZR 46/17).

140   Dieser Schadensersatzanspruch ist auf Zahlung eines Geldbetrags gerichtet. Hat der Architekt die von ihm geschuldeten Planungs- oder Überwachungsleistungen mangelhaft erbracht und hat der Besteller deswegen das bei einem Dritten in Auftrag gegebene Bauwerk nicht so erhalten, wie als Ziel der vom Architekten geschuldeten Mitwirkung vereinbart, ist das hierdurch geschützte Interesse des Auftraggebers an einer entsprechenden Entstehung des Bauwerks verletzt. Der Schaden des Bestellers besteht darin, dass er im Ergebnis ein Bauwerk erhält, das hinter dem im Architektenvertrag als Ziel vereinbarten Bauwerk zurückbleibt. Für den sich daraus ergebenden Vermögensnachteil hat der Architekt Schadensersatz in Geld zu leisten. Nach § 249 Abs. 1 BGB muss der Architekt den Zustand herstellen, der bestünde, wenn er nicht mangelhaft geleistet hätte. Hätte der Architekt die von ihm geschuldeten Architektenleistungen mangelfrei erbracht, wäre es dem Auftraggeber möglich gewesen, das Bauwerk wie gewünscht, insbesondere ohne Mängel, durch den Bauunternehmer entstehen zu lassen. Der Architekt hat den Besteller als Schadensersatz daher die Mittel zur Verfügung zu stellen, die dieser zur Kompensation des verletzten Interesses benötigt (vgl. BGH, Urteil vom 16.02.2017 – VII ZR 242/13; BGH, Urteil vom 22.02.2018 – VII ZR 46/17 Rn. 59).

141   Auch im Verhältnis zum Architekten scheidet hinsichtlich der von ihm zu vertretenden Planungs- oder Überwachungsfehler, die sich im Bauwerk bereits verwirklicht haben, ein Zahlungsanspruch in Höhe der fiktiven Mängelbeseitigungskosten betreffend das Bauwerk aus (vgl. BGH, Urteil vom 22.02.2018 – VII ZR 46/17 Rn. 60). Eine solche Bemessung lässt sich – ungeachtet der Ausführungen unter → Rdn. 82 ff. – mit der bisherigen Rechtsprechung des BGH, wonach ein Mangel selbst ein Vermögensschaden in Höhe der notwendigen Mängelbeseitigungskosten sei, ohnehin nicht begründen. Denn es geht im Verhältnis zum Architekten nicht um die Bemessung eines Mangelschadens, weil der Architekt nicht die Errichtung des Bauwerks selbst schuldet (vgl. BGH, Beschluss vom 01.02.1965 – GSZ 1/64). Mängel des Architektenwerks sind nur die Defizite in Planung und Überwachung.

142   Für die Frage, wie der durch die im Bauwerk verwirklichten Planungs- oder Überwachungsfehler (Mängel des Architektenwerks) verursachte Schaden vermögensmäßig zu bemessen ist, können die obigen (→ Rdn. 52 ff.) Erwägungen betreffend das Verhältnis des Bestellers zum Bauunternehmer entsprechend herangezogen werden. Danach ist die Schadensbemessung auch im Verhältnis zum Architekten daran auszurichten, welche Dispositionen der Besteller zur Schadensbeseitigung trifft und sie hat einen vollen Ausgleich bei Vermeidung einer Überkompensation zu erreichen (vgl. BGH, Urteil vom 22.02.2018 – VII ZR 46/17). Nach diesen Maßstäben gilt hinsichtlich dieser Schäden folgendes:

143   Lässt der Besteller den Mangel des Bauwerks nicht beseitigen, kann er seinen Schaden im Wege einer Vermögensbilanz nach dem Minderwert des Bauwerks im Vergleich zu dem hypothetischen Wert des Bauwerks bei mangelfreier Architektenleistung bemessen oder gegebenenfalls – bei Veräußerung des Objekts – nach dem konkreten Mindererlös (vgl. dazu oben → Rdn. 77 ff.).

144   Hat der durch die mangelhafte Architektenleistung verursachte Mangel des Bauwerks zur Folge, dass eine Störung des Äquivalenzverhältnisses des Bauvertrags vorliegt, kann der Besteller stattdessen seinen Schaden auch in der Weise bemessen, dass er ausgehend von der mit dem Bauunternehmer vereinbarten Vergütung den mangelbedingten Minderwert des Werks des Bauunternehmers ermittelt. Denselben Vermögensschaden hat der Architekt, vermittelt durch den Mangel des Werks des Bauunternehmers, durch seine mangelhafte Architektenleistung verursacht und deshalb zu ersetzen.

145   Lässt der Besteller den Mangel des Bauwerks beseitigen, sind die von ihm aufgewandten Kosten als Schaden gemäß § 643 Nr. 4, § 280 Abs. 1 BGB zu ersetzen. Denn ihm ist in Höhe der Aufwendungen ein Vermögensschaden entstanden, den er ohne die mangelhafte Architektenleistung nicht gehabt hätte. Vor Begleichung der Kosten kann der Besteller zudem Befreiung von den eingegangenen Verbindlichkeiten verlangen.

146   Hierin erschöpft sich der Vermögensschaden des Bestellers jedoch nicht. Er muss nunmehr auch Nachteile und Risiken einer Vorfinanzierung der Arbeiten am Bauwerk tragen, die ohne die mangelhafte Architektenleistung nicht entstanden wären. Nach § 643 Nr. 2, § 637 BGB werden dem Besteller im Verhältnis zu dem mangelhaft leistenden Bauunternehmer die Nachteile und Risiken einer Vorfinanzierung durch die Gewährung eines Vorschussanspruchs abgenommen. Diese für das Werkvertragsrecht getroffene Wertung des Gesetzgebers ist auch für Planungs- oder Überwachungsfehler des Architekten, die sich im Bauwerk bereits verwirklicht haben, zu berücksichtigen. Ein umfassender Ausgleich des verletzten Interesses des Bestellers im Rahmen des Schadenersatzanspruchs gemäß § 634 Nr. 4, § 280 BGB wegen Planungs- und Überwachungsfehlern, die sich im Bauwerk bereits verwirklicht haben, erfordert danach auch die Überwälzung der Vorfinanzierung auf den Architekten in Form der vorherigen Zahlung eines zweckgebundenen und abzurechnenden Betrags an den Besteller. Deshalb kann der Besteller in diesen Fällen gegenüber den Architekten wegen Planungs- und Überwachungsfehlern, die sich im Bauwerk bereits verwirklicht haben, einen Schadensersatzanspruch gemäß § 634 Nr. 4, 280 BGB auf Vorfinanzierung in Form der vorherigen Zahlung eines zweckgebundenen und abzurechnenden Betrags gegen den Architekten geltend machen (vgl. BGH, Urteil vom 22.02.2018 – VII ZR 46/17).

Dass im Verhältnis zum Architekten hinsichtlich der von ihm zu vertretenden Planungs- und Überwachungsfehler, die sich im Bauwerk bereits realisiert haben, ein Zahlungsanspruch in Höhe der „fiktiven Mängelbeseitigungskosten" ausscheidet, hat der VII. Zivilsenat nochmals ausdrücklich bestätigt (vgl. BGH, Urteil vom 24.09.2020 – VII ZR 91/18). **147**

D. Besonderheiten der VOB/B

I. Rücktritt im VOB-Vertrag

Die VOB/B enthält keine ausdrückliche Regelung zum Rücktritt. In der Literatur wird vertreten, aus der Gesamtregelung zur Gewährleistung in der VOB/B folge, dass die Wandelung im VOB-Vertrag ausgeschlossen sei (Ingenstau/Korbion-Wirth, 18. Aufl., VOB, vor § 13 Rdn. 11; Nicklisch/Weick, VOB Teil B, 3. Aufl., § 13 Rdn. 218). Der Deutsche Vergabe- und Vertragsausschuss für Bauleistungen vertritt im Anschluss an diese Literaturstimmen die Auffassung, die wirtschaftlichen Effekte einer Wandelung könnten in Extremfällen im Wege der Minderung erreicht werden, gegebenenfalls auch als Schadensersatz, so dass für eine Wandelung kein praktisches Bedürfnis bestehe. Für einen Rücktritt gelte das entsprechend. Daher werde der Rücktritt in der VOB/B wirksam abbedungen werden können (vgl. Kratzenberg, NZBau 2002, 177, 182). Der Bundesgerichtshof hat die Frage, ob eine Wandelung im VOB-Vertrag ausgeschlossen ist, offen gelassen (BGH, Urt. v. 29.10.1964 – VII ZR 52/63). Dementsprechend offen ist auch die Frage, ob ein Rücktritt ausgeschlossen ist. **148**

II. Schadensersatz im VOB-Vertrag

§ 13 Abs. 7 VOB/B ist mehrfach geändert worden. **149**

§ 13 Abs. 7 Nr. 1 VOB/B sieht vor, dass der Auftragnehmer bei schuldhaft verursachten Mängeln für Schäden aus der Verletzung des Lebens, des Körpers oder der Gesundheit haftet. Damit wird § 309 Nr. 7 a) BGB Rechnung getragen, wonach in Allgemeinen Geschäftsbedingungen ein Ausschluss oder eine Begrenzung der Haftung für Schäden aus der Verletzung des Lebens, des Körpers oder der Gesundheit, die auf einem schuldhaften Verhalten beruhen, im Geltungsbereich der §§ 309, 310 Abs. 1 nicht ausgeschlossen werden kann.

Nach § 13 Abs. 7 Nr. 2 VOB/B haftet der Auftragnehmer bei vorsätzlich oder grob fahrlässig verursachten Mängeln für alle Schäden. Damit wird § 307 Nr. 7 b) BGB Rechnung getragen. Es kommt insoweit nicht mehr darauf an, ob ein wesentlicher Mangel vorliegt oder nicht. **150**

In § 13 Abs. 7 Nr. 3 VOB/B VOB/B sind zwei haftungsbeschränkende Regelungen zusammengefasst. Nach Satz 1 ist dem Auftraggeber der Schaden an der baulichen Anlage zu ersetzen, zu deren Herstellung, Instandhaltung oder Änderung die Leistung dient, wenn ein wesentlicher Mangel vorliegt, der die Gebrauchsfähigkeit erheblich beeinträchtigt und auf ein Verschulden des Unternehmers zurückzuführen ist. **151**

Nach § 13 Abs. 7 Nr. 3 Satz 2 VOB/B VOB/B ist ein darüber hinausgehender Schaden nur dann zu ersetzen,

a) wenn der Mangel auf einem Verstoß gegen die anerkannten Regeln der Technik beruht,

b) wenn der Mangel in dem Fehlen einer vertraglich vereinbarten Beschaffenheit besteht oder

§ 637

c) soweit der Auftragnehmer den Schaden durch Versicherung seiner gesetzlichen Haftpflicht gedeckt hat oder durch eine solche zu tarifmäßigen, nicht auf außergewöhnliche Verhältnisse abgestellten Prämien und Prämienzuschlägen bei einem im Inland zum Geschäftsbetrieb zugelassen Versicherer hätte decken können.

Die in der Version der VOB/B vor 2002 in § 13 Nr. 7 Abs. 3 Satz 2 enthaltene Regelung, wonach der weitere Schaden auch dann zu ersetzen ist, wenn der Mangel in dem Fehlen einer vertraglich zugesicherten Eigenschaft besteht ist entfallen. Der Deutsche Vergabe- und Vertragsausschuss für Bauleistungen hat gemeint, diese Regelung könne entfallen, weil das Gesetz die Gewährleistungspflicht nicht mehr an das Fehlen einer zugesicherten Eigenschaft anknüpfe. Es sei deshalb auf die vereinbarte Beschaffenheit abzustellen. Damit wird die Haftung für weitere Schäden im VOB-Vertrag drastisch erweitert. Denn praktisch beruhen fast alle Mängel auf dem Fehlen einer vertraglich vereinbarten Beschaffenheit. Es stellt sich die Frage, ob die differenzierte Regelung des § 13 Abs. 7 Nr. 3 Satz 2 VOB/B überhaupt noch einen Sinn hat, da nunmehr nahezu alle Mängelfälle von dieser Regelung erfasst werden. Ausgenommen bleiben die Fälle, in denen der Mangel nicht auf dem Fehlen einer vertraglich vereinbarten Beschaffenheit beruht. Diese Fälle sind außerordentlich selten. Selbst dann wird in aller Regel der Mangel auf einen Verstoß gegen die anerkannten Regeln der Technik beruhen.

152 Eine weitere Frage stellt sich derart, ob die Rechtsprechung zum Anwendungsbereich der früheren Abs. 1 (jetzt Nr. 3 Satz 1) und Abs. 2 (jetzt Nr. 3 Satz 2) des § 13 Abs. 7 VOB/B aufrechterhalten bleiben kann. Nach § 13 Nr. 7 Abs. 1 VOB/B a. F. hatte der Auftraggeber Anspruch auf Ersatz des Schadens an der baulichen Anlage, zu deren Herstellung, Instandhaltung oder Änderung die Leistung dient. Entgegen diesem Wortlaut hat die Rechtsprechung des Bundesgerichtshofs aus dieser Regelung auch enge Mangelfolgeschäden, wie z. B. Mietausfall oder entgangener Gewinn (BGH, Urt. v. 28.11.1966 – VII ZR 79/65; Urt. v. 12.3.1992 – VII ZR 266/90) für ersetzbar gehalten. Damit hat der Bundesgerichtshof die Aufteilung in enge und entfernte Mangelfolgeschäden, wie sie sich aus seiner Rechtsprechung zum Bürgerlichen Gesetzbuch ergab, in der VOB/B fortgesetzt (BGH, Urt. v. 27.4.1972 – VII ZR 144/70). Nach § 13 Nr. 7 Abs. 2 VOB/B a. F. wurden entfernte Mangelfolgeschäden ersetzt. Es ist ein erklärtes Ziel des Schuldrechtsmodernisierungsgesetzes, die Unterscheidung zwischen engen und entfernten Mangelfolgeschäden (wenigstens im Hinblick auf die Verjährung) einzuebnen. Die VOB 2002 hat das Schuldrechtsmodernisierungsgesetz auch mit einer Neufassung des § 13 Abs. 7 VOB/B umgesetzt. Es muss deshalb erwogen werden, ob diese Neufassung dahin zu verstehen ist, dass nunmehr, wie es auch dem an sich eindeutigen Wortlaut entspricht § 13 Abs. 7 Nr. 3 Satz 1 VOB/B die Anspruchsgrundlage für Schäden am Bauwerk ist, während § 13 Abs. 7 Nr. 3 Satz 2 VOB/B die Anspruchsgrundlage für alle weiteren Schäden darstellt. Es wäre jedenfalls nicht recht einsehbar, warum in der VOB/B die Unterscheidung zwischen engen und entfernten Mangelfolgeschäden fortleben sollte, obwohl sie im Bürgerlichen Gesetzbuch keine Rolle mehr spielt. In der Sache würde sich nicht viel ändern. Auch wenn nur enge Mangelfolgeschäden nach § 13 Abs. 7 Nr. 3 Satz 2 VOB/B aktueller Fassung zu ersetzen wäre, gäbe es praktisch kaum Einschränkungen, weil durch die Änderung des Satz 2 b) dessen Tatbestand regelmäßig erfüllt ist. Der Bundesgerichtshof hat zum Ausdruck gebracht, dass er sich des Problems bewusst ist und deshalb in seinem Urt. v. 22.7.2004 – VII ZR 232/01 zwar die Rechtsprechung zur Trennung zwischen engen und entfernten Mangelfolgeschäden in § 13 Nr. 7 VOB/B a. F. bestätigt, jedoch darauf hingewiesen, dass diese Rechtsprechung zur alten, in dem zu entscheidenden Fall anwendbaren Fassung ergangen ist.

§ 637 BGB Selbstvornahme

(1) Der Besteller kann wegen eines Mangels des Werkes nach erfolglosem Ablauf einer von ihm zur Nacherfüllung bestimmten angemessenen Frist den Mangel selbst beseitigen und Ersatz der erforderlichen Aufwendungen verlangen, wenn nicht der Unternehmer die Nacherfüllung zu Recht verweigert.

(2) § 323 Abs. 2 findet entsprechende Anwendung. Der Bestimmung einer Frist bedarf es auch dann nicht, wenn die Nacherfüllung fehlgeschlagen oder dem Besteller unzumutbar ist.

(3) Der Besteller kann von dem Unternehmer für die zur Beseitigung des Mangels erforderlichen Aufwendungen Vorschuss verlangen.

Selbstvornahme **§ 637**

Übersicht

	Seite
A. Grundsatz des Selbstvornahmerechts	498
B. Voraussetzungen des Anspruchs auf Aufwendungsersatz	499
I. Mangel des Werkes	499
II. Mängelbeseitigungsrecht des Bestellers	499
III. Angemessene Frist für die Nacherfüllung	500
1. Fristsetzung vor Fälligkeit	500
2. Aufforderung zur Nacherfüllung	500
3. Fristbestimmung	501
4. Angemessene Frist	501
5. Fruchtloser Ablauf der Frist	502
6. Keine Ablehnungsandrohung notwendig	502
C. Entbehrlichkeit der Fristsetzung	503
I. Endgültige Leistungsverweigerung	503
II. Fixgeschäft	504
III. Besondere Umstände	504
IV. Fehlgeschlagene Nachbesserung	505
V. Unzumutbare Nachbesserung	505
D. Selbstvornahme	506
E. Erforderliche Aufwendungen	506
I. Erforderliche Aufwendungen dem Grunde nach	507
II. Erforderliche Aufwendungen der Höhe nach	509
1. Eigenarbeit	509
2. Drittkosten	509
3. Sicherheitseinbehalt	510
F. Kostenbeteiligung des Bestellers	511
I. Sowiesokosten	511
II. Mitverantwortung des Bestellers	511
III. Vorteilsausgleichung	511
G. Abrechnung	511
H. Beweislast	511
I. Anspruch auf Vorschuss	512
I. Spezielle Voraussetzungen des Vorschussanspruchs	512
1. Mängelbeseitigungsbereitschaft des Bestellers	512
2. Ablauf der Frist	513
3. Befriedigung aus Werklohn	513
II. Abtretung des Vorschussanspruchs	513
III. Schätzung der voraussichtlichen Kosten	513
IV. Wiederholte Vorschussanforderung	514
V. Verzinsung	514
VI. Keine rechtsgestaltende Wirkung	514
VII. Verjährung	515
VIII. Prozessuale Besonderheiten	515
1. Streitgegenstand	515
a) Materiell-rechtliche Wirkung (Verjährungshemmung und dreißigjährige Verjährung)	515
b) Prozessuale Wirkung	515
2. Zulässigkeit des Feststellungsantrags	516
3. Verhältnis zu anderen Ansprüchen	516
J. Rückforderung des Vorschusses	517
I. Rechtsnatur des Rückforderungsanspruchs	517
II. Abrechnungspflicht nach Mängelbeseitigung	517
III. Abrechnungspflicht nach Zeitablauf	517
IV. Verjährung	518
V. Beweislast	519
VI. Aufrechnung mit Schadensersatz	519
K. Besonderheiten des Architekten- und Ingenieurvertrags	519
L. Besonderheiten der VOB/B	520
I. Selbstvornahme vor der Abnahme	520
II. Selbstvornahme nach Abnahme	521

§ 637

A. Grundsatz des Selbstvornahmerechts

1   Im Mittelpunkt der auf Zahlung gerichteten Mängelrechte steht der Kostenerstattungsanspruch des Bestellers. Beseitigt der Unternehmer einen Mangel nicht, hat der Besteller die Möglichkeit, diesen Mangel selbst zu beseitigen oder beseitigen zu lassen (Selbstvornahmerecht). Er hat allerdings nur unter den Voraussetzungen des § 637 BGB einen Anspruch auf Erstattung der für die Beseitigung erforderlichen Aufwendungen.

2   Der Anspruch auf Ersatz der erforderlichen Aufwendungen für die Mängelbeseitigung tritt an die Stelle des Nacherfüllungsanspruchs. Es ist ein verschuldensunabhängiger Anspruch, mit dem die Erfolgshaftung des Werkunternehmers sichergestellt wird. Demgemäß wird er der Erfüllungsebene zugerechnet, nicht der sekundären Kompensationsebene.

3   § 637 BGB ist Ausdruck einer grundlegenden Systematik des Werkvertragsrechts. Danach ist dem Unternehmer grundsätzlich die Gelegenheit einzuräumen, den Mangel seines Werks selbst zu beseitigen. Dieser ungeschriebene Grundsatz begründet keinen Anspruch des Unternehmers im rechtlichen Sinne. Der Besteller erleidet jedoch erhebliche Nachteile, wenn er ihn missachtet.

4   Beseitigt der Besteller den Mangel selbst oder lässt er ihn durch Dritte beseitigen, ohne dass dem Unternehmer die Gelegenheit zur Mängelbeseitigung eingeräumt worden ist, kann er grundsätzlich keine Kostenerstattung für die Mängelbeseitigung, gleich aus welchem Rechtsgrund, verlangen. Die (früheren) Vorschriften über die Gewährleistung beim Werkvertrag stellen insbesondere gegenüber den Ansprüchen aus Geschäftsführung ohne Auftrag oder aus ungerechtfertigter Bereicherung eine abschließende Sonderregelung dar. Der Besteller, der die Voraussetzungen für den werkvertraglichen Anspruch auf Ersatz von Fremdnachbesserungskosten oder auf Schadensersatz nicht erfüllt hat, kann also insoweit weder Aufwendungsersatz verlangen (BGH, Urt. v. 11.10.1965 – VII ZR 124/63, NJW 1966, 39 unter Aufgabe älterer Rechtsprechung BGH, Urt. v. 28.2.1961 – VII ZR 197/59, BB 1961, 430; Urt. v. 28.9.1967 – VII ZR 81/65, NJW 1968, 43 Nr. 8), noch Ansprüche aus § 812 BGB geltend machen kann (BGH, Urt. v. 9.12.1966 – V ZR 12/64, BGHZ 46, 246; Urt. v. 23.2.1978 – VII ZR 11/76, BGHZ 70, 389, 398; Urt. v. 13.12.1962 – VII ZR 193/61, NJW 1963, 806, 807; Urt. v. 11.10.1965 – VII ZR 124/63, NJW 1966, 39, 40; Urt. v. 28.9.1967 – VII ZR 81/65, NJW 1968, 43; Urteile vom 20. April 1978 – VII ZR 94/77 = ZfBR 1978, 77, 78 – und VII ZR 143/77 = WM 1978, 953, 954; Urt. v. 8.10.1987 – VII ZR 45/87, BauR 1988, 82; Urt. v. 25.6.1987 – VII ZR 251/86, BauR 1987, 689). Dabei wird maßgeblich darauf abgestellt, dass der Zweck der Regelung, nach der dem Unternehmer eine Frist zur Nachbesserung eingeräumt werden muss, vereitelt würde, wenn der Besteller auch ohne dies einen Anspruch darauf hätte, die Kosten wenigstens teilweise erstattet zu bekommen (BGH, Urt. v. 11.10.1965 a. a. O.). Dieser Zweck liegt einerseits darin, dem Unternehmer die Gelegenheit zu geben, den Mangel zu prüfen und zu beseitigen, andererseits auch klare Verhältnisse zu schaffen. Würde nach der Selbstvornahme, ohne dass dem Unternehmer Gelegenheit zur Mängelbeseitigung gegeben ist, der Besteller gleichwohl einen Anspruch auf geldwerten Ausgleich haben, wären beide Zwecke verfehlt. Das Nacherfüllungsrecht des Unternehmers würde umgangen. Es würde ein Streit über die Mängel und die Beseitigungskosten entstehen, der schon deshalb besonders schwierig wird, weil der Unternehmer den Mangel niemals begutachten konnte. Eine zuverlässige Nachprüfung wäre also unmöglich.

5   Aus den vorstehenden Erwägungen geht hervor, dass dem Besteller keinerlei geldwerter Ausgleich zusteht, wenn die Selbstvornahme durchgeführt wurde, ohne dass die Voraussetzungen des § 637 BGB vorlagen. Das bedeutet, dass der Besteller auch nicht berechtigt ist, vom Werklohn des Unternehmers einen Abzug deshalb vorzunehmen, weil dieser durch die unterlassene Mängelbeseitigung Aufwendungen erspart hat (vgl. BGH, Urt. v. 25.6.1987 – VII ZR 251/86, BauR 1987, 689 für den Fall der Gewährleistung nach einer Kündigung und Abrechnung nach § 8 Nr. 1 Abs. 2 VOB/B; a. A. wohl OLG Koblenz, IBR 2005, 16).

6   Diese Rechtsprechung wurde zunächst für das Kaufrecht und sodann auch für das Werkvertragsrecht nach der Schuldrechtsmodernisierung erneut bekämpft. Die Gegenmeinung will § 326 Abs. 2 BGB anwenden. Es wird vertreten, dass der Besteller mit der Selbstvornahme die Unmöglichkeit der Nacherfüllung herbeiführt. Sei er zur Selbstvornahme nicht berechtigt gewesen, weil er keine Frist gesetzt habe oder diese nicht abgelaufen sei, so behalte der Unternehmer den Anspruch auf Zahlung des Werklohns, müsse sich jedoch nach § 326 Abs. 2 Satz 2 BGB dasjenige anrechnen lassen, was er infolge der Befreiung von der Leistung erspart

oder durch anderweitige Verwendung seiner Arbeitskraft erwirbt oder zu erwerben böswillig unterlässt. § 637 BGB werde deshalb nicht unterlaufen, weil der Anspruch auf Erstattung der Aufwendungen regelmäßig höher sei als die Ersparnis des Unternehmers. Es bleibe also der Anreiz, dem Unternehmer die Frist zu setzen und diese abzuwarten. (vgl. umfangreiche Nachweise zur alten und neuen Literatur bei Dauner-Lieb/Dötsch, NZBau 2004, 233, 235 f.; Ebert NJW 2004, 1761, 1762: nur für das Kaufrecht).

Der für das Kaufrecht zuständige VIII. Zivilsenat hat die Streitfrage dahin entschieden, dass dem Käufer gegen den Verkäufer keine Mängelhaftungsansprüche zustehen, wenn er die Selbstvornahme ohne Fristsetzung und ohne die Voraussetzungen der Entbehrlichkeit einer Fristsetzung vorgenommen hat. Er hat darauf hingewiesen, dass das Gesetz den Vorrang der Nacherfüllung beziehungsweise des Rechts des Verkäufers auf „zweite Andienung" geregelt habe. Dieses Recht würde unterlaufen, wenn der Käufer die Kosten der Mängelbeseitigung gemäß § 326 Abs. 2 BGB ohne vorherige Fristsetzung ganz oder teilweise vom Verkäufer verlangen könnte. Es sei auch zu berücksichtigen, dass dem Verkäufer die Möglichkeit einer Untersuchung und Beweissicherung genommen würde, wenn er nach der vom Käufer durchgeführten Reparatur im Rahmen der Geltendmachung eines Erstattungsanspruchs gemäß § 326 Abs. 2 Satz 2, Abs. 4 BGB vor vollendete Tatsachen gestellt werde. Hierdurch würden sich seine Verteidigungsmöglichkeiten zumindest nicht unerheblich verschlechtern (BGH, Urt. v. 23.2.2005 – VIII ZR 100/04). Diesen zutreffenden Erwägungen, die auf den zum Werkvertragsrecht entwickelten Grundsätzen beruhen, ist nichts hinzuzufügen. Im Werkvertragsrecht kann nichts anderes gelten (Kniffka, BauR 2005, 1024). 7

Eine Selbstvornahme im Sinne des § 637 liegt nicht vor, wenn der Besteller nur die nachteiligen Auswirkungen eines Baumangels auf die Gebrauchstauglichkeit des Gebäudes, an dem die Bauleistungen erbracht werden, durch bauliche Maßnahmen beseitigt (z. B. durch den Einbau längerer Türen auf eigene Kosten bei einem mit zu geringer Höhe angebrachten Estrichbelag). In einem solchen Fall bleibt der Unternehmer zur Mängelbeseitigung verpflichtet, wenn die Vertragsparteien nichts anderes vereinbart haben (vgl. BGH, Urt. v. 7.5.2009 – VII ZR 15/08). 8

Entgegen der Ansicht des OLG Koblenz (Urteil vom 11.04.2018 – 10 U 1167/16) ist ein formularmäßiger Ausschluss des Rechts des Bestellers auf Selbstvornahme gem. § 307 Abs. 2 Nr. 1 BGB unwirksam, da das Recht zur Selbstvornahme zu den wesentlichen Grundsätzen des Mängelhaftungsrechts im Werkvertragsrecht gehört und daher der Besteller unangemessen benachteiligt würde, wenn ihm dieses Recht vollständig genommen wird (vgl. auch Basty, Der Bauträgervertrag, 9. Aufl., Rdn. 1135; Ulmer/Brandner/Hensen-Christensen, 12. Aufl., (12) Bauverträge, Rdn. 12; Staudinger-Peters/Jacoby, Bearb. 2013, § 639 BGB Rdn. 63). 9

B. Voraussetzungen des Anspruchs auf Aufwendungsersatz

I. Mangel des Werkes

Zu den Voraussetzungen für einen Mangel wird verwiesen auf die Kommentierung des → § 633 BGB. 10

II. Mängelbeseitigungsrecht des Bestellers

Der Besteller kann den Aufwendungsersatzanspruch nach § 637 Abs. 1 BGB grundsätzlich nur dann geltend machen, wenn er von dem Unternehmer die Beseitigung des Mangels verlangen konnte. Das ist durch die Regelung des § 637 Abs. 1 letzter Halbsatz BGB zum Ausdruck gebracht worden. Ein Selbstvornahmerecht besteht nicht, wenn der Unternehmer die Nacherfüllung zu Recht verweigert. Die Gründe der Verweigerung ergeben sich aus dem Gesetz und aus allgemeinen Rechtsgrundsätzen. 11

Der Unternehmer verweigert die Nacherfüllung z. B. zu Recht, wenn
- die Nacherfüllung unmöglich ist, § 275 Abs. 1 BGB;
- er ein Leistungsverweigerungsrecht nach § 275 Abs. 2 und 3 BGB hat;
- er die Nacherfüllung wegen unverhältnismäßiger Kosten zu Recht verweigert, § 635 Abs. 3 BGB;

§ 637

- dem Besteller der Anspruch auf Nacherfüllung gemäß § 640 Abs. 2 BGB wegen vorbehaltloser Abnahme nicht zusteht:
- dem Unternehmer ein Leistungsverweigerungs- oder Zurückbehaltungsrecht zusteht, § 320 BGB, § 273 BGB;
- der Unternehmer die Nacherfüllung nicht vornehmen kann, weil der Besteller seiner Mitwirkungspflicht nicht nachkommt;
- der Anspruch auf Nacherfüllung untergegangen ist, weil der Besteller von einem Gestaltungsrecht Gebrauch gemacht hat, vgl. § 281 Abs. 4 BGB.

Der Nachbesserungsanspruch des Bestellers erlischt ebenfalls, wenn dieser von den in § 634 BGB aufgelisteten Mängelrechten den mangelbedingten Schadensersatzanspruch geltend macht; in diesem Falle erlischt neben dem Nachbesserungsanspruch nach §§ 634 Nr. 1, 635 BGB auch der Ersatzvornahmeanspruch aus §§ 634 Nr. 2, 637 BGB nebst des Vorschussanspruchs hinsichtlich der Kosten der Ersatzvornahme (vgl. OLG Düsseldorf, Urteil vom 10.05.2016 – 21 U 180/15; Palandt/Sprau, BGB, 80. Aufl. 2021, Rdn. 11 zu § 634). Ein Umsteigen vom mangelbedingten, auf Zahlung der für die Beseitigung der Mängel anfallenden Kosten gerichteten Schadensersatzanspruch (zurück) auf den Kostenvorschussanspruch ist nicht möglich, umgekehrt indessen wohl (vgl. vgl. OLG Düsseldorf, Urteil vom 10.05.2016 – 21 U 180/15).

III. Angemessene Frist für die Nacherfüllung

12 Der Besteller kann die Voraussetzungen für das Selbstvornahmerecht unabhängig davon schaffen, ob den Unternehmer ein Verschulden daran trifft, dass er seine Mängel nicht beseitigt hat. § 637 BGB knüpft das Selbstvornahmerecht allein an den Ablauf der angemessenen Frist. Insoweit entspricht die Regelung derjenigen des § 13 Abs. 5 Nr. 2 VOB/B. Diese Angleichung an die Regelung der VOB/B ist sachgerecht, wie die Gesetzesbegründung zutreffend hervorhebt (RegEntw., BR-Drucks. 338/01, S. 628). Der Besteller kann in der Regel nicht beurteilen, ob der Unternehmer die ausgebliebene Nacherfüllung zu vertreten hat. Aufgrund der durch den Mangel und den Fristablauf zu Tage getretenen objektiven Unzuverlässigkeit des Unternehmers wird der Besteller nicht mehr das Vertrauen haben, dass der Unternehmer die erforderliche Nachbesserung ordnungsgemäß ausführen wird. Der Besteller hat deshalb bereits nach Fristablauf ein berechtigtes Interesse, selbst den Mangel zu beseitigen. Zu den Einzelheiten der Rechtsfolge der gesetzten Nachbesserungsfrist vgl. → § 634 BGB Rdn. 21 ff.).

1. Fristsetzung vor Fälligkeit

13 Die Voraussetzungen für das Selbstvornahmerecht können nach der hier vertretenen Auffassung ausnahmsweise vor der Abnahme der Werkleistung geschaffen werden (vgl. → § 634 BGB Rdn. 8 ff.), insbesondere also auch dann, wenn die Abnahme wegen des Mangels verweigert wird. Unklar ist jedoch, inwieweit eine wirksame Fristsetzung bereits vor Ablauf der Fertigstellungsfrist möglich ist (vgl. → § 634 BGB Rdn. 13 ff.). Da der Nacherfüllungsanspruch die Fälligkeit des Erfüllungsanspruchs voraussetzt, kann grundsätzlich nicht vor der Fälligkeit des Erfüllungsanspruchs Nacherfüllung verlangt werden. Das bedeutet, dass eine Frist zur Nacherfüllung grundsätzlich nicht vor dem vereinbarten Fälligkeitsdatum oder dem sich aus § 271 BGB ergebenden Fälligkeitsdatum für das Werk oder das jeweilige Teilgewerk enden darf. Eine Ausnahme dürfte dann anzunehmen sein, wenn dem Besteller ein Warten auf den Ablauf der Vertragsfrist nicht zuzumuten ist. Das kann der Fall sein, wenn der Mangel bei einem Gewerk entsteht, auf das andere Gewerke aufbauen. Das Selbstvornahmerecht entsteht auch vor Eintritt der Fälligkeit, wenn der Unternehmer die Mängelbeseitigung ernsthaft und endgültig verweigert (BGH, Urt. v. 16.11.1993 – X ZR 7/92 = BauR 1994, 242).

2. Aufforderung zur Nacherfüllung

14 Die angemessene Frist für die Nacherfüllung ist verbunden mit der Aufforderung zur Mängelbeseitigung. Die Aufforderung zur Mängelbeseitigung muss die Mängel so genau bezeichnen, dass der Unternehmer in der Lage ist, zu erkennen, was von ihm verlangt wird. Der Besteller ist daher nicht gehalten, die Mangelursachen im Einzelnen zu bezeichnen (stetige Rechtsprechung, vgl. zuletzt BGH, Beschl. v. 4.11.2020 – VII ZR 261/18 m.w.N.). Es gilt die Symptomtheorie → § 634 BGB Rdn. 18 ff. sowie zur Verjährungshemmung → § 634a BGB Rdn. 80. Danach reicht die ausreichend genaue Bezeichnung der Mangelerscheinungen aus.

Ausreichend ist auch die Bezugnahme auf bereits erfolgte Rügen, etwa in Baustellenprotokollen, vorprozessualen Schreiben (vgl. BGH, Urt. v. 3.12.1998 – VII ZR 405/97, BauR 1999, 391) oder Sachverständigengutachten, wenn diese den Mangel deutlich genug bezeichnen (BGH, Urt. v. 11.11.1999 – VII ZR 403/98, BauR 2000, 411; Urt. v. 9.10.2008 – VII ZR 80/07). Ausreichend ist es auch, wenn der Unternehmer aus vorangegangener Korrespondenz oder Besprechung Kenntnis davon hat, um welche Mängel es dem Besteller bei der Aufforderung zur Nacherfüllung geht. Hat der Unternehmer Zweifel daran, welche Mängel gemeint sind, ist im Rahmen des Kooperationsgebotes verpflichtet, dies dem Besteller unverzüglich, insbesondere zeitlich ausreichend vor dem Ablauf der ihm gesetzten Frist anzeigen. Keinesfalls darf er in einem solche Fall passiv bleiben und die Frist ignorieren. In einem solchen Fall wird er auf der Verletzung seiner Kooperationspflicht so gestellt, wie er stünde, wenn die Bezeichnung der Mängel in der Aufforderung des Bestellers ausreichend präzise gewesen wäre.

Problematisch kann eine Aufforderung sein, die vom Unternehmer mehr verlangt, als er vertraglich schuldet. Anwendbar sind die von der Rechtsprechung entwickelten Grundsätze zur Wirksamkeit einer Mahnung, die eine Zuvielforderung enthält. Danach kommt es darauf an, ob der Besteller mit einer Zuvielforderung auch zur Bewirkung der tatsächlich geschuldeten Leistung aufforderte und diese hinzunehmen bereit war. Die Signalwirkung der Mahnung oder Fristsetzung erreicht den Werkunternehmer nur dann, wenn er die Erklärung des Bestellers als Aufforderung zur Bewirkung der tatsächlich geschuldeten Leistung verstehen muss. Weiter darf die Zuvielforderung des Bestellers auch nicht als Zurückweisung des geschuldeten Maßes der Mängelbeseitigung zu verstehen sein. Denn sonst hat der Werkunternehmer keine Veranlassung, die geschuldete Mängelbeseitigung zu leisten. Bei der Anwendung der Grundsätze zur Unwirksamkeit der Mahnungen wegen Zuvielforderung im Werkvertragsrecht ist jedoch auf die Besonderheiten des Rechtsgebietes Rücksicht zu nehmen. Es kommt auch auf das Ausmaß der Zuvielforderung an, jedoch ist Zurückhaltung bei der Annahme einer Zuvielforderung geboten. Der Besteller wird Nachbesserungen, die ihm die vertragliche Nutzung des Werks gestatten, in der Regel auch dann nicht zurückweisen, wenn er meint, noch mehr verlangen zu können (BGH, Urt. v. 5.10.2005 – X ZR 276/02). **15**

3. Fristbestimmung

Die Aufforderung zur Mängelbeseitigung muss mit einer Fristbestimmung verbunden sein. Eine Fristbestimmung kann ausdrücklich erfolgen, sie kann sich aber auch aus den Umständen ergeben. Es reicht jede Aufforderung aus, aus der sich ergibt, dass der Besteller nach Ablauf einer bestimmten Zeit nicht mehr bereit ist, den Mangelzustand hinzunehmen und gewillt ist, die ihm nach dem Gesetz zustehenden Mängelrechte geltend zu machen. Die Aufforderung, die Mängelbeseitigung unverzüglich zu erbringen, kann bedeuten, dass diese in angemessener Frist zu erbringen ist (BGH, Urt. v. 13.12.2001 – VII ZR 432/00; RGZ 75, 354, 357). Für eine Fristsetzung genügt es, wenn der Gläubiger durch das Verlangen nach sofortiger, unverzüglicher oder umgehender Leistung oder durch vergleichbare Formulierungen deutlich macht, dass dem Schuldner für die Erfüllung nur ein begrenzter (bestimmbarer) Zeitraum zur Verfügung steht. Der Angabe eines bestimmten Zeitraums oder eines bestimmten (End-)Termins bedarf es nicht (vgl. BGH, Urteil vom 18.3.2015 – VIII ZR 176/14). wenn der Gläubiger durch das Verlangen nach sofortiger, unverzüglicher oder umgehender Leistung oder durch vergleichbare Formulierungen – hier ein Verlangen nach schneller Behebung gerügter Mängel – deutlich macht, dass dem Schuldner für die Erfüllung nur ein begrenzter (bestimmbarer) Zeitraum zur Verfügung steht. Ergibt sich dabei aus den Gesamtumständen, dass ein ernsthaftes Nacherfüllungsverlangen vorliegt, schadet es auch nicht, dass dieses in die höfliche Form einer „Bitte" gekleidet ist (vgl. BGH, Urteil vom 13.07.2016 – VIII ZR 49/15). Zweifelhaft ist deshalb die Entscheidung des Kammergerichts (IBR 2010, 562) wonach die Aufforderung zur schnellstmöglichen Reparatur nicht ausreichen soll. Die Formulierung in einem Schreiben zur Bestimmung eines Termins zur Abnahme, wonach für den Fall, dass im Abnahmetermin Mängel festgestellt würden, der Auftraggeber sich die Geltendmachung von Rechten vorbehält, steht einer Fristsetzung zur Nacherfüllung indes nicht gleich (vgl. OLG München, Urteil vom 13.3.2012 – 9 U 2658/11 Bau). **16**

4. Angemessene Frist

Welche Frist angemessen ist, bestimmt sich nach den Umständen des Einzelfalles. Sie muss so bemessen sein, dass der Schuldner in der Lage ist, den Mangel zu beseitigen. Angemessen ist die Frist, wenn während ihrer Dauer die Mängel unter größten Anstrengungen des Unter- **17** nehmers beseitigt werden können (BGH, Urt. v. 11.6.1964 – VII ZR 216/62 n.v.; RegEntw., BR-Drucks. 338/01, S. 315). Eine angemessene Nachfrist braucht regelmäßig nur den Bruchteil einer Hauptherstellungsfrist zu betragen. Denn sie hat nicht den Zweck, den Schuldner in die Lage zu versetzen, nun erst die Bewirkung seiner Leistung in die Wege zu leiten, sondern sie soll ihm nur noch eine letzte Gelegenheit geben, die Erfüllung zu vollenden (BGH, Urt. v. 13.4.1961 – VII ZR 109/60 n.v.; OLG Stuttgart BauR 2003, 108).

18 Erweist sich die Frist als unangemessen kurz, ist die Fristsetzung nicht unwirksam. Entsprechend der ständigen Rechtsprechung zum alten Recht (BGH, Urt. v. 1.10.1970 – VII ZR 224/68, WM 1970, 1421; Urt. v. 24.6.1986 – X ZR 16/85, WM 1986, 1255) läuft eine angemessene Frist, nach deren Ablauf die Rechte geltend gemacht werden können. Etwas anderes gilt für den seltenen Ausnahmefall, dass der Gläubiger von vornherein zu erkennen gegeben hat, dass er die Leistung nach der von ihm gesetzten, zu kurzen Frist endgültig ablehnen werde (BGH, Urt. v. 1.10.1970 – VII ZR 224/68, WM 1970, 1421; Urt. v. 24.6.1986 – X ZR 16/85, WM 1986, 1255). Bei der Frist zur Beseitigung des Mangels handelt es sich nicht um eine Beginnfrist, sondern um eine Vornahmefrist. Folglich ist eine angemessene Frist erfolglos abgelaufen, wenn der Mangel bis zum Ablauf der Frist nicht vollständig beseitigt worden ist (vgl. OLG Oldenburg, Urteil vom 14.05.2021 – 2 U 122/20).

19 Nicht ausreichend ist grundsätzlich eine Frist zur Aufnahme der Arbeiten und zum Nachweis der Beauftragung eines Drittunternehmers (BGH, Urt. v. 23.2.2006 – VII ZR 84/05; Knütel, BauR 2002, 689, 690). Allerdings ist eine derartige Fristsetzung nicht völlig ohne Bedeutung. Ist der für Mängelbeseitigung erforderliche Zeitraum nur schwer abschätzbar, weil es sich um umfangreiche Maßnahmen handelt und reagiert der Unternehmer auf die Frist zur Aufnahme der Arbeiten nicht, so ist es dem Besteller häufig nicht zumutbar, noch zu warten, weil dieses Verhalten den Eindruck rechtfertigen kann, der Unternehmer werde sich seiner Pflicht zur Mängelbeseitigung entziehen. Dann ist eine weitere Fristsetzung nicht notwendig (BGH, Urt. v. 8.7.1982 – VII ZR 301/80, BauR 1982, 496; BGH, Urt. v. 23.2.2006, a. a. O.).

20 Den gesetzlichen Anforderung wird grundsätzlich auch nicht durch eine Aufforderung genügt, nach der sich der Unternehmer binnen einer bestimmten Frist dazu äußern soll, ob er bereit ist, die Mängel binnen einer bestimmten Frist zu beseitigen oder mit der Mängelbeseitigung zu einem bestimmten Termin zu beginnen (BGH, Urt. v. 16.9.1999 – VII ZR 456/98, BauR 2000, 98; vgl. auch BGH, Urt. v. 27.11.2003 – VII ZR 93/01). Auch eine Frist zur Unterbreitung von Lösungsvorschlägen hat keine ausreichende Warnfunktion (OLG Düsseldorf BauR 2001, 645). Aber auch in diesen Fällen kann sich aus einem unkooperativen Verhalten des Unternehmers ergeben, dass er zur Mängelbeseitigung ohnehin nicht bereit ist oder es dem Besteller nicht zuzumuten ist, eine Mängelbeseitigung durch diesen Unternehmer noch vornehmen zu lassen (vgl. z. B. BGH, Urt. v. 26.6.1969 – VII ZR 91/67). Insgesamt ist in allen Fällen, in denen der Unternehmer die Mängel nicht beseitigt und die Voraussetzungen einer wirksamen Fristsetzung insbesondere aus formalen Gründen nicht vorliegen, zu prüfen, ob eine fehlgeschlagene Nachbesserung vorliegt, so dass die Fristsetzung ohnehin entbehrlich ist → Rdn. 29.

5. Fruchtloser Ablauf der Frist

21 Ist eine Mängelbeseitigung vom Besteller vorgenommen worden, ohne dass dem Unternehmer eine angemessene Frist gesetzt worden ist und die Fristsetzung auch nicht entbehrlich war, so scheiden sämtliche Erstattungsansprüche, gleich aus welchem Rechtsgrund, aus (vgl. → Rdn. 3 ff.). Das gilt auch, wenn der Besteller die Mängelbeseitigung vor Ablauf der Frist vornimmt und kein Grund vorliegt, der es ihm erlaubt bereits vor Ablauf der Frist mit der Selbstvornahme zu beginnen. Ein solcher Grund liegt aber vor, wenn der Unternehmer trotz Fristbeginns noch keine Anstalten zur Mängelbeseitigung gemacht hat und abzusehen ist, dass er die Frist nicht einhalten wird. Ebenso führt es zum Verlust der Erstattungsansprüche, wenn der Besteller während der Frist die Arbeiten endgültig ablehnt, ohne dass die erwähnten Ausnahmen vorliegen (BGH, Urt. v. 24.6.1984 – X ZR 16/85, WM 1986, 1255, 1257), also ein Abwarten der Frist z. B. unzumutbar war (BGH, Urt. v. 12.9.2002 – VII ZR 344/01, BauR 2002, 1847).

6. Keine Ablehnungsandrohung notwendig

22 Nach dem klaren Wortlaut sowohl des § 13 Abs. 5 Nr. 2 VOB/B als auch der §§ 634 Nr. 2, 637 BGB entsteht das Selbstvornahmerecht des Bestellers nach fruchtlosem Ablauf einer dem

Selbstvornahme   **§ 637**

Unternehmer gesetzten Frist, ohne dass es einer Ablehnungsandrohung durch den Besteller bedarf (vgl. BGH, Urt. 11.9.2012 – XI ZR 56/11; BGH, Urt. v. 27.2.2003 – VII ZR 338/01).

C. Entbehrlichkeit der Fristsetzung

In dem in Bezug genommenen § 323 Abs. 2 BGB werden die Tatbestände aufgelistet, nach 23
denen eine Fristsetzung entbehrlich ist. Zusammen mit § 637 Abs. 2 BGB ist die Fristsetzung entbehrlich wenn,

1. der Schuldner die Leistung ernsthaft und endgültig verweigert,
2. der Schuldner die Leistung zu einem im Vertrag bestimmten Termin oder innerhalb einer bestimmten Frist nicht bewirkt und der Gläubiger im Vertrag den Fortbestand seines Leistungsinteresses an die Rechtzeitigkeit gebunden hat oder
3. besondere Umstände vorliegen, die unter Abwägung der beiderseitigen Interessen den sofortigen Rücktritt rechtfertigen,
4. die Nacherfüllung fehlgeschlagen ist,
5. die Nacherfüllung dem Besteller unzumutbar ist.

Damit wird im Wesentlichen die Rechtsprechung des Bundesgerichtshofs zur Entbehrlichkeit der Fristsetzung fest geschrieben.

I. Endgültige Leistungsverweigerung

Es entspricht ständiger Rechtsprechung, dass eine Fristsetzung entbehrlich ist, wenn sie reine 24
Förmelei wäre. Das ist der Fall, wenn der Schuldner die Leistung bereits ernsthaft und endgültig verweigert hat. Das muss nicht ausdrücklich geschehen, sondern kann auch durch schlüssiges Verhalten zum Ausdruck gebracht werden. Hierzu ist das gesamte Verhalten des Unternehmers zu würdigen, nicht zuletzt seine spätere Einlassung im Prozess. Die Frage, ob das Bestreiten der Mängel im Prozess eine endgültige Verweigerung der Mängelbeseitigung bedeutet, hängt von den Umständen ab. Die Gesamtumstände des Falles müssen die Annahme rechtfertigen, dass der Unternehmer endgültig seinen Vertragspflichten nicht nachkommen will, so dass es ausgeschlossen erscheint, er werde sich von einer Fristsetzung umstimmen lassen (vgl. OLG München, Urteil vom 13.3.2012 – 9 U 2658/11 Bau; zur Fristsetzung mit Ablehnungsandrohung: BGH, Urt. v. 12.1.1993 – X ZR 63/91, NJW-RR 1993, 882, 883; Urt. v. 7.3.2002 – III ZR 12/01, ZIP 2002, 761; zum neuen (Kauf) Recht: BGH, Urt. v. 21.12.2005 – VIII ZR 49/05). Grundsätzlich muss davon ausgegangen werden, dass sich derjenige, der sich auf Gewährleistung verklagen lässt, nicht durch eine Fristsetzung dazu gebracht werden kann, die Mängel zu beseitigen. Der Klage dürfte eine weitaus größere Warnfunktion zukommen als die Fristsetzung. Daraus folgt, dass eine Fristsetzung grundsätzlich entbehrlich ist, wenn der Besteller auf Vorschuss oder auf Schadensersatz statt der Leistung klagt, wenn die Mängel noch vorhanden sind, der Unternehmer im Prozess jedoch seine Mängelbeseitigungspflicht verneint, etwa weil er die Mängel bestreitet oder rechtliche Argumente gegen seine Verpflichtung erhebt, z. B. die Einrede der Verjährung (BGH, Urt. v. 5.12.2002 – VII ZR 360/01; vgl. auch OLG Koblenz, IBR 2005, 12; OLG Rostock, BauR 2006, 1481). In einem Fall, in dem die Verjährungseinrede nur für den Fall erhoben wird, dass eine Fristsetzung wirksam sein sollte und der Unternehmer durch Vornahme der Mängelbeseitigungsarbeiten zu erkennen gegeben hat, dass er sich der Mängelbeseitigungspflicht nicht entzieht (besondere Situation bei Mängel am Gemeinschaftseigentum und Streit über die Berechtigung einzelner Eigentümer) oder der Unternehmer alsbald das Bestreiten seiner Mängelbeseitigungspflicht aufgibt (vgl. BGH, Urt. v. 24.10.1990 – VIII ZR 305/89, NJW-RR 1991, 822), kann ausnahmsweise eine Fristsetzung erforderlich sein. Nach OLG Hamm (NJW-RR 2006, 166, 167) soll eine endgültige Mängelbeseitigungsverweigerung nicht vorliegen, wenn der Unternehmer zwar die von dem Besteller geforderte Mängelbeseitigungsmaßnahme ablehnt, jedoch eine nach seiner Auffassung geeignete Maßnahme anbietet, die auf eine gutachterliche Stellungnahme stützt. Aus diesem Einzelfall kann jedoch nicht geschlossen werden, dass bei Streit über die geeignete Sanierungsmaßnahme eine Fristsetzung niemals entbehrlich wäre. Maßgeblich ist allein, ob die Fristsetzung den Unternehmer hätte veranlassen können, die Mängelbeseitigung vorzunehmen. Steht fest, dass er die geschuldete Maßnahme nicht erbracht hätte, weil er eine andere

§ 637

Maßnahme für ausreichend gehalten hätte, ist die Fristsetzung entbehrlich. Das Risiko seiner Fehleinschätzung trägt der Unternehmer.

25 Anders können die Fälle zu beurteilen sein, in denen der Besteller eine Frist nicht setzt und die Mängel durch einen Drittunternehmer beseitigen lässt, um dann die Kosten einzuklagen. Verteidigt sich der Unternehmer damit, die Mängel hätten nicht vorgelegen, kann das ein so genanntes taktisches Bestreiten sein. Allerdings kann aus diesem Bestreiten auch der Schluss gezogen werden, der Unternehmer hätte sich ebenso verhalten, wenn er mit dem Mängelbeseitigungsanspruch konfrontiert worden wäre. Das wird sogar in vielen Fällen geboten sein. Gleichwohl bleibt die Möglichkeit, dass der Unternehmer sich seinerzeit anders verhalten hätte und die Mängel beseitigt hätte. Dann ist die Fristsetzung nicht entbehrlich gewesen. Das gilt insbesondere in dem Fall, dass der Unternehmer überhaupt keine Gelegenheit hatte, den behaupteten Mangel zu prüfen (vgl. z.B. BGB, Urt. 21.12.2005 – VIII ZR 49/05).

26 Eine endgültige Mängelbeseitigungsverweigerung kann auch zu verneinen sein, wenn der Unternehmer die Mängel nicht bestreitet, sondern nur die von dem Besteller gewünschte Art der Nachbesserung, weil er mit guten Gründen eine andere Nachbesserung für ebenso vertragsgerecht hält (vgl. BGH, Urt. v. 27.11.2003 – VII ZR 93/01). Anders kann das schon dann liegen, wenn die vom Unternehmer angebotene Mängelbeseitigung ersichtlich unzureichend ist, weil sie nicht den vertraglich geschuldeten Erfolg, sondern nur einen mindere Leistung herbeiführt oder weil der Unternehmer nicht bereit ist, alle gerügten Mängel zu beseitigen, sondern nur diejenigen, die nicht kostenträchtig sind (vgl. auch OLG Düsseldorf, IBR 2010, 618, 674). Eine endgültige Verweigerung liegt auch vor, wenn der Unternehmer an die Mängelbeseitigung nach seiner Auffassung unabdingbare Bedingungen stellt, wie z.B. die Forderung einer ihm nicht zustehenden Abschlagszahlung oder einer Sicherung. Ist der Bauunternehmer nur bereit, die Mängel zusammen mit anderen nach seiner Auffassung dafür Verantwortlichen zu beheben, so kommt das dem Bauherrn gegenüber einer Weigerung gleich (BGH, Urt. v. 23.3.1976 – VII ZR 104/74). Ist das Verhalten des Unternehmers noch nicht eindeutig als endgültige Weigerung einzuordnen, kann sich die endgültige Weigerung daraus ergeben, dass der Besteller dem Unternehmer schreibt, er verstehe dessen Verhalten als endgültige Weigerung und gehe davon aus, dass eine Fristsetzung zur Mängelbeseitigung erübrige, so dass er ohne weiteres zur Selbstvornahme schreiten könne. Widerspricht der Unternehmer dem nicht, so kann er sich hinterher nicht darauf berufen, es fehle an einer Fristsetzung (vgl. BGH, Urt. v. 25.3.1976 – VII ZR 259/75).

II. Fixgeschäft

27 Eine Fristsetzung ist entbehrlich, wenn der Schuldner die Leistung zu einem im Vertrag bestimmten Termin oder innerhalb einer bestimmten Frist nicht bewirkt und der Gläubiger im Vertrag den Fortbestand seines Leistungsinteresses an die Rechtzeitigkeit der Leistung gebunden hat. Damit ist der Fall des Fixgeschäfts im Sinne des alten § 361 BGB geregelt (RegEntw., BR-Drucks. 338/01, S. 430). Hat der Gläubiger infolge der Überschreitung des fixen Termins kein Interesse mehr an der Leistung und hat er dies vertraglich abgesichert, wäre eine Fristsetzung reine Förmelei. Sie ist entbehrlich. Allerdings hat der Gläubiger in diesen Fällen in der Regel überhaupt kein Interesse mehr an der Leistung, so dass eine Selbstvornahme dann auch ausscheidet. Entgegen Knütel (BauR 2002, 689, 692) liegt ein Fixgeschäft in diesem Sinne nicht schon dann vor, wenn fixe Termine für bestimmte Bauabschnitte vereinbart werden. Denn das bedeutet noch nicht den Entfall des Leistungsinteresses des Gläubigers nach Ablauf des Fixtermins. Unverständlich ist der Hinweis von Knütel darauf, der Unternehmer könne bei einer berechtigten Ersatzvornahme einen Behinderungsschaden geltend machen. Das kann er nicht, weil er die Behinderung durch die Selbstvornahme dann zu vertreten hat.

III. Besondere Umstände

28 Besondere Umstände im Sinne von Nr. 3 liegen vor, wenn das Vertrauen in die Leistungsbereitschaft oder Leistungsfähigkeit des Unternehmers aufgrund seines Verhaltens bei der Vertragsabwicklung nicht mehr besteht (vgl. BGH, Urt. v. 10.6.1974 – VII ZR 4/73, WM 1974, 932). In diesem Fall ist die Nacherfüllung dem Besteller auch nicht zumutbar. Ein besonderer Umstand im Sinne der Nr. 3 lässt sich nicht ohne weiteres daraus ableiten, dass die Mängelbeseitigungskosten unverhältnismäßig hoch sind. Der Besteller kann nicht ohne weiteres davon ausgehen, dass der Unternehmer die Mängelbeseitigungskosten verweigern würde, um dann

Selbstvornahme **§ 637**

nach Selbstvornahme ohne Fristsetzung eine Minderung vorzunehmen. Denn der Einwand der unverhältnismäßigen Kosten ist eine Einrede des Unternehmers, die dieser ausüben kann aber nicht muss. Diese Wahl muss ihm belassen werden (BGH, Urt. v. 21.12.2005 – VIII ZR 49/05). Etwas anderes kann allerdings gelten, wenn von vornherein feststeht, dass der Unternehmer die Mängelbeseitigung wegen unverhältnismäßig hoher Kosten verweigert hätte.

IV. Fehlgeschlagene Nachbesserung

Besonders erwähnt ist der Fall der fehlgeschlagenen Nachbesserung. Der Begriff der fehlgeschlagenen Nachbesserung ist aus § 11 Nr. 10 b) AGBG bekannt. Die dazu ergangene Rechtsprechung kann herangezogen werden. Die wesentlichen Erscheinungsformen des Fehlschlagens sind die objektive oder subjektive Unmöglichkeit, die Unzulänglichkeit, die unberechtigte Verweigerung, die ungebührliche Verzögerung und der misslungene Versuch der Nachbesserung (BGH, Urt. v. 2.2.1994 – VII ZR 262/92, NJW 1994, 1004). Besonders erwähnt wird in der Begründung (RegEntw., BR-Drucks. 338/01, S. 520), dass von einer fehlgeschlagenen Nachbesserung künftig auch ausgegangen werden müsse, wenn der Verkäufer (Unternehmer) trotz Aufforderung durch den Käufer (Besteller) die Nacherfüllung nicht in angemessener Frist vorgenommen hat, auch wenn eine Fristsetzung durch den Käufer im Einzelfall mit der Aufforderung nicht verbunden war. Außerdem soll eine Nachbesserung auch dann fehlgeschlagen sein, wenn eine Frist gesetzt worden ist und vor Ablauf der Frist feststeht, dass die Frist nicht eingehalten werden kann (Gegenäußerung Nr. 134; vgl. auch BGH, Urt. v. 12.9.2002 – VII ZR 344/01; BGH, Urt. v. 10.6.1974 – VII ZR 4/73, BauR 1975, 137). Aus diesem Grund wurde auf eine dem § 323 Abs. 4 BGB entsprechende Lösung verzichtet. Ähnlich können die Fälle zu beurteilen sein, in denen der Unternehmer auf eine Aufforderung mit den Arbeiten zu beginnen oder sich binnen einer bestimmten Frist zu seiner Bereitschaft, die Mängel zu beseitigen, nicht erklärt. 29

Wann eine Nachbesserung eines Bauwerks sonst fehlgeschlagen ist, hängt von den Umständen des Einzelfalles ab. Das kann je nach den Umständen schon nach einem einmaligen Nachbesserungsversuch der Fall sein, kann jedoch auch dann erst der Fall sein, wenn mehrere Versuche stattgefunden haben (vgl. BGH, Urt. v. 6.5.1982 – VII ZR 74/81, BauR 1982, 493: 2 Versuche; BGH, Urt. v. 16.10.1984 – X ZR 86/83, BauR 1985, 83: 9 Versuche müssen nicht hingenommen werden). Die im Kaufrecht in § 440 Satz 2 BGB eingeführte widerlegliche Vermutung, nach der die Nacherfüllung nach dem zweiten erfolglosen Versuch als fehlgeschlagen gilt, wurde im Werkvertragsrecht nicht übernommen und ist auch nicht analog anwendbar (Wagner, ZfIR 2002, 353, 356; BauR 2002, 841, 851). Denn der Werkvertrag enthält mit seiner jeweils individuellen Herstellungspflichten andere Risiken und Möglichkeiten als der Kaufvertrag. Soweit die Regelung des § 440 Satz 2 BGB als Anhaltspunkt für die Anzahl der zumutbaren Nachbesserungsversuche genommen wird (Nachweise bei Dauner-Lieb/Dötsch, NZBau 2004, 233, 234 Fn. 12) ist das schon deshalb nicht zu beanstanden, weil auch nach der früheren Rechtsprechung nur sehr beschränkt mehrere Nachbesserungsversuche zugelassen wurden (vgl. nur BGH, Urt. v. 5.5.1969 – VII ZR 26/69), führt jedoch im Einzelfall nicht weiter. 30

Um die Entbehrlichkeit einer Fristsetzung darzutun, müssen konkrete Mängel benannt werden und zu jedem Mangel der Zeitpunkt der Rüge und die daraufhin erfolgte Tätigkeit des Auftragnehmers vorgetragen werden, um die genaue Zahl, Art und Schwere von Mängeln und die Reaktion des Auftragnehmers beurteilen und daraus rechtliche Schlussfolgerungen ziehen zu können. Floskelartige allgemeine Mängelbehauptungen reichen hierzu nicht aus (vgl. OLG München, Urteil vom 13.3.2012 – 9 U 2658/11 Bau). 31

V. Unzumutbare Nachbesserung

Die Begründung zum SRMG weist darauf hin, dass ein Fall, in dem die Nacherfüllung unzumutbar ist, nicht häufig in Betracht kommen wird. Sie könne sich nur auf die Unzumutbarkeit der Nacherfüllung gerade durch den Werkunternehmer beziehen (RegEntw., BR-Drucks. 338/01, S. 629). Dazu ist zu sagen, dass die Fälle der Unzumutbarkeit der Nacherfüllung durch den beauftragten Werkunternehmer in der Praxis entgegen der Begründung eine recht große Rolle gespielt haben. Darunter fallen alle diejenigen Fälle, in denen der Unternehmer durch sein vorheriges Verhalten das Vertrauen in seine Leistungsfähigkeit oder Leistungsbereitschaft derart erschüttert hat, dass es dem Besteller nicht zumutbar ist, diesen Unternehmer noch mit 32

§ 637

der Nacherfüllung zu befassen (BGH, Urt. v. 8.12.1966 – VII ZR 144/64, BGHZ 46, 242). Dazu gehört auch der Fall, dass die Mängel so zahlreich und gravierend sind, dass das Vertrauen in die Leistungsfähigkeit des Unternehmers zu Recht nicht mehr besteht (vgl. z. B. BGH, Urt. v. 7.3.2002 – III ZR 12/01, ZIP 2002, 761; Urt. v. 6.5.1968 – VII ZR 33/66, BGHZ 50, 160). Eine Unzumutbarkeit kann auch dadurch begründet werden, dass der Unternehmer auf die berechtigten Mängelrügen des Bestellers überhaupt nicht reagiert (BGH, Urt. v. 8.7.1982 – VII ZR 301/80, BauR 1982, 296) oder der Besteller so unter Zeitdruck steht, so dass es nicht zumutbar ist, den Unternehmer noch zur Nachbesserung heranzuziehen. Ein solcher Fall kann vorliegen, wenn der Besteller anlässlich eigener Sanierungsmaßnahmen Mängel des Gewerks des Unternehmers feststellt und diese dann mit erledigen lässt, weil die Gesamtmaßnahme eilig ist (BGH, Urt. v. 15.1.2002 – X ZR 233/00, BauR 2002, 940). Dagegen ist die Insolvenz allein kein Grund für die Entbehrlichkeit einer Fristsetzung. Nach Gerichtsentscheidungen (OLG Düsseldorf, NJW-RR 1993, 1110; OLG Celle, BauR 1995, 856) ist eine Fristsetzung grundsätzlich auch dann notwendig, wenn der Unternehmer in Insolvenz gefallen ist. Dem Insolvenzverwalter steht grundsätzlich die Entscheidung darüber zu, ob er die vertraglichen Pflichten des Gemeinschuldners erfüllen will. Eine Fristsetzung ist jedoch auch in diesem Fall entbehrlich, wenn feststeht, dass der Insolvenzverwalter keine Erfüllung gewählt hätte. Das kann angenommen werden, wenn der Insolvenzverwalter mangels Masse gar nicht in der Lage war, die Mängel zu beseitigen oder wenn er die Mängelbeseitigung abgelehnt hätte, weil diese unwirtschaftlich wäre (vgl. OLG Düsseldorf a. a. O.; vgl. auch KG, IBR 2011, 135).

33   Ein besonderer Fall, der die Unzumutbarkeit begründet, liegt vor, wenn der Hauptunternehmer insolvent ist und dem Auftraggeber des Hauptunternehmers wegen der Mängel an dem Bauwerk nur eine Insolvenzforderung zusteht. In diesem Fall kann der Insolvenzverwalter des Hauptunternehmers vom Nachunternehmer ohne weiteres Minderung verlangen. Das hat der IX. Zivilsenat für einen VOB-Vertrag unter Berufung auf § 13 Nr. 6 VOB/B entschieden (BGH, Urt. v. 10.8.2006 – IX ZR 28/05), kann dann aber im BGB-Vertrag nicht anders beurteilt werden. Der maßgebliche Grund ist nach der Entscheidung des BGH der Schutz der Masse. Dieser sollen die Mängelbeseitigungskosten zufließen, damit eine gleichmäßige Verteilung an alle Gläubiger stattfinden kann. Es soll vermieden werden, dass die Nachbesserung des Nachunternehmers den Auftraggeber vor den anderen Gläubigern bevorteilt. Denn der Auftraggeber würde davon in vollem Umfang und nicht nur in Höhe seiner Quote profitieren. Weise (NJW-Spezial 2006, 455) weist darauf hin, dass der Fall möglicherweise anders zu beurteilen wäre, wenn der Auftraggeber des Hauptunternehmers ohne die Nachbesserung des Nachunternehmers eine Gewährleistungsbürgschaft in Anspruch genommen hätte und der Generalunternehmer dem Bürgen seinerseits Sicherheit geleistet hat. Denn dann würde die Nachbesserung des Nachunternehmers dazu führen, dass die Sicherheit an die Masse zurückfließt. In einem solchen Fall erleidet die Masse durch die Nachbesserung keinen Schaden. Außerdem besteht für den Insolvenzverwalter die Möglichkeit, die gegen den Nachunternehmer gerichtete Forderung auf Nachbesserung an den Besteller zu veräußern. Auch in diesem Fall dürfte eine Benachteiligung der Masse nicht eintreten (vgl. Winter/Bending, BGH-Report, 2006, 1346).

D. Selbstvornahme

34   Der Anspruch aus § 637 Abs. 1 BGB ist auf Erstattung der Aufwendungen für eine durchgeführte Selbstvornahme gerichtet. Voraussetzung ist also, dass der Besteller Aufwendungen abrechnet, die er für die Mängelbeseitigung hatte. Noch nicht entstandene Aufwendungen können nach § 637 Abs. 3 BGB geltend gemacht werden.

E. Erforderliche Aufwendungen

35   Nach dem Gesetz hat der Besteller Anspruch auf Ersatz der für die Nacherfüllung (Mängelbeseitigung) erforderlichen Aufwendungen, § 637 Abs. 1 BGB. Für die Bewertung der Erforderlichkeit ist auf den Aufwand und die damit verbundenen Kosten abzustellen, welche der Besteller im Zeitpunkt der Mängelbeseitigung als vernünftiger, wirtschaftlich denkender Bauherr aufgrund sachkundiger Beratung oder Feststellung aufwenden konnte und musste, wobei es sich um eine vertretbare Maßnahme der Schadensbeseitigung handeln muss (BGH,

Selbstvornahme **§ 637**

Urt. v. 31.1.1991 – VII ZR 63/90, BauR 1991, 329; Urt. v. 29.9.1988 – VII ZR 182/87, BauR 1989, 97, 101; Urt. v. 14.3.1963 – VII ZR 215/61).

I. Erforderliche Aufwendungen dem Grunde nach

Der Besteller hat Anspruch auf Ersatz aller Aufwendungen, die zur ordnungsgemäßen Herstellung des Werkes erforderlich sind. Maßgeblich für den Umfang der Mängelbeseitigung ist das vertraglich geschuldete Werk. Der Erstattungsanspruch beschränkt sich nicht auf die geringeren Kosten einer Ersatzlösung, die den vertraglich geschuldeten Erfolg nicht herbeiführt (BGH, Urt. v. 27.3.2003 – VII ZR 443/01). Der Besteller muss sich auch nicht darauf verweisen lassen, dass der durch eine nicht vertragsgemäße Nacherfüllung verbleibende Minderwert durch einen Minderungsbetrag abgegolten wird (BGH, a.a.O.; Urt. v. 24.4.1997 – VII ZR 110/96, BauR 1997, 638). Dementsprechend kann der Besteller die erforderlichen Aufwendungen auch dann verlangen, wenn sie sehr hoch sind, bis hin zu den Aufwendungen durch eine Neuherstellung des Werkes. Das Korrektiv ist die Möglichkeit des Unternehmers, die Mängelbeseitigung wegen unverhältnismäßig hoher Kosten zu verweigern. In diesem Fall besteht kein Aufwendungsersatzanspruch, § 637 Abs. 1 BGB. Der Besteller muss sich dann mit einer Minderung zufrieden geben, sofern ein Schadensersatzanspruch nicht begründet ist. 36

Kann der Unternehmer die Mängelbeseitigung nicht wegen unverhältnismäßig hoher Kosten verweigern, gibt es keine Begrenzung der Aufwendungen, soweit diese zur Mängelbeseitigung erforderlich waren. Der BGH ist mehrfach den Versuchen entgegengetreten, das Recht des Bestellers auf Erstattung der vollen Kosten zu verkürzen, indem dieser auf die Möglichkeit einer Sanierung verwiesen wird, die den vertraglich geschuldeten Erfolg annähernd, jedoch nicht vollständig herbeiführt, und als Ausgleich noch eine Minderung vorgenommen wird (BGH, a.a.O.). Derartige Lösungen mögen wirtschaftlich sinnvoll sein. Sie stellen auch in vielen Fällen gute Vergleichsvorschläge dar, zumal der Besteller in Grenzfällen immer der Gefahr unterliegt, dass sein Sanierungskonzept unverhältnismäßig teuer ist, so dass er mit einem darauf basierenden Aufwendungsersatzanspruch scheitert. Gegen den Willen des Bestellers kann ihm jedoch keine Sanierung aufgezwungen werden, die den vertraglich geschuldeten Erfolg nicht erreicht, vgl. auch → § 635 BGB Rdn. 23 ff. 37

Der Umfang des Aufwendungsersatzanspruches ergibt sich zunächst aus § 635 Abs. 2 BGB. Danach hat der Unternehmer die zum Zweck der Nacherfüllung erforderlichen Aufwendungen zu tragen, insbesondere Transport-, Wege-, Arbeits- und Materialkosten. Diese Aufzählung ist unvollständig. Der Unternehmer muss alle Kosten tragen, die notwendig sind, um den Mangel zu beseitigen. Die Nachbesserungsverpflichtung erstreckt sich nicht darauf, die eigene mangelhafte Leistung nachträglich in einen mangelfreien Zustand zu versetzen. Sie umfasst alles, was vorbereitend erforderlich ist, um den Mangel an der eigenen Leistung zu beheben. Hinzu kommen die Arbeiten, die notwendig werden, um nach durchgeführter Mängelbeseitigung den davor bestehenden Zustand wiederherzustellen (BGH, Urt. v. 10.4.2003 – VII ZR 251/02; Urt. v. 7.11.1985 – VII ZR 270/83, BGHZ 96, 221 = BauR 1986, 211). Die Kosten für die Beseitigung von Schäden am Eigentum des Bestellers, die durch die Mängelbeseitigung zwangsläufig entstehen, gehören deshalb auch zu den Mängelbeseitigungskosten (BGH, Urt. v. 22.3.1979 – VII ZR 142/78, BauR 1979, 333; Urt. v. 10.4.2003 – VII ZR 251/02). 38

So hat der Bundesgerichtshof die Maurer-, Putz-, Steinemaillier-, Maler, Reinigungs- und Architektenarbeiten, die im Zusammenhang mit der Nachbesserung einer fehlerhaft verlegten Abflussleitung notwendig geworden waren, zu den Aufwendungen gerechnet, welche, wie sich aus dem Umfang der Nachbesserungspflicht ergebe, vom Unternehmer zu tragen seien (BGH, Urt. v. 22.3.1979 – VII ZR 142/78, BauR 1979, 333). Als Mängelbeseitigungskosten hat der Bundesgerichtshof demgemäß in einem Fall, in dem der Unternehmer Isolierungsarbeiten nachzubessern hatte, auch die Aufwendungen für die hierzu erforderlichen Nebenarbeiten bezeichnet, insbesondere für den Ausbau der Kellertüren, der Ölheizung, der Öltanks, der Kellertreppen, Abmontieren und Wiederanbringen der Elektroanschlüsse sowie Anpassen und Wiedereinbau der Kellertüren. Zu den vom Unternehmer zu ersetzenden Kosten wurden ferner die Aufwendungen gezählt, die bei der Nachbesserung von Rohrleitungen durch folgende Nebenarbeiten entstanden waren: Aufspüren der Schadstellen, Freilegung der Leckstellen der Rohre, Wiederherstellung der im Zuge der Mängelbeseitigung aufgerissenen Straßendecken. 39

Zu den erstattungsfähigen Aufwendungen können die Kosten der Untersuchung des Werkes darauf gehören, ob die vom Unternehmer vorgeschlagene Mängelbeseitigung ausreichend ist (OLG Hamm, BauR 1995, 109), wenn der Verdacht besteht, dass das nicht der Fall ist. 40

§ 637

41 Welche Maßnahmen erforderlich sind, um die dargestellten Arbeiten durchzuführen, hängt vom Einzelfall ab. Der Besteller ist berechtigt, die Leistungen durch einen Drittunternehmer durchführen zu lassen. Er muss sie nicht selbst vornehmen. Auch kann die Einschaltung von Planern notwendig sein, ebenso wie die Beauftragung einer Bauüberwachung.

42 Erstattungsfähig sind Kosten für die Erstellung von Gutachten über die Art und Weise der Mängelbeseitigung und auch, soweit diese zur Auffindung des zu beseitigenden Mangels notwendig erscheinen; denn das Verlangen einer Nachbesserung setzt voraus, dass die Schadensursache festgestellt worden ist (BGH, Urt. v. 23.1.1991 – VIII ZR 122/90, BGHZ 113, 252, 261; Urt. v. 17.2.1999 – X ZR 40/96 = NJW-RR 1999, 813). Nicht dagegen fallen darunter die Kosten, um einen Mangel erst aufzuspüren, bzw. ein Objekt außerhalb der Mängelbeseitigung zu überwachen (OLG Köln, Urt. v. 17.5.2000 – 26 U 50/99). Gutachterkosten, die erforderlich sind, um die geeignete Mängelbeseitigungsmaßnahme zu belegen, gehören ebenfalls zu den erstattungsfähigen Aufwendungen. Dagegen sind Gutachterkosten über Ursache und Ausmaß der eingetretenen und vielleicht noch zu erwartenden Mängel als Mangelfolgeschäden einzuordnen und deshalb nach § 280 Abs. 1 BGB zu ersetzen (BGH, Urt. v. 13.9.2001 – VII ZR 392/00). Aus dieser Unterscheidung folgt, dass Kosten für Gutachten, die der Mängelbeseitigung dienen, grundsätzlich erst dann verlangt werden können, wenn der Unternehmer Gelegenheit hatte, den Mangel zu beseitigen. Dagegen sind solche Gutachterkosten ohne Fristsetzung zu erstatten, die dazu dienen und erforderlich sind, den Mangel zu erfassen und die Durchsetzung der Mängelrechte vorzubereiten oder im Falle eines Prozesses zu erleichtern (vgl. BGH, a. a. O.).

43 Aufwendungen für vertraglich vom Unternehmer nicht geschuldete Leistungen sind grundsätzlich nicht erstattungsfähig. Aufwendungen für qualitativ wertvollere Leistungen werden nur in der Höhe erstattet, die für die vertraglich geschuldete Leistung angefallen wäre. Ausnahmsweise können aber auch die Kosten für teureres Material erstattungsfähig sein, wenn für dessen Wahl besondere Gründe gegeben sind (vgl. BGH, Urt. v. 20.11.1986 – VII ZR 360/85, BauR 1987, 207). Hat diese Mängelbeseitigung dem Besteller einen Mehrwert erbracht, ist dieser nach den Grundsätzen der Vorteilsausgleichung abzuziehen (BGH, Urt. v. 14.3.1963 – VII ZR 215/61; Urt. v. 28.2.1974 – VII ZR 127/71). Erforderlich ist allerdings eine wirtschaftlich messbare Wertverbesserung, etwa aufgrund einer längeren Lebensdauer oder eines größeren Ertragswerts des Werks (BGH, Urt. v. 31.1.1991 – VII ZR 63/90, BauR 1991, 329).

44 Zu ersetzen sind die Aufwendungen, die der Besteller bei verständiger Würdigung für erforderlich halten durfte. Der Unternehmer muss nach § 637 Abs. 1 BGB die Aufwendungen für einen zunächst fehlgeschlagenen Mängelbeseitigungsversuch tragen, wenn aus objektiver Sicht dieser Versuch ausreichend erschien. Der Unternehmer trägt demnach das Risiko einer schuldlosen Fehleinschätzung (BGH, Urt. v. 31.1.1991 – VII ZR 63/90, BauR 1991, 329; Urt. v. 27.3.2003 – VII ZR 443/01; OLG Frankfurt, ZfBR 1992, 70; OLG Karlsruhe, BauR 2005, 879, 880).

45 Fehlgeschlagene Aufwendungen werden nicht ersetzt, wenn die eigene, sich später als fehlgeschlagen erweisende Nachbesserung des Bestellers ohne sachverständige Beratung vorgenommen wurde und nicht angebracht war. Das ist der Fall, wenn es sich um eine komplizierte und schwierige Sache handelte. In diesem Fall ist die Neuplanung durch einen wirklichen Fachmann zu veranlassen (BGH, Urt. v. 29.9.1988 – VII ZR 182/87, BauR 1989, 97).

46 Fehlgeschlagene Aufwendungen des Drittunternehmers, die auf dessen fehlerhafter Leistung beruhen, sind keine erforderlichen Aufwendungen im Sinne des § 637 Abs. 1 BGB. Der Besteller muss diese dem Drittunternehmer auch nicht vergüten, so dass schon aus diesem Grund eine Ersatzpflicht nicht eintritt. Beschädigt der Drittunternehmer anlässlich der Mängelbeseitigung das Eigentum des Bestellers oder kommt es aus sonstigen Gründen zu sonstigen Vermögensbeeinträchtigungen, kommt eine Ersatzpflicht des Unternehmers aus § 280 Abs. 1 BGB in Betracht. Denn diese Beschädigungen sind in der Regel adäquate Folge des Mangels. Allerdings erfährt die Haftung Begrenzungen.

47 Steht ein solcher Schaden zwar bei rein naturwissenschaftlicher Betrachtung mit der Handlung des Schädigers in einem kausalen Zusammenhang, ist dieser Schaden jedoch entscheidend durch ein völlig ungewöhnliches und unsachgemäßes Verhalten einer anderen Person ausgelöst worden, dann kann die Grenze überschritten sein, bis zu der dem Erstschädiger der Zweiteingriff und dessen Auswirkungen als haftungsausfüllender Folgeschaden seines Verhaltens zugerechnet werden können. Insoweit ist eine wertende Betrachtung geboten. Hat sich aus dieser Sicht im Zweiteingriff nicht mehr das Schadensrisiko des Ersteingriffs verwirklicht, war dieses Risiko vielmehr schon gänzlich abgeklungen und besteht deshalb zwischen beiden Eingriffen bei wertender Betrachtung nur ein „äußerlicher", gleichsam „zufälliger" Zusammenhang,

Selbstvornahme **§ 637**

dann kann vom Erstschädiger billigerweise nicht verlangt werden, dem Geschädigten auch für die Folgen des Zweiteingriffs einstehen zu müssen Die Grenze, bis zu welcher der Erstschädiger dem Geschädigten für die Folgen seiner mangelhaften Leistung einzustehen hat, wird in aller Regel erst überschritten, wenn der Fehler des Drittunternehmers entweder in keinem inneren Zusammenhang mit der Mängelbeseitigung steht, oder wenn der Drittunternehmer anlässlich der Mängelbeseitigung in außergewöhnlich hohem Maße die an ihn zu stellenden Anforderungen außer Acht gelassen und derart gegen alle technischen Regeln und Erfahrungen verstoßen hat, dass der eingetretene Schaden seinem Handeln haftungsrechtlich-wertend allein zugeordnet werden muss (vgl. BGH, Urt. v. 20.9.1988 – VI ZR 37/88, NJW 1989, 767, 768). Das kann bei außergewöhnlich groben Fehlern des Drittunternehmers bejaht werden (vgl. OLG Düsseldorf, BauR 1993, 739).

Zu den erforderlichen Aufwendungen gehören nicht die sonstigen Vermögensverluste, die der Besteller aus Anlass der Mängelbeseitigung erleidet. Solche Vermögensverluste sind Mangelfolgeschäden, die nach § 280 Abs. 1 BGB ersetzt werden, wie z. B. Gewinn- oder Nutzungsausfall während der Mängelbeseitigung oder merkantiler Minderwert (BGH, Urt. v. 24.10.1996 – VII ZR 98/94, BauR 1997, 129). Voraussetzung für diesen Anspruch ist Verschulden. Zweifelhaft ist, ob Hotelkosten, die dem Besteller während der Sanierung entstanden sind, zu den Mängelbeseitigungskosten gehören (so aber OLG Köln, IBR 2011, 15). 48

II. Erforderliche Aufwendungen der Höhe nach

Erstattungsfähig sind die Aufwendungen auch der Höhe nach nur, wenn sie erforderlich sind. 49

1. Eigenarbeit

Beseitigt der Besteller den Mangel in Eigenarbeit, kann er den um die Sozialversicherung bereinigten Stundenlohn eines Arbeiters verlangen, nicht jedoch die Vergütung eines Unternehmers (BGH, Urt. v. 12.10.1972 – VII ZR 51/72, BGHZ 59, 328; Urt. v. 29.9.1988 – VII ZR 182/87). 50

2. Drittkosten

Ob die von Dritten verlangten Preise als erforderliche Aufwendungen erstattungsfähig sind, hängt vom Einzelfall ab. Der Besteller darf nicht beliebige Kosten produzieren. Die Kosten sind überhöht, wenn eine preiswertere Sanierung, die den vertraglich geschuldeten Erfolg herbeiführt, möglich und zumutbar war (OLG Hamm, BauR 1994, 783; OLG Köln, SFH § 633 BGB Nr. 34). Hat der Besteller sich sachverständig ausreichend beraten lassen, so kann er Ersatz seiner Aufwendungen allerdings auch dann verlangen, wenn sich später herausstellt, dass die von ihm durchgeführte Sanierung zu aufwändig war und eine preiswertere Möglichkeit bestand (BGH, Urt. v. 27.3.2003 – VII ZR 443/01). Die von ihm zur Beratung über die erforderlichen Maßnahmen eingeschalteten Sachverständigen und Architekten oder Ingenieure sind keine Erfüllungsgehilfen im Verhältnis zum Unternehmer. Der Besteller muss sich deshalb deren schuldhaft falsche Beratung nicht zurechnen lassen (BGH, Urt. v. 2.9.2010 – VII ZR 110/09). Hat er keinen Anlass, deren Beratung zu misstrauen, kann er die von ihnen vorgeschlagene Mängelbeseitigung durchführen und deren Kosten geltend machen (OLG Celle, BauR 2004, 1018; OLG Karlsruhe, BauR 2005, 879, 881). 51

Bei der Würdigung, welche Maßnahme zu welchen Preisen möglich und zumutbar war, ist zu berücksichtigen, dass der Besteller nicht gehalten ist, im Interesse des säumigen und nachbesserungsunwilligen Unternehmers besondere Anstrengungen zu unternehmen, um den preisgünstigsten Drittunternehmer zu finden. Er darf vielmehr grundsätzlich darauf vertrauen, dass der Preis des von ihm beauftragten Drittunternehmers angemessen ist (vgl. OLG Düsseldorf, OLGR 1995, 281). Einen überhöhten Preis kann er auch dann akzeptieren, wenn ihm keine andere Wahl bleibt (OLG Nürnberg, BauR 2001, 415), etwa weil die Sanierung dringend ist (OLG Karlsruhe, BauR 2005, 879, 880). Der Besteller kann nicht auf die niedrigere Kostenschätzung eines Sachverständigen verwiesen werden, wenn die tatsächlichen Aufwendungen in erforderlicher Weise höher waren. Allerdings kann sich in diesem Fall die Darlegungslast des Bestellers erhöhen. Der Besteller ist auch verpflichtet, etwaige Ansprüche aus einer Überzahlung des Drittunternehmers oder aus einer fehlerhaften Beratung anlässlich der Sanierung an den Schädiger abzutreten (OLG Karlsruhe, BauR 2005, 879, 881 m. w. N.). 52

53 Der Besteller kann grundsätzlich auch Ersatz der erforderlichen Aufwendungen verlangen, wenn zwischen dem Zeitpunkt der Entstehung des Selbstvornahmerechts und der Mängelbeseitigung ein längerer Zeitraum liegt und die Aufwendungen infolge der zeitlichen Verzögerung gestiegen sind. Allerdings gilt das nicht uneingeschränkt. In sinngemäßer Anwendung des § 254 BGB kann der Besteller verpflichtet sein, die Mängelbeseitigung im Interesse der Kostenreduzierung zu einem Zeitpunkt vorzunehmen, in dem die Kosten günstig sind und die Belastung des Unternehmers gering ausfällt. Inwieweit ein Verstoß gegen § 254 BGB vorliegt, wenn der Besteller einen Baumangel erst nach vielen Jahren mit zwischenzeitlich gestiegenen Baukosten beseitigen lässt, hängt von den Umständen des Einzelfalls ab (vgl. BGH, Urt. v. 22.1.2004 – VII ZR 426/02 zum Schadensersatzanspruch). Allein der Umstand, dass die Baukosten gestiegen sind, begründet ein Mitverschulden nicht. Macht der Unternehmer geltend, die geforderten Preise seien unangemessen, weil sie bei einer frühzeitigen Sanierung günstiger gewesen wären, ist zunächst der Zeitpunkt festzulegen, zu dem die Mängelbeseitigung zumutbar war. Denn es kann verschiedene Gründe geben, warum die Mängelbeseitigung nicht sofort vorgenommen wird, wie z. B. finanzielle Gründe oder die Gefahr einer Vereitelung der Beweise durch die Beseitigung der Mängel (vgl. OLG München, Endurt. v. 20.1.2021 – 20 U 2534/20 Bau). Sodann muss die Entwicklung der Baupreise, aber auch der allgemeinen Lebenshaltungskosten geprüft werden, maßgeblich ist die Differenz. Nur wenn sich ab dem Zeitpunkt, zu dem die Mängelbeseitigung nach Treu und Glauben hätte vorgenommen werden müssen, eine nennenswerte Differenz zu Lasten des Unternehmers ergibt, kann der Einwand überhaupt Erfolg haben. Es ist aber auch noch zu berücksichtigen, ob der Unternehmer den für die Schadensbeseitigung erforderlichen Betrag angelegt hat oder Kreditzinsen erspart hat, weil er einen Kredit zurückführen konnte. Diesen Vorteil muss er sich anrechnen lassen. Schließlich kann ein Verstoß gegen § 254 BGB nur angenommen werden, wenn der Besteller bei der Verzögerung der Mängelbeseitigung die negative Preisentwicklung zu Lasten des Unternehmers vorhersehen konnte (BGH, a. a. O.). Auf der Grundlage dieser Rechtsprechung dürfte der Einwand des Unternehmers, die Mängelbeseitigung sei verzögert und deshalb verteuert vorgenommen worden, nur in sehr seltenen Ausnahmefällen Erfolg haben.

54 Mehrwertsteuer kann der vorsteuerabzugsberechtigte Besteller nicht verlangen (BGH, Urt. v. 22.7.2010 – VII ZR 176/09; OLG Düsseldorf, BauR 1996, 396; OLG Celle, IBR 2004, 564). Die Beweislast für fehlende Vorsteuerabzugsberechtigung kann beim Besteller liegen (BGH, Urt. v. 8.7.1993 – VII ZR 176/91, BauR 1993, 722).

3. Sicherheitseinbehalt

55 Ob der Unternehmer den Besteller auf eine einbehaltene Sicherheit verweisen kann, ist streitig (Bejahend: OLG Düsseldorf, BauR 1975, 348, verneinend: OLG Hamm, BauR 1997, 140). Die ältere Rechtsprechung des BGH ist nicht eindeutig, soweit die Gewährleistungsfrist noch nicht abgelaufen ist (vgl. BGH, Urt. v. 2.3.1967 – VII ZR 215/64, NJW 1967, 1366; Urt. v. 10.10.1966 – VII ZR 30/65, NJW 1967, 34). Grundsätzlich dienen ein vereinbarter Sicherheitseinbehalt und die entsprechenden Ablösungsrechte dazu, den Besteller für die Dauer der Gewährleistungsfrist abzusichern. Der Besteller ist nicht verpflichtet, während der Gewährleistungszeit auf Sicherheiten zurückzugreifen (BGH, Urt. v. 13. September 2001 – VII ZR 467/00). Er kann vielmehr den Unternehmer auf Zahlung in Anspruch nehmen und die Sicherheit unberührt lassen. Das bedeutet, dass der Aufwendungsersatzanspruch grundsätzlich davon unberührt bleibt, ob der Besteller aufgrund einer vertraglichen Sicherungsabrede noch Geld zurückhält, z. B. einen Sicherheitseinbehalt von 5 %, wie er häufig vereinbart wird. Ist hingegen die Verjährungsfrist abgelaufen, ohne dass weitere Mängel aufgetreten sind, ist der Sicherheitseinbehalt zu berücksichtigen. Denn der Unternehmer hat einen Anspruch auf Auszahlung des nicht in Anspruch genommenen Sicherheitseinbehalt nach Ablauf der Gewährleistungsfrist. Aus der vertraglichen Abrede wird herzuleiten sein, dass der Besteller verpflichtet ist, nicht verbrauchten Sicherheitseinbehalt mit etwaigen Gewährleistungsansprüchen zu verrechnen, so dass es einer ausdrücklichen Aufrechnung nicht bedarf (vgl. BGH, Urt. v. 9.7.1981 – VII ZR 40/80, BauR 1981, 577).

56 Von vertraglichen Sicherheitseinbehalten zu unterscheiden ist Werklohn, den der Besteller nicht ausgezahlt hat, sei es ohne Rechtsgrund, sei es, weil er von seinem gesetzlichen Leistungsverweigerungsrecht Gebrauch gemacht hat. Das gesetzliche Leistungsverweigerungsrecht erlischt mit der Mängelbeseitigung. Der Besteller ist dann zur Auszahlung verpflichtet. Er kann jedoch den geschuldeten Werklohn mit dem Aufwendungsersatzanspruch aufrechnen.

F. Kostenbeteiligung des Bestellers

I. Sowiesokosten

Der Besteller muss sich an Sowiesokosten beteiligen (vgl. BGH, Urt. v. 13.9.2001 – VII ZR 392/00, BauR 2002, 86, 88). Auf die Ausführungen in → § 634 BGB Rdn. 76 ff. wird Bezug genommen. Diese Kosten, für die der Unternehmer die Darlegungs- und Beweislast trägt, werden bei der Abrechnung des Kostenerstattungsanspruchs abgezogen.

II. Mitverantwortung des Bestellers

Der Besteller muss sich an den Aufwendungen für die Mängelbeseitigung auch beteiligen, wenn er den Mangel mitverursacht hat (vgl. BGH, Urt. v. 13.9.2001 – VII ZR 392/00, BauR 2002, 86, 88). Auf die Ausführungen unter → § 634 BGB Rdn. 89 ff. wird Bezug genommen. Auch diese Kosten werden bei der Abrechnung abgezogen.

III. Vorteilsausgleichung

Der Besteller muss sich nach allgemeinen Grundsätzen auch die Vorteile anrechnen lassen, die er durch eine Mängelbeseitigung erhält (vgl. BGH, Urt. v. 13.9.2001 – VII ZR 392/00, BauR 2002, 86, 88). Ein Bauträger allerdings, der vom Erwerber Vorschuss auf Mängelbeseitigungskosten zurückfordern kann, muss sich diesen Anspruch grundsätzlich nicht nach dem Rechtsgedanken der Vorteilsausgleichung auf seinen Schadensersatzanspruch gegen seinen Subunternehmer wegen dieser Mängel am Werk anrechnen lassen. Eine Anrechnung kommt erst dann in Betracht, wenn er den Rückzahlungsanspruch realisiert hat und feststeht, dass er vom Erwerber künftig wegen dieser Mängel nicht mehr in Anspruch genommen werden kann (BGH, Urt. v. 10.7.2008 – VII ZR 16/07; BGH, Urt. v. 28.6.2007 – VII ZR 81/06).

G. Abrechnung

Der Besteller muss die nach § 637 Abs. 1 BGB erstattungsfähigen Aufwendungen nachvollziehbar abrechnen. Die Abrechnung muss derart sein, dass der Unternehmer erkennen kann, welcher Mangel mit welchen Aufwendungen beseitigt wurde (BGH, Beschl. v. 16.9.1999 – VII ZR 419/98). Dazu gehört grundsätzlich die Bezeichnung des Mangels, die jedenfalls grobe Beschreibung der Mängelbeseitigungsmaßnahmen und der dafür aufgewendete Betrag. Das alles kann sich aus den Rechnungen der Drittunternehmer ergeben. Ist das nicht der Fall, muss die Abrechnung ergänzend begründet werden. Das gilt insbesondere für die Rechnungen von Drittunternehmern, mit denen pauschal abgerechnet wurde, und den Rechnungen, mit denen Stundenlohnarbeiten abgerechnet wurden. Es muss dann ergänzend erläutert werden, insbesondere, wenn die Pauschalrechnungen oder Stundenzettel die Arbeiten nicht genau beschreiben. Denn der Unternehmer muss in die Lage versetzt werden, die abgerechneten Arbeiten daraufhin zu überprüfen, ob sie zur Ersatzvornahme notwendig waren. Die Abrechnung der Mängelbeseitigungskosten muss nicht den Anforderungen des § 14 VOB/B entsprechen (BGH, Beschl. v. 16.9.1999 – VII ZR 419/98).

H. Beweislast

Die Darlegungs- und Beweislast für die Voraussetzungen des Anspruchs auf Aufwendungsersatz richtet sich nach allgemeinen Grundsätzen. Es gelten zunächst die Beweislastgrundsätze für das Vorliegen eines Mangels. Nach der Abnahme trägt der Besteller die Beweislast. Vor der Abnahme reicht es, wenn der Besteller einen Mangel substantiiert darlegt. Die Beweislast für die Mängelfreiheit trägt auch in dem Fall, dass der Besteller Mängelansprüche geltend macht, der Auftragnehmer (BGH, Urt. v. 23.10.2008 – VII ZR 64/07; a.A. OLG Hamburg, Urteil vom 5.12.1997 – 14 U 21/96). Die Beweislast dafür, dass die abgerechneten Aufwendungen getätigt wurden und diese erforderlich waren, liegt beim Besteller.

§ 637

I. Anspruch auf Vorschuss

62 Ein Aufwendungsersatzanspruch nach § 637 Abs. 1 BGB kann erst dann durchgesetzt werden, wenn der Besteller die Selbstvornahme vorgenommen hat. Die Rechtsprechung hat dem schutzwürdigen Interesse des Bestellers an Bevorschussung der Mängelbeseitigungskosten bereits vor seiner Kodifizierung durch das Gesetz zur Modernisierung des Schuldrechts gemäß § 637 Abs. 3 BGB Rechnung getragen (BGH, Urt. v. 2.3.1967 – VII ZR 215/64, BGHZ 47, 272; Urt. v. 5.5.1977 – VII ZR 36/76, BGHZ 68, 372, 378; Urt. v. 20.5.1985 – VII ZR 266/84, BGHZ 94, 330, 334). Der Kostenvorschussanspruch wurde von der Rechtsprechung aus dem Kostenerstattungsanspruch gemäß § 633 Abs. 3 BGB, § 13 Nr. 5 Abs. 2 VOB/B, aus Billigkeitsgründen nach § 242 BGB und auch in Anlehnung an § 669 BGB entwickelt. Es wäre unbillig, wenn der Auftraggeber sich nach Erschöpfung der für das Bauwerk vorgesehenen Gelder zusätzliche Mittel für Aufwendungen beschaffen müsste, die im Ergebnis der Auftragnehmer zu tragen hat (BGH, Urt. vom 13.7.1970 – VII ZR 176/68, BGHZ 54, 244, 247; BGH, Urt. v. 5.5.1977 – VII ZR 36/76, BGHZ 68, 372, 378; BGH, Urt. v. 14.4.1983 – VII ZR 258/82, BauR 1983, 365). Der Auftraggeber erhält durch die Vorschusszahlung die Möglichkeit, die Mängelbeseitigung ohne eigene Mittel zu betreiben. Das Gesetz hat diese richterliche Rechtsfortbildung übernommen und dem Besteller eine eigene Anspruchsgrundlage in § 637 Abs. 3 BGB eingeräumt. Zur Ausfüllung der gesetzlichen Regelung kann auch auf die Rechtsprechung zum Richterrecht zurückgegriffen werden.

63 Der Anspruch auf Vorschuss für die zur Beseitigung des Mangels erforderlichen Aufwendungen besteht unter den gleichen Voraussetzungen wie der Anspruch auf Ersatz der Aufwendungen für eine durchgeführte Mängelbeseitigung. Statt der tatsächlichen Aufwendungen können die voraussichtlich erforderlichen Aufwendungen verlangt werden. Wegen der sonstigen Voraussetzungen für den Aufwendungsersatzanspruch wird auf die obigen Ausführungen Bezug genommen → Rdn. 2 ff.

I. Spezielle Voraussetzungen des Vorschussanspruchs

1. Mängelbeseitigungsbereitschaft des Bestellers

64 Ein Vorschuss kann nicht verlangt werden, wenn der Unternehmer die Leistung verweigern kann und der Besteller keine Mängelbeseitigung fordern kann. Kostenvorschuss kann darüber hinaus nicht verlangt werden, wenn der Besteller die Mängel gar nicht beseitigen will (BGH, Urt. v. 5.4.1984 – VII ZR 167/83, BauR 1984, 406) oder kann, etwa weil er das Bauwerk veräußert hat, und grundsätzlich auch dann nicht, wenn die Mängel schon beseitigt sind (BGH, Urt. v. 22.10.1981 – VII ZR 142/80, BauR 1982, 66, 67). Auch wenn von vornherein feststeht, dass der Besteller nicht willens ist, den Mangel in einem angemessenen Zeitraum zu beseitigen, besteht kein Vorschussanspruch. Das ist z.B. dann der Fall, wenn Wohnungseigentümer einer Wohnanlage ein selbständiges Beweisverfahren eingeleitet haben und vor dessen, nicht absehbarem Ende mit Nachbesserungsarbeiten nicht einverstanden sind (OLG Nürnberg, NZBau 2003, 614).

Das gleiche gilt, wenn der Besteller von den in § 634 BGB aufgelisteten Mängelrechten den mangelbedingten Schadensersatzanspruch geltend macht; in diesem Falle erlischt der Nachbesserungsanspruch nach §§ 634 Nr. 1, 635 BGB und damit auch der Ersatzvornahmeanspruch aus §§ 634 Nr. 2, 637 BGB nebst des Vorschussanspruchs hinsichtlich der Kosten der Ersatzvornahme (vgl. OLG Düsseldorf, Urteil vom 10.05.2016 – 21 U 180/15; Palandt/Sprau, BGB, 74. Aufl. 2015, Rdn. 7 zu § 634). Ein Umsteigen vom mangelbedingten, auf Zahlung der für die Beseitigung der Mängel anfallenden Kosten gerichteten Schadensersatzanspruch (zurück) auf den Kostenvorschussanspruch ist nicht möglich, umgekehrt indessen wohl (vgl. vgl. OLG Düsseldorf, Urteil vom 10.05.2016 – 21 U 180/15).

Der Geltendmachung des Kostenvorschusses steht es indes nicht entgegen, dass der Besteller nicht innerhalb von vier Jahren nach Zustellung der Baugenehmigung mit der Ausführung des Bauvorhabens begonnen hat oder die Ausführung unterbrochen worden ist und kein schriftlicher Verlängerungsantrag gestellt wurde, da eine abgelaufene Baugenehmigung jederzeit erneut beantragt werden kann (vgl. OLG Koblenz, Beschluss vom 27.3.2014 – 3 U 944/13). Aus dem Umstand, dass der Besteller prozessual vorrangig Minderung und den Kostenvorschuss nur hilfsweise geltend macht, kann nicht geschlossen werden, er wolle die Mängel nicht beseitigen lassen (BGH, Urt. v. 14.1.1999 – VII ZR 19/98). Auch eine lange Prozessdauer rechtfertigt diesen Schluss nicht (BGH, Urt. v. 11.11.1999 – VII ZR 403/98).

2. Ablauf der Frist

Auch der Vorschussanspruch entsteht grundsätzlich mit Ablauf der vom Besteller gesetzten angemessenen Frist zur Mängelbeseitigung. Mit Ablauf dieser Frist hat der Unternehmer seinen Anspruch darauf verloren, die Mängel selbst beseitigen zu dürfen (vgl. → § 634 BGB Rdn. 21 ff.). Der Besteller kann deshalb ein nach Ablauf der Frist erteiltes Angebot des Unternehmers die Mängel noch beseitigen zu wollen, zurückweisen und die Selbstvornahme durchführen (BGH, Urt. v. 27.2.2003 – VII ZR 338/01). Er hat nach Fristablauf die Wahl zwischen allen ihm zustehenden Mängelrechten, kann also weiterhin Nacherfüllung wählen. Er kann aber auch Selbstvornahme wählen und Vorschuss oder anschließend Kostenerstattung geltend machen. Gleiches gilt, wenn der Unternehmer eine Nacherfüllung endgültig verweigert. Damit verliert er sein Nacherfüllungsrecht (BGH, Urt. v. 20.4.2000 – VII ZR 164/99, BauR 2000, 1479). 65

3. Befriedigung aus Werklohn

Ein Vorschussanspruch besteht nicht, wenn der Besteller sich aus zurückbehaltenem Werklohn befriedigen kann (vgl. BGH, Urt. v. 20.1.2000 – VII ZR 224/98, BauR 2000, 881, 885; OLG Hamm, NJW-RR 1998, 885). Denn dann steht ihm das Geld zur Mängelbeseitigung zur Verfügung. Jedenfalls kann der Unternehmer gegenüber einer Vorschussforderung die Aufrechnung mit seinem Werklohnanspruch erklären. Der Bundesgerichtshof hat für den umgekehrten Fall (Aufrechnung mit Vorschussanspruch gegenüber Werklohnforderung) die Zulässigkeit der Aufrechnung trotz der Zweckgebundenheit und Abrechnungsbedürftigkeit des Vorschusses bejaht (BGH, Urt. v. 13.7.1970 – VII ZR 176/68, NJW 1970, 2019; Urt. v. 30.9.1992 – VIII ZR 193/91, BauR 1993, 96, 98). Allerdings ist die Befugnis des Unternehmers zur Aufrechnung mit seinen Werklohnansprüchen nicht gegeben, wenn der Vorschuss von Wohnungseigentümern wegen Mängeln des Gemeinschaftseigentums zu Händen der Gemeinschaft geltend gemacht wird (BGH, Beschl. v. 26.9.1991 – VII ZR 291/90, BauR 1992, 88). Denn die Gemeinschaftsbezogenheit des Anspruchs verbietet eine Aufrechnung mit Werklohnansprüchen gegen die einzelnen Erwerber. 66

II. Abtretung des Vorschussanspruchs

Der Vorschussanspruch kann abgetreten werden. Der Besteller kann auch mit einem abgetretenen Anspruch auf Vorschuss gegenüber einem Werklohnanspruch aufrechnen, jedenfalls dann, wenn die Bauleistungen in einem engen Zusammenhang stehen (BGH, Urt. v. 8.12.1988 – VII ZR 139/87, BauR 1989, 199, 200). Auch nach der Abtretung muss sichergestellt sein, dass der Vorschuss zur Mängelbeseitigung verwendet wird. 67

III. Schätzung der voraussichtlichen Kosten

Da die Aufwendungen noch nicht feststehen, hat auf der Grundlage des Mangels eine Schätzung der voraussichtlich für die Mängelbeseitigung entstehenden Kosten zu erfolgen. Diese ist im Streitfall vom Gericht nach § 287 ZPO vorzunehmen. Schätzungsgrundlage ist grundsätzlich der Mangel. Zu diesem ist im Prozess nach allgemeinen Grundsätzen vorzutragen. Die Symptomtheorie → Rdn. 14 gilt auch insoweit. 68

Zur Höhe muss der Besteller in einem Prozess nicht weiter substantiiert vortragen, soweit er dazu nicht in der Lage ist. Deshalb kann allein die Angabe des vom Besteller selbst geschätzten Mängelbeseitigungsbetrages reichen (BGH, Urt. v. 8.12.1988 – VII ZR 139/87, BauR 1989, 199, 200; Urt. v. 7.3.1985 – VII ZR 60/83, BauR 1985, 355, 357). Nicht notwendig sind die Vorlage von Kostenvoranschlägen oder gar Sachverständigengutachten, mit denen die geltend gemachten Kosten untermauert werden müssten. Der Besteller muss keine sachverständige Beratung in Anspruch nehmen, um die voraussichtlichen Kosten zu substantiieren (BGH, Urt. v. 14.1.1999 – VII ZR 19/98, BauR 1999, 631). Vielmehr ist im Zweifelsfall Beweis durch Sachverständigengutachten zu erheben (BGH, Urt. v. 8.5.2003 – VII ZR 407/01; Urt. v. 28.11.2002 – VII ZR 136/00; Urt. v. 22.2.2001 – VII ZR 115/99). 69

70 Das Gericht muss durch Sachverständigengutachten die tatsächlichen Grundlagen für den Vorschussanspruch klären, soweit diese streitig sind. Dazu gehören nicht nur der Mangel, sondern auch die voraussichtlichen Kosten. Diese hängen maßgeblich davon, auf welche Weise der Mangel beseitigt werden kann. Steht der Mangel fest und kann das Gericht mit Hilfe eines Sachverständigen die Kosten schätzen, so besteht Anspruch auf Zahlung dieses Betrages. Schätzt der Sachverständige die Kosten z.B. mit einem Betrag von ca. 100.000 €, so besteht Anspruch auf Zahlung dieses Betrages, auch wenn der Sachverständige erläutert, dass eine Spanne von plus/minus 20% zugrunde zu legen ist. Im Rahmen des Vorschussanspruches kann es hingenommen werden, dass möglicherweise ein Betrag ausgeurteilt wird, der über den tatsächlichen Kosten liegt. Denn die Aufwendungen für die Mängelbeseitigung müssen abgerechnet werden, so dass ein Überschuss zurückzuzahlen ist.

71 Gibt es verschiedene Mängelbeseitigungsmöglichkeiten, die zu unterschiedlichen Kosten führen, ist die günstigste Methode zugrunde zu legen, die den vertraglich geschuldeten Erfolg vollständig herbeiführt. Bei Streit über die Möglichkeiten der kostengünstigsten Sanierung trägt der Besteller die Beweislast. Bei Streit über die erfolgversprechende Sanierung gehen Unklarheiten des Beweisergebnisses ebenfalls zu Lasten des Bestellers (vgl. BGH, Urt. v. 10.4.2003 – VII ZR 251/02). Kann der Sachverständige z.B. nicht sicher voraussagen, ob eine kostengünstige oder eine kostenträchtige Sanierung notwendig sein wird, so kann Vorschuss nur in Höhe der kostengünstigeren Variante zuerkannt werden. Gleiches gilt, wenn der Sachverständige bei einer feststehenden Sanierung die Kostenentwicklung nicht vorhersagen kann, weil die Einzelheiten der vorzunehmenden Maßnahmen sich erst bei der Mängelbeseitigung herausstellen. Dann besteht lediglich Anspruch auf Zahlung des Mindestbetrages. Der ungeklärte Rest sowie die über die reinen Mängelbeseitigungskosten hinausgehenden Aufwendungen des Bestellers können prozessual jeweils über einen Feststellungsantrag abgedeckt werden (vgl. BGH, Urt. v. 12.7.2012 – VII ZR 134/11). Der betreffende Gegenstandswert ist gemäß § 3 Halbsatz 1 ZPO nach freiem Ermessen zu ermitteln und beläuft sich unter Berücksichtigung eines Feststellungsabschlages auf 80% der Kosten (vgl. BGH, Urt. v. 12.7.2012 – VII ZR 134/11). Reichen die durch das Gericht ausgeurteilten Vorschusskosten nicht aus, um die bestehenden Mängel zu beseitigen, kann der Besteller später weitere Kosten nachfordern → Rdn. 82.

IV. Wiederholte Vorschussanforderung

72 Der Anspruch auf Vorschuss besteht, solange der Mangel nicht beseitigt ist. Er wird durch ein einmaliges Verlangen nicht begrenzt, sondern besteht in Höhe der voraussichtlichen Kosten auch dann fort, wenn bereits Vorschuss verlangt und gezahlt worden ist (vgl. → Rdn. 82).

V. Verzinsung

73 Der Vorschussanspruch ist im Verzug oder bei Rechtshängigkeit zu verzinsen (BGH, Urt. v. 14.4.1983 – VII ZR 258/82, BauR 1983, 365). Nach Auffassung der Oberlandesgerichte (OLG München, BauR 1996, 547, 548; OLG Karlsruhe, IBR 2006, 135) sind lediglich die gesetzlichen Verzugszinsen zu gewähren. Diese betragen 5 Prozentpunkte über dem Basiszinssatz nach § 288 Abs. 1 BGB. Höhere Verzugszinsen nach § 288 Abs. 3 BGB dürften ausgeschlossen sein, weil mit dem Vorschuss weder Verbindlichkeiten zurückgeführt noch Anlagezinsen erzielt werden können. Die Verzinsung beginnt mit dem Verzug der Vorschusszahlung, nicht mit dem Verzug der Mängelbeseitigung. Im Regelfall ist also eine Mahnung zur Zahlung des Vorschusses notwendig, § 286 Abs. 1 BGB.

VI. Keine rechtsgestaltende Wirkung

74 Rechtsgestaltende Wirkung hat das Verlangen nach Vorschuss nicht. Der Erfüllungsanspruch bleibt bestehen, solange der Mangel nicht beseitigt ist. Der Besteller kann von der Vorschussanforderung abgehen und seinen Erfüllungsanspruch geltend machen und auch gerichtlich durchsetzen. Er kann aber auch jederzeit vom Vorschussanspruch auf andere Mängelansprüche übergehen. Er kann Schadensersatz fordern und auch die Minderung oder den Rücktritt erklären (Derleder, NJW 2003, 998, 1003).

VII. Verjährung

Der Vorschussanspruch verjährt nach Maßgabe des § 634a BGB. Zwar ist § 637 Abs. 3 BGB 75
in § 634 Nr. 2 BGB, auf den § 634a BGB verweist, nicht genannt. Das ist jedoch ein Redaktionsversehen. Wegen der Einzelheiten zur Verjährung des Kostenvorschussanspruchs wird auf
→ § 634a BGB Rdn. 2 verwiesen, siehe aber auch → Rdn. 78.

VIII. Prozessuale Besonderheiten

Der Vorschussanspruch wird mit der Leistungsklage geltend gemacht. Der Antrag enthält 76
dementsprechend einen Betrag, dessen Zahlung begehrt wird, § 253 Abs. 2 Nr. 2 ZPO. Ist der
Antrag begründet, erfolgt eine entsprechende Verurteilung durch Leistungsurteil.

1. Streitgegenstand

Streitgegenstand der Klage auf Zahlung eines Vorschusses ist der auf Zahlung des Vorschus- 77
ses gerichtete Anspruch, der sich auf der Grundlage eines Sachverhaltes ergibt, aus dem der
Anspruch hergeleitet wird. Die Wirkung der Vorschussklage ist nicht auf den eingeklagten
Vorschussbetrag beschränkt. Das ergibt sich daraus, dass der Vorschuss nichts Endgültiges ist
(BGH, Urt. v. 10.11.1988 – VII ZR 140/87, BauR 1989, 81). Die Verurteilung des Unternehmers zur Zahlung eines Vorschusses für eine umfassende Mängelbeseitigung ist nicht auf einen
bestimmten Höchstbetrag beschränkt (BGH, Urt. v. 20.2.1986 – VII ZR 318/84, BauR 1986,
345). Die Klage umfasst vielmehr den Vorschussanspruch in der Höhe, in der er zur Beseitigung
des Mangels sachlich erforderlich ist. Der als Einheit aufzufassende Vorschussanspruch wird
schon mit Klageerhebung insgesamt rechtshängig (BGH, Urt. v. 25.9.2008 – VII ZR 204/07;
Urt. v. 25.4.1986 – VII ZR 262/85, BauR 1986, 576).

a) Materiell-rechtliche Wirkung (Verjährungshemmung und dreißigjährige Verjährung)

Diese umfassende Wirkung einer Vorschussklage hat zunächst materiell-rechtliche Folgen. 78
Die Hemmungswirkung der Vorschussklage erstreckt sich, ähnlich wie bei einem unbezifferten
Leistungsantrag (vgl. dazu BGH, Urt. v. 13.5.1974 – III ZR 35/72, NJW 1974, 1551), auf spätere Erhöhungen, gleichviel worauf sie zurückzuführen sind, sofern sie nur denselben Mangel
betreffen (BGH, Urt. v. 25.9.2008 – VII ZR 204/07; Urt. v. 18.3.1976 – VII ZR 41/74, BGHZ
66, 138, 141; Urt. v. 18.3.1976 – VII ZR 35/75, BGHZ 66, 142, 149; Urt. v. 1.2.2005 – X
ZR 112/02). Sechs Monate nach einer rechtskräftigen Entscheidung oder anderweitigen Beendigung des Verfahrens endet die Hemmung, § 204 Abs. 2 BGB.

Ist ein Anspruch durch eine Entscheidung des Gerichts rechtskräftig festgestellt, so läuft die 79
dreißigjährige Frist, § 197 Abs. 1 Nr. 3 BGB. Ein Urteil, mit dem dem Auftraggeber Vorschuss
auf Mängelbeseitigungskosten zugesprochen wird, enthält regelmäßig die Feststellung, dass der
Auftragnehmer verpflichtet ist, die gesamten Mängelbeseitigungskosten zu tragen, gegebenenfalls auch die den Vorschuss übersteigenden Selbstvornahmekosten. Diese etwas überraschende
Wirkung ist durch die Rechtsprechung vorgegeben, weil ansonsten nicht erklärlich wäre,
warum eine Vorschussklage die Verjährung auch für den noch nicht geltend gemachten Teil
der Mängelbeseitigungskosten hemmt und daneben eine Feststellungsklage zur Hemmung der
Verjährung entbehrlich ist (BGH, Urt. v. 25.9.2008 – VII ZR 204/07 im Anschluss an BGH,
Urteile vom 18. März 1976 – VII ZR 41/74, BGHZ 66, 138 und vom 20. Februar 1986 – VII
ZR 318/84, BauR 1986, 345 = ZfBR 1986, 210).

b) Prozessuale Wirkung

Die umfassende Wirkung der Vorschussklage hat auch prozessuale Folgen. Die Erhöhung 80
der Bezifferung in einem laufenden Prozess ist keine Klageänderung. Das folgt bereits aus § 264
Nr. 2 ZPO. Das gleiche gilt für den Übergang vom Vorschussanspruch auf den Anspruch auf
Erstattung der tatsächlich durch die Selbstvornahme entstandenen Kosten; auch dies ist keine
Klageänderung, sondern eine Anpassung der Klage an die geänderten Abrechnungsverhältnisse, die gemäß § 264 Nr. 3 ZPO zu beurteilen ist (vgl. BGH, Beschl. v. 26.11.2009 – VII
ZR 133/08; BGH, Urt. v. 12.1.2006 – VII ZR 73/04, BauR 2006, 717 = ZfBR 2006, 347).

Das Urteil über den Vorschuss entfaltet materielle Rechtskraft hinsichtlich des Anspruchs- 81
grundes, nicht jedoch uneingeschränkt hinsichtlich der Anspruchshöhe. Einwendungen zum

§ 637

Anspruchsgrund sind in einem Zweitprozess ausgeschlossen, soweit die Rechtskraft des im Vorschussurteil enthaltenen Feststellungsurteils ihnen entgegensteht. Das betrifft alle Einwendungen, wie z. B. die Einrede der Verjährung oder die Einrede der vorbehaltlosen Abnahme. Im Zweitprozess sind alle Einwendungen gegen den Grund des Anspruchs möglich, soweit sie auch mit einer Vollstreckungsgegenklage geltend gemacht werden könnten (vgl. BGH, Urt. v. 20.5.1985 – VII ZR 266/84, BauR 1985, 569, 570). Der Unternehmer kann im Zweitprozess geltend machen, dass die Gesamtkosten der Mängelbeseitigung nicht höher sind als sie der ersten Verurteilung zugrunde gelegen haben. Auch kann er solche Einwendungen gegen die Höhe erheben, die durch die Rechtskraft eines Feststellungsurteils nicht ausgeschlossen sind, wie z. B. Einwendungen zur Höhe der Sowiesokosten (vgl. BGH, Urt. v. 19.5.1988 – VII ZR 111/87, BauR 1988, 468).

82   Der Besteller kann hingegen weiteren Vorschuss auf der Grundlage des festgestellten Sachverhaltes fordern. Deshalb kann auch eine erneute Vorschussklage nicht mit der Begründung zurückgewiesen werden, es sei bereits über eine Vorschussklage entschieden (BGH, Urt. v. 18.3.1976 – VII ZR 41/74, BGHZ 66, 138; Urt. v. 18.3.1976 – VII ZR 35/75, BGHZ 66, 142). Das kann auch dann gelten, wenn im Vorprozess schon ein höherer Anspruch geltend gemacht und teilweise abgewiesen worden ist (OLG München, NJW-RR 1994, 785). Erforderlich ist dann aber, dass im Vorprozess abweichender Sachverhalt vorgetragen wird. Es kann nicht allein aufgrund eines neuen Sachverständigengutachtens nachgefordert werden mit der Behauptung, das alte Gutachten sei falsch. Auch die Vorlage eines teureren Unternehmerangebotes reicht allein nicht, wenn dies bereits im Erstprozess vorlag und keine andere, als die vorgesehene Sanierung vorsieht. Vielmehr muss aus dem Klagevortrag hervorgehen, in welchem Punkt die Kostenschätzung des Sachverständigen fehlerhaft war und es deshalb zu höheren Kosten kommt (vgl. OLG Koblenz, Urt. v. 1.9.1999 – 9 U 106/97).

2. Zulässigkeit des Feststellungsantrags

83   Auf der Grundlage der vorstehenden Ausführungen ist ein Feststellungsantrag neben einem Vorschussantrag überflüssig. Das sieht an sich auch die Rechtsprechung des Bundesgerichtshofs so. Gleichwohl hat sie das Feststellungsinteresse nicht verneint (BGH, Urt. v. 20.2.1986 – VII ZR 318/84, BauR 1986, 345; Urt. v. 15.6.1989 – VII ZR 14/88, BauR 1989, 606, 609). Der maßgebliche Grund ist, dass die dargestellten Rechtskraftwirkungen bisher nicht höchstrichterlich entschieden sind (vgl. BGH, Urt. v. 6.12.2001 – VII ZR 440/00).

84   Die vorstehenden Ausführungen betreffen die Feststellung der Verpflichtung zum Ersatz weiterer Aufwendungen für die Mängelbeseitigung. Davon zu unterscheiden ist die Verpflichtung zum Ersatz von Mangelfolgeschäden. Hinsichtlich dieser Verpflichtung hemmt die Klage auf Vorschuss nicht, § 213 BGB. Denn der Anspruch auf Ersatz von Mangelfolgeschäden besteht von vornherein neben dem Anspruch auf Vorschuss. Das Feststellungsinteresse für diesen Antrag kann deshalb mit den vorstehenden Erwägungen nicht verneint werden.

3. Verhältnis zu anderen Ansprüchen

85   Nach der Rechtsprechung des Bundesgerichtshofs betreffen die Klagen auf Vorschuss und auf Schadensersatz unterschiedliche Streitgegenstände, auch wenn mit beiden Klagen lediglich die voraussichtlichen Mängelbeseitigungskosten geltend gemacht werden (BGH, Urt. v. 13.11.1997 – VII ZR 199/96, BauR 1998, 369; vgl. auch OLG München, BauR 1986, 729; OLG Hamm, OLGR 1993, 181; a. A. OLG Brandenburg, NZBau 2001, 325). Es ist allerdings so, dass beide Klagen nicht nur denselben Zahlungsantrag haben, sondern ihnen auch derselbe Lebenssachverhalt zugrunde liegt. Denn Voraussetzung für beide Klagen ist ein Mangel und der Ablauf einer vom Besteller gesetzten angemessenen Frist. Die Klagebegründungen unterscheiden sich nur in dem Punkt, dass im Fall der Vorschussklage ein Vorschuss, im Fall der Schadensersatzklage ein Schaden geltend gemacht wird. Dieser Unterschied ist jedoch von erheblicher Bedeutung, so dass es gerechtfertigt ist, auch nach der SRM zwei verschiedene Streitgegenstände anzunehmen. Denn im Falle des Vorschusses wird ein vorläufiger Betrag geltend gemacht, der zweckgebunden ausgeführt wird und abgerechnet werden muss. Im Fall des Schadensersatzes werden die Mängelbeseitigungskosten als endgültiger Schaden geltend gemacht. Es besteht weder eine Verwendungspflicht, noch muss abgerechnet werden. Das Rechtsschutzziel der Vorschussklage ist also ein anderes als das Rechtsschutzziel der Schadensersatzklage (grundlegend Grunsky, NJW 1984, 2545 ff.).

J. Rückforderung des Vorschusses

I. Rechtsnatur des Rückforderungsanspruchs

Ein nicht verbrauchter Kostenvorschuss ist zurückzuzahlen (BGH, Urteil vom 14.1.2010 – VII ZR 108/08; BGH, Urt. v. 20.5.1985 – VII ZR 266/84 – VII ZR 266/84, BauR 1985, 569; Urt. v. 7.7.1988 – VII ZR 320/87, BauR 1988, 592; Urt. v. 1.2.1990 – VII ZR 150/89, BGHZ 110, 205). Dieser Anspruch hat seinen Rechtsgrund in der nur eingeschränkten Berechtigung des Bestellers, Vorschuss lediglich als vorläufige Zahlung entgegenzunehmen. Die Verurteilung zur Zahlung eines Vorschusses enthält demgemäß zugleich die Pflicht zu seiner Abrechnung (BGH, Urteil vom 14.1.2010 – VII ZR 108/08; BGH, Urt. v. 20.2.1986 – VII ZR 318/84, BauR 1986, 345). Es handelt sich nicht um einen bereicherungsrechtlichen Anspruch (str. vgl. Werner/Pastor, Rdn. 2133; OLG Schleswig, NJW-RR 1998, 1105, 1106), sondern um einen vertraglichen Anspruch in Verbindung mit § 637 Abs. 3 BGB. Die Regelungen der § 812 ff. BGB, insbesondere des § 818 BGB, sind nicht anwendbar.

86

II. Abrechnungspflicht nach Mängelbeseitigung

Der Vorschuss ist zweckgebunden. Er dient zur Begleichung der Aufwendungen für die Mängelbeseitigung. Er ist deshalb abzurechnen, wenn die Mängelbeseitigung durchgeführt worden ist. Der Besteller muss seine Aufwendungen für die Mängelbeseitigung nachweisen, über den erhaltenen Kostenvorschuss Abrechnung erteilen und den für die Mängelbeseitigung nicht in Anspruch genommenen Betrag einschließlich der darauf entfallenden Zinsen (BGH, Urteil vom 14.1.2010 – VII ZR 108/08; BGH, Urt. v. 20.5.1985 – VII ZR 266/84, BGHZ 94, 330) zurückerstatten (BGH, Urt. v. 5.4.1984 – VII ZR 167/83, BauR 1984, 406; Urt. v. 7.7.1988 – VII ZR 320/87, BGHZ 105, 103). Rückzahlung von Verzugs- oder Prozesszinsen, die auf den verbrauchten Teil des Vorschusses ausgezahlt worden sind, kann nicht verlangt werden (BGH, Urt. v. 20.5.1985 – VII ZR 266/84, BauR 1985, 569).

87

Grundsätzlich gelten für die Abrechnung des Vorschusses dieselben Anforderungen wie für die Abrechnung von getätigten Aufwendungen (BGH, Urt. v. 24.11.1988 – VII ZR 112/88, BauR 1989, 201). Ausnahmsweise können andere Maßstäbe gelten. Das ist z. B. angenommen worden, wenn ein Hauptunternehmer nachweisen kann, dass er den vom Nachunternehmer erhaltenen Vorschuss im Rahmen eines Vergleichs mit seinem Besteller „verbraucht" hat und die Kosten für die Mängelbeseitigungsarbeiten, so er sie denn vorgenommen hätte, den Vorschuss erreicht oder überstiegen hätten. Eine entsprechende Verwendung des Vorschusses liegt auch dann vor, wenn der Hauptunternehmer in Höhe des Vorschusses gegenüber seinem Besteller auf Werklohn verzichtet und den Nachunternehmer dadurch von seiner Mängelbeseitigungspflicht befreit (BGH, a. a. O.).

88

III. Abrechnungspflicht nach Zeitablauf

Der Besteller darf den Vorschuss nicht behalten, wenn er ihn nicht mehr zweckentsprechend verwenden will oder kann. In diesem Fall ist der Vorschuss zurück zu gewähren. Der Unternehmer kann die Abrechnung eines Vorschusses und die Zahlung des nicht verbrauchten Betrages verlangen, wenn feststeht, dass der Besteller ihn nicht mehr zur Mängelbeseitigung verwendet. Das ist insbesondere dann der Fall, wenn der Auftraggeber seinen Willen aufgegeben hat, die Mängel zu beseitigen (BGH, Urt. v. 14.1.2010 – VII ZR 108/08; BGH, Urt. vom 14.1.2010 – VII ZR 213/07; BGH, Urt. v. 5.4.1984 – VII ZR 167/83, BauR 1984, 406, 408 = ZfBR 1984, 185). Der fehlende Wille, einen Vorschuss nicht mehr zur Mängelbeseitigung zu verwenden, kann daraus abgeleitet werden, dass der Besteller längere Zeit nach Erhalt des Vorschusses keine oder nur unzureichende Anstrengungen unternommen hat, die Mängel zu beseitigen (BGH, Urt. v. 14.1.2010 – VII ZR 108/08; BGH, Urt. vom 14.1.2010 – VII ZR 213/07). Die Frist, nach der dieser Wille vermutet werden kann, ist im Einzelfall unter Berücksichtigung aller Umstände zu ermitteln. Es kommt auf den Umfang der Mängelbeseitigungsmaßnahme an und auf die Frage, ob der Besteller bereits abrechnen konnte (BGH, Urt. v. 1.2.1990 – VII ZR 150/89, BGHZ 110, 205). Abzustellen ist auch auf die persönlichen Verhältnisse des Auftraggebers und die Schwierigkeiten, die sich für ihn ergeben, weil er in

89

der Beseitigung von Baumängeln unerfahren ist und hierfür fachkundige Beratung benötigt (BGH, Urt. v. 14.1.2010 – VII ZR 108/08).

90 Trotz Ablaufs einer angemessenen Frist zur Mängelbeseitigung ist der gezahlte Kostenvorschuss nicht zurückzuzahlen, soweit er im Zeitpunkt der letzten mündlichen Verhandlung zweckentsprechend verbraucht worden ist oder bald verbraucht werden wird (BGH, Urt. v. 14.1.2010 – VII ZR 108/08; OLG Düsseldorf, Urteil vom 16.5.2014 – 22 U 171/13). Denn der Auftragnehmer hat kein schützenswertes Interesse daran, dasjenige ausgezahlt zu bekommen, was er dem Auftraggeber als Kostenerstattung ohnehin schuldet. Würde er den Rückforderungsanspruch durchsetzen wollen, verstieße er gegen den allgemein anerkannten Grundsatz, dass sich derjenige treuwidrig verhält, der einen Leistungsanspruch durchsetzt, obwohl er verpflichtet ist, das Erlangte sofort wieder herauszugeben: dolo agit, qui petit, quod statim redditurus est (BGH, Urt. v. 14.1.2010 – VII ZR 108/08; BGH, Urt. v. 21.5.1953 – IV ZR 192/52, BGHZ 10, 69; BGH, Urt. v. 21.12.1989 – X ZR 30/89, BGHZ 100, 30, 33; OLG Düsseldorf, Urteil vom 16.5.2014 – 22 U 171/13; vgl. Weyer, BauR 2009, 28, 30, 31). Ähnlich liegen die Fälle, dass der Auftraggeber zwar die Kosten noch nicht hatte, diese ihm jedoch deshalb entstehen werden, weil er bereits Unternehmer mit der Mängelbeseitigung beauftragt hat oder aber die Beauftragung nach der Überzeugung des Gerichts unmittelbar bevorsteht und die Kosten daher alsbald entstehen. Auch in diesem Fall verstieße der Auftragnehmer, der trotz Zahlung des Vorschusses grundsätzlich zur Mängelbeseitigung verpflichtet bleibt, gegen Treu und Glauben, wenn er dem Auftraggeber diejenigen Mittel entziehen würde, die dieser für die Bezahlung der bereits beauftragten Unternehmer benötigt (v OLG Düsseldorf, Urteil vom 16.5.2014 – 22 U 171/13). Es sind auch andere Fälle denkbar, die einen Rückforderungsanspruch ausschließen, wie z.B. der Fall, dass zwar Drittunternehmer noch nicht beauftragt sind, deren Beauftragung aber nach der Überzeugung des Gerichts unmittelbar bevorsteht, etwa weil wichtige Gewerke betroffen sind, die ohne Zweifel in naher Zukunft zu erledigen sind. Dass der Auftraggeber die Mängelbeseitigung insgesamt verzögert hat, fällt nicht entscheidend ins Gewicht, wenn feststeht, dass weitere Kosten alsbald entstehen. Dem Umstand, dass durch die Verzögerung eine Verteuerung der Mängelbeseitigung eintreten kann, wird dadurch Rechnung getragen, dass der Auftraggeber nur die für die Mängelbeseitigung erforderlichen Kosten in Ansatz bringen kann und Verteuerungen durch vermeidbare Verzögerungen nicht erforderlich in diesem Sinne sind (vgl. BGH, Urt. v. 14.1.2010 – VII ZR 108/08; OLG Frankfurt, BauR 1983, 156, 161).

91 Ist der Besteller zu einer Abrechnung noch nicht in der Lage, besteht der Anspruch auf Rückzahlung nicht. Ein solcher Fall kann vorliegen, wenn der Hauptunternehmer noch keine Abrechnung vom seinem Besteller über die Mängelbeseitigungskosten erhalten hat und deshalb auch gegenüber dem Nachunternehmer, von dem er Vorschuss bekommen hat, nicht abrechnen kann.

92 Hat der Unternehmer die Mängel selbst beseitigt, nachdem der Besteller von ihm Vorschuss zur Mängelbeseitigung erhalten hat, ist der Vorschuss zurückzuzahlen. Das gilt unabhängig davon, ob der Besteller mit der Mängelbeseitigung einverstanden war. Macht der Besteller allerdings geltend, dass die Mängelbeseitigung unzureichend war, muss geklärt werden, ob der Mangel noch vorhanden ist und dem Besteller noch Zeit einzuräumen ist, den Mangel anderweitig zu beseitigen. Nach einer Entscheidung des OLG Nürnberg (NJW-RR 2006, 165), kann der Unternehmer jedenfalls dann keine Vollstreckungsgegenklage gegen den Titel erheben, mit dem der Unternehmer zur Zahlung von Vorschuss verpflichtet worden ist, wenn die Mängelbeseitigung gegen den Willen des Bestellers erfolgte. Das überzeugt nicht, denn es bleibt gleich, ob der Unternehmer auf vorzeitiger Rückzahlung des Vorschusses klagt oder Vollstreckungsgegenklage erhebt. In jedem Fall muss er bei einer Klage vor Ablauf der angemessenen Frist beweisen, dass der Mangel von ihm vollständig beseitigt ist. Ist allerdings die angemessene Frist, innerhalb derer der Besteller die Mängel beseitigen lassen kann, abgelaufen, so ist der Vorschuss ohnehin zurückzuzahlen.

IV. Verjährung

93 Der Anspruch des Unternehmers auf Rückzahlung des Vorschusses auf Mängelbeseitigungskosten verjährt in der regelmäßigen Verjährungsfrist von drei Jahren (BGH, Urt. vom 14.1.2010 – VII ZR 213/07). Die Verjährungsfrist beginnt mit dem Schluss des Jahres, in dem der Anspruch entstanden ist und die subjektiven Voraussetzungen des § 199 Abs. 1 Nr. 2 BGB vorliegen. Zu den Einzelheiten wird auf → § 634a BGB Rdn. 252 ff. verwiesen.

V. Beweislast

Der Unternehmer muss den Erhalt von Vorschuss für einen bestimmten Mangel beweisen. Er muss auch beweisen, dass der Besteller den Vorschuss nicht mehr für die Mängelbeseitigung verwenden will oder kann. Insoweit kann nach Ablauf einer angemessenen Frist zur Mängelbeseitigung eine Vermutung für den Unternehmer bestehen, die der Besteller jedoch widerlegen kann. Die Beweislast für die fehlende Abrechnungsmöglichkeit nach erfolgter Mängelbeseitigung liegt beim Besteller (BGH, Urt. v. 1.2.1990 – VII ZR 150/89, BauR 1990, 358). Der Besteller muss auch beweisen, dass der Vorschuss durch erforderliche Aufwendungen verbraucht ist. **94**

VI. Aufrechnung mit Schadensersatz

Der Besteller konnte nach altem Recht gegenüber dem Rückerstattungsanspruch mit einem eventuellen Schadensersatzanspruch wegen der nicht beseitigten Mängel aufrechnen (BGH, Urt. v. 7.7.1988 – VII ZR 320/87, BGHZ 105, 103). Die Durchsetzung des Vorschussanspruchs hatte nämlich nach der Rechtsprechung nicht eine Beschränkung der Gewährleistungsansprüche auf diesen Vorschuss- bzw. den Mängelbeseitigungsanspruch zur Folge. Die Wahl des Vorschusses gestaltete das Rechtsverhältnis nicht um. Der Besteller konnte deshalb noch zum Schadensersatzanspruch übergehen, solange der Mangel nicht beseitigt war. Auch nach neuem Recht gilt, dass eine Aufrechnung mit einem Schadensersatzanspruch möglich ist. Nach der SRM hängen allerdings sowohl Vorschussanspruch als auch Schadensersatzanspruch nur noch von einer Fristsetzung ab. Das ändert aber nichts daran, dass nur die Wahl des Schadensersatzes statt der Leistung Gestaltungswirkung hat, nicht aber die Wahl der Selbstvornahme und damit des Vorschusses. Eine Rückzahlungspflicht entfällt daher nur in dem Umfang, in dem der Auftraggeber mit seinem Schadensersatzanspruch wegen der Mängel aufrechnet (BGH, Urt. v. 14.1.2010 – VII ZR 108/08; Koeble, Festschrift für Jagenburg, S. 371). Zu beachten ist, dass der Schadensersatzanspruch nicht die Umsatzsteuer umfasst, wenn der Mangel noch nicht beseitigt ist (BGH, Urt. v. 22.7.2010 – VII ZR 176/09). Auch kann der Schadensersatzanspruch, wenn auch seine sonstigen Voraussetzungen gegeben sind, mit der Rechenschaft über die Verwendung des Vorschusses in der Weise verknüpft werden, dass der Besteller die Höhe der notwendigen Nachbesserungskosten dartut, ohne nachweisen zu müssen, ob, wie und in welchem Umfang die Mängel tatsächlich beseitigt worden sind (BGH, Urt. v. 24.11.1988 – VII ZR 112/88, BauR 1989, 201, 202). **95**

Der Unternehmer kann Leistungsklage auf Rückzahlung des Vorschusses erheben. Hat er keinerlei Informationen über die Verwendung des Vorschusses empfiehlt sich eine Stufenklage. Der Unternehmer hat Anspruch auf Auskunft über die Verwendung des Vorschusses (Werner/Pastor, Rdn. 2136). Er kann Rechnungslegung entsprechend § 259 BGB verlangen und diese gerichtlich geltend machen. **96**

Im Abrechnungsstreit ist der Unternehmer mit Einwendungen analog § 767 Abs. 2 ZPO ausgeschlossen sein, die er schon im Vorschussprozess hätte geltend machen können, z. B. auch mit der Einwendung, die Mängelbeseitigungsmaßnahme sei nicht notwendig gewesen (OLG Düsseldorf, OLGR 1993, 163). **97**

K. Besonderheiten des Architekten- und Ingenieurvertrags

Für Architekten- und Ingenieurverträge gelten in Bezug auf das Selbstvornahmerecht des Bestellers grundsätzlich keine Besonderheiten, so dass im Wesentlichen auf die vorstehenden Ausführungen verwiesen werden kann. **98**

Bevor sich der Planungsfehler des Architekten im Bauwerk realisiert hat, muss der Bauherr den Planer gemäß § 637 Abs. 1 BGB unter Fristsetzung zur Nachbesserung auffordern, bevor er den Planungsfehler durch einen dritten Architekten im Wege der Selbstvornahme beseitigen lassen darf (vgl. vgl. BGH Schäfer/Finnern, Z 3.01 Bl. 342; BGH Schäfer/Finnern, Z 3.01 Bl. 348). Ist der Planungsfehler allerdings bereits in das Bauwerk eingeflossen, bedarf es nach der Rechtsprechung des BGH einer Fristsetzung nach § 637 Abs. 1 BGB nicht mehr, da dann nach Ansicht des BGH dem Planer ein Nachbesserungsrecht an seinem Planungsfehler nicht mehr zusteht (vgl. BGH, Urteil vom 21.12.2000 – VII ZR 488/99). Zum Nachbesserungsrecht **99**

§ 637

des Architekten vgl. → § 635 BGB Rdn. 77 ff. Dementsprechend kann der Besteller gegenüber einem Planer, dessen Planungs- und/oder Bauüberwachungsfehler sich bereits in einem Baumangel realisiert haben, kein Kostenvorschussanspruch zu. Erhebt ein Bauherr wegen behaupteter Planungs- und Überwachungsfehler eine „Vorschussklage" gegen einen Architekten, so kann diese bei verständiger Würdigung des Prozessvortrags als Schadensersatzklage auszulegen sein (vgl. BGH, Urt. v. 23.11.2000 – VII ZR 242/99).

L. Besonderheiten der VOB/B

100 Die Regelungen des Gesetzes und der VOB/B sind angeglichen, soweit es um die Voraussetzungen des Selbstvornahmerechts und den Anspruch auf Aufwendungsersatz geht.

I. Selbstvornahme vor der Abnahme

101 Eine bedeutsame Abweichung zum BGB-Recht ergibt sich für das Selbstvornahmerecht vor der Abnahme. Beim VOB-Vertrag wird der Mängelbeseitigungsanspruch auch vor der Abnahme sofort fällig, § 4 Abs. 7 Satz 1 VOB/B. Deshalb kann an sich auch das Selbstvornahmerecht sofort entstehen. Damit würde aber auf der Baustelle ein Konfliktpotential geschaffen. Denn es würde der Unternehmer dort seine weitere Leistung erbringen wollen und der mit der Selbstvornahme beauftragte Drittunternehmer würde die Mängelbeseitigung vornehmen wollen. Die VOB/B sieht eine Regelung vor, die dieses Konfliktpotential vermeidet. Danach ist grundsätzlich eine Fristsetzung mit Kündigungsandrohung gemäß § 4 Abs. 7 VOB/B und eine schriftliche Kündigung gemäß § 8 Abs. 3 Abs. 2 und Abs. 5 VOB/B erforderlich, bevor das Selbstvornahmerecht entsteht (BGH, Urt. v. 15.5.1986 -VII ZR 176/85, BauR 1986, 573).

102 Kommt der Unternehmer der Pflicht zur Beseitigung des Mangels nicht nach, so kann ihm der Besteller eine angemessene Frist zur Beseitigung des Mangels setzen und erklären, dass er ihm nach fruchtlosem Fristablauf den Auftrag entziehe. Die Androhung der Kündigung bezweckt eine Warnwirkung und ist deshalb eindeutig zu formulieren. Androhung von rechtlichen Schritten, oder Vorbehalt der Kündigung reichen grundsätzlich nicht aus (vgl. zu einem Ausnahmefall: BGH, Urt. v. 20.3.2001 – X ZR 180/98, BauR 2001, 1256). Hat der Unternehmer den Mangel innerhalb der Frist nicht beseitigt, kann der Besteller schriftlich kündigen gemäß § 8 Abs. 3 Nr. 1 und 5 VOB/B. Die Kündigung kann den ganzen Vertrag betreffen, sich aber auch auf in sich abgeschlossene Teilleistungen beschränken. Sieht der Besteller von einer Kündigung ab, besteht der Erfüllungsanspruch weiter (vgl. OLG Koblenz, BauR 2003, 96), hat die Selbstvornahme hat jedoch zur Folge, dass der Besteller keine Ansprüche auf Kostenerstattung hat. Eine vor Fristablauf ausgesprochene Kündigung ist grundsätzlich ebenso unwirksam, wie eine bereits für den Fall des Fristablaufs mit der Fristsetzung verbundene Kündigung (BGH, Urt. v. 4.6.1973 – VII ZR 113/71, BauR 1973, 319). Eine Kündigung ist allerdings auch vor Fristablauf berechtigt, wenn feststeht, dass die Frist nicht eingehalten werden kann (BGH, Urt. v. 12.9.2002 – VII ZR 344/01; BGH, Urt. v. 28.1.2003 – X ZR 151/00).

103 Der Besteller ist grundsätzlich erst nach Kündigung des Auftrags berechtigt, den noch nicht vollendeten Teil der Leistung zu Lasten des Unternehmers durch einen Dritten ausführen zu lassen. Dazu gehört auch die Mängelbeseitigung durch Selbstvornahme (BGH, Urt. v. 15.5.1986 – VII ZR 176/85, BauR 1986, 573; OLG Düsseldorf, Urteil v. 30.6.2000 – 22 U 209/99; BauR 2001, 1461, 1462).

104 Davon kann nur unter eng begrenzten Voraussetzungen nach Treu und Glauben eine Ausnahme gemacht werden, wenn der mit der VOB-Regelung verfolgte Zweck nicht gefährdet wird (BGH, Urt. v. 2.10.1997 – VII ZR 44/97, BauR 1997, 1027). Eine Frist mit Kündigungsandrohung ist nach allgemeinen Grundsätzen entbehrlich, wenn sie Förmelei wäre, weil z. B. der Unternehmer die Mängelbeseitigung bereits abgelehnt hat (BGH, Urt. v. 20.4.2000 – VII ZR 164/99). Dagegen ist die Kündigung nur entbehrlich, wenn ein Konflikt zwischen Unternehmer und Drittunternehmer ausgeschlossen ist. Das ist der Fall, wenn der Unternehmer jegliche weitere Leistung verweigert (BGH, Urt. v. 20.4.2000 – VII ZR 164/99; Urt. v. 5.7.2001 – VII ZR 201/99; Urt. v. 9.10.2008 – VII ZR 80/07), so dass seine weitere Tätigkeit auf der Baustelle ausgeschlossen ist.

105 Eine Kündigung nach § 8 Abs. 3 VOB/B ist nicht notwendig, wenn der Vertrag aus anderem Grund gekündigt worden ist (BGH, Urt. v. 3.12.1998 – VII ZR 405/97; BGH, Versäumnisur-

Minderung §638

teile vom 5.7.2001 – VII ZR 201/99 und VII ZR 202/99, BauR 2001, 1577). Eine Kündigung ist auch dann entbehrlich, wenn der Unternehmer mit der Fremdnachbesserung bei Fortgeltung des Vertrages einverstanden ist (BGH, Urt. v. 19.11.1998 – VII ZR 371/96, BauR 1999, 254).

II. Selbstvornahme nach Abnahme

§ 13 Abs. 5 Nr. 2 VOB/B gibt dem Besteller ein Recht zur Selbstvornahme, wenn er – wie bei § 637 BGB – dem Unternehmer zuvor eine angemessene Frist zur Nacherfüllung gesetzt hat, ohne dass es eines Verzuges des Unternehmers mit der Nacherfüllung bedarf. Bezüglich des Aufwendungsersatzes, des Vorschusses und der Aufrechnung gelten keine Besonderheiten gegenüber dem BGB-Werkvertrag. 106

§ 638 BGB Minderung

(1) Statt zurückzutreten, kann der Besteller die Vergütung durch Erklärung gegenüber dem Unternehmer mindern. Der Ausschlussgrund des § 323 Abs. 5 Satz 2 findet keine Anwendung.

(2) Sind auf der Seite des Bestellers oder auf der Seite des Unternehmers mehrere beteiligt, so kann die Minderung nur von allen oder gegen alle erklärt werden.

(3) Bei der Minderung ist die Vergütung in dem Verhältnis herabzusetzen, in welchem zur Zeit des Vertragsschlusses der Wert des Werkes in mangelfreiem Zustand zu dem wirklichen Wert gestanden haben würde. Die Minderung ist, soweit erforderlich, durch Schätzung zu ermitteln.

(4) Hat der Besteller mehr als die geminderte Vergütung gezahlt, so ist der Mehrbetrag vom Unternehmer zu erstatten. § 346 Abs. 1 und § 347 Abs. 1 finden entsprechende Anwendung.

Übersicht

	Seite
A. Minderung als Gestaltungsrecht	521
B. Minderung statt Rücktritt	522
I. Minderung bei unerheblichen Mängeln	522
II. Anwendbarkeit der sonstigen Rücktrittsregeln	523
1. Vorfällige Minderung	523
2. Minderung bei Teilleistungen	523
3. Minderung bei Mitverschulden	523
III. Minderung bei mehreren Beteiligten	523
IV. Berechnung der Minderung	524
V. Gesetzlicher Rückerstattungsanspruch	524
C. Besonderheiten des Architekten- und Ingenieurvertrags	525
D. Besonderheiten der VOB/B	525
E. Besonderheiten des Bauträgervertrages	525

A. Minderung als Gestaltungsrecht

Das Recht zur Minderung entspricht der Rechtstradition. Es trägt dem Umstand Rechnung, dass der Besteller bei einer mangelhaften Leistung Interesse daran haben kann, diese zu behalten und den Werklohn herabzusetzen. Die Minderung ist als einseitiges Gestaltungsrecht ausgestaltet. Vor der am 1.1.2002 in Kraft getretenen Schuldrechtsmodernisierung sahen die § 634 Abs. 4 BGB a. F. und § 465 BGB a. F. vor, dass die Minderung erst vollzogen war, wenn sich der Unternehmer auf Verlangen des Bestellers mit ihr einverstanden erklärt hat. Das bedeutete auch, dass der Besteller an ein Verlangen nach Minderung solange nicht gebunden war, solange der Unternehmer nicht sein Einverständnis erklärt hat. 1

Nach dem seit dem 1.1.2002 geltenden Recht wird die Minderung durch die einseitige gestaltende Erklärung des Bestellers vollzogen. Diese Erklärung muss gegenüber dem Unternehmer erfolgen. Ein noch ausstehender Werklohnanspruch des Unternehmers verringert sich 2 daher nicht bereits mit dem Bestehen eines Minderungsrechts des Bestellers, sondern erst mit dessen Erklärung, er wolle die Minderung verfolgen. Mit ihr hat der Besteller eine Wahl zwischen den ihm zustehenden Rechten wegen eines Mangels getroffen. Diese Wahl ist bindend. Er kann wegen desselben Mangels nicht zurücktreten, nachdem er Minderung verlangt hat. Etwas anderes gilt für eine unberechtigte Minderung. Diese kann keinerlei Bindung auslösen.

Beispiel: Die angemessene Frist zur Mängelbeseitigung war im Zeitpunkt der Minderungserklärung noch nicht abgelaufen. Diese Minderung ist unwirksam. Nach Ablauf der angemessenen Frist kann der Besteller den Rücktritt erklären.

3   Problematisch ist, ob der Besteller nach der Wahl der Minderung noch auf den Schadensersatzanspruch statt der Leistung übergehen kann.

Nach § 325 BGB ist das Recht, Schadensersatz zu verlangen, nicht durch den Rücktritt ausgeschlossen. Nach § 638 BGB kann der Besteller mindern, statt zurückzutreten. Das scheint dafür zu sprechen, dass § 325 BGB entsprechend auf die Minderung anzuwenden ist. Davon wird in der Literatur ohne weiteres ausgegangen (Westermann/Maifeld, Das Schuldrecht 2002, S. 266; Derleder, NJW 2003, 998, 1002). Auch der Gesetzgeber geht in seiner Begründung davon aus, dass Minderung verlangt werden kann. Das werde durch § 325 BGB klargestellt (RegEntw., BR-Drucks. 338/01, S. 622). Das ist jedoch nicht unproblematisch. § 325 BGB verhält sich nicht zur Minderung. § 325 BGB beseitigt die gekünstelte Alternativität von Rücktritt und Schadensersatz wegen Nichterfüllung, jetzt Schadensersatz statt der Leistung (RegEntw., BR-Drucks. 338/01, S. 436). Denn mit dem Verlangen nach Schadensersatz statt der Leistung erlischt ebenso wie beim Rücktritt der Erfüllungsanspruch, § 281 Abs. 4 BGB, und es erfolgt eine Rückabwicklung, wie jetzt besonders deutlich daran wird, dass das Rücktrittsrecht anzuwenden ist, § 281 Abs. 5 BGB. Es ist deshalb nicht einzusehen, dass mit der Wahl des Rücktritts der Anspruch auf den lediglich weitergehenden Schadensersatz ausgeschlossen sein soll. Dagegen führt die Minderung nicht zu einem Rückabwicklungsverhältnis. Vielmehr bleibt der Erfüllungsanspruch bestehen. Der Schadensersatz statt der Leistung ist mit der Minderung nicht vereinbar. Er ist nicht lediglich ein weitergehender, sondern ein gänzlich anderer Anspruch. Aus diesem Grunde wird zu Recht vertreten, dass durch die Minderung eine abschließende Rechtslage gestaltet wird, die die spätere Wahl des Schadensersatzanspruches statt der Leistung ausschießt (OLG Düsseldorf, Urteil v. 18.2.2015 – 21 U 220/13; Palandt/Sprau, 80. Aufl., § 634 BGB, Rdn. 13). Kniffka, in: Kniffka/Koeble, Kompendium des Baurechts, 4. Aufl. 2014, 6. Teil Rdn. 227; Busche, in: Münchener Kommentar zum BGB, 6. Aufl. 2012, Rdn. 34 zu § 634!; Voit, in: Beck'scher online Kommentar BGB, Stand Mai 2020, Rdn. 3 zu § 638; Peters/Jacoby, Staudinger, Stand 2013, Rdn. 122 zu § 634; a. A. Derleder, NJW 2003, 998; Vygen/Joussen, Bauvertragsrecht nach VOB und BGB, 5. Aufl. 2013, Rdn. 1476, S. 56.

4   Dagegen besteht kein Grund, neben der Minderung die Anwendung des § 280 BGB auszuschließen. Denn der Anspruch aus § 280 BGB hat auf den Fortbestand des Erfüllungsanspruchs keine Bedeutung.

B. Minderung statt Rücktritt

5   Nach der Formulierung des Gesetzes kann der Besteller mindern, statt zurückzutreten. Damit ist zum Ausdruck gebracht, dass der Besteller erst nach fruchtlosem Ablauf einer von ihm dem Werkunternehmer zur Nacherfüllung bestimmten angemessenen Frist mindern kann (RegEntw., BR-Drucks. 338/01, S. 630). Die Fristsetzung ist entbehrlich, soweit sie auch für den Rücktritt entbehrlich ist.

I. Minderung bei unerheblichen Mängeln

6   Das Minderungsrecht steht dem Besteller auch bei unerheblichen Mängeln zu. § 323 Abs. 5 Satz 2 BGB, der den Rücktritt ausschließt, wenn die Pflichtverletzung unerheblich ist, findet keine Anwendung. Das ist in § 638 Abs. 1 Satz 2 BGB ausdrücklich geregelt. Ausnahmsweise mag es Fälle geben, in denen der Wert des Werks durch den Mangel überhaupt nicht beeinträchtigt ist, weil z. B. Ebenheitsabweichungen eines Bodenbelags weder optisch wahrnehmbar sind noch sonstwie zu Beeinträchtigungen führen. Dann besteht kein Minderungsrecht des Bestellers, weil es bereits an einem Minderwert des Werks fehlt. Entgegen anderer Ansicht

(vgl. KG, Urt. v. 15.9.2009 – 7 U 120/08) bedarf es daher in diesen Fällen keiner Korrektur durch Treu und Glauben im Sinne des §242 BGB.

II. Anwendbarkeit der sonstigen Rücktrittsregeln

1. Vorfällige Minderung

Der ausdrückliche Ausschluss des §323 Abs. 5 Satz 2 BGB lässt vermuten, dass §323 BGB 7 ansonsten Anwendung findet. Das würde bedeuten, dass der Besteller bereits vor dem Eintritt der Fälligkeit der Leistung mindern kann, wenn offensichtlich ist, dass die Voraussetzungen des Rücktritts bzw. der Minderung eintreten werden, §323 Abs. 4 BGB. Die Anwendung dieser Regelung wäre nur konsequent. Dagegen bestünden keine Bedenken.

2. Minderung bei Teilleistungen

Anwendbar wäre auch §323 Abs. 5 Satz 1 BGB. Die Anwendung dieser Regelung ergäbe 8 jedoch keinen Sinn. §323 Abs. 5 Satz 1 BGB will eine Rückabwicklung verhindern, wenn der Gläubiger an der erbrachten Teilleistung das Interesse nicht verloren hat. Eine Rückabwicklung kommt bei der Minderung jedoch ohnehin nicht in Betracht.

3. Minderung bei Mitverschulden

Anwendbar wäre an sich auch §323 Abs. 6 BGB. Danach ist die Minderung ausgeschlossen, 9 wenn der Besteller für den Umstand, der ihn zur Minderung berechtigen würde, allein oder weit überwiegend verantwortlich ist, oder wenn der vom Unternehmer nicht zu vertretende Umstand zu einer Zeit eintritt, zu welcher der Besteller in Verzug der Annahme ist. Dem könnte jedoch die Begründung zum Schuldrechtsmodernisierungsgesetz entgegenstehen. Danach ist eine Regelung über die Berechnung des Minderungsbetrages bei Mitverantwortung des Bestellers für den Werkmangel nicht für erforderlich gehalten worden. Die Begründung greift den Fall auf, in dem eine Werkleistung deshalb mangelhaft ist, weil der Besteller den Unternehmer falsch angewiesen oder ihm fehlerhaftes Material überlassen hat. Diese Fälle seien nach den allgemeinen Vorschriften sowie nach dem auch bei Berechnung des Minderungsbetrags anwendbaren Rechtsgedanken des §254 BGB zu lösen (RegEntw., BR-Drucks. 338/01, S. 632).

Allerdings, darauf weist die Begründung ebenfalls hin, wird der Unternehmer, sofern er 10 eine bewegliche Sache herzustellen hat, von der Gewährleistung ganz frei, wenn der Mangel auf einen vom Besteller gelieferten Stoff zurückzuführen ist. Das ergibt sich aus §651 Satz 2 BGB i.V.m. §442 Abs. 1 Satz 1 BGB.

Insgesamt bleibt unklar, inwieweit §323 Abs. 3 bis 6 BGB auf die Minderung direkt an- 11 wendbar sein soll. Gegen die Anwendbarkeit könnten neben den bereits erhobenen Bedenken sprechen, dass in §634 Nr. 3 BGB die Minderung nur nach §638 BGB erfolgen soll und eine Bezugnahme auf §323 BGB nicht erfolgt ist.

III. Minderung bei mehreren Beteiligten

Sind auf der Seite des Bestellers mehrere beteiligt, so kann die Minderung nur von allen 12 erklärt werden, §638 Abs. 2 BGB. Sind auf der Seite des Unternehmers mehrere beteiligt, so kann die Minderung nur gegen alle erklärt werden. Der Gesetzgeber übernimmt damit die Regelung des §351 BGB, die nur für den Rücktritt gilt. Demgegenüber konnte nach altem Recht die Minderung von jedem Beteiligten und gegen jeden Beteiligten erklärt werden, §474 BGB a.F. Diese Regelung konnte nicht beibehalten werden, weil nunmehr die Minderung ein Gestaltungsrecht ist.

Besonderheiten aus einem Innenverhältnis (etwa Gesamthandsverhältnis oder Wohnungs- 13 eigentümergemeinschaft) bleiben unberührt (RegEntw., BR-Drucks. 338/01, S. 631). Damit bleibt auch die Rechtsprechung zu der Befugnis des einzelnen Erwerbers, Gewährleistungsrechte geltend zu machen, unberührt. Nach dieser Rechtsprechung kann der einzelne Wohnungseigentümer wegen Mängeln des Gemeinschaftseigentums grundsätzlich nicht ohne die Mitwirkung der anderen Erwerber mindern (zu den Einzelheiten vgl. → §633 BGB Rdn. 88 ff.).

Nach der Rechtsprechung des Bundesgerichtshofs kann ein Hauptunternehmer nach Treu 14 und Glauben gehindert sein, wegen Mängeln Minderungsansprüche in Höhe der Mängelbeseitigungskosten gegen seinen Nachunternehmer geltend zu machen, wenn feststeht, dass der Hauptunternehmer von seinem Besteller wegen dieser Mängel nicht mehr in Anspruch genommen wird (BGH, Beschl. v. 20.12.2010 – VII ZR 95/10).

IV. Berechnung der Minderung

15   Die Berechnung der Minderung erfolgt nach der gängigen Minderungsformel des §472 BGB a. F. Sie ist sprachlich lediglich an die Begriffe des Werkvertragsrechts angeglichen worden. Der Entwurf zum Schuldrechtsmodernisierungsgesetz hatte noch eine andere Regelung zur Minderung vorgesehen. Danach sollte durch die Minderung die Vergütung um den Betrag herabgesetzt werden, um den der Mangel den Wert des Werks, gemessen an der Vergütung, mindert. Damit sollte vor allem zum Ausdruck gebracht werden, dass die Minderung beim Werkvertrag sich nicht an dem Wert zur Zeit des Vertragsschlusses orientieren kann. Maßgeblich sei für die Wertbestimmung vielmehr der Wert bei der Abnahme oder der Fertigstellung (BGH, Urt. v. 24.2.1972 – VII ZR 177/70). Die Berechnung des Minderungsbetrages sei dagegen nicht von den Kosten der Nachbesserung abhängig. Diese könnten besonders hoch sein und stünden dann zur Leistung des Werkunternehmers in einem auffälligen Missverhältnis (RegEntw., BR-Drucks. 338/01, S. 631).

16   Dieser Vorschlag ist jedoch nicht übernommen worden, weil die vorgeschlagene Formulierung den gewünschten Vereinfachungseffekt nicht erreiche. Diese Begründung ist wenig befriedigend, weil ein Vereinfachungseffekt, anders als im Kaufrecht, nicht im Vordergrund stand. Nach der neuen gesetzlichen Regelung ist nunmehr zwingend auf den Wert des Werks zur Zeit des Vertragsschlusses abzustellen. Die von der Begründung erwähnte Entscheidung des Bundesgerichtshofs (BGH, Urt. v. 24.2.1972 – VII ZR 177/70) ist damit überholt. Das ist bedauerlich, weil einerseits die Entscheidung sachgerecht ist, andererseits keinerlei Gründe im Gesetzgebungsverfahren genannt worden sind, warum daran nicht festzuhalten wäre (kritisch Funke, Jahrbuch Baurecht 2002, 217, 233).

17   Große praktische Bedeutung hat allerdings dieser Punkt im Gerichtsalltag nicht. Solange die Parteien nichts Abweichendes vortragen, kann nämlich davon ausgegangen werden, dass der Wert des Werkes zur Zeit des Vertragsschlusses der Vergütung entspricht (vgl. BGH, a.a.O.; Pauly, BauR 2002, 1321).

18   In das Gesetz hat auch die Erwägung der Begründung zum Schuldrechtsmodernisierungsgesetz, die Berechnung des Minderungsbetrages sei nicht von den Kosten der Nachbesserung abhängig, keinen Eingang gefunden. Es muss daher davon ausgegangen werden, dass entsprechend der ständigen Rechtsprechung des Bundesgerichtshofs die Minderung grundsätzlich in Höhe der Nachbesserungskosten erfolgen kann (BGH, a.a.O.; Pauly, a.a.O.). Etwas anderes gilt jedoch dann, wenn der Unternehmer die Mängelbeseitigung wegen der unverhältnismäßig hohen Kosten verweigert, die Nacherfüllung unmöglich ist oder die Leistungsverweigerungsrechte aus §275 Abs. 2 und 3 BGB geltend gemacht werden. Dann muss die Minderung nach der gesetzlichen Formel des §638 Abs. 3 BGB ermittelt werden. Dazu sind Schätzungsmethoden entwickelt worden, wie z. B. das Zielbaumverfahren (Aurnhammer, BauR 1983, 979; Pauly, BauR 2002, 1323) oder die Nutzwertanalyse (vgl. dazu OLG Celle, Urt. v. 8.10.1997 – 6 U 85/96; OLG Zweibrücken, Urt. v. 25.4.2005 – 7 U 53/04).

19   Die Minderung kann nach §638 Abs. 3 BGB durch Schätzung ermittelt werden. Das entspricht ohnehin der Rechtspraxis (vgl. BGH, Urt. v. 26.6.1980 – VII ZR 257/79). Wird die Minderung nach dem Geldbetrag berechnet, der aufzuwenden ist, um den Mangel zu beseitigen, ist die zu zahlende Vergütung der Schätzung zu Grunde zu legen, die nach einer Entscheidung des Kammergerichts die Umsatzsteuer anders als bei der Berechnung des Schadensersatzanspruchs wegen bevorstehender Ersatzvornahme (vgl. BGH, Urt. v. 22.7.2010 – VII ZR 176/09 und → §636 BGB Rdn. 81) jedenfalls dann umfasst, wenn keine Berechtigung zum Vorsteuerabzug besteht (vgl. KG, Urt. v. 15.9.2009 – 7 U 120/08).

V. Gesetzlicher Rückerstattungsanspruch

20   Hat der Besteller mehr als die geminderte Vergütung gezahlt, so ist der Mehrbetrag vom Unternehmer zu erstatten, §638 Abs. 4 BGB. Für den Rückzahlungsanspruch nach der Minderung ist damit eine selbständige Anspruchsgrundlage geschaffen worden. §346 Abs. 1 BGB und §347 Abs. 1 BGB finden entsprechende Anwendung. Die erwirtschafteten Zinsen sind

also ebenfalls herauszugeben, § 346 Abs. 1 BGB. Nach Maßgabe des § 347 Abs. 1 BGB sind auch nicht gezogene Nutzungen herauszugeben, also auch Zinsen, die erwirtschaftet hätten werden können (vgl. Sienz, BauR 2002, 190). Unklar ist der Zinsbeginn (Peters, NZBau 2002, 113, 114).

C. Besonderheiten des Architekten- und Ingenieurvertrags

Bei Architekten- und Ingenieurverträgen ergeben sich Schwierigkeiten bei der Frage, ob der Besteller das Honorar mindern kann, weil der Planer nicht sämtliche ihm beauftragten Leistungen erbracht hat. Es geht hier um die Frage, wie Architekten und Ingenieure ihren Planungsauftrag zu bewältigen haben, welche Leistungen sie also im Einzelnen zu erbringen haben, um einen „Planungsauftrag" zu erfüllen. Die Praxis weist insoweit eine Vielzahl von Vertragsgestaltungen auf. Grundsätzlich orientiert sich die Praxis an den Leistungsbezeichnungen der Honorarordnung für Architekten und Ingenieure (HOAI). Diese muss als Preisrecht die Leistungen benennen, für die Preise gebildet werden, und hat deshalb einen Katalog der im Allgemeinen zur Erfüllung „eines Auftrags" erforderlichen Leistungen aufgestellt. Dieser Leistungskatalog enthält Grundleistungen, die in Leistungsbildern erfasst werden, die sich ihrerseits wieder in Leistungsphasen aufgliedern, § 3 Abs. 2 HOAI. Die vertraglichen Regelungen verwenden in aller Regel die Termini für die Grundleistungen oder Leistungsphasen der HOAI. Es gibt aber auch davon abweichende Formulierungen der zu erbringenden Leistungen. Darüber hinaus gibt es Verträge, die keine im Einzelnen zu erbringenden Leistungen beinhalten, sondern nur allgemeine Planungsaufträge, ohne insoweit näher ins Detail zu gehen. In allen Verträgen kann sich die Frage stellen, ob der Planer seinen Planungsauftrag ordnungsgemäß erfüllt hat, wenn er einzelne Leistungen, wie sie in den Grundleistungen der HOAI manifestiert sind, nicht erbracht hat. Dieses Problem spielt insbesondere im Zusammenhang mit den Minderungen eine Rolle, die in der Praxis verlangt werden, weil im Rahmen der Abrechnung eines Planungsauftrages vom Besteller die Behauptung erhoben wird, der Architekt oder Ingenieur habe nicht alle Grundleistungen der HOAI erbracht. Dafür kann es viele Gründe geben. Einer der Hauptgründe kann sein, dass die nicht erbrachten Leistungen nicht vereinbart worden sind. Es ist klar, dass die HOAI als Preisordnung nicht vorgibt, welche Leistungen vereinbart worden sind. Sie stellt lediglich die Preise für die vereinbarten Leistungen zur Verfügung. Keineswegs ist es zwingend, dass alle in der HOAI aufgeführten Grundleistungen oder Leistungsphasen beauftragt sind. Sind Grundleistungen der HOAI nicht vereinbart, kommt eine Minderung der Vergütung allein wegen nicht erbrachter Grundleistungen nicht in Betracht. Allerdings muss in diesen Fällen geprüft werden, ob eine Honorarkürzung nach § 8 Abs. 2 HOAI in Betracht kommt (zu den Einzelheiten vgl. → § 633 BGB Rdn. 110 ff. sowie ausführlich Kniffka, BauR 2015, Heft 7 mit Darstellung des Meinungsstands). 21

D. Besonderheiten der VOB/B

Nach § 13 Abs. 6 VOB/B VOB/B kann der Besteller durch Erklärung gegenüber dem Unternehmer die Vergütung mindern (§ 638 BGB), wenn die Beseitigung des Mangels für den Besteller unzumutbar oder sie unmöglich ist oder sie einen unverhältnismäßigen Aufwand erfordern würde und deshalb vom Unternehmer verweigert wird (vgl. BGH, Urt. v. 10.8.2006 – IX ZR 28/05). Ansonsten kann hinsichtlich der Voraussetzung und des Umfangs der Minderung auf die obigen Ausführungen verwiesen werden. 22

E. Besonderheiten des Bauträgervertrages

Wird bei einem Bauträgervertrag über den Erwerber einer sanierten Altbauwohnung eine geringere als die vereinbarte Wohnfläche durch den Bauträger geliefert, berechnet sich die daraus resultierende Wertminderung lediglich aus den Grundstückskosten und dem Preis der übernommenen Bestandsimmobilie, die Sanierungskosten bleiben außen vor (vgl. OLG München, Urteil vom 4.11.2010 – 13 U 4074/09). 23

§ 639

§ 639 BGB Haftungsausschluss

Auf eine Vereinbarung, durch welche die Rechte des Bestellers wegen eines Mangels ausgeschlossen oder beschränkt werden, kann sich der Unternehmer nicht berufen, soweit er den Mangel arglistig verschwiegen oder eine Garantie für die Beschaffenheit des Werkes übernommen hat.

Übersicht

	Seite
A. Allgemeines	526
B. Haftungsausschluss für arglistig verschwiegene Mängel	527
C. Haftungsausschluss für Garantie	527
I. Fehlende Definition der Garantie	527
II. Zugesicherte Eigenschaften als Garantie	527
III. Garantien im Anlagenbau	528
IV. Selbständige Garantie	528
V. Darlegungs- und Beweislast	529
D. Allgemeine Geschäftsbedingungen zum Haftungsausschluss	529
I. Modifizierte Regelungen zum Haftungsausschluss	529
II. Keine Regelung zum Haftungsausschluss bei Kardinalpflichtverletzungen	530
III. Haftungsausschluss bei gleichzeitiger Abtretung der Mängelansprüche	530
IV. Beschränkung auf Nacherfüllung	530
V. Beschränkung der Höhe nach	531
VI. Beschränkung auf unmittelbaren Schaden	532
VII. Haftung nur bei Verschulden	532
VIII. Ausschluss des Rücktrittsrechts	533
IX. Änderung der Beweislast	533
X. Zeitliche Begrenzung	533
XI. Pflicht zur Nachfristsetzung in den Fällen §§ 323 Abs. 2, 326 Abs. 5, 636 BGB	534
XII. Ausschluss bzw. Einschränkung der Aufrechnung und des Zurückbehaltungsrechts	534
E. Besonderheiten des Architekten- und Ingenieurvertrags	534
F. Besonderheiten der VOB/B	536
G. Besonderheiten des Bauträgervertrages	536

A. Allgemeines

1 Die Veränderung, Beschränkung oder der Ausschluss der in § 634 BGB genannten Rechte des Bestellers ist grundsätzlich möglich. Diese vertragliche Gestaltungsmöglichkeit findet ihre Grenzen in den Regeln des allgemeinen Rechts u. a. in den §§ 138, 202, 242, 276 Abs. 3 Satz 2, 444, 639 und 826 BGB. Andere individuell vereinbarte Haftungsbeschränkungen sind grundsätzlich möglich. Haftungsbeschränkungen durch Allgemeine Geschäftsbedingungen sind nach §§ 305 ff. BGB zu beurteilen. Auf eine nach diesen Maßstäben wirksame Haftungsbeschränkung kann sich der Unternehmer jedoch nicht berufen, wenn er einen Mangel arglistig verschwiegen oder eine Garantie für die Beschaffenheit des Werkes abgegeben hat.

2 Ob die Parteien einen Haftungsausschluss vereinbaren wollten, ist durch Auslegung zu ermitteln. Mit einer Formulierung, womit nach Auszahlung einer bestimmten Summe die Parteien gegenseitig keine weiteren Forderungen oder Ansprüche geltend machen, ist in der Regel noch kein vollständiger Haftungsausschluss des Unternehmers beabsichtigt (vgl. OLG Celle, Urteil vom 6.10.2005 – 6 U 58/05; IBR 2007, 19; OLG-Report Celle 2007, 15). Die Vereinbarung des Abschlusses einer Haftpflichtversicherung für den Unternehmer zugunsten des Bestellers genügt nicht (BGH, Urteil vom 8.12.2005 – VII ZR 138/04; IBR 2006, 214; BauR 2006, 701; MDR 2006, 565; NZBau 2006, 254). Der allgemein formulierte „Gewährleistungsausschluss" erfasst in der Regel nicht die Haftung für ausdrückliche Beschaffenheitsvereinbarungen oder Eigenschaftszusicherungen (BGH, Urteil vom 29.11.2006 – VIII ZR 92/06; NJW 2007, 1346 ff.; BGHZ 170, 86 ff.). Auch erfassen Ausschlussklauseln grundsätzlich nicht die Deliktshaftung, es sei denn, dies ergibt sich ausdrücklich und hinreichend deutlich aus der zwischen den Parteien getroffenen Abrede (vgl. BGH, Urteil vom 7.2.1979 – VIII ZR 305/77; NJW 1979, 2148 ff.; MDR 1979, 665 f.).

B. Haftungsausschluss für arglistig verschwiegene Mängel

Auf einen zwischen den Parteien wirksam vereinbarten Haftungsausschluss kann sich der 3
Unternehmer nicht berufen, wenn er den Mangel arglistig verschwiegen hat. Dabei hat der
Hauptunternehmer gegenüber dem Besteller das arglistige Verschweigen der Mängel durch seine Subunternehmer gem. §278 BGB zu vertreten wie eigenes arglistiges Verschweigen (BGH, Urteil vom 15.1.1976 – VII ZR 96/74; BauR 1976, 131; OLG Celle, Urteil vom 6.10.2005 – 6 U 58/05; IBR 2007, 19; OLG-Report Celle 2007, 15). Zu den Einzelheiten des arglistigen Verschweigens wird auf → §634a BGB Rdn. 337 ff. verwiesen.

C. Haftungsausschluss für Garantie

Der Unternehmer kann sich auf eine an sich wirksame Haftungsbeschränkung auch dann 4
nicht berufen, wenn er eine Garantie für die Beschaffenheit des Werkes übernommen hat.
§639 betrifft nur die so genannte unselbständige Garantie (vgl. dazu Palandt/Sprau, 80. Aufl., §634 BGB, Rdn. 35).

I. Fehlende Definition der Garantie

Der Begriff der Garantie findet sich auch in §276 Abs. 1, §442 Abs. 1 Satz 2, §§443, 444, 477 5
Abs. 1. Es fehlt jedoch eine gesetzliche Definition. Geregelt werden nur Rechtsfolgen, vgl. z. B.
§443, wo der Begriff der Beschaffenheitsgarantie in der Gesetzesüberschrift erscheint. Für den
Verbrauchsgüterkauf stellt §477 Abs. 1 bestimmte Anforderungen an die Garantieerklärung,
ohne dass diese Voraussetzungen für die Wirksamkeit der Garantieverpflichtung darstellen.
Die Begründung erläutert, dass bei der Verwendung des Begriffes „Garantie" in §276 Abs. 1
an die Eigenschaftszusicherung bei Kauf, Miete, Werkvertrag und ähnlichen sich auf eine Sache beziehenden Verträgen gedacht ist. Inhaltlich bedeute die Zusicherung einer Eigenschaft
die Übernahme einer Garantie für das Vorhandensein dieser Eigenschaft verbunden mit dem
Versprechen, für alle Folgen ihres Fehlens (ohne weiteres Verschulden) einzustehen. Aus dem
Umstand, dass die Gewährleistung nicht mehr an das Fehlen einer zugesicherten Eigenschaft
geknüpft werde, könne nicht abgeleitet werden, dass der Zusicherung von Eigenschaften künftig keine Bedeutung mehr zukäme (RegEntw., BR-Drucks. 338/01, S. 229).

II. Zugesicherte Eigenschaften als Garantie

Die Begründung will damit die zugesicherten Eigenschaften der Garantie gleichstellen. Das 6
ist insofern nicht unproblematisch, als im Werkvertragsrecht an die zugesicherten Eigenschaften
deutlich geringere Anforderungen gestellt werden als im Kaufrecht. Ersichtlich argumentiert
die Begründung auf der Grundlage der Kriterien, die für die zugesicherten Eigenschaften
im Kaufrecht maßgeblich waren. Dazu gehörte vor allem das Versprechen, für alle Folgen
des Fehlens einer zugesicherten Eigenschaft ohne weiteres Verschulden einstehen zu wollen.
Dieses Versprechen war für eine Zusicherung von Eigenschaften im Werkvertragsrecht nicht
notwendig (BGH, Urt. v. 10.10.1985 – VII ZR 303/84, BGHZ 96, 111; Urt. v. 5.12.1995 – X ZR 14/93, NJW-RR 1996, 783; Urt. v. 17.6.1997 – X ZR 95/94, ZfBR 1997, 295).

Die Auslegung des Begriffes Garantie in §639 wird sich deshalb nicht ohne weiteres an dem 7
Begriff der zugesicherten Eigenschaften, wie er nach dem Recht vor der SRM im Werkvertragsrecht definiert war, orientieren dürfen (Voit, in: Bamberger/Roth, BGB Kommentar,
3. Aufl., §639 BGB Rdn. 17; v. Westphalen, ZIP 2002, 545, 547; a. A. Werner/Pastor, Der
Bauprozess, 15. Auf., Rdn. 1943). Bei einer Eigenschaftszusicherung nach den Kriterien des
alten Kaufrechts wird sie zu bejahen sein. In diesen Fällen ist ein Haftungsausschluss, auch für
einfaches Verschulden unzulässig. Das gilt nicht nur für den Ausschluss durch AGB, sondern
auch durch Individualvertrag. Diese Beschränkung des Haftungsausschlusses könnte einige
Bedeutung haben, denn es wird auch in Zukunft selbst unter Anwendung des früher für das
Kaufrecht geltenden strengeren Maßstabes im Werkvertragsrecht viele Zusicherungen geben
(vgl. v. Westphalen, ZIP 2001, 2107; vgl. auch Langen, Jahrbuch Baurecht 2003, 180). Das gilt
insbesondere in den Fällen, in denen der Bauträger oder Generalübernehmer die schlüsselfertige Errichtung eines Hauses zusagt. Denn in diesen Fällen wird der Unternehmer häufig

§ 639 Haftungsausschluss

die Bebaubarkeit nach seinen Plänen garantieren müssen, weil der Erwerber sonst einem zu hohen Risiko ausgesetzt ist (vgl. § 311a). Aber auch sonst finden sich jedenfalls zur Zeit noch viele Garantien in den Verträgen, wie z. B. die Garantie der Bebaubarkeit, die Garantie der Lastenfreiheit, der Freiheit von Altlasten oder auch die Garantien für die verwendeten Produkte und Garantien für die Ausführung, wie z. B. garantierte Wärmedämmwerte oder Schallschutzwerte, garantierte Dichtigkeiten der Dächer oder Abdichtungen usw.

III. Garantien im Anlagenbau

8 Einige Probleme wirft § 639 für die Vertragsgestaltung im Anlagenbau auf (siehe hierzu grundlegend Schuhmann, BauR 2005, 293, 295 und NZBau 2003, 602ff.; Lotz, ZfBR 2003, 424ff.). Dort gehören Garantiebestimmungen zu den lang bewährten Usancen. Dazu gehören z. B. Komplettheitsgarantien, Leistungsgarantien, Verbrauchswertgarantien, Emissions- oder Immissionsgarantien, Verfügbarkeitsgarantien oder Standzeitgarantien (de Vasconcellos, NZBau 2003, 121). Jedoch sind die Rechtsfolgen der Garantien in den Verträgen vielfach einschränkend beschrieben. Das gilt insbesondere für vertragliche Beschränkungen des Mangelfolgeschadens. Es stellt sich die Frage, ob derartige Beschränkungen auch von § 639 BGB erfasst sind. Das ist umstritten (vgl. de Vasconcellos, a. a. O., m. w. N.; von Westphalen, ZIP 2002, 545 m. w. N.; Quack, IBR 2001, 706; Dauner-Lieb/Thiessen, ZIP 2002, 108, 114). Versuche, den klaren Wortlaut des § 639 zugunsten eines bestimmten Vertragstyps zu ignorieren, müssen erfolglos bleiben. Grundsätzlich ist das Verbot des § 639 umfassend. Es betrifft alle Rechte wegen eines Mangels. Dazu gehört gemäß § 634 Nr. 4 auch das Recht, wegen eines Mangels den Ersatz des Folgeschadens gemäß § 280 zu verlangen. Es stellt sich jedoch die Frage, ob es sich um Garantien im Sinne des § 639 handelt. Erklärungen, aus denen sich ergibt, dass der Unternehmer keine uneingeschränkte Einstandspflicht übernimmt, sind keine Garantien im Sinne des § 639. Nicht allein das Wort „Garantie" ist maßgeblich, sondern der mit der Verwendung dieses Wortes verbundene Wille, über die vertragliche Verpflichtung hinaus besondere Verpflichtungen zu übernehmen. Liegen in diesem Sinne Garantien vor, gelten sie auch für den Anlagenbau. Diese nachteilige Rechtsfolge kann nur durch Verzicht auf Garantien im Sinne des § 639 erreicht werden, die durch detaillierte andere vertragliche Regelungen zur Beschaffenheit einerseits und zu den Rechtsfolgen (Schadensersatzverpflichtung und Vertragsstrafen) andererseits zu ersetzen sind (von Westphalen, a. a. O.).

IV. Selbständige Garantie

9 Unberührt bleibt die selbständige Garantie (vgl. BGH, Urt. v. 5.3.1970 – VII ZR 80/68). Auf diese sind §§ 633 ff. nicht anwendbar (Werner/Pastor, Der Bauprozess, 15. Aufl., Rdn. 1943; Palandt-Sprau, 80. Aufl., § 634 Rdn. 36; vgl. auch Mundt, NZBau 2003, 73, 77 f. mit Beispielen). Nach ständiger Rechtsprechung des BGH ist ein selbständiges Garantieversprechen dadurch gekennzeichnet, dass eine Verpflichtung zur Schadloshaltung übernommen wird, falls der garantierte Erfolg nicht eintritt (BGH, Urteil vom 11.7.1985 – IX ZR 11/85; NJW 1985, 294f.; BGH, Urteil vom 9.12.1993 – III ZR 94/92; BGHR BGB vor § 765 – Garantievertrag I; BGH, Urteil vom 19.10.1999 – X ZR 26/97; ZfBR 2000, 98 ff., jeweils m. w. N.). Der Garant übernimmt die Gewähr für einen über die bloße Vertragsmäßigkeit des Werkes hinausgehenden, noch von anderen Faktoren abhängigen wirtschaftlichen Erfolg (BGH, Urteil vom 5.3.1970 – VII ZR 80/68; BauR 1970, 107, 108; BGH, Urteil vom 8.2.1973 – VII ZR 209/70; WM 1973, 411; BGHZ 65, 107, 110). Welche Bedeutung der Garantieerklärung den Umständen nach zukommt und ob und in welchem Umfang von dem Unternehmer eine besondere Gewähr übernommen worden ist, unterliegt dabei grundsätzlich der tatrichterlichen Auslegung.

10 Ein selbständiges Garantieversprechen kann bei einem Werkvertrag mit einem gewerblich tätigen Unternehmer nur angenommen werden, wenn dieser eine verschuldensunabhängige Haftung für einen über die vertragsgemäße Herstellung des Werkes hinausgehenden Erfolg übernehmen will. Ist ein selbständiges Garantieversprechen nicht gegeben, weil ein vom Verschulden unabhängiger Verpflichtungswille des Unternehmers nicht festzustellen ist, so scheidet auch eine unselbständige Garantie aus (vgl. BGH, Urteil vom 19.10.1999 – X ZR 26/97; ZfBR 2000, 98 ff.).

V. Darlegungs- und Beweislast

Haben die Parteien einen Haftungsausschluss vereinbart, trägt der Besteller grundsätzlich die 11
Darlegungs- und Beweislast für das Vorliegen sämtlicher Umstände, die den Arglisttatbestand ausfüllen, wozu bei einer Täuschung durch Verschweigen auch die fehlende Offenbarung gehört. Da es sich bei der unterbliebenen Offenbarung um eine negative Tatsache handelt, kommen dem Besteller Erleichterungen nach den Grundsätzen der sekundären Darlegungslast zugute (für das Kaufrecht vgl. BGH, Urteil vom 12.11.2010 – V ZR 181/09).

D. Allgemeine Geschäftsbedingungen zum Haftungsausschluss

Die Wirksamkeit von Haftungsausschlussklauseln in AGB oder Formularverträgen richtet 12
sich nach den Vorschriften der §§ 305 ff. BGB. Zum Schutze vor der Beschneidung oder Aushöhlung gesetzlicher oder vertraglicher Nacherfüllungsansprüche sieht § 309 Nr. 8 b) BGB entsprechende Verbote vor. Fällt eine Klausel in AGB bei ihrer Verwendung gegenüber Verbrauchern unter eine Verbotsnorm des § 309 BGB, so ist dies ein Indiz dafür, dass sie auch im Falle ihrer Verwendung gegenüber Unternehmern zu einer unangemessenen Benachteiligung führt, es sei denn, sie kann wegen der besonderen Interessen und Bedürfnisse des unternehmerischen Geschäftsverkehrs ausnahmsweise als angemessen angesehen werden (vgl. BGH, Urteil vom 19.9.2007 – VIII ZR 141/06; IBR 2008, 22; BGHZ 176, 1; DB 2007, 2709; DNotZ 2008, 365; MDR 2008, 16; NJW 2007, 3774; VersR 2008, 498; WM 2007, 2261; ZIP 2007, 2270; Wurmnest in: Münchener Kommentar zum BGB, 6. Aufl., § 307 BGB, Rdn. 78 f. m. w. N.; Palandt/Grüneberg, BGB § 307 Rdn. 38; v. Westphalen, BB 2010, 195; Westphalen ZIP 2010, 1110; a. A. Koch, BB 2010, 1810; Dauner-Lieb, ZIP 2010, 309; Berger, NJW 2010, 465).

I. Modifizierte Regelungen zum Haftungsausschluss

Gemäß § 309 Nr. 7 BGB ist ein Ausschluss oder eine Begrenzung der Haftung für Schäden 13
aus der Verletzung des Lebens, des Körpers oder der Gesundheit, die auf einer fahrlässigen Pflichtverletzung des Verwenders oder einer vorsätzlichen oder fahrlässigen Pflichtverletzung eines gesetzlichen Vertreters oder Erfüllungsgehilfen des Verwenders beruhen, unwirksam. Ein Haftungsausschluss für leichte Fahrlässigkeit ist nur für sonstige Schäden möglich.

Eine umfassende Freizeichnung in AGB, nach der die Haftung des Klauselverwenders auch 14
für Körper- und Gesundheitsschäden und für sonstige Schäden auch bei grobem Verschulden ausgeschlossen ist, ist nicht nur gegenüber Verbrauchern, sondern ebenso im Geschäftsverkehr gegenüber Unternehmern wegen unangemessener Benachteiligung des Vertragspartners des Verwenders unwirksam (BGH, Urteil vom 4.2.2015 – VIII ZR 26/14; BGH, Urteil vom 19.9.2007 – VIII ZR 141/06; BGH, Urteil vom 22.11.2006 – VIII ZR 72/06). Ein in die AGB aufgenommener Zusatz, dass ein solch weitreichender Haftungsausschluss nur „soweit das gesetzlich zulässig ist" gelten soll, beseitigt die Unwirksamkeitsfolge nicht (BGH, Urteil vom 4.2.2015 – VIII ZR 26/14; BGH, Urteil vom 26.6.1991 – VIII ZR 231/90; BGH, Urteil vom 26.11.1984 – VIII ZR 214/83). Derartige salvatorische Klauseln sind ihrerseits unwirksam, weil sie gegen das Verständlichkeitsgebot verstoßen (BGH, Urteil vom 4.2.2015 – VIII ZR 26/14; BGH, Beschluss vom 20.11.2012 – VIII ZR 137/12; BGH, Beschluss vom 5.3.2013 – VIII ZR 137/12).

In Einzelfällen kann es dem Unternehmer unter Umständen aufgrund seiner besonderen 15
Sachwalterstellung gegenüber dem Auftraggeber verwehrt sein, sich auf einen (wirksamen) Haftungsausschluss (z. B. für Mangelfolgeschäden) zu berufen. Dies ist dann der Fall, wenn ein von einem Besteller beauftragtes Fachunternehmen das besondere Vertrauen des Bestellers genießt und dieses Fachunternehmen eine selbständig geplante und ausgeführte Baumaßnahme durchführt, bei der es dem Besteller – wie der Unternehmen weiß – vor allem darauf ankommt, dass hochempfindliche Geräte im Gebäude des Bestellers nicht in Mitleidenschaft gezogen werden. Kommt es in einem solchen Fall zu einem Mangelfolgeschaden gerade an diesen Geräten, dann kann sich der Unternehmer nicht auf seinen in den AGB enthaltenen Haftungsausschluss berufen (vgl. BGH, Urt. v. 20.12.1984 – VII ZR 340/83; BGH, Urt. v. 18.6.1979 – II ZR 65/78).

II. Keine Regelung zum Haftungsausschluss bei Kardinalpflichtverletzungen

16   Eine Regelung zum unzulässigen Ausschluss der Haftung für Kardinalpflichtverletzungen bei einfacher Fahrlässigkeit enthält das BGB nicht. Dieser ist jedoch am Maßstab des § 307 BGB zu messen (v. Westphalen, NJW 2002, 12, 22). Nach diesen Grundsätzen ist eine formularmäßig beschränkte Haftung eines Vertragspartners auf eine bestimmte Summe nur wirksam, wenn die vertragstypischen, vorhersehbaren Schäden abgedeckt werden. Eine haftungsbeschränkende Klausel darf im Übrigen nicht so formuliert sein, dass sie den Klauselverwender aus essentiellen vertraglichen Pflichten entlässt (vgl. BGH, Urteil vom 12.3.2008 – XII ZR 147/05; BGH, Urteil vom 15.9.2005 – I ZR 58/03; BGH, Urteil vom 11.11.1992 – VIII ZR 238/91; IBR 1993, 92; NJW-RR 1993, 564). So ist etwa der formularmäßige Ausschluss von Schadensersatzansprüchen des Wohnungsmieters gegen den Vermieter wegen Sachschäden, welche durch Mängel der Mietsache verursacht sind, für die der Vermieter aufgrund leichter Fahrlässigkeit einzustehen hat, wegen Verstoßes gegen § 9 AGB-Gesetz unwirksam (vgl. BGH, Beschluss vom 24.10.2001 – VIII ARZ 1/01).

III. Haftungsausschluss bei gleichzeitiger Abtretung der Mängelansprüche

17   Insbesondere Baugesellschaften und Bauträger versuchen, die Nacherfüllungsansprüche des Erwerbers ihnen gegenüber auszuschließen bei gleichzeitiger Abtretung der Mängelrechte des Bauträgers an den Erwerber (vgl. zu den Voraussetzungen einer wirksamen Abtretung Schonebeck BauR 2005, 934, 935; Graßnack BauR 2006, 1394, 1397; Blank, Festschrift für Ganten, S. 98 ff.). Bis zum Jahre 2002 hat der BGH eine Subsidiaritätsklausel in einem Bauvertrag für wirksam gehalten, wenn sie weder von dem Erwerber die gerichtliche Verfolgung der abgetretenen Ansprüche verlangt noch ihm aufgrund ihrer sprachlichen Fassung den Eindruck vermittelt, er müsse die anderen am Bau Beteiligten gerichtlich ohne Erfolg in Anspruch genommen haben, bevor der Bauträger haftet (BGH, Urt. v. 8.10.1981 – VII ZR 99/80; BGH, Urt. v. 6.5.1982 – VII ZR 74/81; BGH, Urteil vom 6.4.1995 – VII ZR 73/94; Urteil vom 4.12.1997 – VII ZR 6/97). Mit seiner Entscheidung vom 21.3.2002 (Urteil vom 21.3.2002 – VII ZR 493/00) hat der BGH seine bisherige Rechtsprechung ausdrücklich aufgegeben. Danach sind Subsidiaritätsklauseln zur Haftungsprivilegierung gemäß § 307 Abs. 2 Nr. 2 BGB unwirksam. Unklar ist bisher, ob die Unwirksamkeit der Subsidiaritätsklausel auch dazu führt, dass die in dem Vertrag zwischen dem Bauträger und dem Erwerber vorgesehene Abtretung ebenfalls unwirksam wird. Hiergegen spricht, dass die Abtretung für den Erwerber insofern vorteilhaft ist, als er hierdurch vor dem Insolvenzrisiko geschützt wird (vgl. BGH, Urteil vom 12.4.2007 – VII ZR 236/05). Dies wird über eine interessengerechte Auslegung des § 306 Abs. 3 BGB begründet (vgl. Werner/Pastor, Der Bauprozess, 15. Aufl., Rdn. 2709).

18   Ob durch eine solche Abtretung die Stellung des Erwerbers im Falle der Bauträgerinsolvenz wesentlich verbessert wird, wird zu Recht in Frage gestellt. Ist der Vertrag nämlich bei Verfahrenseröffnung noch von keinem Vertragsteil vollständig erfüllt, ist § 103 InsO einschlägig. Hiernach kann der Insolvenzverwalter die Erfüllung sowohl gegenüber dem Erwerber als auch gegenüber dem Subunternehmer ablehnen. Eine insolvenzbedingte Abtretung der Gewährleistungsansprüche an den Erwerber im Bauträgervertrag kann den Insolvenzverwalter an der Nichterfüllungswahl nämlich nicht hindern (vgl. Blank, Festschrift für Ganten, 97, 107 m.w.N.).

IV. Beschränkung auf Nacherfüllung

19   Individualvertraglich ist eine Beschränkung der Mängelrechte des Bestellers auf das Recht der Nacherfüllung uneingeschränkt möglich (vgl. Werner/Pastor, Der Bauprozess, 15. Aufl., Rdn. 2711).

20   Gemäß § 309 Nr. 8 b) bb) BGB ist eine Allgemeine Geschäftsbedingung, die den Anspruch des Vertragspartners gegen den Verwender insgesamt oder bezüglich einzelner Teile auf das Nacherfüllungsrecht beschränkt nur dann wirksam, wenn für den Fall des Fehlschlagens der Nacherfüllung das Minderungsrecht bestehen bleibt. Der Ausschluss der Minderung durch den Besteller auch im Falle des Fehlschlagens einer Nacherfüllung führt zur Unwirksamkeit der Bauvertragsklausel (BGH, Urteil vom 16.5.1990 – VIII ZR 245/89; BGH, Urteil vom 26.11.1984 – VIII ZR 214/83; MünchKomm/Kieninger, BGB § 309 Nr. 8 Rdn. 46). Nicht ausreichend ist es in diesem Zusammenhang auch, wenn anstelle des Minderungsrechts in diesem

Falle dem Besteller ein Rücktrittsrecht eingeräumt wird; auch diese Variante der Bauvertragsklausel ist unwirksam (vgl. BGH, Urteil vom 26.6.1991 – VIII ZR 231/90).

Ein Ausschluss von Schadensersatzansprüchen bei Beschränkung der Nacherfüllungsansprüche des Bestellers auf das Recht der Nacherfüllung wird zwar durch § 309 Nr. 8 b) aa) und bb) BGB nicht geschützt; ein solcher Ausschluss kann allerdings gegen § 309 Nr. 7 BGB sowie gegen § 307 BGB verstoßen (vgl. BGH, Urteil vom 26.6.1991 – VIII ZR 231/90). Allgemeine Geschäftsbedingungen, wonach die Nacherfüllungsrechte des Auftraggebers auf die Nacherfüllung beschränkt werden, müssen in verständlicher Form ausdrücklich darauf hinweisen, dass der Besteller nach Fehlschlagen der Nacherfüllung eine Herabsetzung der Vergütung verlangen kann (vgl. BGH, Urteil vom 10.12.1980 – VIII ZR 295/79). Unzulässig ist auch eine Beschränkung auf die Nacherfüllung, wenn die Minderung nicht bei allen Fallgestaltungen des Fehlschlagens der Nachbesserung zugelassen wird, sondern nur bei einigen von ihnen (vgl. BGH, Urteil vom 2.2.1994 – VIII ZR 262/92). 21

Seine Verpflichtung, die für die Nacherfüllung notwendigen Aufwendungen zu tragen, kann der Unternehmer gemäß § 309 Nr. 8 b) cc) BGB weder ausschließen noch beschränken. Damit ist die Regelung des § 635 Abs. 2 BGB jeder einschränkenden AGB entzogen. Die Regelung des § 309 Nr. 8 b) cc) BGB strahlt gemäß § 307 BGB auch in den unternehmerischen Handelsverkehr aus, da es nicht hingenommen werden kann, dass formularmäßig die Kosten der Nacherfüllung auf den Kunden abgewälzt werden. So hat der BGH die Nr. 8 b) cc) in ihrer damaligen Fassung im Rahmen von § 307 BGB angewandt, als eine Klausel einen Unternehmer-Kunden dazu verpflichtete, den größeren Teil der anfallenden Nachbesserungskosten selbst zu tragen (vgl. BGH, Urteil vom 19.4.1981 – VII ZR 194/80). Wegen der negativen Anreizwirkung kann es indes für die Unwirksamkeit der Klausel nicht darauf ankommen, ob der überwälzte Kostenanteil groß oder klein ist; sondern darauf, ob die betreffenden Kosten im Einflussbereich des Verwenders oder in den des Vertragspartners fallen (vgl. MünchKomm/Kieninger, BGB § 309 Nr. 8 Rdn. 56; a. A. Ulmer/Brandner/Hensen-Christensen, AGB-Recht, 10. Aufl., § 309 Nr. 8, Rdn. 86). 22

V. Beschränkung der Höhe nach

Die Bauvertragsparteien können Haftungsbegrenzungen der Höhe nach in Allgemeinen Geschäftsbedingungen nur in beschränktem Maße wirksam vereinbaren. Die Grenze wird durch das Gesetz, hier durch die Regelung des § 309 Nr. 5 BGB (Pauschalierung von Schadensersatzansprüchen) und § 309 Nr. 7 BGB (Haftung bei grobem Verschulden) gesetzt. 23

Aus den o. g. Grundsätzen ist eine formularmäßige Begrenzung der Haftungshöhe zunächst nur für die Haftung wegen leichter Fahrlässigkeit zulässig, da anderenfalls ein Verstoß gegen § 309 Nr. 7 BGB vorliegt. Auch für leichte Fahrlässigkeit ist eine Haftungsbegrenzungsklausel unwirksam, wenn sie nicht ausreichend deutlich und verständlich gefasst ist (vgl. Graf von Westphalen, WM 1983, 974 ff.; Beigel BauR 1986, 34, 37; Werner/Pastor, Der Bauprozess, 15. Aufl., Rdn. 2723). 24

Die Vereinbarung einer Haftungsbeschränkung der Höhe nach im Falle nur leichter Fahrlässigkeit auf die zwischen den Vertragsparteien des Architektenvertrages vereinbarte Deckungssumme für versicherbare Schäden ist unwirksam, weil aus ihr nicht deutlich wird, was versicherbar und nicht versicherbar ist (vgl. OLG Celle, Urteil vom 17.01.2013 – 16 U 94/11; OLG Stuttgart, Urteil vom 10.10.1991 – 13 U 190/90; OLG Braunschweig, Urteil vom 8.11.2007 – 8 U 158/05; a. A. Beigel BauR 1986, 34, 36, 37; Hartmann, Festschrift für Locher, 1990, 337, 339). Ein – stillschweigender – Haftungsausschluss für einfache Fahrlässigkeit kann in Betracht kommen, wenn der Bauherr eine dahingehende Forderung des Architekten billigerweise nicht hätte ablehnen dürfen (vgl. BGH, Urt. v. 14.11.2002 – III ZR 87/02; OLG Dresden, Urteil vom 23.12.2013 – 9 U 1820/10). Dies ist indes nicht bereits dann anzunehmen, wenn der Architekt z. B. aus Gefälligkeit handelt (OLG Frankfurt, Urteil vom 29.09.2010 – 15 U 63/08). Anders kann dies sein, wenn ein Unternehmer aus Gefälligkeit unentgeltlich aus Gefälligkeit neben seinen eigentlichen Aufgaben (hier: Montage von Solarmodulen) andere Tätigkeiten ausführt (hier: Montage eines Waschbeckens) (vgl. OLG Celle, Urteil vom 03.04.2014 – 5 U 168/13). 25

Die Pauschalierung von Vergütungs- und Schadensersatzansprüchen in Bau- und Bauträgerverträgen ist sowohl in Individual- als auch in Formularverträgen wirksam (vgl. BGH, Urteil vom 10.3.1983 – VII ZR 302/82; BGH, Urteil vom 23.3.1995 – VII ZR 228/93; BGH, Urteil vom 21.12.1995 – VII ZR 286/94). So ist wirksam eine Klausel in einem Vertrag über 26

§ 639 Haftungsausschluss

die Errichtung eines Fertighauses, nach der der Unternehmer bei einer Kündigung aus einem nicht vom Unternehmer zu vertretenden Grund eine pauschale Vergütung in Höhe von 10% des zur Zeit der Kündigung vereinbarten Gesamtpreises erhält, sofern nicht der Bauherr oder der Unternehmer im Einzelfall andere Nachweise erbringt (vgl. BGH, Urteil vom 27.4.2006 – VII ZR 175/05).

27   Gemäß § 309 Nr. 5 BGB ist die Vereinbarung eines pauschalierten Schadensersatzanspruchs des Verwenders auf Schadensersatz oder Ersatz einer Wertminderung unwirksam, wenn die Pauschale in den geregelten Fällen nach dem gewöhnlichen Lauf der Dinge den zu erwartenden Schaden oder die gewöhnlich eintretende Wertminderung übersteigt oder dem anderen Vertragsteil nicht ausdrücklich der Nachweis gestattet wird, ein Schaden oder eine Wertminderung sei überhaupt nicht entstanden oder wesentlich niedriger als die Pauschale. Die damit dem anderen Vertragsteil eingeräumte Möglichkeit der Erbringung des Gegenbeweises führt dazu, dass der vom Verwender abstrakt bezeichnete Schadensbetrag in dem Maße verringert werden kann, wie die Reduzierung dem anderen Vertragspartner gelingt (vgl. dazu BGH, Urteil vom 5.5.2011 – VII ZR 161/10; BGH, Urteil vom 5.5.2011 – VII ZR 181/10; BGH, Urteil vom 16.6.1982 – VIII ZR 89/81; BGH, Urteil vom 27.4.2006 – VII ZR 175/05).

28   Die Pauschale muss immer so festgesetzt sein, dass sie den „nach dem gewöhnlichen Lauf der Dinge" zu erwartenden Durchschnittsschaden nicht unterschreitet. Anderenfalls ist die Klausel unwirksam. Ist die Berechnung des Maximalschadens summenmäßig nicht festgelegt, sondern errechnet sie sich nach bestimmten Faktoren im Einzelfall (z. B. Bearbeitungskosten), so ist die Haftungsbeschränkung nur dann wirksam, wenn die zur Berechnung des Maximalschadens herangezogenen Faktoren tauglich sind, um zu einer angemessenen Schadenssumme zu gelangen (vgl. Urteil vom 4.7.2013 – VII ZR 249/12). Die Beweislast für die Angemessenheit der Pauschale trägt der Verwender (vgl. BGH, Urteil vom 10.11.1976 – VIII ZR 115/75; Werner/Pastor, Der Bauprozess, 15. Aufl., Rdn. 2726). Eine Klausel in den Allgemeinen Geschäftsbedingungen eines Windenergieanlagenherstellers, wonach der pauschalierte Schadensersatz wegen Nichtverfügbarkeit der Anlage auf höchstens 20% der zu erwartenden Einspeisevergütung gedeckelt ist, ist nach dem OLG Schleswig (Urt. vom 01.03.2012 – 5 U 47/11) im Geschäftsverkehr zwischen Unternehmern wirksam.

Die in Allgemeinen Geschäftsbedingungen eines Werkvertrages verwandte Klausel „Eine Aufrechnung gegen den Werklohnanspruch ist nur mit einer unbestrittenen oder rechtskräftig festgestellten Forderung zulässig" ist gemäß § 307 Abs. 1 BGB unwirksam (vgl. BGH, Urteil vom 7.4.2011 – VII ZR 209/07). Wenngleich diese Entscheidung zu einem solchen Aufrechnungsverbot zu einem Architektenvertrag ergangen ist, ist sie auch auf sonstige Werkverträge übertragbar. Ein solches Aufrechnungsverbot ist nämlich gemäß § 307 Abs. 1 BGB unwirksam, da es den Bauherrn als Vertragspartner des Unternehmers entgegen den Geboten von Treu und Glauben unangemessen benachteiligt. Eine solche Benachteiligung liegt vor, wenn der Besteller durch das Verbot der Aufrechnung in einem Abrechnungsverhältnis eines Werkvertrags gezwungen wird, eine mangelhafte oder unfertige Leistung in vollem Umfang zu vergüten, obwohl ihm Gegenansprüche in Höhe der Mängelbeseitigungs- oder Fertigstellungskosten zustehen. Denn hierdurch wird in das durch den Vertrag geschaffene Äquivalenzverhältnis von Leistung und Gegenleistung in für den Besteller unzumutbarer Weise eingegriffen (vgl. BGH, Urteil vom 7.4.2011 – VII ZR 209/07).

VI. Beschränkung auf unmittelbaren Schaden

29   Eine Haftungsbegrenzung auf den unmittelbaren Schaden in einem Bau- oder Architektenvertrag verstößt gegen § 309 Nr. 7 b) BGB, wenn sie auch bei grober Fahrlässigkeit die Haftung beschränkt, mit der Folge der Unwirksamkeit (vgl. Kaiser BauR 1977, 313, 317; Werner/Pastor, Der Bauprozess, 15. Aufl., Rdn. 2732). Aus den oben unter → Rdn. 12 ff. genannten Grundsätzen ist eine Haftungsbeschränkung auch für grobe Fahrlässigkeit oder Vorsatz oder einen durch einen gesetzlichen Vertreter oder Erfüllungsgehilfen vorsätzlich oder grob fahrlässig verursachten Schaden nicht möglich.

VII. Haftung nur bei Verschulden

30   Die Beschränkung der Haftung eines Vertragspartners auf Schäden, die durch ihn schuldhaft verursacht wurden, ist innerhalb der gesetzlichen Grenzen wirksam. In Allgemeinen

Geschäftsbedingungen ist eine Bestimmung, durch die beim Bauvertrag die Ansprüche gegen den Verwender wegen eines Mangels insgesamt oder bezüglich einzelner Teile ausgeschlossen, auf die Einräumung von Ansprüchen gegen Dritte beschränkt oder von der vorherigen gerichtlichen Inanspruchnahme Dritter abhängig gemacht werden, gemäß § 309 Nr. 8 b) aa) BGB unwirksam. Hiernach ist eine Klausel in AGB eines Bauunternehmers oder eines Architekten unwirksam, die Ansprüche des Bauherrn ihm gegenüber von einem Verschulden abhängig macht, da dadurch die verschuldensunabhängigen Ansprüche ausgeschlossen werden (vgl. OLG München, Urteil vom 7.11.1989 – 9 U 3675/89). Eine Beschränkung der werkvertraglichen Gewährleistungsrechte auf grob fahrlässig herbeigeführte Fehler ist unvereinbar mit dem Grundsatz, dass Beschränkungen werkvertraglicher Mängelhaftungen in Allgemeinen Geschäftsbedingungen nur dann wirksam sind, wenn sie dem Besteller wenigstens den Mängelgewährleistungsanspruch belassen und ihm bei verzögerter, verweigerter oder misslungener Nachbesserung ein Recht auf Rücktritt, Wandelung oder Minderung einräumen (vgl. BGH, Urteil vom 26.1.1993 – X ZR 90/91).

Die Klausel in Architektenformularverträgen, wonach der Architekt nur für „nachweislich schuldhaft verursachte Schäden" haftet, führt dazu, dass der Architekt seine Haftung für alle von einem Verschulden unabhängigen Ansprüche wegen mangelhafter Leistung ausschließt, und ist daher nach § 309 Nr. 8 b) aa) BGB unwirksam (BGH, Urteil vom 15.3.1990 – VII ZR 61/89). 31

VIII. Ausschluss des Rücktrittsrechts

Nach § 309 Nr. 8 a) ist eine Bestimmung unwirksam, die bei einer vom Verwender zu vertretenden, nicht in einem Mangel der Kaufsache oder des Werks bestehenden Pflichtverletzung das Recht des anderen Vertragsteils, sich vom Vertrag zu lösen, ausschließt oder einschränkt. Damit ist das gesetzliche Rücktrittsrecht aus § 323 klauselfest, soweit es nicht um den Rücktritt wegen Mängeln geht. Das Rücktrittsrecht wegen Mängeln, § 636, ist gemäß § 309 Nr. 8 b) bb) nicht klauselfest. Das liegt daran, dass der Rücktritt in aller Regel bei Bauleistungen zu erheblichen Schwierigkeiten bei der Rückabwicklung führt, weil die Bauleistung ganz oder teilweise nicht zurückgegeben werden kann. Allerdings trifft diese Erwägung nicht auf den Bauträgervertrag zu. Der Bundesgerichtshof hat deshalb eine Klausel, die die Wandelung nach altem Recht ausschloss, für unwirksam gehalten (BGH, Urt. v. 8.11.2001 – VII ZR 373/99, BauR 2002, 310 = NZBau 2002, 89; BGH, Urt. v. 28.9.2006 – VII ZR 303/04). Entsprechendes gilt nach neuem Recht für den Ausschluss des Rücktritts im Bauträgervertrag. 32

IX. Änderung der Beweislast

Individualvertraglich kann die Verteilung der Beweislast in Bauverträgen grundsätzlich frei vereinbart werden, solange die Grenze von Treu und Glauben gemäß § 242 BGB nicht überschritten wird (vgl. Thamm, BB 1996, 653). 33

Änderungen von Beweislastverteilungen in AGB bestimmen sich hinsichtlich ihrer Wirksamkeit dagegen nach § 309 Nr. 12 BGB. Danach ist eine Bestimmung in Formularverträgen oder AGB unwirksam, durch die der Verwender die Beweislast zum Nachteil des anderen Vertragsteils ändert, insbesondere indem er diesem die Beweislast für Umstände auferlegt, die im Verantwortungsbereich des Verwenders liegen, oder den anderen Vertragsteil bestimmte Tatsachen bestätigen lässt. Die gesetzliche Regelung gibt dasjenige wieder, was vor der Schuldrechtsmodernisierung Inhalt der Rechtsprechung des BGH war (vgl. BGH, Urteil vom 27.1.1967 – Ib ZR 164/64; Hesse BauR 1970, 196). Hiernach ist eine Beweislastverteilung nach den Grundsätzen von Treu und Glauben unwirksam, wenn einem Vertragspartner die Beweislast für Umstände auferlegt wird, die in der Sphäre und dem Verantwortungsbereich des anderen Vertragspartners liegen. Ein Verstoß gegen § 309 Nr. 12 BGB liegt nicht nur bei einer Beweislastumkehr vor, sondern schon beim Versuch des Verwenders, die Beweisposition des Vertragspartners zu verschlechtern (vgl. OLG Düsseldorf, Urteil vom 23.5.1995 – 23 U 133/94). 34

X. Zeitliche Begrenzung

Zu der Wirksamkeit von Vereinbarungen über die Verlängerung oder Verkürzung der gesetzlichen Nacherfüllungsfristen wird auf die Kommentierung unter → § 634a BGB Rdn. 213 ff. verwiesen. 35

XI. Pflicht zur Nachfristsetzung in den Fällen §§ 323 Abs. 2, 326 Abs. 5, 636 BGB

36 Eine in den AGB des Unternehmers enthaltene Klausel, wonach Gewährleistungsansprüche des Auftraggebers dahin gehend beschränkt werden, dass dieser zunächst nur Nachbesserung und lediglich im Fall ihres wiederholten Fehlschlagens Herabsetzung der Vergütung verlangen kann, ist unwirksam. Nach dem Inhalt der Klausel muss der Vertragspartner des Unternehmers eine Nachfrist setzen, auch wenn eine Fristsetzung gemäß § 323 Abs. 2, § 326 Abs. 5, § 636 BGB entbehrlich ist. Eine solche Formularbestimmung benachteiligt die Vertragspartner des Verwenders entgegen den Geboten von Treu und Glauben unangemessen, weil sie von wesentlichen Grundgedanken der gesetzlichen Regelung abweicht (§ 307 Abs. 1 Satz 1, Abs. 2 Nr. 1 BGB; siehe H. Schmidt in: Ulmer/Brandner/Hensen, AGB-Recht, 11. Aufl., § 308 Nr. 2 BGB Rdn. 8; BeckOK BGB/Becker, Stand: 1. November 2021, § 308 Nr. 2 Rdn. 5; Erman/Roloff, BGB, 13. Aufl., § 308 Rdn. 13; Palandt/Grüneberg, a. a. O., § 307 Rdn. 32; Staudinger/Coester-Waltjen, BGB, Neubearbeitung 2006, § 308 Nr. 2 Rdn. 6; PWW/Berger, a. a. O., § 308 Rdn. 16).

XII. Ausschluss bzw. Einschränkung der Aufrechnung und des Zurückbehaltungsrechts

37 Eine in einem Architektenvertrag (vgl. BGH, Urt. v. 7.4.2011 VII ZR 209/07) oder Tragwerksplanervertrag (BGH, Urt. v. 9.2.2012 – VII ZR 31/11) enthaltene Klausel, wonach eine Aufrechnung oder ein Zurückbehaltungsrecht gegen Honorarforderungen des Architekten bzw. Tragwerksplaners nur geltend gemacht werden kann, wenn diese Forderungen rechtskräftig festgestellt oder anerkannt sind, ist unwirksam, da sie den Besteller unangemessen benachteiligt, da dadurch auch in einem engen synallagmatischen Verhältnis zur Honorarforderung stehende Ersatzansprüche wegen Mängelbeseitigungskosten und Fertigstellungsmehrkosten erfasst werden. Diese Rechtsprechung für Planerverträge ist auch auf sonstige Bauverträge übertragbar und gilt entgegen anderer Auffassung (vgl. OLG Brandenburg, Urteil vom 13.11.2020 – 7 U 93/20) auch in einem Vertrag zwischen zwei Unternehmern. Denn auch zwischen Unternehmern gilt, dass der Besteller unangemessen benachteiligt wird, da seine im engen synallagmatischen Verhältnis zur Forderung des Unternehmers stehende Ersatzansprüche wegen Mängelbeseitigungskosten und Fertigstellungsmehrkosten von der Klausel erfasst werden.

E. Besonderheiten des Architekten- und Ingenieurvertrags

38 Wie beim Bauvertrag ist auch beim Architektenvertrag bei der Auslegung der Reichweite eines vereinbarten Haftungsausschlusses Zurückhaltung geboten. In der Vereinbarung eines Bauherrn mit einem Architekten, für diesen eine Berufshaftpflichtversicherung abzuschließen, deren Kosten der Architekt an ihn zu zahlen hat, liegt kein schwerwiegender Ausschluss der Haftung des Architekten für Planungsmängel (BGH, Urteil vom 8.12.2005 – VII ZR 138/04; IBR 2006, 214; BauR 2006, 701; MDR 2006, 565; NZBau 2006, 254). Ein individuell im Architektenvertrag vereinbarter Haftungsausschluss für Eigenleistungen des Bauherrn bezieht sich auf diesen und private Helfer, nicht aber auf gewerbliche Unternehmen, auch wenn diese nicht in der Handwerksrolle eingetragen sind (vgl. OLG Celle, Urteil vom 1.3.2006 – 7 U 79/05; IBR 2006, 403; NZBau 2006, 651).

39 Der Architekt, der eine auch nur stichprobenartige Kontrolle des Bauvorhabens und die gutachterliche Erfassung von Mängeln übernimmt, kann in seinen Allgemeinen Geschäftsbedingungen eine Haftung für „Schadensersatzforderungen jedweder Art infolge nicht erkannter, verdeckter oder sonstiger Mängel" nicht wirksam vollständig ausschließen (vgl. BGH, Urteil vom 11.10.2001 – VII ZR 475/00; IBR 2002, 88; BauR 2002, 315; BGHZ 149, 57; NJW 2002, 749; NZBau 2002, 150; BGH, Urt. vom 11.12.2003 – VII ZR 31/03).

40 Eine selbstständige Garantie im Sinne eines unbedingten Verpflichtungswillens des Architekten, für Abweichungen bei den Baukosten einstehen zu wollen, kann wegen der für ihn weitgehenden Risiken nur in seltenen Ausnahmefällen angenommen werden. Sie setzt in der Regel voraus, dass der Umfang der für die Bausumme zu erbringenden Leistungen auf der

Haftungsausschluss §639

Grundlage der Entwurfsplanung bereits im Detail feststeht. Ein beziffertes Kostenlimit, nach dessen Inhalt der Architekt für die Auskömmlichkeit eines bestimmten Baubudgets einzustehen hat, stellt im Regelfall eine Vereinbarung der Beschaffenheit des Architektenwerks im Sinne von §633 Abs. 2 Satz 1 BGB dar (vgl. OLG Naumburg, Urteil vom 17.7.2007 – 9 U 164/06; IBR 2010, 640; BauR 2010, 1641; OLG Köln, Urteil vom 30.4.2008 – 17 U 51/07; BauR 2008, 1655; IBR 2009, 40; NZBau 2009, 189; OLG Celle, Urteil vom 30.1.2002 – 7 U 89/97; IBR 2003, 260; OLG Celle, Urteil vom 27.6.1996 – 14 U 198/95; IBR 1998, 353; BauR 1998, 1030; OLG-Report Celle 1998, 158; OLGR 1998, 158). Eine durch den Architekten abgegebene Garantie entfällt, wenn mit Wissen und Wollen des Bestellers von der der Garantie zugrunde liegenden Planung erheblich abweichend ausgeführt wird (vgl. OLG Düsseldorf, Urteil vom 15.11.1994 – 21 U 98/94; IBR 1995, 393; BauR 1995, 411; NJW-RR 1995, 1361).

Die zwischen einem Hauptunternehmer und einem Tiefbauunternehmer vereinbarte Haftungsfreizeichnung kann im Einzelfall auch zugunsten des bauleitenden Ingenieurs gelten. Durch diese Vereinbarung wird dem Tiefbauunternehmer das Risiko der Beschädigung einer Fremdleitung ggf. im vollen Umfang zugewiesen, so dass er im Schadenfalle nach dem Willen der Parteien allein voll haften soll (vgl. BGH, Urteil vom 17.12.2009 – VII ZR 172/08; IBR 2010, 146; BauR 2010, 622; NJW 2010, 1592; NZBau 2010, 309; Krause-Allenstein, BauR 2010, 2009 ff.). 41

Die in Architektenverträgen früher vielfach verwendete Klausel, dass der Planer im Hinblick auf nachweislich ungenügende Aufsicht und Prüfung für fehlerhafte Bauausführung des Unternehmers nur im Falle dessen Unvermögens in Anspruch genommen werden kann, ist individualvertraglich wirksam (BGH, Urteil vom 24.6.1971 – VII ZR 254/69; BGH, Urteil vom 11.3.1971 – VII ZR 132/69). Die Klausel gilt jedoch nur für Fehler des Architekten in der Bauaufsicht und Überwachungspflicht, nicht dagegen für reine Planungsfehler oder andere eigene Pflichtverletzungen (vgl. BGH, Urteil vom 29.6.1981 – VII ZR 284/80; BGH, Urteil vom 4.5.1970 – VII ZR 134/68). 42

In AGB des Architektenvertrages ist eine solche Subsidiaritätsklausel an §309 Nr. 8 b) aa) BGB bezüglich der Wirksamkeit zu messen. Nach dieser Regelung ist es unzulässig, die Haftung des Architekten von einer vorherigen gerichtlichen Inanspruchnahme eines Dritten abhängig zu machen und führt zur Unwirksamkeit der Regelung (vgl. BGH SFH, Nr. 24 zu §675 BGB; Kaiser BauR 1977, 313, 318; Werner/Pastor, Der Bauprozess, 15. Aufl., Rdn. 2734). 43

Zulässig ist es hingegen, wenn der Bauherr in AGB des Architektenvertrages verpflichtet wird, seine Forderung zunächst außergerichtlich gegenüber dem mithaftenden Dritten geltend zu machen, so dass der Bauherr in Architektenformularverträgen wirksam auf die Inanspruchnahme des leistungsfähigen und leistungsbereiten Bauunternehmers verwiesen werden kann. Dies gilt jedenfalls dann, wenn die Notwendigkeit der vorherigen Inanspruchnahme des Bauunternehmers auf solche Fälle beschränkt wird, in denen der Baumangel nur auf einen leicht fahrlässig begangenen Bauüberwachungsfehler des Architekten begrenzt wird (OLG Schleswig, Urteil vom 31.01.2007 – 9 U 43/06; a. A. Jurgeleit, in: Kniffka/Koeble/Jurgeleit/Sacher, Kompendium des Baurechts, 5. Auflage, Teil 5 Rdn. 115). Der Architekt ist in diesem Fall allerdings verpflichtet, seinen Vertragspartner rechtzeitig auf die Geltendmachung von Gewährleistungsansprüchen und einen bevorstehenden Ablauf der Verjährung dieser Ansprüche aufmerksam zu machen, da er sich anderenfalls auf eine sonst wirksame Subsidiaritätsklausel nicht berufen kann (vgl. BGH, Urteil vom 22.5.1967 – VII ZR 294/64; BGH, Urteil vom 16.3.1978 – VII ZR 145/76). 44

Im Falle der wirksamen Subsidiaritätsklausel im Architektenvertrag beginnt die Verjährungsfrist für den Vertragspartner des Architekten mit dem Zeitpunkt des Fehlschlagens der Schadloshaltung, da der Anspruch in Form der subsidiären Haftung des Architekten insoweit aufschiebend bedingt ist und die Bedingung eintritt, wenn das Unvermögen des ausführenden Unternehmers feststeht (BGH, Urteil vom 22.1.1987 – VII ZR 88/85; BGH, Urteil vom 4.6.1981 – VII ZR 212/80). 45

Die von einem Architekten in den Allgemeinen Geschäftsbedingungen eines Architektenvertrags verwandte Klausel „Eine Aufrechnung gegen den Honoraranspruch ist nur mit einer unbestrittenen oder rechtskräftig festgestellten Forderung zulässig" ist gemäß §9 Abs. 1 AGB-Gesetz unwirksam (vgl. BGH, Urteil vom 7.4.2011 – VII ZR 209/07). Ein solches Aufrechnungsverbot ist gemäß §307 Abs. 1 BGB unwirksam, da es den Bauherrn als Vertragspartner des Architekten entgegen den Geboten von Treu und Glauben unangemessen benachteiligt. Eine solche Benachteiligung liegt vor, wenn der Besteller durch das Verbot der Aufrechnung in einem Abrechnungsverhältnis eines Werkvertrags gezwungen wird, eine mangelhafte oder unfertige Leistung in vollem Umfang zu vergüten, obwohl ihm Gegenansprüche in Höhe der Mängelbeseitigungs- oder Fertigstellungskosten zustehen. Denn hierdurch wird in das durch den Vertrag geschaffene Äquivalenzverhältnis von Leistung und Gegenleistung in für den Besteller unzumutbarer Weise eingegriffen (vgl. BGH, Urteil vom 7.4.2011 – VII ZR 209/07). Diese Grundsätze gelten entgegen anderer Ansicht vgl. OLG Brandenburg, Urteil vom 13.11.2020 – 7 U 93/20) auch in einem Vertrag zwischen zwei Unternehmern.

46   Eine von einem Architekten als Allgemeine Geschäftsbedingung gestellte Vertragsbestimmung, wonach der Architekt verlangen kann, dass ihm der Bauherr wegen eines Schadens am Bauwerk zuvor die Beseitigung des Schadens überträgt, ist wegen Verstoßes gegen § 307 Abs. 1 Satz 1 BGB unwirksam (BGH, Urteil vom 16.2.2017 – VII ZR 242/13). Allerdings kann der Auftraggeber, der dem Architekten keine Gelegenheit gibt, den infolge eines Mangels seiner Planungs- oder Überwachungsleistung verursachten Mangel am Bauwerk zu beseitigen, in Ausnahmefällen gegen seine Schadensminderungspflicht gem. § 254 Abs. 2 BGB verstoßen. Er muss sich insoweit nicht auf ein noch zu erstellendes Sanierungskonzept einlassen, dessen Inhalt ihm nicht bekannt ist. Der Architekt hat vielmehr, wenn er dem Auftraggeber zum Zwecke der Schadensminderung eine kostengünstigere Art der Mängelbeseitigung anbieten will, die Art der alternativen Mängelbeseitigung und die damit verbundenen Kosten nachvollziehbar darzulegen (vgl. BGH, Urteil vom 16.2.2017 – VII ZR 242/13).

F. Besonderheiten der VOB/B

47   Für Haftungsausschlüsse im VOB/B-Vertrag gelten keine Besonderheiten, so dass auf die vorstehenden Ausführungen verwiesen werden kann. Die VOB/B enthält allerdings selbst Einschränkungen der Mängelhaftung in § 13 Nr. 4 ff., insbesondere in § 13 Nr. 7. Insoweit wird auf die einschlägigen VOB/B-Kommentare zur Wirksamkeit der entsprechenden Regelungen der VOB/B bei isolierter Inhaltskontrolle verwiesen.

G. Besonderheiten des Bauträgervertrages

48   Im Rahmen von Individualvereinbarungen ist ein vollständiger Haftungsausschluss einer Bauvertragspartei grundsätzlich zulässig. Diese Fallgestaltungen sind in der Praxis jedoch selten, weil sich kein Vertragspartner auf eine derart weitreichende Freizeichnung seines Gegenübers einlässt. Ein formelhafter Ausschluss der Gewährleistung für Sachmängel beim Erwerb neu errichteter oder so zu behandelnder Häuser ist auch in einem notariellen Individualvertrag gemäß § 242 BGB unwirksam, wenn die Freizeichnung nicht mit dem Erwerber unter ausführlicher Belehrung über die einschneidenden Rechtsfolgen eingehend erörtert worden ist (vgl. BGH, Urteil vom 8.3.2007 – VII ZR 130/05; IBR 2007, 319; BauR 2007, 1036; NZBau 2007, 371; BGH NJW 2006, 214, BGH NJW 2005,1115, BGH NJW 1989, 2748, BGH NJW-RR 1990, 786; BGH Urteil vom 17.9.1987 – VII ZR 153/86, BGHZ 101, 350, 353; OLG Hamm, Urteil vom 20.12.2007 – 24 U 53/06; IBR 2009, 275; BauR 2009, 1320). Von einer eingehenden Erörterung und ausführlichen Belehrung kann nur ausnahmsweise abgesehen werden, wenn sich der Notar davon überzeugt hat, dass sich der Erwerber über die Tragweite des Haftungsausschlusses und das damit verbundene Risiko vollständig im Klaren ist und den Ausschluss dennoch ernsthaft will (BGH, Urteil vom 8.3.2007 – VII ZR 130/05; IBR 2007, 319; BauR 2007, 1036; NZBau 2007, 371). Von einer formelhaften Klausel im vorstehenden Sinne ist nach dem BGH immer dann auszugehen, wenn diese üblicherweise in Formularverträgen zu finden und nicht auf den Individualvertrag zugeschnitten ist (vgl. BGH, Urteil vom 6.10.2005 – VII ZR 117/04; BauR 2006, 99; BGHZ 164, 225; NJW 2006, 214; NZBau 2006, 113). Dagegen können die Parteien in einem Individualvertrag über den Erwerb eines Altbaus oder einer Altbauwohnung wirksam den Ausschluss der verschuldensunabhängigen Sachmängelgewährleistung für Mängel der von der Modernisierung des erworbenen Objekts unberührt gebliebenen Altbausubstanz vereinbaren. Eine notarielle Belehrung über Umfang und Bedeutung des Gewährleistungsausschlusses ist dann nicht Voraussetzung für die Wirksamkeit des Gewährleistungsausschlusses, selbst wenn dieser in einer formelhaften Klausel enthalten ist (vgl. BGH, Urteil vom 6.10.2005 – VII ZR 117/04; BauR 2006, 99; BGHZ 164, 225; DB 2006, 501; DNotZ 2006, 280; MDR 2006, 260; NJW 2006, 214; NZBau 2006, 113).

Abnahme **§ 640**

Eine Allgemeine Geschäftsbedingung des Veräußerers von Wohnungseigentum, nach der **49** die Wandelung ausgeschlossen ist und der große Schadensersatz nur im Falle grober Fahrlässigkeit und des Vorsatzes geltend gemacht werden kann, ist gemäß § 9 Abs. 1 AGBG (§ 307 Abs. 1 BGB) unwirksam (BGH, Urt. v. 27.7.2006 – VII ZR 276/05). Das Gleiche gilt gemäß § 309 Nr. 8 b) bb) für den bloßen Ausschluss des Rücktritts im Bauträgervertrag (BGH, Urteil vom 8.11.2001 – VII ZR 373/99; IBR 2002, 18; BauR 2002, 310; NJW 2002, 511; NZBau 2002). Beim reinen Bauvertrag wäre ein Ausschluss des Rücktrittsrechts allerdings nicht nach § 309 Nr. 8 b) bb) unwirksam.

Entgegen der Ansicht des OLG Koblenz (Urteil vom 11.04.2018 – 10 U 1167/16) ist ein **50** formularmäßiger Ausschluss des Rechts des Bestellers auf Selbstvornahme gem. § 307 Abs. 2 Nr. 1 BGB unwirksam, da das Recht zur Selbstvornahme zu den wesentlichen Grundsätzen des Mängelhaftungsrechts im Werkvertragsrecht gehört und daher der Besteller unangemessen benachteiligt würde, wenn ihm dieses Recht vollständig genommen wird (vgl. auch Basty, Der Bauträgervertrag, 9. Aufl., Rdn. 1135; Ulmer/Brandner/Hensen-Christensen, 12. Aufl., (12) Bauverträge, Rdn. 12; Staudinger-Peters/Jacoby, Bearb. 2013, § 639 BGB Rdn. 63).

§ 640 BGB Abnahme

(1) Der Besteller ist verpflichtet, das vertragsmäßig hergestellte Werk abzunehmen, sofern nicht nach der Beschaffenheit des Werkes die Abnahme ausgeschlossen ist. Wegen unwesentlicher Mängel kann die Abnahme nicht verweigert werden.

(2) Als abgenommen gilt ein Werk auch, wenn der Unternehmer dem Besteller nach Fertigstellung des Werks eine angemessene Frist zur Abnahme gesetzt hat und der Besteller die Abnahme nicht innerhalb dieser Frist unter Angabe mindestens eines Mangels verweigert hat. Ist der Besteller ein Verbraucher, so treten die Rechtsfolgen des Satzes 1 nur dann ein, wenn der Unternehmer den Besteller zusammen mit der Aufforderung zur Abnahme auf die Folgen einer nicht erklärten oder ohne Angabe von Mängeln verweigerten Abnahme hingewiesen hat; der Hinweis muss in Textform erfolgen.

(3) Nimmt der Besteller ein mangelhaftes Werk gemäß Absatz 1 Satz 1 ab, obschon er den Mangel kennt, so stehen ihm die in § 634 Nr. 1 bis 3 bezeichneten Rechte nur zu, wenn er sich seine Rechte wegen des Mangels bei der Abnahme vorbehält.

Übersicht

	Seite
A. Gesetzliches Werkvertragsrecht	538
I. Gesetzeslage	538
II. Ausnahme von der Abnahmepflicht	539
III. Wesen der Abnahme	539
IV. Rechtswirkungen der Abnahme	540
1. Erfüllungswirkung	540
2. Fälligkeitsvoraussetzung	541
3. Leistungsgefahr	541
4. Vergütungsgefahr	541
5. Schutzpflicht	541
6. Beweislast	541
7. Mängelverjährungsfrist	543
8. Verzinsung	544
V. Anspruch auf Abnahme	544
1. Zeitpunkt der Abnahme	544
2. Abnahme nach Selbstvornahme	544
3. Abnahme nach Kündigung	544
4. Fälligkeit nach Kündigung ohne Abnahme?	545
5. Klage auf Abnahme	546
6. Schuldnerverzug	546
7. Gläubigerverzug	547
8. Abnahmeverweigerung wegen nicht unwesentlicher Mängel	547
9. Endgültige Abnahmeverweigerung	549
10. Darlegungs- und Beweislast	549

§ 640 Abnahme

VI. Allgemeine Geschäftsbedingungen	549
VII. Abnahmeformen	550
1. Förmliche Abnahme	551
2. Konkludente Abnahme	551
3. Unterlassene förmliche Abnahme	554
4. Abnahmefiktion nach § 640 Abs. 2 BGB	555
a) Wirkung der fiktiven Abnahme	556
b) Voraussetzungen für die fiktive Abnahme	557
aa) Fertigstellung des Werks	557
bb) Angemessene Frist	557
c) Abnahmeverweigerung unter Angabe mindestens eines Mangels	558
d) Anwendbarkeit nach Kündigung	558
e) Verbraucherschutz – Hinweis auf Abnahmefiktion	559
f) Darlegungs- und Beweislast	559
g) Leitbildcharakter	559
VIII. Vorbehalte bei der Abnahme	559
1. Verlust der Mängelrechte	560
a) Kenntnis von Mängeln	560
b) Besonderheit Schadensersatzanspruch	560
c) Erklärung des Vorbehalts	561
d) Darlegungs- und Beweislast	561
2. Verlust des Vertragsstrafenanspruchs	562
a) Zeitpunkt des Vorbehalts	562
b) Form des Vorbehalts	562
c) Allgemeine Geschäftsbedingungen	562
d) Entbehrlichkeit des Vorbehalts	562
IX. Teilabnahme	563
X. Technische Abnahme	563
B. Besonderheiten des VOB-Bauvertrags	563
I. Anwendbarkeit von § 640 Abs. 2 BGB beim VOB-Vertrag	563
II. Teilabnahme im VOB-Vertrag	563
III. Förmliche Abnahme	564
IV. Fiktive Abnahme	564
1. Ausschluss	564
2. Zeitpunkt des Vorbehalts	565
3. Ausnahmen von der Fiktion	565
4. Fertigstellungsmitteilung	565
5. Benutzung	565

A. Gesetzliches Werkvertragsrecht

I. Gesetzeslage

1 Der Besteller ist gemäß § 640 Abs. 1 BGB verpflichtet, das vertragsmäßig hergestellte Werk abzunehmen, sofern nicht nach der Beschaffenheit des Werkes die Abnahme ausgeschlossen ist. Frühere Vorschläge, die Abnahme abzuschaffen, haben sich in den verschiedenen baurechtlichen Gesetzesinitiativen nicht durchgesetzt, obwohl es sich bei ihr im internationalen Vergleich um ein Unikum (Leupertz, BauR 2020, 380, 382; vehement für eine Abschaffung Muffler, BauR 2020, 702 ff.). Mit dem Gesetz zur Beschleunigung fälliger Zahlungen war klar gestellt worden, dass die Abnahme nicht wegen unwesentlicher Mängel verweigert werden darf (§ 640 Abs. 1 Satz 2 BGB). Außerdem wurden die Voraussetzungen der Abnahmefiktion erstmals gesetzlich geregelt (§ 640 Abs. 1 Satz 3 BGB a. F.). Von der Reform des Bauvertragsrechts blieb die Abnahme als Schnittstelle zwischen der Erfüllungsphase und der Nacherfüllung unberührt. Allerdings wurde die Abnahmefiktion in § 640 Abs. 2 BGB neu geregelt. Danach kann vom Unternehmer erst nach Fertigstellung zur Abnahme aufgefordert und der Eintritt der Abnahmefiktion vom Besteller nur noch unter Angabe wenigstens eines Mangels zerstört werden; ferner muss der Verbraucher vom Unternehmer bei der Aufforderung zur Abnahme über die Abnahmewirkungen textlich belehrt werden.

II. Ausnahme von der Abnahmepflicht

Sofern die Abnahme nach der Beschaffenheit des Werks ausgeschlossen ist, tritt an die Stelle der Abnahme die Vollendung nach Maßgabe des § 646 BGB (vgl. OLG Frankfurt, Urt. v. 8.5.2013 – 5 U 47/12 zur Baustellensicherung). Nach der Rechtsprechung ist sowohl das Werk des Bauunternehmers als auch das Architektenwerk (BGH, Urt. v. 9.7.1962 – VII ZR 98/61) und das Werk sonstiger Sonderfachleute, wie z. B. Statiker (BGH, Urt. v. 18.9.1967 – VII ZR 88/65), abnahmefähig. Insoweit ist deshalb § 640 BGB und nicht § 646 BGB anwendbar. Dass auch Architekten- und Ingenieurleistungen, und zwar sowohl die Planung als auch die Objektüberwachung, grundsätzlich abnahmefähig sind, hat der Gesetzgeber mit § 634a Abs. 1 Nr. 1 und Nr. 2 i. V. m. Abs. 2 BGB normiert.

III. Wesen der Abnahme

Die Abnahme ist die mit der körperlichen Hinnahme des Werks verbundene Billigung des Werkes als im Wesentlichen vertragsgemäße Leistung (BGH, Urt. v. 5.6.2014 – VII ZR 276/13, Rdn. 21; bereits früher BGH, Urt. v. 18.9.1967 – VII ZR 88/65; BGH, Urt. v. 24.11.1969 – VII ZR 177/67; Urt. v. 15.11.1973 – VII ZR 110/71; Urt. v. 30.6.1983 – VII ZR 185/81; OLG Stuttgart, Urt. v. 8.12.2010 – 4 U 67/10; ablehnend Peters, BauR 2013, 381). Der zweigliedrige Abnahmebegriff definiert sich hiernach wie folgt: Zur Abnahme gehört die Übernahme des Werks und dessen Billigung als im Wesentlichen vertragsgerecht. Die Übernahme und korrespondierend damit die Übergabe durch den Unternehmer sind insbesondere in Bauträgerverträgen von Bedeutung. Solange der Unternehmer das Werk ganz oder in gesondert abnahmefähigen Teilen noch nicht übergeben hat, kommt eine Abnahme nicht in Betracht. Wird z. B. nur das Sondereigentum übergeben, so kann das nicht zu einer Abnahme des Gemeinschaftseigentums führen (BGH, Urt. v. 30.6.1983 – VII ZR 185/81).

Mit der Abnahme ist vom historischen Gesetzgeber (hierzu Muffler, BauR 2020, 702, 704) ein Rechtsinstitut geschaffen worden, mit dem der Besteller Gelegenheit bekommen soll, die Leistung darauf hin zu überprüfen, ob sie vertragsgerecht erbracht worden ist. Mit der Abnahmeerklärung treten die Erfüllungswirkungen ein. Es kommt nicht darauf an, ob der Besteller zur Abnahme verpflichtet war (BGH, Urt. v. 20.8.2009 – VII ZR 212/07, Rdn. 54 f.). Maßgeblich ist allein die Tatsache, dass abgenommen wurde (Thode, ZfBR 1999, 166).

Umstritten ist, ob die Abnahme eine rechtsgeschäftliche Erklärung ist oder eine rechtsgeschäftsähnliche Erklärung (vgl. dazu Staudinger/Peters/Jacoby, BGB, § 640 Rdn. 10 f.; offen gelassen etwa von BGH, Urt. v. 27.2.1996 – X ZR 3/94); jedenfalls sind die für Willenserklärungen geltenden Vorschriften entsprechend anwendbar (BGH, Urt. v. 6.3.1986 – VII ZR 235/84; BGH, Urt. v. 29.6.1993 – X ZR 60/92). Die Erklärung der Abnahme muss dem Unternehmer nach § 130 BGB zugehen, um wirksam zu werden (OLG Naumburg, Urt. v. 25.9.2014 – 9 U 139/10; Bamberger/Roth-Voit, § 640 BGB Rdn. 16; a. A. Meier, BauR 2016, 565, 567, der eine nicht empfangsbedürftige Willenserklärung annimmt). Regelmäßig wird indes der Zugang nach § 151 BGB entbehrlich sein (PWW/Halfmeier/Leupertz, § 640 BGB Rdn. 2; abweichend BGH, Urt. v. 15.11.1973 – VII ZR 110/71: Abnahme muss für den Unternehmer erkennbar sein). Ein Protokoll, das als „vorbehaltlicher Schlussabnahme" überschrieben ist, kann als Abnahmeerklärung ausgelegt werden (OLG Naumburg, Urt. v. 25.9.2014 – 9 U 139/10). Die Abnahme muss nicht persönlich erklärt werden. Der Besteller kann einen Vertreter zur Abnahme bevollmächtigen (BGH, Urt. v. 26.4.1979 – VII ZR 190/78; Urt. v. 6.3.1986 – VII ZR 235/84). Die Vertretung beurteilt sich nach den §§ 164 ff. BGB. Darüber hinaus kann § 1357 BGB anwendbar sein (OLG Stuttgart, Urt. v. 8.12.2010 – 4 U 67/10), wenn es sich bei dem Bauvertrag um ein „Grundlagengeschäft" handelt (BGH, Urt. v. 29.9.1988 – VII ZR 186/87 für den Abschluss eines Bauvertrags für ein Wohnhaus durch einen Ehegatten). Es ist davon auszugehen, dass der Architekt ohne besondere Vollmacht nicht bevollmächtigt ist, die rechtsgeschäftliche Abnahme zu erklären. Die Grundsätze der Anscheins- und Duldungsvollmacht sind auf die Abnahmeerklärung anwendbar (vgl. BGH, Urt. v. 6.3.1986 – VII ZR 235/84; Thode, ZfBR 1999, 116, 117 m. w. N.). Eine Anscheinsvollmacht ist anzunehmen, wenn der Besteller zu einer Abnahme gebeten wird und zum Abnahmetermin einen Bediensteten, z. B. einen Bauleiter, schickt, der die Abnahme erklärt (BGH, Urt. v. 6.3.1986 – VII ZR 235/84; OLG Zweibrücken, Beschl. v. 14.11.2017 – 5 U 42/17 für einen Architekten). Allein kraft seiner Funktion besitzt der Bauleiter keine Vollmacht, die Abnahme zu erklären. Eine ohne Bevollmächtigung erklärte Abnahme seines Bauleiters oder Architekten muss der

Besteller nicht gegen sich gelten lassen, wenn eine Anscheins- oder Duldungsvollmacht nicht vorliegt (Staudinger/Peters/Jacoby, BGB, § 640 Rdn. 11). Mit der Unterzeichnung eines Abnahmeprotokolls „i. A." soll der Unterzeichnende nicht als Vertreter handeln und damit nicht zum Ausdruck bringen, dass er Verantwortung für den Inhalt des Abnahmeprotokolls übernimmt (OLG Celle, Urt. v. 19.9.2019 – 6 U 37/19); angesichts der Ungenauigkeit, wie dieser Zusatz anstelle von „i. V." verwendet wird, wird man die Erklärung „i. A." auslegen müssen, ob als Vertreter oder als Bote gehandelt wird. Die öffentlich-rechtliche Gebrauchsabnahme durch die Baubehörde ist nicht zu verwechseln mit der Abnahme durch den Besteller. Sie kann die Abnahmewirkungen nicht auslösen (BGH, Urt. v. 30.12.1963 – VII ZR 53/62).

6   Durch die Bevollmächtigung eines Dritten in Allgemeinen Geschäftsbedingungen des Unternehmers darf der Besteller nicht unangemessen benachteiligt werden. Das ist der Fall, wenn ihm durch die vertraglich vorgesehene Beauftragung eines Vertreters, die Entscheidung darüber, ob er die Abnahme erklären oder verweigern will, aus der Hand genommen wird. Es wird deshalb in diesem Zusammenhang auch erörtert, ob der Hauptpflicht des Bestellers, die Abnahme im Falle der Abnahmereife gegenüber dem Unternehmer erklären zu müssen, spiegelbildlich ein Recht gegenübersteht, die Vertragsgemäßheit der Leistung prüfen und die Abnahme selbst erklären zu dürfen; für ein dahingehendes Recht streitet die Bedeutung der Abnahme und der Abnahmewirkungen aus der Sicht des Bestellers (BGH, Urt. v. 12.5.2016 – VII ZR 171/15, Rdn. 45 f.; OLG Brandenburg, Urt. v. 13.6.2013 – 12 U 162/12; OLG Karlsruhe, Urt. v. 27.9.2011 – 8 U 106/10; Vogel, BauR 2010, 1992, 1996; ders., NZM 2010, 377, 378 m. w. N.). Relevant wird dies für Bauträgerverträge, wenn das Abnahmerecht durch Allgemeine Geschäftsbedingungen „vergemeinschaftet" werden soll (→ § 650u BGB Rdn. 123).

7   Für möglich gehalten worden ist auch eine Anfechtung der Abnahme wegen widerrechtlicher Drohung (BGH, Urt. v. 4.11.1982 – VII ZR 11/82). Dagegen ist eine Anfechtung wegen Irrtums darüber, dass Mängel nicht vorgelegen haben, mit dem Gewährleistungssystem nicht vereinbar (BGH, Urt. v. 18.2.1965 – VII ZR 40/63 n.v.; ebenso für den Irrtum über den erreichten Bautenstand OLG München, Urt. v. 13.12.2011 – 9 U 2533/11 Bau). Insoweit läge ohnehin lediglich ein Motivirrtum vor (vgl. Staudinger/Peters/Jacoby, BGB, § 640 Rdn. 12). Eine Anfechtung wegen arglistigem Verschweigen scheidet wegen der speziellen Regelung des § 634a Abs. 3 Satz 1 BGB aus (OLG München, Urt. v. 13.12.2011 – 9 U 2533/11 Bau; Vogel, Arglistiges Verschweigen des Bauunternehmers aufgrund Organisationsverschuldens, Diss. 1997, S. 74 m. w. N. zur Gegenauffassung; a. A. Glöckner/v. Berg, § 640 BGB Rdn. 27).

8   Die Abnahme einer Bauleistung ist keine Erklärung, die nach den Formvorschriften der Gemeindeordnungen verbindlich nur vom Bürgermeister oder seinem Vertreter abgegeben werden kann. Die kommunalrechtlichen Formvorschriften, die von der Rechtsprechung als Vertretungsregeln angesehen werden, gelten nicht für die Abnahme einer Bauleistung, weil es sich dabei nicht um ein Verpflichtungsgeschäft im Sinne dieser Vorschriften handelt (BGH, Urt. v. 6.3.1986 – VII ZR 235/84).

IV. Rechtswirkungen der Abnahme

9   Die Abnahme hat zahlreiche Rechtswirkungen, die für den Unternehmer günstig sind. Die Darlegungs- und Beweislast für die Abnahme trägt derjenige, der sich auf sie bzw. die mit der Abnahme verbundenen Rechtsfolgen beruft (→ Rdn. 16). In aller Regel ist dies der Unternehmer, weil die Abnahme für ihn günstig ist.

1. Erfüllungswirkung

10   Mit der Abnahme endet das vertragliche Erfüllungsstadium. Die Leistungsverpflichtung des Unternehmers konzentriert sich auf das abgenommene Werk (Thode, ZfBR 1999, 116, 117). Dies hat zur Folge, dass ein vertraglich ausbedungenes Konkretisierungs- oder Leistungsbestimmungsrecht des Unternehmers ebenfalls endet. Demgemäß kann der Besteller nach Abnahme auch keine Änderungen und zusätzlichen Leistungen im Wege der Anordnung gemäß §§ 650b ff. BGB verlangen (Bock, jurisPR-PrivBauR 5/2019 Anm. 3 unter C; Kniffka/Koeble/Jurgeleit/Sacher-Koeble, 11. Teil Rn. 573; vgl. OLG Hamm, Urt. v. 18.1.2019 – I-12 U 54/18 allerdings zum Anordnungsrecht nach § 1 Abs. 3 VOB/B).

Abnahme § 640

2. Fälligkeitsvoraussetzung

Die Abnahme ist grundsätzlich Fälligkeitsvoraussetzung nach § 641 Abs. 1 Satz 1 BGB für **11** den Vergütungsanspruch (BGH, Urt. v. 29.6.1993 – X ZR 60/92). Solange der Besteller das Werk nicht abgenommen hat und dazu auch nicht verpflichtet ist oder die Abnahme fingert wird, kann der auf Zahlung der Vergütung in Anspruch genommene Besteller grundsätzlich gemäß § 320 Abs. 1 BGB die Leistung verweigern. Der Unternehmer ist vorleistungspflichtig (a. A. mit beachtlichen Gründen Peters, NZBau 2010, 211, 212; NZBau 2006, 559, 561; Sienz, BauR 2004, 10, 11 ff.). Er kann Zahlung grundsätzlich erst nach Erbringung seiner abnahmereifen Werkleistung verlangen. Bis zur Abnahme kann der Unternehmer seinen eventuell bestehenden Abschlagszahlungsanspruch durchsetzen (BGH, Urt. v. 15.6.2000 – VII ZR 30/99). Es gibt jedoch zahlreiche Ausnahmen, wonach die Abnahme für die Fälligkeit des Vergütungsanspruchs entbehrlich ist, etwa wenn eine Erfüllung nicht mehr in Betracht kommt oder ein so genanntes Abrechnungsverhältnis vorliegt (vgl. dazu → § 641 BGB Rdn. 9 ff.; kritisch hierzu mit beachtlichen Argumenten Schmid/Senders, NZBau 2016, 474, 477).

Mit der Abnahme des Werks durch den Besteller entfällt die Vorleistungspflicht des Unter- **12** nehmers. Vom Zeitpunkt der Abnahme an sind die gegenseitigen Vertragsverpflichtungen Zug um Zug abzuwickeln; § 322 Abs. 2 BGB ist deswegen nicht anwendbar (BGH, Urt. v. 22.2.1971 – VII ZR 243/69; Urt. v. 4.6.1973 – VII ZR 112/71). Kann der Besteller nach der Abnahme des Werks die Beseitigung eines Mangels verlangen, so ist er zur Zahlung der Vergütung Zug um Zug gegen Beseitigung des Mangels zu verurteilen (BGH, Urt. v. 6.2.1958 – VII ZR 39/57; Urt. v. 4.6.1973 – VII ZR 112/71).

3. Leistungsgefahr

Mit der Abnahme geht die Leistungsgefahr auf den Besteller über (vgl. BGH, Beschl. **13** v. 7.2.2019 – VII ZR 274/17, Rdn. 28). Bis zur Abnahme muss der Unternehmer die Leistung auch dann erneut erbringen, wenn sie ohne sein Verschulden untergegangen, gestohlen oder beschädigt ist und ein Fall der Unmöglichkeit nicht vorliegt (vgl. BGH, Urt. v. 30.6.1977 – VII ZR 325/74). Ist die Leistung unmöglich geworden, wird der Unternehmer gemäß § 275 Abs. 1 BGB von seiner Verpflichtung frei. Eine Befreiung tritt auch unter den Voraussetzungen von § 275 Abs. 2 und 3 BGB ein.

4. Vergütungsgefahr

Der Unternehmer trägt bis zur Abnahme grundsätzlich auch die Vergütungsgefahr. Das be- **14** deutet, dass er keine Vergütung beanspruchen kann, wenn das Werk vor der Abnahme durch einen nicht von den Vertragsparteien zu verantwortenden Umstand untergeht (BGH, Urt. v. 11.7.1963 – VII ZR 43/62). Dies folgt aus den §§ 644, 645 BGB.

5. Schutzpflicht

Mit der Abnahme entfällt die Schutzpflicht, wie sie in § 4 Abs. 5 VOB/B ausdrücklich ge- **15** regelt ist (vgl. dazu OLG Celle, Urt. v. 26.9.2002 – 22 U 109/01; i. E. Stuttmann, BauR 2001, 1487). Bis dahin hat der Unternehmer grundsätzlich auf eigene Kosten Maßnahmen zum Schutz des Werks zu erbringen (zu den Ausnahmen: Kaminsky/Kues, NZBau 2006, 747 ff.). Die Schutzpflicht kann auf den Besteller übergehen, wenn dieser von sich aus Schutzmaßnahmen ergriffen hat und der Unternehmer darauf vertraut hat sowie darauf vertrauen durfte, dass eigene Maßnahmen entbehrlich sind (BGH, Urt. v. 16.10.1997 – VII ZR 64/96). Vor der Abnahme muss der Unternehmer auch seine Baumaterialien vor Diebstahl schützen; er trägt das Diebstahlrisiko (OLG Saarbrücken, Urt. v. 3.12.2014 – 1 U 49/14).

6. Beweislast

Bis zur Abnahme trägt der Unternehmer die Beweislast für die Mängelfreiheit (BGH, Urt. **16** v. 23.10.2008 – VII ZR 64/07). Die Beweislast für behauptete Mängel kehrt sich mit Abnahme um (BGH, Urt. v. 15.3.1973 – VII ZR 175/72; Urt. v. 29.6.1981 – VII ZR 299/80; Urt. v. 16.12.2003 – X ZR 129/01). Der Besteller muss also die Mangelhaftigkeit zum Zeitpunkt der Abnahme darlegen und beweisen (BGH, Beschl. v. 7.2.2019 – VII ZR 274/17, Rdn. 25); allein mit einem nach Abnahme eingetretenen Zustand kann die Mangelhaftigkeit also grundsätzlich nicht begründet werden (BGH, Urt. v. 25.2.2016 – VII ZR 210/13, Rdn. 15). Diese Beweislastverteilung gilt jedoch nicht im Falle eines Vorbehalts gemäß § 640 Abs. 2 BGB; bezüglich

§ 640

der vorbehaltenen Mängel muss nach wie vor der Unternehmer die Mangelfreiheit beweisen (BGH, Urt. v. 24.10.1996 – VII ZR 98/94; Urt. v. 23.10.2008 – VII ZR 64/07). Diese Beweislastregel bezieht sich nur auf die behauptete Mangelhaftigkeit bzw. die vom Unternehmer behauptete Mangelfreiheit, nicht aber auf die zugrundeliegende Beschaffenheitsvereinbarung. Für letztere ist der Besteller beweispflichtig, und zwar auch vor der Abnahme bzw. für die bei der Abnahme vorbehaltenen Mängel (OLG Stuttgart, Urt. v. 9.1.2018 – 10 U 93/17). Nach der Abnahme trifft damit den Besteller die Beweislast für das vereinbarte Beschaffenheit und damit die Mangelhaftigkeit (BGH, Beschl. v. 5.6.2003 – VII ZR 186/01). Der Beweislastregel geht außerdem die Regel vor, dass derjenige eine Vertragsänderung zu beweisen hat, der sie behauptet (BGH, Beschl. v. 5.6.2003 – VII ZR 186/01). Steht demnach fest, dass die Leistung nach der feststehenden ursprünglichen Vereinbarung mangelhaft wäre, kann der Unternehmer auch nach der Abnahme mit der streitigen Behauptung, diese Vereinbarung hätte sich geändert, nur durchdringen, wenn er diese Änderung beweist (vgl. BGH, Urt. v. 11.10.1994 – X ZR 30/93). Für seine Behauptung, er hätte unstreitig vorhanden gewesene Mängel beseitigt, trägt der Unternehmer auch nach der Abnahme die Beweislast (BGH, Urt. v. 31.3.2005 – VII ZR 180/04).

17   Geklärt ist die Frage, inwieweit der Unternehmer, dessen Werkleistung nicht abgenommen worden ist, die Beweislast für die vertragsgerechte Ausführung auch dann trägt, wenn die angeblichen Mängel beseitigt worden sind. Es entspricht ständiger Rechtsprechung, dass der Unternehmer die Darlegungs- und Beweislast für die von ihm behauptete Mängelfreiheit trägt, wenn er Vergütung verlangt und der Besteller die Abnahme/Bezahlung wegen Mängeln verweigert (BGH, Urt. v. 24.11.1998 – X ZR 21/96). Gleiches gilt, wenn der Besteller vor der Abnahme Mängelbeseitigung verlangt oder einen Vorschuss auf die Kosten zur Beseitigung vorhandener Mängel (BGH, Urt. v. 24.10.1996 – VII ZR 98/94). Das gilt auch für den Fall, dass der Vertrag gekündigt worden ist (BGH, Urt. v. 5.6.1997 – VII ZR 124/96; Urt. v. 24.10.1996 – VII ZR 98/94; Urt. v. 13.10.1994 – VII ZR 139/93; Urt. v. 23.10.2008 – VII ZR 64/07). An dieser Beweislast ändert sich nichts, wenn die Mängel beseitigt sind und der Besteller diese Mängel zuvor gegenüber dem Unternehmer gerügt hat (BGH, Urt. v. 25.3.1993 – X ZR 17/92; Urt. v. 23.10.2008 – VII ZR 64/07).

18   Der Umstand, dass mit der Selbstvornahme des Bestellers der Vertrag erfüllt ist, führt nicht dazu, dass die Beweislast in Anwendung des § 363 BGB auf den Besteller übergeht. Der abweichenden Meinung (KG, Urt. v. 9.8.2002 – 7 U 203/01; Peters, NZBau 2009, 209, 210; wohl auch Glanzmann, BGB, § 634 Rdn. 51: Beweislast des Unternehmers, wenn Mängelbeseitigung gefordert wird oder die Abnahme wegen Mängeln verweigert wird) ist der Bundesgerichtshof (BGH, Urt. v. 23.10.2008 – VII ZR 64/07) entgegengetreten. Er ist einer Umkehr der Beweislast auch nicht allein mit der Erwägung näher getreten, dass der Besteller eher in der Lage ist, den Beweis des Mangels zu führen als der Unternehmer den Beweis der Mangelfreiheit.

19   Dem Unternehmer können jedoch Beweiserleichterungen zugestanden werden, wenn der Besteller die Mängel beseitigt hat, ohne ihm Gelegenheit zu geben, eine Beweissicherung vorzunehmen. Nach der ständigen Rechtsprechung des Bundesgerichtshofs liegt in Anwendung des Rechtsgedankens aus §§ 427, 441 Abs. 3 Satz 3, 444, 446, 453 Abs. 2, 454 Abs. 1 ZPO und § 242 BGB eine Beweisvereitelung vor, wenn eine Partei ihrem beweispflichtigen Gegner die Beweisführung schuldhaft erschwert oder unmöglich macht. Dies kann vorprozessual oder während des Prozesses durch gezielte oder fahrlässige Handlungen geschehen, mit denen bereits vorhandene Beweismittel vernichtet oder vorenthalten werden. Das Verschulden muss sich dabei sowohl auf die Zerstörung oder Entziehung des Beweisobjekts als auch auf die Beseitigung seiner Beweisfunktion beziehen, also darauf, die Beweislage des Gegners in einem gegenwärtigen oder künftigen Prozess nachteilig zu beeinflussen. Als Folge der Beweisvereitelung kommen in solchen Fällen Beweiserleichterungen in Betracht, die unter Umständen bis zur Umkehr der Beweislast gehen können (z.B. Urt. v. 9.11.1995 – III ZR 226/208; Urt. v. 17.6.1997 – X ZR 119/94; Urt. v. 27.9.2001 – IX ZR 281/00; Urt. v. 23.9.2003 – XI ZR 380/00). Nach diesen Grundsätzen hat der Bundesgerichtshof einem Verkäufer Beweiserleichterungen gewährt, der die Kosten der Ersatzvornahme in Anspruch genommen worden ist und keine Möglichkeit hatte, eine vom Käufer angeführte für ihn ungünstige Mangelursache zu widerlegen, weil das mangelhafte, durch die Ersatzvornahme ausgetauschte Teil, nicht verwahrt worden war (BGH, Urt. v. 23.11.2005 – VIII ZR 43/05).

20   Diese Grundsätze sind auf den Werkvertrag übertragbar. Der Bundesgerichtshof hat allerdings darauf hingewiesen, dass eine Beweisvereitelung nicht allein deshalb angenommen werden kann, weil dem Besteller vor der Selbstvornahme bekannt war, dass es zu den Män-

geln noch weiterer sachverständiger Feststellungen bedarf. Denn es ist grundsätzlich Sache des Unternehmers, auf eine Rüge der Mangelerscheinung hin festzustellen, welche Ursachen diese hat und diese zu beseitigen. Wenn der Unternehmer das unterlässt und der Besteller dann die Mängel beseitigt, kann nicht allein deshalb eine Beweisvereitelung angenommen werden. Etwas anderes gilt jedoch, wenn weitere Umstände hinzutreten. Solche liegen vor, wenn der Unternehmer um die Beteiligung an der Schadensfeststellung gebeten und der Besteller dieses Anliegen nicht zurückgewiesen hat, gleichwohl aber die Mängel ohne ihm zumutbare eigene Dokumentation in dem Bewusstsein beseitigen lässt, dass weitere Feststellungen notwendig sind und eine spätere Beweisführung erkennbar durch die Mängelbeseitigung erkennbar unmöglich wird (BGH, Urt. v. 23.10.2008 – VII ZR 64/07). Letztlich wird mit der Beweislastumkehr in einem solchen Fall ein Verstoß gegen das den Bauvertrag beherrschende Kooperationsgebot sanktioniert. Der Besteller kann danach gehalten sein, die mangelhafte Werkleistung zu verwahren, soweit das zur Beweisführung notwendig ist. Ist das nicht möglich, kann es ihm im Einzelfall zumutbar sein, selbst eine Beweissicherung, z.B. durch Fotos oder ähnliches, durchzuführen. Jedenfalls muss der Unternehmer, wenn er Wert darauf legt und dies zumutbar ist, eine Möglichkeit bekommen, die Beweissicherung selbst vorzunehmen.

Eine vom Besteller verwendete Allgemeine Geschäftsbedingung, nach der dem Unternehmer auch nach erfolgter Abnahme die Darlegungs- und Beweislast für eine mangelfreie Leistung obliegt, verstößt gegen §307 Abs.2 Nr.1 BGB. Vertragsbedingungen, die dem Vertragspartner des Verwenders die Beweislast für einen Umstand auferlegen, der im Verantwortungsbereich des Verwenders liegt, verstoßen gegen §309 Nr.12 a) BGB und werden vom Bundesgerichtshof auch im unternehmerischen Verkehr in der Regel als unangemessen und deshalb unwirksam angesehen (BGH, Beschl. v. 6.2.2014 – VII ZR 160/12 m. w. Nachw.). Wenn eine Vertragsklausel dem Unternehmer auch nach der Abnahme die Darlegungs- und Beweislast für eine mangelfreie Leistung für den Fall überbürdet, dass z.B. in den vom Unternehmer fachgerecht ausgeführten Trittschallschutz nachträglich von Drittunternehmen oder vom Besteller eingegriffen wurde, ist die Klausel unwirksam, denn nachträgliche, vom Besteller nach Abnahme vorgenommene (Rest- und Mängelbeseitigungs-)Arbeiten im Bereich des Bodenaufbaus sind nicht dem Verantwortungsbereich des Unternehmers, sondern demjenigen des Bestellers zuzurechnen (BGH, Beschl. v. 6.2.2014 – VII ZR 160/12, Rdn. 19). 21

7. Mängelverjährungsfrist

Erst mit der Abnahme beginnt die Verjährungsfrist für alle Mängelansprüche (BGH, Urt. v. 24.2.2011 – VII ZR 61/10; Urt. v. 8.7.2010 – VII ZR 171/08, ZfBR 2010, 773 Rdn. 14ff. für das Recht vor der Schuldrechtsform, wobei in Rdn. 28 die Rechtslage nach der Schuldrechtsreform offen gelassen wurde, weil noch ungeklärt ist, ob es Mängelansprüche vor Abnahme gibt). Allerdings beginnt die Verjährungsfrist auch mit der endgültigen Abnahmeverweigerung (BGH, Urt. v. 8.7.2010 – VII ZR 171/08; BGH, Urt. v. 30.9.1999 – VII ZR 162/97; Urt. v. 2.5.1963 – VII ZR 233/61; OLG München, Urt. v. 26.8.2015 – 27 U 520/15 Bau) oder mit der Beseitigung der Mängel durch den Besteller (BGH, Urt. v. 8.7.2010 – VII ZR 171/08) oder mit dem Übergang in ein Abrechnungsverhältnis, wenn also der Besteller statt Erfüllung nur noch Minderung oder Schadensersatz verlangt (OLG München, Urt. v. 26.8.2015 – 27 U 520/15 Bau; ob die bloße Geltendmachung von Vorschuss reicht nicht, vgl. zutreffend OLG München, Urt. v. 24.4.2018 – 28 U 3042/17 Bau → §634a BGB Rdn. 43f.). Die Kündigung steht der Abnahmeverweigerung nicht gleich. Vielmehr bedarf es grundsätzlich auch nach einer Kündigung der Abnahme, um den Lauf der Gewährleistungsfrist in Gang zu setzen (BGH, Urt. v. 19.12.2002 – VII ZR 103/00). Häufig wird allerdings mit der Kündigung wegen Mängeln auch eine endgültige Abnahmeverweigerung verbunden sein, insbesondere dann, wenn der Besteller weitere vertragliche Leistungen des Unternehmers ablehnt und nur noch Ansprüche wegen der bereits bestehenden Mängel geltend macht (BGH, Beschl. v. 12.11.2009 – VII ZR 39/07). Zwangsläufig ist dies freilich nicht (BGH, Urt. v. 11.5.2006 – VII ZR 146/04; Beschl. v. 10.3.2009 – VII ZR 164/06). Für die Länge der Verjährungsfrist ist das Gesetz (→ §634a BGB Rdn. 10ff.) bzw. eine entsprechende vertragliche Regelung (z.B. die Bestimmungen in §13 Abs. 4 VOB/B; → §634a BGB Rdn. 79ff.) maßgeblich. Häufig wird jedoch bei der Abnahme das Ende der Verjährungsfrist – abweichend von der gesetzlichen bzw. vertraglich vereinbarten Verjährungsfrist – in das Abnahmeprotokoll aufgenommen. Dieses Datum ist regelmäßig als eine Änderung der gesetzlichen bzw. vertraglich vereinbarten Verjährungsfrist anzusehen und für die Beurteilung der Verjährung maßgeblich (OLG Düsseldorf, Urt. v. 9.2.2016 – 21 U 183/15). 22

§ 640

8. Verzinsung

23 Mit der Abnahme ist der Werklohn nach § 641 Abs. 4 BGB in gesetzlicher Höhe (§ 246 BGB) zu verzinsen, wenn er nicht gestundet ist.

V. Anspruch auf Abnahme

24 Der Besteller ist zur Abnahme verpflichtet, wenn das Werk vertragsgemäß hergestellt ist. Grundsätzlich besteht die Abnahmepflicht deshalb erst nach mangelfreier und vollständiger Herstellung des Werks (BGH, Urt. v. 29.6.1993 – X ZR 60/92). Ungeschriebene Voraussetzung für die Abnahmepflicht ist ein Abnahmeverlangen des Unternehmers, das allerdings auch durch schlüssiges Verhalten erfolgen kann. Ungeschriebene Voraussetzung ist weiterhin, dass der Besteller grundsätzlich die Gelegenheit haben muss, die Vertragsgemäßheit der Leistung zu überprüfen.

1. Zeitpunkt der Abnahme

25 Der Unternehmer hat Anspruch auf Abnahme, wenn er die vertragliche Leistung erbracht hat. Die Abnahme hat auf Verlangen des Unternehmers im BGB-Vertrag sofort zu erfolgen. Die gesetzliche Regelung in § 640 Abs. 2 BGB eröffnet dem Unternehmer die Möglichkeit, die Abnahmewirkungen zeitnah herbeiführen, sofern der Besteller die Abnahme nicht erklärt, obwohl er dazu aufgefordert wurde.

26 Eine vor Erreichung der Abnahmereife erklärte Abnahme ist im Grundsatz möglich und wirksam (OLG München, Urt. v. 13.12.2011 – 9 U 2533/11 Bau; OLG Stuttgart, Urt. v. 26.3.2013 – 10 U 146/12; OLG München, Urt. v. 29.10.2013 – 9 U 773/13, Nichtzulassungsbeschwerde zurückgewiesen durch BGH, Beschl. v. 10.7.2014 – VII ZR 322/13; OLG München, Beschl. v. 23.2.2017 – 27 U 3351/16 Bau, Nichtzulassungsbeschwerde zurückgewiesen durch BGH, Beschl. v. 10.7.2019 – VII ZR 75/17), jedenfalls dann, wenn der Unternehmer die Abnahme beantragt hat oder mit ihr einverstanden ist. Diskutiert wurde, ob der Besteller dem Unternehmer eine Abnahme aufdrängen kann (Hildebrandt, BauR 2005, 788 ff.). Der Besteller kann ein Interesse haben, eine Abnahme auch dann zu erklären, wenn die vertraglichen Leistungen noch nicht erbracht worden sind, etwa weil er das Bauwerk einem Nutzer zu einem bestimmten Termin übergeben muss. Der Besteller kann die Abnahme gegen den Willen des Unternehmers auch dann erklären, wenn die Leistung noch nicht vollständig erbracht worden ist (BGH, Urt. v. 20.8.2009 – VII ZR 205/07; Beschl. v. 18.5.2010 – VII ZR 158/09). Hildebrandt (a. a. O.) weist zutreffend darauf hin, dass dem Unternehmer mit dem Bauvertrag das „Recht" eingeräumt wird, die Leistung vollständig zu erbringen. Eine aufgedrängte Abnahme ist unter Umständen eine Vertragsverletzung. Das muss jedenfalls dazu führen, dass durch sie entstandene Nachteile, z.B. in der Abrechnung und hinsichtlich eines etwaigen Leistungsverweigerungsrechts nach § 641 Abs. 3 BGB, nicht eingreifen können. Wenn wesentliche Teilleistungen noch ausstehen, kann u. U. eine „aufgedrängte" Abnahme auch als Teilabnahme ausgelegt werden (BGH, Urt. v. 20.8.2009 – VII ZR 205/07 Rdn. 55). Auch wenn eine Teilabnahme nicht vereinbart wurde, kann der Besteller solche Teile des Werks teilabnehmen, die sich bei natürlicher Betrachtungsweise abtrennen lassen und insoweit eine selbständige, gebrauchstaugliche Einheit darstellen (OLG München, Urt. v. 15.1.2020 – 20 U 1051/19 Bau).

2. Abnahme nach Selbstvornahme

27 Die vertragliche Leistung ist auch dann erbracht, wenn der Besteller die Selbstvornahme im Sinne von § 637 BGB durchgeführt hat. Diese ersetzt die Erfüllungshandlung des Unternehmers. Ist die Selbstvornahme mängelfrei erfolgt, so ist der Besteller zur Abnahme verpflichtet (OLG Bamberg, Urt. v. 3.3.2015 – 8 U 31/14; Thode, ZfBR 1999, 116, 119; Kniffka, ZfBR 1998, 113, 114). In der Regel erfolgt in diesen Fällen eine konkludente Abnahme durch Nutzung des Werks oder durch Abnahme der Leistung des Drittunternehmers. Jedenfalls kann sich der Besteller nach einer erfolgreichen Ersatzvornahme nicht mehr auf die fehlende Abnahme berufen (BGH, Urt. v. 11.5.2006 – VII ZR 146/04).

3. Abnahme nach Kündigung

28 Die Abnahmewirkungen können nach einer Kündigung grundsätzlich nur mit einer Abnahme herbeigeführt werden (BGH, Urt. v. 19.12.2002 – VII ZR 103/00; BGH, Urt.

v. 11.5.2006 – VII ZR 146/04; BGH, Beschl. v. 10.3.2009 – VII ZR 164/06). Die Kündigung beschränkt die Leistungspflicht auf das bis dahin erbrachte Teilwerk. Diese Leistung ist bei Verträgen über die Errichtung von Bauwerken grundsätzlich abnahmefähig, denn der Besteller kann beurteilen, ob das bis dahin errichtete Bauwerk den vertraglichen Vereinbarungen entspricht. Die Abnahme der durch die Kündigung beschränkten vertraglich geschuldeten Werkleistung beendet das Erfüllungsstadium des gekündigten Vertrages und führt die Erfüllungswirkungen herbei. Die Mängelverjährungsfrist des § 13 Abs. 4 VOB/B³ oder des § 13 Abs. 7 Nr. 3 VOB/B beginnt grundsätzlich erst mit der Abnahme (BGH, Urt. v. 19.12.2002 – VII ZR 103/00). Nichts anderes gilt für die Mängelverjährungsfrist nach § 634a Abs. 1 Nr. 2 BGB. Dementsprechend hat der Unternehmer einen Anspruch auf Abnahme auch nach der Kündigung. Das ist in § 8 Abs. 7 VOB/B ausdrücklich geregelt, gilt aber auch für den BGB-Vertrag.

Die Abnahme ist grundsätzlich in allen bekannten Abnahmeformen möglich. Ausgeschlossen 29 ist jedoch die fiktive Abnahme nach § 12 Abs. 5 VOB/B (BGH, Urt. v. 19.12.2002 – VII ZR 103/00; BGH, Urt. v. 11.5.2006 – VII ZR 146/04; anders wohl noch BGH, Urt. v. 22.2.1971 – VII ZR 243/69). Denn der mit den Fiktionen begründete Überraschungseffekt steht dem Regelungsziel des § 8 Abs. 7 VOB/B entgegen, möglichst Klarheit über die weitere Abwicklung des Vertrages zu erhalten (Thode, ZfBR 1999, 116, 123). Dagegen ist eine Abnahmefiktion nach § 640 Abs. 2 BGB möglich (vgl. dazu Brügmann/Kenter, NJW 2003, 2121, 2124 zur früheren Rechtslage). Insoweit gibt es keine Überraschungen für den Besteller, da dieser zur Abnahme ausdrücklich mit Fristsetzung aufgefordert wird. Diese Grundsätze gelten gleichermaßen für eine Teilkündigung eines Bauvertrages. Soweit ein Vertrag teilweise gekündigt worden ist, treten die Abnahmewirkungen hinsichtlich des gekündigten Teils mit der Abnahme ein. Hinsichtlich der Abnahme gelten die allgemeinen Grundsätze. Die Abnahme kann häufig darin gesehen werden, dass der Besteller die Leistung des gekündigten Unternehmers fortführt, ohne diese zu beanstanden. Die Abnahme der bis zur Kündigung erbrachten Leistungen kann auch dadurch erfolgen, dass der Besteller die von einem Drittunternehmer nachgebesserte Leistung nutzt (BGH, Urt. v. 11.5.2006 – VII ZR 146/04; → Rdn. 27 und → Rdn. 54 ff.). Die von Tomic (BauR 2006, 441 ff. unter Hinweis auf OLG Hamm, Urt. v. 17.9.1981 – 6 U 51/81) dagegen erhobenen Bedenken sind unbegründet. Denn die Ersatzvornahme durch einen Drittunternehmer ist eine Erfüllungsleistung. Ist der Vertrag erfüllt, ist sie abnahmereif erbracht. Die Abnahme kann ausnahmsweise entbehrlich sein, weil sich der Vertrag in ein Abrechnungsverhältnis umgewandelt hat, etwa weil der Besteller keine Leistungen mehr annehmen und nur noch in Geld übergangene Ansprüche geltend macht (OLG Celle, Urt. v. 13.5.2020 – 14 U 71/19 Rn. 71 f.).

Problematisch ist, ob auch die Gefahr erst mit der Abnahme nach der Kündigung über- 30 geht. Insoweit bestehen Bedenken, die dargestellten Grundsätze zu übertragen. Denn mit der Kündigung enden die vertraglichen Leistungspflichten. Hinzu kommt, dass der Unternehmer mit der Kündigung häufig keine Einwirkungsmöglichkeiten mehr auf das Werk besitzt und deshalb auch nicht mehr in der Lage ist, das Bauwerk zu schützen. Es wird daher regelmäßig davon ausgegangen werden müssen, dass die Gefahr mit der Kündigung übergeht (Kniffka, ZfBR 1998, 113, 120; a. A. Brügmann/Kenter, NJW 2003, 2121, 2123).

4. Fälligkeit nach Kündigung ohne Abnahme?

Eine Ausnahme von dem Vorstehenden machte die Rechtsprechung bisher für die Abnahme 31 als Fälligkeitsvoraussetzung (BGH, Urt. v. 9.10.1986 – VII ZR 249/85). Diese Rechtsprechung war verfehlt, weil sie davon ausgeht, dass die Leistung infolge der Kündigung nicht abnahmefähig ist. Dabei wurde verkannt, dass die Kündigung den Vertrag mit Wirkung ex nunc beendet und die bis dahin erbrachte Leistung auf der Grundlage des bestehenden Vertrages erbracht ist und damit auch vertragsgemäß sein kann (Thode, ZfBR 1999, 116, 123). Diese Leistung kann abgenommen werden, wenn sie mangelfrei erbracht wird (unsinnig ist die Kritik Schliemanns, ZfIR 2006, 635, mit der neuen Rechtsprechung würde die mangelhafte Leistung zur vertraglichen Leistung). Die frühere Rechtsprechung, das bis zur Kündigung erbrachte Teilwerk könne nicht abgenommen werden, verursachte erhebliche Probleme für die Anwendung des Leistungsverweigerungsrechts (Kniffka, ZfBR 1998, 113 ff.). Der Bundesgerichtshof hat diese Rechtsprechung im Jahre 2006 aufgegeben und damit klar gestellt, dass das Leistungsverweigerungsrecht in voller Höhe und nicht etwa nur in Höhe des in der Regel Zweifachen der Mängelbeseitigungskosten besteht (Urt. v. 11.5.2006 – VII ZR 146/04). Danach bedarf es bei der Kündigung eines Bauvertrages in der Regel einer Abnahme der bis zur Kündigung erbrachten Teilwerks, um die Fälligkeit des Vergütungsanspruchs für die erbrachte Leistung

§ 640

auszulösen. Der Unternehmer kann also auch nach einer Kündigung seinen Vergütungsanspruch für erbrachte Leistungen nur dann durchsetzen, wenn er die Leistung auf Verlangen des Bestellers mängelfrei erbracht hat.

32 Der Bundesgerichtshof hat zutreffend darauf hingewiesen, dass die Bauleistung in aller Regel darauf hin untersucht und bewertet werden kann, ob sie bis zur Kündigung mangelfrei erbracht ist. Insoweit tatsächlich im Einzelfall bestehende Schwierigkeiten (bei der Beurteilung der Funktionstauglichkeit) rechtfertigen es nicht, den Besteller der Leistung schlechter zu stellen als wenn der Vertrag ordnungsgemäß durchgeführt worden wäre. Denn dann hätte er wegen Mängeln die Abnahme verweigern dürfen bis die Mängel beseitigt worden wären und auch die Schlussvergütung solange nicht zahlen müssen. Dabei wird nicht verkannt, dass es Abgrenzungsprobleme hinsichtlich der Frage geben kann, ob eine noch nicht erbrachte Leistung vorliegt oder eine mangelhafte Leistung (vgl. dazu näher Vogel, BauR 2011, 313, 317 f.). Eine Abnahme darf nicht verweigert werden, weil eine Leistung noch nicht fertiggestellt ist. Insoweit muss bedacht werden, dass es Sache des Unternehmers ist, wie er seine Leistung organisiert. Die Kündigung darf nicht dazu führen, dass er wegen der kündigungsbedingt unvollständigen Leistung in eine Mängelhaftung genommen wird.

33 Solange der Besteller Erfüllung der bis zur Kündigung erbrachten Leistung verlangt, kann der Unternehmer die Fälligkeit des Werklohns dafür nur dadurch herbeiführen, dass er die Leistung im Wesentlichen mangelfrei herstellt (BGH, Urt. v. 19.12.2002 – VII ZR 103/00). Zu beachten ist, dass die zur Entbehrlichkeit der Abnahme entwickelten Regelungen anwendbar sind, → § 641 Rdn. 3 ff. Das gilt insbesondere auch hinsichtlich der Entstehung eines Abrechnungsverhältnisses (BGH, Urt. v. 11.5.2006 – VII ZR 146/04). Die Konturen für das Entstehen des Abrechnungsverhältnisses sind unklar; diese Rechtsfigur ist nur bedingt praxistauglich (zutreffende Kritik bei Steiner, BauR 2019, 553 ff./711 ff.).

5. Klage auf Abnahme

34 Die Abnahme ist Hauptpflicht und selbständig einklagbar (BGH, Urt. v. 26.2.1981 – VII ZR 287/79). Eine Klage auf Abnahme ist jedoch nicht mehr möglich, wenn eine Erfüllung des Vertrages nicht mehr in Betracht kommt, weil der Besteller den Schadensersatz wegen Nichterfüllung nach § 281 Abs. 4 BGB gewählt hat (vgl. BGH, Urt. v. 27.2.1996 – X ZR 3/94). Die Klage auf Abnahme ist nicht notwendig, um den Werklohn durchzusetzen. Sie ist im Übrigen wenig sinnvoll, weil die Abnahme dann erst mit der Vollstreckung des Urteils eintritt. Dazu wird vertreten, dass die Abnahme mit Rechtskraft des Urteils gemäß § 894 ZPO als erklärt gilt. Es wird aber auch vertreten, dass die Erklärung gemäß § 888 ZPO durch Vollstreckung zu erzwingen ist (vgl. dazu Münchener Prozessformularbuch-Koeble, Privates Baurecht, 4. Aufl., B. III. 2.). Deshalb und auf Grund der Möglichkeit, die Abnahmewirkungen durch Fristablauf nach § 640 Abs. 2 BGB herbeiführen sowie auf Feststellung der Abnahmewirkung klagen zu können, ist zweifelhaft, ob der Abnahmeklage das Rechtsschutzbedürfnis fehlt (BeckOGK/Kögl, Stand: 1.3.2019, § 640 BGB Rdn. 61/65).

35 Zulässig ist bei entsprechendem Feststellungsinteresse auch eine Klage mit dem Antrag festzustellen, dass die Leistung zu einem bestimmten Zeitpunkt abgenommen oder noch nicht abgenommen worden ist (BGH, Urt. v. 9.5.2019 – VII ZR 154/18, Rdn. 27 ff.; BGH, Urt. v. 27.2.1996 – X ZR 3/94; Bamberger/Roth-Voit, § 640 BGB Rdn. 27). Zuständig dürfte auch das Gericht am Ort des Bauvorhabens sein (vgl. Münchener Prozessformularbuch- Koeble, Privates Baurecht, B. III.1, Anm. 2). Im Falle streitiger Abnahmereife ist es aus Sicht des Unternehmers zulässig, mit der Vergütungsklage zugleich eine Zwischenfeststellungsklage nach § 256 Abs. 2 ZPO zu erheben, dass die Abnahmewirkungen eingetreten sind (näher Siegburg, ZfBR 2000, 507, 511). Aus anwaltlicher Sicht ist dies zur Haftungsvermeidung sogar geboten (näher Thode, BauR 2012, 1178 ff.). Der Klageantrag muss hinreichend bestimmt (§ 253 Abs. 2 Nr. 2 ZPO) sein; er muss also die Leistung präzise bezeichnen (OLG Oldenburg, Urt. v. 3.7.2008 – 8 U 64/08). Mit Rechtskraft eines Urteils auf Abnahme wird nicht gleichzeitig festgestellt, dass eine Abnahme noch erforderlich war, so dass die Vergütungsforderung auch vor diesem Urteil wegen einer vorangegangenen (streitigen) Abnahme oder Entbehrlichkeit fällig geworden sein kann (OLG Stuttgart, Urt. v. 24.5.2011 – 10 U 147/10).

6. Schuldnerverzug

36 Der Besteller kann mit der Abnahme in Schuldnerverzug kommen (vgl. Thode, ZfBR 1999, 116, 119; Staudinger/Peters/Jacoby, BGB, § 640 Rdn. 41) und deshalb verpflichtet sein, den adäquat kausalen Verzugsschaden zu ersetzen. Geht es um die Erfüllungswirkungen, kann der Unternehmer im Falle des Schuldnerverzugs des Bestellers verlangen, so gestellt zu werden, als wäre rechtzeitig abgenommen worden. Das bedeutet, dass allgemein die Abnahmewirkungen mit dem Schuldnerverzug eintreten. Der Unternehmer ist gehalten, die Abnahmewirkung gemäß § 640 Abs. 2 BGB herbeizuführen und dadurch einen etwa entstehenden Schaden gering zu halten (§ 254 Abs. 1 BGB). Mit dem Verzugsschadensersatzanspruch können aber auch weitere Kosten, die infolge der Abnahmeverweigerung entstehen, liquidiert werden, z.B. Kosten für den Schutz des Werks. Der Verzug setzt, sofern die Abnahme nicht endgültig verweigert worden ist, die Aufforderung zur Abnahme und eine Mahnung voraus. Verlangt der Unternehmer nach § 640 Abs. 2 BGB die Abnahme und setzt er dazu eine angemessene Frist, tritt der Verzug erst mit Fristablauf ein. Denn der Besteller kann ohne Verschulden davon ausgehen, dass er die Abnahme bis zum Fristablauf erklären darf.

Nimmt der Besteller ab, behält er sich aber zu Unrecht Mängel vor, so treten die Abnahmewirkungen ein. Die Abnahmeverpflichtung ist erfüllt. Sofern sich der Besteller schuldhaft nicht vorhandene Mängel vorbehält, schuldet er dem Unternehmer unter Umständen zwar Schadensersatz. Eine Rückabwicklung des Vertrags im Wege des Rücktritts oder des Schadensersatzes statt der Leistung scheidet indes aus, weil dies der gesetzlichen Wertung in § 640 Abs. 2 BGB widerspricht (LG München I, Urt. v. 4.11.2009 – 8 O 10671/09). Selbst im Fall des Verzugs mit der Abnahmeverpflichtung könnte der Unternehmer den Vertrag nicht rückabwickeln, weil die Abnahmewirkungen kraft Gesetzes eintreten. Eine andere Auslegung des Gesetzes entwertet die Mängelrechte, weil der Besteller davon abgehalten würde, sich bei Abnahme streitige oder ungeklärte Mängel vorzubehalten (so LG München I, Urt. v. 16.7.2010 – 8 O 10000/09). 37

7. Gläubigerverzug

Der Besteller kann mit der Abnahme auch in Gläubigerverzug geraten. Das ist der Fall, wenn er die Abnahme der fertig gestellten und abnahmereifen Leistung nach Aufforderung durch den Unternehmer nicht vornimmt. Anders als beim Schuldnerverzug kommt es auf ein Verschulden nicht an. Mit dem Annahmeverzug wird der Unternehmer jedoch nicht vollständig so gestellt, als wäre die Leistung abgenommen. Zwar geht die Gefahr nach § 644 Abs. 1 Satz 2 BGB auf den Besteller über. Jedoch beginnt z.B. nicht der Lauf der Mängelverjährungsfrist. Der Unternehmer hat nur Vorsatz oder grobe Fahrlässigkeit zu vertreten (§ 300 BGB). Er hat Anspruch auf Ersatz der Mehraufwendungen, die er für das erfolglose Angebot sowie für die Aufbewahrung und Erhaltung des geschuldeten Gegenstands machen musste (§ 304 BGB). Danach kann der Unternehmer insbesondere Kosten einer Anreise zu einem Abnahmetermin geltend machen, den der Besteller nicht wahrnimmt. Außerdem kann er die weiteren Aufwendungen für den Schutz des Werks verlangen. 38

8. Abnahmeverweigerung wegen nicht unwesentlicher Mängel

Die Abnahme kann gemäß § 640 Abs. 1 Satz 2 BGB vom Besteller nicht wegen unwesentlicher Mängel verweigert werden. Diese Regelung ist mit dem Gesetz zur Beschleunigung fälliger Zahlungen in das BGB gekommen. Damit ist im BGB-Vertrag eine dem § 12 Abs. 3 VOB/B ähnliche, indes nicht völlig vergleichbare Regelung geschaffen worden. Die von § 12 Abs. 3 VOB/B abweichende sprachliche Fassung ist u. a. gewählt worden, weil man in dieser eine Beweislastumkehr zu Lasten des Bestellers sehen könnte, die sachlich nicht gerechtfertigt wäre (Rechtsausschuss, S. 10). Dennoch liegen aufgrund der unterschiedlichen Formulierung die „Hürden" für eine Abnahmeverweigerung im BGB-Vertrag niedriger (vgl. BT-Drs. 14/1246, S. 6: Abnahmeverweigerung zulässig „nur wegen mehr als geringfügiger Mängel"), zumal der Besteller einen Anspruch auf ein einwandfreies Werk besitzt und Ausnahmen hiervon eng auszulegen sind (Motzke, NZBau 2000, 489, 493; Staudinger/Peters/Jacoby, BGB, § 640 Rdn. 35; a. A. Kniffka, ZfBR 2000, 227, 230). Die Darlegungs- und Beweislast dafür, dass der Mangel unwesentlich ist, obliegt dem Unternehmer (zutreffend OLG München, Urt. v. 15.1.2008 – 13 U 4378/07). 39

Seit dem Schuldrechtsmodernisierungsgesetz hat der Unternehmer das Werk auch frei von Rechtsmängeln zu verschaffen. Die Abnahme kann deshalb auch verweigert werden, wenn das Werk einen Rechtsmangel hat. Ist der Rechtsmangel unwesentlich, muss der Besteller abnehmen. 40

Unwesentlich ist ein Mangel, wenn er an Bedeutung so weit zurücktritt, dass es unter Abwägung der beiderseitigen Interessen für den Besteller zumutbar ist, eine zügige Abwick- 41

§ 640

lung des gesamten Vertragsverhältnisses nicht länger aufzuhalten und deshalb nicht mehr auf den Vorteilen zu bestehen, die sich ihm vor vollzogener Abnahme bieten (BGH, Urt. v. 26.2.1981 – VII ZR 287/79; OLG Köln, Urt. v. 18.11.2015 – 11 U 33/15; OLG Hamm, Urt. v. 24.6.1987 – 25 U 127/86; OLG Hamm, Urt. v. 4.4.1990 – 12 W 18/89; OLG Köln, Urt. v. 18.11.2015 – 11 U 33/15). Bei der danach vorzunehmenden Bewertung sind die gesamten Umstände zu berücksichtigen, insbesondere Art, Umfang und Auswirkungen des Mangels (BGH, Urt. v. 26.2.1981 – VII ZR 287/79; BGH, Urt. v. 25.1.1996 – VII ZR 26/95). Es verbietet sich deshalb, feste Beträge von Mängelbeseitigungskosten für eine Grenze festzumachen, mit der die Wesentlichkeit überschritten ist (BGH, Urt. v. 15.6.2000 – VII ZR 30/99; a. A. OLG München, Urt. v. 25.10.2016 – 9 U 34/16 Bau). Ist die Funktionalität eines Bauwerks fühlbar beeinträchtigt, so dürfte ein Mangel in aller Regel wesentlich sein (OLG Köln, Urt. v. 18.11.2015 – 11 U 33/15). Gleiches gilt, wenn der Mangel eine Gefährdung für die Sicherheit und Gesundheit von Personen mit sich bringt, wie z. B. das fehlende Geländer an einer ca. 80 cm hohen Abtreppung im Eingangsbereich eines Supermarktes (OLG Hamm, Urt. v. 26.11.2003 – 12 U 112/02, BauR 2005, 731 mit Anm. Kniffka, Revision nicht zugelassen, BGH, Beschl. v. 26.8.2004 – VII ZR 42/04: bei einem Auftragsvolumen von ca. € 1,5 Mio. betrugen die Mangelbeseitigungskosten ca. € 2.000,00). Wurde nach Fertigstellung einer Trinkwasserinstallation die nach DIN 1988 geforderte Druckprüfung zum Nachweis der Dichtigkeit versäumt und demgemäß auch nicht dokumentiert, stellt dies einen wesentlichen Mangel dar, solange die tatsächliche Dichtigkeit nicht anderweitig nachgewiesen wurde (OLG Stuttgart, Urt. 25.1.2010 – 10 U 119/09). Die unzureichende Belastbarkeit eines Betonbodens (für die vertragliche vorausgesetzte Befahrbarkeit mit Hubwagen) stellt einen wesentlichen Mangel dar (OLG Frankfurt, Urt. v. 17.9.2013 – 14 U 129/12, Revision nicht zugelassen, BGH, Beschl. v. 20.5.2014 – VII ZR 286/13). Auch optische Mängel können wesentlich sein (BGH, Urt. v. 6.12.2001 – VII ZR 241/00; OLG Köln, Urt. v. 30.1.2002 – 27 U 4/01). Für die Beurteilung der Frage, ob ein Mangel eines Bauwerkes wesentlich ist, ist der Zeitpunkt des Abnahmetermins maßgeblich (BGH, Urt. v. 30.4.1992 – VII ZR 185/90). Zahlreiche unwesentliche Mängel können in besonderen Einzelfällen einem wesentlichen Mangel gleichstehen und damit die Abnahmeverweigerung rechtfertigen (OLG Hamburg, Urt. v. 10.6.2003 – 9 U 121/00; OLG München, Urt. v. 15.1.2008 – 13 U 4378/07; a. A. KG, Urt. v. 11.3.2011 – 6 U 128/08). Als unwesentlich sind Mängel an einem neu errichteten Wohnhaus aber dann anzusehen, wenn nur einzelne Treppenstufen fehlerhaft sind und nur sie und nicht die gesamte Treppenkonstruktion ausgetauscht werden muss und wenn daneben geringfügige Risse in den Gipskartondecken des Dachgeschosses bestehen (OLG Köln, Urt. v. 18.11.2015 – 11 U 33/15).

42 Dem Abnahmeverlangen des Unternehmers steht es auch nicht entgegen, wenn noch unwesentliche Restleistungen fehlen, die für die Entscheidung des Bestellers, ob er die Leistung als Erfüllung annehmen und billigen will, unbedeutend sind (BGH, Urt. v. 15.6.2000 – VII ZR 30/99; Urt. v. 3.11.1992 – X ZR 83/90; OLG Oldenburg, Urt. v. 11.12.2014 – 8 U 140/09). Fehlende Konstruktionsunterlagen, Revisionspläne und Bestandsaufnahmen können wesentlich sein, so dass die Abnahme je nach Sachlage verweigert werden kann (vgl. BGH, Urt. v. 29.6.1993 – X ZR 60/92; Urt. v. 18.2.2003 – X ZR 245/00). Gleiches gilt für Dokumentationen, die für den Betrieb oder die Instandhaltung bedeutsam sind (BGH, Urt. v. 16.12.2003 – X ZR 129/01). Jedenfalls dann, wenn der Unternehmer vertraglich zur Dokumentation seiner Leistung verpflichtet ist, wird die fehlende Dokumentation regelmäßig zur Abnahmeverweigerung berechtigen (OLG Bamberg, Urt. 8.12.2010 – 3 U 93/09). Das gilt auch für fehlende, aber erforderliche und mitzuliefernde Dokumentationen bei der Erstellung einer Heizungsanlage (OLG Koblenz, Beschl. v. 1.3.2018 – 1 U 1011/17). Abgesehen davon, das schon zweifelhaft ist, ob ein fehlendes Druckprüfungsprotokoll überhaupt einen wesentlichen Mangel darstellt, kann eine Abnahmeverweigerung aber jedenfalls dann nicht mit dem fehlenden Druckprüfungsprotokoll begründet werden, wenn die Anlage seit zwei Jahren in Betrieb ist und keine Anhaltspunkte für eine Undichtigkeit bestehen, weil die Dichtigkeit praktisch durch die Schadensfreiheit nachgewiesen ist (OLG Köln, Urt. v. 7.8.2015 – 19 U 104/14). Sofern die Parteien vereinbaren, dass bei Meinungsverschiedenheiten ein Sachverständiger über die Abnahmefähigkeit verbindlich entscheidet, handelt es sich dabei um eine Schiedsgutachterabrede mit der Folge, dass die vom Sachverständigen angenommene oder versagte Abnahmefähigkeit nur bei offenbarer Unbilligkeit unverbindlich ist, §§ 317 Abs. 1, 319 Abs. 1 Satz 1 BGB (OLG Oldenburg, Urt. v. 23.8.2016 – 2 U 27/16). Solche Abreden sind jedenfalls in Formularverträgen gegenüber „privaten" Bestellern AGB-rechtlich unwirksam (BGH, Urt. v. 10.10.1991 – VII ZR 2/91).

Wird die Abnahme zu Recht im Hinblick auf die ausstehende und noch geforderte Nacherfüllung verweigert (vorläufige Abnahmeverweigerung, vgl. Thode, ZfBR 1999, 116, 119), so treten die Abnahmewirkungen nicht ein.

9. Endgültige Abnahmeverweigerung

Nimmt der Besteller zu Unrecht nicht ab, treten die Abnahmewirkungen ein, wenn eine vom Unternehmer gesetzte angemessene Frist zur Abnahme abgelaufen ist (§ 640 Abs. 2 BGB). Gleiches gilt, wenn der Besteller die Abnahme endgültig verweigert; einer gesonderten Fristsetzung bedarf es dann nicht mehr (i. E. Weyer, NZBau 2014, 421, 422 m. w. N.; streitig). Nach der Rechtsprechung können Abnahmewirkungen nämlich auch dann eintreten, wenn der Besteller die Abnahme zu Unrecht endgültig verweigert hat (BGH, Urt. v. 16.5.1968 – VII ZR 40/66; Urt. v. 25.4.1996 – X ZR 59/94; Urt. v. 30.9.1999 – VII ZR 162/97; OLG Oldenburg, Urt. v. 11.12.2014 – 8 U 140/09; OLG Dresden, Beschl. v. 5.9.2017 – 22 U 379/17). Dem liegt die Überlegung zugrunde, dass es auf die Abnahme nicht mehr ankommen kann, wenn der Besteller die Erfüllung des Vertrages endgültig verweigert. Die Abnahmewirkungen treten mit der Erklärung der Erfüllungsverweigerung ein (Thode, ZfBR 1999, 116, 119). Zu den Abnahmewirkungen, die durch die Abnahmeweigerung eintreten, soll auch der Ausschluss der Mängelrechte nach § 634 Nr. 1 bis 3 BGB gemäß § 640 Abs. 2 BGB gehören, sofern sich der Besteller die Mängel bei der Abnahmeweigerung nicht vorbehält (OLG Schleswig, Urt. v. 12.6.2009 – 17 U 15/09).

Verweigert der Besteller nicht ausdrücklich endgültig die Abnahme, kann sich eine solche Verweigerung auch im Einzelfall aus den Umständen ergeben (BGH, Urt. v. 8.7.2010 – VII ZR 171/08). Eine endgültige Verweigerung der Abnahme ist etwa dann anzunehmen, wenn dem Unternehmer eine Mängelbeseitigung nicht mehr möglich ist, weil der Besteller eine fruchtlose Frist zur Nacherfüllung gesetzt und anschließend die Annahme der Nacherfüllung abgelehnt hat (BGH, Urt. v. 8.7.2010 – VII ZR 171/08, Rdn. 23). Die Abnahmeverweigerung kann aber auch – wie die Abnahme selbst – stillschweigend erklärt werden (BGH, Urt. 3.3.1998 – X ZR 4/95; OLG Düsseldorf, Urt. v. 8.2.2007 – 5 U 95/06). Eine stillschweigende Verweigerung der Abnahme kann gelegentlich der Kündigung des Vertrages durch den Besteller erfolgen, ist mit ihr aber nicht gleichzusetzen (BGH, Beschl. v. 10.3.2009 – VII ZR 164/06; OLG Düsseldorf, Urt. v. 2.7.2009 – 5 U 170/08).

10. Darlegungs- und Beweislast

Die Darlegungs- und Beweislast für die Abnahme trägt der, der sich auf die Abnahme beruft. In der Regel wird dies der Unternehmer sein. Beruft sich der Unternehmer auf eine stillschweigend erklärte Abnahme, muss er deren Voraussetzungen darlegen und beweisen. Allerdings wird es gegebenenfalls Sache des Bestellers sein, darzulegen und zu beweisen, dass er das Werk durch den Gebrauch nicht billigen, sondern z. B. aus dem Gesichtspunkt der Schadensminderung nutzen wollte und diesen Umstand auch offenbart und sich gegen die Abnahme verwahrt hat (Staudinger/Peters/Jacoby, BGB, § 640 BGB Rdn. 26).

Wird vom Unternehmer der Anspruch auf Abnahme klageweise geltend gemacht (→ Rdn. 34f.), so ist er für die Voraussetzungen der Abnahme, nämlich die Abnahmefähigkeit, also die Fertigstellung und Freiheit von wesentlichen Mängeln darlegungs- und beweisbelastet (OLG Brandenburg, Urt. v. 25.1.2012 – 4 U 7/10; OLG München, Urt. v. 15.1.2008 – 13 U 4378/07).

VI. Allgemeine Geschäftsbedingungen

Die Abnahmepflicht des Bestellers kann nur in sehr eingeschränktem Maß durch Allgemeine Geschäftsbedingungen zu Lasten des Unternehmers abbedungen werden. Denn der Unternehmer hat wegen der allein ihn begünstigenden Folgen der Abnahme ein elementares Interesse an der sofortigen Abnahme nach Fertigstellung der Leistung. Insbesondere die Versuche von Generalunternehmern bzw. Bauträgern, die Abnahme der Nachunternehmerleistung mit der Abnahme durch den Bauherrn bzw. die Erwerber gleichzuschalten, sind durch Allgemeine Geschäftsbedingungen kaum möglich (vgl. BGH, Urt. v. 9.5.1996 – VII ZR 259/94; → § 634a BGB Rdn. 219f.). Unwirksam ist z. B. die Klausel in – Aufträgen an Bauhandwerker zugrunde liegenden – Vertragsbedingungen eines Bauträgers, wonach die Leistung des Unternehmers einer förmlichen Abnahme im Zeitpunkt der Übergabe des Hauses bzw. des Gemeinschafts-

§ 640

eigentums an den Kunden des Bauträgers bedürfen, „es sei denn, dass eine solche Abnahme nicht binnen sechs Monaten seit Fertigstellung der Leistung des Unternehmers erfolgt ist", denn die Frist von sechs Monaten ist viel zu lang. Zulässig ist hingegen im Einzelfall eine Frist von vier bis sechs Wochen nach Fertigstellung der Nachunternehmerleistung (BGH, Urt. v. 23.2.1989 – VII ZR 89/87). Eine Klausel in Geschäftsbedingungen des Bestellers, nach der die Abnahme als nicht erfolgt gilt, sofern der Mieter des Bestellers nicht abnimmt oder die Abnahme verweigert, ist ebenfalls mangels Einflussmöglichkeit des Unternehmers auf die mangelfreie Fertigstellung der übrigen Bauleistungen für das gesamte Bauvorhaben nach § 307 BGB unwirksam – und kann überdies die Sicherungsabrede für die Gewährleistungssicherheit infizieren (OLG Köln, Beschl. v. 10.2.2016 – 11 U 136/15). Unwirksam ist auch eine Klausel des Bestellers, nach der eine Abnahme nach Ingebrauchnahme ausgeschlossen ist, wenn der Besteller sich zugleich vorbehält, einen Abnahmetermin durch seine Bauleiter festzusetzen, ohne dafür eine Frist vorzusehen. Denn dann ist der Abnahmetermin ganz ungewiss (BGH, Urt. v. 25.1.1996 – VII ZR 233/94). Unwirksam ist auch eine Klausel, nach der die Gewährleistungsfrist mit der Abnahme durch den Bauherrn beginnt und diese zwei Monate nach Ablauf der mit dem Bauherrn vereinbarten Gewährleistungsfrist von fünf Jahren endet (BGH, Urt. v. 18.1.2001 – VII ZR 247/98).

49 Umgekehrt können die Abnahmewirkungen zu Lasten des Bestellers in Allgemeinen Geschäftsbedingungen des Unternehmers nicht vorverlegt werden (→ § 634a BGB Rdn. 213 ff.). So kann der Verjährungsbeginn nicht wirksam an die Übergabe geknüpft werden (BGH, Urt. v. 15.4.2004 – VII ZR 130/03). Es kann aber eine Teilabnahme für die zur Bezugsfertigkeit vorausgesetzten Leistungen vereinbart werden (OLG Koblenz, Urt. v. 19.10.2016 – 5 U 458/16). Jedoch benachteiligt eine Vertragsklausel, nach der allein durch die tatsächliche Ingebrauchnahme des Vertragsgegenstandes die (Teil-) Abnahme fingiert wird, den Vertragsgegner unangemessen und ist deshalb nach § 307 Abs. 1 BGB unwirksam (OLG Koblenz, Urt. v. 19.10.2016 – 5 U 458/16). Auch wenn eine solche Klausel scheinbar nur einer konkludenten Abnahme nachgebildet ist, fehlt es bei ihr doch an dem für die stillschweigende Abnahme vorausgesetzten Ablauf einer angemessenen Prüffrist. Klauseln, die eine Abnahmefiktion erleichtern sind generell bedenklich: Die von einem Fertighaushersteller verwendete Klausel, nach der die Leistungen des Unternehmers als abgenommen gelten, wenn eine förmliche Abnahme innerhalb von 12 Tagen nach Fertigstellungsmitteilung aus Gründen, die der Besteller zu vertreten hat, unterbleibt, ist unwirksam. Sie verstößt gegen § 307 Abs. 1 Satz 1, Abs. 2 Satz 1 Nr. 2 BGB, weil sie mit dem Grundgedanken des § 640 Abs. 1 BGB a. F. nicht vereinbar war, denn die fiktive Abnahme nach § 640 Abs. 1 Satz 2 BGB a. F. setzte ein im wesentlichen mangelfreies Werk voraus; die Klausel würde aber bei kundenfeindlichster Auslegung zur Abnahme selbst bei wesentlichen Mängeln führen (OLG Koblenz, Urt. v. 2.3.2017 – 2 U 296/16). Nach der Reform des Bauvertragsrechts gilt nichts anderes, weil bei kundenfeindlichster Auslegung die Klausel auch ohne Fertigstellung zum Eintritt der Abnahmewirkungen führten könnte. Ebenso ist eine Klausel unwirksam, nach der die Abnahme als erklärt gilt, wenn der Besteller die Räume sechs Tage benutzt hat. Auch diese Klausel verstößt gegen § 307 Abs. 1 Satz 1, Abs. 2 Satz 1 Nr. 2 BGB, denn sie führt auch dann zur Abnahme, wenn der Besteller die Nutzung aus einer Zwangslage heraus aufnehmen musste; im Übrigen ist die Prüffrist unangemessen kurz (OLG Koblenz, Urt. v. 2.3.2017 – 2 U 296/16). Der Abnahmepflicht steht ein „Abnahmerecht" gegenüber, so dass die Befugnis, selbst über die Abnahme zu entscheiden, grundsätzlich dem Besteller nicht genommen werden kann (BGH, Urt. v. 12.5.2016 – VII ZR 171/15, Rdn. 33 ff.; OLG Brandenburg, Beschl. v. 17.4.2018 – 12 U 197/16).

50 Auch für Regelungen in einem Abnahmeprotokoll kann der Anschein bestehen, dass es sich um Allgemeine Geschäftsbedingungen handelt (OLG Brandenburg, Urt. v. 27.8.2020 – 12 U 28/20, Rdn. 20). Unwirksam sind Einschränkungen des mangelbedingten Leistungsverweigerungsrechts dem Grunde und der Höhe nach (OLG Brandenburg, Urt. v. 27.8.2020 – 12 U 28/20, Rdn. 21).

VII. Abnahmeformen

51 Es besteht weitgehend Einigkeit darüber, dass die Abnahme wie eine Willenserklärung erfolgen kann. Jedes Verhalten des Bestellers gegenüber dem Unternehmer, das eindeutig als Billigung des Werks als im Wesentlichen vertragsgerecht anzusehen ist, ist eine Abnahme. Maßgeblich ist die Auslegung des Erklärungsverhaltens im Sinne der §§ 133, 157 BGB. Voraussetzung für die Annahme einer Abnahme ist nicht, dass das Werk mangelfrei ist. Vielmehr kommt es auf das Erklärungsverhalten des Bestellers an. Dieser kann das Werk trotz erkannter Mängel abnehmen wollen. Das gilt nicht nur, wenn er unwesentliche Mängel erkannt hat und deshalb auch zur Abnahme verpflichtet ist, sondern auch dann, wenn er wesentliche Mängel erkannt hat und gleichwohl abnehmen will (vgl. BGH, Urt. v. 25.1.1973 – VII ZR 149/72). Wie immer, wenn die Beurteilung menschlichen Verhaltens zur Debatte steht, hängt die später vorzunehmende Bewertung, ob eine Abnahme stattgefunden hat oder nicht, von vielen Unwägbarkeiten, nämlich den Umständen des Einzelfalls ab. Es ist den Vertragsparteien deshalb dringend zu empfehlen, Protokolle über die Erklärung der Abnahme zu fertigen. Diese sollten die ausdrückliche Erklärung enthalten, ob die Abnahme trotz der im Protokoll enthaltenen Mängel erklärt wird oder ob sie verweigert wird. Allerdings können Protokolle auch ohne eine ausdrückliche Abnahmeerklärung dahin ausgelegt werden, dass die Abnahme erklärt wird. Das ist z. B. angenommen worden für ein Protokoll, das den handschriftlichen Zusatz enthält: „Abnahmeprotokoll" und anlässlich eines vereinbarten „Abnahmetermins" erstellt worden ist (BGH, Urt. v. 6.3.1986 – VII ZR 235/84; vgl. auch Urt. v. 25.1.1973 – VII ZR 149/72). Dass das Protokoll Mängel auswies, ist unschädlich, weil die Abnahme trotz Mängeln erklärt werden kann. Die Erwähnung der Mängel kann dahin gewürdigt werden, dass sich der Besteller insoweit Rechte wegen der bekannten Mängel vorbehalten will (BGH, Urt. v. 15.2.2005 – X ZR 43/02). Soweit in einem Abnahmeprotokoll die Abnahme bestätigt und formuliert wird, dass eine bestimmte Leistung (z.B. Horizontalsperre im Kellerbereich) nicht abgenommen wird, kann das als Abnahme der Gesamtleistung unter Vorbehalt der Mängel der bestimmten Leistung angesehen werden (OLG Schleswig, Urt. v. 10.3.2006 – 14 U 47/05). Andererseits liegt in einer schriftlichen Erklärung, die den Abschluss der Arbeiten bestätigt, aber gleichzeitig auf fehlende Konstruktionsunterlagen hinweist, keine Abnahme (BGH, Urt. v. 29.6.1993 – X ZR 60/92). In vergleichbaren Fällen ist auch zu prüfen, ob eine Teilabnahme vorliegt, die die Parteien auch noch während des Abnahmevorgangs vereinbaren können.

Ist eine förmliche Abnahme vereinbart, kann der Unternehmer nicht einfach einseitig einen **52** Termin festsetzen; er muss vielmehr den Besteller zur Abnahme auffordern und durch Terminvorschläge eine Terminfindung versuchen (OLG München, Beschl. v. 27.4.2018 – 28 U 2471/17 Bau, Nichtzulassungsbeschwerde zurückgewiesen durch BGH, Beschl. v. 6.2.2019 – VII ZR 122/18).

1. Förmliche Abnahme

Die förmliche Abnahme ist in vielen Verträgen vereinbart (zu den Besonderheiten der Ab- **53** nahme beim VOB-Bauvertrag → Rdn. 101 ff.). Anders als die VOB/B sieht das BGB diese besondere Abnahmeform nicht ausdrücklich vor. Haben die Parteien die förmliche Abnahme vereinbart, müssen sie (zunächst) einvernehmlich versuchen, einen Termin für die Abnahme zu finden; wenn das nicht gelingt, kann der Unternehmer dem Besteller eine angemessene Frist zur Abnahme setzen und nach fruchtlosem Fristablauf vom Vertrag zurücktreten (OLG München, Beschl. v. 27.4.2018 – 28 U 2471/17). Ist eine förmliche Abnahme mit gemeinsamer Protokollierung vereinbart, muss das Abnahmeprotokoll von beiden Vertragsparteien unterzeichnet sein (BGH, Urt. v. 29.11.1973 – VII ZR 205/71; a.A. für den VOB/B-Vertrag OLG Hamburg, Urt. v. 30.10.2009 – 9 U 144/00; streitig). Im Regelfall kommt es auf diese Förmlichkeit nicht an, da die Vertragsparteien die ursprünglich vereinbarten Förmlichkeiten jederzeit schlüssig aufheben und die Werkleistung anderweitig abnehmen können (BGH, Urt. v. 3.11.1992 – X ZR 83/90; a.A. OLG Hamm, Urt. v. 30.4.2019 – 24 U 14/18). Wurde eine Abnahmebegehung durchgeführt und ein Abnahmeprotokoll erstellt, das keine Mängelrügen enthielt, kann sich der Auftraggeber doch noch auf die fehlende Abnahme berufen, wenn er die Unterzeichnung des Protokolls verweigert hatte (OLG Hamburg, Urt. 4.4.2014 – 1 U 123/13). Ausnahmsweise kann in der Unterschrift unter einem Abnahmeprotokoll keine Abnahmeerklärung gesehen werden, wenn es zahlreiche, erhebliche Mängel enthält und der Besteller mehrfach zum Ausdruck gebracht hat, dass er die Leistung nicht als Abnahmereif ansieht (OLG München, Beschl. v. 18.3.2019 – 28 U 3311/18 Bau). Den Anschein des Abnahmeprotokolls, wonach der Besteller die Leistung als noch vertragsgemäß akzeptieren wollte, muss der Besteller erschüttern (OLG München, Beschl. v. 18.3.2019 – 28 U 3311/18 Bau).

2. Konkludente Abnahme

Findet keine förmliche Abnahme statt, ist die stillschweigende, konkludente Abnahme **54** der Regelfall. Sie liegt vor, wenn dem nach Außen hervortretenden Verhalten des Bestellers eindeutig zu entnehmen ist, dass er die Leistung als im Wesentlichen vertragsgerecht billigt

§ 640

(BGH, Urt. v. 10.6.1999 – VII ZR 170/98; Urt. v. 22.12.2000 – VII ZR 310/99; BGH, Urt. v. 20.2.2014 – VII ZR 26/12, Rdn. 15; BGH, Urt. v. 12.5.2016 – VII ZR 171/15, Rdn. 52). Ist die Werkleistung noch nicht vollständig fertiggestellt, scheidet grundsätzlich eine schlüssige Abnahme aus (BGH, Urt. v. 29.6.1993 – X ZR 60/92; Beschl. v. 27.1.2011 – VII ZR 175/09; BGH, Urt. v. 5.11.2015 – VII ZR 43/15, Rdn. 30; a. A. in einem Einzelfall OLG München, Beschl. v. 23.2.2017 – 27 U 3351/16 Bau, Nichtzulassungsbeschwerde zurückgewiesen durch BGH, Beschl. v. 10.7.2019 – VII ZR 75/17). Nicht vollständig fertiggestellt ist die Leistung zum Beispiel dann, wenn bekanntermaßen die geschuldete Anbindung der Software des Bestellers an diejenige der Onlineshops noch nicht voll funktionsfähig ist (BGH, Urt. v. 5.6.2014 – VII ZR 276/13, Rdn. 22). Nicht fertiggestellt ist sie auch, wenn binnen angemessener Frist der Besteller Mängel rügt, die sein Privatgutachter als erheblich bezeichnet, und gemeinsam die fehlende Fertigstellung der geschuldeten Außenanlagen festgestellt wird (BGH, Urt. v. 5.11.2015 – VII ZR 43/15, Rdn. 30). Entscheidend ist nicht, ob tatsächlich Mängel bestehen, sondern ob der Unternehmer annehmen darf, dass aus Sicht des Bestellers das Werk im Wesentlichen fertiggestellt oder mangelfrei ist, etwa weil sich objektiv vorhandene Mängel noch nicht gezeigt haben (BGH, Urt. v. 20.2.2014 – VII ZR 26/12, Rdn. 18; OLG München, Urt. v. 10.11.2015 – 9 U 4218/14). So kann eine konkludente Abnahme in Betracht kommen, wenn objektiv vorhandene wesentliche Mängel zum Zeitpunkt der Abnahme unbekannt sind (OLG Brandenburg, Urt. v. 5.7.2012 – 12 U 231/11, Nichtzulassungsbeschwerde zurückgewiesen durch BGH, Beschl. v. 20.3.2014 – VII ZR 225/12). Anders ist es, wenn sich wesentliche Mängel (Rissbildung in der Fassade) bereits gezeigt haben (OLG München, Urt. v. 12.1.2016 – 9 U 1621/15). In einer unbeanstandeten Nutzung durch den Besteller kann eine Abnahme liegen. Das wird in der Regel nur dann angenommen werden können, wenn der Besteller Gelegenheit hatte, das Werk binnen einer angemessenen Frist zu prüfen und zu bewerten (BGH, Urt. v. 26.9.2013 – VII ZR 220/12, Rdn. 19 f.; BGH, Urt. v. 28.4.1992 – X ZR 27/91). Die Dauer der Prüffrist hängt vom Einzelfall ab und wird von der allgemeinen Verkehrserwartung bestimmt (BGH, Urt. v. 20.9.1984 – VII ZR 377/83). Im Regelfall dürfte eine Prüfungszeit von sechs bis acht Wochen angemessen sein (OLG Jena, Urt. v. 14.7.2009 – 5 U 736/06; OLG München, Urt. v. 8.5.2019 – 20 U 124/19 Bau: sieben Wochen für eine im Betrieb befindliche Heizung im Winter; OLG Oldenburg, Urt. v. 29.9.2020 – 13 U 89/18). Eine Prüffrist von unter zwei Monaten ist vor allem dann angemessen, wenn die Leistungen des Unternehmers, z. B. Bodenbelagsarbeiten, (OLG Düsseldorf, Urt. v. 8.4.2016 – 22 U 165/15) oder Innenausbauarbeiten (OLG Koblenz, Beschl. v. 11.5.2016 – 5 U 1270/15), nicht sehr umfangreich und räumlich begrenzt waren. Deshalb kann von einer stillschweigenden Abnahme ausgegangen werden, wenn die vom Unternehmer eingebauten Fenster über einen Zeitraum von vier Monaten beanstandungsfrei genutzt wurden und in diesem Zeitraum seitens des Bestellers keine Hinweise auf eine fehlende Fertigstellung oder wesentliche Mängel erfolgten (OLG München, Urt. v. 10.11.2015 – 9 U 4218/14). Erst Recht kann nach Ablauf einer Frist von acht bis zehn Monaten, in der die erbrachten Arbeiten rügelos genutzt wurden, von einer konkludenten Abnahme ausgegangen werden, und zwar auch dann, wenn die Leistung (neu eingebaute Fenster) nicht vom Besteller selbst, sondern von dessen Mietern genutzt werden (OLG Köln, Urt. v. 24.7.2015 – 19 U 129/14). Länger kann die Prüffrist auch bei einer Heizungsanlage sein (zu weit wohl OLG München, Beschl. v. 16.10.2019 – 28 U 1733/19 Bau, welches auf das Verstreichen einer vollen Heizperiode abstellt).

55 Hat der Besteller das Bauwerk bezogen, liegt darin nach Ablauf einer angemessenen Prüffrist eine konkludente Abnahme, wenn sich aus dem Verhalten des Bestellers nichts Gegenteiliges ergibt (BGH, Urt. v. 20.9.1984 – VII ZR 377/83; vgl. auch OLG Hamm, Urt. v. 29.10.1992 – 23 U 3/92). Geschieht der Einzug unter dem Zwang der Verhältnisse, muss darin keine Abnahme liegen, weil dann erkennbar ist, dass keine Erklärung hinsichtlich der Abnahmefähigkeit erfolgen soll (BGH, Urt. v. 12.6.1975 – VII ZR 55/73). Rügt der Besteller vor dem Einzug Mängel, die ihn zur Abnahmeverweigerung berechtigten, liegt in dem Einzug keine Abnahme (BGH, Urt. v. 22.12.2000 – VII ZR 310/99). Eine Abnahme scheidet in diesen Fällen auch aus, wenn das Bauwerk erkennbar noch nicht fertig gestellt ist (BGH, Beschl. v. 27.1.2011 – VII ZR 175/09) oder erkennbare wesentliche Mängel hat. Eine ausdrückliche Erklärung des Bestellers, das Werk sei nicht abnahmefähig, schließt eine Abnahme durch Ingebrauchnahme aus, wenn zwischen Mängelrüge und Ingebrauchnahme vom Unternehmer nicht nachgebessert wurde (OLG Stuttgart, Urt. v. 19.4.2011 – 10 U 116/10). Ist das Werk hingegen objektiv als Erfüllung anzusehen, kann seine Entgegennahme ein Indiz für den Abnahmewillen des Bestellers sein (BGH, Urt. v. 18.2.2003 – X ZR 245/00). Gleiches gilt für die vollständige Zahlung auf eine Schlussrechnung (BGH, Urt. v. 24.11.1969 – VII ZR 177/67; OLG Koblenz, Beschl. v. 18.2.2013 – 3 U 775/12).

Abnahme **§ 640**

Eine probeweise Nutzung ist keine Abnahme (BGH, Urt. v. 16.11.1993 – X ZR 7/92). **56**
Auch die Freigabe für einen Probebetrieb bedeutet nicht zwingend eine Abnahme (BGH, Urt. v. 16.12.2003 – X ZR 129/01), dagegen kann ein erfolgreicher Test den Abnahmewillen manifestieren (BGH, Urt. v. 18.2.2003 – X ZR 245/00). Ebenso wenig kann eine Abnahme des Bestellers allein darin gesehen werden, dass ein Kunde ein Werk in Betrieb genommen hat. Die Abnahme durch einen Dritten kann gegen den Besteller nur dann wirken, wenn der Dritte zu solchen Erklärungen ermächtigt ist oder dieser die Erklärungen aus anderen Gründen gegen sich gelten lassen muss (BGH, Urt. v. 29.6.1993 – X ZR 60/92). Solche Gründe können sich aber aus den besonderen Umständen des Einzelfalls ableiten. So kann eine Abnahme des Bestellers dann in Betracht kommen, wenn das Werk nach der Bestimmung durch den Besteller und in dessen Kenntnis nach der Fertigstellung längere Zeit genutzt wird oder wenn der Besteller das Werk nach dessen Überprüfung zur Nutzung frei gegeben hat.

Die Abnahme des Werks durch einen Besteller gegenüber dem Hauptunternehmer ist allein **57**
keine geeignete Grundlage dafür, eine Abnahme des Werks durch den Hauptunternehmer gegenüber dem Nachunternehmer anzunehmen. Denn der Hauptunternehmer kann nach allgemeinen Grundsätzen (Relativität der Schuldverhältnisse) berechtigt sein, die Abnahme gegenüber dem Nachunternehmer zu verweigern, obwohl der Besteller abgenommen hat. Allerdings wird in vielen Fällen eine unberechtigte Abnahmeverweigerung vorliegen, weil wesentliche Mängel nicht vorliegen. Dann treten ohnehin die Abnahmewirkungen ein. Liegen wesentliche Mängel nicht vor, so sieht der Gesetzgeber in der Verweigerung der Abnahme durch den Hauptunternehmer ein treuwidriges Verhalten (BT-Drs. 14/1246, S. 7). Er hat deshalb die Fälligkeit der Vergütung des Nachunternehmers angeordnet, wenn der Besteller den Hauptunternehmer bezahlt hat. Diese gesetzgeberische Wertung ist nicht zwingend (OLG Nürnberg, Urt. v. 10.7.2003 – 13 U 1322/03; Breyer/Bohn, BauR 2004, 1066), → § 641 BGB Rdn. 13 ff. Gleichwohl wird in vielen Fällen der Hauptunternehmer, gegenüber dem die Abnahme erklärt wurde, die Abnahme des Nachunternehmerwerks nicht ohne Verstoß gegen Treu und Glauben verweigern können. Etwas anderes gilt jedoch, wenn der Besteller wegen der Mängel noch Nacherfüllung fordert. Dann besteht kein Grund für den Hauptunternehmer, das Nachunternehmerwerk abzunehmen. Vielmehr kann er Erfüllung fordern und die Abnahme von der Herstellung eines vertragsgemäßen Werks abhängig machen.

Das Vorhandensein und die Rüge von Mängeln schließt schon nach § 640 BGB eine Ab- **58**
nahme grundsätzlich nicht aus (BGH, Urt. v. 22.10.1970 – VII ZR 71/69 unter Hinweis auf die Urteile des Senats v. 18.2.1965 – VII ZR 40/63, v. 20.4.1967 – VII ZR 10/65, v. 5.5.1969 – VII ZR 26/69 und v. 24.11.1969 – VII ZR 177/67). Für eine konkludente Abnahme kommt es auf alle Umstände des Einzelfalls an. Werden nur unwesentliche Mängel gerügt, kann von einer konkludenten Abnahme ausgegangen werden, weil der Besteller ohnehin zur Abnahme verpflichtet wäre. Einer konkludenten Abnahme steht nicht entgegen, dass noch kleinere und für die Gebrauchsfähigkeit unwesentliche Restarbeiten ausstehen. Die noch ausstehenden Leistungen müssen aber von solch untergeordneter Bedeutung sein, dass das Werk bei natürlicher Betrachtung als Erfüllung der vertraglich geschuldeten Leistung angesehen werden kann (BGH, Urt. v. 16.12.2003 – X ZR 129/01). Kleinere Mängel stehen der konkludenten Abnahme von Software nicht entgegen, wenn sie eine gewisse Zeit unbeanstandet eingesetzt wurde (OLG Brandenburg, Urt. 2.9.2014 – 6 U 86/13). Werden wesentliche Mängel gerügt, kann in aller Regel auch ohne ausdrückliche Abnahmeverweigerung keine konkludente Abnahme angenommen werden (OLG München, Urt. v. 15.1.2020 – 20 U 1051/19; vgl. ferner OLG Koblenz, Urt. v. 14.2.2002 – 5 U 1640/99). Nur ausnahmsweise kann auch in solchen Fällen der Wille zu Tage treten, das Bauwerk unter Vorbehalt der gerügten Mängel abzunehmen (OLG Hamm, Urt. v. 23.8.1994 – 26 U 60/94). Wird eine Vielzahl an Mängeln gerügt, die Unterzeichnung des Abnahmeprotokolls ausdrücklich verweigert und wegen der behaupteten Mängel ein nicht unwesentlicher Teil der Vergütung einbehalten, kann in der Nutzung des Werks keine Abnahme gesehen werden (OLG Koblenz, Urt. v. 21.10.2010 – 5 U 91/09). Auch kann eine konkludente Abnahme nicht darin gesehen werden, dass der Besteller nach Aufnahme einer Vielzahl an Mängeln zu deren Beseitigung unter Hinweis auf „§ 13 Nr. 5 Abs. 1 VOB/B" auffordert, auch wenn die genannte Vorschrift erst nach der Abnahme anwendbar. Die rechtsirrige Anführung dieser Klausel lässt allein noch nicht hinreichend auf eine Abnahme schließen (OLG Brandenburg, Urt. v. 5.2.2014 – 4 U 167/08). Der Einzug in das Bauvorhaben oder dessen Nutzung sind im Regelfall jedenfalls dann keine hinreichende Grundlage für eine konkludente Abnahme, wenn der Besteller zuvor die Abnahme zu Recht aufgrund von Mängeln verweigert hat, die zum Zeitpunkt des Einzugs oder der Nutzung nicht beseitigt worden sind. Der Besteller muss sich in diesem Fall zur Vermeidung der Abnahme

§ 640

nicht ausdrücklich die Abnahmeverweigerung weiter vorbehalten (BGH, Urt. v. 10.6.1999 – VII ZR 170/98). Zu einer konkludenten Abnahme kann es aber dann kommen, wenn nach Beseitigung von Mängeln, derentwegen die Abnahme zunächst verweigert worden war, die Mängelbeseitigung dem Besteller angezeigt wird und dieser darauf nicht weiter reagiert, damit also zu erkennen gibt, dass er auf weitere Abnahmehandlungen verzichten will (OLG München, Urt. 23.10.2012 – 9 U 733/12).

59   Die vorbehaltlose Zahlung der Vergütung kann die Erklärung der Abnahme bedeuten (BGH, Urt. v. 30.9.1993 – VII ZR 136/92; Urt. v. 28.1.1971 – VII ZR 173/69). Gleiches kann für die Feststellung der Werklohnforderung zur Insolvenztabelle gelten (OLG Frankfurt, Urt. v. 25.2.2019 – 29 U 81/18). Voraussetzung hierfür dürfte aber sein, dass der Besteller zunächst das Werk prüfen konnte, so dass eine rasche Bezahlung einer nach Arbeitsende gestellten Rechnung für die Annahme eines Abnahmewillens nicht genügt (OLG Frankfurt, Urt. v. 29.7.2019 – 29 U 201/17). Das gemeinsame Aufmaß besitzt grundsätzlich keinen Erklärungswert in Bezug auf die Abnahme (BGH, Urt. v. 24.1.1974 – VII ZR 73/73). Gleiches gilt auch für den Bestätigungsvermerk einer Stundenlohnabrechnung (BGH, Urt. v. 13.5.2004 – VII ZR 301/02). Die Auszahlung des vollen Sicherheitseinbehalts kann eine konkludente Abnahme darstellen (BGH, Urt. v. 13.12.1962 – VII ZR 193/61).

60   Eine Abnahme muss nicht darin liegen, dass der Besteller auf dem Werk des Unternehmers weiterbauen lässt. Denn allein der Weiterbau im Rahmen eines Bauvorhabens hat grundsätzlich keinen Erklärungswert dahin gehend, dass das Vorgewerk als im Wesentlichen vertragsgerecht hingenommen wird (BGH, Beschl. v. 7.2.2019 – VII ZR 274/17, Rdn. 31). Diese Wertung kommt auch in § 12 Abs. 5 Nr. 2 Satz 2 VOB/B zum Ausdruck. Andererseits kann sich aus den Umständen jedoch ergeben, dass eine Billigung des Bestellers stattgefunden hat, insbesondere dann, wenn eine eingehende Prüfung der Vorunternehmerleistung ohne Beanstandungen stattgefunden hat. Lässt der Unternehmer das Werk nach einer Kündigung durch einen Drittunternehmer fertig stellen, ohne die Vorleistung zu beanstanden, dürfte darin regelmäßig die Abnahme der bis zur Kündigung erbrachten Leistung liegen. Denn es darf davon ausgegangen werden, dass der Besteller die Leistung durch den Drittunternehmer sorgfältig prüfen lässt, so dass der Weiterbau nur dann erfolgt, wenn er damit einverstanden ist. In der Praxis sieht das allerdings häufig anders aus, weil der Besteller Mängel der Vorleistung erst gar nicht rügt, sondern gleich durch den Drittunternehmer mit beseitigen lässt. Damit setzt sich der Besteller der Gefahr aus, dass sein Verhalten nicht nur als Abnahme der Vorleistung gewertet wird, sondern er auch die Mängelansprüche gegen den Unternehmer verliert, weil er ihm keine Gelegenheit gegeben hat, die Mängel zu beseitigen.

61   Allein in der Ankündigung und in der Durchführung einer Selbstvornahme ist noch keine Abnahme des Werkes zu sehen (BGH, Urt. v. 16.11.1993 – X ZR 7/92; Urt. v. 27.2.1996 – X ZR 3/94). Anders ist das, wenn die Selbstvornahme erfolgreich durchgeführt worden ist. Es muss bedacht werden, dass die Selbstvornahme eine Erfüllungshandlung ist, die der Besteller selbst vornimmt. Mit der erfolgreichen Selbstvornahme ist der Vertrag demnach erfüllt und das Werk abnahmefähig. Der Besteller kann sich deshalb nach einer erfolgreichen Selbstvornahme nicht mehr auf fehlende Abnahme berufen (BGH, Urt. v. 11.5.2006 – VII ZR 146/04; Urt. v. 8.7.2010 – VII ZR 171/08). Ob die Selbstvornahme berechtigt erfolgte, ist unerheblich (OLG Bamberg, Urt. v. 3.3.2015 – 8 U 31/14). Wollte man das anders sehen, käme es trotz letztlich mangelfreier Herstellung nicht zur Abnahme und die gleichwohl eintretende Fälligkeit des Werklohns müsste ebenso künstlich herbeigeredet werden, wie die übrigen Wirkungen (Kniffka, ZfBR 1998, 113 ff.).

62   Eine Abnahme liegt nicht darin, dass der Besteller wegen der Mängel die Fortsetzung des Vertrages verweigert oder Gewährleistungsansprüche geltend macht (BGH, Urt. v. 27.2.1996 – X ZR 3/94; Staudinger/Peters, BGB, § 640 Rdn. 16). Hierin kann aber unter Umständen eine schlüssige Abnahmeverweigerung gesehen werden (BGH, Beschl. v. 12.11.2009 – VII ZR 39/07).

3. Unterlassene förmliche Abnahme

63   Haben die Parteien eine förmliche Abnahme im Vertrag vereinbart (häufig in Allgemeinen Geschäftsbedingungen) und findet diese dann nicht statt, kann es gleichwohl zu einer konkludenten Abnahme kommen. Eine konkludente Abnahme ist möglich, wenn die Vertragsparteien die Vereinbarung über die förmliche Abnahme einvernehmlich aufgehoben haben. Das kann auch konkludent geschehen (BGH, Urt. v. 22.12.2000 – VII ZR 310/99). Erforderlich hierfür ist ein Verhalten, welches unzweideutig darauf hindeutet, dass die Parteien auf eine förmliche

Abnahme verzichten (BGH, Urt. v. 3.11.1992 – X ZR 83/90; sehr streng OLG Brandenburg, Urt. v. 5.7.2012 – 12 U 231/11 und OLG Hamm, Urt. v. 30.4.2019 – 24 U 14/18). Häufig wird deshalb von einer stillschweigenden Aufhebung der Vereinbarung über die förmliche und eine stillschweigende Abnahme ausgegangen werden können. Diese liegt jedenfalls in der Regel vor, wenn längere Zeit nach der Benutzung des Bauwerks keine der Parteien auf die förmliche Abnahme zurückkommt (BGH, Urt. v. 21.4.1977 – VII ZR 108/76; Urt. v. 15.1.1968 – VII ZR 84/65; OLG Frankfurt, Hinweisbeschl. v. 15.1.2020 – 13 U 198/18), eventuell sogar, nachdem der Unternehmer bereits die Schlussrechnung gestellt hat (OLG Düsseldorf, Urt. v. 18.12.2018 – 22 U 93/18: über zwei Jahre kein Abnahmeverlangen; OLG Karlsruhe, Urt. v. 23.9.2003 – 17 U 234/02 m.w.N.: neun Monate danach keine Reaktion; bedenklich aber KG, Urt. v. 4.4.2006 – 7 U 247/05: fiktive Abnahme, wenn Schlussrechnung gestellt und innerhalb 12 Werktagen keine Abnahme verlangt wird, denn eine fiktive Abnahme scheidet aus, wenn eine förmliche Abnahme vereinbart ist: BGH, Urt. v. 10.11.1983 – VII ZR 373/82). Eine Abstandnahme von der förmlichen Abnahme wird auch dann vorliegen, wenn die Schlussrechnung geprüft und die Parteien auch bei einer Nachbegehungen auf die förmliche Abnahme nicht zurückgekommen sind (OLG Düsseldorf, Urt. v. 11.4.2013 – 5 U 127/12) oder nach Zahlung der letzten Rate und Unterzeichnung eines für den Nachunternehmer erstellten Abnahmeprotokolls sowie eines Übergabeprotokolls (OLG Dresden, Beschl. v. 13.2.2012 – 9 U 1050/11). Der Verzicht auf die förmliche Abnahme kann auch darin liegen, dass der Unternehmer auf die nach seiner Auffassung bereits erfolgte Abnahme hinweist, wenn der Besteller dem nicht entgegentritt und dadurch den Eindruck erweckt, ebenfalls nicht auf eine förmlichen Abnahme bestehen zu wollen (OLG Düsseldorf, Urt. v. 19.11.2013 – 23 U 15/13).

64 Der Besteller kann sich nach vielen Jahren in der Regel nicht mehr auf die fehlende förmliche Abnahme berufen (BGH, Urt. v. 13.7.1989 – VII ZR 82/88). Unerheblich ist, ob die Parteien sich der Tatsache bewusst waren, dass eine förmliche Abnahme vorgesehen war oder ob sie das nur vergessen haben (BGH, Urt. v. 21.4.1977 – VII ZR 108/76).

65 In den Fällen, in denen die Parteien auf die förmliche Abnahme nicht zurückkommen, muss nach allgemeinen Grundsätzen ermittelt werden, wann der Besteller unter Verzicht auf die förmliche Abnahme das Bauwerk als im Wesentlichen vertragsgerechte Leistung akzeptiert hat. Das kann insbesondere durch entsprechendes Verhalten, also auch durch konkludente Abnahme geschehen.

66 Eine Aufhebung der Vereinbarung über die förmliche Abnahme und damit auch eine stillschweigende Abnahme ohne diese kommt nicht in Betracht, wenn der Besteller Mängel gerügt hat und dieses Verhalten indiziell dafür ist, dass er auf die förmliche Abnahme nach Mängelbeseitigung nicht verzichten wollte (BGH, Urt. v. 22.12.2000 – VII ZR 310/99). Gleiches gilt, wenn der Besteller das Bauwerk zwar nutzt, dieses jedoch ersichtlich noch nicht fertiggestellt ist (OLG Brandenburg, Urt. v. 4.4.2007 – 13 U 105/06), oder wenn der Unternehmer zunächst gerügte Mängel zwar beseitigt hat, vom Besteller dann aber weitere Mängel gerügt wurden (OLG Brandenburg, Urt. v. 25.1.2012 – 4 U 7/10). Auch kann der Verzicht auf eine förmliche Abnahme an den Besonderheiten der Vertragsgestaltung scheitern, wonach der förmlichen Abnahme (hier verbunden mit einer dreimonatigen Testzeit) besondere Bedeutung für das Werk zukommt (BGH, Urt. v. 3.11.1992 – X ZR 83/90).

4. Abnahmefiktion nach § 640 Abs. 2 BGB

67 Um dem Unternehmern einen vereinfachten und beschleunigten Weg zur Abnahme zu verschaffen, war mit dem Gesetz zur Beschleunigung fälliger Zahlungen vom 30.3.2000 (BGBl. I S. 330) die fiktive Abnahme eingeführt worden (§ 640 Abs. 1 Satz 3 BGB a. F.). Die Regelung in § 640 Abs. 1 Satz 3 BGB a. F. sah vor, dass es der Abnahme gleichsteht, wenn der Besteller das Werk nicht innerhalb einer vom Unternehmer gesetzten angemessenen Frist abnimmt, obwohl er dazu verpflichtet ist. Die Regelung wurde insofern als unbefriedigend empfunden, als der Besteller die Abnahmefiktion durch die schlichte Erklärung, nicht abnehmen zu wollen, beseitigen konnte (vgl. Begründung des Gesetzesentwurfs der Bundesregierung, BT-Drs. 18/8486, S. 48). Mit der Reform des Bauvertragsrechts soll die fiktive Abnahme nunmehr effektiver gestaltet werden. Das Hauptanliegen ist es, dass die Abnahmefiktion nicht länger missbräuchlich durch die einfache Abnahmeweigerung zerstört werden kann. Deshalb bestimmt die neue Regelung in § 640 Abs. 2 BGB, dass der Besteller künftig die Abnahme nur noch unter Angabe wenigstens eines Mangels verweigern kann. Dabei soll es nach dem Willen des Gesetzgebers nicht auf die Unterscheidung zwischen wesentlichen und unwesentlichen Mängeln ankommen; es genügt auch die Angabe eines unwesentlichen Mangels, solange dies

§ 640

nicht rechtsmissbräuchlich geschieht (Begründung des Gesetzesentwurfs der Bundesregierung, BT-Drs. 18/8486, S. 48; vgl. Dammert/Lenkeit/Oberhauser/Pause/Stretz/*Oberhauser*, Das neue Bauvertragsrecht, 2017, § 3 Rdn. 10 f.).

68 § 640 Abs. 2 Satz 1 BGB bestimmt nunmehr, dass das Werk dann als abgenommen gilt, wenn der Unternehmer dem Besteller nach Fertigstellung des Werks eine angemessene Frist zur Abnahme gesetzt hat und der Besteller die Abnahme nicht innerhalb dieser Frist unter Angabe mindestens eines Mangels verweigert hat. Im Unterschied zur früheren Rechtslage sollen auch wesentliche Mängel der Abnahmefiktion nicht entgegenstehen, denn die Abnahme könne ja durch den Besteller jederzeit durch die Angabe von Mängeln verhindert werden (vgl. BT-Drs. 18/8486, S. 48). Als neues Tatbestandsmerkmal ist die Fertigstellung des Werks als Voraussetzung der Abnahmefiktion aufgenommen worden. Dadurch soll ein zu frühes Andienen des Werks verhindert werden (Begründung des Gesetzesentwurfs der Bundesregierung, BT-Drs. 18/8486, S. 49). Eine weitere Regelung dient dem Verbraucherschutz: Nach § 640 Abs. 2 Satz 2 BGB ist der Verbraucher bei der Aufforderung zur Abnahme über die Wirkungen textlich aufzuklären, also über die Folge einer nicht erklärten oder ohne Angabe von Mängeln verweigerten Abnahme. Diese Informationspflicht begründet sich daraus, dass sich der Verbraucher über die Rechtsfolgen seines Verhaltens nach einer Fristsetzung durch den Unternehmer nicht im Klaren sein wird (Begründung des Gesetzesentwurfs der Bundesregierung, BT-Drs. 18/8486, S. 49). Für Bauverträge wird die Regelung in § 640 Abs. 2 BGB durch § 650g Abs. 1 bis 3 BGB um die Zustandsfeststellung bei verweigerter Abnahme ergänzt (→ § 650g BGB Rdn. 2 ff.).

69 Ob die Abnahmefiktion in der Praxis eine größere Bedeutung erlangt, wird sich zeigen; es spricht einiges dafür, dass Besteller, die Kenntnis von Mängeln haben, die Abnahme unter Benennung dieser Mängel verweigern werden; es spricht ferner vieles dafür, dass Besteller zum Teil auch vorsichtshalber sämtliche und auch zweifelhafte Mängel benennen werden. Die Fälle, in denen sich Besteller trotz Kenntnis von Mängeln auf eine Aufforderung zur Abnahme nicht rühren, dürften die Ausnahme bleiben (vgl. Langen, NZBau 2015, 658, 659; Kniffka, BauR 2017, 1759, 1767).

a) Wirkung der fiktiven Abnahme

70 Die Gleichstellung der unterlassenen Abnahme mit der vorgenommenen Abnahme führt dazu, dass nach fruchtlosem Fristablauf alle Abnahmewirkungen eintreten. Der Vergütungsanspruch wird fällig, die Gefahr geht auf den Besteller über. Die Beweislast kehrt sich um. Der Lauf der Verjährungsfristen beginnt. Der Werklohn ist vom Zeitpunkt des Fristablaufs zu verzinsen, sofern die Vergütung nicht gestundet ist (§ 641 Abs. 4 BGB). Die Regelung ersetzt nicht die übrigen Abnahmeformen oder Abnahmesurrogate, sondern ergänzt sie (so Fischer, Die zweifelhafte Abnahmefiktion des § 640 Abs. 1 Satz 3 BGB, S. 224 ff. zur früheren Fassung).

71 Der Besteller verliert jedoch nicht die in § 640 Abs. 3 BGB genannten Mängelansprüche, auch wenn er sie sich nicht innerhalb der Frist vorbehält. Das ist durch den Wortlaut von § 640 Abs. 3 BGB zum Ausdruck gebracht worden. Danach greift der Verlust der Gewährleistungsansprüche wegen bekannter Mängel nur bei einer nach § 640 Abs. 1 Satz 1 BGB erklärten Abnahme. Ungeregelt ist hingegen, ob der Besteller die Vertragsstrafe verwirkt, wenn er sie sich nicht bis zum Fristablauf vorbehält. Nach § 341 Abs. 3 BGB kann der Gläubiger die Vertragsstrafe nur verlangen, wenn er sich das Recht dazu bei der Annahme einer Leistung als Erfüllung vorbehält. Die Abnahme ist die Annahme einer Erfüllung als Leistung. Fraglich ist, ob auch die fiktive Abnahme eine Annahme in diesem Sinne ist (zur vergleichbaren Situation nach früherem Recht: Zeitler, ZfBR 2007, 216). Angesichts der gesetzlichen Gleichstellung der fingierten Abnahme mit der bewirkten Abnahme ist davon auszugehen (Staudinger/Peters/Jacoby, BGB, § 640 BGB Rdn. 49; a. A. Palandt/Sprau, § 640 BGB Rdn. 18). Insoweit könnte auf die Rechtsprechung zum Verlust des Vertragsstrafenanspruchs bei der fiktiven Abnahme gemäß § 12 Abs. 5 VOB/B zurückgegriffen werden (vgl. OLG Düsseldorf, Urt. v. 12.11.1993 – 22 U 91/93). Maßgeblich dürfte sein, dass die Regelung des § 341 Abs. 3 BGB dazu dient, dem Schuldner Klarheit über die Frage zu schaffen, ob die Vertragsstrafe geltend gemacht wird und diese Frage nicht bis zum Eintritt der Verjährung offen zu halten. Der Anknüpfungspunkt für diese Klarheit ist die Annahme als Erfüllung. In welcher Weise diese erfolgt, ist unerheblich (vgl. Zeitler, a. a. O.).

72 Zur prozessualen Bedeutung vgl. unten → Rdn. 91 f.

b) Voraussetzungen für die fiktive Abnahme
aa) Fertigstellung des Werks

Das Werk muss fertiggestellt sein. Nach dem Willen des Gesetzgebers (BT-Drs. 18/8486, S. 49) ist es nötig, aber auch ausreichend, dass die Leistung vollständig abgeschlossen ist. Das Werk ist insofern ausschließlich quantitativ zu beurteilen; die geschuldeten Teilleistungen müssen allesamt erbracht sein. Dabei wird der Begriff der Fertigstellung bewusst in Abgrenzung zur „Fertigstellung" i. S. v. § 3 Abs. 2 MaBV verwendet, denn dort gehört zur fertigen Leistung auch die Freiheit von wesentlichen Mängeln. Auf das Vorliegen wesentlicher oder unwesentlicher Mängel kommt es also nicht an. Deshalb kann es bei einem Werk, das zwar fertiggestellt, aber wegen wesentlicher Mängel als nicht abnahmereif zu beurteilen ist, zu einer fiktiven Abnahme kommen (vgl. Begründung des Gesetzesentwurfs der Bundesregierung, BT-Drs. 18/8486, S. 48 f.; a. A. wohl Joussen, BauR 2018, 328, 333). Umgekehrt kann eine Fristsetzung bei einem von wesentlichen Mängeln freien Werk, an dem aber noch eine geringfügige Restleistung aussteht, zu keiner fiktiven Abnahme führen (a. A. Kimpel, NZBau 2016, 734, 735). Zukünftig werden die Parteien, hat sich der Besteller nicht innerhalb der gesetzten Frist geäußert, nicht mehr über die Frage streiten, ob das Werk abnahmefähig war (Voraussetzung für die Abnahmefiktion nach altem Recht), sondern darüber, ob das Werk bei der Abnahmeaufforderung fertiggestellt war (Leinemann, NJW 2017, 3113, 3114). Das entspricht der gesetzgeberischen Absicht, denn durch die neu getroffene Regelung wird die Rechtsstellung des Bestellers verbessert; ob die Leistung fertiggestellt ist, dürfte leichter nachzuweisen sein als die Abnahmefähigkeit.

Bei formaler Betrachtung gestattet es das Gesetz dem Unternehmer scheinbar, das zwar fertiggestellte, aber mit wesentlichen Mängeln behaftete Werk dem Besteller anzudienen. Damit begibt sich das Gesetz in Widerspruch zu der Grundregel, dass der Unternehmer die Abnahme erst für eine abnahmereife Leistung beanspruchen kann, also eine Leistung, die von wesentlichen Mängeln frei ist. Als Korrektiv wird der in der Gesetzesbegründung selbst genannte missbräuchliche Einsatz des Instruments der fiktiven Abnahme (Begründung des Gesetzesentwurfs der Bundesregierung, BT-Drs. 18/8486, S. 49) erörtert (Kniffka, BauR 2017, 1759, 1769): Danach soll eine fiktive Abnahme dann ausscheiden, wenn das Werk einen wesentlichen Mangel aufweist und der Unternehmer Kenntnis davon hat (vgl. zur ähnlichen Problematik bei der Abnahmefiktion durch eine Fertigstellungsanzeige nach § 12 VOB/B).

Für die Frage der Darlegungs- und Beweislast verhält es sich ähnlich wie bei der Anwendung des früheren Rechts: Die Darlegungs- und Beweislast dafür, dass das Werk fertiggestellt ist, müsste nach allgemeinen Grundsätzen der Unternehmer tragen. Dann hilft das Gesetz den Unternehmern wenig. Denn die Klärung, ob tatsächlich eine Abnahmefiktion eingetreten ist, würde erst dann erfolgen, wenn feststünde, dass das Werk fertiggestellt war.

bb) Angemessene Frist

Eine vom Unternehmer bestimmte angemessene Frist muss abgelaufen sein. Der Unternehmer muss also, um die Abnahmewirkungen auszulösen, zur Abnahme auffordern und diese Aufforderung mit einer Frist verbinden. Welche Frist angemessen ist, hängt von den Umständen des Einzelfalles, insbesondere dem Umfang des erbrachten Werkes ab. Ein Anhaltspunkt kann die Frist des § 12 Abs. 1 VOB/B liefern, wonach innerhalb von 12 Werktagen abzunehmen ist. Eine unangemessen kurze Frist ist nicht unwirksam, sondern wird durch eine angemessene Frist ersetzt. Es kann insoweit auf die zu §§ 281, 323 BGB ergangene Rechtsprechung (BGH, Urt. v. 12.8.2009 – VIII ZR 254/08; so auch bereits zu § 326 BGB a. F. BGH, Urt. v. 10.2.1982 – VIII ZR 27/81) zurückgegriffen werden (vgl. Scheuch, NJW 2019, 2513, 2514). Lädt der Unternehmer zu einem bestimmten Termin zur Abnahme, ist das keine Frist im Sinne des Gesetzes. Nimmt der Besteller zu diesem Termin nicht ab, muss also erneut eine Abnahmeaufforderung verbunden mit einer Fristsetzung erfolgen. Sinnvoller Weise wird der Unternehmer die Abnahmeaufforderung von vornherein nicht auf einen bestimmten Tag fixieren, sondern eine Frist setzen, verbunden mit der Aufforderung, einen Termin abzustimmen.

Die Abnahmeaufforderung kann sofort mit der Fristsetzung verbunden werden. Die in § 12 Abs. 1 VOB/B geregelte Frist dürfte keine Frist im Sinne der gesetzlichen Regelung sein. Es handelt sich um eine Regelfrist, die nicht individuell gesetzt wird. Das Gesetz geht aber davon aus, dass der Unternehmer dem Besteller eine Frist „setzt". Nur mit dieser vertragsbezogenen Fristsetzung dürfte die damit verbundene Warnfunktion hinreichend erreicht werden. Die Regelungen der VOB/B zur fiktiven Abnahme (§ 12 Abs. 5 VOB/B) bleiben unberührt.

§ 640

78 Nach Ablauf der Frist steht der Unternehmer unter den genannten Einschränkungen so, als hätte der Besteller abgenommen. Es kommt nicht darauf an, ob in dem Verhalten des Bestellers eine endgültige oder nur eine vorübergehende Abnahmeverweigerung zu sehen ist. Es handelt sich um eine gesetzliche Fiktion. Diese gilt unabhängig davon, ob der Besteller die Abnahme ohne eigenes Verschulden nicht durchgeführt hat.

79 Für die frühere Regelung der fiktiven Abnahme in § 640 Abs. 1 BGB a. F. ist die Rechtsprechung jedenfalls mit Blick auf die Fälligkeit der Werklohnforderung davon ausgegangen, dass es einer Fristsetzung nicht bedarf, wenn der Besteller die Abnahme von vornherein „zu Unrecht endgültig" verweigert (BGH, Urt. v. 8.11.2007 – VII ZR 183/05, Rdn. 29; OLG Hamburg, Urt. v. 6.3.2014 – 1 U 123/13; OLG Hamm, Urt. v. 18.1.2019 – I-12 U 54/18; noch offen gelassen von BGH, Urt. v. 15.10.2002 – X ZR 69/01). Das lässt sich für die Neuregelung in § 640 Abs. 2 BGB eher nicht mehr vertreten (vgl. BeckOK BauvertrR/Hummel, § 640 BGB Rdn. 28; Scheuch, NJW 2018, 2513, 2516; a. A. BeckOKG/Kögl, Stand: 15.08.2021, § 640 BGB Rdn. 192.1; Palandt/Retzlaff, § 640 BGB Rdn. 15; an dieser Stelle noch die Vorauflage; jetzt auch OLG Nürnberg, Beschl. v. 17.5.2021 – 13 U 365/21, welches aber darauf hinweist, dass gegenüber einem Nichtverbraucher in der Erhebung einer Zahlungsklage ein Abnahmeverlangen liegen kann). Nach der gesetzgeberischen Vorstellung soll die fiktive Abnahme möglichst nachträglichen Streitigkeiten über die Frage der Abnahmefähigkeit entzogen sein (BT-Drs. 18/8486, S. 48), was aber die Einhaltung der förmlichen Abnahmeregularien voraussetzen dürfte, nämlich einerseits eine Fristsetzung und andererseits die damit eröffnete Möglichkeit, die Fiktion durch die Rüge wenigstens eines Mangels zu zerstören; die Abnahme tritt nicht schon durch die Fristsetzung, sondern (erst) durch die unterlassene Mängelrüge ein. Jedenfalls kann im Verhältnis zum Verbraucher auf eine Fristsetzung nicht verzichtet werden, da die Abnahmefiktion nur eintreten soll, wenn der Unternehmer den Verbraucher „zusammen mit der Aufforderung zur Abnahme" auf die Rechtsfolgen der unterlassenen Mitwirkung durch einen entsprechenden Hinweis gem. § 640 Abs. 2 Satz 2 BGB aufgeklärt hat.

c) Abnahmeweigerung unter Angabe mindestens eines Mangels

80 Nach § 640 Abs. 2 Satz 1 BGB kann der Besteller den Eintritt der Abnahmefiktion durch die Verweigerung der Abnahme unter Angabe mindestens eines Mangels verhindern. Anders als noch im Entwurf der Bundesregierung, nach dem die Abnahmeverweigerung unter Angabe „von Mängeln" verweigert werden konnte (Begründung des Gesetzesentwurfs der Bundesregierung, BT-Drs. 18/8486, S. 12), stellt die endgültige Gesetzesfassung klar, dass die Angabe nur eines einzigen Mangels genügt. Es handelt sich um eine formale Anforderung. Die Beschreibung anhand des Mangelsymptoms genügt (PWW/Halfmeier/Leupertz, § 640 BGB Rdn. 17). Die Mangelursache muss der Besteller nicht mitteilen (BT-Drs. 18/8486, S. 48). Zur Verhinderung der Abnahmefiktion ist es nicht nötig, sämtliche Mängel anzuführen. Auch ist es gleichgültig, ob der vom Besteller benannte Mangel tatsächlich besteht (Kniffka, BauR 2017, 1759, 1767). Allerdings stehen unwesentliche Mängel, mit denen die Abnahme rechtsmissbräuchlich verweigert wird, der Abnahmefiktion nicht entgegen (Begründung des Gesetzesentwurfs der Bundesregierung, BT-Drs. 18/8486, S. 48). Praktisch ist dies kaum, weil der Besteller später erkannte Mängel auch nach Auffassung des Gesetzgebers „nachschieben" kann (BT-Drs. 18/8486, S. 49).

81 Von der Frage, ob es zu einer fiktiven Abnahme gekommen ist, ist die Frage zu unterscheiden, ob hätte abgenommen werden müssen. Wurde die Abnahmefiktion vom Besteller durch Angabe von Mängeln (wirksam) verhindert, kommt es im Abnahmeprozess allein darauf an, ob die Abnahme hätte erklärt werden müssen (Kniffka, BauR 2017, 1747, 1767). Maßstab dafür ist dann aber, ob die Leistung abnahmefähig, also fertiggestellt und frei von wesentlichen Mängeln war. Dabei kann der Besteller sich nicht nur auf die in der Abnahmeweigerung genannten, sondern auch auf weitere, erst später aufgetretene Mängel berufen, solche also „nachschieben" (Begründung des Gesetzesentwurfs der Bundesregierung, BT-Drs. 18/8486, S. 48 f.; Kniffka, BauR 2017, 1759, 1767; Orlowski, ZfBR 2016, 419, 421).

d) Anwendbarkeit nach Kündigung

82 Ob der Unternehmer nach einer Kündigung die Abnahmewirkungen durch ein Vorgehen nach § 640 Abs. 2 BGB herbeiführen kann, ist zweifelhaft. Der Unternehmer hat auch nach einer Kündigung das Recht auf Abnahme der erbrachten Leistungen. Das ist zwar in § 8 Abs. 7 VOB/B ausdrücklich geregelt, gilt aber auch beim BGB-Vertrag. Dass bei der Abnahme nach einer Kündigung keine fertiggestellte Leistung erbracht wurde, liegt in der Natur der Sache und steht der Abnahme auch nicht entgegen. Bei der fiktiven Abnahme wird als Voraussetzung für

ein wirksames Abnahmeverlangen aber gerade die Fertigstellung verlangt. Wollte man auf diese Voraussetzung verzichten, würde das Gesetz praktisch auf seinen früheren Inhalt abgeändert. Das scheint im Wege der Auslegung vertretbar zu sein, da andernfalls eine fiktive Abnahme nach einer Kündigung nicht möglich wäre. Der Hinweis darauf, dass es besser gewesen wäre, auf das Abnahmeerfordernis bei einer Kündigung zu verzichten (Leinemann, NJW 2017, 3113, 3114), ist nicht überzeugend, weil das Abnahmeerfordernis nach ständiger Rechtsprechung zu Recht auch in diesen Fällen Fälligkeitsvoraussetzung für die Vergütung ist (BGH, Urt. v. 19.12.2002 – VII ZR 103/00; BGH, Urt. v. 11.5.2006 – VII ZR 146/04; BGH, Beschl. v. 10.3.2009 – VII ZR 164/06) und das Gesetz für den Fall der Kündigung keine abweichende Regelung vorsieht. Die Erwägungen zum Ausschluss der fiktiven Abnahme nach § 12 Abs. 5 VOB/B nach einer Kündigung greifen nicht, da es bei § 640 Abs. 2 BGB darum geht, dass der Besteller auf ein ausdrückliches Abnahmeverlangen des Unternehmers nicht reagiert (Kapellmann/Messerschmidt-Havers, VOB/B, § 12 Rdn. 56).

e) Verbraucherschutz – Hinweis auf Abnahmefiktion

Nach § 640 Abs. 2 Satz 2 BGB hat der Unternehmer den Besteller, wenn es sich beim ihm um einen Verbraucher handelt, auf die Folgen einer nicht erklärten oder ohne Angabe von Gründen verweigerten Abnahme in Textform zu in informieren. Die Unterrichtung muss in unmittelbarem Zusammenhang mit der Fristsetzung erfolgen. Die Informationspflicht beschränkt sich auf die Unterrichtung darüber, dass das Werk als abgenommen gilt; Hinweise auf die Abnahmewirkungen gehören nicht dazu (Kniffka, BauR 2017, 1759, 1770). Entgegen dem Wortlaut muss sich der Hinweis aber darauf beziehen, dass die Angabe nur eines Mangels ausreicht. Ob sich die Informationspflicht auch darauf bezieht, dass bereits die Benennung des Mangelsymptoms ausreicht, ist unklar, im Ergebnis aber abzulehnen. Hierzu hätte es einer weitreichenden Formulierung im Gesetz bedurft. 83

Unterlässt der Unternehmer einen ordnungsgemäßen Hinweis nach § 640 Abs. 2 Satz 2 BGB (Textform, unmittelbarer Zusammenhang, hinreichender Inhalt), tritt die Abnahmefiktion nicht ein. 84

Nach § 650o BGB kann von der Regelung in § 640 Abs. 2 Satz 2 BGB nicht zum Nachteil des Verbrauchers abgewichen werden. 85

f) Darlegungs- und Beweislast

Wie oben (→ Rdn. 75) dargelegt, muss der Unternehmer die Fertigstellung darlegen und beweisen. Er muss nach allgemeinen Grundsätzen den Zugang der fristgebundenen Abnahmeaufforderung in der Sphäre des Bestellers und bei einem Verbraucher-Besteller die ordnungsgemäße Belehrung nachweisen. Der Unternehmer muss nach dem Gesetzeswortlaut den Negativbeweisführen, dass der Besteller nicht bzw. nicht hinreichend spezifiziert die Abnahme verweigert hat (Kniffka, BauR 2017, 1759, 1770). Den Besteller trifft freilich eine sekundäre Darlegungslast, wann und wie er die Verweigerung erklärt haben will. 86

g) Leitbildcharakter

Nicht zweifelsfrei ist, ob die neue Ausgestaltung der Abnahmefiktion zum Leitbild des reformierten Werk- und Bauvertragsrechts gehört. Jedenfalls dürfte in Formularverträgen des Bestellers diese Vorschrift nicht zu Lasten des Unternehmers vollständigen abbedungen werden können (zur früheren Rechtslage Kniffka, ZfBR 2000, 227, 231; Fischer, Die zweifelhafte Abnahmefiktion des § 640 Abs. 1 Satz 3 BGB, S. 276 ff.), weil dann der Unternehmer keine Möglichkeit besitzt, ohne Mitwirkung des Bestellers die Abnahmewirkungen herbeizuführen. Zulässig dürften ergänzende Vorschriften sei, die die Einzelheiten der Abnahmefiktion näher ausgestalten. Umgekehrt ist es AGB-rechtlich unwirksam, wenn zu Lasten des Bestellers geregelt wird, dass nur die Angabe wesentlicher Mängel den Eintritt der Abnahmefiktion verhindert (OLG Frankfurt, Urt. v. 28.10.2020 – 29 U 146/19). 87

VIII. Vorbehalte bei der Abnahme

Ein Vorbehalt bei der Abnahme wegen Mängeln ändert nichts daran, dass die Abnahme erklärt ist und die Erfüllungswirkungen grundsätzlich (OLG Hamm, Urt. v. 2.10.2013 – 12 U 5/13; OLG Köln, Urt. v. 21.12.2017 – 7 U 49/13; a.A. Staudinger/Peters/Jacoby, BGB, § 640 Rdn. 25) und die Fälligkeit der Schlussvergütung grundsätzlich eintreten (OLG Köln, 88

§ 640 Abnahme

Urt. v. 21.12.2017 – 7 U 49/13; OLG Köln, Urt. v. 6.8.2020 – 24 U 29/16 welches ein „Zurückbehaltungsrecht" wegen der vorbehaltenen Mängel annimmt; OLG München, Urt. v. 5.11.2019 – 9 U 3774/18 Bau verweist zutreffend auf die fehlende Durchsetzbarkeit, soweit ein Leistungsverweigerungsrecht wegen der vorbehaltenen Mängel greift). Eine Ausnahme gilt nur für die Beweislast. Hinsichtlich der vorbehaltenen Mängel bleibt es bei der Beweislast, wie sie ohne Abnahme gilt (BGH, Urt. v. 24.10.1996 – VII ZR 98/94; Urt. v. 23.10.2008 – VII ZR 64/07; OLG Köln, Urt. v. 6.8.2020 – 24 U 29/16). An der Beweislastverteilung ändert sich grundsätzlich auch dann nichts, wenn der Besteller den vorbehaltenen Mangel im Wege der Ersatzvornahme beseitigt (BGH, Urt. v. 23.10.2008 – VII ZR 64/07, Rdn. 15). Der Vorbehalt bewirkt, dass dem Besteller sämtliche Rechte wegen der Mängel erhalten bleiben. Außerdem steht ihm ein Leistungsverweigerungsrecht in angemessener Höhe nach § 641 Abs. 3 BGB zu (OLG Köln, Urt. v. 21.12.2017 – 7 U 49/13).

89 Das Gesetz verknüpft mit der vorbehaltlosen Abnahme den Verlust von Ansprüchen. Verloren gehen können sowohl bestimmte Mängelansprüche (§ 640 Abs. 3 BGB) als auch Ansprüche auf Zahlung einer Vertragsstrafe (§ 341 Abs. 3 BGB). Diese Regelungen gelten auch im VOB-Vertrag (vgl. die klarstellenden und ergänzenden Regelungen in § 11 Abs. 4 und § 12 Abs. 5 Nr. 3 VOB/B; BGH, Urt. v. 12.5.1980 – VII ZR 228/79) sowie im Fall der konkludenten Abnahme (BGH, Urt. v. 25.2.2010 – VII ZR 64/09 und Beschl. v. 27.1.2011 – VII ZR 175/09, Rdn. 15 zum Rechtsverlust nach § 640 Abs. 2 BGB a. F. bzw. § 640 Abs. 3 BGB; OLG Naumburg, Urt. v. 8.2.2013 – 1 U 76/12 zum Verlust der Vertragsstrafe und der in § 640 Abs. 3 BGB genannten Mängelrechte). Bei der Abnahmefiktion bestehen Besonderheiten (instruktiv und zutreffend Hedermann, NJW 2015, 2381 ff.). Jedenfalls bei der gesetzlichen Abnahmefiktion des § 640 Abs. 2 BGB tritt der Rechtsverlust nicht ein, weil § 640 Abs. 3 BGB nicht auf § 640 Abs. 2 BGB verweist (PWW/Halfmeier/Leupertz, § 640 BGB Rdn. 1).

1. Verlust der Mängelrechte

a) Kenntnis von Mängeln

90 Bei Abnahme nicht vorbehaltene Ansprüche auf Nacherfüllung, Kostenerstattung und Vorschuss, bzw. Minderung oder Rücktritt können wegen bei der Abnahme erkannter Mängel nicht mehr geltend gemacht werden (§ 640 Abs. 3 BGB, § 12 Abs. 4 Nr. 1 und Abs. 5 Nr. 3 VOB/B). Nach Auffassung des Gesetzgebers liegt ein Verstoß gegen Treu und Glauben vor, wenn der Gläubiger trotz vorbehaltloser Abnahme später Rechte wegen solcher Mängel geltend macht, die ihm im Zeitpunkt der Abnahme bekannt waren (zu den Motiven vgl. Zeitler, ZfBR 2007, 216, 217 f.). Entscheidend ist Kenntnis der Mängel, ein „Kennenmüssen" reicht nicht (RG, Urt. v. 10.12.1935 – VII 135/35; BGH, Urt. v. 22.10.1969 – VIII ZR 196/67; OLG Karlsruhe, Urt. v. 29.5.2009 – 4 U 160/08; OLG Schleswig, Urt. v. 18.8.2017 – 1 U 11/16). Zur erforderlichen Kenntnis gehört das Wissen des Bestellers, durch welchen Fehler das Werk oder die vertragsgemäße Tauglichkeit des Werks aufgehoben oder gemindert wird (BGH, Urt. v. 22.10.1969 – VIII ZR 196/67). Kenntnis vom Mangel im Sinne des § 640 Abs. 3 BGB liegt nicht vor, wenn der Besteller bei der Abnahme Bedeutung und Auswirkung des Mangels nicht übersehen konnte (BGH, Urt. v. 9.11.2000 – VII ZR 409/99).

b) Besonderheit Schadensersatzanspruch

91 Verloren gehen nur die im Gesetz genannten Ansprüche. Auf Grund des Verlusts des Nacherfüllungsanspruchs bedeutet dies indes auch, dass der Besteller wegen der bekannten Mängel kein Leistungsverweigerungsrecht gem. § 641 Abs. 3 BGB mehr geltend machen kann (ebenso Palandt/Sprau, § 640 BGB Rdn. 13; a. A. BeckOGK/Kögl, § 640 BGB Rdn. 226). Der verschuldensabhängige Anspruch auf Schadensersatz bleibt bestehen und zwar auch, soweit Mängelbeseitigungskosten geltend gemacht werden (BGH, Urt. v. 12.5.1980 – VII ZR 228/79; Urt. v. 18.1.1965 – VII ZR 155/63). Der große Schadensersatz konnte dagegen nach alter Rechtslage nicht mehr geltend gemacht werden (BGH, Urt. v. 8.11.1973 – VII ZR 86/73). Daran dürfte sich nach der Schuldrechtsmodernisierung nichts geändert haben, weil die Formulierung des Gesetzes darauf hindeutet, dass die der in §§ 634 Nr. 4, 281 BGB geregelten Schadensersatzanspruch erhalten bleibt. Der Gesetzgeber wollte nach seinen Motiven, durch die Rechtsprechung konkretisierten Rechtslage nichts ändern (Jansen, NZBau 2016, 688, 689; a. A. OLG Schleswig, Urt. v. 18.12.2015 – 1 U 125/14 m. abl. Anm. Schwenker, NJW 2016, 1746; Buchwitz, NJW 2017, 1777, 1778; Kögl, BauR 2016, 1844, 1847).

92 Nicht geklärt ist, ob der Anspruch auf kleinen Schadensersatz auch dann besteht, wenn der Besteller dem Unternehmer keine Frist zur Mängelbeseitigung gesetzt hat. Da der Besteller den Anspruch auf Mängelbeseitigung verloren hat, kann er diese nicht verlangen. Er kann deshalb grundsätzlich keine wirksame Frist zur Mängelbeseitigung setzen. Andererseits wäre der Unternehmer durch den Vorteil, den ihm § 640 Abs. 3 BGB gewähren soll, benachteiligt. Denn für den Fall, dass der Besteller sich die Ansprüche wegen der Mängel vorbehalten hätte, müsste ihm fruchtlos eine Frist zur Mängelbeseitigung gesetzt werden, bevor der Besteller Schadensersatz geltend machen könnte. Dieser Konflikt wird interessengerecht dadurch gelöst, dass der Verlust der Mängelrechte nur dann eintritt, wenn sich der Unternehmer darauf beruft; es handelt sich folglich bei § 640 Abs. 3 BGB um einen Einredetatbestand (Messerschmidt/Voit, BGB, § 640 Rdn. 291). Das bedeutet, dass dem Unternehmer dann eine Frist zur Mängelbeseitigung gesetzt werden muss, bevor Schadensersatz geltend gemacht wird. (Staudinger/Peters/Jacoby, BGB, § 640 Rdn. 65). Denn der Unternehmer verliert seine Mängelbeseitigungsbefugnis nicht zwingend dadurch, dass der Besteller seinen Mängelbeseitigungsanspruch verliert. Beides korrespondiert nicht zwingend miteinander (Muffler, BauR 2004, 1356, 1358). Eine Auslegung des Gesetzes dahin, dass auch der nach den Mängelbeseitigungskosten berechnete Schadensersatz ausgeschlossen wird (Buchwitz, NJW 2017, 1777, 1778), ist mit dem Gesetzeswortlaut nicht vereinbar.

c) Erklärung des Vorbehalts

93 Ob ein Vorbehalt erklärt worden ist, ist nach den gesamten Umständen der Abnahme zu beurteilen. Es muss nicht ausdrücklich das Wort „Vorbehalt" benutzt werden. Vielmehr reicht es, wenn der Besteller zu erkennen gibt, dass er nicht bereit ist, die erkannten Mängel hinzunehmen. Das ist z. B. dann der Fall, wenn Mängel in einem Mängelprotokoll aufgenommen werden (Staudinger/Peters/Jacoby, BGB, § 640 Rdn. 59). Wird wegen der Mängel bereits prozessiert oder ist ein selbständiges Beweisverfahren wegen der Mängel anhängig, bedarf es keiner besonderen Erklärung des Vorbehalts, weil der Unternehmer in diesem Fall nicht davon ausgehen darf, dass auf die Rechte wegen der Mängel mit der Abnahme verzichtet wird. Es ist ausreichend, wenn sich der Besteller seine Rechte wegen der bezeichneten Mängel vorbehält. Eine Konkretisierung der Rechte bedarf es dabei nicht. Wird die im Abnahmeprotokoll ursprünglich vorgesehene Formulierung „Alle Mängelansprüche und Schadensersatzansprüche des Auftraggebers bleiben unberührt" gestrichen und durch „Alle Mängelansprüche des Auftraggebers bleiben unberührt" ersetzt, ist die geänderte Formulierung dahin auszulegen, dass durch sie auf Schadensersatzansprüche nicht verzichtet wird, weil an einen Verzicht hohe Anforderungen zu stellen sind und die vorbehaltenen Mängelansprüche ohnehin auch Schadensersatzansprüche umfassen (OLG Köln, Urt. v. 10.11.2016 – 7 U 97/15).

94 Der Vorbehalt muss bei der Abnahme erklärt werden (BGH, Urt. v. 17.3.1958 – VII ZR 62/57; RGRK/Glanzmann, BGB, § 640 Rdn. 25). Da es sich bei der stillschweigend erklärten Abnahme ebenfalls um eine rechtsgeschäftliche Abnahme handelt, muss sich der Besteller zur Wahrung seiner Rechte auch bei ihr die ihm bekannten Mängel vorbehalten (BGH, Urt. v. 25.2.2010 – VII ZR 64/09, Rdn. 30; BGH, Beschl. v. 27.1.2011 – VII ZR 175/09, Rdn. 15; OLG Naumburg, Urt. v. 8.2.2013 – 1 U 76/12). Ein späterer Vorbehalt, sei es auch unmittelbar im Anschluss an die Abnahme, reicht grundsätzlich nicht aus. Auch bereits vor der Abnahme erklärte Vorbehalte reichen nicht aus, wenn sie nicht in einem engen zeitlichen Zusammenhang mit der Abnahme erklärt worden sind und bei Abnahme erkennbar ist, dass sie aufrechterhalten bleiben (Staudinger/Peters/Jacoby, BGB, § 640 Rdn. 60). Der Auftraggeber trägt die Beweislast für seine Behauptung, er habe sich die Geltendmachung der (bekannten) Mängel bei der Abnahme vorbehalten (OLG Hamburg, Urt. v. 27.12.2016 – 8 U 62/13). Unterschreibt der Unternehmer das Abnahmeprotokoll, in dem Vorbehalte wegen Mängel enthalten sind, bedeutet dies nicht, dass er die Mängel anerkennt (vgl. BGH, Urt. v. 25.9.1986 – VII ZR 276/84; OLG Düsseldorf, Urt. v. 18.12.1984 – 23 U 142/84). Hier sind weitere Umstände erforderlich, etwa die Erklärung, diese Mängel binnen Frist verbindlich beseitigen zu wollen (OLG Hamburg, Urt. v. 16.7.2020 – 8 U 61/19).

d) Darlegungs- und Beweislast

95 Der Unternehmer trägt die Darlegungs- und Beweislast dafür, dass der Besteller das Werk vorbehaltlos abgenommen hat, wenn er sich darauf beruft. Dazu hat er zu beweisen, dass der konkrete Mangel vom Besteller als solcher erkannt worden ist und er sich die Rechte bei der Abnahme nicht vorbehalten hat (Staudinger/Peters, BGB, § 640 Rdn. 47); eventuell sprechen die Sachkunde des Bestellers und das klare sowie eindeutige Erscheinungsbild eines Mangels für seine Kenntnis (tendenziell zu weitgehend KG, Urt. v. 25.11.2016 – 21 U 31/14; OLG Dresden, Urt. v. 28.2.2002 – 4 U 2123/01). Steht die Kenntnis fest, trifft den Besteller die

Pause/Vogel

§ 640

Beweislast für den rechtzeitigen Vorbehalt (OLG Hamburg, Urt. v. 27.12.2016 – 8 U 62/13; RGRK/Glanzmann, BGB, § 640 Rdn. 27).

96 Nach dem Wortlaut des Gesetzes handelt es sich um eine von Amts wegen zu berücksichtigende Einwendung. Es wird jedoch vertreten, dass der Wegfall der Mängelansprüche nur auf Einrede des Unternehmers zu berücksichtigen ist (Staudinger/Peters, BGB, § 640 Rdn. 49). Diese Auffassung ist vorzugswürdig, weil sie dem Schutzinteresse des Unternehmers einerseits ausreichend Rechnung trägt und den Besteller andererseits zwingt, dem Unternehmer die Möglichkeit der Mängelbeseitigung einzuräumen, bevor Schadensersatz verlangt wird (zutreffend Staudinger/Peters, BGB, § 640 Rdn. 49).

2. Verlust des Vertragsstrafenanspruchs

97 Hat der Besteller die Leistung abgenommen, so kann er eine Vertragsstrafe nur verlangen, wenn er sich dies bei der Abnahme vorbehalten hat (§ 341 Abs. 3 BGB). Das gilt gemäß § 11 Abs. 4 VOB/B auch für den VOB-Vertrag.

98 Zur Abgabe der Vorbehaltserklärung und zu ihrer Entgegennahme ist im Zweifel jeder zur Durchführung der förmlichen Abnahme bevollmächtigte Vertreter der Vertragspartner befugt (BGH, Urt. v. 25.9.1986 – VII ZR 276/84). Die kommunalrechtlichen Förmlichkeitsvorschriften, die die Vertretungsmacht einschränken, gelten für die Abnahme der Bauleistung nicht (BGH, Urt. v. 6.3.1986 – VII ZR 235/84).

a) Zeitpunkt des Vorbehalts

99 Der Vorbehalt muss bei Abnahme geltend gemacht werden, weil die Abnahme die Annahme als Erfüllung (§ 341 Abs. 3 BGB) darstellt (BGH, Urt. v. 5.11.2015 – VII ZR 43/15, Rdn. 29). Eine frühere oder spätere Geltendmachung des Vorbehalts genügt im Grundsatz nicht (BGH, Urt. v. 10.2.1977 – VII ZR 17/75; Althaus/Heindl-Vogel, Teil 5 Rdn. 177 m.w.N.). Eines Vorbehalts bedarf es nicht (mehr), wenn der Besteller bereits vor der Abnahme die Vertragsstrafe geltend gemacht und mit diesem Anspruch gegen den Vergütungsanspruch des Unternehmers wirksam aufgerechnet hat (BGH, Urt. v. 5.11.2015 – VII ZR 43/15, Rdn. 32f.; a.A. wohl noch BGH, Urt. v. 4.11.1982 – VII ZR 11/82). Ein Vorbehalt ist auch entbehrlich, wenn die Vertragsstrafe bereits gerichtlich geltend gemacht wird (BGH, Urt. v. 24.5.1974 – V ZR 193/72). Eines Vorbehalts bedarf es schließlich auch nicht, wenn sich die Parteien bereits vor der Abnahme über den Verfall der Vertragsstrafe einig waren (RGZ 72, 168, 170).

b) Form des Vorbehalts

100 Nach überwiegender Auffassung muss der Vorbehalt im Abnahmeprotokoll enthalten sein, wenn eine förmliche Abnahme, etwa nach § 12 Abs. 4 VOB/B, vereinbart und durchgeführt wird (BGH, Urt. v. 25.1.1973 – VII ZR 149/72; Staudinger/Peters/Jacoby, BGB, § 640 Rdn. 61). Es reicht aus, wenn über das Ergebnis der förmlichen Abnahme eine Niederschrift erstellt wird und der Vorbehalt darin enthalten ist (BGH, Urt. v. 29.11.1973 – VII ZR 205/71).

c) Allgemeine Geschäftsbedingungen

101 Wird § 341 Abs. 3 BGB in Allgemeinen Geschäftsbedingungen vollständig abbedungen, sind sie insgesamt unwirksam (BGH, Urt. v. 18.11.1982 – VII ZR 305/81). Eine Verschiebung des Vorbehalts bis zur Schlusszahlung ist hingegen nach bisheriger höchstrichterlicher Rechtsprechung (BGH a.a.O.; Urt. v. 23.1.2003 – VII ZR 210/01) zulässig. Dies ist sehr zweifelhaft, weil etwa unklar ist, ob es für die Rechtzeitigkeit des Vorbehalts auf die Fälligkeit der Schlusszahlung oder auf tatsächliche (u.U. vertragswidrig verzögerte) Schlusszahlung ankommt. Der Vorbehalt einer Vertragsstrafe kann auch in eine formularmäßig vorbereitete Abnahmeniederschrift aufgenommen und mit deren Unterzeichnung erklärt werden (BGH, Urt. v. 25.9.1986 – VII ZR 276/84).

d) Entbehrlichkeit des Vorbehalts

102 Findet eine Abnahme nicht statt, weil etwa die Abnahme wegen mangelhafter Leistung verweigert wird, muss die Vertragsstrafe nicht vorbehalten werden (BGH, Urt. v. 9.4.1981 – VII ZR 192/80). Gleiches gilt bei unberechtigter Abnahmeverweigerung und nach der Rechtsprechung auch dann, wenn ohne Abnahme eine Ersatzvornahme durchgeführt worden ist (BGH, Urt. v. 20.2.1997 – VII ZR 288/94). Diese Rechtsprechung ist jedoch insoweit zu korrigieren, als die Nutzung eines Bauwerks nach einer erfolgreichen Ersatzvornahme durch-

aus als konkludente Abnahme gewertet werden oder die Abnahmefiktion des § 12 Abs. 5 Nr. 2 VOB/B auslösen kann. Zwar ist die Ersatzvornahme selbst noch keine Abnahme. Jedoch kann die Nutzung nach einer erfolgreichen Ersatzvornahme als Abnahme angesehen werden.

IX. Teilabnahme

Eine Teilabnahme kann der Unternehmer nur verlangen, wenn diese vertraglich vereinbart ist (BGH, Urt. v. 20.10.2005 – VII ZR 155/04; BGH, Beschl. v. 5.1.2017 – VII ZR 184/14, Rdn. 21; BGH, Beschl. v. 7.2.2019 – VII ZR 274/17, Rdn. 31). Von diesem Grundsatz gibt es eine Ausnahme: Für den Architekten- und Ingenieurvertrag sieht § 650s BGB nunmehr eine Teilabnahme nach weitgehendem Abschluss der Objektüberwachungsphase (Zeitpunkt der der Abnahme der letzten Leistung des bauausführenden Unternehmers) vor (vgl. Zahn, NZBau 2019, 34). Die Teilabnahme kann auch konkludent vereinbart werden. Wegen der weitreichenden Folgen muss der dahingehende Will auch bei einer stillschweigenden Vereinbarung hinreichend deutlich hervortreten (BGH, Urt. v. 20.10.2005 – VII ZR 155/04; BGH, Beschl. v. 7.2.2019 – VII ZR 274/17, Rdn. 31). Deshalb kommt es nicht allein dadurch, dass ein Drittunternehmen vor vollständiger Leistungserbringung auf einer Teilleistung des Unternehmers aufbaut, zu einer stillschweigend vereinbarten Teilabnahme (BGH, Beschl. v. 7.2.2019 – VII ZR 274/17, Rdn. 31; BGH, Beschl. v. 7.2.2019 – VII ZR 274/17, Rdn. 31). Im Falle einer Teilabnahme wird auch die dem abgenommenen Teil entsprechende Vergütung fällig, wenn eine Teilvergütung bestimmt ist (§ 641 Abs. 1 Satz 2 BGB). Der Unternehmer darf daher eine Teilschlussrechnung legen (BGH, Urt. v. 20.8.2009 – VII ZR 205/07 Rdn. 55). Auch sonst treten alle Rechtswirkungen ein (vgl. BGH, Urt. v. 6.5.1968 – VII ZR 33/66; BGH, Urt. v. 10.7.1975 – VII ZR 64/73 zum Verjährungsbeginn).

X. Technische Abnahme

Die etwa in § 4 Abs. 10 VOB/B (früher § 12 Nr. 2 b VOB/B) geregelte technische Abnahme (zu deren Bedeutung grundlegend Thierau, BauR 2013, 372 ff.) ist keine rechtsgeschäftliche Abnahme. Sie dient lediglich der technischen Kontrolle und erfolgt häufig in den Fällen, in denen technische Feststellungen nach Weiterführung der Arbeiten nicht mehr möglich sind (BGH, Urt. v. 6.5.1968 – VII ZR 33/66).

B. Besonderheiten des VOB-Bauvertrags

I. Anwendbarkeit von § 640 Abs. 2 BGB beim VOB-Vertrag

Die gesetzliche Abnahmefiktion nach § 640 Abs. 2 BGB gilt auch für den VOB-Vertrag. Der Auffassung, die VOB/B enthalte eine abschließende Regelung der Abnahme (zum früheren Recht: Kiesel, DAB 2000, 770), kann nicht gefolgt werden. Sie überinterpretiert den Regelungsgehalt der VOB/B als Allgemeine Geschäftsbedingung (zum früheren Recht: Schmidt-Räntsch, ZfIR 2000, 337, 341). § 640 Abs. 2 BGB und § 12 Abs. 5 VOB/B regeln verschiedene Sachverhalte (vgl. Kratzenberg, NZBau 2002, 177, 180 zur früheren Rechtslage). Das wird schon daran deutlich, dass im Fall des § 640 Abs. 2 BGB die Abnahme verlangt wird, dagegen im Fall des § 12 Abs. 5 VOB/B nicht. In einem Fall wird die Fiktion an die Verweigerung der Abnahme geknüpft, im anderen Fall an ein abnahmegerechtes Verhalten. Wäre § 640 Abs. 2 BGB im VOB-Vertrag nicht anwendbar, würde dem Auftragnehmer gerade für den Fall der trotz Abnahmeaufforderung nicht erklärten Abnahme der gesetzliche Schutz versagt, denn § 12 Abs. 1 VOB/B enthält keine Abnahmefiktion für den Fall, dass die Abnahme nicht binnen 12 Werktagen erklärt wird.

II. Teilabnahme im VOB-Vertrag

Beim VOB-Vertrag hat der Auftragnehmer Anspruch auf eine rechtsgeschäftliche Teilabnahme in sich abgeschlossener Leistungen, § 12 Abs. 2 VOB/B. Wann in sich abgeschlossene Leistungen in diesem Sinn vorliegen, ist eine Frage des Einzelfalles, zu der es kasuistische Rechtsprechung gibt (vgl. BGH, Urt. v. 21.12.1978 – VII ZR 269/77 – Einbau einer Heizungsanlage; Urt. v. 30.6.1983 – VII ZR 185/81 – Sondereigentum; Urt. v. 6.5.1968 – VII ZR 33/66 – Stockwerke im Rohbau). Es ist noch nicht gelungen, allgemein gültige Abgrenzungskriterien zu entwickeln (zutreffend Kniffka/Koeble, 4. Teil Rdn. 48; ansatzweise negativ durch BGH, Urt. v. 20.8.2009 – VII ZR 212/07 Rdn. 22, wonach Leistungsteile innerhalb eines Gewerks grundsätzlich nicht in sich abgeschlossen sind, es sei denn, sie werden räumlich oder zeitlich getrennt erbracht). Nach der Rechtsprechung handelt es sich um abgeschlossene Teilleistungen, wenn diese nach der Verkehrsanschauung als selbständig und von den übrigen Teilleistungen aus dem Bauvertrag unabhängig anzusehen sind, diese Leistungen sich überdies in ihrer Gebrauchsfähigkeit abschließend beurteilen lassen. Maßgeblich dürfte sein, ob die Leistung nach der Vertragsgestaltung selbständig bewertbar ist. Das wird in der Regel nur dann der Fall sein, wenn die Leistung funktionell eigenständig beurteilbar ist (abweichend und großzügiger Thode, ZfBR 1999, 116, 118). Dieser strenge Maßstab ist geboten, weil damit auch die Erfüllungswirkung eintritt. Er ist kein Maßstab für die Prüfung der Frage, ob eine in sich abgeschlossene Teilleistung im Sinne des § 632a BGB vorliegt. Denn bei dieser Regelung geht es nicht um Erfüllungswirkungen, sondern nur um die Berechtigung zur Abschlagszahlung. Auch die Vereinbarung eines Pauschalpreises und dessen (vorgebliche) Unteilbarkeit dürfte der Bestimmung einer Teilleistung nicht entgegenstehen (a. A. OLG Schleswig, Urt. v. 9.12.2016 – 1 U 17/13, Rdn. 51). Die Parteien sind aber wegen der unsicheren rechtlichen Abgrenzung in sich abgeschlossener Leistungen gut beraten, wenn sie in dem Vertrag das Recht zur Teilabnahme genau in dem Sinne regeln, dass die besonders abnehmbaren Teilleistungen oder die Voraussetzungen einer Teilabnahme präzise beschrieben werden. Nur eine nach dem Vertrag geschuldete Teilabnahme kann die Wirkungen der Abnahme hinsichtlich der Teilleistung auslösen (BGH, Urt. v. 6.5.1968 – VII ZR 33/66). Wird die Abnahme auf eine nicht abgeschlossene Teilleistung beschränkt, liegt keine (wirksame) Teilabnahme vor (OLG Schleswig, Urt. v. 9.12.2016 – 1 U 17/13, Rdn. 51).

III. Förmliche Abnahme

107   Im VOB-Vertrag kann jede Vertragspartei gem. § 12 Abs. 4 Nr. 1 VOB/B die förmliche Abnahme verlangen. Für sie ist das in § 12 Abs. 4 VOB/B beschriebene Verfahren maßgeblich. Verlangt der Unternehmer die Abnahme, ist sie nach § 12 Abs. 1 VOB/B binnen einer Frist von 12 Werktagen durchzuführen. Diese Regelung enthält keine Fiktion. Für die Form des Abnahmeprotokolls und den Fall, dass das Protokoll nicht unterzeichnet wurde → Rdn. 50. Die im Bauvertrag ausdrücklich vereinbarte förmliche Abnahme führt dazu, dass die anderen von § 12 VOB/B vorgesehenen Abnahmeformen abbedungen sind und die VOB/B deshalb nicht mehr „als Ganzes" vereinbart ist mit der Folge, dass die Regelungen der VOB/B insgesamt einer Inhaltskontrolle zu Lasten des Verwenders unterliegen (KG, Urt. v. 10.1.2017 – 21 U 14/16; wohl auch C. Schmitz, PiG 108 [2019], 109, 117).

IV. Fiktive Abnahme

108   Wenn die VOB/B vereinbart ist, kann es zu einer in § 12 Abs. 5 VOB/B geregelten fiktiven Abnahme kommen. Die Abnahmewirkung der fiktiven Abnahme tritt unabhängig vom Willen des Auftraggebers ein. Auf den Abnahmewillen kommt es daher nicht an.

1. Ausschluss

109   Die fiktive Abnahme nach § 12 Abs. 5 VOB/B ist durch die Vereinbarung der förmlichen Abnahme ausgeschlossen (BGH, Urt. v. 10.11.1983 – VII ZR 373/82; OLG Brandenburg, Urt. v. 25.1.2012 – 4 U 7/10; OLG München, Beschl. v. 25.9.2017 – 9 U 1847/17 Bau; OLG Hamm, Urt. v. 30.4.2019 – 24 U 14/18; a. A. in einem obiter dictum, ohne Begründung OLG Karlsruhe, Urt. v. 23.9.2003 – 17 U 234/02 und KG, Beschl. v 8.11.2013 – 7 U 103/13). Zu beachten ist allerdings, dass die vereinbarte förmliche Abnahme auch dazu führen soll, dass die VOB/B deshalb nicht mehr „als Ganzes" vereinbart ist mit der weiteren Folge, dass die Regelungen der VOB/B insgesamt einer Inhaltskontrolle unterliegen (KG, Urt. v. 10.1.2017 – 21 U 14/16). Gegen die Auffassung des KG dürfte sprechen, dass es die VOB/B ausdrücklich gestattet, die förmliche Abnahme zu verlangen und damit zugleich die fiktive Abnahme auszuschließen; diese von der VOB/B selbst eröffnete Möglichkeit spricht dafür, dass auch bei einer anfänglichen Vereinbarung der förmlichen Abnahme die VOB/B als Ganzes vereinbart ist.

2. Zeitpunkt des Vorbehalts

Bei der fiktiven Abnahme gemäß § 12 Abs. 5 Nr. 2 VOB/B durch Bezug des errichteten Hauses muss der Vorbehalt wegen einer Vertragsstrafe innerhalb von sechs Werktagen nach Beginn der Benutzung erklärt werden (BGH, Urt. v. 3.11.1960 – VII ZR 150/59). Unter Umständen kann es aber genügen, wenn eine kurz zuvor geäußerte Mängelrüge in dem Sechstagezeitraum erkennbar aufrechterhalten wird (BGH, Urt. v. 12.6.1975 – VII ZR 55/73). Nach einer Fertigstellungsmitteilung, wie z. B. der Erteilung einer Schlussrechnung, muss der Vorbehalt innerhalb der Frist von zwölf Werktagen erklärt werden, wenn ein VOB-Vertrag vorliegt (§ 12 Abs. 5 Nr. 1 VOB/B). 110

3. Ausnahmen von der Fiktion

Erklärt der Auftraggeber, er lehne die Abnahme ab, kommt eine Fiktion nicht in Betracht (BGH, Urt. v. 12.6.1975 – VII ZR 55/73; Urt. v. 23.11.1978 – VII ZR 29/78). Eine Fiktion kommt grundsätzlich auch nicht in Betracht, wenn eine förmliche Abnahme vereinbart ist (BGH, Urt. v. 10.11.1983 – VII ZR 373/82; OLG Hamm, Urt. v. 30.4.2019 – 24 U 14/18) oder eine Abnahme bereits verlangt worden ist (§ 12 Abs. 5 Nr. 1 und 2 VOB/B). 111

Außerdem scheidet die fiktive Abnahme aus, wenn die Leistung nicht fertiggestellt war (BGH, Urt. v. 21.12.1978 – VII ZR 269/77), wenn schon vor der Ingebrauchnahme fortlaufend Mängel gerügt wurden und eine Abnahme wegen Mängeln verweigert wurde (OLG München, Urt. 23.5.2012 – 27 U 3427/11), wenn die Leistung erkennbar grobe Mängel aufweist oder die Benutzung aufgrund einer Zwangslage erfolgte (OLG Düsseldorf, Urt. v. 12.11.1993 – 22 U 91/93) oder ersichtlich allein der Schadensminderung diente (vgl. BGH, Urt. v. 25.1.1973 – VII ZR 149/72). Zutreffend wird darauf hingewiesen, dass die Kenntnis von den Mängeln und dem Grad der Fertigstellung kein Maßstab bei der fiktiven Abnahme sein kann (Thode, ZfBR 1999, 116, 117). Vielmehr kommt es darauf an, ob sich die Leistung aus der Sicht des Auftragnehmers als abnahmereif darstellt. Eine fiktive Abnahme kommt deshalb auch dann in Betracht, wenn der Auftraggeber unwesentliche Mängel bereits gerügt hatte (vgl. auch BGH, Urt. v. 22.10.1970 – VII ZR 71/69; ähnlich OLG Karlsruhe, Urt. v. 21.12.2018 – 8 U 55/17, Rdn. 89 f., kritisch hierzu Havers, NJW 2019, 2065, 2066). 112

Eine fiktive Abnahme scheidet auch nach Kündigung des Werkvertrages aus (BGH, Urt. v. 19.12.2002 – VII ZR 103/00). 113

§ 12 Abs. 5 VOB/B hält der isolierten Inhaltskontrolle nach dem AGB-Gesetz nicht stand (BGH, Urt. v. 27.7.2006 – VII ZR 276/05; OLG Hamm, Urt. v. 23.9.1994 – 12 U 117/93), so dass eine fiktive Abnahme ausscheidet, wenn der Auftragnehmer die VOB/B nicht als Ganzes in den Vertrag eingeführt hat oder er einen Vertrag mit einem Verbraucher abgeschlossen hat, in dem er die VOB/B verwendet. 114

4. Fertigstellungsmitteilung

Wird keine Abnahme verlangt, so gilt die Leistung gemäß § 12 Abs. 5 Nr. 1 VOB/B als abgenommen mit Ablauf von 12 Werktagen nach schriftlicher Mitteilung über die Fertigstellung der Leistung. Auch in der Zusendung der Schlussrechnung kann eine solche Mitteilung gesehen werden (BGH, Urt. v. 4.3.1993 – VII ZR 148/92; Urt. v. 20.4.1989 – VII ZR 334/87; OLG Brandenburg, Urt. v. 20.8.2020 – 12 U 34/20). 115

5. Benutzung

Wird keine Abnahme verlangt und hat der Auftraggeber die Leistung oder einen Teil der Leistung in Benutzung genommen, so gilt die Abnahme nach Ablauf von sechs Werktagen nach Beginn der Benutzung als erfolgt, wenn nichts anderes vereinbart ist. Die Benutzung von Teilen einer baulichen Anlage zur Weiterführung der Arbeiten gilt nicht als Abnahme (§ 12 Abs. 5 Nr. 2 VOB/B). 116

Etwas anderes gilt jedoch, wenn aus dem Verhalten des Auftraggebers zu entnehmen ist, dass er die Leistung nicht als im Wesentlichen vertragsgerecht hinnimmt. Das kann sein, wenn er sie unter dem Zwang der Verhältnisse benutzt und sie noch nicht fertig gestellt ist oder er wesentliche Mängel rügt oder diese offenkundig sind (BGH, Urt. v. 12.6.1975 – VII ZR 55/73). 117

§ 641 BGB Fälligkeit der Vergütung

(1) Die Vergütung ist bei der Abnahme des Werkes zu entrichten. Ist das Werk in Teilen abzunehmen und die Vergütung für die einzelnen Teile bestimmt, so ist die Vergütung für jeden Teil bei dessen Abnahme zu entrichten.

(2) Die Vergütung des Unternehmers für ein Werk, dessen Herstellung der Besteller einem Dritten versprochen hat, wird spätestens fällig,

1. soweit der Besteller von dem Dritten für das versprochene Werk wegen dessen Herstellung seine Vergütung oder Teile davon erhalten hat,
2. soweit das Werk des Bestellers von dem Dritten abgenommen worden ist oder als abgenommen gilt oder
3. wenn der Unternehmer dem Besteller erfolglos eine angemessene Frist zur Auskunft über die in den Nummern 1 und 2 bezeichneten Umstände bestimmt hat.

Hat der Besteller dem Dritten wegen möglicher Mängel des Werks Sicherheit geleistet, gilt Satz 1 nur, wenn der Unternehmer dem Besteller entsprechende Sicherheit leistet.

(3) Kann der Besteller die Beseitigung eines Mangels verlangen, so kann er nach der Fälligkeit die Zahlung eines angemessenen Teils der Vergütung verweigern; angemessen ist in der Regel das Doppelte der für die Beseitigung des Mangels erforderlichen Kosten.

(4) Eine in Geld festgesetzte Vergütung hat der Besteller von der Abnahme des Werkes an zu verzinsen, sofern nicht die Vergütung gestundet ist.

Übersicht

	Seite
A. Gesetzliches Bauvertragsrecht	567
I. Fälligkeit mit Abnahme	567
1. Fälligkeit mit Abnahme des gesamten Werkes	567
2. Fälligkeit mit Abnahme des Teilwerkes	568
II. Fälligkeit ohne Abnahme	568
1. Endgültige Leistungsverweigerung des Bestellers	568
2. Abnahmeverweigerung durch den Besteller	568
a) Berechtigte Abnahmeverweigerung	568
b) Unberechtigte Abnahmeverweigerung	569
3. Abrechnungsverhältnis	569
a) Untergang des Erfüllungsanspruchs	569
b) Sonstige Fälle des Abrechnungsverhältnisses	570
4. Fälligkeit nach Kündigung	570
III. Fälligkeit der Nachunternehmervergütung	571
1. Die Regelung der Durchgriffsfälligkeit	571
2. Voraussetzungen für die Durchgriffsfälligkeit	571
a) Anspruch auf Schlussvergütung	571
b) Identität der Leistung	571
c) Bezahlter Hauptunternehmer	572
d) Abnahme durch den Dritten (Besteller bzw. Hauptauftraggeber)	572
e) Fruchtloser Fristablauf	572
f) Auswirkungen auf das Leistungsverweigerungsrecht des Hauptunternehmers	573
aa) Zweck des Gesetzes	573
bb) Anwendungsfälle	573
g) Sicherheitsleistung	574
h) Subsidiäre Regelung	574
3. Leitbildcharakter	575
IV. Schlussrechnung	575
1. Schlussrechnung und Prüfbarkeit keine Fälligkeitsvoraussetzungen im Werkvertrag	575
2. Rechnung als Schlüssigkeitsvoraussetzung	575
3. Prozessuale Besonderheiten	576
a) Endgültige Klageabweisung mangels schlüssiger Darlegung der Werklohnforderung	576
b) Hinweispflicht des Gerichts	576

Fälligkeit der Vergütung **§ 641**

      c) Vorlage einer neuen Schlussrechnung 577
      d) Teilweise Schlüssigkeit der Klage 577
      e) Vorrangige Einwendungen 577
      f) Sachprüfung 578
    4. Bindung an die Schlussrechnung 578
    5. Steuerliche Anforderungen an die Rechnung 578
  V. Leistungsverweigerungsrecht 579
    1. Vor der Abnahme 579
      a) Wirkungen des Leistungsverweigerungsrechts 579
      b) Wirkungen des Annahmeverzugs 580
    2. Nach der Abnahme 580
      a) Umfang des Leistungsverweigerungsrechts 580
      b) Wirkung des Leistungsverweigerungsrechts 581
      c) Wirkungen des Annahmeverzugs 583
      d) Leistungsverweigerungsrecht und § 650f BGB 583
      e) Wirkungen des Sicherheitseinbehalts 583
    3. Beschränkung des Leistungsverweigerungsrechts 584
  VI. Skonto und Nachlass 584
    1. Skonto 584
    2. Nachlass 585
  VII. Fälligkeitsabreden, insbesondere Gewährleistungssicherheit 585
    1. Individuelle Fälligkeitsabreden 585
    2. Fälligkeitsabreden in AGB des Bestellers 586
    3. Fälligkeitsabreden in AGB des Unternehmers 587
  VIII. Verzinsung 587
  IX. Verjährung 588
  X. Prozessuales 588
  XI. Darlegungs- und Beweislast 589
B. Besonderheiten des VOB-Vertrags 589
  I. Abnahme 589
  II. Schlussrechnung 590
  III. Fälligkeitsabreden, insbesondere Gewährleistungssicherheit 590
    1. System der VOB-Regelung 590
      a) Überblick 590
      b) Die drei Rechtsverhältnisse und deren Selbständigkeit 590
      c) Rechtsnatur des Sicherheitseinbehalts 590
      d) Sicherung des Auftragnehmers vor Insolvenz des Auftraggebers 591
    2. Austauschrecht 591
    3. Wiederauffüllungsverpflichtung 593
    4. Von der VOB/B abweichende Vereinbarungen 593
      a) Sicherheitsbareinbehalt 593
      b) Ablösungsbefugnis durch Bürgschaft auf erstes Anfordern 594
      c) Ablösungsbefugnis durch selbstschuldnerische Bürgschaft 595
      d) Auslegung von Sicherungsklauseln 596
      e) Sicherungen nach Muster 597
      f) Intransparente Klauseln 597
      g) Bürgschaften als alleinige Sicherung 598
      h) Ausschluss von § 768 BGB 598
      i) Ausschluss von § 770 Abs. 1 und 2 BGB 598
      j) Austausch von Erfüllungs- und Mängelbürgschaft, Rückgabe der Mängelbürgschaft 599
    5. Absicherung verjährter Mängelansprüche 599
  IV. Verzinsung 600

A. Gesetzliches Bauvertragsrecht

I. Fälligkeit mit Abnahme

1. Fälligkeit mit Abnahme des gesamten Werkes

Der Werklohnanspruch entsteht mit dem Abschluss des Werkvertrages. § 641 BGB regelt die **1** Fälligkeit des Vergütungsanspruchs. Danach ist die Vergütung bei der Abnahme des Werkes zu entrichten. Das gilt für jegliche Vergütung, also auch für den Anspruch auf Stundenlohn, wenn die Parteien nichts anderes vereinbart haben (BGH, Urt. v. 29.6.1967 – VII ZR 54/65). § 641 BGB betrifft nicht die Fälligkeit von anderen Ansprüchen, wie den Anspruch auf etwa vereinbarte Vorauszahlungen und Abschlagszahlungen. § 641 Abs. 1 BGB ist Ausdruck der Vorleistungspflicht des Unternehmers. Ungeklärt ist, ob der Unternehmer die Übergabe Werks als Vorleistung schuldet oder nur Zug um Zug gegen Zahlung der Schlussvergütung (so KG, Urt. v. 18.8.2020 – 21 U 1036/20, wonach „bei" und nicht „nach" Abnahme zu zahlen sei). Diese Frage ist nicht abschließend geklärt (vgl. für das umgekehrte Verhältnis BGH, Urt. v. 22.2.1971 – VII ZR 243/69 für eine Zug um Zug Leistung). Wenn Voraus- und Abschlagszahlungen nicht vereinbart sind, kann er die Vergütung grundsätzlich nur mit der Abnahme verlangen. Der Abnahme gleichgestellt sind ist gesetzliche Abnahmefiktion nach § 640 Abs. 2 BGB. Der Grundsatz, dass die Vergütung bei der Abnahme des Werkes fällig wird, ist mehrfach durchbrochen (vgl. → Rdn. 3 ff.).

2. Fälligkeit mit Abnahme des Teilwerkes

2   Der Anspruch auf Abnahme besteht grundsätzlich nur mit Fertigstellung des gesamten Werkes. Die Parteien können jedoch vereinbaren, dass Teile des Werkes vom Besteller abgenommen werden müssen, wenn sie vertragsmäßig hergestellt sind. Eine Vereinbarung dazu enthält § 12 Abs. 2 VOB/B, wonach der Besteller auf Verlangen des Unternehmers in sich abgeschlossene Teile der Leistung besonders abzunehmen hat. § 641 Abs. 1 Satz 1 BGB regelt die Fälligkeit der Vergütung nach Teilabnahme. Die Teilleistung muss abnahmefähig, also fertiggestellt und frei von wesentlichen Mängeln sein (OLG Frankfurt, Urt. v. 29.9.2014 – 1 U 283/12). Ist für den abgenommenen Teil des Werkes eine Vergütung bestimmt, so wird diese mit der Teilabnahme fällig. Voraussetzung ist demnach eine Bestimmung der Vergütung für den abgenommenen Teil. Bestimmbarkeit, etwa nach den Grundsätzen über die Abrechnung eines gekündigten Vertrages, reicht nicht. Vielmehr kann die Bestimmung der Teilvergütung regelmäßig nur der vertraglichen Vereinbarung entnommen werden.

II. Fälligkeit ohne Abnahme

3   Die gesetzliche Lösung hat ersichtlich den Fall vor Augen, dass das Werk abnahmereif hergestellt wird. Nach dem Leitbild des Gesetzes kann der Besteller die Vergütung gemäß § 320 BGB bis zur Abnahme verweigern. Das Gesetz verhält sich hingegen nicht zu den Fällen, in denen endgültig feststeht, dass die Leistung nicht fertiggestellt wird. Dazu hat die Rechtsprechung Ausnahmetatbestände von dem Grundsatz, dass die Vergütung mit der Abnahme fällig wird, entwickelt.

1. Endgültige Leistungsverweigerung des Bestellers

4   Bei einer grundlosen, endgültigen Leistungsverweigerung des Bestellers vor der Fertigstellung des Werkes kann der Unternehmer keine Abnahme verlangen. Er kann dann ohne Abnahme sofort Zahlung der Vergütung abzüglich der ersparten Aufwendungen und des anderweitigen Erwerbs fordern (BGH, Urt. v. 16.5.1968 – VII ZR 40/66; Urt. v. 15.5.1990 – X ZR 128/88).

2. Abnahmeverweigerung durch den Besteller

5   Verweigert der Besteller die Abnahme des Werkes ist zu unterscheiden:

a) Berechtigte Abnahmeverweigerung

6   Erfolgt die Abnahmeverweigerung zu Recht, weil das Werk wesentliche Mängel hat, wird die Vergütung nicht fällig. Die Fälligkeit kann nicht eintreten, solange die Abnahmevoraussetzungen nicht geschaffen werden oder die Abnahme als Fälligkeitsvoraussetzung entbehrlich wird. Solange der Besteller die Mängelbeseitigung fordert und noch fordern kann, bleibt es bis zur Mängelbeseitigung bei der fehlenden Fälligkeit. Der Werklohnanspruch kann nicht durchgesetzt werden. Daran ändert sich grundsätzlich auch nichts durch einen längeren Zeitablauf. Wenn die Abnahme einmal wegen vorhandener Mängel verweigert worden ist, muss der Besteller diese Verweigerung nicht etwa in mehr oder weniger regelmäßigen Abständen wiederholen. Vielmehr ist es Sache des Unternehmers, die Voraussetzungen für die Fälligkeit seines Werklohnes dadurch zu schaffen, dass er die Mängel beseitigt (vgl. BGH, Urt.

v. 10.6.1999 – VII ZR 170/98; Urt. v. 8.1.2004 – VII ZR 198/02). Der Unternehmer kann zwar vor der Abnahme auf vertraglicher oder gesetzlicher Grundlage Abschlagszahlungen fordern; nach § 632a Abs. 1 Satz 2 BGB a. F. war eine Abschlagsforderung bei nicht nur unwesentlichen Mängeln aber ebenfalls ausgeschlossen. Bei unwesentlichen Mängeln bestand das Leistungsverweigerungsrecht nach § 641 Abs. 3 BGB. Nach der Neufassung des 632a Abs. 1 Satz 2 BGB kommt es auf die Wesentlichkeit des Mangels nicht mehr an; der Unternehmer kann stets Abschlagszahlungen verlangen, dem aber ggf. ein Leistungsverweigerungsrecht entgegenstehen kann (→ § 632a BGB Rdn. 54 f.). Entsteht nach einer berechtigten Abnahmeverweigerung ein Abrechnungsverhältnis, tritt Fälligkeit ein (vgl. → Rdn. 9 ff.).

b) Unberechtigte Abnahmeverweigerung

Wird die Abnahme zu Unrecht verweigert, weil das Werk keine oder nur unwesentliche Mängel aufweist, wurde der Werklohn nach alter Rechtslage vor dem Gesetz zur Beschleunigung fälliger Zahlungen sofort fällig. Dementsprechend war eine Klage mit dem Vortrag schlüssig, die Leistung sei abnahmereif hergestellt und der Besteller habe die Abnahme zu Unrecht verweigert (BGH, Urt. v. 15.5.1990 – X ZR 128/88; Urt. v. 25.1.1996 – VII ZR 26/95). Nach Auffassung des OLG Hamm war eine Werklohnklage schon dann schlüssig, wenn der Unternehmer nach Rechnungserteilung den vollen Werklohn unter Hinweis darauf einklagte, er habe die geschuldete Leistung erbracht (OLG Hamm, Urt. v. 1.7.1993 – 17 U 65/93). 7

Das Gesetz zur Beschleunigung fälliger Zahlungen hat zu einer formalen Verschärfung geführt. Wie sich aus der Begründung zum Gesetzesentwurf ergibt, soll aus Gründen der Rechtsklarheit zwingend zum schlüssigen Klagevortrag gehören, dass das Werk mangelfrei erstellt ist, der Unternehmer eine Frist zur Abnahme gesetzt und der Besteller innerhalb der Frist nicht abgenommen hat (BT-Drucks. 14/1246 S. 7). Nach der Rechtsprechung des Bundesgerichtshofs war eine Fristsetzung nach § 640 Abs. 1 Satz 3 BGB a. F. jedoch dann entbehrlich, wenn der Besteller die Abnahme endgültig und ernsthaft verweigert hat (BGH, Urt. v. 8.11.2007 – VII ZR 183/05, Rdn. 29; Beschl. v. 18.5.2010 – VII ZR 158/09, Rdn. 5). Entsprechendes gilt auch für die Fristsetzung nach den Vorschriften des mit der Reform des Bauvertragsrechts geänderten § 640 Abs. 2 BGB. 8

3. Abrechnungsverhältnis

a) Untergang des Erfüllungsanspruchs

Auf die Abnahme soll es für die Fälligkeit des Vergütungsanspruchs nicht ankommen, wenn der Besteller wegen Mängeln nur noch Mängel- bzw. Gewährleistungsansprüche geltend macht, die auf Zahlung gerichtet sind. Die Rechtskonstruktion des Abrechnungsverhältnisses ist nicht ganz unproblematisch, zumal sie keine klaren Konturen hat. In diesen Fällen kann sich der Besteller nicht auf die fehlende Abnahme als Fälligkeitsvoraussetzungen berufen, weil er keine Erfüllung des Vertrages mehr will. Ist der Vertrag durch die Erklärung, Schadensersatz wegen des Mangels zu fordern (§ 281 Abs. 4 BGB) in ein Abwicklungsverhältnis umgestaltet worden, folgt das schon daraus, dass der Besteller ohnehin keine Nacherfüllung mehr verlangen kann (BGH, Urt. v. 16.9.1999 – VII ZR 456/98). Gleiches gilt, wenn der Rücktritt (§ 346 BGB) oder die Minderung (§ 638 BGB) wirksam erklärt worden sind (BGH, Urt. v. 16.5.2002 – VII ZR 479/00; vgl. auch Urt. v. 13.9.2001 – VII ZR 113/00; Urt. v. 10.10.2002 – VII ZR 315/01). Diese noch zum alten Schuldrecht entwickelte Linie wird vom Bundesgerichtshof für das modernisierte Schuldrecht fortgesetzt (dazu Schwenker, NJW 2017, 1579 ff.; zuletzt BGH, Urt. v. 28.5.2020 – VII ZR 108/19, Rdn. 19). Auch wenn die Abnahme grundsätzlich – wie schon bislang – die wesentliche Zäsur für die Beendigung des Erfüllungsstadiums und damit Voraussetzung für Mängelrechte (und die Fälligkeit der Vergütung) ist, kann der Besteller in bestimmten Fällen berechtigt sein, die Mängelrechte geltend zu machen (BGH, Urt. v. 19.1.2017 – VII ZR 235/15, Rdn. 44). Ein solcher Fall liegt vor, wenn der Unternehmer das Werk als fertiggestellt zur Abnahme anbietet und der Besteller die Erfüllung nicht mehr verlangen kann, weil er nur noch Schadensersatz statt der Leistung wegen behaupteter Mängel oder die Minderung der Vergütung geltend macht (BGH, Urt. v. 19.1.2017 – VII ZR 235/15, Rdn. 44 f.). In Abgrenzung dazu entsteht ein Abrechnungsverhältnis nach der Rechtsprechung des Bundesgerichtshofs jedoch nicht allein dadurch, dass der Besteller einen Vorschuss zur Mängelbeseitigung nach § 637 Abs. 3 BGB verlangt, denn die Wahrnehmung des Selbstvornahmerechts und den Kostenvorschussanspruch lassen den (Nach-) Erfüllungsanspruch nicht untergehen (BGH, Urt. v. 19.1.2017 – VII ZR 301/13, Rdn. 45 f.; BGH, Urt. v. 19.1.2017 – VII ZR 193/15, Rdn. 38; im Einzelnen → § 634 Rdn. 15). Aber auch das kann 9 anders sein, wenn der Besteller ausdrücklich oder konkludent zum Ausdruck bringt, mit dem Unternehmer in Bezug auf eine Mängelbeseitigung auf keinen Fall mehr zusammenarbeiten zu wollen (BGH, Urt. v. 19.1.2017 – VII ZR 301/13, Rdn. 45 f.; BGH, Urt. v. 19.1.2017 – VII ZR 193/15, Rdn. 40). Unter den gleichen Voraussetzungen, unter denen ausnahmsweise ohne Abnahme Mängelansprüche geltend gemacht werden können, weil der Erfüllungsanspruch untergegangen ist, wird auch der Vergütungsanspruch fällig. Der Erfüllungsanspruch kann nicht nur aus rechtlichen, sondern auch aus tatsächlichen Gründen untergehen. Auf die Abnahme kommt es bei einer nur teilweise erbrachten Leistung dann nicht an, wenn der Besteller die vollständige Fertigstellung des Werks dadurch vereitelt, dass er die fehlenden Leistungen durch einen anderen Unternehmer ausführen lässt und dem ursprünglich beauftragten Unternehmer dadurch die vollständige Erfüllung des Vertrages nicht mehr möglich ist (OLG Düsseldorf, Urt. v. 19.2.2013 – 21 U 24/12; OLG Brandenburg, Urt. v. 15.3.2018 – 12 U 82/17). Ebenso ist es, wenn die Mängel im Wege einer unberechtigten Ersatzvornahme beseitigt worden sind (OLG Brandenburg, Urt. v. 7.6.2012 – 12 U 234/11; Urt. v. 10.10.2012 – 4 U 54/11). Gleiches gilt für die einvernehmliche Aufhebung des Werkvertrages mit der Maßgabe, dass die offenen Ansprüche nur noch abgerechnet werden sollen (OLG München, Urt. v. 10.11.2009 – 9 U 5150/07). In diesen Fällen ist nämlich die Erfüllung unmöglich geworden (vgl. BGH, Urt. v. 28.5.2020 – VII ZR 108/19, Rdn. 19 unter Verweis auf Kniffka/Koeble/Jurgeleit/Sacher, 4. Teil Rn. 490).

b) Sonstige Fälle des Abrechnungsverhältnisses

10 Aber auch sonst ist die Abnahme entbehrlich, wenn keine Nacherfüllung verlangt wird. Der Besteller, der keine Erfüllung mehr verlangt, kann dem Anspruch auf Vergütung nicht mit der Einrede des nicht erfüllten Vertrages oder mit dem Einwand der fehlenden Fälligkeit begegnen (Urt. v. 29.6.1967 – VII ZR 54/65). Es besteht ein reines Abrechnungsverhältnis (BGH, Urt. v. 23.11.1978 – VII ZR 29/78; Urt. v. 20.4.2000 – VII ZR 164/99; Urt. v. 23.6.2005 – VII ZR 197/03). Fordert der Unternehmer Werklohn und rechnet der Besteller mit Kostenerstattungsansprüchen auf, kommt es auf die Abnahme nicht an (vgl. BGH, Urt. v. 10.10.2002 – VII ZR 315/01; Urt. v. 20.5.2003 – X ZR 128/01; OLG Brandenburg, Urt. v. 7.6.2012 – 12 U 234/11). Anders als in den Fällen, in denen ein Gestaltungsrecht ausgeübt wurde und damit der Nacherfüllungsanspruch untergegangen ist, kann der Besteller von dem Zahlungsverlangen abgehen und wieder Nacherfüllung fordern. Das wirkt sich prozessual so aus, dass bei einer Aufrechnung mit Vorschussansprüchen hilfsweise das Leistungsverweigerungsrecht für den Fall geltend gemacht werden kann, dass der Vorschussanspruch unbegründet ist. Der Besteller kann auch umgekehrt vorgehen und in erster Linie sein Leistungsverweigerungsrecht wegen der zu Recht verweigerten Abnahme und hilfsweise den Vorschussanspruch geltend machen. Dieses Vorgehen empfiehlt sich in den Fällen, in denen die Abnahme streitig ist. Der Unternehmer kann das Abrechnungsverhältnis aber nicht selbst dadurch herbeiführen, dass er die Mängelbeseitigung endgültig verweigert (zutreffend OLG Düsseldorf, Urt. v. 22.7.2014 – 21 U 193/13).

11 Wird die Abnahmefähigkeit wegen eines Mangels bis zur Mängelbeseitigung zu Recht verweigert und rechnet der Besteller nur mit dem Anspruch auf Ersatz von Mangelfolgeschäden auf, § 280 BGB, ist der Vergütungsanspruch nicht fällig. Denn in diesem Fall verlangt der Besteller wegen der Mängel noch zu Recht Nacherfüllung.

4. Fälligkeit nach Kündigung

12 Nach Kündigung eines Bauvertrages wird die Vergütung für die erbrachte Leistung nach der neuen Rechtsprechung des Bundesgerichtshofs, wie auch sonst, grundsätzlich nur nach der Abnahme dieser Leistung fällig (BGH, Urt. v. 11.5.2006 – VII ZR 146/04; OLG Frankfurt, Urt. v. 29.9.2014 – 1 U 283/12; a. A. mit beachtlichen Gründen Peters, BauR 2012, 11, 15). Die frühere Rechtsprechung (BGH, Urt. v. 9.10.1986 – VII ZR 249/85) ist aufgegeben. Nach der Kündigung reduziert sich die Leistungsverpflichtung auf das bis zur Kündigung erbrachte Teilwerk. Dieses kann daraufhin beurteilt werden, ob es mängelfrei ist. Ist das der Fall, ist der Besteller verpflichtet das Werk abzunehmen. Für eine Kündigung nach § 650f Abs. 5 BGB gilt nichts anderes (a. A. OLG München, Urt. v. 29.2.2012 – 27 U 3945/11 Bau).

III. Fälligkeit der Nachunternehmervergütung

1. Die Regelung der Durchgriffsfälligkeit

§ 641 Abs. 2 BGB ist durch das Gesetz zur Beschleunigung fälliger Zahlungen aufgenommen und durch das Forderungssicherungsgesetz geändert worden. Die Regelung gilt in seiner früheren Fassung für Verträge, die in dem Zeitraum vom 1.5.2000 bis 31.12.2008 geschlossen worden sind, in seiner geänderten Form für Verträge, die ab dem 1.1.2009 zustande gekommen sind (Art. 229 § 1 Abs. 2 Satz 1 EGBGB i. V. m. Art. 229 § 19 Abs. 1 EGBGB). § 641 Abs. 2 BGB ist zugeschnitten auf das Verhältnis zwischen Hauptunternehmer (Besteller) und Nachunternehmer (Unternehmer). Danach wird die Vergütung des Nachunternehmers für ein Werk, dessen Herstellung der Hauptunternehmer seinem Besteller (Dritten) versprochen hat, spätestens fällig, wenn und soweit (1.) der Hauptunternehmer von dem Besteller für das versprochene Werk wegen dessen Herstellung seine Vergütung oder Teile davon erhalten hat, (2.) das Werk des Hauptunternehmers abgenommen wurde bzw. als abgenommen gilt oder (3.) der Nachunternehmer ergebnislos eine Frist zur Erteilung einer Auskunft über die Zahlung oder die Abnahme gesetzt hat. Hat der Hauptunternehmer dem Besteller wegen möglicher Mängel des Werkes Sicherheit geleistet, ist die Nachunternehmervergütung nur fällig, wenn der Nachunternehmer dem Hauptunternehmer Sicherheit in entsprechender Höhe leistet.

§ 641 Abs. 2 BGB regelt die sogenannte Durchgriffsfälligkeit. Nach der Begründung zum Regierungsentwurf soll diese Regelung einem Missstand abhelfen, der dadurch entstanden ist, dass zwischengeschaltete Unternehmer nach Herstellung der Teilgewerke zwar eine Vergütung von ihrem Besteller fordern, jedoch ihre Nachunternehmer nicht bezahlen. Beispielhaft wurden die nach Baufortschritt durch den Bauträger/Generalunternehmer angeforderten Raten erwähnt, die dann an den Handwerker wegen angeblicher Mängel nicht abgeführt werden. Dieses Verhalten sei widersprüchlich (BT-Drs. 14/1246 S. 7). Die Regelung betrifft die Fälle, in denen der Nachunternehmer für den Hauptunternehmer (wie z. B. Generalunternehmer oder Bauträger) Leistungen erbringt, die dieser dem Besteller schuldet. Sie soll die Voraussetzungen dafür schaffen, dass der Nachunternehmer seine Vergütung erhält, wenn der Hauptunternehmer bezahlt worden ist. Das Gesetz operiert insoweit mit der Fälligkeit der Forderung. Diese wird von der Abnahme gelöst und entsteht mit der Zahlung des Bestellers an den Hauptunternehmer. Das Gesetz schafft also keine Verwendungspflicht hinsichtlich der erhaltenen Gelder, wie das etwa beim Gesetz zur Sicherung der Bauforderungen der Fall ist. Vielmehr wird lediglich die Fälligkeit des vertraglichen Vergütungsanspruchs geregelt.

2. Voraussetzungen für die Durchgriffsfälligkeit

a) Anspruch auf Schlussvergütung

Der Nachunternehmer muss ein Werk schulden, dessen Herstellung der Besteller als Hauptunternehmer einem Dritten (als Besteller bzw. Hauptauftraggeber) versprochen hat. Es geht hier um die Identität der Leistung, wie sie typisch ist für den Nachunternehmervertrag. Aus der Begründung zum Regierungsentwurf und aus der systematischen Stellung des Gesetzes ergibt sich, dass der Nachunternehmer seine Leistung fertiggestellt haben muss (BT-Drs. 14/1246 S. 7). Die Fälligkeitsregelung betrifft also allein den Anspruch auf Schlussvergütung. Die vor der Fertigstellung bestehenden Ansprüche auf Abschlagszahlungen werden von der Regelung nicht erfasst. Insbesondere sieht das Gesetz nicht vor, dass der Hauptunternehmer mit erhaltenen Abschlagszahlungen auch Abschlagsforderungen der Nachunternehmer zu befriedigen hat.

b) Identität der Leistung

Der Anspruch des Nachunternehmers auf Schlussvergütung wird nach § 641 Abs. 2 Satz 1 Nr. 1 BGB spätestens fällig, wenn und soweit der Hauptunternehmer eine Vergütung oder Teile davon für das versprochene Werk erhalten hat. Es muss sich um eine Vergütung handeln, die dem vom Nachunternehmer erbrachten Teil zuzuordnen ist. Der Idealfall ist der, dass der Besteller dem Hauptunternehmer dessen volle Vergütung für den Teil des Gesamtwerkes zahlt, den der Nachunternehmer erbracht hat. In diesem Fall wird die gesamte Vergütung des Nachunternehmers fällig. Es kann aber zu Fällen kommen, in denen die Bezahlung des Hauptunternehmers nur eine Teilfälligkeit des Anspruchs des Nachunternehmers auslöst. Hat der dritte Besteller dem Hauptunternehmer z. B. durch eine Abschlagszahlung nur einen Teil der vollständigen Leistung bezahlt, die der Nachunternehmer erbracht hat, wird nur der dieser Leistung zuzuordnende Vergütungsteil fällig. Damit sind auch die Fälle erfasst, in denen der dritte Besteller berechtigt ein Leistungsverweigerungsrecht wegen Mängeln ausübt. Dieses Leistungsverweigerungsrecht kann der Hauptunternehmer selbst gegenüber seinem Nachunternehmer geltend machen und damit quasi weiter geben.

c) Bezahlter Hauptunternehmer

17 Es ist nach dem Gesetz unerheblich, welche Art von Vergütung der Hauptunternehmer erhalten hat. Aus der Begründung zum Regierungsentwurf ergibt sich, dass es sich auch um Abschlagszahlungen handeln kann (BT-Drucks. 14/1246 S. 7). Die dort erwähnten Baufortschrittszahlungen sind ihrer Natur nach häufig keine abschließenden Teilzahlungen, sondern vorläufige Abschlagszahlungen. Dementsprechend kann die unbefriedigende Situation entstehen, dass der Hauptunternehmer nur vorläufige Zahlungen erhält, jedoch dadurch die Fälligkeit der Schlussvergütung des Nachunternehmers ausgelöst wird, der Hauptunternehmer die erhaltenen Abschläge abrechnen und ggf. zurück zahlen muss. Es ist daher zweifelhaft, ob § 641 Abs. 2 BGB wirklich auf Abschlagszahlungen, die der Hauptunternehmer erhält, anwendbar ist (PWW/Halfmeier/Leupertz, § 641 BGB Rdn. 11; a. A. Kniffka, ZfBR 2000, 227, 231; Schubert, ZfBR 2005, 219, 220 f.).

d) Abnahme durch den Dritten (Besteller bzw. Hauptauftraggeber)

18 Statt der Zahlung gemäß § 641 Abs. 2 Satz 1 Nr. 1 BGB genügt nach Satz 1 Nr. 2 die Abnahme der Leistung des Bestellers durch den Dritten, ersatzweise auch jeder Sachverhalt, der zu einer Abnahmefiktion führt. Durch diese neu eingefügte Alternative wird die Nachunternehmervergütung auch dann fällig, wenn zwar keine Zahlung des Hauptauftraggebers erfolgt ist, im dortigen Verhältnis die Leistung aber abgenommen wurde (OLG Brandenburg, Urt. v. 10.6.2020 – 11 U 120/17 in viergliedriger Leistungskette; vgl. für eine solche Fallgestaltung OLG Naumburg, Urt. v. 8.2.2013 – 1 U 76/12: Abnahmeerklärung in der gesamten Leistungskette; u. E. zweifelhaft, weil die Leistung in den Kettengliedern nicht identisch sein muss). Dadurch ist *eine* Ungereimtheit der früheren Fassung des Abs. 2 beseitigt. Die Leistung des Unternehmers konnte zwar abnahmefähig und vom Dritten auch abgenommen worden sein; solange der Dritte aber nicht bezahlt hatte, führte dies allein noch nicht zur Fälligkeit der Unternehmervergütung. Eine systembedingte Schwäche der neuen Regelung besteht aber darin, dass die Fälligkeit der Nachunternehmervergütung von der Abnahme seiner inhaltlich u. U. nicht identischen Leistung abgekoppelt bleibt. Es ist deshalb ohne weiteres möglich, dass die Leistung des Hauptunternehmers abgenommen wurde, während die Leistung des Nachunternehmers wegen wesentlicher Mängel nicht abnahmefähig ist (OLG Celle, Urt. v. 28.5.2014 – 14 U 171/13; vgl. Hildebrandt, BauR 2009, 4, 9). Aber auch in diesem Fall hilft dem Nachunternehmer die Fälligkeit seines Vergütungsanspruchs nach § 641 Abs. 2 Satz 1 Nr. 2 BGB nur bedingt, weil der Hauptauftragnehmer ihm seine Mängelrechte, nunmehr insbesondere auch sein Leistungsverweigerungsrecht gemäß § 641 Abs. 3 BGB entgegenhalten kann. Anzumerken ist allerdings, dass der Unternehmer, sofern seine Leistung abnahmefähig ist, auch selbst die Abnahme nach § 640 Abs. 2 BGB und damit die Fälligkeit seiner Vergütung herbeiführen kann. Entsteht durch (unberechtigte) Ersatzvornahme im Verhältnis zwischen Besteller und Hauptunternehmer ein Abrechnungsverhältnis, welches zur Fälligkeit der Hauptunternehmervergütung führt, so führt dies auch zur Fälligkeit der Subunternehmervergütung (OLG Bamberg, Urt. v. 3.3.2015 – 8 U 31/14).

e) Fruchtloser Fristablauf

19 Mit § 641 Abs. 2 Satz 1 Nr. 3 BGB wurde durch das Forderungssicherungsgesetz ein weiterer Tatbestand geschaffen, der zur Fälligkeit der Vergütung des Nachunternehmers führt. Die Fälligkeit tritt ein, sofern eine vom Nachunternehmer dem Besteller gesetzte Frist zur Auskunft über die in den Nummern 1 und 2 bezeichneten Umstände fruchtlos abgelaufen ist. Die Regelung geht davon aus, dass der Unternehmer regelmäßig keine Kenntnis davon haben wird, ob und in welchem Umfang der Hauptauftraggeber des Bestellers Zahlungen geleistet hat (Nr. 1). Häufig wird er auch nicht wissen, ob die Leistung des Bestellers durch den Dritten abgenommen worden ist bzw. die Voraussetzungen für eine Abnahmefiktion vorliegen (Nr. 2). Der Eintritt der Fälligkeit nach dieser Vorschrift hängt von dem Ablauf der gesetzten, angemessenen Frist ab. Da der Besteller die auskunftspflichtigen Umstände ohne weiteres kennt, hierzu weder keine zeitaufwändigen Recherchen anstellen oder aufwändig Unterlagen sichten und prüfen muss, wird man eine relativ kurze Frist (eine Woche) für angemessen halten können (vgl. Leinemann, NZBau 2009, 3745, 3747: sechs Tage). Ein selbständig klagbarer Auskunftsanspruch wird durch § 641 Abs. 2 Satz 1 Nr. 3 BGB jedoch nicht geschaffen. Das ist nach der Gesetzessystematik auch

Fälligkeit der Vergütung **§ 641**

nicht erforderlich. Es handelt sich um eine gesetzliche Obliegenheit des Bestellers (Hauptunternehmer). Im Falle der erfolglosen Fristsetzung tritt die Fälligkeit der Vergütung ohne weiteres ein. Im Falle unzutreffender Auskünfte kommen Schadensersatzansprüche nach § 280 BGB in Betracht (Palandt/Sprau, § 641 BGB Rdn. 8). Unproblematisch ist die Regelung gleichwohl nicht: Eine falsche Auskunft kann der Unternehmer kaum überprüfen. Deshalb mag die Annahme, dass eine unklare oder eine falsche Auskunft die Fälligkeit auslöst, für sich genommen richtig sein (Leinemann, NZBau 2009, 3745, 3747 f.; zweifelnd Hildebrandt, BauR 2009, 4, 9). In den meisten Fällen wird der Unternehmer dies allerdings nur schwer nachweisen können, also auf gerichtliche Hilfe angewiesen sein. Selbst bei einer sachlich zutreffend erteilten Auskunft bleiben Unsicherheiten. Ob die Leistung des Bestellers infolge einer von diesem dem Dritten gesetzten Frist nach § 640 Abs. 2 BGB (oder nach § 12 Abs. 5 Nr. 1 und 2 VOB/B) als abgenommen gilt, unterliegt einer rechtlichen Beurteilung. Entsprechendes gilt für eine vom Dritten geleistete Teilzahlung, sofern Streit darüber besteht, ob sie der Nachunternehmerleistung gilt. Die damit verbundenen Fragen würden in einem Rechtsstreit langwierig zu klären sein (PWW/Halfmeier/Leupertz, § 641 BGB Rdn. 13). Im Falle gerichtlichen Auseinandersetzung wird der Unternehmer mit einer von ihm nach § 640 Abs. 2 BGB zur Abnahme gesetzten Frist regelmäßig eher an das Ziel gelangen. Eindeutig ist nur der Fall, dass sich der Besteller überhaupt nicht äußert. Dann tritt die Fälligkeit der Nachunternehmervergütung ein.

f) Auswirkungen auf das Leistungsverweigerungsrecht des Hauptunternehmers

aa) Zweck des Gesetzes

Die frühere Fassung des § 641 Abs. 2 BGB ergab ihren Sinn aus einer Besserstellung des 20 Unternehmers gegenüber der ansonsten bestehenden Rechtslage. Das Gesetz regelt den Anspruch des Unternehmers auf Schlussvergütung nach Fertigstellung seiner Arbeiten. In diesem Fall steht dem Unternehmer seine Vergütung zu, wenn die Leistung abgenommen ist, § 641 Abs. 1 BGB. Ist sie abnahmereif erbracht, hat der Unternehmer einen Anspruch auf Abnahme, § 640 Abs. 1 BGB. Verweigert der Besteller die Abnahme zu Unrecht, kann der Unternehmer eine angemessene Frist dazu setzen. Danach wird die Abnahme fingiert, § 640 Abs. 2 BGB. Der Unternehmer kann also seinen Vergütungsanspruch auch ohne § 641 Abs. 2 BGB durchsetzen. Auf die Frage, ob sein Besteller (Hauptunternehmer) eine Vergütung erhalten hat, kommt es nicht an. Auch kommt es nicht auf die Frage an, ob die Leistung des Hauptunternehmers abgenommen ist. Der Sinn der mit dem Gesetz zur Beschleunigung fälliger Zahlungen eingeführten von diesem Modell abweichenden Durchgriffsfälligkeit erschloss sich durch den offenbar verfolgten Zweck, eine Zahlungsverpflichtung des Hauptunternehmers auch dann entstehen zu lassen, wenn die Leistung des Unternehmers mangelhaft ist. Aus der Begründung zum Gesetz zur Beschleunigung fälliger Zahlungen geht hervor, dass der Gesetzgeber es für rechtsmissbräuchlich hielt, wenn der Hauptunternehmer sich auf Mängel und auf eine Abnahmeverweigerung beruft, wenn er für vom Unternehmer erbrachte Leistung vom Dritten Zahlungen erhalten hat (BT-Drs. 14/1246 S. 7).

Mit dem Forderungssicherungsgesetz wird durch die Änderung von § 641 Abs. 3 BGB die 21 Rückkehr zu den ursprünglichen gesetzgeberischen Vorstellungen und damit aber auch die Abkehr von einer wirklich scharfen Durchgriffsfälligkeit eingeläutet. Unter Hinweis auf Literatur und Rechtsprechung (OLG Nürnberg, Urt. v. 10.7.2003 – 13 U 1322/03; auch OLG Bamberg, Urt. v. 27.3.2008 – 1 U 164/07), die das Leistungsverweigerungsrecht wegen Mängeln auch unter der Geltung des § 641 Abs. 2 BGB a. F. forderten, nimmt der Gesetzgeber an, dass die Fälligkeit aufgrund der Regelungen in § 641 Abs. 2 BGB keine weiter reichenden Wirkungen haben könne als die durch eine förmliche Abnahme ausgelöste Fälligkeit; allein das sei ein gewichtiges Argument für ein entsprechendes Leistungsverweigerungsrecht des Hauptunternehmers (BT-Drs. 16/511, S. 16; hierzu BGH, Urt. 1.8.2013 – VII ZR 75/11 Rdn. 19 ff.). Dadurch, dass dem Hauptunternehmer das Leistungsverweigerungsrecht wegen Mängeln zugestanden wird, werden dem Unternehmer die möglichen Vorteile einer Durchgriffsfälligkeit weitgehend genommen. Der Hauptunternehmer kann im Falle von Mängeln sein Leistungsverweigerungsrecht in Höhe des Doppelten der Mängelbeseitigungskosten ausüben und den fällig gewordenen Vergütungsanspruch damit empfindlich kürzen (LG Arnsberg, Urt. v. 18.5.2016 – 1 O 267714).

bb) Anwendungsfälle

Der Anspruch des Nachunternehmers wird unter den genannten Voraussetzungen unabhängig 22 davon fällig, ob der Hauptunternehmer die Leistung abgenommen hat. Da diese ersetzt

§ 641

wird, kann gegenüber dem fällig gewordenen Teil nicht eingewandt werden, die Leistung sei nicht abnahmereif erbracht worden. Das bedeutet, dass der Hauptunternehmer die Leistung grundsätzlich selbst dann nicht vollständig verweigern darf, wenn sie mit erheblichen Mängeln behaftet ist.

23 Klar ist nunmehr, dass dem Hauptunternehmer das Leistungsverweigerungsrecht aus § 641 Abs. 3 BGB nach dem geänderten Wortlaut („Fälligkeit" statt „Abnahme") verbleibt, so wie es ihm auch zustünde, wenn er die Leistung abgenommen hätte. Das ist konsequent. Das gilt selbst dann, wenn der Dritte den Hauptunternehmer vollständig vergütet hat. Denn durch die Bezahlung verliert der Besteller nicht seine Mängelansprüche. Der Hauptunternehmer muss im Übrigen damit rechnen, dass der Hauptauftraggeber später die Abnahme verweigert und seinerseits gegenüber einer Schlusszahlungsforderung sein Leistungsverweigerungsrecht geltend macht. Zwar kann der Hauptunternehmer den auf den Ersatz der Mängelbeseitigungskosten gerichteten Schadensersatz nicht mehr geltend machen, wenn feststeht, dass der Hauptunternehmer von seinem (Haupt-)Auftraggeber wegen des Mangels nicht mehr belangt wird oder belangt werden kann (BGH, Beschl. v. 20.12.2010 – VII ZR 95/10 Rdn. 2; Urt. v. 28.6.2007 – VII ZR 81/06; im Übrigen → § 634 Rdn. 95). Das davon zu unterscheidende Leistungsverweigerungsrecht verbleibt dem Hauptunternehmer aber auch dann, wenn der Besteller den Hauptunternehmer zwar nicht mehr in Anspruch nehmen kann, eine Mängelbeseitigung aber immer noch möglich ist. Erst dann, wenn der Besteller die Beseitigung des Mangels nicht mehr zulässt, wird dem Nachunternehmer eine Beseitigung des Mangels unmöglich, entfällt also auch das Leistungsverweigerungsrecht des Hauptunternehmers gegenüber dem Nachunternehmer (BGH, Urt. 1.8.2013 – VII ZR 75/11 Rdn. 26).

24 Durch die Regelung des § 641 Abs. 2 BGB gehen auch die Mängelansprüche des Hauptunternehmers nicht verloren. Er kann also seinen Nacherfüllungsanspruch aktiv verfolgen. Fraglich ist, ob er mit auf Zahlung gerichteten Mängelansprüchen aufrechnen kann. Da das Gesetz nur die Fälligkeit des Anspruchs regelt, dürfte dem nichts entgegenstehen. Hat also der Hauptunternehmer die volle Vergütung erlangt und kann er Vorschuss verlangen, kann er auch aufrechnen. Der Nachunternehmer ist dadurch geschützt, dass der Vorschuss zur Mängelbeseitigung verwendet werden muss, wodurch der vom Gesetz beabsichtigte Durchgriff gewährleistet ist. Der Hauptunternehmer kann auch mit Schadensersatzansprüchen aufrechnen. Es ist jedoch sehr fraglich, ob er den Schaden allein nach den Mängelbeseitigungskosten berechnen darf, wenn der Besteller keine Mängelbeseitigung fordert (vgl. dazu Kniffka, BauR 1998, 55, 56).

g) Sicherheitsleistung

25 Hat der Hauptunternehmer seinem Besteller Sicherheit wegen der Mängel geleistet, wird die Vergütung nur fällig, wenn auch der Nachunternehmer Sicherheit in entsprechender Höhe leistet. Das Gesetz differenziert nicht zwischen Sicherheiten, die anlässlich der Zahlung der Vergütung vereinbart werden oder von vornherein vereinbarten Sicherheiten. Hat der Besteller mit dem Hauptunternehmer z. B. vereinbart, dass Zahlungen durch eine Erfüllungsbürgschaft abgesichert werden, muss auch der Nachunternehmer eine Erfüllungsbürgschaft leisten, um die durchgestellte Fälligkeit zu erreichen. Analog gilt das für eine Gewährleistungsbürgschaft. Fraglich ist, in welcher Höhe die Sicherheit durch den Nachunternehmer geleistet werden muss. Nach der unklaren Formulierung „Sicherheit in entsprechender Höhe" kommen zwei Alternativen in Betracht. Die Sicherheit muss in der Höhe geleistet werden, in der sie auch der Hauptunternehmer geleistet hat; oder die Sicherheit muss in einer dem Leistungsanteil des Nachunternehmers entsprechenden Höhe geleistet werden. Für beide Lösungen gibt es Argumente. Der Hauptunternehmer hat ein Interesse daran, dass Sicherheit in der Höhe geleistet wird, die er dem Besteller gegeben hat. Denn er muss damit rechnen, dass wegen eines vom Nachunternehmer produzierten Mangels aus dieser Sicherheit voll in Anspruch genommen wird. Der Nachunternehmer hat hingegen Interesse daran, dass die Sicherheit nur in einer seinem Leistungsanteil entsprechenden Höhe gegeben wird, weil er sonst überfordert sein könnte. Für eine nur beschränkte Sicherheit spricht zudem, dass eine Absicherung in voller Höhe durch jeden Nachunternehmer zu einer Übersicherung führen kann.

h) Subsidiäre Regelung

26 Die Fälligkeitsregelung greift nur dann ein, wenn die Fälligkeit nicht anderweitig ausgelöst wurde, z. B. durch eine Abnahme des Hauptunternehmers.

Fälligkeit der Vergütung §641

3. Leitbildcharakter

Die Regelungen des § 641 Abs. 2 BGB zur Durchgriffsfälligkeit dürften zu den Leitbildern 27
des Werkvertragsrechts gehören und deshalb in Allgemeinen Geschäftsbedingungen des Bestellers nicht zu Lasten des Unternehmers abdingbar sein. Sie gelten auch beim VOB-Vertrag (→ § 650g BGB Rdn. 40 ff.).

IV. Schlussrechnung

1. Schlussrechnung und Prüfbarkeit keine Fälligkeitsvoraussetzungen im Werkvertrag

Das Gesetz sieht für den Bauvertrag i. S. v. § 650a BGB als weitere Fälligkeitsvoraussetzung 28
die Erteilung einer Schlussrechnung nach § 650g Abs. 4 BGB vor (→ § 650g BGB Rdn. 32). Infolge der Verweisung auf das Bauvertragsrecht gilt das Schlussrechnungserfordernis nunmehr auch beim Verbraucherbauvertrag, beim Architekten- und Ingenieurvertrag und beim Bauträgervertrag. Für Werkverträge, die keine Bauverträge in diesem Sinne sind, wird die Vergütung ohne Erteilung einer Rechnung fällig, wie dies für den BGB-Vertrag nach früherem Recht galt (BGH, Urt. v. 18.12.1980 – VII ZR 41/80; Urt. v. 22.4.1982 – VII ZR 191/81; OLG Frankfurt, Urt. v. 31.3.1999 – 7 U 113/90; OLG Dresden, Urt. v. 14.10.2005 – 18 U 2297/04; OLG Frankfurt, Urt. v. 12.12.2014 – 24 U 184/13; OLG Braunschweig, Beschl. v. 18.8.2017 – 8 U 14/17). Praktisch sind dies neben allen anderen Werkverträgen auch die „kleinen" Bauverträge sowie die Instandhaltungen und Instandsetzungen, die für das Gebäude nicht von wesentlicher Bedeutung sind, also von § 650a Abs. 2 BGB nicht erfasst werden (vgl. zur Abgrenzung Kniffka, BauR 2017, 1781 f.) → § 650a BGB Rdn. 25 ff. Das hat vor allem Bedeutung für die Verjährung. Diese beginnt dort in dem Zeitpunkt, in dem der Unternehmer die Abnahme kennt.

Zwischen Unternehmer und Besteller kann individuell vereinbart werden, dass die Fälligkeit 29
der Werklohnforderung von der Erteilung einer Schlussrechnung abhängt. Eine solche Vereinbarung kann im Einzelfall auch stillschweigend zustande kommen, wenn die Parteien sich darauf geeinigt haben, dass die Rechnung auf der Grundlage eines Aufmaßes erstellt und auch erst mit ihrer Vorlage fällig werden soll (BGH, Urt. v. 6.10.1988 – VII ZR 367/87). Anhaltspunkte für eine stillschweigende Fälligkeitsvereinbarung dieser Art können sich aus den Abrechnungsmodalitäten und deren praktischer Handhabung ergeben (BGH, Urt. v. 6.10.1988 – VII ZR 367/87; OLG Frankfurt; Urt. v. 12.8.2004 – 26 U 77/03; OLG Düsseldorf, Urt. v. 21.6.2011 – 21 U 119/10). Diese Rechtsprechung darf aber nicht dahin missverstanden werden, dass bei jeder abzurechnenden Leistung die Vorlage einer Rechnung stillschweigend als Fälligkeitsvoraussetzung vereinbart ist.

Unabhängig von dem durch § 650g Abs. 4 BGB normierten Schlussrechnungserfordernis 30
hatte der zum Vorsteuerabzug berechtigte Besteller aus § 242 BGB i. V. m. § 14 Abs. 2 Satz 1 Nr. 2, Satz 2 UStG im Einzelfall einen Anspruch auf Erteilung einer den steuerrechtlichen Anforderungen genügenden Rechnung, so dass der Besteller gegen den – bereits fälligen – Schlussvergütungsanspruch ein Zurückbehaltungsrecht nach § 273 Abs. 1 BGB ausüben konnte (BGH, Urt. v. 24.2.1988 – VIII ZR 64/87; BGH, Urt. v. 2.12.1992 – VIII ZR 50/92). U. U. macht sich der Unternehmer, der verspätet die steuerbare Rechnung ausstellt, auch schadensersatzpflichtig (Staudinger/Peters, Bearb. 2019, § 641 BGB Rdn. 26).

Ob aber eine vom Besteller verwendete vorformulierte Vertragsklausel, die die Erteilung 31
einer prüfbaren Schlussrechnung zur zusätzlichen Fälligkeitsvoraussetzung macht, einer Inhaltskontrolle standhält, ist zweifelhaft. Die Frage ist höchstrichterlich nicht geklärt. Zweifelhaft ist auch, ob eine vom Unternehmer vorformuliert verwendete Vertragsklausel, wonach die Fälligkeit der Schlussforderung von der Erteilung einer Rechnung abhängig sein soll, wirksam ist (für eine unangemessene Benachteiligung OLG Stuttgart, Urt. v. 15.9.1993 – 9 U 90/93, NJW-RR 1994, 17). Die Klausel führt nämlich mangels einer § 14 Abs. 4 VOB/B vergleichbaren Regelung dazu, dass der Unternehmer den Beginn der Verjährung seiner Vergütungsforderung abweichend vom Gesetz selbst bestimmen könnte (vgl. BGH, Urt. v. 18.12.1980 – VII ZR 41/80).

2. Rechnung als Schlüssigkeitsvoraussetzung

Der Umstand, dass eine Schlussrechnung außerhalb des Anwendungsbereichs von § 650g 32
Abs. 4 BGB (→ Rdn. 30) keine Fälligkeitsvoraussetzung ist, darf nicht zu dem Schluss verleiten, für die Durchsetzung der Forderung sei eine solche nicht notwendig. Ohne eine prüfbare

§ 641
Fälligkeit der Vergütung

Abrechnung wird in vielen Fällen der Vergütungsanspruch nicht schlüssig darzulegen sein. Ist zur Beurteilung der Schlüssigkeit eine prüfbare Abrechnung notwendig, muss diese also spätestens im Prozess vorgelegt werden (BGH, Beschl. v. 14.6.2007 – VII ZR 230/06). Nach der Rechtsprechung der Oberlandesgerichte sind an die schlüssige Darlegung einer Vergütung eines BGB-Einheitspreisvertrages dieselben Anforderungen zu stellen wie an die Prüfbarkeit einer Schlussrechnung im VOB-Vertrag (OLG Hamm, Urt. v. 25.3.1996 – 17 U 117/94; OLG Celle, Urt. v. 6.3.1997 – 14 U 93/96). Die objektiven Anforderungen an die Prüfbarkeit wären dann § 14 Abs. 1 VOB/B zu entnehmen (→ § 650g BGB Rdn. 32). Die Rechtsprechung zur Prüfbarkeit kann jedoch nicht unbesehen übernommen werden. § 14 Abs. 1 VOB/B mag als Leitlinie dessen gelten, was in einem (komplexen) Bauvertrag notwendig ist, um den Werklohn schlüssig darzulegen. Es kommt jedoch auf den Einzelfall an. Die Anforderungen an die Schlüssigkeit richten sich nach den allgemeinen Grundsätzen. Danach ist ein Sachvortrag schlüssig, wenn Tatsachen vorgetragen werden, die in Verbindung mit einem Rechtssatz geeignet und erforderlich sind, das geltend gemachte Recht zu begründen. Die Angabe näherer Einzelheiten ist grundsätzlich nur dann erforderlich, wenn diese für die Rechtsfolgen von Bedeutung sind (BGH, Urt. v. 21.1.1999 – VII ZR 398/97; Urt. v. 19.5.2011 – VII ZR 24/08).

33 Ein Verzug des Bestellers mit der Zahlung der Vergütung ist zu verneinen, wenn er mangels prüfbarer Abrechnung nicht in der Lage war, seine Zahlungspflicht zu beurteilen. Denn dann hat er die Versäumung der Zahlung nicht zu vertreten (BGH, Urt. v. 12.7.2006 – X ZR 157/05; Urt. v. 20.10.1988 – VII ZR 302/87; OLG Frankfurt, Urt. v. 11.4.1997 – 7 U 273/93).

3. Prozessuale Besonderheiten

a) Endgültige Klageabweisung mangels schlüssiger Darlegung der Werklohnforderung

34 Außerhalb des Anwendungsbereichs von § 650g Abs. 4 BGB ist die Prüfbarkeit einer Schlussrechnung keine Fälligkeitsvoraussetzung. Das sind also Werkverträge, die keine Bau-, Verbraucherbau-, Architekten- und Ingenieurverträge sowie Bauträgerverträge sind (→ Rdn. 28). Allerdings sind die für die Prüfbarkeit einer Schlussrechnung entwickelten Grundsätze weitgehend identisch mit den Voraussetzungen für die schlüssige Darlegung des Werklohnanspruchs. Ist der Werklohnanspruch nicht schlüssig dargelegt, wird die Klage nach dem meist gebotenen richterlichen Hinweis abgewiesen. Hat der Unternehmer eine Werklohnforderung aus einem Werkvertrag geltend gemacht, ist die Klageabweisung in der Regel endgültig. Der Besteller hat keine Gelegenheit, mit einer neuen Schlussrechnung den Werklohn nochmals geltend zu machen. Denn mit der Klageabweisung ist rechtskräftig entschieden, dass der Werklohnanspruch nicht besteht. Das gilt auch dann, wenn die Prüfbarkeit an sich Fälligkeitsvoraussetzung ist, der Besteller den Einwand fehlender Prüfbarkeit jedoch nicht erhoben hat (BGH, Beschl. v. 14.6.2007 – VII ZR 230/06). Der Unternehmer hat dann keinen Anspruch auf Abweisung der Klage als derzeit unbegründet. Er muss in dem Prozess die Substantiierung herbeiführen, möglicherweise durch eine an den vertraglichen Voraussetzungen orientierte Abrechnung (BGH, Beschl. v. 14.6.2007 – VII ZR 230/06; vgl. ferner Urt. v. 27.1.2011 – VII ZR 41/10).

35 Zu beachten ist jedoch, dass der Richter bei ausreichender Schätzungsgrundlage im BGB-Vertrag die dem Besteller zustehende Vergütung gem. § 287 ZPO schätzen muss (BGH, Urt. v. 12.2.2003 – X ZR 62/01; Urt. v. 13.5.2004 – VII ZR 424/02; Urt. v. 17.6.2004 – VII ZR 337/02; Urt. v. 8.12.2005 – VII ZR 50/04; Urt. v. 22.12.2005 – VII ZR 316/03). Die Abweisung der Klage ist danach ausgeschlossen, wenn die Darlegung nicht den Anforderungen entspricht, jedoch ausreichend genug ist, einen Mindestbetrag an Vergütung zu schätzen, der dem Unternehmer unter Berücksichtigung der zu seinen Lasten gehenden Darlegungsdefizite zustehen muss.

36 Sofern die Vorlage einer prüfbaren Schlussrechnung Fälligkeitsvoraussetzung ist, darf die Klage im Falle fehlender Prüfbarkeit nur als derzeit unbegründet abgewiesen werden. Das gilt namentlich für all die Verträge, auf die § 650g Abs. 4 BGB anzuwenden ist, und den VOB-Vertrag (→ Rdn. 95).

b) Hinweispflicht des Gerichts

37 Das Gericht muss darauf hinweisen, wenn der Sachvortrag zur Schlussrechnungsforderung unschlüssig ist. Es hat dem Unternehmer Gelegenheit zur Ergänzung seines Sachvortrags zu geben. Der gerichtliche Hinweis muss so gestaltet sein, dass der Unternehmer weiß, welche Darlegung fehlt. Diese Anforderungen gelten auch dann, wenn der Unternehmer anwaltlich

Fälligkeit der Vergütung **§ 641**

vertreten ist, der Rechtsanwalt die Rechtslage jedoch verkennt (BGH, Urt. v. 27.10.1998 – X ZR 116/97; Urt. v. 21.1.1999 – VII ZR 269/97; Urt. v. 11.2.1999 – VII ZR 399/97); andernfalls liegt ein Verstoß gegen Art. 103 Abs. 1 GG vor (BGH, Beschl. v. 28.9.2006 – VII ZR 103/05). Diese Hinweispflicht muss das Gericht besonders ernst nehmen. Die Hinweise sind nach § 139 Abs. 4 ZPO aktenkundig zu machen. Hat die Partei den Hinweis erkennbar falsch verstanden, so ist er vom Gericht zu präzisieren (BGH, Urt. v. 27.10.1998 – X ZR 116/97; Urt. v. 21.1.1999 – VII ZR 269/97; Urt. v. 11.2.1999 – VII ZR 399/97).

c) Vorlage einer neuen Schlussrechnung

Legt der Unternehmer beim BGB-Werkvertrag außerhalb des Anwendungsbereichs von § 650g Abs. 4 BGB zum Zwecke der Substantiierung der Werklohnforderung eine neue Schlussrechnung vor, liegt darin keine Klageänderung. Denn der Streitgegenstand ist die Werklohnforderung. Er ändert sich nicht dadurch, dass eine neue Rechnung vorgelegt wird. Das ist vom Bundesgerichtshof wiederholt zur Vorlage einer neuen Rechnung beim VOB-Vertrag entschieden worden (BGH, Urt. v. 4.7.2002 – VII ZR 103/01; Urt. v. 9.10.2003 – VII ZR 335/02; Urt. v. 18.12.2003 – VII ZR 124/02) und ist auch für den BGB-Vertrag und ebenso für eine neue Architektenschlussrechnung (OLG Bamberg, Urt. v. 26.8.2009 – 3 U 290/05) zu beachten. Entgegenstehende Entscheidungen der Instanzgerichte (z. B. OLG Naumburg, Urt. v. 22.6.1999 – 11 U 234/98) sind falsch. Die neue Rechnung muss deshalb in der ersten Instanz grundsätzlich berücksichtigt werden. Unberührt bleiben allerdings die zivilprozessualen Verspätungsregelungen. Jedoch wird in aller Regel ein ausreichender Entschuldigungsgrund im Sinne des § 296 Abs. 1 und 2 ZPO vorliegen, wenn der Unternehmer davon ausgegangen ist, dass seine Rechnung schlüssig bzw. prüffähig ist. **38**

Legt der Unternehmer nach der Klageabweisung erst mit der Berufung eine neue Rechnung vor, kann diese neue Tatsache nicht aus prozessualen Gründen als verspätet zurückgewiesen werden, wenn diese Rechnung Fälligkeitsvoraussetzung ist. Die Schlussrechnung ist beim Bauvertrag (§ 650g BGB Rdn. 32) und beim VOB-Vertrag (→ Rdn. 95) Fälligkeitsvoraussetzung; das kann bei entsprechenden Parteivereinbarungen auch beim einfachen Werkvertrag, der kein Bauvertrag ist, zutreffen (vgl. aber → Rdn. 29). Da die Prozesspartei nicht verpflichtet ist, zur Vermeidung von Prozessnachteilen die materiellen Voraussetzungen frühzeitig zu schaffen, kann die neue Rechnung in einem neuen Prozess oder im Berufungsverfahren mit der Berufungsbegründung weitgehend sanktionslos vorgelegt werden (→ § 650g BGB, Rdn. 69). Möglich ist unter Umständen eine Kostenentscheidung nach § 97 Abs. 2 Satz 2 ZPO (vgl. OLG Frankfurt/Main, Urt. v. 21.4.1999 – 9 U 48/98). **39**

Wird eine vorhandene Rechnung lediglich erläutert oder präzisiert, ohne dass die Abrechnungsstruktur grundlegend verändert wird, so handelt es sich nicht um ein neues Angriffsmittel (vgl. BGH, Urt. v. 26.6.2003 – VII ZR 281/02). **40**

d) Teilweise Schlüssigkeit der Klage

Soweit die Schlussrechnung nur in Teilen den Anforderungen an einen schlüssigen Klagevortrag nicht genügt, kann die Klage nicht insgesamt abgewiesen werden, sondern nur in den Punkten, die nicht hinreichend substantiiert wurden. Es verhält sich bei der Beurteilung der Schlüssigkeit grundsätzlich genauso wie bei der Prüfbarkeit beim i. S. v. § 650g Abs. 4 BGB bzw. beim VOB-Vertrag: Die Klage darf nicht insgesamt mangels Prüffähigkeit einer Rechnung abgewiesen werden, wenn nur in der Berechnung voneinander unabhängige Teilleistungen – eine von mehreren – nicht prüffähig abgerechnet sind (BGH, Urt. v. 27.11.2003 – VII ZR 288/02; BGH, Urt. v. 17.9.1998 – VII ZR 160/96). Hat der Unternehmer für den vollen Vergütungsanspruch nach § 649 Satz 2 BGB Umsatzsteuer verlangt, durfte die Klage nur wegen der Umsatzsteuer abgewiesen werden, wenn die Abrechnung nur in dem Punkt nicht schlüssig ist, inwieweit die fehlende Ersparnis sich auf erbrachte und nicht erbrachte Leistungen bezieht (BGH, Urt. v. 8.7.1999 – VII ZR 237/98). Die Entscheidung dürfte heute anders ausfallen, da dieser Vergütungsanspruch von vornherein nicht steuerbar ist (BGH, Urt. v. 22.11.2007 – VII ZR 83/05). **41**

e) Vorrangige Einwendungen

Rügt der Besteller die fehlende Schlüssigkeit der Schlussrechnung und erhebt er daneben weitere Einwendungen bzw. Einreden, ist die Klage in jedem Fall als unbegründet abzuweisen. Da auch die Abweisung wegen der fehlenden Schlüssigkeit der Schlussrechnung zu einer vollständigen Klageabweisung und nicht nur zu einer Abweisung als derzeit unbegründet führt **42**

§ 641
Fälligkeit der Vergütung

(→ Rdn. 35), ist – anders als beim Bau- bzw. VOB-Vertrag (→ § 650g BGB Rdn. 71) – auf andere Einwendungen nicht vorrangig abzustellen.

f) Sachprüfung

43 Ist die Forderung durch Vorlage einer Schlussrechnung und eines Aufmaßes soweit substantiiert, dass sich die beanspruchten Beträge aus den dargelegten Teilleistungen und den vereinbarten Preisen und Abrechnungsmodalitäten ableiten lassen, muss in die Sachprüfung und gegebenenfalls eine Beweisaufnahme eingetreten werden. Die formalen Schlüssigkeitsanforderungen an die Schlussrechnung sind den Anforderungen an die Prüfbarkeit beim VOB-Vertrag ähnlich. Sofern die formalen Schlüssigkeitsanforderungen erfüllt sind, ist in die Sachprüfung einzutreten, also die Forderung auf ihre Berechtigung zu überprüfen (vgl. im Einzelnen → § 650g BGB Rdn. 72).

4. Bindung an die Schlussrechnung

44 Eine Bindung des Unternehmers an eine einmal erteilte Schlussrechnung besteht grundsätzlich nicht. Für eine generelle Bindung an die erteilte Rechnung bestehen im Gesetz keine Anhaltspunkte. Im Gegenteil: Vom Besteller vorformulierte Klauseln, die eine Bindung an die eingereichte Schlussrechnung vorsehen, verstoßen gegen § 307 Abs. 1 BGB (vgl. BGH, Beschl. v. 5.6.1997 – VII ZR 54/96). Selbst beim VOB-Vertrag ist der Unternehmer über die in § 16 Abs. 3 Nr. 2 VOB/B enthaltenen Beschränkungen hinaus nicht an seine Schlussrechnung gebunden (BGH, Urt. v. 17.12.1987 – VII ZR 16/87) → § 650g BGB Rdn. 77.

45 Eine Nachforderung verjährt grundsätzlich in der Frist des übrigen Vergütungsanspruchs. Der Vergütungsanspruch wird mit der Abnahme fällig; das gilt auch für zunächst nicht beanspruchte Teile der Vergütung, also auch für Nachforderungen. Regelmäßig wird davon auszugehen sein, dass der Unternehmer auch von den die Nachforderung begründenden Tatsachen Kenntnis bzw. grob fahrlässige Unkenntnis i. S. v. § 199 Abs. 1 Nr. 2 BGB haben wird (→ § 631 BGB Rdn. 877). Nachforderungen verjähren deshalb grundsätzlich in derselben Frist wie die übrige (Schlussrechnungs-) Forderung. Für Nachforderungen aufgrund eines Bauvertrages- oder eines VOB/B-Vertrages, dessen Fälligkeit zusätzlich von der Vorlage einer prüfbaren Schlussrechnung abhängt, ist nach der Rechtsprechung des Bundesgerichtshofs (BGH, Urt. v. 12.2.1970 – VII ZR 168/67) zu beachten, dass auch die Forderungen, die in der erteilten Schlussrechnung nicht enthalten sind, aber hätten enthalten sein können, bereits mit der Vorlage der – unvollständigen – Schlussrechnung fällig werden. In der Folge unterliegt auch die Nachforderung aufgrund eines VOB/B-Vertrages der Verjährung der ursprünglichen Schlussrechnungsforderung. Wird die Schlussrechnungsforderung als Teil eines einheitlichen Anspruchs eingeklagt, hemmt diese Klage die Verjährung nur für diesen Teilanspruch, nicht aber auch für eine nachgeschobene weitere Teilforderung (OLG Hamm, Urt. v. 21.2.2012 – 21 U 93/11).

5. Steuerliche Anforderungen an die Rechnung

46 Die steuerlichen Anforderungen an eine Rechnung sind im Umsatzsteuerrecht geregelt. Nach §§ 14 ff. UStG ist ein Unternehmer, der eine Leistung im Zusammenhang mit einem Grundstück erbringt, verpflichtet ist, innerhalb von sechs Monaten nach Ausführung der Leistung eine Rechnung auszustellen. Wird die Rechnung nicht binnen dieser Frist ausgestellt, kann ein Bußgeld bis zu 5.000 Euro erhoben werden (§ 26a Abs. 1 Nr. 1, Abs. 2 UStG).

47 Die Rechnung muss im Wesentlichen folgende Angaben enthalten (vgl. § 14 Abs. 4 UStG):
1. den vollständigen Namen und die vollständige Anschrift des leistenden Unternehmers und des Leistungsempfängers,
2. die dem leistenden Unternehmer vom Finanzamt erteilte Steuernummer oder die ihm vom Bundeszentralamt für Steuern erteilte Umsatzsteuer-Identifikationsnummer,
3. das Ausstellungsdatum,
4. eine fortlaufende Nummer mit einer oder mehreren Zahlenreihen, die zur Identifizierung der Rechnung vom Rechnungsaussteller einmalig vergeben wird (Rechnungsnummer),
5. die Menge und die Art (handelsübliche Bezeichnung) der gelieferten Gegenstände oder den Umfang und die Art der sonstigen Leistung,
6. den Zeitpunkt der Lieferung oder sonstigen Leistung,

Fälligkeit der Vergütung **§ 641**

7. das nach Steuersätzen und einzelnen Steuerbefreiungen aufgeschlüsselte Entgelt für die Lieferung oder sonstige Leistung (§ 10 UStG),
8. den anzuwendenden Steuersatz sowie den auf das Entgelt entfallenden Steuerbetrag oder im Fall einer Steuerbefreiung einen Hinweis darauf, dass für die Lieferung oder sonstige Leistung eine Steuerbefreiung gilt,
9. einen Hinweis auf die Aufbewahrungspflicht des Leistungsempfängers in den Fällen des § 14b Abs. 1 Satz 5 und
10. in den Fällen der Ausstellung der Rechnung durch den Leistungsempfänger oder durch einen von ihm beauftragten Dritten gemäß § 14 Abs. 2 Satz 2 UStG die Angabe „Gutschrift".

Fehlt eine dieser Angaben, ist die Berechtigung zum Vorsteuerabzug durch den Rechnungsempfänger gefährdet (Rath/Heimer, BauR 2006, 1655, 1658 f.).

Hat der Leistungsempfänger einen Anspruch auf Erteilung einer Rechnung nach § 14 UStG, **48** steht ihm an dem geschuldeten Entgelt bis zur Erteilung der Rechnung ein Zurückbehaltungsrecht nach § 273 BGB zu. Sofern Zweifel daran bestehen, ob die Leistung umsatzsteuerpflichtig ist, kann eine Rechnung mit Umsatzsteuerausweis nur verlangt werden, wenn die Leistung vom Finanzamt bestandskräftig der Umsatzsteuer unterworfen wurde oder einer Klage des Leistungsempfängers auf Feststellung der Steuerpflichtigkeit stattgegeben worden ist (BGH, Urt. v. 26.6.2014 – VII ZR 247/13 m. w. N.).

Die Umkehr der Umsatzsteuerschuldnerschaft ist in § 13b Abs. 5 UStG neu geregelt worden, **49** nachdem der Bundesfinanzhof (Urt. v. 22.8.2013 – V R 37/10) die bisherige Verwaltungspraxis verworfen und eine bauwerksbezogene Betrachtungsweise eingefordert hatte (näher Langer, DStR 2014, 1897 ff.). Sind der Unternehmer und der Bauträger bei einem zwischen ihnen vor Erlass des vorgenannten Urteils des Bundesfinanzhofs abgeschlossenen und durchgeführten Bauvertrag übereinstimmend von der Steuerschuldnerschaft des Bauträgers gem. § 13b Abs. 5 Satz 2 Halbs. 1 UStG 2011 ausgegangen, steht dem Unternehmer aufgrund ergänzender Vertragsauslegung ein Anspruch auf Zahlung des Restwerklohns in Höhe des Umsatzsteuerbetrags zu, wenn der Bauträger die Umsatzsteuer nicht an die Finanzverwaltung abgeführt hat und deshalb für den Unternehmer die Gefahr entsteht, wegen der Heranziehung als Steuerschuldner die Umsatzsteuer entrichten zu müssen (BGH, Urt. v. 10.1.2019 – VII ZR 6/18; ebenso BGH, Urt. v. 17.5.2018 – VII ZR 157/17 für den Fall, dass der Bauträger die Umsatzsteuererstattung geltend macht; zustimmend BFH, Urt. v. 27.9.2018 – V R 49/17). Die Verjährung dieses Anspruchs beginnt in einem solchen Fall gem. § 199 Abs. 1 BGB mit dem Schluss des Jahres, in dem der Anspruch entstanden ist und der Unternehmer davon Kenntnis erlangt oder ohne grobe Fahrlässigkeit erlangen musste. Die für das Entstehen des Anspruchs maßgebliche Gefahr, wegen der Heranziehung als Steuerschuldner die Umsatzsteuer abführen zu müssen, ist jedenfalls nicht vor dem Urteil des Bundesfinanzhofs (Urt. v. 22.8.2013 – V R 37/10) entstanden (BGH, Urt. v. 10.1.2019 – VII ZR 6/18). Mit § 13b Abs. 5 Satz 2 UStG gilt nun wieder vorrangig die Bescheinigung des zuständigen Finanzamts als maßgeblich, welches prüft, ob der Leistungsempfänger ein Unternehmer ist, der seinerseits nachhaltig entsprechende Bauleistungen als Unternehmer erbringt (Bartels, IBR 2014, 525; näher Langer, DStR 2014, 1897, 1899 ff.). Für Übergangsfälle wurde der rückwirkende Vertrauensschutz in § 27 Abs. 19 UStG – verfassungsrechtlich zweifelhaft – eingeschränkt (Details bei Langer, DStR 2014, 1897, 1901 f.). Dies ist insbesondere für Bauträger relevant. Misslich ist nur, dass es nun drei Zeiträume mit unterschiedlichen Rechtslagen gibt (Fleckenstein-Weiland, BB 2014, 2391 ff.).

V. Leistungsverweigerungsrecht

1. Vor der Abnahme

a) Wirkungen des Leistungsverweigerungsrechts

Der Besteller kann die Abnahme verweigern, wenn das Werk wesentliche Mängel aufweist. **50** Die Vergütung wird dann nicht fällig. Insoweit steht dem Besteller das Leistungsverweigerungsrecht nach § 320 Abs. 1 BGB zu. Es besteht keine Abwendungsbefugnis durch Sicherheitsleistung (§ 320 Abs. 1 Satz 3 BGB). Die Verjährung des Erfüllungs- und Nacherfüllungsanspruchs steht dem Leistungsweigerungsrecht nicht entgegen (BGH, Urt. v. 28.5.2020 – VII ZR 108/19, Rdn. 21 ff.; bereits Staudinger/Peters, Bearb. 2019, § 641 BGB Rdn. 23). Eine Vergütungsklage muss vollständig abgewiesen werden; die Klageabweisung hat als derzeit unbegründet zu erfolgen (OLG Frankfurt, Urt. v. 29.9.2014 – 1 U 283/12). Eine Zug um Zug Verurteilung nach § 322 Abs. 1 BGB scheidet aus, weil der Unternehmer vorleistungspflichtig ist. Der Unternehmer konnte bei wesentlichen Mängeln auch nicht auf eine Abschlagsforderung ausweichen, denn sie konnte nach § 632a Abs. 1 Satz 2 BGB a. F. ebenfalls verweigert werden. Dies hat sich durch die Reform des Bauvertragsrechts und durch die Neufassung von § 632a Abs. 1 BGB geändert (→ § 632a BGB Rdn. 54). Beantragt der Besteller im Prozess allerdings nur seine Verurteilung zur Zahlung Zug um Zug gegen Beseitigung der von ihm behaupteten Mängel, stellt er den Vergütungsanspruch außer Streit, so dass er sich nicht mehr auf eine fehlende Abnahme berufen kann. Diese Antragstellung ist für ihn vorteilhaft, wenn es nur noch um die Mängel geht und das Leistungsverweigerungsrecht in Höhe des Werklohnanspruchs besteht. Denn dann trägt der Unternehmer die Kosten des gesamten Verfahrens, weil er wirtschaftlich voll unterliegt. Kommt es nur teilweise zu einer Verurteilung Zug um Zug und ansonsten zu einer uneingeschränkten Kostenteilung, wirkt sich der Antrag des Beklagten immer noch kostensenkend aus (OLG Hamm, Urt. v. 18.10.2005 – 24 U 59/05).

51 Hat ein Besteller, der das Bauwerk letztlich für einen Dritten errichtet (Bauträger), seine Ansprüche auf Erfüllung des Vertrages und auf Mängelrechte an den Dritten abgetreten, so steht ihm das Leistungsverweigerungsrecht nach § 320 Abs. 1 BGB gleichwohl zu. Er kann die Bezahlung des Werklohns verweigern, bis das Bauwerk ordnungsgemäß hergestellt ist (BGH, Urt. v. 26.7.2007 – VII ZR 262/05; Urt. v. 10.10.1994 – VIII ZR 295/93; Urt. v. 22.2.1971 – VII ZR 243/69).

b) Wirkungen des Annahmeverzugs

52 Das Leistungsverweigerungsrecht besteht grundsätzlich auch dann, wenn der Besteller mit der Annahme der Mängelbeseitigung in Verzug ist. Denn durch den Annahmeverzug geht das Recht des Gläubigers grundsätzlich nicht unter, es sei denn, durch das Verhalten des Bestellers wird ein Anspruch verwirkt (vgl. zur Verwirkung BGH, Urt. v. 14.11.2002 – VII ZR 23/02). Daraus folgt, dass der Besteller nicht gehindert ist, die Mängelbeseitigung zu fordern, wenn er sie selbst zunächst nicht zugelassen hat. Das spielt insbesondere in den Fällen eine Rolle, in denen zunächst ein Baustellenverbot ausgesprochen worden ist (häufig nach einer Kündigung) und der Besteller sich mit dem Leistungsverweigerungsrecht verteidigt, wenn er vom Unternehmer auf Zahlung von Werklohn in Anspruch genommen wird (BGH, Urt. v. 24.7.2003 – VII ZR 79/02). Der Annahmeverzug ist beendet, wenn der Besteller sich im Prozess wegen der Mängel auf sein Leistungsverweigerungsrecht beruft und dadurch zu erkennen gibt, dass er zum Zwecke der Mängelbeseitigung das Betreten der Baustelle zulässt (BGH, Urt. v. 8.7.2004 – VII ZR 317/02). Allerdings muss der Besteller dann auch die Mängelbeseitigung zulassen. Er ist jedoch nicht verpflichtet, nur geringfügige Mängelbeseitigungsarbeiten zuzulassen, wenn der größere Umfang der Mängel dadurch nicht beseitigt wird (BGH, Urt. v. 8.7.2004 – VII ZR 317/02).

53 Beruft sich der Besteller in einem solchen Prozess allerdings auf das Leistungsverweigerungsrecht, ohne die Nachbesserung zuzulassen, kann der Besteller die Vergütung „nach Erbringung der Gegenleistung fordern" (§ 322 BGB). Da der Besteller die Mängelbeseitigung nicht zulässt, bleibt er damit im Annahmeverzug. Dieser kann auf Antrag festgestellt werden. Wird den Anträgen stattgegeben, ist die Vollstreckung des auf Zahlung der Vergütung nach Erbringung der Gegenleistung lautenden Urteils sofort nach § 274 Abs. 2 BGB i. V. m. § 756 ZPO möglich (vgl. dazu eingehend BGH, Urt. v. 13.12.2001 – VII ZR 27/00).

2. Nach der Abnahme

a) Umfang des Leistungsverweigerungsrechts

54 Auch nach der Abnahme steht dem Besteller wegen eines Anspruchs auf Mängelbeseitigung ein Leistungsverweigerungsrecht nach § 320 Abs. 1 BGB zu (BGH, Urt. v. 22.2.1971 – VII ZR 243/69). Es ist jedoch im Hinblick darauf, dass der Besteller die Leistung mit der Abnahme als Erfüllung angenommen hat, nicht gerechtfertigt, dem Unternehmer den Anspruch auf die volle Vergütung zu versagen. Vielmehr besteht das Leistungsverweigerungsrecht nur in Höhe eines Betrages, der erforderlich ist, um den Unternehmer zur Nacherfüllung anzuhalten. Dieser Betrag kann nicht auf das Einfache der Mängelbeseitigungskosten beschränkt sein, weil dann nicht genügend Druck auf den Unternehmer ausgeübt wird, die Mängelbeseitigung vorzunehmen. Vielmehr ist es grundsätzlich geboten, das Leistungsverweigerungsrecht in einer die einfachen Mängelbeseitigungskosten übersteigenden Höhe anzusetzen. Mit diesem so genann-

Fälligkeit der Vergütung **§ 641**

ten Druckzuschlag wird der Unternehmer indirekt zur Mängelbeseitigung gezwungen, wenn er nicht erhebliche Abzüge von der Vergütung in Kauf nehmen will.

Das Leistungsverweigerungsrecht nach der Abnahme war mit dem Gesetz zur Beschleunigung fälliger Zahlungen auf das mindestens Dreifache der Mängelbeseitigungskosten festgesetzt worden. 55

Der Gesetzgeber hat diese Fassung des § 641 BGB bei der Schuldrechtsmodernisierung unverändert gelassen, obwohl in den Gesetzesberatungen Kritik an der relativ starren Regelung (Mindesteinbehalt in Höhe des Dreifachen) geübt worden war. 56

Erst mit dem Forderungssicherungsgesetz ist § 641 Abs. 3 BGB dahin geändert worden, dass das Leistungsverweigerungsrecht in angemessener Höhe ausgeübt werden kann, wobei „in der Regel das Doppelte" der Mängelbeseitigungskosten angemessen sein soll. Diese Regelung knüpft an der Rechtsprechung des Bundesgerichtshofs an. Von der Rechtsprechung war schon früher mit Bedacht von der Bestimmung einer Untergrenze abgesehen und diese auch niemals mit dem Dreifachen angegeben worden. Im Gegenteil: Es war stets betont worden, dass die Höhe des Leistungsverweigerungsrechts von den Umständen des Einzelfalles abhängt (BGH, Urt. v. 8.7.1982 – VII ZR 96/81; Urt. v. 9.7.1981 – VII ZR 40/80). 57

Die Neufassung des § 641 Abs. 3 BGB durch das Forderungssicherungsgesetz ermöglicht einen Einbehalt, der in der Regel das Doppelte der Mängelbeseitigungskosten beträgt. Es schafft damit den Mindesteinbehalt (in Höhe des Dreifachen) der früheren Fassung ab. Dadurch soll – in Anlehnung an die Rechtsprechung – die Höhe des Einbehalts von den Umständen des Einzelfalls abhängen, ohne dass ein Mindesteinbehalt festgelegt ist. Maßgeblich für die Bestimmung der Mangelbeseitigungskosten sind die Kosten, die dem Besteller (und nicht dem Unternehmer) im Falle der Ersatzvornahme durch einen Dritten entstünden (BeckOGK/Kögl, Stand: 1.5.2020, § 641 BGB Rdn. 97; ebenso wohl Bamberger/Roth-Voit, § 641 BGB Rdn. 37). 58

Dadurch, dass das Gesetz auf die Angemessenheit des Einbehalts abhebt, soll den Fällen Rechnung getragen werden, bei denen wegen der absoluten Höhe der Mängelbeseitigungskosten selbst das Doppelte zu hoch sein kann, wie auch den Sachverhalten, bei denen der zweifache Einbehalt zu gering ist (BT-Drs. 16/511, S. 16). Damit trägt die Gesetzesänderung dem Umstand Rechnung, dass eine unnötige Festlegung auf eine viel zu hohe Mindestgrenze den Unternehmern bei höheren Mängelbeseitigungskosten und noch hohen offenen Restforderungen schadet, in Fällen der Besteller wegen der Mängel nicht nur das Dreifache, sondern darüber hinaus das Vier- oder Fünffache zurückzubehalten, was einem Missbrauch des Zurückbehaltungsrechts gleich kommen kann (Horsch/Eichberger, BauR 2001, 1024, 1025), jedoch scheinbar vom Gesetz gedeckt oder sogar gewollt ist. 59

Das Leistungsverweigerungsrecht wurde durch die Änderungen infolge des Forderungssicherungsgesetzes nach § 632a Abs. 1 Satz 3 BGB a. F. auch auf Abschlagszahlungen, also auch schon vor der Abnahme anwendbar. Bei wesentlichen Mängeln konnte die Abschlagszahlung insgesamt verweigert werden (§ 632a Abs. 1 Satz 2 BGB a. F.). Mit der Reform des Bauvertrages wurde diese Regelung aufgehoben: Nach § 632a Abs. 1 Satz 2 BGB kann der Besteller einen angemessenen Teil des Abschlags verweigern, wenn die erbrachte Leistung nicht vertragsgemäß ist (§ 632a Abs. 1 Satz 4 BGB). Das gilt bei wesentlichen und bei unwesentlichen Mängeln gleichermaßen. Die §§ 641 Abs. 3, 320 Abs. 1 BGB gewähren ein Leistungsverweigerungsrecht bezüglich von Mängeln aus demselben Vertrag. Vertrag in diesem Sinne soll auch ein Rahmenvertrag sein, auch wenn auf seiner Basis Einzelverträge geschlossen werden; dann kann der Besteller wegen Mängeln eines anderen Bauvorhabens anstelle eines Zurückbehaltungs- (§ 273 BGB) sogar ein Leistungsverweigerungsrecht (§ 320 BGB) besitzen (OLG München, Beschl. v. 20.3.2014/21.5.2014 – 13 U 4423/13 Bau). Ein bloßer Mangelverdacht genügt für ein Leistungs- oder Zurückbehaltungsrecht nicht (OLG Schleswig, Urt. v. 27.4.2018 – 1 U 90/15). 60

b) Wirkung des Leistungsverweigerungsrechts

Materiellrechtlich verhindert das Leistungsverweigerungsrecht in seinem Umfang die Fälligkeit des Anspruchs. Zur Ausübung berechtigt ist der Besteller. Das gilt auch dann, wenn er das Werk einem Dritten verschafft hat, solange er noch Mängelbeseitigung fordern kann (vgl. oben → Rdn. 22 ff.). Der Erwerber von Wohnungseigentum kann auch dann sein Leistungsverweigerungsrecht gegenüber dem Bauträger oder Baubetreuer geltend machen, wenn diese nur subsidiär haften (BGH, Urt. v. 26.7.2007 – VII ZR 262/05; Urt. v. 14.5.1992 – VII ZR 204/90; Urt. v. 8.10.1981 – VII ZR 99/80). Jedenfalls solange andere Erwerber wegen eines Mangels kein Leistungsverweigerungsrecht geltend machen, kann der einzelne Erwerber das 61

§ 641
Fälligkeit der Vergütung

Leistungsverweigerungsrecht mit vollem Druckzuschlag ausüben (BGH, Urt. v. 10.11.1983 – VII ZR 373/82; BGH, Urt. v. 30.4.1998 – VII ZR 47/97). Wenn andere Erwerber wegen desselben Mangels ebenfalls Werklohn zurückhalten, wird die Druckfunktion in aller Regel erreicht, wenn jeder den Werklohn nur anteilig mit einem geringen Zuschlag geltend macht (OLG Stuttgart, Urt. v. 3.7.2012 – 10 U 33/12; OLG Düsseldorf, Beschl. v. 2.3.2010 – 21 W 8/10; Schulze-Hagen, ZWE 2007, 113, 117; Sterner/Fazlic, GE 2013, 722, 723; a. A. OLG Saarbrücken, Urt. v. 22.11.2005 – 4 U 501/04: von vornherein auf Miteigentumsquote beschränkt; a. A. Basty, Rdn. 546: immer unbeschränkt). Diese Grundsätze gelten auch dann, wenn die Wohnungseigentümergemeinschaft die Geltendmachung der Mängelansprüche gemäß § 10 Abs. 6 Satz 3 WEG an sich gezogen hat (OLG Düsseldorf, Urt. v. 2.3.2010 – 21 W 8/10) oder Vorschuss verlangt (OLG Köln, Urt. v. 13.5.2015 – 11 U 96/14; a. A. die Vorinstanz LG Bonn, Urt. v. 20.5.2014 – 7 O 351/13, zustimmend Dötsch, jurisPR-MietR 4/2015 Anm. 6).

62 Prozessual führt das Leistungsverweigerungsrecht zu einer Verurteilung des Bestellers zur Zahlung des Werklohns Zug um Zug gegen die Mängelbeseitigung (grundlegend: BGH, Urt. v. 4.6.1973 – VII ZR 112/71), wenn das Doppelte der Mängelbeseitigungskosten die Höhe des Werklohns erreicht. Der Besteller ist nicht deshalb gehindert, das Leistungsverweigerungsrecht geltend zu machen, weil die Aufklärung der Mängel schwierig und zeitraubend ist (BGH, Urt. v. 31.3.2005 – VII ZR 369/02). Der Werklohn ist nur durchsetzbar, wenn die Mängel beseitigt sind. Ist diese Frage streitig, erfolgt unter Umständen im Verfahren der Zwangsvollstreckung eine weitere Beweisaufnahme durch Einholung eines Gutachtens. Solange die Werklohnforderung von der Mängelbeseitigung abhängt, muss der Besteller den Unternehmer nicht bezahlen, so dass er nicht in Verzug geraten kann. Es ist deshalb auch nicht gerechtfertigt, für den Zug um Zug gegen Mängelbeseitigung ausgeurteilten Werklohn Zinsen zu verlangen (BGH, Urt. v. 4.6.1973 – VII ZR 112/71; Urt. v. 6.5.1999 – VII ZR 180/98). Dabei kommt es materiellrechtlich nicht darauf an, wann der Besteller die Mängel letztlich gerügt hat, denn der Gläubiger kann nicht in Verzug geraten, wenn ihm ein Leistungsverweigerungsrecht „objektiv" zusteht, unabhängig davon, ob er es geltend macht (BGH, Urt. v. 4.6.1973 – VII ZR 112/71; Urt. v. 6.5.1999 – VII ZR 180/98; aus BGH, Urt. v. 5.11.2015 – VII ZR 144/14 folgt nichts anderes, weil sich die Entscheidung mit verjährten Mängelansprüchen und mit § 215 BGB beschäftigt, was zutreffend Hildebrandt/Gersch, BauR 2016, 893, 896 f. herausarbeiten). Die materielle Rechtskraft eines Urteils, mit dem der Besteller zur Zahlung Zug um Zug gegen Beseitigung bestimmter Mängel verurteilt wurde, erstreckt sich nicht auf die dem Leistungsverweigerungsrecht unterliegenden Gegenforderungen (BGH, Urt. v. 19.12.1991 – IX ZR 96/91).

63 Wendet sich der Besteller im Wege der Vollstreckungsgegenklage gegen einen titulierten Werklohnanspruch, so führt das Leistungsverweigerungsrecht zu einer Einschränkung des Titels derart, dass die Zwangsvollstreckung nur Zug um Zug gegen Beseitigung derjenigen Mängel zulässig ist, die das Leistungsverweigerungsrecht begründen (BGH, Urt. v. 14.5.1992 – VII ZR 204/90). Ein derartiges Urteil kann auch dann ergehen, wenn der Kläger uneingeschränkt verlangt hat, die Zwangsvollstreckung aus dem Titel für unzulässig zu erklären, weil in diesem Antrag der Antrag auf Einschränkung des Titels enthalten ist (BGH, a. a. O.).

64 Übersteigt der noch offene Werklohn das Doppelte der Mängelbeseitigungskosten, wird der überschießende Teil mit der Abnahme fällig und kann inklusive Zinsen verlangt und im Wege der Klage durchgesetzt werden. Nur hinsichtlich des Werklohnteils, der dem Doppelten der Mängelbeseitigungskosten entspricht, erfolgt dann eine Verurteilung zur Zahlung (ohne Zinsen) Zug um Zug gegen Mängelbeseitigung. Die Darlegungs- und Beweislast dafür, dass das Leistungsverweigerungsrecht nicht in vollem Umfang der noch offenen Vergütung besteht, trägt der Unternehmer (BGH, Urt. v. 4.7.1996 – VII ZR 125/95). Daran hat sich auch für die Fälle nichts geändert, auf die die Vorschrift in ihrer vorangegangenen Fassung (des Gesetzes zur Beschleunigung fälliger Zahlungen) anzuwenden ist und deshalb das mindestens Dreifache der Mängelbeseitigungskosten als Untergrenze zu berücksichtigen ist (BGH, Urt. v. 6.12.2007 – VII ZR 125/06 Rdn. 17 f.). Ob den Unternehmer konsequenterweise auch dann die Beweislast trifft, wenn der Besteller der Auffassung ist, ein höherer als der doppelte Betrag der Mangelbeseitigungskosten sei angemessen, ist ungeklärt. Sieht man in § 641 Abs. 3 BGB gegenüber § 320 BGB eine eigenständige Regelung, was zweifelhaft ist (wie hier PWW/Halfmeier/Leupertz, § 641 BGB Rdn. 24), so träfe den Besteller die Beweislast (so Bamberger/Roth-Voit, § 641 BGB Rdn. 39). Ein Teilurteil über den unstreitigen oder bewiesenen Teil der Schlussforderung ist nur insoweit zulässig, soweit dieser den vom Leistungsverweigerungsrecht „blockierten" Teil übersteigt (BGH, Urt. v. 16.1.1992 – VII ZR 85/90).

Fälligkeit der Vergütung **§ 641**

Der Unternehmer trägt außerdem das vorprozessuale Risiko, dass die Mängelbeseitigungs- 65
kosten ohne Verschulden vom Besteller fehlerhaft eingeschätzt werden. Solange die Mängelbeseitigungskosten in einem Streit über deren Höhe nicht sachverständig vom Unternehmer untermauert werden, kann der Besteller nicht in Verzug geraten, wenn er die Mängelbeseitigungskosten entschuldbar zu hoch ansetzt und deshalb einen zu hohen Betrag zurückhält. Das ist allerdings kein Freibrief für völlig überzogene Leistungsverweigerungen des Bestellers. Andererseits kann auch der Unternehmer nicht ohne Rücksicht auf die Ungewissheit der Mängelbeseitigungskosten von den formal zustehenden Rechten Gebrauch machen. Verlangt er z. B. Abschlagszahlungen von 7.000 Euro, weil er bei einem unstreitigen Vergütungsanspruch von 10.000 Euro die Mängelbeseitigungskosten durchaus richtig mit 1.000 Euro einschätzt, schätzt der Besteller die Mängelbeseitigungskosten jedoch nachvollziehbar mit 3.000 Euro und begründet er damit die Nichtzahlung, so ist eine Kündigung des Unternehmers nach Fristsetzung wegen unterbliebener Zahlung unberechtigt. Vielmehr muss der Unternehmer in diesem Fall sachverständig untermauern, dass das Leistungsverweigerungsrecht des Bestellers nur in Höhe von 2.000 Euro (2x 1.000 Euro) besteht.

Das Leistungsverweigerungsrecht muss vom Besteller im Prozess geltend gemacht werden. 66
Eine schlüssige Ausübung reicht aus (BGH, Urt. v. 7.10.1998 – VIII ZR 100/97; u. U. reicht der Hinweis, dass der Gläubiger die ihm obliegende Leistung nicht erbringen könne oder wolle nach OLG Hamm, Urt. v. 15.12.1977 – 2 U 212/77; für den Bauträgervertrag OLG Düsseldorf, Beschl. v. 2.3.2010 – 21 W 8/10).

c) Wirkungen des Annahmeverzugs

Für den Fall des Annahmeverzuges des Bestellers gelten die obigen Ausführungen unter 67
→ Rdn. 52 mit der Maßgabe, dass der Unternehmer Vergütung Zug um Zug gegen Mängelbeseitigung verlangen und den Annahmeverzug feststellen lassen kann (OLG Düsseldorf, Urt. v. 28.6.1991 – 22 U 1/91). Es ist trotz der Regelung des § 641 Abs. 3 BGB zulässig, das Leistungsverweigerungsrecht im Annahmeverzug des Bestellers nur auf den einfachen Wert der Mängelbeseitigungskosten festzusetzen (BGH, Beschl. v. 4.4.2002 – VII ZR 252/01; Beschl. v. 22.7.2010 – VII ZR 117/08; OLG Karlsruhe, Urt. v. 24.2.2015 – 8 U 117/12; OLG München, Urt. v. 30.5.2001 – 27 U 700/00; OLG Naumburg, Urt. v. 12.2.1997 – 6 U 305/96). Das gilt auch dann, wenn der Annahmeverzug während eines Bauprozesses beendet wird und der Unternehmer weiterhin leistungsbereit ist, denn es ist nicht gerechtfertigt, gegenüber einem leistungsbereiten Unternehmer den Druckzuschlag in voller Höhe zu erheben (OLG Celle, Urt. v. 13.1.2005 – 14 U 129/03).

d) Leistungsverweigerungsrecht und § 650f BGB

Die Frage, ob der Besteller auch dann ein Leistungsverweigerungsrecht nach der Abnahme 68
hat, wenn der Unternehmer vor Mängelbeseitigung eine Sicherheit nach § 650f BGB fordert, diese Sicherheit jedoch nicht gestellt wird, war unter der Geltung der früheren Fassung des § 648a BGB a. F. streitig. Diese Frage hat der Bundesgerichtshof für den Fall bejaht, dass der Unternehmer den vollen Werklohn verlangt (BGH, Urt. v. 22.1.2004 – VII ZR 183/02 und Urt. v. 22.1.2004 – VII ZR 68/03).

Insoweit hat sich die Rechtslage durch die Änderungen des § 648a BGB a. F. durch das Forde- 69
rungssicherungsgesetz und auch durch die Reform des Bauvertragsrechts nicht geändert. Auch nach geltendem Recht kann der Besteller sein Leistungsverweigerungsrecht wegen Mängeln gegenüber dem mit der Abnahme fällig gewordenen Werklohn geltend machen, während der Unternehmer diesem Leistungsverweigerungsrecht nicht entgegenhalten kann, dass er seinerseits wegen der nicht gestellten Sicherheit zur Leistung nicht verpflichtet ist. Ungeklärt ist, ob in dieser Situation auch der Druckzuschlag nach § 641 Abs. 3 BGB vorgenommen werden kann oder der Einbehalt auf das Einfache der Mängelbeseitigungskosten beschränkt ist (→ § 650f BGB Rdn. 161). Unberührt davon bleibt die Möglichkeit des Unternehmers, den Vertrag hinsichtlich der Mängelbeseitigung zu kündigen und die nach § 650f Abs. 5 Satz 2 BGB gekürzte Vergütung geltend zu machen (im Einzelnen → § 650f BGB Rdn. 159, 173 ff.).

e) Wirkungen des Sicherheitseinbehalts

Ein Sicherheitseinbehalt berührt das Leistungsverweigerungsrecht grundsätzlich nicht 70
(BGH, Urt. v. 8.7.1982 – VII ZR 96/81). Der Unternehmer kann deshalb nicht einwenden, der Besteller dürfe das Leistungsverweigerungsrecht nur wegen eines den Sicherheitseinbehalt wertmäßig übersteigenden Mängelbeseitigungsanspruchs gelten machen. Denn damit würde

§ 641

die Druckfunktion des Leistungsverweigerungsrechts entfallen. Der Besteller darf deshalb auch dann, wenn er den Werklohn aufgrund einer getroffenen Sicherungsvereinbarung teilweise (z. B. in Höhe von 5 %) einbehält, einen weiteren erheblichen Betrag zurückbehalten, welcher erforderlich erscheint, den Unternehmer zur zügigen Nachbesserung anzuhalten. Der Sicherheitseinbehalt kann aber u. U. zur Bemessung des Leistungsverweigerungsrechts mit herangezogen werden (BGH, Urt. v. 10.11.1983 – VII ZR 373/82; zuletzt sehr vorsichtig für die offene, noch nicht fällige Fertigstellungsrate beim Bauträgervertrag BGH, Urt. 27.10.2011 – VII ZR 84/09, Rdn. 17).

3. Beschränkung des Leistungsverweigerungsrechts

71   Das Leistungsverweigerungsrecht aus § 320 Abs. 1 BGB kann durch Allgemeine Geschäftsbedingungen gemäß § 309 Nr. 2 a) BGB grundsätzlich nicht beschränkt oder ausgeschlossen werden. Das gilt insbesondere auch für die Beschränkung des Rechts dahin, dass es nur wegen anerkannter oder rechtskräftig festgestellter Forderungen geltend gemacht werden dürfe (BGH, Urt. v. 14.5.1992 – VII ZR 204/90). Auch im kaufmännischen Verkehr dürfte der Ausschluss des Leistungsverweigerungsrechts aus §§ 320, 641 Abs. 3 BGB unwirksam sein. Denn ein Ausschluss des Leistungsverweigerungsrechts würde bedeuten, dass der Besteller eine Leistung vergüten müsste, die nicht vertragsgerecht erbracht ist. Das ist ein tiefgreifender Eingriff zu seinen Lasten in die synallagmatische Verknüpfung von Leistung und Gegenleistung, die ein Leitbild des Gesetzes darstellt. Der Bundesgerichtshof hat diese Frage bisher offen gelassen. Er hat allerdings entschieden, dass eine Klausel, mit der Zurückbehaltungsrechte auch wegen rechtskräftig festgestellter Forderungen ausgeschlossen ist, unwirksam ist (BGH, Urt. v. 31.3.2005 – VII ZR 180/04). Eine Klausel, wonach die Geltendmachung von Aufrechnungen mit nicht rechtskräftig festgestellten Gegenansprüchen sowie von Zurückbehaltungsrechten ausgeschlossen ist, ist als genereller Ausschluss des Zurückbehaltungsrecht zu verstehen und insoweit unwirksam. Erfasst davon ist auch das Leistungsverweigerungsrecht nach §§ 320, 641 Abs. 3 BGB (BGH, Urt. v. 31.3.2005 – VII ZR 180/04).

VI. Skonto und Nachlass

72   Es ist zwischen Skonto und Nachlass zu unterscheiden. Welche Rechtsfigur die Parteien vereinbart haben, richtet sich nicht primär nach der Bezeichnung, sondern ist im Wege der Auslegung zu ermitteln (OLG Frankfurt, Urt. v. 18.8.2015 – 22 U 147/13).

1. Skonto

73   Skonto bedeutet einen prozentualen Abzug vom Rechnungsbetrag, der bei sofortiger oder kurzfristiger Zahlung gewährt wird (BGH, Urt. v. 25.1.1996 – VII ZR 233/94). Dogmatisch handelt es sich um einen aufschiebend bedingten Teilerlass der Forderung für den Fall fristgerechter Zahlung, so dass den Besteller als Schuldner die Darlegungs- und Beweislast für die fristgerechte Zahlung treffen (BGH, Urt. v. 11.2.1998 – VIII ZR 287/97). Der Skonto muss vereinbart sein; einen Handelsbrauch, dass der Besteller Skonto abziehen darf, gibt es nicht (Kniffka/Koeble, 5. Teil Rdn. 229). Er kann grundsätzlich für jede Abschlags- und die Schlusszahlung vereinbart sein. Aus einer vorformulierten Skontoabrede muss hinreichend klar und bestimmt hervorgehen, ob und in welcher Höhe ein Skonto vereinbart wird, ansonsten ist die Klausel intransparent (BGH, Urt. v. 25.1.1996 – VII ZR 233/94). Aus ihr muss weiter hervorgehen, welche Art der Zahlungen betroffen sein soll und binnen welcher weiteren Zahlungsfrist ein Skontoabzug vorgenommen werden darf (BGH, Urt. v. 29.6.2000 – VII ZR 186/99; Staudinger/Peter, Bearb. 2019, § 641 BGB Rdn. 48). Skontoabreden sind aber grundsätzlich AGB-rechtlich nicht zu beanstanden, wenn hiermit eine Zahlung unterhalb üblicher Zahlungsfristen „belohnt" werden soll (BGH, Urt. v. 25.1.1996 – VII ZR 233/94; OLG Stuttgart, Urt. v. 6.3.2012 – 10 U 102/11; a. A. mit beachtlichen Gründen Peters, NZBau 2009, 584, 585 f.). Wird ein Skonto für jede einzelne Zahlungsrate eines Zahlungsplans vereinbart, ist ein Skontoabzug für jede fristgerechte Zahlung zulässig, selbst wenn andere Raten nicht fristgerecht gezahlt werden (BGH, Urt. v. 29.6.2000 – VII ZR 186/99).

74   Die Skontovereinbarung gilt auch für den Vergütungsteil, der auf die nicht erbrachte Teilleistung entfällt (BGH, Urt. v. 22.9.2005 – VII ZR 63/04). Beim Skonto handelt es sich bereits begrifflich nicht um ersparte Aufwendung des Unternehmers i. S. v. § 649 Satz 2 BGB (BGH, Urt. v. 22.9.2005 – VII ZR 63/04).

Fälligkeit der Vergütung **§ 641**

Für die Rechtzeitigkeit der Zahlung stellte man früher für die Geldschuld als qualifizierte 75
Schickschuld (i. S. d. §§ 270 Abs. 4, 269 Abs. 1 BGB) auf die Rechtzeitigkeit der Zahlungsveranlassung bzw. der Übersendung eines Verrechnungsschecks ab (BGH, Urt. v. 11.2.1998 – VIII ZR 287/97). Angesichts der umzusetzenden Zahlungsverzugsrichtlinie (RL 2011/7/EU und der Vorgängerregelung RL 2000/35/EG) und der Notwendigkeit richtlinienkonformer Auslegung (EuGH, Urt. v. 3.4.2008 – C-306/06 Rdn. 23, 28, 30) dürfte es für die Rechtzeitigkeit der Zahlung im unternehmerischen Rechtsverkehr nunmehr darauf ankommen, ob der Schuldner alles dafür getan hat, dass der Leistungserfolg rechtzeitig eintreten kann, also die Gutschrift bei üblicher bargeldloser Zahlung fristgerecht auf dem vertragsgemäßen Empfangskonto erfolgen kann (zutreffend Pauly, NZBau 2013, 198, 201; für die Frage, wann Verzug eintritt, ebenso OLG Karlsruhe, Urt. v. 9.4.2014 – 7 U 177/13; für diesen Fall offen gelassen durch BGH, Urt. v. 13.7.2010 – VIII ZR 129/09, Rdn. 36; a. A. BGH, Urt. v. 5.10.2016 – VIII ZR 222/15, Rdn. 26 ff.; OLG Stuttgart, Urt. v. 6.3.2012 – 10 U 102/11; Kniffka/Koeble/Jurgeleit/Sacher, 4. Teil Rdn. 521; Messerschmidt/Voit-Leupertz, Kap. K Rdn. 43).

Im Regelfall ist eine Skontoabrede so auszulegen, dass der Abzug nur im Falle einer vollständigen Zahlung zulässig ist (zuletzt OLG Stuttgart, Urt. v. 6.3. 2012 – 10 U 102/11 m.w.N.). 76
Sie bezieht sich im Zweifel auf den jeweiligen Rechnungsbetrag (zuletzt OLG Karlsruhe, Urt. v. 19.2.2013 – 4 U 96/12). Nicht abschließend geklärt ist, ob ein Skontoabzug zulässig ist, wenn der Besteller auf Grund eines Leistungsverweigerungsrechts nicht vollständig oder nicht rechtzeitig zahlt (näher Kniffka/Koeble/Jurgeleit/Sacher, 4. Teil Rdn. 522). Gleiches gilt für die Konstellation, dass der Besteller nicht zahlt, sondern binnen der Frist berechtigt die Aufrechnung erklärt.

§ 16 Abs. 5 Nr. 1 VOB/B stellt – überflüssigerweise – klar, dass ein Skontoabzug nur zulässig 77
ist, wenn ein Skonto (wirksam) vereinbart wurde. Die Skontierungsfrist beginnt regelmäßig erst mit Zugang einer prüffähigen Rechnung (OLG Brandenburg, Urt. v. 4.7.2012 – 13 U 63/08).

2. Nachlass

Der Unternehmer kann unabhängig von der Einhaltung einer Zahlungsfrist dem Besteller 78
einen Rabatt auf die angebotenen Preise gewähren. Im Wege der Auslegung war zu klären, ob der Nachlass auch für etwaige Nachträge gilt. Die obergerichtliche Rechtsprechung (OLG Düsseldorf, Urt. v. 22.9.1992 – 23 U 224/91; OLG Hamm, Urt. v. 13.1.1995 – 12 U 84/94) war hierbei sehr großzügig. Man hätte zumindest differenzieren müssen: Wird der Nachlass auf alle Einheitspreise gewährt, soll sich hieraus ergeben, dass der Nachlasse auch für geänderte und zusätzliche Teilleistungen und deren Vergütung gilt (BGH, Urt. v. 24.7.2003 – VII ZR 79/02). Wird der Nachlass nur auf bestimmte Teilleistungen gewährt, so soll er sich nur auf diese erstrecken, wenn sie später beauftragt oder geändert werden. Etwas anderes konnte gelten, wenn der Nachlass auf die „Abrechnungssumme" gewährt wird (mittelbar KG, Urt. v. 6.11.2015 – 7 U 166/14). Unabhängig von der Wirksamkeit der §§ 1 Abs. 3, Abs. 4, 2 Abs. 5, Abs. 6 VOB/B ist dieses Ergebnis nicht ganz zweifelsfrei. Bei der Nachlassgewährung handelte es sich um einen Verzicht auf einen Teil der Vergütungsforderung, der im Zweifel eng auszulegen ist, zumal geänderte oder zusätzliche Leistungen zum Zeitpunkt der Vereinbarung konkret nicht im Raum gestanden haben müssen (ähnlich Kapellmann, NZBau 2000, 57, 59). Dies schloss entgegen herrschender Auffassung (Althaus/Heindl-Althaus-Bartsch, 4. Teil Rdn. 225 m.w.N.) nicht aus, Nachlässe auch auf Nachträge zu beziehen, macht dies aber begründungsbedürftig. Für ab dem 1.1.2018 geschlossene Bauverträge dürften, wenn der Unternehmer nach § 650c Abs. 1 BGB eine Nachtragsvergütung verlangt, etwaige Nachlässe irrelevant sein (so Kniffka/Koeble/Jurgeleit/Sacher, 4. Teil Rn. 517).

VII. Fälligkeitsabreden, insbesondere Gewährleistungssicherheit

1. Individuelle Fälligkeitsabreden

Individuelle Fälligkeitsabreden sind grundsätzlich wirksam. Es gelten die allgemeinen 79
gesetzlichen Grenzen des § 134 BGB und des § 138 BGB. Darüber hinaus ist § 271a BGB zu beachten. Mit dem Gesetz zum Zahlungsverzug und zur Änderung des Erneuerbare-Energien-Gesetzes vom 22.7.2014 (BGBl I S. 1218) soll in Umsetzung der EU-Richtlinie 2011/7/EU der Wandel hin zu einer „Kultur der unverzüglichen Zahlung" (BT-Drs. 17/10491, Anlage 1, S. 7) eingeläutet werden. Zu diesem Zweck sollen Vertragsbestimmungen eingedämmt werden, die die Fälligkeit unangemessen hinausschieben. Nach § 271a Abs. 1 und 3 BGB sind für nach dem 28.7.2014 geschlossene Verträge Vertragsbestimmungen unwirksam, nach denen die

Vergütung entweder erst 60 Tage nach Erbringung der Leistung verlangt werden kann (§ 271a Abs. 1 BGB) oder eine Zeit von mehr als 60 Tagen für die Überprüfung oder Abnahme der Leistung nach Fertigstellung ausbedungen ist, sofern die Fälligkeit – wie beim Werkvertrag nach § 641 BGB – davon abhängt (§ 271a Abs. 3 BGB), wenn die längeren Fristen nicht ausdrücklich vereinbart wurden und der Zeitraum im Hinblick auf die Belange des Gläubigers nicht grob unbillig ist. Die Vorschriften gelten nicht für Verbraucherverträge (§ 271a Abs. 5 Nr. 2 BGB). Die Regelungen für öffentliche Auftraggeber (§ 271a Abs. 2 BGB) sind vor allem für den Anwendungsbereich der VOB/B von Bedeutung. Voraussetzung für die wirksame Vereinbarung einer längeren als die 60-tägige Zahlungsfrist ist, dass dies ausdrücklich, also nicht nur stillschweigend vereinbart wird. Ferner darf der Gläubiger durch eine längere Frist nicht grob benachteiligt werden. Ob das der Fall ist, wird auch unter Berücksichtigung der in Artikel 7 Absatz 1 Buchstabe a bis c der EU-Richtlinie 2011/7/EU genannten Kriterien zu beurteilen sein (BT-Drs. 17/10491, Anlage 1, S. 11). Sind diese Voraussetzung nicht erfüllt und die Vertragsregelung in der Folge unwirksam, wird die Zahlung sofort fällig (§ 271 Abs. 1 BGB).

80 Ferner enthalten die Regelungen zur Makler- und Bauträgerverordnung (MaBV) zwingende Vorgaben über den Inhalt von Fälligkeitsvereinbarungen, die nicht zum Nachteil des Erwerbers ausgeschlossen oder beschränkt werden dürfen (§ 12 MaBV).

81 Zu den individuellen Fälligkeitsabreden gehören vor allem Zahlungspläne, die für die einzelnen Bauvorhaben vereinbart werden. Diese enthalten häufig auch Vereinbarungen dazu, unter welchen Voraussetzungen die letzte Rate fällig wird. Ein Zahlungsplan in einem Bauvertrag, wonach die 12. Rate nach Fertigstellung der Leistung und die 13. und letzte Rate nach Beseitigung aller Mängel, Abnahme und Vorlage einer Gewährleistungsbürgschaft zu zahlen ist, ist vorbehaltlich abweichender Vereinbarungen dahin zu verstehen, dass die 13. Rate fällig wird, wenn die Abnahme trotz vorhandener Mängel erfolgt. Dem Besteller steht dann in Höhe des – heute – Doppelten der Mängelbeseitigungskosten ein Leistungsverweigerungsrecht zu (BGH, Urt. v. 27.11.2003 – VII ZR 53/03). Der Bundesgerichtshof hat in diesem Urteil betont, dass der Besteller kein schützenswertes Interesse an einer Regelung hat, in der die letzte Rate trotz Abnahme in einer erheblichen Höhe ungeachtet des Umfangs der noch zu beseitigenden Mängel zurückgehalten wird. Ob eine Vereinbarung, nach der z. B. trotz Abnahme noch 10 % der Auftragssumme zurückgehalten werden, bis alle Mängel beseitigt werden, gegen § 138 BGB verstößt, ist danach offen. Nicht damit zu verwechseln ist eine Sicherheitsvereinbarung, nach der ein bestimmter Betrag bis zum Ablauf der Gewährleistungsfrist zurückgehalten wird.

2. Fälligkeitsabreden in AGB des Bestellers

82 Die Fälligkeitsregelung des § 641 BGB einschränkende Klauseln in Allgemeinen Geschäftsbedingungen sind unwirksam, wenn sie den Vertragspartner unangemessen benachteiligen (§ 307 BGB). In der Praxis geht es dabei in erster Linie um Vereinbarungen über eine Sicherung der Mängelrechte nach der Abnahme (Mängel- bzw. Gewährleistungssicherheit). Diesen Vereinbarungen in Allgemeinen Geschäftsbedingungen der Besteller liegt in Bauverträgen ein schützenswertes Interesse zugrunde. Denn erfahrungsgemäß zeigen sich einige Mängel erst längere Zeit nach der Abnahme, so dass eine Sicherung des Bestellers nicht unangemessen ist, wenn sie die Interessen des Unternehmers wahrt. Eine angemessene Regelung enthält grundsätzlich § 17 VOB/B, sieht man davon ab, dass der öffentliche Besteller den Einbehalt nicht verzinsen muss. Denn in § 17 VOB/B werden sowohl das Liquiditätsinteresse als auch das Insolvenzrisiko und die Zinsen angemessen geregelt. Wegen der Einzelheiten wird auf die ausführliche Darstellung von Schmitz, Sicherheiten für die Bauvertragsparteien, IBR-Reihe, www.ibr-online.de Rdn. 56 ff. verwiesen. Vgl. auch zur Schlussrechnungserteilung als Fälligkeitsvoraussetzung → Rdn. 30, insbesondere → § 650g BGB Rdn. 32 ff.

83 AGB-rechtlich unwirksam ist die Vereinbarung einer zweimonatigen Fälligkeitsfrist für Schlussforderung in § 16 Abs. 3 Nr. 1 VOB/B, wenn der Besteller Verwender und die VOB/B – wie üblich – mit inhaltlichen Abweichungen in den Vertrag einbezogen wurde (OLG Düsseldorf, Urt. v. 11.3.2005 – 22 U 99/04; OLG Celle, Urt. v. 18.12.2008 – 6 U 65/08; OLG Naumburg, Urt. v. 12.1.2012 – 9 U 165/11). Unwirksam ist auch die vom Besteller gestellte Klausel „Schlusszahlung innerhalb von vier Wochen nach der Gesamtfertigstellung mit Übergabe Aufmaß, Inbetriebnahme und mängelfreier förmlicher Abnahme durch den Auftraggeber", weil dann auch kleinste Mängel die Fälligkeit verhinderten (OLG Jena, Urt. v. 6.3.2013 – 2 U 105/12). Auch die Klausel, dass die Schlussvergütung erst fällig wird, wenn sämtliche bei der Abnahme festgestellten Mängel beseitigt sind, ist AGB-rechtlich unwirksam (KG, Urt.

8.4.2014 – 27 U 105/13; ebenso OLG Frankfurt, Urt. v. 13.10.2016 – 12 U 174/14, Nichtzulassungsbeschwerde zurückgewiesen durch BGH, Beschl. v. 5.12.2018 – VII ZR 299/16).

Unwirksam sind auch „pay-when-paid"-Klauseln des Generalplaners, wonach der Honoraranspruch des Subplaners erst dann fällig wird, wenn der Generalplaner von seinem Besteller bezahlt wurde (OLG Bamberg, Urt. v. 27.3.2008 – 1 U 164/07; OLG Celle v. 29.7.2009 – 14 U 67/09; OLG München, Urt. v. 25.1.2011 – 9 U 1953/10). Gleiches gilt für „pay-when-paid"-Klauseln in Bauverträgen mit Nachunternehmern. Durch eine solche Klausel würde die Vergütungsforderung auf unbestimmte Zeit gestundet. Eine dahingehende Gestaltung widerspricht dem gesetzlichen Leitbild des §641 Abs. 1 BGB. Die Abhängigkeit der Fälligkeit des Vergütungsanspruchs des Subunternehmers vom Zahlungseingang beim Hauptunternehmer kann nicht etwa mit dem Leitbild des §641 Abs. 2 BGB begründet werden, weil §641 Abs. 2 BGB den Nachunternehmer lediglich an einer beim Hauptunternehmer bereits eingetretenen Fälligkeit partizipieren lassen will, nicht aber am Nachteil einer bei ihm noch nicht eingegangenen Zahlung (OLG Celle, Urt. v. 29.7.2009 – 14 U 67/09; a. A. LG Saarbrücken, Urt. v. 7.11.2011 – 3 O 201/11, welches die Unwirksamkeit mit einem Verstoß gegen das Leitbild in §641 Abs. 1 Satz 1 Nr. 2 BGB begründet). **84**

3. Fälligkeitsabreden in AGB des Unternehmers

Die AGB-mäßige Verpflichtung zur vollständigen Zahlung mit Lieferung ist in Vertragsbedingungen des Unternehmers unwirksam, weil sie auf das Erfordernis vollständiger Montage bzw. Herstellung verzichtet und so den Besteller unbillig benachteiligt (BGH, Urt. v. 7.3.2013 – VII ZR 162/12, Rdn. 23 ff.). Die Klausel in AGB des Unternehmers, „Die Geltendmachung von Aufrechnungen mit nicht rechtskräftig festgestellten Gegenansprüchen sowie von Zurückbehaltungsrechten ist ausgeschlossen", ist dahin zu verstehen, dass Zurückbehaltungsrechte und damit auch Leistungsverweigerungsrechte nach den §§320 Abs. 1 §641 Abs. 3 BGB generell ausgeschlossen werden; die Klausel ist insofern unwirksam (BGH, Urt. v. 31.3.2005 – VII ZR 180/04). **85**

VIII. Verzinsung

Mit der Abnahme ist der Werklohn beim Werkvertrag gesetzlich zu verzinsen. Der gesetzliche Zinssatz beträgt nach §246 BGB 4%, soweit nichts anders bestimmt ist. Bei beiderseitigen Handelsgeschäften beläuft sich der gesetzliche Zinssatz auf 5% (§352 Abs. 1 Satz 1 HGB). Der Eintritt des Verzugs ist nicht Voraussetzung des Zinsanspruchs aus §641 Abs. 4 BGB. Die Verzinsung wirkt also rückwirkend auch dann, wenn der Unternehmer erst nach längerer Zeit die Forderung abrechnet. Das ist beim Werkvertrag so, weil eine prüfbare Rechnung keine Fälligkeitsvoraussetzung ist. Ob eine Bezifferung der Forderung erforderlich ist (so Bamberger/Roth-Voit, §641 BGB Rdn. 40), ist nicht zweifelsfrei. Unter Umständen kann die Verzinsungspflicht konkludent abbedungen sein, wenn auf Grund der Struktur des Vertrags der Unternehmer seine Forderung erst noch konkretisieren muss, was regelmäßig eine Rechnungslegung erfordert (OLG Frankfurt, Urt. v. 31.3.1999 – 7 U 113/90). Voraussetzung für die Abnahmezinsen ist jedoch die uneingeschränkte Fälligkeit. Wird der Werklohn trotz Abnahme nicht fällig, können auch keine Zinsen verlangt werden. Das ist insbesondere dann der Fall, wenn der Besteller nach der Abnahme die Zahlung des Werklohns wegen noch vorhandener Mängel verweigern darf (BGH, Urt. v. 8.7.2004 – VII ZR 317/02; Urt. v. 4.6.1973 – VII ZR 112/71; OLG Düsseldorf, Urt. v. 7.9.1971 – 21 U 96/70). Soweit das Leistungsverweigerungsrecht die Fälligkeit ausschließt, muss der Besteller auch keine Rechtshängigkeitszinsen zahlen (BGH, Urt. v. 14.1.1971 – VII ZR 3/69; BGH, Ur. v. 8.7.2004 – VII ZR 317/02). **86**

Es ist anzunehmen, dass §641 Abs. 4 BGB beim Bauvertrag i. S. v. §650a BGB und den anderen Verträgen, für die das Schlussrechnungserfordernis ebenfalls gilt, mit der Maßgabe anzuwenden ist, dass Voraussetzung für die Verzinsung neben der Abnahme des Werks auch die Erteilung der prüffähigen Schlussrechnung ist, denn nach §650g Abs. 4 BGB ist die Vergütung erst zu entrichten, wenn beide Voraussetzungen kumulativ vorliegen. Der Wortlaut von §641 Abs. 4 BGB spricht zwar gegen eine einschränkende Auslegung dieser Vorschrift. Es ist aber davon auszugehen, dass der Gesetzgeber bei der Schaffung des §650g Abs. 4 BGB übersehen hat, dass die Verzinsungspflicht sprachlich lediglich an die Abnahme und nicht allgemein an die Fälligkeit der Vergütung geknüpft ist; es ist ferner davon auszugehen, dass der Gesetzgeber keine Verzinsung der Vergütung bereits zu einem Zeitpunkt gewollt hatte, zu der diese man- **87**

§ 641 Fälligkeit der Vergütung

gels erteilter Schlussrechnung noch gar nicht fällig ist (ebenso im Ergebnis Staudinger/Peters, Bearb. 2019, § 641 BGB Rdn. 127).

88 § 641 Abs. 4 BGB gilt nicht entsprechend, wenn nach Absatz 2 oder durch Eintreten eines Abrechnungsverhältnisses die Vergütung ohne Abnahme fällig wird (Bamberger/Roth-Voit, § 641 BGB Rdn. 40). § 641 Abs. 4 BGB gewährt die Verzinsung als Ausgleich für die (abstrakte) Nutzungsmöglichkeit des abgenommenen Werks (Bamberger/Roth-Voit, § 641 BGB Rdn. 40).

IX. Verjährung

89 Der Vergütungsanspruch verjährt binnen der regelmäßigen Verjährungsfrist (§ 195 BGB) → § 631 Rdn. 873 ff. Die Verjährung beginnt mit Fälligkeit (§ 199 Abs. 1 Nr. 1 BGB) und Kenntnis bzw. grob fahrlässiger Unkenntnis der anspruchsbegründenden Tatsachen (§ 199 Abs. 1 Nr. 2 BGB). Voraussetzung für die Fälligkeit ist beim Werkvertrag die Abnahme (§ 641 BGB). Auf die Erteilung der Rechnung kommt es verjährungsrechtlich nicht an (LG Hamburg, Urt. v. 20.2.2019 – 325a O 16/18). Beim Bauvertrag (§ 650a BGB) und beim Verbraucherbau-, Architekten- und Ingenieurvertrag sowie beim Bauträgervertrag tritt die Fälligkeit mit Erteilung der prüfbaren Schlussrechnung ein (§ 650g Abs. 4 BGB). Entsprechendes gilt für andere Werkverträge, wenn für sie die Erteilung einer Schlussrechnung vereinbart wurde, und den VOB-Vertrag, hier mit der Besonderheit, dass die Fälligkeit mit Ablauf der Prüffrist eintritt (BGH, Urt. v. 10.5.1990 – VII ZR 257/89, Rdn. 19; OLG Frankfurt, Urt. v. 20.5.2014 – 6 U 124/13). Dass der Unternehmer die Fälligkeit durch die Vorlage der Schlussrechnung und damit den Beginn der Verjährungsfrist für seinen Werklohnanspruch einseitig bestimmen kann, benachteiligt den Besteller nicht unangemessen; die Regelung in § 16 Abs. 3 Nr. 1 VOB/B hält einer isolierten Inhaltskontrolle stand (OLG Hamburg, Urt. v. 20.12.2018 – 4 U 80/18); die Rechtslage entspricht insoweit dem gesetzlichen Bauvertrag (→ § 650g Rdn. 32). Der Besteller hat es in der Hand, die Schlussrechnung seinerseits zu erstellen (§ 14 Abs. 4 VOB/B) und damit den Beginn der Verjährungsfrist auszulösen (OLG Hamburg, Urt. v. 20.12.2018 – 4 U 80/18). Für vor dem 1.1.2018 abgeschlossene Bauverträge begann die Verjährung bereits mit Ablauf des Jahres, in dem die Abnahme erfolgt; auf den Zeitpunkt der Rechnungslegung kam es nicht an (BGH, Urt. v. 18.12.1980 – VII ZR 41/80; zuletzt LG Hamburg, Urt. v. 20.2.2019 – 325a O 16/18). Die Abkürzung der Verjährungsfrist in Allgemeinen Geschäftsbedingungen des Bestellers auf zwei Jahre hält einer Inhaltskontrolle nicht stand (BGH, Urt. v. 6.12.2012 – VII ZR 15/12, Rdn. 12; a. A. mit beachtlichen Gründen für den VOB/B-Bauvertrag Schwenker, jurisPR-PrivBauR 3/2013 Anm. 3). Soweit der Besteller wegen Mängeln ein Leistungsverweigerungsrecht ausübt, wird die Verjährung der Mängelrechte nicht gehemmt; § 204 Abs. 1 Nr. 5 BGB ist nicht analog anwendbar (BGH, Urt. v. 7.11.2014 – V ZR 309/12, Rdn. 18).

X. Prozessuales

90 Einzelpositionen aus einer Schlussrechnung sind keine selbständigen Teilforderungen, die selbständig eingeklagt werden könnten. Dem Unternehmer steht ein einheitlicher Schlussrechnungssaldo zu, wobei die Einzelpositionen unselbständige Rechnungsposten darstellen (BGH, Urt. v. 9.1.1997 – VII ZR 69/96; BGH, Urt. v. 23.1.2003 – VII ZR 10/01; BGH, Urt. v. 24.1.2008 – VII ZR 43/07 Rdn. 5). Abtretbar ist damit nur der Saldo der Schlussrechnung, nicht einzelne Positionen aus einer Rechnung (BGH, Urt. v. 22.10.1998 – VII ZR 167/97). Teilklagen über einzelne Rechnungspositionen sind unzulässig (BGH, Urt. v. 13.2.1992 – III ZR 28/90; OLG Brandenburg, Urt. v. 9.7.2002 – 11 U 187/01; OLG Jena, Urt. v. 17.1.2007 – 4 U 1041/05; KG, Urt. v. 20.10.2016 – 27 U 84/15). Entschieden werden kann aber im Wege eines Teilurteils über einen Teil der Schlussforderung, wenn sich im Rahmen einer Gesamtabrechnung unter Berücksichtigung geleisteter Zahlung ein Guthaben ergibt (BGH, Urt. v. 22.10.1998 – VII ZR 167/97; mittelbar bestätigt durch BGH, Urt. v. 20.8.2009 – VII ZR 205/07 Rdn. 59; teilweise a. A. KG, Urt. v. 20.10.2016 – 27 U 84/15: kein Teilurteil über einzelne Rechnungspositionen). Voraussetzung hierfür ist jedoch, dass gleichzeitig ein Grundurteil über den Rest des einheitlichen Anspruchs ergeht (BGH, Urt. 23.1.2003 – VII ZR 10/01; OLG Köln, Urt. v. 22.8.2007 – 17 U 57/06). Gehören hierzu auch einzelne Positionen aus den §§ 2 Abs. 5, Abs. 6, Abs. 6 VOB/B, so gehört die Prüfung, ob die Tatbestandsvoraussetzungen vorliegen, zum Grund des Anspruchs (BGH, Urt. v. 9.11.2006 – VII ZR 151/05). Eine weitere Individualisierung ist nicht erforderlich (BGH, Urt. v. 24.1.2008 – VII ZR 43/07 Rdn. 5). Die Verfolgung erst- und zweitrangiger Teilforderungen aus demselben, nämlich

Fälligkeit der Vergütung **§ 641**

einheitlichen Schlussrechnungssaldo in unterschiedlichen Prozessen ist nicht empfehlenswert, weil das Gericht, welches die zweitrangige Teilforderung zu prüfen hat, nach § 148 ZPO das Verfahren bis zur Entscheidung über die erstrangige Teilforderung auszusetzen hat (zutreffend KG, Beschl. v. 30.4.2010 – 6 W 1/10).

Die Schlussrechnungsforderung kann auch im Urkundenverfahren (§§ 592 ff. ZPO) eingeklagt. Durch Urkunden müssen nur streitige Tatsachen bewiesen werden; unstreitige, zugestandene und offenkundige Tatsachen sind nicht beweisbedürftig, so dass der Unternehmer als Kläger hierfür keine Urkunden benötigt (vgl. BGH, Urt. v. 18.9.2007 – XI ZR 211/06; BGH, Urt. v. 24.4.1974 – VIII ZR 211/72; OLG Köln, Urt. v. 10.11.2006 – 20 U 18/06; Dötsch, NZBau 2014, 767; a.A. OLG Schleswig, Urt. v. 30.8.2013 – 1 U 11/13; Leidig/Jöbgens, NJW 2014, 892, 893 f.). Der Unternehmer muss die Beauftragung, die Höhe der Vergütung und deren Fälligkeit darlegen und ggf. durch Urkunden beweisen (OLG Köln, Beschl. v. 10.6.2014 – 11 U 74/14). Ohne Abnahmeprotokoll dürfte der Nachweis der Fälligkeit im Regelfall zum Scheitern verurteilt sein (näher und zutreffend Dötsch, NZBau 2014, 767 f.). Sind die erbrachten Massen bestritten, ist die Klage im Urkundenprozess unstatthaft (OLG Köln, Urt. v. 10.11.2006 – 20 U 18/06). Gleiches gilt, wenn streitig ist, ob die im Abnahmeprotokoll vorbehaltenen Mängel ordnungsgemäß beseitigt sind (OLG Düsseldorf, Urt. v. 19.12.2008 – 22 U 86/08). Grundsätzlich ist die Mitteilung der Rechnungsprüfung durch den Besteller oder seinen Architekten kein deklaratorisches Anerkenntnis, sondern eine bloße Wissenserklärung (BGH, Urt. v. 14.4.2005 – VII ZR 14/04; BGH, Urt. v. 14.10.2004 – VII ZR 190/03; OLG Celle, Urt. v. 7.12.2006 – 14 U 61/06). Nur unter besonderen Umständen kann ausnahmsweise in der Rechnungsprüfung oder einer Aufrechnungserklärung ein urkundliches Anerkenntnis gesehen werden (BGH, Urt. v. 4.11.1976 – VII ZR 74/75; OLG Oldenburg, Urt. v. 23.2.2000 – 2 U 295/99; LG Hannover, Urt. v. 10.1.2007 – 6 O 190/06).

XI. Darlegungs- und Beweislast

Der Unternehmer trägt nach allgemeinen Grundsätzen die Darlegungs- und Beweislast für die anspruchsbegründenden Umstände, also die Abnahme bzw. einen die Abnahme ersetzenden Tatbestand, den Umfang der abgerechneten Teilleistungen und die sonstigen Fälligkeitsvoraussetzungen. Behauptet der Unternehmer, dass das vom Besteller geltend gemachte Leistungsverweigerungsrechts aus § 641 Abs. 3 BGB „zu hoch" sei, muss er dies darlegen und ggf. beweisen (LG Karlsruhe, Urt. v. 17.4.2019 – 6 O 125/18; vor dem Forderungssicherungsgesetz BGH, Urt. v. 6.12.2007 – VII ZR 125/06, Rdn. 18).

Verlangt der Unternehmer nach § 641 Abs. 2 BGB Vergütung, hat er darzulegen und ggf. zu beweisen, dass und welcher Höhe sein Besteller auf die Werkleistung von einem Dritten Zahlung erhalten hat (Baumgärtel/Laumen/Prütting-Küpper, § 641 BGB Rdn. 4). Behauptet also der Besteller, dass der Dritte auch andere Teilleistungen bezahlt hat, muss der Unternehmer dies entkräften (Baumgärtel/Laumen/Prütting-Küpper, § 641 BGB Rdn. 4).

B. Besonderheiten des VOB-Vertrags

I. Abnahme

Auch beim VOB-Vertrag ist die Abnahme – wenngleich in § 16 Abs. 3 VOB/B nicht ausdrücklich erwähnt – Fälligkeitsvoraussetzung (BGH, Urt. v. 18.12.1980 – VII ZR 43/80). Sie kann als unförmliche (§ 12 Abs. 1 VOB/B) oder als förmliche Abnahme (§ 12 Abs. 4 VOB/B) erklärt werden. Als Fälligkeitsvoraussetzung treten neben die fingierte Abnahme in § 640 Abs. 2 BGB ferner die Abnahmefiktionen des § 12 Abs. 5 VOB/B. Die gemeinsame Zustandsfeststellung nach § 4 Abs. 10 VOB/B (technische Abnahme) ist für den Eintritt der Fälligkeit nicht ausreichend.

Die Abnahme als Fälligkeitsvoraussetzung ist in der VOB/B nicht geregelt. § 641 BGB ist folglich ohne Einschränkung anzuwenden. Das gilt auch für die Fälligkeit der Nachunternehmervergütung gem. § 641 Abs. 2 BGB. Aus demselben Grund tangiert eine den § 641 BGB modifizierende Vertragsbedingung die Regelungen der VOB/B nicht.

II. Schlussrechnung

96 Im VOB-Vertrag ist in § 16 Abs. 3 Nr. 1 VOB/B die Übergabe der prüfbaren Schlussrechnung als weitere Fälligkeitsvoraussetzung geregelt. Für den gesetzlichen Bauvertrag wurde mit der Reform des Bauvertragsrechts in § 650g Abs. 4 BGB nun eine entsprechende Regelung eingeführt (zu den Besonderheiten der Schlussrechnung beim VOB-Vertrag → § 650g BGB Rdn. 40 ff.).

III. Fälligkeitsabreden, insbesondere Gewährleistungssicherheit

1. System der VOB-Regelung

a) Überblick

97 § 17 VOB/B ist nur im VOB-Vertrag anwendbar und auch nur dann, wenn die Parteien eine Sicherheit vereinbart haben und keine sonstigen Regelungen vorgehen. Im Mittelpunkt steht das Austauschrecht des Auftragnehmers, wie es in § 17 Abs. 2 und Abs. 3 VOB/B geregelt ist. Wenn im Vertrag nichts anderes vereinbart ist, kann Sicherheit durch Einbehalt oder Hinterlegung von Geld oder durch Bürgschaft geleistet werden. Der Auftragnehmer hat die Wahl unter den verschiedenen Arten der Sicherheit; er kann eine Sicherheit durch eine andere ersetzen. Danach steht es im Belieben des Auftragnehmers, die Sicherheit zu wählen. Dieses Wahlrecht ist für den Interessenausgleich wichtig, weil es damit dem Auftragnehmer überlassen bleibt, ob er auf die Liquidität verzichtet oder nicht.

b) Die drei Rechtsverhältnisse und deren Selbständigkeit

98 Rechtstechnisch ist zwischen der Sicherungsabrede zu unterscheiden, die unabdingbar ist. Sie regelt zwischen Auftraggeber und Auftragnehmer, welche Sicherheit zu welchem Sicherungszweck in welcher Höhe zu welcher Sicherungsdauer zu stellen ist (C. Schmitz, Sicherheiten für die Bauvertragsparteien, Rdn. 5). Geregelt werden sollte auch der Sicherungsfall, also unter welchen Voraussetzungen die Sicherheit berechtigterweise verwertet werden darf, und die Rückgabe der Sicherheit (Thode, ZfIR 2000, 165, 166). Hiervon zu trennen ist die konkrete rechtliche Ausgestaltung der gestellten Sicherheit, etwa der Bürgschaftsvertrag zwischen dem Bürgen und der durch die Bürgschaft begünstigten Bauvertragspartei, vorliegend also dem Auftraggeber. Im Falle der Stellung einer Drittsicherheit wie der Bürgschaft besteht noch eine Avalkreditvereinbarung zwischen dem Bürgen und der zur Sicherheitenstellung verpflichteten Bauvertragspartei, also vorliegend dem Auftragnehmer (Quack, BauR 1997, 754; Thode, ZfIR 2000, 165, 166/169). Die drei Rechtsverhältnisse sind strikt voneinander zu trennen (May, BauR 2007, 187, 188; Schulze-Hagen, BauR 1997, 170, 171).

99 Der Sicherungszweck einer Mängelsicherheit ist in § 17 Abs. 1 Nr. 2 VOB/B nur unzureichend geregelt. Regelmäßig deckt eine Mängelbürgschaft auf Zahlung gerichtete Mängelansprüche ab, nämlich solche auf Erstattung der Selbstvornahmekosten, auf Vorschuss, auf Minderung und auf Schadensersatz – auch soweit früher auf Forderungsverletzung gestützt (C. Schmitz/Vogel, ZfIR 2002, 509, 513).

100 Die Änderung einer Sicherungsabrede durch Stellung und Annahme einer hiervon abweichenden Bürgschaft, sei es aus Nachlässigkeit oder sei es auf Grund von Kommunikationsproblemen, kommt ohne besondere Anhaltspunkte regelmäßig nicht in Betracht (näher C. Schmitz, Sicherheiten für die Bauvertragsparteien, Rdn. 139 f.). Aus Sicht des objektiven Empfängerhorizonts will der Auftragnehmer mit der Stellung einer Bürgschaft die bereits abgeschlossene Sicherungsabrede erfüllen und nicht ändern (BGH, Urt. v. 10.4.2003 – VII ZR 314/01; KG, Beschl. v. 11.1.2010 – 27 U 70/09; OLG Dresden, Urt. v. 10.9.2008 – 9 U 22048/07.

c) Rechtsnatur des Sicherheitseinbehalts

101 Beim Sicherheitseinbehalt handelt es sich um einen Teil des Schlusszahlungsanspruchs, der auf Grund der Sicherungsabrede lediglich derzeit, nämlich während der Sicherheitszeit, nicht fällig ist (BGH, Urt. v. 12.7.1979 – VII ZR 174/78; BGH, Urt. v. 6.12.2007 – VII ZR 125/06 Rdn. 19: zugleich Vereinbarung eines vertraglichen Zurückbehaltungsrechts). Ist die Schlussforderung nicht fällig, etwa weil eine Schlussrechnung überhaupt nicht existiert, kann auch nicht die Auszahlung des Einbehalts verlangt werden (OLG Bamberg, Urt. v. 5.8.2009 – 3 U 169/07). Die Einordnung als nicht fälligen Teil der Schlussvergütung hat aber nicht zur Folge, dass gegenüber dem Anspruch auf Rückgabe einer als Austauschsicherheit gestellten

Fälligkeit der Vergütung **§ 641**

Bürgschaft ein Leistungsverweigerungsrecht mit Druckzuschlag gem. § 641 Abs. 3 BGB geltend gemacht werden könnte (so aber OLG Oldenburg, Urt. v. 30.4.2014 – 4 U 183/10). Während das Leistungsverweigerungsrecht gegenüber dem Vergütungsanspruch über die Sicherung des Mangelanspruchs hinaus den Zweck verfolgt, Druck auf den Auftragnehmer auszuüben, damit dieser die ihm obliegende Leistung umgehend erbringt, dient die Bürgschaft lediglich der Sicherung (zutreffend OLG Oldenburg, Urt. v. 21.7.2000 – 2 U 124/00; Symosek, NJW 2014, 3752, 3755; streitig).

d) Sicherung des Auftragnehmers vor Insolvenz des Auftraggebers

Darüber hinaus ist wichtig, dass die VOB/B den Auftragnehmer in allen Fällen vor der Insolvenz des Auftraggebers schützt. Wird Sicherheit durch Hinterlegung von Geld geleistet, so hat der Auftraggeber den Betrag nach § 17 Abs. 5 Satz 1 VOB/B bei einem zu vereinbarenden Geldinstitut auf ein Sperrkonto einzuzahlen, über das beide Parteien nur gemeinsam verfügen können (sog. Und-Konto). Wird die Sicherheit durch einen Einbehalt geleistet, so hat der Auftraggeber den einbehaltenen Betrag dem Auftragnehmer mitzuteilen und binnen 18 Werktagen nach dieser Mitteilung auf ein Sperrkonto bei dem vereinbarten Geldinstitut einzuzahlen. Gleichzeitig muss er veranlassen, dass dieses Geldinstitut den Auftragnehmer von der Einzahlung des Sicherheitsbetrags benachrichtigt. Lediglich bei kleineren oder kurzfristigen Aufträgen ist es zulässig, dass der Auftraggeber den einbehaltenen Sicherheitsbetrag erst bei der Schlusszahlung auf ein Sperrkonto einzahlt. **102**

Außerdem ist wichtig, dass nach der VOB/B dem Auftragnehmer die Zinsen aus dem Sperrkonto zustehen. Das gilt allerdings nicht, wenn ein öffentlicher Auftraggeber, wozu er berechtigt ist, die Sicherheit auf ein eigenes Verwahrgeldkonto nimmt, § 17 Abs. 6 Nr. 4 VOB/B, was mit haushaltstechnischen Erfordernissen begründet wird. **103**

Die Sanktion, die § 17 Abs. 6 Nr. 3 VOB/B für den Fall vorsieht, dass der Auftraggeber den einbehaltenen Betrag nicht rechtzeitig einzahlt, ist das geeignete Druckmittel, das Sicherungssystem der VOB/B durchzusetzen. In diesem Fall kann der Auftragnehmer hierfür eine angemessene Nachfrist setzen. Lässt der Auftraggeber auch diese verstreichen, so kann der Auftragnehmer die sofortige Auszahlung des einbehaltenen Betrages verlangen und braucht dann keine Sicherheit mehr zu leisten. Eine Fristsetzung ist nach allgemeinen Grundsätzen entbehrlich, wenn diese Förmelei wäre. Das ist der Fall, wenn der Auftraggeber die Einzahlung des Einbehalts endgültig verweigert (BGH, Urt. v. 26.6.2003 – VII ZR 281/02). Schuldet der Auftragnehmer die Sicherheit nicht mehr, kann er den Einbehalt sofort herausverlangen. Der Auftraggeber darf nicht mit zuvor gesicherten Ansprüchen aufrechnen, weil ansonsten die Sanktion wirkungslos wäre (so auch LG München I, Urt. v. 14.5.2014 – 24 O 24859/13). Anders ist das, wenn die Einzahlung auf ein Sperrkonto unterblieb, weil die Sicherheit bereits verwertet worden ist, denn dann musste sie auch nicht ausgezahlt werden. **104**

Ob die Verpflichtung des Auftraggebers, die von ihm einbehaltene Sicherheit gemäß § 17 Abs. 6 Nr. 1 Satz 3 VOB/B auf ein Sperrkonto einzuzahlen, eine qualifizierte Vermögensbetreuungspflicht im Sinne des § 266 StGB beinhaltet, wurde früher unterschiedlich beurteilt (OLG München, Urt. v. 23.2.2006 – 2 Ws 22/06 hat die Frage bejaht; a. A. LG Bonn, Urt. v. 31.3.2004 – 5 S 6/04). Besteht eine Vermögensbetreuungspflicht im Sinne vom § 266 StGB, kommt eine persönliche Haftung der Organe juristischer Personen für Restwerklohnforderungen in Betracht, sofern Bareinbehalte nicht auf Sperrkonten eingezahlt und infolge einer Insolvenz nicht mehr realisiert werden können. Der Bundesgerichtshof hat die Frage nun dahin entschieden, dass es sich bei der Einzahlungspflicht nach § 17 Abs. 6 Nr. 1 Satz 3 VOB/B nicht um eine qualifizierte Vermögensbetreuungspflicht handelt (BGH, Urt. v. 25.5.2010 – VI ZR 205/09). Der Treuebruchtatbestand des § 266 StGB setzt eine Vermögensbetreuungspflicht voraus, wobei es sich um eine herausgehobene und nicht nur um eine gewöhnliche Vertragspflicht handeln muss. Eine solche herausgehobene Qualität ist der Verpflichtung nach § 17 Abs. 6 Nr. 1 Satz 3 VOB/B jedoch nicht beizumessen. **105**

2. Austauschrecht

In der Praxis erfolgt die Sicherung zunächst durch einen Einbehalt des Auftraggebers. Dieser wird, wenn der Auftragnehmer die Liquidität benötigt, durch eine Bürgschaft abgelöst. In den letzten Jahren haben sich die Fälle gemehrt, in denen der Besteller zwar die Bürgschaft angenommen hat, sich jedoch unter Hinweis auf bereits vorhandene oder vermutete Mängel geweigert hat, den Sicherheitseinbehalt auszuzahlen. Insbesondere für diese Fallgestaltung hat der Bundesgerichtshof Grundsätze aufgestellt (BGH, Urt. v. 13.9.2001 – VII ZR 467/00; bestätigt **106**

§ 641

durch BGH, Urt. v. 10.2.2011 – IX ZR 73/10, Rdn. 13 ff.). Die Grundsätze zum Austauschrecht gelten nicht, wenn etwa die Stellung einer Bürgschaft als einziges Sicherungsmittel und damit kein Sicherheitseinbehalt vereinbart wurde (BGH, Urt. v. 26.2.2004 – VII ZR 247/02).

107 Danach erlangt der Auftragnehmer gegen den Auftraggeber mit Stellung der Bürgschaft grundsätzlich einen Anspruch auf Auszahlung des Sicherheitseinbehalts. Diesem Anspruch kann nicht entgegengehalten werden, dass ein Mängelbeseitigungsanspruch bestehe und deshalb das Geld zurückbehalten werde. Nach § 17 Abs. 1 Nr. 2 VOB/B dient eine Sicherheit dazu, die vertragsgemäße Ausführung der Leistung und die Mängelansprüche sicherzustellen. Das bedeutet jedoch nicht, dass eine Sicherheit schon deshalb zurückbehalten werden kann, weil ein Anspruch auf Mängelbeseitigung besteht (KG, Urt. v. 26.10.2018 – 21 U 67/17). Vielmehr ist grundsätzlich davon auszugehen, dass eine Sicherungsvereinbarung den Sicherungsnehmer berechtigt, die Sicherheit allein für die vom Sicherungszweck erfassten geldwerten Gewährleistungsansprüche zu verwerten (vgl. auch BGH, Urt. v. 28.9.2000 – VII ZR 460/97).

108 Das sind die Ansprüche auf Vorschuss für Mängelbeseitigungskosten, Erstattung der Aufwendungen für die Mängelbeseitigung und Schadensersatz sowie das Gestaltungsrecht der Minderung.

109 Bestehen in dem Zeitpunkt, in dem die Bürgschaft vorgelegt worden ist, solche auf Geldzahlung gerichteten Ansprüche, kann der Auftraggeber die effektive Auszahlung des Sicherungseinbehalts ebenfalls nicht verweigern und gleichzeitig die Bürgschaft behalten. Denn das wäre eine doppelte Sicherung. Der Auftraggeber muss sich vielmehr zeitnah entscheiden, ob er den Sicherungseinbehalt in Anspruch nimmt und damit die Sicherheit verbraucht oder ob er den Sicherheitseinbehalt noch nicht antastet. Danach ist zu unterscheiden (näher C. Schmitz, Sicherheiten für die Bauvertragsparteien, Rdn. 161 ff.):

110 Bietet der Auftragnehmer dem Auftraggeber die Austauschbürgschaft zu einem Zeitpunkt an, indem der Sicherungseinbehalt bereits verwertet ist, ist für einen Austausch kein Raum mehr. Das Austauschrecht ist mit der Verwertung entfallen. Der Auftraggeber muss die Bürgschaft zurückweisen und auch zurückgeben, wenn er sie bereits angenommen hat.

111 Macht der Auftragnehmer von seinem Austauschrecht zu einem Zeitpunkt Gebrauch, in dem der Sicherungsfall noch nicht eingetreten ist, das heißt noch keine geldwerten Ansprüche bestehen, ist der Auftraggeber verpflichtet, die Bürgschaft entgegenzunehmen und den Sicherheitseinbehalt auszuzahlen. Kommt er dem nicht unverzüglich nach, verletzt er die Sicherungsabrede. Auch wenn danach der Sicherungsfall eintritt, bleibt er zur Auszahlung verpflichtet. Den Anspruch auf eine Sicherheit verliert er dadurch nicht. Er muss sich mit der Austauschsicherheit begnügen (vgl. auch BGH, Urt. v. 25.11.2010 – VII ZR 16/10). Etwas anderes kann im Einzelfall gelten, wenn der Sicherungsfall unmittelbar bevorsteht, etwa weil eine zur Mängelbeseitigung gesetzte Frist kurz nach dem Eingang der zum Austausch übermittelten Bürgschaft abläuft. Gegen den Anspruch auf Auszahlung des Sicherheitseinbehalts kann der Auftraggeber nicht mit in Geld übergegangenen Ansprüchen aus anderen Verträgen aufrechnen (BGH, Urt. v. 14.9.2017 – VII ZR 3/17, Rdn. 17).

112 Liegt der Sicherungsfall bei Stellung der Bürgschaft dagegen vor, steht es im Belieben des Auftraggebers, ob er die Bürgschaft als Austauschsicherheit annimmt oder den Bareinbehalt verwertet. Die Wahrnehmung des Austauschrechts hindert den Auftraggeber nicht, bereits entstandene geldwerte Gewährleistungsansprüche durch Zugriff auf das Bardepot zu befriedigen. Wählt er die Verwertung, ist für einen Austausch kein Raum mehr. Er darf die Bürgschaft nicht entgegennehmen. Entscheidet sich der Auftraggeber für die Bürgschaft, muss er den Sicherheitseinbehalt effektiv auszahlen (zu den Einzelheiten und Ausnahmen C. Schmitz, Sicherheiten für die Bauvertragsparteien, Rdn. 164/1 ff.).

113 Mit Rücksicht auf die Interessen des Auftragnehmers ist der Auftraggeber gehalten, sich dem Auftragnehmer gegenüber unverzüglich zu erklären, ob er den Sicherheitseinbehalt verwertet. Der Auftragnehmer darf nicht hingehalten werden. Kommt der Auftraggeber dem Gebot, sich unverzüglich zu erklären, nicht nach, bleibt es bei dem Austauschrecht des Auftragnehmers. Der Auftraggeber muss den Sicherungseinbehalt auszahlen, die Bürgschaft kann er behalten.

114 Der Bundesgerichtshof hat in den entschiedenen Fällen ein Austauschrecht bejaht, in denen ein Auftraggeber sich einmal erst einen Monat und ein anderes Mal zwei Monate (Urt. v. 7.3.2002 – VII ZR 182/01) später auf sein Recht berufen hat, den Sicherheitseinbehalt zu verwerten. Das war in beiden Fällen zu spät. Der Sicherheitseinbehalt musste ausgezahlt werden, die Bürgschaft hätte behalten werden dürfen. Für die Insolvenz des Auftragnehmers gelten insofern keine Besonderheiten (BGH, Urt. v. 25.11.2010 – VII ZR 16/10). Die Stel-

Fälligkeit der Vergütung **§ 641**

lung der Bürgschaft erfolgt zudem unter der auflösenden Bedingung, dass der Auftraggeber seiner Verpflichtung zur Auszahlung des Sicherheitseinbehalts alsbald nachkommt (BGH, Urt. v. 10.2.2011 – IX ZR 73/10 Rdn. 12). In der Insolvenz des Auftraggebers bedeutet dies, dass der Auftragnehmer die gestellte Bürgschaft aus der Insolvenzmasse aussondern kann (BGH, Urt. v. 10.2.2011 – IX ZR 73/10 Rdn. 20 ff.).

Gemäß § 17 Abs. 6 Nr. 1 Satz 3 VOB/B ist der Sicherheitseinbehalt vom Auftraggeber auf ein **115** Sperrkonto bei dem vereinbarten Geldinstitut einzubezahlen. Bei dieser Verpflichtung handelt es sich um keine Vermögensbetreuungspflicht i. S. d. § 266 StGB mit der Folge, dass durch eine unterlassene Einzahlung keine Untreue begangen wird (BGH, Urt. v. 25.5.2010 – VI ZR 205/09). Zu beachten ist, dass der Auftragnehmer fordern kann, den – der auch zu Unrecht – vorgenommenen Sicherheitseinbehalt auf ein Sperrkonto einzuzahlen (§ 17 Abs. 6 Nr. 3 VOB/B). Geschieht das nicht, verliert der Auftraggeber nach dem Sanktionssystem des § 17 Abs. 6 Nr. 3 Satz 2 VOB/B jeglichen Anspruch auf Sicherheit. Er muss dann sowohl den Sicherheitseinbehalt auszahlen als auch die Bürgschaft zurückgeben (BGH, Urt. v. 10.11.2005 – VII ZR 11/04). Er ist wohl nicht gehindert, mit Mängelansprüchen aufzurechnen (OLG Düsseldorf, Urt. v. 19.12.2008 – 22 U 86/08; OLG Karlsruhe, Urt. v. 22.3.2007 – 4 U 25/06; a.A. LG München I, Urt. v. 14.5.2014 – 24 O 24859/13; Hahn, BauR 2008, 117 m. N. zum Meinungsstand; Vogel, EWiR 2003, 2011 wegen fiduziarischer Bindung des Zahlungsbetrages).

Nimmt der Auftraggeber die ihm als Austauschsicherheit gestellte Gewährleistungsbürg- **116** schaft entgegen und verletzt er seine Verpflichtung aus der Sicherungsabrede dadurch, dass er die Bürgschaft verwertet, obwohl er sie zurückgeben müsste, steht dem Auftragnehmer ein Anspruch in Höhe der an den Auftraggeber ausgezahlten Bürgschaftssumme zu. Gegenüber diesem Anspruch ist der Auftraggeber nicht berechtigt, mit Gegenansprüchen aufzurechnen oder ein Zurückhaltungsrecht geltend zu machen, selbst wenn die Gegenansprüche vom Sicherungszweck der Sicherungsabreden der Bürgschaft erfasst werden (BGH, Urt. v. 2.3.2000 – VII ZR 475/98; Urt. v. 8.3.2001 – IX ZR 236/00). Wollte man das anders sehen, würde der Auftraggeber durch die Vertragswidrigkeit eine doppelte Sicherung erlangen, die ihm vertraglich nicht zusteht.

3. Wiederauffüllungsverpflichtung

Nicht abschließend geklärt ist, ob der Auftragnehmer im Falle einer berechtigten Verwer- **117** tung einer Sicherheit während der vereinbarten Sicherheitsdauer verpflichtet ist, die Sicherheit wieder auf die vereinbarte Sicherungshöhe aufzufüllen. Anders als ein Mietvertrag, bei dem einer Wiederauffüllungsverpflichtung teilweise im Hinblick auf die Besonderheiten des Vertragsverhältnisses angenommen wird (näher Staudinger/Repgen, Bearb. 2009, § 240 BGB Rdn. 1 m. w. N.), ist der Bauvertrag kein Dauerschuldverhältnis (BGH, Urt. v. 9.1.2003 – VII ZR 181/00). § 240 BGB ist nicht unmittelbar anwendbar (C. Schmitz, Sicherheiten für die Bauvertragsparteien, Rdn. 158; a. A. Kainz, FS Franke [2009], 169, 173 f.), allenfalls analog.

4. Von der VOB/B abweichende Vereinbarungen

In vielen Bauverträgen finden sich vorformulierte Vertragsklauseln, in denen die Sicher- **118** heitsleistung abweichend von der VOB/B geregelt ist. Handelt es sich dabei um Allgemeine Geschäftsbedingungen, so unterliegen diese Vertragsklauseln der Inhaltskontrolle zu Lasten des Verwenders. Maßstab für diese Inhaltskontrolle ist § 307 BGB. Ist der Auftraggeber, wie das der Regelfall ist, der Verwender der Klauseln, so sind diese unwirksam, wenn sie den Auftragnehmer unangemessen benachteiligen.

a) Sicherheitsbareinbehalt

Nach der ständigen Rechtsprechung des Bundesgerichtshofs ist eine Klausel in Allgemeinen **119** Geschäftsbedingungen des Auftraggebers unwirksam, die als Gewährleistungssicherheit lediglich einen Bareinbehalt vorsieht (BGH, Urt. v. 5.6.1997 – VII ZR 324/95; zuletzt LG Kiel, Urt. v. 5.4.2012 – 9 O 180/11). Durch den Bareinbehalt wird dem Auftragnehmer die ihm nach der gesetzlichen Wertung (§ 641 BGB) an sich zustehende Liquidität entzogen, zudem trägt er das Insolvenzrisiko, denn es ist nicht gesichert, dass der Anspruch auf Auszahlung des Sicherungseinbehalts nach Ablauf der Gewährleistungsfrist auch durchsetzbar ist. Außerdem entgeht ihm die Verzinsung seiner Werklohnforderung.

§ 641

b) Ablösungsbefugnis durch Bürgschaft auf erstes Anfordern

120 Dieselbe Interessenverschiebung zu Lasten des Auftragnehmers findet statt, wenn die Klausel des Auftraggebers einen Bareinbehalt vorsieht, der lediglich durch eine Bürgschaft auf erstes Anfordern abgelöst werden kann. Wenn die Anforderung stattgefunden und der Bürge ausgezahlt hat, wird dem Auftragnehmer Liquidität entzogen und er trägt das Insolvenzrisiko. Da die Anforderung ohne weiteres möglich ist, wird der Auftragnehmer unangemessen benachteiligt. Ohne Belang ist, ob der Auftragnehmer den Bareinbehalt auch durch Hinterlegung abwenden kann. Denn dann bleibt ihm immer noch die Möglichkeit vorenthalten, die Liquidität zu erlangen. Eine angemessene Klausel muss diese Möglichkeit bereithalten (BGH, Beschl. v. 24.5.2007 – VII ZR 210/06).

121 Eine Klausel, die einen Bareinbehalt vorsieht, der nur durch eine Bürgschaft auf erstes Anfordern abgelöst werden kann, ist nach der Rechtsprechung des Bundesgerichtshofs unwirksam (BGH, Urt. v. 5.6.1997 – VII ZR 324/95; BGH, Urt. v. 2.3.2000 – VII ZR 475/98). Auf die Dauer und die Höhe des Bareinbehalts kommt es grundsätzlich nicht an (BGH, Beschl. v. 17.1.2002 – VII ZR 495/00). Der Unwirksamkeit kann der Auftraggeber nicht dadurch entgehen, dass er in dem Vertrag eine sogenannte salvatorische Klausel vorsieht, wonach im Falle der Unwirksamkeit einer Klausel eine Vereinbarung zu treffen ist, die dem Gewollten am Nächsten kommt. Denn eine derartige Klausel ist ebenfalls unwirksam, weil die gesetzliche Folge des § 306 Abs. 2 BGB formularmäßig abgeändert wird, was den Auftragnehmer unangemessen benachteiligt (BGH, Urt. v. 22.11.2001 – VII ZR 208/00). Ebenso wenig steht der Unwirksamkeit entgegen, dass die Freigabe der Bürgschaft vorgesehen ist, wenn bei einer Kontrollbegehung nach Ablauf von zwei Jahren nach der Abnahme keine Mängel festgestellt werden (OLG Rostock, Urt. v. 18.10.2004 – 3 U 40/04, die zugelassene Revision wurde nach einem Hinweisbeschluss des BGH nach §§ 552a, 522 Abs. 2 ZPO, Beschl. v. 23.6.2005 – VII ZR 277/04, zurückgenommen).

122 Das gilt auch für Geschäftsbedingungen des öffentlichen Auftraggebers (BGH, Urt. v. 9.12.2004 – VII ZR 265/03). Zwar besteht das Insolvenzrisiko nicht, jedoch kann dem Auftragnehmer die Liquidität entzogen werde. Es kann nicht davon ausgegangen werden, dass die öffentliche Hand eine Bürgschaft auf erstes Anfordern nicht zu Unrecht in Anspruch nimmt (BGH, Urt. v. 25.3.2004 – VII ZR 453/02). Unerheblich ist, ob die Klausel des öffentlichen Auftraggebers vorsieht, dass der Bareinbehalt ein Verwahrkonto genommen wird, denn dort wird er nur gesondert verwaltet (BGH, Urt. v. 20.10.2005 – VII ZR 153/04). Auch ist unerheblich, wenn die Klausel neben der Bürgschaft auf erstes Anfordern wahlweise die Sicherung durch Hinterlegung vorsieht. Auch dann wird dem Auftragnehmer die Liquidität entzogen (BGH, Beschl. v. 28.2.2008 – VII ZR 51/07).

123 Der Bundesgerichtshof hat sich, anders als bei der Sicherungsabrede, die eine Vertragserfüllungsbürgschaft auf erstes Anfordern verlangt (BGH, Urt. v. 4.7.2002 – VII ZR 502/99), nicht in der Lage gesehen, die Sicherungsabrede ergänzend auszulegen, etwa dahin, dass die Ablösung statt durch Bürgschaft auf erstes Anfordern durch eine selbstschuldnerische Bürgschaft erfolgen kann (BGH, Urt. v. 22.11.2001 – VII ZR 208/00). Zur Begründung wurde angeführt, der Auftraggeber sei in seinen Allgemeinen Geschäftsbedingungen bewusst von § 17 VOB/B abgewichen. Der Auftragnehmer habe das akzeptiert. Das schließe eine Rückkehr zu § 17 VOB/B durch ergänzende Vertragsauslegung aus. Zudem sei nicht erkennbar, welche Regelung die Parteien vereinbart hätten, wenn sie die Unwirksamkeit der Klausel gekannt hätten. Insbesondere wäre auch eine Verringerung des Einbehalts, eine Verkürzung der Einbehaltsfrist oder die Wahl einer anderen der in § 17 VOB/B genannten Sicherungsformen in Betracht gekommen. Verwiesen wurde auf eine vorhergehende Entscheidung (BGH, Urt. v. 8.3.2001 – IX ZR 236/00).

124 Diese Begründung stellt auf Besonderheiten der Regelung ab, nach der der Gewährleistungseinbehalt durch eine Bürgschaft auf erstes Anfordern abgelöst wird. Die Oberlandesgerichte sind der Rechtsprechung teilweise gefolgt, teilweise jedoch nicht. Der Bundesgerichtshof hat seine Rechtsprechung daraufhin überprüft und an ihr festgehalten (BGH, Urt. v. 9.12.2004 – VII ZR 265/03). Er hat darauf hingewiesen, dass ohnehin solche Sicherungsabreden unwirksam sind, die nach dem Bekanntwerden der Entscheidung vom 5.6.1997 geschlossen worden sind. Denn nach dieser Entscheidung lagen die Bedenken gegen die Sicherungsabreden, die eine Bürgschaft auf erstes Anfordern bestehen, auf der Hand. Diejenigen Auftraggeber, die trotz der Entscheidung vom 5.6.1997 (VII ZR 324/95) in ihren Allgemeinen Geschäftsbedingungen Sicherungsabreden vorsahen, nach denen der Bareinbehalt nur durch eine Bürgschaft auf erstes Anfordern abgelöst werden kann, verdienen keinen Vertrauensschutz.

Fälligkeit der Vergütung **§ 641**

Aber auch für Verträge, die vor dem Bekanntwerden der Entscheidung vom 5.6.1997 (VII **125** ZR 324/95) geschlossen worden sind, kommt eine ergänzende Vertragsauslegung einer Sicherungsabrede, mit der ein Einbehalt vereinbart, der nur durch eine Bürgschaft auf erstes Anfordern abgelöst wird, nicht in Betracht (BGH, Urt. v. 9.12.2004 – VII ZR 265/03; Urt. v. 14.4.2005 – VII ZR 56/04). Denn eine ergänzende Vertragsauslegung setzt voraus, dass ein entsprechender, fiktiver Wille der Parteien festgestellt werden kann. Im Hinblick auf die vielfachen Möglichkeiten einer Sicherungsabrede mit Bardepot ist das nicht möglich. Maßgeblich ist bei der ergänzenden Vertragsauslegung von Allgemeinen Geschäftsbedingungen ein generalisierend-typisierender Maßstab, der am Willen und Interesse der typischerweise beteiligten Verkehrskreise ausgerichtet sein muss. Will eine Vertragspartei geltend machen, dass es im konkreten Vertrag individuelle Umstände gibt, die die ergänzende Vertragsauslegung beeinflussen können, so muss sie diese konkret vortragen (BGH, Urt. v. 14.4.2005 – VII ZR 56/04).

Nicht entschieden hat der Bundesgerichtshof über eine Sicherungsabrede, mit der als alleiniges Sicherungsmittel für Gewährleistungsansprüche eine Bürgschaft auf erstes Anfordern vereinbart worden ist. Dieser Fall dürfte nicht anders zu entscheiden sein als der Fall, dass als alleiniges Sicherungsmittel eine Vertragserfüllungsbürgschaft auf erstes Anfordern vereinbart wird. In diesem Fall hat der BGH eine ergänzende Vertragsauslegung vorgenommen (BGH, Urt. v. 4.7.2002 – VII ZR 502/99). **126**

c) Ablösungsbefugnis durch selbstschuldnerische Bürgschaft

Dagegen ist eine Allgemeine Geschäftsbedingung des Auftraggebers, die einen Bareinbehalt vorsieht, der nur durch eine selbstschuldnerische Bürgschaft abgelöst werden kann, wirksam (BGH, Urt. v. 13.11.2003 – VII ZR 57/02). Dieses Austauschrecht ist ein angemessener Ausgleich. Die davon abweichenden Entscheidungen von Oberlandesgerichten sind damit überholt (OLG Braunschweig, Urt. v. 14.10.1993 – 1 U 11/93; OLG Dresden, Urt. v. 24.10.2001 – 11 W 1608/01; vgl. auch die berechtigten Einwendungen gegen die Rechtsprechung von C. Schmitz, Sicherheiten für die Bauvertragsparteien, Rdn. 109). Der Auftragnehmer kann durch Stellung der Bürgschaft das Insolvenzrisiko abwenden und Liquidität erlangen. Allerdings muss er dafür Avalzinsen zahlen. Das fällt nicht ins Gewicht, weil er die Avalzinsen in den Werklohn einkalkulieren kann. Der Umstand, dass er in Ausnahmefällen nicht in der Lage ist, wegen der begrenzten Kreditlinie eine Bürgschaft zu stellen, fällt ebenfalls nicht ins Gewicht, dass die Klausel unangemessen ist. Denn die selbstschuldnerische Bürgschaft ist ein gängiges Sicherungsmittel, das in der Wirtschaft trotz der Kreditlinienbelastung anerkannt ist. Der Gesetzgeber hat es z. B. im Rahmen des § 648a BGB gesetzlich akzeptiert, sogar mit einer wesentlich höheren Kreditlinienbelastung, nämlich im Extremfall mit der gesamten Vergütungsforderung. Der Bundesgerichtshof hat zudem keine Bedenken gegen eine Sicherungsabrede, nach der eine selbstschuldnerische Vertragserfüllungsbürgschaft zu stellen ist, die, weil häufig höher als die Gewährleistungsbürgschaft, die Kreditlinie ebenfalls erheblich belasten kann, und zwar bei größeren Bauvorhaben durchaus für eine ähnlich lange Zeit wie die Gewährleistungsbürgschaft (BGH, Urt. v. 13.11.2003 – VII ZR 57/02; Urt. v. 4.7.2002 – VII ZR 502/99). In diesem Zusammenhang ist daran zu erinnern, dass die Inhaltskontrolle nicht zum Ziel haben kann, Ideallösungen, wie sie § 17 VOB/B nahezu darstellt, durchzusetzen, sondern lediglich eine unangemessene Benachteiligung vermeiden muss (BGH, Urt. v. 20.4.2000 – VII ZR 458/97). **127**

Das Austauschrecht ist ein vertragliches Gestaltungsrecht (BGH, Urt. v. 13.9.2001 – VII ZR 467/00). Es geht analog § 401 BGB im Falle der Abtretung des Anspruchs auf Auszahlung des als Gewährleistungssicherheit einbehaltenen Teils des Werklohns auf den Zessionar über (BGH, Urt. v. 25.11.2010 – VII ZR 16/10 Rdn. 19 ff.). In der Insolvenz des Auftragnehmers als Zedenten gilt nichts anderes (BGH, Urt. v. 25.11.2010 – VII ZR 16/10 Rdn. 26). **128**

Eine Vertragsbedingung, durch die eine Vertragserfüllungsbürgschaft in Höhe von 10% der Auftragssumme gefordert wird, ist wirksam. Sie verstößt insbesondere nicht gegen § 307 Abs. 2 Nr. 1 BGB, denn sie stellt keine wesentliche Abweichung von einem gesetzlichen Leitbild dar. Namentlich enthält § 632a Abs. 3 BGB nicht den gesetzlichen Grundgedanken, dass Vertragserfüllungssicherheiten der Höhe nach auf 5% begrenzt sein müssten. Diese Norm ist dispositiv und gewährt dem Verbraucher einen Mindestschutz, der nicht nach unten abgewichen werden darf. Die Vereinbarung höherer Vertragserfüllungssicherheiten wird damit nicht ausgeschlossen (BGH, Urt. v. 7.4.2016 – VII ZR 56/15, Rdn. 69; OLG München, Urt. v. 22.12.2009 – 9 U 1937/09). Unbedenklich erscheint auch, wenn die Sicherungsabrede vorsieht, dass die Bürgschaft nur dann wirksam wird, wenn der Sicherungseinbehalt auf dem Konto der bürgenden Bank eingegangen ist. Ist die Bürgschaft in dieser Weise erteilt und geht der **129**

Sicherungseinbehalt nicht auf dem Konto ein, wird die Bürgschaft nicht wirksam (vgl. OLG Naumburg, Urt. v. 25.3.2004 – 2 U 77/03). Kombinierte Gewährleistungs- und Vertragserfüllungssicherheiten und/oder deren Austauschregelungen sind AGB-rechtlich höchst problematisch, wenn sie dazu führen, dass der Besteller für eine erhebliche Übergangszeit in Höhe von 10% der Auftragssumme nach der Abnahme abgesichert werden muss (vgl. BGH, Urt. v. 5.5.2011 – VII ZR 179/10, Rdn. 23 ff.). Eine nur vorübergehende Absicherung von Mängelsprüchen in einer vom Auftraggeber vorformulierten Sicherungsabrede in Höhe von 8% der Abrechnungssumme ist bedenklich, und zwar insbesondere dann, wenn die Beendigung einer parallelen Haftung von Erfüllungs- und Mängelsicherheit erst durch die Schlusszahlung erfolgt, also vom Auftraggeber gesteuert werden kann (LG Wiesbaden, Urt. v. 25.1.2012 – 5 O 72/10). Selbst eine nur kurzzeitige Haftung von zwei Vertragserfüllungssicherheiten in Höhe von einmal 5% und einmal 10% neben der bereits übergebenen Mängelbürgschaft in Höhe von 5% benachteiligt den Auftragnehmer unangemessen (OLG Celle, Urt. v. 14.6.2012 – 13 U 11/12). Schließlich ist eine zeitlich unbefristete Verpflichtung zur Stellung einer Sicherheit AGB-widrig (BGH, Urt. v. 10.4.2003 – VII ZR 314/01); an einer wirksamen zeitlichen Begrenzung fehlt es etwa, wenn die Sicherheit solange nicht zurück gegeben werden muss, bis der Auftraggeber des Bestellers diesen bezahlt hat und seinerseits keine Sicherheit mehr verlangt (OLG Köln, Urt. v. 5.4.2012 – 7 U 195/11). Die Sicherungsabrede über die Vertragserfüllungsbürgschaft ist auch dann unwirksam, wenn sie kombiniert mit Vereinbarungen über die hinausgeschobene Fälligkeit von Abschlagszahlungen zu einer unangemessen hohen Belastung des Unternehmers führt (BGH, Urt. v. 16.6.2016 – VII ZR 29/13, Rdn. 19). Das ist dann der Fall, wenn der Auftraggeber nach dem Zahlungsplan berechtigt ist, die letzten drei Abschlagszahlungen in Höhe von je fünf Prozent solange zurückzubehalten, bis ein etwaiger Rechtsstreit zwischen Auftraggeber und dessen Kunde (Erwerber von Eigentumswohnungen) über Mängel beendet ist und daneben eine Vertragserfüllungsbürgschaft zu stellen ist, also dem Besteller eine Sicherheit von bis zu insgesamt 20% zur Verfügung steht (BGH, Urt. v. 16.6.2016 – VII ZR 29/13, Rdn. 19 f.).

d) Auslegung von Sicherungsklauseln

130 Im Hinblick auf diese Rechtsprechung entsteht zwischen den Vertragsparteien häufig Streit darüber, ob eine Sicherungsklausel in Allgemeinen Geschäftsbedingungen des Bestellers so zu verstehen ist, dass ein Bareinbehalt vorgenommen wird, der lediglich durch Bürgschaft (auf erstes Anfordern) abgelöst werden kann. Das ist insbesondere dann streitig, wenn der Vertrag eine Sicherheitseinbehalt und die VOB/B vereinbart ist. Auch zu diesem Streit hat der Bundesgerichtshof wichtige Entscheidungen gefällt (BGH, Urt. v. 16.5.2002 – VII ZR 494/00; Urt. v. 10.11.2005 – VII ZR 11/04).

131 Die vorrangig vor der VOB/B geltende Vertragsklausel in Allgemeinen Geschäftsbedingungen des Auftraggebers, die vorsieht, dass von der Schlussrechnung ein Gewährleistungseinbehalt in Abzug gebracht wird, der durch eine Bürgschaft auf erstes Anfordern abgelöst werden kann, ist dahin auszulegen, dass sowohl das Wahlrecht aus § 17 Abs. 3 VOB/B als auch die Verpflichtung des Auftraggebers zur Einzahlung auf ein Sperrkonto nach § 17 Abs. 6 VOB/B ausgeschlossen sind. Mit der vorformulierten Klausel wird nämlich zum Ausdruck gebracht, dass nur ein Bareinbehalt gewollt ist, der lediglich durch Bürgschaft auf erstes Anfordern abgelöst werden darf. Mit dieser Auslegung ist die Klausel unwirksam.

132 Die vorrangig vor der VOB/B geltende Vertragsklausel in Allgemeinen Geschäftsbedingungen des Auftraggebers, die vorsieht, dass von der Schlussrechnung ein Gewährleistungseinbehalt in Abzug gebracht wird, der durch eine nicht auf erstes Anfordern zahlbare Bankbürgschaft abgelöst werden kann, ist dahin auszulegen, dass die Verpflichtung des Auftraggebers zur Einzahlung auf ein Sperrkonto nach § 17 Abs. 6 VOB/B nicht ausgeschlossen ist (BGH, Urt. v. 10.11.2005 – VII ZR 11/04; Schmitz, Sicherheiten für die Bauvertragsparteien, Rdn. 102). Davon abweichende Urteile der Oberlandesgerichte sind damit überholt (OLG Hamm, Urt. v. 11.10.1999 – 12 U 142/99; OLG Brandenburg, Urt. v. 11.1.2001 – 12 W 58/00). Im Unterschied zum alleinigen Ablösungsrecht durch Bürgschaft auf erstes Anfordern, sieht das Ablösungsrecht durch selbstschuldnerische Bürgschaft keine Gewährleistung des sofortigen Zugriffs durch den Gläubiger vor. Es besteht dann kein Grund anzunehmen, die Pflicht zur Einzahlung des Bareinbehalts auf ein Sperrkonto solle ausgeschlossen sein. Allein der Umstand, dass das Ablösungsrecht nach der VOB/B ohnehin besteht, rechtfertigt diese Annahme nicht. Vielmehr dürfte die Klausel dahin zu verstehen sein, dass das Recht zur Hinterlegung, § 17 Abs. 3 VOB/B ausgeschlossen ist. Ist der Auftraggeber verpflichtet, den Bareinbehalt auf ein Sperrkonto einzuzahlen, so verliert er nach § 17 Abs. 6 Nr. 3 Satz 2 VOB/B den Anspruch auf jegliche Sicherheit, wenn er eine Nachfrist zur Einzahlung verstreichen lässt. Das gilt auch dann,

Fälligkeit der Vergütung **§ 641**

wenn der Auftragnehmer die Bürgschaft zur Ablösung übergeben hat und die Auszahlung des Sicherheitseinbehalts fordert, der Auftraggeber dem jedoch vertragswidrig nicht nachkommt (BGH, Urt. v. 10.11.2005 – VII ZR 11/04).

e) Sicherungen nach Muster

Besondere Probleme bereiten die Fälle, in denen die Sicherungsabrede hinsichtlich der zu stellenden Bürgschaft auf ein Muster des Auftraggebers verweist. **133**

Enthält die Sicherungsabrede eine abschließende Regelung dazu, welchen Inhalt die geforderte Bürgschaft hat, hat ein Muster, auf das eventuell allgemein verwiesen wird, keine Funktion hinsichtlich des Inhalts der Sicherungsabrede. Der Auftraggeber ist nicht berechtigt, die Sicherungsabrede durch ein Muster zu ändern. Ein solcher Fall ist in § 17 Abs. 4 Satz 2 VOB/B zum Ausdruck gebracht. Der Regelung des § 17 Abs. 4 Satz 2 2. Hs. VOB/B, die Bürgschaft müsse „nach Vorschrift" des Auftraggebers ausgestellt sein, wird lediglich ergänzende Bedeutung für den Wortlaut und die Form der Bürgschaftserklärung beigemessen und berechtigt den Auftraggeber nicht, den vertraglichen Rahmen zu verlassen und einseitig den Umfang der Bürgschaft auszudehnen oder deren inhaltliche Ausgestaltung zu verschärfen (Heiermann/Riedl/Rusam, VOB/B, § 17 Rdn. 20; Ingenstau/Korbion-Joussen, VOB/B, § 17 Rdn. 84). Die Bestimmung gibt dem Auftraggeber nicht das Recht, ohne entsprechende Vereinbarung in dem Bauvertrag einseitig eine Bürgschaft auf erstes Anfordern zu verlangen (vgl. OLG Brandenburg, Urt. v. 11.1.2001 – 12 W 58/00). **134**

Entsprechendes gilt für andere Abreden, nach der die Bürgschaft „nach Muster" oder „nach Anforderung" des Auftraggebers zu stellen ist (BGH, Urt. v. 26.2.2004 – VII ZR 247/02). Enthält das bei Vertragsschluss oder später übergebene Muster bei abschließender vertraglicher Vereinbarung eine abweichende Bürgschaftsabrede, kann der Auftragnehmer es zurückweisen. Wird in dem Muster eine Bürgschaft auf erstes Anfordern abgegeben, obwohl nur eine selbstschuldnerische Bürgschaft vereinbart ist, kann der Auftragnehmer verlangen, dass der Auftraggeber ihm und der Bank gegenüber erklärt, er werde die Bürgschaft nicht auf erstes Anfordern in Anspruch nehmen (BGH, a. a. O.). **135**

Stellt der Auftragnehmer aufgrund des vertragswidrigen Musters des Auftraggebers in diesen Fällen eine Bürgschaft auf erstes Anfordern, liegt darin regelmäßig keine Vertragsänderung dahin, dass auch eine solche Bürgschaft vereinbart ist. Allein aus der Übersendung des Bürgschaftsformulars lässt sich das nicht herleiten (BGH, Urt. v. 10.4.2003 – VII ZR 314/01). **136**

Enthält die Sicherungsabrede aber einen Verweis auf ein bestimmtes Muster und liegt das Muster der Sicherungsabrede dem Vertrag bei und ergibt sich aus ihm, dass aus der Sicherungsabrede eine Bürgschaft auf erstes Anfordern verlangt wird, um den Bareinbehalt abzulösen, so ist die Sicherungsabrede unwirksam (BGH, Urt. v. 9.12.2004 – VII ZR 265/03). Denn es spielt keine Rolle, ob die Bürgschaft auf erstes Anfordern im Text der Sicherungsabrede oder im Text des beiliegenden Musters, auf das konkret zur Ausfüllung der Sicherungsabrede verwiesen wird, verlangt wird (BGH, Urt. v. 4.7.2002 – VII ZR 502/99). **137**

Verweist die Sicherungsabrede auf ein konkretes Muster, das aber bei Vertragsschluss nicht vorliegt, ist die Sicherungsabrede intransparent. Denn dann lässt sie offen, ob der Auftraggeber auch eine Bürgschaft auf erstes Anfordern verlangen kann. Eine derartige Klausel ist ebenfalls unwirksam (BGH, Urt. v. 2.3.2000 – VII ZR 475/98). Gleiches gilt z. B. auch für eine Formulierung, wonach der Sicherheitseinbehalt mit einer Bürgschaft „mit einem vom Auftraggeber genehmigten Wortlaut" abgelöst wird. **138**

f) Intransparente Klauseln

Eine Klausel in Allgemeinen Geschäftsbedingungen des Auftraggebers „Zahlungen auf Schlussrechnungen werden bis zu 95 % des Nettowertes geleistet. Der Rest ist durch eine kostenlose, unbefristete Gewährleistungsbürgschaft (Vorgabe der Befristung durch den Besteller) ablösbar", ist gemäß § 9 Abs. 1 AGBG unwirksam. Diese Klausel sieht ein Bestimmungsrecht des Bestellers über die Dauer der selbstschuldnerischen Bürgschaft vor. Das benachteiligt den Unternehmer unangemessen, weil danach nicht ausgeschlossen werden kann, dass eine Bürgschaft über die Dauer der Gewährleistungsfrist hinaus verlangt wird (BGH, Urt. v. 10.4.2003 – VII ZR 314/01). **139**

Die Bezugsgröße für die Höhe der Sicherheit muss präzise angegeben werden. In Betracht kommt einzig die Schlussrechnungssumme in objektiv berechtigter Höhe, weil bei Inbezugnahme der Auftragssumme Leistungsreduktionen oder -erweiterungen außer Ansatz blieben **140**

§ 641 Fälligkeit der Vergütung

(detailliert C. Schmitz, Sicherheiten für die Bauvertragsparteien, Rdn. 114 ff.). Die Brutto-Summe ist nur dann als Referenz zu wählen, wenn der Auftraggeber nicht vorsteuerabzugsberechtigt ist (C. Schmitz, Sicherheiten für die Bauvertragsparteien, Rdn. 126).

g) Bürgschaften als alleinige Sicherung

141 Eine Klausel in Allgemeinen Geschäftsbedingungen eines Bauvertrags, die den Auftragnehmer verpflichtet, zur Sicherung der Gewährleistungsansprüche des Auftraggebers ausschließlich eine unbefristete, unwiderrufliche, selbstschuldnerische Bürgschaft zu stellen, ist nicht nach § 307 BGB unwirksam. Die zur Ablösung eines Sicherheitseinbehalts durch eine solche Bürgschaft entwickelten Grundsätze sind anwendbar (BGH, Urt. v. 26.2.2004 – VII ZR 247/02). Dagegen ist eine Sicherungsabrede unwirksam, nach der der Auftragnehmer als Gewährleistungssicherheit eine Bürgschaft auf erstes Anfordern zu stellen hat. Insoweit sind die Grundsätze zur Ablösung eines Sicherheitseinbehalts durch eine solche Bürgschaft anwendbar.

h) Ausschluss von § 768 BGB

142 Eine vom Auftraggeber vorformulierte Sicherungsabrede, die vorsieht, dass der Bürge auf die Einreden aus § 768 BGB verzichten muss, ist unwirksam (BGH, Urt. v. 12.2.2009 – VII ZR 39/08; VersäumnisUrt. v. 16.6.2009 – XI ZR 145/08). Die Sicherungsabrede hinsichtlich der Stellung einer Erfüllungsbürgschaft kann im konkreten Fall je nach Ausgestaltung sprachlich und inhaltlich von dem Teil trennbar sein, der einen Verzicht des Bürgen auf die Einreden aus § 768 BGB vorsieht; jeder Teil ist dann einer gesonderten Wirksamkeitsprüfung zugänglich (BGH, Urt. v. 12.2.2009 – VII ZR 39/08). Dies ist etwa dann der Fall, wenn der Verzicht des Bürgen auf die Einreden aus § 768 BGB nur in dem Bürgschaftsmuster enthalten ist, auf das die Sicherungsabrede verweist. Anders sieht dies für eine Sicherungsabrede über die Stellung einer Gewährleistungsbürgschaft aus, da der Sicherungseinbehalt eines Teils des Werklohns einerseits und die Ablösemöglichkeit durch Bürgschaft andererseits eine untrennbare, konzeptionelle Einheit bilden (BGH, VersäumnisUrt. v. 16.6.2009 – XI ZR 145/08 unter Verweis auf BGH, Urt. v. 5.6.1997 – VII ZR 324/95). Auch sprachliche getrennte Klauseln über die Stellung einer Gewährleistungsbürgschaft sind insgesamt unwirksam (BGH, Urt. v. 28.7.2011 – VII ZR 207/09, Rdn. 14).

143 Die Vorgabe des Gläubigers in seinem Bürgschaftsmuster, dass der Bürge auf die Einreden aus § 768 BGB verzichtet, ist unwirksam (BGH, Urt. v. 8.3.2001 – IX ZR 236/00). Denn dies führt dauerhaft zur teilweisen Aufhebung der Akzessorietät der Bürgenhaftung.

i) Ausschluss von § 770 Abs. 1 und 2 BGB

144 Eine vom Bürgschaftsgläubiger gestellte Vertragsbedingung, nach der der Bürge auf die Einrede der Anfechtbarkeit (§ 770 Abs. 1 BGB) verzichtet, dürfte unwirksam sein (OLG München, Urt. v. 3.6.2014 – 9 U 3404/13 Bau; vgl. BGH, Urt. v. 16.9.1993 – VII ZR 206/92; C. Schmitz, Sicherheiten für die Bauvertragsparteien, Rdn. 103/9; a. A. BGH, Urt. v. 19.9.1985 – III ZR 214/83, zu einem Bürgschaftsmuster eines Kreditinstituts).

145 Eine vom Bürgschaftsgläubiger vorgegebene vorformulierte Klausel, wonach der Bürge auf die Einrede der Aufrechenbarkeit (§ 770 Abs. 2 BGB) verzichten muss, ist jedenfalls unwirksam (BGH, Urt. v. 16.1.2003 – IX ZR 171/00; bestätigt durch BGH, Urt. v. 24.10.2017 – XI ZR 600/16, Rdn. 21). Sieht die vom Auftraggeber gestellte formularmäßige Sicherungsabrede vor, dass der Bürge auf diese Einrede verzichten muss, so war nicht abschließend geklärt, ob dies zur Gesamtunwirksamkeit der Sicherungsabrede führt (offen gelassen von BGH, Urt. v. 16.6.2009 – XI ZR 145/08 Rdn. 40). Wie bei der Frage, ob der in der Sicherungsabrede vorgesehene Ausschluss der Rechte des Bürgen aus § 768 BGB zur Gesamtunwirksamkeit der Sicherungsabrede führt, dürfte auch die Parallelproblematik zum Ausschluss der Einrede der Aufrechenbarkeit zu beurteilen sein (Mayr, BauR 2014, 621, 625; Vogel/Schmitz, NJW 2011, 3758, 3760). Die Sicherungsabrede über die Stellung einer Mängelsicherheit ist also insgesamt unwirksam (BGH, Urt. v. 24.10.2017 – XI ZR 600/16, Rdn. 23 ff., 29 ff.; KG, Urt. v. 6.8.2013 – 7 U 210/11; OLG Frankfurt/Main, Urt. v. 27.9.2012 – 5 U 7/12; OLG Jena, Beschl. v. 17.11.2009 – 4 W 485/09; LG Wiesbaden, Urt. v. 22.2.2012 – 10 O 92/11; LG Köln, Urt. v. 21.12.2010 – 27 O 157/10; a. A. OLG Nürnberg, Beschl. v. 13.9.2012 – 6 U 781/12). Bei einer Vertragserfüllungssicherheit führt der Ausschluss aber nicht zur Gesamtunwirksamkeit der Sicherungsabrede (BGH, Urt. v. 16.6.2016 – VII ZR 29/13, Rdn. 32).

j) Austausch von Erfüllungs- und Mängelbürgschaft, Rückgabe der Mängelbürgschaft

Eine gestellte Sicherheit ist zurück zu gewähren, wenn der Sicherungszweck weggefallen ist (zuletzt BGH, Urt. 26.3.2015 – VII ZR 92/14 Rdn. 49). Dies richtet sich nach der Sicherungsabrede (BGH, Urt. 26.3.2015 – VII ZR 92/14 Rdn. 51). Sieht eine vom Besteller vorformuliert gestellte Klausel über eine Gewährleistungsbürgschaft vor „Die Bürgschaft ist zurückzugeben, wenn alle unter die Gewährleistungsfrist fallenden Gewährleistungsansprüche nicht mehr geltend gemacht werden können", so ist sie unwirksam (BGH, Urt. 26.3.2015 – VII ZR 92/14 Rdn. 40). Sie würde nämlich dazu führen, dass selbst ein noch so geringer berechtigter und abgesicherter Betrag ausreicht, um die Bürgschaft zurück zu halten. Die Klausel schließt nämlich einen Teilenthaftungsanspruch, wie er etwa in § 17 Abs. 8 Nr. 1 Satz 2 und Nr. 2 Satz 2 VOB/B geregelt ist, aus. Problematisch, weil unwirksam, sind Sicherungsabreden, in welchen die Erfüllungs- und Mängelsicherheit teilweise überschneidende Sicherungszwecke haben und eine gestellte Erfüllungsbürgschaft etwa „bis zur vorbehaltlosen Annahme der Schlusszahlung des Auftraggebers" behalten werden darf (vgl. OLG Frankfurt, Beschl. v. 28.10.2019 – 21 U 47/19, Rdn. 25 ff.). Dies führt nämlich dazu, dass geraume Zeit nach Abnahme der Besteller beide Sicherheiten kumuliert und damit in einer 5% übersteigenden Höhe behalten darf (BGH, Urt. v. 1.10.2014 – VII ZR 164/12 Rdn. 24). Gleiches gilt für die Regelung, wonach sich eine kombinierte Bürgschaft erst nach vorbehaltloser Annahme der Schlusszahlung eine Mängelbürgschaft wandelt (BGH, Urt. v. 22.1.2015 – VII ZR 120/14 Rdn. 16 ff.; OLG Dresden v. 23.4.2014 – 12 U 97/14; OLG München, Urt. v. 18.2.2014 – 9 U 4833/12 Bau) oder die Bürgschaft „frühestens jedoch nach vollständiger Beseitigung der im Abnahmeprotokoll festgestellten Mängel oder fehlender Leistungen" zurückgegeben werden muss (BGH, Urt. v. 30.3.2017 – VII ZR 170/16, Rdn. 21 ff.). Die Klausel ist auch unwirksam, wenn die Vertragserfüllungssicherheit über die Abnahme hinaus bis zur Erledigung der gesicherten Ansprüche zurückbehalten werden darf (OLG Düsseldorf, Urt. v. 24.3.2015 – 23 U 66/14; OLG Dresden v. 23.4.2014 – 12 U 97/14). Vergleichbares soll auch für die vom Besteller gestellte Sicherungsabrede gelten, wenn die Abnahme im Verhältnis zum Unternehmer an die Abnahme im Verhältnis zwischen dem Besteller mit einem Dritten geknüpft werde (LG Itzehoe, Urt. v. 26.2.2019 – 5 HKO 42/18). Bei der Gestaltung von AGB-rechtlich zu beurteilenden Sicherungsabreden muss also darauf geachtet werden, dass sich die Sicherungszwecke nicht überschneiden (zutreffend Oberhauser, BauR 2015, 553, 561 ff.).

5. Absicherung verjährter Mängelansprüche

Nach zwei älteren Entscheidungen des Bundesgerichtshofs (BGH, Urt. v. 21.1.1993 – VII ZR 127/91; BGH, Urt. v. 21.1.1993 – VII ZR 221/91) zu § 17 Abs. 8 VOB/B a. F. konnte der Auftraggeber eine Bürgschaft auch dann noch in Anspruch nehmen, wenn zwar die von der Bürgschaft abgesicherten Gewährleistungsansprüche verjährt waren, er aber die Mängel, auf denen die Ansprüche beruhen, in unverjährter Zeit gegenüber dem Auftragnehmer gerügt wurden. Der Fortbestand der Rechtsprechung war zweifelhaft, weil sie dazu führt, dass § 17 Abs. 8 Nr. 2 Satz 2 VOB/B die sich aus § 768 Abs. 1 BGB ergebende Möglichkeit, sich auf die Verjährung der Hauptschuld berufen zu können, ausschließt, ohne dies klar zu benennen. Nunmehr hat der Bundesgerichtshof (Urt. v. 9.7.2015 – VII ZR 5/15, Rdn. 25 ff./30) entschieden, dass § 17 Abs. 8 VOB/B 2002 dahin auszulegen ist, dass der Auftraggeber eine als Sicherheit für die Mängelansprüche erhaltene Bürgschaft nach Ablauf der zweijährigen Sicherungszeit nicht (mehr) zurückhalten darf, wenn diese Mängelansprüche verjährt sind und der Auftragnehmer die Einrede der Verjährung erhoben hat. Auch die gestellte Bürgschaft enthält regelmäßig keine Einschränkung von § 768 Abs. 1 BGB, so dass der Grundsatz der getrennten Beurteilung von Sicherungsabrede und Sicherungsmittel missachtet wird. Nach der höchstrichterlichen Rechtsprechung könnte sich der Bürge selbst dann auf die Verjährung der Hauptschuld berufen, wenn der Hauptschuldner hierauf verzichtet hätte (BGH, Urt. v. 18.9.2007 – XI ZR 447/06 Rdn. 18). Es ist auch zweifelhaft, ob § 17 Abs. 8 Nr. 2 Satz 2 VOB/B einer isolierten Inhaltskontrolle überhaupt standhält (für die Unwirksamkeit OLG Dresden, Beschl. v. 13.12.2007 – 12 U 1498/07). Für Mängelbürgschaften ist relevant, dass die Bürgschaftsforderung verjährungsrechtlich nach § 199 Abs. 1 Nr. 1 BGB mit der Fälligkeit der gesicherten Hauptforderung ebenfalls fällig wird, ohne dass es einer Leistungsaufforderung gegenüber dem Bürgen bedarf (BGH, Urt. v. 29.1.2008 – XI ZR 160/07, Rdn. 24; BGH, Urt. v. 8.7.2008 – XI ZR 230/07, Rdn. 18). Deshalb ist die Verlängerung der Verjährung der Bürgschaftsforderung in vorformulierten Bürgschaften des Auftraggebers auf „absolut" fünf Jahre AGB-rechtlich nicht zu beanstanden (BGH, Urt. v. 21.4.2015 – XI ZR 200/14, Rdn. 15 f.).

IV. Verzinsung

148 Die Regelung des § 641 Abs. 4 BGB ist im VOB-Vertrag abbedungen (vgl. BGH, Urt. v. 19.2.1964 – Ib ZR 203/62; OLG Naumburg, Urt. v. 25.9.1996 – 5 U 109/96). Wenn der Auftraggeber Verwender der VOB/B ist und der Vertrag Änderungen der VOB/B enthält, dürfte die Abbedingung der Fälligkeitszinsen unwirksam sein (vgl. BGH, Urt. v. 20.8.2009 – VII ZR 212/07 Rdn. 52). Nach § 16 Abs. 5 Nr. 3 VOB/B a. F. konnten Zinsen (als Verzugszinsen) grundsätzlich erst nach einer Nachfrist, die wirksam erst nach Fälligkeit gesetzt werden kann, verlangt werden. Diese Regelung hielt, weil sie von § 286 Abs. 3 BGB abwich, einer Inhaltskontrolle nicht stand (BGH, Urt. v. 20.8.2009 – VII ZR 212/07 Rdn. 46 ff.). Bereits vorher konnte der Auftragnehmer Verzugszinsen verlangen, wenn der Besteller ein fälliges unbestrittenes Guthaben nicht innerhalb von zwei Monaten nach Zugang der Schlussrechnung auszahlt. Danach kann der Auftragnehmer Verzugszinsen verlangen (§ 16 Abs. 5 Nr. 4 VOB/B).

149 Die Neuregelung von § 16 Abs. 5 Nr. 3 VOB/B versucht, nur noch geringfügig von § 286 Abs. 3 BGB abzuweichen. Dieser Versuch dürfte gescheitert sein, weil die Frist, ab deren Verstreichen der Auftraggeber Verzugszinsen zahlen muss, durch unbestimmte, nicht fassbare Begriffe und weitere Voraussetzungen („wenn der Auftragnehmer seine vertraglichen und gesetzlichen Verpflichtungen erfüllt") nicht klar bestimmt werden kann. Ob die Neuregelung mit den Wertungen des § 271a BGB in Einklang gebracht werden kann, ist zweifelhaft (vgl. Oelsner, NZBau 2012, 329).

§ 642 BGB Mitwirkung des Bestellers

(1) Ist bei der Herstellung des Werkes eine Handlung des Bestellers erforderlich, so kann der Unternehmer, wenn der Besteller durch das Unterlassen der Handlung in Verzug der Annahme kommt, eine angemessene Entschädigung verlangen.

(2) Die Höhe der Entschädigung bestimmt sich einerseits nach der Dauer des Verzugs und der Höhe der vereinbarten Vergütung, andererseits nach demjenigen, was der Unternehmer infolge des Verzugs an Aufwendungen erspart oder durch anderweitige Verwendung seiner Arbeitskraft erwerben kann.

Übersicht

	Seite
A. Allgemeines	602
I. Zur Abgrenzung: Annahmeverzug beim Kaufvertrag	602
II. Zur Abgrenzung: Annahmeverzug beim Dienstvertrag	602
III. Zeitlicher Charakter des Anspruchs	603
B. Anspruchsvoraussetzung: Annahmeverzug	603
I. Einzige Anspruchsvoraussetzung	603
II. Mitwirkungshandlung	604
1. Allgemeines	604
2. Rechtsnatur der Mitwirkung des Bestellers	604
a) Im Zweifel keine Pflicht	604
b) ... sondern Obliegenheit	605
3. Abgrenzung der Mitwirkungssphäre des Bestellers	605
4. Unabwendbare Umstände	605
5. Andere Sphärenabgrenzungen im Bauvertrag	606
6. Unterlassung oder positives Tun?	606
7. Mitwirkungsverzug und Leistungsänderung	607
8. Kasuistik: Bestimmung der Mitwirkungsschnittstelle im Einzelnen	607
a) Baufreies Grundstück	607
aa) Vollständig unterlassene Mitwirkung	607
bb) Teilweise unterlassene Mitwirkung	607
b) Entscheidungen	608
c) Genehmigungen	608
d) Pläne	608
e) Schutz der Werkleistung	609
f) Sicherheitsleistung nach § 650f BGB	609
g) Zahlungsverzug	609
h) Überwachung der Bauarbeiten	609

Mitwirkung des Bestellers §642

  i) Witterung 609
  j) Corona-Pandemie 610
 III. Eintreten von Annahmeverzug 611
  1. Fälligkeit der Mitwirkungshandlung 611
   a) Im Zweifel sofort 611
   b) Nach Kalender bestimmt oder berechenbar 611
  2. Angebot 612
  3. Schriftlichkeit 612
  4. Kein Unvermögen des Unternehmers 612
C. Rechtsfolge: Entschädigung 613
 I. Allgemein 613
 II. Entschädigungsfähige und nicht entschädigungsfähige Nachteile 613
  1. Entschädigungsfähige Nachteile: vergeblich bereitgehaltene Produktionsmittel 614
   a) Unproduktive Maschinen und Geräte 614
   b) Unproduktive Arbeitskraft 614
   c) Unproduktive Produktionsmittel für die Baustelle als Ganzes 614
   d) Entschädigung sowohl bei Stillstand als auch Verlangsamung von Herstellungsprozessen 615
    aa) Mitwirkungsverzug führt zum Stillstand 615
    bb) Mitwirkungsverzug führt zur Verlangsamung 615
    cc) Entschädigung auch bei Verlangsamung 616
  2. Nicht entschädigungsfähige Nachteile 616
   a) Entgangener Umsatz („Entschädigung in Anlehnung an §648 BGB") 616
   b) Unproduktiver allgemeiner Geschäftsbetrieb/Entschädigung für allgemeine Geschäftskosten 617
    aa) Entgangener Deckungsbeitrag für allgemeine Geschäftskosten 617
    bb) Vergeblicher Vorhalt des allgemeinen Geschäftsbetriebs 618
    cc) Zuschlag zur Deckung allgemeiner Geschäftskosten 618
   c) Kostensteigerungen 618
 III. Die Ermittlung der Entschädigungshöhe 619
  1. Ermittlung der Vorhaltedauer (Zeitfaktor T) 620
   a) Vorhalt eines Produktionsmittels 620
   b) Veranlassung des Vorhalts durch den Mitwirkungsverzug des Bestellers 620
    aa) Abwägungsentscheidung des Unternehmers 620
    bb) Vorgaben des Bestellers 620
    cc) Ende des Vorhalts von Arbeitnehmern 621
   c) „Absolute Obergrenze" für den Vorhalt von Produktionsmitteln 621
  2. Ermittlung des Wertansatzes pro Zeiteinheit (Wertfaktor A) 622
   a) Position im Leistungsverzeichnis 623
   b) Sonst: Preisfortschreibung 623
    aa) Unternehmer setzt tatsächliche Kosten für den Vorhalt von Maschinen oder Geräten an 624
    bb) Unternehmer setzt aus der Kalkulation entnommenen Wert für den Vorhalt von Maschinen oder Geräten an 624
    cc) Wertansatz für den Vorhalt von Arbeitskräften 624
    dd) Wertansatz für den Vorhalt von Produktionsmitteln für die Baustelle als Ganzes 625
    ee) Zuschlagsfaktor 625
 IV. Umsatzsteuer 626
D. Fälligkeit des Anspruchs 626
E. Verjährung 626
F. Besonderheiten des Anspruchs aus §642 BGB im VOB-Vertrag 627
G. Besonderheiten des Anspruchs aus §642 BGB im Architekten- und Ingenieurvertrag ... 627
H. Verhältnis zu anderen Ansprüchen 628
 I. Verhältnis zu §631 Abs. 1 BGB 629
 II. Verhältnis zu Mehrvergütungsansprüchen nach Leistungsänderung 629
  1. Anspruch aus §642 BGB gegeben – daneben Anspruch aus §650c BGB? 629
  2. Anspruch aus §650c BGB gegeben – daneben Anspruch aus §642 BGB? 629
  3. Anspruch aus §642 BGB gegeben – daneben Anspruch aus §2 Abs. 5 VOB/B? ... 630
  4. Anspruch aus §2 Abs. 5 VOB/B gegeben – daneben Anspruch aus §642 BGB? ... 631
 III. Verhältnis zu §645 BGB 631
 IV. Verhältnis zur Kündigungsvergütung 632
 V. Verhältnis zu §304 BGB 632
 VI. Verhältnis zu Schadensersatzansprüchen wegen Verzugs 632
  1. Anspruchsvoraussetzung: Pflichtverletzung 633

Retzlaff

§ 642

Mitwirkung des Bestellers

    2. Umfang des Schadensersatzes 633
I. Darlegungs- und Beweislast 634
    I. Allgemein... 634
    II. Darlegung und Beweis des Anspruchsgrunds 635
    III. Darlegung und Beweis der Entschädigungshöhe 635
       1. Darlegung und Beweis des Zeifaktors T 635
         a) Stillstand von Prozessen 636
         b) Verlangsamung von Prozessen 636
       2. Darlegung und Beweis des Wertfaktors A 637

A. Allgemeines

1 § 642 BGB regelt einen verschuldensunabhängigen Entschädigungsanspruch des Werkunternehmers für Nachteile, die ihm aufgrund des Annahmeverzugs des Bestellers entstehen.

2 Aus Sicht des Unternehmers bedeutet Bauen, durch Einsatz der Produktionsmittel Arbeit und Kapital (Material, Maschinen) eine Vergütung zu erzielen. Den vertraglich vorgesehenen Einsatz dieser Produktionsmittel erhält der Unternehmer gemäß § 631 Abs. 1 BGB vergütet. Wird das Leistungssoll des Vertrages verbindlich geändert, so steht dem Unternehmer für den Einsatz von Produktionsmitteln, die er nicht einkalkulieren musste, eine Nachtragsvergütung zu. Demgegenüber gewährt § 642 BGB einen Anspruch als Ausgleich für den Mehraufwand, der dem Unternehmer für das vergebliche Bereithalten von Produktionsmitteln entsteht, die wegen des Annahmeverzugs des Bestellers nicht zum Einsatz kommen können.

3 Zum Verständnis der Regelung ist es sinnvoll, die Folgen des Annahmeverzugs beim Werkvertrag mit denen beim Kaufvertrag und beim Dienstvertrag zu vergleichen.

I. Zur Abgrenzung: Annahmeverzug beim Kaufvertrag

4 Der Kaufvertrag ist die Grundform des Austauschvertrags. Dort wird die Kaufsache ohne die Mitwirkung des Leistungsempfängers, des Käufers, hergestellt. Daher bedeutet Gläubigerverzug hier Nichtannahme der fertigen Leistung durch den Leistungsempfänger (= Käufer). Beim Werkvertrag hingegen kann die Mitwirkung des Leistungsempfängers (= Bestellers) bereits während der Herstellung des Werks erforderlich sein. Hier liegt der oft betonte kooperative Charakter des Werkvertrags begründet. Daher kann Annahmeverzug beim Werkvertrag bereits im Verlauf des Herstellungsprozesses als Mitwirkungsverzug auftreten. § 642 BGB stellt somit eine gesetzliche Sanktion für unkooperatives Verhalten des Bestellers dar.

II. Zur Abgrenzung: Annahmeverzug beim Dienstvertrag

5 Beim Dienstvertrag schuldet der Leistungserbringer nur den Einsatz seiner Arbeitskraft, beim Werkvertrag schuldet er einen Erfolg. Das Gesetz geht davon aus, dass sich die Situation des Leistungserbringers bei beiden Verträgen in folgender Hinsicht unterscheidet:

6 Beim Dienstvertrag setzt der Leistungserbringer typischerweise nur einen Produktionsfaktor ein, nämlich seine Arbeitskraft. Häufig, etwa beim Arbeitsvertrag oder bei Freiberuflern mit Terminvereinbarung, sind die Dienste zu vorgegebenen Zeiten zu erbringen. Wird dem Dienstverpflichteten nicht wie vertraglich vorgesehen die Möglichkeit zur Leistung eröffnet, kann er es typischerweise nicht abwenden, dass er seine Arbeitskraft zu dieser Zeit vorgehalten hat, es sei denn es eröffnet sich ihm ausnahmsweise die Möglichkeit zu anderweitigem Erwerb hat.

7 Beim Werkvertrag hingegen unterliegt der Unternehmer typischerweise keinen festen Arbeitszeiten. Deshalb kann er in einem bestimmten Zeitraum mehreren Auftraggebern zeitlich parallel verpflichtet sein. Der Unternehmer ist grundsätzlich darin frei, seine Produktionsmittel zu deren Abarbeitung einteilen, Im Unterschied zum Dienstvertrag mit festen Arbeitszeiten führt der Annahmeverzug eines Werkbestellers deshalb nicht automatisch zu einem vergeblichen Vorhalt von Produktionsmitteln beim Leistungserbringer. Der Werkunternehmer kann die für den gestörten Vertrag vorgesehenen Produktionsmittel jedenfalls im Grundsatz leichter für einen anderen Vertrag einsetzen. Dies gilt insbesondere, wenn der Unternehmer die Leistung in seinem eigenen Organisationsbereich (Werkstatt, Büro) erbringt (KG, Urt. v. 29.01.2019 – 21 U 122/18).

Außerdem schlägt sich der Tätigkeitsbezug des Dienstvertrags und der Erfolgsbezug des Werkvertrags typischerweise in der vereinbarten Vergütung nieder. Diese ist beim Dienstvertrag im Grundsatz zeitabhängig (Stundenlohn, Tageslohn oder monatliches Gehalt) beim Werkvertrag hingegen erfolgsabhängig (Pauschalen oder Teilleistungen mit Einheitspreisen). 8

Aus diesen beiden Unterschieden folgt: Gerät der Leistungsempfänger beim Dienstvertrag in Annahmeverzug und ist der Dienstverpflichtete deshalb gezwungen, seine Arbeitskraft unproduktiv bereitzuhalten, muss seinen Interessen nicht durch die Begründung eines gesonderten Anspruchs Rechnung getragen werden. Es genügt, wenn das Gesetz ihm seine zeitabhängige Vergütung für die Dauer der annahmeverzugsbedingten Nichtleistung erhält und dem Leistungsempfänger versagt wird, wegen dieser Nichtleistung die Vergütung gemäß § 320 BGB einzubehalten. Genau dies leistet § 615 BGB. Diese Norm ist anders als § 642 BGB keine Anspruchsgrundlage, sondern eine Repliknorm, d.h. sie wehrt zugunsten des Dienstverpflichteten ab, dass sein Vertragspartner die Einrede „keine Vergütung ohne Arbeit" erhebt (BAG, Urt. v. 19.08.2015 – 5 AZR 975/13; KG, Urt. v. 29.01.2019 – 21 U 122/18; Weidenkaff in Grüneberg, Bürgerliches Gesetzbuch, 81. Auflage, 2022, § 615 BGB, Rn. 3 m.w.N.). 9

Gerät der Werkbesteller in Annahmeverzug, ist die Lage etwas anders: Anders als bei einem Dienstvertrag mit festen Arbeitszeiten, muss der Werkunternehmer seine Produktionsmittel typischerweise nicht *während des gesamten Annahmeverzugs* für den Besteller vorhalten. Solange er es aber tun muss, etwa bis sie für einen anderen Vertrag eingesetzt werden können, ist für den Vorhalt in dieser *Umschaltphase* eine nach Zeit zu bestimmende Vergütung oder Entschädigung angemessen. Haben die Parteien aber eine nach Einheitspreisen oder Pauschalen bestimmte Werkvergütung vereinbart, kann nicht auf diese rekurriert werden, wie es beim Dienstvertrag über § 615 BGB geschieht. Aus diesem Grund muss das Gesetz für den Werkvertrag mit § 642 BGB eine eigene Rechtsgrundlage schaffen (vgl. Glöckner, BauR 2014, 368 ff.), die einen der Höhe nach zeitabhängigen Anspruch schafft. 10

Die Anwendung von § 642 BGB ist somit verglichen mit §§ 611, 615 BGB mit einer doppelten Unschärfe behaftet: Zunächst muss ermittelt werden, ob und wenn ja in welchem Umfang der Annahmeverzug Produktionsmittel des Unternehmers stillgelegt hat, dann muss dieser Stillstand bewertet werden. Im Ergebnis führt § 642 BGB so zu einer streng zeitabhängigen Entschädigung, die auf Grundlage von Stunden- oder Tagessätzen berechnet wird. 11

Daneben führt der Annahmeverzug auch beim Werkvertrag dazu, dass sich der Besteller nicht auf die Nichtleistung des Unternehmers berufen kann, was diesem, trotz seiner Vorleistungspflicht, die Möglichkeit zur Vergütungsklage gemäß § 322 Abs. 2 BGB eröffnet (BGH, Urt. v. 13.12.2001 – VII ZR 27/00; Urt. v. 28.5.2020 – VII ZR 108/19). Die damit klagbar werdende Vergütung tritt neben die Entschädigung aus § 642 BGB (vgl. BGH, Urt. v. 30.01.2020 – VII ZR 33/19; → § 643 BGB, Rdn. 28 ff.). 12

III. Zeitlicher Charakter des Anspruchs

§ 642 gewährt damit einen streng zeitabhängigen Anspruch. Die Entschädigung E ermittelt sich wie eine Zeitvergütung als Produkt aus einem Wertansatz pro Zeiteinheit A und der durch den Annahmeverzug bedingten Vorhaltedauer T; also: E = A x T. Allerdings haben die Parteien die Höhe von A in der Regel nicht einvernehmlich vereinbart. 13

B. Anspruchsvoraussetzung: Annahmeverzug

I. Einzige Anspruchsvoraussetzung

Nach der Rechtsprechung des BGH besteht die alleinige Anspruchsvoraussetzung von § 642 BGB darin, dass der Besteller in Annahmeverzug gerät (BGH, Urt. v. 30.01.2020 – VII ZR 33/19, Rn. 38 ff.). Die Nachteile, die dem Unternehmer hierdurch entstehen, sind nach dem BGH keine Anspruchsvoraussetzungen. Der Verf. gibt daher seine in der Vorauflage (§ 642 BGB Rn. 3 und 38) sowie in Entscheidungen (KG, Urt. v. 29.01.2019 – 21 U 122/18) vertretene abweichende Auffassung auf. Praktische Auswirkungen hat diese Problematik nicht. Denn 14

§ 642

auch nach dem BGH ist die Höhe des Entschädigungsanspruchs „im Ausgangspunkt" an den Vergütungsanteilen zu orientieren, die auf die unproduktiv bereitgehaltenen Produktionsmittel entfallen (BGH, Urt. v. 30.01.2020 – VII ZR 33/19, Rn. 47), wobei der Unternehmer hierfür die Darlegungs- und Beweislast trägt (BGH, Urt. v. 30.01.2020 – VII ZR 33/19, Rn. 58). Diese „Orientierung" am unproduktiven und vom Unternehmer zu beweisenden Produktionsmittelvorhalt führt zu demselben Ergebnis als wäre dieser als Nachteil Anspruchsvoraussetzung, nur dass die Prüfung in die Ermittlung der Anspruchshöhe verlagert wird.

II. Mitwirkungshandlung

1. Allgemeines

15 Der Besteller muss eine Mitwirkung unterlassen haben, die bei der Herstellung des Werks erforderlich ist. Der Vergleich des Werkvertrags mit der Grundform des Austauschvertrags, dem Kaufvertrag (vgl. → Rdn. 4), zeigt: Beim Kaufvertrag wird die Leistung dem Empfänger (= Käufer), fertig hergestellt übergeben. Der Käufer hat sie lediglich anzunehmen, damit der Verkäufer den Vertrag erfüllen kann. Beim Werkvertrag muss der Leistungsempfänger (= Besteller) zumeist nicht nur die fertig hergestellte Leistung annehmen, sondern er kann auf unterschiedliche Weise bereits in den Herstellungsprozess eingebunden sein. In diesem Mitwirkungserfordernis liegt der kooperative Charakter des Werkvertrags begründet, der unterschiedlich stark ausgeprägt sein kann und vor allem beim Werkvertrag in Gestalt des Bauvertrags bedeutsam ist. Verglichen mit dem Kaufvertrag ist der Gläubigerverzug beim Werkvertrag daher vielgestaltiger. Er erschöpft sich nicht im bloßen „Annahme"verzug, sondern bedeutet darüber hinaus „Mitwirkungs"verzug. Da das Gesetz in § 642 BGB nicht zwischen beiden Begriffen differenziert, werden sie im Folgenden ebenfalls gleichbedeutend verwendet.

2. Rechtsnatur der Mitwirkung des Bestellers

16 Die Kooperation des Bestellers mit dem Unternehmer kann rechtlich auf unterschiedliche Weise ausgestaltet sein: Der Besteller kann zu einer bestimmten Handlung *verpflichtet* sein oder eine bestimmte Handlung kann ihm lediglich im Eigeninteresse *obliegen*. Nach allgemeinen Regeln werden Vertragspflichten und Obliegenheiten wie folgt unterschieden:

17 Pflichten sind im Interesse der Gegenpartei begründet und können von dieser zumeist eingeklagt werden. Ihre Verletzung begründet aufgrund gesetzlicher Generalklauseln (insbesondere §§ 280, 281 und 286 BGB) einen Schadensersatzanspruch.

18 Obliegenheiten bestehen nur im eigenen Interesse der hierdurch angesprochenen Partei; sie sind nicht einklagbar. Ihre Verletzung begründet keinen Schadensersatzanspruch der Gegenpartei, sondern führt nur zum Rechtsverlust der für sie nicht beachtenden Partei. Allerdings können Sondervorschriften (nicht aber Generalklauseln) an Obliegenheitsverletzungen einen Anspruch knüpfen, wie § 304 BGB oder eben § 642 BGB. Dabei begründen beide Vorschriften aber keine Schadensersatzansprüche, sondern verschuldensunabhängige Aufwendungsersatz- (§ 304 BGB) bzw. vergütungsähnliche Entschädigungsansprüche (§ 642 BGB). Der ebenfalls an einen Annahmeverzug anknüpfende § 615 BGB ist demgegenüber keine Anspruchsgrundlage (→ Rdn. 9).

19 Die Rede von der Kooperations„pflicht" des Bestellers ist also etwas ungenau, weil seine Kooperation nicht zwangsläufig als Pflicht ausgestaltet sein muss, sondern sie ihm teilweise „nur obliegt". Treffender ist es, vom Kooperations*erfordernis* des Bestellers zu sprechen, das zu *Pflichten oder Obliegenheiten* führen kann.

a) Im Zweifel keine Pflicht ...

20 Das Erfordernis zu dieser Differenzierung resultiert aus der Rechtsprechung des BGH, die explizit zwischen Bestellermitwirkung als Pflicht und als bloßer Obliegenheit unterscheidet (BGH, Urt. v. 26.10.2017 – VII ZR 16/17; Urt. v. 27.11.2008 – VII ZR 206/06, Rdn. 30; Urt. v. 21.10.1999 – VII ZR 185/98). Von großer Bedeutung ist in diesem Zusammenhang die Annahme des BGH, wonach die Vereinbarung verbindlicher Vertragsfristen nur für den Unternehmer, im Grundsatz aber nicht für den Besteller terminliche Pflichten begründet (BGH, Urt. v. 21.10.1999 – VII ZR 185/98, Rdn. 20; Urt. v. 26.10.2017 – VII ZR 16/17, BGHZ 216, 319, Rn. 38; KG, Urteil vom 29.01.2019 – 21 U 122/18; OLG Düsseldorf, Urt. v. 19.12.2019 – 5 U 52/19; Leupertz, BauR 2010, 1999).

Mitwirkung des Bestellers §642

Die Ansicht, wonach die Mitwirkung des Bestellers im Zweifel nur Obliegenheit und nicht 21
Pflicht ist, erscheint auf den ersten Blick nicht zwingend. Allerdings steht sie nicht in Widerspruch zu §§ 3 und 4 VOB/B, denn die dort dem Besteller zugeschriebenen Mitwirkungshandlungen müssen nicht als Pflichten, sondern können auch als Obliegenheiten verstanden werden (vgl. aber auch → Rdn. 191 f). Eine andere Wertung scheint das Gesetz aber vorzunehmen, indem es die Abnahme der Kaufsache bzw. des Werks, also die abschließende Mitwirkungshandlung des Leistungsempfängers dieser Verträge, ausdrücklich als Vertragspflicht ausgestaltet (vgl. § 433 Abs. 2 bzw. § 640 Abs. 1 BGB). Allerdings lässt sich dies damit begründen, dass durch diese Mitwirkungshandlungen die Verjährung der Mängelhaftung in Gang gesetzt wird (§ 438 Abs. 2 bzw. § 634a Abs. 2 BGB), und die Abnahme beim Werkvertrag außerdem Voraussetzung für die Fälligkeit der Unternehmervergütung ist (§ 641 Abs. 1 BGB). Somit geht es hier um Mitwirkungshandlungen, die der Leistungsempfänger nicht nur im eigenen Interesse des Leistungsfortschritts zu erklären hat, sondern auch im Interesse der anderen Vertragspartei, sodass sie auch für diese klagbar sein müssen. Dies kann die vom Gesetz angeordnete Sonderstellung dieser Mitwirkungshandlungen als Pflichten rechtfertigen, ohne dass dies zu einem Widerspruch der Bewertung der sonstigen Bestellermitwirkung als Obliegenheit führt (weitere Mitwirkungspflichten vgl. → Rdn. 47 f.).

b) ... sondern Obliegenheit

Wenn der Besteller zur Mitwirkung nicht verpflichtet ist, dann obliegt es ihm aber zu- 22
mindest im Eigeninteresse, dem Unternehmer die Erfüllung des Vertrags zu ermöglichen. Unterlässt er dies, kann seine Mitwirkungsverzug zwar keinen Schadensersatzanspruch des Unternehmers (nach §§ 280, 286 BGB oder § 6 Abs. 6 VOB/B) auslösen, wohl aber einen Anspruch nach § 642 BGB (BGH, Urt. v. 21.10.1999 – VII ZR 185/98; Urt. v. 13.5.2004 – VII ZR 363/02). Auf diesem Umstand basiert die Bedeutung des Anspruchs aus § 642 BGB.

Dies zeigt: Die Rechtsnatur der erforderlichen Bestellermitwirkung muss im Rahmen von 23
§ 642 BGB nicht geklärt werden. Dies ist nur bei Anspruchsgrundlagen erforderlich, die am engeren Begriff der Pflichtverletzung anknüpfen (etwa § 6 Abs. 6 VOB/B). Die von § 642 BGB vorausgesetzten Obliegenheit ist der weitere Begriff: Der Besteller ist nicht zu allem, was ihm im Eigeninteresse obliegt, auch gegenüber der Gegenpartei verpflichtet, aber alles, wozu er gegenüber der Gegenpartei verpflichtet ist, obliegt ihm auch. Deshalb kann in der Verletzung einer Vertragspflicht durch den Besteller zugleich sein Mitwirkungsverzug liegen und einen Anspruch des Unternehmers aus § 642 BGB begründen. Bedeutsam ist dies, wenn der Besteller seinen Pflichten zu Abschlagszahlungen (§ 632a BGB) oder der Besicherung des Unternehmers (§ 650f Abs. 1 BGB) nicht nachkommt (vgl. → Rdn. 47 f). Genauso verhält es sich beim Kaufvertrag. Auch dort kann die Nichterfüllung der klagbaren Hauptpflicht des Käufers, die Kaufsache anzunehmen (§ 433 Abs. 2 BGB), zugleich seinen Annahmeverzug begründen.

3. Abgrenzung der Mitwirkungssphäre des Bestellers

Auch wenn eine Pflichtverletzung des Bestellers nicht erforderlich ist, wird der Anspruch 24
aus § 642 BGB nicht durch jedwede Erschwerung der Leistungen des Unternehmers ausgelöst. Bei aller kooperativen Prägung des Werkvertrags ist die Mitwirkungsobliegenheit des Bestellers nicht uferlos. Für die Bestimmung des Tatbestands des § 642 BGB kommt es entscheidend auf die Kooperationsschnittstelle bzw. Mitwirkungsschnittstelle zwischen den Vertragsparteien an. Sie definiert, was der Unternehmer zu leisten hat und wo er auf die Mitwirkung des Bestellers warten darf. Welche kleineren Störungen eines Produktionsablaufs vom Unternehmer ohne finanziellen Ausgleich hinzunehmen sind, ist durch Vertragsauslegung zu bestimmen (BGH, Urt. v. 20.4.2017 – VII ZR 194/13, Rn. 18 f). Es ist ähnlich wie bei Vergütungsnachträgen, wo ebenfalls durch Auslegung die entscheidende Frage zu klären ist, ob eine Leistungsänderung gegenüber dem ursprünglichen Vertrag vorliegt oder ob der Unternehmer den geltend gemachten Aufwand von vornherein hätte einpreisen müssen. Der Verlauf der Mitwirkungsschnittstelle zu einzelnen Themenfeldern des Bauvertrags wird unten anhand von Einzelbeispielen erläutert (→ Rdn. 31 ff.).

4. Unabwendbare Umstände

Selbst wenn eine Störung aus der Sphäre des Bestellers herrührt führt sie nicht zu seinem 25
Annahmeverzug, wenn sie auf einen Umstand zurückgeht, der für ihn unabwendbar war. Als solche unabwendbare Ursachen kommen in Betracht: Streik, extreme Witterungseinflüsse, mit denen nicht zu rechnen war (→ Rdn. 50 ff.), oder die Auswirkungen der Corona-Pandemie

Retzlaff

§ 642

(→ Rdn. 53 f). Dies gilt aber nicht allgemein, sondern hängt vom Einzelfall ab. Entscheidend ist nicht, ob die *Ursache* der Störung von den Vertragsparteien beeinflusst werden kann, was bei der Witterung oder einer Pandemie nie der Fall ist, sondern ob ihre konkreten Auswirkungen auf die Baustelle abgewehrt oder abgefedert werden können und von welcher Vertragspartei dies ggf. zu erwarten ist.

5. Andere Sphärenabgrenzungen im Bauvertrag

26 Die Abgrenzung von Besteller- und Unternehmersphäre spielt nicht nur bei § 642 BGB, sondern auch in anderen Bereichen des Bauvertrags eine Rolle. Die Verantwortungssphären beider Parteien können dort u. U. anders voneinander abzugrenzen sein als bei § 642 BGB. Insbesondere ist hier zu denken an:

- Ansprüche des Bestellers gegen den Unternehmer wegen Verzugs: Hier gilt mitunter eine andere Abgrenzung der vertraglichen Sphären. Dies zeigt sich insbesondere, wenn der Unternehmer wegen ungewöhnlich schlechter Witterung nicht bauen kann: Er kann sich aus diesem Grund möglicherweise gegen Verzugsansprüche des Bestellers verteidigen (vgl. § 6 Abs. 2 Nr. 1 c) und Nr. 2 VOB/B), ein eigener Anspruch gegen den Besteller aus § 642 BGB steht ihm in der Regel aber nicht zu. Ebenso verhält es sich bei „coronabedingten" Störungen. Es gilt also insoweit die Faustformel: „Frist ja, Geld nein" (vgl. Urt. v. 20.4.2017 – VII ZR 194/13; sowie → Rdn. 50 ff.).
- Ansprüche des Unternehmers aus § 286 BGB oder § 6 Abs. 6 VOB/B: Diese setzen eine Pflichtverletzung des Bestellers voraus, sodass der Anwendungsbereich dieser Ansprüche enger gesteckt ist als derjenige von § 642 BGB.
- Gefahrtragung nach § 645 Abs. 1 BGB
- Mitverursachung von Mängeln durch die Werkleistung und Vorgaben des Bestellers (insb. eine mangelhafte Planung), vgl. dazu unten → Rdn. 45.

6. Unterlassung oder positives Tun?

27 Der Besteller muss eine ihm obliegende *Mitwirkung unterlassen* haben. Hingegen kann der Anspruch aus § 642 BGB genaugenommen nicht durch eine positive Handlung des Bestellers begründet werden (wiederholt ungenau daher BGH, Urt. v. 26.10.2017 – VII ZR 16/17, Rdn. 19; Urt. v. 20.4.2017 – VII ZR 194/13, Rdn. 18). Denn: Auch wenn der Besteller in fehlerhafter oder unbrauchbarer Weise an der Herstellung des Werks mitwirkt (etwa durch Überlassung mangelhafter Pläne oder eines mangelhaften Vorgewerks), gründet eine eventuelle Haftung nach § 642 BGB nicht hierauf, sondern auf der zugleich unterlassenen ordnungsgemäßen Mitwirkung des Bestellers (keine Übergabe ordnungsgemäßer Pläne bzw. eines baureifen Grundstücks). Allein das Unterlassen der ordnungsgemäßen Mitwirkung führt zu den „Wartezeiten", für die der Unternehmer nach § 642 BGB entschädigt werden soll, wie gerade der BGH betont (BGH, Urt. v. 26.10.2017 – VII ZR 16/17, Rdn. 28).

28 Hieraus folgt zugleich, dass auch das Verhalten eines Dritten einen Anspruch aus § 642 BGB nicht begründen kann (a. A. Busche in Münchener Kommentar zum BGB, § 642 BGB, Rdn. 7). Haftungsbegründend ist stets, dass der Besteller die erforderliche Mitwirkung unterlassen hat. Begeht der Dritte einen Fehler (z. B. Erstellung eines mangelhaften Plans), dann besteht der Anspruch aus § 642 BGB nicht wegen dieses Fehlers, sondern einfach deshalb, weil der Besteller – und nicht ein Dritter – die ordnungsgemäße Mitwirkung in Form der *rechtzeitigen Übergabe eines mangelfreien Plans unterlassen* hat.

29 Bei der Mängelhaftung ist es anders: Hier kommt eine Haftungsreduktion nach §§ 254, 278 BGB zugunsten des Unternehmers auch aufgrund des Verhaltens von Dritten in Betracht, die der Besteller neben dem in Anspruch genommenen Werkunternehmer in die Bauarbeiten einbezogen hat (vgl. z. B. BGH, Urt. v. 7.3.2002 – VII ZR 1/00: Haftungsreduktion des Bauunternehmers wegen Planungsfehlern; BGH, Urt. v. 27.11.2008 – VII ZR 206/06: Haftungsreduktion des überwachenden Architekten wegen Planungsfehlern; BGH, Urt. v. 15.5.2013 – VII ZR 257/11: Haftungsreduktion des Statikers wegen Fehlern des Planers; BGH, Urt. v. 14.7.2016 – VII ZR 193/14: Haftungsreduktion des Planers von Außenanlagen wegen eines Fehlers des Objektplaners). Der Grund für die Haftungsminderung gemäß § 254 BGB ist aber in diesen Fällen, dass der Besteller Mangel und Schaden durch aktives Tun, z. B. durch Übergabe fehlerhafter Pläne mitverursacht hat. Dieses muss nicht durch den Besteller, sondern kann auch durch seine Erfüllungsgehilfen geschehen (KG, Urt. v. 1.2.2019 – 21 U 70/18). Das bloße

Unterlassen von Kontrolle führt hingegen nie zu einer Minderung von Mängelansprüchen des Bestellers (KG, Urt. v. 1.2.2019 – 21 U 70/18). Anders verhält es sich beim Anspruch aus § 642 BGB: Wegen seines Zeitbezugs sind hier ausschließlich die Unterlassung der gebotenen Mitwirkung und die dadurch entstehende Verzögerung entscheidend.

7. Mitwirkungsverzug und Leistungsänderung

Hier gibt es zwei gegensätzliche Fragen: Wenn Annahmeverzug feststeht, kann dann zugleich eine Leistungsänderung gegeben sein? Und umgekehrt: wenn eine Leistungsänderung feststeht, kann damit zugleich Annahmeverzug gegeben sein? Vgl. hierzu näher → Rdn. 173 ff. 30

8. Kasuistik: Bestimmung der Mitwirkungsschnittstelle im Einzelnen

In welcher Form der Auftraggeber an der Vertragserfüllung mitzuwirken hat, ergibt sich daraus, wie sich die Parteien ihre Kooperation im Bauvertrag vorgestellt haben, wobei es hierzu oft keine ausdrücklichen Regelungen, sondern nur stillschweigende Annahmen gibt. Die genaue Abgrenzung der Kooperationsbereiche, also der „Mitwirkungsschnittstelle" ist durch Auslegung des Vertrags zu bestimmen (vgl. BGH, Urt. v. 20.4.2017 – VII ZR 194/13, Rdn. 18 f; Kniffka/Koeble, Kompendium des Baurechts, 8. Teil, Rdn. 21 ff.; Leupertz, BauR 2010, 2002 ff.). Einzelfälle thematisch geordnet: 31

a) Baufreies Grundstück
aa) Vollständig unterlassene Mitwirkung

Die wichtigste Mitwirkung des Bestellers besteht darin, dass er dem Unternehmer das für seine Leistung „aufnahmebereite" Baugrundstück zur Verfügung stellt (BGH, Urt. v. 19.12.2002 – VII ZR 440/01; Urt. v. 17.1.2002 – VII ZR 490/00; Urt. v. 21.10.1999 – VII ZR 185/98; KG, Urt. v. 29.1.2019 – 21 U 122/18; OLG Düsseldorf, Urt. v. 19.12.2019 – 5 Leupertz, BauR 2010, 2003). Zur Baufreiheit gehören vorbehaltlich einer abweichenden Vereinbarung auch der Zugang zum Grundstück, Lager- und Arbeitsplätze sowie die erforderlichen Anschlüsse für Wasser und Energie (§ 4 Abs. 4 VOB/B). Baut der Unternehmer auf die Leistung eines anderen Gewerks auf, dann ist es weiter erforderlich, dass ihm der Auftraggeber diese Leistung des Vorunternehmers überlässt (BGH, Urt. v. 21.10.1999 – VII ZR 185/98). Auch die Überlassung des Grundstücks frei von Bodenrisiken (Altlasten, Sprengmittel, archäologische Relikte etc.) gehört grundsätzlich zur erforderlichen Mitwirkung des Bestellers. Anders ist es, wenn es der Unternehmer vertraglich übernommen hat, diese Gefahren auf eigene Kosten im Rahmen des Vertrages zu beseitigen, was von der Auslegung des Vertrages abhängt. Eine vertragliche Übernahme solcher Risiken kann auch in einer Nachtragsvereinbarung liegen, die die Parteien aus Anlass einer Leistungsänderung geschlossen haben. Diese gilt im Zweifel auch etwaige Nachforderungen des Unternehmers aus § 642 BGB ab, es sei denn der Unternehmer hat sich diese vorbehalten (→ Rdn. 178). 32

bb) Teilweise unterlassene Mitwirkung

Der Besteller wirkt auch dann nicht vertragsgemäß mit, wenn er dem Unternehmer das Baugrundstück zwar zur vorgesehenen Zeit überlässt, aber nicht so, wie es nach dem Vertrag zu erwarten war, der Unternehmer also mit zusätzlichen Erschwernissen auf der Baustelle konfrontiert ist. 33

Beispiel: Eine Brücke kann nicht wie vorgesehen unter Vollsperrung, sondern nur unter Teilsperrung saniert werden. 34

Beispiel: Ein Vorgewerk hat seine Leistungen nicht vollständig, sondern nur teilweise abgeschlossen, sodass der nachfolgende Unternehmer nicht ungestört arbeiten kann, sondern den noch weiterarbeitenden Arbeitern des Vorgewerks wiederholt in einen anderen Bereich oder ein anderes Stockwerk ausweichen muss. 35

Ebenso kann es sich verhalten, wenn der Besteller nicht die Baustelleninfrastruktur eingerichtet hat, die der Unternehmer einplanen durfte. Hierdurch werden die Arbeiten erschwert und dauern länger. 36

Beispiel: Die Baustelle ist nicht wie zugesagt über das Nachbargrundstück zugänglich, die vom Besteller aufgestellten Bauaufzüge haben nicht die zugesagte Kapazität (vgl. OLG Hamm, Urt. v. 9.3.2017 – 24 U 32/13). 37

Schließlich ist es auch möglich, dass die Baufreiheit in zeitlicher Hinsicht eingeschränkt ist. 38

§ 642

39 **Beispiel:** Die Bauarbeiten können nur während bestimmter täglicher Zeitfenster ausgeführt werden, etwa während der nächtlichen Sperrung einer Straße oder bestimmter Kontrollzeiten in einer Justizvollzugsanstalt. Nach dem Vertrag darf der Unternehmer damit rechnen, dass diese Zeitfenster acht Stunden pro Tag betragen. Aus organisatorischen Gründen ist der Bauherr gezwungen, die Zeitfenster auf sechs Stunden pro Tag zu reduzieren. Dadurch verlängert sich die Gesamtbauzeit (vgl. *von Kiedrowski*, NJW 2020, 1260).

40 Diese Fälle einer nicht vollständig fehlenden, sondern nur eingeschränkten Baufreiheit weisen allerdings eine doppelte Schwierigkeit auf: Zunächst ist zu klären, ob die aufgetretene Behinderung tatsächlich den Mitwirkungsverzug des Bestellers begründet, also ob der Unternehmer nach dem Vertrag wirklich davon ausgehen durfte, hiervon verschont zu bleiben. Denn ein gewisses Maß an Störungen und unvorhergesehenen Entwicklungen ist unvermeidbar und muss vom Unternehmer hingenommen werden.

41 **Beispiel:** Der Bauablauf sieht vor, dass ein Ausbaugewerk in den Stockwerken 1 bis 10 in aufsteigender Nummerierung arbeitet. Nach dem 4. OG ist das 5. OG nicht baufrei, sodass der Unternehmer zunächst nur im 6. und 7. OG, erst danach im 5. OG und dann im 8. OG arbeiten kann. Diese „Störung" begründet keinen Mitwirkungsverzug des Bestellers, wenn und soweit kein berechtigtes Interesse des Unternehmers für das Abarbeiten der Stockwerke in aufsteigender Reihenfolge erkennbar ist.

42 Wenn die Störung feststeht, besteht die zweite Schwierigkeit darin, den Nachteil zu bestimmen, der dem Unternehmer hierdurch entstanden sein soll. Ist die Baufreiheit lediglich eingeschränkt, führt dies zumeist nicht zum Stillstand, sondern nur zur Verlangsamung des betroffenen Prozesses. Solche Verlangsamung kann aber auch auf Defizite aus der Sphäre des Unternehmers zurückzuführen sein. Es kann dem Unternehmer zufallen, diese Möglichkeit auszuschließen, was zu erhöhten Darlegungsanforderungen führen kann, vgl. → Rdn. 90 ff., 212 ff.

b) Entscheidungen

43 Der Auftraggeber muss die ihm zufallenden Entscheidungen treffen, die für den Baufortschritt erforderlich sind, insbesondere: Abruf von Leistungen, Prüfung und Bescheidung von Mustern, Koordinierung unterschiedlicher Gewerke, Prüfung und Bescheidung von Nachtragsangeboten. Beim Architektenvertrag oder anderen Werkverträgen über eine künstlerische oder gestalterische Leistung obliegt es dem Besteller, dem Architekten die für die Planung erforderlichen Vorgaben zu machen und sich zwischen möglichen Varianten zu entscheiden (KG, Urt. v. 19.03.2019 – 21 U 80/18). Allerdings muss der Besteller eine Entscheidung nur treffen, wenn die Lage des Bauvorhabens sie zulässt. Hat der Unternehmer dem Besteller z. B. noch kein taugliches, sondern nur unbrauchbare Muster überlassen, muss der Besteller hierüber auch noch nicht befinden.

c) Genehmigungen

44 Der Auftraggeber hat grundsätzlich die für die Leistung erforderlichen Genehmigungen zu beschaffen (vgl. § 4 Abs. 1 Nr. 1 VOB/B; BGH, Urt. v. 17.01.2002 – VII ZR 490/00; *Leupertz*, BauR 2010, 2003), z. B. Baugenehmigung, erforderliche Sondernutzungserlaubnis für Baumaschinen auf öffentlichem Straßenland, Streckensperrungen. Genehmigungen die die Tätigkeit bzw. den Betrieb des Unternehmers betreffen, sind hingegen in der Regel durch diesen selbst zu beschaffen, § 4 Abs. 2 VOB/B.

d) Pläne

45 Inwieweit die Planung der Werkleistung durch Besteller bzw. Unternehmer zu leisten ist, richtet sich nach dem Einzelfall. Aus § 3 Abs. 1 VOB/B lässt sich nichts ableiten, da die Vorschrift offen lässt, was „nötig" ist. Im Zweifel ist von der Planung durch den Unternehmer auszugehen, da er umfassend den Werkerfolg schuldet. Die Parteien können aber Abweichendes vereinbaren, ggf. auch konkludent. Häufig ist die Planungsverantwortung geteilt: Bis zu einem bestimmten Detaillierungsgrad (z. B. bis Entwurfs- oder Ausführungsplanung) fällt sie dem Besteller zu, im Übrigen (z. B. ab Ausführungs- oder ab Werk- und Montageplanung) dem Unternehmer. Wenn und soweit der Besteller dem Unternehmer Pläne zu übergeben hat, stellt die rechtzeitige Mitwirkung keine Pflicht, sondern lediglich eine Obliegenheit dar (vgl. KG, Urt. v. 29.01.2019 – 21 U 122/18, vgl. → Rdn. 20 ff.). Bei Leistungsänderungen gilt: Soweit der Besteller bei Auftragserteilung planerische Vorgaben gemacht hat, fällt ihm im Zweifel auch die Planung der geänderten Leistung zu (vgl. § 650b Abs. 1 S. 4 BGB). Der Besteller hat also in

Mitwirkung des Bestellers § 642

der Form mitzuwirken, dass er dem Unternehmer die Planung (gezeichnete Pläne, Leistungsverzeichnisse) in einem Detailierungsgrad zu übergeben hat, die dem der vor Auftragserteilung übergebenen Pläne und Leistungsverzeichnisse entspricht.

e) Schutz der Werkleistung

Obgleich nach §644 BGB bis zur Abnahme grundsätzlich der Unternehmer die Gefahr für seine Werkleistung trägt, können nach den Umständen des Einzelfalls auch Schutzmaßnahmen des Bestellers als Mitwirkungshandlung erforderlich sein. Zumindest kann es dem Besteller obliegen, von ihm vorgehaltene Schutzmaßnahmen, auf die ein Unternehmer vertraut, aufrechtzuerhalten (BGH, Urt. v. 16.10.1997 – VII ZR 64/96; Urt. v. 21.08.1997 – VII ZR 17/96). 46

f) Sicherheitsleistung nach §650f BGB

Der Besteller ist verpflichtet, dem Unternehmer eine Sicherheit gemäß §650f BGB zu stellen. Die Verletzung dieser Pflicht gewährt dem Unternehmer drei nebeneinander bestehende Reaktionsmöglichkeiten: Leistungsverweigerung (§650f Abs. 5 S. 1 1. Alt. BGB), Kündigung (§650f Abs. 5 S. 1 2. Alt. BGB) oder Einklagen (§650f Abs. 1 BGB). Als Minus zu dieser Pflicht besteht zugleich eine Obliegenheit des Bestellers, im eigenen Interesse an einer reibungslosen Vertragsdurchführung den Unternehmer gemäß §650f BGB zu besichern. Folglich handelt es sich bei der Unterlassung der Besicherung gemäß §650f BGB um unterlassene Mitwirkung im Sinne von §642 BGB (KG, Urt. v. 16.2.2018 – 21 U 66/16). Auch eine Kündigung nach §650f BGB lässt einen bereits entstandenen Mitwirkungsverzug gemäß §642 BGB nicht entfallen. Allerdings folgt hieraus nicht, dass der Unternehmer während seiner Leistungsverweigerung gemäß §650f BGB seine Produktionsmittel zeitlich unbegrenzt auf der Baustelle bereitstellen und dies uneingeschränkt liquidieren kann (KG, Urt. v. 16.2.2018 – 21 U 66/16, vgl. → Rdn. 124 ff.). 47

g) Zahlungsverzug

Die Zahlung fälliger Abschlagsrechnungen stellt eine Pflicht des Bestellers dar, deren Nichterfüllung wie bei der Pflicht zur Besicherung nach §650f BGB dem Unternehmer drei Reaktionsmöglichkeiten eröffnet: Leistungsverweigerung (§16 Abs. 5 Nr. 3 und 4 VOB/B), Kündigung (§314 BGB bzw. §9 Abs. 1 Nr. 2 VOB/B) oder Einklagen (§632a BGB). Daraus folgt, dass die Erfüllung fälliger Zahlungspflichten zugleich eine dem Besteller obliegende Mitwirkung bei der Vertragsdurchführung ist, sodass er sich in Mitwirkungsverzug befindet, solange der Unternehmer seine Leistung verweigert und seine für die Baustelle bereit gehaltenen Produktionsmittel dadurch unproduktiv werden. Zum zeitlichen Umfang → Rdn. 124 ff. 48

h) Überwachung der Bauarbeiten

Die Bauüberwachung lässt der Besteller nur im eigenen Interesse durchführen, der Unternehmer kann nicht erwarten, bei seiner Arbeit durch Überwachungsleistungen seines Auftraggebers unterstützt zu werden. Daher stellt Bauüberwachung keine erforderliche Mitwirkung des Bestellers gegenüber dem Unternehmer dar. Anders aber, wenn der Besteller in der Bauphase nicht die Bauüberwachung, sondern die aktive Steuerung des Baugeschehens unterlässt, insbesondere die erforderliche Koordination von Unternehmern. Eine solche Mitwirkung obliegt dem Besteller (vgl. oben „Entscheidungen", → Rdn. 43). 49

i) Witterung

Der Besteller kann nicht für Witterungsbedingungen sorgen, die dem Unternehmer günstig sind. Allerdings kann es dem Besteller im Einzelfall durchaus obliegen, Rahmenbedingungen für Bauleistungen zu schaffen, die es dem Unternehmer erlauben, seine Leistung auch bei bestimmten ungünstigen Witterungsbedingungen zu erbringen, z.B. einen bestimmten Schutz gegen Kälte, Niederschläge oder Hochwasser (BGH, Urteil vom 20.10.2005, VII ZR 190/02) vorzusehen. Derartiges muss im Vertrag aber entweder ausdrücklich geregelt sein oder es muss ein dahingehender Parteiwille durch Auslegung festgestellt werden können (BGH, Urt. v. 20.4.2017 – VII ZR 194/13, Rdn. 18 f). Von Relevanz sind hier etwaige Regelungen in den VOB/C (vgl. KG, Urt. v. 09.05.2017 – 21 U 97/15 m.w.N.) sowie der Aufwand, der durch die in Betracht kommenden Schutzmaßnahmen entsteht. Eine vertragliche Risikozuweisung schlechter Witterungsbedingungen an den Besteller kommt auch dann in Betracht, wenn es technisch gar nicht möglich ist, ihre nachteiligen Auswirkungen auf den Bauablauf zu mildern oder auszuschließen (BGH, Urt. v. 20.04.2017 – VII ZR 194/13, Rdn. 20). Die Abwehr 50 schlechter Witterung kann dem Besteller insbesondere dann obliegen, wenn sich die Bauzeit aufgrund seines Mitwirkungsverzugs in eine ungünstige Jahreszeit verschoben hat.

51 **Beispiel**: Besteller B hat den Unternehmer U mit der Sanierung eines Autobahnabschnitts beauftragt. Die Arbeiten hätten im August durchgeführt werden sollen. Aufgrund von Problemen bei der Verkehrsleitung kann die Baustelle erst im Januar abgesperrt werden. U kann deshalb erst im Januar mit den Arbeiten beginnen. Nach kurzer Zeit wird es sehr kalt. Wegen geschlossener Eisdecke liegt die Baustelle drei Wochen still. Dadurch entstehen U Vorhaltekosten.

52 In diesem Beispiel könnte dem Unternehmer durchaus eine Entschädigung für die Kosten zustehen, die ihm durch den witterungsbedingten Stillstand der Arbeiten entstanden sind. Der Besteller befindet sich hier zweimal im Mitwirkungsverzug. Zuerst von August bis Dezember, weil er dem Unternehmer die Baustelle nicht baufrei überlassen hat. Dieser Mitwirkungsverzug 1 endet im Januar, denn dann kann U mit den Arbeiten beginnen. Dass dann die Baustelle wegen kalter Witterung stillliegt, kann einen erneuten Mitwirkungsverzug 2 des Bestellers begründen. Denn bei Abschluss des Vertrages, der im August hätte ausgeführt werden sollen, musste der Unternehmer nicht mit solchen Witterungseinflüssen rechnen. Wenn die Arbeiten aufgrund des Mitwirkungsverzugs 1 des Bestellers in die kalte Jahreszeit verschoben werden, kann es deshalb ihm obliegen, die Auswirkungen der kalten Witterung auf die Baustelle abzufedern, und, wenn dies nicht möglich ist, die finanziellen Konsequenzen hieraus zu tragen (BGH, Urt. v. 20.4.2017 – VII ZR 194/13, BGHZ 214, 340). Es handelt sich dabei auch um Vorhaltekosten, die dem Unternehmer während des Annahmeverzugs des Besteller entstehen (im Sinne von BGH, Urt. v. 26.10.2017 – VII ZR 16/17, BGHZ 216, 319), nämlich während des Mitwirkungsverzugs 2.

Das Witterungsrisiko kann anders zwischen den Vertragsparteien verteilt sein, wenn es nicht um den Anspruch des Unternehmers aus §642 BGB geht, sondern wenn umgekehrt der Besteller den Unternehmer wegen witterungsbedingter Verzögerung aus §6 Abs.6 VOB/B bzw. §286 BGB in Anspruch nimmt. Hier wird der Unternehmer eher mit seinem Hinweis auf schlechte Witterungsbedingungen gehört (vgl. §6 Abs.2 Nr.1 c) und Nr.2 VOB/B sowie BGH, Urt. v. 20.4.2017 – VII ZR 194/13, BGHZ 214, 340).

j) Corona-Pandemie

53 Zu den Auswirkungen der Corona-Pandemie auf das Baugeschehen vgl. Roquette/Wurm BauR 2020, 695; Kues/Thomas, BauR 2020, 1043; Weiser NZBau 2020, 203; Koblizek/Finke NZBau 2020, 279; Boldt/Obehauser/LeupetzRetzlaff/Schwerdtner, BauR 2021, 345. Im Rahmen von §642 BGB kann die Corona-Pandemie eine Einwendung des Bestellers gegen einen Anspruch aus §642 BGB begründen. Beruft sich der Besteller hierauf, geht es ihm darum, einen Mitwirkungsverzug als für ihn wegen der Pandemie unabwendbar darzustellen.

54 **Beispiel:** Der Besteller B kann dem Unternehmer U die Baustelle nicht zur vorgegebenen Zeit baufrei übergeben. Das Vorgewerk ist nicht rechtzeitig fertig, da seine Arbeiter coronabedingt zwei Wochen nicht arbeiten konnten (wegen Quarantäne oder Einreiseverbots nach Deutschland).

55 Ob die „coronabedingte Ursache" der fehlenden Baufreiheit den Besteller vom Mitwirkungsverzug entlastet, hängt vom Einzelfall und der Auslegung des Vertrages ab (vgl. BGH, Urt. v. 20.4.2017 – VII ZR 194/13, BGHZ 214, 340). Entscheidend sind primär drei Kriterien, die im Einzelfall abzuwägen sind:

56 • Wie stark ist der Corona-Einfluss im konkreten Fall (d.h.: wie viele Arbeiter konnten coronabedingt nicht arbeiten)?

• Wieviel Zeit ist seit dem Corona-Einfluss bis zum Mitwirkungsverzug verstrichen (z.B.: War die Quarantäne oder das Einreiseverbot zwei Wochen oder vier Monate vor dem Beginn des Mitwirkungsverzugs?)

• Musste der Besteller mit den Auswirkungen der Corona-Pandemie bei Vertragsschluss rechnen (d.h. wurde der Vertrag vor oder nach Bekanntwerden der Auswirkungen der Pandemie auf das Leben in Deutschland geschlossen)? Der Zeitpunkt des „kollektiven Bekanntwerdens" der Folgen der Corona-Pandemie dürfte grundsätzlich im März 2020 anzusiedeln sein, eventuell analog Art.240 §1 Abs.2, §3 Abs.1, §5 Abs.1 und §6 Abs.1 EGBGB mit dem 8. März 2020.

III. Eintreten von Annahmeverzug

Der Besteller muss durch seine unterbliebene Mitwirkung in Annahmeverzug geraten. 57
Während man unter Schuldnerverzug die Verzögerung der Vertragserfüllung durch den
Schuldner versteht, bedeutet Annahmeverzug die Verzögerung der Vertragserfüllung durch
den Gläubiger (Grüneberg in: Palandt, BGB, §293 BGB, Rdn. 1). Der im Rahmen von §642
BGB anspruchsbegründende Mitwirkungsverzug ist eine Sonderform des Annahmeverzugs
(§§293 ff. BGB), Standardfall ist die Nichtannahme der fertiggestellten Leistung (zu liefernde
Kaufsache) durch den Gläubiger. Bei §642 BGB stört der Annahmeverzug demgegenüber nicht
erst die Ablieferung, sondern schon den Prozess der Herstellung (→ Rdn. 4 und 15).

1. Fälligkeit der Mitwirkungshandlung

a) Im Zweifel sofort

Annahmeverzug des Bestellers setzt voraus, dass seine Mitwirkungshandlung für die Leis- 58
tung des Unternehmers bereits „erforderlich" also „fällig" ist. Dies folgt sowohl aus §294 BGB
wie aus §296 BGB: Nach §294 BGB muss die Leistung so, wie sie zu bewirken ist, angeboten
werden, also auch zur rechten Zeit (Grüneberg in: Palandt, BGB, §294 BGB, Rdn. 5). Wenn
nicht die Parteien ausdrücklich oder konkludent einen anderen Zeitpunkt bestimmt haben,
hat der Besteller im Zweifel sofort mitzuwirken. Dies folgt aus §271 BGB: Wenn die Leistung
des Unternehmers sofort geschuldet ist, dann muss dies erst recht für die in der Regel zeitlich
frühere Bestellermitwirkung gelten. Vor Eintritt der Mitwirkungsfälligkeit kann der Unternehmer durch das Angebot seiner Leistung noch keinen Annahmeverzug begründen, genau
wie eine Mahnung vor Fälligkeit der Verbindlichkeit nicht zum Schuldnerverzug führt.

b) Nach Kalender bestimmt oder berechenbar

Die Fälligkeit der Mitwirkungshandlung kann nach dem Kalender bestimmt (§296 S. 1 59
BGB) oder jedenfalls nach ihm berechenbar (§296 S. 2 BGB) sein. Diese beiden Regelungen
entsprechen §286 Abs. 2 Nr. 1 und Nr. 2 BGB und haben genau wie beim Schuldnerverzug eine
doppelte Folge: Der Zeitpunkt der Mitwirkungsfälligkeit ist bestimmt und zugleich entfällt
grundsätzlich das Erfordernis des Leistungsangebots durch den Unternehmer. Die Parteien
können solche Bestimmungen bei Vertragsschluss treffen, nicht selten geschieht dies aber auch
nachträglich. *Kalendermäßig bestimmt* (§296 S. 1 BGB) ist die Mitwirkungshandlung, wenn die
Vereinbarung den Zeitpunkt fix vorgibt, also ein bestimmtes Datum oder einen Zeitraum,
etwa eine bestimmten Kalenderwoche.

Beispiel: Ein Vertrag enthält einen Plan mit gestaffelten Terminen, zu denen der Besteller 60
dem Unternehmer bestimmte Ausführungspläne zu übergeben hat.

Beispiel: Ein Bauzeitenplan, in dem für Herstellungsprozesse und Arbeitsschritte bestimm- 61
te Kalenderwochen vorgesehen sind.

Nach dem Kalender berechenbar (§296 S. 2 BGB) ist die Mitwirkungshandlung, wenn die 62
Vereinbarung nur die Berechnung ihres Zeitpunkts von einem variablen Ereignis an vorgibt.

Beispiel: Ein Bauzeitenplan, der für Herstellungsprozesse und Arbeitsschritte nur Zeit- 63
räume vorsieht in Abhängigkeit von einem noch nicht genau terminierten Baubeginn.

Obgleich ein Bauzeitenplan in der Regel keine Vertragspflichten für den Besteller begründet 64
(BGH, Urt. v. 21.10.1999 – VII ZR 185/98), ist er maßgeblich für die kalendermäßige Berechnung des Zeitpunkts der Mitwirkung des Bestellers.

Der für einen Bauvertrag vorgesehene Bauzeiten- oder Terminplan kann gegenstandslos 65
werden oder zumindest anzupassen sein. Damit entfallen nicht nur die für den Unternehmer
bestimmten Vertragsfristen, sondern auch die kalendermäßige Bestimmung oder Berechenbarkeit der Bestellermitwirkung. Die Gegenstandslosigkeit kann bereits *bei Vertragsschluss*
eintreten, nämlich wenn dieser etwa aufgrund einer verzögerten Vergabeentscheidung erst
erfolgt, nachdem die Termine schon verstrichen sind. Die Parteien müssen sich dann auf neue
Termine einigen, andernfalls sind diese im Wege der ergänzenden Vertragsauslegung zu bestimmen (BGH, Urteil vom 30.01.2020 – VII ZR 33/19, BGHZ 224, 328, Rdn. 26 ff.; KG,
Urteil vom 29.01.2019 – 21 U 122/18; jeweils m. w. N.). Der Besteller gerät nicht bereits deshalb
in Annahmeverzug, weil im Zeitpunkt der Zuschlagserteilung die Ausführungstermine bereits
verstrichen sind (BGH, Urteil vom 30.01.2020 – VII ZR 33/19, BGHZ 224, 328, Rdn. 32;
Urt. v. 26.04.2018 – VII ZR 81/17, Rdn. 22). Daneben kommt im Einzelfall in Betracht, dass

§ 642

ein Bauzeitenplan aufgrund starker Verzögerungen *im Verlauf der Vertragsdurchführung* insgesamt hinfällig wird (BGH, Urt. v. 22.05.2003 – VII ZR 469/01) und damit die Termine für den Unternehmer und die Mitwirkung des Bestellers obsolet werden.

2. Angebot

66 Nach § 294 BGB muss der Schuldner dem Gläubiger die Leistung so, wie sie zu bewirken ist, tatsächlich anbieten, so, dass der Gläubiger „nur noch zugreifen" muss (BGH, Urt. v. 5.10.2010 – IV ZR 30/10). Der Schuldner muss seine Vorbereitungen also so weit vorantreiben, dass er im Falle eines solchen Zugriffs leisten kann. Allerdings genügt nach § 295 S. 1 BGB ein wörtliches Angebot ohne solche Vorbereitungen, wenn der Gläubiger die Leistung schon zuvor abgelehnt hat oder wenn seine Mitwirkung erforderlich ist.

67 Übertragen auf den Bauvertrag und § 642 BGB folgt hieraus: Der Unternehmer muss die Leistung „tatsächlich" anbieten, wenn er ohne weitere Mitwirkung des Bestellers in der Lage ist die Bautätigkeit aufzunehmen und der Besteller die Leistung nicht vorab abgelehnt hat (§ 295 S. 1 1. Alt. BGB). Tatsächliches Angebot bedeutet, dass der Unternehmer arbeitsbereit mit Maschinen und Personal auf der Baustelle erscheint. Allerdings ist bei der Einrichtung der Baustelle in der Regel eine Mitwirkung des Bestellers erforderlich, deshalb stellt dieses tatsächliche Angebot der Bauleistung vor Beginn der Arbeiten einen Ausnahmefall dar. Unterbleibt die Mitwirkung des Bestellers im Verlauf der Bauarbeiten, liegt ein Fall des § 295 S. 1 2. Alt. BGB vor, es genügt dann ein wörtliches Angebot bzw. eine Mitwirkungsaufforderung des Unternehmers. Dies kann auch konkludent geschehen. In der Regel liegt das Angebot bereits darin, dass der Unternehmer seine Mitarbeiter auf der Baustelle zur Verfügung hält und zu erkennen gibt, bereit und in der Lage zu sein, die Leistung, soweit sie von der fehlenden Mitwirkung des Bestellers abhängt, zu erbringen (BGH, Urt. v. 19.12.2002 – VII ZR 440/01, vgl. auch OLG Düsseldorf, Urteil vom 19.2.2013 – 21 U 24/12). Damit muss dem Besteller aber klar sein, inwieweit seine fehlende Mitwirkung den Unternehmer an der Vertragserfüllung hindert. Das zeigt: Gleichgültig, ob der Unternehmer nun tatsächlich (§ 294 BGB) anbieten muss oder wörtlich (§ 295 BGB) anbieten kann, Annahmeverzug entsteht in aller Regel nur dann, wenn dem Besteller sein Mitwirkungsdefizit bekannt ist oder – in der Terminologie der VOB/B – die Behinderung angezeigt oder offenkundig ist.

3. Schriftlichkeit

68 Die unterlassene Mitwirkung des Bestellers ist das Gleiche wie eine Behinderung oder Störung des Bauablaufs aus der Sphäre des Bestellers. Haben die Parteien die Geltung der VOB/B vereinbart, folgt die Notwendigkeit von Angebot/Mitwirkungsaufforderung/Behinderungsanzeige zugleich aus § 6 Abs. 1 VOB/B (vgl. BGH, Urt. v. 21.10.1999 – VII ZR 185/98, Rdn. 27 f). Danach ist eine schriftliche Anzeige erforderlich, sofern die Behinderung dem Besteller nicht offenkundig ist (BGH, Urt. v. 26.10.2017 – VII ZR 16/17, Rdn. 21). Gemäß § 6 Abs. 6 S. 2 VOB/B gilt dies auch für den Anspruch aus § 642 BGB. Damit wird § 642 BGB durch die VOB/B modifiziert und ein Schriftformgebot bei nicht offenkundigen Behinderungen eingeführt (vgl. auch BGH, Urt. v. 21.10.1999 – VII ZR 185/98, Rdn. 27 f). Unter der Geltung der VOB/B kann der Anspruch aus § 642 BGB deshalb nicht auf eine Behinderung gestützt werden, die weder schriftlich angezeigt noch offenkundig ist. Lediglich die Anspruchsabwehr mit dem Einwand des fehlenden Verschuldens darf dem Unternehmer mit Hinweis auf fehlende Schriftform nicht versagt werden (vgl. BGH, Urt. v. 14.1.1999 – VII ZR 73/98), die Begründung eines Anspruchs aus § 642 BGB schon. Der Einzelkontrolle nach § 307 Abs. 1 BGB dürfte diese Regelung in § 6 Abs. 6 S. 2 VOB/B Stand halten.

4. Kein Unvermögen des Unternehmers

69 Schließlich gerät der Besteller nur in Mitwirkungsverzug, wenn der Unternehmer auch zur Leistung bereit und imstande ist (§ 297 BGB, BGH, Urt. v. 26.10.2017 – VII ZR 16/17, Rdn. 21).

Beispiel: Aufgrund von unerwarteten Bodenrisiken, die nach der Vertragsauslegung der Sphäre des Bestellers zuzuordnen sind, stehen die Bauarbeiten vorübergehend still. Allerdings könnte der Unternehmer in diesem Zeitraum auch aufgrund der Witterungsbedingungen nicht arbeiten.

70 In diesem Fall entfällt der Anspruch des Unternehmers aus § 642 BGB für die Dauer der widrigen Witterungsbedingungen. Das Unvermögen muss sich allerdings auf die Durchführung

Mitwirkung des Bestellers §642

von Bauarbeiten insgesamt erstrecken. Die Unmöglichkeit der Herstellung eines funktionalen Werks aufgrund einer nicht umsetzbaren Bestellervorgabe (hierzu z. B. BGH, Urt. v. 8.5.2014 – VII ZR 203/11, Rdn. 22 ff.) genügt hierfür nicht.

Beispiel: Aufgrund von unerwarteten Bodenrisiken, die nach der Vertragsauslegung der Sphäre des Bestellers zuzuordnen sind, stehen die Bauarbeiten vorübergehend still. Der Besteller behauptet, der Unternehmer hätte die Arbeiten auch bei ungestörtem Bauablauf nicht termingerecht ausführen können; der Unternehmer habe so viele Aufträge parallel abarbeiten müssen, dass ihm für das in Rede stehende Vorhaben die Kapazitäten gefehlt hätten. 71

Auch mit diesem Vorbringen ist der Besteller aufgrund von §297 BGB grundsätzlich zu hören. Der Unternehmer wird seinen angeblichen Kapazitätsengpass dann mit näheren Angaben zu seiner Auftragslage im maßgeblichen Zeitraum bestreiten müssen („sekundäre Darlegungslast", §138 Abs. 4 ZPO). Allerdings wird er sich darauf zurückziehen können, dass er das umstrittene Bauvorhaben im Zweifel vorgezogen hätte, wenn nur der Besteller nicht im Mitwirkungsverzug gewesen wäre. Der Nachweis des Gegenteils, der dem Besteller dann zufällt (§297 BGB ist eine rechtsvernichtende Einwendung), kann schwierig sein. 72

Aus demselben Grund wird die Leistung für den Unternehmer grundsätzlich nicht unmöglich, wenn er nach eingetretenem Mitwirkungsverzug, der zum Stillstand oder der Verlangsamung der Arbeiten führt, seine Produktionsmittel (Maschinen oder Arbeiter) vollständig oder teilweise abzieht und anderweitig einsetzt. Denn im Zweifel kann der anderweitige Einsatz beendet werden, wenn die Störung wegfällt. Dies zeigt sich auch, dass in §615 und §642 BGB auch ein Nebeneinander von Annahmeverzug und anderweitigem Erwerb als möglich angesehen wird. Allerdings wird ein anderweitig eingesetztes Produktionsmittel nicht vorgehalten, sodass der Unternehmer für die Phasen des anderweitigen Einsatzes keine Entschädigung beanspruchen kann, vgl. → Rdn. 128. 73

C. Rechtsfolge: Entschädigung

I. Allgemein

Das Gesetz knüpft an den Befund „Annahmeverzug" die Rechtsfolge „Entschädigung" und verweist in §642 Abs. 2 BGB für deren Höhe auf die Dauer des Verzugs und die vereinbarte Vergütung. Nach der Rechtsprechung des BGH folgt daraus, dass der Anspruch aus §642 BGB über den Annahmeverzug des Bestellers hinaus keine weitere Voraussetzung hat. Insbesondere ist Nachteil keine Anspruchsvoraussetzung (BGH, Urt. v. 30.01.2020 – VII ZR 33/19, BGHZ 224, 328, Rn. 38 ff., vgl. → Rdn. 14). Allerdings meint der BGH zugleich, dass die Entschädigung des Unternehmers bemessen werden müsse unter konkretem Bezug auf vergeblich vorgehaltene Produktionsmittel und dass der Unternehmer die Darlegungs- und Beweislast für solchen Vorhalt hat. Ebenso bleibt es dabei, dass der BGH nicht jeden denkbaren Nachteil als Bemessungsgrundlage gelten lässt, sondern nur den vergeblichen Vorhalt von Produktionsmitteln. Dies führt zu demselben Ergebnis, als wäre der Nachteil Anspruchsvoraussetzung. Da der Unternehmer nach dem BGH nur für den vergeblichen Vorhalt von Produktionsmittel während des Annahmeverzugs zu entschädigen ist (BGH, Urt. v. 30.01.2020 – VII ZR 33/19, BGHZ 224, 328; BGH, Urt. v. 26.10.2017 – VII ZR 16/17, BGHZ 216, 319), ist die Entschädigung streng zeitabhängig. Wie eine Zeitvergütung ist die Entschädigung E das Produkt aus einem Wertansatz pro Zeiteinheit A und der Vorhaltedauer T, es gilt also $E = A \times T$. 74

II. Entschädigungsfähige und nicht entschädigungsfähige Nachteile

Durch den Mitwirkungsverzug können dem Unternehmer unterschiedliche Nachteile entstehen. Ersatzfähig ist aber nur die vergebliche Bereithaltung von Produktionsmitteln, für die anderen möglichen Nachteile kann der Unternehmer keine Entschädigung nach §642 BGB beanspruchen (BGH, Urt. v. 30.1.2020 – VII ZR 33/19, BGHZ 224, 328; Urt. v. 16.10.2017 – VII ZR 16/17, BGHZ 216, 319). Im Einzelnen: 75

Retzlaff

§ 642

1. Entschädigungsfähige Nachteile: vergeblich bereitgehaltene Produktionsmittel

a) Unproduktive Maschinen und Geräte

76 Der Mitwirkungsverzug kann dazu führen, dass der Unternehmer einen einzelnen Vorgang des Bauablaufs nicht wie geplant durchführen kann. Dies kann zur Folge haben, dass er die für diesen Prozess benötigten Produktionsmittel länger bereithalten muss. Durch die Rechtsprechung des BGH ist gesichert, dass der vergebliche Vorhalt entschädigungsfähig ist, der dem Unternehmer entsteht, weil der Mitwirkungsverzug zum Stillstand eines Prozesses führt (BGH, Urt. v. 30.1.2020 – VII ZR 33/19, BGHZ 224, 328; Rdn. 51; Urt. v. 16.10.2017 – VII ZR 16/17, BGHZ 216, 319; KG, Urteil vom 28.4.2020 – 21 U 76/19).

Beispiel: Der Fund von Sprengmitteln, Altlasten oder archäologischen Relikten führt dazu, dass Tiefbauarbeiten für zwei Wochen unterbrochen werden müssen. Der Unternehmer belässt während dieser Zeit seine Maschinen auf der Baustelle, wo sie stillstehen.

77 Ein entschädigungsfähiger unproduktiver Vorhalt von Maschinen und Geräten kann aber auch dadurch entstehen, dass sie für einen Prozess eingesetzt werden, der nicht stillsteht, aber bedingt durch den Annahmeverzug des Bestellers langsamer voranschreitet (KG, Urt. v. 29.1.2019 – 21 U 122/18; Urt. v. 16.2.2018 – 21 U 66/16). Der BGH hat noch nicht explizit entschieden, ob auch ein solcher verlangsamungsbedingt längerer Vorhalt nach § 642 BGB zu entschädigen ist (näher → Rdn. 90 ff.).

78 Insbesondere wenn ein Prozess stillsteht bedeutet dies nicht, dass der Unternehmer seine hierfür benötigten Produktionsmittel unbegrenzt gegen Entschädigung vorhalten darf (KG, Urt. v. 16.2.2018 – 21 U 66/16, vgl. → Rdn. 123 ff.).

b) Unproduktive Arbeitskraft

79 Der Mitwirkungsverzug des Bestellers kann dazu führen, dass der Unternehmer seine Arbeitskräfte unproduktiv bereithalten muss (BGH, Urt. v. 30.1.2020 – VII ZR 33/19, BGHZ 224, 328; KG, Urt. v. 29.1.2019 – 21 U 122/18; OLG Karlsruhe, Urt. v. 27.8.2020 – 8 U 49/19).

80 **Beispiel:** Unternehmer U soll auf dem Bauvorhaben von Besteller B unter großem Termindruck ab dem 1. Juni Ausbauarbeiten durchführen. Er hat seine Arbeiter deshalb fest hierfür eingeplant und mit seinen anderen Auftraggebern spätere Ausführungszeiten vereinbart. Wegen verzögerter Vorgewerke besteht erst im September Baufreiheit. Da es U während der ersten zwei Wochen im Juni nicht gelingt, seine Arbeiter nicht auf einer anderen Baustelle umzusetzen, kann er sie nicht beschäftigen.

81 **Beispiel:** Unternehmer U ist mit der Montage einer Anlage im Ausland beauftragt. Es hat für den Monat April zehn Arbeiter hierfür eingeplant. Besteller B unterlässt es, dem Unternehmer die erforderlichen Arbeitsvisa zu verschaffen, die Arbeiter können deshalb im April nicht die Montagearbeiten durchführen.

82 Bei den Arbeitskräften, die infolge des Annahmeverzugs unproduktiv sind, muss es sich nicht zwangsläufig um eigene Arbeitnehmer des Unternehmers handeln. Es können auch Leiharbeitnehmer sein oder – insbesondere bei Architekten, die vom Annahmeverzug ihres Auftraggebers betroffen sind (→ Rdn. 164 ff.) – freie Mitarbeiter. Entscheidend ist, dass der Unternehmer die Arbeitskräfte während des unproduktiven Annahmeverzugs weiter zu bezahlen hat. Vom Einzelfall hängt es ab, ob es dem Unternehmer obliegt, die Verträge möglichst bald zu beenden. Beruft sich der Unternehmer auf den vergeblichen Vorhalt von Personal, dann hat er dies darzulegen und zu beweisen, vgl. → Rdn. 128 und 210.

c) Unproduktive Produktionsmittel für die Baustelle als Ganzes

83 Der Mitwirkungsverzug des Bestellers kann ferner zur Folge haben, dass der Unternehmer Produktionsmittel, die er nicht für einzelne Teilleistungen, sondern für die Baustelle als Ganzes einsetzt, vergeblich vorhalten muss.

84 **Beispiel:** Bei Tiefbauarbeiten werden Altlasten im Boden gefunden und die Bauarbeiten für zwei Monate (April/Mai) unterbrochen. Der Unternehmer musste in dieser Zeit durchgängig die Baustelleneinrichtung (Gerüst, Bauzaun, Container, Kran) und seinen mit der Baustellenleitung befassten Mitarbeiter vorhalten und begehrt hierfür eine Entschädigung nach § 642 BGB.

Auch hier handelt es sich um das vergebliche Bereithalten von Produktionsmitteln, sodass der Unternehmer hierfür zu entschädigen ist. Die Entschädigung muss aber einen „Bezug zu der vergeblichen Bereithaltung von Produktionsmitteln während der Dauer des Annahmeverzugs haben" (BGH, Urt. v. 30.1.2020 – VII ZR 33/19, BGHZ 224, 328, Rdn. 51). Der Unternehmer muss deshalb konkret darlegen, wie lange er seine Baustelleneinrichtung und -leitung wegen des annahmeverzugsbedingten Stillstands oder der Verlangsamung der Arbeiten unproduktiv vorgehalten hat. Hingegen ist es in aller Regel nicht ausreichend, wenn der Unternehmer ohne nähere Darlegungen einfach ermittelt, um wieviel sich die ursprünglich vorgesehene Bauzeit durch den Mitwirkungsverzug verlängert hat und den Vergütungsanteil, der zur Deckung der Kosten seiner Baustelleneinrichtung und -leitung (Baustellengemeinkosten, BGK) bestimmt ist („BGK-Zuschlag"), einfach proportional erhöht (vgl. Retzlaff, BauR 2021, 333 f.). Dies wäre eine abstrakte Fortschreibung, die sich nicht am konkret verzugsbedingt entstandenen Nachteil „orientieren" (vgl. BGH, Urt. v. 30.01.2020 – VII ZR 33/19, BGHZ 224, 328) ist). Dies ist insbesondere dann ein problematisches Konstrukt, wenn der Mitwirkungsverzug des Bestellers nicht einmal zum Stillstand des Baugeschehens, sondern nur zu seiner Verlangsamung (hierzu unten → Rdn. 91 ff.) geführt hat (vgl. Retzlaff, BauR 2021, 334). 85

d) Entschädigung sowohl bei Stillstand als auch Verlangsamung von Herstellungsprozessen

Ist der Unternehmer durch den Annahmeverzug des Bestellers veranlasst, ein Produktionsmittel unproduktiv für die Baustelle bereitzuhalten, kann er hierfür eine Entschädigung beanspruchen unabhängig davon, ob der Annahmeverzug zum Stillstand oder zur Verlangsamung des betroffenen Herstellungsprozesses geführt hat. 86

aa) Mitwirkungsverzug führt zum Stillstand

Beispiel: Der Unternehmer U soll seine Arbeiten vom 1. Juni bis zum 31. August ausführen. Das Vorgewerk ist in Verzug, U kann erst am 22. Juni mit den Arbeiten beginnen. 87

Hier befindet sich der Besteller B bis zum 21. Juni im Mitwirkungsverzug, weil er U keine Baufreiheit verschafft hat, was B bereits zum 1. Juni obliegen hätte. Aus Sicht von U führt diese *Beginnstörung* zum Stillstand seiner Leistungen, weil er mit ihnen nicht einmal beginnen geschweige denn sie fortsetzen kann. 88

Beispiel: Der Unternehmer U führt Tiefbauleistungen aus. Wegen eines Bombenfunds müssen sämtliche Arbeiten auf der Baustelle für fünf Tage unterbrochen werden, danach werden sie fortgesetzt. U kann mehrere Baumaschinen, die er auf die Baustelle verbracht hat und für diese Arbeiten benötigt, während dieser fünf Tage nicht nutzen. 89

Hier befindet sich der Besteller im Mitwirkungsverzug, wenn es ihm nach dem Vertrag obliegt, dem Unternehmer ein bombenfreies Grundstück für seine Arbeiten zu überlassen (anders, wenn der Unternehmer verpflichtet ist, für vollständige Kampfmittelfreiheit zu sorgen). Im Beispiel führt der Mitwirkungsverzug zum Stillstand der betroffenen Prozesse. Im Unterschied zum vorangegangenen Beispiel handelt es sich hier nicht um eine Beginnstörung, sondern ein Störung, die erst nach Aufnahme der Arbeiten auftritt. Dies kann für die Frage relevant sein, ob und inwieweit der Unternehmer seine Produktionsmittel anders einsetzen kann. Sind sie vor Beginn der Arbeiten noch nicht auf die Baustelle verbracht, ist das Umsetzen auf ein anderes Projekt eventuell leichter möglich. 90

bb) Mitwirkungsverzug führt zur Verlangsamung

Wenn der Besteller nicht wie vertraglich vorgesehen bei der Durchführung der Bauarbeiten mitwirkt und dadurch in Annahmeverzug gerät, muss dies nicht zwangsläufig dazu führen, dass die Arbeiten stillstehen. Es kann auch sein, dass sie lediglich verlangsamt werden. Dies kann im Ergebnis ebenso dazu führen, dass der Unternehmer Produktionsmittel länger für die Baustelle vorhalten muss. Verlangsamungen können durch unterschiedliche Störungen entstehen, insbesondere durch zeitliche Beeinträchtigungen, räumliche Beeinträchtigungen oder Beeinträchtigungen der Schnittstelle zum Vorgewerk (vgl. Retzlaff, BauR 2021, 342): 91

Beispiel (zeitliche Beeinträchtigung): Das tägliche Zeitfenster, in dem U arbeiten kann, ist kürzer als bei Vertragsschluss vorgesehen; etwa: kürzere nächtliche Sperrung einer Straße, kürzeres tägliches Zeitfenster bei überwachten Arbeiten in einer Justizvollzugsanstalt. 92

Die Arbeiten stehen hier an keinem Tag still, gleichwohl kann die Verkürzung der täglichen Zeitfenster hier zu einer Verlängerung der Gesamtbauzeit führen. In diesem Beispiel ist der 93

§ 642

Unterschied zwischen Stillstands- und Verlangsamungsfällen zudem nur graduell. Liegt der Mitwirkungsverzug darin, dass das tägliche Zeitfenster um eine Stunde von zehn auf neun Stunden verkürzt ist, könnte man die Störungsfolge auch in einem täglichen Stillstand der Bauarbeiten für eine Stunde sehen.

94 **Beispiel** (räumliche Beeinträchtigung): Die Brücke oder Autobahn, die von U zu sanieren ist, wird nicht wie vertraglich vorgesehen, unter Vollsperrung, sondern nur unter Teilsperrung übergeben, dadurch dauern die Arbeiten insgesamt länger.

95 Auch hier führt die Störung zu keinem Stillstand, es wird lediglich bezogen auf den Gesamtablauf die Arbeitsgeschwindigkeit verringert und damit die Bauzeit verlängert. Anders als im vorherigen Beispiel ist hier nicht die Grenze zum Stillstandsfall fließend, sondern diejenige zur (ggf. konkludent angeordneten) Leistungsänderung (zum Verhältnis beider Ansprüche → Rdn. 173 ff.).

96 **Beispiel** (Beeinträchtigung der Schnittstelle zum Vorgewerk): Anders als vorgesehen muss U die von ihm zu verlegenden Leitungen in bereits geschlossene Kabelkanäle einlegen, die er also wieder öffnen muss. Außerdem muss er für die Leitungen Durchbrüche durch bereits gestellte Trennwände herstellen.

97 Auch hier tritt lediglich eine Verlangsamung der Arbeiten insgesamt ein, wobei die Grenze zur Leistungsänderung fließend ist.

cc) Entschädigung auch bei Verlangsamung

Auch in Verlangsamungsfällen muss dem Unternehmer grundsätzlich eine Entschädigung zustehen. Zunächst muss allerdings feststehen, dass sich der Besteller tatsächlich in Mitwirkungsverzug befindet und es sich nicht lediglich um eine geringfügige Störung handelt, die der Unternehmer hinzunehmen hat (vgl. → Rdn. 33 ff. und 40). Sodann ist zu klären, ob und in welchem Umfang die Störung dazu geführt hat, ob und wie lange der Unternehmer Produktionsmittel vergeblich auf der Baustelle vorhalten musste. Steht ein Herstellungsprozess still und hat der Unternehmer für den stillstehenden Prozess Produktionsmittel vorgehalten, kann die Dauer dieses Vorhalts häufig verhältnismäßig leicht geklärt werden. Bei Verlangsamungsfällen ist dies schwieriger (vgl. → Rdn. 212 ff.). Wenn aber feststeht, dass der Mitwirkungsverzug des Bestellers dazu geführt hat, dass der Unternehmer seine Produktionsmittel länger für den Besteller vorhalten musste, als bei vertraglich vorgesehener Vertragsdurchführung zu erwarten gewesen wäre, muss ihm auch in einem Verlangsamungsfall eine Entschädigung zustehen, denn es liegt genau dieselbe Interessenlage vor wie bei einem Stillstandsfall, zu dem der Übergang ohnehin fließend ist (KG, Urt. v. 16.2.2018 – 21 U 66/16; Urt. v. 29.1.2019 – 21 U 122/18; Retzlaff BauR 2021, 342). Durch den BGH ist dies aber noch nicht explizit entschieden.

2. Nicht entschädigungsfähige Nachteile

a) Entgangener Umsatz („Entschädigung in Anlehnung an § 648 BGB")

98 Die wirtschaftlich bedeutsamste, häufig aber nicht klar auf den Punkt gebrachte Frage zum Umfang des Anspruchs aus § 642 BGB lautet, ob der Unternehmer für den Umsatz (abzüglich ersparter Aufwendungen) zu entschädigen ist, der ihm während des Mitwirkungsverzugs aus dem gestörten Vertrag entgangen ist.

99 **Beispiel:** Der Besteller B beauftragt den Unternehmer U mit Bauleistungen zu einer Vergütung von 120.000 €. Der Auftrag soll nach dem vertraglichen Terminplan während der Monate M 1 bis M 3 ausgeführt werden. Aufgrund von Verzögerungen der Vorgewerke kann U den Vertrag erst in den Monaten M 5 bis M 7 ausführen, davor besteht keine Baufreiheit. U begehrt eine Entschädigung dafür, dass er die vereinbarte Vergütung von 120.000 € nicht wie vorgesehen in M 1 bis M 3 erwirtschaften konnte, wobei er sich die Kosten des Materials (40.000 €), das er nicht verbauen und somit auch noch nicht einkaufen musste, als ersparte Aufwendungen abziehen lässt, er macht also 80.000 € als Entschädigung geltend. Für seine in M 5 bis M 7 erbrachten Leistung erhält er die vereinbarten 120.000 €, sodass insgesamt 200.000 € von B beansprucht.

100 Dieser zeitbezogene Umsatzausfall (abzüglich ersparter Aufwendungen) – im Beispiel 80.000 € – ist als solcher nicht gemäß § 642 BGB entschädigungsfähig (BGH, Urt. v. 30.1.2020 – VII ZR 33/19, BGHZ 224, 328; KG, Urt. v. 29.1.2019 – 21 U 122/18). Dabei schließt der Wortlaut von § 642 Abs. 2 BGB eine Umsatz-Entschädigung nicht aus, wenngleich er sie auch nicht zwingend vorgibt – der Wortlaut ist insoweit schlicht unklar. Eine

systematische Betrachtung des Gesetzes zeigt aber, dass eine Umsatz-Entschädigung zu einer ungerechtfertigten Besserstellung des Unternehmers führen würde (BGH, Urt. v. 30.01.2020 – VII ZR 33/19, BGHZ 224, 328, Rn. 51; KG, Urt. v. 29.1.2019 – 21 U 122/18). Denn anders als bei einem Dienstvertrag mit festen Dienst- oder Arbeitszeiten, für den § 615 BGB gilt, kann ein Werkunternehmer seine Produktionsmittel während des Annahmeverzugs des Bestellers (also während M 1 bis 3) im Regelfall zur Abarbeitung von anderen Aufträgen einsetzen und so während des Annahmeverzugs anderweitigen Umsatz erzielen, auch wenn diese Möglichkeit nicht immer und nicht immer in vollem Umfang besteht. Zudem entstehen für den Unternehmer *Umsetzphasen*, in denen er den Einsatz seiner Produktionsmittel umdisponiert und er sie ebenfalls vorübergehend nicht sinnvoll einsetzen kann. Trotz dieser Misslichkeiten folgt für den Unternehmer aus dem Annahmeverzug des Bestellers typischerweise nicht der vollständige Umsatzverlust für die vollständige Dauer dieser Störung, sondern im Zweifel nur der vorübergehende vergebliche Vorhalt einzelner Produktionsmittel (KG, Urt. v. 29.1.2019 – 21 U 122/18; Retzlaff BauR 2021, 330 ff.). Deshalb muss die Entschädigung einen Bezug zur vergeblichen Bereithaltung einzelner Produktionsmittel haben (BGH, Urt. v. 30.01.2020 – VII ZR 33/19, BGHZ 224, 328, Rn. 51). Wäre die Entschädigung auf Ausgleich des vollen zeitbezogenen Umsatzes gerichtet, würde dies zu einer Überkompensation des Unternehmers auf Kosten des Bestellers führen, der sich im Rahmen von § 642 BGB nicht einmal eine Pflichtverletzung hat zuschulden kommen lassen. In der Diktion des BGH ist die Entschädigung aus § 642 BGB nicht „in Anlehnung an § 648 S. 2 BGB" zu ermitteln (BGH, Urt. v. 30.01.2020 – VII ZR 33/19, BGHZ 224, 328, Rn. 51). Dies ist gleichbedeutend mit der Absage an eine Umsatz-Entschädigung, denn gäbe es sie, müsste sie bezogen auf den Zeitraum des Mitwirkungsverzugs wie die Kündigungsvergütung nach § 648 S. 2 BGB errechnet werden, wie das letzte Beispiel zeigt.

b) Unproduktiver allgemeiner Geschäftsbetrieb/Entschädigung für allgemeine Geschäftskosten

Unter allgemeinen Geschäftskosten (AGK) versteht man die Kosten, die ein Unternehmer zur Aufrechterhaltung seines Betriebs als Ganzem aufwendet und die nicht einer einzelnen Leistung bzw. einer Baustelle als Kostenträger zugeordnet werden können. Hierunter fallen in der Regel: Kosten von Geschäftsführung, IT, Fuhrpark und Werbung sowie Miete für Betriebsgrundstücke. Die Frage, ob ein Unternehmer gemäß § 642 BGB Entschädigung für seine allgemeinen Geschäftskosten beanspruchen kann, bedarf der Präzisierung, denn sie kann auf unterschiedliche Weise verstanden werden. Es kann dem Unternehmer um Entschädigung für einen entgangenen AGK-Deckungsbeitrag, also eine *Umsatzposition* (dazu → Rdn. 102 ff.) um den vergeblichen Vorhalt seines allgemeinen Geschäftsbetriebs, also des Kosten von Produktionsmitteln, mithin eine *Kostenposition* (dazu → Rdn. 105 ff.) oder um den AGK-Zuschlag auf die beanspruchte Entschädigung, also einen *Zuschlag* (dazu → Rdn. 109 ff.) gehen. Im Einzelnen: **101**

aa) Entgangener Deckungsbeitrag für allgemeine Geschäftskosten

Der Unternehmer erhält aus § 642 BGB keine Entschädigung dafür, dass ihm der in seiner Vergütung enthaltene AGK-Deckungsbeitrag durch den Annahmeverzug des Bestellers entgangen sei. **102**

Beispiel: Der Besteller B beauftragt den Unternehmer U mit Bauleistungen zu einer Vergütung von 120.000 €. Der Auftrag soll nach dem vertraglichen Terminplan während der Monate M 1 bis M 3 ausgeführt werden. Der Besteller befindet sich während des gesamten Zeitraums in Annahmeverzug. U schlüsselt seine Vergütung wie folgt auf: Kosten von Arbeit, Material und Geräten: 100.000 €, Zuschlag für allgemeine Geschäftskosten: 10.000 €, Gewinn: 10.000 €, insgesamt: 120.000 €. Da er aufgrund des Annahmeverzugs die Vergütung aus dem Vertrag nicht wie vorgesehen in M 1 bis M 3 habe erwirtschaften könne, habe er auch den Deckungsbeitrag für seine AGK in Höhe von 10.000 € nicht eingenommen. Er begehrt hierfür eine Entschädigung in Höhe von 10.000 €. **103**

Diese Argumentation ist ohne Erfolg. In der Sache begehrt der Unternehmer auch hier eine Entschädigung für entgangenen Umsatz, der nicht erwirtschaftete AGK-Deckungsbeitrag, auf den er sich beruft, ist nichts anderes als ein Umsatzbestandteil (im Beispiel ein quotaler Anteil von 10:120 = 8,3 %). Der Unternehmer kann ihn deshalb nicht als solchen im Rahmen von § 642 BGB geltend machen. Dass einem Unternehmer natürlich kontinuierlich Kosten für seinen allgemeinen Geschäftsbetrieb entstehen, ist unerheblich. Denn der Unternehmer macht derartige Kosten gerade nicht geltend, wenn er sich auf einen entgangenen Kostendeckungs- **104** beitrag beruft. Es ist nicht ausgemacht, dass ein solcher Beitrag tatsächlich zur Kostendeckung benötigt wird, sind diese bereits gedeckt, ist der AGK-Deckungsbeitrag nichts anderes als Unternehmergewinn. Wie es sich tatsächlich verhält, ist unklar, wenn der Unternehmer seine Entschädigung einfach mit dem entgangenen Deckungsbeitrag begründet. Deshalb fehlt der gebotene Bezug zur tatsächlichen vergeblichen Bereithaltung von Produktionsmitteln (BGH, Urt. v. 30.01.2020 – VII ZR 33/19, BGHZ 224, 328, Rn. 51; KG, Urt. v. 29.1.2019 – 21 U 122/18; OLG Düsseldorf, Urt. v. 19.12.2019 – 5 U 52/19; Retzlaff BauR 2021, 332).

bb) Vergeblicher Vorhalt des allgemeinen Geschäftsbetriebs

105 Der allgemeine Geschäftsbetrieb gehört zu den Produktionsmitteln eines Unternehmers, durch die ihm Kosten entstehen. Obgleich der Anspruch aus § 642 BGB darauf abzielt, dem Unternehmer eine Entschädigung für vergeblich bereitgehaltene Produktionsmittel zu gewähren, kann er die Kosten seines allgemeinen Geschäftsbetriebs nicht, auch nicht anteilig, auf diesem Wege liquidieren. Der Verweis auf den in seiner Vergütung enthaltenen AGK-Deckungsanteil ist nicht schlüssig, da nicht feststeht, dass die ihm durch seinen allgemeinen Geschäftsbetrieb laufend entstehenden Kosten der Höhe nach in einer quantifizierbaren Beziehung zu diesem Vergütungsanteil bestehen. Ebensowenig kann der Unternehmer seine tatsächlichen Gesamtkosten, die ihm durch seinen allgemeinen Geschäftsbetrieb zeitabhängig entstehen, vollständig oder teilweise geltend machen. Denn der Unternehmer hält seinen allgemeinen Geschäftsbetrieb nie für einen einzelnen Auftrag vor, selbst wenn er in einem bestimmten Zeitraum nur für einen einzigen Vertrag Leistungen erbringt. Wenn nicht ohnehin zeitlich parallele Verträge abgearbeitet werden, dient der allgemeine Geschäftsbetrieb eines Unternehmers immer auch dazu, dass frühere Aufträge abgerechnet und neue akquiriert werden und somit die Fortsetzung des Unternehmens sichergestellt ist (KG, Urt. v. 29.1.2019 – 21 U 122/18).

106 Allerdings kann es dazu kommen, dass ein Unternehmer ein einzelnes Produktionsmittel seines allgemeinen Geschäftsbetriebs nur für einen Auftraggeber bereithält.

107 **Beispiel:** Unternehmer U führt einen großen Auftrag aus. Für diese Dauer benötigt er einen Mitarbeiter M in seiner Zentrale ausschließlich für die Organisation der Arbeiten, den Einkauf und die Kalkulation etwaiger Nachträge. Besteller B gerät in Annahmeverzug, die Arbeiten stehen für sechs Wochen still, U kann M jedenfalls für zwei Wochen nicht für einen anderen Auftrag einsetzen.

108 In diesem Beispiel kommt es durchaus in Betracht, dass U für das vergebliche Bereithalten von M eine Entschädigung beanspruchen kann. Wenn U die ihm durch M entstehenden Kosten aber geltend macht, handelt es sich hierbei nicht um allgemeine Geschäftskosten, sondern um Kosten eines Produktionsmittels, das U für ein konkretes Vorhaben, nämlich den Auftrag von B, bereit gehalten hat, also um Gemeinkosten dieser Baustelle.

cc) Zuschlag zur Deckung allgemeiner Geschäftskosten

109 Von der Entschädigung als Umsatzposition (→ Rdn. 102 ff.) oder als Kostenposition (→ Rdn. 105 ff.) zu unterscheiden ist die Frage, ob die Entschädigung des Unternehmers aus § 642 BGB einen AGK-Zuschlag mitumfasst. Das ist zu bejahen. Voraussetzung ist dann aber, dass der Unternehmer konkrete Produktionsmittel, zum Beispiel Maschinen oder Arbeitskräfte, für den Besteller bereitgehalten hat und ihm hierfür eine Entschädigung zusteht. Da sich diese Entschädigung grundsätzlich nach der vereinbarten Vergütung bemisst, umfasst sie auch einen Zuschlag für allgemeine Geschäftskosten und für Gewinn, jedenfalls sofern dieser auch in der vereinbarten Vergütung darstellbar ist (BGH, Urt. v. 26.10.2017 – VII ZR 16/17, BGHZ 216, 319, Rn. 45; KG, Urt. v. 29.1.2019 – 21 U 122/18; KG, Urt. v. 10.1.2017 – 21 U 14/16; OLG Düsseldorf, Urt. v. 19.12.2019 – 5 U 52/19). Der Ausgleich für die allgemeine Geschäftskosten ist damit aber nur „akzessorisch" in der Entschädigung enthalten, also bezogen auf die Entschädigung für ein konkret bereitgehaltenes Produktionsmittel.

c) Kostensteigerungen

110 Der Mitwirkungsverzug des Bestellers kann beim Unternehmer auch zu gestiegenen Lohn- und Materialkosten führen:

111 **Beispiel** (steigende Materialpreise): Der Unternehmer muss für seine Leistungen Baustahl einkaufen. Aufgrund des Annahmeverzugs des Bestellers kann der Unternehmer nicht wie geplant mit seinen Arbeiten beginnen. Er kauft den Stahl daher zunächst noch nicht ein, sondern erst acht Monate später, als endlich Baufreiheit besteht. In der Zwischenzeit sind

die Stahlpreise deutlich gestiegen, sodass dem Unternehmer jetzt Mehrkosten entstehen, die er vom Auftraggeber ersetzt verlangt.

Beispiel (steigende Arbeitskosten): Der Unternehmer hat die für die Bauleistungen erforderliche Arbeit mit dem bei Vertragsschluss im Jahr 1 in seinem Betrieb anfallenden Lohn von 30,- € pro Stunde kalkuliert. Die Arbeiten sind dann aufgrund Annahmeverzugs des Bestellers zwei Jahre unterbrochen. Bei Fortsetzung der Arbeiten im Jahr 3 ist das Lohnniveau im Betrieb des Unternehmers höher, es beträgt jetzt 35,- € pro Stunde. 112

Für diese Kostennachteile kann der Unternehmer nach der Rechtsprechung des BGH (BGH, Urt. v. 26.10.2017 – VII ZR 16/17, BGHZ 216, 319) keine Entschädigung verlangen. Leider ist die Formulierung des BGH in dieser Entscheidung sprachlich ungenau. Danach sind „Mehrkosten wie gestiegene Lohn- und Materialkosten, die zwar aufgrund des Annahmeverzugs des Bestellers, aber erst nach dessen Beendigung anfallen, nämlich bei Ausführung der verschobenen Werkleistung, (...) vom Entschädigungsanspruch nach § 642 BGB nicht erfasst". Diese Formulierung setzt unzutreffend voraus, dass sich der Eintritt einer Kostensteigerung stets zeitlich genau bestimmen lässt. Zudem wirft sie die Frage auf, wie mit Kostensteigerungen umzugehen ist, die nicht nach, sondern während des Annahmeverzug entstehen. 113

Beispiel: Unternehmer U soll in den Monaten M 1 und M 2 eine Brücke unter Vollsperrung sanieren. Aus Gründen der Verkehrsleitung kann ihm Besteller B die Brücke nur teilgesperrt überlassen, wodurch die Arbeiten von M 1 bis M 6 dauern. Ab dem Monat M 4 muss U für von ihm benötigtes Material höhere Einkaufspreise zahlen als zuvor. 114

In diesem Fall befindet sich B durchgängig von M 1 bis M 6 in Annahmeverzug. Zu keinem Zeitpunkt wirkt er so an den Bauarbeiten mit, wie U es nach dem Vertrag erwarten durfte, nämlich unter Überlassung einer vollständig gesperrten Brücke. Die Entschädigungsfähigkeit der somit *während* des Annahmeverzugs, nämlich in M 4 eintretenden Kostensteigerung, ist von der Rechtsprechung des BGH somit nicht klar erfasst (BGH, Urt. v. 26.10.2017 – VII ZR 16/17, BGHZ 216, 319). Allerdings meint der BGH wohl, dass gestiegene Lohn- und Materialkosten niemals gemäß § 642 BGB zu entschädigen sind. Eine Differenzierung nach dem Zeitpunkt des Eintritts einer Kostensteigerung wäre sachlich nicht gerechtfertigt. Zudem ist dieser Zeitpunkt häufig, wenn überhaupt nur mit Schwierigkeiten zu bestimmen. Somit ist festzuhalten, dass Kostennachteile, die nicht streng zeitabhängig sind, deren genaue Höhe also kein Produkt mit dem Faktor Zeit nach dem Muster E = A x T ist, generell nicht nach § 642 BGB entschädigungsfähig sind, auch dann nicht, wenn sie *aufgrund* des Annahmeverzugs *und während* des Annahmeverzugs entstehen. 115

III. Die Ermittlung der Entschädigungshöhe

Die Ausführungen unter → Rdn. 74 ff. haben gezeigt, dass der Unternehmer nach der Rechtsprechung des BGH unter § 642 BGB *ausschließlich* für den vergeblichen Vorhalt von Produktionsmitteln während des Annahmeverzugs des Bestellers entschädigt wird (BGH, Urt. v. 30.01.2020 – VII ZR 33/19, BGHZ 224, 328; BGH, Urt. v. 26.10.2017 – VII ZR 16/17, BGHZ 216, 319). Daraus folgt, dass die Entschädigungshöhe streng zeitabhängig ist. Wie eine Vergütung nach Stunden- oder Tagessätzen ist sie das Produkt eines Wertansatzes in € pro Zeiteinheit für das jeweilige Produktionsmittel multipliziert mit der Vorhaltedauer, die durch den Annahmeverzug des Bestellers bedingt ist. Zur Ermittlung der Entschädigungshöhe müssen also diese beiden Faktoren geklärt werden. Der Wertansatz in € pro Zeiteinheit wird hier mit A abgekürzt, die Vorhaltedauer mit T. Es gilt somit, die Entschädigung mit E. Es gilt somit Entschädigung $E = A \times T$. 116

Die Entschädigung lässt sich also mit einer einfachen Formel berechnen. Die Schwierigkeiten liegen in der Ermittlung der Eingangsgrößen für diese Formel, A und T. Sie kann schwierig sein, da es um die Bewertung unvorhergesehener Entwicklungen geht, die die Parteien in der Regel nicht vertraglich geregelt haben. Einigen sich auch im Nachhinein nicht und führen sie einen Rechtsstreit, ist das Gericht berechtigt, die Eingangsgrößen ebenso wie die Entschädigung in freier Überzeugung zu schätzen (§ 287 ZPO, BGH, Urt. v. 30.01.2020 – VII ZR 33/19, BGHZ 224, 328, Rn. 58; vgl. → Rdn. 199 ff.). 117

§ 642

1. Ermittlung der Vorhaltedauer (Zeitfaktor T)

a) Vorhalt eines Produktionsmittels

118   Ein Produktionsmittel ist entschädigungsfähig vorgehalten, wenn der Unternehmer es für den Besteller reserviert, also für den jederzeitigen Einsatz dort bereithält und es dabei nicht für einen anderen Auftrag umsatzwirksam verwendet (OLG Karlsruhe, Urt. v. 27.8.2020 – 8 U 49/19; KG, Urt. v. 29.1.2019 – 21 U 122/18). Der Vorhalt dauert also nur so lange, wie das nicht anderweitig eingesetzt wird (KG, Urt. V. 29.1.2019 – 21 U 122/18). Das Fehlen von anderweitigem Erwerb für ein bestimmtes Produktionsmittel bzw. das Fehlen einer anderweitigen Verwendung in einem bestimmten Zeitraum stellt damit anders als im Rahmen der Kündigungsvergütung nach § 648 BGB keine Einwendung des Bestellers dar, sondern gehört zu den Grundlagen bzw. „Kriterien" der Entschädigung. Dieses Fehlen ist deshalb vom Unternehmer darzulegen und zu beweisen (BGH, Urt. v. 30.01.2020 – VII ZR 33/19, BGHZ 224, 328, Rn. 58, KG, Urt. v. 29.1.2019 – 21 U 122/18).

b) Veranlassung des Vorhalts durch den Mitwirkungsverzug des Bestellers

119   Hält der Unternehmer ein Produktionsmittel für den Besteller vor, ist es unerheblich, an welchem Ort dies geschieht. Der Unternehmer muss es nicht auf der Baustelle vorhalten. Entscheidend ist nur, dass er durch den Vertrag mit dem Besteller veranlasst war, für ihn das Produktionsmittel zu einer bestimmten Zeit bereitzustellen und es dann aufgrund des Mitwirkungsverzugs nicht, auch nicht anderweitig einsetzen kann (KG, Urt. v. 28.4.2020 – 21 U 76/19; OLG Karlsruhe, Urt. v. 27.8.2020 – 8 U 49/19). Geräte und Maschinen kann der Unternehmer auch auf seinem Betriebshof vorhalten, einen beschäftigungslosen Arbeitnehmer kann er nach Hause schicken (zum Ende des Vorhalts von Arbeitnehmern bei Urlaub etc. vgl. → Rdn. 124).

aa) Abwägungsentscheidung des Unternehmers

120   Ob und inwieweit sich der Unternehmer zum Vorhalt eines Produktionsmittels veranlasst sehen darf, richtet sich nach den Umständen des Einzelfalls. Der Unternehmer muss die vertraglichen Vorgaben, insbesondere die vereinbarten Termine, die Art und voraussichtliche Dauer der Störung und die in Rede stehenden Produktionsmittel berücksichtigen und eine vertretbare Abwägungsentscheidung treffen. Diese ist gerichtlich überprüfbar, dem Gericht darf aber kein Rückschaufehler unterlaufen, d. h. es muss sich auf die ex-ante-Sicht des Unternehmers einlassen (KG, Urt. v. 28.4.2020 – 21 U 76/19; Urt. v. 16.2.2018 – 21 U 66/16). Bestimmt der Vertrag einen Zeitraum für die Ausführung der Leistung, etwa durch einen Bauablaufplan oder durch Beginn- und Fertigstellungstermine, ist der Unternehmer grundsätzlich veranlasst, während dessen die für die Leistung benötigten Produktionsmittel vorzuhalten, allerdings möglicherweise nicht zeitlich unbegrenzt (KG, Urt. v. 16.2.2018 – 21 U 66/16; KG, Urt. v. 28.4.2020 – 21 U 76/19). Außerdem kann von Bedeutung sein, ob eine Baustelle bereits eingerichtet ist oder noch nicht (etwa im Fall einer Beginnstörung) und wie aufwändig die Umsetzung des Produktionsmittels auf eine andere Baustelle ist. Je immobiler ein Produktionsmittel ist – z. B. ein großer Bagger oder Kran – desto eher darf sich der Unternehmer veranlasst sehen, es trotz einer Störung auf der Baustelle zu belassen, es dort für den Besteller vorzuhalten und hierfür Entschädigung zu beanspruchen (KG, Urt. v. 28.4.2020 – 21 U 76/19).

bb) Vorgaben des Bestellers

121   Schließlich hat der Unternehmer Vorgaben des Bestellers hinsichtlich des Vorhalts von Produktionsmitteln zu beachten. Der Besteller steht hier häufig vor dem Zielkonflikt zwischen der Minimierung künftiger Verzögerungen einerseits und andererseits der Reduktion von Kosten. So kann er den Unternehmer auffordern, ein Produktionsmittel auf der Baustelle zu belassen, damit nach Wegfall der Störung möglichst ohne Zeitverlust weitergearbeitet werden kann. Oder er kann umgekehrt dem Unternehmer vorgeben, das Produktionsmittel abzuziehen, um die durch den Vorhalt entstehenden Kosten zu minimieren. Der Unternehmer hat solche Vorgaben im Zweifel zu respektieren, wird für die ihm entstehenden Nachteile dann aber über § 642 BGB entschädigt. Dabei ist zu beachten, dass der durch den Annahmeverzug bedingte Vorhalt eines Produktionsmittels nicht in dem Zeitpunkt enden muss, in dem der Unternehmer das Produktionsmittel weisungsgemäß abzieht, also z. B. einen Kran abbaut. Beendet ist er im Zweifel erst, wenn der Unternehmer das Gerät anderweitig einsetzen kann, es kommt also auf den *Abschluss der Umsetzung* auf ein anderes Projekt an (vgl. KG, Urt. v. 28.4.2020 – 21 U 76/19).

Mitwirkung des Bestellers **§ 642**

Die Vorgaben des Bestellers zum weiteren Vorhalt von Produktionsmittel während des An- 122
nahmeverzugs kann auch für den Terminplan eines Bauvertrags von Bedeutung sein. Ordnet
der Besteller den Abzug von Produktionsmitteln (etwa Großgerät) an, muss er dem Unternehmer nicht nur eine längere Anlaufphase zur Wiederaufnahme der Arbeiten nach Wegfall
der Störung zubilligen, es kann (nicht: muss) auch bedeuten, dass der Terminplan nicht mehr
bloß unter Berücksichtigung der eingetretenen Störungen fortzuschreiben ist, sondern dass er
insgesamt hinfällig wird, sodass der Unternehmer hieran nicht mehr festgehalten werden kann.

Macht der Besteller – vielleicht gerade, weil er sich in dieser Konfliktlage nicht festlegen 123
will – während seines Annahmeverzugs dem Unternehmer keine klaren Vorgaben so gilt: Innerhalb eines vertraglich bestimmten Zeitfensters für die Leistung darf sich der Unternehmer
auch ohne Vorgabe grundsätzlich zum Vorhalt der benötigten Produktionsmittel veranlasst
sehen (KG, Urt. v. 16.2.2018 – 21 U 66/16; Retzlaff, BauR 2021, 336 f). Die Grenze ist erreicht, wenn der Unternehmer dadurch erkennbar das Gebot der Wirtschaftlichkeit verletzt.
Dies gilt erst recht, wenn der Unternehmer unter Erhalt der „großen" Kündigungsvergütung
etwa gemäß § 650f Abs. 5 BGB aus dem Vertrag aussteigen und den Annahmeverzug damit
vergütungsneutral beenden kann (KG, Urt. v. 16.2.2018 – 21 U 66/16). Die Kündigungsmöglichkeit nach § 643 BGB genügt insoweit allerdings nicht, da sie dem Unternehmer nur
die geringere „kleine" Kündigungsvergütung verschafft (vgl. § 643, Rdn. 18 ff.). Außerhalb
des vertraglich bestimmten Ausführungszeitraums hat der Unternehmer grundsätzlich keinen
Anlass, seine Produktionsmittel für den Besteller vorzuhalten, es sei denn, dieser verlangt dies
ausdrücklich im Interesse der schnellstmöglichen Fortsetzung der Arbeiten nach Wegfall der
Störung (Retzlaff, BauR 2021, 336; a. A. OLG Karlsruhe, Urt. v. 27.8.2020 – 8 U 49/19). Die
„absolute Obergrenze" für die Entschädigungsfähigkeit des Vorhalts von Produktionsmitteln
ist das Ende des Annahmeverzugs des Bestellers, der über das vertragliche Zeitfenster hinaus
fortdauern kann (→ Rdn. 125 ff.).

cc) Ende des Vorhalts von Arbeitnehmern

Kann der Unternehmer aufgrund des Annahmeverzugs des Bestellers Arbeitnehmer nicht 124
einsetzen, so gilt: Die Arbeitnehmer sind solange für den Besteller vorgehalten, wie sie nicht
für einen anderen Auftrag oder für unerlässliche innerbetriebliche Aufgaben eingesetzt werden
(KG, Urt. v. 29.1.2019 – 21 U 122/18; OLG Karlsruhe, Urt. v. 27.8.2020 – 8 U 49/19). Wo sich
die Arbeitnehmer während ihrer Beschäftigungslosigkeit aufhalten, ist gleichgültig, der Unternehmer kann sie also nach Hause entlassen. Der entschädigungsfähige Vorhalt endet, wenn
der Arbeitnehmer in der Zeit seiner Beschäftigungslosigkeit Urlaub nimmt oder ein Arbeitszeitguthaben aufbraucht (Retzlaff, BauR 2021, 335). Wenn und soweit der Unternehmer für
seine Arbeitnehmer in der Schlechtwetterzeit Saison-Kurzarbeitergeld erhält, sind diese damit
nicht mehr für den Besteller vorgehalten bzw. handelt es sich um anzurechnenden Erwerb. Die
Lage kann hier im Rahmen von § 642 BGB anders zu beurteilen sein als bei der Ermittlung
der „großen" Kündigungsvergütung nach § 648 bzw. 650f Abs. 5 BGB (vgl. dazu KG, Urt.
v. 13.6.2017 – 21 U 24/15). Ordnet der Unternehmer Kurzarbeit wegen schlechter Auftragslage
an, kann es sich anders verhalten. Wegen dessen Subsidiarität ist aber fraglich, ob es überhaupt
mit einem Anspruch aus § 642 BGB für den Vorhalt von Arbeitskräften kollidieren kann.

c) „Absolute Obergrenze" für den Vorhalt von Produktionsmitteln

Die entschädigungsfähige Vorhaltedauer ist nach der Rechtsprechung des BGH (BGH, Urt. 125
v. 26.10.2017 – VII ZR 16/17, BGHZ 216, 319) in jedem Fall durch die Dauer des Annahmeverzugs begrenzt:

> **Beispiel:** Der Unternehmer U führt Tiefbauleistungen aus. Wegen eines Bombenfunds 126
> müssen sämtliche Arbeiten auf der Baustelle für fünf Tage, nämlich T 1 bis T 5 unterbrochen werden, ab T 6 kann weitergearbeitet werden. U kann mehrere Baumaschinen, die er
> auf die Baustelle verbracht hat und für diese Arbeiten benötigt, während T 1 bis T 5 nicht
> nutzen. Am Tag T 10 arbeitet U weiter.

Hier kann der Vorhalt nur für die Dauer T 1 bis T 5 entschädigt werden, ab Tag T 6 nicht 127
mehr, da der Annahmeverzug da beendet war. Möglicherweise hat U an T 6 bis T 9 nicht
gearbeitet, da er seine Arbeitskräfte auf eine andere Baustelle umgesetzt und sie dort erst an T
10 wieder abziehen konnte. Eine solche verzögerte Wiederaufnahme nach einer vom Besteller
verursachten Störung mag ihm zuzubilligen sein, ohne dass er die dadurch eintretende Verzögerung zu vertreten hat, was bei gegen ihn gerichteten verzugsbegründenden Ansprüchen von

Bedeutung ist. Für die Bewertung des Vorhalts von Produktionsmitteln ist dies aber unerheblich. Dieser ist nur bis zum Ende des an T 5 endenden Annahmeverzugs entschädigungsfähig.

128 Die zeitliche Obergrenze für den Vorhalt von Produktionsmittel ist auch für Verlangsamungsfälle relevant.

129 **Beispiel:** Besteller B hat Unternehmer U mit der Sanierung einer Brücke unter Vollsperrung beauftragt, vorgesehene Bauzeit: drei Monate. Dann wird die Brücke nur teilgesperrt übergeben. Die Bauzeit dauert insgesamt fünf Monate. Der Unternehmer muss während dieser Zeit durchgängig die Baustelleneinrichtung und Gerüste vorhalten, wodurch ihm Kosten von 30.000 € pro Monat entstehen.

130 Hier kann es sein, dass die Verlängerung der Bauzeit von drei auf fünf Monate allein darauf zurückzuführen ist, dass die Brücke nicht vollgesperrt war, was vom Unternehmer allerdings im Einzelnen dargelegt werden muss. Gelingt dies, ist der verlängerte Vorhalt der Baustelleneinrichtung und der Gerüste durch den Annahmeverzug bedingt. Der Unternehmer hat diese Produktionsmittel auch „unproduktiv bereitgehalten", denn sie waren nicht so produktiv, wie er nach dem Vertrag erwarten durfte: Danach hätte der die vertraglichen Leistungen bereits nach drei Monaten abschließen können. Der Vorhalt ist in diesem Beispiel auch vollständig ersatzfähig, denn er fällt vollständig in die Phase des Annahmeverzugs. Dieser dauert so lange, wie der Besteller dem Unternehmer das zu sanierende Bauwerk nicht so überlässt, wie durch den Vertrag vorgesehen, also unter Vollsperrung. Dies war während der gesamten Bauzeit der Fall

131 Allerdings ist es in Verlangsamungsfällen (nicht in Stillstandsfällen) möglich, dass der unproduktive Vorhalt von Produktionsmitteln länger dauert als der Annahmeverzug, der ihn verursacht hat.

132 **Beispiel:** Besteller B hat Unternehmer U mit der Sanierung einer Brücke unter Vollsperrung beauftragt, vorgesehene Bauzeit: drei Monate. Die tatsächliche Bauzeit beträgt fünf Monate. Allerdings kann die Brücke in den ersten beiden Monaten M 1 und M 2 nur teilweise gesperrt werden, in M 3 bis M 5 ist sie vollgesperrt. Der Unternehmer muss während dieser Zeit durchgängig die Baustelleneinrichtung und Gerüste vorhalten, wodurch ihm Kosten von 30.000 € pro Monat entstehen.

133 Auch in diesem Fall kann es sein, dass die Verlängerung der Bauzeit allein durch die anfänglich nicht gegebene Vollsperrung, also durch den Annahmeverzug des Bestellers, bedingt ist, was der Unternehmer freilich im Einzelnen darlegen müsste. Damit läge auch hier in dem um zwei Monate verlängerte Vorhalt von Baustelleneinrichtung und Gerüsten ein unproduktives Bereithalten, das durch den Annahmeverzug bedingt ist. Der längere Vorhalt fällt aber in die Monate M 4 und 5. Im Beispiel → Rdn. 129 bestand hier Vollsperrung, sodass der Besteller nicht mehr in Annahmeverzug war. Damit kann der Unternehmer jedenfalls nicht die vollen Monatsbeträge über § 642 BGB entschädigt verlangen – ein unnötiges vom BGH geschaffenes Problem (BGH, Urt. v. 26.10.2017 – VII ZR 16/17, BGHZ 216, 319). Mögliche Lösungen: Berücksichtigt man, dass es hier in der Sache um die geringere Auslastung von Produktionsmitteln geht (nämlich nur im Verhältnis von 3 Monaten : 5 Monaten, also von 60%), und nimmt man zugleich an, dass sich dieser Produktivitätsnachteil einer 40prozentigen Unterauslastung gleichmäßig über die gesamte Bauzeit verteilt, dann ist er dem Unternehmer jedenfalls auch in drei Monaten innerhalb des Annahmeverzugs entstanden, er könnte dann 3 x 0,4, also den 1,2fachen Monatssatz seiner monatlichen Vorhaltekosten geltend machen (wobei die monatlichen Kosten genau ermittelt werden müssen, die Fortschreibung von Pauschalen genügt nicht). Daneben kommt in Betracht, in dem Verlangen des Bestellers, die Leistungen vorübergehend nur unter Teilsperrung zu erbringen, eine Leistungsänderung zu sehen. Dann wären die dem Unternehmer hierdurch entstandenen Mehrkosten nach § 650c oder § 2 Abs. 5 VOB/B vergütungsfähig, ohne dass der Zeitraum ihrer Entstehung auf den Annahmeverzug begrenzt wäre.

2. Ermittlung des Wertansatzes pro Zeiteinheit (Wertfaktor A)

134 Der zweite Faktor, der gemäß der Berechnungsformel $E = A \times T$ zur Ermittlung der Entschädigung benötigt wird, ist der Aufwandswert oder Wertansatz pro Zeit, hier abgekürzt mit A. Er gibt an, wie der Wert eines Produktionsmittels (insbesondere: Maschine, Gerät, Arbeitskraft) pro Zeiteinheit zu bewerten ist. Diese Bewertung ist im Ausgangspunkt an der Vergütung zu orientieren, die die Parteien in dem Bauvertrag vereinbart haben (BGH, Urt. v. 30.01.2020 – VII ZR 33/19, BGHZ 224, 328; BGH, Urt. v. 26.10.2017 – VII ZR 16/17, BGHZ 216, 319; KG, Urt. v. 29.1.2019 – 21 U 122/18; KG, Urt. v. 10.1.2017 – 21 U 14/16).

Mitwirkung des Bestellers **§ 642**

Dabei können sie eine solche Vereinbarung auch nachträglich treffen, wobei sie sich auch nur auf einzelne Elemente beziehen kann, die zur Ermittlung des Wertansatzes erforderlich sind, etwa auf den anzusetzenden Zuschlagsfaktor (BGH, Urt. v. 8.8.2019 – VII ZR 34/18, BGHZ 223, 45). Das bedeutet im Einzelnen:

a) Position im Leistungsverzeichnis

Es ist möglich, dass das Leistungsverzeichnis des Vertrages den Wertansatz pro Zeiteinheit für bestimmte Produktionsmittel bereits als Position vorsieht, z.B. als Stunden- oder Tagessatz für den Vorhalt einer Maschine oder Arbeitskraft. Muss der Unternehmer dann aufgrund des Annahmeverzugs des Bestellers ein solchermaßen bepreistes Produktionsmittel vorhalten, dann ist diese Position des Leistungsverzeichnisses im Rahmen der Entschädigung gemäß § 642 BGB heranzuziehen (KG, Urt. v. 28.4.2020 – 21 U 76/19). Da in der Bepreisung eine Vergütungsvereinbarung liegt, besteht daneben ein Vergütungsanspruch aus § 631 Abs. 1 BGB in gleicher Höhe, beide Ansprüche stehen in Anspruchskonkurrenz (KG, Urt. v. 28.4.2020 – 21 U 76/19; vgl. hierzu auch → Rdn. 165 f). Ist die den Vorhalt bepreisende Position des Leistungsverzeichnisses eine Bedarfs- oder Eventualposition, kann der Unternehmer sie abrechnen, wenn er das Produktionsmittel aufgrund des Annahmeverzugs des Bestellers vorhalten muss, eine ausdrückliche Beauftragung durch den Besteller ist – anders als sonst bei Bedarfspositionen (vgl. BGH, Urt. v. 23.1.2003 – VII ZR 10/01; OLG Karlsruhe, Urt. v. 19.2.1992 – 7 U 98/90; OLG Hamburg, Urt. v. 7.11.2003 – 1 U 108/02; OLG Naumburg, Urt. v. 30.9.2011 – 12 U 12/11) – nicht erforderlich (KG, Urt. v. 28.4.2020 – 21 U 76/19). **135**

Von Bedeutung ist, ob das Leistungsverzeichnis für die zeitabhängige Vorhalteposition einen Mengenansatz (z.B.: „10 Tage") enthält oder ob nicht (z.B.: „NEP"). Im Fall eines Mengenansatzes kommt bei seiner Über- oder Unterschreitung im VOB-Vertrag § 2 Abs. 3 Nr. 2 bzw. Nr. 3 zur Anwendung (BGH, Urt. v. 11.10.2017 – XII ZR 8/17; Urt. v. 11.4.2013 – VII ZR 201/12; OLG Jena, Urt. v. 10.1.2020 – 4 U 812/15). Der Preis ist dann nach Maßgabe der tatsächlichen Kosten zuzüglich eines angemessenen Zuschlags anzupassen (BGH, Urt. v. 8.8.2019 – VII ZR 34/18, BGHZ 223, 45; Urt. v. 21.11.2019 – VII ZR 10/19). Bei einem nicht bezifferten Mengenvordersatz gilt das nicht. Die drei Buchstaben „NEP" (= „nur Einheitspreis") „imprägnieren" die Position also gegen die Preisanpassung nach § 2 Abs. 3 Nr. 2 VOB/B. **136**

b) Sonst: Preisfortschreibung

Haben die Parteien den Vorhalt nicht einvernehmlich bepreist, also weder im Leistungsverzeichnis noch in einer nachträglichen Vereinbarung, ist der Wertansatz A im Wege der Preisfortschreibung aus der vereinbarten Vergütung zu entwickeln (BGH, Urt. v. 30.01.2020 – VII ZR 33/19, BGHZ 224, 328; BGH, Urt. v. 26.10.2017 – VII ZR 16/17, BGHZ 216, 319; KG, Urt. v. 10.1.2017 – 21 U 14/16). Dabei kann nicht oft genug wiederholt werden, dass die Schlagworte „Preisfortschreibung", „Vergütungsermittlung anhand der tatsächlich erforderlichen Kosten" oder „guter Preis bleibt guter Preis, schlechter Preis bleibt schlechter Preis" mitnichten Gegensätzliches, sondern ein und dieselbe Vorgehensweise bezeichnen, bei der die Unternehmerkalkulation herangezogen werden kann. Allerdingst dient sie – vorbehaltlich des Anwendungsbereichs von § 650c Abs. 2 BGB (→ § 650c BGB Rdn. 105 ff.) oder einer abweichenden Vereinbarung – nur als Hilfsmittel für die (meistens) erforderliche Aufgliederung der Vergütung in ihre Bestandteile (KG, Urteil vom 10.7.2018 – 21 U 30/17; Urt. v. 27.8.2019 – 21 U 160/18; von Kiedrowski, NJW 2020, 1260). **137**

Der BGH formuliert, der Wertansatzes A sei „im Ausgangspunkt daran zu orientieren, welche Anteile der vereinbarten Gesamtvergütung einschließlich Wagnis, Gewinn und allgemeinen Geschäftskosten auf die vom Unternehmer während des Annahmeverzugs unproduktiv bereitgehaltenen Produktionsmittel entfallen" (BGH, Urt. v. 30.01.2020 – VII ZR 33/19, BGHZ 224, 328, Rn. 54). Diese Aufgliederung der Vergütung geschieht anhand der Kalkulation des Unternehmers oder anhand eines nachträglich erstellten Zahlenwerks. Bleibt der so gewonnene Wert für A unstreitig, kann er für die Ermittlung der Entschädigung herangezogen werden. Dies aber nur deshalb, weil damit unstreitig ist, dass durch die Aufgliederung der Vergütung anhand der Kalkulation die tatsächlichen Kosten des Unternehmers ermittelt worden sind. Denn auch wenn „im Ausgangspunkt" (BGH, Urt. v. 30.01.2020 – VII ZR 33/19, BGHZ 224, 328, Rn. 54) des Erkenntnisprozesses zur Ermittlung des Wertansatzes, über den ausführlich gestritten werden kann, die kalkulatorisch aufgegliederte Vergütung stehen kann, muss es letzten Endes für die Ermittlung der Entschädigung auf die tatsächlichen **138**

Kosten des Unternehmers ankommen. Nur dieses Ergebnis ist interessengerecht und entspricht damit dem Willen des Gesetzgebers. Das bedeutet (im Einzelnen und mit weiteren Beispielen vgl. Retzlaff, BauR 2021, 339 ff.):

aa) Unternehmer setzt tatsächliche Kosten für den Vorhalt von Maschinen oder Geräten an

139   Setzt der Unternehmer für den Vorhalt von Maschinen oder Geräten als A-Wert den von ihm tatsächlich gezahlten Mietpreis (z. B. wöchentlicher Mietpreis) an, dann muss das zulässig sein, auch wenn er die vereinbarte Vergütung nicht in ihre Bestandteile aufgliedert. Denn ist der sich aus der vereinbarten Vergütung ergebende Wert höher, entsteht dem Besteller durch das Vorgehen des Unternehmers kein Nachteil, sondern er wird begünstigt. Ist der aus der Vergütung ableitbare Ansatz für den Vorhalt geringer als die dem Unternehmer tatsächlich entstehenden Kosten, ist nicht einzusehen, warum der Unternehmer sich mit diesem nicht auskömmlichen Betrag zufrieden geben soll, wo doch der verlängerte Vorhalt nicht von ihm, sondern durch den Mitwirkungsverzug des Bestellers verursacht worden ist. Zwar betont der BGH, dass dem Unternehmer nach §642 BGB nicht jedweder Nachteil zu ersetzen muss (BGH, Urt. v. 30.01.2020 – VII ZR 33/19, BGHZ 224, 328, Rn. 52), dies rechtfertigt aber nur, bei der Entschädigung schwer greifbare Positionen außer Acht zu lassen, durch die der Besteller übervorteilt werden könnte, wie insbesondere die Umsatzentschädigung (→ Rdn. 98 ff.). Hingegen gibt es keinen Grund, dem Unternehmer eine Entschädigung für seine tatsächlichen Kosten vorzuenthalten, die häufig leicht zu ermitteln sind und zu einem systematisch richtigen und gerechten Ergebnis führen (vgl. näher Retzlaff, BauR 2021, 340 f.).

bb) Unternehmer setzt aus der Kalkulation entnommenen Wert für den Vorhalt von Maschinen oder Geräten an

140   Dieser Wert ist mit dem BGH (BGH, Urt. v. 30.01.2020 – VII ZR 33/19, BGHZ 224, 328, Rn. 54) „im Ausgangspunkt" maßgeblich, aber nicht, wenn der Besteller bestreitet, dass diese Kosten dem Unternehmer durch den Vorhalt tatsächlich entstehen. Dann müssen auch hier die tatsächlichen Kosten maßgeblich sein. Denn der Unternehmer soll durch die Entschädigung nach §642 BGB keine ungerechtfertigte Besserstellung gegenüber dem Besteller erfahren (BGH, Urt. v. 30.01.2020 – VII ZR 33/19, BGHZ 224, 328, Rn. 51). Warum sollte er sich dann auf Grundlage von Kosten, die ihm tatsächlich gar nicht entstanden sind, allein durch das Zahlenwerk seiner Kalkulation einen Anspruch herbeirechnen können? Allerdings ist zu beachten: Führt die im Ergebnis unzutreffende und nach Maßgabe der tatsächlichen Kosten zu korrigierende Aufgliederung der Vergütung dazu, dass ein erhöhter Vergütungsanteil den Vorhaltekosten zugewiesen wird, ist die Differenz zu den tatsächlichen Kosten *ceteris paribus* dem Zuschlag zuzurechnen, sodass sich dieser zugunsten des Unternehmers erhöht. Dieser Effekt gleicht die Reduktion des A-Werts nach Maßgabe der tatsächlichen Kosten gegenüber dem Zahlenwerk des Unternehmers aber in der Regel nicht vollständig aus.

cc) Wertansatz für den Vorhalt von Arbeitskräften

141   Hier gelten die Ausführungen unter → Rdn. 139 f. entsprechend. Der Unternehmer kann also die tatsächlichen Kosten ansetzen. Bei einer eigenen Arbeitskraft ist dies der Lohnanteil, der dem Vorhaltezeitraum entspricht (Beispiel: ein Arbeitstag = Monatslohn geteilt durch die Arbeitstage im Monat). Bemessungsgrundlage ist dabei der volle Bruttolohn mit sämtlichen Zuschlägen, Steuern, Sozialabgaben etc.

142   Der „im Ausgangspunkt" ebenfalls gangbare und in der Praxis auch naheliegende Weg ist der Rückgriff auf die Kalkulation, also den Stundensatz für eine Arbeitskraft, den der Unternehmer in seine Kalkulation eingestellt hat. Allerdings müssen auch hier letztendlich die dem Unternehmer tatsächlich entstehenden Kosten maßgeblich sein, die in der Regel niedriger sind. Hält der Unternehmer eine Arbeitskraft einen gesamten Monat für einen Besteller vor und errechnet er sich auf Grundlage des kalkulatorischen Stundenlohns eine Entschädigung von 8.500 €, während der volle Bruttomonatslohn der Arbeitskraft deutlich geringer ist (z. B. 4.000 €), dann muss der tatsächlich gezahlte Monatslohn maßgeblich sein, andernfalls könnte sich der Unternehmer „reich rechnen" (vgl. Retzlaff, BauR 2021, 341 f; a. A. OLG Karlsruhe, Urt. v. 27.8.2020 – 8 U 49/19; vgl. auch OLG Celle, Urt. v. 4.3.2020 – 7 U 334/18). Dabei ist weiter zu beachten, dass der tatsächlich gezahlte Lohn auch nur die Eingangsgröße für den A-Wert ist, es komm der sich aus der vereinbarten Vergütung ergebende Zuschlag hinzu (Retzlaff, BauR 2021, 341 f; → Rdn. 144 ff.).

Mitwirkung des Bestellers **§ 642**

dd) Wertansatz für den Vorhalt von Produktionsmitteln für die Baustelle als Ganzes

In der Regel hält der Unternehmer eine Reihe von Produktionsmitteln für ein Bauvorhaben als Ganzes vor, ohne dass sie einer einzelnen Leistung zugeordnet werden können, etwa Gerüste, Kräne, Container oder die Arbeitskraft eines Bauleiters. Die dem Unternehmer hierdurch entstehenden Kosten werden oft als Baustellengemeinkosten (BGK) bezeichnet. Ein Bewertungsproblem entsteht hier, wenn das Leistungsverzeichnis keine (Bedarfs-)Position für den Vorhalt umfasst. Für die Bewertung dieser Produktionsmittel gelten hier die Ausführungen unter → Rdn. 141 ff. Nicht möglich ist es, einen in der Vergütung enthaltenen Zuschlag für die Deckung aller oder einiger Baustellengemeinkosten (BGK-Zuschlag) einfach nach Maßgabe der verlängerten Bauzeit fortzuschreiben. Es fehlt hier sowohl an der Darlegung, dass der Unternehmer auch tatsächlich die entsprechenden Produktionsmittel vorgehalten hat wie an der Herleitung des Wertfaktors A. 143

ee) Zuschlagsfaktor

Stehen unbestrittene kalkulierte Ansätze oder notfalls die tatsächlichen Kosten des Unternehmers als Bemessungsgrundlage fest, sind sie um einen angemessenen Zuschlag für allgemeine Geschäftskosten, Wagnis und Gewinn zu erhöhen (BGH, Urt. v. 26.10.2017 – VII ZR 16/17, BGHZ 216, 319; BGH, Urt. v. 30.01.2020 – VII ZR 33/19, BGHZ 224, 328; KG, Urt. v. 10.1.2017 – 21 U 14/16). Ein Zuschlagsfaktor kommt nur dann nicht zur Anwendung, wenn der Wertansatz aus dem Leistungsverzeichnis entnommen wird (→ Rdn. 135 f), da dieses bereits „bezuschlagte" Preise enthält. Im Einzelnen gilt: 144

Die Rede von einem „Wagnis" neben dem Gewinn ist unnötiger sprachlicher Ballast (vgl. BGH, Urt. v. 24.3.2016 – VII ZR 201/15), weshalb dieser Begriff hier nicht verwendet wird. 145

Auch die Differenzierung zwischen allgemeinen Geschäftskosten und Gewinn ist für die Preisfortschreibung nicht erforderlich, weshalb hier der Begriff eines einheitlichen Zuschlagsfaktors verwendet wird. Nichtsdestotrotz ist der Zuschlag für die Deckung der allgemeinen Geschäftskosten in ihm enthalten. In diesem Sinne liefert der Anspruch aus § 642 BGB also durchaus eine Entschädigung für allgemeine Geschäftskosten; aber eben nur im Rahmen des Zuschlags auf die Kosten vergeblich vorgehaltener Produktionsmittel, gleichsam „akzessorisch". Der allgemeine Geschäftsbetrieb als solcher ist kein Produktionsmittel, das der Unternehmer im Annahmeverzug des Bestellers für diesen vorhält (KG, Urt. v. 29.1.2019 – 21 U 122/18; OLG Düsseldorf, Urt. v. 19.12.2019 – 5 U 52/19; → Rdn. 105 ff.). 146

Ein Zuschlag für die Baustellengemeinkosten (BGK-Zuschlag), ist zur Ermittlung der Entschädigung nicht vorzunehmen, selbst wenn er in der vereinbarten Vergütung enthalten ist (vgl. KG, Urt. v. 10.1.2017 – 21 U 14/16; ebenso für die Preisanpassung gemäß § 2 Abs. 3 Nr. 2 VOB/B: BGH, Urt. v. 21.11.2019 – VII ZR 10/19, Rn. 22). Dies folgt aus der Natur dieses Zuschlags: Mit ihm wird ein pauschaler Deckungsbeitrag für Baustellengemeinkosten erhoben, deren genaue Höhe bei der Kalkulation des Vertrages noch nicht bestimmt werden kann (*ex-ante-Perspektive*). Der Anspruch nach § 642 Abs. 2 BGB kann hingegen nach Abschluss des Bauvorhabens berechnet und geltend gemacht werden, also *ex post*. Zu diesem Zeitpunkt besteht für eine BGK-Pauschale kein Bedürfnis mehr, da der Unternehmer nach Abschluss der Bauarbeiten seine BGK spitz abrechnen, also ihre genaue Höhe ermitteln kann. Entweder die Baustellengemeinkosten des Unternehmers erweisen sich dabei als gedeckt, dann steht ihm schon aus diesem Grund kein weiterer Anspruch gegen den Besteller zu. Oder sie sind deshalb nicht gedeckt, weil die vereinbarte Vergütung nicht auskömmlich ist, dann steht dem Unternehmer ebenfalls kein Anspruch auf weitere BGK zu, weil die Unterdeckung keine Folge des Annahmeverzugs, sondern der vereinbarten Vergütungshöhe ist. Außerdem ist es möglich, dass dem Unternehmer aufgrund des Annahmeverzugs des Bestellers überhöhte BGK und somit eine BGK-Unterdeckung entstanden ist. Dann ist dieser annahmeverzugsbedingte Nachteil in Form der vergeblichen Bereitstellung von Baustelleneinrichtung oder Bauleitung genau in ermittelt und als Einzelposten des Entschädigungsanspruchs spitz abgerechnet geltend zu machen, nicht hingegen als pauschaler Zuschlag. Aus demselben Grund sieht auch § 650c Abs. 1 BGB für die identische Problematik der Nachtragsvergütung ebenfalls keinen BGK-Zuschlag vor. 147

Der Zuschlagsfaktor ist „im Ausgangspunkt" ebenfalls durch Aufgliederung der vereinbarten Vergütung anhand einer Kalkulation zu ermitteln (BGH, Urt. v. 30.01.2020 – VII ZR 33/19, BGHZ 224, 328, Rn. 54). Bestreitet der Besteller, dass der vom Unternehmer so behauptete Zuschlagsfaktor mit der vereinbarten Vergütung erzielbar ist, kommt es wiederum auf den 148

Retzlaff

§ 642

tatsächlichen Wert an. Der BGH hat noch nicht entschieden, was gilt, wenn sich die vereinbarte Vergütung als nicht auskömmlich erweist, der Unternehmer mit ihr vor dem Hintergrund der ihm tatsächlich entstehenden Kosten keinen Zuschlag erwirtschaften kann. Die dem Unternehmer entstehenden Kosten sind auch dann nicht mit einem Unterdeckungsfaktor zu multiplizieren, der A-Wert beläuft sich mithin zumindest auf die Kosten. Nach der hier für richtig gehaltenen Auffassung steht dem Unternehmer auch bei einer nicht auskömmlichen Vergütung ein angemessener Zuschlag auf seine Kosten zu. Dies lässt sich aus § 650c Abs. 1 BGB ableiten, der genau dies vorsieht (→ § 650c BGB, Rdn. 54 ff. und 65 ff.) und dessen Wertung auch im Rahmen von § 642 BGB gelten muss, da der Anspruch aus § 642 BGB vergütungsnah ist und sich von einem Mehrvergütungsanspruch nach Leistungsänderung häufig nicht klar trennen lässt. Auch bei der Mehrvergütung nach § 2 Abs. 5 und 6 VOB/B, die sich nach der hier vertretenen Auffassung mit dem Anspruch aus § 642 BGB teilweise überschneidet und zu ihm in Anspruchskonkurrenz steht (vgl. → Rdn. 173 ff.), steht dem Unternehmer auch dann ein angemessener Zuschlagsfaktor zu, wenn seine Vergütung nicht auskömmlich ist (KG, Urt. v. 10.7.2018 – 21 U 30/17). Der angemessene Zuschlagsfaktor beträgt zumindest analog § 648 S. 3 BGB 1,0526 (KG, Urt. v. 10.7.2018 – 21 U 30/17), jedenfalls Werte bis 1,2 sind aber auch noch als angemessen zu bezeichnen.

IV. Umsatzsteuer

149 Da der Anspruch vergütungsähnlich ist, fällt auf die Entschädigung die Umsatzsteuer an (BGH, Urt. v. 24.1.2008 –VII ZR 280/05).

D. Fälligkeit des Anspruchs

150 Wann der Anspruch fällig wird, ist ungeklärt. Es kommen die folgenden Zeitpunkte in Betracht:

- Erstmaliges Entstehen eines Nachteils aufgrund des Annahmeverzugs
- Beendigung des Annahmeverzugs
- Abnahme der Werkleistung
- Abrechnung

151 Verstünde man die Entschädigung aus § 642 BGB als Schadensersatzanspruch, müsste auf die erstmalige Entstehung eines Nachteils nach dem beginnenden Annahmeverzug abzustellen sein, so wie es beim Schadensersatz auf die Entstehung des ersten Teils des einheitlichen Schadens ankommt (Grundsatz der Schadenseinheit). Allerdings handelt es sich nach dem BGH (Urt. v. 24.1.2008 – VII ZR 280/05) um einen vergütungsähnlichen Anspruch. Aus diesem Grund sollte auch die Frage der Fälligkeit und der Verjährung wie beim Vergütungsanspruch gelöst werden. Bei einem Werkvertrag tritt sie damit gemäß § 641 Abs. 1 BGB mit der Abnahme ein, bei einem Bauvertrag erst nach prüffähiger Schlussrechnung (§ 650g Abs. 4 BGB). Damit verjährt der Anspruch nach § 642 BGB genau wie eine Nachtragsvergütung nach Leistungsänderung (§ 651c BGB). Wegen der großen Nähe beider Ansprüche, die oft nur schwer voneinander abzugrenzen sind, stellt dies einen praktischen Vorteil dar. Andernfalls gewönne die schwierige Frage, ob eine (vielleicht nur konkludent angeordnete) Leistungsänderung oder „bloßer Annahmeverzug" vorliegt, Bedeutung für die Verjährungsfrage. Haben die Parteien die Geltung der VOB/B vereinbart, muss nach der hier vertretenen Auffassung ebenfalls gelten, dass er wie die Vergütung für die Hauptvertragsleistungen gemäß § 16 Abs. 3 Nr. 1 VOB/B erst 30 Tage nach der Schlussrechnung fällig wird.

E. Verjährung

152 Der Anspruch verjährt zusammen mit dem Vergütungsanspruch gemäß §§ 195, 199 BGB, also erst nach Schlussrechnung, wodurch auch erst seine Fälligkeit begründet wird. Dies folgt aus der Vergütungsähnlichkeit des Anspruchs, eine mit § 642 BGB begründete Rechnungsposition kann häufig auch in Anspruchskonkurrenz mit § 631 Abs. 1 BGB oder § 2 Abs. 5 VOB/B begründet werden, → Rdn. 165 und 173 (a. A. Steiner, BauR 2021, 1521; BauR 2021, 1886 und insb. BauR 2022, 24 ff. jeweils m. w. N.).

F. Besonderheiten des Anspruchs aus § 642 BGB im VOB-Vertrag

Haben die Parteien die Geltung der VOB/B vereinbart, hat dies einerseits Auswirkungen auf den Anspruch aus § 642 BGB selbst, andererseits kommen mit § 2 Abs. 5 VOB/B und § 6 Abs. 6 VOB/B zwei weitere Normen ins Spiel, die bei Störungen des Bauablaufs aus der Sphäre des Bestellers neben § 642 BGB Ansprüche zugunsten des Unternehmers begründen können (dazu → Rdn. 173 ff. und 184 ff.). **153**

§ 642 BGB ist auch auf einen VOB-Vertrag anwendbar (vgl. § 6 Abs. 6 S. 2 VOB/B, BGH, Urt. v. 19.12.2002 – VII ZR 440/01; Urt. v. 21.10.1999 – VII ZR 185/98). Zudem definiert die VOB/B einzelne Bereiche der Mitwirkungsschnittstelle zwischen den Vertragsparteien (→ Rdn. 31 ff.) ausdrücklich: Der Auftraggeber hat die zur Ausführung erforderlichen Unterlagen rechtzeitig und unentgeltlich zu überlassen (§ 3 Abs. 1 VOB/B), die Hauptachsen der baulichen Anlagen usw. abzustecken (§ 3 Abs. 2 VOB/B), für die Aufrechterhaltung der allgemeinen Ordnung auf der Baustelle zu sorgen, die erforderlichen öffentlich-rechtlichen Genehmigungen und Erlaubnisse zu beschaffen (§ 4 Abs. 1 Nr. 1 VOB/B) und die Voraussetzungen für die Baustelleneinrichtung zu schaffen (§ 4 Abs. 4 VOB/B). Damit wird die Mitwirkung des Bestellers nur beispielhaft und nicht erschöpfend konkretisiert. Die in der VOB/B aufgeführten Mitwirkungshandlungen sind nicht als Vertragspflichten des Bestellers anzusehen, insbesondere der Wortlaut der VOB/B zwingt nicht zu dieser Annahme vielmehr handelt es sich bei ihnen im Zweifel nur um Obliegenheit im Rechtssinn (vgl. KG, Urt. v. 29.1.2019 – 21 U 122/18; Peters, NZBau 2011, 641, 644). **154**

Unterlässt der Besteller die ihm obliegende Mitwirkung an der Vertragsdurchführung, dann liegt hierin zugleich eine Behinderung oder Unterbrechung des Bauablaufs nach § 6 VOB/B. Der Begriff der Behinderung ist etwas weiter als der der Nicht-Mitwirkung, wie § 6 Abs. 2 VOB/B zeigt: Auch Maßnahmen des Arbeitskampfs im Betrieb des Unternehmers oder höhere Gewalt können als Behinderung gelten (§ 6 Abs. 2 Nr. 1 b) und c)). Der Unternehmer kann eine Behinderung zur Verteidigung anführen, wenn ihm der Besteller Verzug zur Last legt. Die unterlassene Mitwirkung hingegen ist für den Unternehmer selbst anspruchsbegründend (vgl. BGH, Urt. v. 20.4.2017 – VII ZR 194/13, BGHZ 214, 340). Bei Umständen, die nur Behinderung nicht aber unterbliebene Mitwirkung darstellen (z. B. schlechte Witterung oder coronabedingte Beeinträchtigungen) gilt somit aus Sicht des Unternehmers der Grundsatz „Zeit ja, Geld nein". **155**

Bezieht sich eine Behinderungsanzeige nach der Terminologie der VOB/B auf eine unterlassene Mitwirkung des Bestellers (z. B.: fehlende Baufreiheit), ist sie nichts anderes als das Angebot der Leistung gemäß §§ 293 ff. BGB. Allerdings modifiziert § 6 Abs. 1 VOB/B das BGB: Der Unternehmer kann sich nur dann auf einen Mitwirkungsverzug berufen, wenn er diese Behinderung schriftlich angezeigt hat, sofern sie nicht offenkundig war (§ 6 Abs. 6 S. 2 VOB/B). Durch § 6 Abs. 1 VOB/B wird also ein im BGB nicht vorgesehenes grundsätzliches Schriftformgebot für das Leistungsangebot des Unternehmers begründet, mit Ausnahme der allerdings nicht seltenen Fälle der Offenkundigkeit. **156**

Unter der Geltung der VOB/B wird der Anspruch aus § 642 BGB wegen seiner Vergütungsähnlichkeit erst 30 Tage nach einer prüffähigen Schlussrechnung fällig (§ 16 Abs. 3 Nr. 1 VOB/B, → Rdn. 150 ff.). **157**

G. Besonderheiten des Anspruchs aus § 642 BGB im Architekten- und Ingenieurvertrag

§ 642 BGB ist auch auf den Architektenvertrag anwendbar (BGH, Urt. v. 7.7.1988 – VII ZR 179/87). Das Vertragsverhältnis zwischen Architekt und Besteller erfordert auf Grund der dynamischen Entwicklung des Architektenwerks ein enges Zusammenwirken der Vertragsparteien und damit zahlreiche Mitwirkungshandlungen des Bestellers, namentlich Planungsvorgaben, die dem Architekten erst eine Leistungserbringung ermöglichen (vgl. Leupertz, BauR 2010, 1999, 2003 m. w. N.; Vogel, BauR 2011, 313, 326 f. m. w. N.). **158**

§ 642

159 Der typische Fall des Annahmeverzugs beim Architektenvertrag besteht darin, dass der Bauherr die Planung bzw. weitere Planungsschritte nicht abruft, weil das Vorhaben ins Stocken geraten ist. Der Umstand allein, dass die Bauarbeiten und somit die Bauüberwachung des Architekten länger dauert als geplant, stellt ohne das Hinzutreten weiterer Umstände grundsätzlich keinen Mitwirkungsverzug dar, selbst wenn die Parteien eine bestimmte verbindliche Solldauer vereinbart haben, die überschritten wird.

160 Der durch den Annahmeverzug bedingte Nachteil liegt ggf. auch beim Architekten im fruchtlosen Vorhalten von Produktionsmitteln, insbesondere seiner Arbeitskraft oder der seiner Mitarbeiter. Ein nicht streng zeitabhängiger Nachteil, insbesondere das Mehr an Arbeitsleistungen, das durch die Verlängerung der Bauzeit entstanden sein soll (zu einem solchen Fall vgl. BGH, Urt. v. 10.5.2007 – VII ZR 288/05), kann auch ein Architekt nicht gemäß § 642 BGB ersetzt verlangen (vgl. BGH, Urt. v. 26.10.2017 – VII ZR 16/17).

161 Die Ermittlung der Entschädigungshöhe ist einfach, wenn die Parteien ein zeitabhängiges Verlängerungshonorar vereinbart haben. Ist dies unterblieben, gelten die Ausführungen in → Rdn. 116 ff. und 132 ff. entsprechend, das heißt: Der Architekt muss die Eingangsgrößen Wertansatz A und Vorhaltedauer T ermitteln, um die Entschädigung E berechnen zu können. Für den Wertansatz A ist das vereinbarte Honorar – ggf. das Phasenhonorar der HOAI – aufzugliedern (z. B.: Honoraranteil für eine Woche Bauüberwachung), dieser Wert ist dann für den annahmeverzugsbedingten Mehraufwand anzusetzen. Daneben ist die Verlängerung der Vorhaltedauer zu ermitteln (z. B. Verlängerung der Bauüberwachung um 14 Wochen). Letzten Endes kommt es nach der hier vertretenen Auffassung auch beim Anspruch eines Architekten auf den tatsächlichen Mehraufwand an (vgl. → Rdn. 141 ff.). Daraus folgt, dass ein Architekt das streng zeitabhängige Honorar eines Subplaners oder Bauüberwachers zuzüglich eines angemessenen Zuschlags in Ansatz bringen kann, das ihm durch deren vergeblichen Vorhalt während des Annahmeverzugs seines Auftraggebers entsteht.

162 Unabhängig von den Voraussetzungen des § 642 BGB kann der Architekt nach den Grundsätzen der Störung der Geschäftsgrundlage (§ 313 BGB) eine angemessene Zusatzvergütung verlangen, wenn die bei Vertragsschluss vereinbarte oder vorausgesetzte Bauzeit sich erheblich verlängert, ohne dass der Architekt dies zu vertreten hat, wenn dies zu erheblichen Mehraufwendungen führt (BGH, Urt. v. 10.5.2007 – VII ZR 288/05). Die Mindestsatzregelungen der HOAI stehen dem nicht entgegen (BGH, Urt. v. 10.5.2007 – VII ZR 288/05), sofern sich die zu Grunde gelegte Bauzeit unter Berücksichtigung des den Vertragsparteien zuzubilligenden Beurteilungsspielraums nicht als unrealistisch darstellt (BGH, Urt. v. 30.9.2004 – VII ZR 456/01). Die genaue Höhe dieses Mehrhonoraranspruchs ist höchstrichterlich ungeklärt (näher Messerschmidt, NZBau 2007, 746, 748 f.; Schramm/Schwenker, ZfBR 2008, 3, 7).

H. Verhältnis zu anderen Ansprüchen

163 Jedenfalls im Grundsatz kann die Entschädigung nach § 642 BGB neben eine Reihe anderer Ansprüche treten. Zuerst ist zu beachten: Wird ein Werkvertrag abgerechnet, ist 642 kein eigener Anspruch, sondern nur ein unselbständiger Rechnungsposten. Das gleiche gilt für Ansprüche des Unternehmers wegen Leistungsänderung. § 650c BGB mag zwar einen Anspruch auf Vergütungsanpassung begründen, das Resultat dieser Anpassung, die als Ausgleich einer Leistungsänderung gebildete Mehrvergütung, ist aber nur eine Position innerhalb der zu ermittelnden Gesamtvergütung (KG, Urt. v. 2.3.2021 – 21 U 1098/20). Dennoch werden auf Grundlage von § 642 oder § 650c BGB ermittelte Vergütungspositionen hier vereinfachend als Anspruch bezeichnet.

164 Praxisrelevant ist vor allem die Frage, ob neben einem gegebenen Anspruch aus § 642 BGB noch weitere Ansprüche bestehen. Denn § 642 BGB deckt nicht sämtliche Nachteile ab, die einem Unternehmer infolge der Störung eines Bauablaufs entstehen können, insbesondere nicht für Kostensteigerungen und entgangenen Umsatz (→ Rdn. 98 ff.). Wenn der Unternehmer auf denselben Sachverhalt auch andere und weitergehende Anspruchsgrundlagen stützen kann, führt dies zur Erweiterung seiner Rechtsstellung gegenüber § 642 BGB.

Mitwirkung des Bestellers **§ 642**

I. Verhältnis zu § 631 Abs. 1 BGB

Innerhalb der Vergütungsansprüche des Bestellers stellt der Anspruch aus § 642 BGB einen unselbständigen Rechnungsposten dar, genau wie die Vergütungsanpassung nach einer Leistungsänderung (KG, Urt. v. 2.3.2021 – 21 U 1098/20). Die Vergütungsähnlichkeit des Anspruchs aus § 642 BGB zeigt sich auch darin, dass er der Umsatzsteuer unterliegt (BGH, Urt. v. 24.1.2008 – VII ZR 280/05, BGHZ 175, 118). Sieht das Leistungsverzeichnis eine Bedarfsposition für den Stillstand einzelner Produktionsmittel vor, dann kann der Unternehmer hiernach Vergütung abrechnen, wenn er das betreffende Produktionsmittel aufgrund des Annahmeverzug des Bestellers für diesen vorgehalten hat (KG, Urt. v. 28.4.2020 – 21 U 76/19). Der damit entstehende Anspruch aus § 631 Abs. 1 BGB steht in Anspruchskonkurrenz zu demjenigen aus § 642 BGB, der dann ebenfalls begründet ist (KG, Urt. v. 28.4.2020 – 21 U 76/19). Für die Abrechnung der Bedarfsposition im Leistungsverzeichnis gibt es dann also zwei rechtliche Begründungen. 165

Außerdem ist zu beachten, dass der Annahmeverzug, der die Tatbestandsvoraussetzung von § 642 BGB ist, den Vergütungsanspruch schon vor der erst mit Abnahme eintretenden Fälligkeit (§ 641 Abs. 1 BGB) gemäß § 322 Abs. 2 BGB klagbar macht (BGH, Urt. v. 13.12.2001 – VII ZR 27/00; Urt. v. 28.5.2020 – VII ZR 108/19, Rdn. 22; KG, Urt. v. 10.1.2017 – 21 U 14/16). Aus einem entsprechenden Urteil kann der Unternehmer die volle Vergütung vollstrecken, ohne selbst geleistet zu haben, wenn zugleich der Annahmeverzug des Bestellers festgestellt ist (§§ 322 Abs. 3, 274 Abs. 2 BGB). Auf diese Weise kann der Unternehmer das Vorleistungsverhältnis des Werkvertrags faktisch umkehren. Allerdings wird es der Besteller in der Regel nicht so weit kommen lassen und stattdessen den Vertrag kündigen (hierzu → § 643 BGB, Rdn. 28 ff.). 166

II. Verhältnis zu Mehrvergütungsansprüchen nach Leistungsänderung

Hier geht es um das Verhältnis zu dem gesetzlichen Anspruch auf Mehrvergütung aus § 650c BGB und dem entsprechenden Anspruch bei Geltung der VOB/B aus § 2 Abs. 5 und 6 VOB/B. Die Frage des Verhältnisses zwischen § 642 BGB und einem Anspruch auf Vergütungsanpassung wegen einer Leistungsänderung (§ 650c oder § 2 Abs. 5 VOB/B) lässt sich in zwei Richtungen stellen: Wenn ein Anspruch aus § 642 BGB wegen Mitwirkungsverzugs des Bestellers ist, stellt sich die Frage, ob sich aus demselben Sachverhalt auch ein vielleicht weitergehender Anspruch des Unternehmers wegen einer Leistungsänderung ergeben kann (dazu → Rdn. 168 und 173). Wenn umgekehrt ein Mehrvergütungsanspruch wegen einer Leistungsänderung besteht, stellt sich die Frage, ob der Unternehmer wegen desselben Sachverhalts auch einen Anspruch aus § 642 BGB haben kann (dazu → Rdn. 169 und 178). 167

1. Anspruch aus § 642 BGB gegeben – daneben Anspruch aus § 650c BGB?

Steht einem Unternehmer ein Anspruch aus § 642 BGB wegen des Mitwirkungsverzugs des Bestellers zu, kommt ein Anspruch auf Vergütungsanpassung aus § 650c BGB wegen desselben Sachverhalts nicht in Betracht. Denn § 650c setzt voraus, dass der Besteller eine Leistungsänderung im Sinne von § 650b Abs. 1 BGB angeordnet hat. Wie sich aus dem Wortlaut von § 650b Abs. 1 BGB aber ergibt, erfasst diese Norm nur inhaltliche Änderungen des Bausolls, nicht hingegen Änderungen der Bauzeit. Selbst wenn der Besteller aufgrund seines Mitwirkungsverzugs beispielsweise in Form verspäteter Baufreiheit gegenüber dem Unternehmer die Verschiebung der Bauzeit anordnete, wäre dies keine Änderungsanordnung im Sinne von § 650b (vgl. § 650b Rdn. 62 ff.). 168

2. Anspruch aus § 650c BGB gegeben – daneben Anspruch aus § 642 BGB?

Beispiel: Der Besteller B hat den Unternehmer U mit Abbrucharbeiten beauftragt. Während der Bauausführung zeigen sich unerwartete Schadstoffe, es entstehen deshalb höhere Arbeits- und höhere Deponiekosten. B ordnet eine entsprechende Leistungsänderung an, U erhält eine Mehrvergütung für die erhöhten Arbeits- und Deponiekosten. Außerdem dauern die Arbeiten länger, U muss deshalb diverse Geräte und seine Baustelleneinrichtung länger als vorgesehen vorhalten. Steht ihm auch für diese erhöhten Vorhaltekosten ein weiterer Zahlungsanspruch gegen B zu? 169

Ob hier ein solcher Anspruch zugunsten von U in Form einer Entschädigung gemäß § 642 BGB besteht, hat keine praktische Bedeutung. Denn die erhöhten Vorhaltekosten sind jeden- 170 falls Mehrkosten im Sinne von § 650c BGB. Deshalb erhält U hierfür einen Ausgleich im Rahmen seines Mehrvergütungsanspruchs (vgl. OLG Köln, Urt. v. 3.2.2021 – 11 U 136/18, m. w. N. zu § 2 Abs. 5 oder 6 VOB/B, was aber auf § 650c BGB übertragbar ist). Jedenfalls nach der hier vertretenen Auffassung belaufen sich der Anspruch aus § 642 und aus § 650c BGB auf denselben Betrag, der auf Grundlage der tatsächlich erforderlichen Kosten zuzüglich eines angemessenen Zuschlags zu ermitteln ist (→ Rdn. 132 ff.). Auch die Vermutung des § 650c Abs. 2 BGB sollte, wenn die Voraussetzungen erfüllt sind (hierzu → § 650c BGB, Rdn. 105 ff.) in beiden Fällen zur Anwendung kommen (vgl. → Rdn. 218).

171   Das OLG Köln (Urt. v. 3.2.2021 – 11 U 136/18, m. w. N.) hat die Frage der Erstattungsfähigkeit von Vorhaltekosten aus § 642 BGB im Fall des Beispiels → Rdn. 169 verneint. Hier wird aufgrund der Überlegungen in → Rdn. 173 ff. wird hier die gegenteilige Auffassung vertreten. Dies führt dazu, dass für die Schlussrechnungsposition, mit der die erhöhten Vorhaltekosten geltend gemacht werden, wie sonst auch bei Anspruchskonkurrenz zwei Rechtsgrundlagen bestehen, nämlich § 642 und 650c BGB.

172   Wichtig in Fällen wie dem Beispiel → Rdn. 169 ist, ob U deshalb keinen Anspruch auf Mehrvergütung oder Entschädigung für seine Vorhaltekosten hat, weil er mit B eine Nachtragsvereinbarung geschlossen hat, die nur die Mehrkosten für Arbeit und Deponie erfasst und zugleich abschließend ist. Damit wären Nachforderungen für erhöhte Vorhaltekosten abgegolten. Somit fragt sich, wie weit die Abgeltungswirkung einer Nachtragsvereinbarung reicht. Dieses Problem kann sich nicht nur bei der Nachforderung von Vorhaltekosten, sondern auch bei anderen Kostenpositionen stellen (z. B. erhöhte Transportkosten zu einer entfernten Deponie). Im Grundsatz gilt hier, dass eine Nachtragsvereinbarung abschließend ist und einer weiteren Erhöhung der Mehrvergütung aus demselben Rechtsgrund – seien es erhöhte Vorhaltekosten oder andere Kostenpositionen – entgegensteht (OLG Brandenburg, Urt. v. 18.2.2016 – 12 U 222/14; Urt. v. 18.8.2009 – 11 W 25/08; OLG Köln, Beschluss vom 27.10.2014 – 11 U 70/13).

3. Anspruch aus § 642 BGB gegeben – daneben Anspruch aus § 2 Abs. 5 VOB/B?

173   Hat der Unternehmer wegen des Mitwirkungsverzugs des Bestellers gegen diesen einen Anspruch auf Entschädigung aus § 642 BGB, kann er wegen dieses Sachverhalts auch einen Anspruch aus § 2 Abs. 5 VOB/B gegen den Besteller haben (KG, Urt. v. 29.1.2019 – 21 U 122/18; KG, Urt. v. 10.1.2017 – 21 U 14/16; OLG München, Urt. v. 27.4.2016, 28 U 4738; OLG Dresden, Urt. v. 9.1.2013 – 1 U 1554/09; OLG Hamm, Urt. v. 12.4.2011, 24 U 29/09; old Celle, Urt. v. 22.7.2009, 14 U 166/08; offengelassen durch: OLG Düsseldorf, Urt. v. 19.12.2019 – 5 U 52/19; OLG Köln, Urt. v. 3.2.2021 – 11 U 136/18). Die Frage ist anders zu beantworten als die des Eingreifens von § 650c BGB neben einem bestehenden Anspruch aus § 642 BGB, denn der Anwendungsbereich von § 2 Abs. 5 VOB/B ist weiter. § 650c setzt eine Leistungsänderung gemäß § 650b voraus – hierunter fallen nur Änderungen des inhaltlichen Leistungssolls (vgl. § 650b Rdn. 62). § 2 Abs. 5 VOB/B gewährt demgegenüber auch eine Mehrvergütung bei „anderen Anordnungen" des Bestellers. Eine solche andere Anordnung trifft der Besteller zumindest konkludent, wenn er seinen Mitwirkungsverzug dem Unternehmer mitteilt („Verzugsmitteilung"), beispielsweise indem er „anzeigt" oder gar „anordnet", dass der Unternehmer nur zeitlich verzögert oder eingeschränkt auf der Baustelle arbeiten kann. Schon nach dem Wortlaut von § 2 Abs. 5 VOB/B ist eine solche Verzugsmitteilung als (ggf. konkludente) andere Anordnung anzusehen. Jedenfalls ist es aber *zumindest möglich*, § 2 Abs. 5 VOB/B so zu verstehen. Deshalb muss eine Verzugsmitteilung jedenfalls dann als „andere Anordnung" gewertet werden, wenn der Besteller bei Vetragsschluss die VOB/B als allgemeine Geschäftsbedingungen gestellt hat. Denn ein solches Verständnis wirkt sich allein zugunsten des Unternehmers aus, da zu seinen Gunsten ein Zahlungsanspruch begründet wird, der über § 642 BGB hinausgeht (§ 305c Abs. 2 BGB, vgl. im Einzelnen KG, Urt. v. 29.1.2019 – 21 U 122/18). Nach der hier vertretenen Auffassung ist der Verweis auf § 305c Abs. 2 BGB aber nur ein Hilfsargument. Eine Verzugsmitteilung ist auch dann als (ggf. konkludente) andere Anordnung im Sinne von § 2 Abs. 5 VOB/B zu verstehen, wenn die VOB/B nicht vom Besteller gestellt sind.

174   Sieht man in einer Verzugsmitteilung eine Leistungsänderung bzw. andere Anordnung im Sinne von § 2 Abs. 5 VOB/B wird damit nicht zugleich der „Mitwirkungsverzug legalisiert". Mitwirkungsverzug bedeutet wirtschaftlich: Es gibt eine Erschwernis, die der Unternehmer nicht einkalkulieren musste. Diese vertraglichen Rahmenbedingungen kann der Besteller

nicht durch eine Leistungsänderung modifizieren. Denn eine Leistungsänderung kann nicht den Vertrag so ändern, dass sie keine Leistungsänderung mehr ist. Der kommunizierte Mitwirkungsverzug bleibt deshalb Mitwirkungsverzug. Mitwirkungsverzug des Bestellers bedeutet ohnehin nicht, dass sich der Besteller eine Pflichtverletzung zum Nachteil des Unternehmers hätte zuschulden kommen lassen, sondern nur, dass unvorhergesehene Erschwernisse, die seiner Risikosphäre zuzuordnen sind, eingetreten sind und dies grundsätzlich einen monetären Ausgleich zugunsten des Unternehmers rechtfertigt. An diesem Befund ändert sich nichts dadurch, dass der Besteller diese Entwicklung mit einer Anordnung unterlegt. Auch eine Änderungsanordnung des Bestellers nach §§ 1 Abs. 3 und 4, 2 Abs. 5 VOB/B oder § 650b BGB verschiebt nicht die Grenze dessen, was der Unternehmer in den Vertrag einkalkulieren musste. Dies bleibt unverändert, hier liegt der Ausgangspunkt für die Ermittlung der Mehrvergütung. Das Leistungsänderungsrecht nach der VOB/B oder nach § 650b BGB gibt dem Besteller nur die punktuelle Befugnis, auf einer unveränderten vertraglichen Grundlage andere Leistungen oder gleiche Leistungen zu anderen Zeitpunkten oder unter anderen Herstellungsmodalitäten abzurufen als ursprünglich vereinbart, nicht aber die vertraglichen Grundlagen selbst zu ändern. Denn der Besteller verfügt nur über ein einseitiges Recht zur Änderung der *Leistung*, nicht zur Änderung des *Vertrags* (vgl. näher KG, Urt. v. 29.1.2019 – 21 U 122/18).

Ein Mitwirkungsverzug, den der Besteller dem Unternehmer nicht in einer Verzugsmitteilung kommuniziert hat, stellt für sich genommen keine andere Anordnung dar (BGH, Urt. v. 26.10.2017 – VII ZR 16/17, BGHZ 216, 319, Rdn. 40). Dieser Fall ist aber recht theoretisch. In der Praxis kommt es immer in irgendeinem Zeitpunkt zu einer Verzugsmitteilung. Allenfalls wird vergessen, dies in einem Rechtsstreit vorzutragen. **175**

Hat der Unternehmer auch einen Anspruch aus § 2 Abs. 5 VOB/B gegen den Besteller wegen seines Mitwirkungsverzugs, so erweitert dies die Rechte des Unternehmers. § 642 BGB gewährt dem Unternehmer keine Entschädigung für Kostensteigerungen bei Lohn und Material, die dem Unternehmer wegen des Mitwirkungsverzugs entstehen (→ Rdn. 108 ff.). Nach § 2 Abs. 5 VOB/B hingegen fließen sie in die Mehrkosten ein, die die Bemessungsgrundlage für die Mehrvergütung darstellen (vgl. KG, Urt. v. 29.1.2019 – 21 U 122/18; OLG Köln Urt. v. 3.2.2021 – 11 U 136/18). **176**

Die Ansprüche aus § 642 BGB und § 2 Abs. 5 VOB/B bestehen ggf. nebeneinander, sodass es für die betreffende Position der Schlussrechnung des Unternehmers wie auch sonst bei Anspruchskonkurrenz zwei rechtliche Begründungen gibt (KG, Urt. v. 29.1.2019 – 21 U 122/18; KG, Urt. v. 28.4.2020 – 21 U 76/19). **177**

4. Anspruch aus § 2 Abs. 5 VOB/B gegeben – daneben Anspruch aus § 642 BGB?

Diese gegenüber → Rdn. 173 umgekehrte Fallkonstellation hat wie unter → Rdn. 169 ff. dargelegt keine praktische Relevanz, da hier bereits feststeht, dass der weitergehende Anspruch aus § 2 Abs. 5 VOB/B gegeben ist. Wie in der Konstellation → Rdn. 171 müssen die Ansprüche aus § 642 BGB und § 2 Abs. 5 VOB/B auch hier nebeneinander bestehen (a. A. OLG Köln, Urt. v. 3.2.2021 – 11 U 136/18). Haben die Parteien über den Mehrvergütungsanspruch aus § 2 Abs. 5 VOB/B eine Nachtragsvereinbarung geschlossen, stellt sich allerdings die Frage, ob hierdurch weitere Ansprüche des Unternehmers aus demselben Rechtsgrund – seien sie aus § 642 BGB oder § 2 Abs. 5 oder 6 VOB/B hergeleitet – ausgeschlossen werden (→ Rdn. 172). **178**

III. Verhältnis zu § 645 BGB

Tritt Mitwirkungsverzug ein, kann der Unternehmer den Vertrag gemäß § 643 BGB kündigen, wobei das Gesetz von „Vertragsaufhebung" spricht. Dem Unternehmer steht sodann der Vergütungsanspruch nach § 645 BGB zu, der die erbrachten Leistungen des Unternehmers und Ersatz seiner darin nicht enthaltenen „Aufwendungen für die Vorbereitung der Vertragsdurchführung" abdeckt (BGH, Urt. v. 16.10.1997 – VII ZR 64/96, Rdn. 25; → § 645 BGB Rdn. 27 ff.). Dieser Anspruch steht neben der Entschädigung nach § 642 BGB (BGH, Urt. v. 30.01.2020 – VII ZR 33/19, BGHZ 224, 328, Rdn. 52). Allerdings ist es für den Unternehmer in der Regel nicht sinnvoll, bei Annahmeverzug des Bestellers nach § 643 BGB zu kündigen. Jedenfalls nach dem BGB ist es günstiger, die vollständige Vergütung gemäß § 322 Abs. 2 BGB einzuklagen und auf diese Weise eine Kündigung des Bestellers nach § 648 BGB zu erzwingen (→ § 643 BGB, Rdn. 28). **179**

IV. Verhältnis zur Kündigungsvergütung

180 Der Anspruch des Unternehmers auf Kündigungsvergütung tritt neben die Entschädigung aus § 642 BGB – sei es die „große" Kündigungsvergütung aus § 648 oder § 650f Abs. 5 BGB oder die „kleine" Kündigungsvergütung aus § 648a Abs. 5 BGB (BGH, Urt. v. 30.01.2020 – VII ZR 33/19, BGHZ 224, 328, Rdn. 51; zur großen Kündigungsvergütung aus § 650f Abs. 5 BGB neben § 642 BGB vgl. KG, Urt. v. 16.2.2018 – 21 U 66/16). Allein in dem Umstand, dass der Besteller die Leistungen des Unternehmers nicht abruft oder diesem die zeitliche Verschiebung der Bauarbeiten um längere Zeit ausdrücklich mitteilt, liegt aber keine Kündigung des Bauvertrags gemäß § 648 BGB (OLG Brandenburg, Urt. v. 22.12.2015 – 12 U 152/14). Der Besteller will den Vertrag schließlich nicht beenden, sondern nur die Ausführung nur zeitlich verschieben. Da Bauleistungen in aller Regel nicht den Charakter eines absoluten Fixgeschäfts haben führt die Verschiebung der Bauarbeiten auch nicht zu einer vom Besteller zu vertretenen Unmöglichkeit, was gemäß § 326 Abs. 2 S. 2 BGB die gleiche Rechtsfolge hätte wie § 648 BGB (KG, Urt. v. 10.1.2017 – 21 U 14/16). Allerdings kann der Unternehmer den Besteller gemäß § 322 Abs. 2 BGB auf Vergütung nach Erhalt der Leistung verklagen und auf diese Weise in vielen Fällen eine Kündigung des Bestellers erzwingen (BGH, Urt. v. 13.12.2001 – VII ZR 27/00; KG, Urt. v. 10.1.2017 – 21 U 14/16).

181 Hat der Auftraggeber den Bauvertrag bei bestehendem Annahmeverzug gekündigt kann er dies bei Einbeziehung der VOB/B nach dreimonatigem Stillstand der Bauarbeiten gemäß § 6 Abs. 7 VOB/B tun mit der Folge, dass der Unternehmer den verschuldensunabhängigen Anspruch auf seinen Gewinn aus den nicht erbrachten Leistungen aus § 648 BGB, also seine „große" Kündigungsvergütung verliert (vgl. → § 643 BGB, Rdn. 18 ff.; BGH, Urt. v. 20.10.2005 –VII ZR 190/02; Urt. v. 13.5.2004 –VII ZR 363/02; KG, Urt. v. 10.1.2017 – 21 U 14/16).

182 Werden die Ansprüche aus § 648 BGB und § 642 BGB nebeneinander geltend gemacht ist zu beachten, dass Aufwendungen, soweit sie dem Unternehmer im Rahmen von § 642 BGB entschädigt werden, im Rahmen von § 648 BGB als erspart zu gelten haben oder die Entschädigung als anderweitiger Erwerb in Ansatz zu bringen ist.

V. Verhältnis zu § 304 BGB

183 Nach § 304 BGB erhält der Unternehmer die Mehraufwendungen erstattet, die er für das erfolglose Angebot seiner Leistung sowie für Aufbewahrung und Erhalt des geschuldeten Gegenstands machen musste. Dieser Anspruch trägt den Besonderheiten des Werkvertrags nur bedingt Rechnung, weshalb er durch § 642 BGB ergänzt wird (BGH, Urt. v. 30.01.2020 – VII ZR 33/19, BGHZ 224, 328, Rdn. 53; BGH, Urt. v. 26.10.2017 – VII ZR 16/17, BGHZ 216, 319, Rdn. 31). Bei den Angebotskosten, die § 304 BGB abdeckt, handelt es sich um die Kosten des vergeblichen Transports von Geräten, Material, Personal zur Baustelle zum tatsächlichen Angebot, wenn der Unternehmer wieder unverrichteter Dinge umkehren muss. Die Kosten der neuen Anfahrt sind dann ersatzfähig. Allerdings ist ein solches tatsächliches Angebot beim Bauvertrag in der Regel gar nicht erforderlich. Bei den Mehraufwendungen für Aufbewahrung und Erhaltung des geschuldeten Gegenstands handelt es sich nicht um die Vorhaltekosten von Material, Gerät und Personal, denn diese sind nicht der „geschuldete Gegenstand". Ersatzfähig sind aber Lagerkosten für fertiggestellte Teilleistungen oder eingekauftes Material sowie Schutzmaßnahmen für die Bauleistungen auf dem Baugrundstück, soweit sie durch den Annahmeverzug erforderlich werden und nicht ohnehin geschuldet sind.

VI. Verhältnis zu Schadensersatzansprüchen wegen Verzugs

184 Ein Anspruch auf Ersatz von Verzugsschäden kann dem Unternehmer aus §§ 280 Abs. 1, 286 BGB sowie bei Vereinbarung der VOB/B aus § 6 Abs. 6 VOB/B zustehen. Als Alternative zu § 642 BGB kam diesen Anspruchsgrundlagen bislang kaum praktische Bedeutung zu. Das hat zwei Gründe: Zum einen setzen diese Normen eine Pflichtverletzung des Bestellers voraus (BGH, Urt. v. 26.10.2017 – VII ZR 16/17, BGHZ 216, 319, Rdn. 34 und 38), an der es meistens fehlt. Zum anderen ist es fraglich, ob diese Ansprüche dem Unternehmer im Ergebnis einen weitergehenden Anspruch gewähren, als ihm aus § 642 und § 2 Abs. 5 VOB/B zusteht, jedenfalls gibt es hierzu keinerlei konkrete Rechtsprechung. Wurde in Vergangenheit der Anspruch aus § 6 Abs. 6 VOB/B in einer gerichtlichen Entscheidung erwähnt, hatte die darauf gestützte Klage in den allermeisten Fällen keinen Erfolg (vgl. BGH, Urt. v. 21.3.2002 – VII

Mitwirkung des Bestellers **§ 642**

ZR 224/00; Urt. v. 24.2.2005 – VII ZR 141/03; Urt. v. 24.2.2005 – VII ZR 225/03; Ausnahme: OLG Celle, Urt. v. 4.3.2020 – 7 U 334/18). Von praktischem Interesse ist eigentlich nur die Frage, ob der Unternehmer im Fall einer Pflichtverletzung des Bestellers im Wege des Verzugsschadens Nachteile ersetzt verlangen kann, für die er keinen Ausgleich über § 642 BGB erlangt – insbesondere Einbußen von zeitbezogenem Umsatz oder Umsatzbestandteilen. Dies ist durch die Rechtsprechung nicht geklärt.

1. Anspruchsvoraussetzung: Pflichtverletzung

Auch wenn der Bauablauf durch Ursachen aus seiner Mitwirkungssphäre gestört wird, liegt 185 hierin meistens keine Pflichtverletzung des Bestellers, er kommt lediglich seinen Obliegenheiten nicht nach, was nur im Rahmen von § 642 anspruchsbegründend wirkt, aber nicht für die Begründung eines Schadensersatzanspruchs ausreicht (BGH, Urt. v. 21.10.1999 – VII ZR 185/98, BGHZ 143, 32; BGH, Urt. v. 26.10.2017 – VII ZR 16/17, BGHZ 216, 319; KG, Urt. v. 29.1.2019 – 21 U 122/18). An einer Pflichtverletzung des Bestellers fehlt es im Grundsatz auch dann, wenn die Parteien verbindliche Vertragstermine und Fristen vereinbart haben, denn diese begründen im Regelfall nur für den Unternehmer verbindliche Vertragsfristen, nicht hingegen für den Besteller (BGH, Urt. v. 21.10.1999 – VII ZR 185/98).

In folgenden Fällen sind Störungen des Bauablaufs Folgen von Pflichtverletzungen des 186 Bestellers: Der Besteller kommt seiner Pflicht zur Zahlung von Abschlagszahlungen (§ 632a Abs. 1 BGB) oder zur Sicherheitsleistung (§ 650f Abs. 1 BGB) nicht nach und der Unternehmer stellt in Reaktion darauf die Arbeiten auf der Baustelle ein, wodurch ihm Vorhaltekosten entstehen (KG, Urt. v. 16.2.2018 – 21 U 66/16). Daneben können die Parteien die Mitwirkung des Bestellers im Sinne von (Neben-)Pflichten ausgestalten, was wohl ausdrücklich geschehen muss, damit deutlich wird, dass die Grundregel modifiziert ist. §§ 3 und 4 VOB/B begründen nach der hier vertretenen Auffassung keine Pflichten des Bestellers, sondern definieren nur die Schnittstelle seiner Obliegenheiten. Es käme in Betracht, sie als pflichtbegründend anzusehen, wenn sich hierdurch die Rechtslage des Unternehmers verbesserte und der Besteller die VOB/B gestellt hätte, dies folgte dann aus § 305c Abs. 2 BGB (zu einer parallelen Problematik vgl. → Rdn. 173). Allerdings ist nicht sicher, dass der Unternehmer besser gestellt wird, wenn ihm bei Ablaufstörungen aus der Sphäre des Bestellers neben Ansprüchen aus § 642 BGB und § 2 Abs. 5 VOB/B zusätzlich ein Schadensersatzanspruch aus § 6 Abs. 6 VOB/B zusteht. Zwar umfasst Schadensersatz grundsätzlich auch entgangenen Gewinn, also den von § 642 BGB nicht erfassten Umsatznachteil (→ Rdn. 98 ff.), beim VOB-Vertrag, um den es hier geht, dürfte aber im Regelfall § 6 Abs. 6 S. 1 VOB/B entgegenstehen (→ Rdn. 190).

2. Umfang des Schadensersatzes

Führt der Verzug des Bestellers mit der Erfüllung einer Nebenpflicht beim Unternehmer zu 187 erhöhten Vorhaltekosten, können sie zuzüglich eines angemessenen Zuschlags, d. h. dem sich aus dem Vertrag ergebenden Zuschlagfaktor, auch als Schadensersatz geltend gemacht werden, jedenfalls solange die zugunsten des Unternehmers streitende Rentabilitätsvermutung nicht widerlegt ist. Insoweit ist der Schadensersatz deckungsgleich mit dem Anspruch aus § 642 BGB (a. A. OLG Celle, Urt. v. 4.2.2020. 7 U 334/18, Juris-Rn. 35: kein Ersatz von Vorhaltekosten gemäß § 6 Abs. 6 VOB/B).

Verursacht der Verzug des Bestellers beim Unternehmer erhöhte Materialkosten oder erhöhte 188 Arbeitslöhne, so sind auch diese als Schaden ersatzfähig. Insoweit geht der Schadensersatzanspruch also weiter als der Anspruch aus § 642 BGB, nicht aber weiter als der daneben bestehende Anspruch aus § 2 Abs. 5 VOB/B (→ Rdn. 173 ff.).

Außerdem spricht Vieles dafür, dass der Unternehmer nach §§ 280, 286 BGB auch Schadens- 189 ersatz für den Umsatz abzüglich ersparter Aufwendungen verlangen kann, den er erwirtschaftet hätte, wenn der Fluss seiner Leistungserbringung nicht durch die anspruchsbegründende Pflichtverletzung des Bestellers gestört worden wäre. Hierbei handelt es sich um seinen auf die Dauer der Pflichtverletzung bezogenen entgangenen Gewinn, der gemäß § 252 BGB ersatzfähig ist. Im Rahmen von § 642 BGB ist dieser Nachteil nicht entschädigungsfähig (→ Rdn. 98 ff.). Grund für größeren Umfang des Schadensersatzanspruchs: Nach dem einschränkenden Verständnis des BGH kann es eine Entschädigung nach § 642 BGB ausschließlich dann geben, wenn der Unternehmer aufgrund der Störung des Bauablaufs Produktionsmittel vergeblich für den Besteller vorgehalten hat (BGH, Urt. v. 30.01.2020 – VII ZR 33/19, BGHZ 224, 328). Bei § 642 BGB sind also nur Kostennachteile auf der Passivseite der Bilanz des Unternehmers entschädigungsfähig, im Rahmen von Schadensersatz wegen § 252 BGB hingegen auch Nachteile auf der Aktivseite. Kann der Unternehmer aufgrund der Störung des Bauablaufs nicht wie vorgesehen Leistungen erbringen und damit nicht in der vorgesehenen Zeit den vereinbarten Vergütungsumsatz erzielen, ist dies verhältnismäßig einfach darzulegen, nämlich „in Anlehnung an § 648 BGB" (BGH, Urt. v. 30.01.2020 – VII ZR 33/19, BGHZ 224, 328). Zur Darlegung des entgangenen Gewinns hat der Unternehmer allenfalls darzulegen, welche Kosten ihm durch die vorgesehene Leistung entstanden wären, was verhältnismäßig leicht anhand der Kalkulation möglich ist. Hingegen hat er nicht darzulegen, ob und in welchem Umfang er störungsbedingt nicht eingesetzte Produktionsmittel anderweitig einsetzen konnte. Anders als im Rahmen von § 642 BGB handelt es sich hierbei im Rahmen eines Schadensersatzanspruchs um einen ggf. anzurechnenden Vorteil, der somit durch den Besteller vorzutragen ist (notfalls mit Nichtwissen gemäß § 138 Abs. 4 ZPO).

190 Haben die Parteien die VOB/B vereinbart wird dem Schadensersatzanspruch für den zeitabhängigen Umsatznachteil, also den entgangenen Gewinn des Unternehmers allerdings in der Regel § 6 Abs. 6 S. 1 VOB/B entgegenstehen, da den Besteller meistens keine grobe Fahrlässigkeit geschweige denn Vorsatz an der Ursache der Störung trifft.

I. Darlegungs- und Beweislast

I. Allgemein

191 Der Unternehmer trägt die Darlegungs- und Beweislast für die Anspruchsvoraussetzung, die nach Auffassung des BGH allein darin besteht, dass der Besteller in Annahmeverzug geraten ist (BGH, Urt. v. 30.01.2020 – VII ZR 33/19, BGHZ 224, 328, Rdn. 39 f). Daneben hat er auch die „Kriterien" darzulegen und zu beweisen, die für die Bestimmung der Höhe der Entschädigung maßgeblich sind, das heißt insbesondere den vergeblichen Vorhalt seiner Produktionsmittel (BGH, Urt. v. 30.01.2020 – VII ZR 33/19, BGHZ 224, 328, Rdn. 58; KG, Urt. v. 29.1.2019 – 21 U 122/18).

192 In Rechtsstreitigkeiten ist die Frage bedeutsam, inwieweit das Gericht durch § 287 ZPO erleichtert Feststellungen treffen kann. § 287 ZPO lockert den Beibringungsgrundsatz bei umstrittener Anspruchshöhe: Das Gericht kann nach seinem Ermessen von der Beweisaufnahme über eine umstrittene Frage absehen und kann die Höhe in freier Überzeugung bestimmen, selbst wenn hierzu offene Beweisantritte vorliegen. Der nicht vollständig aufgeklärte Rechtsstreit muss allerdings eine ausreichende Schätzgrundlage abgeben (BGH, Urt. v. 22.5.1984 – III ZR 18/83, BGHZ 91, 243), die völlig abstrakte Schätzung eines Mindestbetrags ohne konkrete Anhaltspunkte ist nicht möglich (BGH, Urt. v. 8.5.2012 – VI ZR 37/11). Gemäß § 287 Abs. 2 ZPO kommen diese Grundsätze nicht nur bei Schadensersatz zur Anwendung, sondern auch auf Vergütungsansprüche oder den vergütungsähnlichen Entschädigungsanspruch aus § 642 BGB (BGH, Urt. v. 30.01.2020 – VII ZR 33/19, BGHZ 224, 328, Rn. 58). Allerdings erleichtert § 287 ZPO nur die Feststellung der Höhe eines Anspruchs. Der Grund des Anspruchs muss ohne Einschränkungen vom Anspruchsteller dargelegt und bewiesen werden. Dies hat der BGH in der Vergangenheit gerade für störungsbedingte Ansprüche eines Bauunternehmers aus § 6 Abs. 6 VOB/B betont (BGH, Urt. v. 24.2.2005 – VII ZR 141/03, BGHZ 162, 259; Urt. v. 24.2.2005 – VII ZR 225/03). Allerdings ist für den Grund des Anspruchs aus § 642 BGB nur die Frage zu klären, ob der Besteller in Annahmeverzug geraten ist (BGH, Urt. v. 30.01.2020 – VII ZR 33/19, BGHZ 224, 328, Rn. 39). Die Frage, ob und welche Nachteile dem Unternehmer daraus entstanden sind und wie sie monetär zu bewerten sind, gehört nach dem BGH vollständig zur Anspruchshöhe. Damit hat § 287 ZPO im Rahmen von § 642 BGB einen recht weiten Anwendungsbereich. Dies kann es insbesondere erlauben, dem Unternehmer auch in den nur schwer konkret zu beziffernden Verlangsamungsfällen eine Entschädigung zuzusprechen (→ Rdn. 91 ff.), solange sie sich auf konkrete Anhaltspunkte stützt und nicht „in der Luft hängt".

193 In jedem Fall gilt aber: Auch wenn der Annahmeverzug des Bestellers feststeht, muss der Unternehmer den Ablauf des Bauvorhabens so darlegen, dass nachvollziehbar wird, wie ihm hieraus geldwerte Nachteile entstanden ist, wobei diese im Rahmen von § 642 BGB allein in einem verlängerten also unproduktiven Vorhalt von Produktionsmitteln bestehen kann. Dies kann bedeuten, dass der Unternehmer den Annahmeverzug des Bestellers und ihre Auswirkungen „bauablaufbezogen" darlegt (BGH, Urt. v. 24.2.2005 – VII ZR 141/03; Urt. v. 24.2.2005 – VII ZR 225/03; Urt. v. 20.2.1986 – VII ZR 286/84). Die Anforderungen an eine solche Darle-

Mitwirkung des Bestellers **§ 642**

gung dürfen aber nicht überspannt werden. Es genügt, wenn der Unternehmer den Bauablauf soweit darlegt, dass die Entstehung der von ihm geltend gemachten Nachteile und Mehraufwendungen nachvollziehbar wird (BGH, Urt. v. 10.5.2007, VII ZR 288/05, Rdn. 40; KG, Urt. v. 10.1.2017 – 21 U 14/16). Wenn dies geschehen ist, hat er seiner Darlegungslast genüge getan. Eine darüber hinaus gehende Darlegung des Bauablaufs ist dann nicht erforderlich (vgl. KG, Urt. v. 10.1.2017 – 21 U 14/16; KG, Urt. v. 16.2.2018 – 21 U 66/16). Von großer Bedeutung ist hier, ob die anspruchsbegründende Störung zum Stillstand oder nur zur Verlangsamung der Arbeiten geführt hat (→ Rdn. 91 ff.). Demgegenüber stellt die Instanzrechtsprechung unter dem Postulat der „bauablaufbezogenen Darstellung" mitunter überzogene Anforderungen an die Darlegungslast auf, die mit dem Gesetz nicht in Einklang zu bringen sind. So wird mitunter behauptet, der Unternehmer müsse auch darstellen, dass er mit den kalkulierten Mitteln und bei ungestörtem Bauablauf die Bauzeit hätte einhalten können und dass er selbst keine Verzögerungen verursacht habe (vgl. z.B. OLG Köln, Urt. v. 28.1.2014 – 24 U 199/12; Beschluss vom 27.10.2014 – 11 U 70/13; Beschluss vom 8.4.2015 – 17 U 35/14). Das ist nicht zutreffend, da es sich hierbei um klassische Einwendungen des Bestellers handelt, mit denen sich der Unternehmer wie auch sonst im Zivilprozess nicht präventiv bei der Darlegung seines Anspruchs beschäftigen muss (vgl. BGH, Urt. v. 10.5.2007 – VII ZR 288/05, Rdn. 40 ff.; KG, Urt. v. 10.1.2017 – 21 U 14/16)

II. Darlegung und Beweis des Anspruchsgrunds

Eintritt und Dauer des Annahmeverzugs des Bestellers ist nach dem BGH die einzige Voraussetzung des Anspruchs aus § 642 BGB. Hier können das „Mitwirkungs-Soll" und das „Mitwirkungs-Ist" umstritten sein: **194**

Beispiel (Streit um das Mitwirkungs-Soll): Der Unternehmer behauptet, der Besteller habe von ihm den Beginn der Arbeiten am 1. Juni verlangt, an dem dann keine Baufreiheit bestand, der Besteller behauptet, man habe vereinbart, dass die Arbeiten erst am 1. August beginnen sollen. **195**

Beispiel (Streit um das Mitwirkungs-Ist): Der Besteller hätte einen Ausführungsplan am 1. August übergeben müssen. Dies geschieht nicht, er gerät dadurch in Mitwirkungsverzug. Der Besteller behauptet, er habe den Plan sodann am 1. September übergeben, sodass der Mitwirkungsverzug mit diesem Tag endete. Der Unternehmer behauptet, die Übergabe sei erst am 1. Oktober erfolgt, sodass der Verzug noch einen Monat länger dauerte. **196**

Im Beispiel → Rdn. 195 liegt die Darlegungs- und Beweislast beim Unternehmer. Anders ist es, wenn die Parteien wie häufig im Bauvertrag den Baubeginn schriftlich festgehalten haben. Dann trägt die Partei, die die Verschiebung durch nachträgliche Vereinbarung behauptet, hierfür die Beweislast. Im Beispiel → Rdn. 196 dürfte die Beweislast nach allgemeinen Regeln bei der Partei liegen, die sich auf Erfüllung beruft, auch wenn es hier nicht um die Erfüllung einer Pflicht, sondern einer Obliegenheit geht. Damit liegt sie beim Besteller. **197**

Nicht ausgeschöpft wird in der Praxis ist die Möglichkeit, Fortdauer und Beendigung einer Störung (z.B. nicht abgeschlossenes Vorgewerk) auch digital zu dokumentieren, etwa durch aussagekräftige und datierte Bildaufnahmen, die zeigen, dass die Störung fortbesteht oder umgekehrt, dass sie es nicht mehr tut. Solche Bilddateien können durchaus nach der ZPO in einen Rechtsstreit eingeführt werden, sei es zur Inaugenscheinnahme durch das Gericht, notfalls im Rahmen einer Zeugenaussage. **198**

III. Darlegung und Beweis der Entschädigungshöhe

Aus der Rechtsprechung des BGH folgt, dass die Entschädigung aus § 642 BGB streng zeitabhängig ist, nämlich ein Produkt aus Zeitwert A und Vorhaltedauer T, $E = A \times T$ (→ Rdn. 73). Im Prozess geht es somit um Darlegung und Beweis dieser beiden Faktoren. Beide Fragen sind vollständig der Höhenermittlung zuzuordnen, sodass § 287 ZPO zur Anwendung kommt. **199**

1. Darlegung und Beweis des Zeifaktors T

In Rechtsstreitigkeiten sind hier vor allem drei Fragen von Bedeutung: **200**
- Wird das Produktionsmittel unproduktiv vorgehalten, weil der Mitwirkungsverzug zum Stillstand oder nur zur Verlangsamung eines Ablaufs geführt hat?

§ 642

- Hat der Unternehmer eine vertretbare Entscheidung über den Vorhalt getroffen?
- Wird das Produktionsmittel auf der Baustelle oder andernorts vorgehalten?

a) Stillstand von Prozessen

201 Führt der Mitwirkungsverzug dazu, dass die Bauarbeiten insgesamt oder teilweise stillstehen und hält der Unternehmer die für den stillstehenden Prozess benötigten Produktionsmittel auf der Baustelle vor, dann steht damit grundsätzlich die Vorhaltedauer T fest.

Beispiel: Ein Bomben- oder Altlastenfund führt zum Stillstand der Tiefbauarbeiten (Teilprozess), die für diese Teilleistung bereit gehaltenen Maschinen werden damit unproduktiv; soweit der Fund auch zum Stillstand der Bauarbeiten insgesamt führt, werden die für den Gesamtprozess bereitgehaltenen Produktionsmittel (Baustelleneinrichtung, Arbeitskraft der Bauleitung) ebenfalls unproduktiv.

202 Über die in diesem Beispiel aufgeführten Umstände hinaus, muss der Unternehmer zur Darlegung von T nichts vortragen, insbesondere bedarf es keiner weitere „bauablaufbezogenen Darstellung" (KG, Urt. v. 10.1.2017 – 21 U 14/16).

203 Die Vorhaltedauer ist die Dauer, während der der Unternehmer das Produktionsmittel ausschließlich für den Besteller bereithält. Bestreitet sie der Besteller, muss sie der Unternehmer beweisen, wobei er idealerweise auf eine Dokumentation zurückgreifen kann. Die Produktionsmittel müssen nicht zwangsläufig auf der Baustelle vorgehalten worden sein, ein Vorhalt auf dem Betriebshof genügt (→ Rdn. 119).

204 Behauptet der Unternehmer den Vorhalt von Arbeitskräften, dann muss er vortragen und ggf. beweisen, welcher Arbeitnehmer zu welchen Tagen oder Stunden beschäftigungslos war. Es bietet sich die Vorlage einer Tabelle oder von Stundenzetteln an, geeignete Mitarbeiter können als Zeugen benannt werden. Setzt der Unternehmer seine Arbeitnehmer während des Annahmeverzugs auf einer anderen Baustelle ein, hält er sie nicht vor (→ Rdn. 124), auch wenn die Arbeitskraft dort weniger produktiv sein sollte, was im Übrigen kaum darzulegen und zu beweisen ist. Bei einem VOB-Vertrag kommt in Betracht, dass der Unternehmer dem Besteller Stundenzettel über den Vorhalt von Arbeitnehmern gemäß § 15 Abs. 4 VOB/B übergibt, die dann gemäß § 15 Abs. 3 VOB/B als anerkannt gelten können.

205 Macht der Besteller geltend, der Unternehmer habe Produktionsmittel unvertretbar lange auf der gestörten Baustelle vorgehalten, geht es nur um eine rechtliche Bewertung des Sachverhalts durch das Gericht (vgl. → Rdn. 120).

b) Verlangsamung von Prozessen

206 Bei Verlangsamungsfällen sind Darlegung und Beweis von T schwieriger. Denn die Vorhaltedauer kann nicht an der Dauer eines leicht zu erkennenden Stillstands orientiert werden. Hier resultiert er aus der Verlängerung eines Prozesses, der möglicherweise nie stillstand, aber durchgängig oder zumindest phasenweise weniger produktiv war. Wenn die aus der Sphäre des Bestellers stammende Störung die Schwelle zum Mitwirkungsverzug überschreitet, bedarf es in Verlangsamungsfällen (aber nur dort!) tatsächlich einer „bauablaufbezogenen Darlegung". Dieser muss insbesondere entnommen werden können, dass die Verlängerung des Gesamtprozesses auf den Mitwirkungsverzug zurückgeht und nicht vom Unternehmer zu verantworten ist. Dazu muss der Unternehmer das Augenmerk auf die terminkritischen Abläufe legen, also diejenigen Einzelprozesse, die die Gesamtdauer eines Projekts bestimmen, die sich also „ohne Zeitpuffer" aneinander anschließen. Verlängert der Mitwirkungsverzug einen terminkritischen Prozess, dann folgt daraus, dass diejenigen Produktionsmittel, die der Unternehmer für diesen Prozess oder für den Gesamtprozess vorhält, aufgrund des Mitwirkungsverzugs entsprechend länger vorgehalten werden müssen.

207 **Beispiel:** Bei Abrissarbeiten zeigt sich eine unerwartete Asbestkontamination. Die Abrissarbeiten stehen zu keinem Zeitpunkt still, schreiten aber langsamer voran. Anstelle von 8 m^2 Wand können nur 4 m^2 Wand pro Stunde abgerissen werden.

208 Gibt es in diesem Beispiel eine feststehende Gesamtfläche, die abgerissen werden muss, dann steht fest, dass dies nun doppelt so viele Arbeitsstunden in Anspruch nehmen wird. Die erhöhten Arbeitsstunden der Arbeitskräfte selbst könnte der Unternehmer nicht über § 642 BGB geltend machen, da es insoweit nicht um den Vorhalt von Produktionsmitteln geht, durchaus aber die Mittel, die er für den verlängerten Abrissprozess vorhält, etwa Baustellencontainer, Gerüste oder sonstigen Geräte (a. A. wohl OLG Köln, Urt. v. 3.2.2021 – 11 U 136/18, danach

Mitwirkung des Bestellers §642

kann der Unternehmer diese Kosten nur gemäß §2 Abs. 5 VOB/B bzw. §650c BGB beanspruchen). Hier lässt sich im Beispiel → Rdn. 207 eine Verdoppelung der Vorhaltedauer ermitteln.

Im Beispiel → Rdn. 207 steht die verlangsamende Wirkung der Störung fest, nämlich in dem 209 Sinne, dass die Leistungsgeschwindigkeit des Unternehmers halbiert wird. Wenn sie umstritten ist, hat der Unternehmer sie darzulegen und zu beweisen. Da das Gericht aber den Wert für T gemäß §287 ZPO in freier Überzeugung festsetzen kann, genügt es, wenn der Unternehmer Schätzgrundlagen liefert. Hier kommt in Betracht:

Wirkt sich die Störung gleichförmig auf den Arbeitsprozess aus, kann es ausreichen, wenn 210 ihr Effekt einmalig ermittelt und dies dann hochgerechnet wird.

Beispiel: Im Beispiel → Rdn. 207 wird 1 m^2 Wand mit und ohne die Erschwernis abgerissen, die Zeit jeweils ermittelt und verglichen. So kann die Verlangsamung quantifiziert und dann auf Gesamtumfang der erschwerten Arbeitsleistung hochgerechnet werden. Natürlich ist dies nur ein Näherungsverfahren, es kann aber – je nach den Umständen des Einzelfalls – hinreichend konkret sein, um eine Schätzung gemäß §287 ZPO zu ermöglichen. 211

Im Idealfall ermitteln die Parteien die verlangsamende Wirkung einvernehmlich. Ist dies 212 nicht möglich, muss es der Unternehmer alleine tun und sein Ergebnis so dokumentieren, dass es überprüft werden kann, etwa durch einen Sachverständigen, der dann als Zeuge vernommen werden kann. In Betracht kommt auch eine Videodokumentation, die den ungestörten und den gestörten Ablauf jeweils einmal aufzeichnet. In geeigneten Fällen kann hierin sogar ein besonders aussagekräftiges Mittel der Dokumentation liegen. Eine Videodokumentation kann auch im Rahmen der ZPO entweder zur Inaugenscheinnahme durch das Gericht oder im Rahmen einer Zeugenaussage in den Prozess eingeführt werden, insbesondere wenn es wie hier um eine Frage geht, die das Gericht in freier Überzeugung feststellen kann.

Es kann auch sein, dass die Verlangsamung des Bauablaufs nicht wie im Beispiel → Rdn. 211 213 anhand der Auswirkung auf einen einzelnen sich gleichförmig wiederholenden Arbeitsschritt hochgerechnet werden kann.

Beispiel: Der Mitwirkungsverzug besteht darin, dass das Vorgewerk seine Arbeiten noch 214 nicht abgeschlossen hat. Um dem Vorgewerk auszuweichen, muss der Unternehmer deshalb seine Arbeiter mehrfach täglich auf der Baustelle umsetzen. Diese Umsetzungen kosten Zeit, die Arbeiten dauern deshalb länger.

Die Dauer der Umsetzphasen kann hier in zweifacher Weise für die Ermittlung der Vor- 215 haltedauer T relevant sein: Nach der hier vertretenen Auffassung sind die Phasen, in denen ein Unternehmer ein Produktionsmittel umsetzen muss, Phasen, in denen er es unproduktiv vorhält. Die kumulierte Dauer aller Umsetzungen entspricht daher der unproduktiven Vorhalt der Arbeitskräfte. Wertet man gleichzeitige Umsetzungen mehrerer Arbeitskräfte nur einmalig, gibt die Summe dieser gebündelten Umsetzungen die Zeitdauer an, um die der Gesamtprozess wegen der Störung verlängert wurde. Die für ihn vorgehaltenen Produktionsmittel (z. B. Baustellenleitung und -einrichtung) musste um diese Dauer länger vorgehalten werden.

Um eine solche Ermittlung zu ermöglichen, müssen die Umsetzphasen einzeln dokumen- 216 tiert werden. Dazu müssen sie in Stundenzetteln o. Ä. festgehalten werden. Unter der Geltung der VOB/B kommt in Betracht, dass entsprechende Aufstellungen gemäß §15 Abs. 3 und 4 VOB/B als anerkannt gelten. Zudem kommt eine flankierende Dokumentation durch Bild- oder Videoaufnahmen in Betracht, die allerdings zeitlich genau bestimmbar sein müssen, um einen Wert zu haben.

2. Darlegung und Beweis des Wertfaktors A

Die vom BGH „im Ausgangspunkt" geforderte Aufteilung der Vergütung zur Ermittlung 217 des maßgeblichen Vergütungsanteil für das vorgehaltene Produktionsmittel (BGH, Urt. v. 30.01.2020 – VII ZR 33/19, BGHZ 224, 328) geschieht anhand einer Kalkulation. Diese kann der Unternehmer auch nachträglich erstellen. Bleibt der so ermittelte Wertfaktor unstreitig, ist er vom Gericht heranzuziehen. Bestreitet der Besteller das Ergebnis, kann sich der Unternehmer im Prozess nicht darauf zurückziehen, dass es sich aber nun einmal aus seiner Kalkulation so ergebe. Es muss darauf ankommen, welche Kosten dem Unternehmer durch den verlängerten Vorhalt des Produktionsmittels tatsächlich entstehen (→ Rdn. 135). Daraus folgt, dass es auch von vornherein ausreichen muss, wenn der Unternehmer die ihm durch den Mitwirkungsverzug tatsächlich entstandenen Mehrkosten vorträgt (z. B. Mietkosten für Baustelleneinrichtung, vgl. → Rdn. 137).

Retzlaff

§ 643 Kündigung bei unterlassener Mitwirkung

218 Da der Anspruch aus § 642 BGB und der Anspruch auf Mehrvergütung nach Leistungsänderung eng miteinander verwandt sind und sich teilweise überschneiden, ist es aus hiesiger Sicht geboten, die Vermutung des § 650c Abs. 2 S. 2 BGB auch auf den Vergütungsanspruch aus § 642 BGB anzuwenden, sofern der Unternehmer eine Kalkulation hinterlegt hat. Allerdings wird nicht vermutet, dass die vom Unternehmer berechnete Entschädigung insgesamt richtig ist, sondern nur, dass ein aus der Kalkulation entnommener Wertansatz A den tatsächlichen Kosten entspricht (KG, Urt. v. 2.3.2021 – 21 U 1098/20; vgl. § 650c BGB, Rdn. 105 ff.).

219 Der Wertansatz enthält schließlich auch einen Zuschlagsfaktor, der auf die tatsächlichen Kosten des Unternehmers zur Anwendung kommt, jedenfalls wenn die Vergütung auskömmlich war (BGH, Urt. v. 26.10.2017 – VII ZR 16/17, BGHZ 216, 319). Auch dieser Zuschlagsfaktor ist der Kalkulation zu entnehmen. Unter der Voraussetzung von § 650c Abs. 2 S. 2 BGB gilt er als mit der Vergütung unter Ansatz der tatsächlichen Kosten erzielbar. Nicht geklärt ist, ob dem Unternehmer im Rahmen von § 642 BGB auch dann ein Zuschlag zusteht, wenn die Auskömmlichkeit seiner Vergütung nicht feststeht. Bejaht man dies, kann das Gericht den Zuschlagsfaktor im Prozess auch ohne nähere Darlegung analog § 648 S. 3 mit 1,0526 ansetzen (KG, Urt. v. 10.7.2018 – 21 U 30/17), auch ein höherer Wert von 1,1 oder 1,2 kommt gemäß § 287 Abs. 2 ZPO ohne Beweisaufnahme in Betracht.

§ 643 BGB Kündigung bei unterlassener Mitwirkung

Der Unternehmer ist im Falle des § 642 berechtigt, dem Besteller zur Nachholung der Handlung eine angemessene Frist mit der Erklärung zu bestimmen, dass er den Vertrag kündige, wenn die Handlung nicht bis zum Ablauf der Frist vorgenommen werde. Der Vertrag gilt als aufgehoben, wenn nicht die Nachholung bis zum Ablauf der Frist erfolgt.

Übersicht

	Seite
A. Gesetzliches Bauvertragsrecht	639
I. Allgemeines	639
II. Voraussetzungen der Vertragsaufhebung	639
1. Voraussetzungen des § 642 BGB	639
2. Nachfrist mit Kündigungsandrohung	639
a) Einseitige, empfangsbedürftige Willenserklärung	639
b) Aufforderung zur Mitwirkung	639
c) Fristsetzung mit Kündigungsandrohung	640
d) Schriftform	640
III. Rechtsfolgen	640
1. Wirkung der Kündigung	640
2. Ausnahmen	640
3. Ansprüche des Unternehmers	641
a) Anspruchshöhe	641
b) Fälligkeit	642
IV. Abänderung	642
V. Alternatives Vorgehen und Konkurrenzen	642
1. Vergütungsklage nach § 322 Abs. 2 BGB	642
2. Erzwingen einer Bestellerkündigung	642
3. Keine große Kündigungsvergütung allein aufgrund Mitwirkungsverzugs	643
4. Kündigung aus wichtigem Grund durch den Unternehmer	643
5. Anspruch aus § 642 BGB	643
B. Besonderheiten des VOB-Vertrages	643
C. Besonderheiten des Architekten- und Ingenieurvertrages	644

Kündigung bei unterlassener Mitwirkung §643

A. Gesetzliches Bauvertragsrecht

I. Allgemeines

§ 643 BGB gibt dem Unternehmer das Recht, den Vertrag aufzuheben (zu kündigen), wenn **1**
der Besteller die für die Herstellung des Werkes erforderliche Mitwirkung nicht vornimmt.
Wie auch § 642 BGB knüpft § 643 BGB allein an die Unterlassung einer Gläubigerobliegenheit an. Die Vorschrift ist dem Umstand geschuldet, dass der Unternehmer durch die fehlende Mitwirkung des Bestellers erhebliche Nachteile erleiden kann, wenn der Vertrag fortbesteht. Insbesondere kann es zu erheblichen Verzögerungen kommen, die seine gesamte Geschäftsdisposition beeinträchtigen. Der Unternehmer hat zwar einen Anspruch auf Entschädigung nach § 642 BGB. Auch kann er seine Leistung verweigern, wenn der Besteller eine für die Fortsetzung der Leistung erforderliche Mitwirkung nicht oder nicht ordnungsgemäß vornimmt (BGH, Urt. v. 22.10.1999, V ZR 401/98). Er bleibt aber zur Herstellung des Werkes verpflichtet. Der Vertrag befindet sich während der unterlassenen, für die Fortsetzung der Arbeiten erforderlichen Mitwirkung in einem Schwebezustand (BGH, Urt. v. 22.1.2004, VII ZR 183/02 unter Bezug auf BT-Drucks. 12/1836, S. 11). Diesen Schwebezustand kann der Unternehmer beenden, indem er nach § 643 BGB vorgeht und die Aufhebung des Vertrages (Kündigung) herbeiführt. Dadurch erhält er eine Möglichkeit, eine Vergütung zu erlangen, obwohl das Werk nicht abnahmereif hergestellt ist.

Von der Fristsetzung mit der Androhung, vom Vertrag zurückzutreten, muss der Unternehmer mit Bedacht Gebrauch machen, weil – anders als im Anwendungsbereich von § 9 **2**
VOB/B – der Vertrag gemäß § 643 Satz 2 BGB schon nach fruchtlosem Fristablauf ohne gesonderte Kündigungserklärung automatisch als aufgehoben gilt.

Wichtig: Für den Unternehmer ist es in der Regel nicht sinnvoll nach § 643 vorzugehen, weil **3**
er dadurch den Gewinn für seine noch nicht erbrachten Leistungen verliert bzw. sein hierauf gerichteter Anspruch in der Durchsetzung zumindest erheblich erschwert ist (→ Rdn. 28 ff.).

II. Voraussetzungen der Vertragsaufhebung

1. Voraussetzungen des § 642 BGB

Die Voraussetzungen des § 642 BGB müssen vorliegen. Der Besteller muss eine bei der **4**
Herstellung des Werkes erforderliche Mitwirkungshandlung unterlassen und dadurch in Annahmeverzug geraten sein (→ § 642 BGB, Rdn. 14 ff., vgl. OLG Düsseldorf, Urt. v. 14.1.2011, 22 U 198/07 zu einer nicht notwendigen Mitwirkung; OLG Schleswig, Urt. v. 11.3.2011, 5 U 123/08 zur fortgesetzten Bauausführung trotz fehlender Mitwirkung).

2. Nachfrist mit Kündigungsandrohung

Will der Unternehmer sich vom Vertrag lösen, muss er den Besteller zur Vornahme (Nach- **5**
holung) der erforderlichen Mitwirkungshandlung in einer angemessenen Frist auffordern und für den fruchtlosen Fristablauf die Kündigung androhen.

a) Einseitige, empfangsbedürftige Willenserklärung

Die Fristsetzung mit Kündigungsandrohung ist eine Willenserklärung, der nach fruchtlosem **6**
Fristablauf Gestaltungswirkung zukommt, weil danach die beiderseitigen Erfüllungsansprüche erlöschen (BGH, Urt. v. 28.11.2002 – VII ZR 270/01). Es müssen deshalb alle Voraussetzungen einer wirksamen Willenserklärung vorliegen. Wird die Erklärung durch einen Vertreter des Unternehmers abgegeben, ist diese nur wirksam, wenn der Vertreter bevollmächtigt war. Eine ohne Vollmacht abgegebene Erklärung kann der Unternehmer bis zum Fristablauf genehmigen. Eine nach Fristablauf erteilte Genehmigung ist wirkungslos (BGH, Urt. v. 28.11.2002 – VII ZR 270/01; zu weiteren Problemen der Stellvertretung in diesem Zusammenhang Vogel, BauR 2011, 313, 316 f. m. w. N.).

b) Aufforderung zur Mitwirkung

Die Aufforderung zur Mitwirkung muss die erforderliche Mitwirkungshandlung bezeich- **7**
nen. Die Aufforderung muss so präzise sein, dass der Besteller weiß, welche Mitwirkung von ihm verlangt wird (OLG Brandenburg, Urt. v. 17.6.2010 – 12 U 21/10). Dazu kann es aus-

Retzlaff

§ 643

reichen, dass auf vorherige Erklärungen Bezug genommen wird, wie z. B. auf vorangegangene Anmahnungen in Baubesprechungen.

c) Fristsetzung mit Kündigungsandrohung

8   Es handelt sich im Grundsatz um eine Nachfrist. Ausreichend ist aber, wenn mit der Erklärung des Unternehmers gleichzeitig die Voraussetzungen des Annahmeverzugs geschaffen werden. Es genügt deshalb, wenn der Unternehmer dem Besteller ein wörtliches Angebot nach § 295 BGB unterbreitet und damit eine Frist zur Vornahme der Handlung unter Kündigungsandrohung verbindet. Denn es ist ein anerkannter Grundsatz, dass die Mahnung und Fristsetzung mit Ablehnungsandrohung zusammenfallen können (vgl. RG, Urt. v. 11.4.1902 – II 407/01).

9   Die Frist muss angemessen sein. Dem Besteller muss es möglich sein, die erforderliche Mitwirkung nachzuholen (vgl. OLG Karlsruhe, Urt. v. 22.1.2003 – 12 U 141/02). Allerdings kann von ihm erwartet werden, alle ihm zumutbaren Anstrengungen zu unternehmen. Welche konkrete Dauer damit im Ergebnis angemessen ist, ergibt sich aus den Umständen des Einzelfalls.

10 Eine unangemessene Frist führt nicht zur Unwirksamkeit der Fristsetzung mit Kündigungsandrohung. Vielmehr wird nach allgemeinen Regeln eine angemessene Frist in Gang gesetzt. Nach deren Ablauf ist der Vertrag aufgehoben.

11 Die Kündigungsandrohung soll dem Besteller verdeutlichen, dass der Vertrag ohne seine Mitwirkung scheitert. Aus dieser Warnfunktion ergibt sich der notwenige Inhalt der Erklärung des Unternehmers. Es ist zwar nicht erforderlich, dass dazu wörtlich die Kündigung angedroht wird. Dem Besteller muss aber unmissverständlich deutlich werden, dass der Unternehmer das Vertragsverhältnis nur fortsetzen wird, wenn der Besteller fristgerecht handelt (OLG Frankfurt, Urt. v. 3.4.2017 – 29 U 169/16). Erklärt der Unternehmer lediglich, sich eine Kündigung oder „weitere Schritte" vorzubehalten, wird dies den Anforderungen des § 643 BGB daher nicht gerecht (OLG Brandenburg, Urt. v. 17.6.2010 – 12 U 21/10; OLG Frankfurt, Urt. v. 15.12.2000 – 24 U 240/98). Eine Fristsetzung mit Kündigungsandrohung ist entbehrlich, wenn der Besteller die Mitwirkung ernsthaft und endgültig verweigert (BGH, Urt. v. 19.11.1991 – X ZR 28/90; Urt. v. 10.6.1974 – VII ZR 30/73 zu § 9 VOB/B). In diesem Fall kann der Unternehmer durch eine rechtsgestaltende Erklärung den Vertrag aufheben.

d) Schriftform

12 Betrifft die Kündigung gemäß § 643 BGB einen Bauvertrag, muss sie schriftlich erfolgen (§ 650g BGB).

III. Rechtsfolgen

1. Wirkung der Kündigung

13 Ist die Mitwirkung nicht bis zum Ablauf der Frist erfolgt, gilt der Vertrag als aufgehoben. Der Fristablauf hat also die Wirkung einer Kündigung, ohne dass diese noch erklärt werden muss. Die Kündigung wirkt *ex nunc*. Deshalb erfasst sie lediglich den bis zum Fristablauf nicht erbrachten Teil der Leistung. Es gelten die zur Kündigung entwickelten Grundsätze. Mit Fristablauf entfallen die Leistungsverpflichtungen für den bis zur Kündigung noch nicht erbrachten Teil. Der Gegenstand des Werkvertrages beschränkt sich auf das bis zur Kündigung erbrachte Teilwerk (vgl. BGH, Urt. v. 25.3.1993 – X ZR 17/92; Urt. v. 19.12.2002 – VII ZR 103/00). Der Unternehmer schuldet hinsichtlich dieses Teilwerks nicht die Herstellung der Abnahmereife, sodass sein restlicher Vergütungsanspruch sofort fällig ist (vgl. → Rdn. 26).

14 Ist eine Fristsetzung entbehrlich (→ Rdn. 11), gilt der Vertrag als aufgehoben, wenn der Unternehmer erklärt, dass er den Vertrag beendet.

2. Ausnahmen

15 Der Unternehmer kann die Kündigungsandrohung bis zum Fristablauf zurücknehmen. Der Vertrag läuft dann weiter, ohne dass er als aufgehoben gilt, denn es besteht kein Anlass, die gestaltende Wirkung eintreten zu lassen, wenn sie im Zeitpunkt des Fristablaufs nicht mehr gewollt ist (vgl. Staudinger/Peters/Jacoby, BGB, § 643 Rdn. 15; a. A. MünchKomm/Busche, BGB, § 643 Rdn. 5). Deshalb ist es dem Unternehmer auch möglich, die gesetzte Frist vor Ablauf der ursprünglichen Frist zu verlängern (Messerschmidt/Voit/Stickler, BGB, § 643 Rdn. 7). Liegen im Zeitpunkt der Vertragsaufhebung außerdem die Voraussetzungen für eine Kündi-

Kündigung bei unterlassener Mitwirkung § 643

gung des Bauvertrags durch den Unternehmer aus einem anderen Grund vor – etwa aus § 9 VOB/B oder nach § 648 a BGB – so kann der Unternehmer den Vertrag zusätzlich nach dem zweiten Kündigungstatbestand beendigen, was für ihn zu einer günstigeren Vergütungsfolge führen kann (BGH, Urt. v. 22.9.2016 – VII ZR 298/14).

Der Vertrag gilt nach Treu und Glauben nicht als aufgehoben, wenn die Mitwirkungshandlung zwar weiterhin aussteht, die Arbeiten des Unternehmers hierdurch aber nicht wesentlich behindert sind. Denn dann besteht kein Anlass, dem Unternehmer die Möglichkeit der Vertragsaufhebung einzuräumen. 16

Stellt der Unternehmer die Arbeiten nach fruchtlosem Ablauf der Nachfrist nicht ein, erbringt er seine weiteren Leistungen ohne vertragliche Grundlage. Es hängt von den Umständen des Einzelfalles ab, inwieweit diese Leistung von den Parteien als vertragliche Leistung anerkannt wird. Die Parteien sind nicht gehindert, den Vertrag nach Fristablauf neuerlich abzuschließen und fortzusetzen (Vogel, BauR 2011, 313, 314). Das kann auch durch konkludentes Verhalten geschehen. Eine Vertragsfortsetzung können die Parteien dadurch konkludent vereinbaren, dass der Unternehmer die Arbeiten trotz Fristablaufs mit Einverständnis des Bestellers fortsetzt. Will der Unternehmer wegen der weiterhin fehlenden Mitwirkung des Bestellers dann doch vom Vertrag Abstand nehmen, muss er die Vertragsaufhebung erneut mit Fristsetzung androhen. 17

3. Ansprüche des Unternehmers

a) Anspruchshöhe

Nach Aufhebung des Vertrages stehen dem Unternehmer gemäß 645 BGB die folgenden Ansprüche zu: 18

- Vergütung der erbrachten Leistungen (§ 645 Abs. 1 BGB)
- Erstattung seiner bereits getätigten und hierin nicht enthaltenen Auslagen (§ 645 Abs. 1 BGB)
- Ersatz weitergehender Schäden – insbesondere des entgangenen Gewinns – bei Verschulden des Bestellers (§ 645 Abs. 2 BGB).

Diese Rechtsfolge, die keinen Vergütungsanspruch wegen der nicht erbrachten Leistungen umfasst, wird hier als *„kleine" Kündigungsvergütung* bezeichnet. 19

Demgegenüber beläuft sich der Anspruch des Unternehmers wenn der Vertrag wegen einer vom Besteller zu vertretenden Vertragsverletzung vorzeitig beendet wird auf die volle vereinbarte Vergütung abzüglich ersparter Aufwendungen und anderweitigen Erwerbs (BGH, Urt. v. 22.9.2016 – VII ZR 298/14; Urt. v. 27.7.2006 – VII ZR 202/04, Rdn. 40; Urt. v. 24.2.2005 – VII ZR 225/03, Rdn. 14). Dies ergibt sich aus allgemeinen Regeln bzw. § 326 Abs. 2 BGB und dürfte auch durch § 648 a Abs. 4 und 5 BGB nicht modifiziert sein. Diese Rechtsfolge, die auch nach der Bestellerkündigung gemäß § 648 BGB eintritt, wird hier als *„große" Kündigungsvergütung* bezeichnet. 20

Zwischen kleiner und großer Kündigungsvergütung gibt es hinsichtlich der Vergütung für nicht erbrachte Leistungen bedeutsame Unterschiede (vgl. hierzu KG, Urt. v. 10.1.2017 – 21 U 14/16): 21

Bei der *kleinen Kündigungsvergütung* wird der dem Unternehmer hierfür entgangene Gewinn nur bei einem Verschulden des Bestellers gezahlt (§ 645 Abs. 2 BGB). Bei der *großen Kündigungsvergütung* besteht dieser Anspruch hingegen verschuldensunabhängig, da weiterhin die gesamte Vergütung geschuldet und die ersparten Aufwendungen lediglich abzuziehen sind. Dieser Unterschied ist gerade beim Mitwirkungsverzug des Bestellers von Bedeutung, da diesen nach der Rechtsprechung des BGH in der Regel hieran kein Verschulden trifft (BGH, Urt. v. 21.10.1999 – VII ZR 185/98; KG, Urt. v. 10.1.2017 – 21 U 14/16). 22

Der zweite Unterschied liegt in der *Beweislast*: Bei der kleinen Kündigungsvergütung muss der Unternehmer die Höhe des Gewinns darlegen und beweisen, der ihm für seine nicht erbrachten Leistungen entgangenen ist. Bei der großen Kündigungsvergütung trifft diese Beweislast den Besteller, wobei hier der Streit nicht über den Gewinn, sondern die korrespondierende Größe, nämlich die von der Vergütung abzuziehenden ersparten Aufwendungen geführt wird: Nach deren Erstdarlegung durch den Unternehmer trifft den Besteller die weitere Darlegungs- und Beweislast im Höhenstreit (BGH, Urt. v. 21.12.2000 – VII ZR 467/99; Urt. v. 21.12.1995 – VII ZR 198/94). 23

24 Für den Unternehmer ist es daher vorteilhaft, nicht nach § 643 BGB, sondern nach anderen Vorschriften vorzugehen (→ Rdn. 28).

25 Bei der Bemessung der Vergütung des Unternehmers kann diesem nach der obergerichtlichen Rechtsprechung (OLG Hamm, Urt. v. 21.2.2002 – 21 U 23/01) gegebenenfalls ein Mitverschulden (§ 254 BGB) angelastet werden, etwa wenn er Kenntnis von der fehlenden Baugenehmigung besaß und dennoch mit der Bauausführung begonnen hat und somit „sehenden Auges" das Risiko der vorzeitigen Beendigung der Baumaßnahme eingegangen ist.

b) Fälligkeit

26 Mit der Vertragsaufhebung ist die restliche Vergütung fällig. Anders als bei einer Kündigung durch den Besteller, bei der sich dieser in der Regel das Recht vorbehält, weiter die Abnahmereife der nicht gekündigten Leistungen beanspruchen zu können (BGH, Urt. v. 11.5.2006 – VII ZR 146/04), entfallen solche Erfüllungsansprüche des Bestellers bei einer Vertragsbeendigung durch den Unternehmer, da der die Vertragsbeendigung herbeiführende Unternehmer dies im Zweifel so will (vgl. Retzlaff, BauR 2016, 733).

IV. Abänderung

27 Ein individualvertraglicher Ausschluss des Kündigungsrechts nach § 643 BGB ist wirksam. Eine entsprechende Vertragsklausel in Allgemeinen Geschäftsbedingungen des Bestellers begegnet dagegen erheblichen Bedenken. Eine Gestaltung, bei der der Unternehmer den Schwebezustand des Annahmeverzugs nicht durch eine Kündigung beenden kann, würde ihn unangemessen benachteiligen. Das wäre etwa in Allgemeinen Geschäftsbedingungen eines Architektenvertrages der Fall, der vom Architekten nur aus wichtigem Grund gekündigt werden dürfte (Messerschmidt/Voit-Stickler, § 643 BGB Rdn. 30; Staudinger/Peters/Jacoby, BGB, § 643 Rdn. 24; a. A. MünchKomm/Busche, BGB, § 643 Rdn. 9; PWW/Leupertz/Halfmeier, BGB, § 643 Rdn. 1).

V. Alternatives Vorgehen und Konkurrenzen

1. Vergütungsklage nach § 322 Abs. 2 BGB

28 Befindet sich der Besteller in Annahmeverzug kann der Unternehmer, anstelle den Vertrag nach § 643 BGB zu kündigen, gemäß § 322 Abs. 2 BGB auf die volle Vergütung nach Empfang der Gegenleistung klagen und zugleich den Annahmeverzug des Bestellers feststellen lassen (§§ 322 Abs. 2, 274 BGB, BGH, Urt. v. 13.12.2001 – VII ZR 27/00; Urt. v. 28.5.2020 – VII ZR 108/19; KG, Urt. v. 10.1.2017 – 21 U 14/16). Aus diesem Urteil kann der Unternehmer schon vor Weiterführung und Abschluss seiner Arbeiten die gesamte Vergütung vollstrecken. Der Unternehmer kann das Vorleistungsverhältnis im Werkvertrag bei Annahmeverzug des Bestellers also faktisch umkehren. Mitunter kann die Klage nach § 322 Abs. 2 BGB sogar im *Urkundenprozess* geführt werden. Sollte der Annahmeverzug während des Verfahrens entfallen, kann der Unternehmer für erledigt erklären, was das Kostenrisiko einer solchen Klage verringert. Daher ist diese Vorgehensweise in der Regel für den Unternehmer deutlich attraktiver, solange es ihn nicht stört, seinerseits zur Leistung verpflichtet zu bleiben.

2. Erzwingen einer Bestellerkündigung

29 Der Besteller wird diese Konsequenzen fürchten. Daher wird er im Regelfall spätestens als Reaktion auf eine Klage aus § 322 Abs. 2 BGB den Mitwirkungsverzug beenden bzw. wenn dies nicht möglich ist, den Vertrag seinerseits kündigen. Da er sich dabei im Regelfall nicht auf einen wichtigen Grund beziehen kann, handelt es sich um eine freie Kündigung nach § 648 BGB. Im Endergebnis kann der Unternehmer über ein Vorgehen aus § 322 Abs. 2 BGB also die Bestellerkündigung nach § 648 BGB und damit anstelle der kleinen Kündigungsvergütung die große Kündigungsvergütung erzwingen (KG, Urt. v. 10.1.2017 – 21 U 14/16).

30 Anders kann es sein, wenn der Vertrag den VOB/B unterstellt ist: Dann kann sich der Besteller möglicherweise auf den Kündigungstatbestand des § 6 Abs. 7 VOB/B beziehen, was wiederum zur kleinen Kündigungsvergütung führt (→ Rdn. 35 f).

Kündigung bei unterlassener Mitwirkung §643

3. Keine große Kündigungsvergütung allein aufgrund Mitwirkungsverzugs

Der bloße Mitwirkungsverzug des Bestellers vermag ohne Kündigungserklärung den Anspruch auf die große Kündigungsvergütung nicht zu begründen: Auch wenn der Besteller dem Unternehmer den Mitwirkungsverzug und seine voraussichtliche Dauer kommuniziert, liegt hierin keine freie Kündigung des Bauvertrags, solange der Besteller nicht zum Ausdruck bringt, den Vertrag wegen des Verzugs abschließend beenden zu wollen (OLG Brandenburg, Urt. v. 22.12.2015 – 12 U 152/14, Busche in: Münchener Kommentar zum BGB, §642 BGB, Rz. 19). Der Mitwirkungsverzug führt auch nicht deshalb zur großen Kündigungsvergütung, weil der Besteller dem Unternehmer seine Leistung hierdurch unmöglich macht (vgl. §326 Abs. 2 S. 2 BGB, der inhaltsgleich mit dem Anspruch aus §648 BGB ist). Durch den Annahmeverzug werden die Bauleistungen nur zeitlich verschoben. Da ein Bauvertrag – anders als ein Arbeitsvertrag – kein absolutes Fixgeschäft ist, tritt hierdurch keine Unmöglichkeit ein, sondern allenfalls Verzug, nach der Rechtsprechung des BGH nicht einmal das (Urt. v. 21.10.1999 – VII ZR 185/98; BGH, Urt. v. 26.10.2017 – VII ZR 16/17, BGHZ 216, 319). Auch aus dem Urteil des BGH vom 8.11.2007 (VII ZR 183/05, Rz. 35 ff.) folgt nichts Abweichendes. Dort war der Besteller nicht vorübergehend in Mitwirkungsverzug, sondern hatte eine bestimmte Form der Mitwirkung endgültig verweigert (vgl. BGH, Urt. v. 8.11.2007 – VII ZR 183/05, Rdn. 37). Das ist der entscheidende Unterschied zu dem hier interessierenden Fall des Mitwirkungsverzugs (vgl. KG, Urt. v. 10.1.2017 – 21 U 14/16). Die endgültige Mitwirkungsverweigerung steht einer Kündigung gleich und rechtfertigt in der Tat die große Kündigungsvergütung beim Unternehmer, beim vorübergehenden Mitwirkungsverzug ist das anders (a. A. noch die Vorauflage, Rdn. 26). 31

4. Kündigung aus wichtigem Grund durch den Unternehmer

Wenn dem Unternehmer die Fortsetzung des Bauvertrags wegen des Mitwirkungsverzugs des Bestellers unter Berücksichtigung aller Umstände des Einzelfalles und unter Abwägung der beiderseitigen Interessen nicht zumutbar, so kann der den Vertrag aus wichtigem Grund kündigen (§648a Abs. 1 BGB). Ein solcher Kündigungsgrund ist anzunehmen, wenn durch vertragswidriges Verhalten des Bestellers das Vertrauensverhältnis nachhaltig gestört oder die Erreichung des Vertragszwecks gefährdet ist (BGH, Urt. v. 30.6.1983 – VII ZR 293/82; Urt. v. 15.11.1962 – VII ZR 113/61). Wann der Mitwirkungsverzug des Bestellers einen solchen Kündigungsgrund abgibt, ist ungeklärt. Für Zurückhaltung in diesem Punkt spricht, dass der Mitwirkungsverzug im Regelfall nicht einmal eine Pflicht-, sondern nur eine Obliegenheitsverletzung des Bestellers ist (BGH, Urt. v. 21.10.1999 – VII ZR 185/98, Rdn. 11). → §642 BGB, Rdn. 11). Die Frage kann aber wohl auf sich beruhen: Denn nach §648a Abs. 4 und 5 BGB führt die Kündigung aus wichtigem Grund beim Unternehmer nur zur kleinen Kündigungsvergütung, genau genommen wird in §648a Abs. 4 anders als in §645 Abs. 1 BGB nicht einmal der Aufwendungsersatz explizit erwähnt. Die große Kündigungsvergütung steht dem Unternehmer auch bei seiner Kündigung aus wichtigem Grund nur in dem Sonderfall zu, dass der Vertrag wegen einer vom Besteller zu vertretenden Pflichtverletzung vorzeitig beendet wird (BGH, Urt. v. 22.9.2016 – VII ZR 298/14; Urt. v. 27.7.2006 – VII ZR 202/04, Rdn. 40; Urt. v. 24.2.2005 – VII ZR 225/03, Rdn. 14). Der reine Mitwirkungsverzug des Bestellers ist im Zweifel aber eine bloße Obliegenheitsverletzung und keine zu vertretende Pflichtverletzung, sodass selbst wenn er als wichtiger Kündigungsgrund gemäß §648a BGB n. F. anzusehen wäre, dies nicht zur großen Kündigungsvergütung beim Unternehmer führte. 32

5. Anspruch aus §642 BGB

Neben dem Anspruch auf seine Vergütung – in der Regel in Gestalt von kleiner oder großer Kündigungsvergütung– steht dem Unternehmer der Anspruch aus §642 BGB zu (BGH, Urt. v. 26.10.2017 – VII ZR 16/17, Rdn. 30; Urt. v. 13.5.2004 – VII ZR 363/02). 33

B. Besonderheiten des VOB-Vertrages

Gelten die VOB/B, wird die Kündigung nach §643 BGB durch §9 Abs. 1 Nr. 1 VOB/B modifiziert. Damit tritt die Beendigung des Vertrages nun nicht mehr automatisch mit Fristablauf ein, sondern erst, wenn der Vertrag nach Ablauf der Nachfrist gekündigt wird (§9 Abs. 2 34

VOB/B). Die Vergütungsfolge der Kündigung nach §9 VOB/B ist allerdings dieselbe wie nach dem BGB, nämlich grundsätzlich die kleine Kündigungsvergütung (§9 Abs. 3 VOB/B).

35 Allerdings können nach der VOB/B beide Vertragsparteien den Vertrag gemäß §6 Abs. 7 VOB/B kündigen, wenn eine Unterbrechung länger als drei Monate dauert. Dies führt zu einer Vergütung nach §6 Abs. 5 und 6 VOB/B, die der kleinen Kündigungsvergütung des BGB entspricht mit der Ausnahme, dass der Schadensersatzanspruch des Unternehmers auf entgangenen Gewinn nur bei Vorsatz und grober Fahrlässigkeit gegeben ist (§6 Abs. 6 Nr. 1 VOB/B, vgl. KG, Urt. v. 10.1.2017 – 21 U 14/16). §6 Abs. 7 VOB/B ist auch dann anwendbar, wenn ein Auftragnehmer vor der Unterbrechung der Bauausführung mit seiner Arbeit auf der Baustelle noch nicht begonnen hat. Die Kündigung nach §6 Abs. 7 VOB/B kann vor Ablauf der Dreimonatsfrist erklärt werden, wenn mit Sicherheit feststeht, dass die Unterbrechung länger als drei Monate dauern wird. Die Kündigung nach §6 Abs. 7 VOB/B kann auch die Vertragspartei erklären, aus deren Risikobereich die Ursache für die Unterbrechung der Bauausführung herrührt oder die diese zu vertreten hat, sofern ihr ein Festhalten an dem Vertrag nicht zumutbar ist (BGH, Urt. v. 13.5.2004 – VII ZR 363/02; Urt. v. 20.10.2005 – VII ZR 190/02; OLG Brandenburg, Urt. v. 28.6.2018 – 12 U 68/17). Daran fehlt es aber, wenn die kündigende Vertragspartei bei Vertragsschluss von dem drohenden Eintritt der Unterbrechung Kenntnis hat oder sie ohne weiteres in der Lage ist, die Unterbrechung zu verhindern oder zu beenden (BGH, Urt. v. 13.5.2004 – VII ZR 363/02). Sofern der Auftragnehmer den Kündigungsgrund zu vertreten hat, dürfte es nicht gerechtfertigt sein, ihm die Vergütung nach §6 Abs. 5 VOB/B zuzubilligen. Vielmehr hat er nur Anspruch auf Vergütung der erbrachten Leistung. Zur Berechnung der Dreimonatsfrist vgl. OLG Jena, Urt. v. 27.6.2019 – 8 U 874/18.

36 §6 Abs. 7 VOB/B hält der AGB-Kontrolle auch dann stand, wenn die VOB/B nicht unmodifiziert in den Vertrag einbezogen sind (KG, Urt. v. 10.1.2017 – 21 U 14/16, tendenziell anders OLG Karlsruhe, Urt. v. 21.10.1993 – 8 U 40/93).

37 Auch neben dem Anspruch des Unternehmer auf Kündigungsvergütung nach §9 Abs. 3 bzw. §6 Abs. 5 VOB/B steht diesem der Anspruch aus §642 BGB zu (BGH, Urt. v. 13.5.2004 – VII ZR 363/02).

C. Besonderheiten des Architekten- und Ingenieurvertrages

38 Unterlässt der Besteller gegenüber dem Architekt oder dem Ingenieur erforderliche Mitwirkungshandlungen, so kann der Planer gegenüber dem Besteller ebenfalls nach §643 BGB vorgehen und eine Frist zur Nachholung der Handlung mit Kündigungsandrohung setzen (OLG Düsseldorf, Urt. v. 27.2.1997 – 5 U 65/96). Bestellerobliegenheiten i. S. v. §642 BGB können etwa ausstehende Bauherrenentscheidungen sein, die für eine Fortführung der Planung oder Vergabe erforderlich sind (→ §642 BGB Rdn. 133 ff.; Vogel, BauR 2011, 313, 326 f. m. w. N.).

§644 BGB Gefahrtragung

(1) **Der Unternehmer trägt die Gefahr bis zur Abnahme des Werkes. Kommt der Besteller in Verzug der Annahme, so geht die Gefahr auf ihn über. Für den zufälligen Untergang und eine zufällige Verschlechterung des von dem Besteller gelieferten Stoffes ist der Unternehmer nicht verantwortlich.**

(2) **Versendet der Unternehmer das Werk auf Verlangen des Bestellers nach einem anderen Ort als dem Erfüllungsort, so findet die für den Kauf geltende Vorschrift des §447 entsprechende Anwendung.**

Übersicht

	Seite
A. Gesetzliches Bauvertragsrecht	645
I. Allgemeines	645
II. Leistungsgefahr	645
1. Vor der Abnahme	645
2. Nach der Abnahme	647
III. Vergütungsgefahr beim Unternehmer vor der Abnahme	647

Gefahrtragung **§ 644**

    1. Entfallene Leistungspflicht des Unternehmers 647
    2. Fortbestehende Leistungspflicht des Unternehmers 647
 IV. Sachgefahr: Stoff des Bestellers 648
  V. Verantwortlichkeit Dritter 648
 VI. Übergang der Vergütungsgefahr 649
    1. Abnahme 649
    2. Annahmeverzug des Bestellers 649
       a) Verzug der Annahme wegen unterlassener Abnahme der fertig gestellten Leistung . 649
       b) Verzug der Annahme wegen unterlassener Mitwirkung während der Baudurchführung 649
    3. Versendung 650
B. Besonderheiten des VOB/B-Vertrages 650

A. Gesetzliches Bauvertragsrecht

I. Allgemeines

§§ 644, 645 BGB regeln die Gefahrtragung. Unter Gefahr werden solche Störungen der **1** Vertragsabwicklung verstanden, die von keiner Partei zu vertreten sind. Von §§ 644 und 645 BGB werden nur solche Leistungsstörungen erfasst, die auf „Zufall" beruhen (vgl. Staudinger/Peters/Jacoby, BGB, § 644 Rdn. 1).

Im Anwendungsbereich der §§ 644 ff. BGB kommt es grundsätzlich nicht darauf an, ob **2** eine der Parteien Vertragspflichten verletzt hat. Eine besondere Risikozuordnung enthält § 645 BGB, ohne dass es dort auf ein Vertretenmüssen im Sinne des § 276 BGB ankommt (vgl. aber auch die negative Abgrenzung in § 645 Abs. 1 BGB). Ist die Leistungsstörung auf die Verletzung von Vertragspflichten zurückzuführen, gelten die allgemeinen Regelungen des Leistungsstörungsrechts (§§ 275 ff., §§ 323 ff. BGB). Unberührt bleiben auch die Regelungen des Gewährleistungsrechts (§§ 633 ff. BGB).

Für den Gefahrübergang wird zwischen der Leistungsgefahr und der Vergütungsgefahr **3** unterschieden. Die Leistungsgefahr beschreibt das Risiko, dass der Unternehmer trotz der Leistungsstörung zur (Neu-)Herstellung des Werks verpflichtet bleibt (→ Rdn. 5 f.). Die Vergütungsgefahr fragt danach, ob der Unternehmer eine Vergütung für die vergeblich erbrachte Leistung beanspruchen kann (→ Rdn. 13 f.). Die Leistungsgefahr regelt sich nach den allgemeinen Vorschriften der §§ 631, 633 Abs. 1 BGB; die §§ 644, 645 BGB enthalten hierzu keine unmittelbare Aussage (Bamberger/Roth-Voit, § 644 BGB Rdn. 3). Für die Vergütungsgefahr ist zwar ebenfalls auf die allgemeinen Vorschriften abzustellen, sie werden aber durch die §§ 644, 645 BGB modifiziert; in ihrem Anwendungsbereich gehen die §§ 644, 645 BGB den §§ 320 ff., 326 BGB als lex specialis vor (BGH, Urt. v. 21.8.1997 – VII ZR 17/96). Daneben wird in § 644 Abs. 1 Satz 3 BGB das Risiko des zufälligen Verlusts von Baumaterialien, also die Sachgefahr geregelt (→ Rdn. 18).

§ 644 BGB wird durch die Neuregelung in § 650g Abs. 1 bis Abs. 3 BGB leicht modifiziert **4** und im Ergebnis u. U. abgeschwächt (→ § 650g BGB Rdn. 3, 20).

II. Leistungsgefahr

1. Vor der Abnahme

Der Unternehmer hat sich mit Abschluss des Werkvertrags verpflichtet, das Werk mangelfrei **5** herzustellen (§§ 631, 633 Abs. 1 BGB). Diese Herstellungspflicht ist mit der Abnahme der Leistung erfüllt. Bis zur Abnahme trägt der Unternehmer im Grundsatz das Risiko, dass das von ihm erstellte Werk ganz oder teilweise beschädigt, unbrauchbar, gestohlen oder ganz vernichtet wird, ohne dass dies eine Partei zu vertreten hat (OLG Saarbrücken, Urt. v. 3.12.2014 – 1 U 49/14). Ist das der Fall, bleibt die Leistungspflicht des Unternehmers grundsätzlich unberührt. Der Unternehmer muss die notwendigen Leistungen erbringen, um das Werk mangelfrei herzustellen. Das kann je nach Ausmaß der Beeinträchtigung bedeuten, dass das Werk ganz oder teilweise neu herzustellen ist. Eine gesonderte Vergütung kann der Unternehmer hierfür grundsätzlich nicht verlangen, da die „kostenlose Wiederholungsleistung" bereits kraft Gesetzes geschuldet wird (vgl. BGH, Urt. v. 26.4.2005 – X ZR 166/04). Anders ist dies nur dann, wenn unklar ist, ob die Voraussetzungen von §644 Abs.1 Satz 1 BGB vorliegen, und der Besteller im Rahmen der Nachtragsbeauftragung das Risiko einer Fehlbeurteilung übernimmt (BGH, Urt. v. 8.3.2012 – VII ZR 177/11 Rdn.19).

6 Der Gefahrübergang erfolgt gemäß §644 Abs.1 Satz 1 BGB mit der Abnahme. Zum Teil wird darauf hingewiesen, dass die Gefahr beim Kauf gemäß §446 Satz 1 BGB ohne weitere Voraussetzung bei der Übergabe der Kaufsache übergeht. Wird das Werk noch vor Abnahme übergeben, steht der Unternehmer aber schlechter als der Verkäufer (Staudinger/Peters/Jacoby, BGB, §644 Rdn.2; MünchKomm/Busche, BGB, §644 Rdn.3). Der Gesetzgeber hat die Kritik nicht aufgegriffen. Das gesetzliche Werkvertragsrecht geht bei der Gefahrtragung vom Regelfall aus, also davon, dass die Übergabe mit der Abnahme erfolgt. Sofern der Besitz dem Besteller deshalb vor der Abnahme eingeräumt wird, weil es an der Abnahmereife fehlt und Verzugsschäden vermieden werden sollen, ist das weniger das Ergebnis der gesetzlichen Regelung des Gefahrübergangs, als mehr der Vertragsuntreue des Unternehmers. Der Unternehmer ist durch §644 Abs.1 Satz 2 BGB geschützt. Im Übrigen kann der Unternehmer nach §640 Abs.2 BGB vorgehen.

7 Nach allgemeinen schuldrechtlichen Grundsätzen gelten Besonderheiten, wenn der Unternehmer nach §275 Abs.1 bis 3 BGB von der Leistung frei wird. In aller Regel führt die Beschädigung bis hin zum Untergang einer Bauleistung nicht zur Unmöglichkeit im Sinne des §275 Abs.1 BGB. Auch die Fälle des §275 Abs.2 und 3 BGB sind Ausnahmefälle von geringer praktischer Bedeutung (vgl. → §635 BGB Rdn.43ff.).

8 Ungeklärt ist die Frage, inwieweit §645 BGB die Leistungsgefahr regelt. Soweit das Werk unausführbar geworden ist, liegt ein Fall der Unmöglichkeit vor. Der Unternehmer wird von der Leistungspflicht frei. Er ist dann grundsätzlich auch nicht verpflichtet, ein anderes Werk ohne neuen Auftrag zu errichten (vgl. dazu BGH, Urt. v. 16.12.2004 – VII ZR 16/03). Der Unternehmer wird in den Grenzen des §275 Abs.2 BGB und des Wegfalls der Geschäftsgrundlage (§314 BGB) nicht von seiner Leistungsverpflichtung befreit, wenn die Neuherstellung unverhältnismäßige Aufwendungen erfordert. §635 Abs.3 BGB ist mangels Regelungslücke und Vergleichbarkeit nicht analog anwendbar (zutreffend Bamberger/Roth-Voit, §644 BGB Rdn.7). §645 BGB regelt ansonsten nur die Vergütungsgefahr. Der Unternehmer erhält unter den Voraussetzungen des §645 Abs.1 BGB eine Vergütung, obwohl er das Werk nicht mangelfrei hergestellt hat. Damit ist nichts dazu gesagt, ob er zur Herstellung verpflichtet bleibt. Die Rechtsprechung scheint davon auszugehen, dass die Leistungspflicht entfällt, so dass mit §645 BGB der Anspruch des Unternehmers so geregelt ist, als wäre das Vertragsverhältnis auf die bis zur Beschädigung erbrachten Leistungen beschränkt. Darauf deuten Bemerkungen hin, wonach der Unternehmer (nur) die erbrachte und untergegangene Werkleistung bezahlt bekommt und der Besteller den darüber hinausgehenden Teil der vereinbarten Vergütung nicht zu entrichten braucht (BGH, Urt. v. 16.10.1997 – VII ZR 64/96; offen nach Urt. v. 6.11.1980 – VII ZR 47/80). Diesen Urteilen lagen jedoch Fälle zugrunde, in denen es nicht um die Frage ging, ob die Leistung noch erbracht werden muss. Einer Rechtsprechung, die dem Besteller den Leistungsanspruch versagt, wenn ein Fall des §645 Abs.1 BGB vorliegt, wäre auch nicht uneingeschränkt zuzustimmen. §645 Abs.1 BGB enthält keine Regelung, nach der der Vertrag beendet ist, wenn das Werk vor der Abnahme infolge eines Mangels des von dem Besteller gelieferten Stoffes oder infolge einer von dem Besteller für die Ausführung erteilten Anweisung untergegangen oder verschlechtert wird. Es muss grundsätzlich auch in diesen Fällen bei der Leistungspflicht bleiben. Gerade beim Bauvertrag sind zahlreiche Varianten denkbar, in denen trotz Untergangs oder Verschlechterung des Werks der Besteller das Interesse an der Vertragserfüllung nicht verloren hat. Es besteht kein Anlass, den Unternehmer aus der Leistungspflicht zu entlassen (ähnlich Staudinger/Peters/Jacoby, BGB, §645 Rdn.23). Ob dem Unternehmer ein außerordentliches Kündigungsrecht zusteht oder er den Vertrag nach §643 BGB aufheben kann, hängt vom Einzelfall ab. Vergleichbares gilt, wenn das Werk nur so hergestellt werden kann, dass es den vertraglichen Anforderungen nicht genügt (Bamberger/Roth-Voit, §644 BGB Rdn.6).

9 Besteht die Leistungspflicht fort, kann der Unternehmer nach der Abnahme die vertraglich vereinbarte Vergütung verlangen. §645 Abs.1 BGB spielt insoweit keine Rolle. Diese Regelung betrifft vielmehr die Bezahlung der beschädigten oder untergegangenen Leistung. Sie ist in den Fällen, in denen die Leistung letztlich mangelfrei erbracht wird, dahin auszulegen, dass der Unternehmer die Mehrkosten zu vergüten hat, die dadurch entstehen, dass er Teile der Leistung wiederholen musste. Der Anspruch ist aus der vertraglich vereinbarten Vergütung herzuleiten. Die davon abweichende Ansicht des OLG Naumburg (Urt. v. 30.11.2000 – 2 U

104/00) ist abzulehnen. Sie führt zu dem widersinnigen Ergebnis, dass der Unternehmer die unbrauchbare Leistung vergütet bekommt, wenn der Vertrag beendet wird, jedoch nicht, wenn der Vertrag fortgeführt wird. Die Interessenlage ist jedoch in beiden Fällen gleich.

Ähnliches gilt für den Annahmeverzug. Wird die Leistung im Annahmeverzug des Bestellers unmöglich, wird der Unternehmer von der Leistungspflicht frei. Wird die Leistung lediglich beschädigt oder ist sie wiederholbar, besteht kein Grund, den Unternehmer grundsätzlich aus der Leistungspflicht zu entlassen. Allerdings geht die Vergütungsgefahr über (§ 644 Abs. 1 Satz 2 BGB). § 645 Abs. 1 BGB ist in diesem Fall im erläuterten Sinne anwendbar. 10

2. Nach der Abnahme

Nach der Abnahme trägt der Besteller die Leistungsgefahr. Da der Vertrag erfüllt ist, kann der Besteller keine Nacherfüllung verlangen, wenn das Werk nach der Abnahme zufällig untergeht oder zufällig beschädigt oder verschlechtert wird. 11

Mängelhaftungsansprüche sind grundsätzlich verschuldensunabhängig, so dass eine Konkurrenz zu den Regelungen über die Leistungsgefahr besteht. Das Mängelhaftungsrecht geht vor. Voraussetzung dieses Vorrangs ist, dass die Verschlechterung bzw. der Untergang des Werkes auf einen Mangel zurückzuführen ist. 12

III. Vergütungsgefahr beim Unternehmer vor der Abnahme

1. Entfallene Leistungspflicht des Unternehmers

Ist die Leistungspflicht nach § 275 Abs. 1 bis 3 BGB entfallen, entfällt nach den allgemeinen Vorschriften auch der Anspruch auf die Vergütung, wenn die Unmöglichkeit von keiner Partei zu vertreten ist (§ 326 Abs. 1 BGB). Bei einer Teilunmöglichkeit wird die Vergütung nach § 326 Abs. 1 Satz 1 BGB in entsprechender Anwendung von § 441 Abs. 3 BGB gemindert (BGH, Urt. v. 17.7.2007 – X ZR 31/06; Urt. v. 14.1.2010 – VII ZR 106/08). 13

Etwas anderes gilt nach der Sonderregelung des § 645 Abs. 1 BGB, wenn die der Unmöglichkeit gleichstehende, vor der Abnahme eingetretene Unausführbarkeit der Leistung (BGH, Urt. v. 11.3.1982 – VII ZR 357/80) auf einen vom Besteller gelieferten Stoff oder auf eine vom Besteller erteilte Anweisung zurückzuführen ist, ohne dass ein Umstand mitgewirkt hat, den der Unternehmer zu vertreten hat. In diesem Fall hat der Unternehmer einen Anspruch auf Vergütung nach Maßgabe des § 645 Abs. 1 BGB. 14

Hat der Besteller die Unmöglichkeit im Sinne des § 275 Abs. 1 bis 3 BGB allein oder weit überwiegend zu vertreten, besteht seine Vergütungspflicht unter Abzug der ersparten Aufwendungen usw. fort (§ 326 Abs. 2 BGB). Gleiches gilt, wenn die Unmöglichkeit in einem Zeitpunkt eintritt, in dem sich der Besteller im Annahmeverzug befindet (vgl. dazu unten → Rdn. 28). 15

2. Fortbestehende Leistungspflicht des Unternehmers

Besteht die Leistungspflicht fort, trägt der Unternehmer die Vergütungsgefahr nach § 644 Abs. 1 BGB grundsätzlich bis zur Abnahme, wenn das von ihm bereits ganz oder teilweise erstellte Werk durch Zufall untergeht oder verschlechtert wird (BGH, Urt. v. 6.11.1980 – VII ZR 47/80). Der Unternehmer kann die vereinbarte Vergütung grundsätzlich nur verlangen, wenn das Werk abgenommen ist oder der Besteller mit der Abnahme in Annahmeverzug ist. Auch soweit das Werk nicht unausführbar wird, bildet § 645 BGB einen Ausnahmetatbestand. Danach kann der Unternehmer eine Vergütung nach § 645 Abs. 1 BGB für die vor der Verschlechterung oder dem Untergang erbrachte Leistung verlangen, wenn das Werk vor der Abnahme infolge eines Mangels des von dem Besteller gelieferten Stoffes oder infolge einer von dem Besteller für die Ausführung erteilten Anweisung untergegangen oder verschlechtert worden ist, ohne dass ein Umstand mitgewirkt hat, den der Unternehmer zu vertreten hat. 16

Hat der Unternehmer für erbrachte, vertragsgemäße Leistungen Abschlagszahlungen erhalten, können diese zurück verlangt werden, wenn infolge der Beschädigung oder des Unterganges der Leistungsstand nicht mehr erreicht ist (Staudinger/Peters/Jacoby, BGB, § 644 Rdn. 21). 17

IV. Sachgefahr: Stoff des Bestellers

18 § 644 Abs. 1 Satz 3 BGB regelt einen besonderen Tatbestand, die sogenannte Sachgefahr. Danach ist der Unternehmer für den zufälligen Untergang und eine zufällige Verschlechterung des von dem Besteller gelieferten Stoffes nicht verantwortlich. Der Unternehmer muss in entsprechender Anwendung des § 282 BGB beweisen, dass ihn an dem Untergang oder der Verschlechterung des Stoffes kein Verschulden trifft (BGH, Urt. v. 14.11.1989 – X ZR 116/88). Hat der Unternehmer schuldhaft Nebenpflichten verletzt, die dem Schutz des Stoffes dienen, haftet er zusätzlich auf Schadensersatz (§§ 280, 241 Abs. 2 BGB).

19 Der Unternehmer bleibt bei einem zufälligen Untergang des vom Besteller gelieferten Stoffes vor der Abnahme weiter zur Leistung verpflichtet. Er kann keine Vergütung verlangen, solange er das Werk nicht abnahmereif hergestellt hat.

20 Der Besteller hat dem Unternehmer einen neuen Stoff zu liefern. Das ist jedenfalls eine erforderliche Mitwirkung, deren Unterlassen die Folgen nach §§ 642, 643 BGB auslösen kann.

21 Einigen sich die Parteien darauf, dass der Besteller den Stoff noch einmal liefert, bleibt es bei der einmaligen Vergütungspflicht. Soll der Unternehmer den untergegangenen Stoff liefern, kann er dafür eine gesonderte Vergütung verlangen. Das gilt auch dann, wenn die Leistung in geänderter Form erfolgen soll, weil durch den Untergang des Stoffes die ursprüngliche Leistung nicht möglich ist.

Beispiel: Der Unternehmer sollte Boden verdichten und hat die Arbeiten abgeschlossen. Der Boden wird infolge eines Wolkenbruches so schlammig, dass er nicht mehr als Baugrund verwendet werden kann. Der Besteller ordnet deshalb einen Bodenaustausch an. Der Unternehmer bekommt keine Vergütung für die Bodenverdichtung, wenn diese Leistung noch nicht abgenommen war. Er kann jedoch eine Vergütung für den Bodenaustausch verlangen, bei Anwendung der VOB/B nach § 2 Abs. 5 VOB/B[3], weil es sich um eine geänderte Ausführung handelt.

V. Verantwortlichkeit Dritter

22 § 644 BGB ist anwendbar, wenn keine der Parteien den Untergang oder die Verschlechterung des Werkes zu vertreten hat. Das ist bei allen nicht abwendbaren Naturereignissen so. Hat eine bewusste Handlung des Bestellers das Werk gefährdet (z. B. Einbringen von Heu in die unfertige Scheune) und hat diese zu ihrem Untergang geführt, ist die Vorschrift nicht anwendbar (BGH, Urt. v. 11.7.1963 – VII ZR 43/62). Auch durch zumutbare oder geschuldete Schutzmaßnahmen nicht abwendbare Eingriffe Dritter (Diebstahl, Vandalismus, versehentliche Beschädigung) hat keine Partei zu vertreten. Dazu gehören insbesondere Eingriffe anderer Unternehmer, die während ihrer Arbeiten bereits vorhandene Leistungen beschädigen. Solche Beschädigungen können trotz sorgfältiger Schutzmaßnahmen durch den Unternehmer oder den Besteller nicht vollständig verhindert werden. Die gleichzeitige Beauftragung verschiedener Bauhandwerker kann für sich allein im Regelfall die Verschiebung der Vergütungsgefahr auf den Besteller nicht rechtfertigen (BGH, Urt. v. 6.11.1980 – VII ZR 47/80). Der Vor-, Neben- oder Nachunternehmer ist insofern grundsätzlich kein Erfüllungsgehilfe des Bestellers (OLG Celle, Urt. v. 18.3.2010 – 6 U 108/09). Der Unternehmer trägt das Risiko dieser Beschädigungen vor der Abnahme, der Besteller nach der Abnahme. Der Besteller kann vor der Abnahme die (erneute) Leistung des Unternehmers fordern. Gleiches gilt grundsätzlich für den Diebstahl von im Bauobjekt eingelagerten Materialien (OLG Saarbrücken, Urt. v. 3.12.2014 – 1 U 49/14).

23 Der Unternehmer kann sich in aller Regel nicht bei den Dritten schadlos halten, weil mit diesen kein Vertragsverhältnis besteht. Ein Anspruch aus Eigentumsverletzung scheitert in der Regel daran, dass der Unternehmer durch den Einbau das Eigentum an eingebrachten Sachen verloren hat. Ob ein Anspruch aus Besitzverletzung besteht und vollen Ausgleich gewährt, ist problematisch (vgl. Staudinger/Peters/Jacoby, BGB, § 644 Rdn. 10; BGH, Urt. v. 30.9.1969 – VI ZR 254/67). Gleichwohl ist der Unternehmer nicht schutzlos. Der Besteller kann von dem Schädiger Schadensersatz aus § 280 BGB oder aus § 823 Abs. 1 BGB im Wege der Drittschadensliquidation fordern (BGH, Urt. v. 30.9.1969 – VI ZR 254/67; ausführlich m. w. N.: OLG Hamm, Urt. v. 25.9.2001 – 21 U 108/00; OLG München, Urt. v. 16.8.2011 – 9 U 1027/11). Er ist aus dem Vertragsverhältnis mit dem Unternehmer auf Grundlage einer Nebenpflicht oder analog §§ 285, 255 BGB verpflichtet, diesen Schadensersatzanspruch an den Unternehmer

abzutreten. Der Unternehmer kann die zur vertragsgemäßen Herstellung notwendigen Leistungen (Reparatur der Beschädigungen) von der Abtretung abhängig machen (BGH, a. a. O.).

VI. Übergang der Vergütungsgefahr

1. Abnahme

Mit der Abnahme geht die Vergütungsgefahr auf den Besteller über. § 644 Abs. 1 BGB enthält insofern nur eine Bestätigung von § 641 Abs. 1 BGB. Mit der Abnahme ist der Vertrag erfüllt; dem Besteller stehen noch die Rechte aus §§ 633 ff. BGB zu. Ein zufälliger Untergang oder eine zufällige Beschädigung oder Verschlechterung des Werks nach der Abnahme lässt die Vergütungspflicht unberührt. 24

Unberührt bleibt auch das Recht des Bestellers wegen mangelhafter Leistung die Vergütung zu verweigern (§ 641 Abs. 3 BGB). Ist der zufällige Untergang oder eine zufällige Beschädigung oder Verschlechterung des Werks auf einen Mangel des Werkes zurückzuführen, bleibt es zwar bei der Vergütungspflicht des Bestellers. Diesem stehen jedoch die Mängelhaftungsrechte zu. 25

Verlangt der Besteller von dem Unternehmer eine Beseitigung der von keinem Vertragspartner zu vertretenden Beeinträchtigung der Werkleistung, die auch keinen Mangel der Leistung im Sinne des § 633 BGB darstellt, so ist das ein Angebot auf Abschluss eines gesonderten Vertrages, der den Unternehmer berechtigt, die dazu vereinbarte Vergütung zu verlangen. Ist eine Vergütung nicht vereinbart, so gilt § 632 Abs. 1 und 2 BGB. 26

2. Annahmeverzug des Bestellers

Die Vergütungsgefahr geht vor der Abnahme über, wenn der Besteller in Verzug der Annahme kommt (§ 644 Abs. 1 Satz 2 BGB). 27

a) Verzug der Annahme wegen unterlassener Abnahme der fertig gestellten Leistung

In erster Linie geregelt ist der Verzug des Bestellers mit der Abnahme der fertig gestellten Leistung. Der Besteller gerät in Verzug mit der Annahme des Werkes, wenn der Unternehmer die Abnahme verlangt, das Werk frei von wesentlichen Mängeln hergestellt ist und der Besteller die Abnahme nicht erklärt. Wird das Werk in diesem Annahmeverzug des Bestellers zufällig beschädigt oder geht es zufällig unter, so bleibt der fällige Vergütungsanspruch davon unberührt. Auf ein Verschulden des Bestellers kommt es in diesem Zusammenhang nicht an. Ist die Leistung im Annahmeverzug unmöglich geworden, so findet § 326 Abs. 2 BGB Anwendung, wenn der Besteller die Unmöglichkeit zu vertreten hat. Die ersparten Aufwendungen usw. sind abzuziehen. Das muss erst recht gelten, wenn der Besteller die Unmöglichkeit nicht zu vertreten hat. 28

Nach § 300 Abs. 1 BGB hat der Unternehmer im Annahmeverzug des Bestellers nur Vorsatz oder grobe Fahrlässigkeit zu vertreten. Wird das Werk während des Annahmeverzugs des Bestellers durch einfache Fahrlässigkeit des Unternehmers beschädigt oder geht es dadurch unter, so ist das ein zufälliger Untergang im Anwendungsbereich des § 644 Abs. 1 Satz 2 BGB. Der Unternehmer kann also die vertragliche Vergütung verlangen. Diese Regelung wird insbesondere in den Fällen virulent, in denen der Unternehmer seine Pflicht, das nicht abgenommene Werk vor Beschädigung zu schützen (vgl. § 4 Abs. 5 VOB/B), verletzt hat. Weitere Schutzpflichten können sich aus den Allgemeinen Technischen Vertragsbedingungen ergeben (vgl. Stuttmann, BauR 2001, 1487, 1491), die aber vertragliche Verpflichtungen nicht beschränken (BGH, Urt. v. 7.6.2001 – VII ZR 471/99; zu den Folgen einer Pflichtverletzung vgl. weiter BGH, Urt. v. 15.3.1973 – VII ZR 175/72. Ist die Pflichtverletzung geringfügig, bleibt sie praktisch ohne Konsequenz. 29

b) Verzug der Annahme wegen unterlassener Mitwirkung während der Baudurchführung

Unklar ist, ob die Vergütungsgefahr auch übergeht, wenn der Unternehmer vorübergehend infolge unterlassener Mitwirkung des Bestellers gehindert ist, das Bauvorhaben fortzusetzen. Der Besteller kann auch durch unterlassene Mitwirkung in Annahmeverzug geraten, freilich nur mit der Annahme der vorgesehenen Bauleistung. Es wäre nicht gerechtfertigt, die Vergütungsgefahr in diesen Fällen ausnahmslos auf den Besteller übergehen zu lassen. Ist die 30

Bauleistung in einem Zeitpunkt zufällig untergegangen oder beschädigt worden, in dem auch bei vorgenommener Mitwirkung des Bestellers die Vergütungsgefahr noch beim Unternehmer gelegen hätte, so besteht kein Anlass, die Vergütungsgefahr während des Herstellungsprozesses deshalb übergehen zu lassen, weil der Besteller eine Mitwirkung unterlässt und deshalb insoweit im Annahmeverzug ist (ebenso Bamberger/Roth-Voit, § 644 BGB Rdn. 15). Zerstört z.B. innerhalb der vorgesehenen Bauzeit ein Unwetter ein bis zum ersten Geschoss errichtetes Bauwerk, so muss der Besteller nicht deshalb eine Vergütung für das zerstörte Bauwerk zahlen, weil er die Pläne für die Errichtung des zweiten Geschosses nicht lieferte, deshalb die Bauleistung nicht fortgesetzt werden konnte und der Besteller in Annahmeverzug war. Anders ist das möglicherweise, wenn durch den Annahmeverzug der vereinbarte Vertragszeitraum überschritten worden ist, denn dann wäre die Leistung ohne den Verzug bereits abgenommen gewesen. Anders ist das eventuell auch, wenn ohne den Annahmeverzug die Beschädigung nicht eingetreten wäre, z.B. weil dann bereits Sicherungsmaßnahmen getroffen worden wären.

3. Versendung

31 § 447 BGB findet gemäß § 644 Abs. 2 BGB Anwendung, wenn der Unternehmer das Werk auf Verlangen des Bestellers nach einem anderen Ort als dem Erfüllungsort versendet. Danach geht die Gefahr auf den Besteller über, wenn der Unternehmer das Werk dem Spediteur, dem Frachtführer oder der sonst zur Ausführung der Versendung bestimmten Person oder Anstalt ausgeliefert hat. Für diese Vorschrift besteht praktisch kein Anwendungsbereich im Baubereich. Auf Verträge über die Lieferung noch herzustellender beweglicher Sachen (z.B. Lieferverträge über Betonfertigteile) sind nach § 650 BGB ohnehin die kaufrechtlichen Vorschriften, also gegebenenfalls auch § 447 BGB anzuwenden (→ § 650 BGB Rdn. 11).

B. Besonderheiten des VOB/B-Vertrages

32 Die VOB/B enthält keine von den gesetzlichen Vorschriften abweichende Regelung der Leistungsgefahr und keine über § 644 Abs. 1 Satz 3 BGB hinausgehende Vorschriften zur Sachgefahr. Auch die gesetzliche Grundregel der Vergütungsgefahr wird in § 12 Abs. 6 VOB/B bestätigt, jedoch unter Hinweis auf die Besonderheiten in § 7 VOB/B.

33 § 7 VOB/B trifft eine von § 644 Abs. 1 BGB abweichende Regelung der Vergütungsgefahr. Danach hat der Auftragnehmer für die ausgeführten Teile der Leistung die Ansprüche nach § 6 Abs. 5 VOB/B, wenn die ganz oder teilweise ausgeführte Leistung vor der Abnahme durch höhere Gewalt, Krieg, Aufruhr oder andere objektiv unabwendbare vom Auftragnehmer nicht zu vertretende Umstände beschädigt oder zerstört wird. Streik und Aussperrung werden in § 7 VOB/B nicht genannt; sie führen nach § 6 Abs. 2 Nr. 1 VOB/B lediglich zu einer Verlängerung der Ausführungsfristen. Nach § 6 Abs. 5 VOB/B sind die ausgeführten Leistungen nach Vertragspreisen abzurechnen und außerdem die Kosten zu vergüten, die dem Auftragnehmer bereits entstanden und in den Vertragspreisen des nicht ausgeführten Teils der Leistung enthalten sind. Damit trägt der Auftraggeber beim VOB-Vertrag weitgehend die Gefahr des zufälligen Untergangs oder der zufälligen Beschädigung des Werkes. Dies ist AGB-rechtlich bedenklich (Staudinger/Peters/Jacoby, BGB, § 644 Rdn. 33; a.A. Kapellmann/Messerschmidt-Lederer, VOB/B, § 7 Rdn. 8). Jedenfalls gegenüber einem Verbraucher sind die Gefahrtragungsregelungen in § 7 VOB/B unwirksam.

34 Voraussetzung für den Vergütungsanspruch ist allerdings, dass die Beschädigung oder Zerstörung des Werkes objektiv unabwendbar war. Es reicht nicht aus, dass sie für den Auftragnehmer unabwendbar waren (BGH, Urt. v. 21.8.1997 – VII ZR 17/96; Urt. v. 16.10.1997 – VII ZR 64/96). Objektiv unabwendbar sind nur menschlichen Einsicht und Erfahrung in dem Sinne unvorhersehbar sind, dass sie oder ihre Auswirkungen durch die äußerste nach der Sachlage zu erwartende Sorgfalt nicht verhütet oder in ihren Wirkungen bis auf ein erträgliches Maß unschädlich gemacht werden können (BGH, Urt. v. 31.1.1991 – VII ZR 291/88; vgl. auch Urt. v. 23.11.1961 – VII ZR 141/60 und Urt. v. 12.7.1973 – VII ZR 196/72: zu Wolkenbrüchen bei Geländearbeiten; Urt. v. 6.11.1980 – VII ZR 47/80 zum durch einen dritten Unternehmer verursachten Brand). Dass die Bauleistung durch ein solches Ereignis beschädigt oder zerstört worden ist, hat der Auftragnehmer darzulegen und zu beweisen (BGH, Urt. v. 24.6.1968 – VII ZR 43/66; OLG Frankfurt, Urt. v. 6.7.1995 – 1 U 85/94). Ist das schädigende Ereignis nicht unabwendbar, kann der Auftragnehmer nach Wiederherstellung seines Werkes nur die vertraglich vereinbarte Vergütung verlangen (BGH, a.a.O.).

Verantwortlichkeit des Bestellers **§ 645**

Nach § 7 Abs. 1 VOB/B i. V. m. § 6 Abs. 5 VOB/B hat der Auftragnehmer, wenn die Bau- 35
leistung durch unabwendbare vom Auftragnehmer nicht zu vertretende Umstände beschädigt
oder zerstört wird, Anspruch auf Vergütung der zerstörten oder beschädigten Leistung, und
zwar in voller Höhe. Eine Aufteilung der Gefahr ist für solche Fälle in der VOB/B nicht vorgesehen. § 254 BGB ist nicht entsprechend anwendbar. Daneben kann der Auftragnehmer
nach § 2 Abs. 6 VOB/B die Vergütung der für die Wiederherstellung erforderlichen Arbeiten
fordern, wenn sie beauftragt worden sind (BGH, Urt. v. 12.7.1973 – VII ZR 196/72). Was zur
ganz oder teilweise ausgeführten Leistung gehört, ist in § 7 Abs. 2 und 3 VOB/B im Einzelnen
geregelt. Für Schäden besteht keine gegenseitige Ersatzpflicht, § 7 Abs. 1 VOB/B, letzter Hs.
Nach § 12 Abs. 6 VOB/B geht mit der Abnahme die Gefahr auf den Auftraggeber über, soweit
er sie nicht schon nach § 7 VOB/B trägt.

§ 645 BGB   Verantwortlichkeit des Bestellers

(1) Ist das Werk vor der Abnahme infolge eines Mangels des von dem Besteller gelieferten Stoffes oder infolge einer von dem Besteller für die Ausführung erteilten Anweisung untergegangen, verschlechtert oder unausführbar geworden, ohne dass ein Umstand mitgewirkt hat, den der Unternehmer zu vertreten hat, so kann der Unternehmer einen der geleisteten Arbeit entsprechenden Teil der Vergütung und Ersatz der in der Vergütung nicht inbegriffenen Auslagen verlangen. Das Gleiche gilt, wenn der Vertrag in Gemäßheit des § 643 aufgehoben wird.

(2) Eine weitergehende Haftung des Bestellers wegen Verschuldens bleibt unberührt.

Übersicht

	Seite
A. Gesetzliches Bauvertragsrecht	651
I. Allgemeines	651
II. Voraussetzungen des § 645 Abs. 1 BGB	652
1. Maßgeblicher Zeitpunkt: Vor der Abnahme	652
2. Untergang, Verschlechterung oder Unausführbarkeit des Werkes	652
3. Veranlassung des Bestellers	652
a) Mangel des vom Besteller gelieferten Stoffes	652
b) Vom Besteller erteilte Anweisung	654
c) Erweiterte Auslegung des § 645 Abs. 1 BGB	654
d) Kausalität	655
4. Keine Mitwirkung eines Umstandes, den der Unternehmer zu vertreten hat	655
5. Weitergehende Haftung des Bestellers wegen Verschuldens	655
6. Darlegungs- und Beweislast	655
III. Die Rechtsfolgen	656
1. Der Vergütungsanspruch	656
2. Auslagenerstattung	656
IV. Vergütung nach Aufhebung des Vertrages gemäß § 643 BGB	656
V. Weitergehende Haftung des Bestellers wegen Verschuldens	656
B. Besonderheiten des VOB/B-Vertrages	657

A. Gesetzliches Bauvertragsrecht

I. Allgemeines

§ 645 Abs. 1 BGB regelt die Vergütungsgefahr abweichend von § 644 Abs. 1 BGB für den Fall, 1
dass das Werk vor der Abnahme infolge eines Mangels des von dem Besteller gelieferten Stoffes
oder infolge einer von dem Besteller für die Ausführung erteilten Anweisung untergegangen,
verschlechtert oder unausführbar geworden ist, ohne dass ein Umstand mitgewirkt hat, den
der Unternehmer zu vertreten hat. Diese Abweichung ist Ausdruck eines Billigkeitsgebots.
Dieses Gebot führt zu einer ausdehnenden Anwendung des § 645 Abs. 1 BGB in vergleichbaren Fällen (→ Rdn. 19). In seinem Anwendungsbereich schließt die Norm die Regelungen
des allgemeinen Leistungsstörungsrechts (§§ 323 ff. BGB) aus (so vor der Schuldrechtsreform

§ 645

BGH, Urt. v. 16.10.1997 – VII ZR 64/96; Urt. v. 30.11.1972 – VII ZR 239/71). Zur Lösung von Mängelhaftungsfragen ist die Norm nicht heranzuziehen.

II. Voraussetzungen des § 645 Abs. 1 BGB

1. Maßgeblicher Zeitpunkt: Vor der Abnahme

2   § 645 Abs. 1 BGB gewährt einen Vergütungsanspruch, wenn das Werk vor der Abnahme untergeht, verschlechtert wird oder unausführbar (beeinträchtigt) wird. Die Gefahr nach der Abnahme trägt ohnehin der Besteller. Gleiches gilt, wenn der Besteller sich mit der Abnahme in Annahmeverzug befindet.

2. Untergang, Verschlechterung oder Unausführbarkeit des Werkes

3   Das Werk geht unter, wenn es nicht mehr vorhanden ist. Nicht jeder Untergang des Werkes führt zur Unausführbarkeit. Wird z. B. ein Werk des Unternehmers vor der Abnahme durch Naturkatastrophen vernichtet, kann es in der Regel wiederholt werden. Unausführbarkeit steht der Unmöglichkeit gleich. Damit ist die Unmöglichkeit im Sinne aller Varianten des § 275 Abs. 1 bis 3 BGB gemeint. Eine Verschlechterung des Werkes liegt vor, wenn es qualitätsbegründende Merkmale verliert. In aller Regel führt das auch zu Mängeln der Leistung.

3. Veranlassung des Bestellers

4   § 645 Abs. 1 BGB entlastet den Unternehmer von der Gefahr, dass das Werk vor der Abnahme untergeht. Auch § 645 Abs. 1 BGB knüpft an Handlungen des Bestellers an, die keine der Parteien zu vertreten hat. Allein der Umstand, dass Handlungen des Bestellers dazu führen, dass das Werk untergeht, verschlechtert oder unausführbar wird, begründet kein Vertretenmüssen des Bestellers. Nach § 276 BGB hat der Schuldner lediglich Vorsatz und grobe Fahrlässigkeit zu vertreten. Verschulden in diesem Sinne ist nicht Voraussetzung des § 645 Abs. 1 BGB. Deshalb ist es auch nicht richtig, wenn davon die Rede ist, dass § 645 BGB eine Regelung zu den Fällen trifft, in denen der Besteller die Beeinträchtigung des Werkes ohne Verschulden eingeschränkt zu vertreten hätte (Staudinger/Peters/Jacoby, BGB, § 645 Rdn. 8). Vielmehr ist eine Billigkeitsregelung gerade für den Fall geschaffen worden, dass der Besteller ohne Verschulden den Anlass für die Beeinträchtigung gesetzt hat. Es geht also um eine Korrektur der Vergütungsgefahr.

5   Zutreffend wird darauf hingewiesen, dass der Gedanke der Billigkeit dehnbar ist und § 645 BGB in Rechtsprechung und Literatur ausdehnend dazu herangezogen wird, einen Vergütungsanspruch des Unternehmers aus Billigkeitsgesichtspunkten zu gewähren. Zu diesem Zweck werden zum Teil die tatbestandlichen Voraussetzungen großzügig ausgelegt, zum Teil Analogien aus dem Rechtsgedanken des § 645 Abs. 1 BGB entwickelt. Bei allem darf nicht aus den Augen verloren werden, dass § 645 Abs. 1 BGB keine Regelung des Leistungsstörungsrechts ist. Die Sanktionierung von Pflichtverletzungen ist anderen Regelungen vorbehalten (BGH, Urt. v. 16.12.2004 – VII ZR 16/03). Der unmittelbare Anwendungsbereich des § 645 Abs. 1 BGB ist klein. Er betrifft lediglich die Fälle, in denen ohne Verschulden einer Partei das Werk des Unternehmers vor der Abnahme beeinträchtigt wird (BGH, Urt. v. 30.11.1972 – VII ZR 239/71). Nur für diesen engen Anwendungsbereich gibt es eine besondere Risikozuweisung.

a) Mangel des vom Besteller gelieferten Stoffes

6   Stoffe sind alle Gegenstände, aus denen, an denen oder mit deren Hilfe das Werk herzustellen ist (BGH, Urt. v. 30.11.1972 – VII ZR 239/71). Dazu gehören auch das zu bebauende Grundstück oder die Bausubstanz eines vom Unternehmer zu bearbeitenden oder zu sanierenden Gebäudes (BGH, Urt. v. 16.12.2004 – VII ZR 16/03; PWW/Halfmeier/Leupertz, BGB, §§ 644, 645 Rdn. 8; vgl. auch OLG Naumburg, Urt. v. 18.3.2004 – 4 U 127/03: ausdrückliche Risikozuweisung). Ein vom Besteller gelieferter Stoff ist auch die zur Verfügung gestellte Leistung eines Vorunternehmers (Bamberger/Roth-Voit, § 645 BGB Rdn. 8).

7   Die besondere Risikozuweisung des § 645 Abs. 1 BGB ist begründet, wenn der Unternehmer einen vom Besteller gelieferten Stoff im oben genannten Sinn verarbeitet hat. Der Besteller, der einen solchen Stoff zur Verfügung stellt, trägt ohne Rücksicht auf etwaiges Verschulden die Verantwortung dafür, dass dieser Stoff zur Herstellung des Werkes tauglich ist. Das gilt auch dann, wenn die Ausführung des Werkes von Anfang an unmöglich war (BGH, Urt. v. 16.12.2004 – VII ZR 16/03).

Verantwortlichkeit des Bestellers §645

Die Beeinträchtigung des Werkes muss auf einen Mangel des vom Besteller gelieferten 8
Stoffes zurückzuführen sein. Inwieweit ein Mangel vorliegt, hängt in erster Linie von der
Beschaffenheitsvereinbarung hinsichtlich des zu liefernden Stoffes ab. §633 Abs. 2 BGB ist
entsprechend anzuwenden. Danach ist auch zu beurteilen, inwieweit ein Mangel des von dem
Besteller bereit gestellten Grundstücks vorliegt.

Der Baugrund gehört ebenfalls zu den vom Besteller nach §645 Abs. 1 BGB gelieferten 9
Stoffen (OLG Naumburg, Urt. v. 18.3.2004 – 4 U 127/03; Kuffer, NZBau 2006, 1, 5f.; PWW/
Halfmeier/Leupertz, §§644, 645 BGB Rdn. 8). §645 BGB gilt aber auch hier nur für das durch
den Baustoff verschlechterte oder untergegangene Werk selbst, nicht aber für das vom Unternehmer verwendete Gerät; insofern kann allerdings eine Aufklärungspflicht des Bestellers in
Betracht kommen (vgl. BGH, Urt. v. 28.1.2016 – I ZR 60/14; → Rdn. 22). Damit, dass der
Baugrund zu den vom Besteller gelieferten Stoffen gehört, ist aber nicht gesagt, dass eine Abweichung des Baugrunds ein Mangel im eigentlichen Sinne ist, weil allenfalls die Angabe im
Bauvertrag falsch ist (zutreffend Peters, NJW 2008, 2949, 2951; ähnlich Leupertz, Editorial
BauR 11/2011; a. A. Bamberger/Roth-Voit, §645 BGB Rdn. 7: §645 Abs. 1 BGB ist analog
anwendbar). Erst recht ist damit keine Aussage darüber getroffen, wer das nicht näher definierte
Baugrundrisiko trägt. Dies ist eine Frage der Auslegung des konkreten Vertrags und der für
den Baugrund vereinbarten Beschaffenheit (KG, Urt. v. 26.11.2010 – 21 U 57/09; OLG Celle,
Urt. v. 29.12.2000 – 7 U 249/96; OLG Köln, Urt. v. 19.7.2006 – 11 U 139/05; Kuffer, NZBau
2006, 1, 6; Kohlhammer, BauR 2012, 845ff.; Leupertz, Editorial BauR 11/2011; so bereits zutreffend Quack, BB-Beilage Nr. 20 (zu BB 1991, Heft 29), 9, 10f.; a. A. Englert, NZBau 2016,
131, 134); der Besteller trägt nicht automatisch dieses Risiko (BGH, Urt. v. 20.8.2009 – VII
ZR 205/07) → §631 BGB Rdn. 828. Liegt den Vertragsunterlagen ein Baugrundgutachten bei,
so können die darin beschriebenen Bodenverhältnisse zur vertraglich geschuldeten Leistung
erhoben werden. Hiervon ist regelmäßig auszugehen, wenn diese Verhältnisse für die Leistung
des Unternehmers und damit für die Kalkulation der Vergütung erheblich sind (BGH, Urt.
v. 20.8.2009 – VII ZR 205/07). Das Risiko, vom Baugrundgutachten abweichende Bodenverhältnisse anzutreffen, kann der Unternehmer zwar übernehmen. Indes sind an eine solche
Risikoübernahme strenge Anforderungen zu stellen, wenn sie die Baukosten erheblich beeinflussen können (BGH, Urt. v. 20.8.2009 – VII ZR 205/07). Eine Risikoübernahme kommt
etwa in Betracht, wenn das Baugrundgutachten erkennbar nur sehr beschränkte Aussagen über
die Bodenverhältnisse enthält und der Unternehmer ein Pauschalangebot unterbreitet (OLG
München, Urt. v. 10.6.2008 – 9 U 2192/07). Von einer Risikoübernahme für einen beim
Tunnelbau angetroffenen Rollkies im Quartär ist im Wege der Vertragsauslegung auszugehen,
wenn der Unternehmer auf der Grundlage eines erkennbar lückenhaften Baugrundgutachtens
einen Einheitspreis für sämtliche „Bodenarten und Schichten des Quartärs" vereinbart (OLG
München, Urt. v. 11.2.2014 – 9 U 5582/10). Bei der Ausführung von Bohrarbeiten für die
Herstellung eines Förderbrunnens zur Gewinnung von Trinkwasser trägt der Unternehmer das
Risiko des Scheiterns der Bohrung infolge Festsitzens des Bohrgeräts, wenn es für ihn aufgrund
einer Versuchsbohrung und den Angaben im Vertrag ersichtlich ist, dass es sich um eine anspruchsvolle Bohrung in schwierigen geologischen Verhältnissen handelt (OLG München, Urt.
v. 10.12.2013 – 28 U 732/11). Davon zu unterscheiden ist die Frage, ob der Unternehmer den
vertraglichen Erfolg, nämlich das Auffinden wasserführender Schichten, übernommen hat, was
nicht ohne weiteres anzunehmen sein wird (OLG Naumburg, Urt. v. 30.7.2014 – 1 U 15/14).
Entscheidend kommt es im Regelfall darauf an, welche Bodenverhältnisse das Baugrundgutachten wie beschreibt. Die Auslegung des Gutachtens ist eine Rechtsfrage. Sachverständige
können insofern nur für das Verständnis der verwendeten Fachbegriffe und der Verkehrssitte
Hilfestellung geben und notwendiges Fachwissen vermitteln; das Gericht muss von Amts
wegen prüfen, ob der gutachterlichen Stellungnahme unzutreffende rechtliche Vorstellungen
zugrunde liegen (BGH, Urt. v. 9.2.1995 – VII ZR 143/93). Für die Verständnismöglichkeiten
des Unternehmers spielen dessen Spezialkenntnisse eine erhebliche Rolle (OLG Köln, Urt.
v. 19.7.2006 – 11 U 139/05).

Die besondere Risikozuordnung beruht darauf, dass der Besteller durch seine Handlungen 10
das Ausführungsrisiko beeinflusst. Dieser Zweck des §645 Abs. 1 BGB erfordert eine restriktive
Anwendung in den Fällen, in denen die Beeinträchtigung des Werkes zwar auf den vom Besteller gelieferten Stoff zurückzuführen ist, diese Lieferung aber nicht ein besonderes Risiko
begründet. §645 Abs. 1 BGB will dem Unternehmer nicht das allgemeine Ausführungsrisiko
nehmen, das darin besteht, dass ein bestimmter Stoff durch Fabrikationsfehler (Ausreißer)
ungeeignet ist. Deshalb bleibt es bei der Regelung des §644 Abs. 1 BGB, wenn die Leistung
infolge eines vom Besteller gelieferten Stoffes beeinträchtigt wird, der an sich geeignet ist,

jedoch im speziellen Fall deshalb mangelhaft ist, weil ein nicht erkennbarer Fabrikationsfehler vorliegt (BGH, Urt. v. 14.3.1996 – VII ZR 34/95).

b) Vom Besteller erteilte Anweisung

11   Es muss sich um eine Anweisung handeln, die in die Dispositionsbefugnis des Unternehmers eingreift. Es ist grundsätzlich Sache des Unternehmers, wie er den vertraglich vereinbarten Erfolg herbeiführt. Das betrifft die Ausführung des Werkes nach Zeit, Ort, Mittel, Ablauf, usw. Soweit diese Einzelheiten nicht vertraglich vereinbart sind, bleibt es dem Unternehmer überlassen, wie er vorgeht. Anweisungen im Sinne des § 645 Abs. 1 BGB greifen in diese Eigenverantwortlichkeit ein. Sie müssen so sein, dass es gerechtfertigt ist, dem Besteller die Verantwortung für das Gelingen des Werkes zu übertragen.

12   Der Besteller muss vom Unternehmer eine bestimmte Ausführung ernstlich, d. h. „durch eindeutige, die Befolgung durch den Auftragnehmer heischende Anordnung des Auftraggebers [...], die dem Auftragnehmer keine Wahl lässt", verlangen (BGH, Urt. v. 1.3.1973 – VII ZR 82/71; BGH, Urt. v. 22.5.1975 – VII ZR 204/74). Das Gesetz regelt nicht, auf welcher Grundlage der Besteller dieses Verlangen stellen kann. Die Grundlage kann nur eine vertragliche Befugnis sein, Anweisungen zu erteilen. Inwieweit der Besteller befugt ist, Einzelheiten der Vertragsdurchführung anzuweisen, ergibt sich aus dem Vertrag, der nach Treu und Glauben auszulegen ist. Die besondere Risikoverteilung ist aber auch dann gerechtfertigt, wenn der Besteller nicht befugt ist, Anweisungen zu erteilen, der Unternehmer jedoch aufgrund der unbefugten Anweisungen vorgeht. Denn es besteht kein Grund, den Unternehmer deshalb schlechter zu stellen, weil er sich freiwillig der Anweisung des Bestellers unterwirft (Bamberger/Roth-Voit, § 645 BGB Rdn. 10; a. A. Glöckner/v. Berg-Rehbein/Wohnseifer, § 645 BGB Rdn. 10).

13   Danach scheiden bloße Wünsche oder Anregungen aus. Diese kann der Unternehmer befolgen, er muss es nicht. Ihm bleibt die Entscheidungsfreiheit und damit auch das Risiko.

14   Keine Anweisungen sind bloße Hinweise auf die vertraglichen Verpflichtungen. Diese können nicht zu einer Risikoverlagerung führen. Vielmehr gilt die Risikoverteilung, wie sie der Vertrag vorsieht. Vertragliche Bestimmungen über die Ausführung des Werkes sind keine Anweisungen im Sinne des § 645 BGB (BGH, Urt. v. 11.3.1965 – VII ZR 174/63; Urt. v. 11.3.1982 – VII ZR 357/80). Der Unternehmer trägt grundsätzlich das Risiko des Erfolgseintritts. Dem kann er sich durch vertragliche Vereinbarungen entziehen. Außerdem hat er die Möglichkeit, der Gewährleistung durch Bedenkenhinweise zu entgehen (vgl. → § 634 BGB Rdn. 33, 38 ff.).

15   Da § 645 BGB nur eingreift, wenn die Beeinträchtigung des Werkes vom Unternehmer nicht zu vertreten ist, kann eine mögliche, aber unterlassene Bedenkenanmeldung den Anspruch ausschließen (BGH, Urt. v. 8.11.2007 – VII ZR 183/05; unklar: Urt. v. 28.2.1961 – VII ZR 197/59).

c) Erweiterte Auslegung des § 645 Abs. 1 BGB

16   Die Rechtsprechung hat den Anwendungsbereich des § 645 Abs. 1 BGB über seinen Wortlaut hinaus vorsichtig erweitert (vgl. bereits RGRK/Glanzmann, BGB, § 645 Rdn. 4). Rechtfertigung für die entsprechende Anwendung des § 645 Abs. 1 BGB auf Fallsituationen, die vom Wortlaut der Vorschrift nicht erfasst werden, ist die objektive Verantwortlichkeit des Bestellers für die Beeinträchtigung des Werkes vor der Abnahme in Risikolagen, die den geregelten Fällen vergleichbar sind (BGH, Urt. v. 21.8.1997 – VII ZR 17/96). Danach ist die entsprechende Anwendung des § 645 Abs. 1 BGB in Fällen geboten, in denen die Leistung des Unternehmers aus Umständen beschädigt wird, untergeht oder unausführbar wird, die in der Person des Bestellers liegen oder auf Handlungen des Bestellers zurückgehen. In derartigen Fällen steht der Besteller der sich aus diesen Umständen ergebenden Gefahr für das Werk näher als der Unternehmer. Es entspricht dem § 645 Abs. 1 BGB zugrunde liegenden Gedanken der Billigkeit, dem Unternehmer in diesen Fällen auch dann eine Vergütung zu gewähren, wenn die Leistung vor der Abnahme ohne ein Verschulden einer der Parteien beeinträchtigt wird (BGH, a. a. O.; Urt. v. 6.11.1980 – VII ZR 47/80; Urt. v. 11.7.1963 – VII ZR 43/62).

17   Die entsprechende Anwendbarkeit des § 645 Abs. 1 BGB ist z. B. bejaht worden in einem Fall, in dem die Leistung infolge eines Hochwassers beeinträchtigt wurde und der Besteller den Hochwasserschutz übernommen hatte, ohne dass der Unternehmer Einwirkungsmöglichkeiten hatte (BGH, Urt. v. 21.8.1997 – VII ZR 17/96; Urt. v. 16.10.1997 – VII ZR 64/96).

Auch ist sie bejaht worden, wenn der Besteller vor der Abnahme gefahrerhöhende Handlungen vorgenommen hat und sich diese Gefahr realisiert hat, z. B. dadurch, dass der Besteller in eine errichtete, jedoch noch nicht abgenommene Scheune Heu einbrachte, das sich entzündete (BGH, Urt. v. 11.7.1963 – VII ZR 43/62) oder dadurch, dass der Besteller Schweißarbeiten in Auftrag gegeben hat, die zum Brand führten. Auch ist ein Anspruch aus § 645 Abs. 1 BGB bejaht worden, wenn der Besteller aus persönlichen Gründen das Grundstück nicht zur Verfügung stellen kann (OLG München, Urt. v. 9.11.1990 – 23 U 4090/90). Davon abzugrenzen sind Risikolagen, wie sie für das Bauvorhaben typisch sind, ohne dass es gerechtfertigt ist, dem Besteller ein besonderes Gefahrtragungsrisiko aufzuerlegen. So ist die Anwendung des § 645 Abs. 1 BGB zutreffend verneint worden, wenn ohne eine besondere Veranlassung des Bestellers ein Unternehmer die bereits von einem anderen Unternehmer hergestellte, jedoch noch nicht abgenommene Leistungen beschädigt hat (BGH, Urt. v. 6.11.1980 – VII ZR 47/80; Bamberger/Roth-Voit, § 645 BGB Rdn. 19). Auch dann, wenn politische oder andere Unruhen die Ausführung einer Werkleistung verhindern, besteht grundsätzlich kein Grund, § 645 Abs. 1 BGB anzuwenden, denn keine der Parteien steht diesem Risiko näher. Die davon abweichende Entscheidung des Bundesgerichtshofs vom 11.3.1982 – VII ZR 357/80 beruht auf Erwägungen eines besonders gelagerten Einzelfalles. Und schließlich ist § 645 BGB auch nicht entsprechend anzuwenden, wenn Gerät beschädigt wird, weil der Besteller nicht darüber aufgeklärt hat, dass der Boden für den Einsatz ungeeignet ist (vgl. BGH, Urt. v. 28.1.2016 – I ZR 60/14).

d) Kausalität

Der Mangel des Stoffes, die Anweisung bzw. die Umstände aus der Sphäre des Bestellers müssen (mit-)ursächlich zum Untergang oder zur Verschlechterung des Werks geführt haben. An der Kausalität kann es fehlen, wenn ein äußeres Ereignis, das erst nach der Lieferung eintritt, zur Mangelhaftigkeit des Stoffes und damit zur Verhinderung der vereinbarten Werkherstellung führt (MünchKomm/Busche, § 645 BGB Rdn. 7). **18**

4. Keine Mitwirkung eines Umstandes, den der Unternehmer zu vertreten hat

Dieser Zusatz im Gesetz ist deklaratorisch, weil § 645 BGB die Risikoverteilung für den Fall betrifft, dass keine der Parteien die Beeinträchtigung des Werks zu vertreten hat. **19**

Hat der Unternehmer die Beeinträchtigung des Werks zu vertreten, so scheidet ein Vergütungsanspruch aus § 645 Abs. 1 BGB aus. Es reicht leichtes Verschulden. Der Unternehmer hat auch beim gesetzlichen Werkvertragsrecht eine Hinweispflicht, sofern Bedenken gegen die Eignung der vom Besteller gelieferten Stoffe oder die erteilten Anweisungen bestehen → § 634 BGB Rdn. 33 ff. Unterlässt es der Unternehmer schuldhaft, die Bedenken mitzuteilen, ist die Anwendung von § 645 BGB ausgeschlossen (ebenso für den Fall, dass der Unternehmer zusätzliche Planungs- und Untersuchungspflichten verletzt hat: OLG Karlsruhe, Urt. v. 6.4.2010 – 4 U 129/08). **20**

Haben beide Parteien die Beeinträchtigung des Werks zu vertreten, so scheidet ein Vergütungsanspruch nach § 645 Abs. 1 BGB ebenfalls aus. Auf die gegenseitige Haftung aus § 280 BGB ist § 254 BGB anzuwenden. **21**

5. Weitergehende Haftung des Bestellers wegen Verschuldens

Eine weitergehende Haftung des Bestellers wegen Verschuldens bleibt unberührt, § 645 Abs. 2 BGB. In Betracht kommen alle Anspruchsgrundlagen, die verschuldensabhängig sind, in erster Linie die Tatbestände des Leistungsstörungsrechts (Beispiel: Beschädigung des Werks durch Fehler des Bestellers, vgl. OLG Celle, Urt. v. 18.3.2010 – 6 U 108/09). Wird das Werk unausführbar, so gelten zudem die §§ 275 ff., 326 BGB. Ist das Werk von Anfang an unausführbar, so ist § 311a BGB anwendbar. In der Regel muss sich der Besteller ein Verschulden seiner Vor- und Folgeunternehmer nicht zurechnen lassen (PWW/Halfmeier/Leupertz, BGB §§ 644, 645 BGB Rdn. 14). Eine Haftung des Bestellers nach § 280 BGB für beschädigtes oder zerstörtes Gerät kommt in Betracht, wenn er seine Aufklärungspflicht über die unzureichende Eignung der gelieferten Stoffe, z. B. den Baugrund, verletzt (vgl. BGH, Urt. v. 28.1.2016 – I ZR 60/14, Rdn. 23 ff.). **22**

6. Darlegungs- und Beweislast

Beruhen die Unausführbarkeit, der Untergang oder die Verschlechterung des Werks auf einem Mangel des vom Besteller gelieferten Stoffes, hat der Unternehmer die Kausalität des **23**

Mangels für die Beeinträchtigung darzulegen und zu beweisen (RGRK/Glanzmann, BGB, § 645 Rdn. 13).

24 Auch wenn das Werk infolge einer Anweisung des Bestellers beeinträchtigt wird, hat der Unternehmer die Kausalität nachweisen.

III. Die Rechtsfolgen

25 Der Unternehmer kann einen der geleisteten Arbeit entsprechenden Teil der Vergütung und Ersatz der in der Vergütung nicht inbegriffenen Auslagen verlangen. Der Anspruch wird fällig mit dem beeinträchtigenden Ereignis. Eine Abnahme ist nicht Voraussetzung und kann es auch nicht sein, weil der Anspruch für ein nicht abnahmereifes Werk gewährt wird.

1. Der Vergütungsanspruch

26 Der Unternehmer kann einen der geleisteten Arbeit entsprechenden Teil der Vergütung verlangen. Der Anspruch wird nach den Grundsätzen berechnet, die die Rechtsprechung zur Abrechnung der erbrachten Leistungen nach einer Kündigung des Vertrages entwickelt hat (→ § 648 BGB Rdn. 32 ff.). Die geleistete Arbeit entspricht damit der erbrachten Leistung. Das ist die Leistung, die beim Besteller verbleibt. Werkstattleistungen, Planungsleistungen für noch nicht errichtete Bauteile und Baustellenanlieferungen sind keine erbrachten Leistungen. Sie sind Auslagen, deren Erstattung verlangt werden kann, weil sie in der abzurechnenden Vergütung nicht enthalten sind.

2. Auslagenerstattung

27 Neben der Vergütung kann der Unternehmer Erstattung der Auslagen verlangen, die ihm bis zum Zeitpunkt der Beeinträchtigung der Werkleistung im Sinne des § 645 Abs. 1 BGB entstanden sind und die in der Vergütung für die erbrachten Leistungen nicht enthalten sind. Diese Auslagen umfassen die Kosten, die dem Unternehmer für die Vorbereitung der von ihm geschuldeten Leistung entstanden und die Teil der vereinbarten Vertragspreise sind. Zur Auslagenerstattung im Sinne des § 645 Abs. 1 BGB gehören beispielsweise die Kosten für beschaffte Materialien, Transporte sowie für die Beschaffung und Nutzung von Geräten und Maschinen, soweit die Kosten durch das konkrete Werk veranlasst worden und durch die Vergütung noch nicht abgedeckt sind (BGH, Urt. v. 16.10.1997 – VII ZR 64/96).

28 Stillstandskosten infolge der Behinderung, Kosten für die Einlagerung von Material oder Gerät gehören dazu ebenso wenig wie Kosten für eine Dokumentation des beeinträchtigenden Ereignisses, Kosten für die Erfassung der Nachteile bzw. der Schadenssumme sowie Kosten für den Ersatz von Gerät und Material, das durch das Ereignis vernichtet worden ist. Sie sind keine Aufwendungen für die Vorbereitung der Arbeiten (BGH, Urt. v. 16.10.1997 – VII ZR 64/96).

29 Der Unternehmer ist nach der Rechtsprechung verpflichtet, die Kosten für Auslagen, die infolge des beeinträchtigenden Ereignisses frustriert sind, gering zu halten, etwa dadurch, dass geordertes und bereit gehaltenes Material anderweitig verwendet wird (BGH, Urt. v. 16.10.1997 – VII ZR 64/96).

IV. Vergütung nach Aufhebung des Vertrages gemäß § 643 BGB

30 Nach einer Aufhebung des Vertrages gemäß § 643 BGB hat der Unternehmer Anspruch auf eine Vergütung nach § 645 Abs. 1 BGB (vgl. → § 643 BGB Rdn. 18 ff.).

V. Weitergehende Haftung des Bestellers wegen Verschuldens

31 Die weitergehende Haftung des Bestellers wegen Verschuldens bleibt unberührt. Die Haftung wegen schuldhafter Pflichtverletzungen kann sich aus §§ 280 ff. BGB ergeben. Unberührt bleibt darüber hinaus § 326 Abs. 2 BGB, so dass der Unternehmer die Vergütung abzüglich ersparter Aufwendungen usw. beanspruchen kann, wenn die Leistung aus Umständen unausführbar bzw. unmöglich wird, die der Besteller ganz oder weitaus überwiegend zu vertreten hat.

B. Besonderheiten des VOB/B-Vertrages

§ 645 Abs. 1 BGB ist auch im VOB-Vertrag anwendbar (BGH, Urt. v. 21.8.1997 – VII ZR 17/96; Urt. v. 16.10.1997 – VII ZR 64/96; OLG Brandenburg, Urt. v. 26.8.2010 – 12 U 36/10). Die VOB/B enthält kein Regelung zu der Risikoverteilung im Sinne des § 645 Abs. 1 BGB. § 7 VOB/B ändert lediglich die Gefahrtragungsregel des § 644 Abs. 1 BGB ab. **32**

Vertragliche Grundlagen für Anweisungen im Sinne von § 645 BGB sind solche nach § 1 Abs. 3 VOB/B oder nach § 4 Abs. 1 Nr. 3 VOB/B. Sowohl in Bezug auf Anordnungen des Auftraggebers wie auch hinsichtlich der gelieferten Stoffe, Bauteile und Leistungen anderer Auftragnehmer ist § 4 Abs. 3 VOB/B zu beachten. **33**

§ 646 BGB Vollendung statt Abnahme

Ist nach der Beschaffenheit des Werkes die Abnahme ausgeschlossen, so tritt in den Fällen des § 634a Abs. 2 und der §§ 641, 644 und 645 an die Stelle der Abnahme die Vollendung des Werkes.

Übersicht

	Seite
A. Allgemeines	657
B. Bedeutungslosigkeit des § 646 BGB	657

A. Allgemeines

Die Abnahme ist ausgeschlossen, wenn nach Art der vertraglich geschuldeten Leistung die mit der körperlichen Hinnahme des Werks verbundene Billigung des Werkes als der Hauptsache nach vertragsgemäßer Leistung nicht möglich ist. Dies ist etwa bei Winterdienstleistungen der Fall, weil es Sinn und Zweck eines solches Vertrags ist, dass der Unternehmer den Winterdienst erbringt, ohne dass der Besteller jedes Einsatzergebnis billigen soll (BGH, Urt. v. 6.6.2013 – VII ZR 355/12, Rdn. 16). Bei Sicherungsdiensten an Gleisbaustellen soll es sich ebenfalls um eine nichtabnahmefähige Leistung handeln (OLG Frankfurt, Urt. v. 8.5.2013 – 5 U 47/12). Bei werkvertraglichen Leistungen im Zusammenhang mit der Errichtung von Bauwerken ist eine Abnahme grundsätzlich möglich, denn das Werk ist in irgendeiner Weise verkörpert (BGH, Urt. v. 30.12.1963 – VII ZR 88/62; RGRK/Glanzmann, BGB, § 646 Rdn. 2). Es kommt nicht darauf an, ob sie zumutbar ist (Staudinger/Peters/Jacoby, BGB, § 646 Rdn. 3). Das gilt nicht nur für die Leistungen von Bauunternehmern, sondern auch für die Leistungen der Ingenieure und Architekten (vgl. → § 640 BGB Rdn. 2). Ebenso sind gutachterliche Leistungen abnahmefähig, so die Arbeiten eines Bodengutachters oder eines Wertgutachters (Messerschmidt/Voit-Messerschmidt, BGB, § 646 Rdn. 2). Höchstrichterlich noch ungeklärt ist, ob die Leistung des Projektsteuerers abnahmefähig ist (vgl. OLG Naumburg, Urt. v. 14.3.2008 – 10 U 64/07). **1**

B. Bedeutungslosigkeit des § 646 BGB

§ 646 BGB ist restriktiv auszulegen, weil der Besteller im Vergleich zu § 640 BGB keinen Einfluss auf den Eintritt der Abnahmewirkungen besitzt (Bamberger/Roth-Voit, § 640 BGB Rdn. 1). In Bausachen hat § 646 BGB deshalb keine Bedeutung. Im Übrigen wird zu Recht darauf hingewiesen, dass die Regelung des § 646 BGB schon deshalb bedenklich ist, weil sie konturenlos ist. Überzeugende Kriterien für die Abnahmeunfähigkeit lassen sich nicht finden (Staudinger/Peters/Jacoby, BGB, § 646 Rdn. 1, 7). **2**

§ 647 BGB Unternehmerpfandrecht

Der Unternehmer hat für seine Forderungen aus dem Vertrag ein Pfandrecht an den von ihm hergestellten oder ausgebesserten beweglichen Sachen des Bestellers, wenn sie bei der Herstellung oder zum Zwecke der Ausbesserung in seinen Besitz gelangt sind.

Übersicht

	Seite
A. Allgemeines	658
B. Voraussetzungen für das Pfandrecht	658
I. Unternehmer	658
II. Forderungen aus dem Vertrag	658
III. Bewegliche Sachen	658
IV. Sachen des Bestellers	659
V. Vom Unternehmer hergestellte oder zum Zweck der Ausbesserung in den Besitz des Unternehmers gelangte Sachen	659
C. Pfandrecht	659
D. Besonderheiten des VOB-Vertrags	660
E. Besonderheiten des Architekten- und Ingenieurvertrags	660
F. Besonderheiten des Bauträgervertrags	660
G. Besonderheiten des Baulieferertrags	660

A. Allgemeines

1 §§ 647, 647a, 650e und 650f BGB regeln die Möglichkeiten der Sicherung des Unternehmers, wobei die beiden letzteren Normen nur für Bauverträge (§ 650a BGB) gelten. § 647 BGB ist die einzige gesetzliche Sicherung. §§ 647a, 650e BGB geben einen Anspruch auf Einräumung einer Schiffs- oder einer Sicherungshypothek an einem Grundstück. § 650f BGB gewährt einen Anspruch auf Stellung einer Sicherheit. Das neue Bauvertragsrecht beließ § 647 BGB sowohl hinsichtlich des Wortlauts als auch der Stellung unverändert, so dass die spärliche Rechtsprechung und Kommentarliteratur zum alten Recht fortgelten.

B. Voraussetzungen für das Pfandrecht

I. Unternehmer

2 Gemeint ist der Unternehmer im Sinne des § 631 BGB, also der zur Herstellung des Werks verpflichtete Vertragspartner. Wegen § 650a Abs. 1 Satz 2 BGB gilt die Norm auch für den Unternehmer, der Partei eines Bauvertrags ist.

II. Forderungen aus dem Vertrag

3 Gesichert sind alle Forderungen aus dem Vertrag. Das sind alle Forderungen, die aus dem Vertragsverhältnis entstehen. Betroffen sind die vertraglich vereinbarten Forderungen, also die Vergütungsforderung (§§ 631, 648 Satz 2 oder § 645 BGB) und auch sonstige Forderungen wie die Forderung auf Entschädigung (§ 642 BGB) oder die Forderung auf Schadensersatz (§ 280 BGB). Die Forderungen müssen entstanden sein. Ihre Fälligkeit ist hingegen keine Voraussetzung für das Pfandrecht. Zur Verwertung ist der Unternehmer jedoch erst mit der Fälligkeit der Forderung berechtigt.

III. Bewegliche Sachen

4 Beweglich sind alle Sachen, die nicht Grundstücke, den Grundstücken gleichgestellt oder Grundstücksbestandteile sind (vgl. RG, Urt. v. 19.9.1903 – V 106/03; Urt. v. 2.6.1915 – V 19/15). Den Grundstücken gleichgestellt sind das Erbbaurecht (§ 12 ErbbauVO), das Wohnungs-

eigentum und die nach Landesrecht als Immobiliarrecht ausgestalteten Rechte. Bestandteile des Grundstücks sind nicht bewegliche Sachen. Es kommt nicht darauf an, ob es sich um wesentliche (§ 93 BGB) oder unwesentliche Bestandteile handelt (vgl. RG, Urt. v. 14.11.1938 – V 37/38). Zubehör eines Grundstücks können nur bewegliche Sachen sein (§ 97 BGB). Scheinbestandteile eines Grundstücks (§ 95 BGB) sind ebenfalls bewegliche Sachen (vgl. RG, Urt. v. 19.9.1903 – V 106/03). Das sind Sachen, die nur zu vorübergehendem Zweck mit dem Grund und Boden verbunden sind. Das können auch massiv erbaute Gebäude sein. So spricht eine Vermutung für eine nur zu einem vorübergehenden Zweck vorgenommene Verbindung mit dem Grundstück, wenn Mieter oder Pächter ein Gebäude auf dem Grundstück errichten (vgl. BGH, Urt. v. 22.12.1995 – V ZR 334/94). Diese Vermutung wird nicht durch eine massive Bauart oder lange Vertragsdauer widerlegt, wohl aber durch den Willen des Erbauers, das Bauwerk bei Beendigung des Vertragsverhältnisses in das Eigentum des Vertragspartners übergehen zu lassen. Sie gilt auch für den Fall, dass eine technische Anlage (Windkraftanlage) für die gesamte wirtschaftliche Lebensdauer auf dem Grundstück verbleiben soll (BGH, Urt. v. 7.4.2017 – V ZR 52/16 Rdn. 8 ff.).

IV. Sachen des Bestellers

Das Pfandrecht entsteht grundsätzlich nur an Sachen, die im Eigentum des Bestellers stehen. 5 Steht die Sache nicht im Eigentum des Bestellers, kann daran kein Unternehmerpfandrecht entstehen. Das gilt selbst dann, wenn der Eigentümer damit einverstanden ist, dass der Besteller sie dem Unternehmer übergibt (vgl. BGH, Urt. v. 21.12.1960 – VIII ZR 89/59). Ein gutgläubiger Erwerb des Pfandrechts an Sachen, die Dritten gehören und die der Besteller dem Unternehmer übergab, ist nicht möglich (vgl. BGH, Urt. v. 18.5.1983 – VIII ZR 86/82; vgl. kritisch dazu Schmidt NJW 2014, 1 [auch zu Reaktionen der AGB-Praxis und von ihm angenommenen gegenläufigen Schlussfolgerungen etwa aus § 366 Abs. 3 HGB]).

V. Vom Unternehmer hergestellte oder zum Zweck der Ausbesserung in den Besitz des Unternehmers gelangte Sachen

Das Pfandrecht kann nur an Sachen des Bestellers entstehen, an denen der Besteller dem 6 Unternehmer zum Zweck der Neuherstellung oder der Ausbesserung Besitz verschafft. Über den Gesetzeswortlaut hinaus reicht auch die Übergabe zu einer sonstigen Bearbeitung wie zur Veränderung (vgl. Peters in: Staudinger, BGB, § 647 Rdn. 20). Vom Besteller zur Verfügung gestellte Arbeitsmittel werden nicht erfasst.

Die Regelung hat auch im Bauvertragsrecht eine gewisse Bedeutung. Die Sicherungsrechte 7 nach § 647 und § 650e BGB schließen sich nicht gegenseitig aus, sondern ergänzen sich und können gegebenenfalls nebeneinander bestehen (vgl. BGH, Beschl. v. 4.3.1993 – VII ZR 282/91). Der Unternehmer kann also sowohl die Einräumung einer Sicherungshypothek an einem Baugrundstück verlangen als auch ein Unternehmerpfandrecht nach § 647 BGB an beweglichen Sachen des Bestellers in Anspruch nehmen. Das Unternehmerpfandrecht kann vor allem in der Phase vor Baubeginn entstehen. Es erlischt indessen gemäß § 946 BGB, wenn die mit dem Pfandrecht belastete Sache durch Einbau zum wesentlichen Bestandteil des Baugrundstücks wird.

Die Sachen müssen in den Besitz des Unternehmers gelangt sein. Mittelbarer Besitz reicht 8 aus, den z. B. ein Hauptunternehmer hat, wenn er die Sache an einen Nachunternehmer weitergibt (vgl. Kartzke, ZfBR 1993, 205, 208). Nicht ausreichend ist es, wenn der Unternehmer die Sache zu einem anderen Zweck als zu deren Herstellung oder Bearbeitung von einem anderen Unternehmer erhält. Der Unternehmer muss den zur Entstehung eines Pfandrechts erforderlichen Besitz an den Sachen zur Zeit der Verarbeitung schlüssig dartun (vgl. BGH, Beschl. v. 4.3.1993 – VII ZR 282/91).

C. Pfandrecht

Es gelten die Regelungen über das Vertragspfandrecht (§ 1257 BGB). Die §§ 1210 ff. BGB 9 finden Anwendung.

D. Besonderheiten des VOB-Vertrags

10 Die VOB/B trifft zu dem Unternehmerpfandrecht keine Aussage.

E. Besonderheiten des Architekten- und Ingenieurvertrags

11 Kraft der Verweisung in § 650q Abs. 1 BGB gilt § 647 BGB auch für Architekten- und Ingenieurverträge. Die Rechtsprechung hat sich immer wieder mit Herausgabeansprüchen von Bestellern gegen Architekten/Ingenieure zu befassen, die auf Unterlagen wie Pläne, Ausschreibungsunterlagen und Verträge gerichtet sind und denen der Unternehmer ein Zurückbehaltungsrecht wegen nicht bezahlten Honorars entgegenhält (Nachweise etwa bei Locher/Koeble/Frik, HOAI, Einleitung Rdn. 414 f.). Abgesehen von dem Umstand, dass der Besteller allenfalls Abzüge/Kopien, aber nicht Originale verlangen könnte, verleiht § 647 BGB regelmäßig dem Unternehmer in diesen Konstellationen kein Pfandrecht: Derartige Unterlagen erstellt der Unternehmer mit eigenen Materialien komplett neu. Ihm etwa vom Besteller zur Orientierung übergebene Bestandspläne und sonstige ältere Planunterlagen erhält er nicht zu dem Zweck, sie (neu) herzustellen oder auszubessern. § 647 BGB ist daher nur einschlägig, wenn der Besteller dem Unternehmer einen Plan mit dem Auftrag übergibt, exakt in diesen Plan Änderungen einzutragen (anstatt einen komplett neuen Plan zu erstellen).

F. Besonderheiten des Bauträgervertrags

12 Zwar hat der Gesetzgeber nicht grundsätzlich die Geltung von § 647 BGB für den Bauträgervertrag ausgeschlossen (vgl. § 650u Abs. 1 Satz 2 BGB und arg e § 650u Abs. 2 BGB). Ein Anwendungsbereich des § 647 BGB ist jedoch nicht ersichtlich, denn der Bauträger als Unternehmer erbringt eine umfassende, schlüsselfertige Leistung, ohne dass er hierzu Sachen des Erwerbers (Bestellers) in Anspruch nimmt.

G. Besonderheiten des Bauliefervertrags

13 Die Verweisung des § 650 Satz 3 BGB erstreckt sich nicht auf § 647 BGB, so dass im Hinblick auf die in § 650 Satz 1 BGB enthaltene Geltung des Kaufrechts der Lieferant kein Unternehmerpfandrecht hat. Teilweise wird aber für bestimmte Fallkonstellationen die analoge Anwendung des § 647 BGB befürwortet (vgl. Herdy/Raab, in: Dauner-Lieb/Langen, § 647 Rdn. 3).

§ 647a BGB Sicherungshypothek des Inhabers einer Schiffswerft

Der Inhaber einer Schiffswerft kann für seine Forderungen aus dem Bau oder der Ausbesserung eines Schiffes die Einräumung einer Schiffshypothek an dem Schiffsbauwerk oder dem Schiff des Bestellers verlangen. Ist das Werk noch nicht vollendet, so kann er die Einräumung der Schiffshypothek für einen der geleisteten Arbeit entsprechenden Teil der Vergütung und für die in der Vergütung nicht inbegriffenen Auslagen verlangen. § 647 findet keine Anwendung.

1 Da mit dem neuen Bauvertragsrecht § 648 Absatz 1 BGB a. F. in das Kapitel 2 „Bauvertrag" verschoben wurde, während die in § 648 Absatz 2 BGB a. F. enthaltene Regelung über die zugunsten des Inhabers einer Schiffswerft mögliche Sicherungshypothek aus systematischen Gründen in das allgemeine Werkvertragsrecht des Kapitels 1 gehört, kam es zu einer „Aufspaltung" des § 648 BGB a. F. in § 647a BGB und in § 650e BGB (vgl. BT-Drucks. 18/8486 S. 49). § 647a BGB entspricht daher § 648 Abs. 2 i. V. m. Abs. 1 Satz 2 BGB a. F.

2 Das SchiffsregisterG, insbesondere dessen §§ 24 ff., regeln Einzelheiten zur Schiffshypothek, die der Inhaber der Schiffswerft verlangen kann (zu weiteren Details vgl. Staudinger-Peters, § 647a Rdn. 2 ff.).

§ 648 BGB Kündigungsrecht des Bestellers

Der Besteller kann bis zur Vollendung des Werkes jederzeit den Vertrag kündigen. Kündigt der Besteller, so ist der Unternehmer berechtigt, die vereinbarte Vergütung zu verlangen; er muss sich jedoch dasjenige anrechnen lassen, was er infolge der Aufhebung des Vertrags an Aufwendungen erspart oder durch anderweitige Verwendung seiner Arbeitskraft erwirbt oder zu erwerben böswillig unterlässt. Es wird vermutet, dass danach dem Unternehmer 5 vom Hundert der auf den noch nicht erbrachten Teil der Werkleistung entfallenden vereinbarten Vergütung zustehen.

Übersicht

	Seite
A. Allgemeines zur „freien" Kündigung des Bauvertrags durch den Besteller	662
B. Kündigungserklärung	663
I. Erklärung und Auslegung	663
II. Auslegung/Umdeutung einer unwirksamen Kündigung des Bestellers aus (scheinbar) wichtigem Grund	663
III. Exkurs: Einvernehmliche Vertragsaufhebung	664
C. Zeitpunkt der Kündigung	665
D. Form der Kündigung	665
E. Begründung der Kündigung	665
F. Teilkündigung	665
G. Allgemeine Wirkungen der Kündigung	666
I. Begrenzung der vertraglichen Verpflichtung	666
II. Abnahme	666
III. Gemeinsames Aufmaß	666
H. Fälligkeit des Werklohns nach Kündigung	666
I. Abnahme nach Kündigung	666
II. Abschlagszahlungen	667
I. Abrechnung nach Kündigung	667
I. Abrechnung der erbrachten Leistung	668
1. Abrechnung der erbrachten Leistung im Einheitspreisvertrag	669
2. Abrechnung erbrachter Leistungen im Pauschalvertrag	669
a) Abrechnungsgrundsätze	669
b) Genauigkeitsgrad der Abrechnung	670
c) Ausnahmeregelung für geringfügige nicht erbrachte Restarbeiten	671
d) Ausnahmeregelung bei Vollendung des Bauwerks durch den Besteller (Abzug der Drittunternehmerkosten)	671
e) Typische Fehler der Abrechnung	672
aa) Prozentuale Bewertungen	672
bb) Abrechnung nach Zahlungsplan	672
cc) Abrechnung nach beliebigen Einheitspreisen	673
dd) Abrechnung nach Fachliteratur	673
ee) Abrechnung nach Verträgen mit anderem Preis- und Leistungsgefüge	673
ff) Abrechnung nach Stunden	673
f) Keine Erhöhung um einen Pauschalierungsnachlass	673
II. Abrechnung der nach Kündigung nicht mehr erbrachten Leistung nach § 648 Sätzen 2 und 3 BGB	674
1. Widerlegliche Vermutung des § 648 Satz 3 BGB; Darlegungs- und Beweislast bei Abrechnung nach § 648 Satz 2 BGB	674
a) Abrechnung nach § 648 Satz 3 BGB	674
b) Abrechnung gemäß § 648 Satz 2 BGB	675
aa) Rechtsprechung vor Einführung des § 649 Satz 3 BGB a. F.	675
bb) Einfluss des § 649 Satz 3 BGB a. F. (= § 648 Satz 3 BGB) auf die Darlegungs- und Beweislast	675
2. Ersparte Aufwendungen	676
a) Tatsächliche Ersparnis	676
b) Ersparnis an einzelnen Kalkulations-/Kostenfaktoren	678
3. (Böswillig unterlassener) Anderweitiger Erwerb	679
4. Abrechnung des Vergütungsanspruchs im Einheitspreisvertrag	680
5. Abrechnung des Vergütungsanspruchs im Pauschalvertrag	682
6. Umsatzsteuerrechtliche Fragen	683
III. Vertragsklauseln	684
1. Klauseln des Bestellers	684

§ 648

    2. Klauseln des Unternehmers 684
    3. Schutzrichtung der Inhaltskontrolle 686
J. Mängelhaftung des Unternehmers für erbrachte Leistungen nach Kündigung 686
    I. Leistungsverweigerungsrecht 686
        1. Verweigerung der Abnahme und Leistungsverweigerungsrecht des Bestellers nach Abnahme 686
        2. Leistungsverweigerungsrecht und § 650f BGB 686
    II. Mängelrechte 687
    III. Pflicht des Unternehmers, Mängel zu beseitigen 687
    IV. Entfallen der Abwendungsbefugnis des Unternehmers 687
    V. Darlegungs- und Beweislast 688
K. Besonderheiten des VOB/B-Vertrags 688
    I. „Freie" Kündigung durch den Auftraggeber (§ 8 Abs. 1 VOB/B) 688
    II. Sonstige Klauseln zur Kündigung durch den Auftraggeber und zu deren Abwicklung ... 688
    III. Mängelrechte des Auftraggebers nach Kündigung 689
    IV. Prüfbarkeit und prozessuale Folgen 689
L. Besonderheiten des Architekten-/Ingenieurvertrags 689
M. Besonderheiten des Bauträgervertrags 691
N. Besonderheiten des Bauliefervertrags 691

A. Allgemeines zur „freien" Kündigung des Bauvertrags durch den Besteller

1 § 649 Satz 1 BGB a. F. regelte die so genannte freie (Besteller-)Kündigung und war ebenso wie Satz 2 seit jeher Bestandteil des Werkvertragsrechts. In der Erwartung, dem Unternehmer dadurch die Abrechnung des gekündigten Vertrags zu erleichtern, fügte der Gesetzgeber des Forderungssicherungsgesetzes mit Satz 3 dem § 649 BGB a. F. eine gesetzliche Vermutung für die Höhe der dem Unternehmer zustehenden Vergütung an. Diese Vermutungsregelung ist auf seit dem 1.1.2009 entstandene Schuldverhältnisse anzuwenden (Art. 229 § 19 Abs. 1 EGBGB). Das neue Bauvertragsrecht übernahm den Text von § 649 BGB a. F. unverändert, löste jedoch eine neue Nummerierung aus. Daher kann auf die bisherige Rechtsprechung zu § 649 BGB a. F. zurückgegriffen werden, die deshalb nachfolgend so zitiert wird, als sei sie zu § 648 BGB ergangen. Die Vorschrift gilt für den Werkvertrag, aber gemäß § 650a Abs. 1 Satz 2 BGB auch für den Bauvertrag.

2 Die so genannte freie (Besteller-)Kündigung ist eine Besonderheit des Werkvertragsrechts. Der Besteller hat vorzugsweise Interesse an der Ausführung des Werks und soll deshalb die Möglichkeit einer Lösung vom Vertrag für den Fall erhalten, dass das Interesse wegfällt. Der Unternehmer ist nach der Wertung des Gesetzes durch die Regelung des § 648 Satz 2 BGB ausreichend geschützt (vgl. BGH, Urt. v. 8.7.1999 – VII ZR 237/98; Urt. v. 24.7.2003 – VII ZR 218/02; Urt. v. 27.1.2011 – VII ZR 133/10 Rdn. 11; Urt. v. 14.9.2017 – IX ZR 261/15 Rdn. 15).

3 AGB-Klauseln des Unternehmers, die das „freie" Kündigungsrecht des Bestellers ausschließen, benachteiligen diesen unangemessen und sind daher unwirksam (vgl. BGH, Urt. v. 8.7.1999 – VII ZR 237/98; OLG Düsseldorf, Urt. v. 3.9.1999 – 12 U 118/99; offen gelassen von BGH, Urt. v. 27.1.2011 – VII ZR 133/10 Rdn. 16, wobei diese Entscheidung nicht einen Bauvertrag, sondern einen Internet-System-Vertrag betrifft und daher an die Rechtsprechung zum Bauvertragsrecht nicht änderte).

4 Der Unternehmer hat nach einer ohne Grund erfolgten Kündigung Anspruch auf die vereinbarte Vergütung. Er muss sich jedoch dasjenige anrechnen lassen, was er infolge der Aufhebung des Vertrags an Aufwendungen erspart oder durch anderweitige Verwendung seiner Arbeitskraft erwirbt oder zu erwerben böswillig unterlässt. Ebenso muss der Unternehmer gemäß § 326 Abs. 2 Satz 2 BGB (vgl. dazu BGH, Urt. v. 14.1.2010 – VII ZR 106/08) und gemäß § 650f Abs. 5 Satz 2 BGB abrechnen. Auch in der Abrechnung eines auf § 280 Abs. 1 BGB basierenden Schadensersatzanspruchs muss der Unternehmer diese – mit den §§ 249 ff. BGB kongruenten – Grundsätze beachten (vgl. BGH, Urt. v. 20.8.2009 – VII ZR 212/07 Rdn. 30; vgl. auch BGH, Urt. v. 24.2.2005 – VII ZR 225/03).

5 Diese Abrechnungsgrundsätze führen zu angemessenen Ergebnissen, weil sie der Forderung Rechnung tragen, dass der Unternehmer keinen ungerechtfertigten Vor- oder Nachteil durch die Kündigung haben soll (vgl. BGH, Urt. v. 14.1.2010 – VII ZR 106/08). Zu beachten ist aber, dass der Bundesgerichtshof je nach Anspruchsgrundlage die Darlegungslast für die Ersparnis usw. zur Zeit teilweise unterschiedlich sieht (→ Rdn. 13).

Von der „freien" (Besteller-)Kündigung ist die dem Unternehmer wie dem Besteller unter bestimmten Voraussetzungen eröffnete Kündigung aus wichtigem Grund zu unterscheiden. Diese ist nunmehr in § 648a BGB geregelt (→ § 648a BGB). **6**

B. Kündigungserklärung

I. Erklärung und Auslegung

Die Kündigung beendet den Vertrag durch einseitige, empfangsbedürftige Willenserklärung für die Zukunft (vgl. BGH, Urt. v. 28.3.1996 – VII ZR 228/94). Diese Erklärung wird erst mit Zugang beim Vertragspartner wirksam. Die Kündigung muss grundsätzlich durch die Vertragspartei oder durch ihren Bevollmächtigten erfolgen. Nach § 174 Satz 1 BGB ist eine Kündigung durch einen Bevollmächtigten unwirksam, wenn er keine Vollmachtsurkunde vorlegt und die gekündigte Partei die Kündigung aus diesem Grund unverzüglich zurückweist. Die Zurückweisung ist ausgeschlossen, wenn die gekündigte Partei durch ihren Vertragspartner selbst von der Bevollmächtigung in Kenntnis gesetzt wurde. Die kündigende Partei muss darauf achten, dass nach einer Zurückweisung mangels Vorlage der Vollmacht die Kündigung wiederholt wird, denn die Erstkündigung wird nicht durch Nachreichung der Vollmacht geheilt. **7**

Ob eine Erklärung als Kündigung zu verstehen ist, ergibt die Auslegung. Es ist nicht notwendig, dass das Wort „Kündigung" gebraucht wird. Auch andere Begriffe können genügend eindeutig zum Ausdruck bringen, dass das Vertragsverhältnis beendet sein soll (z.B. „Rücktritt" [vgl. BGH, Urt. v. 21.5.1964 – VII ZR 218/62], „Vertragsbeendigung", „Auflösung des Vertrags" oder „Entziehung des Auftrags"). Eine Kündigung kann sich auch aus dem Verhalten einer Vertragspartei ergeben (wobei die Kündigung eines Bauvertrags die Einhaltung der schriftlichen Form voraussetzt –> § 650h Rdn. 4). Es reicht, wenn der Besteller unmissverständlich zum Ausdruck bringt, dass er keine weitere Tätigkeit des Unternehmers mehr wünscht (vgl. BGH, Urt. v. 30.6.1977 – VII ZR 205/75). So kann ein endgültiges Baustellenverbot als Kündigung ausgelegt werden. Gleiches gilt für die definitive Erklärung des Bestellers, er werde einen Zweitunternehmer mit der Mängelbeseitigung und Fertigstellung der Arbeiten beauftragen (vgl. BGH, Urt. v. 30.6.1977 – VII ZR 205/75). Die Fortführung der Arbeiten durch einen Zweitunternehmer konnte jedenfalls vor Einführung des § 650h BGB ebenfalls als (konkludente) Kündigung eines Bauvertrags durch den Besteller gedeutet werden (vgl. BGH, Urt. v. 26.11.1959 – VII ZR 120/58; OLG Düsseldorf, Urt. v. 14.9.2001 – 22 U 38/01). Hiervon musste aber der Unternehmer in irgendeiner Form Kenntnis erlangt haben. **8**

II. Auslegung/Umdeutung einer unwirksamen Kündigung des Bestellers aus (scheinbar) wichtigem Grund

Problematisch sind die Fälle, in denen der Besteller aus vermeintlich wichtigem Grund kündigt, dieser Grund in Wahrheit jedoch nicht besteht. Eine unberechtigte Kündigung aus wichtigem Grund ist unwirksam. Fraglich ist, ob eine Kündigung aus wichtigem Grund stets eine Kündigung nach § 648 Satz 1 BGB darstellt, so dass auch trotz des Fehlens des wichtigen Grundes der Vertrag jedenfalls gekündigt ist (vgl. Kapellmann, Jahrbuch Baurecht 1998, S. 38), oder ob eine Kündigung aus wichtigem Grund hilfsweise als „freie" Kündigung zu verstehen bzw. so umzudeuten ist. **9**

Grundsätzlich kann eine unwirksame Kündigung aus wichtigem Grund nur dann als eine „freie" Kündigung ausgelegt bzw. umgedeutet werden, wenn nach der Sachlage anzunehmen ist, dass dies dem Willen des Erklärenden entspricht, und dieser Wille in seiner Erklärung gegenüber deren Empfänger zum Ausdruck kam (vgl. BGH, Urt. v. 26.7.2001 – X ZR 162/99; Schmidt, NJW 1995, 1313, 1314). Das ist bei der Kündigung von Bauverträgen regelmäßig der Fall. Im Regelfall ist die Kündigung eines Bauvertrags aus wichtigem Grund dahin zu verstehen, dass auch eine „freie" Kündigung gewollt ist, falls die Kündigung aus wichtigem Grund unwirksam ist. Beide Vertragsparteien wollen in der Regel die sofortige Beendigung des Vertrags. Dieses Ziel könnten sie nicht erreichen, wenn nur eine Kündigung aus wichtigem Grund gewollt wäre. Dann hinge die Wirksamkeit der Kündigung davon ab, ob ein wichtiger **10**

Grund zur Kündigung besteht. Allein das Interesse des Bestellers, die Vergütung nach §648 Satz 2 BGB nicht zahlen zu müssen, hindert nicht, den Willen zu einer hilfsweise erklärten „freien" Kündigung anzunehmen. Die Vergütung müsste er nämlich nach §326 Abs. 2 BGB im Regelfall auch bezahlen (vgl. BGH, Urt. v. 24.7.2003 – VII ZR 218/02; vgl. auch Urt. v. 29.4.1965 – VII ZR 121/63; Urt. v. 5.12.1968 – VII ZR 127/66 und VII ZR 128/66; der Sache nach auch BGH, Urt. v. 14.9.2017 – IX ZR 261/15 Rdn. 10ff.).

11   Für den praktisch bedeutsamsten Fall, dass der Unternehmer nach einer (unberechtigten) Kündigung des Bestellers aus (scheinbar) wichtigem Grund die Arbeiten einstellt und abrechnet, wendet der Bundesgerichtshof ohnehin in ständiger Rechtsprechung § 648 Satz 2 BGB an (vgl. BGH, Urt. v. 8.2.1996 – VII ZR 219/94; Urt. v. 10.10.1996 – VII ZR 250/94; Urt. v. 24.6.1999 – VII ZR 196/98; Urt. v. 8.7.1999 – VII ZR 237/98). Das ist sachgerecht, weil der Vertrag nicht mehr weitergeführt wird, die Parteien also genau so stehen, als hätte der Besteller „frei" gekündigt. Gleiche Erwägungen gelten, wenn der Besteller den Rücktritt erklärte, ein Rücktrittsgrund jedoch nicht vorliegt und eine Fortsetzung des Vertrags nicht in Betracht kommt (vgl. OLG Jena, Urt. v. 18.4.2007 – 7 U 946/06).

12   Will der Besteller ein solches Verständnis seiner Kündigungserklärung vermeiden, muss er das in der Erklärung zum Ausdruck bringen, z.B. indem er ausdrücklich festhält, die Kündigung solle nur als Kündigung aus wichtigem Grund gelten oder eine „freie" Kündigung sei nicht gewollt.

13   Kann eine unberechtigte Kündigung aus wichtigem Grund nicht als „freie" Kündigung ausgelegt werden, lässt aber der Besteller nach der „Kündigung" ein Weiterarbeiten des Unternehmers nicht mehr zu, indem er z.B. ein Baustellenverbot ausspricht oder die Arbeiten durch einen Zweitunternehmer fertig stellen lässt, kommt als Anspruchsgrundlage für den Vergütungsanspruch § 326 Abs. 2 BGB in Betracht. Angesichts dessen, dass § 326 Abs. 2 BGB eine dem § 648 Satz 2 BGB vergleichbare Rechtsfolge enthält, unterscheiden sich die Anspruchsgrundlagen nur insoweit, als der Anspruch aus § 648 Satz 2 BGB verschuldensunabhängig ist, der Anspruch aus § 326 Abs. 2 BGB hingegen nicht, solange kein Annahmeverzug vorliegt. Zu beachten ist, dass die Darlegungslast für die Ersparnis usw. zur Zeit vom Bundesgerichtshof noch unterschiedlich gesehen wird. Während der Unternehmer bei einem Anspruch aus § 648 Satz 2 BGB die Erstdarlegungslast hinsichtlich der Ersparnis und des anderweitigen Erwerbs hat, trägt sie beim Anspruch aus § 326 Abs. 2 BGB der Besteller (vgl. BGH, Urt. v. 17.7.2001 – X ZR 71/99; Urt. v. 17.7.2001 – X ZR 29/99; Urt. v. 17.2.2004 – X ZR 108/02).

14   Die unberechtigte Kündigung aus wichtigem Grund durch den Besteller ist zudem in aller Regel ein Kündigungsgrund für den Unternehmer (vgl. BGH, Urt. v. 5.12.1968 – VII ZR 127/66 und VII ZR 128/66; Urt. v. 12.3.2003 – VIII ZR 197/02; Urt. v. 20.8.2009 – VII ZR 212/07). Erklärt der Unternehmer seinerseits die Kündigung aus wichtigem Grund, hat er in der Regel Schadensersatzansprüche aus § 280 Abs. 1 BGB gegen den Besteller. Diesen kann der Besteller den Einwand des Mitverschuldens (§ 254 Abs. 1 BGB) entgegenhalten, wenn der Unternehmer durch seinerseits vertragswidriges Verhalten Anlass für die unberechtigte Kündigung aus wichtigem Grund durch den Besteller gab (vgl. BGH, Urt. v. 20.8.2009 – VII ZR 212/07).

III. Exkurs: Einvernehmliche Vertragsaufhebung

15   Beenden die Parteien den Vertrag einvernehmlich, so richten sich ihre Ansprüche danach, was sie im Rahmen der Vertragsaufhebung vereinbarten. Trafen die Parteien über die Rechtsfolgen der Aufhebung keine Regelung, kommt es darauf an, welchen Hintergrund die Vertragsaufhebung hatte, also darauf, welche Rechte die Parteien hätten geltend machen können. Das hängt davon ab, welche Umstände zur Vertragsaufhebung führten, insbesondere davon, ob der Besteller oder der Unternehmer zur Kündigung aus wichtigem Grund berechtigt war (vgl. BGH, Urt. v. 4.6.1973 – VII ZR 113/71; Urt. v. 7.3.1974 – VII ZR 35/73; Urt. v. 18.12.1975 – VII ZR 75/75; Urt. v. 29.4.1999 – VII ZR 248/98; OLG Karlsruhe, Urt. v. 16.1.1992 – 9 U 209/90; OLG Saarbrücken, Urt. v. 6.7.2011 – 1 U 408/09).

16   Von dieser differenzierten Betrachtungsweise löste sich der Bundesgerichtshof in einem neueren Urteil, in dem er aussprach, dass sich im Fall der einvernehmlichen Vertragsbeendigung die vom Unternehmer zu beanspruchende Vergütung nach § 648 Satz 2 BGB bemisst, sofern sich die Bauvertragsparteien nicht anderweitig über die Folgen der Vertragsbeendigung einigten (vgl. BGH, Urt. v. 26.4.2018 – VII ZR 82/17 Rdn. 19). Diese rigide, im Hinblick auf seine frühere Rechtsprechung überraschende Aussage des Bundesgerichtshofs dürfte richtigerweise

als eine Art Zweifelsregelung zu betrachten sein, die es den Instanzgerichten nicht verwehrt, eine etwaige andere Vereinbarung der Bauvertragsparteien über die Rechtsfolgen und daneben wie nach der älteren Rechtsprechung des Bundesgerichtshofs zu prüfen, ob der Besteller im Zeitpunkt der Vertragsaufhebung zu einer Kündigung aus wichtigem Grund berechtigt gewesen wäre (vgl. KG, Urt. v. 11.6.2019 – 21 U 142/18: „Da der Besteller im Zweifel nicht berechtigt ist, den Werkvertrag aus wichtigem Grund zu kündigen, ist somit im Regelfall von der Vergütungsfolge einer freien Kündigung […] auszugehen").

Zu einem Sachverhalt, in dem nach unwirksamer Kündigung durch den Besteller der Unternehmer die Baustelle räumte, nichts weiter unternahm und vor allem keine Arbeiten mehr erbrachte oder anbot, nahm der Bundesgerichtshof eine einverständliche Vertragsaufhebung an (vgl. BGH, Urt. v. 4.6.1973 – VII ZR 113/71). Das ist allerdings nicht tragfähig. Vielmehr räumte der Unternehmer die Baustelle, weil der Besteller die Kündigung erklärte, gleich ob sie berechtigt war oder nicht. Ein Einverständnis kann angesichts des Umstands, dass der Besteller die Arbeiten nicht zuließ, nicht angenommen werden.

C. Zeitpunkt der Kündigung

Die Kündigung kann erfolgen, nachdem die Parteien den Vertrag schlossen. Ein unwirksamer Vertrag kann nicht gekündigt werden. Jedoch können schwebend unwirksame Verträge genehmigt und sogleich gekündigt werden. Nahm z. B. ein Geschäftsführer eines Wohnungsbauunternehmens Schmiergelder eines Architekten entgegen und erteilte er namens des Wohnungsbauunternehmens dem Architekten deshalb den Auftrag, so missbrauchte er seine Vollmacht. Der Vertrag ist – sofern er nicht wegen einer Benachteiligung des Wohnungsbauunternehmens nichtig ist – schwebend unwirksam. Erfährt das Wohnungsbauunternehmen von den Schmiergeldzahlungen, kann es den Vertrag genehmigen und sofort kündigen. Auf diese Weise erhält es sich für den durchgeführten Teil des Vertrags die Mängelansprüche (vgl. BGH, Urt. v. 6.5.1999 – VII ZR 132/97).

Nach Durchführung des Vertrags ist eine Kündigung nicht mehr möglich. Der Bauvertrag ist mit der Abnahme erfüllt, so dass eine Kündigung nicht mehr in Betracht kommt. Vielmehr beurteilt die Rechtslage sich dann allein nach §§ 634 ff. BGB (vgl. BGH, Urt. v. 6.2.1975 – VII ZR 244/73). Verweigert der Besteller die Abnahme zu Recht wegen Mängeln, ist der Vertrag noch nicht erfüllt. Der Besteller kann den Vertrag noch kündigen.

D. Form der Kündigung

Während die Kündigung eines Werkvertrags, wenn nichts anderes vertraglich vereinbart ist, auch formlos, z. B. mündlich, möglich ist, bedarf gemäß § 650h BGB die Kündigung eines Bauvertrags der schriftlichen Form (→ § 650h BGB).

E. Begründung der Kündigung

Es liegt in der Natur der Sache, dass der Besteller eine „freie" Kündigung nicht begründen muss.

F. Teilkündigung

Anders als § 648a Abs. 2 BGB enthält § 648 BGB keine explizite Aussage, dass und unter welchen Voraussetzungen eine Teilkündigung möglich ist. In der Begründung zu § 648a Abs. 2 BGB wird es als „sinnvoll" bezeichnet, „angesichts des Umfangs der in einem Werkvertrag bisweilen vereinbarten Werkleistungen und der in einem solchen Vertrag oftmals gebündelten unterschiedlichen Leistungen […] den Parteien die Möglichkeit zur Teilkündigung zu eröffnen" (BT-Drucks. 18/8486 S. 51). Da diese Überlegungen auch für eine „freie" Kündigung nur durch den Besteller gelten und der Unternehmer durch den finanziellen Ausgleich hin-

§ 648

reichend geschützt ist, erscheint es richtig, auch zu § 648 BGB die Zulässigkeit einer „freien" Teilkündigung – quasi als minus zur „freien" Kündigung nach § 648 Satz 1 BGB (vgl. krit. mit beachtlichen Gründen Abel/Schönfeld, BauR 2017, 1901, 1904 ff., die für eine deutlich restriktivere Kündigungsmöglichkeit durch entsprechende Anwendung von § 139 BGB plädieren) – zu bejahen. Zu den Details der Teilkündigung → § 648a BGB Rdn. 29 ff.

G. Allgemeine Wirkungen der Kündigung

I. Begrenzung der vertraglichen Verpflichtung

23   Mit der Kündigung entfällt die Leistungsverpflichtung für den bis zur Kündigung noch nicht erbrachten Teil. Der Gegenstand des Werkvertrags beschränkt sich auf die bis zur Kündigung erbrachte Leistung, das Teilwerk (vgl. BGH, Urt. v. 25.3.1993 – X ZR 17/92; Urt. v. 19.12.2002 – VII ZR 103/00).

II. Abnahme

24   Die Kündigung führt die Abnahmewirkungen grundsätzlich nicht herbei. Soweit die Rechtsprechung früher für die Fälligkeit des Werklohns eine Ausnahme machte, korrigierte sie das (vgl. BGH, Urt. v. 11.5.2006 – VII ZR 146/04, vgl. → § 640 Rdn. 30 ff.). Nach der Kündigung hat der Unternehmer einen Anspruch gegen den Besteller auf Abnahme der bis zur Kündigung erbrachten Leistung, wenn diese mängelfrei oder allenfalls mit unwesentlichen Mängeln erbracht ist. Das ist zwar nicht explizit in § 648 BGB ausgesprochen, ergibt sich aber aus § 640 Abs. 1 BGB; daher kann der Unternehmer im Einzelfall auch von der Abnahmefiktion des § 640 Abs. 2 BGB profitieren. Für die Abnahmereife kommt es allein darauf an, ob das bis zur Kündigung erstellte Teilwerk Mängel aufweist oder nicht. Als Mangel in diesem Sinne kommen nicht die durch die Kündigung zwangsläufig veranlasste Unvollständigkeit des Werks, sondern nur dem Teilwerk selbst anhaftende Fehler in Betracht (vgl. BGH, Urt. v. 25.3.1993 – X ZR 17/92). Die Abnahme der durch die Kündigung beschränkten, vertraglich geschuldeten Werkleistung beendet das Erfüllungsstadium des gekündigten Vertrags und führt die Erfüllungswirkungen der Werkleistung herbei (vgl. BGH, Urt. v. 19.12.2002 – VII ZR 103/00).

25   Verweigert der Besteller die Abnahme, kann der Unternehmer nach § 650g Abs. 1–3 BGB eine Zustandsfeststellung fordern.

III. Gemeinsames Aufmaß

26   Anders als in § 648a Abs. 4 BGB findet sich in § 648 BGB keine Regelung zur gemeinsamen Leistungsstandsfeststellung (= zum gemeinsamen Aufmaß). Es ist indessen an der für alle Arten von Kündigungen gültigen Rechtsprechung (vgl. BGH, Urt. v. 22.5.2003 – VII ZR 143/02) festzuhalten, wonach der Besteller aufgrund des Kooperationsgedankens verpflichtet ist, an der gemeinsamen Aufmaßnahme mitzuwirken (i. E. wie hier vgl. Kniffka, BauR 2017, 1747, 1778, der eine unbewusste Regelungslücke annimmt). Wegen der Abwicklung im Detail sei auf die übertragbaren Ausführungen zu § 648a Abs. 4 BGB (→ § 648a BGB Rdn. 40 ff.) verwiesen.

H. Fälligkeit des Werklohns nach Kündigung

I. Abnahme nach Kündigung

27   Nach der früheren Rechtsprechung des Bundesgerichtshofs wurde der Anspruch des Unternehmers auf Vergütung mit der Kündigung fällig; die Abnahme war keine Fälligkeitsvoraussetzung (vgl. BGH, Urt. v. 9.10.1986 – VII ZR 249/85). Für diese Rechtsprechung, die auf eine Entscheidung des OLG Düsseldorf zurückzuführen war (vgl. OLG Düsseldorf, Urt. v. 20.9.1976 – 5 U 55/76), fehlte es an einer plausiblen Begründung. Sie fußte auf dem Gedanken, dass der Besteller nur die Abnahme des vertragsgemäß hergestellten Bauwerks schuldet und das Werk nach einer Kündigung vor seiner Fertigstellung nicht vertragsgemäß hergestellt

ist. Das ist jedoch nicht richtig. Mit der Kündigung beschränkt sich die vertragsmäßige Leistung auf die bis zur Kündigung erbrachte Leistung (→ Rdn. 24). In konsequenter Weiterführung der Entscheidung des Bundesgerichtshofs vom 19.12.2002 – VII ZR 103/00, entschied der Bundesgerichtshof deshalb, dass der (auf die Schlussvergütung gerichtete) Werklohnanspruch des Unternehmers grundsätzlich erst mit der Abnahme der bis zur Kündigung erbrachten Leistung fällig wird (vgl. BGH, Urt. v. 11.5.2006 – VII ZR 146/04; vgl. auch Brügmann/Kenter, NJW 2003, 2121 ff.; Kniffka, ZfBR 1998, 113, 116). Die Abnahme kann durch die bekannten Abnahmesubstitute ersetzt werden, vgl. dazu → § 641 Rdn. 3 ff.

Ohne Abnahme wird der Anspruch des Unternehmers fällig, wenn eine „freie" Kündigung 28 des Bestellers gemäß § 648 BGB erfolgt, ohne dass der Unternehmer irgendwelche Arbeiten erbrachte. Eine Abnahme zu verlangen, wäre sinnwidrig, denn es gibt kein (auch noch so kleines) Teilwerk, das der Besteller auf seine Vertragsgemäßheit überprüfen könnte (vgl. i. E. übereinstimmend die von BGH, Urt. v. 5.6.2014 – VII ZR 285/12 Rdn. 8 nur referierten, aber im Revisionsverfahren nicht bewerteten Ausführungen des Berufungsgerichts).

Das wirft die Folgefrage auf, ob in den viel häufigeren Fällen, in denen zum Zeitpunkt der 29 „freien" Kündigung der Unternehmer ein Teilwerk errichtete, nur die Fälligkeit des Werklohns, der auf das erbrachte Teilwerk entfällt, eine Abnahme erheischt, während sie hinsichtlich des – nicht abnahmefähigen, da nicht ausgeführten – „weggekündigten" Rests entbehrlich ist. Folge wäre, dass der Unternehmer den hierauf entfallenden Vergütungsanspruch isoliert sofort geltend machen könnte, mag er auch mangels Abnahme bzw. Abnahmereife oder -substituten den Werklohn für das ausgeführte Teilwerk noch nicht durchsetzen können. Eine derartige Aufspaltung scheint im Hinblick auf den im Gesetz vorausgesetzten einheitlichen Anspruch („die vereinbarte Vergütung" gemäß § 648 Satz 2 Hs. 1 BGB) jedoch trotz aller gebotenen Unterschiede in der Abrechnung (→ Rdn. 32 ff.) zu weitgehend zu sein. Daher dürfte es richtig sein, die Fälligkeit des Anspruchs einheitlich von der Abnahme bzw. Abnahmereife oder -substituten abhängig zu machen.

II. Abschlagszahlungen

Abschlagszahlungen kann der Unternehmer nicht mehr verlangen, wenn der Besteller nach 30 Fertigstellung der Leistung und Abnahme die Vorlage der Schlussrechnung forderte und diese Frist ablief (vgl. BGH, Urt. v. 20.8.2009 – VII ZR 205/07 Rdn. 41 ff.). Folglich kann der Unternehmer nach der Kündigung des Vertrags Abschlagszahlungen für die erbrachte Leistung fordern, solange der Besteller die Abnahme zu Recht verweigert und noch Erfüllung des Vertrags verlangt (vgl. BGH, Urt. v. 15.6.2000 – VII ZR 30/99).

Kann der Unternehmer keine Abschlagszahlung mehr fordern, muss er durch die Schluss- 31 rechnung nachweisen, dass er berechtigt ist, erhaltene Abschlags- und Vorauszahlungen zu behalten. Geschieht das nicht, kann der Besteller Rückzahlung der überzahlten Abschlagszahlungen fordern, sofern sich aus der von ihm anhand seiner Erkenntnismöglichkeiten erstellten Abrechnung ein Rückzahlungsanspruch ergibt. Der Rückzahlungsanspruch folgt aus der vertraglichen Abrede und ist kein Bereicherungsanspruch (vgl. BGH, Urt. v. 11.2.1999 – VII ZR 399/97; Urt. v. 24.1.2002 – VII ZR 196/00; Urt. v. 8.1.2015 – VII ZR 6/14 Rdn. 13 ff.).

I. Abrechnung nach Kündigung

Liegt eine „freie" Kündigung des Bestellers gemäß § 648 Satz 1 BGB oder eine hinsicht- 32 lich der Rechtsfolgen vergleichbare Fallgruppe (→ Rdn. 4) vor, ist zu trennen zwischen der Abrechnung der erbrachten Leistung nach § 631 Abs. 1 BGB und der Abrechnung des Vergütungsanspruchs aus § 648 Satz 2 BGB. Beide Abrechnungen unterscheiden sich grundlegend. Im ersten Fall wird die erbrachte Leistung bewertet. Im zweiten Fall richtet sich vorbehaltlich § 648 Satz 3 BGB die Vergütung nach der vertraglichen Vereinbarung; abgezogen wird, was der Unternehmer infolge der Aufhebung des Vertrags an Kosten erspart oder durch anderweitige Verwendung seiner Arbeitskraft und seines Betriebs erwirbt oder zu erwerben böswillig unterlässt.

Die Rechtsprechung des Bundesgerichtshofs entwickelte Abrechnungsgrundsätze, die vor 33 allem gewährleisten sollen, dass die Parteien durch eine Kündigung keine ungerechtfertigten Vor- und Nachteile bei der Abrechnung erfahren (vgl. BGH, Urt. v. 21.12.1995 – VII ZR

§ 648

198/94). Sie sollen zudem für die notwendige Transparenz einer Abrechnung sorgen, die es ermöglicht, die Umsetzung dieses Grundsatzes zu überprüfen. Indes ist die Abrechnung kein Selbstzweck. Benötigt der Besteller die nach den Vorgaben der Rechtsprechung notwendigen Informationen nicht, verstößt es gegen Treu und Glauben, wenn er sich auf mangelnde Prüfbarkeit der Schlussrechnung beruft und deshalb die Zahlung verweigert (→ § 650g BGB Rdn. 47 ff.).

34 Die Grundsätze über die Abrechnung eines vorzeitig beendeten Vertrags gelten nicht, wenn der Besteller die Gesamtleistung des Unternehmers abnahm. Auch wenn die Leistung noch Mängel aufweist oder sogar teilweise noch nicht fertig gestellt ist, schuldet der Besteller die vertraglich vereinbarte Vergütung. Rechte des Bestellers wegen einer mangelhaften oder unvollständigen Leistung ergeben sich grundsätzlich aus den Mängelrechten (vgl. OLG Köln, Urt. v. 1.10.2004 – 20 U 85/03).

I. Abrechnung der erbrachten Leistung

35 Unabhängig vom Kündigungsgrund hat der Unternehmer nach einer Kündigung stets Anspruch auf Vergütung der erbrachten Leistung (§§ 631, 648a Abs. 5 BGB, vgl. BGH, Urt. v. 26.11.1959 – VII ZR 120/58; Urt. v. 10.5.1990 – VII ZR 45/89; Urt. v. 25.3.1993 – X ZR 17/92; Urt. v. 12.2.2003 – X ZR 62/01). Nach einer „freien" Kündigung des Bestellers kann sich der Unternehmer auf die Abrechnung der erbrachten Leistung beschränken. Auch in diesem Fall muss er nach den für diese Abrechnungsmodalität entwickelten Grundsätzen abrechnen.

36 Rechnet der Unternehmer sowohl die Vergütung für die erbrachte Leistung als auch die Vergütung für die ihm gekündigte, noch nicht ausgeführte Restleistung ab und ist seine Abrechnung zu letzterer unschlüssig, ist gleichwohl die Abrechnung zu ersterer für sich betrachtet sachlich zu überprüfen (vgl. BGH, Urt. v. 27.1.2011 – VII ZR 133/10 Rdn. 20).

37 Zu der erbrachten Leistung gehören diejenigen Arbeiten, die sich im Zeitpunkt der Kündigung im Bauwerk verkörpern. Dazu gehören grundsätzlich nicht die bereits hergestellten, aber noch nicht eingebauten Bauteile, gleich ob sie bereits auf die Baustelle geliefert wurden oder nicht (vgl. BGH, Urt. v. 9.3.1995 – VII ZR 23/93; OLG Düsseldorf, Urt. v. 13.3.2020 – 22 U 222/19). Allerdings kann der Besteller nach Treu und Glauben verpflichtet sein, diese zu übernehmen und angemessen zu vergüten. Das ist zu bejahen, wenn der gekündigte Unternehmer selbst sie nicht mehr verwenden kann, die Bauteile für die Weiterführung des Bauvorhabens uneingeschränkt tauglich sind und ihre Verwendung dem Besteller unter Berücksichtigung aller Umstände zumutbar ist. Gleiches gilt, wenn der Besteller den Vertrag nach § 8 Abs. 2 VOB/B wegen Zahlungseinstellung des Unternehmers kündigte (vgl. BGH, Urt. v. 7.1.2003 – X ZR 16/01; OLG Düsseldorf, Urt. v. 13.3.2020 – 22 U 222/19; OLG Hamm, Urt. v. 29.5.2001 – 24 U 9/01; OLG Köln, Beschl. v. 11.9.1995 – 18 W 20/95). Nach den dargestellten strengen Kriterien wird die Übernahme von noch nicht eingebauten Baustoffen und -teilen häufig schon deshalb nicht in Betracht kommen, weil der Nachfolgeunternehmer keinen Vertrag schließen will, der ihn dazu verpflichtet, diese Baustoffe und -teile zu verwenden. Für Planungsunterlagen, deren Vergütung in die Baupreise eingerechnet ist, kann der Unternehmer keine Vergütung verlangen, wenn die Bauleistung selbst noch nicht erbracht ist (vgl. OLG Köln, Urt. v. 17.3.2021 – 11 U 281/19). Zur Behandlung mangelhafter Arbeiten vgl. → Rdn. 137 ff.

38 Anders ist die Rechtslage nach § 645 BGB ab. Gemäß dieser Norm sind auch die in der Vergütung nicht inbegriffenen Auslagen (Kosten) zu vergüten. In diesem Fall werden also die hergestellten, aber noch nicht eingebauten Produkte vergütet. Gleiches gilt für bereits erbrachte Planungsunterlagen, die im Preis einkalkuliert waren.

39 Der Unternehmer muss darlegen, dass die von ihm nach der Kündigung verlangte Vergütung sich aus der vertraglich vereinbarten Vergütung ableitet. Nur auf diese Weise ist sichergestellt, dass der Unternehmer durch die Kündigung keinen ungerechtfertigten Vorteil erhält.

40 Zur Ermittlung der vertragsbezogenen Vergütung muss der Unternehmer die erbrachte Leistung genau bezeichnen, von der nicht erbrachten Restleistung abgrenzen und auf der Grundlage des geschlossenen Vertrags bewerten. Die Anforderungen an die Bewertung sind unterschiedlich und hängen davon ab, ob ein Einheitspreis- oder ein Pauschalvertrag geschlossen worden ist.

41 In Ausnahmefällen kann der Besteller mit einem Schadensersatzanspruch gegen den Anspruch des Unternehmers aufrechnen. Das nahm das OLG Hamm in einem Fall an, in dem

die Durchführung des Vertrags noch ungewiss war, weil der Unternehmer dem Besteller ein befristetes Widerrufsrecht eingeräumt hatte, aber vor Ablauf der Widerrufsfrist vorschnell Arbeiten erbrachte (vgl. OLG Hamm, Urt. v. 10.11.2009 – 19 U 34/09).

1. Abrechnung der erbrachten Leistung im Einheitspreisvertrag

Beim Einheitspreisvertrag ist auf der Grundlage des Leistungsverzeichnisses abzurechnen. **42** Maßgeblich sind die erbrachten Mengen. Diese sind durch das Aufmaß zu ermitteln und mit den vereinbarten Einheitspreisen zu multiplizieren (vgl. BGH, Urt. v. 21.12.1995 – VII ZR 198/94). Eine Änderung des Einheitspreises wegen kündigungsbedingter Mindermengen kommt nicht in Betracht (vgl. OLG Celle, Urt. v. 22.6.1994 – 6 U 212/93).

2. Abrechnung erbrachter Leistungen im Pauschalvertrag

a) Abrechnungsgrundsätze

Auch die Abrechnung eines Pauschalvertrags nach einer Kündigung muss dem Grundsatz **43** Rechnung tragen, dass der Unternehmer keine ungerechtfertigten Vorteile aus einer Kündigung ziehen darf. Sie hat deshalb auf der Grundlage der für die Gesamtleistung vereinbarten Vergütung zu erfolgen. Der Besteller schuldet eine Vergütung, die dem am Vertragspreis orientierten Wert der erbrachten Leistung im Zeitpunkt der Kündigung entspricht (vgl. BGH, Urt. v. 29.6.1995 – VII ZR 184/94; Urt. v. 6.3.1997 – VII ZR 47/96). Ebenso wie beim Einheitspreisvertrag ist die bis zur Kündigung erbrachte Leistung darzulegen und zu bewerten. Im Hinblick darauf, dass die Bewertung nicht durch Einheitspreise vorgegeben ist und grundsätzlich auch keine Mengenangaben Gegenstand der Vereinbarung sind, die Abrechnung jedoch so transparent sein muss, dass für den Besteller die Orientierung am vereinbarten Pauschalpreis nachprüfbar ist, gestalten sich die nachträgliche Ermittlung und Darstellung des Vertragspreises für die erbrachte Leistung deutlich schwieriger als zum Einheitspreisvertrag.

Der Unternehmer muss die Arbeiten, die Gegenstand des Pauschalvertrags sind, zum Zwecke **44** der Abrechnung in einzelne Teilleistungen zergliedern und diese mit Preisen bewerten. Die Summe dieser einzelnen Teilleistungen muss die insgesamt geschuldete Leistung, die Summe der diesen einzelnen Teilleistungen zugeordneten Preise muss den Pauschalpreis ergeben (vgl. BGH, Urt. v. 4.5.2000 – VII ZR 53/99; Urt. v. 14.11.2002 – VII ZR 224/01).

In der Zuordnung der Preise ist der Unternehmer nicht frei. Vielmehr müssen sich diese **45** Preise aus der dem Vertrag zugrunde liegenden Kalkulation ableiten. Das muss für den Besteller nachvollziehbar dargestellt werden. Macht dieser unter Vorlage verschiedener Angebote anderer Unternehmer geltend, dass die für die erbrachten Leistungen angesetzten Einheitspreise überhöht seien und nach seiner Überzeugung der Vertragskalkulation des Unternehmers nicht zugrunde gelegen haben könnten, ist dies ein hinreichend substantiiertes Bestreiten; eine vollständige eigene Gegenrechnung muss der Besteller nicht vorlegen (vgl. BGH, Urt. v. 25.8.2016 – VII ZR 193/13 Rdn. 14 f.).

Ergibt sich aus der Kalkulation, dass der Unternehmer mit Verlust kalkulierte, muss das bei **46** der Abrechnung entsprechend berücksichtigt werden. Ergeben sich keine anderen Anhaltspunkte, kann der Unternehmer den Verlust gleichmäßig auf alle Leistungspositionen verteilen. Macht der Unternehmer nur Werklohn für die erbrachte Leistung geltend, muss er sich den Verlust nur anteilig hierauf anrechnen lassen. Er ist also nicht verpflichtet, den weiteren Verlust, der ihm sonst bei Fortbestand des Vertrags noch entstanden wäre, schon bei der erbrachten Leistung zu berücksichtigen (vgl. den BGH, Urt. v. 25.7.2002 – VII ZR 263/01 zugrunde liegenden Fall). Das gilt auch in der Gegenrichtung zugunsten des Unternehmers: Liegt eine „Überkalkulation" (im konkreten Fall aufgrund des Ansatzes von 500 t statt richtig 500 kg Betonstahl) vor und stimmt dadurch das gesamte Preisgefüge der Kalkulation nicht mehr, darf der Unternehmer den dadurch unverhofft entstandenen zusätzlichen Gewinn gleichmäßig auf alle Leistungspositionen verteilen (vgl. OLG Stuttgart, Urt. v. 14.7.2011 – 10 U 59/10).

Kalkulierte der Unternehmer eine einzelne Teilleistung nicht in seinen Pauschalpreis ein, **47** weil er irrtümlich der Auffassung war, sie sei nicht geschuldet, scheitert die Prüfbarkeit seiner nach einer Kündigung erstellten Schlussrechnung nicht daran, dass er keine Nachkalkulation vornimmt. Vom Unternehmer kann nur verlangt werden, dass er das vorträgt, was er tatsächlich kalkulierte. Eine fehlende Nachkalkulation macht die Rechnung nicht unprüfbar (vgl. BGH, Urt. v. 13.5.2004 – VII ZR 424/02). Allerdings muss die Unterkalkulation (die auch aus dem Ansatz zu niedriger auszuführender Mengen oder aus „vergessenen" geschuldeten Zusatzleistungen resultieren kann, vgl. dazu Klein, NJW 2015, 2455, 2456 f. mit Berechnungsbeispielen) in der sachlichen Prüfung berücksichtigt werden. Der Unternehmer trägt die Darlegungs- und Beweislast für die Vergütung, die ihm zusteht. Mindert sie sich, weil ein Verlust zu verteilen ist, muss er grundsätzlich auch zu diesem Verlust vortragen. Er muss also diesen Verlust nachkalkulieren.

48 Es ist streng zu unterscheiden zwischen einem Abzug wegen einer Verlustkalkulation und einem Abzug wegen Mängelansprüchen des Bestellers. Beruht die Verlustkalkulation darauf, dass eine bestimmte geschuldete einzelne Teilleistung nicht einkalkuliert ist, so realisiert sich der Verlust allein dadurch, dass diese Leistung erbracht werden muss, ohne dass die Aufwendungen einkalkuliert sind. In diesem Fall ist ein weiterer Vergütungsabzug nicht gerechtfertigt.

49 **Beispiel:** Der Unternehmer schuldet eine Kellerabdichtung, die er jedoch deshalb nicht einkalkulierte, weil er der Auffassung war, die Leistungsbeschreibung sei so zu verstehen, dass eine Abdichtung nicht geschuldet sei. Die Kündigung erfolgt, nachdem die Kellerarbeiten beendet sind. In diesem Fall kann nach der Kündigung kein Verlust auf sonstige Positionen verteilt werden. Der Unternehmer hat Anspruch auf Vergütung der bis zur Kündigung erbrachten Leistung auf der Grundlage seiner Kalkulation. Der Verlust realisiert sich durch den Mängelanspruch des Bestellers, denn der Keller ist mangelhaft errichtet. Ist die Kündigung erfolgt, bevor die Kellerabdichtung zu erbringen war, kann der Unternehmer für diese einzelne Teilleistung keine Vergütung fordern, wenn er nur die erbrachte Leistung abrechnen darf.

b) Genauigkeitsgrad der Abrechnung

50 Welchen Genauigkeitsgrad diese Darstellung haben muss, hängt von den Umständen des Einzelfalls ab. Relativ leicht ist die Bewertung, wenn dem Pauschalvertrag ein Einheitspreisangebot zugrunde liegt. Die Abgrenzung zwischen der erbrachten und der nicht erbrachten Leistung erfolgt durch die LV-Positionen und das Aufmaß. Der Unternehmer rechnet nach den angebotenen Einheitspreisen ab und muss eventuelle Preisnachlässe oder Preiszuschläge bei der Pauschalierung berücksichtigen (vgl. BGH, Urt. v. 4.7.1996 – VII ZR 227/93; Urt. v. 20.4.2000 – VII ZR 458/97; Beschl. v. 21.3.2013 – VII ZR 58/12 Rdn. 13). Diese Abrechnung ist in der „Gegenrichtung" auch dann möglich, wenn nicht nur geringfügige Restarbeiten ausstehen (zu dieser Fallgruppe → Rdn. 55 f.), indem der Unternehmer für die nicht mehr ausgeführten Arbeiten die um die den Pauschalierungsabschlag bereinigten Einheitspreise ansetzt und die sich hieraus ergebenden Beträge vom Pauschalpreis abzieht (vgl. OLG Bamberg, Urt. v. 1.6.2011 – 8 U 127/10).

51 Soweit zur Bewertung der erbrachten Leistung Anhaltspunkte aus der Zeit vor Vertragsschluss nicht vorhanden oder nicht ergiebig sind, muss der Unternehmer im Nachhinein im Einzelnen darlegen, wie die erbrachte Leistung sich von der nicht erbrachten Leistung abgrenzt und unter Beibehaltung des Preisniveaus der vereinbarten Pauschale zu bewerten ist (vgl. BGH, Urt. v. 4.7.1996 – VII ZR 227/93). Für die Abgrenzung der einzelnen Teilleistungen muss er nachträglich Leistungspositionen bilden. Diese müssen nicht dem Detaillierungsgrad eines Einheitspreisvertrags entsprechen. Da diese Positionsbildung dazu dient, nachträglich die Berechtigung der Vergütungsforderung zu überprüfen, reicht eine Aufgliederung aus, die den Besteller dazu in die Lage versetzt. Ausreichend kann eine gewerkebezogene Aufstellung sein (vgl. BGH, Urt. v. 4.7.2002 – VII ZR 103/01).

52 Eine nachträglich vom Unternehmer erstellte Kalkulation birgt die Gefahr von Fehlbewertungen, insbesondere eines zu hohen Ansatzes für die ausgeführte Teilleistung, in sich. Alternativ kann der Unternehmer vortragen, dass das Preisniveau über alle ausgeführten Arbeiten hinweg – gemessen an üblichen Preisen – gleich hoch ist. Sofern keine Anhaltspunkte für Ausreißer nach unten oder oben bestehen, bemisst sich der auf das Teilwerk entfallende Werklohn in diesem Fall nach folgender Formel: (übliche Vergütung für das Teilwerk: üblicher Werklohn für die vertraglich geschuldete Gesamtleistung) x vereinbarter Pauschalpreis (vgl. OLG Hamm, Urt. v. 26.2.2015 – 24 U 56/10; Althaus, NJW 2015, 2922; Rodemann, NZBau 2016, 89).

53 Der Wert der erbrachten Leistung kann bei einer nachträglichen Kalkulation in geeigneten Fällen auch wie folgt ermittelt werden: Für die einzelnen Gewerke werden die Kosten errechnet, die bei vollständiger Fertigstellung aufgrund der Nachunternehmervergabe entstanden wären, und unter Vorlage des Aufmaßes werden diejenigen Kosten dargestellt, die tatsächlich entstanden sind. Sodann wird das prozentuale Verhältnis dieser beiden Werte auf die Pauschalen für die Einzelgewerke übertragen und auf diese Weise für jedes Gewerk der Teil des kalkulierten Preises bestimmt, der dem Anteil an den tatsächlich erbrachten einzelnen Teilleistungen entspricht (vgl. BGH, Urt. v. 4.7.2002 – VII ZR 103/01). Diese Berechnung ist aber nur zulässig, wenn sich durch die prozentuale Bewertung keine Verschiebung der dem Vertrag zugrunde liegenden Kalkulation ergibt.

Soweit die nachträglich gebildeten Leistungseinheiten nur teilweise erbracht sind, empfiehlt sich eine Zerlegung in Einheitspreispositionen, die dann nach Aufmaß abgerechnet werden. Zwingend ist die Abgrenzung durch Aufmaß allerdings nicht; sie kann sich auch aus den sonstigen Umständen des Vertrags ergeben. So kann auch eine mit einer Fotodokumentation unterlegte Bestandsaufnahme hinreichend verdeutlichen, welche Leistung erbracht wurde und dementsprechend in Rechnung gestellt wird (vgl. BGH, Urt. v. 11.2.1999 – VII ZR 91/98). Nach der Rechtsprechung des Bundesgerichtshofs berechtigen geringfügige Unklarheiten bei der Abgrenzung zwischen der erbrachten und der nicht erbrachten Leistung nicht dazu, eine Rechnung als nicht prüfbar zurückzuweisen (vgl. BGH, Urt. v. 14.11.2002 – VII ZR 224/01). Vielmehr wird in diesen Fällen nach Beweislast entschieden.

c) Ausnahmeregelung für geringfügige nicht erbrachte Restarbeiten

Von einer Aufschlüsselung der Gesamtleistung in einzelne Teilleistungen kann der Unternehmer absehen, wenn im Zeitpunkt der Kündigung nur noch (ganz) geringfügige Arbeiten nicht erbracht sind. Insoweit kann, sofern keine kalkulatorischen Verschiebungen zu Lasten des Bestellers verdeckt werden können, eine Bewertung der nicht erbrachten Leistung und deren Abzug vom Gesamtpreis ausreichen (vgl. BGH, Urt. v. 16.1.1986 – VII ZR 138/85; Urt. v. 4.5.2000 – VII ZR 53/99; Urt. v. 26.10.2000 – VII ZR 3/99; Urt. v. 14.11.2002 – VII ZR 224/01; Urt. v. 16.10.2014 – VII ZR 176/12 Rdn. 11; OLG Karlsruhe, Urt. v. 2.12.2014 – 19 U 122/13).

Die Rechtsprechung ist übertragbar auf die Fallkonstellation, dass die Vertragsparteien für die einzelnen Bauabschnitte eigenständige Pauschalpreise festlegten und für einen dieser Bauabschnitte nur noch geringfügige Arbeiten ausstehen (angedeutet von OLG Stuttgart, Urt. v. 14.7.2011 – 10 U 59/10).

Der Bundesgerichtshof traf bisher keine abstrakte Aussage, wann geringfügige Arbeiten anzunehmen sind. Sein letztes Judikat lässt allerdings eine eher großzügige Betrachtung vermuten, betrug doch (nach den Angaben des Unternehmers) der Wert der noch offenen Arbeiten immerhin 4,56 % des vereinbarten Pauschalpreises (vgl. BGH, Urt. v. 16.10.2014 – VII ZR 176/12 Rdn. 11). Nicht zu verkennen ist allerdings, dass es in diesem Fall um einen überschaubaren Vertrag ging, nämlich die Errichtung eines japanischen Gartens auf einer zu einer Wohnung gehörenden Dachterrasse, und nur noch ein Meditationspodest fehlte. Die vor diesem BGH-Urteil ergangene Rechtsprechung der Obergerichte war demgegenüber eher restriktiv, was die Relation der noch offenen Arbeiten zum vertraglichen Auftragsvolumen angeht (vgl. etwa OLG Düsseldorf, Urt. v. 28.8.2014 – 5 U 139/13; KG, Urt. v. 14.6.2013 – 7 U 124/12, beide m. w. N.). Weiterführend ist der innovative Ansatz des KG, der sich grundsätzlich an dem aus der bisherigen Rechtsprechung ableitbaren „Schwellenwert" von 5 % orientiert: Ob die aufgrund der Kündigung nicht mehr erbrachten Restarbeiten geringfügig waren, ermittelte das KG nicht ausschließlich anhand der Abrechnung des Unternehmers, weil der vom Unternehmer als „geringfügig" dargestellte Betrag Folge einer „kalkulatorischen Verschiebung", also einer Unterbewertung der Restleistung durch den Unternehmer, sein kann. Steht die Geringfügigkeit der Restarbeiten im Streit, ist sie deshalb grundsätzlich nur zu bejahen, wenn der Besteller die Werkleistung nach der Kündigung durch einen Zweitunternehmer fertigstellen ließ, weil sie sich dann anhand der dadurch entstandenen Kosten bewerten lässt. Diese liegen regelmäßig über den kündigungsbedingt ersparten Aufwendungen des ersten (gekündigten) Unternehmers. Wenn selbst die Kosten der Fertigstellung durch einen Zweitunternehmer unterhalb der Schwelle von etwa 5 % liegen, können die Restarbeiten als geringfügig angesehen werden (vgl. KG, Urt. v. 16.2.2018 – 21 U 66/16).

d) Ausnahmeregelung bei Vollendung des Bauwerks durch den Besteller (Abzug der Drittunternehmerkosten)

Nach den dargestellten Grundsätzen ist es an sich nicht möglich, die erbrachte Leistung in der Weise zu berechnen, dass vom vereinbarten Werklohn die Restfertigstellungskosten abgezogen werden. Diese Berechnung verlässt die Vertragsgrundlagen. Sie kann dazu führen, dass der Unternehmer ungerechtfertigt bevorteilt wird. Das ist z. B. der Fall, wenn der Zweitunternehmer zu günstigeren Preisen arbeitet, der Besteller also für diese Leistung an den Zweitunternehmer weniger zu zahlen hat, als er an den Unternehmer zu zahlen hätte. Dieser Vorteil würde dem

Unternehmer zugutekommen. Der Grundsatz, dass der Unternehmer durch die Kündigung keinen ungerechtfertigten Vorteil haben darf, wäre zu Lasten des Bestellers durchbrochen.

59   Aus Vorstehendem folgt, dass grundsätzlich keine Bedenken gegen die dargestellte Berechnungsweise bestehen, wenn feststeht, dass der Zweitunternehmer für die Restfertigstellung teurer ist als der Unternehmer. Der Besteller hat in diesem Fall kein Interesse an einer detaillierten Darstellung der Vertragspreise. Ihm kommt es nur darauf an, durch die Kündigung keinen Nachteil zu erhalten. Es ist vielmehr der Unternehmer benachteiligt, falls er die Restfertigstellungsmehrkosten nicht zu tragen hat. Nimmt er es aber hin, diese Kosten zu tragen, so kann eine Rechnung nicht als nicht prüfbar zurückgewiesen werden, in der der Unternehmer keine detaillierte Darstellung der Vertragspreise vornimmt. Gleiches gilt, wenn zwar nicht feststeht, dass der Zweitunternehmer teurer ist, der Besteller aber den Abzug der Restfertigstellungskosten akzeptiert (vgl. BGH, Urt. v. 19.4.2005 – X ZR 191/02 mit Anm. Schmitz, BauR 2006, 521), er sich mit dem Unternehmer auf diese Art der Abrechnung verständigt (vgl. BGH, Beschl. v. 10.4.2014 – VII ZR 124/13 Rdn. 4) oder der Besteller dieser Berechnungsmethode nicht widerspricht (vgl. ebd., Rdn. 4). Erfolgt der Widerspruch lediglich aus formalen Gründen, ohne dass der Besteller behauptet, durch diese Art der Abrechnung benachteiligt zu werden, kann der Widerspruch unbeachtlich sein. Dies rechtfertigt sich dadurch, „dass die Zweitunternehmerkosten regelmäßig höher sind als die dem [Unter]nehmer zustehende Vergütung für den nicht erbrachten Teil der Leistung". Beachtlich ist der Widerspruch des Bestellers z. B. dann, „wenn er ausnahmsweise Anlass für die Annahme hat, die [Zweit]unternehmerkosten seien geringer, so dass der [Unter]nehmer diese Abrechnungsweise wählt, um ungerechtfertigte Vorteile zu ziehen" (vgl. ebd., Rdn. 5; vgl. auch OLG Düsseldorf, Urt. v. 14.6.2019 – 22 U 248/18).

e) Typische Fehler der Abrechnung

60   In der Praxis werden diese Anforderungen nicht immer beachtet. Das führt dazu, dass die Vergütungsklage von vornherein keiner sachlichen Prüfung unterzogen, sondern mangels Schlüssig- oder Prüfbarkeit der Abrechnung abgewiesen wird. Die Rechtsprechung bietet für dermaßen unzureichende Abrechnungen reichlich Beispiele:

aa) Prozentuale Bewertungen

61   Regelmäßig unzureichend sind pauschale Bewertungen etwa derart, der Leistungsstand mache 70% der geschuldeten Leistung aus, deshalb würden 70% der Pauschalvergütung verlangt (vgl. OLG Celle, Urt. v. 07.2.2006 – 14 U 108/05). Diese Bewertung ist willkürlich und durch nichts nachvollziehbar. Im Übrigen bedeuten 70% der Leistung nicht, dass diesen 70% der Vergütung gegenüberstehen. Es kommt vielmehr darauf an, wie die Vergütung gewichtet ist. So können bestimmte Leistungsteile nur besonders teuer herzustellen sein, andere preiswerter. Diese Gewichtung kann durch eine Kündigung nicht aufgehoben werden (zweifelhaft daher OLG Dresden, Beschl. v. 5.9.2017 – 22 U 379/17, das eine Berechnung auf Grundlage eines vom Unternehmer eingeholten Gutachtens für ausreichend hielt, wonach bis zur Kündigung der Unternehmer Arbeiten im Umfang von 83,46% des geschuldeten Umfangs erbrachte).

62   Der Bundesgerichtshof erklärte auch eine prozentuale Bewertung für unzulässig, die auf der Grundlage nachträglich vom Unternehmer gebildeter Einheitspreise erfolgte, die aber möglicherweise insgesamt oder jedenfalls für die abgerechneten einzelnen Teilleistungen überhöht waren (vgl. BGH, Urt. v. 29.6.1995 – VII ZR 184/94). Unschlüssig sind auch nachträgliche Berechnungen, die nicht nachvollziehbar auf die Vertragsgrundlagen Bezug nehmen. Deshalb wurde eine Abrechnung zurückgewiesen, in der der Unternehmer nachträglich teilweise Einheitspreise ansetzte und teilweise prozentuale Bewertungen vornahm (vgl. BGH, Urt. v. 4.7.1996 – VII ZR 227/93).

bb) Abrechnung nach Zahlungsplan

63   Ebenso wenig ist es zulässig, auf der Grundlage eines Ratenzahlungsplans abzurechnen, wenn nicht feststeht, dass die nach dem Zahlungsplan zu erbringenden Raten genau dem jeweiligen Leistungsstand entsprechen. Die Verknüpfung von einzelnen Teilleistungen mit Teilzahlungen besagt nicht zwingend etwas dazu, dass die Vertragsparteien die einzelnen Teilleistungen tatsächlich mit den ihnen zugeordneten Raten bewerteten (vgl. BGH, Urt. v. 4.7.1996 – VII ZR 227/93; Urt. v. 16.10.1997 – VII ZR 82/96; Urt. v. 27.1.2011 – VII ZR 133/10 Rdn. 18 f.). Es kommt häufig vor, dass nach einer Kündigung nach den vereinbarten Abschlagszahlungen abgerechnet wird. Das beruht auf der falschen Vorstellung, dass

ein Ratenzahlungsplan eine endgültige Bewertung des Baufortschritts darstellt, also zu einer Teilzahlungsvereinbarung führt. Das ist regelmäßig nicht der Fall, und zwar weder beim Einheitspreisvertrag noch beim Pauschalvertrag. Vielmehr handelt es sich regelmäßig nur um die Vereinbarung von Abschlagszahlungen (vgl. z.B. BGH, Urt. v. 10.6.1999 – VII ZR 215/98), so dass eine vertragsbezogene Abrechnung zu erfolgen hat. Das gilt insbesondere auch bei Bauträgerverträgen. Bewerteten allerdings die Parteien einzelne Teilleistungen eines Pauschalvertrags abschließend, kann diese Bewertung bei der Abrechnung nach einer Kündigung zugrunde gelegt werden (vgl. BGH, Urt. v. 20.1.2000 – VII ZR 97/99; Urt. v. 13.1.2005 – VII ZR 353/03; Beschl. v. 25.1.2007 – VII ZR 112/06).

cc) Abrechnung nach beliebigen Einheitspreisen

Besonders häufig berechnen Unternehmer die bis zur Kündigung erbrachte Leistung nach Aufmaß und Einheitspreisen, ohne sie in Bezug zur geschuldeten Gesamtleistung und zum Pauschalpreis zu setzen. Das ist fehlerhaft, weil bei einer derartigen Abrechnung nicht nachvollziehbar ist, ob die berechneten (ortsüblichen, angemessenen oder anderweitig von den vertraglichen Preisen abgekoppelten) Einheitspreise der vertraglichen Kalkulation entsprechen. Eine Abrechnung des Unternehmers muss also auch für den Fall, dass er nur die erbrachte Leistung abrechnet, immer darlegen, wie sich der abgerechnete Teil zum Gesamtpreis verhält. Dazu ist es in der Regel unumgänglich, den gesamten Pauschalpreis in Einzelpreise aufzugliedern (vgl. BGH, Urt. v. 4.5.2000 – VII ZR 53/99). **64**

dd) Abrechnung nach Fachliteratur

Ebenso scheidet eine Bewertung der Leistung nach Vorgaben von Fach- und Standardliteratur aus (vgl. BGH, Beschl. v. 27.1.2010 – VII ZR 97/08). Ein notgedrungen mit generellen Werten arbeitendes Werk kann nicht die Besonderheiten jedes konkreten Pauschalpreisvertrags mit seinem jeweiligen Leistungsumfang und der jeweiligen Kalkulation des Pauschalpreises abbilden. Einigen sich indessen der Unternehmer und der Besteller nach der Kündigung eines Pauschalpreisvertrags unter Bezugnahme auf ein Standardwerk zur Ermittlung des Werts baulicher Anlagen auf diese Art der Abrechnung, so ist die darauf basierende Abrechnung des Unternehmers prüfbar (vgl. OLG Dresden, Urt. v. 27.1.2006 – 12 U 2705/99). **65**

ee) Abrechnung nach Verträgen mit anderem Preis- und Leistungsgefüge

Der Unternehmer kann seine Abrechnung auch nicht anhand der Vergütungsstruktur anderer von ihm abgeschlossener Verträge vornehmen, denen ein anderes Preis- und Leistungsgefüge als dem gekündigten Vertrag zugrunde liegt (vgl. BGH, Urt. v. 27.1.2011 – VII ZR 133/10 Rdn. 21). Dieses Urteil ist zu einem „Internet-System"-[Werk]Vertrag ergangen, aber in seiner Grundaussage auf Bauverträge übertragbar. **66**

ff) Abrechnung nach Stunden

Nicht kann schließlich der Unternehmer die Abrechnung der erbrachten Leistung anhand geleisteter Stunden und von ihm kalkulierter Gesamtstunden vornehmen. Dies liefe auf eine nicht vereinbarte Stundenlohnabrechnung hinaus (vgl. LG Berlin, Urt. v. 16.10.2013 – 99 O 67/12). **67**

f) Keine Erhöhung um einen Pauschalierungsnachlass

Häufig bilden die Bauvertragsparteien einen „runden" Pauschalpreis, indem der Unternehmer auf den zunächst von ihm angebotenen Preis einen Nachlass gewährt, um die Annahme durch den Besteller zu bewirken. Hieran bleibt – vorbehaltlich spezifischer Abreden – der Unternehmer gebunden. Er kann nicht mit dem Argument, die Kündigung des Vertrags habe erhöhten Abrechnungsaufwand ausgelöst, diesen Nachlass (wieder) ansetzen. In Betracht kommt allenfalls ein Schadensersatzanspruch des Unternehmers, gerichtet auf Ersatz von ihm detailliert darzulegender, wegen der Kündigung zusätzlich aufgelaufener Abrechnungskosten, wenn der Besteller die Kündigung schuldhaft herbeiführte. Alternativ ist es möglich, den konkreten Abrechnungsaufwand gegen die ansonsten ersparten Aufwendungen „gegenzuverrechnen" (vgl. OLG München, Urt. v. 28.1.2014 – 9 U 2296/13). **68**

II. Abrechnung der nach Kündigung nicht mehr erbrachten Leistung nach § 648 Sätzen 2 und 3 BGB

69 Der Anspruch aus § 648 Satz 2 BGB ist ein Vergütungsanspruch, der um die ersparten Aufwendungen und um den anderweitigen oder böswillig unterlassenen anderweitigen Erwerb gekürzt wird. Unzureichend ist daher ein Vortrag eines Unternehmers, wenn er sich darauf beschränkt, einen entgangenen Gewinn zu behaupten, ohne zu den vorgenannten Kategorien vorzutragen und sie zu beziffern (vgl. BGH, Urt. v. 6.3.2014 – VII ZR 349/12 Rdn. 33; OLG Köln, Urt. v. 14.12.2018 – 19 U 27/18).

1. Widerlegliche Vermutung des § 648 Satz 3 BGB; Darlegungs- und Beweislast bei Abrechnung nach § 648 Satz 2 BGB

a) Abrechnung nach § 648 Satz 3 BGB

70 § 648 Satz 3 BGB enthält ebenso wie § 650f Abs. 5 Satz 3 BGB eine widerlegliche Vermutung des Inhalts, dass dem Unternehmer nach „freier" Kündigung 5% der vereinbarten Vergütung zustehen, die auf den noch nicht erbrachten Teil der Werkleistung entfällt (vgl. dazu auch BGH, Urt. v. 28.7.2011 – VII ZR 45/11), m. a. W. dass die ersparten Aufwendungen und der anderweitige Erwerb (bzw. böswillig unterlassene Erwerb) 95% des auf die offene Restleistung entfallenden Werklohns ausmachen. Eine Einschränkung, dass die Vermutung nur die ersparten Aufwendungen, nicht aber anderweitigen Erwerb erfasst, lässt sich weder den ohnehin letztlich nicht maßgeblichen Gesetzgebungsmaterialien (vgl. BT-Drucks. 16/511 S. 17f.) noch dem Wortlaut des Gesetzes („danach" verweist umfassend auf die Abrechnungsgrundsätze des § 648 Satz 2 BGB) entnehmen (a. A. Staudinger-Peters, BGB, § 648 Rdn. 42).

71 Diejenige Vertragspartei, die zu ihren Gunsten behauptet, die ersparten Aufwendungen und der anderweitige Erwerb (bzw. böswillig unterlassene Erwerb) betrügen weniger (Unternehmer) bzw. mehr (Besteller) als 95% des auf die offene Restleistung entfallenden Werklohns, ist hierfür darlegungs- und beweispflichtig. Allzu hohe Anforderungen werden an den Unternehmer indessen nicht gestellt (vgl. → Rdn. 85 i. V. m. → Rdn. 78ff.).

72 Der vom Gesetzgeber angestrebte Zweck, dem Unternehmer die Abrechnung des gekündigten Vertrags zu erleichtern, wird am ehesten in den Fällen erreicht, in denen der Unternehmer noch gar keine Leistung erbrachte.

73 **Beispiel:** Der Unternehmer und der Besteller, auf den die Umsatzsteuerlast gemäß § 13b UStG überging, schließen einen Pauschalpreisvertrag über 1 Mio. € (netto). Der Unternehmer verlangt sofort eine Sicherheit gemäß § 650f BGB, die der Besteller innerhalb der gesetzten angemessenen Frist nicht stellt. Daraufhin kündigt der Unternehmer den Vertrag berechtigt gemäß § 650f Abs. 5 BGB, bevor er die Arbeiten beginnen. Er kann nun ohne weitere Differenzierungen gemäß dem mit § 648 Satz 3 BGB identischen § 650f Abs. 5 Satz 3 BGB die 5% aus dem vollen Werklohn verlangen, also 50.000 € (netto).

74 Erbrachte der Unternehmer bereits Arbeiten, muss er ungeachtet der widerleglichen Vermutung die erbrachte Leistung konkret und genau abrechnen.

75 **Beispiel (Fortführung des obigen Beispiels):** Der Besteller kündigt während der Bauabwicklung gemäß § 648 Satz 1 BGB. Der Unternehmer muss die bis zur Kündigung erbrachte Leistung nach den allgemeinen Regeln abrechnen, um auf die widerlegliche Vermutung des § 648 Satz 3 BGB zurückgreifen zu können (vgl. BGH, Urt. v. 28.7.2011 – VII ZR 45/11 Rdn. 15ff.). Ergibt sich bei dieser genauen Abrechnung ein bereits „erarbeiteter" Werklohn von 300.000 €, kann er die 5% aus dem noch offenen Restwerklohn von 700.000 €, also in Höhe von 35.000 €, verlangen.

76 Die Vermutung dürfte im Ergebnis damit jedenfalls für die Unternehmer, die höhere Gewinne erzielen, als sie § 648 Satz 3 BGB ansetzt, keine wesentliche Verbesserung herbeigeführt haben.

77 Ist ein Unternehmer im Prozess nicht in der Lage, korrekt gemäß § 648 Satz 2 BGB abzurechnen, steht aber fest, wie hoch die auf den noch nicht erbrachten Teil der Werkleistung entfallende Vergütung ist, kann das Gericht in dem durch § 308 Abs. 1 ZPO vorgezeichneten Rahmen zusprechen (ggf. nach rechtlichem Hinweis an die Parteien), indem es zugunsten des Unternehmers § 648 Satz 3 BGB heranzieht (vgl. OLG Frankfurt am Main, Urt. v. 13.8.2013 – 16 U 49/13; Urt. v. 19.12.2014 – 5 U 9/14; weitergehend wohl Laumen, in: Baumgärtel u. a.,

Kündigungsrecht des Bestellers §648

Handbuch der Beweislast. Band 1. Grundlagen, 4. Aufl. 2019, Kapitel 3 Rdn. 23, Kapitel 9 Rdn. 70: Vortrag zu Vermutungsbasis = Ausgangstatsache ausreichend).

b) Abrechnung gemäß § 648 Satz 2 BGB
aa) Rechtsprechung vor Einführung des § 649 Satz 3 BGB a. F.

Die vor der mit dem Forderungssicherungsgesetz zum 1.1.2009 erfolgten Einführung des § 649 Satz 3 BGB a. F. ergangene Rechtsprechung sah die Darlegungs- und Beweislast für den aus § 649 Satz 2 BGB a. F. folgenden Anspruch wie folgt: 78

Der Unternehmer hat die vereinbarte Vergütung und darüber hinaus darzulegen, welche Kosten er erspartte und welchen anderweitigen Erwerb er sich anrechnen zu lassen hat (vgl. BGH, Urt. v. 7.11.1996 – VII ZR 82/95; Urt. v. 6.3.1997 – VII ZR 47/96; Urt. v. 11.2.1999 – VII ZR 399/97). 79

Was er sich als ersparte Aufwendungen anrechnen lassen muss, hat der Unternehmer vorzutragen und zu beziffern, denn dazu ist in der Regel allein er in der Lage. Die Abrechnung muss den Besteller in die Lage versetzen zu überprüfen, ob der Unternehmer die ersparten Kosten auf der Grundlage der konkreten, dem Vertrag zugrunde liegenden Kalkulation zutreffend berücksichtigte (vgl. BGH, Urt. v. 11.2.1999 – VII ZR 399/97). Damit soll gesichert werden, dass der Unternehmer sich durch die Kündigung keine ungerechtfertigten Vorteile in der Abrechnung verschafft. Legt der Unternehmer eine den Anforderungen entsprechende Abrechnung vor, ist es Sache des Bestellers darzulegen und zu beweisen, dass höhere Ersparnisse oder mehr anderweitiger Erwerb erzielt wurden, als der Unternehmer sich anrechnen lässt (vgl. BGH, Urt. v. 21.12.1995 – VII ZR 198/94; Urt. v. 11.2.1999 – VII ZR 399/97; Urt. v. 21.12.2000 – VII ZR 467/99). 80

Die Anforderungen an die Abrechnung hängen von dem Vertrag, den seinem Abschluss, seiner Durchführung und seiner Abwicklung zugrunde liegenden Umständen sowie von dem Informationsbedürfnis des Bestellers ab. Sie ergeben sich daraus, welche Angaben der Besteller zur Wahrung seines Interesses an sachgerechter Verteidigung benötigt (vgl. BGH, Urt. v. 14.1.1999 – VII ZR 277/97; Urt. v. 11.2.1999 – VII ZR 91/98; Urt. v. 8.1.2015 – VII ZR 6/14 Rdn. 20). Der Unternehmer muss zu den kalkulatorischen Grundlagen der Abrechnung so viel vortragen, dass dem für höhere ersparte Aufwendungen und anderweitigen Erwerb darlegungs- und beweisbelasteten Besteller eine sachgerechte Rechtswahrung ermöglicht wird. Die ersparten Aufwendungen sind deshalb so mit Tatsachen zu belegen und zu beziffern, dass sich, auf den Einzelfall bezogen, ersparte Aufwendungen im Sinne des Gesetzes ergeben. 81

Hinsichtlich der ersparten Aufwendungen des Unternehmers kommt gemäß § 287 Abs. 2 ZPO auch eine Schätzung in Betracht (vgl. BGH, Urt. v. 5.5.1992 – X ZR 133/90). 82

Für die Darlegungslast zur Frage, ob überhaupt anderweitiger Erwerb vorliegt, gelten nicht ohne Weiteres die zur Darlegung der ersparten Aufwendungen geltenden Anforderungen. Während sich diese nur konkret vertragsbezogen ermitteln lassen und sich deshalb auch nachvollziehbar aus dem Vertrag ableiten lassen müssen, kommt es beim anderweitigen Erwerb zunächst darauf an, inwieweit ein Füllauftrag erlangt wurde oder ob es der Unternehmer böswillig unterließ, einen solchen zu erlangen. Es reicht deshalb grundsätzlich aus, wenn sich der Unternehmer dazu wahrheitsgemäß, nachvollziehbar und ohne Widerspruch zu den Vertragsumständen ausdrücklich oder auch konkludent erklärt. Je wahrscheinlicher ein anderweitiger Erwerb ist, umso ausführlicher müssen die Angaben sein. Der Besteller kann jedoch grundsätzlich nicht verlangen, dass der Unternehmer von vornherein seine gesamte Geschäftsstruktur offenlegt, um dem Besteller die Beurteilung zu ermöglichen, welche Aufträge auch ohne die Kündigung akquiriert worden wären (vgl. BGH, Urt. v. 28.10.1999 – VII ZR 326/98; Urt. v. 8.1.2015 – VII ZR 6/14 Rdn. 28; dazu Jansen, BauR 2011, 371, 378). 83

bb) Einfluss des § 649 Satz 3 BGB a. F. (= § 648 Satz 3 BGB) auf die Darlegungs- und Beweislast

Ungeachtet der seit 2009 etablierten gesetzlichen Vermutung, in welcher Höhe ersparte Aufwendungen und anderweitiger Verdienst (bzw. böswillig unterlassener Verdienst) anzusetzen sind, hielt der Bundesgerichtshof an diesen Grundsätzen seiner Rechtsprechung fest. Er begründet dies damit, dass § 649 Satz 3 BGB a. F. keine von den sonstigen Regelungen des Gesetzes abweichende Beweislastverteilung zugunsten des Bestellers enthält, die durch eine höhere Pauschale in Frage gestellt würde. „Die Beweislast dafür, dass der Unternehmer höhere Aufwendungen erspart hat[,] als er behauptet, trägt der Besteller bereits nach § 649 Satz 2 BGB. 84

Schmitz

§ 648

Hat der Unternehmer eine den Anforderungen entsprechende Abrechnung vorgelegt, ist es Sache des Bestellers darzulegen und zu beweisen, dass höhere Ersparnisse oder mehr anderweitiger Erwerb erzielt wurden, als der Unternehmer sich anrechnen lässt [...]. Die Pauschalierung erleichtert nicht die Beweislast, sondern die sekundäre Darlegungslast des Unternehmers." (BGH, Urt. v. 5.5.2011 – VII ZR 181/10 Rdn. 29; ebenso z. B. KG, Urt. v. 7.4.2014 – 22 U 86/13; Vogel, BauR 2011, 313, 324f. m. w. N.).

85 Gegen diese Auffassung bestehen Bedenken. Gesetzliche Vermutungen sind Beweislastnormen (vgl. Laumen, in: Baumgärtel u. a., Handbuch der Beweislast. Band 1. Grundlagen, 4. Aufl. 2019, Kapitel 3 Rdn. 24). Den Anwendungsbereich des Satzes 3 durch Rekurs auf den als vorrangig bewerteten Satz 2 der Norm einzuengen, erscheint nach Wortlaut und Systematik nicht überzeugend. Einen Willen, allein zugunsten des Unternehmers einen Mindestsatz festzulegen, hätte der Gesetzgeber ohne weiteres z. B. durch die Formulierung, dem Unternehmer stünden mindestens 5 % der Vergütung zu, zum Ausdruck bringen können (vgl. AG Düsseldorf, Urt. v. 3.11.2015 – 11c C 43/15 [aufgehoben durch LG Düsseldorf, Urt. v. 3.6.2016 – 22 S 469/15]; i. E. wie hier LG Detmold, Urt. v. 8.7.2015 – 10 S 27/15). Daher liegt nahe, grundsätzlich von der Vertragspartei, die einen von der gesetzlichen Vermutung zu ihren Gunsten abweichenden Betrag als maßgeblich behauptet, zu verlangen, dass sie die Höhe dieses von § 648 Satz 3 BGB abweichenden Betrags umfassend darlegt und beweist. Der Unternehmer muss folglich detailliert zu den ersparten Aufwendungen und zu seinem anderweitigen Verdienst vortragen. Allerdings dürfen wegen der generellen Schwierigkeit, einen Negativbeweis zu führen, keine übertriebenen Anforderungen an die Darlegung und den Beweis, dass kein anderweitiger Verdienst erzielt wurde oder erzielbar war, gestellt werden, so dass die bisherige Rechtsprechung (→ Rdn. 78 ff.) insoweit fortgelten dürfte. Jedoch können sich aus den speziellen Vertragsumständen auch zu diesem Punkt eine erhöhte Darlegungs- und Beweislast des Unternehmers ergeben. Das ist z. B. anzunehmen, wenn es nach Art und Dauer der gekündigten Restleistung nahe liegt, dass der Unternehmer sein Personal anderweitig beschäftigen konnte (vgl. BGH, Urt. v. 28.10.1999 – VII ZR 326/98).

86 Der Besteller, der einen Anspruch in Höhe der gesetzlichen Vermutung abwehren will, muss konkret und substantiiert zu den ersparten Aufwendungen des Unternehmers und zu dessen anderweitigem Verdienst (bzw. Verdienstmöglichkeit) vortragen. Allgemeiner, unter Sachverständigenbeweis gestellter Vortrag, der Unternehmer habe nicht mit einem Gewinn von 5% arbeiten können, ist auf Ausforschung gerichtet und unbeachtlich (vgl. LG Leipzig, Urt. v. 7.12.2001 – 05 HK O 4853/01 [zu § 648a Abs. 5 Satz 4 BGB a. F.]).

2. Ersparte Aufwendungen

a) Tatsächliche Ersparnis

87 Als nach § 648 Satz 2 BGB erspart anzurechnen sind die Aufwendungen, die der Unternehmer bei Ausführung des Vertrags hätte machen müssen und die er wegen der Kündigung nicht mehr machen muss. Es handelt sich zwangsläufig um die Aufwendungen, die für den gekündigten Teil des Vertrags angefallen wären (vgl. → Rdn. 89). Dabei ist auf die Nichtausführung des konkreten Vertrags abzustellen. Maßgebend sind die Aufwendungen, die sich nach den Vertragsunterlagen unter Berücksichtigung der Kalkulation ergeben (vgl. BGH, Urt. v. 21.12.1995 – VII ZR 198/94). Umstritten ist, auf welcher Grundlage die ersparten Kosten berechnet werden (vgl. die ausführliche Darstellung des Meinungsstreits durch Drittler, BauR 2006, 1215). Nach der Rechtsprechung des Bundesgerichtshofs kommt es nicht auf die kalkulierte Ersparnis oder auf „fiktiv ohne Rücksicht auf die tatsächlichen Umstände des Vertrages und damit auch den tatsächlichen Aufwand für die jeweiligen Abrechnungseinheiten ermittelt[e]" Kosten (BGH, Urt. v. 28.10.1999 – VII ZR 326/98) an, sondern auf die tatsächlichen Kosten (vgl. BGH, Urt. v. 8.7.1999 – VII ZR 237/98; Urt. v. 28.10.1999 – VII ZR 326/98; Urt. v. 22.9.2005 – VII ZR 63/04; Beschl. v. 16.11.2016 – VII ZR 314/13 Rdn. 23; vgl. auch KG, Urt. v. 15.6.2018 – 21 U 140/17; OLG Hamm, Urt. v. 20.11.2003 – 24 U 195/01; OLG Hamm, Urt. v. 13.3.2008 – 21 U 15/06). Kalkulierte z. B. der Unternehmer mit Herstellungskosten von 100.000 €, hätten diese jedoch infolge Preissteigerungen 120.000 € betragen, sind 120.000 € erspart. Das gleiche Prinzip gilt für den Fall, dass der Unternehmer günstiger als kalkuliert hätte herstellen können. Kalkulierte er mit 100.000 € Herstellungskosten, wären jedoch infolge einer preiswerten Nachunternehmervergabe nur 70.000 € angefallen, sind nur 70.000 € erspart. Für einen solchen Vergabegewinn muss der Unternehmer darlegen und beweisen, dass er zu diesen günstigen Bedingungen einen Nachunternehmer beauftragte bzw. hätte beauftragen können (vgl. OLG Hamm, Urt. v. 13.3.2008 – 21 U 15/06). Der Vorteil aus

Kündigungsrecht des Bestellers **§ 648**

der günstigen Entwicklung der Kosten bleibt ihm trotz der Kündigung erhalten. Grundlage dieser Rechtsprechung ist das Prinzip, dass dem Unternehmer die wirtschaftliche Bedeutung des Geschäfts erhalten bleiben soll. Er soll, soweit in den Grenzen des § 648 Satz 2 BGB verwirklichbar, keine Vor- und keine Nachteile durch die Kündigung haben. Deshalb ist auf die tatsächliche Ersparnis abzustellen, also zu prüfen, wie die wirtschaftliche Entwicklung gewesen wäre, wenn der Vertrag durchgeführt worden wäre (vgl. Drittler, BauR 2006, 1215, 1216).

Daraus folgt weiter: Der Abzug der tatsächlichen Ersparnis kann dazu führen, dass die **88** vereinbarte Vergütung aufgezehrt wird und der Unternehmer keinen Anspruch mehr durchsetzen kann. Fehlerhaft kalkulierte Verträge können dazu führen, dass der Unternehmer keine Kostendeckung bei den Allgemeinen Geschäftskosten mehr hat und/oder auch keinen Gewinn mehr macht. Es gibt keine Deckelung derart, dass die Ersparnis nur bis zur Höhe derjenigen Kosten abzuziehen ist, die erspart werden können, oder die kalkulierten Kosten die Obergrenze der Ersparnis darstellen, wodurch wenigstens der kalkulierte Gewinn erhalten bliebe (a. A. Markus, NZBau 2005, 417). Die tatsächliche Kostenentwicklung orientiert sich nämlich nicht an bestimmten Kalkulationsfaktoren und macht nicht an der Grenze der kalkulierten Kosten Halt (vgl. Drittler, BauR 2006, 1215, 1221). Damit ist auch die Frage beantwortet, ob die abziehbare Ersparnis begrenzt ist auf die jeweilige Position. Das ist nicht der Fall. Es kommt auf das Gesamtergebnis eines Vertrags an (vgl. BGH, Urt. v. 11.2.1999 – VII ZR 399/97; OLG Hamm, Urt. v. 13.3.2008 – 21 U 15/06; Quack, FS Craushaar, S. 309). Mehr als die Vergütung kann durch die tatsächliche Ersparnis nicht aufgezehrt werden. § 648 Satz 2 BGB gewährt dem Besteller keinen Erstattungsanspruch, sondern dem Unternehmer einen Vergütungsanspruch, der freilich bis auf Null reduziert sein kann.

Ersparte Aufwendungen muss der Unternehmer indessen nur von dem Teil der Vergütung **89** abziehen, der sich auf den noch nicht vollendeten Teil der Leistung bezieht, nicht hingegen von dem Teil der Vergütung, der dem Unternehmer für das bis zur Kündigung ausgeführte Teilwerk zusteht. Hinsichtlich letzteren Teils der Vergütung konnte sich der Unternehmer „infolge" der Kündigung selbst dann nichts ersparen, wenn er für das Teilwerk bereits Kosten aufwenden musste, die aufgrund einer Unterkalkulation den ihm hierfür zustehenden Teil der Vergütung übersteigen (vgl. BGH, Urt. v. 8.10.1987 – VII ZR 45/87; Urt. vom 7.7.1988 – VII ZR 179/87; Markus, NZBau 2005, 417, 421 ff., sehr strittig; a. A. u. a. mit dem sehr beachtlichen Argument, dass damit der Unternehmer doch besser dastehe als bei Durchführung des Vertrags, z.B. Althaus, in: dems./Heindl, Der öffentliche Bauauftrag, 2. Aufl. 2013, Teil 6 Rdn. 16; Kiedrowski, in: Leupertz u.a., Bauvertragsrecht, 2. Aufl. 2021, § 648 Rdn. 173; Kniffka, in: dems. u. a., Kompendium des Baurechts, 5. Aufl. 2020, Teil 8 Rdn. 78; Lichtenberg, BauR 2014, 615, 619 f.).

Die Darlegungslast für die Ersparnis trifft grundsätzlich (zu den Auswirkungen von § 648 **90** Satz 3 BGB → Rdn. 84 ff.) den Unternehmer. Inwieweit er dieser genügt, unterliegt der Plausibilitätskontrolle. Für die Darlegungslast kommt es nicht darauf an, inwieweit ersparte Kosten tatsächlich feststehen oder geschätzt werden müssen (vgl. Markus, NZBau 2005, 417, 418). Der Unternehmer kann jedoch die kalkulierten Kosten als erspart in Ansatz bringen, solange sich keine Anhaltspunkte dafür ergeben, dass die tatsächlich ersparten Kosten höher oder niedriger sind (vgl. BGH, Urt. v. 24.6.1999 – VII ZR 342/98; Urt. v. 8.1.2015 – VII ZR 6/14 Rdn. 26; Kniffka, Jahrbuch Baurecht 2000, 1, 10). Der Unternehmer kann nicht eine beliebige niedrige Ersparnis ins Blaue hinein behaupten. Deshalb wird zunächst die Kalkulation ein Anhaltspunkt sein, an dem er sich orientieren kann und muss. Will er von der Kalkulation abweichend eine niedrigere Ersparnis geltend machen, trägt er dazu eine gesteigerte Darlegungslast. Kalkulierte er z.B. ein Objekt mit 500 Arbeitsstunden und sind seine Personalkosten (ausnahmsweise) in vollem Umfang als Ersparnis zu bewerten, so reicht nicht die einfache Behauptung, die Ersparnis müsse mit einem Aufwand von nur 200 Stunden berechnet werden, weil das Objekt mit diesem Aufwand zu erledigen gewesen wäre. Er muss vortragen, wie sich diese Abweichung zu seiner Kalkulation erklärt. Häufig werden sich schon aus der Kalkulation Anhaltspunkte für eine unrealistische Bewertung ergeben. Die dargestellte Rechtsprechung gilt für alle Kalkulationsfaktoren. Sie betrifft also nicht nur den Einsatz von Nachunternehmern, sondern ebenso Geräte-, Material-, Personal- oder Stoffkosten. Viele dieser Kalkulationsfaktoren sind jedoch nicht erspart, so dass sie von vornherein nicht als Ersparnis, sondern im Rahmen des anderweitigen Erwerbs zu berücksichtigen sind (vgl. BGH, Urt. v. 28.10.1999 – VII ZR 326/98). Im Einzelfall kann der Unternehmer auch verdeckten Gewinn realisieren, wenn er beweist, dass seine Kalkulation für die nicht mehr ausgeführte Leistung zu hohe Aufwandsansätze enthielt (vgl. Drittler, BauR 2006, 1215, 1219; auch → Rdn. 46 zur „Überkalkulation" des Unternehmers aufgrund eines Versehens). Indessen wird eine grundlegend neue Kalkulation

Schmitz

Zweifel wecken, ob nicht der Unternehmer den Umstand, dass der Besteller kündigte, zu einer unberechtigten Kostenverlagerung auf den Besteller zu nutzen versucht. Die Plausibilität einer zur Abrechnung herangezogenen Kalkulation, in der die Ersparnis deutlich geringer ist als in der Angebotskalkulation, kann in Frage gestellt sein, wenn sie völlig neu ist und ersichtlich nur dazu dient, den Umstand der Kündigung auszunutzen. Nicht plausibel ist es z. B., wenn der Unternehmer vorträgt, nach seiner Kalkulation seien keine Baustellengemeinkosten angefallen (vgl. OLG München, Urt. v. 26.2.2013 – 9 U 2340/11).

91 Die Kalkulation ist lediglich ein Hilfsmittel zur Ermittlung der tatsächlichen Ersparnis. Aus ihr lässt sich nicht zugunsten des Unternehmers ableiten, dass allenfalls die kalkulierte Ersparnis abgezogen wird – und zwar selbst dann, wenn die tatsächliche Ersparnis höher ist (so aber Markus, NZBau 2005, 417 m. w. N. zur abweichenden Meinung). Das Gegenteil ergibt sich bereits aus der Formulierung des Gesetzes (vgl. BGH, Urt. v. 22.9.2005 – VII ZR 63/04). Ein Rückgriff auf die Urkalkulation, wie ihn nach (bisher) verbreiteter Auffassung und Praxis § 2 Abs. 5 und Abs. 6 VOB/B in anderen Zusammenhängen vorgeben, ist nicht vorgesehen.

92 Die Ermittlung der dem Unternehmer zustehenden Vergütung ist daher zwangsläufig „von Näherungen, Hypothesen und Fiktionen" (KG, Urt. v. 15.6.2018 – 21 U 140/17) geprägt. Der Besteller ist indessen Angaben eines Unternehmers, der erklärt, die Leistung an Nachunternehmer vergeben haben zu wollen, wozu er aufgrund der frühzeitig erfolgten Kündigung nicht mehr gekommen sei, und der deshalb zu einer hypothetischen Nachunternehmervergütung vorträgt, nicht schutzlos ausgeliefert. Wenn der Besteller die offenen Restarbeiten durch Zweitunternehmer ausführen ließ, weiß er, welche Vergütung er diesen bezahlen musste. Andernfalls kann der Besteller durch Sachverständige zumindest zu einzelnen Gewerken die Angaben des Unternehmers überprüfen lassen. Eine stichprobenartige Überprüfung kann genügen, um die Angaben des Unternehmers insgesamt in Zweifel zu ziehen (vgl. KG, Urt. v. 15.6.2018 – 21 U 140/17).

b) Ersparnis an einzelnen Kalkulations-/Kostenfaktoren

93 In Betracht kommt eine Ersparnis vor allem bei projektbezogenen Herstellungs- und variablen, projektbezogenen Gemeinkosten (vgl. BGH, Urt. v. 24.3.2016 – VII ZR 201/15 Rdn. 26). Im Einzelnen gilt nach der Rechtsprechung des Bundesgerichtshofs Folgendes:

94 Personalkosten sind erspart, wenn sie infolge der Kündigung nicht mehr anfallen. Das kann der Fall sein, wenn vorgesehene Neueinstellungen entbehrlich sind oder vorgesehenes Personal nicht mehr beschäftigt wird. Als erspart muss sich der Unternehmer grundsätzlich nicht solche Personalkosten anrechnen lassen, die dadurch entstehen, dass er eine rechtlich mögliche Kündigung des Personals nicht vornahm. Das Gesetz stellt allein auf die tatsächliche Ersparnis ab. Daraus lässt sich keine Verpflichtung des Unternehmers herleiten, sein Personal nur deshalb zu reduzieren, weil der Besteller den Vertrag gemäß § 648 Satz 1 BGB kündigte (vgl. BGH, Urt. v. 28.10.1999 – VII ZR 326/98).

95 Erhielt der Unternehmer Kurzarbeitergeld, dürfte es sich um ersparte Aufwendungen für Personalkosten, nicht um anderweitigen Erwerb handeln (vgl. Kiedrowski, in: Leupertz u. a., Bauvertragsrecht, 2. Aufl. 2021, § 648 Rdn. 123; offen gelassen von KG, Urt. v. 13.6.2017 – 21 U 24/15). Das setzt aber voraus, dass der Unternehmer das Kurzarbeitergeld allein aufgrund der Kündigung ausbezahlt bekam, was nicht der Fall ist, wenn der Unternehmer auch bei Fortbestand des Vertrags wegen der Witterungsbedingungen nicht auf der Baustelle hätte arbeiten können (vgl. KG, Urt. v. 13.6.2017 – 21 U 24/15).

96 Eine gesteigerte Darlegungslast kann der Unternehmer nach den Besonderheiten des Einzelfalls haben, so wenn der Kündigung ein etwa sechs Jahre anhaltender Baustopp vorausging. In einem solchen Fall ist anzunehmen, dass der Unternehmer sein Personal jedenfalls nach einer gewissen Zeit anderweit auslastete (vgl. OLG München, Urt. v. 26.2.2013 – 9 U 2340/11).

97 Rechnet der Unternehmer Personalkosten von vornherein ganz oder teilweise zu den ersparten Aufwendungen (vgl. z. B. BGH, Urt. v. 30.9.1999 – VII ZR 206/98), ist er gleichwohl verpflichtet, einen mit diesem Personal erzielten anderweitigen Erwerb zu berücksichtigen, soweit er durch diesen einen weiteren Vorteil erlangt wie die Deckung der Allgemeinen Geschäftskosten oder des Gewinns (vgl. BGH, Urt. v. 28.10.1999 – VII ZR 326/98).

98 Die gleichen Erwägungen gelten für das Material und Geräte. Soweit laufende Kosten weiter anfallen, sind diese nicht erspart. Der Unternehmer muss jedoch den durch Material und Geräte erzielten anderweitigen Erwerb angeben (vgl. die etwas unscharfe Formulierung in BGH, Urt. v. 21.12.1995 – VII ZR 198/94). Kosten für Material, das noch nicht geordert ist, sind erspart.

Gleiches gilt für Material, dessen Bestellung kostenfrei storniert werden kann (andernfalls sind nur die entstehenden Stornokosten nicht erspart). Untergeordnete Materialkosten wie Schreib-, Zeichen-, Telefon- und Kopierkosten kann der Unternehmer mit einer auf Erfahrungswerten beruhenden Pauschale als erspart abziehen (vgl. BGH, Urt. v. 28.10.1999 – VII ZR 326/98; vgl. auch Urt. v. 8.1.2015 – VII ZR 6/14 Rdn. 25).

Nachunternehmerkosten sind nur erspart, soweit sie nicht gezahlt werden (wovon bei diffus bleibendem Vortrag des Unternehmers auszugehen ist [vgl. OLG München, Urt. v. 26.2.2013 – 9 U 2340/11]). Der Unternehmer ist allerdings in aller Regel gehalten, seinerseits „frei" zu kündigen, so dass der Nachunternehmer gemäß § 648 Satz 2 BGB seine Vergütung nur abzüglich der seinerseits ersparten Aufwendungen und abzüglich seines anderweitigen Erwerbs oder böswillig unterlassenen Erwerbs verlangen kann. Soweit der Unternehmer diese Vergütung zahlt, erspart er sich nichts. Zum Zeitpunkt der Abrechnung des Unternehmers mit dem Besteller wird häufig noch nicht klar sein, welche Vergütung der Nachunternehmer beansprucht bzw. beanspruchen kann. In diesem Fall kann der Unternehmer die volle Nachunternehmervergütung als Ersparnis abziehen und später vom Besteller nachfordern, wenn die Vergütung feststeht. Droht im Verhältnis zum Besteller Verjährung, kann der Unternehmer feststellen lassen, dass der Besteller verpflichtet ist, die noch nicht feststehende Nachunternehmervergütung zu zahlen (vgl. BGH, Urt. v. 11.2.1999 – VII ZR 399/97). Der Unternehmer muss darauf achten, dass der Nachunternehmer prüfbar nach den vorstehenden Grundsätzen abrechnet. **99**

Allgemeine Geschäftskosten, die nicht projektbezogen anfallen, sind nicht erspart (vgl. BGH, Urt. v. 14.1.1999 – VII ZR 277/97; Urt. v. 24.3.2016 – VII ZR 201/15 Rdn. 26). **100**

Baustellengemeinkosten können erspart sein, wenn sie zeitabhängig kalkuliert waren und wegen der Kündigung nicht mehr anfallen. Sind Baustellengemeinkosten z. B. als Zuschlag kalkuliert und gliedern sie sich in Kosten für Bauleiter, Polier und Baustelleneinrichtung auf, so liegt eine Ersparnis bei den Personalkosten nicht vor, wenn das Personal weiter beschäftigt wird. Jedoch kann sich der Unternehmer zeitabhängige Baustellengemeinkosten ersparen, wenn er z. B. einen Bauzaun anmietete und nach der Bestellerkündigung die vertraglich vorgesehene Mietdauer einverständlich mit dem Vermieter reduzieren kann. Ist die Baustelle schon eingerichtet, muss eine entsprechende Aufgliederung der Kalkulation erfolgen, so dass die nicht ersparten Kosten herausgerechnet werden können (vgl. BGH, Urt. v. 24.6.1999 – VII ZR 342/98). **101**

Projektbezogene Finanzierungskosten sind erspart, wenn sie infolge der Kündigung nicht mehr anfallen. Entsprechendes gilt für die Kosten für Verpackung und Transport. **102**

Auch sonstige ausführungsabhängige Baustellengemeinkosten können erspart sein (vgl. BGH, Urt. v. 14.1.1999 – VII ZR 277/97), z.B. Planungskosten, wenn infolge der Kündigung Planungen entfallen und insoweit Aufwendungen erspart werden. **103**

Gewinn ist nicht erspart (vgl. BGH, Urt. v. 24.3.2016 – VII ZR 201/15 Rdn. 26). **104**

„Wagnis" ist nicht erspart, wenn der dafür angesetzte Zuschlag das allgemeine unternehmerische Risiko für die durch die wirtschaftliche Tätigkeit des Unternehmers allgemein begründete Verlustgefahr absichern soll. Unerheblich ist, ob sich das Risiko, das dieser Zuschlag abdecken soll, im konkreten Fall verwirklicht (vgl. BGH, Urt. v. 24.3.2016 – VII ZR 201/15 Rdn. 27). Hingegen erspart sein können kalkulierte Zuschläge für Einzelwagnisse, durch die der Unternehmer die mit der Leistungserstellung in den einzelnen Tätigkeitsgebieten des Betriebs verbundenen Verlustgefahren abgelten will (vgl. BGH, Urt. v. 24.3.2016 – VII ZR 201/15 Rdn. 28). **105**

Skonto, das der Besteller nicht mehr abziehen kann, weil er den Vertrag kündigte und der Unternehmer nur noch die Vergütung nach § 648 Satz 2 BGB verlangen kann, ist nicht erspart (vgl. BGH, Urt. v. 22.9.2005 – VII ZR 63/04). Gleichwohl kann eine Skontovereinbarung dahin ausgelegt werden, dass der Besteller sich Skonto auch durch eine rechtzeitige Zahlung der Vergütung nach § 648 Satz 2 BGB verdienen kann (vgl. BGH, Urt. v. 22.9.2005 – VII ZR 63/04). **106**

3. (Böswillig unterlassener) Anderweitiger Erwerb

Neben der Ersparnis muss der Unternehmer angeben, welchen anderweitigen Erwerb er hatte. Er muss sich also dazu äußern, ob und gegebenenfalls wie er durch einen anderen Auftrag die kalkulierten Kosten deckte. Legt der Unternehmer eine Abrechnung vor, in der sich kein Hinweis auf anderweitigen Erwerb findet, liegt darin die konkludente Erklärung, dass es **107** derartigen anderweitigen Erwerb nicht gab (vgl. KG, Urt. v. 15.6.2018 – 21 U 140/17). Die Abarbeitung anderer Aufträge mit den infolge der Kündigung nicht eingesetzten Produktionsfaktoren bedeutet nicht von vornherein einen anderweitigen Erwerb im Sinne des § 648 Satz 2 BGB. Anzurechnen ist nur der Erwerb, den die Kündigung des Bestellers ermöglichte. Es muss ein ursächlicher Zusammenhang zwischen der Kündigung und dem Ersatzauftrag bestehen. War der Unternehmer in der Lage, neben dem gekündigten Auftrag weitere Aufträge auszuführen, die also keinen ursächlichen Zusammenhang mit der Kündigung haben, sind diese nicht als so genannte Füllaufträge anzusehen (vgl. BGH, Urt. v. 30.9.1999 – VII ZR 206/98; Urt. v. 8.1.2015 – VII ZR 6/14 Rdn. 27; OLG Oldenburg, Urt. v. 6.9.2012 – 8 U 96/12). Zutreffend wird darauf hingewiesen, dass die Fähigkeit vieler Unternehmer zur parallelen Abarbeitung von Bauvorhaben nicht durch die eigenen Produktionskapazitäten begrenzt wird, weil die Einschaltung von Nachunternehmern möglich ist, so dass es eine Ausnahme darstellt, wenn ein Unternehmer einen anderen Vertrag nur dank der mit einer Kündigung verbundenen Freisetzung von Produktionskapazitäten ausführen kann (vgl. KG, Urt. v. 15.6.2018 – 21 U 140/17). Füllaufträge können auch vorliegen, wenn sie später als derjenige Auftrag ausgeführt werden, der gekündigt wurde (vgl. BGH, Urt. v. 21.12.1995 – VII ZR 198/94; Urt. v. 28.10.1999 – VII ZR 326/98; OLG Hamm, Urt. v. 20.11.2003 – 24 U 195/01). Erteilt ein Besteller nach einer „freien" Kündigung einen (anderen) Auftrag ausdrücklich als Ersatz- oder Kompensationsauftrag, muss sich der Unternehmer diesen Auftrag grundsätzlich als anderweitigen Erwerb anrechnen lassen. Anders ist das, wenn der Unternehmer die Übernahme des Ersatzauftrags nach Treu und Glauben hätte ablehnen können, weil sein Betrieb nach dem Ende der für den gekündigten Auftrag vorgesehenen Ausführungszeit ausgelastet war (vgl. OLG Saarbrücken, Urt. v. 31.5.2005 – 4 U 216/04 [verneint]) oder weil das vom Besteller zur Verwendung vorgesehene Material ungeeignet und die Terminvorgaben des Bestellers nicht realisierbar waren (vgl. OLG Frankfurt am Main, Urt. v. 15.4.2016 – 10 U 80/14 [Bedenken des Unternehmers nach Beweisaufnahme als unbegründet zurückgewiesen]). Ist das nicht der Fall und lehnt der Unternehmer dessen ungeachtet den Ersatzauftrag ab, unterlässt er böswillig den anderweitigen Erwerb (vgl. eingehend zu den generellen Anforderungen an ein „böswilliges" Unterlassen OLG Frankfurt am Main, Urt. v. 15.4.2016 – 10 U 80/14).

108 Ansonsten kommt die Anrechnung anderweitigen Erwerbs insbesondere in folgender Fallgruppe in Betracht: Der Besteller beauftragt einen Unternehmer, der für ein bestimmtes Gewerk einen Nachunternehmer beauftragt. Nach jeweils „freier" Kündigung in beiden Vertragsverhältnissen schließen der Besteller und der Nachunternehmer einen Vertrag, aufgrund dessen der Nachunternehmer die noch offenen, ursprünglich ihm vom Unternehmer beauftragten Arbeiten ausführt (vgl. OLG Hamburg, Urt. v. 21.10.2015 – 1 U 206/14, mit Anm. Jahn, IBR 2018, 381, der zutreffend vermerkt, „dass der Folgeauftrag ohne die Kündigung überhaupt nicht zur Verfügung gestanden hätte"). Damit ist ein Weg aufgezeigt, wie ein mit dem Wirken des Hauptunternehmers (nicht aber von dessen Nachunternehmern) unzufriedener Besteller die wirtschaftlichen Risiken begrenzen kann für den Fall, dass in einer späteren Auseinandersetzung mit dem Hauptunternehmer die Gerichte nicht von einer Kündigung aus wichtigem Grund, sondern von einer „freien" Kündigung ausgehen.

109 Liegt anderweitiger Erwerb vor, ist dessen Anrechnung getrennt nach Kostenarten vorzunehmen (vgl. OLG Düsseldorf, Urt. v. 12.4.2019 – 22 U 62/18; Drittler, Nachträge und Nachtragsprüfung beim Bau- und Anlagenbauvertrag, Stand: 25.1.2021, Rdn. 3:77).

4. Abrechnung des Vergütungsanspruchs im Einheitspreisvertrag

110 Beim Einheitspreisvertrag berechnet der Unternehmer die Vergütung für die nicht erbrachte Leistung anhand der anzunehmenden Mengen, indem er diese mit dem Einheitspreis multipliziert. Liegen keine besonderen Umstände vor, die eine Abweichung rechtfertigen, kann der Unternehmer die im Leistungsverzeichnis geschätzten Mengen zugrunde legen (vgl. BGH, Urt. v. 21.12.1995 – VII ZR 198/94). Sind die Vordersätze im Leistungsverzeichnis untersetzt, kann der Unternehmer für die Abrechnung die objektiv richtigen Mengen ansetzen. Dies gilt unabhängig davon, ob diese in der Ausführung/Abrechnung durch einen Zweitunternehmer erkennbar werden. A. Klein, BauR 2016, 12, 14), mag auch dies dem gekündigten Unternehmer die Darlegung und Beweisführung erleichtern.

111 Änderte der Besteller den Vertrag vor dem Ausspruch der Kündigung einseitig gemäß § 650b Abs. 2 Satz 1 BGB und begründete er dadurch einen zusätzlichen Vergütungsanspruch des Unternehmers gemäß § 650c BGB, ist dieser in der Abrechnung gemäß § 648 Satz 2 BGB zu berücksichtigen. Der Umstand, dass der Besteller erstmals nach Kündigung gegenüber dem

Kündigungsrecht des Bestellers **§ 648**

Zweitunternehmer eine Vertragsänderung anordnet und zu dessen Gunsten einen zusätzlichen Vergütungsanspruch auslöst, wirkt sich hingegen nicht zu Gunsten des (gekündigten) Unternehmers aus. Es kommt auf die Vertragslage zur Zeit der Kündigung, nicht auf die weitere Abwicklung gegenüber dem Zweitunternehmer an. Dem lässt sich nicht entgegenhalten, dass der Besteller zwangsläufig etwa zur Herstellung einer mangelfreien Leistung notwendige Änderungen i. S. v. § 650b Abs. 1 Satz 1 Nr. 2 BGB beauftragen hätte müssen. Dies verkennt die Entscheidungsgewalt des Bestellers, der Gründe dafür haben kann, derartige notwendige Arbeiten gegenüber dem einen Unternehmer nicht zu beauftragen, gegenüber dem Zweitunternehmer dagegen schon (a. A. Klein, BauR 2016, 12).

Abzusetzen von dem so ermittelten „weggekündigten" Werklohn sind die ersparten Auf- 112
wendungen und der anderweitige Gewinn.

Beispiel: Der Vertrag enthält die Position 113

500 cbm Mauerwerk	19 €	9.500 €

Wird der Vertrag gekündigt, kann der Unternehmer die erbrachten Leistungen nach Aufmaß abrechnen. Hat der Unternehmer 300 cbm bis zur Kündigung erbracht, muss er diese mit dem Preis von 19 € abrechnen. Die dadurch entstehende Unterdeckung bei den Allgemeinen Geschäftskosten und dem Gewinn geht zu seinen Lasten. Will er diese ausgleichen, muss er nach § 648 Satz 2 BGB abrechnen, also die vertragliche Gesamtmenge zugrunde legen und aus dem Preis von 19,00 € die ersparten Aufwendungen kalkulatorisch nachvollziehbar abziehen, z. B. durch Aufschlüsselung des Preises in 12 € Lohnkosten, 1,50 € Materialkosten, 0,50 € Baustellengemeinkosten, 2 € allgemeine Geschäftskosten und 3 € Gewinn. Wenn die Lohnkosten sowie die letzten beiden Positionen nicht erspart sind, ergibt das folgende Abrechnung

300 cbm erbrachtes Mauerwerk	19 €	5.700 €
200 cbm nicht erbrachtes Mauerwerk	17 €	3.400 €.

Die ersparten Aufwendungen sind erforderlichenfalls positionsbezogen abzurechnen, ohne 114
dass insoweit die Voraussetzungen des § 14 VOB/B zwingend einzuhalten sind, denn ungünstig oder günstig kalkulierte Positionen sind nicht untereinander verrechenbar (vgl. BGH, Urt. v. 21.12.1995 – VII ZR 198/94).

Beispiel: Der Unternehmer hat einen Auftrag über die Lieferung von Türen und Fenstern. 115
Das Auftragsvolumen für Türen und Fenster beträgt jeweils 100.000 €. Bei den Türen kalkulierte er mit einem Zuschlag von 30%, bei den Fenstern von 20% für Allgemeine Geschäftskosten und Gewinn, durchschnittlich also mit 25%. Der Auftrag wird gekündigt, nachdem die Türen zur Hälfte ausgeführt sind. Der Unternehmer darf 25% nicht ersparte Allgemeine Geschäftskosten und Gewinn auf die nicht erbrachte Leistung verlangen, denn dadurch hätte er einen ungerechtfertigten Vorteil.

Beispiel: Der Unternehmer hat Rohbauarbeiten nach einem Einheitspreisvertrag im Auftrag. Nach der Kündigung muss er durch seine Abrechnung sicherstellen, dass unterschiedlich kalkulierte Zuschläge für die Schlüsselkosten erkennbar werden. Kalkulierte er z. B. Betonarbeiten als Nachunternehmerleistungen ohne Gemeinkostenzuschlag, während er die von ihm selbst vorzunehmenden Maurerarbeiten mit hohem Gemeinkostenzuschlag kalkulierte, darf er nicht mit einem einheitlichen Prozentsatz die Gemeinkosten umlegen.

Pos. 1: 2.000 cbm Betonarbeiten zu	300 €	600.000 €
Pos. 2: 5.000 qm Maurerarbeiten zu	50 €	250.000 €

Sind 500 cbm Betonarbeiten und 1.000 qm Maurerarbeiten nicht erbracht, muss der Unternehmer für jede einzelne Position die Kalkulation so offenlegen, dass sich die verschiedenen Gemeinkostenkalkulationen ergeben, z. B.

Pos 1: 1 cbm Betonarbeiten kalkuliert:

Nachunternehmerlohn 230 €, Gewinn 70 €

Daher Ersparnis 230 €, wenn der ebenfalls gekündigte Nachunternehmer keine Ansprüche geltend macht.

Pos 1 erspart: 500 x 230 € = 115.000 €

Pos. 2: 1 qm Maurerarbeiten kalkuliert:

Material 15 €, Lohn 10 €, Baustellengemeinkosten 6 €, Allgemeine Geschäftskosten 14 €, Gewinn 5 €

§ 648 Kündigungsrecht des Bestellers

Ersparnis 15 €, wenn nur das Material eingespart ist und zu den Baustellengemeinkosten keine Kosten gehören, die erspart wurden (was z.B. der Fall ist, wenn es sich nur um Bauleiterlöhne oder vollständig angemietete Geräte handelt, für die die Miete weiter zu entrichten ist)

Pos. 2 erspart: 1.000 qm x 15 = 15.000 €.

116 Eine positionsbezogene Abrechnung ist aber nur erforderlich, wenn das Informationsinteresse des Bestellers das gebietet, wenn dieser also Unter- und Fehlkalkulationen in einzelnen Positionen nur so entdecken kann und es auf diese Kalkulationen ankommt. Das bedeutet, dass einheitliche, allen Positionen zugrunde liegende Zuschläge auch zusammenfassend ausgewiesen werden können.

117 **Beispiel:** Der Unternehmer übernahm den Innenausbau mit einem Einheitspreisvertrag. Er kalkulierte gleichmäßig in allen Positionen auf die Herstellungskosten (Nachunternehmervergabe) einen Zuschlag von 25%, in dem Allgemeine Geschäftskosten und der Gewinn enthalten sind. Vor Ausführung wird der Vertrag gekündigt. Der Unternehmer kann 25% des Vertragspreises geltend machen, wenn er durch eine nähere Aufschlüsselung belegt, dass dieser Prozentsatz nicht erspart ist, und es keine Anhaltspunkte für eine von der Kalkulation abweichende Kostenentwicklung auf der Nachunternehmerseite gibt (vgl. BGH, Urt. v. 24.6.1999 – VII ZR 342/98).

118 Derartige Zusammenfassungen dürfen aber nicht dazu führen, dass die Bewertung der ersparten Aufwendungen sich von der dem Vertrag zugrunde liegenden Kalkulation (und der gegebenenfalls korrigierend zu betrachtenden tatsächlichen Entwicklung des konkreten Vertrags) entfernt.

119 **Beispiel:** Der Unternehmer ermittelt nachträglich auf gerichtliche Aufforderung hin die ersparten Aufwendungen aus der Gewinn- und Verlustrechnung eines bestimmten Jahres, in der zwischen Kosten für Wareneinsatz, Gehälter, Fertigungs- und Montagelöhne, Gemeinkosten sowie kalkuliertem Gewinn unterschieden wurde. Damit präsentiert er eine Durchschnittskalkulation, die nicht zwingend für den abgerechneten Vertrag gelten musste. Das muss verhindert werden, weil der Unternehmer ansonsten aus der Kündigung Vorteile ziehen könnte, die ihm nicht zustehen (vgl. BGH, Urt. v. 21.12.1995 – VII ZR 198/94; Urt. v. 28.10.1999 – VII ZR 326/98).

5. Abrechnung des Vergütungsanspruchs im Pauschalvertrag

120 Für den Pauschalvertrag gelten dieselben Grundsätze unter Berücksichtigung der Besonderheiten dieses Vertragstyps. Wie in der Bewertung der erbrachten Leistung ist darauf zu achten, dass die Berechnung der nicht erbrachten Leistung abzüglich der ersparten Aufwendungen usw. so erfolgt, dass der Besteller sie nachvollziehen kann (vgl. auch die allgemeinen Ausführungen zu typischen Fehlern → Rdn. 60ff.).

121 Zunächst muss der Unternehmer die erbrachte von der nicht erbrachten Leistung abgrenzen und jeweils vertragsbezogen deren Wert darlegen (vgl. BGH, Urt. v. 11.2.1999 – VII ZR 399/97). Nach dem Gesetz reicht es zwar aus, von der Vergütung die Ersparnis abzuziehen. Das verleitet viele Unternehmer dazu, die ersparten Aufwendungen ohne Bezug zum Vertrag abzuziehen. Das ist aus zwei Gründen in der Regel keine ausreichende Abrechnung. Zum einen kann sich die Ersparnis nur aus der nicht erbrachten Leistung ergeben. Es ist deshalb in aller Regel unvermeidlich, die nicht erbrachte von der erbrachten Leistung abzugrenzen und entsprechend zu bewerten. Ansonsten kann meistens nicht beurteilt werden, ob der Unternehmer die Ersparnis vertragsbezogen ermittelte. Zum anderen ist aus steuerrechtlichen Gründen die Differenzierung zwischen dem Wert der erbrachten und der nicht erbrachten Teilleistung notwendig, um feststellen zu können, inwieweit der Unternehmer Anspruch auf Umsatzsteuer hat (→ Rdn. 127).

122 Zu der nicht erbrachten Leistung muss der Unternehmer die Ersparnis abrechnen. Es gelten die für den Einheitspreisvertrag dargelegten Grundsätze.

123 Unzureichend sind Abrechnungen, die nicht erkennen lassen, ob sie vertragsbezogen sind. Prozentuale Bewertungen der ersparten Aufwendungen reichen nicht, wenn nicht erkennbar ist, wie der Unternehmer auf der Grundlage des geschlossenen Vertrags zu dem Prozentsatz kam. Eine allgemeine Bewertung der ersparten Lohnkosten mit ca. 25% und der Materialkosten mit ca. 55% reicht nicht. Der Unternehmer kann nicht auf dieser Grundlage 20% der Vergütung für die nicht erbrachte Leistung fordern. Er muss vielmehr im Streitfall seine Kalku-

Kündigungsrecht des Bestellers	§ 648

lation offenlegen bzw. nachträglich präzisieren. Erst das versetzt den Besteller in die Lage, die Kostenansätze und dementsprechend die ersparten Aufwendungen zu überprüfen. Andernfalls könnte er sich nicht wirksam verteidigen und insbesondere nicht darlegen und notfalls den Beweis führen, dass die behaupteten ersparten Aufwendungen zu niedrig sind (vgl. BGH, Urt. v. 7.11.1996 – VII ZR 82/95). Unzureichend ist auch eine nicht vertragsbezogene Aufschlüsselung, die auf den branchenüblichen Gewinn abstellt. Auf diesen kommt es nicht an (vgl. BGH, Urt. v. 4.7.1996 – VII ZR 227/93). Auch in den Pauschalpreis eingerechnete Architekten- und Tragwerksplanerleistungen kann der Unternehmer nur entsprechend dem Verhältnis der erbrachten Leistung zur vertraglich vereinbarten Gesamtleistung verlangen (vgl. BGH, Urt. v. 11.3.1999 – VII ZR 371/97). Ebenfalls sind Abrechnungen unzureichend, aus denen sich von vornherein ergibt, dass sie die Vergütung nicht vertragsbezogen ermitteln, sondern die vertraglichen Grundlagen überhaupt nicht berücksichtigen.

Beispiel: Der Unternehmer erhält den Auftrag für eine Fassade, wobei er ein bestimmtes, teures Produkt zu verwenden hat. Der Auftrag wird gekündigt. Der Unternehmer rechnet den Werklohn ab, wobei er sich einen Ersatzauftrag gleichen Umfangs anrechnen lässt, den er allerdings mit einem viel billigeren Produkt durchführte. Diese Abrechnung ist unzulässig. Der Unternehmer muss vielmehr die Ersparnis (aus dem teuren Material) in vollem Umfang abziehen und dann darlegen, inwieweit er durch den Ersatzauftrag noch die übrigen nicht ersparten Kosten deckte (vgl. OLG Jena, Urt. v. 4.11.1997 – 3 U 257/97; der BGH nahm die Revision nicht an, Beschl. v. 20.10.1999 – VII ZR 54/99). 124

Ausnahmsweise kann der Unternehmer, der vor der vorzeitigen Beendigung des Pauschalvertrags nur eine geringfügige Teilleistung erbrachte, die ihm zustehende Mindestvergütung in der Weise abrechnen, dass er die gesamte Leistung als nicht erbracht in seiner Rechnung zugrunde legt und von dem Pauschalpreis die hinsichtlich der Gesamtleistung ersparten Aufwendungen absetzt. Der Besteller wird dadurch nicht benachteiligt, weil der Unternehmer somit nur die ihm zustehende Mindestvergütung verlangt und hinsichtlich der von ihm bis zur Kündigung erbrachten Leistung zu seinen Ungunsten ersparte Aufwendungen berücksichtigt (vgl. BGH, Urt. v. 25.11.2004 – VII ZR 394/02; KG, Beschl. v. 13.6.2019 – 27 U 31/19; OLG Celle, Urt. v. 10.9.2008 – 14 U 79/08). 125

Die vom Bundesgerichtshof genannte Voraussetzung, dass der Unternehmer so nur abrechnen darf, wenn er bis zur Kündigung lediglich eine geringfügige Teilleistung erbrachte, erscheint nicht zwingend. Es ist kein Grund ersichtlich, warum ein Unternehmer, der zum Zeitpunkt der Kündigung bereits einen wesentlichen Teil der obliegenden Leistung erbrachte, nicht ebenfalls so abrechnen können soll (vgl. OLG Celle, Urteil vom 13.5.2020 – 14 U 71/19, zum Planervertrag). Grundsätzlich liegt darin eine gesteigerte Selbstbenachteiligung des Unternehmers, so dass eine derartige Abrechnung nur für solche Unternehmer attraktiv ist, die vernachlässigbare ersparte Aufwendungen haben. 126

6. Umsatzsteuerrechtliche Fragen

Nur die Differenzierung zwischen dem Wert der erbrachten und der nicht erbrachten Teilleistung ermöglicht es festzustellen, inwieweit der Unternehmer (vorbehaltlich § 13b UStG) Anspruch auf Umsatzsteuer hat (vgl. BGH, Urt. v. 8.7.1999 – VII ZR 237/98). Diese kann er nur für lieferbare Umsätze verlangen. Nach der Rechtsprechung des Bundesgerichtshofs zum Werkvertragsrecht kann die nicht erbrachte Leistung nicht mit Umsatzsteuer belegt werden. Der Unternehmer kann deshalb vom Besteller keine Umsatzsteuer für den auf die nicht erbrachte Leistung entfallenden Vergütungsteil verlangen (vgl. BGH, Urt. v. 23.10.1980 – VII ZR 324/79; Urt. v. 24.4.1986 – VII ZR 139/84; Urt. v. 2.6.1987 – X ZR 39/86; Urt. v. 4.7.1996 – VII ZR 227/93; Urt. v. 8.7.1999 – VII ZR 237/98; Urt. v. 22.11.2007 – VII ZR 83/05). Steuerrechtlich kommt es aus Sicht des Bundesgerichtshofs nicht darauf an, dass das Gesetz von Vergütung spricht. Soweit diese Vergütung auf die nicht erbrachte Leistung entfällt, hat sie Entschädigungscharakter. Steuerrechtlich liegt ihr kein Leistungsaustausch zugrunde. 127

Abweichend hierzu vertrat jüngere finanzgerichtliche Rechtsprechung die Auffassung, dass auch der Anspruch gemäß § 648 Satz 2 BGB der Umsatzsteuer unterliegt (vgl. FG Niedersachsen, Urt. v. 28.2.2019 – 5 K 214/18). Im Hinblick auf die etwaige Abweichung zur Rechtsprechung des Bundesgerichtshofs ließ das Finanzgericht die Revision zum Bundesfinanzhof zu, die die klagende Steuerpflichtige eingelegt hat (Az. BFH: VR 13/19). Bis zur abschließenden Klärung müssen sich Unternehmer daher die Forderung, Umsatzsteuer auf den Anspruch gemäß § 648 Satz 2 BGB nacherheben zu können, vorbehalten und gegebenenfalls zur Verjährungshemmung einen Feststellungsantrag gerichtlich anhängig machen. 128

III. Vertragsklauseln

1. Klauseln des Bestellers

129 Besteller beschränken häufig in von ihnen vorgegebenen Allgemeinen Geschäftsbedingungen den Anspruch des Unternehmers auf die Vergütung für die erbrachte Leistung auch für den Fall, dass sie „frei" kündigen. Derartige Klauseln verstoßen gegen § 307 Abs. 1, Abs. 2 Nr. 1 BGB und sind unwirksam, weil sie dem Unternehmer den ihm gesetzlich zustehenden Vergütungsanspruch abzüglich der ersparten Aufwendungen usw. versagen (vgl. BGH, Urt. v. 4.10.1984 – VII ZR 65/83; Urt. v. 28.9.1989 – VII ZR 167/88; Urt. v. 12.7.2007 – VII ZR 154/06; OLG Karlsruhe, Urt. v. 14.7.2010 – 6 U 145/08). Das gilt insbesondere in den Fällen, in denen zwar ein Hauptunternehmer einem Nachunternehmer einen unbeschränkten Auftrag erteilt, er jedoch die Klausel aus seinem Vertrag mit dem Investor weitergibt, wonach – abhängig von Wünschen der Nutzer des Bauwerks – ein Teil der Leistung evtl. gar nicht ausgeführt wird. Sieht diese Klausel vor, dass die Vergütung für die nicht ausgeführte Leistung entfällt, kann sie für den Nachunternehmer überraschend sein (§ 305c Abs. 1 BGB), so dass sie nicht Gegenstand von dessen Vertrag mit dem Hauptunternehmer wird (vgl. BGH, Urt. v. 12.7.2007 – VII ZR 154/06). Die gleichen Erwägungen gelten, soweit die Klausel auf eine einvernehmliche Vertragsaufhebung anzuwenden ist, die auf Initiative des Bestellers erfolgt und demselben Ziel wie eine „freie" Kündigung dient (vgl. BGH, Urt. v. 4.6.1973 – VII ZR 113/71; Urt. v. 12.7.2007 – VII ZR 154/06).

130 Klauseln, die den Anspruch auf Vergütung der erbrachten Leistung oder der vollen Vergütung der Höhe nach regeln, unterliegen der Inhaltskontrolle, wenn sie der Sache nach den gesetzlichen Vergütungsanspruch einschränken. Soll sich nach einer vom Besteller in den Vertrag eingebrachten Klausel der Vergütungsanspruch für die erbrachte Leistung aus einem für die Durchführung des Vertrags vereinbarten Zahlungsplan ergeben, so kann diese Vereinbarung gemäß § 307 Abs. 1 BGB unwirksam sein, wenn dieser Zahlungsplan von der nach § 631 BGB vorzunehmenden Bewertung der erbrachten Leistung abweicht. Mit einer nicht am tatsächlichen Leistungsstand orientierten, von kalkulatorischen Grundlagen losgelösten Bewertung wird der Grundsatz verletzt, dass eine Partei durch eine vorzeitige Beendigung des Vertrags keinen kalkulatorischen Vor- und Nachteil haben darf (vgl. BGH, Urt. v. 4.5.2000 – VII ZR 53/99).

2. Klauseln des Unternehmers

131 Auch in vielen von Unternehmern gestellten Verträgen finden sich Klauseln, die die Abrechnung nach einer Kündigung regeln. In aller Regel befassen sie sich mit dem Recht des Unternehmers, die erbrachte Leistung abzurechnen. Das ist nicht zu beanstanden, solange die Klausel nicht versucht, für diese Leistung einen von dem vertraglichen Preisgefüge abweichenden Preis einzuführen (vgl. BGH, Urt. v. 8.7.1999 – VII ZR 237/98: Vergütung für eine im Preis inbegriffene Architektenleistung nach [damaligen] Höchstsätzen der HOAI, unabhängig von der vertraglichen Kalkulation).

132 Unternehmer versuchen häufig, die Vergütung oder die Ersparnis nach einer Kündigung zu pauschalieren. Das kann zulässig sein, wenn die Klausel nicht zu einer unangemessenen Benachteiligung des Bestellers führt:

133 Klauseln, nach denen nur die Ersparnis abgezogen wird, nicht jedoch anderweitiger Erwerb, sind deshalb unwirksam (vgl. BGH, Urt. v. 10.10.1996 – VII ZR 250/94; Urt. v. 19.2.1998 – VII ZR 207/96; Urt. v. 27.10.1998 – X ZR 116/97; Urt. v. 8.7.1999 – VII ZR 237/98). Gleiches gilt für Klauseln, die dem Besteller nicht den Nachweis einer höheren Ersparnis erlauben. Die Klausel eines Vertreibers von Fertighäusern: „Die vom [Besteller] nach einer Kündigung zu entrichtende Vergütung nach § 649 BGB [a. F.] beträgt, sofern er oder der [Unter]nehmer nicht im Einzelfall andere Nachweise erbringen, bis zur Übergabe der Pläne für den Bauantrag 7,5 % des vereinbarten Gesamtpreises ..." ist dahin auszulegen, dass der Unternehmer nur in durch die Besonderheiten der Vertragsgestaltung oder -durchführung bedingten Ausnahmefall eine über die Pauschale hinausgehende Vergütung beanspruchen kann und er dafür den entsprechenden Nachweis zu erbringen hat. Allein der Umstand, dass die nach § 648 BGB konkret berechnete Vergütung von der Pauschale abweicht, genügt nicht (vgl. BGH, Urt. v. 30.3.2000 – VII ZR 167/99). In dieser Klausel wird der Abzug von 7,5 % des vereinbarten Gesamtpreises zum Regelfall erhoben. Mit dieser Entscheidung ist der allgemeine AGB-rechtliche Grundsatz (vgl. etwa BGH, Urt. v. 25.2.2016 – VII ZR 49/15 Rdn. 42 f.) zum Ausdruck gebracht, dass AGB-Klauseln den Unternehmer binden können, was übertragbar ist auf den Fall, dass er in ihnen eine Pauschalierung aufgrund seiner Kalkulation vornimmt. Mit solchen Pauschalierungsklauseln kann er einen Vertrauenstatbestand erwecken. Das gilt jedenfalls gegenüber geschäftlich unerfahrenen Verbrauchern wie den Erwerbern von Fertighäusern. Für diese ist die Höhe der Pauschale ein Grund, den Vertrag frühzeitig, häufig übereilt, zu schließen, weil sie das Risiko, vom Vertrag Abstand zu nehmen, wirtschaftlich als gering einschätzen (vgl. OLG Düsseldorf, Urt. v. 14.6.2005 – 23 U 223/04). Der Unternehmer handelt unredlich, wenn er diese Pauschale von vornherein zu niedrig ansetzt und dann von der in der Klausel eröffneten Möglichkeit Gebrauch macht, einen höheren Schaden oder geringere ersparte Aufwendungen nachzuweisen (vgl. den Hinweis in BGH, Urt. v. 22.12.2005 – VII ZR 183/04; Urt. v. 27.4.2006 – VII ZR 175/05).

134 Was eine in Allgemeinen Geschäftsbedingungen des Unternehmers festgelegte Vergütungspauschale im Fall einer vorzeitigen Vertragskündigung angeht, hat sich die Rechtsprechung von dem Gedanken leiten lassen, dass die Pauschale nicht von vornherein unangemessen hoch sein darf (§ 308 Nr. 7 a) BGB in entsprechender Anwendung). Prüfungsmaßstab ist, was der Besteller ohne die Klausel nach dem Gesetz typischerweise schulden würde (vgl. BGH, Urt. v. 5.5.2011 – VII ZR 161/10 Rdn. 17; Urt. v. 5.5.2011 – VII ZR 181/10 Rdn. 31). Die Rechtsprechung prüfte vor allem Klauseln von Fertighausanbietern. Nicht beanstandete der Bundesgerichtshof eine Vergütungspauschale von 7,5 % der Vertragssumme für den Fall der Kündigung eines Fertighausvertrags vor Vertragsdurchführung (vgl. BGH, Urt. v. 30.3.2000 – VII ZR 167/99). Auch eine Pauschale von 10 % hielt er zu einem teilweise durchgeführten Fertighausvertrag für wirksam (vgl. BGH, Urt. v. 27.4.2006 – VII ZR 175/05; OLG Brandenburg, Urt. v. 1.12.1994 – 4 U 83/94; OLG Düsseldorf, Urt. v. 14.6.2005 – 23 U 223/04 m. w. N. zur Literatur). Diese Pauschale übersteigt nicht die bereits bei Vertragsschluss entstehenden allgemeinen Verwaltungsaufwendungen, die Provision des Vermittlungs- und Abschlussvertreters sowie die möglichen anteiligen Vorhaltekosten für eine serienmäßige Konstruktion und Herstellung von Fertighäusern einschließlich des Vertriebssystems, die allesamt keine ausgleichspflichtigen Vorteile begründen, zuzüglich des zu berücksichtigenden Gewinns. Eine Pauschale von 18 % hingegen ist äußerst zweifelhaft (vgl. BGH, Urt. v. 8.11.1984 – VII ZR 256/83; vgl. auch OLG Hamm, Urt. v. 10.11.2009 – 19 U 34/09: Klausel eines Treppenliftlieferanten über eine Pauschale von 30 % des Preises, falls Besteller vor Produktionsbeginn „frei" kündigt). In der Prüfung solcher Klauseln ist zu beachten, dass hinsichtlich der nicht erbrachten Restleistung der Unternehmer keine Umsatzsteuer verlangen kann (→ Rdn. 127). Eine Pauschale in einem Vertrag über ein Ausbauhaus von 15 % des Bruttobetrags beläuft sich deswegen auf 17,85 % des Nettobetrags und kann allein anhand der bisher vorhandenen Erfahrungswissens und veröffentlichter Äußerungen in Rechtsprechung und Literatur nicht als angemessen oder unangemessen bewertet werden. Ihre Beurteilung setzt daher ergänzende konkrete Feststellungen (unter Berücksichtigung von Erfahrungswerten aus der Baupraxis) für Ausbauhausverträge voraus (vgl. BGH, Urt. v. 5.5.2011 – VII ZR 161/10 Rdn. 19 f.; Urt. v. 5.5.2011 – VII ZR 181/10 Rdn. 32).

135 An dieser Rechtsprechung ist für ab dem 1.1.2009 abgeschlossene Verträge, auf die (nun) § 648 Satz 3 BGB anwendbar ist, festzuhalten. § 648 Satz 3 BGB ist kein Leitbild für die Vereinbarung von Vergütungspauschalen im Falle einer „freien" Kündigung. Der Gesetzgeber wollte mit § 648 Satz 3 BGB für den Unternehmer die sekundäre Darlegungslast erleichtern. Dem Gesetz und seiner Entstehungsgeschichte lässt sich nicht entnehmen, dass der Gesetzgeber ein gesetzliches Leitbild für Pauschalierungsabreden der Vertragsparteien schaffen und damit bewirken wollte, dass der Unternehmer stets konkret abrechnen muss, wenn er eine Vergütung geltend macht, die die gesetzliche Pauschale übersteigt. Es ist auch nicht erkennbar, dass der Gesetzgeber bisher übliche, von der Rechtsprechung gebilligte Pauschalierungsabreden beschränken wollte. Aus § 309 Nr. 12 a) BGB folgt nichts anderes. § 648 Satz 3 BGB enthält nämlich keine von den sonstigen Regelungen des Gesetzes abweichende Beweislastverteilung zu Gunsten des Bestellers, die durch eine höhere Pauschale infrage gestellt würde. Die Beweislast dafür, dass der Unternehmer höhere Aufwendungen ersparte, als er behauptet, trägt der Besteller bereits nach § 648 Satz 2 BGB (vgl. BGH, Urt. v. 5.5.2011 – VII ZR 161/10 Rdn. 15; Urt. v. 5.5.2011 – VII ZR 181/10 Rdn. 28 f.; zur Kritik an dieser Auffassung → Rdn. 85). Auf vom Unternehmer verwendete Pauschalierungsklauseln findet auch § 309 Nr. 5 b) BGB entsprechende Anwendung. Daher muss der Unternehmer dem Besteller ausdrücklich den Nachweis gestatten, dem Unternehmer stehe nach § 648 Satz 2 BGB überhaupt keine oder eine wesentlich niedrigere Vergütung zu als die Pauschale. Diesen Anforderungen genügt eine Klausel, die dem Besteller den Nachweis gestattet, dass die dem Unternehmer nach § 648

§ 648

BGB zustehende Vergütung wesentlich niedriger ist als die Pauschale. Damit kommt hinreichend klar zum Ausdruck, dass der Besteller auch nachweisen kann, dem Unternehmer stehe überhaupt keine Vergütung zu (vgl. BGH, Urt. v. 5.5.2011 – VII ZR 161/10 Rdn. 12f.; Urt. v. 5.5.2011 – VII ZR 181/10 Rdn. 25f.; ebenso zum Kaufrecht BGH, Urt. v. 14.4.2010 – VIII ZR 123/09 Rdn. 15ff.).

3. Schutzrichtung der Inhaltskontrolle

136   Die Inhaltskontrolle wirkt nur zu Lasten des Verwenders. Setzte der Unternehmer in seinen Allgemeinen Geschäftsbedingungen seine Ersparnis auf 40% fest, ist es ihm verwehrt, eine geringere Ersparnis geltend zu machen. Ihm stehen daher höchstens 60% der Vergütung zu (vgl. BGH, Urt. v. 4.12.1997 – VII ZR 187/96). Das gilt auch in umgekehrter Richtung: Gibt der Besteller in seinen Allgemeinen Geschäftsbedingungen für den Fall der „freien" Kündigung einen pauschalen Zahlungsanspruch für den Unternehmer in Höhe von 1% des noch offenen Werklohns vor, kann er nicht einwenden, tatsächlich stehe dem Unternehmer nicht einmal dieser Betrag zu, weil der Unternehmer den Vertrag fehlerhaft kalkuliert habe und die Aufwendungen, die er bei Vertragsdurchführung gehabt hätte, den vereinbarten Werklohn überstiegen hätten.

J. Mängelhaftung des Unternehmers für erbrachte Leistungen nach Kündigung

I. Leistungsverweigerungsrecht

137   Nach der neuen Rechtsprechung des Bundesgerichtshofs wird der (finale) Werklohn des Unternehmers erst nach der Abnahme fällig (vgl. BGH, Urt. v. 11.5.2006 – VII ZR 146/04 unter Aufgabe von BGH, Urt. v. 9.10.1986 – VII ZR 249/85 → Rdn. 27).

1. Verweigerung der Abnahme und Leistungsverweigerungsrecht des Bestellers nach Abnahme

138   Ist die Abnahme der bis zur Kündigung erbrachten Leistung Fälligkeitsvoraussetzung für den finalen Werklohn, gelten für das Leistungsverweigerungsrecht wegen Mängeln die allgemeinen Grundsätze. Der Besteller kann die Abnahme der erbrachten Leistung wegen wesentlicher Mängel verweigern. Solange er die Abnahme zu Recht verweigert und kein Abnahmesubstitut vorliegt, kann er auch die Zahlung des finalen Werklohns für die erbrachte Leistung verweigern; der Unternehmer kann in diesem Fall aber mangels Schlussrechnungsreife aus einer Abschlagsrechnung vorgehen → Rdn. 30. Nahm der Besteller die bis zur Kündigung erbrachte Leistung ab, steht ihm ein Leistungsverweigerungsrecht (im Hinblick auf § 320 Abs. 1 BGB mindestens, vgl. BGH, Urt. v. 4.7.1996 – VII ZR 125/95; Urteil vom 06.12.2007 – VII ZR 125/06 Rdn. 17f.) in Höhe des Zweifachen der Mängelbeseitigungskosten zu (§ 641 Abs. 3 BGB) (vgl. BGH, Urt. v. 8.7.2004 – VII ZR 317/02). Dieses Leistungsverweigerungsrecht erlischt nicht durch einen Annahmeverzug. Sprach der Besteller nach einer Kündigung zunächst ein Baustellenverbot aus, ist er nicht gehindert, dieses später aufzuheben und gegenüber dem Werklohnverlangen das Leistungsverweigerungsrecht geltend zu machen (vgl. BGH, Urt. v. 24.7.2003 – VII ZR 79/02; Urt. v. 8.7.2004 – VII ZR 317/02).

2. Leistungsverweigerungsrecht und § 650f BGB

139   Streitig war früher die Frage, ob der Besteller ein Leistungsverweigerungsrecht nach der Kündigung hat, wenn der Unternehmer vor der geschuldeten Mängelbeseitigung eine Sicherheit nach § 650f BGB fordert, der Besteller diese Sicherheit jedoch nicht beibringt. Diese Frage bejahte der Bundesgerichtshof mit im Ausgangspunkt unverändert gültigen Überlegungen für den Fall, dass der Unternehmer den vollen Werklohn verlangt (vgl. BGH, Urt. v. 22.1.2004 – VII ZR 267/02).

140   Allerdings hat der Unternehmer das Recht, die Mängelbeseitigung zu verweigern, wenn die Sicherheit nicht gestellt wird. Das gilt auch nach der Kündigung. Das bedeutet jedoch nicht, dass der Unternehmer den vollen Werklohn für die mangelhafte Leistung verlangen kann. Vielmehr hat der Unternehmer ein Wahlrecht, wenn eine Sicherheit nach § 650f BGB nicht

gestellt wird. Er kann auch nach der Kündigung die Leistung verweigern. Verlangt er noch offenen Werklohn, kann er diesen – sofern die sonstigen Fälligkeitsvoraussetzungen gegeben sind – in voller Höhe geltend machen, muss jedoch hinnehmen, dass sich der Besteller auf sein gesetzliches Leistungsverweigerungsrecht beruft. Er kann jedoch auch gemäß § 650f BGB ein zweites Sicherungsverlangen stellen und, bleibt dieses erfolglos, eine zweite, nun auf die Mängelbeseitigung bezogene Kündigung aussprechen und damit den Mängelanspruch zu Fall bringen (vgl. → § 650f Rdn. 174 ff.).

II. Mängelrechte

141 Die Kündigung lässt die Mängelansprüche des Bestellers grundsätzlich unberührt, denn wegen des nicht gekündigten Teils besteht der Vertrag fort (vgl. BGH, Urt. v. 25.6.1987 – VII ZR 251/86; Urt. v. 21.12.2000 – VII ZR 488/99; Urt. v. 8.7.2004 – VII ZR 317/02). Der Besteller kann Nacherfüllung verlangen und hat nach fruchtlosem Fristablauf die Rechte auf Selbstvornahme und Kostenerstattung bzw. Vorschuss (§ 637 BGB), Minderung (§ 638 BGB), Rücktritt (§ 634 Nr. 3 i. V. m. § 323 BGB) und Schadensersatz bzw. Ersatz der vergeblichen Aufwendungen (§§ 634 Nr. 4 i. V. m. §§ 280, 281, 283, 311a und § 284 BGB).

III. Pflicht des Unternehmers, Mängel zu beseitigen

142 Der Unternehmer ist auch nach einer Kündigung grundsätzlich verpflichtet, Mängel der erbrachten Leistung zu beseitigen (vgl. BGH, Urt. v. 25.6.1987 – VII ZR 251/86; Urt. v. 8.10.1987 – VII ZR 45/87). Der Besteller muss deshalb grundsätzlich vor der Selbstvornahme den Unternehmer unter Fristsetzung zur Mängelbeseitigung auffordern (§ 637 Abs. 1 BGB). Eine verfrühte Selbstvornahme löst keine Erstattungsansprüche aus (vgl. BGH, Urt. v. 30.6.1983 – VII ZR 293/82; Urt. v. 8.10.1987 – VII ZR 45/87).

143 Der Besteller kann sich darum gegenüber dem Werklohnverlangen nach Kündigung nicht auf Mängel berufen, die er beseitigen ließ, ohne dem Unternehmer nach der Kündigung Gelegenheit zur Mängelbeseitigung zu geben. In diesem Fall muss er den Werklohn ohne Kürzungen zahlen. Das gilt auch, wenn der Besteller die Mängelbeseitigung nach einer Kündigung zu Unrecht nicht mehr zulässt. Verfehlt ist es, die Mängelbeseitigungskosten als Ersparnis des Unternehmers zu werten und in Abzug zu bringen. Dieser vergütungsrechtliche Ansatz lässt das gesetzliche Erfordernis der Fristsetzung vor Selbstvornahme und die darin zum Ausdruck kommende „Abwendungsbefugnis" (Voit, BauR 2011, 392, 394) des Unternehmers unberücksichtigt. Der Unternehmer muss auch die Gelegenheit bekommen, schwerwiegende, zur Unbrauchbarkeit der Leistung führende Mängel nachzubessern, wenn nicht aus anderen Gründen seine Abwendungsbefugnis entfallen ist (vgl. OLG Hamm, Urt. v. 2.2.1995 – 17 U 162/92; Kniffka, ZfBR 1998, 113, 116). Diese Grundsätze gelten auch für Mängel der Planung, die noch beseitigt werden können (vgl. BGH, Urt. v. 21.12.2000 – VII ZR 488/99; OLG Hamm, Urt. v. 2.2.1995 – 17 U 162/92).

144 Eine vom Besteller verwendete AGB-Klausel, wonach er nach einer (berechtigten) Kündigung des Vertrags ohne weitere Voraussetzungen die Kosten für die Beseitigung von Mängeln vom Werklohn abziehen kann, ist deswegen unwirksam (vgl. BGH, Urt. v. 4.5.2000 – VII ZR 53/99).

IV. Entfallen der Abwendungsbefugnis des Unternehmers

145 Mit Ablauf einer dem Unternehmer gesetzten angemessenen Frist zur Mängelbeseitigung verliert dieser die Möglichkeit, Mängel zu beseitigen. Dem Besteller stehen dann die gesetzlichen oder vertraglichen Ansprüche wegen der Mängel zu, auch die auf Geldzahlung gerichteten Ansprüche (vgl. BGH, Urt. v. 27.2.2003 – VII ZR 338/01). Ohnehin muss der Unternehmer eine weitere Gelegenheit zur Mängelbeseitigung (durch Fristsetzung) nicht erhalten, wenn die Mängel bereits der Kündigungsgrund waren (vgl. OLG Dresden, Urt. v. 1.3.2000 – 11 U 2968/98), und auch dann nicht, wenn infolge der Kündigung das Vertrauen in die Leistungsfähigkeit des Unternehmers zu Recht entfiel oder der Unternehmer eine Mängelbeseitigung endgültig verweigerte (vgl. BGH, Urt. v. 20.3.1975 – VII ZR 65/74; Urt. v. 21.12.2000 – VII ZR 488/99). Gleiches gilt, wenn das Werk so schwerwiegende Mängel aufweist, dass es nicht mehr

V. Darlegungs- und Beweislast

146 Die Darlegungs- und Beweislast für die Mängelfreiheit der bis zur Kündigung erbrachten Leistung trägt der Unternehmer, solange diese Leistung nicht abgenommen ist (vgl. BGH, Urt. v. 13.10.1994 – VII ZR 139/93; Urt. v. 24.6.1999 – VII ZR 196/98). Der Umstand, dass der Besteller eine Selbstvornahme vornimmt, führt nicht dazu, dass die Beweislast auf den Besteller übergeht (vgl. BGH, Urt. v. 23.10.2008 – VII ZR 64/07). Dem Unternehmer können jedoch Beweiserleichterungen zugutekommen, falls der Besteller die Mängel beseitigte, ohne ihm Gelegenheit zu geben, eine Beweissicherung vorzunehmen.

147 Im Einzelfall kann es schwierig sein zu entscheiden, ob die Leistung infolge der Kündigung noch nicht fertig gestellt ist oder ob sie bereits vor der Kündigung nicht vertragsgemäß („mangelhaft") fertig gestellt wurde. Mängelansprüche – die eine Abnahme bzw. Abnahmesubstitute voraussetzen – bestehen nicht wegen noch nicht fertig gestellter Arbeiten. Schuldete z.B. ein Maler einen zweifachen Anstrich und erfolgte die Kündigung nach dem ersten Anstrich, liegt nicht deswegen ein Mangel vor, weil die Wand nicht zweimal gestrichen ist. Schuldete der Ingenieur Entwicklungspläne, kann ein Mangel der Pläne nicht ohne weiteres angenommen werden, wenn diese zwar nicht geeignet sind, den geschuldeten Erfolg herbeizuführen, jedoch die Kündigung in einem Zeitpunkt erfolgte, in dem die Pläne noch kein verwertbares Stadium erreichten (vgl. BGH, Urt. v. 13.6.2006 – X ZR 167/04; zu Abgrenzungskriterien auch Schmitz, Bauinsolvenz, Rdn. 162 ff.; Vogel, BauR 2011, 313, 317 f.).

148 Die Regel, dass der Unternehmer die Darlegungs- und Beweislast bis zur Abnahme der gekündigten Leistung trägt, birgt große Gefahren für den Unternehmer. Er muss frühzeitig die Abnahme und ein Aufmaß verlangen. Werden die Abnahme und ein Aufmaß verweigert, muss er eine Beweissicherung vornehmen oder veranlassen (vgl. Kniffka, ZfBR 1998, 113, 119). Von der Beweissicherung darf er sich auch durch ein Baustellenverbot nicht abhalten lassen (vgl. OLG Düsseldorf, Urt. v. 12.4.2000 – 5 U 28/99). Da ein gerichtliches selbständiges Beweisverfahren regelmäßig zu lang dauert, muss er den Beweis durch Privatgutachten sichern. Gut geeignet ist auch eine Fotodokumentation.

K. Besonderheiten des VOB/B-Vertrags

I. „Freie" Kündigung durch den Auftraggeber (§ 8 Abs. 1 VOB/B)

149 Diese ist in § 8 Abs. 1 VOB/B in einer § 648 Satz 1 und 2 BGB entsprechenden Weise geregelt, so dass auf die obigen Ausführungen verwiesen wird. Eine widerlegliche Vermutung mit dem Inhalt des § 648 Satz 3 BGB enthält die VOB/B nicht. § 648 Satz 3 BGB ist jedoch nach dem Grundsatz der kundenfeindlichsten Auslegung von AGB zugunsten des Auftragnehmers anwendbar, wenn der Auftraggeber Verwender der VOB/B und damit auch des § 8 Abs. 1 VOB/B mit dem Klammerzusatz (globale Verweisung auf § 649 BGB a. F.) war. Weitergehend wird angenommen, dass § 648 Satz 3 BGB stets im Rahmen eines VOB/B-Vertrags anwendbar ist (vgl. KG, Urt. v. 20.2.2018 – 7 U 40/17; Ingenstau/Korbion/Joussen, § 8 Abs. 1 Rdn. 88). Das ist in dieser Allgemeinheit unzutreffend, denn wenn der Auftragnehmer der Verwender von § 8 Abs. 1 VOB/B ist, muss er sich im Weg der kundenfreundlichsten Auslegung (zugunsten des Auftraggebers) entgegenhalten lassen, lediglich § 648 Satz 1 und 2 BGB nahezu unverändert übernommen, nicht aber die gesetzliche Vermutung des § 648 Satz 3 BGB explizit aufgenommen zu haben, woran auch der Klammerzusatz (Verweisung auf § 649 BGB a. F.) nichts ändert.

II. Sonstige Klauseln zur Kündigung durch den Auftraggeber und zu deren Abwicklung

150 Eine Kündigung des VOB-Vertrags muss grundsätzlich schriftlich erfolgen (§ 8 Abs. 6 VOB/B; ebenso § 9 Abs. 2 Satz 1 VOB/B). Ist die vereinbarte Schriftform nicht eingehalten, so ist die Kündigung grundsätzlich unwirksam. Etwas anderes gilt jedoch dann, wenn die münd-

Kündigungsrecht des Bestellers §648

liche Kündigung akzeptiert wird. Darin kann eine konkludente Abbedingung der Schriftform gesehen werden.

Dass und unter welchen Voraussetzungen der Unternehmer die Abnahme begehren kann, folgt im VOB-Vertrag aus §8 Abs. 7 i. V. m. §12 Abs. 3 VOB/B. Eine fiktive Abnahme nach §12 Abs. 5 VOB/B soll bei einem gekündigten VOB/B-Vertrag nicht in Betracht kommen (vgl. BGH, Urt. v. 19.12.2002 – VII ZR 103/00); jedoch dürfte der Auftragnehmer in jedem Fall berechtigt sein, über §640 Abs. 2 Satz 1 BGB eine fiktive Abnahme herbeizuführen zu versuchen. Im Übrigen dürfte nach dem Grundsatz der Selbstbindung an gestellte AGB auch §12 Abs. 5 VOB/B zulasten des Auftraggebers nach Kündigung des Vertrags gelten, wenn der Auftraggeber als Verwender der VOB/B anzusehen ist und nicht die Geltung von §12 Abs. 5 VOB/B ausschloss. Der Auftragnehmer kann ein gemeinsames Aufmaß jedenfalls dann verlangen, wenn er die Abnahme verlangen kann (§8 Abs. 7 VOB/B). Wegen der sich entsprechend im BGB-Vertrag stellenden Probleme sei verwiesen auf → Rdn. 24 ff. 151

§8 Abs. 8 VOB/B stellt klar, dass der Auftraggeber eine Vertragsstrafe, die auf einem Verzug des Auftragnehmers aufbaut und nach Zeit bemessen ist, nur bis zum Tag der Kündigung verlangen kann. Das gilt auch für den BGB-Bauvertrag, weil der Auftragnehmer mit der Kündigung außer Stande gesetzt wird, die vertragsstrafenbewehrte Leistung weiter zu erbringen (vgl. auch OLG Düsseldorf, Urt. v. 12.7.2002 – 5 U 238/00, für ein gemäß §634 Abs. 1 BGB a. F. umgewandeltes Vertragsverhältnis). 152

(Weitere) Fälligkeitsvoraussetzung für den finalen Werklohnanspruch nach jedweder Kündigung ist die Überreichung einer prüfbaren Schlussrechnung (vgl. BGH, Urt. v. 9.10.1986 – VII ZR 249/85). Diese muss der Auftragnehmer unverzüglich erstellen (§8 Abs. 7 2. Hs. VOB/B; vgl. nunmehr auch §650g Abs. 4 Satz 1 Nr. 2 BGB). Darin müssen alle Vergütungsansprüche und vergütungsgleichen Forderungen eingestellt werden (§6 Abs. 5 bis 7 VOB/B; §8 Abs. 1 Nr. 2 VOB/B; §9 Abs. 3 Satz 2 VOB/B). Das gilt auch, wenn der Vertrag durch eine endgültige Erfüllungsverweigerung des Auftraggebers beendet wird (vgl. BGH, Urt. v. 28.9.2000 – VII ZR 42/98). 153

III. Mängelrechte des Auftraggebers nach Kündigung

Welche Vorgaben aus der von ihm AGB-rechtlich „verwendeten" VOB/B der Auftraggeber nach Kündigung des Vertrags zu beachten hat, wenn er Mängelansprüche formal korrekt durchsetzen will, behandele ich wegen des engeren Sachzusammenhangs des §4 Abs. 7 VOB/B mit der Kündigung aus wichtigem Grund einheitlich unter §648a Rdn. 74 und Rdn. 82 ff.). 154

IV. Prüfbarkeit und prozessuale Folgen

Da die Prüfbarkeit einer Rechnung Fälligkeitsvoraussetzung für den finalen Werklohn ist, sind die dazu entwickelten Grundsätze anwendbar (vgl. dazu → §650g Rdn. 32). 155

L. Besonderheiten des Architekten-/Ingenieurvertrags

Die obigen Ausführungen zum BGB-Werkvertrag gelten aufgrund §650q Abs. 1 BGB, der auf Kapitel 1 des Untertitels 1 verweist, unter den §648 BGB fällt, für den Architekten- und Ingenieurvertrag. Da §650q Abs. 1 BGB u. a. auf §650q Abs. 4 BGB verweist, muss der Architekt/Ingenieur (nachfolgend vereinfacht „Planer") auch nach Kündigung eine Abnahme des Teilwerks herbeiführen (sofern nicht ein Abnahmesubstitut wie ein Abrechnungsverhältnis erfüllt ist) und eine prüfbare Schlussrechnung legen, wenn er seine Schlussvergütung fällig stellen möchte. 156

Wegen der allgemeinen damit verbundenen Fragen sei auf → §650g Rdn. 30 ff. verwiesen. 157

Wie das Honorar zu berechnen ist, hängt zunächst von der gemäß §7 Abs. 1 Satz 1 HOAI in Textform getroffenen Vereinbarung der Parteien ab. Wird demnach die Tätigkeit des Planers nach Stundenaufwand bezahlt, bereitet es ihm keine Schwierigkeiten, die erbrachte Leistung anhand der aufgewendeten Stunden abzurechnen, während er für die „weggekündigte" Restleistung den absehbaren Zeitaufwand heranziehen und den sich daraus ergebenden Betrag um ersparte Aufwendungen und anderweitigen Verdienst usw. zu reduzieren hat. Ist ein Pauschal- 158

§ 648

honorar ohne Anlehnung an die Basishonorarsätze der HOAI für die Tätigkeit des Planers vereinbart, gelten die allgemeinen obigen Ausführungen → Rdn. 43 ff.

159 Sofern eine solche Vereinbarung Begrifflichkeiten der HOAI, insbesondere die in den Anhängen enthaltenen Grundleistungen bzw. wenigstens die Leistungsphasen, aufnimmt und hinreichend deutlich mit dem Pauschalhonorar bzw. Teilen davon verknüpft, kommt es ebenso wie stets zu einem auf Grundlage der Basishonorarsätze vereinbarten Honorar (§ 7 Abs. 1 Satz 2 HOAI) in Betracht, die Abrechnung nach den gegebenenfalls im Hinblick auf die aktuelle Fassung der HOAI zu überprüfenden/fortzuschreibenden Berechnungswerken vorzunehmen (vgl. zur HOAI a. F. Z. B. FBS, 4. Teil Anhang C; Locher/Koeble/Frik, HOAI Anh. 3; die in Pott/Dahlhoff/Kniffka/Rath, HOAI, § 33, passim, für die Grundleistungen enthaltenen Bewertungsvorschläge; ferner Siegburg/Werner, BauR 2013, 1559). Solche Berechnungsvorschläge sind als Orientierungshilfe auch für die Bewertung der nicht erbrachten Leistung geeignet. „Allerdings kann eine Abrechnung im Einzelfall auch auf hiervon abweichenden Berechnungsmaßstäben beruhen, wobei es dann maßgeblich auf die im Einzelfall geschuldeten, aber nicht erbrachten Leistungen ankommt." (BGH, Urt. v. 16.12.2004 – VII ZR 174/03; vgl. auch KG, Urt. v. 13.4.2010 – 21 U 191/08; OLG Bamberg, Urt. v. 26.8.2009 – 3 U 290/05; krit. zu dem vom Bundesgerichtshof angesprochenen Berechnungsvorschlägen Seifert, IBR 2005, 159; auch Kniffka, BauR 2015, 1031, 1038, bewertet das Urteil des Bundesgerichtshofs eher zurückhaltend).

160 Was Überwachungstätigkeit des Planers angeht, kann er den bis zur Kündigung erreichten Leistungsstand nach Auffassung des Bundesgerichtshofs z. B. dadurch belegen, dass er zum erreichten Bautenstand eine Fotodokumentation vorlegt, die sich sachverständig bewerten lässt oder Grundlage für eine Schätzung nach § 287 ZPO sein kann (vgl. BGH, Urt. v. 22.4.2010 – VII ZR 48/07 Rdn. 34). Das ist gut vertretbar, auch wenn nicht zwingend ist, dass der durch die Arbeiten der Unternehmer erreichte Bautenstand und dessen Relation zum geschuldeten fertigen Bauwerk den entsprechenden Anteil der Überwachungstätigkeit des Planers widerspiegeln; so können quantitativ nicht so relevante Bauarbeiten einzelner Unternehmer gleichwohl einen besonders hohen Überwachungsaufwand auslösen. Wohl noch größere Ungenauigkeiten drohen, wenn man darauf abstellt, welches Volumen an Schluss- und Abschlagsrechnungen der an der Bauausführung beteiligten Unternehmer der bauüberwachende Planer zum Zeitpunkt der Kündigung bereits bearbeitet hatte, und dieses Volumen in Relation zu den Gesamtkosten des Bauvorhabens setzt. Neben dem Bedenken, dass der Aufwand der Rechnungsprüfung nicht allein von der Höhe des Rechnungsbetrags abhängt, kommt hinzu, dass Unternehmer Abschlagsrechnungen jeweils im Nachgang zur Leistungserbringung stellen, also ihre Bautätigkeit und die damit einhergehende Überwachungstätigkeit des Planers zum Zeitpunkt der Kündigung durch den Besteller deutlich fortgeschritten sein können (vgl. zu Letzterem KG, Urt. v. 11.6.2019 – 21 U 142/18, das in seinem Urteil diesen von ihm aufgezeigten, aber ebenfalls abgelehnten Berechnungsweg diskutierte). Angesichts dieser Bewertungsschwierigkeiten scheint es – neben dem vom Bundesgerichtshof vorgeschlagenen Ansatz – gut vertretbar, eine zeitliche Leistungsabgrenzung vorzunehmen, indem die Dauer der bis zur Kündigung erbrachten Bauüberwachung in Relation zur vorgegebenen Gesamtdauer der Bauüberwachung gesetzt wird, auch wenn nicht zu verkennen ist, dass es je nach Baufortschritt Schwankungen in der Intensität der Bauüberwachung geben kann (vgl. KG, Urt. v. 11.6.2019 – 21 U 142/18 mit zustimmender Anm. Zahn, IBR 2019, 505).

161 Planer, denen gegenüber der Besteller eine „freie" Kündigung aussprach, werden den in § 648 Satz 3 BGB widerleglich vermuteten Betrag von 95 % für die ihrerseits ersparten Aufwendungen und anderweitigen Verdienst bzw. -möglichkeit so gut wie immer als deutlich überhöht empfinden. Sie sind dann gehalten, einen deutlichen geringeren Betrag darzulegen und zu beweisen (→ Rdn. 85), was ihnen, wie die Rechtsprechung zeigt, in der Regel gelingt und für Planer in vielen Fällen die vereinfachte Abrechnung gemäß → Rdn. 125 f. attraktiv macht. Untergeordnete Materialkosten wie Schreib-, Zeichen-, Telefon- und Kopierkosten können sie mit einer auf Erfahrungswerten beruhenden Pauschale als erspart abziehen (vgl. BGH, Urt. v. 28.10.1999 – VII ZR 326/98; vgl. auch z. B. OLG Düsseldorf, Urt. v. 5.6.2018 – 21 U 108/17: vom Planer zu einem kleineren Auftrag für die Leistungsphasen 1–3 jeweils angesetzte 100 € an Büromaterial als „plausibel und angemessen" gebilligt, daneben entfallene niedrige Fahrtkosten für Baustellenbesuche). Der Besteller kann dem Planer nicht mit Erfolg entgegenhalten, er – der Planer – habe böswillig anderweitige Erwerbsmöglichkeiten ausgelassen, wenn er nach der Kündigung keine marktschreierischen, gegebenenfalls rufschädigenden Anpreisungen bei potentiellen Kunden unternimmt oder wenn er sich nicht an öffentlichen Ausschreibungen und Architektenwettbewerben – die längere Vorlaufzeit haben – beteiligt (vgl. OLG Celle, Urt. v. 24.9.2014 – 14 U 169/13).

M. Besonderheiten des Bauträgervertrags

Nach der bisherigen Rechtsprechung ist eine auf den bauvertraglichen Teil des Bauträger- **162** vertrags bezogene „freie" Kündigung gemäß § 648 BGB nach der Natur dieses einheitlichen Vertrags, der auch kaufvertragliche Elemente und solche aus dem Auftrags- und Geschäftsbesorgungsrecht enthält, ausgeschlossen. Einer besonderen Vereinbarung dazu bedarf es nicht (vgl. BGH, Urt. v. 21.11.1985 – VII ZR 366/83; Urt. v. 27.1.2011 – VII ZR 133/10 Rdn. 13). Diese Rechtsprechung nimmt das neue Bauvertragsrecht ausdrücklich auf (vgl. BT-Drucks. 18/8486 S. 72): Gemäß § 650u Abs. 2 BGB findet u. a. § 648 BGB auf den Bauträgervertrag keine Anwendung.

N. Besonderheiten des Bauliefervertrags

Bezieht sich der Vertrag auf „nicht vertretbare Sachen", ist § 648 BGB über § 650 Satz 3 BGB **163** uneingeschränkt anwendbar (Beispiele aus der Rechtsprechung: BGH, Urt. v. 14.9.2017 – IX ZR 261/15 Rdn. 9; OLG Karlsruhe, Urt. v. 14.7.2010 – 6 U 145/08).

Für einen Liefervertrag, der nicht „nicht vertretbare" Sachen zum Gegenstand hat, gilt § 650 **164** Satz 1 BGB. Dieser verweist nicht auf § 648 BGB, sondern vielmehr ausschließlich auf das Kaufvertragsrecht. Eine Korrektur durch analoge Anwendung u. a. dieser werkvertraglichen Vorschrift scheitert daran, dass eine planwidrige Regelungslücke nicht erkennbar ist. Eine mit dem Gesetzeswortlaut nicht vereinbare Lesart scheidet daher aus (wie hier vgl. Gay, in: Wirth/Kuffer, Der Baustoffhandel, 2010, Rdn. 138; Leidig, in: Messerschmidt/Voit, Privates Baurecht, § 650 Rdn. 24; vgl. auch die übertragbaren Überlegungen von BGH, Urt. v. 23.7.2009 – VII ZR 151/08 Rdn. 15 f.; a. A. wohl Voit, BauR 2009, 369, 373 f.; ebenfalls Sympathie für eine Anwendung des § 648 BGB zeigt Jansen, BauR 2011, 371, 375 f.).

Erklärt gleichwohl der Käufer eine „Kündigung" gemäß § 648 BGB oder versucht er auf **165** andere Weise, sich ohne rechtfertigenden Grund vom Kaufvertrag zu lösen, entfaltet dies keine Wirkung. Da der Kaufvertrag intakt bleibt, ist der Verkäufer daran nicht gehindert, den Kaufgegenstand vollständig herzustellen/zu beschaffen und vom Käufer Zahlung des Kaufpreises Zug und Zug gegen Lieferung der Kaufsache zu verlangen (vgl. MünchKomm/Westermann, BGB § 433 Rdn. 69, 73). Alternativ kann der Verkäufer das Verhalten des Käufers, wenn es als ernsthafte und endgültige Erfüllungsverweigerung zu qualifizieren ist (was er notfalls durch eine Nachfrage klären wird, in der er die Rechtslage erläutert), zum Anlass nehmen, Schadensersatz gemäß § 280 Abs. 1 BGB zu verlangen (vgl. RG, Urt. v. 23.2.1904 – II 298/03; BGH, Urt. v. 1.10.1986 – VIII ZR 132/85; Urt. v. 22.10.1999 – V ZR 401/98). Das wird sinnvoll sein, wenn Zweifel bestehen, ob der Käufer in der Lage sein wird, den vollständigen Kaufpreis, dessen Durchsetzung weitere Aufwendungen des Verkäufers (der vor allem die Sache noch vollständig herstellen/beschaffen muss) voraussetzt, zu bezahlen. Geht der Verkäufer so vor, schließt sich der Kreis, weil die Berechnung dieses Schadensersatzanspruchs gemäß §§ 249 ff. BGB im Wesentlichen den Vorgaben für die Abrechnung der Vergütung gemäß § 648 BGB entspricht (→ Rdn. 4).

§ 648a BGB Kündigung aus wichtigem Grund

(1) Beide Vertragsparteien können den Vertrag aus wichtigem Grund ohne Einhaltung einer Kündigungsfrist kündigen. Ein wichtiger Grund liegt vor, wenn dem kündigenden Teil unter Berücksichtigung aller Umstände des Einzelfalls und unter Abwägung der beiderseitigen Interessen die Fortsetzung des Vertragsverhältnisses bis zur Fertigstellung des Werks nicht zugemutet werden kann.

(2) Eine Teilkündigung ist möglich; sie muss sich auf einen abgrenzbaren Teil des geschuldeten Werks beziehen.

(3) § 314 Absatz 2 und 3 gilt entsprechend.

(4) Nach der Kündigung kann jede Vertragspartei von der anderen verlangen, dass sie an einer gemeinsamen Feststellung des Leistungsstandes mitwirkt. Verweigert eine Vertragspartei die Mitwirkung oder bleibt sie einem vereinbarten oder einem

§ 648a
Kündigung aus wichtigem Grund

von der anderen Vertragspartei innerhalb einer angemessenen Frist bestimmten Termin zur Leistungsstandfeststellung fern, trifft sie die Beweislast für den Leistungsstand zum Zeitpunkt der Kündigung. Dies gilt nicht, wenn die Vertragspartei infolge eines Umstands fernbleibt, den sie nicht zu vertreten hat und den sie der anderen Vertragspartei unverzüglich mitgeteilt hat.

(5) Kündigt eine Vertragspartei aus wichtigem Grund, ist der Unternehmer nur berechtigt, die Vergütung zu verlangen, die auf den bis zur Kündigung erbrachten Teil des Werks entfällt.

(6) Die Berechtigung, Schadensersatz zu verlangen, wird durch die Kündigung nicht ausgeschlossen.

Übersicht

	Seite
A. Allgemeines zur Kündigung des Werkvertrags aus wichtigem Grund	693
B. Kündigungsgrund (§ 648a Abs. 1 BGB)	693
I. Grundtatbestand des § 648a Abs. 1 BGB	693
II. Insolvenz des Unternehmers oder des Bestellers	694
III. Besonderheiten durch die entsprechende Anwendung des § 314 Abs. 2 BGB	695
C. Kündigungserklärung	695
I. Erklärung und Auslegung	695
II. Auslegung/Umdeutung einer unwirksamen Kündigung des Bestellers aus (scheinbar) wichtigem Grund in eine „freie" Kündigung	696
III. Exkurs: Einvernehmliche Vertragsaufhebung	696
D. Zeitpunkt der Kündigung	696
I. Allgemeines	696
II. Ausübungsfrist (§ 648a Abs. 3 BGB i. V. m. § 314 Abs. 3 BGB)	696
III. Verfrühte Kündigung	697
E. Verlust des Kündigungsrechts durch widersprüchliches Verhalten	697
F. Form der Kündigung	697
G. Begründung der Kündigung; „Nachschieben" von Gründen	698
H. Teilkündigung (§ 648a Abs. 2 BGB)	698
I. Allgemeine Wirkungen der Kündigung	700
I. Begrenzung der vertraglichen Verpflichtung	700
II. Abnahme	700
III. Pflicht der Vertragsparteien zur gemeinsamen Leistungsstandfeststellung (§ 648a Abs. 4 BGB)	700
J. Fälligkeit des Werklohns nach Kündigung und dessen Abrechnung	701
K. Mängelhaftung des Unternehmers nach Kündigung im Hinblick auf erbrachte Arbeiten	702
L. Schadensersatzanspruch nach Kündigung aus wichtigem Grund (§ 648a Abs. 6 BGB)	702
I. Allgemeines	702
II. Besonders relevante Fallgruppen	703
1. Kündigung des Unternehmers aus wichtigem Grund	703
2. Kündigung des Bestellers aus wichtigem Grund	703
M. Besonderheiten des VOB/B-Vertrags	704
I. Kündigung aus wichtigem Grund durch den Auftraggeber (§ 8 Abs. 2–5 VOB/B)	704
1. Sofortige Kündigungsmöglichkeit ohne vorhergehende fruchtlose Fristsetzung und Kündigungsandrohung	704
2. Kündigungsmöglichkeit erst nach vorhergehender fruchtloser Fristsetzung und Kündigungsandrohung	705
II. Sonstige Klauseln zur Kündigung durch den Auftraggeber und zu deren Abwicklung	707
III. Insbesondere: Mängelrechte des Auftraggebers nach Kündigung	707
IV. AGB-rechtliche Bedenken gegen den vom Auftraggeber verwendeten § 4 Abs. 7 Satz 3 i. V. m. § 8 Abs. 3 Nr. 1, Nr. 2 VOB/B	708
V. AGB-rechtliche Bedenken gegen den vom Auftragnehmer verwendeten § 8 Abs. 3 Nr. 1 Satz 2 VOB/B	709
VI. Prüfbarkeit und prozessuale Folgen	709
N. Besonderheiten des Architekten-/Ingenieurvertrags	710
O. Besonderheiten des Bauträgervertrags	710
P. Besonderheiten des Baulieferverstrags	711

§ 648a

A. Allgemeines zur Kündigung des Werkvertrags aus wichtigem Grund

Von der „freien" Kündigung (§ 648 BGB) ist die Kündigung aus wichtigem Grund zu unterscheiden. Neben der etwas schwerfälligen Formulierung „Kündigung aus wichtigem Grund" ist in der Praxis die farbigere Formel „außerordentliche Kündigung" verbreitet (daneben ist die Formel „fristlose Kündigung" beliebt, die allerdings Missverständnisse auslösen kann, denn auch eine „freie" Kündigung gemäß § 648 BGB beendet das Vertragsverhältnis mit sofortiger Wirkung, also ohne Auslauffrist o. ä.); die nachfolgende Kommentierung verwendet aus Respekt vor dem Wortlaut des Gesetzes durchgehend den Begriff „Kündigung aus wichtigem Grund". 1

Unter welchen Umständen eine Werkvertragspartei zur Kündigung aus wichtigem Grund berechtigt ist, kann in Verträgen vereinbart werden. Gerade die VOB/B gibt für bestimmte Konstellationen Vorgaben (→ Rdn. 69); Rodemann (FS Leupertz, S. 577, 585 u. ö.) spricht insoweit prägnant von „vertypten Kündigungsgründen". Das Recht zur Kündigung aus wichtigem Grund besteht vorbehaltlich einer abweichenden vertraglichen Regelung zudem nach ständiger höchstrichterlicher Rechtsprechung, die schon vor Inkrafttreten des neuen Bauvertragsrechts erging, wenn es einer Vertragspartei nicht zumutbar ist, den Vertrag unter Berücksichtigung der Umstände des Einzelfalls fortzusetzen. Anders als nach § 648 BGB kann es also dem Unternehmer ebenso wie dem Besteller zustehen. Der Hauptanwendungsfall ist seit jeher die Kündigung wegen Vertragsverletzungen der anderen Vertragspartei von solchem Gewicht, dass das Vertrauensverhältnis nachhaltig gestört oder die Erreichung des Vertragszwecks gefährdet ist (vgl. etwa BGH, Urt. v. 15.11.1962 – VII ZR 113/61; Urt. v. 30.6.1983 – VII ZR 293/82; Urt. v. 23.5.1996 – VII ZR 140/95; Urt. v. 8.3.2012 – VII ZR 118/10 Rdn. 22; vgl. auch die von Hebel, BauR 2011, 330, 333 f., gebildeten Fallgruppen). 2

Die Frage, ob weiterhin ein Recht zur Kündigung aus wichtigem Grund anzuerkennen ist, war unmittelbar nach Inkrafttreten des Schuldrechtsmodernisierungsgesetzes aufgrund von dessen Wortlaut und Systematik umstritten (vgl. grundlegend Boldt, NZBau 2002, 655; Voit BauR 2002, 1776). Ungeachtet aller Differenzen in der Herleitung und Begründung stellte sich jedoch – auch aufgrund verschiedener Aussagen des Bundesgerichtshofs (vgl. vor allem BGH, Urt. v. 7.4.2016 – VII ZR 56/15 Rdn. 40: Ableitung aus dem Rechtsgedanken des § 314 BGB; vgl. auch seine Billigung der Würdigung des Berufungsgerichts in Urt. v. 20.8.2009 – VII ZR 212/07 Rdn. 26; vgl. ferner Urt. v. 8.3.2012 – VII ZR 118/10 Rdn. 22) – Einigkeit ein, dass ein solches Recht zur Kündigung aus wichtigem Grund unverändert unter bestimmten Voraussetzungen zu gewähren war (vgl. repräsentativ für die umfassende Literatur Hebel, BauR 2011, 330, 332 f.). 3

Die durch das neue Bauvertragsrecht eingefügten Änderungen haben daher vor allem konkretisierenden und klarstellenden Charakter. Sie lehnen sich an die Rechtsprechung des Bundesgerichtshofs und an die These 9, die der 3. Deutsche Baugerichtstag 2010 verabschiedete (vgl. BauR 2010, 1333 ff.), an. Da die Neuregelung in Kapitel 1 des Untertitels 1 des Titels 9 integriert wurde, gilt sie für alle Werkverträge. 4

Die nachfolgende Kommentierung behandelt die speziell bzw. primär in § 648a BGB geregelten Fragen. Soweit bestimmte Aspekte gleichermaßen für das nur dem Besteller, nicht dem Unternehmer zustehende Kündigungsrecht gemäß § 648 BGB und für das Recht beider Seiten zur Kündigung aus wichtigem Grund gemäß § 648a BGB relevant sind, werden sie bereits zu § 648 BGB behandelt, so dass nachfolgend lediglich hierauf verwiesen wird. 5

B. Kündigungsgrund (§ 648a Abs. 1 BGB)

I. Grundtatbestand des § 648a Abs. 1 BGB

Der Gesetzgeber verwendet im Kern dieselbe Umschreibung des Kündigungsgrunds, die die §§ 314 Abs. 1, 626 Abs. 1 BGB enthalten. Diese Formel entspricht dem generell-abstrakten Stil, wie er für das BGB prägend ist, was angesichts der Vielfalt der denkbaren Fallkonstellationen, die sich nicht vorhersehen lassen, eine weise Entscheidung ist. 6

Da schon nach der früheren Rechtsprechung die nun im Gesetz festgeschriebenen, am Einzelfall orientierten Bewertungs- und Abwägungsvorgänge notwendig waren, um zu prüfen, ob eine aus wichtigem Grund ausgesprochene Kündigung berechtigt war, kann zur Auslegung der Norm auf die bisherige Rechtsprechung des Bundesgerichtshofs und der Tatsachengerichte 7 zurückgegriffen werden (vgl. auch den Verweis von BGH, Urt. v. 14.9.2017 – IX ZR 261/15 Rdn. 25, auf den in seinem Fall noch nicht anwendbaren § 648a Abs. 1 Satz 2 BGB; vgl. im Übrigen die von Hebel, BauR 2011, 330, 333 f., anhand der Rechtsprechung zum Bauvertrag gebildeten Fallgruppen).

II. Insolvenz des Unternehmers oder des Bestellers

8   Der Gesetzgeber hat davon abgesehen, ein gesetzliches und etwa nach Belieben aufgrund der Insolvenz des Unternehmers ausübbares Recht des Bestellers zu normieren, den Werk- oder wenigstens den Bauvertrag aus wichtigem Grund zu kündigen, da ein solcher Ansatz nicht der Vielgestaltigkeit der Lebensverhältnisse Rechnung tragen würde. Zugleich heißt es jedoch in der Begründung, dass die Insolvenz des Unternehmers häufig einen wichtigen Grund zur Beendigung des Werkvertrags darstellen werde (vgl. BT-Drucks. 18/8486, S. 50).

9   Ungeachtet dessen dürfte jedenfalls für Bauverträge (allein darauf beschränkt das zu einem Schülerbeförderungsvertrag ergangene Urteil des OLG Celle v. 25.11.2021 – 11 U 43/21 [nicht rkr.], die Aussagen des VII. Zivilsenats und enthält sich einer Stellungnahme, inwieweit es die Sichtweise des VII. Zivilsenats für überzeugend und insbesondere mit der Rechtsprechung des IX. Zivilsenats für vereinbar hält, da sie jedenfalls nicht außerhalb des Bauvertragsrechts im Allgemeinen zutreffe) auf längere Zeit für zwei wesentliche Fallkonstellationen aufgrund zweier allerdings kaum miteinander vereinbarer Urteile des Bundesgerichtshofs Rechtssicherheit (zurückhaltender vgl. Zeyns, ZIP 2018, 8, 15; vorsichtiger auch z. B. Oberhauser, PiG 106, 2018, 33, 41; Weise, NJW-Spezial 2018, 300, 301, die im Hinblick auf die Gesetzesbegründung zu § 648a BGB eine neue Prüfung generell oder jedenfalls im Einzelfall für geboten halten) bestehen:

10 Zum einen äußerte der VII. Zivilsenat des Bundesgerichtshofs (Urt. v. 7.4.2016 – VII ZR 56/15; vgl. auch Urt. v. 16.6.2016 – VII ZR 29/13 Rdn. 25; Urt. v. 25.8.2016 – VII ZR 193/13 Rdn. 12) gegen eine nach einem Eigeninsolvenzantrag eines Unternehmers von einem Besteller auf Grundlage von § 8 Abs. 2 Nr. 1. Alt. 2 VOB/B vor Eröffnung des Insolvenzverfahrens ausgesprochene Kündigung und die damit verknüpfte Schadensersatzfolge des § 8 Abs. 2 Nr. 2 VOB/B (weitere Details zu dieser → Rdn. 71 ff.) keine Wirksamkeitsbedenken – weder aus dem Insolvenzrecht (insbesondere den §§ 103, 119 und 129 ff. InsO) noch aus dem AGB-Recht. In allen Fällen, in denen der Unternehmer einen Insolvenzantrag stellt (und nicht ein Gläubiger), dürften es die VOB/B-Klausel, ebenso aber die vom VII. Zivilsenat zur Begründung seiner Entscheidung herangezogenen allgemeinen Rechtsgrundsätze (vgl. BGH, Urt. v. 7.4.2016 – VII ZR 56/15 Rdn. 40, 52), die nun in § 648a Abs. 1 BGB normiert sind, dem Besteller ermöglichen, sich berechtigt im Wege der Kündigung vom Unternehmer zu trennen und Schadensersatz wegen Nichterfüllung durchsetzen zu können (a. A. Zeyns, ZIP 2018, 8, 14, der eine Bewertung der Gesamtumstände über den Eigeninsolvenzantrag hinaus verlangt; a. A. auch für Verträge jenseits des Bauvertrags OLG Celle, Urt. v. 25.11.2021 – 11 U 43/21 [nicht rkr.], in concreto zu einem Schülerbeförderungsvertrag).

11 Zum anderen – und gegenläufig (vgl. auch Zeyns, ZIP 2018, 8, 14) – entschied der IX. Zivilsenat des Bundesgerichtshofs (Urt. v. 14.9.2017 – IX ZR 261/15 Rdn. 28–30), wobei es um eine nach der Eröffnung des Insolvenzverfahrens von einem Besteller eines Werklieferungsvertrags ausgesprochene Kündigung aus wichtigem Grund ging: Die Eröffnung des Insolvenzverfahrens stellt für den IX. Zivilsenat keinen wichtigen Grund für eine Kündigung dar. Vielmehr hat der Besteller „nur noch die Möglichkeit" (Rdn. 29), den Insolvenzverwalter über das Vermögen des Unternehmers gemäß § 103 Abs. 2 Satz 2 InsO zur Ausübung seines Wahlrechts aufzufordern, ob er den Vertrag erfülle oder nicht. Damit verbundene Verzögerungen und Risiken hat der Vertragspartner eines Insolvenzschuldners nach der Eröffnung des Insolvenzverfahrens hinzunehmen. „[E]ine Kündigung aus wichtigem Grund rechtfertigen sie nicht. Das Wahlrecht des Insolvenzverwalters aus § 103 InsO kann durch eine Kündigung aus wichtigem Grund nicht unterlaufen werden." (Rdn. 30) (zu anderen Fallkonstellationen, die mit der wirtschaftlichen Schwäche oder der Insolvenz des Unternehmers zusammenhängen, vgl. Ingenstau/Korbion/Schmitz, § 8 Abs. 2 VOB/B Rdn. 11, 15, 21 und 26).

12 Noch nicht Gegenstand höchstrichterlicher Rechtsprechung war die Frage, ob ein Unternehmer den Werkvertrag aus wichtigem Grund kündigen kann, wenn der Besteller insolvent wird. Wenn man – wie der VII. Zivilsenat es tat – eine Verpflichtung der Vertragsparteien annimmt, das zwischen ihnen erforderliche Vertrauensverhältnis nicht nachhaltig zu stören und die Erreichung des Vertragszwecks nicht zu gefährden, und eine schuldhafte Pflichtverletzung des Unternehmers allein schon deswegen bejaht, weil dieser einen Eigeninsolvenzantrag stellt

Kündigung aus wichtigem Grund §648a

(vgl. BGH, Urt. v. 7.4.2016 – VII ZR 56/15 Rdn. 58 f.), kann die Beurteilung schwerlich anders ausfallen, wenn der Besteller einen Eigeninsolvenzantrag stellt. Wird hingegen über das Vermögen des Bestellers ein Insolvenzverfahren eröffnet, ist mit den übertragbaren Überlegungen des IX. Zivilsenats (Urt. v. 14.9.2017 – IX ZR 261/15 Rdn. 28–30) eine Kündigung aus wichtigem Grund „gesperrt", und der Unternehmer ist gehalten, gemäß § 103 Abs. 2 Satz 2 InsO den Insolvenzverwalter aufzufordern zu erklären, ob letzterer die Vertragserfüllung wählt.

III. Besonderheiten durch die entsprechende Anwendung des § 314 Abs. 2 BGB

Gemäß der Verweisung des § 648a Abs. 3 BGB auf den – entsprechend anwendbaren – § 314 Abs. 2 BGB ist eine ohne Abwarten aus wichtigem Grund ausgesprochene Kündigung unwirksam, wenn „der wichtige Grund in der Verletzung einer Pflicht aus dem Vertrag [besteht]" (§ 314 Abs. 2 Satz 1 BGB). In diesem Fall muss der (später) Kündigende seinem vertragswidrig agierenden Vertragspartner zunächst eine Frist zur Abhilfe setzen oder ihn abmahnen; bleibt dieses Vorgehen erfolglos, ist das Recht zur Kündigung aus wichtigem Grund gegeben. In der Abmahnung ist die andere Vertragspartei darauf hinzuweisen, dass sie vertragliche Pflichten verletzte und ihr für den Fall eines weiteren Vertragsverstoßes Konsequenzen drohen. Mag auch keine ausdrückliche Kündigungsandrohung erforderlich sein, so muss doch der anderen Vertragspartei deutlich werden, dass die weitere vertragliche Zusammenarbeit auf dem Spiel steht (vgl. BGH, Urt. v. 12.10.2011 – VIII ZR 3/11 Rdn. 17 m.w. N.). **13**

§ 314 Abs. 2 Sätze 2 und 3 BGB zeigen durch den Verweis auf § 323 Abs. 2 Nr. 1 und 2 BGB bzw. durch eigenständige Regelung auf, dass unter bestimmten Voraussetzungen ausnahmsweise die sofortige Kündigung ohne vorherige Abmahnung oder Fristsetzung gerechtfertigt sein kann. **14**

Als Pflichtverletzung einer Bauvertragspartei, deretwegen vorab eine Frist zur Abhilfe zu setzen ist, kommt in Betracht seitens des Bestellers die Nichtbezahlung einredefrei fälliger Abschlagsrechnungen oder seitens des Unternehmers die Nichtaufnahme der Bauarbeiten zu einem etwa vertraglich vorgegebenen Termin. **15**

C. Kündigungserklärung

I. Erklärung und Auslegung

Es sei verwiesen auf die übertragbaren Ausführungen zur „freien" Kündigung (→ § 648 BGB Rdn. 7 f.). Empfehlen wird es sich für den Kündigenden, explizit von einer „Kündigung aus wichtigem Grund" zu sprechen. Ansonsten kommt es darauf an, ob nach §§ 133, 157 BGB der Empfänger der Erklärung diese als eine aus wichtigem Grund erfolgende Kündigung auffassen muss. **16**

Denkbar sind Fälle, in denen in einem engen zeitlichen Zusammenhang sowohl der Besteller als auch der Unternehmer eine Kündigung des Bauvertrags aus wichtigem Grund aussprechen. In diesen Fällen ist sorgfältig aufzuklären, welche Kündigung die zeitlich erste ist, präziser: welche der beiden in Schriftform (§ 650h BGB) erklärten Kündigungen als zeitlich erste der anderen Vertragspartei zuging und durch einen Kündigungsgrund getragen war, weil nur unter diesen Voraussetzungen das Vertragsverhältnis wirksam für die Zukunft beendet wird; die zeitlich nachfolgende Kündigung geht dann ins Leere, weil der Vertrag bereits beendet ist. Im Hinblick auf eine Kündigung durch den Besteller ist also zu prüfen, ob sie durch einen wichtigen Grund gerechtfertigt war bzw. ob sie – verneinendenfalls – in eine jederzeit mögliche „freie" Kündigung umgedeutet werden kann; im Hinblick auf eine Kündigung durch den Unternehmer bedarf es stets eines wichtigen Grunds, weil es eine § 648 BGB entsprechende Vorschrift zugunsten des Unternehmers nicht gibt und deshalb eine Umdeutung von vornherein ausscheidet. Der abweichenden Auffassung des KG, dass nur diejenige Kündigung aus wichtigem Grund maßgeblich ist, die bei einer Gesamtbewertung als vorrangig anzusehen ist („materieller Vorrang") (vgl. KG, Urt. v. 16.2.2018 – 21 U 66/16), ist nicht beizupflichten (vgl. OLG Düsseldorf, Urt. v. 12.4.2019 – 22 U 62/18; Manteufel, NJW 2018, 3683, 3684 f.; abweichend mit einer Lösung auf der Rechtsfolgenseite Rodemann, FS Leupertz, S. 577, 590 f.). **17**

II. Auslegung/Umdeutung einer unwirksamen Kündigung des Bestellers aus (scheinbar) wichtigem Grund in eine „freie" Kündigung

18 In der Kommentierung zu § 648 BGB ist dargelegt, dass in der Regel eine scheinbar aus wichtigem Grund ausgesprochene Kündigung durch den Besteller eines Bauvertrags in eine „freie" Kündigung mit den Rechtsfolgen des § 648 BGB umgedeutet wird und im Gegenzug den Unternehmer zur Kündigung aus wichtigem Grund berechtigt (→ § 648 BGB Rdn. 9 ff.).

19 Erklärt der Unternehmer eine unberechtigte Kündigung aus wichtigem Grund, scheidet eine Umdeutung/Auslegung als „freie" Kündigung aus, denn § 648 BGB eröffnet ausschließlich dem Besteller die Möglichkeit einer „freien" Kündigung. Damit kann die Kündigung des Unternehmers aus (scheinbar) wichtigem Grund das Vertragsverhältnis nicht beenden, so dass die Vertragspflichten bestehen bleiben. Wenn der Unternehmer in diesen Fällen auf seinem Rechtsstandpunkt, den Vertrag aus wichtigem Grund wirksam gekündigt zu haben, beharrt und konsequenterweise die Arbeiten nicht fortsetzt, stehen dem Besteller Ansprüche aufgrund dieser Erfüllungsverweigerung und gegebenenfalls aufgrund Verzugs zu. Der Besteller hat damit in der Regel das Recht, den Vertrag wegen der der unberechtigten Unternehmer-Kündigung aus wichtigem Grund nachfolgenden Erfüllungsverweigerung seinerseits den Vertrag aus wichtigem Grund zu kündigen. Im Einzelfall mag es nach § 648a Abs. 3 i. V. m. § 314 Abs. 2 BGB geboten bzw. der Rechtssicherheit dienlich sein, vor Ausspruch der Besteller-Kündigung aus wichtigem Grund den Unternehmer auf die Unhaltbarkeit von dessen Kündigung aus wichtigem Grund hinzuweisen und dem Unternehmer eine – knappe – Frist zur vorbehaltlosen Aufnahme der Arbeiten zu setzen.

III. Exkurs: Einvernehmliche Vertragsaufhebung

20 Hierzu beziehe ich mich wiederum auf die Kommentierung zu § 648 BGB (→ § 648 BGB Rdn. 15 f.).

D. Zeitpunkt der Kündigung

I. Allgemeines

21 Die Kündigung setzt einen wirksamen bzw. zunächst schwebend unwirksamen, aber genehmigten Vertrag voraus. Die Kündigung ist möglich im Zeitraum zwischen dem Abschluss des Vertrags und dessen Durchführung (zu Details → § 648 BGB Rdn. 18 f.).

II. Ausübungsfrist (§ 648a Abs. 3 BGB i. V. m. § 314 Abs. 3 BGB)

22 Gemäß dem entsprechend anwendbaren § 314 Abs. 3 BGB kann der Berechtigte „nur innerhalb einer angemessenen Frist kündigen, nachdem er vom Kündigungsgrund Kenntnis erlangt hat". Welche Frist angemessen ist, beurteilt sich nach den Umständen des Einzelfalls. Dabei ist dem Berechtigten eine angemessene Überlegungsfrist einzuräumen (vgl. OLG Celle, Beschl. v. 22.5.2009 – 14 U 45/09). Daher scheidet es aus, generell die starre Zwei-Wochen-Frist des § 626 Abs. 2 BGB als Obergrenze heranzuziehen. Während letztere eine Ausschlussfrist ist, „die klare zeitliche Grenzen zieht und von der Angemessenheit oder Unangemessenheit im Einzelfall nicht abhängig ist", „beruht [§ 314 Abs. 3 BGB] auf der Erwägung, dass der andere Teil in angemessener Zeit Klarheit darüber erhalten soll, ob von einer Kündigungsmöglichkeit Gebrauch gemacht wird, und dass der Kündigungsberechtigte mit längerem Abwarten zu erkennen gibt, dass für ihn die Fortsetzung des Vertragsverhältnisses trotz des Vorliegens eines Grundes zur fristlosen Kündigung nicht unzumutbar ist" (BGH, Urt. v. 25.11.2010 – Xa ZR 48/09 Rdn. 28; vgl. auch zur Kündigung eines Bauträgervertrags OLG Düsseldorf, Urt. v. 31.1.2012 – I-23 U 20/11; Hebel, BauR 2011, 330, 337, regt mangels anderer Anhaltspunkte zutreffend an, die Zwei-Wochen-Frist des § 626 Abs. 2 BGB als „maximal grobe Orientierung" heranzuziehen).

23 Die angemessene Frist beginnt erst zu laufen, wenn der Berechtigte positive Kenntnis vom Kündigungsgrund hat. Selbst grob fahrlässige Unkenntnis ist unerheblich.

III. Verfrühte Kündigung

Hängt die Wirksamkeit einer Kündigung aus wichtigem Grund davon ab, dass zunächst der Besteller dem Unternehmer zur Erfüllung einer vertraglichen Pflicht o. ä. eine angemessene Frist setzt und diese fruchtlos abläuft, ist eine vor Ablauf dieser Frist ausgesprochene Kündigung grundsätzlich unwirksam (vgl. BGH, Urt. v. 4.6.1973 – VII ZR 113/71). 24

Eine Kündigung vor Ablauf der gesetzten Frist ist indessen wirksam, wenn die Frist angemessen ist, der Unternehmer jedoch nicht die notwendigen Anstrengungen unternimmt, so dass bereits im Zeitpunkt der Kündigung abzusehen ist, die Frist werde nicht eingehalten werden können. Das folgt aus dem allgemeinen Rechtsgedanken des § 323 Abs. 4 BGB (vgl. BGH, Urt. v. 12.9.2002 – VII ZR 344/01; Urt. v. 28.1.2003 – X ZR 151/00). 25

Dem Besteller ist es nicht verwehrt, sich bereits vor einer Kündigung um einen Zweitunternehmer, der die Arbeiten fortführen soll, zu bemühen und mit diesem feste Absprachen zu treffen. Erst wenn der Zweitunternehmer auf der Baustelle die dem säumigen „alten" Erstunternehmer mangels Kündigung noch obliegende Leistung in Angriff nimmt, greift er faktisch in dessen Rechtsstellung gegenüber dem Besteller ein (vgl. BGH, Urt. v. 30.6.1977 – VII ZR 205/75). In solchen Fällen kann der Erstunternehmer verpflichtet sein, die Zweitunternehmerkosten in dem Umfang zu tragen, in dem sie durch Arbeiten des Zweitunternehmers hervorgerufen sind, die dieser nach Zugang der Kündigung beim Erstunternehmer durchführt. 26

E. Verlust des Kündigungsrechts durch widersprüchliches Verhalten

Auch wenn zunächst ein Kündigungsgrund vorliegt bzw. eine vor Ausspruch der Kündigung aus wichtigem Grund nötige angemessene Frist fruchtlos ablief, kommt in Betracht, dass die Kündigung aus wichtigem Grund deshalb ins Leere geht, weil der Kündigende durch widersprüchliches Verhalten (§ 242 BGB) sein Recht zur Kündigung aus wichtigem Grund einbüßt. So verliert eine korrekt ausgesprochene Kündigungsandrohung ihre Wirkung, wenn die später kündigende Vertragspartei sich vor und nach Ablauf der Frist so verhält, dass die andere Vertragspartei das so verstehen darf, an der Kündigungsandrohung werde nicht mehr festgehalten (vgl. BGH, Urt. v. 28.10.2004 – VII ZR 18/03; OLG Frankfurt am Main, Urt. v. 15.6.2012 – 2 U 205/11; OLG Köln, Urt. v. 14.11.2008 – 19 U 54/08; OLG München, Beschl. v. 25.11.2015 und v. 12.7.2016 – 13 U 2466/15; vgl. auch BGH, Urt. v. 8.2.1996 – VII ZR 219/94, wobei auch aufgrund des Abwartens des Bestellers über einen Zeitraum von acht Monaten die Ausübungsfrist verstrichen war). Es bedarf hierzu einer sorgfältigen Analyse des Einzelfalls. Unschädlich dürften – der anderen Vertragspartei erkennbar werdende – Bemühungen des später Kündigenden sein, den zur Kündigung berechtigenden Sachverhalt weiter aufzuklären oder mit der anderen Vertragspartei eine einvernehmliche Lösung zu finden, ohne damit den Standpunkt aufzugeben, es liege ein zur Kündigung aus wichtigem Grund berechtigendes Fehlverhalten der anderen Vertragspartei vor. Dagegen verhält sich beispielsweise der Besteller widersprüchlich und verliert ein zunächst aufgrund Fehlverhaltens des Unternehmers bestehendes Kündigungsrecht aus wichtigem Grund, wenn er gleichwohl in der Folge dem Unternehmer Nachträge erteilt. Räumt der später Kündigende der anderen Vertragspartei nach Ablauf einer ersten Frist und einer dadurch eröffneten Möglichkeit zur Kündigung aus wichtigem Grund eine Nachfrist zur Abhilfe ein, ist er hieran gebunden und kann nicht vor Ablauf der Nachfrist eine Kündigung aus wichtigem Grund wirksam aussprechen (vgl. übertragbar die zu einem vom Besteller erklärten Rücktritt gemachten Ausführungen des OLG Düsseldorf, Urt. v. 24.6.2010 – I-5 U 135/09). 27

F. Form der Kündigung

Anders als der nur für Bauverträge geltende (vgl. § 650a Abs. 1 Satz 2 BGB) § 650h BGB (→ § 650h BGB Rdn. 1 ff.) enthält § 648a BGB keine Vorgaben. Daher ist die Kündigung eines „normalen" Werkvertrags, wenn nichts anderes vertraglich vereinbart ist, formlos möglich. Ist eine vereinbarte Schriftform nicht eingehalten, so ist die Kündigung grundsätzlich unwirksam. Etwas anderes gilt jedoch dann, wenn die mündliche Kündigung akzeptiert wird. Darin kann eine konkludente Abbedingung der Schriftform gesehen werden. 28

G. Begründung der Kündigung; „Nachschieben" von Gründen

29 Der Kündigende muss eine Kündigung aus wichtigem Grund grundsätzlich nicht begründen. Er bleibt an etwa geäußerte Kündigungsgründe nicht gebunden. Besteht ein gleichwohl benannter Grund nicht oder ist keiner benannt, kann insbesondere der Besteller auch später zur Rechtfertigung der Kündigung andere seinerzeit bestehende Gründe nachschieben. Es kommt also darauf an, ob objektiv ein wichtiger Grund zur Kündigung bestand (vgl. BGH, Urt. v. 26.11.1959 – VII ZR 120/58 [implizit]; Urt. v. 6.2.1975 – VII ZR 244/73; Urt. v. 18.12.1975 – VII ZR 75/75; Urt. v. 25.3.1993 – X ZR 17/92; Urt. v. 23.6.2005 – VII ZR 197/03). Selbst wenn in der Zwischenzeit der Unternehmer eine „Gegen-"Kündigung erklärte oder der Besteller in eine Selbstvornahme eintrat, kann der Besteller Kündigungsgründe nachschieben (vgl. BGH, Beschl. v. 11.10.2017 – VII ZR 46/15 Rdn. 24).

30 Wenn auch – soweit ersichtlich – die überwiegende Zahl an Entscheidungen zu der Berechtigung des Bestellers erging, nachträglich Gründe nachzuschieben, steht ebenso dem Unternehmer das Recht zu, die von ihm aus wichtigem Grund erklärte Kündigung mit nachgeschobenen Kündigungsgründen zu belegen (vgl. BGH, Urt. v. 12.6.1963 – VII ZR 272/61 [Kündigung durch einen dem Unternehmer gleichzustellenden Handelsvertreter]; Urt. v. 22.10.1981 – VII ZR 310/79). In die gleiche Richtung – wenn auch dogmatisch anders begründet – weist eine Entscheidung des Bundesgerichtshofs, nach der ein Unternehmer trotz vorhergehender Aufhebung des Vertrags gemäß § 648a Abs. 5 Satz 1 BGB i. V. m. § 643 BGB diesen Vertrag noch wegen Verzugs des Bestellers mit der Bezahlung von Abschlagsrechnungen wirksam kündigen kann, „wenn die Kündigungsvoraussetzungen in dem Zeitpunkt vorlagen, in dem der Vertrag als aufgehoben galt" (vgl. BGH, Urt. v. 22.9.2016 – VII ZR 298/14 Rdn. 34ff.; Zitat: Rdn. 34).

31 Diese ständige Rechtsprechung rechtfertigt sich dadurch, „daß es unbillig wäre, einer fristlosen Kündigung die alsbaldige Wirksamkeit zu versagen, obwohl im Zeitpunkt der Kündigung objektiv ein Grund für sie gegeben war und obwohl der Kündigende nachträglich erklärt, sich auf diesen Grund auch berufen zu wollen. Wollte man solche Kündigungsgründe unberücksichtigt lassen, so würde das darauf hinauslaufen, den Vertragsteil besser zu stellen, der einen wesentlichen Kündigungsgrund vor seinem Vertragspartner zu verheimlichen verstanden hat." (BGH, Urt. v. 12.6.1963 – VII ZR 272/61).

32 Selbst wenn – was in der Praxis selten vorkommen dürfte – ein Besteller explizit eine „freie" Kündigung ausspricht, hindert ihn dies nicht daran, nachträglich einen wichtigen Kündigungsgrund geltend zu machen und auf diese Weise die für ihn nachteiligen Rechtsfolgen von § 648 Satz 2 BGB abzuwehren (das lässt sich im Kern schon aus der oben → Rdn. 29f. zitierten Rechtsprechung ableiten, besonders deutlich daneben BGH, Urt. v. 28.11.2000 – X ZR 194/97; vgl. auch Oberhauser, in: Messerschmidt/Voit, § 648 Rdn. 15; Rodemann/Schwenker, in: Erman, § 648 Rdn. 4 und 11).

33 Das bedeutet aber nicht, dass Kündigungsgründe beliebig nachgeschoben werden könnten. Jeder nachgeschobene Grund muss rückblickend zu dem Zeitpunkt des Ausspruchs der Kündigung eine Kündigung aus wichtigem Grund gerechtfertigt haben. Oft ist eine Kündigung aus wichtigem Grund ohne vorherige Abmahnung, Fristsetzung, Kündigungsandrohung usw. nicht möglich (vgl. insbesondere neben § 648a Abs. 3 i. V. m. § 314 Abs. 2 Satz 1 BGB die vertypten Kündigungstatbestände der VOB/B). Fehlen diese, kann der darauf basierende Grund nicht nachgeschoben werden (vgl. BGH, Beschl. v. 11.10.2017 – VII ZR 46/15 Rdn. 25; Hebel, BauR 2011, 330, 338). Wird die Kündigung nachträglich mit nicht vertragsgemäßen Arbeiten gerechtfertigt, die erst später entdeckt wurden, können diese grundsätzlich nur dann rückwirkend als wichtiger Kündigungsgrund akzeptiert werden, wenn sie derart sind, dass eine Fristsetzung entbehrlich gewesen wäre, also wenn es sich z. B. um in besonders schwerem Maß nicht vertragsgemäße Arbeiten handelt, die Grund für die Annahme geben, der Unternehmer sei zur ordnungsgemäßen Leistungserbringung nicht fähig gewesen (vgl. BGH, Urt. v. 6.2.1975 – VII ZR 244/73).

H. Teilkündigung (§ 648a Abs. 2 BGB)

34 Mangels eindeutiger Regelung im vor dem neuen Bauvertragsrecht bestehenden BGB waren die Meinungen in der Literatur uneinheitlich, soweit es um die Zulässigkeit einer Teilkündigung ging.

Kündigung aus wichtigem Grund §648a

In der Rechtsprechung des Bundesgerichtshofs gab es immerhin einen Anhaltspunkt: In 35
einem eine Nichtzulassungsbeschwerde zurückweisenden, mit einer knappen Begründung
versehenen Beschluss nahm er ohne weitere Problematisierung eine Teilkündigung
eines Architektenvertrags (hinsichtlich der Tätigkeiten, die sich auf die Decke eines Schwimmbads
bezogen) an (vgl. BGH, Beschl. v. 12.11.2009 – VII ZR 39/07).

In der Literatur hielten bzw. halten die einen (Lang, BauR 2006, 1956, 1957f.) eine Teilkün- 36
digung uneingeschränkt für möglich, andere schränkten bzw. schränken die Möglichkeit der
Teilkündigung ein, entweder dadurch, dass das dem Unternehmer zur Erstellung verbleibende
Teilwerk von der Gesamtleistung (technisch) abtrennbar sein muss (vgl. Beck'scher VOB-Kommentar/Althaus, VOB/B §8 Abs. 1 Rdn. 5 [indes bezogen nicht auf das BGB, sondern allein auf
§8 Abs. 1 VOB/B]; MünchKomm/Busche, BGB §648 BGB Rdn. 13), oder dadurch, dass die
Teilkündigung zur Teilerstellung unzumutbar einen einheitlichen technischen Produktionsablauf auseinander reißen und zu untragbaren Vermischungen im Hinblick auf die Mängelhaftung oder Abrechnung führen (vgl. Kapellmann/Messerschmidt-Kapellmann, VOB/B, §2 Rdn. 171; Kirberger,
BauR 2011, 343, 345) darf. Als weiteres Kriterium wird benannt, es sei zu prüfen, ob es üblich ist,
Arbeiten gesondert zu beauftragen (bejaht für Estrich – und Fliesenarbeiten mit der Folge, dass
eine Teilkündigung möglich ist, vgl. Bamberger/Roth-Voit, BGB, §648a BGB Rdn. 11) darf.

Der Gesetzgeber des neuen Bauvertragsrechts sieht es als „sinnvoll" an, „angesichts des 37
Umfangs der in einem Werkvertrag bisweilen vereinbarten Werkleistungen und der in einem
solchen Vertrag oftmals gebündelten unterschiedlichen Leistungen [...] den Parteien die
Möglichkeit zur Teilkündigung zu eröffnen" (BT-Drucks. 18/8486 S. 51). Die Teilkündigung
muss sich nach §648a Abs. 2 BGB auf einen „abgrenzbaren Teil des geschuldeten Werks"
beziehen. Das ist eine bewusste Distanzierung des Gesetzes von §8 Absatz 3 VOB/B, weil
nach der Gesetzesbegründung der dort verwendete Begriff des „in sich abgeschlossenen Teils
der Leistung" „eine unnötig hohe Hürde für die Vertragspartner" darstellt. Entscheidend sei,
dass die Vertragspartner eine klare Abgrenzung der von der Teilkündigung erfassten und der
danach noch von einem Zweitunternehmer zu erbringenden Leistungen vornehmen könnten
und dass der von der Kündigung betroffene Unternehmer in der Lage sei, die von ihm noch
geschuldeten Leistungen ohne Beeinträchtigung zu erbringen (vgl. BT-Drucks. 18/8486 S. 51).

Nach dem Wortlaut des Gesetzes und der dazu gegebenen Begründung (die angesichts 38
des offenen Tatbestandsmerkmals „abgrenzbar" besondere Bedeutung für die Auslegung hat
[vgl. BVerfG, Urt. v. 11.6.1980 – 1 PBvU 1/79, unter III. der Gründe]) wird im Regelfall eine
Teilkündigung möglich sein. Ausgeschlossen kann sie jedoch sein, wenn die Teilkündigung
durch die eine Vertragspartei wegen der konkreten Umstände des Einzelfalls die Interessen
der anderen Vertragspartei unzumutbar beeinträchtigt (vgl. Kniffka, BauR 2017, 1747, 1775).
Dabei wird es regelmäßig auf einen Eingriff z. B. in den Zeitplan des Unternehmers nicht
ankommen: Treten Behinderungen auf, die darauf beruhen, dass der Besteller eine Teilkündigung ausspricht, die teilgekündigten, für die weitere Leistungserbringung des Unternehmers
notwendigen Arbeiten aber nicht erbringt, muss der Unternehmer dies anzeigen, kann er Entschädigung gemäß §642 BGB verlangen und fällt ihm eine verspätete Fertigstellung, die auf
dieser Behinderung beruht, mangels Verschuldens nicht zur Last.

Als relevante Fallgruppe, in der eine Teilkündigung nicht zulässig ist, verbleibt diejenige, 39
in der der Besteller den Kündigungsausschnitt so wählt, dass dem Unternehmer die Abgrenzung der von ihm unverändert zu erbringenden Leistung unmöglich wird, soweit es um die
Abrechnung und die Mängelhaftung geht (vgl. Kirberger, BauR 2011, 343, 345). Außerdem
kann die Dispositionsfreiheit ausdrücklich oder schlüssig vertraglich eingeschränkt sein.
Der Bundesgerichtshof nahm dies zum alten Recht für den Bauträgervertrag an und lehnte
eine „freie" Teilkündigung des Bauerrichtungsteils ab; dies ist nun sogar gesetzlich fixiert
(→ Rdn. 105ff.). Folglich ist der Vertrag auszulegen, ob das Recht des Bestellers zur „freien"
Kündigung ausgeschlossen ist.

Schließlich läuft gerade der Besteller Gefahr, den nötigen wichtigen Grund für eine von ihm 40
erklärte Teilkündigung selbst zu widerlegen, wenn er sich einerseits darauf beruft, die Vertragsfortführung mit dem Unternehmer sei schlechthin wegen dessen vollständiger Überforderung
und durchgehend vertragswidrigen Verhaltens unzumutbar, andererseits aber nur einen Teil des
Vertrags aus wichtigem Grund kündigt und im Übrigen den Vertrag bestehen lässt. In einem
solchen Fall kann ein wichtiger Grund gemäß §648a Abs. 1 BGB zweifelhaft werden (vgl. Sienz,
in: Leupertz u.a., §648 Rdn. 22). Damit riskiert der Besteller, dass seine scheinbar aus wichtigem Grund ausgesprochene Teilkündigung in eine „freie" Teilkündigung umgedeutet wird.

41 Unproblematisch wird es dagegen sein, wenn der Besteller den Vertrag wegen auf Personalmangel beruhenden Verzugs des Unternehmers teilweise kündigt, aber den Unternehmer zu der auch und gerade in dessen Interesse liegenden Schadensminderung die Arbeiten in einzelnen abgrenzbaren Bereich fertigstellen lässt, während er für andere Bereiche einen Zweitunternehmer einsetzt (zu weiteren Beispielen vgl. Kniffka, BauR 2017, 1747, 1775).

42 Ist die Beschränkung der vermeintlichen Teilkündigung auf bestimmte Arbeiten unwirksam, weil sie sich nicht auf einen abgrenzbaren Teil bezieht, muss das je nach Auslegung der Kündigungserklärung im konkreten Einzelfall nicht zwingend zur Unwirksamkeit der Kündigung als solcher führen. In Betracht kommt die Auslegung, dass die Beschränkung auf bestimmte Arbeiten unwirksam ist. In diesem Fall ist sie als Kündigung des gesamten Vertrags zu verstehen (vgl. KG, Urt. v. 13.6.2017 – 21 U 24/15).

I. Allgemeine Wirkungen der Kündigung

I. Begrenzung der vertraglichen Verpflichtung

43 Mit der Kündigung entfällt die Leistungsverpflichtung im Hinblick auf den bis zur Kündigung noch nicht erbrachten Teil. Der Gegenstand des Werkvertrags beschränkt sich auf die bis zur Kündigung erbrachte Leistung, das Teilwerk (vgl. BGH, Urt. v. 25.3.1993 – X ZR 17/92; Urt. v. 19.12.2002 – VII ZR 103/00).

II. Abnahme

44 Was die nach einer Kündigung des Werkvertrags aus wichtigem Grund mögliche und aus Sicht des Unternehmers regelmäßig wünschenswerte Abnahme angeht, verweise ich in allgemeiner Hinsicht auf → § 648 BGB Rdn. 24.

45 § 648a Abs. 4 BGB regelt zwar detailliert, jede Vertragspartei könne verlangen, dass die andere Vertragspartei nach der Kündigung an einer Leistungsstandsfeststellung mitwirkt. Eine Aussage, dass der Unternehmer eine Prüfung verlangen könne, ob das Teilwerk abnahmereif sei, und bejahendenfalls die Abnahme selbst, enthält das Gesetz hingegen nicht. Darin liegt jedoch keine Abwendung des neuen Bauvertragsrechts von der bisherigen Rechtsprechung des Bundesgerichtshofs, dass nach der Kündigung der Unternehmer einen Anspruch gegen den Besteller auf Abnahme der bis zur Kündigung erbrachten Leistung hat, wenn diese im wesentlichen mängelfrei erbracht ist (vgl. BGH, Urt. v. 19.12.2002 – VII ZR 103/00). Das ergibt sich ohnehin aus dem auch nach einer Kündigung aus wichtigem Grund anwendbaren § 640 Abs. 1 BGB; daher kann der Unternehmer im Einzelfall auch von der Abnahmefiktion des § 640 Abs. 2 BGB profitieren. Verweigert der Besteller die Abnahme, kann der Unternehmer nach § 650g Abs. 1–3 BGB eine Zustandsfeststellung fordern.

III. Pflicht der Vertragsparteien zur gemeinsamen Leistungsstandsfeststellung (§ 648a Abs. 4 BGB)

46 Nach der zum alten Recht ergangenen Rechtsprechung ist der Besteller aus dem Kooperationsgedanken heraus dazu verpflichtet, an einer gemeinsamen Aufmaßnahme (= Leistungsstandsfeststellung) mitzuwirken (vgl. BGH, Urt. v. 22.5.2003 – VII ZR 143/02). Das neue Bauvertragsrecht kodifizierte diese – von ihm erweiterten – Rechtsprechungsgrundsätze.

47 Beide Vertragsparteien können von der jeweils anderen Vertragspartei verlangen, dass diese an einer gemeinsamen Feststellung des Leistungsstands mitwirkt. Es gibt also keinen Automatismus, sondern eine Vertragspartei muss initiativ werden.

48 Ein Interesse an derartigen, zügig nach Kündigung vorzunehmenden Feststellungen haben beide Seiten. Sehr hoch ist das Interesse des Unternehmers, weil er – will er für das Teilwerk Werklohn durchsetzen und im Fall einer „fehlgeschlagenen" Kündigung aus wichtigem Grund einen Anspruch wegen der „weggekündigten" Leistung verfolgen – darauf angewiesen ist, den Leistungsstand zur Zeit der Kündigung darzulegen und zu beweisen. Er hat nämlich insoweit die Darlegungs- und Beweislast. Schnelles Handeln ist deshalb geboten, weil meistens nach der Kündigung keine „Bauruine" verbleibt, anhand derer ein Sachverständiger auch

Kündigung aus wichtigem Grund   § 648a

noch Jahre später den Leistungsstand ermitteln kann, sondern vielmehr der Besteller das Werk durch einen Zweitunternehmer fertigstellen lässt. Dann aber lässt sich später nicht mehr zuverlässig ermitteln, welche Leistung der gekündigte Unternehmer und welche Leistung der Zweitunternehmer erbrachten.

Auch für den Besteller kann die Feststellung des Leistungsstands wichtig sein, weil er u. U. sonst nicht in der Lage ist, einen etwa vom Unternehmer zu ersetzenden Schaden durch Restfertigstellungsmehrkosten schlüssig darzulegen. Außerdem wird es oft geboten sein, vor Einschaltung eines Zweitunternehmers in hinreichend präzisen Vergabeunterlagen herauszuarbeiten, welche konkreten Arbeiten mit welchen Mengen noch offen sind. 49

Details dazu, wie ein Termin zur Leistungsstandsfeststellung vereinbart wird und welche Folgen es hat, wenn eine Partei fernbleibt, sind in § 648a Abs. 4 Sätzen 2 und 3 BGB geregelt. Grundgedanken sind die zügige Abwicklung, um den aktuellen Status erfassen zu können („innerhalb einer angemessenen Frist bestimmten Termin"), und die Kooperationspflicht der Parteien: So entlastet es die nicht erscheinende Partei nicht allein, wenn sie dem vereinbarten oder angemessen bestimmten Termin infolge eines Umstands fernbleibt, den sie nicht zu vertreten hat; sie muss vielmehr außerdem diesen Umstand der anderen Partei unverzüglich mitteilen, damit diese sich darauf einstellen und z. B. einen Alternativtermin vorschlagen kann. 50

Als missglückt muss aber die Formulierung in Satz 2 gelten: „von der anderen Vertragspartei innerhalb einer angemessenen Frist bestimmten Termin zur Leistungsstandsfeststellung". Ausgangspunkt ist offenbar die Überlegung, dass der Besteller nach Kündigung regelmäßig das Werk fertigstellen lässt. Daher ist die Leistungsstandsfeststellung möglichst schnell durchzuführen. Nach dem Wortlaut des Gesetzes ist aber eine Terminbestimmung gesetzeskonform, die die eine Vertragspartei innerhalb einer angemessenen Frist nach der Kündigung der anderen Vertragspartei mitteilt, ohne dass es darauf ankommt, wann der Termin stattfindet. 51

Das wird an folgendem Beispiel deutlich: Kündigung am 1.3.2021; der Besteller verlangt mit am selben Tag dem Unternehmer zugehenden Schreiben vom 7.3.2021 einen Termin zur Leistungsstandsfeststellung, der jedoch erst am 15.6.2021 stattfinden soll. Ein derartiges Vorgehen ist vom Wortlaut des Gesetzes gedeckt, denn der Besteller bestimmt den Termin innerhalb einer „angemessenen Frist" nach Kündigung. Dass der Termin selbst schnellstmöglich durchzuführen ist, ergibt sich aus dem Wortlaut der Norm nicht. Richtiger Weise ist § 648a Abs. 4 Satz 2 BGB so auszulegen, dass ein Termin unverzüglich nach der Kündigung mitzuteilen ist und möglichst bald stattzufinden hat. 52

(Kleinteilige) Vorgaben dazu, wie die Parteien den Leistungsstand gemeinsam feststellen sollen, enthält das Gesetz nicht. Die bisherige Praxis lässt die Hoffnung zu, dass die Vertragsparteien meistens einvernehmliche Modalitäten finden können, die zu einer gemeinsam gebilligten, zu beider Gunsten genommenen Leistungsstandsfeststellung führen. In Betracht kommen insbesondere Fotos/Filme, aber auch Eintragungen in Pläne und im Einzelfall Aktenvermerke (vgl. auch Kniffka, BauR 2017, 1747, 1777). 53

Bleibt eine Partei einem vereinbarten oder von der anderen Partei gesetzeskonform bestimmten Termin fern, trifft die nicht erscheinende Partei die Beweislast für den Leistungsstand zur Zeit der Kündigung, wenn sie ihr Fernbleiben zu vertreten hat oder zwar nicht zu vertreten hat, aber die unverzügliche Unterrichtung der anderen Partei unterlässt (§ 648a Abs. 4 Sätze 2 und 3 BGB). Anders als nach der Rechtsprechung des Bundesgerichtshofs, die eine solche Beweislastumkehr (nur) zu Lasten des Bestellers annahm, wenn nach seinem Fernbleiben ein neues Aufmaß oder eine Überprüfung des einseitig genommenen Aufmaßes nicht mehr möglich war, etwa weil das Werk durch Zweitunternehmer fertiggestellt oder durch nachfolgende Arbeiten verdeckt worden war (vgl. BGH, Urt. v. 22.5.2003 – VII ZR 143/02), gilt das nun generell. Dies ist angemessen (vgl. Kniffka, BauR 2017, 1747, 1777 f.). 54

J. Fälligkeit des Werklohns nach Kündigung und dessen Abrechnung

Wegen der Abnahme als grundsätzlich notwendiger Fälligkeitsvoraussetzung und der Abrechnung des vom Unternehmer bis zur Kündigung aus wichtigem Grund erbrachten Teilwerks verweise ich auf die Kommentierung zu § 648 BGB (→ § 648 BGB Rdn. 24 und Rdn. 34 ff.). Das Gesetz bestimmt in § 648a Abs. 5 BGB für alle Fälle der Kündigung aus wichtigem Grund, dass der Unternehmer nur die Vergütung beanspruchen kann, „die auf den bis zur Kündigung erbrachten Teil des Werks entfällt". Das frappiert nur im ersten Zugriff für die Fallgruppe, dass 55

§ 648a

Kündigung aus wichtigem Grund

der Unternehmer den Vertrag aus wichtigem, vom Besteller zu vertretenden Grund kündigt – für die gegenläufige Fallgruppe, dass der Besteller aus wichtigem Grund kündigt, versteht es sich von selbst –, lässt aber (verschuldensabhängige) Schadensersatzansprüche des Unternehmers in der ersten Fallgruppe unberührt. Deklaratorisch ist dies in § 648a Abs. 6 BGB klargestellt.

K. Mängelhaftung des Unternehmers nach Kündigung im Hinblick auf erbrachte Arbeiten

56   Auch hierzu verweise ich auf die übertragbaren Ausführungen zu § 648 BGB (→ § 648 BGB Rdn. 137 ff.).

57   Falls der Besteller aus wichtigem Grund kündigte, kann ausnahmsweise dem Unternehmer kein Vergütungsanspruch zustehen, wenn die erbrachte Leistung für den Besteller ohne Wert ist (vgl. BGH, Urt. v. 25.3.1993 – X ZR 17/92; Urt. v. 5.6.1997 – VII ZR 124/96). Das kann der Fall sein, wenn die Leistung infolge der Kündigung nicht brauchbar oder ihre Verwertung nicht zumutbar ist, z.B. weil der Zweitunternehmer es mit vertretbaren Gründen ablehnt, seine Leistung darauf aufzubauen. In der Prüfung der Unzumutbarkeit sind alle Umstände des Falls von Bedeutung, vor allem die Gründe für die Kündigung aus wichtigem Grund (vgl. BGH, Urt. v. 5.6.1997 – VII ZR 124/96). Für Baumaßnahmen, die fortgeführt werden, ist die Unverwertbarkeit der Leistung der Ausnahmefall, für eine Planungsleistung kann die Unverwertbarkeit eher angenommen werden.

58   Soweit die Teilleistung des Unternehmers aus der Sicht des Bestellers ohne jeden Wert ist, stellt das eine Einschränkung der regelmäßig gegebenen Vergütungspflicht dar. Daher trägt hierfür nach allgemeinen Grundsätzen der Besteller die Beweislast (vgl. BGH, Urt. v. 25.3.1993 – X ZR 17/92; Urt. v. 5.6.1997 – VII ZR 124/96).

L. Schadensersatzanspruch nach Kündigung aus wichtigem Grund (§ 648a Abs. 6 BGB)

I. Allgemeines

59   Häufig wird die Kündigung aus wichtigem Grund durch die eine Vertragspartei deshalb berechtigt sein, weil der anderen Vertragspartei eine Pflichtverletzung zur Last fällt, die diese iSd. § 276 BGB zu vertreten hat, weil ihr Vorsatz oder Fahrlässigkeit zur Last fällt. Zwangsläufig ist das aber nicht; es sind auch Fälle denkbar, in denen die nach § 648a Abs. 1 Satz 2 BGB vorzunehmende Berücksichtigung der Umstände des Einzelfalls und Interessenabwägung ergeben, dass die Kündigung berechtigt ist, obwohl der gekündigten Vertragspartei kein Verschulden iSd. § 276 BGB zur Last fällt (vgl. BGH, Urt. v. 27.10.1998 – X ZR 116/97 zur Auslegung einer Vertragsklausel; vgl. auch OLG Karlsruhe, Urt. v. 19.4.2005 – 17 U 217/04; OLG Jena, Urt. v. 1.11.2006 – 7 U 50/06; Hebel, BauR 2011, 330, 334 f.; Stickler, BauR 2011, 364, 366 f. [zu § 314 BGB]).

60   So kann eine Kündigung aus wichtigem Grund für beide Parteien berechtigt sein, wenn der Besteller einen sehr erfahrenen und leistungsstarken Handwerker mit verschiedenen Instandhaltungsarbeiten beauftragt. Verstirbt der Handwerker nach Beginn der Arbeiten und insistieren seine Erben, die Witwe, eine handwerklich ungeschickte Hausfrau, und der 14jährige Sohn, darauf, den auf sie gemäß § 1922 Abs. 1 BGB übergegangenen Vertrag weiter abwickeln zu wollen, ist dem Besteller ein wichtiger Grund für eine Kündigung zuzuerkennen, ohne dass eine schuldhafte Pflichtverletzung des Handwerkers oder seiner Erben ersichtlich ist. Ebenso können in der Gegenrichtung die Erben den Vertrag aus wichtigem Grund kündigen, wenn der Besteller verlangt, dass sie ihn zu Ende führen. Schadensersatzansprüche scheiden in beiden Richtungen aus.

61   § 648a Abs. 6 stellt klar, dass die Kündigung aus wichtigem Grund die Berechtigung des Kündigenden, Schadensersatz zu verlangen, nicht berührt (vgl. BT-Drucks. 18/8486 S. 52). Eine Verpflichtung zum Schadensersatz besteht regelmäßig nur bei schuldhaftem Verhalten; dieser allgemeine haftungsrechtliche Grundsatz ist Ausdruck des Gerechtigkeitsgebots (vgl. BGH, Urt. v. 18.2.2015 – XII ZR 199/13 Rdn. 28).

II. Besonders relevante Fallgruppen

1. Kündigung des Unternehmers aus wichtigem Grund

Kündigt der Unternehmer aufgrund eines wichtigen Grunds, den der Besteller zu vertreten hat – z. B. aufgrund Nichtbezahlung einer einredefrei fälligen Abschlagsrechnung trotz vom Unternehmer gesetzter Nachfrist -, wird regelmäßig § 280 Abs. 1 Satz 1 BGB die Anspruchsgrundlage dafür sein, dass der Besteller den Unternehmer so stellen muss, wie er ohne das zum Schadensersatz führende Verhalten des Bestellers stünde (§§ 249 ff. BGB). Für die Berechnung dieses Schadensersatzanspruchs, der die mit der Kündigung entfallene Vergütung für die nicht mehr auszuführende Restleistung betrifft, gelten dieselben Kriterien wie zu § 648 BGB (→ § 648 BGB Rdn. 4). 62

2. Kündigung des Bestellers aus wichtigem Grund

Nach einer vom Unternehmer zu vertretenden Kündigung aus wichtigem Grund hat für den Besteller besondere Bedeutung der Schadensersatzanspruch wegen etwaiger Mehrkosten der Fertigstellung (§§ 280 Abs. 1 Satz 1, 281 Abs. 1 Satz 1 BGB; vgl. zur Anspruchsgrundlage auch BGH, Urt. v. 10.10.2019 – VII ZR 1/19 Rdn. 30). Dieser Anspruch wird in der Regel mit der Kündigung fällig (vgl. BGH, Urt. v. 23.6.2005 – VII ZR 197/03) und verjährt gemäß §§ 195, 199 BGB (vgl. BGH, Urt. v. 10.10.2019 – VII ZR 1/19 Rdn. 33). Mit ihm kann der Besteller gegen den Werklohnanspruch des Unternehmers aufrechnen; eine automatische Verrechnung dieser beiderseitigen Ansprüche gibt es nicht (vgl. BGH, Urt. v. 23.6.2005 – VII ZR 197/03). Daneben können dem Besteller wegen der Vertragsverletzung des Unternehmers weitere Schadensersatzansprüche zustehen (§§ 280, 286 BGB). 63

Kann der Besteller seinen Anspruch wegen der Fertigstellungsmehrkosten noch nicht exakt abrechnen, ist zu erwägen, ihm bis zu der Fertigstellung der Restleistung durch einen Zweitunternehmer (und zu der Prüfung von dessen Abrechnung) ein Zurückbehaltungsrecht zuzugestehen (offen gelassen in BGH, Urt. v. 28.9.2000 – VII ZR 372/99; vgl. im Einzelnen Kniffka, ZfBR 1999, 113 ff.; vgl. auch Gartz, NZBau 2014, 267). 64

Die Abrechnung der Fertigstellungsmehrkosten muss nicht den Anforderungen des § 14 VOB/B entsprechen (vgl. BGH, Urt. v. 25.11.1999 – VII ZR 468/98; OLG Nürnberg, Urt. v. 4.10.2000 – 4 U 1049/00). Diese Klausel ist auf die Abrechnung des Vergütungsanspruchs zugeschnitten. Sie passt nicht auf die Abrechnung der Mehrkosten. So kann und muss z. B. der Besteller nicht nach Einheitspreisen abrechnen, wenn er zwar mit dem Unternehmer einen Einheitspreisvertrag schloss, mit dem Zweitunternehmer jedoch einen Pauschalpreisvertrag über die Fertigstellung der Arbeiten schließt. Notwendig ist aber eine genaue Darlegung der durch den Zweitunternehmer erbrachten Leistung, die identisch sein muss mit der vom Unternehmer noch nicht erbrachten Leistung. Dazu bedarf es in aller Regel eines Aufmaßes oder einer sonstigen Feststellung, welche Leistung bis zur Kündigung erbracht war und welche geschuldete Restleistung der Besteller durch den Zweitunternehmer fertigstellen ließ. In der Praxis lassen Abrechnungen nach einer Kündigung die erforderliche Genauigkeit häufig vermissen (vgl. z. B. KG, Urt. v. 29.9.2017 – 21 U 7/17; OLG Celle, Urt. v. 4.11.2004 – 6 U 87/04; OLG Köln, Urt. v. 5.7.2017 – 16 U 138/15; OLG Naumburg, Urt. v. 4.9.2008 – 6 U 179/01). Jedoch kann das Gericht, sofern der Besteller wenigstens schlüssig vorträgt (→ Rdn. 67), auf einer geeigneten Grundlage eventuelle Mehrkosten der Fertigstellung nach § 287 Abs. 1 ZPO in Höhe eines Mindestschadens schätzen (vgl. OLG Köln, Urt. v. 5.12.2018 – 11 U 21/16). 65

Hat der Unternehmer die Kündigung nicht zu vertreten, kann der Besteller die Mehrkosten der Fertigstellung nicht verlangen. Unberührt bleibt sein Anspruch auf Beseitigung von Mängeln an der bis zur Kündigung bereits erbrachten Leistung und nach fruchtlosem Fristablauf ein Kostenerstattungs-, Vorschuss- oder (Verschulden hinsichtlich des Mangels voraussetzender) Schadensersatzanspruch (→ § 648 Rdn. 135). Der Besteller sollte die Abrechnung deshalb von vornherein entsprechend unterteilen, damit er auch für den Fall, dass die Kündigung vom Unternehmer nicht zu vertreten war, wenigstens die mit Mängeln zusammenhängenden Zahlungsansprüche schlüssig abrechnet. Fehlt diese Unterteilung, kann das Gericht mangels schlüssiger Darlegung selbst einen an und für sich gegebenen mängelbedingten Zahlungsanspruch nicht zuerkennen, wenn der Besteller den hierauf entfallenden Betrag nicht anderweit zur Überzeugung des Gerichts darlegt. 66

Doch auch wenn der Unternehmer die Kündigung zu vertreten hat, ist in der Regel eine Trennung der Mängelbeseitigungskosten und der Fertigstellungskosten notwendig. Das ist ins- 67 besondere dann der Fall, wenn zwar die Kündigung aus wichtigem Grund berechtigt war und dieser vom Unternehmer zu vertreten war, jedoch der Unternehmer keine Gelegenheit bekam, Mängel der bereits erstellten Leistung zu beseitigen. Diese Mängelbeseitigungskosten kann der Besteller dann nicht verlangen, so dass die Fertigstellungsmehrkosten von diesen abzugrenzen sind. Ein Vortrag, der beides vermengt, ist nicht schlüssig (vgl. BGH, Urt. v. 8.10.1987 – VII ZR 45/87; Urt. v. 25.8.2016 – VII ZR 193/13 Rdn. 18; vgl. auch OLG Düsseldorf, Urt. v. 23.1.2018 – 21 U 11/17; OLG Naumburg, Urt. v. 4.9.2008 – 6 U 179/01). Erleichtert wird eine schlüssige Darlegung durch eine genaue, zeitnahe Dokumentation bei der Abnahme nach Kündigung, an der deshalb auch der Besteller ein Interesse haben sollte.

68 Die Darlegungs- und Beweislast dafür, dass Mehrkosten der Fertigstellung entstanden sind, trägt der Besteller. Es ist auch deshalb im Interesse beider Parteien, nach der Kündigung ein Aufmaß zu nehmen und den Leistungsstand festzustellen.

M. Besonderheiten des VOB/B-Vertrags

69 § 8 VOB/B regelt detailliert u. a. die Kündigung aus wichtigem Grund durch den Auftraggeber, wobei der DVA den gesetzlichen Begriff „Kündigung aus wichtigem Grund" nicht verwendet. Es erschließt sich jedoch aus den jeweils in den Klauseln vorgegebenen Rechtsfolgen, dass der DVA die Tatbestände von § 8 Abs. 2, Abs. 3 und Abs. 4 Satz 1 Nr. 1 VOB/B als Fallgruppen einer Kündigung aus wichtigem Grund, den der Auftragnehmer zu vertreten hat, wertet. Dabei baut der Tatbestand der Kündigung des § 8 Abs. 3 VOB/B auf anderen Klauseln der VOB/B, in denen die nach Auffassung des DVA eine Kündigung rechtfertigenden Pflichtverletzungen des Auftragnehmers in Form vertypter Kündigungsgründe geregelt sind, auf. § 8 Abs. 4 Satz 1 Nr. 2 VOB/B gewährt dem Auftraggeber aus vergaberechtlichen Gründen ein Sonderkündigungsrecht für Verträge, die dem 4. Teil des GWB unterfallen (vgl. dazu und zu der darauf aufbauenden Kündigungsklausel in der Nachunternehmerkette detailliert Ingenstau/Korbion-Joussen § 8 Abs. 4 B Rdn. 33 ff. und § 8 Abs. 5 B Rdn. 1 ff.). § 9 VOB/B enthält Tatbestände für eine Kündigung aus wichtigem Grund, die der Auftragnehmer ausspricht.

I. Kündigung aus wichtigem Grund durch den Auftraggeber (§ 8 Abs. 2–5 VOB/B)

1. Sofortige Kündigungsmöglichkeit ohne vorhergehende fruchtlose Fristsetzung und Kündigungsandrohung

70 Während die VOB/B ansonsten vorgibt, dass der Auftraggeber vor Ausspruch der Kündigung zunächst dem Auftragnehmer eine angemessene Frist zur Einstellung der Vertragsverletzung bzw. zur ordnungsgemäßen Vertragserfüllung setzen und die Kündigung für den Fall fruchtlosen Fristablaufs androhen muss, ist dies in § 8 Abs. 2, Abs. 4 Nr. 1 VOB/B nicht der Fall.

71 § 8 Abs. 2 Nr. 1 VOB/B sieht ein sofortiges Kündigungsrecht für den Auftraggeber vor, wenn der Auftragnehmer in Vermögensverfall gerät. Die Klausel konkretisiert dies durch vier Alternativen, nämlich die Zahlungseinstellung des Auftragnehmers, den Eigeninsolvenzantrag des Auftragnehmers oder den zulässigen Gläubigerinsolvenzantrag, die Eröffnung des Insolvenzverfahrens über das Vermögen des Auftragnehmers und die Ablehnung der Eröffnung mangels Masse. Diese Alternativen sind nur scheinbar alternativ, weil sie sich teilweise überschneiden bzw. denklogisch einander teilweise voraussetzen (so mündet ein zulässiger Gläubigerinsolvenzantrag immer entweder in die Eröffnung des Insolvenzverfahrens oder die Ablehnung der Eröffnung mangels Masse).

72 Jahrzehntelang wurde die Wirksamkeit dieses in § 8 Abs. 2 Nr. 1 VOB/B zugunsten des Auftraggebers enthaltenen insolvenzbedingten Kündigungsrechts und der in Nr. 2 bestimmten Rechtsfolge, dass der Auftraggeber Schadensersatz „wegen Nichterfüllung des Restes" verlangen kann, diskutiert. Der Bundesgerichtshof sah im Jahr 1985 unter Geltung der Konkursordnung (KO) selbst in einer erst nach Erfüllungswahl eines Konkursverwalters ausgesprochenen Kündigung eines Auftraggebers keinen Verstoß gegen den damals geltenden § 17 KO (vgl. BGH, Urt. v. 26.9.1985 – VII ZR 19/85). Die nach dem vollständigen Inkrafttreten der InsO und erst recht nach einem in BGHZ veröffentlichen Grundsatzurteil des IX. Zivilsenats des Bundesgerichtshofs zur Unwirksamkeit einer insolvenzabhängigen Lösungsklausel in einem

Energielieferungsvertrag (vgl. BGH, Urt. v. 15.11.2012 – IX ZR 169/11) neu aufgeflammte Diskussion kann durch das Urteil des VII. Zivilsenats des Bundesgerichtshofs vom 7.4.2016 (vgl. BGH, Urt. v. 7.4.2016 – VII ZR 56/15) als für die Praxis beendet betrachtet werden.

Gemäß diesem Urteil bestehen gegen eine nach einem Eigeninsolvenzantrag eines Auftragnehmers vom Auftraggeber gemäß §8 Abs. 2 Nr. 1. Alt. 2 VOB/B ausgesprochene Kündigung (was wegen der leichten Überprüfbarkeit und des frühen Zeitpunkts die mit Abstand wichtigste Alternative des §8 Abs. 2 Nr. 1 VOB/B ist, auf die Auftraggeber insolvenzbedingte Kündigungen stützen) und die damit verknüpfte Schadensersatzfolge des §8 Abs. 2 Nr. 2 VOB/B keine Wirksamkeitsbedenken. Der Bundesgerichtshof erkennt weder einen Verstoß gegen §§103, 119 InsO (a. A. zu einer inhaltsgleichen Klausel in einem Schülerbeförderungsvertrag OLG Celle, Urt. v. 25.11.2021 – 11 U 43/21 [nicht rkr.]) noch erachtet er, falls eine AGB-Inhaltskontrolle eröffnet ist, die Klauseln gemäß §307 BGB für unwirksam; auch eine Insolvenzanfechtung gegen die Einbeziehung dieser Klauseln in den Vertrag scheidet nach seiner Auffassung aus. 73

§8 Abs. 4 Satz 1 Nr. 1 VOB/B knüpft an eine Abrede des Auftragnehmers an, die dieser anlässlich der Erteilung des zu kündigenden Vertrags traf und die eine unzulässige Wettbewerbsbeschränkung darstellt. Zu §8 Abs. 4 Satz 1 Nr. 2 VOB/B → Rdn. 69 Der Auftraggeber muss in diesen beiden Fällen die Kündigung binnen zwölf Werktagen (zu der im Klauselwerk enthaltenen Definition von „Werktagen" vgl. §11 Abs. 3 VOB/B) nach Bekanntwerden des Kündigungsgrunds erklären (§8 Abs. 4 Satz 2 VOB/B). 74

2. Kündigungsmöglichkeit erst nach vorhergehender fruchtloser Fristsetzung und Kündigungsandrohung

Überwiegend sieht die VOB/B (quasi in Vorwegnahme von §648a Abs. 3 BGB i. V. m. §314 Abs. 2 BGB) ein zweistufiges Vorgehen des Auftraggebers vor, der zunächst dem Auftragnehmer eine angemessene Frist zur Beseitigung der Vertragsverletzung (wie sie §4 Abs. 7, Abs. 8 und §5 Abs. 3 i. V. m. Abs. 4 VOB/B ansprechen) setzen und – dies ist nicht in §648a Abs. 3 BGB i. V. m. §314 Abs. 2 BGB vorgegeben – die Kündigung androhen muss, ehe er nach fruchtlosem Fristablauf den Vertrag kündigen kann. 75

Das Erfordernis der Fristsetzung mit Kündigungsandrohung bezweckt zweierlei. Dem Auftragnehmer soll eine angemessene Frist eingeräumt werden, die Leistung noch vertragsgerecht zu erfüllen. Außerdem soll er mit der Kündigungsandrohung gewarnt werden. Grundsätzlich ist eine Kündigung unwirksam, wenn diese formellen Voraussetzungen nicht erfüllt sind, also entweder der Auftraggeber keine angemessene Frist einräumt oder die Kündigung nicht androht oder beides nicht. Von diesem Grundsatz gibt es jedoch nach allgemeinen Regeln die Ausnahme, dass eine Fristsetzung entbehrlich ist, wenn sie reine Förmelei wäre. Gleiches gilt für die Kündigungsandrohung. 76

Die Kündigung ist hingegen nach der Rechtsprechung des Bundesgerichtshofs grundsätzlich nicht entbehrlich (zu Ausnahmen → Rdn. 82). Sie schafft Klarheit. Das Erfordernis der Kündigung des VOB/B-Vertrags hat den Zweck, ansonsten vorprogrammierte Konflikte auf der Baustelle zu vermeiden. Diese Konflikte können entstehen, wenn (Erst-)Auftragnehmer und Zweitunternehmer gleichzeitig auf der Baustelle tätig sind. Das ist insbesondere denkbar, wenn der Auftraggeber den Zweitunternehmer zur „Mängel"beseitigung einsetzt und der Auftragnehmer noch weitere Arbeiten auf der Baustelle erbringt, etwa, wenn letzterer die „Mängel" bestreitet. Aber auch in den Fällen zögerlicher Fertigstellung sind Konflikte vorprogrammiert, wenn der Zweitunternehmer mit der Fertigstellung beauftragt ist, der Auftragnehmer jedoch das Werk selbst fertigstellen möchte (vgl. auch BGH, Urt. v. 30.6.1977 – VII ZR 205/75). Das will die VOB/B vermeiden, indem sie für die Bauabwicklung klare Verhältnisse schafft. 77

Die Kündigung nach §8 Abs. 3 Nr. 1 VOB/B kann der Auftraggeber nicht schon – bedingt – mit der Fristsetzung z.B. nach §4 Abs. 7 Satz 3 VOB/B verbinden, sondern wirksam erst nach fruchtlosem Fristablauf aussprechen (BGH, Urt. v. 4.6.1973 – VII ZR 113/71). Erst mit Fristablauf entsteht das Kündigungsrecht. Eine Kündigung ist also unwirksam, wenn sie mit einem Schreiben erfolgt, in dem der Auftraggeber den Auftragnehmer zur „Mängel"beseitigung binnen einer bestimmten, mit Kündigungsandrohung gesetzten Frist auffordert und ihm gleichzeitig die Kündigung erklärt, falls er die „Mängel" nicht fristgerecht beseitigt. 78

Eine Kündigung vor Ablauf der gesetzten Frist ist wirksam, wenn die Frist angemessen ist, der Auftragnehmer jedoch nicht die notwendigen Anstrengungen unternimmt, so dass im Zeitpunkt der Kündigung abzusehen ist, er werde die Frist nicht einhalten können. Das folgt 79

§ 648a   Kündigung aus wichtigem Grund

aus dem allgemeinen Rechtsgedanken des § 323 Abs. 4 BGB (vgl. BGH, Urt. v. 12.9.2002 – VII ZR 344/01; Urt. v. 28.1.2003 – X ZR 151/00).

80   Für den VOB/B-Vertrag enthalten die § 4 Abs. 7 und § 5 Abs. 3 i. V. m. Abs. 4 VOB/B eine abschließende Regelung der Ansprüche des Auftraggebers wegen „Mängeln", die sich schon vor Vollendung und vor Abnahme des Baus zeigen, oder wegen zögerlicher Fertigstellung. Der Besteller ist danach im Regelfall ohne Einhaltung des in § 4 Abs. 7 Satz 3 und § 5 Abs. 4 VOB/B vorgeschriebenen Wegs nicht dazu befugt, die „Mängel" auf Kosten des Auftragnehmers durch einen Zweitunternehmer beseitigen oder das Werk durch einen Zweitunternehmer fertigstellen zu lassen. Ohne Setzung einer angemessenen Frist zur „Mängel"beseitigung oder zur rechtzeitigen Fertigstellung unter der Androhung, nach fruchtlosem Fristablauf den Auftrag zu entziehen, und vor der Kündigung kann der Auftraggeber die ihm aus der Beauftragung eines Zweitunternehmers entstandenen „Mängel"beseitigungs- oder Fertigstellungsmehrkosten deshalb regelmäßig vom Auftragnehmer nicht ersetzt verlangen (vgl. BGH, Urt. v. 6.5.1968 – VII ZR 33/66; Urt. v. 30.6.1977 – VII ZR 205/75; Urt. v. 20.4.1978 – VII ZR 166/76). § 4 Abs. 7, § 5 Abs. 4, § 8 Abs. 3 VOB/B sind abschließende Regelungen, die ein Zurückgreifen auf andere Bestimmungen grundsätzlich ausschließen (vgl. BGH, Urt. v. 15.5.1986 – VII ZR 176/85; Urt. v. 2.10.1997 – VII ZR 44/97).

81   Nichts anderes dürfte in seinem Anwendungsbereich für § 4 Abs. 8 VOB/B gelten, der dem Auftraggeber eine Reaktion auf einen vertragswidrigen Nachunternehmereinsatz durch den Auftragnehmer ermöglicht.

82   Die Kündigung ist nach Treu und Glauben in den Fällen entbehrlich, in denen der mit der Kündigung verfolgte Zweck nicht erreicht werden kann. Steht fest, dass es auch ohne Kündigung keine Konfliktsituation auf der Baustelle geben kann, kann der Anspruch des Auftraggebers auf Ersatz der „Mängel"beseitigungs- oder Fertigstellungsmehrkosten nicht deshalb verneint werden, weil er dem Auftragnehmer nicht kündigt. Das ist der Fall, wenn der Auftragnehmer die Arbeiten auf der Baustelle endgültig verweigert (vgl. BGH, Urt. v. 20.4.2000 – VII ZR 164/99; Urt. v. 5.7.2001 – VII ZR 201/99; Urt. v. 9.10.2008 – VII ZR 80/07). In ausdrücklicher Abweichung von dieser ständigen Rechtsprechung betonte der Bundesgerichtshof, dass für einen Anspruch aus z. B. § 4 Nr. 7, § 8 Nr. 3 Abs. 2 Satz 1 VOB/B (2006) neben einer ernsthaften und endgültigen Erfüllungsverweigerung des Auftragnehmers ein Verhalten des Auftraggebers erforderlich ist, das dem mit der Klausel verfolgten Zweck, klare Verhältnisse zu schaffen, gerecht wird. Ein solches Verhalten des Auftraggebers ist gegeben, wenn er „Vorschuss" verlangt und zumindest konkludent zum Ausdruck bringt, dass er den Vertrag mit dem Auftragnehmer beenden will (vgl. BGH, Urt. v. 14.11.2017 – VII ZR 65/14 Rdn. 33).

83   Dem Interesse des Auftraggebers, in geeigneten Fällen den Vertrag mit dem Auftragnehmer fortzusetzen und gleichwohl aufgetretene „Mängel" durch einen Zweitunternehmer auf Kosten des Auftragnehmers beseitigen lassen zu können, versucht die VOB/B dadurch Rechnung zu tragen, dass sie es ermöglicht, die Entziehung des Auftrags „auf einen in sich abgeschlossenen Teil der vertraglichen Leistung" zu beschränken (§ 8 Abs. 3 Nr. 1 Satz 2 VOB/B). In diesem Fall ist der Konfliktherd jedenfalls eingegrenzt. Wie zum identischen Terminus in § 12 Abs. 2 VOB/B (vgl. dazu BGH, Urt. v. 6.5.1968 – VII ZR 33/66) sind indessen einzelne Teile eines Rohbaus, z. B. eine Betondecke oder ein Stockwerk, keine in sich abgeschlossenen Teile der Bauleistung. Folglich können Leistungsteile innerhalb eines Gewerks grundsätzlich nicht als abgeschlossen angesehen werden (vgl. BGH, Urt. v. 20.8.2009 – VII ZR 212/07). Somit erweist sich im Regelfall die Hoffnung des Auftraggebers, der die VOB/B verwendet, hierdurch punktuelle Eingriffe rechtmäßig vornehmen zu können, als vergebens. (In einem vom OLG Koblenz [Urt. v. 29.8.2013 – 6 U 965/12] behandelten Sachverhalt erhielt der Auftraggeber von ihm behauptete „Ersatzvornahmekosten" von über € 1 Mio. nicht zugesprochen, weil nach der Auffassung des OLG die Teilkündigung sich nicht „auf einen in sich abgeschlossenen Teil der vertraglichen Leistung" bezog.) Zugleich ist ihm der Rückgriff auf die wesentlich flexiblere Lösungen ermöglichende Gesetzeslage (→ Rdn. 34 ff.) versperrt, denn als AGB-Verwender ist er an seine Klauseln gebunden, auch wenn sie ihn im Einzelfall einengen.

84   Nach § 8 Abs. 3 Nr. 2 Satz 1 VOB/B kann der Auftraggeber nach Kündigung den noch nicht vollendeten Teil der Leistung zu Lasten des Auftragnehmers durch einen Zweitunternehmer ausführen lassen. Es handelt sich der Sache nach (Falschbezeichnungen in AGB ändern daran nichts) um einen Schadensersatzanspruch (vgl. OLG Düsseldorf, Urt. v. 14.11.2008 – 22 U 69/08, das aber gleichwohl auf ihn einen Vorschussanspruch gewährt; Anderson, BauR 1972, 65, 67; Staudinger-Peters, BGB, § 648a Rdn. 19 m. w. N.). Was § 8 Abs. 2 Nr. 2 Satz 2 VOB/B

Kündigung aus wichtigem Grund § 648a

anbelangt, ist korrekt vorgegeben, dass der Auftraggeber „Schadensersatz wegen Nichterfüllung des Restes" verlangen kann (vgl. auch § 8 Abs. 3 Nr. 2 Satz 1 a. E., Satz 2 VOB/B).

Gemäß § 8 Abs. 3 Nr. 3 VOB/B kann der Besteller für die Weiterführung der Arbeiten 85 Geräte, Gerüste, auf der Baustelle vorhandene andere Einrichtungen und angelieferte Stoffe und Bauteile gegen angemessene Vergütung in Anspruch nehmen. Dieser Anspruch wird gesondert abgerechnet. Seine Fälligkeit hängt nicht davon ab, dass der Auftragnehmer nach der Kündigung eine Schlussrechnung gemäß § 8 Abs. 7 VOB/B erteilt. Es kann allerdings ein Zurückbehaltungsrecht des Auftraggebers bis zur Erteilung der Schlussrechnung bestehen (vgl. BGH, Urt. v. 28.9.2000 – VII ZR 372/99).

Der Auftraggeber hat dem Auftragnehmer eine Aufstellung über die entstandenen Mehr- 86 kosten und über seine anderen Ansprüche spätestens binnen zwölf Werktagen nach Abrechnung mit den Drittunternehmern zuzusenden (§ 8 Abs. 3 Nr. 4 VOB/B). Dieser Anspruch ist einklagbar, jedoch kann der Auftragnehmer eine eidesstattliche Versicherung der Richtigkeit der Abrechnung nicht verlangen (vgl. BGH, Urt. v. 18.4.2002 – VII ZR 260/01).

II. Sonstige Klauseln zur Kündigung durch den Auftraggeber und zu deren Abwicklung

Ich verweise dazu auf → § 648 Rdn. 144 ff. 87

III. Insbesondere: Mängelrechte des Auftraggebers nach Kündigung

Die Kündigung lässt die Mängelansprüche des Auftraggebers grundsätzlich unberührt, denn 88 wegen des nicht gekündigten Teils besteht der Vertrag fort (vgl. BGH, Urt. v. 25.6.1987 – VII ZR 251/86; Urt. v. 21.12.2000 – VII ZR 488/99; Urt. v. 8.7.2004 – VII ZR 317/02). Der Auftraggeber hat bis zur Abnahme den „Mängel"beseitigungsanspruch nach § 4 Abs. 7 Satz 1 VOB/B, nach der Abnahme nach § 13 Abs. 5 Nr. 1 VOB/B. Die Kündigung ändert daran nichts (vgl. BGH, Urt. v. 6.5.1968 – VII ZR 33/66). Kostenerstattung bzw. Vorschuss kann der Auftraggeber verlangen, wenn er dem Auftragnehmer fruchtlos eine Frist zur Mängelbeseitigung setzte oder die Fristsetzung entbehrlich ist. Das gilt gemäß § 13 Abs. 5 Nr. 2 VOB/B unmittelbar für den Fall, dass der Besteller die Leistung abnahm. Nach einer Urteilspassage des Bundesgerichtshofs, die allerdings im entscheidenden Punkt nicht sehr deutlich ist, könnte das das auch für den Fall gelten, dass nach der Kündigung eine Abnahme nicht erfolgte (vgl. BGH, Urt. v. 8.10.1987 – VII ZR 45/87). Dafür könnte prima facie sprechen, dass § 4 Abs. 7 Satz 3 VOB/B nicht mehr sinnvoll anwendbar ist, wenn der Vertrag bereits gekündigt wurde. Zutreffend ist demgegenüber, dass die Kündigung nicht das „mangel"hafte, bis zur Kündigung erbrachte Teilwerk betrifft, dieses Teilwerk also noch die vertraglich geschuldete Leistung ist und daher wegen der Mängel eine Fristsetzung mit Kündigungsandrohung und danach eine Kündigung der Mängelbeseitigungsarbeiten zu erfolgen haben.

Diese Sicht mag zwar unter Umständen das Verständnis der Baubeteiligten auf Auftrag- 89 geberseite überfordern, denn diese gehen vielleicht davon aus, dass nach einer Kündigung des Vertrags nicht noch einmal eine Kündigungsandrohung und Kündigung erforderlich sein könnten. Darauf kommt es aber nicht an, denn der Auftraggeber hat die Probleme durch die Verwendung der maßgeblichen Klausel selbst verursacht, er also Verwender der VOB/B und damit auch des § 4 Abs. 7 Satz 3 VOB/B ist: Dann muss er sich nach allgemeinen AGB-Grundsätzen (→ Einführung vor § 631 BGB Rdn. 66 und → § 648 Rdn. 127) an die von ihm in seinen AGB gemachten Vorgaben zur Abwicklung des Bauvertrags im Stadium vor Abnahme halten, so dass eine einfache, § 13 Abs. 5 Nr. 2 VOB/B genügende Fristsetzung nicht reicht. Dies gilt auch, wenn § 4 Abs. 7 VOB/B in AGB des Auftraggebers unwirksam ist (vgl. Rodemann, BauR 2020, 519, 527, mit Verweis auf BGH, Urt. v. 25.3.1987 – VIII ZR 71/86). Hieran erweist sich, dass eine zügige Abnahme (gegebenenfalls mit Vorbehalten wegen Mängeln) nach Kündigung für den Auftraggeber sinnvoll ist, um diesen selbst auferlegten fehlerträchtigen Formalien zu entgehen.

Schadensersatz wegen „Mängeln" der erbrachten Leistung kann der Auftraggeber gemäß 90 § 4 Abs. 7 Satz 2 VOB/B fordern, und zwar auch dann, wenn der Auftrag entzogen wird (vgl. BGH, Urt. v. 6.5.1968 – VII ZR 33/66).

Fand nach der Kündigung eine Abnahme statt, ergeben sich die Schadensersatzansprüche des 91 Auftraggebers wegen mangelhafter Leistung aus § 13 Abs. 7 VOB/B. Das Recht zur Minderung

Schmitz 707

besteht nach Maßgabe des § 13 Abs. 6 VOB/B. Diese Klausel soll entsprechend anwendbar sein, wenn der Auftraggeber vor der Abnahme Minderung verlangt (vgl. OLG Düsseldorf, Urt. v. 22.10.1993 – 22 U 59/93), was AGB-rechtlich nicht haltbar ist.

IV. AGB-rechtliche Bedenken gegen den vom Auftraggeber verwendeten § 4 Abs. 7 Satz 3 i. V. m. § 8 Abs. 3 Nr. 1, Nr. 2 VOB/B

92   Zum Schuldrechtsmodernisierungsgesetz ist durch drei Urteile des BGH vom 19.1.2017 (vgl. z. B. BGH, Urt. v. 19.1.2017 – VII ZR 301/13) geklärt, dass der Auftraggeber Mängelrechte nach § 634 BGB grundsätzlich erst nach Abnahme des Werks mit Erfolg geltend machen kann.

93   Dem ist zuzustimmen, denn die Zubilligung werkvertraglicher Mängelrechte ist jedenfalls für die Zeit vor Fälligkeit des Herstellungsanspruchs (der sich auf dies gesamte Leistung bezieht) dogmatisch nicht zu begründen. Ebenso wenig ließe sich – wollte man die Regelungen schon vorher anwenden – ihr Verhältnis zu den allgemeinen Leistungsstörungsrechten nachvollziehbar erklären. Tatsächlich geht es in diesen Fällen auch gar nicht um die Haftung des Auftragnehmers für einen Mangel des von ihm hergestellten Werks. Es geht vielmehr um eine ganz andere Art der Pflichtverletzung: Der Auftragnehmer ist u. U. in diesen Fällen nicht dazu imstande bzw. bereit, das Werk so herzustellen, dass es im Fälligkeitszeitpunkt mangelfrei sein wird. Verhält es sich so, gefährdet er die Herbeiführung des erst zu diesem Zeitpunkt geschuldeten Erfolgs. Das spricht dafür, dieses Verhalten als Erfüllungsgefährdung anzusehen und dem allgemeinen Leistungsstörungsrecht zuzuordnen (vgl. Arbeitskreis I des 3. Deutschen Baugerichtstags, BauR 2010, 1313, 1320).

94   Voit (FS Koeble, S. 225, 226; vgl. auch dens., BauR 2011, 1063; Joussen, BauR 2009, 319, 323 ff.) spricht in diesem Zusammenhang von einer „Vorbereitungsphase" vor Abnahme, in der der Auftragnehmer durch seine Arbeiten noch nicht erfüllt, sondern erst die Voraussetzungen für die spätere Erfüllung schafft. Diese Befugnis des Auftragnehmers, frei zu bestimmen, wie er den aus § 631 Abs. 1 BGB folgenden Anspruch des Auftraggebers auf mangelfreie Herstellung erfüllt, streicht auch der BGH heraus (vgl. z. B. BGH, Urt. v. 19.1.2017 – VII ZR 301/13 Rdn. 32).

95   § 4 Abs. 7 VOB/B verlangt indes nach seinem klaren Wortlaut – abgesehen von der Einhaltung der Formalien gemäß Satz 3 i. V. m. § 8 Abs. 3 VOB/B – nicht mehr als „schon während der Ausführung als mangelhaft oder vertragswidrig erkannt[e] Leistungen]" (Satz 1). Selbst wenn man, AGB-rechtlich vielleicht gerade noch vertretbar, aber unter Verstoß gegen die Dispositionsfreiheit des Auftragnehmers, die er jedenfalls bis zum auf die Gesamtleistung bezogenen Fälligkeitszeitpunkt hat, einschränkend allein darauf abstellt, ob die aktuell erbrachte Leistung, die sich nur als Vorbereitung der erst später fälligen Erfüllung verstehen lässt, für sich betrachtet einen „Mangel" aufweist, wird man bei so gut wie jedem Bauvertrag fündig werden.

96   Diese uferlose Weite wird durch das in § 4 Abs. 7 Satz 3 VOB/B enthaltene Erfordernis, eine angemessene Frist mit Kündigungsandrohung zu setzen, nicht hinreichend eingegrenzt. Der Auftragnehmer kann im Rahmen der ihm zustehenden Dispositionsfreiheit eine Vielzahl von Gründen haben, einen „Mangel" der bis dato erbrachten Arbeiten nicht innerhalb einer solchermaßen vom Auftraggeber gesetzten angemessenen Frist zu beseitigen. So mag die Lieferung eines wichtigen Bauteils sich verzögern, so können der spezialisierte Nachunternehmer und/oder der spezialisierten eigene Mitarbeiter aus welchen Gründen auch immer vorübergehend verhindert sein. All das ändert nichts daran, dass der Auftragnehmer nach dem gesetzlichen Leitbild in der Regel noch bis zum auf die Gesamtleistung bezogenen Fälligkeitszeitpunkt den „Mangel" beseitigen kann und darf.

97   Hinzu kommt die völlig unangemessene Rechtsfolge zulasten des Auftragnehmers, wenn der Auftraggeber die Kündigung gemäß § 8 Abs. 3 Satz 1 VOB/B ausspricht. Da selten die Voraussetzungen einer berechtigten Teilkündigung gemäß § 8 Abs. 3 Nr. 1 Satz 2 VOB/B vorliegen werden (→ Rdn. 83), ermöglicht die Klausel die Kündigung des gesamten Vertrags. Folge ist, dass der Auftragnehmer dem Anspruch des Auftraggebers gemäß § 8 Abs. 3 Nr. 2 VOB/B ausgesetzt ist. Dieser kann beträchtliche Dimensionen erlangen, dies im Hinblick insbesondere auf die regelmäßig gegebenen Fertigstellungsmehrkosten.

98   Diese Interventionsmöglichkeiten des Auftraggebers und die ihm sodann der Sache nach über § 8 Abs. 3 Nr. 2 VOB/B zustehenden Schadensersatzansprüche sind im Hinblick auf das gesetzliche Leitbild und das häufig fehlende Verschulden des Auftragnehmers unangemessen. Im Hinblick auf letzteres weicht die Klausel von dem allgemeinen Grundsatz ab, dass eine Ver-

pflichtung zu einem Schadensersatz regelmäßig schuldhaftes Verhalten voraussetzt (vgl. BGH, Urt. v. 18.2.2015 – XII ZR 199/13 Rdn. 28). Das für einen Schadensersatzanspruch nötige Verschulden lässt sich auch nicht mit dem Ablauf einer angemessenen Frist begründen, die nach § 4 Abs. 7 Satz 3 VOB/B zu setzen ist, begründen. Vor dem auf die Gesamtleistung bezogenen Fälligkeitszeitpunkt besteht keine Pflicht des Auftragnehmers zur Beseitigung eines „Mangels". Damit geht die Fristsetzung mangels Fälligkeit des Anspruchs auf Erstellung der Gesamtleistung ins Leere.

Darum sind § 4 Abs. 7 Satz 1 und 3 VOB/B unwirksam, wenn der Auftraggeber sie im AGB-rechtlichen Sinn verwendet (vgl. auch Berg/Mayr, BauR 2018, 877; Kiedrowski, FS Leupertz, S. 333, 349 f.; Klein, ZfBR 2015, 627, 630 ff.; Rodemann, BauR 2020, 519, 527; Ingenstau/Korbion-Sienz, Anhang 3 Rdn. 71 f.; kritisch zu § 4 Abs. 7 VOB/B auch Nicklisch/Weick-Gartz, § 4 Rdn. 210; Voit, BauR 2011, 1063, 1076; ders., NZBau 2017, 521, 523; a. A. OLG Bamberg, Beschl. v. 4.6. und 23.7.2007 – 3 U 31/07 [von äußerst begrenzter Relevanz, weil das OLG als Referenz das bis zum 31.12.2001 geltende BGB heranzuziehen hatte]; OLG Koblenz, Urt. v. 28.7.2020 – 4 U 1282/17 [mit dem untauglichen Argument, der Auftraggeber könne vom Auftragnehmer grundsätzlich nicht verlangen, die fraglichen Leistungen bereits vor dem vereinbarten Ausführungstermin bzw. vor dem Ablauf vereinbarter Ausführungsfristen mangelfrei zu erstellen; ein solches ergibt sich aus dem Wortlaut der Klausel nicht ansatzweise, so dass es sich um eine im Hinblick auf das Gebot der kundenfeindlichsten Auslegung von AGB nicht statthafte Einschränkung der Klausel handelt]; LG Bremen, Urt. v. 20.6.2019 – 2 O 2021/10 [tendenziell anders in der Berufungsinstanz OLG Bremen, Urt. v. 18.12.2020 – 2 U 107/19, das mangels Entscheidungserheblichkeit „die insbesondere unter den Gesichtspunkt einer Kündigungsmöglichkeit bereits aufgrund unterbliebener Nachbesserung von 'Kleinstmängeln' wegen Verstoßes gegen § 307 BGB in Betracht zu ziehende Unwirksamkeit des § 4 Nr. 7 S. 2 VOB/B i. V. m. § 8 Nr. 3 Abs. 1 VOB/B dahinstehen" ließ]; Peters, BauR 2012, 1297, der das Referenzmodell des BGB anders bewertet). **99**

Anzuerkennen ist jedoch, dass es gravierende Fehlentwicklungen geben kann, die abzustellen – auch über § 323 Abs. 4 BGB (zur praktischen Anwendung dieser Norm vgl. grundlegend BGH, Urt. v. 14.6.2012 – VII ZR 148/10) hinaus – der Auftraggeber in der Lage sein muss. Die Rechtsprechung bietet Anschauungsmaterial, wann und weshalb ein Auftraggeber auch im Stadium vor Abnahme regieren können muss (vgl. BGH, Beschl. v. 8.5.2008 – VII ZR 201/07; OLG Bremen, Urt. v. 18.12.2020 – 2 U 107/19; OLG Schleswig, Urt. v. 9.3.2010 – 3 U 55/09: Beharren des Unternehmers auf einer Bauausführung entgegen den Regeln der Technik). **100**

Eine auch in Allgemeinen Geschäftsbedingungen des Auftraggebers wirksame Klausel könnte sich an die These 2 des Arbeitskreises I des 3. Deutschen Baugerichtstags (BauR 2010, 1313, 1319; vgl. auch den Abschlussbericht vom 18.6.2013 der Arbeitsgruppe „Bauvertragsrecht" beim Bundesministerium der Justiz und für Verbraucherschutz, S. 41 ff. [abrufbar: www.bmj.de/SharedDocs/Downloads/DE/pdfs/Abschlussbericht_der_Arbeitsgruppe_Bauvertragsrecht_beim_BMJ.pdf]) anlehnen: „Bei nicht vertragsgemäßer Herstellung stehen dem Besteller vor Abnahme nicht die werkvertraglichen Mängelrechte der § 633 ff. BGB zu, sondern aus dem allgemeinen Leistungsstörungsrecht herzuleitende Ansprüche wegen Erfüllungsgefährdung. Bei einer den Erfüllungserfolg gefährdenden vertragswidrigen Ausführung soll dem Besteller ein Selbstbeseitigungsrecht mit einem daraus herzuleitenden Kostenerstattungs- und Vorschussanspruch zugebilligt werden." **101**

V. AGB-rechtliche Bedenken gegen den vom Auftragnehmer verwendeten § 8 Abs. 3 Nr. 1 Satz 2 VOB/B

Ist der Auftragnehmer Verwender von § 8 Abs. 3 Nr. 1 Satz 2 VOB/B, beschränkt diese Klausel in der gebotenen engen und damit kundenfeindlichsten Auslegung (→ Rdn. 83) das Recht des Auftraggebers zur Teilkündigung, wie es sich aus § 648a Abs. 2 BGB (→ Rdn. 34 ff.) ergibt. Damit dürfte die Klausel unwirksam sein. **102**

VI. Prüfbarkeit und prozessuale Folgen

Da die Prüfbarkeit einer Rechnung Fälligkeitsvoraussetzung ist, sind die dazu entwickelten Grundsätze anwendbar (vgl. dazu → § 650g Rdn. 30 ff.). **103**

N. Besonderheiten des Architekten-/Ingenieurvertrags

104 Die obigen Ausführungen zur Kündigung des BGB-Werkvertrags aus wichtigem Grund gelten uneingeschränkt für den Architekten- und Ingenieurvertrag (vgl. §650q Abs. 1 BGB mit seinem Verweis auf Kapitel 1 des Untertitels 1, zu dem §648a BGB rechnet; wegen des spezifischen Sonderkündigungsrechts zum Architekten- und Ingenieurvertrag → §650r BGB). Zur Fälligkeit der Schlussforderung und zur Abrechnung der bis zur Kündigung erbrachten Leistung verweise ich auf §648 Rdn. 150ff.

O. Besonderheiten des Bauträgervertrags

105 §650u Abs. 2 BGB erklärt §648a BGB für nicht anwendbar (vgl. dazu auch → §650u BGB Rdn. 146ff.). In der Begründung heißt es dazu, zwar habe der Bundesgerichtshof bei Vorliegen eines wichtigen Grunds die Möglichkeit einer Teilkündigung des werkvertraglichen Teils eines Bauträgervertrags mit der Folge einer Teilabwicklung bejaht. Es habe sich aber um eine Einzelfallentscheidung mit Ausnahmecharakter gehandelt. Mit Blick auf die Einheitlichkeit des Vertrags und die Ausübung der Rechte daraus solle es künftig nicht mehr möglich sein, sich teilweise aus einem Bauträgervertrag zu lösen. Vielmehr solle nur noch eine Gesamtabwicklung des Vertrags im Rahmen eines Rücktritts möglich sein, wobei sich ein Rücktrittsrecht zum einen aufgrund von Mängeln des Werks über §634 Nr. 3 BGB i.V.m. §§636, 323, 326 Absatz 5 BGB, zum anderen im Fall gravierender nicht leistungsbezogener Pflichtverletzungen des Bauträgers aus §324 BGB i.V.m. §241 Absatz 2 BGB ergeben könne (vgl. BT-Drucks. 18/8486, S. 72).

106 Damit ist der Gehalt der von der Begründung zitierten Grundsatzentscheidung des Bundesgerichtshofs (BGH, Urt. v. 21.11.1985 – VII ZR 366/83) nicht hinreichend erfasst (vgl. auch Kniffka, BauR 2017, 1747, 1848): Nach dieser war, wenn der Bauträger den Anlass zur Kündigung aus wichtigem Grund gab, eine solche dem Erwerber (dieser Begriff ist im Hinblick auf den typengemischten Bauträgervertrag farbiger und präziser als der in §650u Abs. 1 Satz 1 BGB verwendete Begriff des Bestellers) grundsätzlich möglich und zwar auch in der Weise, dass er lediglich den auf die Errichtung des Hauses gerichteten Teil kündigte, so dass der Anspruch auf Eigentumsübertragung bestehen blieb. Der Erwerber war also nicht genötigt, den gesamten Vertrag zu kündigen, den Rücktritt vom gesamten Vertrag zu erklären oder Schadensersatz statt der gesamten Leistung zu fordern. Die Lösung vom gesamten Vertrag hätte für ihn nämlich die negative Folge gehabt, dass er den Erfüllungsanspruch verloren hätte und die akzessorische Vormerkung gegenstandslos geworden wäre (vgl. BGH, Urt. v. 5.4.2001 – VII ZR 498/99; Urt. v. 30.9.2004 – VII ZR 458/02). Kündigte er aus wichtigem Grund nur den auf die Errichtung des Bauwerks gerichteten Teil, behielt er den Erfüllungsanspruch und wurde in die Lage versetzt, das Bauwerk fertigzustellen und die Übereignung zu verlangen. Die Sicherung durch die Vormerkung blieb auch in der Insolvenz des Bauträgers bestehen (§106 Abs. 1 InsO).

107 Der einem Erwerber nach der Begründung zu §650u Abs. 2 BGB nunmehr angesonnene Weg des Rücktritts vom gesamten Vertrag empfiehlt sich allenfalls, soweit die aus der Rückabwicklung entstehenden Ansprüche abgesichert sind: Eine Bürgschaft nach §7 MaBV sichert auch den Schadensersatzanspruch statt der Leistung (vgl. BGH, Urt. v. 27.7.2006 – VII ZR 276/05; vgl. auch Urt. v. 8.12.2009 – XI ZR 181/08 Rdn. 18 m.w.N.). Allerdings ist die Höhe des Anspruchs beschränkt auf den Erwerbspreis. Den Erwerbspreis kann der Erwerber von der finanzierenden Bank zurückverlangen, wenn er den Erwerbspreis zur Erlangung der Freistellungserklärung zahlte. Wird der Vertrag infolge des Schadensersatzes statt der Leistung nicht mehr durchgeführt, ist die Bank durch die Zahlung rechtsgrundlos bereichert (vgl. BGH, Urt. v. 10.2.2005 – VII ZR 184/04). Das Rücktrittsrecht kann durch Allgemeine Geschäftsbedingungen nicht ausgeschlossen werden (vgl. BGH, Urt. v. 8.11.2001 – VII ZR 373/99 zur Wandelung; Urt. v. 8.12.2009 – XI ZR 181/08 Rdn. 19). Auch ist eine Bedingung unwirksam, die nicht nur die Wandelung ausschließt, sondern auch den Schadensersatz statt der Leistung wegen Mängeln davon abhängig macht, dass Vorsatz oder grobe Fahrlässigkeit vorliegt (vgl. BGH, Urt. v. 27.7.2006 – VII ZR 276/05).

108 Orientiert man sich an dem vom Gesetzgeber fehlinterpretierten Urteil des Bundesgerichtshofs (BGH, Urt. v. 21.11.1985 – VII ZR 366/83), führte die durch es dem Erwerber eröffnete, nun durch §650u Abs. 2 BGB versperrte Kündigung des werkvertraglichen Teils des Bauträgervertrags aus wichtigem Grund dazu, dass die bis zur Kündigung erbrachte Leistung nach dem geschlossenen Vertrag zu beurteilen war. Hinsichtlich der weiteren Leistung wurde der Bauträger frei. Er hatte jedoch die sonstigen Verpflichtungen aus dem Vertrag, die nicht von der Kündigung erfasst waren, zu erfüllen. Dazu gehörte insbesondere die Verpflichtung zur Eigentumsverschaffung.

Die Abrechnung eines dermaßen gekündigten Vertrags konnte sich schwierig gestalten. Der Erwerber hatte lediglich den Grundstücksanteil zu bezahlen und die erbrachte Bauleistung. Die Bewertung des Grundstücksanteils konnte Probleme bereiten (vgl. Schmitz, in: Hdb. BauträgerR 5. Teil Rdn. 21 ff.). Nach einer Entscheidung des Kammergerichts zum alten Recht sollte der Bauträger an die im Vertrag angegebene Bewertung gebunden sein (vgl. KG, Urt. v. 22.11.1998 – 27 U 429/98). Das war nicht zweifelsfrei, weil die Bewertung häufig steuerlichen Kriterien gehorchte, die aber nicht dafür maßgebend sein mussten, welchen Wert das Grundstück wirklich hatte. 109

Zwar unterlag, wie die Begründung zu §650u Abs. 2 BGB nur im Ansatz zutreffend sieht, das Recht des Erwerbers zur Kündigung aus wichtigem Grund im Einzelfall Einschränkungen, die sich daraus ergaben, dass die Kündigung die Fertigstellung der gesamten Baumaßnahme gefährden konnte (vgl. BGH, Urt. v. 21.11.1985 – VII ZR 366/83). Das war etwa der Fall, wenn noch Teile der im Gemeinschaftseigentum stehenden Bausubstanz fertig zu stellen waren oder durch die Kündigung die im Sondereigentum anderer Erwerber stehende Bausubstanz betroffen wurde. Der Bauträger blieb nämlich denjenigen Erwerbern, die nicht gekündigt hatten, zur mangelfreien Herstellung verpflichtet. Dagegen war die Herstellungsverpflichtung gegenüber dem kündigenden Erwerber erloschen, so dass dieser einen Zweitunternehmer mit der Fertigstellung beauftragen musste. Zur Lösung dieses Problems wurde vertreten, dass insoweit eine Kündigung nur gemeinschaftlich durch alle Erwerber erfolgen könne oder jedenfalls ein Beschluss aller Erwerber herbeigeführt werden müsse (vgl. Pause, Rdn.756; Vogel, in: Hdb. BauträgerR 4. Teil, Rdn. 408; dagegen Basty, Jahrbuch Baurecht 2007, 91, 102 ff.). Allerdings lag keine Konfliktsituation vor, wenn der kündigende Erwerber keinen Zweitunternehmer beauftragte und auch nicht die Gefahr bestand, dass der Bauträger infolge lediglich einer Kündigung die im Gemeinschaftseigentum stehende Bausubstanz nicht fertig stelle. Freilich war in diesem Fall die Frage zu beantworten, wie der kündigende Erwerber diesen Vorteil auszugleichen habe. Falls ein Konflikt mit den übrigen Wohnungseigentümern zu befürchten war, musste die Gemeinschaft entscheiden können, denn die Instandhaltung und Instandsetzung der im Gemeinschaftseigentum stehenden Bausubstanz waren ihre Angelegenheit. Dazu gehörte auch die erstmalige Instandsetzung durch Herstellung (vgl. BGH, Urt. v. 12.4.2007 – VII ZR 236/05). 110

Ungeachtet dieser weiterhin gültigen Überlegungen, die sich aus und in Weiterentwicklung von BGH, Urt. v. 21.11.1985 – VII ZR 366/83, entnehmen lassen, ist die gesetzgeberische Entscheidung zu respektieren, denn der eindeutige Wortlaut wird durch die Begründung gestützt (wie hier Jötten, BauR 2021, 1, 3 m.w.N.; a.A. wohl unverändert Koeble, in: Kniffka u.a., Kompendium des Baurechts, 10. Teil Rdn. 313). Es wird also in der Zukunft noch mehr als bisher zu beobachten sein, dass Erwerber trotz erheblichen Fertigstellungsverzugs oder anderer Pflichtverletzungen des Bauträgers an Bauträgerverträgen festhalten, um ihre getätigten Investitionen nicht zu gefährden. Ein Ausweg könnte im Einzelfall darin bestehen, einen kleinen Schadensersatzanspruch (bezogen allein auf die noch ausstehende Bauleistung) auf Grundlage von §281 Abs. 1, Abs. 4 BGB geltend zu machen, sofern dem Bauträger schuldhafte Pflichtverletzungen zur Last fallen. Dass auch dieses weitergehend als §648a BGB Verschulden des Bauträgers voraussetzende Recht des Erwerbers „gesperrt" sei, lässt sich §650u Abs. 2 BGB nicht entnehmen. Fraglich kann allenfalls sein, ob der erkennbare Wille des Gesetzgebers, eine Aufteilung des Bauträgervertrags auszuschließen, diesem Weg entgegensteht (so z.B. Jötten, BauR 2021, 1, 11). 111

Es bleibt zu hoffen, dass der Gesetzgeber in der noch ausstehenden vertieften Normierung eines praxisgerechten, die berechtigten Belange der Erwerber umfassend berücksichtigenden Bauträgerrechts die aktuelle Regelung revidiert. 112

P. Besonderheiten des Bauliefervertrags

Bezieht sich der Vertrag auf „nicht vertretbare Sachen", ist zwar §648 BGB über §650 Satz 3 BGB anwendbar. Hingegen zitiert §650 Satz 3 BGB unter den verwiesenen Normen 113

§ 649

nicht § 648a BGB. Es scheint sehr fraglich, darin eine bewusste „Ausschlussentscheidung" des Gesetzgebers zu sehen, denn die Gesetzesbegründung ist zu diesem Punkt äußerst knapp geraten (vgl. BT-Drucks. 18/8486, S. 52). Wohl aus dem Blick geriet, dass nicht nur auf den neu nummerierten § 648 BGB mit dem seit jeher bestehenden „freien" Kündigungsrecht des Bestellers (und den gleichfalls lediglich neu nummerierten § 649 BGB), sondern auch auf das beiden Parteien zustehende, neu eingeführte Recht zur Kündigung aus wichtigem Grund zu verweisen ist. Damit dürfte ein Redaktionsversehen vorliegen; § 648a BGB ist auch auf Verträge i. S. v. § 650 Satz 3 BGB anwendbar.

114 Wegen des Liefervertrags, der nicht „nicht vertretbare" Sachen zum Gegenstand hat (§ 650 Satz 1 BGB), verweise ich auf → § 648 BGB Rdn. 164 f.

§ 649 BGB Kostenanschlag

(1) Ist dem Vertrag ein Kostenanschlag zugrunde gelegt worden, ohne dass der Unternehmer die Gewähr für die Richtigkeit des Anschlags übernommen hat, und ergibt sich, dass das Werk nicht ohne eine wesentliche Überschreitung des Anschlags ausführbar ist, so steht dem Unternehmer, wenn der Besteller den Vertrag aus diesem Grund kündigt, nur der im § 645 Abs. 1 bestimmte Anspruch zu.

(2) Ist eine solche Überschreitung des Anschlags zu erwarten, so hat der Unternehmer dem Besteller unverzüglich Anzeige zu machen.

Übersicht

	Seite
A. Allgemeines	712
B. Kostenanschlag	714
I. Begriff des Kostenanschlags	714
1. Arten von Kostenanschlägen	714
2. Abgrenzung zum Angebot	714
3. Grundlagen für Rechtsfolgen	715
II. Verbindlicher Kostenanschlag	715
III. Unverbindlicher Kostenanschlag	716
IV. Kostenanschlag, der nicht Vertragsgrundlage ist	717
C. Außerordentliches Kündigungsrecht	718
I. Ursachen der Überschreitung	718
II. Wesentlichkeit der Überschreitung	720
III. Kündigungserklärung	721
IV. Rechtsfolgen der Kündigung	721
D. Anzeigepflicht	721
I. Inhalt der Anzeigepflicht	722
II. Rechtsfolgen einer unterlassenen Anzeige	722
1. Schadenersatzanspruch, nicht Begrenzung des Vergütungsanspruchs	722
2. Mitverschulden	724
E. Sonstige Pflichtverletzungen	725
F. Besonderheiten des VOB-Vertrags	726
G. Besonderheiten des Architekten- und Ingenieurvertrags	726
H. Besonderheiten des Bauträgervertrags	727
I. Reformüberlegungen	727

A. Allgemeines

1 § 649 BGB ergänzt dass freie Kündigungsrecht des § 648 BGB durch ein außerordentliches Kündigungsrecht. Wird ein dem Werkvertrag zugrunde gelegter Kostenanschlag (i. S. v. Kostenvoranschlag) wesentlich überschritten, kann der Besteller kündigen und muss – anders als bei einer freien Kündigung – lediglich die erbrachten Leistungen bezahlen. Es handelt sich um eine Schutzvorschrift zugunsten des Bestellers. Der Begriff des Kostenanschlags ist veraltet; seine Ersetzung durch den Begriff des Kostenvoranschlags war im Zuge der Schuldrechtsmodernisierung geplant, wurde aber nicht umgesetzt (Hist.-krit. Kommentar BGB/Forster §§ 631–651 Rdn. 31). Ein sog. Kostenanschlag dient dazu, den Besteller über die voraus-

Kostenanschlag **§ 649**

sichtlichen Kosten des Bauvorhabens zu informieren. Er dient gegebenenfalls auch dazu, die Auswahl unter verschiedenen Bietern zu treffen, weil Kostenanschläge einen Preisvergleich ermöglichen. Diese Zwecke lassen sich nur erreichen, wenn die Informationen des Kostenanschlags für die Auswahl und Beauftragung auch verlässlich sind. Denn der Kostenanschlag i. S. des § 650 BGB ist gerade nicht verbindlich in dem Sinne einer (Maximal-)Preisvereinbarung. Das Preisrisiko eines höheren Aufwands als im Kostenanschlag angegeben bleibt also vergütungsrechtlich beim Besteller. Dieser soll aber vor einer wesentlichen Überschreitung der kalkulierten Kosten geschützt werden, weil diese nicht seinen Dispositionen entspricht und ihn auch finanziell überfordern könnte. Diesen Schutz will § 649 BGB über ein außerordentliches Kündigungsrecht verwirklichen.

Die Regelung beruht auf der Wertung des Gesetzgebers, dass die irrige Annahme des Bestellers, das Werk zu dem vom Unternehmer veranschlagten Preis erhalten zu können, nicht als (bloßer) Motivirrtum unbeachtlich bleiben dürfe. Es erscheine unbillig, dem Unternehmer den vollen Betrag der kalkulierten Vergütung im Rahmen des § 648 BGB zukommen zu lassen, wenn sich seine Kostenschätzung unverschuldet als wesentlich zu niedrig erweise und der Besteller aus diesem Grunde kündige (BGH, Urt. v. 23.10.1972 – VII ZR 50/72). Der Besteller darf deshalb außerordentlich kündigen und muss nur gemäß § 645 BGB im Wesentlichen die erbrachten Leistungen vergüten. Nach herrschender Meinung handelt es sich insoweit um eine Sonderregelung zur Störung der Geschäftsgrundlage i. S. v. § 313 BGB (BGH, Urt. v. 23.10.1972 – VII ZR 50/72; OLG Saarbrücken, Urt. v. 19.11.2014 – 2 U 172/13; Staudinger/Peters, BGB § 649 Rdn. 18; a. A. MünchKomm/Busche BGB § 649 Rdn. 2: Sonderfall des Motivirrtums). Schon das römische Recht kannte für Kostenüberschreitungen ein Rücktrittsrecht des Bestellers, so dass sowohl historische Vorbilder (Hist.-krit. Kommentar BGB/ Forster §§ 631–651 Rdn. 31) wie auch vergleichbare Regelungen in anderen Rechtsordnungen bestehen (→ Rdn. 27). **2**

Durch das Kündigungsrecht des § 649 BGB wird dem Besteller aber nur ein sehr unvollkommener Schutz geboten. Denn es ändert nichts an der vollen Vergütungspflicht des Bestellers für die bis zur Kündigung erbrachten (und damit nur unvollständigen) Leistungen. Das Kündigungsrecht allein kann den Besteller nicht vor unfairen Wettbewerbsverhalten durch unrealistisch niedrige Kostenanschläge zum Zwecke des Auftragserhalts schützen. Abs. 2 legt dem Unternehmer zur Sicherung der Kündigungsmöglichkeit allerdings auch die Pflicht auf, unverzüglich eine Anzeige von einer „zu erwartenden" Kostenüberschreitung zu machen. Die eigentliche – in § 649 BGB nicht ausdrücklich geregelte – Sanktion des Bestellers besteht deshalb in einem Schadenersatzanspruch bei Verletzung dieser Anzeigepflicht. Dieser geht auf Befreiung von den nach § 645 BGB zu vergütenden Leistungen, die bei einer früheren Kündigung nicht mehr erbracht worden wären. Bei einem von Anfang an bewusst zu niedrigen Kostenanschlag in der Akquisitionsphase müsste der Unternehmer also bereits mit Vertragsunterzeichnung die Anzeige machen. Der Besteller hätte sich durch eine Kündigung dann von sämtlichen eingegangenen Vergütungspflichten befreien können. Er kann damit bei Verspätung oder Unterlassung der Anzeigepflicht seinen gesamten Vertrauensschaden ersetzt verlangen. Das gilt aber nur in dem Fall, wenn sich der Unternehmer bereits bei der Erstellung des Kostenanschlags pflichtwidrig verhalten hatte. **3**

Kündigungsrecht und Anzeigepflicht nach § 649 BGB werden (nur) relevant, wenn die geschuldete Vergütung vertraglich nicht betragsmäßig begrenzt ist, den Besteller also grundsätzlich das Vergütungsrisiko für den nicht vorhergesehenen Aufwand trifft. Das kann zum einen Fall sein, wenn die Vertragsparteien den Werklohn trotz Kostenvoranschlag gar nicht vertraglich festgelegt haben; der Besteller schuldet dann gemäß § 632 Abs. 2 BGB die übliche Vergütung für die tatsächlich erbrachten Leistungen. An einer betragsmäßigen Festlegung fehlt es zum anderen auch dann, wenn die Parteien wie beim Einheitspreisvertrag zwar eine Preisvereinbarung getroffen haben, die aber dynamisch oder flexibel ist. Die Vergütung hängt dann von der Entwicklung der preisbestimmenden Faktoren ab, beim Einheitspreis z. B. von Art und Umfang der erbrachten Leistungen, beim Stundenlohn von den Stunden. Haben die Parteien eine Festpreis-, Höchstpreis-, Garantiepreis oder Pauschalpreisvereinbarung geschlossen, verhindert die Bindung an Preisvereinbarung zunächst eine Überschreitung eines Kostenanschlags. Hier kann es aber durch geänderte oder zusätzliche Leistungen zu einer Überschreitung eines Kostenanschlags kommen. Auch in diesem Fall kann § 649 BGB eingreifen. § 649 BGB ist zwar nicht anwendbar, wenn die Kostenüberschreitung auf vom Besteller nachträglich gewünschten Leistungserweiterungen beruht. Diese waren nicht Gegenstand des Kostenanschlags; ihre Mehrkosten gehen in eine Vergleichsberechnung zur Ermittlung einer wesentlichen Überschreitung nicht ein. § 649 BGB kann aber anwendbar sein, wenn die **4**

Bruinier

§ 649

Überschreitung eines Kostenanschlags auf zusätzlichen oder geänderten Leistungen beruht, die zur Erreichung des anfänglichen Leistungsziels notwendig werden, vor allem bei sog. vergessenen Leistungen.

5 § 649 BGB regelt nicht, ob ein Kostenanschlag zu vergüten ist. Maßgebend ist zunächst die hierzu getroffene Vereinbarung. Ist diese nicht feststellbar oder unklar, bestimmt § 632 Abs. 3 BGB, dass ein Kostenanschlag im Zweifel nicht zu vergüten ist (→ § 632 BGB Rdn. 50 ff.).

B. Kostenanschlag

I. Begriff des Kostenanschlags

1. Arten von Kostenanschlägen

6 Der Kostenanschlag wird in § 649 BGB nicht definiert, sondern vorausgesetzt. Begrifflich handelt es sich um eine Auskunft über die voraussichtlichen Kosten (im Sinne der vom Besteller zu zahlenden Vergütung) einer Werkleistung – deshalb heute auch Kostenvoranschlag genannt –, meist in Form einer irgendwie gearteten Kostenermittlung. Eine spezifisch fachmännische, gutachterliche Äußerung zu den Kosten ist nicht erforderlich. Für einen Kostenanschlag genügt eine Erklärung über die voraussichtlichen Kosten, die ihrem Inhalt und ihrem Zweck nach geeignet ist, die wirtschaftliche Entscheidung des Bestellers zu beeinflussen (OLG Schleswig, Beschl. v. 20.12.2016 – 7 U 49/16). Maßgeblich für § 649 BGB ist nicht die äußere Form oder eine bestimmte Ausführlichkeit, sondern der Sinn und Zweck der erteilten Auskunft. Besteller, insbesondere nicht gewerblich tätige Besteller, holen Kostenanschläge ein, weil sie über die voraussichtlichen Kosten ihres Vorhabens informiert werden wollen oder Preisvergleiche anstellen möchten. Auf dieser Grundlage wollen sie über eine Beauftragung der Werkleistung entscheiden.

7 Den Tatbestand des Kostenanschlags kann sowohl eine pauschale oder summarische Endpreisangabe erfüllen wie auch eine differenzierte Aufstellung aller für das Werk notwendigen Leistungen mit ihren Einzelpreisen. Die Form und Detaillierung stehen aber natürlich in Wechselwirkung zur Verlässlichkeit für den Besteller und damit auch zu den Rechtsfolgen eines Kostenanschlages. Zu unterscheiden ist zwischen einem verbindlichen Kostenanschlag, den in § 649 BGB unmittelbar geregelten unverbindlichen Kostenanschlag, der Geschäftsgrundlage wird, und einem keine Rechtsfolgen auslösenden und deshalb völlig unverbindlichen Schätzungsanschlag. Sehr grobe Angaben oder bloß mündliche Spontanschätzungen werden i. d. R. für eine vollständige Unverbindlichkeit sprechen (→ Rdn. 17). Steigende Detaillierung und Qualifizierung erhöhen die Verlässlichkeit und damit Verbindlichkeit.

2. Abgrenzung zum Angebot

8 Der Unterschied zwischen einem bloßen Kostenanschlag und einem Angebot besteht darin, dass ein Kostenanschlag als solcher nicht bindend i. S. v. § 145 BGB ist. Er kann nicht angenommen werden. Der Kostenanschlag ist keine Willenserklärung, sondern eine Wissenserklärung. Die fehlende Bindung kann durch eine entsprechende ausdrückliche Bezeichnung als Kostenanschlag oder die Betonung der Ungefährheit einer Preisangabe durch Zusätze wie Richtpreis oder „ca.-Preis" zum Ausdruck gebracht werden.

9 Unabhängig von dem unterschiedlichen Rechtscharakter wird regelmäßig in einem bindenden Angebot des Unternehmers zugleich auch ein Kostenanschlag als Wissenserklärung über die voraussichtlichen Kosten liegen. Deutlich wird das, wenn der Endpreis nicht fixiert ist, also insbesondere bei einem Einheitspreisangebot oder einem Stundenlohnangebot mit geschätzten Mengen oder Stunden (Kirschnek, Der unverbindliche Kostenanschlag gemäß § 650 BGB, S. 52; näher → Rdn. 20). Denn bei einem solchen Angebot sind nur die einzelnen Einheitspreise bindend, nicht aber die geschätzten Massen. Damit liegt kein verbindliches Angebot in Bezug auf den Endpreis vor. Ein solches Angebot enthält aber eine Auskunft über die voraussichtlichen Gesamtkosten.

10 Aber auch ein Pauschalpreisangebot enthält regelmäßig eine solche Auskunft über die Gesamtkosten. Das wird zwar in Bezug auf die mit dem Pauschalpreis abgegoltenen Vertragsleistungen nicht relevant, da der Bindungscharakter des Pauschalpreisvertrages viel weiter reicht. Die Auskunft kann allerdings eigenständige Relevanz erlangen, wenn das Vertragsziel nur durch Zusatzleistungen, die vom Pauschalpreis nicht umfasst sind, zu erreichen ist.

3. Grundlagen für Rechtsfolgen

Der Kostenanschlag ist eine Auskunft über die voraussichtlichen Kosten eines Werkes durch den sachkundigen Unternehmer. In der Regel ist der Kostenanschlag rechtsgeschäftlich eine bloße Auskunft. Der Besteller fragt mögliche Kosten an und erhält hierzu mit dem Kostenanschlag eine Antwort (→ Rdn. 19). **11**

Die rechtliche Relevanz eines Kostenanschlags kann sehr unterschiedlich ausgestaltet sein. Die Möglichkeiten gehen von der ganz und gar unverbindlichen Preisangabe bis hin zur Preisgarantie (vgl. OLG Köln, Urt. v. 19.12.2011 – 5 U 2/11 zu einem ärztlichen Behandlungsplan auch mit Vorbehalten zum Gebührensatz). Maßgebend ist einerseits die im Einzelfall zum Ausdruck gekommene Erwartung des jeweiligen Empfängers des Kostenanschlags bei dessen Anforderung und der Inhalt der Erklärungen des Unternehmers. Generell kann man zwischen drei Kategorien von Kostenanschlägen unterscheiden: Der vom Gesetz zu Grunde gelegte Regelfall sind unverbindliche Kostenanschläge, die einem Vertrag (nur) als Geschäftsgrundlage zugrunde gelegt worden sind. Nur diese sind Gegenstand des § 649 BGB; ihre Überschreitung löst das außerordentliche Kündigungsrecht aus. Zum anderen gibt es verbindliche Kostenanschläge, für die der Unternehmer eine wie auch immer geartete Gewähr der Richtigkeit übernommen hat. Ihre Rechtsfolgen werden in § 649 BGB nicht geregelt; der Inhalt der Garantie bestimmt die Rechtsfolge bei Unrichtigkeit. Schließlich gibt es (vollständig) unverbindliche Kostenanschläge (in Österreich Schätzungsanschläge genannt), die dem Vertrag nicht einmal als Geschäftsgrundlage zugrunde gelegt worden sind. Sie sind regelmäßig völlig sanktionslos. **12**

Ein Kostenanschlag stammt deshalb in aller Regel auch von dem auf dessen Grundlage beauftragten Unternehmer. Das muss aber nicht zwingend der Fall sein und ist nach § 649 BGB auch nicht Tatbestandsvoraussetzung. Er kann auch von einem anderen Unternehmer, einem nicht am Vertrag beteiligten Architektur- oder Ingenieurbüro oder letztlich auch vom Besteller selbst erstellt worden sein. In derartigen Fällen muss aber zur Wahrung des Regelungszwecks von § 649 BGB in besonderem Maße überprüft werden, inwieweit ein solcher Kostenanschlag zur Grundlage des konkreten Werkvertrags gemacht worden ist (→ Rdn. 23). **13**

II. Verbindlicher Kostenanschlag

Ein Kostenanschlag ist nach der Negativdefinition des § 649 BGB verbindlich, wenn der Unternehmer für seine Auskunft über die Kosten eine Richtigkeitsgewähr übernimmt. Eine solche an sich einseitige Erklärung zur Richtigkeit wird durch die auch konkludente Annahme des hierdurch begünstigten Bestellers vertraglich verbindlich. Die Verbindlichkeit eines Kostenanschlages ist die Ausnahme und wird in der Regel vom Besteller ausdrücklich angefordert und vom Unternehmer ausdrücklich erklärt. Holt der Besteller einen – im Zweifel nach § 632 Abs. 3 BGB unentgeltlichen – Kostenanschlag ein, ist das in aller Regel weder die Aufforderung, ein im Sinne des § 145 BGB bindendes Vertragsangebot abzugeben, noch die Aufforderung, für die unentgeltliche Auskunft die Richtigkeit zu gewährleisten. Der daraufhin erteilte Kostenanschlag ist deshalb regelmäßig vertraglich unverbindlich. **14**

Wenn der Unternehmer – meistens auf entsprechende Aufforderung des Bestellers – seinem Kostenanschlag eine Richtigkeitsgewähr beifügt, verschafft er ihm Verbindlichkeit. Der Inhalt der Verbindlichkeit hängt vom Umfang der Richtigkeitsgewähr ab. Da die Parteien in diesem Fall gerade keinen Festpreisvertrag abschließen, geht es inhaltlich in der Regel um die Verbindlichkeit einer Preisgrenze. Die Richtigkeitsgewähr kann ausdrücklich erfolgen (z.B.: „Endsumme wird keinesfalls überschritten" oder „maximal" bzw. „Höchstpreis"), kann sich aber auch aus den Umständen ergeben (vgl. i. e. Kirschnek, Der unverbindliche Kostenanschlag gemäß § 650 BGB, S. 23 ff.). Schwierig wird die Auslegung, wenn der Unternehmer auf die Anforderung zum Kostenanschlag ein „verbindliches Angebot" abgibt. Hier ist zu prüfen, ob sich die Verbindlichkeit (nur) auf angebotene Leistungen und Preise beziehen soll oder auch die weitergehende verbindliche Erklärung beinhalten soll, dass mit den angebotenen Leistungen der Werkerfolg erreicht werden kann. Eine Verbindlichkeit kann sich auf alle darin enthaltenen Erklärungen beziehen, aber auch nur auf Teile davon. Bezieht sich die Richtigkeitsgewähr auf einen im Kostenanschlag enthaltenen Endpreis, kann es sich um eine Höchstpreiserklärung handeln. Wird eine Höchstpreiserklärung abgegeben, muss auch ihre Reichweite ermittelt werden. Sie wird sich in aller Regel auf die im Detail angebotene Leistung beziehen, nicht aber auf unerkannte Risiken. Freilich kann auch insoweit im Einzelfall eine Gewähr übernommen werden. Hierfür gelten jedoch die gleichen strengen Anforderungen wie für andere vertrag- **15** liche Risikoübernahmen (→ § 631 Rdn. 846 ff.). Wird in einem Kostenanschlag das Wort „unverbindlich" verwandt, muss er hierdurch nicht insgesamt unverbindlich im Sinne des § 649 BGB sein. Mit der Bezeichnung als unverbindlich kann auch zum Ausdruck gebracht werden, dass die im Kostenanschlag bezeichneten Preise nicht verbindlich angeboten werden. Gleiches geschieht durch Zusätze wie „Preise freibleibend" oder „Preise ohne Gewähr".

16 Die Rechtsfolgen der Überschreitung eines verbindlichen Kostenanschlags sind in § 649 BGB nicht geregelt. Sie hängen vom Inhalt der Richtigkeitsgewähr ab. Eine Höchstpreiszusage begrenzt den Vergütungsanspruch des Unternehmers auf den Endbetrag des verbindlichen Kostenanschlages. In Österreich wird bei der Angabe eines Höchstbetrages ggf. sogar ein Pauschalpreis angenommen (Hutter, Der Kostenvoranschlag, S. 169 f.), was mit dem deutschen Bestimmbarkeitserfordernis für essentialia negotii (vgl. zur Angabe einer bloßen Preisgrenze RGZ 124, 81, 84) aber wohl nicht vereinbar wäre.

III. Unverbindlicher Kostenanschlag

17 § 649 BGB regelt die Überschreitung eines unverbindlichen Kostenanschlags. Dieser heißt unverbindlich, weil der Unternehmer keine verbindliche Richtigkeitsgewähr erklärt hat.

18 Um das Sonderkündigungsrecht des § 649 BGB auszulösen, muss der Kostenanschlag dem Vertrag zugrunde gelegt worden sein. Dem Vertrag zugrunde gelegt, ohne als Richtigkeitsgewähr selbst Gegenstand des Vertrages zu sein, bedeutet, dass der Kostenanschlag Geschäftsgrundlage des Vertrages i. S. v. § 313 BGB geworden ist (BGH, Urt. v. 23.10.1972 – VII ZR 50/72; OLG Saarbrücken, Urt. v. 19.11.2014 – 2 U 172/13; OLG Frankfurt, Urt. v. 18.10.1988 – 14 U 80/87; Kirschnek, a. a. O. [→ Rdn. 9], S. 33). Hierfür gelten die allgemeinen Grundsätze zur Ermittlung einer subjektiven Geschäftsgrundlage. Es kommt auf die Umstände der Erstellung und Übermittlung des Kostenanschlags, auf seinen Inhalt und auf die Umstände des Vertragsschlusses an. Geschäftsgrundlage im Sinne des § 313 BGB sind nach der Rechtsprechung die bei Abschluss des Vertrages zutage getretenen, dem anderen Teil erkennbar gewordenen und von ihm nicht beanstandeten Vorstellungen einer Partei oder die gemeinsamen Vorstellungen beider Parteien von dem Vorhandensein oder dem künftigen Eintritt bestimmter Umstände, sofern der Geschäftswille der Parteien auf diesen Vorstellungen aufbaut (BGH, Urt. v. 15.11.2000 – VIII ZR 324/99 m. w. N.). Sie ist abzugrenzen von den bloß einseitig gebliebenen Motiven einer Vertragsseite, hier des Bestellers.

19 Geschäftsgrundlage dürfte der Kostenanschlag immer dann sein, wenn der Besteller einen Kostenanschlag erbeten hat und anschließend der Vertrag mit dem Unternehmer geschlossen wird, der den Kostenanschlag vorgelegt hat. Auch eine nachträgliche Zugrundelegung, z. B. im Rahmen einer Auftragserweiterung, ist denkbar.

20 Es kommt nicht auf eine bestimmte Form der Erklärung an. In einem Angebot des Unternehmers mit freibleibendem Endpreis, insbesondere einem Einheitspreisangebot oder einem Stundenlohnangebot mit geschätzten Mengen oder Stunden, steckt auch ein Kostenanschlag als Wissenserklärung (Kirschnek, a. a. O. [→ Rdn. 9], S. 52; für Österreich Wenusch, bbl 1999, 102), wenn dieses nicht allein zum Preisvergleich, sondern jedenfalls auch zum Zweck der Kostenermittlung eingeholt worden ist. Ein solches Angebot ist zwar grundsätzlich bindend, aber bei einem Einheitspreisvertrag gerade nicht in Bezug auf den Endpreis. Es kann in Bezug auf die Zwecke des § 649 BGB keine geringere Wirkung als ein insgesamt unverbindlicher Kostenanschlag haben. Das gilt allerdings nicht für Preisangebote des Unternehmers aufgrund vom Besteller erstellter Leistungsverzeichnisse (→ Rdn. 24).

21 Auch mündliche Erklärungen über die voraussichtlichen Kosten können grundsätzlich ein Kostenanschlag im Sinne des § 649 BGB sein, freilich ist die Belastbarkeit und Beweisbarkeit einer solchen Erklärung deutlich geringer. Mündliche Erklärungen über voraussichtliche Kosten werden allerdings eher nicht mit dem Ziel abgegeben, sie zur Grundlage des Vertrages zu machen (z. B. Spontanerklärungen des Unternehmers über ungefähre Kosten). Das gilt insbesondere dann, wenn die Leistungen noch nicht hinreichend konkretisiert sind (OLG Hamm, Urt. v. 17.8.1994 – 12 U 8/94; BeckOGK/Merkle § 650 Rdn. 19). In aller Regel sind Kostenanschläge schriftlich. Aber auch aus schriftlichen Erklärungen kann sich ergeben, dass sie keinerlei Verbindlichkeit beanspruchen; sie sind dann dem Anwendungsbereich des § 649 BGB entzogen, weil sie dem Vertrag nach den erkennbaren Vorstellungen jedenfalls einer Partei nicht zugrunde gelegt werden sollen (→ Rdn. 18). Das ist regelmäßig dann anzunehmen, wenn der Unternehmer offensichtlich noch keine ausreichende Beurteilungsgrundlage für die Ge-

samtkosten hat, etwa weil er noch keine Pläne hat oder weil er eine notwendige Besichtigung der Arbeiten nicht vorgenommen oder ein notwendiges Aufmaß nicht genommen hat (Werner, FS Korbion, S. 474). Denn die Geschäftsgrundlage besteht in dem im Kostenanschlag zum Ausdruck gekommenen Verhältnis zwischen Leistung und Gegenleistung, zwischen dem vom Unternehmer zu erbringenden Werk einerseits und seiner für diese seine Leistung kalkulierten Vergütung andererseits (BGH, Urt. v. 23.10.1972 – VII ZR 50/72). Ist der Leistungsumfang aus Sicht beider Parteien ungewiss, ist der Kostenanschlag keine Geschäftsgrundlage, sondern nur die Bepreisung einer Möglichkeit. Ein Kostenanschlag muss in der Regel eine gewisse Verlässlichkeit beanspruchen können, um überhaupt Geschäftsgrundlage eines Vertrages zu werden. Das schließt aber nicht aus, dass je nach Gestaltung auch Schätzungen des Unternehmers ins Blaue ein Kostenanschlag sein können (vgl. OLG Celle, Urt. v. 6.7.2000 – 22 U 108/99). Es kommt ganz auf den Einzelfall an.

Ein Kostenanschlag muss so aussagekräftig sein, dass sich anhand seines Inhalts auch feststellen lässt, wann eine wesentliche Überschreitung der Kosten vorliegt. Dazu gehören die Bestimmbarkeit des Leistungsgegenstandes (vgl. OLG Hamm, Urt. v. 17.8.1994 – 12 U 8/94) und zumindest die Angabe eines Endpreises. Hierzu gehört in der Regel die Bezeichnung der vom Kostenanschlag erfassten Leistungen, damit sie von den Zusatzleistungen abgegrenzt werden können, deren Kosten nicht zu einer Überschreitung des Kostenanschlags führen. Hinsichtlich der Vergütung reicht es aus, wenn der Kostenanschlag nur ungefähre Preise benennt, z. B. mit einem Endpreis endet, der als „ungefährer Richtwert" bezeichnet wird (OLG Frankfurt, Urt. v. 11.1.1984 – 17 U 255/82; vgl. aber auch OLG Düsseldorf, Urt. v. 19.3.2002 – 23 U 140/01, wonach „überschlägige Angaben" nicht genügen). Auch die Angabe von „circa-Preisen" kann als Kostenanschlag zu verstehen sein (a. A. wohl Werner, FS Korbion, S. 474). Je ungefährer eine Kostenangabe ist, desto mehr müssen andere Umstände für eine Geschäftsgrundlage sprechen. Eine geringere Bestimmtheit des Kostenanschlags wird in der Regel auch Auswirkung auf die Frage haben, wann eine Überschreitung wesentlich ist (Köhler, NJW 1983, 1633, 1634). Maßgeblich bleibt die Auslegung im Einzelfall. Denkbar ist auch, dass nur Teile einer Kostenerklärung als Kostenanschlag im Sinne des § 649 BGB zu werten sind. Notwendig dafür wäre allerdings, dass er nicht nur inhaltlich aussagekräftige Teile hat, sondern auch, dass diese Teile von beiden Parteien dem Vertrag zugrunde gelegt wurden.

Der Kostenanschlag nach § 649 BGB muss nach dem Gesetzeswortlaut nicht zwingend vom Unternehmer selbst stammen. Wenn die Angaben zu den Kosten nicht vom Unternehmer stammen, sondern vom Besteller oder von einem vom Besteller beauftragten Dritten, wird aber sehr sorgfältig zu prüfen sein, inwieweit überhaupt ein Kostenanschlag vorliegt und ob dieser Kostenanschlag dem Vertrag als Geschäftsgrundlage zugrunde gelegt worden ist. Der Unternehmer muss sich die fremde Erklärung zu Eigen machen. Das wird regelmäßig nur der Fall sein, wenn der Unternehmer die Angaben überprüfen kann und bestätigt.

Soll der Unternehmer bei einer Ausschreibung zum Zwecke des Preisvergleichs lediglich Preise für die vom Besteller ermittelten Leistungen und Mengen eintragen, wird er regelmäßig nur zur Abgabe eines Angebots, nicht aber auch zur Erstellung eines Kostenanschlags aufgefordert. Wenn der Besteller weiß, dass der Unternehmer die Leistungen und Mengen nicht eigenständig ermittelt oder überprüft hat, weiß er, dass der Unternehmer eine solche Anfrage nur als reine Preisanfrage für vorgegebene Leistungen verstehen kann und kann deshalb seinerseits redlicherweise nicht erwarten, dass der Unternehmer die von ihm nicht überprüften Angaben zur Vertragsgrundlage machen will. Der reine Preiswettbewerb der Ausschreibung wird auch nicht zur Grundlage für die bereits vorher getroffene Bauentscheidung.

IV. Kostenanschlag, der nicht Vertragsgrundlage ist

Ist ein unverbindlicher Kostenanschlag nicht zur Vertragsgrundlage gemacht worden, löst seine Überschreitung nicht das Kündigungsrecht des § 649 BGB aus. Das wird dann der Fall sein, wenn die Auskunft über die Kosten aufgrund der Grobheit der Schätzung ohne Ermittlung der tatsächlichen Grundlagen von vornherein keine ausreichende Verlässlichkeitsgrundlage bietet und damit nur (nach österreichischer Terminologie) ein Schätzungsanschlag ist oder der Unternehmer sich viele Vorbehalte gemacht hat, dass die angegebenen Kosten für den Besteller nicht Grundlage für die Beauftragung sein können. Auch der Besteller kann seinerseits zum Ausdruck bringen, den Auftrag ohne Rücksicht auf den Kostenanschlag (überspitzt: „koste es, was es wolle") erteilen zu wollen.

26 Ein solcher Kostenanschlag ist es weder Vertragsinhalt noch Vertragsgrundlage. In diesem Fall dürften auch sonstige Ansprüche bei schuldhafter Falschauskunft ausscheiden. Aus dem werkvertraglichen Kooperationsverhältnis wird allerdings eine Anzeigepflicht begründet sein, sobald der Unternehmer (allein) die erhebliche Unrichtigkeit erkennt. Das Informationsbedürfnis des Bestellers erklärt sich auch ohne Sonderkündigungsrecht aus den verbleibenden Möglichkeiten der freien Kündigung oder Leistungsänderung.

C. Außerordentliches Kündigungsrecht

27 § 649 BGB gibt dem Besteller das Recht zur Kündigung des Werkvertrages bei einer wesentlichen Überschreitung der Kosten. Es handelt sich um eine Kündigung aus wichtigem Grund mit einer eigenen Rechtsfolgenregelung. Der wichtige Grund ist die absehbare wesentliche Überschreitung des Kostenanschlags. Die Rechtsfolge ist abweichend von § 648 Satz 2 BGB eine Vergütung nach § 645 BGB. Die Auffassung, es würde sich nicht um ein eigenständiges Kündigungsrecht handeln, sondern nur um eine Modifikation der Rechtsfolge des § 648 BGB (Ingenstau/Korbion-Joussen/Vygen Vor §§ 8 und 9 Rdn. 67), überzeugt systematisch nicht, bleibt aber auch ohne eine praktische Auswirkung.

28 Das Recht zur Kündigung nach § 649 BGB spielt in der Praxis des Bauens so gut wie keine Rolle. Die Möglichkeit zur Kündigung hat für den Besteller in den meisten Fällen keinen Wert. Denn eine drohende Kostensteigerung lässt sich i. d. R. auch durch eine Kündigung des restlichen Vertrages kaum vermeiden. Vielmehr verursacht sie in aller Regel sogar höhere Kosten, weil das Bauwerk dann durch einen anderen Unternehmer fertig gestellt werden muss.

29 Der Besteller hat ein außerordentliches Kündigungsrecht nach § 649 BGB in dem Augenblick, in dem sich ergibt, dass das Werk nicht ohne wesentliche Überschreitung des Anschlags ausführbar ist. Der Wortlaut des Gesetzes erfordert eine sichere Prognose. Es muss danach feststehen, dass das Werk nicht ohne wesentliche Überschreitung des Anschlags ausführbar ist. Das Beweisrisiko trägt der Besteller. Hier hilft dem Besteller aber die Pflicht des Unternehmers nach Abs. 2, ihn über die drohende Überschreitung zu informieren. Auf eine solche Anzeige darf sich der Besteller verlassen, ohne sich als Laie selbst Gewissheit über die Kostenentwicklung zu verschaffen (Rentner, Gruchot Bd. 56, S. 492, 516; Kirschnek, a.a. O. [→ Rdn. 9], S. 110).

I. Ursachen der Überschreitung

30 Typische Ursachen von Kostenüberschreitungen sind Kostensteigerungen durch Fehleinschätzungen von Leistungsbedarf, Mengen, Material- und Stoffbedarf oder durch Materialpreis- oder Lohnerhöhungen. Es kommt zunächst nicht darauf an, aus welchem Grund der Kostenanschlag überschritten worden ist. Insbesondere kommt es nicht darauf an, ob der Unternehmer die Kostenüberschreitung verschuldet hat. Es reicht aus, dass die Geschäftsgrundlage nicht mehr besteht. Das Recht zur Kündigung nach § 649 Abs. 1 BGB bei einer wesentlichen Kostenüberschreitung ist Ausdruck der vom Gesetz vorgenommenen Risikozuweisung bei einem objektiv falschen Kostenanschlag (vgl. BGH, Urt. v. 23.10.1972 – VII ZR 50/72). Das Risiko einer Vertragsdurchführbarkeit trägt danach der Unternehmer, wenn dem Vertrag ein Kostenanschlag zugrunde gelegt worden ist und diese Kosten wesentlich überschritten werden. Der Grund für diese Risikozuweisung ist der Umstand, dass der Unternehmer in aller Regel am besten in der Lage ist, die Fehleinschätzung der Kosten im Kostenanschlag zu erkennen. Auf ein Verschulden des Unternehmers bei der Erstellung des Kostenanschlags, bei der Kostenentwicklung oder bei der Frage der Erkennbarkeit kommt es für das verschuldensunabhängige Kündigungsrecht nicht an.

31 Stammt die Ursache der Kostenüberschreitung aus dem Bereich des Bestellers, muss man differenzieren. Wenn die Kostenüberschreitung auf Angaben beruht, die dem Unternehmer von dem Besteller zur Verfügung gestellt worden sind und dessen Bereich betreffen, ist das Kündigungsrecht ausgeschlossen (BGH, Urt. v. 21.12.2010 – X ZR 122/07; a.A. Popescu, NZBau 2014, 201, 202, 204). In der Literatur wird weitergehend die Auffassung vertreten, dass die Ausübung des Kündigungsrechts auch unbillig sein kann, wenn der Kostenanschlag vom Besteller oder von einem von ihm beauftragten Dritten stammt (Kirschnek, a.a. O. [→ Rdn. 9], S. 79; Staudinger/Peters, BGB, § 649 Rdn. 23). Diese Argumentation über § 242 BGB vermischt zwei Aspekte: Ein fremder Kostenanschlag liegt dem Vertrag nur zugrunde, wenn der Unternehmer sich ihn auch zu Eigen gemacht hat (vgl. → Rdn. 23). Dann dürfte je nach Sachverhalt nach den insoweit gemeinsamen Vorstellungen der Parteien das Risiko von Kostenüberschreitungen aber gerade nicht mehr allein in der Bestellersphäre liegen, sondern wäre vom Unternehmer über die Geschäftsgrundlage teilweise mit übernommen worden. Die Lösung solcher Fälle liegt deshalb vielfach nicht in der Verneinung des Kündigungsrechts, sondern in der sorgfältigen Prüfung, ob bzw. in welchem Umfang der fremde Kostenanschlag tatsächlich zur Geschäftsgrundlage gemacht worden ist. Solche Umstände können auch für die Frage der Wesentlichkeit einer Überschreitung bedeutsam sein.

Die Notwendigkeit der Differenzierung zeigt sich auch bei der Fallgruppe der Kosten- **32** erhöhung durch Zusatzleistungen. Eine Kündigung ist ausgeschlossen, wenn der Besteller die Kostenüberschreitung selbst durch Zusatzarbeiten veranlasst hat und diese Kostenerhöhung auf Gründen beruht, die nicht von der Risikozuweisung des § 649 BGB erfasst sind (vgl. auch OLG Karlsruhe, Urt. v. 23.10.2002 – 7 U 104/02; OLG Koblenz, Urt. v. 14.12.1999– 3 U 431/99). Der Umstand, dass der Besteller zusätzliche Leistungen beauftragt, ist aber allein nicht ausreichend, ein Kündigungsrecht zu verneinen. Vielmehr kommt es auf die Ursache der Zusatzleistungen an. Beruhen die Mehrleistungen darauf, dass der Besteller Sonderwünsche äußert oder das Leistungsziel nachträglich verändert und kommt es deshalb zu einer Kostenüberschreitung, besteht kein Kündigungsrecht (Kirschnek, a. a. O. [→ Rdn. 9], S. 68; Twerenbold, Der „unverbindliche" Kostenvoranschlag beim Werkvertrag – zur rechtlichen Tragweite von Art. 375 OR, S. 77 ff.). Diese Mehrleistungen sind und waren von vornherein nicht Gegenstand des Kostenanschlags. Sind die zusätzlichen Leistungen demgegenüber erforderlich, um den funktionalen Erfolg zu erreichen, liegt regelmäßig sogar ein typischer Fall der Kostenüberschreitung vor, der nach Sinn und Zweck des § 649 BGB die Kündigung rechtfertigt. Der Besteller darf jedenfalls bei dem den Leistungsumfang selbst ermittelnden oder gar planenden Unternehmer erwarten, dass im Kostenanschlag alle zur Ausführung des Werks erforderlichen Leistungen enthalten sind. Der Kostenanschlag ist dann auch Geschäftsgrundlage insoweit, als darin alle notwendigen Leistungen und damit auch deren Kosten erfasst sind. Gerade deshalb ist es wesentlich, vor der Prüfung einer wesentlichen Überschreitung den Leistungsgegenstand des Kostenanschlags zu ermitteln. Lässt sich dieser nicht feststellen, kann er dem Vertrag auch nicht als Geschäftsgrundlage zugrunde gelegt worden sein.

Nicht endgültig geklärt ist, ob das Kündigungsrecht des Bestellers immer ausgeschlossen ist, **33** wenn die Mehrkosten aus Ursachen stammen, die seiner Risikosphäre zugerechnet werden. Die bislang herrschende Meinung in der Literatur geht wegen des Grundsatzes, dass die Ursache der Kostenüberschreitung für das Kündigungsrecht ohne Relevanz sei, davon aus, dass auch Umstände aus dem Bereich des Bestellers das Kündigungsrecht auslösen können; in der Ausübung des Kündigungsrechts könne jedoch im Einzelfall eine unzulässige Rechtsausübung liegen (Staudinger/Peters, BGB, § 649 Rdn. 23). Das sich hierin ausdrückende Unbehagen setzt an der falschen Stelle an. Es geht nicht darum, die Rechtsfolge aus Billigkeit einzuschränken, sondern den Tatbestand zu konkretisieren. Bei § 649 BGB handelt es sich nach herrschender Auffassung um eine spezielle Regelung zur Störung der Geschäftsgrundlage [→ Rdn. 2]. Umstände, die nach dem Gesetz oder dem Vertrag einer Partei zugewiesen sind, bewirken grundsätzlich keine Störung der Geschäftsgrundlage (BGH, Urt. v. 1.6.1979 – V ZR 80/77). Soweit der Risikobereich einer Partei betroffen ist, scheidet in der Regel auch ein außerordentliches Kündigungsrecht aus (BGH, Urt. v. 11.11.2010 – III ZR 57/10 zur Kündigung eines DSL-Vertrages wegen Umzugs) bzw. eine Anpassung des Vertrages (BGH, Urt. v. 21.12.2010 – X ZR 122/07). Der weite Wortlaut des § 649 BGB ist bei Ursachen aus dem Bereich des Bestellers deshalb teleologisch einzuschränken. § 649 BGB ist nicht anzuwenden, wenn die Kostenüberschreitung darauf beruht, dass der Besteller unzutreffende Angaben über den Umfang des herzustellenden Werkes gemacht hat (BGH, Urt. v. 21.12.2010 – X ZR 122/07).

Weitergehend wird geltend gemacht, dass das Kündigungsrecht schon dann ausgeschlossen **34** sein soll, soweit der Besteller das Vergütungsrisiko trägt, dem Unternehmer selbst bei einem Festpreisvertrag Mehrvergütungsansprüche zustünden; der unverbindliche Kostenanschlag könne keine größere Bindung als eine vertragliche Festpreisabrede haben. Eine solche immanente Begrenzung des Kündigungsrechts wird insbesondere in unseren Nachbarrechtsordnungen anerkannt. So wird in Österreich dem Besteller das dortige Rücktrittsrecht nach § 1170a ABGB versagt, wenn die Überschreitung des Kostenanschlags auf Ursachen in der Bestellersphäre wie Baugrund oder beigestelltem Material beruht (vgl. Kühne, FS Locher, S. 141, 150ff.; eingehend Hutter, Der Kostenvoranschlag, S. 50 ff.). Vergleichbares wird für die Schweizer Regelung in Art. 375 OR angenommen (Twerenbold, a. a. O. [→ Rdn. 32], S. 86 f.). Diese Argumentation a majore ad minus übergeht aber, dass § 649 BGB nicht das Vergütungsrisiko für erbrachte Leistungen regelt, sondern das Vertrauen in die Verlässlichkeit des Kostenanschlags schützen will, der von beiden Parteien zur Grundlage des Vertrages gemacht worden ist. Nicht in allen Fällen, in denen der Besteller das Vergütungsrisiko trägt, kann eine Kündigung nach § 649 BGB ausgeschlossen werden. So kann der Unternehmer einen Anspruch auf Mehrvergütung z. B. auch bei erkennbaren Bodenrisiken haben, der Besteller zugleich wegen des unrichtigen Kostenanschlags schutzwürdig sein. Entscheidend ist nicht, ob der Besteller nach dem Vertrag die Mehrkosten tragen müsste; vielmehr muss der Gegenstand bzw. die Reichweite des Kostenanschlags als Geschäftsgrundlage ermittelt werden. Enthält der Kostenanschlag wie häufig hierzu keine Aussagen, wird bei der Auslegung aber berücksichtigt werden müssen, dass der Unternehmer in der Regel keinen Anlass hat, vom Besteller zu tragende Risiken bzw. von ihm gemachte Angaben zur gemeinsamen Geschäftsgrundlage zu machen. Für ihn erkennbare kostenerhöhende Umstände aus der Bestellersphäre wird er aber in den Kostenanschlag einbeziehen müssen.

35 Wenn der Besteller das Angebot des Unternehmers in Kenntnis der Unrichtigkeit der dem Angebot zu Grunde gelegten Mengenangaben angenommen hat, dürfte eine Kündigung schon wegen des Verbots des venire contra factum proprium ausgeschlossen sein (OLG Frankfurt, Urt. v. 22.12.2011 – 10 U 78/06). In diesen Fällen besteht auch keine Anzeigepflicht (→ Rdn. 46).

II. Wesentlichkeit der Überschreitung

36 Wann eine Überschreitung wesentlich ist, hängt von den Umständen des Einzelfalles ab. Gemessen am Gesetzeszweck ist eine Kostenüberschreitung wesentlich, wenn sie so erheblich ist, dass sie einen redlich denkenden Besteller zur Änderung seiner Dispositionen, insbesondere zur Kündigung veranlassen kann (Köhler, NJW 1983, 1634). In aller Regel kommt es auf die Überschreitung der Endsumme eines Kostenanschlags an, wenn dieser eine Endsumme ausweist (OLG Brandenburg, Urt. v. 22.10.2004 – 4 U 163/01). Weist dieser nur Einzelpreise aus, kann die Überschreitung eines Einzelpreises zu einem Kündigungsrecht führen. Wenn dieser Einzelpreis nicht als eigener Kostenanschlag dem Vertrag zugrunde gelegt wurde, käme es für die Wesentlichkeit aber wieder auf eine Gesamtbetrachtung an. Dabei kann die Überschreitung eines Einzelpreises durch die Minderung bei anderen Preisen kompensiert werden. Was den Umfang der Überschreitung angeht, kann das allseitige Bedürfnis nach Rechtssicherheit nicht dadurch befriedigt werden, dass bestimmte Prozentzahlen vor z. B. 10%, 15% bis 20% oder sogar 25% (Ingenstau/Korbion/Joussen/Vygen vor §§ 8 und 9 Rdn. 69) in den Raum geworfen werden (vgl. näher Kirschnek, a. a. O. [→ Rdn. 9], S. 60; Werner, FS Korbion, S. 475 f. m. w. N.; Schenk, NZBau 2001, 470, 471; in der Schweiz werden i. d. R. ab 10% als wesentlich angesehen vgl. Gauch, Der Werkvertrag 5. Aufl. 2011, Rdn. 938, in Österreich erst ab 15%, vgl. OGH v. 18.03.1975 – 5 Ob 34/75; OGH v. 18.03.1982 – 7 Ob 514/82; Hutter, Der Kostenvoranschlag, S. 34: ab 20%). Ein fester Prozentsatz, wie er mit 10% noch in Art. 653 des Dresdner Entwurfs von 1866 enthalten war, ist in das Bürgerliche Gesetzbuch nicht aufgenommen worden, weil eine starre Schwelle zu wenig Rücksicht auf die Besonderheiten des Einzelfalls nimmt. Es kommt auf alle Umstände an, insbesondere die Art des Vertrages, die Eigenart der Werkleistung, den Zeitpunkt der Kostenüberschreitung, die Aussagekraft des Kostenanschlags, die Kenntnisse der Baubeteiligten von möglichen Risiken, den Anlass für die Kostenüberschreitung (Köhler, NJW 1983, 1633; Rohlfing/Thiele, MDR 1998, 632; Schenk, NZBau 2001, 470). Eine geringfügige Überschreitung kann gerade auch bei einem Vertrag mit einem geringen Volumen schon erheblich sein (z. B. höhere Kosten für Fenster- oder Dachsanierung eines Altbaus bei unerfahrenen und wenig bemittelten Bestellern), umgekehrt kann eine höhere Überschreitung bei dem erfahrenen Besteller von vornherein erkennbaren Risiken noch unterhalb der Schwelle der Wesentlichkeit liegen (z. B. erhöhte Erdbewegungen bei einem Bauträgerauftrag für die Errichtung einer Siedlung).

37 Als Anhaltspunkte wird man berücksichtigen können, dass in der Rechtsprechung Abweichungen unter 10% in der Regel als nicht wesentlich eingestuft werden (vgl. Beyer, NJW 2010, 1025). Niedriger wird auch hier die Grenze in Normalfällen nicht liegen können, insbesondere wenn man die großzügigere Rechtsprechung zur Toleranz bei Kostenermittlungsfehlern von Architekten (→ § 650p BGB Rdn. 119), wertungsmäßig – allerdings nur für vergleichbar komplexe Kostenermittlungen – mit berücksichtigt. Auf der anderen Seite kann nicht festgestellt werden, dass Veränderungen ab 20% schon deshalb wesentlich sind, weil sie zugleich die Voraussetzungen des Grundtatbestandes des § 313 BGB für Änderungen der

Geschäftsgrundlage erfüllen würden. Das würde verkennen, dass eine Kostensteigerung von 20% keine Veränderung des Äquivalenzverhältnisses zwischen Leistung und Gegenleistung von 20% bedeutet. Das bleibt vielmehr gleich.

Weiter gilt: Der Besteller muss bei Arbeiten, deren Kosten sich nur schwierig abschätzen lassen wie Umbau- oder Sanierungsmaßnahmen, mit höheren Ungenauigkeiten rechnen. Gleiches gilt bei von vornherein sehr ungenauen oder weiten Kostenangaben; sie werden i.d.R. eine größere Abweichung rechtfertigen. Demgegenüber kann bei sehr detaillierten Kostenermittlungen oder einem von vornherein begrenzten Kosten-Nutzen-Verhältnis auch eine geringere Überschreitung einen redlichen Besteller zur Änderung seiner Dispositionen veranlassen. 38

III. Kündigungserklärung

Die Kündigung nach § 649 Abs. 1 BGB kann erfolgen, ohne dass der Grund benannt ist. Es kommt wie bei jeder außerordentlichen Kündigung allein darauf an, ob der Kündigungsgrund objektiv vorliegt (a. A. wohl Werner, FS Korbion, S. 476). Das bedeutet, dass der Grund auch nachgeschoben werden kann. Das hat Bedeutung für den Fall, dass aus einem anderen außerordentlichen Grund gekündigt worden ist. Lässt sich dieser Grund nicht nachweisen, kann die wesentliche Überschreitung des Kostenanschlags als Grund nachgeschoben werden. Freilich ist bei dieser Sachlage sorgfältig zu prüfen, ob der Grund nicht nur nach-, sondern auch vorgeschoben ist. Wird er nicht sofort bei der Kündigung benannt, kann viel dafür sprechen, dass die Kostenüberschreitung nicht wesentlich war. 39

Liegt der Kündigungsgrund des § 649 Abs. 1 BGB nicht vor, so bleibt die Kündigung grundsätzlich wirksam. Denn es ist davon auszugehen, dass die Kündigung in jedem Fall gewollt war, so dass die Kündigung als freie Kündigung nach § 649 Satz 1 BGB zu behandeln ist (BGH, Urt. v. 24.7.2003 – VII ZR 218/02). 40

Eine feste Kündigungsfrist setzt 649 BGB nicht. Die Kündigung hat – wie bei außerordentlichen Kündigungen allgemein – innerhalb angemessener Frist zu erfolgen. § 648a Abs. 3 i. V. m. § 314 Abs. 3 BGB kann insoweit entsprechend angewandt werden. Maßgeblich für die Bemessung einer Kündigungsfrist ist nicht die erste Kenntnis von einer wesentlichen Überschreitung, sondern der Zeitpunkt, in dem der Besteller Kenntnis vom vollen Ausmaß der Überschreitung erhält (vgl. zum Schweizer Recht Twerenbold, a. a. O. [→ Rdn. 32], S. 89 m. w. N.). 41

IV. Rechtsfolgen der Kündigung

Mit der Kündigung wird das Vertragsverhältnis beendet. Die Wirkungen sind dieselben wie bei einer freien Kündigung. Auf die Ausführungen zu § 648 BGB wird verwiesen. Abweichend von § 648 Satz 2 BGB ist jedoch geregelt, dass der Unternehmer im Falle einer aus § 649 BGB begründeten Kündigung lediglich Anspruch auf die Vergütung nach § 645 BGB hat. Der Unternehmer kann danach einen der geleisteten Arbeit entsprechenden Teil der Vergütung und Ersatz der in der Vergütung nicht inbegriffenen Auslagen verlangen. Wegen der Einzelheiten zur Berechnung der Vergütung wird auf die Ausführungen zu → § 645 BGB Rdn. 25 ff. Bezug genommen. Da die Vergütung anteilig ermittelt wird, muss der Besteller den auf die erbrachten Leistungen entfallenden Anteil grundsätzlich auch dann zahlen, wenn die bis zur Kündigung erbrachten Teile für ihn wertlos sind. Deswegen sind die möglichen Schadensersatzansprüche für den Besteller die praktisch bedeutsameren Sanktionsmöglichkeiten. 42

D. Anzeigepflicht

§ 649 Abs. 2 BGB normiert eine Vertragspflicht des Unternehmers. Er hat dem Besteller unverzüglich anzuzeigen, sobald eine wesentliche Überschreitung des Kostenanschlags zu erwarten ist. Ohne diese Anzeige wäre der Besteller meistens, vor allem als Nichtfachmann, nicht oder zu spät in der Lage, das Vorliegen der Kündigungsvoraussetzungen festzustellen (Schenk, NZBau 2001, 471). Das Gesetz formuliert deshalb eine vertragsbegleitende Informationspflicht. Eine Informationspflicht über Kostenerhöhungen besteht auch in anderen Bereichen des Baurechts. In § 2 Abs. 6 VOB/B ist eine Ankündigungspflicht für den Fall geregelt, dass der Unternehmer für eine zusätzliche Leistung eine gesonderte Vergütung geltend machen kann. Auch sonst kann die Kooperationspflicht im Bauvertrag gebieten, den Besteller über 43

Kostensteigerungen aufzuklären, mit denen er erkennbar nicht rechnet. Der Sinn des Gesetzes ist es, den Besteller so früh wie möglich über die Kostensteigerung zu informieren, damit er auf diese reagieren kann. Eine rechtzeitige Information erlaubt es dem Besteller unter anderem darüber zu entscheiden, ob er den Vertrag nach § 649 Abs. 1 BGB kündigen will. Sie ermöglicht ihm aber auch, andere Dispositionen zu treffen, z. B. die Kosten des Bauvorhabens durch Veränderungen zu senken oder frühzeitig eine Finanzierung der Kostensteigerungen zu sichern.

I. Inhalt der Anzeigepflicht

44   Der Unternehmer ist verpflichtet über die Kostenerhöhung zu informieren, soweit sie die wesentliche Überschreitung des Kostenanschlags (→ Rdn. 36) betrifft. Das betrifft insbesondere auch die Überschreitung wegen Kosten, die im Anschlag gar nicht erfasst waren, redlicherweise aber hätten erfasst sein müssen. Die Anzeige muss unverzüglich erfolgen, also ohne schuldhaftes Zögern. Der Unternehmer ist nicht erst bei positiver Kenntnis der Überschreitung zur Anzeige verpflichtet, sondern sobald er die Überschreitung des Kostenanschlags erkennen kann. Maßgeblich ist ein Kennenmüssen. Wegen der Pflicht zur unverzüglichen Anzeige darf der Unternehmer nicht zuwarten, bis die bereits durchgeführten Tätigkeiten die Kostenanschlagssumme überschreiten. Eine der Anzeigepflicht zugrunde liegende Pflicht zur ständigen Kostenkontrolle lässt sich hieraus aber nicht ableiten, wird i. d. R. zur Begründung fahrlässiger Verletzung der Anzeigepflicht aber auch nicht erforderlich sein. Maßstab für die Anzeigepflicht ist die Überschreitung der Endsumme. Auf einzelne Positionen kann nur dann abgestellt werden, wenn sie unabhängig voneinander beauftragt bzw. gekündigt werden könnten, z. B. wenn ein Kostenanschlag mehrere Nachträge umfasst (→ Rdn. 36).

45   Der Inhalt der Anzeige muss den Besteller ausreichend informieren. Sie muss aussagekräftig genug sein, um diesem die in Frage kommenden Dispositionen zu erlauben, insbesondere sein Kündigungsrecht auszuüben. Die Höhe des Überschreitungsbetrages muss nur dann angegeben werden, falls sie für den Unternehmer abschätzbar ist, im Übrigen reicht ein Hinweis auf die Wesentlichkeit der Überschreitung aus (vgl. für Österreich OGH, Urt. v. 21.10.1998 – 9 Ob 201/98v). Eine besondere Form ist nicht vorgegeben. Über sonstige Kosten, die nicht sein Werk betreffen, muss der Unternehmer nach § 649 Abs. 2 BGB nicht unterrichten. Dazu kann er ggf. nach Treu und Glauben, § 242 BGB, verpflichtet sein. Allerdings besteht im Werkvertragsrecht keine allgemeine Aufklärungspflicht über Kosten (vgl. OLG Hamm, Urt. v. 11.8.1999 – 12 U 100/98 m. w. N. zum Architektenrecht). Aus § 649 Abs. 2 BGB lässt sich auch nicht die Verpflichtung ableiten, darüber zu informieren, dass die Kosten geringer als veranschlagt sind (so aber Staudinger/Peters/Jacoby, BGB, § 649 Rdn. 9).

46   Eine Informationspflicht besteht nicht, wenn der Besteller nicht informationsbedürftig war, weil er die Kostenüberschreitung selbst frühzeitig tatsächlich erkannt hat (OLG Saarbrücken, Urt. v. 19.11.2014 – 2 U 172/13; OLG Celle, Urt. v. 3.4.2003 – 22 U 179/01) oder weil er anderweitig informiert worden ist (Erman/Schwenker/Rodemann, BGB, § 649 Rdn. 9). Beruht die Überschreitung auf Änderungswünschen, entfällt die Anzeigepflicht, wenn der Besteller die kostenerhöhende Wirkung kannte (→ Rdn. 32; für generellen Entfall wohl OLG Celle, Urt. v. 3.4.2003 – 22 U 179/01). In diesen Fällen fehlt es schon an der Pflichtverletzung. Ein Unternehmer kann sich aber grundsätzlich nicht damit entlasten, dass der Besteller aus ihm vorliegenden Unterlagen, z. B. bei täglicher Vorlage von Tagelohnzetteln über Stunden und Material, die Kostenüberhöhung hätte erkennen können (vgl. OLG Frankfurt, Urt. v. 11.1.1984 – 17 U 255/82: keine ausreichende Anzeige; weiter in einem Sonderfall OLG Celle, Urt. v. 3.4.2003 – 22 U 179/01). Allerdings kann das gegebenenfalls den Einwand des Mitverschuldens begründen (→ Rdn. 56).

II. Rechtsfolgen einer unterlassenen Anzeige

1. Schadenersatzanspruch, nicht Begrenzung des Vergütungsanspruchs

47   Erfolgt die Anzeige nicht, hat das keinen Einfluss auf die nach § 631 Abs. 1 BGB geschuldete Vergütung. Diese ist vielmehr für alle erbrachte Leistungen nach der vertraglichen Vereinbarung zu berechnen (OLG Düsseldorf, Urt. v. 11.6.1992 – 5 U 231/91; OLG Saarbrücken, Urt. v. 19.11.2014 – 2 U 172/13. Die sich so ergebende Mehrvergütung muss der Besteller auch dann bezahlen, wenn die Kostenüberschreitung wesentlich ist. Denn der unverbindliche Kostenanschlag ist kein die Vergütung begrenzendes Element.

Kostenanschlag § 649

Die schuldhafte Verletzung der Anzeigepflicht kann jedoch Schadensersatzansprüche gemäß § 280 BGB auslösen, die der Besteller dem Vergütungsanspruch des Unternehmers entgegenhalten kann. Der Besteller kann verlangen so gestellt zu werden, wie er stünde, wenn er rechtzeitig informiert worden wäre (OLG Saarbrücken, Urt. v. 19.11.2014 – 2 U 172/13; OLG Celle, Urt. v. 6.7.2000 – 22 U 108/99; OLG Frankfurt, Urt. v. 11.1.1984 – 17 U 255/82; ausführlich: Kirschnek, a. a. O. [→ Rdn. 9], S. 164 ff.). Ein Schadensersatzanspruch hängt also davon ab, dass der Besteller den Vertrag wegen der Kostenüberschreitung dann nach § 649 Abs. 1 BGB gekündigt hätte oder andere Kosteneinsparungen hätten ergreifen können. 48

Es kann im Einzelfall schwierig festzustellen sein, wann die wesentliche Überschreitung für den Unternehmer erkennbar war. Das hat ggf. der Besteller darzulegen, der Unternehmer muss sich hinsichtlich seines Verschuldens entlasten. Hier gelten die allgemeinen Maßstäbe (a. A. Kirschnek, a. a. O. [→ Rdn. 9], S. 74, der einen „nicht zu strengen" Maßstab anlegen will). 49

Der Besteller hat auch darzulegen und gegebenenfalls zu beweisen, wie sich die Vermögenslage entwickelt hätte, wenn er rechtzeitig informiert worden wäre. Das können außer der Kündigung andere Einsparungsmöglichkeiten sein, günstigere Finanzierungsmöglichkeiten oder auch sonstige Dispositionen, die zu einer Ersparnis geführt hätten. Ist davon auszugehen, dass der Besteller das Bauwerk bei rechtzeitiger Information unverändert fortgeführt hätte, so scheidet ein Vermögensschaden, sieht man von sonstigen Nachteilen wie schlechtere Finanzierungskonditionen durch eine eilige Nachfinanzierung ab, regelmäßig aus (Werner, FS Korbion, S. 479). 50

Eine Vermutung dahin, dass er den Vertrag gekündigt hätte, so dass der Unternehmer nur die bis zur rechtzeitigen Information anfallende Vergütung nach § 645 BGB beanspruchen könnte, besteht nicht (streitig: Palandt/Sprau, BGB, § 649 Rdn. 3; Erman/Schwenker/Rodemann, BGB, § 649 Rdn. 8; Köhler, NJW 1983, 1633 f.; OLG Frankfurt, Urt. v. 18.10.1988 – 14 U 80/87). Für eine derartige Vermutung besteht keine Grundlage, weil die Palette der Reaktionsmöglichkeiten abhängig vom Einzelfall und sehr vielfältig ist. In aller Regel wird die Kündigung sogar eher unwahrscheinlich sein (vgl. Schenk, NZBau 2001, 470, 472). Deshalb bleibt auch kein Raum für irgendwie geartete generelle Beweiserleichterungen (so aber OLG Frankfurt, Urt. v. 11.1.1984 – 17 U 255/82; Werner, FS Korbion, S. 477; Köhler, NJW 1983, 1633). Immerhin gibt es Sachverhalte, in denen die Kündigung wahrscheinlich ist. Das ist z. B. dann der Fall, wenn der Besteller nur beschränkte Mittel hat, um den Werkvertrag zu finanzieren, er auch kein Interesse hatte, weitere Mittel in Anspruch zu nehmen und die Kündigung nicht nachteilig für das Gesamtobjekt gewesen wäre, wie z. B. bei teilbaren Sanierungsaufträgen, die auch auf spätere Zeit hätten verschoben werden können (vgl. Werner, FS Korbion, S. 473, 479). 51

Mit dem Nachweis der Kündigung oder einer geänderten Ausführung im Falle rechtzeitiger Information ist die Schadensberechnung nicht abgeschlossen. Denn dem bei einer Kündigung ersparten Werklohn steht zunächst einmal der Wert der tatsächlich erhaltenen Bauleistung gegenüber, wenn der Besteller sie behält. Um die Verletzungen der Anzeigepflicht effektiv zu sanktionieren, wird vertreten, der Besteller müsse sich den Wert der nach hypothetischer Kündigung erhaltenen Bauleistung anrechnen lassen; der Besteller müsse also nur den Werklohnanspruch in Höhe des Kostenanschlags zuzüglich dessen zulässiger Überschreitung zahlen (Rohlfing/Thiele, MDR 1998, 632; Werner, FS Korbion, S. 473, 478; noch weiter gehend Pahlmann, DRiZ 1984, 367, der einen Überschreitungsspielraum nicht berücksichtigen will, den Werklohnanspruch also wie bei einer Garantie auf den Betrag des [unverbindlichen] Kostenanschlags begrenzt). Dem ist die Rechtsprechung (OLG Celle, Urt. v. 3.4.2003 – 22 U 179/01; OLG Karlsruhe, Urt. v. 23.10.2002 – 7 U 104/02; OLG Frankfurt, Urt. v. 18.10.1988 – 14 U 80/87; OLG Köln, Urt. v. 16.1.1998 – 19 U 98/97; OLG Düsseldorf, Urt. v. 11.6.1992 – 5 U 231/91; LG Köln, Urt. v. 22.2.1990 – 29 O 139/89; anders in der Sache noch OLG Frankfurt, Urt. v. 11.1.1984 – 17 U 255/82 und OLG Düsseldorf, Urt. v. 29.1.1998 – 5 U 78/97; unklar OLG Naumburg, Urt. v. 26.5.2009 –9 U 132/08) und die herrschende Meinung aber zu Recht nicht gefolgt. Maßgebend für einen Schadensersatzanspruch gemäß § 280 BGB sind die allgemeinen Grundsätze des Schadensrechts, also ein Gesamtvermögensvergleich. Dem im Falle der hypothetischen Kündigung ersparten Werklohn steht die Wertsteigerung durch die nach der unterlassenen Kündigung erbrachten Leistungen gegenüber, der bei der Schadensberechnung im Wege der Vorteilsausgleichung zu berücksichtigen ist. 52

Die Literaturauffassung will zwar auf den Schadensersatzanspruch den Betrag anrechnen lassen, der einer noch zulässigen Überschreitung des Kostenanschlags entspricht, also z. B. einen Abzug von 10 % bis 15 % des Kostenanschlags vornehmen. Diese Bewertung knüpft aber nicht 53

§ 649

an dem tatsächlichen Wertzuwachs an, sondern an einer vom Schaden unabhängigen Größe, nämlich der Auslöseschwelle für eine Pflichtverletzung durch Nichtanzeige einer erheblichen Überschreitung des Kostenanschlags. Die Behauptung, eine derartige Schadensberechnung sei „interessengerecht", weil sie verhindere, dass die Pflichtverletzung ohne Sanktion bliebe und der Unternehmer andernfalls ermuntert würde, zu geringe Kostenanschläge zu unterbreiten, kann die Durchbrechung des Gesetzes nicht rechtfertigen. Die Regelung des § 649 BGB unterscheidet sich insoweit z. B. von der Rechtslage in Österreich; § 1070a ABGB bestimmt ausdrücklich, dass der Unternehmer seinen Anspruch auf die Vergütung wegen der Mehrarbeiten bei unterlassener Anzeige verliert (vgl. rechtsvergleichend Twerenbold, a. a. O. [→ Rdn. 32], S. 9 ff.). Eine solche Verwirkung ist in § 649 BGB aber nicht angeordnet. Die für das deutsche Schadensersatzrecht geltende Differenzhypothese hat weder einen Bestrafungs- noch einen Erziehungscharakter (anders OLG Frankfurt, Urt. v. 11.1.1984 – 17 U 255/82). In den Fällen, in denen es zu Kosten kommt, die der Besteller sonst vermieden hätte, führt die richtige Anwendung der Vorteilsausgleichung zu angemessenen Ergebnissen. Demgegenüber würde der generelle Abzug einer Toleranz für hinnehmbare Überschreitungen des Kostenanschlags sogar den Schadenersatzanspruch des Bestellers zu Unrecht verkürzen, wenn bei ihm kein oder ein geringerer Wertzuwachs eingetreten ist. Die Gegenauffassung verkennt außerdem in dogmatischer Hinsicht, dass Toleranzen nur der Heraufsetzung der Haftungsschwelle für eine Pflichtwidrigkeit dienen und dabei tatsächliche Unsicherheiten z. B. bei Prognosen ausgleichen sollen. Wie bei der Überschreitung des Kostenanschlages des Architekten sollen Toleranzen nach der Rechtsprechung des Bundesgerichtshofs aber nicht einen tatsächlich bestehenden Schadenersatzanspruch kürzen (BGH, Urt. v. 23.1.1997 – VII ZR 171/95; Urt. v. 13.2.2003 – VII ZR 395/01; unrichtig deshalb OLG Naumburg, Urt. v. 26.5.2009 – 9 U 132/08).

54   Mit der Anrechnung des Wertzuwachses geschieht dem Besteller auch kein Unrecht. Denn im Rahmen der Vorteilsausgleichung können und müssen auch wertende Gesichtspunkte berücksichtigt werden. Es darf nicht schematisch der Verkehrswert der Leistung, die übliche Vergütung oder die vertragliche Vergütung als Bereicherung bei der Schadensberechnung im Abzug gebracht werden. Da die Vorteilsausgleichung der Abschöpfung tatsächlich erzielter Vorteile dient, kann die Wertsteigerung beim Besteller durch die Leistungen nach der hypothetischen Kündigung nach subjektiven Kriterien ermittelt werden. Maßgeblich ist also nicht der objektive Wert, sondern der subjektive Nutzen, wobei aufgedrängte Vorteile außer Betracht bleiben können (vgl. zur Vorteilsausgleichung bei aufgedrängten Nutzungen BGH, Urt. v. 18.7.2002 – III ZR 248/01; zu § 649 BGB OLG Frankfurt, Urt. v. 18.10.1988 – 14 U 80/87; ausführlich: Kirschnek, a. a. O. [→ Rdn. 9], S. 194 ff.; Köhler, NJW 1983, 1633; Schenk, NZBau 2001, 473; vgl. zu parallelen Überlegungen im Schweizer Recht Twerenbold, a. a. O. [→ Rdn. 32], S. 118 f.; a. A. z. B. Staudinger/Peters, BGB § 649 Rdn. 14). Die Wertsteigerung kann z. B. nach den Aufwendungen bemessen werden, die der Besteller gehabt hätte, wenn er das Werk anderweitig hätte fertig stellen lassen. Macht der Besteller z. B. geltend, er hätte den Vertrag gekündigt und sodann mit Eigenhilfe weitergebaut, weil ihm die finanziellen Mittel fehlten, kann auch auf den Wert der Eigenhilfearbeiten abgestellt werden. Soweit das OLG Celle (Urt. v. 6.7.2000 – 22 U 108/99) dennoch auf den üblichen Werklohn abgestellt hat, beruht das darauf, dass es den Einwand des Eigenbaus für vorgeschoben hielt.

55   In Ausnahmefällen ist gar kein auszugleichender Wertzuwachs vorhanden, z. B. wenn der Besteller bei rechtzeitiger Information den Vertrag nicht nur gekündigt hätte, sondern sogar das Bauwerk, z. B. mangels Finanzierungsmöglichkeit, gar nicht vollendet hätte. Er kann dann den Schaden in der Weise geltend machen, dass er dem Unternehmer den Teil des Werkes zur Verfügung stellt, der nach der gebotenen Anzeige errichtet worden ist. Voraussetzung ist jedoch, dass das Teilwerk zur Verfügung gestellt werden kann (vgl. OLG Frankfurt, Urt. v. 11.1.1984 – 17 U 255/82). Das wird in aller Regel nicht der Fall sein, vielmehr wird der Besteller alles daran setzen, das unvollendete Werk fertig zu stellen. Diese Berechnungsmöglichkeit betrifft im Übrigen nur die Teilleistungen nach der hypothetischen Kündigung. Für den vorher erbrachten Teil schuldet der Besteller die Vergütung nach Maßgabe des § 645 BGB. Hiergegen könnte er einen Schadenersatzanspruch wegen eines schuldhaft unrichtigen Kostenanschlages haben (→ Rdn. 57).

2. Mitverschulden

56   Hat der Besteller unter Verstoß gegen seine Sorgfaltspflichten in eigener Sache die Kostensteigerung nicht zur Kenntnis genommen und deshalb nicht frühzeitig kostensenkend reagiert, kann ihm ein Mitverschulden zur Last fallen, § 254 BGB. Das wird in der Praxis häufiger

vorkommen, z. B. weil sich bereits aus den vom Besteller unterzeichneten Stundenzetteln die Überschreitung ergibt oder er ohne Klärung der Kostenauswirkungen Änderungsleistungen anordnet oder zustimmt (vgl. OLG Celle, Urt. v. 6.7.2000 – 22 U 108/99; OLG Frankfurt, Urt. v. 11.1.1984 – 17 U 255/82; OLG Naumburg, Urt. v. 26.5.2009 – 9 U 132/08).

E. Sonstige Pflichtverletzungen

Von der Verletzung der Anzeigepflicht nach § 649 Abs. 2 BGB zu unterscheiden ist die Verletzung der Verpflichtung, bereits einen richtigen Kostenanschlag vorzulegen. Ein schuldhaft unzutreffender Kostenanschlag kann zu einer Schadensersatzverpflichtung aus § 282, § 241 Abs. 2, § 311 Abs. 2 BGB führen (OLG Köln, Urt. v. 5.9.1997 – 19 U 238/94; OLG Frankfurt, Urt. v. 18.10.1988 – 14 U 80/87; Kirschnek, a.a.O. [→ Rdn. 9], S. 117 ff.; Popescu, NZBau 2014, 201, 204). Mit diesem Schadensersatzanspruch kann der Besteller insbesondere im Vertrauen auf die Richtigkeit des Kostenanschlages getätigte Aufwendungen erstattet verlangen, die durch die Kündigung bzw. Nichtvollendung fehlgeschlagen sind, oder die Mehrkosten gegenüber einem ansonsten beauftragten Angebot. 57

Der Besteller muss die Pflichtverletzung des Unternehmers darlegen und gegebenenfalls beweisen. Hierzu reicht ein Verweis auf eine erhebliche Differenz zwischen Rechnung und Kostenanschlag allein nicht aus (OLG Saarbrücken, Urt. v. 19.11.2014 – 2 U 172/13). Das ist nur ein Indiz, führt aber nicht zur Umkehr der Beweislast (Rohlfing/Thiele, MDR 1998, 632, 635). Denn neben einer Pflichtverletzung kann die Kostenüberschreitung auf vielen Umständen außerhalb der Verantwortung des Unternehmers beruhen, z. B. später aufgetretene Erschwernissen. Der Unternehmer muss bei der Erstellung und Vorlage des Kostenanschlages eine vorvertragliche Pflicht verletzt haben. Die Schwierigkeit besteht dabei in der Festlegung der Pflichtenintensität für die Erstellung eines Kostenanschlags. Ein Vertrag ist zu diesem Zeitpunkt noch nicht geschlossen, der Kostenanschlag soll gerade nicht verbindlich sein und erfolgt ohne Vergütung, vgl. § 632 Abs. 3 BGB. Der Aufwand des Unternehmers bei der Erstellung muss deshalb in einem angemessenen Verhältnis hierzu und zum potentiellen Auftrag stehen. Eine höhere Pflichtenintensität wäre auch rechtsökonomisch wenig sinnvoll. Kostenintensive Untersuchungen darf der Besteller für grundsätzlich unvergütete Leistungen in der Regel nicht erwarten. Dementsprechend wird auch in der Begründung zu Aufklärungs- und Beratungspflichten im vorgeschlagenen Draft Common Frame of Reference (DCFR) ausdrücklich darauf hingewiesen, dass hierdurch Untersuchungspflichten nicht statuiert werden sollen. Diese würden nur dazu führen, dass selbst wenn der Vertrag nicht zustande kommt, vergleiche Kosten begründet werden. Die Pflichten sollen sich deshalb nach den tatsächlichen Kenntnissen bzw. beim Unternehmer nach den zu erwartenden Kenntnissen bemessen (→ Rdn. 73). Der Unternehmer hat als Fachmann die für ihn möglichen und üblichen Umstände für die Preisermittlung abzuklären (OLG Köln, Urt. v. 5.9.1997 – 19 U 238/94 zu einem Speditionsauftrag). Im Übrigen hat er entsprechende Vorbehalte zu machen. Bei der Feststellung der Verlässlichkeitsgrundlage sind Detaillierungsgrad einerseits bzw. ausgewiesene Schätzungen anderseits zu berücksichtigen. 58

Beruht die Unrichtigkeit des Kostenanschlags auf einer vorvertraglichen Pflichtverletzung, kann der Besteller zwar mit seinem Schadensersatzanspruch gegen den Vergütungsanspruch aufrechnen. Auch hier ist die Berechnung des Schadens aber nicht so einfach. Der Kostenanschlag ist nicht Vertragsbestandteil, sondern nur Geschäftsgrundlage. Der Besteller kann also keinen Nichterfüllungsschaden wegen der Kostensteigerung geltend machen, sondern nur seinen Vertrauensschaden. Er kann verlangen, so gestellt zu werden, wie wenn der Kostenanschlag pflichtgemäß erstellt worden wäre. Maßgeblich ist also, ob der Besteller dann vom Auftrag abgesehen oder ihn in nur anderer Form erteilt hätte. Ersatzfähig sind insbesondere die im Vertrauen auf die Richtigkeit des Kostenanschlags getätigten Aufwendungen, die durch die Kündigung bzw. Nichtvollendung fehlgeschlagen sind, oder Mehrkosten gegenüber einem ansonsten beauftragten Angebot. Im Falle der Kündigung kann er mit diesem Schadensersatzanspruch den Anspruch auf Vergütung für die erbrachten Leistungen abwehren, soweit sie keinen Wert für ihn haben. Hier gelten die gleichen Erwägungen wie beim Schadensersatzanspruch wegen unterlassener Anzeige (→ Rdn. 52). 59

Der Unternehmer kann im Übrigen, aus dem Kooperationsgebot, das auch nebenvertragliche Informationspflichten begründen kann (→ § 631 BGB Rdn. 237 ff.), verpflichtet sein, 60

§ 649

auf eine unvorhergesehene Kostensteigerung hinzuweisen, auch ohne dass dem Vertrag ein Kostenanschlag zugrunde gelegt worden ist, (OLG Köln, Urt. v. 16.1.1998 – 19 U 98/97).

61   Beruht die Kostenüberschreitung auf einer nicht wirtschaftlichen Leistungserbringung des Unternehmers, können sich hieraus Schadenersatzansprüche in Höhe des unnötigen Mehraufwandes ergeben (vgl. BGH, Urt. v. 17.4.2009 – VII ZR 164/07; Urt. v. 1.2.2000 – X ZR 198/97, jeweils zu Stundenlohnarbeiten). Sowohl bei Eingehung des Vertrages wie im Rahmen der Durchführung kann eine Nebenpflicht bestehen, unwirtschaftliche Unternehmungen tunlichst zu vermeiden (OLG Hamm, Urt. v. 20.3.1992 – 26 U 155/91). Diese Pflicht besteht unabhängig von einem Kostenanschlag.

F. Besonderheiten des VOB-Vertrags

62   § 649 BGB ist auch in einem VOB-Vertrag grundsätzlich anwendbar, soweit dem VOB-Vertrag ein Kostenanschlag als Geschäftsgrundlage zugrunde gelegt wurde. Das ist bei einer klassischen Ausschreibung nach den Regelungen der VOB/B in der Regel aber nicht der Fall, da die Vordersätze vom Auftraggeber ermittelt wurden und der Auftragnehmer hierauf ein Preisangebot abgegeben hat (→ Rdn. 24).

63   Nach einer Auffassung soll aber zusätzliche Voraussetzung für die Anwendung des außerordentlichen Kündigungsrechts nach § 649 Abs. 1 BGB im VOB-Vertrag sein, dass durch besondere Vereinbarung die VOB-Regelungen zur Vergütungsänderung (§ 1 Abs. 3 und 4 und des § 2 Abs. 3, 5 und 6 VOB/B) vertraglich ausgeschlossen worden sind (so z.B. Ingenstau/Korbion-Joussen/Vygen, VOB/B, vor §§ 8 und 9, Rdn. 70), im Normalfall des VOB-Vertrages also das Kündigungsrecht des § 649 Abs. 1 BGB nicht gilt. Den Regelungen über das Anordnungsrecht des Auftraggebers, dessen vergütungsrechtlichen Folgen sowie über Mehrmengen lässt sich zwar entnehmen, dass die Auftragssumme und die Schlussrechnungssumme in der Regel nicht übereinstimmen werden, nicht aber eine inzidente Abbedingung des Kündigungsrechts. Die VOB-Möglichkeiten zur Vergütungsänderung stehen nicht in Widerspruch zu der vom BGB dem Besteller eingeräumten Möglichkeit, einen Auftrag zu kündigen, wenn die Kosten eines dem Vertrag zugrunde gelegten Kostenanschlags wesentlich überschritten werden und die Kostenüberschreitung nicht auf freien Leistungserweiterungen des Auftraggebers beruht (vgl. auch Staudinger/Peters, BGB, § 649 Rdn. 36; Kirschnek, a.a.O. [→ Rdn. 9], S. 48). Insoweit besteht kein relevanter Unterschied zwischen einem BGB-Einheitspreisvertrag und einem VOB-Einheitspreisvertrag. In formaler Hinsicht kommt hinzu, dass die VOB/B nach allgemeiner Meinung keine abschließende Regelung der Kündigungsgründe enthält. Ein Ausschluss des Kündigungsrechts aus § 649 BGB hätte deshalb deutlich in der VOB/B zum Ausdruck gebracht werden müssen.

64   Auch § 649 Abs. 2 BGB ist im VOB-Vertrag anwendbar. Zwar enthält die VOB/B eine Sonderregelung zur Ankündigung von Mehrkosten in § 2 Abs. 6 VOB/B (→ § 650c Rdn. 180 ff.). Diese Sonderregelung betrifft allerdings nur den Fall der Anordnung einer zusätzlichen Leistung und gilt unabhängig von der Wesentlichkeit der Kostensteigerung. Die aus § 649 Abs. 2 BGB sich ergebende Anzeigepflicht besteht deshalb neben der Ankündigungspflicht aus § 2 Abs. 6 VOB/B, kann aber durch die Ankündigung nach § 2 Abs. 6 VOB/B mit erfüllt werden. Die Anzeigepflicht nach § 649 Abs. 2 BGB ist besonders bedeutsam in Fällen der Mengenüberschreitung und der Planungsänderung. Sie ist in § 2 Abs. 3 und § 2 Abs. 5 VOB/B nicht geregelt und ergibt sich aus § 649 Abs. 2 BGB, wenn dem Vertrag ein Kostenanschlag zugrunde gelegt worden ist.

G. Besonderheiten des Architekten- und Ingenieurvertrags

65   Grundsätzlich ist § 649 BGB auch auf Architekten- und andere Planerverträge anwendbar. Die tatbestandlichen Voraussetzungen werden aber seltener vorliegen, da der Kostenanschlag das eigene Honorar betreffen muss und nicht die voraussichtlichen Baukosten (OLG Düsseldorf, Urt. v. 6.12.2002 – 5 U 28/02). Selbst wenn der Architekt einen Honorarkostenanschlag vorgelegt und dieser dem Vertrag zugrunde gelegt worden ist, wird die Regelung des § 649 BGB häufig nicht praktisch relevant. Denn dann stehen dem Besteller vielfach bessere Ansprüche als das Kündigungsrecht nach § 649 BGB zu, das ja zur Vergütung der erbrachten Leistungen

Kostenanschlag **§ 649**

führt. Der Architekt ist umfassender Sachwalter des Bauherrn (→ § 650p Rdn. 182 ff.). Zwar muss er nicht allgemein und ohne besonderen Anlass ungefragt über sein Honorar aufklären (OLG Hamm, Urt. v. 11.8.1999 – 12 U 100/98 m. w. N.). Soweit er aber gefragt wird, muss er zutreffend über seine Honoraransprüche aufklären. Bei Verletzung dieser Pflicht können sich sowohl das (allgemeine) Kündigungsrecht aus wichtigem Grund wie auch Schadensersatzansprüche ergeben (OLG Hamm, Urt. v. 11.8.1999 – 12 U 100/98; OLG Karlsruhe, Urt. v. 15.12.1983 – 4 U 129/82; vgl. aber auch OLG Köln, Urt. v. 24.11.1993 – 11 U 106/93), so dass der Honoraranspruch für nicht verwertete Leistungen ganz entfallen würde.

In Fällen von Bausummenüberschreitungen ist § 649 BGB nicht anwendbar. Eine Bausummenschätzung des Architekten ist kein Kostenanschlag im Sinne des § 649 BGB, denn sie bezieht sich nicht auf die Vergütung des Architekten, sondern auf die Kosten des Bauwerks. Auch eine entsprechende Anwendung des § 649 BGB auf den Architektenvertrag in den Fällen einer fehlerhaften Bausummenermittlung kommt nicht in Betracht. Der Architekt haftet vielmehr nach allgemeinen Grundsätzen für die fehlerhafte Erfüllung seines Vertrages (BGH, Urt. v. 23.10.1972 – VII ZR 50/72), vgl. im Einzelnen → § 650p BGB Rdn. 102 ff. **66**

H. Besonderheiten des Bauträgervertrags

Beim Bauträgervertrag (→ § 650u BGB Rdn. 1 ff.) gelten in rechtlicher Hinsicht keine Besonderheiten. Der Bauträgervertrag selbst wird allerdings üblicherweise als Pauschalvertrag abgeschlossen; variable Vergütungen auf der Basis eines Kostenanschlags wären möglich, sind aber die Ausnahme. Zu einer Überschreitung eines Kostenanschlags kann es bei sog. Budgetpositionen oder Sonderwünschen kommen, die auf Einheitspreisbasis abgerechnet werden. Insoweit kann gerade beim Bauträgervertrag problematisch werden, ob Maßstab für eine wesentliche Überschreitung der Gesamtpreis oder eine einzelne Position ist. Auch wenn mehrere Sonderwünsche zusammen beauftragt werden, ist in der Regel Maßstab für die wesentliche Überschreitung der einzelne Sonderwunsch, soweit dieser jeweils auch selbstständig vergeben bzw. nicht vergeben werden könnte. Denn durch § 649 BGB wird die Dispositionsfreiheit des Bestellers auch in Bezug auf den einzelnen Sonderwunsch geschützt. Etwas Anderes würde gelten, wenn mehrere Sonderwünsche auch inhaltlich in einem Gesamtpaket zusammengefasst werden. **67**

I. Reformüberlegungen

Die Regelung des § 649 BGB wird vielfach als unzureichend empfunden, weil sie den Besteller vor unlauteren falschen Kostenanschlägen nicht ausreichend schützt. Es wurde nach Wegen gesucht, den Besteller davor zu schützen, dass er auf Grund bewusst zu niedrig angesetzter Kostenvoranschläge Aufträge erteilt. Aber auch nachlässig erstellte Kostenvoranschläge ließen den Besteller in Gefahr laufen, dass er sich durch den Abschluss des Werkvertrages am Ende wirtschaftlich übernimmt (Abschlussbericht der Kommission zur Überarbeitung des Schuldrechts, S. 275). Die im Februar 1984 einberufene Schuldrechtskommission hat in ihrem Abschlussbericht vom Dezember 1991 eine Regelung vorgeschlagen, die den Unternehmer mittelbar gezwungen hätte, beim Kostenanschlag hohe Sorgfalt walten zu lassen. Die vorgeschlagene Regelung lautete: **68**

(1) Wird ein unverbindlicher Kostenvoranschlag des Unternehmers wesentlich überschritten, so kann der Unternehmer nur die veranschlagte Vergütung verlangen, es sei denn, dass die Überschreitung nicht voraussehbar war.

(2) Auf eine bei der Mitteilung des Voranschlags nicht voraussehbare, wesentliche Überschreitung hat der Unternehmer den Besteller unverzüglich hinzuweisen. Andernfalls kann er den Betrag, um den der Kostenvoranschlag überschritten wird, nur insoweit verlangen, als der Besteller bereichert ist. Kündigt der Besteller den Vertrag wegen der Kostenüberschreitung, so hat er die geleisteten Arbeiten nur nach Maßgabe des Kostenvoranschlags zu vergüten.

Mit dieser Regelung wäre der Unternehmer im Grundsatz bei voraussehbaren Überschreitungen an den Kostenvoranschlag gebunden. Bei nicht voraussehbaren Überschreitungen träfe **69**

§ 650

ihn eine Mitteilungspflicht. Nach erfolgter Mitteilung hätte der Besteller die Wahl zu dem Vertragspreis den Vertrag mit dem Unternehmer fortzusetzen oder den Vertrag zu kündigen. Erfüllt der Unternehmer die Hinweispflicht nicht, könnte er nur nach Bereicherungsrecht einen über dem Kostenvoranschlag liegenden Preis verlangen.

70 Der Vorschlag der 1. Schuldrechtskommission ist bisher nicht wieder aufgegriffen worden. Im Rahmen der Schuldrechtsmodernisierung war nur erwogen worden, den veralteten Begriff des Kostenanschlags durch den zeitgemäßen des Kostenvoranschlags zu ersetzten. Auch die Entwürfe für ein neues Bauvertragsrecht sehen keine Änderungen vor. Der Vorschlag von 1991 ist auch nicht umsetzungswürdig (ausführlich Kirschnek, a. a. O. [→ Rdn. 9], S. 227 ff.). Die Verquickung von vertraglichen Bindungen, Pflichtverletzungen und Bereicherungsansprüchen erzeugt eine Fülle von Problemen. Das ist nicht im Sinne einer wünschenswert transparenten Gesetzeslage. Zudem ist der grundlegende Lösungsansatz mit Sanktionscharakter fragwürdig (Schenk, NZBau 2001, 470, 474). Es ist kaum ein angemessener Interessenausgleich, wenn der Besteller ein Werk zum Preis eines falschen Kostenanschlags erhält. Damit würde der unverbindliche Kostenanschlag trotz seiner Unverbindlichkeit praktisch zum Vertragspreis erhoben. Es wäre zu befürchten, dass Besteller die gesetzliche Regelung missbrauchen würden, indem sie den Streit auf die Vorhersehbarkeit einer Kostenüberschreitung lenkten. Dieser Streit würde sicherlich zahlreiche Facetten entwickeln. Vorhersehbar ist in einer technologisch hoch entwickelten Gesellschaft fast alles.

71 Interessengerechter erscheint die Regelung im Schweizer Recht. Dort hat der Besteller bei einer wesentlichen Kostenüberschreitung ein ex tunc wirkendes Rücktrittsrecht. Anstelle des Rücktritts kann der Besteller nach Art. 375 Abs. 2 OR eine angemessene Herabsetzung des Lohns für die Werkleistung verlangen. Dieser Herabsetzungsanspruch beruht auf den gleichen Überlegungen, die für die aufgedrängte Bereicherung oder die Vorteilsanrechnung maßgebend sind (Twerenbold, a. a. O. [→ Rdn. 32], S. 119). Im Normalfall soll das dazu führen, dass der Werklohn im Sinne einer Risikoteilung um die Hälfte der Summe herabgesetzt wird, die die Toleranzgrenze überschreitet (vgl. Twerenbold, a. a. O. [→ Rdn. 32], S. 111 ff.). Interessant ist, dass in Deutschland Gerichte über einen Schadensersatzanspruch gekürzt um ein Mitverschulden zum gleichen Ergebnis gelangen (vgl. OLG Naumburg, Urt. v. 26.5.2009 – 9 U 132/08).

72 Erwogen werden sollten bei künftige Reformüberlegungen auch die Hinweise von Weyers in seinem Gutachten zur Überarbeitung des Werkvertragsrechts von 1981. Er weist darauf hin, dass die Regelung des § 649 BGB einen Kostenanschlag voraussetzt und deshalb das Problem überraschender Kostensteigerungen für den Besteller nur ausschnittsweise erfasst. Er schlägt vor, dem Unternehmer als sachkundigen Vertragsteil eine allgemeine Aufklärungspflicht über die zu erwartende Kostenbelastung aufzuerlegen (Gutachten und Vorschläge zur Überarbeitung des Schuldrechts, S. 1145). Eine derartige allgemeine Aufklärungspflicht besteht zur Zeit nach herrschender Meinung nicht (vgl. OLG Hamm, Urt. v. 11.8.1999 – 12 U 100/98 m. w. N. zum Architektenhonorar) und dürfte auch zu weitgehend sein. Der Ansatz über eine Pflichtenlösung erscheint aber richtig, zumal schon heute der praktische Schwerpunkt liegt und nicht in dem in § 649 BGB geregelten verschuldensunabhängigen Kündigungsrecht.

73 Das entspräche inhaltlich dann auch dem Regelungsvorschlag des Draft Common Frame of Reference (DCFR) für ein europäisches Privatrecht. Dort enthalten die allgemeinen Bestimmungen für Dienstleistungs- und Werkverträge unter IV.C-2:102 wechselseitige Beratungs- und Aufklärungspflichten, u. a. des Unternehmers hinsichtlich der Kosten. Hinsichtlich von Reichweite und Sorgfaltsmaßstab wird in der Begründung ausdrücklich darauf hingewiesen, dass Untersuchungspflichten nicht statuiert werden sollen. Diese würden nur dazu führen, dass wenn der Vertrag nicht zustande kommt, vergebliche Kosten begründet werden. Die Pflichten bemessen sich deshalb nach den tatsächlichen Kenntnissen bzw. beim Unternehmer nach den zu erwartenden Kenntnissen.

§ 650 BGB Anwendung des Kaufrechts

Auf einen Vertrag, der die Lieferung herzustellender oder zu erzeugender beweglicher Sachen zum Gegenstand hat, finden die Vorschriften über den Kauf Anwendung. § 442 Abs. 1 Satz 1 findet bei diesen Verträgen auch Anwendung, wenn der Mangel auf den vom Besteller gelieferten Stoff zurückzuführen ist. Soweit es sich bei den herzustellenden oder zu erzeugenden beweglichen Sachen um nicht vertretbare Sachen handelt, sind auch die §§ 642, 643, 645, 648 und 649 mit der Maßgabe

anzuwenden, dass an die Stelle der Abnahme der nach den §§ 446 und 447 maßgebliche Zeitpunkt tritt.

Übersicht

	Seite
A. Zur Entstehungsgeschichte der Vorschrift	730
B. Der Anwendungsbereich des § 650 BGB	730
I. „Bewegliche Sachen"	731
1. Sache = gegenständliche Leistung	731
2. Abgrenzung der beweglichen von der unbeweglichen Sache	731
3. Gilt das auch für bewegliche Sachen, die zum Einbau in ein Bauwerk bestimmt sind?	731
a) Einschränkende Auslegung des Begriffs der beweglichen Sache in § 651 BGB a. F.?	732
b) Das „Silo-Urteil" des BGH	732
II. „Lieferung"	734
1. Lieferung = Besitzverschaffung/Eigentumsübertragung	734
2. Lieferung durch Einbau	734
3. Lieferung durch Bereitstellung zur Abholung	734
III. Die „herzustellende oder zu erzeugende" Sache	734
1. Persönliche Herstellungs- oder Erzeugungspflicht?	734
2. Verträge über bereits hergestellte oder erzeugte Sachen	735
3. Ort der Herstellung	735
4. Herstellung oder Erzeugung muss Gegenstand des Vertrages sein	735
5. Die Herstellungs- und Lieferverpflichtung darf nicht von weitergehenden Vertragspflichten überlagert werden	736
IV. „Vertretbare" bzw. „nicht vertretbare Sachen"	736
V. Haftungsbefreiung des Unternehmers bei fehlerhaft gestellten Stoffen, § 650 Satz 2 BGB	737
VI. Ergänzende Anwendung einzelner werkvertraglicher Regelungen, § 650 Satz 3 BGB	737
C. Das „Bau-Kaufrecht"	738
I. Die gesetzlichen Grundlagen	738
II. Die Besonderheiten des „Bau-Kaufrechts"	739
1. Die Besonderheiten des allgemeinen Kaufrechts gegenüber dem Werkvertragsrecht	739
a) Fälligkeit	739
b) Abschlagszahlungen	739
c) Sicherheitsleistung	740
d) Der Umfang der Mängelhaftung	740
aa) Haftung für Werbeaussagen	740
bb) Umfang des Nacherfüllungsanspruchs	741
(1) Rechtslage für die bis zum 31.12.2017 geschlossenen Verträge	741
(2) Rechtslage für die ab 1.1.2018 geschlossenen Verträge	741
cc) Keine Einschränkung durch AGB	742
2. Besonderheiten des Verbrauchsgüterkaufs nach der zum 1.1.2018 in Kraft getretenen gesetzlichen Neuregelung	742
a) Leistungszeit	742
b) Gefahrtragung	742
c) Umfang der Rückgewährverpflichtung bei Mängeln	742
d) Verweigerung der Nacherfüllung	742
e) Vorschussanspruch	743
f) Abweichende Vereinbarungen	743
g) Beweislastumkehr	743
h) Garantie	743
3. Besonderheiten des „Bau"-Handelskaufs („B2B-Geschäft")	743
a) Der Umfang des Nacherfüllungsanspruchs	743
b) Prüfungs- und Rügeobliegenheit nach § 377 HGB	743
aa) Handelsgeschäfte	744
bb) Gilt § 377 HGB auch für Verträge über die Lieferung herzustellender Bauteile?	744
cc) Der Umfang der Prüfungs- und Rügeobliegenheit	744
dd) Fristen	745
ee) Ausschluss bzw. Einschränkung der Prüfungs- und Rügepflicht	745
c) Der Regressanspruch des weiterverarbeitenden Bauunternehmers gegen den Verkäufer mangelhafter Baustoffe	745
aa) Mangel des Werkes aufgrund der gelieferten Baustoffe	746
bb) Die Notwendigkeit eines „Doppelmangels"	746
cc) Einbau in oder Anbringung an eine andere Sache	746
dd) Bestimmungsgemäße Verwendung	746

§ 650 Anwendung des Kaufrechts

	ee) Keine Kenntnis des Mangels	747
	ff) § 377 HGB	747
	gg) Die Einrede der Unverhältnismäßigkeit der Nachbesserungskosten	747
	(1) Das Leistungsverweigerungsrecht des weiterverarbeitenden Unternehmers gegenüber seinem Besteller	747
	(2) Das Leistungsverweigerungsrecht des Lieferanten gegenüber dem weiterverarbeitenden Unternehmer	748
	hh) Keine Einschränkung durch AGB	748
	d) Der Regressanspruch des Verkäufers gegen seinen Lieferanten	748
D.	Abweichende vertragliche Gestaltungsmöglichkeiten	749
I.	Abweichende Rechtswahl	749
II.	Einbeziehung werkvertragstypischer Einzelregelungen	750
III.	Einbeziehung der VOB/B	751

A. Zur Entstehungsgeschichte der Vorschrift

1   Der frühere § 651 BGB ist durch das am 1.1.2018 in Kraft getretene Gesetz zur Reform des Bauvertragsrechts und zur Änderung der kaufrechtlichen Mängelhaftung (BGBl. I, 2017, 969 ff.) inhaltlich unverändert als § 650 BGB n. F. in das Bürgerliche Gesetzbuch übernommen worden. Die zu § 651 BGB a. F. ergangene Rechtsprechung und die einschlägigen Kommentierungen sind daher uneingeschränkt auf § 650 BGB n. F. zu übertragen.

2   Das gilt ebenso für die aus der Entstehungsgeschichte des § 651 BGB a. F. herzuleitenden Erkenntnisse, die deshalb auch für die Auslegung des § 650 BGB n. F. von wesentlicher Bedeutung sind. § 651 BGB a. F. war durch das am 1.1.2002 in Kraft getretene Schuldrechtsmodernisierungsgesetz vollständig neu gefasst worden. Bis dahin unterfiel die Herstellung von vertretbaren Sachen dem Kaufrecht, wenn das Werk aus einem vom Unternehmer zu beschaffenden Stoff herzustellen und zu liefern war. War eine nicht vertretbare Sache herzustellen und zu liefern, war weitgehend Werkvertragsrecht anwendbar. Nach der Neufassung des § 651 BGB a. F. war hingegen jeder seit dem 1.1.2002 geschlossene Vertrag über die Lieferung herzustellender beweglicher Sachen grundsätzlich dem Kaufrecht zu unterstellen. Einzelne werkvertragliche Regelungen waren allerdings anwendbar, wenn unvertretbare Sachen hergestellt und geliefert wurden, § 651 Satz 3 BGB a. F.

3   Diese Gesetzesänderung war im Wesentlichen durch die Verbrauchsgüterkaufrichtlinie 1999/44/EG veranlasst worden. Denn nach Art. 1 Abs. 4 der Richtlinie galten als Kaufverträge im Sinne der Richtlinie auch Verträge über die Lieferung herzustellender oder zu erzeugender Verbrauchsgüter und damit auch alle Verträge über die Herstellung und Lieferung von Bauteilen (Solaranlagen, Fertigbetonteile, Anlagenteile). Mit dem am 1.1.2002 in Kraft getretenen Schuldrechtsmodernisierungsgesetz war diese Regelung aus Gründen der Vereinfachung und Rechtsklarheit überschießend auch auf Verträge erstreckt worden, die dem Anwendungsbereich der Richtlinie nicht unterlagen, also auf Verträge, die kein Verbrauchsgüterkauf im Sinne der Richtlinie waren. Der Neuregelung unterlagen daher nicht nur Verbraucherverträge, sondern auch Verträge zwischen Unternehmern. Danach war auf jeden Vertrag, der die Lieferung herzustellender oder zu erzeugender beweglicher Sachen zum Gegenstand hatte, grundsätzlich Kaufvertragsrecht anwendbar (BGH, Urt. v. 23.7.2009 – VII ZR 151/08). Dabei kam es auch nicht mehr darauf an, ob die herzustellenden und zu liefernden Sachen zum Einbau in ein Bauwerk bestimmt waren. Seine entgegenstehende frühere Rechtsprechung (so noch BGH, Urt. v. 27.3.1980 – VII ZR 44/79) gab der BGH ausdrücklich auf (BGH, Urt. v. 23.7.2009 – VII ZR 151/08). Die Neuregelung galt für alle ab 1.1.2002 abgeschlossenen Verträge, EGBGB Art. 229 § 5.

4   Im Übrigen wird insoweit auf die Ausführungen in der Vorauflage verweisen.

B. Der Anwendungsbereich des § 650 BGB

5   Die Vorschrift erfasst nur eine ganz bestimmte Art von Verträgen, nämlich solche über die Lieferung herzustellender oder zu erzeugender beweglicher Sachen. Liegt eine dieser Voraussetzungen nicht vor, ist § 650 BGB nicht anwendbar. In der Regel unterliegt der Vertrag dann unmittelbar dem Kaufrecht – ggf. als Kaufvertrag mit Montageverpflichtung oder als Han-

Anwendung des Kaufrechts § 650

delskauf – oder dem Werkvertragsrecht. Im Einzelfall kann aber auch ein gemischter Vertrag mit Bestandteilen eines Kauf- und eines Werkvertrages vorliegen. Da die Rechtsfolgen sehr unterschiedlich sein können, ist die sorgfältige Prüfung der Tatbestandsvoraussetzungen des §650 BGB für die zutreffende rechtliche Einordnung des Vertrages von größter Bedeutung.

I. „Bewegliche Sachen"

1. Sache = gegenständliche Leistung

Voraussetzung ist zunächst, dass überhaupt eine Sache im Sinne von §90 BGB und damit eine gegenständliche Leistung geschuldet ist. Das ist nicht der Fall, wenn der Vertrag auf die Erbringung einer geistigen Leistung gerichtet ist, etwa die Erstellung eines Gutachtens. Dazu gehören auch die Leistungen der Architekten und Ingenieure, auch wenn diese in schriftlichen Plänen „verkörpert" sind. Entscheidend ist nämlich die schöpferische geistige Leistung. Auf diese Verträge ist daher Werkvertragsrecht anzuwenden (Voit BauR 2002, 145, 146). 6

2. Abgrenzung der beweglichen von der unbeweglichen Sache

Beweglich sind alle Sachen, die im Zeitpunkt der Lieferung nicht als Grundstück, Grundstücken gleichgestellt (Erbbaurecht) oder als Grundstücksbestandteil anzusehen sind (so schon RG Urt. v. 19.9.1903 – V 106/03 und Urt. v. 2.6.1915 – V 19/15). So ist auch auf einen Vertrag über die Lieferung eines nach den Vorgaben der Bestellerin herzustellenden Tiefsattelaufliegers §650 BGB und damit Kaufrecht anzuwenden (BGH, Urt. v. 9.2.2010 – X ZR 82/07). 7

Verträge über die Herstellung unbeweglicher Sachen – etwa eines Bauwerks als wesentlichem Grundstücksbestandteil – unterfallen demgegenüber immer insgesamt dem Werkvertragsrecht, auch wenn für die Errichtung des Bauwerks der Einbau herzustellender oder zu erzeugender beweglicher Sachen erforderlich ist (Leupertz BauR 2006, 1650; das gilt auch für den von Voit in BauR 2009, 369, 371 geschilderten Beispielsfall, in dem der Unternehmer einen Dachstuhl aus von ihm vorbereiteten Balken zu errichten hatte). Auf den Bauträgervertrag ist §650 BGB nicht anwendbar, weil dieser auf die Verschaffung des Eigentums an einer unbeweglichen Sache gerichtet ist. 8

Werkvertragsrecht gilt auch dann, wenn das Bauwerk nur zu einem vorübergehenden Zweck mit dem Grund und Boden verbunden oder in Ausübung des Rechts an einem fremden Grundstück (Erbbaurecht) errichtet werden soll und deshalb rechtlich kein Bestandteil des Grundstücks, sondern lediglich dessen Scheinbestandteil wird (Staudinger-Peters/Jacoby, BGB, §651 Rdn.3; MünchKomm/Busche, BGB, §650 Rdn.9; Halfmeier/Leupertz, PWW, §651 Rdn.8 m.w.M.). Eine Verbindung nur zu einem vorübergehenden Zweck i.S.d. §95 Abs.1 Satz 1 BGB ist auch nicht deshalb ausgeschlossen, weil die Sache für ihre gesamte wirtschaftliche Lebensdauer auf dem Grundstück verbleiben soll, etwa eine Windkraftanlage auf einem für ihren Betrieb gepachteten Grundstück (BGH, Urt. v. 7.4.2017 – V ZR 52/16). 9

Es muss aber insoweit sorgfältig zwischen den verschiedenen Vertragsverhältnissen unterschieden werden. Beauftragt der Erbbauberechtigte den Generalunternehmer mit der Errichtung eines Bauwerks, ist der Vertrag auf die Herstellung einer unbeweglichen Sache gerichtet und als Werkvertrag zu qualifizieren. Bestellt der Generalunternehmer anschließend bei dem Fensterhersteller nach bestimmten Maßangaben anzufertigende Fenster, ist auf diesen Vertrag §650 BGB anwendbar mit der Folge, dass Kaufrecht gilt, in diesem Fall – nicht vertretbare Sachen – allerdings mit den in §650 Satz 3 BGB aufgeführten werkvertraglichen Besonderheiten. 10

3. Gilt das auch für bewegliche Sachen, die zum Einbau in ein Bauwerk bestimmt sind?

Verträge über die Lieferung von Baumaterial – Steine, Sand, Zement – wurden schon immer als Kaufverträge behandelt. Nach der am 1.1.2002 in Kraft getretenen gesetzlichen Neuregelung des §651 BGB a. F. = §650 BGB n. F. findet das Kaufrecht seitdem aber auch auf Verträge über die Lieferung herzustellender oder zu erzeugender größerer Bauteile Anwendung, es sei denn, es ist gleichzeitig deren Einbau geschuldet und der ist von erheblicher und das gesamte Vertragsverhältnis prägender Bedeutung. Kaufrecht findet danach Anwendung auf den Erwerb von Baumaterial und Bauteilen in einem Supermarkt, aber auch auf die Lieferung von vom Unternehmer herzustellenden Gegenständen wie Betonfertigteilen, Trägern, Balken, Türen, Fenstern, solange der Unternehmer diese Teile nicht selbst einzubauen hat bzw. die 11

Bruinier 731

Montageverpflichtung nicht so erheblich ist, dass sie den gesamten Vertrag rechtlich prägt. Diese Neuregelung führt dazu, dass das Kaufrecht am Bau eine erheblich größere Bedeutung erlangt hat. Das ist nicht unbedenklich, weil gerade die Lieferung noch herzustellender Bauteile nicht selten zu einer erheblichen Vorleistungspflicht des Unternehmers führt, der diese – oft anderweitig nicht absetzbaren – Sachen zunächst in einem arbeits- und kostenaufwändigen Herstellungsprozess produzieren und vorfinanzieren muss. Auf die damit verbundenen Risiken ist das Kaufrecht, das – anders als das Werkvertragsrecht – keine gesetzlichen Regelungen über Abschlagszahlungen und Sicherheitsleistungen kennt, aber nicht zugeschnitten.

a) Einschränkende Auslegung des Begriffs der beweglichen Sache in § 651 BGB a. F.?

12 In der baurechtlichen Literatur wurde daher schon frühzeitig die Frage diskutiert, ob die Neuregelung auch für bewegliche Sachen gilt, die zum Einbau in ein bestimmtes Bauwerk vorgesehen sind, oder ob sich insoweit eine Begrenzung des Anwendungsbereichs der Vorschrift über eine dem Zweck der Regelung angepasste Definition des Begriffs der beweglichen Sache erreichen lasse. Der für das Sachenrecht verwendete Begriff der beweglichen Sache sei nicht zwingend maßgeblich. Sachenrechtlich seien beweglich alle Sachen, die nicht Grundstücke, den Grundstücken gleichgestellt oder Grundstücksbestandteile seien. Der Begriff der beweglichen Sache sei jedoch nicht über das Sachenrecht in § 651 BGB a. F. aufgenommen worden, sondern über die Umsetzung der Verbrauchsgüterkaufrichtlinie. Die Auslegung des Begriffs der beweglichen Sache könne sich deshalb im Anwendungsbereich der Verbrauchsgüterkaufrichtlinie nur an dem Begriff des „beweglichen körperlichen Gegenstandes" im Sinne des Art. 1 Abs. 2 lit. b der Verbrauchsgüterkaufrichtlinie orientieren. Die Auslegung der infolge der Umsetzung einer Richtlinie benutzten Begriffe habe richtlinienkonform zu erfolgen. Es sei daher nicht zwingend, dass der gemeinschaftsrechtliche Begriff der beweglichen Sache der Definition der beweglichen Sache im deutschen Recht entspreche (so Thode, ZfBR 2000, 365; vgl. auch Acker/Konopka, BauR 2004, 251, 254). Da eine unterschiedliche Auslegung des Begriffs der beweglichen Sache für Verbrauchsgüter und für andere Sachen nicht denkbar sei, sei für § 651 BGB a. F. insgesamt eine richtlinienkonforme Auslegung geboten. Zwar biete die Richtlinie dafür kaum Anhaltspunkte. Ihr Anwendungsbereich beschränke sich aber auf Verbrauchsgüter. Das seien Massengüter zum Verbrauch und nicht Immobilien (so Thode NZBau 2002, 362). Danach erscheine es nicht ausgeschlossen, dass nicht als Verbrauchsgüter zu qualifizierende Gegenstände, die dazu bestimmt seien, in ein Bauwerk eingebaut zu werden, nicht als bewegliche Gegenstände im Sinne des § 651 BGB a. F. einzuordnen seien. Auf diese Weise sei die Anwendbarkeit des Werkvertragsrechts auch dann eröffnet, wenn der Unternehmer von ihm herzustellende Bauteile nur liefern müsse.

b) Das „Silo-Urteil" des BGH

13 Der Bundesgerichtshof hat in seiner „Silo-Entscheidung" (Urt. v. 23.7.2009 – VII ZR 151/08; es ging um die Lieferung von herzustellenden Einzelteilen für eine Siloanlage, die der Verkäufer nicht montieren musste) diesen Bemühungen um eine einschränkende Auslegung des Begriffs der beweglichen Sache aber eine klare Absage erteilt. Er hat zunächst die Frage, ob der Begriff der „beweglichen Sache" nach den sachenrechtlichen Kriterien des BGB auszulegen sei oder ob sich die Auslegung eher am natürlichen Sprachgebrauch bzw. der Zweckbestimmung der Neuregelung des § 651 BGB a. F. zugrunde liegenden Verbrauchsgüterkaufrichtlinie 1999/44/EG orientieren sollte, ausdrücklich offen gelassen, weil im entschiedenen Fall nach jeder der in Betracht kommenden Auslegungsmöglichkeiten eine bewegliche Sache zu liefern gewesen sei. Nach der gesetzlichen Neuregelung sei nämlich auf sämtliche Verträge mit einer Verpflichtung zur Lieferung herzustellender oder zu erzeugender beweglicher Sachen Kaufrecht anzuwenden, auch auf Verträge zwischen Unternehmern. Das gelte auch für Verträge, die die Lieferung herzustellender oder zu erzeugender beweglicher Bau- und Anlagenteile zum Gegenstand hätten, auch soweit diese individuell hergestellt, also nach anderweitig absetzbar seien. Die Zweckbestimmung der Teile, in Bauwerke eingebaut zu werden, rechtfertige keine andere Beurteilung. Für eine solche an der Zweckbestimmung der Sache orientierte Beurteilung ergäben sich nämlich weder aus dem nationalen deutschen Recht, noch aus der Verbrauchsgüterkaufrichtlinie 1999/44/EG Anhaltspunkte. Unmaßgeblich sei, dass die Rechtsprechung des Bundesgerichtshofs nach „altem Recht" Verträge über die Lieferung unvertretbarer Sachen, die erkennbar bestimmt gewesen seien, in ein Bauwerk bestimmt seien, nach Werkvertragsrecht beurteilt habe (so noch BGH, Urt. v. 27.3.1980 – VII ZR 44/79). Eine teleologische Reduktion des § 651 BGB a. F. sei nicht veranlasst. Es sei nicht Sache des Bundesgerichtshofs, eine (bewusst getroffene) Entscheidung des Gesetzgebers zum Anwendungsbereich der Vorschrift zu korrigieren. Eine andere Beurteilung sei auch dann nicht gerechtfertigt, wenn Gegenstand des Vertrages auch Planungsleistungen seien, die der Herstellung der Bau- und Anlagenteile vorauszugehen hätten, diese aber nicht den Schwerpunkt des Vertrages bildeten (so auch OLG Düsseldorf, Urt. v. 6.11.2012 – I-21 U 75/11).

Offen gelassen hat der BGH allerdings die Frage, ob etwas anderes gilt, wenn der Lieferant **14** über die Herstellung und Lieferung von Anlagenteilen hinaus eine Verpflichtung zum Einbau der Anlagenteile in ein Bauwerk übernommen hat oder diese selbst als Bauwerk anzusehen sind (BGH, Urt. v. 23.7.2009 – VII ZR 151/08; dazu auch OLG Bremen, Urt. v. 19.3.2010 – 2 U 110/09 – und OLG Naumburg, Urt. v. 25.6.2009 – 1 U 14/06; Winz/Scheef BauR 2013, 655). Diese Frage ist bislang obergerichtlich nicht eindeutig entschieden.

Werkvertragsrecht dürfte aber jedenfalls dann anzuwenden sein, wenn ein über die Her- **15** stellung, Lieferung und Montage der Bauteile hinausgehender Werkerfolg geschuldet ist und das Interesse des Bestellers an der Herstellung eines funktionsfähigen Werkes überwiegt (OLG Bremen IBR 2011, 406). Ob – so *Leidig/Hürter* in „Handbuch Kauf- und Lieferverträge am Bau" Kap. 1 Rdn. 31 – der BGH Verträge über die Herstellung und den Einbau von Fenstern und Türen generell als Werkverträge einordnen will (so beiläufig BGH, Urt. v. 2.4.2014 – VIII ZR 46/13 Rz. 37), bleibt abzuwarten (dazu auch OLG Nürnberg BauR 2007, 122; OLG Köln, Beschl. v. 13.4.2015 – 11 U 183/14; *Meier* IBR 2012, 1000). Sollen lediglich neue Türblätter hergestellt, geliefert und in die vorhandenen Zargen eingehängt werden, dürfte vielmehr Kaufrecht anzuwenden sein (so auch *Leidig/Hürter* Rdn. 36). Lässt der Besteller aber die vorhandenen Fenster mit Einfachverglasung durch Fenster mit Mehrfachverglasung ersetzen, um den von dem Hersteller versprochenen erhöhten Wärme- und Schallschutz zu erzielen, ist möglicherweise ein über die Herstellung, Lieferung und Montage hinausgehender Werkerfolg geschuldet, der zur Einordnung des Vertrages als Werkvertrag führen kann.

Geht es nur um die Lieferung und Montage der Bauteile, liegt überhaupt kein Fall des § 650 **16** BGB vor. Für die Einordnung des Vertragsverhältnisses als Kaufvertrag mit Montageverpflichtung oder als Werkvertrag kommt es dann darauf an, auf welcher der beiden Leistungen bei der gebotenen Gesamtbetrachtung der Schwerpunkt liegt (BGH, Beschl. v. 16.4.2013 – VIII ZR 375/11). Je mehr die mit dem Warenumsatz verbundene Übertragung von Eigentum und Besitz der zu montierenden Sache auf den Vertragspartner im Vordergrund steht und je weniger dessen individuelle Anforderungen und die geschuldete Montage- und Bauleistung das Gesamtbild des Vertragsverhältnisses prägen, desto mehr ist die Annahme eines Kaufvertrags mit Montageverpflichtung geboten. Liegt der Schwerpunkt dagegen auf der Montage- und Bauleistung, etwa auf Einbau und Einpassung einer Sache in die Räumlichkeit, und dem damit verbundenen individuellen Erfolg, liegt ein Werkvertrag vor (BGH, Urt. v. 19.7.2018 – VII ZR 19/18 – juris Rdn. 19 zu einem Vertrag über die Lieferung und den Einbau einer Küche, vom BGH im konkreten Fall nicht entschieden, aber mit Tendenz zum Kauf mit Montageverpflichtung, vgl. Rdn. 21 des Urteils). Verträge über die Lieferung und den Einbau von Parkett sind danach generell als Werkverträge einzuordnen (BGH, Beschl. v. 16.4.2013 – VIII ZR 375/11). Gleiches gilt für einen Vertrag über die Planung, die Lieferung und den Einbau eines Senkrechtslifts an der Außenfassade eines Hauses. Der Schwerpunkt des Vertrags liegt hier nicht in einem Warenumsatz, sondern in der Planung des Lifts und der funktionstauglichen Einpassung entsprechend der Planung der für die Errichtung des Lifts zu liefernden Einzelteile an die Außenfassade des Hauses des Bestellers (BGH, Urt. v. 30.8.2018 – VII ZR 243/17 – juris Rdn. 29; ebenso OLG Hamm, Urt. v. 10.12.2020 – 4 U 81/20 für einen „Kurventreppenlift"). Der Annahme eines Werkvertrags steht dann auch nicht entgegen, dass der Warenwert mit fast dem Vierfachen der Montagekosten anzusetzen ist (BGH, a.a.O.) oder die Montagekosten nur 4% der Gesamtleistung ausmachen (OLG Hamm, a.a.O.). Die rechtliche Einordnung von Verträgen über die Lieferung und den Einbau von marktgängigen Photovoltaik-Anlagen hängt von den Umständen des Einzelfalles ab. Schuldet der Unternehmer die Errichtung des gesamten Bauwerks einschließlich der Photovoltaik-Anlage, gilt insgesamt Werkvertragsrecht. Schuldet er lediglich die Lieferung und den Einbau einer marktgängigen Photovoltaik-Anlage an den bereits vorhandenen Anschlüssen, liegt der Schwerpunkt des Vertrages im Warenaustausch. Es handelt sich daher nach Auffassung des VIII. Senats des BGH um einen Kaufvertrag mit Montageverpflichtung (BGH, Urt. v. 9.10.2013 – VIII ZR 318/12). Anders hat aber der VII. Senat die Rechtslage in einem Fall beurteilt, in dem nachträglich eine Photovoltaik-Anlage auf dem Dach einer Tennishalle eingebaut worden war. Der VII. Senat hat dazu erklärt, die lange Verjährungsfrist des § 634a Abs. 1 Nr. 2 BGB von fünf Jahren für Arbeiten bei Bauwerken finde für die nachträgliche Errichtung einer Photovoltaik-Anlage auf dem Dach einer Tennishalle auch dann Anwendung, wenn die Anlage zur dauernden Nutzung fest eingebaut werde, der Einbau

§ 650
Anwendung des Kaufrechts

eine grundlegende Erneuerung der Tennishalle darstelle, die einer Neuerrichtung gleich zu erachten sei, und die Photovoltaik-Anlage der Tennishalle diene, indem sie eine Funktion für diese erfülle. Das sei auch dann der Fall, wenn die Tennishalle aufgrund einer Funktionserweiterung zusätzlich Trägerobjekt einer Photovoltaik-Anlage sei. Unerheblich sei dann, dass diese nicht der Stromversorgung der Tennishalle diene (BGH, Urt. v. 2.6.2016 – VII ZR 348/13).

II. „Lieferung"

1. Lieferung = Besitzverschaffung/Eigentumsübertragung

17 § 650 BGB ist nur anwendbar auf einen Vertrag, der die „Lieferung" von herzustellenden oder zu erzeugenden beweglichen Sachen zum Gegenstand hat. Lieferung in diesem Sinne sind alle Handlungen, die vorgenommen werden müssen, um dem Gläubiger Besitz bzw. Eigentum an der Sache zu verschaffen. Der Anwendungsbereich des § 650 BGB ist also auf den Fall beschränkt, dass der Erwerbsvorgang durch eine Lieferung = Besitzverschaffung/Eigentumsübertragung abgeschlossen wird.

2. Lieferung durch Einbau

18 Handelt es sich um einen Kaufvertrag mit Montageverpflichtung im Sinne von § 434 Abs. 2 Satz 1 BGB, wird die Lieferung = Besitzverschaffung/Eigentumsübertragung in der Regel durch den Einbau ersetzt. Die Übernahme der Montageverpflichtung ändert aber an der rechtlichen Einordnung des Vertrags als Kaufvertrag nichts, solange die Montagepflicht nicht von solchem Gewicht ist, dass sie das gesamte Vertragsverhältnis mit der Folge prägt, dass Werkvertragsrecht anwendbar ist (Voit BauR 2002, 146 und BauR 2009, 369ff.; Leupertz BauR 2006, 1649). Für die Abgrenzung dürften die Erwägungen heranzuziehen sein, die die Rechtsprechung schon früher zur Abgrenzung des Kaufvertrags mit Montageverpflichtung vom Werkvertrag angestellt hat (BGH, Urt. v. 3.3.2004 – VIII ZR 76/03; dazu Rudolph BauR 2012, 557, 566). Danach ist eine Gesamtbetrachtung anzustellen. Dabei kommt es auf das Wertverhältnis Lieferung/Montage, aber auch auf die Besonderheiten der im Einzelfall geschuldeten Leistung an; es ist eine wertende Gesamtbetrachtung geboten (BGH, Beschl. v. 16.4.2013 – VIII ZR 375/11). Verträge über die Lieferung und den Einbau von Parkett sind danach immer als Werkverträge einzuordnen (BGH, Beschl. v. 16.4.2013 – VIII ZR 375/11). Im Regelfall wird aber die Montageleistung nicht von solchem Gewicht sein, das sie dem Vertrag das Gepräge gibt (zur rechtlichen Einordnung eines Vertrages über die Lieferung und den Einbau von Fenstern OLG Köln, Beschl. v. 13.4.2015 – 11 U 183/14). Sind die übrigen Voraussetzungen gegeben, wird die in § 650 BGB beschriebene Lieferung = Besitzverschaffung/Eigentumsübertragung durch die Montage der Sache ersetzt.

3. Lieferung durch Bereitstellung zur Abholung

19 Die Lieferung setzt nicht zwingend voraus, dass die Sache von dem Verkäufer zu dem Besteller gebracht wird. Es reicht aus, wenn sie entsprechend den vertraglichen Vereinbarungen zur Abholung beim Verkäufer bereitgestellt wird (Palandt/Sprau § 650 Rdn. 2).

III. Die „herzustellende oder zu erzeugende" Sache

20 Für die Anwendbarkeit des § 650 BGB kommt es weiter entscheidend darauf an, dass der Vertrag nicht nur auf die Lieferung der Sache, sondern auch auf ihre Herstellung oder Erzeugung gerichtet ist. Von einer Herstellung spricht man, wenn der Unternehmer die bis dahin nicht vorhandene Sache aus eigener Kraft herstellt, von Erzeugung, wenn die Sache durch die Natur – etwa durch tierische oder pflanzliche Produktion – hergestellt wird (Halfmeier/Leupertz, PWW, § 650 BGB Rdn. 4). Soll hingegen eine marktgängige Sache – etwa ein neuer Heizkessel – beschafft und eingebaut werden, ist § 650 BGB überhaupt nicht anwendbar. Es handelt sich dann vielmehr um einen Kaufvertrag mit Montageverpflichtung oder um einen Werkvertrag.

1. Persönliche Herstellungs- oder Erzeugungspflicht?

21 Dem Gesetz ist nicht zu entnehmen, dass der Verkäufer die Sache selbst herstellen oder erzeugen muss. Das kann daher auch auf seine Veranlassung durch einen Dritten geschehen.

Anwendung des Kaufrechts §650

2. Verträge über bereits hergestellte oder erzeugte Sachen

Der Wortlaut der Vorschrift lässt klar erkennen, dass die Sache im Zeitpunkt des Vertragsschlusses noch herzustellen oder zu erzeugen sein muss. Ist der Vertrag auf die Lieferung einer bereits vorhandenen Sache gerichtet, ist § 650 BGB nicht anwendbar. Es gilt dann von vornherein Kaufrecht. Das ist der Fall, wenn der Vertrag auf die Lieferung (und den Einbau) von marktgängigen Bau- und Anlagenteilen gerichtet ist und die Montagepflicht dem Vertrag nicht das Gepräge gibt. Der Hersteller ist in diesen Fällen auch nicht als Erfüllungsgehilfe des Verkäufers anzusehen (BGH, Urt. v. 2.4.2014 – VIII ZR 46/13). Das gilt aber auch dann, wenn es sich um eine nicht vertretbare und nicht marktgängige, aber bereits vorhandene Sache handelt. Auch dann ist § 650 BGB nicht anwendbar. Es gelten daher für solche Verträge auch nicht ergänzend die in § 650 Satz 3 BGB aufgeführten werkvertraglichen Regelungen. 22

3. Ort der Herstellung

Dem Gesetz ist nicht zu entnehmen, wo die Sache hergestellt oder erzeugt werden muss. Das kann also auch „vor Ort" an der Baustelle geschehen (Rudolph BauR 2012, 560). Im Einzelfall kann es dann aber schwierig sein, genau zu bestimmen, ob der Vertrag auf die Lieferung einer vor Ort herzustellenden und dort auch zu montierenden Sache gerichtet ist oder auf die Änderung einer bereits im Eigentum des Auftraggebers stehenden unbeweglichen Sache. Davon hängt ab, ob auf das Vertragsverhältnis § 650 BGB und damit Kaufrecht anzuwenden ist oder ob der Vertrag insgesamt dem Werkvertragsrecht unterfällt. 23

4. Herstellung oder Erzeugung muss Gegenstand des Vertrages sein

Für die Anwendbarkeit der Vorschrift reicht es aber nicht aus, dass die zu liefernde Sache überhaupt noch hergestellt oder erzeugt werden muss. § 650 BGB ist vielmehr nur anwendbar, wenn der Vertrag selbst auch die Herstellung oder Erzeugung der zu liefernden Sache zum Gegenstand hat, wenn also nach dem Willen der Parteien auch die Herstellung bzw. Erzeugung der Sache von den Vertragspflichten umfasst sein soll. Das ist nicht selbstverständlich, auch wenn es die bestellte Sache im Zeitpunkt des Vertragsschlusses noch nicht gibt. Es kann nämlich sein, dass es auch dem Besteller nur auf die Verschaffung des Endproduktes ankommt. 24

Beispiel: Der Kunde bestellt in der Bäckerei 10 Brötchen. Es sind aber nur noch 5 Brötchen vorhanden. Der Bäcker bittet um ein wenig Geduld, er werde sogleich neue Brötchen backen lassen. Der Kunde wartet und bekommt schließlich 10 Brötchen ausgehändigt. 25

Hier ist § 650 BGB überhaupt nicht anwendbar, weil der Vertrag nur auf den bloßen Leistungsaustausch – 10 Brötchen gegen Zahlung des Kaufpreises – gerichtet ist und nicht auch auf die Herstellung oder Erzeugung von 5 weiteren Brötchen. 26

Die Abgrenzung eines Vertrages, der auf bloßen Leistungsaustausch = Ware gegen Geld gerichtet ist, von einem Vertrag, der auch die Herstellung oder Erzeugung der zu liefernden Sache gerichtet ist, ist aber nicht immer so einfach und kann gerade in Bausachen große Schwierigkeiten bereiten. Das gilt beispielsweise für Verträge über Bauteile, die üblicherweise in marktgängigen Größen oder Abmessungen vorgehalten werden, im konkreten Fall aber vergriffen sind und „aus Anlass der Bestellung" neu produziert werden müssen. Hält der Fensterhersteller üblicherweise Fenster in bestimmten marktgängigen Abmessungen vor, die der Bauherr erwerben kann, handelt es sich dabei um einen reinen Kaufvertrag, gegebenenfalls einen Kaufvertrag mit Montageverpflichtung. § 650 BGB ist nicht anwendbar. Der Vertrag ist allein auf den Leistungsaustausch Fenster gegen Geld gerichtet. Genauso verhält es sich aber, wenn der Fensterhersteller die Fenster in den bestellten marktgängigen Abmessungen zufällig nicht mehr vorrätig hat und deshalb „aus Anlass dieser Bestellung" neu herstellen muss. Der Vertrag ist auch dann im Regelfall allein auf die Lieferung der Fenster in den bestellten marktgängigen Abmessungen gerichtet und nicht auch auf deren Herstellung. § 650 BGB ist nicht anwendbar (so auch BGH, Urt. v. 2.4.2014 – VIII ZR 46/13 zu einem Vertrag über die Lieferung marktgängiger Profile, die erst noch hergestellt werden mussten). 27

Anders liegt es aber, wenn der Hersteller Fenster nach den individuellen Maßangaben des Bestellers anfertigen soll. Dann gehört im Regelfall auch die passgenaue Herstellung der Fenster nach den Vorgaben des Bestellers zum vereinbarten Leistungsumfang. § 650 BGB ist anwendbar, in diesem Fall gelten daher ergänzend auch die in § 650 Satz 3 BGB aufgeführten werkvertraglichen Regelungen. 28

5. Die Herstellungs- und Lieferverpflichtung darf nicht von weitergehenden Vertragspflichten überlagert werden

29 § 650 BGB ist nicht anwendbar, wenn der Unternehmer zur Erfüllung weitergehender Vertragspflichten auch herzustellende oder zu erzeugende Sachen zu liefern und einzubauen hat. Dann prägt nämlich die weitergehende vertragliche Verpflichtung – etwa die zur Herstellung des versprochenen Bauwerkes nach § 631 BGB – den Rechtscharakter des Vertrages. So ist der auf die Errichtung eines Bauvorhabens gerichtete Vertrag insgesamt ein Werkvertrag, auch wenn dafür herzustellende oder zu erzeugende bewegliche Sachen geliefert und eingebaut werden müssen (Leupertz BauR 2006, 1650). Nimmt der Unternehmer die Herstellung und den Einbau von beweglichen Teilen vor, liegt ein Werklieferungsvertrag vor, wenn nach dem Vertrag die Verpflichtung, Eigentum und Besitz an den Einzelteilen zu übertragen, im Vordergrund steht; dagegen gilt Werkvertragsrecht, wenn das Interesse des Bestellers an der Erstellung eines funktionsfähigen Werkes überwiegt (OLG Bremen IBR 2011, 406). So steht bei der Verlegung eines Parkettbodens nicht die Lieferung und Eigentumsübertragung an den Parkettstäben, sondern die mangelfreie Herstellung eines Parkettbodens im Vordergrund = Werkvertrag (BGH Beschl. v. 16.4.2013 – VIII ZR 375/11).

30 Besondere Probleme können Reparaturverträge bereiten. Diese unterliegen grundsätzlich selbst dann insgesamt dem Werkvertragsrecht, wenn die fachgerechte Reparatur den Einbau herzustellender oder zu erzeugender beweglicher Sachen erfordert (Bamberger/Roth-Voit, BGB, § 650 Rdn. 6, 9). Das setzt allerdings voraus, dass dem Unternehmer tatsächlich ein über die bloße Lieferung und Montage hinausgehender Auftrag – Überprüfung der Anlage, Behebung der festgestellten Mängel, Wiederherstellung der Funktionsfähigkeit – erteilt worden ist und nicht lediglich der Auftrag zur Herstellung, Lieferung und Montage eines bestimmten Bauteils. Die Abgrenzung kann im Einzelfall Schwierigkeiten bereiten, weil auch der Kaufvertrag mit Montageverpflichtung in aller Regel auf die Erreichung eines – wenn auch begrenzten – Erfolges gerichtet ist. Der Besteller, der seine undichten Fenster durch nach Maß herzustellende und vom Fensterbauer einzusetzende neue Fenster ersetzen lässt, möchte nämlich damit erreichen, dass es anschließend in seiner Wohnung nicht mehr zieht. Der „isoliert" erteilte Auftrag über die Lieferung und Montage neuer Fenster ist gleichwohl als Kaufvertrag mit Montageverpflichtung einzuordnen, sofern die Montage dem Vertrag nicht das Gepräge eines Werkvertrages gibt. § 650 BGB ist anwendbar (so OLG Köln, Beschl. v. 13.4.2015 – 11 U 183/14). Anders liegt es aber, wenn der Vertrag auf die Sanierung oder den Umbau des Hauses gerichtet und dafür auch der Einbau neuer Fenster erforderlich ist. Dann gilt insgesamt Werkvertragsrecht, § 650 BGB ist nicht anwendbar.

31 Ähnliche Probleme treten auf bei der Abgrenzung eines Kaufvertrags über die Lieferung und Montage einer marktgängigen beweglichen Sache von einem nach Werkvertragsrecht zu beurteilenden Reparaturvertrag (dazu Rudolph BauR 2012, 557). Beauftragt der frierende Besteller den Heizungsbauer, die defekte Heizung zu überprüfen und zu reparieren, und stellt sich heraus, dass dafür ein neuer Brenner zu liefern und einzubauen ist, liegt insgesamt ein nach Werkvertragsrecht zu beurteilender Reparaturvertrag vor. Hat aber der fachkundige Besteller die Anlage selbst überprüft und den Fehler ermittelt und beauftragt er anschließend den Heizungsbauer lediglich mit der Beschaffung und dem Einbau eines neuer Brenners eines bestimmten Herstellers/Typs, handelt es sich – sofern die Montagepflicht dem Vertrag nicht ausnahmsweise das Gepräge gibt – um einen Kaufvertrag mit Montageverpflichtung. Die genaue Bestimmung des Vertragsinhalts ist in diesen Fällen also von großer Bedeutung.

IV. „Vertretbare" bzw. „nicht vertretbare Sachen"

32 Die Vorschrift erfasst grundsätzlich alle beweglichen Sachen, vertretbare und nicht vertretbare. Für Verträge über die Lieferung herzustellender oder zu erzeugender nicht vertretbarer Sachen gelten allerdings zusätzlich die in § 650 Satz 3 BGB aufgeführten werkvertraglichen Besonderheiten.

33 Vertretbare Sachen sind nach § 91 BGB bewegliche Sachen, die im Verkehr nach Zahl, Maß oder Gewicht bestimmt zu werden pflegen, also marktgängige Sachen (Bamberger/Roth-Voit, BGB, § 650 Rdn. 17).

34 Nicht vertretbar sind Sachen, die durch die Art ihrer Herstellung den Bestellerwünschen angepasst sind und deshalb individuelle Merkmale besitzen, nicht austauschbar und deshalb für

den Unternehmer schwer oder gar nicht anderweitig absetzbar sind (BGH, Urt. v. 15.2.1990 – VII ZR 175/89; Urt. v. 4.12.1986 – VII ZR 354/85; Palandt/Sprau § 650 BGB Rdn. 8).

V. Haftungsbefreiung des Unternehmers bei fehlerhaft gestellten Stoffen, § 650 Satz 2 BGB

Eine besondere Risikoverteilung nimmt § 650 Satz 2 BGB vor. Diese Regelung ist so zu verstehen, dass der Unternehmer von der Haftung wegen eines Mangels frei ist, wenn der Mangel auf den vom Besteller gelieferten Stoff zurückzuführen ist. Der Mangel des gelieferten Stoffes führt damit zu einem vollständigen Verlust der Mängelrechte, auf die Kenntnis des Käufers von dem Mangel kommt es ebenso wenig an wie auf die Erkennbarkeit des Mangels des gelieferten Stoffes für den Unternehmer. 35

Diese auf den ersten Blick plausible Regelung kollidiert mit werkvertraglichen Grundsätzen. Nach § 645 BGB wird der Unternehmer, dessen Werk infolge eines Mangels des vom Besteller gelieferten Stoffes untergegangen, verschlechtert oder unausführbar geworden ist, nämlich nur dann von der Mängelhaftung frei, wenn „nicht ein von ihm zu vertretender Umstand mitgewirkt hat". Wenn der Unternehmer den Mangel des gelieferten Stoffes bei sorgfältiger Prüfung hätte feststellen können, hat aber „ein von ihm zu vertretender Umstand mitgewirkt", er haftet für den Mangel des Werkes. Das ist im Kaufrecht anders geregelt. 36

Fraglich ist aber gleichwohl, ob der Unternehmer bei Anwendung von Kaufrecht nicht doch auf Schadensersatz nach § 280 Abs. 1 BGB haftet, wenn er den Mangel des gelieferten Stoffes erkennen konnte. Insoweit hätte er nämlich eine Prüfungs- und Aufklärungspflicht verletzt, die letztlich einen Mangel des Werkes verhindern sollte. Zu beachten ist insoweit, dass die Verbrauchsgüterkaufrichtlinie 1999/44/EG nicht die Schadensersatzansprüche zum Gegenstand hat, die sich aus einem pflichtwidrigen Verhalten bei der Abwicklung des Verbrauchsgüterkaufs ergeben können. Der Verbrauchsgüterkaufrichtlinie 1999/44/EG steht es deswegen nicht entgegen, Schadensersatzansprüche daraus herzuleiten, dass der Unternehmer den vom Verbraucher gelieferten Stoff nicht untersucht, sondern trotz erkennbarer Mängel verarbeitet hat, so dass die hergestellte Sache mangelhaft ist. Der Unternehmer haftet demnach auf Schadensersatz nach § 280 Abs. 1 BGB, wenn er den Mangel des gelieferten Stoffes erkennen konnte. Denn ihn trifft, wie den Werkunternehmer auch, die Verpflichtung, den gelieferten Stoff vor der Verwendung darauf zu untersuchen, ob er für die Herstellung oder Erzeugung der Sache geeignet ist. Verletzt er diese Untersuchungspflicht und ist deshalb die von ihm hergestellte oder erzeugte Sache mangelhaft, so haftet er aus der Verletzung dieser Untersuchungspflicht. Das setzt allerdings voraus, dass der Mangel bei der gebotenen zumutbaren Untersuchung für ihn erkennbar war. 37

VI. Ergänzende Anwendung einzelner werkvertraglicher Regelungen, § 650 Satz 3 BGB

Nach § 650 Satz 3 BGB sind auf Verträge über die Lieferung herzustellender oder zu erzeugender beweglicher Sachen ergänzend die werkvertraglichen Regelungen der §§ 642, 643, 645, 648 und 649 BGB anzuwenden, wenn es sich um nicht vertretbare Sachen handelt. An die Stelle der Abnahme tritt dann der nach den §§ 446 und 447 BGB maßgebliche Zeitpunkt. 38

Damit soll dem Umstand Rechnung getragen werden, dass in der Regel vor der Lieferung dieser Sachen noch ein aufwändiger Herstellungsprozess erforderlich ist, der für den Unternehmer besondere Risiken birgt, die die ergänzende Anwendung der darauf zugeschnittenen werkvertraglichen Regelungen rechtfertigen. Rechnung getragen wird andererseits aber auch der besonderen Interessenlage des Bestellers, der – ähnlich wie bei einem Werkvertrag – ein schutzwürdiges Interesse daran haben kann, aus dem Vertragsverhältnis und dem danach erforderlichen Herstellungsprozess vorzeitig „auszusteigen", etwa weil das Projekt aus wirtschaftlichen Gründen nicht mehr realisierbar ist. Ihm wird deshalb die Möglichkeit einer freien Kündigung eingeräumt, natürlich nicht mit den in § 648 BGB vorgesehenen Folgen. 39

Vertretbar sind bewegliche Sachen, die im Verkehr nach Zahl, Maß oder Gewicht bestimmt werden, also als absetzbare Handelsware anzusehen sind (Bamberger/Roth-Voit, BGB, § 650 Rdn. 17). Im Gegensatz dazu besitzen nicht vertretbare Sachen individuelle Merkmale, die die Verwendung zu anderen als den konkreten Vertragszwecken erschweren (BGH, Urt. v. 15.2.1990 – VII ZR 175/89 – und 4.12.1986 – VII ZR 354/85). 40

§ 650

41   In der baurechtlichen Literatur wird die Frage diskutiert, ob die Verweisung in § 650 Satz 3 BGB entsprechend anwendbar ist auf Verträge über die Lieferung vertretbarer Sachen, die zum Einbau in ein bestimmtes Bauvorhaben vorgesehen sind. *Voit* (BauR 2009, 369, 372, 373) vertritt mit beachtlichen Argumenten die Auffassung, dass es auch innerhalb der Gruppe der vertretbaren Sachen einen Teilbereich gebe, in dem die Anwendung ergänzender werkvertraglicher Regelungen – insbesondere des § 642 BGB – sachgerecht wäre. Das ist in der Sache sicherlich richtig. Einer analogen Anwendung dürfte aber das Fehlen einer planwidrigen Regelungslücke entgegenstehen. Der Gesetzgeber hat nämlich die ergänzende Anwendung werkvertraglicher Regelungen in § 650 Satz 3 BGB a. F. bewusst auf Verträge über die Lieferung nicht vertretbarer Sachen beschränkt (Messerschmidt/Voit-Messerschmidt/Leidig, § 650 BGB Rdn. 4; Rudolph BauR 2009, 1806).

C. Das „Bau-Kaufrecht"

I. Die gesetzlichen Grundlagen

42   Das Kaufrecht ist zunächst durch das am 1.1.2002 in Kraft getretene Schuldrechtsmodernisierungsgesetz ganz erheblich verändert worden. Es musste in weiten Teilen der Verbrauchsgüterkaufrichtlinie angepasst werden. Das hat zu einer deutlichen Annäherung an das Werkvertragsrecht geführt. Diese wurde im Wesentlichen dadurch erreicht, dass dem Käufer ein gesetzlicher Nacherfüllungsanspruch eingeräumt wurde. Er konnte nunmehr verlangen, dass ihm eine mangelfreie Sache geliefert wurde bzw. eine Nachbesserung erfolgte, § 437 Nr. 1, § 439 BGB. Außerdem haftete der Verkäufer anders als nach altem Recht unabhängig davon auf Schadensersatz, ob er den Mangel arglistig verschwiegen hatte oder der Sache eine zugesicherte Eigenschaft fehlte. Voraussetzung für den Schadensersatzanspruch war nach der am 1.1.2002 in Kraft getretenen Neuregelung vielmehr allein das Vorliegen eines Mangels, den der Verkäufer zu vertreten hatte, § 437 Nr. 3, § 440, § 280 Abs. 1 BGB. Zudem wurde die Gewährleistungsfrist für Mängel von gekauften Bauwerken und von gekauften Sachen, die entsprechend ihrer üblichen Verwendungsweise für ein Bauwerk verwendet worden waren und dessen Mangelhaftigkeit verursacht haben, auf fünf Jahre festgesetzt, § 438 Abs. 1 Nr. 2 a) und b) BGB. Vor allem mit dieser Regelung wurde dem Unterschied zwischen Kauf- und Werkvertrag zumindest teilweise die Spitze genommen, weil nunmehr auch der Baustofflieferant grundsätzlich mit einer fünfjährigen Verjährungsfrist rechnen musste. Diese begann allerdings schon mit der Ablieferung der Sache, während der Unternehmer seinerseits dem Bauherrn gegenüber auf die Dauer von fünf Jahren ab Abnahme des Bauwerks haftete. Es konnte aber sein, dass diese Abnahme erst Monate oder sogar Jahre nach Ablieferung erfolgte und der Unternehmer deshalb dem Bauherrn gegenüber für Mängel des Bauwerks, die auf den mangelhaft gelieferten Bauteilen beruhten, haftete, während seine Mängelansprüche gegenüber seinem Bauteillieferanten längst verjährt und daher nicht mehr durchsetzbar waren.

43   Der Gesetzgeber hat durch das am 1.1.2018 in Kraft getretene Gesetz zur Reform des Bauvertragsrechts und zur Änderung der kaufrechtlichen Mängelhaftung (BGBl. I, 2017, 969 ff.) weitere umfangreiche Änderungen vorgenommen.

44   Nach § 439 Abs. 3 BGB n. F. ist der Verkäufer einer mangelhaften Sache, die der Käufer gemäß ihrer Art und ihrem Verwendungszweck in eine andere Sache eingebaut oder an eine andere Sache angebracht hat, im Rahmen der Nacherfüllung verpflichtet, dem Käufer die erforderlichen Aufwendungen für das Entfernen der mangelhaften und den Einbau oder das Anbringen der nachgebesserten oder gelieferten mangelfreien Sache zu ersetzen; § 442 Abs. 1 ist mit der Maßgabe anzuwenden, dass für die Kenntnis des Käufers an die Stelle des Vertragsschlusses der Einbau oder das Anbringen der mangelhaften Sache durch den Käufer tritt. Damit hat der Gesetzgeber die verschuldensunabhängige Haftung des Verkäufers für die Kosten des Ausbaus der mangelhaften und des Einbaus der mangelfreien Sache auf alle Kaufverträge – auch zwischen Unternehmern – erstreckt und der unseligen Rechtsprechung des BGH zur gespaltenen Auslegung des § 439 BGB a. F. (BGH, Urt. v. 21.12.2011 – VIII ZR 70/08; Urt. v. 17.10.2012 – VIII ZR 226/11; Urt. v. 2.4.2014 – VIII ZR 46/13), die auf zwei Entscheidungen des EuGH zurückging (EuGH, Entscheidungen vom 16.06.2011 – C-65/09 und C-87/09, NJW 2011, 2269) und die verschuldensunabhängige Haftung des Verkäufers für die Aus- und Einbaukosten auf Verbraucherverträge beschränkt hatte, ein Ende bereitet. § 440 BGB ist der Neuregelung angepasst worden.

Durch die neu eingefügten §§ 445a und 445b BGB sind die Rückgriffsansprüche des Ver- 45
käufers einer mangelhaften Sache gegen seinen Lieferanten geregelt worden. Nach § 445a Abs. 1
BGB kann der Verkäufer von seinem Lieferanten Ersatz der Aufwendungen verlangen, die er
im Verhältnis zum Käufer nach § 439 Abs. 2 und 3 sowie § 475 Abs. 4 und 6 BGB zu tragen
hatte, wenn der vom Käufer geltend gemachte Mangel bereits beim Übergang der Gefahr auf
den Verkäufer vorhanden war. Der Verkäufer kann somit auch die ihm entstandenen Kosten
des Ausbaus der mangelhaften Sache und des Einbaus der mangelfreien Sache an seinen Lieferanten „weiterreichen". Nach § 445a Abs. 2 BGB bedarf es für die in § 437 BGB bezeichneten
Rechte des Verkäufers gegen seinen Lieferanten der sonst erforderlichen Fristsetzung nicht,
wenn der Verkäufer die neu hergestellte Sache als Folge ihrer Mangelhaftigkeit zurücknehmen
musste oder der Käufer den Kaufpreis gemindert hat. Nach § 445a Abs. 3 BGB finden diese
Vorschriften sinngemäß in der weiteren Lieferkette Anwendung. Nach § 445a Abs. 4 BGB
bleibt § 377 HGB aber unberührt.

§ 445b BGB trifft eine nicht unkomplizierte Verjährungsregelung. Danach verjähren die 46
Aufwendungsersatzansprüche des Verkäufers gegen seinen Lieferanten grundsätzlich in zwei
Jahren. Nach § 445b Abs. 2 BGB tritt die Verjährung der oben beschriebenen Ansprüche
frühestens zwei Monate nach dem Zeitpunkt ein, in dem der Verkäufer die Ansprüche seines
Käufers erfüllt hat. Diese Ablaufhemmung endet spätestens fünf Jahre nach dem Zeitpunkt,
in dem der Lieferant die Sache dem Verkäufer abgeliefert hat.

II. Die Besonderheiten des „Bau-Kaufrechts"

Auch diese gesetzlichen Neuregelungen ändern aber nichts daran, dass nach wie vor erhebli- 47
che Unterschiede zwischen dem Kaufrecht und dem Werkvertragsrecht bestehen. Im Einzelfall
kann es daher von ausschlaggebender Bedeutung sein, ob der Vertrag rechtlich als Kaufvertrag
(ggf. mit Montageverpflichtung oder als Handelsgeschäft), Vertrag im Sinne von § 650 BGB
oder als reiner Werkvertrag einzuordnen ist. Ist Kaufrecht anwendbar, müssen die auch nach
den Gesetzesänderungen verbliebenen Unterschiede zwischen dem allgemeinen Kaufrecht und
dem Werkvertragsrecht, die Besonderheiten des Verbrauchsgüterkaufs und die der Handels-
bzw. Unternehmergeschäfte („B2B-Geschäfte") im Auge behalten werden.

1. Die Besonderheiten des allgemeinen Kaufrechts gegenüber dem Werkvertragsrecht

a) Fälligkeit

Der Käufer hat den vereinbarten Kaufpreis zu zahlen, § 433 Abs. 2 BGB. Der Kaufpreisan- 48
spruch wird – anders als im Werkvertragsrecht – bereits mit Vertragsabschluss fällig. Bis zur
Ablieferung steht dem Käufer aber ein Leistungsverweigerungsrecht zu, § 320 BGB. Erst jetzt
kann der Verkäufer seinen Kaufpreisanspruch durchsetzen. Er muss daher nicht selten – ähnlich wie ein Werkunternehmer – die mit der Herstellung der bestellten Bauteile verbundenen
erheblichen Kosten vorfinanzieren und geht damit ein nicht unerhebliches Risiko ein.

b) Abschlagszahlungen

Einen gesetzlichen Anspruch auf Abschlagszahlung sieht das Kaufrecht nicht vor. § 632a BGB 49
gilt nur für Werkverträge. In der Praxis versuchen die Hersteller von Bauteilen daher nicht
selten, in ihren Allgemeinen Geschäftsbedingungen Regelungen über Abschlagszahlungen zu
treffen. Das ist rechtlich nicht unproblematisch, da das Kaufrecht – Leitbild für die Klauselkontrolle – derartige Abschlagszahlungen nicht vorsieht. Das allein zwingt aber noch nicht
zu der Schlussfolgerung, dass jede Regelung in den Allgemeinen Geschäftsbedingungen eines
Vertrages über die Lieferung von vom Verkäufer herzustellenden beweglichen Sachen, die eine
Abschlagszahlung vorsieht, unwirksam ist. Eine unangemessene Benachteiligung im Sinne von
§ 307 Abs. 1 Satz 1, Abs. 2 Nr. 1 BGB liegt vielmehr „im Zweifel" nur dann vor, wenn eine Bestimmung „mit wesentlichen Grundgedanken der gesetzlichen Regelung, von der abgewichen
wird, nicht zu vereinbaren ist." Wesentlicher Grundgedanke des Kaufrechts ist der Leistungsaustausch Zug um Zug, Kaufsache gegen Kaufpreis. Der „Bauteillieferungsvertrag" weist aber
Besonderheiten auf, auf die das Kaufrecht nicht zugeschnitten ist. Der Verkäufer muss die
häufig nach Maß bestellten Bauteile in einem nicht selten aufwändigen Herstellungsprozess
erzeugen und die damit verbundenen Material- und Lohnkosten vorfinanzieren. Handelt es
sich um nicht marktgängige Sachen, geht er damit erhebliche Risiken ein. Scheitert die Ab-

§ 650

wicklung des Vertrages schon vor Auslieferung der Bauteile an der Zahlungsunfähigkeit des Käufers, bleibt der Verkäufer auf den von ihm vorgefertigten Bauteilen sitzen, sie sind häufig nicht anderweitig absetzbar. Kommt es zur Ablieferung, nützt ihm zumindest ein „einfacher Eigentumsvorbehalt" wenig, da die gelieferten Bauteile mit Einbau in das Eigentum des Grundstückseigentümers übergehen. Er ist daher in einer wesentlich schwierigeren Position als der Verkäufer eines Pkw, der zur Sicherung seines Kaufpreisanspruchs einen Eigentumsvorbehalt vereinbart hat und die Fahrzeugpapiere einbehält. Der Lieferant von Bauteilen hat daher ein besonderes schutzwürdiges Interesse an der Sicherung seiner Vergütungsansprüche, seine Stellung kommt der eines Werkunternehmers sehr nahe. Für das Werkvertragsrecht hat der Gesetzgeber aber ein berechtigtes Interesse an Abschlagszahlungen in § 632a BGB anerkannt. Diese Überlegung könnte die Schlussfolgerung rechtfertigen, dass auch in Allgemeinen Geschäftsbedingungen von Kaufverträgen über die Lieferung herzustellender oder zu erzeugender beweglicher Bauteile Abschlagszahlungen vorgesehen werden dürfen, ohne dass hierin eine unangemessene Benachteiligung des Vertragspartners zu sehen ist. Das setzt aber voraus, dass sich die Regelung in dem im Werkvertragsrecht vorgegebenen Rahmen hält und nicht unter dem „Deckmantel der Abschlagszahlung" tatsächlich Vorauszahlungen geltend gemacht werden (Voit, Baurecht 2009, 376 m. w. N.).

c) Sicherheitsleistung

50 Das Kaufrecht ist auf Leistungsaustausch Zug um Zug gerichtet. Es sieht keine Regelungen über eine Sicherheitsleistung vor.

51 Etwas anderes gilt natürlich, wenn die Stellung einer Sicherheit vertraglich vereinbart ist.

52 Ungeklärt ist, ob der Verkäufer, der sich zur kostenaufwändigen Herstellung und Lieferung von Bauteilen verpflichtet hat, in seinen Allgemeinen Geschäftsbedingungen eine Regelung über die Stellung von Sicherheiten vorsehen darf, die den werkvertraglichen Regelungen nahekommt, oder ob hierin eine unangemessene Benachteiligung des Vertragspartners im Sinne von § 307 Abs. 1 BGB zu sehen ist. Hier dürften ähnliche Überlegungen anzustellen sein wie zu den eben erörterten AGB-Regelungen über Abschlagszahlungen.

53 Ebenso dürfte im umgekehrten Fall, also wenn der Käufer Abschlagszahlungen leistet, eine in AGB des Käufers vereinbarte Vertragserfüllungssicherheit zu seinen Gunsten, die über 10% des Kaufpreises hinausgeht, anders als im Werkvertragsrecht keinen Bedenken begegnen. Denn der Käufer kann ja nach dem Gesetz bis zur Ablieferung des Kaufgegenstandes die Kaufpreiszahlung verweigern (→ Rdn. 48). Dann erscheint es unkritisch, wenn er sich für den Fall von Abschlagszahlungen eine entsprechend hohe Sicherheit versprechen lässt.

d) Der Umfang der Mängelhaftung

54 Die gekauften Bauteile sind mangelfrei herzustellen und zu liefern. Der Mangelbegriff als solcher ist in § 434 BGB geregelt. Danach muss die Sache bei Gefahrübergang die vereinbarte Beschaffenheit haben. Soweit diese nicht vereinbart ist, muss die Sache sich für die nach dem Vertrag vorausgesetzte Verwendung eignen. Sonst muss sie sich jedenfalls für die gewöhnliche Verwendung eignen und eine Beschaffenheit aufweisen, die bei Sachen der gleichen Art üblich ist und die der Käufer nach der Art der Sache erwarten kann. Eine darüber hinaus gehende Erfolgshaftung – wie etwa im Werkvertragsrecht – kennt das Kaufrecht nicht, kann aber vertraglich vereinbart werden.

aa) Haftung für Werbeaussagen

55 Ob ein Mangel vorliegt, bestimmt sich nach der vertraglich vereinbarten Beschaffenheit. Nach § 434 Abs. 1 Satz 3 BGB gehören zu der vertraglich vereinbarten Beschaffenheit auch Eigenschaften, die der Käufer nach den öffentlichen Äußerungen des Verkäufers, des Herstellers oder seines Gehilfen insbesondere in der Werbung oder bei der Kennzeichnung über bestimmte Eigenschaften der Sache erwarten kann, es sei denn, dass der Verkäufer die Äußerung nicht kannte und auch nicht kennen musste, dass sie im Zeitpunkt des Vertragsschlusses in gleichwertiger Weise berichtigt war oder dass sie die Kaufentscheidung nicht beeinflussen konnte. Diese Haftung für Werbeaussagen beruht auf den Vorgaben der Verbrauchsgüterkaufrichtlinie. Sie ist von erheblicher Bedeutung, denn es kommt nicht darauf an, ob die Werbeaussage von dem Verkäufer selbst kommt. Er haftet auch für Werbeaussagen des Herstellers, also z. B. für Produktbeschreibungen in der Fernseh-, Zeitungs- oder Radiowerbung (Vorwerk, BauR 2002, 167 ff.).

Anwendung des Kaufrechts §650

bb) Umfang des Nacherfüllungsanspruchs

Sind die gelieferten Bauteile mangelhaft, besteht ein Nacherfüllungsanspruch. Der Käufer 56 hat grundsätzlich die Wahl, ob er als Nacherfüllung die Beseitigung des Mangels oder die Lieferung einer mangelfreien Sache verlangen will, § 439 Abs. 1 BGB.

Der Verkäufer hat auch die zum Zwecke der Nacherfüllung erforderlichen Aufwendungen, 57 insbesondere Transport-, Wege-, Arbeits- und Materialkosten zu tragen, § 439 Abs. 2 BGB.

Streitig war aber, ob dazu auch die Kosten für den Ausbau der mangelhaften und den Einbau 58 der mangelfreien Sache zu zählen waren.

(1) Rechtslage für die bis zum 31.12.2017 geschlossenen Verträge. Im Gegensatz 59 zum Werkvertragsrecht, für das schon immer eine umfassende Nacherfüllungsverpflichtung des Unternehmers bejaht wurde, schuldete nach der Rechtsprechung des Bundesgerichtshofs der Verkäufer im Kaufrecht nur sehr begrenzt Ersatz für derartige Aufwendungen. Insbesondere die Kosten für den Einbau der ersatzweise nachgelieferten mangelfreien Kaufsache waren nach der Rechtsprechung des BGH nicht von der Nacherfüllungsverpflichtung aus § 439 BGB Abs. 2 BGB umfasst und deshalb nur dann geschuldet, wenn die nicht leicht zu erfüllenden Voraussetzungen für die Geltendmachung eines Schadensersatzanspruchs vorlagen (so die „Parkettstäbeentscheidung" des BGH vom 15.7.2008 – VII ZR 211/07). Das hat der EuGH dann aber für den Verbrauchsgüterkauf anders entschieden und erklärt, der Verkäufer habe auch die Kosten des Ausbaus der mangelhaften Sache und des Einbaus der von ihm nachzuliefernden mangelfreien Sache zu tragen (EuGH Urt. v. 16.6.2011 – C-65/09 – und C-87/09, NJW 2011, 2269). Dem ist der BGH für den Verbrauchsgüterkauf gefolgt. § 439 Abs. 1 Alt. 2 BGB sei richtlinienkonform dahin auszulegen, dass die dort genannte Nacherfüllungsvariante „Lieferung einer mangelfreien Sache" auch den Ausbau und den Abtransport der mangelhaften Kaufsache erfasse. Diese Auslegung sei noch vom Wortlaut des § 439 Abs. 1 Alt. 2 BGB umfasst. Zwar sei im nationalen Kaufrecht unter „Lieferung" grundsätzlich nur die Handlung zu verstehen, die der Verkäufer vorzunehmen habe, um seine Übergabe- und Übereignungspflicht aus § 433 Abs. 1 BGB zu erfüllen. Das schließe aber nicht aus, den in § 439 Abs. 1 Alt. 2 BGB verwendeten Begriff der Lieferung einer mangelfreien Sache weiter zu fassen und so zu verstehen, dass die dort genannte Nacherfüllungsvariante „Lieferung einer mangelfreien Sache" auch den Ausbau und den Abtransport der mangelhaften Sache umfasse (BGH, Urt. v. 21.12.2011 – VIII ZR 70/08).

Offen war danach, ob diese Erwägungen nur für den Verbrauchsgüterkauf gelten sollten 60 oder darüber hinaus auch für alle anderen Kaufverträge, also auch für Kaufverträge zwischen Unternehmern und Kaufverträge zwischen Verbrauchern. Offen war zunächst weiter, ob dem Käufer auch ein Anspruch auf die Kosten des Einbaus der als Ersatz gelieferten Sache zusteht. Diese Fragen hat der BGH dann dahin entschieden, dass die richtlinienkonforme Auslegung des § 439 Abs. 1 BGB nur für den Verbrauchsgüterkauf gelte. § 439 Abs. 1 Alt. 2 BGB sei insoweit aber richtlinienkonform dahin auszulegen, dass die Nacherfüllungsvariante „Lieferung einer mangelfreien Sache" neben dem Ausbau und Abtransport der mangelhaften Sache auch den Einbau der als Ersatz gelieferten Sache umfasse (BGH, Urt. v. 17.10.2012 – VIII ZR 226/11).

Ob diese „gespaltene Auslegung" des Gesetzes wirklich zwingend geboten war, mag da- 61 hinstehen. Die Praxis hatte sich aber an dieser Rechtsprechung zu orientieren. Es musste also sorgfältig unterschieden werden zwischen Verbraucher-Kaufverträgen und Kaufverträgen zwischen Unternehmern bzw. Kaufverträgen zwischen Verbrauchern. Bei einem „Unternehmervertrag" bzw. einem Vertrag zwischen Verbrauchern bestand nämlich kein Anspruch auf Ersatz der Aus- und Einbaukosten, auch nicht als „Folgeanspruch" nach verweigerter oder fehlgeschlagener Nachbesserung (BGH, Urt. v. 2.4.2014 – VIII ZR 46/13).

(2) Rechtslage für die ab 1.1.2018 geschlossenen Verträge. Diese wenig glückliche 62 Rechtslage hat der Gesetzgeber durch das am 1.1.2018 in Kraft getretene Gesetz zur Reform des Bauvertragsrechts und zur Änderung der kaufrechtlichen Mängelhaftung (BGBl. I, 2017, 969 ff.) geändert. Der neu eingefügte § 439 Abs. 3 BGB regelt nunmehr, dass der Verkäufer einer mangelhaften Sache, die gemäß ihrer Art und ihrem Verwendungszweck in eine andere Sache eingebaut oder an eine andere Sache angebracht worden ist, dem Käufer die erforderlichen Aufwendungen für das Entfernen der mangelhaften und den Einbau oder das Anbringen der nachgebesserten oder gelieferten mangelfreien Sache zu ersetzen hat. Das gilt für alle ab 1.1.2018 abgeschlossenen Kaufverträge und ist nicht auf Verbraucherverträge beschränkt. Damit wird

§ 650

auch dem weiterverarbeitenden Unternehmer der Regress bei seinem Lieferanten auch wegen der Aus- und Einbaukosten unabhängig von dessen Verschulden ermöglicht bzw. erleichtert.

cc) Keine Einschränkung durch AGB

63 Nach § 309 Nr. 8, b), cc) BGB sind Regelungen in AGB unwirksam, durch die die Verpflichtung des Verwenders ausgeschlossen oder beschränkt wird, die zum Zwecke der Nacherfüllung nach § 439 Abs. 2 und 3 BGB oder § 635 Abs. 2 BGB erforderlichen Aufwendungen zu tragen oder zu ersetzen.

2. Besonderheiten des Verbrauchsgüterkaufs nach der zum 1.1.2018 in Kraft getretenen gesetzlichen Neuregelung

64 Verbrauchsgüterkäufe sind nach der gesetzlichen Definition des § 474 Abs. 1 Satz 1 BGB Verträge, durch die ein Verbraucher von einem Unternehmer eine bewegliche Sache kauft. Diese Verträge spielen im Baurecht eine große Rolle. Der Gesetzgeber hat deshalb durch das am 1.1.2018 in Kraft getretene Gesetz zur Reform des Bauvertragsrechts und zur Änderung der kaufrechtlichen Mängelhaftung (BGBl. I, 2017, 969 ff.) eine Reihe von Sonderregelungen zur Stärkung der Rechtsstellung des Verbrauchers getroffen.

a) Leistungszeit

65 Nach § 475 Abs. 1 BGB n. F. kann der Käufer die Sache, wenn eine Zeit für die nach § 433 BGB zu erbringenden Leistungen weder bestimmt noch aus den Umständen zu entnehmen ist, abweichend von § 271 Abs. 1 BGB nur unverzüglich verlangen. Der Unternehmer muss die Sache in diesem Fall spätestens 30 Tage nach Vertragsschluss übergeben. Die Vertragsparteien können die Leistungen aber auch sofort bewirken.

b) Gefahrtragung

66 Nach § 475 Abs. 2 BGB geht die Gefahr des zufälligen Untergangs und der zufälligen Verschlechterung nur dann auf den Käufer über, wenn der Käufer den Spediteur, den Frachtführer oder die sonst zur Ausführung der Versendung bestimmte Person oder Anstalt mit der Ausführung beauftragt hat und der Unternehmer dem Käufer diese Person oder Anstalt nicht zuvor benannt hat.

c) Umfang der Rückgewährverpflichtung bei Mängeln

67 Die in § 439 Abs. 5 BGB vorgesehene Rückgabepflicht wird für Verbrauchsgüterkäufe dahin eingeschränkt, dass Nutzungen nicht herauszugeben oder durch ihren Wert zu ersetzen sind. Die §§ 445 und 447 Abs. 2 BGB sind nicht anzuwenden.

d) Verweigerung der Nacherfüllung

68 Nach § 475 Abs. 4 BGB kann der Unternehmer, wenn die eine Art der Nacherfüllung nach § 275 Abs. 1 BGB ausgeschlossen ist oder er diese nach § 275 Abs. 2 oder 3 BGB oder § 439 Abs. 4 Satz 1 verweigern darf, die andere Art der Nacherfüllung nicht wegen Unverhältnismäßigkeit der Kosten nach § 439 Abs. 4 Satz 1 BGB verweigern. Ist die andere Art der Nacherfüllung wegen der Höhe der Aufwendungen nach § 439 Abs. 2 oder Abs. 3 Satz 1 BGB unverhältnismäßig, kann der Unternehmer den Aufwendungsersatz aber auf einen angemessenen Betrag beschränken. Bei der Bemessung dieses Betrages sind insbesondere der Wert der Sache in mangelfreiem Zustand und die Bedeutung des Mangels zu berücksichtigen.

69 Die Vorschrift stellt eine Sonderbestimmung zu § 439 Abs. 4 BGB für das Recht der Verbrauchsgüterkäufe dar und schließt die Leistungsverweigerung des Verkäufers wegen einer absoluten Unverhältnismäßigkeit aus. Sie findet ihren Grund in der Verbrauchsgüterkaufrichtlinie und der Entscheidung des EuGH vom 16.6.2011, nach der es ausgeschlossen ist, dass eine nationale gesetzliche Regelung dem Verkäufer das Recht gewährt, die einzig mögliche Art der Abhilfe wegen ihrer absoluten Unverhältnismäßigkeit zu verweigern. Eine Ausnahme hat der EuGH unter Rn. 74 seiner Entscheidung für den Fall zugelassen, dass die einzig mögliche Art der Nacherfüllung aufgrund der Aus- und Einbaukosten zu unverhältnismäßig hohen Kosten führen würde. Art. 3 Abs. 3 der Verbrauchsgüterkaufrichtlinie lasse für diesen Fall eine Beschränkung der Ansprüche des Verbrauchers auf einen angemessenen Betrag zu. Diese Ausnahme setzt § 475 Abs. 4 Satz 2 BGB hinsichtlich aller Aufwendungen um, die zu

Anwendung des Kaufrechts §650

einer Unverhältnismäßigkeit der Nacherfüllung führen können und schafft für den Verkäufer ein als Einrede ausgestaltetes beschränktes Leistungsverweigerungsrecht.

§ 475 Abs. 4 Satz 3 BGB regelt die Berechnung des angemessenen Betrages und orientiert sich dabei an den Vorgaben in der Entscheidung des EuGH vom 16.6.2011. Zweck der Verbrauchsgüterkaufrichtlinie ist danach die Gewährleistung eines hohen Verbraucherschutzniveaus. Der angemessene Betrag darf sich nicht allein am Kaufpreis orientieren. Es kommt auch darauf an, ob der Mangel die Funktionsfähigkeit des Werkes beeinträchtigt oder nur optischer Natur ist. Letztlich entscheiden die Umstände des Einzelfalles. 70

e) Vorschussanspruch

Nach § 475 Abs. 6 BGB kann der Verbraucher von dem Unternehmer für Aufwendungen, die ihm im Rahmen der Nacherfüllung gemäß § 439 Abs. 2 und 3 BGB entstehen und die vom Unternehmer zu tragen sind, Vorschuss verlangen. Einen solchen Vorschussanspruch bejahte der BGH bereits nach „altem Recht" (BGH, Urt. v. 13.4.2011 – VIII ZR 220/10, NJW 2011, 2278). Der Anspruch besteht bereits vor Durchführung der Nacherfüllungsmaßnahmen und soll den Verbraucher davor schützen, für Kosten in Vorlage treten zu müssen, die tatsächlich der Verkäufer zu tragen hat. 71

f) Abweichende Vereinbarungen

Nach § 476 Abs. 1 BGB kann der Unternehmer sich nicht auf eine Vereinbarung berufen, die vor der Mitteilung eines Mangels an ihn getroffen worden ist und zum Nachteil des Verbrauchers von den in den §§ 433 bis 435, 437, 439 bis 443 BGB und den Vorschriften dieses Untertitels abweicht. Die in Satz 1 bezeichneten Vorschriften finden auch Anwendung, wenn sie durch anderweitige Gestaltungen umgangen werden. 72

Nach § 476 Abs. 2 BGB kann die Verjährung der in § 437 BGB bezeichneten Ansprüche vor Mitteilung eines Mangels an den Unternehmer nicht durch Rechtsgeschäft erleichtert werden, wenn die Vereinbarung zu einer Verjährungsfrist ab dem gesetzlichen Verjährungsbeginn von weniger als zwei Jahren, bei gebrauchten Sachen von weniger als einem Jahr führt. 73

Nach § 476 Abs. 3 BGB gelten die Absätze 1 und 2 unbeschadet der §§ 307 bis 309 BGB nicht für den Ausschluss oder die Beschränkung des Anspruchs auf Schadensersatz. 74

g) Beweislastumkehr

Nach § 477 BGB n. F. ist – ebenso wie schon gem. § 476 BGB a. F. – zu vermuten, dass die Sache bereits bei Gefahrübergang mangelhaft war, wenn sich ein Sachmangel innerhalb von 6 Monaten nach Gefahrübergang zeigt, es sei denn, diese Vermutung ist mit der Art der Sache oder des Mangels unvereinbar. 75

h) Garantie

In § 479 BGB hat der Gesetzgeber die Anforderungen an eine Garantieerklärung festgelegt. 76

3. Besonderheiten des „Bau"-Handelskaufs („B2B-Geschäft")

a) Der Umfang des Nacherfüllungsanspruchs

Der Gesetzgeber hat mit dem am 1.1.2018 in Kraft getretenen Gesetz zur Reform des Bauvertragsrechts und zur Änderung der kaufrechtlichen Mängelhaftung (BGBl. I, 2017, 969 ff.) die Haftung des Verkäufers bei Lieferung mangelhafter Bauteile generell auch auf die Kosten des Ausbaus der gelieferten mangelhaften Sache und des Einbaus der mangelfreien Sache erstreckt und der unglücklichen BGH-Rechtsprechung zur gespaltenen Auslegung des § 439 BGB (BGH, Urt. v. 17.10.2012 – VIII ZR 226/11; Urt. v. 2.4.2014 – VIII ZR 46/13) damit ein Ende gesetzt. Der weiterverarbeitende Unternehmer kann daher seinen Baustofflieferanten auch auf Erstattung der Kosten des Ausbaus der mangelhaften und des Einbaus der mangelfreien Sache in Anspruch nehmen, wenn der Mangel des von ihm erstellten Werkes auf einen Mangel der von dem Lieferanten an ihn verkauften Baustoffe zurückzuführen ist. 77

b) Prüfungs- und Rügeobliegenheit nach § 377 HGB

Ist Kaufrecht anwendbar und liegen die Voraussetzungen eines Handelskaufs vor, so gelten aber auch die in §§ 373 ff. HGB vorgesehenen handelsrechtlichen Besonderheiten, insbesondere § 377 HGB. Nach § 377 Abs. 1 HGB hat der Käufer die Ware unverzüglich nach der Ablieferung 78

Bruinier 743

§ 650
Anwendung des Kaufrechts

durch den Verkäufer, soweit dies nach ordnungsgemäßem Geschäftsgang tunlich ist, zu untersuchen und, wenn sich ein Mangel zeigt, dem Verkäufer unverzüglich Anzeige zu machen. Unterlässt der Käufer die Anzeige, so gilt die Ware als genehmigt, es sei denn, dass es sich um einen Mangel handelt, der bei der Untersuchung nicht erkennbar war, § 377 Abs. 2 HGB. Zeigt sich erst später ein Mangel, so muss die Anzeige unverzüglich nach der Entdeckung gemacht werden; anderenfalls gilt die Ware auch in Ansehung dieses Mangels als genehmigt, § 377 Abs. 2 HGB. Nach § 381 Abs. 2 HGB ist § 377 HGB auch auf Verträge anzuwenden, die die Lieferung herzustellender oder zu erzeugender Sachen (§ 650 BGB) zum Gegenstand haben. Hat der weiterverarbeitende Unternehmer die rechtzeitige Prüfung bzw. Rüge versäumt, gelten die gelieferten Baustoffe als genehmigt. Mängelansprüche – insbesondere Ansprüche auf Erstattung der Aus- und Einbaukosten – stehen ihm dann gegen seinen Lieferanten nicht zu.

aa) Handelsgeschäfte

79   Handelsgeschäfte sind nach § 343 HGB alle Geschäfte eines Kaufmanns, die zum Betriebe seines Handelsgewerbes gehören. Dafür genügt ein entfernter, lockerer Zusammenhang (BGH NJW 1997, 1779). Auch Hilfs- und Nebengeschäfte zählen dazu, also auch der Bau oder Umbau von Betriebsgebäuden (BGHZ 63, 35). Im Zweifel gelten die von einem Kaufmann vorgenommenen Rechtsgeschäfte nach § 344 Abs. 1 HGB als zum Betriebe seines Handelsgewerbes gehörig.

80   Nach § 1 Abs. 1 HGB ist Kaufmann, wer ein Handelsgewerbe betreibt. Nach der Legaldefinition des § 1 Abs. 2 HGB ist Handelsgewerbe jeder Gewerbebetrieb, sofern das Unternehmen einen nach Art oder Umfang in kaufmännischer Weise eingerichteten Gewerbebetrieb erfordert. Regelmäßig wird ein Gewerbe als erkennbar planmäßige, auf Dauer angelegte, selbständige, auf Gewinnerzielung ausgerichtete oder jedenfalls wirtschaftliche Tätigkeit am Markt unter Ausschluss freiberuflicher, wissenschaftlicher oder künstlerischer Tätigkeit definiert (Baumbach/Hopt § 1 Rdn. 12). Diese Voraussetzungen wird ein Bauunternehmer regelmäßig erfüllen (Baumbach/Hopt § 1 Rdn. 23). Auch ein Handwerker ist Gewerbetreibender, bei Erforderlichkeit einer kaufmännischen Einrichtung des Unternehmens ist er auch ohne Eintragung Ist-Kaufmann (Baumbach/Hopt § 1 Rdn. 26). Betreibt er nur ein Kleingewerbe, kann er Kann-Kaufmann durch Eintragung gemäß § 2 HGB sein. Sowohl Bauunternehmer als auch Bauhandwerker können Formkaufmann kraft Gesetz nach § 6 HGB sein, z. B. im Falle einer GmbH, AG, KGaA und eingetragener Genossenschaft. Dagegen ist für die OHG und die KG ein Handelsgewerbe im Sinne von § 1 Abs. 2 HGB erforderlich (§§ 105 Abs. 2, 161 Abs. 2 HGB). Anderenfalls entstehen sie erst durch Eintragung.

bb) Gilt § 377 HGB auch für Verträge über die Lieferung herzustellender Bauteile?

81   Die Vorschrift gilt auch für Verträge über die Lieferung herzustellender oder zu erzeugender beweglicher Sachen = Bauteile, die zum Einbau in ein bestimmtes Bauvorhaben vorgesehen sind. Auch auf diese Verträge ist nämlich – wie oben dargelegt – Kaufrecht anwendbar, § 650 BGB. Seine entgegenstehende frühere Rechtsprechung (so noch BGH, Urt. v. 27.3.1980 – VII ZR 44/79) hat der BGH ausdrücklich aufgegeben (BGH, Urt. v. 23.7.2009 – VII ZR 151/08; Urt. v. 9.2.2010 – X ZR 82/07). Liegen die Voraussetzungen eines Handelskaufs vor, gelten daher auch für Verträge über die Lieferung von herzustellenden Bauteilen, die für ein bestimmtes Bauvorhaben vorgesehen sind, die in §§ 373 ff. HGB vorgesehenen handelsrechtlichen Besonderheiten und damit insbesondere § 377 HGB.

82   Unternehmer, die angelieferte Bauteile selbst einbauen, müssen daher die in § 377 HGB vorgesehene Untersuchung vornehmen, wenn sie nicht Gefahr laufen wollen, etwaige Mängelansprüche zu verlieren.

cc) Der Umfang der Prüfungs- und Rügeobliegenheit

83   Mit den Anforderungen an die Prüfungsobliegenheit des Käufers hat sich die Rechtsprechung wiederholt befasst. Insoweit kann nur auf das handelsrechtliche Schrifttum und die dort zitierte reiche Rechtsprechung verwiesen werden. Man kann die vielfältigen Formulierungsversuche wohl dahin zusammenfassen, dass der Umfang der Prüfungspflicht davon abhängt, „welche in den Rahmen eines ordnungsgemäßen Geschäftsgangs fallenden Maßnahmen einem ordentlichen Kaufmann im konkreten Einzelfall unter Berücksichtigung auch der schutzwürdigen Interessen des Verkäufers zur Erhaltung seiner Mängelansprüche zugemutet werden können" (BGH, Urt. v. 14.10.1970 – VIII ZR 156/68). Die Anforderungen an den Umfang der Prüfungspflicht sind letztlich durch eine Abwägung der Interessen des Verkäufers und des Käu-

Anwendung des Kaufrechts §650

fers zu ermitteln. Dabei ist einerseits das Interesse des Verkäufers zu berücksichtigen, sich nicht längere Zeit nach der Ablieferung der Sache nur noch schwer feststellbaren Gewährleistungsansprüchen ausgesetzt zu sehen. Andererseits dürfen die Anforderungen an eine ordnungsgemäße Untersuchung aber auch nicht überspannt werden (BGH, Urt. v. 24.2.2016 – VIII ZR 38/15). Entscheidend kommt es auf die objektive Sachlage und die allgemeine Verkehrsanschauung an, wie sie sich hinsichtlich eines Betriebes vergleichbarer Art gebildet hat, wobei allerdings „branchenübliche Schlampereien" nicht zum Maßstab gemacht werden dürfen.

Die Rechtsprechung ist bemüht, insoweit auch für den Baubereich Maßstäbe zu entwickeln, ist dabei aber naturgemäß immer auf die Entscheidung über bestimmte Einzelfälle beschränkt. Es kann daher nur davor gewarnt werden, veröffentlichte Entscheidungen zur Prüfungs- und Rügeobliegenheit des Käufers unbesehen auf andere Fälle zu übertragen. Nach dieser Warnung kann aber gleichwohl auf verschiedene Entscheidungen hingewiesen werden, die auch für den Baubereich Bedeutung haben. Bei einem Handelskauf (hier: Lieferung von Betonfertigteilen) muss der Käufer die gelieferten Waren gemäß §377 HGB unverzüglich untersuchen, was auch bei Sukzessivlieferungen grundsätzlich eine zumindest stichprobenweise Untersuchung jeder Lieferung beinhaltet, und einen Mangel unverzüglich anzeigen. Unterlässt der Käufer die Anzeige, so gilt die Ware als genehmigt und der Käufer muss trotz etwaiger Mängel die vereinbarte Vergütung zahlen, es sei denn, es handelt sich um einen Mangel, der bei der Untersuchung nicht erkennbar war (OLG Brandenburg, Urt. v. 22.2.2012 – 4 U 69/11). Kann die Überprüfung der Funktionsfähigkeit einer gelieferten Anlage erst nach vollständiger Herstellung der Gesamtanlage erfolgen, entsteht die Untersuchungs- und Rügeobliegenheit des Auftraggebers auch erst mit deren erster Inbetriebnahme (OLG Naumburg, Urt. v. 25.6.2009 – 1 U 14/06; OLG Düsseldorf, Urt. v. 6.11.2012 – I-21 U 75/11; dazu auch Winz/Scheef BauR 2013, 653, 667). Die Untersuchungs- und Rügeobliegenheit nach §377 HGB trifft im Prinzip auch den Zwischenhändler. Hier sind jedoch weniger strenge Anforderungen zu stellen als an den Verarbeiter. Die Branchenüblichkeit bestimmter Untersuchungen kann deshalb bei Zwischenhändlern anders zu beurteilen sein (OLG Nürnberg, Urt. v. 25.11.2009 – 12 U 715/09). Im Stahlhandel ist der Käufer trotz Vorlage eines Werkszeugnisses durch den Lieferanten verpflichtet, den Kohlenstoffgehalt des gelieferten Stahls durch ein Labor überprüfen zu lassen (OLG Hamm, Urt. v. 25.6.2010 – 19 U 154/09).

84

dd) Fristen

Die Rügefristen sind – wie im Handelsrecht üblich – sehr kurz (dazu Winz/Scheef BauR 2013, 653, 665). Erfolgt die Inbetriebnahme der gelieferten und montierten Anlage am 13.4. des Jahres, ist eine Mängelrüge am 2.5. nicht mehr unverzüglich im Sinne des §377 HGB (OLG Düsseldorf Urt. v. 6.11.2012 – I-21 U 75/11).

85

ee) Ausschluss bzw. Einschränkung der Prüfungs- und Rügepflicht

§377 HGB ist dispositiv und kann durch individualvertragliche Vereinbarung zugunsten des Auftraggebers abbedungen werden (Hopt, in Baumbach/Hopt, HGB §377 Rdn. 57). Der gänzliche Ausschluss durch AGB ist hingegen unwirksam (BGH NJW 1991, 2633, 2634).

86

Einschränkungen der Prüfungs- und Rügepflicht durch individualvertragliche Regelung sind im Prinzip unbedenklich (MüKo-Grunewald, HGB, §377 Rdn. 120, 121). Auch durch AGB können in den Grenzen des §307 BGB einschränkende Vereinbarungen hinsichtlich des Zeitpunkts der Prüfung, der Dauer der Rügepflicht und des Untersuchungsumfangs getroffen werden (dazu eingehend Winz/Scheef BauR 2013, 655, 668 ff.). Insoweit wird die Rechtsprechung aber für den Bau- und Anlagenbaubereich noch Kriterien entwickeln müssen, um den Parteien die Vertragsgestaltung zu erleichtern.

87

c) Der Regressanspruch des weiterverarbeitenden Bauunternehmers gegen den Verkäufer mangelhafter Baustoffe

Der Gesetzgeber hat sich dankenswerterweise veranlasst gesehen, durch das am 1.1.2018 in Kraft getretene Gesetz zur Reform des Bauvertragsrechts und zur Änderung der kaufrechtlichen Mängelhaftung (BGBl. I, 2017, 969 ff.) der Rechtsprechung des Bundesgerichtshofs zur „gespaltenen Auslegung" des §439 Abs. 2 BGB ein Ende zu setzen und in dem neu eingefügten §439 Abs. 3 BGB ausdrücklich die Verpflichtung des Verkäufers einer mangelhaften Sache zum Ersatz auch der Kosten des Ausbaus der mangelhaften Sache und des Einbaus der nachgebesserten oder nachgelieferten mangelfreien Sache festzuschreiben, und zwar unabhängig davon, ob es sich um einen Verbrauchervertrag handelt und ob den Verkäufer an der mangelhaften Lie-

88

Bruinier

§ 650

ferung ein Verschulden trifft. Damit wird insbesondere dem weiterverarbeitenden Bauunternehmer wegen der oft erheblichen Aus- und Einbaukosten der Regress bei seinem Lieferanten ermöglicht bzw. erleichtert. Der Durchsetzung dieses Regressanspruchs stehen aber auch nach der gesetzlichen Neuregelung in der Praxis oft schwer überwindbare Hindernisse entgegen.

aa) Mangel des Werkes aufgrund der gelieferten Baustoffe

89 Dass ein Regressanspruch nur dann in Betracht kommt, wenn das von dem Unternehmer erstellte Werk mangelhaft und dieser Mangel auf die an ihn gelieferten Baustoffe zurückzuführen ist, bedarf keiner näheren Darlegung. Im Streitfall wird sich dieser Nachweis aber in aller Regel durch Zeugen und Sachverständigenbeweis führen lassen.

Anders liegt es jedoch, wenn der verwendete Baustoff als solcher gar nicht mangelhaft war, der Schaden vielmehr durch seine nicht fachgerechte Verwendung verursacht worden ist. Ist das der Fall, scheidet ein Regressanspruch des weiterverarbeitenden Unternehmers gegen seinen Lieferanten aus. Etwas anderes gilt nur dann, wenn der Verkäufer die im Einzelfall gebotenen Verarbeitungshinweise nicht oder nur unzureichend erteilt hat. Das wird bei Lieferverträgen mit einem Fachunternehmer aber nur in Ausnahmefällen zu bejahen sein.

bb) Die Notwendigkeit eines „Doppelmangels"

90 Die durch den Gesetzgeber eingeführte Neuregelung in § 439 Abs. 3 BGB ändert auch nichts daran, dass in den Fällen der Weiterverarbeitung zwei selbständige Vertragsverhältnisse unterschieden werden müssen, der – in der Regel – Kaufvertrag zwischen dem Lieferanten und dem weiterverarbeitenden Unternehmer und der Werkvertrag zwischen dem weiterverarbeitenden Unternehmer und dem Bauherrn. Auch wenn das von dem Unternehmer erstellte Werk mangelhaft und der Mangel auf den von dem Lieferanten bereitgestellten Baustoff zurückzuführen ist, bedeutet das aber nicht zwingend, dass dem Unternehmer eine mangelhafte Sache geliefert worden ist und er bei seinem Lieferanten Regress nehmen kann.

91 **Beispiel:** Der Unternehmer schuldet die Pflasterung einer Parkfläche mit Betonsteinen. Diese neigen herstellungsbedingt und technisch unvermeidbar zu Ausblühungen, die mehr oder weniger stark auftreten und mehr oder weniger dauerhaft sein können. Das ist jedem Fachmann bekannt. Der Unternehmer hatte es aber versäumt, den unkundigen Besteller auf dieses technisch unvermeidbare Risiko hinzuweisen. Dieser nimmt ihn daher, nachdem die heftigen Ausblühungen sich nicht mit zumutbaren Mitteln entfernen ließen, auf Mangelbeseitigung in Anspruch. Das Landgericht gibt ihm als Berufungsinstanz mit der Begründung Recht, derartige Ausblühungen seien als erheblicher optischer Mangel anzusehen, dessen Beseitigung der Besteller verlangen könne (so LG Osnabrück – 10 S 117/15). Der Unternehmer möchte nunmehr den Lieferanten in Regress nehmen.

92 War dem Lieferanten und dem Bauunternehmer bei Abschluss des Kaufvertrages das Risiko, dass es bei diesen Steinen zu technisch unvermeidbaren Ausblühungen kommen kann, bewusst, waren auch nur mit diesem Risiko behaftete Steine geschuldet. Die gelieferten Steine waren daher nicht mangelhaft. Der Unternehmer kann sich deshalb, wird er von dem Besteller wegen dieser Ausblühungen in Anspruch genommen, nicht bei dem Lieferanten der Steine schadlos halten können.

cc) Einbau in oder Anbringung an eine andere Sache

93 Ein Regressanspruch gegen seinen Lieferanten wegen der Aus- und Einbaukosten steht dem weiterverarbeitenden Unternehmer auch nur zu, wenn er die mangelhafte Sache in eine andere Sache eingebaut oder an eine andere Sache angebracht hat. Mit der Einbeziehung der Tatbestandsvariante „Anbringung an eine andere Sache" will der Gesetzgeber sicherstellen, dass Regressansprüche auch dann geltend gemacht werden können, wenn die gelieferten Materialien nicht im Wortsinne in ein Bauwerk eingebaut, sondern an dieses angebracht werden (Dachrinnen, Leuchten o.ä.). Ebenso werden auch mangelhafte Farben und Lacke erfasst, die zum Zwecke der Nacherfüllung abgeschliffen und erneut angebracht werden müssen (BT-Drucks. 18/11437 v. 8.3.2017, S. 46).

dd) Bestimmungsgemäße Verwendung

94 Ein Regressanspruch aus § 439 Abs. 3 BGB steht dem weiterverarbeitenden Unternehmer auch nur dann zu, wenn er die mangelhafte Sache gemäß ihrer Art und ihrem Verwendungszweck weiterverarbeitet hat. Die „artgerechte" Verwendung wird von der Üblichkeit bestimmt

Anwendung des Kaufrechts **§ 650**

und ist notfalls durch Sachverständigenbeweis zu klären. Der Verwendungszweck wird aber nicht nur von der bei einem solchen Baustoff allgemein üblichen Einsatzweise, sondern auch von den vertraglichen Vereinbarungen der Parteien bestimmt.

Beispiel: Der Unternehmer kauft bei dem Baustoffhändler ein bestimmtes Bauprodukt, das erklärtermaßen für die Herstellung einer Kunststofflaufbahn verwendet werden soll. Erweist sich dieses Produkt dann im Nachhinein als für diesen Zweck untauglich, entspricht es nicht der vereinbarten Beschaffenheit und ist mangelhaft, § 437 Abs. 1 BGB (so LG Potsdam Urt. v. 21.5.2014 – 3 O 86/13). Der Lieferant kann sich seiner Inanspruchnahme wegen der Aus- und Einbaukosten dann auch nicht mit dem Einwand entziehen, der von ihm gelieferte Baustoff sei nicht seiner Art und seinem eigentlichen Verwendungszweck entsprechend eingebaut worden. 95

Dem Unternehmer kann also nur angeraten werden, in Zweifelsfällen seinen Baustofflieferanten auf den beabsichtigten Verwendungszweck deutlich hinzuweisen, die beabsichtigte Verwendung zum Gegenstand des Vertrages zu machen und das auch beweiskräftig zu dokumentieren. Dem Lieferanten kann nur angeraten werden, in Zweifelsfällen mit Zusagen zur Eignung des zu liefernden Baustoffs für einen bestimmten Zweck vorsichtig zu sein. Er läuft Gefahr, unbeabsichtigt in die Haftung zu geraten, ohne sich bei seinem Großhändler bzw. dem Hersteller schadlos halten zu können, weil dieser sich die „überschießenden" Eignungszusagen des Händlers nicht zurechnen lassen wird. 96

ee) Keine Kenntnis des Mangels

Kennt der Käufer den Mangel schon bei Vertragsschluss, sind seine Rechte wegen dieses Mangels bereits nach § 442 Abs. 1 Satz 1 BGB ausgeschlossen. 97

Der Aufwendungsersatzanspruch entfällt aber auch dann, wenn der Mangel des gelieferten Baustoffes erst im Zeitpunkt des Einbaus bekannt war, § 439 Abs. 3 Satz 2 BGB, da der Käufer in diesen Fällen nicht schutzwürdig ist. Ist dem Käufer der Mangel der Sache bei ihrem Einbau infolge grober Fahrlässigkeit unbekannt geblieben, kommt § 442 Abs. 1 Satz 2 BGB entsprechend zur Anwendung. Der Käufer kann Rechte wegen dieses Mangels nur geltend machen, wenn der Verkäufer ihn arglistig verschwiegen oder eine Garantie für die Beschaffenheit der Sache übernommen hat. 98

ff) § 377 HGB

Liegt im Verhältnis zwischen dem Lieferanten und dem Bauunternehmer ein beiderseitiges Handelsgeschäft vor, gilt überdies § 377 HGB, ein scharfes Schwert, von dem die Gerichte aus naheliegenden Gründen nur allzu gern Gebrauch machen. Der Unternehmer hat den angelieferten Baustoff unverzüglich zu untersuchen und von Mängeln ebenso unverzüglich Anzeige zu machen. Unterlässt er das, gilt die Ware als genehmigt, es sei denn, dass es sich um einen Mangel handelt, der bei der Untersuchung nicht erkennbar war. Gilt die Ware im Verhältnis zum Lieferanten als genehmigt, steht dem weiterverarbeitenden Bauunternehmer gegen diesen ein Regressanspruch auch dann nicht zu, wenn er dem Besteller gegenüber wegen eines auf die mangelhafte Lieferung zurückzuführenden Baumangels umfassend zur Nachbesserung verpflichtet ist. 99

Im Übrigen wird auf die Ausführungen unter C., II., 3., b) (→ Rdn. 78 ff.) verwiesen. 100

gg) Die Einrede der Unverhältnismäßigkeit der Nachbesserungskosten

Ein weiterer Streitpunkt ist die Frage, ob – hier muss differenziert werden – der weiterverarbeitende Unternehmer sich gegenüber dem Nachbesserungsverlangen des Bestellers auf die Unverhältnismäßigkeit der dabei entstehenden Kosten berufen darf bzw. ob der Verkäufer diese Einrede dem Unternehmer entgegenhalten darf, der den Mangel beseitigt hat und nunmehr die Kosten des Aus- und Einbaus an ihn weiterreichen möchte. 101

(1) Das Leistungsverweigerungsrecht des weiterverarbeitenden Unternehmers gegenüber seinem Besteller. Der Unternehmer darf gegenüber dem Besteller die Nacherfüllung nach § 635 Abs. 3 BGB verweigern, wenn sie nur mit unverhältnismäßigen Kosten möglich ist (dazu Jaensch, NJW 2013, 1121). Die Vorschrift ist im Ansatz § 439 Abs. 4 Satz 1 BGB n. F. vergleichbar. Das Verweigerungsrecht ist danach gegeben, wenn der Aufwand des Unternehmers zur Mangelbeseitigung in keinem vernünftigen Verhältnis zu dem objektiven Interesse des Bestellers an einer mangelfreien Vertragsleistung steht und sich das Bestehen des Bestellers auf Vertragserfüllung unter Berücksichtigung aller Umstände des Einzelfalles als 102

Verstoß gegen Treu und Glauben darstellt (BGH, Urt. v. 4.4.2014 – V ZR 275/12; OLG Düsseldorf, Urt. v. 4.11.2014 – I – 21 U 23/14). Für die Beurteilung der Unverhältnismäßigkeit der Kosten kommt es auf den Beginn der Mangelbeseitigung durch den Unternehmer an. Stellt sich erst während der Ausführung heraus, dass die Kosten höher als erwartet sind, steht dies einer Ersatzpflicht nur entgegen, wenn ein wirtschaftlich denkender Käufer die Arbeiten auch unter Berücksichtigung der bereits angefallenen Kosten nicht fortführen würde bzw. fortgeführt hätte (BGH, Urt. v. 4.4.2014 – V ZR 275/12). Hätte der Unternehmer danach die Mangelbeseitigung gänzlich verweigern dürfen, hat er sich aber gleichwohl darauf eingelassen, steht ihm insbesondere hinsichtlich der Aus- und Einbaukosten ein Erstattungsanspruch gegen den Verkäufer der mangelhaften Sache gemäß §439 Abs. 3 BGB nicht zu, weil diese Aufwendungen tatsächlich nicht erforderlich waren. Das gilt auch, wenn es eine günstigere Art der Mangelbeseitigung gegeben hätte. Der Unternehmer kann dann nur wegen der objektiv erforderlichen Kosten Regressansprüche gegen den Lieferanten geltend machen. Erforderlich sind insoweit nur die Aufwendungen, die ein vernünftiger, wirtschaftlich denkender Erwerber aufgrund sachkundiger Beratung oder Feststellung auf sich genommen hätte (BGH, Urt. v. 31.1.1991 – VII ZR 63/90). Der Unternehmer sollte daher, steht ein Regressanspruch gegen seinen Lieferanten im Raum, die Berechtigung des Nachbesserungsverlangens sorgfältig prüfen. Der in Anspruch genommene Lieferant sollte das im Regressfall ebenso tun.

103 **(2) Das Leistungsverweigerungsrecht des Lieferanten gegenüber dem weiterverarbeitenden Unternehmer.** Daneben steht dem Verkäufer einer mangelhaften Sache nach §439 Abs. 1 und Abs. 4 BGB – unbeschadet des §275 Abs. 2 und 3 BGB – ein eigenes Leistungsverweigerungsrecht gegenüber dem Käufer zu, wenn die von dem Käufer gewählte Art der Nacherfüllung mit unverhältnismäßigen Kosten verbunden ist. Dabei sind insbesondere der Wert der Sache in mangelfreiem Zustand, die Bedeutung des Mangels und die Frage zu berücksichtigen, ob auf die andere Art der Nacherfüllung ohne erhebliche Nachteile für den Käufer zurückgegriffen werden könnte. Der Anspruch des Käufers beschränkt sich in diesem Fall auf die andere Art der Nacherfüllung. Das Recht des Verkäufers, auch diese unter den Voraussetzungen des Satzes 1 zu verweigern, bleibt unberührt. Eine Sonderregelung für den Verbrauchsgüterkauf enthält §475 Abs. 4 BGB.

104 Diese Regelung birgt ein hohes Streitpotential in sich. Das gilt insbesondere in den Fällen, in denen der Verkäufer vergleichsweise geringwertige Baustoffe geliefert hat, die sich als mangelhaft erweisen, aber nur mit ungewöhnlich hohen Kosten ausgetauscht werden können. Leiden die für 20,- € gelieferten Schrauben an einem für den Verkäufer und den weiterverarbeitenden Unternehmer nicht erkennbaren Materialfehler, kann das den weitgehenden Rückbau einer großen technischen Anlage verbunden mit hohen Produktionsausfällen nach sich ziehen. Hier wird man mit Spannung erwarten dürfen, wie die Rechtsprechung sich nach der Erstreckung des Anspruchs auf Nacherfüllung auch auf die Aus- und Einbaukosten positionieren wird. Der Umstand, dass der Bauunternehmer sich im Einzelfall gegenüber dem Bauherrn nicht auf die Unverhältnismäßigkeit der Nachbesserungskosten berufen darf, zwingt jedenfalls nicht zu der Schlussfolgerung, dass dann auch seinem Lieferanten die Erhebung dieser Einrede verwehrt sein muss. Hier wird man zwischen diesen beiden rechtlich selbständigen Vertragsverhältnissen unterscheiden müssen.

hh) Keine Einschränkung durch AGB

105 Nach §309 Nr. 8, b), cc) BGB sind AGB-Regelungen unwirksam, durch die die Verpflichtung des Verwenders, die zum Zwecke der Nacherfüllung nach §439 Abs. 2 und 3 BGB oder §635 Abs. 2 BGB erforderlichen Aufwendungen zu tragen oder zu ersetzen, ausgeschlossen oder beschränkt wird. Zwar ist die Vorschrift bei B2B-Geschäften nicht unmittelbar anwendbar. Geschäftsbedingungen unterliegen in diesen Fällen aber der Inhaltskontrolle nach §307 Abs. 1 und 2 BGB. Dabei sind die in den Klauselverboten zum Ausdruck kommenden Wertungen mit zu berücksichtigen (BGHZ 89, 363ff. und 90, 273ff.). Danach dürfte ein formularmäßiger Ausschluss oder eine formularmäßige Beschränkung der Verpflichtung des Verwenders, die zum Zwecke der Nacherfüllung erforderlichen Aufwendungen – insbesondere der Aus- und Einbaukosten – zu tragen, in aller Regel wegen unangemessener Benachteiligung des Vertragspartners unwirksam sein (BT-Drs. vom 18.5.2016, 18/8486 S. 37).

d) Der Regressanspruch des Verkäufers gegen seinen Lieferanten

106 Durch die mit dem am 1.1.2018 in Kraft getretenen Gesetz zur Reform des Bauvertragsrechts und zur Änderung der kaufrechtlichen Mängelhaftung (BGBl. I, 2017, 969ff.) neu eingefügten

Anwendung des Kaufrechts §650

§§ 445a und 445b BGB sind auch die Rückgriffsansprüche des Verkäufers einer mangelhaften Sache gegen seinen Lieferanten neu geregelt worden. Nach § 445a Abs. 1 BGB kann der Verkäufer von seinem Lieferanten Ersatz der Aufwendungen verlangen, die er im Verhältnis zum Käufer nach § 439 Abs. 2 und 3 BGB sowie § 475 Abs. 4 und 6 BGB zu tragen hatte, wenn der vom Käufer geltend gemachte Mangel bereits beim Übergang der Gefahr auf den Verkäufer vorhanden war. Dafür dürfte es reichen, wenn der Mangel zu diesem Zeitpunkt bereits „angelegt" war. Der Verkäufer kann dann auch die ihm entstandenen Kosten des Ausbaus der mangelhaften und des Einbaus der mangelfreien Sache an seinen Lieferanten „weiterreichen". Nach § 445a Abs. 2 BGB bedarf es für die in § 437 BGB bezeichneten Rechte des Verkäufers gegen seinen Lieferanten der sonst erforderlichen Fristsetzung nicht, wenn der Verkäufer die neu hergestellte Sache als Folge ihrer Mangelhaftigkeit zurücknehmen musste oder der Käufer den Kaufpreis gemindert hat. Nach § 445a Abs. 3 BGB finden diese Vorschriften sinngemäß in der weiteren Lieferkette Anwendung. Nach § 445a Abs. 4 BGB bleibt § 377 HGB aber unberührt. Die Verletzung der Prüfungs- oder Rügepflicht führt zu einer Unterbrechung der Regresskette.

§ 445b BGB trifft eine nicht unkomplizierte Verjährungsregelung. Danach verjähren die Aufwendungsersatzansprüche des Verkäufers gegen seinen Lieferanten grundsätzlich in zwei Jahren. Nach § 445b Abs. 2 BGB tritt die Verjährung der oben beschriebenen Ansprüche aber frühestens zwei Monate nach dem Zeitpunkt ein, in dem der Verkäufer die Ansprüche des Käufers erfüllt hat. Diese Ablaufhemmung endet spätestens fünf Jahre nach dem Zeitpunkt, in dem der Lieferant die Sache dem Verkäufer abgeliefert hat. **107**

D. Abweichende vertragliche Gestaltungsmöglichkeiten

Nicht geklärt ist bislang die Frage, ob die Parteien einen eigentlich als Kaufvertrag einzuordnenden Vertrag über die Lieferung herzustellender Bauteile einvernehmlich dem Werkvertragsrecht unterstellen bzw. ob und in welchem Umfang sie den als Kaufvertrag einzuordnenden Vertrag durch Individualvereinbarung oder AGB um typisch werkvertragliche Regelungen ergänzen können. Offen ist auch, ob für derartige Verträge die Geltung der VOB/B vereinbart werden kann bzw. welche Rechtsfolgen daran zu knüpfen sind. **108**

I. Abweichende Rechtswahl

Ungeklärt ist bislang, ob die Vertragsparteien – wenn es sich nicht um einen Verbrauchervertrag handelt, für den der Gesetzgeber das Leitbild „Kaufvertrag" zwingend vorgeben wollte – zumindest individualvertraglich die Anwendung des Werkvertragsrechts der §§ 631 ff. BGB vereinbaren können. In der Literatur (Voit, BauR 2009, 378) werden gegen eine solche „Rechtswahl" Bedenken geäußert; der Gesetzgeber habe in § 651 BGB die rechtliche Einordnung dieser Verträge verbindlich vorgegeben und damit auch das gesetzliche Leitbild festgelegt, an dem die in den Vertrag einbezogenen Allgemeinen Geschäftsbedingungen zu messen seien; darüber könnten sich die Parteien nicht einfach hinwegsetzen. Andere (Palandt/Grüneberg, BGB, Überbl. v. § 311 BGB Rdn. 15 und Palandt/Sprau, BGB, § 651 Rdn. 1) scheinen eine solche „Rechtswahl" jedenfalls im kaufmännischen Bereich für möglich zu halten. Dafür spricht der Grundsatz der Privatautonomie. Danach sind die Parteien in der Gestaltung ihrer vertraglichen Beziehungen frei, solange sie sich im gesetzlich vorgegebenen Rahmen bewegen. Dafür spricht weiter, dass auch diejenigen, die eine „Rechtswahl" für nicht möglich halten, den Parteien die Möglichkeit zugestehen müssen, die kaufvertraglichen Regelungen Stück für Stück durch werkvertragstypische Regelungen zu ersetzen. So können sie jedenfalls individualvertraglich vereinbaren, dass die Vergütungsforderung erst mit Abnahme bzw. Ablieferung der Kaufsache fällig sein soll, der Käufer unter bestimmten Voraussetzungen eine Abschlagszahlung schulde, dem Käufer bei Mängeln ein Selbstbeseitigungsrecht und ein Vorschussanspruch zustehen solle, den Käufer Mitwirkungspflichten (rechtzeitige Farbwahl und Maßangaben) treffen sollen, dem Verkäufer ein Anspruch auf Sicherheit zustehen solle, dem Käufer während des Herstellungsvorgangs ein freies Kündigungsrecht mit den Folgen des § 648 BGB zustehen solle und – beim Handelskauf – bestimmte eigentlich vom Käufer vorzunehmende Qualitätsprüfungen auf den Lieferanten übertragen werden sollen. Das spricht dafür, den Parteien – sofern es sich nicht um einen Verbrauchervertrag handelt – individualvertraglich auch die Möglich- **109** keit zu eröffnen, als „Kurzfassung" die Anwendung des Werkvertragsrechts zu vereinbaren. Zwingende gesetzliche Gründe, die dagegen sprechen könnten, sind nicht ersichtlich.

110 Eine solche „Rechtswahl" setzt allerdings mehr voraus als die Verwendung des altvertrauten Vertragsformulars, das mit „Werkvertrag" überschrieben ist. Die Parteien müssen sich ihrer Wahlmöglichkeit bewusst sein. Anderenfalls liegt lediglich eine Falschbezeichnung des Vertrages vor, der rechtlich als Kaufvertrag einzuordnen ist.

111 Bedenken bestehen allerdings gegen die Verwendung formularmäßiger Klauseln, die pauschal die Anwendung des Werkvertragsrechts auf Verträge über die Lieferung herzustellender beweglicher Bauteile vorsehen. Zum einen stoßen formularmäßige „Rechtswahlklauseln" in der Rechtsprechung ohnehin auf Bedenken; so hat der BGH eine Klausel in einem Vertrag über den Erwerb einer noch zu errichtenden Eigentumswohnung, die die Anwendung von Kaufrecht auch für die Herstellungsverpflichtung vorsah, für unwirksam gehalten, da sie einer Inhaltskontrolle nicht standhalte (BGH NJW 1979, 2207). Zum anderen wäre eine solche Rechtswahl aber auch mit dem Transparenzgebot des § 307 Abs. 1 Satz 2 BGB nicht vereinbar, da die werkvertraglichen Regelungen in ihrer Gesamtheit auch nicht uneingeschränkt auf diesen Vertragstyp passen und die pauschale Verweisung zu einer insgesamt unklaren Gesamtregelung führen kann (Voit BauR 2009, 369, 378 ff.; Jansen IBR 2010, 1361 (online); Sacher in Beck'scher VOB-Kommentar, Teil B, Einl. Rdn. 210).

II. Einbeziehung werkvertragstypischer Einzelregelungen

112 Wenn man die „Rechtswahl" Werkvertragsrecht für nicht möglich hält, wird man den Parteien aber nicht die Möglichkeit absprechen dürfen, den abzuschließenden Vertrag zumindest individualvertraglich um werkvertragstypische Einzelregelungen über die Fälligkeit des Kaufpreisanspruchs, Abschlagszahlungen, Mangelbeseitigungsrechte einschl. entsprechender Vorschussansprüche oder ein freies Kündigungsrecht des Bestellers während des Herstellungsvorgangs zu ergänzen. Auf die vorstehenden Ausführungen unter 1. wird verwiesen. Zwingende gesetzliche Gründe, die dagegen sprechen könnten, sind – wie oben schon erwähnt – nicht ersichtlich.

113 Der Umstand, dass das Kaufrecht entsprechende Regelungen nicht vorsieht, zwingt auch keineswegs zu der Schlussfolgerung, dass jede werkvertragstypische Regelung in den Allgemeinen Geschäftsbedingungen der Kaufvertragsparteien unwirksam sei. Eine unangemessene Benachteiligung im Sinne von § 307 Abs. 1 Satz 1, Abs. 2 Nr. 1 BGB liegt vielmehr „im Zweifel" nur dann vor, wenn eine Bestimmung „mit wesentlichen Grundgedanken der gesetzlichen Regelung, von der abgewichen wird, nicht zu vereinbaren ist". Wesentlicher Grundgedanke des Kaufrechts ist der Leistungsaustausch Zug um Zug, Kaufsache gegen Kaufpreis. Der „Bauteillieferungsvertrag" weist aber Besonderheiten auf, auf die das Kaufrecht nicht zugeschnitten ist. Der Verkäufer muss die häufig nach Maß bestellten Bauteile in einem nicht selten aufwändigen Arbeitsprozess herstellen und die damit verbundenen Material- und Lohnkosten vorfinanzieren. Handelt es sich um nicht marktgängige Sachen, geht er damit erhebliche Risiken ein. Scheitert die Abwicklung des Vertrages schon vor Auslieferung der Bauteile an der Zahlungsunfähigkeit des Bestellers, bleibt der Hersteller auf den vorgefertigten Bauteilen sitzen. Sie sind oft nicht anderweitig absetzbar. Kommt es zur Ablieferung und zum Einbau, nützt ihm zumindest ein „einfacher Eigentumsvorbehalt" nichts, da das Eigentum an den gelieferten Bauteilen trotzdem mit Einbau übergeht. Der Lieferant von Bauteilen hat daher ein schutzwürdiges Interesse an der Sicherung seiner Vergütungsansprüche. Seine Stellung kommt der eines Werkunternehmers sehr nahe, die ebenfalls die mit einer Vorleistungspflicht verbundenen Risiken zu tragen hat. Das Werkvertragsrecht sieht aber Abschlagsforderungen und Sicherheitsleistungen vor. Diese Überlegung könnte die Schlussfolgerung rechtfertigen, dass auch in Allgemeinen Geschäftsbedingungen von Kaufverträgen über die Lieferung herzustellender beweglicher Bauteile eher werkvertragstypische Regelungen etwa über Abschlagsforderungen und Sicherheitsleistungen getroffen werden dürfen, ohne dass hierin sogleich eine unangemessene Benachteiligung des Vertragspartners zu sehen ist (dazu auch Voit BauR 2009, 369; Jansen IBR 2010, 1361 online; Sacher in Beck'scher VOB-Kommentar, B, Einl., Rdn. 212).

114 Die formularmäßige Abbedingung der Untersuchungs- und Rügepflicht der §§ 377, 381 Abs. 2 HGB dürfte aber selbst bei Bauteillieferungsverträgen im kaufmännischen Bereich unwirksam sein (Baumbach/Hopt HGB § 377 Rdn. 59 m. w. N.). Vorstellbar ist aber die Verlagerung einzelner Überprüfungsmaßnahmen auf den Verkäufer etwa mit der Maßgabe, darüber entsprechende Prüfzeugnisse vorzulegen.

III. Einbeziehung der VOB/B

Von der formularmäßigen Einbeziehung der VOB/B in Bauteillieferungsverträge, die nach §650 BGB dem Kaufrecht unterliegen, kann nur dringend abgeraten werden (Joussen, BauR 2014, 1195 warnt zumindest vor einer „unreflektierten Vereinbarung" der VOB/B). Ob die VOB/B in solche Verträge überhaupt wirksam einbezogen werden kann, ist schon sehr streitig. Das OLG Rostock hat eine wirksame Einbeziehung mit der Begründung verneint, die VOB/B sei nur auf Bauleistungen anwendbar (OLG Rostock BauR 2010, 1223). Das OLG Nürnberg hat sich auf den Standpunkt gestellt, die Bezugnahme auf die VOB/B gehe „ins Leere" (OLG Nürnberg BauR 2007, 122). Selbst wenn man aber die Einbeziehung für möglich und die formularmäßige Regelung entgegen den sich geradezu aufdrängenden Bedenken für hinreichend transparent hielte, würde jedenfalls die Privilegierung nach §310 Abs. 1 Satz 3 BGB entfallen. Die anschließende Inhaltskontrolle – Leitbild Kaufrecht – würde allein zum Nachteil des Verwenders erfolgen mit der Folge, dass die ihn benachteiligenden VOB-Regelungen aufrechterhalten blieben, während die seinen Vertragspartner unangemessen benachteiligenden Klauseln sämtlich entfielen (Jansen IBR 2010, 1361 online; Weglage/Sitz NZBau 2011, 457; Sacher in Beck'scher VOB-Kommentar B Einl. Rdn. 211).

§650a BGB   Bauvertrag

(1) Ein Bauvertrag ist ein Vertrag über die Herstellung, die Wiederherstellung, die Beseitigung oder den Umbau eines Bauwerks, einer Außenanlage oder eines Teils davon. Für den Bauvertrag gelten ergänzend die folgenden Vorschriften dieses Kapitels.

(2) Ein Vertrag über die Instandhaltung eines Bauwerks ist ein Bauvertrag, wenn das Werk für die Konstruktion, den Bestand oder den bestimmungsgemäßen Gebrauch von wesentlicher Bedeutung ist.

Übersicht

	Seite
A. Spezialregelungen für den Bauvertrag und andere Verträge	751
B. Definition des Bauvertrages	752
I. Anknüpfung an §§634a und 648a BGB a. F.	752
II. Begriff des Bauwerks	753
III. Begriff der Außenanlage	756
IV. Leistungen für ein Bauwerk oder eine Außenanlage	756
1. Herstellung	757
2. Wiederherstellung	757
3. Umbau	758
4. Beseitigung	758
V. Begrenzung auf unwesentliche Leistungen	758
1. Instandhaltung	759
2. Vergleichbare Leistungen	759
3. Unwesentliche Leistungen für Neubauten	761

A. Spezialregelungen für den Bauvertrag und andere Verträge

Das Gesetz sieht für den Bauvertrag im Kapitel 2 des Untertitels 1 spezielle Regelungen vor. Sie betreffen:

- die Änderung des Vertrags, das Anordnungsrecht des Bestellers, §650b BGB,
- die Vergütungsanpassung bei Anordnung nach §650b Abs. 2 BGB,
- die einstweilige Verfügung, §650d BGB,
- die Sicherungshypothek des Bauunternehmers, §650e BGB,
- die Bauhandwerkersicherung, §650f BGB,
- die Zustandsfeststellung bei Verweigerung der Abnahme; Schlussrechnung, §650g BGB,
- die Schriftform der Kündigung.

Jurgeleit

§ 650a
Bauvertrag

2 Unter der Voraussetzung, dass ein Bauvertrag vorliegt, gelten die Regelungen auch im Verbraucherbauvertrag, § 650i Abs. 3 BGB, nach Maßgabe des § 650q Abs. 1 weitgehend ebenso im Architekten- und Ingenieurvertrag und mit den in § 650u Abs. 2 genannten erheblichen Einschränkungen im Bauträgervertrag.

3 Die spezifischen Regelungen gelten hingegen nicht für einen Vertrag über Bauleistungen, der nicht als Bauvertrag definiert ist. Für diesen Vertrag gelten die Regelungen des Werkvertragsrechts und gegebenenfalls die besonderen Regelungen des Architekten- und Ingenieurvertrags. Eine analoge Anwendung dieser Regelungen auf Verträge, die nur dem Werkvertragsrecht unterfallen, verbietet sich nach der Systematik des Gesetzes (tendenziell auch Motzke, NZBau 2017, 515, 516), weil eine unbewusste Gesetzeslücke nicht vorliegt.

B. Definition des Bauvertrages

4 Der Gesetzgeber war in der Pflicht, den Bauvertrag zu definieren, um den Anwendungsbereich der spezifischen Regelungen deutlich zu machen. Das ist in § 650a BGB geschehen. Voraussetzung für einen Bauvertrag ist danach zunächst, dass die im Gesetz genannten Leistungen für

- ein Bauwerk,
- eine Außenanlage
- oder eines Teils davon

vereinbart werden. Diese Leistungen sind

- die Herstellung,
- die Wiederherstellung,
- die Beseitigung oder
- der Umbau.

I. Anknüpfung an §§ 634a und 648a BGB a. F.

5 Damit grenzt sich die Definition eines Bauvertrags von der Definition der „Arbeiten an einem Bauwerk" ab, wie sie für § 634a BGB maßgebend ist → § 634a BGB Rdn. 13. Arbeiten an einem Bauwerk im Sinne des § 634a BGB müssen nicht zwingend identisch sein mit den Leistungen zur Herstellung, Wiederherstellung, Beseitigung oder den Umbau eines Bauwerks oder eines Teils davon. Die Außenanlage ist ohnehin in § 634a BGB nicht aufgeführt. Es gilt also, sich unbefangen von der Regelung des § 634a BGB der Auslegung des § 650a BGB zu nähern. Leider gibt die Gesetzesbegründung für die Auslegung der Norm wenig her. Nach der Begründung (BT-Drucks. 18/8486, S. 52) baut die in § 650a BGB vorgenommene Definition auf der bisherigen Rechtsprechung auf. Angeknüpft werde zum einen an den Begriff des Bauwerks, wie er bisher in § 634a Abs. 1 Nr. 2 BGB verwendet worden sei: Zur Auslegung des Bauwerksbegriffs werde in der Regel an die zu § 634a Absatz 1 BGB bzw. die Vorgängernorm des § 638 BGB ergangene Rechtsprechung angeknüpft werden können. Zum anderen werde auf den Begriff der Außenanlage Bezug genommen, der sich derzeit in § 648a BGB finde (a. a. O. S. 53). Diese Begründung beschränkt sich auf die Erläuterung, dass der Begriff des Bauwerks und der Außenanlage so zu verstehen ist, wie er sich in der Rechtsprechung zu §§ 634a und 648a BGB a. F. darstellt. Dagegen fehlt jegliche Erläuterung dazu, welche Überlegungen der Auswahl der Leistungsbegriffe „Herstellung", „Wiederherstellung", „Beseitigung" und „Umbau" zugrunde lagen. Vor allem fehlt eine Erläuterung dazu, warum der Gesetzgeber den Bauvertrag nicht als „Vertrag über Arbeiten an einem Bauwerk" definiert hat. Eine solche Definition hätte nicht nur auf die Rechtsprechung zum Begriff des „Bauwerks", sondern auch auf die Rechtsprechung zu den „Arbeiten am Bauwerk", wie sie zu § 634a BGB ergangen ist, verweisen können. Die nachfolgenden Probleme der Auslegung wären weitgehend vermieden worden, zumal nach der hier vertretenen Auffassung im Grundsatz der Bauvertrag gemäß § 650a BGB alle Arbeiten am Bauwerk erfasst, die auch von der Regelung des § 634a BGB erfasst sind → Rdn. 28 ff.

II. Begriff des Bauwerks

Werden die im Gesetz genannten Leistungen für ein Bauwerk vereinbart, liegt ein Bauvertrag vor. Unter einem Bauwerk wird in der Rechtsprechung eine unbewegliche, durch Verwendung von Arbeit und Material in Verbindung mit dem Erdboden hergestellte Sache verstanden (ständige Rspr. BGH, Urt. v. 20.12.2012 – VII ZR 182/10 m. w. N.; Urt. v. 24.2.2016 – VIII ZR 38/15). Ein Bauvertrag im Sinne des § 650a BGB liegt demgemäß vor, wenn vertraglich vereinbart wird, durch Verwendung von Arbeit und Material in Verbindung mit dem Erdboden eine unbewegliche Sache herzustellen, wiederherzustellen, zu beseitigen oder umzubauen. Ist hingegen das Produkt der Herstellung usw. eine bewegliche Sache, so liegt kein Bauvertrag vor, so dass nur das Werkvertragsrecht anzuwenden ist. Maßgeblich für die Abgrenzung ist demnach, was als unbewegliche Sache angesehen werden kann. Insoweit verweist der Gesetzgeber auf die Rechtsprechung zu den Verjährungsvorschriften als Anknüpfungspunkt. Diese Verweisung ist – wie im Gesetzgebungsverfahren offenbar wegen der weichen Formulierung bewusst war – nicht unproblematisch. Denn die Rechtsprechung verhält sich regelmäßig nicht allein zum Begriff des „Bauwerks", sondern zu dem Begriff der „Arbeiten an einem Bauwerk" im Sinne des § 634a BGB und nimmt vor allem eine am Sinn und Zweck der Verjährungsvorschriften orientierte Gesetzesauslegung vor (BGH, Urt. v. 30.1.1992 – VII ZR 86/90; Urt. v. 3.12.1998 – VII ZR 109/97; Urt. v. 20.12.2012 – VII ZR 182/10; Urt. v. 7.12.2017 – VII ZR 101/14 m. w. N.; vgl. von Craushaar, NJW 1975, 993, 995, Fischer, BauR 2005, 1073). Eine am Sinn und Zweck der Verjährungsvorschriften orientierte Auslegung des Begriffs „Bauwerk" kann jedoch an sich nicht dafür herhalten, den Anwendungsbereich eines Gesetzes zu definieren, das mit Verjährungsvorschriften nichts zu tun hat, sondern mit der Notwendigkeit spezifischer Vorschriften zur ökonomischen Abwicklung, wie z. B. das Anordnungsrecht oder die Bauhandwerkersicherung. Der Hinweis der Begründung auf die zu § 634a BGB ergangene Rechtsprechung ist auch deshalb kritisch, weil in § 650a Abs. 1 BGB eben nicht die „Arbeiten an einem Bauwerk" zum Gegenstand des Bauvertrags gemacht worden sind, sondern dieser Begriff ersetzt worden ist durch die Leistungen „Herstellung", „Wiederherstellung", „Beseitigung" oder „Umbau". Dazu gibt es keine Rechtsprechung. Insgesamt erweist sich deshalb der Hinweis auf die ergangene Rechtsprechung als oberflächlich. Gleichwohl ist die Entscheidung des Gesetzgebers zu respektieren, die für das Verjährungsrecht entwickelten Abgrenzungskriterien auch für die Frage gelten zu lassen, wie ein Bauwerk im Sinne des § 650a BGB zu verstehen ist. Im Einzelfall kann eine Korrektur erfolgen, sofern die insoweit entwickelten Kriterien mit dem Sinn und Zweck des § 650a BGB nicht zu vereinbaren sind, besondere Vorschriften für einen Vertragstyp zu entwickeln, der nach Vertragsdauer und -umfang auf längere Zusammenarbeit angelegt ist (BT-Drucks. 18/8486, S. 53).

Auf dieser Grundlage ist mit der gebotenen Vorsicht Folgendes festzuhalten: Der Begriff des Bauwerks erfasst Gebäude und andere von Menschen aus Material geschaffene, in vergleichbarer Weise ortsfest angebrachte Sachen. Voraussetzung für Arbeiten am Bauwerk ist stets, dass das Produkt der Arbeit fest mit dem Grundstück verbunden ist. Eine sachenrechtliche Zuordnung spielt jedoch keine Rolle (BGH, Urt. v. 20.6.1991 – VII ZR 305/90; Urt. v. 30.1.1992 – VII ZR 86/90, Urt. v. 7.12.2017 – VII ZR 101/14). Es kommt also nicht darauf an, ob die Verbindung mit dem Grundstück dazu führt, dass das Produkt ein wesentlicher Bestandteil des Grundstücks wird oder ob es nur ein Scheinbestandteil ist. Maßgeblich ist allein die funktionelle Einheit als Bauwerk (BGH, Urt. v. 18.1.2001 – VII ZR 247/98; Urt. v. 20.5.2003 – X ZR 57/02). Es sind keine zu hohen Maßstäbe an die Festigkeit der Verbindung mit dem Grundstück anzulegen. Es genügt eine enge und auf längere Dauer angelegte Verbindung mit dem Grundstück (BGH, Urt. v. 30.1.1992 – VII ZR 86/90.; Urt. v. 3.12.1998 – VII ZR 109/97). Auf welche Weise die Verbindung zum Erdboden hergestellt wird, ist unerheblich. Allein die Schwere der Sache kann bereits zu einer ausreichenden festen Verbindung führen. Auch kann diese durch Verschraubungen oder Anschlüsse hergestellt werden. Sie kann auch dadurch geschaffen werden, dass auf einem Gebäudeteil (Dach) aufgebaut wird (BGH, Urt. v. 2.6.2016 – VII ZR 348/13). Wird ein Grundstück mit technischen Anlagen (hier: Sportplatzbau mit technischen Komponenten) versehen, genügt es, dass die Anlage durch die Vielzahl der verbauten Komponenten mit dem Grundstück so verbunden ist, dass eine bis zum Ablauf der Nutzungszeit nicht beabsichtigte Trennung vom Grundstück nur mit einem größeren Aufwand möglich ist.

Beispiele: Eine montierte Photovoltaikanlage auf dem Dach einer Tennishalle (BGH, Urt. v. 2.6.2016 – VII ZR 348/13),

ein auf Betonklötzen gelagerten Ladencontainer, der an die Versorgungsleitungen angeschlossen wird, kann als Bauwerk zu beurteilen sein (BGH, Urt. v. 30.1.1992 – VII ZR 86/90), eine Förderanlage für ein Produktionswerk kann ein Bauwerk im Sinne von §634a BGB sein (BGH, Urt. v. 3.12.1998 – VII ZR 109/97), ebenso eine Produktlinie oder Teile davon für eine Produktionsanlage (BGH, Urt. v. 7.12.2017 – VII ZR 101/14),

die Errichtung eines Zirkuszeltes, welches massiv im Boden verankert und dauerhaft und ortsfest als Reithalle genutzt werden soll, stellt eine Bauwerksleistung dar (OLG Hamm, Urt. v. 6.6.2007 – 12 U 33/07),

die als Zufahrt für Kraftfahrzeuge dienende Hofpflasterung eines Autohauses, bestehend aus Betonformsteinen auf einem Schotterbett, ist eine Bauwerksleistung, nicht Arbeit an einem Grundstück (BGH, Urt. v. 12.03.1992 – VII ZR 334/90; ähnlich auch: BGH, Urt. v. 12.11.1992 – VII ZR 29/92),

Rohrbrunnen mit Vorschacht von Betonringen (BGH, Urt. v. 16.9.1971 – VII ZR 5/70),

aus genormten Fertigteilen zusammengesetztes, ins Erdreich eingelassenes Schwimmbecken, dessen Stahlblechwand mit einem Magerbetonkranz umgeben wird, auch wenn die Fertigteile wieder ausgebaut werden können (BGH, Urt. v. 4.11.1982 – VII ZR 65/82),

Gleisanlage (BGH, Urt. v. 13.1.1972 – VII ZR 46/70),

Makadamdecke auf Tankstellengelände (BGH, Urt. v. 22.6.1964 – VII ZR 44/63),

Hofbefestigung (BGH, Urt. v. 19.11.1970 – VII ZR 230/68),

ein in die Erde eingebrachtes Schutzrohr (Länge 80 m, Durchmesser 1 m), durch das eine Feuerlöschringleitung geführt werden soll, (BGH, Urt. v. 18.1.2001 – VII ZR 247/98),

Herstellen eines Maschendrahtzauns, dessen Metallpfosten in den Erdboden einbetoniert sind (LG Weiden/Oberpfalz, Urt. v. 13.5.1997 – 2 S 330/97),

Verankerter Hochseilgarten (OLG Koblenz, Beschl. v. 4.8.2009 – 5 U 333/09,

Trainingsplatz mit Rollrasen, Rasentragschicht, Bewässerungsanlage, Rasenheizung und Kunstfaserverstärkung (BGH, Urt. v. 20.12.2012 – VII ZR 182/10).

9 Zu den Bauwerken gehören Leistungen des Hochbaus und des Tiefbaus und der Bearbeitung der Erdoberfläche als Vorbereitung für die Errichtung des Bauwerks. Maßgeblich ist die Zuordnung der Leistungen zur Errichtung des Bauwerks in seiner funktionellen Gesamtheit. Dazu können auch die unmittelbar mit der Bauerrichtung zusammenhängenden Arbeiten gehören, wenn sie funktional mit der Errichtung eines Bauwerks in Zusammenhang stehen, wie z. B. gemeinsam mit der Bauerrichtung beauftragte Baureinigungsarbeiten (Hdb. priv. BauR-Merl, § 15 Rdn. 1117) oder die Bautrocknung oder der Gerüstbau (näher dazu Messerschmidt/Voit-von Rintelen, § 650a Rdn. 57 ff.).

10 **Beispiele:** Verfüllung eines Baugrundstücks durch Einbau von Schlacke, um darauf eine Bodenplatte zu errichten, ist Bauwerksarbeit (OLG Köln, Urt. v. 7.2.2008 – 15 U 106/07; ähnlich: OLG Düsseldorf, Urt. v. 20.7.1994 – 22 U 15/94),

Ausschachtung einer Baugrube zur Herstellung eines neuen Gebäudes (BGH, Urt. v. 24.3.1977 – VII ZR 220/75),

Verlegung der Versorgungsleitungen für ein Bauwerk (BGH, Urt. v. 9.3.2004 – X ZR 67/01),

Entwässerung des Gebäudes (OLG Düsseldorf, Urt. v. 15.11.2000 – 5 U 156/99 für Architektenplanung).

11 Ob temporäre Bauhilfskonstruktionen ein Bauwerk sind, hängt vom Einzelfall ab. Ein Berliner Verbau soll nicht dazu gehören, weil es an einer dauerhaft festen Grundstücks- und Gebäudeverbindung fehle (OLG Hamm, Urt. v. 24.2.2015 – 24 U 94/13). Dagegen dürfte z. B. die Errichtung einer mehrjährig nutzbaren Baustraße ebenso zu den Arbeiten beim Bauwerk gehören, wie die Errichtung einer vorübergehend für die Dauer längerer Arbeiten errichteten Straßenbrücke oder die Verlegung von Straßenbahnschienen.

12 Technische Anlagen können aus verschiedenen Gründen als Bauwerke einzuordnen sein (vgl. Buscher/Theurer, BauR 2005, 902). Bauwerke liegen vor, wenn die technische Anlage selbst (als Ganzes) nach ihrer Beschaffenheit als Bauwerk anzusehen ist. Das kommt in Betracht, wenn die Verbindung mit dem Erdboden vergleichbar ist wie bei Gebäuden, wobei es ausreicht, dass eine enge und auf längere Dauer angelegte Verbindung mit dem Erdboden besteht, die auch allein durch Schwere und Gewicht herbeigeführt werden kann, eine unlösbare Verbindung ist nicht erforderlich (vgl. BGH, Urt. v. 3.12.1998 – VII ZR 109/97: Förderanlage für die Automobilproduktion; BGH, Urt. v. 7.12.2017 – VII ZR 101/14: Produktlinie bzw. Teile davon für die Herstellung von Kartoffelchips). Es genügt, dass die Anlage von ihrer Größe und ihrem Gewicht her so beschaffen ist, dass eine Trennung vom Grundstück nur mit einem größeren Aufwand möglich ist (BGH, Urt. v. 23.1.2002 – X ZR 184/99: 11 to schwere Müllpresse; Urt. v. 20.5.2003 – X ZR 57/02: schwere und große Pelletieranlage; Urt. v. 19.3.2002 – X ZR 49/00). Unerheblich ist, ob eine derartige Anlage auch noch selbst mit dem Gebäude, in dem sie untergebracht ist, besonders verbunden ist (BGH, Urt. v. 20.5.2003 – X ZR 57/02). Nach diesen Maßstäben sind Windenergieanlagen (zutreffend Grabe BauR 2015, 1, 5ff.) oder eine größere Photovoltaikanlage Bauwerke im Sinne des §634a BGB (BGH, Urt. v. 2.6.2016 – VII ZR 348/13; OLG München, Urt. v. 10.12.2013 – 9 U 543/12, vgl. aber auch OLG Köln, Urt. v. 28.5.2014 – 2 U 107/13; OLG Naumburg, Urt. v. 20.2.2014 – 1 U 86/13). Unerheblich ist, ob die feste Verbindung mit dem Erdboden unmittelbar oder mittelbar über ein Gebäude, z.B. dessen Dach, geschaffen wird (BGH, Urt. v. 2.6.2016 – VII ZR 348/13; Grabe, BauR 2015, 1, 5; Lakkis, NJW 2014, 829, 831).

Bauwerke im Sinne des §650a BGB sind nicht nur Gebäude oder technische Anlagen. **13** Vielmehr sind Bauwerke alle baulichen Anlagen. Das sind mit dem Erdboden verbundene, aus Bauprodukten hergestellte Anlagen. Herangezogen werden kann die Definition in §2 Abs. 2 Satz 2 der Musterbauverordnung, die weitgehend mit den Landesbauordnungen übereinstimmt. Danach sind bauliche Anlagen auch Aufschüttungen und Aufgrabungen, Lagerplätze, Abstellplätze und Ausstellungsplätze, Sport- und Spielflächen, Campingplätze, Wochenendplätze und Zeltplätze, Freizeit- und Vergnügungsparks, Stellplätze für Kraftfahrzeuge, sofern sie aus Bauprodukten hergestellte Anlagen sind. Nach einer Entscheidung des Bundesgerichtshofs (Urt. v. 30.1.1992 – VII ZR 86/90) soll allerdings die Einordnung als bauliche Anlage i. S. des öffentlichen Baurechts letztlich keine entscheidende Bedeutung haben, weil der Zweck des öffentlichen Bauordnungsrechts (Gefahrenabwehr, Sicherung einer ordnungsgemäßen baulichen Entwicklung usw.) mit den Zwecken des §638 a.F. kaum Gemeinsamkeiten aufweise. Das werde besonders bei den planungsrechtlichen Elementen der Baugenehmigung deutlich. Der Gesetzgeber bejahe zudem den Bedarf für die sicherheitsrechtliche Prüfung schon bei Anlagen, die zweifelsfrei nicht als Bauwerk i. S. des §638 a.F. anzusehen seien. Die Entscheidung des Bundesgerichtshofs diente allerdings nicht dazu, den Anwendungsbereich des öffentlichen Rechts einzugrenzen, sondern eher zum Beleg dafür, dass Bauwerke im Sinne des Verjährungsrechts auch dann vorliegen können, wenn sie nach öffentlichem Recht (noch) nicht als Bauwerke bewertet werden. Der Bundesgerichtshof hat Arbeiten zur Errichtung eines Trainingsplatz ebenfalls als Arbeiten an einem Bauwerk eingestuft (BGH, Urt. v. 20.12.2012 – VII ZR 182/10). Auch nach §2 Abs. 1 Satz 2 Musterbauverordnung reicht es für eine bauliche Anlage aus, wenn eine Anlage durch eigene Schwere auf dem Boden ruht oder auf ortsfesten Bahnen begrenzt beweglich ist oder wenn die Anlage nach ihrem Verwendungszweck dazu bestimmt ist, überwiegend ortsfest benutzt zu werden. Letztlich wird also in vielen Fällen eine bauliche Anlage im Sinne des §2 der Musterbauverordnung auch ein Bauwerk im Sinne des §650a BGB sein, weil in Verbindung mit Material eine aus Bauprodukten hergestellte unbewegliche Sache geschaffen wird. Reine Erdarbeiten, die nicht zur Herstellung eines Bauwerks dienen, gehören allerdings nicht dazu, so dass die Schaffung von Freiflächen ohne Verwendung von zusätzlichen Bauprodukten nicht als Bauwerk anzusehen ist. In diesen Fällen liegt aber regelmäßig eine Leistung für eine Außenanlage vor → Rdn. 17.

Zum Bauwerk gehören nach der zu §634a BGB ergangenen Rechtsprechung auch dessen **14** Teile, so dass auch die Herstellung der einzelnen Bauteile und Bauglieder zu den Arbeiten am Bauwerk gehört, unabhängig davon, ob sie als äußerlich hervortretende, körperlich abgesetzte Teile in Erscheinung treten (BGH, Urt. v. 24.2.2016 – VIII ZR 38/15; Urt. v. 20.5.2003 – X ZR 57/02; Urt. v. 21.12.1955 – VI ZR 246/54). Die Definition in §650a Abs. 1 BGB sieht ausdrücklich vor, dass die im Gesetz genannten Leistungen sich auch auf Teile eines Bauwerks beziehen können. Teile eines Bauwerks sind alle Teile, aus denen sich ein Bauwerk zusammensetzt, so dass insoweit scheinbar eine grenzenlose Einbeziehung solcher Verträge stattfindet, die auch nur minimale Arbeiten für ein Bauwerk betreffen. Die Rechtsprechung zu §634a BGB hat für „Arbeiten an einem Bauwerk" jedoch eine wertende Grenze gezogen. Teilleistungen eines Handwerkers sind danach Arbeiten bei einem Bauwerk, wenn sie sich derart auf ein bestimmtes Bauwerk beziehen, dass bei wertender Betrachtung die Feststellung gerechtfertigt ist, der Unternehmer habe bei dessen Errichtung mitgewirkt (BGH, Urt. v. 9.3.2004 – X ZR 67/01).

Beispiele: Einbau von Fenstern (BGH, Urt. v. 2.5.1963 – VII ZR 221/61), **15** Drainage (BGH, Urt. v. 22.9.1983 – VII ZR 360/82).

Jurgeleit

16 Die wertende Betrachtung kann bei geringen Leistungen für ein Bauwerk, wie z. B. das Anbringen einer Außensteckdose oder einer Jalousie, zu dem Ergebnis kommen, dass keine Arbeiten an einem Bauwerk vorliegen. Ob eine derartige wertende Betrachtung auch zu einer Eingrenzung des Begriffs der Teile eines Bauwerks im Sinne des § 650a Abs. 1 BGB führt, bleibt abzuwarten. Möglicherweise lässt sich die Eingrenzung auch dadurch erzielen, dass Arbeiten, die für die Konstruktion oder den Gebrauch eines Bauwerks nicht von wesentlicher Bedeutung sind, von vornherein und unabhängig davon, ob sie für Neubauten oder Bestandsbauten erfolgen, nicht zu den Leistungen gehören, die in § 650a BGB gefordert sind → Rdn. 28 ff.

III. Begriff der Außenanlage

17 Werden die im Gesetz genannten Leistungen der Herstellung, Wiederherstellung, Beseitigung und des Umbaus für eine Außenanlage erbracht, liegt ebenfalls ein Bauvertrag vor, so dass auch die spezifischen Regelungen der §§ 650b ff. BGB anwendbar sind. Zum Begriff der Außenanlage wird in der Begründung (BT-Drucks. 18/8486, S. 51, vgl. auch S. 67) auf § 648a a. F. verwiesen. Dort wird der Begriff allerdings nur verwendet und nicht definiert. Die Rechtsprechung hat versucht, dem Begriff Konturen zu geben (BGH, Beschl. v. 24.5.2005 – VII ZR 86/04), vgl. auch → § 650p BGB Rdn. 35. Außenanlagen grenzen sich vom Bauwerk dadurch ab, dass auf dem Grundstück keine Sache entsteht. Vielmehr ist das Grundstück Gegenstand der Leistung. Die in § 650a BGB genannten Leistungen finden also am oder im Grundstück statt, z. B. reine Erdarbeiten, wie Aushub oder Erdbewegung. Der Bundesgerichtshof hat jedoch zum einen darauf hingewiesen, dass nicht alle „Außenarbeiten" von der gesetzlichen Regelung des § 648a BGB a. F. erfasst sind, denn der Gesetzgeber habe von einer Außen"anlage gesprochen. Kleinere Grundstücksflächen, wie z. B. ein kleines Gartenbeet, sind kein Außenanlage im Sinne des § 648a BGB a. F. Da der Gesetzgeber auf die Rechtsprechung zu § 648a BGB Bezug nimmt, gilt dies auch für § 650a. Das Pflanzen eines Baums, von Blumen oder das Ziehen eines kleineren Grabens zur Entwässerung fällt deshalb von Vornherein nicht in den Anwendungsbereich der Regelung. Außenanlagen können Gärten, Sportplätze, größere Grünflächen, Landschaften usw. sein (vgl. BT-Drucks. 12/4526, S. 10). In der Begründung zu § 650p BGB (BT-Drucks. 18/8486, S. 67) werden noch erwähnt: die Einrichtung oder Umgestaltung eines Gartens, eines Parks, eines Teichs oder eines Dammes. Darauf, ob die Anlage in einen Zusammenhang mit einem Bauwerk stehe oder nicht, komme es dabei nicht an. Der Bundesgerichtshof hat zum Anwendungsbereich des § 648a BGB darüber hinaus gefordert, dass die Arbeit gestalterisch sein muss, so dass z. B. reines Abräumen von Material, wie z. B. die Rodung einer Fläche oder die Entfernung von Bewuchs, um ein Grundstück bebaubar zu machen, nicht zu den Arbeiten an Außenanlagen im Sinne des § 648a BGB gehört (BGH, Beschl. v. 24.5.2005 – VII ZR 86/04). Diese Beschränkung betrifft unmittelbar nicht den Gegenstand der Arbeit (Außenanlage), sondern die Arbeit selbst. Diese ist in § 650a BGB mit der Herstellung, Wiederherstellung, Beseitigung oder dem Umbau beschrieben, so dass zweifelhaft sein kann, ob nicht gestalterische Arbeiten für Außenanlagen nicht in den Anwendungsbereich des § 650a BGB fallen, wenn sie die genannten Kriterien erfüllen.

18 Auch für die Außenanlagen gilt, dass ein Bauvertrag, der die im Gesetz genannten Leistungen zum Gegenstand hat, vorliegt, wenn sie nur für Teile der Außenanlage erbracht werden. Auch insoweit ist zu prüfen, ob bei wertender Betrachtungsweise Leistungen für nur geringe Teile nicht darunter fallen, vgl. → Rdn. 16

IV. Leistungen für ein Bauwerk oder eine Außenanlage

19 Ein Bauvertrag liegt nur vor, wenn Leistungen der „Herstellung", „Wiederherstellung", „Beseitigung" oder des „Umbaus" erbracht werden. Genannt ist in § 650a Abs. 2 BGB darüber hinaus die Instandhaltung. Das Gesetz erlaubt also nicht ohne Weiteres den Bezug auf die Rechtsprechung zu allen „Arbeiten am Bauwerk", wie sie dem § 634a BGB zu Grunde liegen. Allerdings wird dieser Bezug schon jetzt in der Literatur ohne Weiteres hergestellt (Orlowski, BauR 2017, 1427, 1428 unter Hinweis auf Leupertz in Prütting/Wegen/Weinreich, BGB, 12. Aufl., 2017, Anhang zu §§ 631 bis 651 Rdn. 6; Retzlaff, BauR 2017, 1781). Es ist jedoch zu prüfen, welche Bedeutung die verwendeten Begriffe haben. Die Gesetzesbegründung verhält sich dazu nicht und deshalb beginnt die Suche nach entsprechenden Definitionen. Der Begriff der Herstellung findet sich z. B. in § 1 VOB/A. Der Begriff der Wiederherstellung taucht als solcher – soweit bisher recherchiert – nicht im Zusammenhang von Bauwerken auf. § 2 Abs. 3

Bauvertrag **§ 650a**

HOAI gibt einen Hinweis darauf, dass Wiederaufbauten zu den wiederhergestellten Bauwerken gehören, ohne jedoch den Anwendungsbereich zu begrenzen. Der Begriff des Umbaus ist in § 2 Abs. 5 HOAI definiert als Umgestaltung eines vorhandenen Objekts mit wesentlichen Eingriffen in Konstruktion oder Bestand. Er findet sich bereits im § 632a Abs. 3 BGB a. F. Die Beseitigung ist ebenfalls ein neuer Begriff aus § 1 VOB/A. Gleiches gilt für die Instandhaltung für die es zudem eine DIN 31051:2012-09 gibt. Die Instandhaltung ist zudem bekannt aus § 2 Abs. 9 HOAI, auf den die Begründung ausdrücklich Bezug nimmt. Es findet sich also – ohne dass hier Anspruch auf eine vollständige Aufzählung erhoben wird – ein bunter Strauß von Bezugsnormen, in denen die Begriffe des § 650a BGB bereits verwendet werden, wobei der Gesetzgeber sich vermutlich hauptsächlich an den Begriffsbestimmungen der HOAI orientiert hat, wie die Bezugnahmen in der Begründung erkennen lassen.

1. Herstellung

Die Herstellung eines Bauwerks oder einer Außenanlage bedeutet die Neuerrichtung, denn **20** Herstellen ist der Vorgang zur Erstellung des vorher nicht vorhanden Gewesenen. In gleicher Weise wird der Begriff in § 1 VOB/A verstanden (Kapellmann/Messerschmidt-Lederer, VOB/A, 7. Aufl., § 1 Rdn. 13; Oberhauser in DLOPS, S. 15). Das findet in § 2 Abs. 2 HOAI seine Stütze, wonach Neubauten und Neuanlagen Objekte sind, die neu errichtet oder neu hergestellt werden. Alle Verträge über die neue Errichtung von Gebäuden oder anderen Bauwerken sind danach grundsätzlich (siehe aber unten → Rdn. 34) als Bauvertrag einzuordnen. Das gilt auch für Verträge, die nur Teile eines Neubaus zum Gegenstand haben. Erfasst sind also nicht nur die Generalunter- oder Übernehmerverträge, sondern auch die Handwerkerverträge über Gewerke oder Teile davon. Ein Vertrag über die Errichtung eines Erweiterungsbaus, vgl. § 2 Abs. 4 HOAI, ist ebenfalls ein Bauvertrag (Motzke, NZBau 2017, 515, 517), denn die Erweiterung bedeutet ebenfalls die Herstellung eines zuvor nicht vorhandenen Bauwerks. Er kann allerdings, was einzelfallabhängig zu beurteilen wäre, auch als Umbau eingeordnet werden, was für den Anwendungsbereich des § 650a BGB keine Rolle spielt.

2. Wiederherstellung

Was mit Wiederherstellung gemeint ist, ist nicht ganz deutlich. Wiederherstellung ist nach **21** dem allgemeinen Sprachgebrauch die wiederholte Herstellung. Diese kann verschiedene Ursachen haben. Es kann sein, dass ein Bauwerk oder ein Teil eines Bauwerks wiederhergestellt wird, weil es beschädigt, veraltet, abgenutzt oder einfach in vorhandener Form nicht mehr erwünscht ist. Auch andere Ursachen sind noch denkbar. Von einer Wiederherstellung wird im allgemeinen und juristischen Sprachgebrauch häufig nur dann gesprochen, wenn es eine vorherige Beschädigung gegeben hat.

Beispiel: Dachsanierung wegen defekter Bitumenbahnen

Das ist dann eine Instandsetzung, vgl. § 2 Abs. 8 HOAI (Motzke, NZBau 2017, 515, 517), oder ein Wiederaufbau, vgl. § 2 Abs. 3 HOAI. Auf diesen Begriff kann die Wiederherstellung nicht verengt werden. Wiederherstellung ist vielmehr der umfassende Überbegriff, der verschiedene andere Maßnahmen ebenfalls zum Gegenstand hat (vgl. auch Messerschmidt/Voit-von Rintelen, § 650a Rdn. 86 ff.). Eine Wiederherstellung liegt auch vor, wenn das Bauwerk oder Teile davon lediglich abgenutzt sind und in ordentlicher Zustand wiederhergestellt wird. Das ist dann Instandhaltung, vgl. § 2 Abs. 9 HOAI.

Beispiel: Schönheitsreparaturen im Gebäude

Das wird allerdings auch anders gesehen. Nach Motzke (NZBau 2017, 515, 517) betrifft § 650a Abs. 1 BGB nicht die Instandhaltung, diese sei allein in § 650a Abs. 2 BGB geregelt. Diese Sichtweise ist möglich, jedoch nicht zwingend. Näher liegt es nach der hier vertretenen Auffassung in § 650a Abs. 2 BGB lediglich eine Begrenzung des über § 650a Abs. 1 BGB definierten Anwendungsbereichs zu sehen, die nach dem Wortlaut des Gesetzes lediglich die Instandhaltung erfasst (dazu → Rdn. 26). Letztlich ist auch eine Modernisierung, vgl. § 2 Abs. 6 HOAI, eine Wiederherstellung, sofern sie nur funktional den vorigen Zustand wiederherstellt.

Beispiel: Einbau einer neuen Haustür mit schalldämmenden Eigenschaften

Eine weitergehende Modernisierung ist hingegen regelmäßig ein Umbau oder ein Erweiterungsbau.

Die Wiederherstellung ist danach der zentrale Begriff für Arbeiten im Bestand eines Bau- **22** werks oder einer Außenanlage. Sie erfasst den Wiederaufbau eines ganz oder teilweise ab-

Jurgeleit

gerissenen Objekts, die Sanierung, die Restaurierung, die Modernisierung, die Reparatur, die Pflege- und Wartungsmaßnahmen und alle weiteren baulichen Maßnahmen im Bestand. Verträge über Wiederherstellungsmaßnahmen müssen nicht das gesamte Bauwerk oder die gesamte Außenanlage betreffen. Es reicht aus, dass sie Teile davon betreffen. Zur Frage, inwieweit eine Begrenzung auf wesentliche oder erhebliche Maßnahmen erfolgt, siehe → Rdn. 28 ff.

3. Umbau

23 Ein Vertrag, der einen Umbau eines Bauwerks oder eines Teils davon zum Gegenstand hat, ist ebenfalls ein Bauvertrag. Die Begründung weist an anderer Stelle für die Begrifflichkeiten ausdrücklich auf die Definition des Honorarordnung für Architekten und Ingenieure hin (Instandhaltung gemäß § 2 Abs. 9 HOAI). Es dürfte deshalb gewollt sein, dass auch der Begriff des Umbaus sich an der Definition der Honorarordnung orientiert. Umbauten sind danach Umgestaltungen eines vorhandenen Objekts mit wesentlichen Eingriffen in Konstruktion oder Bestand, § 2 Abs. 5 HOAI. Das entspricht auch dem Verständnis des Begriffes in § 632a BGB a. F. Die Gesetzbegründung zu § 632a Abs. 2 BGB a. F. verweist auf die Begriffsbestimmung in § 3 Nr. 5 HOAI a. F. (BT-Drucks. 16/511, S. 15). In gleicher Weise wird der Begriff in § 650u BGB verstanden werden müssen (Pause in DLOPS, S. 204; Oberhauser in DLOPS, S. 16). Verträge über geringfügige Umbauten, die keinen wesentlichen Eingriff in Konstruktion oder Bestand erfordern, sind also von vornherein keine Bauverträge (a. A. Messerschmidt-Voit- von Rintelen, § 650a Rdn. 95 ff.). Die Abgrenzung, was wesentlich für die Konstruktion oder den Bestand ist, kann im Einzelfall schwierig sein. Unproblematisch sind größere Sanierungsmaßnahmen, die einer Kernsanierung gleichkommen und damit auch als erhebliche Umbaumaßnahmen im Sinne von § 650i BGB anzusehen sind. Es besteht jedoch kein Bedürfnis und auch kein Grund, den Anwendungsbereich des § 650a BGB auf den europarechtlich motivierten Begriff der „erheblichen Umbaumaßnahme" zu verengen (Pause, a.a.O. S. 205). § 650a BGB fordert keine „erhebliche" Umbaumaßnahme in diesem Sinne, sondern lediglich eine Umbaumaßnahme, die für die Konstruktion oder den Bestand von wesentlicher Bedeutung ist. Maßnahmen im Bestand, die die Konstruktion erheblich betreffen, wie die Verlegung von Wänden, der Einbau einer neuen Heizungsanlage oder der komplette Einbau neuer Fenster Türen gehören – obwohl nicht erheblich im Sinne des § 650i BGB – dazu, weil sie entweder für die Konstruktion oder den Bestand wesentlich sind. Der Austausch nur eines beschädigten Fensters ist hingegen kein Umbau, sondern eine Wiederherstellung.

4. Beseitigung

24 Die Beseitigung eines Bauwerks oder einer Außenanlage ist eine Begrifflichkeit, die für sich spricht und auch schon in § 1 VOB/A verwendet wird (dort allerdings mit dem Begriff der Beseitigung einer baulichen Anlage). Vorhandene Bauwerke oder Außenanlagen werden ganz oder teilweise entfernt. Verträge dieser Art sind Bauverträge. Dazu gehört der Abbruch oder der Rückbau eines Bauwerks oder eines Teils davon. Dazu kann auch ein Vertrag über die Entfernung von Altlasten oder Kontaminationen gehören, sofern diese sich als Bauwerke oder Außenanlagen oder Teile davon (z. B. alte Fundamente einer Bahnanlage, Mauerreste usw.) darstellen. Ist das nicht der Fall, so ist zu prüfen, ob die beauftragte Arbeit, z. B. Austausch des verseuchten Erdreichs, sich kraft ihres funktionellen Zusammenhangs als Vorbereitungshandlung für die Herstellung oder Wiederherstellung eines Bauwerks einordnen lässt, vgl. → Rdn. 9. Die Einebnung einer Grünfläche oder einer bewachsenen Landschaft, die als Außenanlage zu qualifizieren ist, z. B. unter Entfernung des Bewuchses, ist ebenfalls ein Bauvertrag. Maßgeblich ist, ob eine Anlage oder ein Teil davon entfernt wird, die reine Entfernung von Bewuchs, z. B. von Sträuchern oder Bäumen gehört nicht dazu. Sie kann aber Vorbereitungshandlung für die Herstellung oder Wiederherstellung eines Bauwerks sein, so dass sie als Arbeit am Bauwerk einzuordnen sein kann, vgl. → Rdn. 9.

V. Begrenzung auf unwesentliche Leistungen

25 Der Begriff des Bauvertrages ist nach allem weit auszulegen. Er umfasst nicht nur die Verträge über die Neuerrichtung oder den Umbau von Bauwerken und Außenanlagen oder Teile davon, sondern auch über alle Maßnahmen, mit denen das Bauwerk saniert, renoviert, restauriert, repariert oder sonst in einen seiner Funktion entsprechenden Zustand gebracht wird. Es stellt sich jedoch die Frage, ob wirklich der Vertrag über jede Maßnahme erfasst sein soll, oder eine Beschränkung des Anwendungsbereichs der speziellen Vorschriften des Baurechts dahin gewollt ist, dass diese nur bei Verträgen über „wesentlichen Baumaßnahmen" greifen, also „unwesentliche" Maßnahmen nicht erfasst sind. Insoweit enthält das Gesetz eine Regelung in § 650a Abs. 2 BGB. Danach ist ein Vertrag über die Instandhaltung eines Bauwerks nur dann ein Bauvertrag, wenn das Werk für die Konstruktion, den Bestand oder den bestimmungsgemäßen Gebrauch von wesentlicher Bedeutung ist. Warum die Instandhaltung einer Außenanlage in § 650a Abs. 2 BGB nicht erwähnt ist, ist ein Mysterium, das vermutlich nicht geklärt werden kann. Die in § 650a Abs. 2 BGB vorgenommene Beschränkung des Anwendungsbereichs scheint wegen dieser Unterlassung nicht die Verträge zu betreffen, in denen Instandhaltungsmaßnahmen an Außenanlagen vorgenommen werden. Da nach der hier vertretenen Auffassung, die Begrenzung des § 650a Abs. 2 BGB für alle in § 650a Abs. 1 genannten Maßnahmen oder jedenfalls die Maßnahmen der Wiederherstellung und des Umbaus betrifft (dazu → Rdn. 28 ff.), hat die nicht verständliche Unterlassung keine Auswirkungen.

1. Instandhaltung

Der Gesetzgeber hat – sieht man von der Einschränkung des Umbaus kraft dessen Definition ab – also vermeintlich lediglich für den Fall, dass der Vertrag eine Instandhaltungsmaßnahme zum Gegenstand hat, den Anwendungsbereich des § 650a Abs. 1 BGB eingeschränkt. Nur unter diesen Voraussetzungen – so heißt es in der Begründung (BT-Drucks. 18/8486 S. 53) – könne davon ausgegangen werden, dass es sich nach Vertragsdauer und -umfang um einen auf längerfristige Zusammenarbeit angelegten Vertrag handelt, bei dem die Anwendung der folgenden speziellen bauvertragsrechtlichen Vorschriften gerechtfertigt ist. 26

Unter Instandhaltung sind Arbeiten zu verstehen, die zur Erhaltung des Soll-Zustandes des Bauwerks dienen (s. auch § 2 Absatz 9 HOAI; § 1 Vertragsordnung für Bauleistungen Teil A – VOB/A). Verträge über die Instandhaltung eines Bauwerks werden daher oft (wenn auch nicht zwingend) für eine bestimmte Laufzeit geschlossen sein mit dem Inhalt, dass der Leistungserbringer in diesem Zeitraum alle erforderlichen Maßnahmen durchführen muss, die zur Erhaltung des Soll-Zustands erforderlich sind (Retzlaff, BauR 2017, 1782). Die Gesetzesbegründung erwähnt dementsprechend als Anwendungsfälle die Pflege, Wartungs- und Inspektionsleistungen für die Erhaltung und/oder der Funktionsfähigkeit eines Bauwerks, wie etwa Verträge zur Inspektion von Brücken oder zur Pflege und Wartung von tragenden oder sonst für den Bestand eines Bauwerks wichtigen Teilen (BT-Drucks. 18/8486 S. 53). Aus dem weiten Anwendungsbereich der Wiederherstellung wird danach nur eine Kategorie besonders geregelt: die Instandhaltung von Bauwerken. Es drängt sich die Frage auf, warum der Gesetzgeber nur bei der Instandhaltung eine Beschränkung des Anwendungsbereichs vorgenommen hat. Denn es liegt auf der Hand, dass es auch in anderen Kategorien zu Maßnahmen kommen kann, die so geringfügig sind, dass es sich nach Vertragsdauer und -umfang nicht um einen auf längerfristige Zusammenarbeit angelegten Vertrag handelt, bei dem die Anwendung der speziellen bauvertragsrechtlichen Vorschriften gerechtfertigt ist. Insoweit ist vor allem an Instandsetzungsarbeiten zu denken, die sich ja von der Instandhaltung nur dadurch unterscheiden, dass sie einen anderen Anlass und eine andere Zielrichtung haben, vgl. § 2 Abs. 8 HOAI. Aber auch geringfügige Modernisierungsarbeiten an Teilen eines Bauwerks erfordern nicht zwingend die Spezialregelungen des neuen Bauvertrags. Der Bundesrat hat in seiner Stellungnahme insoweit eine Klarstellung erbeten, dass kleinere „Reparaturarbeiten" nicht erfasst seien und vorgeschlagen, den Begriff der Instandhaltung durch den Begriff der Instandsetzung zu ersetzen (BT-Drucks. 18/8486 S. 85). Dieser Vorschlag war nicht besonders schlau, weil dann jegliche Instandhaltung im Anwendungsbereich des Gesetzes geblieben wäre. Darauf ist die Bundesregierung in ihrer Stellungnahme nicht eingegangen, sondern hat darauf hingewiesen, dass nicht jede Instandhaltung vom Anwendungsbereich des Gesetzes erfasst sei (BT-Drucks. 18/8486 S. 97). Dieser ernüchternde Austausch der Argumente lässt erahnen, dass möglicherweise auf Seiten der Protagonisten im Gesetzgebungsverfahren überhaupt keine klare Vorstellung von den Begrifflichkeiten bestand, denn die vom Bundesrat erwähnte „Reparatur" ist in aller Regel eine Instandsetzung, die Instandhaltung jedoch nicht zwingend eine Reparatur. Immerhin wird aber nach DIN 31051:2012-09 die Instandhaltung als Oberbegriff von Maßnahmen angesehen, zu denen auch die Instandsetzung gehören kann (vgl. Motzke, NZBau 2017, 515, 517). Auf diese Begrifflichkeit wird aber im Gesetzgebungsverfahren nicht Bezug genommen. 27

2. Vergleichbare Leistungen

Auf dieser Grundlage ist die Frage zu stellen, ob eine entsprechende Anwendung des § 650a Abs. 2 BGB geboten ist, wenn der Bauvertrag der Instandhaltung ohne wesentliche Bedeutung 28 für die Konstruktion, den Bestand oder den bestimmungsgemäßen Gebrauch vergleichbare Arbeiten zum Gegenstand hat, die die Anwendung des speziellen Bauvertragsrechts nicht gebieten. Es scheint verlockend, diese Frage mit Hinweis auf die Systematik des Gesetzes zu verneinen. Dann wären nahezu alle Verträge über Baumaßnahmen Bauverträge und neben dem Werkvertragsrecht die speziellen Vorschriften der §§ 650b bis 650h BGB anzuwenden. Ausgenommen wäre nur die Kategorie des geringsten Eingriffs in ein Bauwerk, der Instandhaltung, und auch nur dann, wenn die Maßnahmen für Konstruktion, Bestand oder bestimmungsgemäßen Gebrauch nicht wesentlich sind. Das wird so auch vertreten (Messerschmidt/Voit-von Rintelen, § 650a Rdn. 7a ff. allerdings mit dem Hinweis, das entspräche wohl nicht dem Willen des Gesetzgebers). Das geringste Argument gegen ein solches Verständnis wäre der Befund, dass im Zusammenhang mit der Regelung des § 634a BGB Arbeiten im Bestand eines Bauwerks nach ständiger Rechtsprechung (BGH, Urt. v. 2.6.2016 – VII ZR 348/13 m. w. N.) nur angenommen werden, wenn sie für die Konstruktion, den Bestand oder die Gebrauchstauglichkeit von wesentlicher Bedeutung sind. Diese Rechtsprechung ist verjährungsrechtlich motiviert und muss deshalb kein Anhaltspunkt für die Frage sein, ob das Recht des Bauvertrages auch für „unwesentliche" Baumaßnahmen gelten soll. Darauf wurde vereinzelt schon zum Anwendungsbereich des §§ 648 und 648a BGB a. F. hingewiesen, der dem Unternehmer eines Bauwerks den Anspruch auf Einräumung einer Sicherungshypothek oder Bauhandwerkersicherung gibt (Siegburg, Bauhandwerkersicherungshypothek, S. 115). Allerdings hat sich die Meinung durchgesetzt, die den Anspruch verneint, wenn Arbeiten im Bestand vereinbart werden, die für Konstruktion und Gebrauchstauglichkeit nicht von wesentlicher Bedeutung sind (ausführlich dazu Ingenstau/Korbion/Joussen, VOB, 21. Aufl., Anh. 1 S. Rdn. 5). Wollte man das nun anders sehen, hätte jeder Bauhandwerker auch für kleinere Maßnahmen, wie den Anstrich einer Mauer, die Anbringung einer Außenlampe, die Auswechslung eines Heizkörpers usw., einen Anspruch auf Einräumung einer Sicherungshypothek nach § 650e BGB oder auf Gewährung einer Sicherung nach § 650f BGB.

29 Es ist zu bedenken, dass ein weiter Anwendungsbereich des § 650a BGB kaum in Übereinstimmung zu bringen ist, mit den Zielen des Gesetzgebers, für nach Vertragsdauer und -umfang für längere Zusammenarbeit angelegte Verträge Spezialregelungen zu schaffen (BT-Drucks. 18/8486, S. 53). Der Gesetzgeber wollte besondere Regelungen schaffen für eine interessengerechte und ökonomisch sinnvolle Gestaltung und Abwicklung von Bauverträgen. Dabei hat er die komplexen, auf längere Erfüllungszeit angelegten Bauverträge im Auge gehabt (BT-Drucks. 18/8486 S. 1, 2, 25, 26). Mit diesen Zielen wäre es nicht zu vereinbaren, wenn auch Verträge über unwesentliche Bauleistungen, in denen die vom Gesetzgeber festgestellten Probleme regelmäßig nicht auftauchen, dem Bauvertragsrecht unterfielen. Im Gegenteil wäre ein solcher Anwendungsbereich kontraproduktiv, denn es muss bedacht werden, dass das spezielle Bauvertragsrecht für beide Seiten teilweise aufwändige Prozeduren vorsieht, wie z.B. das Verhalten bei Nachtragssachverhalten, die Anforderung einer Sicherungshypothek oder einer Bauhandwerkersicherung oder die Zustandsfeststellung. Diese könnten die Abwicklung kleinerer Maßnahmen erheblich erschweren und auch deren Kosten verteuern, was nicht gewollt sein kann.

30 Angesichts der Stellungnahmen im Gesetzgebungsverfahren ist davon auszugehen, dass eine unbewusste Gesetzeslücke vorliegt, die nach dem Sinn und Zweck des Gesetzes ausgefüllt werden kann. Dafür spricht eine weitere Erwägung. Da ein Umbau von vornherein nur vorliegt, wenn eine Umgestaltung eines vorhandenen Objekts mit wesentlichen Eingriffen in Konstruktion oder Bestand vorliegt, § 2 Abs. 5 HOAI, liegt bei einem Vertrag über unwesentliche umgestaltende Eingriffe kein Bauvertrag vor. Es wäre schwer verständlich, wenn geringfügige, gleichartige Instandsetzungsarbeiten oder Modernisierungen, die keine Umbauten sind, vom Gesetz erfasst wären.

31 Es wird deshalb hier die Auffassung vertreten, dass bei allen Maßnahmen der Wiederherstellung und des Umbaus eines Bauwerks, einer Außenanlage oder eines Teils davon ein Bauvertrag im Sinne des § 650a BGB nicht vorliegt, wenn die Maßnahmen für die Konstruktion, den Bestand oder den bestimmungsgemäßen Gebrauch nicht von wesentlicher Bedeutung sind. Das dürfte den Willen des Gesetzgebers, der leider in den Begründungen zum Gesetz und dem Gesetzestext nur unvollkommen zum Ausdruck gebracht worden ist, abbilden. Freilich wäre das Ergebnis einfacher dadurch zu erreichen gewesen, dass der Gesetzgeber als Bauvertrag die Verträge definiert hätte, die „Arbeiten bei einem Bauwerk" im Sinne der bisherigen Rechtsprechung zum Gegenstand haben. Er war jedoch offenbar bemüht, dem Begriff „Arbeiten" mehr Substanz zu geben, ähnlich wie das in § 1 VOB/A geschehen ist.

In den bisherigen Veröffentlichungen zum § 650a BGB wird ebenfalls versucht, den Anwendungsbereich des § 650a BGB zu beschränken (anders Messerschmidt/Voit-von Rintelen, § 650a Rdn. 7a ff.). Oberhauser (in DLOPS, S. 21; vertritt den Standpunkt, unter den Begriff des Umbaus in § 650a Abs. 1 BGB, der einen wesentlichen Eingriff in Konstruktion oder Bestand erfordere, falle auch ein „Erweiterungsbau" gemäß § 2 Abs. 4 HOAI, eine „Modernisierung" im Sinne von § 2 Abs. 6 HOAI oder eine „Instandsetzung" gemäß § 2 Abs. 8 HOAI, sofern die in § 650a BGB genannten Kriterien erfüllt seien. Motzke meint (NZBau 2017, 515, 518) nicht jede Reparatur oder „bloße Verbesserung" sei eine Wiederherstellung im Sinne des Gesetzes. Die Bezeichnung „Wiederherstellung" orientiere sich bereits sprachlich an dem Begriff „Herstellung", was dafür spräche, eine Reparatur oder Verbesserung nur dann als Wiederherstellung zu qualifizieren, wenn die Leistung im Ergebnis von einiger oder wesentlicher Bedeutung sei. Wellensiek (Vortrag bei den Freiburger Baurechtstagen 2017, demnächst Heft 2a der Zeitschrift Baurecht 2018) sieht die Notwendigkeit, „unerhebliche" Maßnahmen von dem Anwendungsbereich des § 650a BGB auszunehmen. Er will die Erheblichkeit am Sinn und Zweck des Gesetzes orientieren, der darin bestehe, für einen nach Vertragsdauer und -umfang auf längerfristige Zusammenarbeit angelegten Vertrag spezielle Vorschriften zu schaffen (BT-Drucks. 18/8486 S. 56). Verträge über Leistungen an Teilen eines Bauwerks von unerheblichem Umfang seien keine Bauverträge.

Der am Sinn und Zweck des Gesetzes orientierte Ansatz von Wellensiek ist sicher richtig. Wenig wünschenswert wäre jedoch eine andere Kategorie der „Erheblichkeit" als sie der Gesetzgeber selbst sieht. Denn in § 650a Abs. 2 BGB orientiert sich der Gesetzgeber selbst daran, dass die Einschränkung des Anwendungsbereichs dann geboten ist, wenn die Arbeiten für die Konstruktion, den Bestand oder den bestimmungsgemäßen Gebrauch nicht von „wesentlicher" Bedeutung sind. Dabei sollte es im Ansatzpunkt auch für die anderen Arbeiten bleiben. Es wird ohnehin kaum Anwendungsfälle geben, in denen in diesem Sinne wesentliche Arbeiten nicht auch zu einem nach Vertragsdauer und -umfang auf längerfristige Zusammenarbeit angelegten Vertrag führen. Im Einzelfall mag dann noch eine wertende Korrektur erfolgen, die auch solche Arbeiten in den Bauvertrag einbezieht, die längerfristig angelegt sind, jedoch nicht für die Konstruktion, den Bestand oder den bestimmungsgemäßen Gebrauch von Bedeutung sind, oder den umgekehrten Fall betreffen, dass wesentliche Arbeiten nicht auf längere Zeit angelegt sind, sondern sich in einem punktuellen Austausch erschöpfen.

3. Unwesentliche Leistungen für Neubauten

Die Diskussion über die Erfassung von Verträgen über kleinere Baumaßnahmen, die für Konstruktion oder bestimmungsgemäßen Gebrauch nicht von wesentlicher Bedeutung sind, wird verjährungsrechtlich ausschließlich für Maßnahmen im Bestand geführt. § 650a Abs. 2 BGB betrifft ebenfalls nur Arbeiten im Bestand. Die Begründung zum Referentenentwurf und die Anregung des Bundesrates befassen sich gleichfalls nur damit. Es stellt sich aber die Frage, warum die spezifischen Regelungen, die für Bestandsarbeiten nicht passen, in Verträgen gelten sollen, die gleichartige Leistungen bei Neubauten betreffen. Wird ein Handwerker z. B. beauftragt, zwei neue Außenleuchten anzubringen oder eine lediglich einen Quadratmeter große Fläche im Hof zu pflastern, so spielt es für die Anwendung der spezifischen Regeln des Bauvertragsrechts keine Rolle, ob er diese Arbeiten an einem Neubau oder an einem Bestandsbau vornimmt. Von Rintelen hat überzeugend nachgewiesen, dass die von der Rechtsprechung gepflegte Unterscheidung zu nicht nachvollziehbaren Ergebnissen führt (Messerschmidt/Voit-von Rintelen, § 650a Rdn. 66 ff.) und zutreffend dafür plädiert diese Unterscheidung aufzugeben. Auf der Grundlage seiner Auffassung kommt er zu dem Ergebnis, dass unabhängig ob Neu- oder Bestandsbau betroffen sind, die Verträge über unwesentliche Leistungen als Bauverträge einzuordnen seien. Demgegenüber wird hier die Auffassung vertreten, dass unabhängig ob Neu- oder Bestandsbau betroffen sind, die Verträge über unwesentliche Leistungen keine Bauverträge sind. Wie § 650a BGB auszulegen ist, wird letztlich – sofern keine Klarstellung durch den Gesetzgeber erfolgt, die Rechtsprechung entscheiden. Sie sollte jedoch die Chance nutzen, die schon im Verjährungsrecht nicht überzeugende Unterscheidung zwischen Arbeiten bei Neubauten und bei Bestandsbauten jedenfalls zu § 650a BGB aufzugeben. Maßgebend ist eine am Sinn und Zweck des Gesetzes orientierte Anwendung dieser Regelung und nicht die im Rahmen des § 634a BGB getroffene Unterscheidung, die ja die Arbeiten an einem Bauwerk im Sinne dieser Vorschrift betrifft und nicht den Regelungsgehalt des § 650a BGB.

§ 650b BGB Änderung des Vertrages; Anordnungsrecht des Bestellers

(1) Begehrt der Besteller
1. eine Änderung des vereinbarten Werkerfolgs (§ 631 Absatz 2) oder
2. eine Änderung, die zur Erreichung des vereinbarten Werkerfolgs notwendig ist,

streben die Vertragsparteien Einvernehmen über die Änderung und die infolge der Änderung zu leistende Mehr- oder Mindervergütung an. Der Unternehmer ist verpflichtet, ein Angebot über die Mehr- oder Mindervergütung zu erstellen, im Falle einer Änderung nach Satz 1 Nummer 1 jedoch nur, wenn ihm die Ausführung der Änderung zumutbar ist. Macht der Unternehmer betriebsinterne Vorgänge für die Unzumutbarkeit einer Anordnung nach Absatz 1 Satz 1 Nummer 1 geltend, trifft ihn die Beweislast hierfür. Trägt der Besteller die Verantwortung für die Planung des Bauwerks oder der Außenanlage, ist der Unternehmer nur dann zur Erstellung eines Angebots über die Mehr- oder Mindervergütung verpflichtet, wenn der Besteller die für die Änderung erforderliche Planung vorgenommen und dem Unternehmer zur Verfügung gestellt hat. Begehrt der Besteller eine Änderung, für die dem Unternehmer nach § 650c Absatz 1 Satz 2 kein Anspruch auf Vergütung für vermehrten Aufwand zusteht, streben die Parteien nur Einvernehmen über die Änderung an; Satz 2 findet in diesem Fall keine Anwendung.

(2) Erzielen die Parteien binnen 30 Tagen nach Zugang des Änderungsbegehrens beim Unternehmer keine Einigung nach Absatz 1, kann der Besteller die Änderung in Textform anordnen. Der Unternehmer ist verpflichtet, der Anordnung des Bestellers nachzukommen, einer Anordnung nach Absatz 1 Satz 1 Nummer 1 jedoch nur, wenn ihm die Ausführung zumutbar ist. Absatz 1 Satz 3 gilt entsprechend.

Übersicht

	Seite
A. Einführung	764
I. Entwicklung des Anordnungsrechts des Bestellers	764
II. Unterschiede zu Änderungsvorbehalten nach § 1 Abs. 3 und 4 VOB/B	766
III. Abgrenzung zu anderen im Bauvertrag enthaltenen Modifikationen	767
1. Nachträgliche Leistungskonkretisierungen	767
2. Mitbestellte Änderungen und Eventualpositionen	767
IV. Abgrenzung zu konkludenten Vertragsänderungen	768
V. Gang der Reformbestrebungen	768
B. Einvernehmliche Änderungsvereinbarung nach Abs. 1	769
I. Regelungsbedarf und Regelungsziel des Abs. 1	769
II. Keine Begrenzung des Inhalts von Änderungsvereinbarungen durch Abs. 1	770
III. Gegenstand von Änderungsanordnungen	771
1. Änderungen des vereinbarten Werkerfolges (§ 650b Abs. 1 Nr. 1)	771
a) Freies Änderungsrecht	771
b) Keine generelle Begrenzung für Änderungen	772
c) Zumutbarkeit der Änderung bei freien Änderungen	772
d) Beweislast für Unzumutbarkeit	774
2. Änderungen, die zur Erreichung des Werkerfolgs notwendig sind (§ 650b Abs. 1 Nr. 2)	774
a) Notwendigkeit der Änderung	775
b) Unzumutbarkeit notwendiger Änderungen i. S. d. Nr. 2	775
3. Keine Änderung der sog. Bauumstände, insbesondere der Bauzeit	776
a) Bewusste Beschränkung auf Änderung des Werkerfolgs	776
b) Vertragliche Anpassungsansprüche in Bezug auf die Bauzeit	777
4. Keine Änderung des sonstigen Vertragsinhalts	778
5. Putativänderungen	778
6. Aufforderung zur Erbringung von Vertragsleistungen und bedingte Leistungsänderung	779
IV. Verpflichtung des Unternehmers zur Abgabe eines Angebots	780
1. Änderungsbegehren	780
2. Rechtsfolgen des Änderungsbegehrens	781
a) Auswirkung auf die Vertragsleistungen	781
b) Pflicht zur Abgabe eines Angebots	781
3. Frist für das Angebot	782

4. Notwendiger Inhalt des Angebots	783
5. Keine Regelung zum Angebotspreis	784
6. Kein Angebot bei bloßer Mangelbeseitigung (Abs. 1 S. 5)	786
V. Einigungsbemühungen der Parteien	786
1. Verhandlungsverpflichtung	786
2. Kein Kontrahierungszwang	787
VI. Beistellung der erforderlichen Planung durch Besteller	787
VII. Rechtsfolgen der Einigung	789
C. Konkludente Vertragsänderungen durch befolgte Anordnung	789
I. Befolgte „Anordnung" ohne Vergütungsvereinbarung	790
II. Zueigenmachen von Änderungen durch Planer oder Dritte	790
III. Hinnahme geänderter Bauumstände	792
IV. Vergütung konkludenter Vertragsänderungen	793
V. Rechtsfolgen	793
D. Anordnungsrecht bei Nichteinigung	793
I. Voraussetzungen für Entstehen des Änderungsrechts	793
1. Änderungsbegehren des Bestellers	794
2. Ablauf bzw. Berechnung der 30-Tage-Frist	794
3. Änderungsanordnung vor Fristablauf	794
4. Alternative Streitentscheidung	795
5. Nicht-zustande-Kommen einer Änderungsvereinbarung	795
II. Ausübung des Anordnungsrechts	796
1. Anforderungen an die Erklärung	796
2. Zulässige Modifikationen gegenüber Änderungsbegehren	796
3. Textform	796
III. Grenzen des Anordnungsrechts	797
IV. Abgrenzung zur Teilkündigung	798
V. Folgen des Anordnungsrechts	798
1. Befolgungspflicht	798
2. Ausnahmsweise Leistungsverweigerungsrecht bei endgültiger Weigerung	799
3. Leistungsverweigerungsrecht bei Verzug mit Abschlagszahlungen	800
E. Folgen für die Ausführungsfrist	800
I. Folgen einvernehmlicher Vertragsänderungen auf die Bauzeit	800
II. Folgen von einseitigen Anordnungen für die Bauzeit	801
F. Möglichkeit einer einstweiligen Verfügung	801
G. Leistungsänderungen beim VOB-Vertrag	802
I. Einseitige Leistungsbestimmungsrechte des Bestellers	802
II. Umfang der Leistungsbestimmungsrechte	802
1. Änderungen des Bauentwurfs (§ 1 Abs. 3 VOB/B)	802
2. Änderungen der Bauumstände, insb. der Bauzeit	803
3. Forderung von zusätzlichen Leistungen (§ 1 Abs. 4 und § 2 Abs. 6 VOB/B)	807
a) Erforderlichkeit der Zusatzleistung	807
b) Nicht erforderliche Zusatzleistungen	807
4. Andere Anordnungen des Auftraggebers (§ 2 Abs. 5 VOB/B)	808
III. Ausübung des vertraglichen Leistungsbestimmungsrechts	809
IV. Rechtsfolgen der Ausübung der Leistungsbestimmungsrechte	809
V. Leistungsverweigerungsrecht wegen Verweigerung einer geänderten Vergütung	810
1. Befolgungspflicht wirksamer Leistungsänderungen	810
2. Ausnahmsweise Leistungsverweigerungsrecht bei endgültiger Weigerung	811
3. Leistungsverweigerungsrecht bei Verzug mit Abschlagszahlungen für nicht vereinbarte Vergütung	812
H. Wirksamkeit der vertraglichen Leistungsbestimmungsrechte	812
I. Wirksamkeit abweichender vertraglicher Leistungsbestimmungsrechte	812
1. Gegenständliche Erweiterung oder Einschränkung des Änderungsrechts	812
2. Unmittelbar ausübbares Änderungsrecht	813
II. Wirksamkeit der VOB/B-Regelungen	815
I. Vergütung erbrachter Mehrleistung bei Einigungsmängeln	816
I. Überblick und Abgrenzung	816
II. Gesetzliche Ansprüche des Unternehmers gegen den Bauherrn im BGB-Vertrag	817
1. Aufwendungsersatz aus Geschäftsführung ohne Auftrag	817
a) Leistung ohne Vertrag/Auftrag	817
b) Leistung im Interesse des Bestellers/Geschäftsherrn	818
c) Zusatzleistungen bei Pauschalverträgen	819
d) Inhalt des Anspruchs	819
2. Bereicherungsansprüche	821

§ 650b   Änderung des Vertrages; Anordnungsrecht des Bestellers

III. Ansprüche des Unternehmers im VOB-Vertrag 822
   1. Systematik und Entwicklung des § 2 Abs. 8 VOB/B 822
   2. Vergütung nach Anerkenntnis der Leistung (§ 2 Abs. 8 Nr. 2 Satz 1 VOB/B) 823
   3. Vergütungsregelung des § 2 Abs. 8 Nr. 2 Satz 2 und Nr. 3 VOB/B 823
      a) Anspruch nach § 2 Abs. 8 Nr. 2 Satz 2 VOB/B 824
      b) Anspruch aus Geschäftsführung ohne Auftrag gemäß § 2 Abs. 8 Nr. 3 VOB/B i. V. m. § 683, § 670 BGB 824
      c) Wahlmöglichkeit des Unternehmers – Genehmigungsmöglichkeiten des Bestellers 824
      d) Bereicherungsansprüche 825
   4. AGB-Kontrolle des § 2 Abs. 8 VOB/B 825
IV. Vergütungspflicht von Putativnachträgen oder Reparaturen bei Doppelbeauftragung ... 825

A. Einführung

I. Entwicklung des Anordnungsrechts des Bestellers

1 Das neue gesetzliche Anordnungsrecht des Bestellers modifiziert die Grundregel zu Vertragsänderungen des Bürgerlichen Gesetzbuchs. Der Besteller konnte bislang einseitig weder die Leistung ändern noch vergütungsrechtliche Folgen auslösen, weil Vertragsänderungen gemäß § 311 BGB grundsätzlich nur einvernehmlich durch einen Änderungsvertrag erfolgen. Durch das Zustimmungserfordernis schützt das BGB die negative Vertragsänderungsfreiheit der anderen Vertragspartei (Hau, Vertragsanpassung und Anpassungsvertrag, S. 62 m. w. N.). Einseitige Änderungs- oder Bestimmungsrechte, wie sie §§ 315 ff. BGB voraussetzen, müssen vertraglich eingeräumt werden.

2 Die Notwendigkeit eines einvernehmlichen Änderungsvertrags nach § 311 BGB wird den Besonderheiten des Baus allerdings nicht gerecht. Bauvorhaben werden in der Regel individuell geplant. Der Planungsprozess erfolgt teilweise baubegleitend und begründet häufig nachträglichen Änderungsbedarf (BGH, Urt. v. 25.1.1996 – VII ZR 233/94). Auch Nutzerbedarf oder -wünsche können sich während der Projektrealisierung verändern. Gleichzeitig hat der Unternehmer grundsätzlich kein rechtlich geschütztes Interesse, dass das Bauvorhaben genauso wie geplant realisiert wird. § 649 BGB erlaubt dem Auftraggeber den schwerstmöglichen Eingriff in den Bestand des Vertrages, nämlich die freie Kündigung, und kompensiert die finanziellen Interessen des Unternehmers durch den Anspruch nach § 649 S. 2 BGB (vgl. Peters, NZBau 2012, 615, 616). Ein Ausführungsinteresse des Unternehmers in Bezug auf die vereinbarte Leistungsausführung wird nicht geschützt (Voit, FS Beuthien 2009, S. 65, 69).

3 Wegen des potentiellen Änderungsbedarfs ist es in Bauverträgen sinnvoll oder sogar geboten, dass der Besteller sich das Recht vorbehält, die Bauleistung nachträglich einseitig zu ändern. Dementsprechend enthalten alle Standard-Bauverträge seit jeher entsprechende Regelungen. So war in der 1926 eingeführten VOB/B von Anfang an in § 1 ein einseitiges Leistungsänderungsrecht vorgesehen, das vergleichbar bereits in früheren Verdingungsordnungen enthalten war. Das vertragliche Änderungsrecht hat sich auch in der deutschen Baupraxis durchaus bewährt. Ähnliche Regelungen enthalten die Standard-Bauverträge unser Nachbarstaaten, z. B. die österreichische ÖNORM B 2110 in Pkt. 7.1, die Schweizer SIA 118 in Art. 84, die niederländischen UAV 2012 in §§ 35 f. oder die dänischen AB 92 bzw. ABT 93 in § 14. Auch die internationalen Standardverträge wie z. B. FIDIC-Muster sehen vergleichbare Regelungen vor (vergleiche hierzu und zu Common Law Verträgen Huse, Understanding and Negotiating Turnkey and EPC Contracts, 3. Aufl. 2013, Rdn. 17–01 ff.; Sergeant/Wieliczko, Construction Contract Variations, Rdn. 5.1 ff.). Allerdings bestehen zum Teil deutliche Unterschiede in Bezug auf Voraussetzungen und Reichweite (vgl. auch Kallenbach in Bock/Zons, Rechtshandbuch Anlagenbau, S. 156f.).

4 Sehr viel seltener sind gesetzliche Änderungsrechte. Denn ein einseitiges Leistungsbestimmungsrecht des Bestellers passt nicht zu den römisch-rechtlichen Wurzeln der europäischen Schuldrechtsordnungen und war deshalb – soweit ersichtlich – in den Kodifikationen des 18. und 19. Jahrhunderts nicht enthalten. Teilweise ist inzwischen in neueren Kodifikationen ein derartiges Sonderrecht für Bauverträge enthalten. So lässt Art. 1661 des italienischen Codice Civile seit der Novelle 1942 einseitige Änderungen bis zu einem Sechstel des vereinbarten Gesamtpreises zu (vgl. Hök, Handbuch des internationalen und ausländischen Baurechts, 2. Aufl., § 39 Rdn. 7; vgl. auch die mittelbare Regelung in Art. 7:755 des Burgerlijk Wetboek der Nie-

Änderung des Vertrages; Anordnungsrecht des Bestellers §650b

derlande von 1992). Inzwischen wird es weitgehend als selbstverständlich angesehen. Der mit dem Ziel einer europäischen Privatrechtsangleichung geschaffene – rein akademische – Draft Common Frame of Reference (DCFR, vgl. → Rdn. 26) geht in Art. IV.-C.-2:109 ganz selbstverständlich von einem (beschränkten) Leistungsänderungsrecht sogar für beide Parteien aus.

Das 1900 in Kraft getretene BGB enthielt noch keine derartige Regelung eines gesetzlich einseitigen Änderungsrechts. Das war auch folgerichtig, weil das BGB überhaupt keine einseitigen gesetzlichen Rechte zur Vertragsänderung kannte. Sie sind erst sehr viel später für Sondermaterien und dort zur Anpassung von Versicherungsbedingungen, Bausparbedingungen oder Allgemeine Versorgungsbedingungen u. ä. geschaffen worden (vgl. §§ 164, 176, 203 VVG, §43 InvG, §9 BausparkG, §5 StromGVV, näher Schellhase, Gesetzliche Rechte zur einseitigen Vertragsgestaltung, S. 93 ff.). Das BGB bevorzugt für Vertragsänderungen die Vertragsform, wie sich daran zeigt, dass bis zur Schuldrechtsmodernisierung sogar die kaufrechtliche Minderung formell als Änderungsvertrag ausgestaltet war (vgl. Hau, Vertragsanpassung und Anpassungsvertrag, S. 277 ff.).

Im Übrigen wurde der Bauvertrag nicht konkret, sondern nur innerhalb des Werkvertrags allgemein geregelt, und das sehr abstrakt und eher rudimentär. Folglich enthielt das gesetzliche Werkvertragsrecht so gut wie keine Regelung zur Phase der Werkerstellung. Beim BGB-Bauvertrag ergeben sich jedoch rein tatsächlich die gleichen Änderungswünsche oder -notwendigkeiten wie z. B. beim VOB-Bauvertrag. War die VOB/B nicht vereinbart, stellte sich die Frage, ob dem Besteller eines Bauvertrages bei fehlender Einigung auch einseitige Leistungsbestimmungsrechte zustanden oder ob er auf einen Anspruch auf Vertragsänderung nach Treu und Glauben verwiesen ist. So hatte das OLG Hamburg bereits 1911 festgestellt, dass der Bauunternehmer bei größeren Werken mit kleineren Änderungen rechnen muss (OLG Hamburg, Recht 1911, Nr. 1537; vgl. w.N. bei Enders, BauR 1982, 535, 536). Von einigen wurde im Wege ergänzender Vertragsauslegung eine weitgehende Verpflichtung zur Erbringung von Änderungsleistungen bejaht, die in ihrer Reichweite der Regelung von §1 Abs. 3 und 4 der VOB/B entsprechen sollte (Kapellmann/Schiffers, Bd. 2, 5. Aufl., Rdn. 1004 ff.; Münchener Kommentar/Busche §631 Rdn. 123; Enders, BauR 1982, 535, 537). Andere wollten die Verbindlichkeit der Leistungsbeschreibung eines Werkvertrages weitgehend auflösen und ihn zu einem Rahmenvertrag für eine noch zu spezifizierende Leistung machen (Matz, Die Konkretisierung des Werks durch den Besteller, S. 85 ff.) oder ein Weisungsrecht wie beim Dienstvertrag bemühen (Peters, NZBau 2012, 615 ff.; vgl. hierzu auch Voit, Festschrift Ganten, 2007, 261, 269); da die Parteien die Bauleistung vertraglich aber bereits festgelegt haben, reicht ein bloßes Weisungsrecht für Änderung der Bauleistung nicht aus.

All diese Überlegungen konnten de lege lata nicht überzeugen, zumal für den Reisevertrag als Unterfall des Werkvertrages einseitige Leistungsänderungen in §651a Abs. 5 BGB ausdrücklich angesprochen werden und dort nur bei einem vertraglich vereinbarten Änderungsvorbehalt zulässig sind (dazu Messerschmidt/Voit/v. Rintelen, Syst. Teil H Rdn. 56 ff.). Ohne eines vertraglichen Änderungsvorbehalts bedarf es eines Änderungsvertrages. Auch bei einer Störung der Geschäftsgrundlage erfolgt eine Anpassung nicht kraft Gesetzes oder kraft einseitigen Änderungsrechts, sondern über eine Anpassungsvereinbarung. Es besteht auch in diesem Fall nur ein schuldrechtlicher Anpassungsanspruch. Die Parteien haben grundsätzlich über die Anpassung zu verhandeln (BT-Drucks. 14/6040, S. 176). Damit war auch der Besteller nach altem Recht ohne vertragliches Leistungsänderungsrecht bei Änderungsnotwendigkeit auf einen Anpassungsanspruch nach Treu und Glauben beschränkt.

Ein bloßer Anpassungsanspruch aus §242 BGB kann aber bei weitem nicht so weit reichen wie das nach dem Wortlaut uneingeschränkte Änderungsrecht des §1 Abs. 3 VOB/B. Ein Anpassungsanspruch aus Treu und Glauben kann nicht schon dann bestehen, weil der Besteller nachträglich eine Änderung will; notwendig ist vielmehr ein rechtlich schutzwürdiges Anpassungsbedürfnis. Dieses ist mit der Zumutbarkeit der Leistungsänderung für den Unternehmer abzuwägen. Ein bloß schuldrechtlicher Anspruch auf Anpassung ist auch viel schwieriger durchzusetzen. Während ein einseitiges Änderungsrecht unmittelbar mit seiner Ausübung den Vertragsinhalt verändert und eine entsprechende Leistungspflicht des Unternehmers begründet, berechtigt ein Anpassungsanspruch den Besteller nur dazu, vom Unternehmer eine Änderung des Vertrages zu verlangen. Das erfordert nicht die i. d. R. problemlose Einigung über die Änderung der Bauleistung, sondern auch die viel streitanfälligere Einigung über die hierdurch geänderte Vergütung. Der Besteller konnte nach altem Recht einen Anpassungsanspruch also nur durchsetzen, wenn er zugleich eine angemessene Anpassung der Vergütung anbietet. Er konnte anders als beim VOB-Vertrag den Unternehmer nicht darauf verweisen,

§ 650b — Änderung des Vertrages; Anordnungsrecht des Bestellers

zunächst einmal seinen Nachtragsvergütungsanspruch prüffähig darzulegen; vielmehr musste er seinerseits zusammen mit seinem Änderungsbegehren ein annahmefähiges Angebot auch zur Vergütung unterbreiten. Das entsprach nicht den Bedürfnissen der Praxis.

9 Vor diesem Hintergrund hat der Gesetzgeber für den Bauvertrag nun ein neues gesetzliches Anordnungsrecht des Bestellers eingeführt. Es entzieht den bisherigen „progressiven" Auffassungen zu (bereits bestehenden) einseitigen Änderungsmöglichkeiten im BGB-Werkvertrag nachträglich den Boden. Denn ausgehend von einer bisher fehlenden einseitigen Änderungsbefugnis stellt die gesetzliche Regelung gewissermaßen einen Kompromiss zwischen den beiden Alternativen Änderungsvertrag und einseitiges Anordnungsrecht dar. Die Parteien müssen sich zunächst entsprechend des Konsensualprinzips um eine einvernehmliche Änderung (Änderungsvertrag) bemühen. Um hierfür eine Verhandlungsgrundlage zu schaffen, muss der Besteller eine klare Änderungsvorstellung gegebenenfalls einschließlich Planung vorlegen; der Unternehmer ist grundsätzlich verpflichtet, ein Angebot abzugeben. Erst subsidiär, wenn nämlich binnen 30 Tagen keine Änderungsvereinbarung zustande kommt, kann der Besteller nach Abs. 2 einseitig die geänderte Leistung anordnen. Die Vergütungsanpassung richtet sich dann nach § 650c Abs. 1 BGB.

10 Das Änderungsrecht bezieht sich (nur) auf die auszuführende Leistung. Insoweit ist es aber relativ weit, wenn auch nicht inhaltlich unbeschränkt. Nur bautechnisch oder rechtlich notwendige Änderungen gemäß § 650b Abs. 1 Nr. 2 BGB muss der Unternehmer grundsätzlich ausführen; die übrigen (freien) Änderungen gemäß § 650b Abs. 1 Nr. 1 BGB muss der Unternehmer nur ausführen, wenn sie für ihn auch zumutbar sind.

11 Der Gesetzgeber erkennt, dass das einseitige Anordnungsrecht potentiell streitanfällig ist. Gerade deshalb sollen die Parteien sich primär um Einvernehmen bemühen. Kann dieses nicht erzielt werden, kann eine Streitentscheidung dringlich werden, um einen Stillstand des Bauablauf zu vermeiden. Deshalb sieht das Gesetz für Streitigkeiten über das Anordnungsrecht und die Vergütung eine besondere Bauverfügung vor. Nach § 650d BGB ist es für den Erlass einer einstweiligen Verfügung über ein Anordnungsrecht nach Beginn der Bauausführung nicht erforderlich, dass der Verfügungsgrund glaubhaft gemacht wird (vgl. → § 650d BGB Rdn. 2). Die vereinzelt gegen die Neuregelung erhobenen verfassungsrechtlichen Bedenken sind gänzlich unbegründet (eingehend Lindner, Die Dogmatik des gesetzlichen Änderungsrechts nach § 650b BGB, 140 ff.).

II. Unterschiede zu Änderungsvorbehalten nach § 1 Abs. 3 und 4 VOB/B

12 Der fundamentale Unterschied des gesetzlichen einseitigen Änderungsrechts zu vertraglichen Änderungsrechten ist die Art der Begründung. Vertragliche Leistungsänderungsrechte müssen wirksam begründet worden sein, der Anspruch nach § 650b Abs. 2 folgt aus dem Gesetz. Dieser Unterschied erklärt die engeren Voraussetzungen und weiterreichenden Rechtsfolgen.

13 Ein erster vordergründiger systematischer Unterschied besteht darin, dass § 650b BGB nur einen Einheitstatbestand der Änderung kennt, während die VOB/B zwischen geänderten und zusätzlichen Leistungen differenziert (vgl. → Rdn. 191 ff.). Der wesentliche materielle Unterschied zu den einseitigen Leistungsänderungsrechten nach § 1 Abs. 3 und 4 VOB/B ist die Subsidiarität des gesetzlichen Anordnungsrechts. Das Erfordernis der vorherigen Einigung über einen Änderungsvertrag führt dazu, dass der Besteller nicht einfach eine Leistung anordnen kann, während die Frage der Vergütung von vornherein nach hinten verschoben wird. Vielmehr entsteht das gesetzliche Anordnungsrecht erst 30 Tagen nach dem Änderungsbegehren des Bestellers, soweit die Parteien sich bis dahin nicht einvernehmlich geeinigt haben. Diese Frist von 30 Tagen kann zu Schwierigkeiten bei dringlichen Änderungen oder kurzlaufenden Bauverträgen führen.

14 Ein zweiter erheblicher Unterschied besteht in der Vergütungsfolge einseitiger Anordnungen. § 650c BGB stellt primär auf die tatsächlichen Mehrkosten für die geänderte Leistung ab, § 2 Abs. 5 und 6 VOB/B auf die Fortschreibung von Vertragspreisen.

15 Die inhaltliche Reichweite beider Änderungsrechte ist demgegenüber im Wesentlichen gleich. Zwar ist das Leistungsänderungsrecht nach § 1 Abs. 3 VOB/B dem Wortlaut nach uneingeschränkt, während der Unternehmer nach § 650b Abs. 2 nicht erforderliche Änderungen nach § 650b Abs. 1 Nr. 1 BGB nur durchführen muss, soweit sie ihm zumutbar sind. Da aber auch das VOB/B-Leistungsänderungsrecht unter dem Vorbehalt der Billigkeit gemäß § 315 BGB steht und zusätzliche Leistungen nach § 1 Abs. 4 VOB/B nur bei Erforderlichkeit einseitig angeordnet werden können, ist der Unterschied rechtlich im Ergebnis nicht so groß. Rein tatsächlich kommt hinzu, dass dem Unternehmer in der Praxis die meisten Änderungswüsche zumutbar sein werden. Dementsprechend gibt es auch kaum praktische Fälle, in denen Auftragnehmer eines VOB/B-Vertrages sich gegen die einseitige Leistungsänderung als solches gewandt haben.

Eine erhebliche Änderung der Reichweite des Änderungsrechts wäre eingetreten, falls der Gesetzgeber, wie ursprünglich beabsichtigt, das einseitige Leistungsänderungsrecht auch auf Änderungen von Bauumständen und Bauzeit erstreckt hätte, wie es der Referentenentwurf noch vorsah (→ Rdn. 24). Die Voraussetzungen für das Anordnungsrecht sind allerdings modifiziert worden, das zeitliche Anordnungsrecht ist insgesamt entfallen. Damit erlaubt § 650b BGB ebenso wie § 1 Abs. 3 und 4 VOB/B (vgl. → Rdn. 203 ff.) nur Änderungen in Bezug auf den Bauinhalt (→ Rdn. 63 ff.). 16

Nachdem die zunächst beabsichtigte gesetzliche Privilegierung der VOB/B-Änderungsregelungen (§ 650c Abs. 4 BGB-Regierungsentwurf) letztlich wieder entfallen ist, stellt sich die Frage der Auswirkungen der gesetzlichen Neuregelung auf die Inhaltskontrolle der VOB/B-Regelungen (→ Rdn. 263). 17

III. Abgrenzung zu anderen im Bauvertrag enthaltenen Modifikationen

1. Nachträgliche Leistungskonkretisierungen

§ 650b BGB betrifft nur Änderungen des Vertragsinhalts durch Änderungsvertrag gemäß Abs. 1 oder das einseitige Anordnungsrecht nach Abs. 2, nicht aber die Inanspruchnahme sonstiger vertraglicher Rechte. Das bloße Einfordern der von vornherein geschuldeten Leistung durch den Besteller ist offensichtlich keine Anordnung einer Änderung. Das gilt auch dann, wenn die Leistung im Vertrag nicht detailliert beschrieben ist, der Besteller oder ein Dritter sie nachträglich konkretisiert und der Vertrag ein solches Recht zur Konkretisierung ausdrücklich vorsieht (OLG Düsseldorf, Urt. v. 25.2.2003 – 21 U 44/02 „Peek & Cloppenburg"; Beck'scher VOB-Kommentar/Jansen, VOB/B § 1 Abs. 3 Rdn. 49; MünchKomm/Busche, BGB, § 650b Rdn. 3). In dem Fall des OLG Düsseldorf hatte der Unternehmer es übernommen, ein Gebäude aufgrund funktionaler Leistungsbeschreibung zu erstellen, wobei die Entwurfsplanung noch von einem Stararchitekten zu erstellen war. Dessen ggf. aufwändiger Entwurf ändert nicht die Vertragsleistung, sondern konkretisiert sie erst. Entsprechendes gilt bei anderen funktionalen Festlegungen wie z. B. die Definition der Vertragsleistung „entsprechend statischen und konstruktiven Erfordernissen" (OLG Brandenburg, Urt. v. 17.1.2002 – 12 U 126/01 für Baugrubenverbau). Gleiches gilt, wenn der Vertrag vorsieht, dass behördliche Auflagen zum Vertragsgegenstand werden (vgl. BGH, Urt. v. 23.10.1969 – VII ZR 149/67: Auftragnehmer muss eine genehmigte Statik erstellen, Anforderungen des Prüfingenieurs muss er ohne Anspruch auf Mehrvergütung erfüllen; OLG Dresden, Urt. v. 26.5.2015 – 13 U 66/15: Verkehrssicherung nach Vorgabe der Behörde). In all diesen Fällen liegt keine Änderung der Vertragsleistung vor, sondern allenfalls eine geänderte Erkenntnis über das Vertragssoll. Preisneutrale Konkretisierungen sind insbesondere Wahlpositionen, wenn der Unternehmer z. B. Art und Farbe des Putzes (BGH, Urt. v. 20.10.1960 – VII ZR 126/59) oder Farbe von Türen nach Wahl des Bestellers (BGH, Urt. v. 22.4.1993 – VII ZR 118/92) auszuführen hat. Eine Leistungsänderung tritt ein, wenn die Auswahl den Vertragsrahmen verlässt (OLG Köln, Urt. v. 15.09.1995 – 20 U 259/90). 18

2. Mitbestellte Änderungen und Eventualpositionen

In der Praxis verbreitet ist auch, dass sich der Besteller vorbehält, die bereits konkretisierte Leistung durch neue Vorgaben ohne Preisauswirkungen zu modifizieren. Es handelt sich dann um im ursprünglichen Vertragsumfang bereits enthaltene „mitbestellte Änderungen" (Begriff nach Gauch, Der Werkvertrag, 5. Aufl., Rdn. 810d). Das kann z. B. dadurch erfolgen, dass der Unternehmer auch verpflichtet wird, künftige Vorgaben Dritter, wie z. B. Auflagen einer künftigen Baugenehmigung oder andere behördliche Auflagen zu erbringen. Sie sind dann bereits Inhalt der vom Vertragspreis abgegoltenen vertraglichen Leistungspflicht. Hier wird zwar ggf. der tatsächliche Leistungsumfang geändert, allerdings sind diese Änderungen, weil dessen Leistungen von Anfang an dynamisch beschrieben wurden (OLG Dresden, Urt. v. 26.5.2015 – 13 U 66/15; vgl. auch BGH, Urt. v. 23.10.1969 – VII ZR 149/67; Gauch, Der Werkvertrag, 5. Aufl., Rdn. 810d). Allerdings sind solche Risikoübernahmen nach der „Bistro"-Entscheidung des BGH eng auszulegen (→ § 631 BGB Rdn. 837). 19

§ 650b Änderung des Vertrages; Anordnungsrecht des Bestellers

20 Bei Alternativpositionen, die an Stelle von Grundleistungen treten sollen, und Eventualpositionen, die zusätzlich bei Bedarf hinzukommen, handelt es sich um Änderungsangebote des Unternehmers, die im Vertrag bereits bepreist sind und deren Beauftragung sich der Besteller für einen späteren Zeitpunkt vorbehält (BGH, Urt. v. 23.1.2003 – VII ZR 10/01; Vygen, BauR 1992, 135, 137).

IV. Abgrenzung zu konkludenten Vertragsänderungen

21 § 650b Abs. 1 BGB betrifft nur die bewusste ausdrückliche Änderung des Vertrages, bei der der Besteller eine Änderung des Vertragsinhalts begehrt und der Unternehmer darauf ein Angebot vorlegt. Sie ist Voraussetzung für ein einseitiges Leistungsänderungsrecht nach Abs. 2. Wenn der Besteller die Erbringung einer zusätzlichen Leistung oder eine Änderung fordert und der Unternehmer sie anschließend erbringt, ohne dass die Parteien ausdrückliche Abreden hierüber treffen, liegt eine von § 650b BGB nicht erfasste konkludente Vertragsänderung vor (→ Rdn. 124 ff.). Diese ist den Parteien immer möglich.

V. Gang der Reformbestrebungen

22 Änderungsbedarf nach Abschluss eines Bauvertrages ist die Regel und nicht die Ausnahme, weshalb auch die meisten Bauverträge entsprechende Regelungen enthalten. Ob auch das Gesetz das Problem regeln sollte, wurde unterschiedlich beurteilt. Weyers hatte in seinem Gutachten zur Überarbeitung des Werkvertragsrechts 1981 keine Regelungsnotwendigkeit für gesetzliche Änderungsrechte gesehen. Er zeigte auf, dass in den damaligen schwedischen und norwegischen Gesetzesentwürfen der Unternehmer zur Ausführung von Zusatzleistungen verpflichtet wird, soweit das nicht die normalen Tätigkeiten oder die Belange anderer Kunden beeinträchtige. Diese Regelung könne erwogen werde, „würde sich aber vermutlich als praktisch überflüssig erweisen, weil der Unternehmer unter diesen Umständen die Arbeit ohnehin ausführen wird und dasselbe Ergebnis überdies über die allgemeine Treupflichtregelung erreicht wird" (Weyers in: Gutachten und Vorschläge zur Überarbeitung des Schuldrechts, II S. 1115, 1145). Der Zusatzgutachter Keilholz verneinte ebenfalls eine relevante Reformnotwendigkeit, da die Praxis mit der VOB/B auskomme (Keilholz in: Gutachten und Vorschläge zur Überarbeitung des Schuldrechts, III S. 325). Noch 2005 sah Peters in seiner Stellungnahme zur Ermittlung des Überprüfungsbedarfs im Baurecht keinen gesetzlichen Regelungsbedarf (Peters, NZBau 2005, 270 f.).

23 Andere hatten allerdings bereits im Zuge des Entwurfs eines Gesetzes zur Beschleunigung fälliger Zahlungen eine Regelungsnotwendigkeit gesehen und ein einseitiges Recht zur Leistungsänderung vorgeschlagen, das in Anlehnung an die VOB/B-Regelungen unterschiedliche Einschränkungen des Anordnungsrechts für geänderte und zusätzliche Leistungen aufstellte. Die Vergütung sollte auf Basis der Kalkulation ermittelt werden (Kraus/Vygen/Oppler, BauR 1999, 964, 968). Der Arbeitskreis Schuldrechtsmodernisierungsgesetz des Instituts für Baurecht schlug als Teil seines Ergänzungsentwurfs zum Schuldrechtsmodernisierungsgesetz ein einheitliches gesetzliches Änderungsrecht des Bestellers vor, da der Rückgriff auf unbestimmte Begriffe wie Treu und Glauben unbefriedigend sei. Das Recht sollte nicht schrankenlos sein und deshalb nur bestehen, soweit dem keine wichtigen Gründe entgegenstünden. Die Zusatzvergütung sollte durch Fortschreibung der Preise erfolgen. Den Unternehmer sollte eine Hinweispflicht wegen der Mehrvergütung treffen (BauR 2006, 263, 264, 271 f.). Weitere ähnliche Vorschläge wurden in der Literatur gemacht (Kaufmann, Jahrbuch Baurecht 2006, 35, 80; Ulbrich, Leistungsbestimmungsrechte in einem künftigen deutschen Bauvertragsrecht vor dem Hintergrund, der Funktion und den Grenzen von §§ 1 Nr. 3 und 4 VOB/B, 2007, S. 254 ff.). Der 2. Baugerichtstag 2008 hat dann auf Grundlage des Entwurfs des Instituts für Baurecht mit überwältigender Mehrheit ein gesetzliches Bauvertragsrecht einschließlich der Regelung von Nachträgen gefordert (BauR 2008, 1677, 1710). Auch die vom Verbraucherministerium veranlasste „Rechtsvergleichende Untersuchung zu Kernfragen des privaten Bauvertragsrechts in Deutschland, England, Frankreich, den Niederlanden und der Schweiz" 2008 schlug ein einseitiges Leistungsänderungsrecht auch für das BGB vor (Abschlussbericht, S. 84).

24 Während über das „Ob" nunmehr grundsätzlich Konsens bestand, war die Ausgestaltung umstritten. Besonders kontrovers diskutiert wurde, wie weit das Anordnungsrecht reichen sollte und wie die Vergütungsanpassung ermittelt werden sollte. In Bezug auf ein zeitliches Anordnungsrecht schlug der 3. Baugerichtstag 2010 die Zulassung von Anordnungen auch in

Bezug auf die Bauzeit vor, lehnte jedoch ein Recht des Bestellers zur Verkürzung der Bauzeit bzw. Anordnung von Beschleunigungen ab. Der 4. Baugerichtstag 2012 empfahl allerdings, die Frage eines auch eingeschränkten zeitlichen Anordnungsrechts erneut zu diskutieren, weil es mehr als unbedingt nötig in die unternehmerische Freiheit eingreift (vgl. → Vor §631 BGB Rdn. 28 und BauR 2012, 1471, 1475). Die Arbeitsgruppe Bauvertragsrecht beim Bundesministerium der Justiz hatte in ihrem Abschlussbericht vom 18.03.2013 ein allgemeines Änderungsrecht im Rahmen der Zumutbarkeit und ein zeitliches Anordnungsrecht bei Vorliegen „schwerwiegender Gründe" befürwortet. Der 5. Baugerichtstag 2014 hat sich mit dem zeitlichen Anordnungsrecht erneut beschäftigt und dieses mit deutlicher Mehrheit abgelehnt (Arbeitskreis I, BauR 2014, 1545ff.). Der Referentenentwurf zur Reform des Bauvertragsrechts (vgl. → Vor §631 BGB Rdn. 38a) sah aber weiter ein eingeschränktes Anordnungsrecht in Bezug auf Bauumstände und Bauzeit vor, soweit schwerwiegende Gründe vorliegen und bei der Abwägung der beidseitigen Interessen die Interessen des Bestellers deutlich überwiegen. Es ist im Rahmen des Gesetzgebungsprozess aber wieder entfallen. Dafür ist das ursprünglich einfache Anordnungsrecht durch die Anforderung vorheriger Einigungsbemühungen um eine einvernehmliche Vertragsänderung ergänzt worden.

Während der Entwurf des Instituts für Baurecht die Vergütungsanpassung wie bei der VOB/B auf Basis von Kalkulation und Vertragspreisen ermitteln wollte, kamen dem 3. Baugerichtstag Zweifel. Er wollte sich hinsichtlich der Art der Ermittlungen der Vergütung nicht festlegen und forderte nur offen einen „adäquaten finanziellen Ausgleich" (BauR 2010, 1313, 1342). Beim 4. Baugerichtstag 2012 schlug dann die Arbeitsgruppe des Arbeitskreises I eine Preisermittlung für geänderte Leistungen auf Basis der tatsächlichen Kosten vor. Die Urkalkulation wurde nicht als geeignete Basis angesehen, weil sie nicht Vertragsbestandteil ist (BauR 2012, 1471, 1477ff.). Dem hat sich der Referentenentwurf angeschlossen. 25

Auf europäischer Ebene gibt es ähnliche Entwicklungen. Der „Draft Common Frame of Reference (DCFR)" sieht ein einseitiges Leistungsänderungsrecht bei Vergütungsanpassung durch Preisfortschreibung für sog. Service Contracts in Art. IV.C.-2:109 vor. Beim DCFR handelt sich nicht um den Entwurf einer künftigen EU-Regelung, sondern um einen Vorschlag für ein gemeineuropäisches Vertragsrecht in Fortentwicklung der Principles of European Contract Law (PECL) der sog. Lando-Kommission. Der DCFR wurde auf Veranlassung der europäischen Union von einer aus Akademikern der europäischen Länder besetzten „Study Group on European Civil Code" 2009 erstellt. Das Leistungsänderungsrecht ist einerseits an engere Vorgaben geknüpft, kann andererseits wohl aber auch Bauumstände erfassen (vgl. auch Armgardt, NZBau 2009, 12, 14). 26

B. Einvernehmliche Änderungsvereinbarung nach Abs. 1

I. Regelungsbedarf und Regelungsziel des Abs. 1

Leistungsänderungen sollen nach dem Gesetz primär durch eine Änderungsvereinbarung getroffen werden. Einvernehmliche Vertragsänderungen bedürfen allerdings überhaupt keiner rechtlichen Regelung, weil sich ihre Zulässigkeit bereits aus §311 BGB und aus dem Grundsatz der Vertragsfreiheit ergibt. 27

Die dennoch ausführliche Regelung des §650b Abs. 1 BGB zur Vertragsänderung erklärt sich aus zwei Gründen. Abs. 1 begründet zwar keine Kontrahierungspflicht, wohl aber eine ebenso regelungsbedürftige Angebots- und Verhandlungspflicht. Vor allem regelt Abs. 1 aber bereits die Vorgaben des einseitigen Anordnungsrechts, das dem Besteller für den Fall der Nichteinigung über eine erstrebte Änderung zusteht. Beide Punkte wollte und musste der Gesetzgeber konkretisieren, weil das BGB im Übrigen keine gesetzlichen Leistungsänderungsrechte kennt, sondern für Leistungsänderungen eine Vertragsänderung vorsieht (→ Rdn. 5). 28

Vor diesem Hintergrund sollen die Parteien sich zunächst um eine einvernehmliche Regelung bemühen. Während der Referentenentwurf noch ein direktes Änderungsrecht des Bestellers des Bestellers vorsah, strebt das Gesetz zunächst eine Einigung der Parteien an: 29

„Der Entwurf verfolgt das Ziel, möglichst auf ein Einvernehmen der Vertragsparteien hinzuwirken, bevor der Besteller von seinem Anordnungsrecht Gebrauch macht. Dies ist regelmäßig im Interesse beider Parteien, weil ein Streit über eine Vertragsänderung die Zusammenarbeit bei der weiteren Ausführung des Baus erheblich belasten kann." (BT-Drucks. 18/8486, S. 54)

§ 650b   Änderung des Vertrages; Anordnungsrecht des Bestellers

30   Deshalb wird der Unternehmer in Abs. 1 verpflichtet, ein Angebot „über die Mehr- oder Mindervergütung" zu erstellen. Seine negative Vertragsfreiheit wird für die erforderlichen Änderungen oder zumutbaren freien Änderungen insoweit eingeschränkt. Er kann nicht schlicht erklären, keine weiteren oder geänderten Leistungen erbringen zu wollen, sondern er muss ein Angebot abgeben. Das abzugebende Angebot ist naturgemäß (§ 145 BGB) bindend und führt mit Annahme durch den Besteller zum Änderungsvertrag. Damit hat der Gesetzgeber ein auf eine Einigung ausgerichtetes Procedere ausgewählt, wie es in der Praxis üblich ist. Auch bei einer Anordnung nach der VOB/B erstellt der Unternehmer üblicherweise ein Angebot, das Grundlage für eine Einigung über die Mehrvergütung vor Ausführung der Leistung sein soll. Allerdings bewirkt bei einem VOB/B-Vertrag die Anordnung bereits die Änderung der Leistungspflicht. Rechtssystematisch entspricht das Verfahren deshalb mehr den Variations gemäß den FIDIC-Verträgen; dort leitet der Auftraggeber eine Änderung in der Regel ebenfalls mit der Aufforderung an den Unternehmer an, hierzu einen Vorschlag zu unterbreiten.

31   Allerdings ist es Erfahrungstatsache, dass viele Nachtragsangebote nicht uneingeschränkt annahmefähig sind. Der Unternehmer muss kein Angebot über die (tatsächlichen) Mehr- oder Minderkosten nach § 650b Abs. 1 BGB vorlegen, sondern über die geforderte Mehr- oder Mindervergütung. Da es im BGB keine Preisvorgaben gibt und der Unternehmer in der Nachtragssituation – anders als bei ursprünglichen Auftragsvergabe – i. d. R. einziger Bieter ist, ist es kaufmännisch nachvollziehbar – aus Sicht des Unternehmers sogar geboten –, dass die Nachtragspreise gewinnmaximierend kalkuliert werden. Kaufmännischer Preisbemessungsmaßstab ist dann für den Unternehmer nicht nur die Kostenveränderung, sondern auch ein eventuell höherer Wert der Änderung für den Besteller. Gerade wegen dieser aus Sicht des Bestellers – im Vergleich zur ursprünglichen Auftragsvergabe – umgekehrten Verhandlungsdrucksituation sieht die VOB/B in § 2 Abs. 5 und 6 eine Preisbindung durch Preisfortschreibung auf Basis der Vertragspreise vor. Diese Gefahr hat auch der Gesetzgeber gesehen, weshalb er bei Nichteinigung über die Vergütungsanpassung die Abschlagszahlungen nach § 650c Abs. 3 auf 80 % des angebotenen Preises beschränkt hat (→ § 650c BGB Rdn. 144).

32   Für die primär angestrebte einvernehmliche Vertragsänderung gibt es wie für den ursprünglich vereinbarten Werklohn keine gesetzlichen Regelungen zur Preisgestaltung. Es gilt der Grundsatz subjektiver Äquivalenz. Das objektive Äquivalenzverhältnis wird erst relevant, wenn die Grenze des Doppelten überschritten wird, da bei einem Überschreiten der Marktpreise um 100 % und Vorliegen der zusätzlichen Erfordernisse des § 138 Abs. 2 BGB die Grenze der Sittenwidrigkeit überschritten wird.

33   Vor diesem Hintergrund ist die in § 650b BGB inzident statuierte Verhandlungspflicht für den Besteller im Konfliktfall wenig wert. Das Gesetz macht bewusst keine inhaltlichen Vorgaben zum Angebot und dem Inhalt der Verhandlungen; es begründet insbesondere keinen Kontrahierungszwang. Vielmehr ist der Besteller im Fall der Nichteinigung zur einseitigen Anordnung nach § 650b Abs. 2 BGB berechtigt. Das Problem ist lediglich, dass er hierzu erst 30 Tage nach Zugang seines Änderungsbegehrens berechtigt ist.

II. Keine Begrenzung des Inhalts von Änderungsvereinbarungen durch Abs. 1

34   Abs. 1 regelt nicht alle Arten von Vertragsänderungen, sondern nur zwei Arten von Änderungen, hinsichtlich derer der Besteller im Fall einer Nichteinigung der Parteien ein einseitiges Änderungsrecht nach Abs. 2 zustehen soll. Das betrifft die beiden in der Praxis wichtigsten Fallgruppen der Änderungen des vereinbarten Werkerfolges bzw. der zur Erreichung des Werkerfolges notwendigen Leistungen. Hierfür stellt das Gesetz bestimmte Voraussetzungen in verfahrensrechtlicher und materiell-rechtlicher Hinsicht auf, von deren Einhaltung die subsidiäre Entstehung des einseitigen Leistungsänderungsrechts nach Abs. 2 abhängt. Das schränkt aber nicht die Vertragsfreiheit der Parteien ein, gemäß § 311 BGB den Vertrag einvernehmlich – in welcher Hinsicht auch immer – abzuändern. Solche Änderungsverträge können ausdrücklich, aber auch konkludent erfolgen (→ Rdn. 124 ff.). Abgrenzungsschwierigkeiten zwischen Vertragsänderungen nach Abs. 1 und sonstigen Vertragsänderungen können insoweit nicht entstehen. Denn haben sich die Parteien geeinigt, ist nur noch der Inhalt der Einigung maßgebend.

Änderung des Vertrages; Anordnungsrecht des Bestellers § 650b

III. Gegenstand von Änderungsanordnungen

1. Änderungen des vereinbarten Werkerfolges (§ 650b Abs. 1 Nr. 1)

Nach § 650b Abs. 1 Nr. 1 BGB ist der Besteller grundsätzlich berechtigt, jegliche Änderungen 35
des Werkerfolges durch Änderungsvereinbarung gemäß Abs. 1 oder durch das Anordnungsrecht nach Abs. 2 anzustreben. Der Werkerfolg bezieht sich zunächst auf den vereinbarten Leistungserfolg, also das Ergebnis der Bauleistung, kann aber auch Vorgaben zur Erreichung dieses Werkerfolges enthalten (→ Rdn. 38). Der Werkerfolg umfasst aber nicht Bauumstände und Bauzeit (→ Rdn. 63). Um feststellen zu können, ob eine Änderung vorliegt, muss zunächst der konkrete Inhalt der vertraglichen Leistungspflicht geklärt werden. Das ist bei unvollständigen, unrichtigen oder widersprüchlichen Leistungsbeschreibungen problematisch und sehr streitanfällig (vgl. dazu näher → § 631 BGB Rdn. 809 ff.).

Der Begriff der Änderung ist grundsätzlich weit und erfasst jede Abweichung vom verein- 36
barten Werkerfolg. Das Gesetz enthält keine generellen Beschränkungen, und zwar weder in Bezug auf Umfang noch auf Ziel. Da der Begriff der Änderung jede Veränderung erfasst, ist es gleichgültig, ob beauftragte Leistungen geändert werden oder neue Leistungen hinzukommen oder beides der Fall ist. Der bloße Entfall von Leistungen kann begrifflich auch als eine Änderung verstanden werden; hier ist der Besteller aber nicht auf § 650b BGB angewiesen, weil er zu jeder Zeit nach § 648a (bei gleichen Rechtsfolgen) zu einer Teilkündigung berechtigt ist (→ Rdn. 169).

Der Begriff der Änderung in § 650b BGB ist damit weiter als nach dem bisherigen Sprachge- 37
brauch der VOB/B; geänderte und zusätzliche Leistungen werden in einen Einheitstatbestand der Änderung zusammengefasst. Diese Zusammenfassung ist jedenfalls sachgerecht, weil die erst mit der VOB 1952 eingeführte Trennung zwischen geänderten Leistungen und zusätzlichen Leistungen in § 1 Abs. 3 und 4 VOB/B sich als unnötig erwiesen hat und nur unnötige Abgrenzungsfragen hervorgerufen hat (Kapellmann/Messerschmidt/v. Rintelen, VOB/B, § 1 Rdn. 60 ff.) Der DVA hatte deshalb seinerseits bereits 2013 erwogen, diese Aufspaltung wieder rückgängig zu machen (Kapellmann, NZBau 2013, 537, 543).

Obwohl § 650b Abs. 1 Nr. 1 BGB von der Änderung des vereinbarten Werkerfolges spricht, 38
können hierunter auch Änderungen in der Art der Ausführung gefasst werden. Mit dem Begriff des Werkerfolges wollte der Gesetzgeber nicht den Anwendungsbereich des § 650b Abs. 1 BGB im Vergleich zu dem Anwendungsbereich von § 1 Abs. 3 VOB/B einschränkend, sondern die Erfolgsbezogenheit der Werkleistung betonen und die Abgrenzung zwischen Nr. 1 und Nr. 2 definieren. Der Begriff des Werkerfolges kann deshalb auch in einem weiteren Sinne ausgelegt werden. Danach kann zum Werkerfolg im weiteren Sinne auch eine die Bauart bezogene Vorgabe zur Erreichung des Werkerfolges im engeren Sinn gehören (im Ergebnis auch Oberhauser in Dammann/Lenkeit/Oberhauser/Pause/Stretz, § 2 Rdn. 43; Retzlaff, BauR 2017, 1747, 1786).

a) Freies Änderungsrecht

Das Änderungsbegehren ist an keine inhaltlichen Beschränkungen geknüpft, sondern kann 39
grundsätzlich durch den Besteller nach freiem Belieben ausgeübt werden. Inhaltliche Vorgaben schienen dem Gesetzgeber nicht sinnvoll. Bauvorhaben werden geprägt durch eine „Spannung zwischen Planung und Realität" (Nicklisch/Weick, 3. Aufl., VOB/B, § 1 Rdn. 24; ebenso BGH, Urt. v. 15.1.1996 – VII ZR 233/94). Änderungen des Leistungsinhalts zwischen Vertragsabschluss und Abnahme sind nicht die Ausnahme, sondern die Regel (Schulze-Hagen, FS Soergel 1993, S. 259). Gerade deshalb räumt das Gesetz dem Besteller ein Anordnungsrecht ein (BT-Drucks. 18/8486, S. 54), das gerade für bautechnische oder rechtliche nicht notwendige Änderungen gilt (ansonsten greift Nr. 2); der Gesetzgeber wollte ausdrücklich die Änderung „nicht an bestimmte Ziele" binden; legitimes Ziel einer Änderung ist auch, wenn „sich die Vorstellungen des Bestellers geändert haben" (BT-Drucks. 18/8486, S. 54). Änderungen nach Nr. 1 sind also nicht an einer besonderen Angewiesenheit auf Seiten des Bestellers geknüpft, sondern stehen zunächst einmal im Belieben des Bestellers. Etwas anderes gilt nur für Änderungen nach Nr. 2, die wie das Anordnungsrecht für zusätzliche Leistungen nach § 1 Abs. 4 VOB/B (→ Rdn. 220) erforderlich sein müssen. Das Änderungsrecht nach Nr. 1 kann deshalb in Abgrenzung zur Nr. 2 als freies Änderungsrecht bezeichnet werden.

von Rintelen

b) Keine generelle Begrenzung für Änderungen

40 Die Möglichkeit zu Änderungen wird durch das Gesetz nur durch das Erfordernis der Zumutbarkeit begrenzt. Das Gesetz sieht darüber hinaus keine starre quantitative Begrenzung des Änderungsrechts vor, wie sie z. B. Art. 1661 Codice Civile Italiens in Höhe eines Sechstel des Gesamtpreises bzw. § 36 Abs. 3 UAV, die niederländischen Standard-Bauvertragsbedingungen, in Höhe von 10% bzw. 15% des Vertragspreises kennen (Art. 86 SIA 118 enthält eine 20%-Grenze für Preisfortschreibung bei anordnungsbedingten Mengenänderungen). Eine qualitativ definierte Grenze der Änderung kennt Pkt. 7.1 ÖNORM 2110; danach muss sich die Änderung innerhalb des ursprünglichen Leistungsziels im Sinne des aus dem Vertrag objektiv ableitbaren vom Besteller angestrebten Erfolgs der Leistungen des Unternehmers halten (vgl. Kurz, Vertragsgestaltung im Baurecht, Wien 2015, S. 293 ff.); einseitige Änderungen des Leistungsumfangs dürfen also nur dazu dienen, dieses ursprüngliche Ziel zu erreichen, es aber nicht erweitern. § 650b BGB kennt solche Grenzen ebenso wie § 1 Abs. 3 VOB/B nicht. Änderungen zur Erreichung des (engeren) Werkerfolges sind nach Nr. 2 immer möglich; nach Nr. 1 sind darüberhinausgehende Änderungen zulässig, soweit dem Unternehmer zumutbar.

41 Wegen des Fehlens ausdrücklicher Grenzen für Änderungen oder Erweiterungen des Werkvertrages, folgt die Begrenzung zulässiger Änderungen – neben dem Zumutbarkeitserfordernis der Nr. 1 für den Unternehmer – über den (eher offenen) Begriff der Änderung sowie Sinn und Zweck der Regelung.

42 Man wird von einer Änderung des Werkerfolgs nicht mehr sprechen können, wenn über eine Änderung ein aliud oder „praktisch ein neues Bauwerk" angestrebt wird (vgl. OLG Köln, Urt. v. 21.9.1981 – 12 U 7/81 = Schäfer/Finnern/Hochstein, § 8 VOB/B (1973) Nr. 4; vgl. auch Kapellmann/Messerschmidt/v. Rintelen, VOB/B § 1 Rdn. 85). Eine derartige inhärente Begrenzung eines dem Wortlaut nach uneingeschränkten Anordnungsrechts wird im Wege vergleichbarer Auslegung auch in anderen Rechtsordnungen angenommen (Sergeant/Wielciczko, Construction Contract Variations, Rdn. 5.19 ff.). Das gleiche ist für das ebenfalls unbeschränkte Änderungsrecht des § 1 Abs. 3 VOB/B anerkannt (→ Rdn. 198). Solche Änderungen dienen auch nicht mehr dazu, die Spannung zwischen Planung und Realität aufzulösen.

43 Diese weite Grenze (für den Architektenvertrag demgegenüber sehr eng Motzke, NZBau 2017, 251, 256) wird in der Praxis aber wohl kaum relevant. Sie setzt voraus, dass letztlich etwas wesentlich Anderes gebaut wird als vertraglich vorgesehen. Das schließt aber nur Leistungsänderungen und insbesondere Leistungserweiterungen aus, die für den Unternehmer bei Vertragsabschluss nicht vorhersehbar waren. Verbal etwas enger ist das US-Konzept des cardinal change, weil es bereits wesentliche Abweichungen ausschließen könnte; die einschränkende Wirkung in der Praxis ist aber ebenfalls nur gering (vgl. Sergeant/Wielciczko, Construction Contract Variations, Rdn. 5.32 ff.). Darüber hinaus geht es dem opponierenden Unternehmer in der Regel um die Beendigung der Vertragspreisbindung. Das Problem einer Bindung an gegebenfalls zu niedrigkalkulierte Vertragspreise stellt sich beim gesetzlichen Anordnungsrecht allerdings nicht, da nach § 650c BGB der Unternehmer einen Anspruch auf Ersatz der tatsächlichen Kosten hat. Kann der Unternehmer die geänderten Leistungen nicht ausführen, ergeben sich aus dem zusätzlichen Erfordernis der Zumutbarkeit für den Unternehmer in der Regel engere qualitative und quantitative Grenzen für das Anordnungsrecht.

c) Zumutbarkeit der Änderung bei freien Änderungen

44 Die maßgebliche Begrenzung des freien Änderungsrechts ist die notwendige Zumutbarkeit für den Unternehmer. Diese Anforderung gilt nicht für Anordnungen, die gemäß § 650b Abs. 1 Nr. 2 nur der Erreichung des vereinbarten Werkerfolgs dienen. Auch diese sind allerdings nicht gänzlich uneingeschränkt möglich. Hier soll nach Auffassung des Gesetzgebers das in der Praxis nur selten bestehende allgemeine Leistungsverweigerungsrecht wegen Unzumutbarkeit der Leistung gemäß § 275 Abs. 2 und 3 BGB eingreifen (BT-Drucks. 18/8486, S. 54).

45 Der Begriff der Zumutbarkeit ist sehr allgemein. Nach der Gesetzesbegründung kann die Zumutbarkeit die technischen Möglichkeiten, die Ausstattung und Qualifikation des Unternehmers betreffen, aber auch betriebsinterne Vorgänge. Erforderlich ist eine Abwägung der Interessen beider Parteien. Zugunsten des Bestellers ist zu berücksichtigen, dass ein Unternehmerwechsel nur schwer und zu hohen Kosten möglich wäre. Weder die Interessen des Bestellers noch des Unternehmers sollen generell Vorrang haben, vielmehr müssen die Interessen „in einem ausgewogenen Verhältnis in die Bewertung einfließen" (BT-Drucks. 18/8486, S. 54).

Änderung des Vertrages; Anordnungsrecht des Bestellers **§ 650b**

46 Der Begriff der Zumutbarkeit ist ein unbestimmter Rechtsbegriff und nicht unmittelbar subsumtionsfähig. Die Rüge, er sei nicht konkretisierbar, (Digel/Jacobsen, BauR 2017, 1587, 1589) geht aber fehl (ebenso BeckOK BauvertrR/Leupertz BGB § 650b Rdn. 66a). Eine allgemeingültige Konkretisierung ist aufgrund der Vielgestaltigkeit der betroffenen Situationen und der Abstraktionshöhe des BGB weder möglich noch sinnvoll. In Bezug auf Leistungsbestimmungsrechte einer Partei regelt § 315 BGB auch nur, dass sie im Zweifel nach billigem Ermessen zu treffen sind. Die Billigkeit gemäß § 315 BGB gilt allgemein als ungeschriebene Grenze des Leistungsänderungsrechts nach § 1 Abs. 3 VOB/B; als Grenze der Billigkeit wird gerade die Zumutbarkeit für den Unternehmer (OLG Hamm, Urt. v. 15.5.2001 – 21 U 4/00). Die Zumutbarkeit war früher auch Maßstab für die Bewertung eines vertraglichen Anpassungsanspruchs des Bestellers bei Änderungsbedarf (Enders, BauR 1992, 535, 537 m. w. N.) Bislang haben die weichen Kriterien für die Billigkeits- oder Zumutbarkeitsgrenze in der Praxis nicht zu Schwierigkeiten geführt (Kapellmann/Messerschmidt/v. Rintelen, VOB/B § 1 Rdn. 82 ff. m. w. N.). Bei § 650b Abs. 1 BGB müssen wie bei § 315 BGB alle wesentlichen objektiven Umstände berücksichtigt und die Interessen beider Parteien angemessen abgewogen werden (dazu BGH, Urt. v. 2.4.1964 – KZR 10/62).

47 Im Rahmen der Abwägung ist zunächst Sinn und Zweck des Änderungsrechts zu berücksichtigen. Der Gesetzgeber hat es ausdrücklich nicht an bestimmte Ziele gebunden. Änderungen aufgrund geänderter Bedürfnisse oder Vorstellungen des Bestellers sind grundsätzlich zulässig. Das Änderungsrecht wurde auch gerade deshalb eingeführt, weil ein Wechsel des Vertragspartners für den Besteller nur schwer möglich und mit hohen Kosten verbunden wäre (Abschlussbericht der Arbeitsgruppe Bauvertragsrecht, S. 23). Dennoch besteht eine Wechselbezüglichkeit zwischen dem Anlass der Änderung und der Zumutbarkeit für den Unternehmer. Technisch notwendige Änderungen muss der Unternehmer übernehmen, da hierfür die Zumutbarkeitsschranke nicht gilt. Nr. 2 stellt allerdings allein auf die Mangelfreiheit des mit dem Besteller vereinbarten Werkerfolgs ab, nicht auf das Gesamtbauvorhaben. Leistungsänderungen können auch für die Vollständigkeit oder Mangelfreiheit der Gesamtleistung notwendig werden (Kapellmann/Messerschmidt/v. Rintelen, VOB/B § 1 Rdn. 107). Sinn und Zweck des Änderungsrechts würden leerlaufen, wenn den Schnittstellenbereichen bei Einzelvergaben die betroffenen Unternehmen jeweils darauf verweisen könnten, dass die Leistungen auch von anderen Unternehmern mit ausgeführt werden können. Bei besonderer Bedeutung der Änderung für den Besteller unterhalb der Schwelle technischer Notwendigkeit ist wegen des Abwägungsgebotes die Zumutbarkeitsgrenze für den Unternehmer höher anzusetzen als bei Umplanungen nur aufgrund eines Sinneswandels (Schulze-Hagen, FS Soergel 1993, S. 259, 265; Endres, BauR 1982, 535, 536). Die Schwelle für eine Unzumutbarkeit darf nicht zu niedrig angesetzt werden wie die Gesetzesbegründung zeigt. Nach der Gesetzesbegründung soll die Schwelle für die Unzumutbarkeit einer Anordnung unterhalb der des allgemein Leistungsverweigerungsrechts wegen Unzumutbarkeit (§ 275 Abs. 2 und 3 BGB) liegen (BT-Drucks. 18/8486, S. 54). Dieser sehr hohe Vergleichsmaßstab zeigt, dass der Gesetzgeber in der Regel von einer Zumutbarkeit ausgeht, weil die Parteien bereits aneinander gebunden sind und dem Besteller ein Wechsel kaum möglich ist.

48 Die fehlende Zumutbarkeit für den Unternehmer wird sich in der Regel daraus ergeben, dass er die geänderten Leistungen fachlich nicht ausführen kann oder dass ihm die betrieblichen Kapazitäten für eine termingerechte Fertigstellung der Gesamtleistung fehlen.

49 Für den Unternehmer ist es in der Regel nicht zu zumutbar, zusätzliche Leistungen auszuführen, wenn sein Betrieb wegen fehlender technischer Möglichkeiten, Ausstattung oder Qualifikation für derartige Leistungen nicht eingerichtet ist. Eine solche Leistungsänderung schließt § 1 Abs. 4 VOB/B für zusätzliche Leistungen ausdrücklich aus; eine solche Forderung wäre nach allgemeiner Meinung auch ohne ausdrückliche Erwähnung bei dem uneingeschränkten Leistungsänderungsrecht nach § 1 Abs. 3 VOB/B unbillig im Sinne von § 315 BGB (OLG Hamm, Urt. v. 15.5.2001 – 21 U 4/00; Peters, NZBau 2012, 615, 617; Kapellmann/Messerschmidt/v. Rintelen, VOB/B § 1 Rdn. 85).

50 Die Unzumutbarkeit kann sich für den Unternehmer auch daraus ergeben, dass er anstelle technisch problemloser Leistungen nunmehr technisch unerprobte und sehr risikobehaftete Leistungen ausführen soll. Wenn der Unternehmer einen Vertrag über derartige Leistungen von vornherein nicht geschlossen hat, wird im Zweifel eine Aufbürdung eines erhöhten werkvertraglichen Erfolgsrisikos gegen seinen Willen über eine einseitige Änderung nicht zumutbar sein. Das bloße Aufwandsrisiko bleibt allerdings wegen der Abrechnung auf Basis tatsächlicher Kosten beim Besteller und wird deshalb in der Regel nicht zur Unzumutbarkeit führen.

51 Häufiger dürfte sich die Unzumutbarkeit für den Unternehmer allerdings daraus ergeben, dass ihm die notwendigen Kapazitäten für die Erledigung der Änderungsarbeiten fehlen. Das ist dann der Fall, wenn die geänderte Ausführung mit erhöhtem Aufwand verbunden ist oder die Änderung zu einer erheblichen Leistungsausweitung führt. Der Unternehmer kann seine Kapazitätsplanung nur auf Basis des vertraglichen oder voraussehbaren Leistungsumfangs erstellen (Schulze-Hagen, Festschrift Soergel, S. 259, 265). Überstunden sind dem Unternehmer nach herrschender Meinung im gesetzlich zulässigen Rahmen zumutbar. Eine Verlängerung der Ausführungsfrist ist dem Unternehmer allerdings nicht zumutbar, wenn er vertraglich durch Anschlussaufträge bereits gebunden ist (Kapellmann/Messerschmidt/v. Rintelen, VOB/B § 1 Rdn. 87). Kleinere Änderungen sind dem Unternehmer regelmäßig zumutbar, da er bei Bauaufträgen mit der Möglichkeit entsprechender Änderungen rechnet (OLG Hamburg, Recht 1911 Nr. 1547).

52 Bloße Störungen des Bauablaufs dürften demgegenüber nicht zur Unzumutbarkeit führen, in Ausnahmefällen allenfalls Änderungen „zur Unzeit" (enger Schulze-Hagen, Festschrift Soergel, S. 259, 265). Denn die hierdurch entstehenden Mehraufwendungen sind grundsätzlich vollständig bei der Ermittlung der Mehr- oder Mindervergütung zu berücksichtigen. Auch eine Vielzahl von Änderungswünschen führt als solches nicht zur Unzumutbarkeit, weil sie alle vergütungsmäßig kompensiert werden. Der BGH hielt 60 Änderungen bei einem größeren Mietshaus für zumutbar und eine deswegen eingereichte Kündigung des Unternehmers für unbegründet (BGH, Urt. v. 21.11.1996 – VII ZR 101/95).

d) Beweislast für Unzumutbarkeit

53 Grundsätzlich ist der Besteller für alle Voraussetzungen des von ihm geltend gemachten Rechts beweisbelastet. Damit muss er auch die Zumutbarkeit der erstrebten Änderung notfalls beweisen. Da die Unzumutbarkeit allerdings vielfach gerade auf Aspekten aus der Sphäre des Unternehmers beruht, verteilt das Gesetz die Beweislast nach den „Verantwortungssphären der Parteien" (BT-Drucks. 18/8486, S. 55). Stützt der Unternehmer die Unzumutbarkeit auf betriebsinterne Vorgänge, trägt er hierfür nach § 650b Abs. 1 Satz 3 BGB die Beweislast.

54 Zweifelhaft kann sein, was denn betriebsinterne Vorgänge genau sein sollen. Weder das Gesetz noch die Gesetzesbegründung geben nähere Hinweise. Im Gegenteil führt die Gesetzesbegründung zu weiteren Zweifeln, weil als Kriterien für die Zumutbarkeit genannt werden „die technischen Möglichkeiten, die Ausstattung und Qualifikation des Bauunternehmers [...], aber auch betriebsinterne Vorgänge" (BT-Drucks. 18/8486, S. 54). Diese Gegenüberstellung klingt so, als wäre technische Möglichkeiten, Ausstattung und Qualifikation grundsätzlich keine betriebsinternen Vorgänge sein können. Das wäre dann der Fall, wenn durch den Begriff des Vorganges nur Prozesse aber nicht Zustände erfasst werden sollen. Das dürfte nicht gewollt gewesen sein, zumal Prozesse und Zustände so sauber sich gar nicht trennen lassen.

55 Der Wortlaut ist Ausgangspunkt, nicht aber Grenze der Auslegung. Maßgeblich für die Verteilung der Beweislast ist nach dem in der Gesetzesbegründung ausdrücklich genannten Kriterium der „Verantwortungssphären der Parteien" (BT-Drucks. 18/8486, S. 54) damit, ob der Besteller „Einblick" in die betreffenden Vorgänge hat (Abschlussbericht der Arbeitsgruppe Bauvertragsrecht, S. 24). Das wird in Bezug auf technische Möglichkeiten, Ausstattung und Qualifikation nicht immer zutreffen; soweit diese Umstände nicht öffentlich bekannt sind, handelt es sich um betriebsinterne Vorgänge. Die in der Literatur vorhergesagten „großen Probleme" (Schramke/Keilmann, NZBau 2016, 333, 336) bei der Anwendung dürften bei verständiger Berücksichtigung von Sinn und Zweck der Regelung vermieden werden. Denn unabhängig von der Frage der Beweislast, trifft den Unternehmer jedenfalls eine sekundäre Darlegungslast. Hinzu kommt, dass die in der Praxis relevantesten Fragen für die Unzumutbarkeit, nämlich die personelle Auslastung, parallele Aufträge und Anschlussaufträge fraglos betriebsinterne Vorgänge sind.

2. Änderungen, die zur Erreichung des Werkerfolgs notwendig sind (§ 650b Abs. 1 Nr. 2)

56 Mit der Nr. 2 ist eine zweite Untergruppe von Änderungen geschaffen worden, deren Umsetzung für den Besteller leichter ist, weil der Unternehmer nur in Ausnahmefällen solche Änderungen seines Leistungsumfangs ablehnen kann. Diese Befolgungspflicht rechtfertigt sich dadurch, dass Änderungen nach Abs. 1 Nr. 2 nur dazu dienen, den vereinbarten Werkerfolg zu erreichen; sie bewegen sich also innerhalb des Erfolgssoll des Vertrages. Hauptanwendungsfälle

Änderung des Vertrages; Anordnungsrecht des Bestellers **§ 650b**

sind Sachverhalte, in denen die ursprüngliche Leistungsbeschreibung des Bestellers Lücken aufweist oder fehlerhaft ist, sodass ihre Umsetzung nicht zur Herstellung eines funktionstauglichen Bauwerks führen würde (BT-Drucks. 18/8486, S. 54). Der notwendige Änderungsbedarf kann sich nach der Gesetzesbegründung auch daraus ergeben, dass Änderungen der Rechtslage eingetreten sind oder nachträglich zusätzliche behördliche Vorgaben beachtet werden müssen. Das erfasst auch die Fälle, in denen sich nach Vertragsabschluss die zum Zeitpunkt der Abnahme einzuhaltenden allgemein anerkannten Regeln der Technik ändern (→ § 633 BGB Rdn. 44). Schließlich kann sich eine Änderungsnotwendigkeit auch bei vom Unternehmer zu verantwortenden Planungsfehlern ergeben. Soweit der Unternehmer dann die Kosten zu tragen hat, entfällt die Verpflichtung zur Vorlage eines Angebots über die Mehrvergütung gemäß Abs. 1 S. 5 (→ Rdn. 106).

Diese Fallgruppe stellt zunächst keine Erweiterung der Rechte des Bestellers, sondern eher **57** wegen der normierten weiteren Voraussetzungen für die Geltendmachung des Rechts eine Beschränkung dar (Retzlaff, BauR 2017, 1747, 1784). Denn nach bisherigem Recht hätte der Besteller in diesen Fällen zumindest einen vertraglichen Anpassungsanspruch (→ Rdn. 70). Hierdurch wird in solchen Fällen auch die Preisfreiheit des Unternehmers in Bezug auf sein Nachtragsangebot eingeschränkt (→ Rdn. 104, 113). Bedeutung erlangt diese vor allem für die Frage, wer eine mögliche Behinderung bis zur Umsetzung der Änderung zu vertreten hat (→ Rdn. 87).

Der Referentenentwurf war noch davon ausgegangen, dass solche Änderungen nur mög- **58** lich sind, wenn der Bauvertrag auf Basis von Planungen des Bestellers bzw. seines Architekten erstellt wurde (Begr. Referentenentwurf BMJV, S. 57). Dieser unzutreffende Ansatz ist aber wieder aufgegeben worden. Änderungen nach Abs. 1 Nr. 2 liegen vor, wenn zur Erreichung eines funktionstauglichen Werks weitere oder andere Leistungen erforderlich sind, als von der vertraglichen Vergütungsabrede umfasst werden. Das ist im Ausgangspunkt unabhängig von der Planungsverantwortung und der Frage der Kostenverantwortung. Auch ein planender Unternehmer muss nicht zwingend seine Leistungen aufgrund einer funktionalen Leistungsbeschreibung mit Pauschalpreisabrede erbringen (→ § 650c BGB Rdn. 104).

a) Notwendigkeit der Änderung

Der Tatbestand der Nr. 2 ist erfüllt, wenn die Änderung zur Erreichung des vereinbarten **59** Werkerfolgs „notwendig" ist. Die Änderung ist notwendig, wenn ohne sie die Erreichung eines mangelfreien Werks nicht möglich ist, sie also zwingend erforderlich ist. Das ist mehr als eine weiter ausgelegte Erforderlichkeit im Sinne des § 1 Abs. 4 VOB/B (→ Rdn. 226). Das schließt Maßnahmen aus, die bloß sinnvoll oder komforterhöhend sind. In diesem eher strengen Sinne verwendet das BGB den Begriff „notwendig" z. B. auch in §§ 904, 917 BGB oder bei notwendigen Verwendungen gemäß § 994 BGB. Diese Erforderlichkeit kann sich aus technischen oder rechtlichen Anforderungen ergeben.

Die Änderung muss notwendig sein, die konkrete Art der Änderung muss nicht zwingend **60** alternativlos sein (ebenso Kniffka in Kniffka/Koeble/Jurgeleit/Sacher Teil 4 Rdn. 237; Leinemann/Kues, § 650b Rn. 55). Sonst würde das erweiterte Änderungsrecht schon dann fortfallen, wenn mehrere Möglichkeiten zur Mängelvermeidung bestehen. Das zeigt auch die Regelung in Abs. 1 S. 5, wonach die Parteien auch bei Änderungen über die Beseitigung vom Unternehmer zu vertretender Mängel Einvernehmen über die (Art der) Änderung erzielen sollen. Damit liegt eine Notwendigkeit in diesem Sinne auch vor, falls die bisherigen Leistungen zur Erreichung eines mangelfreien und funktionstauglichen Werks nicht ausreichen, allerdings mehr als eine Möglichkeit zur Vermeidung des Mangels besteht. Grundsätzlich kann dann der Besteller zwischen den Alternativen wählen (→ § 633 BGB Rdn. 65 f.). Abgrenzungsschwierigkeiten können aber dann auftreten, wenn die Alternativen sehr unterschiedlichen Herstellungsaufwand verursachen. Der Mehraufwand einer Alternative kann dann nicht mehr notwendig sein, sodass diese konkrete Änderung dann unter den Tatbestand der Nr. 1 fallen würde.

b) Unzumutbarkeit notwendiger Änderungen i. S. d. Nr. 2

Das Gesetz geht davon aus, dass dem Unternehmer technisch oder rechtlich erforderliche **61** Maßnahmen grundsätzlich auch zumutbar sind. Das erscheint auch folgerichtig, da es sich um Maßnahmen handeln muss, die erforderlich sind, die versprochene mängelfreie Herstellung zu erreichen. Hierauf wird der Unternehmer in der Regel fachlich und kapazitätsmäßig eingerichtet sein. Aber auch insoweit ist denkbar, dass nachträglich erkannte erforderliche Leistungen nicht in das Leistungsangebot des Unternehmers fallen. Ist ein Schreiner mit der Errichtung

von Rintelen

§ 650b Änderung des Vertrages; Anordnungsrecht des Bestellers

einer Holztreppe beauftragt und ordnet das Bauamt eine feuerfeste Ausführung in Stahl oder Stein an, wäre die Ausführung dieser Leistung für den Schreiner unzumutbar. Der Gesetzgeber hat allerdings davon abgesehen, das ausdrücklich in § 650b BGB zu regeln. Er ist davon ausgegangen, dass wegen des allgemeinen Leistungsverweigerungsrechts wegen Unzumutbarkeit gemäß § 275 Abs. 2 und 3 BGB kein Regelungsbedarf besteht. Allerdings sind die Schwellen für das Leistungsverweigerungsrecht nach § 275 BGB sehr hoch, weil es um die Befreiung von einer eingegangenen Verpflichtung geht. Aktuell fehlende personelle Kapazitäten für die Ausführung begründen in Bezug auf notwendige Änderungen in der Regel keine Unzumutbarkeit i. S. v. § 275 Abs. 2 BGB. Im Rahmen von technisch notwendigen Änderungen ist zu berücksichtigen, dass der Unternehmer zwar eine mangelfreie Herstellung versprochen hat, nicht aber die nun möglicherweise notwendige Art der Ausführung. In solchen Fällen bleibt dem Besteller nur die Kündigung und Neubeauftragung.

62 Auch hier bleibt wie bei § 1 Abs. 3 und 4 VOB/B festzuhalten, dass in den Kommentierungen zur Zumutbarkeit vieles theoretisch erörtert wird, was aber regelmäßig nicht praktisch geworden ist.

3. Keine Änderung der sog. Bauumstände, insbesondere der Bauzeit
a) Bewusste Beschränkung auf Änderung des Werkerfolgs

63 Die Änderungen nach Nr. 1 beschränken sich ausdrücklich auf eine Änderung des Werkerfolgs im Sinne des § 631 Abs. 2 BGB. Der Gesetzgeber hat § 1 Abs. 3 und 4 VOB/B als Beispiel für das baupraktische Änderungsbedürfnis erfüllende Regelungen zitiert (BT-Drucks. 18/8486, S. 54). Das dortige Änderungsrecht bezieht sich auf den Bauentwurf bzw. Leistungen und umfasst nach herrschender Meinung nicht die Bauumstände, insbesondere nicht die Bauzeit (vgl. Rdn. 203 ff.). Der Umstand, dass weder das Änderungsrecht nach Nr. 1 noch nach § 1 Abs. 3 VOB/B die Bauzeit umfasst, bedeutet allerdings nicht, dass der Unternehmer nicht aus Treu und Glauben verpflichtet sein kann, einer Änderung der Leistungszeit zuzustimmen (→ Rdn. 70).

64 Hierüber wollte der Gesetzgeber nicht hinausgehen und hat den ursprünglich weitergehenden Referentenentwurf gerade nicht umgesetzt. Jener wollte Anordnungen zu Bauumständen noch im gewissen Umfang erfassen, indem er bewusst die Regelung in Abs. 1 Nr. 1 weiter formuliert hatte. Gegenstand einer Änderung sollte nicht nur der Werkerfolg selbst sein, sondern es sollte auch möglich sein, „um eine Änderung des Werkerfolges (§ 631 Absatz 2) zu erreichen". Hierdurch wollte man – über § 1 Abs. 3 VOB/B hinaus – auch Änderungen über „die Art der Bauausführung oder die Bauzeit" erfassen (Begr. Referentenentwurf BMJV, S. 57). Allerdings wurde hierfür – im Gegensatz zu Änderungen des Werkerfolges – die zusätzliche einschränkende Anforderung aufgestellt, dass die Interessen des Bestellers an einer solchen Anordnung hätten deutlich überwiegen müssen. In der Begründung des Referentenentwurfs wurden diese gegenüber sonstigen Anordnungen erhöhten Anforderungen mit den „besonders tiefen Eingriffen in die unternehmerische Freiheit" begründet.

65 Hintergrund war die kontroverse Diskussion über ein bauzeitliches Anordnungsrecht. Der 3. Baugerichtstag 2010 hatte für das BGB die Einführung eines Änderungsrechts des Bestellers auch für die Bauzeit vorgeschlagen, dabei jedoch ein Recht des Bestellers zur Verkürzung der Bauzeit bzw. Anordnung von Beschleunigungen abgelehnt. Im Abschlussbericht der Arbeitsgruppe Bauvertragsrecht beim Bundesministerium der Justiz vom 18.03.2013 ist ein zeitliches Anordnungsrecht bei Vorliegen „schwerwiegender Gründe" befürwortet worden (Abschlussbericht der Arbeitsgruppe Bauvertragsrecht, S. 24). Der 5. Baugerichtstag 2014 hat sich erneut mit der Frage beschäftigt und ein zeitliches Anordnungsrecht mit deutlicher Mehrheit abgelehnt (Arbeitskreis I, BauR 2014, 1545 ff.). Der Referentenentwurf zur Reform des Bauvertragsrechts sah zunächst weiter ein eingeschränktes zeitliches Anordnungsrecht vor, soweit schwerwiegende Gründe vorliegen und bei der Abwägung der beidseitigen Interessen die Interessen des Bestellers deutlich überwiegen (Begr. Referentenentwurf BMJV, S. 12). Der Deutsche Baugerichtstag hat in seiner Stellungnahme zum Referentenentwurf von einer Einbeziehung der Bauzeit in das Anordnungsrecht des Bestellers ohne Differenzierung abgeraten (Stellungnahme Deutscher Baugerichtstag zum Referentenentwurf, S. 16). Der Gesetzgeber ist schließlich wegen der Eingriffe in die unternehmerische Freiheit bewusst von solchen im Referentenentwurf enthaltenen Anordnungsrechten gänzlich abgerückt. Die Bauzeit und andere Bauumstände werden also entgegen erster Literaturstimmen eindeutig durch Nr. 1 nicht erfasst (Kapellmann/Schiffers/Markus, Bd. 1 Rdn. 787; Kniffka in Kniffka/Koeble/Jurgeleit/Sacher Teil 4 Rdn. 245; Kapellmann/Messerschmidt/Sacher, VOB/B § 5 Rdn. 41; Eschenbruch,

Änderung des Vertrages; Anordnungsrecht des Bestellers   **§ 650b**

Bauvertragsmanagement, Teil 7 Rdn. 62; Langen in Langen/Berger/Dauner-Lieb § 650b Rdn. 26; Erman/Schwenker/Rodemann, § 650b Rdn. 3; BeckOK BauvertrR/Leupertz BGB § 650b Rdn. 48; BeckOGK/Mundt, BGB § 650b Rdn. 22; Leinemann/Kues, § 650b Rn. 60; Oberhauser NZBau 2919, 3, 4; Funke in Nicklisch/Weick/Jansen/Seibel, VOB/B § 1 Rn. 114; Langen, BauR 2019, 303, 314; Glöckner, VuR 2016, 123, 129; Orlowski, ZfBR 2016, 419, 426; Abel/Schönfeld, BauR 2018, 1, 8; Reinicke, FS Lang 2018, 403, 408f.; Fuchs/Bartsch, Anordnung, Vergütung und Durchsetzung im neuen Bauvertragsrecht, S. 21). Mache sehen das Gesetz als insoweit offen an (Schramke/Keilmann, NZBau 2016, 333, 337; Motzke/Bauer/Seewald, Prozesse in Bausachen, 3. Aufl., Teil 5 Rdn. 236).

Wieder andere sehen demgegenüber Bauzeitänderungen generell gar als Teil des Werkerfolges erfasst an; weil die Bauzeit für das Bauvorhaben wichtig sei, müsse sie zum geschuldeten Bauinhalt gehören (MünchKomm/Busche, BGB, § 650b Rdn. 14; Acker/Sievers, FS Lang 2018, 415, 423; Joussen, BauR 2018, 151 ff.). Retzlaff erwägt stattdessen, bloße Änderungen des Bauablaufs aufgrund faktischer Zwänge – in Abgrenzung zu Beschleunigungsanordnungen – als notwendige Änderungen i. S. d. Nr. 2 zu erfassen, weil diese dem Wortlaut nach zur Erreichung des Werkerfolges notwendig seien (Retzlaff, BauR 2017, 1747, 1789; vgl. auch Joussen, BauR 2018, 151, 154f., der von einer rechtlichen Gleichrangigkeit von Leistungsinhalt und Leistungszeit ausgeht). Beide Auffassungen setzen voraus, dass die Einhaltung eines bestimmten Terminplanes Teil des werkvertraglichen Erfolges wäre. Das könnten die Parteien aufgrund der Vertragsfreiheit vereinbaren. Ohne Vereinbarung entspricht das aber weder der deutschen Dogmatik des Werkvertrags noch den Regeln des allgemeinen Schuldrechts. Denn generell begründen die Vereinbarungen zur Leistungszeit nur eine Modalität der Schuld (Gernhuber, Die Erfüllung und ihre Surrogate, 2. Aufl. 1994, S. 51 ff.; Oberhauser, NZBau 2019, 3, 4). Auch der verspätet Leistende leistet vollständig. Eine verspätete Leistung ist deshalb nicht mangelhaft und berechtigt den Gläubiger auch nicht zur Minderung (oder anderen Mängelrechten), wie das bei einem einheitlichen Vertragsverletzungstatbestand möglich wäre (vgl. Art. III.-3.601 DCFR und Lein, Die Verzögerung der Leistung im europäischen Vertragsrecht, S. 129f.). Die Bauzeit ist für den Besteller definitiv wichtig, das rechtfertigt aber weder eine Vernachlässigung der Interessen des Unternehmers und erst recht nicht eine Auslegung contra legem, die aus einem vom Gesetzgeber abgelehnten eingeschränkten („nur unter äußerst engen Voraussetzungen") zeitlichen Änderungsrecht ein uneingeschränktes macht. 66

Hieraus folgt dann auch, dass dem Besteller nach einer wirksamen Änderung des Bauinhaltes kein „sekundäres" Anordnungsrecht in Bezug auf Bauzeit oder Bauablauf erwachsen kann (Leinemann/Kues, § 650b Rdn. 90; a. A. Langen in Langen/Berger/Dauner-Lieb § 650b Rdn. 77; Orlowski, BauR 2017, 1427; 1429). 67

b) Vertragliche Anpassungsansprüche in Bezug auf die Bauzeit

Die Diskussion und der Regelungsvorschlag des Referentenentwurfs zeigen, dass es aus Sicht des Bestellers durchaus ein praktisches Bedürfnis auch für einseitige Änderungen von Bauumständen und Bauzeit gibt. Ist der Besteller für notwendige Änderungen auf die Zustimmung des Unternehmers angewiesen, kann dieser die für den Besteller schwierige Verhandlungssituation bei seinen bauzeitlichen Nachtragsangeboten ausnutzen. Denn er wird nicht nur seine Mehrkosten, sondern den Nutzen für den Besteller bei seinem Preisangebot berücksichtigen. Dennoch gibt es gute Gründe für eine Beschränkung des einseitigen Änderungsrechts auf bauinhaltliche Änderungen. Der Bauinhalt soll der freien Disposition des Bestellers unterliegen, da der Unternehmer hieran – wie § 648 S. 2 BGB zeigt – kein rechtlich geschütztes Interesse an einer (unveränderten) Ausführung der Leistungen hat. Die Bauumstände unterfallen demgegenüber jedenfalls im Grundsatz gerade nicht dem Dispositionsrecht des Bestellers, sondern dem des Unternehmers. Es obliegt dem Unternehmer festzulegen, wie er den versprochenen Werkerfolg herbeiführt. 68

Einseitige Änderungen in Bezug auf die Bauumstände, insbesondere die Bauzeit, bereiten außerdem Schwierigkeiten in Bezug auf die Rechtsfolgen. Die Änderungen nach Nr. 1 und 2 sollen unmittelbar den Werkerfolg und damit den Leistungsinhalt ändern. Auch die Erreichung des geänderten Werkerfolgs wäre werkvertraglich geschuldet mit der Folge, dass der Unternehmer bei Nichterreichen der zeitlichen Ziele werkvertraglich haftet (dafür z. B. Zanner, BauR 2006, 177, 179). Die herrschende Meinung geht allerdings davon aus, dass die Bauzeit keine im Synallagma stehende Leistungspflicht darstellt und nicht zum Werkerfolg gehört (Stellungnahme Deutscher Baugerichtstag zum Referentenentwurf, S. 16) Eine Zuordnung zum Werkerfolg würde bei Beschleunigungsanordnungen mit ungewissem Ausgang (vgl. dazu OLG 69

Köln, Urt. v. 18.8.2005 – 7 U 129/04) zu einer Änderung der vertraglichen Risiken zu Lasten des Unternehmers führen. Wegen dieser Probleme wollen selbst Befürworter eines zeitlichen Anordnungsrechts nach § 1 Abs. 3 VOB/B eine Vertragsstrafe für neue verkürzte Termine nicht mehr gelten lassen (Zanner/Keller, NZBau 2004, 353, 357). Diese Einschränkung würde aber die gesetzliche, der Höhe nach unbeschränkte Verzugshaftung nicht beseitigen. Um das als unbillig angesehene Ergebnis zu vermeiden wurde geltend gemacht, dass die Beschleunigungsanordnung keine Erfolgshaftung auslöse, weil der Auftragnehmer nur die Durchführung der Beschleunigungsmaßnahmen, nicht aber deren Erfolg schuldet (Keldungs, BauR 2013, 1917, 1921; Oberhauser, FS Englert 2014, S. 327, 337). Folge wäre also, dass das Anordnungsrecht in Bezug auf bauliche und zeitliche Änderungen plötzlich zu unterschiedlichen Rechtsfolgen führte, was methodisch nicht begründbar ist. Ist die Einhaltung der verkürzten Frist unsicher, stellt sich die weitere Frage, welche Vergütung der Arbeitnehmer bei Nichterreichen der verkürzten Termine erhalten soll (vgl. näher Kapellmann/Messerschmidt/v. Rintelen, VOB/B § 1 Rdn. 57 ff.).

70   Auch wenn der Gesetzgeber aus guten Gründen davon abgesehen hat, ein einseitiges generelles Änderungsrecht in Bezug auf Bauumstände und Bauzeit einzuführen, bedeutet das nicht, dass der Besteller nicht im Einzelfall aus Treu und Glauben einen Anpassungsanspruch in Bezug auf die Bauzeit haben kann. Ebenso wie der BGH auch schon vor Inkrafttreten des § 650b BGB eine Verpflichtung des Unternehmers, zusätzliche Leistungen auszuführen, im Einzelfall aus §§ 157, 242 BGB abgeleitet hat (BGH, Urt. v. 25.1.1996 – VII ZR 233/94; vgl. näher → § 631 BGB Rdn. 838), kann das auch in Bezug auf eine Anpassung der Leistungszeit gelten (Kniffka in Kniffka/Koeble/Jurgeleit/Sacher Teil 4 Rdn. 245; Messerschmidt/Voit/v. Rintelen, Syst. Teil H Rdn. 54 ff.; Glöckner BauR 2008, 152, 154). Ein Anpassungsanspruch des Bestellers wird dann bestehen, wenn das Beschleunigungsbedürfnis des Bestellers das Dispositionsrecht des Unternehmers deutlich überwiegt, dieser die notwendigen Kapazitäten zur Verfügung hat und die ihm angebotene Vergütung angemessen ist.

71   Ein derartiger Anpassungsanspruch auf Basis der §§ 157, 242 BGB unterscheidet sich allerdings in zwei Punkten wesentlich von einem einseitigen Änderungsrecht (vgl. auch Maase, BauR 2017, 929, 933). Zum einen führt ein bloßer Anpassungsanspruch noch nicht einseitig die Leistungsänderung herbei, vielmehr ist die Zustimmung des Unternehmers erforderlich. Vor allem aber setzt ein Anpassungsanspruch voraus, dass der Anpassungsberechtigte seinerseits ein zur Annahme verpflichtendes Anpassungsangebot unterbreitet. Der Besteller kann also nicht nur z. B. eine Beschleunigung fordern, sondern muss auch eine angemessene Vergütung anbieten. Aus der bauvertraglichen Kooperationspflicht dürfte insoweit allerdings folgen, dass der Werkunternehmer auf Anforderungen auch ein Angebot zu angemessenen Bedingungen unterbreitet. Denn in der Regel wird nur er in der Lage sein, den angemessenen Preis auf Basis von Kosten und Risiken aufzustellen.

4. Keine Änderung des sonstigen Vertragsinhalts

72   § 650b Abs. 1 Nr. 1 und 2 BGB regeln nur Änderungen des Werkerfolgs bzw. der geschuldeten Bauleistung. Abzugrenzen ist das außer von den Bauumständen auch von den sonstigen Vertragsinhalten im Sinne der kommerziellen Bedingungen wie Abrechnung oder Zahlungsmodalitäten, Regelungen über Gewährleistung, Sicherheiten, Vertragsstrafe etc. (vgl. zu parallelen Lage bei § 1 Abs. 3 VOB/B Kapellmann/Messerschmidt/v. Rintelen, VOB/B § 1 Rdn. 52 m. w. N.). Über diese Inhalte können die Parteien selbstverständlich immer – auch während der Bauausführung – verhandeln; auf diese Verhandlungen findet das Procedere des Abs. 1 und vor allem das Anordnungsrecht des Abs. 2 aber keine Anwendung, sondern allein § 311 BGB.

73   Die angestrebte Änderung wird zwar auch Auswirkungen auf die Vergütung haben, da diese einvernehmlich zu ändern oder über § 650c BGB anzupassen ist, soweit Mehr- und Mindervergütung sich nicht ausnahmsweise ausgleichen. Die Änderung der Vergütung ist aber nicht Gegenstand der Änderung nach Nr. 1 oder 2, sondern nur deren Folge. Gleiches gilt für mögliche terminliche Auswirkungen von Änderungen, insbesondere Leistungserweiterungen (→ Rdn. 185 ff.).

5. Putativänderungen

74   Mit dem plakativen und in der Schweiz üblichen Begriff der Putativänderungen (Gauch, Der Werkvertrag, 6. Aufl., Rdn. 810c) sollen mit vermeintliche bzw. versehentliche Änderungen

Änderung des Vertrages; Anordnungsrecht des Bestellers   § 650b

bezeichnet werden, mit denen der Besteller in Verkennung der Vertragslage Leistungen mit dem Unternehmer vereinbart oder einseitig anordnet, die bereits Gegenstand des (ursprünglichen) Vertrages sind. Hier besteht das Problem allerdings gerade nicht darin, ob der Besteller zu einer derartigen bloßen Putativänderung berechtigt ist, sondern darin, ob er verpflichtet ist, wegen der Einkleidung als Änderungsvereinbarung die Leistung gewissermaßen zweimal zu bezahlen. Das hängt davon ab, ob die Parteien einen kausalen Änderungsvertrag abgeschlossen haben oder der Besteller lediglich eine ins Leere gehende Änderungsanordnung ausspricht. Diese komplexe Frage wird zusammen mit der Vergütungspflicht bei Einigungsmängeln erörtert (→ Rdn. 320).

6. Aufforderung zur Erbringung von Vertragsleistungen und bedingte Leistungsänderung

Das Gegenteil von Putativänderungen sind bloße Aufforderungen zur Vertragserfüllung, **75** obwohl die betreffende Leistung gar nicht zum vertraglichen Leistungsumfang gehört. Insbesondere bei funktionaler Leistungsbeschreibung bestehen häufiger unterschiedliche Auffassungen der Parteien, welche Leistungen zum Vertragssoll gehören. Der Besteller fordert eine Leistung als bereits beauftragte Vertragsleistung, der Unternehmer verlangt eine zusätzliche Beauftragung. Die Aufforderung des Bestellers zur Erbringung der vermeintlichen Vertragsleistung soll keine vertragsändernde Wirkung haben; gehört die Leistung nicht zum Vertragssoll, geht die Aufforderung ins Leere. Der Besteller bietet keine Vertragsänderung an, wenn er ausdrücklich die als vermeintliche Vertragsleistung geforderte Leistung nicht (zusätzlich) bezahlen will. Führt der Unternehmer die Leistung aus, kann er seine Ansprüche nur auf GoA oder Bereicherungsrecht stützen. Der Unternehmer wird deshalb die Ausführung der aus seiner Sicht nicht beauftragten Leistung ablehnen.

Bei einem vertraglichen Leistungsänderungsrecht wie nach § 1 Abs. 3 und 4 VOB/B ist die **76** Situation für den Auftraggeber günstig. Wenn der Auftraggeber bei einem VOB/B-Vertrag ausdrücklich eine bestimmte Leistung fordert, zugleich aber betont, dass diese seiner Auffassung nach bereits zum (ursprünglichen) Vertragsumfang gehört, stellt die herrschende Meinung für die Frage, ob in einem solchen Fall eine Leistungsänderung mit entsprechenden Vergütungsfolgen vorliegt, auf die objektive Rechtslage ab (Kapellmann/Messerschmidt/Kapellmann, § 2 VOB/B Rdn. 191). Damit kann der Auftraggeber sicherstellen, dass die gewünschte Leistung jedenfalls erbracht wird, entweder aufgrund des ursprünglichen Vertrages oder alternativ aufgrund der andernfalls vorliegenden Leistungsänderung.

Sinnvollerweise sollten die Vertragsparteien eines BGB-Bauvertrages in einem Fall streiti- **77** gen Vertragssolls sich auf eine bedingte Vergütungsabrede für diese (streitige) Zusatzleistung einigen, die unter dem Vorbehalt der endgültigen Klärung der Leistungspflicht steht. Der Besteller kann kein Interesse an einer möglichen Leistungseinstellung haben, selbst falls ihm, weil seine Auslegung sich als richtig herausstellt, er später Verzugsansprüche geltend machen kann. Der Unternehmer sollte das Risiko einer möglicherweise unberechtigten Leistungseinstellung wegen der erheblichen Konsequenzen jedenfalls vermeiden. Es bleibt die Frage, ob der Besteller vor Klärung der objektiven Rechtslage den Unternehmer auch zur Erbringung der streitigen Zusatzleistung bringen kann, falls letzterer einem bedingten Änderungsvertrag nicht zustimmen will.

Auch in diesem Fall kann der Besteller nach ergebnislosen Verhandlungen durch eine „be- **78** dingte" einseitige Leistungsanordnung nach § 650b Abs. 2 BGB das gleiche Ziel wie bei einer bedingten Änderungsvereinbarung erreichen. Zwar sind Gestaltungserklärungen in der Regel bedingungsfeindlich. Eine Leistungsänderung, die unter der Bedingung steht, dass die Leistung nicht bereits Gegenstand des Hauptvertrages ist, steht allerdings nicht unter einer Bedingung im Sinne der §§ 158 ff. BGB, sondern nur unter einer sog. Rechtsbedingung. Dies ist auch bei Gestaltungserklärungen grundsätzlich zulässig (BGH, Urt. v. 21.12.1964 – II ZR 15/63; Urt. v. 21.3.1986 – V ZR 23/85 Rdn. 16). Hiervon ist wohl auch der Gesetzgeber ausgegangen, da er Streitigkeiten über die grundsätzliche Berechtigung eines Nachtrages ebenfalls durch die Bauverfügung erfassen wollte (BT-Drucks. 18/8486, S. 55).

Dementsprechend werden überwiegend Anordnungen auch bei strittigen Anspruchsgrund **79** als zulässig angesehen (BeckOK BauvertrR/Leupertz BGB § 650b Rdn. 40; Leinemann/Kues, § 650b Rdn. 70f.; Oberhauser in Dammert/Lenkeit/Oberhauser/Pause/Stretz, § 2 Rdn. 89; BeckOGK/Mundt, BGB § 650b Rdn. 9; Retzlaff, BauR 2017, 1747, 1793; offen Schramke/Keilmann, NZBau 2016, 333, 337). Der Streit der Parteien verlagert sich damit auf die Vergütungsseite. Hier stellt sich die streitige Frage, ob dem Unternehmer unabhängig von der materiellen Rechtslage ein Anspruch auf Abschlagszahlungen in Höhe von 80% seines Nachtragsangebots zusteht (→ § 650c Rdn. 124).

IV. Verpflichtung des Unternehmers zur Abgabe eines Angebots

80   Gesetzgeberisches Ziel ist möglichst eine einvernehmliche Regelung. Nach der Vorstellung des Gesetzgebers sollen die Parteien sich über die Auswirkung der Änderung auf die vom Besteller zu zahlende Vergütung einigen (BT-Drucks. 18/8486, S. 54). Um hierfür eine Verhandlungsgrundlage zu schaffen, wird der Unternehmer verpflichtet, ein Angebot „über die Mehr- oder Mindervergütung" zu erstellen. Begründet wird die Pflicht zur Abgabe eines Angebots durch ein zulässiges Änderungsbegehren des Bestellers. Fällig wird die Pflicht zur Angebotsabgabe in allen Fällen, in denen der Besteller die Planungsverantwortung trägt, aber erst, wenn der Besteller dem Unternehmer auch eine Änderungsplanung zu Verfügung gestellt hat (→ Rdn. 114). Vorteil dieses Vorgehens ist, dass der Besteller die Änderung erst vereinbart bzw. anordnet, nach dem er Kenntnis über die kostenmäßigen und gegebenenfalls terminmäßigen Auswirkungen der Änderung hat. Versehentliche Anordnungen können bei diesem Vorgehen eigentlich nicht eintreten.

1. Änderungsbegehren

81   Ein Änderungsbegehren ist jeder bestimmte Wunsch des Bestellers gegenüber dem Unternehmer, den vertraglichen Leistungsumfang zu ändern. Das Gesetz stellt insoweit keine besonderen Anforderungen an den Inhalt auf und verlangt auch nicht, dass der Besteller zugleich bereits eine Planung vorlegt, soweit ihn die Planungsverantwortung trifft (Kniffka in Kniffka/Koeble/Jurgeleit/Sacher Teil 4 Rdn. 254; Retzlaff, BauR 2017, 1781, 1791; a. A. wohl Leinemann/Kues, § 650b Rdn. 102, 108). Das Änderungsbegehren muss die beabsichtigte Änderung aber so konkretisieren, dass der Unternehmer seinerseits ein (annahmefähiges) Angebot abgeben kann. Es handelt sich um eine Art (qualifizierter) invitatio ad offerendum, allerdings mit dem Unterschied, dass sie eine Angebotspflicht auslöst (Lindner, Die Dogmatik des gesetzlichen Änderungsrechts nach § 650b BGB, S. 86 f.). Die Planung der Änderung muss der planende Besteller erst als Voraussetzung für das Entstehen der Pflicht des Unternehmers zur Abgabe eines Angebots des Unternehmers vorlegen (→ Rdn. 114). Diese Unterscheidung ist wichtig für den Beginn der 30-Tages-Frist. Allerdings fordert auch die Gegenauffassung nicht die Übergabe einer vollständigen Planung bereits mit dem Änderungsbegehren, sondern lediglich einer zur Kalkulation erforderlichen Planung (Leinemann/Kues, § 650b Rdn. 102)

82   Nicht notwendiger Inhalt des Änderungsbegehrens ist eine Aufforderung zur Angebotsangabe (so auch Leinemann/Kues, § 650b Rn. 41). Diese Pflicht zur Angebotsabgabe folgt nämlich unmittelbar aus dem Gesetz mit dem Änderungsbegehren. Damit dürfte das Änderungsbegehren rechtsdogmatisch nicht als Willenserklärung, sondern (nur) als eine sog. rechtsgeschäftsähnliche Handlung einzuordnen sein, weil die Rechtsfolge kraft Gesetzes unabhängig davon eintritt, ob sie gewollt ist (eingehend dazu Ulrici, NJW 2003, 2053 ff.). Folglich kann das Änderungsbegehren auch als „Anordnung" vermeintlicher Vertragsleistungen zum Ausdruck gebracht werden. Durch die Angebotsabgabe „soll der Unternehmer Gelegenheit haben, vor einer vom Besteller begehrten Änderung seines Leistungsumfangs seine daraus folgenden Mehrkosten in Form eines Nachtragsangebots geltend zu machen." (BT-Drucks. 18/11437, 47).

83   Das Änderungsbegehren ist von einer bloßen Anfrage des Bestellers über Gestaltungsmöglichkeiten o. ä. abzugrenzen. Es muss hinreichend bestimmt sein, um die Angebotsabgabepflicht auszulösen. Das Begehren muss aber nicht unbedingt (im Sinne einer verbindlichen Bestellung) sein (BeckOK BauvertrR/Leupertz BGB § 650b Rdn. 39; a. A. Abel/Schönfeld, BauR 2018, 1, 2 die ein „vorbehaltloses Verlangen" mit „Rechtsbindungswillen" verlangen, ohne zu erklären, worauf sich der Rechtsbindungswille denn bezieht). Als bloße invitatio ad offerendum ist es rechtlich sowieso nicht bindend (missverständlich Leinemann/Kues, § 650b Rn. 42). Auch rein tatsächlich darf und soll der Besteller erst aufgrund des Angebots über die Durchführung der Änderung entscheiden. Darüber hinaus sind im Fall streitiger Änderungen auch rechtlich bedingte Änderungsbegehren und ggf. bedingte Änderungsanordnungen möglich (→ Rdn. 78).

Änderung des Vertrages; Anordnungsrecht des Bestellers § 650b

2. Rechtsfolgen des Änderungsbegehrens
a) Auswirkung auf die Vertragsleistungen

Das Änderungsbegehren als solches hat grundsätzlich keine Auswirkungen auf den Vertragsinhalt. Der Unternehmer bleibt also grundsätzlich berechtigt wie verpflichtet, nach dem bisherigen Vertragsinhalt seine Leistungen unverändert weiter zu erbringen (Langen in Langen/Berger/Dauner-Lieb, § 650b Rdn. 31). Schwierig wird die Situation, wenn die zu ändernde Leistung nach der bisherigen Terminplanung auszuführen wäre, bevor die Parteien eine einvernehmliche Änderungsvereinbarung getroffen haben oder der Besteller zur Änderungsanordnung nach Abs. 2 berechtigt ist. Auch diesen Sachverhalt hat das Gesetz nicht bedacht und nicht geregelt. 84

Um das Änderungsrecht nicht leer laufen zu lassen, wird der Besteller das Recht haben müssen, die zu ändernde Leistung zunächst einmal zu stoppen oder vorläufig „abzubestellen" (vgl. BeckOK BauvertrR/Leupertz BGB § 650b Rdn. 48c; Langen BauR 2019, 303, 307). Denn der Unternehmer hat grundsätzlich keinen Anspruch darauf, die Leistung unverändert auszuführen, wie § 648 BGB zeigt. Dieses Recht kann man als Vorwirkung auf sein Leistungsänderungsrecht nach Abs. 2 verstehen. Eine derartige Abbestellung muss allerdings ausdrücklich erfolgen, da sie nicht zum eigentlichen Inhalt des Änderungsbegehrens gehört. Auch muss ein Änderungsbegehren nicht zwingend umgesetzt werden. Der Besteller kann sein Änderungsbegehren jederzeit wieder fallen lassen. 85

Bezweckt das Änderungsbegehren eine Änderung, die zur Erreichung des vereinbarten Erfolgs nach Abs. 1 Nr. 2 erforderlich ist, wird in dem Änderungsbegehren nach §§ 133, 157 BGB grundsätzlich eine Abbestellung oder jedenfalls Suspendierung der fehlerhaft geplanten Leistung liegen (so auch BeckOK BauvertrR/Leupertz BGB § 650b Rdn. 48d; Langen, BauR 303, 307). Denn eine derartige Änderung muss ja zur Erreichung eines mangelfreien Werkes umgesetzt werden. Aber auch unabhängig davon darf der Unternehmer die fehlerhafte Planung nicht einfach umsetzen, da er grundsätzlich ein mangelfreies Werk schuldet. Spätestens durch das Änderungsbegehren hat er Kenntnis von dem Planungsfehler erlangt. Das Kooperationsgebot verpflichtet den Unternehmer, die zu ändernde Leistung nicht einfach unverändert bis zum Wirksamwerden der Änderung auszuführen. Vielmehr wird er im Zweifel eine Entscheidung des Bestellers abfragen müssen. Das gilt erst Recht, wenn der Unternehmer selbst Bedenken gegen die geplante Ausführung erhoben hat (Langen in Langen/Berger/Dauner-Lieb, § 650b Rdn. 33). 86

Eine derartige (vorläufige) Abbestellung kann zu einer Behinderung der Arbeiten führen. Zu wessen Lasten sie geht, hängt davon ab, ob es sich um eine freie Änderungen des Bestellers handelt, deren Einigungszeit zu seinen Lasten geht wird, oder um die Änderung wegen eines vom Unternehmer zu verantwortenden Planungsmangels. Dann werden es Sekundärfolgen des eigenen Fehlers sein. 87

b) Pflicht zur Abgabe eines Angebots

Gesetzgeberisches Ziel ist möglichst eine einvernehmliche Regelung. Nach der Vorstellung des Gesetzgebers sollen die Parteien sich über die Auswirkung der Änderung auf die vom Besteller zu zahlende Vergütung einigen (BT-Drucks. 18/8486, S. 54). Um hierfür eine Verhandlungsgrundlage zu schaffen, wird der Unternehmer verpflichtet, ein Angebot „über die Mehr- oder Mindervergütung" zu erstellen. Ausgelöst wird die Pflicht zur Abgabe eines Angebots durch ein zulässiges Änderungsbegehren des Bestellers (→ Rdn. 81). Im Falle der freien Änderungen nach § 650b Abs. 1 Nr. 1 BGB besteht die Pflicht jedoch nur, wenn dem Unternehmer die Änderung zumutbar ist. Trägt der Besteller die Verantwortung für die Planung muss er außerdem, soweit erforderlich, dem Unternehmer auch die geänderte Planung zur Verfügung stellen; ohne Beistellung der (geeigneten) Planung wird die Pflicht zur Abgabe eines Angebots nicht fällig. 88

Bei der Pflicht zur Angebotsabgabe handelt es sich nach Wortlaut und Begründung auch um eine echte Schuldnerpflicht (Langen, BauR 2019, 303, 306) und nicht nur um eine bloße Obliegenheit (so aber Glöckner, VuR 2016, 123, 130; BeckOGK/Mundt, BGB § 650b Rdn. 46). Zwar besteht in der Regel kein Bedürfnis nach einer Einklagbarkeit eines Angebots, da der Besteller auch bei Weigerung der Vorlage von seinem einseitigen Anordnungsrecht nach Abs. 2 Gebrauch machen kann. Die Nichtvorlage des Angebots stellt allerdings eine Vertragsverletzung dar, weil die gesetzlich geschützten Interessen des Bestellers an Information über die Kosten durch ein Nachtragsangebot verletzt werden. Kommen auf den Besteller bei einer 89

§ 650b Änderung des Vertrages; Anordnungsrecht des Bestellers

Abrechnung nach § 650c Abs. 1 BGB ungewöhnlich hohe Kosten zu, die bei Vorabkenntnis ganz oder teilweise vermieden bzw. nicht aufgewandt worden wären, sind Schadensersatzansprüche möglich. In der Regel wird der Unternehmer das Angebot aber von sich aus erstellen, zumal es nach § 650c Abs. 3 BGB auch Grundlage für eine einfache Abrechnung von Abschlagszahlungen ist.

90 Der Unternehmer muss das Nachtragsangebot grundsätzlich unentgeltlich erstellen, auch wenn das im Gesetzestext nicht ausdrücklich hervorgehoben ist (Langen in Langen/Berger/Dauner-Lieb, § 650b Rdn. 73; BeckOK BauvertrR/Leupertz BGB § 650b Rdn. 60a), Oberhauser NZBau 2019, 3, 5; a. A. jurisPK-BGB/Leicht, § 650b BGB Rdn. 58). Das wird insbesondere bei einer Vielzahl von Änderungswünschen als unausgewogen kritisiert (Leinemann/Kues, § 650b Rdn. 130). Das Gesetz zielt auf den Regelfall und entspricht insoweit zum einen der sich aus § 632 Abs. 3 BGB ergebenden Praxis. Für eine Vergütung fehlt die rechtliche Grundlage, nachdem der Gesetzgeber die Kritik des Bundesrates an der Unentgeltlichkeit der Angebotserstellung (BR-Drucks. 123/16, S. 12) gerade nicht aufgegriffen hat. Die Annahme eines stillschweigenden Werkvertrages dürfte auch bei komplexeren Ausarbeitungen nur in Ausnahmefällen möglich sein (dafür BeckOGK/Mundt BGB § 650c Rn. 52). Die parallele Streitfrage für den VOB/B-Vertrag (vgl. dazu Merkens, NZBau 2012, 529 ff.) hat der BGH dahin entschieden, dass die Kosten zur Ermittlung der Vergütung nach § 2 Abs. 5 VOB/B aufgewendet werden, nicht selbst Gegenstand dieser Vergütung sein können und deshalb nicht zu den Mehr- und Minderkosten der Änderungsleistung gehören (BGH, Urt. v. 22.10.2020 – VII ZR 10/17). Allerdings muss der Unternehmer die für die Angebotserstellung erforderliche Planung nicht erbringen, es sei denn, dass ihm die Planung auch im Übrigen obliegt. Auch wenn dem Unternehmer die Planung obliegt, können die Umplanungskosten des Angebots Teil der Kosten der geänderten Leistungen gemäß § 650c Abs. 1 BGB sein (→ § 650c Rdn. 102).

3. Frist für das Angebot

91 Eine Frist für die Abgabe des Angebots ist gesetzlich nicht geregelt. Nach § 271 BGB gilt (für die Hauptleistung) im Zweifel der Grundsatz sofortiger Fälligkeit, soweit sich nicht etwas anderes aus den Umständen ergibt. Das kann auch für Nebenpflichten gelten. Dem Unternehmer ist eine angemessene Bearbeitungszeit für die Angebotserstellung einzuräumen, die von den Umständen des Einzelfalls abhängt, weshalb die teilweise genannten „Regelfristen" irrelevant sind (vgl. auch Oberhauser NZBau 2019, 3, 4). Maßgebend sind insbesondere der Umfang der begehrten Änderung, ob der Unternehmer selbst die Planung erstellen muss und ob es sich um eine freie Änderung handelt, die zur Erreichung eines mängelfreien Werks erforderlich ist. Bei der Bemessung wird auch zu berücksichtigen sein, dass von den insgesamt 30 Tagen noch ein ausreichender Zeitraum für die vorgesehenen Verhandlungen verbleibt. Allerdings beeinträchtigt eine verzögerte Vorlage des Angebots normalerweise nicht die Interessen des Bestellers. Denn sein Recht zur einseitigen Änderungsanordnung nach Abs. 2 läuft 30 Tage seit Zugang seines Änderungsbegehrens. Kann in der verbleibenden Zeit eine Einigung über die Nachtragsvergütung nicht erzielt werden, steht es den Parteien natürlich frei, auch nach einer Anordnung nach Abs. 2 sich noch um eine einvernehmliche Einigung über den Nachtragspreis zu bemühen. Ein Interesse an einer möglichst baldigen Vorlage des Angebots besteht allerdings für den Besteller in Fällen dringlicher Änderungen, um diese schnellstmöglich beauftragen zu können. Ein schnelles Angebot nützt dem Besteller bei fehlender Einigungsbereitschaft des Unternehmers allerdings wenig. auch ein paralleler schuldrechtlicher Anpassungsanspruch aus §§ 157, 242 BGB hilft in eiligen Fällen mangels praktischer Durchsetzbarkeit nicht wirklich weiter (vgl. dazu oben → Rdn. 70 und unter → Rdn. 95, → Rdn. 104). Die Diskussion verschiebt sich damit in der Praxis auf die Frage, welche Partei eine potentielle Behinderung des Bauablaufs durch ein (zu) spätes Angebot zu vertreten hat (→ Rdn. 87).

92 Falls der Unternehmer sich ernsthaft weigert, ein Nachtragsangebot überhaupt vorzulegen, kann der Besteller unmittelbar nach § 650b Abs. 2 BGB von seinem einseitigen Änderungsrecht Gebrauch machen (→ Rdn. 152). Er braucht nicht den Ablauf einer 30-Tages-Frist abzuwarten. Denn diese Frist ist keine Wartefrist für den Unternehmer vor Ausführung einer Änderungsleistung, sondern dient allein der Verhandlung über das Angebot. Weigert sich der Unternehmer jedoch, ein derartiges Angebot vorzulegen, in der Regel weil er die Änderung für unzumutbar erachtet, kann der Besteller unmittelbar nach Abs. 2 vorgehen und gegebenenfalls eine einstweilige Verfügung nach § 650d BGB beantragen. Der Umstand, dass der Besteller im Stadium des Einigungsverfahrens keine Möglichkeit hat, die Verpflichtung des Unterneh-

Änderung des Vertrages; Anordnungsrecht des Bestellers §650b

mers zur Erstellung eines Nachtragsangebotes gerichtlich klären zu lassen (so Stellungnahme Deutscher Baugerichtstag zum Regierungsentwurf v. 19.4.2016, 6), wirkt sich damit nicht aus.

4. Notwendiger Inhalt des Angebots

Durch §650b Abs. 1 BGB wird der Unternehmer verpflichtet, „ein Angebot über die Mehr- oder Mindervergütung zu erstellen". Besondere Anforderungen an die Spezifizierung des Angebotes werden nicht aufgestellt. Nach allgemeinen Grundsätzen des BGB muss das Angebot so bestimmt sein, dass durch Annahme ein Änderungsvertrag zustande kommen kann (so wohl auch Glöckner, VuR 2016, 123, 129; Hettler/Halbgewachs, BauR 2021, 1021, 1023). Hierfür sind die Anforderungen jedoch gering; es reicht die Angabe eines bestimmten oder bestimmbaren Endpreises. 93

Das Gesetz verpflichtet den Unternehmer nicht weitergehend, den geforderten Preis näher aufzuschlüsseln oder gar nachvollziehbar („prüfbar") aus seiner Kalkulation bzw. tatsächlichen Kostenveränderungen abzuleiten. Denn der Unternehmer wird nicht verpflichtet, eine Berechnung von Mehr- oder Minderkosten, sondern nur „ein Angebot über die Mehr- oder Mindervergütung" vorzulegen; nur Ersteres würde ihn zu einer nachvollziehbaren Berechnung verpflichten. Mit seinem Angebot verlangt der Unternehmer einen Preis. Soweit der Unternehmer in der Preisbildung frei ist, muss er seinen Preis auch nicht begründen. 94

Fraglich ist, ob Sinn und Zweck der Regelung eine aufgegliederte Nachtragsberechnung verlangen. Nach der Gesetzesbegründung wurde der Unternehmer zu dem Angebot über die Vergütung (sei es Mehr- oder Mindervergütung) verpflichtet, weil wesentlicher Bestandteil einer einvernehmlichen Lösung auch die zu zahlende Vergütung ist (BT-Drucks. 18/8486, S. 54). Danach geht es um die Festlegung der essentialia negotii eines Änderungsvertrages (so auch BeckOGK/Mundt, BGB §650b Rdn. 50f.; Abel/Schönfeld, BauR 2018, 1, 3). Die Angabe eines reinen Endpreisangebotes mag für die Verhandlungen nicht zielführend sein. Allerdings stellt das Gesetz keine zusätzlichen Anforderungen auf. Demgegenüber wird geltend gemacht, weil das Angebot nach §650c Abs. 3 BGB auch zur Begründung von Abschlagszahlungen diene, müsse es prüfbar sein (Erman/Schwenker/Rodemann, §650b Rdn. 4; im Ergebnis ebenso jurisPK-BGB/Leicht, §650b BGB Rdn. 55; Oberhauser in Dammann/Lenkeit/Oberhauser/Pause/Stretz, §2 Rdn. 80; Orlowski, BauR 2017, 1427, 1429; Franz/Göpner, BauR 2018, 557, 572). Das verkennt zum einen, dass das Erfordernis der Prüfbarkeit nur für Rechnungen gilt und gelten kann, nicht für Angebote, soweit nicht vertraglich entsprechenden Anforderungen vereinbart wurden. Auch telelogisch ist ein Rückschluss nicht tragfähig. Der erst während der Gesetzesberatung geschaffene §650c Abs. 3 BGB sollte nicht nachträglich mittelbar zusätzliche Anforderungen an das Angebot aufstellen, sondern zur Liquiditätssicherung des Unternehmers einen der Höhe nach fixierten Abschlagszahlungsanspruch begründen, gerade ohne dass es auf eine Prüfbarkeit des Angebots ankommt. Deshalb erfolgt auch ein ansonsten nicht zu rechtfertigender Abschlag von 20%. Andere wollen die Regelung zur Vergütungsbestimmung im Falle gescheiterter Einigung in §650c Abs. 1 BGB erweiternd auch auf das Angebot ausdehnen und folgern hieraus eine Verpflichtung zur nachprüfbaren Preisermittlung (vgl. z.B. Oberhauser, NZBau 2019, 3, 7; näher → Rdn. 100). Die Prämisse ist aber auch nicht tragfähig (→ Rdn. 101). Allenfalls könnte man aus der Mitwirkungspflicht bei Verhandlungen eine Informationsverpflichtung zum Angebotspreis ableiten, wobei allerdings eine Konkretisierung der Informationsverpflichtung schwerfällt, weil das Gesetz keinerlei Verhaltensprogramm für die Verhandlungen aufstellt und Informationsverpflichtungen zur Preisgestaltung aus allgemeinen Rechtsprinzipien nicht begründbar wären (ähnlich Hettler/Halbgewachs, BauR 2021, 1021, 1027f.). Die Mitwirkungspflicht verdichtet sich, wenn keine freie (beliebige) Änderung vorliegt, sondern die Voraussetzungen für einen schuldrechtlichen Anpassungsanspruch des Vertrages gegeben sind. Hier könnte aus der Kooperationsverpflichtung die Vorlage eines nachvollziehbaren Preisangebots erforderlich werden (→ Rdn. 110). 95

Plant der Besteller, kann sich der Unternehmer also damit begnügen, einen Endpreis für die vom Besteller gewünschte Änderung zu benennen. Muss demgegenüber der Unternehmer für die geänderte Leistung auch die Planung erstellen, folgt aus dem Gebot der Bestimmbarkeit der Hauptleistungspflichten, dass der Unternehmer auch die zur Erfüllung des Änderungsbegehrens erforderlichen Änderungsleistungen hinreichend bestimmt. Die zu erbringenden Leistungen muss er ja bereits für sein Angebot ermitteln. Die Planung selbst muss mit dem Angebot noch nicht vorgelegt werden. 96

Schließlich bestehen auch keine – auch keine inzidenten – gesetzlichen Anforderungen an die Form des Angebotes (Leinemann/Kues, §650b BGB Rdn. 122; a. A. BeckOGK/Mundt §650b 97

§ 650b — Änderung des Vertrages; Anordnungsrecht des Bestellers

Rdn. 55). Grundsätzlich könnte das Angebot also auch mündlich abgegeben werden, was aber nur für kleinere Änderungen, wie z. B. der angefragte Mehrpreis für einen Fabrikatswechsel etc., sinnvoll ist. Der Unternehmer muss und wird das Angebot schon deshalb regelmäßig schriftlich abgeben, damit er gegebenenfalls die Grundlage für die Berechnung eines Anspruchs auf Abschlagszahlungen gemäß § 650c Abs. 3 BGB darlegen kann.

5. Keine Regelung zum Angebotspreis

98 Abs. 1 verpflichtet den Unternehmer nur zur Abgabe eines Angebots. Vorgaben zum Inhalt des Angebots enthält § 650b BGB nach h. M. nicht und damit auch keine Vorgaben an den Unternehmer zur Bemessung des Angebotspreises für die Änderungsleistungen. Preisvorgaben können auf der Basis anerkannter Methodenlehren auch nicht aus § 650c Abs. 1 BGB abgeleitet werden. Mit § 650c Abs. 1 BGB hat der Gesetzgeber ausschließlich eine Auffangregelung für den Fall getroffen, dass die Parteien sich nicht einigen. Er hat den Unternehmer in § 650b Abs. 1 BGB nicht verpflichtet, ein Angebot über die (tatsächlichen) Mehr- oder Minderkosten nach § 650c Abs. 1 BGB vorzulegen was nach überwiegender Auffassung nur nach deren tatsächlicher Entstehung möglich wäre, sondern über die von ihm geforderte „Mehr- oder Mindervergütung". Auf dieser Basis sollen die Parteien „Einvernehmen über ... die infolge der Änderung zu leistende Mehr- oder Mindervergütung" anstreben. Hieraus kann keine dem Gesetz praktisch unbekannte gesetzliche Preisvorgabe abgeleitet werden. Das Gesetz verpflichtet die Parteien auch gerade nicht im Wege des Kontrahierungszwangs, sich auf die tatsächlich erforderlichen Kosten zu einigen, Der Gesetzgeber hat sich lediglich die Frage gestellt, „wie erreicht werden kann, dass das ursprüngliche Angebot des Unternehmers angemessen ist." (Abgeordneter Dr. Hoppenstedt, Plenarprotokoll 18/107 70, S. 17477). Eine Lösung hierzu wurde aber nicht gefunden; entweder einigen sich die Parteien im Wege der Verhandlung nach § 650b Abs. 1 BGB auf eine „Vergütung" oder der Besteller kann anordnen mit der Folge des § 650c Abs. 1 BGB.

99 Allerdings ist in der Literatur streitig, ob das Gesetz inhaltliche Vorgaben zur Preisbildung macht. Nach überwiegender Auffassung macht das Gesetz – ebenso wie zum gesamten Verhandlungsverfahren – keine weiteren Vorgaben zum Angebotspreis, so dass nur die allgemeinen Grenzen wie Sittenwidrigkeit gelten (Messerschmidt/Voit/Leupertz, § 650c BGB Rdn. 42; BeckOGK/Mundt, BGB § 650b Rdn. 52; Leinemann/Kues, § 650b Rdn. 116; Abel/Schönfeld, BauR 2018, 1, 3; Orlowski, BauR 2017, 1427, 1429; Schramke/Keilmann, NZBau 2016, 333, 338; Hettler/Halbgewachs, BauR 2021, 1021, 1030; Fuchs/Bartsch, Anordnung, Vergütung und Durchsetzung im neuen Bauvertragsrecht, S. 36f.). Vorgaben sind grundsätzlich auch nicht nötig, weil der Besteller ja frei bleibt, ein (überhöhtes) Angebot des Unternehmers nicht anzunehmen. Scheitern die Verhandlungen, kann der Besteller von seinem Anordnungsrecht Gebrauch machen und er muss lediglich die tatsächlichen Mehr- oder Minderkosten plus Zuschläge gemäß § 650c Abs. 1 BGB bezahlen. Diese Überlegung ist für den Regelfall, den der Gesetzgeber wohl nur vor Augen hatte, auch zutreffend. Nach der ursprünglichen Entwurfsfassung konnte der Besteller die Verhandlungen abbrechen und anordnen. Wegen der spät ins Gesetz eingeführten starren 30-Tages-Frist passt das Schema aber nicht mehr in Fällen dringlicher Änderungen. Hier kann der Besteller an einem wirtschaftlich annahmefähigen Angebot interessiert sein, um zur Vermeidung von Bauverzögerungen die Änderungsleistung auch vor Ablauf der 30-Tage-Frist einvernehmlich zu beauftragen. Der Schutz vor sittenwidrig überhöhten Angeboten hilft dem Besteller insoweit nicht wirklich weiter.

100 Die Gegenauffassung geht davon aus, dass trotz des unterschiedlichen Wortlauts und der fehlenden Bezugnahme auf § 650c BGB der Unternehmer das Angebot auf der Grundlage der Mehr- und Minderkosten realistisch erstellt muss (Langen, FS Lauer, 2021, 225 ff.; Oberhauser NZBau 2019, 3, 6; Langen, BauR 2019, 303, 309.: alternativ auf Basis der ortsüblichen Vergütung). Ansonsten könne das gesetzgeberische Ziel, möglichst ein Einvernehmen zu erreichen, kaum erreicht werden. Hierdurch würden auch Probleme in Bezug auf Abschlagszahlungen gemäß § 650c Abs. 3 BGB i. H. v. 80% des Angebotspreises vermieden.

101 Richtig ist, dass Verhandlungen – bei dem Grunde nach unstreitigen Änderungen bei Vorlage eines realistischen Angebots wahrscheinlich erfolgreicher sein werden, allerdings auf Kosten des vom Gesetzgeber bewusst vermiedenen tiefen Eingriffs in die Privatautonomie. Wenn dieses Ziel zum Gebot gemacht wird, wird das Gesetz nicht mehr ausgelegt, sondern umgeschrieben. Die Verhandlungspflicht ist auf Veranlassung der Bauwirtschaft in das Gesetz aufgenommen worden. Die Musterverträge der Bauwirtschaft sehen sogar eine Preiseinigung als Nachtragsvoraussetzung vor, weil sich die Unternehmer hiervon aufgrund der im Vergleich zum Bauvertragsabschluss umgekehrten Verhandlungsdrucksituation Vorteile versprechen.

§ 650b
Änderung des Vertrages; Anordnungsrecht des Bestellers

Diese gesetzgeberische Entscheidung darf man kritisieren, kann man aber nicht negieren oder frei ändern. Damit werden in der Praxis in vielen Fällen die Angebotspreise höher als die Vergütung nach § 650c Abs. 1 BGB sein. Denn der Unternehmer steht nicht mehr im Wettbewerb, sondern ist faktisch einziger Anbieter der Leistung. In einer freien Marktwirtschaft ist vorbehaltlich weniger Ausnahmen keiner verpflichtet, nur den „gerechten Preis" zu fordern; vielmehr bestimmt sich der Preis nach Angebot und Nachfrage. Wünscht der Besteller eine Änderungsleistung dringend, wird der Anbieter das bei seiner Preisbildung auch berücksichtigen. Die Verhandlungssituation kehrt sich gegenüber dem ursprünglichen Bauvertragsabschluss um, zumal der Unternehmer niemals unter die tatsächlich erforderlichen Kosten fallen kann (vgl. dazu auch Lindner, Die Dogmatik des gesetzlichen Änderungsrechts nach § 650b BGB, S. 90 f.). Das hat das Gesetz auch so gesehen und in § 650c Abs. 3 BGB bestimmt, dass der Unternehmer ohne Preisvereinbarung für die Berechnung seiner Abschlagsforderungen nur 80% des Angebotspreises zugrunde legen darf. Da der Unternehmer aber auch für Änderungsleistungen grundsätzlich den vollen Wert der erbrachten Leistung in Abschlagsrechnungen fordern können soll, unterstellt der Gesetzgeber bei seiner 80%-Grenze, dass Angebotspreise eher 125% der Vergütung nach § 650c Abs. 1 BGB betragen können. Hieran hat der Gesetzgeber festgehalten, auch nachdem Kritiker befürchteten, dass Unternehmer aufgrund der Regelungen des §§ 650c Abs. 3 BGB nunmehr planvoll überhöhten Nachtragsangebote abgeben werden (Stellungnahme Deutscher Baugerichtstag zum Regierungsentwurf vom 19.04.2016, S. 10). Damit fehlt es an der tragfähige Grundlage für eine Hineinlesen des § 650c Abs. 1 in § 650b Abs. 1 BGB. Das Gesetz beschränkt sich auf die Regelung eines Leistungsänderungsrechts für den Fall der Nichteinigung, sieht aber keinen Vertragsanpassungserzwingungsanspruch vor (vgl. dazu Lindner, Die Dogmatik des gesetzlichen Änderungsrechts nach § 650b BGB, 184).

102 Diese Gesetzesumschreibung übergeht auch alle weiteren Widersprüche. Die Vergütung wird nur in Fällen ohne Einigung nach § 650c Abs. 1 BGB auf Basis der tatsächlichen Kosten ermittelt. Das kann nicht zugleich als gesetzliche Zielpreisvorgabe ausgelegt werden. Schon die Prämisse, dass zwei Wege das gleiche Ziel haben müssen, ist logisch nicht begründbar. Die die Parteivereinbarung fördernde Verhandlungspflicht würde in das Gegenteil verkehrt, wenn eine verbindliche Preisvorgabe und damit faktisch ein Kontrahierungszwang eingeführt wird (→ Rdn. 112). Dann wäre auch die Belastung des Unternehmers durch § 650b BGB nicht kleiner als bei einem einseitigen Anordnungsrecht, sondern eher größer. Hinzu kommt, dass es sich auch methodisch um unterschiedliche Arten der Vergütungsermittlung handelt, deren Maßstab weder methodisch noch systematisch als eine verbindliche Vorgabe für Kalkulation eines Angebotspreises passt. Ein Angebot vor Ausführung muss notwendig kalkulativ ermittelt werden muss. Zwar wäre auch eine Vorabkalkulation auf Basis von Selbstkosten plus Zuschlägen möglich. der Unternehmer ist aber grundsätzlich und nach § 650b Abs. 1 BGB sowohl zur Berechnung auf Basis der Vertragspreise wie zur freien Preisgestaltung berechtigt.

103 Das bedeutet allerdings nicht, dass der Unternehmer hier jeden Fantasiepreis fordern darf, z. B. für das zusätzliche Einschlagen eines Nagels ein Angebot über 8 Millionen € vorlegen kann (so die pointierte Kritik von Kimpel NZBau 2016, 734, 736 an dem „Wunschpreis" als Bezugsgröße für Abschlagzahlungen von 80%; vgl. Schramke/Keilmann NZBau 2016, 333, 338 „völlig überhöhtes Angebot"). Der Unternehmer ist verpflichtet, ein Angebot so abzugeben, dass ein – wirksamer – Änderungsvertrag zustande kommen kann; das wäre bei einem sittenwidrigen Angebot nicht der Fall. Gesetzliche Grenze ist damit ein sittenwidrig überhöhtem Preis (so auch BeckOK BauvertrR/Leupertz BGB § 650b Rdn. 60; Hettler/Halbgewachs, BauR 2021, 1021, 1030 f.).

104 Diese beiden sich bereits aus dem Gesetz ergebenden Eckpunkte sollten eigentlich nicht umstritten sein. Für den dazwischenliegenden Bereich hängt es von den Umständen des Einzelfalls und der Auslegung der Kooperationsverpflichtung ab, inwieweit man gegebenenfalls ein deutlich überhöhtes Angebot, das aber unter der Schwelle der Sittenwidrigkeit bleibt, als Vertragsverletzung ansehen will. Der Unternehmer darf grundsätzlich frei kalkulierten. Die Grenze zum Rechtsmissbrauch kann aber überschritten sein, wenn er bei dringlichen Änderungen die Karenzzeit bis zum Erwachsen des einseitigen Anordnungsrechts zur Durchsetzung unangemessen überhöhter Preise ausnutzen will. Betrachtungsgegenstand bei einer Interessenabwägung darf allerdings nicht lediglich die Preisbildung sein, sondern auch die Erforderlichkeit und Dringlichkeit der Änderungsleistung für die Werkerstellung. In den Fällen, in dem bereits ohne die Regelungen des § 650b BGB auch beim BGB-Vertrag ein Anpassungsanspruch auf Änderung des Vertrages bestand, besteht auch heute ein Anspruch auf Anpassung des Vertrages zu angemessenen Bedingungen (→ Rdn. 70 und → § 631 BGB Rdn. 849 ff.). Denn der Gesetzgeber wollte die auch bislang anerkannten Anpassungsansprüche aus Treu und Glauben

§ 650b Änderung des Vertrages; Anordnungsrecht des Bestellers

nicht beseitigen, sondern erweitern. Gehört eine zur Erreichung des vereinbarten Werkerfolges notwendige Leistung gemäß § 650b Abs. 1 Nr. 2 BGB nicht zum vertraglichen Leistungsumfang, darf der Unternehmer diese Situation zum eigenen Vorteil nicht ausnutzen, wenn er selbst sich die Unvollständigkeit der Leistungsbeschreibung zu vertreten hat. Hat, wie in der Mehrzahl der Fälle, der Besteller die Unvollständigkeit selbst zu vertreten, wird dennoch in vielen Fällen ein Anpassungsanspruch bestehen. Gänzlich anders stellt sich die Interessenabwägung in Fällen nachträglicher freier Änderungen durch den Bauherrn dar. Diese kann er nur im Rahmen des gesetzlichen Änderungsregimes umsetzen, sofern er sich nicht weitergehende vertragliche Änderungsvorbehalte einräumen lässt.

105   Diese mittelbaren Vorgaben für das Angebot und die Verpflichtung zu konstruktiven Verhandlungen können zwar nicht zum Gegenstand einer Leistungsklage gemacht werden. Ihre Verletzung könnte allerdings Schadensersatzansprüche begründen. Gerade in krassen Fällen dürfte es allerdings nicht zu Schäden kommen, weil eine Verletzung dieser Pflichten dazu führen sollte, dass der Besteller sein Anordnungsrecht nach Abs. 2 auch vor Ablauf der 30-Tage-Frist ausüben kann (→ Rdn. 151). Insoweit ist nämlich anerkannt, dass die Weigerung einer Partei zu konstruktiven Verhandlungen für die andere Seite die Verhandlungspflicht entfallen lässt (BGH, Urt. v. 28.10.1999 – VII ZR 393/98; so schon RGZ 103, 328, 333; Fuchs, Kooperationspflichten der Vertragsparteien, S. 261, 320 f.).

6. Kein Angebot bei bloßer Mangelbeseitigung (Abs. 1 S. 5)

106   Bei Änderungen, die nach Nr. 2 zur Erreichung des Werkerfolges notwendig werden, steht dem Unternehmer im Grundsatz keine Vergütung gemäß § 650c Abs. 1 S. 2 BGB zu, wenn die Änderung der Beseitigung eines vom Unternehmer zu verantwortenden Mangels erforderlich wird (→ § 650c Rdn. 103). Deshalb stellt Abs. 1 S. 5 HS 2 für diesen Fall klar, dass der Unternehmer in diesem Fall auch kein Angebot über die Mehrkosten vorzulegen hat (BT-Drucks. 18/11437, S. 47). Das gilt aber nur, soweit der Unternehmer die mit der Änderung verbundenen Mehrleistungen vollständig selbst zu tragen hat. Soweit der Besteller wegen eigenen Planungsfehlers oder einer Leistungserweiterung einen Teil der Kosten als Sowiesokosten zu tragen hat, hat der Unternehmer ein diese Kostenanteile umfassendes Angebot festzulegen, da ihm insoweit eine (Teil-)Vergütung zusteht.

107   Da der Unternehmer in diesen Fällen die Planungsverantwortung trägt, bleibt er allerdings verpflichtet, auf ein Änderungsbegehren des Bestellers die korrigierte Planung vorzulegen (→ Rdn. 114). Gemäß Abs. 1 S. 5 streben die Parteien dann Einvernehmen über die Änderung an. Hintergrund ist, dass in diesen Fällen die geänderte Leistung vertragliche Vorgaben berührt. Diese Veränderung bedarf der Zustimmung des Bestellers; er soll ggf. entscheiden, welche Veränderung für ihn hinnehmbar ist.

V. Einigungsbemühungen der Parteien

1. Verhandlungsverpflichtung

108   Auf Basis des Preisangebots sollen die Parteien nach § 650b Abs. 1 S. 1 BGB ein Einvernehmen „anstreben". Die von § 650b BGB primär angestrebte Einigung wird man als neuen gesetzlichen Ausdruck der bauvertraglichen Kooperationsverpflichtung ansehen. Sie gibt den Bauvertragsparteien grundsätzlich auf, durch Verhandlungen eine einvernehmliche Beilegung einer Meinungsverschiedenheit zu versuchen (BGH, Urt. v. 28.10.1999 – VII ZR 393/98; näher → § 631 BGB Rdn. 235 und → § 631 BGB Rdn. 693). Eine Einigungspflicht kann und wird nicht begründet.

109   Die damit begründete Verhandlungspflicht (nach MünchKomm/Busche, BGB, § 650b Rdn. 8 bloße Obliegenheit) zeigt eine gewisse Parallele zu den Pflichten bei einer Störung der Geschäftsgrundlage nach § 313 BGB. Dort ist eine Verhandlungspflicht nicht ausdrücklich statuiert; es entsprach aber der Vorstellung des Gesetzgebers, dass die Parteien zunächst über die Vertragsanpassung verhandeln (BT-Drucks 14/6040, S. 176). Während deshalb einige sie als nicht vorgesehen verneint haben, ist sie für andere eine notwendige Voraussetzung für die erstrebte Anpassung (Heinrichs, Festschrift Heldrich, 2005, 183, 196). Der BGH hat auch dort eine vertraglichen Mitwirkungspflicht angenommen, deren Verletzung Schadensersatzansprüche aus § 280 Abs. 1 BGB auslösen kann (BGH, Urt. v. 30.9.2011 – V ZR 17/11; abl. Thole JZ 2014, 443, 450 m. w. N.).

Weder aus § 650b BGB noch aus der Kooperationsverpflichtung ergibt sich aber ein spezifiziertes Verhaltensprogramm für die Parteien (vgl. zu § 313 MünchKomm/Finkenauer § 313 BGB Rdn. 122). Gerade wegen dieser inhaltlichen Unbestimmtheit und der mangelnden Durchsetzbarkeit wird ja von der Gegenauffassung das Vorhandensein einer Verhandlungspflicht bei § 313 BGB bestritten (Dauner-Lieb/Dötsch, NJW 2003, 921, 925). Nur sehr abstrakt lässt sich feststellen, dass ein Verhandeln oder Einigungsversuch zumindest ein Benennen der eigenen Argumente und ein Eingehen auf die Argumente der anderen Vertragspartei erfordert. Das ist aber weder materiell-rechtlich noch verfahrensrechtlich wirklich justiziabel, weil sich konstruktives und kooperatives Verhalten nicht erzwingen lässt. Auch kann man dem äußeren Anschein nach in Verhandlungen eintreten, obgleich man eine Einigung von vornherein ablehnt. Deshalb wird auch generell bei sog. einfachen Neuverhandlungspflichten kein klagbarer Erfüllungsanspruch angenommen (vgl. Horn, AcP 181, 255, 286; Fuchs, Kooperationspflichten der Vertragsparteien, S. 320). Dennoch sollte man der Einigungsregelung nicht jeden „rechtlichen und praktischen Wert" absprechen (so Stellungnahme Deutscher Baugerichtstag zum Regierungsentwurf v. 19.04.2016, S. 5). Denn die Weigerung einer Partei zu konstruktiven Verhandlungen führt auch ohne Erfüllungsanspruch dazu, dass auch für die andere Seite die Verhandlungspflicht entfällt (BGH, Urt. v. 28.10.1999 – VII ZR 393/98; so schon RGZ 103, 328, 333; Fuchs, Kooperationspflichten der Vertragsparteien, S. 261, 320f.). Das kann ggf. bereits dann angenommen werden, wenn die Parteien ihre jeweiligen Angebote zur Vergütungshöhe nicht erklären; denn als wesentlicher Bestandteil der Mitwirkungspflicht wird die Pflicht ausreichender Information angesehen (Doralt, Langzeitverträge, S. 382). Verweigert sich der Unternehmer der Verhandlung, wäre der Besteller berechtigt, auch schon vor Ablauf der 30-Tages-Frist eine einseitige Änderung anzuordnen (→ Rdn. 151).

Eine weiter gehende Konkretisierung von Verhandlungspflichten über diese formellen Punkte hinaus würden in Bezug auf eine begehrte Änderung nicht helfen, da § 650b Abs. 1 BGB gerade keinen Einigungszwang und anders als § 313 BGB keinen Anpassungsanspruch begründet (→ Rdn. 112). Wenn der Besteller auf Basis des Angebots des Unternehmers nicht abschließen kann oder will und der Unternehmer über die angebotenen Preise nicht verhandeln will, wird und muss der Besteller von seinem einseitigen Leistungsänderungsrecht nach Abs. 2 mit der Vergütungsfolge des § 650c BGB Gebrauch machen.

2. Kein Kontrahierungszwang

Das Gesetz gibt dem Besteller kein Anspruch auf den Abschluss eines Änderungs- oder Anpassungsvertrages wie das z. B. bei § 313 BGB im Fall der Störung der Geschäftsgrundlage der Fall ist. Die Regelung eines Anpassungsanspruchs oder eines Kontrahierungszwangs ist im Grundsatz nicht erforderlich, da der Besteller die Änderung ja viel leichter durch die Ausübung seines Gestaltungsrechts nach Abs. 2 mit der hierdurch ausgelösten Vergütungsanpassung nach § 650c BGB einseitig erzwingen kann. An die Stelle eines Anpassungserzwingungsrecht tritt also ein Anpassungsbestimmungsrecht (vgl. allgemein Hau, Vertragsanpassung und Anpassungsvertrag, S. 248ff.; zustimmend Leinemann/Kues, § 650b Rn. 92).

Etwas anderes gilt in den Fällen, in denen der Besteller bereits nach bisherigem Recht aufgrund der Notwendigkeit der Änderung einerseits und der Zumutbarkeit für den Unternehmer andererseits einen Anpassungsanspruch hat (→ Rdn. 70). Dieser in der Rechtsfolge weitergehende Anspruch wird durch die neue Regelung des § 650b BGB nicht berührt. Der Vorteil für den Besteller ist, dass er in diesen Fällen leichter einen Verzugsschadensersatzanspruch wegen Verschleppung der geschuldeten Vertragsanpassung geltend machen kann (vgl. OLG Hamm, Urt. v. 25.2.1999 – 28 U 177/98; OLG München, Beschl. v. 17.10.1997 – 15 W 1806/97; Muscheler JuS 1994, 732, jeweils zur Minderung).

VI. Beistellung der erforderlichen Planung durch Besteller

§ 650b Abs. 1 Satz 4 BGB bestimmt, dass in den Fällen, in denen der Besteller die Verantwortung für die Planung trägt, der Unternehmer zur Erstellung eines Angebots nur verpflichtet ist, wenn der Besteller dem Unternehmer zuvor eine der Änderung entsprechende, geänderte Planung zu Verfügung gestellt hat. § 650b Abs. 1 Satz 4 BGB. Nach dem Wortlaut handelt es bei der Übergabe der Planung um eine Tatbestands- oder zumindest Fälligkeitsvoraussetzung für die Angebotspflicht; jedenfalls bestünde bis dahin für den Unternehmer ein Leistungsverweigerungsrecht (so BeckOK BauvertrR/Leupertz BGB § 650b Rdn. 62). Er braucht seinerseits ein Angebot über die Mehr- oder Mindervergütung erst zu erstellen, wenn ihm die Ände-

§ 650b Änderung des Vertrages; Anordnungsrecht des Bestellers

rungsplanung zur Verfügung gestellt worden ist. In beiden Fällen kommt es nicht darauf an, ob die Beistellung der Planung eine Pflicht oder eine bloße Obliegenheit ist.

115 Begründet worden ist die Regelung damit, dass der Unternehmer erst dann zu Erstellung des Angebots über die Mehr- oder Mindervergütung in der Lage ist, wenn er die geänderte Planung und die darin vorgesehenen Leistungen kennt (BT-Drucks. 18/8486, S. 55). Diese Argumentation ist unvollständig. Zum einem benötigt der Unternehmer bereits für die Abgabe eines Angebotes nicht zwingend eine ausführungsreife Ausführungsplanung, sondern in den meisten Fällen dürfte eine Entwurfsplanung ausreichen. Zum anderen dient diese Regelung materiell in erster Linie der Aufrechterhaltung der werkvertraglichen Risikoverteilung. Wenn der Besteller selbst (im Fall der Nr. 2 fehlerhaft) geplant hat, hatte er bereits für die Vertragsleistungen die Planungsverantwortung und soll diese auch im Fall der Änderung behalten. Er kann dann dem Unternehmer diese Planungsverantwortung für die Änderung nicht einseitig aufbürden.

116 Welche Partei die Planungsverantwortung trägt, ergibt sich nicht aus dem Gesetz, sondern ausschließlich aus dem Bauvertrag bzw. konkludent aus den Umständen. Es ist die Partei, die die Planung für die vertragliche Bauleistung beizustellen hat. Hat der Besteller die vertragliche Verpflichtung zur Vorlage der Planung, handelt es sich um eine Mitwirkungspflicht oder -obliegenheit, die für die gesamte Vertragsabwicklung Gültigkeit hat (Sienz, BauR 2010, 841, 844). Deshalb muss der Besteller z. B. auch bei Vorliegen eines Mangels, der auf die Umsetzung einer fehlerhaften beigestellten Planung beruht, dem Unternehmer, soweit erforderlich, eine nachgebesserte Planung als Vorleistung zur Verfügung stellen (vgl. zur Sanierungsplanung OLG Hamm, Urt. v. 16.2.2011 – 12 U 82/10; differenzierend Kniffka → § 633 BGB Rdn. 86). Demgegenüber hat der Unternehmer die Planungsverantwortung, wenn er neben der Bauleistung auch die Planung übernommen hat. Dem Unternehmer obliegt die gesamte Planungsverantwortung beispielsweise bei der Planung und Errichtung technischer Anlagen.

117 Ergänzend stellt sich die Frage, was bei geteilter Planungsverantwortung gelten soll, also wenn der Besteller der Entwurfsplanung und der Unternehmer die Ausführungsplanung für die ursprünglichen Vertragsleistungen übernommen hatten, wie das bei GU-Verträgen verbreitete Praxis ist. Aus dem Grundsatz der Fortschreibung der Planungsverantwortung würde folgen, dass weiter der Besteller für die Entwurfsplanung und der Unternehmer für die Ausführungsplanung verantwortlich ist (Langen in Langen/Berger/Dauner-Lieb, § 650b Rdn. 44). Hieraus folgt allerdings nicht, dass der Unternehmer vor Abgabe eines Angebots zunächst immer eine geänderte Entwurfsplanung fordern kann. Denn materiell geht es um die Planungsverantwortung für die Ausführung der Änderungsleistungen. Damit muss unterschieden werden, wer die Ausführungsplanung erbringen muss und welche Planung Voraussetzung für ein Angebot des Unternehmers ist. Der Unternehmer kann eine geänderte Entwurfsplanung verlangen, wenn er sie zur Abgabe des Angebots benötigt. Das ist insbesondere dann der Fall, falls die Änderung auf die Entwurfsplanung zurück wirkt und deren Anpassung notwendig macht (so auch Oberhauser, NZBau 2019, 3, 5). Nicht jede Änderung der Ausführungsplanung erfordert allerdings auch eine Änderung Entwurfsplanung. Die HOAI kennt als Leistung in der Leistungsphase 8 die Fortschreibung der Ausführungsplanung aufgrund der gewerkorientierten Bearbeitung während der Ausführung. Das betrifft kleinere Änderungen ohne Eingriff in die Konstruktion, auch wenn sie undogmatisch nicht auf eine Änderung des Bauherrn zurückzuführen sein sollen. Ist nur eine solche Änderung der Ausführungsplanung notwendig, so trägt hierfür die Planungsverantwortung der Unternehmer, so dass er auch diese Leistung allein ausführen muss. Die vertragliche Risikoverteilung wird hierdurch nicht berührt. Denn mit der Verpflichtung zur Ausführungsplanung übernimmt der Unternehmer auch die Verpflichtung, die bisherige Planung auf Richtigkeit zu überprüfen.

118 Die vom Besteller geschuldete „erforderliche Planung" muss nicht zwingend zeichnerisch in einem Plan dargestellt sein. Es kommt darauf an, dass die für ein Angebot erforderlichen Vorgaben dem Unternehmer zur Verfügung gestellt werden. Das kann in vielen Fällen gleichwertig oder sogar besser schriftlich erfolgen, z. B. wenn Leistungsparameter von Anlagen der technischen Gebäudeausrüstung geändert werden sollen (Kniffka in Kniffka/Koeble/Jurgeleit/Sacher Teil 4 Rdn. 254 f.). Fraglich ist weiter, ob die „für die Änderung erforderliche Planung" nur die Ausführungsplanung meint (so Langen in Langen/Berger/Dauner-Lieb, § 650b Rdn. 50). Dagegen spricht, dass Änderung im Sine von § 650b Abs. 1 BGB die „Änderung des Vertrages" ist, wie schon die Überschrift ausweist. Für die Änderung des Vertrages und für die Erstellung eines Angebots wird aber in der Regel eine Entwurfsplanung ausreichen (Oberhauser, NZBau 2019, 1, 5). Dafür spricht auch, dass der Besteller in Fällen geteilter Planungsverantwortlichkeit

Änderung des Vertrages; Anordnungsrecht des Bestellers § 650b

gar keine Ausführungsplanung schuldet. Deshalb kann der Unternehmer zur Angebotsabgabe auch nur diejenige Planung fordern, die er für die Angebotsbearbeitung benötigt (BeckOK BGB/Voit § 650b Rdn. 18). Hierfür wird in vielen Fällen die Entwurfsplanung ausreichen. Eine ausführungsreife Ausführungsplanung muss durch der planungsverantwortliche Besteller dann erst rechtzeitig vor dem Beginn der Änderungsleistungen vorlegen. Man kann dem Gesetz nicht entnehmen, dass es für Leistungen, die noch nicht fest beauftragt sind und möglicherweise gar nicht beauftragt werden, zwingend die Vorlage einer Ausführungsplanung verlangt.

Die Rechtslage unterscheidet sich damit gegenüber dem Leistungsänderungsrecht nach § 1 Abs. 3 VOB/B. Auch dort ist der Auftragnehmer zwar nicht verpflichtet, bei auftraggeberseitiger Planung vor Vorlage einer Planung auszuführen (Beck'scher VOB-Kommentar/Jansen VOB/B § 1 Abs. 3 Rdn. 17). Die wirksame Ausübung des Leistungsänderungsrechts setzt aber nicht die Vorlage einer Planung voraus (Kapellmann/Messerschmidt/v. Rintelen, VOB/B § 1 Rdn. 89). 119

VII. Rechtsfolgen der Einigung

Erst mit der wirksamen Einigung wird der vertragliche Leistungsumfang entsprechend des Inhalts der Vereinbarung geändert. Die Frage, ob der Unternehmer bis zur Einigung die Änderungsarbeiten einstellen darf (so Stellungnahme Deutscher Baugerichtstag zum Regierungsentwurf vom 19.04.2016, S. 5), ist so nicht richtig gestellt. Vor einer wirksamen Änderung ist der Unternehmer zur Ausführung der Änderungsleistung gar nicht verpflichtet. Erst mit der Einigung entsteht die geänderte Leistungspflicht. 120

Führt der Unternehmer die Leistung auch ohne Einigung über ihren Preis aus, liegt eine konkludente Vertragsänderung vor (→ Rdn. 124 ff.). 121

Im Übrigen entsteht die geänderte Leistungspflicht erst durch die Ausübung des Änderungsrechts nach Abs. 2 (→ Rdn. 171). 122

Haben die Parteien den Vertrag einvernehmlich geändert und stellt anschließend der Besteller fest, dass alle oder einige Leistungen der Vertragsänderungen bereits im Ursprungsvertrag enthalten waren bzw. der Unternehmer, dass er versehentlich nicht alle zusätzlichen Leistungen bepreist hat, stellt sich die Frage, ob und unter welchen Voraussetzungen sich eine Partei von der Vereinbarung wieder lösen kann. Das wird unten im Zusammenhang mit Willensmängeln erläutert (→ Rdn. 318 ff.). 123

C. Konkludente Vertragsänderungen durch befolgte Anordnung

§ 650b Abs. 1 regelt die bewusste ausdrückliche Änderung des Vertrages, bei der der Besteller eine Änderung des Vertragsinhalts begehrt und der Unternehmer darauf ein Angebot vorlegt. Nach Verhandlungen über den Anpassungsbedarf sollen die Parteien einvernehmlich eine Änderungsvereinbarung treffen. Ansonsten ist der Besteller nach § 650b Abs. 2 BGB berechtigt, einseitig eine Leistungsänderung anzuordnen. Dass in derartigen Fällen eine Bau Soll-Änderung vorliegt, die auch zu einer Vergütungsanpassung führt, dürfte unstreitig sein. Kommt es nicht zu einer Vereinbarung, dürfte das primär auf divergierenden Ansichten zur angemessenen Vergütung beruhen. Das ist aber nur eine von mehreren möglichen Nachtragskonstellationen. Nicht geregelt hat das Gesetz in § 650b BGB andere in der Praxis häufig vorkommende Fallgruppen. 124

In der Praxis häufig sind Fälle, in denen der Besteller die Erbringung einer zusätzlichen Leistung oder eine abweichende Ausführung fordert und der Unternehmer sie anschließend erbringt, ohne dass die Parteien ausdrückliche Abreden hierüber, insbesondere über die Vergütung, treffen. Die Erbringung einer geänderten oder zusätzlichen Leistung kann sich auch aus Anforderungen ergeben, die Dritte wie der Prüfstatiker oder eine Baubehörde fordern. In diesen Fällen stellt sich die Frage, ob hierdurch der Vertrag konkludent geändert worden ist. Dass ist immer dann naheliegend, wenn der Besteller wusste oder aus Sicht des Unternehmers hätte wissen müssen, dass die geforderte Leistung nicht vom ursprünglichen Vertrag umfasst ist. 125

Eine konkludente Vertragsänderung ist nicht regelungsbedürftig, da sie schon durch § 311 BGB erfasst wird. Es ist auch kein Rechtsproblem, sondern eine Frage der Auslegung und Bewertung der Handlungen der Parteien. Konkludente Vertragsänderungen werden bei

§ 650b Änderung des Vertrages; Anordnungsrecht des Bestellers

übereinstimmenden Verhalten schnell vorliegen, da weder § 305 BGB noch § 650b Abs. 1 BGB Formerfordernisse aufstellen.

I. Befolgte „Anordnung" ohne Vergütungsvereinbarung

126 Häufig erfolgt eine Leistungserweiterung nicht durch schriftliche Zusatzvereinbarung zum Werkvertrag, sondern konkludent durch Anforderung der Leistung seitens des Bestellers und Ausführung der Leistung durch den Unternehmer. Fordert der Besteller eine zusätzliche Leistung oder eine Änderung und führt der Unternehmer diese aus, sind regelmäßig die Anforderungen für einen konkludenten Änderungsvertrag erfüllt. Eine Einigung über die Höhe der Vergütung für die geänderte oder zusätzliche Leistung ist nach § 632 BGB nicht erforderlich (→ Rdn. 141). Ein (konkludentes) Abbedingen von § 650b BGB (so BeckOGK/Mundt, BGB § 650b Rdn. 93) ist ebenfalls nicht erforderlich. Wegen der konkludenten Änderungsvereinbarung ist der Anwendungsbereich von § 650b BGB gar nicht eröffnet. Hiervon sind allerdings die Fälle abzugrenzen, in denen der Besteller den Vertrag nicht ändern oder ergänzen will, sondern der (unrichtigen) Auffassung ist, lediglich Vertragsleistungen abzurufen. Dann liegt in seiner Aufforderung kein Änderungsangebot; wird die Leistung ohne vorherige Mehrkosten Forderung erbracht, bleibt der Vertragspreis unverändert (OLG München, v. 2.5.2016 – 28 U 3932/15 mit allerdings zu weiter und zu pauschaler Begründung; vgl. auch → Rdn. 130).

127 Von den Umständen des Einzelfalls hängt es ab, ob der Besteller aus Sicht des Unternehmers eine Vertragsänderung anbietet, wenn er von den veränderten Bauumständen Kenntnis hat und im Bewusstsein dieser Kenntnis die Fortsetzung der Arbeiten anordnet oder zulässt. Bereits zum VOB/B-Änderungsrecht ist darauf hingewiesen worden, dass allein die Information des Auftraggebers über die veränderten Umstände die Annahme eine Willenserklärung nicht rechtfertigt (Thode, ZfBR 2004, 214, 223). Insoweit besteht kein relevanter Unterschied zwischen der Erklärung zur Ausübung eines Gestaltungsrechts oder derjenigen eines konkludenten Änderungsangebots. Notwendig ist jeweils ein Verhalten des Bestellers, das der Unternehmer als entsprechende rechtsgeschäftliche Erklärung verstehen darf. Will der Besteller aber lediglich ein Änderungsbegehren nach § 650b Abs. 1 BGB aussprechen, läge hierin aber noch kein Angebot (BeckOK BauvertrR/Leupertz BGB § 650b Rdn. 67b; vgl. auch → Rdn. 83).

128 Eine Vertragsänderung kann auch durch die widerspruchslose Hinnahme eines Baustellenprotokolls über Verhandlungen zustande kommen. Die Grundsätze des kaufmännischen Bestätigungsschreibens sind grundsätzlich im Baubereich anwendbar. Sie können sogar auf ein Protokoll über eine nach Vertragsschluss durchgeführte Verhandlung über den geschlossenen Vertrag anwendbar sein, selbst wenn dieses wegen des bereits zustande gekommenen Vertragsschluss kein kaufmännisches Bestätigungsschreiben im eigentlichen Sinn ist (BGH, Urt. v. 27.1.2011 – VII ZR 186/09).

II. Zueigenmachen von Änderungen durch Planer oder Dritte

129 Besonders relevant sind in der Praxis die Fälle, in denen der Architekt oder Ingenieur des Bestellers eine geänderte Planung vorlegt. Allein die Vorlage von veränderten Plänen durch Architekten oder Ingenieure rechtfertigt noch nicht die Annahme einer konkludenten Vertragsänderung durch den Besteller. Arbeitet der Unternehmer nach den vom Vertragsinhalt abweichenden Plänen, ohne dass der Besteller diese (abweichende) Leistung rechtsgeschäftlich fordert oder genehmigt hat, liegt eine vertragswidrige und damit auftragslose Leistung vor (vgl. BGH, Urt. v. 7.3.2002 – VII ZR 1/00; KG, Urt. v. 2.6.2006 – 21 U 56/03). Die Abwicklung kann nur nach den Grundsätzen der Geschäftsführung ohne Auftrag (→ Rdn. 273 ff.) oder nach Bereicherungsrecht (→ Rdn. 291 ff.) erfolgen. Der Architekt oder Ingenieur kann für den Besteller eine Leistungsänderung nur bei einer rechtsgeschäftlichen Vollmacht vereinbaren. Für eine Anscheinsvollmacht reicht es aus, dass der Auftragnehmer annehmen durfte, der Auftraggeber kenne und dulde das Auftreten des Architekten als sein Vertreter oder der Auftraggeber seinerseits das Verhalten des Architekten bei verkehrsüblicher Sorgfalt hätte erkennen können; eine positive Kenntnis ist nicht erforderlich (OLG Dresden, Urt. v. 22.9.2010 – 6 U 61/05; vgl. aber auch BGH, Urt. v. 24.7.2003 – VII ZR 79/02).

130 Liegt keine Vollmacht des Architekten vor, kommt es darauf an, ob der Besteller die geänderten Pläne genehmigt hat oder jedenfalls nachträglich genehmigt. Legt der Besteller dem Unternehmer selbst eine veränderte Planung (geänderte und vom Vertrag abweichende Ent-

Änderung des Vertrages; Anordnungsrecht des Bestellers　　　　　　　　　　§ 650b

wurfsplanung; Detailplanung oder Ausführungsplanung, die von der dem Vertrag zugrunde liegenden Planung abweicht) vor, die nach seinem Willen auszuführen ist, liegt darin in der Regel die rechtsgeschäftliche Aufforderung zu einer entsprechenden Leistungsänderung. Etwas anderes kann gelten, wenn der Besteller auch nach dem objektiven Horizont des Unternehmers nicht erkennt, dass mit der Vorlage der Pläne eine Leistungsänderung verbunden ist.

Maßgeblich ist, ob der Auftraggeber durch sein Verhalten konkludent den Willen zu einer Leistungsänderung zum Ausdruck gebracht hat. Das ist z. B. der Fall, wenn die Vertragspartner eine tatsächlich veränderte Situation erkennen und sich stillschweigend darauf einstellen (BGH, Urt. v. 27.6.1985 – VII ZR 23/84 Tz 26; vgl. auch Urt. v. 11.3.1999 – VII ZR 179/98 Tz 6, 18). Dabei darf sich der Besteller nicht hinter einem Schweigen verschanzen, sondern ist nach Treu und Glauben gehalten, sich zu erklären (OLG Düsseldorf, Urt. v. 30.8.2012 – 23 U 162/11 im Hinblick auf im Hinblick auf die geänderten Montagebedingungen für die Sonnenschutzanlagen nach Gerüstabbau). Ein rein passives Verhalten ohne Einwirkung des Auftraggebers hat aber keinen Erklärungswert. 131

Verfügungen der Behörden oder des Prüfingenieurs sind auch keine rechtsgeschäftlichen Erklärungen des Bestellers (vgl. OLG Naumburg, Urt. v. 23.6.2011 – 2 U 113/09 Tz. 54 f.; OLG Celle, Urt. v. 13.1.2005 – 14 U 75/04) und können den Vertrag nicht unmittelbar ändern. Notwendig hierfür ist immer eine (aus Sicht des Unternehmers) rechtsgeschäftliche Erklärung des Bestellers (Schrader/Borm, BauR 2006, 1388 ff. m. w. N. auch zur abweichenden Rechtsprechung einiger Oberlandesgerichte). Ändern Verfügungen von Behörden oder des Prüfingenieurs den Inhalt des Vertrages ab, muss der Besteller entscheiden, ob er den Vertrag entsprechend anpassen will oder sich gegen die Verfügung zur Wehr setzt (vgl. BGH, Urt. v. 24.6.2004 – VII ZR 271/01). Das gilt insbesondere für den Fall, dass die behördliche Verfügung rechtswidrig oder jedenfalls zweifelhaft sein sollte. Trifft der Besteller keine Entscheidung, so kann der nur zur vertraglichen Leistung verpflichtete Unternehmer die Leistung einstellen. Denn gegen die behördliche Verfügung darf er nicht arbeiten. 132

Zeigt der Unternehmer z. B. an, dass er aufgrund einer behördlichen Verfügung eine geänderte Leistung erbringen werde, so kann das Schweigen des Bestellers als konkludente Anordnung des durch die behördliche Verfügung vorgegebenen Leistungsinhalts angesehen werden, wenn der Unternehmer nach Treu und Glauben die Erklärung des Bestellers erwarten durfte, er sei mit einer Fortführung der Arbeiten nach Maßgabe der behördlichen Verfügung nicht einverstanden. Diese Auslegung ist allerdings nur dann möglich, wenn die Vertragsleistung durch die behördliche Verfügung tatsächlich geändert wird. Der Unternehmer kann nicht durch die bloße Anzeige angeblicher Leistungsänderungen konkludente Vertragsänderungen kreieren, weil der Besteller die unrichtige Anzeige nicht zurückgewiesen hat. Eine Zurückweisung kann der Unternehmer auch dann nicht erwarten, wenn seine Anzeige nicht ausreichend erkennen lässt, inwieweit die behördliche Verfügung eine Leistungsänderung bedingt. Bei Leistungsänderungen von erheblichem Gewicht darf eine stillschweigende Zustimmung nicht vorschnell angenommen werden. In diesen Fällen ist dem Besteller ein angemessener Zeitraum zur Überlegung einzuräumen. Bei allen Geschäften, bei denen aufgrund des Volumens eine Vermutung für eine Schriftlichkeit besteht, wird der Unternehmer auch eine ausdrückliche Erklärung erwarten müssen. 133

Leistungsänderung durch Dritte sind dem Besteller aber zuzurechnen, wenn er dem Unternehmer vorgibt, dass er Anordnungen Dritter, z. B. bestimmter Behörden, zu befolgen hat (vgl. OLG Naumburg, Urt. v. 23.6.2011 – 2 U 113/09; so auch, aber zweifelhaft, OLG Naumburg, Urt. v. 18.2.2016 – 2 U 17/13; vgl. demgegenüber OLG Dresden, Urt. v. 26.5.2015 – 13 U 66/15). Im VOB/B-Vertrag wird dann die Änderung des so benannten Dritten dem Auftraggeber als eigene rechtsgeschäftliche Anordnung zugerechnet ist; im BGB-Vertrag haben die Parteien damit ebenfalls einen Leistungsvorbehalt vereinbart oder es liegt bei einer Anweisung im Einzelfall ein rechtsgeschäftliches Änderungsangebot vor. 134

Das ist jedoch von den Fällen abzugrenzen, in denen der Vertrag vorgibt, dass die Leistung durch den Auftragnehmer so zu erbringen ist, wie sie durch eine bei Vertragsschluss noch nicht vorliegende behördliche Verfügung angeordnet wird. Hierdurch unterliegt der von vornherein geschuldete Leistungsumfang letztlich einer Drittbestimmung. Dann übernimmt der Unternehmer bis zur Grenze der Störung der Geschäftsgrundlage z. B. das Risiko von Auflagen der Behörde als Vertragsleistung (→ Rdn. 18). 135

von Rintelen

III. Hinnahme geänderter Bauumstände

136 Rechtsgeschäftlich am problematischsten ist die Fallgruppe der vom Besteller hingenommenen geänderten Bauumstände. Es ist deshalb zu prüfen, inwieweit aus dem Verhalten des Bestellers der Wille entnommen werden kann, die Änderung der Bauumstände nicht nur hinzunehmen, sondern den Vertrag zu ändern. Je weniger Einfluss der Besteller auf diese veränderten Bauumstände hat, umso weniger wird ein solcher Wille erkennbar sein. Zum VOB-Vertrag hat die Rechtsprechung entschieden, dass für eine konkludente Erklärung grundsätzlich die Änderung der Bauumstände aus dem Verantwortungsbereich des Auftraggebers stammen muss. Liegen Störungen des Vertrages allein im Verantwortungsbereich des Auftragnehmers, scheidet die Annahme eines vertragsändernden Willens regelmäßig aus (BGH, Urt. v. 27.6.1985 – VII ZR 23/84; OLG Düsseldorf, Urt. v. 24.10.1995 – 21 U 8/95). Deshalb kann z. B. bei einer vom Unternehmer verursachten Bauzeitverzögerung nicht angenommen werden, dass der Besteller mit seiner Zustimmung zu einem von diesem während des Verzugs vorgelegten neuen Bauzeitenplan eine veränderte Vertragszeit anordnet. Denn der Besteller hat kein Interesse daran, durch eine Änderung des Vertrages seinen gegen den Auftragnehmer begründeten Ansprüchen wegen der von ihm zu verantwortenden Leistungsstörung den Boden zu entziehen.

137 Je mehr Einfluss der Besteller auf die veränderten Bauumstände hat, desto eher wird eine konkludente Leistungsänderung angenommen werden können. Ist der Besteller z. B. eine Gemeinde, die eine Straße nach Beschwerden von Anliegern wegen Baulärm sperren lässt, die vertraglich zur Nutzung für den Unternehmer vorgesehen war, wird in der Mitteilung ein Angebot zur Leistungsänderung gesehen werden können. Legt der Auftraggeber nach selbst verschuldeter Bauzeitverzögerung einen neuen Terminplan vor, so wird das als Angebot angesehen werden können, die Leistungszeit entsprechend zu ändern. Bei der Würdigung des Verhaltens spielt insbesondere auch das jedem Bauvertrag immanente Kooperationsgebot eine Rolle. Gegenüber der Annahme konkludenter Anordnungen im VOB/B-Vertrag ergeben sich sogar die Erleichterungen, dass die Initiative zu einer konkludenten Vertragsänderung ja von beiden Seiten ausgehen kann. Informiert der Unternehmer den Besteller über veränderte Bauumstände in einer Weise, die erkennen lässt, dass der Unternehmer auf der Grundlage der veränderten Umstände in der Annahme weiter arbeitet, dass der Besteller diese als veränderten Leistungsinhalt akzeptiert, so muss der Besteller zur Vermeidung einer konkludenten Vertragsänderung dem schon konkret entgegentreten. Denn dem Kooperationsgebot folgt, dass der Auftraggeber unverzüglich diejenigen Entscheidungen zu treffen hat, die den Fortgang des Bauvorhabens bei einer Störung des Bauablaufs ermöglichen (BGH, Urt. v. 10.5.2001 – VII ZR 248/00 zum VOB/B-Vertrag). Einem Schweigen des Bestellers wird unter diesen Umständen häufig nach Treu und Glauben der Erklärungswert einer konkludenten Zustimmung beigemessen werden können.

138 Die bloße Veränderung von Bauumständen aus dem Verantwortungsbereich des Bestellers rechtfertigt allein noch nicht die Annahme einer konkludenten Vertragsänderung. Ihr fehlt über den Störungstatbestand hinaus ein rechtsgeschäftlicher Wille zu Leistungsänderung. Deshalb liegt auch beim VOB/B-Vertrag allein in der verspäteten Vorlage von Plänen noch keine rechtsgeschäftliche Anordnung der Bauzeitverschiebung (OLG Düsseldorf, Urt. v. 24.10.1995 – 21 U 8/95).

139 Die Anzeige einer Vertragsstörung macht eine Änderung des Bauvertrages nicht notwendig; Vertragsstörungen können auch nach den gesetzlichen Störungstatbeständen gelöst werden. Die Anzeige eines Störungstatbestandes muss deshalb der Besteller nicht als Angebot zur Änderung des Vertrages verstehen. Auch der Unternehmer kann in der bloßen Hinnahme des Störungstatbestandes durch den Besteller noch keine Zustimmung zu einer gegebenenfalls angebotenen Vertragsänderung sehen. Weder die Hinnahme noch die Anordnung, auf dieser gestörten Grundlage weiter zu arbeiten, rechtfertigt die Annahme, der Besteller wolle den Vertrag ändern. Dementsprechend hat die Rechtsprechung auch beim VOB/B-Vertrag keine rechtsgeschäftliche Erklärung des Auftraggebers (als Leistungsänderung) angenommen, wenn ein Vorunternehmer verspätet geleistet hat und deshalb der Auftragnehmer verspätet mit der Bauleistung beginnen muss (BGH, Urt. v. 27.6.1985 – VII ZR 23/84; OLG Nürnberg, Urt. v. 30.12.1992 – 4 U 1396/92; OLG Rostock, Urt. v. 24.9.1997 – 5 U 20/96; der BGH hat die Revision nicht angenommen, Beschl. v. 19.11.1998 – VII ZR 361/97). Die Anzeige, die Leistungen des Vorunternehmers seien verzögert, wird in der Regel nicht ausreichen, in dem Schweigen des Bestellers eine die Leistung ändernde Zustimmung zu entnehmen, denn diese Verzögerung ist ohnehin nicht mehr reparabel.

Andererseits ist es nicht ausgeschlossen, im Einzelfall eine konkludente Vertragsänderung anzunehmen. Das kann nicht mit dem Argument zurückgewiesen werden, das Leistungsstörungsrecht werde damit überspielt. Die Vertragsparteien sind nicht gehindert, die Rechtsfolgen von Leistungsstörungen zu vereinbaren, wenn sich ansonsten Ansprüche aus § 642 BGB ergäben. Hiervon kann bei Leistungsstörungen allerdings nur ausgegangen werden, wenn die Parteien auch (konkludent) Regelungen zur Änderung der Vergütung treffen. Die Einigung muss nicht zwingend vollständig sein. Eine nicht vollständig geregelte Art und Weise der Preisanpassung kann im Wege ergänzender Vertragsauslegung festgelegt werden, z. B. wenn die Bauvertragsparteien wegen auftraggeberseitig zu vertretenden Bauverzögerungen nur vereinbaren, dass die Preise gemeinsam überprüft und entsprechend angepasst werden (vgl. OLG München, Urt. v. 14.7.2009 – 28 U 3805/08). 140

IV. Vergütung konkludenter Vertragsänderungen

Ist Einigkeit darüber erzielt worden, dass die Leistung ausgeführt wird, ohne dass über die Vergütung gesprochen worden ist, steht dem Unternehmer i. d. R. die übliche Vergütung nach Maßgabe des § 632 BGB zu (vgl. → § 632 BGB Rdn. 18; vgl. auch Messerschmidt/Voit/Leupertz, § 650c BGB Rdn. 10; Abel/Schönfeld, BauR 2018, 1, 7), soweit die Parteien sich nicht konkludent auf einen bereits vorher angebotenen, aber zunächst nicht beauftragten Preis geeinigt haben (vgl. → § 632 BGB Rdn. 31; OLG Koblenz, Beschl. v. 6.4.2017 – 5 U 176/17). Eine Abrechnung nach § 650c BGB auf Basis tatsächlicher Kosten ist nicht unmittelbar möglich, da diese Vorschrift eine Anordnung nach § 650b Abs. 2 BGB voraussetzt (→ § 650c BGB Rdn. 18). Leupertz spricht sich für eine analoge Anwendung des § 650c BGB aus (Messerschmidt/Voit/Leupertz, § 650c BGB Rdn. 11). Allerdings liegt keine Gesetzeslücke vor. Hinzu kommt, dass nach der Neuregelung die Abrechnung von Nachträgen auf Basis tatsächlicher Kosten plus Zuschläge vermehrt der üblichen Vergütung entsprechen wird. Denn das Gesetz hat vom Maßstab des § 632 BGB für Zusatzleitungen bewusst deshalb abgesehen, weil es für viele (Spezial-)Bauleistungen keine „übliche" Vergütung gebe und für Änderungsleistungen eine Bestimmung der üblichen Vergütung häufig kaum möglich sei (BT-Drucks. 18/8486, S. 56; näher → § 650c BGB Rdn. 21). 141

Auch beim Pauschalvertrag bestehen unabhängig von der Erheblichkeit der Mehraufwendungen Zusatzvergütungsansprüche bei einer Leistungserweiterung. Das ist für den VOB-Vertrag in § 2 Abs. 7 ausdrücklich klargestellt, wiederholt aber nur die Gesetzeslage (BGH, Urt. v. 27.11.2003 – VII ZR 53/03). Eine Vergütung steht dem Unternehmer nur dann ausnahmsweise nicht zu, wenn bei einem Pauschalvertrag die Mehraufwendungen so gering sind, dass üblicher Weise dafür keine zusätzliche Vergütung verlangt wird (BGH, Urt. v. 27.11.2003 – VII ZR 53/03). 142

V. Rechtsfolgen

Eine konkludente Vertragsänderung hat die gleichen Rechtsfolgen wie eine ausdrückliche Vertragsänderung (→ Rdn. 120). 143

D. Anordnungsrecht bei Nichteinigung

I. Voraussetzungen für Entstehen des Änderungsrechts

Der Gesetzgeber hat das einseitige Änderungsrecht bewusst nur subsidiär ausgestaltet. Nach § 650b Abs. 2 S. 1 BGB kann der Besteller die Änderung erst einseitig anordnen, wenn die Parteien nicht binnen 30 Tagen nach Zugang des Änderungsbegehrens beim Unternehmer eine Änderungsvereinbarung nach Abs. 1 treffen. Regelvoraussetzungen für das Entstehen eines einseitigen Anordnungsrechts des Bestellers sind also (1) der Zugang eines Änderungsbegehrens beim Unternehmer, (2) der Ablauf von 30 Tagen und (3) das Nicht-zustande-Kommen einer Änderungsvereinbarung nach Abs. 1 innerhalb dieser Frist. 144

Die Dauer der Frist wurde in Anlehnung an die Verhandlungspflicht für Einigungsversuche vor der Gütestelle (§ 15a Abs. 1 ERZPO) festgelegt (BT-Drs. 18/8486, S. 87). Diese Einheitsfrist kann in Anbetracht der Vielgestaltigkeit der Änderungsbegehren wohl nicht mal für die 145

§ 650b   Änderung des Vertrages; Anordnungsrecht des Bestellers

Mehrzahl der Fälle sachlich angemessen sein. Aus Gründen der Rechtsicherheit gilt sie aber einheitlich für alle Arten von Änderungsbegehren; sie wird nicht bei komplexen Änderungen verlängert bzw. bei einfachen oder einfachsten Änderungen verkürzt. Die Alternative einer dynamischen Frist („angemessene Frist") ist bewusst nicht gewählt worden. Abweichendes können bzw. müssen die Parteien vereinbaren.

1. Änderungsbegehren des Bestellers

146   Eine Voraussetzung für das einseitige Leistungsänderungsrecht nach Abs. 2 ist, dass die Parteien nicht binnen 30 Tagen nach Zugang eines Änderungsbegehrens des Bestellers eine Einigung über die Änderung erzielt haben. Das Änderungsbegehren (vgl. → Rdn. 81) ist verfahrensrechtlich bedeutsam, weil es den Beginn der 30-Tage-Frist festlegt. Ein Änderungsbegehren ist inhaltlich letztlich eine invitatio ad offerendum (→ Rdn. 82). Das Gesetz stellt keine besonderen Anforderungen an Inhalt und Form auf.

147   Maßgeblich für den Fristbeginn ist ein Änderungsbegehren des Bestellers. Das schließt es nicht aus, dass die Änderung ursprünglich vom Unternehmer durch entsprechende Vorschläge initiiert worden ist. Macht sich der Besteller dieses zu eigen, ist maßgebend für die Fristberechnung der Zugang seines Aufgreifens, insbesondere seiner Aufforderung an den Unternehmer, hierfür ein Angebot vorzulegen. (vgl. auch → Rdn. 149 f.).

2. Ablauf bzw. Berechnung der 30-Tage-Frist

148   Maßgeblich für die Ermittlung der 30-Tage-Frist ist der Zugang des Änderungsbegehrens beim Unternehmer, ausdrücklich nicht die Herstellung oder der Zugang des Nachtragsangebotes. Damit wollte der Gesetzgeber sicherstellen, dass der Unternehmer die Ausübung des Anordnungsrechts nicht durch eine zögerliche Erstellung des Angebots verzögern kann.

149   Schwierigkeiten bei der Fristberechnung treten auf, wenn die Initiative zur Leistungsänderung gar nicht vom Besteller ausging, sondern vom Unternehmer. Regt dieser lediglich eine Änderung an, liegt das Änderungsbegehren in dessen Aufgreifen durch den Besteller mit der Aufforderung zur Abgabe eines Angebotes. Legt aber der Unternehmer mit seinem Änderungsvorschlag bereits ein Preisangebot vor, werden die Parteien regelmäßig unmittelbar hierüber verhandeln. Führen die Verhandlungen nicht binnen 30 Tagen zu einem positiven Ergebnis, muss auch in diesem Fall der Besteller zum Anordnungsrecht nach Abs. 2 übergehen dürfen (so auch Leinemann/Kues, § 650b Rdn. 103). Es wäre purer Formalismus, ihm nochmals ein Änderungsbegehren aufzuerlegen. Vielmehr stellt sich nach Sinn und Zweck nur die Frage, ob die 30-Tage-Frist vom Zugang des Angebots des Unternehmers an den Besteller zu rechnen ist oder erst von dem Zeitpunkt, in dem der Besteller den Vorschlag des Unternehmers aufgreift und hierüber verhandeln will. Greift der Besteller das Angebot des Unternehmers nicht vollständig auf, sondern entwickelt er auf dieser Basis modifizierte Änderungsvorstellungen, kann es nur auf den letzteren Zeitpunkt ankommen. Dann liegt ein Änderungsbegehren im Sinne des Gesetzes vor. Das spricht dafür, auch bei der unveränderten Übernahme des Änderungsvorschlags auf diesen Zeitpunkt abzustellen, weil das Gesetz nun einmal auf ein Begehren des Bestellers abstellt. Mit dem Zugang eines Verhandlungsangebots oder ähnlichem bringt der Besteller sein Änderungsbegehren zum Ausdruck. Die hierdurch entstehende verlängerte Frist von 30 Tagen nur für Verhandlungen stellen für den Besteller keinen rechtlichen Nachteil dar, da sein Beschleunigungsinteresse erst vom Zeitpunkt eigener Initiative gesetzlichen geschützt wird.

150   Die 30-Tage-Frist kann von den Parteien (selbstverständlich) einvernehmlich verlängert werden. Eine einseitige Verkürzung oder Verlängerung durch eine Vertragspartei kommt nicht in Betracht. Eine andere Frage ist, ob der Besteller ausnahmsweise vor Fristablauf Änderungsanordnungen erklären kann (Leinemann/Kues, § 650b Rdn. 112 f.).

3. Änderungsanordnung vor Fristablauf

151   Auch wenn keine konkretisierte Verhandlungspflicht besteht, kann man der Einigungsregelung nicht jeden „rechtlichen und praktischen Wert" (Stellungnahme Deutscher Baugerichtstag zum Regierungsentwurf v. 19.04.2016, S. 5) absprechen. Denn die Weigerung einer Partei zu konstruktiven Verhandlungen führt auch ohne Erfüllungsanspruch dazu, dass auch für die andere Seite die Verhandlungspflicht entfällt (BGH, Urt. v. 28.10.1999 – VII ZR 393/98; so schon RGZ 103, 328, 333; Fuchs, Kooperationspflichten der Vertragsparteien, S. 261, 320 f.).

Änderung des Vertrages; Anordnungsrecht des Bestellers   §650b

Dann ist der Besteller berechtigt, auch vor Ablauf der 30-Tages-Frist eine einseitige Änderung anzuordnen.

Dementsprechend wird überwiegend davon ausgegangen, dass die Frist mit einem endgültigen Scheitern der Verhandlungen endet (Langen in Langen/Berger/Dauner-Lieb, §650b Rdn. 82). Das ist sicher der Fall, wenn die Parteien „sich einig sind, sich nicht einigen zu können" (Retzlaff, BauR 2017, 1747, 1790). Weitergehend wird ein Scheitern auch dann schon bejaht, wenn der Unternehmer seine Mitwirkungspflichten im Rahmen der Verhandlung endgültig verweigert oder möglicherweise gar ein völlig unannehmbares Angebot liegt (Langen in Langen/Berger/Dauner-Lieb, §650b Rdn. 82; Orlowski, BauR 2017, 1427, 1430). Das Abwarten des Ablaufs der 30-Tage-Frist wäre dann ein reiner Formalismus. Die Schwierigkeiten stecken hier nicht primär im Rechtlichen, sondern der Würdigung des Tatsächlichen als endgültiges Scheitern. Wenn der Unternehmer im Einzelfall versuchen sollte, durch ein „Entschleunigen" (vgl. Retzlaff, BauR 2017, 1747, 1790) der Verhandlungen den Abschlussdruck auf den Bauherrn zu erhöhen, wird er gerade ein frühes endgültiges Scheitern zu vermeiden versuchen. **152**

Zu weit geht es hingegen, wenn die 30-Tage-Frist als reine Formalie auch dann entfallen können soll, wenn der Auftraggeber (einseitig) von Anfang an klar macht, an keiner Einigung interessiert zu sein (so Weise, NJW-Spezial 2017, 492). Das ist weder mit dem Gesetzeswortlaut noch seinen Sinn und Zweck vereinbar (Langen in Langen/Berger/Dauner-Lieb, §650b Rdn. 82; Retzlaff, BauR 2017, 1747, 1790; Althaus, BauR 2017, 412, 416). **153**

Fraglich ist, ob eine Anordnung bei fehlendem Angebot schon vor Ablauf der 30-Tages-Frist zulässig ist (so wohl Oberhauser in Dammert/Lenkeit/Oberhauser/Pause/Stretz, §2 Rdn. 88; evtl. auch Glöckner, VuR 2016, 123, 129; a.A. Retzlaff, BauR 2017, 1747, 1791). Hier wird man ein endgültiges Scheitern von Verhandlungen vor Fristablauf erst annehmen können, wenn der Unternehmer erklärt, kein Angebot vorlegen zu wollen, z.B. weil er die Anordnung für nicht zumutbar erachtet (Oberhauser, NZBau 2019, 3, 8). Hingegen dürfte die bloße Verzögerung der Angebotsvorlage als solche nicht genügen. **154**

Bei Änderungen, die zur Erreichung des vereinbarten Werkerfolges notwendig sind (Abs. 1 Nr. 2), kann eine besondere Dringlichkeit bestehen, insbesondere bei Gefahr im Verzug, womit das Bedürfnis zu einer sofortigen Anordnung oder eine verkürzte Verhandlungsfrist begründet wird (Langen, BauR 2019, 303, 313). Da in diesen Fällen dem Besteller aber auch ein vertraglicher Anpassungsanspruch zusteht, bedarf es rechtlich keiner teleologischen Reduktion der Verhandlungsfrist (→ Rdn. 895, → Rdn. 92). **155**

4. Alternative Streitentscheidung

Eine alternative Möglichkeit, den Streit zwischen den Parteien über die Höhe der Mehrvergütung zügig zu beenden, ist eine sogenannte Final-Offer-Arbitration. Dieses insb. aus den USA und Kanada bekannte Verfahren kann als Schiedsgutachtenverfahren ausgestaltet werden. Beide Parteien müssen ein letztes Angebot zur Höhe der Nachtragsvergütung machen. Der zur Entscheidung berufene Dritte wählt dann nur aus, welches der beiden letzten Angebote das angemessenere von beiden ist. Er darf nicht eine eigene vermittelnde Entscheidung treffen. Sinn und Zweck des Verfahrens ist es, die Parteien zu zwingen, von vornherein angemessene Angebote vorzulegen. Der Unternehmer kann es sich nicht leisten, z.B. ein um 50% übersetztes Angebot zu machen. Das gäbe dem Besteller die Möglichkeit, den Zuschlag bereits mit einem Angebot zu erhalten, dass nur zwei Drittel der berechtigten Nachtragsvergütung abdeckt. Legen beide Parteien angemessene Angebote vor, werden sie eine möglicherweise verbleibende Differenz auch ohne den Dritten im Wege der Verhandlungen überwinden können. Auch das Problem von Abschlagszahlungen bis zur endgültigen Festlegung lässt sich dadurch lösen, dass Abschlagszahlungen bis zu einer Einigung oder der Vorlage des Sachverständigenentscheidung auf Basis des Mittelwerts der beiden Angebote geleistet werden. **156**

5. Nicht-zustande-Kommen einer Änderungsvereinbarung

Schließen die Parteien eine Änderungsvereinbarung, ist eine Anordnung weder möglich noch nötig. Vielmehr macht der Besteller nur seinen (geänderten) Vertragserfüllungsanspruch geltend. **157**

Eine Einigung setzt nach §154 Abs. 1 BGB aber eine vollständige Einigung über alle Punkte voraus, über die die Parteien eine Einigung erzielen wollten. Das ist hier zumindest Änderungsleistung und Vergütung (MünchKomm/Busche, BGB, §650b Rdn. 14). Eine „Teileinigung" **158**

von Rintelen

§ 650b
Änderung des Vertrages; Anordnungsrecht des Bestellers

ist im Zweifel keine Einigung, sondern lediglich eine nicht bindende Punktuation (OLG Schleswig, Urt. v. 27.2.2015 – 17 U 91/14; BeckOK BGB/Eckert BGB § 154 Rdn. 11). Macht der Unternehmer sein im Übrigen von dem Besteller akzeptiertes Nachtragsangebot z. B. von einer für den Besteller nicht akzeptablen Bauzeitverlängerung abhängig, ist eine Änderungsvereinbarung nicht wirksam zustande gekommen.

II. Ausübung des Anordnungsrechts

Die Anordnung ist eine rechtsgeschäftliche Erklärung. Anwendbar sind deshalb die für die Wirksamkeit einer Willenserklärung geltenden Regeln, insbesondere auch das Vertretungsrecht, §§ 164 ff. BGB (BGH, Urt. v. 27.11.2003 – VII ZR 346/01 zu § 1 Abs. 3 VOB/B).

1. Anforderungen an die Erklärung

159 Als einseitige Gestaltungserklärung muss sie einen hinreichend bestimmbaren Inhalt haben. Diese Voraussetzungen werden bei Wahrung des Procedere nach Abs. 1 wohl immer gewahrt sein. Denn immerhin war der Unternehmer in der Lage, das Änderungsbegehren des Bestellers zu bepreisen. Damit müssten die essentialia negotii für die Änderung hinreichend bestimmt sein.

160 Bei vertraglich vereinbarten unmittelbar ausübbaren Gestaltungsrechten wie § 1 Abs. 3 VOB/B ist gelegentlich problematisch, ob bei „versehentlichen" Anordnungen durch Verlangen einer Arbeitsfortsetzung aus Sicht des objektivierten Empfängers ein Erklärungsbewusstsein des Erklärenden besteht (vgl. → 233). Denn auch aus Sicht des Empfängers besteht kein Erklärungsbewusstsein, wenn der Besteller bei seinem Verhalten erkennbar keine Kenntnis von den veränderten Umständen hat. Das kann im Rahmen des gesetzlichen Anordnungsrechts nach Abs. 2 aber kaum praktisch werden, da der Besteller zunächst ein Begehren geäußert haben muss, der Unternehmer hierauf ein Preisangebot abgegeben hat und die Parteien ergebnislos hierüber verhandelt haben.

2. Zulässige Modifikationen gegenüber Änderungsbegehren

161 Nach Abs. 2 darf der Besteller „die" Änderung nach Ablauf der Verhandlungsfrist einseitig anordnen. Das betrifft also die nämlichen Änderungen, die Gegenstand des Änderungsbegehrens waren und über die die Parteien, wenn auch ohne Ergebnis, verhandelt haben. Dem Besteller erwächst mit Scheitern der Verhandlungen kein generelles einseitiges Anordnungsrecht, sodass er den Ablauf der Verhandlungsfrist nicht dazu nutzen kann, nun unabhängig von seinem ursprünglichen Änderungsbegehren und den Verhandlungen etwas (ganz) Abweichendes anzuordnen (Langen in Langen/Berger/Dauner-Lieb, § 650b Rdn. 92). Nach Sinn und Zweck der vorrangigen Verhandlungspflicht sind allerdings Modifikationen solange zulässig, wie sie die Identität des Änderungsbegehrens nicht infrage stellen (ebenso BeckOK BauvertrR/Leupertz BGB § 650b Rdn. 77; Leinemann/Kues, § 650b Rdn. 105). Wenn der Besteller also anfänglich eine bestimmte Änderung wünscht, z. B. eine andere Art Fenster (Modell A) als die ausgeschriebenen (Modell B), und er aufgrund der Verhandlungen mit dem Unternehmer, gegebenenfalls sogar gerade aufgrund dessen Empfehlung, zu der Erkenntnis gelangt, dass das Modell C noch geeigneter wäre, kann er auch dieses anordnen, wenn es Gegenstand der Verhandlungen war. Das Änderungsbegehren beinhaltete primär die Abwahl des Modells B und den Ersatz durch ein Fenster mit anderen Eigenschaften. Wenn die Modifikation allerdings so gravierend ist, dass sie gewissermaßen ganz neue Verhandlungen auslöst, löst sie auch eine neue 30-Tage-Frist aus. Wann die Änderung als neu anzusehen ist, sodass das Verfahren nach Abs. 1 durchlaufen werden muss, kann nur im Einzelfall entschieden werden. Da § 650b BGB den Parteien bei Nachträgen helfen will, wäre ein bloß blockierender Formalismus mit Sinn und Zweck der Regelung, nämlich „die einvernehmliche und zügige Lösung" von Nachtragskonflikten (Dr. Hoppenstedt, Plenarprotokoll 18/221, S. 22337), nicht vereinbar.

3. Textform

162 Die einseitige Änderungsanordnung bedarf (zumindest) der Textform nach § 126b BGB. Die Nichteinhaltung einer gesetzlich vorgeschriebenen Form führt nach § 125 BGB zur Nichtigkeit des Rechtsgeschäfts, also hier der Anordnung. Sie muss mithin nicht befolgt werden. Komplizierter wird die Rechtslage, wenn der Unternehmer sie dennoch befolgt. Durch bloße Erfüllung eines formnichtigen Rechtsgeschäfts tritt grundsätzlich noch keine Heilung ein, da die gesetzlichen Heilungstatbestände nach der Rechtsprechung des BGH jeweils nur Ausnahmevorschriften sind (BGH NJW 1967, 1128, 1138). Dementsprechend heißt es auch in der Gesetzesbegründung, dass die Leistungen, die nur aufgrund mündlicher Anordnungen, umgesetzt werden, den Vertrag nicht erweitern, sondern bereicherungsrechtlich abgewickelt werden müssten (BT-Drucks. 18/11437 S. 47). Dieser Hinweis erfasst die Problematik allerdings nur unzureichend. Gegen diese Lösung spricht vor allem, dass sie dem Parteiwillen widerspricht und auch zu wenig sachgerechten Folgen – Verlust von Mängelrechten – führt (→ Rdn. 165).

163 Zur Ermittlung der Rechtsfolgen müssen zunächst die Zwecke des Formerfordernisses ermittelt werden. Das Formerfordernis der Textform ist erst spät auf Anregung des Bundesrates in das Gesetz aufgenommen worden. Der Bundesrat hatte angeregt, aus Gründen der Klarstellung für die Anordnung Schriftform vorzusehen. Hierzu heißt es in der Gesetzesbegründung, dass ein Vorschlag des Bundesrates umgesetzt werden soll und es sinnvoll sei „im Interesse der Rechtssicherheit die Textform vorzusehen. Das Formerfordernis soll klarstellende Funktion haben, insbesondere auch der besseren Beweisbarkeit der Anordnung dienen, sowie dem Besteller von möglicherweise übereilten Anordnungen schützen" (BT-Drucks 18/11437 S. 47).

164 Die Ausführungen zur Beweis- und Dokumentationsfunktion der Textform sind selbsterklärend, auch wenn sie nicht eine Nichtigkeit zur Folge haben sollten (kritisch z. B. Weise, NJW-Spezial 2017, 492f.). Erstaunlich ist der vom Gesetz zusätzlich bezweckte Übereilungsschutz. Das Anordnungsrecht besteht erst 30 Tage (!) nach dem der Besteller seinerseits den Unternehmer durch sein Änderungsbegehren zu einem Angebot aufgefordert hat, dieses nach den Vorgaben des Gesetzes vorliegen soll und die Parteien bereits darüber verhandelt haben. Um welchen Übereilungsschutz es in dieser Situation – entsprechend den übrigen Wertungen von Formvorschriften des BGB – gehen könnte, ist nicht wirklich nachvollziehbar. Auch darf bezweifelt werden, dass Email oder SMS überhaupt im Vergleich zu mündlichen Erklärungen einen Übereilungsschutz bieten; dieser ist nicht dargelegt und auch nicht ohne weiteres nachvollziehbar.

165 Die Frage der Formzwecke erlangt Bedeutung im Rahmen der Bewältigung der Nichtigkeitsfolgen von formunwirksamen Erklärungen. Hat eine Erklärung nicht die erforderliche einseitige Gestaltungskraft, wird sie allerdings dennoch von der anderen Vertragspartei befolgt, dann genügt das nach herrschender Dogmatik für eine konkludente Vertragsänderung (OLG Hamm v. 12.4.2011 – 24 U 29/09; Beck'scher VOB-Kommentar/Jansen § 1 Abs. 3 Rdn. 43; Kapellmann/Messerschmidt/v. Rintelen VOB/B § 1 Rdn. 91a, 94a; Messerschmidt/Voit/Voit VOB/B § 1 Rdn. 15; Langen, BauR 2019, 303, 316). Diese konkludente Vertragsänderung ist ohne weiteres wirksam, da sie keiner Form bedarf. Für eine wirksame Bauvertragsänderung müssen die Parteien sich auch nicht über die Höhe der Vergütung geeinigt haben. In diesem Fall gilt die übliche Vergütung nach § 632 BGB als geschuldet, die nach der Entscheidung des Gesetzgebers zur Nachtragsberechnung auf Basis tatsächlicher Kosten plus Zuschläge mit dieser zusammenfallen. Entgegen der Einschätzung des Gesetzgebers dürften deshalb die meisten formunwirksamen Änderungsanordnungen nicht bereicherungsrechtlich abgewickelt werden. Vielmehr handelt es sich – wie von den Parteien auch gewollt – um Vertragsleistungen (zustimmend Leinemann/Kues, § 650b BGB Rdn. 152f.).

166 Alternativ kann man dem Besteller nach § 242 BGB versagen, sich auf die Formunwirksamkeit zu berufen (so Retzlaff, BauR 2017, 1747, 1794). Diese Lösung kann allerdings nur in wenigen Fällen zum Erfolg führen, da die Anforderungen der Rechtsprechung für den Einwand der Treuwidrigkeit bei formnichtigen Geschäften grundsätzlich sehr hoch sind (Orlowski, BauR 2017, 1427, 1431). Statt einer konkludenten formlosen Änderungsvereinbarung wird auch eine konkludente Abbedingung der Textform angenommen (BeckOGK/Mundt, BGB § 650b Rdn. 104). Die gesetzlichen Formanforderungen sind allerdings nicht dispositiv (MünchKomm/Einsele, BGB § 125 Rdn. 56). Ergebnis wäre in beiden Fällen auch ein Vergütungsanspruch, nun aber ermittelt nach § 650c Abs. 1 BGB. Dieser Unterschied wird sich mit der Umsetzung des Gesetzes in der Praxis nivellieren, da mit der Umsetzung die Nachtragsberechnung nach § 650c Abs. 1 auch ortsüblich wird (so auch Leinemann/Kues § 650b BGB Rdn. 155).

III. Grenzen des Anordnungsrechts

167 Das einseitige Leistungsänderungsrecht des Bestellers nach Abs. 2 umfasst alle Änderungen gemäß Abs. 1. Es besteht insoweit kein Unterschied über die Reichweite. Dogmatisch besteht allerdings insoweit ein Unterschied, als dass die Parteien nach Abs. 1 selbstverständlich

§ 650b Änderung des Vertrages; Anordnungsrecht des Bestellers

frei sind, auch Vertragsänderungen zu vereinbaren, die nicht mehr als Änderung nach Abs. 1 angesehen werden können, weil sie den Vertragsgegenstand gänzlich verändern oder Änderungen betreffen, die nicht mehr den Werkerfolg betreffen. Haben die Parteien über derartige Änderungen verhandelt, kann der Besteller nach Scheitern der Verhandlungen nicht einseitig die Leistungsänderung anordnen.

168 Das Änderungsrecht besteht nach Sinn und Zweck nur während der Vertragserfüllungsphase bis zur abnahmereifen Herstellung (OLG Hamm, Urt. v. 18.01.2019 – 12 U 54/18 zu § 1 VOB/B; BeckOGK/Mundt § 650b Rn. 43). Der Besteller kann nicht einseitig nach Abschluss der Arbeiten Änderungen oder Zusatzleistungen beauftragen. Wenn er im Rahmen der Mängelbeseitigung erforderliche Änderungen veranlassen will, bestünde zumindest eine Zustimmungspflicht des Unternehmers.

IV. Abgrenzung zur Teilkündigung

169 Änderungen nach § 650b Abs. 2 BGB müssen gegenüber einer freien Teilkündigung abgegrenzt werden. Denn eine Teilkündigung nach § 648 BGB bedarf der Schriftform, während Änderungsanordnungen nur der Textform bedürfen. Auch kann eine Teilkündigung mit sofortiger Wirkung ausgesprochen werden, während eine Änderungsanordnung grundsätzlich zunächst das Durchlaufen des Procedere nach Abs. 1 voraussetzt. Demgegenüber dürften die Vergütungsfolgen gleich sein, da die Minderbvergütung in beiden Fällen nach den gleichen Prinzipien berechnet wird Der Unternehmer muss sich die ersparten hypothetischen Ist-Kosten anrechnen lassen. Personalkosten sind in beiden Fällen nicht erspart, wenn das Personal nicht anderweitig eingesetzt werden kann (a. A. Pause, ZfBR 2018, 731, 734). Bei einem bloßen Entfall von Leistungen wären auf die Minderkosten keine allgemeine Geschäftskosten, Wagnis und Gewinn anzusetzen, da – parallel zur Abrechnung des Anspruchs nach freie Kündigung – Gewinn und Verlust der ursprünglichen Leistung erhalten bleiben soll (→ § 650c BGB Rdn. 92). Allerdings ermöglicht eine Änderungsanordnung dem Unternehmer im größeren Maße eine Abrechnung auf rein kalkulativer Basis, da § 650c Abs. 2 BGB eine gesetzliche Vermutung begründet, (→ § 650c BGB Rdn. 134), während im Rahmen des § 648 S. 2 BGB allenfalls eine tatsächliche Vermutung besteht (BGH, Urt. v. 24.6.1999 – VII ZR 342/98).

170 Die Teilkündigung ist für den Besteller damit einfacher. Hiervon kann er immer dann Gebrauch machen, wenn die Teilkündigung nicht zu Änderungen des ungekündigten Leistungsteils führt. Kommt es zu Änderungen des ungekündigten Leistungsteils, hat der Unternehmer einen Anspruch sowohl auf eine entsprechende Planung gemäß § 650b Abs. 1 BGB wie auch auf die vergütungsmäßigen Auswirkungen (ebenso Retzlaff, BauR 2017, 1747, 1786). Gegebenenfalls wird der Besteller auch zunächst bestimmte Leistungen nach § 648 BGB teilkündigen können und in einem zweiten Schritt Änderungen des verbleibenden Werks anstreben.

V. Folgen des Anordnungsrechts

1. Befolgungspflicht

171 Das Leistungsänderungsrecht nach Abs. 2 ist ein einseitiges Gestaltungsrecht. Mit seiner wirksamen Ausübung wird der Inhalt der Leistungspflicht des Unternehmers entsprechend geändert. Etwas anders gilt bei Putativänderungen. Hier ordnet der Besteller nur das an, was bereits Vertragsinhalt ist (→ Rdn. 74). Eine solche Erklärung kann keine Gestaltungswirkung haben und geht dann ins Leere (Retzlaff, BauR 2017, 1747, 1793f.; näher → Rdn. 320f.). Das gleiche gilt für „Anordnungen", die das Anordnungsrecht überschreiten, z.B. weil die Änderung zu weit reicht oder die Anordnung zu früh erklärt wurde. Auch sie sind völlig wirkungslos. Die Frage, ob dem Unternehmer ein Leistungsverweigerungsrecht bei Streit über die Rechtmäßigkeit der Anordnung zusteht (vgl. Orlowski, BauR 2017, 1427, 1431), stellt sich so nicht. Die Befolgungspflicht hängt allein von der objektiven Rechtslage ab. Der Unternehmer braucht einer die Befugnis überschreitende Anordnung schlicht deshalb nicht nachzukommen, weil die Änderungsanordnung ohne entsprechende Grundlage den vertraglichen Leistungsinhalt nicht ändert, der Unternehmer die so geforderte Leistung überhaupt nicht schuldet (Kapellmann/Messerschmidt/von Rintelen, § 1 VOB/B Rdn. 92). Ein darüber hinausgehendes vorläufiges Leistungsverweigerungsrecht bis zur Klärung der Rechtslage kennt das BGB ebenso wenig wie ein vorläufiger Befolgungsanspruch des Bestellers (vgl. BGH, Urt. v. 18.10.1985 – V

Änderung des Vertrages; Anordnungsrecht des Bestellers **§ 650b**

ZR 82/84). Zur schnellen Klärung von Streitfällen hat der Gesetzgeber die Möglichkeit der einstweiligen Verfügung vorgesehen.

Wegen der Gestaltungswirkung ist der Unternehmer grundsätzlich zur Ausführung der **172** wirksam geänderten Leistung verpflichtet. Im Gegenzug erwächst ihm zur Wahrung des Äquivalenzverhältnisses auch ein Vergütungsanspruch. Dieser entsteht als automatische Rechtsfolge der Ausübung des Leistungsänderungsrechts gemäß § 650c BGB.

Daraus folgt, dass der Unternehmer auch kein Leistungsverweigerungsrecht bereits daraus **173** ableiten kann, dass sich der Besteller einer Einigung über den Preis zunächst verweigert hat. Denn eine solche Einigung ist für Entstehen und Fälligkeit des Vergütungsanspruchs nicht erforderlich. Der Unternehmer kann Abschlagzahlungen auf seine Vergütung auch ohne Einigung nach § 650c Abs. 1 BGB oder wahlweise erleichtert auf Basis von 80% seines Angebots nach § 650c Abs. 3 BGB geltend machen (vgl. auch Pause, BauR 2018, 882, 890). Hier gilt nichts anderes als bei einer Leistungsanordnung nach § 1 Abs. 3 VOB/B (OLG Celle, Urt. v. 26.5.1993 – 6 U 139/92; OLG Düsseldorf, Urt. v. 10.11.2005 – 21 U 1783/03; Kuffer, ZfBR 2004, 110, 116; vgl. unten → Rdn. 242).

2. Ausnahmsweise Leistungsverweigerungsrecht bei endgültiger Weigerung

Ein Leistungsverweigerungsrecht kann dem Unternehmer aber dann erwachsen, wenn **174** der Besteller eine nur bedingte Änderungsanordnung ausspricht (→ Rdn. 78), aber zugleich die Zahlung der Vergütung gemäß § 650c Abs. 1 BGB ernsthaft und endgültig verweigert. In diesen Fällen hat die Rechtsprechung bislang auch bei der Ausübung des Gestaltungsrechts nach § 1 Abs. 3, 4 VOB/B ein Leistungsverweigerungsrecht bejaht, soweit es die Ausführung der geänderten Leistung geht (BGH, Urt. v. 24.6.2004 – VII ZR 271/01; Urt. v. 13.3.2008 – VII ZR 194/06; OLG Koblenz, Urt. v. 6.11.2014 – 6 U 245/14; OLG Brandenburg, Urt. v. 19.10.2005 – 4 U 151/04; OLG Jena, Urt. v. 22.3.2005 – 8 U 318/04; OLG Düsseldorf, Urt. v. 27.6.1995 – 21 U 219/94; Urt. v. 14.9.2001 – 22 U 37/01; Urt. v. 25.4.1995 – 21 U 192/94; OLG Celle, Urt. v. 25.10.2001 – 14 U 74/00; OLG Dresden, Urt. v. 21.11.1997 – 7 U 1905/97). Ein solches Leistungsverweigerungsrecht ergibt sich aus allgemeinen vertragsrechtlichen Grundsätzen und gilt deshalb gleichermaßen bei einer (bedingten) Änderungsanordnung nach § 650b Abs. 2 BGB. Denn es ist dem vorleistungspflichtigen Vertragspartner nicht zuzumuten, seine Vorleistung zu erbringen, wenn der Leistungsempfänger von vornherein nicht dazu bereit ist, die geschuldete Gegenleistung auch zu erbringen (BGH, Urt. v. 16.5.1968 – VII ZR 40/66; vgl. auch BGH, Urt. v. 21.11.1968 – VII ZR 89/66).

Üblicherweise bringt der Besteller mit der bedingten Änderungsanordnung allerdings auch **175** eine bedingte Zahlungszusage zum Ausdruck. Da die Voraussetzung für ein solches Leistungsverweigerungsrecht eher streng sind, sollte der Unternehmer in Zweifelsfällen besser eine Sicherheit nach § 650e BGB fordern oder den Verzug des Bestellers mit dem Ausgleich der ersten Abschlagsforderung über die Nachtragsvergütung abwarten. Denn der Unternehmer trägt das Risiko des Nachweises einer endgültigen Verweigerung des Auftraggebers. Stellt der Unternehmer die Arbeiten zu Unrecht ein, so ist das ein Vertragsbruch, der unter Umständen die außerordentliche Kündigung rechtfertigen kann (BGH, Urt. v. 28.10.1999 – VII ZR 393/98). Umgekehrt kann aber auch der Besteller vertragsbrüchig werden, wenn er die Kooperation verweigert hat und dem Unternehmer zu Unrecht kündigt, weil dieser die Leistung angesichts der verweigerten Nachtragsverhandlung eingestellt hat (vgl. OLG Celle, Urt. v. 25.10.2001 – 14 U 74/00). Das baurechtliche Kooperationsgebot gebietet den Parteien, den Versuch zu unternehmen, Meinungsverschiedenheiten durch Verhandlung aus dem Weg zu räumen.

Wenn der Besteller sich Nachtragsverhandlungen bzw. dem Zusatzvergütungsanspruch **176** ganz verschließt, entsteht das Leistungsverweigerungsrecht (vgl. auch Vygen, BauR 2005, 431; anders aber Pause, BauR 2018, 882, 890). Das gilt auch, wenn die Nachtragsforderung des Unternehmers zwar überhöht war, der Besteller die Forderung aber insgesamt ablehnt (OLG Koblenz, Urt. v. 6.11.2014 – 6 U 245/14). An eine endgültige Verweigerung werden aber regelmäßig strenge Anforderungen gestellt (Virneburg, ZfBR 2004, 419, 420). Die Zurückweisung eines Nachtragsangebots durch den Besteller muss keine endgültige Verweigerung sein, wenn sie darauf beruht, dass nachvollziehbare Zweifel an der Berechtigung der Forderung (hier anderweiter Erwerb) nicht aufgeklärt werden (BGH, Urt. v. 28.10.1999 – VII ZR 393/98). Wenn der Besteller sich weigert, in Nachtragsverhandlungen einzutreten, andererseits aber auf die Ausführung der streitigen Leistung besteht, kann dieses Verhalten vom Unternehmer redlicherweise so verstanden werden, dass der Besteller nicht bereit ist, die Gegenleistung zu erbringen (OLG Celle, Urt. v. 4.11.1998 – 14a (6) U 195/97; Kuffer, ZfBR 2004, 110, 115 f.).

§ 650b Änderung des Vertrages; Anordnungsrecht des Bestellers

Im Übrigen, auch zur Frage einer Bagatellgrenze für Leistungsverweigerungen bei geringfügigen Nachträgen, wird auf die Judikatur zu Leistungsverweigerungsrechten bei § 1 Abs. 3 und 4 VOB/B verwiesen (→ Rdn. 245 ff.)

177 Ein eventuelles Leistungsverweigerungsrecht bezieht sich grundsätzlich nur auf die geänderte Leistung (Virneburg, ZfBR 2004, 419, 421; Pauly, BauR 2012, 851, 856). Da in aller Regel der Fortgang der Arbeiten davon abhängt, dass diese Leistung erbracht wird, wird das Bauvorhaben durch die Verweigerung der Arbeiten regelmäßig auch behindert. Leitet sich das Leistungsverweigerungsrecht aus § 320 BGB ab, so bedarf es keiner Ankündigung der Verweigerung.

178 Vertragliche Regelungen zum Leistungsverweigerungsrecht können von den gesetzlichen Regelungen abweichen. Macht der Besteller die Nachtragsbeauftragung von dem prüfbaren schriftlichen Angebot abhängig, kann er die Annahme eines Angebots verweigern, solange eine schriftliche prüfbare Aufstellung nicht vorliegt. In diesem Fall ist jedoch zu beachten, dass eine wirksame Nachtragsbeauftragung nicht vorliegt, solange ein Vertrag darüber nicht zustande gekommen ist.

3. Leistungsverweigerungsrecht bei Verzug mit Abschlagszahlungen

179 Mit der Anordnung nach § 650b Abs. 2 BGB wird unmittelbar ein Anspruch auf eine zusätzliche Vergütung nach § 650c BGB begründet. Das bedeutet, dass der Unternehmer einen Anspruch auf Abschlagszahlungen in Höhe des Wertes der jeweils nachgewiesenen vertragsgemäßen Leistungen hat. Darüber hinaus kann er sogar vereinfacht sein Abschlagszahlungen 80% seines Angebotspreises nach § 650 Abs. 3 BGB zu Grunde legen. Befriedigt der Besteller diese Abschlagsforderung nicht, so entsteht dem Unternehmer grundsätzlich ein Leistungsverweigerungsrecht gemäß § 320 BGB; bei geringfügigen Abweichungen kann es dem Unternehmer zumutbar sein, die Abrechnungsdifferenzen im Rahmen der Endabrechnung durchzusetzen und notfalls gerichtlich geltend zu machen (vgl. Virneburg, ZfBR 2004, 419, 420; Kues/Kaminsky, BauR 2008, 1368, 1375). Auch eine Leistungsverweigerung wegen Nichtzahlung einer Abschlagsforderung setzt keine Ankündigung voraus.

E. Folgen für die Ausführungsfrist

180 Übergangen hat der Gesetzgeber mögliche Regelungen zu der Frage, welche Auswirkungen Leistungsänderungen auf Fertigstellungstermine haben. Er hat nur Auswirkungen auf die vom Besteller zu zahlende Vergütung angesprochen.

181 Beim VOB/B-Vertrag führen Leistungsänderungen automatisch zu einer angemessenen Verlängerung der Ausführungsfrist, nach herrschender Meinung aber nur unter der Voraussetzung, dass der Auftragnehmer die erforderliche Bauzeitverlängerung nach § 6 Abs. 1 VOB/B angezeigt hat (Beck'scher VOB-Kommentar/Berger § 6 Abs. 1 Rn. 30 f.; a. A. Piel, Festschrift Korbion, 1986, 349 ff.). Eine derartige Regelung enthält das neue Bauvertragsrecht nicht. Hier gelten deshalb die allgemeinen Regelungen für Bauzeitverlängerungen, auf die wegen der Einzelheiten verwiesen werden muss. Hier können nur die Grundzüge dargelegt werden, wobei zwischen einvernehmlichen Vertragsänderungen nach Abs. 1 und einseitigen Änderungsanordnungen nach Abs. 2 zu unterscheiden ist.

I. Folgen einvernehmlicher Vertragsänderungen auf die Bauzeit

182 Im Rahmen einer einvernehmlichen Vertragsänderung nach Abs. 1 sollten die Parteien diese Frage ausdrücklich mitregeln. Denn ansonsten geht die wohl herrschende Meinung davon aus, dass bei Änderung der Leistung ohne Änderung der Bauzeit vereinbarte Vertragstermine unverändert bleiben, wenn ihre Einhaltung z. B. mit Beschleunigungen möglich bleibt. Zu unterscheiden sind allerdings die Fälle, in denen die Parteien eine vertragliche Ausführungsfrist vereinbart haben, von denjenigen Fällen, in denen sich die Ausführungsfrist nach § 271 BGB bemisst.

183 Haben die Parteien beim BGB-Vertrag schon für die Vertragsleistung keine ausdrückliche Ausführungsfrist vereinbart, bestimmt sich deren Fälligkeit nach der angemessenen Ausführungsfrist. Führen Änderungsleistungen zu zeitlichem Mehrbedarf, verlängert sich auch die angemessene Ausführungsfrist.

Haben sich die Parteien bei einem vereinbarten Fertigstellungstermin nur über die Erbringung der Änderungsleistung geeinigt, muss geprüft werden, ob diese Einigung abschließend ist, mit der Folge, dass die unveränderten Termine auch für die geänderte Gesamtleistung gelten. Erfordern die Zusatzleistungen einen Zeitmehrbedarf, hat der Unternehmer grundsätzlich einen Anspruch auf Verlängerung der Bauzeit. Ob und inwieweit dieser durch die Änderungsvereinbarung miterledigt wird, kann nur durch Auslegung im Einzelfall entschieden werden. Obwohl nach der Rechtsprechung des BGH konkludente Verzichte nur ausnahmsweise anzunehmen sind und AGB-Klauseln zu einer (unentgeltlichen) Beschleunigungsverpflichtung als unwirksam angesehen werden (BGH, Beschl. V. 5.6.1997 – VII ZR 54/96; OLG Hamburg v. 6.12.1995 – 5 U 215/94), geht die Baupraxis vielfach davon aus, dass ein möglicher Bauzeitanpassungsanspruch zeitgleich mit einer Vereinbarung über Nachtragspreise getroffen wird (OLG Düsseldorf, Urt. v. 29.6.2001 – 22 U 221/00; vgl. auch OLG Düsseldorf, Urt. v. 24.10.1995 – 21 U 8/95; Vygen, BauR 2006, 166, 168; Roquette, Jahrbuch Baurecht 2002, 33, 64). In diesem Fall bleiben die Vertragstermine bestehen und der Unternehmer muss die Leistung beschleunigt erbringen.

II. Folgen von einseitigen Anordnungen für die Bauzeit

Etwas abweichend stellt sich die Frage der terminlichen Auswirkung von einseitigen Leistungsänderungen nach Abs. 2.

Haben die Parteien kein Fertigstellungstermin vereinbart, so schlägt die Leistungsänderung wie bei einer Änderungsvereinbarung auch auf die Bemessung der angemessenen Ausführungsfrist für die geänderte Leistung gemäß § 271 BGB durch, soweit der Zeitmehrbedarf nicht allein durch Fehler des Unternehmers in Fällen des Abs. 1 Nr. 2 verursacht wurde (so auch Abel/Schönfeld, BauR 2018, 1, 8; Leinemann/Kues, § 650b BGB Rdn. 168).

Haben die Parteien einen vertraglichen Fertigstellungstermin vereinbart, so gilt dieser nur für die (ursprünglichen) Vertragsleistungen. Wird der Leistungsumfang erweitert und wird hierdurch eine verlängerte Ausführungsfrist erforderlich, so hat der Unternehmer auch ohne ausdrückliche gesetzliche Regelung zumindest einen Anspruch auf Anpassung auch der Leistungszeit. Hieran kann ernstlich kein Zweifel bestehen, da die Vereinbarung eines Fertigstellungstermins für die Vertragsleistung ja keinesfalls die antizipierte Abbedingung des Anspruchs auf angemessene Bauzeit für Vertragsergänzungen bedeutet (zustimmend Leinemann/Kues, § 650b BGB Rdn. 167). § 6 Abs. 2 VOB/B bringt insoweit ein sich bereits aus Treu und Glauben ergebendes Prinzip zum Ausdruck (Voit Festschrift Beuthien, 2009, 65, 73). Selbst im Common Law, wo man mit ergänzender Vertragsauslegung zurückhaltend ist, ist anerkannt, dass bei Leistungsänderungen die vertragliche Leistungszeit sich um den erforderlichen Zeitmehrbedarf verlängert (vgl. Sergeant/Wieliczko, Construction Contract Variations, Rdn. 12.14 ff.). Da die Parteien bei einem Vorgehen nach Abs. 2 keine Vereinbarung treffen, denen man gegebenenfalls Abgeltungscharakter beimessen könnte, bleibt dieser Anspruch unberührt und kann folglich auch noch nachträglich geltend gemacht werden. Etwas anderes gilt nur dann, wenn der Unternehmer (wirksam) vertraglich verpflichtet ist, Ansprüche auf Zeitverlängerung ausdrücklich anzuzeigen.

Hieraus ergibt sich des Weiteren, dass Vertragsstrafeversprechen, die auf einen bestimmten Termin bezogen sind, hinfällig werden, wenn keine Anwendungen auch auf verschobene Termine vereinbart worden sind.

F. Möglichkeit einer einstweiligen Verfügung

Wegen der potentiellen Streitanfälligkeit von Nachtragsstreitigkeiten sollen die Parteien nach einer Anordnung des Bestellers die Möglichkeit erhalten, während der Bauausführung schnell Rechtsschutz zu erlangen, um Baustillstände und Liquiditätsengpässe zu vermeiden (BT-Drucks. 18/11437, S. 49). Deshalb muss nach § 650d BGB der bei Nachtragsstreitigkeiten in der Regel gar nicht gegebene Verfügungsgrund der Dringlichkeit nicht glaubhaft gemacht werden. Der Besteller kann von dieser erleichterten Möglichkeit einer einstweiligen Verfügung Gebrauch machen, wenn der Unternehmer der Auffassung ist, eine Änderungsanordnung nicht befolgen zu müssen, weil sie die Grenzen des Anordnungsrechts überschreitet oder für ihn unzumutbar ist. Demgegenüber wird der Unternehmer seinerseits in der Regel keine Not-

von Rintelen

wendigkeit haben, selbst eine einstweilige Verfügung in Bezug auf § 650b BGB zu beantragen. Überschreitet der Besteller seine Befugnisse, kann er hierdurch keine gesetzliche Rechtsfolge auslösen. Der Unternehmer braucht eine unzulässige Anordnung mangels Verbindlichkeit schlicht nicht auszuführen.

190 Wenn der Besteller eine bedingte Änderungsanordnung ausspricht, weil er der Auffassung ist, dass die angeordnete Leistung bereits zum anfänglichen vertraglichen Leistungsumfang gehört, wird hierdurch gegebenenfalls der vertragliche Leistungsumfang geändert. Wenn der Besteller zugleich erklärt, wegen seiner Auffassung keine Mehrvergütung zahlen zu wollen, steht dem Unternehmer ein Leistungsverweigerungsrecht zu. Damit kann erneut der Unternehmer abwarten, während der Besteller aktiv werden müsste. Da eine unberechtigte Arbeitseinstellung allerdings eine erhebliche Vertragsverletzung sein kann, sollte der Unternehmer in nicht glasklaren Fällen lieber eine Feststellungsverfügung erwägen.

G. Leistungsänderungen beim VOB-Vertrag

I. Einseitige Leistungsbestimmungsrechte des Bestellers

191 Nach § 1 Abs. 3 VOB/B ist der Auftraggeber berechtigt, einseitig Änderungen des Bauentwurfs anzuordnen. Nach § 1 Abs. 4 S. 1 VOB/B kann er nicht vereinbarte, Leistungen, sog. zusätzliche Leistungen, anordnen, wenn sie zur Ausführung der vertraglichen Leistung erforderlich werden und der Betrieb des Auftragnehmers auf derartige Leistungen eingerichtet ist. Andere zusätzlichen Leistungen können dem Auftragnehmer nur mit seiner Zustimmung übertragen werden, § 1 Abs. 4 Satz 2 VOB/B.

192 Dem Auftraggeber wird damit wie in fast allen Standardbauverträgen das Recht eingeräumt, durch einseitige empfangsbedürftige rechtsgeschäftliche Willenserklärung den Leistungsumfang zu ändern oder zu erweitern (vgl. BGH, Urt. v. 27.11.2003 – VII ZR 346/01; Urt. v. 24.7.2003 – VII ZR 79/02; Urt. v. 14.7.1994 – VII ZR 186/93; ausführlich Thode, ZfBR 2004, 214 ff.). Anwendbar sind deshalb die für die Wirksamkeit einer Willenserklärung geltenden Regeln, insbesondere auch das Vertretungsrecht, §§ 164 ff. BGB (BGH, Urt. v. 27.11.2003 – VII ZR 346/01).

193 Rechtsfolge der Ausübung dieser vertraglichen Leistungsbestimmungsrechte ist das automatische Entstehen von Ansprüchen auf Vertragsanpassung gemäß § 2 Abs. 5 und 6 VOB/B (→ § 650c BGB Rdn. 182). Das hat insbesondere in der Vergangenheit immer wieder dazu geführt, dass in Fällen, in denen die Ursache für Mehrleistungen in der Sphäre des Auftraggebers liegen, entweder stillschweigende Anordnungen angenommen wurden oder Mehrvergütungsansprüche auch bereits dann zugesprochen wurden, wenn der Auftraggeber eigentlich zur Beseitigung einer von ihm zu verantwortenden Ursache eine Leistungsänderungsanordnung hätte erlassen sollen. Die § 1 Abs. 3 und 4 bzw. § 2 Abs. 5 und 6 VOB/B sind aber keine Generalstatbestände zur Abwicklung von Mehrleistungen (→ § 650c BGB Rdn. 184 f.). § 1 Abs. 3 und 4 VOB/B regeln nur das Recht zur einseitigen Leistungsänderung und § 2 Abs. 5 und 6 VOB/B die Folgen solcher einseitigen Leistungsänderungen.

II. Umfang der Leistungsbestimmungsrechte

1. Änderungen des Bauentwurfs (§ 1 Abs. 3 VOB/B)

194 Zentrale Bedeutung hat der Begriff des Bauentwurfs, der in § 1 Abs. 3 und § 2 Abs. 5 VOB/B mit gleichem Inhalt zu verstehen ist, weil § 2 Abs. 5 VOB/B Rechtsfolgenregelung zu einer wirksamen Änderung des Bauentwurfs im Sinne des § 1 Abs. 3 VOB/B ist. Die Regelung der VOB/B ist sprachlich nicht geglückt, weil der Begriff des Bauentwurfs keine genauen Konturen hat und deshalb Unklarheiten schafft.

195 Mehrheitlich wird unter Änderung des Bauentwurfs lediglich die Änderung des Bauleistungsinhalts angesehen, soweit es um die technische Bauausführung geht (vgl. zum Meinungsstand Kapellmann/Messerschmidt/v. Rintelen, VOB/B § 1 Rdn. 57 ff.; Leinemann/Leinemann, VOB/B § 1 Rdn. 47 ff.). Soweit sich in der Folge der angeordneten Änderung der technischen Bauausführung sonstige Bauumstände, wie z.B. die Zeitschiene, ändern, ist dies bei der Berechnung der Vergütung nach § 2 Abs. 5 VOB/B zu berücksichtigen.

Die Oberlandesgerichte und der Bundesgerichtshof hatten bislang kaum Gelegenheit, **196** Entscheidungen zu Umfang und Reichweite dieses Leistungsbestimmungsrechts zu treffen. Zwar sind gerade Leistungsänderungen streitanfällig, aber in der Regel nur in Bezug auf die Vergütung. Fälle, in denen über Weigerungen des Unternehmers zur Ausführung oder die Berechtigung von Kündigungen entschieden werden mussten, sind nicht ersichtlich.

In der Literatur finden sich umfangreiche Erörterungen zum Bauentwurfsbegriff und zur **197** Abgrenzung von § 1 Abs. 3 und 4 VOB/B, auf die verwiesen werden muss (vgl. nur Kapellmann/Schiffers/Markus, Bd. 1, Rdn. 783 ff.; Kapellmann/Messerschmidt/v. Rintelen, VOB/B § 1 Rdn. 49 ff.; Leinemann/Leinemann, VOB/B § 1 Rdn. 47). Im Prinzip umfasst das Änderungsrecht alle Vorgaben für die bautechnische Leistung. Streitig ist, ob das Änderungsrecht auch Bauumstände und insbesondere die Bauzeit umfasst, vgl. dazu → Rdn. 203 ff.

Das Änderungsrecht findet seine Grenzen in den allgemeinen gesetzlichen Vorgaben. Der **198** Berechtigte darf ein Leistungsbestimmungsrecht im Zweifel nur nach billigem Ermessen ausüben, § 315 BGB. Diese gesetzliche Vermutung wird durch § 1 Abs. 3 VOB/B nicht abbedungen. Auch der Umstand, dass die Regelung des § 1 Abs. 4 Satz 1 letzter Halbsatz VOB/B, wonach der Auftragnehmer die Leistung verweigern darf, wenn sein Betrieb nicht auf zusätzlich geforderte und erforderliche Leistungen eingerichtet ist, nicht auch in § 1 Abs. 3 VOB/B aufgenommen worden ist, rechtfertigt nicht die Annahme, der Auftraggeber könne sein Leistungsbestimmungsrecht uneingeschränkt ausüben. § 315 Abs. 1 BGB als Ausdruck des dem Vertragsrecht immanenten Grundsatzes von Treu und Glauben (§ 242 BGB) ist ergänzend anwendbar. Zwar handelt es sich nicht um Leistungsbestimmungsrechte im engeren Sinn, durch die die Leistung erstmalig konkretisiert wird, sondern um Leistungsänderungsvorbehalte, durch die eine bereits im Vertrag konkret vereinbarte Leistung geändert bzw. erweitert wird; auch hierauf ist § 315 BGB anwendbar (Gernhuber, Schuldverhältnis, S. 644; Heiermann/Riedl/Rusam-Kuffer, § 1 VOB/B Rdn. 108; Kapellmann/Messerschmidt/v. Rintelen § 1 VOB/B Rdn. 49b). Die Entscheidung des Auftraggebers unterliegt deshalb der Kontrolle darauf, ob sie der Billigkeit entspricht, § 315 Abs. 3 BGB. Im Streitfall erfolgt eine Bestimmung durch gerichtliches Urteil. Wesentliche Unterschiede zur Grenze der Zumutbarkeit gemäß § 650 b Abs. 2 BGB (→ Rdn. 44 ff.) bestehen nicht.

Eine unbillige Ausübung des Leistungsbestimmungsrechts liegt vor, wenn der Auftraggeber **199** seine einseitigen Interessen an der Änderung des Leistungssolls ungeachtet berechtigter Interessen des Auftragnehmers ausübt und den Auftragnehmer dadurch unzumutbar beeinträchtigt.

Hat der Auftraggeber sein Leistungsbestimmungsrecht ausgeübt, so ist er daran grundsätzlich **200** gebunden, wenn er das dem Auftragnehmer mitgeteilt hat, § 315 Abs. 2 BGB. Die Rechtsprechung musste noch nicht klären, ob das Leistungsbestimmungsrecht in Bezug auf eine Teilleistung wiederholt ausgeübt werden kann (dagegen Quack, ZfBR 2004, 107, 108). Da es sich nicht um ein einmaliges Leistungskonkretisierungsrecht, sondern um ein vom Wortlaut her uneingeschränktes Änderungsrecht handelt, ist eine wiederholte Ausübung (mit entsprechend ggf. erhöhter Vergütungspflicht) zulässig (Kapellmann/Messerschmidt/v. Rintelen, VOB/B § 1 Rdn. 49b; BeckOK VOB/B/Jaeger § 1 Nr. 3 Rdn. 2; Matz, Die Konkretisierung des Werks durch den Besteller, S. 39). Ansonsten könnte der Auftraggeber eine als fehlerhaft erkannte Leistungsänderung auch gar nicht mehr (einseitig) korrigieren.

Eine unbillige Leistungsanordnung ist schlicht unwirksam und bindet damit den Auftrag- **201** nehmer nicht. Dieser ist jedoch nicht gehindert, sich auch eine solche Anordnung zu befolgen, z.B. indem er sie z.B. ohne Widerspruch ausführt. Dann liegt i.d.R. eine konkludente Vertragsänderung vor, auf die § 2 Abs. 5 VOB/B entsprechend anwendbar ist (Beck'scher VOB-Kommentar/Jansen § 1 Abs. 3 Rdn. 43; Kapellmann/Messerschmidt/v. Rintelen, VOB/B § 1 Rdn. 91a, 94; Niemöller, BauR 2006, 176; vgl. Rdn. 238).

Vom dem Änderungsrecht zum Bauentwurf nicht erfasst sind die sonstigen Vertragsinhalte, **202** die nicht das Leistungssoll beschreiben, sondern die rechtlichen Rahmenbedingungen. Diese unterliegen nicht dem Leistungsbestimmungsrecht des Auftraggebers.

2. Änderungen der Bauumstände, insb. der Bauzeit

Die Frage, ob der Auftraggeber eines VOB/B-Vertrags ein bauzeitliches Anordnungsrecht **203** hat, gehört zu den in der jüngeren Vergangenheit am intensivsten erörterten Streitfragen zur VOB/B. Nachdem der Gesetzgeber ein bauzeitliches Anordnungsrecht bewusst abgelehnt hat (→ Rdn. 63 ff.), dürfte sich diese Streitfrage faktisch auch für die VOB/B erledigt haben. Zwar stünde es den Parteien selbstverständlich frei, vertraglich ein entsprechendes bauzeitliches

§ 650b   Änderung des Vertrages; Anordnungsrecht des Bestellers

Anordnungsrecht abweichend von § 650b BGB zu regeln. Eine entsprechende vom Gesetz abweichende Regelung ist in der VOB/B aber gerade nicht enthalten. Die Streitfrage ging bislang darum, ob im Wege erweiterter und teleologischer Auslegung das Änderungsrecht nach § 1 Abs. 3 VOB/B auch auf die Bauzeit ausgedehnt werden kann. Eine extensive Auslegung einer Allgemeinen Geschäftsbedingung zur Abbedingung gesetzlicher Leitregelungen erscheint kaum möglich. Dennoch behält der Streitstand eine gewisse Relevanz in Bezug auf die mittelbare Bauzeitänderungen infolge von Anordnungen und zur Bestimmung der potentiellen Reichweite von bauzeitlichen Änderungsrechten in Allgemeinen Geschäftsbedingungen.

204   Nach traditioneller und immer noch herrschender Auffassung werden Anordnungen zu Leistungsinhalten, die nicht zu der technischen Bauausführung einschließlich der dazu gehörigen Bauumstände gehören, schon wegen des Wortlauts „Änderungen des Bauentwurfs" vom Leistungsbestimmungsrecht nach § 1 Abs. 3 VOB/B nicht erfasst. Das soll insbesondere auch für die Vereinbarungen zur Bauzeit gelten. Bauzeit und Bauumstände können damit vom Auftraggeber nicht einseitig geändert werden (Kapellmann/Schiffers/Markus, Bd. 1, 7. Aufl., Rdn. 785; Beck'scher VOB-Kommentar/Althaus VOB/B § 5 Abs. 1 Rdn. 58; Beck'scher VOB-Kommentar/Berger VOB/B § 6 Abs. 1 Rdn. 58; Leinemann/Schoofs, VOB/B § 1 VOB/B Rdn. 54 ff.; Leesmeister, Die Beschleunigung der Bauausführung im Werkvertragsrecht, S. 62 ff.; Thode, ZfBR 2004, 214 ff. und BauR 2008, 155; Oberhauser BauR 2010, 308, 312 f. und FS Englert, 2014, 327, 330). Das entspricht auch der überwiegenden Rechtsprechung der Oberlandesgerichte (OLG Hamm, Urt. v. 14.4.2005 – 21 U 133/04; OLG Celle, Urt. v. 22.7.2009 – 14 U 166/08; a. A. OLG Naumburg, Urt. v. 15.5.2013 – 2 U 161/12). Auch bei den Standardverträgen des Anlagenbaus erfasst ein Änderungsrecht ohne ausdrückliche Erweiterung nicht die Bauzeit (Kallenbach in Bock/Zons, Rechtshandbuch Anlagenbau, S. 158).

205   Eine jüngere Gegenauffassung (vgl. insbesondere Schulze-Hagen, FS Soergel, 1993, S. 259, 263; Zanner/Keller, NZBau 2004, 353, 354 u. a. unter Hinweis auf weitere ältere Quellen wie Daub/Piel/Soergel/Steffani, VOB/B, S. 111; Zanner, BauR 2006, 177 ff.; Wirth/Würfele, Jahrbuch BauR 2006, 119, 152 ff.; Beck'scher VOB-Kommentar/Jansen, VOB/B § 2 Abs. 5 Rdn. 19; Ingenstau/Korbion-Keldungs, VOB/B § 1 Abs. 3 Rdn. 3 ff.; Leinemann/Kues, § 650b BGB Rdn. 215) macht geltend, dass diese Begrenzung des Begriffs Bauentwurf auf den Bauinhalt nicht interessengerecht sei. Sie werde dem Umstand nicht gerecht, dass die VOB/B eine vertragliche Regelung sei, die den Besonderheiten des Bauablaufs gerecht werden wolle. Dazu gehörten nicht nur Änderungsnotwendigkeiten hinsichtlich der technischen Bauplanung, sondern auch Änderungsnotwendigkeiten hinsichtlich des zeitlichen Ablaufs. So wie sich die Änderungsnotwendigkeiten hinsichtlich des technischen Ablaufs aus einer unzureichenden technischen Planung ergäben, könnten sich hinsichtlich des zeitlichen Ablaufs aus einer unzureichenden zeitlichen Planung ergeben. Es sei mit Sinn und Zweck der VOB/B, einen möglichst störungsfreien Ablauf des Bauvorhabens zu ermöglichen, nicht vereinbar, wenn dem Auftragnehmer das Recht zugestanden würde, bei zeitlichen Anordnungen die Leistung zu verweigern, weil diese Anordnung vertragswidrig wäre. Denn in diesen Fällen würde auch schon bei geringen zeitlichen Verschiebungen (z. B. Verschiebung des Baubeginns um einen Monat) dem Auftragnehmer ein Druckpotential an die Hand gegeben, das sachlich nicht zu rechtfertigen wäre. Er könne die Zustimmung der zeitlichen Verschiebung von Nachbesserungen seines Vertragspreises abhängig machen, was insbesondere den häufig zuvor durchgeführten Wettbewerb, in dem er als günstigster Bieter den Zuschlag erhalten habe, auf den Kopf stellen würde. Hätte der Generalunternehmer, der infolge technischer Nachträge seines Auftraggebers nun die Aufträge seiner Nachunternehmer zeitlich verschieben muss, keine Möglichkeit, diese Verschiebung einseitig anzuordnen, so wären große Störungen der Baustelle vorprogrammiert. Wenn der Auftragnehmer auf Anordnung des Auftraggebers schon eine andere Leistung erbringen müsse, ohne dass ihm ein Leistungsverweigerungsrecht im Hinblick auf die Abweichung vom Vertrag zustehe, so sei es nicht gerechtfertigt, den Begriff des Bauentwurfs so eng auszulegen, dass ein Anordnungsrecht verweigert werde, wenn er dieselbe Leistung nur unter geänderten Bedingungen erbringen müsse. Änderungen zur Bauzeit sollen nach einer dritten Meinung nach § 1 Abs. 4 S. 1 VOB/B zu beurteilen sein (Breyer, BauR 2006, 1222 ff.).

206   Der Bundesgerichtshof hat diese Frage bislang entgegen mancher Vereinnahmung nicht abschließend entschieden. Er hat in einigen älteren Entscheidungen die Auffassung vertreten, dass zu den Anordnungen des Auftraggebers i. S. des § 2 Abs. 5 VOB/B (damals § 2 Nr. 5 VOB/B) auch Änderungen von vertraglichen Bauzeiten gehören könnten (BGH, Urt. v. 21.3.1968 – VII ZR 84/67, Urt. v. 21.12.1970 – VII ZR 184/69; Urt. v. 27.6.1985 – VII ZR 23/84). In all diesen Fällen ging es allerdings nicht darum, ob der Auftraggeber zu einer einseitigen Änderung der

Änderung des Vertrages; Anordnungsrecht des Bestellers **§ 650b**

Bauzeit berechtigt ist, sondern nur darum, ob in den Fällen in denen in der Auftragnehmer einer entsprechenden Änderung nachgekommen ist, anstelle oder neben Schadensersatzansprüchen auch Vergütungsansprüche bestehen können.

Im ersten Fall aus dem Jahre 1968 hat der Bundesgerichtshof nicht in der Sache entschieden, sondern das Urteil aufgehoben und die Sache an das Berufungsgericht zurückverwiesen. Er hat entschieden, dass der geltend gemachte Schadensersatzanspruch nicht in dreißig Jahren, sondern wie ein Vergütungsanspruch verjähre. In diesem Zusammenhang hat er die Erwägung angestellt, dass ein Anspruch auf Ausgleich der verzögerungsbedingten Mehraufwendungen auch nach § 2 Nr. 5 VOB/B – jetzt § 2 Abs. 5 VOB/B – in Betracht komme. Zu den Anordnungen i. S. dieser Bestimmung gehörten auch solche über die Bauzeit und über den Beginn der Ausführung. Dieser Anspruch verjähre in der Frist des damaligen § 196 Abs. 1 Nr. 1 BGB. **207**

In dem Urteil aus dem Jahre 1970 war ebenfalls ein Schadensersatzanspruch wegen Behinderung geltend gemacht worden. Der Bundesgerichtshof hat das Urteil der Vorinstanz aufgehoben und darauf hingewiesen, dass ein Anspruch auf Ausgleich der Mehraufwendungen sich aus § 2 Nr. 5 VOB/B – jetzt § 2 Abs. 5 VOB/B – ergeben könne. Er hat Bezug genommen auf die Entscheidung aus dem Jahre 1968. **208**

In dem Verfahren aus dem Jahre 1985 nahm der Auftraggeber den Auftragnehmer auf Ersatz des Schadens in Anspruch, der ihm dadurch entstanden sein soll, dass er dem Nachunternehmer Verzögerungskosten ersetzen musste. Diese Kosten waren dem Nachunternehmer dadurch entstanden, dass die Leistung des beklagten Vorunternehmers mangelhaft war, die Mängelbeseitigung eine gewisse Zeit dauerte und der Nachfolgeunternehmer infolgedessen die Leistung nicht zum vorgesehenen Zeitpunkt beginnen konnte. Die Klage wurde abgewiesen, weil der Bundesgerichtshof seinerzeit der Auffassung war, dem Nachfolgeunternehmer stehe gegen den Auftraggeber keinerlei Anspruch wegen der Bauzeitverzögerung zu, also habe der Auftraggeber auch keinen Schaden erlitten. In diesem Zusammenhang hat der Bundesgerichtshof geprüft, ob dem Nachfolgeunternehmer ein Anspruch aus § 2 Nr. 5 VOB/B – jetzt § 2 Abs. 5 VOB/B – zustehen könne. Er hat das grundsätzlich bejaht unter Hinweis auf die Entscheidungen aus dem Jahre 1968 und 1970 und noch einmal erwähnt, dass zu den Anordnungen im Sinne dieser Bestimmung auch solche über die Bauzeit und über den Beginn der Ausführungen gehören könnten. Er hat den Anspruch aus § 2 Nr. 5 VOB/B – jetzt § 2 Abs. 5 VOB/B – verworfen, weil eine etwaige Anordnung zur veränderten Leistungszeit durch Umstände ausgelöst sein müsse, die zum Verantwortungsbereich des Auftraggebers gehörten, ihm also zuzurechnen seien. Das sei nicht der Fall, wenn die Zeitverschiebung auf einer Verzögerung des Vorunternehmers beruhe. **209**

Der Bundesgerichtshof hat unerörtert gelassen, ob es sich dabei um Änderungsanordnungen nach § 1 Abs. 3 VOB/B oder andere Anordnungen im Sinne des § 2 Abs. 5 VOB/B handelt. Da er seine Auffassung aber im ersten Urteil vom 21.3.1968 durch Verweis auf Ingenstau/Korbion, VOB, 4. Aufl. 1966, Teil B § 2 Rdn. 77 und Hereth/Ludwig/Naschold, Kommentar zur VOB, 1954, § 2 Rz. 91 begründet hat, die beide ausdrücklich von anderen Anordnungen ausgegangen sind, werden seine Entscheidungen auch so verstanden (vgl. OLG Hamm, Urt. v. 14.4.2005 – 21 U 133/04; Maase, BauR 2017, 791, 784). Der Aussagehalt ist aber auch deshalb begrenzt, weil die Ausführungen des Bundesgerichtshofs jeweils nur obiter dicta waren. **210**

In neuerer Zeit hatte der Bundesgerichtshof keine Gelegenheit mehr, zu dieser Frage Stellung zu nehmen. Mitglieder und frühere Mitglieder des VII. Zivilsenats haben im Rahmen von Veröffentlichungen unterschiedliche Auffassungen vertreten. Während Thode und Sacher eine Erweiterung des § 1 Abs. 3 VOB/B auf Bauzeitänderungen ablehnen (Thode ZfBR 2004, 214, 219ff., ebenso BauR 2008, 155; aktuell Kapellmann/Messerschmidt/Sacher, VOB/B § 5 Rdn. 44f.), äußerte sich Kuffer unentschieden (in Heiermann/Riedl/Rusam, VOB/B § 1 Rdn. 106, 115). **211**

Besonderen Einfluss auf den Meinungsstand hatte, dass Kniffka in der Erstauflage dieses Kommentars für ein bauzeitliches Anordnungsrecht Stellung genommen hatte; diese Positionierung hat zu signifikantem Zulauf der ein weites Anordnungsrecht annehmenden Auffassung geführt. Kniffka hat diese Auffassung aber zunächst auf die zeitliche Komponente von Planungsänderungen eingeschränkt und nunmehr insgesamt wieder aufgegeben (vgl. Kniffka in Kniffka/Koeble/Jurgeleit/Sacher Teil 4 Rdn. 167 ff.). **212**

Die Erstreckung des Anordnungsrechts auf bauzeitliche Anordnungen würde sich zu weit vom Wortlaut der Regelung entfernen. Wenn wie im öffentlichen Bereich der Auftraggeber der Verwender der VOB/B ist, würde eine solche Auslegung ganz eindeutig gegen allgemeine **213**

von Rintelen

§ 650b Änderung des Vertrages; Anordnungsrecht des Bestellers

Auslegungsgrundsätze verstoßen (Kapellmann/Messerschmidt/Sacher, VOB/B § 5 Rdn. 44; Kapellmann/Messerschmidt/v. Rintelen, VOB/B § 1 Rdn. 57d).

214 Auch würden die Erweiterung auf bauzeitliche Anordnungen zu Rechtfolgeprobleme führen, die vom Regelungsmodell der §§ 1 und 2 VOB/B nicht erfasst wären (Kniffka in Kniffka/Koeble/Jurgeleit/Sacher Teil 4 Rdn. 168). Anordnungen nach § 1 Abs. 3 VOB/B gestalten unmittelbar den Vertragsinhalt und müssten deshalb auch grundsätzlich zu Haftung des Auftragnehmers bei Nichterreichen der zeitlichen Ziele führen: Das würde bei Beschleunigungsanordnungen mit ungewissen Ausgang (vgl. dazu OLG Köln, Urt. v. 18.8.2005 – 7 U 129/04) zu einer Änderung der vertraglichen Risiken führen. Gerade deshalb wollen Befürworter des zeitlichen Anordnungsrechts eine Vertragsstrafe für neue verkürzte Termine nicht mehr gelten lassen (Zanner/Keller, NZBau 2004, 353, 357). Das würde aber die gesetzlich unbeschränkte Verzugshaftung nicht beseitigen. Hierzu wird erklärt, dass die Beschleunigungsanordnung keine Erfolgshaftung auslöse, weil der Auftragnehmer nur die Durchführung der Beschleunigungsmaßnahmen, nicht aber deren Erfolg schulde (Keldungs, BauR 2013, 1917, 1921; vgl. auch Oberhauser, Festschrift Englert S. 327, 337). Dann würde aber das Anordnungsrecht des § 1 Abs. 3 VOB/B in Bezug auf bauliche und zeitliche Änderungen zu unterschiedliche Rechtsfolgen führen, was methodisch noch begründet werden müsste. Ist die Einhaltung der verkürzten Frist unsicher, stellt sich die weitere Frage, welche Vergütung der Arbeitnehmer bei Nichterreichen der verkürzten Termine erhalten soll (vgl. näher Kapellmann/Messerschmidt/v. Rintelen, VOB/B § 1 Rdn. 57 ff.). Die erweiterte Auslegung muss also zunächst den Tatbestand erweitern, um anschließend – nur für die Erweiterung – die Rechtsfolge einzuschränken.

215 Weil sich ein bauzeitliches Anordnungsrecht nicht ohne weiteres mit Wortlaut und Systematik von § 1 Abs. 3 VOB/B vereinbaren lässt, wurde die Änderung der VOB/B durch Erweiterung des VOB/B Textes diskutiert. Danach sollten Änderungen „soweit geboten auch hinsichtlich der Bauzeit" bei Zumutbarkeit für den Auftragnehmer möglich sein. Der Deutsche Vergabe- und Vertragsausschuss für Bauleistung (DVA) hat eine solche Änderung mangels Zustimmung der Auftragnehmer-Organisationen abgelehnt (Beck'scher VOB-Kommentar/Jansen § 1 Abs. 3 Rdn. 32; näher Markus NZBau 2006, 537f.). Nachdem nun auch der Gesetzgeber eine solche Erweiterung für das gesetzliches Anordnungsrecht des § 650b BGB wegen der Eingriffe in die Dispositionsfreiheit des Unternehmers abgelehnt hat, lässt sich ein bauzeitliches Änderungsrecht im Wege erweiternder Auslegung der VOB/B nur noch sehr schwer begründen.

216 Die Auswirkungen dieses Meinungsstreits sind im Übrigen nicht so bedeutsam, wie die Heftigkeit des Meinungsstreits suggerieren könnte. Im Vordergrund der Auseinandersetzung stand die Frage, ob dem Auftragnehmer Vergütungsansprüche nach § 2 Abs. 5 VOB/B im Falle einer Bauzeitänderung zustehen. Thode sah Vergütungsansprüche und Schadensersatzansprüche nach § 6 Abs. 6 VOB/B bzw. Entschädigungsansprüche nach § 642 BGB in einem zwingenden Ausschlussverhältnis. (Thode, ZfBR 2004, 214ff. und BauR 2008, 155). Nach heute herrschender Meinung lässt sich das Problem aber leicht lösen: Folgt der Auftragnehmer einer Beschleunigungsanordnung freiwillig, so richtet sich der Vergütungsanspruch unabhängig vom Bestehen eines zeitlichen Anordnungsrechts nach § 2 Abs. 5 VOB/B. Denn entweder liegt dann eine „andere Anordnung" i.S.v. § 2 Abs. 5 VOB/B vor oder eine konkludente Vertragsänderung, die beide einen Vergütungsanspruch nach § 2 Abs. 5 VOB/B begründen (OLG Hamm, Urt. v. 12.4.2011 – I-24 U 29/09) oder im Wege ergänzender Vertragsauslegung begründen (Kapellmann/Messerschmidt/Sacher, VOB/B § 5 Rdn. 49).

217 Materiell geht es also nicht primär um die Frage, wie umgesetzte Beschleunigungsanordnungen vergütet werden, sondern nur um die Frage, ob und wann der Auftragnehmer auch ohne Abschluss einer Vergütungsvereinbarung einer einseitigen Beschleunigungsanordnung nachkommen muss. Letzteres würde ein bauzeitliches Anordnungsrecht voraussetzen. Ein solches wird von den Anhängern bauzeitlicher Anordnungsrechte aber überwiegend nur im begrenzten Umfang angenommen. Der wohl überwiegende Teil der Autoren will Beschleunigungsanordnungen nur zur Vermeidung oder Aufholung von Verzögerungen zulassen, nicht aber mit dem isolierten Ziel der Verkürzung der vereinbarten Bauzeit oder nur im engen Rahmen zulassen (Beck'scher VOB-Kommentar/Jansen VOB/B § 1 Abs. 3 Rdn. 39; ausführlich Tomic, Bauzeit und zeitabhängige Kosten, S. 319ff.). Andere schlagen vor, Bauzeitänderungen als zusätzliche Leistungen einzuordnen, wobei die Anforderungen an das zusätzliche Tatbestandsmerkmal die Erforderlichkeit aber großzügig ausgelegt werden sollen.

218 Auch ein zeitliches Leistungsbestimmungsrecht könnte der Auftraggeber nur nach billigem Ermessen ausüben, § 315 BGB (→ Rdn. 198). Hier wären die Grenzen wegen des Eingriffs in

Änderung des Vertrages; Anordnungsrecht des Bestellers   § 650b

den Dispositionsbereich des Auftragnehmers deutlich enger als bei Änderungen des Bausolls selbst. Eine unbillige Ausübung des Leistungsbestimmungsrechts läge vor, wenn der Auftraggeber seine einseitigen Interessen an der Zeitänderung ungeachtet berechtigter Interessen des Auftragnehmers ausübt und dessen Interessen unzumutbar beeinträchtigt. Die Grenze zur Unbilligkeit wäre auch überschritten, wenn die bauzeitändernde Anordnung derart in den Vertrag eingreift, dass die Kalkulationsgrundlagen fortfallen. Eine Bauunterbrechung von bereits 3 Monaten berechtigt nach § 6 Abs. 7 VOB/B zur Kündigung. Beschleunigungsanordnungen, die allein der Verkürzung der Bauzeit dienen, wären auch nach überwiegender Auffassung der Befürworter durch § 1 Abs. 3 VOB/B nicht gedeckt (Beck'scher VOB-Kommentar/Jansen VOB/B § 1 Abs. 3 Rdn. 40).

Dann sind die Unterschiede zum sich bereits aus §§ 157, 242 BGB ergebenden gesetzlichen Anspruch auf Anpassung der Leistungszeit bei objektiven Anpassungsbedarf einerseits und Zumutbarkeit für den Unternehmer andererseits (→ Rdn. 69) nicht mehr so groß. Der (bloße) Anpassungsanspruch unterscheidet sich aber dadurch, dass er nur zusammen mit einer Vergütungsanpassung geltend gemacht werden kann (→ Rdn. 71). Wer von dieser Gesetzeslage abweichen will, muss sich klare einseitig auszuübende vertragliche Gestaltungsrechte einräumen lassen. 219

3. Forderung von zusätzlichen Leistungen (§ 1 Abs. 4 und § 2 Abs. 6 VOB/B)

a) Erforderlichkeit der Zusatzleistung

Zur Begründung eines Mehrvergütungsanspruchs nach § 2 Abs. 6 VOB/B reicht es entgegen einer vereinzelten Entscheidung (BGH, Urt. v. 15.5.1975 – VII ZR 43/73) nicht aus, dass eine notwendige Leistung durch den Auftragnehmer ausgeführt wurde, ohne dass die Ausführung vom Auftraggeber angeordnet war. Es muss sich um eine verbindliche Leistungserweiterung durch Gestaltungserklärung des Auftraggebers handeln, die der Auftragnehmer erfüllen muss. Ohne Leistungsanordnung des Auftraggebers stehen dem Auftragnehmer (nur) die Rechte nach § 2 Abs. 8 VOB/B zu, was im Fall erforderlicher Leistungen aber häufig zum gleichen Ergebnis führt. 220

Das Leistungsbestimmungsrecht des § 1 Abs. 4 VOB/B ist anders als das Leistungsänderungsrecht nach § 1 Abs. 3 VOB/B dem Wortlaut nach nicht unbeschränkt, sondern besteht nur, wenn die zusätzliche Leistung zur Ausführung der vertraglichen Leistung erforderlich wird und der Betrieb des Auftragnehmers auf eine derartige Leistung auch eingerichtet ist. 221

Nicht klar ist, wie streng der Begriff der Erforderlichkeit auszulegen ist. Besteht eine technische Notwendigkeit, liegt Erforderlichkeit vor. Erforderlich sind insbesondere bei der Auftragsvergabe vergessene bzw. übersehene Leistungen, die aber notwendig sind, um die Vertragsleistung vollständig herzustellen (OLG Düsseldorf, Urt. v. 25.2.2003 – 21 U 80/02). Da die VOB den Begriff der Erforderlichkeit allerdings etwas weiter verwendet (vgl. § 8 Abs. 4 Nr. 2 VOB/A und die Steigerungsform „unbedingt erforderlich" (§ 7 Abs. 1 Nr. 4 VOB/A) kennt, dürfte eine weite Auslegung des Begriffs durch den Wortlaut gedeckt und systematisch wegen der Reichweite des § 1 Abs. 3 VOB/B geboten sein (Kapellmann/Messerschmidt/v. Rintelen, VOB/B § 1 Rdn. 106 f.). 222

Das Leistungserweiterungsrecht des § 1 Abs. 4 VOB besteht dann nicht, wenn der Betrieb des Auftragnehmers auf die Leistung nicht eingerichtet ist. Abzustellen ist auf den eigenen Betrieb; soweit der Auftragnehmer die betreffenden vertraglichen Leistungen durch einen Nachunternehmer ausführen lässt, ist auf diesen abzustellen. Auch wird man die Einschränkung machen müssen, dass der Auftragnehmer sich darauf berufen muss, dass sein Betrieb nicht eingerichtet ist. Denn der Auftraggeber muss die personellen oder sachlichen Kapazitäten des Auftragnehmers nicht von vornherein kennen; die Formulierung in § 1 Abs. 4 VOB/B ist deshalb wohl so zu verstehen ist, dass sie dem Auftragnehmer eine Einrede gibt, die er auch rechtzeitig vorbringen muss. Unter der Voraussetzung, dass die Einrede erhoben wird, ist in den genannten Fällen die Anordnung der zusätzlichen Leistung nicht verbindlich. 223

b) Nicht erforderliche Zusatzleistungen

Zusätzliche Leistungen, die nicht im Sinne von § 1 Abs. 4 Satz 1 VOB/B erforderlich sind, kann der Auftraggeber nicht verbindlich einseitig anordnen, sondern dem Auftragnehmer nur mit dessen Zustimmung beauftragen (§ 1 Abs. 4 Satz 2 VOB/B). Mangels Leistungsänderungsvorbehalts setzt eine Vertragsänderung eine Vereinbarung der Parteien voraus. 224

Ein zweiter wesentlicher Unterschied besteht hinsichtlich der formellen Anspruchsvoraussetzungen für eine Zusatzvergütung. Da § 2 Abs. 6 VOB/B nicht einschlägig ist, besteht auch 225

§ 650b   Änderung des Vertrages; Anordnungsrecht des Bestellers

keine Verpflichtung, den zusätzlichen Vergütungsanspruch anzukündigen. Streitig ist, wie in diesen Fällen die Vergütung zu bestimmen ist, in denen die Parteien keine Vereinbarung über die Vergütung getroffen haben.

226   Hier wird man zwei Fragen trennen müssen. Da der Auftragnehmer nicht verpflichtet ist, die nicht erforderliche zusätzliche Leistung zu erbringen, kann er seine Zustimmung auch von einer von der Vergütungsberechnung gemäß § 2 Abs. 6 VOB/B unabhängigen Vergütungsvereinbarung abhängig machen zu können. Eine Bindung an die Urkalkulation, wie sie § 2 Abs. 6 VOB/B vorsieht, besteht eindeutig nicht. Erbringt der Auftragnehmer die Leistung freiwillig ohne konkrete Preisvereinbarung, stellt sich zweite Frage, wie die Vergütung zu ermitteln ist. Nach einer Auffassung soll in diesen Fällen der Vergütungsanspruch auf Basis der Vertragspreise nach § 2 Abs. 6 VOB/B ermittelt werden, soweit es sich nicht um völlig selbständige Leistungen handelt also in den Fällen, in denen die Leistung in technischer Hinsicht und/oder von der beabsichtigten Nutzung her in unmittelbarer Abhängigkeit zu der bisher vereinbarten Leistung steht (Kapellmann/Schiffers/Markus, Bd. 1 Rdn. 794 ff. m. w. N.). Die Gegenauffassung will in diesen Fällen mangels Anwendbarkeit des § 2 Abs. 6 VOB/B § 632 BGB anwenden, also die übliche Vergütung zusprechen. Das ist eine Frage der Auslegung. Kann der Übernahme des Zusatzauftrages nicht eine konkludente Preisvereinbarung entnommen werden, greift § 632 BGB ein (vgl. → § 632 BGB Rdn. 66).

227   Handelt es sich um eine völlig selbständige Leistung, die zur Erreichung des Vertragszwecks nicht notwendig ist, ist nach einhelliger Meinung § 2 Abs. 6 VOB/B nicht anwendbar. Soweit keine Unentgeltlichkeit vereinbart ist, ist die Vergütung nach § 632 BGB zu ermitteln (OLG Hamburg, Urt. v. 29.9.1995 – 6 U 105/95).

4. Andere Anordnungen des Auftraggebers (§ 2 Abs. 5 VOB/B)

228   Andere Anordnungen im Sinne des § 2 Abs. 5 VOB/B betreffen nicht den Bauentwurf im Sinne des § 1 Abs. 3 und § 2 Abs. 5 VOB/B. Was unter anderen Anordnungen im Sinne des § 2 Abs. 5 VOB/B zu verstehen ist, ist unklar. Es kann sich nicht um Anordnungen im Sinne des § 4 Abs. 1 Nr. 3 und 4 VOB/B oder des § 3 Abs. 1 bis 4 VOB/B handeln, denn diese Anordnungen verändern nicht den Vertragsinhalt und können keine Vergütungsanpassung nach § 2 Abs. 5 VOB/B rechtfertigen (Zanner, BauR 2006, 182). Es kann sich deshalb nur um Anordnungen handeln, die außerhalb des Anordnungsrechts nach § 1 Abs. 3 VOB/B getroffen werden können. Dabei wird vertreten, dass es nur solche Anordnungen sein können, zu denen der Auftraggeber auch vertraglich berechtigt ist (Thode, ZfBR 2004, 214). Da die Leistungsänderung in § 1 Abs. 3 und 4 VOB/B bereits geregelt ist, geht es primär um Änderungen der Bauumstände Die Berechtigung, vertragliche Vereinbarungen durch einseitige Anordnung zu ändern, muss dem Auftraggeber – über die Befugnisse der VOB/B hinaus – aber außerhalb von § 2 Abs. 5 VOB/B eingeräumt worden sein. Eine Berechtigung kann sich aber auch aus einer (nachträglichen) Zustimmung des Auftragnehmers, z. B. durch freiwillige Befolgung eigentlich unzulässiger Anordnungen, ergeben (→ Rdn. 216 f.).

229   Die Anordnungen Dritter lösen den Vergütungsanspruch nach § 2 Abs. 5 VOB/B grundsätzlich nicht aus. Denn das Leistungsbestimmungsrecht steht allein dem Auftraggeber zu, es sei denn etwas anderes ist vereinbart. Dieser kann allerdings eine rechtsgeschäftliche Vollmacht zu seiner Ausübung erteilen. Danach sind auch Anordnungen von Behörden oder des Prüfingenieurs nicht als andere Anordnungen im Sinne des § 2 Abs. 5 VOB/B einzuordnen (Schrader/Borm, BauR 2006, 1388, 1391).

230   Streitig ist, ob vertraglich nicht zulässige Anordnungen des Auftraggebers zu (berechtigten) anderen Anordnungen werden, wenn der Auftragnehmer sie freiwillig hinnimmt. Nicht durch § 1 Abs. 3 VOB/B gedeckte Bauzeitanordnungen könnten auf diesem Wege einen Mehrvergütungsanspruch nach § 2 Abs. 5 VOB/B begründen. Nach Thode sind Anordnungen ohne vertragliche Bestimmungsbefugnis ausschließlich nach Leistungsstörungsrecht abzuwickeln (ZfBR 2004, 214, 225). Da die Rechtsprechung auch in anderen Fällen in der tatsächlichen Hinnahme von vertraglichen Abweichungen zu Recht eine konkludente Zustimmung sieht, wird in der freiwilligen Befolgung vertragsüberschreitender Anordnungen regelmäßig eine Zustimmung zur Anordnung liegen (OLG Naumburg, Urt. v. 23.6.2011 – 2 U 113/09; OLG Celle, Urt. v. 22.7.2009 – 14 U 166/08; Beck'scher VOB-Kommentar/Jansen, VOB/B § 2 Nr. 5, Rdn. 19; Kapellmann/Messerschmidt-Kapellmann § 2 Rdn. 181; Kniffka in Kniffka/Koeble/Jurgeleit/Sacher Teil 4 Rdn. 157).

§ 650b

Andere Anordnungen in diesem Sinne sind nicht die Anordnungen zusätzlicher Leistungen gemäß § 1 Abs. 4 VOB/B; denn die vergütungsrechtliche Folge ist nicht in § 2 Abs. 5, sondern in § 2 Abs. 6 VOB/B geregelt. 231

III. Ausübung des vertraglichen Leistungsbestimmungsrechts

Die Ausübung der Änderungsrechte nach § 1 Abs. 3 und 4 VOB/B setzt eine Gestaltungserklärung des Auftraggebers voraus. Hierbei handelt es sich ebenso wie bei der Ausübung des Anordnungsrechts nach § 650b Abs. 2 BGB um eine rechtsgeschäftliche (Gestaltungs-)Erklärung. Es gelten mithin die gleichen Anforderungen an die Bestimmbarkeit des Inhalts und an ein aus Sicht des Empfängers vorliegendes Erklärungsbewusstsein (vgl. dazu BGH, Urt. vom 7.6.1984 – IX ZR 66/83). 232

Diese Fragen werden allerdings im Rahmen der Ausübung der Leistungsbestimmungsrechte nach § 1 Abs. 3 und 4 VOB/B in der Praxis deutlich relevanter. Denn ihre Ausübung setzt weder ein vorausgegangenes Angebot des Auftragnehmers noch Verhandlungen über die Leistungsänderung voraus. Während also im Regelfall bei der Ausübung des gesetzlichen Änderungsrechts der Änderungswille einerseits und die Vergütungspflicht andererseits sich im Preisangebot und den Verhandlungen klar manifestiert haben, stellt sich bei den insoweit voraussetzungslosen Leistungsbestimmungsrechten nach der VOB/B häufiger die Frage, ob der Auftraggeber die Leistung ändern wollte oder lediglich die Erbringung der Vertragsleistung angefordert hat. 233

Vom Einzelfall hängt es ab, inwieweit der Auftraggeber eine Änderung der Vertragsleistung anordnet, wenn er von den veränderten Bauumständen Kenntnis hat und im Bewusstsein dieser Kenntnis die Fortsetzung der Arbeiten anordnet oder zulässt. Zu Recht wird darauf hingewiesen, dass allein die Information des Auftraggebers über die veränderten Umstände die Annahme einer vertragsändernden Leistungsbestimmung nicht rechtfertigt (Thode, ZfBR 2004, 214, 223). Notwendig ist vielmehr ein Verhalten des Auftraggebers, aus dem eine rechtsgeschäftliche Anordnung abzuleiten ist. 234

Andererseits ist es nicht ausgeschlossen, ein auch konkludentes Festhalten bzw. Bestätigen des Auftraggebers nach entsprechender Information durch den Auftragnehmer als konkludente vertragsändernde Leistungsänderung anzusehen. Dem kann nicht entgegengehalten werden, dass hierdurch das Leistungsstörungsrecht überspielt werde. Die Vertragsparteien sind nicht gehindert, die Rechtsfolgen von Leistungsstörungen vertraglich abzuwickeln. Insbesondere ist der Auftraggeber nicht gehindert, von dem ihm eingeräumten Leistungsbestimmungsrecht auch dann Gebrauch zu machen, wenn er sich ohne die vertragsändernden Anordnungen den Ansprüchen aus § 642 BGB oder aus § 6 Abs. 6 VOB/B ausgesetzt sähe. Es ist gerade ein den Besonderheiten des Bauvertrages gerecht werdender Vorteil der VOB/B, das dem Auftraggeber auch insoweit ein Leistungsbestimmungsrecht zusteht. Dem Auftragnehmer wird ein angemessener Ausgleich durch die Regelung des § 2 Abs. 5 VOB/B gewährt. 235

In der Sache geht es vor allem um die Fälle, die beim BGB-Werkvertrag als konkludente Vertragsänderung gewertet werden können (→ Rdn. 124 ff.). Das Verhalten, das beim BGB-Werkvertrag als konkludentes Angebot auf eine Vertragsänderung verstanden werden darf, kann im VOB/B-Vertrag als konkludente Leistungsänderung ausgelegt werden. Denn der wesentliche Unterschied ist ja, dass der BGB-Werkvertrag auf eine einvernehmliche Vertragsänderung abzielt, während der VOB/B Vertrag durch von Anfang an bestehende einseitige Leistungsbestimmungsrechte geprägt ist. Der Auftragnehmer kann und darf deshalb entsprechende Erklärungen als konkludente Leistungsanordnungen verstehen. 236

IV. Rechtsfolgen der Ausübung der Leistungsbestimmungsrechte

Die Ausübung der Leistungsänderungsrechte nach § 1 Abs. 3 und 4 VOB/B führt zu einer entsprechenden Anpassung der Vergütung gemäß § 2 Abs. 5 und 6 VOB/B. Auch diese Vorschriften geben den Parteien zunächst auf, die Vergütung vor Ausführung einvernehmlich festzulegen. Die Vereinbarung ist für den Anspruch auf geänderte Vergütung aber nicht konstitutiv, sondern hat primär feststellende Bedeutung. Auch ohne Einigung entsteht der Anspruch auf geänderte Vergütung automatisch mit der Ausübung des Leistungsbestimmungsrechts. Nach bislang h. M. erfolgt die Ermittlung der Vergütungsanpassung gemäß § 2 Abs. 5 und 6 VOB/B durch eine Preisfortschreibung auf Basis der Vertragspreise. Die Einzelheiten werden in der Kommentierung zu § 650c BGB dargelegt (→ § 650c Rdn. 177 ff.). Das ist durch 237

§ 650b Änderung des Vertrages; Anordnungsrecht des Bestellers

die Entscheidungen von KG und BGH in Zweifel gezogen, wonach auch hier primär die tatsächlichen Kosten zu berücksichtigen sind (KG, Urt. v. 10.07.2018 – 21 U 30/17; BGH, Urt. v. 8.08.2019 – VII ZR 34/18).

238 Hat der Auftraggeber sein vertraglich eingeräumtes einseitiges Anordnungsrecht nicht ausgeübt, sondern vereinbaren die Parteien beim VOB/B-Vertrag einvernehmlich eine abweichende Leistungsausführung, greift die Rechtsfolgeregelung der § 2 Abs. 5 und 6 VOB/B unmittelbar nicht ein. Haben die Parteien die Vergütung offen gelassen, ist sie primär im Wege ergänzender Vertragsauslegung zu ermitteln, hilfsweise nach § 632 BGB (insoweit zutreffend OLG Karlsruhe, Urt. v. 13.7.2010 – 19 U 109/09). Allerdings wird eine ergänzende Vertragsauslegung bei einer einvernehmlichen Änderung der Leistung ohne Preisvereinbarung in der Regel ergeben, dass die für die Ursprungsleistung vereinbarten Preise auch für die Änderungsleistung gelten (→ Rdn. 201 und → § 632 BGB Rdn. 66).

239 Die finanzielle Kompensation für Behinderungen oder andere Störungen werden i. d. R. nicht über § 2 Abs. 5 und 6 VOB/B erfasst. Denn Voraussetzung für eine durch § 2 Abs. 5 oder 6 VOB/B veränderte Vergütung ist immer die Ausübung einer wirksamen Leistungsbestimmungserklärung des Auftraggebers nach § 1 Abs. 3 oder 4 VOB/B (→ § 650c Rdn. 182). In den Fällen, in denen beim BGB-Vertrag eine konkludente Vertragsänderung durch bewusste Hinnahme von geänderten Bauständen vorliegt (→ Rdn. 136), kann beim VOB/B-Vertrag eine konkludente einseitige Leistungsänderung vorliegen oder – wenn die VOB/C zu einvernehmlichen Festlegung auffordert – wiederum eine konkludente Vertragsänderung.

V. Leistungsverweigerungsrecht wegen Verweigerung einer geänderten Vergütung

240 Die Frage, inwieweit dem Auftragnehmer ein Leistungsverweigerungsrecht zusteht, wenn der Auftraggeber sich einer geänderten oder zusätzlichen Vergütung verweigert, ist grundsätzlich nach allgemeinem Vertragsrecht zu beurteilen, das auch im VOB-Vertrag grundsätzlich gilt. § 18 Abs. 4 VOB/B hindert den Auftragnehmer entgegen dem ersten Anschein und mancher Fehlinterpretation nicht, ein gesetzliches Leistungsverweigerungsrecht geltend zu machen (BGH, Urt. v. 25.1.1996 – VII ZR 233/94).

241 Fraglich ist, ob ein Leistungsverweigerungsrecht bereits dann besteht, wenn Streit darüber besteht, ob die geforderte Leistung nach dem geschlossenen Vertrag geschuldet ist. Ein Leistungsverweigerungsrecht bis zur Klärung dieser Streitfrage besteht nicht, da das Recht nach § 320 BGB wie auch § 273 BGB von bestehenden Ansprüchen abhängt. Stellt sich später heraus, dass die Leistung von Anfang an geschuldet war, hätte die Leistung von Anfang an erbracht werden müssen. Ein zeitweiliges Leistungsverweigerungs- oder Zurückbehaltungsrecht kennt das BGB nicht (BGH, Urt. v. 18.10.1985 – V ZR 82/84; Virneburg, ZfBR 2004, 419).

1. Befolgungspflicht wirksamer Leistungsänderungen

242 Macht der der Auftraggeber in einem VOB-Vertrag von seinen Leistungsbestimmungsrechten Gebrauch und eine zusätzliche Leistung oder eine geänderte Leistung, die der Auftragnehmer nach § 1 Abs. 3 oder § 1 Abs. 4 VOB/B ausführen muss, wird nach Maßgabe des § 2 Abs. 5 oder Abs. 6 VOB/B unmittelbar ein Anspruch des Auftragnehmers auf eine zusätzliche oder geänderte Vergütung begründet (BGH, Urt. v. 27.11.2003 – VII ZR 346/01). Die Höhe der zusätzlichen Vergütung ergibt sich unmittelbar aus § 2 Abs. 5 Satz 1 und § 2 Abs. 6 Nr. 2 Satz 1 VOB/B. Der Vertrag wird also wirksam um die Leistung erweitert und automatisch auch die Vergütung angepasst. Damit muss der Auftragnehmer die Leistung auch grundsätzlich ausführen. Die Rechtslage entspricht insoweit derjenigen beim BGB-Vertrag (→ Rdn. 172 ff.).

243 Der Auftragnehmer kann ein Leistungsverweigerungsrecht nicht allein daraus ableiten, dass sich ein Auftraggeber der in der VOB/B vorgesehenen Einigung über den Preis zunächst verweigert (OLG Celle, Urt. v. 26.5.1993 – 6 U 139/92; OLG Düsseldorf, Urt. v. 10.11.2005 – 21 U 1783/03). Die VOB/B sieht zwar vor, dass diese Vereinbarung möglichst vor der Ausführung getroffen werden soll. Ist sie getroffen, gilt die Vereinbarung. Ist sie entgegen dem insoweit in der VOB/B verankerten Kooperationsgebot nicht getroffen, schuldet der Auftraggeber die aus dem Vertrag abzuleitende Vergütung. Die Unsicherheit darüber, ob ein eventuelles Nachtragsangebot angenommen wird, rechtfertigt für sich allein nicht ein Leistungsverweigerungsrecht. Der Streit über die nach dem Vertrag richtige Vergütungshöhe dürfte eine solche im Sinne des § 18 Abs. 4 VOB/B sein (OLG Brandenburg, Urt. v. 19.10.2005 – 4 U 151/04).

Änderung des Vertrages; Anordnungsrecht des Bestellers **§ 650b**

Etwas anders gilt nur für die nicht erforderlichen anderen zusätzliche Leistung, die der Auftragnehmer nach § 1 Abs. 4 Satz 2 VOB/B nicht ohne seine Zustimmung ausführen muss. Hier kann er die Übernahme solcher zusätzlichen Leistungen davon abhängig machen, dass eine Einigung über den neuen Preis getroffen wird (Kuffer, ZfBR 2004, 110, 114). 244

2. Ausnahmsweise Leistungsverweigerungsrecht bei endgültiger Weigerung

Dagegen hat der Auftragnehmer ein – auf die zusätzliche Leistung oder die geänderte Leistung beschränktes – Leistungsverweigerungsrecht, wenn der Auftraggeber zu Unrecht eine geänderte oder zusätzliche Vergütung für eine geänderte oder zusätzliche Leistung endgültig verweigert (→ Rdn. 174). Die Zurückweisung eines Nachtrags durch den Auftraggeber muss aber noch keine endgültige Verweigerung sein, wenn sie darauf beruht, dass nachvollziehbare Zweifel an der Berechtigung der Forderung (hier anderweiter Erwerb) nicht aufgeklärt werden (BGH, Urt. v. 28.10.1999 – VII ZR 393/98). Sind die Einwendungen des Auftraggebers nicht von vornherein von der Hand zu weisen, kann sich nach Treu und Glauben eine Beschränkung des Leistungsverweigerungsrechts ergeben. Der Auftragnehmer muss nach dem Kooperationsgebot jedenfalls versuchen, die Einwendungen zu widerlegen (vgl. auch BGH, Urt. v. 27.11.1975 – VII ZR 241/73; ebenso Urt. v. 25.3.1976 – VII ZR 259/75). 245

Wenn der Besteller sich weigert, in Nachtragsverhandlungen einzutreten und gleichwohl auf der geänderten oder zusätzlichen Leistung besteht, kann dieses Verhalten der Auftragnehmer redlicherweise so verstehen, dass der Auftraggeber nicht bereit ist, die Gegenleistung zu erbringen (OLG Celle, Urt. v. 4.11.1998 – 14a (6) U 195/97; Kuffer, ZfBR 2004, 110, 115f.). Das in der VOB/B verankerte Kooperationsgebot gebietet den Parteien aber, den Versuch zu unternehmen, Meinungsverschiedenheiten durch Verhandlung aus dem Weg zu räumen. Der Auftragnehmer darf also die Leistung nicht schon deshalb einstellen, weil ein Nachtragsangebot nicht sofort angenommen wird. Rührt der Auftraggeber sich auf ein solches Angebot nicht, muss er die Verhandlung suchen. Erst wenn der Auftraggeber sich der Nachtragsverhandlung ganz verschließt, entsteht das Leistungsverweigerungsrecht (vgl. auch Vygen, BauR 2005, 431). Das gilt auch, wenn seine Nachtragsforderung überhöht war, der Auftraggeber die Forderung aber insgesamt ablehnt (OLG Koblenz, Urt. v. 6.10.2014 – 6 U 245/14). Stellt der Auftragnehmer die Arbeiten zu Unrecht ein, weil er sich nicht kooperativ in diesem Sinne verhalten hat, so ist das ein Vertragsbruch, der unter Umständen die außerordentliche Kündigung rechtfertigen kann (BGH, Urt. v. 28.10.1999 – VII ZR 393/98). Umgekehrt ist aber auch der Auftraggeber vertragsbrüchig, wenn er die Kooperation verweigert hat und dem Auftragnehmer zu Unrecht kündigt, weil dieser die Leistung angesichts der verweigerten Nachtragsverhandlung eingestellt hat (vgl. OLG Celle, Urt. v. 25.10.2001 – 14 U 74/00). Wegen der Risiken bei der Beurteilung einer endgültigen Leistungsverweigerung, sollte der Auftragnehmer in nicht eindeutigen Fällen versuchen, stattdessen ein Leistungsverweigerungsrecht auf eine Nicht-Stellung einer Sicherheit gemäß § 650e BGB oder der Nichtzahlung einer Abschlagsforderung zu stützen (→ Rdn. 175). 246

Schwierig sind die Fälle, in denen eine Nachtragsvereinbarung nicht zustande kommt, weil der Auftraggeber von vornherein erklärt, er werde nur einen niedrigeren Preis akzeptieren als dem zutreffenden, sich aus der Urkalkulation abgeleiteten, Preisangebot des Auftragnehmers. Handelt es sich insoweit wirklich um eine abschließende Stellungnahme des Auftraggebers, wird dem Auftragnehmer ebenfalls nicht zugemutet werden können, die Leistung zu erbringen. Das gilt sicher dann, wenn die Abweichung vom vertraglich geschuldeten Preis von erheblichem Gewicht ist (OLG Zweibrücken, Urt. v. 20.9.1994 – 8 U 214/93: nicht anerkannter Mehraufwand von 25% des Gesamtpreises; für ein Leistungsverweigerungsrecht bei mehr als 3–5% der Auftragssumme (z.B. Leinemann, NJW 1998, 3672, 3675; Kues/Kaminsky, BauR 2008, 1368, 1374; Pauly, BauR 2012, 851, 856). Diese Schwelle dürfte verglichen mit dem durchschnittlichen Nachtragsvolumen von 5–10% zu hoch sein (Endbericht zum Projekt „Effiziente Anreizelemente und Koordinationsmechanismen in Bauverträgen im öffentlichen und privaten Hochbau (AKM-Hochbau), 2013, S. 7f.). Bei geringfügigen Abweichungen greifen die allgemeinen Grenzen des Leistungsverweigerungsrechts ein. Bei der Bemessung der „verhältnismäßigen Geringfügigkeit" nach § 320 Abs. 2 BGB sind die Besonderheiten der Nachtragssituation mit einer potentiellen Ungewissheit zu berücksichtigen. Es kann dann dem Auftragnehmer zuzumuten sein, geringfügige Abweichungen im Rahmen der Endabrechnung durchzusetzen und notfalls gerichtlich geltend zu machen (vgl. Virneburg, ZfBR 2004, 419, 421 m.w.N.). Das gilt jedenfalls dann, wenn der Auftraggeber für seine abweichende Preisberechnung nachvollziehbare Gründe anführt und sie nicht willkürlich erscheint. Maßgebend 247

§ 650b   Änderung des Vertrages; Anordnungsrecht des Bestellers

sind nicht bestimmte Prozentbeträge, sondern die Umstände des Einzelfalls. Deshalb sollte der Auftragnehmer besser die Voraussetzungen für eine Leistungsverweigerung mangels Sicherheit nach § 650f BGB oder Verzug mit Abschlagzahlungen schaffen.

248   Ein eventuelles Leistungsverweigerungsrecht bezieht sich grundsätzlich nur auf die geänderte oder zusätzliche Leistung (Virneburg, ZfBR 2004, 419, 421; Pauly, BauR 2012, 851, 856). Da in aller Regel der Fortgang der Arbeiten davon abhängt, dass diese Leistung erbracht wird, wird das Bauvorhaben durch die Verweigerung der Arbeiten regelmäßig auch behindert. Leitet sich das Leistungsverweigerungsrecht aus § 320 BGB ab, so bedarf es keiner Ankündigung der Verweigerung. Auch eine Verweigerung der Leistung nach Stellen der Abschlagsrechnung im VOB-Vertrag setzt keine Ankündigung der Leistungsverweigerung voraus, vgl. § 16 Abs. 5 VOB/B. Diese Frage ist allerdings streitig (vgl. Virneburg, ZfBR 2004, 419, 420 m. w. N.). Es gibt jedoch keinen Grund, die Leistungsverweigerung von einer Androhung abhängig zu machen. Ein Leistungsverweigerungsrecht kommt ohnehin nur bei einem vertragswidrigen Verhalten des Auftraggebers in Betracht. Sein Verhalten muss auch dem Auftraggeber bewusst machen, dass er nicht mit einer Leistung rechnen darf.

249   Vertragliche Regelungen zum Leistungsverweigerungsrecht können von den gesetzlichen Regelungen abweichen. Macht der Auftraggeber die Wirksamkeit einer Nachtragsbeauftragung von dem prüfbaren schriftlichen Angebot abhängig, kann er die Annahme eines Angebots verweigern, solange eine schriftliche Aufstellung nicht vorliegt. In diesem Fall ist jedoch zu beachten, dass eine wirksame Nachtragsbeauftragung nicht vorliegt, solange ein Vertrag darüber nicht zustande gekommen ist. Der Auftragnehmer ist grundsätzlich nicht verpflichtet, ohne den wirksamen Auftrag eine geänderte oder zusätzliche Leistung zu erbringen (Virneburg, ZfBR 2004, 419, 422). Etwas anderes kann sich aus Treu und Glauben ergeben.

3. Leistungsverweigerungsrecht bei Verzug mit Abschlagszahlungen für nicht vereinbarte Vergütung

250   Auch wenn eine Einigung nicht erzielt worden ist, hat der Auftragnehmer einen Anspruch auf Abschlagszahlungen in (voller) Höhe des Wertes der jeweils nachgewiesenen vertragsgemäßen Leistungen hat, § 16 Abs. 1 Nr. 1 VOB/B. Befriedigt der Auftraggeber diese Abschlagsforderung nach 21 Tagen nicht, so kann dem Auftragnehmer unter den Voraussetzungen des § 16 Abs. 5 Nr. 5 VOB/B ein Leistungsverweigerungsrecht zustehen. Voraussetzung ist, dass er eine angemessene Nachfrist nach Fälligkeit der Abschlagsforderung gesetzt hat und diese fruchtlos abgelaufen ist. Geringfügige Minderzahlungen berechtigen nicht zur Einstellung der Arbeiten, § 320 Abs. 2 BGB. Auch sonst kann sich unter Berücksichtigung der Umstände des Einzelfalls ergeben, dass die Ausübung des Leistungsverweigerungsrechts rechtsmissbräuchlich ist. Das kann insbesondere dann der Fall sein, wenn die Einwendungen des Auftraggebers gegen die Berechtigung der Forderung nahe liegend sind und vom Auftragnehmer nicht ausgeräumt sind. Allerdings ist zu berücksichtigen, dass eine Abschlagsforderung ohnehin durch eine prüfbare Aufstellung nachzuweisen ist, sich also grundsätzlich bereits aus der Abschlagsrechnung ergeben muss, wie sich der Nachtragspreis aus der Urkalkulation entwickelt.

H. Wirksamkeit der vertraglichen Leistungsbestimmungsrechte

I. Wirksamkeit abweichender vertraglicher Leistungsbestimmungsrechte

1. Gegenständliche Erweiterung oder Einschränkung des Änderungsrechts

251   Materielle Erweiterungen eines vertraglichen Leistungsänderungsrechts gegenüber § 650b BGB können eigentlich nur unter zwei Aspekten erfolgen. Der Verwender kann das Zumutbarkeitserfordernis streichen. Dass eine Verpflichtung zur Erbringung unzumutbarer Änderungen in AGB unangemessen im Sinne von § 307 BGB wäre, erscheint selbsterklärend (vgl. BeckOK BauvertrR/Leupertz BGB § 650b Rdn. 85).

252   Daneben könnte der Verwender versuchen, das einseitige Änderungsrecht auch auf Bauumstände und Bauzeit zu erstrecken. Das Gesetz hat bewusst davon abgesehen, einseitige Änderungsanordnungen auch zur Bauzeit zuzulassen. Das hat der Gesetzgeber mit dem Eingriff in die Dispositionsfreiheit des Unternehmers begründet. Bewertet hat der Gesetzgeber allerdings insoweit lediglich den Referentenentwurf, der ein im Tatbestand sehr weites

zeitliches Anordnungsrecht vorsah. Dieses war gerade aufgrund seiner Weite Gegenstand der Kritik gewesen (Stellungnahme Deutscher Baugerichtstag zum Referentenentwurf, S. 16). Die Vereinbarungen eines uneingeschränkten zeitlichen Anordnungsrechts in AGB dürfte damit gegen das gesetzliche Leitbild des § 650b BGB verstoßen. Für eingeschränkte zeitliche Anordnungsrechte besteht allerdings, wie die umfangreiche Diskussion zur bauzeitlichen Anordnungen und § 1 Abs. 3 VOB/B (→ Rdn. 198 ff.) zeigt, nicht nur ein praktisches Bedürfnis aus Sicht von Bestellern, sondern in vielen Fällen auch eine sachliche Rechtfertigung. So hat der Deutsche Baugerichtstag beispielhaft auf Bauvorhaben der Deutsche Bahn AG, die „unter rollendem Rad" durchgeführt werden müssen, hingewiesen und den Gesetzgeber aufgefordert zur Vermeidung von Unklarheiten klare gesetzliche Regelungen zur Zulässigkeit von einseitigen Bauzeitänderungen vorzugeben (Stellungnahme Deutscher Baugerichtstag zum Regierungsentwurf vom 19.04.2016, S. 4f.). Das Unterlassen einer Regelung dieser komplizierten Materie durch den Gesetzgeber bedeutet nicht, dass derartige Regelungen nunmehr durch AGB überhaupt nicht zulässig sein sollen. Vielmehr ergibt sich aus den Erwägungen des zu weit geratenen Referentenwurfs, dass auch insoweit ein berechtigtes Regelungsbedürfnis bestehen kann (im Ergebnis ebenso BeckOK BauvertrR/Leupertz BGB § 650b Rdn. 86; Kapellmann/Messerschmidt/Sacher, VOB/B § 5 Rdn. 42).

253 In Anbetracht der strikten AGB-Kontrolle und des Verbotes geltungserhaltender Reduktion wird der Verwender bei der Gestaltung formularvertraglicher zeitlicher Änderungsrechte für einen angemessenen Ausgleich der beiderseitigen Interessen sorgen müssen (ähnlich Abel/Schönfeld, BauR 2018, 1, 12). Das setzt einerseits einen qualifizierten wichtigen Grund auf Seiten des Bestellers voraus. Andererseits müssen die Interessen des Unternehmers, insbesondere seine Dispositionen in Bezug auf Gerät und Personal, gewahrt bleiben. Die Übernahme uneingeschränkter zeitlicher Anordnungsrechte aus ausländischen Standard-Vertragsbedingungen wie z. B. den FIDIC-Vertragsmustern, wird einer Inhaltskontrolle wohl nicht standhalten.

254 Auf der anderen Seite verstößt eine vollständige Abbedingung des Anordnungsrechts nach Abs. 2 in AGB des Unternehmers ebenfalls gegen das Leitbild des § 650b BGB. Denn Sinn und Zweck der Neuregelung war es, dem Besteller eine von einer Einigung unabhängige und gegebenfalls auch einseitig durchsetzbare Möglichkeit zur Vertragsanpassung zu verschaffen (OLG Frankfurt, Urt. v. 28.10.2020 – 29 U 146/19 Rn. 115).

255 Sachliche Einschränkungen des inhaltlich uneingeschränkten Änderungsrechts wären nicht grundsätzlich als unangemessen ausgeschlossen. Allerdings soll entsprechend der Wertung der §§ 648, 650b BGB dem Besteller die Entscheidung über die Durchführung und Gestaltung des Werkes zustehen. Die Interessen des Unternehmers werden über die Anforderung der Zumutbarkeit geschützt. Der diese prinzipiell von den Umständen des Einzelfalls abhängen, scheinen mehr als programmatische Vorgaben in AGB kaum möglich. Die Vereinbarung einer Maximalgrenze für Änderungen z. B. durch eine Begrenzung auf 15 % oder 20 % des Vertragspreises sollte ich unangemessen sein, zumal solche Regelungen in ausländischen Rechtsordnungen (Art. 1661 ital. Codice Civile, → Rdn. 4) und Standard-Bauverträgen (§ 36 Abs. 3 UAV, → Rdn. 40) verbreitet sind.

2. Unmittelbar ausübbares Änderungsrecht

256 Die Wirksamkeit von unmittelbar ausübbaren einseitigen vertraglichen Gestaltungsrechten des Bestellers zu Leistungsänderung durch AGB war bislang völlig unbestritten. Nach herrschender Meinung hielt auch das ohne ausdrückliche Zumutbarkeitsgrenze formulierte Leistungsanordnungsrecht nach § 1 Abs. 3 VOB/B einer isolierten Inhaltskontrolle stand. Dieses System hielt auch der Gesetzgeber nicht für unangemessen (BT-Drucks. 18/11437, 48f.).

257 Das Gesetz sieht vor der Ausübung des subsidiären gesetzlichen Änderungsrechts ein vorausgehendes Einigungsbemühen vor, weil es davon ausgeht, das es am besten geeignet ist, Streitigkeiten zu vermeiden. Die 30-Tage-Frist sollte der Klarstellung des Scheiterns von Verhandlungen dienen. Es stellt sich die Frage, ob eine Verkürzung formularvertraglich zulässig ist. Dabei wird man zwischen zwei Ansätzen unterscheiden müssen. Kann der Besteller durch AGB wirksam ein unmittelbar ausübbares vertragliches Leistungsänderungsrecht begründen? Das wird in Zusammenhang mit Wirksamkeit der VOB/B-Regelung geprüft (→ Rdn. 262). Die zweite Frage ist, kann der Besteller für das gesetzliche Änderungsrecht eine Fristverkürzung in seinen AGB vorsehen? Eine Modifikation der Fristregelung in AGB sollte zulässig sein, da die 30-Tage-Frist nicht zu den wesentlichen Grundgedanken der gesetzlichen Regelung gehört (Langen in Langen/Berger/Dauner-Lieb, § 650b Rdn. 122; jurisPK-BGB/Leicht, § 650b BGB Rdn. 65; Leinemann/Kues, § 650b BGB Rdn. 234; Retzlaff, BauR 2017, 1747, 1992

§ 650b Änderung des Vertrages; Anordnungsrecht des Bestellers

Fn. 172, 1795; Putzier, NZBau 2018, 131 ff.; Abel/Schönfeld, BauR 2018, 1, 13; wohl auch Motzke/Bauer/Seewald, Prozesse in Bausachen, 3. Aufl., Teil 5 Rdn. 239). Eine unmittelbar auszuführende Leistungsanforderung wie in § 1 Abs. 3 VOB/B war nach ganz überwiegender Auffassung bislang angemessen und hielt einer isolierten Inhaltskontrolle stand (OLG Nürnberg BauR 2001, 409; eingehend Peters, NZBau 2012, 615 ff.; Beck'scher VOB-Kommentar/Jansen, VOB/B § 1 Abs. 3 Rdn. 110 ff.; Messerschmidt/Voit/Voit, VOB/B § 1 Rdn. 2). Der Abschlussbericht der rechtsvergleichenden Untersuchung des Verbraucherministeriums zu Kernfragen des privaten Baurechts, (→ Rdn. 23), der Vorschlag der Arbeitsgruppe Bauvertragsrecht wie auch der Referentenentwurf befürworteten – in Übereinstimmung mit allen anderen vorausgegangenen Empfehlungen und Entwürfen – ein unmittelbar auszuübendes Gestaltungsrecht für den Besteller vor. Zwar hat sich der Regierungsentwurf dann für ein vorausgehendes Einigungsgebot entschieden, wollte allerdings zugleich die Regelung der VOB zur einseitigen Leistungsänderung mit sofort auszuübenden Gestaltungsrecht bestätigen, indem diese Regelung auch ohne Vereinbarung der VOB/B als Ganzes durch § 650c Abs. 4 BGB-E privilegiert werden sollte (BT-Drucks. 18/8486, S. 58, 93, 112). Von dieser Privilegierung hat der Gesetzgeber nicht Abstand genommen, weil er nunmehr die VOB-Regelung als unangemessen ansah – die er weiter über die Vergabevorschriften für alle öffentlichen Aufträge verbindlich vorgibt, sondern weil er eine Sonderprivilegierung als solche für nicht gerechtfertigt ansah.

258 Berücksichtigt man weiter, dass nicht nur in fast allen europäischen Standard-Bauverträgen entsprechende unmittelbar ausübbaren Änderungsrechte vorgesehen sind (→ Rdn. 3 f.), sondern sie weltweit üblich sind (Callaghan, Construction Change Order Claims, 2. Aufl., § 1.01) und eine starre 30-Tages-Frist praxisuntauglich ist (Eschenbruch, Bauvertragsmanagement, Teil 7 Rdn. 61), weil sie für Verträge mit einer Bauzeit von weniger als 30 Tagen ersichtlich unpassend ist, aber auch für Verträge mit einer Ausführungszeit bis 90 Tagen kaum umsetzbar scheint, spricht vieles dafür, eine Abbedingung der 30-Tages-Frist durch Allgemeine Geschäftsbedingungen als angemessen anzusehen, soweit im Übrigen die Interessen des Unternehmers gewahrt werden. Das Interesse des Unternehmers an einer bestimmten Art der Ausführung wird gemäß §§ 645, 648 BGB gerade nicht geschützt (Voit, FS Beuthien, 2009, 65, 68 f.). Das Vergütungsinteresse wird durch § 650c Abs. 1 BGB vollständig abgedeckt, da alle Kosten zuzüglich AGK, Wagnis und Gewinn bezahlt werden. Das Einigungsbemühen bezweckt nicht den Schutz einer besonderen Verhandlungsposition für den Unternehmer, sondern soll im Interesse beider Parteien potentiellen Streit aufgrund einer Änderung vermeiden. Es sollte keine Mindestfrist für Verhandlungen durch das Gesetz vorgegeben werden, sondern eine Höchstfrist. Deshalb ist ein direkt ausübbares Änderungsrecht nicht mit wesentlichen Grundgedanken des § 650b BGB unvereinbar und verstößt nicht gegen § 307 BGB. (Langen in Langen/Berger/Dauner-Lieb, § 650b Rdn. 122; Retzlaff, BauR 2017, 1747, 1795; Putzier, NZBau 2018, 131 ff.; a.A. Leinemann, NJW 2017, 3113, 3116; aufgegeben in Leinemann/Kues, § 650b BGB Rdn. 234). Dafür spricht auch, dass die Gesetzentwürfe bis ganz zum Schluss ein unmittelbar auszuübendes Gestaltungsrecht vorsahen, es also als eine grundsätzlich angemessene Regelung eingeordnet haben.

259 In jedem Fall erscheint es zulässig, für den Regelfall eine Einigungsfrist vor der Ausübung eines Änderungsrechts vorzusehen, diese aber in dringenden Fällen oder bei anderen berechtigten Interessen abzubedingen oder abzukürzen. Eine Frist von 30 Tagen ist für Bauverträge, die dieser Zeit planmäßig abgeschlossen sein sollen, ersichtlich ungeeignet. Gerade bei Änderungen nach Abs. 1 Nr. 2 zum Vermeiden von Mängeln kann ein schnelles Handeln geboten sein, z.B. wenn die Arbeiten zeitkritisch sind. Wenn beim Einheitspreisvertrag nur die die Bauausführung geändert wird, alle erforderlichen Leistungen im Leistungsverzeichnis bereits bepreist sind, macht eine 30-Tages-Frist keinen wirklichen Sinn. Ein solcher Einheitspreisvertrag trägt bereits einen gewissen Rahmencharakter in sich, was Änderungen auch ohne Verhandlungen auch für den Unternehmer zumutbar macht. Lässt der Besteller die beauftragte Mauer von 20 m statt von A nach B von A nach C setzen, sind schutzwürdige Interessen des Unternehmers nicht berührt.

260 Erst recht bestehen keine Bedenken dagegen, die 30-Tage-Frist durch das Scheitern von Verhandlungen zu ersetzen, wie es der Regierungsentwurf zunächst noch vorsah; das wäre letztlich nur eine Klarstellung (→ Rdn. 151 ff.). Denn die Maximalfrist soll gerade den Besteller schützen (OLG Frankfurt, Urt. v. 28.10.2020 – 29 U 146/19 Rn. 159), nicht aber durch Formalismus potentielle Behinderungen verursachen.

261 Auf der anderen Seite sind AGB des Unternehmers unangemessen, die die starre Frist des Abs. 2 auch noch weiter verlängern (OLG Frankfurt, Urt. v. 28.10.2020 – 29 U 146/19 Rn. 159 bei 42 Kalendertagen). Hier ist auch zu berücksichtigen, dass Verhandlungsgegenstände nur

Änderung des Vertrages; Anordnungsrecht des Bestellers § 650b

der Preis und gegebenfalls die Art der Umsetzung sind, nicht aber die Änderung als solches. Erst recht unwirksam ist eine Regelung in AGB des Unternehmers, die eine automatische Verlängerung der Fertigstellungsfrist um die Einlegungsfrist unabhängig vom tatsächlichen Vorliegen von Behinderungen und deren Verursachung (OLG Frankfurt, Urt. v. 28.10.2020 – 29 U 146/19 Rn. 166).

II. Wirksamkeit der VOB/B-Regelungen

Streitig ist, ob § 1 Abs. 3 VOB/B 2016 einer Inhaltskontrolle standhält, weil das Anordnungsrecht dem Wortlaut nach unbegrenzt ist. Nach der Rechtsprechung des Bundesgerichtshofs zu § 308 Nr. 4 BGB muss eine Klausel, die dem Verwender ein Leistungsbestimmungsrecht einräumt, erkennen lassen, dass der Verwender zu einer Änderung nur berechtigt ist, wenn triftige Gründe vorliegen. Im Hinblick auf die gebotene Klarheit und Verständlichkeit von Allgemeinen Geschäftsbedingungen sei es unverzichtbar, dass die Klausel die triftigen Gründe für das einseitige Leistungsbestimmungsrecht nennt und in ihren Voraussetzungen und Folgen erkennbar die Interessen des Vertragspartners angemessen berücksichtigt. Mit dieser Begründung hat der Bundesgerichtshof eine Klausel in einem Bauträgervertrag für unwirksam erachtet, in der dem Bauträger die Befugnis eingeräumt wurde, geänderte Leistungen zu erbringen, soweit sie gleichwertig sind (BGH, Urt. v. 23.6.2005 – VII ZR 200/04). Bei Anwendung dieser Grundsätze würde § 1 Abs. 3 VOB/B einer Inhaltskontrolle nach § 308 Nr. 4 BGB nicht standhalten. Das führt jedoch nicht weiter, weil die Klausel nur gegenüber Unternehmern verwendet wird und deshalb alleiniger Maßstab § 307 BGB ist. Gleichwohl werden gegen die Regelung des § 1 Abs. 3 VOB/B Bedenken erhoben, weil sie nach ihrem Wortlaut keinerlei Einschränkungen hinsichtlich der Änderungsbefugnis enthält. Es wird geltend gemacht, dass es in der Hand des Auftraggebers liege, eine Planung vorzulegen, die grundsätzlich nicht änderungsbedürftig sei und dass eine geänderte Leistung erheblich, nicht von vornherein im Vertrag vorhandene Risiken für den Auftragnehmer mit sich bringen könnte (Anker/Klingenfuß, BauR 2005, 1377; Bruns, ZfBR 2005, 525 jeweils m. w. N.). 262

Nach herrschender Meinung (vgl. Kapellmann/Messerschmidt/v. Rintelen, VOB/B § 1 Rdn. 101 ff.; Beck'scher VOB-Kommentar/Jansen, VOB/B § 1 Abs. 3 Rdn. 112 ff. jeweils m. w. N.) hielt die Regelung einer isolierten Inhaltskontrolle stand, als das Gesetzesrecht noch gar kein einseitiges Änderungsrecht des Bestellers kannte. Das entsprach auch der Rechtsprechung des Bundesgerichtshofs, selbst wenn er diesen Fall nicht unmittelbar zu entscheiden hatte. Der Bundesgerichtshof hat bereits bei der Inhaltskontrolle des § 1 Abs. 4 VOB/B auf die Besonderheiten des Baugeschehens abgestellt und diese Regelung für wirksam erachtet (BGH, Urt. v. 25.1.1996 – VII ZR 233/94). Hiergegen wurde geltend gemacht, dass die Einschränkungen des § 1 Abs. 4 VOB/B in § 1 Abs. 3 VOB/B nicht enthalten sind (vgl. Anker/Klingenfuß, BauR 2005, 1377). Das muss allerdings nicht zwingend zur Unwirksamkeit führen, da einseitige Leistungsbestimmungsrechte bereits nach § 315 BGB nur im Rahmen billigen Ermessens ausgeübt werden können (→ Rdn. 198). Es dürfte eine Eigenheit der Abwicklung von Bauvorhaben sein, dass sich die Voraussetzungen eines Leistungsbestimmungsrechts nicht abschließend beschreiben lassen. Das zeigt sich auch ganz deutlich an der weiten Formulierung des § 650b BGB. Schließlich hält der Bundesgerichtshof auch die Rechtsfolgenregelung des § 2 Abs. 5 VOB/B nicht für unangemessen (BGH, Urt. v. 25.1.1996 – VII ZR 233/94). Eine solche Entscheidung setzt voraus, dass ein wirksames Leistungsbestimmungsrecht nach § 1 Abs. 3 VOB/B angenommen wird. Quack hatte deshalb die AGB-Diskussion zu § 1 Abs. 3 VOB/B für „längst obsolet" erklärt und den Kritikern von § 1 Abs. 3 VOB/B vorgeworfen den Charakter des Bauvertrages als dynamische Leistungsbeziehung mit Kooperationsverpflichtung zu verkennen; die Charakterisierung von Nicklisch als „komplexe Langzeitverträge mit Rahmencharakter habe das Wohlgefallen des BGH gefunden (Quack, FS Ganten 2007 S. 211 ff.). 263

Obgleich nun ein weitgehend vergleichbares gesetzliches Änderungsrecht in § 650b BGB eingeführt wurde, VOB/B und BGB sich also viel ähnlicher geworden sind, wird geltend gemacht, dass nunmehr § 1 Abs. 3 und 4 VOB/B im Vergleich zum neuem Recht einer isolierten Inhaltskontrolle nicht standhalten können (Langen, NZBau 2019, 10 ff.; Oberhauser NZBau 2019, 3, 8 f.; Orlowski BauR 2017, 127, 1436 f.; Abel/Schönfeld, BauR 2018, 1, 12). Die geltend gemachten Unterschiede in Bezug auf die Subsidiarität und die fehlende ausdrückliche Normierung des Zumutbarkeitserfordernisses erscheinen eher formal. Die Subsidiarität gehört nicht zum gesetzlichen Leitbild (a. A. Leinemann/Kues, § 650b BGB Rdn. 251). Die dort vorgesehene Verhandlungsphase soll die Einigung zwischen den Parteien fördern, ist al- 264

§ 650b   Änderung des Vertrages; Anordnungsrecht des Bestellers

lerdings nicht essenziell für die Angemessenheit eines Anordnungsrechts (→ Rdn. 257). Hinzu kommt Folgendes: Der Gesetzgeber hat die Einigungsphase gerade auch zur Kompensation für den Eingriff in den Grundsatz pacta sunt servanda durch das gesetzliche Änderungsrecht eingeführt. Der Gesetzgeber hat damit Leitbilder für vertragliche Änderungsrechte damit überhaupt nicht geregelt, sondern nur eine Regelung für den Fall geschaffen, dass die Parteien trotz des beim Bauvertrag üblicherweise vorliegenden Änderungsbedarfs Regelungen hierzu nicht getroffen haben. Änderungsvorbehalte werden in §§ 315 ff. BGB als legitimes vertragliches Gestaltungsmittel vom BGB zur Verfügung gestellt. Ein einseitiges Anordnungsrecht war ausweislich der Entstehungsgeschichte die zunächst gewählte Option, die später nicht als unangemessen verworfen wurde, sondern die Einigungslösung als zur Streitvermeidung besser geeignet angesehen wurde.

265   Der Gesetzgeber hat dispositives Gesetzesrecht für die Fälle geschaffen, in denen die Parteien keine vertragliche Regelung über nachträgliche Änderungen vorgesehen haben. Diese Regelung lässt sich nicht dahin erweitern, dass auch vertraglich vereinbarte Änderungsrechte zwingend eine Einigungsphase vorsehen müssen, angemessen im Sinne des § 307 BGB zu sein. Einseitige Änderungsvorbehalte sind insbesondere bei Langzeitverträgen üblich und notwendig. Sie sind auch grundsätzlich als solche (vorbehaltlich der Ausgestaltung) angemessen; vor der Schaffung des § 650b BGB wurden sie verbreitet aus Treu und Glauben für den Bauvertrag abgeleitet. Sie sind darüber hinaus vertraglich absolut üblich, wie schon ein Überblick über die Standard-Bauverträge in den europäischen Nachbarländern zeigt. Auch der im Zuge der Vereinheitlichung des europäischen Privatrechts geschaffene „Draft Common Frame of Reference (DCFR)" sieht für Werkverträge ein einseitiges Leistungsänderungsrecht bei Vergütungsanpassung durch Preisfortschreibung in Art. IV.C.-2:109 vor (→ Rdn. 26). Das hat der Gesetzgeber bei seiner Methodenwahl nicht alles für falsch erklärt. Das Modell der VOB/B bleibt deshalb im Grundsatz üblich und angemessen.

266   Das Zumutbarkeitserfordernis gilt anerkanntermaßen auch für § 1 Abs. 3 VOB/B (dazu Retzlaff, BauR 2017, 1747, 1795). Da es keinen Niederschlag im Wortlaut gefunden hat, werden Tranzparenzbedenken geltend gemacht. Berücksichtigt man aber die Besonderheiten bei der Auslegung der VOB/B und die Übereinstimmung dieser Regelungen mit der Vertragspraxis in Standard-Bauverträgen in Deutschland und in den europäischen Nachbarländern (→ Rdn. 3 f.), sollten die Leistungsänderungsrechte der VOB/B auch weiterhin der isolierten Inhaltskontrolle auch bei Verwendung durch den Auftraggeber standhalten (Retzlaff, BauR 2017, 1747, 1795; Kapellmann, NZBau 2017, 635, 638; jurisPK-BGB/Leicht, § 650b BGB Rdn. 66; bei isolierter Betrachtung auch Langen in Langen/Berger/Dauner-Lieb, § 650b Rdn. 120 ff.; für Unwirksamkeit wegen des dem Wortlaut nach uneingeschränkten Änderungsrechts aber Kniffka → Vor § 631 BGB Rdn. 73 ff.). Das ändert natürlich nichts daran, dass eine AGB-rechtliche Überarbeitung von § 1 VOB/B geboten und von § 2 schlicht unvermeidbar ist (v. Rintelen, FS Messerschmidt, 2018, 279, 288 f., zu potentiellen Folgen der Unwirksamkeit vgl. Langen, NZBau 2019, 10, 12 ff.).

267   Unabhängig von der Angemessenheit und Transparenz von § 1 Abs. 3 VOB/B wird geltend gemacht, dass die Vergütungsregelungen in § 2 Abs. 5 und 6 VOB/B gegen das gesetzliche Leitbild des § 650c BGB verstoßen und deshalb unwirksam seien; damit stünde den Leistungsänderungsrechten des § 1 VOB/B keine wirksamen Vergütungsregelungen zu Seite, sodass deshalb die AGB-rechtliche Unwirksamkeit von § 2 Abs. 5 und 6 VOB/B auf die Leistungsänderungsrechte durchschlage (Langen in Langen/Berger/Dauner-Lieb, § 650b Rdn. 124 f.; Oberhauser in Dammert/Lenkeit/Oberhauser/Pause/Stretz, § 2 Rdn. 92).

I. Vergütung erbrachter Mehrleistung bei Einigungsmängeln

1. Überblick und Abgrenzung

268   Führt der Unternehmer eine geänderte oder zusätzliche Leistung aus, ohne dass die Parteien sich über die Verpflichtung des Bestellers zur Zahlung einer geänderten oder zusätzlichen Vergütung einig geworden sind oder der Besteller eine Anordnung nach § 650b Abs. 2 erklärt hat, ist zu unterscheiden.

269   Ist Einigkeit darüber erzielt worden, dass die Leistung ausgeführt wird, ohne dass über die Vergütung verhandelt worden ist, handelt es sich um eine konkludente Vertragsänderung.

Änderung des Vertrages; Anordnungsrecht des Bestellers §650b

Dem Unternehmer steht grundsätzlich die übliche Vergütung nach Maßgabe des §632 BGB zu (vgl. → Rdn. 141).

Ist Einigkeit darüber erzielt worden, dass die Leistung ausgeführt wird, besteht jedoch Streit 270 darüber, ob die Leistung zusätzlich zu vergüten ist, kann die erzielte Einigkeit dahin auszulegen sein, dass der Unternehmer eine vor Ausführung der Leistung geforderte Vergütung verlangen kann, wenn sich bei einer nachträglichen Prüfung herausstellt, dass sein Verlangen berechtigt ist. Das betrifft aber nur die Fälle, in denen der Besteller eine Leistung fordert und Streit lediglich darüber besteht, ob die Leistung nach dem Vertrag bereits geschuldet ist. Bestand auch Streit zwischen den Parteien über die Höhe der Zusatzvergütung oder hat der Unternehmer vor der Ausführung keine Vergütung gefordert, schuldet der Besteller die übliche Vergütung, wenn sich herausstellt, dass die geänderte oder zusätzliche Leistung nicht vereinbart war.

Ist nicht einmal Einigkeit darüber erzielt worden, dass die Leistung ausgeführt wird, han- 271 delt es sich um eine vertragslose Leistung. Eine vertragliche Vergütung kann es mithin nicht geben. Es können dem Unternehmer jedoch Ansprüche aus Geschäftsführung ohne Auftrag oder aus Bereicherung zustehen. Ansprüche aus Geschäftsführung ohne Auftrag können nicht mit der Begründung zurückgewiesen werden, es fehle schon deshalb an dem mutmaßlichen Willen des Bestellers, weil dieser nicht von Zusatzansprüchen auszugehen brauchte (BGH, Urt. v. 27.11.2003 – VII ZR 53/03). Zu Voraussetzungen und Inhalt dieses Anspruchs vgl. → Rdn. 273 ff.

Schließlich können die Parteien sich vollständig geeinigt haben, die Einigung beruhte aber 272 auf unrichtigen Vorstellungen des Bestellers über die Vergütungspflicht der Mehrleistung. Das sind z.B. Fälle, in denen eine bereits im Vertrag enthaltene Leistung noch einmal beauftragt wird. Das wird unter → Rdn. 318 ff. erörtert.

II. Gesetzliche Ansprüche des Unternehmers gegen den Bauherrn im BGB-Vertrag

1. Aufwendungsersatz aus Geschäftsführung ohne Auftrag

Nach der Rechtsprechung des Bundesgerichtshofs hat derjenige Vertragspartner, der zur 273 Erfüllung eines vermeintlich wirksamen Vertrages leistet, die gesetzlichen Ansprüche aus der Geschäftsführung ohne Auftrag. Der Bundesgerichtshof geht davon aus, dass diese Ansprüche nicht nur dann bestehen, wenn der Geschäftsführer nur ein fremdes Geschäft erledigen will, sondern auch dann, wenn er auch ein eigenes Geschäft erledigen, also z.B. einen vermeintlich wirksamen Vertrag erfüllen will (BGH, Urt. v. 26.1.2005 – VIII ZR 66/04 m.w.N.; Urt. v. 30.9.1993 – VII ZR 178/91; Urt. v. 25.6.1962 – VII ZR 120/61). Diese Rechtsprechung ist zwar immer wieder angegriffen worden. Es bestehen jedoch keine Anhaltspunkte dafür, dass sie aufgegeben wird, auch wenn der Anwendungsbereich des auch-fremden-Geschäfts in letzter Zeit etwas eingeschränkt worden ist (vgl. Thole, NJW 2010, 1243 ff.; einschränkend z.B. BGH, Urt. v. 27.5.2009 – VIII ZR 302/07 für wegen einer unwirksamen Klausel nicht geschuldete Schönheitsreparaturen eines Mieters).

a) Leistung ohne Vertrag/Auftrag

Der Aufwendungserstattungsanspruch aus Geschäftsführung ohne Auftrag setzt in der Regel 274 voraus, dass ein Vertrag über die Leistung mit dem Geschäftsherrn nicht (wirksam) zustande gekommen ist. Paradefälle sind die Veranlassung der Leistung durch nicht Vertretungsberechtigte oder die Nichteinhaltung von Formvorschriften. Beim Bestehen einer vertraglichen Verpflichtung mit einem Dritten wären bei objektiv fremdem Geschäft Ansprüche gegen Geschäftsherrn grundsätzlich möglich. Nicht anwendbar sind die Regeln der Geschäftsführung ohne Auftrag aber, wenn der Unternehmer mit einem Dritten einen Werkvertrag geschlossen hat, in dem die Entgeltfrage geregelt ist, auch wenn er seinen Entgeltanspruch gegenüber dem anderen Vertragsteil nicht durchsetzen kann (BGH, Urt. v. 21.10.2003 – X ZR 66/01). Wenn ein Rechtsverhältnis begründet wird, das den Leistungsaustausch regelt, kann nicht auf die Vorschriften über die Geschäftsführung ohne Auftrag zurückgegriffen werden, auch wenn das Rechtsgeschäft im Interesse eines Dritten ist. Dementsprechend hat ein Unternehmer, der unter umfassender Regelung seines Werklohns vom einem Generalunternehmer mit Bauleistungen beauftragt wird, gegen den Auftraggeber des Generalunternehmers, dem die Bauleistungen zugutekommen, keinen Aufwendungsersatzanspruch aus Geschäftsführung ohne Auftrag (BGH, Urt. v. 15.4.2004 – VII ZR 212/03). Durch die Rechtsfigur der Geschäftsführung

§ 650b Änderung des Vertrages; Anordnungsrecht des Bestellers

ohne Auftrag kann das Risiko des Unternehmers, dass sein Vertragspartner insolvent wird, nicht überspielt werden.

275 Der Anspruch auf Aufwendungsersatz hängt nicht davon ab, dass die Übernahme der Geschäftsführung, also die Ausführung der auftragslosen Leistung, dem Geschäftsherrn angezeigt wurde. Der Geschäftsführer ist zwar verpflichtet, diese Anzeige vorzunehmen, wenn nicht Gefahr in Verzug ist, § 681 BGB. Das Gesetz bestimmt jedoch ausdrücklich, dass der Aufwendungsersatzanspruch unabhängig von der Anzeige ist, § 681 Satz 2 BGB. Aus der Verletzung der Anzeigepflicht können deshalb nur Schadensersatzansprüche hergeleitet werden (vgl. BGH, Urt. v. 26.1.2005 – VIII ZR 66/04). Mit diesem Schadensersatzanspruch kann der Besteller z. B. geltend machen, dass er die Leistung, wenn sie ihm angezeigt worden wäre, gar nicht oder anderweitig günstiger vergeben hätte.

276 Der Anspruch auf Aufwendungsersatz hängt auch nicht davon ab, dass der Unternehmer erkennen kann, dass der Bauausführung keine wirksame vertragliche Vereinbarung zugrunde liegt (Leupertz, BauR 2005, 775, 777). Es ist geradezu Voraussetzung für einen Anspruch aus § 670 BGB, dass diese nicht vorliegt.

b) Leistung im Interesse des Bestellers/Geschäftsherrn

277 Voraussetzung für einen Anspruch aus §§ 683, 670 BGB ist, dass die Leistung des Geschäftsführers (Unternehmers) im Interesse des Geschäftsherrn (Bestellers) ist und seinem tatsächlichen oder mutmaßlichen Willen entspricht. Das ist regelmäßig der Fall, wenn sie ihm objektiv nützlich ist. Wenn keine weiteren Anhaltspunkte bestehen, entspricht der mutmaßliche Wille dem objektiv zu beurteilenden Interesse des Geschäftsherrn (BGH, Urt. v. 20.4.1967 – VII ZR 326/64).

278 Maßgeblich für den tatsächlichen Willen des Geschäftsherrn ist der nach außen erkennbar gewordene wirkliche Wille des Geschäftsherrn, auch wenn er nicht notwendig für den Geschäftsführer selbst erkennbar gewesen sein muss (BGH, Urt. v. 12.1.1955 – VI ZR 273/53). Der Geschäftsführer muss diesen vor Beginn der Ausführung mit zumutbarem Aufwand erforschen und selbst dann beachten, wenn er unvernünftig oder interessenwidrig ist (BGH, Urt. v. 2.4.1998 – III ZR 251/96). Hat der Geschäftsherr die Geschäftsführung tatsächlich abgelehnt, kann ein Anspruch aus § 670 BGB grundsätzlich nicht auf einen hiervon abweichenden mutmaßlichen Willen gestützt werden. Der wirkliche Wille ist gemäß § 679, 683 Satz 2 BGB allerdings dann ausnahmsweise unbeachtlich, wenn ohne die Geschäftsführung eine Pflicht des Geschäftsherrn, deren Erfüllung im öffentlichen Interesse liegt, nicht rechtzeitig erfüllt würde.

279 Ist der wirkliche Wille nicht feststellbar oder ausnahmsweise unbeachtlich, kommt es auf den mutmaßlichen Willen des Geschäftsherrn an. Mutmaßlich ist derjenige Wille des Bestellers, der bei objektiver Beurteilung aller gegebenen Umstände von einem verständigen Betrachter vorauszusetzen ist. Tatsächliche Alternativen des Bestellers sind hierbei zu berücksichtigen, nicht aber nur theoretisch denkbare Möglichkeiten (BGH, Urt. V 27.11.2003 – VII ZR 346/01; Urt. v. 4.4.1974 – VII ZR 222/72). Macht der Besteller geltend, die Zusatzarbeiten nicht gewollt zu haben, ist bei notwendigen Zusatzleistungen zu prüfen, ob eine Aufgabe des (Gesamt-) Vorhabens überhaupt ernsthaft in Betracht gekommen wäre (BGH, Urt. v. 27.11.2003 – VII ZR 346/01) Im Rahmen einer Gesamtbetrachtung der objektiven Umstände ist zu berücksichtigen, welche Folgen für den Geschäftsherrn entstanden wären, wenn diese Leistung nicht durchgeführt worden wäre. Insbesondere dann, wenn die ursprünglich in Auftrag gegebene Leistung nicht brauchbar gewesen wäre und ein Abbruch des Bauvorhabens nicht in Betracht gekommen wäre, wird häufig der mutmaßliche Wille bei verständiger Betrachtung für ein Einverständnis mit der Leistung sprechen. Das kann selbst dann sein, wenn die Mittel zur Finanzierung an sich nicht zur Verfügung stehen, jedoch faktisch keine andere Wahl bleibt (vgl. BGH, Urt. v. 27.11.2003 – VII ZR 346/01 für den Fall, dass Haushaltsmittel nicht bereit stehen, eine andere Alternative als die Ausführung jedoch nicht ernsthaft bestand).

280 Es müssen alle Umstände im Zeitpunkt der Leistungserbringung berücksichtigt werden. Eine Bauleistung entspricht z. B. nicht seinem mutmaßlichen Willen, wenn sie erkennbar nicht notwendig und auch nicht finanzierbar war (vgl. OLG Köln, Urt. v. 16.5.2012 – 11 U 154/11). Auch entsprechen nicht dem mutmaßlichen Willen des Geschäftsherrn solche Leistungen, die in Auftrag gegeben werden, um Mängel anderer Unternehmer zu beseitigen, solange gegen diese Unternehmer noch Mängelbeseitigungsansprüche bestehen (vgl. OLG Hamm, Urt. v. 12.6.1997 – 24 U 183/96). Da die Bewertung letztlich vom Einzelfall abhängt, bestehen beträchtliche Risiken für den Unternehmer, der den wirklichen oder mutmaßlichen Willen der Gemeinde im Streitfall nachweisen muss.

Änderung des Vertrages; Anordnungsrecht des Bestellers   § 650b

Zusatz- oder Änderungsleistungen werden in aller Regel dem mutmaßlichen Willen des 281
Geschäftsherrn entsprechen, wenn sie für die ordnungsgemäße Durchführung der Bauleistung erforderlich waren (BGH, Urt. v. 27.11.2003 – VII ZR 346/01; OLG Hamburg, Urt. v. 26.6.2002 – 4 U 217/98; OLG Frankfurt, Urt. v. 4.4.2003 – 24 U 188/00). Das gilt jedoch nicht für zu teure Leistungen, wenn anderweitige günstigere Ausführungen zum gleichen Erfolg führen (OLG Düsseldorf, Urt. v. 9.12.1999 – 12 U 195/98) oder für den Besteller ausreichend gewesen wären (OLG Brandenburg, Urt. v. 25.8.2011 – 12 U 69/10). Bestehen tatsächlich aber keine Alternative, entspricht die Leistung in der Regel dem mutmaßlichen Willen selbst dann, falls der Geschäftsherr nicht über die erforderlichen Mittel verfügt (vgl. → Rdn. 279).

c) Zusatzleistungen bei Pauschalverträgen

Auch beim Pauschalvertrag bestehen grundsätzlich unabhängig von der Erheblichkeit 282
der Mehraufwendungen für Mehrleistungen auch Mehrvergütungsansprüche (BGH, Urt. v. 27.11.2003 – VII ZR 53/03; näher → Rdn. 142). Wird die Leistungsumfang nicht rechtsgeschäftlich erweitert, hat der Unternehmer statt vertraglichen Ansprüche Aufwendungserstattungsansprüche aus §§ 683, 677 BGB oder Bereicherungsansprüche.

Problematisiert wird, ob auch solche Leistungen zu einem Aufwendungsersatzanspruch nach 283
§ 670 BGB führen können, die deshalb notwendig werden, weil das funktional geschuldete Vertragssoll nicht durch die vertraglich vereinbarte Leistung erbracht werden kann. Es geht um die häufigen Fälle, dass eine bestimmte Leistung pauschal ausgeschrieben wird, die detaillierte Leistungsbeschreibung jedoch Lücken enthält, die dazu führen, dass zur Erbringung einer mangelfreien Leistung zusätzliche Leistungen erbracht werden müssen. Dem Unternehmer stehen vertragliche Mehrvergütungsansprüche zu, falls die Auslegung des Vertrages ergibt, dass die nicht beschriebenen Leistungen auch nicht geschuldet sind (vgl. → § 631 BGB Rdn. 851 ff.). Ist keine vertragliche Leistungserweiterung vereinbart oder angeordnet worden, stellt sich die Frage, ob auch ein Fall der Geschäftsführung ohne Auftrag vorliegt. Es wird geltend gemacht, dass die Leistung nicht ohne Auftrag erfolge, weil der Unternehmer verpflichtet sei, eine mangelfreie Leistung zu erbringen. Es könne keine auftragslose Leistung vorliegen, wenn der Unternehmer die erbringe, was er erbringen müsse, um mangelfrei zu arbeiten. Zur Erzielung eines interessengerechten Ergebnisses soll eine Vergütungsanpassung nach den Grundsätzen über den Wegfall der Geschäftsgrundlage (§ 313 BGB) erfolgen (Leupertz, BauR 2005, 784 ff.; ebenso Oberhauser, BauR 2005, 919 ff.). Diese Begrenzung auftragsloser Leistungen ist aber nicht zwingend. Ebenso lässt sich vertreten, dass eine Geschäftsführung ohne Auftrag auch vorliege, wenn die erbrachte Leistung nicht vom Leistungssoll abgedeckt ist.

d) Inhalt des Anspruchs

Entspricht die Mehrleistung dem Interesse und dem wirklichen oder dem mutmaßlichen 284
Willen des Geschäftsherrn, so kann der Geschäftsführer wie ein Beauftragter Ersatz seiner Aufwendungen verlangen, § 683 BGB. Der Beauftragte kann gemäß § 670 BGB Ersatz der Aufwendungen verlangen, die er den Umständen nach für erforderlich halten darf. Maßstab ist eine objektivierte ex-ante-Betrachtung.

Nach der Rechtsprechung entspricht der Aufwendungsersatzanspruch der üblichen Ver- 285
gütung, wenn die Besorgung eines fremden Geschäfts im Rahmen eines Berufs oder des Gewerbes des Geschäftsführers erfolgt (BGH, Urt. v. 26.1.2005 – VIII ZR 66/04 m.w.N.; Urt. v. 11.6.1992 – VII ZR 110/91), was im Baubereich regelmäßig der Fall ist. Üblich ist nach § 632 BGB die Vergütung, die zur Zeit des Vertragsschlusses nach allgemeiner Auffassung der beteiligten Kreise am Ort der Werkleistung gewährt zu werden pflegt (BGH, Urt. v. 26.10.2000 – VII ZR 239/98). Bei Änderungsleistungen sind deren Besonderheiten zu berücksichtigen, sodass die übliche Vergütung ggf. auf Basis der erforderlichen tatsächlichen Kosten zu ermitteln ist (vgl. → Rdn. 141). Ergebnis ist, dass der Unternehmer für die auftragslose Leistung im Ergebnis im Wesentlichen die gleiche Vergütung erhält wie bei einer vertraglichen Leistungserweiterung ohne Vergütungsvereinbarung.

Die Rechtsprechung macht bei fehlenden Gewährleistungsrechten aber Abzüge von der 286
üblichen Vergütung Denn die übliche Vergütung orientiert sich an wirksamen Verträgen. Da kein wirksamer Vertrag vorliegt und damit keine Nacherfüllungsansprüche bestehen, sind die dadurch entstehenden Nachteile auszugleichen. Dem muss grundsätzlich durch eine Reduzierung des üblichen Lohns Rechnung getragen werden (BGH, Urt. v. 31.5.1990 – VII ZR 336/89; anders noch BGH, Urt. v. 5.11.1981 – VII ZR 216/80, wonach allein die abstrakte

§ 650b Änderung des Vertrages; Anordnungsrecht des Bestellers

Mangelmöglichkeit noch keine Minderung rechtfertigen soll). Die Gerichte haben bei der Bewertung des Abschlags für mögliche Mängel einen Bewertungsspielraum. Maßgeblich ist, mit welcher Wahrscheinlichkeit in welchem Umfang Mängel zu erwarten sind. Hierfür spielt die Qualität der bereits erbrachten Leistung natürlich eine große Rolle (KG, Urt. v. 17.7.2006 – 24 U 374/02). Die Prognose ist außerordentlich schwierig.

287   Der Besteller trägt dabei ein großes Risiko. Geht das Gericht bei der Bemessung der Vergütung von einer geringen Mängelwahrscheinlichkeit aus, kann die Reduzierung der üblichen Vergütung sehr gering sein oder unter Umständen sogar ganz entfallen. Taucht später ein Mangel auf, kann er keine Mängelrechte geltend machen. Der bloße Risikoabzug bleibt regelmäßig hinter den beim späteren Auftreten eines Mangels erforderlichen Beseitigungskosten zurück. Deshalb sollte der Besteller durchaus überlegen, die jeweiligen Rechtsgeschäfte zu genehmigen. Das gilt insbesondere bei vollmachtloser Vertretung durch den Bauleiter. Dadurch erhält er die verschuldensunabhängige Mängelrechte, während er im Falle der Nichtgenehmigung zwar die Leistung nach den Grundsätzen der Geschäftsführung ohne Auftrag bezahlen muss, jedoch keine Mängelrechte mehr hat. Er ist dann auf verschuldensabhängige Schadensersatzansprüche gegen den Geschäftsführer/Unternehmer nach § 677 BGB beschränkt (BGH, Urt. v. 30.9.1993 – VII ZR 178/91). Auf diesem Hintergrund ist es bisweilen schwer verständlich, dass Besteller durch Bauleiter vergebenen Aufträgen im Nachhinein immer öfter die Genehmigung versagen.

288   Auf der anderen Seite soll der Unternehmer bei einer unwirksamen Beauftragung auch keinen höheren Anspruch haben, als er bei einer wirksamen Beauftragung hätte. Hat der Unternehmer einen Aufwendungserstattungsanspruch, weil die Vereinbarung mit dem Geschäftsherrn unwirksam ist, so kann der Unternehmer i. d. R. keine höhere Vergütung fordern (BGH, Urt. v. 30.9.1993 – VII ZR 178/91), soweit die Unwirksamkeit nicht gerade aus der Höhe der Vergütung folgt. Der X. Zivilsenats will beim Pauschalvertrag bei Zusatzleistungen ohne vertragliche Erweiterung der Leistungspflicht nur eine Anpassung der Pauschale an die geänderten Verhältnisse vornehmen (BGH, Urt. v. 8.1.2002 – X ZR 6/00), was wohl auch als Begrenzung der Vergütung gedacht ist.

289   Die Rechtsprechung zum Aufwendungsersatz auf Basis der üblichen Vergütung ist seit je her in der Literatur umstritten und durchaus problematisch (vgl. Staudinger/Bergmann, BGB, § 683 Rdn. 58, m. w. N.; kritisch konkret für den Baubereich: Leupertz, BauR 2005, 775, 777 f.). Danach sollen §§ 683, 670 BGB dem Geschäftsführer/Unternehmer nur einen angemessenen Ausgleich für die im Zusammenhang mit der Geschäftsbesorgung freiwillig erbrachten Vermögensopfer gewähren, jedoch keine Gewinnansprüche Dem Geschäftsführer sind danach (nur) die tatsächlichen Aufwendungen zu ersetzen. Das sind die tatsächlich baustellenbezogenen angefallenen Aufwendungen für Gerät, Material und Personal inklusive Baustellengemeinkosten, Kosten der Baustelleneinrichtung, Sonderkosten der Baustelle sowie der sich wegen der Geschäftsbesorgung eventuell darüber hinaus ergebende Mindererwerb (Leupertz, BauR 2005, 775, 777 f. und Messerschmidt/Voit/Leupertz, Syst. Teil K Rdn. 78). Diese Aufwendungen dürften auch nicht fiktiv nach üblichen Sätzen berechnet werden. Dementsprechend sind die kalkulatorischen Ansätze für Allgemeine Geschäftskosten, Gewinn und Wagnis grundsätzlich nicht ersatzfähig. Die übliche Vergütung ist vielmehr nur dann maßgebend, wenn der Geschäftsführer einen Unternehmer zur Geschäftsführung beauftragt, den er nach üblicher Vergütung bezahlt. Denn diese Aufwendungen darf er für erforderlich halten. Leupertz macht geltend, dass die Orientierung an der üblichen Vergütung nicht interessengerecht ist. Es fehlt nicht nur eine Entgeltlichkeitsvereinbarung, sondern auch eine der üblichen Vergütung entsprechende Gegenleistung. Diese entspricht nach ihrem Inhalt und rechtlichen Wertigkeit nicht der vertraglichen Leistungen, sondern bleibt regelmäßig dahinter zurück. Es ist deshalb nicht gerechtfertigt, im Lichte des durch §§ 683, 670 BGB zu gewährleistenden Interessenausgleichs auch bei auftragslosen Leistungen den Aufwendungsersatz an der an üblichen Vertragspreisen orientierten Vergütung zu bemessen. Der Geschäftsführer würde sich in vielen Fällen besser stellen, wenn er ohne Vertrag eine Bauleistung erbringt, denn dann wäre ihm die übliche Vergütung sicher, die er möglicherweise durch Vertragsverhandlungen nicht hätte durchsetzen können. Andererseits hätte der Besteller keine Mängelrechte gemäß § 634 BGB, denn diese setzen einen wirksamen Vertrag voraus. Ihm bliebe lediglich der Anspruch aus Verletzung der Geschäftsführerpflichten.

290   Die von Leupertz vorgeschlagene Abrechnung entspricht im Ausgangspunkt der neuen Abrechnung nach § 650c Abs. 1 BGB, die bei Zusatz- und Änderungsleistungen vielfach der üblichen Vergütung entsprechen wird. Der entscheidende Unterschied sind die fehlenden Zuschläge für AGK, Wagnis und Gewinn wegen der fehlenden Entgeltlichkeitsvereinbarung.

Änderung des Vertrages; Anordnungsrecht des Bestellers   §650b

Hierauf besteht nach herrschender Meinung auch bei §670 BGB ein Anspruch, weil es anders als beim unentgeltlichen Auftrag an der Unentgeltlichkeitsvereinbarung fehlt (BGH, Urt. v. 15.12.1975 – II ZR 54/74; Urt. v. 21.10.1999 – III ZR 319/98). Ein Wechsel der ständigen Rechtsprechung zur vergütungsgleichen Abrechnung steht trotz der permanenten Kritik nicht zu erwarten, zumal sie von mehreren Senaten geprägt ist.

2. Bereicherungsansprüche

Im Falle einer auftragslosen Leistung sind die beiderseitigen Leistungen nach Bereicherungsrecht zurückzugewähren, §812 Abs. 1 Satz 1 1. Alt. BGB (Leistungskondiktion). Ist das Bereicherungsrecht anwendbar, muss der Leistungsempfänger die Bereicherung herausgeben, die er durch eine vertragslose Leistung des Unternehmers erhalten hat. Es kommt dann nicht darauf an, ob die Leistung im Interesse und im mutmaßlichen Willen des Leistungsempfängers erbracht worden ist, wie das Voraussetzung eines Anspruchs aus §670 BGB ist. Ausreichend ist der Umstand, dass er Leistungen empfangen hat und eine Bereicherung vorliegt. Da die Herausgabe der Bauleistung in aller Regel wegen der festen Verbindung mit dem Grundstück nicht möglich ist, hat der Bereicherte gemäß §818 Abs. 2 BGB den Wert der Bauleistung zu ersetzen. Das gilt gemäß §818 Abs. 3 BGB nicht, wenn er nicht mehr bereichert ist. Das ist jedoch ein Ausnahmefall, der sehr selten vorliegt. Danach muss ein Leistungsempfänger selbst dann noch Wertersatz leisten, wenn die ohne Auftrag erbrachten Bauleistungen nicht in seinem Interesse waren, jedoch eine Bereicherung verblieben ist (vgl. dazu Kemper/Schaarschmidt, BauR 2000, 1651, 1663). 291

Nach der Rechtsprechung des Bundesgerichtshofs besteht der Bereicherungsanspruch grundsätzlich in Höhe der ersparten Aufwendungen, wenn die Leistung plangerecht erfolgte und sie vom vermeintlichen Besteller entgegen genommen und genutzt wird (BGH, Urt. v. 26.4.2001 – VII ZR 222/99; Urt. v. 4.4.2002 – VII ZR 26/01). Grundlage für die Bewertung der ersparten Aufwendungen ist nach der Rechtsprechung wiederum die übliche Vergütung. 292

Soweit geltend gemacht wird, dass der Anspruch aus §670 BGB keine Gewinnvergütung enthielte (→ Rdn, 289), müsste das für den Anspruch gemäß §818 BGB ebenfalls gelten (Leupertz, BauR 2005, 775, 784 m.w.N.). Denn ansonsten könnte der unberechtigte Geschäftsführer über die bereicherungsrechtliche Abwicklung einen werthaltigeren Ausgleich für seine Leistung erhalten als der berechtigte Geschäftsführer. 293

Soweit die Leistung mangelhaft ist, liegt keine Bereicherung vor (BGH, Urt. v. 5.11.1981 – VII ZR 216/80). Insoweit ist die übliche Vergütung von vornherein um den Betrag zu kürzen, der für die Mängelbeseitigung aufzuwenden ist (vgl. KG, Urt. v. 17.7.2006 – 24 U 374/02). Aber auch wenn ein Mangel noch nicht aufgetreten ist, kann von der üblichen Vergütung unter Umständen ein Abschlag vorzunehmen sein, um den Minderwert durch fehlende Mängelrechte auszugleichen (BGH, Urt. v. 31.5.1990 – VII ZR 336/89; anders noch BGH, Urt. v. 5.11.1981 – VII ZR 216/80). Hier gilt das Gleiche wie bei der Bemessung der Vergütung nach §§683, 670 BGB (→ Rdn. 286). Auch hier gilt, dass ein nachträglich vertragliche Einbeziehung zur Wahrung der Mängelrechte für den Besteller besser, sein kann (→ Rdn. 287). 294

Ansonsten gelten die allgemeinen Grundsätze, auch die der aufgedrängten Bereicherung. Bei Bauleistungen wird von einer aufgedrängten Bereicherung in aller Regel dann nicht ausgegangen werden können, wenn der Besteller zwar die Möglichkeit hat, ohne wesentliche Nachteile die Beseitigung der auftragslosen Leistung zu fordern, er sie jedoch nicht wahr nimmt, sondern das Bauwerk nutzt. Anders ist das bei solchen Leistungen, die nicht ohne erhebliche Nachteile für den Bereicherten entfernt werden können. Sind diese Leistungen aufgedrängt, so entspricht es nicht der dem Bereicherungsausgleich zugrunde liegenden Billigkeit, den Besteller die Vergütung in Höhe der üblichen Vergütung zahlen zu lassen. Denn Grundlage müssen nach wie vor die ersparten Aufwendungen sein. Wenn der Besteller die aufgedrängte Leistung nicht in Auftrag gegeben hätte, hat er nichts erspart (OLG Köln, Urt. v. 16.5.2012 – 11 U 154/11). Erfasst sind die Fälle, in denen keine für die mangelfreie Erfüllung des Vertrages notwendigen Leistungen ausgeführt worden sind, sondern solche, die nicht notwendig sind. Insoweit kommt es auf den Einzelfall an. Diese Leistungen können objektiv nützlich sein und es kann gerechtfertigt sein, als Bereicherung die übliche Vergütung anzusetzen, wenn der Besteller die Leistung tatsächlich nutzt, ohne deren ohne weiteres mögliche Entfernung zu beanspruchen. Im Übrigen ist zu prüfen, welche Verkehrswertsteigerung des Gebäudes durch die aufgedrängte Bereicherung verursacht wurde (OLG Brandenburg, Urt. v. 25.8.2011 – 12 U 69/10). Eine objektiv nutzlose Leistung muss überhaupt nicht vergütet werden, wenn sie nicht zu einer 295

§ 650b Änderung des Vertrages; Anordnungsrecht des Bestellers

Wertsteigerung des Grundstücks führt. Aber auch in den Fällen der Wertsteigerung muss bei der Bereicherung berücksichtigt werden, inwieweit diese realisierbar ist.

296   Ein Bereicherungsanspruch kommt auch dann in Betracht, wenn die Vertragspartner gegen ein gesetzliches Verbot verstoßen und der Vertrag deshalb nichtig ist. Ist der Vertrag wegen Verstoßes gegen das Gesetz zur Bekämpfung der Schwarzarbeit nichtig, steht dem Unternehmer wegen § 817 Satz 2 BGB ein Bereicherungsanspruch nach neuer Rechtsprechung nicht zu (BGH, Urt. v. 10.4.2014 – VII ZR 241/13; Urt. v. 11.6.2015 – VII ZR 216/14). Damit hat der BGH seine frühere Auffassung einer einschränkenden Auslegung des § 817 Abs. 2 BGB (so BGH, Urt. v. 31.5.1990 – VII ZR 336/89) ausdrücklich aufgegeben (vgl. näher Fricke BauR 2015, 1244 ff.; kritisch Dölle, BauR 2015, 393 ff.). Anderseits kann aber auch der Besteller geleisteten Werklohn nicht zurückfordern (BGH, Urt. v. 11.6.2015 – VII ZR 216/14).

III. Ansprüche des Unternehmers im VOB-Vertrag

1. Systematik und Entwicklung des § 2 Abs. 8 VOB/B

297   In der VOB/B ist die Vergütung vertragsloser Leistungen wenig übersichtlich und zum Teil auch wenig nachvollziehbar geregelt (vgl. dazu Hofmann, BauR 1996, 640; Kemper/Schaarschmidt, BauR 2000, 1651; Oberhauser, BauR 2005, 919). § 2 Abs. 8 VOB/B betrifft Leistungen, die der Unternehmer ohne Auftrag oder unter eigenmächtiger Abweichung vom Auftrag ausführt. Erfasst werden sowohl zusätzliche Leistungen als auch vom Vertrag abweichende Leistungen und zwar unabhängig davon, ob sie vom Erfolgssoll erfasst sind oder nicht (Oberhauser, BauR 2005, 919). § 2 Abs. 8 VOB/B deckt deshalb aller Fälle, in denen eine Leistung nach dem Vertrag nicht vorgesehen ist, eine wirksame leistungsmodifizierende Anordnung im Sinne der §§ 1 Abs. 3 und 4 VOB/B fehlt und auch keine weitere rechtsgeschäftliche Grundlage für einen Vergütungsanspruch besteht.

298   Nach dem Grundsatz in § 2 Abs. 8 Nr. 1 VOB/B erhält der Unternehmer für derartige auftragslose oder gar eigenmächtigen Arbeiten nicht nur keine Vergütung; der Besteller kann auch Beseitigung und ggf. Schadensersatz verlangen.

299   Der in § 2 Abs. 8 Nr. 1 VOB/B geregelte Grundsatz der Nichtvergütung läuft wegen der Vergütungstatbestände in den Nr. 2 und 3 aber praktisch leer. Wird die Leistung vom Besteller nachträglich anerkannt oder ist sie notwendig und unverzüglich angezeigt, erfolgt eine vertragliche Vergütung nach den Vertragspreisen (Nr. 2). Liegen diese Voraussetzungen nicht vor, verbleibt immer noch die Abrechnung nach den Grundsätzen der Geschäftsführung ohne Auftrag (Nr. 3). Der Unternehmer erhält dann nach der Rechtsprechung die übliche Vergütung.

300   Diese nicht aufeinander abgestimmten Regelungen erklären sich historisch. Die Fassungen der VOB/B bis 1996 sahen eine Vergütung auftragsloser Leistungen nur in den Fällen der heutigen Nr. 2 (Anerkenntnis bzw. Erforderlichkeit und unverzügliche Anzeige) vor. Als ausdrücklich abschließende Regelung schlossen sie Ansprüche aus Geschäftsführung ohne Auftrag oder Bereicherungsrecht aus. Nach der Rechtsprechung des Bundesgerichtshofs benachteiligte § 2 Nr. 8 VOB/B a. F. den Unternehmer unangemessen, weil die gesetzlichen Ansprüche aus Geschäftsführung ohne Auftrag oder Bereicherung ausgeschlossen werden, ohne dass das Interesse des Bestellers an rechtzeitiger Information einen solchen vollständigen Ausschluss rechtfertigt (BGH, Urt. v. 31.1.1991 – VII ZR 291/88). Einer isolierten Inhaltskontrolle, die zu Lasten des Verwenders vorzunehmen ist, wenn die VOB/B nicht als Ganzes vereinbart ist, hielt § 2 Nr. 8 Abs. 2 VOB/B a. F. nicht stand (BGH, Urt. v. 31.1.1991 – VII ZR 291/88; Urt. v. 27.11.2003 – VII ZR 346/01; Urt. v. 27.11.2003 – VII ZR 53/03; Beschl. v. 26.2.2004 – VII ZR 96/03).

301   1996 wurde deshalb als Reaktion auf das Verdikt des Bundesgerichtshofs mit dem damaligen § 2 Nr. 8 Abs. 3 VOB/B die Regelung eingeführt, dass die Vorschriften der Geschäftsführung ohne Auftrag unberührt bleiben, ohne aber die vorhandenen Regelungen anzupassen, z. B. § 2 Abs. 8 Nr. 2 Satz 2 VOB/B zu streichen. Damit laufen die strengen Voraussetzungen des § 2 Abs. 8 Nr. 2 VOB/B faktisch leer. Der Unternehmer hat vielmehr nun ein Wahlrecht zwischen verschiedenen Vergütungsermittlungsmethoden. Dieses rechttechnische Armutszeugnis ist Folge des im Deutschen Vergabe- und Vertragsausschusses für Bauleistungen (DVA) geltenden Prinzips des Minimalkonsens (vgl. zu Grundlagen und Entwicklung der VOB/B Kapellmann/Messerschmidt-von Rintelen, VOB/B Einleitung Rdn. 1 ff.).

2. Vergütung nach Anerkenntnis der Leistung (§ 2 Abs. 8 Nr. 2 Satz 1 VOB/B)

Nach § 2 Abs. 8 Nr. 2 Satz 1 VOB/B steht dem Unternehmer eine Vergütung zu, wenn der 302
Besteller solche Leistungen nachträglich (als Vertragsleistung) anerkennt. Der Vergütungsanspruch ist entsprechend § 2 Abs. 5 und Abs. 6 VOB/B zu berechnen, § 2 Abs. 8 Nr. 2 Satz 3 VOB/B.

Maßgeblich ist, dass der Besteller die erbrachten Leistungen als vertragliche anerkennt. Der 303
Besteller muss zum Ausdruck bringen, dass er einer Integration der auftragslosen Leistung in den Vertrag zustimmt. Das Anerkenntnis ist formfrei und kann auch konkludent erfolgen. Ob ein Anerkenntnis vorliegt, ergibt die Würdigung des Verhaltens des Bestellers. Allein der Umstand, dass der Besteller nicht beauftragte Leistungen nicht beanstandet, reicht nicht aus. Denn das kann darauf zurückzuführen sein, dass er sich mit der Leistung abfindet, ohne diese jedoch als vertragliche zu billigen (vgl. Beispiele bei Oberhauser, BauR 2005, 919, 929). Teilweise wird formuliert, es genüge, dass der Auftraggeber die ohne oder abweichend vom Vertrag ausgeführte Leistung bemerkt und gleichwohl weiterbauen lässt; das genügt aber nur, wenn hieraus deutlich wird, dass der Auftraggeber mit der Leistung letztlich doch einverstanden ist und sie als in den Vertrag einbezogen wissen will (vgl. z.B. OLG Schleswig, Urt. v. 29.6.2010 – 3 U 92/09). Von einem nachträglichen Anerkenntnis ist auszugehen, wenn der Auftraggeber Kenntnis der vollmachtlosen Beauftragung durch den Architekten hat, dieser nicht widerspricht, sondern die Leistungen nach ihrer Ausführung abnimmt (OLG Brandenburg, Urt. v. 8.12.2016 – 12 U 192/15) Ein konkludentes Anerkenntnis von Leistungen im Sinne des § 2 Abs. 8 Nr. 2 Satz 1 VOB/B liegt nicht darin, dass der Besteller einen Sachverständigen oder Architekten mit der Prüfung der Abrechnung dieser Leistungen beauftragt (BGH, Urt. v. 6.12.2001 – VII ZR 452/00).

Erkennt der Besteller nachträglich an, dass es sich um eine zur Erzielung des Leistungserfolgs 304
notwendige Leistung handelt, so wird in aller Regel auch ein nachträgliches Anerkenntnis im Sinne des § 2 Abs. 8 Nr. 2 VOB/B vorliegen. Es müssen triftige Gründe vorliegen, in diesen Fällen ein solches Anerkenntnis zu verneinen. Solche Gründe können sein, dass die notwendige Leistung anderweitig preiswerter zu erlangen gewesen wäre. Ein Anerkenntnis ist für den Auftraggeber keinesfalls nur nachteilig. Erst durch die Einbeziehung in den Vertrag erhält er die verschuldensunabhängige Mängelrechte, während er im Falle der Nichtgenehmigung zwar die Leistung nach den Grundsätzen der Geschäftsführung ohne Auftrag bezahlen muss ohne Mängelrechte zu haben (→ Rdn. 287).

Fraglich ist, ob eine grundlose Verweigerung des Anerkenntnisses treuwidrig ist, falls die 305
fehlerhafte Ausschreibung des Auftraggebers dazu geführt hat, dass eine notwendige Leistung nicht vom Leistungssoll erfasst ist. Dafür kann sprechen, dass die notwendige Leistung ihr von beiden Parteien als vertragliche gewollt ist, wenn auch mit unterschiedlicher Auffassung zur Vergütungspflicht. Andererseits besteht auch in diesen Fällen kein Bedürfnis für eine Verpflichtung zum Anerkenntnis. Der Auftraggeber muss auch für nicht anerkannte notwendige Leistungen der üblichen Vergütung bezahlen. Dem Abzug von z.B. 3% wegen fehlender Mängelrechte steht aus Sicht des Auftragnehmers der Entfall der Gewährleistungsverpflichtung gegenüber.

3. Vergütungsregelung des § 2 Abs. 8 Nr. 2 Satz 2 und Nr. 3 VOB/B

Nach § 2 Abs. 8 Nr. 2 Satz 2 VOB/B steht dem Unternehmer eine Vergütung zu, wenn die 306
Leistungen für die Erfüllung des Vertrages notwendig waren, dem mutmaßlichen Willen des Bestellers entsprachen und ihm unverzüglich angezeigt wurden. In diesem Fall gelten die Berechnungsgrundlagen für geänderte oder zusätzliche Leistungen des § 2 Abs. 5 und 6 VOB/B entsprechend. Die danach zu berechnende Vergütung wird also aus der Urkalkulation abgeleitet, soweit das möglich ist. Der Auftragnehmer erlangt damit auch in dieser Alternative nachträglich statt eines quasivertraglichen Anspruchs oder Bereicherungsanspruchs einen auch nach § 650 BGB sicherungsfähigen vertraglichen Vergütungsanspruch (OLG Stuttgart, Urt. v. 26.6.2017 – 10 U 122/16).

Darüber hinaus enthält die VOB/B seit 1996 in § 2 Abs. 8 Nr. 3 VOB/B einen Hinweis, dass 307
die Vorschriften des BGB über die Geschäftsführung ohne Auftrag (§§ 677 ff. BGB) unberührt bleiben. Diese zunächst unverfänglich erscheinende Ergänzung führt zu einer unsinnigen und wenig transparenten Regelung der VOB/B in den meisten Fällen der auftragslosen Leistung. Denn die Vorschriften der Geschäftsführung ohne Auftrag sehen in § 683 BGB i.V.m. § 670 BGB einen Anspruch auf Aufwendungsersatz vor. Dieser Anspruch deckt sich nach der Recht-

§ 650b   Änderung des Vertrages; Anordnungsrecht des Bestellers

sprechung (vgl. zur Kritik oben → Rdn. 285) inhaltlich in weiten Bereichen mit dem Anspruch aus § 2 Abs. 8 Nr. 2 VOB/B, hängt jedoch nicht von einer Anzeige ab und wird nicht nach der Urkalkulation berechnet. Es kann kein Zweifel daran bestehen, dass bei notwendigen Leistungen im mutmaßlichen Willen des Bestellers ein Anspruch auf Ersatz der Aufwendungen nach den Grundsätzen der Geschäftsführung ohne Auftrag besteht, auch wenn der Unternehmer seiner Anzeigepflicht nicht nachgekommen ist (OLG Düsseldorf, Urt. v. 8.9.2000 – 22 U 47/00).

a) Anspruch nach § 2 Abs. 8 Nr. 2 Satz 2 VOB/B

308   Die Anspruchsvoraussetzungen des § 2 Abs. 8 Nr. 2 Satz 2 VOB/B sind strenger als die des § 683 BGB. Die Leistung muss nicht nur im Interesse des Bestellers sein, sondern notwendig sein. Notwendig im Sinne dieser Regelung sind die Arbeiten dann, wenn ohne ihre Ausführung die Leistung nicht ordnungsgemäß, also mangelhaft und vertragswidrig wäre (OLG Stuttgart, Urt. v. 26.5.1993 – 9 U 12/93; Oberhauser, BauR 2005, 919, 930).

309   Zum mutmaßlichen Willen vgl. → Rdn. 279f.

310   Unverzüglich ist eine Anzeige, wenn sie ohne schuldhaftes Verzögern erfolgte. Das bedeutet, dass der Unternehmer nach der etwa für Prüfung und Begründetheit der Zusatzleistungen erforderlichen Zeit sobald, als es ihm möglich ist, anzuzeigen hat. Eine Anzeige lediglich vor Beginn der Ausführung kann bereits verspätet sein (BGH, Urt. v. 23.6.1994 – VII ZR 163/93). Es ist erforderlich, aber auch ausreichend, wenn der Unternehmer die nicht beauftragten Leistungen nach Art und Umfang so beschreibt, dass der Besteller rechtzeitig informiert wird und ihm die Möglichkeit gegeben wird, billigere Alternativen zu wählen. Einzelheiten sind nicht erforderlich. Angaben zur Höhe der Vergütung für die (noch) nicht beauftragten Leistungen sind nicht erforderlich. Für den Schutz des Unternehmers ist es ausreichend, dass deutlich wird, dass die Leistung nicht unentgeltlich erbracht wird (BGH, Urt. v. 27.11.2003 – VII ZR 346/01).

311   Grundsätzlich ist die Anzeige an den Besteller (OLG Düsseldorf, Urt. v. 8.9.2000 – 22 U 47/00) oder seinen rechtsgeschäftlichen Vertreter oder an den von ihm bestimmten Empfangsboten zu richten. Die Bestimmung eines Empfangsboten kann sich aus den Umständen des Vertragsschlusses und seiner Durchführung ergeben, vgl. → § 634 BGB Rdn. 62 ff. Obliegt der Bauleitung nach dem Vertrag die Vertretung des Bauherrn gegenüber dem Unternehmer, so ist der Bauleiter des Bestellers ermächtigt, die Anzeige der vertragslosen Leistung entgegenzunehmen. Die Anzeige erfolgt auch durch die Einreichung eines Nachtrags (BGH, Urt. v. 12.6.1975 – VII ZR 195/73).

312   Die Anzeige ist entbehrlich, wenn der Besteller selbst oder ein bevollmächtigter rechtsgeschäftlicher Vertreter oder Wissensvertreter bereits vor der Durchführung oder der unmittelbar bevorstehenden Ausführung der außervertraglichen Arbeiten Kenntnis hat. Denn dann ist der Schutzzweck der Anzeige erfüllt.

313   Die unverzügliche Anzeige ist eine Anspruchsvoraussetzung. Es kommt nicht darauf an, ob der Besteller schützenswert ist (BGH, Beschl. v. 26.2.2004 – VII ZR 96/03). Anders als bei § 2 Abs. 6 VOB/B ist eine einschränkende Auslegung dieser Klausel nicht möglich, weil § 2 Abs. 8 Nr. 1 VOB/B ausdrücklich bestimmt, dass auftragslose Leistungen nicht vergütet werden, § 2 Abs. 8 Abs. 2 VOB/B also die abschließende Formulierung eines Ausnahmetatbestandes ist (vgl. BGH, Beschl. v. 26.2.2004 – VII ZR 96/03). Dieser Charakter als Anspruchsvoraussetzung mit der damaligen Folge des vollständigen Anspruchsausschlusses führte dazu, dass die Regelung der isolierten Inhaltskontrolle nicht standhalten konnte (vgl. → Rdn. 828).

b) Anspruch aus Geschäftsführung ohne Auftrag gemäß § 2 Abs. 8 Nr. 3 VOB/B i. V. m. § 683, § 670 BGB

314   Werden diese strengeren Voraussetzungen nicht eingehalten, besteht immer noch ein Vergütungsanspruch nach den Grundsätzen der Geschäftsführung ohne Auftrag. Insoweit unterscheidet sich die Rechtslage nicht zum BGB-Werkvertrag. Auf die obigen Ausführungen unter → Rdn. 277 ff. wird verwiesen.

c) Wahlmöglichkeit des Unternehmers – Genehmigungsmöglichkeiten des Bestellers

315   Hat der Unternehmer die Leistung angezeigt, hat er die Wahlmöglichkeit, ob er den Aufwendungsersatzanspruch aus Geschäftsführung ohne Auftrag geltend macht oder den Vergütungsanspruch aus § 2 Abs. 8 Nr. 2 VOB/B. Hat er für ihn schlechte Preise vereinbart, wird

Änderung des Vertrages; Anordnungsrecht des Bestellers § 650b

er den Aufwendungsersatzanspruch wählen; denn dieser bestimmt sich nach der üblichen Vergütung. Hat er gute Preise vereinbart, wird er den Vergütungsanspruch aus § 2 Abs. 8 Nr. 2 Satz 2 VOB/B wählen (Hofmann, BauR 1996, 640, 641). Welcher Sinn sich hinter dieser Wahlmöglichkeit verbirgt, ist nicht erkennbar. Der Unternehmer, der ein schlechtes Preisniveau vereinbart hat und der seiner Verpflichtung zur Anzeige der Geschäftsführung ohne Auftrag nicht nachgekommen ist, würde belohnt. Andererseits könnte aber auch der Besteller nach § 2 Abs. 8 Nr. 2 VOB/B die Leistung anerkennen und sich so das Vertragspreisniveau über § 2 Abs. 5 und 6 VOB/B sichern (vgl. OLG Jena, Urt. v. 19.9.2007 – 7 U 35/07). Tatsächlich ist die Auswirkung der Wahlrechte aber begrenzt. Denn es entspricht der Rechtsprechung des Bundesgerichtshofs, dass der Anspruch aus Geschäftsführung ohne Auftrag nicht höher sein darf als die wirksam vereinbarte Vergütung wäre (Urt. v. 30.9.1993 – VII ZR 178/91, wonach der Unternehmer die übliche Vergütung nicht verlangen kann, wenn der Vertragspreis niedriger wäre). All das ist vom DVA nicht bedacht worden.

d) Bereicherungsansprüche

Vor der Änderung der VOB/B im Jahre 1996 waren Bereicherungsansprüche wegen einer 316 auftragslosen Leistung ausgeschlossen. Diese Regelung benachteiligte den Unternehmer unangemessen, wie der Bundesgerichtshof festgestellt hat (BGH, Urt. v. 31.1.1991 – VII ZR 291/88). Mit § 2 Abs. 8 Nr. 3 VOB/B ist Bereicherungsrecht im VOB-Vertrag zumindest mittelbar anwendbar. Die unmittelbare Anwendung von Ansprüchen aus ungerechtfertigter Bereicherung erscheint zwar zumindest dem Wortlaut nach weiterhin ausgeschlossen (so OLG Düsseldorf, Urt. v. 8.9.2000 – 22 U 47/00; a. A. Beck'scher VOB-Kommentar/Jansen, B § 2 Nr. 8 Rdn. 85). Liegen die Voraussetzungen der berechtigten Geschäftsführung ohne Auftrag aber nicht vor, so tritt an die Stelle Anspruchs auf Aufwendungsersatz nach § 670 BGB die Verpflichtung des Geschäftsherrn nach § 684 BGB, dem Geschäftsführer alles, was er durch die Geschäftsführung erlangt, nach Bereicherungsrecht herauszugeben. Die Verweisung des § 2 Abs. 8 Nr. 3 VOB/B auf die Vorschriften über die Geschäftsführung ohne Auftrag erfasst bei unberechtigter Geschäftsführung auch § 684 BGB und damit die Rechtsfolgenverweisung auf das Bereicherungsrecht.

4. AGB-Kontrolle des § 2 Abs. 8 VOB/B

Die VOB-Fassungen 1992 und früher konnten wegen des Ausschlusses der Vergütungspflicht 317 bei Versäumung der Anzeige eine isolierte Inhaltskontrolle nicht Stand halten (BGH, Beschl. v. 26.2.2004 – VII ZR 96/03) Durch die Öffnung für Ansprüche aus Geschäftsführung ohne Auftrag und mittelbar über § 684 BGB auch aus Bereicherung entspricht die Regelung der VOB/B ab 1996 im Ergebnis der gesetzlichen Regelung. Sie dürfte bei diesem Verständnis materiell einer Inhaltskontrolle Stand halten. Wegen des zumindest indizierte Ausschluss unmittelbarer Bereicherungsansprüche wird aber wohl überwiegend weiterhin als unangemessene Benachteiligung angesehen (Beck'scher VOB-Kommentar/Jansen, B § 2 Nr. 8 Rdn. 99; BeckOK VOB/B/Kandel VOB/B § 2 Rdn. 3; vgl. auch Oberhauser, BauR 2005, 919, 933 auf Grundlage ihrer Auffassung, Ansprüche aus auftragslosen Leistungen, die zur Erreichung des Erfolgssolls dienen, seien von der Geschäftsführung ohne Auftrag gar nicht erfasst). Zu prüfen bleibt allerdings, ob das gesamte Regelwerk des § 2 Abs. 8 Nr. 2 und 3 VOB/B angesichts der aufgezeigten Widersprüche ausreichend transparent ist (Peters, FS Motzke, 2006, S. 337, 345 f.). Verbesserungsbedürftig ist es allemal (Kniffka BauR 2012, 411, 419).

IV. Vergütungspflicht von Putativnachträgen oder Reparaturen bei Doppelbeauftragung

Die vertraglich vereinbarte Leistung muss der Unternehmer ohne zusätzliche Vergütung 318 erbringen. Wird dieselbe Leistung mit einem Nachtrag erneut vereinbart, stellt sich die Frage, ob die mit diesem Nachtrag vereinbarte Vergütung geschuldet ist. Der Bundesgerichtshof ist in älteren Entscheidungen von der Wirksamkeit und Verbindlichkeit derartiger Doppelbeauftragungen ausgegangen (BGH, Urt. v. 20.12.1965 – VII ZR 271/63; Urt. v. 23.04.1981 – VII ZR 196/80 jeweils zu Nachtragsaufträgen; Urt. v. 21.05.1981 – VII ZR 128/80 zu Nachtrag). In einer neueren Entscheidung hat der BGH eingeschränkt, dass es zur wirksamen Begründung einer weiteren (doppelten) Zahlungsverpflichtung erforderlich wäre, dass sich der Besteller in vertragsändernder Weise eindeutig damit einverstanden erklärt, eine zusätzliche Vergütung ohne Rücksicht auf schon bestehende Leistungspflichten des Unternehmers zu zahlen. Hier-

§ 650b   Änderung des Vertrages; Anordnungsrecht des Bestellers

von könne bei der Auslegung nicht eindeutiger Erklärungen regelmäßig nicht ausgegangen werden. Etwas anderes gilt, wenn der Besteller in der Nachtragsvereinbarung eine gesonderte Vergütungspflicht selbständig anerkannt hat oder die Vertragsparteien sich gerade in Ansehung dieser Frage verglichen haben (BGH, Urt. v. 26.4.2005 – X ZR 166/04 zu OLG Celle, Urt. v. 14.10.2004 – 5 U 148/03; BGH, Urt. v. 8.3.2012 – VII ZR 177/11 OLG Naumburg, Urt. v. 3.12.2009 – 1 U 43/09).

319   Liegt eine eindeutige Nachtragsvereinbarung nach § 650b Abs. 1 BGB vor, stellt sich die Frage, ob sich der Besteller nach Feststellung der Doppelbeauftragung wieder von dieser lösen kann. Hier wird man differenzieren müssen. Eine Nachtragsvereinbarung beim VOB-Vertrag hat in der Regel den Rechtscharakter eines Feststellungsvertrags, auf den § 779 BGB entsprechend anwendbar ist. Die Zahlungspflicht beruht nicht konstitutiv auf der Nachtragsvereinbarung, sondern entsteht bereits unmittelbar durch die Ausübung des Leistungsänderungsvorbehalts gemäß § 1 Abs. 3, 4 VOB/B. Die Doppelbeauftragung entfaltet damit keine Wirkung, wenn die Berechtigung des Nachtrags von den Parteien wegen eines Irrtums gemäß § 779 BGB als feststehend der Vereinbarung zugrunde gelegt wurde (näher v. Rintelen, FS Kapellmann, 2007, S. 373, 379, m. w. N.). Etwas anderes gilt, wenn die Parteien über die Berechtigung des Nachtrags gestritten und sich anschließend geeinigt haben (BGH, Urt. v. 15.12.1994 – VII ZR 140/93; OLG Köln, Urt. v. 14.11.2008 – 19 U 54/08; Kues/Steffen, BauR 2010, 10 ff.).

320   Beim BGB-Vertrag ist eine Nachtragsvereinbarung nach § 650b Abs. 1 BGB aufgrund des Konsensprinzips ein Änderungsvertrag, auf den § 779 BGB nicht anwendbar ist. Doppelbeauftragungen sind rechtlich möglich, was der BGH in seiner älteren Rechtsprechung mehrfach entschieden hat (BGH, Urt. v. 20.12.1965 – VII ZR 271/63; Urt. v. 23.4.1981 – VII ZR 196/80; Urt. v. 21.5.1981 – VII ZR 128/80; insoweit unterscheidet sich die Rechtslage vom Common Law, wo wegen des Erfordernisses der Consideration eine bereits bestehende Verpflichtung – pre existing duty – keine erneute Gegenleistungsverpflichtung begründen kann, vgl. Callaghan, Construction Change Order Claims, 2. Aufl., § 2.03 [A], § 2.06). Eine Nachtragsvereinbarung über bereits nach dem Vertrag geschuldete Leistungen ist deshalb grundsätzlich bindend (vgl. Eschenbruch, Bauvertragsmanagement, Teil 7 Rdn. 113; i. a. A. Leinemann/Kues, § 650b Rn. 75; Retzlaff, BauR 2017, 1747, 1793). Das gilt erst recht, wenn der Nachtrag wie häufig nicht nur bereits geschuldete Leistungen betrifft. Eine solche Nachtragsvereinbarung ist auch nicht kondizierbar, weil ein Änderungsvertrag kausal ist, mithin seinen Rechtsgrund in sich trägt. Es liegt deshalb nur ein – zumindest nach außen – beiderseitiger Motivirrtum vor, der eine Anpassung nur im Rahmen des § 313 BGB ermöglicht. Der Unterschied besteht in der erhöhten Anpassungsschwelle der Unzumutbarkeit bei § 313 BGB (v. Rintelen, FS Kapellmann, 2007, S. 373, 382 m. w. N.), auch wenn die Anpassungsschwelle beim beiderseitigen Motivirrtum i. d. R. niedriger angesetzt wird als bei Störungen der objektiven Geschäftsgrundlage.

321   Günstiger ist die Rechtslage für den Besteller bei Änderungsanordnungen nach § 650b Abs. 2 BGB. Diese – dann vermeintlichen – Gestaltungserklärungen gehen bei Putativänderungen schlicht ins Leere (Langen in Langen/Berger/Dauner-Lieb, § 650b Rdn. 90; Leinemann/Kues, § 650b Rn. 76; Retzlaff, BauR 2017, 1747, 1793f.). Der Vertrag wird weder in Bezug auf die Leistungspflicht noch auf die Vergütungshöhe geändert.

322   Daneben bleibt die Möglichkeit einer Irrtumsanfechtung der Nachtragsvereinbarung – regelmäßig wird aber nur ein unbeachtlicher Motivirrtum vorliegen – oder der Beseitigung mittels eines Schadensersatzanspruchs bei der Verletzung von Aufklärungspflichten (KG, Urt. v. 4.11.2004 – 10 U 300/03). Die Nachtragsvereinbarung kann nach § 123 BGB anfechtbar sein bzw. durch einen Schadensersatzanspruch auf Naturalrestitution beseitigt werden, wenn der Unternehmer die Vereinbarung über eine zusätzliche Vergütung durch eine widerrechtliche Drohung herbeiführt, etwa durch die rechtswidrige Drohung, die Arbeiten einzustellen (BGH, Urt. v. 13.9.2001 – VII ZR 415/99; zur Rechtswidrigkeit einer Drohung vgl. BGH, Urt. v. 20.6.1962 – VIII ZR 249/61).

323   Rechtlich vergleichbar sind die Fälle, in denen der Besteller in Unkenntnis eines Mangelanspruchs einen entgeltlichen Reparaturauftrag erteilt. Hierauf beziehen sich die Entscheidungen des BGH, Urt. v. 20.12.1965 – VII ZR 271/63 und 23.4.1981 – VII ZR 196/80 (ebenso OLG Düsseldorf, Urt. v. 20.7.1994 – 22 U 249/93). Eine weitere BGH-Entscheidung betrifft einen Reparaturauftrag vor Abnahme, was zugleich einen Nachtrag darstellt. Hier hat der BGH die Zahlungspflicht des Besteller bestätigt, weil die Auslegung ergab, dass die Vergütung ungeachtet des Umstandes gezahlt werden sollte, dass der Unternehmer möglicherweise zur Leistung

Vergütungsanpassung bei Anordnungen nach § 650b Absatz 2 **§ 650c**

bereits verpflichtet war (BGH, Urt. v. 8.3.2012 – VII ZR 177/11; ähnlich OLG München, Beschl. v. 19.05.2016 – 27 U 4880/15; vgl. dazu auch Leidig/Hürter NZBau 2012, 688).

Der Reparaturauftrag nach Abnahme ist in der Regel ein neuer Vertrag. Soweit dieser nicht ausnahmsweise angefochten werden kann, ist eine eigenständige Zahlungspflicht grundsätzlich entstanden. Die Annahme einer stillschweigenden Bedingung fehlender Mängelverantwortung (vgl. dazu Kniffka in Kniffka/Koeble/Jurgeleit/Sacher Teil 4 Rdn. 8) wäre zum einen reine Fiktion. Zum anderen würde sie auch im Widerspruch zu der Praxis stehen, wonach dem Unternehmer im umgekehrten Fall – er will Mängelbeseitigungsarbeiten vornehmen, stellt aber mit Durchführung fest, nicht für den Mangel verantwortlich zu sein – ein bedingter Reparaturvertrag regelmäßig verneint wird (vgl. OLG Düsseldorf, Urt. v. 19.6.2007 – 21 U 164/06; OLG Celle, Urt. v. 6. 1.2011 – 6 U 122/10; OLG Frankfurt, Urt. v. 15. 2. 2012 – 4 U 148/11). Rechtlich einfach ist die Lösung, wenn die Parteien vor dem Reparaturauftrag über die Mängelverantwortung gestritten haben und die Auslegung ergibt, dass der Besteller bereit gewesen ist, eine zusätzliche Vergütung ungeachtet des Umstandes zu zahlen, dass der Unternehmer zur Erbringung dieser Leistungen möglicherweise ohnehin bereits verpflichtet gewesen sein könnte. Eine solche Abrede hat dann Vergleichs- oder Erlasscharakter (BGH, Urt. v. 8.3.2012 – VII ZR 177/11; OLG Düsseldorf, Urt. v. 20.7.1994 – 22 U 249/93; vgl. auch – falls weitergehend fraglich – OLG München, Beschl. v. 19.05.2016 – 27 U 4880/15; enger aber BGH, Urt. v. 26.4.2005 – X ZR 166/04). Diese Auslegung ist aber nicht möglich, wenn der Besteller sich ersichtlich potentieller Mängelrechte nicht bewusst war (vgl. BGH, Urt. v. 6.12.2001 – VII ZR 19/00; Kapellmann/Messerschmidt/Langen, VOB/B, § 13 Rdn. 267). Auch ohne Vergleich oder Erlass helfen ihm die ursprünglichen Mängelrechte nicht mehr weiter, soweit der Mangel durch die Reparatur beseitigt wurde.). Bereicherungsansprüche scheiden aus, da der Reparaturvertrag die causa für die Vergütung ist. In solchen Fällen kann sich der Besteller i. d. R. nur durch einen Schadensersatzanspruch wegen Verschuldens bei Vertragsschluss (§ 311 Abs. 2 BGB) gerichtet auf Beseitigung von der eingegangen Verpflichtung verteidigen. Grundlage hierfür ist, dass der Unternehmer nach dem Ursprungsvertrag grundsätzlich noch zur Prüfung des Mangels und zur zutreffenden Information verpflichtet ist (vgl. OLG Düsseldorf, Urt. v. 20.7.1994 – 22 U 249/93 und näher Kniffka, FS Heiermann 1995, S. 201, 204, v. Rintelen, FS Kapellmann 2007, S. 373, 385). Alternativ käme eine Vertragsanpassung unter den Voraussetzungen des § 313 BGB in Betracht, insbesondere wenn die Parteien übereinstimmend irrig von der Verantwortung des Bestellers oder eines Dritten ausgegangen sind (v. Rintelen, FS Kapellmann, S. 373, 385).

324

§ 650c BGB Vergütungsanpassung bei Anordnungen nach § 650b Absatz 2

(1) Die Höhe des Vergütungsanspruchs für den infolge einer Anordnung des Bestellers nach § 650b Absatz 2 vermehrten oder verminderten Aufwand ist nach den tatsächlich erforderlichen Kosten mit angemessenen Zuschlägen für allgemeine Geschäftskosten, Wagnis und Gewinn zu ermitteln. Umfasst die Leistungspflicht des Unternehmers auch die Planung des Bauwerks oder der Außenanlage, steht diesem im Fall des § 650b Absatz 1 Satz 1 Nummer 2 kein Anspruch auf Vergütung für vermehrten Aufwand zu.

(2) Der Unternehmer kann zur Berechnung der Vergütung für den Nachtrag auf die Ansätze in einer vereinbarungsgemäß hinterlegten Urkalkulation zurückgreifen. Es wird vermutet, dass die auf Basis der Urkalkulation fortgeschriebene Vergütung der Vergütung nach Absatz 1 entspricht.

(3) Bei der Berechnung von vereinbarten oder gemäß § 632a geschuldeten Abschlagszahlungen kann der Unternehmer 80 Prozent einer in einem Angebot nach § 650b Absatz 1 Satz 2 genannten Mehrvergütung ansetzen, wenn sich die Parteien nicht über die Höhe geeinigt haben oder eine keine anderslautende gerichtliche Entscheidung ergeht. Wählt der Unternehmer diesen Weg und ergeht keine anderslautende gerichtliche Entscheidung, wird die nach den Absätzen 1 und 2 geschuldete Mehrvergütung erst nach der Abnahme des Werkes fällig. Zahlungen nach Satz 1, die die nach Absätzen 1 und 2 geschuldete Mehrvergütung übersteigen, sind dem Besteller zurückzugewähren und ab ihrem Eingang beim Unternehmer zu verzinsen. § 288 Absatz 1 Satz 2, Absatz 2 und § 289 Satz 1 gelten entsprechend.

§ 650c Vergütungsanpassung bei Anordnungen nach § 650b Absatz 2

Übersicht

	Seite
A. Allgemeines	829
I. Regelungsziel und Regelungsinhalt	829
II. Unterschiede zur VOB/B-Regelung	830
III. Gang der Reformbestrebungen	831
IV. Anwendungsbereich	832
1. Grundsatz: Wirksame Anordnung des Bestellers	832
2. Abgrenzung zu vertraglichen Leistungsänderungen ohne Vergütungsvereinbarung	832
B. Abs. 1: Vergütung auf Basis tatsächlich erforderlicher Kosten plus Zuschläge	833
I. Tatsächlich erforderliche Mehr- und Minderkosten	833
1. Ausgleich direkter und mittelbarer Auswirkungen	833
2. Grundsatz: konkrete und abstrakte Ermittlung zulässig	834
3. Anforderung an Ermittlung von Ist-Kosten	837
4. Differenzberechnung	837
5. Ansatzfähigen Kosten	839
6. Ermittlung von Selbstkosten	840
a) Lohnkosten	840
b) Gerätekosten	841
c) Materialkosten	842
d) Baustellengemeinkosten	842
7. Erforderlichkeit	842
8. Darlegungs- und Beweislast	843
II. Zuschläge für allgemeine Geschäftskosten, Wagnis und Gewinn	844
1. Angemessene Zuschläge	844
2. Enumerative Aufzählung	846
3. Allgemeine Geschäftskosten	846
4. Wagnis und Gewinn	846
a) Zuschlag nur für allgemeines Unternehmerwagnis	846
b) Angemessenheit bei Übergewinn- oder Verlustkalkulation	847
III. Keine Wahrung des Vertragspreisniveaus, keine Fortschreibung von Nachlässen	848
IV. Vergütung von Planungskosten	848
V. Entfall des Anspruchs auf Mehrvergütung	848
VI. Darlegungs- und Beweislast	849
VII. Kein Ankündigungserfordernis	850
C. Abs. 2: Berechnung auf Basis der Urkalkulation	850
I. Wahlrecht für den Unternehmer	851
II. Anforderungen an die Urkalkulation und Preisfortschreibung	852
III. Vereinbarte Hinterlegung der Urkalkulation	853
IV. Vermutung der Richtigkeit der Kalkulation	854
V. Widerlegung der Richtigkeitsvermutung	855
D. Abs. 3: Anspruch auf Abschlagszahlungen	856
I. 80%-Regelung für Abschlagszahlungen	856
1. Sinn und Zweck der Regelung	856
2. Abrechnungsoption des Unternehmers	857
3. Anwendungsbereich der 80%-Regelung	858
a) Nur Anordnungen gemäß § 650b Abs. 2 BGB	858
b) Dem Grunde nach streitige Nachträge	858
4. Maßgebliches Angebot	859
II. Risiko einer Überzahlung	860
III. Anderslautende gerichtliche Entscheidung	860
IV. Rechtsfolge der Ausübung der Abrechnungsoption	860
1. Fälliger Abschlagszahlungsanspruch	860
2. Folgen einer Nichterfüllung	861
3. Fälle des Rechtsmissbrauchs	862
V. Verzinsungspflicht bei Überzahlungen	862
E. Vergütungsänderungen beim VOB-Vertrag	863
I. Vergütung für geänderte Leistungen: Einführung und Grundlagen	863
II. Formelle Voraussetzung des Zusatzvergütungsanspruchs	865
1. Kein Ankündigungserfordernis bei Leistungsänderungen	865
2. Ankündigungserfordernis bei zusätzlichen Leistungen	865
III. Bestimmung der Vergütungshöhe	866
1. Fortschreibung der Vertragspreise nach § 2 Abs. 5 und 6 VOB/B	866
2. Bezugsgrundlage der Preisanpassung	869
3. Berücksichtigung von Nachlässen	869

Vergütungsanpassung bei Anordnungen nach § 650b Absatz 2 **§ 650c**

    4. Umfang der Preisanpassung 870
    5. Nachtragsvereinbarung 871
F. Wirksamkeit abweichender Vereinbarungen 872
  I. Abweichungen von § 650c BGB 872
    1. Abweichungen vom Prinzip der tatsächlich erforderlichen Kosten 872
    2. Abweichungen vom Wahlrecht nach Abs. 2 874
    3. Abweichungen von der 80%-Regelung nach Abs. 3 874
  II. Wirksamkeit der VOB/B-Regelungen 875
    1. Keine Einzelprivilegierung von § 2 Abs. 5 und 6 VOB/B 875
    2. AGB-Kontrolle von § 2 Abs. 5 und 6 VOB/B 875

A. Allgemeines

I. Regelungsziel und Regelungsinhalt

Können sich Besteller und Unternehmer nicht auf eine Änderung der vertraglichen Leistung **1** einschließlich deren Vergütung gemäß § 650b Abs. 1 BGB einigen und macht der Besteller deshalb von seinem einseitigen Leistungsänderungsrecht nach § 650b Abs. 2 BGB Gebrauch, wird durch diese Gestaltungserklärung der Leistungsinhalt des Vertrages verändert. 650c BGB wahrt das Äquivalenzinteresse des Unternehmers und sorgt für eine der Änderung entsprechende Anpassung der Vergütung kraft Gesetzes. Das Angebot des Unternehmers ist mit dessen Ablehnung hinfällig und kann aus rechtlichen wie tatsächlichen Gründen – der Unternehmer hat in der Nachtragssituation eine monopolähnliche Stellung (Voit, Festschrift Beuthien, 2009, 65, 70) – nicht maßgeblich sein.

Ohne die gesetzliche Neuregelung hätte der Unternehmer, der ein Änderungsbegehren des **2** Bestellers ausführt, auch ohne Einigung über die Vergütung einen Vergütungsanspruch nach § 632 BGB. Da die Parteien einen entgeltlichen Bauvertrag abgeschlossen hatten, würde die Entgeltlichkeitsvermutung ohne weiteres eingreifen. Allerdings hätte es zur Anwendung des § 632 BGB einer Rechtsfolgenverweisung bedurft, weil § 632 BGB bei einem – hier vorliegenden – Dissens nicht eingreift (→ § 632 BGB Rdn. 9). Betrachtet man demgegenüber sowohl das Anordnungsrecht wie auch die Vergütungsanpassung als ein Zu-Ende-Denken des (unvollständigen) Vertrages, wäre eine Fortschreibung der Vertragspreise in Betracht gekommen.

Das Gesetz sieht allerdings weder eine Vergütungsanpassung entsprechend § 632 BGB auf **3** Basis ortsüblicher Preise noch eine Vergütungsanpassung durch Fortschreibung der Vertragspreise wie § 2 Abs. 5 und 6 VOB/B vor. Vielmehr erfolgt die Vergütungsanpassung auf Basis der tatsächlich erforderlichen Kosten. Mit diesem für die Baupraxis neuem System folgt das Gesetz weitgehend den Empfehlungen der Arbeitsgruppe Bauvertragsrecht. Diese hatte folgende Empfehlungen ausgesprochen:

- Die Preise für den infolge einer Anordnung des Bestellers geänderten Aufwand sollen nach **4** den im Zeitpunkt der Ausführung der Nachtragsleistungen tatsächlich erforderlichen Mehroder Minderkosten ermittelt werden.
- Zur schlüssigen Darlegung der tatsächlich erforderlichen Kosten kann der Unternehmer auf seine Urkalkulation zurückgreifen. Die Kalkulationsansätze in einer vereinbarungsgemäß hinterlegten Urkalkulation begründen eine widerlegliche Vermutung, dass die dort enthaltenen Werte den tatsächlich erforderlichen Mehr- oder Minderkosten entsprechen.
- Zuschläge für allgemeine Geschäftskosten, Wagnis und Gewinn werden der hinterlegten Kalkulation entnommen. Fehlt diese oder entfällt die Vermutungswirkung der Kalkulation, müssen diese Kosten auf andere Weise schlüssig dargelegt werden.
- Die so ermittelten Kosten sind dann unter Abzug des durch die Änderung ersparten Aufwandes auf die (kalkulierten) Preise für die unveränderten Leistungselemente aufzuschlagen.
- Ein sog. Vertragspreisniveaufaktor soll für die Berechnung der Mehr- oder Mindervergütung nicht maßgebend sein.
- Die Parteien können einzelvertraglich eine andere Berechnungsmethode vereinbaren. In Allgemeinen Geschäftsbedingungen vereinbarte andere Berechnungsmethoden sollen jedoch der Inhaltskontrolle nach § 307 BGB unterliegen.

Konkret bestimmt § 650c Abs. 1 die Ermittlung der Nachtragsvergütung auf Basis der **5** tatsächlich erforderlichen Kosten einschließlich angemessener Zuschläge für allgemeine Geschäftskosten, Wagnis und Gewinn. Mit dem Abstellen auf tatsächlich erforderliche Kosten will das Gesetz den Unternehmer einerseits vor Fortschreibung unterkalkulierter Preise und damit Vergrößerung von Verlusten bewahren und anderseits den Besteller vor spekulativen Kalkulationen des Unternehmers schützen (BT-Drucks. 18/8486, S. 56). Das neue Modell wird den Unternehmer sicher vor verlustreichen Nachträgen schützen und entzieht Spekulationen den rechtlichen Boden. Anderseits wird befürchtet, dass das Abstellen auf tatsächlich erforderliche Kosten in der Baupraxis zu Lasten des Bestellers zu Kostenüberhöhungen führen wird (MünchKomm/Busche § 650c Rdn. 4). Das lässt sich bei zutreffender Auslegung des Begriffs der tatsächlich erforderlichen Kosten vermeiden; diese dürfen nicht mit einer Erstattung aller selbst ausgelösten Kosten gleichgesetzt werden.

6   In der Gesetzesbegründung wird die Ermittlung tatsächlich erforderlichen Kosten einerseits methodisch scharf von der Preisfortschreibung abgegrenzt und eine Vermengung beider Methoden für unzulässig erklärt. Anderseits bestimmt Abs. 2, dass der Unternehmer wahlweise die Nachtragsvergütung auch auf Basis der Preise und Zuschläge der Urkalkulation ermitteln darf. Insoweit stellt das Gesetz die Vermutung auf, dass das Ergebnis dieser Ermittlung der Nachtragsvergütung nach Abs. 1 entspricht. Ziel einer ordnungsgemäßen Urkalkulation ist ja auch die möglichst genaue Ermittlung der später tatsächlich entstehenden Kosten plus Zuschläge. Da es sich aber nur um eine widerlegliche Vermutung handelt, kann der Besteller eine niedrigere Vergütung auf Basis tatsächlicher Kosten gemäß Abs. 1 nachweisen.

7   Für den Fall fehlender Preiseinigung ermöglicht Abs. 3 dem Unternehmer eine erleichterte (vorläufige) Berechnung seiner Abschlagsforderung für die geänderte Leistung, indem es ihm gestattet, für den Nachtrag 80 % der in seinem (nicht angenommenen) Angebot nach § 650b Abs. 1 BGB anzusetzen. Der Abschlag von 20 % erklärt sich damit, dass das Angebot weder die tatsächlich erforderlichen Kosten nach Abs. 1 noch das Ergebnis einer Preisfortschreibung nach Abs. 2 sein muss.

8   Wegen des potenziellen Konfliktpotentials sieht § 650d BGB als beschleunigtes Mittel zur Streitentscheidung bei Streitigkeiten über die Vergütungsanpassung die Möglichkeit einer einstweiligen Verfügung (sogenannte Bauverfügung) vor.

II. Unterschiede zur VOB/B-Regelung

9   Abs. 1 bricht bewusst mit dem (ursprünglichen) VOB-Grundsatz der Ermittlung der Nachtragspreise durch Preisfortschreibung, der von der neuen Rechtsprechung allerdings als gar nicht durch § 2 VOB/B vereinbart angesehen wird (BGH, Urt. v. 8.8.2019 – VII ZR 34/18; KG Urt. v. 10.7.2018 – 21 U 30/17; Pamp, BauR 2021, 299, 303). Für die Abkehr von der Preisfortschreibung waren vor allem zwei Gründe maßgeblich. Zum einen sollte der Unternehmer davor geschützt werden, vom Besteller angeordnete Mehrleistungen auch auf Basis nur knapp oder gar unauskömmlich kalkulierter Vertragspreise erbringen zu müssen. Genauso wichtig scheint aber das Anliegen gewesen zu sein, Preisspekulationen der Unternehmer zulasten des Bestellers einzudämmen, zu dem die VOB/B-Regelungen geradezu einladen. Die zahlreichen Urteile zu sittenwidrig überhöhten Einheitspreisen haben das Dilemma von § 2 Abs. 5 und 6 VOB/B deutlich gemacht. Da der Unternehmer den Auftrag in der Regel nur aufgrund eines Preiswettbewerbs, insbesondere bei einer öffentlichen Ausschreibung, erhält, muss der Endpreis des Bestbieters zumindest günstig sein. Das günstige Vertragspreisniveau wollten sich die VOB-Auftraggeber durch die Fortschreibung der niedrigen Vertragspreise auch für Nachträge sichern (Schulze-Hagen, FS Jagenburg 2002, 815, 819). Um trotz dieser schlechten Voraussetzungen Gewinn zu erzielen oder zu erhöhen, sind Unternehmen vermehrt dazu übergegangen, spekulativ zu kalkulieren. Einheitspreispositionen, die mutmaßlich Gegenstand von Mengenerhöhungen oder Nachträgen werden, sind preislich bewusst höher als das Durchschnittspreisniveau angesetzt worden, um eine höhere Preisgrundlage für Nachträge zu schaffen. Um dennoch den günstigsten Preis im Wettbewerb bieten zu können, mussten die übrigen Preise entsprechend reduziert werden. Eine solche vergaberechtlich unzulässige Mischkalkulation (BGH, Beschl. v. 18.5.2004 – X ZB 7/04) wird zum einen häufig nicht erkannt und hat zum andern auch keine unmittelbaren zivilrechtlichen Auswirkungen. In Abgrenzung hierzu sind einzelne besonders hohe Preisansätze vergaberechtlich durchaus zulässig. Folge ist, dass Nachträge, wenn die Spekulation aufgeht, zu einem Übergewinn führen, ansonsten zu einem Verlust (→ § 631 BGB Rdn. 133 ff.). Die gesetzliche Regelung des § 650c Abs. 1 BGB will das unterbinden und durch den Maßstab der tatsächlichen Kosten Anreize für eine korrekte und nachvollziehbare Kalkulation setzen.

Vergütungsanpassung bei Anordnungen nach § 650b Absatz 2 **§ 650c**

Weil die konkrete Art der Preisfortschreibung dazu führen kann, dass das Äquivalenzverhältnis nicht gewahrt, sondern ggf. gravierend verändert wird, ist die vorkalulatorische Preisfortschreibung für Nachträge beim VOB/B-Vertrag in den letzten Jahren zunehmend in die Kritik geraten (→ Rdn. 13). Die VOB-Grundsätze der Preisfortschreibung schienen dem Gesetzgeber wegen der offenen Fragen keine geeignete Grundlage für eine gesetzliche Regelung zu sein. 10

Der Grundsatz der Preisfortschreibung stellt(e) den wesentlichen Unterschied zwischen §2 Abs. 5 und 6 VOB/B und § 650c BGB gleich unter zwei Aspekten dar: Nach § 650c BGB werden Vertragspreise nicht fortgeschrieben; vielmehr ist nach § 650c BGB auf die durch die Änderung tatsächlich verursachten Kosten völlig unabhängig vom Vertragspreisniveau abzustellen. Diese unterschiedlichen Preise müssen auch methodisch unterschiedlich ermittelt werden. Bei § 2 VOB/B wird die Nachtragsvergütung „vorkalulatorisch" ermittelt. Maßgeblich für die Vergütungsermittlung ist ein im Voraus kalkulatorisch ermittelter Aufwand, nicht aber der tatsächliche Aufwand. Die Ermittlung des vermehrten Aufwandes nach tatsächlich erforderlichen Kosten gemäß § 650c Abs. 1 BGB ist nachkalkulatorisch, weil Aufwand und Kosten nach bzw. während der Ausführung der betreffenden Leistungen ermittelt werden. Eine Ermittlung des Aufwandes nach tatsächlich erforderlichen Kosten schließt eine vorkalulatorische Preisfortschreibung aus, nicht aber jede kalkulatorisch Ermittlung (→ Rdn. 26). 11

III. Gang der Reformbestrebungen

Die ersten Vorschläge zur Bestimmung der Vergütung bei einem gesetzlichen Leistungsbestimmungsrecht lehnten sich wie selbstverständlich an der die Baupraxis beherrschende Regelung von § 2 Abs. 5 und 6 VOB/B an. Es wurde vorgeschlagen, dass die gesetzliche Vergütung auch auf Basis der Kalkulation ermittelt werden sollte (Kraus/Vygen/Oppler, BauR 1999, 964, 968) bzw. durch Fortschreibung der Vertragspreise (Arbeitskreis Schuldrechtsmodernisierungsgesetz des Instituts für Baurecht, BauR 2006, 263, 264, 271f.; Ulbrich, Leistungsbestimmungsrechte in einem künftigen deutschen Bauvertragsrecht vor dem Hintergrund, der Funktion und den Grenzen von §§ 1 Nr. 3 und 4 VOB/B, 2007, S. 260). 12

Allerdings geriet die Preisfortschreibung für Nachträge beim VOB/B-Vertrag in den letzten Jahren zunehmend in die Kritik, weil ihre tatsächliche Handhabung das Äquivalenzverhältnis nicht wahren konnte (vgl. Vygen, BauR 2006, 894). Bei sehr spekulativer Kalkulation mit über 800fach übersetzten Einheitspreisen wurde das Ziel der Wahrung des Äquivalenzverhältnisses ins glatte Gegenteil verkehrt. Folge war die Rechtsprechung des BGH zu sittenwidrig überhöhten Einheitspreisen (BGH, Urt. v. 18.12.2008 – VII ZR 201/06; Urt. v. 7.3.2013 – VII ZR 68/10; Urt. v. 14.3.2013 – 14. März 2013 – VII ZR 116/12). Hierdurch können aber nur Preisexzesse erfasst werden. Das Dogma „ein guter Preis bleibt ein guter Preis, ein schlechter Preis ein schlechter" wurde zunehmend – aus unterschiedlichen Gründen – in Frage gestellt (Stemmer, BauR 2006, 304ff., BauR 2007, 458ff. BauR 2008, 182ff.; Rohrmüller, IBR 2008, 492 und Langaufsatz ibr-online; Franz/Kues, BauR 2010, 678; Oberhauser, BauR 2011, 1547ff. vgl. aber auch Luz, BauR 2005, 1391ff., BauR 2008, 196ff.; Schottke, BauR 2011, 1881ff.; Keldungs, Jahrbuch Baurecht 2012, 59ff.; Franz/Althaus/Oberhauser/Berner, BauR 2015, 1221ff.; Kniffka in Kniffka/Koeble/Jurgeleit/Sacher, Teil 4 Rdn. 200.). 13

Als Alternative wurde zum einen diskutiert, die Nachtragsvergütung beim VOB/B-Vertrag wegen AGB-Widrigkeit entsprechend § 632 Abs. 2 BGB auf Basis einer ortsüblichen Vergütung zu ermitteln (Oberhauser, BauR 2010 308, 314, 319). Andere haben durch Neuauslegung der VOB/B eine Berechnung der Nachtragsvergütung auf Basis tatsächlich aufzuwendender Kosten vorgeschlagen (Franz/Kues, BauR 2010, 678; Franz, BauR 2012, 380ff.). Kniffka hat herausgearbeitet, dass § 2 VOB/B gar keine zwingende Anleitung zur deterministischen Preisbildung enthält, sondern nur Verhandlungspostulate und mehr oder weniger deutliche Vorgaben dazu, was bei den Verhandlungen zu berücksichtigen sei. Die VOB/B regele nur „dass", nicht aber „wie" die Grundlagen der Preisermittlung zu berücksichtigen seien. Eine vorkalulatorische Preisfortschreibung sei damit nicht verbindlich vorgegeben. Die Urkalkulation diene nur dazu, Nachträge zu plausibilisieren. Diese Funktion könne sie aber nicht erfüllen, wenn sie – wie häufig – nicht fair und angemessen den tatsächlich kalkulierten Aufwand abbilde. Können sich die Parteien nicht wie gesollt einigen, müsse im Wege ergänzender Vertragsauslegung ermittelt werden, was die Parteien redlicherweise vereinbart hätten, wenn sie die geänderte Leistung bei Vertragsschluss gekannt hätten (Kniffka in Kniffka/Koeble/Jurgeleit/Sacher, Teil 4 Rdn. 199ff.; vgl. auch v. Rintelen, NZBau 2017, 319ff.; vgl. näher → Rdn. 199). 14

15 Auch Verteidiger des Grundsatzes deterministischer Preisfortschreibung mussten einräumen, dass in der Rechtspraxis erhebliche Unsicherheiten bei der Anwendung der Grundlagen der Preisfortschreibung bestehen; das Ergebnis der Nachtragsberechnung würde deshalb auch von den Zufälligkeiten des Verständnisniveaus der jeweils betroffenen Akteure abhängen (Althaus, BauR 2012, 359, 376, 379).

16 Vor diesem Hintergrund empfahl der 3. Deutsche Baugerichtstag 2010 zwar die Einführung eines gesetzlichen Anordnungsrechts für den Besteller, wollte sich hinsichtlich der Ermittlung der Vergütung aber nicht festlegen (BauR 2010, 1313, 1342). Es sollte ein adäquater finanzieller Ausgleich gewährt werden. Der Arbeitskreis I hatte in seinem Vorschlag festgestellt, dass zum einen die VOB/B-Regelungen interpretationsbedürftig seien und beide Parteien den Grundsatz der Preisfortschreibung durch unklare Ausschreibungen oder intransparente Kalkulationsmethoden ausnutzen wollten. Die Regeln für die Bildung der Nachtragsvergütung sollte deshalb so weit wie möglich von der Kalkulation des Unternehmers, die weder Vertragsbestandteil noch Geschäftsgrundlage ist, gelöst werden. Er verwies auf marktübliche Preise, Selbstkostenpreise und Preisindizes als alternative Berechnungsparameter (BauR 2010, 1313, 1326f.). Demgegenüber hatte der Arbeitskreis VI empfohlen, eine Vergütungsanpassung durch Fortschreibung der Vertragspreise vorzunehmen und nur subsidiär auf angemessene Preise abzustellen.

17 Für den 4. Deutschen Baugerichtstag hat dann eine Arbeitsgruppe des Arbeitskreises I erstmals ein der heutigen Regelung entsprechendes Modell entwickelt (4. DBGT Arbeitskreis I, BauR 2012, 1471, 1477 ff.). Eine Preisfortschreibung auf Basis der Urkalkulation wurde nicht als geeignete Grundlage angesehen, weil die Urkalkulation nicht Vertragsbestandteil ist. Da marktübliche Preise schwierig zu ermitteln seien und damit streitanfällig sind, blieb als praktikabelster Weg das Abstellen auf Ist-Kosten. Der Maßstab ist zum einem gerecht und entzieht die Preisbildung der Spekulation. Das wahlweise Abstellen auf eine hinterlegte Kalkulation soll der Vereinfachung der Preisermittlung für viele unproblematische Fälle dienen. Diese Empfehlungen hat die Arbeitsgruppe Bauvertragsrecht 2013 aufgegriffen; dieser Ansatz wurde als sachgerecht angesehen, weil die Preise für die Änderungen gerade nicht im Wettbewerb erzielt worden sind (Abschlussbericht der Arbeitsgruppe Bauvertragsrecht, S. 26). Der Gesetzgeber hat das Modell des 4. Deutschen Baugerichtstages in § 650c BGB schließlich umgesetzt.

IV. Anwendungsbereich

1. Grundsatz: Wirksame Anordnung des Bestellers

18 § 650c BGB knüpft als Rechtsfolgeregelung an eine Änderungsanordnung nach § 650b Abs. 2 BGB an. Ohne eine Änderungsanordnung sind die tatbestandlichen Anforderungen nicht erfüllt. Mehrvergütungsansprüche wegen geltend gemachter erbrachter Mehrleistungen ohne Änderungsanordnung können nur aus anderen Anspruchsgrundlagen folgen (→ § 650b BGB Rdn. 268 ff.). Auch reine Mengenänderungen lösen den Tatbestand des § 650c Abs. 1 BGB nicht aus (BeckOK BauvertrR/Althaus/Kattenbusch BGB § 650c Rdn. 67). Der Vertrag hat sich nicht geändert, die Vertragspreise gelten fort.

19 Erörtert wird die (analoge) Anwendung des § 650c BGB, wenn es zu anderen Änderungen des vertraglich Leistungsumfangs ohne wirksame Änderungsanordnung kommt (→ § 650b BGB Rdn. 141). Wenn die Anordnung nach § 650b Abs. 2 unwirksam ist, weil der Besteller z. B. die Reichweite des Anordnungsrechts in Bezug auf Bauzeit oder Baumstände überschreitet oder die formellen Vorgaben nicht einhält, der Unternehmer in Unkenntnis der Unwirksamkeit die Anordnung befolgt, kann die Regelung des § 650c angewandt werden (Langen in Langen/Berger/Dauner-Lieb, § 650c Rdn. 14d). In diesen Fällen liegt keine konkludente Vertragsänderung (→ § 650b BGB Rdn. 124) mit der Vergütungsfolge des § 632 BGB vor, da der Besteller kein Angebot macht und der Unternehmer ein derartiges auch nicht annehmen will. Hier greift der gleiche Erst-recht-Schluss wie z. B. beim enteignungsgleichem Eingriff: wenn der Staat bei rechtmäßiger Enteignung Entschädigung schuldet, dann erst recht bei rechtswidriger Entschädigung. Die Abgrenzung zu konkludenten Änderungsvereinbarungen kann im Einzelfall schwierig sein (→ Rdn. 20).

2. Abgrenzung zu vertraglichen Leistungsänderungen ohne Vergütungsvereinbarung

20 Der Unternehmer kann auf Veranlassung des Bestellers auch geänderte oder zusätzliche Leistungen ausführen, ohne dass es zu einer ausdrücklichen Änderungsvereinbarung nach § 650b

Abs. 1 BGB gekommen ist und ohne dass der Unternehmer ein Angebot über die Mehr- oder Mindervergütung vorgelegt hat. In diesen Fällen wird der Vertrag schlicht konkludent geändert gemäß § 311 Abs. 1 BGB. Diese Möglichkeit beruht auf der allgemeinen Vertragsfreiheit und wird durch die Neuregelung nicht berührt. Aufgrund der Entgeltlichkeitsvermutung des § 632 BGB steht dem Unternehmer dann grundsätzlich für die geänderte Leistung auch ein korrespondierender Vergütungsanspruch zu. Hier liegt ja auch – anders als in den Fällen des § 650b Abs. 2 BGB – gerade kein Dissens vor. Fraglich ist, ob die Vergütung sich dann nach den ortsüblichen Preisen gemäß § 632 BGB richtet oder nach § 650c BGB analog tatsächlich erforderliche Kosten maßgeblich sind oder im Wege ergänzender Vertragsauslegung von einer Fortschreibung der Vertragspreise ausgegangen werden soll. Letzteres liegt nahe, wenn die Änderungen Mehrleistungen betreffen, für die in dem Hauptvertrag bereits Einheitspreisvereinbarungen bestehen. Soll der Unternehmer zwei zusätzliche Wände errichten, kann die stillschweigende Einigung über die Mehrleistung dahingehend ausgelegt werden, dass die Vertragspreise auch für Zusatzleistungen gelten sollen. Darüber hinaus wäre eine ergänzende Vertragsauslegung zur Lückenfüllung nicht zulässig, da die Regelungen der ergänzenden Vertragsauslegung dem dispositiven Gesetzesrecht nicht vorgehen, sondern nachrangig sind. Das gilt auch in Bezug auf § 632 BGB (BGH, Urt. v. 4.4.2006 – X ZR 122/05). Auch das Schweizer Bundesgericht hat bei vergleichbarer Rechtslage angenommen, dass bei einer einvernehmlichen Bestelländerung Art. 374 OR (entspricht § 632 BGB) Anwendung findet und nicht die Preisbestimmung für ein vertragliches einseitiges Änderungsrecht (BGer 4A_183/2010 v. 27.5.2010; eine abweichende konkludente Vereinbarung bleibt möglich, BGer 4A_234/2014 v. 8.9.2014).

Soweit nicht stillschweigend die Vertragspreise auch für die Änderungsleistung als vereinbart anzunehmen sind, stellt sich die Frage, ob § 650c BGB eine vorgehende Spezialregelung auch für den Fall sein soll, dass eine Leistungsänderung durch eine konkludente Vertragsänderung erfolgt. Schließlich hat der Gesetzgeber bewusst durch die Regelung des § 650c BGB von einer Anwendung des § 632 BGB Abstand genommen, weil es für viele Änderungsleistungen keine übliche Vergütung gibt und bei bloßen Modifikationen § 632 BGB nicht zu angemessenen Ergebnissen führen soll (BT-Drucks. 18/8486, S. 56). Das Gesetz sieht, wie die Gesetzesbegründung zeigt, die Vergütungsermittlung auf Basis tatsächlicher Mehr- und Minderkosten als die bessere Lösung bei einseitigen Leistungsänderungen an, nicht aber als die einzig mögliche. Schließlich gilt § 632 BGB für die Vergütungsermittlung für Nachträge ohne Preisvereinbarung schon mehr als 100 Jahre. Die grundsätzliche Anwendbarkeit und Ermittelbarkeit der üblichen Vergütung war und ist ebenso anerkannt (Büchner/Gralla/Kattenbusch/Sundermeier, BauR 2010, 688 ff.; kritisch Schottke, BauR 2011, 1881 f.) wie der Umstand, dass die Anwendung des § 632 BGB grundsätzlich zu einer der Rechtsordnung entsprechenden angemessenen Lösung führt (BGH, Urt. v. 18.12.2008 – VII ZR 201/06). 21

Mangels Lücke liegen damit die Voraussetzungen für eine Analogie nicht vor. Wenn der Tatbestand des § 650c BGB nicht erfüllt ist und die Parteien konkludent keine abweichende Preisvereinbarung getroffen haben, muss es für vertragliche Leistungsänderungen ohne Vergütungsvereinbarung bei der grundsätzlich anwendbaren Regelung des § 632 BGB verbleiben. Soweit sich im Einzelfall keine übliche Vergütung für Spezialmaßnahmen nach § 632 BGB ermitteln lässt, müsste die Lücke des dispositiven Gesetzesrechts nach der Auffassung des BGH durch ergänzende Vertragsauslegung geschlossen werden (BGH, Urt. v. 4.4.2006 – X ZR 122/05). Nach der Neuregelung des § 650c BGB wäre für Veränderungsleistungen die Lücke durch eine entsprechende Anwendung dieser Vorschrift zu schließen. Im Übrigen kann davon ausgegangen werden, dass durch die Regelung des § 650c BGB die Ermittlung der Nachtragsvergütung auf Basis der Ist-Kosten auch zur üblichen Vergütung nach § 632 BGB wird (ähnlich HK-WerkBauVertrR/Brunstamp § 650c Rn. 5). 22

B. Abs. 1: Vergütung auf Basis tatsächlich erforderlicher Kosten plus Zuschläge

I. Tatsächlich erforderliche Mehr- und Minderkosten

1. Ausgleich direkter und mittelbarer Auswirkungen

Ansatzfähig sind grundsätzlich alle Mehr- oder Minderkosten, die durch die Änderung projektbezogen in Bezug auf den konkreten Vertrag verursacht werden (vgl. BGH, Urt. 23

§ 650c Vergütungsanpassung bei Anordnungen nach § 650b Absatz 2

v. 10.09.2009, VII ZR 152/08 zum verschobenen Zuschlag; Langen in Langen/Berger/ Dauner-Lieb, § 650c Rdn. 17). Entscheidendes Kriterium ist also die Kausalität (vgl. BGH, Urt. v. 5.11.2015 – III ZR 41/15 zu Selbstkostenerstattungsvertrag). Die Kosten müssen also entweder zur Erreichung des geänderten Leistungsziels eingesetzt worden sein oder durch die Veränderung des Leistungsziels verursacht worden sein (näher → Rdn. 46). Das umfasst auch die hierdurch verursachten Folgeänderungen. Aufwendungen, die nicht die Vertragsänderung betreffen, sondern die bisherigen unveränderte Vertragsleistungen oder gar außervertragliche Umstände, sind nicht ansetzbar. Da aber auch die bauzeitlichen Folgen der Änderung umfasst werden (→ Rdn. 51), können Änderungen auch Folgen in bautechnisch unveränderten Bereiche auslösen. Das entspricht grundsätzlich dem Umfang von § 2 Abs. 5 und 6 VOB/B (→ Rdn. 178) und ist auch für § 650c BGB weitgehend unstreitig. Zu den ansatzfähigen Kosten vgl. (→ Rdn. 46 ff.).

2. Grundsatz: konkrete und abstrakte Ermittlung zulässig

24 Weder das Gesetz noch die Materialien enthalten aber nähere Vorgaben dazu, was tatsächlich erforderliche Kosten sind und wie diese zu ermitteln sind. Dem Inhalt der gesetzlichen Lösung lässt sich deshalb am besten im Wege eines Ausschlussverfahrens nähern. Der Gesetzgeber hat sich gegen eine deterministische Preisfortschreibung nach dem Modell der VOB/B entschieden (→ Rdn. 9 ff.). Er hat weiter bewusst davon abgesehen, für die Nachtragsvergütung auf die „übliche Vergütung" gemäß § 632 BGB abzustellen. Dieser Ermittlungsmaßstab erschien ihm nicht praktikabel, da es für viele (Spezial-)Bauleistungen keine „ortsübliche" Vergütung gebe. Hinzu komme, dass gerade für Änderungsleistungen mangels Üblichkeit eine Bestimmung der üblichen Vergütung kaum möglich ist (BT-Drucks. 18/8486, S. 56; näher Ehlers, Die Untauglichkeit des üblichen Preises für die Anpassung der Vergütung, 35 ff.). Der Arbeitskreis I des 4. Baugerichtstag hatte weiter darauf hingewiesen, dass die ortsübliche Vergütung in Streitfällen nur mit sachverständiger Hilfe ermittelt werden kann (BauR 2012, 1471, 1477).

25 Das Gesetz sieht stattdessen die Vergütungsanpassung auf Basis der tatsächlich erforderlichen Kosten für den konkreten Aufwand vor („vermehrten oder verminderten Aufwand ... nach den tatsächlich erforderlichen Kosten"). Der (bei einer Zusatzleistung) verursachte Mehraufwand sollte vollständig einschließlich üblicher AGK und üblichen Gewinns vergütet werden, aber auch nicht mehr. Ermittlungsgrundlage sind also nicht fortgeschriebene Aufwände und Preise einer Vorkalkulation für die unveränderte Vertragsleistung, sondern der konkrete Aufwand. Diese Grundlage ergibt sich unmittelbar aus dem Gesetz und ist unstreitig. Es stellt sich die weitere Frage, ob das Gesetz durch das Abstellen auf tatsächlich erforderliche Kosten auch eine Methode für die Ermittlung des konkret verursachten Aufwandes vorgibt, also ob der Unternehmer die ihm tatsächlich entstehenden Kosten nur im Sinne eines Selbstkostenerstattungsvertrages (Neudeutsch: cost plus fee) dokumentieren und nachweisen kann oder ob und in welchem Umfang er die Kosten auch abstrakt ermitteln kann. Sicher ist, dass die Abrechnung des Aufwandes durch Arbeits-, Stoffverbrauchs- und Gerätestundenberichte einerseits und den Nachweis der hierdurch tatsächlich entstandenen und abgeflossenen Kosten andererseits § 650c Abs. 1 BGB voll entspricht, soweit diese auch erforderlich waren. Fraglich ist, ob diese Ermittlung abgeflossener Kosten die einzige zulässige Abrechnungsmethode ist, wie überwiegend geltend gemacht wird.

26 Weil die Gesetzesbegründung die „tatsächlich erforderlichen Kosten" ausdrücklich mit den „tatsächlichen Kosten" gleichstellt, wird das Gesetz eng dahingehend verstanden, dass die Nachtragsvergütung nach Abs. 1 nicht kalkulatorisch ermittelt werden kann, sondern ausschließlich auf Basis des tatsächlich entstandenen Aufwands; tatsächliche Kosten seien nur konkrete Mittelabflüsse, sog. „pagatorische" Kosten (= Ist-Kosten, vgl. BeckOK BauvertrR/ Althaus/Kattenbusch § 650c BGB Rn. 14 ff.; BeckOK/Voit § 650c Rn. 8; BeckOGK/Mundt BGB § 650c Rn. 34; Althaus BauR 2017, 412, 416; so auch noch der Vorauflage). Diese vermeintliche Anforderung kann nicht und wird auch nicht durchgehalten. So wird festgestellt, dass für den Einsatz der eigenen Arbeitskraft des Auftragnehmers es überhaupt keinen (zusätzlichen) Mittelabfluss gibt, aber ein Vergütungsanteil nach dem Gesetzeszweck auch ohne Mittelabfluss geboten ist (Althaus/Kattenbusch in Althaus/Bartsch, Teil 3 Rn. 207). Auch bei Eigengeräten dürften dann nur Betriebs- und Wartungskosten ansetzt werden können, was ebenfalls (zu Recht) als sachwidrig angesehen wird (BeckOGK/Mundt BGB § 650c Rn. 45; Althaus/Kattenbusch in Althaus/Bartsch, Teil 3 Rn. 208). Schon das spricht dagegen, die Gesetzeszweck nicht entsprechende Anforderung tatsächlichen Mittelaufwands in das Gesetz hineinzulesen.

Hinzu kommt, dass mit dieser Definition tatsächlich angefallener Kosten dann insbesondere 27
in der baubetrieblichen Literatur erstaunlich hohe Anforderungen an die Genauigkeit deren
Ermittlung geknüpft werden. So wird vertreten, dass für die Ermittlung der Vergütung nach
§ 650c Abs. 1 BGB nicht nur die Arbeitszeit exakt zu ermitteln sei, sondern auch der konkrete
Lohnaufwand der jeweiligen Leistungserbringer berücksichtigt werden müsse, weil der Ansatz
eines (kalkulatorischen) Mittellohns unzulässig sei. Die Arbeit eines Altgesellen verursacht
damit, soweit er nicht entsprechend schneller ist, höhere Kosten als die eines Lehrlings. Das
führt nicht nur zur erheblichen Dokumentationsaufwand, sondern auch noch zu wenig sinnvollen Ergebnissen.

Dass diese Auslegung zu eng ist, zeigen die zahlreichen Ausnahmen und Korrekturen. Richtig 28
ist zwar, dass schon im Referentenentwurf wie auch in den nachfolgenden Gesetzesmaterialien die „tatsächlich erforderlichen Kosten" mit „tatsächlichen Kosten" bzw. „Ist-Kosten"
gleichgesetzt wurden (Ref-Entw. S. 59: „Im Übrigen ist der Ansatz der Ist-Kosten auch sachgerecht, weil die Preise für die weiteren Leistungen nicht im Wettbewerb erzielt worden sind.";
S. 69: „Mehr- oder Minderaufwands anhand der tatsächlichen Kosten gemäß § 650c BGB-E").
Diese Betonung von „Ist-Kosten, die aufgrund der Ausführung tatsächlich entstanden sind"
(BT-Drucks. 18/8486, S. 56) verbunden mit dem Hinweis, dass „keine Kombination zwischen
den tatsächlichen erforderlichen Kosten einerseits und kalkulierten Kosten anderseits geben"
dürfe (BT-Drucks. 18/8486, S. 57) zeigt aber nur, dass der Gesetzgeber Ist-Kosten jedenfalls
als tatsächlich erforderliche Kosten angesehen hat.

Hierauf beschränkt § 650c Abs. 1 BGB aber nicht die zulässige Art der Aufwands- und 29
Kostenermittlung. Ausgangspunkt der Auslegung ist der Wortlaut der Norm; dieser zeigt eine
deutlich geringere Verknüpfung von Selbstkosten und Vergütung: „Die Höhe des Vergütungsanspruchs für den ... vermehrten oder verminderten Aufwand ist nach den tatsächlich erforderlichen Kosten mit angemessenen Zuschlägen ... zu ermitteln." Die Kosten sind Basis für die
Ermittlung, aber weder deren Ergebnis noch der Vergütungsanspruch vor Zuschlägen. Wie
die Ermittlung zu erfolgen hat, wird jedenfalls nicht unmittelbar geregelt. Die Verknüpfung
wird noch loser, wenn die in § 650c Abs. 1 BGB verwandten Begriffe nicht eng, sondern weit
ausgelegt werden. So erfordert weder der Begriff des Aufwandes noch der Kosten zwingend
einen erfolgten Zahlungsabfluss (BGH, Urt. v. Urt. v. 19.6.2013 – IV ZR 228/12: „Ein solch
eingeschränktes Verständnis des Aufwendungsbegriffs in der Umgangssprache, welches etwa
zur Folge hätte, den Begriff einer „künftigen Aufwendung" (oder auch „künftiger Kosten")
als paradox anzusehen, lässt sich nicht feststellen. „Aufwendung" bezeichnet nach dem allgemeinen Sprachgebrauch den zweckgerichteten Einsatz finanzieller oder sachlicher Mittel oder
von Arbeitskraft. Eine zeitliche Komponente des Inhalts, dass er allein rückblickend auf bereits
entstandenen oder geschehenen oder eingesetzten Mitteleinsatz bezogen werden könne, wohnt
dem Aufwendungsbegriff nicht inne."; ebenso aus baubetrieblicher sicht Bartel/Hofmann,
BauW 2020, 146, 147). Das Adjektiv „tatsächlich" bezieht sich des Weiteren grammatikalisch
nicht auf Kosten, sondern (nur) attributiv auf erforderlich; ansonsten hätte es heißen müssen
„tatsächlichen und erforderlichen Kosten" oder „tatsächlichen, erforderlichen Kosten" (Markus
Lindner, BauR 2018, 1038, 1039; Bartel/Hofmann, BauR 2021, 429, 431; Lukas Lindner, Die
Dogmatik des gesetzlichen Änderungsrechts nach § 650b BGB, 137). Dieses grammatikalische
Argument wiegt allerdings deshalb nicht besonders schwer, da die Hinzufügung des Adjektivs
„tatsächlich" dann eigentlich überflüssig ist, weil eine Steigerung der Erforderlichkeit (jedenfalls für Sprachpuristen) definitionsgemäß nicht möglich ist: Entweder sind Kosten erforderlich oder sie sind es nicht. Die bessere Grammatik würde durch eine sprachlich schlechtere
Formulierung getauscht.

Festzuhalten bleibt, dass das Gesetz selbst nicht auf tatsächliche Kosten abstellt, sondern auf 30
den jedenfalls weiteren Begriff der tatsächlich erforderlichen Kosten und zur deren Ermittlung keine Vorgabe enthält. Diese Begriff der tatsächlich erforderlichen Kosten ist keinesfalls
neu, sondern in der deutschen Rechtssprache insbesondere zur Bestimmung des ersatzfähigen
Schadens nach § 249 BGB genauso vom BGH verwandt wird (BGH, Urt. 7.05.1996 – VI ZR
138/95; Urt. v. 20.12.2016 – VI ZR 612/15). Mit dieser verstärkenden Formulierung wird
zum einen zum Ausdruck gebracht, dass die tatsächlichen Kosten ein wesentliches Indiz zur
Ermittlung der erforderlichen Kosten ist (BGH, Urt. v. 11.2.2014 – VI ZR 225/13 Rn. 8:
„Letztlich sind allerdings nicht die rechtlich geschuldeten, sondern die iSv § 249 II 1 BGB
tatsächlich erforderlichen Kosten entscheidend."). Zum anderen wird damit betont, dass es bei
der Ermittlung des „erforderlichen" Betrages die besonderen Umstände des Schadensfalles, vor
allem auch die besondere Lage des Geschädigten zu berücksichtigen ist (BGH v. 19.11.1974 – VI
ZR 197/73). Da Maßstab der Auslegung der objektivierte Willen des Gesetzes ist, wie er in

der Norm selbst seinen Ausdruck findet (BVerfGE 1, 299, 312; BVerfGE 34, 288), kann und muss der der Begriff auch bei § 650c Abs. 1 BGB in diesem weiteren Sinne ausgelegt werden.

31 Dafür sprechen mehrere Gründe. Das beginnt bei einer sinnvollen Aufwandsermittlung. Nach der KLR Bau werden Kleingeräte und bestimmtes Betriebsmaterial in der baubetrieblichen Kostenrechnung nicht konkret erfasst, sondern idR über Zuschläge/Verrechnungssätze zu den Lohnkosten oder BGK. Das entspricht auch der Abrechnung der Selbstkosten nach § 15 Abs. 2 VOB/B. Auf dieser Praxis setzt das Gesetz auf und kann nicht so ausgelegt werden, dass nunmehr die Abnutzung einer Zange oder eines Bauhelms, die bei Gebrauch Teile des Aufwandes sind, nicht mehr über Zuschlagsätze ermittelt werden kann. Eine hypothetische bzw. abstrakte Ermittlung von Kosten kann Abs. 1 nicht widersprechen, da in einigen Fällen die tatsächlich erforderlichen Kosten nur hypothetisch ermittelt werden können. Die durch verminderten Aufwand entfallenden Kosten können denklogisch nur abstrakt bzw. hypothetisch ermittelt werden, da diese Kosten definitionsgemäß gerade nicht entstanden sind. Diese hypothetischen Kosten sind nach dem Gesetzeswortlaut aber ebenfalls tatsächlich erforderliche Kosten („verminderten Aufwand ist nach den tatsächlich erforderlichen Kosten"). Auch nach der Gesetzesbegründung sind die nur hypothetischen Kosten des verminderten Aufwandes „tatsächliche Kosten" in Abgrenzung zu „tatsächlich entstandene Kosten". (BT-Drucks 18/8486, S. 56: „Bei der Ermittlung des veränderten Aufwandes nach den tatsächlichen Kosten ist die Differenz zwischen den hypothetischen Kosten, die ohne die Anordnung des Bestellers entstanden wären, und den Ist-Kosten, die aufgrund der Anordnung tatsächlich entstanden sind, zu bilden"; vgl. zu Unklarheiten in Text und Begründung eingehend auch Lindner BauR 2018, 1038 ff. mit z. T. anderen Schwerpunkten).

32 Hierfür spricht auch die Gesetzessystematik, nämlich die vom Gesetz unterstellte Gleichwertigkeit der tatsächlich erforderlichen Kosten nach Abs. 1 mit den kalkulierten Kosten nach Abs. 2. Zu der Ermittlung der Kosten nach Abs. 1 kann der Unternehmer wahlweise auf die vereinbarungsgemäß hinterlegte Urkalkulation zurückgreifen. Die Kosten sollen also grundsätzlich auch abstrakt ermittelt werden können, und zwar sogar anhand einer Urkalkulation. Schließlich hat das Gesetz die Ermittlung der Vergütung anhand der tatsächlich erforderlichen Kosten anstatt der ortsüblichen Vergütung nach § 632 BGB nicht gewählt, um die Ermittlung zu verkomplizieren, sondern zu vereinfachen. Die abstrakt zu ermittelnde ortübliche Vergütung schien als genereller Maßstab nicht geeignet, weil für viele Nachtragsleistungen eine Bestimmung der üblichen Vergütung kaum möglich ist (BT-Drucks. 18/8486, S. 56). Die Nachtragsvergütung soll deshalb schlicht aufwandsbezogen ermittelt werden.

33 Die Ermittlungsmethode für den tatsächlich erforderlichen Aufwand ist aber nicht vorgegeben. Tatsächlich erforderliche Kosten lassen sich deshalb ebenso wie „der zur Herstellung erforderliche Geldbetrag" nach § 249 Abs. 2 BGB wahlweise kalkulativ nach abstrakter Erforderlichkeit wie auch durch konkrete Aufwandsabrechnung ermitteln. Das Gesetz stellt nur verbindlich auf real entstehenden (bzw. nicht entstehenden) Aufwand als Grundlage für die Vergütung ab. Mit dem Begriff der tatsächlich erforderlichen Kosten wird also nicht allein auf die tatsächlichen Kosten im Sinne effektiver Mittelabflüsse abgestellt. Vielmehr sind diese – wie bei einer Schadensberechnung – (nur) ein wesentliches Indiz zur Ermittlung der erforderlichen Kosten und damit eine zulässige Ermittlungsmethode. Eine abstrakte Ermittlung ist aber ebenso zulässig und auch möglich (Retzlaff, BauR 2017, 1747, 1799, 1804; Kleine-Möller/Merl § 12 Rn. 483). Das wird durch die vorgesehene wahlweise abstrakte Ermittlung der Nachtragsvergütung auf Basis der Urkalkulation vom Gesetz selbst bestätigt.

34 Ausgeschlossen werden mit dem Begriff der tatsächlich erforderlichen Kosten lediglich nicht aufwandsbezogene Vergütungsermittlungen. Das gilt für bloße Marktpreise oder ortsübliche Vergütungen, die letztlich kostendeckend sein sollten, aber nicht kostendeckend sein müssen. Das gilt insbesondere für eine deterministische Preisfortschreibung auf Basis von Vertragspreisen, die die tatsächlich erforderlichen Kosten nicht mehr reflektieren. Eine Preisfortschreibung guter wie schlechter Preise war erwogen worden, insbesondere für Anordnungen nach § 650b Abs. 1 Nr. 2 BGB. Da diese Änderungen nur dazu dienten, das werkvertragliche Erfolgssoll zu erreichen, schien eine Bemessung der Nachtragsvergütung auf Basis der Vertragspreise unter Berücksichtigung der geänderten preisrelevanten Umstände im Änderungszeitpunkt auch durchaus angemessen (BT-Drucks. 18/8486, S. 56; Abschlussbericht der Arbeitsgruppe Bauvertragsrecht, S. 26). Da die Abgrenzung zwischen den beiden Änderungen im Einzelfall allerdings schwierig sein kann, hat sich der Gesetzgeber zur Vereinfachung der Rechtsanwendung für eine einheitliche Lösung für alle Änderungen auf Basis tatsächlicher Kosten entschieden.

3. Anforderung an Ermittlung von Ist-Kosten

Keine vertiefte Gedanken hat sich der Gesetzgeber auch dazu gemacht, wie exakt die tatsächlichen Kosten ermittelt werden sollen/müssen. Dementsprechend stellt das Gesetz auch keine konkreten Anforderungen auf. Insbesondere in der baubetriebswirtschaftlichen Literatur und Lehre werden teilweise sehr hohe Anforderungen für die Ermittlung tatsächlicher entstandener Kosten (sog. Ist-Kosten") aufgestellt. Diese Argumentation bezweckt gelegentlich, die gesetzliche Lösung ad absurdum zu führen; denn von den Autoren wird geltend gemacht, dass diese hohe Anforderungen praktisch nicht erfüllbar seien und deshalb eine Preisfortschreibung sinnvoller sei (vgl. z. B. Kaufmann/Rohr, BauR 2020, 1369, 1379 ff.; Schottke, BauW 2020, 126, 132). So wird z. B. darauf hingewiesen, dass die Kosten von geänderten Leistungen häufig von den Hauptvertragsleistungen gar nicht sauber abgrenzbar sind; denn die Positionen eines Leistungsverzeichnisses orientieren sich regelmäßig nicht am Produktionsablauf, sondern an Abrechnungseinheiten. Die Änderungsleistungen werden häufig in komplexen Prozessen zusammen mit Hauptvertragsleistung erbracht, so dass eine isolierte Ermittlung der Kosten nur der Änderungsleistung in der Praxis mit vertretbaren Aufwand gar nicht möglich sei. 35

Die baubetrieblichen Bedenken gegen eine exakte Ermittelbarkeit der Ist-Kosten von Änderungsleistungen treffen auf Basis der selbst aufgestellten Prämissen zu. Sie verkennen aber, dass das Gesetz nicht zwingend eine Ermittlung nur auf Basis tatsächlich entstandener Selbstkosten vorgibt, sondern auch die abstrakte Ermittlung der tatsächlich erforderlichen Kosten auf Basis des erforderlichen Aufwandes zulässt. Soweit in den Gesetzesmaterialien darauf hingewiesen wird, dass im Rahmen der Nachtragsberechnung Ist-Kosten und kalkulatorische Kosten nicht vermengt werden dürfen, zielt dieser Hinweis nur darauf ab, alle Vergütungsanteile einschließlich der Ersparnisse und Zuschläge objektiv zu ermitteln, während nach dem Referentenentwurf die Zuschläge noch der Kalkulation entnommen werden sollten. Das kann allerdings nicht dazu führen, dass bei der Abrechnung von Änderungsleistungen nach Ist-Kosten das konkret eingesetzte Gerät zu dokumentieren werden muss, dass dessen konkreter Abschreibungsgrad ermittelt werden kann und für jede Leistung der erbringende Arbeitnehmer konkret dokumentiert werden muss, um exakt dessen Gehalt den Ist-Kosten zugrunde zu legen. Das ist weder sinnvoll noch geboten und bei Leistungen, die z. B. mit Kolonnen in einem Arbeitsschritt mit den Hauptvertragsleistungen erbracht werden, auch praktisch unmöglich. Die Exaktheit der Ermittlung ist kein Selbstzweck, vielmehr geht es bei der Ermittlung der tatsächlich erforderlichen Kosten darum, eine Über- oder Unterpreisung des tatsächlichen Aufwandes zu verhindern. Eine Auslegung, mit der sich das Gesetz selbst ad absurdum führen würde, verbietet sich. 36

Die Gesetzesbegründung negiert ausdrücklich einen zusätzlichen Erfüllungsaufwand für die Unternehmer (oder Besteller) durch die Neuregelung des §650c (BT-Drucks. 18/8486, S. 34). Der teilweise geforderte übertriebene Dokumentationsaufwand würde aber zu letztlich zu vom Besteller zu tragenden erheblichen Mehrkosten führen. Deshalb hat die Ermittlung von entstandenen Kosten so zu erfolgen, wie es mit in der Praxis bewährten Abrechnungsmethoden (z. B. bei Selbstkostenerstattungsverträgen) üblich und möglich ist. Es geht um die Ermittlung der Vergütung mit einem praktisch angemessenen Grad von Richtigkeit. Wenn ca. 94 % der Vergütung, nämlich für die Vertragsleistung, üblicherweise mit einer deutlichen Ungenauigkeit kalkuliert werden, kann das Gesetz nicht dahin ausgelegt werden, dass für die durchschnittlich nur 6 % Nachtragsleistungen bei Neubauten ein Ermittlungsaufwand in ganz anderer Dimension erfolgen soll. Das Gesetz, das keinen zusätzlichen Erfüllungsaufwand verursachen soll, kann schlechterdings nicht so ausgelegt werden, dass nunmehr möglicherweise der Abrechnungsaufwand den Änderungsaufwand übersteigen soll. Höhere Anforderungen als an die Ermittlung eines Schadens nach §249 BGB, der auch zur Totalkompensation führen soll, lassen sich nicht rechtfertigen (zur prozessualen Reichweite von §287 ZPO bei der Ermittlung der Forderungshöhe und der Schadenshöhe vgl. Arz NJW 2021, 355 ff.). 37

Nur eine solche Abrechnung entspricht auch dem generellen Verständnis von Selbstkostenerstattungsverträgen bzw. von cost plus fee-Vereinbarungen in anderen Rechtsordnungen. Gefordert wird bei cost plus fee-Vereinbarungen eine Ermittlung der Kosten mit „hinreichender" Sicherheit. 38

4. Differenzberechnung

Geht es um reine Zusatzleistungen ohne Auswirkungen auf die Vertragsleistungen, ist die Berechnung der geänderten Vergütung in der Regel einfach, da nur Mehrleistungen und nicht 39

§ 650c   Vergütungsanpassung bei Anordnungen nach § 650b Absatz 2

auch Minderleistungen berücksichtigt werden müssen. Es sind die tatsächlich erforderlichen Mehrkosten anzusetzen.

40   Vielfach haben Änderungen allerdings auch Auswirkungen auf die Vertragsleistungen. Bestimmte Leistungen entfallen, andere Arbeitsschritte kommen hinzu. In diesem Fall ist die Vergütung auf Basis des veränderten Aufwandes zu ermitteln. Der Vergütungsanspruch entspricht dem Saldo von Mehr- und Minderleistungen. Zu dessen Ermittlung darf man nicht die Mehrkosten auf Basis tatsächlicher Kosten ermitteln und die Minderkosten auf Basis der Urkalkulation/Vertragspreise. Letzteres läge ja deshalb nahe, weil die Minderkosten tatsächlich änderungsbedingt gar nicht entstehen, sie damit den Ist-Kosten nicht entnommen werden können. Eine Differenzberechnung zwischen kalkulierten Kosten für Vertragspreise einerseits und tatsächlich (Mehr-)kosten andererseits ist allerdings methodisch unzutreffend und unzulässig, weil es sich um unterschiedliche Ermittlungssysteme handelt (BGH, Urt. v. 10.9.2009 – VII ZR 152/08; Althaus, BauR 2012, 359, 364, 378; anders aber z. B. OLG Celle, Urt. v. 25.05.2011 – 14 U 62/08; vgl. dazu aber auch → Rdn. 222).

41   Nach § 650c Abs. 1 BGB muss die Vergütung anhand der Differenz zwischen den hypothetischen Kosten, die ohne die Anordnung des Bestellers entstanden wären und den Mehrkosten, die aufgrund der Anordnung tatsächlich entstanden sind, ermittelt werden (BT-Drucks. 18/8486, S. 56). Dabei können die tatsächlichen erforderlichen zusätzlichen Kosten genauso hypothetisch ermittelt werden, wie die entfallenden Kosten der geänderten Leistung. Diese Ermittlungsmethode entspricht der Rechtsprechung des BGH zur Vergütungsanpassung bei einer Bauzeitverschiebung aufgrund einer Verzögerung des Zuschlags. Nach der Rechtsprechung des BGH erfolgt die Anpassung der Vergütung in Anlehnung an die Grundsätze von § 2 Abs. 5 VOB/B, allerdings auf Basis tatsächlicher Kosten (BGH, Urt. v. 22.7.2010 – VII ZR 129/09; OLG Düsseldorf, Urt. v. 23.11.2011 – U (Kart) 12/11). Bei einem Ausgleich für Materialpreissteigerungen darf nach der Rechtsprechung des BGH kein Vergleich zwischen zunächst kalkulierten Einkaufspreisen und späteren tatsächlichen Einkaufspreisen erfolgen. Der BGH hat ausgeführt:

42   „Die für die Berechnung der Preissteigerung auf der einen Seite relevanten Aufwendungen für Baustoffe, Material und Nachunternehmerleistungen, welche die Klägerin bei Einhaltung der geplanten Bauzeit hätte tragen müssen, können in Ermangelung gegenteiliger tatsächlicher Anhaltspunkte den Marktpreisen im Zeitpunkt des geplanten Baubeginns entsprechen. Soweit die Klägerin schlüssig darzulegen vermag, dass sie bei geplantem Bauablauf – der Üblichkeit entsprechend oder aufgrund besonderer Umstände im konkreten Einzelfall – Baustoffe, Material und/oder Nachunternehmerleistungen zu einem früheren Zeitpunkt oder zu anderen Preisen eingekauft hätte, ist dies maßgeblich." (BGH, Urt. v. 10.9.2009 – VII ZR 152/08, Rdn. 43)

43   Für die Ermittlung der Minderleistungen kommt es also nicht darauf an, welche Kosten der Unternehmer hierfür in seiner Kalkulation der Vertragspreise angesetzt hat. Maßgeblich ist, welche Kosten der Unternehmer bei einer tatsächlichen Ausführung der unveränderten Leistung gehabt hätte (Kattenbusch, IBB Heft 62, 23, 25 ff.; Oberhauser in Dammann/Lenkeit/Oberhauser/Pause/Stretz, § 2 Rdn. 101; Retzlaff, BauR 2017, 1747, 1799). Der Unternehmer muss das konkret vortragen. Hierzu muss er seine Dispositionen darlegen. Er kann zum Nachweis ersparter Kosten bereits abgeschlossene Vereinbarungen für die von der Änderung betroffenen Leistungen mit seinen Lieferanten oder Subunternehmern vorlegen, Seine hypothetischen Beschaffungskosten kann er auch durch Angebote vorlegen, soweit sie ohne die Änderung angenommen worden wären. Mangels abweichenden Vortrages und gegenteiliger tatsächlicher Anhaltspunkte kann auf die Marktpreise im Zeitpunkt der geplanten Leistungsausführung abgestellt werden (BGH, Urt. v. 10.9.2009 – VII ZR 152/08 zur Berechnung von Mehrkosten bei verschobenen Baubeginn infolge Vergabeverzögerung), die auch durch Angebote und Rechnungen aus anderen Projekten belegt werden können (Kattenbusch, IBB Heft 62, 23, 27). Hier gelten letztlich die gleichen Grundsätze wie sie bei der Ermittlung einer Ersparnis im Rahmen der Anspruchsberechnung nach § 648 Satz 2 BGB Anwendung finden.

44   Bei Minderleistungen sind die Kosten für die bisherigen Vertragsleistungen nur abzusetzen, wenn sie auch tatsächlich entfallen. Auflösungskosten z. B. von Subunternehmerverträgen verringern wie bei § 648 Satz 2 BGB die Ersparnis. Relevant wird das insbesondere auch bei den Lohnkosten. Reduziert sich der Leistungsumfang und können die Arbeitnehmer nicht anderweitig eingesetzt werden, so sind (ebenso wie bei § 648 BGB) insoweit keine Lohnkosten erspart (BeckOGK/Mundt § 650c Rn. 43; a. A. Pause ZfBR 2018, 731, 734). Wird also beispielsweise durch eine Änderung eine Pflasterfläche schmaler, während Mehrkosten bei

Gärtner entstehen, fallen beim Hauptunternehmer gewissermaßen zweimal Lohnkosten an. Hier ist Situation nicht anders, als wenn Material für die ursprüngliche Leistung bereits beschafft ist und nicht mehr (anderweitig) verwandt werden kann (Kapellmann/Messerschmidt/Kapellmann VOB/B § 2 Rn. 428).

Ist die Kalkulation zutreffend gewesen und haben die Preise sich nicht verändert, so werden beide Ermittlungen zu annähernd gleichen Ergebnissen führen. Denn das Ziel der Urkalkulation besteht ja gerade in der Ermittlung der voraussichtlich tatsächlich erforderlichen Kosten (Schwerdtner BauR 2021, 311, 313). Deswegen stellt § 650c Abs. 2 auch eine Vermutung für die Kalkulationsansätze einer hinterlegten Kalkulation auf. Bei einer Abweichung sind die hypothetischen Ist-Kosten maßgebend, die dem Unternehmer bei Ausführung konkret entstanden wären. 45

5. Ansatzfähigen Kosten

Vergütungsfähig sind alle Mehr- oder Minderkosten, die durch die Änderung konkret verursacht werden (vgl. BGH, Urt. v. 10.09.2009, VII ZR 152/08 zum verschobenen Zuschlag; Langen in Langen/Berger/Dauner-Lieb, § 650c Rdn. 17). Die Vergütung nach § 650c BGB beschränkt sich nicht auf die Mehr- und Minderkosten der konkret geänderten Leistung, sondern umfasst grundsätzlich auch alle Folgeauswirkungen der Änderung. Insoweit besteht kein Unterschied zum Vergütungsanspruch nach § 2 Abs. 5 und 6 VOB/B (→ Rdn. 178). Dass die Kosten von notwendigen Änderungen bei anderen Bauleistungen mit erfasst werden, ist selbsterklärend. Das gilt aber auch für bloße kostenmäßige Folgeauswirkungen unveränderten Leistungen z. B. infolge hierdurch erschwerter Ausführung. Die Vergütung umfasst schließlich auch Folgekosten durch eine änderungsbedingte Verlängerung der Bauzeit (→ Rdn. 51; vgl. zum VOB/B-Vertrag Thode, ZfBR 2004, 214, 219). 46

Es geht aber nur um die Kosten für die geänderte Leistung und ihre Folgen, nicht aber um die Kosten für das (der Änderung vorausgegangene) Angebot gemäß § 650b Abs. 1 BGB (→ § 650b BGB Rdn. 90). Zum VOB/B-Vertrag hat der BGH festgestellt, dass die Kosten, die zur Ermittlung der Vergütung nach § 2 Abs. 5 VOB/B aufgewendet werden, nicht selbst Gegenstand dieser Vergütung sein können und deshalb nicht zu den Mehr- und Minderkosten der Änderungsleistung gehören (BGH, Urt. v. 22.10.2020 – VII ZR 10/17; ebenso OLG Brandenburg, Urt. v. 2. 12. 2015 – 11 U 102/12; a. A. aber z. B. Duve/Richter, BauR 2007, 1490 ff.). Hier fehlt es im Übrigen bereits an der Kausalität, da diese durch das Verfahren nach § 650b Abs. 1 BGB ausgelöst wurden, nicht durch die Anordnung nach § 650b Abs. 2 BGB. Sollte die Abrechnung der Leistung besonderen Dokumentationsaufwand verursachen, wäre dieser durch die Anordnung verursacht und nicht durch AGK abgegolten (→ Rdn. 55). Gleiches gilt für erforderliche Planungskosten (→ Rdn. 102). 47

Entscheidendes Kriterium ist die Kausalität (vgl. BGH, Urt. v. 5.11.2015 – III ZR 41/15 zu Selbstkostenerstattungsvertrag). Die Kosten müssen also entweder zur Erreichung des geänderten Leistungsziels eingesetzt worden sein oder durch die Veränderung des Leistungsziels verursacht worden sein. Aufwendungen, die nicht die Vertragsänderung betreffen, sondern die bisherigen unveränderte Vertragsleistungen oder gar außervertragliche Umstände, sind nicht ansetzbar. 48

Ein Ursachenzusammenhang im Sinne der conditio-sine-qua-non-Formel ist erforderlich, allerdings wegen seiner Weite nicht immer hinreichend. Es gelten ergänzend die allgemeinen Zurechnungskriterien, insbesondere die Notwendigkeit eines Zurechnungszusammenhangs. Lässt der Handwerker bei der Durchführung einer Änderungsleistung sein Gerät fallen und beschädigt bereits erstellte Teile, so fehlt der erforderliche Zurechnungszusammenhang. Die Mehrkosten sind nur bei Gelegenheit der Änderungsleistung entstanden, nicht aber durch sie verursacht worden. Sie wären im Übrigen auch nicht erforderlich. Das allgemeine Risiko wird durch den Zuschlag für Wagnis und Gewinn vergütet. 49

Ansatzfähig sind vor allem die Einzelkosten der betroffenen Teilleistungen, also insbesondere Materialkosten und Lohnkosten. Erbringt der Unternehmer die Leistungen nicht selbst, sondern durch einen Nachunternehmer, ist auf dessen Kostenveränderung abzustellen. Verändert der Besteller die Leistungen so stark, dass der Unternehmer die bisherigen Vertragsleistungen bei einem Nachunternehmer kündigen und die neue Leistung bei einem anderen Nachunternehmer in Auftrag geben muss, gehört eine tatsächliche Auflösungsentschädigung nach § 648 Satz 2 BGB auch zu den ansatzfähigen Mehrkosten. 50

51 Da alle durch die Änderung verursachten Mehrkosten bzw. Minderkosten zu berücksichtigen sind, sind auch mittelbare Auswirkungen der Leistungsänderung zu berücksichtigen (vgl. OLG Köln, Urt. v. 3.2.2021 – 11 U 136/18 für § 2 Abs. 5 VOB/B m. w. N.). Das betrifft zum einen Auswirkungen auf die Erstellung von als solches unveränderten Leistungen. Werden z. B. Decken geändert und hat das Auswirkungen auf die Taktzeiten des gesamten Betonbaus, sodass nunmehr auch die Wandschalung länger vorgehalten werden muss, handelt es sich bei diesen Zusatzkosten um vergütungspflichtige mittelbare Auswirkungen (Langen in Langen/Berger/Dauner-Lieb, § 650c Rdn. 17, 27; Kapellmann/Schiffers, Bd. 1 Rdn. 1088). Das betrifft auch sonstige Störungen des Bauablaufs oder bauzeitliche Auswirkungen auf nachfolgende Leistungen, insb. einen hierdurch verursachten Stillstand (vgl. Gauch, Der Werkvertrag, Rdn. 745 zum vergleichbaren Schweizer Recht und OLG Köln, Urt. v. 3.2.2021 – 11 U 136/18 für § 2 Abs. 5 VOB/B). Es handelt sich um tatsächlich erforderlichen Kosten, weil sie aufgrund der tatsächlichen Umstände erforderlich werden (vgl. (BGH v. 19.11.1974 – VI ZR 197/73).

52 Für die Berechnungen der Minderkosten kommt es auf die tatsächlich ersparten Kosten an. Dementsprechend sind bei einem Einheitspreisvertrag auch nicht die Vordersätze des Leistungsverzeichnisses maßgebend, sondern die Massen, die tatsächlich zur Ausführung gekommen wären und durch die Änderung entfallen (BGH, Urt. v. 22.9.2005 – VII ZR 63/04; Drittler, BauR 2006, 1215 ff.; Kapellmann, Jahrbuch Baurecht 1998, S. 35, 45; jeweils in Bezug auf § 649 BGB a. F.). Allerdings kann, wie im Fall des § 648 BGB, der Unternehmer mangels gegenteiliger Anhaltspunkte die Massen des Leistungsverzeichnisses zugrunde legen.

6. Ermittlung von Selbstkosten

53 Die tatsächlich erforderlichen Kosten können (und sollen nach der Vorstellung des Gesetzgebers) auf Basis der entstandenen Ist-Kosten ermittelt werden. Diese sind die effektiven Selbstkosten des Unternehmers ohne Zuschläge für allgemeine Geschäftskosten, Risiko und Gewinn. Einfach ist die Berechnung, wenn der Unternehmer die Leistungen durch einen Nachunternehmer ausführen lässt. Die Kosten, die der Nachunternehmer berechtigt in Rechnung stellt, sind die tatsächlichen Kosten. Eine Kick-Back-Vereinbarung, die die Rückzahlung eines Teils des Rechnungsbetrages vorsieht, wäre schlicht ein Betrug.

54 Schwieriger zu entscheiden ist die Frage, wie konkret die Abrechnung bei Eigenleistungen des Unternehmers zu erfolgen hat. Dem Unternehmer entstehen in der Regel Lohnkosten, Materialkosten und Gerätekosten.

a) Lohnkosten

55 Die Lohnkosten beinhalten neben den Löhnen auch sonstige Lohnnebenkosten und Lohnzulagen, vgl. auch § 15 Abs. 1 Nr. 2 VOB/B. Bei den Lohnkosten wird der Unternehmer – wie auch sonst bei seiner Kalkulation – den Ist-Mittellohn für eingesetzte Arbeitnehmer der jeweiligen Qualifikationsstufe ansetzen dürfen bzw. in geeigneten Fällen auch den Baustellenmittellohn (Hutt, IBB Heft 62, 57, 66; Kniffka in Kniffka/Koeble/Jurgeleit/Sacher Teil 4 Rn. 298; zweifelnd Kattenbusch, IBB Heft 62, 23, 25). Hierfür spricht bereits, dass auch Gerätekosten notwendigerweise kalkulierte Kosten sind (→ Rdn. 60) und kein sachlicher Grund für eine unterschiedliche Behandlung besteht. Eine konkrete Ermittlung des tatsächlichen Stundenlohns des konkret eingesetzten Arbeiters ist ebenso wenig erforderlich wie die retrograde Ermittlung eines Stundenlohns für den konkreten Monat aus dem Gehalt eines Angestellten. Käme es auf das konkrete Gehalt eines konkreten Arbeitnehmers an, müsste für jede Nachtragsleistungen konkret dokumentiert werden, wer die Leistung erbringt. Wird eine Mauer durch eine Kolonne erstellt und ist aufgrund einer Änderung der Mauer verlängert worden, müsste konkret dokumentiert werden, wer jeweils am Verlängerungsteil der Mauer konkret gearbeitet hat. Bei derartigem Dokumentationsaufwand würde es sich um Mehrkosten der Änderung handeln, die ohne jeden Sinn und Zweck zur erheblichen Mehrkosten führen müssten. Konsequenterweise müsste es dann auch nicht auf den anteiligen Jahreslohn ankommen, sondern auf den jeweiligen Monatslohn, zumal ja gar nicht feststeht, ob der jeweilige Arbeitnehmer auch noch im Dezember beschäftigt ist und weihnachtsgeld erhält. Ein derartiger Ansatz würde auch bedeuten, dass z. B. im Dezember beim vollen Weihnachtsgeld die doppelten Lohnkosten in Ansatz zu bringen wären im Vergleich zu einem Monat ohne Sonderzahlungen. Das zeigt, dass ein solcher Ansatz ungeeignet wäre.

56 Der Gesetzgeber wollte dem Unternehmer nicht in der Praxis völlig unübliche, unnötig aufwändige sowie gänzlich neue und – wie Monate mit Sonderzahlungen belegen – ungeeignete Abrechnungsmethoden aufzwingen, sondern ist im Gegenteil davon ausgegangen, dass die Gesetzesänderung ohne Erfüllung Aufwand für den Unternehmer verbunden ist (BT-Drucks. 18/8486, S. 34). Weiter hat er durch die Vermutung in § 650c Abs. 2 BGB klargestellt, dass das Ergebnis einer ordnungsgemäßen Kalkulation – die notwendigerweise auf der Basis von Mittellöhnen erfolgen muss, da bei der Vorkalkulation die eingesetzten Personen regelmäßig noch nicht feststehen – den tatsächlich erforderlichen Kosten gemäß Abs. 1 entspricht. Ziel ist nicht unsinniger Dokumentationssaufwand, sondern die Ermittlung von tatsächlich erforderlichen Kosten; hierzu reicht es aus, wenn mit üblichen Vereinfachungen gerechnet wird.

Dem entspricht es auch, dass eine derartige Berechnung auch preisrechtlich für die Ermittlung von Selbstkosten anerkannt ist. Das Baupreisrecht zunächst gemäß VO PR Nr. 8/55 und dann gemäß VO PR Nr. 1/72, das auch für Nachtragspreise ein Verbot erheblicher Überschreitung der Selbstkostenpreise enthielt, ist zwar zum 30. Juni 1999 abgeschafft worden. Das weiterhin geltende allgemeine Preisrecht enthält aber weiter „Leitsätze für die Preisermittlung aufgrund von Selbstkosten" (LSP) als Anlage zur VO PR Nr. 30/53 (BAnz. 1953 Nr. 244; vgl. auch Ebisch/Gottschalk/Hoffjan/Müller, Preise und Preisprüfungen bei öffentlichen Aufträgen, 9. Aufl. 2020, S. 217 ff.), die, wie ihr Name bereits sagt, Regelungen zur Preisermittlung von Selbstkosten enthält. Diese entspricht im Wesentlichen dem hieraus entwickelten LSP-Bau (Beilage zu BAnz 1972 N. 49; vgl. Hereth/Cromme, Baupreisrecht, 3. Aufl., S. 72 ff., 195 ff.). Danach können die Stundenlöhne baustellenweise ermittelt werden (Amtl. Begr. zu Nr. 14, 45, 47 LSP-Bau). Das spricht dafür, dass auch betriebliche Mittellöhne angesetzt werden können. Schadenersatzrechtlich wird das von der Rechtsprechung aber vielfach abgelehnt und auf das konkret eingesetzte Personal abgestellt (KG, Urt. v. 8.7.2015 – 29 U 43/14; OLG Zweibrücken, Urt. v. 3.9.2014 – 1 U 162/132). Allerdings ist eine Abrechnung auf Basis von Ist-Kosten gerade nicht zwingend. 57

Mehrarbeitszuschläge, die nicht in Bezug auf einen konkreten Auftrag entstehen, sondern durch allgemeine betriebliche Notwendigkeiten, sind auf alle Kostenträger verhältnismäßig aufzuteilen. Mehrarbeitszuschläge die auf einen konkreten Auftrag, z. B. einen Nachtrag, zurückzuführen sind, sind Sonderkosten dieses Nachtrages (Ebisch/Gottschalk/Hoffjan/Müller, Preise und Preisprüfungen bei öffentlichen Aufträgen, 9. Aufl. 2020, Nr. 22 LSP Rdn. 18 f.). Das entspricht der Maßgeblichkeit der konkreten Verursachung im Rahmen des § 650c BGB. 58

Soweit der Unternehmer persönlich Leistungen erbringt, ist deren Wert ansatzfähig (BGH, Urt. v. 12.10.1972 – VII ZR 51/72 zur Vergütung von Eigenleistung bei einer Selbstvornahme). Genau das sieht Nr. 24 LSP vor, die zwei Methoden zur Ermittlung nennt. Zum einen kann eine Bewertung in Höhe des durchschnittlichen Gehalts eines Angestellten mit gleichwertiger Tätigkeit erfolgen (ebenso: Gauch, Der Werkvertrag, Rdn. 948). Zum anderen kann eine Bewertung mithilfe eines anderen objektiven Leistungsmaßstabes erfolgen, der die Größe des Betriebes, den Umsatz und die Zahl der in ihm tätigen Unternehmer berücksichtigt. Es ist dann der Lohnkostensatz für einen vergleichbaren Angestellten anzusetzen (vgl. Ebisch/Gottschalk/Hoffjan/Müller, Preise und Preisprüfungen bei öffentlichen Aufträgen, 9. Aufl. 2020, Nr. 24 LSP Rdn. 12; ebenso BeckOK BauvertrR/Althaus/Kattenbusch BGB § 650c Rdn. 27). 59

b) Gerätekosten

Beim Einsatz von Mietgerät ist die Ermittlung der Gerätekosten in der Regel einfach. Schwieriger ist die Ermittlung der Kosten beim Einsatz eigener Geräte des Unternehmers. Dann sind die Kosten für Abschreibung und Verzinsung sowie die Kosten für Instandhaltung und Instandsetzung anzusetzen (vgl. Nr. 23 LSP, Nr. 26 LSP). Es ist darauf hinzuweisen, dass diese Kosten notwendigerweise kalkulierte Kosten sind. Denn diese Kosten werden aufgrund einer nur prognostizierten Lebensdauer/Einsatzdauer ermittelt; die tatsächliche Einsatzdauer des Gerätes lässt sich aber erst mit deren Ausmusterung feststellen. Das gilt auch für die Reparaturkosten, die nicht in Bezug auf eine bestimmte Baustelle oder gar eine bestimmte Leistung ermittelt werden und ermittelt werden können. Auch wäre es rein willkürlich, di Reparaturkosten infolge länger Inanspruchnahme einer bestimmten Arbeit zuzuweisen, nur weil sich Reparaturnotwendigkeit während der Ausführung dieser Arbeiten manifestiert hat. 60

Sind Geräte voll abgeschrieben, kann das nicht bedeuten, dass sie mangels Geldabflusses vergütungsmäßig nicht mehr berücksichtigt werden könnten oder dass beim Einsatz von zwei Baggern auf der Baustelle es darauf ankommt, ob der gemietete oder der eigene gegebenenfalls abgeschriebene Bagger eine Mehrleistung ausführt (vgl. Bötzkes; ibr-online 2017, 1039; Hutt, IBB Heft 62, 67). Denn die tatsächlich erforderlichen Kosten verändern sich nicht nur durch den Abschreibungsgrad des konkret eingesetzten Geräts. Die Betriebsstoffe müssen ebenfalls nicht exakt ermittelt werden. Soweit eine direkte Verbrauchsbestimmung durch Zählungen 61

§ 650c Vergütungsanpassung bei Anordnungen nach § 650b Absatz 2

oder Messungen von Betriebsstoffen mangels entsprechender Aufzeichnungen nicht möglich, zu schwierig oder schlicht unwirtschaftlich ist, ist auch eine indirekte Verbrauchsermittlung „durch andere objektive Maßstäbe " (vgl. Nr. 16 Abs. 2 LSP) zulässig. Das ist im Übrigen im Interesse des Bestellers, da er die unwirtschaftlichen Kosten exakter Verbrauchsermittlung selbstverständlich als Teil der Kosten tragen müsste. Fraglich ist die Kostenermittlung, wenn der Unternehmer das Gerät von einer Konzerngesellschaft unter Marktpreis angemietet hat (vgl. dazu BeckOK BauvertrR/Althaus/Kattenbusch BGB § 650c Rdn. 31 ff.).

62 Kleingeräte, d. h. „Geräte von geringem wirtschaftlichen Wert" werden im Baubetrieb nach der KLR nicht im Einzelnen kalkuliert sondern mit Erfahrungssätzen zusammen mit den Werkzeugen erfasst und über Zuschläge/Verrechnungssätze aufgeteilt. Das ist auch bei der Abrechnung von Selbstkosten zulässig.

c) Materialkosten

63 Für das konkret für den Nachtrag beschaffte Material sind grundsätzlich die tatsächlichen Anschaffungskosten einschließlich Anschaffungsnebenkosten wie Lieferkosten und Verpackung etc. Erzielte Mengenrabatte, Preisnachlässe, Gutschriften für zurückgesandte Verpackung etc. sind abzusetzen (vgl. Nr. 18 Abs. 3 LSP). Das gilt auch für bereits vereinbarte Jahresrückvergütungen oder nachträgliche Nachlässe (BeckOK BauvertrR/Althaus/Kattenbusch BGB § 650c Rdn. 55). Skonti müssen demgegenüber in der Regel nicht angesetzt werden, da es sich um eine Entschädigung für eine beschleunigte Zahlung des Kaufpreises handelt, die dem Finanzbereich des Unternehmens zuzurechnen ist. Ein hinausgehender ungewöhnlich hoher Skonto kann demgegenüber als verdeckter Nachlass gewertet werden (Ebisch/Gottschalk/Hoffjan/Müller, Preise und Preisprüfungen bei öffentlichen Aufträgen, 9. Aufl. 2020, Nr. 18 LSP Rdn. 5 f.).

64 Verschnitt und Verarbeitungsabfall sind, soweit erforderlich, projektspezifisch zu ermitteln oder im Rahmen normaler Fertigungsbedingungen zu berücksichtigen (vgl. Nr. 16 LSP). Andererseits wären verwendungsfähige Reststoffe, soweit eine Weiterverwendung möglich ist, den Materialkosten wieder gutzuschreiben (vgl. Nr. 21 LSP). Der Verbrauch von Nebenstoffe und Kleinmaterial wird in der Baupraxis nicht konkret erfasst und kann deshalb mit zutreffenden Erfahrungssätzen berücksichtigt werden.

65 Ist das Material nicht für die Baustelle spezifisch beschafft, sondern einem Lagerbestand des Unternehmers entnommen, so können hierfür nicht mehr aktuelle historische Anschaffungskosten angesetzt werden, sondern Verrechnungspreise auf Basis aktueller Marktpreise (so auch Nr. 17 Abs. 2 LSP). Weder muss der Unternehmer bei zwischenzeitlich ggf. erheblich gestiegene Materialpreisen das Material dem Besteller zu Vorzugspreisen zur Verfügung stellen, zumal er nicht gezwungen werden kann, das Material seinem Lager zu entnehmen, noch kann er im umgekehrten Fall den Nachtrag dazu nutzen, seine Buchverluste durch zwischenzeitlichen Preisverfall auf den Besteller abzuwälzen. Genauso wird im Übrigen in den USA bei der Ermittlung von Selbstkosten verfahren (Callahan, Construction Change Order Claims, 2nd Ed, Anm. § 15.03 (B)).

d) Baustellengemeinkosten

66 Baustellengemeinkosten dürfen nicht durch allgemeine Zuschläge angesetzt werden, da die zulässigen Zuschläge in Abs. 1 enumerativ aufgelistet sind. Soweit durch die geänderte Leistung erhöhte Baustellengemeinkosten entstehen, sind sie gemäß den Grundsätzen der Ermittlung von Selbstkosten zu erfassen (Messerschmidt/Voit/Leupertz, § 650c BGB Rdn. 15; Langen in Langen/Berger/Dauner-Lieb, § 650c Rdn. 44; Althaus, BauR 2017, 412, 416; Retzlaff, BauR 2017, 1747, 1800). Das ist keine Besonderheit des § 650c BGB (vgl. BGH, Urt. v. 21.11.2019 – VII ZR 10/19 bei ergänzender Auslegung des § 2 Abs. 3 VOB/B). Eine reine Zuschlagskalkulation wäre auch bei einer Preisfortschreibung nach § 2 Abs. 6 VOB/B nicht zulässig; auch hier sind direkte Kosten (zu Vertragspreisen) nachzuweisen (KG, Urt. v. 17.12.2013 – 7 U 203/12; Eschenbruch, Bauvertragsmanagement, Teil 7 Rdn. 86; Möhring/Bolz, IBR 2016, 569).

7. Erforderlichkeit

67 Das Gesetz will den Besteller vor unnötigem Aufwand schützen. Bei der Abrechnung auf Basis entstandener Kosten sind deshalb diese nur im Rahmen der Erforderlichkeit zu berücksichtigen. Das ist strenger als der subjektive Maßstab für den Aufwanderstattungsanspruch des

Vergütungsanpassung bei Anordnungen nach §650b Absatz 2 **§650c**

Beauftragten. Dieser erhält nach § 670 BGB Ersatz der Aufwendungen, „die er den Umständen nach für erforderlich halten darf".

Bei § 650c BGB muss der Aufwand zur Ausführung der geänderten Leistung objektiv erforderlich gewesen sein, also notwendig bzw. unerlässlich zur Erreichung des Leistungserfolgs. Allerdings ist hierfür nicht die ex-post-Sicht maßgebend, sondern eine ex-ante-Betrachtung aus Sicht eines verständigen Unternehmers. Erforderlich sind die Kosten, die unter Berücksichtigung der konkreten Situation zum Zeitpunkt der Ausführung der Änderungsleistung aus objektiver Sicht technisch sinnvoll und wirtschaftlich vernünftig sind (Lindner, BauR 2018, 1038, 1043). Das betrifft sowohl den konkreten Aufwand wie die hierfür ggf. vereinbarten Preise (so schon Leupertz, BauR 2012, 1476). **68**

Der Maßstab der Erforderlichkeit ist eher streng. Das bezieht sich aber primär auf den betriebenen Aufwand. Ist der Aufwand grundsätzlich erforderlich, sind auch die hierfür entstehenden Kosten idR zu vergüten. Damit hat der Generalunternehmer/Hauptunternehmer Anspruch auf Ersatz der Kosten, die ihm infolge des Nachtrages von seinem Subunternehmer in Rechnung gestellt werden. Genauso, wie der Hauptunternehmer bei einer Eigenausführung seine gegebenenfalls höheren Kosten in Ansatz bringen kann, kann er grundsätzlich nicht gezwungen werden, mit dem Nachtrag jemand anderes als den Subunternehmer zu beauftragen, der die von der Änderung betroffenen Arbeiten im Auftrag hat. **69**

Es stellt die Frage, ob das auch dann noch gilt, wenn in dem Nachunternehmerverhältnis eine Preisfortschreibung vereinbart wurde und der Nachunternehmer unterhalb der Sittenwidrigkeitsschwelle erfolgreich spekuliert hat. Für den Hauptunternehmer handelt es sich um tatsächlich erforderliche Kosten. Andererseits will §650 Abs. 1 BGB dieses Ergebnis gerade verhindern. Da nach der neuen Auslegung des BGH die VOB/B-Regelungen nicht wirksam eine Preisfortschreibung anordnen, müsste der Unternehmer bewusst seinem Nachunternehmer einer vom Hauptvertrag abweichende Vergütungsregelung vereinbart haben. Führt diese im Ergebnis zu Mehrkosten, könnte die Erforderlichkeit zu verneinen sein. **70**

Im Rahmen der Erforderlichkeit kommt es nur auf eine Gesamtbetrachtung an. Maßgeblich ist die Gesamtvergütung für die Änderungsleistung (vgl. BGH, Urt. v. 20.12.2016 – VI ZR 612/15; OLG Bremen, Urt. v. 24.5.1978 – 3 U 74/77). Der Besteller kann nicht im Wege des Rosinenpickens einzelne Preise als überhöht rügen und sich im Gegenzug sehr günstige Preise gutschreiben, sondern muss darlegen, dass die Gesamtvergütung für den Nachtrag nicht mehr erforderlich oder angemessen ist. **71**

8. Darlegungs- und Beweislast

Der Unternehmer trägt die Darlegungs- und Beweislast für sämtliche Tatbestandsmerkmale, insbesondere also den Anfall der Kosten, ihrer Verursachung durch die Änderung und ihrer Erforderlichkeit (Messerschmidt/Voit/Leupertz, §650c BGB Rdn. 17; BeckOK BauvertrR/ Althaus/Kattenbusch, BGB §650c Rdn.29). Hier gelten die gleichen Grundsätze wie für die Erstattung von Aufwendungen nach §670 BGB (dazu BGH, Urt. v. 2.7.2009 – III ZR 333/08; Baumgärtel/Laumen/Prütting, Handbuch der Beweislast, §670 BGB Rdn. 1). **72**

Die Darlegungs- und Beweislast in Bezug auf die Erforderlichkeit unterscheiden sich damit vom Einwand der Unwirtschaftlichkeit, den der Besteller einer Stundenlohnabrechnung des Unternehmers entgegensetzt. In diesem Fall trägt nach der Rechtsprechung des BGH der Besteller die Beweislast dafür, dass die Anzahl der vom Unternehmer für die vereinbarte Leistung berechneten Stunden unangemessen hoch ist, weil in unwirtschaftlicher Betriebsführung beim Stundenlohnvertrag eine Vertragsverletzung nach §280 BGB liegt, die derjenige zu beweisen hat, der daraus Rechte herleitet (BGH, Urt. v. 17.4.2009 – VII ZR 164/07; Urt. v. 1.2.2000 – X ZR 198/97; a. A. Peters, JR 2014, 415; näher → §631 BGB Rdn. 474). **73**

Wie im Rahmen eines Schadensersatzprozesses dürfte das einfache Bestreiten der Erforderlichkeit des tatsächlich ausgewiesenen Rechnungsbetrages durch den Besteller grundsätzlich nicht ausreichen, weil nach §287 ZPO der tatsächlich erbrachte Aufwand ein wesentliches Indiz für den erforderlichen Aufwand bildet (BGH, Urt. v. 20.12.2016 – VI ZR 612/15). **74**

Macht der Unternehmer allerdings von seinem Wahlrecht nach Abs. 2 Gebrauch, greift nach Darlegung und ggf. Beweis der Tatbestandsvoraussetzungen des Abs. 2 die gesetzliche Vermutung, dass die auf Basis der Urkalkulation fortgeschriebene Vergütung der Vergütung nach Abs. 1 entspricht. In diesem Fall kehrt sich die Beweislast hinsichtlich der tatsächlich erforderlichen Kosten gemäß § 292 ZPO um (→ Rdn. 140). Dann muss der Besteller beweisen, **75**

§ 650c Vergütungsanpassung bei Anordnungen nach § 650b Absatz 2

dass die tatsächlich erforderlichen Kosten niedriger als die fortgeschriebene Vergütung sind bzw. im Fall einer Minderung zu hoch sind.

II. Zuschläge für allgemeine Geschäftskosten, Wagnis und Gewinn

1. Angemessene Zuschläge

76 Bei den tatsächlichen Kosten nach Satz 1 handelt es sich um die Selbstkosten ohne eigene Zuschläge des Unternehmers für allgemeine Geschäftskosten, Wagnis und Gewinn. Deshalb darf der Unternehmer auf die tatsächlichen Kosten „angemessene Zuschläge" für allgemeine Geschäftskosten, Wagnis und Gewinn erheben. Das gilt generell und damit unabhängig davon, ob die Bauzeit sich verlängert oder der Unternehmer stattdessen Umsatz auf anderen Baustellen hätte machen können (Kniffka in Kniffka/Koeble/Jurgeleit/Sacher Teil 4 Rn. 302). Die Bauzeit hat nur Bedeutung für die Frage, inwieweit Baustellengemeinkosten, die konkret zu erfassen sind, sich erhöhen (→ Rdn. 66). Führt die Änderungen zur Stillstand von Gerät, wären Stillstandskosten Teil des Mehraufwandes und damit Basis für die Zuschläge. Eine abstrakte Erhöhung des Zuschlages für AGK wegen „verschobener" AGK (so Kues/Thomas, NZBau 2021, 155, 159), ist mit § 650c Abs. 1 nicht vereinbar.

77 Nach dem allgemeinen Sprachgebrauch bedeutet angemessen „passend" oder „den Verhältnissen entsprechend". Diese angemessenen Zuschläge sind bewusst nicht identisch mit den vom Besteller für den Ursprungsvertrag kalkulierten Zuschlägen. Eine entsprechende Gleichstellung war zwar angeregt worden (Eschenbruch, Festschrift Englert, S. 41, 45). So hätte man gegebenenfalls auch § 650c BGB-E in der Fassung des Referentenentwurfs noch auslegen können, da er nur von Zuschlägen für allgemeine Geschäftskosten, Wagnis und Gewinn sprach. Nach dem Gesetzeswortlaut sind allerdings eindeutig nicht die ursprünglich für den Vertrag kalkulierten Zuschläge maßgeblich, sondern die hiervon zu unterscheidenden „angemessenen Zuschläge". Das ist in der Begründung noch einmal hervorgehoben, wo betont wird, dass der Unternehmer die Angemessenheit der Zuschlagssätze nicht durch bloßen Verweis auf seine Kalkulation belegen kann (BT-Drucks. 18/8486, S. 56; vgl. näher Althaus, NZBau 2019, 15, 16f.).

78 Der Gesetzgeber hat nicht definiert, wann diese Zuschläge angemessen sind bzw. was Maßstab für eine Angemessenheit sein soll. Der widerlichen Vermutung von § 650c Abs. 2 Satz 2 BGB lässt sich zwar wohl auch entnehmen, dass die in einer ordnungsgemäßen Urkalkulation enthaltenen Zuschläge angemessen sind, insbesondere wenn es sich bei dem Vertragspreis um einen Wettbewerbspreis handelt. Dennoch können diese Zuschlagssätze gerade nicht übernommen werden, da der Gesetzgeber einerseits eine Kombination zwischen tatsächlich erforderlichen Kosten und den kalkuliertem Kosten (bzw. Zuschlägen) ausdrücklich abgelehnt hat, um keine Anreize für eine spekulative Kostenverschiebung zu schaffen und anderseits eine Rückgriff auf das Vertragspreisniveau abgelehnt hat (BT-Drucks. 18/8486, S. 56; Althaus, NZBau 2019, 15, 18; Bodden, FS Eschenbruch, S. 21, 30f.; weitergehend wohl Retzlaff, BauR 2017, 1747, 1801f.). Auch ist die Urkalkulation weder Vertragsbestandteil noch Geschäftsgrundlage. Deren Ansätze sind dem Besteller regelmäßig nicht einmal bekannt, da eine Hinterlegung der Kalkulation wegen des Charakters als Geschäftsgeheimnis üblicherweise in einem verschlossenen Umschlag erfolgt. Nicht weiter hilft die Äquivalenzvermutung, da sie sich nur auf den Gesamtpreis bezieht, nicht aber auf einzelne Positionen oder Zuschläge.

79 Die Zuschlagssätze der Urkalkulation können allerdings ein Indiz für angemessene Zuschläge sein, falls die Vertragspreise angemessen sind und die Kalkulation tatsächlich ordnungsgemäß ist, also kalkulatorisch zur Deckung der AGK, aber auch zu nicht mehr führt. Dafür könnte sprechen, dass bei der „angemessenen Entschädigung" gemäß § 642 BGB die Angemessenheit auch mit Bezug auf die Vergütung ermittelt wird. Ordnungsgemäß kalkulierte AGK-Zuschläge sollten die tatsächlichen Kosten des jeweiligen Unternehmers am besten reflektieren. Allerdings soll nach dem Gesetz keine Ermittlung des tatsächlich kostendeckenden Zuschlages erfolgen. Das wäre auch erst nach Ablauf des jeweiligen Geschäftsjahres möglich, was der gewünschten umgehenden Abrechnung über Abschlagzahlungen offensichtlich entgegensteht; bei Arbeiten, die über einen Jahreswechsel erbracht werden, müssten bei diesem Ansatz gegebenenfalls auch noch unterschiedliche Zuschläge ermittelt werden.

80 Nach einem Ansatz soll sich die Angemessenheit nach den üblichen Ansätzen der konkreten Unternehmen richten (Kattenbusch, IBB Heft 62, 23, 32f.); ergänzend werden vertragsbezogene oder gar positionsbezogene Kriterien genannt (vgl. näher Althaus, NZBau 2019, 15, 18f.). Demgegenüber wollen andere die Angemessenheit der Zuschläge nach der Branchenüblichkeit

bewerten (Retzlaff, BauR 2017, 1747, 1801; Bodden, FS Eschenbruch, S. 21, 32; Althaus, BauR 2017, 412, 417). Übliche Zuschläge sollten jedenfalls für den Besteller angemessene Zuschläge sein. Für den Unternehmer sind sie dann nicht kostendeckend, wenn er einen Teil der zurechenbaren Herstellungskosten nicht direkt erfasst, sondern über eine Zuschlagskalkulation. Ein solcher Verschub würde aber § 650b Abs. 1 widersprechen. Das spricht für eine objektiven Maßstab für die Angemessenheit. Allerdings muss es bei der Bewertung der Angemessenheit nicht ein striktes „entweder – oder" geben. Während für die Ermittlung eines Durchschnittszuschlages die Bemessungsgrundlage konkret fixiert werden muss, können bei der Feststellung der bloßen Angemessenheit alle genannten Gesichtspunkte berücksichtigt werden. Da das Gesetz gerade nicht auf die vom Unternehmer kalkulierte Zuschläge abstellt und von Anwendung der ortsüblichen Vergütung (die üblichen Zuschlägen beinhaltet) gemäß § 632 nicht wegen der Höhe des der Vergütung, sondern Schwierigkeiten bei der Ermittlung abgesehen hat (→ Rdn. 24), erscheint es sachgerecht, im Ausgangspunkt auf branchenübliche Zuschläge abzustellen und nicht auf von den kalkulierten Zuschlägen gegebenenfalls abweichende „richtig" kalkulierte Zuschläge für das einzelne Unternehmen. Für die Branchenüblichkeit spricht auch, dass der angemessene Zuschlag für den Gewinn wohl generell verobjektiviert werden muss und eine Differenzierung des Bewertungsmaßstabes der Zuschläge im Gesetz nicht angelegt ist (vgl. hierzu auch Kniffka in Kniffka/Koeble/Jurgeleit/Sacher, 4. Teil, Rn. 303, der umgekehrt von der unternehmensbezogen Angemessenheitsprüfung für AGK auf einen entsprechenden Maßstab für Gewinn folgert).

Der Rahmen branchenüblicher Zuschläge ist relativ weit, bei AGK soll er zwischen 6 und 12% liegen (Kornet, BauR 2016, 1386, 1388; Bartel/Hofmann, BauW 2020, 146, 154 = BauR 2021, 429, 436) und für Wagnis und Gewinn zwischen 1,5 und 5% (Bartel/Hofmann, BauW 2020, 146, 154 = BauR 2021, 429, 436). Da es nicht um eine Durchschnittsermittlung geht, kann und muss für der Bewertung der Angemessenheit innerhalb des Rahmens branchenüblicher Zuschläge die betriebsüblichen Zuschläge des jeweiligen Unternehmens ergänzend berücksichtigt werden. Ziel des §650c BGB ist ein praktikabler Ansatz zur Ermittlung und Durchsetzung des Vergütungsanspruchs, nicht aber eine exakte numerische Ableitung aus einer vorausgegangenen umfassenden statistischen Erhebung aller in Betracht kommenden Zuschlagssätze. Auch im Rahmen der Bemessung der angemessenen Entschädigung nach §642 ist nach der Rechtsprechung des BGH keine „exakte Berechnung" erforderlich, sondern eine Abwägung innerhalb eines Ermessensspielraum (BGH, Urt. v. 30.01.2020 – VII ZR 33/19). Dabei bringt der Begriff der Angemessenheit in der Rechtsprache eine gewisse Großzügigkeit in der Handhabung zum Ausdruck; angemessene Zuschläge müssen nicht einen arithmetischen Mittelwert treffen, sondern sich „nur" im Rahmen der Angemessenheit halten (so für den Begriff der Angemessenheit im Preisrecht, Ebisch/Gottschalk/Hoffjan/Müller Preise und Preisprüfungen bei öffentlichen Aufträgen, 9. Aufl. 2020, Nr. 4 LSP Rdn. 22). Bewegen sich die für den Vertrag kalkulierte Zuschläge im Mittelbereich üblicher Zuschläge, dürfte er angemessen sein. Hat der Unternehmer z. B. für einen Füllauftrag einen niedrigen Zuschlag gewährt, kann er einen angemessenen höheren Zuschlag für die Änderungsleistung beanspruchen. Kann der Unternehmer für seine Leistungen auf dem Markt überdurchschnittliche Zuschläge durchsetzen, wären diese auch für Nachtragsleistungen angemessen. Das Gesetz stellt nur auf die Angemessenheit ab und schreibt keinen Durchschnittssatz vor.

Aus der Vermutung des §648 S. 3 BGB, wonach der Unternehmer zumindest 5% seiner Vergütung im Kündigungsfall nicht erspart hat, lässt sich schlussfolgern, dass ein Zuschlagssatz für AGK und Gewinn von 1/19 oder 5,26% als Minimum in jedem Fall angemessen sind (Retzlaff, BauR 2017, 1747, 1801; kritisch Bodden, FS Eschenbruch, S. 21, 31). Hiermit wird sich der Unternehmer allerdings im Regelfall nicht begnügen wollen, da üblicherweise die Gesamtzuschlagssätze für AGK sowie Wagnis und Gewinn zwischen 7.5% und 17% liegen (Bartel/Hofmann, BauW 2020, 146, 154 = BauR 2021, 429, 436).

In Anbetracht der verbleibenden Unsicherheiten bei der Bestimmung der angemessenen Zuschläge ist es für die Parteien sinnvoll, die Zuschlagssätze für allgemeine Geschäftskosten, Wagnis und Gewinn bereits im Vertrag festzulegen und sie damit jedem Streit zu entziehen. Unrichtig ist die Auffassung, die Zuschläge für allgemeine Geschäftskosten könnten als periodisch kalkulierte Zuschläge nicht formularvertraglich im Vorhinein vereinbart werden (Orlowski, BauR 2017, 1427, 1432; wie hier BeckOGK/Mundt, BGB §650c Rdn.24). Bei einer Vereinbarung der Zuschläge kann der Besteller zwar nicht mehr geltend machen, dass die ursprünglichen Zuschläge bei Berücksichtigung z. B. vergessener Leistungen nach konkreter Aufwandsermittlung tatsächlich niedriger als ausgewiesen seien. Hierauf kommt es bei der Ermittlung nach Abs. 1 aber auch nicht an. Die vom Unternehmer in der Angebotsphase geforderten Zuschläge dürften sich prima facie im Rahmen der Üblichkeit bewegen. Sollte der Unternehmer vor Vertragsabschluss sehr hohe oder zu hohe Zuschläge für allgemeine Geschäftskosten, Wagnis und Gewinn behaupten, würde das nur weitere Preisverhandlungen oder Nachlassforderungen für den Hauptvertrag provozieren.

84 Haben die Parteien die Zuschläge vertraglich nicht vereinbart, sollte der Unternehmer, wenn seine Zuschläge die durchschnittlichen Zuschlagshöhen übersteigen, seine üblichen und notwendigen Zuschläge nicht nur durch die Kalkulation, sondern zusätzlich durch eine Bestätigung seines Steuerberater/Wirtschaftsprüfers zu bestätigen lassen.

2. Enumerative Aufzählung

85 Die Zuschläge werden nur angemessen sein, wenn sie sich inhaltlich auf die Umlegung der drei zu kalkulierenden Positionen beschränken. Eine Ausweitung der Ermittlungsgrundlage im Vergleich zum Gesetz würde zu einer Überhöhung führen.

86 Soweit der Unternehmer bei seiner Kalkulation die Baustellengemeinkosten unternehmensbezogen durch Zuschläge auf die direkten Kosten verteilt (vgl. dazu Althaus, BauR 2012, 359, 375), kann er diesen Zuschlag für Baustellengemeinkosten im Rahmen des Abs. 1 nicht in Ansatz bringen. Vielmehr wird er darauf verwiesen, die durch die Nachtragsleistung gegebenenfalls erhöhten Baustellengemeinkosten, wie zum Beispiel eine verlängerte Kranvorhaltung, konkret als nachtragsbedingte Mehrkosten geltend zu machen.

87 Das gilt auch dann, wenn der Unternehmer seine direkten Kosten mit einem einheitlichen Gemeinkostenzuschlag beaufschlagt, der Baustellengemeinkosten und allgemeine Geschäftskosten zusammen abgilt (vgl. Ruf, BauR 2011, 753, 758f.). Ansetzbar ist dann nur der angemessene Anteil für allgemeine Geschäftskosten und erneut die gegebenenfalls erhöhten Baustellengemeinkosten als direkte Kosten.

3. Allgemeine Geschäftskosten

88 Unter allgemeinen Geschäftskosten versteht man alle Kosten eines Unternehmers, die nicht durch einen konkreten Bauauftrag, sondern durch den Betrieb als Ganzes verursacht werden (Zimmermann, NZBau 2012, 1, 4). Es geht um Kosten für die allgemeinen Unternehmensprozesse wie Akquisition, Angebotsbearbeitung, Verwaltung, Versicherung etc. Da diese Kosten nicht einem konkreten Bauvorhaben zugewiesen werden können, werden sie anteilig auf alle Projekte umgelegt. Diese Zuschläge können allerdings durchaus unterschiedliche Kostengruppen enthalten, weil die Zuordnung zwischen allgemeinen Unternehmenskosten und Projektgemeinkosten nicht strikt vorgegeben ist (Zimmermann, NZBau 2012, 1, 5).

4. Wagnis und Gewinn

a) Zuschlag nur für allgemeines Unternehmerwagnis

89 Die Position Wagnis kann unterschiedlich kalkuliert werden. Im Rahmen des § 650c BGB geht es um das allgemeine Unternehmerwagnis, nicht um Einzel- oder Sonderwagnisse wie z. B. für bestimmte Bauverfahren. Es wird in Nr. 47 der Leitsätze für die Preisermittlung aufgrund von Selbstkosten als Anlage zur Verordnung PR Nr. 30/53 über die Preise bei öffentlichen Aufträgen definiert als Wagnis, das „in den besonderen Bedingungen des Wirtschaftszweiges oder in wirtschaftlicher Tätigkeit schlechthin begründet" ist. Diese Verordnung gilt zwar nicht für Bauleistungen (§ 2 Abs. 5 PR Nr. 30/53), da diese in der 1999 aufgehobenen Baupreisverordnung gesondert geregelt waren. Die kalkulatorischen Begrifflichkeiten sind allerdings als Definitionshilfe verwendbar, zumal sie früher in der Baupreisverordnung ebenfalls enthalten waren Dieses allgemeine Unternehmerwagnis ist eine Risikoprämie für die allgemeine unternehmerische Tätigkeit (Ebisch/Gottschalk/Hoffjan/Müller, Preise und Preisprüfungen bei öffentlichen Aufträgen, 9. Aufl. 2020, Nr. 51 LSP Rdn. 5). Es wird deshalb nach Nr. 51 der Leitsätze bei der Selbstkostenermittlung mit dem kalkulatorischen Gewinn abgegolten.

90 In der Baupraxis wird die Position Wagnis üblicherweise gesondert ausgewiesen. Aber auch dann ist sie nach neuer Auffassung wirtschaftlich bloßer Bestandteil des Gewinns (BGH, Urt. v. 24.3.2016 – VII ZR 201/15; Kapellmann/Schiffers/Markus, Bd. 1, Rdn. 16, 537). Ob die Zuschläge für das allgemeine Unternehmenswagnis und für den Gewinn nun gesondert oder einheitlich ermittelt werden, ist letztlich unerheblich. Entscheidend ist allein, dass sie insgesamt angemessen sind. Sie sind abzugrenzen von den insoweit nicht ansatzfähigen Zuschlägen für sog. Einzelwagnisse; sie betreffen projektspezifische Sonderwagnisse. Sie können nicht ange-

Vergütungsanpassung bei Anordnungen nach § 650b Absatz 2 **§ 650c**

setzt werden, da alle tatsächlich erforderlichen Kosten bereits berücksichtigt werden. Hat sich also ein Einzelwagnis realisiert, erhöhen die hierdurch angefallenen Kosten, soweit erforderlich, die tatsächlich erforderlichen Mehrkosten. Eine zusätzliche Berücksichtigung kalkulatorischer Zuschläge wäre ein unzulässiger Doppelansatz.

b) Angemessenheit bei Übergewinn- oder Verlustkalkulation

Einige Verwirrung hat der Gesetzgeber durch einen Zusatz in der Gesetzesbegründung verursacht, dem entnommen wird, dass die Zuschläge für Wagnis und Gewinn – anders als für Allgemeine Geschäftskosten – als absoluter Festbetrag gemäß der ursprünglichen Kalkulation in Ansatz gebracht werden sollen: 91

„Die Zuschläge für allgemeine Geschäftskosten, Wagnis und Gewinn müssen angemessen sein. Der bloße Verweis des Unternehmers auf die Urkalkulation genügt nicht, um die Angemessenheit der Zuschlagssätze darzulegen. Innerhalb einer Nachtragsberechnung darf es keine Kombination zwischen den tatsächlich erforderlichen Kosten einerseits und den kalkulierten Kosten andererseits geben, um keine Anreize für spekulative Kostenverschiebungen zu schaffen. Damit scheidet im Rahmen des Absatzes 1 ein Rückgriff auf die hinterlegte Urkalkulation aus. 92

Die Berechnung der Mehr- oder Mindervergütung wird nicht um einen sogenannten Vertragspreisniveaufaktor ergänzt. Die Anwendung dieses Faktors würde dazu führen, dass die ursprünglich einkalkulierte Gewinn- oder Verlustspanne auch bei der Berechnung der Vergütung für die Nachträge zugrunde zu legen wäre, was im Ergebnis zu einer Potenzierung der Gewinne oder Verluste der Ausgangskalkulation führen würde. Stattdessen soll die im Wettbewerb für die Ausgangsleistungen zustande gekommene anteilige Gewinn- oder Verlustspanne für die jeweilige Bezugsposition in ihrer ursprünglichen Höhe (d. h. als Absolutbetrag) erhalten bleiben und dadurch das Preisrisiko für die Vertragsparteien begrenzt werden." (BT-Drucks. 18/8486, S. 57)

Hieran anknüpfend sind in der Literatur verschiede Vorschläge zur Umsetzung dieser vermeintlichen Vorgabe erarbeitet worden (vgl. Überblick bei Lindner BauR 2018, 1038, 1045f. m.w.N.). Die Unterschiede sind Folge des Umstandes, dass die zitierte Gesetzesbegründung ersichtlich widersprüchlich ist. Zunächst werden – wie im Gesetzestext hervorgehoben – angemessene Zuschläge für Wagnis und Gewinn verlangt und betont, dass diese nicht der Kalkulation entnommen werden dürfen. Im zweiten Absatz heißt es dann, dass die Gewinne und Verluste des Ursprungsvertrages als Absolutbeträge erhalten bleiben sollen. Das passt nicht wirklich zusammen. Hintergrund ist, dass der zweite Absatz weitgehend wortwörtlich dem Abschlussbericht der Arbeitsgruppe Bauvertragsrecht beim BMJV entnommen wurde, obwohl die Arbeitsgruppe noch von einer ganz anderen Prämisse als das spätere Gesetz ausgegangen ist. Sie wollte die Zuschläge ausdrücklich der hinterlegten Kalkulation entnehmen (Abschlussbericht, S. 25). Gleichzeitig wollte sie aber nicht fiktive Prozentsätze fortschreiben sondern den tatsächlichen Gewinn oder Verlust der betroffenen Leistung berücksichtigen: 93

„Eine Fortschreibung des Vertragspreises ist insoweit nicht gerechtfertigt. Die tatsächlich erforderlichen Mehr- und Minderkosten werden zunächst saldiert und der in der jeweiligen Bezugsposition des Ausgangsvertrages für die Ausgangsleistung kalkulierte Gewinn wird sodann hinzugerechnet bzw. der kalkulierte Verlust wird abgezogen." (Abschlussbericht S. 26 f.) 94

Dieses System hat der Gesetzgeber aber gerade nicht umgesetzt. Er hat lediglich im Rahmen der Begründung, warum kein Vertragspreisniveaufaktor berücksichtigt wird, unreflektiert Passagen aus dem systematisch nicht mehr passenden Abschlussbericht in die Gesetzesbegründung kopiert (vgl. auch Kritik bei Kapellmann/Schiffers/Markus, Bd. 1, Rdn. 1002). Diese unzureichende Begründung für das, was man nicht geregelt hat, kann die geregelten Vorgaben des Gesetzes nicht überschreiben. 95

Entgegen mancher Darstellung handelt es sich nicht um ein gesetzliches Gebot, sondern nur um einen missglückten Begründungsversuch in den Materialien. Die Übernahme der Erwägungen ist allerdings insbesondere bei reduzierten Leistungen schon wegen der Wertung des § 648 S. 2 BGB geboten. Sie kann bei der Auslegung des unbestimmten Rechtsbegriffs der „angemessenen Zuschläge" berücksichtigt werden (vgl. auch Althaus BauR 2017, 412, 417). Das würde letztlich dazu führen, dass wie bei einer freien Kündigung der Unternehmer (Über-)Gewinne des bisherigen Leistungsumfangs behalten darf bzw. Verluste weiter tragen muss. 96

Beispiel: Beträgt der Einheitspreis für eine Vertragsleistung 10.000 € und hat der Unternehmer z. B. direkte Kosten von 8000 € sowie AGK von 15% (1200 €) sowie Wagnis und 97

§ 650c   Vergütungsanpassung bei Anordnungen nach § 650b Absatz 2

Gewinn von je 5% (800 €) kalkuliert, betragen allerdings die hypothetischen Ist-Kosten bereits 12.000 €, so hätte er einen Verlust von 2000 € bei unveränderter Vertragsfortführung erlitten, außerdem keine Deckungsbeiträge erwirtschaftet. Wird diese Leistung nunmehr geändert und betragen die tatsächlichen direkten Kosten nun 15.000 €, führt das zunächst zu einer Preisanpassung um 3000 € (15.000 − 12.000 €) auf 13.000 €. Der Verlust von 2000 € bliebe also erhalten. Das würde auch so bleiben, wenn der Unternehmer gar keine Zuschläge hierauf erhielte. Allerdings soll der Unternehmer nach der Gesetzesbegründung auf die 3000 € Differenzkosten einen angemessenen Zuschlag für AGK von unterstellt 10% erhalten, also insgesamt 13.300 €. Wegen des Verlustes der Ausgangsleistung soll er aber keine Zuschläge für Wagnis und Gewinn erhalten. Die scheinbare Reduzierung des Verlustes um 300 € wäre entgegen erstem Anschein kein Eingriff in die Gewinn- oder Verlustsituationen der Ausgangsleistung; vielmehr reduziert der Unternehmer durch die AGK für die Mehrleistung seinen Verlust. In Bezug auf die Ausgangsleistung von 10.000 € bleibt der Verlust erhalten.

98   Das müsste dann spiegelbildlich im umgekehrten Fall gelten, falls der Unternehmer einen Übergewinn mit der Ausgangsleistung erzielt hätte, z. B. weil die direkten Kosten nur 5000 € betragen hätten.

99   Inhaltlich bedeutet das, dass Zuschläge für AGK auf Mehrleistungen in üblicher Höhe immer angemessen sind, während die Angemessenheit der Zuschläge für Wagnis und Gewinn von der Gewinn- und Verlustsituation des Auftrages abhängt. Hierbei kommt es allerdings nicht auf die kalkulierte Gewinn- und Verlustsituation an, sondern wie bei der Abrechnung nach freier Kündigung auf die hypothetische Ist-Situation. Diese unterschiedliche Bewertung der Angemessenheit kommt im Gesetzestext selbst nicht zum Ausdruck, entspricht aber der Wertung des § 648 Satz 2 BGB.

III. Keine Wahrung des Vertragspreisniveaus, keine Fortschreibung von Nachlässen

100   Der Grundsatz der Preisfortschreibung auf Basis der Vertragspreise beim VOB/B-Vertrag führt grundsätzlich dazu, dass Nachlässe auch bei der Ermittlung der Nachtragsvergütung zu berücksichtigen sind (→ Rdn. 205). Genau das gilt nach § 650c Abs. 1 BGB nicht. Maßgeblich sind die tatsächlichen Kosten plus der zusätzlich gewährten Zuschläge für allgemeine Geschäftskosten, Wagnis und Gewinn. Das beinhaltet gerade keine Abschläge für Nachlässe oder Unterkalkulation in anderen Positionen etc. Im Gegenteil hat der Gesetzgeber ausdrücklich davon abgesehen, einen sogenannten Vertragspreisniveaufaktor vorzusehen (BT-Drucks. 18/8486, S. 57).

101   Selbstverständlich bleibt der Nachlass in Bezug auf die ursprüngliche Vertragsleistung erhalten. Wenn der Unternehmer auf seine Einheitspreise einen Nachlass von 5% gewährt hat, wäre im obigen Beispiel der Einheitspreis tatsächlich nicht 10.000 €, sondern effektiv nur 9.500.

IV. Vergütung von Planungskosten

102   Zu den tatsächlich erforderlichen Kosten gehören grundsätzlich auch die erforderlich werdenden Planungskosten für Änderungsleistungen, und zwar auch, wenn der Unternehmer die Planung übernommen hat. Mit der vertraglichen Vergütung wird nur die Planung für das ursprüngliche Vertragssoll abgegolten. Wenn der Besteller die Planungsverantwortung trägt, hat er nach § 650b Abs. 1 BGB dem Unternehmer bereits zur Erstellung des Angebotes über die Nachtragsvergütung die erforderliche Änderungsplanung vorzulegen. Dann fallen diese Planungskosten nicht beim Unternehmer an. Hat der Besteller allerdings tatsächlich keine Änderungsplanung vorgelegt und folgt der Unternehmer dennoch dessen einseitiger Anordnung nach § 650b Abs. 2 BGB, so fallen die entsprechenden Planungskosten ohne weiteres unter die „tatsächlich erforderlichen Kosten" nach § 650c Abs. 1 Satz 1 BGB.

V. Entfall des Anspruchs auf Mehrvergütung

103   Hat der Unternehmer die Planungsverantwortung, so muss er bereits nach § 650b Abs. 1 BGB die Planung für die geänderte Leistung übernehmen. § 650c Abs. 1 Satz 2 BGB schließt den Anspruch auf Vergütung für vermehrten Aufwand aus, falls die Änderung zur Erreichung

des vereinbarten Werkerfolges im Rahmen einer Anordnung nach § 650b Abs. 1 Nr. 2 BGB erforderlich wird. Das Gesetz geht davon aus, dass es sich dann um eine – kostenlos zu erbringende – Nachbesserung einer bislang unzureichenden Leistung handelt. Da die Planung und Ausführung eines mangelfreien Werkes ohnehin bereits Gegenstand seiner vertraglichen Leistungspflichten ist, kann dem Unternehmer aus der Korrektur kein Mehrvergütungsanspruch erwachsen (BT-Drucks. 18/11437, S. 47 f.). Denn der Unternehmer, der plant, hat von Anfang an eine richtige Planung vorzulegen.

Diese gesetzgeberische Erwägung trifft zwar im Regelfall zu, wenn für ein vollständiges und **104** funktionstaugliches Werk ein Pauschalpreis vereinbart worden ist. Für diese Fälle entspricht es auch der bisherigen Rechtslage, dass der Unternehmer dann für den Nachbesserungsaufwand keine Mehrvergütung geltend machen kann (BGH, Urt. v. 30.6.1994 – VII ZR 116/93; Urt. v. 25.1.2007 – VII ZR 41/06). Allerdings könnte der Unternehmer die Planungsverantwortung im Rahmen eines Einheitspreisvertrages übernommen haben. Das ist zwar nicht weit verbreitet, bei zunächst nicht eindeutig kalkulierbarem Leistungsaufwand allerdings durchaus möglich. In diesem Fall steht dem Unternehmer zwar weder für die Nachbesserung der Planung noch für fehlgeschlagenen Herstellungsaufwand eine Mehrvergütung zu. Selbstverständlich kann der Unternehmer allerdings für die von Anfang an – bei richtiger Planung – erforderliche Leistung auch die vereinbarte Vergütung verlangen. Weist die Planung also beispielsweise zunächst eine zu geringe Wandstärke aus und muss der Unternehmer nach einem entsprechenden Hinweis des Bestellers oder des Prüfstatikers die Wände stärker ausführen als zunächst geplant, schuldet der Besteller bei einem Einheitspreisvertrag die volle Vergütung für die erstmalig richtige Herstellung des Werkes. Insoweit wird die Vergütungsabrede auch nicht geändert, sondern das mangelfreie Werk entsprechend der von Anfang an bestehenden Vergütungsabrede abgerechnet.

Während man diesen Fall damit noch relativ einfach dem Anwendungsbereich des § 650c **105** Abs. 1 S. 2 BGB entziehen kann, hilft bei einem Detailpauschalvertrag lediglich eine teleologische Reduktion weiter. Denn auch beim Detailpauschalvertrag beschränkt sich die Abgeltungswirkung der vereinbarten Vergütung auf die detailliert beschriebene Leistung. Ist die konkret beschriebene und bepreiste Leistung für eine mangelfreie Werkherstellung nicht ausreichend, handelt es sich bei den Mehraufwendungen zur Erreichung der Mangelfreiheit um Sowiesokosten, die schon nach bisheriger Rechtslage zulasten des Bestellers gingen (BGH, Urt. v. 17.5.1984 – VII ZR 169/82). Diese Rechtslage sollte durch S. 2 nicht geändert werden. Vielmehr erfolgte der Ausschluss des Mehrvergütungsanspruchs erst relativ spät während des Gesetzgebungsverfahrens aufgrund eines Vorschlages des Bundesrates. Hiermit sollte nur klargestellt werden, dass der Unternehmer, der Planung und Ausführung der mangelfreien Leistung bereits nach dem unveränderten Vertrag schuldet – selbstverständlich – keinen Mehrvergütungsanspruch für die bloße Erbringung der Vertragsleistung haben kann (BT-Drucks. 18/11437, S. 47, 48). Das sollte ausdrücklich lediglich „klargestellt" werden (BT-Drucks. 18/11437, S. 47, 48). Eine Befreiung des Bestellers von den ihn grundsätzlich treffenden Sowiesokosten sollte nicht erfolgen. Sie wäre auch materiell-rechtlich völlig ungerechtfertigt, da sie entgegen Sinn und Zweck der Regelung die vertragliche Vergütungsabrede nicht aufrechthält, sondern verhindert. Für diese Fälle gerechtfertigter Sowiesokosten greift Abs. 1 S. 2 BGB nach teleologischer Reduktion nicht (Langen in Langen/Berger/Dauner-Lieb, § 650c Rdn. 63; Messerschmidt/Voit/Leupertz, § 650c BGB Rdn. 25; Erman/Schwenker/Rodemann, § 650c Rdn. 7; BeckOGK/Mundt, BGB § 650c Rdn. 8; Retzlaff,, BauR 2017, 1749, 1805; Orlowski BauR 2017, 1421, 1433)

VI. Darlegungs- und Beweislast

Grundsätzlich trägt jede Partei die Beweislast für die Begründung der von ihr geltend ge- **106** machten Ansprüche. Macht der Unternehmer – und das ist der Regelfall – aufgrund einer Änderung Mehrvergütungsansprüche geltend, muss er die tatbestandlichen Voraussetzungen hierfür darlegen und gegebenenfalls beweisen. Hierzu gehört der Nachweis von Mehr- wie Minderkosten.

Schwieriger ist die Situation, wenn die Änderung im Ergebnis zu Minderkosten führt. Diese **107** kann der Besteller idR nicht ermitteln, da es ja gerade auf die konkreten hypothetischen Ist-Kosten des Unternehmers ankommt. Hier trifft den Unternehmer eine primäre Darlegungslast, weil allein er in der Lage ist, zu den konkreten Minderkosten vorzutragen. Es müssen die gleichen Grundsätze gelten, die der BGH für die Ersparnis aufgrund nichterbrachter Leistungen

§ 650c Vergütungsanpassung bei Anordnungen nach § 650b Absatz 2

bei einer freien Kündigung entwickelt hat (dazu BGH, Urt. v. 7.11.1996 – VII ZR 82/95 und näher → § 648 BGB Rdn. 90).

108 Das gilt auch in Bezug auf die Detaillierung. Es wird idR nicht genügen, dass der Unternehmer die Mehr- und/oder Minderkosten nur in einer Summe angibt. Vielmehr muss die Abrechnung so spezifiziert sein, dass sie dem Besteller eine Kontrolle und Überprüfung ermöglicht (BGH, Urt. v. 11.2.1999, VII ZR 399/97; Kniffka, Jahrbuch Baurecht 2000, S. 1, 10). Der Unternehmer wird nach allgemeinen Darlegungsgrundsätzen auch verpflichtet sein, die in Ansatz gebrachten Kosten mit Tatsachen zu belegen, soweit dies für die Kontrolle des Bauherrn erforderlich ist (Kniffka, Jahrbuch Baurecht 2000, S. 1, 11). Nach der zu § 649 BGB a. F. entwickelten Rechtsprechung ist der Unternehmer zur Darlegung dieses Anspruchs grundsätzlich berechtigt, die kalkulierten Kosten als erspart in Ansatz zu bringen, solange keine Anhaltspunkte für eine abweichende Kostenentwicklung bestanden (→ § 648 BGB Rdn. 90). Das gilt aufgrund der Regelungen des § 650c Abs. 2 BGB nur im Falle einer vereinbarungsgemäß hinterlegten Kalkulation.

109 Wegen dieser abweichenden Regelung ist der Unternehmer grundsätzlich auch nicht verpflichtet, die Grundlagen seiner Kalkulation zur Plausibilisierung seiner Angaben offenzulegen (weiter für § 649 BGB a. F.: BGH, Urt. v. 30.10.1997 – VII ZR 222/96). Denn nach § 650c Abs. 1 BGB geht es allein um die tatsächlichen Kosten bzw. die hypothetischen Ist-Kosten. Angaben zu kalkulierten Kosten sind zur Befriedigung des Informationsbedürfnisses des Bestellers nicht erforderlich; die Angaben in der Kalkulation könnten dem Besteller allenfalls die Vollständigkeitskontrolle erleichtern. Das reicht zur hinreichenden Begründung eines Auskunftsanspruchs aber nicht aus (so wohl auch Kniffka, Jahrbuch Baurecht 2000, S. 1, 10f.), zumal in einer Angebotskalkulation die Angaben regelmäßig so grob kalkuliert sind, dass sie dem Besteller in der Praxis auch nicht weiterhelfen werden.

VII. Kein Ankündigungserfordernis

110 Weder § 650b BGB noch § 650c BGB enthalten Verpflichtungen des Unternehmers, den Besteller auf Mehrkosten durch seine Änderungsanordnungen hinzuweisen. Eine entsprechende Verpflichtung ist bei einem Vorgehen nach § 650b Abs. 1 BGB auch obsolet. Denn die Änderung wird ja zunächst durch die Aufforderung an den Unternehmer ausgelöst, ein Angebot über eine Mehr- oder Mindervergütung vorzulegen. Diese Regelung bezweckt eine möglichst frühe Klarheit über die Kosten von Änderungen.

111 Das Gesetz übergeht allerdings, dass in der Praxis dieser komplizierte Weg jedenfalls bei einfachen Änderungen gar nicht gegangen wird. Wenn der Bauherr eine Änderung wünscht und diese in das Leistungsspektrum des Unternehmers fällt, wird er Sie auch gerne ausführen. Damit wird der Vertrag allerdings bereits einvernehmlich abgeändert. Für diese Änderungen greift dann grundsätzlich die Vergütungsregelung des § 632 BGB ein. § 650c Abs. 1 BGB ist unmittelbar nicht anwendbar, da er nur im Fall einer Anordnung des Bestellers nach § 650b Abs. 2 BGB gilt. Eine analoge Anwendung dürfte an der fehlenden Regelungslücke scheitern. Denn grundsätzlich greift § 632 BGB auch bei Änderungen ein. Der Gesetzgeber hat mit § 650c BGB lediglich eine Sondervorschrift geschaffen, weil er der Auffassung war, dass die Anwendung des § 632 BGB nicht immer zu angemessenen Ergebnissen führt (BT-Drucks. 18/8486, S. 56).

112 Damit enthält das Gesetz keine Schutzvorschrift zu Gunsten des Bestellers vor ungewollten kostenauslösenden Änderungen wie sie in einigen ausländischen Rechtsordnungen vorhanden ist z. B. Art. 7:755 des Burgerlijk Wetboek der Niederlande oder Art. 1793 Code Civil (vgl. dazu Hök, Handbuch des internationalen und ausländischen Baurechts, 2. Aufl., § 36 Rdn. 55). Das erstaunt umso mehr, weil sich das neue Bauvertragsrecht gerade eine Verbesserung des Verbraucherschutzes zum Ziel gesetzt hat.

C. Abs. 2: Berechnung auf Basis der Urkalkulation

113 Die Höhe der für die Leistungsänderung anfallenden Vergütung bestimmt sich nach Abs. 1 anhand der anfallenden tatsächlichen bzw. entfallenden hypothetischen Ist-Kosten. Das ist von einer kalkulatorischen Preisfortschreibung der Vertragspreise methodisch strikt zu trennen, auch wenn diese gerade darauf abzielt, die tatsächlich anfallenden Kosten des Werkes zu prognostizieren. Der Gesetzgeber betont deshalb einerseits, dass bei der Vergütungsberech-

Vergütungsanpassung bei Anordnungen nach § 650b Absatz 2 **§ 650c**

nung nach Abs. 1 die beiden Methoden nicht vermischt werden dürfen. Anderseits hat er in Abs. 2 eine Vermutung aufgestellt, wonach die aufgrund einer ordnungsgemäßen Kalkulation fortgeschriebenen Preise der Vergütung nach Abs. 1 entsprechen sollen. Das hat er wie folgt begründet:

„Um die Abrechnung praktikabel zu gestalten, wird dem Unternehmer die Möglichkeit **114** eröffnet, zur Berechnung der Vergütung für den Nachtrag auf die Kostenansätze einer vereinbarungsgemäß hinterlegten Kalkulation zurückzugreifen. Ergänzend greift eine widerlegliche Vermutung, dass die in dieser Urkalkulation enthaltenen bzw. fortgeschriebenen Preis- und Kostenansätze den tatsächlich erforderlichen Kosten entsprechen und hinsichtlich der Zuschläge weiterhin angemessen sind. Hinsichtlich eines Zuschlags für allgemeine Geschäftskosten wird mithin vermutet, dass er weiterhin zutreffend ist." (BT-Drucks. 18/8486, S. 56)

Die Gesetzesbegründung bringt damit zum einem inzident zum Ausdruck, dass die Vergü- **115** tungsermittlung nach Abs. 1 zwar theoretisch vorzugswürdig sei, in der Abrechnung allerdings nicht immer praktikabel ist. Dem Unternehmer müsse deshalb mit Abs. 2 ein praktikabler Weg eröffnet werden, seinen Vergütungsanspruch einfacher zu ermitteln und abzurechnen, nämlich durch Preisfortschreibung auf Basis der Kalkulation. Es wird vermutet, dass diese Ermittlung im Ergebnis den Kosten nach Abs. 1 entspricht.

In der Praxis führt Abs. 2 damit im Ergebnis vor allem zu einer Umkehr der Beweislast über **116** die tatsächlich angefallenen Kosten (→ Rdn. 138). Der Unternehmer ermittelt sie im Wege der Preisfortschreibung; der Besteller muss die Vermutung des richtigen Ergebnisses widerlegen. Allerdings kann der Unternehmer von dieser gesetzlichen Möglichkeit zur Vergütungsermittlung nur Gebrauch machen, wenn die Parteien eine Hinterlegung der Kalkulation vereinbart haben (→ Rdn. 130) und die Kalkulation ausreichend detailliert ist, um die gesetzliche Vermutungswirkung zu entfalten (→ Rdn. 134).

I. Wahlrecht für den Unternehmer

Dem Unternehmer wird durch Abs. 2 in Bezug auf jeden einzelnen Nachtrag (→ Rdn. 120) **117** das Wahlrecht eingeräumt, seinen Vergütungsanspruch nicht nach Abs. 1 auf Basis der tatsächlichen Kosten zu ermitteln, sondern aufgrund der Vermutung des Abs. 2 – wie beim VOB/B-Vertrag nach traditionellen Verständnis – auf Basis einer kalkulatorischen Preisfortschreibung. Grundlage für die Vermutung ist, dass bei der unterstellten ordnungsgemäßen Kalkulation der Vertragspreise als Wettbewerbspreise diese im Ergebnis den tatsächlich erforderlichen Kosten plus angemessener Zuschläge nach Abs. 1 näherungsweise entsprechen sollten (Schwerdtner, BauR 2021, 311, 313; Sindermann, NZBau 2019, 284, 285). Größere Unterschiede treten normalerweise nur dann auf, wenn die Vertragspreise insgesamt über- oder unterkalkuliert sind oder zumindest die betreffende Position.

Die alternative kalkulatorische Preisfortschreibung rechtfertigt sich daraus, dass die Parteien **118** die Hinterlegung der Kalkulation vereinbart haben müssen. Damit bringen sie ihren Willen zu deren Verwendung zum Ausdruck. Sinn und Zweck einer solchen Abrede besteht idR darin, eine Kalkulationsgrundlage für nachträglich erteilte Aufträge zu haben, um die Preisbildung für den Auftraggeber transparent zu machen (OLG Düsseldorf, Urt. v. 14.11.2008 – 22 U 69/08).

Fragwürdig ist allerdings das dem Unternehmer eingeräumte Wahlrecht pro Nachtrag; es **119** kann nach h. M. nachtragsweise ausgeübt werden, weil es ausdrücklich für die „Vergütung für den Nachtrag" eingeräumt wird (BT-Drucks. 18/8486, S. 57; abweichende Auslegung von Kniffka/Koeble/Jurgeleit/Sacher, 4. Teil, Rn. 322). Das stellt eine Art Meistbegünstigung für den Unternehmer dar. Der Unternehmer wird von seinem Wahlrecht immer dann – aber auch nur dann – Gebrauch machen, wenn es für ihn im konkreten Fall günstiger ist. Eine sachliche Rechtfertigung für ein solches vom Gesetz eröffnetes „Rosinenpicken" lässt sich der Gesetzesbegründung nicht entnehmen (kritisch z. B. Langen, NZBau 2015, 658, 665; Lindner, BauR 2018, 1038, 1047). Preisspekulationen werden nicht verhindert, sondern mangels Spekulationsrisiko eher gefördert (Langen in Langen/Berger/Dauner-Lieb § 650c Rdn. 69). Der Gesetzgeber geht aber – aus Sicht der Kritiker in naiver Weise davon aus, dass er Spekulationen bei der Preisgestaltung dadurch verhindert habe, dass der Unternehmer das Wahlrecht nur für jeden Nachtrag insgesamt ausüben könne (BT-Drucks. 18/8486, S. 57). Die damit offensichtlich erwogene Möglichkeit eines Wahlrechts pro Preis oder gar Preisbestandteil

§ 650c Vergütungsanpassung bei Anordnungen nach § 650b Absatz 2

erscheint aus diesem Blickwinkel und dem selbst proklamierten Verbot des Methodensynkretismus für eine Abrechnung nach Abs. 1 gänzlich abwegig.

120 Das Wahlrecht war vom Zentralverband des Deutschen Baugewerbes, erweitert um eine dritte Wahloption der ortsüblichen Vergütung, gefordert worden. Es ist dem Unternehmer eingeräumt worden, „um die Abrechnung praktikabel zu gestalten". Das erfolgte vor dem Hintergrund, dass in der Baupraxis aufgrund des VOB/B-Modells eine Nachtragspreis-Ermittlung auf Basis der Fortschreibung von kalkuliertem Preisen verbreitet, bekannt und bewährt ist. Tatsächlich ist die Abrechnung nach einer fortgeschriebenen Kalkulation aber nicht grundsätzlich einfacher. Hinzu kommt, dass der Unternehmer sowieso den Ist-Aufwand konkret erfassen muss, da die Vermutung durch den Besteller widerlegt werden kann (→ Rdn. 140), er mithin eine Abrechnung nach Abs. 1 „vorhalten" muss.

121 Ein im Belieben des Unternehmers stehendes Wahlrecht lässt sich nicht mit einer vereinbarungsgemäßen Hinterlegung einer Kalkulation rechtfertigen. Die Fehlanreize eines Wahlrechts (statt einer Regelvorgabe für alle aus der Urkalkulation ableitbarer Nachtragsvergütungen) dürften aber begrenzt bleiben. Die finanziellen Auswirkungen derartiger Spekulationen wären anders als bei der VOB/B nur begrenzt, weil das Wahlrecht nur zu einer Vermutung führt, die der Besteller widerlegen kann. Damit besteht bei spekulativ überhöhten Kalkulationsansätzen immer die Möglichkeit zur Widerlegung der Richtigkeitsvermutung der Kalkulation (→ Rdn. 138) und diese Widerlegung wird umso einfacher sein, je dreister die Spekulation ist.

122 Fraglich ist, ob der Unternehmer sein Wahlrecht für den Nachtrag differenziert ausüben kann, wenn der Besteller in einer Änderungsanordnung mehrere inhaltlich nicht zusammenhängende Sachverhalte zusammenfasst. Bemerkenswert ist insoweit zunächst, dass § 650c Abs. 2 BGB den in der Baupraxis durchaus verbreiteten, dem Gesetz allerdings unbekannten Begriff des Nachtrages ganz ohne Erläuterung verwendet. Es ist ersichtlich eine inhaltliche Verknüpfung zu der nach § 650b BGB angeordneten Änderung. Aber auch dort wird der Umfang der begehrten „Änderung" nicht definiert, der Begriff allerdings in der Einzahl verwandt. Gleichzeitig verweist die Plural-Formulierung in der Überschrift des § 650c BGB darauf, dass auch mehrere Anordnungen möglich sind. Es sprechen deshalb gute Gründe dafür, den Begriff der Änderung sachlich und nicht ausschließlich formal zu definieren. Trotz Zusammenfassung liegen ggf. mehrere voneinander unabhängige getrennte Nachträge vor. Allerdings umfasst der Nachtrag die gesamte begehrte Änderung, auch wenn diese mehrere Leistungsorte betrifft. Ist der Unternehmer mit dem Erdaushub an einer Stelle des Grundstücks und dem Einbau an anderer Stelle beauftragt und muss der Besteller wegen Ungeeignetheit des Aushubs dessen Entsorgung sowie die Anlieferung neuen Bodens für den Einbau anordnen, handelt es sich um einen Nachtrag (BeckOK BauvertrR/Althaus/Kattenbusch BGB § 650c Rdn. 136; Langen in Langen/Berger/Dauner-Lieb, § 650c Rdn. 68a).

123 Die Ausübung des Wahlrechts ist auch bindend. Denn mit dem Wirksamwerden der Willenserklärung ist das Wahlrecht verbraucht, so dass weder ein Widerruf der Erklärung noch eine einseitige Änderung der Wahl möglich ist (vgl. BR-Drucks 123/16, S. 60 und § 263 BGB). Der Unternehmer kann bei nachträglichen Kostensteigerungen nicht mehr auf tatsächlich erforderliche Kosten nach Abs. 1 abstellen. Er muss allerdings auf tatsächlich erforderliche Kosten abstellen, wenn der Besteller die Vermutung des Abs. 2 widerlegt.

II. Anforderungen an die Urkalkulation und Preisfortschreibung

124 Die Vermutungswirkung der Urkalkulation gilt in formeller Hinsicht nur dann, wenn diese ausreichend detailliert ist, um eine Fortschreibung der Preise zu ermöglichen. Denn nur dann kann der Unternehmer, wie vom Gesetz gefordert, „auf die Ansätze in" der Kalkulation zurückgreifen. Das wird zwar im Gesetzeswortlaut nur angedeutet, ist vom Gesetzgeber in der Begründung allerdings klargestellt worden (BT-Drucks. 18/8486, S. 57):

> „Dadurch wird gewährleistet, dass die Vertragsparteien für die Ermittlung der tatsächlich erforderlichen Kosten keine Neuberechnung vornehmen müssen, sondern – wie bisher – auf die in der Regel vorhandene Urkalkulation des Unternehmers zurückgreifen können. Die Vermutungswirkung kann jedoch nur greifen, wenn die vom Unternehmer offenbarte oder zumindest hinterlegte Urkalkulation ausreichend aufgeschlüsselt ist. Ein wichtiger Nebeneffekt dieser Regelung ist der Anreiz für den Unternehmer, die Kalkulation nachvollziehbar zu gestalten, um sie – gestützt auf die gesetzliche Vermutung – für die Berechnung der „Ist-Kosten" heranziehen zu können."

Vergütungsanpassung bei Anordnungen nach § 650b Absatz 2 **§ 650c**

Diese Anforderung ist sachlich grundsätzlich angemessen. International sehen viele Standard-Bauverträge vor, dass eine Preisfortschreibung nur erfolgen soll, soweit der Bauvertrag vergleichbare Leistungen (Stufe 1) oder hinreichend fortschreibungsfähige Preise (Stufe 2) enthält. Fehlt es an einer ausreichenden Grundlage, erfolgt keine Preisfortschreibung mehr. Auf der Stufe 3 erfolgt die Vergütung für Änderungen dann auf Basis von Marktpreisen oder aufgrund tatsächlicher Kosten plus Zuschläge (Sergeant/Wieliczko, Construction Contract Variations, Rn. 11–57 ff., 11–79; so heißt es z. B. in FIDIC Red Book S-C 12.3: „If no rates or prices are relevant for the derivation of a new rate or price, it shall be derived from the reasonable Cost of executing the work, together with reasonable profit, taking account of any other relevant matters."). 125

Leider bleibt im Dunkeln, wie aufgeschlüsselt die Kalkulation konkret sein muss, um „ausreichend aufgeschlüsselt" für eine Preisfortschreibung zu sein. Baubetriebler sehen sich in der Lage, aus einem nur über die Kubatur ermittelten Preis für schlüsselfertige Reihenhäuser die Zusatzvergütung für Änderungen der Badarmaturen abzuleiten. Beauftragt man mehrere, werden die neuen Preise aber idR nicht übereinstimmen. Der Grad erforderlicher Aufschlüsselung für eine Preisfortschreibung kann mangels anderer Anhaltspunkte nur anhand teleologischer Kriterien ermittelt werden. Zweck des Abs. 2 ist eine vereinfachte, „praktikable Abrechnung". Eine „Neuberechnung" soll nicht erforderlich werden. Die Ansätze für die Preisfortschreibung dürfen also nicht erst bei der Nachtragskalkulation ihrerseits aus den Kalkulationsansätzen (durch eine Neuberechnung) ermittelt werden, sondern müssen sich schon „in" der Kalkulation finden (ebenso BeckOK BauvertrR/Althaus/Kattenbusch BGB § 650c Rdn. 74 ff.; Kniffka in Kniffka/Koeble/Jurgeleit/Sacher, 4. Teil, Rn. 315; jurisPK-BGB/Leicht, § 650c BGB Rdn. 40; Althaus BauR 2017, 412, 417). Die Einzelkosten der Änderungsleistungen sowie alle hierauf anzuwendenden Zuschläge müssen unmittelbar aus der Kalkulation entnommen werden können (Langen in Langen/Berger/Dauner-Lieb, § 650c Rdn. 75) oder anhand von in der Kalkulation selbst enthaltenen Parametern aus ihr abgeleitet werden. Die nachträgliche Aufgliederung von Kalkulationsansätzen durch externe Bezugsrahmen etc. sollte nicht ausreichen. Das wäre nicht die erstrebe Vereinfachung, sondern eine Verkomplizierung. Damit scheitert ein Rückgriff auf die Kalkulation, wenn diese für eine geänderte Leistung keinen Preis enthält (Orlowski, BauR 2017, 1427, 1433). 126

Es entspricht allerdings aller baupraktischen Erfahrung, dass die hinterlegten Urkalkulationen üblicherweise für eine Ableitung der Nachtragsvergütung ohne Neuberechnung über externe Bezugsrahmen nicht ausreichend aufgeschlüsselt waren. Auch die Formblätter 221 bis 223 des Vergabehandbuchs des Bundes geben nur Hinweise auf den Gesamt-Lohnaufwand und die kalkulierten Mittellöhne, nicht aber auf die Einzelkosten von Teilleistungen. 127

Da das Gesetz die Anforderungen selbst nicht ausreichend klar festlegt, bleiben die Parteien darauf verwiesen, gegebenenfalls selbst in dem Bauvertrag die Anforderungen an die zu hinterlegende Urkalkulation festzuschreiben (so auch Eschenbruch, Bauvertragsmanagement, Teil 7 Rdn. 79 ff.). 128

Die Preisfortschreibung auf Basis der Urkalkulation selbst wird im Gesetz nicht geregelt. Das Gesetz unterstellt hier wohl zu Recht einen hinreichenden Rahmen baubetrieblichen Grundsätzen. Denn die Regelungen zur Preisfortschreibung bei einer ausreichend aufgeschlüsselten Kalkulation dürften allgemein anerkannt sein. Auch international enthalten Standard-Bauverträge, die eine Preisermittlung für Nachträge durch Preisfortschreibung vorgeben, hierzu regelmäßig keine konkreten Vorgaben (von Rintelen, FS Leupertz S. 807 ff.). Letztlich besteht auch gar kein zusätzliches Regelungsbedürfnis, da die Preisfortschreibung nur eine gesetzliche Vermutung begründet, dass die fortgeschriebenen Kosten den tatsächlich erforderlichen Kosten entsprechen. Damit ist sie funktional beschrieben. Erreicht die Preisfortschreibung das Ziel nicht, dürfte die Vermutung widerlegbar sein. Da die Preisfortschreibung nur die widerlegbaren Vermutung des zutreffenden Nachtragsvergütung begründet, sind alle Regelungen zur Sicherstellung angemessener Ergebnisse einer deterministischen Preisfortschreibung (vgl. dazu von Rintelen, NZBau 2017, 315) entbehrlich. 129

III. Vereinbarte Hinterlegung der Urkalkulation

Der Unternehmer kann von seinem Wahlrecht nach Abs. 2 aber nicht schon dann Gebrauch machen, wenn seine Urkalkulation ausreichend aufgeschlüsselt ist. Sie muss außerdem „vereinbarungsgemäß" hinterlegt worden sein. Die Gesetzesbegründung führt hierzu aus, dass 130

von Rintelen 853

die Vermutungswirkung nur bei einer offenbarten oder zumindest hinterlegten Kalkulation eingreifen könne (BT-Drucks. 18/8486, S. 57).

131 Die Parteien müssen also im Bauvertrag oder nachträglich die Hinterlegung der Kalkulation vereinbaren (Kniffka in Kniffka/Koeble/Jurgeleit/Sacher, 4. Teil, Rn. 314; Lindner, BauR 2018, 1038, 1048; Orlowski, BauR 2017, 1427, 1432; a.A. Leinemann, NJW 2017, 3113, 2117). Alternativ können Sie auch die Offenbarung der Kalkulation vereinbaren. Die Offenbarung der Kalkulation ist allerdings kein eigenständiger gesetzlicher Tatbestand, so dass eine nicht vereinbarte Offenbarung für Abs. 2 nicht ausreicht (anders aber wohl Oberhauser in Dammann/Lenkeit/Oberhauser/Pause/Stretz, § 2 Rdn. 116; BeckOGK/Mundt, BGB § 650c Rdn. 38). Vielmehr wurde (nur) in der Gesetzesbegründung die Offenbarung als weitergehende Hinterlegung der verschlossenen Kalkulation gleichgestellt. Notwendig ist aufgrund des Tatbestandsmerkmals „vereinbarungsgemäß" aber immer ein Konsens der Parteien, mit dem sie zum Ausdruck bringen, die Kalkulation zur Berechnung von Nachträgen verwenden zu wollen (→ Rdn. 118).

132 Eine Hinterlegungsvereinbarung beinhaltet in der Regel, dass die Urkalkulation in einem verschlossenen Umschlag dem Besteller oder einem Dritten zur Aufbewahrung übergeben wird. Weiter wird vereinbart, unter welchen Umständen die Urkalkulation vom Besteller – vielfach in Anwesenheit des Unternehmers – geöffnet werden kann. Eine nachträgliche Hinterlegungsvereinbarung kommt auch konkludent dadurch zustande, dass der Besteller die Hinterlegung der Kalkulation anfordert und der Unternehmer sie hinterlegt bzw. umgekehrt der Unternehmer die Hinterlegung der Kalkulation anbietet und der Besteller sie annimmt.

133 Es bleibt die Frage, ob der Unternehmer einen Anspruch darauf hat, dass der Besteller eine einseitig angebotene Urkalkulation zur Hinterlegung auch annimmt (so Langen in Langen/Berger/Dauner-Lieb, § 650c Rdn. 77c). Dafür könnte sprechen, dass ohne Hinterlegung der Urkalkulation auch kein Wahlrecht nach Abs. 2 besteht. Allerdings wird das Wahlrecht ausdrücklich von einer „vereinbarungsgemäß hinterlegten" Urkalkulation abhängig gemacht. Das ist das Gegenteil einer einseitig aufgenötigten Urkalkulation. Die Urkalkulation ist nach bisheriger Rechtslage, an der sich der Gesetzgeber orientiert hat, weder Vertragsbestandteil noch dessen Geschäftsgrundlage. Die Nutzung einer Kalkulation bei der Vertragsdurchführung setzt damit einen konsensualen Akt voraus, nämlich die Vereinbarung zur Hinterlegung. Deshalb dürfte auch ein Hinterlegungsanspruch aus Treu und Glauben (vgl. Messerschmidt/Voit/Leupertz, § 650c BGB Rdn. 33) nur ausnahmsweise in Betracht kommen. Wenn der Unternehmer von der Möglichkeit des Wahlrechts Gebrauch machen möchte, muss er vorab die Hinterlegung der Kalkulation im Bauvertrag vereinbaren.

IV. Vermutung der Richtigkeit der Kalkulation

134 Nach Abs. 2 S. 2 wird vermutet, dass die auf Basis der Urkalkulation fortgeschriebene Vergütung der Vergütung nach Abs. 1 entspricht. Damit beinhaltet die Vermutung zunächst die Vermutung der Richtigkeit der Urkalkulation in dem Sinne, dass die kalkulierten Kosten den tatsächlich erforderlichen Kosten einschließlich angemessener Zuschläge entsprechen. Weiter beinhaltet die Vermutung die Annahme, dass die Kostenansätze in der vor oder bei Abschluss des Bauvertrages erstellten Urkalkulation noch den im Zeitpunkt des Nachtrages entstehenden Kosten entsprechen. Wenn dem so ist, decken sich fortgeschriebene Preise und tatsächlich erforderliche Kosten. Den Umfang der Vermutungswirkung hat der Gesetzgeber wie folgt beschrieben:

135 „Ergänzend greift eine widerlegliche Vermutung, dass die in dieser Urkalkulation enthaltenen bzw. fortgeschriebenen Preis- und Kostenansätze den tatsächlich erforderlichen Kosten entsprechen und hinsichtlich der Zuschläge weiterhin angemessen sind. Hinsichtlich eines Zuschlags für allgemeine Geschäftskosten wird mithin vermutet, dass er weiterhin zutreffend ist. Haben sich die allgemeinen Geschäftskosten erhöht, hat der Unternehmer die Möglichkeit, die Berechnungsmethode nach Abs. 1 zu wählen und sie auf andere Weise schlüssig darzulegen. In die Vermutung für die Ansätze der Urkalkulation einbezogen wurden auch Zuschläge für Wagnis und Gewinn. Solche Zuschläge werden im Wettbewerb um die Ausgangsleistung erzielt, und da es grundsätzlich gerecht ist, sie über die Vermutung im Zweifel fortzuschreiben. Bei unternehmensbezogenen kalkulierten Zuschlägen bezieht sich die widerlegliche Vermutung auch auf die in der Urkalkulation ausgewiesenen Ansätze und Bezugsgrößen, wie Umsatz, Bauzeit und projektbezogene Festbeträge." (BT-Drucks. 18/8486, S. 56)

Diese Ausführungen besagen letztlich, dass alle Positionen der Urkalkulation, sowohl in 136
Bezug auf Ansätze von Einzelkosten der Teilleistungen wie aber auch Zuschläge und die
Kalkulation von Baustellengemeinkosten als zutreffend unterstellt werden. Die Begründung
bezieht sich auf alle Elemente der Kalkulation, was aber nur der Ursprungsfassung im Referentenentwurf entsprach. Das Gesetz selbst stellt die Vermutung nur auf für das Ergebnis der
Kalkulation (zur Entstehung dieses Widerspruchs vgl. Kniffka in Kniffka/Koeble/Jurgeleit/
Sacher, 4. Teil, Rn. 318). Bei der Vermutungsreichweite muss man wohl differenzieren. Von
der Vermutung wird idR nur die Preisermittlung, nicht aber die Mengenermittlung für die geänderte Leistung erfasst (KG, Urt. v. 2.3.2021 – 21 U 1098/20), es sei denn die Leistungsansätze
ergeben sich bereits aus anderen Positionen der Kalkulation. Die Preisvermutung bezieht sich
aber auf das Gesamtergebnis, weil eine Vermischung von einzelnen kalkulatorischen Preiselementen und tatsächlichen Kosten nach dem Gesetz gerade nicht erfolgen soll. Die Frage der
Reichweite ist von Relevanz für die Widerlegung der Richtigkeitsvermutung (→ Rdn. 140).

Für die Höhe des von ihm geltend gemachten Nachtragsanspruchs gemäß § 650c Abs. 1 ist 137
der Unternehmer ist darlegungs- und beweisbelastet. Die Richtigkeitsvermutung erleichtert
dem Unternehmer seine Darlegungslast. Denn der Unternehmer muss nur den Vermutungstatbestand darlegen, nicht aber die sich kraft des Gesetzes ergebende Vermutungsfolge. Er muss
nicht seine tatsächlichen Kosten darlegen, sondern nur die (zutreffende) Preisfortschreibung.
Damit muss er gegebenenfalls darlegen, dass seine Urkalkulation ausreichend aufgeschlüsselt für
die Preisfortschreibung ist. Ist das der Fall, muss er zur Begründung seiner Nachtragsforderung
nur die Richtigkeit seiner Nachtragskalkulation belegen durch Nachweis der Veränderung des
kalkulierten Aufwandes durch die Leistungsänderung, nicht aber die Richtigkeit ihrer Grundlage, hier also die Ansätze der Urkalkulation. Die Vermutung erleichtert dem Unternehmer
damit seine Darlegungslast und kehrt die Beweislast um (→ Rdn. 138).

V. Widerlegung der Richtigkeitsvermutung

Bei der Richtigkeitsvermutung für die Urkalkulation handelt es sich um eine gesetzliche 138
Vermutung. Diese ist mangels entsprechender Anordnung nicht unwiderleglich, sondern nur,
wie sich aus § 292 ZPO ergibt, widerleglich (vgl. BT-Drucks. 18/8486, S. 56). Vergleichbare
gesetzliche Tatsachenvermutungen kennt das BGB z. B. in § 476, 1017 Abs. 3, § 1253 Abs. 2,
§ 1377 Abs. 3 oder die ZPO in § 437 Abs. 1 und § 440 Abs. 2. Folge ist, dass anders als im Fall
des Abs. 1 nunmehr der Besteller niedrigere tatsächlich Kosten beweisen muss.

Beweistechnisch darf eine gesetzliche Vermutung nicht mit einer rein tatsächlichen Vermu- 139
tung verwechselt werden, wie sie die Rechtsprechung für bestimmte Fälle als eine besondere
Form des Anscheinsbeweises aufstellt. Bei derartigen tatsächlichen Vermutungen reicht es für
den belasteten Teil aus, die Grundlage der Vermutung zu erschüttern. Schon dann ist der Anspruchsteller wieder vollumfänglich darlegungs- und beweisbelastet (BGH, Urt. v. 9.10.2009 –
V ZR 178/08; vgl. näher Musielak JA 2010, 561 ff.). Gesetzliche Vermutungen werden aber
gemäß § 292 ZPO erst durch den Beweis des Gegenteils beseitigt. Die bloße Erschütterung der
Vermutungsgrundlage reicht allein nicht aus, da es ja zum Wesen einer gesetzlichen Vermutung
gehört, dass die vermutete Tatsache (oder das vermutete Recht) in der Existenz zweifelhaft ist
(BGH, Beschl. v. 19.4.2012 – IX ZB 303/11).

Das bedeutet, dass es nicht ausreicht, dass der Besteller die Unrichtigkeit einzelner Ansätze 140
der Urkalkulation (dafür Kniffka in Kniffka/Koeble/Jurgeleit/Sacher, 4. Teil, Rn. 318) oder
methodischer Unzulänglichkeiten der Kalkulation darlegt und gegebenenfalls beweist (dafür
Sindermann, NZBau 2019, 284, 287, der aus methodischen Fehlern auf die Unrichtigkeit
des Ergebnisses schließt). Damit würde nur die Grundlage einer tatsächlichen Vermutung
erschüttern. Die gesetzliche Vermutungswirkung bezieht sich allerdings auf den Mehrvergütungsanspruch für den Nachtrag insgesamt. Höhere Ansätze in einzelnen Positionen können
durch niedrigere Ansätze in anderen Positionen wieder kompensiert werden. Damit ist der
Gegenbeweis im Sinne des § 292 ZPO noch nicht geführt (weiter Langen in Langen/Berger/
Dauner-Lieb, § 650c Rdn. 84). Das bedeutet für den Besteller, dass er niedrigere tatsächlich
erforderliche Gesamtkosten plus angemessener Zuschläge nach Abs. 1 vortragen und beweisen muss. Es reicht nicht aus, für bestimmte Einzelkosten niedrigere tatsächliche Kosten
vorzutragen. Die Vermutung betrifft nicht einzelne Rechnungsposten, sondern den Nachtragsanspruch insgesamt (BeckOK BauvertrR/Althaus/Kattenbusch BGB § 650c Rdn. 139).
Das folgt nicht nur aus dem Wesen der gesetzlichen Vermutung, sondern auch aus dem Sinn
und Zweck des Wahlrechts. Wenn das Gesetz und die Parteien durch Hinterlegung der Kal-

kulation dem Unternehmer eine vereinfachte Art der Preisermittlung für die Nachtragsvergütung einräumen, wobei das Wahlrecht an die ausreichende Aufschlüsselung, nicht aber an die Richtigkeit jedes einzelnen Ansatzes knüpft, muss das Recht, um nicht leerzulaufen, eine gewisse Substanz haben.

141 Der Besteller hat keinen Auskunftsanspruch gegenüber dem Unternehmer wegen der tatsächlichen Kosten, wenn der Unternehmer von seinem Wahlrecht nach Abs. 2 Gebrauch macht. Es stellt sich die Frage, in welchem Umfang den Unternehmer eine sekundäre Vortragslast in Bezug auf die tatsächlich entstandenen Kosten trifft, wenn der Besteller niedrige Kosten als kalkuliert behauptet. Dafür spricht, dass es sich um Tatsachen aus der Sphäre des Unternehmers handelt, in die der Besteller keinen Einblick hat. Das reicht nach allgemeinen Grundsätzen für eine sekundäre Behauptungslast aus. Diese wird von der Rechtsprechung bejaht, wenn eine darlegungspflichtige Partei außerhalb des von ihr darzulegenden Geschehensablaufes steht und keine nähere Kenntnis der maßgebenden Tatsachen besitzt, während der Prozessgegner sie hat und ihm nähere Angaben zumutbar sind (BGH, Urt. v. 11.6.1990 – II ZR 159/89; Urt. v. 12.1.2000 – VIII ZR 19/99). Auf der anderen Seite würde das Wahlrecht des Unternehmers nach Abs. 2 weitgehend entwertet, wenn er gewissermaßen auf jede Anforderung seinerseits eine Abrechnung nach Abs. 1 vornehmen müsste. Dann hätte er faktisch kein Wahlrecht, sondern der Besteller könnte mit der Behauptung niedriger Ist-Kosten im Ergebnis immer eine Abrechnung nach Abs. 1 verlangen.

142 In prozessualer Hinsicht reicht es aus, wenn der Besteller die Haupttatsache, also den Betrag der niedrigeren tatsächlich erforderlichen Kosten substantiiert behauptet und unter Sachverständigenbeweis stellt. Denn die tatsächlich erforderlichen Kosten lassen sich auf zwei Arten ermitteln. Zum einen können im ersten Schritt die tatsächlichen Kosten des Unternehmers ermittelt werden und sie anschließend auf die Erforderlichkeit überprüft werden. Alternativ können allerdings die tatsächlich erforderlichen Kosten auch insgesamt hypothetisch ermittelt werden (→ Rdn. 28).

143 Die erste Methode zur Ermittlung auf Basis der tatsächlich angefallenen Kosten ist allerdings deutlich einfacher, weil nicht von Null aus die Kosten ermittelt werden müssen, sondern die Ist-Kosten nur auf Erforderlichkeit überprüft werden müssen. Gerade wenn die Parteien sich über die Vergütung von Nachunternehmerleistungen streiten, kann die Vorlage der Rechnung für die tatsächlichen Leistungen zu einer schnellen Streitentscheidung führen. Eine Vorlegungspflicht gemäß § 422 ZPO dürfte mangels Anspruchs des Bestellers auf Herausgabe oder Vorlegung der Urkunde ausscheiden. Allerdings kann das Gericht gemäß § 142 ZPO anordnen, dass der Unternehmer die entsprechenden Rechnungen vorlegt.

D. Abs. 3: Anspruch auf Abschlagszahlungen

I. 80%-Regelung für Abschlagszahlungen

1. Sinn und Zweck der Regelung

144 Abs. 3 soll dem Unternehmer die Berechnung der Abschlagszahlungen auf die geänderten oder zusätzlichen Leistungen für den Fall erleichtern, dass die Parteien sich über die Höhe der Vergütungsanpassung nicht geeinigt haben und auch keine anderslautende gerichtliche Entscheidung ergangen ist. Der Unternehmer ist dann berechtigt, bei der Berechnung der Höhe der Abschlagzahlung 80% des Preises seines Angebots, das er gemäß § 650b Abs. 1 BGB abgegeben hat, als Gesamtvergütung für die geänderte Leistung anzusetzen. Auf dieser Basis kann er dann Abschlagszahlungen gemäß § 632a BGB oder aufgrund der vertraglichen Abschlagszahlungsabrede fordern. Das gilt nicht nur für die Bestimmung der Mehrvergütung, sondern ggf. auch für eine streitige Höhe einer Minderung (Retzlaff BauR 2017, 1747, 1807). Ob diese Regelung geglückt ist, ist sehr umstritten (vgl. Kritik z.B. bei Messerschmidt/Voit/Leupertz, § 650c BGB Rdn. 42).

145 Für die Regelung spricht, dass viele Bauherren Nachträge vor Einigung über die Vergütung gar nicht bezahlt haben und Abschlagrechnungen aus formalen Gründen als nicht fällig angesehen haben. Die erleichterte Abrechnung des Abschlagzahlungsanspruchs durch Fixierung einer einfach zu ermittelnden vorläufigen Bemessungsgrundlage soll und kann verhindern, dass der Unternehmer die Änderungsleistungen zunächst ohne entsprechende Vergütung erbringen muss, weil die Parteien sich über die richtige Nachtragshöhe noch streiten. Die

Vergütungsanpassung bei Anordnungen nach § 650b Absatz 2 **§ 650c**

Bemessungsgrundlage von 80% des Angebots für den leicht zu begründenden vorläufigen Mehrvergütungsanspruch hat der Gesetzgeber als „vorläufige Pauschalierung" bezeichnet (BT-Drucks. 18/8486, S. 57). Die relativ kurze Gesetzesbegründung soll hier zum besseren Verständnis der Regelung vollständig wiedergegeben werden:

„Besteht zwischen den Parteien Streit über die nach den Absätzen 1 und 2 geschuldete **146** Mehrvergütung, ergibt sich für den Unternehmer das Risiko, dass er die infolge der Änderung geschuldete Mehrleistung zunächst ohne Vergütung erbringt und eine Klärung der Mehrvergütung erst im Zusammenhang mit der Schlussrechnung erfolgt. Um hier zu gewährleisten, dass jedenfalls ein Teil der geschuldeten Mehrvergütung im Rahmen von Abschlagszahlungen berücksichtigt wird, sieht Absatz 3 eine vorläufige Pauschalierung vor. Danach kann der Unternehmer bei der Berechnung von vereinbarten oder gemäß § 632a geschuldeten Abschlagszahlungen 80 Prozent einer in einem Angebot nach § 650b Absatz 1 Satz 2 genannten Mehrvergütung ansetzen, wenn sich die Parteien nicht über die Höhe geeinigt haben oder eine anderslautende gerichtliche Entscheidung ergeht. Auf diese Weise erhält der Unternehmer während der Ausführung des Baus einen leicht zu begründenden vorläufigen Mehrvergütungsanspruch. Hält der Besteller ihn für überhöht, muss er gerichtlichen Rechtsschutz in Anspruch nehmen.

Kommt die vorläufige Berechnung der Abschläge nach der 80-Prozent-Regelung zur Anwendung, erfolgt die genaue Berechnung der Mehrvergütung erst in der Schlussrechnung. Der Anspruch des Unternehmers auf die nach den Absätzen 1 und 2 berechnete Mehrvergütung wird dann erst nach der Abnahme des Werkes fällig (Satz 2). Für den Fall, dass sich nunmehr eine Überzahlung durch den Besteller ergibt, sieht Satz 3 einen Rückgewähranspruch vor."

2. Abrechnungsoption des Unternehmers

Diese Abrechnung der Vergütung für die geänderte Leistung auf Basis von 80% des Ange- **147** botspreises ist lediglich eine zusätzliche Abrechnungsmöglichkeit für den Unternehmer. Der Unternehmers kann alternativ seinen Vergütungsanspruch nach § 650c Abs. 1 BGB – gegebenenfalls mithilfe der Vermutung nach Abs. 2 – berechnen und hierauf gemäß § 632a BGB für die erbrachten Leistungen die Abschlagzahlungen ohne Abzüge von 20% verlangen (bzw. im Verbraucherbauvertrag gemäß § 650m Abs. 1 BGB). Dieses Recht bleibt durch § 650c Abs. 3 BGB unberührt (Langen in Langen/Berger/Dauner-Lieb, § 650c Rdn. 91; jurisPK-BGB/Leicht, § 650b BGB Rdn. 53; Oberhauser in Dammann/Lenkeit/Oberhauser/Pause/Stretz, § 2 Rdn. 121; a. A. Orlowski BauR 2017, 1427, 1434, der § 632a BGB entgegen dem Wortlaut einschränkt). Der Unternehmer kann frei wählen. Wählt der Unternehmer den Weg des Abs. 3, kann er grundsätzlich nur alle Abschlagsrechnungen für die jeweilige Mehrleistung eines Nachtrages auf dieser Basis fordern. Denn Abs. 3 S. 2 bestimmt ausdrücklich, dass dann die nach Abs. 1 oder nach Abs. 2 korrekt berechnete anteilige Vergütung für die Mehrleistung erst mit Abnahme fällig wird. Der Unternehmer kann also über Abs. 3 max. 80% seines Angebotspreises über Abschlagsforderungen geltend machen. Soweit der Vergütungsanspruch nach § 650c Abs. 1 BGB über die 80% hinausgeht, kann er diese Differenz erst mit der Schlussrechnung geltend machen. Ob der Unternehmer nach Schlussrechnungsreife den auf Nachträgen bezogenen Anteil seiner Schlussrechnung über § 650c Abs. 3 fällig stellen und zum Gegenstand einer Bauverfügung nach § 650d machen kann oder noch aus Abschlagsrechnungen vorgehen kann, ist fraglich (dagegen LG Berlin, Beschl. v. 16.10.2020 8 O 126/20; anders KG, Urt. v. 2.3.2021 – 21 U 1098/20 in der Berufungsinstanz).

Bei dieser Möglichkeit dürfte es sich allerdings anders als im Fall des Abs. 2 (→ Rdn. 123) **148** nicht um ein echtes Wahlrecht im Sinne des § 260 BGB handeln. Das hätte nämlich zur Folge, dass der Unternehmer eine Abrechnung nach Abs. 3 nicht mehr vornehmen könnte, wenn seine 1. Abschlagsrechnung für die Nachtragsleistungen gemäß Abs. 1 vom Besteller erheblich gekürzt worden ist. Genau zur Sicherung der Liquidität bei Streitigkeiten über die Höhe des Anspruchs möchte ihm allerdings Abs. 3 die Möglichkeit einer einfachen Berechnung eröffnen. Es handelt sich deshalb um eine Option, auf die der Unternehmer zurückgreifen kann, wenn aufgrund des Streits über die Nachtragshöhe die Abschlagsumme (erheblich) gekürzt wird und nicht um ein Wahlrecht, dass ebenfalls mit der 1. Abschlagsrechnung schon verbraucht worden wäre. Das Gesetz regelt konsequenterweise auch lediglich, dass der Unternehmer, soweit und sobald er von dieser Möglichkeit Gebrauch macht, hieran für die Zukunft gebunden ist (sowohl im Ergebnis auch Beck OK/Althaus/Kattenbusch § 650c Rn. 154).

§ 650c   Vergütungsanpassung bei Anordnungen nach § 650b Absatz 2

3. Anwendungsbereich der 80%-Regelung
a) Nur Anordnungen gemäß § 650b Abs. 2 BGB

149   § 650c Abs. 3 nimmt ausdrücklich Bezug auf die „in einem Angebot nach § 650b Abs. 1 S. 2 genannte Mehrvergütung". Es stellt sich damit die Frage, ob die Regelung auch gilt, wenn der Unternehmer gar kein Angebot nach § 650b Abs. 1 abgegeben hat, z. B. weil er das Begehren des Bestellers ignoriert hat oder einer (nicht verbindlichen) „Anordnung" des Bestellers im BGB-Vertrag schlicht Folge geleistet hat oder der Besteller sich auf ein vertragliches Anordnungsrecht wie § 1 Abs. 3 und 4 VOB/B stützen konnte. Ohne Angebot nach § 650b Abs. 1 fehlt die Voraussetzung und Grundlage für die Abschlagszahlungsregelung des § 650c Abs. 3 (BeckOGK/Mundt BGB § 650c Rn. 116). Der Unternehmer kann nicht nachträglich ein Angebot erstellen und hiermit die Höhe seiner Abschlagzahlungen selbst festlegen (weitergehend Langen in Langen/Berger/Dauner-Lieb, § 650c Rdn. 100 und Leinemann/Kues BGB § 650c Rn. 106 bei Unterlassung von Mitwirkungsobliegenheiten des Bestellers; § 242 BGB kann nur im Einzelfall beurteilt werden). Das Angebot nach § 650b Abs. 1 hat der Unternehmer idealiter als Grundlage für seine Nachtragsbeauftragung gemacht. Es kann deshalb, wenn auch mit gewissen Vorbehalt wie sich aus dem Abzug von 20% ergibt, noch Anhaltspunkt für die berechtigte Vergütungshöhe der Änderung sein. Ein Angebot, dass der Unternehmer nachträglich nur zum Zwecke seiner Abschlagsrechnung erstellt, unterscheidet sich hiervon so grundlegend, dass auch eine analoge Anwendung des § 650c Abs. 3 ausscheidet.

150   Wegen dieser tatbestandlichen Voraussetzungen für den Abschlagszahlungsanspruch nach Abs. 3 können der Unternehmer keinen Bauzeitennachtrag basierend auf § 642 abrechnen und Abschlagszahlungen gemäß § 650c Abs. 3 fordern (LG Berlin, Beschl. v. 20.04.2020 – 19 O 34/20). Allerdings wird der Anwendungsbereich von § 650c weiter, wenn der Besteller, wie der Praxis üblich, die Möglichkeiten für Anordnungen nach § 650b BGB vertraglich z. B. Bauzeitanordnungen erweitern würde.

151   Aus dem Vorgesagten folgt zugleich, dass diese besondere Abschlagzahlungsregelung nicht einfach auf einen VOB/B-Vertrag oder ein anderweitig vereinbartes vertragliches Änderungsrecht angewandt werden kann (Kniffka in Kniffka/Koeble/Jurgeleit/Sacher, 4. Teil, Rn. 324, 330; a. A. KG, Urt. v. 2.3.2021 – 21 U 1098/20; Langen in Langen/Berger/Dauner-Lieb, § 650c Rdn. 126 ff.). Eine direkte Anwendung ist nicht möglich, da es an einem Angebot nach § 650b Abs. 1 und einer Anordnung nach § 650b Abs. 2 fehlt. Eine Analogie scheitert an den verbleibenden Unterschieden. § 650c Abs. 3 ist zum einem Ausgleich für das dem Besteller durch das Gesetz eingeräumte subsidiäre einseitige Änderungsrecht geschaffen. Bei vertraglichen Änderungsrechten bestimmen die Parteien die Konditionen; hier ist stattdessen zu prüfen, ob die Vertragsregelung AGB-fest ist, wenn sie die (Liquiditäts-)Interessen des Unternehmers nicht ausreichend wahrt (→ Rdn. 228). Zum anderen ist die Abschlagzahlungsregelung auch Ausgleich für die mutmaßlichen Erschwernisse der Abrechnung des Nachtrages auf Basis tatsächlich erforderlicher Kosten nach § 650c Abs. 1 BGB gegenüber einer Preisfortschreibung. Auch das kann nicht ohne weiteres auf andere Nachtragssysteme übertragen werden. Wenn der VOB/B-Unternehmer statt 100% gemäß § 16 VOB/B lieber 80% nach § 650c Abs. 3 auf Basis eines nicht abgeforderten Angebots abrechnet, indiziert das nicht die Richtigkeit, sondern die Unrichtigkeit eines zu Abrechnungszwecken erstellten Angebots. Weder das Gesetz noch der Gesetzgeber woll(t)en die Regelung des Abs. 3 auf VOB/B Nachträge anwenden. Der Entfall der Einzelprivilegierung ist gerade damit begründet worden, die vertragliche Gestaltungen zur Vermeidung von § 650c Abs. 3 zu erschweren (→ Rdn. 228).

152   Eine hiervon zu trennende Frage ist, ob der Besteller eines VOB/B-Vertrages statt von § 1 Abs. 3, § 2 Abs. 5 VOB/B ein Nachtrag auch über §§ 650b und c BGB initiieren kann (vgl. LG Berlin, Urt. v. 16.10.2020 8 O 126/20). Das wird sich nicht verneinen lassen, solange die Parteien die dispositiven gesetzlichen Regelungen nicht wirksam abbedingen. Die Anwendbarkeit von § 650c Abs. 3 setzt allerdings dann voraus, dass das Nachtragsprocedere dann auch tatsächlich wie im Fall des LG Berlin gemäß §§ 650b und c BGB erfolgt.

b) Dem Grunde nach streitige Nachträge

153   Streitig ist, ob die Abschlagzahlungsregelung auch in den Fällen gelten soll, in denen die Parteien über die Berechtigung eines BGB-Nachtrages schon dem Grunde nach streiten. Das wird in der Literatur teilweise angenommen (Langen in Langen/Berger/Dauner-Lieb, § 650c Rdn. 95; Leinemann/Kues § 650c Rn. 103; Orlowski, ZfBR 2016, 419, 427), von der h. M. aber abgelehnt (Kniffka in Kniffka/Koeble/Jurgeleit/Sacher, 4. Teil, Rn. 326; Beck OK/Althaus/

Vergütungsanpassung bei Anordnungen nach § 650b Absatz 2 **§ 650c**

Kattenbusch § 650c Rn. 147; jurisPK-BGB/Leicht, § 650b BGB Rdn. 45; HK-WerkBauVertrR/ Brunstamp § 650c Rn. 22; Oberhauser in Dammert/Lenkeit/Oberhauser/Pause/Stretz, § 2 Rdn. 122; Retzlaff, BauR 2017, 1747, 1808). Letzteres ist zutreffend, weil die Regelung des Abs. 3 tatbestandsmäßig ein Angebot nach § 650b Abs. 1 aufgrund eines Änderungsbegehren des Bestellers und eine anschließende Anordnung nach § 650b Abs. 2 erfordert. Wenn der Besteller aber eine Leistung als Vertragsleistung fordert, darf der Unternehmer zwar in Bezug auf das Leistungssoll unterschiedlicher Auffassung sein und auch eine Vergütung fordern. Wenn er trotz fehlender Eignung die Leistung ausführt, kann er nicht einseitig einen Abschlagzahlungsanspruch durch sein Angebot begründen. Die Tatbestandsvoraussetzungen von §§ 650 b, 650c Abs. 3 sind nicht erfüllt.

Es kann deshalb nur um Fälle gehen, bei denen der Besteller nach Streit über die Vergütungspflicht bedingt eine Anordnung erteilt. Wenn der Besteller bedingt eine Anordnung erteilt, um für den Fall, dass er nicht recht hat, die Zusatzleistungen zum Vertragsinhalt zu machen, sollte er konsequenterweise von sich aus auch die bedingt angeordnete Leistung bezahlen. Denn ohne Bezahlung wäre die potentielle Leistungserweiterung des Vertrages wegen des Leistungsverweigerungsrechts des Unternehmers nicht durchsetzbar. 154

Fraglich ist, ob er das auch tun muss. Der Abschlagszahlungsanspruch des Unternehmers nach Abs. 3 ist nur begründet, wenn tatsächlich eine Leistungsänderung vorliegt, also der Unternehmer im Recht ist. Denn sonst schuldet der Besteller trotz „Anordnung" mangels Vertragsänderung in Wahrheit weder eine Vergütung nach Abs. 1 noch nach Abs. 2. Damit fehlt sowohl materiell-rechtlich wie auch nach dem Wortlaut eine Grundlage für Abschlagszahlungen auf Basis des Abs. 3. Der Wortlaut der Gesetzesbegründung ist insoweit etwas missverständlich. Denn nach ihm sollten zunächst solche Fälle erfasst werden, in denen „Streit zwischen den Parteien über die nach Abs. 1 und 2 *geschuldete* Mehrvergütung besteht" (BT-Drucks. 18/8486, S. 56). Das erfasst Fälle der „Anordnung" bereits vertraglich geschuldeter Leistungen aber nicht. Der Gesetzgeber wollte ausweislich seiner Begründung mit Abs. 3 (nur) gewährleisten, „dass jedenfalls ein Teil der *geschuldeten* Mehrvergütung im Rahmen von Abschlagzahlungen berücksichtigt wird" und nicht fiktiv Abschlagszahlungsforderungen auf nicht bestehende Vergütungsansprüche kreieren. Eine Abschlagzahlung auf eine nicht bestehende Forderung ist bereits begrifflich eine contradictio in adjecto und wäre inhaltlich ohne jede Rechtfertigung. 155

Folge ist, dass nicht der Besteller von sich aus eine einstweilige Verfügung nach § 650d BGB initiieren muss, um ein Zahlungsverzug zu vermeiden, sondern der Unternehmer seinen bestrittenen Abschlagszahlungsanspruch im Wege der einstweiligen Verfügung durchsetzen muss. Das nützt dem Besteller allerdings nichts, wenn der Unternehmer mangels Zahlung von seinem Leistungsverweigerungsrecht Gebrauch macht. Dann muss er im Wege einer einstweiligen Verfügung klären lassen, ob der Unternehmer die Leistung bereits als Vertragsleistung schuldet. 156

Diese Vorgaben und Ziele des Gesetzes dürften dazu führen, dass Vergütungsforderungen für Nachträge sich teilweise rechtlich verselbstständigen. Nach üblicher Dogmatik handelt es sich bei einem Nachtrag um einen unselbstständigen Rechnungsposten innerhalb des einheitlichen Werklohnanspruches. Die Verzinsung von Überzahlungen und eine prozessual effektive Geltendmachung im Rahmen einstweiliger Verfügungsverfahren setzt eine gewisse rechtliche Verselbstständigung voraus. Das kann auch grundsätzlich innerhalb einer einheitlichen Forderung geschehen. Wenn eine Forderung nur teilweise angemahnt oder teilweise eingeklagt wird, tritt bereits eine rechtliche Teilverselbstständigung einer grundsätzlich einheitlichen Forderung ein (Staudinger/Gursky, BGB 2016, § 389 Rdn. 14). Das ist grundsätzlich auch in Bezug auf eine Abschlagsforderungen möglich (von Rintelen, Jahrbuch Baurecht 2001, S. 25, 44 und Fn. 102). 157

4. Maßgebliches Angebot

Bemessungsgrundlage für den Abschlagszahlungsanspruch ist die „in einem Angebot nach § 650b Abs. 1 S. 2 genannte Mehrvergütung". Der Bezug ist einfach und eindeutig, wenn der Unternehmer lediglich ein Angebot abgegeben hat. Das Gesetz gibt den Parteien allerdings auf, sich möglichst innerhalb von 30 Tagen auf die Vergütung zu einigen. In der Praxis wird der Unternehmer deshalb – gegebenenfalls auf Einwendungen des Bestellers hin – sein Angebot nachbessern. Da Abs. 3 nunmehr nur von „einem" Angebot gemäß § 650b Abs. 1 S. 2 BGB spricht, könnte der Unternehmer zur Maximierung seines Abschlagzahlungsanspruchs darauf kommen, zur Berechnungsgrundlage lieber sein erstes, höheres Angebot zu nehmen als das niedrigere zweite Angebot. 158

§ 650c — Vergütungsanpassung bei Anordnungen nach § 650b Absatz 2

159 Das wäre bei aller Begünstigung, die der Gesetzgeber zu Gunsten des Unternehmers wollte, wohl doch zu viel des Guten, da hierfür eine Rechtfertigung nicht ersichtlich ist. Hat der Unternehmer ein neues Angebot vorgelegt, ersetzt es das erste Angebot und ist nunmehr das Angebot im Sinne von § 650b Abs. 1 S. 2 BGB. Eindeutig ist das in den Fällen, in denen das zweite Angebot einen geänderten Leistungsumfang bepreist, weil die Parteien im Rahmen ihrer Verhandlungen den Leistungsumfang modifiziert haben. Nichts anderes kann aber auch in den Fällen gelten, bei denen bei gleichbleibender Leistung lediglich der Preis geändert worden ist. Das erscheint relativ eindeutig, wenn der Unternehmer aufgrund der weiteren Gespräche der Leistungsumfang nunmehr höher einschätzt und deshalb seinen Angebotspreis erhöht. Das muss dann aber auch im umgekehrten Fall gelten, wenn er den Leistungsumfang niedriger einschätzt. Das (letzte) vom Besteller abgelehnte Angebot für die nämliche Änderung soll nach der gesetzlichen Regelung maßgeblich sein, nicht aber zwischenzeitlich überholte Angebote.

II. Risiko einer Überzahlung

160 Die 80 %-Regelung ist stark kritisiert worden. Sie ist Ergebnis erfolgreicher Lobbypolitik der Bauwirtschaft zur Sicherung der Liquidität der Unternehmen. Richtig ist, dass die schlechte Zahlungsmoral von Bestellern, insbesondere der öffentlichen Hand, in Bezug auf Nachträge ohne Preiseinigung ein Missstand ist. Die Lösung über die 80 %-Regelung wird dann gerügt, weil es keinen Erfahrungssatz gebe, dass dem Unternehmer 80 % der von ihm veranschlagten Nachtragsvergütung zustehe (Kniffka, BauR 2016, 1533, 1537). Die im Angebot genannte Mehrvergütung sei lediglich ein „Wunschpreis" des Unternehmers (Kimpel, NZBau 2016, 734, 736) und begründe deshalb ein „hohes Risikopotenzial" für den Besteller (Orlowski ZfBR 2016, 419, 427). Hierdurch unterscheiden sie sich wesentlich von den Certificates zu Abschlagszahlungen in Bauverträgen des Common Law, die zwar auch eine vorläufige Zahlungspflicht begründen, aber durch die vorläufig bindende Feststellung eines Dritten.

161 Tatsächlich erscheint das finanzielle Risiko für den Besteller in der Regel eher begrenzt, falls er sich eine Vertragserfüllungsbürgschaft in zulässiger Höhe von 10 % hat einräumen lassen. Beim Verbraucherbauvertrag hat der Unternehmer von vornherein nur Anspruch auf Abschlagszahlungen bis zu 90 % der Leistungen. Wenn nun 20 % Nachträge hinzukommen, die der Unternehmer alle auf Basis seiner unterstellt um 50 % übersetzten Angebotspreise gemäß § 650c Abs. 3 BGB abrechnet, würde wegen der 80 %-Grenze durch diese Überpreisung bei Erbringung und Abrechnung aller Leistungen der Abrechnungsstand „nur" auf 124 % (100 % + 20 x 1,5 x 80 % = 124) statt auf den wahren Wert von 120 steigen; die Überschreitung von 4 % würde die Vertragserfüllungsbürgschaft nur zu 40 % ausfüllen.

162 Wenn der Unternehmer bei den 20 % Nachträgen die Angebotspreise um 100 % übersetzt hat, könnte es allerdings zu einer Überzahlung i. H. v. 12 % (100 + 20x2x80 = 132) kommen. Hier sprechen gute Gründe dafür, ein derartig übersetztes Angebot nicht als zulässig anzusehen (→ § 650b BGB Rdn. 104), weshalb es dann auch nicht Grundlage der Regelung nach § 650c Abs. 3 BGB sein kann (MünchKomm/Busche, BGB, § 650c Rdn. 8).

III. Anderslautende gerichtliche Entscheidung

163 Ist das Angebot nicht sittenwidrig, ist der Besteller nach der klaren Vorstellung des Gesetzgebers auch bei einer überhöhten Angebotssumme grundsätzlich zunächst zur Zahlung verpflichtet (BT-Drucks. 18/11437, S. 48). Kann oder will der Besteller dies nicht hinnehmen, weil z. B. die Nachtragsforderungen einen größeren Anteil des Gesamtwerklohns ausmachen bzw. der Besteller über keine ausreichende Vertragserfüllungssicherheit verfügt, wird er darauf verwiesen, den grundsätzlich gegebenen und fälligen Abschlagszahlungsanspruch durch eine einstweilige Verfügung nach § 650d BGB korrigieren zu lassen → § 650d BGB Rdn. 13).

IV. Rechtsfolge der Ausübung der Abrechnungsoption

1. Fälliger Abschlagszahlungsanspruch

164 Der besondere Reiz für den Unternehmer, eine Abschlagsrechnung nach Abs. 3 zu stellen, liegt in der erleichterten Fälligkeit seines Abschlagzahlungsanspruchs und damit in der größeren Sicherheit bei der Geltendmachung von Leistungsverweigerungsrecht. Wählt der

Vergütungsanpassung bei Anordnungen nach § 650b Absatz 2   § 650c

Unternehmer eine Berechnung seiner Abschlagsforderungen auf Basis des § 650c Abs. 3 BGB, so führt das dazu, dass die so ermittelte Abschlagsforderung fällig wird, selbst falls das Angebot im Vergleich zu der nunmehr nach § 650c Abs. 1 BGB geschuldeten Vergütung überhöht ist. „Falls nämlich die Angebotssumme überhöht angesetzt ist, ist der Besteller aufgrund der 80-Prozent-Regelung gleichwohl zur Zahlung verpflichtet." (BT-Drucks. 18/11437, S. 48; ebenso Althaus, BauR 2017, 412, 420). Das betrifft aber allein die Bemessungsgrundlage für die Abschlagsforderung, nicht den abgerechneten Leistungsstand oder die Frage der Mängelfreiheit der Leistungen; hierfür gilt unverändert § 632a BGB. Der Besteller wird vor überhöhten Abschlagszahlungsforderungen dadurch geschützt, dass max. 80 % des Angebotspreises als Abschlagszahlungen gefordert werden können. Außerdem soll durch die Verzinsungsregelung die Risiken für den Besteller reduziert und „leichtfertig zu hoch angesetzten Mehrvergütungsangeboten" entgegengewirkt werden. (BT-Drucks. 18/11437, S. 48). Schließlich verbleibt dem Besteller die Möglichkeit, eine „anderslautende gerichtliche Entscheidung" nach § 650d BGB zu beantragen.

Die grundsätzliche – teilweise fiktive – Begründung eines Abschlagszahlungsanspruches auch in den Fällen, in denen der tatsächliche Vergütungsanspruch nach Abs. 1 niedriger ist, ist rechtskonstruktiv eine Herausforderung. Eine vorläufig bindende Entscheidung (eines Dritten, z.B. eines DAB) liegt nicht vor. Materiell-rechtlich kann es über den berechtigten Vergütungsanspruch hinaus eigentlich keinen Abschlagszahlungsanspruch geben. Das gilt auch unter Berücksichtigung des Umstandes, dass die Nachtragsvergütung eigentlich kein selbstständiger Anspruch ist, sondern nur ein unselbstständiger Rechnungsposten des einheitlichen Werklohnanspruchs, sodass Bemessungsmaßstab einer Überzahlung der Gesamtwerklohnanspruch ist. Wenn Abschlagszahlungen in Höhe von 100% der erbrachten Leistungen erfolgen, kann das bei überhöhten Angeboten zu einem Abschlagszahlungsanspruch über den fälligen Werklohnanspruch hinaus führen. 165

Eine weitere Schwierigkeit für einen fälligen Anspruch ergibt sich daraus, dass der Gesetzgeber dem Unternehmer keinen temporären materiellen-rechtlichen Anspruch für den Teil der Abschlagszahlungen gewähren will, der die Vergütung nach Abs. 1 übersteigt. Denn der gesetzlich vorgesehene einstweilige Rechtsschutz setzt voraus, dass der Besteller eigentlich nur im Umfang des Abs. 1 schuldet, weshalb er einen materiell-rechtlichen (Verfügungs-)Anspruch auf eine Reduktion der Abschlagsforderung auf die Vergütung gemäß Abs. 1 hat. Ohne diese materielle Rechtslage könnte keine anderslautende gerichtliche Entscheidung im Sinne des Abs. 3 ergehen. 166

Damit fingiert das Gesetz einen bloß vorläufigen Abschlagszahlungsanspruch (BT-Drucks. 18/8486, S. 57f.). Die dogmatische Verortung ist unklar (KG, Urt. v. 2.3.2021 – 21 U 1098/20, Retzlaff, BauR 2017, 1747, 1806: vorläufiges einseitiges Preisbestimmungsrecht; Franz/Göpner, BauR 2018, 557, 571: widerlegliche Vermutung). Das Besondere ist jedenfalls, dass der Besteller den Einwand einer nichtbestehenden Schuld nicht wie sonst im Wege der schlichten Leistungsverweigerung geltend machen darf, sondern gezwungen wird, hierfür gerichtlichen Rechtsschutz in Anspruch zu nehmen. Bis dahin ist Bemessungsgrundlage für den Abschlagszahlungsanspruch 80% des Angebots. Eine Entscheidung des Gerichts wirkt nur ex nunc (KG, Urt. v. 2.3.2021 – 21 U 1098/20; Franz/Göpner BauR 2018, 557, 578). Über diese Einzigartigkeit der Konstruktion hat sich der Gesetzgeber ersichtlich keine weiteren Gedanken gemacht. 167

Unklar ist, ob § 650c Abs. 3 BGB eine Vermutungswirkung in Bezug auf die berechtigte Forderungshöhe für eine Bauverfügung nach § 650d BGB begründet, die der Besteller ggf. widerlegen muss (dafür Sacher in Kniffka/Koeble/Jurgeleit/Sacher, Teil 12, Rn. 159). Der von Abs. 2 abweichende Wortlaut spricht dafür, dass eine gesetzliche Vermutung nicht geregelt ist. Für eine tatsächliche Vermutung dürfte eine tragfähige Grundlage fehlen (KG, Urt. v. 2.3.2021 – 21 U 1098/20). Für seinen Verfügungsanspruch muss der Besteller bereits glaubhaft machen, dass die berechtigte Vergütung nach Abs. 1 geringer als die abgerechneten 80% sind. 168

2. Folgen einer Nichterfüllung

Das Gesetz fingiert damit einen vorläufig fälligen Anspruch auf Zahlung. Wenn der Besteller diesen nicht erfüllt, gerät er in Zahlungsverzug. Der Unternehmer wäre berechtigt, die Arbeit für die Änderungsleistungen einzustellen (Langen in Langen/Berger/Dauner-Lieb, § 650c Rdn. 106; Retzlaff BauR 2017, 1747, 1808). Er käme nicht in Verzug, vielmehr befände sich der Besteller in Verzug und müsste gegebenenfalls Entschädigungen für eingetretene Behinderungen zahlen. Es stellt sich die weitere Frage, was gelten soll, wenn ein Gericht nach- 169

§ 650c Vergütungsanpassung bei Anordnungen nach § 650b Absatz 2

träglich feststellt, dass die Vergütung nach Abs. 1 niedriger als der Abschlagszahlungsanspruch war. Entfällt der vorläufig fällige Anspruch damit rückwirkend (ex tunc) oder lediglich mit Wirkung ex nunc?

170   Nach dem Wortlaut der Regelung und deren Sinn und Zweck muss davon ausgegangen werden, dass eine gerichtliche Entscheidung nur ex nunc wirkt (Kniffka in Kniffka/Koeble/Jurgeleit/Sacher, 4. Teil, Rn. 333; Retzlaff, BauR 2017, 1747, 1808). Das Wahlrecht des Unternehmers, Abschlagszahlungen bis 80% seines Angebotes zu fordern, tritt an die Stelle des Vergütungsanspruchs nach Abs. 1. Denn, wie sich aus Abs. 3 S. 2 ergibt, wird die Vergütung nach Abs. 1 in diesem Fall gar nicht vorab fällig, sondern erst nach Abnahme des Werkes. Der Abschlagszahlungsanspruch bezieht sich damit gar nicht auf die Nachtragsvergütung, sondern nur auf das Angebot. Das Gesetz räumt dem Unternehmer ein Wahlrecht für diese Abrechnungsmethode ein („kann"). Diese Befugnis erlischt erst mit einer anderslautenden gerichtlichen Entscheidung. Mit ihr wird der Unternehmer auf eine Abrechnung der Vergütung nach Abs. 1 verwiesen.

3. Fälle des Rechtsmissbrauchs

171   Diese Fiktion findet ihre Grenze allerdings in den Fällen des Rechtsmissbrauchs. Der Gesetzgeber hat § 242 BGB und das allgemeine Prinzip „dolo agit, qui petit, quod statim rediturus est" nicht beseitigt. Die Regelung des Abs. 3 soll dem Unternehmer lediglich einen liquide darzulegenden Abschlagszahlungsanspruch geben, damit er „jedenfalls ein[en] Teil der geschuldeten Mehrvergütung" auch erhält (BT-Drucks. 18/8486, S. 56). Sittenwidrig überhöhte Angebotspreise sind schon zur Wahrung des Grundsatzes der Einheit der Rechtsordnung keine Angebote im Sinne des § 650b Abs. 1 BGB (→ § 650b BGB Rdn. 103). Sie können das Wahlrecht nach Abs. 3 nicht auslösen.

172   Das Problem für den Besteller sind also nicht die Fälle, in denen ein verrückt gewordener Unternehmer für das Einschlagen eines Nagels 8 Millionen € fordert (Beispiel nach Kimpel NZBau 2016, 734, 736), sondern die Fälle, in denen das Angebot zwar deutlich überhöht ist, sich aber in den Grenzen des Doppelten bewegt. Hier hat der Gesetzgeber eine gewisse Überzahlung hingenommen, um dem Unternehmer einen leicht zu begründenden vorläufigen Mehrvergütungsanspruch einzuräumen. Diesen Anspruch kann der Unternehmer schnell und problemlos erfüllt verlangen. Dem Besteller verbleibt nur die Möglichkeit, einstweiligen Rechtsschutz zu suchen. Verweigert er die Leistung, kommt er in Zahlungsverzug, auch wenn die Bemessungsgrundlage sich nachträglich als zu hoch herausstellt. Die einzige Sanktion, die das Gesetz hierfür ausdrücklich vorsieht, ist der Verzinsungsanspruch.

173   Der Unternehmer sollte auf einen derartigen Zahlungsverzug allerdings nicht eine Kündigung aus wichtigem Grund stützen. Denn diesen Kündigungsgrund hätte er mit seinem überhöhten Angebot zumindest teilweise mit herbeigeführt, sodass es an der Unzumutbarkeit der Vertragsfortsetzung fehlen kann.

V. Verzinsungspflicht bei Überzahlungen

174   Der Gesetzgeber hatte von Anfang an erkannt, dass die 80%-Regelung auf Basis des vom Unternehmer selbst zu bestimmenden Angebotspreises dazu führen kann, dass der Unternehmer durch überhöhte Angebote sich einen (unzulässigen) Liquiditätsvorteil verschaffen kann. Der Regierungsentwurf beschränkte sich auf die Feststellung der Selbstverständlichkeit, dass Überzahlungen an den Besteller zurückzugewähren sind. Der Rechtsausschuss regte allerdings dann an, eine Verzinsungspflicht einzuführen, um es dem Unternehmer unattraktiv zu machen, seine Angebote zur Verbesserung der Liquidität leichtfertig zu überhöhen. Das ist dann auch Gesetz geworden, „um diese Risiken für den Besteller zu reduzieren und leichtfertig zu hoch angesetzten Mehrvergütungsangebote entgegenzuwirken (BT-Drucks. 18/11437, S. 48).

175   Die Regelung hat also eindeutigen Sanktionscharakter. Die Verzinsungspflicht greift bereits dann, wenn die Abschlagszahlungen auf den Nachtrag die für den Nachtrag nach Abs. 1 und 2 geschuldete Vergütung übersteigen. Das ist dogmatisch nicht selbstverständlich, da es sich bei dem Nachtrag eigentlich nur um Rechnungsposten der einheitlichen Werklohnforderung handelt und ein Überzahlungsanspruch also nur entsteht, wenn der Unternehmer insgesamt mehr Abschlagszahlungen erhalten hat, als er Gesamtwerklohn verdient hat. Abs. 3 ordnet demgegenüber eine isolierte Berechnung der anteiligen Vergütung an, die auf den jeweiligen Nachtrag entfällt. Allerdings tritt die Verzinsungspflicht nicht bereits dann ein, wenn die Ab-

Vergütungsanpassung bei Anordnungen nach §650b Absatz 2 **§ 650c**

schlagszahlungen nach Abs. 3 80% der Nachtragsvergütung übersteigen, sondern die vollständige Nachtragsvergütung. Will der Unternehmer sich eine einfache Rechnung des Nachtrages vorbehalten, kann er sein Angebot mit 125% der tatsächlichen Kostenbefreiung berechnen. So erhält er dann bei der Abrechnung nach Abs. 3 seine vollständigen Leistungen bezahlt und produziert keine Überzahlung.

Der Strafzins i. H. v. fünf oder neun Prozentpunkten über dem Basiszinssatz ist taggenau **176** ab dem Eingang der Zahlung beim Unternehmer abzurechnen. Fraglich ist, wie die Verzinsung zu berechnen ist, wenn der Unternehmer z. B. das Angebot um 100% übersetzt hat und dann nach Abs. 3 vorgeht. Mit der ersten Abschlagsrechnung rechnet der Unternehmer zutreffend 50% Leistungsstand ab und erlangt damit bereits die volle gesetzliche Vergütung. Ist der Unternehmer dann mit Eingang dieser Zahlung bereits um 50% überzahlt, da er ja nur ein anteiligen Anspruch i. H. v. 50% hatte? Oder tritt die Überzahlung erst mit der zweiten Abschlagsrechnung ein und erfasst diese dann vollständig? Der Wortlaut von §650c Abs. 3 S. 3 verweist auf die Gesamtvergütung („ die nach den Abs. 1 und 2 geschuldete Mehrvergütung"). Zwar schuldet der Besteller gemäß §632a BGB eigentlich nur Abschlagszahlungen in Höhe des tatsächlichen Leistungsstandes. Die Verzinsung ist allerdings akzessorisch und hängt von dem Überzahlungsanspruch ab. Dieser ist aber der Saldo inzwischen geschuldeter Teilvergütung und erhaltener Abschlagszahlungen in Bezug auf den Nachtrag. Deshalb entsteht die Zinspflicht erst mit der ersten die tatsächlich geschuldete Mehrvergütung übersteigenden Zahlung (BT-Drucks. 18/11437, S. 48).

E. Vergütungsänderungen beim VOB-Vertrag

I. Vergütung für geänderte Leistungen: Einführung und Grundlagen

Beim VOB/B-Vertrag bestimmen § 2 Abs. 5 und 6 VOB/B, dass dem Auftragnehmer wegen **177** einer einseitig angeordneten Änderungs- oder Zusatzleistung eine geänderte bzw. zusätzliche Vergütung auf Basis der Vertragspreise zusteht. Beide Regelungen unterscheiden sich nach traditioneller Auslegung in Bezug auf die Vergütungsbemessung mehr textlich als inhaltlich. Nach § 2 Abs. 5 VOB/B ist ein neuer Preis unter Berücksichtigung der Mehr- und Minderkosten (§ 2 Abs. 5 VOB/B) zu vereinbaren, nach § 2 Abs. 6 VOB/B hat der Auftragnehmer einen Anspruch auf besondere Vergütung nach der Preisermittlung für die vertragliche Leistung und den besonderen Kosten der Zusatzleistung.

Die Vergütung nach § 2 Abs. 5 beschränkt sich wie §650c BGB nicht auf die Mehr- und **178** Minderkosten der jeweils konkret geänderten Leistung, sondern umfasst grundsätzlich alle Auswirkungen der Leistungsänderung. Die Vergütung umfasst die Folgeauswirkungen bei anderen Leistungen, und zwar nicht nur Kosten von Folgeänderungen anderer Bauleistungen, sondern auch Folgeauswirkungen auf deren Leistungsausführung. Die Vergütung umfasst zum anderen auch Folgekosten durch Veränderung, insbesondere Verlängerung der Bauzeit (Kapellmann/Messerschmidt/Kapellmann VOB/B § 2 Rn. 429; Kniffka in Kniffka/Koeble/Jurgeleit/Sacher Teil 4 Rn. 187).

Hier kündigt sich allerdings ein Wandel der Rechtsprechung an. In seinen Entscheidungen **179** zu § 2 Abs. 3 VOB/B hat der BGH klargestellt, dass er der Vorgabe der Ermittlung eines neuen Preises unter Berücksichtigung der Mehr und Minderkosten keine Vorgabe zur Preisermittlung und damit insbesondere keine Vorgabe der Preisfortschreibung entnehme (BGH, Urt. v. 8.8.2019 – VII ZR 34/18; BGH, Urt. v. 21.11.2019 – VII ZR 10/19). Das wird wegen des gleichen Wortlautes Auswirkungen auf die Auslegung von §2 Abs. 5 VOB/B haben (Pamp, BauR 2021, 299, 309; Kniffka in Kniffka/Koeble/Jurgeleit/Sacher, Teil 4 Rn. 208d; von Rintelen, NZBau 2019, 696ff.; so bereits KG Urt. v. 10.7.2018 – 21 U 30/17; OLG Düsseldorf, Urt. v. 19.12.2019 5 U 52/19; OLG Köln, Urt. v. 3.2.2021 – 11 U 136/18; weitergehend OLG Brandenburg, Urt. v. 22.4.2020 11 U 153/18 zu § 2 Abs. 6 VOB/B).

Ein unstreitiger Unterschied besteht in dem Ankündigungserfordernis des §2 Abs. 6 VOB/B **180** für den Mehrvergütungsanspruch. Das Ankündigungserfordernis soll den Auftraggeber vor unerkannten Auftragsmehrungen schützen. Bei geänderten Leistungen glaubte man wohl, hierauf wegen einer Selbstwarnung durch die Änderung verzichten zu können. Das ist allerdings nicht überzeugend, da die zusätzliche Leistung ebenso wie die geänderte Leistung eine

§ 650c   Vergütungsanpassung bei Anordnungen nach § 650b Absatz 2

rechtsgeschäftliche Erweiterung des Vertrags voraussetzt; in beiden Fällen kann der Auftraggeber die vergütungsrechtlichen Folgen falsch einschätzen.

181   In der Vergangenheit bestand teilweise die Tendenz in Literatur und Rechtsprechung, Zusatzvergütungsansprüche nach § 2 Abs. 5 und 6 VOB/B bereits dann zuzusprechen, wenn die Ursache für eine Mehrleistung aus der Sphäre des Auftraggebers stammte und man hat damit auch bei Mehrleistungen wegen Behinderungen Vergütungsansprüche bejaht. Thode (ZfBR 2004, 214 ff. mit zahlreichen Nachweisen zur Rechtsprechung und Literatur) hat in seinem grundlegenden Beitrag die Verknüpfung dieser Vergütungsregelung mit § 1 Abs. 3 und 4 VOB/B und das sich ausschließende Verhältnis zu den Leistungsstörungen herausgearbeitet und dadurch eine fruchtbare Diskussion ausgelöst.

182   § 2 Abs. 5 und 6 VOB/B regeln die Rechtsfolgen einer Leistungsbestimmung gemäß § 1 Abs. 3 bzw. 4 VOB/B. Ergebnis einer Ausübung der Leistungsbestimmungsrechte ist, dass der Auftragnehmer unmittelbar einen Anspruch auf Mehrvergütung nach § 2 Abs. 5 bzw. 6 VOB/B erwirbt. Auch wenn § 2 Abs. 5 VOB/B von der Vereinbarung der geänderten Vergütung spricht, ist die Vereinbarung nicht zusätzliche Anspruchsvoraussetzung. Die Verpflichtung zur Vereinbarung in § 2 Abs. 5 bzw. 6 VOB/B ist Ausdruck des Kooperationsgebotes (vgl. BGH, Urt. v. 28.10.1999 – VII ZR 393/98). Der Anspruch auf Vergütung ist jedoch schon mit der Ausübung des Leistungsbestimmungsrechts entstanden (BGH, Urt. v. 27.11.2003 – VII ZR 346/01). Es ist deshalb unschädlich, wenn Verhandlungen nicht zu einem Erfolg führen oder gar nicht stattfinden. Der Auftragnehmer kann unmittelbar auf die sich aus § 2 Abs. 5 oder 6 VOB/B ergebende Vergütung klagen. Deren Höhe ist bei fehlender Einigung durch das Gericht zu ermitteln. Zutreffend spricht Thode deshalb von Rechtsfolgeregelungen (Thode, ZfBR 2004, 214, 216).

183   Hat der Auftraggeber sein vertraglich eingeräumtes einseitiges Anordnungsrecht nicht ausgeübt, sondern vereinbaren die Parteien einvernehmlich eine abweichende Leistungsausführung, greift die Rechtsfolgeregelung der § 2 Abs. 5 und 6 VOB/B unmittelbar nicht ein. Haben die Parteien die Vergütung offen gelassen, ist sie primär im Wege ergänzender Vertragsauslegung zu ermitteln, hilfsweise nach § 632 BGB (insoweit zutreffend OLG Karlsruhe, Urt. v. 13.7.2010 – 19 U 109/09). Allerdings wird eine ergänzende Vertragsauslegung bei einer einvernehmlichen Änderung der Leistung ohne Preisvereinbarung in der Regel ergeben, dass die für die Ursprungsleistung vereinbarten Preise auch für die Änderungsleistung gelten (→ § 632 BGB Rdn. 66). Eine nachträgliche Korrektur von Einzelpreisen wegen Kalkulationsfehlern ist ohne konkrete Anhaltspunkte kaum im Wege ergänzender Vertragsauslegung möglich (anders OLG Karlsruhe, Urt. v. 13.7.2010 – 19 U 109/09).

184   Da § 2 Abs. 5 und 6 VOB/B nur die Vergütungsfolgen von einseitigen Vertragsänderungen regelt, lassen sich finanzielle Kompensationen für Behinderungen oder andere Störungen nicht über § 2 Abs. 5 und 6 VOB/B erfassen. Voraussetzung für eine durch § 2 Abs. 5 oder 6 VOB/B veränderte Vergütung ist immer die Ausübung einer wirksamen Leistungsbestimmung des Auftraggebers nach § 1 Abs. 3 oder 4 VOB/B oder eine wirksame andere Anordnung nach § 2 Abs. 5 VOB/B. Hat der Auftraggeber sein vertraglich eingeräumtes einseitiges Anordnungsrecht zur Überwindung einer von ihm zu vertretenden Behinderung nicht ausgeübt, kann der Auftragnehmer Mehraufwand nicht über § 2 Abs. 5 oder 6 geltend machen, auch nicht mit der Begründung, der Auftraggeber hätte aufgrund seiner Mitwirkungspflicht eigentlich Anordnungen treffen müssen. Störungen des Vertrages, gleich ob sie den Bauentwurf, den Bauablauf, die Bauumstände, die zeitliche Komponente oder insgesamt den Vertragsinhalt betreffen, können nur über das Leistungsstörungsrecht abgewickelt werden. Vertragsverletzungen lösen keine Vergütungsansprüche (als vertragliche Erfüllungsansprüche), sondern Schadensersatz- oder Entschädigungsansprüche aus. Reine Vertragsstörungen lösen bei der Verletzung von Vertragspflichten Schadensersatzansprüche nach § 280 BGB aus, die teilweise durch die Sonderregelung des § 6 Abs. 6 VOB/B verdrängt werden, oder bei fehlender Mitwirkung des Auftraggebers Entschädigungsansprüche gemäß § 642 BGB.

185   Daraus folgt auch, dass sich Vergütungsansprüche aus § 2 Abs. 5 und 6 VOB/B und Ansprüche aus Vertragspflichtverletzung nach § 280 BGB, § 6 Abs. 6 VOB/B und aus § 642 BGB grundsätzlich ausschließen. Denn eine wirksame Vertragsänderung, die Voraussetzung für eine angepasste Vergütung nach § 2 Abs. 5 bzw. 6 VOB/B ist, ist keine vertragspflichtverletzung und kann deshalb keine Schadensersatzansprüche aus Vertragspflichtverletzung und einen Entschädigungsanspruch aus § 642 BGB auslösen (Thode, ZfBR 2004, 214, 219 ff.). Soweit aus älteren Entscheidungen des Bundesgerichtshofs abgeleitet werden könnte, dass neben einer wirksamen vertraglichen Leistungsanordnung auch ein Schadensersatzanspruch aus § 6 Abs. 6

Vergütungsanpassung bei Anordnungen nach § 650b Absatz 2 §650c

VOB/B besteht (BGH, Urt. v. 21.3.1968 – VII ZR 84/67; Urt. v. 21.3.1968 – VII ZR 84/67; Urt. v. 27.6.1985 – VII ZR 23/84), ist das nicht haltbar (Thode, ZfBR 2004, 214, 222).

II. Formelle Voraussetzung des Zusatzvergütungsanspruchs

1. Kein Ankündigungserfordernis bei Leistungsänderungen

Voraussetzung für eine veränderte Vergütung nach § 2 Abs. 5 VOB/B ist nicht, dass der Auftragnehmer bei oder nach Anordnung des Auftraggebers ankündigt, für die geänderte Leistung eine Mehrvergütung zu beanspruchen (BGH, Urt. v. 20.4.1978 – VII ZR 67/77). § 2 Abs. 5 VOB/B enthält keine dem § 2 Nr. 1 Satz 2 VOB/B entsprechende Ausschlussklausel. Das ist merkwürdig, weil gerade bei Leistungsänderungen das Informationsbedürfnis des Auftraggebers besonders hoch ist. Etwaige Anknüpfungsregelungen mit Ausschlusswirkung in zusätzlichen Vertragsbedingungen müssen sich an den Grundsätzen messen lassen, die der Bundesgerichtshof zur Auslegung des § 2 Abs. 6 VOB/B aufgestellt hat (BGH, Urt. v. 27.6.1996 – VII ZR 59/95, vgl. → Rdn. 189 f.) und sind deshalb als AGB in der Regel unwirksam. 186

2. Ankündigungserfordernis bei zusätzlichen Leistungen

Nach § 2 Abs. 6 VOB/B muss der Unternehmer den Anspruch auf eine zusätzliche Vergütung ankündigen, bevor er mit der Ausführung der Leistung beginnt. Diese Ankündigungspflicht dient dem Schutz des Bestellers. Er soll über drohende Kostenerhöhungen rechtzeitig informiert werden, um danach disponieren zu können. Die Ankündigung soll ferner frühzeitig Klarheit schaffen, ob eine geforderte Leistung von der ursprünglichen Beschreibung der Leistung nicht erfasst war, also eine zusätzliche Leistung im Sinne von § 1 Abs. 4 VOB/B ist. 187

Ob die Ankündigung Anspruchsvoraussetzung ist und der Auftragnehmer seinen Vergütungsanspruch verliert, wenn er die Verpflichtung zur Ankündigung des zusätzlichen Vergütungsanspruches nicht erfüllt, ist noch nicht abschließend geklärt. Nach einer Auffassung handelt es sich bei dem Ankündigungserfordernis um eine vertragliche Nebenpflicht, deren Verletzung nur Ansprüche auf Schadensersatz begründen könne (Nicklisch/Weick, § 2 Rdn. 71 m. w. N.). Demgegenüber hat insbesondere die ältere Rechtsprechung des Bundesgerichtshofs die Ankündigung grundsätzlich als Vergütungsvoraussetzung angesehen (BGH, Urt. v. 20.12.1990 – VII ZR 248/89). Dem folgt die herrschende Meinung (vgl. Kapellmann/Messerschmidt-Kapellmann, VOB/B § 2 Rdn. 198 m. w. N.); die Formulierung „jedoch" könne nur als Anspruchsvoraussetzung verstanden werden. 188

Von der Auslegung der vorherigen Ankündigung als Anspruchsvoraussetzung hat sich die Rechtsprechung aber faktisch gelöst (BGH, Urt. v. 23.5.1996 – VII ZR 245/94). Das Ankündigungserfordernis sei nur dann als Anspruchsvoraussetzung auszulegen, wenn der Auftraggeber schutzbedürftig ist; nur dann und insoweit gehe der Vergütungsanspruch verloren. Ein Verlust des Vergütungsanspruches für eine zusätzliche Leistung tritt demgegenüber nicht ein, soweit die Ankündigung im konkreten Fall zum Schutz des Auftraggebers entbehrlich und daher ohne Funktion oder wenn ihre Versäumung ausnahmsweise entschuldigt ist (BGH, Urt. v. 23.5.1996 – VII ZR 245/94; Urt. v. 8.11.2001 – VII ZR 111/00; OLG Düsseldorf, Urt. v. 23.8.2002 – 22 U 25/02). 189

Danach tritt ein Verlust des Vergütungsanspruches nicht ein, wenn folgende Ausnahmetatbestände vorliegen: 190

- die Vertragspartner gehen bei der Beauftragung von der Entgeltlichkeit der Leistung aus;
- der Auftraggeber musste erkennen, dass die Leistung nur entgeltlich erfolgt;
- der Auftraggeber hat positiv erkannt, dass die Leistung nur entgeltlich erfolgt;
- der Auftraggeber hatte nach Lage der Dinge keine Alternative zur sofortigen Ausführung der Leistung durch den Auftragnehmer;
- eine rechtzeitige Ankündigung hätte die Lage des Auftragnehmers im Ergebnis nicht verbessert;
- eine rechtzeitige Ankündigung hätte die Lage des Auftraggebers nur partiell verbessert, weil dann die Vergütung entsprechend gekürzt worden wäre;
- der Auftragnehmer hat die Ankündigung ohne Verschulden versäumt.

§ 650c

191 Diese Rechtsprechung ist heute unter mehreren Gesichtspunkten zweifelhaft. Dogmatisch ist die Auffassung nicht stringent, da nach der neueren Rechtsprechung des Bundesgerichtshofs eine wirksame Leistungsänderung gemäß § 1 Abs. 4 VOB/B unmittelbar einen Anspruch des Auftragnehmers gemäß § 2 Abs. 6 VOB/B auf eine zusätzliche Vergütung begründet (vgl. BGH, Urt. v. 27.11.2003 – VII ZR 346/01; → Rdn. 182). Die Ankündigung kann dann nicht Anspruchsvoraussetzung sein, sondern die Nichtankündigung würde als auflösende Bedingung wirken. In telelogischer Hinsicht hat der Bundesgerichtshof im Zusammenhang mit § 2 Abs. 8 VOB/B ausgeführt, dass das Interesse des Auftraggebers an einer frühzeitigen Information zwar die Anzeigepflicht rechtfertige, nicht jedoch den Ausschluss der Ansprüche (BGH, Urt. v. 27.11.2003 – VII ZR 53/03). AGB-rechtlich kommt hinzu, dass die Vielzahl der von der Rechtsprechung anerkannten Ausnahmen diese entgegen dem Wortlaut des § 2 Abs. 6 VOB/B zur Regel machen. Das ist AGB-rechtlich bedenklich, weil die Schaffung zahlreicher in § 2 Abs. 6 VOB/B nicht enthaltener Ausnahmetatbestände Intransparenz schafft. Das verstößt gegen den Grundsatz, dass Allgemeine Geschäftsbedingungen transparent zu gestalten sind, vgl. § 307 Abs. 1 BGB.

192 In der Sache laufen die Ausnahmen darauf hinaus, dass der Auftragnehmer für eine Verletzung der Ankündigungspflicht letztlich so in die Haftung genommen wird, dass der Auftraggeber dadurch keine Nachteile erleidet. Dann ist es nur konsequent, wenn die Ankündigung des zusätzlichen Vergütungsanspruchs nicht als Anspruchsvoraussetzung verstanden wird (Kniffka, BauR 2012, 411, 418; so schon Lehning, NJW 1977, 422 ff.). Es handelt sich um eine vertragliche (Neben-)Verpflichtung, deren Verletzung Schadensersatzansprüche nach § 280 BGB auslösen kann. Mit diesem Schadensersatzanspruch ist der Auftraggeber so zu stellen, als wäre die Ankündigung erfolgt. Die Voraussetzungen des Schadensersatzanspruchs hat der Auftraggeber zu beweisen, auch die Ursächlichkeit der Unterlassung für den behaupteten Schaden (Nachteil). So hat er z. B. zu beweisen, dass er bei rechtzeitiger Ankündigung der zusätzlichen Vergütung den Auftrag preisgünstiger anderweitig vergeben hätte. In diese Richtung entscheidet der Bundesgerichtshof auch auf der Grundlage seiner Auffassung (BGH, Urt. v. 8.11.2001 – VII ZR 111/00).

193 Erklärungsempfänger der Ankündigung des Vergütungsanspruchs ist der Auftraggeber. Die Erklärung an den Architekten oder Bauleiter des Bestellers reicht deshalb zunächst nicht. Sind diese Personen rechtsgeschäftlich bevollmächtigt, ist die Ankündigung unmittelbar zugegangen. Wenn der Besteller diese oder andere Personen als Empfangsboten einsetzt (vgl. dazu BGH, Urt. v. 20.4.1978 – VII ZR 67/77 → § 634 BGB Rdn. 62 ff.) geht sie dem Auftraggeber nach üblicher interner Übermittlungszeit zu. Das Übermittlungsrisiko trägt beim Empfangsboten – anders als beim Erklärungsboten des Auftragnehmers – der Auftraggeber. Diese Zugangsvoraussetzungen werden vielfach vorliegen (Beck'scher VOB-Kommentar/Jansen, VOB/B, § 2 Abs. 6 Rdn. 53).

III. Bestimmung der Vergütungshöhe

1. Fortschreibung der Vertragspreise nach § 2 Abs. 5 und 6 VOB/B

194 Auch die Nachpreisermittlung nach § 2 Abs. 5 VOB/B erfolgt auf Basis der Mehr- und Minderkosten. Die Mehr- und Minderkosten werden aber nach bislang h. M. auf Basis, d. h. durch Fortschreibung, der vereinbarte Preise ermittelt. Im Fall des § 2 Abs. 6 VOB/B bestimmt sich die Vergütung nach den Grundlagen der Preisermittlung für die vertragliche Leistung und den besonderen Kosten der geforderten Leistung. Auch für die zusätzliche Leistung sind bei der Preisbildung die alten Kostenfaktoren fortzuschreiben, sofern die Preisbestandteile des Hauptauftrages auf den Preis der Zusatzleistungen fortwirken. Trotz des etwas unterschiedlichen Wortlauts beruhen beide Regelungen bei dieser Auslegung damit auf demselben Prinzip.

195 Diese Regelungen der Nachtragspreisbestimmung durch Preisfortschreibung sollen gewährleisten, dass der Auftragnehmer an dem Preisgefüge des Vertragspreises festgehalten wird. Der methodische Ausgangspunkt war über viele Jahre. weitgehend unstreitig. Hieran wurde seit einigen Jahren zunehmend Kritik geäußert (→ Rdn. 202). Durch neue Entscheidungen kündigt sich nun ein Wechsel der höchstrichterlichen Rechtsprechung an (vgl. KG, Urt. v. 10.7.2018 – 21 U 30/17 mit abl. Anm. Roquette/Oriwol, BauR 2018, 1775; KG, Urt. v. 27.08.2019 – 21 U 160/18; vgl. BGH, Urt. v. 8.08.2019 – VII ZR 34/18 zu § 2 Abs. 3 VOB/B mit Anm. von Rintelen, NZBau 2019, 696; a. A. OLG Hamm, Urt. v. 9.05.2018 – I-12 U 88/17).3 VOB/B; Pamp BauR 2021, 299, 310). Nach bislang h. M. ist soweit wie möglich auf die Kostenelemente der Auftragskalkulation der geänderten Position abzustellen. Das betrifft sowohl die Einzelkosten

Vergütungsanpassung bei Anordnungen nach §650b Absatz 2 **§650c**

der Teilleistungen, soweit sie unverändert sind, als insbesondere auch die zumeist mit Zuschlägen kalkulierten Allgemeinen Geschäftskosten, Baustellengemeinkosten, Finanzierungskosten und auch den Gewinn. Enthält die geänderte Position die Kostenelemente nicht, ist eine sog. Bezugsposition heranzuziehen (BGH, Urt. v. 14.3.2013 – VII ZR 142/12). Die Ermittlung der Nachtragsvergütung durch Preisfortschreibung ist zwingend; eine Anspruchsberechnung auf Basis ortsüblicher Preise gemäß §632 BGB ist unschlüssig (OLG Nürnberg, Urt. v. 23.10.2014 – 13 U 1907/12; OLG Düsseldorf, Urt. v. 21.11.2014 – I-22 U 37/14). Hinsichtlich der Einzelheiten der Preisfortschreibung, der relevanten Bezugspositionen, der Berücksichtigung von Preissteigerungen bestehen aber durchaus Auffassungsunterschiede bzw. Unklarheiten (vgl. Althaus, BauR 2012, 359). Vor allem die Preisfortschreibung bei Über- oder Unterkalkulationen wird kontrovers diskutiert. Während bislang allgemein davon ausgegangen wurde, dass die Preisfortschreibung verhältnismäßig erfolgt, mithin Gewinne oder Verluste bei Über- bzw. Unterkalkulationen sich vergrößern (Kapellmann/Schiffers, Bd. 1 Rdn. 1000f.), wird in neuerer Zeit auch eine betragsmäßige Fortschreibung gefordert, damit Gewinne und Verluste entsprechend der Kalkulation anfallen (Vygen, BauR 2006, 894; Franz, BauR 2012, 380, 388f.). Spekulative Exzesse – aber auch nur diese werden durch die neuere Sittenwidrigkeits-Rechtsprechung begrenzt. Danach können deutlich überhöhte Einheitspreise nach §138 BGB unwirksam sein (→ §631 BGB Rdn. 133ff.).

Problematisch ist die Fortschreibung von Über- und Unterkalkulationen jedenfalls dann, **196** wenn sie zu einer dem ursprünglichen Äquivalenzverhältnis nicht mehr entsprechenden Vergütung führen (vgl. Vygen, BauR 2006, 894). Das Dogma „ein guter Preis bleibt ein guter Preis, ein schlechter Preis ein schlechter" wird zunehmend aus unterschiedlichen Gründen und in unterschiedlichem Umfang in Frage gestellt (KG, Urt. v. 10.7.2018 – 21 U 30/17 mit abl. Anm. Roquette/Oriwol, BauR 2018, 1775; BGH, Urt. v. 8.8.2019 – VII ZR 34/18; Stemmer, BauR 2006, 304ff.; BauR 2007, 458ff.; BauR 2008, 182ff.; Rohrmüller, IBR 2008, 491; ibr 2008, 1367; Franz/Kues, BauR 2010, 678; Oberhauser, BauR 2010, 308, 314ff.; BauR 2011, 1547ff.; Franz, BauR 2012, 380ff.; Kniffka/Koeble/Jurgeleit/Sacher, Teil 4 Rdn. 200; Funke in Nicklisch/Weick/Jansen/Seibel §1 VOB/B Rn. 137ff.), allerdings andererseits auch verteidigt (OLG Hamm, Urt. v. 9.5.2018 – I-12 U 88/17; OLG Köln, Urt. v. 24.3.2015 – 22 U 162/13; Luz, BauR 2005, 1391ff.; BauR 2008, 196ff.; Schottke, BauR 2011, 1881ff.; Keldungs, Jahrbuch Baurecht, 2012, 59ff.; Franz/Althaus/Oberhauser/Berner, BauR 2015, 1221ff.; Roquette/Oriwol, BauR 2018, 1775).

Die Fortschreibung der Preise auf Basis der Urkalkulation beinhaltet weitere Detailprobleme, **197** auf die hier nicht eingegangen werden kann (vgl. näher Kapellmann/Messerschmidt-Kapellmann, §2 VOB/B Rdn. 137ff., 213ff.; Althaus/Heindl-Althaus/Bartsch, Teil 4 Rdn. 163ff.; aus der neueren Rechtsprechung z.B. BGH, Urt. v. 14.3.2013 – VII ZR 142/12; OLG Köln v. 26.10.2015 – 19 U 42/15; KG, Urt. v. 28.4.2015 – 7 U 141/14).

Manche wollen die Preisfortschreibung auch für die VOB/B deshalb ganz aufgeben und **198** stattdessen eine Berechnung der Nachtragsvergütung auf Basis tatsächlich aufzuwendender Kosten vornehmen (z.B. KG, Urt. v. 10.7.2018 – 21 U 30/17 mit abl. Anm. Roquette/Oriwol, BauR 2018, 1775 und Lederer/Bosse, jurisPR-PrivBauR 11/2018 Anm. 2; BGH, Urt. v. 8.08.2019 – VII ZR 34/18 zu §2 Abs. 3 VOB/B; Franz, BauR 2012, 380ff.; Oberhauser, BauR 2011, 1547, 1562). Das entspricht trotz des teilweise offenen Wortlauts des Abs. 5 weder der (bei AGB unmaßgeblichen) Regelungsabsicht noch der Systematik von §2 Abs. 5 und 6 VOB/B und vor allem nicht dem (maßgeblichen) Verständnis der Verkehrskreise (vgl. (BGH, Urt. v. 14.3.2013 – VII ZR 142/12). Der BGH geht demgegenüber nun davon aus, dass ein entsprechendes Klauselverständnis nicht (mehr) besteht (BGH, Urt. v. 8.08.2019 – VII ZR 34/18; Pamp, BauR 2021, 309, 310). Dagegen spricht aber, dass die Beteiligten an juristischen Diskussionen nicht den beteiligten Verkehrskreisen für Bauverträge entsprechen. Auch geht immerhin die Gesetzesbegründung zu §650c BGB davon aus, dass nach §2 Abs. 5 und 6 VOB/B der „neue[...] Preis weiterhin unter Fortschreibung der Auftragskalkulation/Urkalkulation zu berechnen" ist (BT-Drucks. 18/8486, S. 58). Stellt man allerdings alleine auf den BGH bei §2 Abs. 3 VOB/B allein auf den Wortlaut ab, so führt eine strikte Wortlautauslegung auch bei §2 Abs. 5 VOB/B nicht zu einer Preisfortschreibung (BGH, Urt. v. 8.08.2019 – VII ZR 34/18 mit Anm. von Rintelen, NZBau 2019, 696; Pamp, BauR 2021, 309, 310). Die insoweit eindeutigere Regelung in §2 Abs. 6 Nr. 2 VOB/B droht dann an einer AGB-Kontrolle zu scheitern. Es bleibt aber Geheimnis des DVA, warum er das Gewollte nicht mit der erforderlichen Deutlichkeit zum Ausdruck bringt (vgl. Pamp, BauR 2021, 309, 310).

Zur Vermeidung der bei einer schematischen Preisfortschreibung auftretenden Probleme **199** wird von grundsätzlichen Befürwortern vorgeschlagen, bei mischkalkulierten Einheitspreisen

von Rintelen

§ 650c   Vergütungsanpassung bei Anordnungen nach § 650b Absatz 2

eine bereinigte Preisfortschreibung vorzunehmen (Stemmer, BauR 2008, 182); alternativ soll generell das vereinbarte Vertragspreisniveau des gesamten Vertrags der Preisfortschreibung zugrunde zu legen sein (Rohrmüller, IBR 2008, 1367). Kniffka hat herausgearbeitet, dass die unterstellte starre Preisfortschreibung gar nicht besteht. Bei richtigem Verständnis enthalte § 2 VOB/B gar keine zwingende Anleitung zu einer bestimmten deterministischen Preisbildung. Wie der Nachtragspreis unter Berücksichtigung der Mehr- und Minderkosten zu ermitteln sei, ob nach tatsächlichen oder vorkalkulatorischen Kosten, bleibe offen. Die VOB/B enthalte nur Verhandlungspostulate und mehr oder weniger deutliche Vorgaben hierzu, nicht aber konkret eine deterministische vorkalkulatorische Preisfortschreibung auf Basis der Urkalkulation. Diese diene nur dazu, Nachträge zu plausibilisieren, können die Funktion aber nur erfüllen, wenn sie fair und angemessen den tatsächlich kalkulierten Aufwand abbilde. Sie könne aber nicht verbindlicher Maßstab bei der notwendigen ergänzenden Vertragsauslegung sein, die sich nach § 157 BGB am Maßstab von Treu und Glauben orientieren müsse. Können sich die Parteien nicht wie gesollt einigen, müsse im Wege ergänzender Vertragsauslegung ermittelt werden, was die Parteien redlicherweise vereinbart hätten, wenn sie die geänderte Leistung bei Vertragsschluss gekannt hätten (Kniffka in Kniffka/Koeble/Jurgeleit/Sacher, Teil 4 Rdn. 199 ff.).

200   Der Verfasser ist in einer methodischen Untersuchung von § 2 Abs. 5 und 6 VOB/B ebenfalls zu dem Ergebnis gekommen, dass die Einzelheiten der Vergütungsanpassung sich nicht unmittelbar aus § 2 Abs. 5 und 6 VOB/B ergeben, sondern erst im Rahmen einer ergänzenden Vertragsauslegung ermittelt werden müssen. § 2 Abs. 5 und 6 VOB/B regelt unmittelbar nur drei Grundprinzipien für die Anpassung der Vergütung, nämlich (1) die Vorgabe eines vollständigen Ausgleichs der Auswirkungen der Änderungsanordnung, (2) die Maßgeblichkeit der Grundlagen der Preisermittlung als Ausgangsgrundlage für eine Anpassung und (3) eine Ermittlung der geänderten Vergütung durch vorkalkulatorische Preisfortschreibung (von Rintelen, NZBau 2017, 315, 323 f.). Diese Grundsätze führen im Idealfall einer ordnungsgemäßen einheitlichen Kalkulation zu einer korrekten Fortschreibung von Vertragspreisen. Entspricht die Kalkulation demgegenüber nicht diesem Ideal, muss es zu unangemessenen Ergebnissen kommen. Da die konkrete Art der Vergütungsermittlung in § 2 Abs. 5 und 6 VOB/B nicht deterministisch vorgegeben wird, hat die Vergütungsanpassung im Wege ergänzender Vertragsauslegung unter Berücksichtigung von Treu und Glauben gemäß § 157 BGB zu erfolgen. Anstelle des bislang unterstellten Determinismus der Vergütungsermittlung tritt der Vorbehalt der Vereinbarkeit der Vergütungsermittlung mit Treu und Glauben (von Rintelen, NZBau 2017, 315, 319 f., 323 f.). Kniffka hat es zutreffend formuliert: „Richtig ist es, nicht das Ergebnis der Auslegung durch Treu und Glauben zu korrigieren, sondern die Auslegung nach Treu und Glauben vorzunehmen, § 157 BGB" (Kniffka in Kniffka/Koeble/Jurgeleit/Sacher, Teil 4 Rdn. 206).

201   Der Grundsatz der Preisfortschreibung auf Basis der Vertragspreise als solches ergibt sich aus den auslegungsbedürftigen aber auch auslegungsfähigen Preisermittlungsregelungen der VOB/B und entspricht sowohl der Praxis seit der VOB/B 1952 wie auch rein tatsächlich dem – bei der Auslegung maßgeblichen – heutigen gemeinsamen Verständnis der Bauvertragsparteien (→ Rdn. 198). Trotz aller Kritik an der Preisfortschreibung und an dem Wortlaut der VOB/B-Regelungen darf für die Auslegung nicht übergangen werden, dass Schwierigkeiten nur bei – aus welchen Gründen auch immer – fehlerhafter Kalkulation auftreten; bei der von der VOB/B unterstellten ordnungsgemäßen Kalkulation ist die vorkalkulatorische Preisfortschreibung ein einfaches und sicheres Mittel zur Vergütungsermittlung. Die Regelungen der Preisfortschreibung werden in der Praxis seit Jahrzehnten auch grundsätzlich erfolgreich umgesetzt (Langen, NZBau 2015, 665, 658; vgl. auch BT-Drucks. 18/8486, S. 58) und von Auftraggeber und Auftragnehmer in der Praxis grundsätzlich gegenüber dem Nachweis tatsächlich entstandener Kosten bevorzugt. Die grundsätzliche Bindung an die Vertragspreise ist nach der Rechtsprechung des BGH auch keine unangemessene Benachteiligung des Auftragnehmers, weil das Risiko gleichmäßig verteilt ist und es der Auftragnehmer durch angemessene Kalkulation in der Hand hat, eine etwaige Fortschreibung eines unterkalkulierten Angebots zu verhindern (BGH, Urt. v. 25.1.1996 – VII ZR 233/94, Rdn. 46). Das gilt vor allem dann, wenn Missbrauch bei der Preisfortschreibung durch eine entsprechende Auslegung vermieden wird (von Rintelen, NZBau 2017, 315 ff.). Das Problem der Regelung in § 2 Abs. 5 und Abs. 6 VOB/B liegt also nicht in der Ungeeignetheit der Preisfortschreibung zur Ermittlung von Nachtragspreisen. Im Gegenteil zeigt ein internationaler Vergleich, dass eine Preisfortschreibung nicht nur in Deutschland die verbreitetste Methode zur Bestimmung von Nachtragspreisen ist (von Rintelen, FS Leupertz, 807 ff.). Die Ausgestaltung in § 2 VOB/B bleibt allerdings hinter vergleichbaren Regelungen an Klarheit und Regelungstiefe deutlich zurück.

2. Bezugsgrundlage der Preisanpassung

Nach herrschender Meinung hat eine Preisfortschreibung auf Basis der Position des Leistungsverzeichnisses zu erfolgen, die der geänderten oder zusätzlichen Leistung am ähnlichsten ist (BGH, Urt. v. 14.3.2013 – VII ZR 142/12; Althaus/Bartsch in Althaus/Heindl, Der öffentliche Bauvertrag, 3. Aufl., Teil 4 Rdn. 176). Dies ist grundsätzlich sinnvoll, weil dann die Kalkulationsansätze für die geänderten oder zusätzlichen Leistungen am geringsten verändert werden müssen. Die Vorgaben von § 2 VOB/B, das Preisniveau des Vertrages auch für die Nachträge zu gewährleisten, wird damit am besten erfüllt. 202

Diese Vorgehensweise unterstellt allerdings, dass die verschiedenen Preise des Vertrages mit den gleichen Kalkulationsansätzen ermittelt worden sind. Tatsächlich bestehen aber keine verbindlichen Vorgaben für die Kalkulation (Tomic, Bauzeit und zeitabhängige Kosten, S. 257). Vielmehr wird heute die Kalkulationsfreiheit des Unternehmers betont, der jede Position bzw. jedes Kostenelement ggf. unterschiedlich kalkulieren und durch Umlagen ungleichmäßig beaufschlagen darf (BGH, Urt. v. 18.12.2008 – VII ZR 201/06 Rdn. 38; BGH, Beschl. v. 18.5.2004 – X ZB 7/04; OLG Düsseldorf, Beschl. v. 9.2.2009 – VII-Verg 66/08; Althaus/Bartsch in Althaus/Heindl, Teil 4 Rn. 199; Leinemann/Kirsch, VergabeR 2005, 563). Bei einer solchen Kalkulation ist der einzelne Kalkulationsansatz oder einzelne Einheitspreis keine geeignete Grundlage für eine Preisfortschreibung zur Wahrung des Vertragspreisniveaus (von Rintelen, NZBau 2017, 315, 322). Macht der Unternehmer von seiner Kalkulationsfreiheit Gebrauch, gibt es bei Einheitspreisverträgen kein einheitliches Preisniveau des gesamten Vertrages, sondern viele idR unterschiedlich kalkulierte Einzelpreise. Da Grundlage der Preisfortschreibung nach herrschender Meinung nicht einmal der Preis, sondern seine kalkulatorischen Grundlagen sind, können sich sogar für eine Position des Leistungsverzeichnisses verschiedene Vertragspreisniveaufaktoren (für die Einzelkosten wie Lohn, Material, Gerät etc.) ergeben (Althaus, BauR 2012, 359, 362). Die Ergebnisse der kalkulatorischen Preisfortschreibung können deshalb von dem eigentlichen Ziel der Wahrung des Vertragspreises stark abweichen, insbesondere bei spekulativer Kalkulation. 203

Diese von der VOB/B eigentlich ungewollten Auswirkungen lassen sich dadurch einschränken, das man in die Preisermittlungsregelungen nicht mehr hinein liest als tatsächlich in den eher rudimentären Regelungen der VOB/B steht. Es ist oben darauf hingewiesen worden (→ Rdn. 200), dass ein solch ausgeklügeltes deterministisches Preisfortschreibungssystem, wie es heute in umfangreichen baubetrieblichen Werken dargestellt wird, in § 2 Abs. 5 und 6 VOB/B gar nicht geschrieben steht (insoweit zutreffend KG, Urt. v. 10.7.2018 – 21 U 30/17; vgl. auch BGH, Urt. v. 8.08.2019 – VII ZR 34/18). Die Vorschriften enthalten nur die Grundaussage, dass die Nachtragsvergütung die Mehr- und ggf. Minderleistung vollständig ausgleichen soll, sie ermittelt auf Basis der „Grundlagen der Preisermittlung". Die geltend gemachte Bindung an die Urkalkulation (Rohrmüller, IBR 2008, 1367 m.w.N.) ergibt sich ebenso wenig aus dem Wortlaut wie die Bindung an die Kalkulation von bestimmten Bezugspositionen. Bei der Auslegung wird schon übergangen, dass die Grundlagen der Preisermittlung bzw. Preisermittlungsgrundlagen schon nicht die Urkalkulation sind, sondern die der Urkalkulation zugrundeliegenden Ansätze für die Einzelkosten der Teilleistungen. Das ergibt sich bereits aus § 15 Abs. 1 VOB/A, wonach die Preisermittlung als Kalkulation definiert wird. Dass die Basis für die Preisfortschreibung die vergleichbarste Bezugsposition sein soll, ergibt sich hieraus ebenso wenig wie die Annahme, dass bei unterschiedlichen Kalkulationsansätzen innerhalb der Kalkulation einer einzelnen Leistungsverzeichnispositionen die unterschiedlichen Ansätze jeweils fortzuschreiben sind (kritisch dazu: Sundermeier in Würfele/Gralla/Sundermeier, Nachtragsmanagement, 2. Aufl., Rdn. 1461 ff.; von Rintelen, NZBau 2017, 315, 322 f.). Bei nicht einheitlicher Kalkulation kann deshalb nicht auf die einzelne Bezugsposition, sondern es muss auf das Gesamt-Vertragspreisniveau abgestellt werden (von Rintelen, NZBau 2017, 315, 324 f.; Stemmer, BauR 2008, 182; Rohrmüller, IBR 2008, 1367). Dafür spricht im Übrigen auch, dass genau dieser Ansatz auch von der herrschenden Meinung beim Pauschalvertrag angewandt wird (Kapellmann/Schiffers, Bd. II, Rdn. 1149). Die Regelung von § 2 Abs. 5 und 6 VOB/B gelten allerdings für Einheitspreisverträge und Pauschalverträge gleichermaßen. 204

3. Berücksichtigung von Nachlässen

Ob vereinbarte Nachlässe auch – anders als bei § 650c Abs. 1 BGB – auf Preise für geänderte oder zusätzliche Leistungen zu gewähren sind, ist auch eine Frage der Auslegung der Nachlassabrede und damit streitig. Es wird geltend gemacht, dass der Nachlass ein akquisitorisches Instrument sei, das sich nur auf den ursprünglichen Vertragsumfang beziehe. Deutlich werde 205

§ 650c Vergütungsanpassung bei Anordnungen nach § 650b Absatz 2

das, wenn ein Nachlass in einer Pauschalsumme gewährt werde; ein prozentualer Nachlass sei aber idR ebenso auszulegen. Er gehöre deshalb nicht zu den Grundlagen der Preise im Sinne von § 2 Abs. 5 VOB/B (Ingenstau/Korbion/Keldungs, § 2 Abs. 5 VOB/B Rdn. 59; Kapellmann, NZBau 2000, 57, 59). Für einen Pauschalpreisvertrag kann diese Auslegung deshalb nicht überzeugen, weil Grundlage der Preisfortschreibung nur der um den Nachlass reduzierte Preis sein kann, nicht aber ein gar nicht vereinbarter Preis. Beim Einheitspreisvertrag ist der Auslegungsspielraum größer, da es einerseits vereinbarte Einheitspreise und andererseits eine Nachlassvereinbarung gibt. Die Literatur neigt vielfach dazu, Nachlässe generell nicht fortzuschreiben (Kapellmann/Schiffers, Bd. I, Rdn. 1043 ff. m. w. N.). Die Rechtsprechung tendiert demgegenüber dazu, die Nachlässe auch auf Nachtragsvergütungen anzuwenden (vgl. Paulmann, NZBau 2005, 325; Rohrmüller, BauR 2008, 9). Wird ein Nachlass auf alle Vertragspreise vereinbart, so sind nach der Auslegung des BGH damit regelmäßig auch die Preise für Zusatzleistungen gemeint (vgl. BGH, Urt. v. 24.7.2003 – VII ZR 79/02). Gleiches gilt nach der Instanzenrechtsprechung, wenn ein Nachlass ohne jede Differenzierung im Wege der Vertragsverhandlung vereinbart wird (OLG Düsseldorf, Urt. v. 22.9.1992 – 23 U 224/91; OLG Hamm, Urt. v. 13.1.1995 – 12 U 84/94). Denn dieser Nachlass wirkt sich grundsätzlich dahin aus, dass der kalkulierte Gewinn bzw. der kalkulierte Kostendeckungsgrad für alle Leistungen gemindert wird. Die fortzuschreibenden Preise sind dadurch reduziert. Schwieriger ist der Fall, wenn der Unternehmer unterschiedliche Nachlässe nur für einen Teil der Leistungen gewährt hat (vgl. OLG Köln, Urt. v. 8.10.2002 – 24 U 67/02). Wird ein Nachlass nur auf bestimmte Preisbildungsfaktoren der vereinbarten Leistung gewährt, so kann er auch nur auf entsprechende Preisbildungsfaktoren der zusätzlichen Leistung fortgeschrieben werden.

206 Ist nach der vertraglichen Vereinbarung ein Nachlass von bestimmten Bedingungen abhängig, so setzt sich diese Vereinbarung auch in Bezug auf die geänderte Vergütung nach § 2 Abs. 5 VOB/B fort. Das ist z. B. dann der Fall, wenn ein bestimmter prozentualer Nachlass nur dann gewährt wird, wenn der Auftraggeber die vereinbarte VOB/B uneingeschränkt einhält, was insbesondere die Zahlungsfristen umfasst (vgl. OLG Bremen, Urt. v. 26.11.2003 – 1 U 42/03; OLG Oldenburg, Urt. v. 20.3.2002 – 2 U 4/02; OLG Celle, Beschl. v. 4.3.2004 – 14 U 226/03). Auch ein Skonto ist ein Preisnachlass unter Bedingung der Einhaltung einer Zahlungsfrist.

4. Umfang der Preisanpassung

207 Einzubeziehen sind in den neuen Preis alle durch die Änderungsanordnung entstandenen Mehr- und Minderkosten. Das betrifft auch Kosten für Folgewirkungen der Änderungsanordnung. Deshalb sind auch Kosten mit einzubeziehen, die sich auf andere Positionen des Vertrages beziehen, als diejenigen Positionen, die geändert worden sind. Einzubeziehen sind auch die zeitlichen Auswirkungen (Vygen, BauR 2006, 166, 168).

208 Schwierigkeiten bereitet die Darlegung von Mehrkosten, soweit eine Änderungsanordnung hinsichtlich der Zeit vorliegt oder sich die Anordnung auf die Bauzeit auswirkt. Denn in vielen Fällen ist die zeitliche Komponente kalkulatorisch nicht ausgewiesen. Letztlich muss ein Vergleich zwischen ursprünglich beauftragtem und geändertem Zeitablauf erfolgen. Soweit der geänderte Zeitablauf noch nicht feststeht und auch nicht für eine neue Preiskalkulation zuverlässig bestimmbar ist, ist die Preisbildung mit großen Risiken verbunden. Wollen die Parteien sich nicht endgültig festlegen, sollten sie die Parameter, von denen eine endgültige Einigung abhängt, genau bezeichnen oder sich darüber rechtsgeschäftlich verständigen. Ein sogenannter technischer Nachtrag unter Vorbehalt des Zeitnachtrags ist möglich. Es sollte jedoch genau vereinbart werden, über welche Kostenfaktoren man sich geeinigt hat, insbesondere muss die Gefahr einer Doppelberechnung vermieden werden. Wenig praktisch erscheint der Vorschlag von Niemöller (BauR 2006, 177), wonach der Preis nur dann nach § 2 Abs. 5 VOB/B zu bilden ist, wenn die ursprüngliche Bauzeit eingehalten ist oder der Auftragnehmer mit einer Bauzeitverlängerung einverstanden ist; demgegenüber soll der Auftragnehmer einen Anspruch aus § 6 Abs. 6 VOB/B haben, wenn er erst nachträglich feststellt, dass er infolge des Nachtrags die Bauzeit nicht einhalten kann.

209 Hinzu kommen Anwendungsschwierigkeiten. Auch Verteidiger des Grundsatzes der Preisfortschreibung räumen ein, dass in der Rechtspraxis erhebliche Unsicherheiten bei der Anwendung der Grundsätze der Preisfortschreibung bestehen; das Ergebnis der Nachtragsberechnung würde deshalb auch von den Zufälligkeiten des Verständnisniveaus der jeweils betroffenen Akteure abhängen (Althaus, BauR 2012, 359, 376, 379).

5. Nachtragsvereinbarung

Die Vereinbarung einer neuen Vergütung soll vor der Ausführung der geänderten Leistung **210** getroffen werden, § 2 Abs. 5 Satz 2 und § 2 Abs. 6 Nr. 2 Satz 2 VOB/B. Ein Vertragspartner verstößt gegen das Kooperationsgebot, wenn er sich einer Einigung verschließt (BGH, Urt. v. 28.10.1999 – VII ZR 393/98). Eine fehlende Einigung kann allerdings nicht das Entstehen des Vergütungsanspruchs verhindern. Nach der Rechtsprechung entsteht der Vergütungsanspruch für die geänderte Leistung mit der Ausübung des einseitigen Leistungsbestimmungsrechts nach § 1 Abs. 3 bzw. § 1 Abs. 4 VOB/B (BGH, Urt. v. 27.11.2003 – VII ZR 346/01). Der Auftragnehmer kann unmittelbar Klage auf (ggf. künftige) Zahlung (BGH, Urt. v. 18.12.2008 – VII ZR 201/06) bzw. vorher auch Feststellungsklage erheben (BGH, Urt. v. 22.1.2015 – VII ZR 353/12). Unabhängig davon kann der Auftragnehmer auch ohne oder vor einer Einigung Abschlagszahlungen gemäß § 16 Abs. 1 VOB/B fordern (BGH, Urt. v. 24.5.2012 – VII ZR 34/11). Die Soll-Vorgabe der Einigung vor Ausführung will die Einigung beschleunigen, nicht aber den Vergütungsanspruch beschränken oder den Ausführungsanspruch des Auftraggebers verzögern (Hereth/Ludwig/Naschold, II Ez. B 2.93).

Das gilt auch bei einem Pauschalvertrag, denn § 2 Abs. 5 und 6 VOB/B sind beim Pauschal- **211** vertrag nach Maßgabe des § 2 Abs. 7 Nr. 1 Satz 3 VOB/B anwendbar. Dabei kommt es lediglich darauf an, ob sich die Änderung auf die Kalkulationsgrundlagen auswirkt. Unerheblich ist, in welchem Umfang sie sich auswirkt. Insbesondere gibt es keine prozentuale Begrenzung, bis zu der der Auftragnehmer Leistungsänderungen, die sich kalkulatorisch nachteilig für ihn auswirken, zum vereinbarten Pauschalpreis ausführen muss (BGH, Beschl. v. 12.9.2002 – VII ZR 81/01; Urt. v. 27.11.2003 – VII ZR 53/03).

Die Parteien sind nicht gehindert, eine Vergütung zu vereinbaren, die von derjenigen **212** Vergütung abweicht, die sich aus der Urkalkulation ergibt. Einigen sich die Parteien vor Ausführung der Arbeiten auf die geänderte oder zusätzliche Vergütung, tragen sie das kalkulatorische Risiko einer Fehleinschätzung. Das gilt auch für den zusätzlichen Zeitaufwand und die dadurch verursachten Kosten (vgl. Thode, ZfBR 2004, 214, 216). Wird ein Nachtragsangebot angenommen, ergibt sich die vertraglich geschuldete Vergütung aus diesem Vertrag. Ein angenommenes Nachtragsangebot schließt weitere Nachforderungen aus (OLG Düsseldorf, Urt. v. 24.10.1995 – 21 U 8/95). Es schließt auch den Einwand des Auftraggebers aus, die vereinbarte Vergütung entspreche nicht der aus § 2 Abs. 5 VOB/B abzuleitenden Vergütung. Eine Kondiktion der Nachtragsvereinbarung mit diesem Argument scheidet ebenfalls aus. Etwas anderes gilt, wenn der Vertrag unter dem Vorbehalt der Nachforderung aufgrund der Mehrkosten wegen der zeitlichen Verzögerung steht. Es kommt also darauf an, wie das angenommene Nachtragsangebot im Einzelnen zu verstehen ist. Ergibt sich aus dem Angebot, dass es nicht abschließend ist, sondern noch Mehrkosten wegen durch den Nachtrag bedingter Bauzeitverzögerungen vorbehalten werden, so können diese auch nachgeschoben werden. Der Vorbehalt von Ansprüchen aus § 6 Abs. 6 VOB/B geht eigentlich ins Leere, weil diese Ansprüche von der Nachtragsvereinbarung ohnehin nicht erfasst sind und Ansprüche aus § 6 Abs. 6 VOB/B nicht aufgrund einer rechtmäßigen Änderungsanordnung entstehen können. Immerhin kann ein solcher Vorbehalt dahin verstanden werden, dass das Nachtragsangebot nicht abschließend ist, weil Mehrkosten wegen Bauzeitverzögerungen vorbehalten werden. Zwingend ist das jedoch nicht.

Für die Einigung über eine geänderte Leistung und Vergütung gelten die allgemeinen **213** Grundsätze. Sie kommt durch Angebot und Annahme zustande. In vielen Fällen legt der Auftragnehmer ein Nachtragsangebot vor. Es hängt von dem Verhalten des Auftraggebers ab, inwieweit das Angebot angenommen wird. Reagiert der Auftraggeber auf das Nachtragsangebot in Kenntnis des Umstandes nicht, dass der Auftragnehmer die geänderte Leistung erbringen wird, so kann in diesem Verhalten im Einzelfall die konkludente Annahme des Nachtragsangebotes gesehen werden. Eine stillschweigende Annahme des Angebots dürfte insbesondere dann nahe liegen, wenn der Auftraggeber ausreichend Zeit hatte, das Nachtragsangebot zu prüfen und keine Vorbehalte gegen dieses Angebot vorgebracht hat (vgl. OLG Jena, Urt. v. 12.1.2006 – 1 U 921/04). Denn in der widerspruchslosen Entgegennahme der Vertragsleistung kann eine stillschweigende Annahme des Antrags auf Abschluss eines Vertrages über diese Leistung gesehen werden, wenn das Angebot bekannt war und der Auftragnehmer nach der Verkehrssitte und Treu und Glauben das Verhalten des Auftraggebers so verstehen kann, dass er nunmehr den Vertrag auf der Grundlage des Angebots schließen will. Das gilt insbesondere dann, wenn der Auftragnehmer zum Ausdruck gebracht hat, dass er nur unter seinen Bedingungen zur Leistung bereit ist (BGH, Urt. v. 22.3.1995 – VIII ZR 20/94).

§ 650c   Vergütungsanpassung bei Anordnungen nach § 650b Absatz 2

214   Eine stillschweigende Annahme scheidet hingegen aus, wenn die Einigung von bestimmten formalen Voraussetzungen abhängig gemacht wird, wie etwa von der Erteilung eines schriftlichen Auftrags. In diesem Fall kann aus dem Schweigen des Auftraggebers keine Annahme des Nachtragsangebots hergeleitet werden.

215   Einigen sich die Vertragsparteien nicht auf die Vergütung, muss das Gericht auf der Grundlage des § 2 Abs. 5 bzw. 6 VOB/B entscheiden (BGH, Urt. v. 21.3.1968 – VII ZR 84/67). Der Auftragnehmer kann unmittelbar Klage auf Zahlung erheben (BGH, Urt. v. 18.12.2008 – VII ZR 201/06; Urt. v. 14.3.2013 – VII ZR 116/12; zur Feststellungsklage: BGH, Urt. v. 22.1.2015 – VII ZR 353/12).

F. Wirksamkeit abweichender Vereinbarungen

I. Abweichungen von § 650c BGB

216   Da alle Regelungen in § 650c BGB dispositiv sind, sind individualvertragliche Abweichungen problemlos möglich und zulässig. Sinnvoll ist eine vertragliche Fixierung der angemessenen Zuschläge für allgemeine Geschäftskosten, Wagnis und Gewinn. Ihre nachträgliche Ermittlung wird damit dem Streit der Parteien entzogen.

217   In Anbetracht der (zu) hohen Anforderungen an Individualvereinbarung durch die Rechtsprechung ist die kritische Frage, welche Abweichungen auch in Allgemeinen Geschäftsbedingungen, zulässig und möglich sind.

1. Abweichungen vom Prinzip der tatsächlich erforderlichen Kosten

218   Mit Abs. 1 hat der Gesetzgeber bewusst Abstand von dem VOB/B-System der kalkulatorischen Preisfortschreibung genommen, weil dieses zum einen zulasten des Bestellers ungünstige Anreize zu spekulativ überhöhten Einzelpreisen setzt, gleichzeitig aber auch den Unternehmer gegebenenfalls an zu niedrig kalkulierte Preise bindet und damit dessen Verlust erhöht. Diese negativen Auswüchse waren Folge einer unterstellten deterministischen Preisfortschreibung bei § 2 Abs. 5 und 6 VOB/B. Diese Auslegung der VOB/B entfernt sich allerdings von den ursprünglichen Regelungszielen und ist auch AGB-rechtlich keineswegs zwingend (Kniffka in Kniffka/Koeble/Jurgeleit/Sacher, Teil 4 Rdn. 199 ff.; von Rintelen, NZBau 2017, 315 ff.). Auch eine Vergütungsermittlung auf Basis fortgeschriebener Preise kann grundsätzlich zu angemessenen Ergebnissen führen und die Missstände, die der Gesetzgeber zum Anlass seines neuen Vergütungsmodells gemacht hat, beseitigen (Kniffka in Kniffka/Koeble/Jurgeleit/Sacher, Teil 4 Rdn. 199 ff.; von Rintelen, NZBau 2017, 315, 323f.).

219   Der Gesetzgeber hatte seinerseits unterschiedliche Modelle für die Vergütungsanpassung geprüft und als grundsätzlich möglich und geeignet angesehen. Er hat klar gesehen, dass es in der Nachtragssituation nicht maßgeblich auf den vom Unternehmer geforderten Nachtragspreis ankommen kann, da dieser im Nachtragszeitpunkt eine monopolartige Stellung gegenüber dem Besteller hat. Gerade deshalb hatte sich die VOB/B ja für eine Preisfortschreibung entschieden; Ausgangspunkt der Nachtragspreise sollten die im Wettbewerb zu Stande gekommenen Vertragspreise sein. Dieses im Ausgangspunkt schlüssige Modell der Preisfortschreibung hat der Gesetzgeber nicht grundsätzlich verworfen; er hat es für den Fall notwendiger Änderungen nach § 650b Abs. 1 Nr. 2 BGB sogar als näher liegend angesehen und von einer entsprechenden Normierung nur abgesehen, weil die Fallgruppen von § 650b Abs. 1 Nr. 1 und Nr. 2 BGB nicht immer trennscharf abgrenzbar und Anwendungsschwierigkeiten vermieden werden sollten (BT-Drucks. 18/8486, S. 56). Zu berücksichtigen ist auch, dass die Rechtsprechung seit jeher in Fällen einer vertraglich vorgesehenen Preisanpassung auch außerhalb des Baurechts zur Wahrung des Äquivalenzverhältnisses primär auf die Wert- und Äquivalenzvorstellung der Parteien bei Vertragsschluss (also die Vertragspreise) abstellt, weil die Anpassung das Äquivalenzverhältnis fortschreiben soll, das im Vertrag begründet worden ist (BGH, Urt. v. 13.5.1974 – VIII ZR 38/73; Urt. v. 4.6.1975 – VIII ZR 243/72; von Rintelen, NZBau 2017, 315, vgl. auch Schulze-Hagen, Festschrift Soergel, S. 259, 263). Weil das auch dem überwiegenden Verständnis der europäischen Rechte entspricht, sieht der „Draft Common Frame of Reference (DCFR)"(→ § 650b BGB Rdn. 26) für das dort vorgesehene einseitige Leistungsänderungsrecht des Bestellers bei sog. Service Contracts eine Vergütungsanpassung durch Preisfortschreibung in Art. IV.-C.-2:109 vor.

Andererseits hat die Gesetzesbegründung zu der zwischenzeitlich vorgesehenen Einzelprivilegierung der Nachtragsregelungen der VOB/B ausdrücklich „vom gesetzlichen Leitbild des § 650c BGB-E" gesprochen (BT-Drucks. 18/8486, S. 57). Das bezieht sich jedoch wohl, wie aus den Plenarprotokollen ersichtlich, auf die Abschlagsregelung nach Abs. 3, die nicht durch Vereinbarung der VOBB-Regelungen unterlaufen werden sollte (Plenarprotokoll 18/221, S. 22337) Die Art der Vergütungsermittlung hat das Gesetz selbst flexibel gestaltet. Denn der Gesetzgeber hat dem Unternehmer in Abs. 2 ein Wahlrecht für eine kalkulatorische Preisfortschreibung eingeräumt. Das hielt er ausdrücklich als praktikabler für die Nachtragsberechnung als die Ermittlung tatsächlicher Ist-Kosten. Weiter hat er sogar die gesetzliche Vermutung aufgestellt, dass fortgeschriebene Preise aufgrund einer aufgeschlüsselten Kalkulation den tatsächlich erforderlichen Kosten entsprechen. Dem von ihm beanstandeten Missstand der Preisspekulation ist er dadurch begegnet, dass er dem Besteller einen Gegenbeweis ermöglicht (allerdings auch zumutet). 220

Das spricht dafür, dass es kein gesetzliches Leitbild für eine bestimmte Art der Vergütungsermittlung gibt, sondern dass Leitgedanke des § 650c BGB darauf beschränkt ist, dass die Nachtragsvergütung im Ergebnis den tatsächlichen Kosten zuzüglich angemessener Zuschläge entsprechen soll. Die Nachtragsvergütung – wie auch immer ermittelt – muss grundsätzlich die dem Unternehmer durch die vom Besteller initiierte nachträgliche Änderung entstehenden Kosten auch abdecken (so auch Retzlaff BauR 2017, 1747, 1809 ff.; a. A. Messerschmidt/Voit/Leupertz, § 650c BGB Rdn. 49). Die Parteien können deshalb grundsätzlich andere Methoden wären, soweit sie der die durch die konkrete Art der Vergütungsermittlung im konkreten Fall belasteten Partei die Möglichkeit geben, eine kostendeckende Vergütung zu erlangen. Denkbar sind insoweit Klauseln, die primär auf eine Preisfortschreibung abstellen, allerdings eine Korrektur für den Fall der Abweichung von den tatsächlichen Kosten erlauben. Sie führen genau zu dem gleichen Ergebnis wie bei einer Anwendung von § 650c Abs 2 i. V. m. Abs. 1 BGB (im Ergebnis auch Langen in Langen/Berger/Dauner-Lieb, § 650c Rdn. 116; Kapellmann, NZBau 2017, 635, 638). 221

Es wäre vertraglich auch zulässig, Mehrkosten nach tatsächlich erforderlichen Kosten und Minderkosten zur Vereinfachung nach kalkulierten Kosten zu ermitteln. Das ist aus deutscher Sicht zwar ein Methodensynkretismus (→ Rdn. 40). Aus Gründen der Vereinfachung eine Kombination von Preisermittlungsmethoden in Common Law-Bauverträgen durchaus vorgesehen ist (vgl. von Rintelen in FS Leupertz, S. 807, 823). Auch ohne vertragliche Vereinbarung haben Gerichte von tatsächlichen Mehrkosten kalkulierte Minderkosten abgezogen weil sich die Vergütung für entfallende Leistungen sicherer anhand der anteiligen Vertragspreise ermitteln lasse (MT Hojgaard A/S v E.On Climate and Renewables [2014] EWCA Civ 710). 222

Sinnvoll und zulässig ist es, wie dargelegt, wenn die Parteien die Prozentsätze für die angemessenen Zuschläge für allgemeine Geschäftskosten, Wagnis und Gewinn vertraglich festlegen. Das kann auch durch AGB geschehen. AGB-Klauseln des Bestellers, die versuchen, hier einseitig niedrigere als angemessene Zuschläge vorzugeben, z. B. 5,26 % als fester Gesamtzuschlagsatz (→ Rdn. 82) bzw. AGB-Klauseln des Unternehmers, die einseitig höhere als angemessene Zuschläge vorgeben, dürften unangemessen sein. 223

Der Unternehmer darf als Verwender einer Anpassungsklausel sich keine anderweitigen ungerechtfertigten Preisvorteile verschaffen. Eine Fortschreibung des Gesamtvertragspreisniveaus ist allerdings als solches nicht zu beanstanden, selbst wenn der Gesetzgeber hiervon aus methodischen Gründen abgesehen hat (BT-Drucks. 18/8486, S. 57). Wenn der Besteller einen Unternehmer mit einem Preisniveau von z. B. 110 % beauftragt, ist es nicht unangemessen, wenn dieses Preisniveau auch für Nachträge gilt. Wer in einem Luxushotel ein Zimmer bucht, kann nicht erwarten, dass die Preise der Minibar denen einer Kantine einer Jugendherberge entsprechen. Einen gesetzlichen Zwang zu jedweder Abrechnung willkürlich beauftragter Leistungen maximal auf Basis tatsächlicher Kosten plus üblicher Zuschläge kann es in einer freien Wirtschaftsordnung nicht geben, jedenfalls dann nicht, wenn das Preisniveau des Ausgangsvertrages in den Grenzen des § 138 BGB völlig frei vereinbar ist. Eine solche grundsätzliche Freiheitseinschränkung ergibt sich nicht aus § 650c Abs. 1 BGB und kann auch nicht in die Regelung hineingelesen werden. 224

Aus Abs. 1 ergibt sich grundsätzlich ein Vergütungsanspruch nicht nur hinsichtlich der direkten Kosten der geänderten Leistung, sondern auch der sekundären Folgen einer solchen Leistungsänderung. Eine Klausel des Bestellers, die den Vergütungsanspruch des Unternehmers auf die direkten Kosten beschränkt, dürfte unangemessen sein. Insoweit sind die in der Praxis beliebten Einheitspreis-Listen im Prinzip problematisch, da sie sich auf eine Vergütung 225 der direkten Änderungsfolgen beschränken. In den meisten Fällen dürfte es sich allerdings um Individualvereinbarungen handeln.

2. Abweichungen vom Wahlrecht nach Abs. 2

226 Eine Abbedingung des Wahlrechts nach Abs. 2 ist auch in Allgemeinen Geschäftsbedingungen ebenso problemlos möglich wie überflüssig, da sich der Besteller ja nicht auf eine Hinterlegung der Kalkulation einlassen muss. Das Wahlrecht nach Abs. 2 gilt nicht generell, sondern nur in Fällen einer vereinbarungsgemäß hinterlegten ausreichend aufgeschlüsselten Kalkulation. Eine Abbedingung des Wahlrechts beeinträchtigt auch nicht das Recht des Unternehmers zur vollständigen Vergütung nach Abs. 1. Der Gesetzgeber hat das Wahlrecht nur deshalb vorgesehen, „um die Abrechnung praktikabel zu gestalten" (→ Rdn. 114). Das Wahlrecht begründet keinen Anspruch auf eine abweichende Vergütung, sondern erleichtert nur die Abrechnung und ändert die Beweislast. Ein Verweis des Unternehmers allein auf den gesetzgeberischen Hauptfall der Abrechnung nach Abs. 1 kann ohne Wertungswidersprüche kaum als unzumutbar angesehen werden weil diese Art der Abrechnung gesetzlich vorgesehen praktisch möglich ist (vgl. auch Eschenbruch, Bauvertragsmanagement, Teil 7 Rdn. 78). Die Abrechnungslast für erbrachte Leistungen liegt grundsätzlich beim Leistungserbringer.

227 Dementsprechend können die Parteien in dem Bauvertrag auch die Anforderungen an eine hinreichende Aufschlüsselung der Kalkulation konkret regeln. AGB des Bestellers wären unwirksam, wenn sie das Wahlrecht durch überspannte Anforderungen leerlaufen ließen. Hieran sind allerdings hohe Anforderungen zu stellen, da der Besteller sich gegen seinen Willen gar nicht auf eine Hinterlegung der Kalkulation einlassen muss. AGB des Unternehmers, die die Anforderungen an die Aufschlüsselung zu niedrig festlegen und ihm damit Spekulationsspielräume ermöglichen, dürften ebenfalls unwirksam sein.

3. Abweichungen von der 80%-Regelung nach Abs. 3

228 Schwierig ist allerdings die Abbedingung der 80%-Regelung gemäß Abs. 3, obgleich gerade diese Regelung im Mittelpunkt der Kritik steht. Denn diese Vereinfachungsregelung soll ausdrücklich die Liquidität des Unternehmers bei Nachträgen sichern, was ein besonderes Anliegen des Gesetzes ist. Die ursprünglich vorgesehene Einzelprivilegierung der Vorschriften der VOB/B zur Vergütungsanpassung in § 650c Abs. 4 BGB-E wurde aus dem Gesetzesentwurf gestrichen, weil sie dazu geführt hätten, „dass in der Praxis regelmäßig die AGB-rechtlich privilegierten VOB/B-Bestimmungen vereinbart und so die zu Gunsten des Unternehmers einzuführende 80-Prozent-Abschlagszahlung auf Basis seines Angebotes umgangen worden wären" (so pointiert die Berichterstatter Dr. Hoppenstedt, Plenarprotokoll 18/221, S. 22337 und Fr. Keul, Plenarprotokoll 18/221, S. 22341; vgl. auch BT-Drucks. 18/11437, S. 48 f.).

229 Bei dieser Wertung hat der Gesetzgeber allerdings nicht vollständig berücksichtigt, dass dem Unternehmer im VOB/B-Vertrag auch vor Einigung über die Nachtragsvergütung – selbstverständlich – Abschlagszahlungsansprüche zustehen. Mit der Leistungsänderung nach § 1 Abs. 3 und 4 VOB/B entstehen automatisch Nachtragsvergütungsanspruch gemäß § 2 Abs. 5 und 6 VOB/B (BGH, Urt. v. 27.11.2003 – VII ZR 346/01; Thode, ZfBR 2004, 214 ff.). Der Unternehmer kann Abschlagszahlungen gemäß § 16 Abs. 1 VOB/B auf Basis von 100% des Leistungsfortschritts fordern, auch wenn eine Einigung über die Nachtragsvergütung noch nicht zustande gekommen ist (BGH, Urt. v. 24.5.2012 – VII ZR 34/11). Der Abschlagszahlungsanspruch nach der VOB/B geht damit weiter als der Abschlagszahlungsanspruch nach § 650c Abs. 3 BGB.

230 Das Besondere des Abschlagszahlungsanspruchs nach Abs. 3 ist die eindeutige Bemessungsgrundlage. Es ist leider Erfahrungstatsache, dass sich viele Besteller, gerade auch die öffentliche Hand, mit Abschlagszahlungen auf Nachträge vor einer Einigung über deren Vergütungshöhe schwertun. Nach der gesetzlichen Wertung soll der Unternehmer aber bei streitiger Nachtragshöhe einen liquide abrechenbaren Abschlagszahlungsanspruch haben. Deshalb scheidet eine ersatzlose Abbedingung mit Verweis auf die normale Abschlagsregelung aus (vgl. auch Langen in Langen/Berger/Dauner-Lieb, § 650c Rdn. 118; Messerschmidt/Voit/Leupertz, § 650c BGB Rdn. 49). Allerdings kommen statt der 80-Prozent-Regelung andere Bemessungsgrundlagen in Betracht (Retzlaff, BauR 2017, 1747, 1812 f.). Schon bislang verbreitet sind Regelungen, die als vorläufige Basis für Abschlagszahlungen das Mittel aus dem letzten Angebot des Unternehmers und dem letzten Angebot des Bestellers nehmen. Eine solche Regelung ist nicht unangemessen; im Gegenteil erscheint die Bemessungsgrundlage durch Bezugnahme auf die Angebote beider

Parteien tragfähiger als das alleinige Abstellen auf einen möglichen „Wunschpreis" des Unternehmers. Demgegenüber dürfte eine vollständige Abbedingung des Abschlagszahlungsanspruches durch eine reine Sicherheitsleistung unangemessen im Sinne des § 307 BGB sein (BeckOK BauvertrR/Althaus/Kattenbusch BGB § 650c Rdn. 161; a. A. Retzlaff, BauR 2017, 1747, 1812).

II. Wirksamkeit der VOB/B-Regelungen

1. Keine Einzelprivilegierung von § 2 Abs. 5 und 6 VOB/B

Der Regierungsentwurf sah zunächst in § 650c Abs. 4 BGB-E eine Regelung vor, die ausdrücklich die Möglichkeit anderer Vereinbarungen für die Vergütungsanpassung betonte. Außerdem sollten die Vorschriften der VOB/B zum Anordnungsrecht und zur Vergütungsanpassung über die Gesamtprivilegierung hinaus „einzelprivilegiert" werden. Diese AGB-rechtliche Einzelprivilegierung ist aber wieder aus dem Gesetzesentwurf gestrichen worden. Es seien keine zwingenden Gründe ersichtlich, dass die Inhaltskontrolle nach § 307 BGB bei der Berechnung der Vergütungsanpassung keine Anwendung finden sollen. Ein Rosinenpicken der günstigsten Bedingungen durch verhandlungsstarke Besteller sollte verhindert werden (BT-Drucks. 18/11437, S. 48f.; Plenarprotokoll 18/221, S. 22337f.). 231

Die Vorschriften zur Vergütungsanpassung der VOB/B sind deshalb gemäß § 310 Abs. 1 Satz 3 BGB bei Verwendung gegenüber Nicht-Verbrauchern einer isolierten Inhaltskontrolle nur entzogen, wenn die VOB/B insgesamt und ohne inhaltliche Abweichung einbezogen wird. Nach der strengen Rechtsprechung des BGH schadet aber bereits jegliche (nachteilige) Änderung der VOB/B der Gesamtprivilegierung, unabhängig von ihrem Gewicht (BGH, Urt. v. 22.1.2004 – VII ZR 419/02; vgl. näher → Vor § 631 BGB Rdn. 59). Sie sind selbst dann schädlich, wenn sie möglicherweise durch andere abweichende Regelungen wieder kompensiert werden (BGH, Urt. v. 10.5.2007 – VII ZR 226/05; Damann/Ruzik, NZBau 2013, 265, 268). Deshalb reicht beispielsweise der Ausschluss der fiktiven Abnahme zum Entfall der Gesamtprivilegierung bereits aus (KG, Urt. v. 10.01.2017 – 21 U 14/16; OLG Hamm, Urt. v. 17.07.2008 – 21 U 145/05). Umstritten und durch den BGH noch nicht entschieden ist bislang die Frage, ob die Gesamtprivilegierung auch entfällt, wenn der Verwender der VOB/B von Öffnungsklauseln für Änderungen, sogenannten Änderungsvorbehalten („, soweit nichts anderes vereinbart ist") Gebrauch gemacht hat (dagegen OLG Brandenburg, Urt. v. 8.11.2007 –12 U 30/07; Bröker, BauR 2009, 1916, 1917; dafür Kapellmann/Messerschmidt/von Rintelen, Einl. VOB/B Rdn. 79f.; Damann/Ruzik, NZBau 2013, 265, 267; vgl. weiter → Vor § 631 BGB Rdn. 59). 232

2. AGB-Kontrolle von § 2 Abs. 5 und 6 VOB/B

Aus den obigen Ausführungen zur Möglichkeit von formularvertraglichen Abweichungen von § 650c BGB ergibt sich, dass bei traditionellen Auslegung der VOB/B durchaus relevanter Anpassungsbedarf besteht, um die VOB/B an die neue Gesetzeslage anzupassen. Allerdings erscheint es auch nicht richtig, jegliche Differenz zwischen VOB/B und gesetzlicher Regelung als unangemessene Abweichung von gesetzlichen Leitbildern zu deklarieren. Wichtig ist zunächst festzuhalten, dass es sich um zwei getrennte Systeme zur Ermittlung einer Nachtragsvergütung handelt. Das System muss deshalb auf seine Angemessenheit überprüft werden. 233

Insoweit ist es hilfreich, zunächst bisherigen rechtlichen Erwägungen zur AGB-Kontrolle der früheren Fassung der VOB/B am bislang geltenden Recht aufzuzeigen. Da sich der Lebenssachverhalt des Bauens mit der gesetzlichen Neuregelung nicht verändert hat, behalten viele Argumente weiter ihre Berechtigung. 234

Die Gestaltung der Vergütungsanpassungsregelung in § 2 Abs. 5 und 6 VOB/B stand eigentlich seit jeher in der Kritik (Eplinius, Der Bauvertrag, 3. Aufl. 1940, S. 96; Piel, BauR 1974, 226; von Craushaar, BauR 1984, 311, 312; vgl. auch „Anregungen und Vorschläge des „Netzwerk Bauanwälte" zum Änderungsentwurf zu VOB/B (2006) in IBR-online/Aufsatz). Das bezog sich allerdings überwiegend nicht auf die Preisfortschreibung als solches, sondern auf Einzelaspekte der Regelungen einschließlich des Ankündigungserfordernisses. 235

Eine Anpassung der Vergütung im Falle von Änderungen auf Basis der Vertragspreise ist per se nicht unangemessen, sondern entspricht eigentlich dem (fortgeschriebenen) Äquivalenzgedanken, den die Rechtsprechung auch im Übrigen bei Vertragsanpassungen zugrunde legt (BGH, Urt. v. 13.5.1974 – VIII ZR 38/73; Urt. v. 4.6.1975 – VIII ZR 243/72; von Rintelen, 236

§ 650c Vergütungsanpassung bei Anordnungen nach § 650b Absatz 2

NZBau 2017, 315, 321; Retzlaff, BauR 2017, 1747, 1811; Kapellmann, NZBau 2017, 635, 638; einschränkend nun KG, Urt. v. 10.7.2018 – 21 U 30/17 (Retzlaff als Einzelrichter)). Das gilt auch noch in den Fällen, in denen die Vertragspreise (günstig) im Wettbewerb zustande gekommen sind. Mit der Preisfortschreibung will sich der VOB/B-Auftraggeber das vermeintlich günstige Preisniveau des Vertragspreises als Wettbewerbspreis auch für Nachträge sichern (Schulze-Hagen, Festschrift Jagenburg, S. 815, 819).

237 Das hat der Bundesgerichtshof im Rahmen von AGB-rechtlichen Prüfungen des § 2 Abs. 5 VOB/B (BGH, Urt. v. 25.1.1996 – VII ZR 233/94) und § 2 Abs. 6 VOB/B (BGH, Urt. v. 23.5.1996 – VII ZR 245/94) bestätigt. Damit hat das Regelungssystem der VOB/B zur Vergütung geänderter und zusätzlicher Leistungen der isolierten Inhaltskontrolle standgehalten und könnte es auch weiter tun (Retzlaff, BauR 2017, 1747, 1809 f.; Kapellmann, NZBau 2017, 635, 638). Die vom Gesetzgeber beanstandende Preisfortschreibung bei Preisspekulationen sind im Text der VOB/B nicht vorgegeben, sondern von der herrschenden Meinung in die VOB/B nur hineingelesen worden. Legt man die bloß offenen Preisanpassungsgrundsätze von § 2 Abs. 5 und 6 VOB/B ergänzend nach § 157 BGB aus (Kniffka in Kniffka/Koeble/Jurgeleit/Sacher, Teil 4 Rdn. 199 ff.; von Rintelen, NZBau 2017, 315, 315 ff.; im Ausgangspunkt ebenso KG, Urt. v. 10.7.2018 – 21 U 30/17), wird das gesetzliche Leitbild voll erreicht. Bei traditioneller Auslegung wird das aber nicht der Fall sein; insbesondere der Auftraggeber, der sich mit dem Anordnungsrecht bereits Vorteil verschafft, kann den Auftragnehmer nicht ohne Beschränkung an nicht auskömmlichen Preisen des Ursprungsvertrages durch AGB festhalten (näher → Vor § 631 BGB Rdn. 79 ff.).

238 Die Regelung steht aber auch unabhängig von der Frage der Preisfortschreibung auch wegen der Ankündigungsregelung (→ Rdn. 187) in der Kritik, die die zwischenzeitlich erhöhten Anforderungen an die bei AGB zu fordernde Klarheit und Transparenz nicht mehr erfüllen könnten, auch wenn in der Praxis bei der Auslegung der VOB/B besondere, niedrigere Transparenzmaßstäbe angelegt werden (dazu Kapellmann/Messerschmidt/von Rintelen, Einl. VOB/B Rdn. 107 f. und Beck'scher VOB-Kommentar/Jansen, VOB/B § 1 Abs. 3 Rdn. 23 ff.). Nach allgemeinen Maßstäben wäre die Regelung als eingeschränkte Anspruchsvoraussetzung intransparent, da sie die tatsächliche Rechtslage nicht wiedergibt (vgl. dazu Kapellmann/Messerschmidt-Kapellmann, VOB/B § 2 Rdn. 198 ff. und Beck'scher VOB-Kommentar/Jansen, VOB/B § 2 Abs. 6 Rdn. 62 und). Wieso der DVA diesen bekannten Missstand seit fast 20 Jahren nicht ändert, ist nicht wirklich nachvollziehbar.

239 Die Bewertung der bisherigen Fassung der VOB/B durch den Reformgesetzgeber ist nicht einheitlich. Einerseits hat § 650c BGB bewusst von einer Übernahme des in § 2 Abs. 5 und 6 VOB/B zugrunde liegenden Prinzips der vorkalkulatorischen Preisfortschreibung abgesehen, weil eine solche Regelung Streit zwischen den Parteien provoziere und zu Spekulationen führe. Weiter sollte verhindert werden, dass der Unternehmer nach Vertragsschluss angeordnete Mehrleistungen zu den Preisen einer Urkalkulation erbringen muss, die etwa mit Blick auf den Wettbewerb knapp oder sogar nicht auskömmlich sind oder inzwischen eingetretene Preissteigerungen nicht berücksichtigen (BT-Drucks. 18/8486, S. 58). Das spricht zunächst gegen die Angemessenheit der Regelung. Andererseits hatte der Gesetzgeber zwischenzeitlich sogar beabsichtigt, sowohl das Anordnungsrecht nach § 1 Abs. 3 und 4 VOB/B wie auch die Vergütungsanpassung nach § 2 Abs. 5 und 6 VOB/B unabhängig von einer unveränderten Einbeziehung der VOB/B zu privilegieren. In der die Privilegierung befürwortenden Stellungnahme des Bundesrates heißt es:

240 „Die in der VOB/B geregelten Anordnungsrechte des Auftraggebers sind in Zusammenschau mit den dortigen Regelungen zur Vergütungsanpassung ausgewogen und haben sich über die Jahrzehnte bewährt. Sie sollen durch ein neues werkvertragliches Leitbild im BGB nicht in Frage gestellt werden (BT-Drucks. 18/8486, Seite 89).

241 Dennoch ist ab dem 01.01.2018 eine weitere Verwendung der Vergütungsvorschriften in § 2 Abs. 5 und 6 VOB/B 2016 kaum zu empfehlen, jedenfalls dann nicht, wenn Nachtragspreise durch Preisfortschreibung ermittelt werden sollen. Die neue Rechtsprechung des BGH spricht demgegenüber zumindest § 2 Abs. 5 einen relevanten Regelungsgehalt ab, führt faktisch im Wege ergänzender Auslegung zur Anwendung der gesetzlichen Regelung des § 650c und damit zur Wirksamkeit der „Nichtregelung" (vgl. Kniffka Teil 4 Rn. 208e ff.) So ist unklar, ob die 80%-Regelung des § 650c BGB auf VOB/B-Verträge Anwendung findet (dafür Langen in Langen/Berger/Dauner-Lieb, § 650c Rdn. 126; dagegen z. B. BeckOK BauvertrR/Althaus/Kattenbusch BGB § 650c Rdn. 157); soweit die Regelung abbedungen ist, droht allein schon deswegen bei Verwendung durch den Auftraggeber eine AGB-rechtliche Unwirksamkeit. Das

Einstweilige Verfügung **§ 650d**

Gesetz geht zwar davon aus, dass eine Berechnung der Nachtragsvergütung durch Preisfortschreibung – wie die VOB/B sie vorsieht – ein einfacher und praktikabler Weg zur Ermittlung und Berechnung des Vergütungsanspruchs ist (→ Rdn. 114). Er ist aber sicher schwieriger als die Ermittlung von 80% eines Angebotspreises. Andererseits erwirbt der Unternehmer dafür unmittelbar einen Anspruch auf 100% der so ermittelten Vergütung.

Die überwiegende Literatur geht schon jetzt davon aus, dass diese Vorschriften einer AGB-Inhaltskontrolle nicht standhalten können (→ Vor § 631 BGB Rdn. 79 ff.; Langen in Langen/Berger/Dauner-Lieb, § 650c Rdn. 134; BeckOK BauvertrR/Althaus/Kattenbusch BGB § 650c Rdn. 159; BeckOGK/Mundt, BGB § 650c Rdn. 74; Oberhauser in Dammert/Lenkeit/Oberhauser/Pause/Stretz, § 2 Rdn. 129; Orlowski, BauR 2017, 1427, 1436). Der DVA hatte auch zunächst eine Änderung der VOB/B angekündigt. Diese ist allerdings mangels Einigung im DVA auf unbestimmte Zeit verschoben worden. 242

§ 650d BGB Einstweilige Verfügung

Zum Erlass einer einstweiligen Verfügung in Streitigkeiten über das Anordnungsrecht gemäß § 650b oder die Vergütungsanpassung gem. § 650c ist es nach Beginn der Bauausführung nicht erforderlich, dass der Verfügungsgrund glaubhaft gemacht wird.

Übersicht

	Seite
A. Einleitung	877
B. Anwendungsbereich	879
I. VOB-Vertrag	880
II. Architekten- und Ingenieurvertrag	880
III. Bauverträge	881
IV. Streitigkeiten über Nachträge nach §§ 650b und c BGB	881
V. Verhältnis zur allgemeinen einstweiligen Verfügung	882
C. Streitigkeiten über das Anordnungsrecht gemäß § 650b BGB	882
D. Streitigkeiten über die Vergütungsanpassung gemäß § 650c BGB	883
I. Abschlagszahlung	883
II. Stellung einer Sicherheit	884
III. Anderweitige Entscheidung im Sinne von § 650c Abs. 3 BGB	884
E. Anträge	885
I. Zahlungsanträge	885
II. Feststellungsanträge	886
III. Antrag auf Ausführung der geänderten Leistung	887
F. Verfügungsgrund	887
I. Vermutung	887
II. Nach Beginn der Bauausführung	888
III. Widerlegung der Vermutung	888
G. Das gerichtliche Verfahren	888
I. Allgemeines	888
II. Zuständigkeit	888
III. Tatsachenfeststellung	889
IV. Weiteres Verfahren	889
V. Entscheidungsmöglichkeiten	889
VI. Rechtsmittel und Rechtsbehelfe	890
VII. Vollziehung	890
H. Schadensersatz	891

A. Einleitung

Die hier getroffene Regelung ist das vorläufige (nach Sacher/Jansen, NZBau 2019, 20 „eher traurige") Ergebnis einer langen und kontroversen Diskussion in verschiedenen Gremien. Unter den Stichworten Adjudikation und Bauverfügung war über die Einführung eines baubegleitenden, gerichtlichen oder außergerichtlichen Eilverfahrens diskutiert worden, das aufkommende Streitigkeiten einer schnellen, vorläufig verbindlichen Lösung zuführen sollte, um 1

§ 650d Einstweilige Verfügung

so Störungen des Bauablaufs zu verhindern und im Idealfall spätere, langwierige gerichtliche Auseinandersetzung zu vermeiden. Insbesondere der Deutsche Baugerichtstag hatte sich mehrfach, zuletzt 2014, mit der Problematik befasst und dabei die gesetzliche Einführung planungs- und baubegleitender Eilverfahren zur Klärung von Streitigkeiten zwischen den Baubeteiligten als dringend erforderlich angesehen. Die Parteien sollten zwischen einer gerichtlichen, an das einstweilige Verfügungsverfahren angelehnten Bauverfügung und einem vereinbarten außergerichtlichen Adjudikationsverfahren wählen können (BauR 2014, 1585, 1601 ff.). Gegen ein verbindliches außergerichtliches Verfahren bestanden innerhalb des Bundesjustizministeriums allerdings verfassungsrechtliche Bedenken im Hinblick auf die grundgesetzlich garantierte Rechtsschutzgarantie. In der Arbeitsgruppe Bauvertragsrecht des BMJ wurde zunächst die Einführung der vom Deutschen Baugerichtstag vorgeschlagenen Bauverfügung diskutiert. Gedacht war an ein beschleunigtes Verfahren mit engen zeitlichen Vorgaben, begrenzten Möglichkeiten der Beweiserhebung, durchaus aber unter Einbeziehung eines gerichtlichen Sachverständigen, und einer vorläufig verbindlichen gerichtlichen Entscheidung ohne Rechtsmittelmöglichkeiten, um eine Verzögerung oder sogar den Stillstand der Bauarbeiten zu verhindern. Die Bauverfügung sollte speziell auf baurechtliche Streitigkeiten, insbesondere über Nachträge, zugeschnitten sein.

2   Der Gesetzgeber hat die Einführung einer besonderen Bauverfügung mit der Begründung für überflüssig erklärt, eine Untersuchung habe ergeben, dass in der Vergangenheit „während laufender Bauarbeiten kein gerichtlicher Rechtsschutz in Anspruch genommen worden sei" und dass es bei VOB-Verträgen in der Regel nicht zu Verzögerungen und Unterbrechung der Bauarbeiten wegen Streitigkeiten über das Anordnungsrecht komme (BT-Drs. 18/8486, 55). Im Gesetzgebungsverfahren war der Bedarf nach einer besonderen Bauverfügung bei den Mitgliedern der Arbeitsgruppe Bauvertragsrecht und den Gerichten abgefragt worden. Es wurde gefragt, ob es derzeit im Rahmen von VOB-Verträgen vor Beginn oder während der Bauarbeiten Streitigkeiten über Anordnungen der Auftraggebers gibt, die zur Inanspruchnahme von Streitbeilegungsmechanismen durch eine der Vertragsparteien führen, in welcher zahlenmäßiger Größenordnung und von welcher Partei Streitbeilegungsmechanismen in Anspruch genommen werden, welche Form des Rechtsschutzes gesucht wird und zu welchen Fragen. Ferner wurden nach der Dauer solcher Verfahren und eventuellen Schadensersatzforderungen wegen ungerechtfertigter einstweiliger Verfügungen (§ 945 ZPO) gefragt. Die Befragten sollten schließlich angeben, ob sie die derzeit gegebenen Rechtsschutzmöglichkeiten für ausreichend halten und ob ihnen Gründe bekannt seien, falls es nicht oder selten zur Inanspruchnahme von Streitbeilegungsmechanismen komme. Wenig überraschend haben die Befragten mitgeteilt, dass es derzeit kaum Streitigkeiten im einstweiligen Rechtsschutz über Änderungsanordnungen und die Nachtragsvergütung gibt. Das kann daran liegen, dass es tatsächlich keinen Bedarf gibt. Wenn dem so ist, dürfte sich daran – ggfs. mit Ausnahme von Streitigkeiten über die 80-Prozent-Abschlagsregelung des § 650c Abs. 3 BGB – auch in Zukunft nicht viel ändern. Dass bisher nur wenige baubegleitenden Eilverfahren eingeleitet wurden, kann aber auch daran liegen, dass es vor der Reform des Bauvertragsrechts kein geeignetes gerichtliches Eilverfahren gab. Tatsächlich waren die bisherigen gesetzlichen Möglichkeiten, Streitigkeiten während der Bauausführung zeitnah gerichtlich klären zu lassen oder Ansprüche im Wege der einstweiligen Verfügung durchzusetzen, gar nicht gegeben oder so beschränkt, dass nur in ganz besonders gelagerten Ausnahmefällen davon Gebrauch gemacht werden konnte. Das Gesetz sah insbesondere keine Möglichkeit vor, während der Bauausführung aufkommende Streitigkeiten zeitnah und vorläufig verbindlich zu regeln oder Abschlagsforderungen im Wege der einstweiligen Verfügung durchzusetzen. In aller Regel war der Verfügungsgrund nicht hinreichend darzulegen bzw. glaubhaft zu machen.

3   Das hat den Gesetzgeber veranlasst, nicht ganz auf ein auf den Bauvertrag zugeschnittenes Eilverfahren zu verzichten. Vielmehr wird für zwei Fallgruppen, nämlich Streitigkeiten über das Anordnungsrecht des Bestellers und Streitigkeiten über die Vergütungsanpassung aufgrund einseitiger Bestelleranordnungen, nach Baubeginn von dem Erfordernis der Glaubhaftmachung des Verfügungsgrundes abgesehen, um es den Bauvertragsparteien so zu ermöglichen, eine vorläufige, verbindliche Regelung im einstweiligen Verfügungsverfahren herbeizuführen. Ob durch die Regelung des § 650d BGB in Zukunft häufiger gerichtlicher Eilrechtsschutz nachgesucht wird als bisher, ist offen. Denn der Gesetzgeber hat kein neues eigenständiges, auf die Bedürfnisses des Bauvertrages zugeschnittenes gerichtliches Eilverfahren eingeführt, sondern lediglich das bereits bestehende einstweilige Verfügungsverfahren nach der ZPO behutsam modifiziert und mit der Einführung von § 650d BGB für dieses Instrument in Nachtragsstrei-

Einstweilige Verfügung   § 650d

tigkeiten geworben. Bisher sind – Stand November 2021 – nur vereinzelte auf § 650d BGB gestützte einstweilige Verfügungsverfahren bekannt geworden.

Der Regierungsentwurf hatte die Regelungen über das erleichterte einstweilige Verfügungsverfahren noch in § 650b Abs. 3 BGB-E und § 650c Abs. 5 BGB-E angesiedelt. Im Rechtsausschuss wurden die Regelungen in einer Vorschrift, nämlich § 650d BGB zusammengeführt (BT-Drs. 18/11437, 42, 44). Darüber hinaus wurden auf Vorschlag des Rechtsausschusses weitere flankierende Maßnahmen im Bereich der Gerichtsorganisation und -zuständigkeit ins Gesetz übernommen (BT-Drs. 18/11437, 44). §§ 72a, 119a GVG schreiben die verbindliche Einrichtung von speziellen Kammern und Senaten für Bau- und Architektenrecht bei den Landgerichten und Oberlandesgerichten vor. Damit ist der Gesetzgeber zugleich den ersten Schritt in die seit langem diskutierte Spezialisierung der Zivilgerichte gegangen. Neben der Einführung von speziellen Spruchkörpern für Bau- und Architektenstreitigkeiten hat der Gesetzgeber die Bildung von Spezialkammern und -senaten für Streitigkeiten aus Bank- und Finanzgeschäften, aus Heilbehandlungen und aus Versicherungsvertragsverhältnissen vorgesehen. Mit Wirkung ab 1.1.2021 sind weitere Sachgebiete hinzugekommen, nämlich Ansprüche aus der Veröffentlichung durch Druckerzeugnisse und Bild- und Tonträger jeder Art, erbrechtliche Streitigkeiten und insolvenzrechtliche Streitigkeiten sowie Anfechtungen nach dem Anfechtungsgesetz. Außerdem sind für Streitigkeiten über das Anordnungsrecht und die Vergütungsanpassung infolge einer Bestelleranordnung ohne Rücksicht auf den Streitwert die Landgerichte erstinstanzlich zuständig, § 71 Abs. 1 Nr. 5 GVG. Die Landesregierungen können gem. § 71 Abs. 4 GVG diese Streitigkeiten durch Rechtsverordnung für den Bezirk mehrerer Landgerichte bei einem Landgericht konzentrieren. Diese Regelungen haben insbesondere den Zweck, dafür Sorge zu tragen, dass über die einstweiligen Verfügungen in Nachtragsstreitigkeiten Richter entscheiden, die häufiger mit der Materie befasst sind und so über besondere Sachkunde verfügen (BT-Drs. 18/11437, 44). Damit hat der Gesetzgeber den insbesondere von Leupertz im Rahmen der Sachverständigenanhörung vom 22. Juni 2016 vor dem Rechtsausschuss geäußerten Bedenken Rechnung getragen, der eine Überforderung der Justiz befürchtete, wenn Richter ohne besondere Expertise in Nachtragsstreitigkeiten über die Eilverfahren entscheiden müssten (Protokoll-Nr. 18/105 des Ausschusses für Recht und Verbraucherschutz des Deutschen Bundestages, S. 34).

Die Regelung des § 650d BGB betrifft nur den Verfügungsgrund, der Verfügungsanspruch muss nach wie vor glaubhaft gemacht werden. Der Verfügungsgrund wird auch nicht für gänzlich entbehrlich erklärt. Der Gesetzgeber ordnet lediglich an, dass er nach Beginn der Bauausführung in den von ihm ausdrücklich beschriebenen Fällen nicht glaubhaft gemacht werden muss. Die gesetzliche Vermutung, dass der Verfügungsgrund in diesen Fällen gegeben ist, kann aber durch den Antragsgegner widerlegt werden.

Die Regelungen in §§ 650b, c und d BGB sind als einheitliches Regelungskonzept zu betrachten. § 650b BGB regelt die zulässigen Fälle einer bindenden einseitigen Bestelleranordnung und das hierbei zu beachtende Verfahren, mit dem eine Einigung der Parteien über den Änderungswunsch und die Vergütung hierfür gefördert werden soll. § 650c BGB bestimmt, wie die Vergütung im Falle bindender einseitiger Änderungsanordnungen ohne Einigung der Parteien anzupassen ist und gibt dem Unternehmer die Möglichkeit, seiner Abschlagsforderung entweder die nach Abs. 1 oder Abs. 2 angepasste Vergütung oder nach § 650c Abs. 3 BGB 80 Prozent der in seinem Nachtragsangebot genannten Mehrvergütung zugrundezulegen. Diese leicht zu berechnende Abschlagsforderung ist bis zur Abnahme verbindlich, solange die Parteien nicht zu einer Einigung finden oder eine anderslautende gerichtliche Entscheidung ergeht. § 650d BGB ermöglicht den Parteien einen gerichtlichen Eilrechtsschutz bei Streit über die Änderungsanordnung oder die Vergütungsanpassung. Insbesondere kann im einstweiligen Verfahren eine rasche gerichtliche Entscheidung über die Höhe der Abschlagsforderung ergehen und die Berechnung der Abschlagszahlung nach § 650c Abs. 3 BGB auf Grundlage von 80 Prozent der Mehrvergütung angegriffen werden.

B. Anwendungsbereich

§ 650d erfasst nach seinem Wortlaut Streitigkeiten über das Anordnungsrecht gem. § 650b BGB und über die Vergütungsanpassung gemäß § 650c BGB. Die Erleichterung der einstweiligen Verfügung gilt danach nur für einen begrenzten Regelungsbereich, nämlich Nachtragsstreitigkeiten.

§ 650d

Einstweilige Verfügung

I. VOB-Vertrag

8   Aus dem Verweis in § 650d BGB auf §§ 650b und c BGB wird in Teilen der Literatur der Schluss gezogen, dass die erleichterte einstweilige Verfügung auf VOB-Verträge und Anordnungen nach § 1 Abs. 3 und 4 VOB/B sowie die Vergütungsregelungen des § 2 VOB/B keine Anwendung findet (Popescu, BauR 2019, 317, 328; Orlowski, BauR 2017, 1427, 1439; BeckOGK/Mundt BGB § 650d Rn. 25; MüKo BGB/Busche § 650d Rn. 4; Kniffka, in: Beiträge zum Braunschweiger Baubetriebsseminar vom 16.2.2018, Schriftenreihe des Instituts für Bauwirtschaft und Baubetrieb, Heft 62, S. 1, 20). Neben dem Wortlaut der Vorschrift kann hierfür angeführt werden, dass §§ 1 Abs. 3 und 4, 2 Abs. 5 bis 7 VOB/B zum Anordnungsrecht des Bestellers und zur Bestimmung der Nachtragsvergütung ein von §§ 650b und c BGB abweichendes Regelungssystem enthalten (MüKo BGB/Busche § 650d Rn. 4).

Die wohl überwiegende Ansicht hält dagegen § 650d BGB auch im VOB-Vertrag für anwendbar (KG, Urt. v. 7.9.2021 – 21 U 86/21; KG, Urt. v. 2.3.2021 – 21 U 1098/20; LG Berlin, Beschl. v. 4.12.2019 – 32 O 244/19; LG Berlin, Beschl. v. 4.10.2019 – 28 O 209/19; Retzlaff, BauR 2017, 1781, 1821; Grüneberg/Retzlaff § 650d Rn. 1; LBD BauVertrR/Langen § 650d Rn. 62 f; Kniffka/Koeble/Jurgeleit/Sacher Kompendium BauR/Sacher 12. Teil Rn. 112; BeckOK BGB/Voit, § 650d Rn. 3; Leinemann/Kues/Laudi § 650d Rn. 50; NWJS/Funke § 1 Rn. 157; Kleine-Möller/Merl/Glöckner PrivBauR-HdB/Manteufel § 12 Rn. 502; Manteufel, BauR 2019, 334, 336; Werner/Pastor/Manteufel Rn. 333). Diese Ansicht trifft zu. Die VOB/B sind allgemeine Geschäftsbedingungen. Als solche modifizieren sie lediglich die gesetzlichen Regelungen der §§ 650b und c BGB zum Anordnungsrecht und zur Vergütungsanpassung. Weder dem Gesetz noch der VOB/B lässt sich der Ausschluss der erleichterten einstweiligen Verfügung nach § 650d BGB entnehmen. Im Regierungsentwurf war in § 650c Abs. 3 BGB-E noch eine besondere Privilegierung der Vergütungsanpassungsregelungen der VOB/B vorgesehen, wonach diese bei unveränderter Vereinbarung der Regelungen der VOB/B zum Anordnungsrecht und zur Vergütungsanpassung nicht der isolierten Inhaltskontrolle nach § 307 Abs. 1 und 2 BGB unterliegen sollten. Der nachfolgende Absatz 5 enthielt die Regelung zur einstweiligen Verfügung, die damit auch von § 650c Abs. 1 und 2 BGB abweichende Regelungen zur Vergütungsanpassung erfasste. Auch den Begründung des Gesetzes lässt sich nicht entnehmen, dass die erleichterte einstweilige Verfügung nur für BGB-Verträge geltend soll (BT-Drucks. 18/8486, 57 f.). Ein Ausschluss der einstweiligen Verfügung oder deren Erschwerung im VOB-Vertrag lässt sich aus der VOB/B nicht herleiten und würde auch der isolierten Inhaltskontrolle nicht standhalten. Schließlich gelten die Erwägungen, die den Gesetzgeber zur Erleichterung der einstweiligen Verfügung in Nachtragsstreitigkeiten nach Baubeginn erwogen haben, in gleicher Weise für den VOB-Vertrag.

II. Architekten- und Ingenieurvertrag

9   § 650d BGB findet auch auf den Architekten- und Ingenieurvertrag grundsätzlich Anwendung. Zwar verweisen die Vorschriften über den Architekten- und Ingenieurvertrag lediglich in § 650q Abs. 1 BGB auf § 650b und in § 650q Abs. 2 Satz 2 BGB nur für den Fall, dass die Leistungen nicht der HOAI unterfallen, auf § 650c BGB. Der fehlende Verweis auf § 650d BGB beruht aber lediglich auf einem Redaktionsversehen. Im Regierungsentwurf war die einstweilige Verfügung noch in § 650b Abs. 3 und § 650c Abs. 5 BGB-E geregelt und daher von den Verweisen in § 650q Abs. 1 und Abs. 2 erfasst. Auf Vorschlag des Rechtsausschusses wurden § 650b Abs. 3 und § 650c Abs. 5 in der Vorschrift des § 650d BGB zusammengeführt (BT-Drucks. 18/11437, 42). Dem Bericht des Rechtsausschusses mit Beschlussempfehlung lässt sich kein Hinweis darauf entnehmen, dass hiermit eine sachliche Änderung und eine Begrenzung des Anwendungsbereichs der Vorschrift verbunden sein sollte, obwohl im Übrigen alle Abweichungen vom Regierungsentwurf erläutert und begründet werden (→ § 650q BGB Rdn. 125; Beck HOAI/Rodemann § 650q BGB Rn. 718; Kniffka/Koeble/Jurgeleit/Sacher Kompendium BauR/Sacher 12. Teil Rn. 115; Kniffka, BauR 2017, 1846, 1869; BeckOK BauVertrR/Fuchs § 650q Rn. 50, 60 ff.; LBD BauVertrR/Berger § 650q Rn. 58 ff.; Leinemann/Kues/Preussler § 650q Rn. 12; Henrici, in: Langen, Werk- und Bauvertragsrecht, § 650q Rn. 18; Koeble, NZBau 2020, 135; Grüneberg/Retzlaff, § 650d Rn. 1; a. A. MüKo BGB/Busche, BGB, § 650 Rn. 2; Voit, BauR 2018, 366; Oppler, NZBau 2018, 67).

10 Problematisch ist, ob § 650d BGB auf jede Honoraranpassung aufgrund Änderungsanordnungen Anwendung findet oder nur auf die Fälle, in denen die Honoraranpassung sich nach

§ 650c BGB richtet. Nach § 650q Abs. 2 BGB gilt für die Honoraranpassung vorrangig die HOAI, soweit die betreffende Leistung von ihr erfasst wird. An diesem Vorrang der HOAI hat der Gesetzgeber ungeachtet des Wegfalls der zwingenden Mindest- und Höchstsätze festgehalten (BT-Drucks. 19/21982, 15), wobei im Unterschied zur bisherigen HOAI nach der HOAI 2021 das Honorar frei vereinbart werden kann, § 7 Abs. 1 HOAI 2021, solange die Vereinbarung in Textform getroffen und gegenüber einem Verbraucher die gebotene Belehrung nach § 7 Abs. 2 HOAI enthält. Der Verweis auf die HOAI bedeutet aber, dass, sofern keine Vereinbarung getroffen wird, gem. § 7 Abs. 1 Satz 2 BGB das Basishonorar als vereinbart gilt (BT-Drucks. 19/21982, 15). Nur bei Leistungen, die der HOAI nicht unterliegen, gilt nach § 650q Abs. 2 Satz 2 BGB für die Honoraranpassung § 650c BGB entsprechend. Für die Beschränkung des Anwendungsbereichs des § 650d BGB auf Honoraranpassungen nach § 650c BGB spricht, dass die Vorschrift nach dem Regierungsentwurf ursprünglich in § 650c BGB angesiedelt war. Dennoch dürfte in beiden Fällen § 650d BGB entsprechende Anwendung finden, weil die Vorschrift nicht nur der Streitvermeidung bei der Bestimmung der Höhe der Vergütungsanpassung dient, sondern auch dem Liquiditätsinteresse des Unternehmers. Dieser Gesichtspunkt rechtfertigt auch beim Architekten und Ingenieur keine Differenzierung danach, ob das angepasste Honorar nach der HOAI oder nach § 650c BGB ermittelt wird (BeckOK BauVertrR/Fuchs § 650q Rn. 64; a. A. → § 650q Rn. 126, wonach § 650d BGB nur auf eine Honoraranpassung nach § 650c BGB Anwendung findet).

III. Bauverträge

§ 650d BGB setzt, wie sich aus seiner systematischen Stellung im Kapitel „Bauvertrag" ergibt, einen Bauvertrag im Sinne von § 650a BGB voraus (Kniffka/Koeble/Jurgeleit/Sacher Kompendium BauR/Sacher 12. Teil Rn. 100). Für sonstige Werkverträge gilt er nicht. Die Vorschrift gilt auch für den Verbraucherbauvertrag. Das folgt aus § 650i Abs. 3 BGB, wonach die speziellen Vorschriften über den Verbraucherbauvertrag die Vorschriften über den Werkvertrag und den Bauvertrag „ergänzen" (BeckOGK/Mundt BGB § 650d Rn. 24). § 650d BGB gilt dagegen nicht für den Bauträgervertrag. Nach § 650u Abs. 2 BGB finden die Vorschriften über das Anordnungsrecht und die Vergütungsanpassung einschließlich § 650d BGB auf den Bauträgervertrag ausdrücklich keine Anwendung.

11

IV. Streitigkeiten über Nachträge nach §§ 650b und c BGB

§ 650d BGB gilt für Streitigkeiten über das Anordnungsrecht gemäß § 650b BGB und die Vergütungsanpassung aufgrund einer solchen Anordnung nach § 650c BGB. Das Anordnungsrecht des § 650b BGB erfasst nur Anordnungen, die den Werkerfolg betreffen, nicht aber Anordnungen zu den Bauumständen, insbesondere zur Bauzeit (→ § 650b BGB Rdn. 63 ff.). Einstweilige Verfügungen, mit denen sich der Unternehmer gegen eine Beschleunigungsanordnung wehrt oder wegen Behinderungen des Bauablaufs eine zusätzliche Vergütung geltend macht, fallen daher nicht unter § 650d BGB (LG Berlin, Beschl. v. 4.10.2019 – 28 O 209/19; Beschl. v. 7.11.2019 und v. 4.12.2019 – 32 O 244/19).

12

Allerdings ist für den Anwendungsbereich des § 650d BGB nicht allein die objektive Abgrenzung maßgeblich. „Streit" über eine Änderungsanordnung oder die Vergütungsanpassung besteht auch dann, wenn sich eine Partei des Bauvertrages zu Unrecht zur Rechtfertigung ihres Begehrens auf § 650b BGB oder § 650c BGB beruft. Eine Streitigkeit über das Anordnungsrecht oder die Vergütungsanpassung im Sinne von § 650b BGB dürfte daher bereits dann vorliegen, wenn sich der Besteller zur Begründung seiner Änderungsanordnung auf § 650b BGB beruft oder der Unternehmer sein Zahlungsbegehren auf § 650c BGB stützt. Begründet der Besteller eine Anordnung zu den Bauumständen mit § 650b BGB, muss es dem Unternehmer möglich sein, sich hiergegen mit einer einstweiligen Verfügung nach § 650d BGB zu wehren. In der Gesetzesbegründung ist der Streit darüber, ob eine Anordnung zu einer Änderung des Vertrages führt oder nur der Verwirklichung der vertraglich geschuldeten Leistung dient, als Beispiel einer unter § 650d BGB fallenden Streitigkeit genannt (BT-Drs. 18/8486, 54). Das gleiche gilt für eine einstweilige Verfügung des Bestellers, wenn sich der Unternehmer hinsichtlich der von ihm geltend gemachten Vergütung auf § 650c BGB, insbesondere die 80-Prozent-Regel des Absatzes 3 beruft (LG Berlin, Beschl. v. 04.12.2019 – 32 O 244/19; LG Berlin, Beschl. v. 20.04.2020 – 19 O 34/20).

13

V. Verhältnis zur allgemeinen einstweiligen Verfügung

14 Ist nach dem vorstehenden der Anwendungsbereich des §650d BGB nicht eröffnet, bedeutet das nicht, dass die einstweilige Verfügung als unzulässig zurückgewiesen werden kann. §650d BGB begründet kein eigenständiges Eilverfahren, sondern verweist auf das allgemeine einstweilige Verfügungsverfahren nach der ZPO und erleichtert den Zugang zu diesem Verfahren mit der Vermutung der besonderen Eilbedürftigkeit nach Baubeginn. Auch außerhalb des Anwendungsbereichs des §650d BGB ist eine einstweilige Verfügung grundsätzlich statthaft. Das Gericht muss daher prüfen, ob die einstweilige Verfügung nach den allgemeinen Regeln erlassen werden kann, also ein Verfügungsanspruch und ein Verfügungsgrund (ohne die Dringlichkeitsvermutung des §650d BGB) glaubhaft gemacht sind (vgl. z.B. LG Berlin, Beschl. v. 4.10.2019 – 28 O 209/19). Der Unterschied zu §650d BGB liegt in erster Linie in der Vermutung für das Bestehen eines Verfügungsgrunds nach Beginn der Bauausführung. Insgesamt dürfte es der Praktikabilität dienen und der Intention des Gesetzgebers entsprechen, den Anwendungsbereich eher weit auszulegen und einer zu weiten Inanspruchnahme des Rechtsinstituts über den Verfügungsgrund entgegenzutreten.

C. Streitigkeiten über das Anordnungsrecht gemäß §650b BGB

15 In diesen Fällen geht es in der Regel um die Klärung der Frage, ob eine Anordnung des Bestellers rechtmäßig ist und der Unternehmer sie befolgen muss. Der Gesetzgeber will mit dieser Regelung verhindern, dass es während der Bauausführung zu Streitigkeiten über die Wirksamkeit derartiger Anordnungen und zu daraus resultierenden Verzögerungen in der Bauausführung oder sogar zu einem Baustillstand kommt. Das ist zu begrüßen.

16 §650d BGB erfasst nicht jedwede Anordnung des Bestellers, sondern nur Streitigkeiten über Anordnungen nach §650b BGB (→ Rdn. 12). Die Anordnung muss daher eine Änderung des Werkerfolgs (§650b Abs. 1 Satz 1 Nr. 1 BGB) oder eine Änderung, die zur Erreichung des Werkerfolgs notwendig ist (§650b Abs. 1 Satz 1 Nr. 2 BGB) zum Gegenstand haben. Wegen der Einzelheiten wird auf die Kommentierung zu §650b BGB verwiesen.

17 §650b BGB enthält ein recht komplexes Verfahren zur Änderungsanordnung. Der Besteller leitet dem Unternehmer ein Änderungsbegehren zu. Dieser muss sodann ein Angebot über die Mehr- und Minderkosten erstellen. Ggfs. muss ihm der Besteller hierfür aber eine Planung vorlegen. Die Anordnung selbst kann verbindlich erst 30 Tage nach Zugang des Änderungsbegehrens ausgesprochen werden und bedarf der Textform. Über jeden dieser Schritte kann es zu Streit kommen, ggfs. bereits im Vorfeld der Anordnung. Es ist indes in aller Regel nicht sinnvoll, diese Fragen im einstweiligen Verfügungsverfahren auszutragen (Manteufel, BauR 2019, 334, 341). Der Auftraggeber kann allerdings im Einzelfall ein Interesse an der Vorlage eines Angebots des Unternehmers haben, um bereits im Vorfeld der Änderungsanordnung die ungefähren Kosten zu kennen. In diesen Fällen ist auch eine einstweilige Verfügung nach §650d BGB möglich. Der Unternehmer wird aber in aller Regel schon im eigenen Interesse ein Nachtragsangebot erstellen. Andernfalls begibt er sich der Möglichkeit, gem. §650c Abs. 3 BGB 80 Prozent der sich aus seinem Angebot ergebenden Mehrkosten als vorläufig verbindliche Abschlagszahlung geltend zu machen. Streit kann auch darüber entstehen, welcher Partei die Planungsverantwortung obliegt. Nach §650b Abs. 1 Satz 4 BGB muss der Besteller dem Unternehmer im Vorfeld der Angebotserteilung die für die Änderung erforderliche Planung zur Verfügung stellen, wenn er die Verantwortung für die Planung trägt. Welche Partei für die Planung zuständig ist, ist durch Auslegung des Vertrages zu ermitteln (Kniffka/Koeble/Jurgeleit/Sacher Kompendium BauR/Sacher 12. Teil Rn. 137).

18 Regelmäßig werden die Parteien über die Verbindlichkeit der Anordnung des Bestellers streiten. In erster Linie wird es hierbei um die Frage der Zumutbarkeit der Anordnung gehen.

19 Der Unternehmer kann sich gegen die Anordnung mit der Begründung wenden, sie sei ihm nicht zumutbar und die Änderung sei auch nicht zur Erreichung des Werkerfolgs notwendig. Der zweite Punkt ist von Bedeutung, da der Besteller Änderungen, die zur Erreichung des Werkerfolgs notwendig sind, ohne Rücksicht auf die Frage der Zumutbarkeit anordnen kann. Dies folgt aus §650b Abs. 1 Satz 2 BGB, der nur Änderungen des vereinbarten Werkerfolgs im Sinne von §650b Abs. 1 Nr. 1 BGB von der Zumutbarkeit für den Unternehmer abhängig macht. Der Antrag ist auf die (negative) Feststellung gerichtet, dass die Anordnung der geänderten Leistung nicht verbindlich ist. Hinsichtlich der Zumutbarkeit (hierzu → §650b BGB

Einstweilige Verfügung   **§ 650d**

Rdn. 44 ff.) enthält § 650b BGB ein differenziertes System der Darlegungs- und Beweislast bzw. – für das einstweilige Verfügungsverfahren – Glaubhaftmachungslast. Grundsätzlich liegt die Darlegungs- und Beweislast für die Voraussetzungen einer wirksamen Anordnung beim Besteller. Soweit der Unternehmer aber betriebsinterne Umstände für die Unzumutbarkeit geltend macht, muss er diese nicht nur vortragen, sondern auch beweisen. Das Gesetz definiert nicht näher, was „betriebsinterne Vorgänge" sind. Zu den betriebsinternen Vorgängen gehören solche, in die der Besteller keinen Einblick hat (BT-Drs. 18/8486, 54). Der Gesetzesbegründung lässt sich indirekt entnehmen, dass hierzu im Allgemeinen nicht die technischen Möglichkeiten, die Ausstattung und die Qualifikation des Bauunternehmers zählen. Denn diese Umstände sind in der Gesetzesbegründung neben den betriebsinternen Vorgängen als Kriterien für die Zumutbarkeit genannt (BT-Drs. 18/8486, 53). Eine pauschale Abgrenzung verbietet sich aber. Auch hinsichtlich der Ausstattung und der technischen Möglichkeiten des Unternehmers kann es auf Besonderheiten innerhalb des konkreten Betriebs ankommen, in die der Besteller keinen Einblick haben kann (→ § 650b BGB Rdn. 55). In diesem Fall muss auch insoweit die Beweislast beim Unternehmer liegen. Zu den betriebsinternen Verhältnissen zählen nach der Gesetzesbegründung nicht nur die innerbetrieblichen Verhältnisse beim Unternehmer selbst, sondern auch die internen Vorgänge bei seinen Nachunternehmern (BT-Drs. 18/8486, 54).

Der Besteller kann im Wege der einstweiligen Verfügung die Feststellung der Verbindlichkeit seiner Anordnung begehren. Dem Einwand der Unzumutbarkeit kann der Besteller entgegentreten. Er kann gegenüber dem Einwand der Unzumutbarkeit aber auch geltend machen, dass die begehrte Änderung zur Erreichung des vereinbarten Werkerfolgs notwendig ist (s. o. → Rdn. 19). Der Besteller kann auch die Feststellung begehren, dass er keine verbindliche Anordnung im Sinne des § 650b BGB getroffen hat, die zu einer Vergütungsanpassung führt (LG Berlin, Beschl. v. 7.11.2019 – 32 O 244/19), z. B. die Aufforderung, die Baustelle mit ausreichend Personal zu besetzen oder der Hinweis auf eine bereits nach dem Vertrag geschuldete Leistung. Es lässt sich lediglich darüber streiten, ob dies eine Streitigkeit über das Anordnungsrecht oder nicht doch eine Streitigkeit über die Vergütungsanpassung ist. **20**

Problematisch ist, ob und unter welchen Voraussetzungen bloße Vorfragen zum Gegenstand eines einstweiligen Verfügungsantrag gemacht werden können, etwa isoliert die Frage der Zumutbarkeit einer Anordnung (so BeckOK BauVertrR/Leupertz/Althaus § 650d Rn. 7 und Rn. 12 ff.). Anträge, die auf die Verbindlichkeit einer Bestelleranordnung gerichtet sind, können grundsätzlich bereits vor Erteilung der Anordnung und ohne Rücksicht auf die 30-Tages-Frist gestellt werden (BeckOK BauVertrR/Leupertz/Althaus § 650d, Rn. 12). Voraussetzung ist aber, dass es über die Frage bereits zu einer Streitigkeit zwischen den Parteien gekommen ist, d. h. die Parteien unterschiedliche Auffassungen zu dieser Frage ausgetauscht haben. Dagegen besteht kein Bedürfnis, bloße Vorfragen als Gegenstand einer einstweiligen Verfügung zuzulassen, etwa die Feststellung der Zumutbarkeit oder Unzumutbarkeit einer Änderungsanordnung. Solche Vorfragen begründen noch kein Rechtsverhältnis. Vielmehr ist der Antrag auf die Verbindlichkeit oder Unverbindlichkeit einer konkreten, zumindest angekündigten Änderungsanordnung zu richten. **21**

D. Streitigkeiten über die Vergütungsanpassung gemäß § 650c BGB

Der Hauptanwendungsbereich der einstweiligen Verfügung nach § 650d BGB wird bei den Streitigkeiten über die Vergütungsanpassung liegen. Der Unternehmer wird in der Regel keine Einwendungen gegen Änderungsanordnungen haben, sofern er diese angemessen vergütet erhält. **22**

I. Abschlagszahlung

Der Gesetzgeber wollte mit § 650d BGB dem Unternehmer als Ausgleich für das Anordnungsrecht des Bestellers die Möglichkeit geben, seinen Anspruch auf Abschlagszahlung für die aus der Änderung herrührende Mehrvergütung oder auf Sicherheit hierfür in einem gerichtlichen Eilverfahren zu realisieren. Nach der ausdrücklichen Gesetzesbegründung soll § 650d BGB es ihm ermöglichen, „im einstweiligen Verfügungsverfahren schnell einen Titel über den geänderten Abschlagszahlungsanspruch oder die nunmehr zu gewährende Sicherheit zu erlangen." Der Gesetzgeber sieht den Unternehmer als besonders schutzwürdig an. Der grundsätzlich vorleistungspflichtige Unternehmer sei in besonderem Maße auf Liquidität **23** angewiesen. Das gelte vor allem, wenn es aufgrund der Änderungsanordnung zu erheblichen Kostensteigerungen komme (BT-Drs. 18/8486, 58). Ferner eröffnet § 650d BGB dem Besteller die Möglichkeit, sich im Eilverfahren gegen die bis zu einer gegenteiligen gerichtlichen Entscheidung oder zur Schlussabrechnung verbindliche pauschale Abschlagsvergütung nach § 650c Abs. 3 BGB zu wehren.

24 Der Unternehmer kann im einstweiligen Verfügungsverfahren die Höhe der geänderten Vergütung feststellen lassen oder sogar eine auf Zahlung gerichtete Anordnung erstreben (→ Rdn. 29). Im Hinblick auf diesen ausdrücklichen Willen des Gesetzgebers bestehen keine grundsätzlichen Bedenken gegen eine auf Zahlung gerichtete Leistungsverfügung im Verfahren nach § 650d BGB, wenn diese in der Praxis auch nur schwer zu erlangen sein wird (→ Rdn. 30).

II. Stellung einer Sicherheit

25 Der Gesetzgeber sieht auch die Geltendmachung einer Sicherheit für die aufgrund der Änderungsanordnung geänderte Vergütung als Anwendungsfall der einstweiligen Verfügung. Allerdings war auch bisher die Geltendmachung einer Sicherheit im Eilverfahren bzw. einem vereinfachten Verfahren möglich. Schon nach bisherigem Recht kann die Eintragung einer Vormerkung für eine Sicherungshypothek nach § 650e BGB im Wege der einstweiligen Verfügung geltend gemacht werden. Nach § 885 Abs. 1 Satz 2 BGB bedarf es auch hierfür keiner Glaubhaftmachung des Verfügungsgrundes. Allerdings sichert die Hypothek nach § 650e BGB nur den Werklohnanspruch für die bereits erbrachte Leistung, so dass auch eine einstweilige Verfügung erst nach Ausführung der geänderten Leistung beantragt werden kann. Für die Sicherheit nach § 650f BGB gelten aufgrund des Sicherungszweckes nach der Rechtsprechung des BGH auch im Hauptsacheverfahren Erleichterungen. Es genügt für die Sicherheit, dass der Unternehmer sie schlüssig darlegt (BGH, Urt. v. 6.3.2014 – VII ZR 349/12). Eine Beweisaufnahme, die nicht sofort erfolgen kann, ist nicht statthaft, so dass der Anspruch im ersten Termin entscheidungsreif ist. Schließlich ist auch ein Teilurteil ohne Rücksicht darauf zulässig, ob es sich zum Endurteil in Widerspruch setzen kann (BGH, Urt. v. 20.5.2021 – VII ZR 14/20).

III. Anderweitige Entscheidung im Sinne von § 650c Abs. 3 BGB

26 Der Besteller kann sich mit der einstweiligen Verfügung schnell gegen die pauschale Berechnung der Abschlagsforderung nach § 650c Abs. 3 BGB wehren (BT-Drs. 18/8486, 58). Aber auch bei einer nach § 650c Abs. 1 BGB (tatsächlich erforderliche Kosten) oder § 650c Abs. 2 BGB durch Fortschreibung der hinterlegten Urkalkulation berechneten Nachtragsvergütung kann er im Wege der einstweiligen Verfügung feststellen lassen, keine Zahlung bzw. keine Zahlung in der geltend gemachten Höhe zu schulden. Das kann sich als sinnvoll erweisen, wenn der Unternehmer im Hinblick auf die verweigerte Abschlagszahlung mit der Einstellung seiner Leistung droht oder eine Sicherheit nach § 650f BGB verlangt (vgl. LG Berlin, Beschl. v. 4.12.2019 – 32 O 244/19; Beschl. v. 20.4.2020 – 19 O 34/20).

27 Der Besteller kann gegenüber einem auf § 650c BGB gestützten Verlangen nach Abschlagszahlung einwenden, dass keine Anordnung nach § 650b BGB vorliegt, dass die verlangte Leistung bereits vom Vertrag und dem im Vertrag vereinbarten Werklohn erfasst ist oder dass der Unternehmer nach § 650c Abs. 1 Satz 2 BGB keine Mehrvergütung verlangen kann, weil es sich um eine zur Erreichung des Werkerfolgs notwendige Änderung handelt und der Unternehmer die Planungsverantwortung trägt.

28 Der Besteller kann sich aber auch gegen die Berechnung der Vergütung richten, indem er die tatsächlich erforderlichen Kosten bestreitet oder sich gegen die Vermutung des § 650c Abs. 2 Satz 2 BGB wendet. Gegen eine nach § 650c Abs. 3 BGB berechnete Abschlagszahlung kann er geltend machen, dass ihr kein Nachtragsangebot zugrunde liegt oder dass die geltend gemachte Vergütung nicht den tatsächlich erforderlichen Mehr- und Minderkosten entspricht.

E. Anträge

I. Zahlungsanträge

Streitig ist, ob im einstweiligen Verfügungsverfahren nach § 650d BGB auch eine auf Zahlung gerichtete Leistungsverfügung statthaft ist. Die überwiegende Auffassung bejaht dies zu Recht (KG, Urt. v. 7.9.2021 – 21 U 86/21; KG, Urt. v. 2.3.2021 – 21 U 1098/20; BeckOK BauVertrR/Leupertz/Althaus § 650d Rn. 3, 5, 23; BeckOGK/Mundt BGB § 650d Rn. 25; Grüneberg/Retzlaff § 650d Rn. 1; Leinemann/Kues/Laudi § 650d Rn. 37; MüKo BGB/Busche § 650d Rn. 5; LBD BauVertrR/Langen § 650d Rn. 48; Werner/Pastor/Manteufel Rn. 336; Manteufel, BauR 2019, 334, 343; Franz/Göpner, BauR 2018, 557, 564; kritisch BeckOK BGB/Voit § 650d Rn. 9; Orlowski, BauR 2017, 1427, 1439). Grundsätzlich ist eine nicht nur auf Sicherung, sondern auf Leistung gerichtete einstweilige Verfügung nur in Ausnahmefällen zulässig. Die Leistungsverfügung geht über die bloße Sicherung des Anspruchs hinaus und gewährt dem Antragsteller die – wenn auch vorläufige – Erfüllung seines Anspruchs. Zudem bietet das Eilverfahren nicht die gleiche Richtigkeitsgewähr wie das Hauptsacheverfahren. Die Vorwegnahme der Hauptsache ist im einstweiligen Verfügungsverfahren nach Möglichkeit zu vermeiden. Eine auf Zahlung gerichtete Leistungsverfügung wird daher allgemein nur in Ausnahmefällen zugelassen. Sie muss zur Abwendung wesentlicher Nachteile, insbesondere einer dringlichen Notlage unumgänglich sein (Zöller/G. Vollkommer § 940 Rn. 1). Der Gläubiger muss auf die sofortige Erfüllung dringend angewiesen sein, der Verweis auf das Hauptsacheverfahren einer Rechtsverweigerung gleichkommen (Zöller/G. Vollkommer § 940 Rn. 6). Der Gesetzgeber wollte mit § 650d BGB diese erhöhten Anforderungen an den Verfügungsgrund für den Erlass einer Leistungsverfügung auf Abschlagszahlung ausdrücklich herabsetzen und mit § 650d BGB dem Unternehmer die rasche Erlangung eines auf Zahlung gerichteten Titels ermöglich (BT-Drs. 18/8486, 58). Dieser Wille des Gesetzgebers ist zwar im Wortlaut des Gesetzes nicht, jedenfalls nicht hinreichend deutlich zum Ausdruck gekommen. Allerdings wird die Zulässigkeit der Leistungsverfügung in der Literatur auch unter dem Verfügungsgrund abgehandelt (Musielak/Voit/Huber § 940 Rn. 14), so dass die Herabsetzung der Anforderungen an den Verfügungsgrund auch eine Herabsetzung der Anforderungen an die Leistungsverfügung bedeutet. Jedenfalls ist dem aus der Gesetzesbegründung ersichtlichen, eindeutigen Willen des Gesetzgebers zu folgen. Zwingende rechtliche Gründe stehen dem nicht entgegen. Das Gesetz schließt die Leistungsverfügung nicht grundsätzlich aus. Die im einstweiligen Verfügungsverfahren zulässigen Maßnahmen hängen vom Zweck des einstweiligen Verfügungsverfahrens ab, das Gericht bestimmt sie nach freiem Ermessen, § 938 Abs. 1 ZPO. Zu beachten ist auch, dass die Abschlagszahlung ohnehin nur vorläufiger Natur ist und unter dem Vorbehalt der endgültigen Feststellung der Werklohnforderung im Rahmen der Schlussabrechnung steht (Werner/Pastor/Manteufel Rn. 336; zum vorläufigen Charakter von Abschlagszahlungen BGH, Urt. v. 8.1.2015 – VII ZR 6/14; → § 632a BGB Rdn. 10 ff.).

Die Erlangung eines Zahlungstitels im einstweiligen Verfügungsverfahren wird aber in der Praxis häufig auf erhebliche Schwierigkeiten stoßen. Der Unternehmer muss sämtliche Voraussetzungen des Anspruchs auf Abschlagszahlung nach § 632a BGB bzw. § 16 Abs. 3 VOB/B darlegen und glaubhaft machen. Dazu gehört zunächst die Ausführung der Leistung. Abschlagszahlungen können nur für die bisher erbrachten Leistungen verlangt werden. Maßgeblich hierfür ist der gesamte Leistungsstand bis zum Verlangen nach Abschlagszahlung. Eine auf die geänderte Leistung beschränkte Abschlagszahlung kann nicht verlangt werden. Nach der Rechtsprechung des Bundesgerichtshofs (BGH, Urt. v. 20.8.2009 – VII ZR 205/07) gibt es vielmehr zu jedem Zeitpunkt nur einen einheitlichen Anspruch auf Abschlagszahlung, der sich aus dem jeweiligen Leistungsstand ergibt. Die Abschlagsforderung ist aus der Differenz der Vergütung für die bisher erbrachte Leistung zu den bisher geleisteten Abschlagszahlungen zu ermitteln und fortzuschreiben (Manteufel, BauR 2019, 334, 344). Der Besteller kann daher gegenüber dem Anspruch auf Abschlagszahlungen nicht nur den Umfang der erbrachten Änderungsleistung bestreiten, sondern auch Leistungen, die bereits Gegenstand früherer Abschlagsrechnungen waren. Damit kann er sich auch auf eine Überzahlung aus einer vorhergehenden Abschlagsrechnung berufen. Ein Anspruch auf eine isolierte Abschlagszahlung für die geänderte Leistung besteht nicht (KG, Urt. v. 2.3.2021 – 21 U 1098/20; Manteufel, BauR 2018, 334, 344; Oppler, NZBau 2021, 516; Kniffka/Koeble/Jurgeleit/Sacher Kompendium BauR/Sacher 12. Teil Rn. 161; Grüneberg/Retzlaff § 650d Rn. 3; a. A. Bolz, IBR 2018, 60; BeckOGK/Mundt BGB § 650d Rn. 33 jedenfalls für den Abschlag nach § 650c Abs. 3 BGB). Beruft sich der Besteller auf Mängel, steht ihm insoweit nach § 632a Abs. 1 Satz 2 bis 4 BGB das

§ 650d

Einstweilige Verfügung

Zurückbehaltungsrecht des § 641 Abs. 3 BGB in Höhe der doppelten Mängelbeseitigungskosten zu. Die Glaubhaftmachung der Mängelfreiheit obliegt bis zur Abnahme dem Unternehmer, § 632a Abs. 1 Satz 3 BGB.

II. Feststellungsanträge

31   Häufig wird dem Unternehmer eine (vorläufig) verbindliche Feststellung des Preises für die Nachtragsleistung genügen. Eine vorläufige gerichtliche Entscheidung über die Höhe der Vergütung für die geänderte Leistung kann als Feststellung bereits vor Ausführung der Leistung beantragt werden und ist unabhängig vom Leistungsstand und eventuellen Leistungsmängeln. Eine Feststellungsverfügung erscheint daher in vielen Fällen sinnvoll und zur Vermeidung von Streit, der den Baufortschritt gefährden kann, ausreichend.

32   In Rechtsprechung und Literatur werden Vorbehalte gegen die Zulässigkeit einer sog. Feststellungsverfügung erhoben (Schuschke/Kessen in: Schuschke/Walker Vollstreckung und Vorläufiger Rechtsschutz § 938 Rn. 35). Sie sind nicht grundsätzlicher Natur, sondern richten sich gegen die Geeignetheit und Zweckmäßigkeit einer auf Feststellung beschränkten Regelung im Eilverfahren. Insbesondere wird geltend gemacht, dass eine Feststellungsverfügung weder durchgesetzt werden kann noch Bindungswirkung für das nachfolgende Hauptsacheverfahren hat und daher nicht geeignet erscheint (KG Beschl. v. 6.4.2020 – 7 W 32/19; LG Berlin, Beschl. v. 4.10.2019 – 28 O 209/19). Das überzeugt jedenfalls für den Anwendungsbereich des § 650d BGB nicht. Eine auf Feststellung der Vergütung für die geänderte Leistung gerichtete Verfügung entspricht dem Zweck des § 650d BGB, Baustillstände aufgrund Streites über die Änderungsanordnung und die Vergütungsanpassung zu vermeiden. Zwar ist eine Feststellungsverfügung weder durchsetzbar noch für die Schlussabrechnung verbindlich. Die bis zur Schlussabrechnung verbindliche Feststellung des Preises ist aber geeignet, Zweifel über die Höhe der Abschlagszahlung zu vermeiden (Kniffka/Koeble/Jurgeleit/Sacher Kompendium BauR/Sacher 12. Teil Rn. 125; s. auch Badarsky, BauR 2020, 1054). Der Unternehmer kann auf die unterbliebene Zahlung, sofern die übrigen Voraussetzungen der Abschlagsforderung gegeben sind, ein Sicherungsverlangen und ein Leistungsverweigerungsrecht stützen. Dem Besteller bleiben Einwendungen gegen den Leistungsstand und die Qualität der Leistung, er kann die Zahlung aber nicht wegen Zweifeln an der Berechnung der angepassten Verfügung verweigern. Die vorläufig verbindliche Feststellung bietet eine sichere Grundlage für die Geltendmachung von Leistungsverweigerungsrechten oder die Voraussetzungen einer eventuellen Kündigung.

33   Zuweilen wird der Feststellungsantrag auch im einstweiligen Verfügungsverfahren als subsidiär angesehen und angenommen, dass ihm das Rechtsschutzinteresse fehlt, wenn auch ein Leistungsantrag möglich ist (LG Berlin, Urt. v. 16.10.2020 – 8 O 126/20; BeckOK BauVertrR/Leupertz/Althaus § 650d Rn. 5). Die sog. Subsidiarität der Feststellungsklage beruht auf dem Gedanken, dass es nicht der Prozessökonomie entspricht, lediglich auf Feststellung zu klagen, wenn die weitergehende Leistungsklage möglich ist. Ein Feststellungsurteil ist nicht vollstreckbar und macht eine spätere Leistungsklage im Streitfall nicht entbehrlich. Ist der Anspruch daher fällig und bezifferbar, so dass auch unmittelbar auf Leistung geklagt werden kann, fehlt einer auf bloße Feststellung gerichteten Klage das Rechtsschutzinteresse. Hieraus ergeben sich auch die in der Rechtsprechung anerkannten Ausnahmen von der Subsidiarität der Feststellungsklage. Sie ist zulässig, wenn erwartet werden kann, dass der Schuldner auch auf eine bloße Feststellung hin leisten wird, wie etwa bei Klage gegen die öffentliche Hand und ggfs. Versicherer (vgl. zur Subsidiarität der Feststellungsklage Musielak/Voit/Foerste ZPO § 256 Rn. 12 f.; Zöller/Greger ZPO § 256 Rn. 7a; Manteufel, in: Werner/Pastor Rn. 397). Dieser Gedanke ist auf das einstweilige Verfügungsverfahren nicht zu übertragen. Der Grundsatz, dass dem rechtsschutzintensiveren Weg der Vorrang vor einem weniger rechtsschutzintensiveren Antrag der Vorzug zu geben ist, gilt im einstweiligen Verfügungsverfahren gerade nicht. Vielmehr gilt im summarischen Verfahren, dass die Anordnung nur so weit gehen darf, wie es zur Erreichung des Zwecks des einstweiligen Rechtsschutzes erforderlich ist. Der Feststellungsantrag ist unabhängig vom Leistungsstand und ermöglicht eine vorläufig verbindliche Entscheidung über die Höhe der angepassten Vergütung auch dann, wenn aufgrund sonstiger Einwendungen des Bestellers ein fälliger Zahlungsanspruch nicht glaubhaft gemacht werden kann (a. A. KG, Urt. v. 2.3.2021 – 21 U 1098/20). Es bestehen daher keine grundsätzlichen Bedenken gegen eine auf Feststellung des Preises für die geänderte Leistung beschränkte einstweilige Verfügung. Sie ist grundsätzlich geeignet, Streit zwischen den Parteien mit seinen negativen Auswirkungen

auf den Baufortschritt und die Zahlungsbereitschaft des Bestellers zu vermeiden und entspricht daher den Zwecken des § 650d BGB. Ist die Leistung noch nicht ausgeführt, kommt ohnehin allenfalls ein Feststellungsantrag in Betracht (LG Berlin, Urt. v. 16.10.2020 – 8 O 126/20).

III. Antrag auf Ausführung der geänderten Leistung

Eine Leistungsverfügung auf Ausführung der geänderten Leistung ist nicht generell unzulässig. Eine Entscheidung im Hauptsacheverfahren käme so spät, dass sie einer Rechtsverweigerung gleichkäme. Eine Leistungsverfügung ist aber aufgrund der schwierigen Vollstreckung in den wenigsten Fällen sinnvoll (→ Rdn. 56; Manteufel, BauR 2019, 334, 342). In der Regel sind daher auch im Rahmen der Streitigkeiten über die Änderungsanordnung Anträge auf Feststellung der Verbindlichkeit bzw. Unverbindlichkeit der Anordnung sachgerecht. Auch wenn sie nur vorläufig verbindlich ist, schafft eine Feststellungsverfügung Rechtssicherheit zwischen den Parteien in Bezug auf Leistungsverweigerungsrechte, die Berechtigung einer ins Auge gefassten Kündigung und die Voraussetzungen einer Vergütungsanpassung dem Grunde nach. 34

F. Verfügungsgrund

I. Vermutung

Nach § 935 BGB liegt ein Verfügungsgrund vor, „wenn zu besorgen ist, dass durch eine Veränderung des bestehenden Zustandes die Verwirklichung des Rechts einer Partei vereitelt oder wesentlich erschwert werden könnte". § 940 ZPO lässt eine einstweilige Verfügung zur vorläufigen Regelung eines streitigen Rechtsverhältnisses zu, „sofern die Regelung, insbesondere bei dauernden Rechtsverhältnissen zur Abwendung wesentlicher Nachteile oder zur Verhinderung drohender Gefahr oder aus anderen Gründen nötig erscheint." Die Entscheidung im Eilverfahren muss daher dringlich sein, weil durch ein Zuwarten bis zu einer Entscheidung im ordentlichen Verfahren dem Berechtigten über das bloße Ausbleiben der Leistung bis zur Hauptsacheentscheidung hinausgehende besondere Nachteile drohen. 35

§ 650d BGB begründet eine Vermutung dafür, dass nach Baubeginn ein Verfügungsgrund im Sinne der §§ 935, 940 ZPO gegeben ist und befreit den Antragsteller von der Glaubhaftmachung des Verfügungsgrunds. Die Vorschrift ist § 885 Abs. 1 Satz 2 und § 899 Abs. 2 Satz 2 BGB nachgebildet, die für eine auf Eintragung einer Vormerkung oder eines Widerspruchs gegen die Richtigkeit des Grundbuchs gerichteten einstweilige Verfügung ebenfalls auf die Glaubhaftmachung des Verfügungsgrundes verzichten (BT-Drs. 18/8486, 54). In Bezug auf das Anordnungsrecht des Bestellers rechtfertigt der Gesetzgeber die Vermutung mit sich ständig ändernder Sachlage am Bau und der drohenden Schaffung vollendeter Tatsachen, wenn ohne vorherige gerichtliche Entscheidung über die Rechtmäßigkeit der Anordnung weitergebaut wird. Daher soll die Erlangung einstweiligen Rechtsschutzes vereinfacht werden (BT-Drs. 18/8486, 54). Im Hinblick auf die Vergütungsanpassung nach § 650c BGB dient die Vermutung dem Liquiditätsinteresse des Unternehmers. Nach der Gesetzesbegründung soll sie ihm die Durchsetzung seiner Forderungen auf Abschlagszahlung oder Sicherheitsleistung erleichtern (BT-Drs. 18/8486, 58). 36

Der Gesetzgeber geht zu Recht davon aus, dass gerade Streitigkeiten über Nachträge zu schwerwiegenden Störungen des Bauablaufs führen können. Der Unternehmer kann die angeordnete Leistung verweigern, weil sie ihm nicht für zumutbar ansieht oder weil die Parteien sich über die Vergütung nicht einigen konnten. Streit über die Höhe der Vergütung kann dazu führen, dass der Unternehmer die Leistung wegen nach seiner Meinung ausstehenden Zahlungen verweigert oder – ggfs. nach entsprechendem Sicherungsverlangen – die Kündigung des Vertrages androht oder ausspricht (vgl. LG Berlin, Beschl. v. 7.11.2019 und 4.12.2019 – 32 O 244/19; Beschl. v. 20.4.2020 – 19 O 34/20.). Störungen des Bauablaufs treffen nicht nur die Parteien, sondern haben auch Auswirkungen auf die weiteren am Bau Beteiligten. Ziel der Erleichterung des einstweiligen Verfügungsverfahrens ist neben der Vermeidung von Störungen des Bauablaufs auch die Stärkung der Liquidität des vorleistungspflichtigen Unternehmens, der im einstweiligen Verfügungsverfahren schnell einen Titel über den geänderten Abschlagszahlungsanspruch erlangen soll (BT-Drs. 18/8486, 58). 37

II. Nach Beginn der Bauausführung

38 Die Vermutung für das Vorliegen eines Verfügungsgrundes greift „nach Beginn der Bauausführung". Das Gesetz und die Gesetzesbegründung äußern sich nicht dazu, was unter dem Beginn der Bauausführung zu verstehen ist. Im Allgemeinen wird hierunter die Arbeitsaufnahme auf der Baustelle verstanden (BeckOK BauVertrR/Leupertz/Althaus § 650d Rn. 9; Kniffka/Koeble/Jurgeleit/Sacher Kompendium BauR/Sacher 12. Teil Rn. 110; BeckOGK/Mundt BGB § 650d Rn. 11; LBD BauVertrR/Langen § 650d Rn. 34; weiter BeckOK/Voit BGB § 650d Rn. 5 wonach die Produktion von Bauteilen auch außerhalb der Baustelle bereits ausreicht).

III. Widerlegung der Vermutung

39 Durch die Regelung des § 650d BGB wird der Verfügungsgrund nicht entbehrlich. Die Vermutung für das Bestehen des Verfügungsgrundes kann im Einzelfall widerlegt werden (BT-Drs. 18/8486, 54). Nach Abschluss der Arbeiten sind Störungen des Bauablaufs nicht mehr zu befürchten. Die Liquidität des Unternehmers kann bei ausbleibenden Zahlungen aber auch nach Abschluss der Arbeiten und auch noch nach Abnahme und Schlussrechnungsreife gefährdet sein (KG, Urt. v. 2.3.2021 – 21 U 1098/20; anders noch die Vorinstanz LG Berlin, Urt. v. 16.10.2020 – 8 O 126/20). Daher dürfte die Vermutung in diesen Fällen weiterhin grundsätzlich anwendbar sein (BeckOK/Voit BGB § 650d Rn. 6; Manteufel, in: Werner/Pastor, Rn. 337; Oppler, NZBau 2021, 514; a. A. Kniffka/Koeble/Jurgeleit/Sacher Kompendium BauR/Sacher 12. Teil Rn. 111). Im Einzelfall ist aber kritisch zu prüfen, ob sie widerlegt ist. Hierfür genügt allerdings nicht die bloße Feststellung, dass die Arbeiten beendet, die Leistung abgenommen oder Schlussrechnung gestellt ist. Die Vermutung kann – auch unabhängig von der Frage der Abnahme oder Schlussrechnungsreife – widerlegt sein, wenn konkrete Anhaltspunkte dafür vorliegen, dass durch den Streit über die Zahlung die Liquidität des Unternehmers nicht gefährdet ist. Das kann der Fall sein bei einer nur geringfügigen Forderung, aber auch bei einem besonders finanzstarken Unternehmer (a. A. KG, Urt. v. 7.9.2021 – 21 U 86/21). Auch insoweit verbietet sich eine schematische Betrachtung, es kommt auf den Einzelfall an. Auch eine Selbstwiderlegung durch zu langes Zuwarten mit dem Antrag, wie es in der Literatur befürwortet wird (BeckOK BGB/Voit § 650d Rn. 7; Franz/Göpner, BauR 2018, 557, 566; LBD BauVertrR/Langen § 650d Rn. 46), wird nicht generell bejaht werden können (KG, Urt. v. 7.9.2021 – 21 U 86/21: Selbstwiderlegung nur in Ausnahmefällen). Die besondere Eilbedürftigkeit muss für die Partei nicht bereits mit Entstehen der Streitigkeit vorhanden sein, sie kann sich auch langsam entwickeln. Auch insoweit wird die Widerlegung aber im Einzelfall besonders zu prüfen sein.

G. Das gerichtliche Verfahren

I. Allgemeines

40 § 650d BGB enthält keine eigenständigen Verfahrensvorschriften, es gelten vielmehr die Regelungen über das einstweilige Verfügungsverfahren nach §§ 935 ff. ZPO (hierzu z. B. Manteufel, in: Werner/Pastor, Rn. 331 ff.; Manteufel, BauR 2019, 334).

II. Zuständigkeit

41 Für den Erlass einstweiliger Verfügungen nach § 650d BGB sind unabhängig vom Streitwert die Landgerichte zuständig, § 71 Abs. 2 Nr. 5 GVG. Nach dieser, ebenfalls im Zuge der Reform des Bauvertragsrechts neu eingeführten Vorschrift sind die Landgerichte in Streitigkeiten über das Anordnungsrecht des Bestellers gem. § 650b BGB und die Vergütungsanpassung infolge einer Änderungsanordnung gem. § 650c BGB ohne Rücksicht auf den Streitwert erstinstanzlich zuständig. Das gilt sowohl für ein einstweiliges Verfügungsverfahren als auch das Hauptsacheverfahren. Die Landesregierungen können durch Rechtsverordnung diese Verfahren einem Landgericht bezirksübergreifend übertragen. In zweiter Instanz sind die Oberlandesgerichte zuständig.

Einstweilige Verfügung **§ 650d**

Funktional zuständig sind in erster Instanz die nunmehr verbindlich eingeführten Baukammern des zuständigen Landgerichts, § 72a Abs. 1 Nr. 2 GVG, in zweiter Instanz die Bausenate des zuständigen Oberlandesgerichts, § 119a Abs. 1 Nr. 2 GVG. 42

III. Tatsachenfeststellung

Aufgrund des Eilcharakters des einstweiligen Verfügungsverfahrens gelten Besonderheiten bei der Tatsachenfeststellung. An die Stelle des § 286 ZPO, der die volle Überzeugung des Gerichts vom Bestehen oder Nichtbestehen der behaupteten Tatsachen verlangt und damit in vielen Fällen eine umfassende Beweisaufnahme erfordert, tritt gem. §§ 936, 920 Abs. 2 ZPO die Glaubhaftmachung nach § 294 ZPO. Es sind alle Beweismittel der ZPO (Urkunden, Zeugen, Sachverständigengutachten, Augenschein und Parteivernehmung) zulässig, daneben auch die Versicherung an Eides Statt durch Zeugen, Privatgutachter, aber auch der Partei selbst. Allerdings ist eine Beweisaufnahme, die nicht sofort erfolgen kann, nicht statthaft. Diese Beschränkung auf sog. präsente Beweismittel setzt dem Sachverständigenbeweis und der Einnahme des Augenscheins praktische Grenzen. Die Glaubhaftmachung muss nach §§ 936, 920 Abs. 2 ZPO bereits im Antrag erfolgen. 43

Auch hinsichtlich des Beweismaßes enthält § 294 ZPO Beweiserleichterungen. Es bedarf nicht der vollen Überzeugung des Gerichts, vielmehr genügt eine überwiegende Wahrscheinlichkeit, d. h. es genügt, dass das Gericht die Richtigkeit der Behauptung für wahrscheinlicher hält als ihr Unrichtigkeit (BGH, Beschl. v. 21.10.2010 – V ZB 210/09). 44

Die Glaubhaftmachungslast trägt die Partei, bei der auch die Beweislast liegt (BGH, Beschl. v. 21.10.2010 – V ZB 210/09). 45

IV. Weiteres Verfahren

Nach § 937 Abs. 2 ZPO kann das Gericht ohne mündliche Verhandlung durch Beschluss entscheiden, wenn ein besonders dringender Fall vorliegt oder der Antrag zurückzuweisen ist. In allen anderen Fällen bestimmt das Gericht Termin zur mündlichen Verhandlung und entscheidet durch Urteil. 46

Da Gegenstand der einstweiligen Verfügung nach § 650d BGB regelmäßig schwierige Tatsachenfragen, oft auch bautechnischer und baubetrieblicher Natur sind, bietet sich eine Entscheidung ohne mündliche Verhandlung in der Regel nicht an. Die Möglichkeit, den Antrag auf Erlass der einstweiligen Verfügung auch ohne mündliche Verhandlung zurückzuweisen, bedeutet für den Antragsteller, dass er bereits im Antrag auf die Glaubhaftmachung aller relevanten Tatsachen besonderes Augenmerk richten muss. 47

Vor Erlass der einstweiligen Verfügung muss das Gericht die Gegenseite anhören. Der Erlass einer einstweiligen Verfügung durch Beschluss ohne Anhörung verletzt das grundrechtsgleiche Recht auf prozessuale Waffengleichheit. Die Anhörung ist auch dann geboten, wenn wegen besonderer Dringlichkeit eine mündliche Verhandlung entbehrlich ist. Die Stellungnahmefrist kann in diesen Fällen auch kurz bemessen sein (BVerfG, Beschl. v. 17.6.2020 – 1 BvR 1380/20). 48

Befürchtet eine Partei einen Antrag auf einstweilige Verfügung, kann sie eine Schutzschrift beim zentralen Schutzschriftenregister einreichen, § 945a ZPO (zur Schutzschrift Manteufel, in: Werner/Pastor, Rn. 300 ff.). Die Schutzschrift gewährleistet das rechtliche Gehör und muss vom Gericht vor dem eventuellen Erlass einer einstweiligen Verfügung zur Kenntnis genommen werden. 49

V. Entscheidungsmöglichkeiten

Im einstweiligen Verfügungsverfahren ist das Gericht bei seiner Entscheidung besonders freigestellt. Nach § 938 Abs. 1 ZPO bestimmt das Gericht nach freiem Ermessen, welche Anordnungen zur Erreichung des Zwecks erforderlich sind. Eine Bindung an die Anträge, wie sie § 308 Abs. 1 ZPO für das Hauptsacheverfahren kennt, besteht im einstweiligen Verfügungsverfahren nicht. Allerdings muss sich die Entscheidung im Rahmen des Rechtsschutzbegehrens der Parteien bewegen (Musielak/Voit/Huber ZPO § 938 Rn. 5; Zöller/G. Vollkommer ZPO § 938 Rn. 1). 50

Manteufel

51 Diese Freiheit ermöglicht es dem Gericht insbesondere, auch dann, wenn dem Antragsteller die Darlegung und Glaubhaftmachung der geänderten Vergütung nicht vollständig gelingt, zumindest einen Mindestbetrag, für den eine überwiegende Wahrscheinlichkeit besteht, für die Abschlagszahlung festzusetzen (KG, Urt. v. 2.3.2021 – 21 U 1098/20). Das gilt auch, wenn der Besteller sich gegen eine nach § 650c Abs. 3 BGB berechnete Abschlagszahlung wehrt. Die Höhe der Vergütung unterliegt der Schätzung des Gerichts nach § 287 ZPO. Es entspricht nicht der Intention des Gesetzgebers, dass der Unternehmer gar keine Abschlagszahlung erhält (Manteufel. BauR 2019, 334, 343).

VI. Rechtsmittel und Rechtsbehelfe

52 Weist das Landgericht den Antrag auf Erlass der einstweiligen Verfügung durch Beschluss ab, ist hiergegen die sofortige Beschwerde zum Oberlandesgericht nach § 567 ZPO gegeben. Gegen den Beschluss, durch den die einstweilige Verfügung angeordnet wird, ist der (unbefristete) Widerspruch nach §§ 936, 924 ZPO statthaft. Über den Widerspruch entscheidet nicht das Rechtsmittelgericht, sondern das Landgericht bestimmt Termin und entscheidet über den Widerspruch durch Urteil, §§ 936, 925 ZPO.

53 Das Landgericht kann auch von vornherein Termin bestimmen, was sich im Verfahren nach § 650d BGB regelmäßig anbieten wird. Die Entscheidung erfolgt in diesem Fall durch Urteil.

54 Gegen ein Urteil im einstweiligen Verfügungsverfahren ist das Rechtsmittel der Berufung gegeben. Die Revision ist im einstweiligen Verfügungsverfahren nicht statthaft, § 542 ZPO.

VII. Vollziehung

55 Einstweilige Verfügungen werden gegenstandslos, wenn sie nicht durch Zustellung im Parteibetrieb innerhalb eines Monats vollzogen werden, §§ 936, 929 Abs. 2 ZPO. Das gilt auch für einstweilige Verfügungen nach § 650d BGB und zwar auch, wenn sie – wie die Feststellungsverfügung – keinen vollstreckbaren Inhalt haben. Die Vollziehung erfolgt in diesem Fall durch Parteizustellung der gerichtlichen Entscheidung an den Schuldner (Manteufel, BauR 2019, 334, 345; Kniffka/Koeble/Jurgeleit/Sacher Kompendium BauR/Sacher 12. Teil Rn. 187; Schuschke/Kessen, in: Schuschke/Walker/Kessen/Thole, Vollstreckung und vorläufiger Rechtsschutz § 938 Rn. 35). Nach Ablauf der Vollziehungsfrist kann die einstweilige Verfügung nicht mehr vollzogen werden und ist auf Antrag des Schuldners nach §§ 936, 927 ZPO aufzuheben.

56 Die Vollziehung dient der Realisierung der einstweiligen Verfügung. Auf sie finden die Vorschriften über die Zwangsvollstreckung entsprechende Anwendung, §§ 936, 928 ZPO. Unterschiedliche Auffassungen bestehen über die Frage, wie eine einstweilige Verfügung auf Vornahme der geänderten Leistung zu vollziehen ist. Bauleistungen können grundsätzlich nicht nur vom beauftragten Unternehmer, sondern grundsätzlich von jedem Fachunternehmer ausgeführt werden. Bauleistungen sind – von Ausnahmen abgesehen – vertretbare Handlungen, deren Vollstreckung sich nach § 887 ZPO richtet (Kniffka/Koeble/Jurgeleit/Sacher Kompendium BauR/Sacher 12. Teil Rn. 129; Manteufel, BauR 2019, 334, 342). Die Durchsetzung erfolgt daher im Wege der Ersatzvornahme. Nach anderer Ansicht handelt es sich um eine unvertretbare Handlung, die nach § 888 ZPO durch Verhängung eines Zwangsgeldes vollstreckt wird (BeckOGK/Mundt BGB § 650d Rn. 92; LBD BauVertrR/Langen § 650d Rn. 52; ähnlich Oppler, NZBau 2018, 67, 69: Ordnungsgeld). Zur Begründung wird angeführt, dass die Vollstreckung nach § 887 ZPO dem Besteller gegenüber einer möglichen Kündigung oder Teilkündigung des Vertrages keine Vorteile bringt und innerhalb des bestehenden Vertragsverhältnisses nur der Unternehmer zur Erbringung der Leistung berechtigt ist. Hierbei handelt es sich letztlich um Zweckmäßigkeitserwägungen, die es nicht rechtfertigen, von den auch dem Schuldnerschutz dienenden Vorschriften des Vollstreckungsrechts abzuweichen. Wenn der Schuldner trotz gerichtlicher Verfügung durch Zwangsgeld zur Ausführung der Bauleistung angehalten werden muss, ist das Verhältnis zwischen den Parteien so zerrüttet, dass eine Kündigung ohnehin der sinnvollere Weg ist (vgl. auch KG, Beschl. v. 06.04.2020 – 7 W 32/19, wonach die fehlende praktische Durchsetzbarkeit schon die Anordnung hindert; ähnlich Grüneberg/Retzlaff § 650d Rn. 2, wonach aus diesem Grund die gesetzliche Vermutung für den Verfügungsgrund widerlegt ist).

Sicherungshypothek des Bauunternehmers **§ 650e**

H. Schadensersatz

Der Antragsteller hat dem Antragsgegner gemäß § 945 ZPO den aus der Vollziehung einer einstweiligen Verfügung entstandenen Schaden zu ersetzen, wenn sich diese als von Anfang an ungerechtfertigt erweist oder wenn sie gemäß §§ 936, 926 Abs. 2 ZPO aufgehoben wird. Der Schadensersatzanspruch ist nicht von einem Verschulden abhängig. Zu ersetzen ist jeder Schaden, der dem Antragsgegner aus der Vollziehung der einstweiligen Verfügung entsteht. Ein eventuelles Mitverschulden nach § 254 BGB ist zu berücksichtigen (BGH, Urt. v. 13.10.2016 – IX ZR 149/15; Urt. v. 20.7.2006 – IX ZR 94/03; Urt. v. 23.3.2006 – IX ZR 134/04; Orlowski BauR 2017, 1441). Das Mitverschulden kann einerseits darin liegen, dass der Antragsgegner schuldhaft Anlass zur Beantragung der einstweiligen Verfügung gegeben hat, andererseits auch im Unterlassen aussichtsreicher Rechtsbehelfe oder Rechtsmittel (BGH, Urt. v. 13.10.2016 – IX ZR 149/15). 57

§ 650e BGB Sicherungshypothek des Bauunternehmers

Der Unternehmer kann für seine Forderungen aus dem Vertrag die Einräumung einer Sicherungshypothek an dem Baugrundstück des Bestellers verlangen. Ist das Werk noch nicht vollendet, so kann er die Einräumung der Sicherungshypothek für einen der geleisteten Arbeit entsprechenden Teil der Vergütung und für die in der Vergütung nicht inbegriffenen Auslagen verlangen.

Übersicht

	Seite
A. Allgemeines	891
B. Wirtschaftliche Bedeutung	892
C. Begünstigter Unternehmer	893
D. Besteller als Eigentümer des Grundstücks	893
E. Grundstück als Pfandgegenstand	895
F. Sicherungsfähige Ansprüche	895
I. Der Werklohnanspruch	896
II. Andere Ansprüche	897
G. Nicht durchsetzbare Forderung	897
H. Vorrang der Sicherung nach § 650f BGB	897
I. Abtretung	898
J. Insolvenzunfähige juristische Person des öffentlichen Rechts als Bestellers	898
K. Abbedingung des § 650e BGB	898
L. Sicherungshypothek	898
M. Einstweilige Verfügung auf Vormerkung	898
I. Verfahren und Vollstreckung	898
II. Rechtsbehelfe gegen einstweilige Verfügung auf Vormerkung	899
III. Umschreibung der Vormerkung	901
N. Besonderheiten des VOB/B-Vertrags	901
O. Besonderheiten des Architekten-/Ingenieurvertrags	901
P. Besonderheiten des Bauträgervertrags	902
Q. Besonderheiten des Bauliefervertrags	902

A. Allgemeines

§ 650e BGB verschafft dem Unternehmer die Möglichkeit, Ansprüche aus dem Vertrag mit dem Besteller dinglich abzusichern. Dazu bedarf es einer Bewilligung der Eintragung durch den Besteller oder eines rechtskräftigen Urteils mit der Wirkung des § 894 ZPO sowie der Eintragung. Davor kann der Unternehmer den Anspruch durch eine Vormerkung sichern, die er aufgrund einer einstweiligen Verfügung (§§ 883 und 885 BGB) eintragen lassen kann. 1

In erster Linie ist an die Absicherung des Werklohnanspruchs zu denken. Das Sicherungsbedürfnis besteht insoweit, weil der Unternehmer jedenfalls faktisch vorleistungspflichtig ist. Allerdings kann der Unternehmer nach § 650e BGB anders als nach § 650f BGB nicht die gesamte noch nicht bezahlte Vergütung absichern lassen. Vielmehr können lediglich die An- 2

§ 650e

Sicherungshypothek des Bauunternehmers

sprüche wegen der bereits erbrachten (Teil-)Leistung abgesichert werden. Auch andere vertragliche Ansprüche können abgesichert werden. Die Sicherung kann der Unternehmer verlangen, solange diese Ansprüche nicht befriedigt sind.

3   In den Erwägungen zu § 650e BGB spielte in der Vergangenheit der Umstand eine Rolle, dass der Unternehmer durch seine Werkleistung den Wert des Grundstücks erhöht (vgl. dazu genauer BGH, Urt. v. 30.3.2000 – VII ZR 299/96). Daraus wurde bisweilen abgeleitet, dass ein Anspruch auf Sicherung nur besteht, soweit der Wert des Grundstücks erhöht wurde (vgl. z. B. OLG Jena, Urt. v. 22.4.1998 – 2 U 1747/97). Die Werterhöhung des Grundstücks ist jedoch keine Voraussetzung für den Anspruch aus § 650e BGB. Der Anlass für die gesetzliche Regelung und der Inhalt der Regelung dürfen nicht verwechselt werden.

4   Die Werterhöhung als anspruchsbegründende Voraussetzung heranzuziehen, verbietet sich schon deshalb, weil sie ein ungeeignetes Kriterium ist, den Zweck des § 650e BGB zu erfüllen. Dieser besteht darin, dem Unternehmer eine Sicherungsmöglichkeit für vertragliche Ansprüche zu verschaffen. Vertragliche Ansprüche können unabhängig davon entstehen, ob eine Wertsteigerung eingetreten ist. Das gilt ersichtlich für Schadensersatzansprüche, z. B. aus Verzug, oder für Entschädigungsansprüche aus § 642 BGB. Selbst dem Werklohnanspruch muss keine Werterhöhung zugrunde liegen. Nachdem der Bundesgerichtshof in früheren Entscheidungen darauf hingewiesen hatte, dass der Wirkungskreis des § 650e BGB werde dadurch begrenzt, dass das Grundstück durch die Leistung des Unternehmers einen Mehrwert erfahren habe (vgl. BGH, Urt. v. 10.3.1977 – VII ZR 77/76; Urt. v. 3.5.1984 – VII ZR 80/82), rückte er davon zu Recht ab (vgl. BGH, Urt. v. 30.3.2000 – VII ZR 299/96). Allerdings bleibt es dabei, dass das Mehrwertprinzip Eingang in die Regelung des § 650e Satz 2 BGB fand. Der Unternehmer kann Absicherung des Werklohns vor der Fertigstellung nur verlangen, soweit er bereits eine Teilleistung erbrachte. Aus diesem Grund setzt der Anspruch auf Bestellung einer Sicherungshypothek voraus, dass der Unternehmer mit dem Bau zumindest begann (vgl. BGH, Urt. v. 10.3.1977 – VII ZR 77/76).

5   Das neue Bauvertragsrecht übernahm den § 648 Abs. 1 BGB a. F. im Wesentlichen unverändert, aber neu nummeriert. Aus dem alten Text entfiel, dass es sich um einen Unternehmer „eines Bauwerks oder eines einzelnen Teiles eines Bauwerks" handeln muss. Nun kommt es aufgrund der systematischen Stellung des § 650e BGB darauf an, dass der Unternehmer Vertragspartei eines Bauvertrags i. S. d. § 650a BGB ist; für einen solchen Bauvertrag gilt gemäß § 650a Abs. 1 Satz 2 BGB u. a. § 650e BGB.

6   Abgesehen von dieser Änderung zum Kreis der Berechtigten kann die bisher zu § 648 BGB a. F. vorliegende Rechtsprechung uneingeschränkt herangezogen werden. Sie wird daher nachfolgend so zitiert, als sei sie bereits zu § 650e BGB ergangen.

B. Wirtschaftliche Bedeutung

7   Die Bedeutung des § 650e BGB ist schon deshalb gering, weil er nicht die vollständige, noch nicht bezahlte Vergütung absichert. Voraussetzung ist, dass eine Leistung erbracht ist. Auch ist der Anwendungsbereich stark dadurch eingeschränkt, dass grundsätzlich Besteller und Grundstückseigentümer identisch sein müssen. Damit scheiden praktisch alle Nachunternehmer als Berechtigte aus. Zudem ist das Grundbuch häufig schon wertausschöpfend belastet, so dass die Hypothek nicht werthaltig ist (vgl. BGH, Urt. v. 27.5.2010 – VII ZR 165/09 Rdn. 26). Diese Unvollkommenheit war der Grund für die Einführung des § 650f BGB. Allerdings verschafft § 650e BGB ein gewisses Druckpotential, weil manchem Besteller daran gelegen ist, das Grundbuch frei von Sicherungshypotheken zu haben. Die Hypothek wirkt nämlich praktisch wie eine Grundbuchsperre (vgl. Staudinger/Peters, BGB, § 650e Rdn. 6).

8   Hat der Unternehmer eine Sicherheit nach § 650e BGB, kann er in das Grundstück des Bestellers vollstrecken. Ist die Sicherungshypothek an werthaltiger Stelle eingetragen, führt das zur Befriedigung des Unternehmers.

9   Im Insolvenzverfahren hat der Gläubiger einer eingetragenen Sicherungshypothek ein Recht auf abgesonderte Befriedigung (§ 49 InsO). Er kann die Eintragung einer Sicherungshypothek auch noch während des Insolvenzverfahrens verlangen, wenn die Vormerkung im Zeitpunkt der Verfahrenseröffnung bereits eingetragen war (§ 106 InsO). Allerdings sind §§ 88 und 129 InsO zu beachten. Wurde die Vormerkung im letzten Monat vor dem Antrag auf Eröffnung des Insolvenzverfahrens oder nach diesem Antrag durch Zwangsvollstreckung eingetragen, so

wird sie mit der Eröffnung des Verfahrens unwirksam (vgl. BGH, Urt. v. 15.7.1999 – IX ZR 239/98, zugleich zu §7 Abs. 3 Satz 1 GesO, wonach die zeitliche Beschränkung nicht galt, sondern die Vormerkung nie Bestand hatte).

Ein Insolvenzverwalter kann im Weg der Insolvenzanfechtung gegen die Eintragung der Sicherungshypothek bzw. der Vormerkung vorgehen. Die ältere Rechtsprechung verlangte, dass die Voraussetzungen der Kongruenzanfechtung (nunmehr § 130 InsO) erfüllt sind, weil ihr zufolge § 650e BGB einen gesetzlichen Sicherungsanspruch und folglich keine inkongruente Deckung darstellt (vgl. BGH, Urt. v. 21.12.1960 – VIII ZR 204/59; Urt. v. 21.12.1983 – VIII ZR 256/82). In neuerer Zeit bewertet jedoch der Bundesgerichtshof (vgl. etwa BGH, Urt. v. 22.1.2004 – IX ZR 39/03) in ständiger Rechtsprechung durch Zwangsvollstreckung erlangte Deckungen als inkongruent im Sinne von § 131 InsO. Für eine aufgrund einstweiliger Verfügung durch Zwangsvollstreckung erlangte Vormerkung gemäß § 650e BGB kann nichts anderes gelten. Der Insolvenzverwalter kann sie daher erleichtert gemäß § 131 InsO anfechten (vgl. Schmitz, Die Bauinsolvenz, Rdn. 965 m. w. N.). 10

Ist die Sicherungshypothek nicht an werthaltiger Stelle eingetragen, hat die Hypothek nur mittelbare Bedeutung. Eine etwa für einen Bauträger-Erwerber zeitlich früher eingetragene Auflassungsvormerkung geht vor. Wird der Erwerber Eigentümer, kann er die Löschung der Sicherungshypothek oder der entsprechenden Vormerkung verlangen (§ 888 Abs. 1 BGB). 11

Fremdfinanzierte Bauvorhaben sind häufig bis zur wirtschaftlichen Höchstgrenze belastet, so dass bei einer Zwangsversteigerung mit einem Ausfall der Hypothek zu rechnen ist. Die Eintragung einer Vormerkung an aussichtsloser Stelle im Grundbuch wird wirtschaftlich für den Fall bedeutsam, dass der Besteller oder seine Gläubiger das Grundstück zum Zwecke der Verwertung veräußern wollen. In diesen Fällen ist die Eintragung ein ganz erhebliches Druckmittel für die Durchsetzung der berechtigten Werklohnforderung. Außerdem kann der Unternehmer nach Eintragung der Sicherungshypothek selbst die Zwangsvollstreckung betreiben, was häufig durch Abstandszahlungen vermieden wird. Zahlt indessen ein Insolvenzverwalter eine Abstandsprämie, um auf diese Weise die Löschung einer jeweils nachrangigen, offensichtlich wertlosen Hypothek/Vormerkung und damit einen zügigen freihändigen Verkauf des belasteten Grundstücks zu erreichen, ist dieser Vertrag insolvenzzweckwidrig und damit unwirksam. Der Unternehmer muss den rechtsgrundlos erlangten Betrag zurückzahlen (vgl. BGH, Beschl. v. 20.3.2008 – IX ZR 68/06; abzugrenzen ist dies von wirksamen Vereinbarungen, dass der vorrangig gesicherte Gläubiger im Interesse des freihändigen Verkaufs eine Zahlung leistet, um die Aufgabe des nachrangigen Grundpfandrechts zu bewirken, vgl. dazu BGH, Urt. v. 20.3.2014 – IX ZR 80/13 Rdn. 15 ff. und 24; Urt. v. 30.4.2015 – IX ZR 301/13 Rdn. 12). 12

C. Begünstigter Unternehmer

Der Anspruch auf Einräumung einer Sicherungshypothek aus § 650e BGB steht jedem Unternehmer zu, der mit einem Besteller durch einen Bauvertrag verbunden ist. Wegen der damit verbundenen Fragen nehme ich Bezug auf die Kommentierung zu → § 650a BGB. 13

D. Besteller als Eigentümer des Grundstücks

Nach § 650e BGB kann der Unternehmer die Einräumung einer Sicherungshypothek an dem „Baugrundstück des Bestellers" verlangen. Das Gesetz geht also von der Übereinstimmung zwischen Grundstückseigentümer und Besteller als Voraussetzung für die Hypothek aus (zu den speziellen Problemen, die sich stellen, wenn der Besteller nicht Grundstückseigentümer, sondern Erbbauberechtigter ist, vgl. Neumann, ZfBR 2020, 211). Voraussetzung für einen Sicherungsanspruch ist deshalb grundsätzlich, dass Besteller und Eigentümer des Grundstücks rechtlich identisch sind (vgl. BGH, Urt. v. 22.10.1987 – VII ZR 12/87; OLG Hamm, Urt. v. 7.10.1998 – 12 U 19/98; OLG Koblenz, Urt. v. 24.9.1992 – 5 U 1304/92; KG, Urt. v. 29.12.1995 – 21 W 8224/95; OLG Schleswig, Urt. v. 23.12.1999 – 7 U 99/99). Es kommt darauf an, dass der Besteller im Zeitpunkt der Anspruchsstellung Eigentümer ist (vgl. OLG Hamm, Urt. v. 7.10.1998 – 12 U 19/98). Die abweichende Auffassung des OLG Koblenz (vgl. Urt. v. 24.9.1992 – 5 U 1304/92), wonach der Besteller schon im Zeitpunkt des Vertragsschlusses Eigentümer sein muss, überzeugt nicht, weil § 650e BGB nicht auf den Zeitpunkt des 14

Vertragsschlusses abstellt und der Sinn und Zweck des § 650e BGB eine derartige Beschränkung nicht erfordern.

15 § 650e Satz 1 BGB schützt den Unternehmer grundsätzlich nicht davor, dass der Besteller das Grundstück veräußert, auf dem der Unternehmer die vertraglich geschuldete Bauleistung erbringen muss oder schon erbracht hat. Nur in Ausnahmefällen kann der Unternehmer ausnahmsweise den Erwerber des Grundstücks, auf dem die Bauleistung erbracht wurde, wegen seiner Forderung aus dem Vertrag mit dem Besteller auf Einräumung einer Sicherungshypothek in Anspruch nehmen (z. B. auf Grundlage von § 826 BGB wegen dolosen Zusammenwirkens des Erwerbers mit dem Besteller) (vgl. BGH, Urt. v. 18.12.2014 – VII ZR 139/13 Rdn. 11 f.).

16 Erlangt der Unternehmer zunächst eine Vormerkung im Grundbuch und fallen dann wegen einer Veräußerung des Eigentums Schuldner (= Besteller) und Eigentümer auseinander, bleibt der Schuldner verpflichtet, die Erklärung abzugeben, welche die vorgemerkte Rechtsänderung herbeiführt. Der Anspruch des Gläubigers gegen den Schuldner geht auf Erfüllung des Anspruchs aus dem schuldrechtlichen Verhältnis zwischen ihnen, da nur der Schuldner zur Herbeiführung der dinglichen Rechtsänderung verpflichtet ist. Der Schuldner hat die Erklärung abzugeben, die die vorgemerkte Rechtsänderung herbeiführt. Dabei kann er sich wegen § 883 Abs. 1 BGB nicht auf Unvermögen berufen (vgl. OLG Hamm, Urt. v. 10.1.2006 – 24 U 94/05).

17 Die Übereinstimmung von Eigentümer und Besteller wird grundsätzlich rein formaljuristisch festgestellt. Eine Übereinstimmung nach wirtschaftlicher Betrachtungsweise genügt regelmäßig nicht (vgl. BGH, Urt. v. 22.10.1987 – VII ZR 12/87 mit umfassender Darstellung des seinerzeitigen Meinungsstands; Raabe, BauR 1997, 757).

18 Das schließt nicht aus, dass sich der Grundstückseigentümer je nach Lage des Einzelfalls gemäß § 242 BGB wie ein Besteller behandeln lassen muss, soweit der Unternehmer des ihm zustehenden Werklohns Befriedigung aus dem Grundstück sucht (vgl. BGH, Urt. v. 22.10.1987 – VII ZR 12/87; OLG Celle, Urt. v. 26.10.2000 – 13 W 75/00; OLG Düsseldorf, Urt. v. 25.2.1993 – 5 U 162/92; OLG Naumburg, Urt. v. 14.4.1999 – 12 U 8/99; zurückhaltend OLG Celle, Urt. v. 31.10.2002 – 6 U 159/02; im konkreten Fall von OLG Düsseldorf, Beschl. v. 8.5.2012 – I-23 W 27/12, verneint).

19 Dazu reicht es nicht aus, dass der Grundstückseigentümer den Besteller wirtschaftlich beherrscht. Das Problem der wirtschaftlichen Übereinstimmung von Besteller und Eigentümer stellt sich namentlich dann, wenn juristische Personen (mit)auftreten. Über die rechtliche Verschiedenheit von juristischen Personen und ihren Gesellschaftern darf nicht leichtfertig und schrankenlos hinweggegangen werden. Gerade dies geschähe, wenn man für die Anwendung des § 650e BGB den Begriff der wirtschaftlichen Identität heranzöge. Das Merkmal ist zudem unscharf und liefert keine genauen Abgrenzungsgesichtspunkte. Angesichts der zahlreichen Möglichkeiten, wie natürliche und juristische Personen miteinander verflochten sind, müsste eine generalisierende wirtschaftliche Betrachtungsweise zu erheblicher Rechtsunsicherheit führen (vgl. BGH, Urt. v. 22.10.1987 – VII ZR 12/87).

20 Kommt zur wirtschaftlichen Beherrschung hinzu, dass der Eigentümer die wirtschaftlichen Vorteile aus der Bauleistung zieht, kann es geboten sein, ihn mit dem Grundstück haften zu lassen (vgl. BGH, Urt. v. 22.10.1987 – VII ZR 12/87). Gleiches gilt, wenn der Eigentümer einen Besteller vorschiebt, z. B. einen vermögenslosen Mieter (vgl. OLG Düsseldorf, Urt. v. 25.2.1993 – 5 U 162/92), eine GmbH, deren Geschäftsführer zum Zeitpunkt des Vertragsschlusses auch Geschäftsführer und alleiniger Gesellschafter des Grundstückseigentümers, ebenfalls einer GmbH, war (vgl. OLG Düsseldorf, Urt. v. 12.9.2006 – 21 U 49/06), oder einen vermögenslosen Ehepartner (vgl. OLG Frankfurt am Main, Urt. v. 25.5.2000 – 16 U 103/98; vgl. ähnlich auch OLG Celle, Urt. v. 4.9.2018 – 14 U 18/18). Allerdings kommt es auf den Einzelfall an. Eine generelle Haftung des Grundstücks des nicht beauftragenden Ehegatten ist mit dem Gesetz nicht vereinbar (vgl. OLG Celle, Urt. v. 17.12.2004 – 6 W 136/04).

21 Tritt der Grundstückseigentümer der Schuld des Bestellers bei, so hat der Unternehmer einen Anspruch auf Eintragung der Sicherungshypothek gegen den Grundstückseigentümer (vgl. OLG Hamm, Urt. v. 7.10.1998 – 12 U 19/98; a. A. OLG Dresden, Urt. v. 14.6.2000 – 2 W 986/00). Ist der persönlich haftende Gesellschafter einer OHG der Eigentümer und diese der Besteller, so kann die Eintragung auf dem Grundstück des Gesellschafters verlangt werden (vgl. Staudinger/Peters, BGB, § 650e Rdn. 20 m. w. N.).

E. Grundstück als Pfandgegenstand

Die Sicherung erfasst das ganze Grundstück, das der Unternehmer nach dem Bauvertrag mit 22
dem Besteller bearbeitet, nicht nur den zu bebauenden Teil. Bezieht sich der Bauvertrag teilweise auf das Grundstück des Bestellers und teilweise auf das Grundstück eines Dritten, kann das Grundstück des Bestellers zur Sicherung der gesamten Forderung herangezogen werden (vgl. OLG Frankfurt am Main, Urt. v. 24.11.1993 – 21 U 164/93). Gegenstand des Pfandrechts kann auch ein Erbbaurecht des Bestellers sein. Der Unternehmer hat aber keinen Anspruch auf Eintragung einer Sicherungshypothek auf anderen Grundstücken des Bestellers als denen, auf die sich der Bauvertrag bezieht.

Wird eine nach dem Bauvertrag einheitlich geschuldete Werkleistung auf mehreren Grundstücken des Bestellers oder mehrerer Besteller erbracht, kann die Vormerkung bzw. die Hypothek in voller Werklohnhöhe auf jedem Grundstück eingetragen werden. Das gilt sowohl für den Fall, dass es sich nur um ein Bauwerk bzw. eine Bauleistung handelt, als auch für den Fall, dass verschiedene Bauwerke bzw. verschiedene Bauleistungen auf der Grundlage eines Bauvertrags erbracht werden. Es findet keine Aufteilung nach der für das jeweilige Grundstück erbrachten Leistung statt (vgl. BGH, Urt. v. 30.3.2000 – VII ZR 299/96; LG Köln, Urt. v. 18.9.2009 – 13 S 195/09). Der Bundesgerichtshof stellte darauf ab, dass § 650e BGB dem Schutz des Unternehmers dient und das Prioritätsprinzip gilt (§ 879 BGB). Im Falle einer Übersicherung kann der Unternehmer verpflichtet sein, einzelne Grundstücke aus der Pfandhaftung zu entlassen (vgl. BGH, Urt. v. 30.3.2000 – VII ZR 299/96) 23

An mehreren Grundstücken wird eine Gesamthypothek eingetragen (§ 1132 Abs. 1 BGB). 24
Der Unternehmer kann eine Gesamthypothek verlangen, soweit der Besteller, z. B. ein Bauträger, noch Eigentümer ist. Das gilt auch, wenn das Grundstück nach Abschluss des Bauvertrags geteilt wurde (vgl. OLG Frankfurt am Main, Urt. v. 19.9.1984 – 17 U 32/84; OLG Frankfurt am Main, Urt. v. 10.5.1995 – 20 W 79/95; OLG Hamm, Urt. v. 7.10.1998 – 12 U 19/98).

Die Vormerkung auf Bewilligung einer Gesamthypothek behält als Vormerkung für eine 25
Einzelhypothek ihre Wirksamkeit, wenn dem Berechtigten nur noch ein Anspruch auf eine Einzelhypothek zusteht (vgl. BGH, Urt. v. 30.3.2000 – VII ZR 299/96). Ist die Vormerkung bereits eingetragen, setzt sich die Hypothek nach der Teilung an jedem Grundstücksteil fort (vgl. OLG Köln, JMBl. NRW 1976, 211).

Bearbeitet der Unternehmer auf jedem Grundstück jeweils ein Bauwerk auf Grund verschiedener Bauverträge, kann er nur wegen der jeweiligen Werklohnforderung eine Sicherungshypothek an dem jeweils betreffenden Grundstück verlangen (vgl. Retzlaff, in: Beck'sche Kurzkommentare, BGB § 650e Rdn. 3). 26

F. Sicherungsfähige Ansprüche

Der Anspruch auf Eintragung einer Sicherungshypothek besteht zur Sicherung aller Forderungen des Unternehmers aus dem Bauvertrag (vgl. BGH, Urt. v. 17.5.1974 – V ZR 187/72). Welche Ansprüche gesichert sind, bestimmt sich nach der Eintragung im Grundbuch. Nimmt die Eintragung Bezug auf die Eintragungsbewilligung oder eine einstweilige Verfügung, muss sich die gesicherte Forderung daraus ergeben (vgl. BGH, Urt. v. 17.5.1974 – V ZR 187/72). Wenn nur die Werklohnforderung abgesichert wird, werden andere Ansprüche wie Schadensersatzansprüche wegen Verzugs nicht erfasst (vgl. BGH, Urt. v. 17.5.1974 – V ZR 187/72; OLG Koblenz, Urt. v. 29.7.1993 – 5 U 921/93). Ein Austausch der Forderungen ist nicht möglich. Eine Vormerkung, die nur eine Forderung aus einer Abschlagsrechnung absichert, erhält nicht die Rangstelle für eine Hypothek, die für die Schlussrechnungsforderung eingetragen werden soll (vgl. BGH, Urt. v. 26.7.2001 – VII ZR 203/00). Die Sicherung einer bestimmten Abschlagszahlungsforderung erlischt, wenn diese Abschlagszahlung geleistet ist. Ein Nachwachsen der Ansprüche ist nicht möglich, es sei denn, die Bewilligung oder die einstweilige Verfügung sähen das vor. 27

I. Der Werklohnanspruch

28 Sicherungsfähig ist insbesondere der Anspruch auf Vergütung. Allerdings ist der künftige Anspruch entgegen § 883 Abs. 1 Satz 2 BGB nicht absicherbar. Ist das Werk noch nicht vollendet, kann der Unternehmer die Einräumung der Sicherungshypothek „für einen der geleisteten Arbeit entsprechenden Teil der Vergütung und für die in der Vergütung nicht inbegriffenen Auslagen verlangen" (§ 650e Satz 2 BGB). Diese Formulierung ist § 645 Abs. 1 BGB entnommen. Sie ist dahin zu verstehen, dass der Unternehmer während der Bauvertragsdurchführung eine Sicherung des Werklohns nur für die erbrachte Leistung und für die in diesem Werklohn nicht inbegriffenen Auslagen verlangen kann. Der Werklohn für die erbrachte Leistung wird nach den für die Abrechnung des Werklohns nach einer Kündigung entwickelten Grundsätzen berechnet (→ § 648 BGB Rdn. 35 ff.).

29 Die Fälligkeit des finalen Werklohnanspruchs ist nicht Voraussetzung für die Eintragung. Deshalb kommt es beim VOB/B-Bauvertrag nicht darauf an, ob die vorgelegte Schlussrechnung prüfbar ist (vgl. OLG Brandenburg, Urt. v. 24.4.2002 – 13 U 245/01). Die Höhe des zu sichernden Werklohns muss der Unternehmer glaubhaft machen, wenn er die Eintragung einer Vormerkung bewirken will. Dabei genügt die Vorlage einer prüffähigen Rechnung, deren Richtigkeit der Unternehmer an Eides Statt versichert (wobei sich diese Versicherung auch auf eine etwa nach HOAI erforderliche Kostenermittlung erstrecken muss) (vgl. OLG Naumburg, Urt. v. 12.3.2013 – 1 U 134/12). In Betracht kommt auch ein Prüfvermerk, den der vom Besteller eingesetzte Architekt auf der Rechnung anbrachte (vgl. OLG Karlsruhe, Beschl. v. 4.8.2009 – 4 W 36/09). Ein denkbares Skonto wird von der Vergütung ebenso wenig abgezogen wie ein Sicherheitseinbehalt (vgl. BGH, Beschl. v. 25.11.1999 – VII ZR 95/99, zum Sicherheitseinbehalt; KG, Urt. v. 16.9.1970 – 4 U 1800/70; OLG Hamm, Urt. v. 19.8.1997 – 24 U 62/97; OLG Köln, Urt. v. 19.11.1997 – 27 U 56/97).

30 Fraglich ist, ob unter Übertragung der neueren Rechtsprechung des Bundesgerichtshofs zu § 650f BGB (vgl. BGH, Urt. v. 6.3.2014 – VII ZR 349/12) auch in einem einstweiligen, auf Eintragung einer Vormerkung zur Sicherung des Anspruchs auf Einräumung einer Bauhandwerkersicherungshypothek gemäß § 650e BGB gerichteten Verfügungsverfahren nach beiderseitiger Glaubhaftmachung verbleibende Zweifel zu Lasten des Bestellers gehen und mithin dem Antrag des Unternehmers stattzugeben ist (vgl. LG Hannover, Urt. v. 2.3.2015 – 14 O 62/14). Dagegen dürfte sprechen, dass § 650f BGB die Absicherung noch offenen Werklohns, § 650e BGB dagegen die des bereits erarbeiteten Werklohns zum Gegenstand hat (auch → Rdn. 32) und dass die allgemeinen ZPO-Anforderungen zur Glaubhaftungsmachungslast (vgl. zu diesen etwa Zöller/Vollkommer, vor § 916 Rdn. 6f.) zu beachten sind (vgl. ähnlich Sacher, in: Kniffka/Koeble, 12. Teil Rdn. 43 ff., zum ebenfalls denkbaren Streit über Mängelbehauptungen des Bestellers, aber ohne Diskussion der neueren Rechtsprechung des Bundesgerichtshofs zu § 650f BGB).

31 Ist die Werkleistung mangelhaft, besteht der Anspruch nur in der Höhe, in der der Wert des Grundstücks gesteigert ist. In der Regel wird der einfache Betrag der Mängelbeseitigungskosten vom Werklohn abzuziehen sein (vgl. BGH, Urt. v. 10.3.1977 – VII ZR 77/76; OLG Brandenburg, Urt. v. 24.4.2002 – 13 U 245/01). Ob dem Unternehmer ein vorübergehendes Leistungsverweigerungsrecht, etwa nach § 650f BGB, zusteht, ist unerheblich (vgl. OLG Celle, Urt. v. 7.8.2002 – 7 U 60/02).

32 Diese Rechtsprechung wurde aus dem Gedanken abgeleitet, dass der Unternehmer eines Bauwerks eine hypothekarische Sicherung für seinen Werklohn nur in dem Umfang erhalten soll, in dem jeweils die von ihm geleistete Arbeit ihrem Wert nach der vereinbarten Vergütung entspricht. Dieser Gedanke ist entgegen BGH, Urt. v. 10.3.1977 – VII ZR 77/76 nicht verallgemeinerungsfähig (→ Rdn. 4). Er ist jedoch in den Fällen der Absicherung des Werklohns aus § 650e Satz 2 BGB ableitbar. Da nach dieser Regelung anders als nach § 650f BGB nicht die gesamte noch nicht bezahlte Vergütung abgesichert wird, sondern nur die Vergütung für die bereits erbrachte Leistung, ist es gerechtfertigt, die Sicherung auf den Teil des Werklohns zu beschränken, dem vertragsgemäße Arbeiten zugrunde liegen. Der Unternehmer „verdiente" den Werklohn noch nicht, soweit er mangelhaft leistete. Eine Belastung des Grundstücks wäre in diesen Fällen nicht interessengerecht (vgl. BGH, Urt. v. 10.3.1977 – VII ZR 77/76; a. A. Staudinger/Peters, BGB, § 650e Rdn. 35).

33 Die Darlegungslast für die Mangelfreiheit trägt bis zur Abnahme der Unternehmer. Er trägt im Verfahren der einstweiligen Verfügung insoweit auch die Last der Glaubhaftmachung (vgl. BGH, Urt. v. 10.3.1977 – VII ZR 77/76; OLG Brandenburg, Urt. v. 24.4.2002 – 13 U

245/01; OLG Stuttgart, Urt. v. 25.1.2005 – 6 U 175/04). Beruft er sich auf eine Abnahme, muss er diese darlegen und glaubhaft machen (vgl. OLG Hamm, Urt. v. 22.5.1996 – 12 U 93/95). Nach der Abnahme trägt der Besteller die Darlegungs- und Beweislast bzw. die Last der Glaubhaftmachung (vgl. BGH, Urt. v. 10.3.1977 – VII ZR 77/76). Ist von Mängeln auszugehen, kann die Höhe der Mängelbeseitigungskosten nach § 287 ZPO geschätzt werden (vgl. OLG Celle, Urt. v. 22.5.2001 – 16 U 70/01). Vor der Abnahme trägt der Unternehmer das Schätzungsrisiko, nach der Abnahme der Besteller (vgl. BGH, Urt. v. 10.3.1977 – VII ZR 77/76).

Auch nach einer Kündigung kann der Unternehmer seinen Werklohnanspruch für die erbrachte Leistung sichern (vgl. OLG Brandenburg, Urt. v. 24.4.2002 – 13 U 245/01; OLG Stuttgart, Urt. v. 25.1.2005 – 6 U 175/04). Unklar ist, ob der Anspruch aus § 648 Satz 2 BGB gesichert werden kann, soweit er für die noch nicht erbrachte Leistung erhoben wird. Das wird teilweise abgelehnt, weil das Grundstück insoweit keine Wertsteigerung erfahren habe (vgl. KG, Urt. v. 24.7.2018 – 7 U 134/17 m.w.N.; OLG Jena, Urt. v. 22.4.1998 – 2 U 1747/97; nur i. E. ebenso KG, Beschl. v. 5.1.2021 – 27 W 1054/20). Die Wertsteigerung ist jedoch keine geeignete Anknüpfung. Für den Fall einer unberechtigten Kündigung bejahte der Bundesgerichtshof eine Sicherung des Schadensersatzes aus positiver Vertragsverletzung (vgl. BGH, Urt. v. 5.12.1968 – VII ZR 127/66). Für den Fall einer „freien" Bestellerkündigung oder einer Kündigung des Unternehmers aus wichtigem Grund dürfte daher nichts anderes gelten (vgl. auch OLG Düsseldorf, Urt. v. 14.8.2003 – 5 W 17/03). 34

II. Andere Ansprüche

Gesichert werden können vertragliche Schadensersatzansprüche (vgl. BGH, Urt. v. 22.10.1987 – VII ZR 12/87; Urt. v. 4.7.1996 – VII ZR 227/93), so aus Verzug (vgl. BGH, Urt. v. 17.5.1974 – V ZR 187/72). Zum Teil ist die Rechtsprechung zu restriktiv, weil sie zu Unrecht darauf abstellt, dass das Grundstück eine Wertsteigerung erhalten hat. Nach einer Entscheidung des OLG Jena (Urt. v. 22.4.1998 – 2 U 1747/97) soll z. B. der Anspruch aus § 6 Abs. 6 VOB/B nicht sicherbar sein. Dabei wird aber nicht ausreichend bedacht, dass das Gesetz für sämtliche vertragliche Forderungen die Sicherung vorsieht und nur für den während des Bauvorhabens geltend gemachten Werklohn mittelbar auf die Wertsteigerung abstellt (§ 650e Satz 2 BGB) (vgl. BGH, Urt. v. 30.3.2000 – VII ZR 299/96). 35

Gesichert werden können auch Kosten der Eintragung im Vormerkungsverfahren (vgl. OLG Hamm, Urt. v. 21.4.1989 – 26 U 194/88) und die Kosten der einstweiligen Verfügung jedenfalls dann, wenn sie als Verzugsschaden zu ersetzen sind. 36

G. Nicht durchsetzbare Forderung

Erlischt die gesicherte Forderung, erlischt wegen ihrer strengen Akzessorietät auch die Sicherung. Es gelten die allgemeinen Erlöschenstatbestände. Die Forderung kann also auch durch eine Aufrechnung erlöschen. Sind eine Sicherung bereits im Grundbuch eingetragen und die gesicherte Forderung erloschen, wird das Grundbuch unrichtig. Der Eigentümer kann Berichtigung verlangen. 37

Die Verjährung des Anspruchs, für den die Sicherungshypothek besteht, hindert den Unternehmer nicht, seine Befriedigung aus dem belasteten Grundstück zu suchen. Das gilt nicht für die Ansprüche auf Zinsen (§ 216 Abs. 1 und 2 BGB). Ist der Unternehmer nur durch eine Vormerkung geschützt, kann der Grundstückseigentümer gemäß § 886 BGB deren Beseitigung verlangen, wenn der gesicherte Anspruch verjährt ist und er Verjährung einredete (vgl. BGH, Urt. v. 10.10.1988 – II ZR 92/88). 38

H. Vorrang der Sicherung nach § 650f BGB

Ein Anspruch auf Eintragung einer Bauhandwerkersicherungshypothek besteht nicht, wenn der Unternehmer eine Sicherheit nach § 650f BGB erlangte (§ 650f Abs. 4 BGB) (vgl. OLG Köln, Urt. v. 19.5.1995 – 20 U 199/94; LG Berlin, Beschl. v. 4.6.2015 – 35 O 80/15). Es reicht aber nicht aus, dass das § 650f-Sicherungsverlangen gestellt ist. Es muss auch erfüllt sein (vgl. OLG Düsseldorf, Urt. v. 14.8.2003 – 5 W 17/03). 39

I. Abtretung

40 Der Anspruch auf Bestellung einer Sicherungshypothek ist nicht selbständig abtretbar. Er ist akzessorisch zum gesicherten Anspruch. Mit dessen Abtretung geht der Anspruch gemäß § 401 BGB auf den Zessionar über.

J. Insolvenzunfähige juristische Person des öffentlichen Rechts als Bestellers

41 Ist der Besteller eine juristische Person des öffentlichen Rechts, über deren Vermögen ein Insolvenzverfahren unzulässig ist, ordnet § 650f Abs. 6 Satz 1 Nr. 1 BGB an, dass der Unternehmer keine Sicherheit gemäß § 650f BGB verlangen kann. Daraus wird gefolgert, dass dies über eine teleologische Reduktion auch für § 650e BGB gelten müsse (vgl. OLG Koblenz, Beschl. v. 14.4.2010 – 12 W 178/10; OLG Köln, Beschl. v. 17.4.2019 – 16 U 20/19). Dies mag wirtschaftlich einleuchten, vernachlässigt aber den Wortlaut des § 650e BGB, der eine solche Einschränkung eben gerade nicht vorsieht. Das spricht dafür, einem Unternehmer auch gegenüber einem solchen Besteller den Anspruch aus § 650e BGB zu gewähren (vgl. Ingenstau/Korbion-Joussen, Anh. 1 Rdn. 47; Staudinger/Peters, BGB, § 650e Rdn. 18). Führt man das Ganze aber auf seine wirtschaftliche Bedeutung zurück, dürfte es sich um ein Scheinproblem handeln (vgl. Schmitz, IBR 2019, 490)

K. Abbedingung des § 650e BGB

42 Die individuelle Abbedingung ist wirksam. Der formularmäßige Ausschluss der Möglichkeit, sich im Wege der einstweiligen Verfügung eine Vormerkung zur Sicherung des Anspruchs auf Eintragung einer Bauhandwerkersicherungshypothek eintragen zu lassen, ist hingegen unwirksam, soweit der Unternehmer nicht eine andere Sicherheit erlangt (vgl. BGH, Urt. v. 3.5.1984 – VII ZR 80/82; OLG Karlsruhe, Urt. v. 29.10.1996 – 8 U 18/96; a. A. OLG Köln, Urt. v. 19.5.1995 – 20 U 199/94).

L. Sicherungshypothek

43 Die Sicherungshypothek ist in §§ 1184 ff. BGB geregelt. Die Sicherung erfolgt durch Bestellung einer Sicherungshypothek, also durch dingliche Einigung und Eintragung im Grundbuch (§ 873 BGB). Die Einigung kann ersetzt werden durch ein rechtskräftiges Urteil, das den Besteller dazu verurteilt, die Eintragung einer Sicherungshypothek zu bewilligen (§ 894 ZPO). § 867 ZPO ist nicht anwendbar (vgl. OLG Frankfurt am Main, Urt. v. 10.5.1995 – 20 W 79/95).

M. Einstweilige Verfügung auf Vormerkung

44 Der Unternehmer kann den Anspruch auf Eintragung einer Sicherungshypothek im Wege der einstweiligen Verfügung durch Eintragung einer Vormerkung rangwahrend sichern lassen (§§ 883 und 885 BGB). Der Besteller kann die Eintragung einer Vormerkung auch bewilligen (§ 885 BGB). Die Eintragung der Vormerkung schützt vor nachteiligen Verfügungen, insbesondere auch vor einer Veräußerung.

I. Verfahren und Vollstreckung

45 Der Antrag auf Erlass einer einstweiligen Verfügung ist beim zuständigen Gericht schriftlich zu stellen (vgl. näher Sacher, in: Kniffka/Koeble, 12. Teil Rdn. 50 ff.). Dieses kann die einstweilige Verfügung ohne mündliche Verhandlung erlassen, wenn der Verfügungsanspruch glaubhaft gemacht ist. Der Glaubhaftmachung eines Verfügungsgrunds bedarf es wegen der gesetzlichen Vermutung des § 885 Abs. 1 Satz 2 BGB nicht. Allerdings kann der antragstellende Unternehmer die gesetzlich vermutete Dringlichkeit selbst widerlegen, indem er ohne nachvollziehbaren Grund zu lange Zeit nach Fertigstellung der Leistung/Abnahme bzw. nach Stellung der Schlussrechnung mit seinem Antrag zuwartet (vgl. OLG Celle, Urt. v. 5.3.2015 – 13 U 12/15 [auch kein „Wiederaufleben" oder „Neuentstehen" der Dringlichkeit, wenn der Besteller beabsichtigt, das Grundstück zu veräußern; dazu a. A. OLG Schleswig, Beschl. v. 20.11.2019 – 1 W 12/19]; OLG Düsseldorf, Urt. v. 5.2.2013 – 21 U 123/12; OLG Koblenz, Urt. v. 13.5.2013 – 12 U 1297/12; OLG Nürnberg, Urt. v. 26.2.2015 – 13 U 2061/14; OLG Nürnberg, Beschl. v. 3.11.2015 – 13 U 1988/15), wenn er die Vollziehungsfrist zu einer ersten, zu seinen Gunsten ergangenen einstweiligen Verfügung verstreichen lässt (und nun nochmals den Erlass einer einstweiligen Verfügung beantragt) (vgl. OLG Celle, Beschl. v. 30.8.2012 – 5 W 42/12; zur Abgrenzung der spezielle Fall des OLG Frankfurt am Main, Beschl. v. 5.5.2009 – 8 U 10/09) oder wenn er nach klageabweisendem Urteil der ersten Instanz das Berufungsverfahren nicht mit der gebotenen Beschleunigung betreibt (vgl. OLG Düsseldorf, Urt. v. 30.9.2014 – 23 U 7/14). Die Rechtsprechung der Oberlandesgerichte, die wegen der Besonderheiten des Rechtsmittelzugs im einstweiligen Verfügungsverfahren keine Vereinheitlichung durch den Bundesgerichtshof erfahren wird, ist allerdings uneinheitlich. So gibt es auch Entscheidungen, in denen Oberlandesgerichte die Dringlichkeitsvermutung des § 885 Abs. 1 Satz 2 BGB nicht als durch zu langes Abwarten des Unternehmers selbst widerlegt ansahen (vgl. OLG Frankfurt am Main, Urt. v. 19.8.2019 – 21 U 11/19; OLG Schleswig, Beschl. v. 20.11.2019 – 1 W 12/19).

Die einstweilige Verfügung kann auch ergehen, wenn der Anspruch oder der Verfügungsgrund nicht glaubhaft gemacht ist (§§ 936 i. V. m. 921 Satz 1 ZPO). In diesem Fall ist eine Sicherheitsleistung des Antragstellers anzuordnen. 46

Die einstweilige Verfügung wird durch einen Antrag an das Grundbuchamt vollstreckt, die Vormerkung einzutragen. Der Antrag muss innerhalb der Monatsfrist des § 929 Abs. 2 ZPO beim Grundbuchamt eingegangen sein, und es muss eine Woche nach Eingang des Antrags die Zustellung der einstweiligen Verfügung erfolgt sein (§ 929 Abs. 3 Satz 2 ZPO). Sonst wird die einstweilige Verfügung unwirksam und ist keine Grundlage mehr für eine Vollstreckung. 47

II. Rechtsbehelfe gegen einstweilige Verfügung auf Vormerkung

Der Besteller hat verschiedene Möglichkeiten, sich gegen die einstweilige Verfügung auf Eintragung einer Sicherungshypothek zur Wehr zu setzen (vgl. dazu Sacher, in: Kniffka/Koeble, 12. Teil Rdn. 61 ff.). 48

Er hat die Möglichkeit des Widerspruchs (§ 924 ZPO), der auch auf die Kostenentscheidung beschränkt werden kann. 49

Er hat die weitere Möglichkeit, einen Antrag auf Anordnung der Klageerhebung in der Hauptsache zu stellen (§ 926 Abs. 1 ZPO). Nach fruchtlosem Fristablauf ist die einstweilige Verfügung auf Antrag (§ 926 Abs. 2 ZPO) aufzuheben. Die Hauptsacheklage ist mit dem Inhalt zu führen, dass der Besteller die Eintragung einer Sicherungshypothek bewilligt (vgl. BayObLG, Beschl. v. 15.6.2000 – 2Z BR 46/00; OLG Celle, Urt. v. 10.7.2003 – 16 W 33/03; OLG Düsseldorf, Urt. v. 5.11.1985 – 23 U 159/85; OLG Frankfurt am Main, Urt. v. 23.2.1983 – 17 U 179/82; a. A. OLG Frankfurt am Main, Urt. v. 15.5.2002 – 23 U 6/02). Das ist zwar formalistisch, entspricht jedoch der Rechtslage. Die Klage auf Eintragung einer Sicherungshypothek kann (und sollte) mit der Zahlungsklage verbunden werden. 50

Der Besteller hat ferner die Möglichkeit, die Aufhebung der einstweiligen Verfügung wegen veränderter Umstände gemäß § 927 ZPO zu beantragen. Die Aufhebung hat zu erfolgen bei Versäumung der Vollziehungsfrist, weil dann die einstweilige Verfügung unwirksam ist (vgl. BGH, Urt. v. 10.6.1999 – VII ZR 157/98). Die Zustellung der einstweiligen Verfügung an den Schuldner muss gemäß § 929 Abs. 3 Satz 2 ZPO spätestens innerhalb einer Woche nach Vollziehung und vor Ablauf der Monatsfrist des § 929 Abs. 2 ZPO erfolgt sein. Die Zustellung hat im Parteibetrieb zu erfolgen. Ausreichend kann aber auch die von Amts wegen erfolgte Zustellung sein. Der Mangel, dass keine Zustellung im Parteibetrieb erfolgt, kann gemäß § 187 ZPO geheilt werden (str.). Die einstweilige Verfügung auf Eintragung einer Vormerkung wird mit dem Eingang des Eintragungsantrags beim Grundbuchamt vollzogen (vgl. BGH, Urt. v. 19.12.1996 – VII ZR 309/95). Der Antrag muss beim Grundbuchamt gemäß § 929 Abs. 2 ZPO innerhalb eines Monats nach Verkündung des Urteils oder Zustellung des Beschlusses 51 eingegangen sein. Eine einstweilige Verfügung muss erneut vollzogen werden, wenn sie im Widerspruchsverfahren wesentlich geändert wird, weil z. B. erstmalig eine Sicherheitsleistung angeordnet wird (vgl. OLG Düsseldorf, Urt. v. 29.7.1994 – 23 U 46/94; OLG Rostock, Urt. v. 16.7.2002 – 4 U 246/01). Das soll auch gelten, wenn der zu sichernde Betrag ermäßigt wird (vgl. OLG Hamm, Urt. v. 8.11.1994 – 21 U 61/94; a. A. OLG Hamm, Urt. v. 20.10.1999 – 12 U 107/99). Die Aufhebung hat ferner zu erfolgen, wenn die zu sichernde Forderung nicht oder nicht mehr in der in der Verfügung bezeichneten Höhe besteht; ferner bei Hinterlegung von Sicherheit (§ 939 ZPO).

52 Besondere Relevanz hat die durch § 939 ZPO eröffnete Aufhebung der einstweiligen, auf Eintragung einer Vormerkung gerichteten Verfügung gegen Sicherheitsleistung (zum Teil werden die nachfolgenden Fragen auch in Bezug auf § 927 ZPO diskutiert mit dem Argument, die Stellung einer anderweitigen, genügenden Sicherheit stelle veränderte Umstände dar [vgl. etwa Staudinger/Peters, BGB, § 650e Rdn. 39]). Da die Vormerkung gemäß § 650e BGB den Unternehmer nur sichern soll, ist ungeachtet der von § 929 ZPO geforderten „besonderen Umstände" eine Aufhebung zu gestatten, wenn die anzuordnende Sicherheit Gewähr dafür bietet, dass der Zweck der einstweiligen Verfügung unverändert erreicht wird. So kann der Besteller die Aufhebung verlangen, wenn er den gesicherten Betrag hinterlegt hat (vgl. RG, Urt. v. 28.8.1903 – VII 32/03; OLG Hamm, Beschl. v. 14.4.2016 – 21 U 40/16; Vowinckel, NZBau 2017, 14, 17).

53 Auch die Stellung einer Bürgschaft durch einen Bürgen, der eine verlässliche Sicherheit bietet, rechtfertigt regelmäßig die Aufhebung der Vormerkung (vgl. KG, Urt. v. 29.7.2008 – 7 U 230/07; OLG Hamm, Beschl. v. 14.4.2016 – 21 U 40/16; OLG Köln, Urt. v. 27.11.1974 – 16 U 124/74; OLG Saarbrücken, Urt. v. 17.5.1990 – 7 W 7/90; a. A. zu einem speziell gelagerten Fall [Prozessbürgschaft] OLG Hamm, Urt. v. 27.10.1992 – 26 U 132/92; dazu, „vorauseilend" die Eintragung einer Sicherungshypothek bzw. einer Vormerkung dafür durch Stellung einer § 650f-Bürgschaft abzuwenden, vgl. Bollenbach/Jahn, NZBau 2020, 691, 693 f.). Das gilt nicht nur, wenn die Vormerkung an schlechter Rangstelle eingetragen wird und im Hinblick auf vorrangige wertausschöpfende Grundpfandrechte absehbar der Unternehmer mit der Verwertung einer später an dieser Rangstelle eingetragenen Sicherungshypothek ausfallen wird. In einem solchen Fall ist nämlich eine Bürgschaft offensichtlich eine deutlich nachhaltigere Sicherung des Unternehmers. Nicht anders ist zu entscheiden, wenn der Rang der Vormerkung nicht so eindeutig problematisch ist. Zu fordern ist aber generell, dass die Bürgschaft „in qualitativer und quantitativer Hinsicht mindestens die gleiche Werthaltigkeit wie die Sicherungshypothek bietet" (Sacher, in: Kniffka/Koeble, Teil 12 Rdn. 68; OLG Hamm, Beschl. v. 14.4.2016 – 21 U 40/16). „Gestellt" ist die Bürgschaft erst, wenn das Original der Bürgschaftsurkunde dem Unternehmer übergeben wurde (vgl. BGH, Beschl. v. 10.4.2008 – I ZB 14/07 Rdn. 11 f., 14; Vowinckel, NZBau 2017, 14, 18).

54 Zu bedenken ist, dass eine Höchstbetragsbürgschaft die gegen den Hauptschuldner/Besteller auflaufenden Verzugszinsen, Prozesskosten usw. gemäß § 767 Abs. 1 Satz 2, Abs. 2 BGB zwar absichert, aber eben nur im Rahmen des Höchstbetrags, für den der Bürge haftet. Häufig wird es daher geboten sein, dass der Höchstbetrag der Bürgschaft oberhalb des durch die Vormerkung abgesicherten Hauptsachebetrags liegt. Zuzumuten ist dem Unternehmer aber, einen Ausfall von Zinsen usw. dadurch zu vermeiden, dass er den Bürgen selbst in Verzug setzt (vgl. dazu BGH, Urt. v. 10.2.2011 – VII ZR 53/10). Verbleibende Unbilligkeiten etwa deshalb, weil der als Kaufmann agierende Besteller für die Werklohnforderung Zinsen in Höhe von neun Prozentpunkten über dem Basiszinssatz schuldet (§ 288 Abs. 2 BGB), der Bürge dagegen nur in Höhe von fünf Prozentpunkten (§ 288 Abs. 1 Satz 2 BGB), lassen sich folglich durch einen höheren Bürgschaftsbetrag ausgleichen. Der Ansatz des LG Hamburg (vgl. Urt. v. 23.12.2009 – 325 O 160/09), 150 % des Nennbetrags der Vormerkung anzusetzen, erscheint vor diesem Hintergrund nicht unangemessen (vgl. zustimmend Vowinckel, NZBau 2017, 14, 17 f.).

55 Das Erschwernis für den Unternehmer, dass er im Streitfall zwei Prozesse – einen auf Werklohn gegen den Besteller, einen auf Zahlung aus der Bürgschaft gegen den Bürgen – an möglicherweise getrennten Gerichtsständen führen muss, sollte dadurch reduziert werden, dass der Bürge sich im Anwendungsbereich von § 38 Abs. 1 ZPO dem für den Werklohnprozess zuständigen Gerichtsstand unterwerfen muss. Damit kann der Unternehmer im Wege der Klagehäufung Besteller und Bürge wie Gesamtschuldner vor demselben Gericht verklagen.

56 Unbeachtlich ist für § 939 ZPO der gelegentliche Wunsch des Unternehmers, durch eine Vormerkung und die damit einhergehende Grundstücksblockade den am schnellen Weiterver-

Sicherungshypothek des Bauunternehmers § 650e

kauf interessierten Besteller zu einer zügigen Gesamtbereinigung bewegen zu können. § 650e BGB schützt das Sicherungsbedürfnis des Unternehmers, nicht dieses weitergehende faktische Druckmittel (vgl. KG, Urt. v. 29.7.2008 – 7 U 230/07; OLG Hamm, Beschl. v. 14.4.2016 – 21 U 40/16; Vowinckel, NZBau 2017, 14, 17).

III. Umschreibung der Vormerkung

Die Umschreibung der Vormerkung in die Sicherungshypothek erfolgt aufgrund einer entsprechenden Bewilligung oder aufgrund einer rechtskräftigen Verurteilung zur Bewilligung einer Sicherungshypothek an rangwahrender Stelle. 57

N. Besonderheiten des VOB/B-Vertrags

Die VOB/B verhält sich zu § 650e BGB in keiner Weise. § 650e BGB ist anwendbar unabhängig davon, ob die Bauvertragsparteien die VOB/B in ihr Vertragsverhältnis einbezogen (vgl. OLG Brandenburg, Urt. v. 24.4.2002 – 13 U 245/01). 58

O. Besonderheiten des Architekten-/Ingenieurvertrags

§ 650q Abs. 1 BGB ordnet an, dass für Architekten- und Ingenieurverträge § 650e BGB entsprechend gilt. 59

Hierzu wird vertreten, dass auch das neue Recht – wie § 648 BGB a. F. – dem Architekten oder Ingenieur (nachfolgend: Planer) einen Anspruch auf Einräumung einer Sicherungshypothek nur gewährt, falls die Planungsleistungen sich im Bauwerk manifestiert oder zu einer Wertsteigerung des Grundstücks geführt haben (vgl. OLG Celle, Urt. v. 6.2.2020 – 14 U 160/19; Deckers, ZfBR 2017, 523, 535; Orlowski, ZfBR 2016, 419, 435; unklar die Formulierung in BT-Drucks. 18/8486 S. 68, dass „[d]ie Konturierung, die die Anwendbarkeit [u. a.] von § 648e BGB] auf Architekten- und Ingenieurverträge durch die bisher dazu ergangene Rechtsprechung erhalten hat, [...] infolge der lediglich entsprechenden Anwendbarkeit aufrechterhalten werden können [dürfte]"). Dem ist so nicht zu folgen (vgl. ebenso KG, Beschl. v. 5.1.2021 – 27 W 1054/20; Werner/Pastor, Rdn. 185). 60

Richtig ist, dass nach der Rechtsprechung des Bundesgerichtshofs zum alten Recht der Architekt, der sämtliche Architektenleistungen von der Planung bis zur örtlichen Bauaufsicht erbracht hatte, für das entsprechende Honorar einräumung einer Sicherungshypothek verlangen konnte (vgl. BGH, Urt. v. 5.12.1968 – VII ZR 127/66). Maßgeblicher Grund war, dass der Architekt auf Grund eines Werkvertrags an der Errichtung des Bauwerks mitwirkte. Planung und Bauleitung dienten der Herstellung des Bauwerks. Durch seine Leistungen trug er nicht weniger als der Unternehmer dazu bei, dass das Bauwerk funktionstauglich und zweckentsprechend errichtet wurde (vgl. BGH, Urt. v. 5.12.1968 – VII ZR 127/66). 61

Auch sonst wurde dem Planer in der Rechtsprechung zu § 648 BGB a. F. weitgehend der Anspruch auf Eintragung einer Sicherungshypothek zur Absicherung der Honorarforderung nur eingeräumt, sofern seine Leistung zu einer Wertsteigerung des Grundstücks geführt bzw. das von ihm geplante Bauwerk wenigstens teilweise errichtet wurde (vgl. OLG Celle, Urt. v. 24.11.1995 – 4 U 218/94; OLG Düsseldorf, Urt. v. 3.9.1999 – 12 U 118/99; OLG Frankfurt am Main, Urt. v. 17.3.1995 – 10 U 64/94; OLG Hamm, Urt. v. 20.10.1999 – 12 U 107/99; OLG Koblenz, Urt. v. 2.3.2005 – 6 W 124/05; weitergehend Krause-Allenstein, BauR 2010, 857). Die Anknüpfung an die Wertsteigerung war jedoch schon unter Geltung des alten Rechts abzulehnen (→ Rdn. 4). Erst recht bietet die Verweisung von § 650q Abs. 1 BGB auf § 650e BGB keine Stütze für die Annahme, die Wertsteigerung sei eine anspruchsbegründende Voraussetzung. 62

Zu berücksichtigen ist indessen der (unverändert gebliebene) Wortlaut von § 650e Satz 2 BGB. Im Stadium vor Vollendung seines Werks beschränkt sich der Anspruch des Planers auf „einen der geleisteten Arbeit entsprechenden Teil der Vergütung". Damit kommt es nicht darauf an, ob diese geleistete Arbeit sich bereits im Bauwerk bzw. auf dem betroffenen Grundstück verkörperte oder manifestierte. Entscheidend ist vielmehr, was der Planer erbrachte. Einzu- 63 schränken ist, dass es nicht reicht, wenn sich seine ersten Überlegungen und Planungsansätze noch im „Kopf des Planers" befinden, ohne dass der Besteller sie – sei es durch Übergabe von Unterlagen, sei es durch verbalen Austausch – kennt. Ausreichend sind also allererste, dem Besteller in irgendeiner Weise kundgegebene Planungsüberlegungen.

P. Besonderheiten des Bauträgervertrags

64   Solange der Bauträger noch Grundstückseigentümer ist, ist § 650e BGB schon tatbestandlich nicht anwendbar (vgl. BT-Drucks. 18/8486 S. 72; schon bisher etwa Pause, Rdn. 413; Riemenschneider, in: Hdb. BauträgerR, 3. Teil Rdn. 688). Hat der Bauträger hingegen das Eigentum am Vertragsgegenstand auf den Erwerber übertragen, käme grundsätzlich für den Bauträger in Betracht, Ansprüche aus § 650e BGB geltend machen können (vgl. KG, Urt. v. 12.10.2007 – 7 W 60/07). Dies ist jedoch durch § 650u Abs. 2 BGB ausgeschlossen, der § 650e BGB für auf den Bauträgervertrag nicht anwendbar erklärt. Damit steht fest, dass der Bauträger insgesamt nicht über § 650e BGB vorgehen kann.

Q. Besonderheiten des Baulieferverrags

65   Da die Anwendung von § 650e BGB einen Bauvertrag i. S. d. § 650a BGB voraussetzt, scheidet ein Anspruch des Gläubigers aus einem Vertrag i. S. d. § 650 BGB, der sich auf die Lieferung herzustellender oder zu erzeugender beweglicher Sachen bezieht, aus. Baustofflieferanten können deshalb keine Sicherung nach § 650e BGB beanspruchen, sondern müssen sich auf einen Eigentumsvorbehalt oder eine Zug-um-Zug-Abwicklung gemäß § 320 BGB (Übereignung und Übergabe gegen Kaufpreiszahlung) stützen.

§ 650f BGB Bauhandwerkersicherung

(1) Der Unternehmer kann vom Besteller Sicherheit für die auch in Zusatzaufträgen vereinbarte und noch nicht gezahlte Vergütung einschließlich dazugehöriger Nebenforderungen, die mit 10 Prozent des zu sichernden Vergütungsanspruchs anzusetzen sind, verlangen. Satz 1 gilt in demselben Umfang auch für Ansprüche, die an die Stelle der Vergütung treten. Der Anspruch des Unternehmers auf Sicherheit wird nicht dadurch ausgeschlossen, dass der Besteller Erfüllung verlangen kann oder das Werk abgenommen hat. Ansprüche, mit denen der Besteller gegen den Anspruch des Unternehmers auf Vergütung aufrechnen kann, bleiben bei der Berechnung der Vergütung unberücksichtigt, es sei denn, sie sind unstreitig oder rechtskräftig festgestellt. Die Sicherheit ist auch dann als ausreichend anzusehen, wenn sich der Sicherungsgeber das Recht vorbehält, sein Versprechen im Falle einer wesentlichen Verschlechterung der Vermögensverhältnisse des Bestellers mit Wirkung für Vergütungsansprüche aus Bauleistungen zu widerrufen, die der Unternehmer bei Zugang der Widerrufserklärung noch nicht erbracht hat.

(2) Die Sicherheit kann auch durch eine Garantie oder ein sonstiges Zahlungsversprechen eines im Geltungsbereich dieses Gesetzes zum Geschäftsbetrieb befugten Kreditinstituts oder Kreditversicherers geleistet werden. Das Kreditinstitut oder der Kreditversicherer darf Zahlungen an den Unternehmer nur leisten, soweit der Besteller den Vergütungsanspruch des Unternehmers anerkennt oder durch vorläufig vollstreckbares Urteil zur Zahlung der Vergütung verurteilt worden ist und die Voraussetzungen vorliegen, unter denen die Zwangsvollstreckung begonnen werden darf.

(3) Der Unternehmer hat dem Besteller die üblichen Kosten der Sicherheitsleistung bis zu einem Höchstsatz von 2 Prozent für das Jahr zu erstatten. Dies gilt nicht, soweit eine Sicherheit wegen Einwendungen des Bestellers gegen den Vergütungsanspruch des Unternehmers aufrechterhalten werden muss und die Einwendungen sich als unbegründet erweisen.

Bauhandwerkersicherung § 650f

(4) Soweit der Unternehmer für seinen Vergütungsanspruch eine Sicherheit nach Absatz 1 oder 2 erlangt hat, ist der Anspruch auf Einräumung einer Sicherungshypothek nach § 650e ausgeschlossen.

(5) Hat der Unternehmer dem Besteller erfolglos eine angemessene Frist zur Leistung der Sicherheit nach Absatz 1 bestimmt, so kann der Unternehmer die Leistung verweigern oder den Vertrag kündigen. Kündigt er den Vertrag, ist der Unternehmer berechtigt, die vereinbarte Vergütung zu verlangen; er muss sich jedoch dasjenige anrechnen lassen, was er infolge der Aufhebung des Vertrages an Aufwendungen erspart oder durch anderweitige Verwendung seiner Arbeitskraft erwirbt oder böswillig zu erwerben unterlässt. Es wird vermutet, dass danach dem Unternehmer 5 Prozent der auf den noch nicht erbrachten Teil der Werkleistung entfallenden vereinbarten Vergütung zustehen.

(6) Die Absätze 1 bis 5 finden keine Anwendung, wenn der Besteller
1. eine juristische Person des öffentlichen Rechts oder ein öffentlich-rechtliches Sondervermögen ist, über deren Vermögen ein Insolvenzverfahren unzulässig ist, oder,
2. Verbraucher ist und es sich um einen Verbraucherbauvertrag nach § 650i oder um einen Bauträgervertrag nach § 650u handelt.

Satz 1 Nummer 2 gilt nicht bei Betreuung des Bauvorhabens durch einen zur Verfügung über die Finanzierungsmittel des Bestellers ermächtigten Baubetreuer.

(7) Eine von den Absätzen 1 bis 5 abweichende Vereinbarung ist unwirksam.

Übersicht

	Seite
A. Geltung und Bedeutung der Norm	904
B. Sachlicher, personeller und zeitlicher Anwendungsbereich	907
I. Sachlicher Anwendungsbereich	907
1. Temporäre Bauhilfskonstruktionen	907
2. Außenanlagen	907
3. Sonstige Arbeiten	907
II. Personeller Anwendungsbereich	907
1. Unternehmer	907
2. Bestellerausnahmen	908
a) Öffentlich-rechtliche Besteller	908
b) Besteller als Vertragspartei eines Verbraucherbauvertrags oder eines Bauträgervertrags	908
c) Exkurs: Kritische Bewertung von § 650f Abs. 6 Satz 1 Nr. 2 BGB	909
III. Zeitlicher Anwendungsbereich	910
C. Klageweise Durchsetzung des Anspruchs auf Sicherheit für die „vereinbarte und noch nicht bezahlte Vergütung"	911
I. Durchsetzbarkeit des Anspruchs durch Klage	911
II. Klageantrag	911
III. Zulässigkeit eines Teilurteils	911
IV. Fehlende Statthaftigkeit des Urkundenprozesses	912
V. Vollstreckung	912
VI. Zeitpunkt der Klage	912
VII. Verjährung und Verwirkung des Anspruchs auf Sicherheit	913
D. Umfang der Sicherheit	914
I. Sicherbare Ansprüche	914
II. Ermittlung der Höhe	915
1. Noch nicht gezahlte Vergütung	915
a) Allgemeines	915
b) Pauschalpreisvertrag	915
c) Einheitspreis- und Stundenlohnvertrag	916
d) Umsatzsteuer	916
e) Nachträge	916
f) Vorzeitige Vertragsbeendigung	917
g) Schlussrechnung als Anknüpfungspunkt für die Höhe der abzusichernden Forderung?	918

	h) Schätzung der Vergütung insbesondere für Nachtragsforderungen oder nach Kündigung durch das Gericht im Prozess auf Sicherheit?	918
	2. Nebenforderungen	919
	III. Unbeziffertes oder überhöhtes Sicherungsverlangen	919
	IV. Keine Beschränkung durch Recht auf Abschlagszahlungen	920
	V. Sicherung in Höhe des noch nicht gezahlten (und nicht anderweitig abgesicherten) Vergütung; strittige Gegenforderungen	921
	VI. Sicherung trotz nicht vertragsgemäßer Arbeiten bzw. (nach Abnahme) Mängeln	923
	VII. Keine Klärung strittiger tatsächlicher oder schwieriger rechtlicher Grundlagen	923
E.	Keine Abhängigkeit des Anspruchs auf Sicherheit von der Bereitschaft und Fähigkeit des Unternehmers zur eigenen Leistungserbringung	924
F.	Verhältnis des §§ 650f BGB zu § 650e BGB	924
	I. Regelung des § 650f Abs. 4 BGB	924
	II. Sicherheit nach § 650f trotz Sicherungshypothek	925
G.	Art der Sicherheit	925
	I. Wahlrecht des Bestellers, Verhältnis von § 650f Abs. 2 und §§ 232 ff. BGB	925
	II. Garantie oder sonstiges Zahlungsversprechen gemäß § 650f Abs. 2 BGB	926
	1. Garantie oder sonstiges Zahlungsversprechen	926
	2. Tauglichkeit des Bürgen, Garanten usw. als Sicherungsgebers	926
	3. Fälligkeitsvoraussetzung gemäß § 650f Abs. 2 Satz 2 BGB	927
	III. Sicherheiten gemäß §§ 232 ff. BGB	927
	1. Hinterlegung von Geld (§§ 232 Abs. 1 und 233–235 BGB)	927
	2. Verpfändung von hypothekarisch gesicherten Forderungen oder von Grund- oder Rentenschulden (§§ 232 Abs. 1 und 238 BGB)	927
	3. Bürgschaft (§§ 232 Abs. 2 und 239 BGB)	927
	4. Exkurs 1: Unzulässigkeit von Befristungen in der Bürgschaft	928
	5. Exkurs 2: Keine Haftung des Bürgen für Nachtragsforderungen	928
	6. Untauglichkeit einer Abtretung oder eines Darlehensvertrags o. ä.	928
	IV. Widerrufsvorbehalt des „Sicherungsgebers" gemäß § 650f Abs. 1 Satz 5 BGB	929
	V. Divergenz zwischen gewünschter und tatsächlich erlangter Sicherheit	929
H.	Kosten der Sicherheit	930
I.	Sicherungsverlangen mit angemessener, fruchtlos abgelaufener Frist als Voraussetzung einer Leistungsverweigerung oder Kündigung	931
J.	Sanktionsmechanismus nach fruchtlosem Fristablauf	934
	I. Allgemeines: Handlungsmöglichkeiten des Unternehmers	934
	II. Leistungsverweigerungsrecht	936
	1. Allgemeines	936
	2. „Wettlauf der Fristen"	936
	3. Fortbestehendes mängelbedingtes Leistungsverweigerungsrecht des Bestellers	937
	III. Berechtigte Kündigung des Vertrags durch den Unternehmer	939
	IV. Sonstige Handlungsmöglichkeiten des Unternehmers	939
K.	Vergütungsanspruch des Unternehmers nach Kündigung	940
	I. Fälligkeit des finalen Werklohnanspruchs	940
	II. Höhe des Werklohnanspruchs	943
L.	Abänderungsverbot	943
	I. Schutzweck des Abänderungsverbots	943
	II. Geltungsbereich des Abänderungsverbots	943
	III. Inhalt des Abänderungsverbots	944
M.	Inanspruchnahme der Sicherheit	945
	I. Inanspruchnahme im Sicherungsfall	945
	II. Ausnahme nach § 650f Abs. 2 Satz 2 BGB	945
N.	Rückgabe der Sicherheit	947
O.	Exkurs: Unsicherheitseinrede nach § 321 BGB	948
P.	Besonderheiten des VOB/B-Vertrags	948
Q.	Besonderheiten des Architekten-/Ingenieurvertrags	949
R.	Besonderheiten des Bauträgervertrags	950
S.	Besonderheiten des Baulieferstragvertrags	951

A. Geltung und Bedeutung der Norm

1 § 648a BGB a. F. trat in seiner ersten Fassung am 1.5.1993 in Kraft. Geändert wurde er durch das Gesetz zur Beschleunigung fälliger Zahlungen, das seit dem 1.5.2000 in Kraft ist. Das For-

Bauhandwerkersicherung §650f

derungssicherungsgesetz brachte eine erneute Änderung des §648a BGB a.F. mit sich. §648a BGB in der Fassung des Forderungssicherungsgesetzes ist gemäß Art. 229 §18 Abs. 1 EGBGB nur auf Schuldverhältnisse anzuwenden, die nach dem 1.1.2009 entstanden.

Das neue Bauvertragsrecht brachte eine Umnummerierung mit sich, da §648a BGB a.F. **2** nun als §650f BGB Teil der Vorschriften ist, die sich im Kapitel 2 des Untertitels 1 des Titels 9 des BGB finden. Nach seiner systematischen Stellung ist §650f BGB nur anwendbar, wenn die Vertragsparteien einen Bauvertrag schlossen (vgl. die Verweisungsnorm des §650a Abs. 1 Satz 2 BGB).

Diese neue Systematik führt dazu, dass es hinsichtlich des Kreises der begünstigten Unter- **3** nehmer zu (kleinen) Änderungen kam. Insoweit ist ältere Rechtsprechung kritisch zu überprüfen, ob sie mit den Vorgaben des §650f BGB noch übereinstimmt. Grundlegender, aber wiederum inkonsistent, wurde das sog. Verbraucherprivileg geändert (nunmehr §650f Abs. 6 Satz 1 Nr. 2, Satz 2 BGB). Ältere Rechtsprechung, die zu §648a Abs. 6 Satz Nr. 2, Satz 2 BGB erging, ist deshalb nicht mehr heranzuziehen. Ansonsten ist es jedoch zulässig, ältere Rechtsprechung unverändert zur Auslegung der Norm auszuwerten, so dass diese ältere Judikatur so zitiert wird, als sei sie zu §650f BGB ergangen.

§650f BGB ist eine der wichtigsten Regelungen des allgemeinen Bauvertragsrechts der **4** §§650a-650h BGB, was sich schon daran zeigt, dass einzig diese Vorschrift im allgemeinen Bauvertragsrecht als zwingendes Recht ausgestaltet ist. Die Regelung verschaffte in ihrer vor dem 1.1.2009 geltenden Fassung dem Unternehmer die Möglichkeit, seinen Werklohnanspruch abzusichern und damit das Vorleistungsrisiko zu mindern, was der BGH (Urt. v. 6.3.2014 – VII ZR 349/12 Rdn. 14) zutreffend als „zweifelhaften Ansatz" bezeichnete. Die Systematik des §648a BGB in der vor dem 1.1.2009 geltenden Fassung war schwer durchschaubar. Sie wurde verständlich, wenn man sich vergegenwärtigte, dass der Unternehmer keinen Anspruch auf eine Sicherheit erhielt (vgl. BGH, Urt. v. 9.11.2000 – VII ZR 82/99). Er konnte eine Sicherheit nicht einfordern, also auch nicht einklagen.

Stattdessen hatte das Gesetz dem Unternehmer in §648a Abs. 5 BGB in der vor dem 1.1.2009 **5** geltenden Fassung andere Möglichkeiten eingeräumt, sich vom Vertrag zu lösen, die Vergütungspflicht für die bis zur Vertragsauflösung erbrachte Leistung dahin geregelt, dass dem Unternehmer nur der Anspruch nach §645 BGB zustand, und ihm lediglich einen Anspruch auf Ersatz des Vertrauensschadens gewährt. Der Schutz des Unternehmers war also eingeschränkt gegenüber dem Schutz, den er genossen hätte, wenn die Stellung einer Sicherheit eine Vertragspflicht des Bestellers gewesen wäre. Der dadurch bewirkte Schutz ähnelte dem, den der Unternehmer in dem Fall genießt, dass der Besteller eine Mitwirkung nicht vornimmt.

Die nunmehrige Fassung des §650f BGB verfolgt den Zweck, die Sicherung effektiver auszu- **6** gestalten und die Unternehmerrechte zu stärken. Sie räumt dem Unternehmer einen Anspruch auf die Sicherheit ein, der folglich auch einklagbar ist (vgl. BGH, Urt. v. 27.5.2010 – VII ZR 165/09 Rdn. 19 f.; Urt. v. 6.3.2014 – VII ZR 349/12 Rdn. 13). Die Ausgestaltung als einklagbarer Anspruch führt dazu, dass der Unternehmer selbst nach Entfall seiner Vorleistungspflicht eine Sicherheit verlangen kann, sofern noch Werklohn offen ist. Deswegen ist die zur Norm in der vor dem 1.1.2009 geltenden Fassung ergangene Rechtsprechung, die auf die Verknüpfung mit einer Vorleistungspflicht des Unternehmers abstellt, obsolet. Das gleiche gilt für die Rechtsfolgen einer Kündigung, die der Unternehmer ausspricht, weil der Besteller innerhalb angemessener Frist die Sicherheit nicht stellte, denn der Gesetzgeber verbesserte §650f Abs. 5 BGB zugunsten des Unternehmers und ließ die frühere Verweisung auf die §§643 und 645 Abs. 1 BGB entfallen.

Aufgrund der speziellen Struktur des §650f BGB, insbesondere der in seinem Abs. 5 dem **7** Unternehmer eingeräumten Handlungsmöglichkeiten, bereitet seine dogmatische Einordnung unverändert erhebliche Probleme. Teilweise wird vertreten, es sei von einer Haupt(leistungs)pflicht des Bestellers auszugehen (vgl. Hildebrandt, Jahrbuch Baurecht 2012, 35, 39; Retzlaff, in: Beck'sche Kurzkommentare, BGB, §631 Rdn. 23). Wäre dem so, wäre nach der „objektiven Funktionsweise" des ab Vertragsschluss geltenden §320 Abs. 1 BGB, die anders als §273 Abs. 1 BGB keine Einrede o.ä. voraussetzt (vgl. z.B. BGH, Urteil vom 06.05.1999 – VII ZR 180/98 m.w.N.; Grüneberg, in: Beck'sche Kurzkommentare, BGB, §320 Rdn. 12), der Unternehmer von Anfang an dazu berechtigt, seine Hauptleistungspflicht (Herstellung eines Bauwerks) zu verweigern, solange nicht der Besteller Sicherheit gemäß §650f BGB leistet, und könnte nicht mit der Herstellung des Bauwerks in Verzug geraten. Dass dem nicht so ist, ergibt sich unmittelbar aus „kann" in §650f Abs. 1 S. 1 BGB und ergänzend den zutreffenden, primär in verjährungsrechtlicher Hinsicht ergangenen Ausführungen des Bundesgerichtshofs: Der aus

§ 650f

§ 650f BGB folgende Anspruch auf Stellung einer Sicherheit ist ein verhaltener Anspruch, für den u. a. typisch ist, dass der Besteller die Sicherheit ohne entsprechendes Verlangen des Unternehmers nicht von sich aus bewirken darf (dies im Hinblick auf die vom Unternehmer zu tragenden Kosten der Sicherheit) und der Unternehmer vor einer Sicherheitsleistung des Bestellers festlegen muss, in welcher Höhe die Sicherheit zu leisten ist (vgl. BGH, Urt. v. 25.3.2021 – VII ZR 94/20 Rdn. 21 ff.). Aber auch die Annahme einer Neben(leistungs)pflicht des Bestellers (vgl. Schmitz, BauR 2009, 714; hiermit aufgegeben) bringt keinen Erkenntnisgewinn.

8 Entscheidend dürfte vielmehr Folgendes sein: Gemäß § 650f Abs. 5 Satz 1 BGB kann der Unternehmer „die Leistung verweigern", nachdem er erfolglos dem Besteller eine angemessene Frist zur Leistung der Sicherheit setzte. Angesichts der an dieser Stelle im Gesetz alternativ dem Unternehmer eingeräumten Möglichkeit, den Vertrag aus wichtigem Grund zu kündigen, und der an § 320 Abs. 1 BGB angelehnten Wortwahl scheint es richtig, zwar auch nach Ablauf der angemessen gesetzten Frist zur Sicherheitsleistung nicht von einer Hauptleistungspflicht des Bestellers auszugehen, sehr wohl aber von einem durch diese Pflichtverletzung des Bestellers gerechtfertigten, nach § 320 Abs. 1 BGB zu behandelnden Leistungsverweigerungsrecht des Unternehmers. Das deckt sich mit der Begründung des Gesetzgebers zur Zeit der Einführung des § 648a BGB a. F., dass der vorleistungspflichtige Unternehmer „ein unabdingbares Leistungsverweigerungsrecht erhalten [soll], wenn der Besteller innerhalb einer ihm zu setzenden Frist dem Verlangen auf Bestellung einer Sicherheit für den voraussichtlichen Vergütungsanspruch nicht nachkommt" (BT-Drucks. 12/1836, S. 1 und 7; vgl. auch ebd., S. 8 und 11).

9 Folglich ist ab Ablauf der angemessen gesetzten Frist zur Stellung der Sicherheit mit den zu § 320 Abs. 1 BGB geltenden Grundsätzen „objektiv", ohne dass es einer Geltendmachung oder Einrede des Unternehmers bedürfte, ein (weiterer) Verzug des Unternehmers mit der Herstellung des Bauwerks oder (im Stadium nach Abnahme) der Mängelbeseitigung ausgeschlossen. Der gegenteiligen Auffassung, die § 273 Abs. 1 BGB anwendet und konsequent vom Unternehmer verlangt, eine Einrede zu erheben und einen etwa bereits eingetretenen Verzug dadurch zu beseitigen, dass der Unternehmer seine eigene Leistung Zug um Zug gegen Bewirkung der Gegenleistung anbietet (vgl. OLG Naumburg, Urt. v. 16.4.2015 – 9 U 18/11; OLG Stuttgart, Urt. v. 28.4.2020 – 10 U 294/19 [zustimmend zu letzterem Langen, NJW 2020, 3532]), ist daher nicht zu folgen.

10 Mit § 650f BGB steht dem Unternehmer ein ausgesprochen wirksames Mittel zum Schutz seines Vergütungsanspruchs zur Verfügung. Die Praxis zeigt, dass Unternehmer hiervon zu selten oder erst zu spät Gebrauch machen. Das hat verschiedene Gründe. Zum einen sind vielen Unternehmern die Möglichkeiten des Gesetzes immer noch nicht bekannt. Zum anderen scheuen viele Unternehmer sich davor, das Bauvertragsverhältnis durch ein Sicherungsverlangen zu belasten. Diese Zurückhaltung ist teilweise bedingt durch Drohgebärden der Besteller, die das Sicherungsverlangen als Misstrauensbeweis ansehen. Zwar sollten auch große und finanziell starke Besteller anerkennen, dass das Sicherungsverlangen einem schützenswerten Interesse des Unternehmers entspricht. Vielen Unternehmern ist aber schmerzlich bewusst, dass der Besteller sie aufgrund eines Sicherungsverlangens als „schwierig" betrachten und für künftige Aufträge nicht mehr in Betracht ziehen wird. Praktisch verlangt der Unternehmer eine Sicherung nach § 650f BGB häufig erst, wenn – besonders in der Endphase des Bauvorhabens – Streit über die Leistung entsteht. Das macht in der Regel das Sicherungsverlangen und/oder die Klage auf Sicherheit nicht unzulässig. Daher „stellt es keine unzulässige Rechtsausübung und auch keinen Verstoß gegen das bauvertragliche Kooperationsgebot dar, wenn dem Sicherungsverlangen des Unternehmers auch andere Motive als die bloße Erlangung einer Sicherheit zugrunde liegen" (BGH, Urt. v. 23.11.2017 – VII ZR 34/15 Rdn. 28; vgl. fast wortgleich auch BGH, Urt. v. 25.3.2021 – VII ZR 94/20 Rdn. 30). Gleichwohl wird der Zweck der Norm, nämlich dass der Unternehmer frühzeitig Sicherheit für seine Vergütungsansprüche erlangt und in einer etwaigen Insolvenz des Bestellers seinen Vergütungsanspruch durch Verwertung der Sicherheit realisieren kann, ohne mit einer bloßen Insolvenzquote abgespeist zu werden, verfehlt.

11 Was die prozessuale Durchsetzung des Anspruchs auf Sicherheit angeht, betont der Bundesgerichtshof, dass der Unternehmer die Möglichkeit haben muss, möglichst schnell und effektiv vom Besteller die Sicherheit zu erlangen. Zutreffend wurde darauf hingewiesen, dass dem Unternehmer in einem solchen Klageverfahren Erleichterungen gewährt werden, wie sie für den Erstprozess, den ein Bürgschaftsgläubiger auf erstes Anfordern gegen den Bürgen führt, und für einstweilige Verfügungsverfahren typisch sind (vgl. Koeble, unveröffentlichter Vortrag 2014 in Hannover anlässlich der Verabschiedung von Herrn Vorsitzenden Richter am

Bauhandwerkersicherung **§ 650f**

Bundesgerichtshof Prof. Dr. Rolf Kniffka in den Ruhestand; krit. dazu Pause, FS Leupertz, S. 467, 476 ff.).

B. Sachlicher, personeller und zeitlicher Anwendungsbereich

I. Sachlicher Anwendungsbereich

§ 650f BGB ist anwendbar, wenn die Parteien einen Bauvertrag i. S. d. § 650a BGB schlossen. **12** Ich verweise daher auf die Kommentierung zu → § 650a BGB. Zur Verdeutlichung kleiner Verschiebungen, die die Neufassung des Gesetzes mit sich bringt, will ich lediglich auf wenige Streitfragen, die unter dem alten Recht virulent waren, eingehen:

1. Temporäre Bauhilfskonstruktionen

Sicherbar sind auch Vergütungsansprüche aus einer werkvertraglichen Leistung für eine **13** Teilerrichtung oder einen Teil der Leistung, die wiederum für Konstruktion, Bestand, Erhaltung und Benutzbarkeit eines Gebäudes von wesentlicher Bedeutung ist. Im Hinblick auf temporäre Bauhilfskonstruktionen wie einen Berliner Verbau, den der Unternehmer errichtet und vorhält, dürfte unverändert kein Anspruch auf Sicherheit bestehen, soweit es um die mietvertraglich bewertete Vergütung für die Vorhaltung geht (→ § 650a BGB Rdn. 11; vgl. auch LG München I, Urt. v. 4.3.2016 – 2 O 8641/14; a. A. nun aber LG München I, Urt. v. 30.10.2018 – 2 O 1169/18).

2. Außenanlagen

Nach der Rechtsprechung zu § 648a BGB a. F. mussten Arbeiten an einer Außenanlage **14** Arbeiten an einem Bauwerk vergleichbar und gestalterisch sein. Isoliert in Auftrag gegebene Rodungsarbeiten, die dazu dienten, ein Baugrundstück freizumachen, wurden nicht als Arbeiten an Außenanlagen bewertet (vgl. BGH, Beschl. v. 24.2.2005 – VII ZR 86/04; kritisch dazu Hildebrandt, BauR 2006, 2). Ob an dieser restriktiven Auffassung für § 650a Abs. 1 BGB und damit für § 650f Abs. 1 BGB festzuhalten ist, ist unklar (→ § 650a BGB Rdn. 17 f.) (für einen Anspruch des nur mit Rodungsarbeiten beauftragten Unternehmers Orlowski, BauR 2017, 1470, 1471).

3. Sonstige Arbeiten

Auch ein Vertrag über Abbrucharbeiten, die sich auf ein Bauwerk beziehen, ist ein Bau- **15** vertrag i. S. v. § 650a Abs. 1 Satz 1 Alt. 3 BGB, so dass der Abbruchunternehmer Sicherheit gemäß § 650f BGB mit Erfolg verlangen kann. Der isoliert vergebene Gerüstbauauftrag dürfte nicht unter den Begriff des Bauvertrags zu subsumieren sein, so dass der Gerüstbauunternehmer weiterhin keinen Anspruch auf Sicherheit gemäß § 650f BGB hat (a. A. OLG Köln, Urt. v. 26.3.1999 – 4 U 47/98; auch → Einführung vor § 631 BGB Rdn. 124). Eine großzügige Auslegung des § 650f BGB dahin, ihn wegen des typischerweise zulasten des Unternehmers bestehenden (Vorleistungs-)Risikos, dass der Besteller insolvent wird und die Vergütung nicht bezahlt, auf Werkverträge unterhalb der Schwelle des Bauvertrags anzuwenden, scheidet angesichts der Systematisierungsbemühungen des Gesetzgebers des neuen Bauvertragsrechts aus, mögen auch einzelne Abgrenzungsschwierigkeiten verbleiben.

II. Personeller Anwendungsbereich

1. Unternehmer

Personell berechtigt aus § 650f BGB ist der Unternehmer als Partei eines Bauvertrags i. S. v. **16** § 650a BGB. Unerheblich ist, in welcher juristischen Form sich der Unternehmer organisiert hat. Die Regelung gilt für alle Unternehmer im Sinne des § 631 BGB, also nicht nur für den Bauhandwerker, sondern auch für den Generalunternehmer oder Generalübernehmer (vgl. OLG Dresden, Urt. v. 1.3.2006 – 12 U 2379/04). Ebenso ist aus § 650f BGB der Baubetreuer berechtigt, der eine Herstellungsverpflichtung nimmt, dagegen nicht der Baubetreuer, der lediglich wirtschaftliche Betreuungsleistungen erbringt.

§ 650f
Bauhandwerkersicherung

17 Ohne Bedeutung ist, ob der Besteller Eigentümer des Grundstücks ist, auf dem der Unternehmer die Bauleistung erbringt. Sicherbar sind deshalb auch Ansprüche des Nachunternehmers gegen den Generalunternehmer. Mithin kann auch der Nachunternehmer von der ihn beauftragenden Dach-Arge, deren Mitglied er ist, eine Sicherheit nach § 650f BGB verlangen, wenn eine vertragliche Konstruktion gewählt wird, bei der zwischen Gesellschaftern durch die Bildung einer Arge nicht nur ein Gesamthandsvermögen gebildet wird, sondern zusätzlich auch gesonderte und selbständige Nachunternehmerverträge zwischen der Gesellschaft einerseits und ihren Mitgliedern andererseits geschlossen werden, und wenn die Ausgestaltung des Gesellschaftsvertrags einer Forderung nach Sicherheitsleistung nicht entgegensteht (vgl. KG, Urt. v. 17.12.2004 – 7 U 168/03).

18 Es kommt nicht darauf an, ob oder inwieweit der Unternehmer durch seine Leistung eine Wertsteigerung des betroffenen Grundstücks bewirkte. Die Sicherheit aus § 650f BGB soll gerade auch Vergütungsansprüche des Unternehmers absichern, die dieser sich auf Grundlage des Vertrags erst noch erarbeiten kann und muss. Damit nimmt das Gesetz in Kauf, dass sich – bei rückblickender Betrachtung – eine Übersicherung des Unternehmers herausstellt (vgl. BGH, Urt. v. 6.3.2014 – VII ZR 349/12 Rdn. 28).

2. Bestellerausnahmen

19 Zur Stellung einer Sicherheit verpflichtet ist der Besteller als Partei eines Bauvertrags i. S. v. § 650a BGB. Der Besteller muss nicht mit dem Grundstückseigentümer identisch sein. Das Gesetz sieht in § 650f Abs. 6 BGB gewichtige Ausnahmen vor, die die Berechtigung des Unternehmers, nach § 650f BGB vorzugehen, deutlich beschränken.

a) Öffentlich-rechtliche Besteller

20 § 650f BGB ist gemäß Abs. 6 Satz 1 Nr. 1 nicht anwendbar, wenn der Besteller eine juristische Person des öffentlichen Rechts oder ein öffentlich-rechtliches Sondervermögen ist, über deren Vermögen ein Insolvenzverfahren unzulässig ist. Damit ist dem Gesetzestext unschwer zu entnehmen, dass juristische Personen des Privatrechts, die von der öffentlichen Hand beherrscht oder gefördert werden, verpflichtet sind, Sicherheit gemäß § 650f BGB zu stellen (vgl. OLG Jena, Urt. v. 22.11.2006 – 7 U 253/06). Hingegen ist über das Vermögen einer Untergliederung der Kirche ein Insolvenzverfahren unzulässig (vgl. BVerfG, Beschl. v. 13.12.1983 – 2 BvL 13/82 u. a.; BGH, Beschl. vom 17.12.2020 – IX ZB 4/18 Rdn. 49), so dass ein Unternehmer gegen einen solchen Besteller keinen Anspruch auf Sicherheit hat (vgl. Schmidt, NJW 2013, 497, 498; a. A. mit sehr beachtlichen Argumenten Janssen, BauR 2019, 168)).

b) Besteller als Vertragspartei eines Verbraucherbauvertrags oder eines Bauträgervertrags

21 § 650f BGB ist nicht anwendbar, wenn der Besteller Verbraucher ist und es sich um einen Verbraucherbauvertrag nach § 650i BGB oder um einen Bauträgervertrag nach § 650u BGB (zu letzterem → Rdn. 244 f.) handelt. Diese Ausnahme gilt nicht bei Betreuung des Bauvorhabens durch einen zur Verfügung über die Finanzierungsmittel des Bestellers ermächtigten Baubetreuer (§ 650f Abs. 6 Satz 2 BGB). Maßgebend ist allein der Besteller. Der zwischengeschaltete Generalunternehmer kann gegenüber dem von ihm beauftragten Nachunternehmer die Sicherheit nicht unter Hinweis darauf verweigern, dass er wegen dieses Ausnahmetatbestands von seinem Besteller keine Sicherheit erhält.

22 Der Besteller muss Verbraucher i. S. d. § 13 BGB sein. Ist er eine juristische Person, besteht der Anspruch des Unternehmers auf Sicherheit uneingeschränkt. Einer Wohnungseigentümergemeinschaft hatten zur alten Rechtslage vor dem WEMoG der Gesetzgeber und der Bundesgerichtshof Teilrechtsfähigkeit zuerkannt (vgl. § 10 Abs. 6 WEG a. F.; BGH, Beschl. v. 2.6.2005 – V ZB 32/05). Der Bundesgerichtshof hatte ihr unter dieser alten Rechtslage in einem weiteren Grundsatzurteil für den Regelfall die Verbrauchereigenschaft gemäß § 13 BGB zugesprochen, nämlich wenn ihr wenigstens ein Verbraucher angehört und sie ein Rechtsgeschäft zu einem Zweck abschließt, der weder einer gewerblichen noch einer selbstständigen beruflichen Tätigkeit dient (vgl. BGH, Urt. v. 25.3.2015 – VIII ZR 243/13 [passim, vor allem Rdn. 34f., 45f.]; vgl. auch Urt. v. 5.7.2019 – V ZR 278/17 Rdn. 21). Zur aktuellen Rechtslage unter Geltung des WEMoG wird vertreten, dass der deutliche Schritt zum allgemeinen Verbandsrecht dazu führt, die Wohnungseigentümergemeinschaft grundsätzlich nicht mehr als Verbraucher ansehen zu können (vgl. Hügel/Elzer, WEG, § 9a Rdn. 44).

Bauhandwerkersicherung §650f

23 Nicht unter den Verbraucherbegriff und damit auch nicht unter §650f Abs. 6 Satz 1 Nr. 2 BGB fällt eine Gesellschaft bürgerlichen Rechts, deren Gesellschafter sowohl natürliche als auch juristische Personen sind, denn sie ist keine natürliche Person (vgl. BGH, Urt. v. 30.3.2017 – VII ZR 269/15 Rdn. 26). Eine sog. private Baugruppe (vgl. Thaetner, IBR 2012, 494) dürfte als Verbraucher anzusehen sein, wenn ihr ausschließlich natürliche Personen angehören und der Vertragsschluss hinsichtlich all ihrer Mitglieder nicht deren gewerblicher oder selbständigen beruflichen Tätigkeit zugerechnet werden kann.

24 Hinzukommen muss, dass der „Verbraucher-Besteller" Vertragspartei eines Verbraucherbauvertrags i. S. v. §650i Abs. 1 BGB ist. Das dortige Tatbestandsmerkmal „Bau eines neuen Gebäudes" umfasst nach der Gesetzesbegründung nur Verträge über Maßnahmen, die das Grundstück wesentlich umgestalten. Daneben kommen „erhebliche[.] Umbaumaßnahmen" in Betracht, die dem Bau eines neuen Gebäudes vergleichbar sind, also z. B. Baumaßnahmen, bei denen nur die Fassade eines alten Gebäudes erhalten bleibt (vgl. BT-Drucks. 18/8486 S. 61). Weiter müssen sämtliche Leistungen aus einer Hand kommen, was einen Vertrag mit einem Generalunter- oder einem Generalübernehmer voraussetzt. Beauftragt der Verbraucher mehrere Unternehmer mit der Errichtung des Gebäudes, liegen keine Verbraucherbauverträge vor (vgl. OLG Köln, Beschl. v. 23.3.2017 – 16 U 153/16; Glöckner, BauR 2014, 411, 416; Pause, BauR 2017, 430, 431; Retzlaff, BauR 2017, 1747, 1782, 1831; a. A. OLG Hamm, Urt. v. 24.4.2021 – 24 U 198/20: gewerkeweise Vergabe ausreichend, falls die Beauftragung zeitgleich oder in engem zeitlichen Zusammenhang mit der Erstellung eines neuen Gebäudes erfolgt, die Erstellung eines neuen Gebäudes für den Unternehmer ersichtlich ist und die Gewerke zum Bau des neuen Gebäudes selbst beitragen; Motzke, NZBau 2017, 515, 518f., 520). Im Hinblick auf diese durch von einer Wohnungseigentümergemeinschaft beauftragte Arbeiten selten erfüllten Anforderungen wird es auf die strittige Frage, ob eine Wohnungseigentümergemeinschaft nach geltendem Recht noch als „Verbraucher" anzusehen ist, meistens gar nicht ankommen, weil jedenfalls der von ihr abgeschlossene Vertrag keinen Verbraucherbauvertrag darstellt.

25 Insgesamt ist daher zur Gesamteinordnung des in §650f Abs. 6 Satz 1 Nr. 2 BGB enthaltenen Verbraucherprivilegs von folgender, nur schwer verständlicher Dreiteilung auszugehen (vgl. ausf. Schmitz, in: Bayer/Koch, Die Auswirkungen des neuen Bauvertragsrechts auf die notarielle Praxis, 2018, 63, 64 ff.):

- Handelt es sich um einen „einfachen" Werkvertrag, der sich nicht auf ein Bauwerk, eine Außenanlage oder einen Teil davon in der in §650a Abs. 1 Satz 1 BGB beschriebenen Weise bezieht, hat der Unternehmer keinen Anspruch auf Sicherheit; dies gilt nicht nur im Verhältnis zu „Verbraucher-Bestellern", sondern auch zu „Unternehmer-Bestellern" („Unternehmer" ist nur hier i. S. v. §14 BGB gemeint). Das ergibt sich aus der systematischen Stellung des §650f BGB im Kapitel 2 (vgl. §650a Abs. 1 Satz 2 BGB).
- Liegt ein Bauvertrag im Sinne von §650a Abs. 1 Satz 1 BGB vor, der unterhalb der „Schwelle" des §650i Abs. 1 BGB (Verbraucherbauvertrags) bleibt, der also nicht den Bau eines neuen Gebäudes oder erhebliche Umbaumaßnahmen an einem bestehenden Gebäude betrifft – was jeweils „aus einer Hand" erfolgen muss –, kann der Unternehmer vom „Verbraucher-Besteller" Sicherheit verlangen.
- Liegt ein Verbraucherbauvertrag i. S. d. §650i Abs. 1 BGB (oder ein Bauträgervertrag gemäß §650u Abs. 1 BGB) vor, ist ein Anspruch des Unternehmers gegen den „Verbraucher-Besteller" auf Sicherheit ausgeschlossen.

26 Wird jedoch das Bauvorhaben durch einen zur Verfügung über die Finanzierungsmittel des Bestellers ermächtigten Baubetreuer betreut, kann der Unternehmer nach §650f BGB Sicherheit verlangen.

27 Dazu, ob ein Planer von einem „Verbraucher-Besteller" Sicherheit verlangen kann → Rdn. 241.

c) Exkurs: Kritische Bewertung von §650f Abs. 6 Satz 1 Nr. 2 BGB

28 Rechtfertigung für §650f Abs. 6 Satz 1 Nr. 2 BGB ist laut der Gesetzesbegründung die Annahme, dass die finanzielle Situation eines Verbrauchers vor und während der Abwicklung eines Verbraucherbauvertrags in der Regel durch die finanzierende Bank ausreichend geprüft werde. Komme es nach der Bauphase zu einer Einschränkung der finanziellen Leistungsfähigkeit des Bestellers, so betreffe dies in aller Regel die Ansprüche, die die finanzierende Bank gegen den Besteller habe. Probleme bei der Begleichung der Vergütungsansprüche des

Unternehmers entstünden nur dann, wenn sich die Kosten durch unvorhergesehene Ereignisse wesentlich erhöhten und sich dadurch die vorgesehene Finanzierung als nicht ausreichend erweise. Dabei handele es jedoch um Ausnahmefälle, für die eine gesetzliche Regelung nicht erforderlich sei. Nicht in den Anwendungsbereich des Verbraucherprivilegs aufgenommen worden seien hingegen von Verbrauchern geschlossene Verträge, die keine Verbraucherbauverträge im Sinne des § 650i BGB seien. Für solche Verträge über in der Regel kleinere Baumaßnahmen (z. B. Wiederherstellungs- und kleinere Umbaumaßnahmen) erscheine das Privileg nicht gerechtfertigt, da nicht davon ausgegangen werden könne, dass die Finanzierung des Vorhabens in gleichem Maße gesichert sei wie bei einem Verbraucherbauvertrag. Angesichts des kleineren Volumens werde der Verbraucher die Verbindlichkeit häufiger ohne vorherige Sicherstellung der Finanzierung durch eine Bank eingehen (vgl. BT-Drucks. 18/8486 S. 59).

29 Diese Annahmen erscheinen sehr gewagt. Woraus sich ergibt, dass größere Baumaßnahmen („Verbraucherbauverträge") regelmäßig fremd finanziert werden und zu ihnen die finanzierende Bank eine ausreichende Prüfung vornimmt, bleibt unklar. Warum im Wettlauf um die letzten knappen Ressourcen – sei es aus Eigenkapital des Bestellers, sei es aus Fremdkapital aus einem Darlehen – der Unternehmer im Verhältnis zur Bestellerbank die „Nase vorn" haben soll, ist unerfindlich, wenn man insbesondere die frühzeitig eingreifenden Sicherungen bedenkt, auf die Banken Wert legen, zuallererst ein auskömmliches, an erster Rangstelle eingetragenes Grundpfandrecht.

30 Wenn man entscheidend die Verbraucherprivilegierung mit einer Fremdfinanzierung der Baumaßnahme rechtfertigt, wäre unter dem Aspekt des Gleichheitssatzes (Art. 3 GG) zu prüfen, warum nicht auch Besteller, die Unternehmer i. S. v. § 14 BGB sind, von der Pflicht freigestellt sind, Sicherheit gemäß § 650f BGB zu stellen, wenn sie eine große Maßnahme „aus einer Hand" durchführen. Auch in diesen Fällen wird es regelmäßig eine Fremdfinanzierung geben.

31 Verblüffend ist auch, dass der „Verbraucher-Besteller" als Partei eines Bauvertrags unterhalb des Verbraucherbauvertrags nach dem Gesetz nicht über die Folgen zu belehren ist, die drohen, wenn er nicht innerhalb angemessener Frist die § 650f-Sicherheit stellt. Diese Folgen – dass der Unternehmer den Vertrag aus wichtigem Grund kündigen kann – sind viel gravierender als diejenigen, die sich einstellen, wenn der „Verbraucher-Besteller" die fiktive Abnahme gemäß § 640 Abs. 2 Satz 1 BGB eintreten lässt. Zu dieser aber hat der Gesetzgeber in § 640 Abs. 2 Satz 2 BGB sehr wohl eine Belehrungspflicht des Unternehmers festgeschrieben.

32 Es scheint geboten, dass bei nächster Gelegenheit der Gesetzgeber das aktuelle Konzept kritisch durchdenkt und sich um eine konsistente(re) Lösung bemüht (vgl. ebenso Vogel, BauR 2020, 388, 394 ff. mit dem krit. Fazit auf S. 396: „keine geschlossene konzeptionelle Lösung für die Bevorzugung und den Schutz des Verbrauchers").

III. Zeitlicher Anwendungsbereich

33 § 650f BGB gibt dem Unternehmer einen Anspruch auf Sicherheit, den er gegen den Besteller gerichtlich verfolgen kann. Der Anspruch und damit die Möglichkeit der gerichtlichen Durchsetzung werden nicht dadurch ausgeschlossen, dass der Unternehmer den Vertrag kündigte oder die vollständige Leistung erbrachte. In § 650f Abs. 1 Satz 3 BGB ist in Übernahme der Rechtsprechung des Bundesgerichtshofs geregelt, dass die Abnahme des Werks den Anspruch des Unternehmers auf Sicherheit nicht ausschließt. Mögen auch in der Mehrzahl der Fälle Unternehmer die Sicherheit in einem Stadium der Vertragsabwicklung verlangen, in dem sie noch Arbeiten zu erbringen haben – nur dann können sie die über § 650f Abs. 5 Satz 1 BGB unter den dortigen Voraussetzungen eröffneten Optionen des Leistungsverweigerungsrechts und der Kündigung sinnvoll ausüben -, so ist doch nach dem neuen Recht Voraussetzung für den Anspruch des Unternehmers auf Sicherheit nicht, dass er noch „Vorleistungen" zu erbringen hätte. Das Gesetz verwendet konsequenterweise diesen Begriff nicht mehr. Es kommt allein darauf an, ob der Unternehmer noch einen offenen Vergütungsanspruch hat (vgl. BGH, Urt. v. 6.3.2014 – VII ZR 349/12 Rdn. 12 ff.; OLG Hamburg, Urt. v. 7.2.2019 – 4 U 103/18; OLG München, Beschl. v. 25.11.2019 – 28 U 3648/19).

C. Klageweise Durchsetzung des Anspruchs auf Sicherheit für die „vereinbarte und noch nicht bezahlte Vergütung"

I. Durchsetzbarkeit des Anspruchs durch Klage

§ 650f BGB gibt dem Unternehmer einen einklagbaren Anspruch auf Sicherheit (→ Rdn. 6). 34

II. Klageantrag

In seinem Klageantrag muss der Unternehmer respektieren, dass der Besteller ein Wahlrecht hat, welche Art von Sicherheit in dem durch § 650f Abs. 2, §§ 232 ff. BGB vorgegebenen Rahmen er leistet. Auch wenn ein Besteller die Sicherheit regelmäßig durch Bürgschaft eines tauglichen Bürgen erbringen (lassen) wird, wäre eine Verengung im Klageantrag (bzw. im Sicherungsverlangen) auf diese überwiegend verbreitete Form der Sicherheit fehlerhaft. Der Klageantrag muss daher darauf gerichtet sein, dass der Besteller zu einem genau zu bezeichnenden Bauvertrag eine Sicherheit gemäß § 650f BGB i. V. m. §§ 232 ff. BGB in einer präzise angegebenen Höhe zu stellen hat (vgl. ähnlich OLG Köln, Urt. v. 17.6.2020 – 11 U 186/19; LG Nürnberg-Fürth, Urt. v. 12.4.2010 – 17 O 11183/09; vgl. auch die Tenorierung in BGH, Urt. v. 6.3.2014 – VII ZR 349/12). 35

Eine Klage ist auch dann möglich, wenn der Unternehmer davor noch nicht den Besteller zur Sicherheitsleistung aufforderte und/oder eine angemessene Frist noch nicht ablief. Der Anspruch kann nämlich ab Vertragsabschluss geltend gemacht werden. Der rechtstreue Besteller, der erstmals durch die Zustellung der Klage mit dem Sicherungsverlangen konfrontiert wird, wird jedoch darauf achten, sofort anzuerkennen und dadurch die Kosten des Rechtsstreits auf den voreiligen Unternehmer abzuwälzen (§ 93 ZPO). 36

III. Zulässigkeit eines Teilurteils

Nach der Rechtsprechung des Bundesgerichtshofs ist ein Teilurteil nur zulässig, „wenn die Gefahr einander widersprechender Entscheidungen – auch infolge abweichender Beurteilung durch das Rechtsmittelgericht – ausgeschlossen ist". Eine solche Gefahr sich widersprechender Entscheidungen besteht, wenn das Gericht in einem Teilurteil über eine Frage entscheidet, die sich ihm im weiteren Verfahren über andere Ansprüche oder Anspruchsteile noch einmal stellt oder stellen kann (vgl. BGH, Urt. v. 20.5.2021 – VII ZR 14/20 Rdn. 17, dort auch das Zitat). Zu bejahen ist diese Gefahr daher, wenn sich die Frage, wie hoch der dem Unternehmer zustehende Vergütungsanspruch ist, sowohl für die Werklohnklage des Unternehmers als auch seine Klage auf Stellung der Sicherheit (vgl. BGH, Urt. v. 20.5.2021 – VII ZR 14/20 Rdn. 18) stellt und in beiden Fällen nur einheitlich beantwortet werden kann. 37

Da jedoch § 650f BGB dem Unternehmer die Möglichkeit eröffnet, möglichst schnell und effektiv vom Besteller eine Sicherheit zu erlangen, falls der Besteller den Werklohn nicht bezahlt, und dem Sicherungsinteresse des Unternehmers Priorität vor den Rechten des Bestellers einräumt, um den Unternehmer vor dem Risiko, dass der Besteller in Insolvenz fällt, zu schützen, ist es geboten, ausnahmsweise einen etwaigen Widerspruch zwischen Teilurteil und Endurteil hinzunehmen. Bestätigt wird dies durch eine Kontrollüberlegung: Würde der Unternehmer den Anspruch auf Werklohn und den „wesensmäßig eilbedürftigen" Anspruch auf Sicherheit in jeweils eigenständigen Prozessen verfolgen, bestünde kein Zweifel, dass über einen von ihm schlüssig dargelegten Anspruch gemäß § 650f BGB vorab entschieden werden dürfte (vgl. BGH, Urt. v. 20.5.2021 – VII ZR 14/20 Rdn. 19 ff., insb. Rdn. 19 und 25 f., Zitat: Rdn. 26). 38

Unberührt bleibt nach dieser Grundsatzentscheidung des Bundesgerichtshofs und der von ihm angestellten Kontrollüberlegung die davor aufgrund der uneinheitlichen Instanzrechtsprechung in der Literatur überwiegend empfohlene Möglichkeit, als Unternehmer in Parallelprozessen auf Werklohn und auf Sicherheit zu klagen. Dafür, dass eine Klage auf Stellung der Sicherheit unzulässig sein könnte, wenn der Unternehmer gegen den Besteller in einem Parallelprozess den offenen Werklohn einklagt, ist nämlich nichts ersichtlich, weil es sich um unterschiedliche Streitgegenstände handelt (vgl. LG Frankfurt am Main, Urt. v. 18.2.2021 – 2-20 O 44/20). 39

IV. Fehlende Statthaftigkeit des Urkundenprozesses

40 Im Urkundenprozess kann der Unternehmer den Anspruch nicht verfolgen. § 592 Satz 1 ZPO erklärt einen solchen für zulässig, wenn der verfolgte Anspruch „die Zahlung einer bestimmten Geldsumme" zum Gegenstand hat. Der Anspruch auf Stellung einer Sicherheit gemäß § 650f BGB fällt nicht darunter, weil der Besteller gemäß §§ 650f, 232 ff. BGB entscheiden kann, welche Art der Sicherheit er stellt, und weil der Anspruch auf Stellung einer Sicherheit, die die spätere Zahlung einer bestimmten Geldsumme absichern soll, mit dem von § 592 Satz 1 ZPO vorausgesetzten Anspruch nicht identisch ist (vgl. Klose, NJ 2009, 89, 91 f.).

41 Aus BGH, Urt. v. 23.9.1953 – VI ZR 68/53, folgt nichts anderes: Dort erkannte der Bundesgerichtshof auf die Statthaftigkeit des Urkundenprozesses, weil der klagende Verpächter gegen den Pächter einen vertraglichen Anspruch auf Sicherheit, gerichtet jedoch auf Zahlung einer bestimmten Geldsumme an einen Dritten, hatte. Der Pächter musste also anders als der Besteller im Anwendungsbereich des § 650f BGB die geschuldete Sicherheit ausschließlich und allein durch eine Zahlung erbringen.

V. Vollstreckung

42 Erlässt das Gericht ein Urteil gemäß obigem Klageantrag (→ Rdn. 35) und liegen die Voraussetzungen der Vollstreckung vor, ohne dass der Besteller im Rahmen seines im Urteilsausspruch respektierten Wahlrechts eine Sicherheit gemäß § 650f BGB stellt, eröffnet sich für den Unternehmer folgende Vollstreckungsmöglichkeit: Die Verpflichtung, eine Sicherheit gemäß §§ 650f, 232 ff. BGB zu leisten, ist eine vertretbare Handlung. Folglich ist das Urteil nach § 887 ZPO zu vollstrecken. Die Ausübung des Wahlrechts geht in dieser Phase gemäß §§ 262, 264 Abs. 1 BGB analog auf den Unternehmer über. Praktikabel ist für ihn – anders als bei der freiwilligen, regelmäßig durch Bürgschaft erfolgenden Erfüllung durch den Besteller – eine Hinterlegung gemäß §§ 232 Abs. 1, 233 BGB. Der Unternehmer sollte sich daher nach § 887 ZPO ermächtigen lassen, seinerseits die Sicherheit durch Hinterlegung zu leisten, und weiter beantragen, dass der Besteller als Vollstreckungsschuldner dazu verurteilt wird, den Sicherheitsbetrag zu Gunsten des Unternehmers zum Zweck der Hinterlegung an die Hinterlegungsstelle des zuständigen Amtsgerichts vorauszuzahlen (vgl. zum Vorstehenden OLG Hamm, Beschl. v. 28.1.2011 – 19 W 2/11 [zu LG Hagen, Beschl. v. 30.11.2010 – 21 O 83/10]; OLG Saarbrücken, Beschl. v. 15.4.2015 – 5 W 24/15; Weyer, IBR 2008, 702). Aufhalten kann der Besteller die Vollstreckung nicht durch die Ankündigung, gemäß seinem Wahlrecht eine Bürgschaft zu stellen, sondern nur dadurch, dass er die Sicherheit tatsächlich stellt (vgl. LG Osnabrück, Beschl. v. 19.7.2016 – 5 O 2742/15). Will der Unternehmer aus einem erstinstanzlichen, noch nicht rechtskräftigen Urteil die Vollstreckung betreiben, gibt es ein breites Meinungsspektrum zu Frage, in welcher Höhe er gemäß § 709 Satz 1 ZPO Sicherheit zu leisten hat (vgl. zutr. OLG Hamm, Urt. v. 9.1.2019 – 12 U 123/18; OLG Karlsruhe, Urt. v. 11.10.2016 – 8 U 102/16; a. A. OLG Hamburg, Urt. v. 23.10.2015 – 9 U 91/15).

VI. Zeitpunkt der Klage

43 Eine Klage auf Sicherheit ist bei Zweifeln an der Solvenz des Bestellers in der Phase direkt nach Vertragsschluss sinnvoll, weil der Unternehmer frühzeitig klären kann, ob der Besteller wirtschaftlich hinreichend leistungsstark ist.

44 Nach Vertragsbeendigung ist eine solche Klage auf Sicherheit insbesondere zweckmäßig, wenn der Besteller gegen den Werklohnanspruch mit Gegenforderungen aufrechnet, deren Aufklärung längere Zeit dauern wird.

45 **Beispiel:** Nach Kündigung des Bauvertrags durch den Unternehmer gemäß § 650f BGB ist der dem Unternehmer nominal zustehende Werklohn von 600.000 € unstrittig. Der Besteller rechnet jedoch mit einem Vertragsstrafenanspruch von 100.000 €, einem darüber hinaus gehenden Verzugsschaden von 150.000 € und mängelbedingten, aus einem anderen Vertrag herstammenden Zahlungsanspruch von 350.000 € auf. Zu diesen (durchgehend strittigen) Gegenforderungen werden zeitraubende Beweisaufnahmen erforderlich werden, ehe das Landgericht ein Endurteil erlassen kann.

Klagt der Unternehmer vorab isoliert auf Stellung einer Sicherheit in Höhe von 660.000 € (inkl. 10%iger Nebenforderungen), kann hierüber ein sehr schnelles Urteil ergehen, da es

Bauhandwerkersicherung **§ 650f**

auf die strittigen Gegenforderungen nicht ankommt (§ 650f Abs. 1 Satz 4 BGB). Erlangt der Unternehmer sodann die Sicherheit, kann er nunmehr den Werklohnprozess deutlich entspannter „in der Sicherheit" weiterbetreiben (was möglicherweise auch die Vergleichsbereitschaft des Bestellers erhöht, dessen Mittel in Höhe der Sicherheit bzw. hierfür gewährter Regresssicherheiten blockiert sind).

Praxistipp: Im Regelfall wird es angebracht sein, vorab oder parallel zur Werklohnklage eine Klage auf Sicherheit zu führen. Bei Verbindung sind die Streitwerte beider Ansprüche zu addieren (vgl. OLG Düsseldorf, Beschl. v. 5.6.2012 – 23 W 30/12; Joussen, IBR 2010, 3; a. A. OLG Brandenburg, Beschl. v. 22.2.2012 – 4 W 34/11 – m. w. N. zu der zu § 650f BGB ergangenen Rechtsprechung; OLG Stuttgart, Beschl. v. 26.3.2013 – 10 W 14/13). Der Streitwert der isoliert auf Stellung der Sicherheit geführten Klage bemisst sich nach dem vollen Wert der begehrten Sicherheit (vgl. OLG Hamm, Beschl. v. 10.4.2012 – 26 W 6/12 und 7/12; OLG Stuttgart, Beschl. v. 13.2.2012 – 10 W 5/12; Fuchs, BauR 2012, 326, 330 m. w. N.). 46

VII. Verjährung und Verwirkung des Anspruchs auf Sicherheit

Der Anspruch des Unternehmers gegen den Besteller auf Leistung einer Sicherheit gemäß § 650f Abs. 1 Satz 1 BGB verjährt in der regelmäßigen (dreijährigen) Verjährungsfrist des § 195 BGB. Die Verjährungsfrist für diesen Anspruch beginnt nicht vor dem Verlangen des Unternehmers nach Sicherheit zu laufen, weil es sich um einen verhaltenen Anspruch handelt. Für derartige Ansprüche ist charakteristisch, „dass der Schuldner die Leistung nicht bewirken darf, bevor der Gläubiger sie verlangt". Die Geltendmachung des Anspruchs steht „im Belieben des Unternehmers", während der Besteller nicht von sich aus ohne Verlangen des Unternehmers eine Sicherheit stellen darf, denn es obliegt allein dem Unternehmer zu unterscheiden, ob er die von ihm zu erstattenden Kosten der Sicherheitsleistung gemäß § 650f Abs. 3 Satz 1 BGB auf sich nehmen möchte. Außerdem muss der Unternehmer vorgeben, in welcher Höhe der Besteller Sicherheit leisten soll. Schließlich rechtfertigt sich die Annahme eines verhaltenen Anspruchs auch dadurch, dass die abstrakte Gefahr der Anspruchsverjährung besteht: So kann sich das Sicherungsbedürfnis des Unternehmers während der Abwicklung des als Langzeitvertrags zu qualifizierenden Bauvertrags oder während eines auf Werklohnzahlung gerichteten Klageverfahrens ändern (vgl. BGH, Urt. v. 25.3.2021 – VII ZR 94/20 Rdn. 20 ff.; wörtliche Zitate: Rdn. 22 und 23). 47

Was die Frage angeht, ob es sich um eine Verjährung handelt, die gemäß § 199 Abs. 1 BGB erst mit Ende des Jahrs zu laufen beginnt, in dem der Unternehmer seinen Anspruch geltend macht (so OLG Köln, Urt. v. 17.6.2020 – 11 U 186/19, als Vorinstanz zu BGH, Urt. v. 25.3.2021 – VII ZR 94/20), äußerte sich der VII. Zivilsenat des Bundesgerichtshofs mangels Entscheidungserheblichkeit nicht abschließend (vgl. BGH, Urt. v. 25.3.2021 – VII ZR 94/20 Rdn. 27). Es liegt nahe, eine Gesamtanalogie zu den Regelungen zum Verjährungsbeginn zu ziehen, die für explizit geregelte verhaltene Ansprüche gelten, also zu §§ 604 Abs. 5, 695 Satz 2 und 696 Satz 3 BGB. Diese Normen lassen die Verjährungsfrist mit der Geltendmachung des jeweils in ihnen geregelten verhaltenen Anspruchs durch den Gläubiger beginnen (vgl. Budzikiewicz, in: HK-BGB, § 199 Rn. 32 f.). Überträgt man dies auf das Sicherungsverlangen des Unternehmers gemäß § 650f BGB, beginnt die dreijährige Regelverjährungsfrist in Abweichung von § 199 Abs. 1 BGB taggenau ab dem Zugang des Sicherungsverlangens beim Besteller (vgl. zu diesem wegen § 130 Abs. 1 Satz 1 BGB relevanten Zeitpunkt BGH, Urt. v. 25.3.2021 – VII ZR 94/20 Rdn. 27) bzw. ab dem mündlichen Begehren des Unternehmers gegenüber dem anwesenden Besteller. 48

Verlangt der Unternehmer zunächst nicht die Absicherung des nominal offenen Werklohnanspruchs in voller Höhe (ggf. zuzüglich Nebenforderungen i. H. v. 10 %), sondern nur die Absicherung eines Teilbetrags, stellt sich die Frage, ob damit einheitlich auch wegen noch nicht zur Absicherung begehrten Restbetrags die Verjährung zu laufen beginnt. Das ist nicht der Fall, wenn es erst danach eine Veränderung des Vertragsumfangs durch Nachträge gibt, weil denkgesetzlich das erste Sicherungsverlangen sich noch nicht auf den erst später zusätzlich entstandenen Werklohnanspruch bezogen haben kann. Aber auch sonst gibt es gute Gründe dafür anzunehmen, dass die Verjährungsfrist für den Anspruch auf Sicherheit jeweils nur in der Höhe zu laufen beginnt, in der diese verlangt wurde (vgl. Rodemann, IBR 2021, 296). 49

Spätestens wenn der abzusichernde Werklohnanspruch selbst verjährt ist, ist der Anspruch auf Sicherheit verjährt. Aufgrund seiner Sicherungsfunktion ist er von der Werklohnforderung 50

Schmitz 913

abhängig. Daher schlägt die Verjährung der abzusichernden Forderung auf den Anspruch auf Sicherheit durch (vgl. LG Aurich, Urt. v. 25.1.1991 – 4 O 1391/88 zu § 650e BGB).

51 Eine Verwirkung des Anspruchs auf Sicherheit ist kaum denkbar („vor einer abschließenden Klärung der Vergütungsfrage [wird] nur in Ausnahmefällen von einer Verwirkung des Sicherungsanspruchs ausgegangen werden können"); unschädlich ist es insbesondere, wenn der Unternehmer zunächst auf Zahlung von Werklohn klagt und später die Klage auf Sicherheit einreicht (vgl. BGH, Urt. v. 25.3.2021 – VII ZR 94/20 Rdn. 32, dort auch das Zitat).

D. Umfang der Sicherheit

52 Sicherheit kann der Unternehmer bis zur Höhe der vereinbarten (und noch nicht gezahlten) Vergütung, wie sie sich aus dem Vertrag oder „Zusatzaufträgen" ergibt, sowie wegen Nebenforderungen beanspruchen.

I. Sicherbare Ansprüche

53 Nach dem Wortlaut von § 650f Abs. 1 Satz 1 BGB kommt es auf die „vereinbarte" Vergütung an. Ein etwa direkt aus dem Gesetz ableitbarer Vergütungsanspruch ist also nicht abzusichern, weil es an einer Vereinbarung fehlt. Absicherbar ist demgemäß zunächst die im ursprünglichen Vertrag nach § 631 Abs. 1 und § 632 BGB vereinbarte Vergütung. Das gleiche gilt für einen sich aus vertraglichen Vereinbarungen über Zusatzleistungen ergebenden Vergütungsanspruch. Ebenfalls absicherbar ist eine sich infolge wirksamer Anordnung des Bestellers gemäß § 650b Abs. 2 Satz 1 BGB oder einseitiger Leistungsbestimmung des Bestellers nach § 1 Abs. 3 oder 4 Satz 1 VOB/B ergebende Mehrvergütung gemäß § 650c BGB, § 2 Abs. 5 oder Abs. 6 VOB/B. Dieser Anspruch entstand mit der Ausübung des Leistungsbestimmungsrechts, so dass es nicht darauf ankommt, ob die Bauvertragsparteien vor Beginn der Ausführung eine Vergütung vereinbaren (vgl. BGH, Urt. v. 27.11.2003 – VII ZR 346/01; Beschl. v. 24.5.2012 – VII ZR 34/11 Rdn. 6; beide zur VOB/B). Damit ist der Anspruch der Höhe nach anhand der zitierten VOB/B-Klauseln antizipiert vor Ausübung des Leistungsbestimmungsrechts im Sinne von § 650f Abs. 1 Satz 1 BGB „vereinbart"; für § 650b Abs. 2 BGB gilt nichts anderes. Es bedarf also keiner (nochmaligen) Einigung über diesen Vergütungsanspruch, um den Anspruch auf Sicherheit zu begründen (vgl. wie hier Bschorr/Rodemann, BauR 2013, 845; Fuchs, BauR 2012, 326, 337; a.A. OLG Düsseldorf, Urt. v. 20.7.2004 – 21 U 178/03 [zum alten Recht]; Joussen, Jahrbuch Baurecht 2010, 39, 47f.; offen gelassen von OLG Braunschweig, Beschl. v. 28.11.2011 – 8 W 62/11; expliziter Anschluss an OLG Düsseldorf, Urt. v. 20.7.2004 – 21 U 178/03 auch seitens OLG Brandenburg, Urt. v. 26.11.2014 – 4 U 20/09 [nicht zu einem VOB/B-Vertrag, sondern zu einem nach BGB zu beurteilenden Planervertrag]).

54 Ein der Absicherung fähiger Vergütungsanspruch ist auch der Anspruch aus § 648 BGB oder § 8 Abs. 1 Nr. 2 VOB/B (vgl. implizit BGH, Urt. v. 6.3.2014 – VII ZR 349/12 Rdn. 15ff.), was sich aus § 650f Abs. 1 Satz 1 BGB ableiten lässt (vgl. i. E. ebenso, mit Ableitung aus Satz 1: Fuchs, BauR 2012, 326, 336; a. A. Schmidt, NJW 2013, 497, 499). Der Unternehmer kann deshalb Sicherheit nach § 650f BGB – auch hinsichtlich der Vergütung für die aufgrund der Kündigung nicht mehr zu erbringende Leistung – verlangen, wenn der Besteller den Bauvertrag „frei" kündigte, den Werklohn jedoch noch nicht voll bezahlte. Ebenso hat der Unternehmer einen Anspruch auf Sicherheit, wenn in einem Zeitpunkt gekündigt wird, zu dem er die Leistung noch nicht begann, da es auf eine fortbestehende Leistungspflicht des Unternehmers nicht ankommt.

55 Auch wenn der Besteller berechtigt den Vertrag kündigte, kann der Unternehmer die Absicherung des bis zur Kündigung verdienten Werklohns über § 650f BGB durchsetzen (vgl. implizit BGH, Urt. v. 6.3.2014 – VII ZR 349/12 Rdn. 15ff., insb. Rdn. 29; OLG Celle, Urt. v. 25.4.2012 – 7 U 234/11 zu einer Kündigung auf Grundlage von § 8 Abs. 2 VOB/B).

56 Ein sicherbarer Vergütungsanspruch besteht auch, wenn die (weitere) Bauleistung unmöglich wurde, der Vergütungsanspruch jedoch nach Maßgabe des § 326 Abs. 2 BGB nicht untergeht. Diese Fälle sind z.B. gegeben, wenn der Besteller ohne eine Kündigung aus wichtigem Grund oder ohne eine Kündigung nach § 648 BGB die Bauleistung durch einen Dritten fertig stellen lässt (vgl. BGH, Urt. v. 22.9.2004 – VIII ZR 203/03).

Bauhandwerkersicherung **§ 650f**

Fraglich ist, ob § 2 Abs. 8 VOB/B einen vertraglichen Vergütungsanspruch schafft. Das ist **57** für den Anspruch aus § 2 Abs. 8 Nr. 2 Satz 1 VOB/B zu bejahen, denn durch die Anerkennung der Leistung wird diese zur vertraglichen Leistung. Ebenso ist der Anspruch aus § 2 Abs. 8 Nr. 2 Satz 2 VOB/B ein vertraglicher Anspruch. Er betrifft zwar eine auftragslose Leistung, jedoch gewährt die Klausel einen vertraglichen Anspruch auf Vergütung unter den in ihr genannten Voraussetzungen (a. A. OLG Stuttgart, Urt. v. 26.6.2017 – 10 U 122/16; Sturmberg, BauR 1994, 57, 60). Dagegen ergibt sich aus der Verweisung in § 2 Abs. 8 Nr. 3 VOB/B kein vertraglicher Vergütungsanspruch: Sie ist eine Rechtsgrundverweisung, wonach die Vorschriften der Geschäftsführung ohne Auftrag unberührt bleiben.

Unklar ist, ob der Unternehmer auch die Absicherung anderer vergütungsgleicher Ansprüche verlangen kann. Das Gesetz will den Unternehmer schützen, der eine vertragliche Leistung erbringen muss und hierfür mit dem Besteller eine Vergütung vereinbart hat. Das bedeutet, dass solche Ansprüche von vornherein ausscheiden, die nicht aufgrund einer vertraglichen Leistung erbracht werden. Das sind die Ansprüche aus Geschäftsführung ohne Auftrag oder Bereicherung. **58**

Für Ansprüche, die an die Stelle der Vergütung treten, stellt § 650f Abs. 1 Satz 2 BGB klar, **59** dass der Unternehmer eine Sicherheit verlangen kann. Zu denken ist z. B. an den Schadensersatzanspruch gemäß § 280 Abs. 1 BGB (vgl. dazu BGH, Urt. v. 20.8.2009 – VII ZR 212/07), der begründet ist, wenn der Besteller durch sein Fehlverhalten eine berechtigte Kündigung des Unternehmers auslöst. Darunter dürfte hingegen nicht der Anspruch aus § 642 BGB fallen, den der Bundesgerichtshof in seiner neueren Rechtsprechung (vgl. BGH, Urt. v. 26.10.2017 – VII ZR 16/17 Rdn. 27 ff.: Entschädigung für die Dauer des Annahmeverzugs, so dass diese neben den eigentlichen Werklohnanspruch tritt; Urt. v. 30.1.2020 – VII ZR 33/19 Rdn. 42) als verschuldensunabhängigen Anspruch sui generis ansieht (so schon vor dieser neuen BGH-Rechtsprechung LG Berlin, Urt. v. 19.1.2017 – 86 O 142/16; LG Berlin, Beschl. v. 7.11.2019 – 32 O 244/19; Fuchs, BauR 2012, 326, 337 f.; hiermit Aufgabe der in der Vorauflage vertretenen Auffassung). Für mit einer Bauzeitverlängerung zusammenhängende Ansprüche des Unternehmers kommen neben § 642 BGB als weitere Anspruchsgrundlagen § 2 Abs. 5 VOB/B und § 6 Abs. 6 VOB/B in Betracht (vgl. BGH, Urt. v. 24.1.2008 – VII ZR 280/05). Insoweit lässt sich ein Anspruch aus § 2 Abs. 5 VOB/B zwar schwerlich unter § 650f Abs. 1 Satz 2 BGB subsumieren; richtig dürfte sein, § 650f Abs. 1 Satz 1 BGB („Zusatzaufträgen") heranzuziehen (Sicherbarkeit eines Mehrvergütungsanspruchs aufgrund einer vom ihm angenommenen bauzeitlichen Anordnung des Bestellers bejaht von KG, Urt. v. 22.6.2018 – 7 U 111/17). Ein Schadensersatzanspruch aus § 6 Abs. 6 VOB/B hingegen tritt nicht „an die Stelle der Vergütung", sondern neben den Vergütungsanspruch und dürfte daher nicht unter § 650f Abs. 1 Satz 2 BGB fallen (wie hier LG Berlin, Urt. v. 19.1.2017 – 86 O 142/16; Fuchs, BauR 2012, 326, 337 f.; a. A. für bestimmte Fallgruppen Joussen, Jahrbuch Baurecht 2010, 39, 51 f.; Schulze-Hagen, BauR 2010, 354, 360 l. Sp.).

II. Ermittlung der Höhe

1. Noch nicht gezahlte Vergütung

a) Allgemeines

Die Höhe des abzusichernden Vergütungsanspruchs bestimmt sich nach der vertraglichen **60** Vergütungsvereinbarung. Der Anspruch folgt aus dem geschlossenen Bauvertrag, so dass es unerheblich ist, ob nach diesem einzelne Bauabschnitte gestaffelt auszuführen sind (a. A. OLG Bamberg, Urt. v. 26.7.2007 – 1 U 18/07). Will der Besteller verhindern, in solchen Fällen mit einem Sicherungsverlangen über die volle noch offene Vergütung konfrontiert zu werden, muss er sukzessive einzelne Verträge abschließen oder von aufschiebenden Bedingungen, die der Unternehmer akzeptiert, abhängige „stufenweise" Beauftragungen vornehmen.

b) Pauschalpreisvertrag

Im Falle eines Pauschalpreisvertrags kann der Unternehmer Sicherheit in Höhe der verein- **61** barten Pauschale verlangen. Bewertungsprobleme sind – vorbehaltlich strittiger Nachträge oder einer Vereinbarung, Mehr- und Minderleistungen abzurechnen (vgl. zu letzterem LG Stuttgart, Urt. v. 24.10.2011 – 34 O 50/11 KfH) – nicht ersichtlich.

c) Einheitspreis- und Stundenlohnvertrag

62 Der Unternehmer kann Sicherheit in Höhe des sich aus der Vereinbarung ergebenden Gesamtpreises fordern. Maßgeblich sind nicht die geschätzten, sondern die tatsächlichen Mengen, wie sie sich bei Durchführung des Bauvertrags ergeben. Diese können von den bei Vertragsschluss zugrunde gelegten Mengen abweichen. Bei Stundenlohnvereinbarungen ist ebenfalls die Vergütung maßgeblich, die sich bei der Durchführung des Vertrags voraussichtlich ergibt.

63 Es besteht mithin ein Einschätzungsrisiko gerade in der Phase direkt nach Abschluss des Vertrags, da dieser nur vorläufige Vordersätze für Mengen bzw. vorläufig als nötig angesetzte Stundenzahlen enthält. Soweit in einer solchen frühen Phase die Vergütungsparameter wie Mengen oder Stunden noch nicht sicher feststehen und die Ansätze vom Besteller stammen, wird man dem Unternehmer ein Bestimmungsrecht einräumen müssen. Es ist an ihm, die Schätzung vorzunehmen, wobei er sich beim Einheitspreisvertrag auf die vom Besteller vorgegebenen vorläufigen Mengenangaben stützen darf, es sei denn, es zeichnet sich aufgrund konkreter Erkenntnisse bereits in dieser Phase der Bauabwicklung ab, dass diese überhöht sind. Sofern es zum Streit kommt, ob ein Verlangen nach Sicherheit berechtigt ist/war, wird man mit den übertragbaren Erwägungen des Bundesgerichtshofs zum Sicherungsverlangen bei Vertragskündigung (vgl. BGH, Urt. v. 6.3.2014 – VII ZR 349/12 Rdn. 20 ff.) grundsätzlich nur zu prüfen haben, ob der Unternehmer die Höhe des zu sichernden Anspruchs schlüssig darlegte. Ist dies der Fall, bleibt grundsätzlich kein Raum für eine Beweisaufnahme, um den Streit zu klären.

64 Ungeachtet dieser unternehmerfreundlichen Tendenz im BGH-Grundsatzurteil vom 6.3.2014 sollte ein Besteller, der die Mengenangaben in einem § 650f-Sicherungsverlangen für unplausibel oder unrichtig hält, innerhalb der vom Unternehmer gesetzten Frist konkret mit präzisen Angaben diesem mitteilen, welche Mengenangaben er aus welchen Gründen in Zweifel zieht (und ansonsten die Sicherheit in der „unstrittigen" Höhe fristgerecht leisten). Je nach der ggf. in einem späteren Prozess nachprüfbaren Substanz der vom Besteller gemachten Angaben ist nach der „Wechselgesangs"-Rechtsprechung (vgl. z.B. BGH, Urt. v. 24.10.1991 – VII ZR 81/90) der Unternehmer gehalten, seine Angaben zu verfeinern. Unterlässt er dies, fehlt es insoweit an einer schlüssigen Darlegung.

65 Darüber hinaus erscheint es vertretbar, ein Sicherungsverlangen so weit für unwirksam anzusehen, als der Unternehmer erhebliche Mehrmengen ohne Verankerung in der Realität (falls sich dies nachträglich feststellen lässt) behauptet, sofern Anhaltspunkte für Missbrauch oder bewusste Sorglosigkeit des Unternehmers bestehen (vgl. Schmitz, NZBau 2014, 484, 485 f.).

d) Umsatzsteuer

66 Grundsätzlich hat der Unternehmer Anspruch auf den vereinbarten Nettowerklohn zuzüglich Umsatzsteuer, so dass der Bruttobetrag für die Bemessung der Sicherheit maßgeblich ist. Kommt es indessen zu einer Umkehr der Umsatzsteuerschuld auf den Leistungsempfänger, also den Besteller, wie es gemäß § 13b Abs. 2 Satz 2, Abs. 1 Satz 1 Nr. 4 Satz 1 UStG für Bauvorhaben häufig der Fall ist, besteht der „voraussichtliche Vergütungsanspruch" des Unternehmers nur in der Nettohöhe ohne Umsatzsteuer, so dass er auch nur in diesem Umfang Sicherheit verlangen kann. Der Umstand, dass der Unternehmer neben dem Besteller die Umsatzsteuer gemäß § 14c Abs. 2 UStG dann schuldet, wenn er sie in einer von ihm erstellten Rechnung offen ausweist, führt zu keiner anderen Beurteilung: Der Besteller kann vom Unternehmer erwarten, dass er dies durch eine gesetzeskonforme Rechnungsstellung vermeidet (vgl. zu letzterem Aspekt übertragbar BGH, Urt. v. 22.11.2007 – VII ZR 83/05 Rdn. 13; OLG Hamm, Beschl. v. 16.4.2007 – 15 W 308/06, unter II.3 der Gründe).

e) Nachträge

67 Ebenso kann der Unternehmer Sicherheit auch für die „in Zusatzaufträgen vereinbarte und noch nicht gezahlte Vergütung" – also insbesondere gemäß §§ 650b Abs. 2, 650c BGB, 1 Abs. 3, Abs. 4 Satz 1 i.V.m. § 2 Abs. 5, Abs. 6 VOB/B (→ Rdn. 53) – verlangen. In dieser und in damit vergleichbaren Fallgruppen trägt der Unternehmer das Einschätzungsrisiko. Er trägt insoweit nicht nur die prozessuale Darlegungs- und Beweislast, sondern auch eine materielle Last. Das bedeutet: Er muss auf Verlangen des Bestellers sein Sicherungsverlangen so begründen, dass dem Besteller deutlich wird, wie sich die abzusichernde Vergütung zusammensetzt. Insoweit lassen sich zwar nicht die Anforderungen an die Prüfbarkeit einer Rechnung stellen. Es wäre jedoch mit Treu und Glauben und dem im Bauvertragsrecht herrschenden Kooperationsgebot nicht vereinbar, wenn der Besteller eine Sicherung auf ein Sicherungsverlangen hin leisten

Bauhandwerkersicherung §650f

müsste, das er anhand seiner Kenntnisse und Überprüfungsmöglichkeiten nicht nachvollziehen kann. Der Unternehmer ist deshalb gehalten, zusätzliche Vergütungsansprüche durch zusätzliche oder geänderte Arbeiten nachvollziehbar darzustellen.

Gleichwohl kann es leicht zu einem überhöhten Sicherungsverlangen des Unternehmers kommen, nämlich wenn Streit dem Grunde nach über die Berechtigung von Nachträgen besteht. Stellt sich heraus, dass der Unternehmer zu Unrecht die Absicherung von dem Grunde nach zu verneinenden Nachträgen begehrt hat, so ist sein Sicherungsverlangen jedenfalls in Höhe des überhöhten Teilbetrags nicht berechtigt (→ Rdn. 80). 68

f) Vorzeitige Vertragsbeendigung

Eine Kündigung des Bauvertrags – gleich durch welche Partei und mit welcher Berechtigung – oder eine anderweitige vorzeitige Beendigung des Vertragsverhältnisses führt regelmäßig dazu, dass die Höhe der Vergütung, die dem Unternehmer (auch unter Berücksichtigung von §648 Satz 2 BGB, falls einschlägig) zusteht, niedriger ist als die, die sich bei ungestörter vollständiger Vertragsabwicklung ergäbe. Immer verhält es sich so, wenn der Besteller den Vertrag aus wichtigem Grund vorzeitig beendet, weil der Unternehmer für die „weggekündigte" Restleistung keine Vergütung verlangen kann. Fast immer ist es aber auch dann so, wenn eine „freie" Kündigung des Bestellers gemäß §648 BGB (oder eine dem vergleichbare Fallgruppe) vorliegt: Nur wenn ausnahmsweise der Unternehmer trotz der vorzeitigen Vertragsbeendigung keine ersparten Aufwendungen hat, sich auch nicht anderweitigen Verdienst anrechnen lassen muss und – etwa wegen §13 b UStG – vom Besteller keine Umsatzsteuer verlangen kann, ist die dem Unternehmer nach vorzeitiger Vertragsbeendigung zustehende Vergütung der Höhe nach identisch mit der, die er im Fall ungestörter Vertragsabwicklung verdient hätte. 69

Damit stellt sich die Frage, „in welchem Umfang der Unternehmer nach einer Kündigung des Bestellers von diesem eine Sicherung seiner Vergütung gemäß §648a Abs. 1 BGB fordern kann" (BGH, Urt. v. 6.3.2014 – VII ZR 349/12 Rdn. 16). Angesichts der divergierenden, von ihm in Rdn. 17f. zitierten Auffassungen in Instanzrechtsprechung und Literatur wählte der Bundesgerichtshof in seinem Grundsatzurteil vom 6.3.2014 einen Mittelweg: Der Unternehmer muss die vereinbarte Vergütung, deren Absicherung er begehrt, schlüssig darlegen (vgl. ebd., Rdn. 20ff.). Es kommt daher nicht in Betracht, die ursprünglich vereinbarte Vergütung anzusetzen, sondern der Unternehmer muss „grundsätzlich die Höhe der vereinbarten Vergütung in dem Zeitpunkt darlegen […], in dem er die Sicherheit verlangt" (ebd., Rdn. 24; insoweit wohl unzutr. umgesetzt von KG, Beschl. v. 3.12.2015 – 27 U 105/15). Das vom Bundesgerichtshof als berechtigt anerkannte Interesse des Unternehmers, eine „effektive Sicherheit zu erlangen" (ebd., Rdn. 26), wahrte der VII. Zivilsenat, indem er einen Streit über die tatsächlichen Voraussetzungen, wie der absicherungsfähige Vergütungsanspruch zu berechnen ist, im Klageverfahren auf Stellung der Sicherheit nicht zuließ. Dies begründete er mit dem Wortlaut des Gesetzes (insb. dem indessen nicht explizit genannten Abs. 1 Satz 4 [vgl. ebd., Rn. 28 a. E.]) und dem Sinn und Zweck der Norm, den Unternehmer vor Verzögerungen zu schützen (vgl. ebd., Rdn. 26ff.). Mithin ist im Sicherheitenprozess (anders im Werklohnprozess) zu zwei beispielhaft vom Bundesgerichtshof benannten, höchst praxisrelevanten und regelmäßig strittigen Fragen Vortrag des Bestellers, der von dem des Unternehmers abweicht, nicht berücksichtigungsfähig: 70

- er, der Besteller, habe den Vertrag nicht „frei" gemäß §648 BGB, sondern aus wichtigem Grund gekündigt,

- die tatsächlichen Voraussetzungen für die vereinbarte Vergütung – gleich ob für die erbrachte oder die aufgrund der Kündigung nicht mehr erbrachte Leistung – lägen nicht vor, da der Unternehmer die berechneten Mengen nicht ausgeführt oder einen anderweitigen Erwerb gehabt habe (vgl. ebd., Rdn. 29).

Behauptet der Unternehmer hinsichtlich der Vergütung, die auf die „weggekündigte" Restleistung entfällt, lediglich einen entgangenen Gewinn, ist dies nicht schlüssig, so dass insoweit die Klage auf Sicherheit erfolglos bleiben muss (vgl. ebd., Rdn. 33). Veranlassung, zugunsten des Unternehmers mit der Vermutung des §648 Satz 3 BGB zu operieren (vgl. dazu OLG Frankfurt am Main, Urt. v. 13.8.2013 – 16 U 49/13), sah der BGH offenbar nicht. 71

Dass der von ihm gewählte Lösungsansatz im Einzelfall zu gravierenden Beeinträchtigungen des Bestellers führen kann (zu einer sich rückblickend herausstellenden Übersicherung des Unternehmers, dem gegenüber der Vertrag gekündigt wurde; zu einer zusätzlichen Belastung der Kreditlinie des Bestellers, weil der fortführende Zweitunternehmer ebenfalls Sicherheit 72

§ 650f

verlangt; zu Schwierigkeiten für den Besteller, die an den aus seiner Sicht unzuverlässigen Unternehmer nach Kündigung zu stellende Sicherheit zurückzuerlangen), war dem Bundesgerichtshof bewusst. Jedoch kommt nach der „Intention des Gesetzgebers" „dem Interesse des Unternehmers" Vorrang zu, „bis zu einer Klärung des ihm zustehenden möglichen Vergütungsanspruchs vor einem Ausfall des Bestellers geschützt zu sein" (BGH, Urt. v. 6.3.2014 – VII ZR 349/12 Rdn. 30; vgl. auch BGH, Urt. v. 20.5.2021 – VII ZR 14/20 Rdn. 19 und 23 ff.).

g) Schlussrechnung als Anknüpfungspunkt für die Höhe der abzusichernden Forderung?

73   Die vom Unternehmer im Hinblick auf eine Sicherheitenklage u. U. beschleunigt zu erstellende Schlussrechnung ist eine taugliche Grundlage für die Feststellung der abzusichernden Forderung, sofern darin der Unternehmer den von ihm beanspruchten Vergütungsanspruch als Grundlage seines Sicherungsverlangens schlüssig abrechnete (vgl. die generalisierbaren, nicht auf die Fallgruppe der Kündigung/vorzeitigen Vertragsbeendigung beschränkten Aussagen von BGH, Urt. v. 6.3.2014 – VII ZR 349/12 Rdn. 20 ff. [insb. Rdn. 23: „in der Regel durch eine Schlussrechnung", Rdn. 29 a. E.]; vgl. auch LG Stralsund, Urt. v. 14.9.2011 – 1 S 41/11).

h) Schätzung der Vergütung insbesondere für Nachtragsforderungen oder nach Kündigung durch das Gericht im Prozess auf Sicherheit?

74   Je früher nach Vertragsschluss der Unternehmer Sicherheit vom Besteller verlangt und einklagt, desto mehr kommt der gerichtlichen Entscheidung über die korrekte Höhe ein Prognoseelement zu. Abweichungen zwischen der zu einem deutlich früheren Zeitpunkt zuerkannten Höhe der Sicherheit und der später, nach Leistungserbringung, präzise prüfbaren, in ihrer „objektiv" richtigen Höhe feststellbaren Werklohnforderung sind daher beim Einheitspreisvertrag (auch ohne Leistungsänderungen und -erweiterungen durch Nachträge) wegen Mengenänderungen regelmäßig zu erwarten und den unterschiedlichen Beurteilungszeitpunkten geschuldet (vgl. Dingler/Gasch, IBR 2012, 1113; Retzlaff, jurisPR-PrivBauR 11/2011).

75   Zu unterscheiden von dieser durch die unterschiedlichen Zeitpunkte zwangsläufig vorgegebenen Prognose bzw. Schätzung (im Sinne des allgemeinen Sprachgebrauchs, nicht der ZPO) ist die Frage, inwieweit zum Zeitpunkt der gerichtlichen Entscheidung grundsätzlich mögliche abschließende Klärungen aufgrund nach der ZPO zulässiger Schätzungen unterbleiben dürfen:

76   Stellt der Unternehmer in die Berechnung der von ihm verlangten Sicherheit strittige Nachträge ein, muss das Gericht ggf. durch Beweisaufnahme dem Grunde nach feststellen, ob dem Unternehmer ein zusätzlicher Vergütungsanspruch zusteht (schon im Ausgangspunkt a. A. LG Berlin, Urt. v. 19.1.2017 – 86 O 142/16; Schwarz, BauR 2017, 1, 4 f., für die dem Grunde nach streitige Nachträge überhaupt nicht sicherungsfähig sind). Aus BGH, Urt. v. 6.3.2014 – VII ZR 349/12, lässt nichts anderes ableiten. Soweit der Bundesgerichtshof eine schlüssige Darlegung des Unternehmers für ausreichend und etwaigen abweichenden Vortrag des Bestellers zu erbrachten Mengen für unbeachtlich erklärte (vgl. ebd., Rdn. 20 ff., 29 a. E.), bezog sich all dies auf einen wenn auch ungekündigten Vertrag, der im Ausgangspunkt unstreitig war, dass er mit einem bestimmten Werklohnanspruch zugunsten des Unternehmers zustande kam, dieser Werklohnanspruch aber aufgrund der Kündigung sich verändert haben mag (vgl. ebd., Rdn. 24), ohne jedoch den ursprünglichen Werklohnanspruch zu übersteigen. Macht hingegen der Unternehmer Sicherheit hinsichtlich eines „Zusatzauftrags" i. S. v. § 650f Abs. 1 Satz 1 BGB geltend, muss er diesen ebenso wie den ursprünglichen Vertragsschluss im Streitfall voll beweisen. Jede andere Betrachtung würde ohne rechtfertigenden Grund dem Unternehmer Missbrauch ermöglichen (vgl. OLG Bamberg, Urt. v. 30.10.2019 – 3 U 22/19; OLG Karlsruhe, Urt. v. 12.6.2018 – 8 U 102/16; OLG Köln, Urt. v. 18.12.2019 – 16 U 114/19; OLG Stuttgart, Urt. v. 26.6.2017 – 10 U 122/16; ebenso generell hinsichtlich der „rechtlichen Grundlagen", zu denen der Abschluss eines Werkvertrags zählt, OLG Hamm, Urt. v. 16.1.2017 – 17 U 111/16; Joussen, NZBau 2018, 105; Pause, FS Leupertz, S. 467, 474 f.; Voit, in: Bamberger/Roth, Beck'scher Online-Kommentar BGB, Stand: 1.2.2015, § 648a Rn. 13; a. A. Berg/Mayr, BauR 2019, 1027; Hilgers, BauR 2016, 315, 319; Kimmich/Friedrich, BauR 2015, 565, 567 f.; a. A. wohl auch – jedoch überwiegend gänzlich ohne Problemdiskussion – OLG Brandenburg, Urt. v. 8.12.2016 – 12 U 192/15; OLG Hamm, Urt. v. 3.6.2016 – 12 U 99/15; OLG Koblenz, Urt. v. 7.6.2016 – 4 U 66/16).

77   Was die Höhe anbelangt, genügt mit BGH, Urt. v. 6.3.2014 – VII ZR 349/12 Rdn. 20 ff. (ebenso OLG Hamm, Urt. v. 16.1.2017 – 17 U 111/16 zu dem „tatsächlichen Aufwand"), eine schlüssige Darlegung. Einer Schätzung gemäß § 287 ZPO (so aber etwa Retzlaff, BauR

2013, 1184, 1191; Schwarz, BauR 2017, 1, 5) bedarf es nicht. Abweichend hiervon vertrat jedoch das KG die Auffassung, dass die schlüssige Darlegung seines Vergütungsanspruchs durch den Unternehmer nur der Ausgangspunkt für die Bestimmung der Höhe der Sicherheitsleistung durch das Gericht ist. Diese hat auf dieser Grundlage durch das Gericht nach freier Überzeugung gemäß § 287 Abs. 2 ZPO zu geschehen. Demnach kann das Gericht dem Unternehmer auch eine Sicherheitsleistung zusprechen, die unterhalb der von ihm schlüssig dargelegten Vergütung liegt. Das kann (nicht: muss) insbesondere bei Berücksichtigung der beiderseitigen Prozessrisiken geboten sein, so wenn es aufgrund des beiderseitigen Vortrags nicht hinreichend wahrscheinlich ist, dass der Unternehmer im Vergütungsprozess seine behauptete Forderung vollständig durchsetzen kann (vgl. KG, Urt. v. 15.6.2018 – 21 U 140/17; KG, Urt. v. 26.7.2019 – 21 U 3/19). Dieser Auffassung ist nicht zu folgen. Sie weicht von der Rechtsprechung des Bundesgerichtshofs ab, der wegen der gebotenen schnellen Klärung im Sicherungsprozess eine sich rückblickend herausstellende Übersicherung des Unternehmers in Kauf nimmt (→ Rdn. 72). Die Grundlagen für eine Schätzung lediglich anhand des Parteivortrags – ohne Beweisaufnahme – bleiben unsicher (vgl. ebenso krit. OLG München, Hinweisbeschl. v. 8.10.2019 – 20 U 94/19; Joussen, NJW 2019, 636).

Hinsichtlich der nach „freier" Kündigung gemäß § 648 BGB relevanten ersparten Aufwendungen des Unternehmers ist für den Zahlungsprozess geklärt, dass § 287 Abs. 2 ZPO eine Schätzung erlaubt (vgl. BGH, Urt. v. 5.5.1992 – X ZR 133/90, NJW-RR 1992, 1077). Das gilt auch für den auf Sicherheit geführten Prozess. **78**

2. Nebenforderungen

Sicherheit kann auch für „dazugehörige[.] Nebenforderungen" verlangt werden. Was Nebenforderungen in diesem Sinn sind, ist vom Gesetzgeber nicht geregelt. Gemeint sein dürften später etwa auflaufende Nebenforderungen wie vertragliche Zinsen und Verzugszinsen sowie Kosten eines Prozesses, jeweils bezogen auf die abgesicherte Vergütung (vgl. OLG Hamm, Urt. v. 3.6.2016 – 12 U 99/15; a. A. offenbar OLG Frankfurt am Main, Urt. v. 9.5.2007 – 15 U 11/07, wonach stets denkbare, aber im Zeitpunkt der Bürgschaftserklärung noch nicht bestehende Verzugszinsen und Prozesskosten keine zur werkvertraglichen Vorleistung gehörenden Nebenforderungen sind). Da zum Zeitpunkt des Sicherungsverlangens nicht feststeht, ob überhaupt und in welcher Höhe solche Nebenforderungen anfallen werden, sieht das Gesetz pauschal 10 % des zu sichernden Vergütungsanspruchs als Betrag vor, den der Unternehmer zusätzlich zur Absicherung verlangen kann, ohne dass er deren Anfall in concreto darlegen muss (a. A. OLG Hamm, Urt. v. 3.6.2016 – 12 U 99/15). Damit ist ausgeschlossen, dass der Unternehmer einen höheren Betrag abgesichert verlangt. Umgekehrt kann auch der Besteller nicht etwa mit dem Argument, er werde stets alle Rechnungen sofort nach Fälligkeit innerhalb der maßgeblichen Fristen bezahlen, die Absicherung von Nebenforderungen in Höhe dieser Pauschale abwenden. **79**

III. Unbeziffertes oder überhöhtes Sicherungsverlangen

Gibt der Unternehmer in seinem Sicherungsverlangen nicht an, in welcher Höhe er Sicherheit begehrt, ist das Verlangen unwirksam (vgl. OLG Jena, Urt. v. 17.3.2010 – 7 U 289/09). **80**

Der Umstand, dass der Unternehmer eine überhöhte Sicherheit fordert, führt nicht dazu, dass das Sicherungsverlangen insgesamt unberechtigt ist. Der Bundesgerichtshof (vgl. BGH, Urt. v. 9.11.2000 – VII ZR 82/99; vgl. auch KG, Urt. v. 16.2.2018 – 21 U 66/16) wandte die Grundsätze an, die er zu der Frage entwickelte, inwieweit ein überhöhtes Zahlungsverlangen einen Schuldnerverzug begründen kann. Danach kann ein Schuldner auch dann in Verzug geraten, wenn der Gläubiger eine zu hohe Zahlung anmahnt. In solchen Fällen ist zu prüfen, ob der Schuldner die Erklärung als Aufforderung zur Bewirkung der tatsächlich geschuldeten Leistung verstehen muss und der Gläubiger auch zur Annahme der gegenüber seinen Vorstellungen geringeren Leistung bereit ist (vgl. BGH, Urt. v. 25.6.1999 – V ZR 190/98). Bei einer unverhältnismäßig hohen Zuvielforderung kann das zu verneinen sein (vgl. BGH, Urt. v. 13.11.1990 – XI ZR 217/89). Die Wirksamkeit einer Zuvielforderung wird im Regelfall dann bejaht, wenn anzunehmen ist, dass der Schuldner auch bei einer auf den wirklichen Rückstand beschränkten Mahnung nicht geleistet hätte (vgl. BGH, Urt. v. 25.6.1999 – V ZR 190/98). **81**

§ 650f

82 Der zur Kooperation verpflichtete Besteller (vgl. BGH, Urt. v. 28.10.1999 – VII ZR 393/98) kann den Rechtsfolgen des § 650f Abs. 5 Satz 1 BGB nicht ohne weiteres dadurch entgehen, dass er auf eine Zuvielforderung überhaupt nicht reagiert. Ist der Unternehmer bereit, die geringere Sicherheit zu akzeptieren, die er nach § 650f BGB fordern darf, so muss der Besteller diese Sicherheit jedenfalls dann leisten, wenn deren Höhe für ihn feststellbar ist. Der Besteller muss eine solche Sicherheit anbieten (vgl. BGH, Urt. v. 9.11.2000 – VII ZR 82/99; so auch OLG Düsseldorf, Urt. v. 28.4.1998 – 23 U 150/97; OLG Düsseldorf, Urt. v. 6.10.2009 – 21 U 130/08; OLG Karlsruhe, Urt. v. 12.3.1996 – 8 U 207/95).

83 Folglich muss der Besteller Sicherheit jedenfalls in der Höhe des Werklohns leisten, der von ihm gemäß einem nachvollziehbar begründeten Sicherungsverlangen geschuldet ist. Sind z. B. in das Sicherungsverlangen eingestellte Forderungen aus Nachträgen objektiv unbegründet oder vom hierzu verpflichteten Unternehmer nicht schlüssig dargelegt, so muss der Besteller Sicherheit in Höhe des Werklohns leisten, der unter Abzug der Nachtragsforderungen noch offen ist. Etwas anderes gilt, wenn der Unternehmer diese verminderte Sicherheit ablehnt und auf Absicherung auch des unberechtigten Teils besteht. Der Besteller muss auch dann überhaupt keine Sicherheit leisten, wenn er die von ihm tatsächlich geschuldete Sicherheit nicht oder nur mit unzumutbarem Aufwand selbst ermitteln kann (vgl. OLG Hamm, Urt. v. 25.9.2003 – 21 U 8/03).

84 Beide Parteien sollten sich davor hüten, den Streit über die Berechtigung des Sicherungsverlangens zu überdehnen. Lehnt der Besteller die Leistung einer Sicherheit zu Unrecht ab, hat der Unternehmer das Recht, die Leistung zu verweigern oder den Vertrag zu kündigen. Die sich in der Praxis häufig anschließende („Gegen"-)Kündigung des Bestellers ist vertragswidrig. Er hat die volle Vergütung abzüglich der ersparten Aufwendungen zu zahlen, und darüber hinaus ist er zum Schadensersatz verpflichtet. Umgekehrt: Fordert der Unternehmer eine zu hohe Sicherheit und nimmt er eine vom Besteller zutreffend berechnete Sicherheit nicht an, so ist seine sich anschließende Leistungsverweigerung oder Kündigung vertragswidrig mit der Folge, dass der Besteller den Vertrag außerordentlich („gegen"-)kündigen kann und der Unternehmer nicht nur seinen Werklohnanspruch für den noch nicht erbrachten Teil verliert, sondern auch zum Ersatz des Schadens, insbesondere der Mehrkosten der Fertigstellung, verpflichtet ist.

IV. Keine Beschränkung durch Recht auf Abschlagszahlungen

85 Die Berechtigung eines Sicherungsverlangens hängt nicht davon ab, inwieweit die Parteien Abschlags- oder Ratenzahlungen vereinbart haben. Der Unternehmer kann Sicherheit in voller Höhe auch dann verlangen, wenn solche Vereinbarungen getroffen worden sind.

86 Eine Beschränkung des Sicherungsverlangens für den Fall, dass Raten- oder Abschlagszahlungen vereinbart sind, wäre nicht sachgerecht. Durch die Vereinbarung von Raten- oder Abschlagszahlungen ist nicht gewährleistet, dass das Vorleistungsrisiko des Unternehmers verlässlich begrenzt wird. Es ist nicht gesichert, dass sämtliche Vorleistungen durch diese Zahlungen abgegolten sind. Das gilt insbesondere für solche Vorleistungen, die noch keinen Eingang in die erbrachte Bauleistung gefunden haben, wie z. B. Baustofflieferungen, Werkstattfertigungen und Planungsleistungen (vgl. BGH, Urt. v. 9.11.2000 – VII ZR 82/99). Auch wenn das aktuelle Recht den Begriff „Vorleistungen" nicht mehr verwendet, gelten diese Überlegungen des Bundesgerichtshofs fort.

87 Der Schutzzweck des Gesetzes würde verfehlt, wenn der Unternehmer auf die gesetzlichen oder vertraglichen Möglichkeiten verwiesen würde, im Falle verweigerter Raten- oder Abschlagszahlungen die Arbeiten einzustellen oder sich vom Vertrag zu lösen. Derartige Möglichkeiten, wie sie sich z. B. aus §§ 320 Abs. 1, 281 BGB oder § 16 Abs. 5 Nr. 3, § 9 Abs. 1 Nr. 2 VOB/B ergeben, begrenzen das Vorleistungsrisiko nicht für den Fall, dass sie genutzt werden. Der Unternehmer kann gute Gründe dafür haben, diese Möglichkeiten nicht zu nutzen. Dazu kann die Bereitschaft gehören, den Vertrag trotz der aktuellen Konflikte durchzuführen. Dazu kann auch die Unsicherheit darüber gehören, ob die Einstellung der Raten- oder Abschlagszahlungen durch den Besteller berechtigt ist oder nicht. Der Einstellung dieser Zahlungen geht häufig ein Streit voraus, ob und inwieweit der Unternehmer vertragsgerecht geleistet hat, die geschuldete Vergütung bereits vollständig geleistet ist oder dem Besteller aufrechenbare Gegenansprüche zustehen. Dieser Streit kann von schwierigen tatsächlichen und rechtlichen Fragen geprägt sein, die während des Bauvorhabens nicht oder nicht in der zur Verfügung stehenden Zeit einwandfrei geklärt werden können. Die Partei, die bei derartig ungewissem Streitausgang die Leistung einstellt oder den Vertrag kündigt, geht ein beträchtliches Risiko ein (vgl. Weise, Sicherheiten im Baurecht, Rdn. 611; Schmitz, ZfIR 2000, 489, 494). Es kann sich herausstellen, dass die Leistungsverweigerung oder Kündigung unberechtigt war, was Schadensersatzansprüche der Gegenseite zur Folge haben kann. Wollte man in Fällen, in denen der Unternehmer die Arbeit aus diesen Gründen fortsetzt, die Sicherheit auf die Höhe des bis zur möglichen Leistungsverweigerung oder Kündigung verdienten Teils beschränken, wären die Vergütungsansprüche für die ungeachtet dieser Möglichkeit erbrachten weiteren Arbeiten ungesichert. Das ist nicht im Sinne des Gesetzes, weil eine Fortsetzung der Arbeiten trotz des bestehenden Streits in aller Regel im Interesse beider Parteien liegt (vgl. BGH, Urt. v. 9.11.2000 – VII ZR 82/99).

Allerdings kann nicht verkannt werden, dass die Forderung nach Sicherheit in voller Höhe der Vergütung den Besteller im Einzelfall in erheblicher Weise belastet (vgl. Moeser/Kocher, BauR 1997, 425; Schulze-Hagen, BauR 2000, 28, 31; Wagner/Sommer, ZfBR 1995, 168 f.; Zanner, BauR 2000, 485, 490). Sie kann sogar als Druckmittel missbraucht werden, auch in der Weise, dass der Unternehmer eine Möglichkeit sucht, sich aus dem für ihn ungünstigen Vertrag zu lösen. Der Besteller kann bei extensiver Ausnutzung des Rechts, volle Sicherheit zu verlangen, Schwierigkeiten bekommen, eine Sicherheit zu stellen, weil seine Kreditlinie überzogen wird. Das kann insbesondere dann der Fall sein, wenn das das Bauvorhaben finanzierende Kreditinstitut die Sicherheit als zusätzliche Belastung ansieht, obwohl wirtschaftlich eine solche kaum vorliegen dürfte. Die Inanspruchnahme aus der Sicherheit kann nämlich nicht über die Inanspruchnahme aus dem (finanzierten) Werklohnverlangen hinausgehen. 88

Der Bundesgerichtshof setzte sich mit dieser Frage auseinander und entschied, dass die sich mit einer Inanspruchnahme der Sicherheit in voller Höhe des Vergütungsanspruchs im Einzelfall ergebenden Probleme des Bestellers durch die weitere Belastung seiner Kreditlinie unberücksichtigt bleiben müssen (vgl. BGH, Urt. v. 9.11.2000 – VII ZR 82/99), um dem Schutzzweck des Gesetzes Geltung zu verschaffen. Diese Probleme wurden im Gesetzgebungsverfahren gesehen. Die Begründung zum Gesetzesentwurf geht davon aus, dass dem Besteller die Leistung der vollen Sicherheit im Normalfall möglich sein wird, weil das finanzierende Institut keine Doppelbelastung der Kreditlinie vornehmen wird (vgl. BT-Drucks. 12/1836 S. 7 unter c). Soweit das nicht der Fall ist, wird dem Sicherungsinteresse des Unternehmers bewusst der Vorrang eingeräumt (vgl. BT-Drucks. 12/1836 S. 7 unter f). Unerheblich ist deshalb der Hinweis, die Belastung der Kreditlinie könnte insbesondere dann zu Problemen des Bestellers führen, wenn der Unternehmer nach einer vorzeitigen Beendigung des Vertrags die Sicherheit nicht rechtzeitig zurückgebe. In diesem Fall stehen dem Besteller im Übrigen Schadensersatzansprüche zu (vgl. BGH, Urt. v. 9.11.2000 – VII ZR 82/99). 89

V. Sicherung in Höhe der noch nicht gezahlten (und nicht anderweitig abgesicherten) Vergütung; strittige Gegenforderungen

Maßgebend ist, inwieweit ein Sicherungsinteresse besteht. Sicherheit kann der Unternehmer nicht verlangen, soweit der vertragliche Vergütungsanspruch erfüllt ist. Das kann durch Voraus- und Abschlagszahlungen oder auf andere Weise geschehen sein. Ist allerdings die dem Unternehmer zugeflossene Vorauszahlung nicht stabiler Bestandteil des Unternehmervermögens, weil der Besteller eine ihm zur Absicherung etwa bestehender Rückzahlungsansprüche gestellte Vorauszahlungsbürgschaft auf erstes Anfordern in Anspruch nimmt, lebt der Sicherungsanspruch wieder auf (KG, Urt. v. 30.3.2021 – 21 W 4/21). Erfüllung kann auch durch Aufrechnung mit einer Gegenforderung eingetreten sein (vgl. BGH, Urt. v. 9.11.2000 – VII ZR 82/99). Nach § 650f Abs. 1 Satz 4 BGB führt im Streit um die Höhe der bis zu leistenden Sicherheit eine solche Aufrechnung des Bestellers nur dann zu einer der Zahlung gleichstehenden Erfüllungswirkung, wenn die Gegenforderung unstreitig oder rechtskräftig festgestellt ist (so schon – indes ohne jede Stütze im früheren Gesetzeswortlaut – zum alten Recht OLG Düsseldorf, Urt. v. 28.4.1998 – 23 U 150/97). Das Gesetz will den Unternehmer davor schützen, dass er seinen Anspruch auf Sicherheit vor Gericht nur verzögert durchsetzen kann. Der Streit um die Gegenforderung ist erst im Werklohnprozess zu entscheiden. 90

Der Wortlaut des § 650f Abs. 1 Satz 4 BGB erfasst nicht die Minderung, weil diese mit Zugang beim Unternehmer zur Reduktion des Werklohns führt (vgl. § 638 Abs. 3 BGB), ohne dass darin eine Aufrechnung liegt. Im Streit, ob eine vom Besteller eingewendete Minderung berechtigt ist, müsste dies geklärt werden, um die zutreffende Höhe für die zu stellende Sicherheit zu ermitteln. Das gleiche gilt bei wortlautgetreuer Heranziehung des Gesetzes für eine vom Besteller bereits vor dem Sicherungsverlangen erklärte Aufrechnung. 91

92 Mit der gesetzgeberischen Intention zu § 650f Abs. 1 Satz 4 BGB ist dies nicht vereinbar, weil dadurch der Unternehmer im Streit über die Sicherung gezwungen würde, sich mit der Berechtigung des zur Aufrechnung gestellten Anspruchs des Bestellers auseinanderzusetzen, was dem Zweck der Bauhandwerkersicherung zuwiderlaufen würde. Ungeachtet der redaktionellen Schwäche des Gesetzes erscheint es daher richtig, generell alle irgend gearteten Gegenforderungen und Minderungen, auch wenn der Besteller bereits vor dem Sicherungsverlangen aufrechnete, für die Höhe des Sicherungsverlangens für unbeachtlich zu erklären, sofern sie nicht unstreitig oder rechtskräftig festgestellt sind (vgl. Halfmeier/Leupertz, in: PWW, § 650f Rdn. 10; Voit, in: Beck'scher Online-Kommentar BGB, Stand: 1.5.2020, § 650f Rdn. 10; a. A. Fuchs, BauR 2012, 326, 339; Joussen, Jahrbuch Baurecht 2010, 39, 55). Ist eine Gegenforderung des Bestellers unstritig oder rechtskräftig festgestellt, wirkt sie sich nur dann begrenzend auf die absicherbare Höhe des offenen Werklohns aus, wenn der Besteller mit ihr aufrechnet (vgl. Voit, in: Beck'scher Online-Kommentar BGB, Stand: 1.5.2020, § 650f Rdn. 10).

93 Sind im Vertrag Sicherheiten vereinbart und erhielt der Unternehmer diese vertraglich vereinbarten Sicherheiten, so kann er Sicherheit nur noch in Höhe des nicht gesicherten Teils fordern (vgl. BGH, Urt. v. 9.11.2000 – VII ZR 82/99; vgl. auch KG, Urt. v. 20.12.2016 – 7 U 123/15).

94 Diese sehr knappe Aussage des Bundesgerichtshofs ist zu ergänzen um folgende Überlegungen: Aus dem Wortlaut des Gesetzes ergibt sich zwar nicht, dass die Höhe der (maximal) vom Besteller beizubringenden Sicherheit zu reduzieren ist um das Volumen bereits vom Besteller bewirkter Sicherheiten. Vielmehr stellt § 650f Abs. 1 Satz 1 BGB auf die „noch nicht gezahlte Vergütung" ab. Dass der Unternehmer eine Sicherheit in Händen hat, steht einer nach dem Gesetz das Sicherungsbedürfnis entfallen lassenden Zahlung nicht gleich. Es ist aber dem Bundesgerichtshof darin zu folgen, dass insoweit kein Sicherungsbedürfnis besteht, mag man dies mit Sinn und Zweck oder mit einer teleologischen Reduktion des § 650f BGB begründen. Beachtlich sind aber bereits bei Vertragsschluss (zu diesem Erfordernis → Rdn. 209) getroffene Abreden der Parteien über vom Besteller beizubringende Sicherheiten nur dann, wenn zum einen der Besteller die vereinbarte Sicherheit dem Unternehmer zukommen ließ und zum anderen diese Sicherheit mindestens den Anforderungen genügt, die sich aus § 650f BGB ergeben. Diese Voraussetzungen sind üblicherweise durch vereinbarte, vom Besteller beschaffte Zahlungsbürgschaften erfüllt, sofern der Bürge zu dem in § 650f Abs. 2 Satz 1 BGB genannten Kreis zulässiger Bürgen gehört. In der Regel übersteigen diese vertraglich vereinbarten Zahlungsbürgschaften sogar die durch § 650f BGB vermittelten Anforderungen, weil sie keine Einschränkungen der Zahlungsverpflichtung des Bürgen gemäß § 650f Abs. 2 Satz 2 BGB enthalten und somit im Bedarfsfall der Unternehmer den Bürgen sofort zusammen mit der Fälligkeit der gegen den Besteller gerichteten Werklohnforderung zur Zahlung auffordern und in eigenständigen Bürgenverzug setzen kann.

95 Erhielt dagegen der Unternehmer eine den Anforderungen des § 650f BGB nicht genügende (Schein-)Sicherheit, bleibt es ihm unbenommen, in Höhe der vollen noch nicht gezahlten Vergütung zzgl. 10% für Nebenforderungen eine (taugliche) Sicherheit vom Besteller zu verlangen, ohne dass er die bereits erhaltene und tatsächlich bestehende Sicherheit „anrechnen" lassen müsste. Derartige untaugliche Sicherheiten gibt es immer wieder insbesondere in Form der Abtretung angeblicher Ansprüche des Bestellers gegen Dritte (Details → Rdn. 129 ff.). Verlangt der Unternehmer nun vom Besteller eine taugliche Sicherheit, muss er Zug um Zug (a. A. OLG Hamm, Urteil vom 3.6.2016 – 12 U 99/15: Rückabtretung erst nach Erhalt der tauglichen Sicherheit) dem Besteller die untaugliche Sicherheit zurückgewähren. Drohenden Vollstreckungsschwierigkeiten kann er im Sicherheitenprozess mit einem Antrag, dass der Besteller sich mit der Annahme der Gegenleistung in Verzug befindet, begegnen.

96 Falls der Unternehmer bereits eine taugliche Sicherheit in Händen hat, die er sich auf die maximale Höhe des noch abzusichernden Betrags anrechnen lassen muss, ist im Hinblick auf die 10%-Pauschale für Nebenforderungen wie folgt zu rechnen: Beträgt der vereinbarte Pauschalpreis z. B. 1 Million €, leistete der Besteller noch keine Zahlungen und hat der Unternehmer eine bei Vertragsschluss vereinbarte, taugliche Zahlungsbürgschaft einer Bank i. H. v. 100.000 € in Händen, bemisst sich sein Sicherungsbedürfnis inkl. 10% für Nebenforderungen mit max. 1,1 Million €. Hiervon ist die bereits erlangte Sicherheit i. H. v. 100.000 € abzuziehen, so dass der Unternehmer Sicherheit in Höhe von maximal 1 Million € verlangen kann. Beträgt hingegen der Pauschalpreis wiederum 1 Million € und erhielt der bisher keine Sicherheit in Händen haltende Unternehmer eine erste Abschlagszahlung des Bestellers von 100.000 €, beläuft sich die noch nicht gezahlte Vergütung auf 900.000 €, so dass zzgl. 10% für Nebenforderungen der Unternehmer maximal eine Sicherheit von 990.000 € verlangen kann.

VI. Sicherung trotz nicht vertragsgemäßer Arbeiten bzw. (nach Abnahme) Mängeln

Ohne Einfluss auf die Höhe der Sicherheit ist grundsätzlich der Umstand, dass der Unternehmer die Leistung im Zeitpunkt des Sicherungsverlangens nicht vertragsgemäß oder mangelhaft erbrachte. Der Unternehmer ist verpflichtet, das Werk mangelfrei herzustellen. Er hat ein grundsätzlich schützenswertes Interesse an der Absicherung seines nach Mängelbeseitigung in voller Höhe durchsetzbaren Vergütungsanspruchs (vgl. BGH, Urt. v. 9.11.2000 – VII ZR 82/99 m.w.N.). Unerheblich ist, dass der Besteller wegen nicht vertragsgemäßer Arbeiten oder Mängeln ein Leistungsverweigerungsrecht gegenüber einer Raten-, Abschlags- oder Schlusszahlungsforderung haben kann. Das Leistungsverweigerungsrecht betrifft lediglich den Zahlungsanspruch, nicht aber den Anspruch auf Sicherheit. Daher kann der Unternehmer eine Sicherheit grundsätzlich auch dann noch verlangen, wenn er die Abnahme verlangte, der Besteller diese aber wegen wesentlicher Mängel ablehnte. Sicherheit kann der Unternehmer auch nach der Abnahme verlangen (§ 650f Abs. 1 Satz 3 BGB). Setzte allerdings der Besteller bereits eine Frist zur Mängelbeseitigung und lief diese ab, kann das erstmals danach vorgebrachte Sicherungsverlangen keinen Einfluss mehr auf die dem Besteller bereits entstandenen Gestaltungsrechte haben (Details → Rdn. 167f.). 97

Bedenken, der Besteller müsse befürchten, dass er die Sicherheit nicht oder nur unter großen Schwierigkeiten zurückerhalte, wenn ein ohnehin vertragsuntreuer Unternehmer die Mängel nicht beseitige, mögen im Einzelfall berechtigt sein. Sie ändern freilich nichts an der Gesetzeslage. Es wäre Sache des Gesetzgebers, eine Anwendung des Sicherungsverlangens auf die Fälle, in denen Sicherheit vor der Erbringung von Nacherfüllungsarbeiten gefordert wird, einzudämmen. Allerdings ist insoweit Zurückhaltung geboten, weil Besteller allzu häufig wegen geringfügiger Mängel hohe Beträge zurückhalten. Unternehmer haben ein schützenswertes Interesse daran, wegen dieser Beträge wenigstens abgesichert zu sein. Allein die Möglichkeit, dass ein Unternehmer nach Sicherheitsleistung die Mängelbeseitigung verweigern, eine ihm geleistete Sicherheit nicht zurückgeben und damit die Beauftragung eines Zweitunternehmers erschweren könnte, führt nicht zu einer Beschränkung der Sicherungsmöglichkeit (vgl. BGH, Urt. v. 9.11.2000 – VII ZR 82/99). 98

VII. Keine Klärung strittiger tatsächlicher oder schwieriger rechtlicher Grundlagen

§ 650f BGB ist die Wertentscheidung des Gesetzgebers zu entnehmen, dem Interesse des Unternehmers an Sicherheit Vorrang vor den Rechten des Bestellers einzuräumen, damit der Unternehmer insbesondere vor einer etwaigen Insolvenz des Bestellers geschützt wird. Dies gebietet es, dass der Unternehmer ohne eventuell zeitaufwändige Aufklärung der tatsächlichen Voraussetzungen seines Werklohnanspruchs eine Sicherheit erlangen kann, wenn noch Zahlungen des Bestellers offenstehen (vgl. BGH, Urt. v. 6.3.2014 – VII ZR 349/12 Rdn. 27 ff.; Urt. v. 20.5.2021 – VII ZR 14/20 Rdn. 19 und 23 ff.). Mithin ist z.B. der Streit, ob ein Besteller einen Bauvertrag aus wichtigem Grund kündigt oder ob eine „freie" Kündigung vorliegt, im Prozess auf Sicherheit zugunsten des Unternehmers im Sinn der zweiten Alternative ohne Beweisaufnahme aufzulösen (→ Rdn. 70). 99

Nichts anderes kann gelten, wenn im Sicherungsprozess eine zeitaufwändige abschließende Klärung rechtlicher Grundlagen zur Höhe des dem Unternehmer zustehenden Werklohnanspruchs erforderlich würde. Auch in derartigen Konstellationen ist im Zweifel im Sicherungsprozess die für den Unternehmer günstige Rechtsauffassung heranzuziehen (vgl. BGH, Urt. v. 20.5.2021 – VII ZR 14/20 Rdn. 27 [zur Frage, ob das Honorar eines Planers sich nach dem Preisrecht der HOAI 2013 oder nach einer deren Mindestsatzvorgaben unterschreitenden Pauschalhonorarvereinbarung richtet, dies vor dem Hintergrund der durch EuGH, Urt. v. 4.7.2019 – Rs. C–377/17, aufgeworfenen grundsätzlichen, in der obergerichtlichen Rechtsprechung kontrovers beurteilten, vom Bundesgerichtshof noch nicht abschließend geklärten Rechtsfragen]). Das darf nicht missverstanden werden: Nicht zu jeder kontrovers diskutierten Rechtsfrage, die sich auf die Höhe des dem Unternehmer zustehenden, zur Absicherung begehrten Werklohns auswirken kann, ist eine für den Unternehmer irgendwo vertretene günstige Rechtsauffassung heranzuziehen. Vielmehr ist auch im Sicherungsprozess auf, falls vorhanden, vom Bundesgerichtshof gegebene Lösungen bzw. sonst gesicherte Rechtsauffassungen zurückzugreifen. 100

E. Keine Abhängigkeit des Anspruchs auf Sicherheit von der Bereitschaft und Fähigkeit des Unternehmers zur eigenen Leistungserbringung

101 Zu der bis zum 1.1.2009 gültigen Gesetzesfassung hatte der Bundesgerichtshof Folgendes herausgearbeitet: Das Sicherungsinteresse bestand nicht mehr, wenn der Unternehmer nicht bereit oder in der Lage war, die geschuldete Leistung zu erbringen. Wenn feststand, dass er die abzusichernde Vorleistung nicht mehr erbrachte, konnte der Unternehmer keine Sicherheit mehr fordern (vgl. BGH, Urt. v. 9.11.2000 – VII ZR 82/99; Urt. v. 27.9.2007 – VII ZR 80/05; Urt. v. 20.12.2010 – VII ZR 22/09 Rdn. 23). Die Berechtigung eines Sicherungsverlangens konnte deshalb nachträglich entfallen, wenn der Unternehmer erklärte, er werde keine Leistung mehr erbringen. Dann entfiel auch sein Leistungsverweigerungsrecht (vgl. BGH, Urt. v. 27.9.2007 – VII ZR 80/05). Das Gleiche galt, wenn der Unternehmer keine weitere Leistung außer der Mängelbeseitigung mehr erbringen musste, jedoch die Möglichkeit der Nachbesserung verloren hatte, etwa weil eine ihm wirksam gesetzte Frist zur Nachbesserung abgelaufen war (vgl. BGH, Urt. v. 27.2.2003 – VII ZR 338/01), und der Besteller nunmehr eine Mängelbeseitigung ablehnte. In diesen Fällen entstand ein Abrechnungsverhältnis, in dem der Besteller grundsätzlich die Mängelbeseitigungskosten vom Werklohn abziehen und einen weiteren Schaden im Wege des Schadensersatzes geltend machen konnte.

102 Diese zum vor dem 1.1.2009 geltenden Recht ergangene Rechtsprechung hatte ihre Rechtfertigung darin, dass dieses auf die vom Unternehmer zu erbringenden „Vorleistungen" (§ 648a Abs. 1 Satz 1 BGB a. F.) abstellte und dem Unternehmer keinen Anspruch auf eine Sicherheit, sondern nur ein Leistungsverweigerungsrecht (und nach Nachfristsetzung ein Recht auf Vertragsaufhebung) gab. Es ließ sich daher vertreten, dass Voraussetzungen einer Leistungsverweigerung die fortbestehende eigene Bereitschaft und Fähigkeit des Unternehmers zur Leistung sein mussten. Diese für das alte Recht prägenden Vorgaben sind aber durch den seit 2009 dem Unternehmer gewährten Anspruch auf Sicherheit (→ Rdn. 33ff.) entfallen. Auf die Fälle, in denen der Unternehmer nach vollständiger Leistungserbringung bzw. vorzeitiger Vertragsbeendigung keine Leistung mehr erbringen muss, sind die früher begrenzenden Kriterien der Leistungsbereitschaft und -fähigkeit sowieso nicht mehr sinnvoll anwendbar (a. A. OLG Dresden, Urt. v. 13.5.2014 – 9 U 1800/13; OLG Jena, Urt. v. 6.3.2013 – 2 U 105/12). Einen Anwendungsbereich könnten sie nur in den (mutmaßlich weiterhin überwiegenden) Fällen haben, in denen der Unternehmer zu einem Zeitpunkt die Sicherheit fordert, in dem er noch eine Leistung erbringen muss. Bei genauer Betrachtung sind aber die Fallgruppen weniger trennscharf zueinander, als es auf den ersten Blick scheint: Da ein Mangel selbst nach vorbehaltloser Abnahme dem Besteller einen Anspruch auf Mängelbeseitigung gibt (von § 640 Abs. 3 BGB abgesehen), hat auch ein Unternehmer in dieser Lage wieder eine (Mängelbeseitigungs-) Leistung zu erbringen, sofern der Besteller rechtzeitig den Mangel erkennt und geltend macht. Sind folglich die Übergänge zwischen den beiden Fallgruppen fließend, erscheint eine einheitliche Betrachtung richtig, wonach es für den Anspruch des Unternehmers auf Sicherheit auf seine eigene Leistungsbereitschaft und -fähigkeit insgesamt nicht mehr ankommt (wie hier OLG Hamm, Urt. v. 8.10.2015 – 21 U 71/15).

103 Zu dem vor dem 1.1.2009 geltenden Recht wurde diskutiert, ob in Fällen des Rechtsmissbrauchs oder des treuwidrigen Verhaltens (vgl. OLG Karlsruhe, Urt. v. 30.12.1999 – 17 U 168/95) der Unternehmer gehindert ist, eine Sicherheit zu verlangen. Der Bundesgerichtshof ließ offen, ob der Anwendungsbereich des § 650f BGB in Fällen des offensichtlichen Rechtsmissbrauchs zu begrenzen ist (vgl. BGH, Urt. v. 23.11.2017 – VII ZR 34/15 Rdn. 30). Fallgruppen, in denen ein solcher anzunehmen ist, sind nur schwer vorstellbar.

F. Verhältnis des § § 650f BGB zu § 650e BGB

I. Regelung des § 650f Abs. 4 BGB

104 Soweit der Unternehmer für seinen Vergütungsanspruch eine Sicherheit nach § 650f Abs. 1 und 2 BGB erlangte, ist ein Anspruch auf Einräumung einer Sicherungshypothek nach § 650e BGB ausgeschlossen.

105 Eine Sicherungshypothek kann verlangt werden, soweit die Sicherheit nach § 650f BGB nicht ausreicht. Das gilt etwa für einen der Höhe nach ungesicherten Vergütungsanspruch und für Ansprüche, die nach § 650f BGB nicht gesichert werden können.

II. Sicherheit nach § 650f trotz Sicherungshypothek

Hat der Unternehmer eine Sicherheit nach § 650e BGB erlangt – was die Sicherungshypothek 106 selbst sein muss, nicht die bloße Vormerkung zur Sicherung des darauf gerichteten Anspruchs –, entfällt ein Sicherungsbedürfnis nach § 650f BGB nur, wenn feststeht, dass der Unternehmer sich aus der Sicherungshypothek befriedigen kann (vgl. Koeble, in: Kniffka/Koeble, 9. Teil Rdn. 181). Es kommt darauf an, wie werthaltig die Sicherungshypothek ist. Je schlechter der Rang der Sicherungshypothek ist, desto geringer kann ihr Wert sein. Besteht keine Klarheit, ob der Unternehmer sich aus einer Sicherungshypothek wegen seiner Forderung befriedigen kann, besteht das Sicherungsinteresse im Sinne des § 650f BGB in voller Höhe fort (vgl. für den umgekehrten Fall, in dem die Eintragung einer Vormerkung zur Absicherung des Anspruchs auf Sicherungshypothek verlangt wird, OLG Naumburg, Urt. v. 30.10.2003 – 4 U 135/03).

G. Art der Sicherheit

I. Wahlrecht des Bestellers, Verhältnis von § 650f Abs. 2 und §§ 232 ff. BGB

Der Besteller kann die Sicherheit nach Maßgabe des § 232 Abs. 1 BGB in allen dort zu- 107 gelassenen und in den §§ 233 ff. BGB spezifizierten Arten leisten, außerdem kommt subsidiär gemäß den §§ 232 Abs. 2 und 239 BGB eine Bürgschaft in Betracht. Nach § 650f Abs. 2 BGB kann der Besteller die Sicherheit „auch" (Satz 1) durch eine Garantie oder ein sonstiges Zahlungsversprechen eines im Geltungsbereich dieses Gesetzes zum Geschäftsbetrieb befugten Kreditinstituts oder Kreditversicherers leisten. Dem Besteller steht das Wahlrecht zu, welche Art von Sicherheit er beibringt (§ 262 BGB analog).

Das in der Praxis (vgl. auch die Rechtsprechung, in der es immer wieder um die Verwertung von derartigen Bürgschaften gemäß § 650f BGB geht) gängigste Sicherungsmittel ist eine Bürgschaft nach Maßgabe von § 650f Abs. 2 BGB.

Größtenteils überschneiden sich die Regelungsgehalte von § 650f Abs. 2 und von §§ 232 ff. 108 BGB nicht. Anders ist es, soweit es um Bürgschaften geht, die sowohl §§ 232 Abs. 2 und 239 BGB (explizit) als auch § 650f Abs. 2 BGB (implizit, weil sie unter den Oberbegriff „sonstiges Zahlungsversprechen" fallen) behandeln; „Garantie oder sonstiges Zahlungsversprechen" erfasst nach dem Willen des Gesetzgebers „alle Haftungskredite im Sinne des § 19 Abs. 4 KWG [a. F., inzwischen aufgehoben] (Bürgschaft, Garantie und sonstige Gewährleistungen)" (BT-Drucks. 12/1836 S. 9). In diesem Zusammenhang ist § 650f Abs. 2 BGB lex specialis zu den leges generales der §§ 232 Abs. 2 und 239 BGB, weil erstere Norm eine speziele Art von Sicherheit, nämlich (u. a.) Bürgschaften, als taugliche Sicherheit abschließend und losgelöst von den allgemeinen Vorgaben letzterer Normen benennt. Daher sind für die in § 650f Abs. 2 BGB genannten, quasi „privilegierten" potentiellen Bürgen die weiteren, für jeden anderen Bürgen maßgeblichen Tauglichkeitskriterien anhand der leges generales nicht zu prüfen (a. A. offenbar OLG Dresden, Urt. v. 12.3.2015 – 10 U 1598/14, das zu einer von einem Kreditversicherer – in der Rechtsform einer AG organisiert – gestellten Bürgschaft monierte, diese enthalte nicht gemäß § 239 Abs. 2 BGB den Verzicht auf die Einrede der Vorausklage [womit zudem verkannt wurde, dass für den in § 650f Abs. 2 BGB vorausgesetzten Bürgen die Bürgschaft immer ein Handelsgeschäft ist und ihm daher wegen § 349 HGB die Einrede der Vorausklage nicht zusteht, ohne dass dies expliziter Erwähnung im Text der Bürgschaft bedürfte]).

Praktische Relevanz hat dies vor allem in folgender Hinsicht: Zum einen kommt es für ein 109 Kreditinstitut oder einen Kreditversicherer nur darauf an, ob sie „im Geltungsbereich dieses Gesetzes zum Geschäftsbetrieb befugt[.]" sind, während der Bürge im Sinne von § 239 Abs. 1 BGB „seinen allgemeinen Gerichtsstand im Inland" haben muss (a. A. Petry, BauR 2015, 575, 577, die § 239 Abs. 1 BGB „als vor die Klammer gezogene Regel" auf alle nachfolgend geregelten Fälle von Bürgschaften anwenden will, § 239 Abs. 1 BGB aber als europarechtswidrig bewertet [578 ff.]; anders offenbar auch der Gesetzgeber, der zur an § 650f Abs. 2 Satz 1 BGB orientierten Neufassung von § 108 Abs. 1 Satz 2 ZPO „die sonstigen Tauglichkeitseigenschaften eines Bürgen nach § 239 BGB" [BT-Drucks. 14/4722 S. 75] herangezogen haben will).

Zum anderen wird die (dauerhafte) Bonität des Kreditinstituts oder Kreditversicherers im 110 Sinne von § 650f Abs. 2 BGB gesetzlich vorausgesetzt (angesichts z. B. der globalen Finanzkrise 2008 eine empirisch kaum haltbare Annahme; vgl. aber die gesetzgeberischen Erwägungen zum fast identischen § 108 Abs. 1 Satz 2 ZPO, die auf die Eigenkapitalbildung und die Aufsicht durch die jeweiligen nationalen Behörden abstellen [vgl. BT-Drucks. 14/4722 S. 75]), während der Bürge im Sinne von § 239 Abs. 1 BGB „ein der Höhe der zu leistenden Sicherheit angemessenes Vermögen" besitzen muss.

111 Zum dritten kommt eine Bürgschaft im Sinne von § 239 BGB nur in Betracht, wenn Sicherheit nicht durch die in § 232 Abs. 1 BGB vorgegebenen Arten geleistet werden kann; für einen Bürgen im Sinne von § 650f Abs. 2 Satz 1 BGB entfällt diese Subsidiaritätsprüfung.

II. Garantie oder sonstiges Zahlungsversprechen gemäß § 650f Abs. 2 BGB

1. Garantie oder sonstiges Zahlungsversprechen

112 Soweit das Gesetz primär von „Garantie" spricht, handelt es sich um eine wenig durchdachte Formulierung (richtig dagegen § 108 Abs. 1 Satz 2 ZPO: nur „Bürgschaft"), da nach verbreitetem Sprachgebrauch eine Garantie abstrakt ist und Einwendungen aus dem gesicherten Geschäft praktisch ausgeschlossen sind (vgl. zu Details etwa Staudinger/Horn, Vorbem. zu §§ 765–778 Rdn. 215 ff.). Das verträgt sich mit den erheblichen Einschränkungen in der Verwertung einer § 650f-BGB-Garantie, wie sie § 650f Abs. 2 Satz 2 BGB statuiert, nicht. Praktisch werden nahezu ausschließlich Bürgschaften hingegeben, die sich unter den Oberbegriff „sonstiges Zahlungsversprechen" subsumieren lassen.

113 Unzureichend ist eine Finanzierungsbestätigung einer Bank des Inhalts, es stünden Geldmittel zur Finanzierung des Bauvorhabens zur Verfügung, die bei Anerkennung durch den Besteller nach Baufortschritt bezahlt würden (vgl. BGH, Urt. v. 9.11.2000 – VII ZR 82/99). Diese Erklärung verschafft dem Unternehmer keinen direkten Zahlungsanspruch gegen die Bank, falls der Besteller den Vergütungsanspruch nicht erfüllt (vgl. auch OLG Naumburg, Urt. v. 30.10.2003 – 4 U 135/03).

114 Auch eine als Abtretungserklärung bezeichnete Finanzierungsbestätigung, in der die Bank erklärt, den Betrag nach Baufortschritt auszahlen zu wollen, und die mit der Abtretung des Darlehensauszahlungsanspruchs des Bestellers an den Unternehmer verbunden ist, ist keine ausreichende Sicherung, weil die Bank im Falle einer Kündigung des Darlehensvertrags gemäß § 404 BGB die Zahlung verweigern kann (vgl. BGH, Urt. v. 23.3.2004 – XI ZR 14/03). Eine Garantieerklärung der Bank kann in dieser Abtretungserklärung nicht gesehen werden.

2. Tauglichkeit des Bürgen, Garanten usw. als Sicherungsgebers

115 In Betracht kommt ausschließlich ein Kreditinstitut oder ein Kreditversicherer, die „im Geltungsbereich dieses Gesetzes zum Geschäftsbetrieb befugt[.]" sein müssen. Ob diese Befugnis besteht, bestimmt sich nach dem KWG. Gemäß § 53b Abs. 1 KWG darf „[e]in CRR-Kreditinstitut [zu diesem Begriff vgl. § 1 Abs. 3d KWG i. V. m. Art. 4 Abs. 1 Nr. 1 der Verordnung (EU) Nr. 575/2013] oder ein Wertpapierhandelsunternehmen mit Sitz in einem anderen Staat des Europäischen Wirtschaftsraums […] ohne Erlaubnis durch die Aufsichtsbehörde über eine Zweigniederlassung oder im Wege des grenzüberschreitenden Dienstleistungsverkehrs im Inland Bankgeschäfte betreiben oder Finanzdienstleistungen erbringen, wenn das Unternehmen von den zuständigen Stellen des Herkunftsmitgliedstaates zugelassen worden ist, die Geschäfte durch die Zulassung abgedeckt sind und das Unternehmen von den zuständigen Stellen nach Maßgabe der Richtlinien der Europäischen Union beaufsichtigt wird". Da §§ 232 Abs. 2 und 239 BGB nicht ergänzend herangezogen werden können (→ Rdn. 108), sind somit Kreditinstitute aus anderen Mitgliedstaaten der EU taugliche Bürgen im Sinne von § 650f Abs. 2 Satz 1 BGB. Die zur nahezu wortlautidentischen Norm des § 108 Abs. 1 Satz 2 ZPO, die nach der Vorstellung des Gesetzgebers „nach dem Vorbild des § 648a Abs. 2 Satz 1 BGB" (BT-Drucks. 14/4722 S. 75) kreiert wurde, diskutierte einschränkende Anforderungen, der zugelassene Bürge müsse die Bürgschaft entweder über eine in Deutschland gelegene Zweigniederlassung stellen oder, falls er sie über seine ausländische Niederlassung stelle, sich dem deutschen Recht sowie der deutschen Gerichtsbarkeit unterwerfen und einen in Deutschland ansässigen Zustellungsbevollmächtigten benennen (vgl. zu diesen Ansätzen m. w. N. Musielak/Foerste, § 108 Rdn. 7), lassen sich aus dem Gesetzeswortlaut des § 650f Abs. 2 Satz 1 BGB nicht ableiten. Im Ergebnis kommt daher jedes in Deutschland zum Geschäftsbetrieb zugelassene Kreditinstitut oder Kreditversicherer als tauglicher § 650f-BGB-Bürge in Betracht, auch wenn sie sich nicht der Geltung deutschen Rechts unterwerfen und nicht in Deutschland verklagt

werden können (vgl. i. E. ähnlich – jedoch ohne Ausführungen zu dem für den Bürgschaftsvertrag maßgeblichen Recht – Petry, BauR 2015, 575).

3. Fälligkeitsvoraussetzung gemäß § 650f Abs. 2 Satz 2 BGB

Das Kreditinstitut oder der Kreditversicherer darf Zahlungen an den Unternehmer nur leisten, soweit der Besteller den Vergütungsanspruch des Unternehmers anerkennt oder durch vorläufig vollstreckbares Urteil zur Zahlung der Vergütung verurteilt worden ist und die Voraussetzungen vorliegen, unter denen die Zwangsvollstreckung begonnen werden darf. Der Unternehmer hat demnach keinen Anspruch auf Sicherung etwa in Form einer Bürgschaft auf erstes Anfordern. Diese regelmäßig in § 650f-BGB-Bürgschaften festgeschriebene Fälligkeitsvoraussetzung bedeutet für den Unternehmer, dass die Verwertung der Bürgschaft erheblich erschwert ist (vgl. zu Details → Rdn. 219 ff.) (zum Verhältnis zwischen dem auf § 650f Abs. 2 Satz 2 BGB basierenden Bestandteil der Bürgenerklärung und der selbstschuldnerischen Haftung des Bürgen vgl. AG Hannover, Urt. v. 5.9.2016 – 520 C 3278/16 mit zutr. Anm. Steckhan, IBR 2016, 695).

III. Sicherheiten gemäß §§ 232 ff. BGB

Wegen der zahlreichen Details zu diesen Normen muss auf die allgemeinen Kommentierungen verwiesen werden. Die nachfolgenden Ausführungen beschränken sich auf Einzelfragen, die nach meiner Praxiserfahrung im Zusammenhang mit § 650f BGB eine gewisse Rolle spielen.

1. Hinterlegung von Geld (§§ 232 Abs. 1 und 233–235 BGB)

Die nunmehr allein in Landesgesetzen (vgl. die Auflistung in Staudinger/Repgen, § 232 Rdn. 3) geregelte Hinterlegung bietet einem solventen Besteller eine schnelle „unauffällige" Möglichkeit, dem Anspruch des Unternehmers auf Sicherheit gerecht zu werden. Der Unternehmer erlangt an dem Rückerstattungsanspruch des Hinterlegers/Bestellers gemäß § 233 BGB ein gesetzliches Pfandrecht, so dass er hieraus etwa offene Forderungen befriedigen kann.

Die Hinterlegung als Sicherheitsleistung erfreut sich aber aktuell, soweit ersichtlich, keiner besonderen Beliebtheit, weil Besteller eine vollständige Blockade hinterlegter Beträge nicht wünschen, sondern es vorziehen, über einen Dritten eine Bürgschaft als Sicherheit zu leisten. In diesem Fall verlangt nämlich der Bürge regelmäßig nur einen Teil des verbürgten Betrags als Regresssicherheit vom Besteller.

2. Verpfändung von hypothekarisch gesicherten Forderungen oder von Grund- oder Rentenschulden (§§ 232 Abs. 1 und 238 BGB)

Eine Grundschuld als demnach zulässige Sicherheit muss mündelsicher im Sinn von § 1807 Abs. 1 Nr. 1 BGB sein. Demnach darf sie den Verkehrswert des Grundstücks maximal zu 60% ausschöpfen (vgl. OLG Stuttgart, Urt. v. 28.4.2020 – 10 U 294/19; LG Darmstadt, Beschl. v. 15.2.2012 – 12 O 12/11). Die Gerichte stellten in den vorgenannten Entscheidungen mangels Relevanz keine Prüfung an, welches konkrete Landesgesetz aufgrund des Wohnsitzes des Bestellers (vgl. hierzu Staudinger/Repgen, § 238 Rdn. 3) anzuwenden war. Üblicherweise sehen die Landesgesetze eine Ausschöpfung von 50–60% des Verkehrswerts als mündelsicher an (vgl. Götz, in: Beck'sche Kurzkommentare, BGB, § 1807 Rdn. 4).

Im Hinblick auf die meist kurzen Fristen, innerhalb derer der Besteller den Sicherungsanspruch des Unternehmers befriedigen muss, scheidet eine derartige Sicherheitsleistung (zu der die Eintragung im Grundbuch und der Nachweis des Grundstücksverkehrswerts zählen) praktisch aus. Das gilt auch für den Vorschlag (vgl. Leineweber, BauR 2000, 159), der Besteller möge die zugunsten der das Bauvorhaben finanzierenden Bank bestellte Grundschuld – in Abstimmung mit der Bank – als Sicherheit einsetzen.

3. Bürgschaft (§§ 232 Abs. 2 und 239 BGB)

Zu einem Bürgen, der nicht die Voraussetzungen von § 650f Abs. 2 BGB (zum Verhältnis von § 650f Abs. 2 und §§ 232 Abs. 2 und 239 BGB → Rdn. 108) erfüllt, muss der Besteller zuerst darlegen (zur Beweislast vgl. Staudinger/Repgen, § 232 Rdn. 11), dass er eine der vorrangigen Sicherheiten gemäß § 232 Abs. 1 BGB nicht beibringen kann.

123 Tauglich ist ein Bürge nur, „wenn er ein der Höhe der zu leistenden Sicherheit angemessenes Vermögen besitzt" (§ 239 Abs. 1 BGB), was wiederum der Besteller darzulegen und zu beweisen hat (vgl. Staudinger/Repgen, § 239 Rdn. 5). Die zur Prüfung verbreitet vorgeschlagenen Formeln, der Bürge müsse ein deutlich größeres Vermögen als die Summe seiner Schulden besitzen, wobei es reiche, wenn er regelmäßig wiederkehrende Einkünfte in entsprechender Höhe habe (vgl. Staudinger/Repgen, § 239 Rdn. 2 m. w. N.), sind wenig hilfreich. Handelt es sich bei dem Bürgen um eine juristische Person des Privatrechts (etwa ein konzernverbundenes Unternehmen des Bestellers), stellen sich angesichts der Volatilität von Vermögenswerten und der ständigen Veränderung der Marktaussichten und Wettbewerbschancen eines Unternehmens kaum lösbare Bewertungsprobleme (vgl. anschaulich die Erwägungen von LG Darmstadt, Beschl. v. 17.10.2008 – 23 O 48/04, also inmitten der Finanzkrise, zu einer Sicherheit gemäß § 108 Abs. 1 Satz 2 ZPO).

124 Im Hinblick auf die Unwägbarkeiten hinsichtlich der künftigen Vermögensentwicklung eines Bürgen (auch wenn es sich um eine private Person handelt) scheint es einzig angemessen, dass der Bürge einen Betrag in Höhe des verbürgten Höchstbetrags von seinem Vermögen insolvenzfest separiert und dadurch dem Unternehmer selbst in der Insolvenz des Bürgen hierauf ein sicherer Zugriff möglich ist.

125 Weitere Voraussetzungen, die § 239 Abs. 1, Abs. 2 BGB an einen Bürgen stellt, sind, dass er einen allgemeinen Gerichtsstand im Inland hat (vgl. insbesondere §§ 12, 13 und 17 ZPO) und er auf die Einrede der Vorausklage verzichtet (vgl. § 773 Abs. 1 Nr. 1 BGB; vgl. auch § 349 HGB).

126 Anhand dieser Kriterien lässt sich bestimmen, wann der Besteller zu Recht ein konzernverbundenes Unternehmen als Bürgen („Konzernbürgen") nutzen kann: immer dann, wenn ausnahmsweise der Konzernbürge ein Kreditinstitut/-versicherer im Sinne von § 650f Abs. 2 BGB ist, ohne dass es auf weiteres ankäme; ansonsten nur, wenn alle Voraussetzungen von §§ 232 Abs. 2 und 239 BGB erfüllt sind (vgl. i. E. übereinstimmend Schulze-Hagen, BauR 2000, 28, 33; a. A. Horsch/Hänsel, BauR 2003, 462).

4. Exkurs 1: Unzulässigkeit von Befristungen in der Bürgschaft

127 Gleich, ob gemäß § 650f Abs. 2 oder gemäß §§ 232 Abs. 2 und 239 BGB gestellt: Eine befristete Bürgschaft, die den Werklohnanspruch des Unternehmers absichert, ist kein taugliches Sicherungsmittel, weil sie erst nach Fristablauf fällig werdende Ansprüche nicht sichert – und zwar auch dann nicht, wenn Verzug vorliegt, den der Besteller als Schuldner zu vertreten hat (vgl. Koeble, in: Kniffka/Koeble, 9. Teil Rdn. 149). Das Ausfallrisiko, das der Unternehmer im Hinblick auf eine solche befristete Bürgschaft trägt, wird deutlich, wenn man sich vor Augen hält, dass obergerichtliche Rechtsprechung (vgl. OLG Koblenz, Urt. v. 4.6.2003 – 1 U 1504/02 [Nichtzulassungsbeschwerde vom BGH, Beschl. v. 18.5.2004 – XI ZR 223/03, zurückgewiesen]; Urt. v. 14.7.2005 – 5 U 267/05) einen Anspruch gegen einen § 650f-BGB-Bürgen verneinte, weil der Unternehmer nicht vor Eintritt der Befristung im Verhältnis zum Besteller die Fälligkeitsvoraussetzungen des § 650f Abs. 2 Satz 2 BGB herbeigeführt hatte.

5. Exkurs 2: Keine Haftung des Bürgen für Nachtragsforderungen

128 Lange kontrovers wurde die Frage diskutiert, ob „übliche" § 650f-BGB-Bürgschaften (etwa „für die von …. [Unternehmer] zu erbringenden Vorleistungen aus dem Vertrag vom …" oder „gemäß § 650f BGB") auch Vergütungsansprüche des Unternehmers absichern, die aus einer Änderungsanordnung nach (heute) § 650b Abs. 2 BGB oder (damals vor allem) in Ausübung des Leistungsbestimmungsrechts nach § 1 Abs. 3 oder Abs. 4 Satz 1 VOB/B durch den Besteller entstehen. Das ist zu verneinen: In der Willenserklärung eines Bestellers, die auf Grundlage der vorzitierten Klauseln den Leistungsumfang des Bauvertrags ausweitet und einen zusätzlichen Vergütungsanspruch des Unternehmers begründet, liegt ein dem Abschluss des Bürgschaftsvertrags nachfolgendes Rechtsgeschäft des Hauptschuldners/Unternehmers mit dem Besteller (§ 767 Abs. 1 Satz 3 BGB). Wegen des Verbots der Fremddisposition richtet sich die Haftung des Bürgen nicht auf dadurch begründete Nachtragsforderungen des Unternehmers, da er derartige Forderungen weder in ihrer Entstehung abzuschätzen noch ihre Höhe zu kalkulieren vermag (vgl. BGH, Urt. v. 15.12.2009 – XI ZR 107/08).

6. Untauglichkeit einer Abtretung oder eines Darlehensvertrags o. ä.

129 Weder nach § 650f Abs. 2 noch nach §§ 232 ff. BGB stellt es eine taugliche Sicherheit dar, wenn der Besteller dem Unternehmer Forderungen, die er, der Besteller, gegen einen Drit-

ten – etwa den Endauftraggeber des Bauvorhabens, auf dem der Unternehmer tätig ist – hat oder zu haben meint, abtritt (vgl. auch KG, Urt. v. 13.8.2013 – 7 U 166/12; OLG Hamm, Urt. v. 3.6.2016 – 12 U 99/15). Das bedürfte im Hinblick auf den Wortlaut der zitierten Vorschriften an sich keiner Erwähnung, scheint aber im Hinblick auf gelegentliche „pragmatische" Abreden, die in der Praxis anzutreffen sind, doch klarstellungsbedürftig.

Nicht anders ist die Rechtslage, wenn die als „Sicherheit" abgetretene Forderung des Bestellers gegen den Dritten selbst wiederum durch Bürgschaft abgesichert ist, so dass mit Abtretung der Forderung diese Bürgschaft auf den Unternehmer als Abtretungsempfänger übergeht (§ 401 Abs. 1 BGB). Diese Bürgschaft genügt den Anforderungen nicht, weil sie den Anspruch des Bestellers (gegen den Dritten) sichert, dieser Anspruch aber Einwendungen des Dritten ausgesetzt ist bzw. sein kann, die sich nicht aus dem Vertragsverhältnis zwischen Unternehmer und Besteller ergeben. Außerdem kann der Bürge nach Anerkennung des Werklohnanspruchs des Bestellers an diesen auszahlen, so dass der Unternehmer seine Sicherheit verlöre (vgl. BGH, Urt. v. 22.9.2005 – VII ZR 152/05). 130

Auch ein vom Unternehmer als Darlehensgeber mit dem Besteller als Darlehensnehmer geschlossener Darlehensvertrag, der durch eine erstrangige Grundschuld abgesichert wird, stellt keine taugliche Sicherheit i. S. v. § 650f BGB i. V. m. §§ 232 ff. BGB dar (vgl. OLG Zweibrücken, Beschl. v. 20.11.2018 – 1 U 86/17; ebenso ist untauglich die Verpfändung von Kaufpreisforderungen des Bestellers gegen Dritte, vgl. OLG Stuttgart, Urt. v. 28.4.2020 – 10 U 294/19). 131

IV. Widerrufsvorbehalt des „Sicherungsgebers" gemäß § 650f Abs. 1 Satz 5 BGB

Die Sicherheit ist auch dann als ausreichend anzusehen, wenn sich der „Sicherungsgeber" das Recht vorbehält, sein Versprechen im Falle einer wesentlichen Verschlechterung der Vermögensverhältnisse des Bestellers mit Wirkung für Vergütungsansprüche aus Bauleistungen zu widerrufen, die der Unternehmer bei Zugang der Widerrufserklärung noch nicht erbracht hat (§ 650f Abs. 1 Satz 5 BGB). 132

Wie der Begriff „Sicherungsgeber" (und der Kontrast zu „Besteller") zeigt, muss eine Sicherheit vorliegen, die ein Dritter, der nicht mit dem Besteller identisch ist, erbringt, also eine Bürgschaft oder ein sonstiges Zahlungsversprechen; daneben kommen noch theoretisch die Arten von Sicherheit in Betracht, die ein Dritter aus seinem Vermögen stellt wie ein Grundpfandrecht an seinem Grundstück oder eine Verpfändung von ihm gehörenden Forderungen oder Sachen. 133

Das Widerrufsrecht besteht nicht kraft Gesetzes. Der Sicherungsgeber muss es sich vorbehalten. Er kann es sich nur in der Weise vorbehalten, wie es in § 650f Abs. 1 Satz 5 BGB vorgesehen ist. Das bedeutet, dass er das Widerrufsrecht nur ausüben kann, wenn sich die Vermögensverhältnisse des Bestellers wesentlich verschlechtern. Waren die Vermögensverhältnisse schon im Zeitpunkt der Sicherung schlecht und verschlechtern sie sich nicht mehr wesentlich, so besteht kein Widerrufsrecht. Die Darlegungs- und Beweislast für eine wesentliche Verschlechterung nach Sicherung trägt der Sicherungsgeber. 134

Das Widerrufsrecht ermöglicht es im Falle seiner rechtmäßigen Ausübung dem Sicherungsgeber nur, sich der Haftung für solche Vergütungsansprüche zu entziehen, die aus Leistungen abgeleitet werden, die der Unternehmer trotz Zugang des Widerrufs noch erbringt (vgl. BGH, Urt. v. 9.11.2000 – VII ZR 82/99). 135

V. Divergenz zwischen gewünschter und tatsächlich erlangter Sicherheit

Bringt der Besteller eine Sicherheit z. B. in Form einer Bürgschaft bei, die ihrer Struktur (z. B. Befristung) oder ihrem Inhalt nach (z. B. Ausschluss von Vergütungsansprüchen des Unternehmers im Fall einer Bestellerkündigung) von dem abweicht, was der Unternehmer nach dem Gesetz verlangen kann, muss der Unternehmer diese Sicherheit unter Angabe der Fehler zurückweisen und eine neue ordnungsgemäße Sicherheit verlangen. Tut er dies nicht und gibt er sich mit der unzureichenden Sicherheit zufrieden, ist es ausgeschlossen, später die das Rechtsverhältnis Besteller/Unternehmer bestimmenden zwingenden Vorgaben des § 650f BGB korrigierend etwa in den gegenläufigen Bürgschaftstext hineinzulesen, da der Bürgschaftstext das eigenständige Rechtsverhältnis Bürge/Unternehmer bestimmt. Dem Unternehmer bleibt in solchen Fällen nur zu versuchen, die mangelhafte Sicherheit bestmöglich zu verwerten. 136

§ 650f
Bauhandwerkersicherung

137 **Beispiel:** Ein Unternehmer erhält nach einem Sicherungsverlangen vom Bürgen, der für den Besteller eintritt, eine bis zu einem bestimmten Datum befristete Bürgschaft. Er entdeckt diesen Fehler erstmals nach dem Insolvenzantrag des Bestellers und kann den aus § 650f Abs. 1 BGB folgenden schuldrechtlichen Anspruch auf Stellung einer neuen, unbefristeten Bürgschaft nicht mehr mit Erfolg durchsetzen. Ihm bleibt nur zu versuchen, bis zum Befristungsdatum die Vorgaben des § 650f Abs. 2 Satz 2 BGB herbeizuführen und anschließend den Bürgen rechtzeitig in Anspruch zu nehmen (vgl. OLG Koblenz, Urt. v. 14.7.2005 – 5 U 267/05).

H. Kosten der Sicherheit

138 Die üblichen Kosten der Sicherheit bis zu maximal 2% (zu berechnen aus der abgesicherten Summe) pro Jahr hat der Unternehmer dem Besteller zu erstatten (§ 650f Abs. 3 Satz 1 BGB). Auch wenn der Gesetzestext dies nicht klar formuliert, sind maßgebend im Ausgangspunkt allein die tatsächlichen Kosten. Andernfalls könnte der Besteller ein Geschäft machen, wenn es ihm gelingt, eine Sicherheit zu Kosten zu stellen, die niedriger als die üblichen sind; für ein derartiges „Geschäftsmodell" bieten Sinn und Zweck des § 650f Abs. 3 Satz 1 BGB keinen Anhaltspunkt.

139 Folglich sind die vom Besteller darzulegenden und zu beweisenden tatsächlichen Kosten daraufhin zu prüfen, ob sie den üblichen Kosten entsprechen oder sogar niedriger sind. Falls ja – wofür ebenfalls der Besteller die Beweislast hat (vgl. obiter LG Mannheim, Urt. v. 8.10.2012 – 24 O 33/12) –, hat der Besteller einen Erstattungsanspruch in voller Höhe der von ihm aufgewendeten Kosten, jedoch maximal in Höhe von 2%. Kann dagegen der Besteller nur eine Sicherheit beibringen, deren übliche und ihm gegenüber berechnete Kosten 2% übersteigen, geht dies zu seinen Lasten. So hat der Besteller nur teilweise einen Erstattungsanspruch, wenn schon die üblichen laufenden Kosten der Sicherheit 2%/Jahr betragen, außerdem aber derjenige, der die Sicherheit für den Besteller gibt, für deren Ausstellung/Erstbearbeitung einen Einmalbetrag im ersten Jahr verlangt. Diesen hat der Besteller selbst zu tragen, weil die Maximalgrenze von 2% überschritten ist.

140 Obliegen mithin dem Besteller die Darlegung und der Beweis der tatsächlich aufgewendeten Kosten und von deren Üblichkeit, kommt nicht in Betracht, dass der Unternehmer weitergehend von demjenigen Dritten, der die Sicherheit für den Besteller beibringt, oder vom Besteller selbst Einsicht in die zwischen beiden wegen der Sicherheit geschlossenen Verträge verlangen kann (vgl. zutr. LG Mannheim, Urt. v. 8.10.2012 – 24 O 33/12 zu einem gegen einen Bürgen geltend gemachten Anspruch auf Einsicht in die Avalvereinbarung).

141 Das Gesetz gibt dem Besteller einen Kostenerstattungsanspruch. Er hat demgemäß keinen Anspruch auf Bevorschussung der Kosten, sondern muss sie vorfinanzieren. Er kann sie jedoch in dem Augenblick geltend machen, in dem er sie verauslagte. Der Erstattungsanspruch wird dann fällig (und die Verjährung beginnt zu laufen, vgl. Schulze-Hagen, BauR 2016, 384, 399). Mit ihm kann er gegen den offenen Werklohnanspruch (etwa aus einer Abschlagsrechnung) aufrechnen. Möglich ist demnach, dass die Kosten sukzessive erstattet werden müssen, je nach der Zahlungsvereinbarung des Bestellers mit demjenigen, der für ihn die Sicherheit stellt.

142 Eine Erstattungspflicht besteht nicht, soweit eine Sicherheit wegen Einwendungen des Bestellers gegen den Vergütungsanspruch des Unternehmers aufrechterhalten werden muss und die Einwendungen sich als unbegründet erweisen (§ 650f Abs. 3 Satz 2 BGB). In diesem Fall besteht kein Grund, den Unternehmer mit den Avalkosten zu belasten. Vielmehr muss der Besteller sie tragen, soweit er durch die objektiv unbegründeten Einwendungen und die deshalb verspätete Zahlung auf den berechtigten Werklohnanspruch des Unternehmers eine Verzögerung der Rückgabe der Sicherheit veranlasste. Irrelevant ist nach dem Gesetzeswortlaut, ob der Besteller die unzutreffenden Einwendungen schuldhaft erhob.

143 Die Kosten der Sicherheit sind demnach ähnlich dem Grundprinzip des § 91 ZPO zu verteilen. Dabei kommt es nicht vordergründig allein auf den dem Unternehmer zustehenden Hauptsachebetrag an. Vielmehr haftet eine Sicherheit regelmäßig auch für Verzugsschäden und Kosten der Rechtsverfolgung (vgl. etwa für die Bürgenhaftung § 767 Abs. 1 Satz 2, Abs. 2 BGB). So kann es gerechtfertigt sein, dass ein Unternehmer eine Sicherheit im Hinblick auf die lange Dauer von Bauprozessen einerseits, die Höhe der Verzugszinsen von regelmäßig neun Prozentpunkten über dem Basiszinssatz (§ 288 Abs. 2 BGB) und die meist hohen, durch Be-

weisaufnahme beeinflussten Kosten eines Bauprozesses andererseits in einer Höhe zurückhält, die den ihm letztlich zuerkannten Hauptsachebetrag deutlich übersteigt (vgl. zum Ganzen auch OLG Stuttgart, Urt. v. 6.5.2014 – 10 U 1/13, mit einer sorgfältigen Berechnung).

In umgekehrter Richtung gilt folgendes: Muss die Sicherheit wegen einer verzögerten Erfüllung des Bauvertrags durch den Unternehmer aufrechterhalten werden, stehen dem Besteller die sich aus dem Verzug ergebenden Schadensersatzansprüche zu (§ 280 Abs. 2 BGB). Verzögert sich die Rückgabe, weil die Sicherheit aufrechterhalten werden muss, bis der Unternehmer einen Mangel beseitigt, sind die Kosten Mängelfolgeschäden, die nach § 280 Abs. 1 BGB zu ersetzen sind. Verweigert der Unternehmer die Rückgabe und Enthaftung der Sicherheit, obwohl der Besteller alle dem Unternehmer zustehenden und von der Sicherheit abgesicherten Ansprüche erfüllte, haftet der Unternehmer unter den Voraussetzungen des § 286 Abs. 1 BGB für den dem Besteller entstehenden Schaden. 144

I. Sicherungsverlangen mit angemessener, fruchtlos abgelaufener Frist als Voraussetzung einer Leistungsverweigerung oder Kündigung

Der Unternehmer muss die Sicherheit ordnungsgemäß und fruchtlos verlangt haben, ehe er zur Leistungsverweigerung oder zur Vertragskündigung berechtigt ist (§ 650f Abs. 5 Satz 1 BGB). Hingegen ist ein fruchtloses Sicherungsverlangen keine Voraussetzung einer Klage auf Sicherheit. Der Unternehmer darf diese unmittelbar nach Vertragsschluss „aus heiterem Himmel" anhängig machen. Erkennt der Besteller den Klageanspruch sofort an, trägt allerdings der Unternehmer die Kosten des Rechtsstreits (§ 93 ZPO). 145

Der Unternehmer kann die Sicherheit verlangen, sobald ein Vertrag geschlossen worden ist. Das Verlangen kann er jederzeit stellen, solange der Besteller die dem Unternehmer geschuldete Vergütung noch nicht vollständig bezahlte. Der Unternehmer kann also die Sicherheit unmittelbar nach Vertragsschluss verlangen, während der Durchführung des Vertrags, auch nach Abnahme und sogar nach Kündigung. Richtiger Adressat des Sicherungsverlangens ist der Besteller, im Fall seiner Insolvenz der Insolvenzverwalter (vgl. BGH, Urt. v. 16.4.2009 – VII ZR 9/08). Richtiger Adressat bleibt der Besteller auch dann, wenn er die Mängelrechte an einen Dritten, z. B. den Erwerber des Bauwerks, abgetrat. Der Unternehmer kann sich gegenüber dem Zessionar auf ein Leistungsverweigerungsrecht gemäß § 650f BGB berufen (vgl. BGH, Urt. v. 27.9.2007 – VII ZR 80/05). 146

Der Unternehmer muss mit dem Sicherungsverlangen nicht anbieten, die Kosten zu übernehmen (vgl. OLG Dresden, Urt. v. 1.3.2006 – 12 U 2379/04). Diese Pflicht ergibt sich aus dem Gesetz. Der Unternehmer darf allerdings nicht eine mit § 650f BGB nicht vereinbare Ausgestaltung der Sicherheit verlangen. So ist ein Sicherungsverlangen unwirksam, wenn der Unternehmer erklärt, er sei nicht bereit, die Kosten der Sicherheit zu übernehmen, oder wenn der Unternehmer auf eine Sicherheit besteht, die die dem Schutz des Bestellers dienenden Anforderungen des § 650f Abs. 2 BGB nicht enthält. 147

Die Sicherung kann unabhängig davon verlangt werden, ob vertragliche Abreden über Sicherheiten getroffen worden sind. Im Hinblick darauf, dass § 650f Abs. 1 bis 5 BGB nicht abdingbar ist, können solche Sicherungsabreden das Recht des Unternehmers, Sicherheit nach § 650f BGB zu fordern, nicht beschränken. In aller Regel betreffen vertragliche Sicherungsabreden die Pflicht einer Bauvertragspartei, dem Vertragspartner eine Sicherheit zu stellen, z.B. die Abrede, nach der sich der Besteller verpflichtet, dem Unternehmer eine Zahlungsbürgschaft über 10% des Werklohns zu stellen (häufig verbunden mit der Abrede, dass der Unternehmer dem Besteller eine Vertragserfüllungsbürgschaft in gleicher Höhe stellt). Solche Abreden hindern den Unternehmer nicht, weitergehende Ansprüche nach § 650f BGB geltend zu machen. Wollte man sie hingegen so auslegen, dass mit der vertraglichen Abrede der Unternehmer-Anspruch aus § 650f BGB beschränkt werden sollte, wären sie insoweit unwirksam. Der Unternehmer verliert den aus § 650f BGB folgenden Anspruch auf Sicherheit in voller Höhe der vereinbarten Vergütung nicht dadurch, dass er zunächst eine den vollen Vergütungsanspruch nicht abdeckende Teilsicherheit fordert oder eine entsprechende Vereinbarung trifft. Das Gesetz will dem Unternehmer die Wahl lassen, eine Sicherheit oder eine Teilsicherheit erst dann zu verlangen, wenn er dies für angebracht hält (Begründung zum Gesetzesentwurf, BT-Drucks. 12/1836 S. 8). Er ist deshalb grundsätzlich befugt, eine Sicherheit zur Abdeckung des vollen Vergütungsanspruchs nachzufordern, wenn er es für angebracht hält, und kann im 148

§ 650f Bauhandwerkersicherung

Falle der Nichtleistung die sich aus dem Gesetz ergebenden Rechte geltend machen (vgl. BGH, Urt. v. 9.11.2000 – VII ZR 82/99).

149 Eine bestimmte Form für die Anforderung der Sicherheit ist nicht vorgeschrieben. Zu Recht wird allgemein die Schriftform empfohlen, damit die Anforderung beweisbar ist. Die Beweislast für eine Anforderung trägt der Unternehmer, wenn er sich auf eine berechtigte Leistungsverweigerung oder Kündigung beruft. Ferner sollte der Unternehmer sich streng an die Vorgaben des § 650f BGB halten. Fordert der Unternehmer eine Sicherheit, die ihm nicht zusteht (z. B. eine Bürgschaft auf erstes Anfordern), oder verlangt er unter Missachtung des dem Besteller zustehenden Wahlrechts ausschließlich eine Bürgschaft, ist das Sicherungsverlangen unwirksam (vgl. OLG Koblenz, Urt. v. 14.9.1999 – 3 U 225/99). Die Gegenauffassung zieht zu letzterer Fallgruppe nicht diese strenge Folge, weil ihres Erachtens ungeachtet dieses des Gesetzeslage nicht entsprechenden Verlangens dem Besteller die Wahl verbleibt, welche Sicherheit er stellt. Ebenso wie auf ein überhöhtes Sicherungsverlangen (→ Rdn. 80 ff.) muss nach dieser Auffassung der Besteller flexibel reagieren (vgl. OLG Düsseldorf, Beschl. v. 3.7.2018 – 22 U 83/17; OLG Köln, Urt. v. 23.4.2015 – 3 U 124/14; Beck'scher VOB-Kommentar/Funke, VOB/B, vor § 2 Rdn. 324 und 346). Diese Auffassung wird allerdings dem Unterschied zwischen einer bloß quantitativen Zuvielforderung und einer qualitativen Einengung der dem Besteller nach dem Gesetz zur Verfügung stehenden Sicherungsmittel nicht gerecht. Sie verkennt auch, dass abgesehen von erfahrenen und juristisch qualifizierten bzw. beratenen Bestellern viele Besteller § 650f BGB gar nicht kennen und daher durch ein fehlerhaftes Sicherungsverlangen auf die gänzlich falsche Fährte gelockt werden.

150 Um den Sanktionsmechanismus des § 650f BGB auszulösen, muss das Sicherungsverlangen mit einer angemessenen Frist verbunden sein, binnen derer die Sicherheit zu leisten ist. Der Unternehmer muss den Besteller nicht darüber hinaus darauf hinweisen, dass er, der Unternehmer, nach fruchtlosem Fristablauf die Leistung verweigern oder ohne Nachfristsetzung den Vertrag kündigen kann (vgl. KG, Urt. v. 16.2.2018 – 21 U 66/16; OLG Celle, Urt. v. 7.3.2019 – 6 U 71/18; OLG Karlsruhe, Urt. v. 21.12.2018 – 8 U 55/17). Das gerade auch im Hinblick auf § 650f Abs. 7 BGB streng nach seinem Wortlaut auszulegende Gesetz bringt damit erhebliche Gefahren für Besteller mit sich, die mit der Norm des § 650f BGB nicht hinreichend vertraut sind und mangels rechtzeitiger fachlicher Beratung die notwendigen Maßnahmen nicht fristgerecht erledigen (speziell zu „Verbraucher-Bestellern"→ Rdn. 31).

151 Auch wenn sich nicht allgemein, sondern nur unter Berücksichtigung der Umstände des Einzelfalls bestimmen lässt, welche Frist angemessen ist (vgl. BGH, Urt. v. 23.11.2017 – VII ZR 34/15 Rdn. 32 m. w. N.), gibt die bisher ergangene Rechtsprechung folgende Anhaltspunkte: Angemessen ist eine Frist, die es dem Besteller ermöglicht, die Sicherheit ohne schuldhaftes Verzögern zu beschaffen. Es kommt darauf an, welche Anstrengungen der Besteller unternehmen muss, um die Sicherheit unverzüglich zu erbringen, und welche Zeit diese Anstrengungen beanspruchen. Grundsätzlich ist von einem objektiven Maßstab auszugehen, weil der Unternehmer nicht beurteilen kann, wie die individuellen Schwierigkeiten des Bestellers sind. Abzustellen ist deshalb grundsätzlich auf einen Besteller mit normalen finanziellen Verhältnissen. Dieser muss alles unternehmen, damit der Unternehmer die Sicherheit so schnell wie möglich erhält (vgl. BGH, Urt. v. 31.3.2005 – VII ZR 346/03). Nach der Gesetzesbegründung sollen sieben bis zehn Tage in der Regel angemessen sein (vgl. BT-Drucks. 12/1836 S. 9). Es kommt jedoch auf den Einzelfall an. Zu berücksichtigen sind also auch die örtlichen Verhältnisse, die Besonderheiten des Bauvorhabens oder der Sicherung sowie der Umstand, dass die Hausbank des Bestellers möglicherweise etwas längere Bearbeitungszeiten hat als üblich. Umgekehrt kann aber eine kürzere Frist gerechtfertigt sein, etwa wenn der Besteller die Sicherheit bereit liegen hat und sofort herausgeben könnte. Ein Zeitraum von zwei Tagen ist zu kurz, wenn keine besonderen Anhaltspunkte dafür vorliegen, dass in dieser Zeit beschafft werden könnte (vgl. BGH, Urt. v. 31.3.2005 – VII ZR 346/03). Für die Angemessenheit der Frist spielt eine Rolle, ob die Rechtslage klar ist. Ist dies nicht der Fall, weil etwa der Unternehmer sich weigert, nach dem Vertrag noch geschuldete Arbeiten ohne zusätzliche Vergütung zu erbringen, und/oder weil der Besteller mangels verlässlicher Angaben im Sicherungsverlangen noch die Höhe der Sicherheit ermitteln muss, ist eine Frist von nur fünf Werktagen (von Montag bis Montag; auf § 11 Abs. 3 VOB/B, nach dem auch der Samstag ein Werktag ist, kommt es also nicht an) regelmäßig zu kurz. Dabei ist zu berücksichtigen, dass in derartigen Fällen eine anwaltliche Beratung des Bestellers notwendig werden kann und dass die Beschaffung einer Sicherheit jedenfalls an Wochenenden und an einem Feiertag, der in die Frist fällt, nicht möglich ist. Auch kann ein Besteller auf eine Fristsetzung, die ihm erst am späten Nachmittag eines

Freitags zugeht, jedenfalls an diesem Freitag nicht mehr adäquat reagieren (vgl. BGH, Urt. v. 20.12.2010 – VII ZR 22/09 Rdn. 22 [maßgeblicher Sachverhalt: Rdn. 5]).

Die Rechtsprechung insbesondere der Instanzgerichte zur Frage, welche Frist „angemessen" ist, ist inzwischen sehr differenziert, so dass nur einige wesentliche Aspekte diskutiert werden können: Eine Rolle soll es spielen, ob der Besteller mit einem Sicherungsverlangen nicht rechnen muss (vgl. OLG Naumburg, Urt. v. 16.8.2001 – 2 U 17/01) oder ob keine anderweitige Ankündigung eines Sicherungsverlangens vorausging (vgl. BGH, Urt. v. 20.12.2010 – VII ZR 22/09 Rdn. 22), bzw. umgekehrt, ob der Unternehmer es angekündigt hatte (vgl. OLG Brandenburg, Urt. v. 23.1.2020 – 12 U 195/17) oder ob für den Besteller aufgrund einer vorhergehenden Zahlungsaufforderung des Unternehmers ein Sicherungsverlangen „nicht fernliegend" (OLG Hamm, Urt. v. 28.2.2008 – 24 U 81/07) schien. Dem ist nicht beizutreten, weil der Unternehmer sein Sicherungsverlangen nicht ankündigen muss (vgl. nunmehr auch unmissverständlich BGH, Urt. v. 23.11.2017 – VII ZR 34/15 Rdn. 27, was eine implizite Aufgabe der noch 2010 geäußerten Auffassung darstellt) und eine derartige Ankündigung – oder als Minus: die nicht fernliegende Möglichkeit, der Unternehmer könne Sicherheit verlangen – keine Rechtswirkungen entfaltet, wenn sie nicht den Anforderungen entspricht, die sich aus § 650f Abs. 5 Satz 1 BGB ergeben. Im Übrigen muss nach geltendem Recht der Besteller mit Abschluss eines Bauvertrags damit rechnen, dass der Unternehmer jederzeit Sicherheit verlangen kann (vgl. OLG Dresden, Urt. v. 1.3.2006 – 12 U 2379/04).

152

Teilweise wird angedeutet, dass evtl. die Frist zur Stellung der Sicherheit länger sein müsse, wenn eine hohe Forderung zur Absicherung begehrt werde (vgl. LG Leipzig, Urt. v. 7.12.2001 – 05 HK O 4853/01). Dem ist generell nicht beizutreten, denn der Besteller geht in einem solchen Fall mit dem Abschluss eines großen Bauvertrags eine Zahlungsverpflichtung in beträchtlicher Höhe ein, ganz abgesehen davon, dass gegenüber großen gewerblichen Bestellern ohnehin eher kürzere Fristen in Betracht kommen (vgl. OLG Dresden, Urt. v. 1.3.2006 – 12 U 2379/04).

153

Als Faustregel, mit der ein Unternehmer sich auf der sicheren Seite befinden sollte, wird man 14 Kalendertage ansetzen können. Nur dann, wenn in diesen Zeitraum Feiertage fallen, die auf Arbeitstage (Montag bis Freitag) fallen, kann sich der Zeitraum entsprechend verlängern. Eine solche zweiwöchige Frist, die über die in der Gesetzesbegründung als angebracht angesehene geringfügig hinausgeht, trägt dem Umstand Rechnung, dass häufig Bankinstitute in der Bearbeitung von Bestelleranträgen und in der Ausstellung korrekter Bürgschaften gemäß § 650f BGB schwerfällig agieren, so dass selbst nach zügigen Anträgen des Bestellers ein entsprechender Zeitraum benötigt wird. Was andere Sicherheiten angeht, die der Besteller im Rahmen seines Wahlrechts stellen kann, ist nicht ersichtlich, dass diese zügiger als eine Bürgschaft bewirkt werden könnten.

154

Im Hinblick auf eine WEG als Besteller erachtete das OLG München (Hinweisbeschl. v. 6.3.2017 und Beschl. v. 22.5.2017 – 28 U 4449/16) einen deutlich längeren Zeitraum als angemessen, im konkreten Fall unter Berücksichtigung von Osterfeiertagen acht Wochen. Es begründete dies damit, dass die WEG im Vorfeld einer gebotenen außerordentlichen Eigentümerversammlung die Sach– und Rechtslage umfassend klären und Kontakt mit möglichen Sicherungsgebern aufnehmen müsse. Eine Eilzuständigkeit des WEG-Verwalters etwa aus § 27 Abs. 1 Nr. 3, Abs. 2 Nr. 3 WEG a. F. sei nicht gegeben. Dem kann nicht beigetreten werden. Die WEG muss sich wie jeder andere Besteller behandeln lassen. Daher ist auch zu ihren Lasten vorauszusetzen, dass sie die Rechtslage kennt und bereits in ihrer Entscheidungsfindung, die zum Abschluss des Bauvertrags führt, vorsorglich auch Beschlüsse fasst, dass und in welcher Form ggf. der WEG-Verwalter als Vertreter der WEG Sicherheit gemäß § 650f BGB stellen darf und muss. Selbst wenn man eine derart vorausschauende Beschlussfassung von der WEG nicht verlangen wollte, ist nach dem WEG n. F. naheliegend, dass der WEG-Verwalter die Sicherheit sofort wirksam stellt, sofern dazu nicht der Abschluss eines Darlehensvertrags nötig ist (vgl. §§ 9b Abs. 1 Satz 1, 27 Abs. 1 Nr. 2 WEG n. F.). Das Erfordernis, der WEG für ihre interne Willensbildung Zeit einzuräumen, spielt keine entscheidende Rolle, denn dem Grunde nach dürfte einzig die Entscheidung, die Sicherheit zu stellen, um gravierende Nachteile durch eine Leistungsverweigerung oder Kündigung des Unternehmers als wichtigem Grund zu vermeiden, ordnungsgemäßer Verwaltung entsprechen, während für die konkrete Abwicklung die Spielräume der WEG im Hinblick auf die wenigen kurzfristig beschaffbaren Sicherheiten ohnehin durch § 650f Abs. 2 Satz 1 BGB i. V. m. §§ 232ff. BGB deutlich eingeschränkt sind.

155

Reaktionen des Bestellers auf das Sicherungsverlangen des Unternehmers können jedenfalls dann, wenn sie innerhalb der vom Unternehmer gesetzten Frist oder unmittelbar danach

156

gezeigt werden, in bestimmten Konstellationen für die Frage, welche Frist im Einzelfall angemessen war, eine Rolle spielen. So ist in der obergerichtlichen Rechtsprechung allgemein anerkannt, dass der allgemeine Rechtsgedanke, dass eine ernsthafte und endgültige Erfüllungsverweigerung der einen Seite zum Entfall von Formalien und des Abwartens bestimmter Zeiträume führen kann (vgl. z. B. §§ 281 Abs. 2 1. Alt. und 286 Abs. 2 Nr. 3 BGB), auch für § 650f BGB fruchtbar zu machen ist: Lehnt der Besteller die Stellung einer Sicherheit ernsthaft und endgültig ab, muss der Unternehmer nicht mehr den Ablauf einer von ihm (gegebenenfalls zu kurz) gesetzten oder einer angemessenen Frist abwarten, sondern stehen ihm sofort die Optionen von § 650f Abs. 5 BGB zu (vgl. KG, Urt. v. 13.8.2013 – 7 U 166/12; OLG Düsseldorf, Beschl. v. 3.7.2018 – 22 U 83/17; OLG Düsseldorf, Urt. v. 12.4.2019 – 22 U 62/18; OLG Hamm, Urt. v. 7.3.2007 – 25 U 105/06). Beanstandet der Auftraggeber nach Eingang des Sicherungsverlangens die Dauer der gesetzten Frist nicht und kündigt er an, die verlangte Sicherheit „zeitgerecht" zu stellen, ohne um eine Fristverlängerung zu bitten, ist für einen objektiven Erklärungsempfänger nicht ersichtlich, dass die gesetzte Frist zu kurz sein könnte (vgl. OLG Hamm, Urt. v. 25.11.2008 – 19 U 89/08, unter II.1.3 [indessen, wenn auch nicht explizit hierzu, aufgehoben von BGH, Urt. v. 20.12.2010 – VII ZR 22/09]: Rechtsgedanke der Selbstbindung). Ebenso kann es in der Prüfung der Angemessenheit eine Rolle spielen, wenn der (anwaltlich vertretene) Besteller in unmittelbar nach Ablauf der vom Unternehmer gesetzten Frist versandten Schreiben nicht einmal ansatzweise eine etwaige Unangemessenheit der zum Zeitpunkt des Schreibens gerade verstrichenen Frist reklamiert, sondern dem Sicherungsverlangen zahlreiche inhaltliche Einwände entgegenhält (vgl. OLG Düsseldorf, Beschl. v. 3.7.2018 – 22 U 83/17). Ansonsten versteht es sich von selbst, dass ein Unternehmer, der auf eine entsprechende Bitte des Bestellers hin die Frist verlängert, hieran ebenso gebunden ist wie der Besteller, der nicht im Nachhinein einwenden kann, selbst diese von ihm erbetene verlängerte Frist sei unangemessen kurz gewesen. Unbeachtlich sind pauschale Fristverlängerungsersuche eines Bestellers, es sei denn, der Unternehmer stimmt diesen zu. Das gilt z. B. für eine im Frühjahr 2020 vorgebrachte Bitte des Bestellers um Fristverlängerung, die er mit der Corona-Situation und den bevorstehenden Osterfeiertagen begründet, wenn sich der Besteller auf derartige pauschale Aussagen beschränkt, ohne darzulegen, welche konkreten Auswirkungen die Corona-Situation auf seine Hausbank und damit auf die Beibringung der Sicherheit hat und aus welchem Grund ihm die Sicherheitsleistung vor den Osterfeiertagen, die erst nach Ablauf der vom Unternehmer gesetzten Frist beginnen, nicht möglich sein wird (vgl. KG, Beschl. v. 5.1.2021 – 27 W 1054/20).

157 Eine zu kurze Frist ist nach allgemeinen Grundsätzen nicht unwirksam, sondern setzt den Lauf einer angemessenen Frist in Gang. Der Unternehmer verhält sich daher vertragswidrig, wenn er bereits nach Ablauf der zu kurzen Frist die Leistung verweigert und nicht den Zeitpunkt abwartet, zu dem die objektiv angemessene Frist abgelaufen ist. Allerdings wird diese Vertragswidrigkeit für sich allein in der Regel kein Recht des Bestellers zur Kündigung aus wichtigem Grund auslösen, weil die Einstellung der Leistung (noch) nicht als ernsthaft und endgültig zu bewerten ist. Sie wird indessen regelmäßig zu einer solchen werden, wenn der Unternehmer an ihr festhält, obwohl der Besteller in Übereinstimmung mit den Wertungen von § 648a Abs. 3 i. V. m. § 314 Abs. 2 Satz 1 BGB eine angemessene Frist zur Wiederaufnahme der Arbeiten setzte, und diese vom Besteller gesetzte Frist abläuft, bevor eine (objektiv) angemessene Frist gemäß § 650f Abs. 5 Satz 1 BGB ablief (→ Rdn. 166). Kündigt der Unternehmer vor Ablauf einer angemessenen Frist und räumt er zudem die Baustelle, ist der Besteller berechtigt, den Vertrag seinerseits aus wichtigem Grund zu kündigen (vgl. BGH, Urt. v. 31.3.2005 – VII ZR 346/03). Verzögert sich die Fertigstellung des Bauwerks infolge einer unberechtigten Leistungsverweigerung des Unternehmers, stehen dem Besteller Schadensersatzansprüche unter den Voraussetzungen des § 280 Abs. 2 BGB zu.

J. Sanktionsmechanismus nach fruchtlosem Fristablauf

I. Allgemeines: Handlungsmöglichkeiten des Unternehmers

158 Stellt der Besteller innerhalb der vom Unternehmer gesetzten angemessenen Frist die Sicherheit gemäß § 650f BGB nicht, eröffnen sich dem Unternehmer eine Vielzahl von Handlungsmöglichkeiten über die praktisch relevantesten, daher nachfolgend (→ Rdn. 162 ff.) ausführlicher erläuterten, hinaus. Zunächst zeigt „kann" in § 650f Abs. 5 Satz 1 BGB, dass ihm neben den fortbestehenden allgemeinen, deshalb nicht erwähnungsbedürftigen vertraglichen Ansprüchen insbesondere auf Abschlagszahlungen oder Schlusszahlung des Bestellers neue Optionen erwachsen, die er ausüben kann, aber nicht muss. „Oder" in § 650f Abs. 5 Satz 1 BGB lässt sich nicht entnehmen, dass der Unternehmer nach Ablauf der angemessenen Frist nur eine der beiden genannten Optionen – Leistungsverweigerung oder Kündigung des Vertrags aus wichtigem Grund – ausüben kann und nach einer wie auch immer festzustellenden Ausübung erneut eine angemessene Frist setzen muss, ehe er die andere Option ausüben darf (vgl. im Ergebnis wie hier KG, Urt. v. 16.2.2018 – 21 U 66/16; a. A. Ingenstau/Korbion/Joussen, Anh. 1 Rdn. 217). Dies wäre ein Automatismus, der im Gesetz nicht angelegt ist und den Unternehmer unter einen Handlungsdruck setzen würde, obwohl es neben diesen beiden im Gesetz genannten Optionen weitere Handlungsmöglichkeiten auf Grundlage des Bauvertrags mit dem Besteller gibt, die in Kombination miteinander eingesetzt werden können.

159 Das Recht des Unternehmers, die weitere Leistung zu verweigern oder den Vertrag zu kündigen, hängt nicht davon ab, dass er im Sicherungsverlangen diese Optionen ankündigte (→ Rdn. 150). Selbst eine mit dem Sicherungsverlangen und der Fristsetzung verbundene Ankündigung des Unternehmers, im Falle der Nicht-Stellung der Sicherheit die Leistung zu verweigern, beschränkt die gesetzlichen Handlungsmöglichkeiten des Unternehmers nicht. Im Hinblick auf § 650f Abs. 7 BGB bleibt es ihm unbenommen, nach fruchtlosem Fristablauf den Vertrag aus wichtigem Grund zu kündigen, anstatt lediglich die Leistung zu verweigern (a. A. unter dem Aspekt des widersprüchlichen Verhaltens des Unternehmers OLG Celle, Urt. v. 7.3.2019 – 6 U 71/18).

160 Die dem Unternehmer durch den fruchtlosen Fristablauf gemäß § 650f Abs. 5 Satz 1 BGB eröffneten Optionen erlöschen erst, wenn der Besteller die Sicherheit nach Fristablauf doch noch stellt und der Unternehmer den Vertrag bis zu diesem Zeitpunkt noch nicht kündigte. Dass darüber hinaus der Unternehmer bereit sein muss, die Sicherheit trotz der Verspätung entgegenzunehmen (vgl. Vogel, BauR 2011, 313, 329; allgemein Grüneberg, in: Beck'sche Kurzkommentare, BGB, § 281 Rdn. 49 m.w.N.), dürfte nicht erforderlich sein: Will der Unternehmer endgültige Klarheit, ist es ihm zumutbar, rechtzeitig den Bauvertrag aus wichtigem Grund wegen der fortbestehenden nicht geleisteten Sicherheit zu kündigen, ohne dass es insoweit zeitliche Ausübungsschranken gibt (vgl. übertragbar BGH, Urt. v. 20.1.2006 – V ZR 124/05 Rdn. 16 ff.). Tut er dies nicht, muss er akzeptieren, dass der Besteller durch wenn auch verspätete Übergabe der gewünschten Sicherheit das Leistungsverweigerungsrecht des Unternehmers wieder beseitigt. Mir scheint insoweit die Rechtslage, die für von Anfang an gegebene vertragliche Ansprüche gilt, zu denen bereits erfolglos eine Frist für die Erfüllung gesetzt wurde, nicht übertragbar auf die spezielle dogmatische Konstruktion des § 650f BGB (→ Rdn. 7 ff.).

161 Die abstrakt denkbaren Handlungsmöglichkeiten des Unternehmers zähle ich auf, verzichte aber darauf, sie allesamt im weiteren Verlauf im Einzelnen zu kommentieren:

- Weiterarbeit,
- Weiterarbeit + Klage auf Sicherheit,
- Weiterarbeit + Klage auf Abschlagszahlung,
- Weiterarbeit + Klage auf Abschlagszahlung + Klage auf Sicherheit,
- Weiterarbeit + (später) Kündigung aus wichtigem Grund,
- Leistungsverweigerung,
- Leistungsverweigerung + Klage auf Sicherheit,
- Leistungsverweigerung + Klage auf Abschlagszahlung,
- Leistungsverweigerung + Klage auf Abschlagszahlung + Klage auf Sicherheit,
- Leistungsverweigerung + (später) Kündigung aus wichtigem Grund,
- Leistungsverweigerung + (später) Weiterarbeit nach Eingang der vom Besteller verspätet gestellten Sicherheit,
- Kündigung aus wichtigem Grund,
- Kündigung aus wichtigem Grund + Klage auf Sicherheit (angepasst an die Höhe der nach Kündigung bestehenden Vergütung),
- Kündigung aus wichtigem Grund + Klage auf Werklohn (vor Abnahme: auf Abschlagszahlung; nach Abnahme usw.: auf Schlusszahlung),

§ 650f

Bauhandwerkersicherung

- Kündigung aus wichtigem Grund + Klage auf Werklohn (vor Abnahme: auf Abschlagszahlung; nach Abnahme usw.: auf Schlusszahlung) + Klage auf Sicherheit (angepasst an die Höhe der nach Kündigung bestehenden Vergütung).

II. Leistungsverweigerungsrecht

1. Allgemeines

162 Der Unternehmer ist erst nach Ablauf der angemessenen Frist berechtigt, die Leistung einzustellen. Einer Geltendmachung oder einer Einrede i.S.d. §273 Abs. 1 BGB bedarf es nicht (→ Rdn. 7ff.). Solange die angemessene Frist nicht ablief, muss der Unternehmer seine Leistung fortsetzen. Etwas anderes gilt, wenn der Besteller eine Sicherheitsleistung vor Fristablauf ernsthaft und endgültig verweigert. In diesem Fall kann der Unternehmer die Arbeiten sofort einstellen (vgl. KG, Urt. v. 13.8.2013 – 7 U 166/12; OLG Hamm, Urt. v. 7.3.2007 – 25 U 105/06). Das Recht, die weitere Leistung zu verweigern, hängt nicht davon ab, dass der Unternehmer im Sicherungsverlangen diese oder eine Kündigung androhte (vgl. OLG Celle, Urt. v. 7.3.2019 – 6 U 71/18).

163 Das Sicherungsverlangen muss berechtigt sein. Ein unberechtigtes Sicherungsverlangen berechtigt den Unternehmer nicht zur Einstellung der Arbeiten (vgl. BGH, Urt. v. 9.11.2000 – VII ZR 82/99; Urt. v. 27.9.2007 – VII ZR 80/05).

164 Leistet der Besteller innerhalb der angemessen gesetzten Frist nur eine zu geringe Sicherheit, darf der Unternehmer die Leistung insgesamt verweigern (vgl. OLG Jena, Urteil vom 19.12.2012 – 2 U 34/12). Die gegenteilige Auffassung, dass der Unternehmer in diesem Fall die Leistung nur insoweit verweigern dürfe, als das erbrachte hinter der verlangten Sicherheit zurückbleibe (vgl. MüKoBGB/Busche, §650f Rdn. 35), ist mit dem Wortlaut von Abs. 5 Satz 1 i.V.m. Abs. 1 Satz 1 nicht vereinbar und im Übrigen dem Unternehmer weder zumutbar noch praktikabel (vgl. Rodemann, IBR 2014, 146).

165 Trotz des Rechts, die Leistung einzustellen, bleibt der Unternehmer verpflichtet, den Besteller nicht zu schädigen. Erfordert die erbrachte Teilleistung einen Schutz, der infolge der Leistungsverweigerung nicht mehr erbracht wird, so ist der Unternehmer verpflichtet, den Besteller zu warnen. Unterlässt er dies schuldhaft, macht er sich schadensersatzpflichtig. Im Einzelfall kann er verpflichtet sein, vor der Leistungsverweigerung die Schutzmaßnahmen selbst vorzunehmen (vgl. OLG Koblenz, Urt. v. 27.11.2003 – 5 U 1880/01).

2. „Wettlauf der Fristen"

166 Eine berechtigte Leistungsverweigerung seitens des Unternehmers hat zur Folge, dass der Besteller keine Leistung (mehr) verlangen kann. Der Unternehmer kann deshalb auch nicht in Verzug geraten (vgl. BGH, Urt. v. 27.9.2007 – VII ZR 80/05; KG, Urt. v. 13.8.2013 – 7 U 166/12; OLG Brandenburg, Urt. v. 10.6.2010 – 12 U 198/09; OLG Dresden, Urt. v. 19.6.2018 – 6 U 1233/17; OLG Düsseldorf, Urt. v. 15.10.2004 – 22 U 108/03; OLG Karlsruhe, Urt. v. 21.12.2018 – 8 U 55/17; a.A. wohl OLG Köln, Urt. v. 5.7.2005 – 24 U 44/05). Relevant werden kann dies auch im Hinblick auf Mängelbeseitigungsverlangen, da im Fall einer berechtigten Leistungsverweigerung der Besteller weder die Voraussetzungen für eine Selbstvornahme schaffen (vgl. BGH, Urt. v. 16.4.2009 – VII ZR 9/08) noch einen anderen auf Zahlung gerichteten Anspruch herbeiführen kann, der den fruchtlosen Ablauf einer Frist zur Mängelbeseitigung voraussetzt (vgl. OLG Naumburg, Urt. v. 16.4.2015 – 9 U 18/11). Eine Aufforderung, Mängel binnen angemessener Frist zu beseitigen, geht in diesen Fällen nämlich ins Leere. Der Unternehmer ist nicht verpflichtet, Mängel zu beseitigen, solange ihm keine Sicherheit gestellt wird. Einem berechtigten Vergütungsverlangen des Unternehmers kann der Besteller dann keine Ansprüche wegen der Mängelbeseitigungskosten im Wege der Aufrechnung entgegenhalten (vgl. auch Eusani, NZBau 2006, 476ff.). Weitere Folge ist, dass der auf Mängeln basierende (angebliche) Zahlungsanspruch zwischen den Bauvertragsparteien im Streit steht und deshalb in der Berechnung der Vergütung, wie sie für eine etwa erneut geforderte Sicherheit (→ Rdn. 194) maßgeblich ist, unberücksichtigt bleiben muss (§650f Abs. 1 Satz 4 BGB).

167 Setzte aber der Besteller nach Abnahme dem Unternehmer bereits eine Frist zur Mängelbeseitigung und lief diese ab, bevor der Unternehmer die §650f-BGB-Sicherheit forderte, hat der Besteller die Wahl, ob er noch weiter die Nacherfüllung verlangt oder Ansprüche gemäß § 634 BGB auf Vorschuss, Schadensersatz oder die Minderung geltend macht.

Befindet sich das Vertragsverhältnis noch im Stadium vor Abnahme, setzt zunächst der Besteller auf Grundlage der einschlägigen VOB/B-Klauseln wegen nicht vertragsgemäßer Arbeiten dem Unternehmer eine Frist zur Herbeiführung vertragsgemäßer Zustände (dies verbunden mit der Androhung der Kündigung), verlangt sodann in Reaktion hierauf der Unternehmer vom Besteller die Stellung einer Sicherheit gemäß § 650f BGB und läuft die vom Unternehmer (mutmaßlich, vom Bundesgerichtshof aufgrund seines Rechtsstandpunkts nicht erörtert) angemessen gesetzte Frist ab, *bevor* der Besteller von dem bereits davor tatbestandlich zu seinen Gunsten begründeten Kündigungsrecht Gebrauch macht und gegenüber dem Unternehmer die Kündigung des Vertrags aus wichtigem Grund ausspricht, erachtete der Bundesgerichtshof diese Kündigung des Bestellers aus wichtigem Grund als wirksam und gewährte dem Besteller die damit verbundenen Rechtsfolgen wie Schadensersatzansprüche, obwohl zum Zeitpunkt der Kündigungserklärung dem Unternehmer bereits ein Leistungsverweigerungsrecht wegen der nicht gestellten Sicherheit zustand (vgl. BGH, Urt. v. 10.11.2005 – VII ZR 147/04 zur Ausübung eines Kündigungsrechts nach § 8 Abs. 3 Nr. 1 i. V. m. § 4 Abs. 7 VOB/B, wobei etwaige AGB-rechtliche Bedenken gegen diese Klauseln nicht Gegenstand dieses Revisionsverfahrens waren). **168**

Dem kann nicht gefolgt werden. Vielmehr setzt eine wirksame Kündigung aus wichtigem Grund im Erfüllungsstadium seitens des Bestellers voraus, dass ihm noch in dem Zeitpunkt, in dem er den Bauvertrag kündigt, ein einredefrei durchsetzbarer Anspruch gegen den Unternehmer – im Fall des Bundesgerichtshofs: auf Herbeiführung vertragsgemäßer Arbeiten – zusteht. Andernfalls muss der Besteller, der es versäumte, vom tatbestandlich entstandenen Kündigungsrecht zur Rechtsklarheit schaffenden Gestaltungserklärung, der Kündigung aus wichtigem Grund, zu schreiten, bevor das Leistungsverweigerungsrecht des Unternehmers aus § 650f Abs. 5 Satz 1 BGB entstand, erst Sicherheit gemäß § 650f BGB leisten, ehe er wirksam aus wichtigem Grund kündigen kann. Das bloße Entstehen eines noch nicht ausgeübten Rechts des Bestellers zur Kündigung aus wichtigem Grund verhindert nämlich das Wirksamwerden des Leistungsverweigerungsrechts des Unternehmers gemäß § 650f Abs. 5 Satz 1 BGB nicht. Eine andere Betrachtungsweise würde dazu führen, dass der Unternehmer teilweise den Schutz des § 650f BGB verlöre. Er müsste, um eine Kündigung des Bestellers aus wichtigem Grund zu vermeiden, die nicht vertragsgemäßen Arbeiten beseitigen, ohne abgesichert zu sein. Weiter drohen Wertungswidersprüche, weil der Unternehmer die Erbringung der sonstigen Arbeiten von der Sicherheitsleistung abhängig machen könnte (vgl. Rodemann, Festschrift Leupertz, S. 577, 587 f.). Aus BGH, Urt. v. 20.1.2006 – V ZR 124/05 Rdn. 16 ff., folgt nichts anderes: Zwar bejahte der BGH in diesem Urteil, dass ein einmal entstandenes Rücktrittsrecht nicht erlischt, wenn nach fruchtlosem Fristablauf der Gläubiger nicht sogleich den Rücktritt erklärt, sondern zunächst noch vom Schuldner Erfüllung verlangt, ehe er später den Rücktritt erklärt. In diesem vom V. Zivilsenat beurteilten Fall stand jedoch dem Schuldner zu keinem Zeitpunkt ein nach dem Entstehen des Rücktrittsrechts und vor Erklärung des Rücktritts nachträglich entstandenes Leistungsverweigerungsrecht als Abwehrmittel zur Verfügung. **169**

3. Fortbestehendes mängelbedingtes Leistungsverweigerungsrecht des Bestellers

Eine „Pattsituation" kann dadurch eintreten, dass der Besteller keine Sicherheit stellt und deshalb der Unternehmer die Fortführung der Arbeiten und/oder eine Mängelbeseitigung ablehnt. Der Besteller, der häufig ein Interesse daran hat, dass die Arbeiten vorangehen und/oder die Mängel zügig beseitigt werden, kann den Unternehmer nicht drängen, das Wahlrecht dahin auszuüben, dass er den Vertrag kündigt. Der Besteller hat seinerseits die Möglichkeit, den Vertrag nach § 648 BGB zu kündigen (vgl. OLG Düsseldorf, Urt. v. 15.10.2004 – 22 U 108/03). Geschieht dies, hat der Unternehmer Anspruch auf die Vergütung nach § 648 Sätze 2 und 3 BGB. Dies führt zur selben Rechtsfolge, als ob der Unternehmer berechtigt gemäß § 650f Abs. 5 Satz 1 BGB den Vertrag gekündigt hätte (vgl. § 650f Abs. 5 Sätze 2 und 3 BGB). **170**

In Rechtsprechung und Literatur war zum alten Recht umstritten, inwieweit der Unternehmer nach der Abnahme die Vergütung verlangen kann, wenn der Besteller die Zahlung wegen Mängeln verweigert, der Unternehmer die Mängelbeseitigung jedoch von einer Sicherheitsleistung abhängig macht, die nicht gestellt wird (vgl. die Darstellung des Meinungsstreits in BGH, Urt. v. 22.1.2004 – VII ZR 183/02). Der Gesetzgeber stellte in Billigung des Aus- **171**

§ 650f

gangspunkts dieser Rechtsprechung klar, dass der Unternehmer auch nach Abnahme seines Werks Anspruch auf Sicherheit hat (§ 650f Abs. 1 Satz 3 BGB).

172 Ungeachtet dessen sind die zum alten Recht getroffenen Aussagen des Bundesgerichtshofs (vgl. BGH, Urt. v. 22.1.2004 – VII ZR 183/02 und VII ZR 267/02; Urt. v. 17.6.2004 – VII ZR 91/03; Urt. v. 9.12.2004 – VII ZR 199/03; Urt. v. 13.1.2005 – VII ZR 28/04) teilweise auf das neue Recht übertragbar, soweit es um die Handlungsmöglichkeiten der Bauvertragsparteien in den eingangs skizzierten „Pattsituationen" geht: Hierunter fallen Sachverhalte, in denen nach Abnahme der Werklohn fällig ist, aber der Besteller wegen Mängeln ein aus § 320 Abs. 1 BGB ableitbares Leistungsverweigerungsrecht hat, nicht hingegen Sachverhalte im Stadium vor Abnahme, in denen der finale Werklohnanspruch des Unternehmers noch nicht fällig ist und der Unternehmer dessen Fälligkeit erst durch eine unter Umständen doppelte Vorgehensweise nach § 650f BGB herbeiführen kann (→ Rdn. 189 ff.). Ferner kann der Unternehmer im Stadium vor Abnahme trotz seiner auf § 650f BGB gestützten Leistungsverweigerung unverändert Abschlagszahlungen verlangen, der Besteller einer solchen Abschlagszahlungsforderung gegenüber das Leistungsverweigerungsrecht wegen nicht vertragsgemäßer Arbeiten geltend machen (vgl. BGH, Urt. v. 16.12.2004 – VII ZR 167/02). Daher gelten auch für diese Fallkonstellation die nachfolgenden Überlegungen.

173 Der Bundesgerichtshof erteilte zutreffend allen Lösungsvorschlägen eine Absage, die es dem Unternehmer ermöglichten, eine Vergütung in voller Höhe des Werklohns zu erlangen, ohne vorhandene Mängel beseitigen zu müssen. Danach ist es weder gesetzeskonform noch interessengerecht, dem Unternehmer den Zugriff auf den vollen Werklohn zu ermöglichen, obwohl er den Mangel nicht beseitigt. Am Beispiel der Insolvenz des Bestellers machte der Bundesgerichtshof, dass der Besteller dauerhaft ein mangelhaftes Werk bezahlen müsste, weil feststeht, dass er die Sicherheit, die Voraussetzung für die Durchsetzung des Mängelanspruchs wäre, nicht stellen kann.

174 Aus dem System des § 650f BGB ist vielmehr zu entwickeln, welche Vergütung der Unternehmer verlangen kann, wenn er den Mangel nicht beseitigt, weil ihm keine Sicherheit gestellt wird. Ist § 650f BGB auch nach der Abnahme anwendbar, kann der Unternehmer nicht anders stehen als vorher. Vor der Abnahme hätte er keine finale Vergütung erlangen können, wenn er die Leistung einstellt, weil ihm keine Sicherheit gewährt wurde. Sein Werk wäre nicht abnahmereif gewesen. Dementsprechend kann er auch nach der Abnahme das Leistungsverweigerungsrecht des Bestellers nicht überspielen, indem er sich auf sein eigenes Leistungsverweigerungsrecht beruft.

175 Der Unternehmer kann seinen mit der Abnahme fällig gewordenen Vergütungsanspruch geltend machen. In diesem Fall kann der Besteller sein Leistungsverweigerungsrecht wegen der Mängel geltend machen (§ 320 Abs. 1 BGB). Dieses Leistungsverweigerungsrecht kann der Unternehmer nicht mit dem Argument zunichtemachen, dass er seinerseits zur Leistung nicht verpflichtet sei, weil ihm keine Sicherheit gestellt worden sei. Will er weitergehende Rechte aus dem Fehlen der Sicherheit durchsetzen, muss er nach § 650f Abs. 5 Satz 1 BGB den Bauvertrag hinsichtlich der Mängelbeseitigung kündigen und sich hierfür die aus § 650f Abs. 5 Satz 2 BGB folgenden Abzüge gefallen lassen. Das ist die Möglichkeit, die das Gesetz vorschreibt, um dem Unternehmer ungeachtet des Mängelbeseitigungsanspruchs des Bestellers eine zwar einredefreie, aber regelmäßig gekürzte Vergütung zu verschaffen (Details → Rdn. 198 ff.).

176 Dem Unternehmer wird danach ein Wahlrecht eingeräumt, ob er eine nach § 650f Abs. 5 BGB regelmäßig reduzierte Vergütung geltend macht, ohne den Mangel beseitigen zu müssen, oder die volle Vergütung, die jedoch nur durchsetzbar ist, wenn er das gesetzliche Leistungsverweigerungsrecht des Bestellers durch Nachbesserung beseitigt.

177 Der Bundesgerichtshof entschied zum alten Recht nicht darüber, in welcher Höhe das gesetzliche Leistungsverweigerungsrecht besteht, wenn der Besteller eine Sicherheit nicht leistet und der Unternehmer sich entschließt, an der Leistungsverpflichtung festzuhalten, also von einer Kündigung nach § 650f Abs. 5 BGB absieht. Das Gesetz sieht vor, dass der Besteller in der Regel das Doppelte der zur Mängelbeseitigung erforderlichen Kosten zurückbehalten darf (§ 641 Abs. 3 BGB). Es ist jedoch zu erwägen, das Leistungsverweigerungsrecht auf das Einfache der Mängelbeseitigungskosten zu beschränken (vgl. OLG Jena, Urt. v. 6.3.2013 – 2 U 105/12). Die Situation ist vergleichbar mit den Fällen, in denen der Besteller im Verzug der Annahme mit der Mängelbeseitigung ist. In diesen Fällen ist das Leistungsverweigerungsrecht auf diese Höhe beschränkt (vgl. BGH, Beschl. v. 22.7.2010 – VII ZR 117/08 Rdn. 11). Dem steht die Regelung des § 641 Abs. 3 BGB nicht entgegen (vgl. BGH, Beschl. v. 4.4.2002 – VII ZR 252/01). Dem lagen regelmäßig Fälle zugrunde, in denen der Besteller eine Mitwirkungshandlung, die zur Mängelbeseitigung erforderlich war, nicht vornahm. Ähnlich liegt es, wenn der Besteller eine Sicherheit nicht stellt. Unabhängig davon, ob ein Annahmeverzug im Sinne des § 295 Satz 2 BGB vorliegt, ist es daher gerechtfertigt, den Druckzuschlag entfallen zu lassen, weil der Besteller es in der Hand hat, die Mängelbeseitigung dadurch herbeizuführen, dass er eine Sicherheit stellt (vgl. Otto, BauR 2004, 838, 839). Der Bundesgerichtshof wies darauf hin, dass die Bemessung des Leistungsverweigerungsrechts sich nach den Umständen des Einzelfalls richtet und dabei berücksichtigt werden kann, dass der Besteller keine Sicherheit stellt (vgl. BGH, Urt. v. 16.12.2004 – VII ZR 167/02).

III. Berechtigte Kündigung des Vertrags durch den Unternehmer

Mit der Einstellung der Arbeiten entsteht eine „Pattsituation", die in irgendeiner Form aufgelöst werden muss. Geschieht nichts weiter, ruht die Arbeit des Unternehmers. Der Besteller hat die Möglichkeit, die Sicherheit jederzeit zu stellen. Tut er das, ist der Unternehmer verpflichtet, die Arbeit wieder aufzunehmen. Dabei ist ihm ein von den Umständen des Einzelfalls abhängiger Zeitraum für den Neubeginn seiner Leistung zuzugestehen. **178**

Damit hat der Unternehmer keine Klarheit, wann er die Arbeiten wieder aufnehmen muss. Insbesondere kann er die Fälligkeit des Schlussvergütungsanspruchs nicht herbeiführen, weil er die Vertragsleistung nicht abnahmereif herstellte (§§ 640, 641 BGB). Er hat deshalb ein berechtigtes Interesse daran, sich vom Vertrag zu lösen. Diese Lösungsmöglichkeit gibt ihm § 650f Abs. 5 BGB. Da der Besteller die Sicherheit nicht fristgemäß leistete, verletzte er seine vertraglichen Pflichten, so dass der Unternehmer aus wichtigem Grund kündigen kann. Der Unternehmer muss nicht ankündigen, dass er nach fruchtlosem Fristablauf den Vertrag kündigen werde. **179**

Zum alten Recht befand der Bundesgerichtshof, dass nach Wortlaut, Systematik und Sinn und Zweck (notwendiger Warnfunktion) der Unternehmer die damals noch nötige Nachfrist erst setzen konnte, wenn die Frist zur Sicherheitsleistung erfolglos abgelaufen war (vgl. BGH, Urt. v. 20.12.2010 – VII ZR 22/09 Rdn. 17 ff.). Der Wortlaut von § 650f Abs. 5 Satz 1 BGB legt nahe, entsprechend für das heutige Recht anzunehmen, dass der Unternehmer erst kündigen kann, wenn die Frist fruchtlos ablief: Letzteres steht im 1. Halbsatz im Perfekt und damit vorzeitig zu der im 2. Halbsatz im Präsens dem Unternehmer eröffneten Option der Kündigung. **180**

Die Kündigung ist eine Willenserklärung, der Gestaltungswirkung zukommt, weil danach die beiderseitigen Erfüllungsansprüche erlöschen (vgl. BGH, Urt. v. 29.5.1991 – VIII ZR 214/90; Urt. v. 28.11.2002 – VII ZR 270/01). Sie kann deshalb nur durch den Unternehmer selbst oder einen bevollmächtigten Vertreter wirksam abgegeben werden. **181**

Da es sich um eine Kündigung des Unternehmers aus wichtigem Grund handelt, ist grundsätzlich über die Generalnorm des § 648a Abs. 3 BGB § 314 Abs. 3 BGB heranzuziehen, wonach der Berechtigte innerhalb angemessener Frist kündigen muss, nachdem er vom Kündigungsgrund Kenntnis erlangte. Daraus abzuleiten, der Unternehmer müsse innerhalb angemessener Frist nach dem erfolglosen Ablauf der angemessenen Frist zur Stellung der Sicherheit die Kündigung aussprechen, wäre jedoch verfehlt. Die Nicht-Stellung der Sicherheit innerhalb der angemessenen Frist ist nicht eine bloß punktuelle Störung des Bauvertragsverhältnisses, deren Auswirkungen auf die Vertragsabwicklung mit dem Zeitablauf schwächer werden, sondern vielmehr eine Dauerstörung. Diese besteht an jedem Tag fort, an dem der Besteller nicht nachträglich die Sicherheit stellt, so dass die angemessene Frist mit jedem Tag erneut zu laufen beginnt (vgl. Retzlaff, in: Beck'sche Kurzkommentare, BGB, § 650f Rdn. 21 mit zutr. Hinweis auf BGH, Urt. v. vom 20.6.2005 – II ZR 18/03, der zur Parallelnorm des § 626 Abs. 2 BGB ausführt: „Handelt es sich aber – wie hier – bei dem für die fristlose Kündigung maßgebenden Grund um ein Dauerverhalten, so beginnt die Zwei-Wochen-Frist des § 626 Absatz 2 BGB nicht vor dessen Beendigung [...]"; vgl. auch implizit KG, Urt. v. 16.2.2018 – 21 U 66/16). **182**

IV. Sonstige Handlungsmöglichkeiten des Unternehmers

Der Unternehmer kann trotz fruchtlosen Fristablaufs die Arbeit fortsetzen, was allerdings im Hinblick auf die mit seinem Sicherungsverlangen zum Ausdruck gebrachte Skepsis, ob der Besteller finanziell hinreichend leistungsstark ist, eine wenig rationale Strategie wäre. **183**

Der Unternehmer, der am Fortbestand des Vertrags interessiert ist, diesen aber nur „in der Sicherheit" erfüllen möchte, kann die Leistung verweigern und die Sicherheit gegen den **184**

§ 650f Bauhandwerkersicherung

Besteller einklagen. Erhält er diese spätestens mit Abschluss des Prozesses und erfolgreicher Vollstreckung, entfällt das Leistungsverweigerungsrecht und muss er die Arbeiten fortführen.

185 Auch nach einer Kündigung kann der Unternehmer wegen seines offenen Vergütungsanspruchs – wie er sich infolge der Kündigung berechnet – neben oder vor der Klage auf Zahlung der Vergütung eine Klage auf Sicherheit anhängig machen.

K. Vergütungsanspruch des Unternehmers nach Kündigung

I. Fälligkeit des finalen Werklohnanspruchs

186 Die Kündigung eines Bauvertrags führt grundsätzlich nicht automatisch zur Fälligkeit der finalen Werklohnforderung. Vielmehr bedarf es zusätzlich der Abnahme des bis zur Kündigung erbrachten Teilwerks durch den Besteller. Dabei gelten dieselben Maßstäbe für die Abnahmereife wie für den „normal" beendeten Bauvertrag, so dass regelmäßig wesentliche Mängel des allein maßgeblichen, das Leistungssoll darstellenden Teilwerks den Besteller dazu berechtigen, die Abnahme zu verweigern. Entbehrlich als Fälligkeitsvoraussetzung ist nach der Rechtsprechung die Abnahme, wenn der Besteller nicht mehr die Erfüllung des Vertrags, sondern auf Geldzahlung gerichtete (Schadensersatz-)Ansprüche geltend macht und daher ein vom Bundesgerichtshof so bezeichnetes Abrechnungsverhältnis (kritisch zu dessen dogmatischen Konturen Rodemann, FS Eschenbruch, 2019, S. 347; Schmitz, FS Leupertz, 2021, S. 651) vorliegt. Ebenso bedarf es keiner Abnahme, wenn der Besteller die Abnahme des Werks ernsthaft und endgültig ablehnt oder wenn der Besteller die Mängel erfolgreich selbst beseitigt hat und sich daher nicht mehr darauf berufen kann, ursprünglich die Abnahme zu Recht verweigert zu haben (vgl. BGH, Urt. v. 11.5.2006 – VII ZR 146/04; Kniffka, ZfBR 1998, 113, 114; weitere Details → § 641 Rdn. 3 ff.).

187 Es stellt sich die Frage, ob § 650f BGB Anlass dazu gibt, von diesen für Kündigungen geltenden Grundsätzen abzuweichen. Folge wäre, dass der Unternehmer auch ohne Abnahme des bis seiner berechtigten, auf § 650f Abs. 5 Satz 1 BGB gestützten Kündigung erbrachten Teilwerks einen fälligen finalen Werklohnanspruch hat (so offenbar OLG München, Urt. v. 29.2.2012 – 27 U 3945/11 mit der nicht tragfähigen Begründung, der Werklohn reduziere sich um die vom Unternehmer nach Kündigung nicht mehr durchzuführenden Nachbesserungsleistungen; ebenso KG, Urt. v. 16.2.2018 – 21 U 66/16; Oberhauser, BauR 2012, 1543; Retzlaff, BauR 2016, 733, 737 f.). (Auf diese Frage kommt es nur dann nicht an, wenn der Unternehmer zu einem Zeitpunkt kündigt, zu dem er die Arbeiten noch nicht aufnahm.)

188 In der Logik der Rechtsprechung des Bundesgerichtshofs (vgl. BGH, Urt. v. 22.1.2004 – VII ZR 183/02) zu § 648a Abs. 5 BGB a. F. liegt es, eine Abnahme als Fälligkeitsvoraussetzung für den Vergütungsanspruch des Unternehmers, der auf das bis zur Vertragsaufhebung erbrachte Teilwerk entfällt, für entbehrlich zu erachten. Löste sich nach altem Recht der Unternehmer über § 648a Abs. 5 BGB a. F. i. V. m. §§ 643 Satz 1, 645 Abs. 1 Satz 1 BGB nach fruchtloser Nachfristsetzung vom Bauvertrag, so gestand der Bundesgerichtshof dem Unternehmer in teilweise sinngemäßer Anwendung der zitierten Normen einen Anspruch auf Vergütung (sowie den hier nicht interessierenden Anspruch auf Ersatz des Vertrauensschadens nach Maßgabe von § 648a Abs. 5 Satz 2 BGB a. F.) lediglich insoweit zu, als die Leistung erfüllt (mangelfrei erbracht) war. Demnach war der Vergütungsanspruch des Unternehmers automatisch um den in Folge eines Mangels entstandenen Minderwert zu kürzen, also regelmäßig um die Kosten, die notwendig waren, um den Mangel beseitigen zu lassen, sonst um den Minderwert des Bauwerks. Geht man von diesen Prämissen aus, liegt es nahe, in dieser ausnahmsweise dem Unternehmer eröffneten „Selbst"-Minderung des Werklohns ein „Abrechnungsverhältnis" neuerer Prägung zu sehen, auf Grund dessen eine Abnahme des bis Kündigung erstellten Teilwerks entbehrlich ist. Eine solche Konsequenz zog zutreffend das KG (vgl. KG, Urt. v. 1.2.2007 – 27 U 56/04).

189 Diese Rechtsprechung lässt sich auf das seit dem 1.1.2009 geltende Recht nicht übertragen. Die Vertragsbeendigung vollzieht sich nun nicht mehr unter Bezugnahme auf §§ 643, 645 BGB und deren sinngemäße Anwendung, sondern unterliegt den allgemeinen Grundsätzen, wie sie die Rechtsprechung für eine (berechtigte Vertrags-)Kündigung entwickelte.

190 § 650f Abs. 5 Satz BGB lässt sich auch nicht ein eigenständiger, in seiner Fälligkeit von einer Abnahme des Teilwerks unabhängiger finaler Vergütungsanspruch entnehmen. Dagegen spricht der Wortlaut, der mit der seit je gültigen Fassung des § 648 BGB übereinstimmt. Eine

Bauhandwerkersicherung §650f

solche Sichtweise, die konsequenterweise auch für §648 Satz 1 BGB gelten müsste, würde dazu führen, dass in wesentlichen Fallgruppen einer Kündigung des Bauvertrags der finale Vergütungsanspruch des Unternehmers ohne Abnahme fällig würde. Damit würde das vom Bundesgerichtshof aufgestellte Regel-Ausnahme-Verhältnis, wonach grundsätzlich eine Fälligkeit verlangt wird, in sein Gegenteil verkehrt.

Der Unternehmer muss daher, um den auf das bereits erbrachte Teilwerk entfallenden Werklohnanteil fällig stellen zu können, auch nach einer auf §650f Abs. 5 Satz 1 BGB gestützten Kündigung die Abnahme des Teilwerks durch den Besteller herbeiführen oder nachweisen, dass dieses jedenfalls abnahmereif, da frei von wesentlichen Mängeln, ist. **191**

Falls das vom Unternehmer bis zur Kündigung erstellte Teilwerk wesentliche Mängel aufweist, deretwegen der Besteller berechtigt die Abnahme verweigert, hat das für den Unternehmer folgende Konsequenz: Wenn er diese wesentlichen Mängel und die daraus resultierende berechtigte Abnahmeverweigerung des Bestellers negiert, wird seine Klage, soweit sie sich auf den finalen Werklohn für das bis zur Kündigung erbrachte Teilwerk richtet, mangels Abnahme erfolglos bleiben. **192**

Ein einsichtiger Unternehmer könnte daher geneigt sein, die Mängel des Teilwerks zu beseitigen, um dieses abnahmereif zu machen. Sehr konsequent wäre dies nicht, weil er wiederum eine wirtschaftliche Vorleistung erbringen würde, obwohl der Besteller in der Phase, in der es noch um die Vertragsfortführung als ganze ging, die Stellung einer Sicherheit gemäß §650f BGB verweigerte. Einem Unternehmer steht es aber frei, sich inkonsequent zu verhalten und Ausfallrisiken auf sich zu nehmen. **193**

Naheliegender wird es sein, dass der Unternehmer wegen seines im Hinblick auf die Mängelbeseitigung noch fortbestehenden Sicherungsbedürfnisses zum zweiten Mal eine Sicherheit gemäß §650f BGB verlangt. §650f BGB ist/bleibt auch nach einer Kündigung anwendbar (vgl. BGH, Urt. v. 22.1.2004 – VII ZR 267/02; Urt. v. 6.3.2014 – VII ZR 349/12 Rdn. 14). Nur scheinbar ist es paradox, dies auch dann gelten zu lassen, wenn bereits wegen der Vertragserfüllung als ganzer der Unternehmer den Vertrag über §650f Abs. 5 BGB kündigte. Auf Grund der Zweiteilung des Vertrags, wie sie die Kündigung hervorbringt (vgl. BGH, Urt. v. 25.6.1987 – VII ZR 251/86; Urt. v. 22.1.2004 – VII ZR 267/02), hat unverändert der Besteller Anspruch auf Beseitigung von nicht vertragsgemäßen Arbeiten, die dem Teilwerk anhaften und kann, sofern diese sich als wesentliche Mängel darstellen, zu Recht die Abnahme verweigern. Die Höhe der Sicherheit hat sich indessen nunmehr an dem Werklohn zu orientieren, den der Unternehmer nach der Kündigung noch verlangen kann. Er muss also ersparte Aufwendungen und anderweit erzielten oder erzielbaren Erwerb berücksichtigen (§650f Abs. 5 Satz 2 BGB). Die schlüssig darzulegende (→ Rdn. 70) Höhe der geforderten Sicherheit wird daher in diesem zweiten Sicherungsverlangen absehbar (deutlich) niedriger sein als im ersten Sicherungsverlangen. **194**

Bleibt auch dieses zweite Sicherungsverlangen ergebnislos, steht es dem Unternehmer frei, die Sicherheit einzuklagen und nach deren Erhalt die Mängel zu beseitigen, die Abnahme des Teilwerks herbeizuführen bzw. gerichtlich die Abnahmereife feststellen zu lassen und den auf das Teilwerk entfallenden finalen Werklohn zu verlangen bzw. einzuklagen. Diesen Prozess führt der Unternehmer „in der (zweiten) Sicherheit", so dass er einer Vermögensverschlechterung beim Besteller relativ gelassen entgegensehen kann. **195**

Alternativ kann der Unternehmer einen Weg suchen, wie er aufgrund der zum zweiten Mal gesetzeswidrig verweigerten Sicherheit ohne Mängelbeseitigung den finalen Werklohn für das Teilwerk fällig stellen kann. Dabei ist als grundlegende Ausgangsprämisse zu beachten, dass trotz dieses zweiten Verstoßes gegen §650f BGB der Besteller nicht automatisch seiner Mängelrechte verlustig geht (vgl. BGH, Urt. v. 16.12.2004 – VII ZR 167/02). Indessen muss es dem Unternehmer gestattet sein, sich auf Grund des zweiten erfolglosen §650f-BGB-Sicherungsverlangens mit einer zweiten Kündigung von der trotz der ersten Kündigung noch bestehenden Mängelbeseitigungspflicht zu lösen. Folglich kann es auf die nunmehr „weggekündigten" wesentlichen Mängel nicht mehr ankommen, so dass der finale Werklohn für das bis zur ersten Kündigung erstellte Teilwerk fällig wird. **196**

Entbehrlich ist eine (zweite) Fristsetzung, wenn sie eine unnötige Förmelei wäre, weil der Besteller bereits im Hinblick auf das erste Sicherungsverlangen sich ernsthaft und endgültig generell geweigert hat, eine Sicherheit zu stellen. Dies wird zu bejahen sein etwa dann, wenn der Besteller zum ersten Sicherungsverlangen erklärt, „nie und nimmer" werde er diesem Unternehmer eine Sicherheit geben. Allein der Umstand, dass der Besteller das erste Sicherungsver- **197**

§ 650f
Bauhandwerkersicherung

langen nicht erfüllte, rechtfertigt es nicht, eine ernsthafte und endgültige Erfüllungsverweigerung anzunehmen. Es ist nicht ausgeschlossen, dass der Besteller seinen Fehler nicht nochmals begeht und im Hinblick auf die regelmäßig geringere Höhe des zweiten Sicherungsverlangens nun dazu bereit und imstande ist, wenigstens diesem nachzukommen.

198 Folgefrage ist, wie sich die „weggekündigten" Mängel pekuniär auswirken. Der bereits dargestellte Lösungsansatz des Bundesgerichtshofs zum alten Recht, der zu einer „Selbstminderung" des Unternehmers in Höhe der objektiv notwendigen Kosten der Mängelbeseitigung führte, baute auf der nicht mehr gegebenen Verweisung auf die §§ 643 Satz 1 und 645 Abs. 1 Satz 1 BGB und der sinngemäßen Anwendung dieser Normen auf. Auf Grund der Konstruktion des neuen Rechts und der mangelnden Kompatibilität mit den allgemeinen Regeln zu den Folgen einer Kündigung des Bauvertrags lässt er sich auf das heute gültige Recht nicht übertragen.

199 Vielmehr bestimmt § 650f Abs. 5 Satz 2 BGB, dass der Unternehmer nach Kündigung – in unserem Kontext nun: zweiter Kündigung der Mängelbeseitigung hinsichtlich des bis zur ersten Kündigung erstellten Teilwerks – berechtigt ist, die vereinbarte Vergütung zu verlangen; „er muss sich jedoch dasjenige anrechnen lassen, was er in Folge der Aufhebung des Vertrages an Aufwendungen erspart oder durch anderweitige Verwendung seiner Arbeitskraft erwirbt oder böswillig zu erwerben unterlässt".

200 Diese aus § 648 Satz 2 BGB übernommene Regelung hat erkennbar primär die Abrechnung der nach einer (ersten) Kündigung nicht mehr zu erbringenden vertraglichen Restleistung vor Augen. Zugleich gilt aber, dass der Besteller mit der zweimal verweigerten Stellung einer Sicherheit gemäß § 650f BGB eine erhebliche Vertragsverletzung begeht und nach der Intention des Gesetzgebers die Stellung des Unternehmers gestärkt werden soll. Daher entspricht es dem nunmehrigen Gesetzeswortlaut, wegen der entfallenen Mangelbeseitigung von dem auf das Teilwerk entfallenden Werklohn auszugehen und zu Lasten des Unternehmers (nur) dasjenige abzuziehen, was er in Folge der entfallenen Mangelbeseitigung an Aufwendungen erspart. Dass auf „bei dem Unternehmer tatsächlich angefallene[.] (Selbst-)Kosten der Mängelbeseitigung" abzustellen ist, entspricht der Rechtsprechung des Bundesgerichtshofs in anderen Zusammenhängen, ohne dass sich dort Ausführungen finden, wie diese genau zu berechnen sind (vgl. BGH, Urt. v. 27.5.2010 – VII ZR 182/09 Rdn. 18).

201 Hierzu ist spezifizierter Vortrag des Unternehmers erforderlich, weil nur er weiß, in welcher Weise und mit welchen Kosten er in der konkreten Situation die Mängelbeseitigung hätte durchführen können. Auf die Vertragskalkulation, die gelegentlich der Besteller in Händen hält, kommt es nicht an, da Mängelbeseitigungskosten nicht kalkuliert werden und da eine Kalkulation regelmäßig kein Vertragsbestandteil ist.

202 Maßgeblicher Zeitpunkt ist derjenige, zu dem der Unternehmer möglichst schnell (vgl. die Wertung des § 271 Abs. 1 3. Alt. BGB) die Mängel beseitigen hätte können, wenn der Besteller innerhalb der gesetzten (zweiten) Frist die erforderliche Sicherheit gestellt hätte. Kann der Unternehmer zu einer arbeitsintensiven, mit eigenen Mannschaften auszuführenden Mängelbeseitigung darlegen, dass sein Personal zu dieser Zeit nicht ausgelastet war und er mithin ohne zusätzliche Personalkosten mit lediglich bestimmten Kosten für Material usw. die Mängel hätte beseitigen können, so sind zu Gunsten des Bestellers lediglich die Materialkosten usw. anzusetzen, die sich der Unternehmer ersparte.

203 Kann der Unternehmer nachweisen, dass für die jeweiligen Mängel Nachunternehmer verantwortlich sind, die er vollständig bezahlt hat und die daher „kostenfrei" die Mängel hätten beseitigen müssen, ersparte sich der Unternehmer überhaupt keine Aufwendungen. Allerdings kann er nach dem Rechtsgedanken des § 255 BGB den ungekürzten Werklohnanspruch für das bis zur (ersten) Kündigung erstellte Teilwerk nur beanspruchen Zug um Zug gegen Abtretung der wegen dieser Mängel gegen die Nachunternehmer bestehenden Ansprüche an den Besteller. Verschlechtert sich während des Prozesses zwischen Unternehmer und Besteller die Solvenz der Nachunternehmer, so dass nach Abtretung der Besteller faktisch gegen diese keine Ansprüche mehr durchsetzen kann, fällt dies in den Risikobereich des Bestellers. Er verhielt sich vertragsuntreu und vereitelte damit, dass die Nachunternehmer frühzeitig die Mängel beseitigen. Herrscht allerdings Streit, ob die Nachunternehmer zu diesem früheren Zeitpunkt wirtschaftlich noch leistungsfähig waren, trifft die Beweislast hierfür den Unternehmer.

204 Sofern der Unternehmer nicht darlegen kann, dass er durch eigene Mannschaften mit geringem Zusatzaufwand oder durch einen vollständig eintrittspflichtigen Nachunternehmer die Mängel beseitigt hätte, verbleibt es im Ergebnis bei der bisherigen Lösung der Rechtsprechung

Bauhandwerkersicherung § 650f

zum alten Recht: Zu Lasten des Unternehmers sind die Kosten anzusetzen, die bei einem Zweitunternehmer notwendigerweise entstehen, um die Mängel zu beseitigen.

Dem Einwand, dass die oben entwickelte Konstruktion kompliziert und für die Praxis kaum noch verständlich ist (vgl. Beck'scher VOB-Kommentar/Funke, VOB/B, vor § 2 Rdn. 393), lässt sich schwer entgegentreten (zustimmend aber OLG Karlsruhe, Urt. v. 21.12.2018 – 8 U 55/17). Der Wortlaut des § 650f Abs. 5 Satz 2 BGB gewährt indessen keinen Raum für eine Abkehr von den allgemein gültigen Rechtsprechungsregeln, dass der finale Werklohn nach Kündigung erst fällig wird, wenn die Abnahme erfolgte. Wollte man eine solche Ausnahme „pragmatisch" zulassen, wäre dies eine für die juristische Dogmatik höchstproblematische Durchbrechung von Grundsätzen, die zur beliebigen Disposition gestellt würden. Hilfreich wäre daher ein klarstellendes Wort des Gesetzgebers, dem durchaus klar sein musste (a. A. Beck'scher VOB-Kommentar/Funke, VOB/B, vor § 2 Rdn. 393), dass der Fortfall der Verweisung auf §§ 643 und 645 Abs. 1 BGB zur Gültigkeit der allgemeinen Regeln führt. 205

II. Höhe des Werklohnanspruchs

Während das bis zum 1.1.2009 geltende Recht dem Unternehmer nach der Vertragsaufhebung nur einen Vertrauensschadensersatzanspruch gewährte, entspricht die Regelung in § 650f Abs. 5 Satz 2 BGB der seit jeher maßgeblichen Abrechnungsvorgabe des § 648 Satz 2 BGB. Zugleich präzisierte der Gesetzgeber des Forderungssicherungsgesetzes die Vermutung sprachlich (§ 650f Abs. 5 Satz 3 BGB) und inkorporierte sie auch in § 648 Satz 3 BGB (Details daher zu → § 648 Rdn. 31 ff.). 206

L. Abänderungsverbot

Eine von § 650f Abs. 1 bis 5 BGB abweichende Vereinbarung ist gemäß Abs. 7 unwirksam. 207

I. Schutzzweck des Abänderungsverbots

§ 650f Abs. 7 BGB will sicherstellen, dass der für erforderlich gehaltene Schutz des Unternehmers nicht durch abweichende Vereinbarungen umgangen wird. Gleichzeitig will diese Regelung gewährleisten, dass das Schutzsystem so Anwendung findet, wie es gesetzlich geregelt ist. Das bedeutet, dass Abweichungen grundsätzlich unabhängig davon unwirksam sind, ob sie den Unternehmer oder den Besteller bevorteilen (vgl. BGH, Urt. v. 26.4.2001 – IX ZR 317/98; Beschl. v. 24.2.2005 – VII ZR 86/04; Urt. v. 11.5.2006 – VII ZR 146/04). Das ist allerdings nicht unumstritten. Vertreten wird auch, dass das Gesetz nur den Unternehmer schützen will, so dass Abänderungen zu seinen Gunsten möglich sind (vgl. Schmitz, BauR 2006, 430 m. w. N.; Schulze-Hagen, BauR 2000, 28, 36 f.; Vogel, ZfIR 2005, 285). 208

II. Geltungsbereich des Abänderungsverbots

§ 650f Abs. 7 BGB betrifft allerdings nur Vereinbarungen, die das gesetzliche Regelungssystem betreffen. Dementsprechend sind die Parteien gehindert, eine anderweitige Vereinbarung für den Fall zu treffen, dass der Unternehmer nach Vertragsschluss eine Sicherheit nach § 650f BGB verlangt. Daraus folgt, dass Vereinbarungen über die Stellung von Sicherheiten, die bei Vertragsschluss getroffen werden, davon nicht berührt sind. Die Parteien sind deshalb nicht gehindert, bei Vertragsschluss eine Sicherheit in bestimmter Höhe zu vereinbaren, etwa für den Unternehmer eine Zahlungssicherheit in Höhe von 10 % (vgl. BGH, Urt. v. 9.11.2000 – VII ZR 82/99). Sie können auch übereinkommen, dass dem Unternehmer insoweit eine Bürgschaft auf erstes Anfordern gestellt wird (vgl. BGH, Urt. v. 11.5.2006 – VII ZR 146/04). Diese Vereinbarung ist wirksam. § 650f Abs. 7 BGB soll davor schützen, das Regelungssystem des § 650f BGB zu umgehen. Er soll nicht verhindern, dass die Parteien in privater Autonomie Regelungen zur gegenseitigen Sicherung treffen (vgl. BGH, Urt. v. 11.5.2006 – VII ZR 146/04). Für die heute geltende Fassung des § 650f BGB gilt nichts anderes. Auch diese erfasst nach ihrem Wortlaut nur ein (nachträgliches) Sicherungsverlangen des Unternehmers nach Vertragsschluss. Im Übrigen soll die Neufassung nach dem Willen des Gesetzgebers die Bauhandwerkersicherung effektiver ausgestalten. Deswegen liegt es fern anzunehmen, der Gesetzgeber habe die Möglich- 209 keit des Unternehmers beschneiden wollen, Sicherheiten bereits im Bauvertrag zu vereinbaren (vgl. BGH, Urt. v. 27.5.2010 – VII ZR 165/09 Rdn. 18 ff.).

III. Inhalt des Abänderungsverbots

210   Sofern allerdings mit Vereinbarungen das Recht des Unternehmers ausgeschlossen wird, eine weitere Sicherheit bis zur vollen Höhe des Vergütungsanspruchs nach § 650f Abs. 1 BGB zu fordern, ist die Vereinbarung insoweit unwirksam (vgl. BGH, Urt. v. 9.11.2000 – VII ZR 82/99). Dasselbe gilt für einen rechtsgeschäftlichen Verzicht des Unternehmers, eine Sicherheit nach § 650f BGB geltend zu machen (vgl. BGH, Urt. v. 9.11.2000 – VII ZR 82/99; OLG Hamm, Hinweisbeschl. v. 22.12.2010 – 19 U 155/10). Da nach der Rechtsprechung des Bundesgerichtshofs das Abänderungsverbot auch zu Gunsten des Bestellers wirkt, können die Parteien nicht vereinbaren, dass eine Sicherheit nach § 650f BGB als Bürgschaft auf erstes Anfordern zu stellen ist, denn das steht in Widerspruch zu 650f Abs. 2 BGB. Ebenso wenig können sie vereinbaren, dass der Besteller die Kosten der Sicherheit zu tragen hat (Widerspruch zu § 650f Abs. 3 Satz 1 BGB).

211   Bisher hatte der Bundesgerichtshof keine Gelegenheit zu entscheiden, welche Ansprüche der Besteller hat, der abweichend von § 650f Abs. 1 – 5 BGB dem Unternehmer eine höherwertige Sicherheit stellt oder im Zusammenhang mit der Stellung der Sicherheit vom Gesetz zugunsten des Unternehmers abweichende Abreden trifft. In ersterer Fallgruppe dürfte in Anlehnung an die Rechtsprechung zu einer unwirksamen bauvertraglichen AGB-Sicherungsabrede der Besteller einen Anspruch auf Rückgabe des „überschießenden" Teils haben, so dass er nach Bereicherungsrecht die Reduktion der Sicherheit auf den gemäß § 650f Abs. 1 – 5 BGB zulässigen Inhalt verlangen könnte. Eine nach einem § 650f-Sicherungsverlangen dem Unternehmer gestellte Bürgschaft auf erstes Anfordern ist folglich in der Weise an den Besteller zurückzugewähren, dass der Unternehmer sich schriftlich verpflichtet, sie nicht auf erstes Anfordern, sondern nur nach Maßgabe von § 650f Abs. 2 Satz 2 BGB in Anspruch zu nehmen (vgl. übertragbar BGH, Urt. v. 10.4.2003 – VII ZR 314/01). Hierauf kann sich auch der Bürge gegenüber dem Unternehmer berufen (§ 768 Abs. 1 Satz 1 i. V. m. §§ 812 Abs. 1 Satz 1, 650f Abs. 2 Satz 2, Abs. 7 BGB). Eine Vereinbarung zwischen Besteller und Unternehmer, dass ersterer die Kosten die Sicherheit abweichend von § 650f Abs. 3 Satz 1 BGB trägt, ist unwirksam, und bereits geleistete Beträge kann der Besteller kondizieren.

212   Strikt von Vorstehendem zu unterscheiden ist die gegenläufige Fallgruppe, dass der Besteller dem Unternehmer eine gegenüber den Vorgaben des § 650f BGB minderwertige Sicherheit – etwa eine befristete Bürgschaft – zukommen lässt. Sofern der Unternehmer seinen aus § 650f BGB folgenden schuldrechtlichen Anspruch auf Erhalt einer korrekten Sicherheit (Zug um Zug gegen Rückgabe der fehlerhaften Sicherheit) gegen den Besteller z. B. wegen dessen Insolvenz nicht mehr durchsetzen kann, muss er versuchen, die vorhandene Sicherheit bestmöglich zu verwerten. Einen Anspruch gegen denjenigen, der die Sicherheit namens des Bestellers stellte, auf Anpassung an die Vorgaben des § 650f BGB hat er nicht (→ Rdn. 136 f.).

213   Ebenso sind unwirksam Vereinbarungen, die mittelbaren Druck auf den Unternehmer ausüben, das Sicherungsrecht aus § 650f BGB nicht in Anspruch zu nehmen. So geben manche Besteller vor, dass der Besteller seinerseits eine Sicherheit für die Vertragserfüllung (in gleicher Höhe) fordern darf, wenn der Unternehmer eine Sicherheit nach § 650f BGB verlangt. Diese Vereinbarungen schränken das Recht aus § 650f BGB materiell-rechtlich ein, denn sie machen den Anspruch auf Sicherheit davon abhängig, dass der Unternehmer seinerseits auf Verlangen eine zusätzliche vertragliche Leistung erbringt. Das ist mit § 650f Abs. 7 BGB nicht zu vereinbaren (vgl. OLG Hamm, Hinweisbeschl. v. 22.12.2010 – 19 U 155/10). Diese Regelung will nämlich dem Unternehmer Anspruch auf die Sicherheit in der Weise verschaffen, wie es gesetzlich geregelt ist (vgl. Hofmann, BauR 2006, 766; Oberhauser, BauR 2004, 1864, 1865 m. w. N.).

214   Diskutiert wurde auch (zur älteren, völlig unzureichenden Fassung des § 632a BGB vor dem Inkrafttreten des Forderungssicherungsgesetzes; heute spielt das keine Rolle mehr), ob eine Klausel zulässig ist, nach der sich die Fälligkeit der Abschlagszahlungen in einem VOB/B-Vertrag nach § 632a BGB a. F. richtet, wenn der Unternehmer eine Sicherheit verlangt. Diese Klausel sollte nicht dem Verbot des § 650f Abs. 7 BGB unterliegen, da „lediglich" auf die gesetzliche Regelung zurückgegriffen werde (vgl. Oberhauser, BauR 2004, 1864, 1865; Schmidt, NJW 2013, 497, 500; offengelassen zu einer ähnlichen Klausel von BGH, Urt. v. 16.6.2016 – VII ZR 29/13 Rdn. 36). Dem ist nicht zuzustimmen. § 650f BGB sieht überhaupt kein Junktim vor. Wird im Vertrag die Sicherheitenstellung damit verknüpft, dass sich der Vertragsinhalt

ändert, so ist das eine Beschränkung des Anspruchs auf Sicherheit. Im Prinzip lief die diskutierte Klausel darauf hinaus, dass der Unternehmer keine Abschlagszahlungen verlangen konnte, wenn die Voraussetzungen des § 632a BGB a. F. nicht vorlagen. Das war bei der Errichtung von Bauwerken häufig der Fall (und zwar wegen des aus § 632a Abs. 1 Satz 2 BGB a. F. zu ziehenden Gegenschlusses). Um diesem Nachteil zu entgehen, konnte der Unternehmer gehalten sein, davon abzusehen, die Sicherheit zu fordern. Dies lief der Intention des Gesetzes zuwider, dem Unternehmer einen nicht entziehbaren Anspruch zu verschaffen. Deshalb waren auch solche Klauseln in Verträgen unwirksam, die eine Abschlagszahlung nach § 632a BGB a. F. im Vertrag vorsahen, nach denen der Unternehmer jedoch berechtigt sein sollte, Abschlagszahlungen nach § 16 Abs. 1 VOB/B zu fordern, wenn er auf eine Sicherheit verzichte (a. A. Hofmann, BauR 2006, 766; Oberhauser, BauR 2004, 1864, 1865). Auch auf diese Weise wurde eine gesetzlich unerwünschte Zwangssituation geschaffen.

Regelmäßig fällt einem Unternehmer kein treuwidriges Verhalten (§ 242 BGB) zur Last, **215** wenn er zunächst auf Rechte gemäß § 650f BGB verzichtet und in der Folge sich von dieser Erklärung unter Berufung auf § 650f Abs. 7 BGB distanziert. Andernfalls würde § 650f Abs. 7 BGB entwertet. Erst recht scheidet treuwidriges Verhalten aus, wenn dem Besteller selbst bekannt ist, dass der vom Unternehmer erklärte Verzicht auf Rechte aus § 650f BGB unwirksam ist (vgl. OLG Hamm, Hinweisbeschl. v. 22.12.2010 – 19 U 155/10).

Abzugrenzen zu den vorstehend kritisch diskutierten Fallgruppen ist eine gütliche, ko- **216** operative Lösung, auf die sich Besteller und Unternehmer nach dessen Sicherungsverlangen verständigen, um Meinungsverschiedenheiten etwa zur richtigen Höhe des abzusichernden Betrags zu klären. Scheitert dieses Verfahren, bleibt es dem Unternehmer unbenommen, seine Rechte aus § 650f BGB durchzusetzen. Sofern aber die Einigung auf das letztlich erfolglos gebliebene Zwischenverfahren keine klaren Aussagen zur Fortgeltung der früheren Fristsetzung enthält, muss er erneut eine angemessene Frist setzen (vgl. eingehend OLG Düsseldorf, Urt. v. 19.7.2013 – 22 U 211/12).

M. Inanspruchnahme der Sicherheit

I. Inanspruchnahme im Sicherungsfall

Die Sicherheit kann der Unternehmer in Anspruch nehmen, wenn der Sicherungsfall vor- **217** liegt. Die Sicherheit wird gegeben für den Fall, dass der Besteller die in § 650f Abs. 1 Sätze 1 und 2 BGB bezeichneten Ansprüche nicht befriedigt.

Wird ein gesicherter fälliger Anspruch nicht erfüllt, kann die Sicherheit grundsätzlich in **218** Anspruch genommen werden.

II. Ausnahme nach § 650f Abs. 2 Satz 2 BGB

Ausgenommen davon sind Sicherungen nach Maßgabe des § 650f Abs. 2 Satz 2 BGB. Nach **219** § 650f Abs. 2 Satz 2 BGB muss das Kreditinstitut oder der Kreditversicherer Zahlungen nur leisten, soweit ein Anerkenntnis des Bestellers vorliegt oder der Besteller durch ein vorläufig vollstreckbares Urteil zur Zahlung verurteilt wurde und die Voraussetzungen vorliegen, unter denen die Zwangsvollstreckung begonnen werden darf. Mit dieser Einschränkung soll verhindert werden, dass die Kreditwirtschaft vorschnell mit Zahlungen belastet wird. Solange diese Voraussetzungen nicht vorliegen, wäre eine Klage gegen den Bürgen als zurzeit unbegründet abzuweisen. Das lässt sich auch aus einer Entscheidung des Bundesgerichtshofs ableiten, die zu einer Bürgschaft auf erstes Anfordern erging. In dieser, gestellt zugunsten eines Unternehmers als Bürgschaftsgläubigers, machte der Bürge seine Zahlungspflicht abhängig von der „Vorlage der schriftlichen Bestätigung des Auftraggebers über die erbrachten Bauleistungen". Darin sah der Bundesgerichtshof „eine formalisierte Anspruchsvoraussetzung". Er stellte fest, dass die Bürgschaft vereinbarungsgemäß unter Hinweis auf § 650f BGB zu stellen war, und konstatierte weiter, dass die dann im hier zu beurteilende Bürgschaft „inhaltlich von einer vergleichbaren Voraussetzung [wie § 650f Abs. 2 Satz 2 BGB] abhängen sollte". Folglich „sollte die Klausel den Bürgen vor einer gesetzwidrigen Inanspruchnahme schützen" (vgl. BGH, Urt. v. 26.4.2001 – IX ZR 317/98). Im Anschluss insbesondere an dieses Urteil wird überwiegend vertreten, dass § 650f Abs. 2 Satz 2 BGB eine Fälligkeitsvoraussetzung darstellt (vgl. z. B. OLG Frankfurt am

Main, Urt. v. 25.2.2019 – 29 U 81/18: „ein gegenüber dem allgemeinen Bürgschaftsrecht zusätzliches formales Fälligkeitskriterium zum Schutze des Bestellers und des Bürgen, dem die sachliche Auseinandersetzung um die Hauptforderung erspart werden soll; die Erfüllung dieser Voraussetzung ist notwendige, aber nicht hinreichende Bedingung für die Inanspruchnahme des Bürgen"; Ingenstau/Korbion/Joussen, Anhang 1 Rdn. 272: „gesonderte tatbestandliche Voraussetzung für die Fälligkeit der Leistungsverpflichtung"; Retzlaff, in: Beck'sche Kurzkommentare, BGB, §650f Rdn. 15). Folgt man dem, werden die Fälligkeit und der Verjährungsbeginn des Anspruchs aus einer derartigen Bürgschaft – ausnahmsweise – von der Fälligkeit der Hauptforderung „abgekoppelt" (Schulze-Hagen, BauR 2016, 384, 399).

220 Für diese Betrachtungsweise könnte ein weiteres, indessen ebenfalls nicht zu §650f Abs. 2 Satz 2 BGB ergangenes Urteil des Bundesgerichtshofs sprechen, in dem er äußerte, dass die Verjährungsfrist erst mit der Entstehung des Anspruchs beginnt. An dieser fehlt es, „[s]olange einem Anspruch der Einwand zumindest vorübergehender Unmöglichkeit entgegensteht" (vgl. BGH, Urt. v. 16.9.2010 – IX ZR 121/09 Rdn. 22). Es erscheint nicht fernliegend, den Einwand der zumindest vorübergehenden Unmöglichkeit mit dem Fehlen der Voraussetzungen des §650f Abs. 2 Satz 2 BGB gleichzusetzen mit der Folge, dass in beiden Fällen eine Klage als zurzeit unbegründet abgewiesen werden muss.

221 Es wird allerdings darauf hingewiesen, dass zu §650f Abs. 2 Satz 2 BGB noch nicht (höchstrichterlich) geklärt ist, ob es sich um eine Fälligkeitsvoraussetzung oder um eine Bedingung oder – wie mit der Einrede der Vorausklage – um eine Einrede bzw. eine Verwertungsbeschränkung handelt. Letzteres erscheint nach dieser Auffassung richtig, weil der Bürge auch früher bezahlen kann und §650f Abs. 2 Satz 2 BGB einerseits den Besteller schützen und andererseits Auseinandersetzungen zwischen dem Bürgen und dem Besteller, aber auch dem Unternehmer vermeiden will. Nach dieser Auffassung ist es notwendig, im Verhältnis zum Bürgen von der mit Fälligkeit des Zahlungsanspruchs gegen den Besteller gegebenen Fälligkeit der Forderung aus der Bürgschaft auszugehen und, wenn nicht die Voraussetzungen des §650f Abs. 2 Satz 2 BGB vorliegen, rechtzeitig zur Verjährungshemmung eine Klage (zu den Möglichkeiten → Rdn. 226) gegen den Bürgen einzureichen (vgl. Koeble, in: Kniffka/Koeble, Teil 9 Rdn. 175).

222 Das Anerkenntnis i. S. d. §650f Abs. 2 Satz 2 BGB muss derart sein, dass Einwendungen gegen den Vergütungsanspruch ausgeschlossen sind. Es handelt sich in aller Regel um ein deklaratorisches Anerkenntnis. Dieses ist aber nicht Voraussetzung. Ausreichend ist auch ein Anerkenntnis derart, dass der Besteller der Zahlungsverpflichtung derzeit keine Einwendungen entgegensetzt (vgl. Schmitz, BauR 2006, 430, 432). Als Anerkenntnis genügt auch die Feststellung der Forderung zur Insolvenztabelle (vgl. OLG Frankfurt am Main, Urt. v. 25.2.2019 – 29 U 81/18; OLG Köln, Urt. v. 28.10.2005 – 9 U 146/04; OLG Naumburg, Urt. v. 15.3.2007 – 2 U 5/07; LG Mainz, Urt. v. 6.6.2000 – 10 HKO 116/99). Jedenfalls erfüllt diese Feststellung die Voraussetzungen der 2. Alternative des §650f Abs. 2 Satz 2 BGB (vgl. OLG Frankfurt am Main, Urt. v. 25.2.2019 – 29 U 81/18; Schmitz, BauR 2006, 430, 432). In einer Rechnungsprüfung liegt grundsätzlich kein Anerkenntnis (→ §631 Rdn. 427).

223 Das Kreditinstitut oder der Kreditversicherer muss nicht aus der Sicherheit leisten, solange keine vorläufig vollstreckbare Verurteilung des Bestellers zur Zahlung vorliegt. Eine endgültig vollstreckbare Verurteilung reicht erst recht. Diese Alternative ist auch erfüllt, wenn ein Urteil auf Feststellung zur Insolvenztabelle vorliegt; dieses kann durch Feststellungsklage bewirkt werden (§180 InsO).

224 Zwangsvollstreckungsvoraussetzungen sind grundsätzlich Titel, Vollstreckungsklausel und Zustellung des Titels. Ist die Zwangsvollstreckung von einer Sicherheitsleistung abhängig gemacht, so kann der Unternehmer, sobald er die Sicherheit leistete, vom §650f-Bürgen Zahlung verlangen. Ungeklärt ist, ob bereits die Möglichkeit der Sicherungsvollstreckung aus einem noch nicht rechtskräftigen Urteil ausreicht. Dafür könnte sprechen, dass auch die Sicherungsvollstreckung (§§720a und 750 Abs. 3 ZPO) im mit „Zwangsvollstreckung" überschriebenen Buch 8 der ZPO geregelt ist. Das würde zu einer deutlich früheren Möglichkeit, den §650f-Bürgen in Anspruch zu nehmen, führen, weil die Wartefrist von zwei Wochen schon mit der Zustellung des zu vollstreckenden Urteils an den Prozessbevollmächtigten des Bestellers zu laufen beginnt und es nicht einer gesonderten Parteizustellung oder einer Zustellung der Vollstreckungsklausel an ihn bedarf (vgl. BGH, Beschl. v. 5.7.2005 – VII ZB 14/05).

225 Die Sicherung durch eine in Vollzug des §650f BGB übergebene Bürgschaft ist insofern unvollkommen, als die Bürgschaft erst unter den Voraussetzungen des §650f Abs. 2 Satz 2 BGB in Anspruch genommen werden kann, der Bürge also nicht in Verzug geraten kann, be-

vor diese Voraussetzungen vorliegen. Die auf einen bestimmten Betrag begrenzte Bürgschaft wird durch die im Hauptschuldverhältnis auflaufenden Verzugsansprüche „ausgehöhlt". Dem Unternehmer nützt es nichts, dass er den Besteller in Verzug setzte, wenn die Bürgschaft die teilweise erheblichen Verzugskosten nicht mehr absichert (die 10%-Pauschale des §650f Abs. 1 Satz 1 BGB deckt die gesetzlichen Verzugszinsen des §288 Abs. 2 BGB gerade für etwas über ein Jahr ab) und der Bürge nicht selbst in Verzug gesetzt werden kann (vgl. dazu Schmitz, BauR 2006, 430). Die Bürgschaft nach §650f BGB bleibt damit deutlich hinter einer „normalen" selbstschuldnerischen Bürgschaft zurück, wie sie im Baugewerbe sonst üblich ist. Sinnvoll wäre daher eine Neufassung des §650f BGB, wonach die Einschränkungen des §650f Abs. 2 Satz 2 BGB entfallen und der Besteller eine selbstschuldnerische Bürgschaft geben muss.

226 Der Bürge ist an ein Anerkenntnis des Schuldners nicht gebunden, ebenso wenig an dessen Verurteilung. Es ist nicht erkennbar, dass der Bürge in Vollzug des §650f BGB die ihm nach allgemeinen Bürgschaftsrecht zustehenden Einwendungen verliert (vgl. OLG Frankfurt am Main, Urt. v. 25.2.2019 – 29 U 81/18; Hildebrandt, ZfIR 2019, 567, 568; Schmitz, BauR 2006, 430, 434). Der Unternehmer kann auch nicht wirksam dem Bürgen den Streit verkünden, um zu verhindern, dass er mit dessen Einwendungen gegen die Forderung konfrontiert wird. Nach dem Wortlaut des §72 ZPO ist eine Streitverkündung nicht möglich, denn der Streit wird nicht verkündet, weil der Unternehmer für den Fall des ihm ungünstigen Ausgangs des Rechtsstreits einen Anspruch auf Gewährleistung oder Schadloshaltung gegen den Bürgen erheben zu können glaubt (vgl. Schmitz, BauR 2006, 430; a.A. wohl OLG Koblenz, Urt. v. 14.7.2005 – 5 U 267/05). Vielmehr wird die Klage anhängig gemacht, um die Voraussetzungen der Bürgenhaftung zu schaffen. In Betracht kommt aber eine gleichzeitige Klage gegen den Besteller und den Bürgen, wobei die Klage gegen den Bürgen auf zukünftige Leistung zu richten ist (§259 ZPO), weil die Forderung gegen den Bürgen erst fällig wird, wenn der Besteller verurteilt ist. Auch die Möglichkeit einer gleichzeitigen Feststellungsklage gegen den Bürgen ist in Betracht zu ziehen (vgl. Schmitz, BauR 2006, 430, 435f. m.w.N. und mit einem Formulierungsvorschlag für den Antrag).

N. Rückgabe der Sicherheit

227 Die Sicherheit ist zurückzugeben, wenn der Sicherungszweck erfüllt ist. Das ist der Fall, wenn der Vergütungsanspruch nicht mehr besteht oder nicht mehr durchsetzbar ist (vgl. die allgemeinen Ausführungen von BGH, Urt. v. 26.3.2015 – VII ZR 92/14 Rdn. 48). Problematisch ist, ob der Unternehmer die Sicherheit noch behalten darf, wenn der Besteller die Vergütung zu Recht zurückhält, weil Mängel noch nicht beseitigt sind und der Unternehmer einem Mängelbeseitigungsverlangen nicht nachkommt. Der Besteller kann in diesen Fällen regelmäßig eine Aufrechnungslage schaffen, indem er eine Frist setzt. Nach fruchtlosem Fristablauf kann er mit z.B. Vorschuss- oder Schadensersatzansprüchen aufrechnen. Jedoch kann er nicht gezwungen sein, seinen Mängelbeseitigungsanspruch aufzugeben, weil er eine Sicherheit zurückhaben will. Er muss dann in Kauf nehmen, dass der Unternehmer die Sicherheit behält. Den ihm dadurch entstandenen Schaden kann der Besteller als Mangelfolgeschaden geltend machen.

228 Die Sicherheit ist teilweise zurückzugeben, soweit der Vergütungsanspruch teilweise erloschen ist. Das Erlöschen des Vergütungsanspruchs kann durch Abschlagszahlungen bewirkt werden oder auf andere Art und Weise.

229 Vereinbaren die Parteien einen Sicherheitseinbehalt, der erst nach Ablauf der Verjährungsfrist für Mängelansprüche ausgezahlt wird, so ist der Vergütungsanspruch in Höhe des einbehaltenen Betrags „noch nicht gezahlt[.]" im Sinne von §650f Abs. 1 Satz 1 BGB. Der Unternehmer hat deshalb Anspruch auf Sicherheit in dieser Höhe. Dem wird mit dem Argument entgegengetreten, das belaste den Besteller unangemessen, außerdem werde durch die Sicherungsvereinbarung der Vergütungsanspruch in einen Anspruch auf Auszahlung der Sicherheit umgewandelt (vgl. Weise, Sicherheiten im Baurecht, Rdn. 644). Letzteres ändert nichts daran, dass ein Sicherungsinteresse besteht, im Übrigen bleibt der Anspruch seiner Natur nach ein Vergütungsanspruch. Die Sicherungsabrede bewirkt keine Umwandlung des Anspruchs, sondern enthält eine Fälligkeitsabrede (vgl. BGH, Urt. v. 14.9.2017 – VII ZR 3/17 Rdn. 15 m.w.N.). Es ist auch nicht richtig, dass der Besteller unangemessen belastet wird. Immerhin hat er als Vorteil den nicht ausgezahlten Werklohn als Sicherheit. Die Belastung der Kreditlinie bewegt sich nur in Höhe des einbehaltenen Betrags.

§ 650f   Bauhandwerkersicherung

O. Exkurs: Unsicherheitseinrede nach § 321 BGB

230   Gemäß § 321 Abs. 1 BGB kann der aus einem gegenseitigen Vertrag Vorleistungspflichtige – also vorbehaltlich abweichender Vertragsgestaltung auch ein Bauunternehmer – die ihm obliegende Leistung verweigern (und sogar im Sinn „eines Anhalte- oder Stoppungsrechts" rückgängig machen, solange der Leistungserfolg noch nicht eingetreten ist [vgl. BGH, Urt. v. 17.12.2015 – IX ZR 287/14 Rdn. 25]), wenn nach Abschluss des Vertrags erkennbar wird, dass sein Anspruch auf die Gegenleistung durch mangelnde Leistungsfähigkeit des anderen Teils gefährdet wird. Das Leistungsverweigerungsrecht entfällt, wenn die Gegenleistung bewirkt oder Sicherheit für sie geleistet wird. Nach der vor 2002 geltenden Fassung bestand diese sogenannte Unsicherheitseinrede nur, wenn es zu einer Vermögensverschlechterung des Vertragspartners nach Vertragsschluss kam.

231   Heute kommt es darauf an, ob eine Gefährdung der Gegenleistung nach Vertragsschluss erkennbar wurde (vgl. dazu auch BGH, Urt. v. 11.12.2009 – V ZR 217/08). Das bedeutet wohl, dass die Unsicherheitseinrede nicht erhoben werden kann, wenn ein Vertrag mit einem bei der gebotenen Überprüfung der Leistungsfähigkeit der Gegenseite erkennbar schwachen Vertragspartner geschlossen wird. Wurde die Vermögensschwäche aber erst nach Vertragsschluss erkennbar, so kann die Leistung verweigert werden. Es muss sich nicht um eine Vermögensschwäche handeln, sondern es geht allgemein um die Gefährdung des Anspruchs auf Gegenleistung. Das Risiko dieser Beurteilung trägt weiterhin der Vorleistungspflichtige, wobei allerdings objektive Kriterien ausreichen müssen, um die Gefährdung zu bejahen, wie der Umstand, dass sich ein zur Grundstückskaufvertragsabwicklung notwendiger Grundschuldbrief nicht im Besitz des Verkäufers befindet (vgl. BGH, Urt. v. 11.12.2009 – V ZR 217/08), das Platzen eines Schecks, der vom Vertragspartner selbst gestellte Antrag auf Eröffnung eines Insolvenzverfahrens über sein Vermögen oder die Notwendigkeit von Zwangsvollstreckungsmaßnahmen.

232   Nach § 321 Abs. 2 BGB kann der Vorleistungspflichtige eine angemessene Frist bestimmen, innerhalb derer der andere Teil Zug um Zug gegen die Leistung nach seiner Wahl die Gegenleistung bewirken oder Sicherheit leisten muss; nach fruchtlosem Fristablauf kann der Unternehmer vom Vertrag zurücktreten. Für eine Bauleistung ist allerdings die Zug-um-Zug-Leistung nicht denkbar, so dass insoweit wohl nur eine Sicherheitsleistung in Betracht kommen dürfte. Nach erfolglosem Fristablauf kann der Vorleistungspflichtige zurücktreten. Nach der Rechtsprechung zu § 321 BGB a. F. konnte ein Unternehmer auch ohne Rücktritt die finale Vergütung für eine von ihm vor Eintritt oder Bekanntwerden der Vermögensverschlechterung erbrachte, teilabnahmefähige und mängelfreie Teilleistung verlangen, die der Besteller tatsächlich ungehindert nutzte (vgl. BGH, Urt. v. 27.6.1985 – VII ZR 265/84; OLG Düsseldorf, Urt. v. 30.5.2008 – 22 U 16/08). Dem ist für die heutige Fassung nicht zu folgen. Der Unternehmer ist dadurch geschützt, dass er sich gemäß § 321 Abs. 2 Satz 2 BGB über einen Rücktritt vom Vertrag lösen und anschließend – ggf. über ein (zweites) auf § 650f BGB gestütztes Sicherungsverlangen (→ Rdn. 194) – den finalen Werklohn fällig stellen kann, wenn nicht ohnehin der Besteller das Teilwerk abnimmt, es objektiv abnahmereif ist oder ein Abrechnungsverhältnis vorliegt.

233   Das Recht aus § 321 BGB steht neben dem Recht des Unternehmers aus § 650f BGB. Da die Leistungsverweigerung nach § 321 BGB mit dem Risiko verbunden ist, dass die Gefährdung falsch beurteilt wird oder bereits bei Vertragsschluss absehbar war, ist es sicherer, nach § 650f BGB vorzugehen. Falls § 650f BGB nicht anwendbar ist (§ 650f Abs. 6 Satz 1 Nr. 2 BGB), hilft § 321 BGB. Ebenso wie § 320 BGB hat § 321 BGB den Vorteil, objektiv zu wirken. Der bloße Bestand der Einrede schließt einen Verzug des einredeberechtigten vorleistungspflichtigen Vertragsteils aus. Fragt der vorleistungsberechtigte Vertragspartner nach, warum der Vorleistungspflichtige die Leistung verweigert, muss letzterer sich erklären. Tut er dies nicht, ist es ihm verwehrt, nachträglich die Einrede des § 321 BGB zu erheben (vgl. BGH, Urt. v. 11.12.2009 – V ZR 217/08).

P. Besonderheiten des VOB/B-Vertrags

234   Die Einbeziehung der VOB/B in den Bauvertrag ändert nichts an der uneingeschränkten Gültigkeit von § 650f BGB, denn § 650f BGB als zwingendes Recht gilt auch in einem Vertrag, in dem die VOB/B vereinbart ist (vgl. BGH, Urt. v. 16.4.2009 – VII ZR 9/08). § 17 VOB/B enthält Vorgaben nur für den Fall, dass (zugunsten des Auftraggebers) eine Sicherheit für die vertragsgemäße Ausführung der Leistung und die Mängelansprüche vereinbart ist (vgl. § 17 Abs. 1 VOB/B), und ist bereits deshalb auf den zwingenden gesetzlichen Anspruch des Auftragnehmers auf Sicherheit nicht anzuwenden. Eine analoge Anwendung des § 17 VOB/B auf die Ausgestaltung und Abwicklung von 650f-BGB-Sicherheiten scheidet neben allen sonstigen Bedenken bereits deshalb aus, weil dem § 650f Abs. 7 BGB entgegensteht.

Q. Besonderheiten des Architekten-/Ingenieurvertrags

Gemäß § 650q Abs. 1 BGB gilt für Architekten- und Ingenieurverträge u. a. § 650f BGB entsprechend. Damit ist „nunmehr ausdrücklich festgeschrieben" (BT-Drucks. 18/8486 S. 68), dass auch ein Architekt oder Ingenieur (nachfolgend: Planer) eine Sicherheit gemäß § 650f BGB verlangen kann. Das entsprach schon zu der vor dem neuen Bauvertragsrecht geltenden Rechtslage der überwiegenden Meinung, wobei jedoch teilweise erheblicher Begründungsaufwand betrieben werden musste und es noch keine Leitentscheidung des Bundesgerichtshofs gab. Vielmehr hatte dieser die Frage in einem Urteil gelassen (vgl. BGH, Urt. v. 10.3.2016 – VII ZR 214/15 Rdn. 12, zu einem Unternehmer, der nach seinen vom BGH im Tatbestand des Urteils aufgezählten Pflichten [Rdn. 2] als Planer zu qualifizieren sein dürfte; deutlich aber nun BGH, Urt. v. 20.5.2021 – VII ZR 14/20 Rdn. 22). Weiter gibt die Gesetzesbegründung der Erwartung Ausdruck, dass „[d]ie Konturierung, die die Anwendbarkeit [u. a. von § 648a BGB a. F.] auf Architekten- und Ingenieurverträge durch die bisher dazu ergangene Rechtsprechung erhalten hat, [...] infolge der lediglich entsprechenden Anwendbarkeit aufrechterhalten werden können" dürfte (BT-Drucks. 18/8486 S. 68). **235**

Liegen die allgemeinen Tatbestandsmerkmale vor, ist § 650f BGB im Einklang mit der Rechtsprechung und der Literatur (vgl. Kniffka/Schmitz, Bauvertragsrecht, 2. Aufl., § 648a Rdn. 213 m.w.N.) zum einen anwendbar auf Verträge, die Planer mit Nicht-Planern als Bestellern schließen, sofern diese nicht unter den Ausnahmetatbestand des § 650f Abs. 6 BGB fallen. Zum anderen ist auch bei Verträgen zwischen Planern der jeweilige „Unternehmer" sicherungsberechtigt. Also hat z. B. der Subplaner einen Anspruch gegen den Generalplaner auf Sicherheit. **236**

Die Höhe der Sicherheit richtet sich auch bei Beteiligung eines Planers nach der noch nicht gezahlten Vergütung. Der Planer muss darlegen und ggf. beweisen, welche konkrete Planungsleistung ihm beauftragt wurde und welches Honorar ihm dafür zusteht. (Nach einer ggf. vom Gericht im Sicherungsprozess durchgeführten Beweisaufnahme verbleibende) Zweifel, ob überhaupt ein Vertrag zustande kam bzw. wie groß der Umfang der beauftragten Leistungen ist, gehen zulasten des Planers, weil die vom Bundesgerichtshof für das Sicherungsverlangen bzw. die Klage auf Sicherheit zugunsten des Sicherungsberechtigten eingeräumten Darlegungs- und Beweiserleichterungen (vgl. BGH, Urt. v. 6.3.2014 – VII ZR 349/12 Rdn. 19 ff.) nicht den Grund, sondern die Höhe des Anspruchs betreffen. **237**

Zur Höhe des ihm zustehenden Honorars kann/muss der Planer entweder eine Honorarvereinbarung in Textform (§ 7 Abs. 1 Satz 1 HOAI) vorlegen oder mangels einer solchen die ihm zustehende Vergütung auf Grundlage der Basishonorarsätze, dies unter Anwendung der Honorargrundlagen von § 6 HOAI, berechnen (§ 7 Abs. 1 Satz 2 HOAI). Dass es im Sicherungsprozess über die Höhe der Vergütung Streit gibt, ist z. B. denkbar, wenn der Besteller der Berechnung des Planers gemäß § 7 Abs. 1 Satz 2 HOAI eine einen niedrigeren Betrag ergebende, in Textform getroffene Honorarvereinbarung entgegenhält. Daneben kommt in Betracht, dass der Besteller die vom Planer behauptete, in Textform getroffene Honorarvereinbarung als unbeachtlich zurückweist mit dem Argument, diese sei durch eine Änderungsabrede überholt, sei ihm nicht zuzurechnen, habe nur Entwurfscharakter o. ä. Nach der Logik des Grundsatzurteils des Bundesgerichtshofs aus 2014 (vgl. BGH, Urt. v. 6.3.2014 – VII ZR 349/12) dürfte ein Gericht im Sicherungsprozess gehalten sein, im Zweifel ohne Beweisaufnahme zugunsten des Planers zu entscheiden, soweit es um derartige, die Höhe des Sicherungsanspruchs betreffende tatsächliche Streitfragen geht. **238**

Vereinbarten die Parteien gemäß § 7 Abs. 1 Satz 1 HOAI, dass der Planer nach Zeitaufwand und Stundensatz bezahlt werde, ist die Vergütung maßgeblich, die sich bei der Durchführung des Vertrags voraussichtlich ergibt. Das muss der Planer darlegen. **239**

§ 650f   Bauhandwerkersicherung

240 Sofern für die Höhe des Honorars noch die HOAI 2013 maßgeblich ist, ist im Zweifel bis zur abschließenden Klärung der grundsätzlichen und schwierigen – auch europarechtlich geprägten – Streitfragen die für den Planer günstige Rechtsauffassung heranzuziehen; zeitaufwändige abschließende Klärungen der rechtlichen Grundlagen haben zu unterbleiben, damit der Anspruch des Planers auf Sicherheit effektiv und schnell durchsetzbar ist (vgl. BGH, Urt. v. 20.5.2021 – VII ZR 14/20 Rdn. 27).

241 Große Schwierigkeiten bereitet die Antwort auf die Frage, wie weit das Verbraucherprivileg des § 650f Abs. 6 Satz 1 Nr. 2 BGB reicht. Bei wortwörtlichem Verständnis scheint es im Verhältnis zu einem Planer den Verbraucher gar nicht zu schützen, denn ein „Verbraucher-Besteller" und ein Planer schließen niemals einen Verbraucherbauvertrag i. S. d. § 650i Abs. 1 BGB ab, ist doch der Planer nicht zum Bau eines neuen Gebäudes oder zu erheblichen Umbaumaßnahmen verpflichtet. Daher wird vertreten, der Planer könne immer von einem „Verbraucher-Besteller" Sicherheit gemäß § 650f BGB verlangen, selbst wenn der von letzterem mit dem Bauunternehmer (parallel oder nachfolgend) geschlossene Vertrag als Verbraucherbauvertrag einzustufen sei (vgl. Deckers, ZfBR 2017, 523, 535; Orlowski, BauR 2017, 1470, 1472; Scharfenberg, in: Leupertz u. a., § 650f Rdn. 19; Zimmermann, BauR 2019, 159, 165 f.; im Ergebnis auch Vogel, BauR 2020, 388, 393).

242 Dies erscheint zu vordergründig und erfasst ohnehin nicht alle relevanten Fallkonstellationen. Allerdings helfen die gesetzgeberischen Erwägungen (→ Rdn. 235) nicht weiter, denn es gibt zu dem völlig neu gestalteten Verbraucherprivileg des § 650f Abs. 6 Satz 1 Nr. 2 BGB keine Rechtsprechung zum alten Recht, die zur Auslegung herangezogen werden könnte. Entscheidend ist, dass § 650q Abs. 1 BGB die „entsprechend[e]" Geltung verschiedener Vorschriften des neuen Bauvertragsrechts anordnet, weil eben der Planer und der Besteller keinen Bauvertrag i. S. d. § 650a BGB und auch keinen Verbraucherbauvertrag i. S. d. § 650i Abs. 1 BGB abschließen. Für die entsprechende Anwendung ist im Hinblick auf das Verbraucherprivileg und dessen Anknüpfung an § 650i BGB daher zu prüfen – was keine Auslegung der Vorschriften gegen ihren klaren Wortlaut darstellt (a. A. Deckers, ZfBR 2017, 523, 535) -, ob der Planer gegenüber dem „Verbraucher-Besteller" Planerleistungen erbringt, die sich beziehen auf den „Bau eines neuen Gebäudes" oder auf „erhebliche[.] Umbaumaßnahmen", die dem Bau eines neuen Gebäudes vergleichbar sind (→ Rdn. 24). Dann nämlich greift die kritikwürdige gesetzgeberische Überlegung ein, dass derartige Maßnahmen solide geprüft und finanziert seien und der Unternehmer mit keinen Ausfallrisiken rechnen müsse (→ Rdn. 28). In diesen Fällen hat der Planer bzw. haben alle beteiligten Planer keinen Anspruch darauf, dass ihm bzw. ihnen der „Verbraucher-Besteller" Sicherheit gemäß § 650f BGB stellt (vgl. ausf. Schmitz in: Bayer/Koch, Die Auswirkungen des neuen Bauvertragsrechts auf die notarielle Praxis, 2018, 63, 68 ff. m. w. N.; im Wesentlichen ebenso Bernhard, FS Kainz, 2019, S. 35, 38 f.; Fuchs, in: Leupertz u. a., § 650q Rdn. 53; Kniffka/Retzlaff, BauR 2017, 1747, 1869). Das dürfte nicht nur dann gelten, wenn der Planer – in Anlehnung z. B. an Anlage 10 zu § 34 Abs. 4 HOAI – mit einer „Vollarchitektur" (Leistungsphasen 1–9) beauftragt ist, sondern auch dann, wenn er lediglich mit einzelnen Leistungsphasen und/oder einzelnen Grundleistungen aus einzelnen Leistungsphasen beauftragt ist. Problematisch ist allerdings, dass der Besteller zum Zeitpunkt des Vertragsschlusses mit dem Planer oft noch nicht weiß, in welcher Weise das Bauvorhaben durch welche(n) Unternehmer errichtet werden soll, sondern gerade zu dieser Frage der Beratung durch den Planer bedarf (vgl. Vogel, BauR 2020, 388, 393).

243 Bezieht sich hingegen die Planungsleistung auf einen Bauvertrag i. S. v. § 650a Abs. 1 Satz 1 BGB, der unterhalb der „Schwelle" des § 650i Abs. 1 BGB (Verbraucherbauvertrags) bleibt, kann der Planer vom „Verbraucher-Besteller" Sicherheit verlangen (→ Rdn. 25).

R. Besonderheiten des Bauträgervertrags

244 Der Bauträger ist nicht ausdrücklich dem Regelungsbereich des § 650f BGB entzogen, denn § 650u Abs. 2 BGB nennt § 650f BGB nicht in der Aufzählung der nicht anwendbaren Vorschriften. Angesichts dieser klaren Entscheidung des Gesetzgebers scheidet es aus, mit zum bisherigen Recht angestellten allgemeinen wirtschaftlichen Erwägungen, der Bauträger baue auf eigenem Grund und habe daher bis zur Eigentumsübertragung kein Vorleistungsrisiko und daher kein Absicherungsbedürfnis bzw. er könne die Eigentumsübertragung von der Zug um Zug zu leistenden Zahlung der Restvergütung abhängig machen (vgl. Riemenschneider, in: Hdb. BauträgerR 3. Teil Rdn. 685 ff.; vgl. auch Basty, Rdn. 5; Pause, Rdn. 416; Vogel, in:

Hdb. BauträgerR 4. Teil Rdn. 151), eine teleologische Reduktion des §650f BGB zulasten des Bauträgers vorzunehmen.

Daher ist grundsätzlich dem Bauträger ein Anspruch zuzugestehen, und zwar auch in der Phase, in der er noch Eigentümer des Grundstücks ist. Jedoch ist der Anwendungsbereich stark eingeschränkt. Überwiegend handelt es sich bei den Kunden des Bauträgers, den Erwerbern, um „Verbraucher-Besteller", denen gegenüber §650f BGB aufgrund des insoweit (ausnahmsweise) erfreulich klaren Wortlauts von dessen Abs. 6 Satz 1 Nr. 2 Alt. 2 nicht anwendbar ist. Hingegen lässt sich der Gesetzessystematik und dem Wortlaut entnehmen, dass der Bauträger von Erwerbern, die keine Verbraucher sind, Sicherheit gemäß §650f BGB verlangen kann (vgl. – wenn auch zögernd – Orlowski, BauR 2017, 1470, 1471).

245

S. Besonderheiten des Bauliefervertrags

Die Ausführungen zu §650e BGB gelten entsprechend (vgl. → §650e Rdn. 64).

246

§650g BGB Zustandsfeststellung bei Verweigerung der Abnahme, Schlussrechnung

(1) Verweigert der Besteller die Abnahme unter Angabe von Mängeln, hat er auf Verlangen des Unternehmers an einer gemeinsamen Feststellung des Zustands des Werks mitzuwirken. Die gemeinsame Zustandsfeststellung soll mit der Angabe des Tages der Anfertigung versehen werden und ist von beiden Vertragsparteien zu unterschreiben.

(2) Bleibt der Besteller einem vereinbarten oder einem von dem Unternehmer innerhalb einer angemessenen Frist bestimmten Termin zur Zustandsfeststellung fern, so kann der Unternehmer die Zustandsfeststellung auch einseitig vornehmen. Dies gilt nicht, wenn der Besteller infolge eines Umstands fernbleibt, den er nicht zu vertreten hat und den er dem Unternehmer unverzüglich mitgeteilt hat. Der Unternehmer hat die einseitige Zustandsfeststellung mit der Angabe des Tages der Anfertigung zu versehen und sie zu unterschreiben sowie dem Besteller eine Abschrift der einseitigen Zustandsfeststellung zur Verfügung zu stellen.

(3) Ist das Werk dem Besteller verschafft worden und ist in der Zustandsfeststellung nach Absatz 1 oder 2 ein offenkundiger Mangel nicht angegeben, wird vermutet, dass dieser nach der Zustandsfeststellung entstanden und vom Besteller zu vertreten ist. Die Vermutung gilt nicht, wenn der Mangel nach seiner Art nicht vom Besteller verursacht worden sein kann.

(4) Die Vergütung ist zu entrichten, wenn

1. der Besteller das Werk abgenommen hat oder die Abnahme nach §641 Absatz 2 entbehrlich ist, und

2. der Unternehmer dem Besteller eine prüffähige Schlussrechnung erteilt hat.

Die Schlussrechnung ist prüffähig, wenn sie eine übersichtliche Aufstellung der erbrachten Leistungen enthält und für den Besteller nachvollziehbar ist. Sie gilt als prüffähig, wenn der Besteller nicht innerhalb von 30 Tagen nach Zugang der Schlussrechnung begründete Einwendungen gegen ihre Prüffähigkeit erhoben hat.

Übersicht

	Seite
A. Einführung	952
B. Zustandsfeststellung und deren Rechtsfolgen	952
I. Gemeinsame Zustandsfeststellung (Abs. 1)	952
1. Verweigerung der Abnahme	953
2. Verlangen nach Zustandsfeststellung	953
3. Form und Inhalt der gemeinsamen Zustandsfeststellung	953
4. Kosten der gemeinsamen Zustandsfeststellung	954

§ 650g Zustandsfeststellung bei Verweigerung der Abnahme, Schlussrechnung

II. Einseitige Zustandsfeststellung (Abs. 2)	954
1. Voraussetzungen	954
2. Ausnahmen	954
3. Form und Inhalt der einseitigen Zustandsfeststellung	955
4. Kosten der einseitigen Zustandsfeststellung	955
III. Rechtsfolgen (Abs. 3)	955
1. Gesetzliche Regelung	955
2. Folgefragen	956
IV. Abdingbarkeit/Allgemeine Geschäftsbedingungen	956
C. Fälligkeit der Vergütung, Schlussrechnung (Abs. 4)	957
I. Allgemeine Fälligkeitsvoraussetzungen	957
II. Erfordernis einer prüfbaren Schlussrechnung	957
III. Entbehrlichkeit einer prüfbaren Schlussrechnung	958
IV. Prozessuale Folge	958
V. Verjährungsrechtliche Folgen	958
D. Besonderheiten des VOB/B-Vertrags	959
I. Prüfbare Schlussrechnung als Fälligkeitsvoraussetzung	959
II. Anforderungen an die Rechnung	959
III. Fälligkeit bei missbräuchlicher Berufung auf fehlende Prüfbarkeit	960
1. Prüfbarkeit kein Selbstzweck	960
2. Ausschlussfrist	961
3. Teilprüfbarkeit	964
IV. Prozessuale Auswirkungen der fehlenden Prüfbarkeit	964
1. Klageabweisung als derzeit unbegründet	964
2. Hinweispflichten	965
3. Vorlage einer neuen Schlussrechnung	965
4. Vorrangige Einwendungen	965
5. Sachprüfung	966
V. Rechnungserteilung durch den Auftraggeber	967
VI. Vorbehaltlose Annahme der Schlusszahlung	967

A. Einführung

1   Die durch das Gesetz zur Reform des Bauvertragsrechts (BGBl. I 2017, 969) eingeführte Vorschrift regelt in den Absätzen 1 bis 3 die Zustandsfeststellung im Fall der Verweigerung der Abnahme sowie deren Folgen. Im letzten Absatz wird das Erfordernis einer prüffähigen Schlussrechnung für die Fälligkeit der Schlussvergütung eingeführt (vgl. den Überblick bei Joussen, FS Kainz [2019], 371 ff.).

B. Zustandsfeststellung und deren Rechtsfolgen

2   § 650g Abs. 1 BGB regelt die Voraussetzungen dafür, wann der Unternehmer vom Besteller eine gemeinsame Zustandsfeststellung verlangen kann und wie diese zu erfolgen hat. Abs. 2 ergänzt diese Regelung um die Möglichkeit, die Zustandsfeststellung einseitig durchzuführen, falls es zu keiner gemeinsamen Zustandsfeststellung mit dem Besteller kommt. Schließlich normiert Abs. 3 die Rechtsfolgen einer einvernehmlichen oder einseitigen Zustandsfeststellung.

3   Nach der Vorstellung des Gesetzgebers (BT-Drs. 18/8486, S. 59) sollen die Neuregelungen in § 650g Abs. 1 bis 3 BGB die geänderten Bestimmungen zur fiktiven Abnahme für den Fall ergänzen, dass die Abnahme verweigert wird. Für diesen Fall soll ergänzend zu § 644 BGB die Gefahrtragung geregelt werden. Die Zustandsfeststellung ersetzt weder eine Abnahme noch führt sie zu anderen Ausschlusswirkungen (zutreffend Breitling, NZBau 2017, 393, 396).

I. Gemeinsame Zustandsfeststellung (Abs. 1)

4   Nach den Vorstellungen des Gesetzgebers (BT-Drs. 18/8486, S. 59) trifft den Besteller die Obliegenheit, auf Verlangen des Unternehmers an einer gemeinsamen Zustandsfeststellung mitzuwirken, wenn es nicht zur Abnahme kommt, um den Zustand des Werks zum Zeitpunkt des Abnahmeverlangens zu dokumentieren. Da die Rechtsfolgen in Abs. 2 und Abs. 3 geregelt

sind, scheidet eine Einordnung der Mitwirkung des Bestellers trotz der Formulierung „hat [...] mitzuwirken" als „Pflicht" aus (i. E. ebenso Leinemann, NJW 2017, 3113, 3118; a. A. Joussen, FS Kainz [2019], 371, 372). Der Unternehmer kann, muss aber nicht eine einseitige Zustandsfeststellung nach Abs. 2 vornehmen.

Das Gesetz enthält keine Regelung für den Fall, dass es zwar zu einer gemeinsamen Zustandsfeststellung kommt, sich die Parteien aber nicht auf eine gemeinsame Dokumentation einigen können. Ob in dieser Fallgestaltung die Vermutungsregelung des Abs. 3 greift, ist unklar (dagegen Breitling, NZBau 2017, 393, 396). Der Gesetzgeber (BT-Drs. 18/8486, S. 60) hat die Parteien auf die Einleitung eines selbständiges Beweisverfahrens verwiesen, was kaum praxistauglich ist. Eine einseitige Zustandsfeststellung nach Abs. 2 scheidet aus (zutreffend Dammert/Lenkeit/Oberhauser/Pause/Stretz-Oberhauser, § 2 Rdn. 148). Auf Grund der Ausgestaltung als gesetzliche Obliegenheit kommt auch kein Schadensersatzanspruch des Unternehmers dergestalt in Betracht, dass sich die Beweislast zu seinen Gunsten wie im Falle einer einseitigen Zustandsfeststellung umkehrt. Diese missliche Situation kann der Unternehmer entweder dadurch begegnen, dass er die Mitwirkung i. S. v. § 650g Abs. 1 BGB vertraglich als echte Schuldnerpflicht ausgestaltet oder in der Dokumentation dafür sorgt, dass hinsichtlich der Teile der erbrachten Arbeiten, bezüglich deren Zustand Einigkeit besteht, eine gemeinsame „Dokumentation" erstellt wird. Dokumentiert werden sollten auch die Arbeiten, bezüglich deren genauen Zustands keine Einigkeit besteht (zutreffend Breitling, NZBau 2017, 393, 396). 5

1. Verweigerung der Abnahme

Nach dem Gesetzeswortlaut kann eine Zustandsfeststellung nur dann verlangt werden, wenn der Besteller die Abnahme unter Angabe von Mängeln verweigert. Insofern soll nach der Vorstellung des Gesetzes (BT-Drs. 18/8486, 59) nur ein enger Zusammenhang mit der Neuregelung der fiktiven Abnahme in § 640 Abs. 2 BGB vorliegen. Wertungsmäßig ist es aber nicht einzusehen, dass die gemeinsame Zustandsfeststellung nicht auch in allen anderen Fällen verlangt werden kann, in denen die Abnahme verweigert wird bzw. scheitert und der Besteller das Werk in Gebrauch nimmt (ähnlich Leinemann, NJW 2017, 3113, 3118; bereits Langen, NZBau 2015, 658, 666; a. A. Joussen, FS Kainz [2019], 371, 372). Der Gesetzgeber (BT-Drs. 18/8486, S. 59) spricht selbst die Fallgestaltung an, in der sich die Vertragsparteien einig sind, dass das Werk noch nicht abnahmereif ist. 6

Unklar ist, ob eine (Teil-)Zustandsfeststellung gefordert werden kann, wenn eine entsprechende Teilabnahme vereinbart und verweigert wurde. Wertungsmäßig spricht nichts dagegen, in dieser Fallgestaltung eine Teil-Zustandsfeststellung zuzulassen (ebenso, aber mit anderer Begründung Retzlaff, BauR 2017, 1781, 1825). 7

2. Verlangen nach Zustandsfeststellung

Bei dem Verlangen des Unternehmers handelt es sich um eine einseitige, empfangsbedürftige Willenserklärung. Sie muss von einer hierzu befugten Person erfolgen. Im Regelfall sind alle Personen befugt, ein entsprechendes Verlangen zu stellen, die üblicherweise für den Unternehmer mit dem Aufmaß oder einer sonst wie gearteten Feststellung des Leistungsstands betraut sind. 8

3. Form und Inhalt der gemeinsamen Zustandsfeststellung

§ 650g Abs. 1 Satz 2 BGB enthält nur rudimentäre Vorgaben zu Inhalt und Form einer Zustandsfeststellung. Mit der Formulierung „soll" bzw. „ist" ist keine zwingende gesetzliche Schriftform vorgegeben. Es handelt sich um den bloßen Hinweis des Gesetzgebers (BT-Drs. 18/8486, S. 59), dass die Angabe des Datums und eine beiderseitige Gegenzeichnung aus Dokumentations- und Beweisgründen geboten sind. Für die Annahme einer zwingenden gesetzlichen Schriftform hätte es einer eindeutigeren Formulierung bedurft. Auch elektronische „Unterzeichnungsfunktionen" reichen aus, die die (gemeinsame) Urheberschaft bezeigen (vorsichtiger Retzlaff, BauR 2017, 1781, 1825). 9

Inhaltlich ist der erreichte Bautenstand zu dokumentieren, und zwar unabhängig davon, ob er aus Sicht einer der Vertragsparteien vertragsgerecht erbracht wurde oder nicht. Weitere inhaltliche Vorgaben sind dem Gesetz nicht zu entnehmen. Sie ergeben sich aber aus Sinn und Zweck der Regelung, später nicht mehr über den erreichten Stand und offenkundige Mängel i. S. v. § 650g Abs. 3 BGB zu streiten. Es sind also möglichst lückenlos die erbrachten Arbeiten und deren Funktionstauglichkeit zu dokumentieren. Die „Anfertigung" i. S. d. Gesetzes muss 10

§ 650g   Zustandsfeststellung bei Verweigerung der Abnahme, Schlussrechnung

deshalb nicht in Papierform existieren. Ausreichend und ggf. sogar geboten sind gemeinsame Lichtbilder- und Videodokumentationen, die unveränderbar gespeichert sowie entsprechend gemeinsam markiert werden. Gleiches gilt etwa für Material- und Rückstellproben (zutreffend Retzlaff, BauR 2017, 1781, 1825). Dies hat u. a. den Vorteil, dass später dritte Sachverständige auf dieser Basis den Zustand und die Vertragsgemäßheit auch dann noch beurteilen können, wenn zwischenzeitlich Veränderungen stattgefunden haben.

11   Die gemeinsame Feststellung des Bautenstandes impliziert die Obliegenheit des Bestellers, die Bauleistung hierfür ausreichend zur Verfügung zu stellen, namentlich dem Unternehmer Zugang zu gewähren. Üblicherweise wird eine gemeinsame Zustandsfeststellung eine gemeinsame Ortsbegehung erfordern.

4. Kosten der gemeinsamen Zustandsfeststellung

12   Anders als bei der einseitigen Zustandsfeststellung lässt sich den Gesetzesmaterialien nicht entnehmen, wer die Kosten einer gemeinsamen Feststellung zu tragen hat. Da die Feststellungen im Interesse beider Vertragsparteien liegen, hat jede Partei die ihr entstandenen Kosten selbst zu tragen (Joussen, FS Kainz [2019], 371, 378).

II. Einseitige Zustandsfeststellung (Abs. 2)

13   Diese Regelung befasst sich nur mit den Fallgestaltungen, dass es aus den beiden angegebenen Gründen nicht zu einer gemeinsamen Zustandsfeststellung kommt. Dann kann sie der Unternehmer einseitig vornehmen.

1. Voraussetzungen

14   Die Vorschrift setzt ein Fernbleiben des Bestellers, entweder an einem bereits vereinbarten Termin oder an einem vom Unternehmer binnen angemessener Frist bestimmten Termin, voraus. Die einseitige Bestimmung des Termins setzt voraus, dass der Unternehmer sich zuvor vergeblich um einen gemeinsamen Termin mit dem Besteller bemüht hat. Welchen Aufwand der Unternehmer hier treiben muss, ist unklar. Die Hürden dürften angesichts des Gesetzeszwecks eher niedrig liegen. Ebenfalls dürften die Anforderungen an die zeitliche Angemessenheit der Frist für den Termin ebenfalls gering sein, weil nur so Veränderungen durch den Baufortschritt usw. ausgeschlossen werden können (ebenso Retzlaff, BauR 2017, 1781, 1826, der von fünf Tagen bzw. einer Woche spricht).

15   Eine einseitige Zustandsfeststellung scheidet nur dann aus, wenn der Besteller aus von ihm nicht zu vertretenden Gründen nicht erscheint. Die Formulierung macht deutlich, dass der Besteller diese Gründe darzulegen und zu beweisen hat. Zu vertreten hat der Besteller grundsätzlich jedes fahrlässige und vorsätzliche Verhalten. Namentlich muss der Besteller entsprechende Vorkehrungen treffen, dass entweder er oder eine von ihm damit betraute Person zeitnah für einen Termin zur Verfügung stehen. Ob es in der Leistungskette Besonderheiten gibt, ist offen (dafür Retzlaff, BauR 2017, 1781, 1827; u. E. zweifelhaft). Mit den Themenfeldern „Krankheit, Urlaub, Mitarbeiterkündigung" wird man daher eher zurückhaltend sein (ähnlich, Retzlaff, BauR 2017, 1781, 1826). Ob daneben im Falle des „Verzugs" auch eine „Haftung" für Zufall in Betracht kommt, ist zweifelhaft und im Ergebnis abzulehnen. Die Mitwirkungshandlung ist eine Obliegenheit, so dass § 287 BGB weder direkt noch entsprechend anzuwenden ist.

2. Ausnahmen

16   Scheitert eine gemeinsame Zustandsfeststellung, weil sich die Parteien nicht einigen können, scheidet eine einseitige Zustandsfeststellung aus (zutreffend Dammert/Lenkeit/Oberhauser/Pause/Stretz-Oberhauser, §2 Rdn. 148; Retzlaff, BauR 2017, 1781, 1824; Joussen, FS Kainz [2019], 371, 374; a. A. Tschäpe/Werner, ZfBR 2017, 419, 423). Einseitige und damit strittige Vorbehalte einer Partei wären keine hinreichend verlässliche Grundlage für die nach dem Gesetz vorgesehene Rechtsfolge in § 650g Abs. 3 BGB. In Betracht kommt dann nur eine wechselseitige (einseitige) Zustandsfeststellung, die als Grundlage für eine spätere Beweiserhebung dienen kann.

17   Auch wenn der Besteller die fehlende Teilnahme an der gemeinsamen Zustandsfeststellung (ausnahmsweise) nicht zu vertreten hat, kommt eine einseitige Zustandsfeststellung nach § 650g

Abs. 2 BGB mit der gesetzlichen Vermutungsregelung dann in Betracht, wenn der Besteller dies dem Unternehmer nicht unverzüglich anzeigt (zutreffend Leinemann, NJW 2017, 3113, 3118).

3. Form und Inhalt der einseitigen Zustandsfeststellung

Bezüglich Form und Inhalt der einseitigen Zustandsfeststellung ist auf die obigen Ausführungen zu verweisen (→ Rdn. 9f.). Auf Grund des besonderen Zwecks einer einseitigen Feststellung sollte der Unternehmer die Überlegungen des Gesetzgebers beherzigen und seine möglichst lückenlose, für Dritte nachvollziehbare Dokumentation erstellen. Sofern der Besteller keinen oder keinen ausreichenden Zutritt gewährt, wird es dem Unternehmer gestattet sein, den Zustand nach der Erinnerung zu beschreiben (Retzlaff, BauR 2017, 1781, 1825); andernfalls könnte der Besteller der Zweck der Zustandsfeststellung unterlaufen. Die Zustandsfeststellung ist vom Unternehmer zu datieren und zu unterschreiben. Erforderlich ist nach der Gesetzesbegründung (BT-Drs. 18/8486, S. 60) zudem, dass die Dokumentation dem Besteller zur Verfügung gestellt wird. Dadurch sollen nachträgliche Änderungen an der einmal erstellten Zustandsfeststellung verhindert werden (BT-Drs. 18/8486, S. 60). Es handelt sich demnach um eine empfangsbedürftige Wissenserklärung. 18

4. Kosten der einseitigen Zustandsfeststellung

Nach der Vorstellung des Gesetzgebers (BT-Drs. 18/8486, S. 60) soll jede Partei die ihr entstehenden Kosten selbst tragen. Dies passt auf eine einseitige Feststellung nicht ganz, was der Gesetzgeber erkennt. Weil die Mitwirkungshandlung nur eine Obliegenheit ist und damit keine Haftung auf Schadensersatz begründen kann, stellt der Gesetzgeber (BT-Drs. 18/8486, S. 60) zutreffend für die Pflicht zur Tragung der Kosten durch den Unternehmer darauf ab, dass er den Besteller unberechtigt zur Abnahme aufgefordert hatte. Umgekehrt dürfte eine Kostenhaft des Bestellers in Betracht kommen, wenn die Abnahme unberechtigt von ihm verweigert wird. 19

III. Rechtsfolgen (Abs. 3)

Geht das Werk vor Abnahme in den Einflussbereich des Bestellers über und wird es von diesem genutzt, wäre der Unternehmer im Falle von Störungen weiterhin zur Herstellung eines vollständigen, mangelfreien Werks verpflichtet. Diese sich aus § 644 Abs. 1 BGB ergebende Rechtsfolge soll nach Vorstellung des Gesetzgebers (BT-Drs. 18/8486, S. 60) durch § 650g Abs. 3 BGB eingeschränkt werden. 20

1. Gesetzliche Regelung

Anders als in § 648 Abs. 4 BGB wird als Rechtsfolge der Zustandsfeststellungen nach § 650g Abs. 1 oder Abs. 2 BGB vom Gesetz „nur" vorgesehen, dass sich die Beweislast dahin umgekehrt, dass die Partei, die sich auf einen von der Zustandsfeststellung abweichenden Zustand beruft, dies beweisen muss (zutreffend Dammert/Lenkeit/Oberhauser/Pause/Stretz-Oberhauser, § 2 Rdn. 152). Diese nach dem Gesetz eingeschränkte Rechtsfolge besteht auch nur dann, wenn das Werk dem Besteller verschafft wurde. Hierunter ist nach der Vorstellung des Gesetzgebers (BT-Drs. 18/8486, S. 60) die Besitzerlangung zu verstehen, weil dann der Besteller eher die Beeinträchtigung des Werks durch Dritte vermeiden kann. Voraussetzung ist nach der Vorstellung des Gesetzgebers (BT-Drs. 18/8486, S. 60) weiter, dass eine ordnungsgemäße Zustandsfeststellung nach Abs. 1 oder Abs. 2 durchgeführt wurde.

Die Rechtsfolge besteht in der Vermutung, dass ein offenkundiger Mangel, der in einer Zustandsfeststellungen nicht angegeben wurde, nach der Zustandsfeststellung entstanden und vom Besteller zu vertreten ist. Diese Folge setzt zunächst eine ordnungsgemäße Zustandsfeststellung, entweder nach Abs. 1 oder Abs. 2, voraus. Sie bezieht sich nur auf einen offenkundigen Mangel. Was unter einem offenkundigen Mangel zu verstehen ist, ist nicht klar definiert (kritisch ebenfalls Dammert/Lenkeit/Oberhauser/Pause/Stretz-Oberhauser, § 2 Rdn. 155). Nach Auffassung des Gesetzgebers (BT-Drs. 18/8486, S. 60) handelt es sich um einen solchen Mangel, der bei einer ordnungsgemäßen Zustandsfeststellung ohne weiteres entdeckt worden wäre. Zusätzlich soll es auf die jeweilige Fachkunde des Bestellers ankommen. Der Begriff ist damit ein relativer. Mängel, die sich erst auf Grund einer Bauteilöffnung oder nach einem längeren Testbetrieb ihrer Art nach feststellen lassen, dürften nicht „offenkundig" sein. Ansonsten kommt es auf den üblichen Untersuchungsaufwand an, den man im Rahmen einer Zustandsfeststellung zu treiben 21 pflegt. Hier wird man nach dem Gesetzeszweck eher eine eingehendere Prüfung erwarten dürfen (ebenso Dammert/Lenkeit/Oberhauser/Pause/Stretz-Oberhauser, § 2 Rdn. 155). Als offenkundige Mängel bezeichnet Schmid (Rdn. 237) grobe Risse im Putz bzw. im Mauerwerk oder über die Außenwände bzw. die Fenster eindringende Feuchtigkeit. Ob das zweite Beispiel wirklich verallgemeinerungsfähig ist, ist zweifelhaft. Eindringende Feuchtigkeit kann man offenkundig nur bei entsprechender Witterung entdecken. Auch das Beispiel von Retzlaff (BauR 2017, 1781, 1826), wonach die mangelhafte Leistung einer Heizung „offenkundig" sein soll, ist nicht zweifelsfrei. Oftmals lassen sich solche Defizite erst unter allen möglichen Betriebszuständen bemerken.

22 Die Vermutung bezieht sich nach § 650g Abs. 3 Satz 2 BGB nicht auf die Mängel, die ihrer Art nach nicht vom Besteller verursacht sein können. Die Gesetzesbegründung (BT-Drs. 18/9496, S. 60) nennt als Beispiele einen Materialfehler oder eine von den Planvorgaben abweichende Bauausführung. Darüber hinaus dürfte es sich um solche Mängel handeln, die typischerweise nicht auf der unmittelbaren Einwirkung des Bestellers auf Grund Besitzerlangung beruhen können. Schmid (Rdn. 238) nennt hier als Beispiel die fehlende bzw. fehlerhafte Bewehrung.

23 Diese Regelvermutung ist darüber hinaus durch den Besteller widerlegbar. Insofern obliegt dem Besteller die volle Darlegungs- und Beweislast.

24 Das Gesetz befasst sich nicht mit der Frage, welche Rechtsfolgen eine Zustandsfeststellung bezüglich des erbrachten Leistungsstands besitzt. Dies beruht vermutlich darauf, dass der Gesetzgeber für die fiktive Abnahme nach § 640 Abs. 2 Satz 2 BGB die „Fertigstellung", also die Abarbeitung der geschuldeten Arbeitsschritte, voraussetzt. Die unterschiedliche Behandlung der Thematiken Mängel und Leistungsstand ist nicht gerechtfertigt, da die Abgrenzung in der Praxis schwierig und kaum zu bewerkstelligen ist. Jedenfalls eine gemeinsame Zustandsfeststellung hat zur Folge, dass die Partei, die einen hiervon abweichend zum Zeitpunkt der Zustandsfeststellung erreichten Bautenstand behaupten will, hierfür die Darlegungs- und Beweislast trägt. Die Zustandsfeststellung hat damit die Wirkung eines gemeinsamen Aufmaßes (→ § 631 BGB Rdn. 409) bzw. eines beweiserleichternden Anerkenntnisses (→ § 631 BGB Rdn. 581). Bezüglich einer einseitigen Zustandsfeststellung fehlt eine § 648a Abs. 4 Satz 2 BGB vergleichbare Regelung. Es erscheint überlegenswert, die Vorschrift dann analog anzuwenden, wenn es zu einer gemeinsamen Feststellung aus Gründen nicht kommt, die der Besteller im Rechtssinne zu vertreten hat und die erbrachten Arbeiten überbaut werden (im Ergebnis ähnlich Retzlaff, BauR 2017, 1781, 1827).

2. Folgefragen

25 In der Unternehmerkette wird es Fallgestaltungen geben, in denen der Hauptunternehmer dem Nachunternehmer die erbrachten Arbeiten nicht mehr für eine Zustandsfeststellung zur Verfügung stellen kann, weil der Besteller den Zugang verwehrt. Dann ist die Mitwirkung unmöglich (§ 275 Abs. 1 BGB).

26 Scheidet eine Zustandsfeststellung aus, weil der Besteller dem Unternehmer Baustellenverbot erteilt hat und dieses nicht temporär aufhebt, dürfte es wertungsmäßig vertretbar sein, § 648a Abs. 4 Satz 2 BGB ebenfalls entsprechend anzuwenden (a. A. Joussen, FS Kainz [2019], 371, 381). Die Alternativen (Klage, einstweilige Verfügung, Schadensersatz usw.) sind nicht geeignet, der Praxis brauchbare Lösungsvorschläge zu unterbreiten.

IV. Abdingbarkeit/Allgemeine Geschäftsbedingungen

27 Die Abs. 1 bis 3 von § 650g BGB enthalten kein zwingendes Recht, so dass individuelle Abweichungen bis zum vollständigen Ausschluss möglich sind.

28 In Allgemeinen Geschäftsbedingungen des Bestellers können die Regelungen zu Lasten des Unternehmers nicht abbedungen werden, weil sie Gerechtigkeitsgrundsätze des neuen Rechts enthalten. Möglich sind aber geringfügige Anpassungen im Detail oder Konkretisierungen, namentlich zu Form und Inhalt der Feststellung oder Angemessenheit einer Frist im Falle einer einseitigen Terminbestimmung oder zum vorherigen Bemühung bezüglich eines gemeinsamen Termins.

29 Gleiches gilt für Allgemeine Geschäftsbedingungen des Unternehmers.

C. Fälligkeit der Vergütung, Schlussrechnung (Abs. 4)

§ 650g Abs. 4 BGB regelt nunmehr auch für den BGB-Bauvertrag, dass die Fälligkeit der 30
(Schluss-)Vergütung des Unternehmers – wie beim VOB/B-Bauvertrag – grundsätzlich die
Erteilung einer Schlussvergütung voraussetzt. Damit hat der Bundestag (BT-Drs. 18, 11438,
S. 49) den Vorschlag des Bundesrats (BR-Drs. 123/16, S. 19), der das Erfordernis einer Schlussrechnung nur für den Verbraucherbauvertrag vorsah, generell für alle Bauverträge umgesetzt.
Bislang war die Erteilung einer prüfbaren Schlussrechnung beim BGB-Bauvertrag keine
Fälligkeitsvoraussetzung (BGH, Urt. v. 14.6.2007 – VII ZR 230/06, Rdn. 7; BGH, Urt.
v. 27.11.2003 – VII ZR 288/02). Sie war beim Bauvertrag allerdings – wie bei den übrigen
Werkverträgen noch heute – Schlüssigkeitsvoraussetzung (→ § 641 BGB Rdn. 31 ff.).

I. Allgemeine Fälligkeitsvoraussetzungen

Die Fälligkeit der Schlussvergütung setzt nach dem Gesetzeswortlaut (§ 650g Abs. 4 Satz 1 31
Nr. 1 BGB) entweder die Abnahme durch den Besteller oder deren Entbehrlichkeit nach § 641
Abs. 2 BGB voraus. Als Abnahme in diesem Sinne kommen alle Abnahmeformen in Betracht,
die das Gesetz vorsieht und darüber hinaus von der Rechtsprechung entwickelt wurden. Für
die Entbehrlichkeit der Abnahme nach § 641 Abs. 2 BGB ist auf die dortige Kommentierung zur
so genannten Durchgriffsfälligkeit (→ § 641 BGB Rdn. 13 ff.) zu verweisen. Über den Wortlaut des Gesetzes hinaus dürfte es auf die Abnahme nicht ankommen, wenn ohne es auf Grund
der von der Rechtsprechung entwickelten Abnahmesurrogate ausnahmsweise entbehrlich
ist und die Schlussvergütung ohne das Erfordernis der Schlussrechnung fällig wäre (→ § 641
BGB Rdn. 3 ff.). Es ist kein Grund dafür ersichtlich, nicht an den von der Rechtsprechung und
Literatur entwickelten Fallgruppen zur ausnahmsweisen Entbehrlichkeit der Abnahme für die
grundsätzliche Fälligkeit der Schlussvergütung festzuhalten.

II. Erfordernis einer prüfbaren Schlussrechnung

§ 650g Abs. 4 Satz 1 Nr. 2 BGB sieht als weitere Fälligkeitsvoraussetzung die Erteilung einer 32
prüffähigen Schlussrechnung vor. Die gesetzliche Regelung folgt dem Grundgedanken des § 16
Abs. 3 VOB/B. In § 16 Abs. 3 Satz 1 VOB/B ist allerdings bestimmt, dass die Schlusszahlung
erst nach Prüfung und Feststellung der Schlussrechnungsforderung, spätestens nach Ablauf
von 30 Tagen nach Zugang der Rechnung fällig wird (→ Rdn. 41). Im Unterschied hierzu ist
die Schlusszahlung nach § 650g Abs. 4 Satz 1 Nr. 2 BGB mit Erteilung der Schlussrechnung zu
entrichten. Die Fälligkeit ist nicht an die Feststellung der Schlussrechnungsforderung bzw. den
Ablauf der 30-tägigen Prüfungsfrist gekoppelt, sondern tritt bereits mit Zugang der prüfbaren
Schlussrechnung ein.

Der Formulierung des Gesetzes, dass die Schlussrechnung erteilt worden sein muss, ist zu 33
entnehmen, dass die vom Unternehmer aufgestellte Schlussrechnung dem Besteller zugegangen
sein muss.

Die Prüffähigkeit wird in § 650g Abs. 4 Satz 2 BGB näher definiert. Insoweit können vor- 34
sichtig die Grundsätze zum VOB/B-Bauvertrag (→ 42 ff.) übertragen werden. Die Begründung
(BT-Drs. 18/11437, S. 49) bezieht sich auf die Kriterien, die auch in § 14 Abs. 1 VOB/B ausdrücklich benannt sind. Zudem wird dort auf die Person des konkreten Bestellers abgestellt.
Anders als beim VOB/B-Bauvertrag, bei dem der Auftraggeber im Regelfall entweder bauerfahren oder kraft Rechtsform Unternehmer i. S. v. § 14 BGB sein dürfte, kommen als Besteller
eines BGB-Bauvertrags auch bauunerfahrene Besteller oder Verbraucherbesteller in Betracht.
An die Übersichtlichkeit und Nachvollziehbarkeit der Schlussrechnung dürften daher im
Regelfall höhere Anforderungen zu stellen sein. Dies entspricht der Rechtsprechung (BGH,
Urt. v. 29.4.1999 – VII ZR 127/98; BGH, Urt. v. 26.10.2000 – VII ZR 99/99), wonach es
auf die jeweiligen Informations- und Kontrollinteressen des konkreten Bestellers ankommt.
Gleichwohl dürfte es auch objektive Mindestvoraussetzungen für die prüfbare Aufstellung
einer Schlussrechnung geben (klar gestellt durch BGH, Urt. v. 27.11.2003 – VII ZR 288/02).

III. Entbehrlichkeit einer prüfbaren Schlussrechnung

35 Die Schlussrechnung gilt kraft Gesetzes als prüffähig (richtig dürfte vielmehr das Wort „prüfbar" sein), wenn der Besteller nicht binnen einer Frist von längstens 30 Tagen nach Zugang die Prüffähigkeit konkret rügt. Insoweit gelten wiederum grundsätzlich die Ausführungen zum VOB/B-Bauvertrag (→ Rdn. 53 ff.) entsprechend; sie werden dort näher dargestellt, weil sie dort von der Rechtsprechung entwickelt wurden. Nach den Vorstellungen des Gesetzgebers (BT-Drs. 18/11437, 49) dürften die Anforderungen an eine Prüfbarkeitsrüge relativ hoch sein, weil er längere Unsicherheiten darüber vermeiden will, ob eine vom Unternehmer vorgelegte Schlussrechnung die gesetzlichen Voraussetzungen erfüllt. Erforderlich ist es damit, dass der Besteller ganz konkret rügt, welche Teile der Schlussrechnung für ihn aus welchen Gründen nicht nachprüfbar sind.

36 Die Prüfbarkeitsrüge dürfte entbehrlich sein, wenn die Berufung auf die Prüfbarkeit unabhängig von dem Verstreichen der gesetzlichen Frist bloße Förmelei wäre. Dies ist etwa der Fall, wenn die Parteien oder die Besteller die Rechnung als prüfbar behandeln (BGH, Urt. v. 14.6.2007 – VII ZR 230/06, Rdn. 7 zum VOB/B-Vertrag). Gleiches gilt, wenn der Besteller sie gleichwohl geprüft hat (BGH, Urt. v. 22.11.2001 – VII ZR 168/00; OLG Düsseldorf, Urt. v. 14.6.2019 – 22 U 248/18 Rdn. 129; beide zum VOB/B-Vertrag).

IV. Prozessuale Folge

37 Fehlt eine Schlussrechnung oder ist eine Schlussrechnung nicht prüfbar, wobei die Prüfbarkeit fristgemäß gerügt werden muss, so wird die Schlussforderungsklage des Unternehmers mangels Fälligkeit als „derzeit unbegründet" abgewiesen (BGH, Urt. v. 27.10.1994 – VII ZR 217/93; Urt. v. 4.5.2000 – VII ZR 394/97). Der Rechtskraft der Entscheidung steht es also nicht entgegen, wenn der Unternehmer auf Grundlage einer neuen Schlussrechnung eine erneute Klage erhebt.

38 Ist die Schlussrechnung prüfbar oder mangels rechtzeitiger bzw. ordnungsgemäßer Prüfbarkeitsrügen als prüfbar zu behandeln, findet eine Sachprüfung statt. Ist dann die Schlussforderung mangels konkretem Sachvortrag, zulässigerweise in Bezug genommener Urkunden und Beweisantritten zum Schluss der mündlichen Verhandlung nicht schlüssig, wird die Klage endgültig als unbegründet abgewiesen (BGH, Urt. v. 22.4.2010 – VII ZR 48/07, Rdn. 38; BGH, Urt. v. 14.6.2007 – VII ZR 230/06, Rdn. 7 ff./10). Das kann etwa dann der Fall sein, wenn eine nicht prüfbare Schlussrechnung – die gemäß § 650g Abs. 4 Satz 3 BGB als prüfbar zu behandeln ist – nicht nachgebessert wird und deshalb die Werklohnforderung nicht nachvollzogen werden kann. Dem Vorteil, dass das Gericht in die Sachprüfung eintreten muss, steht der Nachteil gegenüber, dass eine Klageabweisung endgültig ist. Dieser Nachteil wird aber dadurch abgemildert, dass das Gericht konkret und unmissverständliche auf die fehlende Unschlüssigkeit sowie den noch erforderlichen Sachvortrag hinweisen muss (BGH, Beschl. v. 21.3.2013 – VII ZR 58/12, Rdn. 12; BGH, Beschl. v. 28.09.2006 – VII ZR 103/05, Rdn. 4). Zudem reichen solche Angaben aus, die es dem Gericht mit Hilfe eines Sachverständigen ermöglichen, die Mindestvergütung zu schätzen (BGH, Urt. v. 17.6.2004 – VII ZR 337/02).

V. Verjährungsrechtliche Folgen

39 Das Gesetz enthält keine § 14 Abs. 3 VOB/B oder § 14 Abs. 4 VOB/B vergleichbare Regelungen, wonach der Unternehmer binnen Frist eine prüfbare Schlussrechnung erstellen muss und fruchtloser Fristsetzung der Besteller selbst auf Kosten des Unternehmers eine solche Rechnung aufstellen darf (Schmid, Rdn. 244). Vermeintlich ist der Besteller verjährungsrechtlich ungeschützt, weil ohne prüfbare Schlussrechnung die Schlussvergütung nicht fällig wird und damit der Verjährungslauf nicht beginnt. Es sind die gleichen, von der Rechtsprechung (BGH, Urt. v. 19.6.1986 – VII ZR 221/85) entwickelten Grundsätze wie beim Architektenvertrag anwendbar: Der Besteller kann einem mit der Schlussrechnung säumigen Unternehmer eine angemessene Frist zur Rechnungserstellung setzen. Kommt dieser dann seiner Obliegenheit nicht alsbald nach, so führt dies dazu, dass er sich hinsichtlich der Verjährung seines Vergütungsanspruchs nach Treu und Glauben (§§ 162, 242 BGB) so behandeln lassen muss, als sei die Schlussrechnung innerhalb angemessener Frist erteilt worden.

D. Besonderheiten des VOB/B-Vertrags

I. Prüfbare Schlussrechnung als Fälligkeitsvoraussetzung

Im VOB-Vertrag war die Übergabe der prüfbaren Schlussrechnung schon immer eine zu- **40** sätzliche Voraussetzung für die Fälligkeit der Vergütung. Der Vergütungsanspruch wurde nach der alten Fassung der VOB/B gemäß § 16 Abs. 3 Nr. 1 VOB/B zwei Monate nach Erteilung der prüfbaren Schlussrechnung fällig, es sei denn, der Auftraggeber hat die Schlussrechnung vorher geprüft und das Ergebnis der Prüfung dem Auftragnehmer mitgeteilt (BGH, Urt. v. 22.4.1982 – VII ZR 191/81). Die VOB/B 2012 hat die Frist auf 30 Tage reduziert und gewährt dem Auftraggeber nur unter engen Voraussetzungen eine längere, auf 60 Tage begrenzte Prüffrist. Seit der VOB/B 2002 ist deutlicher geregelt, dass es sich um eine Fälligkeitsregelung handelt. Es ist nicht mehr möglich, die Fälligkeit im Ausnahmefall davon abhängig zu machen, ob die Schlussrechnung in der Prüffrist geprüft werden konnte. Damit dürfte die Rechtsprechung überholt sein, nach der die Fälligkeit nach Ablauf der Prüffrist dann nicht eintritt, wenn die Prüfung und Feststellung aus sachlichen, vom Auftraggeber nicht zu vertretenden Gründen nicht erfolgen kann, wie das z. B. dann der Fall sei, wenn der mit der Prüfung beauftragte Architekt verhaftet wurde und der sodann tätige Architekt die Unterlagen binnen der Prüffrist noch nicht zur Verfügung hat (BGH, Urt. v. 16.12.1968 – VII ZR 141/66; vgl. auch Heiermann/Riedl/Rusam, VOB/B, § 16 Rdn. 65; Beck'scher VOB-Komm/Motzke, VOB/B, § 16 Nr. 3 Rdn. 44; Ingenstau/Korbion-Locher, VOB/B, § 16 Rdn. 110 ff.). Diese Rechtsprechung war ohnehin fraglich, weil sie Elemente der Fälligkeit mit denen des verschuldensabhängigen Verzugs vermischte. Probleme, die dadurch entstehen, dass die Rechnung nicht geprüft werden kann, können, wie auch beim BGB-Vertrag, dadurch gelöst werden, dass ein Verzug nicht eintreten kann. Jedenfalls sollte nunmehr an der klaren Fälligkeitsregelung nichts geändert werden. Verjährungs- und Verzugsfragen wären sonst nicht mehr sicher zu beurteilen.

Das Schlussrechnungserfordernis benachteiligt den Besteller (soweit die VOB/B vom Unter- **41** nehmer verwendet wurde und der Inhaltskontrolle unterliegt) nicht (mehr) unangemessen i. S. v. § 307 Abs. 2 Nr. 1 BGB, obwohl der Unternehmer durch diese Regelung die Möglichkeit erhält, die Fälligkeit und damit den Beginn der Verjährungsfrist für den Vergütungsanspruch zu beeinflussen. Die zusätzliche Fälligkeitsvoraussetzung in § 16 Abs. 3 Nr. 1 VOB/B hält einer isolierten Inhaltskontrolle stand (OLG Hamburg, Urt. v. 20.12.2018 – 4 U 80/18 Rdn. 24 ff.; zustimmend Wittler/Zander, NJW 2019, 1918, 1921; ebenso N/W/J/S-Hummel, § 16 VOB/B Rdn. 148). Die Rechtslage entspricht insoweit der heutigen gesetzlichen Regelung zum Bauvertrag (→ § 650g Rdn. 32). Im Übrigen hat es der Besteller in der Hand, die Schlussrechnung im Wege der Ersatzvornahme nach § 14 Abs. 4 VOB/B selbst zu erstellen (→ § 650g Rdn. 76).

Ist hingegen der Besteller Verwender der VOB/B und unterliegt sie der Inhaltskontrolle, **42** ist die Wirksamkeit von § 16 Abs. 3 Nr. 1 VOB/B wohl eher zu verneinen, weil nach § 650g Abs. 4 BGB die Schlussvergütung sofort mit Zugang der (prüffähigen) Rechnung fällig wird und eine nach der Klausel mögliche Frist von mehr als 30 Tagen dem Rechtsgedanken von § 308 Nr. 1a. BGB widerspräche.

Eine vor Ablauf der Prüffrist erhobene Vergütungsklage ist mangels Fälligkeit der zugrun- **43** deliegenden Forderung unbegründet, es sei denn, die Schlussrechnung wurde tatsächlich vor Ablauf der Prüffrist geprüft und die Forderung festgestellt (§ 16 Abs. 3 Nr. 1 VOB/B). Zwar wird die Prüffrist zum Zeitpunkt des Schlusses der mündlichen Verhandlung wegen der nach der Neufassung der VOB/B nur noch 30-tägigen Prüffrist bei einer vor Ablauf der Prüffrist erhoben Klage regelmäßig abgelaufen und die Fälligkeit eingetreten sein. Bei einer verfrüht erhobenen Klage wird das Gericht aber aus Gründen des fairen Verfahrens gehalten sein, zu vertagen, um eine Entscheidung über die Schlussrechnungsforderung zu ermöglichen und eine zweite Klage zu vermeiden (vgl. BGH, Urt. v. 20.8.2009 – VII ZR 205/07, Rdn. 50; a. A. OLG Frankfurt, Beschl. v. 12.12.2012 – 9 U 141/11, zu einer ursprünglich auf eine Abschlagsrechnung gestützte Klage, die nachträglich auf die Schlussrechnungsforderung umgestellt wurde).

II. Anforderungen an die Rechnung

Ist die Rechnung nicht prüfbar, ist die Werklohnforderung nicht durchsetzbar, weil sie **44** (noch) nicht fällig ist (OLG Brandenburg, Urt. v. 17.1.2019 – 12 U 116/18). Die Anforderungen an die Prüfbarkeit der Schlussrechnung sind in der VOB/B in § 14 Abs. 1 geregelt. Danach

§ 650g Zustandsfeststellung bei Verweigerung der Abnahme, Schlussrechnung

ist die Rechnung übersichtlich aufzustellen und sind die in den Vertragsbestandteilen enthaltenen Bezeichnungen zu verwenden. Die zum Nachweis von Art und Umfang der Leistung erforderlichen Mengenberechnungen, Zeichnungen und andere Belege sind beizufügen (OLG Brandenburg, Urt. v. 17.1.2019 – 12 U 116/18). Danach gehört ein Aufmaß grundsätzlich zu einer prüfbaren Rechnung, soweit es zur Berechnung der Forderung notwendig ist. Änderungen und Ergänzungen des Vertrages sind in der Rechnung besonders kenntlich zu machen; sie sind auf Verlangen getrennt abzurechnen. Es ist nicht ausreichend, der Schlussrechnung nur Listen über die verwendeten Materialien beizufügen, da sich anhand solcher Listen nicht prüfen läßt, ob und wo die angegebenen Baustoffe verwendet worden sind (OLG Brandenburg, Urt. v. 17.1.2019 – 12 U 116/18).

45 Die Anforderungen der Prüfbarkeit sollen gewährleisten, dass der Auftraggeber die Berechtigung des Vergütungsanspruches ohne weiteres nachvollziehen kann. Die Rechnung hat sich also grundsätzlich an dem Auftrag zu orientieren. Unschädlich ist es, wenn die Schlussrechnung nicht insgesamt neu geschrieben wird, sondern auf prüfbare Abschlagsrechnungen Bezug nimmt (BGH, Urt. v. 29.4.1999 – VII ZR 127/98). Einzelne Aufträge können auch einzeln abgerechnet werden (BGH, Urt. v. 6.7.2000 – VII ZR 22/98). Wird vom Auftragnehmer auf Bitten des Auftraggebers eine zweite Schlussrechnung gestellt, in der wunschgemäß sämtliche Leistungen zusammengefasst sind, obwohl die zunächst erteilte Abrechnung prüfbar war, tritt die Fälligkeit mit der ersten (prüfbaren) Schlussrechnung ein – und löst den Beginn der Verjährungsfrist aus (LG Koblenz, Urt. v. 25.7.2016 – 4 O 283/15). Auf den Einwand der fehlenden Prüfbarkeit kann der Auftraggeber verzichten. Allerdings liegt in dem Zugeständnis des Auftraggebers, die Leistung sei abgenommen, nicht zugleich ein Verzicht auf den Einwand der fehlenden Prüfbarkeit der Schlussrechnung (BGH, Beschluss. v. 24.8.2016 – VII ZR 41/14).

46 Die Unrichtigkeit der Abrechnung darf nicht gleichgesetzt werden mit der fehlenden Prüfbarkeit (vgl. BGH, Urt. v. 6.7.2000 – VII ZR 22/98). Nur letztere führt zur gerichtlichen Undurchsetzbarkeit der Werklohnforderung. Ob die Abrechnung hingegen falsch oder richtig ist, hat das Gericht durch eine Beweisaufnahme zu klären. So ist es keine Frage der Prüfbarkeit, ob die Voraussetzungen des § 2 Abs. 5 oder 6 VOB/B vorgetragen sind (BGH, Urt. v. 17.12.1998 – VII ZR 37/98).

III. Fälligkeit bei missbräuchlicher Berufung auf fehlende Prüfbarkeit

1. Prüfbarkeit kein Selbstzweck

47 Die Rechtsprechung hat wiederholt darauf hingewiesen, dass die Prüfbarkeit kein Selbstzweck ist. Eine Rechnung kann nach Treu und Glauben auch als prüfbar zu behandeln sein, wenn die genannten Voraussetzungen nicht erfüllt, der Auftraggeber oder seine von ihm beauftragten Hilfspersonen jedoch gleichwohl aus den besonderen Umständen des Falles heraus in der Lage sind, die Prüfung vorzunehmen. Dabei kann auf die Fachkunde des vom Bauherrn hinzugezogenen Architekten abgestellt werden (vgl. OLG München, Urt. v. 3.2.1993 – 27 U 232/92; OLG Celle, Urt. v. 13.9.1995 – 13 U 30/95). Danach kann sich ein Auftraggeber nicht auf die mangelnde Prüfbarkeit einer Schlussrechnung berufen, wenn er die Informationen nicht benötigt, die eine Schlussrechnung nach den von der Rechtsprechung entwickelten Anforderungen enthalten muss. Dazu gibt es eine Vielzahl von Entscheidungen, die dem Grundsatz Rechnung tragen, dass eine Rechnung nur dem Kontroll- und Informationsinteresse des Auftraggebers im konkreten Fall genügen muss.

48 Entscheidend ist, ob der Auftraggeber die Rechnung subjektiv daraufhin nachzuvollziehen kann, ob der geltend gemachte Werklohn der vertraglichen Vereinbarung entspricht. Das kann auch der Fall sein, wenn die Rechnung sich nicht am Leistungsverzeichnis orientiert oder andere Bezeichnungen verwendet. In solchen Fällen wäre es rechtsmissbräuchlich und formalistisch, die Vergütung nur deshalb nicht zu zahlen, weil die Voraussetzungen des § 14 Abs. 1 VOB/B nicht eingehalten sind.

49 Ein Auftraggeber kann sich nicht auf die fehlende Prüfbarkeit einer Rechnung berufen, wenn er sie mit Erfolg geprüft hat und in der Lage war, eventuelle Unrichtigkeiten der Rechnung nachzuweisen (BGH, Urt. v. 22.11.2001 – VII ZR 168/00). Das gilt auch dann, wenn die Prüfung durch den Auftraggeber mit erheblichen Anstrengungen verbunden war (OLG Düsseldorf, Urt. v. 14.6.2019 – 22 U 248/18). In diesem Fall muss in eine Sachprüfung eingetreten werden. Es geht dann nur noch darum, ob die Abrechnung richtig oder falsch ist. Das ist z.B. angenommen worden, wenn mit Prozentangaben zur erbrachten Leistung gerechnet

worden ist, die anhand von Aufmaßblättern nachvollzogen werden konnten (BGH, Urt. v. 22.11.2001 – VII ZR 168/00; OLG Düsseldorf, Urt. v. 14.6.2019 – 22 U 248/18).

Der Auftraggeber kann sich auch nicht auf fehlende Prüfbarkeit berufen, weil Informationen fehlen, die er überhaupt nicht bestreitet (BGH, Urt. v. 18.9.1997 – VII ZR 300/96; Urt. v. 13.1.2005 – VII ZR 353/03) oder die er als Generalunternehmer zur Grundlage seiner eigenen Abrechnung gegenüber seinem Auftraggeber gemacht hat (OLG Frankfurt, Beschluss v. 12.4.2013 – 14 U 30/13). Deshalb kann eine Abrechnung von den Gerichten nicht mangels Prüffähigkeit zurückgewiesen werden, wenn nur Elemente fehlen, die der Überprüfung dienen, der Besteller diese Elemente aber gar nicht einfordert. Z. B. berechtigen ein fehlendes Aufmaß, ohne dass die Massen bestritten sind, eine nicht offen gelegte Kalkulation, wenn die Abrechnung nicht erbrachter Leistungen bestritten wird, fehlende Angaben zu möglicher kalkulatorischer Ersparnis, wenn der Auftraggeber das nicht rügt, nicht zur Klageabweisung mangels prüffähiger Abrechnung (BGH, Urt. v. 11.2.1999 – VII ZR 91/98; Urt. v. 11.2.1999 – VII ZR 399/97). 50

Eine Berufung auf die fehlende Prüfbarkeit ist unzulässig, wenn dem Auftraggeber die Überprüfung trotz einzelner fehlender Angaben möglich war (BGH, Urt. v. 8.10.1998 – VII ZR 296/97; Urt. v. 22.11.2001 – VII ZR 168/00). Dazu gehören auch die Fälle, in denen der Auftraggeber die notwendigen Kenntnisse für die Berechnung der Vergütung bereits anderweitig erlangt hat und deshalb deren ergänzende Aufnahme in die Schlussrechnung reine Förmelei wäre. So kann sich der Auftraggeber nicht auf ein fehlendes Aufmaß berufen, wenn er selbst ein Aufmaß gefertigt hat, um gegenüber seinem Auftraggeber abzurechnen (BGH, Urt. v. 22.12.2005 – VII ZR 316/03). Gleiches gilt, wenn der Auftraggeber durch mehrere Gegenüberstellungen und Listen sowie die Erstellung einer eigenen Berechnung die Abweichungen zur Schlussrechnung aufzeigt und damit die Überprüfbarkeit der Schlussrechnung letztlich bestätigt (OLG Koblenz, Urt. v. 28.2.2011 – 12 U 1543/07). Dem ist es vergleichbar, wenn der Auftraggeber die Schlussrechnung gem. § 14 Abs. 4 VOB/B selbst erstellt. Dadurch, dass er die Schlussrechnung erstellt hat, ist zugleich das Informations- und Kontrollinteresse befriedigt (OLG Stuttgart, Urt. v. 14.2.2017 – 10 U 107/16). Allerdings muss auch die vom Auftraggeber erstellte Schlussrechnung dem Auftragnehmer zugegangen sein, denn der Rechnungszugang ist auch in diesem Fall Fälligkeitsvoraussetzung (BGH, Urt. v. 8.11.2001 – VII ZR 480/00; OLG Schleswig, Beschl. v. 16.2.2016 – 1 U 43/12; → Rdn. 76). Hat der Auftraggeber die Schlussrechnung selbst aufgestellt, die allerdings nicht prüfbar ist, und macht sich der Auftragnehmer diese Schlussrechnung zu eigenen, wird die Werklohnforderung ebenfalls fällig (OLG Jena, Urt. v. 28.11.2012 – 7 U 348/12). 51

Eine Klage auf Werklohn kann nicht allein wegen des Fehlens einer prüfbaren Schlussrechnung abgewiesen werden, wenn deren Vorlage z. B. infolge Zeitablaufs unmöglich ist. In einem solchen Fall reicht es aus, dass der Auftragnehmer seine Forderung anderweitig schlüssig darlegt. Die Klage kann dann aufgrund eines Vortrages ganz oder teilweise Erfolg haben, der dem Tatrichter eine ausreichende Grundlage für eine Schätzung nach § 287 ZPO bietet (BGH, Urt. v. 23.9.2004 – VII ZR 173/03; Urt. v. 22.12.2005 – VII ZR 316/03). 52

Eine Klage auf Werklohn kann auch dann nicht wegen einer nicht prüfbaren Schlussrechnung des Auftragnehmers abgewiesen werden, wenn der Auftraggeber eine Widerklage wegen angeblicher Überzahlung des Auftragnehmers erhebt. Denn dadurch gibt er zu erkennen, dass er eine endgültige Abrechnung will, so dass die Berufung auf die fehlende Prüfbarkeit treuwidrig wäre. Auch die Entscheidung des Gerichts muss eine endgültige sein, weil über die Überzahlung endgültig entschieden wird (BGH, Urt. v. 12.1.2006 – VII ZR 2/04). 53

Dieser Ausschluss der Einwendungen gegen die Prüffähigkeit führt nicht dazu, dass die Rechnung prüffähig ist. Er führt vielmehr dazu, dass der Auftraggeber sich nach Treu und Glauben nicht auf die an sich nicht gegebene Fälligkeit berufen kann und diese damit zu bejahen ist. 54

2. Ausschlussfrist

Es entsprach ständiger Rechtsprechung des Bundesgerichtshofs, dass es auch treuwidrig ist, wenn die fehlende Prüfbarkeit der Schlussrechnung nicht innerhalb angemessener Frist geltend gemacht wird (→ Rdn. 52 f.). Als angemessene Frist galt die Prüfungsfrist nach § 16 VOB/B. Nach Ablauf dieser Frist war der Besteller mit dem Einwand der fehlenden Prüfbarkeit ausgeschlossen (→ Rdn. 54 f.). Mit der VOB/B 2006 wurde in § 16 Nr. 3 Abs. 1 Satz 3 VOB/B klargestellt, dass sich der Auftraggeber nach Ablauf der Prüfungsfrist des § 16 Nr. 3 Abs. 1 Satz 3 55

§ 650g   Zustandsfeststellung bei Verweigerung der Abnahme, Schlussrechnung

VOB/B 2006 auf die fehlende Prüfbarkeit nicht mehr berufen kann. Die mit der VOB/B 2012 geänderten Fristen des § 16 Abs. 3 Nr. 1 Satz 3 VOB/B (30 bzw. ausnahmsweise bis zu 60 Tage) sind durch den Verweis in § 16 Abs. 3 Nr. 1 Satz 3 VOB/B zugleich als Ausschlussfristen für den Einwand der fehlenden Prüfbarkeit maßgeblich (→ Rdn. 55 f.).

56   Nach der Rechtsprechung des Bundesgerichtshofs stellt es einen Verstoß gegen Treu und Glauben dar, wenn der Auftraggeber den Einwand fehlender Prüfbarkeit verspätet erhebt. Er ist dann mit diesem Einwand ausgeschlossen mit der Folge, dass der Vergütungsanspruch fällig wird. Das hat der Bundesgerichtshof in einem Fall entschieden, in dem die Prüffähigkeit einer nach der HOAI erteilten Schlussrechnung zur Diskussion stand (BGH, Urt. v. 27.11.2003 – VII ZR 288/02). Die in diesem Urteil entwickelten Grundsätze sind auch auf die nach der VOB/B erteilten Schlussrechnungen anwendbar (BGH, Urt. v. 27.1.2011 – VII ZR 41/10; Urt. v. 28.6.2007 – VII ZR 199/06; Urt. v. 22.12.2005 – VII ZR 316/03; Urt. v. 8.12.2005 – VII ZR 50/04; Urt. v. 23.9.2004 – VII ZR 173/03). Danach gilt Folgendes:

57   Die von der VOB/B gestellten Anforderungen an die Prüfbarkeit sollen den Auftraggeber davor schützen, eine Abrechnung hinnehmen zu müssen, die ihn von vornherein nicht in die Lage versetzt, die Berechtigung der geltend gemachten Forderung zu überprüfen. Das Erfordernis einer prüfbaren Rechnung dient den Interessen beider Parteien. Es eröffnet dem Auftragnehmer die Möglichkeit, anhand der erbrachten Leistungen zu prüfen, welcher Anspruch ihm zusteht, ohne dass er Gefahr läuft, die Verjährung der Forderung könne beginnen (BGH, Urt. v. 20.10.1988 – VII ZR 302/87). Ist die Rechnung gestellt, ermöglicht es dem Auftraggeber ungeachtet der Frage, ob die in Rechnung gestellte Forderung materiell-rechtlich berechtigt ist oder nicht, eine Vorprüfung, ob die für die Prüfung der Rechnung wesentlichen Angaben in ihr enthalten sind. Es ist Sache des Auftraggebers, diese Kontrolle vorzunehmen und zu beurteilen, ob die Rechnung für ihn ausreichend ist oder ob er noch weitere Angaben benötigt. Der Auftraggeber ist gehalten, diese Beurteilung alsbald nach Erhalt der Rechnung vorzunehmen und seine Bedenken gegen die Prüfbarkeit konkret mitzuteilen, um den Auftragnehmer in die Lage zu versetzen, die Prüfbarkeit herzustellen (OLG Karlsruhe, Urt. v. 13.11.2012 – 8 U 106/09). Denn es ist mit Treu und Glauben und dem auch nach Erbringung der Vorleistung des Werkunternehmers nachwirkenden Kooperationsgebot nicht zu vereinbaren, wenn der Auftraggeber die Beurteilung der Prüfbarkeit der Rechnung hinausschiebt, um diese später in Frage zu stellen. Die als Fälligkeitsvoraussetzung geregelte Prüfbarkeit hat auch den Zweck, das Verfahren über die Abrechnung zu vereinfachen und zu beschleunigen (vgl. BGH, Urt. v. 20.10.1988 – VII ZR 302/87). Ergibt bereits die als Vorprüfung zu verstehende Kontrolle, dass die Abrechnung keine ausreichenden Angaben zur Prüfbarkeit enthält, kann der Auftraggeber diese Rechnung zurückweisen. Der Auftragnehmer ist dann gehalten, zur Herbeiführung der Fälligkeit seiner Rechnung eine neue Schlussrechnung zu übergeben, die die Anforderungen erfüllt.

58   Das bedeutet, dass der Auftraggeber den durch die Ausgestaltung der Prüfbarkeit als Fälligkeitsvoraussetzung eingeräumten Schutz verliert, wenn er seine Einwendungen gegen die Prüfbarkeit nicht binnen Frist erhebt. Der Auftraggeber wird durch diese Anforderung nicht unverhältnismäßig belastet. Er ist regelmäßig in der Lage, die Prüfbarkeit rasch und zuverlässig zu beurteilen und deshalb die Bedenken dagegen vorzubringen. Erhebt er nicht alsbald Bedenken gegen die Prüfbarkeit, verliert er nicht seine sachlichen Einwendungen gegen die Rechnung. Er ist also uneingeschränkt in der Lage, die sachliche Berechtigung der berechneten Forderung anzugreifen, auch mit den Gründen, die gleichzeitig die fehlende Prüfbarkeit belegen. Die Darlegungs- und Beweislast für die Forderung ändert sich nicht.

59   Der Einwand der fehlenden Prüfbarkeit einer Rechnung ist dann rechtzeitig, wenn er binnen Frist erfolgt. Als angemessene Frist für die Berufung auf die fehlende Prüfbarkeit der Rechnung war ursprünglich die zweimonatige Prüfungsfrist des § 16 Abs. 1 VOB/B a. F. angesehen worden (BGH, Urt. v. 27.1.2011 – VII ZR 41/10, Rdn. 16; Urt. v. 8.12.2005 – VII ZR 50/04, Rdn. 19). Da der Auftraggeber innerhalb dieser Frist die Rechnung zu prüfen hat, muss es ihm auch möglich sein, in diesem Zeitraum zu beurteilen, ob die Rechnung überhaupt prüfbar ist. Mit der VOB/B 2006 war klargestellt worden, dass sich der Auftraggeber nach Ablauf der Prüfungsfrist auf die fehlende Prüfbarkeit nicht mehr berufen kann. Die mit der VOB/B 2012 auf regelmäßig 30 Tage verkürzte Prüfungsfrist ist durch § 16 Nr. 1 Satz 3 VOB/B auch als Frist für den Einwand der fehlenden Prüfbarkeit maßgeblich. Bei dieser Frist handelt es sich um eine Ausschlussfrist. Auf ein Verschulden des Auftraggebers kommt es insoweit nicht an. Der Einwand geht also sowohl in den Fällen verloren, in denen der Auftraggeber die fehlende

Prüfbarkeit erkennt und nicht reagiert, als auch in den Fällen, in denen er, häufig ebenso wie der Auftragnehmer, von der Prüfbarkeit ausgeht.

Ist der angemessene Zeitraum, nämlich die Prüfungsfrist des § 16 Abs. 3 Nr. 1 VOB/B, abgelaufen, ohne dass der Auftraggeber Stellung genommen hat, ist er mit dem Einwand fehlender Prüfbarkeit ausgeschlossen. Hat der Auftraggeber die Rechnung geprüft und deren objektiv fehlende Prüfbarkeit nicht beanstandet, sondern nur gegen die Richtigkeit gerichtete, sachliche oder überhaupt keine Einwendungen erhoben, so ist er mit dem Einwand der fehlenden Prüfbarkeit ebenfalls ausgeschlossen. Die Fälligkeit der Forderung, die auf Grundlage einer nicht prüffähigen Rechnung erhoben wird, tritt ein, wenn der Prüfungszeitraum ohne Beanstandungen zur Prüfbarkeit abgelaufen ist oder wenn das Ergebnis der Prüfung mitgeteilt wird, soweit keine Beanstandungen zur Prüfbarkeit erhoben werden. Das gilt auch dann, wenn die Rechnung während eines laufenden Gerichtsverfahrens erteilt wird. Denn auch insoweit ist das Interesse an Beschleunigung schützenswert (BGH, Urt. v. 8.12.2005 – VII ZR 50/04). **60**

An den Grundsätzen ändert sich nichts, wenn das Gericht (z. B. wegen Unkenntnis der dargestellten Rechtslage) den Auftragnehmer auffordert, eine prüfbare Rechnung vorzulegen und dies geschieht. Die Fälligkeit der Werklohnforderung ist bereits eingetreten, wenn zuvor die Prüffrist nach Erteilung der objektiv nicht prüfbaren Rechnung abgelaufen war. Die fehlerhafte Sachbehandlung eines Gerichts führt nicht dazu, dass die Forderung nicht fällig ist. Genauso ist es, wenn die erste nicht prüfbare Rechnung innerhalb der Prüffrist nicht beanstandet wurde und der Auftragnehmer später eine weitere nicht prüfbare Rechnung vorlegt. Auch hier gilt, dass dann, wenn die Forderung einmal fällig geworden ist, spätere unprüfbare Rechnungen die eingetretene Fälligkeit nicht mehr beseitigen können (BGH, Urt. v. 27.1.2011 – VII ZR 41/10). Auch ändert sich daran nichts, wenn der Auftraggeber sich von Anfang an gegen die Forderung dem Grunde nach wendet, weil er der Auffassung ist, dass er überhaupt keinen Werklohn schuldet, etwa weil er Leistungen nicht in Auftrag gegeben hat. Wer innerhalb der Frist die fehlende Prüfbarkeit nicht rügt, verliert den Einwand auch dann, wenn er sich mit der Rechnung gar nicht auseinandergesetzt hat, weil er sich nicht zur Zahlung verpflichtet hält. Hat der Auftraggeber die Rechnung dagegen mangels Prüfbarkeit zurückgewiesen, so wird die Rechnung nicht fällig, wenn sie materiell nicht prüffähig ist. Ausreichend ist dabei allerdings nicht allein die Rüge, die Rechnung sei nicht prüffähig (vgl. BGH, Urt. v. 14.1.1999 – VII ZR 277/97). Vielmehr muss die Rüge den Auftragnehmer in die Lage versetzen, die fehlenden Anforderungen an die Prüfbarkeit nachzuholen. Erforderlich ist deshalb eine Rüge, mit der die Teile der Rechnung und die Gründe bezeichnet werden, die nach Auffassung des Auftraggebers zu dem Mangel der fehlenden Prüfbarkeit führen. Insoweit sind die Grundsätze anwendbar, die die Rechtsprechung zur Rüge der Prüfbarkeit im Prozess entwickelt hat. **61**

Danach ist es Sache des Auftraggebers, die fehlende Substantiierung oder Prüfbarkeit im Einzelnen zu rügen (BGH, Urt. v. 22.4.2010 – VII ZR 48/07; Urt. v. 8.7.1999 – VII ZR 237/98; vgl. auch Urt. v. 11.2.1999 – VII ZR 399/97). Allgemeine Hinweise des Auftraggebers auf fehlende Prüfbarkeit reichen also nicht (BGH, Urt. v. 14.1.1999 – VII ZR 277/97). Der Auftraggeber muss vielmehr substantiiert vortragen, inwieweit ihm Informationen aus der Rechnung fehlen. Dann ist es Sache des Auftragnehmers, diese Informationen nachzuliefern und seinen Vortrag zu substantiieren (BGH, Urt. v. 14.1.1999 – VII ZR 277/97). Eine Mitteilung, dass die Fälligkeitsvoraussetzungen als nicht gegeben angesehen werden, weil die Rechnung wegen der Lage des Gebäudes in einem Sanierungsgebiet eine detaillierte Auflistung hätte enthalten müssen, ist – jedenfalls bei einer Pauschalpreisvereinbarung – ohne jeden konkreten Einwand gegen die Prüffähigkeit der Rechnung und deshalb als Prüfbarkeitsrüge unzureichend (OLG Brandenburg, Urt. v. 25.1.2012 – 4 U 7/10). Die Prüfbarkeitsrüge muss dem Auftragnehmer deutlich vor Augen führen, dass der Auftraggeber nicht gewillt ist, in eine sachliche Auseinandersetzung über die Forderungshöhe einzutreten, solange er keine prüfbare Abrechnung erhalten hat (OLG Brandenburg, Urt. v. 25.1.2012 – 4 U 7/10). Die Rüge soll es dem Auftragnehmer ermöglichen, die Prüffähigkeit herzustellen. Erforderlich ist deshalb eine Rüge, mit der die Teile der Rechnung und die Gründe konkret bezeichnet werden, die nach Auffassung des Auftraggebers zur fehlenden Prüffähigkeit führen (OLG Karlsruhe, Urt. v. 13.11.2012 – 8 U 106/09). **62**

Die Prüfungsfrist ist lediglich Fälligkeitsvoraussetzung für die Schlussforderung. Der Eintritt der Prüfbarkeit mangels Rüge führt deshalb nicht zum Ausschluss von sachlichen Einwendungen gegen die Schlussforderung (OLG Koblenz, Beschluss vom 18.1.2012 – 2 U 1001/11). Es findet nach Eintritt der Prüfbarkeit kraft fruchtlosem Fristablauf eine umfassende Sachprüfung statt (BGH, Urt. v. 23.9.2004 – VII ZR 173/03; BGH, Urt. v. 22.12.2005 – VII ZR 316/03). **63**

§ 650g   Zustandsfeststellung bei Verweigerung der Abnahme, Schlussrechnung

3. Teilprüfbarkeit

64   Der der Ausschlussfrist zu Grunde liegende Beschleunigungsgedanke findet sich auch in § 16 Abs. 3 Satz 2 VOB/B. Er ist dort sogar als Gebot formuliert. Der Auftraggeber hat Anspruch auf sofortige Auszahlung eines unbestrittenen Guthabens als Abschlagszahlung. Aus dieser Regelungstechnik wird deutlich, dass der Auftraggeber eine Schlussrechnung zu prüfen hat, soweit sie prüfbar ist. Sind einzelne Teile einer Schlussrechnung prüfbar und ergibt sich nach deren Prüfung unter Berücksichtigung der Voraus- und Abschlagszahlungen bereits ein Guthaben des Auftragnehmers, ist dieses Guthaben auszuzahlen. Der Auftraggeber kann die Auszahlung dieses Guthabens nicht mit dem Argument zurückweisen, die Rechnung sei (teilweise) nicht prüfbar (BGH, Urt. v. 27.11.2003 – VII ZR 288/02; Urt. v. 22.12.2005 – VII ZR 316/03). Diese Grundsätze müssen auch dann herangezogen werden, wenn der Unternehmer eine nur in einzelnen Positionen nicht prüfbare Rechnung vorlegt, sich aber aus den prüfbaren Positionen ein Guthaben ergibt (BGH, Urt. v. 27.11.2003 – VII ZR 288/02; Urt. v. 22.4.2010 – VII ZR 48/07).

IV. Prozessuale Auswirkungen der fehlenden Prüfbarkeit

1. Klageabweisung als derzeit unbegründet

65   Ist die Schlussrechnung nicht prüfbar und liegt keiner der Fälle vor, in denen die Berufung auf die fehlende Prüfbarkeit ein Verstoß gegen Treu und Glauben ist, wird die Forderung nicht fällig (§ 16 Abs. 3 VOB/B). Das hat zur Folge, dass eine Klage, die auf eine nicht prüfbare Schlussrechnung gestützt wird, mangels Fälligkeit als derzeit unbegründet abzuweisen ist. Die Klage darf nicht wegen fehlender Substantiierung des Anspruchs als endgültig unbegründet abgewiesen werden (BGH, Urt. v. 11.2.1999 – VII ZR 399/97; BGH, Urt. v. 27.1.2011 – VII ZR 41/10, Rdn. 16). Der Unternehmer hat Gelegenheit, mit einer neuen Schlussrechnung die Forderung erneut klageweise geltend zu machen. Das gilt auch im Fall der Abrechnung nach Kündigung gem. § 8 Abs. 1 Nr. 2 VOB/B, denn auch dieser Anspruch ist gem. § 8 Abs. 6 VOB/B prüfbar abzurechnen (BGH, Urt. v. 11.2.1999 – VII ZR 399/97). Wird die Klage mangels prüfbarer Schlussrechnung als derzeit unbegründet abgewiesen, steht die Rechtskraft dieser Entscheidung einer erneuten Klage auf Basis der „alten" Schlussrechnung entgegen, wenn unter Vorlage eines Gutachtens geltend gemacht wird, die Beurteilung sei unzutreffend (BGH, Urt. v. 23.1.2014 – VII ZB 49/13 Rdn. 11), oder wenn behauptet wird, das Gericht hätte im Vorprozess falsch entschieden; mit der neuen Klage müssen also „neue" Fälligkeitsgründe (z. B. neue, nunmehr prüfbare Schlussrechnung) geltend gemacht werden (OLG Frankfurt, Urt. v. 21.4.2017 – 29 U 180/16).

66   Anders als beim BGB-Werkvertrag (→ § 641 BGB Rdn. 34) kommt eine Schätzung der Vergütung bei einer nicht prüfbaren Schlussrechnung nicht in Betracht. Denn beim VOB-Vertrag ist – wie beim BGB-Bauvertrag – die Prüfbarkeit als Fälligkeitsvoraussetzung ausgestaltet. Eine geschätzte Fälligkeit gibt es nicht. Die Fälligkeit des Werklohns hängt auch in allen Fällen vorzeitiger Beendigung des VOB-Vertrages bezüglich aller sich daraus ergebenden vergütungsgleichen Ansprüche des Unternehmers gemäß § 8 Abs. 6 VOB/B von der Erteilung einer prüffähigen Schlussrechnung ab (BGH, Urt. v. 30.10.1997 – VII ZR 222/96).

67   Zu beachten ist jedoch, dass die Rechtskraft eines die Klage abweisenden Versäumnisurteils zu einer umfassenden Rechtskraftwirkung führt. Die erneute Geltendmachung eines Anspruchs, der mit einem Versäumnisurteil abgewiesen worden ist, ist in jedem Fall ausgeschlossen. Der Kläger kann sich im Zweitprozess nicht darauf berufen, im Erstprozess habe seinem Anspruch lediglich ein inzwischen behobenes vorübergehendes Hindernis entgegengestanden (BGH, Urt. v. 17.12.2002 – XI ZR 90/02). Das bedeutet, dass der Kläger im Zweitprozess grundsätzlich nicht geltend machen kann, die Erstklage hätte als derzeit unbegründet abgewiesen werden müssen, weil die Forderung noch nicht fällig gewesen sei. Ob das allerdings auch dann gilt, wenn die Fälligkeit der Forderung der einzige Streitpunkt war, ist ungeklärt.

68   Wurde die fehlende Prüfbarkeit nicht fristgerecht oder überhaupt nicht gerügt und deshalb in die Sachprüfung eingetreten (→ Rdn. 70), besteht mit einer nicht prüffähigen und deshalb zugleich auch unschlüssigen Rechnung allerdings das Risiko, dass die Klage endgültig abgewiesen wird, wenn die Forderung nicht spätestens im Prozess schlüssig dargelegt werden kann (BGH, Beschl. v. 14.6.2007 – VII ZR 230/06).

Zustandsfeststellung bei Verweigerung der Abnahme, Schlussrechnung § 650g

2. Hinweispflichten

Sofern der Sachvortrag unschlüssig ist, treffen das Gericht Hinweispflichten (→ § 641 BGB Rdn. 36). Beim VOB-Vertrag muss der Besteller die innerhalb der Zweimonatsfrist erhobenen Einwendungen gegen die Prüfbarkeit der Schlussrechnung aufrechterhalten und im Prozess vorbringen. Sollten sich daraus noch Unklarheiten ergeben, muss das Gericht den Unternehmer unmissverständlich darauf hinweisen, welche Anforderungen an die Prüfbarkeit einer Schlussrechnung seiner Ansicht nach noch nicht erfüllt sind und dem Unternehmer Gelegenheit geben, dazu ergänzend vorzutragen (BGH, Urt. v. 21.1.1999 – VII ZR 269/97; Urt. v. 11.2.1999 – VII ZR 399/97; Beschl. v. 28.9.2006 – VII ZR 103/05). Für die Hinweispflicht des Gerichts zur Prüfbarkeit gilt im Übrigen das zur Schlüssigkeit Gesagte (→ § 641 BGB Rdn. 36) in gleicher Weise. **69**

3. Vorlage einer neuen Schlussrechnung

Legt der Unternehmer eine neue Schlussrechnung vor, liegt darin keine Klageänderung, denn der Streitgegenstand ist und bleibt die Werklohnforderung. Er ändert sich nicht dadurch, dass eine neue Rechnung vorgelegt wird (BGH, Urt. v. 4.7.2002 – VII ZR 103/01; Urt. v. 9.10.2003 – VII ZR 335/02; Urt. v. 18.12.2003 – VII ZR 124/02). **70**

Die Abweisung einer Vergütungsklage wegen fehlender Fälligkeit (als derzeit unbegründet) verbietet es dem Unternehmer nicht, den Vergütungsanspruch erneut klageweise geltend zu machen. Der Vergütungsanspruch wird unter dieser Voraussetzung (fehlende Fälligkeit) nicht endgültig und rechtskräftig aberkannt. Das klageabweisende Urteil steht einer neuen Klage nicht entgegen (BGH, Urt. v. 28.9.2000 – VII ZR 57/00; BGH, Urt. v. 27.10.1994 – VII ZR 217/93). Mit einer neuen Klage ist dann aber die eingetretene Fälligkeit durch Vorlage der nunmehr erstellten weiteren prüffähigen Schlussrechnung nachzuweisen. Ficht der Unternehmer stattdessen das klageabweidende Urteil mit der Berufung an und legt er erst mit der Berufung eine neue (prüfbare) Rechnung vor, kann diese neue Tatsache nicht aus prozessualen Gründen als verspätet zurückgewiesen werden, da diese Rechnung beim VOB-Vertrag Fälligkeitsvoraussetzung ist. Die Prozesspartei ist nicht verpflichtet, zur Vermeidung von Prozessnachteilen die materiellen Voraussetzungen für die Fälligkeit frühzeitig zu schaffen. Mit der neuen Schlussrechnung wird beim VOB-Vertrag die materielle Voraussetzung der Fälligkeit geschaffen, so dass es sich nicht um ein neues Angriffs- und Verteidigungsmittel im Sinne des Prozessrechts handelt. Die neue Schlussrechnung kann also nicht gemäß § 296 ZPO als verspätet zurückgewiesen werden (vgl. BGH, Urt. v. 9.10.2003 – VII ZR 335/02). Ebenso wenig kommt in der Berufung eine Zurückweisung nach § 527 ZPO in Betracht. Die die Fälligkeit der Werklohnforderung begründende neue Schlussrechnung und der dazugehörende neue Vortrag kann auch nicht nach § 531 Abs. 2 Nr. 3 ZPO zurückgewiesen werden (BGH, Urt. v. 6.10.2005 – VII ZR 229/03). Bei dieser Entscheidung hat sich der Bundesgerichtshof vor allem an dem Zweck der Prozessreform orientiert. Mit diesem wäre es nicht zu vereinbaren, wenn der Kläger gezwungen würde, einen neuen Prozess mit erneuter Belastung der Gerichte anzustrengen, obwohl mit der neuen Schlussrechnung eine Klärung der Forderung herbeigeführt würde. Allerdings ist diese Rechtsprechung nicht auf die Fälle anwendbar, in denen die Rechnung keine Fälligkeitsvoraussetzung ist oder die Fälligkeit bereits eingetreten ist, weil der Besteller die fehlende Prüfbarkeit einer Rechnung nicht gerügt hat (vgl. BGH, Urt. v. 27.1.2011 – VII ZR 41/10). **71**

Erhebt der Unternehmer nach rechtskräftiger Abweisung seiner Vergütungsklage eine neue Klage auf der Grundlage derselben nicht prüfbaren Schlussrechnung (die im Vorprozess gerügten Stundenlohnzettel werden auch mit der zweiten Klage nicht vorgelegt), ist die zweite Klage unzulässig, weil der Streitgegenstand der neuen Klage mit dem der ersten identisch ist, dem zweiten Prozess also die Rechtskraft der ergangenen Entscheidung entgegensteht, § 322 Abs. 1 ZPO (BGH, Beschl. v. 23.1.2014 – VII ZB 49/13; vgl. auch vorhergehend OLG Koblenz, Beschl. v. 24.6.2013 – 3 U 202/13; nicht überzeugend sind die Ausführungen des OLG zur Unzulässigkeit der Berufung gegen das klageabweisende erstinstanzliche Urteil, vgl. dazu die Anmerkung von Voit, NJW 2013, 3380). **72**

4. Vorrangige Einwendungen

Wendet sich die beklagte Partei nicht nur gegen die Prüfbarkeit der Schlussrechnung, sondern erhebt er auch Einwendungen, nach denen sich unabhängig von der Prüfbarkeit der Rechnung kein Anspruch ergibt, z.B. die Einrede der Verjährung oder der Einwand der fehlenden Aktiv- oder Passivlegitimation, sind diese Einwendungen vorrangig zu prüfen und die **73**

§ 650g   Zustandsfeststellung bei Verweigerung der Abnahme, Schlussrechnung

Klage ggf. aus diesen Gründen endgültig als unbegründet abzuweisen. Davon ausgenommen sind allerdings die Einwendungen, die die Höhe der Forderung betreffen, denn deren Prüfung ist bei einer nicht prüfbaren Schlussrechnung nicht möglich. Die beklagte Partei ist beschwert, wenn sie die endgültige Klageabweisung erstrebt, die Klage jedoch mangels Fälligkeit der Forderung nur als zur Zeit unbegründet abgewiesen wird (BGH, Urt. v. 4.5.2000 – VII ZR 53/99; Urt. v. 27.1.2011 – VII ZR 41/10). Eine Berufung, mit der sie die endgültige Klageabweisung verfolgt, ist also zulässig.

5. Sachprüfung

74   Von der Frage nach der Prüfbarkeit der Schlussrechnung im Sinne der dargestellten materiellen Anforderungen ist die Frage zu unterscheiden, ob die Rechnung richtig ist. Das Erfordernis der Prüfbarkeit hat eine Filterfunktion. Es soll von vornherein die Abrechnung in geordnete Bahnen lenken (vgl. Kniffka, Jahrbuch Baurecht 2000, 1 ff.). Sind die Voraussetzungen dafür erfüllt, erfolgt die eigentliche Sachprüfung dahin, ob die vom Unternehmer erhobene Forderung berechtigt ist. In vielen Fällen wird von den Parteien und dem Gericht nicht ausreichend zwischen Prüfbarkeit einer Rechnung nach den vorgestellten Grundsätzen und Richtigkeit einer Rechnung unterschieden. Die Entscheidungen des Bundesgerichtshofs enthalten eine Vielzahl von Bemerkungen dazu, dass die Instanzgerichte fehlerhaft die Prüffähigkeit verneinen, obwohl in Wahrheit nur unklar ist, ob die aufgestellte Abrechnung richtig oder falsch ist (Behauptung, die prüfbar vorgetragene Kalkulation des Unternehmers sei falsch: BGH, Urt. v. 24.6.1999 – VII ZR 342/98; Urt. v. 26.10.2000 – VII ZR 99/99; Urt. v. 4.7.2002 – VII ZR 103/01; Urt. v. 22.5.2003 – VII ZR 143/02; Behauptung, die Herstellungskosten seien in Wahrheit höher: BGH, Urt. v. 24.6.1999 – VII ZR 342/98; Feststellung, dass unterschiedliche Abrechnungen vorliegen, die sich inhaltlich voneinander unterscheiden, denn das ändert nichts daran, dass die Abrechnung, auf die sich der Unternehmer stützt, geprüft werden muss: vgl. BGH, Urt. v. 8.7.1999 – VII ZR 237/98; Urt. v. 25.7.2002 – VII ZR 263/01; Urt. v. 18.4.2002 – VII ZR 164/01; Behauptung, die abgerechneten Leistungen seien nicht in Auftrag gegeben: BGH, Urt. v. 17.12.1998 – VII ZR 37/98; Behauptung, die vertraglichen Voraussetzungen für eine Vergütung lägen nicht vor: BGH, Urt. v. 17.12.1998 – VII ZR 37/98).

75   Grundlage für die Beurteilung der Prüfbarkeit ist der Vortrag des Unternehmers. Zu berücksichtigen sind nicht nur die prozessual überreichten Rechnungen, sondern auch die Prozessunterlagen. Schriftsätze, die die Rechnung erläutern, und die entsprechenden Unterlagen sind deshalb mit heranzuziehen (BGH, Urt. v. 18.4.2002 – VII ZR 164/01; Urt. v. 14.11.2002 – VII ZR 224/01; Urt. v. 13.1.2005 – VII ZR 353/03; Urt. v. 22.12.2005 – VII ZR 316/03). Hat ein Unternehmer auf dieser Grundlage prüfbar abgerechnet, so muss das Gericht in die Sachprüfung eintreten. Soweit die Grundlagen der Abrechnung bestritten werden, muss es Beweis darüber erheben oder nach Beweislast entscheiden. Etwas anderes gilt nur, sofern die Klage aus anderen Gründen unschlüssig ist. Das kann z.B. der Fall sein, wenn Widersprüche im Vortrag enthalten sind, die nach den gebotenen richterlichen Hinweisen nicht aufzuklären sind. Gleiches gilt selbstverständlich für die sonstigen Voraussetzungen der Vergütung, wie z.B. eine schlüssige Darlegung von Nachträgen usw.

76   Der Unternehmer muss insbesondere darauf achten, welchen eventuell angepassten Vortrag die jeweilige Prozesssituation erfordert. Besteht Streit darüber, welche Leistungen überhaupt vereinbart und Grundlage der behaupteten Vergütung sind, so kann er nach dem Ergebnis der Beweisaufnahme gehalten sein, seinen Vortrag zu ändern (vgl. BGH, Urt. v. 26.10.2000 – VII ZR 3/99). Hat er z.B. behauptet, er habe nach dem Vertrag bestimmte Positionen des Leistungsverzeichnisses nicht geschuldet, stellt sich jedoch heraus, dass das nicht der Fall ist oder kann er es nicht beweisen, so sind die Grundlagen für seine ursprüngliche Kalkulation entfallen. Er muss dann unter Umständen eine neue Kalkulation vorlegen. Jedenfalls muss der Wert der nicht kalkulierten Leistungen bekannt sein, so dass der Umfang der Verlustkalkulation ermittelt werden kann.

77   Die Beweislast für den Vergütungsanspruch und damit auch für die Richtigkeit der Abrechnung trägt nach allgemeinen Grundsätzen der Unternehmer. Es besteht die Möglichkeit der Schätzung nach § 287 ZPO (BGH, Urt. v. 12.2.2003 – X ZR 62/01; Urt. v. 8.12.2005 – VII ZR 50/04; Urt. v. 22.12.2005 – VII ZR 316/03).

V. Rechnungserteilung durch den Auftraggeber

Nach § 14 Abs. 3 VOB/B ist die prüfbare Schlussrechnung innerhalb bestimmter Fristen einzureichen. Die vorgesehene Frist beginnt mit der Fertigstellung (OLG Koblenz, Beschl. v. 13.12.2012 – 10 U 1282/11: Fertigstellung liegt in der Inbetriebnahme). Kommt der Auftragnehmer dem nicht nach, kann der Auftraggeber ihm nach § 14 Abs. 4 VOB/B eine angemessene Frist setzen und dann die Rechnung auf Kosten des Unternehmers selbst erstellen (BGH, Urt. v. 22.12.1983 – VII ZR 213/82; OLG Hamburg, Urt. v. 20.12.2018 – 4 U 80/18). Das hat durchaus einen Sinn, denn ohne prüfbare Schlussrechnung beginnt die Verjährung zunächst nicht zu laufen. Der Auftraggeber kann den Gang der Verjährungsfrist für den Vergütungsanspruch also selbst beschleunigen (BGH, Urt. v. 22.12.1983 – VII ZR 213/82). Nach fruchtlosem Ablauf der Frist zur Schlussrechnungserstellung kann, muss der Auftraggeber aber nicht selbst eine Schlussrechnung erstellen (OLG Hamm, Urt. v. 25.9.2014 – 24 U 65/13). Der Vergütungsanspruch kann dann verwirkt sein, wenn der Auftragnehmer mehr als fünf Jahre nach Fristsetzung eine Schlussrechnung erstellt und der Auftraggeber die ausgezahlten Abschläge als Schlussrechnungssumme erkennbar behandelt hatte (OLG Hamm, Urt. v. 25.9.2014 – 24 U 65/13). Eine Verwirkung vor Ablauf der kurzen regelmäßigen Verjährungsfrist von drei Jahren kommt indes nur in Ausnahmefällen in Betracht (näher OLG Düsseldorf, Urt. v. 12.6.2015 – 22 U 32/15). Erstellt der Auftraggeber gemäß § 14 Abs. 4 VOB/B selbst eine Schlussrechnung, müssen darin die Leistungen auf der Grundlage des abgeschlossenen Vertrages prüfbar abgerechnet werden (OLG Jena, Urt. v. 28.11.2012 – 7 U 348/12). Liegt für die Abrechnung eines Einheitspreisvertrages ein Aufmaß noch nicht vor und ist es zur Ermittlung der Positionspreise notwendig, muss der Auftraggeber es selbst nehmen und seiner Berechnung zugrunde legen. Die Kosten für Aufmaß und Abrechnung trägt der Auftragnehmer unter den Voraussetzungen des § 14 Abs. 4 VOB/B. Beim Pauschalpreisvertrag reicht hingegen eine Abrechnung, die von der Pauschale ausgeht (OLG Karlsruhe, Urt. v. 2.12.2014 – 19 U 122/13). Die durch den Auftraggeber abgerechnete Forderung wird in dem Zeitpunkt fällig, in dem die Rechnung dem Auftragnehmer zugeht (BGH, Urt. v. 8.11.2001 – VII ZR 480/00; OLG Nürnberg, Urt. v. 24.07.2013 – 13 U 594/12; OLG Stuttgart, Urt. v. 14.2.2017 – 10 U 107/16). Die Schlussrechnung muss dem Auftraggeber außerdem zugegangen sein (BGH, Urt. v. 8.11.2001 – VII ZR 480/00) und auf ihn ausgestellt sein. Allerdings ist der Einwand des Auftraggebers, die Schlussrechnung sei nicht auf ihn, sondern auf eine mit ihm verbundene Drittgesellschaft ausgestellt worden, wenn er die Schlussrechnung in Händen hält und sie vom personenidentischen Geschäftsführer geprüft wurde, treuwidrig (OLG Celle, Urt. v. 26.10.2016 – 7 U 27/16). Auch wenn die insoweit fehlerhaft ausgestellte Rechnung der Fälligkeit nicht entgegensteht, kann dem Auftraggeber aber ein Zurückbehaltungsrecht nach § 273 BGB bis zur Erteilung einer auf ihn ausgestellten Rechnung zustehen (OLG München v. 25.9.1987 – 7 W 2791/87).

VI. Vorbehaltlose Annahme der Schlusszahlung

Nach § 16 Abs. 3 Nr. 2 VOB/B sind Nachforderungen des Auftragnehmers bei vorbehaltloser Annahme der Schlusszahlung ausgeschlossen, sofern der Auftragnehmer auf die Schlusszahlung und deren Ausschlusswirkung hingewiesen wurde. Nachforderungen bleiben dem Auftragnehmer nur dann erhalten, wenn er sich diese innerhalb einer Frist von 24 Werktagen vorbehält und den Vorbehalt binnen weiterer 24 Werktage begründet (§ 16 Abs. 3 Nr. 5 VOB/B). Über die Regelung des § 16 Abs. 3 VOB/B hinaus ist der Unternehmer an die von ihm vorgelegte Schlussrechnung sonst nicht gebunden und ist in der Erhebung von Nachforderungen beschränkt (BGH, Urt. v. 17.12.1987 – VII ZR 16/87; BGH, Urt. v. 24.3.2016 – VII ZR 201/15, Rdn. 23; OLG Düsseldorf, Urt. v. 23.7.2015 – 5 U 53/14). Die VOB/B behandelt eine Schlussrechnung gerade nicht als unabänderlich. Dies folgt im Umkehrschluss aus § 16 Abs. 3 Nr. 2 VOB/B, der nur unter bestimmten Voraussetzungen Nachforderungen ausschließt. Eine Bindung kann sich nur ausnahmsweise unter den Gesichtspunkten von Treu und Glauben (§ 242 BGB) ergeben (BGH, Urt. v. 17.12.1987 – VII ZR 16/87).

Für den möglichen Ausschluss von Nachforderungen muss überhaupt eine Schlussrechnung vorliegen. Prüfbar muss sie jedoch nicht sein (BGH, Urt. v. 22.1.1987 – VII ZR 96/85). Auf die Schlussrechnung muss die Schlusszahlung des Auftraggebers folgen; der Auftragnehmer muss auf den Charakter dieser Zahlung hingewiesen werden. Nach § 16 Abs. 3 Nr. 3 VOB/B steht es der Schlusszahlung gleich, wenn der Auftraggeber unter Hinweis auf frühere Zahlungen weitere Zahlungen endgültig und schriftlich ablehnt. Damit sollen die Fälle erfasst werden, in denen eine Zahlung wegen der bereits geleisteten Voraus- oder Abschlagszahlungen nicht

§ 650g Zustandsfeststellung bei Verweigerung der Abnahme, Schlussrechnung

mehr erfolgt, also die Schlussrechnungsforderung bereits be- oder überzahlt ist, ferner auch die Fälle, in denen der Auftraggeber die Schlussrechnungsforderung durch Aufrechnung zum Erlöschen bringt (BGH, Urt. v. 22.1.1987 – VII ZR 96/85; BGH, Urt. v. 17.12.1998 – VII ZR 37/98). Bei einer insolvenzrechtlich unwirksamen Aufrechnung tritt die Ausschlusswirkung jedoch nicht ein (BGH, Urt. v. 12.7.2007 – VII ZR 186/06).

81 Der Auftragnehmer muss vor allem über die Ausschlusswirkung der Zahlung unterrichtet werden, und zwar sowohl im Fall einer Schlusszahlung wie auch bei der Erklärung, dass weitere Zahlungen nicht mehr erfolgen werden. Die Unterrichtung muss schriftlich erfolgen. Die Ausschlusswirkung muss dem Auftragnehmer eindeutig und unmissverständlich vor Augen geführt werden (BGH, Urt. v. 17.12.1998 – VII ZR 37/98). Der Hinweis auf die Wirkung kann sich auch aus einem Begleitschreiben ergeben, aus dem ein übersandter Scheck mittels Perforation herausgetrennt werden muss, weil dann der „Warnhinweis" zwingend auffallen muss (OLG Stuttgart, Urt. v. 8.4.2014 – 10 U 126/13). Umfang und Inhalt des Hinweises sind nicht geklärt. Er muss jedenfalls deutlich vor der Gefahr des Forderungsverlusts warnen und – wegen der einschneidenden Folgen – auch die wahrzunehmenden Rechte aufzeigen. Deshalb ist sowohl über den Ausschluss von Nachforderungen wie auch über die Rechte (Vorbehalt und Vorbehaltsbegründung) und die für sie maßgeblichen Fristen zu informieren. Der bloße Hinweis auf die Vorschriften des § 16 Abs. 3 VOB/B genügt dafür nicht (KG, Urt. v. 23.3.1999 – 4 U 1635/97). Die Warnfunktion wird wohl am besten durch die vollständige Wiedergabe des Wortlauts der einschlägigen Vorschriften des § 16 Abs. 3 VOB/B erfüllt. Korrigiert der Auftraggeber binnen Monatsfrist seine Schlussrechnungsprüfung und hat er bei der ersten Prüfung vollständig und richtig auf die Ausschlusswirkungen hingewiesen, muss er bei der Korrektur nicht nochmals auf die Wirkungen hinweisen (OLG Oldenburg, Urt. v. 14.5.2014 – 3 U 83/13).

82 Der Auftragnehmer kann die Ausschlusswirkung durch die Erklärung eines Vorbehalts verhindern. Beim Vorbehalt handelt es sich um eine einseitige empfangsbedürftige Willenserklärung. Er ist an keine bestimmte Form gebunden, für den fristgerechten Vorbehalt trifft den Auftragnehmer die Darlegungs- und Beweislast (BGH, Urt. v. 5.10.1972 – VII ZR 187/71). Für den Vorbehalt ist die Erklärung ausreichend, an der Forderung festhalten zu wollen (BGH, Urt. v. 18.4.2002 – VII ZR 260/01; BGH, Urt. v. 24.3.2016 – VII ZR 201/15, Rdn. 21). Nicht ausreichend sein dürfte die Bitte um Überprüfung des strittigen Rechnungsbetrags (so OLG Oldenburg, Urt. v. 14.5.2014 – 3 U 83/13). Der Vorbehalt muss nach § 16 Abs. 3 Nr. 5 VOB/B innerhalb von 24 Werktagen erklärt werden. Die Frist beginnt mit dem Zugang der Mitteilung nach § 16 Abs. 3 Nr. 2 bzw. Nr. 3 VOB/B (BGH, Urt. v. 18.4.2002 – VII ZR 260/01).

83 Der Vorbehalt verliert seine Wirkung, wenn er nicht innerhalb weiterer 24 Werktage begründet wird (§ 16 Abs. 3 Nr. 5 VOB/B). Eine Begründung erübrigt sich, wenn eine prüfbare Schlussrechnung vorliegt und der Auftragnehmer lediglich die sich aus dieser Schlussrechnung ergebende Forderung beansprucht (BGH, Urt. v. 5.2.1998 – VII ZR 279/96; BGH, Urt. v. 24.3.2016 – VII ZR 201/15, Rdn. 21). Die Frist zur Vorbehaltsbegründung beginnt – was mit der VOB/B 2006 ausdrücklich klargestellt wurde – am Tag nach Ablauf der Frist zur Vorbehaltserklärung.

84 Der Auftragnehmer ist nach § 16 Abs. 3 Nr. 2 VOB/B mit sämtlichen Nachforderungen aus dem Bauvertrag ausgeschlossen. Das sind sämtliche Vergütungsansprüche, insbesondere Ansprüche nach §§ 2, 4 Abs. 1 Nr. 4, 8 Abs. 1 Nr. 2 VOB/B, aber auch andere Ansprüche, sofern sie ebenfalls Vergütungscharakter haben. Das dürfte z. B. auf Ansprüche nach § 6 Abs. 5 und 6 VOB/B (BGH, Urt. v. 6.12.1973 – VII ZR 37/73) und auf Ansprüche aus Verzug zutreffen. Ungeklärt ist, ob auch bereicherungsrechtliche Ansprüche, die ihre Grundlage in erbrachten Leistungen haben, vom Ausschluss betroffen sind (Staudinger/Peters/Jacoby, BGB, § 641 Rdn. 98). Ausgeschlossen sind Forderungen, die in der Schlussrechnung dargestellt, aber gekürzt wurden, bereits früher erhobene und in der Schlussrechnung nicht berücksichtigte Forderungen sowie Forderungen, deren Geltendmachung übersehen wurde. Ausgeschlossen sind weiter alle Ansprüche, die in einer bereits überreichten Schlussrechnung nicht enthalten sind, auch, wenn hinsichtlich dieser Schlussrechnung rechtzeitig ein Vorbehalt erhoben und begründet wurde (BGH, Urt. v. 24.3.2016 – VII ZR 201/15, Rdn. 23). Von der Ausschlusswirkung nicht berührt ist mangels Fälligkeit ein etwaiger Sicherheitseinbehalt. Nach § 16 Abs. 3 Nr. 6 VOB/B werden Richtigstellungsverlangen wegen Aufmaß-, Rechen- und Übertragungsfehlern von den Ausschlussfristen ebenfalls nicht erfasst.

85 Sofern der Auftraggeber die VOB/B gestellt hat und die VOB/B dem Vertrag nicht unverändert zugrunde gelegt wurde, hält § 16 Abs. 3 VOB/B einer isolierten Inhaltskontrolle nach § 307 BGB nicht stand (BGH, Urt. v. 22.1.1987 – VII ZR 96/85; Urt. v. 17.9.1987 – VII ZR

Schriftform der Kündigung **§ 650h**

155/86); das gilt auch für die im Jahre 1999 geänderte Fassung des § 16 VOB/B (BGH, Urt. v. 19.3.1998 – VII ZR 116/97; Urt. v. 10.5.2007 – VII ZR 226/05; Urt. v. 12.7.2007 – VII ZR 186/06; Urt. v. 24.3.2016 – VII ZR 201/15). Erklärt der Auftragnehmer vorsorglich einen Vorbehalt gegen die Schlusszahlung, so kann er sich dennoch auf die Unwirksamkeit der Schlusszahlungseinrede berufen (a. A. OLG Koblenz, Beschl. v. 13.12.2012 – 10 U 1282/11).

§ 650h BGB   Schriftform der Kündigung
Die Kündigung des Bauvertrags bedarf der schriftlichen Form.

Übersicht

	Seite
A. Allgemeines	969
B. Tatbestand und wesentliche Probleme	969
I. Schriftliche Form	969
II. Formmangel	969
C. Besonderheiten des VOB/B-Vertrags	970
D. Besonderheiten des Architekten-/Ingenieurvertrags	970
E. Besonderheiten des Bauträgervertrags	970
F. Besonderheiten des Bauliefervertrags	971

A. Allgemeines

Nur für den Bauvertrag wird bestimmt, dass die Kündigung der schriftlichen Form bedarf. **1** Das gilt sowohl für die freie (§ 648 BGB) als auch für die Kündigung aus wichtigem Grund (§ 648a BGB). Die Schriftform dient der Rechtssicherheit und der Beweissicherung. Zudem soll sie die Bauvertragsparteien vor übereilten Handlungen schützen (vgl. BT-Drucks. 18/8486 S. 61).

Die Kündigung eines „normalen" Werkvertrags ist hingegen formfrei möglich, weil § 650h **2** BGB für ihn nicht gilt, wie sich aus § 650a Abs. 1 Satz 2 BGB ergibt.

B. Tatbestand und wesentliche Probleme

I. Schriftliche Form

Die Anforderungen an die schriftliche Form regelt § 126 BGB. Die Kündigungserklärung **3** muss folglich „von dem Aussteller eigenhändig durch Namensunterschrift oder mittels notariell beglaubigten Handzeichens unterzeichnet werden" (§ 126 Abs. 1 BGB). Ersetzt werden kann die schriftliche Form gemäß § 126 Abs. 3 BGB durch die elektronische Form: Dann muss der Kündigende der Kündigungserklärung „seinen Namen hinzufügen und das elektronische Dokument mit einer qualifizierten elektronischen Signatur versehen" (§ 126a Abs. 1 BGB). Eine E-Mail reicht also nicht.

II. Formmangel

Wird die Schriftform nicht eingehalten, ist die Kündigung nichtig (§ 125 Satz 1 BGB). Aber **4** auch ohne korrekte schriftliche Kündigung durch den Besteller können sich Rechtsfolgen ergeben, die denen einer Kündigung gleichstehen, etwa wenn der Besteller dem Unternehmer Baustellenverbot erteilt und/oder das Bauwerk durch einen anderen Unternehmer fertigstellen lässt. Der Unternehmer wird in diesen Fällen regelmäßig über § 326 Abs. 2 Satz 2 BGB (vgl. zu diesem BGH, Urt. v. 14.1.2010 – VII ZR 106/08 Rdn. 12; vgl. auch Kniffka/Retzlaff, BauR 2017, 1747, 1829) hinreichend geschützt sein.

Zutreffend wird auf folgende Option für den Unternehmer hingewiesen, falls er die dauer- **5** hafte Unmöglichkeit weiterer Vertragserfüllung nicht belegen kann: Er kann aus dem mangels formwirksamer Kündigung fortbestehenden Vertrag auf Zahlung der vollen Vergütung Zug um

§ 650h

Zug gegen Erfüllung des Vertrags (§ 322 Abs. 2 BGB) klagen und die Feststellung beantragen, dass sich der Besteller im Annahmeverzug befinde (vgl. Kniffka/Retzlaff, BauR 2017, 1747, 1829, unter Bezug auf BGH, Urt. v. 13.12.2001 – VII ZR 27/00).

6   Ist hingegen eine vom Unternehmer aus wichtigem Grund ausgesprochene Kündigung formnichtig, entfaltet sie keinerlei Wirkung. Anders als der Besteller hat der Unternehmer keine Möglichkeit, faktisch eine der Kündigung entsprechende Situation herbeizuführen. Er kann weder ein Baustellenverbot zulasten des Bestellers verhängen noch eine andere Person in das Vertragsverhältnis eingreifen lassen. Stellt der Unternehmer in der fehlerhaften Annahme, wirksam das Vertragsverhältnis aus wichtigem Grund gekündigt zu haben, seine Arbeiten ein, ist der Besteller jedenfalls nach fruchtlosem Ablauf einer kurzen, von ihm dem Unternehmer zur Wiederaufnahme der Arbeiten gesetzten Frist berechtigt, seinerseits aus wichtigem Grund den Bauvertrag (schriftlich) zu kündigen. In der Leistungsverweigerung des Unternehmers, der sich nicht auf eine formwirksame Kündigung aus wichtigem Grund berufen kann, liegt nämlich eine schuldhafte Vertragsverletzung (vgl. ähnlich Sienz, in: Leupertz u.a.,, BGB § 650h Rdn. 6c). Diskussionsbedürftig ist in diesem Zusammenhang, ob der Besteller zusammen mit der zur Wiederaufnahme der Arbeiten gesetzten Frist aufgrund des bauvertraglichen Kooperationsgebots auf den Formmangel der vom Unternehmer ausgesprochenen Kündigung hinweisen muss (wohl implizit verneinend Sienz, in: Leupertz u.a., BGB § 650h Rdn. 6c, der aber unter zutreffender Bezugnahme auf den in BGH, Urt. v. 20.8.2009 – VII ZR 212/07 Rdn. 31, ausgedrückten Rechtsgedanken geneigt ist, dem Unternehmer gegenüber einem Schadensersatzanspruch des Bestellers den Einwand des Mitverschuldens zuzugestehen, wenn dem Unternehmer ein wichtiger Grund für eine Kündigung zur Seite stand und diese allein am Formverstoß scheiterte).

7   Will eine Bauvertragspartei aus wichtigem Grund kündigen, missachtet sie aber die schriftliche Form, kann eine Nachholung in schriftlicher Form zu spät kommen, wenn zum Zeitpunkt, zu dem diese nunmehr korrekte Erklärung der anderen Partei zugeht, der Ausübungszeitraum gemäß § 648a Abs. 3 i.V.m. § 314 Abs. 3 BGB abgelaufen ist (vgl. Kniffka/Retzlaff, BauR 2017, 1747, 1829).

C. Besonderheiten des VOB/B-Vertrags

8   Nach § 8 Abs. 6 VOB/B ist die Kündigung schriftlich zu erklären. Damit handelt es sich nicht um eine durch Gesetz, sondern um eine durch Rechtsgeschäft bestimmte schriftliche Form. Für diese gilt im Zweifel aufgrund der Verweisung des § 127 Abs. 1 BGB der § 126 BGB. Daneben kommt aber zu ihrer Wahrung vorbehaltlich eines anderen Willens der Vertragsparteien auch „die telekommunikative Übermittlung" (§ 127 Abs. 2 Satz 1 BGB) in Betracht. Ist die schriftliche Form nicht eingehalten, hat dies „im Zweifel" die Nichtigkeit zur Folge (§ 125 Satz 2 BGB).

D. Besonderheiten des Architekten-/Ingenieurvertrags

9   Wie sich aus der Verweisung des § 650q Abs. 1 BGB auf § 650h BGB ergibt, gilt auch für Architekten- und Ingenieurverträge das Erfordernis der schriftlichen Form, da die zu Bauverträgen maßgeblichen Erwägungen (→ Rdn. 1) für Architekten- und Ingenieurverträge gleichermaßen zutreffen (vgl. BT-Drucks. 18/8486 S. 68).

E. Besonderheiten des Bauträgervertrags

10 § 650h BGB ist in der Liste der für nicht anwendbar erklärten Vorschriften in § 650u Abs. 2 BGB nicht genannt. Da aber der Gesetzgeber schon prinzipiell eine Kündigung des Bauträgervertrags – gleich, ob als freie oder als solche aus wichtigem Grund – ausschließt und daher die §§ 648 und 648a BGB für unanwendbar erklärte, bedurfte es eines expliziten Ausschlusses des § 650h BGB nicht.

F. Besonderheiten des Baulieferfervertrags

Aufgrund der systematischen Stellung des § 650 BGB im „normalen" Werkvertragsrecht ist § 650h BGB nicht anwendbar. **11**

§ 650i BGB   Verbraucherbauvertrag

(1) Verbraucherbauverträge sind Verträge, durch die der Unternehmer von einem Verbraucher zum Bau eines neuen Gebäudes oder zu erheblichen Umbaumaßnahmen an einem bestehenden Gebäude verpflichtet wird.

(2) Der Verbraucherbauvertrag bedarf der Textform.

(3) Für Verbraucherbauverträge gelten ergänzend die folgenden Vorschriften dieses Kapitels.

Übersicht

	Seite
A. Einleitung	971
B. Legaldefinition des Verbraucherbauvertrages, § 650i Abs. 1 BGB	972
I. Persönlicher Anwendungsbereich	972
1. Unternehmer	972
2. Verbraucher	972
a) natürliche Person	972
b) private Zwecke	973
II. Sachlicher Anwendungsbereich	973
1. Bau eines neuen Gebäudes	973
2. Erhebliche Umbaumaßnahmen	974
3. Auslegungsgrundsätze	975
C. Form des Verbraucherbauvertrages, § 650i Abs. 2 BGB	976
I. Textform	976
II. Formnichtigkeit	976
D. Anwendbare Vorschriften, § 650i Abs. 3 BGB	976

A. Einleitung

Mit der Reform des Bauvertragsrechts (Gesetz zur Reform des Bauvertragsrechts und zur Änderung der kaufrechtlichen Mängelhaftung vom 28.4.2017, BGBl. I S. 969) führte der Gesetzgeber mit den §§ 650i – n BGB zu den allgemeinen werkvertraglichen Vorschriften ein eigenes Kapitel 3 mit verbraucherschützenden Vorschriften ein, welche für alle Verträge zwischen einem Verbraucher und einem Unternehmer über den Bau eines neuen Gebäudes oder erhebliche Umbaumaßnahmen gelten, die ab dem 1.1.2018 geschlossen werden (vgl. Art. 229 § 39 EGBGB). **1**

Ziel des Gesetzgebers war es hierbei, dem Verbraucherbauherrn bislang nicht kodifizierte Rechte einzuräumen sowie einheitliche Grundsätze für die Vertragsgestaltung und -auslegung von unter Verbraucherbeteiligung geschlossenen Werk- bzw. Bauverträgen gesetzlich zu normieren. Damit schloss der Gesetzgeber, die durch die Bereichsausnahme in Art. 3 Abs. 3f VerbrR-RL (Richtlinie 2011/83/EU des Europäischen Parlaments und des Rates vom 25.10.2011, ABl. 2011 L 304/64) angelegte und durch die Umsetzung in § 312 Abs. 2 Nr. 3 BGB aF entstandene Lücke im Verbraucherschutz, wonach der Verbraucher bei Abschluss von Bauverträgen, die nicht den Bau eines neuen Gebäudes oder erhebliche Umbaumaßnahmen zum Gegenstand haben, dem Schutz der Vorschriften über Verbraucherverträge nach den §§ 312 ff. BGB unterstellt ist; der Verbraucher, der hingegen einen Vertrag über den Bau eines neuen Gebäudes oder erhebliche Umbaumaßnahmen abschließt, fällt nicht in den Schutzbereich der genannten Vorschriften. Das dadurch entstandene Ungleichgewicht wird mit Einführung der §§ 650i ff. BGB nunmehr dahingehend gelöst, dass dem Verbraucher bei denjenigen Verträgen, die der Errichtung oder dem Umbau eines Hauses dienen und bei denen der Verbraucher in der Regel einen wesentlichen Teil seiner wirtschaftlichen Leistungsfähigkeit einsetzt (BT-Drs. **2**

§ 650i
Verbraucherbauvertrag

18/8486, 24), weitergehende Rechte eingeräumt und Schutzvorschriften normiert werden. Der Gesetzgeber machte damit von der Möglichkeit der Bereichsausnahme des Art. 3 Abs. 3f VerbrR-RL Gebrauch und normierte außerhalb des Anwendungsbereiches der nach Art. 4 VerbrR-RL vollharmonisierenden Richtlinie für die sogenannten „privilegierten" Bauverträge ein Verbraucherschutzniveau, das über das Schutzniveau der Richtlinie und damit über die §§ 312 ff. BGB hinausgeht.

3 Für unter Verbraucherbeteiligung geschlossene Bau- oder Werkverträge, die nicht in den Anwendungsbereich des § 650i Abs. 1 BGB fallen (sog. nicht-privilegierte Bauverträge), gelten weiterhin lediglich die in den §§ 312 ff. BGB normierten Verbraucherrechte (Kniffka/Koeble/Jurgeleit/Sacher, Kompendium des Baurechts, Teil 2 Rn. 42 Dammert/Lenkeit/Pause/Oberhauser/Stretz, Das neue Bauvertragsrecht, § 5 Verbraucherbauvertrag Rn. 1–14).

B. Legaldefinition des Verbraucherbauvertrages, § 650i Abs. 1 BGB

4 § 650i Abs. 1 BGB enthält eine Legaldefinition des Verbraucherbauvertrages. Danach sind Verbraucherbauverträge, Verträge, durch die ein Unternehmer von einem Verbraucher zum Bau eines neuen Hauses oder zu erheblichen Umbaumaßnahmen verpflichtet wird.

5 Die Definition geht zurück auf § 312 Abs. 2 Nr. 3 BGB aF, der seine Grundlage in Art. 3 Abs. 3f VerbrR-RL hat. Als Auslegungshilfe können deshalb die zu § 312 Abs. 2 Nr. 3 BGB aF entwickelten Grundsätze herangezogen werden. Dies gilt auch für die zu § 632a Abs. 3. S. 1 BGB aF entwickelten Grundsätze, der nach seinem Wortlaut Verbraucherverträge umfasste, die der Errichtung oder des Umbaus eines Hauses oder eines vergleichbaren Bauwerks dienten.

I. Persönlicher Anwendungsbereich

6 Umfasst sind Verträge zwischen einem Unternehmer und einem Verbraucher. Hierbei gelten die Grundsätze des § 310 Abs. 3 BGB über Verbraucherverträge.

1. Unternehmer

7 Die Unternehmereigenschaft richtet sich nach § 14 BGB und zeichnet sich dadurch aus, dass der Unternehmer den Vertrag in Ausübung seiner gewerblichen oder selbständigen beruflichen Tätigkeit abschließt. Sowohl eine natürliche als auch eine juristische Person kann im Rechtsverkehr als Unternehmer auftreten, wenn sie am Markt planmäßig und dauerhaft Leistungen gegen Entgelt anbietet (Palandt/Ellenberger BGB § 14 Rn. 2). Unter den Begriff fallen Gewerbetreibende in Handel und Industrie sowie Handwerker (MüKoBGB/Basedow, § 310 Rn. 68).

2. Verbraucher

8 Die Merkmale der Verbrauchereigenschaft sind in § 13 BGB geregelt. Danach ist Verbraucher jede natürliche Person, die ein Rechtsgeschäft zu Zwecken abschließt, die überwiegend weder ihrer gewerblichen noch ihrer selbständigen beruflichen Tätigkeit zugerechnet werden können. Nach dieser Definition erfordert die Verbrauchereigenschaft zweierlei; das Handeln einer natürlichen, nicht juristischen Person (MüKoBGB/Basedow, § 310 Rn. 74; Palandt/Ellenberger BGB § 13 Rn. 2), zu einem privaten Zweck.

a) natürliche Person

9 Die einzelne, natürliche Person, die einen Vertrag zur Errichtung eines neuen Gebäudes oder zur Durchführung erheblicher Umbaumaßnahmen an einem bestehenden Gebäude mit einem Unternehmer abschließt, stellt hierbei den klassischen Fall im persönlichen Anwendungsbereich des Verbraucherbauvertrages dar.

10 Daneben ist für das Verbraucherbauvertragsrecht relevant, die Einordnung der sogenannten Bauherrengemeinschaft als Verbraucher. Die Bauherrengemeinschaft zeichnet sich dadurch aus, dass sich mehrere Bauherren zur Verwirklichung eines gemeinsamen Objektes, in der Regel ein Mehrparteienhaus zur Eigennutzung, zusammenschließen. Nach der Rechtsprechung (BGH, Urt. v. 23.10.2001 – XI ZR 63/01) kann eine solche teilrechtsfähige Außen-GbR (BGH, Urt. v. 29.1.2001 – II ZR 331/00) dann einem Verbraucher gleichgestellt sein, wenn sie sich zu einem von § 13 BGB gedeckten, also privaten Zweck zusammengeschlossen hat.

Verbraucherbauvertrag **§ 650i**

Wendet man die Grundsätze der Rechtsprechung zum Verbraucherkreditgesetz (BGH, Urt. v. 23.10.2001 – XI ZR 63/01) auch auf den Verbraucherbauvertrag an, kommt eine Gleichstellung der Bauherrengemeinschaft mit einem Verbraucher dann in Betracht, wenn es sich bei den zu einer Bauherrengemeinschaft zusammengeschlossenen Personen ausschließlich um natürliche Personen handelt, da sich an der individuellen Schutzwürdigkeit der einzelnen Person nichts ändert, wenn sie sich mit anderen (schutzbedürftigen) Personen zur Verfolgung eines gemeinsamen schutzwürdigen Zwecks zum Kollektiv zusammenschließt. Schließen sich jedoch nicht nur natürliche, sondern auch juristische Personen zu einer Bauherrengemeinschaft zusammen, ist die Verbrauchereigenschaft zu verneinen (BGH, Urt. v. 30.3.2017 – VII ZR 269/15). Dies gilt unabhängig davon, ob die GbR lediglich private und nicht gewerbliche oder selbständig berufliche Zwecke verfolgt. Dieses Ergebnis ist vom Wortlaut des § 13 BGB gestützt und entspricht der Rechtsprechung des EuGH, wonach die Schutzvorschriften der Klausel-RL (Richtlinie 93/13/EWG vom 5.4.1993 über missbräuchliche Klauseln in Verbraucherverträgen, ABl. Nr. L 95/29) nur für natürliche Personen Anwendung finden (EuGH Urt. v. 22.11.2001 – C-541/99, C-542/99).

Weitere praktische Relevanz hat, insbesondere bei der Durchführung von erheblichen Umbaumaßnahmen an einem bestehenden Gebäude, die Einordnung der Wohnungseigentümergemeinschaft als Verbraucher. Sie ist weder natürliche, noch juristische Person, aber wie die Außen-GbR (teil-)rechtsfähig nach § 9a Abs. 1 S. 1 WEG. Die Wohnungseigentümergemeinschaft wird anders als die Bauherrengemeinschaft dann einem Verbraucher gleichgestellt und unterliegt den verbraucherschützenden Vorschriften, wenn ihr wenigstens ein Verbraucher als Mitglied angehört (BGH, Urt. v. 25.3.2015 – VIII ZR 243/13; OLG München Beschluss v. 25.9.2008 – 32 Wx 118/08; Lenkeit BauR 2017, 460). 11

b) private Zwecke

Private Zwecke sind abzugrenzen von gewerblichen oder selbständig beruflichen Zwecken. Die Verfolgung von gewerblichen oder selbständig beruflichen Zwecken schließt die Verbrauchereigenschaft indes nicht von vornherein aus. Der Verlust der Verbrauchereigenschaft durch die Verfolgung gewerblicher oder selbständig beruflicher Zwecke ist dabei eine Entscheidung im Einzelfall und nicht pauschal zu beurteilen. Entscheidend ist, ob der Vertrag überwiegend zu privaten Zwecken abgeschlossen wird. 12

Soll das vertragsgegenständlich zu errichtende Gebäude teilweise auch gewerblich genutzt werden, so kann bei der Abgrenzung, ob der Vertrag privaten oder gewerblichen/selbständig beruflichen Zwecken dient, auf das Verhältnis von Fläche und Wert abgestellt werden (Glöckner BauR 2014, 411 (413)). 13

Dient der Vertrag der Errichtung eines Miethauses, mit dem der Verbraucher Einkünfte zu erzielen beabsichtigt, richtet sich die Bewertung danach, ob es sich bei der Vermietung noch um private Vermögensverwaltung handelt, wobei hierbei nicht die Größe des Objektes, sondern der mit der Vermögensverwaltung verbundene, organisatorische und zeitliche Aufwand entscheidend sein soll (OLG Hamm Urt. v. 27.4.2021 – 24 U 198/20; BGH, Urt. v. 23.10.2001 – XI ZR 63/01; OLG Koblenz Beschluss v. 10.1.2011 – 5 U 1353/10). 14

Für die Tatsache, dass eine natürliche Person den Vertrag zu gewerblichen oder beruflich selbständigen Zwecken schließt, trägt nach der negativen Formulierung des § 13 Hs. 2 BGB diejenige Partei die Darlegungs- und Beweislast, die sich auf den gewerblichen oder selbständig beruflichen Charakter der Leistung beruft (Glöckner BauR 2014, 411 (413)). In der Praxis wird dies im Zweifel der Unternehmer sein, der das Vertragswerk nicht den verbraucherschützenden Vorschriften des Verbraucherbauvertrages unterstellt wissen möchte. 15

II. Sachlicher Anwendungsbereich

1. Bau eines neuen Gebäudes

Nach dem Sinn und Zweck der Vorschriften des Verbraucherbauvertragsrechtes standen für den Gesetzgeber Verträge über die Errichtung eines Wohnhauses oder von Nebengebäuden zu Wohnzwecken im Fokus. Gesetzgeberische Intention war es, den Verbraucher bei Errichtung seines Bauvorhabens, für das er häufig einen wesentlichen Teil seiner wirtschaftlichen Leistungsfähigkeit aufwendet, zu schützen (BT-Drs. 18/8486, 24). Unter dem Bau eines neuen Gebäudes sind daher nur solche Maßnahmen zu verstehen, die das Grundstück im Wesentlichen umgestalten und daher den klassischen Immobiliengeschäften gleichzustellen 16 sind (MüKoBGB/Wendehorst § 312 Rn. 57). Hauptanwendungsfall werden Verträge mit Fertighausherstellern sein. Aber auch andere Hausbauverträge dürften vom Anwendungsbereich erfasst sein. So beispielsweise Verträge, die zur Errichtung eines neuen Gebäudes im Rahmen eines sogenannten Generalübernehmermodells abgeschlossen werden.

17 Der Anwendungsbereich der §§ 650i Abs. 1 BGB ff. ist indes nicht auf die Errichtung von Wohngebäuden beschränkt (a. A. BeckOGK/Merkle § 650i Rn. 33). Auch die Errichtung einer im Zuge privater Vermögensverwaltung zur gewerblichen Nutzung vermieteten Halle unterliegt dem Regime des Verbraucherbauvertragsrechtes (OLG Hamm Urt. v. 27.4.21 – 24 U 198/20).

18 Nicht unter den Begriff zu fassen, sind Verträge über die Errichtung von Anbauten. Garagen, Wintergärten oder ähnliche Anbauten fallen nicht in den Anwendungsbereich des Verbraucherbauvertragsrechts (Erwägungsgrund 26 der VerbrR-RL). In diesem Sinne ist auch der Anbau einer Aufzugsanlage zu verstehen (BGH, Urt. v. 30.8.2018 – VII ZR 243/17). Anbauten waren nach der Intention des Gesetzgebers zur Umsetzung der VerbrR-RL schon nicht von der Bereichsausnahme des § 312 Abs. 2 Nr. 3 BGB aF erfasst (BT-Drs. 17/12637, 46).

19 Der Wortlaut der Vorschrift verlangt den Bau *eines* neuen Gebäudes durch *einen* Unternehmer, was zu der Annahme verleiten lässt, dass bloße Teilleistungen im Rahmen einer vom Verbraucher gesteuerten Baumaßnahme grundsätzlich nicht in den Anwendungsbereich des § 650i Abs. 1 BGB fallen (Werner/Pastor, Der Bauprozess, 17. Aufl. 2020, Kapitel 5 Rn. 1167; Palandt/Retzlaff BGB, § 650i BGB Rn. 3; MüKoBGB/Busche § 650i BGB Rn. 6; Omlor, NJW 2018, 817 (818)). Bereits von der Bereichsausnahme des § 312 Abs. 2 Nr. 3 BGB war nur das „Bauen aus einer Hand" erfasst (OLG Köln Beschluss v. 23.3.2017 – 16 U 153/16). Vom Verbraucher im Wege der Einzelvergabe abgeschlossene Einzelverträge, die erst im Zusammenspiel zum Bau eines neuen Gebäudes führen, unterlagen damit nicht der Bereichsausnahme des § 312 Abs. 2 Nr. 3 BGB aF und sind damit konsequenterweise nach den Grundsätzen zur Rechtslage vor der Reform des Bauvertragsrechts dem Schutzbereich der Vorschriften des Verbraucherbauvertragsrechtes entzogen, was nach Ansicht des KG Berlin auch für die Rechtlage nach der Reform des Bauvertragsrechts gelten soll (KG Berlin, Urt. v. 16.11.21 – 21 U 41/21). In den Grenzen des durch Art. 4 VerbrR-RL vorgegebenen vollharmonisierenden Charakters der VerbrR-RL (→ Rdn. 23 → Rdn. 23 ff.) sprechen jedoch gute Gründe dafür, vor dem Hintergrund einer intendierten Ausweitung des Verbraucherschutzes durch Einführung der Vorschriften über das Verbraucherbauvertragsrecht das Erfordernis der Erbringung sämtlicher Bauleistungen aus einer Hand aufzugeben, jedenfalls dann, wenn die durch die Einzelvergabe beauftragten Gewerke in ihrer Gesamtheit zum Bau eines neuen Gebäudes bzw. mit einem solchen Werkerfolg in engem sachlichen, zeitlichen, und funktionalen Zusammenhang stehen (OLG Hamm Urt. v 27.4.21 – 24 U 198/20; LG München I, Urt. v. 28.10.21 – 5 O 2441/21; Motzke NZBau 2017, 515; Vogel BauR 2020, 388; aA KG Berlin, Urt. v. 16.11.21 – 21 U 41/21) und der Weg der Einzelbeauftragung vom Unternehmer in Form einer Umgehung nach § 650o BGB veranlasst wurde (Messerschmidt/Voit/Lenkeit, § 650i Rn. 25; Kniffka/Koeble/Jurgeleit/Sacher, Kompendium des Baurechts, Teil 2 Rn. 51) oder zumindest für den Unternehmer bei Abschluss des Vertrages erkennbar war (Dammert/Lenkeit/Pause/Oberhauser/Stretz, Das neue Bauvertragsrecht, § 5 Rn. 37).

20 Verträge mit Architekten oder Ingenieuren sind ebenfalls nicht als Verbraucherbauverträge zu qualifizieren (OLG Stuttgart Urt. v. 17.7.2018 – 10 U 143/17; OLG Köln Beschluss v. 23.3.2017 – 16 U 153/16). Weder der Architekt noch der Ingenieur errichtet das Bauwerk, sondern plant oder überwacht dieses.

2. Erhebliche Umbaumaßnahmen

21 Verpflichtet ein Verbraucher einen Unternehmer zur Durchführung erheblicher Umbaumaßnahmen an einem bestehenden Gebäude, unterliegen diese Verträge ebenfalls den Vorschriften des Verbraucherbauvertragsrechtes, wenn es sich hierbei um Maßnahmen handelt, die mit dem Bau eines neuen Gebäudes vergleichbar sind, beispielsweise Baumaßnahmen, bei denen nur die Fassade erhalten bleibt. So definiert Erwägungsgrund 26 der VerbrR-RL den Begriff der erheblichen Umbaumaßnahmen im Sinne von Art. 3 Abs. 3f VerbrR-RL, wie er auch in § 312 Abs. 2 Nr. 3 BGB aF umgesetzt wurde. Maßgebliche Kriterien sind danach Umfang und Komplexität des Eingriffs sowie das Ausmaß des Eingriffs in die bauliche Substanz (BT-Drs. 17/12637, 46). Davon abzugrenzen sind kleinere Instandsetzungs- und Renovierungsmaßnahmen.

Verbraucherbauvertrag §650i

Als Auslegungshilfe können auch hier die zu den §312 Abs. 2 Nr. 3 BGB aF und §632a 22
Abs. 3 BGB aF sowie zu §2 Nr. 5 HOAI (2013) entwickelten Grundsätze und die aus dem Bauträgerrecht bekannten Kriterien zur Abgrenzung zwischen einer umfassenden Kernsanierung (Neubau hinter historischer Fassade) und einer punktuellen Sanierung herangezogen werden (BGH, Urt. v. 8.3.2007 – VII ZR 130/05; BGH, Urt. v. 6.10.2005 – VII ZR 117/04; BGH, Urt. v. 16.12.2004 – VII ZR 257/03; Pause BauR 2017, 431). Die Neueindeckung eines Hauses mit einem Dach (BT-Drs. 17/12637, 46; LG Stuttgart Urt. v. 2.6.2016 – 23 O 47/16) genügt dabei ebenso wenig den Anforderungen einer erheblichen Umbaumaßnahme wie der Einbau einer neuen Heizungsanlage, neuer Fenster und Türen oder eine Treppenrenovierung (AG Bad Segeberg Urt. v. 13.4.2015 – 17 C 230/14). Arbeiten des Innenausbaus eines Obergeschosses eines Einfamilienhauses, die unter anderem die Herstellung einer Untersparrendämmung unter den Dachschrägen, nicht jedoch getrennt zu beauftragende Elektroleistungen umfassen, stellen ebenfalls keine erheblichen Umbaumaßnahmen im Sinne von §650i Abs. 1 BGB dar (KG Berlin, Urt. v. 16.11.21 – 21 U 41/21). Werden hingegen Sanierungsleistungen ausgeführt, die eine Erneuerung der Boden- und Wandbeläge, des Außenputzes sowie des Anstrichs, einen Austausch der Wasser- und Elektroleitungen, den Einbau einer Gasheizung, neue Innentreppen und Türen sowie einen Teil der Fenster- und Dacheindeckung umfassen, kann von einer Neuherstellung ausgegangen werden (Pause, Bauträgerkauf und Baumodelle, Rn. 634 m. w. N.). Nach neuerer Rechtsprechung zur Frage der Erheblichkeit von Umbaumaßnahmen im Sinne von §650i Abs. 1 BGB soll außerdem das Kriterium des (wirtschaftlichen) Auftragsvolumens entscheidend sein (KG Berlin, Urt. v. 16.11.21 – 21 U 41/21; LG München I, Urt. v. 28.10.21 – 5 O 2441/21). Darüber hinaus sollen auch hier einer engen Auslegung der Begriffe folgend (→ Rdn. 23, → Rdn. 19), erhebliche Umbaumaßnahmen im Sinne von € 650i Abs. 1 BGB nur dann vorliegen, wenn diese im Wege einer Gesamtvergabe durch einen Unternehmer erbracht werden und nicht als Einzelvergabe beauftragt sind (→ Rdn. 19; KG Berlin, Urt. v. 16.11.21 – 21 U 41/21; aA LG München I, Urt. v. 28.10.21 – 5 O 2441/21).

3. Auslegungsgrundsätze

Die aus Art. 3 Abs. 3f. VerbrR-RL stammenden und in §312 Abs. 2 Nr. 3 BGB aF umgesetz- 23
ten Begriffe *Bau von neuen Gebäuden* und *erhebliche Umbaumaßnahmen an bestehenden Gebäuden* wurden als Begriffe einer Bereichsausnahme bislang von der Rechtsprechung restriktiv ausgelegt (LG Stuttgart Urt. v. 2.6.2016 – 23 O 47/16; Glöckner BauR 2014, 411 (415); Pause BauR 2017, 430 (431)). Der Anwendungsbereich des §312 Abs. 2 Nr. 3 BGB aF sollte vor dem Hintergrund des Verbraucherschutzes gering gehalten werden. Verträge, die unter §312 Abs. 2 Nr. 3 BGB aF fielen, unterliegen gerade nicht den verbraucherschützenden Vorschriften der §§312 ff. BGB. Vor Einführung der Vorschriften des Verbraucherbauvertragsrechtes hatte dies zur Folge, dass der Verbraucher bei Verträgen, die den Bau von neuen Gebäuden oder erhebliche Umbaumaßnahmen an bestehenden Gebäuden zum Gegenstand hatten, weniger geschützt war als ein Verbraucher, der Baumaßnahmen beauftragte, die nicht diese Schwelle überschritten.

Mit Einführung der Vorschriften des Verbraucherbauvertragsrechtes wendet sich die Rechts- 24
lage jedoch ins Gegenteil. Der Verbraucher erhält bei Abschluss eines Vertrages, der den Bau eines neuen Gebäudes oder erhebliche Umbaumaßnahmen zum Gegenstand hat, durch die §§650i BGB ff. ein höheres Niveau an Schutz als bisher in den §§312 ff. BGB vorgesehen. Ob vor diesem Hintergrund die restriktive Auslegung der Begriffe aufrecht erhalten bleiben kann (so KG Berlin, Urt. v. 16.11.21 – 21 U 41/21), wird sich zeigen. Will man dem Willen des Gesetzgebers nach einer Ausweitung des Verbraucherschutzes Rechnung tragen, ist eine weite Auslegung der Begriffe jedenfalls in Erwägung zu ziehen und von der Instanzrechtsprechung auch bereits bejaht worden (OLG Hamm Urt. v. 27.4.21 – 24 U 198/20; aA KG Berlin, Urt. 16.11.21 – 21 U 41/21). Grenzen sind dieser jedoch durch Art. 4 VerbrR-RL gesetzt. Der vollharmonisierende Charakter der Richtlinie schreibt den Mitgliedstaaten vor, innerhalb ihres Anwendungsbereiches nicht von dem in der Richtlinie vorgesehenen Verbraucherschutz abzuweichen. Dies gilt sowohl für eine Verringerung als auch für eine Anhebung des Verbraucherschutzes. Für Verträge, die nicht der Bereichsausnahme des Art. 3 Abs. 3f VerbrR-RL umgesetzt in §312 Abs. 2 Nr. 3 BGB aF unterliegen, gilt deshalb das Niveau an Verbraucherschutz, wie es in der VerbrR-RL bzw. in den §312 ff. BGB vorgesehen ist. Eine weite Auslegung der Begriffe darf nicht dazu führen, Verträge einem höheren Niveau an Verbraucherschutz zu unterwerfen, als für sie nach der VerbrR-RL vorgesehen (Kniffka/Koeble/Jurgeleit/Sacher, Kompendium des Baurechts, Teil 2 Rn. 47, 49; Messerschmidt/Voit/Lenkeit, §650i Rn. 27 ff., Dammert/Lenkeit/Pause/Oberhauser/Stretz, Das neue Bauvertragsrecht, §5 Rn. 38).

C. Form des Verbraucherbauvertrages, § 650i Abs. 2 BGB

I. Textform

25 § 650i Abs. 2 BGB verlangt den Abschluss des Verbraucherbauvertrages in Textform. Danach sind beide Erklärungen, das Angebot und die Annahme nach § 126b BGB lesbar unter Nennung der Person des Erklärenden auf einem dauerhaften Datenträger abzugeben. Als dauerhafte Datenträger kommen dabei Papier, ein USB-Stick, eine CD-ROM, eine Speicherkarte, eine Festplatte, E-Mails oder ein Computerfax in Frage (Palandt/Ellenberger, § 126b BGB Rn. 3). Eine Unterschrift ist nicht erforderlich (Palandt/Ellenberger, § 126b BGB Rn. 5). Auch Vertragsänderungen und -ergänzungen in Form von Nachträgen unterliegen dem Textformerfordernis.

26 Nicht dem Textformerfordernis unterliegen Verbraucherverträge, die im Rahmen eines sogenannten Generalübernehmermodells geschlossen werden. Hier gilt aufgrund ihrer Verbindung mit einem Grundstückskaufvertrag nach der Rechtsprechung die Form der notariellen Beurkundung nach § 311b Abs. 1 S. 1 BGB auch für den Vertrag über die Herstellungsverpflichtung (Pause, Bauträgerkauf und Baumodelle, Rn. 1474 m. w. N.).

27 Mit Einführung des erst im Laufe des Gesetzgebungsverfahrens aufgenommenen (BT-Drs. 18/8486, 16, 90; BT-Drs. 18/11437, 24, 49; BR-Drs. 199/17,10) Textformerfordernisses beabsichtigte der Gesetzgeber, dem Informationsbedürfnis des Verbrauchers gerecht zu werden, so dass dieser während der häufig länger andauernden Bauphase, aber auch später nach Fertigstellung jederzeit kontrollieren kann, was der konkrete Inhalt der vertraglich geschuldeten Leistung ist bzw. war (BT-Drs. 18/11437, 49). Hierfür ist die Textform das richtige Mittel der Wahl. Die Beteiligten werden bei Einhaltung der Textform über die übernommenen Rechte und Pflichten zuverlässig informiert (Palandt/Ellenberger BGB § 125 Rn. 4). Die vom Gesetzgeber darüber hinaus intendierte Warn- und Beweisfunktion kann durch die Textform hingegen nicht erfüllt werden. Insbesondere hinsichtlich der Beweisfunktion führt die Textform lediglich dazu, dass der Name des Erklärenden im Dokument genannt wird, der Erklärende sich zu dessen Inhalt und seinem diesbezüglichen Rechtsbindungswillen aber nicht in (weitgehend) unverwechselbarer Weise durch Unterschrift oder elektronische Signatur bekennen muss (MüKo BGB/Einsele § 126b BGB Rn. 9). Im Zivilprozess genügt deshalb allein die Vorlage des Vertrages in Textform nicht, um bei substantiiertem Bestreiten Vertragsschluss oder Inhalt des Vertrages zu beweisen.

II. Formnichtigkeit

28 Ein Verstoß gegen das Textformerfordernis begründet die Nichtigkeit des Verbraucherbauvertrages, § 125 S. 1 BGB.

D. Anwendbare Vorschriften, § 650i Abs. 3 BGB

29 § 650i Abs. 3 BGB bestimmt, dass für den Verbraucherbauvertrag ergänzend die Vorschriften des Kapitels 3 (Verbraucherbauvertrag) zu Untertitel 1 (Werkvertrag) gelten. Die Vorschriften des allgemeinen Werkvertragsrechts (§§ 631–650 BGB) sowie die Vorschriften des Bauvertragsrechts (§§ 650a–650h BGB) bleiben damit uneingeschränkt anwendbar.

§ 650j BGB Baubeschreibung

Der Unternehmer hat den Verbraucher über die sich aus Artikel 249 des Einführungsgesetzes zum Bürgerlichen Gesetzbuche ergebenden Einzelheiten in der dort vorgesehenen Form zu unterrichten, es sei denn, der Verbraucher oder ein von ihm Beauftragter macht die wesentlichen Planungsvorgaben.

Übersicht

	Seite
A. Einleitung	977
B. Formale Anforderungen an die Baubeschreibung, § 650j BGB i.V.m. Art. 249 § 1 EGBGB	978
I. Zeitpunkt der Zurverfügungstellung	978
II. Form	978
C. Inhaltliche Anforderungen an die Baubeschreibung, § 650j BGB i.V.m. Art. 249 § 2 EGBGB	978
I. Katalog des Art. 249 § 2 Abs. 1 S. 2 EGBGB	978
1. Art. 249 § 2 Abs. 1 S. 2 Nr. 1 EGBGB	979
2. Art. 249 § 2 Abs. 1 S. 2 Nr. 2 EGBGB	979
3. Art. 249 § 2 Abs. 1 S. 2 Nr. 3 EGBGB	979
4. Art. 249 § 2 Abs. 1 S. 2 Nr. 4 EGBGB	980
5. Art. 249 § 2 Abs. 1 S. 2 Nr. 5 EGBGB	980
6. Art. 249 § 2 Abs. 1 S. 2 Nr. 6 EGBGB	980
7. Art. 249 § 2 Abs. 1 S. 2 Nr. 7 EGBGB	980
8. Art. 249 § 2 Abs. 1 S. 2 Nr. 8 EGBGB	980
9. Art. 249 § 2 Abs. 1 S. 2 Nr. 9 EGBGB	981
II. Generalklausel, Art. 249 § 2 Abs. 1 S. 1 BGB	981
III. Negative Baubeschreibung	981
IV. Funktionale Baubeschreibung	982
V. Fertigstellungszeitpunkt, Art. 249 § 2 Abs. 2 EGBGB	982
D. Anforderung an die Darstellung	982
I. Klarheitsgebot, Art. 249 § 2 Abs. 1 S. 1 EGBGB	982
II. Transparenzgebot, § 307 Abs. 1 S. 2 BGB	983
E. Keine Pflicht zur vorvertraglichen Baubeschreibung, § 650j Hs. 2 BGB	984
F. Rechtsfolgen	984
I. Erfüllungsanspruch	984
II. Wirksamkeit des Verbraucherbauvertrages	984
III. Auslegung	984
IV. Schadensersatz aus §§ 311 Abs. 2 Nr. 1, 280 Abs. 1 BGB	985
V. Rücktritt gem. §§ 324, 241 Abs. 2 BGB	986
VI. Angaben zum Fertigstellungszeitpunkt	986
VII. Ansprüche nach dem UKlaG	986

A. Einleitung

1 § 650j BGB verpflichtet den Unternehmer, dem Verbraucher eine Baubeschreibung auszuhändigen, die den Anforderungen des Art. 249 § 1 und § 2 EGBGB an Form und Inhalt genügt. Der Gesetzgeber statuiert damit eine vor Abschluss des Verbrauchbauvertrages vom Unternehmer zu erfüllende Informationspflicht und schließt damit das durch § 312 Abs. 2 Nr. 3 BGB aF entstandene Informationsdefizit des Verbrauchers, wonach die vorvertraglichen Informationspflichten des § 312a Abs. 2 BGB i.V.m. Art. 246 EGBGB (Informationspflichten beim Verbrauchervertrag) und des § 312d Abs. 1 BGB i.V.m. Art. 246a EGBGB (Informationspflichten bei außerhalb von Geschäftsräumen geschlossenen Verträgen und Fernabsatzverträgen) bei Verträgen über den Bau eines neuen Gebäudes oder erhebliche Umbaumaßnahmen gerade nicht gelten sollen. Bei Abschluss dieser Verträge wird das Informationsbedürfnis des Verbrauchers über die §§ 312 ff. BGB nur durch § 312a Abs. 1 BGB gestillt, mit einer für die Baupraxis wenig relevanten Offenbarungspflicht bei Telefonanrufen (Lenkeit, BauR 2017, 454 (457)). Die Einführung der vorvertraglichen Baubeschreibungspflicht füllt nun dieses Informationsdefizit aus.

B. Formale Anforderungen an die Baubeschreibung, § 650j BGB i. V. m. Art. 249 § 1 EGBGB

I. Zeitpunkt der Zurverfügungstellung

2   Die Baubeschreibung ist dem Verbraucher nach Art. 249 § 1 EGBGB rechtzeitig vor Abgabe von dessen Vertragserklärung zu übergeben. Weder Gesetzeswortlaut noch Gesetzesbegründung enthalten nähere Anhaltspunkte zur Auslegung des unbestimmten Rechtbegriffs der Rechtzeitigkeit. Letztere erläutert lediglich, dass die Baubeschreibung dem Verbraucher ggf. unter Hinzuziehung eines sachverständigen Dritten zu einem Preis-/Leistungsvergleich dienen soll (BT-Drs. 18/8486, 73). Anknüpfungspunkt für die Rechtzeitigkeit könnte demnach die zwei Wochen Frist des § 17 Abs. 2a Nr. 2 BeurkG bilden, der dem Verbraucher bei Abschluss notariell zu beurkundender Verträge ebenfalls die Gelegenheit bietet, sich vor Abschluss des Vertrages hinreichend mit dem Gegenstand des Inhaltes des Vertrages auseinander zu setzen. § 17 Abs. 2a Nr. 2 BeurkG gilt außerdem beim Bauträgervertrag, bei dem die Baubeschreibung ein zu beurkundender Bestandteil der Vertragsunterlagen darstellt (Pause, Bauträgerkauf und Baumodelle, Rn. 92; Pause/Vogel, NZBau 2015, 667 (668)), so dass eine mit dem Verbraucherbauvertrag vergleichbare Rechtslage besteht.

II. Form

3   Art. 249 § 1 EGBGB verlangt von dem Unternehmer die Übergabe einer Baubeschreibung in Textform nach § 126b BGB. Textform verlangt eine lesbare Erklärung auf einem dauerhaften Datenträger, in der die Person des Erklärenden benannt ist. Eine Unterschrift ist nicht erforderlich (Palandt/Ellenberger BGB § 126b Rn. 5). § 650j BGB i. V. m. Art. 249 § 1 EGBGB geht dabei über die für Verbraucherverträge allgemein geltende Informationspflicht des § 312a Abs. 2 BGB i. V. m. Art. 246 Abs. 1 EGBGB hinaus, welcher ein Formerfordernis zur Erfüllung der Informationspflicht nicht kennt.

C. Inhaltliche Anforderungen an die Baubeschreibung, § 650j BGB i. V. m. Art. 249 § 2 EGBGB

4   Die inhaltlichen Anforderungen an die Baubeschreibung sind in den Sätzen 1 und 2 des Art. 249 § 2 EGBGB geregelt. Danach ist der Unternehmer verpflichtet, die wesentlichen Eigenschaften des von ihm angebotenen Werkes, mindestens jedoch die im Katalog des Satzes 2 des Art. 249 § 2 EGBGB aufgeführten Komponenten seiner Bau- und Planungsleistung aufzunehmen. Von der Informationspflicht umfasst, sind technische Angaben zum Leistungsinhalt. Bei den abgeforderten Eigenschaften handelt es sich um Beschaffenheitsmerkmale, die für die Beurteilung der Vertragsgemäßheit nach § 633 Abs. 2 S. 1 BGB maßgeblich sind (Pause, Bauträgerkauf und Baumodelle, Rn. 442a).

I. Katalog des Art. 249 § 2 Abs. 1 S. 2 EGBGB

5   Art. 249 § 2 Abs. 1 S. 2 EGBGB legt den sogenannten Mindestinhalt der Baubeschreibung fest. Der Einführung eines Mindestinhalts der Bauschreibung liegt die Erwägung zu Grunde, dass angesichts der Vielfalt der Bauvorhaben, die zudem in technischer Hinsicht ständigen Änderungen und Neuerungen unterworfen sind, eine abschließende Aufzählung des notwendigen Inhalts einer Baubeschreibung im Gesetz nicht möglich ist (BT-Drs. 18/8486, 73). Die in Art. 249 § 2 Abs. 1 S. 2 Nr. 1–9 EGBGB aufgeführte Auflistung ist dabei weder abschließend noch zwingend. Auf der einen Seite resultiert aus dem Charakter des Mindestinhaltes, dass über den Katalog hinausgehende Informationen für eine vollständige Baubeschreibung zusätzlich gefordert werden können. Auf der anderen Seite ist dem Wortlaut „gegebenenfalls" zu entnehmen, dass dem Verbraucher Informationen zu den im Katalog aufgeführten technischen Details nur dann zu unterbreiten sind, wenn diese auch Gegenstand der werkvertraglichen Leistung des Unternehmers sind.

Baubeschreibung **§ 650j**

Der Gesetzgeber zählt die erforderlichen Angaben enumerativ auf. Hierbei handelt es sich um rein technische Details der Leistungspflicht des Unternehmers. Nicht erforderlich ist, dass die Bauschreibung die technischen Angaben in der vom Gesetzgeber gewählten Reihenfolge aufführt. Unerheblich ist auch, ob sich die Angaben aus Plänen oder einem verschriftlichten Text ergeben. Entscheidend ist, dass sie sich in der Baubeschreibung hinreichend dargestellt (→ Rdn. 30 ff.) finden. Schließlich können einzelne Informationen den Tatbestand mehrerer Anforderungen des Kataloges erfüllen, so dass es insoweit zu Überschneidungen kommen kann. 6

1. Art. 249 § 2 Abs. 1 S. 2 Nr. 1 EGBGB

Der Unternehmer ist verpflichtet, das von ihm herzustellende Gebäude oder die von ihm vorzunehmenden Umbauten allgemein zu beschreiben und gegebenenfalls Haustyp und Bauweise anzugeben. 7

Mit der geforderten allgemeinen Beschreibung wird die Kategorie der zu erbringenden Bauleistung (MüKoBGB/Busche, § 650j Rn. 4) sowie die Funktion des zu errichtenden Gebäudes oder der vorzunehmenden Umbaumaßnahmen festgelegt. Bietet der Unternehmer Umbauarbeiten an einem bestehenden Gebäude an, sind die Gebäudeteile, an denen die Arbeiten vorgenommen werden, als allgemeine Beschreibung im Sinne der Vorschrift zu bezeichnen. 8

Unter Haustyp ist die Konzeption des zu errichtenden Gebäudes zu verstehen, also Einfamilien- oder Mehrparteienhaus, Reihen- oder Doppelhaus, Geschosswohnungsbau oder Garage. Angaben zur Bauweise beziehen sich darauf, ob das Gebäude in konventioneller Bauweise, als Holzständerbauweise oder Fertigbauweise hergestellt wird. Haustyp und Bauweise sind nach dem Wortlaut der Vorschrift nur „gegebenenfalls" anzugeben. Entscheidend dürfte sein, ob aufgrund eines besonderen Haustyps oder einer besonderen Bauweise der Verbraucher eine entsprechende besondere Erwähnung in der Baubeschreibung erwarten durfte oder ob sich Haustyp und Bauweise nicht ohnehin aus der Baubeschreibung allgemein ergeben. 9

2. Art. 249 § 2 Abs. 1 S. 2 Nr. 2 EGBGB

Der Gesetzgeber verlangt von dem Unternehmer eine Beschreibung von Art und Umfang der von ihm angebotenen Leistung, gegebenenfalls der Planung und der Bauleitung, der Arbeiten am Grundstück, der Baustelleneinrichtung und der Ausbaustufe. 10

Unter Art und Umfang der angebotenen Leistung sind Angaben zur Leistungstiefe zu verstehen. Bietet der Unternehmer eine schlüsselfertige Leistung an oder verbleiben bestimmte Leistungen beim Verbraucher, wie bei sogenannten Ausbauhäusern, bei denen nur der Rohbau hergestellt wird, sind die entsprechenden Angaben in die vorvertragliche Baubeschreibung aufzunehmen. Die Leistungen sind in der Art und in dem Umfang zu beschreiben, wie sie der Unternehmer beabsichtigt, zu erbringen, d. h. Erstellung des Rohbaus, Innenausbau, Gebäudeausrüstung etc (MüKoBGB/Busche, § 650j Rn. 5). Auch Arbeiten am Grundstück, wie bspw. die Gründung und Angaben zur Baustelleneinrichtung, d. h. Gerüstarbeiten, Bauzaun etc. sind erforderlich, schließlich ist es Wesensmerkmal des Verbraucherbauvertrages, dass der Unternehmer seine Leistungen auf dem im Eigentum des Verbrauchers stehenden Grundstück erbringt, so dass ein besonderes Interesse des Verbrauchers an Informationen über Arbeiten am Grundstück besteht. 11

Angaben zur Planung und Bauleitung sind nach dem Gesetzeswortlaut nur gegebenenfalls in die vorvertragliche Baubeschreibung aufzunehmen. Dies dürfte § 650j Hs. 2 BGB geschuldet sein, wonach die Pflicht zur vorvertraglichen Baubeschreibung insgesamt entfällt, wenn die wesentlichen Planungsvorgaben vom Verbraucher selbst stammen. 12

3. Art. 249 § 2 Abs. 1 S. 2 Nr. 3 EGBGB

Die vorvertragliche Baubeschreibung muss konkrete Angaben zu Gebäudedaten enthalten. Pläne mit Raum- und Flächenangaben sowie Ansichten, Grundrisse und Schnitte sind in die Beschreibung aufzunehmen. Unter Gebäudedaten sind alle für den Verbraucher erforderlichen Angaben zu verstehen, die das zu errichtende Gebäude oder die Umbaumaßnahmen charakterisieren (MüKoBGB/Busche § 650j Rn. 6) und zwar hinsichtlich seiner Größe, d. h. Wohn- und Nutzfläche sowie deren Zuschnitt. 13

Stretz

§ 650j

4. Art. 249 § 2 Abs. 1 S. 2 Nr. 4 EGBGB

14 Angaben zum Energie-, zum Brandschutz und zum Schallschutzstandard sowie zur Bauphysik sind vom Unternehmer nach dem Wortlaut des Art. 249 § 2 Abs. 1 S. 2 Nr. 3 EGBGB nur gegebenenfalls in die vorvertragliche Baubeschreibung aufzunehmen. Sie dürften entfallen, wenn Gegenstand des Vertrages erhebliche Umbaumaßnahmen sind, die keinen Einfluss auf den Energie-, Brandschutz-, und Schallschutzstandard oder auf die Bauphysik haben. Bei Errichtung eines neuen Gebäudes hingegen dürften entsprechende Angaben im Hinblick auf das Informationsinteresse des Verbrauchers erforderlich sein.

15 Der Energiestandard ergibt sich regelmäßig aus dem Energieausweis, dessen gesetzliche Grundlage das seit 01.11.20 in Kraft getretene Gebäudeenergiegesetz (GEG) ist. Beim Verbraucherbauvertrag ist es der Verbraucher als Eigentümer des zu errichtenden Gebäudes, der nach § 80 Abs. 1 S. 2 GEG sicher zu stellen hat, dass unverzüglich nach Fertigstellung des Gebäudes der Energieausweis ausgestellt und ihm übergeben wird. In die vorvertragliche Baubeschreibung dürften deshalb vom Unternehmer diejenigen Informationen zum Energiestandard aufzunehmen sein, die für eine nach § 88 GEG zur Ausstellung berechtigte Person von Relevanz sind, um die nach § 80 GEG erforderlichen Angaben im Energieausweis machen zu können, bspw. Angaben zum wesentlichen Energieträger, zur Energieeffizienzklasse und zum Energieverbrauch.

Ebenso entsprechen Angaben zum Brandschutz- und Schallschutzstandard regelmäßig dem Interesse des Verbrauchers. Sind bestimmte bauphysikalische Maßnahmen erforderlich, um durch Einsatz bestimmter Baustoffe oder eine spezielle Bauweise den Wärme- oder Schallschutz zu verbessern, dürften auch diese Angaben zur Bauphysik in die Baubeschreibung aufzunehmen sein (MüKoBGB/Busche § 650j Rn. 7).

5. Art. 249 § 2 Abs. 1 S. 2 Nr. 5 EGBGB

16 Als zwingende Mindestanforderung an den Inhalt der Baubeschreibung benennt der Gesetzgeber Angaben zur Baukonstruktion aller wesentlichen Gewerke. Der Unternehmer wird dadurch verpflichtet, die in seiner Leistung enthaltenen Erd-, Mauer-, Beton- und Stahlbetonarbeiten anzugeben sowie deren konstruktive Anforderungen (MüKoBGB/Busche § 650j Rn. 8).

6. Art. 249 § 2 Abs. 1 S. 2 Nr. 6 EGBGB

17 Beinhaltet die Leistungspflicht des Unternehmers auch Arbeiten des Innenausbaus, so sind auch diese in der vorvertraglichen Baubeschreibung anzugeben.

7. Art. 249 § 2 Abs. 1 S. 2 Nr. 7 EGBGB

18 Angaben zu gebäudetechnischen Anlagen sind dann in die vorvertragliche Baubeschreibung aufzunehmen, wenn sich die Leistungspflicht des Unternehmers auch auf diese bezieht. Dies dürfte bei erheblichen Umbaumaßnahmen nicht zwingend, beim Bau eines neuen Gebäudes jedoch regelmäßig der Fall sein. Unter gebäudetechnischen Anlagen sind bspw. Anlagen zur Energieversorgung, zur Klimatisierung und Belüftung, zur Wasser- und Abwasserversorgung, zur Entsorgung von Abfall und zur Sicherung von Gebäuden zu verstehen (MüKoBGB/Busche § 650j Rn. 9).

8. Art. 249 § 2 Abs. 1 S. 2 Nr. 8 EGBGB

19 Qualitätsmerkmale, denen das Gebäude oder der Umbau genügen muss, sind als zwingende Mindestangabe in der vorvertraglichen Baubeschreibung aufzuführen. Damit wird dem Verbraucher vermittelt, welchen Standard der Unternehmer bei seiner Leistungserbringung schuldet. Der Unternehmer ist danach verpflichtet, anzugeben, ob die von ihm angebotenen Leistungen einem hohen Standard (besonders hochwertig, luxuriös), dem Normalstandard oder vielleicht sogar dem Mindeststandard entsprechen. Derartige Angaben sind für die Auslegung des Vertrages nach § 650k Abs. 2 BGB und für die Beurteilung der Mangelfreiheit von entscheidender Bedeutung.

Baubeschreibung §650j

9. Art. 249 §2 Abs. 1 S. 2 Nr. 9 EGBGB

Eine Beschreibung der Sanitärobjekte, der Armaturen, der Elektroanlage, der Installationen, der Informationstechnologie und der Außenanlagen ist dann erforderlich, wenn diese von der werkvertraglichen Leistungspflicht umfasst sind. 20

II. Generalklausel, Art. 249 §2 Abs. 1 S. 1 BGB

Als eine Art Auffangtatbestand normiert der Gesetzgeber in Art. 249 §2 Abs. 1 S. 2 BGB eine Generalklausel, wonach den Unternehmer die weitergehende Pflicht trifft, zusätzlich zu den im Katalog des Satzes 1 des Art. 249 §2 Abs. 1 EGBGB aufgeführten technischen Details, sämtliche wesentliche Eigenschaften des angebotenen Werkes darzustellen. Der Gesetzgeber beabsichtigt damit, sicherzustellen, dass heute möglicherweise noch nicht übliche Beschaffenheiten, Bauweisen und Technologien, die in Zukunft für das Bauwerk wesentlich sein könnten, der Pflicht zur vorvertraglichen Beschreibung unterliegen (BT-Drs. 18/8486, 73). Das Merkmal der Wesentlichkeit wird dabei vom Gesetzgeber nicht weiter definiert. Es richtet sich nach dem konkreten Vertragsgegenstand im Einzelfall und dürfte objektiv aus Sicht eines verständigen Durchschnittsverbrauchers zu ermitteln sein. Auf ein konkretes individuelles Informationsbedürfnis kommt es im Zweifel nicht an. Maßgeblich bei der Wesentlichkeitsbestimmung zu berücksichtigen, ist der allgemeine Schutzzweck der Pflicht zur Vorlage einer vorvertraglichen Baubeschreibung. Der Verbraucher soll durch Übermittlung der technischen Informationen in die Lage versetzt werden, eine fundierte Entscheidung zum Abschluss des Vertrages treffen zu können. Ihm soll insbesondere ein Preis-/Leistungsvergleich unter Mithilfe eines sachverständigen Dritten ermöglicht werden (BT-Drs. 18/8486, 73). 21

Dies legt den Schluss nahe, dass auch Preisangaben zu den wesentlichen Eigenschaften des vom Unternehmer angebotenen Werkes gehören (MüKoBGB/Busche §650j Rn. 3; Messerschmidt/Voit/Lenkeit §650j Rn. 36). Ein Vergleich mit den vom Gesetzgeber als wesentliche Mindestangaben im Katalog des Art. 249 §2 Abs. 1 S. 2 EGBGB normierten Eigenschaften führt jedoch zum gegenteiligen Ergebnis (Kniffka/Koeble/Jurgeleit/Sacher, Kompendium des Baurechts Teil 2 Rn. 63; BeckOK BauvertragsR/Langjahr EGBGB Art. 249 §2 Rn. 5). Als der vorvertraglichen Baubeschreibungspflicht unterlegen, sieht der Gesetzgeber rein technische Beschaffenheiten des vom Unternehmer angebotenen Werkes an. Preisangaben hingegen spiegeln den wirtschaftlichen Wert, die vom Unternehmer gewünschte Vergütung für das Werk wider. Eine Eigenschaft der werkvertraglichen Leistung des Unternehmers bilden sie hingegen nicht ab. Dass die Angaben der vorvertraglichen Baubeschreibung nach §650k Abs. 1 BGB Gegenstand des Vertrages werden, führt indes nicht zwingend zu der Annahme, dass in der vorvertraglichen Baubeschreibung auch Preisangaben zu machen sind (a. A. MüKo/Busche §650j Rn. 3). Aus §632 Abs. 1 und 2 BGB ersichtlich, ist der Abschluss eines Werkvertrages auch ohne ausdrückliche Preisangaben möglich. 22

Auch weitergehende rechtliche Informationen zur Vertragsabwicklung und zu Vertragsbedingungen sind nicht als wesentliche Eigenschaften der werkvertraglichen Leistung zu definieren, da es sich nicht um technische Angaben handelt. Hier unterscheidet sich die vorvertragliche Informationspflicht beim Verbraucherbauvertrag von den für Verbraucherverträge maßgeblichen Informationspflichten der §§312ff., welche eine Informationspflicht bspw. zu den Bedingungen einer Kündigung (§312a Abs. 2 BGB i. V. m. Art. 246 Abs. 1 Nr. 6 EGBGB) oder zu vom Verbraucher zu leistender Sicherheiten (§312d Abs. 1 BGB i. V. m. Art. 246a §1 Abs. 1 Nr. 13 EGBGB) vorsehen. 23

III. Negative Baubeschreibung

Die Regelungen des §650j BGB i. V. m. Art. 249 §1 und §2 EGBGB hindern den Unternehmer nicht, negativ zu umschreiben, was nicht seiner Leistungsplicht unterliegen soll. Sogenannte negative Baubeschreibungen bleiben auch nach Einführung der Vorgaben zur vorvertraglichen Baubeschreibungspflicht möglich. Sie dienen insbesondere bei der Durchführung erheblicher Umbaumaßnahmen dem Zweck, solche Arbeiten auszuschließen, deren Ausführung möglicherweise erwartet werden könnte (Pause, Bauträgerkauf- und Baumodelle, Rn. 633; Basty, Der Bauträgervertrag, Rn. 381). 24

IV. Funktionale Baubeschreibung

25   In der Baupraxis sind funktionale Baubeschreibungen üblich. Charakteristisch für diese ist, dass das herzustellende Werk nach seiner Funktion beschrieben wird. Der Inhalt der werkvertraglichen Leistung wird nicht detailliert nach zu verwendenden Materialien, Baustoffen und Einheiten dargestellt, sondern nach ihrem Zweck bestimmt. Funktionale Baubeschreibungen sind daher systembedingt lückenhaft (BGH, Urt. v. 21.11.2013 – VII ZR 275/12). Vor dem Hintergrund der durch § 650j BGB i. V.m. Art. 249 § 1 EGBGB dem Unternehmer gestellten Anforderungen an den Inhalt einer vorvertraglichen Baubeschreibung stellt sich die Frage, ob funktionale Baubeschreibungen im Anwendungsbereich des Verbraucherbauvertragsrecht überhaupt noch zulässig sein können.

26   Diese Frage ist mit dem Sinn und Zweck der vorvertraglichen Baubeschreibungspflicht zu beantworten und im Ergebnis zu bejahen (Pause, Bauträgerkauf und Baumodelle, Rn. 442c). Das Informationsbedürfnis des Verbrauchers ist nicht darauf gerichtet, eine detaillierte Auflistung der zu verwendenden Baustoffe und -materialien zu erhalten. Lediglich die auf die Funktion und den Nutzen des herzustellenden Werkes gerichteten Informationen sind Gegenstand der vorvertraglichen Baubeschreibungspflicht, so dass funktionale Baubeschreibungen unter Berücksichtigung der Anforderungen des Art. 249 § 1 EGBGB nach wie vor möglich und auch in Zukunft noch üblich sein werden. Davon ausgehend ist es eine Entscheidung im Einzelfall, ob die funktionale Baubeschreibung den Anforderungen des Art. 249 § 1 EGBGB genügt, das heißt, ob die nicht in ihr aufgeführte Information für den Verbraucher und die Preisbildung von wesentlicher Bedeutung ist (Kniffka/Koeble/Jurgeleit/Sacher, Kompendium des Baurechts Teil 2 Rn. 65).

V. Fertigstellungszeitpunkt, Art. 249 § 2 Abs. 2 EGBGB

27   Ein gesteigertes Informationsbedürfnis und damit einhergehend eine besondere Schutzbedürftigkeit des Verbrauchers bewegen den Gesetzgeber dazu, eine Pflicht zu konkreten Angaben zum Fertigstellungszeitpunkt gleich doppelt zu regeln. Bereits vorvertraglich sind vom Unternehmer konkrete Angaben in seine Baubeschreibung (§ 650j BGB i. V.m. Art. 249 § 2 Abs. 2 EGBGB) aufzunehmen. Zusätzlich nennt § 650k Abs. 3 S. 1 BGB Angaben zum Fertigstellungszeitpunkt als notwendigen Bestandteil des abzuschließenden Bauvertrages (→ § 650k BGB Rdn. 16 ff.). Im Hinblick auf die Finanzierung des Bauprojektes, die Kündigung eines bestehenden Mietverhältnisses oder die Planung eines Umzuges beabsichtigt der Gesetzgeber damit, dem Verbraucher ausreichend Informationen für die eigene zeitliche Planung zu geben (BT-Drs. 18/8486, 74).

28   Verlangt wird vom Unternehmer eine kalendermäßig zu bestimmende Datumsangabe, sei es durch Angabe eines bestimmten Tages (bspw. 30.06.2022) oder eines kalendermäßig bestimmbaren Datums (bspw. 13 Monate nach Erteilung der Baugenehmigung). Erleichterungen werden dem Unternehmer dadurch gegeben, dass die Angabe der Dauer der Baumaßnahme (bspw. 8 Monate) ausreichen soll, wenn eine konkreter oder bestimmbarer Fertigstellungstermin noch nicht angegeben werden kann. Dies kann beispielsweise dann der Fall sein, wenn die Fertigstellung von vom Verbraucher zu erbringender Mitwirkungshandlungen wie dem Erwerb des Grundstücks oder der Einholung öffentlich-rechtlicher Genehmigungen abhängt.

29   Ca.-Angaben oder die Angabe nur eines voraussichtlichen Fertigstellungstermins dürften den Anforderungen des § 650j BGB i. V.m. Art. 249 § 2 Abs. 2 EGBGB nicht genügen. Die bisherige Rechtsprechung spricht derartigen Angaben den Verbindlichkeitscharakter ab (OLG Köln Urt. v. 10.11.2006 – 20 U 18/06; a. A. im Mietrecht: BGH, Urt. v. 24.3.2004 – VIII ZR 133/03; BGH, Urt. v. 10.3.2010 – VIII ZR 144/09).

D. Anforderung an die Darstellung

I. Klarheitsgebot, Art. 249 § 2 Abs. 1 S. 1 EGBGB

30   Die Vorschrift des Art. 249 § 2 Abs. 1 S. 1 EGBGB verlangt vom Unternehmer, dass dieser die wesentlichen Eigenschaften seiner werkvertraglichen Leistung in klarer Weise darstellt. Der Wortlaut der die Informationspflicht begründenden Vorschrift weicht dabei wesentlich

Baubeschreibung **§ 650j**

von im Verbraucherrecht bereits geltenden Informationspflichten ab, deren Erfüllung in klarer und verständlicher Weise zu erfolgen hat (vgl. § 312a Abs. 2 BGB i.V.m. Art. 246 Abs. 1 EGBGB; § 312j Abs. 2 BGB i.V.m. Art. 246a EGBGB; § 482 Abs. 1 BGB i.V.m. Art. 242 EGBGB; § 312d i.V.m. Art. 246a § 4 Abs. 1 EGBGB). Diese sprachliche Abweichung gründet auf einer bewussten gesetzgeberischen Entscheidung (BT-Drs. 18/8486, 73), die im Laufe des Gesetzgebungsverfahrens getroffen wurde. Der ursprüngliche Referentenentwurf des Bundesministeriums der Justiz und für Verbraucherschutz ging in Art. 249 § 1 Abs. 1 S. 1 EGBGB noch von einem entsprechenden Verständlichkeitsgebot aus, in dem er eine klare und verständliche Darstellung der wesentlichen Eigenschaften der vom Unternehmer angebotenen Leistung verlangte (http://www.bmjv.de/SharedDocs/Gesetzgebungsverfahren/Dokumente/RefE_Bauvertragsrecht.pdf?__blob=publicationFile&v=2). Rechnung tragen wollte der Gesetzgeber mit der Aufgabe des Verständlichkeitsgebotes den komplexen, technischen Informationen beispielsweise zur Wärmedämmung oder technischen Ausstattung eines Bauwerkes (BT-Drs. 18/8486, 73). Etwaige Verständnisprobleme sollen nach dem Willen des Gesetzgebers durch Beziehung eines Experten ausgeglichen werden können (BT-Drs. 18/8486, 74). Eine Überlegung, die mit den gesetzgeberischen Motiven zur Einführung einer vorvertraglichen Baubeschreibung korrespondiert. Diese soll den Verbraucher in die Lage versetzen, den Inhalt der vom Unternehmer angebotenen Leistung durch einen sachverständigen Dritten überprüfen zu lassen (BT-Drs. 18/8486, 62). Folglich genügen nach der Vorschrift des Art. 249 § 1 Abs. 1 S. 1 EGBGB Bestimmungen in der vorvertraglichen Baubeschreibung, die zwar aufgrund der Verwendung fachspezifischer Begrifflichkeiten oder der schlichten Angabe von DIN-Normen, vom Verbraucher formal und grammatikalisch erfasst werden können, für diesen aber nicht zwingend verständlich sein müssen, den Anforderungen des Art. 249 § 1 Abs. 1 S. 1 EGBG an eine klare Darstellung (Messerschmidt/Voit/Lenkeit BGB 650j Rn. 35; MüKoBGB/Busche BGB § 650j Rn. 14).

II. Transparenzgebot, § 307 Abs. 1 S. 2 BGB

Im Anwendungsbereich allgemeiner Geschäftsbedingungen nach den §§ 305 ff. BGB unterliegt die in der Baubeschreibung enthaltene Leistungsbestimmung des Unternehmers dem Transparenzgebot nach § 307 Abs. 1 S. 2, Abs. 3 S. 2 BGB, auch wenn diese als sogenannte Einmalbedingung nach § 310 Abs. 3 Nr. 2 BGB verfasst wird (Pause, Bauträgerkauf und Baumodelle Rn. 442b; Palandt/Retzlaff, Art. 249 EGBGB § 2 Rn. 2). Eine rein formal und grammatikalisch erfassbare, klare Beschreibung der vom Unternehmer angebotenen Leistung genügt dann nicht. **31**

Ob der Anwendungsbereich des Transparenzgebotes bei Erfüllung der vorvertraglichen Baubeschreibungspflicht überhaupt eröffnet ist, ist vor dem Hintergrund, dass es sich um eine Informationspflicht im vorvertraglichen Stadium und nicht um eine Vertragsklausel im Sinne von Art. 5, 2a, 3 der Klauselrichtlinie (Richtlinie 93/13/EWG des Rates vom 5.4.1993 über missbräuchliche Klauseln in Verbraucherverträgen, ABl. der Europäischen Gemeinschaften Nr. L 95/29) handelt, fraglich. Daraus ließe sich ableiten, dass das Transparenzgebot des § 307 Abs. 1 S. 2 BGB gerade kein Maßstab für die Erfüllung der vorvertraglichen Informationspflicht bildet (Kleine-Möller/Merl/Glöckner, PrivBaur-HdB § 4 Rn. 215a zum Bauträgervertrag). Anders als im Anwendungsbereich von Bauträgerverträgen findet jedoch bei Abschluss eines Verbraucherbauvertrages mangels Erfordernisses der notariellen Beurkundung eine notarielle Belehrung nicht statt. Die vorvertragliche Baubeschreibung wird ohne Zutun der Parteien nach § 650k Abs. 1 BGB Vertragsbestandteil, es sei denn die Parteien vereinbaren ausdrücklich etwas anderes. Der vorvertraglichen Baubeschreibung kommt deshalb im Verbraucherbauvertragsrecht neben ihrer vorvertraglichen, informatorischen Funktion auch rechtsgeschäftliche Bedeutung zu, was die Anwendung des Transparenzgebotes auch im vorvertraglichen Stadium bei Erfüllung der Informationspflicht des § 650j BGB i.V.m. Art. 249 § 1 und § 2 EGBGB rechtfertigt. Zu messen ist die vorvertragliche Baubeschreibung am Transparenzgebot jedenfalls dann, wenn sie über § 650k Abs. 1 BGB Vertragsbestandteil wird. **32**

Im so eröffneten Geltungsbereich des § 307 Abs. 1 S. 2 BGB ist weiterhin danach zu differenzieren, ob die vorvertragliche Baubeschreibung einen derart hohen Individualisierungsgrad aufweist, dass sie nicht mehr als einseitig vom Unternehmer gestellt oder als Standard-Beschreibung zu werten ist. Dies ist im Verbraucherbauvertragsrecht nicht von vornherein ausgeschlossen. Handelt es sich doch im Schwerpunkt um Verträge, mit denen der Verbraucher einen Unternehmer zur Errichtung eines Gebäudes zu Wohnzwecken verpflichtet. Fernliegender **33**

§ 650j

erscheint die Qualifizierung der vorvertraglichen Baubeschreibung als individuell ausgehandelt, wenn sie von einem Fertighaushersteller oder Generalüber-/-unternehmer stammt, da derartige Verträge meist auf die Errichtung gleichartiger Gebäude mit standardisierten Baubeschreibungen gerichtet sind.

E. Keine Pflicht zur vorvertraglichen Baubeschreibung, § 650j Hs. 2 BGB

34 Keine Pflicht zur vorvertraglichen Baubeschreibung besteht, wenn die wesentlichen Planungsvorgaben vom Verbraucher selbst stammen. Ein Informationsbedürfnis des Verbrauchers entfällt dadurch. Streitentscheidend wird in diesen Fällen sein, wann Planungsvorgaben des Verbrauchers die Qualifikation der Wesentlichkeit erreichen und der Unternehmer von der Verpflichtung zur vorvertraglichen Baubeschreibung befreit ist.

35 Erfüllen die Planungsvorgaben des Verbrauchers die inhaltlichen Anforderungen des § 650j BGB i. V. m. Art. 249 § 2 EGBGB kann von einer Befreiung des Unternehmers von der vorvertraglichen Baubeschreibungspflicht ausgegangen werden (MüKoBGB/Busche § 650j Rn. 20). Erreichen die Planungsvorgaben hingegen nicht das Niveau an Information, wie es für den Unternehmer in Art. 249 § 2 EGBGB vorgegeben ist, bleibt ein Informationsbedürfnis des Verbrauchers bestehen. Der Unternehmer dürfte hier zur Vorlage einer vorvertraglichen Baubeschreibung verpflichtet bleiben (MüKoBGB/Busche § 650j Rn. 21; Palandt/Retzlaff § 650j Rn. 2).

F. Rechtsfolgen

36 Die Rechtsfolgen eines Verstoßes gegen die Vorgaben des § 650j BGB i. V. m. Art. 249 § 1 und § 2 EGBGB zur vorvertraglichen Baubeschreibungspflicht unterscheiden sich nach Art und Inhalt des Verstoßes.

I. Erfüllungsanspruch

37 Erbringt der Unternehmer seine Pflicht zur vorvertraglichen Beschreibung der von ihm angebotenen werkvertraglichen Leistung gänzlich nicht oder nicht ordnungsgemäß, stellt sich die Frage, ob dem Verbraucher ein entsprechender Anspruch auf Erfüllung zusteht (bejahend: MüKoBGB/Busche § 650j Rn. 18). Da es sich um eine vor Abschluss des Vertrages zu erfüllende Pflicht des Unternehmers handelt und in diesem Zeitpunkt weder eine vertragliche Beziehung zwischen den Parteien begründet ist noch gegenseitige Leistungspflichten vereinbart sind, dürfte die Pflicht zur vorvertraglichen Baubeschreibung als nicht-leistungsbezogene Nebenpflicht im Sinne von § 241 Abs. 2 BGB zu qualifizieren sein (Glöckner BauR 2014, 411 (426)). Nicht-leistungsbezogene Nebenpflichten sind in der Regel nicht klagbar (Palandt/Grüneberg § 241 Rn. 7, § 242 Rn. 25), dem Verbraucher steht ein entsprechender Erfüllungsanspruch nicht zu (BeckOK BauvertrR/Langjahr BGB § 650j Rn. 7; BeckOGK/Merkle § 650j Rn. 33).

II. Wirksamkeit des Verbraucherbauvertrages

38 Schließen die Parteien einen Verbraucherbauvertrag ohne (hinreichende) vorvertragliche Baubeschreibung des Unternehmers berührt dies die Wirksamkeit des Vertrages in der Regel nicht (Kniffka/Koeble/Jurgeleit/Sacher, Kompendium des Baurechts Teil 2 Rn. 75; Messerschmidt/Voit/Lenkeit BGB § 650j Rn. 46). Maßgeblich für die Wirksamkeit des Vertrages ist eine hinreichende Bestimmtheit oder Bestimmbarkeit des Vertragsgegenstandes oder mangels dieser ein (ggf. auch stillschweigend) vereinbartes Leistungsbestimmungsrecht hinsichtlich des Inhalts der werkvertraglichen Herstellungsverpflichtung (Jurgeleit, NJW 2019, 2649 (2652)).

III. Auslegung

39 Weist die vom Unternehmer vorvertraglich übermittelte Baubeschreibung Unzulänglichkeiten in Bezug auf Inhalt und Darstellung (Art. 249 § 2 EGBGB) auf und ist diese nach § 650k

Abs. 1 BGB Vertragsbestandteil geworden, hält das Verbraucherbauvertragsrecht selbst spezifische Regelungen zu den Rechtsfolgen bereit.

Soweit die Baubeschränkung unvollständig oder unklar ist, ist der Vertrag nach den Vorgaben des § 650k Abs. 2 BGB auszulegen (vgl. § 650k B.). Lücken und Unklarheiten bei der Beschreibung der vom Unternehmer angebotenen Leistung werden dadurch behoben und das werkvertragliche Leistungssoll definiert. Entspricht der Inhalt der im Wege der Auslegung des Vertrages ermittelten Herstellungsverpflichtung den Erwartungen des Verbrauchers, bleibt für weitergehende Ansprüche des Verbrauchers gegen den Unternehmer wegen einer unvollständigen oder unklaren Baubeschreibung kein Raum (Kniffka/Koeble/Jurgeleit/Sacher, Kompendium des Baurechts Teil 2 Rn. 73). 40

IV. Schadensersatz aus §§ 311 Abs. 2 Nr. 1, 280 Abs. 1 BGB

Kommt es in Folge einer Verletzung der Pflicht des Unternehmers aus § 650j BGB i. V. m. Art. 249 § 2 EGBGB nicht zum Abschluss eines Vertrages, scheinen Schadensersatzansprüche des Verbrauchers mangels Schadens schwer vorstellbar. 41

In den Fällen aber, in denen die vom Unternehmer übermittelte vorvertragliche Baubeschreibung nicht die Anforderungen an Inhalt und Darstellung des Art. 249 § 2 EGBGB erfüllt, diese aber nach § 650k Abs. 1 BGB Vertragsbestandteil geworden ist und das Ergebnis der Auslegung der unvollständigen oder unklaren Baubeschreibung nach § 650k Abs. 2 BGB nicht den Erwartungen des Verbrauchers an den Inhalt der Herstellungsverpflichtung des Unternehmers entspricht, kommen Schadensersatzansprüche des Verbrauchers nach allgemeinen Grundsätzen der §§ 311 Abs. 2 Nr. 1, 280 Abs. 1 BGB wegen Verletzung vorvertraglicher Informationspflichten in Betracht (Kniffka/Koeble/Jurgeleit/Sacher, Kompendium des Baurechts Teil 2 Rn. 72; Messerschmidt/Voit/Lenkeit BGB § 650j Rn. 47). Diese können auch nicht im Wege einer Klausel in Allgemeinen Geschäftsbedingungen dadurch ausgeschlossen werden, dass die Parteien vereinbaren, die Baubeschreibung erfülle die Anforderungen der §§ 650j und k BGB. Eine solche Klausel ist wegen Verstoßes gegen §§ 307 Abs. 1 S. 1, Abs. 2 Nr. 1 i. V. m. § 276 Abs. 2 und § 309 Nr. 7b BGB unwirksam (OLG Frankfurt – Urt. v. 28.10.2020 – 29 U 146/19 (nicht rechtskräftig)). In den Fällen vorvertraglicher Pflichtverletzung wird sich der Verbraucher darauf berufen, dass er in Kenntnis des Auslegungsergebnisses den Vertrag nicht oder nicht mit diesem Inhalt geschlossen hätte. Voraussetzung ist eine schuldhafte Pflichtverletzung des Unternehmers, die kausal zu einem Schaden beim Verbraucher geführt hat. Die Pflichtverletzung des Unternehmers liegt hierbei regelmäßig in der Zurverfügungstellung einer nicht den Anforderungen des Art. 249 § 2 EGBGB entsprechenden Baubeschreibung. Die für dieses Tatbestandsmerkmal grundsätzlich den Verbraucher treffende Beweislast wird dabei durch eine sekundäre Beweislast des Unternehmers abgemildert. Der Unternehmer hat im Einzelnen darzulegen, wie er seiner Pflicht zur vorvertraglichen Information nachgekommen ist (Palandt/Emmerich BGB § 311 Rn. 191). Für das Verschulden des Unternehmers gilt die Vermutung des § 280 Abs. 1 Hs. 2 BGB. Schwierigkeiten werden dem Verbraucher aber die ihn treffende Last der Darlegung und des Beweises des durch die Pflichtverletzung kausal herbeigeführten Schadens bereiten. Um dem Verbraucher hier Erleichterungen zu gewähren, kann erwogen werden, die von der Rechtsprechung zur vorvertraglichen Aufklärungspflicht entwickelten Grundsätze der echten Kausalitätsvermutung (MüKoBGB/Emmerich § 311 Rn. 191, 192) heranzuziehen (Glöckner BauR 2014, 411 (427)). Danach ist der Unternehmer darlegungs- und beweisbelastet dafür, dass der Schaden auch bei pflichtgemäßer Erfüllung eingetreten wäre, wenn das Verhalten der aufzuklärenden Person bei richtiger Aufklärung vernünftigerweise alternativlos gewesen wäre (Palandt/Grüneberg BGB § 280 Rn. 39). Im Falle eines echten Entscheidungskonfliktes der aufzuklärenden Person bei ordnungsgemäßer Aufklärung kommt die allgemeine Kausalitätsvermutung nicht zum Tragen und es bleibt bei den allgemeinen Grundsätzen. Dies dürfte beim Verbraucherbauvertrag regelmäßig der Fall sein, da Informationen über die Ausführungsart oder Gestaltung der Bauleistung, über die Eigenschaften von verschiedenen Baumaterialien oder -techniken in eine Abwägung ganz unterschiedlicher technischer, gesundheitlicher, ökologischer oder ökonomischer Vor- und Nachteile münden und damit ein echter Entscheidungskonflikt entsteht (Glöckner BauR 2014, 411 (427)). Ob im Verbraucherbauvertragsrecht deshalb, wie bereits im Bereich des Anlagerechts oder der Prospekthaftung (MüKoBGB/Emmerich § 311 Rn. 209; BGH, Urt. v. 8.5.12 – XI ZR 262/10), der auf alternativloses Verhalten beschränkte Anwendungsbereich der Kausalitätsvermutung aufgehoben wird, wird sich zeigen. Die Rechtsfolgen einer kausalen Pflichtverletzung richten 42 sich schließlich nach § 249 Abs. 1 BGB. Der Verbraucher kann wahlweise Befreiung vom ungewünschten Vertrag verlangen mit der Folge, dass er von seiner Zahlungsverpflichtung frei wird und der Unternehmer zum Rückbau bereits erbrachter Bauleistungen verpflichtet ist (Glöckner BauR 2014, 411 (428)). Alternativ kann der Verbraucher am Vertrag festhalten und Ersatz des ihm entstandene Vertrauensschadens verlangen (Kniffka/Koeble/Jurgeleit/Sacher Kompendium des Baurechts Teil 2 Rn. 72). Ein Anspruch auf Vertragsanpassung ieS, bspw. in Form einer Vergütungsanpassung, besteht hingegen nicht (Glöckner BauR 2014, 411 (427)).

V. Rücktritt gem. §§ 324, 241 Abs. 2 BGB

43 Die Verletzung einer nicht-leistungsbezogenen Nebenpflicht nach § 241 Abs. 2 BGB räumt dem Geschädigten nach § 324 BGB das Recht ein, vom Vertrag zurückzutreten, wenn ein Festhalten am Vertrag nicht mehr zuzumuten ist, wobei an die Schwelle der Unzumutbarkeit hohe Anforderungen zu stellen sind (MüKoBGB/Ernst § 324 Rn. 7).

VI. Angaben zum Fertigstellungszeitpunkt

44 Nach der Regelung des § 650k Abs. 3 S. BGB (→ § 650k BGB Rdn. 16) haben Angaben im Verbraucherbauvertrag zum Fertigstellungszeitpunkt Vorrang vor den Angaben zum Fertigstellungszeitpunkt in der vorvertraglichen Baubeschreibung (Dammert/Lenkeit/Pause/Oberhauser/Stretz, Das neue Bauvertragsrecht § 5 Rn. 145 ff.). Enthält die vorvertragliche Baubeschreibung keine Angaben und kommt ein Vertrag zustande, gilt als Rechtsfolge das zum Fertigstellungszeitpunkt im Vertrag selbst Geregelte.

45 Finden sich weder in der vorvertraglichen Baubeschreibung noch im Verbraucherbauvertrag verbindliche Angaben zur Fertigstellung, kommen die allgemeine Regelung zum Tragen, wonach die Leistung des Unternehmers nach § 271 BGB sofort fällig, vom Unternehmer alsbald zu erbringen (BGH, Urt. v. 21.10.2003 – X ZR 218/01; BGH, Urt. v. 8.3.2001 – VII ZR 470/99; OLG Hamburg Urt. v. 29.10.2009 – 6 U 253/08) und in angemessener Zeit fertigzustellen ist (BGH, Urt. v. 22.5.2003 – VII ZR 469/01; BGH, Urt. v. 8.3.2001 – VII ZR 470/99). Darüber hinausgehende Rechtsfolgen wie ein Anspruch auf Schadensersatz nach §§ 311 Abs. 2 Nr. 1 BGB, 280 Abs. 1, 241 Abs. 2 BGB dürften wegen der vorskizzierten Rechtsfolge des § 271 BGB ausscheiden.

VII. Ansprüche nach dem UKlaG

46 Verbraucherschutzverbände und andere nach dem UKlaG berechtigte Stellen können den gegen § 650j BGB i. V. m. Art. 249 EGBGB verstoßenden Unternehmer auf Unterlassung und Beseitigung in Anspruch nehmen (Kleine-Möller/Merl/Glöckner Handbuch Baurecht Teil 1 Rn. 115; Messerschmidt/Voit/Lenkeit BGB § 650j Rn. 53).

§ 650k BGB Inhalt des Vertrages

(1) Die Angaben der vorvertraglich zur Verfügung gestellten Baubeschreibung in Bezug auf die Bauausführung werden Inhalt des Vertrags, es sei denn, die Vertragsparteien haben ausdrücklich etwas anderes vereinbart.

(2) Soweit die Baubeschreibung unvollständig oder unklar ist, ist der Vertrag unter Berücksichtigung sämtlicher vertragsbegleitender Umstände, insbesondere des Komfort- und Qualitätsstandards nach der übrigen Leistungsbeschreibung, auszulegen. Zweifel bei der Auslegung des Vertrages bezüglich der vom Unternehmer geschuldeten Leistung gehen zu dessen Lasten.

(3) Der Bauvertrag muss verbindliche Angaben zum Zeitpunkt der Fertigstellung des Werks oder, wenn dieser Zeitpunkt zum Zeitpunkt des Abschlusses des Bauvertrags nicht angegeben werden kann, zur Dauer der Bauausführung enthalten. Enthält der Vertrag diese Angaben nicht, werden die vorvertraglich in der Baubeschreibung übermittelten Angaben zum Zeitpunkt der Fertigstellung des Werks oder zur Dauer der Bauausführung Inhalt des Vertrags.

Inhalt des Vertrages §650k

Übersicht

	Seite
A. Inhalt des Vertrages, §650k Abs. 1 BGB	987
I. Grundsatz: Vorvertragliche Baubeschreibung als Inhalt des Vertrages	987
II. Ausnahme: Abweichende Vereinbarung im Vertrag	987
B. Auslegung des Vertrages, §650k Abs. 2 BGB	988
I. Auslegung der Angaben der Baubeschreibung	988
II. Ergänzende Vertragsauslegung §650k Abs. 2 S. 1 BGB	988
III. Unklarheitenregelung §650k Abs. 2 S. 2 BGB	989
IV. Unverständliche Baubeschreibung	989
C. Angaben zum Fertigstellungszeitpunkt, §650k Abs. 3 BGB	989

A. Inhalt des Vertrages, §650k Abs. 1 BGB

I. Grundsatz: Vorvertragliche Baubeschreibung als Inhalt des Vertrages

Nach §650k Abs. 1 BGB werden die mit der vorvertraglichen Baubeschreibung dem Verbraucher zur Kenntnis gebrachten Eigenschaften des vom Unternehmer angebotenen Werkes Inhalt seiner vertraglichen Herstellungsverpflichtung. Die Vorschrift ist dabei angelehnt an §312d Abs. 1 S. 2 BGB, die den Einbezug vorvertraglicher Informationen bei Verbraucherverträgen vorgibt. Ziel ist es, dem Unternehmer die Möglichkeit zu nehmen, von den vorvertraglich gemachten Versprechungen „im Kleingedruckten" abzuweichen (Kramme NJW 2015, 279 zu §312d Abs. 1 S. 2 BGB; BeckOK BauvertrR BGB §650k Rn. 1; Kniffka/Koeble/Jurgeleit/Sacher Kompendium des Baurechts Teil 2 Rn. 84). 1

Vertragsinhalt werden Informationen „in Bezug auf die Bauausführung". §650k Abs. 1 BGB beschränkt seinen Anwendungsbereich damit auf die technischen Angaben des vom Unternehmer angebotenen Werkes nach Art. 249 §2 Abs. 1 BGB (Kniffka/Koeble/Jurgeleit/Sacher Kompendium des Baurechts Teil 2 Rn. 84). Vorvertragliche Angaben zum Fertigstellungszeitpunkt nach Art. 249 §2 Abs. 2 BGB werden nur dann Vertragsbestandteil, wenn der Vertrag selbst hierzu keine Angaben enthält (→ §650j BGB Rdn. 44ff.). 2

Der Gesetzgeber schafft mit Einführung des §650k Abs. 1 BGB eine widerlegbare Vermutung zum Inhalt des Verbraucherbauvertrages und damit eine Umkehr der Beweislast. War es bisher diejenige Partei, die sich auf die vorvertraglichen Informationen stützte, die darlegen und beweisen musste, dass diese Vertragsinhalt geworden sind, obliegt es nun derjenigen Partei, die die vorvertraglichen Informationen nicht als vertragsgegenständlich ansieht, den entsprechenden Beweis zu führen. 3

II. Ausnahme: Abweichende Vereinbarung im Vertrag

Es bleibt den Parteien kraft ihrer Privatautonomie unbenommen, zu vereinbaren, dass die Angaben der vorvertraglichen Baubeschreibung nicht Vertragsinhalt werden sollen. §650k Abs. 1 Hs. 2 BGB verlangt hierfür eine ausdrückliche Vereinbarung der Parteien. In Anlehnung an §312d Abs. 1 S. 2 BGB, Art. 6 Abs. 5 VerbrR-RL reicht für ein ausdrückliches Abweichen von der Baubeschreibung schlüssiges Verhalten oder Schweigen auf eine entsprechende Willenserklärung nicht aus (BT-Drs. 18/8486, 62; BT-Drs. 17/12637, 54). Ausdrücklichkeit verlangt auf der Seite des Verbrauchers entweder eine selbst formulierte Erklärung oder aber, wenn er einer vom Unternehmer vorformulierten Erklärung zustimmt, eine von anderen Erklärungen getrennte Zustimmung durch aktives Tun (MüKoBGB/Wendehorst §312d Rn. 8). 4

Keine Schwierigkeiten dürfte das Tatbestandsmerkmal der ausdrücklichen Vereinbarung dann bereiten, wenn die Parteien die Abweichung von der vorvertraglichen Bauschreibung losgelöst vom Verbraucherbauvertrag selbst regeln. Eine vom Unternehmer im Verbraucherbauvertrag vorformulierte Erklärung des Verbrauchers dürfte hingegen den Anforderungen des §650k Abs. 2 Hs. 2 BGB nicht genügen, da diese nicht getrennt von der Erklärung zum Vertragsschluss abgegeben wird. Allein die Verwendung einer von der von den vorvertraglichen Informationen abweichenden vertraglichen Baubeschreibung erfüllt ebenso wenig die Anforderungen an die Ausdrücklichkeit. Wohingegen vor dem Hintergrund effektiven Verbraucherschutzes es wiederum ausreichen dürfte, wenn die ausdrückliche Erklärung vom 5

Stretz

§ 650k

Inhalt des Vertrages

Verbraucher stammt und sich der Unternehmer dazu lediglich konkludent oder stillschweigend erklärt (Kniffka/Koeble/Jurgeleit/Sacher Kompendium des Baurechts Teil 2 Rn. 85).

B. Auslegung des Vertrages, § 650k Abs. 2 BGB

6 Soweit die Baubeschreibung unvollständig oder unklar ist, ist der Vertrag nach § 650k Abs. 2 BGB unter Berücksichtigung sämtlicher vertragsbegleitender Umstände, insbesondere des Komfort- und Qualitätsstandards nach der übrigen Leistungsbeschreibung auszulegen. Der Gesetzgeber normiert damit speziell für das Verbraucherbauvertragsrecht geltende Auslegungsregeln.

I. Auslegung der Angaben der Baubeschreibung

7 Die in § 650k Abs. 2 S. 1 BGB geregelten Grundsätze zur ergänzenden Vertragsauslegung kommen dann zum Tragen, wenn auch nach Anwendung der geltenden Auslegungsmethoden die in Frage stehende vertragliche Regelung zur Bauausführung unklar ist oder eine wesentliche Eigenschaft der von Unternehmer angebotenen Leistung gänzlich fehlt (Messerschmidt/Voit/Lenkeit BGB § 650k Rn. 17).

8 Die Auslegungsmethoden unterscheiden sich grundsätzlich danach, ob die über § 650k Abs. 1 BGB zum Vertragsinhalt gewordene vorvertragliche Baubeschreibung oder eine davon zu unterscheidende vertragliche Baubeschreibung individuell ausgehandelt wurde oder dem Anwendungsbereich allgemeiner Geschäftsbedingungen unterliegt. Im Anwendungsbereich allgemeiner Geschäftsbedingungen gilt der Grundsatz der objektiven Auslegung, wonach der Sinngehalt einer AGB-Klausel nach objektiven Maßstäben losgelöst von der zufälligen Gestaltung des Einzelfalles und den individuellen Vorstellungen der Vertragsparteien, unter Beachtung ihres wirtschaftlichen Zwecks und der gewählten Ausdrucksweise zu ermitteln ist (MüKoBGB/Basedow § 305c Rn. 33; BGH, Urt. v. 29.10.1956 – II ZR 64/56). Bei Verträgen mit einem Verbraucher werden den Vertragsschluss begleitende Umstände lediglich ergänzend und korrigierend herangezogen (MüKoBGB/Basedow § 305c Rn. 34). Im Falle einer individuell ausgehandelten Beschreibung der Hauptleistungspflicht des Unternehmers richten sich die Auslegungsgrundätze nach den §§ 133, 157 BGB. Maßgeblich ist ein objektiver Empfängerhorizont unter Berücksichtigung auch konkret-individueller Begleitumstände des Vertragsschlusses (MüKoBGB/Busche § 133 Rn. 12; Palandt/Ellenberger § 133 Rn. 9).

II. Ergänzende Vertragsauslegung § 650k Abs. 2 S. 1 BGB

9 Die unter Anwendung der geltenden Auslegungsmethoden ermittelten Lücken oder Unklarheiten in der Beschreibung der vom Unternehmer zu erbringenden Herstellungsverpflichtung sind im Wege ergänzender Vertragsauslegung anhand der in § 650k Abs. 2 S. 1 BGB normierten Kriterien zu füllen. Danach ist der Vertrag unter Berücksichtigung sämtlicher vertragsbegleitender Umstände, insbesondere des Komfort- und Qualitätsstandard nach der übrigen Leistungsbeschreibung auszulegen. Der Gesetzgeber normiert damit die von der Rechtsprechung (BGH, Urt. v. 21.11.2013 – VII ZR 275/12; BGH, Urt. v. 4.6.2009 – VII ZR 54/07; BGH, Urt. v. 14.6.2007 – VII ZR 45/06) zu § 157 BGB entwickelten Grundsätze der ergänzenden Vertragsauslegung im Bauvertragsrecht. Danach sind bei der Auslegung von Baubeschreibungen sämtliche erläuternde oder konkretisierende Erklärungen der Vertragsparteien, die konkreten Verhältnisse des Bauwerks und seines Umfeldes, der qualitative Zuschnitt, der architektonische Anspruch und die Zweckbestimmung des Bauwerks zu berücksichtigen (BGH, Urt. v. 21.11.2013 – VII ZR 275/12; BGH, Urt. v. 4.6.2009 – VII ZR 54/07; BGH, Urt. v. 14.6.2007 – VII ZR 45/06; Kniffka/Koeble/Jurgeleit/Sacher Kompendium des Baurechts Teil 2 Rn. 89; BeckOK BauvertrR/Langjahr § 650k Rn. 4; MüKoBGB/Busche § 650k Rn. 6).

10 Nach seinem Wortlaut gilt die Regelung zur ergänzenden Vertragsauslegung lediglich für unklare und unvollständige Baubeschreibungen. Im Falle unverständlicher Baubeschreibungen kommt sie nicht zum Tragen.

III. Unklarheitenregelung § 650k Abs. 2 S. 2 BGB

§ 650k Abs. 2 S. 2 BGB enthält eine weitere Auslegungsregel, wonach Zweifel bei der Auslegung des Vertrages bezüglich der vom Unternehmer geschuldeten Leistung zu dessen Lasten gehen sollen. Der damit normierte Grundsatz verbraucherfreundlicher Auslegung findet dabei im Wesentlichen zwei Anwendungsfelder. Zum einen dürften die den Leistungsinhalt charakterisierenden Angaben in der Baubeschreibung im Zweifel unklar oder unvollständig sein (Glöckner VuR 2016, 163, 165). Zum anderen dürften Zweifel bei der Frage des übrigen Qualitäts- und Komfortstandards zu Lasten des Unternehmers ausgehen. 11

Der Gesetzgeber orientierte sich bei Erlass der Unklarheitenregelung ausdrücklich an § 305c Abs. 2 BGB, der eine entsprechende Unklarheitenregelung für die Auslegung Allgemeiner Geschäftsbedingungen bereit hält (BT-Drs. 18/8486, 62). Im Anwendungsbereich Allgemeiner Geschäftsbedingungen kommt der Regelung des § 650k Abs. 2 S. 2 BGB deshalb insoweit keine eigenständige Bedeutung zu. Neu ist die Unklarheitenregelung indes für den Fall, dass die Beschreibung der vom Unternehmer zu erbringenden Werkleistung individuell mit dem Verbraucher ausgehandelt wurde mit der Folge einer deutlichen Beweiserleichterung für diesen. Eine entsprechende Unklarheitenregelung für Individualvereinbarungen existierte bislang nicht. 12

Die Unklarheitenregelung des § 650k Abs. 2 S. 2 BGB gilt jedenfalls im Falle unklarer oder unvollständiger Beschreibungen der vom Unternehmer geschuldeten Leistung. Auf unverständliche Baubeschreibungen findet § 650k Abs. 2 S. 2 BGB keine Anwendung. 13

IV. Unverständliche Baubeschreibung

Nach seinem Wortlaut umfasst die Vorschrift des § 650k Abs. 2 BGB lediglich unklare oder unvollständige Baubeschreibungen. Dies korrespondiert mit der Vorstellung des Gesetzgebers, wonach gem. § 650j BGB i. V. m. Art. 249 § 2 EGBGB jedenfalls die Angaben in der vorvertraglichen Baubeschreibung lediglich klar, aber nicht zwingend verständlich darzustellen sind. Im Anwendungsbereich allgemeiner geschäftsbedingungen genügen diese Anforderungen nach dem dort geltenden Transparenzgebot des § 307 Abs. 2 S. 1 BGB jedoch nicht. Einseitig vom Unternehmer vorformulierte vorvertragliche Baubeschreibungen, die nach § 650k Abs. 1 BGB zum Inhalt des Vertrages werden oder davon losgelöst einseitig vom Unternehmer vorformulierte vertragliche Baubeschreibungen unterliegen als Leistungsbestimmungen nach § 307 Abs. 2 S. 1 und Abs. 3 S. 2 BGB dem Transparenzgebot. 14

Die in § 650k Abs. 2 BGB normierten Auslegungsgrundsätze sind daher im Falle unverständlicher Baubeschreibungen nicht heranzuziehen. Es verbleibt bei den bekannten Grundsätzen zur objektiven Auslegung Allgemeiner Geschäftsbedingungen, der ergänzenden Vertragsauslegung nach der Rechtsprechung des BGH und der Unklarheitenregelung des § 305c Abs. 2 BGB, die im Ergebnis gleichlautend zu § 650k Abs. 2 BGB sind. 15

C. Angaben zum Fertigstellungszeitpunkt, § 650k Abs. 3 BGB

Nach § 650k Abs. 3 BGB muss der Verbraucherbauvertrag selbst verbindliche Angaben zum Zeitpunkt der Fertigstellung des Werkes oder wenn dieser noch nicht angegeben werden kann zur Dauer der Baumaßnahme enthalten. Die Verpflichtung des Unternehmers zu verbindlichen Angaben trifft ihn bereits vorvertraglich nach § 650j BGB i. V. m. Art. 249 § 2 Abs. 2 EGBGB. Zum konkreten Inhalt dieser Verpflichtung wird deshalb auf § 650j BGB i. V. m. Art. 249 § 2 Abs. 2 EGBGB verwiesen. 16

Das Verhältnis zwischen den vorvertraglichen Angaben zum Fertigstellungszeitpunkt und den Angaben im Verbraucherbauvertrag selbst regelt § 650k Abs. 3 S. 2 BGB. Danach haben die vertraglichen Angaben Vorrang vor den vorvertraglichen. Lediglich für den Fall, dass der Verbraucherbauvertrag selbst keine Regelung zur Fertigstellung enthält, werden die vorvertraglich übermittelten Angaben Inhalt des Vertrages. 17

§ 650k Abs. 3 S. 2 BGB weicht damit von der grundsätzlichen Wertung des § 650k Abs. 1 BGB ab, wonach die Angaben der vorvertraglichen Baubeschreibung Inhalt des Vertrages werden. Dies liegt darin begründet, dass § 650k Abs. 1 BGB Angaben *„in Bezug auf die Bauausführung"* und damit Angaben nach Art. 249 § 2 Abs. 1 EGBGB betrifft. Vorvertragliche Angaben zum Fertigstellungszeitpunkt nach Art. 249 § 2 Abs. 2 BGB sollen vom Einbezug des § 650k Abs. 1 18

BGB nicht betroffen sein. Diese werden nach § 650k Abs. 3 S. 2 BGB nur dann Vertragsbestandteil, wenn der Vertrag selbst dazu keine Regelung enthält.

19 Die Rechtsfolgen bei Überschreiten des vereinbarten Fertigstellungstermins richten sich nach den allgemeinen Regelungen zum Schuldnerverzug (BT-Drs. 18/8486, 63). Ist der Fertigstellungszeitpunkt durch eine nach dem Kalender bestimmte oder zumindest bestimmbare Angabe vereinbart, bedarf es für den Eintritt des Verzuges einer weiteren Mahnung nach § 286 Abs. 2 Nr. 1 und 2 BGB nicht. Dies ist jedenfalls dann der Fall, wenn ein konkretes Datum zur Fertigstellung oder die Dauer der Baumaßnahme beginnend mit einem konkreten Ereignis wie bspw. dem Baubeginn vereinbart ist. Ansprüche auf Ersatz des Verzögerungsschadens ergeben sich dann aus §§ 280 Abs. 2, 286 BGB.

§ 650l BGB Widerrufsrecht

Dem Verbraucher steht ein Widerrufsrecht gemäß § 355 zu, es sei denn, der Vertrag wurde notariell beurkundet. Der Unternehmer ist verpflichtet, den Verbraucher nach Maßgabe des Artikels 249 § 3 des Einführungsgesetzes zum Bürgerlichen Gesetzbuche über sein Widerrufsrecht zu belehren.

Übersicht

	Seite
A. Einleitung	990
B. Widerrufsrecht	991
C. Zeitliche Begrenzung des Widerrufsrechts	991
I. Widerrufsfrist	991
II. Beginn der Widerrufsfrist	991
1. Pflicht zur Belehrung	991
2. ordnungsgemäße Widerrufsbelehrung	991
a) Form	992
b) Inhalt	992
c) Deutlichkeitsgebot	992
d) Musterbelehrung	993
e) Möglichkeit der Nachholung einer ordnungsgemäßen Widerrufsbelehrung	993
III. Erlöschen des Widerrufsrechts	994
1. Erlöschen nach § 356e BGB	994
2. Erlöschen bei vollständiger Vertragserfüllung	994
3. Verwirkung des Widerrufsrechts	994
D. Widerrufserklärung	995
E. Rechtsfolgen	995
I. Rückgewährschuldverhältnis	995
II. Anspruch des Verbrauchers auf Rückzahlung von Werklohn	995
III. Anspruch des Unternehmers auf Rückgewähr erbrachter Leistungen	995
IV. Anspruch des Unternehmers auf Wertersatz	996

A. Einleitung

1 Vor Einführung des § 650l BGB stand dem Verbraucher bei Abschluss eines Vertrages mit einem Unternehmer über Bauleistungen ein Widerrufsrecht nur dann zu, wenn der Vertrag nicht den Bau eines neuen Gebäudes oder erhebliche Umbaumaßnahmen zum Gegenstand hatte (§ 312 Abs. 2 Nr. 3 BGB a. F.) und zudem in einer bestimmten Vertriebsform, nämlich außerhalb der Geschäftsräume des Unternehmers oder im Fernabsatz (§ 312g Abs. 1 BGB) geschlossen wurde. Der Abschluss von Verträgen in den genannten Vertriebsformen, bspw. auf der Baustelle oder beim Verbraucher, ist zwar in der Baupraxis nicht selten (LG Stuttgart Urt. v. 2.6.2016 – 23 O 47/16; AG Bad Segeberg Urt. v. 13.4.2014 – 17 C 230/04; OLG Düsseldorf Beschluss v. 24.2.2014 – I-23 U 102/13; Lenkeit BauR 2017, 454 (462)), gleichwohl konnte sich der Verbraucher bei für ihn wirtschaftlich bedeutenden Verträgen gerade nicht auf das Widerrufsrecht des § 312g Abs. 1 BGB berufen. Mit Einführung des § 650l BGB schließt der Gesetzgeber diese Lücke im Verbraucherschutz.

B. Widerrufsrecht

Im Anwendungsbereich des Verbraucherbauvertragsrechtes erhält der Verbraucher mit § 650l BGB das Recht, sich ohne weitere Voraussetzungen vom Vertrag lösen zu können (Kniffka/Koeble/Jurgeleit/Sacher, Kompendium des Baurechtes Teil 2 Rn. 92). Auch Verträge, die in den Geschäftsräumen des Unternehmers oder nicht mittels Fernabsatz geschlossen wurden, können vom Verbraucher ohne weiteres widerrufen werden. 2

Ausgeschlossen ist das Widerrufsrecht nach § 650l S. 1 Hs. 2 BGB nur dann, wenn der Verbraucherbauvertrag notariell beurkundet wurde, was bei Abschluss des Vertrages im Rahmen eines sogenannten Generalübernehmermodells durchaus praktische Relevanz hat. Im Falle der notariellen Beurkundung des Vertrages wird wegen der Belehrungspflicht des Notars und der in § 17 Abs. 2a Nr. 2 BeurkG vorgesehenen 2-Wochen-Frist zur Prüfung des Vertragsentwurfes kein Bedürfnis mehr für eine zeitlich nachgelagerte Lösungsmöglichkeit vom Vertrag gesehen (BT-Drs. 18/8486, 63). 3

Nach der Rechtsprechung des BGH verlangt das Widerrufsrecht nicht den Abschluss eines wirksamen Vertrages. Eine Nichtigkeit nach den §§ 134, 138 oder 142 Abs. 1 BGB schließt ein Recht des Verbrauchers, sich vom Vertrag durch Widerruf zu lösen, grundsätzlich nicht aus (BGH, Urt. v. 25.11.09 – VIII ZR 318/08). Ob dies auch im Falle einer Nichtigkeit wegen Verstoßes gegen § 1 Abs. 2 Nr. 2 SchwarzArbG gilt, ist in der Literatur umstritten (vgl. Kniffka/Koeble/Jurgeleit/Sacher, Kompendium des Baurechts, Teil Rn. 96). 4

C. Zeitliche Begrenzung des Widerrufsrechts

I. Widerrufsfrist

Das Widerrufsrecht ist ebenso wie das Widerrufsrecht bei Verbraucherverträgen über Bauleistungen in bestimmten Vertriebsformen nach § 312g Abs. 1 i. V. m. § 355 Abs. 2 BGB oder bei allgemeinen Verbraucherverträgen nach Art. 246 Abs. 3 EGBGB i. V. m. § 355 Abs. 2 BGB zeitlich auf 14 Tage beginnend mit Vertragsschluss begrenzt. § 650l BGB verweist insoweit auf die allgemeine Vorschrift des § 355 BGB. Die Frist berechnet sich nach den allgemeinen Grundsätzen der §§ 187 Abs. 1, 188 Abs. 2 Alt. 1, 193 BGB (BGH, Urt. v. 23.9.2010 – VII ZR 6/10). 5

II. Beginn der Widerrufsfrist

Die 14-tägige Widerrufsfrist beginnt im Grundsatz gem. § 355 Abs. 2 S. 2 BGB mit Abschluss des Vertrages. Der Fristbeginn ist allerdings mit der speziell für das Verbraucherbauvertragsrecht eingeführten Regelung des § 356e S. 1 BGB an die zusätzliche Voraussetzung einer ordnungsgemäßen Widerrufsbelehrung geknüpft. Danach beginnt die Widerrufsfrist nicht, bevor der Unternehmer den Verbraucher gem. Art. 249 § 3 EGBGB nicht über das Widerrufsrecht belehrt hat. 6

1. Pflicht zur Belehrung

Die Pflicht des Unternehmers, den Verbraucher über sein Widerrufsrecht zu belehren, ergibt sich aus § 650l S. 2 BGB und ist angelehnt an die Belehrungspflicht bei Verbraucherverträgen abgeschlossen in bestimmten Vertriebsformen nach § 312g Abs. 1, 312d Abs. 1, 356 Abs. 3 S. 1 BGB i. V. m. Art. 246a § 1 Abs. 2, § 4 EGBGB. 7

2. ordnungsgemäße Widerrufsbelehrung

Die Anforderungen an eine ordnungsgemäße Widerrufsbelehrung sind in Art. 249 § 3 EGBGB geregelt. Auf die zu den Anforderungen einer ordnungsgemäßen Widerrufsbelehrung bei Verbraucherverträgen in bestimmten Vertriebsformen (Art. 246a § 1 Abs. 2, § 4 EGBGB) und bei Verträgen über Finanzdienstleistungen (Art. 246b § 1 Abs. 1 Nr. 12 EGBGB) bekannten Grundsätze kann aufgrund der vergleichbaren Regelungen zurückgegriffen werden. 8

§ 6501

a) Form

9   Die Widerrufsbelehrung hat nach Art. 249 § 3 Abs. 1 S. 1 EGBGB in Textform zu erfolgen. Dabei sind die Anforderungen des § 126b BGB einzuhalten. Erforderlich ist eine lesbare Erklärung, in der die Person des Erklärenden genannt ist. Die Erklärung ist auf einem dauerhaften Datenträger abzugeben, der es dem Empfänger ermöglicht, die Belehrung so aufzubewahren oder abzuspeichern, dass sie ihm während eines für ihren Zweck angemessenen Zeitraums zugänglich ist, wie bspw. Papier, USB-Stick, CD-Rom, Speicherkarten, Festplatten, E-Mails oder Computerfax (Palandt/Ellenberger BGB § 126b Rn. 3). Nicht ausreichend ist, wenn dem Verbraucher anlässlich des Vertragsschlusses die Möglichkeit verschafft wird, vom Inhalt der Belehrung Kenntnis zu erlangen. Eine formell ordnungsgemäße Widerrufsbelehrung verlangt vielmehr die physische Aushändigung der Belehrung (BGH, Urt. v. 26.11.2020 – I ZR 169/19).

b) Inhalt

10   Die inhaltlichen Anforderungen richten sich nach Maßgabe des Art. 249 § 3 EGBGB. Die Vorschrift des Art. 249 § 3 Abs. 2 S. 3 EGBGB zählt dabei enumerativ die inhaltlichen Bestandteile einer Widerrufsbelehrung auf. Danach ist dem Verbraucher ein Hinweis auf das Recht zum Widerruf (Nr. 1), ein Hinweis darauf, dass der Widerruf durch Erklärung gegenüber dem Unternehmer erfolgt und keiner Begründung bedarf (Nr. 2), der Name, die ladungsfähige Anschrift und die Telefonnummer desjenigen, gegenüber der Widerruf zu erklären ist, ggf. seine Telefaxnummer und E-Mail-Adresse (Nr. 3), ein Hinweis auf die Dauer und den Beginn der Widerrufsfrist sowie darauf, dass zur Fristwahrung die rechtzeitige Absendung der Widerrufserklärung genügt (Nr. 4) und ein Hinweis darauf, dass der Verbraucher dem Unternehmer Wertersatz nach § 357d BGB schuldet, wenn die Rückgewähr der bis zum Widerruf erbrachten Leistung ihrer Natur nach ausgeschlossen ist (Nr. 5) zu erteilen bzw. mitzuteilen.

11   Darüber hinaus verlangt Art. 249 § 3 Abs. 1 S. 2 EGBGB die Belehrung des Verbrauchers über dessen wesentliche Rechte. Für die Frage, welche Rechte als wesentlich zu qualifizieren sind, dürfte entscheidend sein, dass der Verbraucher über das Widerrufsrecht nicht lediglich in Kenntnis gesetzt werden soll, sondern darüber hinaus auch befähigt werden soll, sein Widerrufsrecht wirksam ausüben zu können (BGH, Urt. v. 13.1.2009 – XI ZR 118/08). Eine Belehrung des Verbrauchers über sein Recht auf Rückzahlung bereits bezahlten Werklohns ist im Katalog des Art. 249 § 3 Abs. 1 S. 3 Nr. 4 EGBGB nicht ausdrücklich enthalten; es dürfte jedoch als wesentliches Recht zu qualifizieren und als Inhalt in die Widerrufsbelehrung aufzunehmen sein. Schließlich dürfte die Entscheidung des Verbrauchers, sein Widerrufsrecht auszuüben auch davon abhängig sein, ob er den bereits bezahlten Werklohn zurückerhält. Auch der Gesetzgeber geht hierbei insoweit wohl von einem wesentlichen Recht aus. Die vom Gesetzgeber formulierte Musterbelehrung (→ Rdn. 15) enthält einen entsprechenden Hinweis.

c) Deutlichkeitsgebot

12   Art. 249 § 3 Abs. 1 S. 2 EGBG verlangt eine deutlich gestaltete Widerrufsbelehrung und weicht insoweit von den vom Gesetzgeber in Bezug genommenen (BT-Drs. 18/8486, 73), vergleichbaren Vorschriften ab, die kraft europäischer Vorgabe (Art. 6 Abs. 1 VerbrR-RL bzw. Art. 3 Abs. 1 Nr. 3a, Abs. 2 FernabsFinanzDL-RL (Richtlinie 2002/65/EG des Europäischen Parlaments und des Rates vom 23.9.2002 über den Fernabsatz von Finanzdienstleistungen an Verbraucher und zur Änderung der Richtlinie 90/619/EWG des Rates und der Richtlinien 97/7/EG und 98/27/EG, ABl. L. 271/16)) jeweils eine klare und verständliche Widerrufsbelehrung verlangen (vgl. Art. 246a § 1 Abs. 2, § 3 Abs. 1 EGBGB und Art. 246b § 1 Abs. 1 Nr. 12 EGBGB). Eine entsprechende europarechtliche Vorgabe existiert für den Verbraucherbauvertrag gerade nicht (→ Rdn. 1).

13   Bekannt ist das Gebot der Deutlichkeit hingegen aus der Vorschrift des § 312a Abs. 2 BGB i.V.m. Art. 246 Abs. 3 EGBGB, der Vorschrift über allgemeine Informationspflichten bei Verbraucherverträgen, auf dessen Grundsätze (Palandt/Grüneberg Art. 246 Rn. 14) zurückgegriffen werden kann. Deutlichkeit verlangt danach aus formaler Sicht eine lesbare Erklärung in ausreichend großer Schrift und entsprechender Untergliederung des Textes (BGH, Urt. v. 1.12.2010 – VIII ZR 82/10). Dabei ist den Anforderungen genüge getan, wenn sich die Belehrung in Farbe und Schriftgröße vom übrigen Text unterscheidet (BGH, Urt. v. 25.4.1996 – X ZR 139/94; BGH, Urt. v. 23.6.2009 – XI ZR 156/08). Nicht den Anforderungen entsprechend soll eine Belehrung sein, wenn sie lediglich grau hinterlegt ist (LG Gießen Urt. v. 1.3.2000 – 1 S 499/99) oder sich in geringem Abstand ein weiterer Text befindet, der stärker hervorgehoben ist (OLG Sachsen-Anhalt Urt. v. 7.1.1994 – 3 U 84/93). Bei gleichför-

miger Schriftform ist auch ein für die Belehrung gewählter geringerer Randabstand und die Verwendung größerer Absätze nicht ausreichend (BGH, Urt. v. 27. 4.1994 – VIII ZR 223/93). Ebenso wenig genügt die Aufspaltung der Belehrung auf zwei Dokumente den Anforderungen, wenn sie nur in ihrer Gesamtheit hinreichend deutlich ist (BGH, Urt. v. 23.6.2009 – XI ZR 156/08). Auch inhaltliche Fehler wie den Verbraucher verwirrende oder diesen ablenkende Zusätze (BGH, Urt. v. 4.7.2002 – I ZR 55/00) sowie mehrere sich widersprechende Belehrungen (BGH, Urt. v. 18.10.2004 – II ZR 352/02) können dazu führen, dass die Belehrung den Anforderungen der Deutlichkeit nicht entspricht.

Insgesamt dürfte für das Gebot der deutlichen Widerrufsbelehrung in Art. 249 § 3 Abs. 1 S. 2 EGBGB verlangt werden können, dass ein objektiver Durchschnittsverbraucher durch eine solche unmissverständlich in die Lage versetzt wird, sein Widerrufsrecht ausüben zu können (Messerschmidt/Voit/Lenkeit BGB § 650l Rn. 41). **14**

d) Musterbelehrung

Zu Erfüllung der Pflicht des Unternehmers nach § 650l S. 2 BGB, den Verbraucher nach Maßgabe des Art. 249 § 3 EGBGB über sein Widerrufsrecht zu belehren, sieht der Gesetzgeber die Verwendung der in Anlage 10 zu Art. 249 § 3 EGBGB formulierten Musterbelehrung vor. Dem Unternehmer bleibt es dabei unbenommen, selbst eine Belehrung zu formulieren. Die Verwendung der Musterbelehrung ist rein fakultativ. Für sie gilt jedoch die Vermutung der Einhaltung der Anforderungen des Art. 249 § 3 EGBGB (Lenkeit BauR 2017, 454 (615)). Ergänzungen und Zusätze sollte wegen des Risikos einer verwirrenden oder widersprüchlichen Belehrung allerdings vermieden werden (Kniffka/Koeble/Jurgeleit/Sacher, Kompendium des Baurechtes Teil 2 Rn. 94). **15**

e) Möglichkeit der Nachholung einer ordnungsgemäßen Widerrufsbelehrung

Umstritten ist die Frage, ob eine nicht den Anforderungen des Art. 249 § 3 EGBGB entsprechende Widerrufsbelehrung vom Unternehmer nachgeholt werden kann mit der Folge, dass die 14-tägige Widerrufsfrist beginnen kann und die Möglichkeit des Verbrauchers, sich voraussetzungslos vom Vertrag zu lösen nicht erst 12 Monate und 14 Tage nach Vertragsschluss erlischt (verneinend: beckOGK/Reiter BGB § 650l Rn. 44; Messerschmidt/Voit/Lenkeit BGB § 650l Rn. 46). **16**

Zu unterscheiden ist bei dieser Frage zunächst zwischen einer nicht rechtzeitigen Widerrufsbelehrung und einer inhaltlich nicht hinreichenden Widerrufsbelehrung. **17**

In zeitlicher Hinsicht verlangt Art. 249 § 3 S. 1 EGBGB eine Belehrung des Verbrauchers vor Abgabe der seines Vertragserklärung. Hierbei unterscheidet sich die Belehrungspflicht beim Verbraucherbauvertrag von der Belehrungspflicht im Anwendungsbereich des allgemeinen Verbraucherrechts, wo § 312a Abs. 2 S. 1 BGB i. V. m. Art. 246 Abs. 3 EGBGB vorgibt, dass der Unternehmer die jeweilige Widerrufsbelehrung nach oder zumindest zeitgleich mit der Erklärung des Verbrauchers abzugeben hat (Palandt/Grüneberg EGBGB Art. 246 Rn. 18). Eine zuvor erteilte Belehrung ist unwirksam (BGH, Urt. v. 4.7.2002 – I ZR 55/00). Belehrt der Unternehmer im Anwendungsbereich des allgemeinen Verbraucherrechts zu früh, also vor Abgabe der Vertragserklärung des Verbrauchers, kann er die Belehrung anerkanntermaßen ohne weiteres nachholen (Palandt/Grüneberg EGBGB Art. 246 Rn. 12). Auch im Anwendungsbereich der Verbraucherverträge in bestimmten Vertriebsformen ist resultierend aus der europarechtlichen Vorgabe des Art. 10 Abs. 2 VerbrR-RL die Möglichkeit zur Nachholung der Widerrufsbelehrung vorgesehen (MüKoBGB/Fritsche § 356 Rn. 26; Wendehorst NJW 2014, 577 (582)), obgleich auch hier § 312d Abs. 1 S. 1, Abs. 2 i. V. m. Art. 246a § 4 Abs. 1 EGBGB, Art. 246b § 2 Abs. 1 EGBGB grundsätzlich wie im Verbraucherbauvertragsrecht eine Belehrung vor Abgabe der Vertragserklärung des Verbrauchers vorsieht; anders als es im Anwendungsbereich des allgemeinen Verbraucherrechts der Fall ist. **18**

Gegen die Möglichkeit der Nachholung der Belehrung im Verbraucherbauvertragsrecht spricht, dass weder die Grundsätze des allgemeinen Verbraucherrechts noch die Grundsätze des Verbrauchervertrages in bestimmten Vertriebsformen auf den Verbraucherbauvertrag übertragen werden können. Bereits strukturell unterscheidet sich das Verbraucherbauvertragsrechts vom allgemeinen Verbraucherrecht dahingehend, dass im allgemeinen Verbraucherrecht, die Belehrung erst nach Abgabe der Vertragserklärung des Verbrauchers zu erteilen ist, wohingegen das Verbraucherbauvertragsrecht diese vor Abgabe der Erklärung des Verbrauchers vorschreibt. Auch die Grundsätze zur Nachholung der Widerrufsbelehrung beim Abschluss von Verbraucherverträgen in bestimmten Vertriebsformen sind nicht ohne weiteres in den **19**

Anwendungsbereich des Verbraucherbauvertragsrechts übertragbar. Resultieren sie doch aus europarechtlichen Vorgaben, die im Anwendungsbereich des Verbraucherbauvertragsrechts kraft der Bereichsausnahme in Art. 3 Abs. 3 f) VerbR-RL gerade nicht gelten.

20 Für die Möglichkeit der Nachholung der Widerrufsbelehrung hingegen spricht der Wortlaut des §356e S. 2 BGB, welcher regelt, dass das Widerrufsrecht „spätestens" nach Ablauf von 12 Monaten und 14 Tagen erlischt. Hieraus kann abgeleitet werden, dass die Möglichkeit der Nachholung vom Gesetzgeber vorausgesetzt ist (Kniffka/Koeble/Jurgeleit/Sacher, Kompendium des Baurechts Teil 2 Rn. 99). Auch orientiert sich der Gesetzgeber ausdrücklich an den Vorschriften des Verbraucherrechts nach den §§ 312 ff. BGB, welche die Möglichkeit zur Nachholung ebenfalls vorsehen (BT-Drs. 18/8486, 38). Schließlich entspricht die Möglichkeit der Nachholung der Widerrufsbelehrung auch dem vom Gesetzgeber intendierten Sinn und Zweck des Widerrufsrechts, wonach dem Verbraucher eine 14-tägige Bedenkzeit eingeräumt werden soll. Für eine Verlängerung der Möglichkeit, sich vom Vertrag zu lösen, auf 12 Monate und 14 Tage besteht bei nachgeholter Widerrufsbelehrung kein Bedürfnis (Kniffka/Koeble/Jurgeleit/Sacher, Kompendium des Baurechts Teil 2 Rn. 99).

21 Im Falle einer inhaltlich nicht hinreichend erteilten Widerrufsbelehrung dürfte das Recht zur Nachholung jedenfalls solange bestehen, wie der Verbraucher seine auf den Vertragsschluss gerichtete Willenserklärung noch nicht abgeben hat. Nach Vertragsschluss beurteilt sich die Möglichkeit der Nachholung nach den oben dargelegten Argumenten. In jedem Fall ist das Risiko sich widersprechender Widerrufsbelehrungen zu berücksichtigen, so dass im Sinne der Anforderung der Deutlichkeit dem Verbraucher unmissverständlich klar gemacht werden muss, welche der Belehrung die maßgebliche ist.

III. Erlöschen des Widerrufsrechts

1. Erlöschen nach §356e BGB

22 § 356 S. 1 BGB bestimmt speziell für den Anwendungsbereich des Verbraucherbauvertragsrechts, dass die 14-tägige Widerrufsfrist nicht zu laufen beginnt, bevor der Unternehmer den Verbraucher über das Widerrufsrecht belehrt hat. Fehlt eine den Anforderungen des Art. 249 § 3 EGBGB genügende Widerrufsbelehrung erlischt das Widerrufsecht gem. § 356e S. 2 BGB nach Ablauf von 12 Monaten und 14 Tagen. § 356 Abs. 3 S. 2 BGB enthält im Anwendungsbereich von Verbraucherverträgen in bestimmten Vertriebsformen, die nicht die Voraussetzungen des § 650i Abs. 1 BGB erfüllen, eine entsprechende Regelung, so dass auf die dazu entwickelten Grundsätze zurückgegriffen werden kann.

2. Erlöschen bei vollständiger Vertragserfüllung

23 Im Anwendungsbereich von Verbraucherverträgen, die nicht unter § 650i Abs. 1 BGB fallen und in bestimmten Vertriebsformen abgeschlossen wurden, bestimmt § 356 Abs. 4 BGB das Erlöschen des Widerrufsrechts bei vollständiger Vertragserfüllung. Voraussetzung hierfür ist, dass der Unternehmer mit der Ausführung erst begonnen hat, nachdem der Verbraucher hierzu ausdrücklich seine Zustimmung erteilt hat und gleichzeitig seine Kenntnis davon bestätigt hat, sein Widerrufsrecht bei vollständiger Vertragserfüllung zu verlieren. Da eine entsprechende Regelung im Verbraucherbauvertragsrecht nicht existiert, steht dem Verbraucher hier ein Recht zum Widerruf auch nach vollständiger Vertragserfüllung zu (Lenkeit BauR 2017, 615 (617); Messerschmidt/Voit/Lenkeit BGB §650l Rn. 52, 53).

3. Verwirkung des Widerrufsrechts

24 Der Einwand der Verwirkung des Widerrufsrechts dürfte im Verbraucherbauvertragsrecht kaum greifen. § 357e S. 2 BGB sieht das Erlöschen des Rechtes ausdrücklich nach 12 Monaten und 14 Tagen vor. Die Verwirklichung des für den Einwand der Verwirkung erforderlichen Zeit- und Umstandsmomentes vor Ablauf dieses Zeitraumes erscheint kaum denkbar (Lenkeit BauR 2017, 615 (627); Messerschmidt/Voit/Lenkeit BGB § 650k Rn. 54).

D. Widerrufserklärung

Der Widerruf erfolgt nach § 355 BGB durch empfangsbedürftige Willenserklärung des Verbrauchers gegenüber dem Unternehmer. Wirksam wird die Erklärung nach den allgemeinen Grundsätzen des § 130 Abs. 1 S. 1 BGB mit Zugang beim Unternehmer, wofür der Verbraucher die Darlegungs- und Beweislast trägt. Anders als bei anderen fristgebundenen Erklärungen kommt es beim Widerruf für dessen Rechtzeitigkeit jedoch nicht auf den Zugang innerhalb der Frist an. Es genügt nach § 355 Abs. 1 S. 5 BGB die rechtzeitige Absendung der Widerrufserklärung.

E. Rechtsfolgen

Die Rechtsfolgen des Widerrufs richten sich über die Verweisung in § 650l S. 1 BGB nach der allgemeinen Vorschrift zum Widerrufsrecht bei Verbraucherverträgen in § 355 Abs. 3 BGB. Speziell für das Verbraucherbauvertragsrecht hat der Gesetzgeber zusätzlich mit § 357d BGB einen Anspruch auf Wertersatz eingeführt.

I. Rückgewährschuldverhältnis

Der Verbraucherbauvertrag wandelt sich mit wirksamer Ausübung des Widerrufs ex nunc (Palandt/Grüneberg BGB § 355 Rn. 12) in ein Rückgewährschuldverhältnis.

Damit entfallen die Hauptleistungspflichten mit Wirkung für die Zukunft (Lenkeit BauR 2017, 615 (618)). Ansprüche auf Herstellung und Zahlung von Vergütung nach § 631 Abs. 1 BGB erlöschen (Kniffka/Koeble/Jurgeleit/Sacher, Kompendium des Baurechts Teil 2, § 650l Rn. 102).

Ist die vom Unternehmer bereits erbrachte Leistung mangelhaft, ist zu differenzieren. Ansprüche auf Nacherfüllung gem. § 634 Nr. 1 BGB scheiden als auf Erfüllung gerichtete Ansprüche aus. Schadensersatzansprüche wegen mangelhaft erbrachter Werkleistung nach §§ 634 Nr. 4, 281 BGB hingegen bleiben auch nach Ausübung des Widerrufsrechts bestehen; jedenfalls für diejenigen Schäden, die nicht bereits im Rahmen des dem Unternehmer für erbrachte Leistungen zu zahlenden Wertersatzes berücksichtig werden (vgl. § 650l E. IV.) (Kniffka/Koeble/Jurgeleit/Sacher, Kompendium des Baurechts Teil 2 Rn. 118).

Aus dem Rückgewährschuldverhältnis entstehen vertragliche Ansprüche nach § 355 Abs. 3 BGB auf Rückgewähr der empfangenen Leistungen sowie nach § 357d BGB ein vertraglicher Anspruch des Unternehmers auf Zahlung von Wertersatz für solche Leistungen, die einer Rückgabe nicht zugänglich sind.

II. Anspruch des Verbrauchers auf Rückzahlung von Werklohn

Dem Verbraucher steht nach § 355 Abs. 3 BGB ein Anspruch auf Rückzahlung bereits geleisteten Werklohns zu. Hierbei gilt die nach § 357 Abs. 1 BGB im Anwendungsbereich allgemeiner Verbraucherverträge in bestimmten Vertriebsformen geregelte Höchstfrist für die Rückzahlung von 14 Tagen nicht. Der Unternehmer hat im Anwendungsbereich des Verbraucherbauvertragsrechts die Rückzahlung unverzüglich zu leisten (Kniffka/Koeble/Jurgeleit/Sacher, Kompendium des Baurechts Teil 2 Rn. 105).

III. Anspruch des Unternehmers auf Rückgewähr erbrachter Leistungen

Auch der Verbraucher ist nach den §§ 650l S. 1, 355 Abs. 3 BGB im Rahmen des Rückgewährschuldverhältnisses verpflichtet, die von ihm entgegen genommenen Leistungen unverzüglich zurückzugewähren. Dabei ist die Pflicht zur Rückgewähr nicht vornherein deshalb ausgeschlossen, weil es sich um Bauleistungen handelt. Baumaterialien, die noch nicht verbaut sind oder von der verbauten Substanz getrennt werden können, unterliegen grundsätzlich der Rückgabepflicht des Verbrauchers, selbst dann, wenn sie nach § 946 ff. BGB in das Eigentum des Verbrauchers übergangen sind (Kniffka/Krause-Allenstein, ibr-online-Kommentar Bauvertragsrecht, Stand

7.6.2021, §636 Rn. 21). Unschädlich ist zudem, wenn bei noch nicht verbauten Baumaterialien Verpackungen oder Schutzfolien geöffnet wurden (Lenkeit BauR 2017, 615 (621)).

32 Erfüllungsort der Rückgabepflicht des Verbrauchers ist nach §269 Alt. 2 BGB die Baustelle. Damit erfüllt der Verbraucher seine Pflicht aus §355 Abs. 3 BGB, indem er die zurückzugewährenden Baumaterialien am Ort der Baustelle zur Abholung zur Verfügung stellt (Kniffka/Koeble/Jurgeleit/Sacher, Kompendium des Baurechts Teil 2 Rn. 108).

IV. Anspruch des Unternehmers auf Wertersatz

33 Ist die Rückgewähr der bis zum Widerruf erbrachten Leistungen ihrer Natur nach ausgeschlossen, regelt §357d BGB einen Anspruch des Unternehmers auf Wertersatz. Dies gilt namentlich für Leistungen wie den Aushub einer Baugrube, das betonierte Gebäudefundament oder die Errichtung eines Dachstuhles (BT-Drs. 18/8486, 38). §357d BGB macht im Anwendungsbereich des Verbraucherbauvertragsrechtes anders als §357 Abs. 8 BGB für unter Verbraucherbeteiligung außerhalb von Geschäftsräumen abgeschlossenen Bauverträgen iSv §650a BGB den Anspruch des Unternehmers auf Wertersatz dabei nicht zusätzlich davon abhängig, dass der Unternehmer den Verbraucher über sein Widerrufsrecht belehrt hat und der Verbraucher den Unternehmer in Textform zur Erbringung seiner Leistung vor Ablauf der Widerrufsfrist aufforderte (vgl. KG Berlin, Urt. v. 16.11.21 – 21 U 41/21). Insoweit bleibt der Schutz des Verbrauchers nach §357d BGB (Verbraucherbauvertrag) hinter dem Schutz des §357 Abs. 8 BGB zurück.

34 Auf den Wertzuwachs beim Verbraucher kann es bei Pflicht zur Zahlung von Wertersatz richtigerweise nicht ankommen. Eine auf die Mehrung des Vermögens beim Verbraucher abstellende Auslegung widerspräche dem Wortlaut des §357d S. 2 BGB, der den Anspruch des Unternehmers gerade nicht unter diese Voraussetzung stellt. Darüber hinaus hätte dies ganz praktisch zur Folge, dass für Abbruchleistungen, für den Aushub einer Baugrube oder für die bloße Baustelleneinrichtung gerade kein Werteersatz geschuldet wäre.

35 Maßstab für die Berechnung des Wertersatzes ist nach §357d S. 2 BGB vielmehr die vereinbarte Vergütung. Der Unternehmer soll Wertersatz entsprechend der zur Grundlage seiner vertraglichen Vergütung gemachten Urkalkulation erhalten. Dass damit nicht allein der Materialwert oder der Wert der Arbeitsleistung, sondern auch Positionen zum Risiko einer Mängel- und Verzugshaftung sowie Gewinnanteile (Wagnis und Gewinn) in die Berechnung des Wertersatzes mit einfließen, erscheint hierbei nicht unbillig, schließlich handelt es sich bei dem Widerrufsrecht um ein verschuldens- und mangelunabhängiges Recht. Warum der Unternehmer bei Widerruf schlechter stehen sollte als bei Durchführung des Vertrages, ist kein Grund ersichtlich. Insoweit lässt sich auch mit der Rechtsprechung des BGH argumentieren, der zur vergleichbaren Regelung des §346 Abs. 2 S. 2 BGB bereits entschieden hat, dass im Falle einer den objektiven Wert übersteigenden Vergütung eine teleologische Reduktion mit dem Ziel der Begrenzung des Wertersatzes auf den objektiven Wert nicht in Betracht kommt (BGH, Urt. v. 19.11.2008 – VIII ZR 311/07; BGH Beschluss v. 14.7.2011 – VII ZR 113/10).

36 Der Verbraucher ist indes nicht schutzlos gestellt. Ist die für die Bauleistung vereinbarte Vergütung unverhältnismäßig hoch, regelt §357d S. 3 BGB die Berechnung des Wertersatzes auf Grundlage des Marktwertes der vom Unternehmer erbrachten Leistungen. Der Gesetzgeber sieht eine Unverhältnismäßigkeit bei Vorliegen eines groben Mietverhältnisses zwischen den vereinbarten Vertragsleistungen als gegeben an (BT-Drs. 18/8486, 38). Es bleibt damit eine Entscheidung im Einzelfall und dürfte anzunehmen sein, wenn sich die Vergütung außerhalb der ortsüblichen Angebotsspannbreiten befindet (Kniffka/Koeble/Jurgeleit/Sacher, Kompendium des Baurechts Teil 2 Rn. 112).

37 Fraglich ist, wie eine mangelhafte Leistung bei der Berechnung des Wertersatzes berücksichtigt werden kann. Führt die mangelhafte Leistung des Unternehmers dazu, dass die für die Leistung vereinbarte Vergütung unverhältnismäßig hoch im Sinne von §357d S. 3 BGB ist, reduziert sich der Wertersatz auf den Marktwert der mangelhaften Leistungen, wobei die Bestimmung desselben Schwierigkeiten bereiten dürfte. Wird die Schwelle der Unverhältnismäßigkeit nicht überschritten, lässt sich gleichwohl mit der Rechtsprechung des BGH zum Rücktrittsrecht und einer analogen Anwendung des §638 BGB argumentieren, wonach der Mangel in Höhe des mangelbedingten Minderwertes der Leistung bei der Berechnung des Wertersatzes zu berücksichtigen ist (BGH, Urt. v. 19.11.2008 – VIII ZR 311/07; BGH Beschluss v. 14.7.2011 – VII ZR 113/10; MüKoBGB/Fritsche §357d Rn. 8).

§ 650m BGB Abschlagszahlungen; Absicherung des Vergütungsanspruchs

(1) Verlangt der Unternehmer Abschlagszahlungen nach § 632a, darf der Gesamtbetrag der Abschlagszahlungen 90 Prozent der vereinbarten Gesamtvergütung einschließlich der Vergütung für Nachtragsleistungen nach § 650c nicht übersteigen.

(2) Dem Verbraucher ist bei der ersten Abschlagszahlung eine Sicherheit für die rechtzeitige Herstellung des Werks ohne wesentliche Mängel in Höhe von 5 Prozent der vereinbarten Gesamtvergütung zu leisten. Erhöht sich der Vergütungsanspruch infolge einer Anordnung des Verbrauchers nach den §§ 650b und 650c oder infolge sonstiger Änderungen oder Ergänzungen des Vertrags um mehr als 10 Prozent, ist dem Verbraucher bei der nächsten Abschlagszahlung eine weitere Sicherheit in Höhe von 5 Prozent des zusätzlichen Vergütungsanspruchs zu leisten. Auf Verlangen des Unternehmers ist die Sicherheitsleistung durch Einbehalt dergestalt zu erbringen, dass der Verbraucher die Abschlagszahlungen bis zu dem Gesamtbetrag der geschuldeten Sicherheit zurückhält.

(3) Sicherheiten nach Absatz 2 können auch durch eine Garantie oder ein sonstiges Zahlungsversprechen eines im Geltungsbereich dieses Gesetzes zum Geschäftsbetrieb befugten Kreditinstituts oder Kreditversicherers geleistet werden.

(4) Verlangt der Unternehmer Abschlagszahlungen nach § 632a, ist eine Vereinbarung unwirksam, die den Verbraucher zu einer Sicherheitsleistung für die vereinbarte Vergütung verpflichtet, die die nächste Abschlagszahlung oder 20 Prozent der vereinbarten Vergütung übersteigt. Gleiches gilt, wenn die Parteien Abschlagszahlungen vereinbart haben.

Übersicht

	Seite
A. Begrenzung der Höhe der Abschlagszahlungen, § 650m Abs. 1 BGB	997
I. Recht des Unternehmers auf Abschlagszahlungen, § 632a Abs. 1 BGB	997
II. Begrenzung der Höhe der Abschlagszahlungen im Verbraucherbauvertrag	998
1. Einleitung	998
2. Gesamtbetrag der Abschlagszahlungen	998
3. Bemessungsgrundlage	998
B. Vertragserfüllungssicherheit bei Abschlagszahlungen, § 650m Abs. 2 und Abs. 3 BGB	999
I. Einleitung	999
II. Höhe der Vertragserfüllungssicherheit	999
III. Sicherungsmittel	999
IV. Sicherungsumfang	999
V. Leistungsverweigerungsrecht	1000
VI. Verwertung der Sicherheit	1000
VII. Rückgabe der Sicherheit	1001
VIII. Abweichende Vereinbarungen bzw. Klauselverbot nach § 309 Nr. 15 BGB	1001
C. Absicherung des Vergütungsanspruches	1001
I. Einleitung	1001
II. Bauhandwerkersicherung in Höhe der nächsten Abschlagszahlung	1002
III. Bauhandwerkersicherung in Höhe von 20 % der vereinbarten Vergütung	1002

A. Begrenzung der Höhe der Abschlagszahlungen, § 650m Abs. 1 BGB

I. Recht des Unternehmers auf Abschlagszahlungen, § 632a Abs. 1 BGB

Das Recht des Unternehmers, Abschlagszahlungen von seinem Vertragspartner verlangen zu **1**
können, liegt in § 632a Abs. 1 BGB begründet. Danach kann der Unternehmer vom Besteller
Abschlagszahlungen in Höhe des Wertes der von ihm erbrachten und nach dem Vertrag geschuldeten Leistungen verlangen (vgl. Kommentierung zu § 632a BGB).

§ 650m Abschlagszahlungen; Absicherung des Vergütungsanspruchs

II. Begrenzung der Höhe der Abschlagszahlungen im Verbraucherbauvertrag

1. Einleitung

2   Das Recht des Unternehmers aus § 632a Abs. 1 BGB, Abschlagszahlungen zu verlangen, führt bezwecktermaßen (BT-Drs. 18/8486, 46; BT-Drs. 14/1246, 5) zu einer Reduzierung seiner aus § 641 Abs. 1 BGB resultierenden werkvertraglichen Vorleistungspflicht. Eine uneingeschränkte Vorleistungspflicht des Unternehmers und Vorfinanzierung von Werkleistungen über einen längeren Zeitraum wird dabei als nicht zumutbar angesehen (BT-Drs. 14/1246, 6). Um eine übermäßige Ausübung des Rechtes aus § 632a Abs. 1 BGB durch den Unternehmer zu vermeiden und damit dem Risiko versteckter Vorauszahlungen Einhalt zu gewähren, führt der Gesetzgeber im Anwendungsbereich des Verbraucherbauvertragsrechtes mit § 650m Abs. 1 BGB eine Begrenzung der Abschlagszahlungen der Höhe nach ein. Gerade der fachlich unkundige Verbraucher ist in der Regel nicht in der Lage, den Baufortschritt und damit die Berechtigung einer Abschlagszahlung aus eigener Fachkenntnis zu beurteilen (BT-Drs. 18/8486, 64). Um dem Verbraucher einen gesonderten Schutz vor vorzeitigen Zahlungen zu gewähren, begrenzt der Gesetzgeber in § 650m Abs. 1 BGB den Gesamtbetrag der Abschlagszahlungen auf 90% der vereinbarten Gesamtvergütung. Die beim Verbraucher verbleibenden 10% sollen es ihm ermöglichen, nach Fälligkeit der Vergütung wegen vorhandener Mängel einen Einbehalt zurückzuhalten (BT-Drs. 18/8486, 64) oder mit Gegenforderungen aufzurechnen (Pause BauR 2017, 430 (437)).

2. Gesamtbetrag der Abschlagszahlungen

3   Unter dem Gesamtbetrag der Abschlagszahlungen ist der Betrag zu verstehen, den der Unternehmer als Abschlagszahlung verlangt. Bei einer vereinbarten Vergütung von € 100.000 begrenzt § 650m Abs. 1 BGB also die Möglichkeit des Unternehmers, Abschlagszahlungen zu fordern, auf einen Betrag in Höhe von € 90.000. Unabhängig davon, ob der Verbraucher die vollen € 90.000 als Abschlag leistet oder zudem bei der ersten Abschlagszahlung als Sicherheit nach § 650m Abs. 2 BGB einen Bareinbehalt in Höhe von 5% der Gesamtvergütung vornimmt. Die beiden Schutzvorschriften der § 650m Abs. 1 und Abs. 2 BGB sollen nach dem Willen des Gesetzgebers ausdrücklich nebeneinander gelten (BT-Drs. 18/8486, 64). Dies führt faktisch dazu, dass der Unternehmer im Falle des Bareinbehalts nach § 650m Abs. 2 BGB zwar 90% der vereinbarten Gesamtvergütung als Abschlag verlangen kann, aber lediglich 85% der Gesamtvergütung als tatsächliche Zahlung erhält.

3. Bemessungsgrundlage

4   Bemessungsgrundlage für die Ermittlung der in § 650m Abs. 1 BGB geregelten 90% ist nach dem Wortlaut der Vorschrift die vereinbarte Gesamtvergütung einschließlich der Vergütung für Nachtragsleistungen nach § 650c BGB. Maßgeblich ist die Gesamtvergütung einschließlich der Umsatzsteuer (→ § 632a BGB Rdn. 80).

5   Liegt der Vergütungsvereinbarung des Verbraucherbauvertrages ein Pauschalpreis zu Grunde, stellt dieser die Bemessungsgrundlage zur Begrenzung der Abschlagszahlungen dar. Handelt es sich hingegen um einen Einheitspreisvertrag, steht bei Berechnung der Abschlagszahlung bzw. bei deren Vereinbarung der endgültige Gesamtpreis regelmäßig noch nicht fest. Entsprechend der Bezifferung der Gesamtvergütung für die Vertragserfüllungssicherheit nach § 650m Abs. 2 bzw. § 632a Abs. 3 BGB aF kommt es deshalb auf eine Schätzung entsprechend der vorläufiger Auftragssumme an (Kniffka/von Rintelen, ibr-online-Kommentar § 632a aF Rn. 61, Stand 12.5.2017).

6   Der Verweis in § 650m Abs. 1 BGB auf die Vergütung der Nachtragsleistung nach § 650c BGB dürfte dabei nicht im ausschließlichen Sinne zu verstehen sein. Neben der in § 650c BGB geregelten Vergütungsanpassung nach Anordnungen des Bestellers nach § 650b Abs. 2 BGB, bleibt es den Parteien des Vertrages unbenommen auch nach § 650b Abs. 1 BGB ein Einvernehmen über die Mehr- oder Mindervergütung der Nachtragsleistung zu erzielen. Auch die im Wege des Einvernehmens erzielte Vergütungsanpassung nach § 650b Abs. 1 BGB dürfte als Bemessungsgrundlage für § 650m Abs. 1 BGB dienen.

B. Vertragserfüllungssicherheit bei Abschlagszahlungen, § 650m Abs. 2 und Abs. 3 BGB

I. Einleitung

Zum Schutz vor zu Unrecht geleisteter Abschlagszahlungen (Messerschmidt/Voit/Lenkeit BGB § 650m Rn. 19; PWW/Leupertz/Halfmeier § 632a aF Rn. 13) und zur Absicherung des Erfüllungsanspruches (MüKoBGB/Busche § 632a aF Rn. 20) wird dem Verbraucher mit § 650m Abs. 2 BGB ein gesetzlicher Anspruch gegen den Unternehmer auf Leistung einer Vertragserfüllungssicherheit in Höhe von 5 % der vereinbarten Gesamtvergütung eingeräumt, wenn der Unternehmer Abschlagszahlungen verlangt. Die Vorschrift entspricht dabei inhaltlich der Regelung des § 632a Abs. 3 BGB aF. Die Neuregelung unter § 650m Abs. 2 BGB hat rein systematische Gründe; eine inhaltliche Änderung erfolgt dadurch nicht (Pause BauR 2017, 430 (437); Kniffka/Koeble/Jurgeleit/Sacher, Kompendium des Baurechts Teil 2 Rn. 124; MüKoBGB/Busche § 650m Rn. 3). Auf die bisherige Kommentierung zur § 632a Abs. 3 BGB aF kann insoweit Bezug genommen werden. 7

II. Höhe der Vertragserfüllungssicherheit

Die Höhe der Sicherheit regelt § 650m Abs. 2 S. 1 BGB mit 5 % der vereinbarten Gesamtvergütung. Bemessungsgrundlage ist dabei die Gesamtvergütung einschließlich Umsatzsteuer (Kniffka/von Rintelen, ibr-online-Kommentar, § 632a aF Rn. 61, Stand 12.05.2017). 8

Bei Vereinbarung eines Pauschalpreises, kann dieser als Bemessungsgrundlage für die vereinbarte Vergütung herangezogen werden. Liegt dem Verbraucherbauvertrag als Vergütungsabrede die Vereinbarung von Einheitspreisen zu Grunde, ist die Höhe der Sicherheit anhand einer geschätzten vereinbarten Gesamtsumme zu berechnen. 9

Erhöht sich die vereinbarte Gesamtvergütung im Laufe der Bauausführung nach den §§ 650b und c BGB um mehr als 10 %, regelt § 650m Abs. 2 S. 2 BGB die Pflicht des Unternehmers, dem Verbraucher eine weitere Sicherheit zu leisten. Diese Pflicht trifft den Unternehmer bei Forderung der nächsten Abschlagszahlung. Die Höhe der Sicherheit ist in § 650m Abs. 2 S. 2 mit 5 % der durch die Erhöhung der Gesamtvergütung eingetretenen zusätzlichen Vergütung geregelt. 10

III. Sicherungsmittel

Als Sicherungsmittel stehen im Grundsatz alle in den §§ 232 bis 240 BGB geregelten Sicherheiten zur Verfügung. In der Praxis dürften jedoch die in § 650m Abs. 2 S. 3 BGB und § 650m Abs. 3 BGB geregelten Sicherheiten relevant werden, darunter der Bareinbehalt, die Garantie und das sonstige Zahlungsversprechen eines im Geltungsbereich des Gesetzes zum Geschäftsbetrieb befugten Kreditinstituts oder Kreditversicherers, worunter die in der Praxis häufig verwendete selbstschuldnerische, unwiderrufliche und unbefristete Bankbürgschaft zählt. 11

Die Wahl der Sicherungsmittel obliegt dem Unternehmer, § 650m Abs. 2 S. 3 BGB. 12

IV. Sicherungsumfang

Gesichert werden nach dem Wortlaut der Vorschrift des § 650m Abs. 2 BGB Ansprüche des Verbrauchers auf rechtzeitige Herstellung des Werkes ohne wesentliche Mängel. Zu berücksichtigen ist, dass dabei nur Herstellungsansprüche vor Abnahme in Betracht kommen (Messerschmidt/Voit/Lenkeit BGB § 650m Rn. 33). 13

Fraglich ist, ob sich der Sicherungsumfang auf Ansprüche wegen *wesentlicher* Mängel beschränkt oder ob auch unwesentliche Mängel umfasst sein sollen. Der Wortlaut des § 650m Abs. 2 BGB enthält eine entsprechende Beschränkung ebenso wie die Vorgängervorschrift des § 632a Abs. 3 BGB aF. Es liegt deshalb nahe, dass die entsprechende Beschränkung des Sicherungsumfanges dem Wortlaut entsprechend vom Gesetzgeber bezweckt ist (Pause BauR 2017, 430 (437)). Dagegen spricht, dass die Gesetzesbegründung zur Einführung des § 632a Abs. 3 BGB aF im Rahmen des Forderungssicherungsgesetzes erläutert, dass die Sicherheit alle Ansprüche abdecken soll, die darauf beruhen, dass die Unternehmerleistung hinter der vertraglich vorausgesetzten Leistung zurückbleibt (BT-Drs. 16/511, 15). Vertreten wurde zu § 632a Abs. 3 14

§ 650m Abschlagszahlungen; Absicherung des Vergütungsanspruchs

BGB aF daher, dass es sich dabei bei der Formulierung des Gesetzestextes um ein Redaktionsversehen handele und auch Ansprüche wegen unwesentlicher Mängel umfasst seien (Kniffka/von Rintelen ibr-online-Kommentar § 632a BGB aF Rn. 142, Stand 12.5.2017; Basty DNotZ 2008, 891), was auch im Rahmen des § 650m Abs. 2 BGB weiter gelten soll (Messerschmidt/Voit/Lenkeit BGB § 650m Rn. 32).

V. Leistungsverweigerungsrecht

15 Der Anspruch des Verbrauchers aus § 650m Abs. 2 BGB auf eine Sicherheit für die rechtzeitige Herstellung des Werks ohne wesentliche Mängel begründet keinen klagbaren Anspruch des Verbrauchers auf dieselbe sondern ein Leistungsverweigerungsrecht, unter dessen Geltung der Verbraucher die Zahlung der vom Unternehmer geforderten Abschlagszahlung bis zur Stellung der Sicherheit zu verweigern berechtigt ist (BGH, Urt. v. 8.11.2012 – VII ZR 191/12; BT-Drs. 16/511, 15; MüKoBGB/Busche § 650m Rn. 7). Der Anspruch des Unternehmers auf Abschlagszahlung ist danach nur Zug um Zug gegen Stellung einer Vertragserfüllungssicherheit durchsetzbar. Diese enge Verknüpfung der beiden Rechte der Vertragsparteien ist vom Gesetzgeber ausdrücklich bezweckt (BT-Drs. 16/511,15). Vor diesem Hintergrund ist auch eine Klausel in einem Verbraucherbauvertrag, die isoliert die Fälligkeit und Höhe der ersten Abschlagszahlung regelt, ohne auf das gesetzliche Recht des Verbrauchers auf Stellung einer Vertragserfüllungssicherheit hinzuweisen, geeignet, den Verbraucher davon abzuhalten, von der Geltendmachung seines Rechtes Gebrauch zu machen und daher nach § 307 Abs. 1 BGB als unwirksam zu betrachten (OLG Schleswig, Urt. v. 7.4.21 – 12 U 147/20; BGH, Urt. v. 8.11.2012 – VII ZR 191/12). Darüber hinaus kommen Schadensersatzansprüche des Verbrauchers wegen Verletzung von Schutz- und Rücksichtnahmepflichten in Betracht (OLG Schleswig, Urt. v. 7.4.21 – 12 U 147/20).

16 Das Leistungsverweigerungsrecht des Verbrauchers entsteht dabei mit der Forderung des Unternehmers auf eine erste Abschlagszahlung. Es erlischt jedoch nicht dadurch, dass der Verbraucher den ersten Abschlag an den Unternehmer bezahlt, ohne von seinem Recht auf Sicherheitsleistung Gebrauch zu machen. Allein die Zahlung kann einem Verzicht des Verbrauchers nicht gleichgestellt werden (Pause BauR 2009, 898 (905), MüKoBGB/Busche §). Vielmehr kann der Verbraucher sein Recht, die Zahlung zu verweigern, auch weiteren Abschlagsforderungen des Unternehmers entgegenhalten.

17 Eine gesetzliche Regelung dazu, bis zu welcher Höhe der Verbraucher berechtigt sein soll, die Zahlung des vom Unternehmer geforderten Abschlags zu verweigern, findet sich nicht. Da das Leistungsverweigerungsrecht den Unternehmer dazu anhalten soll, die von ihm nach § 650m Abs. 2 BGB geschuldete Sicherheit zu leisten, lässt sich in Anlehnung an das Leistungsverweigerungsrecht des § 641 Abs. 3 BGB darüber nachdenken, bei der Bemessung der Höhe des Leistungsverweigerungsrecht einen angemessenen Druckzuschlag zu berücksichtigen. Dies führte jedoch dazu, dass das Wahlrecht des Unternehmers nach § 650m Abs. 2 S. 3 BGB, die von ihm zu erbringende Sicherheit dadurch zu leisten, dass der Verbraucher die Abschlagszahlung bis zur Höhe der geschuldeten Sicherheit, also bis zu 5 % der vereinbarten Gesamtvergütung, einbehält, unterlaufen würde. Um die Ausübung des Leistungsverweigerungsrecht wirtschaftlich der Stellung der Sicherheit gleichzustellen, dürfte es auch aus Verbraucherschutzgesichtspunkten ausreichend sein, dem Verbraucher ein Leistungsverweigerungsrecht in Höhe von 5 % der vereinbarten Gesamtvergütung zu gewähren (Kniffka/von Rintelen, ibr-online-Kommentar § 632a aF Rn. 134, Stand 12.5.2017). Der Unternehmer kann dann wählen, ob es im Sinne von § 650m Abs. 2 S. 3 BGB dabei belässt oder dem Verbraucher eine andere zulässige Sicherheit stellt.

VI. Verwertung der Sicherheit

18 Anders als für die Sicherheit nach § 650f BGB vorgesehen, kann der Verbraucher die Sicherheit verwerten, auch wenn seine Ansprüche auf rechtzeitige Herstellung des Werkes ohne wesentliche Mängel weder anerkannt noch tituliert sind (MüKoBGB/Busche § 650m Rn. 11; Messerschmidt/Voit/Lenkeit BGB § 650m Rn. 36).

VII. Rückgabe der Sicherheit

Eine Pflicht zur Rückgabe besteht dann, wenn ein Sicherungsbedürfnis nicht mehr gegeben ist. Dieses entfällt grundsätzlich mit Wegfall der zu sichernden Ansprüche auf rechtzeitige Herstellung des Werks ohne wesentliche Mängel und damit spätestens mit der Abnahme, es sei denn die bei der Abnahme vorbehaltenen Mängel sind noch nicht beseitigt (BT-Drs. 16/511, 15; Messerschmidt/Voit/Lenkeit BGB § 650m Rn. 35). 19

VIII. Abweichende Vereinbarungen bzw. Klauselverbot nach § 309 Nr. 15 BGB

§ 650m BGB ist im Grundsatz nicht unabdingbar. Den Verbraucher begünstigende Abweichungen von der gesetzlichen Regelung, wie bspw. die Vereinbarung einer Vertragserfüllungssicherheit, die über die gesetzlich vorgesehenen 5 % der vereinbarten Gesamtvergütung hinaus geht, dürften ohne weiteres wirksam sein (MüKoBGB/Busche § 650m Rn. 7). Aber auch für den Verbraucher zum Nachteil abweichende Vertragsklauseln sind nicht von vornherein ausgeschlossen. Die hierfür zentrale Vorschrift des § 650o BGB schließt die Regelung des § 650m BGB ausdrücklich von ihrem Anwendungsbereich aus. Damit werden auch für den Verbraucher nachteilig abweichende Vereinbarungen möglich. Dies jedoch nur im Anwendungsbereich einer individuell ausgehandelten vertraglichen Abweichung. 20

Im Anwendungsbereich Allgemeiner Geschäftsbedingungen bleibt es bei den bekannten Beschränkungen nach § 307 Abs. 1 BGB. Danach sind beispielsweise Klauseln, die geeignet sind, den Verbraucher von der Geltendmachung seines Rechtes nach § 650m Abs. 2 BGB abzuhalten, unwirksam, was bereits dann der Fall ist, wenn der Verbraucher bei Vereinbarung von Fälligkeit und Höhe von Abschlagszahlungen nicht zugleich auf sein Recht, Sicherheit zu verlangen, hingewiesen wird (OLG Schleswig, Urt. v. 7.4.21 – 12 U 147/20; BGH, Urt. 8.11.2012 – VII ZR 191/12). 21

Hinzu kommt ein spezielles Klauselverbot ohne Wertungsmöglichkeiten nach § 309 Nr. 15 BGB. Danach sind Klauseln in Allgemeinen Geschäftsbedingungen unwirksam, die für Teilleistungen des Unternehmers Abschlagszahlungen vorsehen, die wesentlich höher sind als die nach § 632a Abs. 1 BGB bzw. § 650m Abs. 1 BGB vorgesehenen (§ 309 Nr. 15a BGB) oder nach denen der Unternehmer die Sicherheit nach § 650m Abs. 2 BGB nicht oder in nur geringerem Umfang leisten muss. Damit werden Klauseln, die von der in § 650m Abs. 1 BGB geregelten Begrenzung der Höhe der Abschlagszahlungen zum Nachteil des Verbrauchers wesentlich abweichen, was im Falle einer Vereinbarung zur Zahlung von Abschlagszahlungen in Höhe von 95,5 % der Fall ist (LG Frankfurt Urt. v. 28.06.2019 – 2-33 O 248/18, 33 O 248/18), und Abschlagszahlungen in einer Gesamtsumme von über 90 % vorsehen ebenso unwirksam wie Klauseln, die eine Vertragserfüllungssicherheit unterhalb der in § 650m Abs. 2 BGB gesetzlich vorgesehenen 5 % der vereinbarten Gesamtvergütung regeln. 22

Dabei handelt es sich bei § 309 Nr. 15b BGB um ein echtes Klauselverbot ohne Wertungsmöglichkeit, das jede für den Verbraucher nachteilige Abweichung von der gesetzlichen Pflicht zur Stellung einer Sicherheit in Höhe von 5 % der vereinbarten Gesamtsumme sanktioniert. 23

§ 309 Nr. 15a BGB hingegen macht die Unwirksamkeit einer vertraglichen Abweichung von einem unbestimmten Rechtsbegriff abhängig, indem er verlangt, dass die vereinbarten Abschlagszahlungen *wesentlich* höher sein müssen als die nach § 632a Abs. 1 BGB und § 650m Abs. 1 BGB zu leistenden. Insoweit durchbricht § 309 Nr. 15a BGB das System der Klauselverbote ohne Wertungsmöglichkeit des § 309 BGB und führt die Frage der Unwirksamkeit gegen § 309 Nr. 15a BGB verstoßender Vertragsklauseln einer Wertungsentscheidung zu. Dies widerspricht zwar grundsätzlich dem System des § 309 BGB, ist der Vorschrift jedoch selbst nicht unbekannt (vgl. § 309 Nr. 5b BGB „wesentlich"; § 309 Nr. 8b cc) „erforderlich"; § 309 Nr. 8 b dd) „unverhältnismäßig"). 24

C. Absicherung des Vergütungsanspruches

I. Einleitung

Den gesetzlichen Anspruch des Unternehmers gegen den Besteller auf Stellung einer Bauhandwerkersicherheit nach § 650f BGB schließt § 650f Abs. 6 S. 1 Nr. 2 BGB im Anwendungs- 25

§ 650n   Erstellung und Herausgabe von Unterlagen

bereich des Verbraucherbauvertragsrechts aus (→ § 650f BGB Rdn. 6 ff.). Der Unternehmer kann also vom Verbraucher nach den gesetzlichen Vorschriften eine Bauhandwerkersicherung nicht fordern.

26   Den Parteien bleibt es jedoch unbenommen, eine entsprechende Verpflichtung des Verbrauchers vertraglich zu regeln. Mit der Rechtsprechung des BGH ist zudem klargestellt, dass dies nicht nur individualvertraglich sondern auch im Anwendungsbereich Allgemeiner Geschäftsbedingungen möglich ist (BGH, Urt. v. 27.5.2010 – VII ZR 165/09).

27   Die Möglichkeiten zur Vereinbarung einer Bauhandwerkersicherung werden durch die Regelungen in § 650m Abs. 4 BGB vom Gesetzgeber für Verbraucherbauverträge nach § 650i Abs. 1 BGB indes wieder eingeschränkt, indem Grenzen für die Höhe der Sicherheitsleistung normiert werden. Von vornherein gilt die Beschränkung des § 650m Abs. 4 BGB nur in den Fällen, in denen im Vertrag Abschlagszahlungen vereinbart sind oder der Unternehmer eben solche fordert. Die Verknüpfung von Abschlagszahlungen und Bauhandwerkersicherung dient dabei dem Schutz des Verbrauchers vor einer Übersicherung des Unternehmers, dessen Vorleistungsrisiko ohnehin durch die Möglichkeit zur Forderung von Abschlagszahlungen nach § 632a Abs. 1 BGB eine Abmilderung erfährt. Eine zusätzliche Sicherung der Gesamtvergütung steht dabei außer Verhältnis zum Vorleistungsrisiko des Unternehmers. Deshalb ist nach Ansicht des Gesetzgebers eine Sicherheitsleistung maximal bis zur Höhe des jeweils bestehenden Vorleistungsrisikos gerechtfertigt (BT-Drs. 18/8486, 65).

II. Bauhandwerkersicherung in Höhe der nächsten Abschlagszahlung

28   Haben die Parteien vertraglich Abschlagszahlungen vereinbart oder verlangt der Unternehmer ebensolche, ist die Vereinbarung zur Stellung einer Bauhandwerkersicherung, die die nächste Abschlagszahlung übersteigt, nach § 650m Abs. 4 S. 1 Alt. 1 BGB unwirksam. Der Gesetzgeber begrenzt damit die Höhe der zu vereinbarenden Sicherheit auf die Höhe der nächsten Abschlagszahlung.

29   Bestimmt der Unternehmer ohne vorherige vertragliche Regelung die Höhe der Abschlagszahlung erst während der Bauausführung, ist eine rechtssichere Vereinbarung zur Höhe der Absicherung des Vergütungsanspruches im Zeitpunkt des Vertragsschlusses nicht möglich (Pause BauR 2017, 430 (437)). Es fehlt am Anknüpfungspunkt für die Berechnung der Höhe der vom Verbraucher zu leistenden Sicherheit.

30   Selbst wenn die Parteien die Höhe der einzelnen Abschlagszahlungen im Vertrag festlegen und damit grundsätzlich die Höhe der vom Verbraucher zu leistenden Bauhandwerkersicherung berechnet und vereinbart werden kann, bleibt das Risiko einer rechtsunwirksamen Vereinbarung. Ein Sicherungsbedürfnis des Unternehmers besteht nach dem Willen des Gesetzgebers jeweils nur in Höhe des bestehenden Vorleistungsrisikos. Mit der Zahlung eines jeden Abschlags verringert sich dieses Risiko des Unternehmers, so dass sich auch die Höhe des mit der Bauhandwerkersicherung abzusichernden Risikos verringert. Insoweit dürften Vereinbarungen zur Stellung einer Sicherheit nur wirksam getroffen werden können, wenn sie eine entsprechende Staffelung vorsehen. Eine Herausforderung für die Vertragsgestaltung und wenig praktikable gesetzliche Regelung.

III. Bauhandwerkersicherung in Höhe von 20 % der vereinbarten Vergütung

31   Der Gesetzgeber erkannte die Herausforderung für die Vertragsgestaltung bei Vereinbarung einer Bauhandwerkersicherung, die die Voraussetzungen des § 650m Abs. 4 S. 1 Alt. 1 BGB erfüllen soll, und hat in § 650m Abs. 4 S. 1 Alt. 2 BGB die Möglichkeit vorgesehen, die Bauhandwerkersicherung pauschal auf 20 % der vereinbarten Vergütung zu begrenzen (BT-Drs. 18/8486, 65).

§ 650n BGB   Erstellung und Herausgabe von Unterlagen

(1) Rechtzeitig vor Beginn der Ausführung einer geschuldeten Leistung hat der Unternehmer diejenigen Planungsunterlagen zu erstellen und dem Verbraucher herauszugeben, die dieser benötigt, um gegenüber Behörden den Nachweis führen zu können, dass die Leistung unter Einhaltung der einschlägigen öffentlich-rechtlichen

Erstellung und Herausgabe von Unterlagen **§ 650n**

Vorschriften ausgeführt werden wird. Die Pflicht besteht nicht, soweit der Verbraucher oder ein von ihm Beauftragter die wesentlichen Planungsvorgaben erstellt.

(2) Spätestens mit der Fertigstellung des Werks hat der Unternehmer diejenigen Unterlagen zu erstellen und dem Verbraucher herauszugeben, die dieser benötigt, um gegenüber Behörden den Nachweis führen zu können, dass die Leistung unter Einhaltung der einschlägigen öffentlich-rechtlichen Vorschriften ausgeführt worden ist.

(3) Die Absätze 1 und 2 gelten entsprechend, wenn ein Dritter, etwa ein Darlehensgeber, Nachweise für die Einhaltung bestimmter Bedingungen verlangt und wenn der Unternehmer die berechtigte Erwartung des Verbrauchers geweckt hat, diese Bedingungen einzuhalten.

Übersicht

	Seite
A. Einleitung	1003
B. Herausgabepflicht vor Baubeginn, 650n Abs. 1 BGB	1004
I. Zeitpunkt der Herausgabepflicht	1004
II. Gegenstand der Herausgabepflicht	1004
1. Planungsunterlagen	1004
2. Öffentlich-rechtliche Relevanz	1004
C. Herausgabepflicht mit Fertigstellung, § 650n Abs. 2 BGB	1005
I. Zeitpunkt der Herausgabepflicht	1005
II. Gegenstand der Herausgabepflicht	1005
1. Baubezogene Unterlagen	1005
2. Öffentlich-rechtliche Relevanz	1005
D. Herausgabepflicht zur Vorlage an Dritte, § 650n Abs. 3 BGB	1006
E. Rechtsfolgen	1006
I. Dogmatische Einordnung	1006
II. Klagbarer Erfüllungsanspruch	1007
III. Sekundäransprüche des Verbrauchers	1007
IV. Abnahmeverweigerung	1007
V. Leistungsverweigerungsrecht	1007
VI. Rücktritt	1008
F. Verjährung	1008

A. Einleitung

Die Pflicht des Unternehmers, baubezogene Unterlagen an den Besteller herauszugeben, **1** war bis zur Reform des Bauvertragsrechts gesetzlich nicht geregelt. Privatschriftliche Vereinbarungen zur Herausgabe, beispielsweise durch Einbezug der VOB/C, welche für zahlreiche Gewerke die Vorlage bestimmter Unterlagen vorsieht, werden insbesondere in Verträge mit Verbrauchern selten getroffen. Die Rechtsprechung entwickelte sich zur Frage der Herausgabepflicht baubezogener Unterlagen unterschiedlich und teils widersprüchlich. Baubezogene Unterlagen werden dabei teils lediglich als eine Art (Arbeits-)Mittel und notwendigen Zwischenschritt des Unternehmers zur Verwirklichung des geschuldeten werkvertraglichen Erfolges, nämlich zur Herstellung eines mangelfreien Bauwerks angesehen und sollen nicht Gegenstand einer Herausgabepflicht des Unternehmers sein (BT-Drs. 18/8486, 65; OLG München Urt. v. 15.10.1991 – 9 U 2958/91; OLG Frankfurt a. M. Urt. v. 26.10.2006 – 26 U 2/06). Teils wird eine Herausgabepflicht als vertragliche Nebenpflicht bejaht (OLG Rostock Urt. v. 15.2.1995 – 2 U 59/94; OLG Düsseldorf Urt. v. 26.5.1994 – 5 U 196/93; OLG Köln Urt. v. 6.8.1999 – 19 U 176/98; OLG Stuttgart Beschluss v. 25.1.2010 – 10 U 119/09) und bisweilen an ein besonderes und konkret begründetes Interesse des Bestellers am Erhalt der Unterlagen geknüpft (OLG Köln Urt. v. 13.5.2015 – I-11 U 96/14, 11 U 96/14; LG Krefeld Urt. v. 11.12.2008 – 2 O 56/08; OLG Köln Urt. v. 23.2.2005 – 11 U 76/04; OLG München Urt. v. 15.10.1991 – 9 U 2958/91), das sich jedoch nicht durch die bloße Möglichkeit zukünftiger Änderungen oder Instandhaltungsverpflichtungen am Objekt rechtfertigen lassen soll, sondern den konkreten Vortrag konkreter Mängel oder konkreter Umbau- und Reparaturmaßnahmen erfordert (LG München I Urt. v. 2.3.2007 – 2 O 23839/06).

§ 650n — Erstellung und Herausgabe von Unterlagen

2 Für den Bauträgervertrag hat sich dabei in Anlehnung an die Rechtsprechung zum Architektenvertrag (BGH, Urt. v. 24.6.2004 – VII ZR 259/02) die Ansicht durchgesetzt, wonach eine Herausgabepflicht im Wege der ergänzenden Vertragsauslegung, jedenfalls als vertragliche Nebenpflicht nach § 242 BGB zu bejahen ist. Diese soll jedenfalls diejenigen Unterlagen betreffen, die für Maßnahmen der Unterhaltung und Bewirtschaftung des Objektes erforderlich sind, wie die Ausführungsplanung, Betriebs- und Bedienungsanleitungen, Prüfzeugnisse für Aufzugs-, Heizungs- und Lüftungsanlagen sowie Schließpläne (Pause, Bauträgerkauf und Baumodelle, Rn. 470; Basty, Der Bauträgervertrag Rn. 464).

3 Der Gesetzgeber erkannte die für den Besteller, insbesondere für den Verbraucher bestehende Rechtsunsicherheit bei der Frage, ob und wenn ja welche baubezogenen Unterlagen einer Herausgabepflicht des Unternehmers unterliegen und führte für den Anwendungsbereich des Verbraucherbauvertrages mit den §§ 650n Abs. 1 bis Abs. 3 BGB neue, eine Herausgabepflicht regelnde Vorschriften ein (BT-Drs. 18/8486, 65). Damit bezweckt der Gesetzgeber, dem Verbraucher ausführungsrelevante Unterlagen vor allem im Hinblick auf eine spätere Unterhaltung und Instandsetzung des Bauwerkes, aber auch zur Vorbereitung von dessen Abnahmeentscheidung an die Hand zu geben (BT-Drs. 18/8486, 65). Ein begrüßenswertes Ziel, dessen Umsetzung jedoch Zweifel am Erreichen desselben hinterlässt.

B. Herausgabepflicht vor Baubeginn, 650n Abs. 1 BGB

I. Zeitpunkt der Herausgabepflicht

4 § 650n Abs. 1 BGB begründet die Pflicht des Unternehmers, Planungsunterlagen rechtzeitig vor Baubeginn an den Verbraucher herauszugeben. Die Herausgabe kann vor Bauausführung verlangt werden. Der Gesetzgeber möchte damit sicherstellen, dass der Verbraucher die Einhaltung öffentlich-rechtlicher Vorschriften schon während der Bauphase durch einen sachverständigen Dritten prüfen lassen kann.

II. Gegenstand der Herausgabepflicht

1. Planungsunterlagen

5 Naturgemäß begrenzt der Wortlaut des § 650n Abs. 1 BGB die im Zeitpunkt vor Baubeginn bestehende Herausgabepflicht auf Planungsunterlagen und schließt mit § 650n Abs. 1 S. 2 BGB den Anspruch auf Herausgabe aus, wenn die wesentlichen Planungsvorgaben vom Verbraucher selbst oder von einem von ihm Beauftragten erstellt wurden.

2. Öffentlich-rechtliche Relevanz

6 Gegenstand der Herausgabepflicht sollen nach dem Wortlaut der Vorschrift des § 650n Abs. 1 S. 1 BGB lediglich diejenigen Planungsunterlagen sein, die der Verbraucher benötigt, um gegenüber Behörden den Nachweis führen zu können, dass die Leistung unter Einhaltung der öffentlich-rechtlichen Vorschriften ausgeführt werden wird.

7 Der Gesetzgeber begrenzt damit die Herausgabepflicht auf im Zeitpunkt vor Bauausführung öffentlich-rechtlich relevante Planungsunterlagen. Die öffentlich-rechtliche Relevanz dürfte sich dabei nicht nur auf berechtigte Vorlageverlangen seitens der Behörde beschränken. Maßgeblich dürfte für den Anspruch des Verbrauchers allein die Tatsache sein, dass die Behörde die entsprechenden Unterlagen tatsächlich verlangt (Kniffka/Koeble/Jurgeleit/Sacher, Kompendium des Baurechts Teil 2 Rn. 134; Messerschmidt/Voit/Lenkeit BGB § 650n Rn. 19). Ob für das öffentlich-rechtliche Verlangen die dafür vorgesehene Voraussetzungen der öffentlich-rechtlichen Ermächtigungsgrundlage erfüllt sind, dürfte jedenfalls in den Grenzen der offensichtlichen Willkür oder des Missbrauchs (Palandt/Retzlaff BGB § 650n Rn. 3) nicht entscheidend sein.

8 Konkret dürfte es sich bei den herauszugebenden Unterlagen um Unterlagen der Genehmigungsplanung handeln (Pause, BauR 2017, 430 (438); MüKoBGB/Busche § 650n Rn. 3; Messerschmidt/Voit/Lenkeit BGB § 650n Rn. 21; BeckOK BauvertragsR/Langjahr BGB § 650n Rn. 6). Welche Unterlagen im Einzelfall der Herausgabepflicht unterliegen, hängt dabei objektbezogen vom einschlägigen Landesrecht ab und wird differenziert danach zu beantworten sein, ob es sich um ein verfahrensfreies (§ 61 MBO (Musterbauverordnung der Bauministerkonferenz, Fassung November 2002 zuletzt geändert durch Beschluss der Bauministerkonferenz vom 27.09.2019)), verfahrensfreigestelltes (§ 62 MBO) oder genehmigungspflichtiges (§ 63 ff. MBO) Bauvorhaben handelt. Maßgeblich für den Gegenstand der Herausgabepflicht sind dann die in den nach § 85 Abs. 3 MBO ergangenen Bauvorlagenordnungen der obersten Baubehörden aufgeführten Nachweise bzw. Bauvorlagen. In der Regel handelt es sich dabei um Bauzeichnungen, die Baubeschreibung, den Standsicherheitsnachweis, den Brandschutznachweis sowie um Nachweise für den Schall- und Erschütterungsschutz (vgl. §§ 8 bis 12 BauVorlV Bayern) (beckOK BauvertragsR/Langjahr BGB § 650n Rn. 7; Messerschmidt/Voit/Lenkeit BGB § 650n Rn. 21). Dies gilt nach § 650n Abs. 1 S. 2 BGB dann nicht, wenn die Genehmigungsplanung nicht durch den Unternehmer erfolgt sondern durch den Verbraucher selbst bzw. durch einen von ihm beauftragten Dritten.

Nach § 80 Abs. 1 S. 1 GEG ist bei Errichtung eines Gebäudes ein Energiebedarfsausweis nach § 81 GEG für das zu errichtende Gebäude unter Zugrundelegung der energetischen Eigenschaften des fertiggestellten Gebäudes auszustellen. Der Eigentümer ist nach § 80 Abs. 1 S. 4 GEG verpflichtet, den Energieausweis auf Verlangen der nach Landesrecht zuständigen Behörde vorzulegen. Der Herausgabeanspruch nach § 650n Abs. 1 BGB dürfte damit auch den Energiebedarfsausweis nach § 80 Abs. 1 S. 1, 81 GEG umfassen. 9

Nicht von der Herausgabepflicht umfasst sind die Ausführungsplanung, Revisions-/Bestandspläne, Wartungsanleitungen oder Prüfzeugnisse. Sofern diese Unterlagen überhaupt vor Bauausführung vorhanden sind, fehlt ihnen jedenfalls die öffentlich-rechtliche Relevanz zu diesem Zeitpunkt. 10

C. Herausgabepflicht mit Fertigstellung, § 650n Abs. 2 BGB

I. Zeitpunkt der Herausgabepflicht

Spätestens mit Fertigstellung ist der Unternehmer nach § 650n Abs. 2 BGB verpflichtet, dem Verbraucher baubezogene Unterlagen herauszugeben. Der Gesetzgeber erstreckt die Herausgabepflicht vor dem Hintergrund der Vorlageverpflichtungen des Bauherrn während der Bauphase und folglich bestehendem Risiko der Einleitung von Ordnungswidrigkeitenverfahren (BT-Drs. 18/8486, 65) auf den gesamten weiteren Verlauf der Bauausführung bis zur Fertigstellung. Damit sind auch Unterlagen, die während der Bauphase relevant werden, von der Herausgabepflicht umfasst. 11

II. Gegenstand der Herausgabepflicht

1. Baubezogene Unterlagen

Die Herausgabepflicht des Unternehmers ist während der Bauphase bzw. spätestens zur Fertigstellung nicht mehr auf *Planungs*unterlagen beschränkt. Umfasst sind nach § 650n Abs. 2 BGB sämtliche baubezogenen Unterlagen. 12

2. Öffentlich-rechtliche Relevanz

Vom Wortlaut der Vorschrift des § 650n Abs. 2 BGB umfasst, sind sämtliche baubezogene Unterlagen, deren Vorlage die zuständigen Behörden im Rahmen ihrer Eingriffsbefugnisse verlangen können. Der Inhalt der Herausgabepflicht ist damit auch im Rahmen des § 650n Abs. 2 BGB auf öffentlich-rechtlich relevante Unterlagen begrenzt, geht aber in seiner Anwendung dabei sowohl zeitlich als auch gegenständlich über § 650n Abs. 1 BGB hinaus. 13

Welche Unterlagen dabei tatsächlich von der Herausgabepflicht betroffen sind, hängt im konkreten Fall von den jeweiligen landesrechtlichen Eingriffsbefugnissen der zuständigen Behörden und dem tatsächlichen Verlangen der Behörde ab. 14

Nach § 81 Abs. 1 MBO überwachen die Bauaufsichtsbehörden auch während der Bauausführung die Einhaltung der öffentlich-rechtlichen Vorschriften. Unterlagen, die in diesem Zusammenhang von den Behörden verlangt werden, unterfallen grundsätzlich der Pflicht des Unternehmers zur Herausgabe. Widerspricht die Bauausführung den öffentlich-rechtlichen Vorschriften kommt eine Baueinstellung oder Anordnung zur Beseitigung der baulichen An- 15 lage in Betracht (§§ 79, 80 MBO). Ob der Verbraucher hierüber die für den vom Gesetzgeber intendierten Zweck erforderliche Ausführungsplanung verlangen kann, ist fraglich. Diese dürfte mangels öffentlich-rechtlicher Relevanz kaum von den Behörden angefordert werden. Allein die Planung ist nicht geeignet, den Nachweis zu führen, dass auch entsprechend den öffentlich-rechtlichen Vorschriften ausgeführt wird. Hierfür könnte vielmehr der Bestandsplanung eine größere Bedeutung für den Herausgabeanspruch zukommen, wobei auch hier zu bezweifeln ist, ob diese als Nachweis gegenüber der Behörde genügt. Vor diesem Hintergrund erreicht der Gesetzgeber das von ihm gesetzte Ziel, dem Verbraucher für spätere Umbaumaßnahmen und Instandhaltung sowie zur Vorbereitung der Abnahmeentscheidung relevante Unterlagen an die Hand zu geben, (BT-Drs. 18/8486, 65) nicht, da weder die Genehmigungsplanung noch der Energiebedarfsausweis hierfür hilfreich sind.

16 Die Bauaufsichtsbehörden haben das Recht, im Rahmen ihrer Eingriffsbefugnisse nach § 81 Abs. 4 MBO Einsicht in die Bautagebücher zu nehmen. Adressat der entsprechenden Eingriffsbefugnisse ist der Verbraucher als Bauherr im Sinne von § 53 MBO. Bautagebücher unterliegen bei entsprechendem Vorlageverlangen durch die Behörde damit dem Herausgabeanspruch des Verbrauchers.

17 Für den Energieausweis enthält § 80 Abs. 1 S. 4 GEG die Pflicht des Eigentümers zur Vorlage. Er ist Gegenstand der Herausgabepflicht des Unternehmers nach § 650n Abs. 2 BGB.

18 Fraglich ist, ob auch Nachweise nach dem Bauproduktrecht dem Anspruch auf Herausgabe unterstellt sind. Die entsprechenden Nachweise stammen nicht vom Unternehmer sondern werden je nach Bauprodukt vom Hersteller oder durch ein Übereinstimmungszertifikat der zuständigen Zertifizierungsstelle erbracht (vgl. § 16ff. MBO). Es lässt sich deshalb damit argumentieren, dass diese nicht vom Unternehmer herauszugeben sind, da dieser die entsprechenden Nachweise selbst nicht erstellt. Letztlich dürfte der Unternehmer aber über die Vorschrift des § 650n Abs. 2 BGB verpflichtet sein, diese bei der entsprechend zuständigen Stelle oder dem Hersteller zu beschaffen (Palandt/Retzlaff BGB § 650n Rn. 3).

D. Herausgabepflicht zur Vorlage an Dritte, § 650n Abs. 3 BGB

19 Den Vorschriften der §§ 650n Abs. 2 und Abs. 3 BGB entsprechende Herausgabepflichten sollen den Unternehmer nach § 650n Abs. 3 BGB treffen, wenn ein Dritter, etwa ein Darlehensgeber oder ein Fördermittelgeber, Nachweise für die Einhaltung bestimmter Bedingungen verlangt und der Unternehmer die berechtigte Erwartung des Verbrauchers geweckt hat, diese Bedingungen einzuhalten. Der Gesetzgeber hatte hierbei vor allem die Finanzierung der Baumaßnahme durch die KfW-Förderbank im Blick, bei der vom Verbraucher vom Unternehmer diejenigen Unterlagen herausverlangen können soll, die er benötigt, um gegenüber der Bank auch nachweisen zu können, dass die für den Erhalt des Darlehens erforderlichen Bedingungen am Bau auch eingehalten werden.

E. Rechtsfolgen

I. Dogmatische Einordnung

20 Nach bisheriger Instanzrechtsprechung zur Rechtslage vor Einführung des § 650n BGB handelt es sich bei der Pflicht des Unternehmers zur Herausgabe baubezogener Unterlagen um eine Nebenpflicht (OLG Köln, Urt. v. 23.2.2005 – 11 U 76/04; LG München I Urt. v. 2.3.2007 – 2 O 23839/06; OLG Köln Urt. v. 6.8.1999 – 19 U 176/98,; OLG Stuttgart, Beschluss v. 25.01.2010 – 10 U 119/09; OLG Rostock, Urt. v. 15.02.1995 – 2 U 59/94). Daran ist auch mit Einführung des § 650n BGB als entsprechende gesetzliche Vorschrift festzuhalten (a. A. Palandt/Retzlaff BGB § 650n Rn. 3; Messerschmidt/Voit/Lenkeit BGB § 650n Rn. 63). Die Nebenpflicht ist dabei als leistungsbezogene Nebenpflicht im Sinne von § 241 Abs. 2 BGB zu qualifizieren (Glöckner BauR 2014, 1623; Pause BauR 2017, 430 (439); BeckOK BauvertragsR/Langjahr BGB § 650n Rn. 19; BeckOGK/Merkle BGB § 650n 43). Leistungsbezogene Nebenpflichten zeichnen sich insbesondere dadurch aus, dass sie einem eigenständigen Zweck dienen (MüKoBGB/Bachmann § 241 Rn. 68, 5). § 650n BGB dient hierbei nach seinem Wortlaut der Erfüllung der Pflicht des Verbrauchers gegenüber der öffentlich-rechtlichen Behörde.

Erstellung und Herausgabe von Unterlagen §650n

Darüber hinaus besteht der vom Gesetzgeber mit der Einführung des §650n BGB intendierte Zweck der Herausgabepflicht auch darin, dem Verbraucher die für spätere Instandhaltungen/Instandsetzungen sowie zur Vorbereitung der Abnahmeentscheidung erforderlichen Unterlagen an die Hand zu geben (BT-Drs. 18/8486, 65). Die Pflicht zur Herausgabe baubezogener Unterlagen ist damit vergleichbar mit der Pflicht des Verkäufers, Montage- oder Bedienungsanleitungen herauszugeben, die ebenfalls als leistungsbezogene Nebenpflicht im Sinne von §241 Abs. 2 BGB qualifiziert wird (MüKoBGB/Bachmann §241 Rn. 100).

II. Klagbarer Erfüllungsanspruch

Als leistungsbezogene Nebenpflicht im Sinne von §241 Abs. 2 BGB begründet §650n BGB einen klagbaren Erfüllungsanspruch des Verbrauchers (Pause BauR 2017, 430 (439); MüKoBGB/Bachmann §241 Rn. 68). 21

III. Sekundäransprüche des Verbrauchers

Welche Ansprüche der Verbraucher bei Verstoß gegen die Herausgabeverpflichtung geltend machen kann, ist durch die Rechtsprechung noch nicht geklärt. Dabei kommen Mängelrechte in Form eines werkvertraglichen Nacherfüllungsanspruch (§§634 Nr. 1, 635 BGB) mit korrespondierenden Ersatzvornahmerechten (§§634 Nr. 2, 637 Abs. 1 BGB) und Vorschuss bzw. Aufwendungs- und Schadensersatzansprüche (§§634 Nr. 2, 637 Abs. 1, Abs. 3, 634 Nr. 4, 280 BGB) in Betracht (Pause BauR 2017, 430 (439); MüKoBGB/Merkle Rn. 45). Daneben wird die Auffassung vertreten, ein Verstoß begründet Schadensersatzansprüche (Kniffka/Koeble/Jurgeleit/Sacher, Kompendium des Baurechts Teil 2 Rn. 130; BeckOK/Langjahr BGB §650n Rn. 20). 22

IV. Abnahmeverweigerung

Ob die Verletzung der Herausgabepflicht ein Recht des Verbrauchers begründet, die Abnahme zu verweigern, hängt davon ab, ob es sich bei der Verpflichtung des Unternehmers um eine Haupt- oder Nebenpflicht handelt. Folgt man der Auffassung, die Herausgabepflicht als Nebenpflicht zu begreifen (OLG Köln, Urt. v. 23.2.2005 – 11 U 76/04; LG München I Urt. v. 2.3.2007 – 2 O 23839/06; OLG Köln Urt. v. 6.8.1999 – 19 U 176/98; OLG Stuttgart, Beschluss v. 25.01.2010 – 10 U 119/09; OLG Rostock, Urt. v. 15.02.1995 – 2 U 59/94; Glöckner BauR 2014, 1623; Pause BauR 2017, 430 (439); BeckOGK BauvertragsR/Langjahr BGB §650n Rn. 19; BeckOGK/Merkle BGB §650n 43), kommt eine Abnahmeverweigerung nicht in Betracht (Kniffka IBR 1995, 333). Ist die Pflicht des Unternehmers hingegen als Hauptleistungspflicht zu werten, besteht ein Recht des Verbrauchers die Abnahme zu verweigern, jedenfalls dann, wenn die Pflichtverletzung als wesentlich im Sinne von §640 Abs. 1 S. 2 BGB zu bewerten ist (Messerschmidt/Voit/Lenkeit BGB §650n Rn. 54). 23

V. Leistungsverweigerungsrecht

Auch die Frage, ob dem Verbraucher ein Leistungsverweigerungsrecht nach §273 BGB oder die Einrede des nichterfüllten Vertrages nach §320 BGB zusteht, hängt von der dogmatischen Einordnung der Pflicht des Unternehmers zur Herausgabe baubezogener Unterlagen ab. Folgt man der Auffassung, die Pflicht als Nebenpflicht zu verstehen (OLG Köln, Urt. v. 23.2.2005 – 11 U 76/04; LG München I Urt. v. 2.3.2007 – 2 O 23839/06; OLG Köln Urt. v. 6.8.1999 – 19 U 176/98; OLG Stuttgart, Beschluss v. 25.01.2010 – 10 U 119/09; OLG Rostock, Urt. v. 15.02.1995 – 2 U 59/94; Glöckner BauR 2014, 1623; Pause BauR 2017, 430 (439); BeckOK BauvertragsR/Langjahr BGB §650n Rn. 19; BeckOGK/Merkle BGB §650n 43), steht dem Verbraucher ein Leistungsverweigerungsrecht nach §273 BGB zur Verfügung, das er dem Werklohnanspruch des Unternehmers entgegenhalten kann (Kniffka IBR 1995, 333). Begreift man die die Pflicht aus §650n BGB hingegen als Hauptleistungspflicht, (Palandt/Retzlaff BGB §650n Rn. 3; Messerschmidt/Voit/Lenkeit BGB §650n Rn. 63) kommt ein Zurückbehaltungsrecht nach §320 BGB in Betracht (Messerschmidt/Voit/Lenkeit BGB §650n Rn. 55; MüKoBGB/Emmerich 320 Rn. 30). 24

VI. Rücktritt

25 Der Rücktritt vom Vertrag wegen Verletzung einer Nebenpflicht nach § 241 Abs. 2 BGB kommt nach § 324 BGB dann in Betracht, wenn ein Festhalten der Parteien am Vertrag nicht mehr zumutbar ist.

F. Verjährung

26 Die Frage der für den Anspruch auf Herausgabe baubezogener Unterlagen nach § 650n BGB geltenden Verjährungsfrist ist bislang noch nicht abschließend geklärt.

27 Vertreten wird hierbei die Auffassung, dass für die Verjährung die 5-jährige Frist des § 634a Abs. 1 Nr. 2 BGB beginnend mit Abnahme maßgeblich ist (Messerschmidt/Voit/Lenkeit BGB § 650n Rn. 72). Dafür spricht, dass sich die Unterlagen auf ein Bauwerk beziehen und sich der Inhalt, ebenso wie die Planungsleistung eines Architekten, am Bauwerk realisiert hat (BeckOGK/Merkle BGB § 650n Rn. 52). Auch in der instanzgerichtlichen Rechtsprechung wird die Ansicht vertreten, dass sich die Verjährungsfrist in Anlehnung an die Gewährleistungsfrist bestimmt (LG Heidelberg Urt. v. 14.2.1992 – 5 S 257/90).

28 Als leistungsbezogene Nebenpflicht im Sinne von § 241 Abs. 2 BGB kommt für den Anspruch auf Herausgabe hingegen auch die regelmäßige 3-jährige Verjährungsfrist nach § 195 BGB in Betracht (BeckOK/Langjahr BGB § 650n Rn. 25).

§ 650o BGB Abweichende Vereinbarungen

Von § 640 Absatz 2 Satz 2, den §§ 650i bis 650l und 650n kann nicht zum Nachteil des Verbrauchers abgewichen werden. Diese Vorschriften finden auch Anwendung, wenn sie durch anderweitige Gestaltungen umgangen werden.

1 Der Gesetzgeber schließt mit § 650o BGB bestimmte von den gesetzlichen Vorschriften abweichende Vereinbarungen aus. Damit sind Vereinbarungen, die zum Nachteil des Verbrauchers von den Vorschriften der §§ 640 Abs. 2 S. 2, 650i bis 650l und 650n BGB abweichen, unwirksam. Die genannten Vorschriften sind damit zu Lasten des Verbrauchers sowohl im Allgemeinen Geschäftsbedingungen als auch durch Individualvereinbarungen unabdingbar.

2 Nicht unabdingbar im Sinne von € 650o BGB ist indes die Vorschrift des § 650m BGB. Hier sind zumindest individuell ausgehandelte Abweichungen möglich. Im Anwendungsbereich Allgemeiner Geschäftsbedingungen ist jedoch das für § 650m BGB normierte Klauselverbot des § 309 Nr. 15 BGB zur berücksichtigen (→ § 650m BGB Rdn. 20 ff.).

§ 650p BGB Vertragstypische Pflichten aus Architekten- und Ingenieurverträgen

(1) Durch einen Architekten- oder Ingenieurvertrag wird der Unternehmer verpflichtet, die Leistungen zu erbringen, die nach dem jeweiligen Stand der Planung und Ausführung des Bauwerks oder der Außenanlage erforderlich sind, um die zwischen den Parteien vereinbarten Planungs- und Überwachungsziele zu erreichen.

(2) Soweit wesentliche Planungs- und Überwachungsziele noch nicht vereinbart sind, hat der Unternehmer zunächst eine Planungsgrundlage zur Ermittlung dieser Ziele zu erstellen. Er legt dem Besteller die Planungsgrundlage zusammen mit einer Kosteneinschätzung für das Vorhaben zur Zustimmung vor.

Übersicht

	Seite
A. Grundlagen zum Architekten- und Ingenieurvertrag	1010
I. Rechtsnatur des Architekten- und Ingenieurvertrags	1010
II. Abschluss und Wirksamkeit des Architektenvertrages	1010
1. Abgrenzung Auftragserteilung und Honorarvereinbarung	1010

	2.	Akquisition				1011
	3.	Konkludente Beauftragung				1012
	4.	Bedingte Beauftragung				1013
	5.	Abgrenzung zu Leistungen der Zielfindungsphase nach § 650p Abs. 2				1013
	6.	Bestimmbarkeit der Leistung				1014
	7.	Vereinbarte Schriftform nicht eingehalten (§ 154 Abs. 2 BGB)				1014
	8.	Formvorschriften				1014
	9.	Verstöße gegen gesetzliche Verbote				1015
		a) Verstoß gegen das Koppelungsverbot				1015
		b) Sonstige Verstöße				1016
	10.	Anfechtung und Widerruf				1016
B. Systematik und zeitlicher Anwendungsbereich des § 650p						1016
C. § 650p Abs. 1						1017
	I.	Bauwerk oder Außenanlage				1017
	II.	Architekt oder Ingenieur				1019
	III.	Architekten- und Ingenieurleistungen				1019
	IV.	Planungs- und Überwachungsziele/Leistungen				1020
		1. Begriffe des Planungs- und Überwachungszieles und der Leistungen				1020
		2. Vereinbarung zu den Planungs- und Überwachungszielen				1020
		3. Beschaffenheiten des Planungsobjekts als Planungs- und Überwachungsziel				1020
			a) Feststellung der vereinbarten Beschaffenheit im dynamischen Planungsprozess			1021
			b) Abänderung der Beschaffenheitsvereinbarung			1023
				aa) Anordnungsrecht des Bestellers		1023
				bb) Abänderungsrecht des Architekten		1024
		4. Rechtsgeschäftliche Risikoübernahme durch den Besteller				1025
		5. Bedenkenhinweis durch den Architekt				1026
		6. Abweichung von der geschuldeten Beschaffenheit (Mangelhaftigkeit aufgrund Nichterreichung der Planungs- und Überwachungsziele)				1027
	V.	Geschuldete Leistungen/Vertragspflichten				1027
		1. Vertraglich vereinbarte Leistungen – Grundsätze zur Vertragsauslegung				1027
			a) Verträge mit Bezugnahme auf Leistungsbilder, Leistungsphasen oder Grundleistungen der HOAI			1028
				aa) HOAI als Auslegungshilfe		1028
				bb) Bedingte Beauftragung		1028
			b) Verträge mit von der HOAI abweichenden Formulierungen und Beauftragungen von Leistungen			1029
			c) Pauschalleistungsverträge			1029
		2. Erforderliche Leistungen i. S. d. § 650p Abs. 1				1030
			a) Abgrenzung der Begriffe			1030
			b) Erforderliche Leistungen geschuldet			1031
			c) Erforderlichkeit nach dem jeweiligen Stand der Planung und Ausführung			1032
			d) Abdingbarkeit			1032
		3. Einzelheiten zu den Vertragspflichten				1033
			a) Planung			1033
				aa) Grundlagenermittlung		1033
				bb) Genehmigungsplanung und Bauvoranfrage		1034
				cc) Berücksichtigung von Kostenvorgaben und wirtschaftlichen Verhältnissen		1035
					(1) Bausummengarantie	1036
					(2) Fehler bei der Grundlagenermittlung	1037
					(3) Verteuernde Maßnahmen des Architekten	1037
					(4) Überschreitung des Kostenrahmens oder der vereinbarten Kostenobergrenze	1037
					(5) Fehlerhafte Investitionsberatung; fehlerhafte Informationen zu den zu erwartenden Baukosten	1046
					(6) Überteuerung des Bauvorhabens infolge fehlerhafter Kostenberatung	1048
				dd) Entwurfs- und Ausführungsplanung		1049
					(1) Funktionsgerechte Planung/Einhaltung der allgemein anerkannten Regeln der Technik	1049
					(2) Sonderfall Planung eines dichten Bauwerks	1050
					(3) Genehmigungsfähige Planung/genehmigungsentsprechende Ausführungsplanung	1051
					(4) Konstruktionsmerkmale	1054
					(5) Detaillierungsgrad einer Planung	1056
				ee) Vorbereitung und Mitwirkung bei der Vergabe		1057
				ff) Sonderprobleme im Zusammenhang mit der Planung		1059

§ 650p Vertragstypische Pflichten aus Architekten- und Ingenieurverträgen

		(1)	Zuordnungsprobleme bei Einsatz verschiedener Planer/Sonderfachleuten	1059
		(2)	Mitverschulden	1062
		(3)	Einholung von Auskünften	1062
	b)		Bauüberwachung	1063
		aa)	Umfang der Überwachungstätigkeit	1064
		bb)	Prüfung von Rechnungen	1066
		cc)	Beweiserleichterungen	1067
	c)		Objektbetreuung	1068
	d)		Pflichten im Hinblick auf Zeitpunkt und Dauer der Leistungserbringung	1068
	e)		Sonstige Vertragspflichten des Architekten/Ingenieurs	1069
		aa)	Pflichten aufgrund der Sachwalterstellung	1069
		bb)	Koordinierungspflichten	1069
		cc)	Beratungspflichten/Rechtsberatung und Beratung bei Vergabeverfahren/Beratung zum Architektenvertrag	1070
		dd)	Obhuts- und Fürsorgepflichten	1073
4.			Mangelhaftigkeit der Architekten- und Ingenieurleistung aufgrund nicht ordnungsgemäßer Erbringung der vertraglich geschuldeten Leistungen	1073
5.			Rechtsfolgen nicht erbrachter Grundleistungen	1073
	a)		Vertraglich nicht vereinbarte Grundleistungen werden nicht erbracht	1073
	b)		Vertraglich vereinbarte Grundleistungen werden nicht erbracht	1075
D. § 650p Abs. 2				1076
I. Unternehmer				1077
II. Fehlende Vereinbarung der Planungs- und Überwachungsziele				1077
III. Wesentlichkeit der Planungs- und Überwachungsziele				1078
IV. Vertragspflicht zur Erstellung einer Planungsgrundlage und Kostenschätzung				1079
1. Vertragspflicht				1079
2. Zeitpunkt („zunächst") und Frist				1079
3. Rechtsfolge bei Verstoß				1079
4. Planungsgrundlage				1080
5. Kostenschätzung				1081
V. Zustimmung des Bestellers				1082
VI. Vergütung				1083

A. Grundlagen zum Architekten- und Ingenieurvertrag

I. Rechtsnatur des Architekten- und Ingenieurvertrags

1 Die Rechtsnatur des Architekten- und Ingenieurvertrages war in der Vergangenheit stark umstritten, bis eine Klärung durch einige wegweisende Entscheidungen des Bundesgerichtshofes erfolgte, sodass bei Übernahme der Planungs- und Überwachungsleistungen an der Qualifizierung als Werkvertrag keine ernsthaften Zweifel bestanden. Im Ergebnis ändert sich hieran auch durch § 650p nichts. Zwar wurde während des Gesetzgebungsverfahrens erwogen, den Architekten- und Ingenieurvertrag als typengemischten Vertrag einzustufen, da er verschiedene Elemente, unter anderem auch dienstvertraglicher Natur, enthält. Diese Erwägung wurde jedoch ausdrücklich fallengelassen (Begründung zum Regierungsentwurf BT-Drucks. 18/8486 S. 66). Allerdings wurde diesen Überlegungen dadurch Rechnung getragen, dass die Regelungen zum Architektenvertrag einem eigenen Untertitel 2 und nicht direkt dem Werkvertrag (Untertitel 1) zugeordnet wurden. Da die Vorschriften zum Werkvertragsrecht über die Verweisung in § 650q anzuwenden sind, ändert sich an der bisherigen werkvertraglichen Einordnung jedoch nichts (Kniffka, BauR 2017, 1847). Vielmehr hat der Gesetzgeber damit gerade durch die Verweisung auf § 631 BGB ausdrücklich klargestellt, dass bei Übernahme von Planungs- und Überwachungsleistungen die werkvertraglichen Regelungen zur Anwendung kommen.

II. Abschluss und Wirksamkeit des Architektenvertrages

1. Abgrenzung Auftragserteilung und Honorarvereinbarung

2 Es ist zwischen der Auftragserteilung und dem Abschluss einer Honorarvereinbarung zu unterscheiden. Beides kann zeitlich zusammenfallen und auch in einer Urkunde niedergelegt werden – so der Regelfall. Dies ist allerdings nicht zwingend. Die Auftragserteilung und der Abschluss einer Honorarvereinbarung können auch zeitlich auseinanderfallen. Denkbar ist auch, dass lediglich eine Beauftragung erfolgt und keine Vereinbarung zum Honorar getroffen wird. In diesem Fall kommen dann nach § 7 Abs. 5 HOAI 2013 die Mindestsätze zum Tragen, soweit es um einen Architektenvertrag geht, der bis zum 31.12.2020 abgeschlossen wurde. Erfolgte die Beauftragung ab dem 1.1.2021 kommt nach § 2a Abs. 1 S. 2 HOAI 2021 der Basishonorarsatz zum Tragen. Die Unterscheidung zwischen Auftragserteilung und Honorarvereinbarung ist deshalb von besonderer Bedeutung, da für beide unterschiedliche Formvorschriften gelten (zu den Formvorschriften betreffend die Auftragserteilung → Rn. 18). § 7 Abs. 1 HOAI 2013 ordnet als Wirksamkeitsvoraussetzung für eine Honorarvereinbarung – bei einer Beauftragung bis zum 31.12.2020 – an, dass dieselbe bei Auftragserteilung innerhalb der Mindest- und Höchstsätze und schriftlich getroffen werden muss. Nach § 7 Abs. 1 S. 1 HOAI 2021 ist für Verträge, die ab dem 1.1.2021 abgeschlossen werden, die Einhaltung der Textform Wirksamkeitsvoraussetzung für die Honorarvereinbarung. Liegt keine oder lediglich eine unwirksame Honorarvereinbarung vor, mangelt es nicht an einem essentialia negotii. Vielmehr kommen die preisrechtlichen Regelungen der HOAI 2013 bzw. der Basishonorarsatz der HOAI 2021 direkt oder über § 632 Abs. 2 BGB zur Anwendung. Die Darlegungs- und Beweislast für den wirksamen Abschluss eines Architektenvertrages und dessen Umfang obliegt demjenigen, der Rechtsfolgen aus diesem Vertragsverhältnis für sich ableiten will. Geht es beispielsweise um Schadenersatzansprüche/Mängelrechte des Bestellers gegen den Architekten, muss der Besteller das Zustandekommen und den Umfang des Architektenvertrages beweisen. Hierzu muss im Prozess vorgetragen werden, wann und wie der Architekt mit welchen konkreten Planungen bzw. der Bauüberwachung, welchen konkreten Ausführungen/Gewerke beauftragt worden sein soll (OLG Celle Urt. v. 17.12.2015 – 16 U 111/15).

2. Akquisition

Von der bereits erfolgten Beauftragung sind reine Akquiseleistungen abzugrenzen, die keinen Vergütungsanspruch auslösen. Mit Akquisitionsleistungen sind planerische oder sonstige Vorleistungen gemeint, die der Architekt aus der – rechtlich maßgeblichen – Sicht des Bestellers erbringt, weil er erst zu einem späteren Zeitpunkt einen Auftrag erhalten soll oder will. Fehlen klare Absprachen der Parteien, ist es häufig schwierig festzustellen, ob die Erbringung der Leistungen schon vertraglich geschuldet und den Umständen nach nur gegen eine Vergütung zu erwarten ist oder ob der Architekt zum Zwecke der Akquisition Vorleistungen erbringt, die ohne besondere Vereinbarung nicht vergütungspflichtig sind. Hierzu gibt es eine ebenso umfangreiche wie uneinheitliche Kasuistik (vgl. OLG Koblenz, Hinweisbeschl. v. 26.7.2017 – 5 U 400/17; OLG München, Hinweisbeschl. v. 18.08.2014 – 9 U 1314/14: Akquisephase bei Leistungen zur Erlangung der Baugenehmigung verlassen; OLG Düsseldorf, Beschl. v. 14.10.2014 – I-22 U 104/14; OLG Frankfurt, Urt. v. 7.12.2012 – 10 U 183/11; OLG München, Beschl. v. 11.09.2014 – 9 U 1314/14; OLG Celle, Urt. v. 26.10.2011 – 14 U 54/11: Ausnahmefall: Akquise bei Erbringung von Leistungen der LP 4; OLG Brandenburg, Urt. v. 23.06.2011 – 12 U 22/11; OLG Dresden Urt. v. 16.02.2011 – 1 U 261/10; OLG Düsseldorf, Urt. v. 21.6.2011 – 21 U 129/10; OLG Celle, Urt. v. 7.3.2011 – 14 U 7/11; Urt. v. 17.2.2010 – 14 U 138/09; OLG Karlsruhe, Urt. v. 17.2.2010 – 8 U 143/09; OLG Hamm, Urt. v. 9.9.2008 – 19 U 23/08; OLG München, Urt. v. 15.4.2008 – 9 U 4609/07; OLG Düsseldorf, Urt. v. 22.1.2008 – 23 U 88/07; OLG Frankfurt, Urt. v. 20.9.2005 – 22 U 210/02; weitere Nachweise bei Koeble in Locher/Koeble/Frik, HOAI, Einl. Rn. 93 ff.; Pauly, NZBau 2019, 423).

Leistungen zu Akquisitionszwecken liegen z.B. vor, wenn der Architekt die Leistungen primär unternimmt, um – ggf. im Wettbewerb mit anderen Bewerbern – einen Auftrag zu erhalten. Gleiches kann für die Bewerbung zusammen mit einem Bauunternehmen um ein Totalauftrag gelten (OLG Hamburg, Urt. v. 10.2.2011 – 3 U 81/06), oder mit einem Investor bei einem Wettbewerb um ein Grundstück (OLG Frankfurt, Urt. v. 27.8.2008 – 3 U 125/07) oder für Zusatzleistungen, den der Architekt unternimmt, um die baurechtliche Realisierung des Vorhabens zu unterstützen (OLG Hamm, Urt. v. 9.9.2008 – 19 U 23/08). Das kann auch gelten, wenn die Realisierung des Vorhabens aus baurechtlichen oder finanziellen Gründen noch ungewiss ist (BGH, Urt. v. 26.4.1999 – VII ZR 198/98; OLG Hamm, Urt. v. 23.4.2010 – 19 U 12/08; vgl. aber auch OLG Düsseldorf, Urt. v. 22.1.2008 – 23 U 88/07). In solchen Fällen, in denen der Architekt mit seinem Auftraggeber hinsichtlich des Realisierungsrisikos in einem Boot sitzt, ergibt sich der Vertragsschluss auch nicht aus der gerade gewollten Verwertung der Planungsleistungen oder aus Änderungs- bzw. Verbesserungsvorschlägen (OLG Düsseldorf, Urt. v. 29.2.2008 – 23 U 85/07; OLG Naumburg, Urt. v. 21.4.2010 – 5 U 54/09;

§ 650p   Vertragstypische Pflichten aus Architekten- und Ingenieurverträgen

OLG Hamburg, Urt. v. 10.2.2011 – 3 U 81/06; allgemein zur Verwertung OLG Saarbrücken, Urt. v. 25.5.2004 – 4 U 417/03 und Bamberger/Roth-Voit § 632 BGB Rdn. 5).

5   In Betracht kommt in diesen Fällen aber auch von der Realisierung abhängiger (bedingter) Vertrag bzw. Vergütungsanspruch (BGH, Urt. v. 28.3.1985 – VII ZR 180/84; Urt. v. 19.2.1998 – VII ZR 236/96; OLG Frankfurt, Urt. v. 27.8.2008 – 3 U 125/07. Bedingung oder Verzicht werden durch das Preisrecht der HOAI nicht berührt (BGH, Urt. v. 14.3.1996 – VII ZR 75/95). Ist bereits ein Vertrag über diese (Teil-)Leistungen zustande gekommen, so handelt es sich um Vertragserfüllungsleistungen, die nicht in irgendeiner Weise als „Vorleistungen" geringerer Art abgetan werden können (vgl. BGH, Urt. v. 8.6.2004 – X ZR 211/02). Vergütungsvereinbarungen sind dann nur im Rahmen der HOAI möglich. Das OLG Jena (Urt., v. 08.01.2014 – 2 U 156/13 mit abl. Anm. Wessel NJW 2014, 2511) hat aufgrund der Besonderheiten des Sachverhalts angenommen, dass die Parteien für die Akquisitionstätigkeiten ein Entgelt vereinbaren können, das sich unterhalb der – damals noch relevanten -Mindestsätze bewegt. Der Unterschied zum entgeltlichen Vertrag bestünde darin, dass der Architekt nicht zur Leistung verpflichtet ist. Konstruktiv ist das möglich, da mangels vertraglicher Leistungspflicht ja auch Wettbewerbsentschädigungen nicht der HOAI unterfallen. Zur Vermeidung der Umgehung des zwingenden Preisrechts muss dann allerdings auch sichergestellt werden, dass auch tatsächlich keine Leistungspflicht des Architekten begründet wurde. Der Entscheidung des OLG Jena hat der BGH allerdings eine Absage erteilt (Urt. v. 16.03.2017 – VII ZR 35/14). Danach endet die vergütungsfreie akquisitorische Phase, sobald eine Vergütungsvereinbarung getroffen wurde. Für ab dem 01.01.2021 abgeschlossene Architekten-/Ingenieurverträge hat sich diese Frage erledigt, da insoweit Honorarvereinbarungen ohne einen preisrechtlichen Rahmen im Hinblick auf die Höhe abgeschlossen werden können, § 7 HOAI 2021.

6   Sobald ein Vertrag zustande gekommen ist, besteht eine Entgeltlichkeitsvermutung für die vereinbarten Leistungen (BGH, Urt. v. 9.4.1987 – VII ZR 266/86). Entscheidungen, nach denen – für die eigentliche Planung (ab Entwurfsplanung) vorbereitend notwendige – Leistungen des Architekten nicht vergütungspflichtig sein sollen, sind deshalb kritisch zu hinterfragen. Richtigerweise wird bei Vertragsleistungen nach Abschluss der Vorplanung jedenfalls von einer Entgeltlichkeit auszugehen sein (vgl. OLG Karlsruhe, Urt. v. 17.2.2010 – 8 U 143/09; OLG Hamm, Urt. v. 26.9.1989 – 26 U 183/88). Denn die Annahme unentgeltlicher Vertragsleistungen ist nur ausnahmsweise gerechtfertigt. Vereinzelt wurden nicht vertragliche Akquisitionsleistungen allerdings auch für die Leistungsphasen 3 oder gar 4 angenommen (OLG Celle, Urt. 26.10.2011 – 14 U 54/11; OLG Hamm, Urt. v. 9.9.2008 – 19 U 23/08; OLG Düsseldorf, Urt., v. 19.4.2007 – 5 U 113/06). Die akquisitorische Phase ist auch dann beendet, wenn eine Vergütungsvereinbarung getroffen wird (BGH, Urt. v. 16.03.2017 – VII ZR 35/14).

3. Konkludente Beauftragung

7   Der Architekten-/Ingenieurvertrag kann auch konkludent abgeschlossen werden. Es ist allerdings häufig schwierig zu entscheiden, ob bereits ein entgeltlicher Vertrag konkludent abgeschlossen wurde oder sich die Parteien noch in der Akquisitionsphase befinden. Bei einer Entscheidung dieser Frage müssen alle Umstände des jeweiligen Einzelfalles und insbesondere das Verhalten der bei der Auslegung berücksichtigt werden. Feste Regeln, die zur Annahme eines Vertragsschlusses herangezogen werden können, gibt es nicht. Dies gilt auch für das jeweilige Stadium der Leistungserbringung. Im Regelfall wird die konkludente Beauftragung dadurch erfolgen, dass bestimmte Handlungen einer Partei als Angebot zu werten sind. Anschließend wird – jedenfalls konkludent – durch entsprechende Handlungen eine Annahme anzunehmen sein. Voraussetzung dafür, dass ein annahmefähiges Angebot aufgrund bestimmter Handlungen einer Partei angenommen werden kann, ist aber, dass zu diesem Zeitpunkt die Person des Anbietenden klar bestimmt ist. Besteht zu diesem Zeitpunkt Unklarheit darüber, ob eine Gesellschaft oder eine einzelne natürliche Person Vertragspartner werden soll, kommt ein konkludenter Abschluss des Vertrages nicht in Betracht (OLG Brandenburg Urt. v. 06.12.2018 – 12 U 24/17). Die Erbringung von Leistungen aus einer bestimmten Leistungsphase, deren Übergabe und Verwertung durch den Besteller mag zwar als ein Indiz für die Beauftragung sein. Aber auch insoweit muss eine einzelfallabhängige Betrachtung, bei der auch andere Umstände Berücksichtigung finden, zu erfolgen (BGH, Urt. v. 11.10.2007 – VII ZR 143/06 zur Entgegennahme von Leistungen der LP 6–8 (!) als Grundlage für eine konkludente Beauftragung; BGH, Urt. v. 24.6.1999 – VII ZR 196/98: Entgegennahme reicht ohne weitere Umstände, die einen rechtsgeschäftlichen Willen erkennen lassen, nicht aus; OLG Hamm, Urt. v. 23.4.2010 – 19 U 12/08 für das Verlangen und Verwerten von Unterlagen; OLG Düsseldorf,

Hinweisbeschl. v 14.10.2014 – I-22 U 104/14; OLG Hamburg, Urt. v. 21.12.2007 – 10 U 1/07; OLG Brandenburg, Urt. v. 23.6.2011 – 12 U 22/11 zur Entgegennahme von Leistungen aus den LP 1–6). Bei der Auslegung und Beantwortung der Frage, ob bereits ein bindender Vertrag abgeschlossen wurde, ist insbesondere die wirtschaftliche Bedeutung der Angelegenheit, das erkennbare Interesse des Begünstigten und eventuelle für den Besteller nicht, wohl aber Architekten erkennbare Gefahren als Indizien zu berücksichtigen, die auf einen Rechtsbindungswillen schließen lassen können (OLG Düsseldorf Urt. v. 05.06.2018 – I-21 U108/17).

Ein Indiz kann die Aufforderung zur Erbringung von Leistungen und Änderung derselben sein (OLG Düsseldorf, Urt. v. 21.6.2011 – 21 U 129/10). 8

Der Ausgleich von Abschlagszahlungsrechnungen kann als ein Umstand, der für eine Beauftragung sprechen kann, herangezogen werden (BGH, Urt. v. 6.5.1985 – VII ZR 320/84; OLG Hamm, Urt. v. 23.4.2010 – 19 U 12/08). 9

Gleiches gilt für die Verwendung von Unterlagen durch den Besteller gegenüber Behörden (OLG München, Beschl. v. 11.9.2014 – 9 U 1314/14 Bau), sowie die Erteilung einer Vollmacht zur Klärung der Genehmigungsfähigkeit oder die Unterschrift des Auftraggebers unter Pläne, Bauvoranfragen, Baugesuche (vgl. z. B. KG, Urt. v. 28.12.2010 – 21 U 97/09, BGH, Beschl. v. 29.4.2013 – VII ZR 32/11 Nichtzulassungsbeschwerde zurückgewiesen; OLG Stuttgart, Urt. v. 10.2.2005 – 13 U 147/04). Ein Indiz für eine Beauftragung ist auch die weitere Verwendung von Planunterlagen/Ausschreibungsunterlagen (OLG Karlsruhe, Urt. v. 27.7.2007 – 8 U 243/06; OLG Brandenburg Urt. v. 06.12.2018 – 12 U 24/17). 10

Mitentscheidende Bedeutung kann dem Umstand zukommen, dass die Parteien noch einen schriftlichen Vertrag abschließen wollten. In Einzelfällen kann aufgrund des Verhaltens der Parteien aber dennoch von einer konkludenten Beauftragung ausgegangen werden (OLG Celle, Urt. v. 24.9.2014 – 14 U 114/13, BGH, Beschl. v. 30.7.2015 – VII ZR 244/14 Nichtzulassungsbeschwerde zurückgewiesen). 11

Noch problematischer als die Beauftragung dem Grunde nach ist die Klärung des Leistungsumfangs bei konkludenter Beauftragung. Eine Vermutung für eine Vollbeauftragung wird von der Rechtsprechung zurecht seit längerem abgelehnt (BGH, Urt. v. 4.10.1979 – VII ZR 319/78; OLG Düsseldorf, Urt. v. 22.11.2013 – I- 22 U 57/13). Auch hier ist eine einzelfallabhängige Berücksichtigung aller Umstände erforderlich. Dies wird häufig zu dem Ergebnis führen, dass der Architekt zunächst (nur) die Leistungen erbringen sollte, die für die nächste Stufe der Leistungserbringung und bis zur nächsten Entscheidung des Bestellers über den Fortgang des Projektes erforderlich waren 12

4. Bedingte Beauftragung

Die Beauftragung (auch eines Teils der Leistungen) kann auch unter einer aufschiebenden oder auflösenden Bedingung erfolgen, beispielsweise unter der auflösenden Bedingung der negativen Bescheidung eines Förderantrages oder der aufschiebenden Bedingung der Durchführung des Projektes (hierzu BGH, Urt. v. 18.12.2008 – VII ZR 189/06). Der Abschluss des Architektenvertrages kann auch vom Erwerb eines Grundstücks abhängig gemacht werden (OLG Hamm, Urt. v. 16.10.1986 – 24 U 24/86) oder auch von der Aufnahme in ein Investitionsprogramm (OLG Dresden, Urt. v. 22.5.2008 -9 U 2062/05. 13

Die Beweislast für das Fehlen und den Eintritt der aufschiebenden Bedingung trifft denjenigen, der aus dem Rechtsgeschäft Rechte herleitet (BGH, Urt. v. 17.10.1984 – VIII ZR 181/83), bei Geltendmachung von Honoraransprüchen also den Architekten/Ingenieur. Den Besteller trifft insoweit aber die Erstdarlegungslast. Bei Vorliegen einer schriftlichen Urkunde kehrt sich die Beweislast jedoch um (Koeble in Locher/Koeble/Frik, HOAI 15. Aufl., Einleitung Rn. 111). Die Beweislast für die Vereinbarung und den Eintritt einer auflösenden Bedingung liegt auch bei demjenigen, der ein Recht für sich beansprucht (BGH, Urt. v. 15.4.1966 – Ib ZR 39/64). 14

5. Abgrenzung zu Leistungen der Zielfindungsphase nach §650p Abs. 2

Stehen die Planungs- und Überwachungsziele noch nicht fest, ordnet §650p Abs. 2 an, dass der Architekt/Ingenieur zunächst die Planungsgrundlage und eine Kostenschätzung zur Ermittlung dieser Ziele zu erstellen und dem Besteller zu übergeben hat (→ Rn. 227 ff.). Allerdings setzt diese Regelung einen bereits abgeschlossenen Vertrag voraus (→ §650r BGB Rdn. 2). 15

6. Bestimmbarkeit der Leistung

16 Die Hauptpflichten eines Vertrages müssen im Vertrag bestimmt oder zumindest nach objektiven Maßstäben bestimmbar sein. In den dynamisch angelegten Architektenverträgen wird die zu erbringende Planungsleistung häufig nur wenig konkretisiert (BeckOK BauvertrR/Fuchs, 15. Ed. 31.10.2021, BGB § 650p Rn. 111). Eine grobe Festlegung reicht aus (vgl. BGH, Urt. v. 8.2.1996 – VII ZR 219/94). Hieran kann es aber z.B. im Hinblick auf Planungsleistungen für die Sanierung von Gebäuden fehlen, wenn der Umfang der Sanierung zum Zeitpunkt des Vertragsschlusses völlig offen ist. Dann ist lediglich der Leistungsinhalt der Grundlagenermittlung ausreichend bestimmt (BGH, Urt. v. 23.4.2015 – VII ZR 131/13). Eine ausreichende weitergehende Bestimmbarkeit ist aber dann gegeben, wenn die Auslegung des Vertrages ergibt, dass dem Besteller (konkludent) ein Leistungsbestimmungsrecht eingeräumt worden ist. Eine solche Auslegung liegt tatsächlich nahe, zumal im Zweifel diejenige Auslegung zu bevorzugen ist, die nicht zur Unwirksamkeit des Vertrages führt (BGH, Urt. v. 23.4.2015 – VII ZR 131/13, hierzu Kniffka, BauR 2017, 1854, ders. BauR 2015, 883 ff. und 1031 ff.), näher → Rn. 51 f.

7. Vereinbarte Schriftform nicht eingehalten (§ 154 Abs. 2 BGB)

17 Haben die zukünftigen Vertragsparteien vereinbart, dass der Architektenvertrag, unter Einhaltung der Schriftform abgeschlossen werden soll, führt dies nach § 154 Abs. 2 „im Zweifel" dazu, dass der Vertrag bis zum schriftlichen Abschluss nicht abgeschlossen wurde. Dies kann von den Parteien gerade deshalb auch so gewollt sein, um eine wirksame Honorarvereinbarung (die möglicherweise noch im Detail ausgehandelt werden muss) zu einem späteren Zeitpunkt abschließen, gleichzeitig aber bereits mit den Planungsleistungen beginnen zu können, ohne Gefahr zu laufen, dass dies als konkludente Beauftragung angesehen wird und mangels einer wirksamen Honorarvereinbarung der Mindestsatz (im Falle des Eingreifens der HOAI 2013) oder der Basishonorarsatz (im Fall des Eingreifens der HOAI 2021) zum Tragen kommt. Die Abrede, einen schriftlichen Vertrag abschließen zu wollen, muss nicht ausdrücklich, sondern kann auch konkludent getroffen werden, beispielsweise durch Austausch schriftlicher Vertragsentwürfe oder auch durch Herstellung einer schriftlichen Vertragsurkunde (vgl. Grüneberg/Ellenberger 81. Aufl. § 154 Rn. 4). 154 Abs. 2 BGB kommt nicht zur Anwendung, wenn die Schriftform lediglich Beweiszwecken dienen sollte (Grüneberg/Ellenberger a.a.O. Rn. 5).

8. Formvorschriften

18 Architektenverträge können vom Formerfordernis des § 311b BGB erfasst werden, wenn sie im Zusammenhang mit einem formbedürftigen Grundstücksgeschäft abgeschlossen werden und kein Verstoß gegen das Koppelungsverbot (→ Rn. 21) gegeben ist (BGH, Urt. v. 24.9.1987 – VII ZR 306/86 = BGHZ 101, 393 = BauR 1987, 699 = NJW 1988, 132 – zum Treuhandvertrag im Bauherrenmodell; Berger in Fuchs/Berger/Seifert, HOAI Syst A I Rn. 49).

19 Abgesehen von derartigen Sonderfällen können Architekten- und Ingenieurverträge formfrei abgeschlossen werden. Ausdrückliche Formvorschriften enthält die HOAI nur für den Abschluss der Honorarvereinbarung. Allerdings sind bei Verträgen mit der öffentlichen Hand und kirchlichen Einrichtungen (hierzu OLG Düsseldorf Hinweisbeschl. v. 20.06.2018 – I-24 U 159/17) Besonderheiten zu beachten, da die einschlägigen Vorschriften (Gemeindeordnungen, Landkreisordnungen, kirchenrechtlichen Vorschriften etc.) Formerfordernisse beinhalten (zu den Einzelheiten Koeble in Locher/Koeble/Frik HOAI 15. Aufl., Einl. Rn. 172 ff. → § 631 BGB Rdn. 174 ff.; OLG Köln Beschl. v. 03.12.2019 – 14 U 25/19). Nach der Rechtsprechung des Bundesgerichtshofes liegt bei Nichteinhaltung der Formvorschriften kein Verstoß gegen § 125 BGB vor. Vielmehr sollen die Verträge wegen Überschreitens der Vertretungsmacht schwebend unwirksam sein (BGH, Urt. v. 4.12.2003 – III ZR 30/02), was zur Genehmigungsfähigkeit führt. Die Gebietskörperschaft kann sich auf die Verletzung der Formvorschriften dann nicht berufen, wenn das nach der Gemeindeordnung für die Willensbildung zuständige Organ den Abschluss des Geschäftes gebilligt hat (BGH, Urt. v. 20.1.1994 – VII ZR 174/92). Diese Billigung kann nicht nur durch einen ausdrücklichen Beschluss betreffend die Beauftragung des Planers, sondern auch durch Beschlüsse zu den zugrundeliegenden (Planungs-) Leistungen und auch durch Entgegennahme (Koeble in Locher/Koeble/Frik HOAI 15. Aufl, Einleitung Rn. 177) und Verwertung der Leistungen (z.B. mittels eines Beschlusses, bestimmte Bauleistungen zu beauftragen, im Hinblick auf die diesen zugrundeliegenden Planungs- und Ausschreibungsleistungen) erfolgen. Die Formvorschriften gelten nicht für den Vollzug bereits vertraglich begründeter Verpflichtungen, z.B. für den Abruf weiterer Stufen bei stufenweiser

Beauftragung (Koeble in Locher/Koeble/Frik HOAI 15. Aufl, Einleitung Rn. 172). In diesem Fall handelt es sich bei dem bloßen Abruf weiterer Leistungen auch um ein Geschäft der laufenden Verwaltung, das nicht den strengen Formvorschriften unterliegt. Demgegenüber liegt bei der Erstbeauftragung eines Architekten grundsätzlich kein Geschäft der laufenden Verwaltung vor (OLG Köln Beschl. v. 03.12.2019 – 14 U 25/19).

Nach OLG Koblenz (Urt. v. 11.8.2011 – 2 U 22/10) sollen die Formvorschriften auch bei Änderungen und einer deshalb erforderlichen Wiederholung von Grundleistungen gelten. Im Einzelfall mag dies zutreffend sein. Bei einem Großteil der üblichen Änderungen bei Abwicklung eines Architektenvertrages handelt es sich jedoch um Konkretisierungen der Leistungen, die im ursprünglichen Verpflichtungsgeschäft angelegt und dem Architektenvertrag immanent sind. Bei Ihnen handelt es sich dann um Geschäfte der laufenden Verwaltung. Im Ergebnis muss die Entscheidung im jeweiligen Einzelfall und gerade mit Blick auf den Inhalt des ursprünglichen Vertrages getroffen werden. Beispielsweise sind bei Umbauten regelmäßig von vorneherein mit Änderungen deshalb in größerem Umfang als bei einem Neubau zu rechnen und entsprechende Änderungen im Ursprungsvertrag angelegt. Gleiches gilt auch für Änderungen, die erforderlich werden, um eine von vorneherein beabsichtigte Förderung zu erlangen und auch für Änderungen, die nötig werden, um eine von vornherein erstrebte Baugenehmigung zu erhalten (z.B. bei einer Änderung der rechtlichen Rahmenbedingungen). Anders liegt der Fall aber dann, wenn es sich um „freiwillige" Änderungen der Planung handelt, die im ursprünglichen Vertrag nicht angelegt sind. 20

9. Verstöße gegen gesetzliche Verbote

a) Verstoß gegen das Koppelungsverbot

Das in der Praxis wichtigste Verbotsgesetz für Architektenverträge ist das Kopplungsverbot des § 3 ArchlG (früher Art. 10 § 3 MRVG; vgl. hierzu eingehend Christiansen-Geiss, Voraussetzungen und Folgen des Koppelungsverbotes, Schriftenreihe zum Deutschen und Internationalen Baurecht Heft 3, 2009 sowie Christiansen-Geiss BauR 2009, 421). Nach dieser Vorschrift führt die Verbindung des Abschlusses eines Architektenvertrages mit einem Grundstückserwerbsgeschäft unter bestimmten Voraussetzungen zur Unwirksamkeit des Architektenvertrages. Der auf den Grundstückserwerb gerichtete Vertrag bleibt wirksam. In der Literatur sind Wirksamkeitsbedenken wegen Verstoßes gegen das Grundgesetz geltend gemacht worden (vgl. z.B. Pauly, BauR 2006, 769). Der Bundesgerichtshof hat die Verfassungsmäßigkeit demgegenüber festgestellt (BGH, Urt. v. 22.7.2010 – VII ZR 144/09). Dies hat das Bundesverfassungsgericht bestätigt (BVerfG, Beschl. v. 16.6.2011 – 1 BvR 2394/10. Die Regelung lautet: 21

> „Eine Vereinbarung, durch die der Erwerber eines Grundstücks sich im Zusammenhang mit dem Erwerb verpflichtet, bei der Planung oder Ausführung eines Bauwerks auf dem Grundstück die Leistungen eines bestimmten Ingenieurs oder Architekten in Anspruch zu nehmen, ist unwirksam. Die Wirksamkeit eines des auf den Erwerb des Grundstücks gerichteten Vertrages bleibt unberührt."

Das Koppelungsverbot ist nach der Rechtsprechung des Bundesgerichtshofs berufstands- und nicht leistungsbezogen (BGH, Urt. v. 22.12.1983 – VII ZR 59/82; Urt. v. 27.9.1990 – VII ZR 324/89). Es betrifft deshalb nur freiberufliche Architekten, nicht jedoch Bauträger und Baubetreuer, die auf der Grundlage des § 34c GewO tätig werden und auch Planungsleistungen erbringen oder als Generalunternehmer Planungsleistungen erbringen. Erbringt ein Unternehmen, das von einem Architekten beherrscht wird, isolierte Architektenleistungen, kann das Kopplungsverbot anwendbar sein (OLG Hamm, Urt. v. 21.2.2014 – 12 U 88/13). 22

Der verbotene Zusammenhang der Verpflichtung zur Inanspruchnahme von Architekten- und Ingenieurleistungen mit dem Grundstückserwerb wird eher weit verstanden. So kann die Initiative auch von Dritten ausgehen, z.B. wenn der Grundstückserwerber gegenüber dem Grundstücksveräußerer die Verpflichtung eingeht, den von diesem eingegangenen Architektenvertrag zu übernehmen (BGH, Urt. v. 9.7.1992 – VII ZR 138/91). Das Koppelungsverbot greift auch ein, wenn der Architekt den Bauherrn vor die Alternative stellt, auch mit der Ausführung des Bauvorhabens beauftragt zu sein oder für erbrachte Leistungen eine Abstandssumme zu erhalten (BGH, Urt. v. 7.10.1982 – VII ZR 24/82). Der Bundesgerichtshof hat jedoch in seiner neueren Rechtsprechung betont, dass eine zu weite und vom Gesetzeszweck losgelöste Auslegung in Konflikt mit der Berufsfreiheit des Architekten geraten kann. Das Kopplungsverbot greift deshalb nicht ein, wenn ein Bauwilliger an einen Architekten mit der Bitte herantritt, ein passendes Grundstück für ein bestimmtes Projekt zu vermitteln und ihm dabei eine 23

§ 650p   Vertragstypische Pflichten aus Architekten- und Ingenieurverträgen

Beauftragung in Aussicht stellt. Ein Verstoß gegen das Koppelungsverbot liegt auch dann nicht vor, wenn der Architekt zu einem späteren Zeitpunkt die Vermittlung des Grundstücks davon abhängig macht, dass ihm der zuvor in Aussicht gestellte Architektenauftrag erteilt wird (BGH, Urt. v. 25.9.2008 – VII ZR 174/07 unter Aufgabe BGH, Urt. v. 10.4.1975 – VII ZR 254/73).

24   Wird der Architektenvertrag dennoch durchgeführt, kann sich der wegen Baumängeln in Anspruch genommene Architekt nicht auf die Nichtigkeit des Vertrages berufen. Das folgt entweder aus § 242 BGB (OLG Köln, Urt. v. 30.7.2014 – 11 U 133/13) oder aus einer wegen des Schutzzwecks des Verbotsgesetzes zugunsten des Bestellers nur halbseitigen oder Teilnichtigkeit (vgl. Beckmann, Nichtigkeit und Personenschutz, S. 298 ff.).

25   Wegen der weiteren Einzelheiten wird auf die Ausführungen bei Christiansen-Geiss verwiesen (Voraussetzungen und Folgen des Koppelungsverbotes, Schriftenreihe zum Deutschen und Internationalen Baurecht Heft 3, 2009; Christiansen-Geiss BauR 2009, 42).

b) Sonstige Verstöße

26   Verstöße gegen § 1 Abs. 2 Nr. 2 SchwarzArbG („Ohne Rechnung") führen genauso wie beim Werkvertrag über die Erbringung von Ausführungsleistungen (BGH, Urt. v. 1.8.2013 – VII ZR 6/13; BGH, Urt. v. 10.4.2014 – VII ZR 241/13; BGH, Urt. v. 16.3.2017 – VII ZR 197/16) zur Unwirksamkeit des Planungs- bzw. Überwachungsvertrages (Koeble in Locher/Koeble/Frik, HOAI 15. Aufl., Einl. Rn. 181; Berger in Fuchs/Berger/Seifert Syst A I Rn. 56; → § 631 BGB Rdn. 113 ff.).

10. Anfechtung und Widerruf

27   Ist Vertragspartner des Architektenvertrages eine Person, die nicht zur Führung der Bezeichnung „Architekt" befugt ist, steht dem Besteller ein Anfechtungsrecht gemäß § 119 Abs. 2 BGB wegen eines in der Person des Vertragspartners begründeten Eigenschaftsirrtums oder gar eine Anfechtung wegen arglistiger Täuschung zu. In Betracht kommen zusätzliche Ansprüche aus Verschulden bei Vertragsschluss (OLG Naumburg, Urt. v. 23.3.2005 – 6 U 155/00 m. w. N.; OLG Oldenburg, Urt. v. 21.5.2014 – 3 U 71/13). Die Eintragung in die Architektenliste ist konstitutiv für die Erlaubnis zur Führung dieser Berufsbezeichnung und wird im Verkehr als wesentliche Eigenschaft angesehen (Koeble in Locher/Koeble/Frik, § 1 HOAI Rn. 26 ff.; vgl. aber auch OLG Düsseldorf, Urt. v. 7.10.1980 – 21 U 30/80). Das Widerrufsrecht des Verbrauchers bei außerhalb von Geschäftsräumen geschlossenen Verträgen gem. § 312g Abs. 1 BGB gilt auch für Architektenverträge (OLG Köln, Hinweisbeschl. v. 23.03.2017 – 16 U 153716). Der Ausschlusstatbestand für das Widerrufsrecht nach § 312 Abs. 2 Nr. 3 BGB greift nicht bei Architektenverträgen ein (OLG Köln a. a. O.; OLG Stuttgart Urt. v. 17.07.2018 – 10 U 143/17).

B. Systematik und zeitlicher Anwendungsbereich des § 650p

28   Die Regelung enthält im Unterschied zu den Regelungen zum Bauvertrag in § 650a und zum Verbraucherbauvertrag in § 650i keine Definition des Architektenvertrages. Auf der anderen Seite ist es dem Besonderen Schuldrecht nicht fremd, bei den Vertragsarten lediglich die Pflichten zu regeln, wie beispielsweise in §§ 433, 535, 611 und auch § 631. Bereits an dieser Stelle ist darauf hinzuweisen, dass nicht jegliche Tätigkeit eines Architekten oder eines Ingenieurs von den speziellen Regelungen der §§ 650p ff. erfasst sind. Aufgrund des Wortlauts dieser Regelung, ergeben sich Einschränkungen dahingehend, dass es auf eine Reihe von Architekten-/Ingenieurtätigkeiten (nur) das allgemeine Werkvertragsrecht anzuwenden. Die Einzelheiten werden unten eingehend dargestellt (→ Rn. 30; → Rn. 42). Die speziellen Regelungen für Architekten- und Ingenieurleistungen in den §§ 650p ff. sind nicht auf Verträge zwischen Architekten/Ingenieuren und Verbrauchern als Bauherrn beschränkt. Vielmehr kommen die Regelungen bei allen Arten von Verträgen zum Tragen. Spezielle Regelungen für den Verbraucherarchitektenvertrag bzw. für den Verbraucheringenieurvertrag sind nicht vorgesehen. In § 650q wird der Verbraucherbauvertrag auch nicht in Bezug genommen.

29   Nach Art. 229 § 39 EGBGB sind die §§ 650p ff. nicht anwendbar auf Schuldverhältnisse, die vor dem 1.1.2018 entstanden sind. Ist der Vertrag nach dem Stichtag zustande gekommen, sind die Vorschriften anwendbar. Wurde ein Vertrag vor dem Stichtag abgeschlossen, sieht aber eine stufenweise Beauftragung vor und erfolgt der Abruf der weiteren Leistungen nach dem Stichtag, muss der Vertrag im Hinblick auf die rechtliche Konstruktion ausgelegt werden

(BeckOK BauvertragsR/Fuchs. 31.10.2021 BGB § 650p Rn. 25). Häufig wird die Auslegung zu dem Ergebnis führen, dass ein einseitig bindendes Angebot des Architekten/Ingenieurs auf Erweiterung des ursprünglich abgeschlossenen Vertrages vorliegt, das der Auftraggeber zu einem späteren Zeitpunkt annehmen kann, was dann zu einem Vertragsschluss erst mit der Annahme des Angebots führt (vgl. hierzu BGH, Urt. v. 18.12.2014 – VII ZR 350/13 Rn. 18 zur Frage der Anwendbarkeit verschiedener HOAI – Fassungen bei stufenweiser Beauftragung). Bei rein formaler Sichtweise wäre auf die zweite Stufe, die nach dem Stichtag beauftragt wird, das neue Recht anzuwenden (Koeble in Locher/Koeble/Frik Einl. Rn. 50). Diese Sichtweise stößt in der Literatur zurecht unter Hinweis darauf, dass das Schuldverhältnis bereits entstanden sei und durch den Abruf weiterer Stufen lediglich erweitert werde, auf Kritik (BeckOK BauvertragsR/Fuchs 1.Ed. 31.12.2017 BGB § 650p Rn. 28: Anwendung des bis zum Stichtag geltenden Rechts auch auf die nach dem Stichtag abgerufene Leistung; Beck HOAI/Berger BGB vor §§ 650p ff. B. II Rn. 47). Wird ein Vertrag unter einer aufschiebenden Bedingung vor dem Stichtag abgeschlossen und tritt die Bedingung nach dem Stichtag ein, soll ebenfalls das vor dem Stichtag geltende Recht anzuwenden sein (BeckOK BauvertragsR/Fuchs 31.10.2021 BGB § 650p Rn. 23 unter Hinweis auf die Gesetzesbegründung, BT-Drs. 18/8486, 73 und den dortigen Verweis auf Art. 170 EGBGB). Da das bedingte Rechtsgeschäft tatbestandlich vollendet und nur dessen Rechtswirkungen in der Schwebe sind (Grüneberg/Ellenberger 81. Aufl. Einf. v. § 158 BGB), dem Berechtigten ein Anwartschaftsrecht zusteht und es nach Art. 229 § 39 auf das Entstehen des Schuldverhältnisses ankommt, ist diese Auffassung zutreffend. Bei einem vor dem Stichtag abgeschlossenen Rahmenvertrag ist demgegenüber die Neuregelung anwendbar, wenn nach dem Stichtag konkrete Einzelverträge abgeschlossen werden (Stein IBR 2018, 1; BeckOK BauvertragsR/Fuchs 31.10.2021 BGB § 650p Rn. 24).

C. § 650p Abs. 1

I. Bauwerk oder Außenanlage

Nach dem Wortlaut geht es um Leistungen für ein Bauwerk oder eine Außenanlage. Im Hinblick auf den Begriff des Bauwerks kann auf § 634a Abs. 1 Nr. 2 BGB und die hierzu ergangene Rechtsprechung verwiesen werden → § 634a BGB Rdn. 16 ff. (Kniffka, BauR 2017, 1846, 1848; ders. BauR 2018, 351; einschränkend BeckOK BauvertragsR/Fuchs 31.10.2021 BGB § 650p Rn. 43). Ein Bauwerk ist danach eine unbewegliche, durch Verwendung von Arbeit und Material in Verbindung mit dem Erdboden hergestellte Sache. Der Begriff ist weiter als der Gebäudebegriff und umfasst Hoch- und Tiefbau. Die von § 41 HOAI 2013 erfassten Ingenieurbauwerke und die von § 45 HOAI 2013 erfassten Verkehrsanlagen erfüllen diese Voraussetzungen (Deckers will die Verkehrsanlagen aus dem Anwendungsbereich herausnehmen, ZfBR 2017, 523, 525, verkennt dabei aber, dass es sich bei Verkehrsanlagen regelmäßig um Bauwerke handelt). Weitere Voraussetzung ist, dass es sich um Planungs- und Überwachungsleistungen handelt, die für Bauwerke erbracht werden, welche ihrerseits durch Arbeiten am Bauwerk i. S. d. § 34a Abs. 1 Nr. 2 BGB errichtet werden (Kniffka in BauR 2018, 351). Erfasst werden damit in jedem Fall Planungs- und Überwachungsleistungen bei Neubauten, die zu einer festen Verbindung mit dem Grundstück führen (Kniffka a. a. O.). 30

Leistungen für ein Bauwerk liegen nicht nur bei der umfassenden Herstellung desselben vor, sondern auch dann, wenn Gegenstand der Leistungen nur ein Teil des Bauwerks ist. Dies ist beispielsweise bei der Planung und Überwachung von Gewerken der Technischen Ausrüstung nach § 53 HOAI 2013 oder auch bei tragwerksplanerischen Leistungen der Fall. Fachplanungsleistungen fallen in den Anwendungsbereich der §§ 650p ff. BGB. Bei Abbruch- und Abrissarbeiten ist der Bauwerksbezug zu verneinen (BGH, Urt. v. 9.3.2004 – X ZR 67/01), weshalb die §§ 650p BGB nicht zur Anwendung kommen, auch wenn vom Architekten oder Ingenieur hierfür Leistungen zu erbringen sind (a. A. bei wesentlicher Bedeutung der Abbrucharbeiten für die Konstruktion oder den Bestand, was allerdings nur schwer vorstellbar ist: BeckOK BauvertrR/Fuchs, 31.10.2021, BGB § 650p Rn. 47). 31

Leistungen für ein Bauwerk liegen ferner nicht nur bei der Neuerrichtung vor, sondern entsprechend der Rechtsprechung des Bundesgerichtshofes zu § 634a Abs. 1 Nr. 2 BGB bzw. § 638 BGB in der vorherigen Fassung auch dann, wenn es um Erneuerungsarbeiten an einem Bauwerk geht, wobei es sich insoweit um grundlegende Erneuerungsarbeiten handeln muss, die insgesamt einer ganzen oder teilweisen Neuerrichtung gleichzusetzen sind (BGH, Urt. 32

§ 650p Vertragstypische Pflichten aus Architekten- und Ingenieurverträgen

v. 19.03.2002 – X ZR 49/00). Weitere Voraussetzung ist, dass die Gegenstände, für die die Planungs-/Überwachungsleistungen erbracht werden, fest mit dem Grundstück verbunden werden (vgl. BGH a. a. O.; Kniffka, BauR 2017, 1846, 1848) und ferner auch, dass die Leistungen für Konstruktion, Bestand, Erhaltung und Benutzbarkeit des Gebäudes von wesentlicher Bedeutung sind (→ § 634a BGB Rdn. 23 ff.; Kniffka BauR 2017, 1846, 1848). Wird diese Rechtsprechung herangezogen, liegen bei kleineren Umbaumaßnahmen, Renovierungen, Instandsetzungen und Instandhaltungen, für die ein Architekt oder ein Ingenieur Leistungen erbringt, keine Leistungen bei einem Bauwerk vor. Dies hat zur Folge, dass die Regelungen der §§ 650p ff. BGB nicht anwendbar sind. Der Gesetzgeber äußert sich in der Begründung zu § 650p im Hinblick auf das Verständnis des Bauwerksbegriffes zwar nicht ausdrücklich. Es findet sich allerdings eine Aussage dazu, dass sowohl bei einem Bauwerk als auch bei einem auf eine Außenanlage gerichteten Architekten- oder Ingenieurvertrag regelmäßig

„umfangreiche und komplexe Tätigkeiten geschuldet (seien), auf die die Regelungen dieses Untertitels zugeschnitten sind." (BT-Drucks. 18/8486 S. 67)

33 Beim Leistungsbild Innenräume nach § 33 HOAI 2013 ist eine differenzierte Betrachtungsweise erforderlich. Werden derartige Leistungen im Zusammenhang mit einem Neubau erbracht, sind die Voraussetzungen des Bauwerks-Begriffs erfüllt. Bei Leistungen im Bestand hängt dies von der Intensität des Eingriffs ab. Werden lediglich Renovierungsmaßnahmen im Innern ohne wesentliche Eingriffe in Substanz und Konstruktion, wie beispielsweise bei Malerarbeiten, geplant/ausgeführt und/oder überwacht, sind die Voraussetzungen des Bauwerksbegriffs nicht erfüllt. Die Planung der losen Möblierung und anderen Inventars erfüllt ebenfalls nicht die Voraussetzungen des § 650p (Kniffka/Retzlaff, BauR 2017, 1747, 1849; a. A. BeckOK BauvertragsR/Fuchs 31.10.2021 BGB § 650p Rn. 56).

34 Entsprechend der vorstehenden Ausführungen ist die Frage des Bauwerksbezuges auch im Hinblick auf die Beratungsleistungen in Anlage 1 zur HOAI 2013 zu beantworten. Hierbei ist es so, dass bei der Neuerrichtung eines Objekts Leistungen der Bauphysik (Anlage 1.2), der Geotechnik (Anlage 1.3) und der Ingenieurvermessung die Voraussetzungen des Begriffs „Bauwerk" erfüllen. Bei Leistungen im Bestand hängt dies – entsprechend der Ausführungen zu den Innenräumen – von der Intensität des Eingriffs ab.

35 Vom Anwendungsbereich der §§ 650p ff. sollen ferner Leistungen bei Außenanlagen erfasst sein. Nach der Begründung des Gesetzgebers soll der Begriff der Außenanlage so zu verstehen sein, wie in § 648a BGB a. F. (Amtliche Begründung Drucks. 18/8486 S. 66). Dabei ergeben sich folgende Einschränkungen, vgl. auch → § 650a BGB Rdn. 17:

36 • Es sollen nicht sämtliche Arbeiten an einem Grundstück erfasst sein. Nach der Vorstellung des Gesetzgebers soll es sich vielmehr um gestalterische Arbeiten handeln, die der Errichtung der Anlage oder deren Bestand dient (Begründung zum Regierungsentwurf BT-Drucks. 18/8486 S. 66 f) Als Beispiele werden Leistungen für die Einrichtung oder Umgestaltung eines Gartens, eines Parks, eines Teiches oder eines Dammes genannt. Darauf, ob die Anlage im Zusammenhang mit einem Bauwerk steht oder nicht, soll es dabei nicht ankommen. Damit wird deutlich, dass Leistungen für Freianlagen im Sinne des § 38 Abs. 1 HOAI 2013/2021 die Voraussetzungen des Begriffs der Außenanlagen erfüllen werden (ebenso Kniffka, BauR 2017, 1846, 1848; ders. BauR 2018, 351, 352). Überraschend ist die Anführung des Beispiels „Damm" in der Begründung zum Regierungsentwurf. Hierbei handelt es sich um ein Ingenieurbauwerk. Ein entsprechendes Objekt ist in der Objektliste für Ingenieurbauwerke in Gruppe 3 der Anlage 12.2 HOAI 2013/2021 enthalten.

37 • Nach Ansicht des Gesetzgebers sollen im Hinblick auf die Außenanlage Arbeiten gemeint sein, die mit Arbeiten an einem Bauwerk im weitesten Sinne vergleichbar sind. Hierbei wird auf eine Entscheidung des Bundesgerichtshofes verwiesen (Urt. v. 24.02.2005 – VII ZR 86/04). Der BGH führt in dieser Entscheidung aus, dass nicht alle Arbeiten an einem Grundstück den Begriff der „Außenanlage" in § 648a. F. BGB erfassten. Es muss sich nicht lediglich um Außenarbeiten, sondern um Arbeiten an einer Außenanlage handeln (vgl. hierzu Kniffka, BauR 2017, 1846, 1849; ders. BauR 2018, 351, 352). Daraus ergibt sich, dass die Leistungen des Architekten/Ingenieurs nicht nur ein gestalterisches Moment aufweisen müssen (dazu oben), sondern der Eingriff in die Substanz auch eine gewisse Intensität aufweisen muss.

38 Im Ergebnis werden deshalb – entsprechend der Rechtsprechung des Bundesgerichtshofes zu § 648a BGB (BGH, Beschl. v. 24.02.2005 VII ZR 86/04) – bloße Rodungsarbeiten nicht zur Anwendung der §§ 650p ff. führen (ebenso Kniffka, BauR 2017, 1846, 1849; a. A. BeckOK

BauvertragsR/Fuchs 31.10.2021 BGB § 650p Rn. 50 für den Fall, dass die Rodungsarbeiten der Vorbereitung einer Außenanlage oder eines Bauwerks dienen und der Freianlagenplaner mit diesen Leistungen beauftragt ist).

Auch wenn sich die Leistungen bei der Flächenplanung nicht nur in der Beschreibung eines aufgefundenen Zustandes erschöpfen, sondern auch gestalterische Leistungen erforderlich sind, erfüllen die Leistungsbilder Flächennutzungsplan, Bebauungsplan, Landschaftsplan, Grünordnungsplan, Landschaftsrahmenplan, Landschaftspflegerischer Begleitplan und das Leistungsbild Pflege- und Entwicklungsplan gemäß §§ 17 ff. der HOAI 2013 nicht die Anforderungen, die mit dem Begriff der Außenanlage verbunden sind (im Ergebnis ebenso Kniffka, BauR 2017, 1846, 1849; Koeble in Kniffka/Koeble/Jurgeleit/Sacher, 5. Aufl., 11. Teil Rn. 8; Deckers ZfBR 2017, 523, 525; a. A. BeckOK BauvertragsR/Fuchs 31.10.2021 BGB § 650p Rn. 68). Es fehlt der Bezug zu einer konkreten (Außen-)Anlage. Die Planungsleistungen, die bei der Flächenplanung erbracht werden, können sich zwar auch auf Außenanlagen beziehen, beinhalten aber regelmäßig nicht die Planung der Außenanlage, sondern sind dieser vorgelagert. **39**

Leistungen der Anlage 1.1 (Umweltverträglichkeitsstudie) als Bestandteil der Anlage 1 zur HOAI 2013 (Beratungsleistungen) bzw. der HOAI 2021 (Fachplanungs- und Beratungsleistungen) erfüllen ebenfalls die Voraussetzung der Leistung bei einer Außenanlage nicht. Es fehlt das nach der Gesetzesbegründung erforderliche gestalterische Element. **40**

II. Architekt oder Ingenieur

Weder dem Wortlaut des Gesetzes noch der Begründung zum Regierungsentwurf ist zu entnehmen, ob die §§ 650p ff. nur dann zur Anwendung kommen, wenn der Vertrag von einer Person abgeschlossen wird, die berechtigterweise die Bezeichnung „Architekt" oder „Ingenieur" trägt. Zum Honorarrecht hat sich der BGH dafür entschieden, die Anwendbarkeit der HOAI leistungsbezogen und nicht personenbezogen zu sehen (Urt. v. 22.05.1997 – VII ZR 290/95). Da es nach dem Wortlaut in Abs. 1 um Leistungen geht, die erforderlich sind, um vereinbarte Planungs- und Überwachungsziele zu erreichen, ist das leistungsbezogene Verständnis auch auf die gesetzliche Regelung zu übertragen. Die Anwendbarkeit der §§ 650p ff. hängt also nicht davon ab, dass der Unternehmer die Bezeichnung „Architekt" oder „Ingenieur" tragen darf (im Ergebnis ebenso Kniffka, BauR 2017, 1846, 1849; ders. BauR 2018, 351, 352). **41**

III. Architekten- und Ingenieurleistungen

Nicht jede Tätigkeit eines Architekten oder Ingenieurs erfüllt die Voraussetzungen des § 650p Abs. 1. Dies ist nur dann der Fall, wenn es sich um Leistungen handelt, die erbracht werden müssen, um entweder ein Planungsziel oder ein Überwachungsziel für ein Bauwerk oder eine Außenanlage zu erreichen. Diese Voraussetzungen sind regelmäßig bei den Leistungsbildern der Objektplanung Gebäude (§ 34 i. V. m. Anlage 10.1 HOAI 2013), Freianlagen (§ 39 i. V. m. Anlage 11.1 HOAI 2013) Ingenieurbauwerke (§ 43 i. V. m. Anlage 12.1 HOAI 2013), Verkehrsanlagen (§ 47 i. V. m. Anlage 13.1 HOAI 2013; a. A. Deckers, ZfBR 2017, 523, 525). Gleiches gilt für die Leistungsbilder der Fachplanung Tragwerkplanung (§ 51 i. V. m. Anlage 14.1 HOAI 2013; auch Leistungen des Prüfstatikers: zutreffend BeckOK BauvertragsR/ Fuchs 31.10.2021 BGB § 650p Rn. 62) und Technische Ausrüstung (§ 55 i. V. m. Anlage 15.1 HOAI 2013/2021). Die vorstehend beschriebenen Leistungen führen daher regelmäßig zur Annahme eines Architekten-/Ingenieurvertrages nach § 650p. Beim Leistungsbild Innenräume ist eine differenzierte Betrachtungsweise geboten → Rn. 33). Nicht erfasst sind demgegenüber alle Leistungen, bei denen das Ziel der Leistungserbringung nicht ein konkretes Bauwerk, eine konkrete Außenanlage ist. Daraus ergibt sich folgendes: **42**

- Projektentwicklungsleistungen erfüllen die Voraussetzungen des § 650p Abs. 1 regelmäßig nicht. Sie sind den Planungs- und Überwachungsleistungen für ein konkretes Bauvorhaben, für eine konkrete Außenanlage vorgelagert. Anders kann die Sache liegen, wenn Gegenstand der Leistungen auch Planungsleistungen für ein konkretes Bauwerk sind. **43**

- SiGeKo – Leistungen erfüllen die Voraussetzungen des § 650p Abs. 1 ebenfalls nicht. Bei diesen Leistungen geht es nicht um Leistungen zur Erreichung von Planungszielen im Hinblick auf ein Bauwerk, sondern darum, den Gesundheitsschutz und die Arbeitssicherheit zu gewährleisten (wie hier BeckOK BauvertragsR/Fuchs 31.10.2021 BGB § 650p Rn. 76). **44**

45 • Vermessungsleistungen (a. A. BeckOK BauvertragsR/Fuchs 31.10.2021 BGB § 650p Rn. 74) und die Beratungsleistungen in Anlage 1 zur HOAI 2013 (für Bauphysik ebenso BeckOK BauvertragsR/Fuchs 31.10.2021 BGB § 650p Rn. 72 und 73) sowie Projektsteuerungsleistungen erfüllen die Voraussetzungen des § 650p Abs. 1. In diesen Fällen gibt es Planungsziele mit Bauwerksbezug bzw. mit Bezug zu einer Außenanlage. Im Hinblick auf die Geotechnik ist der erforderliche Bauwerksbezug bzw. Bezug zu einer Außenanlage ebenfalls dann gegeben, wenn es sich bei den Leistungen nicht ausschließlich um feststellende Leistungen ohne Bezug zu einem der beiden genannten Objekte handelt (BeckOK BauvertrR/Fuchs, 31.10.2021, BGB § 650p Rn. 73; für gutachterliche, feststellende Tätigkeit: OLG Frankfurt Urt. v. 28.2.2020 – 24 U 36/19). Sind demgegenüber Gründungsempfehlungen auszusprechen oder vor Ort Leistungen im Hinblick auf die Baugrube oder zum Schutz der Nachbarbebauung (Unterfangung) geschuldet, ist der Bauwerksbezug gegeben, was zur Anwendung der §§ 650p ff. BGB führt.

46 Unklar ist die Situation bei einer Kombination von Planungsleistungen mit anderen Leistungen (z. B. Ausführungsleistungen) in einem Vertrag, d. h. bei Leistungen eines „Paketanbieters". Da es sich in diesem Fall um einen typengemischten Vertrag handelt, sind die hierzu entwickelten Grundsätze anzuwenden (Einzelheiten bei Grüneberg/Grüneberg, 81. Aufl. Überbl. v. § 311 Rn. 19 ff.; BGH, Urt. v. 22.5.1997 – VII ZR 290/95 zur Anwendbarkeit der HOAI). Entscheidend ist der Schwerpunkt. Liegt dieser im Bereich der Planung oder Überwachung, sind die §§ 650p ff. BGB anwendbar.

IV. Planungs- und Überwachungsziele/Leistungen

1. Begriffe des Planungs- und Überwachungszieles und der Leistungen

47 Mit den Begriffen Planungsziel und Überwachungsziel ist das versprochene Werk im Sinne des § 631 Abs. 1, der nach § 631 Abs. 2 herbeizuführende Erfolg gemeint. Dabei handelt es sich um eine Planung, mit der das Bauwerk oder die Außenanlage so hergestellt werden kann, dass die vereinbarten Beschaffenheiten des Bauwerks und der Außenanlagen entstehen. Hierbei geht es nicht nur um ausdrücklich vereinbarte Beschaffenheiten, sondern auch um konkludent vereinbarte Verwendungseignung bzw. Funktionstauglichkeit (auf das Problem des zu engen Wortlauts weist Fuchs hin (NZBau 2015, 675, 677). Die Bauüberwachung muss so beschaffen sein, dass das Bauwerk oder die Außenanlage entsprechend der Planung und entsprechend der allgemein anerkannten Regeln der Technik entsteht. Zu den Planungs- und Überwachungszielen gehört auch die Festlegung der durchzuführenden Maßnahme („Neubau", „Umbau", „Instandsetzung": Berger in Langen/Berger/Dauner-Lieb § 650p Rn. 23). Neben den Begriffen des Planungszieles und des Überwachungszieles enthält die Vorschrift zusätzlich auch die Verpflichtung des Architekten, entsprechende Leistungen zu erbringen, nämlich diejenigen Leistungen, die zur Erreichung des Planungs- bzw. Überwachungszieles erforderlich sind. Mit den Leistungen muss der Architekt dafür sorgen, dass die jeweiligen Ziele erreicht werden (Kniffka BauR 2018, 351, 353). Nach dem Wortlaut des § 650p Abs. 1 BGB schuldet der Architekt damit nicht nur die Herbeiführung eines Enderfolges des Werkerfolges. Vielmehr sind auch die einzelnen hierfür erforderlichen Leistungen Gegenstand der Leistungspflicht; der Architekten- und Ingenieurvertrag besteht damit aus einer erfolgsbezogenen und einer leistungsbezogenen Komponente (Kniffka BauR 2018, 351, 353).

2. Vereinbarung zu den Planungs- und Überwachungszielen

48 Für die Anwendung des § 650p Abs. 1 kommt es entscheidend darauf an, ob die Parteien Planungs- und Überwachungsziele bereits vereinbart haben. Haben die Parteien wesentliche Planungs- und Überwachungsziele noch nicht vereinbart, ist § 650p Abs. 2 („Zielfindungsphase") einschlägig.

3. Beschaffenheiten des Planungsobjekts als Planungs- und Überwachungsziel

49 Jeder Planungsauftrag betrifft ein bestimmtes Objekt. Der Architekt oder Ingenieur soll einen noch nicht vorhandenen Zustand planen, sei es einen Neubau, sei es einen Umbau oder eine Sanierung. Um den Gegenstand eines Planungsauftrages für ein Bauwerk zu ermitteln, muss der im Architekten- oder Ingenieurvertrag zum Ausdruck gekommene Wille ermittelt werden, welche Beschaffenheit das zu planende Bauwerk haben soll, was also geplant werden

Vertragstypische Pflichten aus Architekten- und Ingenieurverträgen **§ 650p**

soll. Die Beschaffenheit des Planungsobjekts betrifft den Endzustand, wobei es durchaus denkbar ist, dass verschiedene Zwischenzustände vereinbart werden.

a) Feststellung der vereinbarten Beschaffenheit im dynamischen Planungsprozess

Die Beschaffenheit des Planungsobjekt spielt naturgemäß eine Rolle in den Mängelfällen, in denen sich die Frage stellt, ob das vereinbarte Planungsziel erreicht worden ist. Es ist zu ermitteln, welche Vereinbarungen die Parteien zu der Beschaffenheit des Planungsobjekts getroffen haben. Dabei ist festzustellen, dass die Vereinbarungen zur Beschaffenheit des Planungsobjekts selten klar und unmissverständlich sind. Die entsprechenden Verträge regeln dazu häufig wenig (BeckOK BauvertrR/Fuchs, 15. Ed. 31.10.2021, BGB §650p Rn. 94). Die Rahmenbedingungen und die Planungsvorstellungen des Bestellers werden selten so fixiert, dass sie eine geeignete Grundlage für die Beurteilung der vereinbarten Beschaffenheit wären. Die Auslegung dieser Verträge gestaltet sich deshalb schwierig und führt auch häufig zu Auseinandersetzungen, weil nicht ausdrücklich fixierte Vorstellungen der Architekten und Ingenieure von der Beschaffenheit eines Bauwerks deutlich von den Vorstellungen des Bestellers abweichen können. Dies betrifft nicht nur die gestalterische, sondern auch die funktionale Seite. 50

Im Einzelfall kann eine Beschaffenheitsvereinbarung überhaupt nicht festgestellt werden. Ein solcher Vertrag ist unwirksam. Es handelt sich jedoch um eine absolute Ausnahme. Denn in der Regel haben die Parteien bei Vertragsschluss bestimmte Vorstellungen darüber, was zu planen ist. Der Planungsauftrag bringt es mit sich, dass der Besteller und auch der Planer im Zeitpunkt des Vertragsschlusses noch keine bestimmten Vorstellungen darüber haben müssen, was das Ergebnis der Planung ist. Es ist also unbedenklich, wenn die Leistungsphase 1 nur mit einer groben Umschreibung des Planungsziels (Bau eines Einfamilienhauses, Bau eines Verwaltungsgebäudes usw.) in Auftrag gegeben wird (BGH, Urt. v. 23.4.2015 – VII ZR 131/13). Gegenstand der Leistungserbringung durch den Architekten ist es gerade, die weitere Konkretisierung durch seine Leistungen nachfolgend vorzubereiten. Bedenklicher ist es, wenn bei derartig ungenauen Vorstellungen bereits weitere Leistungsphasen in Auftrag gegeben werden, denn es werden Leistungen beauftragt, deren materieller Inhalt noch nicht feststeht. Erfahrene Auftraggeber vermeiden solche Vertragsgestaltungen und vereinbaren Zäsuren, in denen sie entscheiden, ob der Vertrag weitergeführt wird oder nicht („stufenweise Beauftragung"). Der alle Leistungsphasen umfassende Vertrag wird dahin auszulegen sein, dass die weiteren Phasen mit den Modifikationen durchgeführt werden, die der Besteller wählt. 51

Dem Besteller wird also das Recht eingeräumt, über den weiteren Planungsinhalt zu bestimmen, er hat ein Leistungsbestimmungsrecht (vgl. BGH, Urt. v. 23.4.2015 – VII ZR 131/13). Dieses ist auch nicht auf die Konkretisierung bereits vereinbarter Leistungsziele beschränkt. Ein Leistungsbestimmungsrecht besteht jedenfalls im Hinblick auf Beschaffenheiten, bei denen bei Vertragsabschluss erkennbar war, dass erst zu einem späteren Zeitpunkt eine Festlegung erfolgen wird. In vielen Fällen wird die Auslegung das Ergebnis bringen, dass dem Besteller ein umfassendes Leistungsbestimmungsrecht zusteht. 52

Zu klären ist insoweit nur, ob die Auslegung des Vertrages ergibt, dass die Ausübung des Leistungsbestimmungsrechtes nach billigem oder freiem Ermessen des Bestellers zu erfolgen hat (BGH, Urt. v. 23.4.2015 – VII ZR 131/13). Diese Entscheidung ist nicht einheitlich für den gesamten Vertrag und alle denkbaren Anordnungen zu treffen. Vielmehr kann die Auslegung durchaus ergeben, dass bestimmte Anordnungen (z.B. betreffend die Ausbaugewerke) nach freiem Ermessen und andere (z.B. die Fassadengestaltung oder auch Umstände, die für die Genehmigungsfähigkeit von Bedeutung sind) nach billigem Ermessen zu treffen sind. Etwas anderes gilt dann, wenn es um Anordnungen geht, mit denen Leistungsziele/Beschaffenheiten geändert werden sollen, die von den Parteien bereits zum Gegenstand des Vertrages gemacht worden sind. In diesem Fall ist die Leistung bestimmt und für die Annahme eines (weiteren) Leistungsbestimmungsrechtes daher kein Raum. Der Besteller kann in diesem Fall unter den Voraussetzungen des §650b Abs. 2 Änderungsanordnungen erteilen. 53

Dem Leistungsbestimmungsrecht des Bestellers steht eine entsprechende grundsätzliche Pflicht gegenüber. Der Besteller muss im Wege der Mitwirkung die erforderlichen Entscheidungen treffen. Dies gilt in erster Linie im Hinblick auf die Erteilung der Zustimmung zur Vorlage von Planungsgrundlage und Kosteneinschätzung im Falle des §650p Abs. 2. Erteilt er seine Zustimmung zu den ordnungsgemäß übergebenen Unterlagen innerhalb einer angemessenen Frist nicht, kann der Architekt/Ingenieur den Vertrag kündigen, §650r Abs. 2 (Einzelheiten → §650r BGB Rdn. 20ff.). Liegt ein Fall des §650p Abs. 2 nicht vor, haben die Parteien die wesentlichen Planungs- und Überwachungsziele also bereits festgelegt oder ist 54

Zahn 1021

die Zielfindungsphase nach § 650p Abs. 2 bereits durchlaufen, treffen den Besteller weiterhin Mitwirkungspflichten. Auch im weiteren Planungsverlauf muss er die erforderlichen Entscheidungen treffen. Tut er das nicht, kann der Planer nach § 643 BGB vorgehen. Bei Verzögerungen der Mitwirkung ist § 642 BGB anwendbar. Die spannende Frage ist, ob der Besteller die Mitwirkung deshalb verweigern kann, weil er triftige Gründe hat, die Planungsvorstellungen nicht zu verwirklichen. Diese Frage muss bejaht werden. Stehen die wesentlichen Planungs- und Überwachungsziele noch nicht fest, befindet sich das Vertragsverhältnis damit noch in der Zielfindungsphase nach § 650p Abs. 2, kann sich der Besteller nach § 650r Abs. 1 vom Vertrag lösen, nachdem ihm der Architekt/Ingenieur die Planungsgrundlage und die Kosteneinschätzung zur Zustimmung vorgelegt hat, ohne dass er Gründe für die Kündigung anführen muss. Ungeklärt ist aber, ob diese Regelung abschließend ist oder dem Besteller eine weitergehende Möglichkeit zur Beendigung des Vertrages nach Abschluss der Zielfindungsphase zugestanden wird. Dies ist der Fall. Der Besteller kann nicht verpflichtet werden, ein Planungsergebnis nur deshalb hinzunehmen, weil es der Architekt für angemessen hält. Es ist der Besteller, der das zu planende Bauwerk verantwortet. Er muss das Recht haben, vom Vertrag Abstand zu nehmen, wenn sich keine dieser Verantwortung gerecht werdende Lösung findet. Konstruktiv ließe sich das mit einer auflösenden Bedingung hinsichtlich der weiteren Leistungsphasen bewerkstelligen. Der für alle Leistungsphasen abgeschlossene Vertrag steht unter der – stillschweigend vereinbarten – auflösenden Bedingung, dass sich der Besteller für einen Entwurf, oder z. B. auch für die Durchführung des Bauvorhabens nicht von der Entwurfsplanung abweichenden Auflagen der Baugenehmigungsbehörde, entscheidet. Allerdings muss er einen triftigen Grund für die Ablehnung aller Entwürfe haben. Auch muss die Möglichkeit der Entwürfe ausgeschöpft sein. Hat er ferner die Zustimmung zu den Planungsgrundlagen erteilt, kann ein diesem Grundlagen entsprechender Entwurf nicht zu einem Recht führen, sich vom Vertrag zu lösen. Folgt man dieser Lösung nicht, muss daran gedacht werden, dem Besteller ein außerordentliches Kündigungsrecht einzuräumen, wenn ein Festhalten am Vertrag nicht zumutbar ist, weil die vorgelegten Entwürfe seinen Vorstellungen nicht entsprechen (so wohl auch die allerdings in diesem Punkt unklare Entscheidung des BGH, Urt. v. 23.4.2015 – VII ZR 131/13).

55 Bei der Auslegung des Planervertrages ist vor allem zu berücksichtigen, dass sich häufig bei Vertragsschluss noch keine klaren Vorstellungen zur endgültigen Bauausführung feststellen lassen. Es ist das Wesen der Planungsprozesse, dass diese in vielen Fällen zunächst nur rudimentär oder vorläufig sind und sich nach und nach in Abstimmung mit dem Planer konkretisieren (BeckOK BauvertrR/Fuchs, 15. Ed. 31.10.2021, BGB § 650p Rn. 116). Das ändert aber nichts daran, dass bereits der Vertrag grundlegende Vorgaben enthalten kann, die z. B. im Rahmen einer Bedarfsermittlung von dem Auftraggeber festgelegt und deshalb vertraglich bindend vorgegeben werden. Das kann in Form von genauen Vorgaben zu den Flächen, Nutzflächen, Geschossflächen, Raumaufteilungen oder auch in genauen Vorgaben zu funktionalen Einzelheiten geschehen, die für den Auftraggeber trotz aller Planungsfreiheit des Architekten unverzichtbar sind. Will der Architekt von diesen vertraglich fixierten Vorgaben abweichen, muss er eine Vertragsänderung herbeiführen, sonst ist die abweichende Leistung mangelhaft.

56 Soweit keine ausdrücklich fixierten Vorgaben vorhanden sind, kann sich aus den Umständen und den üblichen Beschaffenheit ein bereits bei Vertragsschluss vorhandenes Leistungssoll ergeben. Dies ist nach den anerkannten Auslegungskriterien zu ermitteln.

57 Auf der anderen Seite impliziert die Beauftragung eines Planers, dass nicht alle Einzelheiten der Bauausführung feststehen oder bestimmte Vorgaben unter der Bedingung ihrer Realisierbarkeit stehen. Es ist gerade die Aufgabe des Planers, die Konkretisierung des Planungsobjekts herbeizuführen. Soweit der Besteller ihm keine bindenden Vorgaben gemacht hat, hat er zunächst die Planungshoheit. Durch seine Planung werden Inhalte geschaffen. Inwieweit diese Inhalte der vereinbarten Beschaffenheit entsprechen, hängt von der Planungsleistung und von den im Rahmen des Planungsprozesses getroffenen Vereinbarungen ab. Planungsleistungen, die nach dem Inhalt des Vertrages dazu dienen, Vorschläge für eine mögliche Gestaltung des Objekts zu entwickeln, sind nicht deshalb mangelhaft, weil sie den Vorstellungen des Bestellers nicht entsprechen, wenn diese Vorstellungen nicht zum Vertragsinhalt geworden sind. Sie sind mangelhaft, wenn sie nicht den getroffenen Vereinbarungen entsprechen, die anerkannten Regeln der Technik nicht einhalten oder nicht die übliche Beschaffenheit haben. Sie sind auch dann mangelhaft, wenn sie den nach dem Vertrag vorausgesetzten Zweck nicht erfüllen können. Haben die Parteien die Zielfindungsphase nach § 650p Abs. 2 durchlaufen, da die wesentlichen Planungs- und Überwachungsziele anfänglich noch nicht feststanden und hat der Besteller seine Zustimmung zur Planungsgrundlage und zur Kosteneinschätzung erteilt, ist die weitere Planung hieran auszurichten (Einzelheiten → § 650r BGB Rdn. 16 ff.). Soweit

Vertragstypische Pflichten aus Architekten- und Ingenieurverträgen **§ 650p**

die Planungs- und Überwachungsziele nach den vorstehenden Ausführungen feststehen, ist der Architekt hieran gebunden und nur unter Beachtung dieses Rahmens in der Gestaltung seiner Vorschläge frei.

Der Planungsinhalt konkretisiert sich mit fortschreitender Planung. Eine wesentliche Konkretisierung erfolgt mit einer Zustimmung des Bestellers zur Planungsgrundlage am Ende der Zielfindungsphase (→ Rn. 57). Eine weitere Konkretisierung erfolgt mit einer Zustimmung zur Entwurfsplanung. Denn diese bezieht sich auf das Objekt in der Form, in der es vom Besteller auf der Grundlage der verschiedenen Vorschläge des Planers gewählt worden ist. Soweit die Entwurfsplanung noch Varianten für detaillierte Ausführungen offen hält, muss die Konkretisierung der Ausführungsplanung oder sogar erst der Ausschreibung oder in Einzelfällen sogar erst der Festlegung während der Bauausführung vorbehalten werden. 58

b) Abänderung der Beschaffenheitsvereinbarung

Wurden die Planungs- und Überwachungsziele entsprechend der vorstehenden Ausführungen durch anfängliche Vereinbarung der Parteien, durch eine Zustimmung zu den Planungsgrundlagen im Fall des Durchlaufens der Zielfindungsphase nach § 650p Abs. 2 oder durch eine Zustimmung im weiteren Planungsprozess konkretisiert, ist weiteren Änderungswünschen des Bestellers nur durch eine Vereinbarung der Parteien oder durch einseitige Anordnung des Bestellers nach § 650b Rechnung zu tragen. Soweit der Vertragsinhalt im Zuge des Planungsprozesses nach und nach vereinbart worden ist, besteht eine grundsätzliche Bindung. Im Fall der Zustimmung zur am Ende der Zielfindungsphase übergebenen Planungsgrundlage ergibt sich dies aus dem Wesen der Zustimmung (→ § 650r BGB Rdn. 16f.) Aber auch die Abstimmungsergebnisse der Vertragsparteien im weiteren Planungsablauf begründen eine vertragliche Beschaffenheitsvereinbarung (vgl. BGH, Urt. v. 22.1.1998 – VII ZR 259/96). Das gilt insbesondere für Ausführungsdetails. Eine funktionstaugliche Leistung des Planers, die diesen Vereinbarungen entspricht, ist grundsätzlich nicht mangelhaft. Die Parteien sind allerdings nicht gehindert, ihre ursprünglich getroffenen Festlegungen auf die Planungsinhalte wieder aufzuheben und zu ändern. Das kann so weit gehen, dass von ursprünglichen Vorstellungen ganz Abstand genommen wird und sich der Auftrag grundlegend ändert oder erweitert (vgl. OLG Düsseldorf, Urt. v. 15.7.2010 – 5 U 25/09). Solche Vereinbarungen sind dann Vertragsänderungen, weil sie den einmal bindend fixierten Inhalt ändern. Sie können honorarrechtliche Folgen einer Mehrvergütung oder geänderten Vergütung haben (Fuchs in F/B/S § 650p Rd.103). Die Beweislast für eine solche Vertragsänderung trägt derjenige, der sich darauf beruft, also im Haftungsprozess gegen den Architekten oder Ingenieur der Besteller (BGH, Urt. v. 11.10.1994 – X ZR 30/93), im Vergütungsprozess der Architekt/Ingenieur. Kommt es nicht zu einer Vereinbarung über die Änderung, sieht § 650b, der über § 650q Abs. 1 anwendbar ist, die Möglichkeit für den Besteller vor, einseitig Änderungsanordnungen zu erteilen. 59

Ist eine endgültige vertragliche Vereinbarung über die Beschaffenheit des Planungsobjekts erzielt worden, darf der Architekt grundsätzlich nicht mehr davon abweichen, wenn der Besteller nicht zugestimmt hat (zu Ausnahmen vgl. unten → Rn. 63ff.). Insoweit ergeben sich für den Architekten Haftungsfallen, weil abweichende Vereinbarungen häufig getroffen werden, ohne dass sie schriftlich fixiert werden. Eine vom Vertragsschluss abweichende Vereinbarung muss der Architekt beweisen, wenn er sich darauf beruft (BGH, Urt. v. 10.2.2011 – VII ZR 8/10). Er ist also gut beraten, wenn er für eine schriftliche Fixierung sorgt, weil er ansonsten in Beweisnot geraten kann (vgl. beispielhaft BGH, Urt. v. 7.3.2002 – VII ZR 1/00). Nach OLG München, Urt. v. 15.1.2013 – 9 U 3704/11, ist die Unterzeichnung einer geänderten Tekturplanung die schriftliche Bestätigung der Planungsänderung. Der Auftraggeber trägt nach Unterzeichnung die Darlegungs- und Beweislast für seine Behauptung, er sei über den geänderten Inhalt der Planung nicht richtig aufgeklärt worden. 60

aa) Anordnungsrecht des Bestellers

Es ist dem Architektenvertrag immanent, dass der Inhalt desselben, gerade auch im Hinblick auf Planungsziele, nicht in jedem Fall bei Abschluss des Vertrages feststeht. Vielmehr entwickelt sich auf der Grundlage der vom Architekten/Ingenieur erbrachten Leistungen nach und nach in Teilen auch erst die Vorstellung des Bestellers vom Bauobjekt. Aufgrund dieser Besonderheiten war in der Vergangenheit umstritten (Motzke NZBau 2010, 137; ders. BauR 2014, 1839, 1851; Messerschmidt FS Motzke2006, 269; ders. NZBau 2014, 3, 6; Koeble in Locher/Koeble/Frik HOAI 13. Aufl. § 10 Rn. 21f m. w. N.; Werner/Pastor 15. Aufl. Rn. 1012; Fuchs in Fuchs/Berger/Seifert HOAI Syst A V Rn. 38 und 40 sowie VII Rn. 19; Werner in Werner/Pastor 61

§ 650p Vertragstypische Pflichten aus Architekten- und Ingenieurverträgen

Rn. 1012; Saerbeck FS Koeble 2010, 471, 479; Locher FS Haible 2012, 129; Meurer BauR 2004, 904, 908; Fischer FS Koeble 2010, 327, 332; Motzke FS Koeble, S. 417; Preussner FS Koeble, S. 465; Saerbeck FS Koeble, S. 471; Messerschmidt NZBau 2014, 3, 6), inwieweit der Besteller in die Leistungserbringung durch den Architekten/Ingenieur eingreifen und diesem Anordnungen erteilen kann, wobei wohl weitgehend Einigkeit über den Bestand, aber Uneinigkeit über die Reichweite zu bestehen scheint. Nach Auffassung des BGH (Urt. v. 8.1.1998 -VII ZR 141/97) sind Vorgaben des Bauherrn – konkret zur Optimierung der Nutzbarkeit auch dann verbindlich, wenn sie erst im Laufe des Planungsprozesses erfolgen. In die gleiche Richtung geht eine weitere Entscheidung des BGH (Urt. v. 21.3.2013 – VII ZR 230/11):

> Es ist das Wesen des Architektenvertrages, dass nicht alle Planungsvorgaben bereits bei Abschluss des Vertrages feststehen, sondern erst im Lauf des Planungsprozesses entwickelt und zum Vertragsinhalt werden.

Diese Auffassung wurde anschließend ein weiteres Mal bestätigt (BGH, Urt. v. 23.4.2015 – VII ZR 131/13).

62 Durch § 650b Abs. 2, der nach § 650q Abs. 1 auf Architekten-/Ingenieurverträge anzuwenden ist, wurde klargestellt, dass dem Besteller unter den dort normierten Voraussetzungen ein Anordnungsrecht zusteht. Der Architekt/Ingenieur muss eine Anordnung des Bestellers nach dieser Vorschrift befolgen. Tut er dies nicht, verhält er sich pflichtwidrig.

bb) Abänderungsrecht des Architekten

63 Wird der Bauantrag nicht genehmigt oder erweist sich sonst die Planung als nicht durchführbar, stellt sich die Frage, inwieweit der Architekt vertraglich berechtigt ist, seinerseits die Planung einseitig so abzuändern, dass eine genehmigungsfähige Planung erreicht wird. Das hängt von der getroffenen Vereinbarung über die Beschaffenheit des Bauwerks ab. Ist diese bindend festgelegt, ist der Architekt grundsätzlich nicht berechtigt, davon abweichend zu planen.

> **Beispiel:** Der Architekt soll ein Gebäude mit 900 qm Nutzfläche planen. Das wird nicht genehmigt. Der Architekt ist nicht berechtigt, nunmehr ein Gebäude mit lediglich 400 qm Nutzfläche zu planen (BGH, Urt. v. 26.9.2002 – VII ZR 290/01).

> **Beispiel:** Die vereinbarten französischen Balkone für ein Mehrfamilienhaus lassen sich planungsrechtlich nicht verwirklichen. Der Architekt plant um mit Dachgauben. Diese Planung ist mangelhaft, weil ihm ein solches Umplanungsrecht nicht zusteht (BGH, Urt. v. 21.12.2000 – VII ZR 17/99).

64 Der Mangel der Planungsleistung ist dann nicht zu beseitigen. In diesen Fällen war der Planungsauftrag von vornherein nicht zu erfüllen → § 633 BGB Rdn. 56 ff. Die Mängelhaftung ergibt sich dann aus § 634 Nr. 4, § 311a BGB. Der Architekt haftet auf Schadensersatz statt der Leistung, es sei denn er hat die Unmöglichkeit der Planungsleistung (hier: fehlende Genehmigungsfähigkeit) bei Vertragsschluss nicht gekannt und seine Unkenntnis auch nicht zu vertreten. Da der Architekt die fehlende Genehmigungsfähigkeit in aller Regel bei Vertragsschluss nicht kennt, kommt es in diesen Fällen darauf an, welche Sorgfaltspflichten ihn vor und beim Vertragsschluss treffen, die Genehmigungsfähigkeit abzuschätzen. Fahrlässige Unkenntnis dürfte vorliegen, wenn dem Architekten Zweifel kommen mussten, ob das Bauvorhaben durchführbar sein werde. Er muss dann vor Vertragsschluss bereits Erkundigungen anstellen oder mit dem Besteller einen Risikoausschluss vereinbaren. Den Planer trifft die Beweislast dafür, dass ihm kein Verstoß gegen die Sorgfaltspflicht zur Last fällt (Grüneberg/Grüneberg, 81. Aufl. § 311a Rn. 10). Die Haftung auf Schadensersatz statt der Leistung bedeutet jedenfalls Freistellung von dem Honoraranspruch (BGH, Urt. v. 24.11.1988 – VII ZR 222/87 – Kellerbüro; BGH, Urt. v. 21.12.2000 – VII ZR 17/99 – Balkone). Auch die sonstigen frustrierten Aufwendungen werden erstattet. Zudem muss der Planer etwaige Folgeschäden ersetzen (BGH, Urt. v. 8.5.2014 – VII ZR 203/11 – ESG-H-Glas; hierzu Kniffka BauR 2017, 159 ff.).

65 Etwas anderes gilt allerdings dann, wenn es andere, dem Besteller zumutbare Lösungen gibt, seinen Planungswunsch (im Kern) zu verwirklichen. Der Bundesgerichtshof hält den Unternehmer im Rahmen der Mängelhaftung für verpflichtet, für den Fall, dass vereinbarte Ausführungsweisen nicht geeignet sind, die vereinbarte Funktionalität herbeizuführen, diejenige Ausführungsweise zu erbringen, die die Funktionalität erreicht → § 633 BGB Rdn. 68 ff. (BGH, Urt. v. 17.5.1984 – VII ZR 169/82 – Wärmedämmung; Urt. v. 16.7.1998 – VII ZR 350/96 – Schall- und Brandschutz; Beschl. v. 25.1.2007 - VII ZR 41/06 – Rollladen; Urt. v. 8.11.2007 – VII ZR 183/05 – Blockheizkraftwerk; jeweils auch zu eventuellen Sowiesokosten). Ist die vereinbarte Funktionalität nicht erreichbar, so ist diejenige Leistung geschuldet, die der vereinbarten Funktionalität nahe kommt (BGH, Urt. v. 20.4.1989 - VII ZR 80/88 - Fußbodenheizung; Urt. v. 23.6.2005 - VII ZR 200/04 - Kreuzstockfenster; Urt. v. 21.11.2013 - VII ZR 275/12 - Gefälle). Wenn aber die geeignete Maßnahme die Grundsubstanz oder die Konzeption des Werkes wesentlich verändert (BGH, Urt. v. 24.11.1988 – VII ZR 222/87 - Kellerbüro), ist eine Erfüllung unmöglich. Diese Rechtsprechung aktiviert im Kern den Gedanken der ergänzenden Vertragsauslegung (vgl. (BGH, Urt. v. 21.12.2000 – VII ZR 17/99) und versucht damit den Vertrag, der eine (an sich) unmögliche Leistung zum Gegenstand hat, aufrechtzuerhalten. Sie gilt nicht nur für die Haftung des Bauunternehmers, sondern auch und erst Recht für die Haftung des Planers wegen einer fehlerhaften Planung. Der Bundesgerichtshof hat zwar ausgeführt, der Besteller sei nicht verpflichtet „seine" Planung von einem Bauwerk zu ändern, soweit ein Änderungsrecht vertraglich nicht vereinbart sei (BGH, Urt. v. 19.2.1998 – VII ZR 236/96; Urt. v. 26.9.2002 – VII ZR 290/01). Er hat aber darauf hingewiesen, dass im Wege der ergänzenden Vertragsauslegung zu ermitteln sei, was die Parteien für den Fall, dass sie die Unmöglichkeit der vereinbarten Planung erkannt hätten, vereinbart hätten. Das ist genau der Ansatz, der auch im Bauunternehmerrecht verfolgt wird. Soweit es dem Besteller zumutbar ist, muss er eine Planungsänderung akzeptieren, die seinem Gestaltungswunsch in zumutbarer Weise Rechnung trägt. Er muss es akzeptieren, wenn der Planer ihn nach einer bindenden Einigung auf eine bestimmte Gestaltung auf die technische oder rechtliche Unmöglichkeit einer solchen Gestaltung hinweist und einen Änderungsvorschlag unterbreitet, den er redlicherweise, wenn er vor der bindenden Festlegung einen Hinweis auf die Bedenken unterbreitet worden wäre, angenommen hätte. Das wird jedenfalls dann häufig anzunehmen sein, wenn Auflagen der Baubehörde nur zu einer geringen Änderung des Bauwerks führen (OLG Hamm, Urt. v. 1.12.2005 – 24 U 89/05). Dann muss der Besteller dem Unternehmer die Gelegenheit geben, die Planung zu ändern und die Baugenehmigung herbeizuführen. Geschieht das nicht, kann er keinen Mangel der Planung reklamieren. Aber auch bei gravierenden Änderungen muss diese Prüfung stattfinden, wenn feststeht, dass der Bauherr das Grundstück in jedem Fall bebauen wollte, wie z.B. dann, wenn es allein um eine optimale Nutzung des Grundstücks in wirtschaftlicher Hinsicht geht. Selbstverständlich spielt bei der ergänzenden Vertragsauslegung der vorgegebene oder von den Parteien vorausgesetzte Kostenrahmen eine wichtige Rolle. Auch kann es darauf ankommen, inwieweit die geänderte Planung zu zumutbaren Beeinträchtigungen des Bestellers führt. Zumutbar kann z. B. die Eintragung einer Baulast sein, wenn der Nachbar sie bewilligt. Ohnehin kann die Unmöglichkeit einer Planung nicht deshalb verneint werden, weil der Bauherr nicht die für die Verwirklichung der Planung notwendigen Anstrengungen unternimmt. Das gehört zu seinen Mitwirkungspflichten (missverständlich deshalb BGH, Urt. v. 21.12.2000 – VII ZR 17/99, wonach die Unmöglichkeit schon deshalb angenommen wird, weil der Besteller einer Vereinigungsbaulast nicht zugestimmt hat). Erst Recht hat der Planer ein Änderungsrecht, wenn es noch keine verbindliche Festlegung auf eine konkrete Bauausführung gibt. Zwar bindet die Ausübung eines Leistungsbestimmungsrechts (Grüneberg/Grüneberg, 81. Aufl., §315 Rn. 11), jedoch kann das von vorherein nicht gelten, wenn die gewählte Leistung unmöglich ist. Der Architekt kann in diesen Fällen z.B. die Planung im Rahmen der getroffenen Vereinbarungen entsprechend den Auflagen der Baubehörde anpassen. Nach der Rechtsprechung des Bundesgerichtshofes führt die Vereinbarung einer unmöglichen Leistung bei Kenntnis oder fahrlässiger Unkenntnis des Unternehmers von der Unmöglichkeit zu Schadensersatzansprüchen nach §280 i. V. m. §311a BGB (vgl. ESG-H-Urteil v. 8.5.2014 – VII ZR 203/11; hierzu Kniffka, BauR 2017, 159 ff.; ebenso auch OLG Frankfurt Urt. v. 21.01.2016 – 11 U 71/14 zur Vereinbarung einer Kostenobergrenze).

4. Rechtsgeschäftliche Risikoübernahme durch den Besteller

Eine Risikoübernahme durch den Besteller mit der Folge, dass ein Mangel der Werkleistung nicht vorliegt, kann im Bauvertrag nur angenommen werden, wenn der Unternehmer ihn vor Abschluss des Vertrages oder jedenfalls vor Ausführung der Leistung über das vorhandene Risiko aufgeklärt und der Bauherr sich rechtsgeschäftlich mit der Risikoübernahme einverstanden erklärt hat. Diese Grundsätze gelten auch für den Architektenvertrag. Die vertraglich geschuldete Leistung des Architekten ist in der Regel nicht erbracht, wenn die angestrebte Baugenehmigung durch die Behörde zunächst erteilt, jedoch später wegen erfolgreichen Drittwiderspruchs aufgehoben wird (vgl. BGH, Urt. v. 10.2.2011 – VII ZR 8/10; Urt. v. 25.2.1999 – VII ZR 190/97). Etwas anderes gilt dann, wenn der Besteller das Risiko der Genehmigungsfähigkeit der Planung aufgrund vertraglicher Vereinbarung übernimmt. Die Parteien eines Architektenvertrages können im Rahmen der Privatautonomie vereinbaren,

§ 650p Vertragstypische Pflichten aus Architekten- und Ingenieurverträgen

dass und in welchem Umfang der Besteller rechtsgeschäftlich das Risiko übernimmt, dass die vom Architekten zu erstellende Planung nicht genehmigungsfähig ist (Einzelheiten zur rechtsgeschäftlichen Risikoübernahme im Hinblick auf die Genehmigungsfähigkeit → Rn. 99ff. und zur Verpflichtung zur Erstellung einer genehmigungsfähigen Planung → Rn. 134ff.; BGH, Urt. v. 20.12.2012 – VII ZR 209/11; BGH, Urt. v. 10.2.2011 – VII ZR 8/10; Urt. v. 26.9.2002 – VII ZR 290/01; Urt. v. 25.3.1999 – VII ZR 397/97; Urt. v. 25.2.1999 – VII ZR 190/97; OLG Nürnberg, Urt. v. 16.06.2021 – 2 U 2751/19; KG, Urt. v. 10.7.2018 – 21 U 152/17). Da ein Architektenvertrag einem dynamischen Anpassungsprozess unterliegt, kann eine derartige vertragliche Risikoübernahme durch den Besteller auch nach Vertragsschluss im Rahmen der Abstimmung über das geplante Bauvorhaben erfolgen (BGH, Urt. v. 20.12.2012 – VII ZR 209/11). Voraussetzung für die vertragliche Risikoübernahme durch den Besteller ist, dass dieser Bedeutung und Tragweite des Risikos erkannt hat, dass die Genehmigung nicht erteilt oder widerrufen wird. Das kann – sofern es nicht bereits offenkundig ist – in der Regel nur angenommen werden, wenn der Architekt den Besteller umfassend über das bestehende rechtliche und wirtschaftliche Risiko aufgeklärt (OLG Düsseldorf, Urt. v. 16.6.2017 – I -22 U 14/17: zur Abweichung von den allgemein anerkannten Regeln der Technik) und belehrt hat und der Besteller sich sodann auf einen derartigen Risikoausschluss rechtsgeschäftlich einlässt (vgl. BGH, Urt. v. 10.02.2011 – VII ZR 8/10; Urt. v. 9.5.1996 – VII ZR 181/93; OLG Celle Urt. v. 15.2.2017 – 7 U 72/16 – strenge Voraussetzungen; OLG Karlsruhe Urt. v. 17.2.2015 – 19 U 32/13, BGH Beschl.v. 2.12.2015 – VII ZR 50/15 Nichtzulassungsbeschwerde zurückgewiesen; OLG Karlsruhe Urt. v. 10.12.2018 – 19 U 83/16). Allein der Umstand, dass dieses Risiko dem Besteller bekannt ist, reicht nicht für die Annahme eines derartigen rechtsgeschäftlichen Risikoausschlusses (BGH, Urt. v. 26.9.2002 – VII ZR 290/01). Insbesondere liegt keine rechtsgeschäftliche Risikoübernahme dann vor, wenn der Architekt eine bestimmte Konstruktion auswählt und dem Besteller zur Zustimmung vorliegt, die dieser auch erteilt (OLG Celle, Urt. v. 15.2.2017 – 7 U 72/16). Ein Planer, der ein von den anerkannten Regeln der Technik abweichendes System zur Ausführung vorschlägt, darf sich nicht darauf beschränken, dem Auftraggeber die Unterschiede zwischen der herkömmlichen Herstellung und der davon abweichenden Ausführungsart zu erläutern. Er muss vielmehr umfassend darüber aufklären, welche Risiken und Folgen eine nicht den anerkannten Regeln der Technik entsprechende Planung mit sich bringen kann (vgl. OLG München, Urteil vom 14.4.2010 – 27 U 31/09).

5. Bedenkenhinweis durch den Architekt

67 Liegt ein Mangel der Architektenleistung vor, da eine rechtsgeschäftliche Risikoübernahme durch den Besteller nicht erfolgte, kann gleichwohl eine Haftung des Architekten zu verneinen sein, wenn die oben → § 634 BGB Rdn. 34ff. dargestellten Grundsätze der Rechtsprechung des Bundesgerichtshofs zur Haftungsbefreiung aufgrund einer entsprechenden Bedenkenanmeldung greifen (vgl. BGH, Urt. v. 8.11.2007 – VII ZR 183/05; für den Tragwerksplaner: OLG Köln, Urt. v. 14.5.2013 – 15 U 214/11; zu Hinweispflichten des Tragwerksplaners: OLG Saarbrücken, Urt. v. 13.10.2016 – 4 U 136/14; OLG Düsseldorf, Urt. v. 19.11.2013 – 23 U 32/13; OLG Hamm, Urt. v. 1.9.2014 – 17 U 30/12 zu Hinweispflichten des Tragwerksplaners; OLG München, Urt. v. 14.5.2013 – 9 U 3038/12 zu Hinweispflichten des Tragwerksplaners bei erkennbaren Fehlern der Objektplanung). Trotz Mangelhaftigkeit der Architektenleistung tritt eine Haftungsbefreiung des Architekten nämlich ein, wenn ihm eine bindende Vorgabe des Bestellers für die Planung gemacht worden ist, er seiner Bedenkenhinweispflicht ordnungsgemäß nachgekommen ist und aus dem Verhalten des Bestellers der Schluss gezogen werden durfte, dieser wolle die Fortführung der aus Sicht des Architekten bedenklichen Leistung.

68 Eine Haftungsbefreiung des Architekten kann im Falle einer bindenden Planungsvorgabe auch dann eintreten, wenn zwar er seine Bedenkenhinweispflichten zwar verletzt hat, jedoch gleichzeitig feststeht, dass der Besteller trotz der an sich notwendigen Hinweise auf Durchführung der bedenklichen Leistung bestanden hätte (vgl. BGH, Urt. v. 10.2.2011 – VII ZR 8/10; Urt. v. 10.7.1975 – VII ZR 243/73). Ein solcher Fall kann etwa dann angenommen werden, wenn der Besteller nicht aufklärungsbedürftig war, weil er sich der Problematik bewusst war und auch die Tragweite derselben voll erkannt hat bzw. erkennen musste (vgl. BGH, Urt. v. 10.2.2011 – VII ZR 8/10 und Jurgeleit in Kniffka/Koeble/Jurgeleit/Sacher, 5. Teil, Rn. 66; OLG Celle Urt. v. 10.6.2015 – 14 U 180/14). Beweisbelastet für die ordnungsgemäße Erfüllung der Bedenkenhinweispflicht bzw. für die Entbehrlichkeit einer Aufklärung des Bestellers ist – schon nach allgemeinen Grundsätzen – der Architekt (vgl. BGH, Urt. v. 10.2.2011 – VII ZR 8/10; Urt. v. 8.11.2007 – VII ZR 183/05; Urt. v. 4.6.1973 – VII ZR 112/71).

Vertragstypische Pflichten aus Architekten- und Ingenieurverträgen   **§ 650p**

Eine Haftungsbefreiung des Tragwerkplaners erfolgt nicht zwangsläufig dadurch, dass 69
ihm der Prüfstatiker bestimmte Vorgaben macht, die sich später als falsch herausstellen. Dies
gilt jedenfalls dann nicht, wenn der Tragwerksplaner die von ihm geschuldete Planung nicht
vollständig bzw. nicht in der erforderlichen Tiefe erbringt und der Prüfstatiker sodann planerische Vorgaben zur Kompensation dieser Unzulänglichkeiten der Planung macht, die der
Tragwerksplaner sodann umsetzt. In diesem Falle kann sich der Tragwerksplaner gegen die
unzutreffenden Vorgaben des Prüfstatikers nicht auf einen eigenen, abweichenden Vorschlag
berufen, deren Ablehnung sodann eine (ausschließliche) Haftung des Prüfstatikers begründen
könnte (vgl. BGH, Urt. v. 9.2.2012 – VII ZR 31/11).

6. Abweichung von der geschuldeten Beschaffenheit (Mangelhaftigkeit aufgrund Nichterreichung der Planungs- und Überwachungsziele)

Auf den Architekten- und Ingenieurvertrag ist grundsätzlich Werkvertragsrecht anzuwenden 70
(→ Rn. 1). Es gelten die gesetzlichen Regelungen zur Sach- und Rechtsmängelhaftung, § 633 ff.
BGB. Danach kommt es in erster Linie darauf an, ob das Architekten- oder Ingenieurwerk
die vereinbarte Beschaffenheit hat. Diese Vereinbarungen betreffen sowohl die Beschaffenheit
des Planungsobjekts im Hinblick auf die Planungs- und Überwachungsziel (Was soll geplant
werden, was soll entstehen?) als auch die Beschaffenheit der Planungsleistung (Wie soll geplant werden?) (vgl. zum mehrgliedrigen Leistungsbegriff auch Fuchs, BauR 2016, 345, 347
und zuvor Messerschmidt, FS Motzke, 2006, 269 ff.). Im vorliegenden Zusammenhang geht
es um Mängel der Werkleistung aufgrund der Nichterreichung der Planungs- und Überwachungsziele (zur Mangelhaftigkeit der Werkleistung aufgrund der nicht vollständigen/nicht
ordnungsgemäßen Erbringung von Leistungen → Rn. 190). Wenn eine Vereinbarung nicht
festgestellt werden kann, müssen die Planinhalte die bei vergleichbaren Werkleistungen übliche
Beschaffenheit aufweisen. Zur vereinbarten Beschaffenheit gehört, dass das Werk zweck- und
funktionsgerecht ist (→ § 633 BGB Rdn. 45 ff.).

V. Geschuldete Leistungen/Vertragspflichten

Ganz erhebliche Schwierigkeiten kann die Auslegung des Architekten- und Ingenieurver- 71
trages bereiten, wenn es darum geht, welche Leistungen beauftragt worden sind. Es geht hier
um die Frage, wie die Planer ihren Planungsauftrag zu bewältigen haben, welche Leistungen
sie also im Einzelnen zu erbringen haben, um einen „Planungsauftrag" zu erfüllen. Die Praxis
weist insoweit eine Vielzahl von Vertragsgestaltungen auf. Grundsätzlich orientiert sich die
Praxis an den Leistungsbezeichnungen der Honorarordnung für Architekten und Ingenieure
(HOAI). Diese muss als Preisrecht die Leistungen benennen, für die Preise gebildet werden,
und hat deshalb folgerichtig einen Katalog der im Allgemeinen zur Erfüllung „eines Auftrags"
erforderlichen Leistungen aufgestellt. Dieser Leistungskatalog enthält Grundleistungen, die
in Leistungsbildern erfasst sind, die sich ihrerseits wieder in Leistungsphasen aufgliedern, § 3
Abs. 2 HOAI. Die vertraglichen Regelungen verwenden in aller Regel die Termini für die
Grundleistungen oder Leistungsphasen der HOAI. Es gibt aber auch davon abweichende Formulierungen der zu erbringenden Leistungen. Darüber hinaus gibt es Verträge, die keine im
Einzelnen zu erbringenden Leistungen beinhalten, sondern nur allgemeine Planungsaufträge,
ohne insoweit näher ins Detail zu gehen.

Zur Ermittlung der geschuldeten Leistungen ist vorrangig auf die vertragliche Vereinbarung 72
zum Leistungsumfang und ergänzend auf die Regelung in § 650p Abs. 1, wonach nicht nur
der Werkerfolg herbeizuführen ist, sondern auch die zur Erreichung der Planungs- und Überwachungsziele erforderlichen Leistungen erbracht werden müssen, abzustellen.

Bei allen Verträgen kann sich die Frage stellen, ob der Planer seinen Planungsauftrag ord- 73
nungsgemäß erfüllt hat, wenn er einzelne Leistungen, wie sie in den Grundleistungen der
HOAI manifestiert sind und/oder die zur Erreichung der Planungs- und Überwachungsziele
erforderlich sind, nicht erbracht hat.

1. Vertraglich vereinbarte Leistungen – Grundsätze zur Vertragsauslegung

Entscheidende Bedeutung kommt nach den vorstehenden Ausführungen dem Umfang und 74
dem Inhalt der vertraglich geschuldeten Leistungen zu und damit der Frage, welche Leistungen
vertraglich vereinbart worden sind. Dies kann sich entweder ausdrücklich aus dem vereinbarten
Leistungskatalog oder durch Vertragsauslegung unter Berücksichtigung aller Umstände des je-

§ 650p Vertragstypische Pflichten aus Architekten- und Ingenieurverträgen

weiligen Einzelfalls ergeben. Das bedeutet, dass es grundsätzlich keine Vermutung für einen aus dem Preisrecht abgeleiteten Auftragsumfang gibt. Es ist anerkannt, dass es keine Vermutung dafür gibt, dass der Auftraggeber einem Architekten alle Leistungsphasen übertragen hat (BGH, Urt. v. 4.10.1979 – VII ZR 319/78; Koeble in Locher/Koeble/Frik, 15. Aufl. Einl. Rn. 112).

75 Weniger Beachtung findet, dass dieser Grundsatz auch auf die sonstigen Leistungen anzuwenden ist, also auf die Grundleistungen und auch Teile von Grundleistungen. Es muss also im konkreten Einzelfall geprüft werden, welche Grundleistungen die Parteien vereinbart haben. Dies gilt erst recht aufgrund der Regelung des § 650p, da nach Abs. 1 dieser Vorschrift, mangels anderweitiger Vereinbarung, nur die für die Erreichung der Planungs- und Überwachungsziele erforderlichen Leistungen zu erbringen sind.

a) Verträge mit Bezugnahme auf Leistungsbilder, Leistungsphasen oder Grundleistungen der HOAI

76 Sehr verbreitet ist bei der Objektplanung eine Vertragsgestaltung, nach der dem Architekten bestimmte Leistungsphasen übertragen werden, häufig die Leistungsphasen 1 bis 4 oder 1 bis 5, 5 bis 8 oder 1 bis 8 gemäß HOAI.

aa) HOAI als Auslegungshilfe

77 Diese vertragliche Regelung ist nach der Rechtsprechung des Bundesgerichtshofs (BGH, Urt. v. 26.7.2007 – VII ZR 42/05) eine Auslegungshilfe bei der Bestimmung der vertraglich geschuldeten Leistung dahin, dass – wenn keine Umstände sonst entgegenstehen – die Parteien die im Vertrag erwähnten Leistungsphasen als geschuldete Leistung vereinbart haben. Die Leistungsphasen sind ihrer Natur nach die Zusammenfassung von Grundleistungen. Es ist deshalb – vorbehaltlich abweichender Umstände – davon auszugehen, dass mit einer Vereinbarung, nach der der Architekt die Leistungen einer Leistungsphase schuldet, er auch verpflichtet ist, diejenigen Grundleistungen zu erbringen, die in dieser Leistungsphase zusammengefasst sind. Die Vereinbarung erfasst dagegen nicht etwa notwendige Besondere Leistungen (BGH, a. a. O.). Der Parteivereinbarung, deren Inhalt durch Auslegung zu ermitteln ist, kommt Vorrang vor § 650p Abs. 1 zu, wonach (nur) die zur Erreichung vereinbarten Planungs- und Überwachungsziele erforderlichen Leistungen geschuldet sind. Erst Recht sind natürlich die in der HOAI erwähnten Grundleistungen vereinbart, wenn der Vertrag ausdrücklich auf sie Bezug nimmt. Verfehlt ist es, bei Vereinbarungen dieser Grundleistungen auf irgendeinen werkvertraglichen Erfolg abzustellen, der auch geschuldet wird. Dass vereinbarte Leistungen einem Erfolg dienen, ändert nichts daran, dass sie vereinbart werden können und gegebenenfalls vereinbart sind. Der Bundesgerichtshof hat mit seiner Formulierung, die Bezugnahme auf die in der HOAI geregelten Leistungsphasen seien als Auslegungshilfe zu verstehen, eine gewisse Vorsicht walten lassen. Das ist nicht ohne Grund geschehen, denn aus den Umständen kann sich auch ergeben, dass nicht alle Grundleistungen in Auftrag gegeben worden sind, auch wenn auf die Leistungsphasen Bezug genommen wird. Das kann z. B. dann sein, wenn in Vorgesprächen zum Ausdruck gekommen ist, dass bestimmte Grundleistungen nicht erbracht werden sollen und das trotz abweichenden Wortlauts einer Vertragsurkunde auch übereinstimmender Vertragswille ist (vgl. näher Kniffka, BauR 2015, 883 ff.).

bb) Bedingte Beauftragung

78 Die vorsichtige Formulierung des Bundesgerichtshofs, wonach die Bezugnahme auf die Leistungsphasen (und Grundleistungen) der HOAI lediglich eine Auslegungshilfe ist, erweist sich auch noch für eine andere Konstellation als wertvoll. Denn das Interesse der Parteien geht häufig gar nicht dahin, alle Grundleistungen der HOAI zu beauftragen. Die Bezugnahme auf die Leistungsphasen und damit den Grundleistungskatalog der HOAI kann unbedacht sein und den wahren Willen nicht korrekt wiedergeben. Der Wille der Parteien geht grundsätzlich dahin, die für die Erfüllung des Vertrages notwendigen Grundleistungen in Auftrag zu geben. Der Grundleistungskatalog der HOAI bildet aus preisrechtlichen Gründen die zur ordnungsgemäßen Erfüllung eines Auftrags „im Allgemeinen" erforderlichen Leistungen ab, § 3 Abs. 2 HOAI. Es kann sich nun im Einzelfall ergeben, dass ein Teil dieser Leistung für den konkreten Auftrag nicht erforderlich ist oder es im Zeitpunkt der Auftragserteilung noch nicht feststeht, ob er erforderlich wird. Geben die zum Vertragsschluss führenden Umstände Anhaltspunkte dafür, dass der Auftrag nicht für die „im Allgemeinen" erforderlichen Grundleistungen, sondern für die nach den Umständen des Einzelfalles erforderlichen Grundleistungen erteilt worden ist, so steht die umfassende Erteilung des Auftrags für alle Grundleistungen des Leistungskatalogs,

die trotz der Vorgabe in § 650p Abs. 1 aufgrund des Vorrangs der Parteivereinbarung wirksam ist, unter der auflösenden Bedingung, dass sich Leistungen als nicht erforderlich erweisen (Kniffka BauR 2015, 883, 893). Eine andere Möglichkeit ist die Einräumung eines umfassenden Leistungsbestimmungsrecht, mit dem der Besteller den Vertrag auch im Hinblick auf Leistungen anpassen kann, die sich nachträglich als nicht erforderlich herausstellen → Rn. 198). Unter welchen Umständen, die Auslegung eines Vertrages, der die Beauftragung ganzer Leistungsphasen vorsieht, in diese Richtung möglich ist, ist von der Rechtsprechung noch nicht geklärt. Es geht – wie erwähnt – um die Anwendung des Grundsatzes der interessengerechten Auslegung. Je weniger fachkundig ein Auftraggeber ist, umso mehr wird eine bedingte Beauftragung oder die Einräumung eines umfassenden Leistungsbestimmungsrechtes angenommen werden können, denn der fachunkundige Auftraggeber, insbesondere der private Bauherr, hat in der Regel zunächst gar keine Vorstellungen davon, welche Grundleistungen in der HOAI abgebildet sind und welche er damit endgültig beauftragt. Der Auftraggeber hat an einer solchen Auslegung deshalb ein besonderes Interesse, weil er dann über § 8 Abs. 2 HOAI unter Umständen eine Honorarkürzung fordern kann. Der Auftragnehmer hat ein entsprechendes Interesse, weil er dann nicht der Haftung aus Leistungsstörungsrecht ausgeliefert ist, wenn er nicht erforderliche Grundleistungen nicht erbracht hat. Zur vertraglichen Vereinbarung von nicht erforderlichen Leistungen in AGB des Architekten/Ingenieurs vgl. unten (→ Rn. 93f).

b) Verträge mit von der HOAI abweichenden Formulierungen und Beauftragungen von Leistungen

Im Hinblick auf die Rechtsprechung des Bundesgerichtshofs zur Minderung des Honorars wegen vereinbarter, aber nicht erbrachter Grundleistungen werden Vertragsgestaltungen vorgeschlagen, mit denen vermieden werden soll, dass die Gerichte die Grundleistungen der HOAI als vereinbart werten. Hierbei werden die vom Architekten zu erbringenden Leistungen mit einem von der HOAI abweichenden Text beschrieben. Zudem sollen sie nur insoweit in Auftrag gegeben werden, als sie erforderlich sind. Gleiches gilt, wenn keine konkrete Regelung zu den Leistungen getroffen wird und auch eine Auslegung nach den vorstehenden Ausführungen nicht weiterhilft. Dann sind die erforderlichen Leistungen nach § 650p Abs. 1 geschuldet. Allerdings ist es vom Grundsatz her auch bei diesen Verträgen so, dass dem Besteller Mängelrechte oder Rechte aus dem Allgemeinen Teil des Schuldrechts zustehen, wenn Leistungen, die vertraglich vereinbart sind, nicht erbracht werden. Ferner gilt auch insoweit, dass die Nichtbeauftragung von in der HOAI genannten Grundleistungen zur Anwendung des § 8 Abs. 2 HOAI führt (vgl. i. e. Kniffka, BauR 2015, 883 ff.). Sollen nur die erforderlichen Leistungen erbracht werden, dürfen sich auch nur diese in der Honorarabrechnung angesetzt werden. Dies gilt jedenfalls bei einer Honorarermittlung auf Basis der Mindestsätze (verkannt von OLG Hamburg, Urt. v. 19.12.2013 – 6 U 34/11 zu § 5 Abs. 2 HOAI 1996, der § 8 Abs. 2 HOAI 2013 entspricht; OLG Celle, Urt. v. 24.9.2014 – 14 U 114/13; OLG Düsseldorf, Urt. v. 26.5.2015 – 23 U 80/14; das OLG Düsseldorf hat die Bewertung anhand der einschlägigen Teilleistungstabellen nicht beanstandet). Eine andere Frage ist allerdings, ob die Parteien eine Honorarvereinbarung abschließen können, die eine 100%tige Honorierung einer Leistungsphase vorsieht, obwohl nach der vertraglichen Vereinbarung einzelne Grundleistungen nicht erbracht werden sollen. Da die Parteien nicht gehindert sind, Honorarvereinbarung im Rahmen der Mindestsätze und Höchstsätze abzuschließen, ist dies auch im vorbeschriebenen Fall, beispielsweise durch die Vereinbarung eines Pauschalhonorars möglich, wenn die weiteren Wirksamkeitsvoraussetzungen für den Abschluss von Honorarvereinbarungen eingehalten sind. Die HOAI verbietet eine derartige Vertragsgestaltung jedenfalls nicht. Allerdings kann eine entsprechende Vertragsgestaltung in AGB des Architekten intransparent und oder überraschend sein. Ferner ist zunächst der Vertrag dahingehend genauestens im Rahmen der Auslegung daraufhin zu überprüfen, ob die Parteien tatsächlich eine effektiv über das Mindestsatzhonorar für den reduzierten Leistungsumfang hinausgehende Vergütung vereinbaren wollten.

c) Pauschalleistungsverträge

Eine weitere wichtige Fallgruppe ist der Architektenpauschalleistungsvertrag. Dieser Vertrag weist sowohl eine Leistungspauschalierung als auch in aller Regel eine Vergütungspauschalierung aus. In aller Regel enthalten auch Pauschalleistungsverträge ausreichende Hinweise darauf, dass Leistungen bestimmter Leistungsphasen zu erbringen sind. Dabei kommt es nicht so sehr darauf an, ob der Vertrag genau die Bezeichnungen der HOAI übernimmt. Maßgeblich ist, ob dem Inhalt nach Leistungen zu erbringen sind, die denjenigen entsprechen, die in den Leistungsphasen zusammengefasst sind. Vor diesem Hintergrund wird zu Recht vertreten, dass

§ 650p Vertragstypische Pflichten aus Architekten- und Ingenieurverträgen

dann regelmäßig auch die Grundleistungen dieser Leistungsphasen beauftragt sind (Preussner, BauR 2006, 898).

81 Wird die Leistung aber überhaupt nicht beschrieben (Beispiel: Architektenleistungen für den Neubau eines Einkaufszentrums nach Jochem, Festschrift für Werner, S. 69, 71) hat sich die Auslegung an den konkreten Gegebenheiten und an dem zu orientieren, was üblicherweise für die ordnungsgemäße Erfüllung der Gesamtaufgabe notwendig ist. Bereits aufgrund der Vertragsauslegung schuldet der Architekt danach alle Leistungen, die nach den örtlichen und sachlichen Gegebenheiten erforderlich sind. Der Architekt schuldet auch ohne ausdrückliche Vereinbarung die Grundleistungen, die üblicherweise für eine Aufgabe zu erbringen sind. Das ergibt sich bereits aus § 157 BGB, wonach für die Auslegung die Verkehrssitte maßgeblich ist und auch aus § 650p Abs. 1, wonach der Architekt/Ingenieur verpflichtet ist, die erforderlichen Leistungen zu erbringen, soweit nichts anderes (möglicherweise durch Auslegung ermittelt) vereinbart ist. In aller Regel wird man auch weiterhin bei der Auslegung insoweit auf die Leistungsbilder der HOAI zurückgreifen können (Koeble in Locher/Koeble/Frik 15. Aufl. § 8 Rn. 11 unter Verweis auf die Vorauflage § 8 Rn. 11; Preussner, BauR 2006, 896 ff.; Beck HOAI/Preussner, 2. Aufl. 2020, HOAI § 8 Rn. 20). Allerdings ist dem Umstand Rechnung zu tragen, dass die in der HOAI aufgezählten Leistungen solche sind, die zur ordnungsgemäßen Erfüllung eines Auftrages im Allgemeinen erforderlich sind. Die Leistungsbilder der HOAI und deren Grundleistungen geben also durchaus Hinweise darauf, was zu einem Architektenauftrag gehören kann (instruktiv insoweit OLG Düsseldorf, Urt. v. 17.11.2011 – 5 U 8/11; Beck HOAI/Preussner, 2. Aufl. 2020, HOAI § 8 Rn. 20). Entscheidend sind aber letztlich das konkret zu planende Objekt, die Planungsziele und die zur Erreichung hierfür erforderlichen Leistung. Anhaltspunkte für die Auslegung des Vertrags kann die Honorarvereinbarung geben. Wird diese z.B. aus einem Berechnungsmodus hergeleitet, der die vollen Prozentsätze der HOAI zugrunde legt, so muss davon ausgegangen werden, dass der Architekt auch alle Grundleistungen erbringen will. Rückschlüsse können schließlich aus dem vertraglichen Verhalten der Parteien gezogen werden. Hat ein Architekt eine Leistung nicht erbracht und hat sie der Auftragnehmer auch nicht als fehlend angefordert, obwohl sie ihm hätte vorgelegt werden müssen, so kann das ein Indiz dafür sein, dass sie konkludent nicht oder nur für den Fall ihrer Erforderlichkeit beauftragt war.

82 Ferner wurden mit § 650p Abs. 1 die vom Bundesgerichtshof entwickelten Grundsätze zur Auslegung des Vertrages zum geschuldeten Leistungsumfang umgesetzt. Der BGH hat darauf hingewiesen, dass der vom Architekten geschuldete Gesamterfolg im Regelfall nicht darauf beschränkt ist, dass er die Aufgaben wahrnimmt, die für die mangelfreie Errichtung des Bauwerks erforderlich sind. Nach dem Grundsatz einer interessengerechten Auslegung sind die durch den konkreten Vertrag begründeten Interessen des Auftraggebers bei den Leistungen zu berücksichtigen, die für den vom Architekten geschuldeten Werkerfolg (zur Erreichung der vereinbarten Planungsziele) erforderlich sind. Der Auftraggeber wird im Regelfall ein Interesse an den Leistungen haben, die als Vorgaben auf Grund der Planung des Architekten für die Bauunternehmer erforderlich sind, damit diese die Planung vertragsgerecht umsetzen können. Er wird regelmäßig ein Interesse an den Leistungen haben, die es ihm ermöglichen zu überprüfen, ob der Architekt den geschuldeten Erfolg vertragsgemäß bewirkt hat, die ihn in die Lage versetzen, etwaige Gewährleistungsansprüche gegen Bauunternehmer durchzusetzen, und die erforderlich sind, die Maßnahmen zur Unterhaltung des Bauwerkes und dessen Bewirtschaftung zu planen (BGH, Urt. v. 24.6.2004 – VII ZR 259/02; OLG Celle BauR 2014, 1029, 1034). Es handelt sich hierbei um die erforderlichen Leistungen i. S. d. § 650p Abs. 1, die neben der Herbeiführung des Werkerfolges geschuldet sind (Einzelheiten → Rn. 83 f.).

2. Erforderliche Leistungen i. S. d. § 650p Abs. 1

a) Abgrenzung der Begriffe

83 Nach dem Wortlaut in § 650p Abs. 1 bezieht sich die dort niedergelegte Verpflichtung auf die Erbringung von „Leistungen". Dem werden die Begriffe „Planungs- und Überwachungsziele" gegenüber gestellt, die mit den zu erbringenden Leistungen erreicht werden sollen. Darüber hinaus gilt zusätzlich aufgrund der Verweisung in § 650q Abs. 1 die Regelung in § 631 Abs. 1. Danach ist der Unternehmer „zur Herstellung des versprochenen Werks" und damit weiterhin (auch) zur Herbeiführung des werkvertraglichen Erfolgs verpflichtet (Kniffka BauR 2017, 1846, 1849 f: Werkerfolg und Leistungen geschuldet); grundsätzlich ebenso, aber mit Einschränkungen für den Fall, dass der Architekt den Erfolg nicht beeinflussen kann: Deckers ZfBR 2017, 523, 524). Ausgangspunkt für die Formulierung des § 650p Abs. 1 ist die Fassung

im Referentenentwurf, dem damaligen § 650o Satz 1, der vom Wortlaut her mit der Neuregelung in Abs. 1 übereinstimmt. In der Begründung zum Referentenentwurf (vom 24.09.2016 auf Seite 69) finden sich die folgenden Ausführungen:

> Mit dieser Formulierung wird zum Ausdruck gebracht, dass Architekten- und Ingenieurverträge typischerweise eine Reihe verschiedener Pflichten umfassen und zwischen dem Planungserfolg und den Planungs- und Leistungsschritten zu unterscheiden ist. .... Die neue Definition beschreibt die Pflichtenstellung des Architekten und Ingenieurs präziser als der bisher einschlägige § 631 Abs. 1, wonach der Unternehmer die „Herstellung des versprochenen Werks" schuldet.

Zunächst muss das Verhältnis der verschiedenen Begriffe zueinander geklärt werden. Nach der Vorstellung des Gesetzgebers soll die Formulierung in § 631 Abs. 1 („Herstellung des versprochenen Werks") unter Berücksichtigung der Formulierung in § 631 Abs. 2 (Erfolg) nicht durch die Formulierung in § 650p Abs. 1 ersetzt, sondern präzisiert werden. Die Begriffe, die in § 650p Abs. 1 den Werkerfolg präziser beschreiben, sind die Begriffe Planungs- und Überwachungsziele (a. A. Deckers; ZfBR 2017, 523, 525: Planungsziele und Erfolg sollen nicht identisch sein). Diese Begriffe beschreiben das Endergebnis mit all seinen Beschaffenheiten, das der Unternehmer erreichen muss, um das versprochene Werk herzustellen. Mit dem Begriff der Leistungen sind die einzelnen Leistungshandlungen gemeint (nach der Diktion in der Begründung zum Referentenentwurf die „Planungs- und Leistungsschritte"), die auf dem Weg zur Erreichung des Planungszieles bzw. des Überwachungszieles erbracht werden müssen. **84**

b) Erforderliche Leistungen geschuldet

Anlass für die von § 631 abweichende Formulierung und Aufnahme des zusätzlichen Begriffs „Leistungen" neben den Formulierungen zum werkvertraglichen Erfolg war wohl- auch wenn dies in der amtlichen Begründung zum Gesetzentwurf nicht zum Ausdruck kommt -, die in der Literatur und auf dem Deutschen Baugerichtstag mehrfach diskutierte Frage, ob der Architekt lediglich einen Werkerfolg schuldet – unabhängig von der Erbringung einzelner Leistungen/Grundleistungen oder ob Gegenstand der werkvertraglichen Leistungspflicht neben der Erreichung des Erfolges auch die Erbringung einzelner Leistungen/Grundleistungen ist (hierzu Kniffka BauR 2015, 883, 888 m.w.N.; ders. BauR 2017, 1846, 1850; ders. BauR 2018, 351, 353; Koeble in Locher/Koeble/Frik HOAI 15. Aufl., § 8 Rn. 21 ff.; Meurer, BauR 2015, 1725 ff.; Fuchs in Fuchs/Berger/Seifert/SystA V Rn. 5; mit anderen Begrifflichkeiten: BGH, Urt. v. 24.06.2004 – VII ZR 259/02 = BauR 2004, 1640). **85**

Ob mit dem Wortlaut der Regelung tatsächlich alle in der Literatur angesprochenen Streitfragen beantwortet wurden, erscheint auf den ersten Blick deshalb zweifelhaft, da der Architekt/Ingenieur (lediglich) dazu verpflichtet sein soll, diejenigen Leistungen zu erbringen, die erforderlich sind, um die vereinbarten Planungs- und Überwachungsziele zu erreichen. Der Begriff der Vereinbarung bezieht sich dabei nicht auf die „Leistungen", sondern auf die Planungs- und Überwachungsziele. Es erscheint daher richtig, den Begriff „erforderlich" unabhängig von vertraglich vereinbarten Leistungen zu verstehen (allerdings können die Parteien hiervon abweichende Vereinbarungen treffen → Rn. 93 ff.). Erforderlich sind die Leistungen, die nötig sind, um die vereinbarten Planungsziele zu erreichen. Demgegenüber ist nach Ansicht von Kniffka (BauR 2017, 1846, 1851; ders. BauR 2018, 351, 354) eine Leistung (auch) dann „erforderlich", wenn sie vertraglich vereinbart ist. Nach hier vertretener Auffassung ist die Erforderlichkeit im Sinne des § 650p Abs. 1 objektiv zu bestimmen. Die Vorschrift ist also so zu verstehen, dass der Architekt/Ingenieur jedenfalls die objektiv erforderlichen Leistungen erbringen muss, um die Planungs- und Überwachungsziele zu erreichen. Selbstverständlich sind ausdrücklich vereinbarte Leistungen, die objektiv nicht erforderlich sind, aber dennoch geschuldet. Dies aber nicht auf Grundlage der gesetzlichen Regelung, sondern auf Grundlage der vertraglichen Vereinbarung. **86**

Die Erforderlichkeit ist in Abhängigkeit vom konkreten Bauvorhaben und von den konkreten Planungs- und Überwachungszielen zu bestimmen. Dinge, die bei einem Bauvorhaben und bei einem Bauherrn erforderlich sind, können bei einem anderen Bauvorhaben und einem anderen Bauherrn nicht erforderlich sein (Fuchs NZBau 2015, 675, 677: Erforderlichkeit nach Auffassung der Parteien; Dammert, BauR 2017, 421, 423; Berger in Langen/Berger/Dauner-Lieb § 650p Rn. 37 ff.; a. A. Deckers, ZfBR 2017, 523, 526, der die Erforderlichkeit objektiv bestimmen will). Sofern sich die Erforderlichkeit nicht bereits zwingend aus technischen Gründen zur Erreichung der Planungs- und Überwachungsziele ergibt, wird zur Beantwortung der Frage, welche Leistungen erforderlich sind, auf die Verkehrsanschauung abzustellen sein. **87**

§ 650p Vertragstypische Pflichten aus Architekten- und Ingenieurverträgen

Hierbei stellen auch die Anlagen zu den Leistungsbildern der HOAI eine Orientierungshilfe dar, ohne dass damit die Verpflichtung begründet wird, alle Grundleistungen abzuarbeiten (Kniffka BauR 2018, 351, 354).

88 Durch die Formulierung wird letztlich eine Selbstverständlichkeit zum Ausdruck gebracht. Wenn eine Leistung erforderlich ist, um das Planungs- bzw. Überwachungsziel (= werkvertraglicher Erfolg) zu erreichen, dann ist sie vom Architekten und Ingenieur zu erbringen. Dies ist aber auch dann der Fall, wenn ausschließlich ein Werkerfolg geschuldet wäre – auch dann wäre die erforderliche Leistung zu erbringen, da anders der Werkerfolg nicht herbeigeführt werden kann. Wird eine Leistung nicht erbracht, tritt der Werkerfolg aber dennoch ein, war sie für die Erreichung des Werkerfolgs nicht erforderlich. Um Missverständnissen vorzubeugen, wird an dieser Stelle noch einmal betont, dass die hier vertretene Auffassung zum Begriff der Erforderlichkeit selbstverständlich nichts daran ändert, dass zwischen den Parteien (ggf. auch konkludent) ausdrücklich vereinbarte Leistungen vertraglich geschuldet sind und erbracht werden müssen. Dies unabhängig davon, ob diese Leistungen erforderlich oder nicht erforderlich für die Erreichung der Planungs- bzw. Überwachungsziele sind.

89 Allerdings ist aufgrund des klaren Wortlautes und der ausdrücklichen Aufnahme des Begriffs der Leistungen klargestellt, dass es sich bei der Erfüllung der erforderlichen Leistungen in jedem Fall um die Erbringung vertraglicher Leistungspflichten handelt, die der Architekt/Ingenieur diese erbringen muss (Kniffka, BauR 2017, 1846, 1850; ders. BauR 2018, 351, 354).

90 Im Ergebnis hat der Architekt/Ingenieur deshalb einerseits die vereinbarten Planungs- und Überwachungsziele – als Werkerfolg – zu erreichen. Hierfür muss er im Rahmen der Planung und/oder Bauüberwachung sicherstellen, dass die Beschaffenheiten, die aufgrund der Vereinbarung als Planungsziele und Überwachungsziele vorhanden sein müssen, entstehen. Andererseits – und das ist die Neuerung – schuldet er nach dem klaren Wortlaut der gesetzlichen Regelung in Absatz 1 (jedenfalls/nur) die Leistungen, die hierfür erforderlich sind, soweit die Parteien nicht zusätzliche, anderslautende Vereinbarungen getroffen haben, was (auch konkludent) möglich ist.

c) Erforderlichkeit nach dem jeweiligen Stand der Planung und Ausführung

91 Zum Begriff der Erforderlichkeit wird auf die obigen Ausführungen verwiesen → Rn. 85).

92 Im Verlauf des Planungsprozesses hat der Architekt/Ingenieur verschiedene Leistungen zu erbringen, die teilweise aufeinander aufbauen. Auch die HOAI – als reine Vergütungsregelung – geht bei der Einteilung der Grundleistungen in Leistungsphasen von diesem Prinzip aus. Die Leistungen in den einzelnen Leistungsphasen sollen nacheinander erbracht werden, auch wenn natürlich Ausnahmen hiervon denkbar sind und in der Praxis häufig so verfahren wird. Zu den Fürsorgepflichten in wirtschaftlicher Hinsicht gehört es, dass der Architekt oder Ingenieur keine verfrühten Leistungen erbringt. Den verfrühten Leistungen in diesem Sinne ist eigen, dass ihnen noch keine ausreichenden Vorleistungen zugrunde liegen. Verfrühte Planungsleistungen bergen das Risiko, dass sie letztlich ganz oder teilweise unbrauchbar sind, weil sich bei Änderung der Vorgaben andere Planungsvoraussetzungen ergeben, die erneute Leistungen des Planers erforderlich machen können. Aus diesem Grunde verhält sich der Auftragnehmer vertragswidrig, wenn er ohne einen entsprechenden Auftrag des Bestellers eine verfrühte Leistung erbringt. Er trägt dann das Risiko ihrer Unbrauchbarkeit und muss die verfrühte Leistung nachbessern, bis sie vertragsgemäß erbracht ist (BGH, Urt. v. 26.07.2007 – VII ZR 42/05; Koeble in Locher/Koeble/Frik, 15. Aufl. Einl. Rn. 126 m. w. N.). Dem Architekten/Ingenieur ist es deshalb nach § 650p Abs. 1 untersagt, Leistungen verfrüht zu erbringen. Der Architekt/Ingenieur ist nicht nur verpflichtet, Leistungen zu erbringen. Vielmehr ist er dazu verpflichtet, diese erst dann zu erbringen, soweit dies nach dem jeweiligen Stand der Planung und Ausführung des Bauwerks oder der Außenanlage erforderlich ist. Da auf dem jeweiligen Stand der Planung/Überwachung abgestellt wird, ist die Frage der Erforderlichkeit im Planungsablauf unterschiedlich zu beantworten. Die Erforderlichkeit kann sich im Laufe des Planungs- und Überwachungsprozesses unterschiedlich darstellen (Kniffka BauR 2018, 351, 355). Was zu Beginn noch als erforderlich anzusehen ist, kann aufgrund der Entwicklung des Planungs- und Überwachungsprozesses zu einem späteren Zeitpunkt als nicht mehr erforderlich anzusehen sein (Kniffka a. a. O.).

d) Abdingbarkeit

93 § 650p Abs. 1 ist abdingbar. Die Parteien können abweichende Vereinbarungen treffen, beispielsweise dergestalt, dass für die Erreichung der Planungs- und Überwachungsziele nicht

erforderliche Leistungen zu erbringen sein sollen (wie hier bereits Fuchs, NZBau 2015, 675, 677; Deckers ZfBR 2017, 523, 527; Dammert, BauR 2017, 421, 423) oder dass nicht die Erbringung von einzelnen Leistungen geschuldet sein soll, sondern es dem Architekten/Ingenieur überlassen bleibt, wie er die Planungs- und/oder Überwachungsziele herbeiführt.

Ob eine derartige oder eine vergleichbare Regelung in Allgemeinen Geschäftsbedingungen des Architekten, die er dem Besteller stellt, nach § 307 Abs. 1 Nr. 1 BGB unwirksam ist, entscheidet sich danach, ob es sich bei der Regelung um eine Regelung zur Beschreibung der Leistung handelt (welche Leistungen sollen vom Architekten im Einzelnen erbracht werden), die nach § 307 Abs. 3 Satz 1 einer Inhaltskontrolle entzogen ist und bei der lediglich Verstöße gegen das Transparenzgebot nach § 307 Abs. 1 Satz 2 BGB eine Rollen spielen können. Handelt es sich um eine Aufzählung der zu erbringenden Leistungen (Leistungsbeschreibung), ist eine Inhaltskontrolle nicht eröffnet. Allerdings wird die vertragliche Vereinbarung über das Weglassen von erforderlichen Leistungen regelmäßig intransparent und überraschend sein. Der Besteller kann in diesem Fall die Leistungserbringung nach § 650q Abs. 1 i. V. m. § 650b Abs. 1 Satz 1 Nr. 2 anordnen. Wurde von den Parteien ein Pauschalhonorar vereinbart, verbleibt es dann hierbei soweit nicht dadurch ein Mindestsatzverstoß bewirkt wird und der Vertrag dem Anwendungsbereich der HOAI 2013 oder einer früheren Fassung unterfällt. 94

Handelt es sich bei AGB des Bestellers um eine Aufzählung der zu erbringenden Leistung (Leistungsbeschreibung), ist eine Inhaltskontrolle ebenfalls nicht eröffnet. Allerdings wird die Aufnahme von Leistungen, die nicht erforderlich sind, regelmäßig ebenfalls intransparent und überraschend sein. Sie sind dann vom Architekten/Ingenieur nicht zu erbringen. Haben die Parteien keine Honorarvereinbarung getroffen oder eine Vereinbarung, wonach sich die Honorare und Honorarfolge nach den Regelungen der HOAI ermitteln, ist aufgrund des reduzierten Leistungsumfangs § 8 Abs. 2 HOAI einschlägig. Haben die Parteien demgegenüber ein Pauschalhonorar vereinbart, bleibt es hierbei bis zur Grenze eines Höchstsatzverstoßes 95

3. Einzelheiten zu den Vertragspflichten

Die vorstehenden Ausführungen haben gezeigt, dass die Auslegung von Architekten- und Ingenieurverträgen hinsichtlich des Leistungsumfangs und im Hinblick auf die vereinbarte Beschaffenheit ihrer Leistung von großen Schwierigkeiten geprägt ist. Mangels ausreichender berufsbezogener, manifestierter Regeln hat die Rechtsprechung Auslegungsregeln aufgestellt. Diese können nur ein grobes Raster bilden und müssen stets im Einzelfall überprüft und gegebenenfalls auch modifiziert werden. 96

a) Planung
aa) Grundlagenermittlung

Besondere Bedeutung kommt den vom Architekten übernommenen Pflichten im Rahmen der Grundlagenermittlung zu. Der Architekt muss die Baukonzeption des Auftraggebers auf Machbarkeit überprüfen und den Bauherrn insoweit aufklären und beraten. Im Rahmen seiner Planung hat der Architekt die Probleme, die sich aus der Bauaufgabe, den Planungsanforderungen und Zielvorstellungen ergeben, zu analysieren und zu klären. Inhalt und Umfang der Beratung richten sich nach ihrem Zweck, dem Auftraggeber eine sachgerechte Entscheidung zu ermöglichen, welche Planung verwirklicht werden soll. Dazu gehört es, ihm die verschiedenen Planungsalternativen aufzuzeigen, ihn darüber aufzuklären, welche Möglichkeiten der Umsetzung bestehen und die jeweiligen Vorteile, Nachteile und Risiken zu erörtern (beispielhaft hierzu OLG Düsseldorf, Urt. v. 17.2.2017 – 22 U 187/13). Er muss dabei sämtliche Umstände offenbaren, die nach der Verkehrsanschauung für die Willensbildung des Auftraggebers wesentlich sind. Art und Umfang der Beratung richten sich dabei nach allgemeinen Grundsätzen auch nach dem – gegebenenfalls durch Sonderfachleute vermittelten – Kenntnisstand des Auftraggebers. Soweit der Architekt nicht über notwendige Spezialkenntnisse verfügt, hat er dies dem Auftraggeber zu offenbaren, damit dieser einen Sonderfachmann einschalten kann, der die fehlenden Fachkenntnisse vermittelt (OLG Düsseldorf, Urt. v. 6.3.2014 – 5 U 84/11; OLG Braunschweig, Urt. v. 16.8.2012 – 8 U 23/11; OLG München, Beschl. v. 23.7.2015 – 9 U 4888/14 zur Beauftragung eines Baugrundgutachters; OLG Braunschweig, Urt. v. 16.8.2012 – 8 U 23/11: Hinweis auf die Einschaltung eines Bauphysikers; OLG München, Urt. v. 30.8.2017 – 13 U 4374/15 Bau: zur Einschaltung eines Fachplaners bei komplexer Dach-Stahlkonstruktion). Gleiches gilt auch für den Tragwerksplaner (BGH, Urt. v. 20.6.2013 – VII ZR 4/12; OLG Karlsruhe, Urt. v. 30.10.2013 – 7 U 36/09: Tragwerksplaner muss die Erforderlichkeit der Einschaltung eines Baugrundgutachter erkennen). Stellt sich bei der Prüfung heraus, dass das 97

§ 650p Vertragstypische Pflichten aus Architekten- und Ingenieurverträgen

Bauvorhaben mit besonderen Risiken behaftet ist (hier: Abbruch der nahe liegenden Steilküste), so müssen Architekt und Tragwerkplaner sich im Rahmen der Grundlagenermittlung vergewissern, dass der Auftraggeber die Risiken vollständig erfasst hat und das riskante Bauvorhaben weiter verfolgen will (BGH, a. a. O.) Der mit den Leistungen der Leistungsphasen 1 bis 4 der HOAI beauftragte Architekt muss die Frage klären, ob auf dem Baugrundstück ggf. hinderliche Leitungen liegen oder zumindest den Bauherrn darauf hinweisen, dass entsprechende Erkundungstätigkeiten durchzuführen sind (OLG Frankfurt Urt. v. 30.09.2019 – 29 U 93/18), ggf. auch durch den Bauunternehmer). Die vorstehenden Ausführungen gelten entsprechend für die Fachplanung. Gibt der Objektplaner eine bestimmte Bauweise vor bzw. sind seinen Planungen bestimmte Bauteile zu entnehmen, ist es Aufgabe des Tragwerksplaners beim Objektplaner wegen der Lasten nachzufragen und diese dann ordnungsgemäß bei der statischen Berechnung zu berücksichtigen (OLG Stuttgart Urt. v. 26.11.2019 – 12 U 24/19.

98 Der mit der Grundlagenermittlung (Leistungsphase 1) beauftragte Architekt hat den Besteller hinsichtlich der Genehmigungsfähigkeit des Bauvorhabens vollständig und richtig zu beraten. Verletzt der Architekt diese Pflicht und erklärt sich der Besteller aus diesem Grund damit einverstanden, dass der Architekt ein anderes Gebäude als das ursprünglich gewollte plant, ist der Architekt dem Besteller zum Schadensersatz gemäß § 634 Nr. 4, §§ 636, 280, 281 BGB verpflichtet (OLG Schleswig, Urt. v. 27.3.2015 – 1 U 87/10). Der Schaden besteht in diesem Fall darin, dass der Besteller Aufwendungen für ein Gebäude tätigt, das er ohne die mangelhafte Planungsleistung des Architekten nicht hätte errichten lassen (BGH, Urt. v. 10.7.2014 – VII ZR 55/13).

bb) Genehmigungsplanung und Bauvoranfrage

99 Welche Leistungsphasen beauftragt sind, wenn nur eine Leistungsphase im Vertrag benannt ist, jedoch denknotwendig andere Leistungsphasen durchlaufen sein müssen, hängt von den Umständen des Vertragsschlusses ab. Es kommt darauf an, ob der Planer nach dem Verständnis der Parteien alle für die Erfüllung des Auftrags notwendigen Leistungen erbringen soll oder diese von anderen Planern übernommen werden oder vom Auftraggeber selbst oder auf diese – was der Ausnahmefall ist – verzichtet werden soll. So gilt zwar der Grundsatz, dass Architekten- oder Ingenieurleistungen in der HOAI vorangestellter Leistungsphasen nicht allein deshalb Gegenstand eines Vertrages über spätere Leistungsphasen werden, weil sie einen den weiteren Leistungsphasen vorangehenden Entwicklungsschritt darstellen (BGH, Urt. v. 23.11.2006 – VII ZR 110/05). Mit diesem Grundsatz ist aber lediglich die Selbstverständlichkeit ausgedrückt, dass es auf den konkreten Einzelfall ankommt und Vermutungen nicht zulässig sind, wenn sie sich nicht an diesem Grundsatz orientieren. So geht es nicht an, einen Auftrag über Planungsleistungen der Phasen 2 bis 4 zwanghaft als Auftrag auch über die Phase 1 zu interpretieren, wenn Anhaltspunkte dafür bestehen, dass die Leistungsphase 1 vom Besteller übernommen wird oder die ausdrückliche Herausnahme dieser Leistung aus dem Vertrag behauptet wird (BGH, Urt. v. 23.11.2006 – VII ZR 110/05). Andererseits kann ein Vertrag über die Erstellung einer genehmigungsfähigen Planung durchaus dahin auszulegen sein, dass alle vorhergehenden Planungsschritte auch beauftragt sind, wenn insoweit keine Vorleistungen vorliegen oder anderweitig zur Verfügung gestellt werden und diese notwendig sind, um den Leistungserfolg zu bewirken (vgl. Koeble in Kniffka/Koeble/Jurgeleit/Sacher, 5. Aufl.; 11. Teil Rn. 68; vgl. aber auch für einen Ausnahmefall OLG Celle, Urt. v. 26.10.2011 – 14 U 54/11: nur Leistungsphase 4, wenn die vorhergehenden Leistungsphasen nur beauftragt wurden unter der Bedingung, dass das Projekt verwirklicht wird).

100 Der Architekt muss den nicht selbst sachkundigen Bauherrn auf die Möglichkeit einer klärenden Bauvoranfrage jedenfalls dann hinweisen, wenn Zweifel über die Genehmigungsfähigkeit des beabsichtigten Bauvorhabens bestehen (BGH, Urt. v. 21.6.2001 – III ZR 313/99; OLG Düsseldorf, Urt. v. 20.6.2000 – 21 U 162/99). Bei einem sachkundigen Bauherrn kann der Hinweis auf die Möglichkeit einer Bauvoranfrage im Einzelfall entbehrlich sein (OLG Nürnberg, Urt. v. 23.4.1998 – 2 U 37/98; OLG Celle, Urt. v. 13.9.2001 – 13 U 68/01).

101 Der Auftrag, eine Bauvoranfrage zu fertigen, enthält die Verpflichtung, diejenigen Leistungen zu erbringen, die notwendig sind, der Baubehörde eine für ihre Entscheidung notwendige Grundlage zu liefern, ob ein bestimmtes, möglicherweise auch mit Varianten versehenes Bauvorhaben genehmigungsfähig sein wird. Welche Leistungen dazu notwendig sind, hängt von den Umständen des Einzelfalles und den bereits vorhandenen Vorleistungen ab. Sind keine Vorleistungen vorhanden, ist der Architekt verpflichtet, die für die Bauvoranfrage notwendigen Planungsleistungen zu erbringen, wenn sich aus den Umständen nichts anderes ergibt.

Auch insoweit ist durch Auslegung zu ermitteln, was Gegenstand der Bauvoranfrage sein sollte (vgl. i. e. Koeble in Kniffka/Koeble/Jurgeleit/Sacher, 5. Aufl.; 11. Teil Rn. 71). Welche Leistungen notwendig sind, um eine verlässliche Auskunft der Baubehörde zu erlangen, ergibt sich aus den jeweiligen Landesregelungen zur Bauvoranfrage und den Umständen, die der Bauvoranfrage zugrunde liegen. Es können Leistungen der Leistungsphasen 1, 2 (OLG Stuttgart, Urt. v. 17.12.1996 – 10 U 130/96; OLG Hamm, Urt. v. 5.7.1996 – 12 U 140/95) und auch 3 oder 4 (OLG Düsseldorf, Urt. v. 10.11.1995 – 22 U 82/95) des § 15 Abs. 2 HOAI a. F. bzw. § 34 HOAI (2013) notwendig sein.

cc) Berücksichtigung von Kostenvorgaben und wirtschaftlichen Verhältnissen

102 Ein Planungsauftrag umfasst die Pflicht, den vom Bauherrn vorgegebenen wirtschaftlichen Rahmen zu berücksichtigen. Es gehört zu den vertraglichen Pflichten des Architekten, diesen Rahmen im Vorfeld der Beauftragung abzustecken (BGH, Urt. v. 7.7.1988 – VII ZR 72/87; Urt. v. 17.1.1991 – VII ZR 47/90; Urt. v. 21.3.2013 – VII ZR 230/11). Dazu gehört vor allem die Berücksichtigung der finanziellen Verhältnisse des Bestellers (BGH, Urt. v. 17.1.1991 – VII ZR 47/90; Urt. v. 11.11.2004 – VII ZR 128/03), so auch die Rücksichtnahme auf die im öffentlichen Bauwesen bestehenden wirtschaftlichen Vorgaben (BGH, Urt. v. 7.7.1988 – VII ZR 72/87). Wurde vom Architekten/Ingenieur eine Kosteneinschätzung nach § 650p Abs. 2 erstellt, übergeben und die Zustimmung des Bestellers hierzu erteilt, ist die weitere Planung hieran auszurichten. Die Planung muss dann so beschaffen sein, dass die Kosteneinschätzung eingehalten wird (vgl. zur Wirkung der Zustimmung → § 650r BGB Rdn. 16 ff.). Ferner sind vereinbarte Kostengrenzen oder Kostenrahmen vom Architekten einzuhalten (BGH, Urt. v. 23.1.1997 – VII ZR 171/95). Sie sind Gegenstand der Beschaffenheitsvereinbarung. Auch in den Fällen, in denen die Parteien eine Kostengrenze nicht als Beschaffenheit des Architektenwerks vereinbart haben, hat der Architekt die ihm bekannten Kostenvorstellungen des Bestellers bei seiner Planung zu berücksichtigen und den Besteller über etwaige Kostenmehrungen zu informieren (BGH, Urt. v. 24.6.1999 – VII ZR 196/98; Urt. v. 21.3.2013 – VII ZR 230/11). Er darf sich nicht darauf zurückziehen, er habe überhaupt keine Vorstellungen zu dem finanziellen Aufwand gehabt, den der Bauherr bewältigen kann. Er muss sich erkundigen und kann nicht einfach ohne Rücksicht auf die finanziellen Verhältnisse planen (eingehend dazu BGH, Urt. v. 21.3.2013 – VII ZR 230/11). Die laufende Kostenkontrolle gehört zu seinen Pflichten (BGH, Urt. v. 23.1.1997 – VII ZR 171/95). Zu berücksichtigen sind auch steuerliche oder förderungstechnische Möglichkeiten, soweit dies Gegenstand der Vereinbarung geworden ist (vgl. BGH, Urt. v. 23.11.1972 – VII ZR 197/71; Urt. v. 7.7.1988 – VII ZR 72/87; Urt. v. 22.4.2010 – VII ZR 48/07). Ist der Architekt verpflichtet, sich um die Fördermittel zu bemühen, muss er diese rechtzeitig beantragen (BGH, Urt. v. 29.2.1996 – VII ZR 90/94). Auch die Rentabilität eines Bauvorhabens kann Gegenstand der Beschaffenheitsvereinbarung sein (BGH, Urt. v. 12.6.1975 – VII ZR 168/73; Urt. v. 21.5.1981 – VII ZR 128/80; Urt. v. 29.2.1996 – VII ZR 90/94). Ein Planungsmangel ist auch dann anzunehmen, wenn der Architekt den Bauträger nicht ausreichend darüber aufgeklärt hat, dass im Erschließungsgebiet eine dreigeschossige Bauweise statt der ins Auge gefassten zweieinhalbgeschossigen Bauweise möglich ist. Auch muss der vom Bauträger beauftragte Architekt den Besteller stets über Planungsänderungen informieren, die sich auf dessen Rentabilitätserwägungen auswirken können (BGH, Urt. v. 9.5.1996 – VII ZR 181/93).

103 Streit besteht immer wieder darüber, ob und inwieweit der Architekt verpflichtet ist, eine permanente Kostenkontrolle durchzuführen. Der Bundesgerichtshof hat entschieden, dass die laufende Kostenkontrolle zu den Vertragspflichten des Architekten gehört (BGH, Urt. v. 23.1.1997 – VII ZR 171/95). Er muss den Besteller ungefragt auf unerwartete Kostenentwicklungen hinweisen, damit dieser angemessen reagieren kann. Haben die Parteien vereinbart, dass der Architekt Leistungen nach § 34 HOAI Leistungsphasen 1 bis 9 zu erbringen hat, so sind die in der HOAI genannten Kostenermittlungen als Teilerfolge geschuldet, die grundsätzlich in den Leistungsphasen erbracht werden müssen, denen sie in der HOAI zugeordnet sind (BGH, Urt. v. 11.11.2004 – VII ZR 128/03). Hat der Architekt diese Kostenermittlungen nicht vorgenommen, ist seine Werkleistung mangelhaft und es bestehen Mängelansprüche. Nach Fertigstellung des Bauvorhabens kann der Besteller Minderung verlangen, ohne dem Architekten Gelegenheit geben zu müssen, diese Kostenermittlungen nachzuholen, wenn er an ihnen kein Interesse mehr hat. Das trifft regelmäßig für die Kostenschätzung, die Kostenberechnung und den Kostenanschlag zu (BGH, Urt. v. 11.11.2004 – VII ZR 128/03). Der Vertrag kann natürlich andere Regelungen zur Aufgabe des Architekten vorsehen, die Kosten zu

§ 650p   Vertragstypische Pflichten aus Architekten- und Ingenieurverträgen

kontrollieren. So kann eine dichtere und formalisierte Kostenkontrolle vereinbart werden, aber auch der Entfall jeglicher Kontrollpflicht etwa deshalb, weil der Besteller sie selbst vornimmt.

104   Aus der Verletzung der verschiedenen Pflichten zur Berücksichtigung der wirtschaftlichen und finanziellen Verhältnisse können die entsprechenden Ansprüche, meist gerichtet auf Schadensersatz, geltend gemacht werden. (z. B. Koeble in Locher/Koeble/Frik 15. Aufl. Einl. Rn. 316 ff.; siehe auch Retzlaff, BauR 2015, 1729 ff.; ders. NZBau 2017, 131 ff.) mit teilweise neuen Ansätzen). Insoweit gibt es eine Vielzahl von Varianten, mit denen ein Schadensersatzanspruch begründet werden kann. In der Literatur wird zutreffend auf die Schwierigkeiten hingewiesen, die sich ergeben können, wenn die Ansprüche gerichtlich durchgesetzt werden. Es ist sorgfältiger Vortrag zu den jeweiligen Pflichtverletzungen und den dadurch verursachten Schäden notwendig. Insbesondere der Nachweis der Kausalität etwaiger Schäden erweist sich immer wieder als schwierig, wenn das Bauvorhaben letztlich trotz irgendwann eingetretener Kenntnis der Mehrkosten fortgeführt wird (vgl. BGH, Urt. v. 21.5.2015 – VII ZR 190/14) → Rn. 127. Der Bundesgerichtshof hat jedoch darauf hingewiesen, dass allein die Entscheidung, das Bauwerk kostenträchtig fortzuführen, kein verlässlicher Hinweis darauf ist, dass der Besteller die Kostensteigerungen akzeptiert hat. Denn mit fortschreitendem Baustadium kann sich ein wirtschaftlicher Zwang zur Vollendung des Bauvorhabens ergeben (BGH, Urt. v. 11.11.2004 – VII ZR 128/03). Schon gar nicht wird mit der Fortführung des Projekts bei Kenntnis bestimmter kostenerhöhender Maßnahmen und der hierdurch bewirkten Kostenerhöhungen die Kausalität im Hinblick auf andere (u. U. noch gar nicht bekannten), weitere Kostenerhöhungen auszuschließen sein. Grundsätzlich können fünf Grundvarianten unterschieden werden, die allerdings in der Praxis immer wieder vermengt werden, so dass darunter die Schlüssigkeit eines gerichtlichen Vortrags leidet. Bei Vorbereitung eines Prozesses sind zunächst alle möglichen Pflichtverletzungen zu ermitteln und für jede Pflichtverletzung eine eigene Kausalitätsbetrachtung und Schadensberechnung anzustellen. Es muss immer die Frage gestellt werden, wie das Verhalten des Bauherrn bei pflichtgemäßem Verhalten ausgesehen hätte („Abspecken", „Absehen von der Baumaßnahme" oder „Abbruch der Baumaßnahme") und welches Ergebnis ein Vermögensvergleich dann jeweils gebracht hätte. Bevor auf Überschreitung einer vereinbarten Kostenobergrenze oder fehlerhafte Kostenermittlungen abgestellt wird, sollte überprüft werden, ob es nicht „normale" Planungsfehler gibt, die auch eine Erhöhung der Baukosten bewirkt haben.

105   **(1) Bausummengarantie.** Übernimmt der Architekt eine Garantie für die Einhaltung der veranschlagten Baukosten, haftet er auf die Erfüllung der Garantie. Da es sich um einen Erfüllungsanspruch und nicht um einen Schadensersatzanspruch handelt, kann der Auftraggeber im Garantiefall verschuldensunabhängig und ohne Vorteilsausgleichung die vollständige Übernahme der Baumehrkosten verlangen (OLG Hamm, Urt. v. 15.3.2013 – 12 U 152/12; vgl. auch BGH, Urt. v. 22.11.2012 – VII ZR 200/10 und dort zur Frage, ob die Vergütung für die Bausummengarantie dem Preisrecht der HOAI unterliegt; zu einer „unechten" Baukostengarantie: OLG Düsseldorf Hinweisbeschl. v. 22.01.2020 – I-22 U 244/19). Bei der Annahme einer solchen Garantie ist größte Zurückhaltung geboten, weil der Architekt regelmäßig keinen Anlass hat, diese zu übernehmen und damit ein völlig unabsehbares Risiko einzugehen, und sie zudem teilweise als standeswidrig anzusehen ist (OLG Koblenz, Urt. v. 9.11.2012 – 5 U 1228/11). Das gilt jedenfalls für eine Garantie, die die Unabwägbarkeiten der weiteren Entwicklung vollständig übernimmt, also sowohl die Risiken erfasst, die durch notwendige, aber bisher nicht vorgesehene Planungsänderungen, als auch die entsprechenden Bauleistungen eintreten. Eine Garantie der Bausumme auch für den Fall, dass der Bauherr Änderungs- oder bisher nicht eingeplante Zusatzwünsche hat, wird grundsätzlich nicht in Betracht kommen (vgl. OLG Düsseldorf, Urt. v. 15.11.1994 – 21 U 98/94). Jedenfalls setzt die Annahme einer (konkludent vereinbarten) Garantie in der Regel voraus, dass der Umfang der für die Bausumme zu erbringenden Leistungen auf der Grundlage der Entwurfsplanung bereits im Detail feststeht (OLG Brandenburg, Urt. v. 13.7.2011 – 13 U 69/10). Allein eine Kostenschätzung vor der Investitionsentscheidung des Auftraggebers liegt keine Baukostengarantie (OLG Hamm, Urt. v. 15.3.2013 – 12 U 152/12). Auch eine Regelung in einem Architektenvertrag, der zur Folge der Architekt das Baukostenbudget des Bauherrn zu beachten und die kalkulierten Kosten unbedingt einzuhalten hat, stellt keine Baukostengarantie dar (OLG Düsseldorf, Urt. v. 23.10.2012 – 21 U 155/11). Die Bezeichnung einer mündlichen Abrede als „Baukostenermittlung" und „Baukostenschätzung" spricht gegen die Übernahme einer Baukostengarantie (OLG Koblenz, Beschl. v. 9.11.2012 – 5 U 1228). Die Übernahme einer Garantie ist auch berufsrechtswidrig. Die Berufsgerichte der Architektenkammern haben bereits vereinzelt Bußgelder verhängt, wenn Höchstpreisgarantien abgegeben wurden. Darüber hinaus ist die

Vertragstypische Pflichten aus Architekten- und Ingenieurverträgen § 650p

Berufshaftpflichtversicherung regelmäßig nicht eintrittspflichtig, da es sich nicht mehr um eine Haftung aufgrund der gesetzlichen Vorschriften handelt.

(2) Fehler bei der Grundlagenermittlung. Der Architekt ist im Rahmen der Grundlagenermittlung verpflichtet, die finanziellen Möglichkeiten des Bestellers zu ermitteln und zwar von sich aus (BGH, Urt. v. 21.3.2013 – VII ZR 230/11; Urt. v. 11.11.2004 – VII ZR 128/03; Urt. v. 17.1.1991 – VII ZR 47/90; KG, Urt. v. 8.5.2014 – 27 U 50/13; OLG Düsseldorf, Urt. v. 25.3.2014 – 23 U 166/12). Wurde im Fall des § 650p Abs. 2 eine Kosteneinschätzung erstellt, übergeben und vom Besteller die Zustimmung hierzu erteilt, ist diese maßgeblich. Die weitere Planung muss hieran ausgerichtet werden (vgl. zur Wirkung der Zustimmung → § 650r BGB Rdn. 16 ff.). Er muss über Kostensteigerungen aufklären, die eintreten, nachdem der Architekt Kostenermittlungen vorgelegt hat, die den Kostenvorstellungen des Bestellers entsprechen (OLG Celle, Urt. v. 24.9.2014 – 14 U 114/13).

106

(3) Verteuernde Maßnahmen des Architekten. In der zweiten Variante wird ein Schaden daraus abgeleitet, dass der Architekt die Baukosten durch pflichtwidrige Entscheidungen verteuert habe. Dazu gehören z. B. fehlerhafte Planungen und Ausschreibungen, Vergaben an zu teure Unternehmer (vgl. z. B. OLG Schleswig, Urt. v. 25.4.2008 – 1 U 77/07), insbesondere überteuerte Nachträge, ungerechtfertigte Überzahlungen an die Unternehmer usw. In diesen Fällen muss die Pflichtwidrigkeit im Einzelnen dargelegt werden. Der Architekt muss so planen, dass er dem Besteller keine unnötigen Baukosten verursacht (vgl. OLG Celle, Urt. v. 10.6.2015 – 14 U 164/14: unnütze Bordsteinabsenkung, weil Einfahrt vorhanden) und auf etwaige kostengünstigere Alternativen hinweisen (OLG Celle, Urt. v. 10.6.2015 – 14 U 164/14). Ihm steht zwar ein Planungsermessen zu. Der Ermessensspielraum ist jedoch überschritten, wenn er technisch nicht notwendige Maßnahmen vorsieht, die sich kostensteigernd auswirken, z. B. eine überdimensionierte Bewehrung (BGH, Urt. v. 9.7.2009 – VII ZR 130/07) oder ein überdimensioniertes Überschwemmungskonzept (OLG Brandenburg, Urt. v. 14.1.2015 – 4 U 27/13). Nach einer allerdings zweifelhaften Entscheidung soll eine schuldhafte Fehlplanung auch dann vorliegen, wenn ein Löschteich bei genauer Betrachtung nicht notwendig ist, vom Brandschutzamt jedoch für erforderlich gehalten wird. Der Ingenieur sei verpflichtet, das Brandschutzamt von seinen Anforderungen abzubringen (OLG Frankfurt, Urt. v. 2.7.2008 – 1 U 28/07). Ein Mangel einer Architektenleistung kann auch vorliegen, wenn, gemessen an der vertraglichen Leistungsverpflichtung, ein übermäßiger Aufwand getrieben wird oder wenn die geschuldete Optimierung der Nutzbarkeit (beispielsweise: Verhältnis Nutzflächen/Verkehrsflächen) nicht erreicht wird (BGH, Urt. v. 22.1.1998 – VII ZR 259/96). Erkennt der Architekt, dass der Bauherr Kosten der Fachplanung dadurch sparen will, dass er den Handwerkern die Fachplanung überträgt, muss er ihn darüber beraten, dass die Handwerker dann eine gewisse Vorlaufzeit für die Planung benötigen (OLG Celle, Urt. v. 8.10.2014 – 14 U 10/14). Der Architekt muss bei der Planung auch die Nachhaltigkeit des Planungsobjekts in Bezug auf Unterhaltungs-, Renovierungs- und eventuell Sanierungskosten berücksichtigen. Insoweit muss er den Besteller zutreffend beraten und die Vor- und Nachteile darstellen und bei der Planung in Abstimmung mit dem Besteller berücksichtigen. Eine Planung kann danach auch mangelhaft sein, wenn sie – gemessen an der Vermeidbarkeit – unnötige Folgekosten bei der Betreibung des Planungsobjekts verursacht. Verteuerungen können auch dadurch eintreten, dass der dazu beauftragte Architekt Fördermaßnahmen nicht ausschöpft oder er verspätet Angaben für Förderanträge macht oder die Angaben für Förderanträge fehlerhaft sind (BGH, Urt. v. 7.7.1988 – VII ZR 72/87).

107

(4) Überschreitung des Kostenrahmens oder der vereinbarten Kostenobergrenze. In der dritten Variante werden Rechtsfolgen daraus abgeleitet, dass durch die Baumaßnahme höhere Kosten verursacht werden im Vergleich zu anfänglichen Vereinbarungen oder Festlegungen. Da regelmäßig unterschiedliche Begriffe verwendet werden, wie Kostenlimit, Kostenrahmen, Kostenobergrenze oder Kostenbudget muss im Wege der Auslegung weiter geklärt werden, was die Parteien vereinbaren wollten, nämlich entweder einen genau festgelegten Obergrenzenbetrag, einen Kostenrahmen mit Ober- und Untergrenze („Kostenkorridor") oder lediglich einen Orientierungswert, der in bestimmten Grenzen überschritten werden darf (z. B. OLG Dresden, Urt. v. 16.04.2003 – 11 U 1633/02: im entschiedenen Fall: 31 %; fragwürdig ist allerdings die Zubilligung einer zusätzlichen Toleranz in der Entscheidung. Wenn wirksam ein Kostenkorridor vereinbart wurde, dann kann ohne weitere Anhaltspunkte in der Vereinbarung nicht noch zusätzlich eine weitere Toleranz in Ansatz gebracht werden). Denkbar ist auch, dass sich die Parteien letztlich gar nicht geeinigt haben bzw. eine Vereinbarung wegen Unbestimmtheit unwirksam ist.

108

Zahn

§ 650p   Vertragstypische Pflichten aus Architekten- und Ingenieurverträgen

109   Vereinbaren Bauherr Architekt/Ingenieur wirksam die Einhaltung einer Kostenober-grenze, liegt nach h. M. eine Beschaffenheitsvereinbarung zu den Baukosten vor (BGH, Urt. v. 6.10.2016 – VII ZR 185/13; BGH, Urt. v. 24.04.2014 – VII ZR 164/13; BGH, Beschl. v. 10.11.2005 – VII ZR 105/05; BGH, Urt. v. 13.02.2003 – VII ZR 395/01; BGH, Urt. v. 24.06.1999 – VII ZR 196/98; KG, Urt. v. 23.05.2013 – 27 U 155/11; OLG Düsseldorf, Beschl. v. 07.11.2014 – 22 U 94/14, I-22 U 94/14; OLG Köln, Urt. v. 21.12.2012 – 19 U 181/11; OLG Brandenburg Urt. v. 13.7.2011 -13 U 69/10; OLG Schleswig, Beschl. v. 23.10.2012 – 1 U 8/12; OLG Naumburg, Urt. v. 17.07.2007 – 9 U 164/06; OLG Düsseldorf, Urt. v. 17.03.2005 – 5 U 75/04, BGH, Beschl. v. 10.11.2005 – VII ZR 105/05 (Nichtzulassungsbeschwerde zurückgewiesen); OLG Düsseldorf, Urt. v. 06.12.2002 – 5 U 28/02; OLG Frankfurt, Urt. v. 21.1.2016 – 11 U 71/14, BGH Beschl. v. 25.4.2018 – VII ZR 39/16; Fuchs in Fuchs/Berger/Seifert Syst. A. V. Rn. 30; Fuchs in FS Messerschmidt S. 24; Rodemann BauR 2019, 375; Zahn BauR 2019, 1513, 1514.). In der Rechtsprechung (KG Urt. v. 28.8.2018 – 21 U 24/16) und Literatur(Retzlaff BauR 2015, 1729, 1734f.; ders. NZBau 2017, 131, 132; ders. NZBau 2019, 29, 32) wird diese Auffassung mit dem Argument kritisiert, dass eine derartige Einordnung zu einer Haftung für fremde Leistungen führe, deren Konditionen der Bauherr mit dem Bauunternehmer vereinbare und auf die der Architekt keinen Einfluss habe. Eine Beschaffenheitsvereinbarung könne immer nur die eigene Leistung betreffen, ansonsten führe dies zu einer Garantie. Die Vereinbarung einer Kostenobergrenze in einem Architektenvertrag sei deshalb nicht als Beschaffenheitsvereinbarung anzusehen (Retzlaff BauR 2015, 1729, 1734, 1735; ders. NZBau 2017, 131, 132; ders. NZBau 2019, 29, 32). Vielmehr habe die Festlegung eines bestimmten Kostenbetrages zur Folge, dass die Leistungen daran auszurichten seien, was allerdings nicht eine Erweiterung des Pflichtenprogramms mit sich bringe (Retzlaff, BauR 2015, 1729, 1736). Die vorstehend genannte Gegenauffassung ist von ihrem Ansatz her nachvollziehbar. Ihr ist aber im Hinblick auf die Begründung und auch im Hinblick auf die Ablehnung einer Beschaffenheitsvereinbarung nicht zu folgen. Bezöge sich die Kostenobergrenzenvereinbarung auf die Istkosten des letztlich errichteten Objekts, läge in der Tat bei einer bloßen Überschreitung der vereinbarten Kosten – unabhängig von den Ursachen hierfür – ein Mangel vor (in diesem Sinne: OLG Düsseldorf, Urt. v. 17.03.2005 – 5 U 75/04, BGH, Beschl.v. 10.11.2005 – VII ZR 105/05 -Nichtzulassungsbeschwerde zurückgewiesen). Die Beschaffenheitsvereinbarung wäre auch dann nicht eingehalten, wenn es zu nicht vorhersehbaren allgemeinen Preissteigerungen während des Planungsvorgangs kommt oder wenn Mehrkosten aufgrund von Kündigungen oder Insolvenzen der am Bau Beteiligten entstehen. Ein Korrektiv würde sich nur durch die Anwendung der (strengen) Grundsätze der Änderung der Geschäfts-grundlage und aufgrund des Verschuldenserfordernisses bei Schadensersatzansprüchen ergeben. Unbenommen bliebe dem Bauherrn allerdings in diesem Fall die Geltendmachung der verschuldensunabhängigen Mängelrechte. Da dieses Ergebnis unbefriedigend ist, kann die von der Gegenauffassung angeführte Kritik im Ergebnis nach-vollzogen werden. Allerdings führt dies nicht dazu, dass die Annahme einer Beschaffenheitsvereinbarung abzulehnen ist. Vielmehr muss genauer überprüft werden, was Gegenstand der jeweiligen Vereinbarung zu den Baukosten ist. Entscheidend ist, welche – für die jeweilige Gegenseite erkennbare – Vorstellungen die Parteien bei Ab-schluss der Vereinbarung hatten, was durch Auslegung zu klären ist. Jedem Bauherrn ist klar, dass der Architekt die Höhe der Baukosten nur innerhalb des eigenen Verantwortungsbereiches beeinflussen kann und es Kosteneinflüsse außerhalb dieses Verantwortungsbereiches gibt. Ferner ist jedem Bauherrn bekannt, dass es sich bei Aussagen zu den Kosten zu Beginn und während der Planung, um Kostenprognosen handelt, die mit Unsicherheiten verbunden sind und bei denen nur auf Erfahrungswerte aus der Vergangenheit zurückgegriffen werden kann. Die Beschaffenheitsvereinbarung bezieht sich deshalb nicht auf die Istkosten des errichteten Objekts (Fuchs, FS Messerschmidt S. 24: nicht Beschaffenheit des Bauwerks; a. A. Retzlaff NZBau 2019, 25, 31 allerdings zur Begründung seiner von der h. M. abweichenden Auffassung). Vielmehr geht es um die Beschaffenheit derjenigen Leistungen des Architekten (BeckOK BauvertrR/Fuchs BGB § 650p Rn. 89: in allgemeiner Hinsicht zum Werkerfolg beim Architektenvertrag, der in der Eignung liegen soll, das Bauwerk mangelfrei entstehen zu lassen, unabhängig von der konkreten Ausführungsleistung; Rodemann BauR 2019, 374: der Architekt schulde nicht das Bewirken, sondern das Hinwirken auf das Entstehenlassen des Bauwerks), bei denen dieser Einfluss auf die Baukosten nehmen kann. Dies ist bei den Planungsleistungen (Entwurfs-, Genehmigungs- und Ausführungsplanung) und bei der Erstellung der Ausschreibungsunterlagen (Rodemann, BauR 2019, 374, 375), regelmäßig der Leistungsverzeichnisse (Vorbereitung der Vergabe) oder der Leistungsbeschreibung, der Fall. Insoweit hat die Leistung des Architekten unmittelbar Einfluss auf die zu erwartenden Kosten. Bei der Objektüberwachung ist dies demgegenüber nicht der Fall (A. A. Fuchs, FS Messerschmidt S. 24). Hier wirkt sich die Leistung des Architekten nicht unmittelbar auf die Kosten aus, sondern allen-falls mittelbar, wenn durch Versäumnisse des Architekten Pflichtwidrigkeiten des aus-führenden Unternehmers nicht (rechtzeitig) festgestellt werden, also beispielsweise Abweichungen von der Planung oder bei unzutreffender Abrechnung. Nach hier vertretener Auffassung bezieht sich die Beschaffenheitsvereinbarung hierauf jedoch nicht. In diesen Fällen liegen auch immer andere Mängel der Werkleistung des Architekten vor, nämlich z. B. eine fehlerhafte Bauüberwachung oder eine fehlerhafte Rechnungs-prüfung. Ferner geht es bei der Kostenobergrenzenvereinbarung nicht um tatsächliche, sondern um geplante Kosten, wobei es im Hinblick auf die Kostenansätze auf übliche Prognosehilfsmittel, wie Baukostendatenbanken im Zeitpunkt der Planung und Ausschreibung ankommt (nach a. A. soll bei Kostenerhöhungen, z. B. aufgrund von Preissteigerungen ein Bedenkenhinweis gegenüber dem Besteller erteilt werden: Fuchs, FS Messerschmidt, S. 29). Dem Bauherrn ist klar, dass der Architekt, wenn er seine Planung an der Kostenobergrenze ausrichtet, gezwungen ist, auf derartige Prognosehilfsmittel zurückzugreifen. Anders kann der Architekt gar nicht vorgehen. Die Architektenleistung ist damit mangelfrei, wenn unter Heranziehung der zutreffenden Prognosehilfsmittel mit der Planung und Ausschreibung die vereinbarte Kostenobergrenze eingehalten werden kann.

Die Vereinbarung einer verbindlichen Kostenobergrenze setzt voraus, dass die Grundlage **110** für ihre Berechnung feststeht, sich also zumindest durch Auslegung dem Vertrag entnehmen lässt (OLG Frankfurt, Urt. v. 02.05.2007 – 3 U 211/06). Dies gilt insbesondere im Hinblick auf die Kostenarten, auf die sich die Obergrenze bezieht („Kostengruppen" nach DIN 276), ferner auch im Hinblick darauf, ob Netto- oder Bruttobeträge (Fuchs, FS Messerschmidt, S. 24) gemeint und die Nebenkosten enthalten sind. Bei der Auslegung ist zu berücksichtigen, dass ein Architekt eine Kostenobergrenzenvereinbarung regelmäßig nur im Hinblick auf Kostenpositionen akzeptieren wird, auf die er durch seine Leistungserbringung (Nach hier vertretener Auffassung Planung und Er-stellung der Leistungsverzeichnisse; weitergehend Fuchs, FS Messerschmidt, S. 25: zusätzlich auch Überwachung, Koordination und Integration) Einfluss nehmen kann (OLG Düsseldorf, Beschl. v. 07.11.2014 – 22 U 94/14, I-22 U 94/14). Ist der Wortlaut nicht eindeutig, wird die Auslegung daher regelmäßig zu dem Ergebnis führen, dass der Architekt die Einhaltung von Kosten lediglich für die Leistungen zusagt, bei denen er planerische Leistungen erbringt (beispielsweise aus der Kostengruppe 300 nach DIN 276 beim Leistungsbild Objektplanung Gebäude) bzw. die Leistungsverzeichnisse er-stellt. Entsprechendes gilt für die Fachplaner. Auch diese werden regelmäßig nur die Einhaltung von Kosten aus ihrem Leistungsbereich zusagen, also beispielsweise für den Planer der technischen Ausrüstung aus dem Bereich der Anlagengruppe, die Gegenstand des Vertrages ist. Ist auch durch Auslegung keine Klärung der Frage herbei-zuführen, welche Kosten Gegenstand der Vereinbarung ist, ist dieselbe mangels aus-reichender Bestimmtheit und nicht gegebener Bestimmbarkeit unwirksam. Ist der Wortlaut demgegenüber eindeutig und betrifft die Kostenobergrenzenvereinbarung auch Kosten aus anderen Leistungsbildern (z. B. für den Objektplaner Gebäude ausdrücklich auch Kosten der Kostengruppe 400 der DIN 276), dann kann insoweit (Ein-haltung der Kosten der Kostengruppe 400) in der Tat eine Garantieerklärung vorliegen, soweit es um vom Objektplaner Gebäude nicht beeinflussbare Technikkosten geht, kombiniert mit einer Beschaffenheitsvereinbarung betreffend die eigene Leistung. Sind diese strengen Voraussetzungen nicht erfüllt, kann nach den vertraglichen Festlegungen aber eine Beschaffenheitsvereinbarung nicht verneint werden, liegt ein Mangel im Hinblick auf die Kosten der Kostengruppe 400 (Technikkosten) nur dann vor, wenn die Voraussetzungen für eine Enthaftung nach den Grundsätzen zur Erteilung eines Bedenkenhinweises nicht erfüllt sind. Neben der ausdrücklichen Vereinbarung, bei und auch nach Abschluss des Architektenvertrages während der Planung (BGH, Urt. v. 21.3.2013 – VII ZR 230/11; OLG Oldenburg, Urt. v. 7.8.2018 – 2 U 30/18; Retzlaff BauR 2015, 1729, 1732), kann die Kostenobergrenze auch konkludent verein-bart werden (Beispiele und Einzelheiten zu den Voraussetzungen für eine konkludente Vereinbarung einer Kostenobergrenze: OLG Frankfurt, Urt. v. 14.12.2006 – 16 U 43/06; OLG Frankfurt, Urt. v. 20.11.2014 – 15 U 19/10; BGH, Beschl. v. 08.11.2017 – VII ZR 91/15; BGH, Urt. v. 21.03.2013 – VII ZR 230/11; BGH, Urt. v. 21.3.2013 – VII ZR 230/11; OLG Celle, Urt. v. 28.09.2006 – 14 U 201/05, BGH, Beschl. v. 28.06.2007 – VII ZR 202/06 (Nichtzulassungsbeschwerde zurückgewiesen); BGH, Urt. v. 23.1.1997 – VII ZR 171/95; OLG Celle, Urt. v. 28.09.2006 – 14 U 201/05, BGH, Beschl. v. 28.06.2007 – VII ZR 202/06 (Nichtzulassungsbeschwerde zurückgewiesen); OLG Schleswig, Beschl. v. 23.10.2012 – 1 U 8/12). Ältere Entscheidungen von Oberlandesgerichten (z. B. OLG Saarbrücken, Urt. v. 06.07.2011 – 1 U 408/09; OLG Celle, Urt. v. 07.01.2009 – 14 U 115/08) und auch eine etwas weiter zurückliegende Entscheidung des BGH (BGH, Urt. v. 23.1.1997 – VII ZR 171/95), nach

§ 650p   Vertragstypische Pflichten aus Architekten- und Ingenieurverträgen

denen der Abschluss einer (zweiseitigen) Vereinbarung der Kostenobergrenze verlangt wird, sind durch die zwischenzeitlich geänderte Rechtsprechung des Bundes-gerichtshofes (BGH, Urt. v. 21.03.2013 – VII ZR 230/11) überholt. Nach dieser Entscheidung ist der Architekt verpflichtet, seine Planung an einer einseitigen Kostenvorgabe des Bauherrn auszurichten, wenn er ihr nicht widerspricht (BGH, Urt. v. 21.03.2013 – VII ZR 230/11; BGH, Urt. v. 24.06.1999 – VII ZR 196/98; BGH, Urt. v. 22.01.1998 – VII ZR 259/96; OLG Düsseldorf, Urt. v. 25.03.2014 – 203 U 166/12, BGH Beschl. v. 06.04.2016 – VII ZR 81/14 (Nichtzulassungsbeschwerde zurückgewiesen). Allerdings ist unklar, wie einseitige Kostenvorstellungen des Bauherrn ohne eine Vereinbarung Vertragsinhalt werden sollen. Da in derartigen Fällen auf die Mitteilung des Bauherrn zu den Baukosten immer Architektenleistungen nachfolgen, liegt auch bei einer einseitigen Vorgabe zu den Baukosten aufgrund des nachfolgenden Verhaltens des Architekten regelmäßig eine konkludente Beschaffenheitsvereinbarung vor. Der Architekt kann dies durch einen Hinweis auf die Nichteinhaltbarkeit der Kostenvorgabe verhindern. Die Wirkung eines Widerspruchs gegen einseitige Kostenvorgabe liegt darin, das Entstehen einer konkludent abgeschlossenen Beschaffenheitsvereinbarung zu verhindern Der BGH hat die einseitigen Kostenvorgaben des Bauherrn ausdrücklich auch im Zusammen-hang mit der vereinbarten Beschaffenheit behandelt (BGH, Urt. v. 21.03.2013 – VII ZR 230/11 Tz. 9). Es wird in jedem Einzelfall zu klären, sein, ob aus einer Kosteneinschätzung, die nach Abschluss der Zielfindungsphase vorgelegt wird, eine Kostenobergrenze als Beschaffenheitsvereinbarung wird. Alleine die Mitteilung der (grob geschätzten) Kosten durch den Architekten führt nicht zu einer Kostenobergrenzenvereinbarung. Erforderlich ist eine (konkludente) Erklärung des Bestellers, dass dies aus seiner Sicht die Obergrenze der Kosten darstellt. Für den Bauherrn muss der Betrag aus einer Kosteneinschätzung nämlich nicht zwingend auch eine Obergrenze darstellen. Nach der Rechtsprechung stellen vorformulierte Klauseln über die Einhaltung vereinbarter Kostenobergrenzen keine kontrollfähigen Allgemeinen Geschäftsbedingungen dar, sondern sind dem kontrollfreien Bereich der Leistungsbeschreibung zuzuordnen (BGH, Urt. v. 11.7.2019 – VII ZR 266/17; KG, Urt. v. 07.11.2017 – 7 U 180/16). Allerdings kann eine derartige Klausel – wenn als AGB anzusehen – überraschend und/oder intransparent (zur Intransparenz bzw. Transparenz von Kostenobergrenzenklauseln in verschiedenen Vertragsmustern der öffentlichen Hand: Kuhn in Thode/Wirth/Kuffer, 2. Aufl. § 13 Rn. 24 und 30) sein, wenn dem Architekten/Ingenieur die Einhaltung von Kosten aus Kostengruppen auferlegt wird, mit denen er bei seiner Leistungserbringung gar nichts zu tun hat (vgl. zu dieser Problematik Schotten in Festschrift Koeble 2010, 499 ff.). Dies ist dann nicht der Fall, wenn klargestellt wird, dass es bei der Einhaltung der Kostenobergrenze um die Erbringung der eigenen Leistungen des Architekten geht und ein Bezug zu Kostengruppen nach DIN 276 hergestellt wird (BGH, Urt. v. 11.7.2019 – VII ZR 266/17). Kostenobergrenzen in AGB des Bestellers sind allerdings auch dann intransparent, wenn dieser Bezug fehlt und für den Architekten/Ingenieur nicht erkennbar ist, welche Kostengruppen die Kostenobergrenze erfasst. Die Klausel über die Einhaltung vereinbarter Kostenobergrenzen in den Vertragsmustern der Richtlinien für die Durch-führung von Bauaufgaben des Bundes (RBBau) sind nach Ansicht des Kammergerichtes nicht intransparent (KG, Urt. v. 07.11.2017 – 7 U 180/16). Der BGH hat diese Klauseln bereits nichts als AGB angesehen, da in die vorhandenen Lücken noch Eintragungen der Kostenbeträge (brutto/netto) vorzunehmen waren (BGH, Urt. v. 11.7.2019 – VII ZR 266/17; hierzu auch Fuchs in F/B/S § 650p Rn. 87).

111   Kostenobergrenzenvereinbarungen können im Planungsverlauf geändert werden. Dies kann durch ausdrückliche Vereinbarung (OLG Stuttgart, Urt. v. 28.11.2017 – 10 U 68/17), aber auch konkludent dadurch geschehen, dass der Auftraggeber Kostensteigerungen, die der Architekt/Ingenieur mitteilt, akzeptiert (OLG Stuttgart, Urt. v. 28.11.2017 – 10 U 68/17; Bräuer NZBau 2013, 417, 418). Allerdings muss in diesen Fällen überprüft werden, ob es sich tatsächlich um eine Abänderungsvereinbarung handelt oder der Bauherr aufgrund des Bautenstandes/Zeitpunktes der Mitteilung gezwungenermaßen die Baumaßnahme fortsetzt, ohne Abstand von der ursprünglich vereinbarten Kostenobergrenze zu nehmen. Eine vereinbarte Kostenobergrenze kann durch nachträgliche Vereinbarung (auch konkludent: zu einem derartigen Fall – Aufhebung allerdings verneint: KG, Urt. v. 23.05.2013 – 27 U 155/11; OLG Düsseldorf, Urt. v. 05.02.1999 – 22 U 172/98) aufgehoben werden. Im Regelfall wird das Verhalten der Parteien aber dahin-gehend zu verstehen sein, dass bei Kostenerhöhungen die einmal getroffene Kostenobergrenze nicht vollständig obsolet wird, sondern sich um zusätzliche Kosten, die der Bauherr – wenn er sich nicht in einer Zwangslage befindet – akzeptiert, erhöht (So auch Fuchs, FS Messerschmidt, S. 30). Da Anordnungen zur Änderung von Beschaffenheiten unter die Regelung des § 650b Abs. 1 Nr. 1 fallen, ist kein Grund ersichtlich, die Kostenobergrenze, als

Beschaffenheit, hiervon auszunehmen. Einseitige Änderungsanordnungen sind deshalb auch im Hinblick auf eine vereinbarte Kostenobergrenze möglich (Berger in Langen/Berger/Dauner-Lieb, § 650q Rn. 41; Zahn BauR 2019, 1513, 1517; a. A. Koeble, FS Messerschmidt S. 130). Ist damit aber ein Konflikt mit anderen vereinbarten, technischen Beschaffenheitsmerkmalen verbunden, muss der Architekt hierauf hinweisen und eine Anpassung der Planung vorschlagen, die dann wiederum zu einer Änderung der Planung führen kann (oder dazu führt, dass der Besteller von der Änderungsanordnung betreffend die Kostenobergrenze Abstand nimmt) und dann zusätzliche Honoraransprüche (wiederholt erbrachte Grundleistungen) auslöst.

Ein Problem ergibt sich bei Vereinbarung einer Kostenobergrenze dann, wenn neben der Vereinbarung der Kostenobergrenze andere Beschaffenheiten des Objekts festgelegt wurden und feststeht, dass das Objekt nicht so geplant und ausgeschrieben (und letztlich auch errichtet) werden kann, dass sowohl die anderen Beschaffenheiten vorhanden sind als auch die Kostenobergrenze eingehalten werden kann. Das Problem kann auch dadurch entstehen, dass technische Merkmale erst während des Planungs-prozesses festgelegt werden. Wird das Objekt im Architektenvertrag zunächst nur schlagwortartig bezeichnet, liegt eine mangelfreie Werkleistung dann vor, wenn die Planung und Ausschreibung zu einem Bauwerk entsprechend der schlagwortartigen Bezeichnung, ohne Berücksichtigung besonderer technischer Merkmale unter Einhaltung der Kostenobergrenze führen würde. Der Besteller hat bei Abschluss des Vertrages zu erkennen gegeben, dass es ihm vorrangig auf die Einhaltung der Kostenobergrenze ankommt und insoweit eine Beschaffenheitsvereinbarung getroffen, ohne andere Beschaffenheiten anzusprechen; es bleibt ihm allerdings unbenommen, durch nachträgliche Anordnungen technische Ausführungsdetails zu ändern oder aufgrund des ihm zustehenden Leistungsbestimmungsrechtes erstmalig zu konkretisieren, was sich dann aber auf die Kostenobergrenze auswirkt. Steht fest, dass eine Planung und Ausschreibung nicht erstellt werden kann, bei der das Objekt die vereinbarte Kostenobergrenze und die vereinbarten technischen Merkmale einhält und ist auch durch Auslegung nicht festzustellen, dass die Parteien einem Merkmal Vorrang (Fuchs, FS Messerschmidt, S. 28; Althaus BauR 2014, 1369, 1373 ff.: zur Auslegung bei Unmöglichkeit) eingeräumt haben, stellt sich die Frage, ob der Vertrag überhaupt wirksam ist. Ein Dissens liegt allerdings nicht vor. Die beiderseitigen Willenserklärungen decken sich. Vielmehr ist der Inhalt des beiderseitig Gewollten in sich so widersprüchlich, dass es planerisch nicht umgesetzt werden kann. Führt diese Perplexität zur Nichtigkeit des Vertrages? Bei Perplexität liegt keine wirksame Willenserklärung vor, ein Vertrag kommt nicht zustande (BeckOGK/Möslein BGB 1.2.2018 BGB § 155 Rn. 12). Allerdings liegt Perplexität nur dann vor, wenn eine Willenserklärung widersprüchlich ist, sodass ihr -auch durch Auslegung- keine klare Aussage entnommen werden kann (BeckOGK/Möslein a. a. O.; OLG Hamburg Urt. v. 29.1.1997 – 4 U 166/96; „erkennbare Mehrdeutigkeit": MüKoBGB/Armbrüster 8. Aufl. § 119 Rn. 93; BeckOK BGB/H.-W. Eckert, 48. Ed. 1.8.2018 § 155 Rn. 3; MüKoBGB/Busche 8. Aufl. 2018, § 155 Rn. 2). Dies ist aber nicht der Fall. Es liegt eine klare und eindeutige Aussage zum Vertragsinhalt vor. Das Gewollte ist eindeutig beschrieben, eben nur nicht umsetzbar. Der Vertrag ist deshalb nicht nichtig. Ist es dem Unternehmer nicht möglich, die vereinbarten Beschaffenheiten herzustellen, liegt Unmöglichkeit vor. Auch wenn ein Teil der Werkleistung in diesen Fällen immer möglich ist – entweder kann die Kostenobergrenze durch Umplanung eingehalten werden oder die Planung wird beibehalten und die Kostenobergrenze angepasst -, liegt mangels tatsächlicher und rechtlicher Teilbarkeit der Leistung (MüKoBGB/Ernst BGB § 275 Rn. 126–129) keine Teil- sondern vollständige Unmöglichkeit vor. Entsteht der Konflikt bereits mit Abschluss des Architektenvertrages liegt anfängliche Unmöglichkeit vor.

Ist der Besteller zur Anpassung der technisch vereinbarten (gab es noch gar keine Fest-legungen, handelt es sich also um die erstmalige Konkretisierung der technischen Merkmale, liegt ein anderer Fall vor.) Merkmale bereit, um die Einhaltung der Kostenobergrenze zu ermöglichen, führt dies zu einer (konkludenten) Vertragsänderung (Koeble, FS Messerschmidt S. 127 f.). Kommt es nicht zu einer derartigen Änderungs-vereinbarung, sondern zu einer einseitigen Anordnung durch den Besteller, liegt ein Fall des § 650b Abs. 1 S. 1 Nr. 2 BGB vor (Fuchs, FS Messerschmidt, S. 30). Der Architekt kann dann Unzumutbarkeit nicht einwenden und auch keine Vergütung für die Um-planung verlangen, was sich aus einer entsprechenden Anwendung des § 650b Abs. 1 S. 5 BGB ergibt. Vereinbarte technische Beschaffenheiten können sich im Planungsfort-gang ändern oder werden auch erstmalig konkretisiert. Setzt der Architekt in diesen Fällen die Planung fort, ohne im Hinblick auf die Kosten gegenüber dem Besteller zu reagieren, liegt auch hierin eine konkludente Vertragsänderung, die dahin geht, dass die ursprüngliche Kostenobergrenze bei geänderten Planungszielen weiterhin Bestand hat. Will der Architekt dies verhindern, dann muss er deutlich machen, dass die ursprüngliche

§ 650p Vertragstypische Pflichten aus Architekten- und Ingenieurverträgen

Kostenobergrenze aufgrund der erstmaligen Festlegung oder der Änderung der technischen Merkmale keinen Bestand mehr haben kann. Geschieht dies, ist dann aufgrund des Verhaltens des Bestellers durch Auslegung zu klären, ob eine An-passung der Kostenobergrenze oder deren Aufhebung vereinbart wurde. Sind die Leistungspflichten durch Inbezugnahme der Anlage 10 zur HOAI vereinbart, ergibt sich die Pflicht des Architekten zur Aufklärung des Bauherrn aus der Grundleistung b) der Leistungsphase 2: „Abstimmen der Zielvorstellungen; Hinweis auf Zielkonflikte" (Fuchs, FS Messerschmidt S. 25). Stellt sich während des Bauablaufs heraus, dass eine Kostenobergrenze, die vereinbart war, bei gleichbleibenden sonstigen Beschaffenheiten nicht eingehalten werden kann, ist der Architekt dazu verpflichtet, die Planung entsprechend anzupassen, um die Einhaltung der Kosten zu gewährleisten (OLG Stuttgart, Urt. v. 28.11.2017 – 10 U 68/17; Fahrenbruch NJW 2017, 362, 363; Weise, NJW-Spezial 2018, 684, 685). Gleiches gilt aber auch bei nachträglichen Änderungen und Konkretisierungen (OLG Stuttgart, Urt. v. 28.11.2017 – 10 U 68/17). Der Unterschied liegt darin, dass nur im zweiten Fall ein Vergütungsanspruch im Hinblick auf die Änderungsleistungen entsteht. Von der Frage, ob der Architekt verpflichtet ist, die Planung so anzupassen, dass die vereinbarten Kosten eingehalten werden können, ist die Frage zu trennen, ob und in welchem Rahmen er dies tun darf und welche Veränderungen der Bauherr hinnehmen muss. Die Abänderung der Planung, um eine vereinbarte Kostenobergrenze einzuhalten, kann für den Bauherrn unzumutbar sein (zu einem derartigen Umplanungsfall: OLG Nürnberg, Urt. v. 14.12.2001 – 6 U 2285/01). Dies muss aber nicht immer der Fall sein. Es ist auch denkbar, dass Umplanungen vorgenommen werden können, mit denen die Kosten eingehalten werden können und denen der Bauherr keine berechtigten Einwände entgegenhalten kann, z. B. dann, wenn die modifizierte Leistung nahezu gleichwertig (Fuchs, FS Messerschmidt, S. 28 unter Verweis auf OLG München Urt. v. 24.1.2012 – 9 U 3012/11) ist. Nach einer Auffassung in der Literatur soll das Bauwerk in seinen prägenden Grundzügen erhalten bleiben müssen (Voit in BeckOK BGB, § 631 Rn. 38). Vergleichbar mit der Frage der Unverhältnismäßigkeit, mit dem einem Nachbesserungsverlangen bei Mängeln der Werkleistung entgegengetreten wird, wird es entscheidend auf das Interesse des Bestellers an der in Frage stehen-den Ausführungsart, die geändert werden soll, ankommen. Hierbei spielt einerseits das Objekt als solches (Wohngebäude, gewerbliche Nutzung, Produktionshalle) und andererseits die Auswirkungen der Änderung (Optik, Funktionalität/Gebrauchstauglichkeit für den konkreten Zweck) eine Rolle. Eine vergleichbare Situation liegt ferner bei einer nicht genehmigungsfähigen Planung vor, wenn es darum geht, welche Änderungen der Besteller akzeptieren muss, um die Genehmigungsfähigkeit herbeizuführen. In diesem Fall ist der Besteller jedenfalls (oder auch nur) verpflichtet, unwesentliche Änderungen zu akzeptieren (BGH, Urt. v. 21.12.2000 – VII ZR 17/99). Gleiches gilt dann, wenn der Vertragsgegenstand nicht nur grob, schlagwortartig beschrieben wurde, sondern gleichzeitig mit der Vereinbarung der Kostenobergrenze auch bestimmte Beschaffenheiten bereits konkret festgelegt wurden. Ist eine vom Architekten vorgenommene Änderung der Planung für den Besteller zumutbar, wird von diesem jedoch für die Fortführung der Planungsleistungen nicht akzeptiert, kommt der Besteller mit der Ablehnung in Annahmeverzug (Fuchs, FS Messerschmidt, S. 30).

114 Ändern sich die Umstände, unter denen die Kostenobergrenze vereinbart worden ist (z. B. durch erstmalige Konkretisierung oder durch Änderung der Planungsziele/Zusatzwünsche des Auftraggebers), und liegen die Voraussetzungen für eine (konkludente) Aufhebung oder Anpassung der Kostenobergrenzenvereinbarung nicht vor, kommt eine Anpassung nach den Grundsätzen der Störung der Geschäftsgrundlage (§ 313 BGB) in Betracht. Diese Grundsätze kommen allerdings dann nicht zur Anwendung, wenn von Anfang an eine erkennbar fehlerhafte Kostenvorgabe zur Kostenobergrenzenvereinbarung führte (KG, Urt. 23.05.2013 – 17 U 155/11). Nach hier vertretener Auffassung ist dem Architektenvertrag durch ergänzende Vertragsauslegung ein vertraglicher Anspruch auf Anpassung der Kostenobergrenze dann zu entnehmen, wenn die Parteien die ursprüngliche Kostenobergrenze mit der Festlegung bestimmter technischer Merkmale des entstehenden Objekts verbunden haben, diese nachträglich geändert werden und erkennbar ist, dass sich hierdurch auch die Kosten verändern werden. Beiden Vertragsparteien muss klar sein, dass sich die Vereinbarung einer Kostenobergrenze auf einen bestimmten technischen Standard des Objekts bezieht. Ein derartiger Anpassungsanspruch steht dem Architekten insbesondere dann zu, wenn der Besteller Anordnungen zur Änderung der Planung nach § 650b BGB erteilt. Nach § 650q Abs. 1 BGB gilt § 650b BGB auch beim Architektenvertrag.

115 Häufig findet sich in der Rechtsprechung und Literatur die Aussage, dass die Überschreitung einer vereinbarten Kostenobergrenze den Mangel darstellen soll (KG, Urt. v. 23.05.2013 – 27 U

Vertragstypische Pflichten aus Architekten- und Ingenieurverträgen § 650p

155/11; BGH, Urt. v. 23.1.1997 – VII ZR 171/95). Gemeint und zutreffend ist es, die Planung als mangelhaft zu bezeichnen, die technisch so ausfällt, dass die vereinbarten Baukosten nicht eingehalten werden können (zutreffend KG, Urt. v. 08.05.2014 – 27 U 50/13; BGH, Beschl. v. 29.06.2016 – VII ZR 201/14 (Nichtzulassungsbeschwerde zurückgewiesen). Ein Toleranzrahmen kommt nur dann in Betracht, wenn sich Anhaltspunkte hierzu aus der Vereinbarung der Kostenobergrenze entnehmen lassen (OLG Schleswig, Beschl. v. 22.11.2012 – 1 U 8/12; BGH, Urt. v. 13.02.2003 – VII ZR 395/01; BGH, Urt. v. 23.01.1997 – VII ZR 171/95 BGH, Urt. v. 23.01.1997 – VII ZR 171/95 OLG Schleswig, Beschl. v. 23.10.2012 – 1 U 8/12). Nach hier vertretener Auffassung liegt ein Mangel nur dann vor, wenn die Kosten zur Überschreitung der Kostenobergrenze führen, deren Entstehung der Kontrolle des Architekten unterfallen und die er durch seine Planung beeinflussen kann. Nach anderer Ansicht scheiden Ansprüche des Auftraggebers in diesen Fällen mangels Ursächlichkeit des Verhaltens des Architekten im Hinblick auf die Kosten, die die Kostenobergrenze überschreiten, aus (OLG Celle, Urt. v. 30.01.2002 – 7 U 89/97, BGH, Beschl. v. 13.02.2003 – VII ZR 89/02 (Revision nicht angenommen).

Bei Überschreitung einer Kostenobergrenze kann dem Besteller das Recht zur Kündigung **116** aus wichtigem Grund zustehen (OLG Stuttgart, Urt. v. 28.11.2017 – 10 U 68/17). Als eine Rechtsfolge kann dem Besteller bei schuldhaftem Verhalten auch ein Schadensersatzanspruch zustehen. Nach der Abnahme ergibt sich der Schadensersatzanspruch aus §§ 634, 280, 281 BGB, vor der Abnahme direkt aus de §§ 280, 281 BGB. Nach der ständigen Rechtsprechung des BGH und der h. M. in der Literatur kann zwar ein Schaden in den die Kostenobergrenze übersteigenden Baukosten bestehen. Der Bauherr erleidet jedoch insoweit keinen Schaden, als der zu seinen Lasten gehende Mehraufwand zu einer Wertsteigerung des Objekts geführt hat (BGH, Urt. v. 21.05.2015 – VII ZR 190/14; BGH, Urt. v. 11.11.2004 – VII ZR 128/03; BGH, Urt. v. 07.11.1996 – VII ZR 23/95; BGH, Urt. v. 16.12.1993 – VII ZR 115/92; BGH, Urt. v. 16.06.1977 – VII ZR 2/76; BGH, Urt. v. 13.07.1970 – VII ZR 189/68). Um diesen Schaden festzustellen, ist die Vermögenslage des Bauherrn mit und ohne die Pflichtverletzung des Architekten zu vergleichen (BGH, Urt. v. 21.05.2015 – VII ZR 190/14; BGH, Beschl.v. 07.02.2013 – VII ZR 3/12). Maßgeblicher Zeitpunkt für die Schadensberechnung ist der Schluss der letzten mündlichen Tatsachenverhandlungen (BGH, Urt. v. 21.05.2015 – VII ZR 190/14; BGH, Urt. v. 07.11.1996 – VII ZR 23/95). Bei der Schadensermittlung müssen zwei Vermögenslagen miteinander verglichen werden, nämlich die Vermögenslage einschließlich des Grundstückswertes ohne Pflichtverletzung und andererseits die Vermögenslage einschließlich des Grundstückswertes mit Pflichtverletzung. Um diesen Vergleich vornehmen zu können, muss – wenn Umplanungsmöglichkeiten bestanden hätten, die zur Einhaltung der Kostenobergrenze geführt hätten –, der hypothetische Verkehrswert des Grundstücks mit dem entsprechend abgeänderten Objekt ermittelt werden (BGH, Urt. v. 21.05.2015 – VII ZR 190/14; Fuchs in F/B/S § 650p Rd.85). Ein Schaden kann also nicht einfach damit begründet werden, dass die Baukosten, die über der vereinbarten Kostenobergrenze liegen, über den Grundstückswert hinausgehen. Wertsteigerungen des Objekts sind im Wege des Vorteilsausgleichs zu berücksichtigen (BGH, Urt. v. 6.6.1997 – V ZR 115/96; OLG Frankfurt, Urt. v. 08.06.2015 – 4 U 3/15; OLG Celle, Urt. v. 30.01.2002 – 7 U 89/97, BGH, Beschl. v. 13.02.2003 – VII ZR 89/02 (Revision nicht angenommen); OLG Hamm, Urt. v. 22.04.1993 – 21 U 39/92). Da die Grundsätze zur Vorteilsausgleichung letztendlich ein Ausfluss aus dem Grundsatz von Treu und Glauben sind, findet die Vorteilsausgleichung je-doch dort die Grenze, wo das Ergebnis dem Zweck des Ersatzanspruchs zuwiderläuft, d. h. dem Geschädigten nicht mehr zuzumuten ist und den Schädiger unangemessen entlastet (BGH, Urt. v. 7.11.1996 – VII ZR 23/95; OLG Frankfurt, Urt. v. 06.06.2015 – 4 U 3/15; OLG Hamm, Urt. v. 22.04.1993 – 21 U 39/92). Darüber hinaus muss beachtet wer-den – was bei einigen OLG-Entscheidungen nicht gesehen ist –, dass nur solche Vorteile zur Anrechnung kommen, die ursächlich und kongruent (BGH, Urt. v. 6.6.1997 – V ZR 115/96) mit der Pflichtverletzung, die die Ersatzpflicht auslöst, verknüpft sind. Dies ist bei der allgemeinen Wertsteigerung, die nichts mit der Bau- bzw. Umbaumaßnahme zu tun hat, gerade nicht der Fall (Retzlaff rechnet auch die steigenden Grundstückspreise bei seinem Beispiel in BauR 2015, 1729, 1731 heraus; ausdrücklich auch in NZBau 2017m 131, 132 Fn. 13). Bei einem Neubau gilt dies jedenfalls uneingeschränkt für den Wert des Grundstücks. Bei einem Umbau hätte auch das vorher vorhandene Bestandsobjekt von der allgemeinen Wertsteigerung profitiert. Dieser Teil der Wertsteigerung ist deshalb bei der Ermittlung des Verkehrswertes herauszurechnen und nicht als Vorteil schadensmindernd zu berücksichtigen. Der BGH hat auch stets betont, dass eine Wertsteigerung (nur) insoweit zu berücksichtigen sei, soweit „der zu Lasten des Bauherrn gehende

Mehraufwand zu einer Wertsteigerung des Objekts geführt hat" (BGH, Urt. v. 21.5.2015 – VII ZR 190/14; Urt. v. 11.11.2004 – VII ZR 128/03; Urt. v. 16.12.1993 – VII ZR 115/92; Urt. v. 13.7.1970 – VII ZR 189/68). Zu den anzurechnenden Vorteilen können auch steuerliche Vorteile gehören (BGH, Urt. v. 22.03.1979 – VII ZR 259/77; BGH, Urt. v. 11.11.2004 – VII ZR 128/03). Nach der hier vertretenen Auffassung zur Beschaffenheitsvereinbarung ist bei der Schadensberechnung wie folgt vorzugehen: Zunächst ist der hypothetische Vermögensstand ohne Pflichtverletzung zu ermitteln. Da der Mangel – und damit die Pflichtverletzung – darin besteht, dass keine Planung und Ausschreibungsunterlagen (LV, Baubeschreibung) erstellt wurden, mit denen unter Ansatz fehlerfrei ermittelter Kalkulationsansätze unter Verwirklichung der vereinbarten technischen Merkmale die Kostenobergrenze hätte eingehalten werden können, ist die Vermögenssituation zu ermitteln, die tatsächlich bestünde, wäre eine ordnungsgemäße Planung und Ausschreibung, die diese Anforderungen erfüllt, erstellt worden. Im Rahmen der Schadensberechnung ist bei der Ermittlung der Vermögenssituation ohne Pflichtverletzung demnach zunächst eine hypothetische mangelfreie Planung zugrunde zu legen, mit der die Kostenobergrenze aus Sicht des Planers und Erstellers der Ausschreibungsunterlagen zum Zeitpunkt der Erstellung der Unterlagen unter Zuhilfenahme zutreffender Prognosehilfsmittel hätte eingehalten werden können. Wenn sich dann bei der Ausschreibung nicht vorhersehbare Mehr-kosten aufgrund von Preissteigerungen oder Mehrkosten aufgrund von Kündigungen, Insolvenzen von ausführenden Unternehmen ergeben, sind diese nicht herauszurechnen. Diese Mehrkosten wären auch bei pflichtgemäßem Verhalten angefallen. Ferner ist der Wert dieses fiktiven Objekts zu ermitteln, soweit er auf die Planung und Ausschreibung zurückzuführen ist. Diesem fiktiven Vermögensstand ohne Pflichtverletzung ist der Vermögensstand mit Pflichtverletzung gegenüber zu stellen. Hierbei ist allerdings nicht einfach auf die tatsächlichen Istkosten im Vermögen abzustellen. Berücksichtigt werden können bereits im Rahmen der rechnerischen Ermittlung des Schadens nur diejenigen Vermögensnachteile, die ursächlich auf die Pflichtverletzung zurückzuführen sind, was der Schutzzweck der verletzten Pflicht schadensbegrenzend gebietet. Wenn also diese Kosten nicht bereits bei Ermittlung der hypothetischen Vermögenssituation zusätzlich berücksichtigt wurden, da sie auch bei ordnungsgemäßem Verhalten angefallen wären, sind sie dann spätestens jetzt, bei Ermittlung des Vermögensstandes mit Pflichtverletzung herauszurechnen. Beides darf natürlich nicht miteinander kombiniert werden. Vielmehr erfolgt eine Berücksichtigung nur einmal, entweder bei der einen oder bei der anderen Vermögenslage. Zu berücksichtigen sind demnach nur die Mehrkosten, die auf die Planungs- und Ausschreibungsfehler, die zur Nichteinhaltung der Kostenobergrenze zurückzuführen sind. Mehrkosten, die nichts hiermit zu tun haben, z. B. allgemeine Preissteigerungen, Mehrkosten aufgrund von Kündigungen oder Insolvenzen der ausführenden Unternehmen etc. sind heraus-zurechnen. Gleichermaßen sind auch die Vorteile, die nicht adäquat-kausal mit der Pflichtverletzung verknüpft, d. h. nicht kongruent sind, bei der Schadensermittlung nicht zu berücksichtigen. Der Schaden besteht letztlich aus dem Teil der Istkosten, die die Kostenobergrenze übersteigen und auf welche die Planungs- und Ausschreibungsdetails zurückzuführen sind, die letztlich zu einer Überschreitung der Kostenobergrenze geführt haben unter Abzug der hierdurch hervorgerufenen Wertsteigerung. Im Fall der anfänglichen Unmöglichkeit bei Unvereinbarkeit der geschuldeten technischen Beschaffenheiten und der Kostenobergrenze steht dem Besteller unter den Voraussetzungen des § 311a Abs. 2 BGB ein Schadensersatzanspruch zu (BGH, Urt. v. 08.05.2014 – VII ZR 203/11 für den Bauvertrag). Nach einer Auffassung in der Literatur soll keine Unmöglichkeit vorliegen, wenn das Bauwerk in seinen prägenden Grund-zügen errichtet werden kann (BeckOK BGB Voit, § 631 Rn. 54; kritisch zur Anwendung des § 311a BGB: Rodemann, BauR 2019, 374, 376; dasselbe Problem wird oben im Zusammenhang mit der Frage der Unzumutbarkeit einer Umplanung erörtert, vgl. oben 4.c)). Hat der Architekt/Ingenieur bei Vertragsschluss Kenntnis von der Unmöglichkeit oder seine Unkenntnis zu vertreten, schuldet er nach § 311 a Abs. 2 BGB Schaden-ersatz (OLG Frankfurt, Urt. v. 21.01.2016 – 11 U 71/14, BGH Beschl. v. 25.4.2018 – VII ZR 39/16). Allerdings ist bei der Beantwortung der Frage, wann der Architekt die Nichteinhaltbarkeit der Baukostenobergrenze erkennen kann, zu berücksichtigen, in welchem Planungsstadium der Architektenvertrag mit der Kostenobergrenzenvereinbarung abgeschlossen wird. Liegen bereits Planungsergebnisse aus den ersten Leistungsphasen vor, wenn ein Architektenvertrag mit einem (Folge-)Architekten abgeschlossen wird, sieht die Sache anders aus als bei Abschluss eines Architektenvertrages, im Rahmen dessen die Grundlagenermittlung und Vorplanung erst noch erbracht werden sollen (Zutreffend für das Feststellen und Auflösen von Zielkonflikten in LP 2: Fuchs, FS Messerschmidt, S. 32). Bei dem Anspruch handelt es sich um einen An-spruch auf Schadensersatz statt der Leistung. Der Besteller ist in diesem Fall so zu stellen, als ob die Leistungen wie versprochen erbracht worden wären. Erfüllung kann nicht verlangt werden, da diese nach § 275 BGB ausgeschlossen ist. Der Anspruch knüpft auch nicht an eine vorvertragliche Pflichtverletzung an (Nichtaufklärung über die Unmöglichkeit), was nur zum Ersatz des negativen Interesses führen würde. Viel-mehr ordnet § 311a Abs. 2 BGB eine Art Garantiehaftung (MüKoBGB/Ernst BGB § 311a Rn. 15, 16) an, gerichtet auf das positive Interesse (BT.-Drucks 14/6040, S. 165 rechte Spalte oben). Auch bei dem Schadensersatzanspruch nach § 311a Abs. 2 ist im Rahmen der Differenzmethode ein Gesamtvermögensvergleich vorzunehmen (z. B. Grüneberg/Grüneberg 81. Aufl., § 311a Rn. 7 unter Verweis auf § 281 Rn. 17 ff. dort konkret Rn. 25). Zur Berechnung des Nichterfüllungsschadens bedarf es eines Vergleiches zwischen der Vermögenslage, die eingetreten wäre, wenn der Schuldner ordnungsgemäß -entsprechend seines Versprechens- erfüllt hätte und der durch die Nichterfüllung tat-sächlich entstandenen Vermögenslage (BGH, Urt. v. 20.5.1994 – V ZR 64/93; BGH, Urt. v. 27.5.1998 – VIII ZR 362/96). Bei der Ermittlung des Schadens nach § 311a Abs. 2 BGB soll im Rahmen der Vermögenssituation ohne Pflichtverletzung das Objekt mit den vereinbarten technischen Merkmalen und die Kosten der Kostenobergrenze heranzuziehen und mit der Ist Situation zu vergleichen sein (OLG Frankfurt, Urt. v. 21.01.2016 – 11 U 71/14, BGH Beschl. V. 25.4.2018 – VII ZR 39/16 Nichtzulassungsbeschwerde zu-rückgewiesen (das OLG stellt auf die Kosten der Kostenberechnung für die Ist-Situation ab, aus der weiteren Begründung in Tz.25 ergibt sich jedoch das maßgeblich die tatsächlichen Mehrkosten sein sollen, die im entschiedenen Fall aber wohl noch deutlich höher ausfielen); ähnlich wohl auch Retzlaff, BauR 2015, 1729, 1733, der dies kritisiert und u. a. deshalb die Einordnung einer Kostenobergrenze als Beschaffenheitsvereinbarung ablehnt. Nach hier vertretener Auffassung bezieht sich eine Kostenobergrenzenvereinbarung immer nur auf die Kosten, auf die der Architekt bei seiner Leistungserbringung Einfluss nehmen kann. Auf die tatsächlichen Istkosten des Objekts kommt es daher nicht an. Grundsätzlich ist auch hier das Vermögen mit und ohne Pflichtverletzung zu vergleichen. Bei der Vermögenssituation ohne Pflichtverletzung muss dabei unterstellt werden, dass eine Planung und Ausschreibung, erstellt worden wäre, die die Kostenobergrenze einhält und die weiteren technischen Merk-male berücksichtigt (auch wenn dies nicht möglich ist) und der Wert des Objektes an-hand der vereinbarten technischen Merkmale geschätzt werden. Bei der Vermögenssituation mit Pflichtverletzung kommt es nach hier vertretener Auffassung nicht auf die tatsächlichen Ist-Kosten des Objekts an. Vielmehr sind nur diejenigen Mehrkosten zu berücksichtigen, die darauf beruhen, dass nunmehr eine Planung und Ausschreibung erstellt werden muss, mit der die vereinbarte Kostenobergrenze eingehalten werden kann. Die Mehrkosten, die hierauf zurückzuführen sind, sind bei der Schadensberechnung zu berücksichtigen, nicht jedoch die anderen Ist-Mehrkosten, wie z. B. kündigungsbedingte Mehrkosten, Baukostensteigerungen etc. Ist die Unvereinbarkeit der vereinbarten technischen Beschaffenheiten mit der kostenobergrenze nach Vertrags-schluss entstanden, beispielsweise durch nachträgliche erstmalige Konkretisierungen, Änderungsvereinbarungen oder Änderungsanordnungen und wird diese Unvereinbarkeit nicht durch eine Anpassung der Planung oder durch Anpassung der Kostenobergrenze beseitigt, liegt eine nachträgliche Unmöglichkeit vor. Ist der Besteller für diese Unmöglichkeit verantwortlich, weil er an einer Auflösung des Konfliktes durch Umplanung seitens des Architekten nicht mitwirkt, obwohl er hierzu im konkreten Fall verpflichtet ist, behält der Architekt den Anspruch auf sein Honorar nach Maßgabe des § 326 Abs. 2 BGB (Fuchs, FS Messerschmidt, S. 31). Anderenfalls entfällt der Honoraranspruch und dem Besteller können Schadensersatzansprüche zustehen.

117 Nach zutreffender Auffassung hat derjenige, der Ansprüche aus einer Kostenobergrenze geltend macht, deren Vereinbarung zu beweisen (OLG Stuttgart, Urt. v. 30.03.2009 – 10 U 6/09; Saarländisches OLG, Urt. v. 25.05.2004 – 4 U 589/03-102) und damit der Auftraggeber (BGH, Urt. v. 06.10.2016 – VII ZR 185/13; zustimmend Fahrenbruch, NJW 2017, 362, 364; OLG Frankfurt, Urt. v. 20.11.2014 – 15 U 19/10; OLG Bamberg, Urt. v. 02.11.2011 – 3 U 100/11; OLG Stuttgart, Urt. v. 30.03.2009 – 10 U 6/09; OLG Karlsruhe, Urt. v. 24.07.2007 – 8 U 93/06, BGH, Beschl. v. 19.06.2008 – VII ZR 172/07 (Nichtzulassungsbeschwerde zurückgewiesen); a. A.: BGH, Urt. v. 04.10.1979 – VII ZR 319/78; OLG München, Urt. v. 11.10.1995 – 27 U 12/95; OLG Köln, Urt. v. 24.06.1994 – 3 U 185/93; OLG Jena, Urt. v. 20.06.2013 – 1 U 1032/12; OLG Köln, Urt. v. 04.11.2015 – 11 U 48/14; BGH, Beschl. v. 10.08.2016 – VII ZR 280/15 (Nichtzulassungsbeschwerde zurückgewiesen). Beruft sich der Architekt/Ingenieur allerdings auf eine nachträgliche Veränderung der Baukostenobergrenzenvereinbarung, hat er die von ihm behauptete Änderung zu beweisen (BGH, Urt. v. 13.02.2003 – VII ZR 395/01). Dem Bauherrn obliegt auch die Darlegung eines Schadens. Er muss hierzu zunächst seine Vermögenslage ohne Pflichtverletzung unter Berücksichtigung der sich dann hypothetisch

§ 650p Vertragstypische Pflichten aus Architekten- und Ingenieurverträgen

anschließenden Entscheidung (Abbruch oder abweichende Ausführung) darstellen (wie hier: Fuchs in F/B/S § 650p Rd.85). Geht es um die Überschreitung einer vereinbarten Kostenobergrenze hat der Architekt/Ingenieur allerdings zunächst (darauf weist das OLG Oldenburg, Urt. v. 7.8.2018 – 2 U 30/18 zu Recht hin) dazu vorzutragen, inwieweit aus technischer Sicht kosteneinsparende Gestaltungen möglich oder nicht möglich gewesen wären (BGH, Urt. v. 21.5.2015 – VII ZR 190/14; OLG Oldenburg, Urt. v. 7.8.2018 – 2 U 30/18). Anschließend hat der Besteller seine Vermögenslage mit Pflichtverletzung darzulegen. Nach einer älteren BGH – Entscheidung soll sich der Besteller bei der substantiierten Darlegung des Schadens „spezifiziert" auch mit der Wertsteigerung, die das Objekt erfahren hat, auseinandersetzen (BGH, Urt. v. 23.1.1997 -VII ZR 171/95). Er muss also im Rahmen der Schadensermittlung und -darstellung zu der Wertsteigerung vortragen und darlegen, dass diese hinter den aufgewandten Baukosten zurückbleibt. In jedem Fall liegt die Erstdarlegungslast für Umstände, in die der Schädiger keinen Einblick hat, beim Geschädigten (BGH, Urt. v. 10.2.1987 – VI ZR 17/86). Bei steuerlichen Vorteilen, die der Bauherr als Vorteil in Anrechnung bringen muss, liegt die Darlegungslast demnach zwar zunächst beim Bauherrn (BGH, Urt. v. 10.02.1987 – VI ZR 17/86). Der Bauherr kann allerdings unter Umständen seiner Darlegungslast ohne detaillierte Angaben zu den Steuervorteilen genügen, wenn er einen Sachverhalt vorträgt, nach dem der Steuervorteil deshalb nicht zu einer Schadensminderung führt, weil der Bauherr eine Schadensersatzzahlung versteuern muss (BGH, Urt. v. 22.03.1979 – VII ZR 259/77; BGH, Urt. v. 21.09.1987 – II ZR 265/86; BGH, Urt. v. 11.11.2004 – VII ZR 128/03). Vor diesem Hintergrund kann die Darlegungslast des Geschädigten nur dann erleichtert sein, wenn Steuervorteile und Steuernachteile im Wesentlichen auf derselben Berechnungsgrundlage entstehen. Nur dann ist die Annahme gerechtfertigt, dass sich beide ausgleichsfähig gegenüberstehen. Hierzu hat der Bauherr vorzutragen (BGH, Urt. v. 11.11.2004 – VII ZR 128/03). Da die Beweislast für anrechenbare Vorteile im Rahmen der Vorteilsausgleichung beim Schädiger liegt (BGH, Urt. v. 24.4.1985 – VIII ZR 95/84; Urt. v. 23.6.1992 – XI ZR 247/91; Urt. v. 17.10.2003 – V ZR 84/02), trägt die Beweislast für zu berücksichtigende Wertsteigerungen aber letztendlich der Architekt.

118 **(5) Fehlerhafte Investitionsberatung; fehlerhafte Informationen zu den zu erwartenden Baukosten.** In der vierten Variante wird ein Schaden daraus abgeleitet, dass die Kostenberatung des Architekten zu einem nicht rentablen Bauvorhaben geführt hat, das bei richtiger Beratung nicht durchgeführt worden wäre. In diesem Fall wird der Schaden geltend gemacht, der dadurch entstanden ist, dass das Bauvorhaben durchgeführt worden ist. Zum Vergleich stehen also die Vermögenslagen ohne die Falschberatung und mit Falschberatung. Der Besteller muss in diesem Fall die Pflichtverletzung darlegen, die zu der bei richtiger Beratung nicht gewollten Bauentscheidung geführt hat. Eine solche Pflichtverletzung kann darin liegen, dass der Architekt dem Besteller vor der Investitionsentscheidung unzutreffende Schätzungen über die voraussichtlichen Baukosten abgegeben hat. Über die voraussichtlichen Baukosten muss der Architekt den Besteller vor der Investitionsentscheidung pflichtgemäß und zutreffend beraten. Nach § 650p Abs. 2 BGB hat der Architekt dem Besteller zunächst eine Kosteneinschätzung zu übermitteln, wenn wesentliche Planungsziele noch nicht feststehen. Die Beratung im Hinblick auf die voraussichtlich entstehenden Kosten dient dazu, den Besteller über die zu erwartenden Kosten des Bauvorhabens zu informieren, damit dieser die Entscheidung über die Durchführung des Bauvorhabens auf einer geeigneten Grundlage treffen kann. Geht es um eine Kostenschätzung müssen die dazu gelieferten Zahlen unter Berücksichtigung des Maßstabs, der für die jeweilige Kostenschätzung anzulegen ist, verlässlich sein. Sind sie das nicht, muss der Architekt darauf hinweisen. So muss ein Architekt darüber aufklären, wenn Kostenschätzungen im Bauantrag oder im Förderantrag oder im Kreditantrag der Investitionsentscheidung nicht zugrunde gelegt werden können, weil sie – aus welchen Gründen auch immer – zu niedrig liegen (BGH, Urt. v. 11.11.2004 – VII ZR 128/03).

119 Inwieweit Kostenschätzungen schuldhaft fehlerhaft sind, ist eine Frage des Einzelfalls. Es kommt darauf an, welche Pflichten den Architekten bei der Kostenschätzung treffen und inwieweit er diese verletzt hat. Je weniger detailliert die Planung ist, umso weniger ist der Architekt in der Lage, die Kosten verlässlich zu schätzen. Er wird im frühen Stadium auf allgemeine Kostentabellen oder Kostenberechnungsdienste der Architektenkammern zurückgreifen und die sich daraus ergebenden Kosten mit fortschreitender Planung verifizieren oder detaillieren können. Es besteht an sich kein Grund, eine nach den fachlichen Regeln vorgenommene Kostenschätzung mit einer Toleranz zu versehen. Wird ein Bauvorhaben im frühen Stadium z. B. mit Kosten von 600.000 Euro geschätzt und stellt sich hinterher heraus, dass das unveränderte Bauvorhaben 750.000 Euro kostet, so stellt sich die Frage, warum die Schätzung so

niedrig war. Beruht das auf einer fehlerhaften Vorgehensweise des Architekten, so liegt eine Pflichtwidrigkeit vor. Diese kann nicht damit überspielt werden, dass dem Architekten eine Toleranz von bis zu 30% oder sogar 40% für eine Kostenschätzung zugebilligt wird (vgl. BGH, Urt. v. 7.11.1996 – VII ZR 23/95). Die Einräumung einer Toleranz erfolgt im Hinblick auf das Prognoserisiko und dient nicht dem Zweck, Fehler bei Erstellung der Kostenermittlung auszubügeln. Ist dem Architekten bei der Schätzung keine Pflichtwidrigkeit vorzuwerfen, so spielt es keine Rolle, dass die tatsächlichen Kosten deutlich höher sind. Maßstab für die Beurteilung der Pflichtwidrigkeit sind nicht die tatsächlichen Kosten, sondern die Anforderungen an die jeweilige Kostenermittlung. Dementsprechend kann eine Toleranz nur dann gerechtfertigt sein, wenn sie Ausdruck einer auch bei pflichtgemäßem Verhalten nicht zu vermeidenden Ungenauigkeit ist. Inwieweit sie zugebilligt werden kann, hängt ganz von den Umständen des Einzelfalles ab. In diese Richtung muss die Rechtsprechung des Bundesgerichtshofs mit gebotener Zurückhaltung gesehen werden (vgl. BGH, Urt. v. 7.7.1988 – VII ZR 72/87; Urt. v. 23.1.1997 – VII ZR 171/95). Jedenfalls sind die in Rechtsprechung und Literatur genannten Werte von 30–40% Toleranz bei der Kostenschätzung (OLG Schleswig Urt. v. 22.03.2018 – 7 U 48/18;K; Averhaus, NZBau 2019, 163), 20–25% bei der Kostenberechnung (beim Bauen im Bestand: OLG Naumburg Urt. v. 28.02.2018 – 3 U 36/17) und 10–15% beim Kostenanschlag ohne eine fallbezogene Grundlage und können deshalb nicht ohne weiteres herangezogen werden. Unvertretbar sind Entscheidungen, die einen nicht näher definierten Spielraum etwa dahin einräumen, die Grenze zu einer haftungsrelevanten Pflichtwidrigkeit sei erst dann überschritten, wenn dem Architekten „ein Fehlgriff in der Oktave" unterlaufen sei (so OLG Koblenz, Beschl. v. 9.11.2012 – 5 U 1228/11), was immer das auch heißen mag. Dabei ist es selbstverständlich, dass nachgewiesene Fehler, wie eine Berechnung ohne die notwendige Hinzuziehung des Tragwerkplaners, die fehlerhafte Berechnung des umbauten Raumes oder das Vergessen der Umsatzsteuer oder die Zugrundelegung eines völlig unrealistischen Kubikmeterpreises eine Pflichtwidrigkeit begründen (BGH, Urt. v. 7.11.1996 – VII ZR 23/95). Nichts anderes kann aber auch für eine fehlerhafte Anwendung von Kostentabellen oder Baukostenkalkulationsprogrammen oder andere Fehler bei der Kostenermittlung gelten (BGH, Urt. v. 7.7.1988 – VII ZR 72/87; instruktiv auch OLG Hamm, Urt. v. 21.7.2011 – I-24 U 151/04: fehlerhafte Schätzung von Sanierungskosten, weil eine Substanzermittlung für das Bauwerk nicht stattgefunden hat). Es bedarf also stets einer sorgfältigen Prüfung im Einzelfall, welche Fehler bei der Schätzung gemacht worden sind. Die tatsächlichen Kosten können nur dann ein Indiz für eine fehlerhafte Schätzung sein, wenn das Bauvorhaben, gemessen an dem zur Zeit der Schätzung geplanten Bauvorhaben, unverändert ausgeführt worden ist. Im Prozess ist insoweit sorgfältig vorzutragen. Es muss einerseits dargelegt werden, welche Bauaufgabe der Schätzung zugrunde liegt. Andererseits muss die Entwicklung des Bauvorhabens dargelegt werden. Hat sich die Bauaufgabe geändert, sind durch die Änderung bedingte unvorhersehbare Kosten von den tatsächlichen Kosten von vornherein abzuziehen. Das gilt auch für unvorhersehbare kostentreibende Ereignisse, wie z. B. eine Bauzeitverzögerung oder ein Wasserschaden. Erst diese bereinigten Kosten können Grundlage der Behauptung sein, die tatsächlichen Kosten wichen vorwerfbar von den geschätzten Kosten ab. Steht eine solche Abweichung fest, ist es Sache des Architekten, sich zu entlasten, also darzulegen, warum die Kostenschätzung nicht besser möglich war. Insoweit trifft ihn eine sekundäre Darlegungslast. Die Beweislast für eine Pflichtverletzung trifft allerdings den Besteller. Allerdings ist auch zu beachten, dass den Architekten auch die Pflicht trifft, bei Kostensteigerungen im Bauablauf – ungeachtet der Ursache – grundsätzlich den Besteller hierüber zu informieren. Erfolgt dies nicht (rechtzeitig), stellt dies eine eigene Pflichtverletzung dar, die zu einer mangelhaften Architektenleistung führt (OLG München Urt. v. 20.11.2018 – 28 U 705/15 Bau; OLG Karlsruhe Urt. v. 30.04.2020 – 8 U 92/18).

Jedenfalls, soweit es um Investitionsentscheidungen geht, ist eine Schätzung auch dann nicht als pflichtgemäß zu werten, wenn sie die Risiken der Schätzungsgrundlage nicht offen legt. Beruht eine Schätzung wie im Beispielsfall von 600.000 Euro auf einem Mittelwert, so muss der Architekt den Auftraggeber darüber aufklären, dass die tatsächlichen Kosten deutlich höher sein können. Denn diese Angaben benötigt der Bauherr, um eine seinen wirtschaftlichen Möglichkeiten entsprechende Entscheidung zu treffen. So muss bedacht werden, dass eine Kostenschätzung von 600.000 Euro mit einem Toleranzrahmen von 40% zu realistischen Kosten von 840.000 Euro führen kann. Diese Summe kann den Bauherrn überfordern. Er muss für seine Kostenentscheidung auch über diese Schätzungsbreite aufgeklärt werden, damit er die Risiken der finanziellen Belastung richtig einschätzen kann.

§ 650p Vertragstypische Pflichten aus Architekten- und Ingenieurverträgen

121 In diese Fallgruppe gehören auch die Fälle, in denen Kostenermittlungen zwar geschuldet sind, jedoch nicht übergeben werden. In der Praxis spielt hierbei die Nichtübergabe eines Kostenanschlags oder eines bepreisten Leistungsverzeichnisses eine erhebliche Rolle. Aufgrund dieser Informationen wird regelmäßig die Entscheidung getroffen, ob ein Projekt nun tatsächlich verwirklicht wird oder nicht.

122 Diese Variante kommt auch in der abgewandelten Form vor, dass der Besteller geltend macht, er sei nicht oder nicht richtig über die Verteuerung des Bauvorhabens informiert worden und habe deshalb nicht rechtzeitig von einer Fortführung des Bauvorhabens Abstand nehmen können. Grundlage für den Anspruch ist die unterlassene oder fehlerhafte Aufklärung über Kostensteigerungen. Ihm liegt die Pflicht des Architekten zugrunde, darüber aufzuklären.

123 In einer weiteren Abwandlung liegen zwar keine Fehler im Hinblick auf die Investitionskosten vor, sondern Fehler im Hinblick auf die zukünftig zu erzielenden Erträge (OLG Bamberg, Urt. v. 17.4.2013 – 3 U 127/12: zu den Mindererträgen einer Photovoltaikanlage aufgrund von erkennbaren Abschattungen).

124 Der Schaden des Bestellers ist aus der Differenz der Vermögenslage mit und ohne Pflichtverletzung des Architekten zu ermitteln. Der Besteller muss also (in einem Prozess) die Vermögenslage darstellen, wie sie entstanden wäre, wenn er von der Investitionsentscheidung abgesehen hätte → Rn. 116 (z.B. Verkauf des unbebauten Grundstücks, Anlage des Geldes oder Erwerb eines anderen Objekts). Von diesem Vermögenswert muss er den Wert seines Vermögens nach Durchführung des Investitionsobjekts abziehen. Maßgeblich ist im Falle einer Gerichtsverhandlung der Vermögensvergleich im Zeitpunkt der letzten mündlichen Tatsachenverhandlung. Eine Wertsteigerung des Grundstücks ist dabei zu berücksichtigen (BGH, Urt. v. 7.11.1996 – VII ZR 23/95). Nach hier vertretener Auffassung ist die allgemeine Immobilienpreiserhöhung bei der Wertermittlung herauszurechnen → Rn. 117). Sie soll den Schädiger nicht entlasten.

125 Ein Schadensersatzanspruch wegen fehlerhafter Investitionsberatung besteht nur dann, wenn der Beratungsfehler kausal für die Investitionsentscheidung war. Den Nachweis dafür, dass er sich bei richtiger Beratung anders entschieden hätte, muss der Auftraggeber führen. Dabei kann sich der Auftraggeber im Regelfall nicht auf eine Vermutung für ein beratungsgerechtes Verhalten stützen. Vielmehr gibt es keine typisierende Betrachtung, wie sich ein Bauherr verhält, der von seinem Architekten pflichtgemäß über die Höhe der zu erwartenden Baukosten aufgeklärt wird. Denn die Entscheidung ist regelmäßig von vielen unterschiedlichen Faktoren abhängig. Es ist deshalb auch bei ganz erheblicher Kostenüberschreitung nicht ohne Weiteres davon auszugehen, dass bei pflichtgemäßer Aufklärung die Bauvorhaben unterblieben wäre (BGH, Urt. v. 23.1.1997 – VII ZR 171/95; OLG Köln, Urt. v. 30.10.2014 -24 U 76/14; OLG Düsseldorf, Urt. v. 25.3.2014 – 23 U 166/12; OLG Hamm, Urt. v. 15.3.2013 – 12 U 152/12; OLG Köln, Urt. v. 30.10.2014 – 24 U 76/14; OLG Düsseldorf, Urt. v. 1.7.2016 – I-22 U 11/16 für Beratungs-/Hinweisfehler und verschiedenen Handlungsalternativen des Bauherrn). Ob sich an dieser Linie in der Rechtsprechung etwas aufgrund der Entscheidung des BGH (Urt. v. 15.7.2016 – V ZR 168/15) etwas ändert, wird abzuwarten sein. Mit dieser Entscheidung hat der BGH – im entschiedenen Fall Kapitalanlage – seine Rechtsprechung aufgegeben, wonach die Grundsätze zur Vermutung für ein beratungsgerechtes Verhalten dann ausscheiden, wenn es mehrere Handlungsalternativen nach zutreffender Aufklärung gibt. Derjenige, der Vertragspflichten verletzt, sei darlegungs- und beweispflichtig dafür, dass der Schaden bei pflichtgemäßem Verhalten ebenfalls eingetreten sei. Diese Rechtsprechung ist nach hier vertretener Auffassung auf die fehlerhafte Information zu den Baukosten zu übertragen. Der Bauherr muss im Rahmen der Erstdarlegungslast nur vortragen, er habe bei zutreffender Aufklärung von der Realisierung abgesehen oder abgespeckt realisiert hätte. Es ist dann Sache des Architekten dies zu entkräften. Das OLG Düsseldorf (Urt. v. 1.7.2016 – I-22 U 11/16) hat sich bereits etwas über den bisherigen Stand der Rechtsprechung hinausbegeben und die Auffassung geäußert, dass die Vermutung für ein beratungsgerechtes Verhalten jedenfalls dann anzuwenden sei, sofern für den Bauherrn aus objektiv vernünftiger Betrachtungsweise aus damaliger Sicht nur eine bestimmte Verhaltensweise nahe gelegen hätte. Das ist ein Schritt in die richtige Richtung. Allerdings sollte die Vermutung (weitergehen) grundsätzlich in allen Fällen zur Anwendung kommen.

126 **(6) Überteuerung des Bauvorhabens infolge fehlerhafter Kostenberatung.** In der fünften Variante macht der Besteller geltend, infolge einer fehlerhaften Kostenberatung habe er für das Bauvorhaben mehr Kosten aufgewandt als nach den Kostenermittlungen des Architekten vorgesehen gewesen sei. Infolgedessen sei ihm ein Schaden entstanden. In diesen Fällen muss der Besteller die fehlerhafte Kostenberatung und auch darlegen, wie er sich bei richtiger Beratung verhalten hätte (BGH, Urt. v. 21.5.2015 – VII ZR 190/14). Hätte er dann Kosten

Vertragstypische Pflichten aus Architekten- und Ingenieurverträgen §650p

eingespart und wäre ihm das zum Zeitpunkt des pflichtwidrigen Verhaltens noch möglich gewesen, kommt ein Schadensersatzanspruch in Betracht. Allerdings ist nach der Rechtsprechung ein Schaden insoweit nicht entstanden, als der Mehraufwand, zu dem auch die Zinsverpflichtungen aus zusätzlichen Darlehn gehören können (BGH, Urt. v. 7.11.1996 – VII ZR 23/95), zu einer Wertsteigerung des Objekts geführt hat (BGH, Urt. v. 16.12.1993 – VII ZR 115/92; Urt. v. 16.6.1977 – VII ZR 2/76). Bei der Wertermittlung ist zu beachten, dass bei richtiger Aufklärung das Bauwerk einen anderen Wert gehabt hätte.

Beispiel nach BGH, Urt. v. 21.5.2015: Vereinbart wird eine Baukostenobergrenze von 530.000 €. Diese wird teilweise infolge von Sonderwünschen um 40.000 € überschritten, ohne dass der Architekt auf die Überschreitung aufmerksam gemacht wurde. Der AG verlangt diesen Betrag als Schadensersatz. Der Wert des neu bebauten Grundstücks ist 526.000 €. Die Pflichtverletzung des Architekten liegt in der fehlenden Aufklärung über die Kostensteigerungen. Der AG kann verlangen, so gestellt zu werden, als wäre er aufgeklärt worden. Sein Schaden ist die Differenz des Vermögens mit und ohne Pflichtverletzung. Es muss also ermittelt werden, welchen Wert das Grundstück ohne Pflichtverletzung gehabt hätte und welchen es mit Pflichtverletzung hat. Der Schadensersatzanspruch wird wie folgt ermittelt:

127

Vermögen mit Pflichtverletzung ist:

Wert 526.000 € abzgl. Kosten 570.000 € (530.000 + 40.000): negativ 44.000 €

Vermögen ohne Pflichtverletzung:

Erster Rechenschritt:

Kosten 570.000 € abzgl. der Kosten, die bei rechtzeitigem Hinweis gespart worden wären, (also z.B. Bad billiger: 10.000 €, Terrasse kleiner: 5.000 €, Dachpfannen preiswerter: 3.000 €, Sonstiges: 20.000 €, Summe 38.000 €) = 532.000 €.

Zweiter Rechenschritt:

Kosten 532.000 € abzgl. Wert des Werks mit verringertem Bauvolumen z.B. 500.000 €: negativ 32.000 €.

Der Schaden besteht in Höhe von 32.000 €.

Ferner sind auch insoweit Wertzuwächse, die nichts mit der Pflichtverletzung zu tun haben, herauszurechnen → Rn. 117). Sie sollen den Architekten nicht entlasten.

Soweit Zinsen geltend gemacht werden, sind auch andere Vorteile gegen zu rechnen, die sich aus dem aufgenommenen Darlehen ergeben. Führt das dazu, dass eine frühzeitige Nutzung des Hauses möglich wird, die zu einem entsprechenden frühzeitigen Mietertrag oder Steuervorteil führt, ist dieser Vorteil zu berücksichtigen (BGH, Urt. v. 16.12.1993 – VII ZR 115/92). Die Kostenberatungspflicht ist keine Nebenpflicht, sondern eine Hauptpflicht des Architekten.

128

dd) Entwurfs- und Ausführungsplanung

(1) Funktionsgerechte Planung/Einhaltung der allgemein anerkannten Regeln der Technik. Vor allem die Funktionstauglichkeit einer Planung ist der Vereinbarung eines Planungsauftrags grundsätzlich immanent (BGH, Urt. v. 14.2.2001 – VII ZR 176/99; Urt. v. 29.9.2011 – VII ZR 87/11; Urt. v. 20.12.2012 – VII ZR 209/11; BGH, Urt. v. 15.5. 2013 – VII ZR 257/11 für den Tragwerksplaner). Denn eine Planung ist kein Selbstzweck, sondern dient dazu, ein den Nutzungs- und Gebrauchsvorstellungen des Bauherrn entsprechendes Bauwerk entstehen zu lassen (vgl. auch BGH, Urt. v. 20.12.2012 – VII ZR 209/11). Der Architekt muss ein funktionsfähiges Objekt im Rahmen der vorausgesetzten oder vereinbarten Funktionen und Zwecke planen (BGH, Urt. v. 29.9.2011 – VII ZR 87/11; OLG Düsseldorf, Urt. v. 18.11.2014 – 23 U 44/14). Auch insoweit muss er Klarheit schaffen und diese Funktionen und Zwecke vom Bauherrn erfragen oder sonst ermitteln. Der Architekt muss deshalb zu Beginn seiner Tätigkeit die Bauwünsche des Bestellers ermitteln und den Leistungsbedarf abklären sowie die Zielvorstellungen abstimmen (BGH, Urt. v. 8.1.1998 – VII ZR 141/97; Urt. v. 17.1.1991). Dazu muss er den Besteller umfassend aufklären und ihm die im Hinblick auf die Zielvorstellungen in Betracht kommenden Möglichkeiten entwickeln und Alternativen aufzeigen (BGH, Urt. v. 8.1.1998 – VII ZR 141/97).

129

Beispiel: Ein Doppelhaus wird mit Holzpelletheizung geplant. Der Architekt muss sich darum kümmern, welcher Lagerraum notwendig ist, und mit dem Bauherrn abklären, mit welcher Häufigkeit er Nachlieferungen bestellen will. Die Planung muss dem Bauherrn die

§ 650p   Vertragstypische Pflichten aus Architekten- und Ingenieurverträgen

Konsequenzen hinsichtlich Raumbedarf des Pelletlagers und damit eventuell verbundener erhöhter Baukosten aufzeigen, um diesem eine sachgerechte Investitionsentscheidung zu ermöglichen (OLG Stuttgart, Urt. v. 24.01.2012 – 10 U 90/11).

130 Eine Planung ist mangelhaft, wenn sie dazu führt, dass das Bauwerk Funktionsmängeln aufweist, nicht die mit dem Planer vereinbarte Beschaffenheit hat oder nicht nach den anerkannten Regeln der Technik errichtet wird. Welche Funktion nach dem Vertrag mit dem Planer vorausgesetzt oder vereinbart wird, ist durch Auslegung des Vertrages zu ermitteln (instruktiv OLG Naumburg, Urt. v. 9.2.2012 – 2 U 125/11 zur Frage, welches Planungsziel eine Sanierung eines Altbaus verfolgte: hier Kellerabdichtung oder nicht; auch OLG Hamm, Urt. v. 7.5.2014 – 12 U 184/12 dazu, dass der Architekt die Wunschvorstellung zur Autoauffahrt nicht optimal verwirklicht hat). So kann eine Planung einer Heizung trotz unzureichender Heizungsleistung mangelfrei sein, wenn der Besteller dem Ingenieur vorgibt, dass noch eine Außendämmung des Hauses vorgesehen ist und die fehlende Dämmung der Grund für die unzureichende Heizleistung ist (OLG Stuttgart, Urt. v. 10.9.2008 – 3 U 48/08). Zu den Vorgaben des Bauherrn kann auch die Einhaltung verschiedener Zertifizierungsvorgaben im Hinblick auf das zu errichtende Bauwerk sein (hierzu Dressel, NZBau 2021, 224). Die Zertifizierungen sehen regelmäßig vor, dass das zu errichtende Objekt bestimmte Beschaffenheiten aufweisen muss.

131 Erhält der Architekt vom Besteller bindende Planungsvorgaben, so gelten die zur Enthaftung durch Erfüllung der Bedenkenhinweispflicht entwickelten Grundsätze → § 634 BGB Rdn. 34 ff. Sind die Planungsvorgaben nicht geeignet, die nach dem Vertrag vorausgesetzte Funktion, insbesondere eine genehmigungsfähige Planung, entstehen zu lassen, so muss der Architekt auf Bedenken gegen diese Vorgaben hinweisen. Unterlässt er dies, ist er für den Mangel seiner Planung verantwortlich, es sei denn er konnte die Fehlerhaftigkeit der Vorgaben nicht erkennen (BGH, Urt. v. 10.2.2011 – VII ZR 8/10). Das dürfte jedoch beim Architekten der Ausnahmefall sein. Denn der Architekt muss im Rahmen seiner Aufgaben eine Klärung herbeiführen.

Beispiel: Ein gutes Beispiel gibt der Fall, dass ein Architekt mit der Planung eines Objekts beauftragt wird, das vom Bauträger als Reihenhäuser verkauft werden soll (BGH, Urt. v. 20.12.2012 – VII ZR 209/11). Diese Planung hat das Ziel, einen problemlosen Verkauf der Häuser an die Erwerber zu ermöglichen. Die Planung ist deshalb mangelhaft, wenn der Schallschutz für Reihenhäuser nicht eingehalten ist und der Bauträger Mängelansprüchen der Erwerber ausgesetzt ist. Denn dann ist das nach dem Vertrag vorausgesetzte Ziel nicht erreicht worden. Das gilt selbst dann, wenn Architekt und Bauträger sich in dem Irrglauben, das sei rechtlich möglich, auf entsprechenden Vorschlag des Architekten einig wurden, dass zur Kostenersparnis eine einschalige Bauweise gewählt wird und die Häuser als „vertikales Wohneigentum" verkauft werden, obwohl sie ihrem äußeren Erscheinungsbild nach keine Eigentumswohnungen, sondern Reihenhäuser waren. Denn auch dann wird das nach dem Vertrag vorausgesetzte Ziel nicht erreicht. Eine solche Planung, Bauausführung und anschließende Veräußerung führt nicht dazu, dass die Erwerber keine Ansprüche gegen den Bauträger wegen des Schallschutzes haben. Werden dem äußeren Anschein nach Reihenhäuser verkauft, ändert die Bezeichnung als vertikal geteiltes Wohneigentum nichts daran, dass ein Schallschutz für Reihenhäuser geschuldet wird. In der Sache haben Architekt und Bauträger ein Planungsdetail (einschalige Ausführung und Verkauf als vertikales Wohneigentum) vereinbart, das nicht geeignet war, den geschuldeten Erfolg (Mängelfreie Veräußerung) herbeizuführen. Dann liegt ein Planungsmangel vor, für den der Architekt einzustehen hat, wenn er nicht ausreichend über die Ungeeignetheit des vereinbarten Planungsdetails aufgeklärt hat. In dem entschiedenen Fall war das nicht so, den Bauträger traf jedoch eine erhebliche Mitschuld, weil er die Augen davor verschlossen hat, dass die Planung mangelhaft ist (zu allem BGH, Urt. v. 20.12.2012 – VII ZR 209/11).

Abgesehen von der Funktionstauglichkeit der Planung/Überwachung muss die Werkleistung des Architekten auch so beschaffen sein, dass die allgemein anerkannten Regeln der Technik eingehalten werden. Hierzu gehören – sofern nicht wirksam etwas anderes vereinbart wurde – auch die öffentlich-rechtlichen Vorgaben im Hinblick auf die Anforderungen an Arbeitsstätten (OLG Brandenburg Urt. v. 27.01.2021 – 4 U 86/19).

132 **(2) Sonderfall Planung eines dichten Bauwerks.** Dass ein Bauwerk dicht sein muss, ist eine Banalität. Der Architekt muss entsprechend planen, es sei denn, es ist nach entsprechender Aufklärung etwas anderes vereinbart. Er muss dementsprechend den nach Sachlage notwendigen Schutz gegen drückendes oder stauendes Wasser vorsehen (BGH, Urt. v. 30.10.1975 – VII ZR 239/73; OLG Hamm, Urt. v. 24.5.2016 – 24 U 10/14). Die Planung der Abdichtung eines

Bauwerks muss bei einwandfreier handwerklicher Ausführung zu einer fachlich richtigen, vollständigen und dauerhaften Abdichtung führen. Aus dem Abdichtungskonzept des Architekten muss sich eindeutig ergeben, welcher Lastfall für die Abdichtung zu berücksichtigen ist und wie unter den auf dem Grundstück anzutreffenden Boden- und Wasserverhältnissen eine dauerhaft funktionierende Abdichtung hergestellt werden soll (OLG Hamm, Urt. v. 24.5.2016 – 24 U 10/14). Dazu muss der Architekt je nach Auftrag die erforderlichen Ermittlungen zu den Boden- und Wasserverhältnissen selbst anstellen oder den Auftraggeber veranlassen, dies zu tun (vgl. Koeble in Kniffka/Koeble/Jurgeleit/Sacher, 5. Aufl; 11. Teil Rn. 788 m.w.N. aus der Instanzrechtsprechung und Vetter, NZBau 2006, 682). Jedenfalls in Gebieten mit hohen Grundwasserständen muss er diese bei den entsprechenden Behörden erfragen und prüfen, ob Schutzmaßnahmen erforderlich sind (OLG Naumburg, Urt. v. 13.11.2008 – 6 U 31/08 m.w.N.; OLG Düsseldorf, Urt. v. 23.10.2014 – 5 U 84/10). Er muss die langjährigen Grundwasserstände berücksichtigen und auch diejenigen in seine Planung einbeziehen, die nur gelegentlich erreicht worden sind (BGH, Urt. v. 14.2.2001 – VII ZR 176/99; Urt. v. 6.12.2007 – VII ZR 157/06: über 35 Jahre hinaus; OLG Düsseldorf, Urt. v. 23.10.2014; OLG Frankfurt, Urt. v. 24.6.2008 – 22 U 135/07: über 20 Jahre hinaus; OLG Düsseldorf, Urt. v. 20.12.2002 – 22 U 95/02; OLG Düsseldorf, Urt. v. 17.3.2000 – 22 U 142/99 m.w.N.). Etwas anderes gilt nur dann, wenn aus tatsächlichen und nachweisbaren Gründen feststeht, dass der bisherige Grundwasserhöchststand nicht mehr erreicht werden wird (OLG Düsseldorf, Urt. v. 23.10.2014 – 5 U 84/10). Es wird in der Regel geboten sein, zum langjährigen Grundwasserhöchststand noch einen Sicherheitsaufschlag hinzuzurechnen. Die Höhenlage eines Bauwerks ist wegen der Grundwassergefahr und der Entwässerung technisch sorgfältig zu planen und zu überwachen. Eine Drainage ist so zu gestalten, dass ein Eindringen von Wasser in Kellerräume mit Sicherheit vermieden wird. Entsprechendes gilt für die ausreichende Abdichtung der unterirdischen Teile von Bauwerken gegen Erdfeuchtigkeit (OLG Düsseldorf, Urt. v. 20.8.2001 – 23 U 191/00). Bereits vorhandene Vorgaben, die Rückschlüsse auf Wasserbelastung zulassen, sind sorgfältig zu prüfen. Der Architekt darf sich zwar in aller Regel auf Bodengutachten verlassen, die aussagekräftig genug sind. Erkennbare unvollständige Bodengutachten darf er seiner Planung jedoch nicht zugrunde legen. Fehlen ihm die erforderlichen Fachkenntnisse, muss er den Besteller darüber informieren und auf die Hinzuziehung der notwendigen Sonderfachleute hinwirken (OLG München, Beschl. v. 23.7.2015 – 9 U 4888/14). Er haftet bei eigenständiger Hinzuziehung eines Sonderfachmanns für dessen Auswahl und Überprüfung. Für Mängel des Gutachtens ist er mitverantwortlich, wenn der Mangel auf seinen Vorgaben beruht, wenn er einen unzuverlässigen Sonderfachmann ausgewählt hat oder er Mängel nicht beanstandet, die für ihn erkennbar sein mussten (zu allem: BGH, Urt. v. 14.2.2001 – VII ZR 176/99; vgl. auch OLG Karlsruhe, Urt. v. 6.4.2010 – 4 U 129/08). Der Architekt kann sich nicht darauf berufen, dass auch der Statiker von falschen Bodenverhältnissen ausgegangen ist. Denn es ist seine Aufgabe, dem Statiker die für dessen Berechnung erforderlichen Angaben zu den Boden- und Grundwasserverhältnissen zur Verfügung zu stellen (OLG Düsseldorf, Urt. v. 23.10.2014 – 5 U 84/10; OLG Hamm, Urt. v. 24.5.2016 – 24 U 10/14). Ganz im Gegenteil muss der Architekt sich vergewissern, dass der Statiker von zutreffenden Grundwasserverhältnissen ausgegangen ist (OLG Düsseldorf, Urt. v. 23.10.2014 – 5 U 84/10 m.w.N.).

133 Der Architekt kann allerdings auf eine Beschaffenheitsvereinbarung hinwirken, wonach seine Planung gewissen Risiken unterliegt. Eine von den obigen Standards abweichende Beschaffenheitsvereinbarung setzt aber voraus, dass der Auftraggeber über die Risiken informiert worden ist. Der Architekt muss deshalb darlegen und beweisen, dass er den Besteller über die Notwendigkeit bestimmter Abdichtungsmaßnahmen (z.B. weiße Wanne) oder die Ungewissheit über diese Notwendigkeit hingewiesen hat und dieser auf diese Maßnahme verzichtet hat, etwa weil sie ihm zu teuer war und er das Risiko nicht als erheblich eingestuft hat (vgl. OLG München, Urt. v. 3.9.2002 – 13 U 3140/02). Der Hinweis muss so sein, dass der Bauherr die Gefährdung richtig einschätzen kann. Der Architekt muss dem Besteller also z.B. hinreichend verdeutlichen, dass und warum ein Bodengutachten notwendig ist (OLG Düsseldorf, Urt. v. 20.8.2001 – 23 U 191/00; OLG Zweibrücken, Urt. v. 20.1.2009 – 8 U 43/07; OLG Frankfurt, Urt. v. 22.4.1999 – 12 U 38/98).

(3) Genehmigungsfähige Planung/genehmigungsentsprechende Ausführungsplanung. Der Auftrag, einen Bauantrag für ein bestimmtes Bauvorhaben zu stellen, enthält **134** regelmäßig die Verpflichtung, diejenigen Leistungen zu erbringen, die notwendig sind, damit ein bestimmtes Bauvorhaben genehmigt wird. Das Bauvorhaben muss in diesem Sinne genehmigungsfähig sein und zwar dauerhaft (BGH, Urt. v. 10.2.2011 – VII ZR 8/10; Urt. v. 26.9.2002 – VII ZR 290/01; Urt. v. 25.3.1999 – VII ZR 397/97; Urt. v. 25.2.1999 – VII ZR

190/97). Es kommt also nicht darauf an, ob die Baugenehmigung tatsächlich erteilt worden ist, sondern darauf, ob die Baugenehmigung zu Recht erteilt worden ist. Das Problem stellt sich regelmäßig dann, wenn die Baugenehmigung nicht erteilt wird oder wenn die Baugenehmigung – häufig auf Initiative von Nachbarn – aufgehoben wird oder eine Aufhebung droht (vgl. dazu Knacke/Schütz, FS Koeble, S. 375 ff.). Denn dann drohen dem Besteller Schäden, für die der Architekt haften muss (BGH, Urt. v. 19.3.1992 – III ZR 117/90; Urt. v. 25.3.1999 – VII ZR 397/97; Urt. v. 10.2.2011 – VII ZR 8/10). Die Verpflichtung, eine genehmigungsfähige Planung abzuliefern, erfährt im Planungsablauf Änderungen. Im Hinblick auf die Leistungen der Leistungsphasen 1 und 2 kann unter Umständen noch gar keine Aussage zu der Genehmigungsfähigkeit getroffen werden, da die Vorstellungen des Bestellers zu diesem Zeitpunkt dem Architekten noch gar nicht bekannt sind. Für die Leistungsphasen 1 und 2 ist deshalb eine Einschränkung dahingehend vorzunehmen, dass zunächst die Beschaffenheiten, die den Vorstellungen des Bestellers vom zu errichtenden Objekt entsprechen, vom Architekten zu ermitteln sind. Erst anschließend ist dann ein Abgleich mit den öffentlich-rechtlichen Vorgaben vorzunehmen (vgl. KG Urt. 10.07.2018 – 21 U 152/17). Etwas anderes gilt aber dann, wenn es um öffentlich-rechtliche Vorgaben geht, die dem Architekten von vorne herein bekannt sein müssen. Widersprechen die Vorstellungen des Bestellers diesen, muss er unmittelbar darauf hinweisen und dafür sorgen, dass von vorne herein entsprechend dieser Vorgaben geplant wird.

135 Ein Auftrag, ein Bauwerk zu planen, wird sich allerdings in vielen Fällen, gar nicht daran orientieren können, ob eine Baugenehmigung erteilt wird. Die Formulierung, der Architekt schulde eine genehmigungsfähige Planung, ist juristisch nicht ganz korrekt. Er schuldet vielmehr eine Planung, die eine rechtsbeständige Realisierung des geplanten Bauwerks ermöglicht (Knacke/Schütz, FS Koeble, S. 375, 378). Denn ein Mangel der Planung liegt auch dann vor, wenn eine Baugenehmigung rechtswidrig erteilt wird. Zudem sind viele Bauvorhaben, teilweise nach Maßgabe der Entscheidung der Baubehörde, nicht genehmigungspflichtig. Der Wegfall der Genehmigungspflicht entbindet den Architekten nicht von seiner Aufgabe, ein den Anforderungen entsprechendes Bauwerk zu planen (vgl. Jacob, BauR 2003, 1623 ff.). Es kommt darauf an, ob das Objekt mit dem öffentlich-rechtlichen Bauplanungs- und Bauordnungsrecht vereinbar ist (BGH, Urt. v. 27.9.2001 – VII ZR 391/99). Dazu gehören auch öffentliche Regeln, die aus anderen Gründen die Planung beschränken. Das können wasserrechtliche, umweltschützende, sicherheitstechnische, arbeitsschützende oder sonstige öffentliche Regelungen sein. Im Einzelfall stellen sich Probleme, deren Lösung sich nach der objektiv gerechtfertigten Erwartungshaltung des Bestellers richtet. Dieser darf in aller Regel erwarten, dass der Architekt sich kundig macht und alle für die Planung des Objekts zu berücksichtigenden Regelungen beachtet. Der Architekt muss die zur Lösung der Planungsaufgabe notwendigen Kenntnisse auf dem Gebiet des Bauplanungs- und des Bauordnungsrechts besitzen (BGH, Urt. v. 19.3.1992 – III ZR 117/90). Sofern es um Spezialkenntnisse aus seinem Fachgebiet geht, muss er alle zumutbaren Anstrengungen unternehmen, sich diese zu verschaffen oder jedenfalls vermitteln zu lassen.

136 **Beispiel:** Das Bauobjekt wird im Hochwassergebiet geplant. Es gibt einen Bebauungsplan, der eine bestimmte Bebauung zulässt. Danach plant der Architekt, ohne sich bei der Wasserbehörde zu erkundigen, ob wegen des Hochwassers bestimmte Beschränkungen zu beachten sind. Er übersieht infolgedessen, dass die Bauvorhaben nur in einer bestimmten Höhe gebaut werden dürfen. Seine diese Höhe nicht berücksichtigende Planung ist mangelhaft (OLG Koblenz, Urt. v. 4.11.2009 – 1 U 633/09).

Der Architekt muss den Besteller darauf hinweisen, dass ihm zu bestimmten Gebieten die Spezialkenntnisse fehlen und insoweit ein Rechtsrat einzuholen ist (Knacke/Schütz, FS Koeble, S. 375, 380 ff. m. w. N. zur Literatur und Rechtsprechung, z. B. BGH, Urt. v. 21.6.2001 – III ZR 313/99).

137 Das Erfordernis einer genehmigungsfähigen Planung gilt auch, wenn der Architekt deshalb besondere Planungsrisiken hat, weil z. B. im nicht verplanten Innenbereich gebaut werden soll und die Behörde einen Ermessensspielraum hat, inwieweit sie Bauvorhaben genehmigt. Übernimmt der Architekt es vertraglich ein Bauwerk zu planen, das auch in diesem Bereich genehmigt wird, und wird die Genehmigung rechtmäßig nicht erteilt, so ist die Leistung des Architekten mangelhaft. Die Unsicherheit der Beurteilung der bauplanungsrechtlichen Chancen eines Vorhabens bei der Genehmigung, die aus den in § 34 Abs. 1 BauGB verwendeten unbestimmten Rechtsbegriffen resultiert, rechtfertigt es nicht, den Architekten im Verhältnis zum Bauherrn von vornherein von seiner eingegangenen vertraglichen Verpflichtung zur Erbringung einer genehmigungsfähigen Planung freizustellen. Der Architekt, der für ein Vor-

Vertragstypische Pflichten aus Architekten- und Ingenieurverträgen § 650p

haben im Sinne des § 34 BauGB eine genehmigungsfähige Planung verspricht, hat vielmehr seine Planung so zu erstellen, dass sie als zulässig im Sinne des § 34 Abs. 1 BauGB beurteilt werden kann, also innerhalb eines etwaigen Beurteilungsspielraums liegt. Erst dann erfüllt er seine vertragliche Pflicht (BGH, Urt. v. 25.3.1999 – VII ZR 397/97).

In den Fällen, in denen die Erteilung der Genehmigung nicht sicher vorhersehbar ist, ist **138** jedoch zu prüfen, ob der Besteller vertraglich das Risiko übernommen hat, dass die Genehmigung nicht erteilt wird. Voraussetzung für die vertragliche Risikoübernahme durch den Besteller (vgl. hierzu → Rn. 66 f.) ist, dass dieser Bedeutung und Tragweite des Risikos erkannt hat, die Genehmigung könnte nicht erteilt oder widerrufen werden (OLG Karlsruhe, Urteil vom 17.02.2015 – 19 U 32/13). Das kann – sofern es nicht bereits offenkundig ist – in der Regel nur angenommen werden, wenn der Architekt den Besteller umfassend über das bestehende rechtliche und wirtschaftliche Risiko der von ihm gewünschten Planung aufgeklärt und belehrt hat und der Besteller sich sodann auf einen derartigen Risikoausschluss rechtsgeschäftlich einlässt (BGH, Urt. v. 10.2.2011 – VII ZR 8/10 m. w. N.; Urt. v. 21.12.2000 – VII ZR 17/99; Urt. v. 9.5.1996 – VII ZR 181/93). Es reicht also nicht aus, dass das Risiko der Genehmigungsfähigkeit erkannt wird (BGH, Urt. v. 26.9.2002 – VII ZR 290/01), auch wenn sich aus den zugrunde liegenden Umständen ergeben kann, dass der Besteller nicht mehr beratungsbedürftig ist. Das gilt auch in den Fällen, in denen der Architekt den Auftrag hat, zunächst bewusst über die Grenze der Genehmigungsfähigkeit hinaus zu planen und diese Planung der Baubehörde zu dem Zweck vorgelegt werden soll, eine Genehmigung dann durch Verhandlungen herbeizuführen. In solchen Fällen wird die Auslegung des Vertrages auch ergeben können, dass der Besteller eine bewusst riskante oder nicht genehmigungsfähige Planung in Auftrag gegeben hat, z. B. um durch den Planungsentwurf zur Vorlage bei der Baubehörde die Grenzen des öffentlichen Baurechts bewusst „auszureizen". Allerdings bedarf es einer entsprechenden rechtsgeschäftlichen Vereinbarung (BGH, Urt. v. 26.9.2002 – VII ZR 290/01), die nicht allein darin liegt, dass der Bauherr auf eine Bauvoranfrage verzichtet hat (Urt. v. 25.3.1999 – VII ZR 397/97). Jedoch werden die sonstigen Umstände in manchen Fällen dafür sprechen. Das gilt insbesondere dann, wenn der Besteller ein erfahrener Bauherr ist, der das Risiko ohne weiteres erkennt, wie z. B. ein Bauträgerunternehmer oder ein vergleichbares Wohnbauunternehmen (vgl. den BGH, Urt. v. 25.2.1999 – VII ZR 190/97 zugrunde liegenden Fall. In diesem Fall hat der Bundesgerichtshof allerdings nur ganz überwiegendes Mitverschulden an dem durch Widerruf einer Baugenehmigung entstandenen Schaden angenommen (vgl. auch BGH, Urt. v. 10.2.2011 – VII ZR 8/10), obwohl dem bestens Informierten das Erfordernis einer Ausnahmegenehmigung bekannt war und er erklärt hat, er wolle sich mit dem Nachbarn regeln; vgl. auch BGH, Urt. v. 20.12.2012 – VII ZR 209/11: Der Bauträger hat die Augen davor verschlossen, dass die Empfehlung des Architekten rechtsfehlerhaft ist; das ist keine Risikoübernahme, führt aber zum Mitverschulden; OLG Celle, Urt. v. 20.7.2017 – 16 U 124/16: Ausschluss der Verantwortlichkeit des Architekten bei Kenntnis des Bestellers). Von Bedeutung kann insoweit auch sein, ob der Besteller bereits mit Behörden verhandelt hat und ihm Versprechungen gemacht worden sind, die er wiederum zur Grundlage seines Planungsauftrages macht. Zwar sind mündliche Zusagen und Entgegenkommen der Baubehörde regelmäßig ohne Verbindlichkeit (vgl. BGH, Urt. v. 25.3.1999 – VII ZR 397/97). Jedoch wird, wenn Bauherr und Architekt gleichermaßen in die Verhandlungen einbezogen sind, regelmäßig davon auszugehen sein, dass der Architekt auf der Grundlage dieser Versprechungen planen soll. Gleiches gilt, wenn der Bauherr die Verhandlungen geführt hat und entsprechende Versprechungen zur Grundlage des Auftrags macht. Werden die nicht bindenden Zusagen dann später nicht eingehalten, liegt keine Abweichung von der Beschaffenheitsvereinbarung vor. Fordert der Besteller eine dann den nunmehrigen Vorgaben der Baubehörde entsprechende Planung, ist das ein Neuauftrag und nicht die Aufforderung zur Mängelbeseitigung. Das alles gilt allerdings nur, wenn dem Besteller das Risiko der Nichtgenehmigungsfähigkeit bekannt war und er gerade darüber mit der Baubehörde verhandelt hat. Bei einer besonders gelagerten Konstellation hat das OLG Celle (Urt. v. 20.07.2017 – 16 U 124/16) dem Besteller Schadenersatzansprüche mit der Begründung versagt, dem Besteller sei Treuwidrigkeit vorzuwerfen. Der Besteller hatte in diesem Fall Kenntnis von der Rechtsauffassung des Bauamtes, die von der Auffassung des Architekten abwich. Der Architekt war bei der Besprechung mit dem Baurechtsamt nicht zugegen. Die Treuwidrigkeit wurde damit begründet, dass der Bauherr dem Architekten die abweichende Rechtsauffassung des Bauamtes hätte mitteilen müssen.

Handelt es sich dagegen um einen unerfahrenen Besteller, wird die Annahme, dieser habe **139** das Risiko einer nicht genehmigungsfähigen Planung übernommen, regelmäßig nur dann in Betracht kommen, wenn er über die Tragweite und Konsequenzen einer nicht genehmigungsfähigen Planung umfassend aufgeklärt worden ist und sich mit der Übernahme des Risikos bereit erklärt hat. Das gilt z. B. auch dann, wenn ein Besteller irrtümlich davon ausgeht, eine bereits vorliegende Nachbargenehmigung decke die von ihm gewünschte Erweiterung des Bauvorhabens ab. Selbst wenn das fern liegt (zweigeschossige statt eingeschossige Bauweise), muss der Architekt aufklären und dem Besteller die Risiken auf dieser Grundlage eine Baugenehmigung erwirken zu wollen, klar verdeutlichen. Aus der Aufklärungspflicht ist er selbst dann nicht entlassen, wenn das Bauamt eine Baugenehmigung erteilt. Denn dann bleibt das Risiko eines Nachbarwiderspruchs, worüber der Besteller ebenfalls zu informieren ist (vgl. BGH, Urt. v. 10.2.2011 – VII ZR 8/10). Baut der Besteller sodann aufgrund der fehlerhaften Baugenehmigung und ergeht auf Nachbarwiderspruch ein Widerrufs- und Abrissbescheid, muss der Architekt den aus der fehlerhaften Planung entstandenen Schaden ersetzen. Den Auftraggeber kann ausnahmsweise ein Mitverschulden treffen, wenn er sich ihm aufdrängen musste, dass die Planung baurechtswidrig ist und er deshalb das Risiko des Baus erkannt hat (BGH, a. a. O.; Urt. v. 20.12.2012 – VII ZR 209/11; Urt. v. 25.2.1999 – VII ZR 190/97). Ein solches Mitverschulden kann entgegen einer missverständlichen Entscheidung des Bundesgerichtshofs (Urt. v. 21.4.1994 – VII ZR 244/92) nicht mit der Begründung verneint werden, selbst wenn der Besteller die Gefahr einer mangelhaften Planung erkannt habe, treffe ihn kein Mitverschulden, wenn er daran geglaubt habe, das Risiko werde sich nicht verwirklichen. Denn der Besteller verstößt gegen die ihm obliegende Verpflichtung, den Schaden gering zu halten, wenn er die Mangelhaftigkeit einer Leistung erkennt und nichts dagegen tut, dass ein Folgeschaden eintritt. Insoweit muss er zumutbare Anstrengungen unternehmen, wozu auch gehören kann, ganz von einem riskanten Bauvorhaben Abstand zu nehmen (vgl. auch BGH, Urt. v. 24.4.2008 – III ZR 252/06; Urt. v. 25.10.1984 – III ZR 80/83; Urt. v. 12.6.1975 – III ZR 34/73 für den Fall, dass ein Bauherr aufgrund einer erkennbar rechtswidrigen Baugenehmigung mit dem Bau beginnt). Richtig ist aber, dass einen Auftraggeber keine Pflicht trifft, die Planungs- und sonstigen Leistungen des Architekten zu überprüfen und ihn deshalb kein Mitverschulden trifft, wenn aus Unkenntnis ein Planungsfehler nicht erkannt wird (vgl. BGH, Urt. v. 10.2.2011 – VII ZR 8/10; Urt. v. 29.10.1970 – VII ZR 14/69). Ein Mitverschulden trifft den Bauträger aber dann, wenn er dem Rat eines Architekten blind und unverständlich vertraut, Reihenhäuser könnten als „vertikal geteiltes Wohneigentum" verkauft werden und müssten dann nur eine einschalige Trennwand haben (BGH, Urt. v. 20.12.2012 – VII ZR 209/11).

140 Den mit der Bauüberwachung betrauten Architekten trifft eine Hinweispflicht, wenn Änderungswünsche des Bestellers dazu führen, dass das Bauvorhaben dadurch nicht mehr genehmigungsfähig ist (OLG Bamberg, Urt. v. 18.6.2014 – 3 U 72/12). Abgesehen davon, dass der Architekt im Rahmen der Bauüberwachung aufgrund der Grundleistung a) ausdrücklich übernommen hat, die Übereinstimmung der Ausführung mit der Genehmigungsplanung zu prüfen, obliegt auch dem Ersteller der Ausführungsplanung in der Leistungsphase 5 die Pflicht, die Planung an der zuvor ergangenen Baugenehmigung auszurichten. Anderenfalls ist die Planungsleistung mangelhaft (OLG Brandenburg Urt. v. 05.04.2017 – 4 U 112/14).

141 **(4) Konstruktionsmerkmale.** Soweit es um die Bauausführung geht, darf der Architekt in seiner Planung nur eine Konstruktion vorsehen, bei der er völlig sicher ist, dass sie den zu stellenden Anforderungen genügt. Er muss auf die Erforderlichkeit eines Baugrundgutachtens hinweisen, wenn die Bodenwerte nicht sicher sind. Plant er ohne sichere Kenntnis der Bodenbeschaffenheit, kann seine Planung mangelhaft sein, wenn sie die erforderliche Gründung nicht vorsieht (OLG Naumburg, Urt. v. 29.1.2014 – 12 U 149/13). Der Architekt muss bei der Auswahl der Baustoffe den sichersten Weg gehen (OLG München, Urt. v. 22.2.2011 – 13 U 4056/10; OLG Frankfurt, Urt. v. 11.3.2008 – 10 U 118/07). Er darf sich allenfalls bei ganz einfachen Aufgaben auf die Fachkompetenz des Handwerkers verlassen und muss ansonsten selbst dafür sorgen, dass die richtigen Baustoffe ausgewählt werden (vgl. OLG München, Urt. v. 26.3.2013 – 28 U 2645/10; OLG Hamm, Urt. v. 10.6.2014 – 24 U 1/13). Das gilt insbesondere dann, wenn besondere Anforderungen an den Planungsauftrag und die Bauausführung gestellt werden (z. B. Verfliesung einer Industriehalle, die einer speziellen chemischen Belastung standhalten muss: OLG Koblenz, Beschl. v. 25.9.2012 – 5 U 577/12). Er schuldet jedenfalls als Mindeststandard eine Planung, die die anerkannten Regeln der Technik einhält, sofern diese geeignet sind, die nach dem Vertrag vorausgesetzte Funktion zu erfüllen. Der Architekt steht insoweit in einer besonderen Verantwortung. Er muss sich stets auf dem Laufenden halten oder jedenfalls die für das jeweilige Bauvorhaben zu berücksichtigenden anerkannten Regeln der Technik kennen und danach planen. Auf Herstellerangaben kann er sich bei der Materialauswahl nicht verlassen, wenn diese nicht den anerkannten Regeln der Technik entsprechen. Bestehen insoweit Zweifel, muss er ihnen nachgehen (BGH, Urt. v. 2.5.1963 – VII

ZR 221/61). Allerdings dürfen die Anforderungen nicht überspannt werden. Auf plausible Auskünfte von Herstellern und Spezialunternehmern und Personen oder Institute, die nach ihrer Qualifikation als sachkundig angesehen werden dürfen, darf er sich verlassen, wenn kein triftiger Grund besteht, den Spezialkenntnissen des Auskunft gebenden Unternehmers zu misstrauen (BGH, Urt. v. 30.10.1975 – VII ZR 309/74; OLG München, Urt. v. 22.2.2011 – 13 U 4056/10); vgl. aber auch OLG Hamm, Urt. v. 1.9.2014 – 17 U 30/12 zu fehlerhaften Angaben eines Fachbauunternehmers für die Errichtung eines Krematoriums. Will der Architekt neuartige Baustoffe, Materialien oder Bauweisen einsetzen, so muss er den Besteller darüber und über die damit verbundenen Risiken aufklären und ein rechtsverbindliches Einverständnis des Bestellers mit dieser Vorgehensweise herbeiführen (vgl. BGH, Urt. v. 24.9.1992 – VII ZR 213/91; Urt. v. 23.3.1970 – VII ZR 87/68). Soweit solche Risiken nicht bekannt sind und dem Architekten (auch nach Auskunft sachkundiger Personen und Institute) keine Bedenken kommen mussten, kommt die Verletzung einer Aufklärungspflicht allerdings nicht in Betracht, so dass ein Planungsfehler ausscheidet (BGH, Urt. v. 30.10.1975 – VII ZR 309/74; OLG Hamm, Urt. v. 17.8.1990 – 26 U 180/89). Auf das Prüfzeugnis eines Fachinstituts kann sich der Architekt verlassen, auch wenn dies befristet ist, jedoch zur Zeit der Abnahme noch gilt (OLG München, Beschl. v. 20.2.2013 – 13 U 3128/12). Will der Architekt abweichend von den anerkannten Regeln der Technik planen, muss er den Besteller darüber und die damit verbundenen Risiken aufklären und ihm die Handlungsalternativen mit ihren Vor- und Nachteilen erläutern (OLG Koblenz, Urt. v. 19.1.2012 – 1 U 1287/10). Eine Aufklärungspflicht besteht auch über die Möglichkeiten des Schallschutzes, soweit diese nicht ohnehin durch das mit dem Besteller vereinbarte Qualitätsniveau vorgegeben sind. Der Architekt muss den Besteller auch über erreichbares höheres Schallschutzniveau aufklären. Erklärt sich der Auftraggeber mangels entsprechender Aufklärung mit der Planung eines niedrigen Schallschutzniveaus einverstanden, besteht ein Schadensersatzanspruch, wenn er sich bei erfolgter Aufklärung für die höherwertige, teurere Maßnahme entschieden hätte (hier: Trittschallschutz oberhalb der Decke eines Altbaus, OLG Schleswig, Urt. v. 27.3.2015 – 1 U 87/10).

142 Zu berücksichtigen ist auch, dass dem Architekten ein Planungsermessen zusteht, wenn der Vertrag insoweit keine Beschränkungen enthält. Allerdings kann der Architekt nicht einfach drauf los planen, sondern es ist seine Pflicht, die Wünsche des Bestellers vor jeder Planungsphase soweit wie möglich abzuklären und zu berücksichtigen (vgl. BGH, Urt. v. 8.1.1998 – VII ZR 141/97). Der Architekt hat den nicht sachkundigen Besteller darüber aufzuklären, ob das vom Besteller angedachte Werk für den vorgesehenen Zweck tauglich ist und den Bedürfnissen des Bestellers entspricht (vgl. BGH, Urt. v. 25.11.1986 – X ZR 38/85). Dabei hat er den Besteller umfassend zu beraten und etwaige Nachteile und Risiken seiner Planungsvorstellungen zu offenbaren (vgl. BGH, Urt. v. 9.7.1987 – VII ZR 208/86; OLG Koblenz, Beschl. v. 30.5.2011 – 5 U 297/11; OLG München, Urt. v. 16.7.2010 – 9 U 1501/09, für die optimale Auslastung eines Grundstücks durch dreigeschossige statt zweieinhalbgeschossige Bauweise; OLG Naumburg, Urt. v. 9.2.2012 – 2 U 125/11 zur Aufklärung über den Umfang notwendiger Sanierungsmaßnahmen bei der Modernisierung eines Altbaus; OLG Schleswig, Urt. v. 27.3.2015 – 1 U 87/10 zur Aufklärung über die Möglichkeit eines erhöhten Schallschutzes). Der Architekt muss dementsprechend auch über die Vor- und Nachteile der in der Planung vorgesehenen Stoffe und Bauteile sowie Materialien aufklären, sofern diese für die Zweckbestimmung des Auftraggebers von Bedeutung sind. Zudem muss seine Planung die gesamten Umstände berücksichtigen, die dem Vertrag zugrunde liegen. Gestalterische Vorstellungen des Bestellers können sich auch aus diesen Umständen ergeben, z.B. aus der Nachbarbebauung, dem sonstigen Umfeld, den Verhältnissen des Bauherrn und auch seinen finanziellen Möglichkeiten. Wenn der Vertrag insoweit keine Beschränkungen enthält, hat der Architekt ein gestalterisches Ermessen.

143 Soweit es um die Auslegung von Ingenieurverträgen geht, gilt das Gleiche. Die geschuldeten Leistungen sind häufig nur unzureichend beschrieben. Sie sind durch Auslegung der Ingenieurverträge zu ermitteln (vgl. zu den Pflichten des Tragwerkplaners: OLG Celle, Urt. v. 19.8.2009 – 7 U 257/08; KG, Urt. v. 13.12.2005 – 6 U 140/01; OLG Dresden, Urt. v. 20.1.2005 – 9 U 1121/04). Dabei ist auch zu beachten, dass der Fachplaner ebenfalls eine funktionstaugliche Planung schuldet, sie muss also dem vereinbarten Zweck entsprechen (vgl. OLG Düsseldorf, Urt. v. 18.11.2014 – 23 U 44/14 zu den Pflichten eines Ingenieurs bei der Planung eines Wärmeaustauschers; OLG Düsseldorf, Urt. v. 27.1.2015 – 21 U 42/12 zur Systemstatik, die das individuelle Tragverhalten nicht abbildet). Die anerkannten Regeln der Technik sind einzuhalten (OLG München, Urt. v. 14.5.2013 – 9 U 3038/12). Wird eine Statik beauftragt, hat diese regelmäßig den Zweck die Standsicherheit des Gebäudes unter Berücksichtigung der konkreten Bodenverhältnisse zu gewährleisten. Erfüllt die Statik diesen

Zweck nicht, ist sie mangelhaft. Das gilt, sofern nichts anderes vereinbart ist, ungeachtet der dem Statiker im konkreten Fall zur Verfügung gestellten Unterlagen. Der Statiker muss selbst dafür Sorge tragen, dass die für eine funktionstaugliche Tragwerksplanung erforderlichen Unterlagen vom Auftraggeber zur Verfügung gestellt werden. Er kann sich grundsätzlich nicht darauf berufen, aus den ihm überreichten Unterlagen seien besondere Boden- oder Wasserverhältnisse nicht hervorgegangen (BGH, Urt. v. 15.5.2013 – VII ZR 257/11). Für die Auslegung der Fachingenieurverträge ist zu beachten, dass diesen in aller Regel eine Planung des Objekts zugrunde liegt. Deren – ihrerseits auslegungsfähige – Vorgaben sind, sofern nichts anderes vereinbart ist, Grundlage der von dem Fachingenieur zu erbringenden Leistungen (BGH, Urt. v. 26.7.2007 – VII ZR 42/05; Urt. v. 13.3.2008 – VII ZR 194/06).

144 Von den Fällen, in denen die Planung eines Werkes in Auftrag gegeben wird, sind die Fälle zu unterscheiden, in denen die Entwicklung eines Produktes beauftragt worden ist. Auch hier stellen sich Probleme, welche Teilleistung der Ingenieur zu erbringen hat und inwieweit insoweit Mängel vorliegen. Es liegt auf der Hand, dass eine noch nicht abgeschlossene Entwicklungsplanung nicht allein deshalb mangelhaft ist, weil noch kein fertiges Produkt entwickelt worden ist. Hat der Werkunternehmer eine neue Lösung für ein technisches Problem zu entwickeln, lässt der Umstand, dass er hierbei zunächst Wege beschreitet, die sich im Nachhinein als nicht gangbar erweisen, nicht ohne Weiteres den Schluss zu, insoweit erbrachte Teilleistungen seien fehlerhaft (BGH, Urt. v. 13.6.2006 – X ZR 167/04).

145 **(5) Detaillierungsgrad einer Planung.** Die Anforderungen an die Ausführungsplanung ergeben sich jedenfalls mittelbar aus § 34 HOAI Anlage 10 Nr. 10.1, Leistungsphase 5. Wenn diese Leistungen vereinbart sind, muss der Architekt die Ergebnisse der Leistungsphase 3 und 4 unter Verwendung der Beiträge anderer an der Planung fachlich Beteiligter bis zur ausführungsreifen Lösung durcharbeiten, wobei er stufenweise vorgeht. Er muss das Objekt mit allen für die Ausführung notwendigen Einzelangaben zeichnerisch darstellen, z.B. endgültige, vollständige Ausführungs-, Detail- und Konstruktionszeichnungen i.M. 1:50 bis 1:1 herstellen und die Ausführungsplanung während der Objektplanung fortschreiben. Es kommt auf die Erfordernisse des Einzelfalles an. Schwierig zu klären ist deshalb, welchen Detaillierungsgrad Pläne haben müssen (BGH, Urt. v. 5.11.1987 – VII ZR 326/86), inwieweit Zeichnungen erstellt werden müssen oder ergänzende Angaben notwendig sind (vgl. OLG Düsseldorf, Urt. v. 16.6.2017 – I – 22 U 14/17: erforderlichenfalls bis zum Maßstab 1:1; OLG Frankfurt, Urt. v. 2.7.2008 – 1 U 28/07: Details zur Steuerung einer RWA-Anlage; OLG Bamberg, Urt. v. 16.4.2003 – 8 U 90/02: zeichnerische Erfassung des Bodenaushubs oder Hinweis auf „Bodenaushub nach Gutachten"; OLG Hamm, Urt. v. 22.9.2009 – 24 U 137/08: Planung von Bautenschutzmaßnahmen unnötig, wenn es sich um handwerkliche Selbstverständlichkeiten handelt – hier Freihaltung von Dachabläufen; zweifelhaft ist allerdings die Auffassung des OLG Hamm, nach Erkennen der Überdeckung der Dachabläufe im Rahmen der Bauüberwachung sei ein Hinweis an den Unternehmer ausreichend, um die Interessen des Auftraggebers zu wahren; OLG Stuttgart, Urt. v. 30.11.2010 – 10 U 67/10: Keine detaillierten Planungsvorgaben hinsichtlich einer vertikalen Sperrschicht für fachkundigen Handwerker; dieser muss wissen, dass diese lückenlos und vertikal 15 cm hoch zu sein hat; OLG Celle, Urt. v. 4.10.2012 – 13 U 234/11: Ausführungsplanung für Glasdach muss detaillierte Vorgaben zum Dehnungsverhalten der Materialien, zu den Auflagerprofilen und zum Korrosionsschutz enthalten; OLG Naumburg, Urt. v. 6.3.2014 – 1 U 95/13: Tragwerksplaner muss einem offenbar unzuverlässigen Unternehmer genaue Angaben zur Nagelung von Lochblechen machen; OLG Koblenz Urt. v. 30.9.2014 – 3 U 413/14: Detailplanung für ein Schwimmbad; OLG Stuttgart, Urt. v. 6.9.2012 – 2 U 3/12 zum Detaillierungsgrad einer Verbauplanung). Maßgeblich sind die Anforderungen an die Ausführung insbesondere unter Berücksichtigung der vorhandenen Verhältnisse und Kenntnisse, die von einem ausführenden Unternehmer unter Berücksichtigung der baulichen und örtlichen Gegebenheiten zu erwarten sind (BGH, Urt. v. 15.6.2000 – VII ZR 212/99). Da die Planung als Bauunterlage für die Bauunternehmer dient, ist darauf abzustellen, was diese benötigen, um auf der Basis ihres vorauszusetzenden Fachwissens die nötige Anleitung zu haben. Maßgeblich dürfte dabei das Wissen desjenigen sein, der auf der Baustelle für die Durchführung des jeweiligen Gewerks verantwortlich ist, also des Baufacharbeiters, wie z.B. des Poliers oder des Vorarbeiters, oder für den Fall, dass noch Montagepläne vom Unternehmer hergestellt werden müssen, desjenigen, der diese Montagepläne üblicherweise fertigt (zur Definition der Montage- und Werkstattpläne vgl. Seifert, BauR 2012, 1857, 1858f., dort auch kritisch zu BGH, Urt. v. 18.4.1985 – VII ZR 25/84 betreffend die Einordnung als Grundleistung nach alter HOAI). Für diese muss der Architekt lesbare, verständliche und fachlich einwandfreie Pläne erstellen, die insbesondere an schwierigen und schadensgeneigten

Stellen eindeutige Angaben machen. Soweit in technischen Richtlinien Musterzeichnungen vorhanden sind, dürfte es ausreichen, auf die Richtlinie zu verweisen. Kommen mehrere Alternativen in Betracht, muss die Planung auf die anzuwendende Alternative hinweisen. Weicht der Architekt von den Richtlinien planerisch ab und schafft er insoweit eine Sondersituation, müssen schadensträchtige Details zeichnerisch dargestellt werden (OLG Stuttgart, Urt. v. 15.4.2014 – 10 U 127/13). Besonders schadensträchtige Details einer Abdichtung gegen drückendes Wasser (hier: Abdichtung mit Dickbeschichtung) sind in einer jedes Risiko ausschließenden Weise zu verdeutlichen (BGH, Urt. v. 15.6.2000 – VII ZR 212/99; vgl. auch KG, Beschl. v. 9.4.2010 – 7 U 144/09; OLG Celle, Urt. v. 4.10.2012 – 13 U 234/11; OLG Koblenz, Urt. v. 30.9.2014 – 3 U 413/14 zur Abdichtung eines Schwimmbades). Grundsätzlich hängt der Grad der Detaillierung der Planung von der Schadensanfälligkeit der geplanten Konstruktion und den in Frage stehenden Details ab. Bei einer Warmdachkonstruktion bedürfen die Anschlüsse (Dampfbremse) besonderer planerischer Sorgfalt. Hier ist eine eingehende Planung und die Vorgabe von Details gegenüber dem ausführenden Unternehmer erforderlich (OLG Hamm Urt. v. 03.12.2020 – 24 U 14/20). Dies gilt ungeachtet des Umstandes, dass es sich bei derartigen Details um Dinge handelt, über die ein Fachunternehmer ebenfalls informiert sein muss. Enthalten die Pläne unterschiedliche Angaben zur Ausführung als weiße Wanne (Plan einmal mit, einmal ohne Quellband), so ist das ein Planungsfehler, der ursächlich dafür sein kann, dass eine solche nicht oder nicht ordentlich ausgeführt ist (OLG Düsseldorf, Urt. v. 23.10.2014 – 5 U 84/10). Gleiches gilt für unklare Angaben zur Ausbildung als Kalt- oder Warmdach (OLG Brandenburg, Urt. v. 29.8.2014 – 11 U 170/11). Die zu geringe Detaillierung der Planung ist häufig die Ursache für Mängel oder aber auch für Nachträge, weil sich herausstellt, dass die Grobplanung nicht den Gegebenheiten vor Ort Rechnung trägt. Das gilt insbesondere auch für die Fachplanung.

Soweit der Unternehmer für die Ausführung eigene Montagepläne zu fertigen hat, vgl. DIN 18380 (Heizanlagen und zentrale Wassererwärmungsanlagen) oder DIN 18360, 3.1.1.3, (Metallbauarbeiten), kann der Architekt – abhängig von der Vertragsgestaltung – verpflichtet sein, diese zu prüfen. Ist eine Leistung nach den Leistungsbildern der HOAI vereinbart, so ist der Architekt nach Anlage 10.1. zu §34 Abs. 4 HOAI 2013, Lph. 5f. zur Überprüfung erforderlicher Montagepläne der vom Objektplaner geplanten Baukonstruktion und baukonstruktiven Einbauten auf Übereinstimmung mit der Ausführungsplanung verpflichtet. Gleiches gilt für den Fachplaner der Technischen Ausrüstung, vgl. Anlage 15.1 zu §55 Abs. 3 HOAI, Lph. 5f. Welche Tiefe diese Prüfung haben muss, hängt von den Umständen des Einzelfalles ab, insbesondere davon, welche Fachkenntnisse vom Architekten insoweit abverlangt werden können. Spezialkenntnisse des Unternehmers muss er in der Regel nicht haben. Der Architekt haftet aber, wenn er offenkundige Fehler übersieht (OLG Hamm, Urt. v. 12.4.2013 – 12 U 75/12; vgl. Gautier/Zerhusen, BauR 2015, 410, 419). Behält der Architekt selbst die uneingeschränkte Verantwortung für die Ausführungsplanung, muss er die Montagepläne darauf prüfen, ob seine Vorgaben richtig umgesetzt sind (OLG Celle, Urt. v. 4.10.2012 – 13 U 234/11).

Im Einzelfall kann die Bestimmung der Planungs- bzw. Überwachungspflichten schwierig sein. Die in der Praxis häufig vom Architekten verlangte Prüfung und Freigabe der Schalpläne wird nur geschuldet, wenn dies vereinbart worden ist. Das ist nicht der Fall, wenn lediglich die Leistungsbilder der HOAI (ohne besondere Leistungen) vereinbart worden sind (Gautier/ Zerhusen, BauR 2015, 410, 417).

ee) Vorbereitung und Mitwirkung bei der Vergabe

Der Architekt muss die Ausschreibung so vornehmen, dass die mit dem Auftraggeber vereinbarte Planung vollständig so umgesetzt wird, dass ein mangelfreies Bauwerk entsteht. Dazu gehört auch eine klare Beschreibung der Bauaufgabe, die Irrtümer des Unternehmers vermeidet, soweit das möglich ist (OLG Brandenburg, Urt. v. 29.8.2014 – 11 U 170/11). Soweit nicht wirksam andere Vorgaben getätigt werden, muss ein Architekt die Planungsleistungen im Hinblick auf die Erstellung der Leistungsverzeichnisse so erbringen, dass die auszuführenden Leistungen entsprechend den allgemein anerkannten Regeln der Technik und genehmigungsfähig beschrieben werden (KG Urt. v. 01.02.2019 – 21 U 70/80). Der Architekt muss Nachträge vermeiden, soweit das möglich ist (BGH, Urt. v. 21.5.1981 – VII ZR 128/80). Das gilt auch für Nachträge aus Bauzeitverzögerung, die darauf gegründet sind, dass die Ausschreibungsunterlagen fehlerhaft waren (OLG Stuttgart, Urt. v. 6.9.2012 – 2 U 3/12). Dort wo technisch anspruchsvolle Aufgaben zu planen sind, muss der Architekt oder Ingenieur dem gerecht werden und er verhält sich unter Umständen pflichtwidrig, wenn er sich in eine funktionale Ausschreibung flüchtet, die dem Unternehmer die Verantwortung überträgt (OLG Düsseldorf,

§ 650p   Vertragstypische Pflichten aus Architekten- und Ingenieurverträgen

Urt. v. 22.6.2010 – 21 U 54/09). Die Angebote der Bieter hat der Architekt darauf zu prüfen, ob sie die Anforderungen der Ausschreibung und der Planung erfüllen, und ob sie geeignet sind, das Planungs- und Bauziel zu erreichen (BGH, Urt. v. 11.10.2007 – VII ZR 65/06). Das gilt auch für Nebenangebote (OLG Düsseldorf, Urt. v. 22.6.2010 – 21 U 54/09). Der Architekt ist auch verpflichtet, die Angebote auf überhöhte Spekulationspreise zu sichten und den Besteller vor den Folgen der Spekulation zu warnen. Solche Spekulationspreise sind im Übrigen häufig auf der Grundlage einer fehlerhaften oder unvollständigen Planung gebildet worden, so dass sie für den Architekten auch deshalb eine Mahnung darstellen müssen, seine bisherige Planung zu überprüfen.

149   Ein vom späteren Bauunternehmer mit der Erarbeitung eines Leistungsverzeichnisses beauftragter Architekt muss die voraussichtlichen Mengen und sonstigen Umstände gewissenhaft einschätzen. Hat der Unternehmer aufgrund von fehlerhaften Mengenangaben einen Schaden erlitten, ist dieser zu ersetzen. Das kann z. B. der Fall sein, wenn der Unternehmer einen Pauschalvertrag schließt, ohne die Möglichkeit, die durch zu geringe Mengenschätzung verursachte Fehlkalkulation durch Nachträge zu kompensieren, OLG Dresden, Urt. v. 1.8.2013 – 10 U 1030/11).

150   Inwieweit der Architekt, der die Mitwirkung bei der Vergabe schuldet, verpflichtet ist, die Vertragsunterlagen zusammenzustellen, hängt von den Umständen des Einzelfalles ab. Die Frage stellt sich nur dann, wenn der Besteller die Vertragsunterlagen nicht selbst vorlegt, sondern vom Architekten verlangt, dass er sie stellt. Was zum Zusammenstellen der Vergabeunterlagen im Sinne von § 34 HOAI Anlage 10 Nr. 10.1 Lph. 6 gehört, ist noch nicht abschließend geklärt. Überwiegend wird vertreten, der Architekt müsse die für den konkreten Vertrag heranzuziehenden Vertragsbedingungen vorbereiten (vgl. Koeble in Locher/Koeble/Frik, HOAI, 15. Aufl., § 34 Rn. 205 m. w. N. zum Meinungsstreit). Einigkeit besteht darüber, dass der Architekt nicht verpflichtet ist, Vertragsbedingungen zu entwerfen. Eine solche Verpflichtung würde jedenfalls bei komplexen Vertragsbedingungen in Konflikt mit dem Verbot der Rechtsberatung nach dem Gesetz über außergerichtliche Rechtsdienstleistungen (RDG) vom 12.12.2007 (BGBl. I S. 2840) geraten können. Danach sind dem Architekten Rechtsdienstleistungen im Zusammenhang mit seiner Tätigkeit nur erlaubt, wenn sie als Nebenleistung zu seinem Berufs- oder Tätigkeitsbild gehören. Ob eine Nebenleistung vorliegt, ist nach ihrem Inhalt, Umfang und sachlichen Zusammenhang mit der Haupttätigkeit unter Berücksichtigung der Rechtskenntnisse zu beurteilen, die für die Haupttätigkeit erforderlich sind (§ 5 RDG). Insoweit ist noch vieles ungeklärt (kritisch für den Projektsteuerer, der Verträge entwirft: OLG Saarbrücken, Urt. v. 3.3.2009 – 4 U 143/08), einerseits werden hohe Anforderungen an die Rechtskenntnisse des Architekten gestellt. Andererseits kann von ihm nicht erwartet werden, dass er Rechtskenntnisse hat, die ihn in die Lage versetzen, komplexe Verträge zu entwerfen (vgl. zur unerlaubten Rechtsberatung des Architekten: Kniffka, ZfBR 1994, 253 ff.).

151   Soweit der Architekt es allerdings übernimmt, Verträge zu formulieren oder Vertragsmuster zur Verfügung zu stellen, muss er darauf achten, dass diese von ihm vorgegebenen Verträge nicht nachteilig für den Besteller sind. Er haftet deshalb, wenn er schuldhaft für den Besteller ungünstige Klauseln verwendet und dem Besteller dadurch einen Schaden zufügt. Das ist z. B. der Fall, wenn er gehalten ist, eine fünfjährige Verjährungsfrist mit dem Auftragnehmer zu vereinbaren, seine Formulierung jedoch die Einbeziehung der VOB/B vorsieht und im Übrigen so unklar ist, dass die fünfjährige Frist nicht als vereinbart gilt (BGH, Urt. v. 2.12.1982 – VII ZR 330/81: OLG Schleswig, Urt. v. 28.4.2017 – 1 U 165/13: Vereinbarung einer kürzeren Verjährungsfrist als 5 Jahre in den Vertragsmustern). Problematisch ist die Verwendung der VOB/B, ohne eine zulässige, die Vereinbarung als Ganzes nicht gefährdende Änderung der Verjährungsregelung des § 13 Abs. 4 vorzusehen. Jedenfalls bei Gewerken, die auch nach Ablauf der vierjährigen Frist schadensträchtig sind, ist er gehalten, den Besteller auf die Möglichkeit hinzuweisen, eine längere Frist zu vereinbaren (OLG Nürnberg, Urt. v. 13.11.2009 – 2 U 1566/06). Unterlässt er dies und wird deshalb der Vertrag mit der Regelverjährung abgeschlossen, haftet der Architekt, wenn nach deren Ablauf und vor Ablauf der gesetzlichen Frist ein Mangel auftritt und der Bauunternehmer sich auf Verjährung beruft. Die Rechtsprechung der Oberlandesgerichte stellt hohe Anforderungen an die von einem Architekten objektiv zu erwartenden Rechtskenntnisse. Vom Architekten werden nicht unerhebliche Kenntnisse des Werkvertragsrechts, des Bürgerlichen Gesetzbuchs und der entsprechenden Vorschriften der VOB/B erwartet (BGH, Urt. v. 26.4.1979 – VII ZR 190/78). Gefahrengeneigt sind insbesondere Klauseln, die die Vereinbarung der VOB/B als Ganzes verhindern und damit zu Lasten des Bestellers die Inhaltskontrolle eröffnen. Kann der Besteller aus einer dieser Inhaltskontrolle nicht standhaltenden Klausel keine Rechte geltend machen, kann ihm dadurch ein Schaden entstehen. Das gilt z.B. für die Einrede der vorbehaltlosen Annahme der Schlusszahlung, § 16 Abs. 3 Nr. 2 VOB/B. Diese Klausel hält der Inhaltskontrolle nicht stand, wenn die VOB/B vom Besteller nicht als Ganzes in den Vertrag eingeführt worden ist. Haftungsgeneigt sind auch vorformulierte Vertragsstrafenklauseln, wenn sie die genauen Vorgaben der Rechtsprechung nicht beachten. Übergibt der Architekt dem Besteller einen vorbereiteten Generalunternehmervertrag mit einer Vertragsstrafenvereinbarung, die aber wegen Fehlens einer Obergrenze unwirksam ist, so haftet er wegen der entgangenen Vertragsstrafe gemäß § 635 BGB a. F. auf Schadensersatz, weil vom Architekten verlangt wird, dass er die Rechtsprechung zur Obergrenze als Wirksamkeitsvoraussetzung einer formularmäßigen Vertragsstrafe kennen muss (OLG Brandenburg, Urt. v. 26.9.2002 – 12 U 63/02).

Der Architekt hat in der Regel nicht die Rechtskenntnisse, die es ihm ermöglichen, selbst eine Vertragsgestaltung vorzunehmen. Außerdem gerät er in Konflikt mit dem Gesetz über außergerichtliche Rechtsdienstleistungen. Er ist deshalb gut beraten, wenn er das Ansinnen der Vertragsgestaltung ablehnt und die Hinzuziehung eines Anwalts anregt (Kniffka, ZfBR 1994, 253, 255 f.). Nimmt er es an, sollte er sich beim Besteller mit individuell vereinbartem Haftungsausschluss absichern. Jedenfalls sollte er den Besteller auf Risiken der Vertragsgestaltung aufmerksam machen, die ihm bekannt sein müssen. So wird es in der Regel ausreichen, wenn der Architekt den Besteller auf ein Vertragsgestaltungsrisiko hinweist und ihm rät, einen Rechtsrat eines Rechtsanwalts einzuholen. Aber auch insoweit werden strenge Anforderungen gestellt. So soll ein allgemeiner Hinweis, das entworfene Vertragsexemplar möge durch einen Rechtsanwalt überprüft werden nicht reichen (OLG Brandenburg, Urt. v. 26.9.2002 – 12 U 63/02; zu Recht kritisch Koeble in Locher/Koeble/Frik, HOAI, 15. Aufl., § 34 Rn. 206). **152**

Beantragt der Bauherr Fördergelder muss der vom Bauherrn beauftragte Projektsteuerer auf die Einhaltung der Förderrichtlinien und die darin festgelegten Vorgaben für die Durchführung von Vergabeverfahren achten (OLG Düsseldorf, Urt. v. 27.6.2014 – 17 U 5/14). **153**

Der nur mit den Leistungsphasen 6 bis 8 beauftragte Architekt muss sich zur Er-füllung der von ihm als Grundleistung geschuldeten Pflicht zur Kostenkontrolle schon vor Erteilung des Auftrags an den Bauunternehmer über den vom Bauherrn gewollten Kostenrahmen von diesem informieren lassen. Denn es gehört zur Leistungsphase 7 der Kostenanschlag und zur Kostenkontrolle dessen Vergleich mit der Kostenberechnung. Diese Erkundigungspflicht besteht jedenfalls dann, wenn der Architekt Zweifel haben muss, welche Kostengrenzen vereinbart worden sind (OLG München, Urt. v. 16.12.2014 – 9 U 491/14). **154**

ff) Sonderprobleme im Zusammenhang mit der Planung

(1) Zuordnungsprobleme bei Einsatz verschiedener Planer/Sonderfachleuten.

Besonders schwierig ist die Klärung, welche Leistung zu welchem Zeitpunkt, bzw. in welcher Leistungsphase der HOAI zu erbringen ist. Diese Frage wird virulent, wenn verschiedene Architekten oder Ingenieure mit verschiedenen Leistungsphasen beauftragt sind oder ein Architekt nur bis zu einer bestimmten Planungsphase, z.B. Genehmigungsplanung, hinzugezogen wird. Meistens geht es darum, ob eine Planung der Entwurfsphase oder der Ausführungsphase zuzuordnen ist. Das betrifft z.B. die detaillierte Planung einer Abdichtung (BGH, Urt. v. 15.6.2000 – VII ZR 212/99), des Schallschutzes oder des Brandschutzes (BGH, Urt. v. 27.9.2001 – VII ZR 391/99). Die Frage stellt sich jedoch auch in vielen anderen Abgrenzungsbereichen (vgl. OLG Frankfurt, Urt. v. 16.3.2010 – 14 U 31/04 zur Frage, ob der mit der Ausführungsplanung eines Schwimmbades beauftragte Architekt die Schwallwasserentlüftung einplanen oder dies der Ausführungsplanung des Generalunternehmers überlassen kann; OLG Düsseldorf, Urt. v. 22.2.2011 – 23 U 218/09 zur Frage, inwieweit die horizontale Abdichtung eines nicht unterkellerten Gebäudes gegen Dampfdiffusion bereits bei der Entwurfsplanung zu berücksichtigen ist). **155**

Die Parteien können auch vereinbaren, dass der Architekt oder Ingenieur nicht das gesamte Objekt plant, sondern nur Teile davon. **156**

Beispiel: Architekt plant nur einen Teil des raumbildenden Ausbaus, z.B. nur die Fußböden oder nur die Innentüren (vgl. BGH, Urt. v. 12.1.2006 – VII ZR 2/04); Ingenieur plant nicht die ganze Straße, sondern nur deren Zubehör wie Leitplanken, Beschilderung usw. (BGH, Urt. v. 23.2.2006 – VII ZR 168/04).

Solche Aufteilungen der Objekte führen dazu, dass mehrere, manchmal eine erhebliche Zahl von Planern und Fachplanern dafür zu sorgen haben, dass ein funktionsgerechtes Bauwerk entstehen kann. Es ist sehr wichtig, die Schnittstellen zu den anderen Objektteilen genau zu bestimmen und die Verantwortlichkeit verschiedener Planer festzulegen. Sonst kann es zu erheblichen Problemen bei der Bestimmung des Leistungsumfanges und damit auch bei der Frage kommen, ob die Leistungen mangelfrei erbracht sind (vgl. BGH, Urt. v. 12.1.2006 – VII ZR 2/04).

Beispiel: Der Auftraggeber zieht für die Restaurierung eines Kirchturms einen Sonderfachmann hinzu, der u. a. die Beratung und Planung des zu verwendenden Mörtels übernimmt. Der Sonderfachmann empfiehlt einen ungeeigneten Mörtel, ohne dass ihm die Eignungsunterlagen zur Verfügung standen. Er haftet für seine fehlerhafte Beratung. Das OLG Frankfurt (Urt. v. 22.3.2011 – 14 U 29/07) hat auch den Architekten für haftbar gehalten, weil dieser nicht vollständig aus seiner umfassend übernommenen Architektenpflicht entlassen worden sei und ebenfalls hätte bemerken können, dass die Eignungsunterlagen nicht vorlagen.

157 Grundsätzlich ist jeder Planungsbeteiligte für die Vertragsgemäßheit seiner eigenen Leistung verantwortlich (BGH, Urt. v. 10.7.2003 – VII ZR 329/02; OLG Köln, Beschl. v. 31.5.2011 – 24 U 164/10). Ist diese mangelhaft, haftet er nach dem Mängelhaftungsrecht des Bürgerlichen Gesetzbuches. Das gilt auch dann, wenn der Mangel seiner Leistung auf fehlerhaften Vorgaben anderer Planungsbeteiligter beruht. So kann eine Architektenplanung mangelhaft sein, wenn fehlerhafte Angaben aus einer fremd beauftragten Statik verwertet werden oder sie auf Angaben in einem falschen Bodengutachten aufbaut. Umgekehrt kann eine Statik mangelhaft sein, weil die ihr zugrunde gelegten Architektenpläne mangelhaft sind (BGH, Urt. v. 15.5.2013 – VII ZR 257/11). Solche mangelhaften Planungen sind nachzubessern. Sind dazu geänderte Vorleistungen anderer Fachplaner notwendig, muss der Besteller diese beschaffen. Insoweit gelten keine anderen Grundsätze als für die Mängelhaftung des Unternehmers. Eine Mängelhaftung des Planers entfällt nach diesen Grundsätzen, wenn der Fehler seiner Planung auf mangelhaften Vorleistungen anderer Planer beruht und er den Mangel der Vorleistungen nicht erkennen konnte. Jeder Planungsbeteiligte muss die von ihm in seine Planung mit einzubeziehende Fachplanung nach dem Maß der von ihm zu erwartenden Kenntnisse überprüfen (BGH, Urt. v. 14.2.2001 – VII ZR 176/99; Urt. v. 19.12.1996 – VII ZR 233/95; Urt. v. 4.3.1971 – VII ZR 204/69; OLG Brandenburg Urt. v. 07.03.2019 – 12 U 157/17 zur Verwendung von Unterlagen des Vermessungsingenieurs durch den Objektplaner). Inwieweit ein Planer in der Lage ist, Fehler der von ihm einzubeziehenden Fachplanung anderer Planungsbeteiligter zu erkennen, ist eine Frage des Einzelfalls (vgl. auch BGH, Urt. v. 15.5.2013 – VII ZR 257/11). Im Grundsatz ist davon auszugehen, dass der Planer nicht in der Lage ist, die Elemente einer fachspezifischen anderen Planung zu überprüfen, wenn er nicht „vom Fach" ist oder ein Prüfungsaufwand erforderlich ist, der vernünftigerweise nur vom Fachplaner erbracht werden kann. Er kann sich also grundsätzlich darauf verlassen, dass die Fachplanung den fachspezifischen Anforderungen genügt. Anders ist das bei offensichtlichen und leicht erkennbaren Fachfehlern oder dann, wenn er erkennt oder erkennen muss, dass der Fachplaner offenbar von falschen Voraussetzungen ausgegangen ist (vgl. BGH, Urt. v. 14.7.2016 – VII ZR 193/14; OLG Oldenburg, Urt. v. 17.1.2017 – 2 U 68/16; OLG Hamm, Urt. v. 9.7.2010 – 19 U 43/10; OLG Düsseldorf, Urt. v. 6.3.2014 – 5 U 84/11; OLG Braunschweig, Urt. v. 16.8.2012 – 8 U 23/11; OLG Jena, Urt. v. 13.5.2016 – 1 U 605/15). Das OLG Düsseldorf fordert ein „Mitdenken" des Architekten (OLG Düsseldorf, Urt. v. 15.1.2016 – 22 U 92/15). Der Architekt muss z.B. die statische Berechnung daraufhin überprüfen, ob der Tragwerksplaner von den örtlichen Gegebenheiten und der richtigen Bodenbeschaffenheit ausgegangen ist und ob er auch die in den Leistungsbereich des Architekten fallenden Pläne seinen Berechnungen tatsächlich zugrunde gelegt und eingehalten hat (BGH, Urt. v. 4.3.1971 – VII ZR 204/69; OLG Karlsruhe, Urt. v. 24.5.2007 – 19 U 119/06; OLG Düsseldorf, Urt. v. 12.5.2000 – 22 U 191/99; vgl. Gautier/Zerhusen, BauR 2015, 410, 419). Umgekehrt muss auch der Fachplaner offensichtliche Fehler der Architektenplanung erkennen. Er darf sich nicht blind auf dessen Vorgaben verlassen, sondern muss sie, soweit das von ihm im Rahmen seiner Aufgaben verlangt werden kann, selbständig überprüfen (BGH, Urt. v. 4.3.1971 – VII ZR 204/69; OLG München, Urt. v. 14.5.2013 – 9 U 3038/12 zu einer gegen die anerkannten Regeln verstoßenden Planung von Asphaltmastix auf Trennlage). Unabhängig davon bleibt ein Objektplaner aber in der Koordinationsverantwortung. Er muss also im Rahmen des ihm Möglichen dafür sorgen, dass die verschiedenen Fachplanungen vorgenommen und aufeinander abgestimmt werden (vgl. z.B. OLG Jena, Urt. v. 28.10.2009 – 4 U 141/07: 90% Verschuldensanteil für Bauherrn bzw. Architekten, der nicht dafür gesorgt hat, dass eine Statik eingeholt wird; OLG Braunschweig, Urt. v. 16.8.2012 – 8 U 23/11: Objektplaner muss Bauherrn darauf hinweisen, dass die bauphysikalischen Klimaverhältnisse im Innenbereich eines Bürogebäudes von einem speziellen Fachplaner zu planen sind). Diese Vo-

Vertragstypische Pflichten aus Architekten- und Ingenieurverträgen   §650p

raussetzung schafft er in der Regel durch seine Objektplanung. Sofern insoweit Bedenken von den Fachplanern angemeldet werden, muss er diesen nachgehen und für eine Klärung sorgen.

Von der Mängelhaftung wird der Planer auch in dem Fall frei, dass er auf Bedenken gegen die Vorplanungsleistungen hingewiesen hat. Als Planer kann er sich allerdings nicht mit dem Bedenkenhinweis begnügen, sondern er muss kraft seiner Planungsfunktion eine Entscheidung des Bestellers darüber herbeiführen, wie das Problem gelöst wird. Findet ein Architektenwechsel statt, muss stets im konkreten Einzelfall überprüft werden, inwieweit ein Mangel der Erstplanung zu einer mangelhaften Zweitplanung führen. Die Auslegung des Vertrages mit dem zweiten Planer wird regelmäßig zu dem Ergebnis führen, dass dieser die vorhandenen Planungsleistungen bei der Fortführung der Planung zugrunde zu legen hat. Er hat daher getroffene Systementscheidungen hinzunehmen und darauf aufbauend seine Planungsleistungen zu erbringen. Auf einen derartigen Sachverhalt kann eine Mangelhaftigkeit der Zweitplanung damit nicht gestützt werden (vgl. zu einem solchen Fall beispielsweise OLG Hamm Urt. v. 31.01.2018 – 12 U 23/17). Anders liegt die Sache dann, wenn Mängel der Erstplanung mit dem Fachwissen des Folgeplaners erkennbar sind. Die Beschaffenheitsvereinbarung des Folgeplanervertrages geht dahin, dass die vorhandenen Planungsunterlagen regelmäßig auf erkennbare Fehler hin zu kontrollieren sind. Dies ergibt sich bereits aufgrund des Umstandes, dass bei Inbezugnahme der Leistungsbilder der HOAI zur Festlegung des Leistungsumfangs zu Beginn der jeweiligen Leistungsphase regelmäßig das Durcharbeiten der vorhandenen Ergebnisse vorgesehen ist. Daraus ergibt sich die Verpflichtung des Architekten, eine Überprüfung der vorhandenen Unterlagen auf erkennbare Mängel hin vorzunehmen (so auch OLG Hamm Urt. 31.01.2018 – 12 U 23/17). 158

Hat sich ein Mangel der Planung im Bauwerk bereits verwirklicht, haftet jeder der Planungsbeteiligten für durch seine mangelhafte Planung schuldhaft verursachten Schäden. Auch insoweit kommt es bei Fehlern der einzubeziehenden Planungen darauf an, inwieweit diese erkennbar waren. War das nicht der Fall, fehlt es in der Regel ein Verschulden des Planers an der Entstehung der Baumängel. Zum Mitverschulden des Bauherrn → §634 BGB Rdn. 101 ff. und → §650t BGB Rdn. 5f.). 159

Die Abgrenzung der Aufgabenbereiche mehrerer Planer muss den jeweiligen Verträgen entnommen werden. Häufig müssen die verschiedenen Planer zusammenwirken und sich aufeinander abstimmen (OLG Köln, Beschl. v. 31.5.2011 – 24 U 164/10), so dass sie beide für eine nicht funktionsfähige Planung haftbar sein können (OLG Celle, Urt. v. 19.8.2009 – 7 U 257/08 m. w. N. zu den Aufgaben eines Statikers; OLG Braunschweig, Urt. v. 16.8.2012 – 8 U 23/11, zum Zusammenspiel von Fachplaner für HLS und Objektplaner bei der Planung von Revisionsöffnungen). 160

Beispiel: TGA-Planer übernimmt die Planung von Installationen für Sanitärräume. Er muss Einrichtungen vorsehen, die Wasser aufnehmen und das Abwasser kontrolliert entsorgen. Wer die Planung der Abdichtung zu den angrenzenden Bauteilen planen musste, ist unklar. Der TGA-Planer haftet für die fehlende Abdichtung, weil er die notwendige Abstimmung mit dem Planer nicht vorgenommen hat. Wenn er die Abdichtungsmaßnahmen nicht selbst zeichnerisch plante, so hat er dafür zu sorgen, dass jedenfalls der Objektplaner die zeichnerische Darstellung in die Pläne aufnimmt (OLG Düsseldorf, Urt. v. 25.10.2012 – 5 U 162/11).

Welche Aufgaben im Einzelnen übernommen werden, ist durch Auslegung zu ermitteln (vgl. OLG Köln, Beschl. v. 31.5.2011 – 24 U 164/10 zur Frage, ob der Statiker für vom Architekten unzulässig geplante Stellplatzbreiten mitverantwortlich ist, wenn er die Stützen plant; OLG Frankfurt, Urt. v. 16.3.2010 – 14 U 31/04 zur Frage, inwieweit der mit der Entwurfsplanung eines Schwimmbades beauftragte Ingenieur bereits die Schwallwasserentlüftung mitplanen oder dies der Ausführungsplanung des Generalunternehmers überlassen kann; OLG Düsseldorf, Urt. v. 22.2.2011 – 23 U 218/09 zur Frage, inwieweit die horizontale Abdichtung eines nicht unterkellerten Gebäudes gegen Dampfdiffusion bereits bei der Entwurfsplanung zu berücksichtigen ist; OLG Frankfurt, Urt. v. 22.3.2011 – 14 U 29/07 zur Frage inwieweit auch der Architekt für vom Sonderfachmann für Restaurierung übernommene Aufgaben haftet; OLG Celle, Urt. v. 4.1.2012 – 14 U 126/11 zur Frage, wer (Statiker oder Architekt) für den Brandschutz zuständig ist; OLG Düsseldorf, Urt. v. 6.3.2014 – 5 U 84/11 zur Frage, inwieweit ein Architekt auf die Planung von Sonderfachleuten hinsichtlich des Sonnenschutzes vertrauen darf). Auch insoweit sind die Verträge häufig wenig aussagekräftig. Werden die Aufgaben nicht sorgfältig beschrieben, drohen Lücken im gesamten Planungskonzept, weil es vorkommen kann, dass sich der eine Planer auf den anderen verlässt und umgekehrt.

§ 650p Vertragstypische Pflichten aus Architekten- und Ingenieurverträgen

161 **Beispiel:** Architekt hat die Objektplanung. Für eine Glaskuppel wird ein Fachplaner eingeschaltet. Für die Innenausstattung, auch die Deckenausführung, wird ein Innenarchitekt eingeschaltet. Die Verantwortung für die Raumluft liegt bei einem gesonderten Planungsbüro. Der Innenarchitekt plant eine gestalterisch aufwändige Decke unterhalb der Glaskuppel. Diese behindert den Wärmeaustausch unter der Kuppel, es kommt zur Kondensatbildung. In einem ähnlich gelagerten Fall hat das OLG Braunschweig jedenfalls eine Verantwortlichkeit des für die Planung der Glaskuppel verantwortlichen Planers angenommen, weil dieser habe erkennen können, dass der Wärmeaustausch durch die in der Planung bereits vorgesehenen Decke behindert werde und deshalb eine Kuppel hätte planen müssen, die trotz der vorgegebenen Umstände Kondensat vermeidet oder ordnungsgemäß abführt (Urt. v. 11.12.2008 – 8 U 102/07). Allerdings stellt sich auch die Frage, ob nicht die Planung des Innenarchitekten mangelhaft war, weil sie zu sehr schwierigen Problemen bei der Ausbildung der Glaskuppel führt.

162 Die spätere Einschaltung von Fachplanern entlässt den Architekten ohne eine entsprechende Vereinbarung jedenfalls nicht aus der Verantwortung für die ihm übertragenen Aufgaben.

Beispiel: Ein Architekt ist mit der Planung, u. a. auch der Fassade beauftragt. Nachdem diese errichtet ist, kommt es zu „Knackgeräuschen". Zur Klärung wird ein Fachplaner eingeschaltet. Dieser ordnet entgegen den Vorgaben des Systemherstellers der Fassade die Kürzung von Profilen und weitere Eingriffe in das System an, so dass die Fassade letztlich undicht wird. Der Architekt nimmt das hin. Er ist haftbar, weil er weiterhin für die Fassadenplanung und deshalb auch dafür verantwortlich war, dass die aus Sicherheitsgründen zwingenden Herstellervorgaben einzuhalten waren (OLG Celle, Urt. v. 29.11.2012 – 5 U 70/12).

163 In den Fällen, in denen Sonderfachleute eingeschaltet werden, ist allerdings zu prüfen, inwieweit die Einschaltung dieser Fachleute den Leistungsumfang des Architekten begrenzt. Der Sonderfachmann wird in aller Regel beauftragt, weil dem Architekten die besonderen Fachkenntnisse fehlen. Beauftragt der Auftraggeber auf Anregung oder im Einverständnis mit dem Architekten für besondere Aufgaben einen Sonderfachmann, dürfte in aller Regel die Planungsverantwortung des Architekten für diesen Bereich stillschweigend begrenzt worden sein. Nur soweit er überhaupt noch die Planungsverantwortung trägt, bleibt er verpflichtet, die Leistungen des Sonderfachmanns zu prüfen. Nur soweit eine Prüfungspflicht besteht, kann ihm zur Last gelegt werden, dass er die bei der Prüfung mit seinem Fachwissen als Architekt erkennbaren Mängel nicht erkannt hat (BGH, Urt. v. 14.2.2001 – VII ZR 176/99; OLG Jena, Urt. v. 13.5.2016 – 1 U 605/15; OLG Düsseldorf, Urt. v. 15.1.2016 – 22 U 92/15). Gleiches gilt im Hinblick auf offenkundige Fehler (OLG Braunschweig, Urt. v. 16.8.2012 – 8 U 23/11). Das im obigen Beispiel→ Rn. 156, genannte Urteil des OLG Frankfurt v. 22.3.2011 – 14 U 29/07 ist deshalb kritisch zu bewerten, weil es ohne Weiteres davon ausgeht, dass der mit der Ausschreibung beauftragte Architekt auch insoweit die Planungsverantwortung trägt, als für die Auswahl des auszuschreibenden Mörtels ein Sonderfachmann eingeschaltet worden ist, der den falschen Mörtel vorgegeben hat. Das ist zweifelhaft, weil es Aufgabe des Sonderfachmanns war, den Mörtel auszusuchen. Der Architekt wird zwar nicht vollständig aus seiner Pflicht entlassen, die Angaben des Sonderfachmanns auf die Geeignetheit für die Planung zu überprüfen. Müssen ihm mangels eigener Sachkunde keine Bedenken gegen den vorgeschlagenen Mörtel kommen, darf er grundsätzlich auf die Geeignetheit vertrauen. Ob der Architekt zudem in gleicher Weise wie der Sonderfachmann verpflichtet ist, die Eignungsnachweise für den Mörtel anzufordern und zu prüfen, erscheint sehr zweifelhaft. Denn diese Schritte gehören in den Aufgabenbereich des Sonderfachmanns. Es macht wenig Sinn, vom Architekten dieselben Leistungen zu fordern. Die Begründung des OLG Frankfurt, der Architekt habe erkennen können, dass die Eignungsnachweise fehlen, setzt voraus, dass der Architekt insoweit auch noch Prüfungspflichten hat. Stellt man zu hohe Anforderungen an die Prüfungstiefe, kommt es zu nicht gewollten Überschneidungen der Arbeit des Architekten und des Sonderfachmanns.

164 **(2) Mitverschulden.** Liegen Planungsfehler vor, kann sich der vom Besteller in Anspruch genommenen ausführende Unternehmer auf den Mitverschuldenseinwand berufen. Auf die obigen Ausführungen → § 634 BGB Rdn. 101 ff. sowie → § 650t BGB Rdn. 10 ff. wird verwiesen.

165 **(3) Einholung von Auskünften.** Der Architekt kann sich auf Auskünfte von Herstellern und Spezialunternehmen sowie anderen Einrichtungen dann verlassen, wenn diese nach ihrer Qualifikation als sachkundig anzusehen sind und kein Grund besteht, Zweifel an der Richtigkeit der erteilten Auskunft haben (BGH, Urt. v. 30.10.1975 – VII ZR 309/74; OLG München, Urt. v. 22.2.2011 – 13 U 4056/10; OLG München, Beschl. v. 20.2.2013 – 13 U 3128/12; OLG

Hamm, Urt. v. 1.9.2014 – 17 U 30/12: Einholung einer Auskunft bei Fachbauunternehmen nicht ausreichend).

b) Bauüberwachung

Das Problem der mangelnden Konkretisierung der vom Architekten oder Ingenieur zu erbringenden Leistungen betrifft nicht nur die Planungstätigkeit, sondern auch die Bauüberwachung. Bauüberwachungsverträge enthalten in der Regel keine Leistungsbeschreibung für die Tätigkeit des Architekten oder Ingenieurs. Die Folge ist eine ganz unterschiedliche Erwartungshaltung auf beiden Seiten. Während Architekten und Ingenieure ihre Pflichten zur Überwachung häufig an ihren persönlichen Verhältnissen, vor allem an ihrer individuellen beruflichen Belastung, messen, erwartet der Besteller zuweilen eine Komplettüberwachung des gesamten Herstellungsvorgangs. Nach § 650p Abs. 1 hat der Architekt/Ingenieur die nach dem jeweiligen Stand der Ausführung erforderlichen Überwachungsleistungen zu erbringen, um die vereinbarten Überwachungsziele zu erreichen. Die Rechtsprechung hat eine Faustformel aufgestellt, die zwar Rahmenbedingungen setzt, im Einzelfall jedoch Interpretationsspielräume zulässt, die sinnvoller Weise vorher im Vertrag geklärt werden sollten. Danach ist der bauüberwachende Architekt nicht verpflichtet, sich ständig auf der Baustelle aufzuhalten. Er muss allerdings die Arbeiten in angemessener und zumutbarer Weise überwachen und sich durch häufige Kontrollen vergewissern, dass seine Anweisungen sachgerecht erledigt werden. Bei wichtigen oder bei kritischen Baumaßnahmen, die erfahrungsgemäß ein hohes Mängelrisiko aufweisen, ist der Architekt zu erhöhter Aufmerksamkeit und zu einer intensiveren Wahrnehmung der Bauaufsicht verpflichtet (OLG Düsseldorf Beschl. v. 19.12.2019 – 23 U 208/18). Besondere Aufmerksamkeit hat der Architekt auch solchen Baumaßnahmen zu widmen, bei denen sich im Verlauf der Bauausführung Anhaltspunkte für Mängel ergeben (BGH, Urt. v. 10.2.1994 – VII ZR 20/93; Urt. v. 6.7.2000 – VII ZR 82/98). 166

Zu den Aufgaben des Architekten oder Ingenieurs im Rahmen der Bauüberwachung gibt es eine Fülle von Instanzrechtsprechung. Umfang und Art der zur Erreichung des vereinbarten Überwachungszieles erforderlichen Leistungen richtet sich nach den übernommenen Aufgaben und den Gegebenheiten der Baustelle (Zur Frage, ob der bauleitende Architekt auch die Überwachung von mit der Selbstvornahme beauftragten Drittunternehmern schuldet, vgl. Weingart, BauR 2015, 1911 ff.; OLG Hamm, Urt. v. 19.11.2014 – 12 U 58/14). Der bauüberwachende Architekt hat dafür zu sorgen, dass in der vertraglich vorgesehenen Zeit ein mangelfreies Bauwerk entsteht (OLG Düsseldorf Beschl. v. 19.12.2019 – 23 U 208/18). Grundlage dafür sind die mit den Planungs- und Baubeteiligten geschlossen Verträge und die entsprechenden Leistungen der Objekt- und Fachplaner. Der bauüberwachende Architekt muss dafür sorgen, dass das Bauwerk in Übereinstimmung mit den geschlossenen Verträgen, der Planung und den öffentlich-rechtlichen Vorgaben rechtzeitig errichtet wird (vgl. z.B. OLG Celle, Urt. v. 10.6.2015 – 14 U 164/14; OLG Koblenz, Urt. v. 20.12.2012 – 1 U 926/11; OLG Hamm, Urt. v. 17.6.2014 – 24 U 20/13). 167

Beispiel: Der Bauüberwacher darf nicht zulassen, dass gegen die Baugenehmigung Abrissarbeiten durchgeführt werden.

Er muss also dafür sorgen, dass die Bauunternehmer und die Planungsbeteiligten ihre Leistungen rechtzeitig erbringen. Nachlässigkeit insoweit kann die Haftung auslösen, jedoch kann die Haftung nur auf die pflichtverletzenden Handlungen des Architekten gestützt werden und nicht allein auf den Umstand, dass Bauzeitenpläne nicht eingehalten sind oder die Handwerker säumig waren (OLG Frankfurt, Urt. v. 28.3.1990 – 17 U 159/88). In diesen Fällen ist die Haftung also daran geknüpft, dass der Architekt seine Einflussmöglichkeiten auf eine pünktliche Erledigung nicht ausgeübt hat. Das kann z.B. der Fall sein, wenn der Architekt sich nicht um die Baustelle kümmert und den Bauherrn nicht über vermeidbare Verzögerungen informiert, so dass dieser keine Fristen setzt oder anderweitig für eine Beschleunigung sorgt.

Der bauüberwachende Architekt hat in zumutbarem Rahmen zu prüfen, ob die Objekt- und Fachplanung geeignet ist, ein funktionsfähiges Bauwerk entstehen zu lassen (OLG Brandenburg, Urt. v. 28.3.2013 – 12 U 96/12; OLG Karlsruhe, BauR 2004, 363; OLG Düsseldorf, NJW-RR 1998, 741; OLG Bamberg NJW-RR 1992, 91). Was dem bauüberwachenden Architekten insoweit zumutbar ist, bestimmt sich nach Treu und Glauben und nach der Verkehrssitte, wenn nichts ausdrücklich geregelt ist. Der bauüberwachende Architekt muss die Fachkenntnisse aufweisen, die für die Durchführung seiner Aufgaben erforderlich sind. Er kann sich z.B. nicht darauf berufen, dass ihm an der Universität die für die Erfüllung der Aufgaben notwendigen Fachkenntnisse nicht vermittelt worden sind (BGH, Urt. v. 10.7.2003 – VII ZR 329/02). 168

Beispiel: Der bauüberwachende Architekt bemerkt nicht, dass die auf der Baustelle vorgefundenen geologischen Verhältnisse nicht mit denen identisch sind, die im Vertrag vorausgesetzt sind, und deshalb eine Überprüfung der Planung für die Abdichtung notwendig ist. Er hat gemeint, er sei in den Fächern Bodengeologie und Bodenkunde nicht geprüft worden, deshalb müsse er insoweit kein Fachwissen haben. Das hat der Bundesgerichtshof nicht gelten lassen. Maßgeblich ist die objektive Erwartung des Vertragspartners an die Leistungsfähigkeit eines bauüberwachenden Architekten.

169 Die Anforderungen dürfen nicht überspannt werden. Der bauüberwachende Architekt hat grundsätzlich keine planende Funktion, sieht man von aktuellen, leicht zu bewältigenden Umplanungen auf der Baustelle ab. Er kann deshalb auch nicht verpflichtet sein, die Planung des Objektplaners in allen Schritten nachzuvollziehen. Dort wo spezifische Planungsprobleme gelöst worden sind, muss eine Plausibilitätskontrolle ausreichen. Allerdings stellt sich häufig gerade auf der Baustelle heraus, dass die Planung nicht funktioniert, so dass sie mangelhaft ist. Davor darf der bauüberwachende Architekt nicht die Augen verschließen, wie er auch sonst verpflichtet ist, offenbare Mängel dem Besteller mitzuteilen, und dafür sorgen muss, dass diese sich im Bauwerk nicht verwirklichen. Der bauüberwachende Architekt muss auch darauf hinweisen, wenn er Unstimmigkeiten zwischen der ihm vorgelegten Architektenplanung und den Bauunternehmerverträgen entdeckt (BGH, Urt. v. 11.3.1999 – VII ZR 465/97). Insoweit muss er für Klärung sorgen, in welcher Weise gebaut werden soll, denn es muss in Erwägung gezogen werden, dass die Architektenplanung im Zuge der Vergabe noch geändert worden ist. Liegen bei einem genehmigungspflichtigen Bauvorhaben noch keine genehmigten Pläne vor, so ist er verpflichtet, die Bauarbeiten zu stoppen und die Genehmigung abzuwarten.

aa) Umfang der Überwachungstätigkeit

170 Der bauüberwachende Architekt ist, abhängig vom Auftrag, nicht zwingend verpflichtet, sich ständig auf der Baustelle aufzuhalten. Er muss jedoch die Arbeiten in angemessener und zumutbarer Weise überwachen und sich durch häufige Kontrollen vergewissern, dass seine Anweisungen sachgerecht erledigt werden (BGH, Urt. v. 10.2.1994 – VII ZR 20/93; Urt. v. 6.7.2000 – VII ZR 82/98; OLG Düsseldorf Beschl. v. 19.12.2019 – 23 U 208/18). Bei wichtigen oder bei kritischen Baumaßnahmen, die erfahrungsgemäß ein hohes Mängelrisiko aufweisen, ist der Architekt zu erhöhter Aufmerksamkeit und zu einer intensiveren Wahrnehmung der Bauaufsicht verpflichtet (BGH, Urt. v. 10.3.1977 – VII ZR 278/75 m.w.N. zur älteren Rechtsprechung; Urt. v. 6.7.2000 – VII ZR 82/98; Urt. v. 9.11.2000 – VII ZR 362/99; OLG Bamberg, Urt. v. 16.5.2017 -5 U 69/16 zur Unterkonstruktion eines Estrichs; OLG Karlsruhe, Urt. v. 4.4.2017 – 19 U 17/15: zu Brandschäden bei Schweißarbeiten; OLG Brandenburg, Urt. v. 30.3.2017 – 12 U 71/16: Abdichtungsarbeiten; OLG München Urt. v. 26.05.2020 – 28 U 6762/19 Bau; OLG Hamm, Urt. v. 30.6.2017 – 12 U 175/15: Abdichtungsarbeiten; OLG Brandenburg Urt. v. 27.06.2018 – 4 U 203/16; OLG Brandenburg Urt. v. 23.01.2019 – 4 U 59/15: Abdichtungsarbeiten; OLG München Urt. v. 20.01.2021 – 20 U 2534/20 Bau; OLG Hamm, Urt. v. 27.2.2014 – 21 U 159/12: Schallschutz von Doppelhaushälften; OLG Hamm, Urt. v. 20.12.2013 – 12 U 79/13: Ausführung von Glasfassadenkonstruktionen; OLG Köln, Urt. v. 13.3.2013 – 16 U 123/12 zur Anbringung von Dampfsperrbahnen zwecks Abdichtung; OLG Hamm, Urt. v. 6.3.2013 – 12 U 122/12, OLG Nürnberg, Urt. v. 20.6.2012 und OLG Koblenz, Urt. v. 19.5.2016 – 1 U 204/14 zu Wärmedämmarbeiten; OLG Stuttgart, Urt. v. 24.4.2012 – 10 U 7/12 zur Überwachung der Bewehrungsarbeiten; dort auch zur Frage, inwieweit nach der konkreten Vertragsgestaltung die Überwachung auf den Tragwerksplaner delegiert worden ist; OLG Celle, Urt. v. 2.6.2010 – 14 U 205/03 zur Abdichtung des Daches und dessen konstruktive Ausbildung; auch OLG Celle, Urt. v. 28.9.2016 – 7 U 77/16 (fehlender Ringanker); OLG Düsseldorf, Urt. v. 1.10.2015 – 22 U 48/15 und Urt. v. 7.4.2016 – 5 U 135/14: Abdichtung einer Tiefgarage; OLG Stuttgart, Urt. v. 21.4.2008 – 5 U 22/08 zur Abdichtung von Balkonen; OLG München, Urt. v. 9.7.2013 – 28 U 4652/12 zur Kellerabdichtung; OLG Düsseldorf, Urt. v. 19.7.2011 – 21 U 76/09 zur Vermörtelung von Brandschutzklappen; zur Messung der Holzfeuchte in der Dachkonstruktion bei einem nicht belüfteten Flachdach während der Herstellung: OLG Koblenz, Urt. v. 15.06.2018 – 6 U 467/17; OLG Frankfurt Urt. v. 05.07.2021 – 29 U 110/20 zum Einbau von Bodenabläufen; OLG Düsseldorf, Urt. v. 8.5.2009 – 22 U 184/08 zur Verfüllung des Arbeitsraums in Eigenregie des Bauherrn; KG, Urt. v. 27.11.2012 – 27 U 25/09: gesteigerte Pflicht bei fehlender Nachprüfbarkeit später verdeckter Mängel; OLG Düsseldorf, Urt. v. 19.04.2016 – 21 U 102/05 zu Betonier-, Bewehrungs-, Ausschachtungs- und Unterfangungsarbeiten; vgl. auch die Beispiele bei Weber, ZfBR 2010, 107, 108 und Maase, BauR 2014, 889, 896). Zur unter Bezugnahme auf die HOAI vereinbarten Koordinierung der an der Objektüberwachung Beteiligten, § 34 HOAI (2013), Anlage 10 Nr. 10.1 Leistungsphase 8, gehört die Verpflichtung des Architekten, die Bauabläufe so zu koordinieren, dass die im Brandschutz tätigen Handwerker durch Sonderfachleute überwacht werden und die handwerkliche Leistung in technischer Hinsicht überprüft wird. Der Umstand, dass Sonderfachleute die Handwerker überwachen, soll den Architekten nicht entlasten (OLG Düsseldorf, Urt. v. 17.11.2011 – 5 U 8/11; OLG Frankfurt Urt. v. 05.07.2021 – 29 U 110/20; vgl. dazu auch OLG Stuttgart, Urt. v. 24.4.2012 – 10 U 7/12). Im Hinblick auf die Funktionalität nicht wichtige handwerkliche Leistungen, deren Beherrschung durch den Bauunternehmer vorausgesetzt werden kann, müssen allenfalls stichprobeartig (OLG Brandenburg Urt. v. 24.10.2019 – 12 U 47/19), regelmäßig sogar nicht überwacht werden (vgl. BGH, Urt. v. 24.2.1969 – VII ZR 173/66 zum Aufbringen von Dachpappe; Urt. v. 24.1.1966 – VII ZR 8/64 zum Säubern von Feinstaub vor dem Verlegen von Platten; OLG Hamm, Urt. v. 22.9.2009 – I- 24 U 137/08 zum Freihalten von Dacheinläufen und einer Vermeidung der Überdeckung der Dacheinläufe durch Folien; OLG Dresden, Urt. v. 28.1.2010 – 10 U 1414/08; KG, Urt. v. 15.2.2006 – 24 U 29/05 zu Innenputzarbeiten; KG, Urt. v. 22.2.2001 – 4 U 492/99; OLG München, Urt. v. 9.7.2013 – 28 U 4652/12 zu Malerarbeiten; ebenso OLG Frankfurt, Urt. v. 27.11.2013 – 23 U 203/12; zur Verlegung von Estrich: OLG Schleswig Urt. v. 16.11.2018 – 1 U 68/17). Besondere Aufmerksamkeit hat der Architekt aber auch solchen Baumaßnahmen zu widmen, bei denen sich im Verlauf der Bauausführung Anhaltspunkte für Mängel ergeben (BGH, Urt. v. 10.2.1994 – VII ZR 20/93; Urt. v. 6.7.2000 – VII ZR 82/98).

Ist er nicht ständig auf der Baustelle, muss der überwachende Architekt dafür sorgen, dass **171** überwachungsbedürftige Gewerke mit ihm abgestimmt werden und er die Überwachung tatsächlich durchführen kann. Die häufig praktizierte Übung, vor Beginn der Arbeiten Anweisungen zu geben und dann das Ergebnis zu kontrollieren, wird der Aufgabe eines Bauüberwachers nicht immer gerecht. Das gleiche gilt für die Übung, Stichproben nach Stichtagen vorzunehmen, die keine Rücksicht auf die besonders kritischen Phasen des Bauvorgangs nehmen (vgl. BGH, Urt. v. 9.11.2000 – VII ZR 362/99). Überhaupt bestehen bei Architekten gravierende Fehlvorstellungen über die Wichtigkeit der Bauüberwachung. Die immer wiederkehrenden Klagen, ihre Pflichten würden insoweit überspannt, sind nur verständlich, soweit es um untergeordnete, routinehafte Tätigkeiten ohne besonderes Gefährdungspotential geht, bei denen sich der Architekt darauf verlassen darf, dass sie mangelfrei durchgeführt werden. Deren ordnungsgemäße Ausführung muss allerdings hinterher geprüft werden (OLG Frankfurt, Urt. v. 27.11.2013 – 23 U 203/12). Bei den anderen Gewerken muss er die Bauüberwachung vor Ort vornehmen. Es genügt im Prinzip nicht, dass er hinterher prüft, denn er schuldet keine Prüfung, sondern Überwachung. Deshalb ist die Bauüberwachungspflicht auch nicht allein dadurch erfüllt, dass er den Bauunternehmer zur Mängelbeseitigung auffordert (BGH, Urt. v. 6.7.2000 – VII ZR 82/98). Er muss, soweit das möglich und zumutbar ist, bereits die Entstehung des Mangels verhindern (hierzu Dressel, BauR 2019, 398, 402; vgl. aber OLG Schleswig, Urt. v. 27.3.2015 – 1 U 87/10: Architekt ist nicht verpflichtet, eine in der Werkstatt gefertigte Treppe vor Einbau darauf zu überprüfen, ob sie passt). Jedenfalls muss er sich sofort nach der Ausführung der Arbeiten von deren Ordnungsgemäßheit überzeugen (BGH, Urt. v. 10.3.1977 – VII ZR 278/75). Auch genügt es in vielen Fällen nicht, dass er stichprobenartig die Leistung prüft. Das kann lediglich dann genügen, wenn er bei der Stichprobe eine ausreichende Gewähr dafür vorfindet, dass die noch ausstehenden Leistungen bei normalem Bauablauf ordnungsgemäß hergestellt werden (instruktiv insoweit OLG Nürnberg, Urt. v. 20.6.2012 – 6 U 1643/09). Allerdings ist ein normaler Bauablauf häufig nicht gegeben. Besonderen Schwierigkeiten muss er mit einer intensiveren Überwachung begegnen, wozu auch Vorbesprechungen und detaillierte Anweisungen gehören können. Bei Umbauten, Modernisierungen und Instandsetzungen eines Gebäudes treten häufig Probleme auf, die bei Beginn der Arbeiten nicht voraussehbar waren, so dass regelmäßig eine intensivere Bauaufsicht als bei Neubauten erforderlich ist. Tritt bei Bauarbeiten an einer Stelle der vorhandenen Altbausubstanz ein solches Problem auf, so muss der Architekt den Bauherrn unverzüglich hierüber unterrichten (BGH, Urt. v. 18.5.2000 – VII ZR 436/98). Bei einfachen handwerklichen Tätigkeiten muss eine Überwachung des ausführenden Unternehmers nicht erfolgen. Dies gilt beispielsweise für die Ausführung von Parkettarbeiten (OLG Dresden Urt. v. 25.01.2018 – 10 U 780/17; OLG Saarbrücken Urt. v. 13.08.2003 – 1 U 757/00). Der Architekt genügt seinen vertraglichen Pflichten, wenn er die Zuverlässigkeit und die Qualität des ausführenden Unternehmers überprüft (OLG Dresden a.a.O.; OLG Düsseldorf Urt. v. 07.04.2016 – 5 U 135/14; OLG Brandenburg Urt. v. 27.06.2018 – 4 U 203/16).

§ 650p   Vertragstypische Pflichten aus Architekten- und Ingenieurverträgen

172   Die Rechtsprechung ist auch der nicht selten zu begegnenden Ansicht der Architekten entgegengetreten, die Sorgfaltspflichten des mit der Bauaufsicht beauftragten Architekten seien deshalb gemindert, weil die ausgeschriebenen Arbeiten vom Bauherrn selbst vergeben werden und dieser damit die Verantwortung für schlechte Unternehmer übernehme (BGH, Urt. v. 9.11.2000 – VII ZR 362/99). Zwar kann in der Beauftragung ungeeigneter Unternehmer ein Mitverschulden des Bauherrn an mangelhafter Leistung insbesondere dann liegen, wenn der Architekt ihn schon auf Bedenken gegen die Leistungsfähigkeit des Unternehmers hingewiesen hat (BGH, Urt. v. 11.3.1999 – VII ZR 465/97), jedoch befreit eine schlechte Auswahl nicht von den Pflichten des Architekten. Im Gegenteil ist dieser gehalten, schlechte Unternehmer besonders argwöhnisch zu überwachen und auch durch entsprechende Aufklärung des Bauherrn dafür zu sorgen, dass offenbaren Missständen abgeholfen wird (BGH, Urt. v. 10.3.1977 – VII ZR 278/75). Auch Eigenleistungen des Bauherrn muss der Architekt mit besonderer Sorgfalt überwachen, wenn dieser nicht sachkundig ist (OLG Düsseldorf, Urt. v. 8.5.2009 – 22 U 184/08).

173   Ist das ausführende Unternehmen insolvent, kann die Ursächlichkeit einer Verletzung der Überwachungspflicht zum eingetretenen Schaden entfallen (OLG München, Urt. v. 5.8.2014 – 9 U 3291/13 Bau). Als Voraussetzung hierfür muss allerdings feststehen, dass auch bei ordnungsgemäßem Verhalten des Bauüberwachers kein zusätzlicher Schaden beim Bauherrn entstanden wäre.

174   Inwieweit ein bauüberwachender Architekt den Bauablauf in seinen Einzelheiten dokumentieren muss, ist umstritten. Wird wegen der vertraglich geschuldeten Leistungen auf die in der HOAI aufgeführten Leistungen, § 34 HOAI (2013) i.V.m. Anlage 10 Nr. 10.1, Bezug genommen, so muss ein Bautagebuch geführt werden, weil diese Leistung Gegenstand der Leistungsphase 8 ist Nach der HOAI 2013 und 2021 kann der Bautenstand aber auch anders dokumentiert werden. Der Architekt/Ingenieur ist im Rahmen der Bauüberwachung verpflichtet, Ausführungsverzögerungen und die jeweilige Ursache zu dokumentieren, um den Auftraggeber in den Stand zu versetzen, Ansprüche des Auftragnehmers aus Bauablaufstörungen abzuwehren. In der Leistungsphase 8 sind hierzu verschiedene Grundleistungen vorgesehen, unter anderem das Führen des Bautagebuches, aber auch die Überwachung des Terminplans. Daraus kann abgeleitet werden, dass der Architekt/Ingenieur verpflichtet ist, entsprechende Dokumentationen im Hinblick auf mögliche Ansprüche des ausführenden Unternehmers aus Bauablaufstörungen vorzunehmen (OLG Düsseldorf Urt. v. 25.08.2015 – I-23 U13/13).

bb) Prüfung von Rechnungen

175   Ein mit der Objektüberwachung beauftragter Architekt ist, entsprechend der getroffenen Vereinbarung, unter anderem auch verpflichtet, Abschlagsrechnungen und Schlussrechnungen des Bauunternehmers daraufhin zu prüfen, ob sie fachtechnisch und rechnerisch richtig und ob die zugrunde gelegten Leistungen erbracht sind und ob diese der vertraglichen Vereinbarung entsprechen (BGH, Urt. v. 14.5.1998 – VII ZR 320/96; Urt. v. 4.4.2002 – VII ZR 295/00). Zur Rechnungsprüfung gehört nicht nur die Überprüfung der Mengen und Preise und die Vertragsgemäßheit der Leistung. Der Architekt muss auch Sonderkonditionen und Rabatte berücksichtigen (OLG Dresden Urt. v. 12.12.2019 – 10 U 35/18). Er ist aber nicht gehalten, bereits bei der Abschlagszahlung eine verwirkte Vertragsstrafe in Abzug zu bringen (OLG Dresden a.a.O.) Auch muss er prüfen, ob die Zahlungen davon abhängen, dass Bedingungen erfüllt sind, wie z.B. die Einreichung einer Vertragserfüllungsbürgschaft (OLG Hamm, Urt. v. 7.8.2008 – 21 U 78/07). Der Architekt muss das vorgelegte Aufmaß überprüfen oder es notfalls selbst nehmen, wenn er eine Rechnung wegen des fehlenden Aufmaßes nicht zurückweist. Ist eine Schlussrechnung nicht prüfbar, muss der Architekt den Besteller darauf hinweisen, damit dieser die Entscheidung darüber trifft, ob er die Schlussrechnung mit entsprechenden Gründen als nicht prüfbar zurückweist. Nur wenn dies innerhalb einer Frist von 30 Tagen nach Zugang der Schlussrechnung geschieht, wird die Werklohnforderung nach § 16 Abs. 3 Nr. 1 VOB/B und – für Verträge, die ab dem 1.1.2018 abgeschlossen werden- nach § 650g Abs. 4 BGB nicht fällig, wenn die prüfbare Schlussrechnung, wie bei Vereinbarung der VOB/B, zur Fälligkeitsvoraussetzung erhoben worden ist (vgl. BGH, Urt. v. 27.1.2011 – VII ZR 41/10 m.w.N.). Der Architekt sollte die Entscheidung nicht eigenmächtig treffen, denn dem Besteller kann daran gelegen sein, keinen Streit über die Prüfbarkeit der Rechnung zu führen, sondern eine endgültige Klärung der Werklohnforderung anzustreben. Zur Rechnungsprüfung gehört auch die Prüfung, ob die Leistung mangelfrei ist (BGH, Urt. v. 4.4.2002 – VII ZR 295/00; Urt. v. 7.2.2002 – III ZR 1/01; Urt. v. 14.5.1998 – VII ZR 320/96).

Der Architekt haftet dem Besteller wegen einer zu Unrecht freigegebenen Abschlags- oder 176
Schlussrechnung (vgl. BGH, Urt. v. 14.5.1998 – VII ZR 320/96, wobei ihm allerdings aufgrund des Charakters der Abschlagszahlungen eine Toleranz zuzubilligen ist (OLG Dresden, Urt. v. 12.12.2019 – 10 U 35/18). Allein der Umstand, dass der Besteller dann eine Überzahlung vornimmt, begründet den Schaden. Dieser entsteht nicht erst dadurch, dass der Bauunternehmer die Überzahlung nicht zurückzahlen kann oder will (OLG Frankfurt, Urt. v. 31.3.2016 – 6 U 36/15). Die Einzelheiten hierzu sind allerdings noch nicht abschließend geklärt (vgl. die Ausführungen hierzu in § 650t → § 650B BGB Rdn. 34 am Ende m. w. N.).

Verletzt der Architekt die Pflicht zur Prüfung der Rechnung, kann er nicht nur dem Besteller zum Ersatz des Schadens verpflichtet sein, der durch ungerechtfertigte Auszahlungen entsteht, sondern auch den finanzierenden Kreditinstituten oder Versicherungen. Eine derartige Haftung besteht dann, wenn die Überwachungspflichten auch zugunsten des Kreditinstituts begründet worden sind, was jedenfalls dann angenommen werden kann, wenn der Architekt einen Bautenstandsbericht für das Kreditinstitut anfertigt, der die Grundlage für die Freigabe der Kreditmittel ist (BGH, Urt. v. 7.2.2002 – III ZR 1/01). Gleiche Grundsätze gelten, wenn ein Bauunternehmer einen Architekten einschaltet, um den Baufortschritt zu ermitteln, nach dem der Besteller Mittel freizugeben hat. Der Architekt kann dann dem Besteller aus einem Vertrag zugunsten Dritter haften (BGH, Urt. v. 10.3.2005 – VII ZR 220/03; Urt. v. 25.9.2008 – VII ZR 35/07). Die Haftung besteht allerdings nicht, wenn der Besteller nicht auf die Richtigkeit des Bautenstandsberichtes vertraut hat, sondern aus anderen Gründen zahlt (OLG Koblenz, Urt. v. 1.6.2012 – 10 U 1376/11). 177

Der bauüberwachende Architekt muss auch rechtliche Interessen des Bestellers wahrnehmen, 178
soweit das mit seinem Berufs- und Tätigkeitsbild zusammenhängt. Der Architekt muss nicht unerhebliche Kenntnisse des Werkvertragsrechts, des Bürgerlichen Gesetzbuches und der entsprechenden Vorschriften der VOB/B besitzen (BGH, Urt. v. 26.4.1979 – VII ZR 190/78). Die gesamte Bauüberwachung erfordert eine rechtliche Bewertung, ob die Leistungen mangelfrei erbracht sind. Er hat auch zu beurteilen, ob zusätzlich angebotene Leistungen bereits vom Vertrag erfasst sind (BGH, Urt. v. 5.11.1981 – VII ZR 365/80). Er muss den Besteller vor einer übereilten Nacherfüllung warnen, so dass er nicht in Gefahr läuft, den Kostenerstattungsanspruch gegen den Bauunternehmer zu verlieren, weil diesem keine Nachfrist gesetzt worden ist (BGH, Urt. v. 24.5.1973 – VII ZR 92/71). Kommt die Haftung eines Sonderfachmanns für einen Baumangel in Betracht, muss er die Verjährung dieses Anspruchs im Interesse des Bestellers im Blick haben und jedenfalls die Einholung von Rechtsrat empfehlen, statt zu einem weiteren Nachbesserungsversuch des Bauunternehmers, der keinen Einfluss auf die Verjährung hat, raten (OLG Stuttgart, Urt. v. 20.6.2002 – 2 U 209/01). Der Architekt ist auch verpflichtet, den Besteller über die Notwendigkeit des Vorbehalts der Vertragsstrafe bei der Abnahme aufzuklären, wenn er die Vereinbarung einer Vertragsstrafe kannte oder kennen musste (BGH, Urt. v. 26.4.1979 – VII ZR 190/78). Es handelt sich um eine Pflicht aus dem Architektenvertrag, der als Werkvertrag einzuordnen ist. Entgegen OLG Bremen (Urt. v. 6.12.2012 – 3 U 16/11) gilt auch für diese Pflichtverletzung die Verjährungsregel des § 634a Abs. 1 Nr. 2 BGB. Die Verjährung beginnt mit der Abnahme.

cc) Beweiserleichterungen

Die Darlegung und den Beweis für eine unzureichende Bauüberwachung muss der Besteller führen. Ihm kommen jedoch Darlegungs- und Beweiserleichterungen zugute. Liegen nach Art, Schwere und Erkennbarkeit Mängel des Bauwerks vor, die typischerweise bei ordnungsgemäßer Bauaufsicht verhindert oder jedenfalls entdeckt werden mussten, so spricht der Anscheinsbeweis für eine Bauaufsichtspflichtverletzung. Dann muss der Architekt den Anscheinsbeweis durch eine Darlegung einer zureichenden Bauaufsicht, die er im Streitfall auch zu beweisen hat, entkräften, ehe es zur normalen Beweislastverteilung kommt, wonach der Bauherr die Pflichtverletzung zu beweisen hat (BGH, Urt. v. 27.11.2008 – VII ZR 206/06; Urt. v. 16.5.2002 – VII ZR 81/00, vgl. auch BGH, Urt. v. 26.4.1973 – VII ZR 85/71; OLG Düsseldorf, Urt. v. 15.1.2016 – 22 U 92/15; OLG Düsseldorf, Urt. v. 19.4.2016 – I- 21 U 102/05; OLG Brandenburg Urt. v. 27.06.2018 – 4 U 203/16). Der Anscheinsbeweis für die Verletzung der Bauaufsichtspflicht des Architekten besteht in der Regel nicht, wenn die Bauleistung nur unerhebliche, schwer erkennbare Mängel aufweist (OLG Köln, Beschl. v. 20.1.2014 – 11 U 116/13; OLG Schleswig Urt. v. 25.03.2020 – 12 U 162/19). Welche Anforderungen an die Darlegung des Architekten zur ordnungsgemäßen Erfüllung seiner Bauaufsicht zu stellen sind, hängt im Einzelfall ab. Sie muss jedenfalls eine detaillierte Angabe im Hinblick auf die Überwachung der Handwerkerleistung enthalten, die mangelhaft erbracht worden ist. Die bloße 179

Behauptung, der Architekt habe die Arbeiten selbst überwacht oder durch einen Bauleiter überwachen lassen, kann unzureichend sein (OLG Celle, Urt. v. 2.6.2010 – 14 U 205/03). Bei Abdichtungs- und Entwässerungsarbeiten handelt es sich um besonders gefahrenträchtige Arbeiten, die in besonderer, gesteigerter Weise vom Architekten beobachtet und überprüft werden müssen. Kommt es bei derartigen Arbeiten zu Ausführungsmängeln, spricht der Beweis des ersten Anscheins dafür, dass der Architekt seine Bauüberwachungspflicht verletzt hat (OLG Brandenburg Urt. v. 30.03.2017 – 12 U 71/16). Es obliegt dann dem Architekten darzulegen, was er oder sein Erfüllungsgehilfe an Überwachungsmaßnahmen geleistet hat. Bei dem in der Praxis sehr häufigen Problem des nicht ordnungsgemäßen Verschweißens von Abdichtungsbahnen bei einem Flachdach, hat der Architekt darzulegen, mit welchen Mitteln er die Ordnungsgemäßheit der Ausführung überprüft hat. Hierzu sind verschiedene Methoden in der Praxis zugelassen und anzutreffen, beispielsweise die Durchführung von exemplarischen Haftzugprüfungen oder auch die Kontrolle der Nähte mittels einer Nadel. Die Überlappungstiefe der Dachbahnen kann beispielsweise durch stichprobenhaftes Kontrollieren während der Ausführung überprüft werden. Teilweise sind die Bahnen auch mit Markierungen versehen, anhand derer die Überlappungstiefe kontrolliert werden kann.

c) Objektbetreuung

180   Der Architekt haftet dem Auftraggeber auf Schadensersatz, wenn er vor Ablauf der Gewährleistungsfristen Mängel der Bauunternehmerleistung nicht entdeckt, die er bei gehöriger Sorgfalt hätte entdecken müssen (OLG Braunschweig, Urt. v. 29.12.2016 – 8 U 2/16). Die Objektbegehung ist so durchzuführen, dass der Architekt das erstellte Objekt bestmöglich dahin überprüft, ob die Bauausführung erkennbar das gehalten hat, was nach den Verträgen mit den bauausführenden Handwerkern in technischer Hinsicht vorauszusetzen war. Die Untersuchung hat in zumutbarer Weise zu erfolgen, d. h. durch Besichtigung, Überprüfen der Funktion, Befühlen usw. Nähere Untersuchungen sind gegebenenfalls durch Einschaltung von Sachverständigen zu veranlassen, wenn Anhaltspunkte dafür vorliegen, dass Mängel vorhanden sind, dies jedoch bei der Besichtigung allein noch nicht abschließend beurteilt werden kann. Auch eine genauere Untersuchung mit bestimmten Messmethoden oder Untersuchungsgeräten ist nur dann angezeigt, wenn Anhaltspunkte für Mängel vorhanden sind (OLG Braunschweig a. a. O.). Macht der Besteller geltend, dass bei ordnungsgemäßer Objektbegehung der mangelhaft Bauunternehmer in nicht verjährter Zeit in Anspruch genommen worden und der Schadensersatzanspruch realisiert worden wäre, muss er dies beweisen (OLG Braunschweig a. a. O.). Da der Zweck der Objektbegehung durch den Architekten ist, dem Bauherrn die Möglichkeit zu geben, das ausführende Unternehmen bei Vorhandensein von Mängeln rechtzeitig in Anspruch zu nehmen, scheiden Ansprüche des Bestellers dann aus, wenn er vollumfänglich über das Vorhandensein der Mängel bereits informiert ist und über alle Informationen verfügt, um Mängelansprüche gegenüber dem ausführenden Unternehmer geltend zu machen (OLG Koblenz, Urt. v. 12.04.2018 – 1 U 108/17). Entweder wird bereits das Vorhandensein einer Pflichtverletzung mit dem Argument verneint, dass es keine Pflicht des Architekten gibt, den vollumfänglich informierten Besteller auf einen Hinweis zu erteilen oder es mangelt in diesen Fällen an der Ursächlichkeit. Dem umfassend beauftragten Architekten obliegt im Rahmen seiner Betreuungsaufgabe nicht nur die Wahrung der Rechte des Bauherrn gegenüber den Bauunternehmern, sondern auch und zunächst die objektive Klärung der Mangelursachen, selbst, wenn zu diesem eigenen Planungs- und oder Überwachungsfehler gehören (OLG Brandenburg Hinweisbeschl. v. 02.04.2020 – 12 U 77/19). Hierzu wurden von der Rechtsprechung die Grundsätze zur Sekundärhaftung im Zusammenhang mit der Frage der Verjährung entwickelt (hierzu Klein/Moufang in Festschrift Lauer; S. 191 ff.; Zahn in Festschrift Lauer, S. 487 ff.). Hat der Architekt die Objektüberwachung und die Objektbetreuung übernommen, ist er verpflichtet, dem Besteller auch nach der Fertigstellung des Bauwerks bei der Untersuchung und Behebung des Baumangels sowie bei der Durchsetzung der Ansprüche gegen die anderen am Bau Beteiligten zur Seite zu stehen (OLG Brandenburg a. a. O.).

d) Pflichten im Hinblick auf Zeitpunkt und Dauer der Leistungserbringung

181   Wie sich Gegenstand des Planungsauftrags, Qualität, gestalterische Vorgaben und wirtschaftliche Vorgaben aus den Umständen ergeben können, müssen diese auch bei Prüfung der Frage herangezogen werden, zu welchem Zeitpunkt der Architekt die Planung oder Teilleistungen (vgl. dazu Fuchs, BauR 2016, 345, 349) abgeschlossen haben muss. Ist nichts anderes vereinbart und ergibt sich nichts anderes aus den Umständen bei Vertragsschluss, gilt die Regelung des § 271 BGB mit der Maßgabe, dass mit der Planung sofort zu beginnen und sie nach Ablauf des Zeitraums vorzulegen ist, der bei zügiger Bearbeitung notwendig ist (vgl. BGH, Urt. v. 8.3.2001 – VII ZR 470/99). Die Bestimmung dieses Zeitraums erweist sich allerdings in der Praxis als schwierig, weil die Planung immer wieder mit dem Besteller abgestimmt werden muss und gerade dieser Abstimmungsvorgang häufig unkalkulierbare Zeitelemente mit sich bringt, wie z. B. bei der Klärung, ob ein bestimmtes Projekt gefördert werden kann oder nicht. Außerdem kommt es auf die Besonderheiten des Bauwerks an und auch darauf, dass zwischenzeitlich einzuholende Genehmigungen (Prüfstatik) erfolgen müssen, ohne dass sicher gesagt werden kann, wie lange die Prüfbehörde benötigt (vgl. OLG Celle, Urt. v. 6.1.2011 – 16 U 37/10).

e) Sonstige Vertragspflichten des Architekten/Ingenieurs
aa) Pflichten aufgrund der Sachwalterstellung

182   Der Architekten ist nicht nur Werkunternehmer einer Planungs- und Überwachungsleistung, sondern zugleich „Sachwalter des Bauherren". Er schuldet insoweit eine umfassende fremdnützige Betreuungstätigkeit. Diese ist nicht erst durch die strenge Haftungsrechtsprechung begründet worden, sondern entspricht dem eigenen Berufsverständnis, wie es in den Architektengesetzen der Länder zum Ausdruck kommt. So gehört zu den Berufsaufgaben des Architekten nicht nur die koordinierende Lenkung und Überwachung der Planung und Ausführung, sondern auch „die Beratung, Betreuung und Vertretung des Auftraggebers in allen mit der Planung und Durchführung eines Vorhabens zusammenhängenden Fragen" (so § 1 Abs. 5 ArchG BW).

183   Ausfluss dieser umfassenden Aufgaben und Stellung sind vielfältige Aufklärungs-, Informations- und Beratungspflichten, auch schon vor Beginn der eigentlichen Bautätigkeiten. Nicht Teil der fremdnützigen Tätigkeit ist der Abschluss des Architektenvertrages selbst. Deshalb besteht insoweit auch keine allgemeine Aufklärungspflicht in Bezug auf das eigene Honorar.

184   Diese umfassenden fremdnützigen Betreuungsaufgaben treffen nur den auch mit der Baurealisierung beauftragten Architekten, nicht allerdings den bloß mit Planungsleistungen beauftragten Architekten oder Fachplaner wie Tragwerksplaner (BGH, Urt. v. 27.9.2001 – VII ZR 320/00) oder TGA-Planer (Kniffka/Koeble, Teil Rn. 508; OLG Karlsruhe, Urt. v. 19.10.2004 – 17 U 67/04; von Rintelen, NZBau 2008, 209 m.w.N.). Die Sachwalterstellung entsteht aus der Realisierung des Bauvorhabens für den Bauherrn (BGH, Urt. v. 25.4.1966 – VII ZR 120/65).

185   Ausfluss dieser umfassenden Beratungspflichten ist auch die sogenannte Sekundärhaftung des Architekten (vgl. Koeble in Locher/Koeble/Frik, 15. Aufl. Einl. Rn. 361, hierzu Klein/Moufang in Festschrift Lauer; S. 191 ff.; Zahn in Festschrift Lauer, S. 487 ff.). Der umfassend beauftragte Architekt schuldet als Sachwalter des Bauherren die unverzügliche und umfassende Aufklärung von Baumängeln, wozu ggfs. auch die Aufdeckung eigener Fehler gehört (BGH, Urt. v. 26.9.1985 – VII ZR 50/84; Urt. v. 6.6.1991 – VII ZR 372/89; OLG Brandenburg, Urt. v. 21.12.2016 – 4 U 30/15; OLG Celle, Urt. v. 5.3.2015 – 6 U 101/14; OLG Hamm, Urt. v. 16.7.2013 – 26 U 116/12; eingehend von Rintelen, NZBau 2008, 209 ff.), vgl. zu den primär verjährungsrechtlichen Folgen der Sekundärhaftung (→ § 634a BGB Rdn. 331 ff.).

bb) Koordinierungspflichten

186   Dem umfassend beauftragten Architekten kommt eine zentrale Rolle bei Planung und Durchführung des Bauwerks zu. Er ist primärer Ansprechpartner des Bestellers und übernimmt die gesamte Koordinierung und Überwachung sowie Betreuung des Bauvorhabens (BGH, Urt. v. 27.9.2001 – VII ZR 320/00). Dieser Stellung des umfassend beauftragten Architekten folgen zahlreiche Einzelpflichten (vgl. umfassend zur Koordinationstätigkeit (→ § 650t BGB Rdn. 26 ff.). Ist vom Besteller ein zweiter Planer beauftragt, muss der mit der Kontrolle der Ausführungspläne beauftragte Architekt bei Planänderungen durch den zweiten Architekten gegebenenfalls korrigierend eingreifen und dem Besteller gegenüber zumindest Hinweise erteilen und eine Klärung der Zuständigkeiten gegenüber dem Besteller herbeiführen (OLG Düsseldorf, Urt. v. 1.10.2015 – 22 U 48/15). Im Rahmen der Leistungsphase 8 obliegt es dem Architekten, die an der Objektüberwachung fachlich Beteiligten zu koordinieren. Diese Koordinierungspflicht umfasst auch diejenigen Bereiche, für die besondere Fachbauleiter eingesetzt sind. Insoweit umfasst die Koordinierungstätigkeit auch die Koordinierung der Fachbauleiter (OLG Hamm Beschl. v. 16.03.2021 – I-24 U 101/20). Das OLG Hamm erstreckt die insoweit bestehenden Pflichten auch auf die Prüfung, ob der Fachplaner seinerseits den Pflichten zur

Bauüberwachung tatsächlich nachkommt (OLG Hamm a. a. O.). Diese Auffassung erscheint zu weitgehend.

cc) Beratungspflichten/Rechtsberatung und Beratung bei Vergabeverfahren/Beratung zum Architektenvertrag

187 Als Sachwalter des Bauherrn treffen den Architekten umfassende Beratungspflichten. Das betrifft sowohl Breite wie auch Tiefe der geschuldeten Beratung. Diese Beratungspflichten beschränken sich keinesfalls lediglich auf bautechnische Fragen, wie Beratung zur Konstruktion und zu den Baumaterialien (BGH, Urt. v. 30.10.1975 – VII ZR 309/74). Beraten muss er den Bauherrn selbstverständlich zu Genehmigungsfragen, zur Auswahl und Beauftragung einerseits von Sonderfachleuten (OLG Düsseldorf, Urt. v. 20.8.2001 – 23 U 191/00; OLG München Urt. v. 30.08.2017 – 13 U 4374/15 Bau) oder auch bei der Auswahl der Bauunternehmer; es dürfen nur Firmen ausgewählt werden, die hinreichend leistungsfähig sind, um die Arbeiten fach- und fristgerecht auszuführen (BGH, Urt. v. 13.7.2000 – VII ZR 139/99, Rn. 24, 42f.).

188 Die Beratungspflichten des Architekten erstrecken sich auch auf den Rechtsbereich (vgl. näher Kniffka, ZfBR 1994, 253ff.,Weyer, BauR 1987, 131 ff.; BGH, Urt. v. 11.02.2021 – I ZR 227/19 zur nicht erlaubten rechtsberatenden Tätigkeit des Architekten, der Grundstückseigentümer in einem Widerspruchsverfahren vertritt; Zahn BauR 2020, 361). Der Rahmen der Rechtsberatung wird durch das Rechtsdienstleistungsgesetz abgesteckt. Maßgeblich ist zunächst, ob bei der fraglichen Leistung eine rechtliche Prüfung des Einzelfalls nach §2 Abs. 1 vorliegt und damit eine Rechtsdienstleistung im Sinne des Gesetzes. Dies ist bei einer ganzen Reihe von Tätigkeiten des Architekten zu bejahen. Die Zulässigkeit dieser Tätigkeiten ist nur dann gegeben, wenn das Rechtsdienstleistungsgesetz die entsprechende Tätigkeit erlaubt. Maßgeblich ist §5 Abs. 1, dessen Satz 1 eine Tätigkeit zulässt, wenn diese als Nebenleistung nach allgemeiner Auffassung zum jeweiligen Berufsbild – oder Tätigkeitsbild – gehört. Die Rechtsdienstleistung darf also nur untergeordneten Charakter neben einer nicht rechtsberatenden Haupttätigkeit haben. Nach der Vorstellung des Gesetzgebers ist dies dann der Fall, wenn die allgemein rechtsberatende oder rechtsbesorgende Tätigkeit die Leistung insgesamt nicht trägt, wenn es sich also insgesamt nicht um eine spezifisch (allgemein) rechtliche Leistung handelt (BT-Drucks. 16/3655, Seite 52). Nach Auffassung des Gesetzgebers kann sich die Zugehörigkeit als Nebenleistung zu einer Haupttätigkeit beispielsweise aus einem bestehenden Berufs- oder Tätigkeitsbild ergeben (BT-Drucks. 16/3655, Seite 52). Bei den Grundleistungen, die in der Anlage 10.1 zu §34 HOAI aufgeführt sind, handelt es sich um einen berufsspezifisches Tätigkeitsbild, was sich aus §3 Abs. 2 HOAI ergibt. Jedenfalls dann, wenn bestimmte Tätigkeiten als Grundleistungen im dem Leistungskatalog aufgeführt sind, handelt es sich dabei dann um zugelassene Tätigkeiten im Sinne des §5 Abs. 1 RDG (Sonntag in F/B/S, Syst G Rn. 19). Bei Leistungen, die sich außerhalb dieser Leistungskataloge, z.B. Anlage 10.1 zu §34 bewegen, also bei Besonderen Leistungen oder außerhalb der HOAI liegenden Leistungen, muss demgegenüber in jedem Einzelfall überprüft werden, ob die Voraussetzungen des §5 Abs. 1 RDG noch gegeben sind. Das Rechtsdienstleistungsgesetz regelt das rechtliche „Dürfen". Davon zu unterscheiden ist die Frage, welche Leistungspflichten im Hinblick auf rechtliche Beratungstätigkeiten den Architekten treffen, was von der jeweiligen Vertragsgestaltung abhängt. Inwieweit zusätzliche Beratungspflichten aufgrund des Inkrafttretens des neuen Bauvertragsrechtes mit Wirkung ab dem 01.01.2018 geschaffen wurden, ist noch nicht abschließend geklärt (dazu Zahn BauR 2020, 361), was insbesondere im Hinblick auf die Begründung und Ermittlung von Nachträgen nach §650b, §650c BGB eine Rolle spielt. Da der Architekt eine dauerhaft genehmigungsfähige Planung schuldet, muss er die einschlägigen öffentlich-rechtlichen und nachbarrechtlichen Vorschriften nicht nur ermitteln und berücksichtigen, sondern auch seinen Auftraggeber hierüber beraten (BGH, Urt. v. 23.11.1972 – VII ZR 197/71, vgl. näher → Rn. 134ff. Ist die Planung nicht dauerhaft genehmigungsfähig, liegt allerdings keine Verletzung einer Beratungspflicht, sondern eine mangelhafte Leistung vor. Daneben treffen den Architekten aber auch weitreichende zivilrechtliche Beratungspflichten. Er muss „nicht unerhebliche Kenntnisse des Werkvertragsrechtes, des Bürgerlichen Gesetzbuches und der entsprechenden Vorschriften der VOB/B besitzen" (BGH, Urt. v. 26.4.1979 – VII ZR 190/78). Zu seinen Aufgaben gehört die Beratung des Bauherrn in vertragsrechtlichen Angelegenheiten (Kniffka, ZfBR 1994, 253, 254). Das umfasst die Vorbereitung von Verträgen (BGH, Urt. v. 2.12.1982 – VII ZR 330/81; weitere Einzelheiten im Hinblick auf Pflichten bei der Vertragsgestaltung → Rn. 150f.). In diesem Zusammenhang wird er ihn auch über Vor- und Nachteile von Unternehmereinsatzformen aufklären müssen (Locher/Koeble/Frik, HOAI, Einleitung Rn. 122). Gleiches gilt für Möglichkeiten und Sinn eines Vertragsstrafenversprechens. Die Durchführung der Verträge hat er auch in rechtlicher Hinsicht zu überwachen, den Besteller vor übereilter Nachbesserung zu warnen (BGH, Urt. v. 5.11.1981 – VII ZR 365/80) und ihn auch auf das Erfordernis des Vertragsstrafenvorbehaltes bei der Abnahme hinzuweisen (BGH, Urt. v. 26.4.1979 – VII ZR 190/78). Bei einer Beratungsleistung im Zusammenhang mit der Beendigung eines Bauvertrages und konkret bei dem Ratschlag, in einer unklaren Vertragssituation den Vertrag zu kündigen, handelt es sich um eine Rechtsdienstleistung im Sinne des § 2 RDG. Jedenfalls dann, wenn der Architekt in Bezug auf die Geltendmachung von Rechten des Bestellers im Außenverhältnis tätig wird, handelt es sich dabei in der Regel um komplexe Rechtsdienstleistungen, die in den Anwendungsbereich des RDG fallen und für den Architekten unzulässig sind (OLG Koblenz Hinweisbeschl. v. 07.05.2020 – 3 U 2182/19). Umstritten ist der Umfang der Beratung des Architekten zum rechtlichen Vorgehen bei Mängeln (vgl. OLG Celle, Urt. v. 11.12.2003 – 14 U 126/03 und hierzu ablehnend Knacke, Baurecht 2004, 1852). Der Umfang dieser rechtlichen Beratungspflichten wird in der Literatur auch kritisiert (vgl. den Überblick bei Weyer, BauR 1987, 131 sowie Bönker, NZBau 2003, 80 ff.). Erfasst das Verbot zur Entfaltung rechtsberatender Tätigkeit aus dem RDG den gesamten Vertrag, führt dies zur Unwirksamkeit desselben. In diesem Fall bestehen Ansprüche des Bauherrn über § 823 Abs. 2 BGB. Allerdings ist dabei zu beachten, dass die Regelverjährungsfrist hierfür zum Tragen kommt. Die Reichweite und der Umfang von Pflichten im Hinblick auf die Einhaltung vergaberechtlicher Vorschriften sind noch nicht abschließend geklärt. Ist dem Architekten/Ingenieur bekannt, dass ein Bauvorhaben öffentlich gefördert wird und ist ihm weiter bekannt, dass insoweit als Voraussetzung für die Förderung die Einhaltung vergaberechtlicher Vorschriften ist, können Schadenersatzansprüche des Bestellers entstehen, wenn die entsprechenden vergaberechtlichen Vorschriften nicht eingehalten werden (OLG Düsseldorf Urt. v. 25.08.2015 – I-23 U 13/13). Allerdings dürfen die Pflichten des Architekten/Ingenieurs bei Durchführung eines Vergabeverfahrens nicht zu weit ausgedehnt werden. Die Wahl der Verfahrensart obliegt der ausschreibenden Stelle und nicht dem Architekten. Gleiches gilt im Hinblick auf das Führen der vergaberechtlich erforderlichen Dokumentation. Auch insoweit bestehen keine originären Vertragspflichten und Zuständigkeiten des Architekten/ Ingenieurs. Diese können allerdings mit Zusatzbeauftragungen gesondert geschaffen werden. Inwieweit der Architekt verpflichtet ist, zum Umfang eines noch abzuschließenden Architektenvertrages sowie auch zur Höhe des Architektenhonorars gegenüber dem Besteller beratend tätig zu werden, ist noch weitgehend ungeklärt. Im Hinblick auf die Honorarhöhe hat die HOAI 2021 eine Klarstellung gebracht. Nach § 7 Abs. 2 HOAI 2021 hat der Architekt den Besteller – wenn es sich dabei um einen Verbraucher handelt – vor Abgabe von dessen verbindlicher Vertragserklärung zur Honorarvereinbarung in Textform darauf hinzuweisen, dass ein höheres oder niedrigeres Honorar als die in den Honorartafeln dieser Verordnung enthaltenen Werte, vereinbart wird. Erfolgt dieser Hinweis nicht, gilt für die zwischen den Vertragsparteien vereinbarten Grundleistungen anstelle eines höheren Honorars, ein Honorar in Höhe des jeweiligen Basishonorarsatzes als vereinbart. Sanktioniert wird also nur in eine Richtung. Das Honorar wird bei Verletzung der Aufklärungspflicht auf den Basishonorarsatz vermindert. Bis zum Inkrafttreten dieser Regelung war im Hinblick auf die Höhe des Honorars streitig, inwieweit eine Aufklärungspflicht besteht. Nach der wohl h.M. wurde eine derartige Aufklärungspflicht grundsätzlich abgelehnt und nur in Ausnahmefällen zugelassen. Als ein derartiger Ausnahmefall wurde das ausdrückliche Nachfragen des Bestellers beim Architekten im Hinblick auf die Vergütungshöhe angesehen (OLG Köln Urt. v. 24.11.1993 – 11 U 106/93; OLG Hamm Urt. v. 11.08.1999 – 12 U 100/98; OLG Karlsruhe Urt. v. 15.12.1983 – 4 U 129/82; OLG Oldenburg Urt. v. 11.01.1984 – 3 U 176/83; OLG Stuttgart Urt. v. 17.03.1989 – 2 U 147/88). Vereinzelt wurde eine Honorarkürzung erwogen, wenn es der Architekt versäumt hat, im Rahmen der Verhandlungen über den Vertragsabschluss auf die Vergütungspflicht der Leistungen hinzuweisen (OLG Saarbrücken Urt. v. 10.02.1999 – 1 U 379/98). Im Hinblick auf den Umfang des Vertrages, d.h. im Hinblick auf den Umfang der Leistungspflichten, gibt es demgegenüber nur sehr eingeschränkte Rechtsprechung. Nach einer Entscheidung des OLG Düsseldorf, kann der Architekt nicht davon ausgehen, dass der Besteller einen Auftrag zur Erbringung aller, auch von nicht erforderlichen Grundleistungen, erteilt (OLG Düsseldorf Urt. v. 26.05.2015 – I-23 U 80/14). In der Literatur wird zum Leistungsumfang die Auffassung vertreten, dass dem Architekten eine Pflicht zur Aufklärung zum Leistungsbedarf sowohl des fachunkundigen als auch des fachkundigen Bestellers und damit zum erforderlichen Leistungsumfang obliegt (Fuchs, F/B/S, Syst A V Rn. 68; Kniffka BauR 2015, 883, 893). Im Übrigen wird in der Literatur das Bestehen einer Aufklärungspflicht überwiegend abgelehnt (Knacke BauR 1990, 395 ff.; Koeble in Locher/Koeble/Frik, Einl. Rn. 119; von Rintelen in Messerschmidt/Voit, Privates Baurecht, 3. Aufl. § 631 Rn. 110). Teilweise wird in der Literatur hiervon nur in besonderen Fällen eine Ausnahme gemacht (Pauly BauR 2000, 808; Rodemann in Thode/Wirth/Kuffer, 2. Aufl. §4 Rn. 38; Heber in Thode/Wirth/Kuffer, 2. Aufl. §15 Rn. 15 ff.). Nach anderer Ansicht besteht eine Aufklärungspflicht grundsätzlich nicht. Jede Partei sei für den Inhalt des Vertrages selbst und alleine verantwortlich. Hiervon sei nur unter besonderen Umständen eine Ausnahme zu machen (Deckers ZfBR 2017, 523, 528). Anderen gesetzlichen Regelungen und der Rechtsprechung sowie der Literatur zu Beratungspflichten außerhalb des Architektenvertrages (Einzelheiten hierzu bei Zahn BauR 2020, 361, 364f.) kann als ein zentraler Aspekt für die Beantwortung der Frage, ob eine Beratungspflicht im Hinblick auf den eigenen Vertragsabschluss besteht, ein vorhandenes Informationsgefälle zwischen den Parteien herangezogen werden, welches entweder strukturell, wie beispielsweise bei Versicherungsverträgen oder aufgrund konkreter Umstände im Einzelfall, z.B. bei Kenntnis von Fehlern der Ausschreibungsunterlagen, angenommen werden kann. Vor dem Hintergrund, dass §650p Abs. 1 den Architekten verpflichtet, die erforderlichen Leistungen zu erbringen, erscheint es zutreffend, eine vorvertragliche Pflicht zur Aufklärung betreffend den Leistungsinhalt des Architektenvertrages unter bestimmten Voraussetzungen anzunehmen. Zunächst ist dies dann der Fall, wenn der Besteller ausdrücklich Fragen zum Umfang der erforderlichen Leistungen stellt (Einzelheiten bei Zahn BauR 2020, 361, 366). Im Übrigen ist bei der Beantwortung der Frage, ob eine darüber hinausgehende Beratungspflicht zum Inhalt des Vertrages besteht, insbesondere zu berücksichtigen, dass kein punktueller Austauschvertrag vorliegt, vielmehr die Zusammenarbeit auf einen längeren Zeitraum ausgelegt ist. Dies hat Einfluss auf das Entstehen und den Umfang von Beratungspflichten (BGH, Urt. v. 19.10.1977 – VIII ZR 42/76). Die Erforderlichkeit von Leistungen ist bei Abschluss des Architektenvertrages regelmäßig noch nicht vollständig und abschließend erkennbar. Wird der Vertrag von einem architektenrechtlich fachunkundigen Auftraggeber abgeschlossen, liegt ein Informationsgefälle vor. Der Architekt kann regelmäßig die Erforderlichkeit von Leistungen viel besser einschätzen, als der Auftraggeber (den fachkundigen Auftraggeber einmal ausgenommen). Ferner kann er auch viel besser erkennen im Hinblick auf welche Leistungen eine Aussage zur Erforderlichkeit zu einem späteren Zeitpunkt als bei Abschluss des Architektenvertrages noch nicht möglich ist. Ferner ist zu berücksichtigen, dass nach der gesetzlichen Regelung der Architekt dazu verpflichtet ist (nur) die jeweils erforderlichen Leistungen zu erbringen, soweit keine ausdrücklich anderweitige Festlegung erfolgt. Unter Berücksichtigung der vorstehenden Aspekte erscheint es richtig, grundsätzlich eine Beratungspflicht des Architekten zum Leistungsumfang und insbesondere zur Erforderlichkeit zu Leistungsinhalten anzunehmen. Hierzu spricht zunächst das regelmäßig vorhandene Informationsgefälle zur Erforderlichkeit von Leistungen. Ferner spricht hierfür aber auch der Umstand, dass der Gesetzgeber das Erforderlichkeitskriterium in das Gesetz aufgenommen hat. Wenn schon bei fehlender anderslautender Vereinbarung der Architekt verpflichtet ist (nur) die erforderlichen Leistungen zu erbringen, erscheint es doch sachgerecht, eine Pflicht des Architekten anzunehmen, mit der sichergestellt wird, dass der Vertrag einen Inhalt bekommt, mit dem diese gesetzliche Anordnung umgesetzt wird Nach hier vertretener Auffassung hat der Architekt grundsätzlich darüber aufzuklären, welche Leistungen erforderlich, welche nicht erforderlich sind, oder dass die Erforderlichkeit bei Abschluss des Vertrages noch nicht feststeht, um dem Besteller das anfängliche Herauslassen verschiedener Leistungen aus dem Vertrag zu ermöglichen bzw. diese Leistungen optional zu vereinbaren (Einzelheiten bei Zahn BauR 2020, 361, 366). Diese grundsätzlich bestehende Aufklärungspflicht ist allerdings eingeschränkt, wenn es sich um einen architektenrechtlich fachkundigen Besteller handelt, was der Architekt zu beweisen hat. In diesem Fall hat eine Aufklärung durch den Architekten nicht zu erfolgen. Werden die Vertragspflichten durch Inbezugnahme der Anlage 10.1 zur HOAI 2013 vertraglich konkretisiert, enthält die Grundleistung C Beraten zum gesamten Leistungsbedarf in der Leistungsphase 1 auch die vertragliche Verpflichtung, über den eigenen Leistungsumfang aufzuklären. Bei Verletzung einer Aufklärungspflicht steht dem Geschädigten ein Anspruch nach §§ 241 Abs. 2, 311 Abs. 2 Nr. 1, 280 Abs. 1 BGB zu. Der Geschädigte ist so zu stellen, wie er ohne das schädigende Verhalten, d.h. ohne die Verletzung der Aufklärungspflicht stünde. Maßgeblich ist, wie er sich bei erfolgter Aufklärung verhalten hätte. Da der BGH inzwischen seine Rechtsprechung zur Anwendbarkeit der Grundsätze zur Vermutung des beratungskonformen Verhaltens geändert und diese Grundsätze auch bei baurechtlichen Sachverhalten zugelassen hat (BGH, Urt. v. 15.07.2016 – V ZR 168/15), können Beweiserleichterungen zugunsten des Bestellers zum Tragen kommen.

Vertragstypische Pflichten aus Architekten- und Ingenieurverträgen   § 650p

dd) Obhuts- und Fürsorgepflichten

Die Obhuts- und Fürsorgepflichten werden im Vergleich zu übrigen Werkverträgen durch die Sachwalterstellung nicht wesentlich erweitert. Diese Pflichten sind auftragsbezogen. Der Auftragsbezug zeigt sich auch bei den objektbezogenen Obhutspflichten. Anerkanntermaßen muss der Objektüberwacher überprüfen und sicherstellen, dass fertiggestellte Teile des Bauwerks nicht durch nachfolgende Arbeiten beschädigt werden. Ihn trifft allerdings nicht die generelle Pflicht, abgenommene Bauleistungen vor Beschädigung durch Dritte zu schützen. Das bleibt Aufgabe des Bauherrn (BGH, Urt. v. 19.3.1970 – VII ZR 121/68).   189

4. Mangelhaftigkeit der Architekten- und Ingenieurleistung aufgrund nicht ordnungsgemäßer Erbringung der vertraglich geschuldeten Leistungen

Erbringt der Architekt geschuldete Leistungen nicht, nicht vollständig oder nicht ordnungsgemäß bzw. verletzt er vertraglich ihn treffende Leistungspflichten führt dies vor der Abnahme zur Anwendung des allgemeinen Leistungsstörungsrechtes. Nach der Abnahme oder bei Entbehrlichkeit derselben stehen dem Besteller die Rechte aus § 634 BGB zu, da seine Werkleistung mangelhaft ist.   190

Ein Leistungsverweigerungsrecht wegen nicht erbrachter (Grund-)Leistungen steht dem Besteller nur dann zu, wenn die Architektenleistung noch erbracht werden kann und noch ein Interesse des Bestellers an der Leistungserbringung besteht (OLG Celle, Urt. v. 24.9.2014 – 14 U 114/13).   191

Unabhängig von der Mangelhaftigkeit im Hinblick auf die Leistungen können Mängel auch vorliegen, wenn die vereinbarten Planungs- und Überwachungsziele nicht erreicht werden (hierzu → Rn. 70).   192

Im Ergebnis kann der Besteller die Rechte aus § 634 BGB nach der Abnahme oder bei Entbehrlichkeit derselben dann geltend machen, wenn vertraglich geschuldete Leistungen nicht erbracht werden oder wenn die vertraglich vereinbarten Planungs- und Überwachungsziele nicht erreicht werden.   193

5. Rechtsfolgen nicht erbrachter Grundleistungen

Dieses Problem spielt insbesondere im Zusammenhang mit den Minderungen eine Rolle, die in der Praxis verlangt werden, weil im Rahmen der Abrechnung eines Planungsauftrages vom Besteller die Behauptung erhoben wird, der Architekt oder Ingenieur habe nicht alle Grundleistungen der HOAI erbracht. Dafür kann es viele Gründe geben.   194

a) Vertraglich nicht vereinbarte Grundleistungen werden nicht erbracht

Einer der Hauptgründe kann sein, dass die nicht erbrachten Leistungen nicht vereinbart worden sind. Es ist klar, dass die HOAI als Preisordnung nicht vorgibt, welche Leistungen vereinbart werden sollen. Sie stellt lediglich die Preise für die vereinbarten Leistungen zur Verfügung. Keineswegs ist es zwingend, dass alle in der HOAI aufgeführten Grundleistungen oder Leistungsphasen beauftragt sind. Die Parteien können beispielsweise vereinbaren, dass nur die erforderlichen Leistungen zu erbringen sein sollen, dann reduziert sich bei einer Mindestsatzabrechnung das Honorar nach § 8 Abs. 2 (verkannt von OLG Hamburg, Urt. v. 19.12.2013 – 6 U 34/11 zu § 5 Abs. 2 HOAI 1996, der § 8 Abs. 2 HOAI 2013 entspricht; OLG Celle, Urt. v. 24.9.2014 – 14 U 114/13; OLG Düsseldorf, Urt. v. 26.5.2015 – 23 U 80/14; das OLG Düsseldorf hat die Bewertung anhand der einschlägigen Teilleistungstabellen nicht beanstandet). Sind Grundleistungen der HOAI nicht vereinbart, kommt eine Minderung der Vergütung allein wegen nicht erbrachter Grundleistungen nicht in Betracht. Allerdings muss auch in diesen Fällen geprüft werden, ob eine Honorarkürzung nach § 8 Abs. 2 HOAI vorzunehmen ist (vgl. dazu ausführlich Kniffka, BauR 2015, 883 ff. mit Darstellung des Meinungsstandes; kritisch dazu Meurer, BauR 2015, 1725 ff.). In vielen Fällen wird es dann zu einer Kürzung des Honorars nach dieser Vorschrift kommen.   195

Haben die Parteien gar keine wirksame anderweitige Vereinbarung zu den zu erbringenden Leistungen getroffen, beispielsweise durch Inbezugnahme der Anlage 10 zur HOAI 2013 im Hinblick auf den dortigen Grundleistungskatalog, sondern lediglich die Planungs-/Überwachungsziele vertraglich fixiert, ist der Architekt/Ingenieur auch nur dazu verpflichtet, die zur Erreichung dieser Ziele nach § 650p Abs. 1 erforderlichen Leistungen zu erbringen. Sind nur die für die Erreichung der Planungs-/Überwachungsziele erforderlichen Leistungen vertraglich   196

§ 650p Vertragstypische Pflichten aus Architekten- und Ingenieurverträgen

geschuldet (neben der Erreichung des Werkerfolges), ergibt sich daraus automatisch, dass nicht erforderliche Leistungen, die sich aber im Grundleistungskatalog beispielsweise der Anlage 10 HOAI wiederfinden, bereits gar nicht beauftragt sind und bei einer Mindestsatzabrechnung insoweit dann eine unmittelbare Reduzierung des Honorars über § 8 Abs. 2 HOAI 2013 (nicht beauftragte Grundleistung) vorzunehmen ist. Auf die in der Literatur (Kniffka BauR 2015, 883, 893) diskutierte Annahme einer auflösenden Bedingung für den Fall, dass sich Leistungen als nicht erforderlich erweisen sollten, muss in diesem Fall nicht zurückgegriffen werden.

197 Anders ist dies allerdings dann zu beurteilen, wenn die Auslegung ergibt, dass die Parteien bestimmte Leistungen vertraglich vereinbart haben und sich anschließend herausstellt, dass eine oder mehrere Leistungen nicht erforderlich sind. In diesem Fall wird die Vereinbarung in der Tat dahingehend auszulegen sein, dass die Aufnahme der einzelnen Leistungen in den Leistungsumfang von vorne herein unter der auflösenden Bedingung der Erforderlichkeit stand (Kniffka, a. a. O.).

198 Eine andere Lösungsmöglichkeit wäre, den vereinbarten Leistungskatalog aufgrund einer pauschalen, unbedingten Inbezugnahme lediglich als „vorläufigen Leistungsrahmen" anzusehen und dem Besteller ein Leistungsbestimmungsrecht im Hinblick auf den Abruf einzelner Leistungen einzuräumen. Der Besteller hätte es dann in der Hand, im Verlauf des Planungsprozesses zu entscheiden, ob Leistungen aus diesem Rahmen erbracht werden sollen. Wird von diesem Recht Gebrauch gemacht, konkretisiert sich aufgrund der Leistungsbestimmung der beauftragte Leistungsumfang mit der Folge, dass § 8 Abs. 2 HOAI bei einer Mindestsatz-Honorarermittlung unmittelbar einschlägig ist. Haben die Parteien demgegenüber eine Pauschalhonorarvereinbarung getroffen, wird die Auslegung des Vertrages in diesen Fällen regelmäßig dazu führen können, dass das Honorar – bei Wegfall von Grundleistungen – entsprechend anzupassen ist (auch außerhalb des Anwendungsbereiches des § 313 BGB). In diesem Fall ist das Verhältnis der Honorarpauschale zum Mindestsatzhonorar zu ermitteln und bei der Ermittlung der Honorarminderung zu berücksichtigen.

199 Der Besteller kann nach § 650q Abs. 1 i. V. m. § 650b auch beim Architekten-/Ingenieurvertrag eine Änderung des Werkerfolgs oder eine Änderung, die zur Erreichung des vereinbarten Werkerfolgs notwendig ist, anordnen. Wird von dieser Möglichkeit entweder im Hinblick auf die Erweiterung des Leistungsumfangs oder im Hinblick auf dessen Reduzierung Gebrauch gemacht, ändert sich letztlich auch der beauftragte Leistungsumfang, was wiederum unmittelbar Auswirkungen auf die Mindestsatz-Honorarermittlung bei Anwendung des § 8 Abs. 2 HOAI hat. In all diesen Fällen geht es dann nicht mehr um das „Weglassen" beauftragter Teilleistungen. Vielmehr verändert sich der beauftragte Leistungsumfang.

200 Eine andere Frage ist allerdings die, welche Rechtsfolge bei Anwendung des § 8 Abs. 2 HOAI 2013 eintritt, wenn nicht alle Grundleistungen einer Leistungsphase übertragen werden. In der HOAI selbst sind nur die Leistungsphasen im Hinblick auf ihren Anteil am Gesamthonorar bewertet worden. Sie sind die kleinste, mit einer konkreten Bewertung versehene Abrechnungseinheit nach HOAI. Einzelnen Grundleistungen wurden keine festen Prozentsätze zugeordnet. Dieser Umstand führt dazu, dass in der Literatur (Kniffka, BauR 2015, 883, 886) Zweifel an der Einhaltung des Bestimmtheitsgebotes vorgebracht werden. Ferner werden die zur Bewertung einzelner Grundleistungen entwickelten Tabellen nicht als passendes Mittel zum Lösen der hier relevanten Probleme angesehen (Kniffka a. a. O.). Dem Verordnungsgeber der ersten HOAI war dieses Problem bewusst. Dem damaligen § 5, dessen Wortlaut in Absatz 2 mit dem heutigen Wortlaut in § 8 Abs. 2 HOAI 2013 im Wesentlichen übereinstimmt, ist Folgendes zu entnehmen (Begründung zur Verordnung über Honorare für Leistungen der Architekten und der Ingenieure BR-Drucks. 270/276 vom 09.04.1976, Seite 10 unten):

201 Absatz 2 enthält die honorarrechtlichen Vorschriften für den Fall, dass nicht alle Grundleistungen einer Leistungsphase übertragen werden. In diesem Fall darf nach Satz 1 nur ein Honorar berechnet werden, das dem Anteil der übertragenen Leistungen an den gesamten Leistungen der Leistungsphase entspricht. Die Vertragsparteien müssen in einem solchen Fall die übertragenen und die nicht übertragenen Grundleistungen einer Leistungsphase aufgrund der Verhältnisse des Einzelfalles selber bewerten, da in der Verordnung über die einzelnen Grundleistungen einer Leistungsphase keine Honorare festgesetzt sind. Eine derartige Bewertung ist vor allem wegen der Vielfalt der einzelnen Grundleistungen und von Objekt zu Objekt unterschiedlichen Verhältnissen nicht durchführbar.

202 Der Verordnungsgeber ging demnach davon aus, dass den Parteien ein Bewertungsspielraum im Hinblick auf die einzelnen Grundleistungen zukommt und diese Bewertung von Objekt zu Objekt unterschiedlich ausfallen kann. Daraus ergibt sich zwingend, dass den Grundleistungen kein bei allen Bauvorhaben gleich bleibender Anteil an dem für die jeweilige Leistungsphase vorgesehenen Honorarteil zukommen kann.

Wenn den Parteien ein Bewertungsspielraum vom Verordnungsgeber eingeräumt wird, kann dieser auch dahingehend ausgenutzt werden, eine Grundleistung, die nicht wesentlich, da nicht erforderlich ist, mit „null" zu bewerten. Genauso ist dann bei fehlender Bewertung durch die Parteien zu verfahren, wenn die Bewertung im Rahmen eines gerichtlichen Verfahrens durch einen Sachverständigen vorgenommen werden muss. 203

Haben die Parteien im Rahmen einer Honorarvereinbarung eine Bewertung vorgenommen, ist diese zu beachten. Liegt keine Honorarvereinbarung vor, muss zum konkreten Bauvorhaben eine objektive Bewertung – im gerichtlichen Verfahren durch Einholung eines Gutachtens – vorgenommen werden. Hierbei muss ermittelt werden, ob die jeweilige Grundleistung beim konkreten Bauvorhaben nicht erforderlich war oder ob bestimmten Grundleistungen eine besondere Bedeutung zukommt. 204

Wenn § 8 Abs. 2 Satz 1 nach HOAI 2013 anordnet, dass bei Nichtübertragung aller Grundleistungen einer Leistungsphase ein Honorar für die übertragenen Grundleistungen berechnet und vereinbart werden darf, das dem Anteil der übertragenen Grundleistungen an der gesamten Leistungsphase entspricht, so führt dies nicht zwangsläufig dazu, dass bei Nichtübertragung einer Grundleistung automatisch eine Reduzierung des Honorars zu erfolgen hat. Vielmehr kann die Bewertung der übertragenen Grundleistungen auch beim Wegfallen einzelner Grundleistungen ergeben, dass der Prozentsatz, der in der HOAI für eine bestimmte Leistungsphase vorgesehen ist, unverändert anzuwenden ist, wenn die höhere Bewertung einzelner übertragener Grundleistungen das Wegfallen anderer Leistungen, die beispielsweise nicht erforderlich sind – kompensiert. Dies muss aber nicht der Fall sein. Die Bewertung kann von den Parteien auch in der Form vorgenommen werden bzw. es kann sich ein entsprechendes Ergebnis bei objektiver Bewertung durch einen Sachverständigen im gerichtlichen Verfahren ergeben, dass die übertragenen Grundleistungen das Wegfallen einer Grundleistung nicht kompensieren. Dann, aber auch nur dann, ist das Honorar entsprechend zu verringern. Nach dem Wortlaut ist nämlich nicht das Honorar zu verringern, wenn eine Grundleistung nicht übertragen wird. Vielmehr ist das Honorar für die übrig bleibenden, übertragenen Grundleistungen zu ermitteln. Wird berücksichtigt, dass den Parteien vom Verordnungsgeber ein Bewertungsspielraum im Hinblick auf die Bewertung der einzelnen Grundleistungen eingeräumt wurde, wird klar, dass bei einer derartigen Betrachtung auch der Fall eintreten kann, dass der Wegfall einer Grundleistung keine Auswirkung auf den Prozentsatz der jeweiligen Leistungsphase hat. 205

b) Vertraglich vereinbarte Grundleistungen werden nicht erbracht

Die zweite Alternative ist, dass die in der HOAI benannten Grundleistungen zwar vereinbart, jedoch aus unterschiedlichen Gründen nicht erbracht worden sind. So kann es sein, dass Leistungen vom Architekten vergessen werden oder aus nicht nachvollziehbaren Gründen nicht erbracht werden. Es kann auch sein, dass sich die beauftragten Leistungen als nicht erforderlich herausstellen und deshalb nicht vorgenommen werden. Möglicherweise können die Leistungen gar nicht durchgeführt werden, wie das z. B. dann der Fall ist, wenn der Auftraggeber die Leistungsphase 7 des § 34 HOAI vereinbart hat, auf seine Veranlassung aber lediglich ein Angebot eines befreundeten Unternehmers eingeholt hat und dieser dann auch beauftragt wird. Das Aufstellen eines Preisspiegels und das Führen von Bietergesprächen (Lph. 7 b und c) ist dem Architekten dann nicht möglich. Auch gibt es die Fälle, in denen dem Architekten gekündigt oder der Vertrag einvernehmlich aufgehoben wird. In allen diesen Fällen stellt sich die Frage, ob der Architekt die vereinbarte Vergütung verlangen kann oder ob eine Minderung der Vergütung um den Wert der nicht erbrachten Grundleistung möglich ist. § 8 Abs. 2 HOAI ist nicht anwendbar, weil diese Vorschrift nur die Vergütung für beauftragte Grundleistungen regelt, nicht aber den Fall, dass die beauftragte Grundleistung aus welchen Gründen auch immer nicht erbracht wird. Das ist ein Fall der Leistungsstörung, der nach dem Vertragsrecht des Bürgerlichen Gesetzbuch zu beurteilen ist (BGH Urt. v. 28.7.2011 -VII ZR 65/10; zur Darlegungslast in diesem Fall OLG Brandenburg, Urt. v. 13.3.2014 – 12 U 136/13; ebenfalls zur Darlegungslast OLG Oldenburg, Urt. v. 6.9.2012 – 8 U 96/12, allerdings mit fehlerhaftem Ausgangspunkt, der Leistungskatalog der HOAI sei zu umfassend, worauf es bei Vereinbarung nicht ankommt). Es geht also nicht an, das Honorar einfach deshalb zu kürzen, weil eine Leistungsstörung vorliegt. Vielmehr ist eine eventuelle Honorarminderung aus den speziellen Vorschriften des Leistungsstörungsrechts zu entwickeln. Diese sehen zwar Honorarminderungen vor, die sich auch an dem Wert der Grundleistung orientieren, wie er 206

§ 650p Vertragstypische Pflichten aus Architekten- und Ingenieurverträgen

sich in der vereinbarten Vergütung manifestiert hat, haben jedoch spezielle Voraussetzungen, die im Einzelfall gegeben sein müssen. Zum Leistungsstörungsrecht in diesem Sinne gehören vor allem die Abwicklungsregeln über eine unmögliche Leistung, § 275 BGB, § 326 BGB, die Regeln über die Rechte im Falle einer Nicht- oder Schlechterfüllung des Vertrages, z. B. § 281 BGB oder § 323 BGB, über die Rechte im Falle mangelhafter Erfüllung, § 633 ff. BGB, und die hier nicht näher behandelten Regeln über den Verzug (Ausführlich zu den verschiedenen Möglichkeiten der Minderung nach Leistungsstörungsrecht: Kniffka, BauR 2015, 1031 ff.).

207 An dieser Rechtsprechung ändert die Regelung des § 650p Abs. 1 nichts. Wenn die Parteien vertraglich die Erbringung bestimmter Leistungen wirksam vereinbart haben, spielt es keine Rolle, ob sich insoweit um erforderliche Leistungen im Sinne des § 650p Abs. 1 handelt oder ob dies nicht der Fall ist. Die Parteivereinbarung hat in diesem Fall Vorrang. Werden vertraglich geschuldete Leistungen nicht erbracht, wird dieser Fall weiterhin über das Leistungsstörungsrecht zu lösen sein. Dem Besteller stehen die gesetzlichen Ansprüche zu, wenn eine vereinbarte (Teil-)Leistung nicht erbracht wird. Das sind Erfüllungsansprüche, Ansprüche aus nicht erfülltem Vertrag oder Mängelansprüche. Eine automatische Kürzung des Honorars findet allerdings nicht statt. Der Besteller muss vielmehr die Voraussetzungen des jeweiligen Anspruchs darlegen. Macht er Mängelrechte geltend, so kann eine Minderung des Honorars wegen der nicht erbrachten Teilleistung grundsätzlich nur erfolgen, wenn eine Frist zur Nachholung der Leistung gesetzt worden ist. Allerdings ist die Fristsetzung entbehrlich, wenn der mit ihr verfolgte Zweck nicht mehr eintreten kann, wie z. B. dann wenn der Auftragnehmer eine nach dem Vertrag geschuldete Kostenberechnung nicht vorgelegt hat und das Bauvorhaben mittlerweile abgeschlossen ist, vgl. § 637 Abs. 2 i. V. m. § 323 Abs. 2 Nr. 2 BGB (BGH, Urt. v. 11.11.2004 – VII ZR 128/03).

208 Dem Besteller stehen bei Mängeln der Werkleistung des Architekten grundsätzlich die Rechte aus § 634 zu. Auf die dortigen Ausführungen wird verwiesen (→ § 634 BGB Rdn. 1 ff.). Besonderheiten ergeben sich nur dann, wenn sich Mängel der Werkleistung im Bauwerk bereits verkörpert haben. In diesem Fall ist eine Nacherfüllung nicht mehr möglich. Der Architekt schuldet Schadensersatz in Geld (st. Rspr. z. B. BGH, Urt. v. 8.7.2010 – VII ZR 171/08). Deshalb kann auch kein Leistungsverweigerungsrecht mehr geltend gemacht werden. Hat sich in der planerischen Leistungskette der Mangel der Werkleistung des Subplaners im Bauwerk des Hauptauftraggebers verkörpert, liegt der Schaden des Architekten (Generalplaner = mittleres Kettenglied) in der Belastung dessen Vermögens mit Ansprüchen des Hauptauftraggebers wegen des Mangels (BGH, Urt. v. 28.1.2016 – VII ZR 266/14). Die Grundsätze zur Vorteilsausgleichung im Hinblick auf einen möglichen Entfall dieses Anspruchs sind in diesem Fall nicht anwendbar. Vielmehr muss der Architekt (Generalplaner = mittleres Kettenglied) gegen den Subplaner – wenn er einen Schadensersatzanspruch geltend macht (auch die Minderung ist möglich) – einen Freistellungsanspruch geltend machen, mit dem gegen Honoraransprüche des Subplaners mangels Gleichartigkeit nicht aufgerechnet werden kann (BGH a. a. O. Rn. 26).

209 Eine Klausel in Allgemeinen Geschäftsbedingungen des Architekten, wonach ihm die Beseitigung eines Schadens zu übertragen ist, wenn er wegen eines Schadens am Bauwerk auf Schadensersatz in Geld in Anspruch genommen wird, ist nach § 307 Abs. 1 S. 1 BGB unwirksam (BGH, Urt. v. 16.2.2017 – VII ZR 242/13).

D. § 650p Abs. 2

210 § 650p Abs. 2 ist anwendbar, wenn die Parteien einen Vertrag abgeschlossen haben (Rodemann/Schwenker, ZfBR 2017, 731, 734), ohne die wesentlichen Planungs- und Überwachungsziele zu vereinbaren. Der Gesetzgeber hatte vornehmlich diesen Fall im Blick und wollte eine Regelung dafür schaffen, dass sich der Besteller von Verträgen mit einem umfangreichen Leistungsspektrum (Leistungsphasen 1 bis 9 der HOAI 2013) lösen kann, wenn der Vertrag zu einem Zeitpunkt abgeschlossen wird, in dem die wesentlichen Ziele der Planung/Eigenschaften des Bauwerks/der Außenanlage noch gar nicht geklärt sind.

211 Nach dem Wortlaut ist die Regelung auch dann einschlägig, wenn ein Architekten-/Ingenieurvertrag noch gar nicht abgeschlossen wurde. Allerdings ergibt sich aus der Systematik und insbesondere bei Berücksichtigung des ersten Absatzes, dass die Pflichten aus Abs. 2 erst mit Abschluss des Vertrages entstehen. Andernfalls wäre nicht zu erklären, wieso der Architekt/Ingenieur ohne vertragliche Grundlage dazu verpflichtet sein kann, Planungsgrundlagen und eine Kostenabschätzung zu erstellen. Ferner ginge dann die Sonderkündigungsmöglichkeit in

Vertragstypische Pflichten aus Architekten- und Ingenieurverträgen §650p

§ 650r ins Leere. Bestünde nach § 650p Abs. 2 die vorvertragliche Pflicht, Planungsgrundlage und Kosteneinschätzung zu erstellen, um (erst) anschließend dann den Architekten-/Ingenieurvertrag mit Planungszielen abzuschließen, käme es im Regelfalle nicht mehr zu der in § 650p Abs. 2 vorgesehenen Situation. Bei Verletzung dieser Pflicht stünde dem Besteller dann auch ein Schadenersatzanspruch zu, der zur Beendigung eines zwischenzeitlich abgeschlossenen Vertrages führt. Ein Sonderkündigungsrecht wäre dann nicht erforderlich.

Ob die Regelung im Hinblick auf die Überwachungsziele eine eigene praktische Bedeutung 212 erlangen wird, erscheint sehr fraglich. Sind die wesentlichen Planungsziele vereinbart, ist dies auch für die Überwachungsziele ausreichend. Wenn eigenständige Verträge über die Bauüberwachung abgeschlossen werden, wird dies im Regelfall zu einem Zeitpunkt erfolgen, in dem die entsprechenden Leistungsziele bereits vereinbart sind.

I. Unternehmer

Wer ist Adressat der Pflichten aus § 650p Abs. 2? Dies ist sicher der Architekt/Ingenieur, der 213 mit der Vollarchitektur (Leistungsphasen 1 bis 9) beauftragt ist. Gleiches gilt für den Architekten/Ingenieur, der (zunächst) – z. B. bei stufenweiser Beauftragung – vom Auftraggeber als „erster" Planer beauftragt wurde bzw. beauftragt werden soll. Umgekehrt ist derjenige Planer, der lediglich punktuell mit einzelnen Leistungen ab der Leistungsphase 3 beauftragt wurde, nicht der für die Erstellung der Planungsgrundlagen verantwortliche Planer, sofern die vorher zu erbringenden Leistungen bereits anderweitig erbracht wurden. Die Ermittlung der Planungsziele/Überwachungsziele ist in diesem Fall dann bereits abgeschlossen. Wurden die Planungs-/Überwachungsziele allerdings noch gar nicht ermittelt, treffen die Pflichten aus § 650p Abs. 2 auch denjenigen Planer, der in den Planungsprozess zu einem späteren Zeitpunkt einsteigt.

Darüber hinaus gilt Folgendes:

- Dem Objektplaner Gebäude und dem Objektplaner Ingenieurbauwerke und Verkehrsanlagen obliegt sehr weitgehend die Pflicht, die Planungsziele zu ermitteln und hierfür die Planungsgrundlagen und die Kosteneinschätzung zu erstellen. Bei allen Beschaffenheiten des Bauwerks und der Außenanlagen, die Gegenstand der Planungs- und Überwachungsleistungen des Objektplaners sind, muss der Objektplaner Gebäude die Planungsziele ermitteln. Sind keine Fachplaner beauftragt und übernimmt der Objektplaner deren Leistungsbereiche, erweitert sich auch die Pflicht nach § 650p Abs. 2. Können die Planungsziele/ Überwachungsziele nicht ohne Hinzuziehung eines Fachplaners ermittelt werden, ist der Objektplaner nach § 650p Abs. 2 verpflichtet, den Besteller hierauf hinzuweisen, unabhängig von eventuell vertraglich übernommenen Koordinationspflichten. 214

- Sind Fachplaner beauftragt, obliegt diesen die Ermittlung der jeweiligen fachspezifischen Planungsziele, also beispielsweise dem TA-Planer die Abklärung des Wärme- oder Kühlbedarfs. Im Hinblick auf Fachplaner wurde die Diskussion geführt, ob § 650p Abs. 2 BGB nicht dahingehend geändert werden soll, dass eine Beschränkung auf Objektplaner zu erfolgen hat. Diese Auffassung wurde beim 7. Baugerichtstag im Arbeitskreis Architekten- und Ingenieurrecht mit überwältigender Mehrheit abgelehnt. 215

- Der Objektplaner Freianlagen und der Objektplaner Innenräume sind ebenfalls jeweils für ihre Bereiche dafür zuständig, die Planungsgrundlage und Kosteneinschätzung für die Ermittlung der Planungsziele der Besteller zu liefern. 216

II. Fehlende Vereinbarung der Planungs- und Überwachungsziele

§ 650p Abs. 2 hat zur Voraussetzung, dass die wesentlichen Planungs- und Überwachungsziele zwischen den Parteien vereinbart sind. Die Vereinbarung muss nicht jegliche Planungs- und Überwachungsziele umfassen, sondern nur die wesentlichen. Ferner ist entscheidend, dass die Planungs- und Überwachungsziele „vereinbart" worden sind. Es ist also nicht maßgeblich, ob einseitige Vorstellungen beim Besteller über die Einzelheiten des Bauwerks oder der Außenanlage vorhanden sind. Vielmehr müssen diese Eingang in die vertragliche Vereinbarung gefunden haben. Nach den Vorstellungen des Gesetzgebers (Begründung zum Regierungsentwurf- BT-Drucks. 18/8486 Seite 67) soll damit Fällen Rechnung getragen werden, bei denen der Besteller noch keine genauen Vorstellungen von dem Bauwerk oder von der Außenanlage hat, aber dennoch bereits ein Kontakt zum Architekten/Ingenieur hergestellt wird. Der Gesetz- 217 geber ist der Auffassung, dass es in diesen Fällen zu Verträgen kommen kann, bei denen bei Vertragsschluss noch keine Einigung über alle wesentlichen Planungs- und Überwachungsziele vorliegt. Welche Leistungsinhalte hinter den Planungs- oder Überwachungszielen stehen, ist unerheblich. Maßgeblich ist nur, dass eine Planungs- oder Überwachungsaufgabe wirksam vereinbart worden ist, ohne dass es auf den Umfang der Beauftragung ankommt (Kniffka BauR 2018, 351, 357). Auch der nur mit den Leistungsphasen 1 und 2 der Anlage 10 zur Objektplanung Gebäude beauftragte Architekt muss die Zielfindungsphase durchlaufen (Kniffka a.a.O.).

218 Allerdings setzt das Zustandekommen eines wirksamen Vertrages voraus, dass dem Bestimmbarkeitserfordernis der wesentlichen Vertragsbestandteile Genüge getan wird → Rn. 16). In dem vom Gesetzgeber beschriebenen Sonderfall, in dem wesentliche Bestandteile des Vertrages, nämlich wesentliche Planungs- und Überwachungsziele, nicht feststehen, liegt mangels Bestimmtheit bzw. Bestimmbarkeit, kein wirksamer Vertrag vor (Kniffka, BauR 2017, 1846, 1853). Wirksam kann ein Vertrag über die Erbringung dieser Leistungen nur dann sein, wenn dem Besteller im Hinblick auf die Lücken ein Leistungsbestimmungsrecht zugebilligt wird (→ Rn. 51 f.); (Kniffka BauR 2018, 351, 357). Ergibt die Auslegung des Vertrages, dass dies bereits nicht der Fall ist, liegt kein wirksamer Vertrag vor. Die flankierend in § 650q Abs. 1 vorgesehene Möglichkeit, nach Vorlage der in § 650p Abs. 2 aufgeführten Unterlagen eine Sonderkündigung aussprechen zu können, ist dann bedeutungslos, da ein wirksamer Vertrag noch nicht abgeschlossen wurde.

219 Der Gesetzgeber hatte hierbei in erster Linie den Verbraucher im Blick.

Das Kündigungsrecht soll insbesondere Verbraucher vor den Rechtsfolgen eines häufig übereilt abgeschlossenen umfassenden Architektenvertrages schützen, der alle neun Leistungsphasen des § 3 HOAI beinhaltet.

220 Die Vorschrift gilt jedoch nicht nur für Verträge, die von Verbrauchern abgeschlossen werden, sondern für alle Verträge. Sie trägt der derzeit etwas paradoxen Situation Rechnung, dass in Verträgen häufig die Leistungspflichten aus Anlage 10 der HOAI 2013 im Hinblick auf die Objektplanung Gebäude als Vertragspflichten vereinbart werden, ohne dass die Planungsziele bereits feststehen. Da die Grundlagen für die Ermittlung der Planungsziele des Bestellers Gegenstand dieser vertraglichen Leistungspflichten ist, nämlich beispielsweise der Grundlagenermittlung als Leistungsphase 1, ist damit gleichzeitig klar, dass diese Grundlagen im Zeitpunkt des Vertragsabschlusses noch gar nicht vorliegen können. Sie sind aufgrund des abgeschlossenen Vertrages erst noch zu erbringen. Eine Beschränkung der Regelung auf Verbraucher wurde intensiv diskutiert und im Rahmen des 7. Deutschen Baugerichtstages im Arbeitskreis Architekten- und Ingenieurrecht mit deutlicher Mehrheit abgelehnt.

221 Da eine bestimmte Form nicht vorgeschrieben ist, kann die Vereinbarung auch mündlich oder konkludent getroffen werden. Aufgrund des weitgehenden Anwendungsbereiches – über Verbraucher als Bauherrn hinausgehend – wurde in er Literatur die Auffassung vertreten, dass die Vorschrift verfassungswidrig sei, da es zu einer zu starken Beschränkung der Handlungsfreiheit für Unternehmer und Architekten komme (Motzke, NZBau 2017, 251, 254). Dieser Auffassung wurde zu Recht entgegengetreten (Kniffka BauR 2018, 351, 358).

222 Nach dem Wortlaut der gesetzlichen Neuregelung ist § 650p Abs. 2 ausschließlich dann einschlägig, wenn Planungs- und Überwachungsziele noch nicht vereinbart sind. Nicht einschlägig ist diese Regelung demgegenüber dann, wenn nicht alle Leistungen vereinbart worden sind. Insoweit bleibt es dabei, dass der Vertrag entweder zu unbestimmt oder die Bestimmbarkeit aufgrund eines Leistungsbestimmungsrechts gegeben ist.

III. Wesentlichkeit der Planungs- und Überwachungsziele

223 Zur Anwendbarkeit des § 650p Abs. 2 kommt es nicht bereits dann, wenn (irgend)ein Planungs- und Überwachungsziel noch nicht vereinbart wurde. Vielmehr setzt die Anwendbarkeit dieser Vorschrift voraus, dass wesentliche Planungs- und Überwachungsziele noch nicht vereinbart sind. Da die Planungs- und Überwachungsziele nicht generell feststehen und gleich sind, sondern von Bauvorhaben zu Bauvorhaben und Bauherren variieren, gilt Gleiches auch für den Begriff der Wesentlichkeit. Ob ein Planungs- und/oder Überwachungsziel wesentlich ist, ist eine Frage des Einzelfalls und des konkreten Bauvorhabens. Was bei dem einen Bauvorhaben für den konkreten Bauherrn ein wesentliches Planungsziel darstellt, kann bei einem anderen Bauvorhaben und einem anderen Bauherrn eine unerhebliche Nebensächlichkeit darstellen.

Der Gesetzgeber lässt offen, aus wessen Sicht (Besteller oder Architekt/Ingenieur) die Wesentlichkeit eines Planungsziels zu bestimmen ist.

Für die Entscheidung, welche Planungsziele/Überwachungsziele wesentlich sind, sind die folgenden Umstände maßgeblich: **224**

- Maßgeblich ist zunächst der Sinn und Zweck der nach § 650p Abs. 2 zu erstellenden Planungsgrundlagen und der Kosteneinschätzung. Nach der amtlichen Begründung (BT-Drucks. 18/8486 S. 67) soll der Besteller mit diesen beiden Angaben/Unterlagen in die Lage versetzt werden, eine fundierte Entscheidung zu treffen, ob er dieses Bauprojekt oder die Außenanlage mit diesem Planer realisieren oder von dem in § 650r BGB vorgesehenen Kündigungsrecht Gebrauch machen möchte. Nun wird es allerdings so sein, dass die Informationen, die den Planungsgrundlagen und der Kosteneinschätzung nach dieser Vorschrift zu entnehmen sind, nicht dazu führen werden, den Besteller tatsächlich in die Lage zu versetzen, eine Entscheidung über die Realisierung der Baumaßnahme zu treffen. Diese Entscheidung wird zu einem sehr viel späteren Zeitpunkt aufgrund sehr viel genauerer Informationen getroffen werden, in der Regel nämlich dann, wenn die Kosten der Baumaßnahme nach Einholung der Angebote und eines Kostenvergleichs mittels eines Preisspiegels genauer ermittelt worden sind. Wird die Entscheidung des Gesetzgebers hingegen, die Entscheidung zu einem derart frühen Zeitpunkt anzusiedeln, muss die Vorschrift allerdings dahingehend ausgelegt werden, dass es ausschließlich darauf ankommt, den Besteller in die Lage zu versetzen, eine Entscheidung darüber zu treffen, ob nach Übergabe der Planungsgrundlage und Kosteneinschätzung die Planungsleistungen weiter erbracht werden sollen, das Projekt also in diesem Planungsstadium weitergeführt werden soll. Mit anderen Worten: Wesentlich im Sinne des § 650p Abs. 2 sind aus Sicht des Bestellers diejenigen Informationen, die er benötigt, um eine Entscheidung darüber zu treffen, ob die Planungsleistungen über die Planungsgrundlage und die Kosteneinschätzung hinaus fortgesetzt werden sollen. An die Planungsgrundlage schließt sich dann die eigentliche Planung an.

- Auch aus Sicht des Architekten/Ingenieurs sind die Planungsziele/Überwachungsziele wesentlich, die für die Fortführung der Planung nach Erstellung der Planungsgrundlagen und der Kosteneinschätzung geklärt sein müssen, um die Planung fortführen zu können. **225**

Wesentlich sind deshalb die Planungsziele/Überwachungsziele, die notwendig sind, um die Entscheidung zu treffen, ob weitere Planungsleistungen erbracht werden sollen. Der Architekt und Ingenieur darf und muss nur diese Leistungen im Rahmen der Zielfindungsphase erbringen. Wesentlich sind Planungsziele darüber hinaus auch dann, wenn sie notwendigerweise festgelegt werden müssen, um die Unbestimmtheit des Planungsvertrages zu vermeiden (Kniffka BauR 2018, 351, 359). **226**

IV. Vertragspflicht zur Erstellung einer Planungsgrundlage und Kosteneinschätzung

1. Vertragspflicht

Nach dem Wortlaut „hat" der Unternehmer die Planungsgrundlage und die Kostenein- **227** schätzung zu erstellen. Es handelt sich deshalb um eine Vertragspflicht.

2. Zeitpunkt („zunächst") und Frist

Soweit Abs. 2 dem Architekten/Ingenieur auferlegt „zunächst" eine Planungsgrundlage **228** und Kosteneinschätzung zu erstellen und zu übergeben, ist dies eine Ausprägung des in Abs. 1 angelegten Verbots, Leistungen verfrüht zu erbringen. Wird hiergegen verstoßen, sind die entsprechend verfrüht erbrachten Architekten-/Ingenieurleistungen vom Besteller nicht zu vergüten. Im Gesetz ist keine Frist vorgesehen, innerhalb derer die Vorlage der Planungsgrundlage und Kosteneinschätzung zu erfolgen hat. Es gilt daher § 271 BGB.

3. Rechtsfolge bei Verstoß

Wird gegen die Vertragspflicht zur Erstellung der Planungsgrundlage und Kosteneinschät- **229** zung verstoßen, stehen dem Besteller die Rechte aus dem Allgemeinen Teil des Schuldrechts zur Verfügung. Er kann nach Fälligkeit der Leistung und Fristsetzung Schadenersatz nach § 281 BGB geltend machen, vom Vertrag nach § 323 BGB zurücktreten oder außerordentlich fristlos kündigen, sofern eine Abmahnung erfolgt ist. Gleiches gilt, wenn Planungsgrundlage und

Kosteneinschätzung zwar erstellt werden, aber unvollständig oder mangelhaft sind (Kniffka BauR 2018, 351, 363).

4. Planungsgrundlage

230 Nach dem Wortlaut soll die Planungsgrundlage zur Ermittlung der Planungsziele erstellt werden. Der Wortlaut ist missverständlich, worauf in der Literatur (Kniffka BauR 2018, 351, 363) zu Recht hingewiesen wird. Aus Satz 2 der Regelung ergibt sich, dass die Zustimmung zur Planungsgrundlage erteilt werden soll. Damit geht es in Satz 1 nicht um eine Planungsgrundlage zur Ermittlung der Ziele. Vielmehr ist Gegenstand der Planungsgrundlage bereits das Ziel und die Ermittlung desselben ist vorangestellt, da die Zustimmung zur Planungsgrundlage erteilt werden soll (Kniffka BauR 2018, 351, 363). Stehen die wesentlichen Planungsziele noch nicht fest, wurde diese also noch nicht ermittelt, kann keine Planungsgrundlage im Sinne des § 650p Abs. 2 BGB vorgelegt werden. Nach der Vorstellung des Gesetzgebers handelt es sich bei der Planungsgrundlage nicht um die eigentliche Planung (Begründung BT-Drucks. 18/8486 Seite 67). Es soll sich um eine erste „Skizze" oder um „eine Beschreibung des zu planenden Vorhabens" handeln. Letztlich soll der Planungsprozess in zwei Abschnitte aufgeteilt werden. Im ersten Abschnitt (Zielfindungsphase) sollen die Leistungen erbracht werden, die notwendig sind, um die Planungs- und Überwachungsziele festzulegen. Im zweiten Abschnitt soll dann die konkrete Planung – ausgerichtet an den zuvor ermittelten Planungs- und Überwachungszielen erfolgen (vgl. hierzu auch Kniffka, BauR 2017, 1846, 1856; Dammert, BauR 2012, 1496, 1500 ff.). Die Folge hiervon ist, dass die Festlegung der Grundlage für die Fortführung der Planung mit sich bringt, dass bei anschließenden Änderungen dieser Grundlagen Leistungsänderungen vorliegen, die Mehrvergütungsansprüche auslösen (BT-Drucks. 18/8486, Seite 69; hierzu auch Kniffka, BauR 2018, 351, 358). Wo liegt nun die Grenze zwischen diesen beiden Abschnitten? In der Literatur wird erörtert, ob die Zielfindungsphase vor der Grundlagenermittlung (Leistungsphase 1 in Anlage 10 zur HOAI 2013) anzusiedeln ist. Vorgeschlagen wird, die der Grundlagenermittlung vorgelagerte Bedarfsplanung nach DIN 18205 als Gegenstand der Zielfindungsphase anzusehen (Dammert, BauR 2012, 1496, 1500 „Leistungsphase 0" im Arbeitskreis IV- Architekten- und Ingenieurrecht, 4. Baugerichtstag; die Leistungen der Zielfindungsphase dienten dazu, die wesentlichen Beschaffenheitsparameter der Planung, insbesondere auch der Vorplanung zu ermitteln, Dammert, BauR 2012, 1498, 1501; zur Bedarfsplanung Preussner, BauR 2009, 415 ff.; zur Leistungsphase „0" auch Blomeyer/Zimmermann, NZBau 2017, 703, 704). Die Zielfindungsphase nehme jedenfalls keine weiteren Planungsleistungen, schon gar nicht der Leistungsphase 3 vorweg (Dammert, BauR 2017, 421, 425). Motzke (NZBau 2017, 251, 253) sieht in der Zielfindungsphase Leistungen der Bedarfsplanung und Bedarfsermittlung (hiergegen BeckOK Bauvertragsr/Fuchs 31.10.2021 BGB § 650p Rn. 199; Blomeyer/Zimmermann, NZBau 2017, 703, 706), weist aber darauf hin, dass die vom Gesetzgeber in der Begründung aufgeführten Beispiele regelmäßig in der Leistungsphase 1 bzw. 2 abgeklärt werden (a. a. O. S. 253). Aufgrund der unklaren Formulierung wurde verschiedentlich gefordert, dass eine weitere gesetzgeberische Klarstellung zum Leistungsinhalt der Leistungen in der Zielfindungsphase erfolgen soll (vgl. hierzu die Diskussion und das Abstimmungsergebnis des 7. Baugerichtstages Arbeitskreis Architekten- und Ingenieurrecht).

231 Zutreffend ist die Auffassung, die der Zielfindungsphase Grundleistungen aus den Leistungsphasen 1 und 2 der Anlage zur HOAI zuordnet (Koeble in Locher/Koeble/Frik, HOAI 15. Aufl. Einl. Rn. 270: bis einschließlich der Grundleistung c); Kniffka, BauR 2017, 1846, 1855 ff.; ders. BauR 2018, 351, 359): bis einschließlich der Grundleistung b); Deckers ZfBR 2017, 523, 531f; Fuchs NZBau 2015, 675, 681 -bis zum Ende der Vorplanung; Berger in Langen/Berger/Dauner-Lieb § 650p Rn. 107 bis einschließlich Grundleistung b) der Leistungsphase 2; Rodemann/Schwenker, ZfBR 2017, 731, 733: teilweise Leistungsphase 1 und Teile der Leistungsphase 2). Hierfür sprechen die folgenden Argumente:

232 • Die Ausführungen des Gesetzgebers in der Begründung zeigen, dass bereits Leistungen im Hinblick auf das konkret ins Auge gefasste Bauwerk/bzw. Außenanlage (Koeble in Locher/Koeble/Frik, HOAI 15. Aufl. Einl. Rn. 154) erbracht werden sollen („erste Skizze oder Beschreibung des zu planenden Vorhabens": BT-Drucks.18/8486 S. 67). Es geht nicht nur um die Festlegungen bestimmter Parameter betreffend den Bedarf im Rahmen der Bedarfsplanung. Die Bedarfsplanung kann Teil der Zielfindungsphase sein. Allerdings gehen die Leistungen in der Zielfindungsphase einerseits darüber hinaus und andererseits erfordert die Bedarfsplanung Leistungen, die nicht (mehr) Gegenstand der Zielfindungsphase sind (Kniffka, BauR 2017, 1846, 1859).

- Aus den Ausführungen des Gesetzgebers in der Begründung ist ferner zu entnehmen, dass z. B. Wünsche des Bauherrn im Hinblick auf die „Art des Daches" und „die Zahl der Geschosse" bei der Planungsgrundlage vom Architekten berücksichtigt werden sollen (BT-Drucks. 18/8486, S. 67). **233**

- Auch nach dem Zweck der Zielfindungsphase, nämlich eine Grundlage für die Entscheidung zu schaffen, ob die Planung des Objekts fortgeführt wird, ist es nicht ausreichend, nur die Bedarfsplanung als Gegenstand der Zielfindungsphase anzusehen. Maßgeblich für die Entscheidung über die Fortführung der Planung sind die konkreten Eigenschaften, wie Aussehen des Objekts und Kosten. In der Zielfindungsphase müssen alle Umstände vom Architekten/Ingenieur abgeklärt werden, die für die Entscheidung über den Beginn mit der eigentlichen Planung maßgeblich sind. **234**

Werden die vorstehenden Überlegungen auf die Grundleistungen in der HOAI übertragen und diese daraufhin untersucht, ab welcher Grundleistung die eigentliche Planung beginnt und damit nicht mehr Gegenstand der Zielfindungsphase sein kann, ergibt sich daraus, dass dies jedenfalls ab der ersten Grundleistung der Leistungsphase 3 (Entwurfsplanung) der Fall ist. Gerade der Umstand, dass in der Leistungsphase 2 (Vorplanung) bei der Grundleistung c) Varianten nach gleichen Anforderungen zu erstellen sind, belegt, dass zu diesem Zeitpunkt der Weg, der im Hinblick auf die weitere Planung einzuschlagen ist, noch nicht feststeht. Deshalb enthält auch die Überschrift zu Leistungsphase 2 den Begriff „Planungsvorbereitung". Gegenstand der Leistungen in der Zielfindungsphase sind Grundleistungen der Leistungsphasen 1 und 2 Anlage 10 HOAI 2013. **235**

Damit ist allerdings noch nicht gesagt, dass dies immer für alle Grundleistungen gilt. Vielmehr sind einerseits die Grundleistungen als solche zu untersuchen. Andererseits variieren die Leistungen auch von Bauvorhaben zu Bauvorhaben und von Bauherrn zu Bauherrn. Bei der Beantwortung der Frage, welche Grundleistungen dazu geeignet sind, um die wesentlichen Planungsziele zu ermitteln, sind diese vielmehr daraufhin zu untersuchen, ob die hiermit zu schaffenden Ergebnisse, eine Hilfe für die Entscheidung des Bestellers sein können, in die eigentliche Planung einzusteigen. Dies ist regelmäßig bei den folgenden Grundleistungen der Fall: **236**

- Leistungsphase 1: Alle Grundleistungen bis auf d) (Formulieren der Entscheidungshilfen für die Auswahl anderer an der Planung fachlich Beteiligter). Diese Grundleistungen dienen der Ermittlung der Wünsche des Bestellers (Koeble in Locher/Koeble/Frik, 15. Aufl., § 34 Rn. 28). **237**

- Leistungsphase 2: Grundleistungen a) bis c). Zur Grundleistung g) Kostenschätzung wird unten gesondert Stellung genommen (→ Rn. 241). Die Grundleistung e) (Bereitstellen der Arbeitsergebnisse als Grundlage für andere an der Planung fachlich Beteiligter sowie Koordination und Integration von deren Leistungen) wird vom Objektplaner Gebäude in der Zielfindungsphase regelmäßig nicht zu erbringen sein. Eine Ausnahme gilt allerdings dann, wenn die Planungsziele nur unter Mitwirkung des Fachplaners ermittelt werden können. Die Grundleistung f) (Vorverhandlung über die Genehmigungsfähigkeit) spielt für die Entscheidungsfindung des Bauherrn über die Fortsetzung des Planungsprozesses keine Rolle. Diese Entscheidung wird nicht von unverbindlichen Vorverhandlungen abhängig gemacht werden. **238**

Hinzu kommen Besondere Leistungen, die je nach Bauvorhaben und Bauherr erforderlich sein können, um die Planungsziele zu ermitteln, nämlich die Bedarfsplanung und Bedarfsermittlung aus Leistungsphase 1. Bei einem Umbau kann im Einzelfall auch die Bestandsaufnahme und die Technische Substanzerkundung hinzukommen, wenn ohne diese Leistungen nicht geklärt werden kann, ob der Besteller das Projekt weiterverfolgen will. **239**

Zusammenfassend kann festgehalten werden, dass regelmäßig die oben dargestellten Leistungen aus der Leistungsphase 1 und 2 in der Zielfindungsphase zu erbringen sein werden. Allerdings variieren die Leistungen von Bauvorhaben zu Bauvorhaben und von Bauherrn zu Bauherrn. Ferner können in der Zielfindungsphase auch Besondere Leistungen aus der Leistungsphase 1 erforderlich werden. **240**

5. Kosteneinschätzung

Nach Auffassung des Gesetzgebers (Begründung zum Regierungsentwurf BT-Drucks. 18/8486 Seite 67) soll die Kosteneinschätzung „dem Besteller eine grobe Einschätzung der zu erwartenden Kosten für seine Finanzierungsplanung geben." Unklar ist, um was es sich bei dieser Kosteneinschätzung handelt. Nach der Systematik der DIN 276 (unabhängig von **241**

§ 650p Vertragstypische Pflichten aus Architekten- und Ingenieurverträgen

der Fassung) ist eine Kosteneinschätzung als Kostenermittlungsart nicht vorgesehen. Es gibt zunächst den Kostenrahmen gemäß Ziffer 3.4.1 der DIN 276, der nach Auffassungen in der Literatur als Kosteneinschätzung anzusehen sein soll (Motzke, NZBau 2017, 251, 253; Fuchs, NZBau 2015, 676, 681; Deckers ZfBR 2017, 523, 531; Dammert Baur 2012, 1496, 1501). Als zweite Kostenermittlungsart wird die Kostenschätzung genannt in Ziffer 3.4.2. Vom Grundsatz her würde der Kostenrahmen die Anforderungen erfüllen, die der Gesetzgeber in der Begründung zur Kosteneinschätzung aufgestellt hat. Er dient ausweislich der einleitenden Ausführungen in Ziffer 3.4.1 der DIN 276 als Grundlage für grundsätzliche Wirtschaftlichkeits- und Finanzierungsüberlegungen und zur Festlegung der Kostenvorgabe. Hierbei sollen quantitative Bedarfsangaben (z. B. Raumprogramm mit Nutzeinheiten, Funktionselementen und deren Flächen sowie qualitative Bedarfsangaben z. B. bautechnischer Anforderungen, Funktionsanforderungen, Ausstattungsstandards zugrunde gelegt werden. Da es zu diesem Zeitpunkt keinerlei Planunterlagen, Skizzen etc. gibt, diese werden erst zu einem späteren Zeitpunkt erstellt, spielt die konkrete (grobe) Gestalt des Bauwerks/der Außenanlage bei Ermittlung des Kostenrahmens keine Rolle. Genau dieser Umstand führt dazu, dass Zweifel daran entstehen, den Kostenrahmen als Kosteneinschätzung im Sinne des § 650p Abs. 2 anzusehen. Nach der amtlichen Begründung soll die Kosteneinschätzung – gemeinsam mit der Planungsgrundlage – die Basis für die Entscheidung des Bestellers sein, die Planung fortzuführen. Wenn Gegenstand der Planungsgrundlage (→ Rn. 230 ff.) erste Skizzen sein sollen und beides gemeinsam zur Entscheidungsfindung herangezogen werden soll, kann dies nur so verstanden werden, dass auch die Planungsgrundlage („erste Skizzen") bei Ermittlung der Kosten nach der Kosteneinschätzung zu berücksichtigen ist (ebenso Rodemann/Schwenker, ZfBR 2017, 731, 734). Dies führt dann dazu, dass zusätzliche Informationen – die beim Kostenrahmen keine Rolle spielen – in die Kosteneinschätzung einfließen müssen. Die Kosteneinschätzung liegt damit näher bei der Kostenschätzung, die in Leistungsphase 2 der Anlage 10 zur HOAI 2013 angesiedelt ist (deshalb wird auch die Auffassung vertreten, dass es sich bei der Kosteneinschätzung um die Kostenschätzung handelt: Koeble in Locher/Koeble/Frik, HOAI 15. Aufl. Einl. Rn. 154). Sie unterscheidet sich allerdings von der Kostenschätzung dadurch, dass die formellen Anforderungen, die die DIN 276 in Ziffer 3.4.2 vorsieht (Kostengliederung bis zur ersten Ebene), nicht eingehalten werden müssen. Darüber hinaus gelten auch die Vorgaben zur Ermittlung der Kosten gemäß DIN 276 in Ziffer 3.4.2 für die Kosteneinschätzung nicht. Die Kosten können, müssen aber nicht, nach den Bezugseinheiten der DIN 276 (Grundflächen-/Rauminhalte) ermittelt werden. Bei der Kosteneinschätzung handelt es sich vielmehr um eine „abgespeckte" Form der Kostenschätzung. Wird eine Kostenschätzung erstellt, erfüllt diese die Anforderungen an § 650p Abs. 2. in jedem Fall. Da es sich bei der Erstellung und Übergabe der Kosteneinschätzung um eine Vertragspflicht (→ Rn. 227) handelt, entstehen bei einer Verletzung derselben Ansprüche/Rechte des Bauherrn.

V. Zustimmung des Bestellers

242 Planungsgrundlagen und die Kosteneinschätzung sind dem Besteller zur Zustimmung vorzulegen (vgl. zur Zustimmung → § 650r BGB Rdn. 16 f.). Eine bestimmte Form für die Zustimmung ist nicht vorgesehen. Sie kann daher auch konkludent erklärt werden (BeckOK BauvertragsR/Fuchs 31.10.2021 BGB § 650p Rn. 223). Dies ist jedenfalls dann der Fall, wenn der Besteller einen Bauantrag unterzeichnet, den der Architekt/Ingenieur vorbereitet hat und der der Planungsgrundlage und der Kosteneinschätzung entspricht. Wird die Zustimmung erteilt, ist die Planungsgrundlage damit festgelegt und Basis für die weitere Leistungserbringung. Wird in die Planungsgrundlage, die eine Zustimmung erhalten hat, durch den Besteller eingegriffen und diese Planungsgrundlage geändert, führt dies zu zusätzlichen Vergütungsansprüchen. Entweder liegt eine entsprechende einvernehmliche Vertragsänderung vor, die zu wiederholt zu vergütenden Grundleistungen führt. Alternativ wird die Änderung einseitig durch den Auftraggeber über § 650b BGB angeordnet. Die Festlegung der Planungsgrundlage hat auch Bedeutung für den Fall, dass im weiteren Planungsprozess festgestellt wird, dass die ursprünglich ins Auge gefasste Planung gemäß der Planungsgrundlage nicht durchführbar ist. In diesem Fall muss der Vertrag angepasst werden. Die Parteien haben diesen Fall nicht bedacht. Durch ergänzende Vertragsauslegung ist zu ermitteln, wie eine Abänderung der Planungsgrundlage vorzunehmen ist bzw. wie die Ausführung aufgrund der von den Parteien nicht bedachten Situation so zu ändern ist, dass sie dem ursprünglich Gewollten am nächsten kommt (Kniffka BauR 2018, 351, 364). Kann das ursprüngliche Planungsziel nicht erreicht werden, wird der Architekt von seiner Leistungspflicht frei (§ 275 BGB). Wenn er bei Vertragsschluss

VI. Vergütung

Der Regelung in § 650r Abs. 3 ist zu entnehmen, dass Leistungen in der Zielfindungsphase grundsätzlich zu vergüten sein sollen. Handelt es sich um Leistungen, die dem zwingenden Preisrecht der HOAI bis zum Inkrafttreten der Fassung 2021 unterfallen (Grundleistungen) und kommt dieses angesichts der zwischenzeitlich ergangenen EuGH-Rechtsprechung überhaupt zum Tragen, sind die Mindestsatz-Regelungen zu beachten. Für Architektenverträge, die ab dem 01.01.2021 abgeschlossen werden, kommt – mangels einer Honorarvereinbarung – der Basishonorarsatz zum Tragen, § 7 Abs. 1 HOAI. Werden Leistungen erbracht, die nicht den preisrechtlich zwingenden Vorschriften (HOAI-Fassungen bis zum Inkrafttreten der Fassung 2021 unter Beachtung der EuGH-Rechtsprechung) unterfallen (Besondere Leistungen, Bedarfsermittlung), kann das Honorar frei vereinbart werden. Fehlt eine Vereinbarung, ist die übliche Vergütung geschuldet(Kniffka, BauR 2017, 1846, 1863). 243

Wurden sowohl dem Preisrecht unterfallende Leistungen als auch Leistungen erbracht, die nicht dem Preisrecht unterfallen und wurde unter Geltung der HOAI, in einer der Fassungen bis zum Inkrafttreten der Fassung 2021 eine einheitliche Honorarvereinbarung getroffen, ist die Rechtsprechung des Bundesgerichtshofes zu berücksichtigen, wonach ein Mindestsatzverstoß nur dann anzunehmen ist, wenn die Honorarvereinbarung zu einem Honorar führt, das nur im Hinblick auf die preisgebundenen Bestandteile unterhalb des hierfür zu ermittelnden Mindestsatzes liegt (BGH, Urt. v. 08.03.2012 – VII ZR 195/09; Kniffka, BauR 2017, 1846, 1863). Die vorstehenden Ausführungen gelten selbstverständlich nur dann, wenn die Mindestsatzregelung grundsätzlich anwendbar ist (Vertragsschluss bis zum 31.12.2020) und soweit ein Berufen auf die Mindestsatzregelung zulässig ist. Nachdem der EuGH (Urt. v. 18.1.2022 – C-261/20) aufgrund des Vorlagebeschlusses des BGH entschieden hat, dass nationale Gerichte bei Rechtsstreitigkeiten zwischen Privatpersonen nicht aufgrund der Dienstleistungsrichtlinie verpflichtet sind, die Mindestsatzregelung in den Fassungen der HOAI bis zum Inkrafttreten der Fassung 2021 unangewendet zu lassen, wird die Mindestsatzproblematik bei Aufstockungsklagen in Altfällen die Gerichte noch eine gewisse Zeit beschäftigen. 244

§ 650q BGB Anwendbare Vorschriften

(1) Für Architekten- und Ingenieurverträge gelten die Vorschriften des Kapitels 1 des Untertitels 1 sowie die §§ 650b, 650e bis 650h entsprechend, soweit sich aus diesem Untertitel nichts anderes ergibt.

(2) Für die Vergütungsanpassung im Fall von Anordnungen nach § 650b Absatz 2 gelten die Entgeltberechnungsregeln der Honorarordnung für Architekten und Ingenieure in der jeweils geltenden Fassung, soweit infolge der Anordnung zu erbringende oder entfallende Leistungen vom Anwendungsbereich der Honorarordnung erfasst werden. Im Übrigen gilt § 650c entsprechend.

Übersicht

	Seite
A. Einleitung und Systematik	1084
B. § 650q Abs. 1 Anwendbare Vorschriften	1085
I. Vorschriften aus Kapitel 1 Untertitel 1 – Werkvertrag	1085
1. § 631 BGB – Vertragstypische Pflichten beim Werkvertrag	1085
2. § 632 BGB – Vergütung	1085
a) Honorarvereinbarung	1085
b) HOAI	1086
c) Erstes Urteil des EuGH	1087
d) Entwicklung der Rechtsprechung bis zum zweiten EuGH-Urteil	1087
3. § 632a – Abschlagszahlungen	1089
4. §§ 633 bis 639 BGB – Vorschriften zum Sach- und Rechtsmangel, zu den Rechten des Bestellers bei Mängeln und zu den Verjährungsvorschriften	1090
5. § 640 BGB – Abnahme	1090

6.	§ 641 BGB – Fälligkeit der Vergütung	1090
7.	§§ 642 bis 645 BGB – Mitwirkung des Bestellers, Kündigung, Gefahrtragung	1091
8.	§§ 646, 647, 647a BGB – Vollendung statt Abnahme und Unternehmerpfandrecht	1091
9.	§ 648 Kündigungsrecht des Bestellers	1091
10.	§ 648a BGB – Kündigung aus wichtigem Grund	1091
11.	§§ 649 und 650 BGB – Kostenanschlag, Anwendung des Kaufrechts	1091

II. §§ 650b, 650e bis 650h 1091
 1. § 650b BGB – Änderung des Vertrags, Anordnungsrecht des Bestellers 1092
 2. § 650e BGB – Sicherungshypothek des Bauunternehmers 1092
 3. § 650f BGB – Bauhandwerkersicherung 1092
 4. § 650g BGB – Zustandsfeststellung bei Verweigerung der Abnahme; Schlussrechnung 1092
  a) § 650g Abs. 1 bis Abs. 3 Zustandsfeststellung 1092
  b) § 650g Abs. 4 Entrichtung der Vergütung; Schlussrechnung 1093
   aa) Verweisung in § 15 S. 1 HOAI: Abnahme und prüfbare Schlussrechnung 1093
   bb) Teilschlussrechnung 1093
   cc) Übergabe der Schlussrechnung 1094
   dd) Prüfbarkeit der Schlussrechnung; Prüffrist 1095
   ee) Bindung an die Schlussrechnung 1096
   ff) Vertragsgemäße Leistungserbringung; Abnahme 1097
 5. § 650h BGB – Schriftform der Kündigung 1097

C. § 650q Abs. 2 1098
 I. Anordnungen nach § 650b Abs. 2 1098
  1. Abgrenzung der Änderungsanordnung 1098
   a) Gebrauchmachen vom Leistungsbestimmungsrecht 1098
   b) Änderung des Objekts nach § 2 Abs. 1 HOAI 1098
   c) Änderung des Objekts nach § 2 Abs. 2 bis Abs. 6 HOAI 1098
   d) Änderung des Planungsgegenstandes 1099
   e) Verlangen nach Vertragserfüllung 1099
   f) Verlangen nach Mangelbeseitigung 1099
   g) Verhältnis zur konkludenten Änderungsvereinbarung 1100
   h) Verhältnis von Anordnungen nach § 650b zur (Teil-)Kündigung 1100
  2. Anordnungen nach § 650b Abs. 1 Nr. 1 Änderung des vereinbarten Werkerfolgs 1100
   a) Inhalt der Änderungsanordnung 1100
   b) Unzumutbarkeit 1100
  3. Anordnungen nach § 650b Abs. 1 Nr. 2 Änderung, die zur Erreichung des vereinbarten Werkerfolgs notwendig ist 1101
  4. Anordnungen zur zeitlichen Erbringung der Architekten-/Ingenieurleistungen 1101
  5. Anordnungen zur Änderung des Leistungsumfanges 1102
  6. Änderung einer vereinbarten Kostenobergrenze 1102
  7. Anordnungen außerhalb des Anwendungsbereiches des § 650b BGB 1102
 II. Vorlage der Planung bei Planungsverantwortung des Bestellers (§ 650b Abs. 1 Satz 4 BGB) 1103
 III. Angebotserstellung 1103
 IV. Einseitige Anordnung durch den Besteller 1104
 V. Vergütung bei Anordnungen nach § 650b Abs. 2 1104
  1. Entsprechende Anwendung der HOAI 1104
  2. Freie Vereinbarkeit und § 650c 1108
   a) § 650c Abs. 1 und Abs. 2 1108
   b) § 650c Abs. 3 1109
 VI. Einstweilige Verfügung § 650d 1109

A. Einleitung und Systematik

1   Da die Vorschriften zum Architekten- und Ingenieurvertrag einem eigenen Untertitel zugeordnet wurden und die werkvertraglichen Regelungen ebenfalls in einem eigenen Untertitel zusammengefasst sind, war es erforderlich, eine Klarstellung dahingehend vorzunehmen, welche Regelungen auch für den Architekten- und Ingenieurvertrag gelten sollen. Dies ist mit § 650q Abs. 1 erfolgt. Zusätzlich wurde eine eigene Vorschrift in § 650q Abs. 2 aufgenommen, die sich ausschließlich mit der Vergütungsfolge bei Anordnungen nach § 650b durch den Besteller befasst.

B. § 650q Abs. 1 Anwendbare Vorschriften

I. Vorschriften aus Kapitel 1 Untertitel 1 – Werkvertrag

Auf den Architekten-/Ingenieurvertrag sind die Allgemeinen Vorschriften in Kapitel 1 des Untertitels 1 entsprechend anwendbar. Die Anordnung der entsprechenden Geltung bezieht sich auf alle in Abs. 1 genannten Vorschriften (zutreffend Palandt/Retzlaff, § 650q Rd. 2; BeckOK BauvertragsR/Fuchs BGB § 650q Rn. 4: nach Motzke, NZBau 2017, 251 unmittelbare Geltung), was sich aus der Gesetzesbegründung ergibt (BT-Drucks. 18/8486 S. 68). Aufgrund dieser Einschränkung kann in Einzelfällen eine Anpassung der in Bezug genommenen Vorschriften aufgrund der Besonderheiten des Architekten- und Ingenieurvertrages geboten sein (Busche in MüKo, § 650q Rd. 2; BeckOK BauvertragsR/Fuchs BGB § 650q Rn. 4). Ferner ist zu berücksichtigen, da § 650q Absatz 1 Halbsatz 2 anordnet, dass den Regelungen des Untertitels 2 Vorrang hierbei zukommt, dass stets geprüft werden muss, ob die § 650p–§ 650t in ihrem Anwendungsbereich eine die übrigen Vorschriften verdrängende Regelung enthalten. Grundsätzlich anwendbar sind damit die nachfolgend dargestellten Regelungen, wobei zunächst auf die jeweilige Kommentierung zu den in Bezug genommenen Vorschriften verwiesen und nachfolgend nur auf die Besonderheiten des Architekten-Ingenieurvertrages eingegangen wird: 2

1. § 631 BGB – Vertragstypische Pflichten beim Werkvertrag

Im Hinblick auf die Leistungspflichten des Architekten/Ingenieurs enthält § 650p Abs. 1 eine die Regelung in § 631 Abs. 1 präzisierende und ergänzende Sonderregelung (→ § 650p BGB Rdn. 1). Aufgrund der Verweisung steht fest, dass auf den Architekten- und Ingenieurvertrag die werkvertraglichen Regelungen entsprechend anwendbar sind. 3

2. § 632 BGB – Vergütung

Die §§ 650p ff. enthalten keine Regelung zur Vergütungspflicht der Leistungen. Die Vergütungspflicht ergibt sich aus § 631 Abs. 1 Hs. 2, der auf den Architekten- und Ingenieurvertrag nach § 650q Abs. 1 anwendbar ist. Von den vergütungspflichtigen Leistungen sind die nicht vergütungspflichtigen Leistungen zu unterscheiden, die erbracht werden, um einen Auftrag zu erhalten (Akquiseleistungen). Die Abgrenzung bereitet häufig Schwierigkeiten (vgl. hierzu → § 650p BGB Rdn. 3 ff.). 4

a) Honorarvereinbarung

Die Besonderheit des architekten- und ingenieurvertraglichen Vergütungsrechts bestand für bis zum Ablauf des 31.12.2020 abgeschlossene Verträge darin, dass die Vergütung zwar vertraglich vereinbart werden konnte, aber nur in einem zeitlichen und preisrechtlichen Rahmen sowie unter Einhaltung des Schriftformerfordernisses. Wurde die Vergütung nicht schriftlich bei Vertragsschluss vereinbart, galt zwingend die Mindestsatzfiktion des § 7 Abs. 5 HOAI 2013 (oder einer der älteren Fassung, je nach Zeitpunkt der Beauftragung), soweit aus europarechtlichen Gründen der preisrechtliche Rahmen nicht unangewendet zu bleiben hat. Soweit die HOAI die Vergütung preisrechtlich regelte, war das ebenfalls zwingend, wiederum unter Außerachtlassung europarechtlicher Einflüsse. Die vereinbarte Vergütung durfte die Mindestsätze der HOAI nicht unterschreiten, sofern kein Ausnahmefall nach § 7 Abs. 3 HOAI vorlag. Sie durfte auch die Höchstsätze nicht überschreiten, wenn nicht die Voraussetzungen des § 7 Abs. 4 HOAI erfüllt waren. Die Parteien waren allerdings darin frei, wie sie innerhalb dieses Rahmens die Vergütung bestimmten; sie waren insbesondere nicht an die Honorarermittlungsregelungen der HOAI gebunden. Möglich war die Vereinbarung von Pauschalhonoraren, Stundensatzabrechnungen (BGH, Urt. v. 17.4.2009 – VII ZR 164/07) oder auch die Festlegung von HOAI-Parametern und Abrechnung im System HOAI und die Heranziehung der einschlägigen fortgeschriebenen Honorartafeln (z. B. RifT) bei anrechenbaren Kosten, die über den Tafelendwerten liegen. Die Vorgaben aus der HOAI dienten nur dazu, den unteren und den oberen Rahmen des preisrechtlich Zulässigen festzulegen. Sie begründeten darüber hinaus keine verbindlichen Parameter für die vertragliche Vergütungsfestlegung. Führte allerdings die Vereinbarung abweichender Abrechnungsregeln z. B. zur Unterschreitung des Mindestsatzes, war sie insoweit nicht wirksam (BGH, Urt. v. 13.11.2003 – VII ZR 362/02). Maßgeblich war allerdings nicht die von den Vorgaben der HOAI abweichende Vereinbarung eines einzelnen Parameters. Entscheidend war immer, ob die gesamte Vergütungsvereinbarung zur Unter- 5

§ 650q

bzw. Überschreitung des Mindest- bzw. Höchstsatzes führt (BGH, Urt. v. 16.12.2004 – VII ZR 16/03; Koeble in Locher/Koeble/Frik, HOAI, § 7 Rd. 98; Berger in Fuchs/Berger/Seifert § 7 Rdn. 84).

6 Da die Vereinbarung eines höheren Honorars als des Mindestsatzes schriftlich bei Auftragserteilung erfolgen musste (§ 7 Abs. 1, 5 HOAI), waren nachträgliche Honoraränderungen hinsichtlich der von der Preisregelung erfassten Leistungen nur beschränkt möglich. Nach der Rechtsprechung des Bundesgerichtshofs waren vertragliche Abweichungen von den Mindestsätzen nur wirksam, wenn sie nach Beendigung der Architekten- oder Ingenieurtätigkeit vereinbart worden sind (BGH, Urt. v. 27.2.2003 – VII ZR 169/02; kritisch Koeble in Locher/Koeble/Frik, HOAI, 15. Aufl. § 7 Rd. 74 ff.; ebenfalls kritisch Berger in Fuchs/Berger/Seifert, HOAI, § 7 Rdn. 77). Haben die Parteien allerdings nur einen Vorvertrag geschlossen, lag hierin keine Auftragserteilung, sodass bis zum Abschluss des endgültigen Hauptvertrages noch wirksam eine abweichende Honorarvereinbarung möglich war (BGH, Urt. v. 17.12.1987 – VII ZR 307/86). Bei der stufenweisen Beauftragung des Architekten wird die im Architektenvertrag schriftlich getroffene Honorarvereinbarung für die später abzurufenden Stufen mit dem Abruf dieser Leistungen wirksam und ist deshalb bei Auftragserteilung getroffen (BGH, Urt. v. 18.12.2014 – VII ZR 350/13; Urt. v. 27.11.2008 – VII ZR 211/07; Motzke, NZBau 2015, 195).

7 Demgegenüber verstießen nachträgliche Honoraranpassungen wegen einer Änderung und der Störung der Geschäftsgrundlage nicht gegen das Preisrecht der HOAI, soweit die in dem Vertrag zugrunde gelegte Bauzeit unter Berücksichtigung des den Parteien zuzubilligenden Beurteilungsspielraums nicht unrealistisch war (BGH, Urt. v. 30.9.2004 – VII ZR 456/01). Die Voraussetzungen hierfür sind jedoch nicht endgültig geklärt (eher streng Schwenker/Schramm, ZfIR 2005, 121 ff.). Erst recht waren auch bislang Honoraränderungen möglich bei Änderungen von Leistungszielen, Leitungsumfang oder Leistungsablauf in Bezug auf die geänderten oder zusätzlichen Leistungen (vgl. Fuchs in Fuchs/Berger/Seifert, Syst A VII Rdn. 1 ff.).

8 Für ab dem 1.1.2021 abgeschlossene Architekten- und Ingenieurverträge gelten die vorstehenden Ausführungen nicht mehr. Mit Inkrafttreten der HOAI 2021 ist der preisrechtliche Rahmen für den Abschluss von Honorarvereinbarungen entfallen. Honorarvereinbarungen können der Höhe nach ohne Einschränkungen aus der HOAI abgeschlossen werden. Ihre Wirksamkeit wird der Höhe nach nur noch anhand der Vorgaben aus dem BGB kontrolliert. Die Honorarvereinbarung ist auch nicht mehr in Schriftform abzuschließen. Bei ab dem 1.1.2021 abgeschlossenen Architekten- und Ingenieurverträge ist die Honorarvereinbarung in Textform abzuschließen, § 7 Abs. 1 S. 1 HOAI 2021. Ferner ist das zeitliche Moment für den Abschluss von Honorarvereinbarungen entfallen. Die Honorarvereinbarung kann jederzeit abgeschlossen werden. Ein Abschluss „bei Auftragserteilung" ist nicht mehr erforderlich.

b) HOAI

9 Eine weitere Besonderheit im Hinblick auf die Vergütung bei Architekten- und Ingenieurverträgen stellt die Honorarordnung für Architekten und Ingenieure (HOAI)als öffentlich-rechtliches Preisrecht dar. Abgesehen von den Vorgaben für die Wirksamkeit von Honorarvereinbarungen (→ Rdn. 5) enthielt die HOAI auch bislang schon Honorarregelungen für den Fall, dass keine oder eine unwirksame Honorarvereinbarung vorhanden war. Soweit die Voraussetzungen für eine Anwendung der HOAI (§ 1 HOAI) gegeben waren, kamen für bis zum 31.12.2020 abgeschlossene Architekten- und Ingenieurverträge die zwingenden preisrechtlichen Vorschriften zum Tragen. Dies war jedenfalls bis zum Ergehen der preisrechtlichen Entscheidung des EuGH (Rs. C-377/17) der Fall (→ Rdn. 0). Gab es keine Honorarvereinbarung oder nur eine Honorarvereinbarung, die nicht bei Auftragserteilung oder nicht schriftlich abgeschlossen wurde, wurde nach § 7 Abs. 5 HOAI 2013 vermutet, dass die jeweiligen Mindestsätze vereinbart sind. Lag das (wirksam) vereinbarte Honorar über dem Höchstsatz, war die Honorarvereinbarung teilnichtig. Das Honorar ermäßigte sich in diesem Fall nach der Rechtsprechung des Bundesgerichtshofes nicht auf den Mindestsatz. Vielmehr kam der Höchstsatz zum Tragen. Denn ein Verstoß gegen Preisvorschriften hatte weder die Unwirksamkeit des gesamten Vertrags noch die Nichtigkeit der gesamten Preisabrede zur Folge, sondern führte in Anwendung der in § 134 Halbs. 2 BGB normierten Ausnahmeregelung nur zu deren Teilnichtigkeit (BGH, Urt. v. 11.10.2007 – VII ZR 25/06). Nach Auffassung des BGH sollte an die Stelle der preisrechtlich unzulässigen Vergütung der (noch) zulässige Preis treten, der somit Vertragspreis ist.

Anwendbare Vorschriften **§ 650q**

Für ab dem 1.1.2021 abgeschlossene Architekten- und Ingenieurverträge bleibt es bei dieser **10**
Auffangfunktion der HOAI. Allerdings sind keine Mindest- und Höchstsätze mehr vorgesehen,
sondern der Basishonorarsatz und der obere Honorarsatz. Liegt keine (wirksame) Honorarvereinbarung vor, kommt für Grundleistungen der Basishonorarsatz zum Tragen, § 7 Abs. 1 S. 2
HOAI 2021. Zu beachten ist, dass dies nunmehr auch für die Grundleistungen gilt, die sich in
Anlage 1 der HOAI befinden, was bis zum Inkrafttreten der Neufassung nicht der Fall war.

Die HOAI enthielt und enthält auch in der Neufassung keine Honorarregelungen für die **11**
Vergütung von Besonderen Leistungen und Leistungen außerhalb der HOAI. Die HOAI kam
und kommt ferner dann nicht zur Anwendung, wenn die anrechenbaren Kosten oder Flächen
außerhalb der in den Honorartafeln festgelegten Sätzen liegen, was bis einschließlich HOAI
2013 ausdrücklich geregelt war (§ 7 Abs. 2 HOAI 2013).In der HOAI 2021 ist eine entsprechende Regelung zwar nicht mehr vorhanden. Letztlich ergibt sich das gleiche Ergebnis jedoch dadurch, dass die Honorartafeln einen klar begrenzten Anwendungsbereich haben. Ist die HOAI
nicht einschlägig, konnte und kann das Honorar frei vereinbart werden. In Ermangelung einer
Honorarvereinbarung kommt die übliche Vergütung zur Anwendung.

c) Erstes Urteil des EuGH

Mit Urteil (C-377/17) vom 4.7.2019 hat sich der EuGH zu der Frage geäußert, ob die Regelungen der HOAI zu den Mindest- und Höchstsätzen gegen Europarecht verstoßen. Er hat festgestellt, dass die Bundesrepublik Deutschland durch die Beibehaltung verbindlicher Honorare
(Mindest-und Höchstsätze) gegen die Richtlinie 2006/123/EG verstoßen habe und verstößt. **12**

d) Entwicklung der Rechtsprechung bis zum zweiten EuGH-Urteil

Die Einzelheiten zu den Auswirkungen dieser Entscheidung sind stark umstritten. Klar ist **13**
jedenfalls, dass der deutsche Gesetzgeber (unabhängig vom EuGH-Urteil, mit dem der Verstoß
nur festgestellt wurde) verpflichtet war, eine Änderung der Rechtslage so herbeizuführen, dass
ein europarechtskonformer Zustand entsteht. Dies ist mit der Änderung des ArchLG und der darauf basierenden HOAI 2021 erfolgt. Ungeklärt und umstritten sind derzeit aber verschiedene
Fragen, die Architekten- und Ingenieurverträge betreffen, die vor dem 1.1.2021 und nach Ablauf der Umsetzungsfrist für die Art. 15 Abs. 1 und 2 lit. g) und Abs. 3 der Richtlinie 2006/123/
EG des Europäischen Parlaments und des Rates vom 12. Dezember 2006 über Dienstleistungen
im Binnenmarkt (Ablauf Umsetzungsfrist: 28.12.2009) abgeschlossen worden sind. Letzteres
Merkmal ist allerdings nicht unumstritten. Ist der Zeitpunkt des Abschlusses des Architektenvertrages maßgeblich, hätte das EuGH-Urteil keine Bedeutung für Architektenverträge die
vor Ablauf der Umsetzungsfrist für die Richtlinie (28.12.2009) abgeschlossen worden sind (so
OLG Celle Beschl. v. 9.12.2020 – 14 U 92/20; OLG Düsseldorf Beschl. v. 25.2.2021 – 5 W
3/21; OLG Düsseldorf Urt. v. 24.6.2021 -5 U 222/19; nach a. A. sind die vom EuGH monierten
Regelungen der HOAI auch bei vor Ablauf der Umsetzungsfrist abgeschlossenen Verträgen ab
dem Ablauf der Umsetzungsfrist nicht mehr anzuwenden (Fuchs IBR 2021, 277), was Auswirkungen gerade im Hinblick auf laufende Aufstockungsklageverfahren aus Altverträgen hätte).
Weitere umstrittene Fragen sind:
- die Auswirkung auf bestehende Verträge:
Hierzu wurde und wird in der oberlandesgerichtlichen die Auffassung vertreten, dass die
EuGH-Entscheidung keine Auswirkung auf bestehende Verträge habe, sie entfalte einerseits
keine Rückwirkung (OLG Hamm Urt. v. 23.7.2019 – 21 U 24/18 Tz. 42; OLG Naumburg
Urt. v. 13.4.2017 – 1 U 48/11 Tz. 16) und andererseits auch keine Wirkung zwischen Privaten
(OLG Hamm Urt. v. 23.7.2019 – 21 U 24/18 Tz. 44; OLG Naumburg Urt. v. 13.4.2017 – 1
U 48/11 Tz. 16; OLG München Beschl. v. 8.10.2019 – 20 U 94/19 Bau; jedenfalls im Hinblick auf Verstöße gegen die Richtlinie: OLG Düsseldorf Urt. v. 28.1.2020 – 21 U 21/19,
anders bei Verstößen gegen die Niederlassungsfreiheit), sondern richte sich ausschließlich
an den Mitgliedstaat, der das feststellende Urteil umsetzen müsse. Bis dahin sei auf privatrechtliche Rechtsverhältnisse das geltende Recht anzuwenden. Nach der Gegenauffassung
bleiben die preisrechtlichen Bestimmungen der HOAI auch bei Verträgen unter Privaten
unangewendet (OLG Celle Beschl. v. 9.12.2020 – 14 U 92/20: richtlinienkonforme Reduktion des § 7 HOAI; OLG Celle Urt. v. 13.5.2020 – 14 U 71/19).
- die Bindung nationaler Gerichte an das EuGH-Urteil:
Insoweit wurde die Auffassung vertreten, dass Zivilgerichte den Mindest- und Höchstpreischarakter nicht mehr berücksichtigen dürften (OLG Düsseldorf Urt. v. 17.9.2019 – 23
U 155/18; OLG Celle Urt. v. 23.7.2019 14 U 182/18; Urt. v. 17.7.2019 14 U 188/18; OLG

§ 650q Anwendbare Vorschriften

Dresden Urt. v. 4.7.2019 10 U 1402/17; Fuchs/van der Hout/Opitz NZBau 2019, 483, 486; OLG Schleswig Urt. v. 25.10.2019 – 1 U 74/18). Nach anderer Auffassung gilt auch hier, dass eine unmittelbare Auswirkung auf laufende Gerichtsverfahren nicht gegeben sei. Bei laufenden Gerichtsverfahren seien die Gerichte aufgrund der EuGH-Entscheidung nicht verpflichtet, auf den Mindestsatz gestützte Klagen bei abweichender Honorarvereinbarung wegen Unbeachtlichkeit der Mindestsatzregelung abzuweisen (OLG Hamm Urt. v. 23.7.2019 14 U 188/18; OLG Naumburg Urt. v. 13.4.2017 1 U 48/11; KG Hinweisbeschl. v. 19.8.2019 – 21 U 20/19 Tz.21 ff.; KG Urt. v. 12.5.2020 – 21 U 125/19). Begründet wird die zuletzt angeführte Auffassung damit, dass es grundsätzlich nicht zu einer unmittelbaren Wirkung einer Richtlinie zwischen Privaten komme. Es seien zwar Ausnahmen hiervon anerkannt, im Fall der HOAI aber nicht einschlägig. Eine Außerachtlassung der HOAI-Regelungen mittels richtlinienkonformer Auslegung sei aufgrund des eindeutigen Willens des Gesetz- und Verordnungsgebers und des Wortlautes der Regelungen nicht möglich.

- die Bedeutung der Mindestsatzfiktion nach § 7 Absatz 5 HOAI a. F.:
Nach einer Auffassung soll die Mindestsatzfiktion bereits derzeit gegenstandslos sein (OLG Celle Urt. v. 23.7.2019 -14 U 182/18 Tz. 16; OLG Düsseldorf Urt. v. 17.9.2019 – 23 U 155/18). Nach der Gegenauffassung (OLG Hamm a. a. O.; KG a. a. O.; OLG Naumburg a. a. O.; OLG Dresden Beschl. v. 30.1.2020 – 110 U 1402/17 entfaltet die Entscheidung des EuGH keine unmittelbare Wirkung.

- die Bedeutung des Schriftformerfordernisses nach § 7 Absatz 1 und 5 HOAI a. F.:
Zunächst ist festzustellen, dass diese Frage nicht Gegenstand des aktuellen Vorlageschlusses des BGH zum EuGH ist und deshalb hiermit keine Aussetzung laufender Aufstockungsklagen begründet werden konnte (zutreffend: OLG Düsseldorf Beschl. v. 25.2.2021 – 5 W 3/21). Nach einer Auffassung ist auch die Formvorschrift des § 7 Abs. 5 HOAI nach Ergehen des EuGH-Urteils nicht mehr anzuwenden (OLG Düsseldorf, Urt. v. 27.11.2020 – 22 U 73/20; OLG München Beschl. v. 7.7.2020 – 9 U 2001/19 Bau; OLG Celle Urt. v. 13.5.2020 – 14 U 71/19: mündliche Honorarvereinbarung ist wirksam).

14 Der BGH (Beschl. v. 14.5.2020 – VII ZR 174/19) hat dem EuGH, um die Unsicherheit aufgrund der vorstehend beschriebenen divergierenden Rechtsprechung zu beenden, die folgenden Fragen zur Beantwortung vorgelegt:

„1. Folgt aus dem Unionsrecht, insbesondere aus Art. 4 Abs. 3 EUV, Art. 288 Abs. 3 AEUV und Art. 260 Abs. 1 AEUV, dass Art. 15 Abs. 1, Abs. 2 Buchstabe g) und Abs. 3 der Richtlinie 2006/123/EG des Europäischen Parlaments und des Rates vom 12. Dezember 2006 über Dienstleistungen im Binnenmarkt im Rahmen eines laufenden Gerichtsverfahrens zwischen Privatpersonen in der Weise unmittelbare Wirkung entfaltet, dass die dieser Richtlinie entgegenstehenden nationalen Regelungen in § 7 der deutschen Verordnung über die Honorare für Architekten- und Ingenieurleistungen (HOAI), wonach die in dieser Honorarordnung statuierten Mindestsätze für Planungs- und Überwachungsleistungen der Architekten und Ingenieure abgesehen von bestimmten Ausnahmefällen verbindlich sind und eine die Mindestsätze unterschreitende Honorarvereinbarung in Verträgen mit Architekten oder Ingenieuren unwirksam ist, nicht mehr anzuwenden sind?

2. Sofern Frage 1 verneint wird:

a) Liegt in der Regelung verbindlicher Mindestsätze für Planungs- und Überwachungs-leistungen von Architekten und Ingenieuren in § 7 HOAI durch die Bundesrepublik Deutschland ein Verstoß gegen die Niederlassungsfreiheit gemäß Art. 49 AEUV oder gegen sonstige allgemeine Grundsätze des Unionsrechts?

b) Sofern Frage 2 a) bejaht wird: Folgt aus einem solchen Verstoß, dass in einem laufenden Gerichtsverfahren zwischen Privatpersonen die nationalen Regelungen über verbindliche Mindestsätze (hier: § 7 HOAI) nicht mehr anzuwenden sind?

15 Obwohl der Generalanwalt beim EuGH in seinen Schlussanträgen (vom 14.7.2021 – Rs. C-261/20) die Auffassung geäußert (Ziff. 47) hatte, dass ein nationales Gericht eine nationale Regelung, die Mindestsätze für Dienstleistungserbringer in einer Weise festlegt, die gegen Art. 15 Abs. 1, Abs. 2 Buchst. g und Abs. 3 der Richtlinie 2006/123 verstößt, unangewendet lassen müsse, wenn es mit einem Rechtsstreit zwischen Privatpersonen über einen Anspruch befasst ist, der auf diese Regelung gestützt ist, und eine unionsrechtskonforme Auslegung nicht möglich ist, folgt der EuGH (Urt. v. 18.1.2022 – C-261/20) dieser Auffassung nicht. Der EuGH legt zunächst die Grundsätze dar, welche auch schon der BGH in den Vordergrund gestellt hatte: Nationales Recht ist soweit wie möglich unionskonform auszulegen. Die unionsrechtskonforme Auslegung darf jedoch nicht contra legem des nationalen Rechts erfolgen

(Ziff. 26 – 28). Des Weiteren erklärt der EuGH, dass das nationale Gericht dann, wenn eine Auslegung des nationalen Rechts nicht entsprechend dem Unionsrecht möglich sei, die „*entgegenstehende Bestimmung des nationalen Rechts*" aus eigener Entscheidungsbefugnis unangewendet lassen soll (Ziff. 30). Allerdings ist dieser Aspekt im entschiedenen Fall nicht maßgeblich. Es wird nämlich dann weiter ausgeführt, dass eine Richtlinie nicht selbst Verpflichtungen für einen Einzelnen begründen könne. Vielmehr bestehe die Verbindlichkeit einer Richtlinie nur in Bezug auf „*jeden Mitgliedsstaat, an den sie gerichtet wird*" (Ziff. 32). Es folgt dann der klare Satz: „*Daher gestattet eine Bestimmung einer Richtlinie, selbst wenn sie klar, genau und unbedingt ist, es dem nationalen Gericht nicht, eine dieser Bestimmung entgegenstehende Bestimmung seines innerstaatlichen Rechts auszuschließen, wenn aufgrund dessen einer Privatperson eine zusätzliche Verpflichtung auferlegt würde*" (Ziff. 32.). Im Anschluss daran findet sich die Feststellung, die auch im Leitsatz enthalten ist: „*Daraus folgt dass, ein nationales Gericht nicht allein aufgrund des Unionsrechts verpflichtet ist, eine Bestimmung seines nationalen Rechts, die mit einer Bestimmung des Unionsrechts in Widerspruch steht, unangewendet zu lassen, wenn die zuletzt genannte Bestimmung keine unmittelbare Wirkung hat*" (Ziff. 33). Nach Auffassung des EuGH steht also die Dienstleistungsrichtlinie einer Anwendung der preisrechtlichen Vorschriften der HOAI nicht entgegen. Allerdings kann sich eine Einschränkung aufgrund des innerstaatlichen Rechts ergeben. Über die von der der Rechtsprechung entwickelten Grundsätze zur Treuwidrigkeit der Geltendmachung von Honoraransprüchen, die von einer Vereinbarung abweichen (Aufstockungsklage auf Mindestsatzbasis) hinausgehend, sind jedoch keine derartigen innerstaatlichen, praktisch relevanten, Einschränkungen ersichtlich. Ferner weist der EuGH darauf hin, dass der durch die Unvereinbarkeit des nationalen Rechts mit dem Unionsrecht geschädigten Partei ein Recht zustehen kann, Ersatz des ihr daraus entstandenen Schadens zu verlangen. Das Entstehen dieser Schadensersatzansprüche folgt nach Ansicht des EuGH aus dem Wesen der mit dem (damaligen) EWG-Vertrag geschaffenen Rechtsordnung (Urt. v. 19.11.1991 – C-6/90 und C-9/90 Rn. 35 – Francovich) und aus dem System der Verträge, auf dem die Union beruht (Urt. v. 18.01.2022 – C-261/20 Rn. 42 – Thelen; Urt. v. 04.10.2018 – C-571/16 Rn. 92 -Kantarev m. w. N.). Ihr Entstehungsgrund liegt damit in der europäischen Rechtsordnung. Durchgesetzt werden die Ansprüche über das deutsche Staatshaftungsrecht. Derartige Schadenersatzansprüche setzen nach Auffassung des EuGH voraus, dass „*das durch die Richtlinie vorgeschriebene Ziel die Verleihung von Rechten an einzelne beinhaltet, bzw. dass die betreffende unionsrechtliche Norm „bezweckt, ihnen Rechte zu verleihen*". (Urt. v. 19.11.1991 – C-6/90 und C-9/90 Rn. 40 – Francovich). Im Hinblick auf den Mindestsatz dürften Schadensersatzansprüche eines Auftraggebers in dem Fall, in dem der Architekt trotz abweichender Honorarvereinbarung den Mindestsatz erfolgreich durchsetzt, deshalb nicht bestehen, da die Richtlinie nicht den Auftraggeber vor einer Inanspruchnahme, sondern den freien Wettbewerb und damit die andere Seite, den Auftragnehmer, schützen soll. Die zweite Vorlagefrage beantwortet der EuGH dahingehend, dass das europäische Primärrecht, also die Bestimmungen des AEU-Vertrages über die Niederlassungsfreiheit, den freien Dienstleistungsverkehr und den freien Kapitalverkehr auf einen Sachverhalt, dessen Merkmale sämtlich nicht über die Grenzen eines Mitgliedsstaates hinausweisen, grundsätzlich keine Anwendung finden (Ziff. 50). Er sieht die zweite Vorlagefrage daher als unzulässig an, da nach dem Vortrag kein Fall gegeben war, der über die Grenzen der Bundesrepublik Deutschland hinausgehend Bedeutung hatte.

3. § 632a – Abschlagszahlungen

Für den Architekten- und Ingenieurvertrag enthielt die HOAI 2013 in § 15 Abs. 2 eine Sonderregelung, wonach Abschlagszahlungen „zu den schriftlich vereinbarten Zeitpunkten oder in angemessenen zeitlichen Abständen für nachgewiesene Grundleistungen gefordert werden" können. **16**

Mit Inkrafttreten der HOAI 2021 hat sich die Rechtslage insoweit geändert als nunmehr in § 15 HOAI keine eigenständige Fälligkeitsregelung mehr enthalten ist. Vielmehr ordnet S. 2 dieser Vorschrift die entsprechende Anwendung des § 632a BGB an. Auf die dortige Kommentierung wird verwiesen. Besonderheiten ergeben sich für den Architekten/Ingenieur nicht. Nach dem Wortlaut in § 15 S. 2 HOAI 2021 ist nun klargestellt, dass sich das Recht, Abschlagszahlungen fordern zu können, nicht nur auf Grundleistungen, sondern auf alle vertraglich vereinbarten Leistungen bezieht, was nach dem reinen Wortlaut des bisherigen § 15 Abs. 2 („Grundleistungen") nicht der Fall war (BeckOK BauvertrR/Fuchs BGB § 650q Rn. 14). **17**

Längere Zeit war streitig, ob auch bei Abschlagsrechnungen des Architekten die Prüfbarkeit eine Fälligkeitsvoraussetzung ist. Denn während § 15 Abs. 1 HOAI (§ 8 Abs. 2 HOAI a. F.) für **18**

§ 650q

die Schlussrechnung ausdrücklich Prüffähigkeit verlangte, konnten Abschlagsrechnungen „für nachgewiesene (Grund-)Leistungen" gefordert werden. Hieraus wurden teilweise geringere Anforderungen an die Abschlagsrechnungen abgeleitet. Der Bundesgerichtshof hatte bereits entschieden, dass auch der Anspruch auf Abschlagszahlung erst mit prüffähiger Abschlagsrechnung fällig werde (BGH, Urt. v. 5.11.1998 – VII ZR 191/97). Die Anforderungen an die Prüffähigkeit hatte er zu diesem Zeitpunkt aber bereits deutlich reduziert. Im Übrigen galt auch für Abschlagszahlungsrechnungen bislang schon, dass der Besteller nach Treu und Glauben mit solchen Einwendungen gegen die Prüffähigkeit der Rechnung ausgeschlossen ist, die er nicht spätestens innerhalb der angemessenen Prüffrist von zwei Monaten nach Zugang der Rechnung vorgebracht hatte (BGH, Urt. v. 16.3.2005 – XII ZR 269/01).

19 Diese Prüffrist, die sich an der damaligen Prüffrist der VOB/B orientierte, ist nach den Änderungen in §§ 271, 286 BGB und § 16 Abs. 3 VOB/B und nach Inkrafttreten der Regelung in § 650g Abs. 4 S. 2. auf 30 Tage zu reduzieren. § 650g Abs. 4 S. 2 regelt zwar ausdrücklich nur die Prüffrist für die Schlussrechnung. Diese Vorgabe ist aber auf Abschlagszahlungsrechnungen zu übertragen. § 15 S. 2 ordnet die entsprechende Anwendung des § 632a BGB an, was es ermöglicht, die Prüffrist für Schlussrechnungen auch auf Abschlagszahlungsforderungen zu übertragen. Auch im Hinblick auf die Prüfbarkeitsanforderungen gilt nunmehr § 632a BGB. Nach S. 4 dieser Vorschrift sind die Leistungen durch eine Aufstellung nachzuweisen, die eine rasche und sichere Beurteilung der Leistungen ermöglichen muss, was nichts anderes darstellt als das bisherige Prüfbarkeitserfordernis.

20 Die Fälligkeit der Abschlagsrechnung tritt erst ein, wenn die prüfbare Abschlagsrechnung dem Auftraggeber zugegangen ist (BGH, Urt. v. 5.11.1998 – VII ZR 191/97; BGH, Urt. v. 16.3.2005 – XII ZR 269/01 Tz 24); OLG Celle, Urt. v. 10.3.2010 – 14 U 128/09).

4. §§ 633 bis 639 BGB – Vorschriften zum Sach- und Rechtsmangel, zu den Rechten des Bestellers bei Mängeln und zu den Verjährungsvorschriften

21 Bei Architekten- und Ingenieurverträgen sind die Regelungen zu den Sach- und Rechtsmängeln sowie zu den Rechten bei mangelhafter Werkleistung (auf die Kommentierung der jeweiligen Vorschrift wird verwiesen; vgl. auch die Ausführungen zu den Besonderheiten bei Architekten- und Ingenieurverträgen im Hinblick auf die Geltendmachung von Mängelrechten → § 650p BGB Rdn. 70 zur Mangelhaftigkeit aufgrund Nichterreichung der Planungs- und Überwachungsziele; → § 650p BGB Rdn. 190 zur Mangelhaftigkeit aufgrund Nichtbringung geschuldeter Leistungen) entsprechend anwendbar. Eine gewisse Modifikation erfahren die Vorschriften zur Mangelhaftigkeit und zu den daraus entstehenden Rechten durch § 650t, der eine zusätzliche Voraussetzung, nämlich die vorrangige Inanspruchnahme des ausführenden Unternehmers, für die Geltendmachung von Ansprüchen gegenüber dem bauüberwachenden Architekten aufstellt.

5. § 640 BGB – Abnahme

22 Die Vorschriften zur Abnahme gelten bei Architekten- und Ingenieurverträgen entsprechend (→ § 640 BGB Rdn. 1 ff.). Damit gelten auch die geänderten Regelungen zur fiktiven Abnahme in § 640 Abs. 2 (→ § 640 BGB Rdn. 67 ff.). Hinzu kommt die Möglichkeit für den Architekten/ Ingenieur, nach § 650s eine Teilabnahme seiner Leistungen auf gesetzlicher Grundlage zu verlangen → § 650s BGB Rdn. 1 ff.).

6. § 641 BGB – Fälligkeit der Vergütung

23 Zusätzlich zur Abnahme, die nach § 650g Abs. 4 Nr. 1 BGB aufgrund der Verweisung in § 15 S. 1 HOAI 2021 Fälligkeitsvoraussetzung für den Honoraranspruch bei von der HOAI erfassten Leistungen ist, tritt nach § 650g Abs. 4 Nr. 2 und § 15 S. 1 HOAI die Übergabe einer prüffähigen Schlussrechnung als weitere Fälligkeitsvoraussetzung.

24 Das Leistungsverweigerungsrecht in § 641 Abs. 3 (Einzelheiten → § 641 BGB Rdn. 56 ff.) besteht, soweit die Beseitigung eines Mangels verlangt werden kann. Hat sich bei mangelhafter Architekten-/Ingenieurleistung der Planungsfehler im Bauwerk verkörpert, stehen dem Besteller insoweit (nur) Zahlungsansprüche zu, da es sich bei den im Bauwerk verkörperten Planungsmängeln um Folgeschäden handelt (BGH, Urt. v. 28.01.2016 – VII ZR 266/14). Ein Leistungsverweigerungsrecht nach § 641 Abs. 3 kommt allerdings dann in Betracht, wenn es um die noch mögliche Korrektur von Planungsfehlern geht.

7. §§ 642 bis 645 BGB – Mitwirkung des Bestellers, Kündigung, Gefahrtragung

Die Regelungen des § 642 spielen bei Architekten- und Ingenieurverträgen im Hinblick auf zusätzliche Vergütungsansprüche bei Verlängerung der Planungs- und bzw. Überwachungszeit in der Praxis eine gewisse Rolle (Einzelheiten → § 642 BGB Rdn. 133 ff.). Darüber hinaus kommt auch der Möglichkeit, den Vertrag aufgrund fehlender Mitwirkung des Bestellers, z.B. bei Nichttreffen erforderlicher Entscheidungen, zu beenden, eine eigenständige Bedeutung zu. 25

8. §§ 646, 647, 647a BGB – Vollendung statt Abnahme und Unternehmerpfandrecht

Diese Regelungen spielen bei Architekten- und Ingenieurverträgen keine eigenständige Rolle. 26

9. §§ 648 Kündigungsrecht des Bestellers

§ 648 ist auch auf den Architekten- und Ingenieurvertrag anwendbar (→ § 648 BGB Rdn. 1 ff.; zu den Besonderheiten bei Architekten- und Ingenieurverträgen → § 648 BGB Rdn. 156 ff.) und spielt in der Praxis ein ganz erhebliche Rolle. Im Anwendungsgereich des § 650r BGB kommt dieser Vorschrift Vorrang zu. Die Kündigungsfolgen sind nach dieser Regelung für den Besteller günstiger als nach § 648 BGB. Bei Verträgen, die ab dem 1.1.2018 abgeschlossen wurden, ist die Schriftform bei der Kündigung einzuhalten, § 650h BGB. Diese Vorschrift gilt aufgrund der Verweisung in § 650q BGB auch bei der Kündigung von Architekten- und Ingenieurverträgen. 27

10. § 648a BGB – Kündigung aus wichtigem Grund

Die Regelungen zur Kündigung aus wichtigem Grund (→ § 648a BGB Rdn. 1 ff.) sind auf Architekten- und Ingenieurverträge anwendbar (→ § 648a BGB Rdn. 104). Für den Architekten- und Ingenieurvertrag spielt die Regelung in § 648a Abs. 2 zur Teilkündigung eine nicht unbedeutende Rolle. Abgrenzbare Teile der Architekten-/Ingenieurleistungen liegen im Hinblick auf einzelne Leistungsphasen vor, so dass also beispielsweise die Leistungen einer bestimmten Leistungsphase von einer Teilkündigung erfasst sein können. Ferner liegen abgrenzbare Teile des geschuldeten Werks regelmäßig auch im Hinblick auf einzelne Grundleistungen innerhalb einer Leistungsphase vor. 28

Darüber hinaus ist vorstellbar, dass abgrenzbare Teile im Sinne des § 648a Abs. 2 bei verschiedenen Bauabschnitten eines Gebäudes oder auch bei verschiedenen Gebäuden, die gleichzeitig errichtet werden, vorliegen können. 29

Die Regelungen zur Zustandsfeststellung in § 648a Abs. 4 sind auf den Architekten- und Ingenieurvertrag ebenfalls anwendbar. Im Hinblick auf eine (Teil-)Kündigung während der Bauüberwachung ergibt sich praktisch kein Unterschied im Vergleich zu einer Kündigung eines ausführenden Unternehmers. Gegenstand der Zustandsfeststellung ist dann der Zustand des Bauwerks/der Außenanlage im Zeitpunkt der Kündigung. Während der Planungsphase ist der Gegenstand der Zustandsfeststellung, die bis zum Kündigungszeitpunkt erstellten Planungsleistungen. 30

11. §§ 649 und 650 BGB – Kostenanschlag, Anwendung des Kaufrechts

§ 649 enthält die Regelungen zum Kostenanschlag und ist auch bei Architekten- und Ingenieurverträgen anwendbar (→ § 649 BGB Rdn. 65 ff.). § 650 spielt bei Architekten- und Ingenieurverträgen keine eigenständige Rolle. 31

II. §§ 650b, 650e bis 650h

Neben den vorstehend aufgeführten Regelungen des Untertitels 1 aus Kapitel 1 gelten darüber hinaus die ausdrücklich in § 650q Abs. 1 erwähnten Vorschriften bei Architekten- und Ingenieurverträgen entsprechend. Sie befinden sich in Kapitel 2 des Untertitels 1. 32

§ 650q
Anwendbare Vorschriften

1. § 650b BGB – Änderung des Vertrags, Anordnungsrecht des Bestellers

33 Auch beim Architekten-/Ingenieurvertrag steht dem Besteller ein gesetzlich vorgesehenes Recht zur Erteilung von Anordnungen zur Änderung des Vertrages zu (Einzelheiten → § 650b BGB Rdn. 141 ff.). Dies war bislang mangels einer gesetzlichen Regelung im Einzelnen stark umstritten. Nach einer Auffassung war das Recht des Bestellers, Änderungen anzuordnen, dem Architektenvertrag aufgrund dessen Charakters immanent (Werner in Werner/Pastor Rn. 1012a m. w. N.). nach anderer Auffassung wurde ein Anordnungsrecht abgelehnt (BeckOK BauvertrR/Fuchs BGB § 650q Rn. 23; Fuchs in FBS Syst. A.VII. Rn. 25) bzw. nur bei vertraglicher Begründung akzeptiert (KG Urt. v. 19.03.2019 -21 U 80/18). Darüber hinaus wurde eine vermittelnde Ansicht vertreten, die ein Anordnungsrecht je nach Planungsstadium und je nach Tiefe des Eingriffs in das Objekt bejahte (Koeble in Kniffka/Koeble/Jurgeleit/Sacher, 11. Teil Rd. 545 zur alten Rechtslage; Koeble in Locher/Koeble/Frik, § 10 Rd. 21 m. w. N.). Faktisch wurden Eingriffe des Bestellers in die Leistungserbringung durch den Architekten vom BGH schon immer zugelassen. Nach dieser Rechtsprechung sind Vorgaben des Bestellers zur Ausführung des Objektes auch dann verbindlich, wenn sie während des Planungsstadiums erfolgen (Urt. v. 22.1.1998 – VII ZR 259/96; Urt. v. 21.3.2013 – VII ZR 230/11). Dies galt für erstmalige Konkretisierungen des Leistungsinhaltes, war aber von den Fällen der Änderung bereits getroffener Festlegungen praktisch nicht zu trennen. Durch § 650b BGB wurde die Möglichkeit, einseitige Änderungsanordnungen gegenüber dem Architekten zu erteilen und die Voraussetzungen, unter denen dies möglich ist, gesetzlich geregelt. Die Einzelheiten zum Anordnungsrecht nach § 650b BGB, soweit es bei Architekten- und Ingenieurverträge Besonderheiten gibt, werden unten im Zusammenhang mit der Vergütungsfolge dargestellt (→ Rdn. 61).

2. § 650e BGB – Sicherungshypothek des Bauunternehmers

34 Dem Architekten/Ingenieur steht unter bestimmten Voraussetzungen ein Anspruch auf eine Sicherungshypothek zur Absicherung des Honoraranspruchs zu (Einzelheiten → § 650e BGB Rdn. 1 ff. und insbesondere unter Darstellung der Besonderheiten bei Architekten- und Ingenieurverträgen→ § 650e BGB Rdn. 59 ff.).

35 Auch weiterhin ist die entscheidende Besonderheit bei Architekten- und Ingenieurverträgen, dass als Voraussetzung für eine Sicherungshypothek und Vormerkung die Wertsteigerung des Grundstücks und damit der Beginn der Umsetzung der Planungsleistungen anzusehen ist (LG Wiesbaden Beschl. v. 19.4.2021 – 2 O 72/21; OLG Celle Urt. v. 6.2.2020 – 14 U 160/19). Die Gegenauffassung (KG Beschl. v. 5.1.2021 – 27 W 1054/20) mit dem Argument des geänderten Wortlauts in § 650e BGB kann nicht geteilt werden.

3. § 650f BGB – Bauhandwerkersicherung

36 Der Architekt/Ingenieur kann auch eine Bauhandwerkersicherheit beanspruchen (Einzelheiten → § 650f BGB Rdn. 1 ff. und insbesondere auch → § 650f BGB Rdn. 216 ff.).

37 Eine Besonderheit für den Architekten- und Ingenieurvertrag ergibt sich aus der Privilegierung in § 650f Abs. 6 BGB, deren Wortlaut mit der Neufassung des Gesetzes zum 1.1.2018 geändert wurde. Danach kann keine Sicherheit verlangt werden, wenn der Besteller ein Verbraucher ist und es sich um einen Verbraucherbauvertrag handelt. Die Regelung ist zunächst für den Bauvertrag vorgesehen und wird über § 650q für den Architekten nur für entsprechend anwendbar erklärt. Daraus erklärt sich, wie der Widerspruch aufzulösen ist, dass ein Architektenvertrag nicht gleichzeitig ein Verbraucherbauvertrag sein kann (→ § 650f BGB Rdn. 216 ff.): Privilegiert ist der Besteller, der Verbraucher ist und einen Verbraucherbauvertrag abgeschlossen hat, soweit es um die Architekten-/Ingenieurleistungen hierfür geht (→ § 650f BGB Rdn. 215 f.; Kniffka/Retzlaff BauR 2017, 1774, 1869). In diesem Fall kann vom Architekten/Ingenieur keine Sicherheit beansprucht werden.

4. § 650g BGB – Zustandsfeststellung bei Verweigerung der Abnahme; Schlussrechnung

a) § 650g Abs. 1 bis Abs. 3 Zustandsfeststellung

38 Die Zustandsfeststellung kann sich an die Verweigerung der Abnahme durch den Besteller anschließen. Die Regelung ist beim Architekten-/Ingenieurvertrag anwendbar. Es ergeben

Anwendbare Vorschriften **§ 650q**

sich keine Besonderheiten im Vergleich zum Bauvertrag. Auf die Kommentierung hierzu wird verwiesen (Einzelheiten→ § 650g BGB Rdn. 2 ff.).

b) § 650g Abs. 4 Entrichtung der Vergütung; Schlussrechnung

Die Regelungen zur Fälligkeit des Schlusszahlungsanspruchs, die auch beim BGB-Werkvertrag die Übergabe einer prüfbaren Schlussrechnung vorsehen, spielen für den Architekten/Ingenieurvertrag seit der Neufassung der HOAI 2021 eine eigenständige Rolle, da die bislang vorhandene eigene Fälligkeitsregelung in § 15 Abs. 1 HOAI a. F. entfallen ist und § 15 S. 1 HOAI 2021 im Hinblick auf die Fälligkeit des Schlusszahlungsanspruchs auf § 650g Abs. 4 BGB verweist. Damit gilt nun auch eine gesetzliche Regelung für die bisher durch die Rechtsprechung zum Architekten- und Ingenieurvertrag entwickelte Prüffrist für die Schlussrechnung Nach der gesetzlichen Regelung in § 650 g Abs. 4 Satz 3 BGB gilt die Schlussrechnung als prüffähig, wenn der Besteller nicht innerhalb von 30 Tagen nach Zugang der Schlussrechnung begründete Einwendungen gegen ihre Prüffähigkeit erhoben hat. Einerseits wird damit die Frist von 30 Tagen für den Einwand der Nichtprüfbarkeit festgelegt. Anderseits wird der Eintritt der Fälligkeit nur dann verhindert, wenn begründete Einwände gegen die Prüfbarkeit vorgebracht werden. 39

aa) Verweisung in § 15 S. 1 HOAI: Abnahme und prüfbare Schlussrechnung

Durch die Verweisung in § 15 S. 1 HOAI (2021) auf § 650g Abs. 4 BGB ist für die Fälligkeit des Schlusszahlungsanspruchs des Architekten- bzw. Ingenieurs die Abnahme des Architektenbzw. Ingenieurwerks Voraussetzung, was auch bislang durch die eigenständige Regelung in § 15 HOAI 2013 der Fall war. Daneben muss als weitere Fälligkeitsvoraussetzung eine prüfbare Schlussrechnung übergeben werden. 40

Für die Abnahme als Fälligkeitsvoraussetzung gilt nichts anderes als für die Abnahme, soweit sie Voraussetzung für den Beginn der Verjährungsfrist von Mängelansprüchen ist (→ § 640 BGB Rdn. 9 ff.). Auch wenn eine förmliche Abnahme für die Fälligkeit der Vergütung nicht erforderlich ist, wird der Architekt ein großes Interesse daran haben, eine förmliche Abnahme durchzuführen, um die Fälligkeit seines Vergütungsanspruchs (und den Beginn der Verjährungsfrist für Mängelrechte des Bestellers) nachzuweisen. Wird das Architektenwerk nicht förmlich abgenommen, kommt eine konkludente Abnahme in Betracht. Wegen der relativ hohen Anforderungen an eine derartige Abnahme (→ § 640 BGB Rdn. 54 ff.) ist der Planer gut beraten, wenn er auf die Durchführung einer förmlichen Abnahme besteht. Unabhängig davon hat der Architekt bzw. Ingenieur in jedem Fall die Möglichkeit, nach § 640 Abs. 2 BGB (Fiktive Abnahme) vorzugehen. 41

bb) Teilschlussrechnung

In der Praxis stellt sich immer wieder die Frage, ob das Stellen einer Teilschlussrechnung zulässig ist und welche Folgen hiermit verbunden sind. (zur Teilschlussrechnung des Architekten/Ingenieurs: Werner/Siegburg, BauR 2013, 1516; Koeble in Locher/Koeble/Frik, § 15 Rd.17, 94; ders. FS Werner, S. 123). Zu § 15 HOAI a. F. wurde entschieden, dass diese Vorschrift die Vereinbarung abweichender Fälligkeitsregelungen zulässt, sofern diese schriftlich erfolgte, und damit auch die Vereinbarung des Stellens einer Teilschlussrechnung (BGH, Urt. v. 12.10.1995 – VII ZR 195/94). Individualvereinbarungen zum Stellen von Teilschlussrechnungen können auch unter Berücksichtigung von § 650g Abs. 4 in jedem Fall wirksam getroffen werden. 42

Eine Regelung in AGB des Architekten, die das Stellen einer Teilschlussrechnung vorsieht, ist nach hier vertretener Auffassung nicht unwirksam, da nicht unangemessen benachteiligend. Eine Abweichung vom gesetzlichen Leitbild führt nicht automatisch zur Unwirksamkeit, sondern nur dann, wenn von wesentlichen Grundgedanken der gesetzlichen Regelung abgewichen wird. Das ist bei der Vereinbarung einer Teilschlussrechnung in AGB des Architekten im Hinblick auf die Regelung des § 650g Abs. 4 nicht der Fall. Nach der Vorstellung des Gesetzgebers (BT-Drucks. 18/11437 S.49) soll das zusätzliche Erfordernis der prüfbaren Schlussrechnung zur besseren Nachvollziehbarkeit der Rechnung für den Besteller führen. Dem widerspricht das Stellen einer Teilschlussrechnung nicht. Darüber hinaus sind auch keine Umstände erkennbar, die zu einer unangemessenen Benachteiligung des Bestellers im Fall des Stellens von Teilschlussrechnungen im Vergleich zu Abschlagszahlungsrechnungen führen. 43

AGB des Bestellers, die vorsehen, dass der Architekt eine Teilschlussrechnung stellen kann, sind ebenfalls unbedenklich. Gleiches gilt nach hier vertretener Auffassung auch für Klauseln in AGB des Besteller, die vorsehen, dass der Architekt eine oder mehrere Teilschlussrechnungen 44 stellen muss. Der einzige Nachteil, der für den Architekten erkennbar mit der Vereinbarung des Stellens einer Teilschlussrechnung verbunden ist, ist der frühere Ablauf der Verjährungsfrist für diese Honoraransprüche im Vergleich zu einer (einzigen) Schlussrechnung. Da der Gesetzgeber die zusätzliche Fälligkeitsvoraussetzung einführen wollte, um dem Besteller die bessere Nachvollziehbarkeit der Rechnung zu ermöglichen und nicht aus Gründen im Hinblick auf die Verjährung, liegt bereits kein relevantes Abweichen von der gesetzlichen Regelung vor. Darüber hinaus muss für die Fälligkeit des Vergütungsanspruchs auch noch zusätzlich die Abnahme hinzukommen, in diesem Fall dann durch eine Teilabnahme, welche zugunsten des Architekten wirkt. Im Ergebnis ist es deshalb honorarrechtlich grundsätzlich zulässig, das Stellen einer Teilschlussrechnung etwa nach Erbringung der Leistungsphase 8 – auch in AGB – zu vereinbaren. Flankierend sollte dann aber auch die Durchführung einer Teilabnahme vertraglich vereinbart werden. Liegen die Voraussetzungen für eine Teilabnahme nach § 650s BGB vor, führt dies zur Berechtigung des Stellens einer Teilschlussrechnung → § 650s BGB Rdn. 72).

45 Zur Vereinbarung einer Teilschlussrechnung gehört, dass vertraglich festgelegt ist, welche Teilleistungen (z. B. nach Leistungsphasen) durch eine Teilschlussrechnung abgerechnet werden sollen. In Bezug auf die Prüfbarkeit sind an eine Teilschlussrechnung dieselben Anforderungen wie an die Honorarschlussrechnung zu stellen. Sie wirkt für die abgerechnete Teilleistung in Bezug auf Fälligkeit, Verjährung und eine etwaige Bindungswirkung für die abgerechnete Teilforderung wie eine Honorarschlussrechnung (vgl. OLG Stuttgart, Urt. v. 3.5.2007 -19 U 13/05; OLG Köln, Urt. v. 12.12.2013 -7 U 60/13, BGH, Beschl. v. 15.6.2016 – VII ZR 2/14 – Nichtzulassungsbeschwerde zurückgewiesen; Koeble in Locher/Koeble/Frik, § 15 Rd. 94 zum Verjährungsbeginn). Aus der Vereinbarung einer Teilabnahme, etwa für die bis zur Leistungsphase 8 erbrachten Leistungen, wird man schließen können, dass die bis dahin erbrachten Leistungen durch eine Teilschlussrechnung abgerechnet werden können (BGH, Urt. v. 12.10.1995 – VII ZR 195/94). Wurde keine Abrechnung von Teilleistungen durch eine Teilschlussrechnung vereinbart, vom Planer aber gleichwohl eine als „Teilschlussrechnung" bezeichnete Rechnung gestellt, ist darin eine Abschlagsrechnung i. S. v. § 15 Abs. 2 HOAI zu sehen (BGH, Urt. v. 12.10.1995 – VII ZR 195/94; OLG Frankfurt, Urt. v. 20.1.2011 – 12 U 196/08; vgl. auch BGH, Beschl. v. 23.11.2006 – VII ZR 249/05). Eine Vereinbarung kann auch nach Abschluss des Ursprungsvertrages und auch konkludent erfolgen. Fordert der Besteller ohne Vereinbarung im schriftlichen Vertrag, die Teilschlussrechnung erbrachter Teilleistungen, ist der Architekt nicht verpflichtet, dem nachzukommen. Kommt der Architekt der Aufforderung des Bestellers jedoch nach, wird darin regelmäßig die konkludente nachträgliche Vereinbarung zum Stellen einer Teilschlussrechnung zu sehen sein. Stellt der Architekt ohne Vereinbarung im Vertrag eine Teilschlussrechnung und wird diese vom Besteller bezahlt, muss zunächst überprüft werden, ob die Teilschlussrechnung tatsächlich als eine solche anzusehen ist und es sich tatsächlich nicht um eine Abschlagszahlungsrechnung handelt. Ferner ist dann anhand der Umstände in jedem Einzelfall zu überprüfen, ob das jeweilige Verhalten der Parteien tatsächlich so zu verstehen sein sollte, dass die Wirkungen einer Teilschlussrechnung gewollt waren.

cc) Übergabe der Schlussrechnung

46 Erst mit der Abnahme und der Übergabe der prüfbaren Honorarschlussrechnung beginnt die Verjährungsfrist für den Vergütungsanspruch zu laufen. Das Honorar wird auch dann erst mit der Übergabe der – prüfbaren – Honorarschlussrechnung als zweiter Fälligkeitsvoraussetzung fällig, wenn der Architekt die Rechnung zu einem späten Zeitpunkt stellt. Solange kein Missbrauch vorliegt, kommt auch unter diesen Umständen ein Beginn der Verjährungsfrist vor Fälligkeit nicht in Betracht (BGH, Urt. v. 11.11.1999 – VII ZR 73/99). Wenn ein sehr großer Zeitraum verstrichen ist und der Auftraggeber sich darauf einrichten durfte, nicht mehr in Anspruch genommen zu werden, kann der Vergütungsanspruch aber verwirkt sein (OLG Hamm, Urt. 25.8.2010 – 12 U 138/09). Sofern die Rechnung nicht prüffähig ist und die fehlende Prüfbarkeit nicht gerügt wird, kommt es für die Fälligkeit auf den Ablauf der Prüffrist an (→ Rdn. 51).

47 Voraussetzung für die Fälligkeit ist die Erstellung einer Honorarschlussrechnung und deren Übergabe. Sie muss nicht als solche bezeichnet werden (OLG Stuttgart, Urt. v. 6.3.2007 – 12 U 74/06). Der Rechnung muss aber unmissverständlich entnommen werden können, dass der Architekt seine Leistung abschließend berechnen will (BGH, Urt. v. 6.5.1985 – VII ZR 320/84). Dafür reicht es nicht aus, wenn am Schluss der Rechnung der Textbaustein „Ich bedanke mich für das entgegengebrachte Vertrauen" verwendet und in einer späteren Klage die Rechnung als „Schlussrechnung" bezeichnet wird (BGH, Beschl. v. 23.11.2006 – VII ZR

249/05). Sofern die Umstände gegen eine Honorarschlussrechnung sprechen, kann es sich auch um eine Abschlagsrechnung handeln (BGH, Urt. v. 24.10.1991 – VII ZR 81/90; Urt. v. 12.10.1995 – VII ZR 195/94; Beschl. v. 23.11.2006 – VII ZR 249/05).

dd) Prüfbarkeit der Schlussrechnung; Prüffrist

Weitere Voraussetzung für die Fälligkeit der Rechnung ist außerdem, dass sie prüfbar ist. Die Prüfbarkeit ist kein Selbstzweck → § 650g BGB Rdn. 47. Sie soll den Besteller in die Lage versetzen, die Berechnung der Honorarforderung nachvollziehen und kontrollieren zu können (BGH, Urt. v. 18.6.1998 – VII ZR 189/97; Urt. v. 27.11.2003 – VII ZR 288/02). Die Anforderungen an die Schlussrechnung hängen vom Verständnis des Bestellers, also vom Empfängerhorizont ab (→ § 650g BGB Rdn. 34; BGH, Urt. v. 18.5.2000 – VII ZR 69/99). Auch wenn sich die Anforderungen an die Prüfbarkeit – wegen des unterschiedlichen Empfängerhorizonts – nicht generell festlegen lassen, ist für die Prüfbarkeit einer Schlussrechnung bei Abrechnung des Honorars anhand des Berechnungssystems der HOAI mindestens zu fordern, dass sie die Angaben enthält, die nach den Vorschriften der HOAI notwendig sind, um die Vergütung zu berechnen. Dazu gehören insbesondere die zutreffend ermittelten anrechenbaren Kosten des Objekts, der Umfang der erbrachten Leistung und deren Bewertung samt dazugehöriger Prozentsätze, die Angabe der Honorarzone, sowie der sich nach dem Tafelwert ergebende Honorarsatz (BGH, Urt. v. 27.11.2003 – VII ZR 288/02). Setzt sich der Besteller mit der sachlichen und rechnerischen Richtigkeit der Rechnung auseinander, so zeigt er damit, dass er in der Lage ist, die Rechnung zu prüfen (OLG Brandenburg, Urt. v. 13.3.2014 – 12 U 136/13). 48

Nach Treu und Glauben ist der Besteller gehalten, seine Einwendungen gegen die Prüfbarkeit der Schlussrechnung substantiiert vorzubringen (→ § 650g BGB Rdn. 62). Die Rüge der mangelnden Prüffähigkeit soll den Unternehmer in die Lage versetzen, den Beanstandungen zeitnah abzuhelfen. Die pauschale Rüge, die Schlussrechnung sei nicht prüfbar, ist deshalb unzureichend (BGH, Urt. v. 22.4.2010 – VII ZR 48/07). Die Teile der Rechnung, die nicht prüfbar sind, müssen bezeichnet und die Gründe, weshalb die Rechnung nicht geprüft werden kann, angegeben werden (BGH, Urt. v. 27.11.2003 – VII ZR 288/02). Erteilt der Unternehmer die für die Prüfung erforderlichen Informationen gleichwohl nicht, wird die Forderung mangels Prüfbarkeit nicht fällig. Die Honorarklage ist als derzeit unbegründet abzuweisen. Wird die fehlende Prüfbarkeit nicht gerügt und deshalb in die Sachprüfung eingetreten, besteht mit einer nicht prüffähigen und deshalb auch unschlüssigen Rechnung allerdings das Risiko, dass die Klage endgültig abgewiesen wird, wenn die Forderung nicht spätestens im Prozess schlüssig dargelegt werden kann (BGH, Beschl. v. 14.6.2007 – VII ZR 230/06). 49

Ist die Schlussrechnung des Architekten nur in Teilen prüfbar, kann der Architekt die Auszahlung des sich unter Berücksichtigung bereits geleisteter Zahlungen ergebenden Guthabens verlangen (BGH, Urt. v. 27.11.2003 – VII ZR 288/02, Rdn. 32; Urt. v. 22.4.2010 – VII ZR 48/07). Sofern die Schlussrechnung nur wegen eines Teils nicht prüfbar sein sollte, kann die Vergütungsklage nicht auch wegen des übrigen, prüfbaren Teils als derzeit unbegründet abgewiesen werden (BGH, Urt. v. 17.9.1998 – VII ZR 160/96). 50

Die fehlende Prüffähigkeit kann nicht mehr gerügt werden, wenn die Beanstandung nicht innerhalb einer angemessenen Frist erfolgt. In Anlehnung an die frühere Fassung des § 16 Abs. 3 Nr. 1 VOB/B ging die Rechtsprechung zunächst davon aus, dass die fehlende Prüfbarkeit innerhalb von zwei Monaten geltend gemacht werden muss (BGH, Urt. v. 27.11.2003 – VII ZR 288/02; Urt. v. 8.12.2005 – VII ZR 50/04; Urt. v. 22.4.2010 – VII ZR 48/07; OLG Karlsruhe, Urt. v. 28.10.2014 – 14 U 64/14). Mit der Änderung der VOB/B (2012) ist die Prüffrist in § 16 Abs. 3 Nr. 1 VOB/B für den Regelfall auf 30 Tage verkürzt worden. Diese Frist war deshalb auch für die Schlussrechnung bei einem Architekten-/Ingenieurvertrag maßgeblich (OLG Köln, Urt. v. 2.4.2015 – 24 U 175/14 – BGH, Beschl. v. 29.3.2017 – VII ZR 70/15 – Nichtzulassungsbeschwerde zurückgewiesen). Die 30-Tages-Frist wurde in § 650g Abs. 4 übernommen und gilt nunmehr aufgrund der gesetzlichen Anordnung und durch die Verweisung in § 15 S. 1 HOAI 2021 bei Architekten- und Ingenieurverträgen. Die nicht prüfbare Honorarschlussrechnungsforderung wird mit Ablauf der Prüffrist fällig, sofern die Prüfbarkeit nicht substantiiert gerügt wurde; sie wird auch, obwohl sie nicht prüfbar ist, mit Zugang des Ergebnisses der sachlichen Rechnungsprüfung fällig (BGH, Urt. v. 22.4.2010 – VII ZR 48/07). Die Fälligkeit setzt in diesen Fällen dann auch den Lauf der Verjährungsfrist in Gang (OLG Düsseldorf, Urt. v. 11.10.2011 – 21 U 60/09). 51

Die Frage der Prüfbarkeit ist – wie bei der Schlussrechnung des Bauhandwerkers – von der sachlichen Richtigkeit der Rechnung zu unterscheiden. Nimmt der Besteller eine sachliche 52

Prüfung der vorgelegten Rechnung vor, obwohl sie nicht prüfbar ist, kann er später nicht behaupten, sie sei nicht prüffähig. Wenn der Auftraggeber die Rechnung prüft und nicht sachlich und rechnerisch beanstandet, ist er mit der späteren Rüge der mangelnden Prüffähigkeit ausgeschlossen; die Prüffähigkeit ist kein Selbstzweck (BGH, Urt. v. 18.9.1997 – VII ZR 300/96). Gleiches gilt, wenn der Besteller eine Gegenrechnung aufstellt (BGH, Urt. v. 18.9.1997 – VII ZR 300/96). Deshalb muss der Besteller, will er nur die fehlende Fälligkeit wegen der unzureichenden Prüfbarkeit geltend machen, verdeutlichen, dass sich seine Rüge nur auf die Prüffähigkeit der Rechnung bezieht und er (noch) nicht bereit ist, sich auf eine sachliche Prüfung der Rechnung einzulassen (BGH, Urt. v. 22.4.2010 – VII ZR 48/07).

53   Eine prüfbare Honorarschlussrechnung ist auch dann Fälligkeitsvoraussetzung für die Vergütung, wenn der Vertrag vorzeitig beendet wurde (BGH, Urt. v. 19.6.1986 – VII ZR 221/85; Urt. v. 11.11.1999 – VII ZR 73/99). Im Fall des § 649 BGB a. F.(= § 648 BGB) sind die erbrachten und die nicht erbrachten Leistungen prüffähig darzustellen und voneinander abzugrenzen sowie sämtliche Abschlagszahlungen zu berücksichtigen; der Architekt muss auch angeben, was er bei den nicht erbrachten Leistungen konkret erspart hat oder anderweitig erworben hat (BGH, Urt. v. 9.6.1994 – VII ZR 87/93; Urt. v. 27.11.2003 – VII ZR 288/02).

54   Wird vom Architekten während des Rechtsstreits eine neue Honorarschlussrechnung vorgelegt, handelt es sich um keine Klageänderung, da der gleiche Vergütungsanspruch geltend gemacht wird, sich also der Streitgegenstand nicht ändert). Das hat das OLG Bamberg für den Fall entschieden, dass der Architekt auf der Grundlage eines Honorargutachtens im Berufungsverfahren eine neue und höhere Schlussrechnung in den Rechtsstreit einführt; soweit nunmehr eine höhere Forderung beansprucht wird, liegt eine zulässige Klageerweiterung vor (OLG Bamberg, Urt. v. 26.8.2009 – 3 U 290/05). Wenn die ursprüngliche Rechnung mangels Prüfbarkeit nicht fällig war, tritt die Fälligkeit auch erst durch die Vorlage der neuen Rechnung ein. Daran ist der Architekt auch im Berufungsverfahren nicht gehindert, da es sich im prozessrechtlichen Sinn nicht um ein neues Angriffs- oder Verteidigungsmittel handelt, sondern durch die prüfbare Rechnung erstmals die materiell-rechtlichen Voraussetzungen für den Anspruch geschaffen werden (OLG Bamberg, Urt. v. 26.8.2009 – 3 U 290/05; zur BGH-Rechtsprechung → § 650g BGB Rdn. 71).

ee) Bindung an die Schlussrechnung

55   In der Erteilung einer Schlussrechnung kann zugleich die Erklärung liegen, dass der Architekt die von ihm erbrachte Leistung abschließend berechnet hat (grundlegend BGH, Urt. v. 5.11.1992 – VII ZR 52/91; Urt. v. 5.11.1992 – VII ZR 50/92). Ein Verzicht auf weitergehende Forderungen ist mit der Erteilung einer Schlussrechnung aber regelmäßig nicht verbunden (BGH, Urt. v. 7.3.1974 – VII ZR 35/73; OLG Stuttgart, Beschl. v. 19.10.2011 – 10 U 87/11). Die Annahme eines Erlassvertrags rechtfertigt sich auch nicht daraus, dass der Architekt zunächst die Schlussrechnung über das vertraglich vereinbarte Honorar in der Erwartung erstellt hat, der Besteller erteile ihm weitere Aufträge (BGH, Urt. v. 23.10.2008 – VII ZR 105/07). Die Bindung bezieht sich auf jede Rechnung, die aus Sicht des Bestellers abschließenden Charakter haben soll; eine Bezeichnung als „Schlussrechnung" ist also entbehrlich (OLG Stuttgart, Urt. v. 6.3.2007 – 12 U 74/06).

56   Nur wenn in der Änderung der Schlussrechnung eine unzulässige Rechtsausübung im Sinne von § 242 BGB liegt, ist der Architekt grundsätzlich an seine Schlussrechnung gebunden (BGH, Urt. v. 5.11.1992 – VII ZR 52/91; Urt. v. 5.11.1992 – VII ZR 50/92; für die besondere Fallgestaltung einer Klagerücknahme und Erteilung einer neuen Schlussrechnung KG, Urt. v. 25.1.2013 – 21 U 206/11). Erforderlich ist eine umfassende Abwägung der beiderseitigen Interessen. Mit der Erteilung einer Schlussrechnung schafft der Architekt einen Vertrauenstatbestand. Jedoch ist nicht jedes erweckte Vertrauen schutzwürdig. Die Schutzwürdigkeit des Bestellers kann sich daraus ergeben, dass er (1.) auf die abschließende Berechnung des Honorars vertrauen durfte sowie (2.) hierauf auch vertraut hat und (3.) sich darauf in einer Weise eingerichtet hat, dass ihm (4.) eine Nachforderung nach Treu und Glauben nicht mehr zugemutet werden kann (grundlegend BGH, Urt. v. 5.11.1992 – VII ZR 52/91; Urt. v. 23.10.2008 – VII ZR 105/07; Urt. v. 22.4.2010 – VII ZR 48/07; Urt. v. 19.11.2015 – VII ZR 151/13). An der Schutzwürdigkeit bzw. an dem Vertrauen fehlt es und der Besteller kann sich nicht auf die Bindungswirkung berufen, wenn er alsbald die Prüffähigkeit der Schlussrechnung rügt (BGH, Urt. v. 19.2.1998 – VII ZR 236/96). Allein aus der Bezahlung der Schlussrechnung folgt nicht, dass sich der Besteller auf eine abschließende Berechnung des Honorars eingerichtet hat (BGH, Urt. v. 23.10.2008 – VII ZR 105/07). Das gilt auch dann, wenn seit der Zahlung

Anwendbare Vorschriften **§ 650q**

ein Jahr verstrichen ist; es gibt keine allgemeine Lebenserfahrung, dass sich der Auftraggeber nach einem bestimmten Zeitraum darauf eingerichtet hat, nichts mehr zu bezahlen (BGH, Urt. 19.11.2015 – VII ZR 151/13, Rdn. 18). Auf den abschließenden Charakter seiner Zahlung kann sich der Auftraggeber u. U. dann eingerichtet haben, wenn er endgültige Finanzierungsverträge abgeschlossen hat (OLG Stuttgart, Beschl. v. 19.10.2011 – 10 U 87/11). Für die Unzumutbarkeit der Nachforderung ist erforderlich, dass die hierdurch entstehende zusätzliche Belastung unter Berücksichtigung aller Umstände des Einzelfalles für den Besteller nicht mehr zumutbar ist, weil sie eine besondere Härte für ihn bedeutet (BGH, Urt. v. 23.10.2008 – VII ZR 105/07). Auch die Unzumutbarkeit kann nicht einfach mit dem Ablauf einer gewissen Zeitspanne seit Bezahlung der Schlussrechnung begründet werden (BGH, Urt. 19.11.2015 – VII ZR 151/13, Rdn. 19). Unter Umständen kann sich ein Vertrauenstatbestand daraus ergeben, dass das vereinbarte Honorar unter den Mindestsätzen liegt (BGH, Urt. v. 22.5.1997 – VII ZR 290/95). Regelmäßige Voraussetzung für ein schützenswertes Vertrauen, dass das nur vereinbarte Honorar gefordert wird, ist indes, dass sich die vom vereinbarten Honorar abgegoltene Leistung nicht nachhaltig verändert hat (BGH, Urt. v. 23.10.2008 – VII ZR 105/07). Ausnahmsweise kann sich die Treuwidrigkeit und damit die Bindung an die Schlussrechnung auch aus den Besonderheiten des Einzelfalles ergeben (bejaht von OLG München, Beschl. v. 29.6.2012 – 9 U 1410/12 Bau, für eine Schlusszahlungsvereinbarung nach Abschluss der Leistungserbringung).

Höchstrichterlich nicht geklärt ist jedoch, wer die Darlegungs- und Beweislast für die Tatsachen trägt, die die Bindung des Architekten an die Schlussrechnung begründen. Da es sich dogmatisch um einen Einwand des Bestellers handelt, dürfte sie ihnen obliegen (Vogel, jurisPR-PrivBauR 2/2009 Anm. 3 unter E. m. w. N.). 57

ff) Vertragsgemäße Leistungserbringung; Abnahme

Nach § 650g Abs. 4 Nr. 1 BGB, auf den § 15 S. 1 HOAI 2021 nunmehr verweist, ist die Abnahme Fälligkeitsvoraussetzung. Wesentliche Mängel stehen deshalb der Durchsetzbarkeit der Honorarforderung mangels Abnahmereife entgegen. Sofern der Besteller mit Schadensersatzansprüchen aufrechnet oder die Minderung der Vergütung geltend macht, der Besteller also nicht länger die Erfüllung des Vertrages verlangt, stehen auch wesentliche Mängel der Fälligkeit nicht entgegen (vgl. BGH, Urt. v. 16.5.2002 – VII ZR 479/00; Einzelheiten (→ § 650s BGB Rdn. 19 ff.). Unter diesen Voraussetzungen ist dann auch ein Vorbehaltsurteil nach § 302 Abs. 1 ZPO zulässig, durch das dem Architekten das Honorar zugesprochen wird, obwohl der Auftraggeber Mängel an der Planungsleistung geltend macht und mit Schadensersatzansprüchen aufrechnet (OLG Düsseldorf, Urt. v. 23.10.2014 – I-5 U 51/13, Rdn. 30 f.). 58

Der Umfang der Leistung, der für die Fälligkeit der Schlussrechnung vertragsgemäß erbracht worden sein muss, hängt vom Inhalt des Architektenvertrages ab. Hat der Architekt auch die Objektbetreuung und Dokumentation (Leistungsphase 9 des § 33 HOAI) vertraglich übernommen, ist seine Leistung nicht vor ihrer Erbringung abnahmefähig vollendet (BGH, Urt. v. 10.2.1994 – VII ZR 20/93; Einzelheiten → § 650s BGB Rdn. 30) und damit auch nicht im Sinne von § 15 Abs. 1 HOAI a. F. vertragsgemäß erbracht. Wurde der Architektenvertrag vorzeitig beendet, definiert sich der Umfang der Leistungen, die vertragsgemäß zu erbringen waren, durch die vom Architekten bis zum Zeitpunkt der Beendigung geschuldeten Teilleistungen (BGH, Urt. v. 19.6.1986 – VII ZR 221/85; Urt. v. 18.12.1997 – VII ZR 155/96); zu beurteilen ist also letztlich das bis zu diesem Zeitpunkt tatsächlich erbrachte Teilgewerk. 59

5. § 650h BGB – Schriftform der Kündigung

Nach der Neuregelung ist jede Kündigung des Architekten-/Ingenieurvertrages ausschließlich schriftlich möglich (→ § 650h BGB Rdn. 9). Dies gilt für Teilkündigungen, außerordentliche Kündigungen aus wichtigem Grund, für die Kündigung nach § 650r BGB und für freie Kündigungen. Im Ergebnis wird damit dem in der Praxis häufig anzutreffenden Problem der konkludenten Kündigung des Architektenvertrages die Grundlage entzogen. Liegt keine schriftliche Kündigung vor, wird das Vertragsverhältnis hierdurch nicht beendet. In diesen Fällen ist aber stets daran zu denken, dass die Parteien auch (stillschweigend) eine Vereinbarung zur Aufhebung des Vertragsverhältnisses getroffen haben können. Maßgeblich sind insoweit alle Umstände des jeweiligen Einzelfalls. Nach der Rechtsprechung des Bundesgerichtshofes richtet sich der Vergütungsanspruch des Architekten bei einer einvernehmlichen Aufhebung des Vertrages danach, welche Rechte er zum Zeitpunkt der Vertragsaufhebung geltend machen konnte (BGH, Urt. v. 16.12.2004 – VII ZR 16/03; BGH, Urt. v. 04.06.1973 – VII ZR 113/71). 60

Zahn

… § 650q

C. § 650q Abs. 2

I. Anordnungen nach § 650b Abs. 2

61 Dem Besteller steht auch beim Architekten- und Ingenieurvertrag ein gesetzliches Anordnungsrecht zur Verfügung. Im Anwendungsbereich des § 650b hat sich die bislang stark umstrittene Frage, in welchem Umfang dem Besteller ein Anordnungsrecht zusteht, jedenfalls teilweise erledigt (vgl. zum Streitstand → § 650p BGB Rdn. 61 f.). Das Anordnungsrecht des Bestellers besteht nach § 650b allerdings nur im dort vorgesehenen Rahmen (vgl. zum Anordnungsrecht → § 650b BGB Rdn. 141 ff.). Es setzt voraus, dass es sich entweder um eine Änderung des vereinbarten Werkerfolgs oder um eine Änderung handelt, die zur Erreichung des vereinbarten Werkerfolgs notwendig ist. Nach dem Wortlaut in § 650q Abs. 1 gilt § 650b „entsprechend", was in Einzelfällen eine vom Bauvertrag abweichende Handhabung bei Architekten- und Ingenieurverträgen zulässt (BeckOK BauvertrR/Fuchs BGB § 650q Rn. 31).

1. Abgrenzung der Änderungsanordnung

62 Von der Änderungsanordnung nach § 650b Abs. 2 abzugrenzen sind zunächst Anordnungen, die gar keine Änderungen in diesem Sinne zum Gegenstand haben.

a) Gebrauchmachen vom Leistungsbestimmungsrecht

63 Dies ist beispielsweise bei Festlegungen der Fall, die der Konkretisierung von Eigenschaften des Bauwerks/der Außenanlage dienen, soweit der Besteller von dem ihm durch den Architektenvertrag regelmäßig eingeräumten Leistungsbestimmungsrecht (→ § 650p BGB Rdn. 51 ff.) Gebrauch macht (vgl. hierzu auch Fuchs BeckOK BauvertragsR § 650q Rn. 26).

64 Auf der anderen Seite muss berücksichtigt werden, dass der Architekt nach § 650p Abs. 1 BGB dazu verpflichtet ist, die für die Erreichung der Planungs- und Überwachungsziele erforderlichen Leistungen zu erbringen. Da diese Pflicht aufgrund der gesetzlichen Regelung besteht, sind Anordnungen des Bestellers nach § 650b BGB in diesen Fällen (bei erforderlichen Leistungen) an sich gar nicht notwendig. Ist demgegenüber bei bestimmten Eigenschaften eine Konkretisierung bereits erfolgt und ordnet der Besteller Änderungen an oder ist eine Leistung nicht erforderlich, wird vom Besteller aber dennoch verlangt, liegt eine Änderungsanordnung nach § 650b vor.

65 Eine Konkretisierung der Leistung liegt insbesondere dann vor, wenn eine Entscheidung zur Auflösung von Zielkonflikten erforderlich ist. Werden die Leistungsinhalte des Vertrages durch einen Verweis auf die Anlage 10 zur HOAI festgelegt, ergibt sich dies daraus, dass der Architekt in der LP 2 auf Zielkonflikte hinweisen muss, was dann zwangsläufig mit sich bringt, dass auch die anschließende Konfliktauflösung bereits von vorneherein vertraglich geschuldet ist. Gleiches gilt für die Vorlage einer oder mehrerer Varianten in der LP 2.

b) Änderung des Objekts nach § 2 Abs. 1 HOAI

66 Eine Änderung des Objekts nach § 2 Abs. 1 HOAI (also z. B. zwischen Gebäuden und Innenräumen oder zwischen Freianlagen und Verkehrsanlagen) ist nicht von § 650b erfasst. Derartige Änderungen können nicht einseitig angeordnet werden. Vielmehr ist der Abschluss eines neuen Vertrages erforderlich.

c) Änderung des Objekts nach § 2 Abs. 2 bis Abs. 6 HOAI

67 Ob eine Änderung der Objekte in § 2 Abs. 2 bis Abs. 6 HOAI (Neubauten, Wiederaufbauten, Umbauten Erweiterungsbauten) als Änderung des Werkerfolges anzusehen ist und es sich dann bei einer Anordnung um eine Änderung i. S. d. § 650b BGB handelt, ist nach den Umständen des Einzelfalles zu entscheiden. Nach bisheriger Rechtsprechung handelt es sich beispielsweise um ein anderes Objekt, wenn es um ein anderes Grundstück geht (OLG Düsseldorf, Urt. v. 13.8.1996 – 22 U 212/95; OLG Düsseldorf Urt. v. 22.3.1994 – 21 U 172/93; OLG Koblenz Urt. v. 27.5.1999 – 5 U 1273/98; Koeble in Locher/Koeble/Frik, HOAI § 10 Rdn. 19: Morlock Festschrift Koeble, S. 407, 408). Es handelt sich dann um einen neuen Auftrag und nicht um eine Änderungsanordnung nach § 650b. Ob dies bei einer Nutzungsänderung auch der Fall ist, hängt davon ab, ob das Objekt als solches (Arztpraxis, Bürogebäude, Gewerbehalle) bei Vertragsabschluss bereits feststand oder ob dies noch offen war (Kapitalanlageobjekt). Im zuerst beschriebenen Fall sind Änderungen des feststehenden Objekts nicht mehr von § 650b

Anwendbare Vorschriften **§ 650q**

erfasst, im zweiten Fall schon (vgl. zur bisherigen Rechtsprechung zum Objektbegriff: Koeble in Locher/Koeble/Frik HOAI, § 10 Rdn. 19).

d) Änderung des Planungsgegenstandes

Ändert sich der Bedarf des Bestellers und soll deshalb der Gegenstand der Leistungserbringung des Architekten angepasst werden, kann eine Änderung des Werkerfolges vorliegen. Dies ist beispielsweise der Fall, wenn zusätzliche Räume benötigt werden, ein anderer Zuschnitt oder auch andere, zusätzliche Funktionsbereiche innerhalb des ansonsten gleichbleibenden Objekttyps (Wohngebäude, Bürogebäude, Gewerbe). In diesem Fall richtet sich die Anordnungsmöglichkeit nach § 650b Abs. 1 (Nr. 1 → Rdn. 77). Etwas anderes gilt jedoch, wenn der Objekttyp gänzlich geändert wird. In diesem Fall kann nicht mehr von einer Änderung des Werkerfolgs gesprochen werden. Vielmehr liegt dann ein ganz anderes Werk vor. Der Architekt ist in diesem Fall nicht auf den Unzumutbarkeitseinwand angewiesen. Vielmehr unterfällt ein derartiger Vorgang gar nicht § 650b (Koeble NZBau 2020, 131, 132; Motzke NZBau 2017, 251, 256; Dammert in Dammert/Lenkeit/Oberhauser/Pause/Stretz § 4 Rn. 61; a.A: BeckOK BauvertragsR/Fuchs § 650q Rn. 39). Mittels einer Änderungsanordnung kann der Besteller nicht den Vertragsinhalt beispielsweise von einem Wohngebäude in ein Bürogebäude oder von einer Gewerbehalle in ein Parkhaus ändern etc. 68

Die vorstehenden Ausführungen gelten entsprechend auch für eine Auftragserweiterung (Koeble, NZBau 2020, 131, 132) und auch bei Leistungen aus einem anderen Leistungsbild (Koeble, NZBau 2020, 131, 133). In diesen Fällen ist der Anwendungsbereich für eine Anordnung von vornherein nicht eröffnet. 69

e) Verlangen nach Vertragserfüllung

Keine Änderungsanordnung liegt vor, wenn der Besteller lediglich Erfüllung des Vertrages verlangt und diesen nicht abändert (→ § 650b BGB Rdn. 73). 70

Haben die Parteien die Besondere Leistung des zweiten Spiegelstrichs in Anlage 10 (Untersuchen alternativer Lösungsansätze nach verschiedenen Anforderungen einschließlich Kostenbewertung) vereinbart, ist keine Änderungsanordnung notwendig (Berger in Langen/Berger/Dauner-Lieb, § 650q Rd. 46). Die Alternativuntersuchung ist dann von vornherein geschuldet. 71

f) Verlangen nach Mangelbeseitigung

Ungeklärt ist, ob § 650b BGB auch Anordnungen umfasst, die auf die Beseitigung von Mängeln der Architektenleistung gerichtet sind. Auf den ersten Blick liegt keine „Änderungs"-Anordnung vor. Vielmehr wird nur das begehrt, was bereits geschuldet ist, nämlich eine mangelfreie Leistung. Es liegt auch keine Änderung des Werkerfolgs i. S. d. § 650b Abs. 1 Nr. 1 BGB vor, dieser bleibt gleich. 72

Vom Wortlaut der Regelung in § 650b Abs. 1 Nr. 2 BGB ist eine Anordnung zur Beseitigung von Mängeln gedeckt, da es sich um eine Leistung handelt, die zur Erreichung des unverändert bleibenden Werkerfolges notwendig ist. Ferner kann auch der Regelung in § 650b Abs. 1 S. 6 BGB und § 650c Abs. 1 S. 2 BGB, die auf Vorschlag des Bundesrates kurz vor Abschluss des Gesetzgebungsverfahrens in das Gesetz aufgenommen wurden, die Wertung entnommen werden, dass Anordnungen zur Beseitigung von Mängeln vom Regelungsbereich des § 650b BGB erfasst sind. Danach ist ein Vergütungsanspruch des Unternehmers nach § 650c BGB ausgeschlossen, wenn die Leistungspflicht des Unternehmers auch die Planung umfasst. Der Gesetzesbegründung (BT-Drucks. 18/11437 S. 48) ist zu entnehmen, dass dem Unternehmer eine Änderungsvergütung dann zu versagen ist, wenn ein von ihm verursachter Planungsfehler die Änderung der Planung und Ausführung erforderlich gemacht hat. Daraus kann jedenfalls der Schluss gezogen werden, dass eine derartige Änderung nach § 650b BGB angeordnet werden kann. Wäre dies nicht der Fall, wären Regelungen zur Versagung des Vergütungsanspruchs in diesem Fall gar nicht erforderlich. Es spricht daher einiges dafür, dass die Anordnung gegenüber dem Architekten/Ingenieur, Planungsmängel zu beseitigen, in den Anwendungsbereich des § 650b Abs. 1 Nr. 2 BGB fällt, der Architekt/Ingenieur allerdings nach § 650b Abs. 1 S. 6 BGB und § 650c Abs. 1 S. 2 BGB keine Vergütung hierfür verlangen kann. 73

Da es bei den Änderungsanordnungen nach § 650b BGB um Anordnungen geht, die mittels der Erfüllungsleistung zu erbringen sind, kommt eine Anordnung nur in Betracht, solange sich der Planungsfehler noch nicht im Bauwerk verkörpert hat. Hat sich der Planungsfehler im 74

§ 650q
Anwendbare Vorschriften

Bauwerk verkörpert, kommt eine Anordnung nach § 650b nicht (mehr) in Betracht. In diesem Fall gibt es keine Erfüllungsansprüche mehr, sondern nur noch Schadensersatzansprüche.

g) Verhältnis zur konkludenten Änderungsvereinbarung

75 § 650b Abs. 2 erfasst nur die einseitige Anordnung durch den Besteller. Legt der Unternehmer ein Angebot vor und ordnet der Besteller daraufhin die Leistungserbringung an, ist zunächst zu prüfen, ob darin die konkludente Annahme des Angebotes liegt (→ § 650b BGB Rdn. 20; → § 650b BGB Rdn. 121 ff.). Hierfür sind die Umstände des jeweiligen Einzelfalles aus Sicht des Unternehmers (Empfängerhorizont) maßgeblich. Liegt eine konkludent abgeschlossene Änderungsvereinbarung vor, ohne dass sich die Parteien über die Vergütung geeinigt haben, kommt die übliche Vergütung zum Tragen. Unterfallen die Änderungsleistungen dem Preisrecht der HOAI, z. B. bei wiederholt zu erbringenden Grundleistungen, kann das anteilige Honorar unter Anwendung der Vergütungsregelungen der HOAI (Basishonorarsatz HOAI 2021) – jedenfalls derzeit noch – die übliche Vergütung darstellen. Dies muss aber nicht der Fall sein. Es zeigen sich in der Praxis der Beauftragung von Architekten- und Ingenieurleistungen bereits jetzt deutliche Tendenzen zur Honorarfindung unterhalb des Basishonorarsatzes.

h) Verhältnis von Anordnungen nach § 650b zur (Teil-)Kündigung

76 Die Vergütungsfolgen dürften zwar weitgehend vergleichbar sein (→ § 650b BGB Rdn. 163; Retzlaff BauR 2017, 1781, 1786). In beiden Fällen sind die ersparten Aufwendungen bzw. die verringerten Kosten zu berücksichtigen. Ein Unterschied liegt allerdings darin, dass nur bei der Kündigung anderweitiger Erwerb bzw. das böswillige Unterlassen desselben zu berücksichtigen ist. Eine Kündigung und keine Anordnung liegt jedenfalls dann vor, wenn aufgrund der Abgabe der Erklärung keine weiteren Leistungen zu erbringen sind, dies vorher jedoch der Fall war. Eine Teilkündigung wird dann vorliegen, wenn die betreffende Teilleistung entfällt, ohne dass dies Einfluss auf die weiter zu erbringenden Leistungen hat, diese also ohne Änderung zu erbringen sind. Ändert sich demgegenüber die Leistung des nicht gekündigten Teils, liegt eine Anordnung nach § 650b BGB vor (Retzlaff BauR 2017, 1781, 1786).

2. Anordnungen nach § 650b Abs. 1 Nr. 1 Änderung des vereinbarten Werkerfolgs

a) Inhalt der Änderungsanordnung

77 Im Hinblick auf die Grundlagen zur Änderung des vereinbarten Werkerfolgs kann auf die Kommentierung zu § 650b BGB verweisen werden (→ § 650b BGB Rdn. 34 ff.). Eine Änderung im Sinne dieser Vorschrift liegt immer dann vor, wenn der Besteller hierzu nicht aufgrund äußerer Umstände gezwungen wird (dann liegt ein Fall der Änderung nach Nr. 2 vor), sondern die Änderung aus freien Stücken erfolgt. Regelmäßig geht es hierbei um die Änderung bereits feststehender (vereinbarter) Beschaffenheitsmerkmale.

78 Hierher gehören sowohl die Änderung der Planungs- und Überwachungsziele als auch die Änderung der zur Erreichung derselben erforderlichen Leistungen, also des Leistungsumfangs (Kniffka/Retzlaff BauR 2017, 1747, 1865; BeckOK BauvertrR/Fuchs BGB § 650q Rn. 32). Zu letzterem vgl. → Rdn. 89.

b) Unzumutbarkeit

79 Im Falle einer Änderung nach § 650b Abs. 1 Nr. 1 BGB kann der Architekt/Ingenieur die Unzumutbarkeit der Durchführung einer Änderung einwenden (vgl. allgemein zur Unzumutbarkeit → § 650b BGB Rdn. 43). Unzumutbarkeit für den Architekten/Ingenieur kann sich aufgrund der Qualifikation desselben, aufgrund der technischen Möglichkeiten, der Ausstattung (vgl. insoweit die Ausführungen in der Begründung des Regierungsentwurfs BT-Drucks. 18/8486 Seite 53; zu BIM: Dischke/Ritter BauR 2018, 727, 735) ergeben. Unzumutbarkeit für den Architekten/Ingenieur kann sich auch dadurch ergeben, dass die Änderung mit einem erheblichen zeitlichen Mehraufwand verbunden ist und der Architekt/Ingenieur aufgrund bereits abgeschlossener anderer Verträge keine Kapazitäten mehr frei hat, um diesen zusätzlichen Zeitaufwand zu bewältigen (Kniffka/Retzlaff BauR 2017, 1846, 1865; Dischke/Ritter BauR 2018, 727, 735). Allerdings wird es insoweit stets auf die Umstände des Einzelfalls ankommen. Der Architekt/Ingenieur muss von vorneherein damit rechnen, dass zusätzliche Leistungen, die im Laufe des Planungsprozesses aufgrund der Konkretisierung noch offener Lücken erforderlich werden, zusätzlich zu erbringen sind. In diesem Fall handelt es sich dann

Anwendbare Vorschriften §650q

aber um die Ausübung des dem Besteller zustehenden Leistungsbestimmungsrechtes. Sind beauftragte und erbrachte Leistungen zu wiederholen, kann der Unzumutbarkeitseinwand allenfalls mit fehlenden Kapazitäten begründet werden.

Es wird ferner zu klären sein, ob im Rahmen der Unzumutbarkeit vom Architekten/Ingenieur auch vorgebracht werden kann, dass die gewünschten Änderungen nicht mehr von seinen Planungsvorstellungen abgedeckt sind. Hierbei ist zunächst entscheidend, ob dem Vertragsabschluss ein Wettbewerbsverfahren vorausging, im Rahmen dessen die grundlegende Konzeption bereits festgelegt wurde. Ist dies der Fall, konnte der Architekt/Ingenieur im Zeitpunkt des Vertragsabschlusses davon ausgehen, dass eine weitere Tätigkeit an dieser Konzeption aus dem Wettbewerb auszurichten ist. Werden nun nachträglich Änderungen gewünscht/angeordnet, die dieser Konzeption widersprechen, kann dies zur Unzumutbarkeit führen. 80

Ferner ist zu berücksichtigen, ob die bisherige Planungsleistung des Architekten/Ingenieurs, die nunmehr geändert werden soll, urheberrechtlich geschützt ist. Ist dies der Fall und stünden dem Architekten aufgrund seiner Urheber-Persönlichkeitsrechte Ansprüche zur Verfügung, nachträgliche Veränderung durch den Bauherrn nach §14 UrhG zu verhindern, spricht Einiges dafür, die bereits während der Planungsphase bzw. Errichtungsphase vom Besteller geäußerte Änderungsanordnung als unzumutbar für den Architekten anzusehen. 81

Handelt es sich um eine Anordnung, die sich im Rahmen der Bauleitplanung bewegt und wurden keine Festlegungen zur Konzeption des Bauwerks/der Außenanlage bei Abschluss des Architekten- und Ingenieurvertrages getroffen, war für den Architekten/Ingenieur ersichtlich, dass es zu Änderungen in diesem Rahmen kommen kann. In diesem Fall wird die Änderung regelmäßig nicht zur Unzumutbarkeit führen. 82

Da die Aufzählung in der Gesetzesbegründung nicht abschließend, sondern nur beispielhaft ist, sind weitere Unzumutbarkeitsgründe – neben den vorstehend beschriebenen – speziell für den Architekten-/Ingenieurvertrag denkbar. 83

Beruht der Einwand der Unzumutbarkeit auf betriebsinternen Vorgängen beim Architekten/Ingenieur, trifft diesen die Beweislast für die Unzumutbarkeit. In allen anderen Fällen liegt die Beweislast für die Nicht-Unzumutbarkeit beim Besteller. Geht es um Umstände aus der Sphäre des Architekten/Ingenieur, die keine Betriebsinterna darstellen, trifft diesen die Erstdarlegungslast. 84

3. Anordnungen nach §650b Abs. 1 Nr. 2 Änderung, die zur Erreichung des vereinbarten Werkerfolgs notwendig ist

Bei notwendigen Änderungen geht es um Änderungen, die aufgrund äußerer Umstände erforderlich werden, um den gleichbleibenden Werkerfolg zu erreichen (Einzelheiten→ §650b BGB Rdn.55ff.). Dies kann beispielsweise der Fall sein, wenn sich die allgemein anerkannten Regeln der Technik während des Planungs- oder Ausführungszeitraumes ändern oder zusätzliche behördliche Auflagen ergehen oder auch bei ursprünglich nicht beauftragten Grundleistungen (→ Rdn. 89). Zurecht wird darauf hingewiesen, dass bei Grundleistungen die Wertung des §3 Abs. 1 S. 2 HOAI zu berücksichtigen ist (BeckOK BauvertragsR/Fuchs §650q Rn. 33), wonach als Grundleistung eine Leistung angesehen wird, die im Allgemeinen zur Ausführung des Auftrags erforderlich ist und weiter zu berücksichtigen ist, dass nach §650p Abs. 1 BGB vom Architekten die erforderlichen Leistungen zu erbringen sind Fuchs a. a. O.). 85

Die vorstehenden Ausführungen gelten bei gleich bleibendem Planungsziel für das Erfordernis, Grundleistungen wiederholt zu erbringen, entsprechend, beispielsweise im Fall der nochmaligen Ausschreibung nach Insolvenz oder Kündigung (wohl a. A. BeckOK BauvertrR/Fuchs BGB §650q Rn. 37). 86

Auch zu dieser Fallgruppe gehören Anordnungen, die zur Auflösung von Konflikten zwischen verschiedenen Planungszielen bzw. vereinbarten Beschaffenheiten erforderlich sind. Auch in diesen Fällen kann es auf die Zumutbarkeit für den Unternehmer nicht ankommen (Berger in Langen/Berger/Dauner-Lieb §650q Rn. 32; BeckOK BauvertragsR/Fuchs §650q Rn. 34). 87

4. Anordnungen zur zeitlichen Erbringung der Architekten-/Ingenieurleistungen

Ein generelles einseitiges Anordnungsrecht des Bestellers, mit dem die Bauzeit und bei entsprechender Anwendung auf den Architekten-/Ingenieurvertrag, die Planungs- und Über- 88

§ 650q
Anwendbare Vorschriften

wachungszeit geändert werden kann, enthält § 650b Abs. 2 nicht (str.; wie hier → § 650b BGB Rdn. 62 ff.; Berger in Langen/Berger/Dauner-Lieb, § 650q Rd. 39; Koeble NZBau 2020, 130, 133; BeckOK BauvertragsR/Fuchs § 650q Rn. 39). Im Einzelfall kann ein Anpassungsanspruch aber nach § 242 BGB bestehen (vgl. → § 650b BGB Rdn. 62 ff. m. w. N.).

5. Anordnungen zur Änderung des Leistungsumfanges

89 Ändert sich der Umfang der Leistungen zwangsläufig aufgrund der Änderung des Werkerfolges oder aufgrund der Änderungen, die zur Erreichung des vereinbarten notwendig sind, umfasst das Anordnungsrecht diese Leistungsänderungen.

90 Umstritten ist demgegenüber, ob das Anordnungsrecht den Leistungsumfang als solchen umfasst, ob der Besteller also die Erbringung vertraglich nicht vereinbarter Grundleistungen/ Besonderer Leistungen oder sonstiger Leistungen außerhalb des Notwendigkeitserfordernisses der Nr. 2 anordnen kann (bejahend: Kniffka in Kniffka/Retzlaff, BauR 2017, 1846, 1865; Berger in Langen/Berger/Dauner-Lieb, § 650q Rd. 36; verneinend: Motzke NZBau 2017, 251, 257). Wenn der Besteller Anordnungen bei „freiwilligen" Änderungen des Werkerfolges erteilen kann, gilt dies erst recht bei Änderungen des Leistungsumfangs. Es handelt sich dann nicht um einen Fall des § 650b Abs. 1 Nr. 2 BGB, sondern um einen Fall des § 650b Abs. 1 Nr. 1 BGB (Kniffka in Kniffka/Retzlaff, BauR 2017, 1846, 1865). Der Architekt/Ingenieur kann sich deshalb bei einer derartigen Anordnung zunächst auf Unzumutbarkeit berufen.

91 Allerdings ist damit noch nicht gesagt, dass der Leistungsumfang – abgesehen von dem Unzumutbarkeitserfordernis – durch einseitige Anordnungen des Bestellers beliebig ausgedehnt werden kann. Ob bei ursprünglich beauftragten Leistungen bis einschließlich der Leistungsphase 8 der Besteller den Leistungsumfang des Vertrages durch eine Anordnung auch auf Leistungen der Leistungsphase 9 nachträglich ausdehnen kann, erscheint beispielsweise äußerst fraglich (grundsätzlich ablehnend: KG Urt. v. 29.1.2019 – 21 U 122/18 Tz. 119). Wenn es sich um Leistungen handelt, die nicht erforderlich sind, um den vereinbarten oder geänderten Werkerfolg zu erreichen, ist eine Berechtigung zur Leistungsausdehnung über die ursprüngliche Vereinbarung hinaus abzulehnen. Der Architekt ist nach § 650p Abs. 1 BGB (nur) verpflichtet, die für die Erreichung der vereinbarten Planungsziele erforderlichen Leistungen zu erbringen, was bei der Anwendung des § 650b BGB zu berücksichtigen ist (mit anderer Begründung, aber mit dem gleichen Ergebnis BeckOK BauvertragsR/Fuchs § 650q Rn. 33).

92 Handelt es sich allerdings um Grundleistungen, die erforderlich i. S. d. § 650b Abs. 1 Nr. 2 BGB sind und die nicht bereits zum vertraglichen Leistungsumfang gehören, kann demgegenüber Unzumutbarkeit nicht eingewandt werden (BeckOK BauvertragsR/Fuchs BGB § 650q Rn. 33).

93 Anders liegt der Fall bei zusätzlich erforderlichen Besonderen Leistungen. Es wird zurecht darauf hingewiesen, dass in diesem Fall zusätzliche Fachkunde erforderlich sein kann und deshalb dem Architekten/Ingenieur der Unzumutbarkeitseinwand zugebilligt (BeckOK BauvertragsR/Fuchs BGB § 650q Rn. 33). In diesem Fall handelt es sich um eine Änderung nach § 650b Abs. 1 Nr. 1 BGB.

6. Änderung einer vereinbarten Kostenobergrenze

94 Bei Vereinbarung einer Kostenobergrenze muss die Planung so beschaffen sein, dass damit durch das Bauwerk/der Außenanlage die vereinbarte Kostenobergrenze nicht überschritten wird. Mit einer Kostenobergrenze wird deshalb (mittelbar) die Vereinbarung von Beschaffenheiten des Bauwerks vorgenommen. Nach der Rechtsprechung des Bundesgerichtshofes handelt es sich bei den Baukosten einer Baukostenobergrenze um eine Beschaffenheit des Werkes (BGH, Urt. v. 11.7.2019 – VII ZR 266/17; BGH, Urt. v. 13.2.2003 – VII ZR 395/01; Urt. v. 23.1.1997 – VII ZR 171/95). Da die Änderung von Beschaffenheiten von einer Anordnung nach § 650b Abs. 1 Nr. 1 BGB umfasst ist, ist kein Argument ersichtlich, warum dies für eine Baukostenobergrenze nicht gelten soll (zutreffend Berger in Langen/Berger/Dauner-Lieb, § 650q Rd. 41; aA. Koeble NZBau 2020, 131, 133).

7. Anordnungen außerhalb des Anwendungsbereiches des § 650b BGB

95 § 650b BGB regelt einerseits den Fall der Änderung des vereinbarten Werkerfolgs (Nr. 1) und andererseits den Fall der Änderungen, die zur Erreichung des vereinbarten Werkerfolgs notwendig sind (Nr. 2). Nicht geregelt ist der Fall, dass eine Änderung vom Besteller begehrt

Anwendbare Vorschriften **§ 650q**

wird, bei der der vereinbarte Werkerfolg nicht geändert wird und bei der es sich auch nicht um eine Änderung handelt, die zur Erreichung des vereinbarten Werkerfolges notwendig ist. Eine derartige Anordnung ist vom gesetzlichen Anordnungsrecht nach dem Wortlaut des § 650b BGB nicht erfasst. Allerdings muss dem Besteller ein derartiges Anordnungsrecht zugebilligt werden. Wenn der Besteller Anordnungen bei „freiwilligen" Änderungen des Werkerfolgs erteilen kann, gilt dies auch und erst recht dann, wenn es um Änderungen bei gleichbleibendem Werkerfolg geht. Allerdings muss dem Unternehmer auch in diesem Fall der Unzumutbarkeitseinwand zustehen. Ferner muss auch in diesen Fällen immer zunächst untersucht werden, ob überhaupt eine Änderungsanordnung vorliegt oder ob es sich um die erstmalige Konkretisierung von Eigenschaften handelt, die jederzeit zulässig ist.

II. Vorlage der Planung bei Planungsverantwortung des Bestellers (§ 650b Abs. 1 Satz 4 BGB)

Die entsprechende Anwendung dieser Vorschrift auf den Architektenvertrag führt dazu, dass **96** der Architekt, der nur mit den Leistungen der späteren Leistungsphasen beauftragt wurde und dem hierzu die Planung eines anderen Architekten vom Besteller zur Verfügung gestellt wurde, die Erstellung eines Angebotes für die Mehr- oder Mindervergütung für seine Änderungsplanung von der Vorlage der geänderten Planung, die Grundlage für seine eigene Planung war, abhängig machen kann (BeckOK BauvertragsR/Fuchs § 650q Rn. 45).

III. Angebotserstellung

Verlangt der Besteller die Änderung, hat der Architekt/Ingenieur ein Angebot über die **97** Mehr- oder Mindervergütung zu erstellen (→ § 650b BGB Rdn. 29). Ungeklärt ist, ob der Architekt/Ingenieur bei Erstellung des Angebotes inhaltlich völlig frei ist oder ob er sich an bestimmte Vorgaben zur Ermittlung der Änderungsvergütung halten muss (vgl. zum gleichen Problem bei Anordnungen gegenüber einem Bauunternehmer im Hinblick auf die Berechnungsvorgaben aus § 650c (→ § 650b BGB Rdn. 30; → § 650b BGB Rdn. 96ff. m.w.N.).

Es ist eine differenzierte Sichtweise geboten. Bei Leistungen, die nicht in den Anwendungs- **98** bereich der HOAI fallen, d.h. außerhalb des Anwendungsbereiches des § 650q Abs. 2 Satz 1 BGB, kann vom Architekt in jedem Fall ein freies Angebot erstellt werden, ohne inhaltliche Vorgaben/Beschränkungen.

Für Leistungen, die in den Anwendungsbereich der HOAI fallen, konnte bis zum Inkrafttre- **99** ten der HOAI 2021 nach wohl h.M. im Anwendungsbereich des § 650q Abs. 2 Satz 1 BGB eine Honorarvereinbarung für die der HOAI unterfallenden Leistungen unter Berücksichtigung der Honoraranpassung über § 10 HOAI infolge der Änderung, nur im Rahmen der bislang gültigen Mindest- und Höchstsätze getroffen werden (BeckOK Bauvertragsrecht/Fuchs 6.Ed. 31.07.2019 § 650q Rn. 48; Berger in Langen/Berger/Dauner-Lieb § 650q Rn. 56f.). Das Angebot, das vom Planer zu erstellen und vorzulegen ist, musste sich demnach bislang innerhalb des sich hierdurch ergebenden HOAI-Rahmens bewegen. Da in diesen Fällen unklar wart, ob es auf Grundlage des Angebotes zu einer Einigung kommen wird und damit eine Anwendung des § 650c BGB nicht in Betracht kommt, musste sich das Angebot auch nicht (für den Fall des Nichtzustandekommens der Einigung) an § 650c Abs. 1 oder Abs. 2 BGB orientieren. Die Ist-Kosten, die nach § 650c Abs. 1 BGB relevant sind, sind jedenfalls im Zeitpunkt der Angebotserstellung auch gar nicht bekannt (ob bei einem Architekten-/Ingenieurvertrag überhaupt tatsächliche Kosten für eine zukünftige Planungsänderung ermittelt werden können, erscheint sowieso fraglich (→ Rdn. 120ff.). Seit Inkrafttreten der HOAI 2021 mit der Höhe nach unbeschränkt möglichen Honorarvereinbarung und der Änderung des § 650q Abs. 2 BGB gibt es keine inhaltlichen Anforderungen (Preisrechtsrahmen der HOAI) an das Angebot nach § 650b Abs. 1 BGB mehr (→ Rdn. 99).

Mit der HOAI 2021 wird über § 650q Abs. 2 S. 1 BGB weiterhin auf die Entgeltberechnungs- **100** regeln der HOAI verwiesen, soweit die infolge der Anordnung zu erbringenden Leistungen vom Anwendungsbereich der HOAI erfasst werden. Absatz 2 S. 2 des bisherigen § 650q BGB wurde im Zuge der Novellierung des ArchlG und der HOAI 2021 gestrichen. Nach der Amtlichen Begründung (BT-Drucks. 19/21982) sollte damit klargestellt werden, dass der Vereinbarung der Parteien Vorrang auch im Anwendungsbereich der HOAI zukommt, was allerdings auch zuvor schon der Fall war. Da mit der HOAI 2021 Honorarvereinbarungen der Höhe nach unbeschränkt möglich sind und auch die bisherige Wirksamkeitsvoraussetzung für eine Honorarvereinbarung, nämlich der Abschluss derselben „bei Auftragserteilung" entfallen ist, sind die Parteien vom Ausgangspunkt her zunächst völlig frei darin, für Änderungshonorare eine eigenständige Vereinbarung nach § 650b Abs. 1 BGB abzuschließen, die sich inhaltlich nicht an den Preis- und Kalkulationsbestandteilen der ursprünglich vereinbarten Vergütung oder – bei Fehlen derselben – an den Honorarermittlungsparametern der HOAI orientiert. Ob der Architekt/Ingenieur allerdings auf der vorgelagerten Stufe der Angebotserstellung ebenfalls vollkommen frei ist oder jedenfalls im Hinblick auf das nach § 650b Abs. 1 BGB vorgesehene Angebot inhaltlichen Vorgaben unterliegt, ist damit noch nicht gesagt. Theoretisch denkbar wäre die Forderung, dass das Angebot im Hinblick auf die Anordnung in § 650q Abs. 2 BGB immer (zunächst) entsprechend der HOAI-Berechnungsparameter oder – bei Abschluss einer hiervon abweichenden ursprünglichen Honorarvereinbarung deren Kalkulationsfaktoren entsprechen muss. Diese Auffassung ist abzulehnen. § 650 Abs. 2 S. 1 BGB verweist auf die Regelungen der HOAI. Ab der Fassung 2021 ist eine freie Honorarvereinbarung möglich. Wenn der Abschluss einer freien Honorarvereinbarung, ohne Grenzen der Höhe nach zulässig ist, muss dies auch für das Angebot nach § 650b Abs. 1 BGB gelten. Im Ergebnis ist der Architekt/Ingenieur deshalb auch bei Erstellung des Angebotes der Höhe und im Hinblick auf die Vergütungssystematik frei (im Ergebnis ebenso BeckOK BauvertrR/Fuchs BGB § 650q Rn. 47).

IV. Einseitige Anordnung durch den Besteller

101 Einigen sich die Parteien nicht innerhalb von 30 Tagen nach Zugang des Änderungsbegehrens und kommt der Einwand der Unzumutbarkeit nicht zum Tragen oder wird er nicht erhoben, kann der Besteller die Änderung in Textform einseitig anordnen. Der Architekt/Ingenieur ist dann verpflichtet, der Anordnung des Bestellers nachzukommen.

V. Vergütung bei Anordnungen nach § 650b Abs. 2

1. Entsprechende Anwendung der HOAI

102 Die Vorschrift befasst sich mit der Ermittlung der Höhe der Vergütung. Sie setzt einen Anspruch voraus (Kniffka, BauR 2017, 1846, 1867). Nach dem Wortlaut sollen die Berechnungsregelungen zum Entgelt aus der HOAI zur Anwendung kommen. Der Begriff des Entgelts ist der Oberbegriff für die in der HOAI verwendeten Begriffe Honorar, Nebenkosten (§ 14) und Umsatzsteuer (§ 16) (Koeble in Locher/Koeble/Frik, § 1 Rdn. 4). Mit der Änderung des ArchLG und der HOAI wurde auch § 650q Abs. 2 BGB geändert. Der bisherige S. 2 ist entfallen. An seine Stelle ist S. 3 getreten. Mit dieser Änderung und mit dem Entfallen des preisrechtlichen Rahmens der HOAI ist die grundsätzliche Regelungssystematik der Vergütungsfolgen bei Änderungsanordnungen nunmehr klar erfolgt, auch wenn bislang aufgeworfene Einzelfragen weiterhin noch nicht abschließend geklärt sind, was im Zuge der Änderung des § 650q Abs. 2 BGB an sich hätte geschehen sollen. Klar ist beispielsweise, dass der Honorarvereinbarung der Parteien bei Änderungsleistungen in jedem Fall Vorrang zukommt (a. A. Decker, ZfBR 2021, 326, 329: der auf die Möglichkeit von Missverständnissen hinweist), unabhängig davon, ob es sich um Sachverhalte handelt, die den Entgeltberechnungsregelungen der HOAI unterfallen oder nicht, was nach zutreffender Auffassung auch bislang schon der Fall war. Abgesehen davon, dass nach der Systematik alleine mit dem Verweis in Abs. 2 auf die Entgeltberechnungsregelungen der HOAI und dem dort verankerten Grundsatz des Vorrangs der Honorarvereinbarung eine klare Regelung vorliegt, wurde dieses Ergebnis vom Gesetzgeber nach den Ausführungen in der Amtlichen Begründung (BT-Drucks. 19/21982) auch zur Klarstellung bezweckt. Einer der weiterhin ungeklärten Punkte ist das Erfordernis einer Einigung über die Änderung des Leistungsumfangs in § 10 HOAI, welche in Widerspruch zur einseitigen Änderungsanordnung in § 650b Abs. 2 BGB steht.

103 In der Begründung zum Regierungsentwurf zur Einführung des § 650q BGB (BT-Drucks. 18/8486 Seite 68) wird darauf hingewiesen, dass nach dem Wortlaut zweifelhaft sei, ob die Grundsätze des § 10 HOAI bei Änderungsanordnungen herangezogen werden können. § 10 HOAI setze seinem Wortlaut nach sowohl hinsichtlich der Änderung als auch hinsichtlich der Vergütungsanpassung eine Vereinbarung der Parteien voraus. Die Beantwortung dieser Frage wird nach der Begründung ausdrücklich der Rechtsprechung überlassen.

Anwendbare Vorschriften **§ 650q**

104 Hierzu könnte die Auffassung vertreten werden, dass es auf die Anwendbarkeit des § 10 HOAI im Falle der Anordnungen nach § 650b BGB nicht ankommt. Der Gesetzgeber hat die Regeln zur „Berechnung" des Entgelts, die in der HOAI vorhanden sind, für anwendbar erklärt. Damit könnten auch nur die Regelungen aus der HOAI anwendbar sein, die sich mit der eigentlichen Berechnung des Entgelts befassen, nämlich

- die Regelung zur Honorarzone und zur Honorartafel (beispielsweise für die Objektplanung Gebäude in § 35 HOAI),
- die Regelung zum Umbauzuschlag/Modernisierungszuschlag nach § 36 HOAI i. V. m. § 6 Abs. 2 HOAI,
- die Regelung zu den anrechenbaren Kosten einschließlich der Regelung zur Berücksichtigung des Umfangs der mitzuverarbeitenden Bausubstanz in § 4 HOAI,
- der prozentuale Anteil der Grundleistungen, die aufgrund der Änderungsanordnung erbracht werden müssen und
- die Honorarbeträge aus den Honorartafeln.

105 Es könnte deshalb die Auffassung vertreten werden, dass aufgrund des Wortlauts § 10 HOAI von vorne herein gar nicht anwendbar ist, sondern nur eine Rechtsfolgenverweisung auf bestimmte Regelungen in der HOAI vorliegt. Diese Auffassung ist aber aus den folgenden Gründen abzulehnen:

- Die Ausführungen in der Begründung zum Regierungsentwurf zur Anwendbarkeit/Nichtanwendbarkeit des § 10 HOAI zeigen, dass der Gesetzgeber selbst nicht davon ausgegangen ist, dass nur diejenigen Regelungen, die sich konkret mit der Ermittlung der Höhe des Honorars befassen, anwendbar sein sollen.
- Ferner zeigt die Formulierung im bisherigen § 1 HOAI a. F., der im Zeitpunkt der Einführung des § 650q BGB galt, dass unter „Entgeltberechnungsregeln" auch bislang schon alle Regelungen der HOAI zu verstehen sind.
- In der HOAI ist nur § 10 als Regelung vorgesehen, die sich mit der Auswirkung von Planungsänderungen befasst.

106 Im Ergebnis sind daher alle Vorschriften der HOAI anwendbar und damit auch die Regelungen zur Honorarvereinbarung in § 7 HOAI. Haben die Parteien eine wirksame Honorarvereinbarung für die Änderungsleistungen getroffen, die nach Wegfallen des Merkmals „bei Auftragserteilung" durch die HOAI 2021 auch nicht mehr bei Auftragserteilung getroffen werden muss, ist diese maßgeblich. Liegt keine oder keine wirksame Honorarvereinbarung vor, richtete sich bislang das Honorar nach den Honorarberechnungsregeln der HOAI, d. h. nach dem Mindestsatz. Für ab dem 1.1.2021 abgeschlossene Architekten- und Ingenieurverträge gilt dies grundsätzlich weiterhin mit der Maßgabe, dass nunmehr der Basishonorarsatz zur Anwendung kommt, § 7 Abs. 1 S. 2 HOAI 2021. Ob vereinbarte Parameter aus einer unwirksamen Honorarvereinbarung auch auf die Vergütungsberechnung für Änderungsleistungen zu übertragen sind, ist ungeklärt (hierzu → Rdn. 118).

107 Liegen die Voraussetzungen für die Anwendbarkeit der Entgeltberechnungsregeln der HOAI nicht vor, kommt die HOAI nicht zur Anwendung (BeckOK BauvertrR/Fuchs BGB § 650q Rn. 74). Dies ist beispielsweise bei Besonderen Leistungen der Fall. Hierfür gibt es keine Entgeltberechnungsregeln in der HOAI. Gleiches gilt bei Unterschreitung der Tafeleingangs- oder Überschreiten der Tafelausgangswerte betreffend der anrechenbaren Kosten. Auch in diesem Fall enthält die HOAI keine Entgeltberechnungsregeln. In diesen Fällen kommt § 650c BGB aufgrund des Verweises in § 650q Abs. 2 S. 2 BGB zur Anwendung.

108 Zu den anwendbaren Vorschriften aus der HOAI gehört auch § 10, der sich mit der Auswirkung von Leistungsänderungen auf den Honoraranspruch befasst. Da diese Vorschrift nach ihrem Wortlaut voraussetzt, dass es zu einer Einigung über die Änderung kommt, kann sie bei einseitiger Anordnung durch den Besteller nicht direkt angewandt werden (Kniffka, BauR 2017, 1747, 1867). Es war allerdings bislang schon nicht nachvollziehbar, dass bei einer einseitigen Anordnung, die nicht in Schriftform ergehen musste, das Honorar davon abhängen sollte, dass nach der bis zum 31.12.2020 gültigen Fassung der HOAI 2013 eine schriftliche Vereinbarung über die Honoraranpassung erfolgt (Kniffka a. a. O.). Auch, wenn sich die Formerfordernisse geändert haben und ab dem 1.1.2021 nach § 7 Abs. 1 S. 1 HOAI nicht mehr die Schriftform, sondern nunmehr die Textform für den Abschluss der Honorarvereinbarung einzuhalten ist, bleiben die vorhandenen Unstimmigkeiten bestehen.

109 In der Begründung zum Regierungsentwurf (BT-Drucks. 18/8486, Seite 68) wird deshalb eine entsprechende Anwendung des §10 in Erwägung gezogen, was letztlich zum Entfallen des Erfordernisses einer Einigung über die Änderungsleistung führt.

110 Nach einer Auffassung in der Literatur soll die erforderliche Einigung über die Leistungsänderung bereits im ursprünglichen Vertrag angelegt sein (Orlowski ZfBR 2016, 419, 435). Dies erscheint jedoch fraglich, da zu diesem Zeitpunkt der Inhalt späterer Änderungsanordnungen noch gar nicht bekannt ist und der Gesetzgeber selbst in §650b Abs. 1 BGB das Erfordernis einer (weiteren) Einigung vor der einseitigen Anordnung nach Abs. 2 vorgesehen hat. Kommt es nicht zu dieser Einigung, kann nicht von einer zuvor im Vertrag bereits angelegten Einigung ausgegangen werden.

111 Nach anderer Ansicht (Koeble in Locher/Koeble/Frik, HOAI, §10 Rdn. 57) stellt die Anordnung ein Angebot zum Abschluss einer Vereinbarung über die Erbringung der Änderungs-/Zusatzleistungen dar, das konkludent durch Erbringung der Leistungen angenommen wird. Hierdurch soll dann die nach §10 HOAI erforderliche Einigung zustandekommen. Auch wenn in §650b Abs. 2 BGB (*„ist verpflichtet, der Anordnung des Bestellers nachzukommen"*) eine gesetzliche Verpflichtung des Unternehmers vorgesehen ist, der Anordnung des Bestellers Folge zu leisten und es Fälle geben wird, bei denen die Annahme eines konkludent abgeschlossenen Vertrages aufgrund einer kontroversen Auseinandersetzung über die Änderungsleistung, d. h. bei Scheitern der Einigungsversuche (hierauf weist Kniffka, BauR 2017, S. 1846, 1868 Fn. 438 hin) nicht in Betracht kommt, wird es in der Praxis auch Fälle geben, bei denen aufgrund des Verhaltens der Parteien von einer konkludenten Vereinbarung über die Änderungsleistung auszugehen ist.

112 Liegen Umstände vor, die den Abschluss einer konkludenten Änderungsvereinbarung ausschließen, ist es zutreffend (Kniffka, BauR 2017, 1846, 1868) §10 HOAI entsprechend anzuwenden (a. A. Digel/Jacobsen BauR 2017, 1587, 1590 – keine entsprechende Anwendung des §10 HOAI) und damit auf eine Einigung über die Änderung des Leistungsumfangs im Sinne des §10 HOAI zu verzichten (a. A. Orlowski ZfBR 2021, 315, 323: Einigung erforderlich). Da die Anwendung des §650q Abs. 2 BGB bei einem Änderungsverlangen voraussetzt, dass es nicht zu einer vorrangigen Vereinbarung der Parteien einerseits im Hinblick auf die Änderungsleistung und andererseits im Hinblick auf die Anpassung der Vergütung, sondern zu einer einseitigen Anordnung durch den Besteller kommt, §650b Abs. 1 BGB, muss das Merkmal der Einigung in §10 HOAI entbehrlich sein.

113 Liegt demgegenüber eine Vereinbarung der Parteien zur Änderungsvergütung vor, hat diese immer Vorrang, da nach der gesetzlichen Regelung in §650q Abs. 2 BGB die (gesamten) Entgeltberechnungsregelungen der HOAI gelten sollen und damit auch die Regelungen zur Honorarvereinbarung (§7 HOAI) und damit weiter auch der in der HOAI angelegte Grundsatz des Vorrangs der Honorarvereinbarung. Damit hat eine entsprechende (wirksame) Honorarvereinbarung zum Änderungshonorar Vorrang; sie enthält dann neben der Vereinbarung der Vergütung im Übrigen auch die Vereinbarung über die Erbringung der Änderungsleistung. Für Architekten- und Ingenieurverträge, die ab dem 1.1.2021 abgeschlossen werden, gibt es keinen preisrechtlichen Rahmen der Höhe nach für die Honorarvereinbarung. Die Honorarvereinbarung bleibt grundsätzlich bestehen, wird bei einer Änderung nur entsprechend der Regelung in §10 HOAI angepasst, d. h. bei der Vereinbarung eines Berechnungshonorars nach HOAI auch die vereinbarten Parameter fortgeschrieben/fortgeführt (BeckOK BauvertragsR/Fuchs §650q Rn. 83). Da die Parteien in diesem Fall eine Honorarvereinbarung getroffen haben, die die Abrechnung anhand der HOAI-Systematik und – parameter vorsieht, ist der Umweg über §650q Abs. 2 BGB nicht erforderlich: §10 HOAI ist aufgrund der Honorarvereinbarung der Parteien direkt anzuwenden (Fuchs, NZBau 2021, 3, 5).

114 Einigen sich die Parteien zwar über die Änderung des Leistungsumfangs, nicht aber im Hinblick auf die Vergütung hierfür (entweder mittels einer vorgreifenden Regelung im Ursprungsvertrag, z. B. durch Vereinbarung des Berechnungshonorars nach den Grundsätzen der HOAI und damit auch §10 HOAI, ggfls. auch konkludent), kommt für Grundleistungen direkt über §7 Abs. 1 S. 2 HOAI 2021 der Basishonorarsatz unter Berücksichtigung der Vorgaben des §10 und des §8 HOAI und bei anderen Leistungen, für die es keine Entgeltberechnungsregelungen in der HOAI gibt, §632 Abs. 2 BGB zum Tragen (Koeble NZBau 2020, 131, 132; ders. in Kniffka/Koeble/Jurgeleit/Sacher Kompendium 11. Teil Rd. 563). In der (gegebenenfalls konkludent getroffenen) Vereinbarung zur Änderung der Leistung liegt dann gleichzeitig auch die nach §10 HOAI geforderte Einigung (Koeble in Kniffka/Koeble/Jurgeleit/Sacher, Kompendium 11. Teil Rdn. 576). Für eine Anwendung des §650q Abs. 2 BGB ist in diesem Fall

Anwendbare Vorschriften §650q

gar kein Raum (a. A. Fuchs, NZBau 2021, 3, 5 und BeckOK BauvertrR/Fuchs BGB §650q Rn. 66: analoge Anwendung des §650q Abs. 2 BGB).

Gibt es auch keine Einigung über die Änderung der Leistung, sondern liegt eine einseitige Anordnung nach §650b Abs. 2 BGB vor, ist demgegenüber dann §650 q Abs. 2 BGB einschlägig, der in S. 1 auf die Entgeltberechnungsregelungen der HOAI verweist, was wiederum bei Grundleistungen zur Anwendung des §10 und des §8 HOAI und bei anderen Leistungen über §650q Abs. 2 S. 2 BGB zur Anwendung des §632 Abs. 2 BGB führt. Die HOAI wird dabei – entgegen einer Auffassung in der Literatur (BeckOK BauvertrR/Fuchs BGB §650q Rn. 69 u 70) – gerade nicht zur Anspruchsgrundlage. Vielmehr wird mit Ihrer Hilfe lediglich die Lücke ausgefüllt, die mangels einer Vereinbarung zur Höhe des Honorars entstanden ist. Anspruchsgrundlage ist hierbei §650q Abs. 2. Aus dieser Vorschrift ergibt sich, dass es einen Vergütungsanspruch gibt und dieser der Höhe nach über die Entgeltberechnungsregeln der HOAI zu ermitteln ist. Die in §10 HOAI vorgesehene Einigung wird durch die einseitige Anordnung der Leistungserbringung ersetzt. Nach a. A. (Orlowski, ZfBR 2021, 315, 323) läuft §650q Abs. 2 S. 1 BGB mangels Anwendbarkeit des §10 aufgrund der fehlenden, aber erforderlichen Einigung derzeit leer, das Honorar soll sich deshalb nach dieser Auffassung praktisch immer über §650c BGB aufgrund der Verweisung in §650q Abs. 2 S. 2 BGB ermitteln. Dieser Auffassung ist nicht zu folgen. Eine Einigung, wie sie in §10 HOAI vorgesehen ist, ist nicht erforderlich. Sie wird durch die einseitige Anordnung der Leistungsänderung ersetzt (vgl. oben). Es wäre auch nicht zu erklären, dass der Gesetzgeber eine gesetzliche Regelung erlässt, die keinerlei Anwendungsbereich hat. **115**

Ermittelt sich die Änderungsvergütung über die Entgeltberechnungsregelungen der HOAI ist im Hinblick auf §10 HOAI folgendes zu beachten: **116**

- Nach hier vertretener Auffassung kann §10 Abs. 1 HOAI nur dann zur Anwendung kommen, wenn sich das Honorar nach der ursprünglichen Vereinbarung anhand des Berechnungssystems der HOAI mit den dort vorgesehenen Parametern ermittelt, was nur dann der Fall ist, wenn die Parteien entweder eine Honorarvereinbarung zur Anwendung des HOAI-Systems getroffen haben oder mangels einer wirksamen Honorarvereinbarung das System über den Basishonorarsatz nach §7 Abs. 1 S. 1 HOAI 2021 zur Anwendung kommt. Haben die Parteien demgegenüber eine Honorarvereinbarung mit einem anderen Inhalt als das Honorarermittlungssystem der HOAI getroffen, beispielsweise eine Pauschalhonorarvereinbarung kann §10 Abs. 1 HOAI nicht angewandt werden, da dort auf die Ermittlung des Honorars anhand der anrechenbaren Kosten und deren Änderung abgestellt wird (a. A. BeckOK BauvertrR/Fuchs BGB §650q Rn. 84: Umrechnung des Pauschalhonorars auf das Honorar nach dem System HOAI und Anwendung des §10). Nach hier vertretener Auffassung weist die Honorarvereinbarung in diesem Fall eine Lücke auf, die durch ergänzende Vertragsauslegung zu schließen ist. Dabei ist maßgeblich, was die Parteien in Kenntnis der Lücke vereinbart hätte und damit weiter, wie das Pauschalhonorar kalkuliert wurde. Hierzu hat der Architekt vorzutragen. Weiter erscheint es sachgerecht, in diesem Fall anzunehmen, dass die Parteien im Falle der Kenntnis des späteren Änderungssachverhaltes ein Honorar vereinbart hätten, bei dem der Gewinn des Architekten im Vergleich zur ursprünglichen Kalkulation erhalten geblieben wäre, zusätzlicher Aufwand also durch höhere Erträge ausgeglichen worden wäre. Damit ist die von den Parteien nicht geregelte Lücke sachgerecht zu schließen.
- §10 Abs. 1 HOAI erfasst den Fall, dass sich die anrechenbaren Kosten durch eine Änderung des Umfangs der beauftragten Leistungen ändern. Die Vorschrift steht im Zusammenhang mit §7 Abs. 5 HOAI.
- §10 Abs. 2 HOAI setzt die Rechtsprechung des BGH (Urt. v. 26.07.2017 – VII ZR 42/05; Urt. v. 8.3.2012 – VII ZR 195/09; Urt. v. 5.8.2010 – VII ZR 14/09; Urt. v. 26.7.2007 – VII ZR 42/05) zu den wiederholt erbrachten Grundleistungen um.

Trotz des missglückten Wortlauts kommt Abs. 2 des §10 HOAI auch dann zur Anwendung, wenn sich (gleichzeitig auch) die anrechenbaren Kosten ändern (Koeble in Locher/Koeble/Frik HOAI, §10 Rdn. 8; Messerschmidt/Niemöller/Preussner §10 Rdn. 24; Fuchs/Berger in Fuchs/Berger/Seifert §10 Rdn. 11, die die wiederholt erbrachten Grundleistungen Abs. 1 zuordnen und Abs. 2 als Auffangnorm für den Sonderfall ansehen, dass sich die anrechenbaren Kosten nicht ändern). Im Ergebnis kommt es nicht auf eine Einigung der Parteien über die Erbringung von Änderungsleistungen an. Auch bei einseitiger Anordnung der Änderung durch den Besteller wird das Honorar über §10 HOAI angepasst, wenn die Parteien nicht vorrangige Honoraranpassungsmechanismen für diesen Fall im Vertrag bereits vorgesehen haben. **117**

§ 650q
Anwendbare Vorschriften

118 Erfolgt die Abrechnung der zusätzlichen Vergütungsansprüche für Änderungsleistungen nach Änderungsanordnungen und fehlender oder unwirksamer Honorarvereinbarung für die Änderungsleistung nach dem System der HOAI, stellt sich die Frage, ob Vereinbarungen aus der ursprünglichen Honorarvereinbarung zu den Honorarparametern (z. B. Mittelsatz; Berücksichtigung der mitzuverarbeitenden Bausubstanz) auch bei der Ermittlung der zusätzlichen Vergütungsansprüche zu berücksichtigen sind. Eine schriftliche Honorarvereinbarung, gerade im Hinblick auf die Änderungsvergütung, gibt es in diesem Fall nicht, sodass ohne weiteres die Auffassung vertreten werden kann, dass deshalb die Mindestsätze zum Tragen kommen (Kniffka BauR 2017, 1747, 1867). Allerdings muss zunächst überprüft werden, ob die Parteien in der ursprünglichen Honorarvereinbarung nicht eine Regelung für den Fall von Änderungen des Leistungsumfangs vorgesehen haben. Für ab dem 1.1.2018 abgeschlossene Architekten-/Ingenieurverträge, bei denen den Parteien die gesetzliche Möglichkeit zur Erteilung von Änderungsanordnungen bekannt sein sollten, ist nach hier vertretener Auffassung davon auszugehen, dass Regelungen in einer Honorarvereinbarung von den Parteien immer auch konkludent im Hinblick auf zukünftige Anordnungen vereinbart werden, für den Fall, dass es nicht zu einer Einigung über die Änderungsvergütung kommt (BeckOK BauvertragsR/Fuchs, BGB § 650q Rn. 83; Fuchs/Seifert in FBS § 10 Rn. 42 gleiches Ergebnis mit vergleichbarer Argumentation; mit dem Ergebnis sympathisierend Kniffka BauR 2017, 1868). Die Parteien wollen bei Abschluss einer Honorarvereinbarung regelmäßig Regelungen zur Abwicklung des gesamten Vertrages treffen. In diesem Fall liegt eine wirksame (schriftliche) Honorarvereinbarung für die nachfolgenden Anordnungen vor. Haben die Parteien wirksam z. B. eine Nebenkostenpauschale nach § 14 Abs. 3 HOAI vereinbart, erstreckt sich bei Vereinbarung eines bestimmten Prozentsatzes des Honorars diese Vereinbarung auch auf die aufgrund einer Änderungsanordnung ergebende Honorarerhöhung. Gleiches gilt auch für den Umbauzuschlag und auch den Honorarsatz (Fuchs/Seifert in FBS § 10 Rn. 42).

119 Zu beachten ist, dass § 650q BGB im Hinblick auf die Vergütungsanpassung auch den Fall der entfallenden Grundleistungen umfasst. Wird durch einseitige Anordnung das Entfallen von Grundleistungen bewirkt, verändert sich dadurch der vertragliche Leistungsumfang. Dies hat zur Folge, dass § 8 HOAI einschlägig ist. Auf die obigen Ausführungen hierzu wird verwiesen (→ § 650p BGB Rdn. 195 ff.).

2. Freie Vereinbarkeit und § 650c
a) § 650c Abs. 1 und Abs. 2

120 Werden Leistungen erbracht, die nicht den Entgeltberechnungsregeln der HOAI unterfallen (Besondere Leistungen, Leistungen außerhalb der HOAI,), ist das Honorar frei zu vereinbaren. Gibt es eine Vereinbarung – möglicherweise auch konkludent abgeschlossen – ist diese maßgeblich. Anderenfalls steht dem Architekten/Ingenieur nach § 650c Abs. 1 BGB ein Anspruch auf Ersatz des vermehrten Aufwandes, berechnet nach den tatsächlich erforderlichen Kosten mit angemessenen Zuschlägen für allgemeine Geschäftskosten, Wagnis und Gewinn (Einzelheiten → § 650c BGB Rdn. 22 ff.) zu. In der Praxis bereitet die Ermittlung der Mehrvergütung in diesem Fall Schwierigkeiten (Koeble in Locher/Koeble/Frik, HOAI, § 10 Rdn. 59; Kniffka, BauR 2017, 1846, 1868; a. A. Digel/Jacobsen, BauR 2017, 1587, 1590). Da es sich weitgehend um Allgemeine Geschäftskosten wie z. B. Miete, KFZ-Kosten und um Gehälter/Löhne für angestellte Mitarbeiter (soweit diese Kosten nicht direkt einer Kostenstelle/Baumaßnahme zurechenbar sind) handelt, ist unklar, wie der Architekt/Ingenieur den Mehraufwand anhand von tatsächlich erforderlichen Kosten nachweisen kann. Dies dürfte nur dann ohne weiteres möglich sein, wenn ein Subplaner eingesetzt wird, der die Änderungsplanungsleistungen konkret abrechnet. Werden die Leistungen vom Architekt/Ingenieur selbst erbracht, sind keine pagatorischen Kosten (Aufwand in der Gewinn- und Verlustrechnung) feststellbar. Es handelt sich um die Kalkulationsposition kalkulatorischer Unternehmerlohn. Auch bei einer Leistungserbringung durch angestellte Mitarbeiter verändern sich die tatsächlichen Aufwendungen aufgrund der Änderungsleistungen nicht ohne weiteres. Werden die Kosten bei hypothetisch unveränderter Leistung mit den tatsächlichen Kosten bei Ausführung der Änderungsanordnung verglichen, wird sich in vielen Fällen keine Differenz ermitteln lassen, obwohl die Ausführung der Änderungsanordnungen mit Mehraufwand verbunden war.

121 Auf eine interne (Ur-)Kalkulation kann der Architekt/Ingenieur im Falle des Abs. 1 nicht zurückgreifen. Dies wäre nur bei Vereinbarung der Hinterlegung und tatsächlicher Hinterlegung derselben nach Abs. 2 möglich. In der Literatur wird die Auffassung geäußert, dass eine Urkalkulation bei Architektenverträgen in der Vereinbarung der RiFT im Falle eines

Anwendbare Vorschriften **§ 650q**

Berechnungshonorars nach HOAI oder bei Übergabe eines Personaleinsatzplanes in Verbindung mit einem Pauschalhonorar angenommen werden könne (BeckOK BauvertragsR/Fuchs § 650q Rn. 101). Dies erscheint zwar grundsätzlich nicht ausgeschlossen. Voraussetzung wäre dann allerdings, dass nach dem Wortlaut des § 650b Absatzes 2 und der amtlichen Begründung hierzu (BT-Drucks. 18/8486 S. 56) die Übergabe als Hinterlegung vereinbarungsgemäß gerade als Urkalkulation erfolgt. Werden nur Angebotsunterlagen im Paket übermittelt und befindet sich dabei auch noch ein Personaleinsatzplan oder wird auf die RiFT verwiesen, ist zumindest fraglich, ob dies als Vereinbarung einer Urkalkulation ausreicht.

Da § 650q Abs. 2 S. 2 die „entsprechende" Anwendung anordnet und in § 650c Abs. 1 BGB **122** von dem „vermehrten Aufwand" die Rede ist, erscheint es vertretbar und die wohl einzige praktikable Lösung, dass der Architekt/Ingenieur den eigenen zeitlichen Ist-Zusatzaufwand aufgrund der Änderungsleistung ermitteln und diesen mittels eines Stundensatzes den tatsächlichen Kosten bei der Kosten-Vergleichsrechnung hinzurechnen kann. Es handelt sich hierbei nicht um effektive Kosten („Aufwand"), sondern um kalkulatorischen Unternehmerlohn. Unbedingt zu beachten ist, dass es bei dieser Lösung nicht um die Urkalkulation im Sinne des Abs. 2 geht. Diese wird im Vorfeld für einen konkreten Auftrag erstellt. Der kalkulatorische Unternehmerlohn wird demgegenüber für eine Abrechnungsperiode ermittelt. Dem angesetzten kalkulatorischen Unternehmerlohn ist der für die Abrechnungsperiode vorgesehene Zeitaufwand gegenüberzustellen und damit der Stundensatz zu ermitteln, der für die Tätigkeit des Architekten/Ingenieurs anzusetzen ist (a. A. BeckOK BauvertrR/Fuchs BGB § 650q Rn. 96: Kosten in angemessener Höhe, ermittelt anhand fiktiver Kosten für einen Angestellten, der vergleichbare Tätigkeiten erbringt). Es wäre kaum einzusehen, dass der Architekt/Ingenieur die Kosten für einen speziell für die Abarbeitung einer Änderungsanordnung hinzugezogenen externen Planer beim Kostenvergleich berücksichtigen dürfte, die gleiche Tätigkeit in Eigenleistung jedoch nicht berücksichtigt werden könnte. Alternativ kann auch erwogen werden, das Durchschnittsentgelt für einen Angestellten, der mit einer vergleichbaren Tätigkeit betraut wäre, anzusetzen (→ § 650c BGB Rdn. 42; so BeckOK BauvertragsR/Fuchs, BGB § 650q Rn. 96).

Im Hinblick auf die Bearbeitung von Änderungsanordnungen durch angestellte Mitarbeiter **123** ist entsprechend der vorstehenden Ausführungen zu verfahren. Die pro Abrechnungsperiode anfallenden Personalkosten sind auf die in dieser Abrechnungsperiode geplanten Arbeitszeiten zu verteilen und damit ein Stundenverrechnungssatz zu ermitteln. Der tatsächliche Zeitaufwand für die Änderungsleistung ist mit diesem Stundensatz zu multiplizieren und das Ergebnis bei den tatsächlichen Istkosten im Rahmen des Kostenvergleiches zu berücksichtigen (im Ergebnis wie hier BeckOK BauvertragsR/Fuchs, BGB § 650q Rn. 95). Alternativ kann auch hier erwogen werden, auf das Durchschnittsentgelt eines Angestellten abzustellen (→ § 650c BGB Rdn. 39).

b) § 650c Abs. 3

Da § 650c BGB nur subsidiär zur Anwendung kommt, kommt auch die Regelung in Absatz 3 **124** dieser Vorschrift nur in diesem eingeschränkten Anwendungsbereich zum Tragen (wie hier Manteufel in Kleine-Möller/Merl/Glöckner, § 12 Rd. 515; a. A. BeckOK BauvertrR/Fuchs BGB § 650q Rn. 104: gar keine Anwendung des § 650c Abs. 3 BGB). Im Übrigen können Abschlagszahlungsansprüche nach § 15 und § 632a BGB beansprucht werden, soweit die HOAI einschlägig ist, anderenfalls unmittelbar nach § 632a.

VI. Einstweilige Verfügung § 650d

In § 650q Abs. 2 BGB wird diese Regelung zwar nicht ausdrücklich für anwendbar erklärt. **125** Hierbei handelt es sich aber um ein Redaktionsversehen (vgl. Koeble in BauR 2017 – Editorial Heft 9; Kniffka BauR 2017, 1846, 1869; ebenso Digel/Jacobsen, BauR 2017, 1587, 1592; Berger in Langen/Berger/Dauner-Lieb, § 650q Rd. 63; BeckOK Bauvertragsrecht/Fuchs § 650q Rn. 62). § 650d BGB beschränkt die Erleichterung für die Durchführung eines einstweiligen Verfügungsverfahrens zunächst auf das Anordnungsrecht nach § 650b BGB. Insoweit dürfte in der Tat kein Redaktionsversehen vorliegen, da § 650b BGB auch beim Architekten- und Ingenieurvertrag aufgrund der Verweisung in § 650q Abs. 1 BGB anwendbar ist und in § 650d BGB auf § 650b BGB verwiesen wird. § 650d BGB ist deshalb jedenfalls im Hinblick auf die Frage, ob eine Anordnung wirksam ist (Kniffka, BauR 2017, 1846, 1869), anwendbar (wie hier BeckOK Bauvertragsrecht/Fuchs 6. Ed. 31.7.2019 § 650q Rn. 63).

Im Hinblick auf die zweite Alternative des § 650d BGB, nämlich die Vergütungsanpassung **126** nach § 650c BGB ist eine differenzierte Betrachtungsweise erforderlich. § 650c BGB kommt

§ 650r   Sonderkündigungsrecht

nach der ausdrücklichen Anordnung in § 650q Abs. 2 BGB nur unter bestimmten Voraussetzungen zur Anwendung, nämlich dann, wenn die Entgeltberechnungsregeln der Honorarordnung für Architekten und Ingenieure nicht entsprechend anzuwenden sind und die in diesem Fall mögliche freie Vergütungsvereinbarung nicht vorliegt. Nur in diesem Fall richtet sich die Vergütung nach § 650c BGB und nur in diesem Fall ist der Anwendungsbereich für die erleichterte Erlangung einer einstweiligen Verfügung gegeben (a. A. BeckOK Bauvertragsrecht/Fuchs § 650q Rn. 64; ebenfalls a. A. Beck HOAI/Rodemann BGB § 650q Rn. 719; ebenfalls a. A. Sacher in Kniffka/Koeble/Jurgeleit/Sacher, Kompendium 12. Teil Rd.116).

127   Richtet sich der Anspruch auf den Mindestsatz nach HOAI, ist eine einstweilige Verfügung nach § 650d dem Wortlaut nach jedoch nicht möglich (a. A. Berger in Langen/Berger/Dauner-Lieb, § 650q Rd.63). Auch wenn es sich hierbei ebenfalls um ein Redaktionsversehen handelt, wird der klare Wortlaut bis zu einer Änderung des Gesetzes zu beachten sein.

128   Kommt eine einstweilige Verfügung grundsätzlich in Betracht, ist aber weitere Voraussetzung, dass mit den Architekten-/Ingenieurleistungen begonnen worden sein muss (Koeble NZBau 2020, 131, 135).

§ 650r BGB   Sonderkündigungsrecht

(1) Nach Vorlage von Unterlagen gemäß § 650p Absatz 2 kann der Besteller den Vertrag kündigen. Das Kündigungsrecht erlischt zwei Wochen nach Vorlage der Unterlagen, bei einem Verbraucher jedoch nur dann, wenn der Unternehmer ihn bei der Vorlage der Unterlagen in Textform über das Kündigungsrecht, die Frist, in der es ausgeübt werden kann, und die Rechtsfolgen der Kündigung unterrichtet hat.

(2) Der Unternehmer kann dem Besteller eine angemessene Frist für die Zustimmung nach § 650p Absatz 2 Satz 2 setzen. Er kann den Vertrag kündigen, wenn der Besteller die Zustimmung verweigert oder innerhalb der Frist nach Satz 1 keine Erklärung zu den Unterlagen abgibt.

(3) Wird der Vertrag nach Absatz 1 oder 2 gekündigt, ist der Unternehmer nur berechtigt, die Vergütung zu verlangen, die auf die bis zur Kündigung erbrachten Leistungen entfällt.

Übersicht

	Seite
A. Einleitung und Systematik	1111
B. § 650r Abs. 1	1111
I. Vorlage von Unterlagen nach § 650p Abs. 2	1111
II. Kündigungsrecht	1112
1. Form der Kündigungserklärung	1112
2. Frist	1112
3. Unterrichtung (Belehrung)	1112
4. Rechtsfolgen bei ungenügender Belehrung	1114
5. Verhältnis des Sonderkündigungsrechtes zur freien Kündigung	1114
III. Keine Vorlage von Unterlagen	1114
IV. Verspätete Vorlage von Unterlagen	1115
V. Vorlage von ungenügenden Unterlagen	1115
VI. Keine Kündigung/unwirksame Kündigung	1115
C. § 650r Abs. 2	1115
I. Zustimmung, Verweigerung der Zustimmung, keine Erklärung	1115
II. Angemessene Frist zur Zustimmung	1117
III. Kündigungsrecht des Architekten/Ingenieurs	1117
IV. Verhältnis der Zustimmung zum Kündigungsrecht des Bestellers	1118
D. § 650r Abs. 3 Vergütungsanspruch bei Kündigung	1118
E. Abweichende Vereinbarungen	1119
I. § 650r Absatz 1	1119
II. § 650r Absatz 2	1119
III. Stufenweise Beauftragung	1119
F. Darlegungs- und Beweislast	1119
I. § 650r Absatz 1	1119
II. § 650r Absatz 2	1120

§ 650r

A. Einleitung und Systematik

Die Regelung des § 650r steht im Zusammenhang mit der Regelung in § 650p Abs. 2. Absatz 1 räumt dem Besteller nach Abschluss der Zielfindungsphase ein Sonderkündigungsrecht ein. Auch dem Unternehmer (Architekt/Ingenieur) wird nach § 650r Abs. 2 ein Sonderkündigungsrecht eingeräumt, was in der Literatur Kritik hervorgerufen hat (Rodemann/Schwenker ZfBR 2017, 731; Motzke NZBau 2017, 251, 254). Daneben steht dem Besteller das Recht zur freien Kündigung nach § 648 und zur Kündigung aus wichtigem Grund nach § 648a zu, auch vor Entstehen des Kündigungsrechtes nach § 650r (Rodemann/Schwenker ZfBR 2017, 731, 735; Deckers ZfBR 2017, 523, 538). 1

Da ein Kündigungsrecht nur dann erforderlich ist, wenn der Vertrag bereits zustande gekommen ist, geht der Gesetzgeber davon aus, dass ein Vertrag auch dann zustande kommen kann, wenn Planungs- und Überwachungsziele noch nicht abschließend feststehen (→ § 650p BGB Rdn. 16; → § 650p BGB Rdn. 50 ff.). Hierbei handelt es sich um ein einheitliches Vertragsverhältnis, nämlich um „den Architektenvertrag" (Motzke, NZBau 2017, 251, 252; Rodemann/Schwenker, ZfBR 2017, 731, 734) und nicht zwei Vertragsverhältnisse (so die Auffassung von Blomeyer/Zimmermann, NZBau 2017, 703, 705; allerdings gehen diese im Zusammenhang mit dem Sonderkündigungsrecht von einem Vertragsverhältnis aus: S. 707). 2

Bevor allerdings auf eine Kündigung als Mittel zur Beendigung des Vertrages zurückgegriffen wird, muss der Besteller zunächst überprüfen, ob ein Vertrag im konkreten Fall tatsächlich bereits wirksam abgeschlossen worden ist. An einem wirksamen Vertrag mangelt es beispielsweise dann, wenn der Inhalt unbestimmt und unbestimmbar ist und die Auslegung des Vertrages ergibt, dass dem Besteller kein Leistungsbestimmungsrecht zur Auffüllung der Lücken eingeräumt ist (BGH, NZBau 2015, 429). 3

Ferner kann der Fall vorliegen, dass die Leistungen des Architekten aus Akquisegründen erbracht wurden und es deshalb noch keinen wirksamen Vertrag gibt (→ § 650p BGB Rdn. 3). 4

Mit der Regelung soll insbesondere einem Besteller ein Sonderkündigungsrecht eingeräumt werden, der einen weitreichenden Vertrag in einem Zeitpunkt abschließt, in dem er noch keine Vorstellungen über die wesentlichen Planungsziele und keinen Überblick über die hiermit verbundenen Kosten hat. Der Gesetzgeber stellt in erster Linie auf den Abschluss eines Vollarchitekturvertrages durch Verbraucher ab (Begründung zum Regierungsentwurf BT-Drucks. 18/8486 Seite 69; kritisch hierzu: Rodemann/Schwenker, ZfBR 2017, 731, 735: kein empirischer Befund). Allerdings geht die gesetzliche Regelung deutlich weiter. Sie erfasst alle Verträge, auch Verträge, die von einem Unternehmer auf Bestellerseite abgeschlossen werden. 5

Dem Architekten/Ingenieur wird in Abs. 2 ein Kündigungsrecht für den Fall eingeräumt, dass der Besteller die Zustimmung zur Planungsgrundlage verweigert oder innerhalb der vom Architekten/Ingenieur gesetzten Frist keine Erklärung abgibt. Die Sinnhaftigkeit dieser Regelung wird zurecht in Frage gestellt (Rodemann IBR 2018, 44), da der Architekt/Ingenieur in dieser Situation auch vor Inkrafttreten des § 650r BGB den Weg über § 643 BGB wählen konnte, was für ihn den Vorteil mit sich bringt, dass er Vergütungsansprüche auch für die nicht mehr zu erbringenden Leistungen beanspruchen kann (Rodemann IBR 2018, 44). Eine Änderung der Rechtslage bringt § 650r BGB deshalb für den Besteller mit sich, der bei einer darauf gestützten Kündigung des Architekten nur die erbrachten Leistungen zu vergüten hat, § 650r Abs. 3 BGB. 6

B. § 650r Abs. 1

I. Vorlage von Unterlagen nach § 650p Abs. 2

Voraussetzungen für die Ausübung des Sonderkündigungsrechtes ist die Vorlage der Planungsgrundlage und der Kosteneinschätzung nach § 650p Abs. 2 (vgl. zum Inhalt der Planungsgrundlage und der Kosteneinschätzung → § 650p BGB Rdn. 230 f.) sowie die Aufforderung zur Zustimmung (Beck HOAI/Berger BGB § 650r Rn. 12 f.). Werden mangelhafte Unterlagen oder keine Unterlagen nach § 650p Abs. 2 vorgelegt, also entweder weder Planungsgrundlage noch Kosteneinschätzung oder nur das eine oder das andere, entsteht das Kündigungsrecht nach § 650r Abs. 1 nach dem Wortlaut der Regelung nicht. Allerdings stehen dem Besteller in diesem Fall andere Rechte zu (→ Rdn. 22). 7

II. Kündigungsrecht

8   Wurden dem Besteller die Planungsgrundlagen und die Kosteneinschätzung vorgelegt, hat dieser die Möglichkeit, den bereits abgeschlossenen Vertrag zu kündigen. Das Kündigungsrecht ist formal an die Vorlage der Planungsgrundlage und der Kosteneinschätzung geknüpft (BT-Drucks. 18/8486, S. 69). Es ist für die Berechtigung zur Kündigung nicht erforderlich, dass diese Unterlagen den Vorstellungen des Bestellers oder zuvor besprochenen Einzelheiten widersprechen. Wurde ein Vertrag noch nicht abgeschlossen, ist eine Kündigung entbehrlich.

1. Form der Kündigungserklärung

9   Aufgrund der Verweisung in §650q Abs. 1 gilt für den Architekten-/Ingenieurvertrag §650h. Danach muss die Kündigung schriftlich erfolgen (Kniffka/Retzlaff, BauR 2017, 1747, 1872; Dammert, BauR 2017, 421, 426; BeckOK Bauvertragsrecht, Fuchs, §650r, Rdn. 25; Deckers, ZfBR 2017, 523, 538). Die Kündigung muss keinen Kündigungsgrund enthalten (Rodemann/Schwenker, ZfBR 2017, 731, 735; Fuchs, NZBau 2015, 675, 681; Deckers, ZfBR 2017, 523, 538).

10 Wird die Schriftform nicht eingehalten, gehen beide Parteien aber von der Beendigung des Vertragsverhältnisses aus, liegt regelmäßig eine konkludente Vereinbarung zur Vertragsaufhebung vor mit der Folge, dass jede Partei die Rechts geltend machen kann, die ihr bei unterstellter wirksamer Kündigung zustünden (BGH, Urt. v. 7.3.1974 – VII ZR 35/73; BeckOK BauvertrR/Fuchs BGB §650r Rn. 25f.). Auch wenn sich gewisse Zweifel deshalb ergeben, da die Parteien in diesen Fällen regelmäßig kein Bewusstsein haben werden, ein Rechtsgeschäft abzuschließen, ist von dieser Rechtslage auszugehen.

2. Frist

11 Die Kündigung muss innerhalb von zwei Wochen nach Vorlage der Unterlagen erklärt werden. Geschieht dies nicht, geht das (Sonder-)Kündigungsrecht unter. Darauf kann eine Kündigung dann nicht mehr gestützt werden. Dies ist nur dann nicht der Fall, wenn bei einem Verbraucher als Besteller die erforderliche Belehrung über die Kündigungsmöglichkeit (→ Rdn. 13) nicht erfolgt ist. In der Literatur wird zu Recht darauf hingewiesen, dass die Frist zu kurz bemessen ist (Fuchs, NZBau 2015, 675, 681; Kniffka, BauR 2017, 1846, 1871; Rodemann/Schwenker, ZfBR 2017, 731, 735; Berger in Langen/Berger/Danner-Lieb §650r Rdn. 22;Beck HOAI/Berger BGB §650r Rn. 22–24. Ferner überrascht, dass eine starre Frist für alle Arten von Bauvorhaben vorgesehen ist. Mit einer Vereinbarung zwischen Besteller und Architekt kann die Frist verlängert werden (zutreffend Rodemann/Schwenker, ZfBR 2017, 731, 735; BeckOK Bauvertragsrecht/Fuchs, 6. Ed. 31.07.2019, §650r Rdn. 28).

12 Fraglich ist, ob eine verfristet abgegebene Kündigungserklärung in eine freie Kündigungserklärung umgedeutet werden kann, wie dies von der Rechtsprechung regelmäßig bei einer außerordentlichen Kündigung, bei der es am Grund für eine außerordentliche Kündigung fehlt, getan wird (BGH, Urt. V. 24.7.2003 – VII ZR 218/02). In der Literatur wird dies befürwortet (Beck HOAI/Berger BGB §650r Rn. 26). Allerdings muss berücksichtigt werden, dass auch nach der Rechtsprechung des BGH eine außerordentliche Kündigung nicht automatisch als freie Kündigung gewertet werden kann (BGH a. a. O.), sondern nur dann wenn dies dem Willen des Bestellers entspricht und dieser Wille in der Erklärung gegenüber dem Empfänger zum Ausdruck gekommen ist (BGH, Urt. v. 26.7.2001 – X ZR 162, 99). Zwar ist dies auch bei Nennung eines außerordentlichen Kündigungsgrundes nach der Rechtsprechung des BGH regelmäßig der Fall, wenn sich aus den Umständen des Einzelfalles nichts anderes ergibt. In der vorliegenden Situation könnte sich – je nach Fallkonstellation jedoch etwas anderes daraus ergeben, dass der Architekt über die Kündigungsmöglichkeit und die Rechtsfolgen belehren muss, soweit es um einen Verbraucher als Besteller geht. Wenn dann, zwar verfristet, aber erkennbar auf die Kündigungsmöglichkeit des §650r BGB abgestellt wird, mit den dadurch begründeten Rechtsfolgen, über die auch aufgeklärt wurde, erscheint es nicht zutreffend zu sein, darin gleichzeitig auch eine freie Kündigung, mit für den Besteller weitergehend nachteiligen Rechtsfolgen zu sehen.

3. Unterrichtung (Belehrung)

13 Nach dem Wortlaut ist nur beim Abschluss eines Vertrages durch einen Verbraucher eine Belehrung („Unterrichtung") erforderlich. Mit dieser Belehrung muss der Unternehmer den Verbraucher als Besteller aufklären

Sonderkündigungsrecht § 650r

- über das Kündigungsrecht als solches,
- über die Frist, in der das Kündigungsrecht ausgeübt werden kann und
- über die Rechtsfolgen der Kündigung.

Weitere Inhalte der Belehrung sind dem Gesetz nicht zu entnehmen. Da nur über die **14** Rechtsfolgen der Kündigung aufzuklären ist, ist ein Hinweis mit aufzunehmen, dass aufgrund der Kündigung keine weiteren Leistungen mehr zu erbringen und nur die erbrachten Leistungen nach Abs. 3 zu vergüten sind. Nach dem Wortlaut ist jedenfalls über die in Absatz 3 enthaltenen Regelungen aufzuklären, was ausreichend sein dürfte (BeckOK Bauvertragsrecht/Fuchs, § 650r Rdn. 33; a. A. Kniffka/Retzlaff, BauR 2017, 1747, 1872 und Rodemann/Schwenker, ZfBR 2017, 731, 736; für weitergehende Aufklärungspflicht: Rodemann, IBR 2018, 43). Hinweise auf eventuelle Mängelrechte betreffend die erbrachten Leistungen sind demgegenüber nicht erforderlich (Rodemann hat diese Frage aufgeworfen: IBR 2018, 43).

Keine Aussage enthält das Gesetz dazu, ob sich die Belehrung auch auf die Form der Kündi- **15** gungserklörung (Schriftform) zu erstrecken hat. Nach dem Zweck der Belehrung, den Besteller in die Lage zu versetzen, den Vertrag wirksam nach der Zielfindungsphase beenden zu können, muss – auch wenn sich der Wortlaut hierzu ausschweigt – die Belehrung auch einen Hinweis auf die erforderliche und vom Verbraucher einzuhaltende Form bei einer Kündigung enthalten. Unklar ist, in welche Tiefe über die Rechtsfolgen aufgeklärt werden muss.

Ferner enthält die gesetzliche Regelung Vorgaben zum Zeitpunkt der Belehrung. Sie hat bei **16** der Vorlage der Unterlagen zu erfolgen. Danach kann sie nicht mehr wirksam vorgenommen werden. Ob sie zeitlich davor vorgenommen werden kann, ist ebenfalls unklar. Die überwiegende Auffassung geht davon aus, dass eine vor der Übergabe der Unterlagen erfolgte Belehrung nur dann wirksam ist, wenn sie in unmittelbarem zeitlichen Zusammenhang (am gleichen Tag) vorgenommen wird (BeckOK BauvertrR/Fuchs BGB § 650r Rn. 34). Anderenfalls ist sie unwirksam (Deckers ZfBR 2017 523, 539). Da der Zeitpunkt aufgrund der Unschärfe der Begriffe Planungsgrundlage und Kosteneinschätzung in § 650p Absatz 2 nicht immer klar feststeht, ist hiermit ein nicht unerhebliches Streitpotential verbunden (Rodemann/Schwenker, ZfBR 2017, 731, 736). Dem Architekten ist anzuraten, nachweisbar klarzustellen, wenn er die in § 650p Absatz 2 vorgesehenen Unterlagen übermittelt und diese auch entsprechend zu bezeichnen.

Das Gesetz sieht auch eine Formvorgabe vor. Die Belehrung muss in Textform vorgenom- **17** men werden.

Unklar ist, ob bei einem Unternehmer als Besteller ebenfalls eine Aufklärung durch den **18** Architekten/Ingenieur erfolgen muss. Eine Belehrung – wie beim Verbraucher –, ist sicher nicht erforderlich. Auf der anderen Seite kann auch der Unternehmer Schwierigkeiten damit haben, festzustellen, wann die Voraussetzungen für das Entstehen des Kündigungsrechtes und für den Beginn der 2-Wochen-Frist vorliegen. Stehen Architekt/Ingenieur und der Besteller in regem Austausch und werden Unterlagen durch den Architekten/Ingenieur an den Besteller übermittelt, wird dieser nicht in jedem Fall in der Lage sein, zu erkennen, ob nun die Kündigungsmöglichkeit besteht und die 2-Wochen-Frist läuft (kritisch hierzu auch Werner in Werner/Pastor Rdn. 1159e). Nach der gesetzlichen Vorgabe in § 650p Abs. 2 ist keine ausdrückliche Pflicht vorgesehen, die Planungsgrundlage und die Kosteneinschätzung ausdrücklich als solche zu bezeichnen oder mit einem entsprechenden Hinweis bei der Übermittlung zu versehen. Allerdings sieht § 650p Abs. 2 vor, dass die Planungsgrundlage und die Kosteneinschätzung „zur Zustimmung" vorgelegt werden sollen. Daraus ist zu entnehmen, dass der Architekt/Ingenieur deutlich machen muss, dass er Unterlagen in diesem Sinne vorlegt (im Ergebnis ebenso Kniffka, BauR 2017, 1846, 1872; Berger in Langen/Berger/Dauner-Lieb, § 650r, Rn. 13; BeckOK Bauvertragsrecht/Fuchs, § 650r Rdn. 21). Dem ist nicht Genüge getan, wenn lediglich Planungsgrundlage und Kosteneinschätzung kommentarlos ohne ausdrückliche Benennung – ggf. mit einer ganzen Reihe weiterer Unterlagen – übermittelt werden. Vielmehr müssen die Unterlagen ausdrücklich als Planungsgrundlage und Kosteneinschätzung bezeichnet werden oder es muss anderweitig deutlich gemacht werden, dass die Zielfindungsphase beendet ist und nunmehr die Frage der Zustimmung des Bestellers oder eben die Verweigerung der Zustimmung geklärt werden muss. Geschieht dies nicht und ist auch aus den anderen Begleitumständen für den Besteller nicht ersichtlich, dass die Zielfindungsphase abgeschlossen sein soll, beginnt auch beim Unternehmer als Besteller die 2-Wochen-Frist aufgrund der Verletzung der diesbezüglichen Nebenpflicht nicht zu laufen. Es handelt sich hierbei um eine Nebenpflicht, die dem Architekten/Ingenieur auch gegenüber dem Unternehmer als Besteller obliegt.

§ 650r

4. Rechtsfolgen bei ungenügender Belehrung

19 Unterlässt der Architekt/Ingenieur bei einem Verbraucher die Belehrung, gibt es keine Möglichkeit, dieselbe zu einem späteren Zeitpunkt nachzuholen. Nach der Begründung zum Regierungsentwurf (BT-Drucks. 18/8486 Seite 69) soll in diesem Fall das Kündigungsrecht des Verbrauchers weiterbestehen, ohne dass die Möglichkeit besteht, die Belehrung nachzuholen (kritisch hierzu: Dammert, BauR 2017, 421, 425). Nach der Gesetzesbegründung ist diese Rechtsfolge gewollt und soll sicherstellen, dass die Belehrungspflicht vom Architekten/Ingenieur ernst genommen wird. Allerdings wird sich in der Praxis die Frage stellen, wie mit Fällen umzugehen ist, bei denen die Belehrung unterblieben ist, die Planungsleistungen und ggf. auch die Überwachungsleistungen aber weiter erbracht wurden. Soll in diesen Fällen das Kündigungsrecht tatsächlich uneingeschränkt fortbestehen? Eine Einschränkung kann sich aus den Grundsätzen zur Verwirkung ergeben (Kniffka, BauR 2017, 1846, 1872). Wird beispielsweise der Bauantrag vom Besteller unterzeichnet, Entwurfs- oder später Ausführungspläne freigegeben und/oder Bauverträge abgeschlossen, könnten diese Umstände als Vertrauenstatbestände („Umstandsmomente") ausreichend sein. Das Zeitmoment wird in diesen Fällen auch gegeben sein. Kenntnis des Berechtigten vom Bestehen des Kündigungsrechts ist für die Annahme von Verwirkung nicht erforderlich (BGH, Urt. v. 16.03.2007 – V ZR 190/06). Ob dies allerdings auch dann gilt, wenn dem anderen Teil gerade im Hinblick auf den Bestand des Rechtes Aufklärungs-/Belehrungspflichten obliegen, erscheint äußerst fraglich. In diesen Fällen kann Verwirkung deshalb nur dann angenommen werden, wenn der Besteller positive Kenntnis vom Bestehen des Kündigungsrechtes hat und in Kenntnis dieser Umstände die oben beschriebenen Handlungen vornimmt. Liegt keine positive Kenntnis vom Kündigungsrecht vor – dies hat der Architekt/Ingenieur zu beweisen –, kann der Besteller den Vertrag daher auch zu einem späteren Zeitpunkt kündigen. In diesem Fall sind dann nur die bis dahin erbrachten Leistungen vom Besteller zu bezahlen (vgl. hierzu → Rdn. 39). Allerdings kann die Verletzung der Pflicht zur Belehrung eigenständige Schadenersatzansprüche auslösen, die auf die Befreiung von Honoraransprüche des Architekten/Ingenieurs gerichtet sein können. Die Möglichkeit des Verbrauchers bei unterlassener Unterrichtung/Belehrung auch zu einem späteren Zeitpunkt von der Kündigungsmöglichkeit Gebrauch zu machen, ergibt sich eindeutig aus der derzeit geltenden Gesetzesfassung und könnte nur durch eine Änderung des Gesetzes beschränkt werden (hierzu wurde eine entsprechende These zur Änderung des Wortlautes beim 7. Deutschen Baugerichtstag im Arbeitskreis Architekten- und Ingenieurrecht einstimmig angenommen; BauR 2018, 1548).

5. Verhältnis des Sonderkündigungsrechtes zur freien Kündigung

20 Da der Besteller den Vertrag mit dem Architekten/Ingenieur jederzeit nach § 648 BGB (frei) kündigen kann, muss das Verhältnis zum Sonderkündigungsrecht geklärt werden. Die Rechtsfolgen sind unterschiedlich. Im Anwendungsbereich des § 650r BGB besteht ein Vergütungsanspruch nur im Hinblick auf die erbrachten Leistungen (Abs. 3). Der Vergütungsanspruch nach § 648 S. 2 BGB nach freier Kündigung geht darüber hinaus. Liegen die Voraussetzungen für eine wirksame Kündigung nach § 650r BGB nicht vor, muss an eine Umdeutung in eine freie Kündigung gedacht werden, wenn dem Schriftformerfordernis Genüge getan wurde (→ Rdn. 25).

21 Gerade dann, wenn das Sonderkündigungsrecht mangels ausreichender Belehrung auch zu einem späteren Planungszeitpunkt noch ausgeübt werden kann, muss bei einer Kündigung durch den Besteller geklärt werden, ob es sich dabei um eine freie Kündigung oder um eine Kündigung nach § 650r BGB handelt, wenn sich dies nicht bereits aus der Kündigungserklärung selbst ergibt. Die Kündigungserklärung als solche ist dabei indifferent. Sie beendet lediglich das Vertragsverhältnis, verhält sich aber nicht zu den Rechtsfolgen. Maßgeblich ist die objektive Rechtslage. Liegen die Voraussetzungen für ein Sonderkündigungsrecht im Zeitpunkt der Kündigung vor, spricht nichts dagegen, dem Besteller auch zu einem späteren Zeitpunkt die Möglichkeit einzuräumen, die Kündigung als Sonderkündigung nach § 650r BGB zu qualifizieren. Die Situation ist nicht dieselbe wie beim Nachschieben von Gründen bei einer Kündigung, was im Hinblick auf im Zeitpunkt der Kündigung vorliegende Gründe als zulässig angesehen wird (BGH, Urt. v. 11.10.2017 – VII ZR 46/15), aber vergleichbar.

III. Keine Vorlage von Unterlagen

22 Werden weder die Planungsgrundlage noch die Kosteneinschätzung oder nur eines von beiden vorgelegt, wird die nach § 650p Abs. 2 bestehende Pflicht durch den Architekten/In-

Sonderkündigungsrecht **§ 650r**

genieur verletzt. In diesem Fall kommt die Geltendmachung von Schadenersatz, der Rücktritt oder die Kündigung des Architekten-/Ingenieurvertrages in Betracht (vgl. zu Einzelheiten → § 650p BGB Rdn. 229).

IV. Verspätete Vorlage von Unterlagen

Solange die Unterlagen nicht vorgelegt werden, entsteht das Sonderkündigungsrecht nach Abs. 1 nicht. Erst dann, wenn die Unterlagen vorgelegt werden, beginnt die Frist von zwei Wochen zur Ausübung des Kündigungsrechtes zu laufen. In der verspäteten Übergabe der Unterlagen liegt auch eine Pflichtverletzung, die zu Verzugsschadenersatzansprüchen führen kann, sofern die Voraussetzungen für den Eintritt des Verzugs gegeben sind, also insbesondere nach Fälligkeit gemahnt wurde. 23

V. Vorlage von ungenügenden Unterlagen

In der Vorlage von Unterlagen, die nicht den Anforderungen des § 650p Abs. 2 entsprechen, liegt eine Pflichtverletzung. Auch in diesem Fall kommen Ansprüche auf ordnungsgemäße Erfüllung, auf Schadenersatz und Kündigungs- sowie Rücktrittsrechte in Betracht (→ § 650p BGB Rdn. 229). Da das Kündigungsrecht dem Wortlaut nach dann entsteht, wenn Unterlagen „gemäß 650p Abs. 2" vorgelegt werden, beginnt auch die 2-wöchige Frist zur Ausübung des Sonderkündigungsrechtes nicht (Rodemann/Schwenker, ZfBR 2017, 731, 735; BeckOK Bauvertragsrecht/Fuchs, 6. Ed. 31.07.2019, § 650r Rdn. 22). Die Kündigung kann dann zu einem späteren Zeitpunkt erklärt werden. Allerdings kann der Besteller bereits nach Vorlage der Unterlagen gestützt auf § 650r kündigen, auch wenn die Unterlagen mangelhaft sind (Rodemann/Schwenker, ZfBR 2017, 731, 735; BeckOK Bauvertragsrecht/Fuchs, § 650r Rdn. 22). 24

VI. Keine Kündigung/unwirksame Kündigung

Wird der Vertrag nicht gekündigt oder liegt eine unwirksame Kündigung vor, wird der abgeschlossene Vertrag nicht beendet. Er bleibt mit dem Inhalt wirksam, mit dem er zuvor abgeschlossen wurde. Durch Auslegung muss dann allerdings geklärt werden, ob in der Kündigung eine freie Kündigung zu sehen ist (Berger in Langen/Berger/Dauner-Lieb, § 650r Rdn. 26; (BeckOK BauvertragsR/Fuchs, Stand, § 650r Rdn. 38). Alleine durch Vorlage der Planungsgrundlagen und der Kostenschätzung sind die zuvor offenen Planungs- und Überwachungsziele noch nicht geklärt. Hierzu ist entweder die Zustimmung des Bestellers zu den Festlegungen in der Planungsgrundlage erforderlich oder es sind weitere Abstimmungen zwischen dem Architekten/Ingenieur und dem Besteller nötig. Der Planer hat Änderungen an den Planungsgrundlagen vorzunehmen (Motzke, NZBau 2017, 251, 252). 25

C. § 650r Abs. 2

I. Zustimmung, Verweigerung der Zustimmung, keine Erklärung

Wird vom Sonderkündigungsrecht kein Gebrauch gemacht oder ist die Kündigung unwirksam, besteht das Vertragsverhältnis fort. Die wesentlichen Planungs- und Überwachungsziele sind dann noch nicht geklärt (hierzu Motzke, NZBau 2017, 251, 256). Hierzu ist eine Entscheidung des Bestellers erforderlich. Deshalb räumt § 650r Abs. 2 dem Architekten/Ingenieur die Möglichkeit ein, dem Besteller eine angemessene Frist zur Zustimmung nach § 650p Abs. 2 Satz 2 zu setzen. Nach dieser Vorschrift sind Planungsgrundlage und Kostenschätzung dem Besteller zur Zustimmung vorzulegen. Daraus ergibt sich, dass die Frist frühestens mit der Vorlage dieser Unterlagen gesetzt werden kann (BeckOK BauvertrR/Fuchs BGB § 650r Rn. 51). 26

Unklar ist, ob die Fristsetzung unbegrenzt auch zu einem späteren Zeitpunk nach Übergabe der Planungsgrundlagen und der Kostenschätzung vorgenommen werden kann. Die Kündigungsfrist des Bestellers kann hierbei nicht herangezogen werden (zutreffend: BeckOK BauvertrR/Fuchs BGB § 650r Rn. 51; Deckers ZfBR 2017, 523, 540). Teilweise wird die Auffassung vertreten, dass die Fristsetzung nur binnen angemessener Frist erfolgen könne (Deckers 27

ZfBR 2017, 523, 540), was sich aber dem Gesetz, den Materialien und dem Zweck der Vorschrift nicht entnehmen lässt (BeckOK BauvertrR/Fuchs BGB § 650r Rn. 51).

28 Eine bestimmte Form für die Zustimmung ist nicht vorgesehen. Sie kann daher auch konkludent erklärt werden (zutreffend BeckOK BauvertragsR/Fuchs § 650p Rn. 223)). Dies ist jedenfalls dann der Fall, wenn der Besteller einen Bauantrag unterzeichnet, den der Architekt/Ingenieur vorbereitet hat und der der Planungsgrundlage und der Kostenabschätzung entspricht. Wird die Zustimmung zu den Planungsgrundlagen erteilt, sind damit die Planungsziele festgelegt und der Vertrag wird mit diesem Inhalt weitergeführt. Ab diesem Moment kommt bei Änderungen § 650b zur Anwendung (vgl. auch Begründung zum Regierungsentwurf BT-Drucks. 18/8486 S. 69; Kniffka, BauR 2017, 1846, 1863). Nach einer Ansicht soll der bereits abgeschlossene Vertrag im Hinblick auf die „eigentlichen" Planungsleistungen unter der aufschiebenden Bedingung der Zustimmung stehen. Die Zustimmung löst dann den Bedingungseintritt aus (Motzke NZBau 2017, 251, 252). Nach hier vertretener Auffassung handelt es sich bei der Zustimmung um eine Erklärung, mit der der Besteller von seinem Leistungsbestimmungsrecht Gebrauch macht (so auch Berger in Langen/Berger/Dauner-Lieb § 650p Rd.123: Leistungsbestimmungsrecht, aber nicht einseitiges). Da es sich bei der Ausübung des Leistungsbestimmungsrechts um eine Willenserklärung handelt, kommen die Regelungen zu Willenserklärungen zur Anwendung. Hierdurch werden die Lücken im Vertrag konkretisiert und der Architekt/Ingenieur kann die weitere Planung daran ausrichten. Wenn bereits festgelegte Planungs-/Überwachungsziele geändert werden sollen, ist dies dann unter den Voraussetzungen des § 650b einseitig möglich. Alternativ kann natürlich jederzeit eine einvernehmliche Abänderung erfolgen.

29 Eine Kündigungsandrohung ist im Gesetz nicht vorgesehen und damit auch nicht erforderlich (Beck HOAI/Berger BGB § 650r Rn. 36).

30 Wird die Zustimmung verweigert, weil die Planungsgrundlagen und die Kostenabschätzung unvollständig/ungenügend sind und deshalb eine Entscheidung nicht getroffen werden kann, steht dem Architekten/Ingenieur in diesem Fall kein Kündigungsrecht zu (Beck HOAI/Berger BGB § 650r Rn. 18). Er muss seine Leistungen nachbessern. Dies gilt auch in dem Fall, dass die Planungsgrundlagen und Kostenabschätzung objektiv mangelhaft/unvollständig sind, dies vom Besteller aber nicht gerügt wird (BeckOK BauvertrR/Fuchs BGB § 650r Rn. 49).

31 Sind die Planungsgrundlagen und die Kostenabschätzung ordnungsgemäß (wie hier BeckOK BauvertragsR/Fuchs, § 650r Rdn. 49: mangelfreie Planungsgrundlage als Voraussetzung für eine Kündigung) und wird die Zustimmung vom Besteller verweigert, steht dem Architekten/Ingenieur das in Abs. 2 vorgesehene Kündigungsrecht zu. Die Verweigerung der Zustimmung durch den Besteller führt also nicht automatisch zur Beendigung des Vertragsverhältnisses. Der Vertrag besteht in diesem Fall trotz der Verweigerung der Zustimmung fort. Der Architekt/Ingenieur kann den Vertrag in diesem Fall seinerseits durch Kündigung beenden. Da die wesentlichen Planungs-/Überwachungsziele noch nicht geklärt sind, kann der Architekt/Ingenieur den Besteller durch Vorlage entsprechender Planungsbestandteile und mittels Aufforderung zur Ausübung des Leistungsbestimmungsrechtes in Annahmeverzug nach § 642 setzen mit der Folge, dass ihm ein Entschädigungsanspruch nach § 642 Abs. 2 zusteht (Kniffka, BauR 2017, 1846, 1872). Wenn durch das Verhalten des Bestellers der Planungsprozess blockiert wird, da erforderliche Entscheidungen nicht getroffen werden, kann letztlich auch eine Beendigung des Vertragsverhältnisses über § 643 erfolgen. Diese Möglichkeit steht dem Architekten/Ingenieur grundsätzlich während des gesamten Planungsprozesses zu. Da allerdings die Rechtsfolgen bei einer Kündigung nach § 650r Abs. 2 anders geregelt sind, erscheint es zutreffend, den Vorrang dieser Regelung bei Vorliegen der Voraussetzungen dieser Vorschrift und damit das Verdrängen des § 643 BGB anzunehmen (BeckOK BauvertrR/Fuchs BGB § 650r Rn. 7: Vorrang des Kündigungsrechts nach § 650r Abs. 2 BGB). Das Schweigen des Bestellers zu den Planungsgrundlagen und zur Kostenabschätzung bzw. das Verstreichenlassen der Kündigungsfrist führt nicht dazu, dass die Planungsgrundlagen und die Kostenabschätzung automatisch zum Vertragsinhalt werden und der Architekt/Ingenieur seine Planung hieran ausrichten darf. Er muss vielmehr vor der Fortführung der Planung eine Klärung herbeiführen, sofern er nicht von seinem Kündigungsrecht nach Abs. 2 Gebrauch macht. Folge des Schweigens ist zunächst nur, dass das Recht zur Sonderkündigung entfällt.

II. Angemessene Frist zur Zustimmung

Der Architekt/Ingenieur muss dem Besteller eine angemessene Frist zur Zustimmung zu 32
den Planungsgrundlagen und zur Kosteneinschätzung setzen. Da der Zeitraum, der für eine
Beurteilung und Entscheidungsfindung von Bauvorhaben zu Bauvorhaben unterschiedlich ist
und auch die jeweilige Komplexität der Planungsgrundlagen zu unterschiedlichen Prüfungs-
und Beurteilungszeiträumen führt, konnte der Gesetzgeber an dieser Stelle keine starre Frist
vorsehen. Da der Gesetzgeber ganz bewusst – im Unterschied zu Abs. 1 – keine starre Frist
vorgesehen hat, ist die Literaturmeinung, die eine zweiwöchige Frist annehmen möchte (Deckers, ZfBR 2017, 523, 540), abzulehnen. Welche Frist angemessen ist, wird sich je nach den
Umständen des Einzelfalles entscheiden (BeckOK BauvertragsR/Fuchs, BGB §650r Rdn. 52;
Berger in Langer/Berger/Danner-Lieb, §650r Rdn. 38; ders. in Beck/HOAI BGB§650r
Rn. 38). Als angemessen werden in der Literatur verschiedene Zeiträume angesehen (nicht
unter zwei Wochen: BeckOK BauvertragsR/Fuchs, §650r Rdn. 52; nicht unter vier Wochen:
MüKoBGB/Busche §650r Rdn. 3; Berger in Langen/Berger/Danner-Lieb, §650r Rdn. 39).
Gerade aufgrund des Umstandes, dass auch keine Belehrung zu den Rechtsfolgen vorgesehen
ist, erstaunt die sofortige Kündigungsmöglichkeit nach Ablauf der erstmalig gesetzten Frist.
Bei einem Besteller als Verbraucher erscheint es daher sachgerecht, den Unternehmer vor Ausspruch der Kündigung zur Einräumung einer Nachfrist zu verpflichten, auch wenn dies nach
dem Wortlaut nicht vorgesehen ist. Mit dem Ablauf der Frist ist keine Fiktion der Zustimmung
des Bestellers verbunden, wenn er sich nicht äußert.

III. Kündigungsrecht des Architekten/Ingenieurs

Hat der Architekt/Ingenieur eine ordnungsgemäße Planungsgrundlage, eine ordnungs- 33
gemäße Kostenschätzung übergeben und eine angemessene Frist gesetzt, die abgelaufen ist,
kann er im Falle der Verweigerung der Zustimmung oder bei Nichtabgabe einer Erklärung den
Vertrag kündigen (kritisch hierzu: Rodemann/Schwenker, ZfBR 2017, 731, 736). Gleiches gilt
auch dann, wenn sich der Besteller nicht eindeutig erklärt (BeckOK BauvertrR/Fuchs BGB
§650r Rn. 55; MüKoBGB/Busche Rn. 3).

Fraglich ist, ob das Kündigungsrecht in diesem Fall auch dann besteht, wenn die zuvor 34
vom Architekten/Ingenieur übergebenen Planungsgrundlagen und die Kosteneinschätzung
ungenügend sind und nicht den Anforderungen nach §650p Abs. 2 entsprechen. Nach dem
Wortlaut des §650r Abs. 2 Satz 2 besteht das Kündigungsrecht zwar immer dann, wenn „keine
Erklärung zu den Unterlagen" abgegeben wird. Daraus könnte entnommen werden, dass auch
bei objektiv ungenügenden Unterlagen und bei Schweigen des Bestellers das Kündigungsrecht
entsteht. Allerdings verweist §650r Abs. 2 Satz 1 auf die Zustimmung nach §650p Abs. 2 Satz 2.
Da in dieser Vorschrift auf die Planungsgrundlage in Satz 1, die dort näher beschrieben ist
(„zur Ermittlung dieser Ziele") Bezug genommen wird, liegt eine wirksame Fristsetzung, die
Voraussetzung für das Kündigungsrecht ist, nur vor, wenn die Unterlagen objektiv auch den
Anforderungen aus §650p Abs. 2 Satz 1 entsprechen (→ Rdn. 30; im Ergebnis ebenso Fuchs,
NZBau 2015, 675, 681; BeckOK BauvertragsR, §650r Rdn. 38; a. A. Orlowski, ZfBR 2016,
419, 436).

Erstaunlich ist, dass bei Verträgen, die mit einem Verbraucher als Besteller abgeschlossen 35
werden, keine Belehrung über die Rechtsfolgen vorgesehen ist. Die Begründung zum Regierungsentwurf schweigt sich hierzu aus und der Wortlaut ist nicht eindeutig.

Eine Frist zur Ausübung des Kündigungsrechtes ist nicht vorgesehen. Allerdings wird des- 36
halb in jedem Einzelfall zu prüfen sein, ob die Ausübung des Kündigungsrechtes nicht verwirkt
ist. Die Grundsätze zur Verwirkung kommen zur Anwendung (BeckOK BauvertragsR/Fuchs,
§650r Rdn. 58).

Liegen die Voraussetzungen für ein Kündigungsrecht des Architekten nicht vor und wird 37
dennoch eine Kündigungserklärung abgegeben, kommt eine Umdeutung in eine freie Kündigung nicht in Betracht, sofern nicht ausnahmsweise nach den vertraglichen Regelungen dem
Architekten ausnahmsweise (wirksam) ein freies Kündigungsrecht eingeräumt wurde. Ohne
eine derartige – unübliche – vertragliche Regelung steht dem Unternehmer kein freies Kündigungsrecht zu. Da es für den Fall der erforderlichen Zustimmung durch den Besteller mit §650r
Abs. 2 BGB eine Sonderregelung gibt, können die Voraussetzungen dieser Vorschrift auch nicht
durch einen Rückgriff auf das außerordentliche Kündigungsrecht in §648a BGB umgangen
werden (Deckers, ZfBR 2017, 523, 540; BeckOK BauvertrR/Fuchs BGB §650r Rn. 59).

§ 650r

IV. Verhältnis der Zustimmung zum Kündigungsrecht des Bestellers

38 Mangelt es an einer ordnungsgemäßen Belehrung über das Kündigungsrecht bei einem Vertrag, der von einem Verbraucher als Besteller abgeschlossen wurde, besteht das Kündigungsrecht fort (→ Rdn. 19). Es kann dann auch im weiteren Planungsverlauf und auch noch während der Ausführungsphase ausgeübt werden. Fraglich ist, wie sich eine Zustimmungserklärung zu den Planungsgrundlagen auf das weiterhin bestehende Kündigungsrecht auswirkt. Denkbar wäre, dass mit der Zustimmungserklärung ein konkludenter Verzicht auf das Kündigungsrecht verbunden ist (für Erlöschen des Kündigungsrechtes: Berger in Langen/Berger/Dauner-Lieb, § 650r Rdn. 32; BeckOK BauvertragsR/Fuchs, § 650r Rdn. 37). Dies setzt allerdings voraus, dass bei einem Besteller Erklärungsbewusstsein im Hinblick darauf vorhanden ist, dass sein Verhalten als Verzicht auf das Kündigungsrecht aufgefasst werden kann. Wenn dem Besteller das Bestehen des Kündigungsrechtes unbekannt ist, mangelt es am erforderlichen Erklärungsbewusstsein. Darüber hinaus wäre dann auch der Empfänger der Erklärung, der über das Kündigungsrecht hätte aufklären müssen, nicht schutzbedürftig (hierzu BGH, Urt. v. 29.11.1994 – XI ZR 175/93). Bei einem Verbraucher als Besteller, der über das Bestehen des Kündigungsrechtes nicht belehrt wurde, wird deshalb ein konkludenter Verzicht auf das Kündigungsrecht mittels der Zustimmungserklärung nicht in Betracht kommt. Beim Unternehmer als Besteller sieht dies jedoch anders aus. In diesem Fall wird in der Abgabe der Zustimmungserklärung regelmäßig ein Verzicht auf das Kündigungsrecht liegen. Der Architekt/Ingenieur als Empfänger der Erklärung darf bei einem Unternehmer als Besteller davon ausgehen, dass die Regelungen des § 650r Abs. 1 bekannt sind und deshalb das Verhalten des Bestellers (Zustimmungserklärung) als konkludenten Verzicht ansehen. Darüber hinaus greifen in diesen Fällen dann regelmäßig auch die Grundsätze zur Verwirkung (→ Rdn. 19).

D. § 650r Abs. 3 Vergütungsanspruch bei Kündigung

39 In Abs. 3 ist die Rechtsfolge einer Kündigung durch den Besteller nach Abs. 1 und die Rechtsfolge einer Kündigung durch den Architekten/Ingenieur nach Abs. 2 geregelt. In diesen beiden Fällen beschränkt sich der Vergütungsanspruch des Architekten/Ingenieurs auf die Vergütung für die erbrachten Leistungen. Die Fälligkeit setzt die Abnahme dieser Leistungen voraus (Rodemann/Schwenker, ZfBR 2017, 731, 736; Rodemann IBR 2018, 45).

40 Aus § 650p Abs. 1 ergibt sich, dass der Architekt/Ingenieur immer nur die jeweils erforderlichen Planungs-/Überwachungsleistungen erbringen darf. Anspruch auf Vergütung für die erbrachten Leistungen besteht deshalb nur insoweit, als nicht verfrüht Leistungen erbracht wurden. Der Architekt kann deshalb auch keine Vergütung für Leistungen verlangen, die er nach Vorlage der Unterlagen gemäß § 650p Absatz 2 erbringt, bevor die Zustimmung des Bestellers erklärt wurde (Rodemann/Schwenker, ZfBR 2017, 731, 736; Rodemann IBR 2018, 45) Er muss zunächst die Reaktion des Bestellers abwarten.

41 Unklar ist, welche Vergütungsansprüche dem Architekten/Ingenieur zustehen, wenn er eine erforderliche Belehrung unterlassen hat (Verbraucher als Besteller) und deshalb die Kündigung zu einem späteren Zeitpunkt im Planungsprozess erfolgt. Nach dem Wortlaut der Regelung in § 650r Abs. 3 steht dem Architekten/Ingenieur in diesem Fall auch ein Vergütungsanspruch für die bis zur Kündigung erbrachten Leistungen zu. Allerdings ist zu beachten, dass nach der Rechtsprechung des Bundesgerichtshofes auch bei der Kündigung aus wichtigem Grund, bei der Vergütungsanspruch des Unternehmers auf die erbrachten Leistungen beschränkt ist, auch dieser Anspruch zu versagen sein kann, wenn bei einer vom Unternehmer zu vertretenden Kündigung die Leistungen nicht nachbesserungsfähig und für den Besteller nicht brauchbar oder ihre Verwertung unzumutbar ist (BGH, Urt. v. 24.06.1999 – VII ZR 196/98; BGH, Urt. v. 05.06.1997 – VII ZR 124/96).

42 Darüber hinaus macht sich der Architekt/Ingenieur schadensersatzpflichtig, wenn er seine Pflicht zur rechtzeitigen Belehrung über das Kündigungsrecht schuldhaft verletzt. Der Schadensersatzanspruch ist in diesem Fall auf die Befreiung von den Verbindlichkeiten gerichtet (Kniffka, BauR 2017, 1846, 1874). Allerdings gilt dies nicht für Vergütungsansprüche für Leistungen aus der Zielfindungsphase, da die Pflichtverletzung insoweit nicht ursächlich ist.

E. Abweichende Vereinbarungen

I. § 650r Absatz 1

Individualvertraglich kann das Sonderkündigungsrecht ausgeschlossen werden (Werner in Werner/Pastor Rdn. 1159f), nicht aber mittels AGB (Rodemann/Schwenker, ZfBR 2017, 731, 737; Deckers, ZfBR 2017, 523, 539), wobei sich hierauf der Besteller als Verwender nicht berufen kann. Mittels AGB des Unternehmers ist dies keinesfalls möglich (Werner in Werner/Pastor Rdn. 1159f.). Eine Verlängerung der Kündigungsfrist um einen angemessenen Zeitraum ist auch in AGB des Bestellers möglich (BeckOK BauvertragsR/Fuchs, § 650r Rdn. 42), was sich daraus ergeben dürfte, dass trotz der Abweichung vom Wortlaut des Gesetzes hiermit keine unangemessene Benachteiligung des Unternehmers verbunden ist. In der Literatur wird eine Verlängerung von bis zu 3 Monaten als zulässig angesehen (Berger in Langen/Berger/Dauner-Lieb, § 650r Rdn. 23; Beck OK BauvertragsR/Fuchs, § 650r Rdn. 28). 43

II. § 650r Absatz 2

Das Kündigungsrecht des Unternehmers kann mittels AGB des Bestellers nicht wirksam abbedungen werden (BeckOK BauvertragsR/Fuchs, 6.Ed. 31.07.2019, § 650r Rdn. 62). 44

III. Stufenweise Beauftragung

Im Hinblick auf die in der Praxis sehr häufig anzutreffende stufenweise Beauftragung ergeben sich durch § 650r BGB keine Einschränkungen für die vertragliche Regelung. Einerseits betrifft das Kündigungsrecht nach § 650r BGB einen früheren Zeitpunkt (Leinenbach ZfBR 2019, 15, 21) als die Beendigung der ersten Stufe regelmäßig vorsieht (Leistungsphase 4). Andererseits betrifft die Vereinbarung der stufenweisen Beauftragung den Inhalt der Leistungspflichten und ist damit einer Inhaltskontrolle nach § 307 BGB entzogen. 45

In der Literatur (Felix Pause, ZfBR 2018, 211 ff.) wird die Auffassung vertreten, dass Klauseln in AGB des Bestellers, die eine stufenweise Beauftragung und von der Regelungssystematik her eine Bindungsfrist betreffend die Angebotserklärung für die weitere Leistungserbringung von 24 Monaten oder länger enthalten, wegen unangemessener Benachteiligung für unwirksam angesehen, wobei dieses Ergebnis mit der Heranziehung der Wertungen des § 648a und 650r BGB begründet wird. Bei der Interessenabwägung führten diese Regelungen und die hierdurch begründete Möglichkeit des AG, sich vom Vertrag zu lösen, dazu, dass die Interessensabwägung im Hinblick auf die Bindungsfrist zu Gunsten des Architekten/Ingenieurs ausfalle. Dieser Auffassung ist nicht zu folgen. Die Regelungen in §§ 648a und 650r BGB haben andere Zielrichtungen und sollen dem Besteller die Beendigung des Vertrages bei Vorliegen besonderer Umstände ermöglichen. Es verbleibt daher bei der Rechtsprechung zur angemessenen/unangemessenen Länge der Bindungsfrist von Angebotserklärungen. 46

F. Darlegungs- und Beweislast

I. § 650r Absatz 1

Für die Voraussetzungen des Sonderkündigungsrechtes trägt der Besteller die Beweislast, also für die Vorlage der Unterlagen, genauso auch für den rechtzeitigen Zugang der Kündigungserklärung (Kniffka/Retzlaff BauR 2017, 1747, 1871). Behauptet der Unternehmer, dass die Frist früher begonnen habe und das Kündigungsrecht untergangen ist, hat er den früheren Zeitpunkt des Zugangs der Unterlagen zu beweisen (BeckOK BauvertragsR/Fuchs, § 650r Rdn. 39). Die ordnungsgemäße Belehrung hat ebenfalls der Unternehmer zu beweisen. Behauptet der Besteller, dass die Unterlagen nicht ordnungsgemäß waren und deshalb die Frist zur Kündigung noch nicht zu laufen begonnen habe, trägt der Unternehmer die Beweislast für die Ordnungsgemäßheit der Unterlagen. Den Besteller trifft die Erstdarlegungslast. 47

II. § 650r Absatz 2

48 Für die Voraussetzungen des Sonderkündigungsrechtes nach Absatz 2 ist der Unternehmer darlegungs- und beweispflichtig, genauso auch für den Zugang der Kündigungserklärung in der richtigen Form. Wird gerügt, dass die Unterlagen nicht ordnungsgemäß waren und deshalb die Voraussetzungen für eine Kündigung nicht vorlagen, trägt die Beweislast für die Ordnungsgemäßheit der Unterlagen der Unternehmer, den Besteller trifft die Erstdarlegungslast.

§ 650s BGB Teilabnahme

Der Unternehmer kann ab der Abnahme der letzten Leistung des bauausführenden Unternehmers oder der bauausführenden Unternehmer eine Teilabnahme der von ihm bis dahin erbrachten Leistungen verlangen.

Übersicht

	Seite
A. Systematik	1121
B. Die Abnahme beim Architekten- und Ingenieurvertrag	1121
I. Abnahmefähigkeit	1121
II. Abnahmereife Leistung	1122
III. Ausdrückliche Abnahme	1122
IV. Konkludente Abnahme	1122
1. Grundlagen und Rechtsprechung	1122
2. Stellungnahme	1124
V. Abnahme beim gekündigten Architekten- und Ingenieurvertrag	1125
VI. Eintritt der Abnahmewirkungen ohne Abnahme	1125
1. Fälligkeit des Werklohnanspruchs, Beginn der Verjährungsfrist für Mängelansprüche und Geltendmachung von Mängelrechten nach § 634 BGB	1125
2. Andere Abnahmewirkungen	1127
a) Bei unberechtigter Abnahmeverweigerung	1127
b) Leistungsverweigerungsrecht und Druckzuschlag nach § 641 Abs. 3 BGB	1127
c) Darlegungs- und Beweislast	1128
d) Gefahrtragung	1128
VII. Teilabnahme beim Architekten- und Ingenieurvertrag	1128
1. Grundlagen	1128
2. Teilabnahme/Abnahme bei der stufenweisen Beauftragung	1129
VIII. Sonderproblem: Verjährungsbeginn bei Übernahme der Objektbetreuung	1130
1. Grundlagen zum Verjährungsbeginn	1130
2. Darlegungs- und Beweislast	1132
C. Voraussetzungen für eine Teilabnahme nach § 650s	1132
I. Abnahme der letzten Ausführungsleistung	1132
1. Letzte Abnahme der Ausführungsleistung	1132
2. Vielzahl von Teilabnahmen?	1133
3. Abnahme unter Vorbehalt der Mängelrechte	1133
4. Fiktive Abnahme, Abnahmeverweigerung, Abrechnungsverhältnis	1133
a) Fiktive Abnahme nach § 640 Abs. 2 BGB	1133
b) Unberechtigte Abnahmeverweigerung	1134
c) Berechtigte endgültige Abnahmeverweigerung, Abrechnungsverhältnis	1134
5. Abnahmeerklärung ohne Abnahmereife	1134
6. Unternehmer: Objektplaner und Fachplaner	1134
a) Grundsatz	1134
b) Kongruenz von Planungs- und Ausführungsleistung	1135
c) Leistungsbild Objektplanung Gebäude Innenräume, Freianlagen, Ingenieurbauwerke, Verkehrsanlagen und Technische Ausrüstung	1136
d) Leistungsbild Tragwerksplanung	1137
II. Teilabnahme der vom Architekten/Ingenieur erbrachten Leistungen	1137
1. Verlangen	1137
2. Arten der Abnahme	1137
a) Konkludente Teilabnahme	1137
b) Fiktive Teilabnahme	1138
c) Abnahmewirkungen ohne Abnahme	1138
3. Abnahmereife der erbrachten Leistungen	1138

Teilabnahme **§ 650s**

   III. Rechtsfolgen der Teilabnahme 1139
D. Klauselkontrolle 1140

A. Systematik

§ 650s ergänzt die auf den Architekten-/Ingenieurvertrag anwendbaren Regelungen aus 1
dem Untertitel 1 und die zusätzlich anzuwendenden Regelungen aufgrund der Verweisungen
in § 650q um eine speziell auf den Architekten-/Ingenieurvertrag zugeschnittene Abnahmeregelung.

   § 640 Abs. 1 Satz 1 BGB enthält einen Anspruch auf Abnahme des vertragsgemäß hergestell- 2
ten Werkes. Hierbei handelt es sich um die einmalige Abnahme nach vollständiger Erbringung
der vollständigen Leistung und Herstellung der Abnahmereife. Einen gesetzlichen Anspruch
auf Durchführung einer oder mehrerer Teilabnahmen sieht das Gesetz bisher nicht vor. Auch
die Neufassung enthält keine generelle Regelungen für alle werkvertraglichen Leistungen,
sondern nur die Spezialregelung für Architekten- und Ingenieurverträge in § 650s.

   Der Gesetzgeber wollte mit dieser Regelung, unter Rückgriff auf Vorarbeiten in der Li- 3
teratur (Leupertz, BauR 2009, 393, 400: Teilabnahme nach Abnahme des letzten Ausführungsgewerkes)einen Gleichlauf der Verjährungsfristen für Mängelansprüche des Bestellers
gegen Architekten und Ingenieure einerseits und die ausführenden Unternehmer andererseits
herbeiführen (Begründung zum Regierungsentwurf BT-Drucks. 18/8486 Seite 70), wird dies
mit der vorliegenden Regelung aber letztlich nicht erreichen. Auch die weitere Begründung,
wonach bei vorrangiger Inanspruchnahme des Architekten ein Regress beim Bauunternehmer
aufgrund abgelaufener Verjährungsfrist nicht möglich sein soll, ist wegen der eigenständigen
Verjährung des Gesamtschuldnerausgleichsanspruchs unzutreffend (kritisch Kniffka, BauR
2017, 1874; Fuchs NZBau 2015, 675, 683; Schwenker/Wessel in Messerschmidt/Voit § 650s
Rn. 8 ff.; BeckOK BauvertragsR/Preussner § 650s Rn. 7.2; a. A. – in Teilen- Leinemann NJW
2017, 3113, 3119). Die Verjährungsfristen sind auch teilweise unterschiedlich, genauso auch der
Beginn derselben. Keine Bedeutung hat § 650s für den Planer, dessen Leistungen vor Beginn
der Ausführungsleistungen beendet sind, also beispielsweise bei Beauftragung bis einschließlich
LP 7. Da die Leistungen des Planers beendet sind, bevor es zur Abnahme der Ausführungsleistungen kommt, kann der Planer zuvor bereits nach § 640 Abs. 1 die Abnahme seiner Leistungen
verlangen und ist nicht auf die Teilabnahme angewiesen.

   Bislang in § 641 Abs. 1 Satz 2 vorausgesetzt und auch weiterhin möglich ist die vertragliche 4
Vereinbarung von Teilabnahmen (→ Rdn. 43). Da sich bei Vereinbarung der Leistungsphase 9
aus den Anlagen zur HOAI die Leistungserbringung und damit die Abnahmereife der Architektenleistung mehrere Jahre nach Fertigstellung des Objekts hinauszögern kann, was letztlich
zu einem deutlichen Hinausschieben des Endzeitpunktes der Verjährungsfrist für Mängelansprüche des Bauherrn gegen den Architekten/Ingenieur führt, wollte der Gesetzgeber einen
gesetzlichen Anspruch auf Durchführung einer Teilabnahme einführen. Den Architekten/
Ingenieuren ist es in der Praxis nicht stets gelungen, Teilabnahmen vertraglich zu vereinbaren
bzw. vereinbarte Teilabnahmen durchzuführen.

   Im Hinblick auf die Grundlagen zur Abnahme wird auf die Ausführungen bei § 640 ver- 5
wiesen (→ § 640 BGB Rdn. 1 ff.). Nachfolgend werden die Besonderheiten, die beim Architekten- und Ingenieurvertrag im Hinblick auf die Abnahme zu beachten sind, dargestellt.

B. Die Abnahme beim Architekten- und Ingenieurvertrag

I. Abnahmefähigkeit

   Das Gesetz ist auch auf Architekten- und Ingenieurverträge anwendbar. Diese Leistungen 6
sind abnahmefähig (BGH, Urt. v. 9.7.1962 – VII ZR 98/61; Urt. v. 18.9.1967 – VII ZR 88/65;
Urt. v. 29.10.1970 – VII ZR 14/69; Urt. v. 2.3.1972 – VII ZR 146/70; PWW/Halfmeier/
Leupertz, § 640 BGB Rdn. 3). Die Architekten-/Ingenieurleistung muss vertragsgemäß, ohne
wesentliche Mängel hergestellt sein, um einen Anspruch auf Abnahme auszulösen (Einzelheiten
→ § 640 BGB Rdn. 24 ff.).

II. Abnahmereife Leistung

7 Die Werkleistung muss abnahmereif erbracht sein. Dieses Merkmal bringt gerade bei Architektenverträgen verschiedene Schwierigkeiten mit sich. Dies gilt insbesondere bei Vereinbarung zur Erbringung von Leistungen der Leistungsphase 9 (Objektbetreuung und Dokumentation) → Rdn. 474, aber auch bei der Vereinbarung von Teilen der Planungsleistungen, bei denen üblicherweise Nacharbeiten zu einem späteren Zeitpunkt zu erbringen sind. Konkret geht es dabei häufig um die Fortschreibung der Ausführungsplanung als Grundleistung der Leistungsphase 5, die tatsächlich aber erst zu einem späteren Zeitpunkt, nämlich während der Ausführung des Bauvorhabens (zeitlich im Zusammenhang mit der Leistungsphase 8) erbracht werden. Sind nur die Leistungen der Leistungsphase 5 beauftragt oder liegen insoweit gesondert abzunehmende Stufen der Leistungserbringung vor, stellt sich die Frage, ob die Leistungen der Leistungsphase 5 erst nach Abschluss der Errichtung des Objekts und damit nach Abschluss der Fortschreibung der Ausführungspläne abgenommen werden können oder bereits vorher. Teilweise wird in der Rechtsprechung die Auffassung vertreten, dass die Abnahme nach Abschluss der (ersten) Ausführungsplanung die Abnahme erfolgen könne, auch ohne dass die Fortschreibung bereits vorgenommen sein müsse (OLG Köln, Beschl. v. 1.7.2020 – 7 U 163/19; OLG Düsseldorf Urt. v. 25.8.2015 – 23 U 13/13). Begründet wird dies damit, dass die Abnahme nicht voraussetze, dass tatsächlich jede Teilleistung vollständig erbracht ist. Das Fehlen kleinerer, die Gebrauchsfähigkeit nicht beeinträchtigender Teilleistungen schade nicht (BGH, Urt. v. 16.12.2003 – X ZR 129/01; BGH, Urt. v. 20.2.2014 – VII ZR 26/12; hierzu Koeble in Kniffka/Koeble/Jurgeleit/Sacher, Kompendium 11. Teil Rd.749). Eine konkludente Abnahme setzt dann aber immer voraus, dass das Werk jedenfalls nach den Vorstellungen des Auftraggebers im Wesentlichen mangelfrei fertiggestellt ist und – das ist der entscheidende Gesichtspunkt – der Auftragnehmer das Verhalten des Auftraggebers als Billigung seiner erbrachten Leistung als im Wesentlichen vertragsgerecht verstehen darf. Im Ergebnis erscheint die oben dargestellte Auffassung zur Fortschreibung der Ausführungsplanung deshalb vertretbar, wenn die Parteien nicht davon ausgehen, dass es tatsächlich zur Fortschreibung der Ausführungsplanung kommen wird. Allerdings dürften in diesen Fällen auch die Voraussetzungen für eine konkludente Vereinbarung einer Teilabnahme und Durchführung derselben gegeben sein.

III. Ausdrückliche Abnahme

8 Die ausdrückliche Abnahme, beispielsweise durch Unterzeichnung eines Abnahmeprotokolls, war in der Praxis bei Architekten- und Ingenieurleistungen in der Vergangenheit sehr selten anzutreffen. Da durch die Änderung der HOAI seit der Fassung 2013 für die Fälligkeit des Schlusszahlungsanspruchs nach § 15 Abs. 1 HOAI zusätzlich die Abnahme als Fälligkeitsvoraussetzung aufgenommen wurde, ändert sich dies derzeit. Es ist damit zu rechnen, dass es zukünftig vermehrt ausdrückliche Abnahmen von Architekten- und Ingenieurleistungen geben wird. Dies wird allerdings noch geraume Zeit in Anspruch nehmen. Die konkludente Abnahme spielt daher momentan noch eine ganz erhebliche Rolle.

IV. Konkludente Abnahme

9 ### 1. Grundlagen und Rechtsprechung

Sind entsprechende Anknüpfungstatsachen gegeben, kommt die konkludente Abnahme in Betracht (Einzelheiten → § 640 BGB Rdn. 51 ff.; und Überblick bei Koeble in Locher/Koeble/Frik, HOAI, Einl. Rdn. 213; Hille, NZBau 2013, 339 ff.). Eine konkludente Abnahme des Architekten- und Ingenieurwerks kann dann angenommen werden, wenn der Bauherr die fertiggestellte Leistung als vertragsgemäß entgegennimmt (BGH, Urt. v. 18.9.1967 – VII ZR 88/65). Das kann jedoch im Regelfall dann nicht angenommen werden, wenn wesentliche vertraglich geschuldete Leistungen des Architekten oder Ingenieurs noch ausstehen (BGH, Urt. v. 8.9.2016 – VII ZR 168/15; Urt. v. 10.10.2013 – VII ZR 19/12; BGH, Urt. v. 30.12.1963 – VII ZR 88/62; Urt. v. 6.2.1964 – VII ZR 99/62; Urt. v. 29.10.1970 – VII ZR 14/69; Urt. v. 29.10.1970 – VII ZR 14/69; Urt. v. 2.3.1972 – VII ZR 146/70; Urt. v. 2.12.1982 – VII ZR 330/81; Urt. v. 10.2.1994 – VII ZR 20/93; Urt. v. 20.10.2005 – VII ZR 155/04; Urt. v. 11.5.2006 – VII ZR 300/04; Beschl. v. 27.1.2011 – VII ZR 175/09; OLG Oldenburg Urt. v. 27.8.2019 – 2 U 102/19 Tz. 34; OLG Brandenburg Urt. v. 3.12.2014 – 4 U 40/14; kritisch hierzu Göpfert NZBau 2003, 139, 140). Grund hierfür ist, dass erst in diesem Zeitpunkt auch

Teilabnahme **§ 650s**

eine Überprüfbarkeit des Werkes als Voraussetzung für eine Abnahme gegeben ist. In jedem Fall ist der Ablauf einer angemessenen Prüffrist Voraussetzung für eine konkludente Abnahme. Ohne ausreichende Gelegenheit zur Prüfung kann der Architekt keine Billigung seines Werkes durch den Besteller erwarten (BGH, Urt. v. 26.9.2013 – VII ZR 220/12 Tz. 19f.).

Die Annahme einer konkludenten Abnahme bei noch fehlenden vertraglich geschuldeten 10 oder mangelhaften Leistungen, hat der BGH nur dann zugelassen, wenn Anhaltspunkte dafür vorlagen, das der Besteller die Werkleistung dennoch als im Wesentlichen vertragsgemäß billigt (BGH, Urt. v. 20.2.2014 – VII ZR 26/12 Tz. 18f.; BGH, Urt. v. 26.9.2013 – VII ZR 220/12 Tz.22; BGH, Urt. v. 18.2.2003 – X ZR 245/00; Urt. v. 10.6.1999 – VII ZR 170/98; Urt. v. 25.1.1973 – VII ZR 149/72). Ohne derartige Feststellungen kann eine konkludente Abnahme bei noch fehlenden vertraglichen Leistungen nicht angenommen werden.

Unter der Voraussetzung, dass das Werk im Wesentlichen fertiggestellt ist, können verschie- 11 dene Umstände zur Annahme einer konkludenten Abnahme führen:

Der in der Praxis derzeit wichtigste Anhaltspunkt für die Annahme einer konkludenten Abnahme ist die Bezahlung der Schlussrechnung bei im Wesentlichen fertiggestellten Architekten- oder Ingenieurleistungen (BGH, Urt. v. 27.9.2001 – VII ZR 320/00; Urt. v. 26.10.1978 – VII ZR 249/77; OLG Saarbrücken, Urt. v. 14.1.2010 – 8 U 570/08 für den Baugrundgutachter; OLG Brandenburg, Urt. v. 1.2.2017 – 4 U 30/15; KG, Beschl. v. 28.4.2016 – 21 U 172/14, BGH, Beschl. v. 29.3.2017 – VII ZR 136/16 – Nichtzulassungsbeschwerde zurückgewiesen; OLG Brandenburg, Urt. v. 3.6.2016 – 11 U 183/14; OLG Köln, Beschl. v. 21.2.2019 – 16 U 140/18; OLG Stuttgart Beschl. v. 6.2.2018 – 10 U 118/17 – BGH Beschl. v. 21.11.2018 – VII ZR 267/17 Nichtzulassungsbeschwerde zurückgewiesen).

Anknüpfungspunkt für die Annahme einer konkludenten Abnahme kann auch der Ab- 12 lauf einer angemessenen Prüffrist nach Bezug des Objekts sein, wenn keine Mängel gerügt werden (BGH, Urt. v. 26.9.2013 – VII ZR 220/12; Urt. v. 20.9.1984 – VII ZR 377/83; Urt. v. 28.4.1992 – X ZR 27/91; OLG Schleswig, Hinweisbeschl. v. 2.1.2018 – 7 U 90/17; a. A. OLG Brandenburg Urt. v. 3.12.2014 – 4 U 40/14 – bloßer Zeitablauf nicht ausreichend). Im zuerst angeführten Fall wurde eine Frist von 6 Monaten angesetzt. Hierbei muss allerdings berücksichtigt werden, dass es sich um ein Einfamilienhaus, wenn auch um eine denkmalgeschützte Villa, handelte. Die Angemessenheit der Prüffrist hängt davon ab, wie komplex die zu prüfende Werkleistung ist. Das OLG Düsseldorf hat bei Bodenbelagsarbeiten eine 2-monatige Prüffrist angenommen (Urt. v. 8.4.2016 – I 22 U 165/15; für 6-Monatsfrist: OLG Brandenburg, Urt. v. 3.6.2016 – 11 U 183/14; OLG Brandenburg, Urt. v. 3.12.2014 – 4 U 40/14; OLG Karlsruhe, Urt. v. 5.2.2016 – 8 U 16/14). Es muss unbedingt beachtet werden, dass Anknüpfungspunkt nicht die Inbenutzungnahme, sondern das Nichtrügen von Mängeln nach Ablauf einer angemessenen Prüffrist ist.

Eine konkludente Abnahme scheidet dann aus, wenn Mängel gerügt werden (OLG Mün- 13 chen Urt. v. 15.1.2020 – 20 U 1051/19; OLG Karlsruhe, Urt. v. 5.2.2016 – 8 U 16/14; OLG Koblenz, Urt. v. 19.10.2016 – 5 U 458/16).

Alleine die Abnahme der Werkleistung des ausführenden Unternehmers führt nicht zu einer 14 (konkludenten) Abnahme der Architektenleistung (OLG Celle, Urt. v. 23.12.2014 – 14 U 78/14). Ist der Architekt mit den Leistungen der Leistungsphase 8 aus der Anlage 10.1 HOAI beauftragt, kommt eine konkludente Abnahme erst nach Beseitigung der bei der Abnahme der Ausführungsleistungen protokollierten Mängel in Betracht, da der Architekt die Überwachung der Beseitigung dieser Mängel im Rahmen der Leistungsphase 8 schuldet (BGH, Urt. v. 10.1.2019 – VII ZR 184/17).

Die konkludente Abnahme der Leistungen des nur mit der Genehmigungsplanung (Leis- 15 tungsphasen 3 und 4) beauftragten Architekten wird in der Unterzeichnung und Einreichung der genehmigungsfähigen Bauunterlagen bei der Baubehörde zu sehen sein, denn mit ihr billigt der Besteller die Planung im Sinne einer Abnahme (OLG Brandenburg, Urt. v. 16.3.2016 – 4 U 19/15; OLG Köln Beschl. v. 21.2.2019 – 16 U 140/18).

Für den Fall, dass nur Teile der Planungsleistungen beauftragt waren, soll eine konkludente 16 Abnahme dieser Planungsleistungen nicht voraussetzen, dass das Objekt errichtet oder fertiggestellt ist. Die Überprüfbarkeit der Planunterlagen soll dabei ausreichen (OLG Köln Beschl. v. 1.7.2020).

Eine konkludente Abnahme kann vorliegen, wenn der Besteller die Pläne eines Statikers oder 17 Architekten entgegennimmt und ihm gegenüber zu erkennen gibt, er wolle die Leistung als in der Hauptsache dem Vertrag entsprechend entgegennehmen (BGH, Urt. v. 6.2.1964 – VII

§ 650s

ZR 99/62; Urt. v. 18.9.1967 – VII ZR 88/65; Urt. v. 15.11.1973 – VII ZR 110/71). Dies ist etwa der Fall, wenn der Besteller die noch nicht vollständigen statischen Berechnungen und Pläne entgegennimmt, die Rechnung des Tragwerksplaners vollständig bezahlt und mehrere Monate (konkret 3 Monate) nach Einzug in das nahezu fertiggestellte Bauwerk keine Mängel der Tragwerksplanung rügt (BGH, Urt. v. 25.2.2010 – VII ZR 64/09). Allerdings reicht die interne Weiterleitung von Statikunterlagen an den Prüfingenieur nicht aus, da das schlüssige Verhalten nach außen hervortreten muss (BGH, Urt. v. 15.11.1973 – VII ZR 110/71).

18 Auch die Fortführung der Folgearbeiten ohne Rüge von Mängeln hat der Bundesgerichtshof als Anknüpfungspunkt für eine konkludente Abnahme der Statikerleistung angesehen, wenn der Statiker die Tragwerksplanung für den Rohbau zu erstellen hatte und der Besteller – nach Fertigstellung des Rohbaus – die Arbeiten ohne Beanstandung fortführt, z.B. indem er den Außenputz aufbringt (BGH, Urt. v. 18.9.1967 – VII ZR 88/65). Allerdings wurde im entschiedenen Fall auch noch eine Zahlung auf die Schlussrechnung geleistet. Die Entscheidung dürfte deshalb nicht verallgemeinerungsfähig sein.

19 Eine konkludente Abnahme des vollendeten Architektenwerkes hat der Bundesgerichtshof auch bejaht, wenn der Besteller bei der abschließenden Besprechung der Schlussabrechnung der Handwerker zum Ausdruck gebracht hat, dass er die Architektenleistungen als im Wesentlichen vertragsgerecht anerkennt. Es schadet nicht, dass der Architekt nachträglich noch Aufträge zur Mängelbeseitigung erteilt und eine vorgenommene Wohnflächenberechnung und Nutzflächenberechnung neu erstellt (BGH, Urt. v. 2.3.1972 – VII ZR 146/70). Gleiches kann der Fall sein, wenn der Besteller den Architekten zur Stellung der Schlussrechnung auffordert. Dieses Verhalten kann so zu verstehen sein, dass der Besteller keine wesentlichen Leistungen mehr erwartet (OLG Stuttgart Beschl. v. 6.2.2018 – 1– U 118/17; BGH Beschl. v. 21.11.2018 – VII ZR 267/17 (Nichtzulassungsbeschwerde zurückgewiesen).

2. Stellungnahme

20 Der BGH hat schon immer betont, dass es für die Annahme einer konkludenten Abnahme nicht alleine auf objektive Sachverhalte, wie beispielsweise die Inbenutzungnahme oder die Bezahlung der Schlussrechnung ankomme, sondern nur maßgeblich ist, wie dieses Verhalten aus Sicht des Unternehmers zu werten ist. Es wurde auch immer ausdrücklich darauf abgestellt, dass für den Besteller eine ausreichend bemessene Prüffrist abgelaufen sein muss, damit er Gelegenheit hatte, die Werkleistung auf Ihre Vertragsgemäßheit hin zu überprüfen (BGH, Urt. v. 26.9.2013 – VII ZR 220/12; BGH, Urt. v. 25.2.2010 – VII ZR 64/09). Daraus ergibt sich, dass ein objektiver Sachverhalt nur dann zur Annahme einer konkludenten Abnahme führen kann, wenn der Besteller aus Sicht des Unternehmers genügend Gelegenheit und die Möglichkeit hatte, die Werkleistung zu prüfen (BeckOK BGB/Voit BGB § 640 Rn. 8). Wenn dies nicht der Fall ist, kann beispielsweise die Bezahlung der Schlussrechnung auch aus Sicht des Unternehmers keine Billigung der Werkleistung als im Wesentlichen vertragsgemäß darstellen. Eine Schlussrechnung kann aus vielen Gründen außerhalb einer Billigung bezahlt werden, sei es aus Nachlässigkeit, sei es um Fördergelder zu erhalten oder um einem Streit mit dem Unternehmer aus dem Weg zu gehen. Wenn in dieser Situation dem Unternehmer bewusst ist, dass der Besteller die Werkleistung noch gar nicht prüfen konnte, kann mit den objektiven Sachverhalten keine Billigung verknüpft werden. Es erscheint daher eine differenzierte Sichtweise geboten, bei der einerseits die in Frage stehende Werkleistung ihrer Art im Hinblick auf die Prüfbarkeit nach berücksichtigt wird, aber auch die Person des Bestellers und dessen Wissen maßgeblich ist. Werden z.B. Vermessungsleistungen („Einschneiden" des Schnurgerüstes) in Auftrag gegeben, ist für den Vermesser erkennbar, dass der Besteller diese Werkleistung nicht ohne weiteres auf Richtigkeit hin kontrollieren kann. Dies ist erst der Fall, wenn gebaut wird und sich dabei dann herausstellt, ob richtig vermessen wurde. Wird in dieser Situation unmittelbar nach Erstellen des Schnurgerüstes die Schlussrechnung bezahlt, kann dieser Umstand aus Sicht des Vermessers keine Billigung der Werkleistung darstellen, da er weiß, dass der Besteller die Werkleistung noch gar nicht auf Richtigkeit hin überprüft hat und überprüfen konnte. Gleiches gilt für die statische Berechnung. Wird diese übergeben, kann ein normaler Besteller diese nicht überprüfen, was dem Tragwerksplaner auch bekannt ist. Im vom BGH entschiedenen Fall (→ Rdn. 17) war das Objekt fast vollständig errichtet. Auch der oben beschriebene Fall (→ Rdn. 16) der Übergabe von Planunterlagen und Fortführung der Planung durch einen anderen Architekten und die Umsetzung der Planung zu einem späteren Zeitpunkt gehört hierher. In all diesen Fällen, sollte nach hier vertretener Auffassung darauf abgestellt werden, ob der Unternehmer davon ausgehen konnte, dass eine Überprüfung durch den Besteller möglich ist und nur dann –

nach Ablauf einer ausreichend bemessenen Prüffrist – anhand objektiver Anknüpfungspunkte, wie z. B. der Ausgleich der Schlussrechnung oder die Benutzung ohne Rüge von Mängeln als Grundlage für die Annahme einer konkludenten Abnahme herangezogen werden. Nach a. A. (KG Beschl. v. 23.08.2013 – 9 U 115/12) soll es unerheblich sein, ob der Auftraggeber die Leistung mangels fachlicher Spezialkenntnisse nicht überprüfen kann. Es genüge, wenn er ausreichend Gelegenheit zur Prüfung hat. Ob er von dieser Möglichkeit tatsächlich Gebrauch mache, soll ohne Belang sein). Da es aber nur um die Sichtweise des Unternehmers gehen kann und darum, wie er ein bestimmtes Verhalten des Bestellers objektiv verstehen kann, weckt die vorstehende Auffassung doch erhebliche Bedenken, wenn dem Unternehmer bewusst ist, dass der Besteller seine Werkleistung gar nicht überprüfen konnte und ihm auch nicht positiv bekannt ist, dass der Besteller sich zusätzlicher Erkenntnismöglichkeiten zur Überprüfung bedient hat. Für den Unternehmer ist dieses Ergebnis auch nicht unangemessen benachteiligend, da er den Weg über § 640 Abs. 2 BGB (Fiktive Abnahme) gehen kann.

V. Abnahme beim gekündigten Architekten- und Ingenieurvertrag

Auch beim Architektenvertrag treten die Abnahmewirkungen nach einer Kündigung des Vertrages grundsätzlich nur durch die Abnahme der bis dahin erbrachten Werkleistung ein (BGH, Beschl. v. 10.3.2009 – VII ZR 164/06; vgl. zum Bauvertrag BGH, Urt. v. 19.12.2002 – VII ZR 103/00; Urt. v. 11.5.2006 – VII ZR 146/04). Sofern die Abnahme nicht ausdrücklich erklärt wird, ist auch in dieser Situation eine konkludente Abnahme durch den Auftraggeber denkbar.

VI. Eintritt der Abnahmewirkungen ohne Abnahme

1. Fälligkeit des Werklohnanspruchs, Beginn der Verjährungsfrist für Mängelansprüche und Geltendmachung von Mängelrechten nach § 634 BGB

Einzelne Abnahmewirkungen können auch beim Architektenvertrag ohne Abnahme eintreten (vgl. → § 640 BGB Rdn. 43 zur endgültigen Abnahmeverweigerung; → § 641 BGB Rdn. 3 ff. zur Fälligkeit des Werklohnanspruchs). Noch nicht abschließend geklärt ist, welche Abnahmewirkungen beim Vorliegen welcher Umstände eintreten. Die bislang zum Bauwerkvertrag und Architektenvertrag ergangene Rechtsprechung lässt sich wie folgt zusammenfassen:

Die unberechtigte Abnahmeverweigerung durch den Besteller führt zur Fälligkeit des Werklohnanspruchs (BGH, Beschl. v. 18.5.2010 – VII ZR 158/09; → § 641 BGB Rdn. 7).

Ferner soll auch die berechtigte, endgültige Abnahmeverweigerung des Bestellers zum Beginn der Verjährungsfrist (→ § 634a BGB Rdn. 45; BGH, Urt. v. 30.9.99 – VII ZR 162/97; OLG Rostock Urt. v. 11.7.2006 – 4 U 128/04; OLG Brandenburg, Urt. v. 16.3.2016 – 4 U 19/15) führen. In diesem Fall der endgültigen Abnahmeverweigerung, wird keine Erfüllung mehr verlangt, mit dem Ergebnis, dass die Verjährungsfrist aufgrund der endgültigen Abnahmeverweigerung zu laufen beginnt Jurgeleit in Kniffka/Koeble/Jurgeleit/Sacher, Kompendium 3. Teil Rd. 61). Liegt demgegenüber eine berechtigte Abnahmeverweigerung vor, da wesentliche Mängel vorhanden sind, handelt es sich dabei jedoch nicht um eine endgültige, sondern um eine vorläufige Verweigerung bis zur Beseitigung der Mängel, wird weiterhin Erfüllung des Vertrages verlangt. Die Abnahmewirkungen treten dann nicht mit der Verweigerung ein (→ § 634a BGB Rdn. 46).

Zum Beginn der Verjährungsfrist für Mängelansprüche des Bestellers und zur Fälligkeit des Werklohnanspruchs des Unternehmers kommt es auch, wenn der Besteller keine Erfüllung des Vertrages mehr verlangt oder das vertragliche Erfüllungsverhältnis aus anderen Gründen in ein Abwicklungs- und Abrechnungsverhältnis umgewandelt wird (Einzelheiten zur Fälligkeit des Vergütungsanspruchs → § 641 BGB Rdn. 9 ff.; Einzelheiten zum Verjährungsbeginn → § 634a BGB Rdn. 47; BGH, Urt. v. 24.2.2011 – VII ZR 61/10; BGH, Urt. v. 8.7.2010 – VII ZR 171/08), der Besteller beispielsweise nur noch Schadensersatz oder Minderung verlangt (BGH, VUrt. v. 10.10.2002 – VII ZR 315/01; OLG Brandenburg Urt. v. 8.11.2018 – 12 U 25/16; OLG München, Beschl. v. 26.8.2015 – 27 U 520/15 Bau; OLG Brandenburg, Urt. v. 3.12.2014 – 4 U 40/14: bei Weigerung, Resthonorar zu zahlen und Erhebung einer Schadensersatzklage). Alleine die Eröffnung eines Insolvenzverfahrens führt nicht zu einem Abrechnungsverhältnis (BGH, Urt. v. 9.11.2017 – VII ZR 116/15).

§ 650s

26 Zum Beginn der Verjährungsfrist für Mängelansprüche kommt es auch dann, wenn eine Erfüllung nicht mehr möglich ist, weitere Leistung gar nicht mehr erbracht werden können (OLG Schleswig, Urt. v. 28.4.2017 – 1 U 165/13; OLG Brandenburg, Urt. v. 10.1.2012 – 11 U 50/10; OLG München, Urt. v. 17.7.2012 – 13 U 4106/11 Bau). Die Verjährungsfristen betreffend die ausführenden Unternehmer waren in den drei Fällen bereits abgelaufen, eine Objektbegehung bei Beauftragung der Leistungsphase 9 nach Ansicht des OLG Schleswig nicht mehr „sinnvoll". Zu den weiteren Leistungen der LP 9 enthielten die Entscheidungen keine Ausführungen. Die Entscheidungen sind jedoch fragwürdig, da eine Objektbegehung nicht alleine aufgrund des Ablaufs der Verjährungsfristen gegenüber den ausführenden Unternehmen keinen Sinn macht. Einerseits hat die Feststellung von Mängeln für den Bauherrn eine eigenständige Bedeutung. Andererseits kann eine hierdurch ermöglichte Mangelbeseitigungsaufforderung trotz eingetretener Verjährung zur Mangelbeseitigung durch den Unternehmer führen. Das Ergebnis ist allerdings dann zutreffend, wenn keine weiteren Leistungen vom Besteller gewünscht werden.

27 Nach Auffassung des OLG München, wird der Werklohnanspruch auch ohne Abnahme dann fällig, wenn eine Mangelbeseitigung unmöglich ist, da der Besteller eine erforderliche Planungsentscheidung nicht trifft (Urt. v. 20.12.2016 – 9 U 1430/16 Bau). Dass eine (endgültige) Unmöglichkeit der Mangelbeseitigung zur Entbehrlichkeit der Abnahme führen kann, ist zutreffend. Nicht zutreffend ist jedoch die Annahme des OLG, dass dies auch dann der Fall ist, wenn die (vorübergehende) Unmöglichkeit darauf beruht, dass der Besteller eine erforderliche Planungsentscheidung noch nicht getroffen hat. Dies kann noch geschehen. Bis dahin ist der Unternehmer auf seine Rechte aus §§ 642, 643 BGB zu verweisen.

28 Eine endgültige Abnahmeverweigerung kann auch in der Kündigung des Architektenvertrages bei gleichzeitiger Erteilung eines Baustellenverbots liegen (OLG Düsseldorf, Urt. v. 2.7.2009 – 5 U 170/08). Gleiches gilt, wenn nach der Kündigung keine Maßnahmen der Nachbesserung/Nacherfüllung akzeptiert werden (KG Urt. v. 10.7.2018 – 21 U 152/17).

29 Auch ohne Abnahme kann der Besteller die Mängelrechte nach § 634 Nr. 2–4 BGB geltend machen, wenn das Vertragsverhältnis dadurch in ein Abrechnungsverhältnis übergegangen ist, dass der Besteller die Minderung erklärt oder Schadensersatz statt der Leistung in Form des kleinen Schadensersatzes verlangt hat, nachdem der Unternehmer das Werk als fertiggestellt zur Abnahme angeboten hat (BGH, Urt. v. 19.1.2017 – VII ZR 235/15; Urt. v. 19.1.2017 – VII ZR 193/15; Einzelheiten → § 634 BGB Rdn. 8 ff.; kritisch hierzu Voit, NZBau 2017, 521, 522, der die Geltendmachung der Mängelrechte vor der Abnahme auch dann zulassen will, wenn der Unternehmer das Werk zur Abnahme anbietet). In beiden Fällen geht es dem Besteller nicht mehr um die Erfüllung des Vertrages. Bei Geltendmachung des Schadensersatzanspruchs ist der Anspruch auf die Leistung nach § 281 Abs. 4 BGB ausgeschlossen. Der Besteller kann ohne Abnahme ferner die Mängelrechte nach § 634 Nr. 2–4 BGB dann geltend machen, wenn er die (Nach-)Erfüllung durch den Unternehmer, der ihm das Werk als fertiggestellt zur Abnahme angeboten hat, ernsthaft und endgültig ablehnt (BGH, Urt. v. 19.1.2017 – VII ZR 301/13).

30 Anders liegt die Sache aber dann, wenn der Besteller Vorschuss nach § 634 Nr. 2, 637 Abs. 1, Abs. 3 BGB begehrt, ohne dass die zuvor geschilderten zusätzlichen Voraussetzungen vorliegen (ernsthafte und endgültige Ablehnung). In diesem Fall ist der Besteller berechtigt, auch weiterhin den (Nach-)Erfüllungsanspruch geltend zu machen. Der Erfüllungsanspruch erlischt nicht. In diesem Fall kann der Vorschussanspruch nicht vor der Abnahme geltend gemacht werden (BGH, Urt. v. 19.1.2017 – VII ZR 301/13; → § 634 BGB Rdn. 15).

31 Haben sich Planungs- oder Überwachungsfehler im Bauwerk bereits verkörpert, kann eine Nachbesserung nicht mehr zu dem geschuldeten Erfolg führen (BGH, Urt. v. 28.1.2016 – VII ZR 266/14). Auch in diesem Fall stehen dem Besteller die Mängelrechte auch ohne Abnahme zur Verfügung (zutreffend OLG München, Urt. v. 30.8.2017 – 13 U 4374/15 Bau).

32 In der Literatur (Koeble, BauR 2012, 1153, 1155) wird erwogen, bei einer Kündigung im Hinblick auf den Beginn der Verjährungsfrist für Mängelansprüche den Übergang in ein Abwicklungs- und Abrechnungsverhältnis anzunehmen. Im Hinblick auf die Werklohnfälligkeit wird vom BGH auch bei einer Kündigung die Abnahme gefordert (Urt. v. 11.5.2006 – VII ZR 146/04). Da es nach einer Kündigung zwar nicht mehr zu zusätzlich, bislang noch nicht erbrachten Leistungen, aber durchaus zur Beseitigung von Mängeln bislang erbrachter Leistungen kommen kann, erscheint es richtig, auch den Beginn der Verjährungsfrist für Mängelansprüche bei einer Kündigung an die Abnahme zu knüpfen.

33 Bei den bislang entschiedenen Fällen ging es um drei der Abnahmewirkungen, nämlich um den Beginn der Verjährungsfrist für Mängelansprüche, um den Eintritt der Fälligkeit des

Teilabnahme **§ 650s**

Werklohnanspruchs des Unternehmers und um die Geltendmachung der Mängelrechte nach § 634 Nr. 2–4 BGB.

2. Andere Abnahmewirkungen

Es ist noch nicht abschließend geklärt, ob auch andere Wirkungen, die mit der Abnahme 34 verknüpft sind, eintreten, wenn die oben geschilderten Umstände vorliegen, die zur Fälligkeit des Werklohnanspruchs und zum Beginn der Verjährungsfristen führen.

a) Bei unberechtigter Abnahmeverweigerung

Ist das Werk vertragsgemäß hergestellt, ist der Besteller zur Abnahme verpflichtet, § 640 35 Abs. 1 S. 1 BGB. Es handelt sich um eine Hauptpflicht des Bestellers (Palandt/Retzlaff § 640 Rdn. 8). Verweigert der Besteller dennoch die Abnahme, verletzt er diese Vertragspflicht. Der Gefahrübergang erfolgt in diesem Fall durch Eintritt des Annahmeverzuges, § 644 I S. 2 BGB. Auch, wenn die Voraussetzungen für Annahmeverzug nicht vorliegen, geht bei unberechtigter Abnahmeverweigerung die Gefahr über. Darüber hinaus treten auch alle anderen Abnahmewirkungen ein (→ § 640 BGB Rdn. 44; Thode, ZfBR 1999, 116, 119; Kniffka, ZfBR 2000, 227, 230; Koeble, BauR 2012, 1153, 1154; Kapellmann/Messerschmidt/Havers VOB § 12 Rd. 89; Nicklisch/Weick/Jansen/Seibel, VOB/B, § 12 Rd. 115; Ingenstau/Korbion/Oppler, § 12 Rd. 8; Werner/Pastor,; Locher, Das private Baurecht, Rd. 244; OLG Düsseldorf, Urt. v. 23.4.2009 – 5 U 142/08), auch ohne Fristsetzung nach § 640 Abs. 1 S. 3 BGB (OLG Brandenburg, Urt. v. 8.1.2003 – 4 U 82/02; Kniffka, ZfBR 2000, 227, 230). Als Begründung wird eine entsprechende Anwendung des § 162 BGB, aufgrund der treuwidrigen (da vertragspflichtverletzenden) Verweigerung erwogen (Werner/Pastor, Rd. 1835). Zutreffend erscheint demgegenüber, die Abnahmewirkungen an den Eintritt des Verzugs mit der Erfüllung der Vertragspflicht zur Abnahme zu knüpfen (→ § 640 BGB Rdn. 36); Kleine-Möller/Merl/Glöckner/Merl, Handbuch des privaten Baurechts § 14 Rd. 214) und einen Schadensersatzanspruch nach §§ 280 Abs. 2, 286 BGB anzunehmen. Das für den Verzug erforderliche Verschulden wird beim Besteller, der sich entlasten muss, nur in besonderen Ausnahmefällen fehlen, in denen dann auf die Grundsätze zur analogen Anwendung des § 162 BGB zurückzugreifen ist. Im Rahmen der Naturalrestitution bei Annahme eines Verzugsschadens ist der Unternehmer so zu stellen, wie er bei vertragsgemäßem Verhalten – nach erfolgter Abnahme – stünde. Damit treten bei unberechtigter Abnahmeverweigerung alle Abnahmewirkungen – auch die Umkehr der Darlegungs- und Beweislast, ein. Ausnahmen gelten nur im Hinblick auf den Verlust bestimmter Mängelrechte nach § 640 Abs. 2 bei nicht erklärtem Vorbehalt. Ein Rechtsverlust tritt trotz eines fehlenden Vorbehaltes nicht ein (Koeble, BauR 2012, 1153, 1159; a. A. OLG Schleswig, Urt. v. 12.6.2009 – 17 U 15/09). Gleiches gilt für den (nicht erklärten) Vorbehalt bei verwirkter Vertragsstrafe (Koeble, BauR 2012, 1153, 1159).

Da es sich um eine Folge des Verzugs handelt, ist dies mit Eintritt des Verzuges der Fall 36 und damit mit der Aufforderung des Unternehmers gegenüber dem Besteller, die Abnahme zu erklären. Diese Aufforderung stellt eine Mahnung nach § 286 Abs. 1 BGB dar. Verweigert der Besteller ohne eine Aufforderung des Unternehmers die Abnahme, ist der Zeitpunkt der Verweigerung maßgeblich, § 286 Abs. 2 Nr. 3 BGB.

b) Leistungsverweigerungsrecht und Druckzuschlag nach § 641 Abs. 3 BGB

Mit Eintritt in das Abrechnungsverhältnis wird der Werklohnanspruch zur Zahlung fällig. 37 Da es um die ausschließliche Geltendmachung von auf Geldzahlung gerichteten Ansprüchen des Bestellers geht, ist die Geltendmachung eines Leistungsverweigerungsrechtes nach § 320 BGB durch den Besteller nicht möglich (Voit, NZbau 2017, 521, 524, Ziffer 4a) am Ende. Zwar ist auch bei Geltendmachung von sekundären Mängelrechten das Leistungsverweigerungsrecht nach § 320 BGB nicht ausgeschlossen (Palandt/Grüneberg, § 320 Rd. 5). Allerdings wird es im vorliegenden Zusammenhang bei Eintritt in ein Abrechnungsverhältnis im Regelfall um die Geltendmachung von kleinem Schadensersatz statt der Leistung, berechnet nach der Differenzmethode gehen. Nach § 281 Abs. 4 BGB geht der Erfüllungsanspruch unter. In diesem Fall sind die beiden sich gegenüberstehenden bezifferten Positionen zu saldieren, was zu einem Ausschluss des Leistungsverweigerungsrechtes führt (MüKoBGB/Emmerich § 320 Rdn. 23. Gleiches gilt auch im Hinblick auf die Minderung und den Rücktritt (Voit, NZbau 2017, 521, 524, Ziffer 4a) am Ende zur Minderung).

Welche Auswirkung die Verweigerung der Abnahme auf das Leistungsverweigerungs- 38 recht hat, wird wenig diskutiert. Verweigert der Besteller die Abnahme wegen Mängeln

§ 650s   Teilabnahme

oder fehlender Leistungen zu Recht und kommt die Erfüllung, d. h. die Herbeiführung der Abnahmereife noch in Betracht, liegt nur eine vorläufige Verweigerung vor. Die Fälligkeit des gesamten Vergütungsanspruchs tritt nicht ein. Auf die Geltendmachung eines Leistungsverweigerungsrechtes kommt es in diesem Fall nicht an. Anders liegt die Sache im Hinblick auf den Anspruch auf Abschlagszahlung nach § 632a BGB. Auch wenn wesentliche Mängel vorliegen, wird der Anspruch grundsätzlich zur Zahlung fällig. Der Besteller kann dann aber ein Leistungsverweigerungsrecht nach § 320 BGB geltend machen. Da es auch insoweit um die Anhaltung des Unternehmers zur ordnungsgemäßen Erfüllung geht, kommt auch der Druckzuschlag zum Tragen.

39   Wird die Abnahme vom Besteller demgegenüber endgültig verweigert, wird es nicht mehr zur (vollständigen) Erfüllung des Vertrages und zur Herbeiführung der Abnahmereife kommen. In diesem Fall wird der Werklohnanspruch zur Zahlung fällig. Macht der Besteller dann auf Geldzahlung gerichtete Gegenansprüche geltend, liegt ein Abrechnungsverhältnis vor, was zum Entfall des Leistungsverweigerungsrechtes führt → Rdn. 37). Verweigert der Besteller die Abnahme, ohne gegenläufige Zahlungsansprüche geltend zu machen, ist dem Besteller die Geltendmachung eines Leistungsverweigerungsrechtes ebenfalls nicht zuzubilligen. Es hat dann eine Abrechnung des Vertrages zu erfolgen. Wie mit Mängeln umzugehen ist, die zu einem späteren Zeitpunkt vom Besteller festgestellt werden und bei denen der Besteller eine Beseitigung durch den Unternehmer zulässt, wird noch zu klären sein. Es spricht einiges dafür, insoweit (nur im Hinblick auf diese Mängel) dem Besteller ein Leistungsverweigerungsrecht nach § 641 Abs. 3 einzuräumen.

c) Darlegungs- und Beweislast

40   Im Hinblick auf die Verteilung der Darlegungs- und Beweislast wird in der Literatur zum Eintritt in das Abrechnungsverhältnis die Auffassung vertreten, dass zwischen dem Vergütungsanspruch des Unternehmers und der Geltendmachung von Mängelrechten durch den Besteller zu unterscheiden sei (Voit, NZBau 2017, 521, 524). Mache der Unternehmer seinen Vergütungsanspruch geltend, müsse er die mangelfreie Herstellung beweisen. Mache der Besteller Mängelansprüche geltend, müsse er die Mangelhaftigkeit beweisen (Voit a. a. O.). Im Hinblick auf den Vergütungsanspruch ist dieser Auffassung zuzustimmen. Im Hinblick auf die Geltendmachung von Mängelansprüchen ist eine erste Ausnahme allerdings im Hinblick auf bereits gerügte Mängel zu machen. Insoweit ist der Besteller so zu stellen, als habe er sich die Geltendmachung von Mängelrechten bei einer regulären Abnahme ordnungsgemäß vorbehalten. Ein Vorbehalt führt dazu, dass es im Hinblick auf die bereits gerügten Mängel bei der ursprünglichen Beweislastverteilung bleibt (BGH, Urt. v. 19.1.2017 – VII ZR 235/15 Rd.37; Urt. v. 24.10.1996 – VII ZR 98/94; Palandt/Retzlaff, § 640 Rd. 13). Der Unternehmer muss demnach beweisen, dass die behaupteten Mängel nicht vorliegen. Da die Voraussetzung für die Umkehr der Beweislast, nämlich die Annahme der Leistung als Erfüllung nach § 363 BGB, nicht gegeben ist, liegt allerdings die Beweislast auch im Hinblick auf andere Mängel, die beispielsweise zu einem späteren Zeitpunkt bekannt und gerügt werden, weiterhin beim Unternehmer (im Ergebnis ebenso: Koeble, BauR 2012, 1153, 1159).

41   Im Hinblick auf die endgültige berechtigte Abnahmeverweigerung gelten die vorstehenden Ausführungen entsprechend. Auch hier kommt eine Beweislastumkehr nach § 363 BGB nicht in Betracht, da keine Annahme als Erfüllung vorliegt.

d) Gefahrtragung

42   Da § 644 S. 2 BGB dem Unternehmer eine Möglichkeit zur Verfügung stellt, den Gefahrübergang auch ohne Abnahme herbeizuführen, kommt nach hier vertretener Auffassung ein automatischer Gefahrübergang bei Eintritt in das Abrechnungsverhältnis oder bei berechtigter endgültiger Abnahmeverweigerung nicht in Betracht (für das Abrechnungsverhältnis a. A. Voit, NZBau 2017, 521, 524; ebenfalls a. A. Koeble, BauR 2012, 1153, 1159). Der Unternehmer hat die Möglichkeit, den Annahmeverzug herbeizuführen.

VII. Teilabnahme beim Architekten- und Ingenieurvertrag

1. Grundlagen

43   Im Architekten- und Ingenieurvertrag kann eine Teilabnahme (vgl. zur Teilabnahme auch → § 640 BGB Rdn. 103) vertraglich vereinbart werden. Das kann auch formularmäßig geschehen, z. B. für die Abnahme der Leistungen der Leistungsphasen 1 bis 8 gemäß § 34 Abs. 3 HOAI (BGH, Beschl. v. 5.4.2001 – VII ZR 161/00). Ohne Vereinbarung kommt eine Teilabnahme nach Abschluss der Leistungen der Leistungsphase 8 jedoch nicht in Betracht, wenn der Wille dazu nicht wegen der gravierenden Folgen klar zum Ausdruck kommt (BGH, Urt. v. 8.9.2016 – VII ZR 168/15 Tz.41; OLG Düsseldorf Urt. v. 1.2.2018 – 5 U 113/13; BGH, Urt. v. 30.12.1963 – VII ZR 88/62; Urt. v. 10.2.1994 – VII ZR 20/93; Urt. v. 20.10.2005 – VII ZR 155/04; OLG München, Urt. v. 10.2.2015 – 9 U 2225/14 Bau). Eine Teilabnahme setzt wegen ihrer schwerwiegenden Folgen grundsätzlich eine vertragliche Vereinbarung voraus (BGH, Urt. v. 10.10.2013 – VII ZR 19/12 Rd. 29), die den Willen des Bauherrn zur teilweisen Vorwegabnahme eindeutig zum Ausdruck bringt. Dabei ist darauf zu achten, dass die Vereinbarung einer Teilabnahme so erfolgt, dass sie klar erkennbar ist und nicht gegen das Transparenzgebot verstößt (vgl. Leupertz, BauR 2009, 393, 400). Die unter der Überschrift „Gewährleistungs- und Haftungsdauer" stehende Klausel 6.2 der Allgemeinen Vertragsbestimmungen zum Einheitsarchitektenvertrag für Gebäude (AVA)

„Die Verjährung beginnt mit der Abnahme der letzten nach diesem Vertrag zu erbringenden Leistung, spätestens mit Abnahme der in Leistungsphase 8 (Objektüberwachung) zu erbringenden Leistung (Teilabnahme). Für Leistungen, die danach noch zu erbringen sind, beginnt die Verjährung mit Abnahme der letzten Leistung."

enthält keine Vereinbarung der Teilabnahme. Denn sie regelt die Verjährung und nicht die Verpflichtung zur Teilabnahme. Diese wird vielmehr vorausgesetzt, ohne mit der nötigen Klarheit formuliert zu sein (BGH, Urt. v. 11.5.2006 – VII ZR 300/04; vgl. auch BGH, Urt. v. 27.1.2011 – VII ZR 186/09 Rdn. 55 und zuletzt BGH, Urt. v. 10.10.2013 – VII ZR 19/12 Rdn. 29; BGH, Urt. v. 8.9.2016 – VII ZR 168/15).

Die Klausel in Allgemeinen Geschäftsbedingungen des Architekten/Ingenieurs **44**
„Die Verjährung beginnt nach Ingebrauchnahme des Gesamtobjekts"
bei gleichzeitiger Vereinbarung zur Erbringung von Leistungen aus der Leistungsphase 9 ist unabhängig davon, ob der Besteller Verbraucher ist, unwirksam (BGH, Urt. v. 8.9.2016 – VII ZR 168/15). Die Unwirksamkeit ergibt sich daraus, dass der Verjährungsbeginn – im Vergleich zur gesetzlichen Regelung – vorverlegt wird und zu diesem Zeitpunkt noch nicht alle vertraglich geschuldeten Leistungen erbracht worden müssen. Die Vertragsklausel stellt auch keine Vereinbarung einer Teilabnahme dar.

Ohne Vereinbarung einer Teilabnahme im Vertrag, kommt eine Teilabnahme nur bei Vorliegen besonderer Umstände in Betracht. Die Vereinbarung einer Teilabnahme kann zwar konkludent erfolgen. Aufgrund der gravierenden Rechtsfolgen muss dies aber klar zum Ausdruck gebracht werden (BGH Beschl. v. 7.2.2019 – VII ZR 274/17). Die Bezahlung einer nach Abschluss der Leistungsphase 8 vorgelegten Schlussrechnung, die auch die noch nicht erbrachte Objektbetreuung (Leistungsphase 9) umfasst, kann deshalb nicht als konkludente Teilabnahme der Leistungen der Leistungshasen 1 bis 8 mit gleichzeitiger konkludenter Vereinbarung einer Teilabnahme gewertet werden (→ Rdn. 48 m.w.N.). Gleiches gilt bei Zahlung auf eine Teilschlussrechnung nach Abschluss der Leistungsphase 8, wenn Gegenstand der Beauftragung die Vollarchitektur (bis einschließlich Leistungsphase 9) war (OLG Jena Urt. v. 19.07.2007 – 1 U 669/05; Urt. v. 11.5.2006 – VII ZR 300/04). **45**

Ist eine Teilabnahme demgegenüber vereinbart, kann diese auch konkludent (hierzu OLG Schleswig Urt. v. 24.11.2017 – 1 U 49/15) erfolgen. Ist z.B. die Teilabnahme der Planungsleistung nach Phase 5 des § 34 Abs. 3 HOAI vereinbart, so kann in der widerspruchslosen Begleichung der dieser Phase zugeordneten Teilschlussrechnung eine konkludente Abnahme gesehen werden. Ist ein Vollauftrag mit Objektbetreuung erteilt worden und eine Teilabnahme nach Beendigung der Bauüberwachung (LP 8) vorgesehen, kann mit Begleichung einer entsprechenden Teilschlussrechnung ebenfalls eine konkludente Abnahme angenommen werden. Wurde keine Teilabnahme vereinbart, kommt eine konkludente Teilabnahme etwa durch den Ausgleich einer vorzeitig gestellten Schlussrechnung (nach Abschluss der Leistungsphase 8 auch schon für die Leistungen der Leistungsphasen 1 bis 9) nicht in Betracht. **46**

2. Teilabnahme/Abnahme bei der stufenweisen Beauftragung

Architekten- und Ingenieurverträge sehen häufig eine stufenweise Beauftragung vor (hierzu BGH, Urt. v. 18.12.2014 – VII ZR 350/13). In vereinzelt gebliebenen Entscheidungen von Oberlandesgerichten (OLG Dresden, Urt. v. 17.6.2010 – 10 U 1648/08; OLG Hamm, Urt. v. 25.02.2013 – 17 U 90/12, BGH, Beschl. v. 19.02.2015 – VII ZR 60/13 -Nichtzulassungs- **47** beschwerde zurückgewiesen; OLG Brandenburg, Urt. v. 16.3.2016 – 4 U 19/15) wird die Auffassung vertreten, dass es sich bei einer stufenweisen Beauftragung um Einzelverträge handelt, mit denen jeweils Leistungen der betroffenen Stufe beauftragt werden. Da die Formulierungen und Konstruktionen in den Verträgen variieren, zum Teil auch in den von der öffentlichen Hand verwendeten Mustern, können diese Entscheidungen nicht verallgemeinert werden. Es ist in jedem Fall anhand der konkreten Vertragsunterlagen zu überprüfen, ob die Parteien tatsächlich ein Bündel von (einzelnen) Stufenverträge abschließen wollten oder nicht vielmehr einen Rahmenvertrag, verbunden mit der Möglichkeit, durch Annahme der weiter angebotenen Leistungen („Option") den Leistungsumfang des Vertrages nachträglich auszudehnen. Bei einem einheitlichen Vertragsverhältnis gibt es ohne die Vereinbarung der Durchführung von Teilabnahmen nur den Anspruch auf eine Abnahme nach Fertigstellung aller vertraglich geschuldeter Leistungen. Handelt es sich demgegenüber um ein Bündel von eigenständigen Verträgen, steht dem Architekten ein Anspruch auf Durchführung mehrerer Abnahmen, nach Fertigstellung der Leistungen aus der jeweiligen Stufe zu. Hierbei handelt es sich nicht um Teilabnahmen, sondern um die jeweilige abschließende Abnahme. Eine zusätzliche, ausdrückliche Vereinbarung von Teilabnahmen ist in diesem Fall nicht erforderlich.

VIII. Sonderproblem: Verjährungsbeginn bei Übernahme der Objektbetreuung

1. Grundlagen zum Verjährungsbeginn

48 Problematisch sind die Fälle, in denen eine Teilabnahme nicht vereinbart ist. Hat der Architekt einen Auftrag mit allen Leistungsphasen des §34 Abs. 3 HOAI übernommen und ist eine Teilabnahme nicht vereinbart, kommt nach einer grundlegenden Entscheidung des Bundesgerichtshofs eine konkludente Abnahme (vgl. auch die obigen Ausführungen zur konkludenten Abnahme → Rdn. 9 ff.) der Architektenleistung vor der Vollendung aller Teilleistungen der Objektbetreuung grundsätzlich nicht in Betracht (BGH, Urt. v. 20.2.2014 – VII ZR 26/12 Rdn. 18; vgl. auch BGH, Urt. v. 8.9.2016 – VII ZR 168/15; BGH, Urt. v. 10.10.2013 – VII ZR 19/12 Rdn. 29; BGH, Urt. v. 10.2.1994 – VII ZR 20/93; BGH, Urt. v. 11.5.2006 – VII ZR 300/04). Die Objektbetreuung ist erst dann vollendet, wenn die Mängelverjährungsfrist gegenüber allen Unternehmern abgelaufen ist (BGH, Urt. v. 20.10.2005 – VII ZR 155/04) und alle vertraglich vereinbarten Leistungen erbracht sind. Die Bezahlung einer „vermeintlichen" Schlussrechnung nach Fertigstellung des Bauwerks reicht dann nicht aus, die konkludente Abnahme zu bejahen (BGH, a. a. O.). Dabei spielt es keine Rolle, ob der Besteller überhaupt Objektbetreuungsleistungen in Anspruch nimmt. Zur Objektbetreuung gehört auch die abschließende Objektbegehung kurz vor Ablauf der mit den Bauunternehmern vereinbarten Gewährleistungsfrist (BGH, a. a. O.). Es können mindestens vier oder durch eine von der HOAI abweichende Vereinbarung der Leistungspflichten oder vielleicht auch durch Hemmung oder Neubeginn der Verjährung der Ansprüche gegen die Bauunternehmer sowie die hierdurch verzögerte Mitwirkung bei der Freigabe von Sicherheiten sogar noch mehr Jahre vergehen, bis die Objektbetreuungsleistungen (konkludent) abgenommen werden (können), so dass insgesamt neun oder vielleicht auch mehr Jahre seit der Fertigstellung des Bauobjekts vergehen werden, bis die Mängelhaftungsansprüche gegen den Architekten verjährt sind (nach Staudinger/Peters/Jacoby, BGB, § 634a Rdn. 41 soll die Objektbetreuungsphase bereits dann abgeschlossen sein, wenn der Architekt einen Unternehmer vergeblich zur Mangelbeseitigung aufgefordert hat). Die Einzelheiten sind höchstrichterlich ungeklärt.

49 Entgegen der Annahme in der Literatur (Putzier, NZBau 2004, 177 ff.) hat der Bundesgerichtshof diese Linie auch nicht durch seine häufig fehl verstandene Entscheidung vom 30.9.1999 – VII ZR 162/97 verlassen. In diesem Fall war ein Vollauftrag inklusive der Leistungsphase 9 des alten § 15 Abs. 2 HOAI vereinbart worden. Der Besteller verklagte den Architekten wegen mangelhafter Bauüberwachung auf Schadensersatz. Diese Klage hatte Erfolg, die Verjährungseinrede war erfolglos. Der Bundesgerichtshof hat eine Abnahme nicht feststellen können, so dass aufgrund der damals vertretenen Rechtsauffassung die damals noch dreißigjährige Verjährung für den Erfüllungsanspruch anzuwenden war. Auch eine endgültige Abnahmeverweigerung war in der Revisionsinstanz nicht festzustellen. Dazu reicht es nicht, den Architekten auf Schadensersatz wegen eines Mangels in Anspruch zu nehmen. Hinzukommen muss, dass jegliche weitere Leistung ausgeschlossen wird. Das war hinsichtlich der Leistungsphase 9 nicht festgestellt, wenn es auch nahe lag, dass keine weiteren Leistungen mehr verlangt wurden.

Teilabnahme **§ 650s**

Ein anderes Ergebnis kann nicht dadurch gefunden werden, dass die Objektbetreuungs- 50
leistungen lediglich als nachvertragliche Nebenpflichten eingeordnet werden (vgl. Koeble, FS
Locher, S. 117, 122). Das mag möglich sein, wenn sie nicht als Leistungspflichten vereinbart
sind. Als synallagmatische Leistungspflichten werden sie aber vereinbart, wenn die Parteien
in dem Architektenvertrag Aufgaben „gemäß § 34 Abs. 3 HOAI" oder ähnlich vereinbaren. Es
ist nicht gerechtfertigt, aus vermeintlichen Billigkeitserwägungen hinsichtlich der Verjährung,
diese Leistungspflichten herunterzuspielen. Das hat der Bundesgerichtshof deutlich gemacht
(BGH, Urt. v. 10.2.1994 – VII ZR 20/93).

Unberechtigt ist auch der Versuch, die Pflichten der Objektbetreuung allein den dienstver- 51
traglichen Pflichten zuzuordnen und auf der Grundlage eines gemischten Vertrages nur zu
einer Abnahmefähigkeit der Leistungen bis einschließlich Objektüberwachung zu kommen,
während die Dienstleistungen nicht abgenommen werden könnten (Putzier, NZBau 2004,
177 ff.). Daran ist schon nicht richtig, dass die Pflichten der Objektbetreuung keine erfolgsbezogenen Pflichten seien. Die Mängelprüfung vor Ablauf der Mängelverjährungsfristen ist
durchaus erfolgsbezogen. Ähnlich liegt das beim Baucontrolling, für das der Bundesgerichtshof
ebenfalls erfolgsbezogene Pflichten konstatiert hat (BGH, Urt. v. 11.10.2001 – VII ZR 475/00).
Ebenfalls erfolgsbezogen ist die (durch die HOAI als Besondere Leistung qualifizierte) Pflicht,
die Mängelbeseitigungsarbeiten zu überwachen. Bereits diese Pflichten der Objektbetreuung
dominieren diese Phase, so dass es durchaus gerechtfertigt ist, sie bei isolierter Betrachtung dem
Werkvertrag zuzuordnen. Erst Recht gilt das bei einem Vollauftrag, der in seiner Gesamtheit
zu beurteilen ist.

Zu einer konkludenten Abnahme kann es allerdings nach den allgemeinen Grundsätzen auch 52
bei einer noch nicht vollständig erbrachten Objektbetreuung kommen. Der Grundgedanke,
dass das Werk im Wesentlichen mängelfrei fertiggestellt sein muss, also durchaus noch Mängel
aufweisen darf und noch nicht zur Gänze fertiggestellt sein muss, ist auch auf die Objektbetreuung anzuwenden. Das gilt unter der Voraussetzung, dass das Werk nach der Vorstellung des
Bestellers im Wesentlichen mangelfrei fertiggestellt ist und der Auftragnehmer das Verhalten
des Bestellers als Billigung seiner Leistung verstehen darf (BGH, Urt. v. 20.2.2014 – VII ZR
26/12 Rdn. 18; BGH, Urt. v. 18.2.2003 – X ZR 245/00; Urt. v. 10.6.1999 – VII ZR 170/98;
Urt. v. 25.1.1973 – VII ZR 149/72; OLG Schleswig, Urt. v. 14.4.2015 – 1 U 187/13 allerdings
wird in dieser Entscheidung nur darauf abgestellt, ob im Rahmen der Leistungsphase 9 zur
HOAI 2002 die Begehung und die Überwachung der Beseitigung der hierbei festgestellten
Mängel durchgeführt wurde, ohne auf die übrigen Leistungen der LP 9 einzugehen; ähnlich
auch OLG Brandenburg, Urt. v. 10.1.2012 – 11 U 50/10; OLG München, Urt. v. 17.7.2012 –
13 U 4106/11 Bau). Dies kann der Fall sein, wenn der Besteller den Architekten zur Stellung
der Schlussrechnung auffordert. Dieses Verhalten kann so zu verstehen sein, dass der Besteller
keine wesentlichen Leistungen mehr erwartet (OLG Stuttgart Beschl. v. 6.2.2018 – 1– U
118/17; BGH Beschl. v. 21.11.2018 – VII ZR 267/17 (Nichtzulassungsbeschwerde zurückgewiesen). Ohne derartige Feststellungen kann eine konkludente Abnahme bei noch fehlenden
vertraglichen Leistungen nicht angenommen werden. Hiervon hat der BGH in einer atypischen
Situation eine Ausnahme für den Fall zugelassen, dass die Übergabe bestimmter Detailpläne
geschuldet war, der Besteller die Übergabe dieser Unterlagen nicht mehr forderte und auch
ohne Übergabe dieser Unterlagen dazu bereit war, das Architektenwerk als im Wesentlichen
vertragsgerecht zu akzeptieren (BGH, Urt. v. 26.9.2013 – VII ZR 220/12, Rdn. 22). Von einer
konkludenten Abnahme kann ferner noch vor Ablauf der Gewährleistungsfrist gegenüber den
Unternehmern dann ausgegangen werden, wenn der Auftraggeber beim Architekten die Herausgabe
sämtlicher Bauunterlagen zum Zwecke der Archivierung anfordert und damit zu erkennen gibt,
dass er davon ausgeht, die Unterlagen würden vom Architekten nicht mehr zur Verfolgung von
Mängelansprüchen gegenüber den Bauunternehmern benötigt (BGH, Urt. v. 20.2.2014 – VII
ZR 26/12 Rdn. 19). Bei der dieser Entscheidung zugrunde liegenden Fassung der HOAI gehörte die Dokumentation noch zur Leistungsphase 9 (seit HOAI 2013: LP 8).

Der langen Verjährungsfrist können die Parteien durch eine sinnvolle Vertragsgestaltung 53
begegnen. Sie können davon absehen, den Architekten mit den Leistungen der Phase 9 des
§ 34 Abs. 3 HOAI zu beauftragen. Dann ist das Werk mit den Leistungen der Bauüberwachung
vollendet und dann auch konkludent abnahmefähig. Das gleiche Ergebnis wird erzielt, wenn
getrennte Verträge über die Leistungsphasen 1 bis 8 und die Leistungsphase 9 geschlossen
werden. Die Parteien können aber auch eine Teilabnahme nach Vollendung der Bauüberwachung vereinbaren. Das ist auch in Allgemeinen Geschäftsbedingungen des Architekten
möglich (vgl. oben → Rdn. 43 f.).

54 Vereinbaren die Parteien keine Teilabnahme aber die Erbringung von über die Überwachungsleistungen zeitlich weit hinausgehende weitere Leistungen, ist die Rechtsprechung des Bundesgerichtshofs maßgebend. Der Kritik an dieser Rechtsprechung ist zuzugeben, dass das Ergebnis einer im Normalfall zehnjährigen Verjährungsfrist nach Fertigstellung des Bauvorhabens selbst für die Parteien überraschend sein kann. Dem kann nicht durch Hilfskonstruktionen begegnet werden, sondern allenfalls durch eine Modifikation der Rechtsprechung, die sich dann in Abkehr der Entscheidung vom 10.2.1994 – VII ZR 20/93 dazu entschließen müsste, in der Bezahlung der Schlussrechnung oder anderen, die Leistung des Architekten akzeptierenden Verhaltensweisen des Bestellers eine Teilabnahme zu sehen, auch wenn diese nicht vereinbart ist. Ob eine solche Modifikation wahrscheinlich ist, ist allerdings sehr zweifelhaft und mit dem Urteil vom 11.5.2006 – VII ZR 300/04 abgelehnt worden.

55 Immerhin hat der Bundesgerichtshof die subjektive Sicht der Parteien von den noch zu erbringenden Leistungen hervorgehoben. Gehen diese davon aus, dass eine fünfjährige Frist mit den Unternehmern vereinbart ist, in Wahrheit jedoch eine zweijährige Frist gilt, so liegt eine konkludente Abnahme nicht allein darin, dass der Besteller innerhalb der Frist von zwei Jahren das Architektenwerk nicht beanstandet (BGH, Urt. v. 20.10.2005 – VII ZR 155/04). Denn nach der Vorstellung der Parteien ist das Werk des Architekten nicht beendet. Dann liegt selbst in einer Verteidigung gegen die Honorarklage ohne Berufung auf die fehlende Fälligkeit keine Abnahme. Der Bundesgerichtshof hat allerdings in dem erwähnten Urteil auch darauf abgestellt, dass den getroffenen Feststellungen keine Anhaltspunkte zu entnehmen seien, dass die Parteien die Vorstellung hatten, das Werk sei bereits vor Ablauf der Fünfjahresfrist abnahmefähig vollendet gewesen. Das lässt die Deutung zu, dass eine konkludente Abnahme dann in Betracht kommt, wenn die Parteien übereinstimmend im Zeitpunkt des Verhaltens, dem eine Billigung des Werkes entnommen werden könnte, davon ausgehen, es seien keine weitere Leistungen mehr erforderlich.

2. Darlegungs- und Beweislast

56 Da derjenige die Umstände darzulegen und zu beweisen hat, die seinen Vortrag stützen, wenn nicht das materielle Recht eine andere Verteilung anordnet und damit die Umstände für den Beginn der Verjährungsfrist darlegen und beweisen muss (BGH, Urt. v. 23.1.2007 – XI ZR 44/06; Urt. v. 3.6.2008 – XI ZR 319/06; Urt. v. 13.12.2012 – III ZR 298/11) hat der Architekt den Leistungsumfang und die letzte Leistungshandlung darzulegen und zu beweisen. Dies umfasst auch die Darlegung und den Beweis, dass die Leistungsphase 9 nicht beauftragt wurde (OLG Oldenburg Urt. v. 27.8.2019 – 2 U 102/19 Tz.33), wobei den Besteller die Erstdarlegungslast trifft.

57 Nimmt der Besteller den Architekten vor der Abnahme wegen eines Mangels in Anspruch, trägt der Architekt die Darlegungs- und Beweislast für die Mangelfreiheit seiner Leistung (KG Urt. v. 20.8.2018 – 21 U 24/16). Die Erstdarlegungslast liegt auch hier beim Besteller.

C. Voraussetzungen für eine Teilabnahme nach § 650s

I. Abnahme der letzten Ausführungsleistung

1. Letzte Abnahme der Ausführungsleistung

58 Der Wortlaut ist unpräzise, worauf Kuhn zu Recht hinweist (ZfBR 2017, 211, 213). Auch wenn von der Abnahme einer Leistung die Rede ist, handelt es sich hierbei um die normale werkvertragliche Abnahme. Entscheidend ist die letzte Abnahme und nicht die Abnahme der letzten Leistung (Deckers, ZfBR 2017, 523, 542; Kniffka in Kniffka/Retzlaff, BauR 2017, 1747, 1875; BeckOK BauvertragsR/Preussner, BGB § 650s Rn. 74; Schwenker/Wessel in Messerschmidt/Voit 3. Aufl. § 650s Rn. 17). In der Literatur wird ferner zurecht darauf hingewiesen, dass die Verwendung des Begriffes „Leistung" unpräzise ist, es auf die Abnahme des „Werkes" ankomme und es sich insoweit um eine begriffliche Ungenauigkeit handele (Kuhn, ZfBR 2017, 211, 213; BeckOK BauvertragsR/Preussner BGB § 650s Rn. 22; Schwenker/Wessel in Messerschmidt/Voit, 3. Aufl. 2018 § 650s Rn. 16). Genaugenommen geht es um die Abnahme eines Teils des Werkes (zutreffender Hinweis bei BeckOK BauvertragsR/Preussner BGB § 650s Rn. 24).

2. Vielzahl von Teilabnahmen?

Der Gesetzgeber hat als Voraussetzung für die Teilabnahme entweder die Abnahme der letzten Leistung des bauausführenden Unternehmers oder die Abnahme der letzten Leistung der bauausführenden Unternehmer vorgesehen. Da sich aus der Begründung zum Regierungsentwurf (BT-Drucks. 18/8486 Seite 70) ergibt, dass mit der Regelung ein „Gleichlauf" der Verjährungsfristen für Mängelansprüche gegenüber dem bauausführenden Unternehmen und dem Architekten/Ingenieur erreicht werden sollte, wurde in der Literatur die Frage aufgeworfen, ob sich aus der Verwendung der Ein- und der Mehrzahl im Hinblick auf den Begriff des Unternehmers entnehmen lasse, dass der Architekt/Ingenieur bei gewerkeweiser Beauftragung der ausführenden Unternehmen und sukzessiver Abnahmen der einzelnen gewerkeweise erbrachten Leistungen, jeweils eine Teilabnahme verlangen könne (vgl. Kuhn ZfBR 2017, 211, 213f. – im Ergebnis für eine einzige Teilabnahme). Wäre dies gewollt gewesen, wäre eine andere Formulierung zu erwarten gewesen. Es hätte ausgereicht, auf die Abnahme des jeweiligen bauausführenden Unternehmers zu verweisen. Darüber hinaus ergibt sich aus der Begründung zum Regierungsentwurf an anderer Stelle (BT-Drucks. 18/8486, Seite 34), dass der Gesetzgeber bei der Formulierung davon ausging, dass es lediglich zu zwei Abnahmen durch Einführung der neuen Vorschrift kommen werde (hierauf verweist Kuhn ZfBR 2017, 213 zu Recht): 59

> Macht der Architekt oder Ingenieur von seinem Recht auf Teilabnahme Gebrauch, wird der mit der Abnahme verbundene Aufwand auf zwei Zeitpunkte verteilt. Es sind zunächst die bis zum Abschluss der Bauausführung erbrachten Leistungen des Architekten und Ingenieurs und später die danach erbrachten abzunehmen.

Aus dieser Formulierung ergibt sich, dass eine sukzessive Abnahme nach Abschluss der jeweiligen Teilleistung bei gewerkeweiser Vergabe nicht gewollt war (Kuhn, ZfBR 2017, 213; Kniffka BauR 2017, 1846, 1875; Deckers, ZfBR 2017, 523. 542; Schwenker/Wessel in Messerschmidt/Voit 3. Aufl., §650s Rn. 18; BeckOK BGB/Voit BGB §650s Rn. 3; Zahn, NZBau 34, 38; a. A. BeckOK BauvertragsR/Preussner, BGB §650s Rn. 68 ff.: für mehrfache Teilabnahme, insbesondere nach Abschluss der Leistungsphase 8). Der Gesetzgeber hatte bei der Formulierung vielmehr den Fall im Blick, dass ein bauausführendes Unternehmen mit der Erbringung aller Ausführungsleistungen beauftragt wird (Generalunternehmer oder Generalübernehmer) und dies dem Fall gegenübergestellt, dass die Ausführungsleistungen gewerkeweise vergeben werden. 60

3. Abnahme unter Vorbehalt der Mängelrechte

Behält sich der Besteller bei erklärter Abnahme der Ausführungsleistung die Geltendmachung von Mängelrechten vor, ändert dies nichts im Hinblick auf die erklärte Abnahme. Der Architekt/Ingenieur kann deshalb die Teilabnahme seiner bis zu diesem Zeitpunkt erbrachten Leistungen verlangen (Kniffka BauR 2017, 1846, 1877; Deckers, ZfBR 2017, 523, 542; BeckOK/Voit §650s Rn. 3; a. A. Kuhn ZfBR 2017, 211, 215; Berger in Langen/Berger/Dauner-Lieb §650s Rn. 17). 61

Voraussetzung ist allerdings, dass kein wesentlicher Mangel des Architekten- oder Ingenieurwerks vorliegt. Der Besteller ist nicht verpflichtet, dieses Werk ebenfalls unter dem Vorbehalt der Mängelrechte abzunehmen. 62

4. Fiktive Abnahme, Abnahmeverweigerung, Abrechnungsverhältnis

Nach dem Wortlaut ist eine Abnahme der Ausführungsleistung Voraussetzung für die Teilabnahme der Leistung des Architekten/Ingenieurs. Die Begründung schweigt sich darüber aus, ob das Recht des Architekten/Ingenieurs, eine Teilabnahme zu verlangen, auch dann entsteht, wenn zwar eine Abnahme der Ausführungsleistung nicht vorliegt, aber Abnahmereife gegeben ist. 63

a) Fiktive Abnahme nach §640 Abs. 2 BGB

Liegen die Voraussetzungen für die Abnahmefiktion nach §640 Abs. 2 (Einzelheiten → §640 BGB Rdn. 67 ff.) vor und gelten die Abnahmewirkungen als eingetreten, kann der Architekt/Ingenieur seinerseits auch die Teilabnahme verlangen (Koeble in Locher/Koeble/Frik, HOAI Einl. Rd. 220; BeckOK BauvertragsR/Preussner, BGB §650s Rn. 50; Zahn NZBau 2019, 34, 39). 64

§ 650s

b) Unberechtigte Abnahmeverweigerung

65 Verweigert der Besteller unberechtigt die Abnahme der Ausführungsleistungen, kann der Architekt/Ingenieur dennoch eine Teilabnahme verlangen (Orlowski ZfBR 2016, 437; Deckers ZfBR 2017, 523; Kniffka BauR 2017, 1846, 1877; Zahn NZBau 2019, 34, 37). Es liegt ein Verstoß gegen Treu und Glauben vor, der zu einer entsprechenden Anwendung des § 162 BGB (BeckOK BauvertragsR/Preussner, BGB § 650s Rn. 80; Deckers ZfBR 2017, 523, 541) führt. Auf eine Fristsetzung gegenüber dem Besteller zur Abnahme der letzten Leistung des bauausführenden Unternehmers (BeckOK BauvertrR/Preussner BGB § 650s Rn. 82 als eine Möglichkeit) ist der Architekt nicht angewiesen. Hat er die Teilabnahme verlangt und wären die Voraussetzung hierfür bei ordnungsgemäßem Verhalten des Bestellers (=Abnahme der Ausführungsleistungen) gegeben, tritt die (Teil-)Abnahmewirkung hinsichtlich der Architektenleistung unmittelbar ein.

c) Berechtigte endgültige Abnahmeverweigerung, Abrechnungsverhältnis

66 Wird die Abnahme der Ausführungsleistung vom Besteller aufgrund des Vorhandenseins wesentlicher Mängel endgültig verweigert (→ Rdn. 24) oder kommt eine Erfüllung des Vertrages betreffend die Ausführungsleistungen anderweitig nicht mehr in Betracht, ist beispielsweise ein Abrechnungsverhältnis entstanden (→ Rdn. 25 ff.), kann der Architekt/Ingenieur ebenfalls die Teilabnahme seiner Leistungen verlangen. Auch wenn der Wortlaut den Schluss nahelegt, dass nur die erklärte Abnahme den Anspruch auf Teilabnahme auslöst, ist es richtig, auch die anderen Abnahmesurrogate im Hinblick auf die Ausführung der Leistung ausreichen zu lassen, um dem Architekten/Ingenieur ein Recht auf Teilabnahme zuzubilligen. Die Voraussetzungen hierfür sind von der Rechtsprechung entwickelt worden und haben keinen Eingang in das Gesetz gefunden. Von daher ist es naheliegend, dass der Gesetzgeber auch nur von „Abnahme" spricht. Andererseits wäre es widersprüchlich, wenn zugunsten des ausführenden Unternehmers Abnahmewirkungen trotz fehlender Abnahme eintreten, der Architekt/Ingenieur jedoch so behandelt würde, als käme die Abnahme der Ausführungsleistungen tatsächlich doch noch in Betracht. Das endgültige Entfallen der Abnahme im Verhältnis zum ausführenden Unternehmer, muss sich auch auf die Regelung in § 650s auswirken. Der Architekt/Ingenieur kann deshalb immer dann eine Teilabnahme verlangen, wenn Umstände vorliegen, die zum Eintritt der Abnahmewirkungen im Hinblick auf die Werkleistung des ausführenden Unternehmers führen.

5. Abnahmeerklärung ohne Abnahmereife

67 Wird die Abnahme der relevanten Ausführungsleistungen vom Besteller verfrüht erklärt, ohne dass objektiv Abnahmereife vorlag, ist die Abnahme dennoch wirksam (OLG München, Urt. v. 13.12.2011 – 9 U 2533/11). In diesem Fall kann der Architekt/Ingenieur seinerseits die Teilabnahme verlangen.

6. Unternehmer: Objektplaner und Fachplaner

a) Grundsatz

68 Die Regelung ist trotz ihres – isoliert betrachteten – unklaren Wortlauts auf alle Verträge anzuwenden, die § 650p unterfallen, da sich § 650s im gleichen Untertitel 2 befindet. Die Überschrift und der Wortlaut des § 650p und der Wortlaut der Gesetzesbegründung (BT-Drs. 18/8486 S. 70) stellen auf Architekten- und Ingenieurverträge ab. Maßgeblich ist demnach, dass Vertragsgegenstand Leistungen sind, die die Voraussetzungen des § 650p erfüllen. Die in der Praxis relevanten Verträge über die Erbringung von Objektplanungsleistung und Fachplanungsleistungen (Tragwerkplanung und Technische Ausrüstung) für Gebäude, Innenräume, Ingenieurbauwerke und Verkehrsanlagen bei einer Neuerrichtung und bei Umbauten von Bestandsobjekten sowie die Planungs- und Überwachungsleistungen für gestalterische Leistungen beim Neubau und Umbau von Außenanlage (Leistungsbild Freianlagen) fallen jedenfalls unter die Regelung des § 650p und führen daher zur Anwendung des § 650s (BeckOK BauvertrR/Preussner BGB § 650s Rn. 27). Erfasst sind damit alle Objektplanungs- und Fachplanungsleistungen.

69 Der Gesetzgeber unterstellt für die Begründung der Notwendigkeit einer Teilabnahmeregelung, dass zu dem Zeitpunkt, zu dem die Abnahme der Ausführungsleistung erfolgt, die Leistung des Architekten noch nicht vollständig erbracht und damit abnahmereif ist. Nach dem Wortlaut sollen die bis zur Abnahme der letzten Ausführungsleistungen erbrachten

Teilabnahme **§ 650s**

Leistungen des Architekten Gegenstand der Teilabnahme sein. Es muss also weitere, danach noch für die Abnahme des gesamten Werks zu erbringende Leistungen geben. Anderenfalls bestünde kein Bedürfnis für eine Teilabnahme. Ein Bedürfnis für eine Teilabnahme besteht nur, soweit der Architekt Leistungen über den Zeitpunkt hinaus zu erbringen hat, in dem die (letzte) Ausführungsleistung abgenommen wird. Dies ist regelmäßig nur bei Vereinbarung der Erbringung der Grundleistungen der Leistungsphase 8 (Bauüberwachung – Leistungsbild Gebäude, Innenräume, Freianlagen und Technische Ausrüstung; Bauoberleitung Leistungsbild Ingenieurbauwerke und Verkehrsanlage), der Grundleistungen der Leistungsphase 9 sowie der Besonderen Leistung der Leistungsphase 8 Örtliche Bauüberwachung beim Leistungsbild Ingenieurbauwerke und Verkehrsanlagen der Fall. Bei Vereinbarung von Leistungen über die reine Bauüberwachung hinaus liegt dies auf der Hand, da vom Architekten Leistungen zu einem sehr viel späteren Zeitpunkt, nach Abnahme der Ausführungsleistungen zu erbringen sind. Aber auch bei Vereinbarung von Leistungen (nur) bis zur Leistungsphase 8 besteht ein tatsächliches Interesse an einer Teilabnahme, da auch einige Leistungen der LP 8, wie z. B. Schlussrechnungsprüfung, Kostenvergleich, Kostenfeststellung üblicherweise erst einige Zeit nach den Abnahmen der Ausführungsleistungen erbracht werden (BeckOK BauvertragsR/ Preussner BGB § 650s Rn. 9f. Sind ausschließlich Planungsleistungen beauftragt, spielt die Teilabnahme, auch nach Auffassung des Gesetzgebers, keine eigenständige Rolle (BT-Drs. 18/8486 S. 70; vgl. auch Orlowski ZfBR 2016, 419, 436).

Die umstrittene Frage, ob Leistungen der Flächenplanung unter § 650p zu fassen sind, **70** muss im vorliegenden Zusammenhang nicht beantwortet werden, da es sich hierbei um reine Planungsleistungen handelt, bei denen es die vom Gesetzgeber vorausgesetzte parallel zu erbringenden Ausführungsleistungen, die bei einem Mangel sowohl der Planungs- und Überwachungsleistungen als auch der Ausführungsleistung zu einem Gesamtschuldverhältnis führen, nicht gibt (LPS/Preussner § 650s Rd. 28). Mit anderen Worten: einerseits ist bereits nicht davon auszugehen, dass es Ausführungsleistungen gibt, die diesen Planungsleistungen oder Überwachungsleistungen kongruent (zu diesem Merkmal sogleich) nach der Vorstellung des Gesetzgebers zugeordnet sind und andererseits wird es regelmäßig gar kein besonderes Bedürfnis für eine Teilabnahme unter den Voraussetzungen des § 650s geben. Bis es nämlich zur Ausführung derjenigen Dinge kommt, die Gegenstand der Bauleitplanung sind, sind die Leistungen der Flächenplanung regelmäßig bereits vollständig und abnahmereif erbracht, sodass der Architekt die abschließende Abnahme verlangen kann.

Die vorstehenden Ausführungen gelten entsprechend für die Tragwerksplanung. Auch hier **71** gibt es in der Praxis bei üblicher Vertragsgestaltung kein Interesse an einer Teilabnahme. Bis es zur Abnahme von Ausführungsleistungen kommt, sind die Leistungen der Tragwerksplanung, auch bei Vereinbarung der Besonderen Leistungen der Leistungsphasen 7 bis 9 Anlage 14 HOAI 2013 vollständig erbracht, sodass es auf eine Teilabnahme gar nicht mehr ankommt.

b) Kongruenz von Planungs- und Ausführungsleistung

Nach dem Wortlaut kann jeder Architekt eine Teilabnahme erst dann verlangen, wenn **72** die letzte Leistung des ausführenden Unternehmers abgenommen wurde. Eine Zuordnung verschiedener Ausführungsleistungen zu Leistungsbereichen verschiedener Architekten/Ingenieuren wurde nicht vorgenommen. Dies führt zu der Frage, ob der Architekt, der mit Leistungen aus dem Leistungsbild Gebäude beauftragt wurde, eine Teilabnahme erst dann verlangen kann, wenn die Abnahme der allerletzten Ausführungsleistung (in der Regel die Freianlagen) erfolgt ist? Gilt dies im Hinblick auf den Architekten, der mit Leistungen aus dem Leistungsbild Gebäude beauftragt ist, auch im Hinblick auf die Ausführungsleistungen aus dem Bereich der Technischen Ausrüstung (z. B. Elektro oder auch Lüftung, Kühlung etc.)? Muss der ausschließlich mit Architektenleistungen aus dem Leistungsbild Innenräume (Innenarchitekt) Beauftragte auch die Fertigstellung und Abnahme der letzten Ausführungsleistung (Freianlagen) abwarten, um eine Teilabnahme verlangen zu können? Gilt Gleiches auch für den Tragwerksplaner?

Eine erste Antwort auf diese Fragen ist der Intention des Gesetzgebers zu entnehmen, die zur **73** Einführung der Neuregelung führte. Wenn ein Gleichlauf der Verjährungsfristen im Hinblick auf Mängelansprüche des Bestellers gegenüber dem bauausführenden Unternehmen und dem Architekten bezweckt werden sollte (auch wenn dies nicht erreicht wurde und dies wegen des eigenständigen Gesamtschuldnerausgleichsanspruchs auch nicht maßgeblich ist) kann es entscheidend nur darauf ankommen, inwieweit Gesamtschuldverhältnisse beim konkreten Bauvorhaben im Hinblick auf denselben Bauschaden vorliegen können, wenn sowohl Mängel der

§ 650s

Ausführungsleistungen als auch Mängel der Werkleistung des jeweiligen Architekten vorliegen (Zahn, NZBau 2019, 34, 36; Beck HOAI/Rodemann BGB § 650s Rn. 13; kritisch zu diesem Abgrenzungskriterium: BeckOGK/Kögl, § 650s Rn. 19).

c) Leistungsbild Objektplanung Gebäude Innenräume, Freianlagen, Ingenieurbauwerke, Verkehrsanlagen und Technische Ausrüstung

74 Hat der Besteller verschiedene Architekten-/Ingenieurverträge aus diesen Leistungsbildern abgeschlossen, ist ein Gesamtschuldverhältnis zwischen dem ausführenden Unternehmer und dem Planer/Überwacher regelmäßig nur innerhalb des jeweiligen Leistungsbildes und des hierzu „passenden" Unternehmers gegeben. Für den nur mit der Objektplanung Freianlagen beauftragten Architekten kommt es deshalb ausschließlich auf die Abnahme der Ausführungsleistungen im Hinblick auf die Freianlagen an. Ist diese erfolgt, kann er eine Teilabnahme seiner Leistungen verlangen. Entsprechendes gilt für den Planer/Überwacher, der mit dem Leistungsbild Innenräume beauftragt ist. Er kann die Teilabnahme seiner Architektenleistungen dann verlangen, wenn das letzte ausführende Unternehmen aus dem Bereich Innenausbau seine Leistungen erbracht hat und diese abgenommen wurden. Wird ein eigenständiger Vertrag mit einem Ingenieur zur Erbringung von Leistungen aus dem Leistungsbild Technische Ausrüstung abgeschlossen, kann dieser eine Teilabnahme seiner Leistungen verlangen, wenn die Ausführungsleistungen im Hinblick auf diejenigen Anlagengruppen aus § 53 HOAI, die auch Gegenstand des Ingenieurvertrages sind, ausgeführt und abgenommen worden sind (Kniffka, BauR 2017, 1846, 1875; Berger in Langen/Berger/Dauner-Lieb § 650s Rn. 16; LPS/Preussner § 650s Rd.38). Entsprechendes gilt für Leistungen aus den Leistungsbildern Verkehrsanlagen und Ingenieurbauwerke.

75 Auch für den Objektplaner Gebäude kommt es auf die Abnahme der letzten Ausführungsleistung desjenigen Unternehmers an, mit dem ein Gesamtschuldverhältnis wegen desselben Bauschadens vorstellbar ist. Da auch die Verletzung von Integrations- und Koordinierungspflichten, die den Architekten treffen, der mit den Leistungen aus der Leistungsphase 8 beauftragt ist, ein Gesamtschuldverhältnis zwischen dem Objektplaner Gebäude und dem ausführenden Unternehmen aus einem Fachplanungsbereich entstehen lassen kann, kommt eine Teilabnahme für den Objektplaner Gebäude an sich erst dann in Betracht, wenn die letzte Ausführungsleistung, auch aus anderen Fachplanungsbereichen, erbracht sind (zum Objektplaner Gebäude im Hinblick auf die Ausführungsleistungen aus dem Bereich der Haustechnik: Kniffka BauR 2017, 1846, 1875; Berger in Langen/Berger/Dauner-Lieb § 650s Rn. 16; Berger, Anm IBR 2018, 46). In der Literatur wird dieses Ergebnis kritisiert und darauf abgestellt, welche Bauunternehmerleistungen der Architekt jeweils zu überwachen habe (BeckOGK/Kögl, § 650s Rn. 21). Eine Teilabnahme könne dann verlangt werden, wenn die letzte Abnahme der Ausführungsleistungen, welche der Architekt zu überwachen habe, erfolgt ist. Eine andere Auffassung stellt darauf ab, auf welche Bauleistung sich der beauftragte Vertragsgegenstand des Planers bzw. das beauftragte Leistungsbild bezieht (Berger in Langen/Berger/Dauner-Lieb § 650s Rn. 16). Nach hier vertretener Auffassung gilt folgendes: Der Gesetzgeber wollte dem Architekten und Ingenieur das Recht, eine Teilabnahme zu verlangen, ausweislich der Gesetzesbegründung dann einräumen, „wenn das von ihm geplante Bauwerk abgenommen ist." (BT-Drucks. 18/8486 S. 27). Der Gesetzgeber wollte die Teilabnahme demnach zunächst an den eigenen Planungsbereich anknüpfen. Der Objektplaner kann daher eine Teilabnahme regelmäßig dann verlangen, wenn nur noch Abnahmen von Ausführungsleistungen ausstehen, die von anderen Planern (Fachplaner) geplant worden sind. Da an anderer Stelle in der Gesetzesbegründung (BT-Drucks. 18/8486 S. 70) die Bauüberwachung der Planung gleichgestellt wird, ist eine weitere Einschränkung vorzunehmen. Erbringt der Architekt Bauüberwachungsleistungen im engeren Sinn (Grundleistung a) in LP 8) für Ausführungsleistungen aus Fachplanungsbereichen, dann ist für den Anspruch auf Teilabnahme auch die Abnahme dieser Ausführungsleistung erforderlich (Kuhn, ZfBR 2017, 211, 215: maßgeblich soll die Leistung des ausführenden Unternehmers sein, den der Architekt überwacht). Hat der Bauherr verschiedene Verträge mit einem Planer und einem Bauüberwacher abgeschlossen, wird der Planer regelmäßig seine Leistungen vollständig vor dem Zeitpunkt abgeschlossen haben, zu dem die Voraussetzungen für eine Teilabnahme erfüllt sind, auch wenn zu den Grundleistungen der LP 5 (Ausführungsplanung) das Fortschreiben der Ausführungsplanung während der Objektausführung gehört (Grundleistung f). Der (nur) bauüberwachende Architekt kann eine Teilabnahme seiner Überwachungsleistung dann verlangen, wenn die letzte Abnahme derjenigen Ausführungsleistung, die er zu überwachen hat, erfolgt ist.

Teilabnahme **§ 650s**

Anders sieht die Sache allerdings dann aus, wenn es keine Fachplaner/Objektplaner aus 76
anderen Leistungsbildern neben den Objektplanern Gebäude/Verkehrsanlagen/Ingenieurbauwerken gibt, sondern diese Planungs-/Überwachungsleistungen vom Objektplaner miterledigt werden. In diesem Fall kommt ein Gesamtschuldverhältnis zwischen dem ausführenden Unternehmer betreffend die Freianlagen, Innenausbau, Technische Ausrüstung und den Objektplanern in Betracht. Dann kommt es wiederum auf die Abnahme der letzten Leistungen des insoweit ausführenden Unternehmers an.

d) Leistungsbild Tragwerksplanung

Im Hinblick auf das Leistungsbild Tragwerksplanung gibt es die Besonderheit, dass als 77
Grundleistung keine Überwachung des ausführenden Unternehmers vorgesehen ist, sofern sich die Leistungspflichten an Anlage 14 zur HOAI 2013 orientieren. Die Überwachung der Ausführung des Tragwerks auf Übereinstimmung mit den geprüften statischen Unterlagen ist eine Besondere Leistung der Leistungsphase 8 in Anlage 14 zur HOAI 2013. Es ist daher – sofern nicht diese Besondere Leistung vom Besteller beauftragt wurde – eine Kombination von Ausführungsfehlern mit Überwachungsfehlern nicht denkbar. Ein Gesamtschuldverhältnis könnte allerdings im Hinblick auf Planungsfehler bei der Erstellung der statischen Berechnung seitens des Tragwerksplaner, bei Anfertigen der Positionspläne/Schalpläne/Bewehrungspläne und einer Mitverantwortlichkeit des ausführenden Unternehmers bei Erkennbarkeit des Planungsfehlers gegeben sein, wenn Ansprüche nicht vollständig nach §§ 254, 278 ausgeschlossen sind (Zahn NZBau 2019, 34, 37).

Dies führt dazu, dass der Tragwerksplaner eine Teilabnahme seiner Leistungen dann verlangen kann, wenn die Rohbauleistungen fertiggestellt und abgenommen worden sind. Allerdings kommt es auf eine Teilabnahme für den Tragwerksplaner nur dann an, wenn er mit weitergehenden Besonderen Leistungen beauftragt wurde, die zeitlich über diesen Zeitpunkt hinausreichen. Ist dies nicht der Fall, hat er seine vertraglich geschuldete Werkleistung im Normalfall bereits vollständig erbracht und kann daher die „normale" Abnahme seiner Leistungen nach § 640 I S. 1 BGB verlangen. 78

II. Teilabnahme der vom Architekten/Ingenieur erbrachten Leistungen

1. Verlangen

Im Unterschied zu § 640 BGB setzt § 650s ein Verlangen des Architekten voraus. Der Besteller ist nicht von sich aus zur Teilabnahme verpflichtet (Kuhn ZfBR 2017, 211, 212; LPS/Preussner § 650s Rd.39; Berger in Langen/Berger/Dauner-Lieb § 650s Rn. 12), kann sich nachträglich aber auch nicht auf ein fehlendes Verlangen berufen, wenn er die Teilabnahme erklärt (Berger in Langen/Berger/Dauner-Lieb § 650s Rn. 13; LPS/Preussner § 650s Rd.40; ders. BeckOK BauvertragsR BGB § 650s Rn. 39). Allerdings wird auch dieser Umstand, bei der Frage, ob im Einzelfall eine konkludente Abnahme vorliegt, zu berücksichtigen sein (BeckOK BGB/Voit § 650s Rn. 8). 79

2. Arten der Abnahme

Liegen die Voraussetzungen für eine Teilabnahme vor, kommen alle Arten der Abnahme im Sinne des § 640 Abs. 1 Satz 1 auch im Hinblick auf die Teilabnahme zur Anwendung. Die Teilabnahme kann also ausdrücklich oder konkludent erklärt werden. 80

a) Konkludente Teilabnahme

Allerdings wird bei der Frage, ob eine konkludente Teilabnahme vorliegt, auch zu berücksichtigen sein, dass der Teilabnahme ein Verlangen nach Teilabnahme vorauszugehen hat/BeckOK BauvertragsR/Preussner, BGB § 650s Rn. 58; Kuhn ZfBR 2017, 211, 212; Kniffka BauR 2017, 1876). Fehlt dieses, wird im Zweifelsfall nicht von einer Teilabnahme auszugehen sein. Etwas anderes gilt nur dann, wenn der Wille des Bestellers eindeutig ist und er Kenntnis davon hat, dass die Voraussetzungen für die Teilabnahme nach § 650s BGB hat. Dann ist es ihm verwehrt, sich zu einem späteren Zeitpunkt auf das fehlende Verlangen zu berufen. 81

Ob der Ausgleich einer Teilschlussrechnung zur konkludenten Teilabnahme führt, wurde bereits bis zum Inkrafttreten des § 650s BGB diskutiert (→ Rdn. 42 ff.). Liegt ein Verlangen der Teilabnahme vor oder ist es nach den vorstehenden Ausführungen entbehrlich und wird 82

§ 650s   Teilabnahme

eine übersandte Teilschlussrechnung ausgeglichen, ist darin die konkludente Teilabnahme zu sehen. Liegt kein Teilabnahmeverlangen vor, wir aber eine gestellte Teilschussrechnung ausgeglichen, dürfte demgegenüber ohne Hinzutreten weiterer Umstände regelmäßig nicht von einer wirksamen Teilabnahme auszugehen sein (BeckOK BauvertrR/Preussner BGB § 650s Rn. 63; BeckOK BGB/Voit BGB § 650s Rn. 8; Beck HOAI/Rodemann BGB § 650s Rn. 28).

83   Eine konkludente Abnahme durch Inbenutzungnahme und Ablauf einer angemessenen Prüffrist wäre entsprechend der vorstehenden Ausführungen allenfalls dann denkbar, wenn zuvor eine Aufforderung zur Durchführung der Teilabnahme erfolgt oder diese entbehrlich ist.

b) Fiktive Teilabnahme

84   Fraglich ist darüber hinaus, ob die fiktive Abnahme nach § 640 Abs. 2 BGB zur Anwendung kommen kann. § 640 Abs. 2 BGB setzt die „Fertigstellung des Werks" des Architekten/Ingenieurs voraus (→ § 640 BGB Rdn. 73). Der Gesetzgeber hatte bei der Festlegung des Wortlautes daher nicht die Teilabnahme im Blick, sondern die (Gesamt-)Abnahme nach § 640 Abs. 1 Satz 1 BGB. Allerdings legt der Sinn und Zweck der Teilabnahmeregelung nahe, dass es insoweit um die Fertigstellung der bis zur Abnahme der letzten Unternehmerleistung geschuldeten Leistung des Architekten und Ingenieurs geht (Kuhn, ZfBR 2017, 211, 212; Kniffka, BauR 2017, 1846, 1876). Ferner spricht hierfür die Regelung in § 650q Abs. 1, mit der § 640 einschränkungslos in Bezug genommen und für anwendbar erklärt wurde.

c) Abnahmewirkungen ohne Abnahme

85   Die Grundsätze, die zum Eintritt verschiedener Abnahmewirkungen ohne Abnahme entwickelt wurden (→ Rdn. 22 ff.), werden regelmäßig aber nicht zur Anwendung kommen können. In diesem Stadium der Abwicklung des Vertrages mit dem Architekten/Ingenieur bei noch ausstehenden Teilleistungen, wird eine endgültige Abnahmeverweigerung des Bestellers regelmäßig nicht vorliegen, genau so wenig auch der Eintritt in ein Abrechnungs- bzw. Abwicklungsverhältnis. Vielmehr befindet sich das Vertragsverhältnis noch in der Erfüllungsphase.

3. Abnahmereife der erbrachten Leistungen

86   Die abzunehmenden Teilleistungen des Architekten müssen nicht in sich abgeschlossen sein (Kuhn, ZfBR 2017, 211, 216; BeckOGK/Kögl BGB § 650 Rn. 52 Stand 1.7.2018; Schwenker/Wessel in Messerschmidt/Voit § 650s Rn. 13; Beck HOAI/Rodemann BGB § 650s Rn. 20; a. A. BeckOK BauvertragsR/Preussner, BGB § 650s Rn. 30f.; Leupertz BauR 2009, 393, 397). Wie bei jeder Abnahme muss aber auch bei der Teilabnahme nach § 650s die abzunehmende Leistung vom Besteller daraufhin kontrolliert werden können, ob sie mangelfrei erbracht wurde (Kniffka, BauR 2017, 1846, 1876; Berger in Langen/Berger/Dauner-Lieb § 650s Rn. 22). Weist die erbrachte Leistung des Architekten wesentliche Mängel auf, kann die Teilabnahme verweigert werden (D/L/O/P/S/Dammert, § 4 Rn. 121). Abnahmereif erbracht ist die Leistung in jedem Fall bei vollständiger, im Wesentlichen mangelfreier Erbringung einer Leistungsphase, also am Ende dieser Leistungsphase. Gleiches gilt auch dann, wenn Grundleistungen vollständig ausgeführt sind (BeckOK BauvertragsR/Preussner, BGB § 650s Rn. 34).

87   Entgegen einer Auffassung in der Literatur können auch Teile von Grundleistungen abnahmereif erbracht sein, wenn der abzunehmende Leistungsteil vom Besteller auf Mangelfreiheit hin überprüft werden kann. Diese Voraussetzung liegt beispielsweise vor, wenn die Architektenleistungen für einzelne Gewerke abgeschlossen sind, wie beispielsweise die Leistungen bei der Abnahme der Ausführungsleistungen des Rohbaus, und auch bei der Überwachung des Objektes, wenn sich die Gewerke klar trennen lassen. Gleiches gilt auch für das gemeinsame Aufmaß mit den ausführenden Unternehmen und auch für das Auflisten von Verjährungsfristen für Mängelansprüche. Diese Leistungen können auf Mangelfreiheit im Hinblick auf jedes einzelne Gewerk kontrolliert werden. Die in der Literatur vertretene Auffassung (Kuhn, ZfBR 2017, 211, 216), wonach auch die Rechnungsprüfung innerhalb eines Gewerkes nicht teilbar ist, erscheint nicht zutreffend. Sowohl einzelne AZ-Zahlungen (Berger in Langen/Berger/Dauner-Lieb § 650s Rn. 23) als auch die AZ-Rechnungen und die Schlussrechnung können von unterschiedlichen Planern/Überwachern geprüft werden. Teilbarkeit ist daher gegeben. Auch die Schlussrechnungsprüfung kann gewerkeweise getrennt erfolgen (Berger in Langen/Berger/Dauner-Lieb § 650s Rn. 23; a. A. Kuhn, ZfBR 2017, 211, 216; ebenfalls a. A. BeckOK BauvertragsR/Preussner, BGB § 650s Rn. 33.1).

Einheitliche Leistungen, die nicht zum Teil abnahmereif erbracht werden können, stellen 88
diejenigen Grundleistungen dar, deren Wesen gerade in der Berücksichtigung bzw. Zusammenführung verschiedener Umstände liegt, z. B. die Kostenfeststellung, die systematische Zusammenstellung der Dokumentation, zeichnerischen Darstellungen und rechnerischen Ergebnisse des Objekts sowie die Kostenkontrolle dar.

Im Hinblick auf die Prüfung der Schlussrechnung wird in der Literatur (vgl. Kuhn ZfBR 89
2017, 216; Kniffka, BauR 2017, 1846, 1876) zutreffend darauf hingewiesen, dass für Mängelansprüche betreffend die Rechnungsprüfung unterschiedliche Gewährleistungsfristen dann laufen können, wenn die Prüfung der Schlussrechnung aus einem Gewerk von der Teilabnahme erfasst ist und andere Schlussrechnungen danach geprüft wurden. Diese Folge ergibt sich auch bei anderen Grundleistungen, wenn Teile derselben der Teilabnahme unterfallen und andere Teile dieser Grundleistung erst danach erbracht werden.

III. Rechtsfolgen der Teilabnahme

Die Teilabnahme nach § 650s soll alle Wirkungen, beschränkt auf den teilabgenommenen 90
Leistungsteil, auslösen, die mit einer Abnahme nach § 640 eintreten (Kuhn, ZfBR 2017, 211, 211; Berger in Langen/Berger/Dauner-Lieb § 650s Rn. 29; Orlowski, ZfBR 2016, 419, 436; Schmidt NJW-Spezial 2017, 620, 621; BeckOK BauvertragsR/Preussner, BGB § 650s Rn. 99). Der Besteller soll sich die Mängelrechte aufgrund bekannter Mängel der Werkleistung des Architekten bei der Teilabnahme vorbehalten müssen, um keinen Ausschluss der verschuldensunabhängigen Ansprüche auszulösen (Kuhn, ZfBR 2017, 211, 212; Berger in Langen/Berger/Dauner-Lieb § 650s Rn. 30). Mit einer durchgeführten Teilabnahme beginnt nach der Rechtsprechung des Bundesgerichtshofes jedenfalls die Verjährungsfrist für Mängelansprüche zu laufen (BGH, Urt. v. 10.7.1975 – VII ZR 64/73; BGH, Urt. v. 30.6.1983 VII ZR 185/81). Die von der Rechtsprechung entwickelten Grundsätze zur Sekundärhaftung kommen auch bei einer Teilabnahme zur Anwendung (BeckOK BGB/Voit, § 650s Rn. 15). Nach Auffassung des OLG Saarbrücken (Urt. v. 3.12.2014 – 1 U 49/14) des Brandenburgischen OLG (Urt. v. 5.5.2004 – 4 U 118/03) und des OLG Jena (Urt. v. 19.9.2007 – 7 U 35/07) soll der Gefahrübergang für die Teile der Leistungen, die abgenommen wurden, erfolgen und die Fälligkeit des Vergütungsanspruchs bewirkt werden (OLG Brandenburg, Urt. v. 5.5.2004 – 4 U 118/03).

Der Vollständigkeit halber wird darauf hingewiesen, dass nach Auffassung einiger Oberlan- 91
desgerichte die Verjährung des Vergütungsanspruchs auch ohne Abnahme oder Teilabnahme zu laufen beginnt, wenn eine Teilschlussrechnung gestellt (OLG Dresden Urt. v. 5.6.2002 – 11 U 1719/01; BGH Beschl. v. 24.7.2003 – VII ZR 241/02 – Nichtzulassungsbeschwerde zurückgewiesen) und bezahlt wird (OLG Schleswig Urt. v. 25.10.2002 – 1 U 8/02), was aber mit der gesetzlichen Regelung nicht zu vereinbaren ist.

Noch nicht abschließend geklärt ist, inwieweit sich die Rechtsprechung des Bundesgerichts- 92
hofes (Urt. v. 19.1.2017 – 235/15, 301/13 u.193/15) zu den Rechten wegen Mängeln vor der Abnahme bei Durchführung einer Teilabnahme auswirkt. Nach dieser Rechtsprechung stehen dem Besteller vor der Abnahme bei Mängeln die Rechte aus § 634 BGB grundsätzlich nicht, sondern nur in Sonderfällen zu. Wird eine Teilabnahme durchgeführt, können dem Besteller demnach Rechte aus dem allgemeinen Teil des Schuldrechtes zustehen, wenn es um Ansprüche aus dem Teil der Leistung geht, bei dem noch keine (Schluss-)Abnahme durchgeführt wurde und Ansprüche nach § 634, soweit es um Mängel der Leistung geht, die Gegenstand der Teilabnahme war (Zahn NZBau 2019, 34, 40). Dass wegen des gleichen Umstandes nicht zwei verschiedene Ansprüche durchgesetzt werden können, liegt auf der Hand. Im Übrigen werden dem Besteller regelmäßig wegen der/des gleichen Pflichtverletzung/Mangels nicht zwei Ansprüche zustehen, da dieselbe/derselbe im Regelfall entweder dem Leistungsbereich zuzuordnen ist, der bereits teilabgenommen wurde oder dem Leistungsbereich, bei dem die Schlussabnahme noch aussteht, nicht aber beiden Bereichen. Sollte aufgrund einer Pflichtverletzung/eines Mangels aus dem einen Leistungsbereich großer Schadensersatz beansprucht werden oder erfolgt der Rücktritt, entsteht ein Rückabwicklungsverhältnis mit einer Gesamtabrechnung. Ansprüchen wegen anderer Sachverhalte aus dem anderen Bereich kommt dann keine eigenständige Bedeutung mehr zu. Wird wegen eines Mangels aus dem teilabgenommenen Bereich gemindert, hindert dies nicht die Geltendmachung von Erfüllungsansprüchen aus dem anderen Leistungsbereich.

D. Klauselkontrolle

93 Nach der bislang ergangenen Rechtsprechung wurde die Vereinbarung einer Teilabnahme mittels vom Architekten gestellter AGB für zulässig erachtet (BGH, Beschl. v. 5.4.2001 – VII ZR 161/00, mit dem Missverständnisse zu BGH Beschl. v. 23.11.2000 – VII ZR 277/99 aus der Welt geschafft werden sollten; KG Urt. v. 12.2.2004 – 4 U 162/02; OLG Naumburg, Urt. v. 1.3.2000 – 12 U 63/98; BGH Beschl. v. 5.4.2001 – VII ZR 161/00 – Nichtannahme der Revision; a. A. OLG Schleswig Urt. v. 6.7.1999 – 6 U 69/97).

94 Nach Inkrafttreten des § 650s stellt diese Regelung das gesetzliche Leitbild (Kniffka, BauR 2017, 1846, 1877; LPS/Preussner § 650s Rd.87) für die Regelung der Teilabnahme dar. Regelungen in AGB des Bestellers, die dieses Recht ausschließen oder beschränken sind unwirksam (Kniffka, BauR 2017, 1846, 1877; BeckOK BauvertragsR/Preussner, BGB § 650s Rn. 86; BeckOK BGB/Voit § 650s Rn. 16). Dies gilt auch für die Klausel in AGB des Bestellers, die eine Teilabnahme nach Abschluss der Leistungen der Leistungsphase 8 vorsieht, da hierdurch ein zeitliches Hinausschieben der Abnahme im Vergleich zur gesetzlichen Regelung erfolgt (Kuhn ZfBR 2017, 211, 218; Kniffka, BauR 2017, 1846, 1877; BeckOK BauvertragsR/Preussner, BGB § 650s Rn. 92; a. A. Deckers, ZfBR 2017, 523, 525; a. A. ebenfalls Berger in Langen/Berger/Dauner-Lieb § 650s Rn. 235, der das Hinausschieben des Teilabnahmezeitpunktes mittels einer Spätestfrist, die an die Abnahme der letzten Ausführungsleistung anknüpft, zulassen will), zumal dies dann dazu führt, dass der Zeitpunkt, zu dem die Teilabnahme verlangt werden kann, noch weitergehend (über die Beendigung der Ausführungsleistung des Unternehmers) von Umständen abhängt, die der Architekt nicht beeinflussen kann, z. B. das Stellen der Schlussrechnung durch den Unternehmer, um dieselbe prüfen zu können (Kuhn ZfBR 2017, 211, 219; hiergegen BeckOK BauvertragsR/Preussner, BGB § 650s Rn. 93.1).

95 § 650s BGB stellt kein gesetzliches Leitbild dar, um hiervon abweichende Regelungen in AGB des Architekten hieran zu messen, da die Vorschrift nach der Gesetzesbegründung eingeführt wurde, um den Architekten zu begünstigen. Für ihn sollte eine Möglichkeit geschaffen werden, um früher in den Genuss der Abnahmewirkungen zu kommen. Deshalb können Teilabnahmeregelungen in AGB des Architekten nicht an § 650s gemessen werden (Berger in Langen/Berger/Dauner-Lieb § 650s Rn. 35; LPS/Preussner § 650s Rd.95).

§ 650t BGB Gesamtschuldnerische Haftung mit dem bauausführenden Unternehmer

Nimmt der Besteller den Unternehmer wegen eines Überwachungsfehlers in Anspruch, der zu einem Mangel an dem Bauwerk oder an der Außenanlage geführt hat, kann der Unternehmer die Leistung verweigern, wenn auch der ausführende Bauunternehmer für den Mangel haftet und der Besteller dem bauausführenden Unternehmer noch nicht erfolglos eine angemessene Frist zur Nacherfüllung bestimmt hat.

Übersicht

	Seite
A. Einleitung und Systematik	1141
B. Die Gesamtschuld	1142
I. Grundlagen zum Gesamtschuldnerausgleich	1142
II. Besonderheiten bei der Beteiligung von Architekten und Ingenieuren	1142
1. Mitverschuldenseinwand	1142
a) Eigenes Mitverschulden	1142
b) Planender Architekt/Ingenieur	1144
c) Koordinierender Architekt/Ingenieur	1146
d) Bauüberwachender Architekt/Ingenieur	1147
e) Ausschreibender Architekt	1148
f) Planprüfender Architekt/Ingenieur	1148
g) Tragwerksplaner	1148
h) Bauunternehmer	1149
i) Baugrundgutachter	1149
j) Projektsteuerer	1150
k) Prüfstatiker	1150

Gesamtschuldnerische Haftung mit dem bauausführenden Unternehmer   § 650t

      l) Fachplaner 1150
      m) Brandschutzgutachter 1151
    2. Sonderproblem Überzahlung und rechnungsprüfender Architekt/Ingenieur 1151
    3. Mitverschuldensquote 1152
      a) Entfallen des Planungsmitverschuldens 1152
      b) Mitverschuldensquote 1152
    4. Klagantrag bei Mitverschulden 1153
  III. Freie Wahl des Bestellers bei Inanspruchnahme der Gesamtschuldner 1153
  IV. Ausgleich unter den Gesamtschuldnern; Quote 1155
    1. Grundsatz 1155
    2. Quote 1155
C. § 650t 1155
  I. Überwachungsfehler und Ausführungsfehler 1155
    1. Grundsatz 1155
    2. Sonderfall: Verstoß gegen SchwarzArbG 1156
  II. Mangel am Bauwerk oder der Außenanlage 1156
  III. Erfolglose angemessene Frist zur Nacherfüllung 1156
  IV. Auskunftsanspruch des Architekten über die Fristsetzung; Darlegungs- und Beweislast .. 1159
  V. Inanspruchnahme 1159
  VI. Leistungsverweigerungsrecht 1159
  VII. Auswirkung auf Honoraransprüche des Architekten/Ingenieurs 1160
  VIII. Verjährungsfragen 1161
    1. Grundlagen zur Verjährung des Gesamtschuldnerausgleichsanspruch 1161
    2. Gesamtschuldnerische Ausgleichsansprüche des Architekten/Ingenieurs gegen ausführendes Unternehmen bei Leistungsverweigerungsrecht 1161
  IX. Abweichende vertragliche Vereinbarungen 1161
  X. Beweislast 1162

A. Einleitung und Systematik

Die Regelung sieht ein Leistungsverweigerungsrecht des bauüberwachenden Architekten **1** vor, wenn er wegen Baumängeln vom Besteller in Anspruch genommen wird. Dieses Leistungsverweigerungsrecht führt so lange zu einer subsidiären Haftung des bauüberwachenden Architekten bis der Besteller den bauausführenden Unternehmer zur Mangelbeseitigung aufgefordert, hierfür eine Frist gesetzt hat und diese fruchtlos abgelaufen ist. Ist Letzteres geschehen, haften bauüberwachender Architekt und bauausführendes Unternehmen – wie nach derzeitiger Rechtslage – als Gesamtschuldner. Der Besteller ist dann – abgesehen von seltenen Einschränkungen nach § 242 BGB – in seiner Wahl frei, wen er in Anspruch nimmt.

Der Gesetzgeber folgte einem auf dem Baugerichtstag 2014 vom Arbeitskreis IV einstimmig **2** gefassten Beschluss (Einzelheiten in BauR 2014, 1606), wonach eine Regelung geschaffen werden sollte, nach der der Architekt/Ingenieur erst dann auf Schadensersatz in Anspruch genommen werden kann, wenn der ausführende Unternehmer zuvor unter Fristsetzung zur Nachbesserung aufgefordert worden ist, allerdings nicht vollumfänglich, da § 650t BGB nur den überwachenden Architekten erfasst. Der Gesetzgeber reagierte damit auf Stellungnahmen in der Literatur (Fuchs NZBau 2015, 675, 683) zum im ersten Gesetzentwurf (BT-Drs. 18/8486, 27 und 70 f.), der ein uneingeschränktes Leistungsverweigerungsrecht unabhängig von der Art des Mangels seitens des Architekten/Ingenieur vorsah. Der Gesetzgeber wollte mit dieser Regelung einer steigenden Belastung der Architekten und Ingenieure und deren Haftpflichtversicherungen im Rahmen der gesamtschuldnerischen Haftung mit dem bauausführenden Unternehmen entgegenwirken (Begründung zum Regierungsentwurf BT-Drucks. 18/8486 Seite 70). In der Tat ist es in der Praxis so, dass bei Verantwortlichkeit eines bauausführenden Unternehmens und gleichzeitiger Mitverantwortlichkeit des bauüberwachenden Architekten vorrangig der Architekt/Ingenieur in Anspruch genommen wird, da Ansprüche bei Verwirklichung des Mangels im Bauwerk auf Geldzahlung gerichtet sind und damit bezifferte Schadensersatzansprüche geltend gemacht werden können. Eine Fristsetzung ist gegenüber dem Architekten/Ingenieur in diesen Fällen nicht erforderlich. Darüber hinaus verfügen Architekten/Ingenieure regelmäßig über Haftpflichtversicherungen, so dass die Durchsetzung eines Anspruches im Normalfall auch sichergestellt ist (vgl. hierzu Kniffka, BauR 2017, 1747, 1878). Bei einem derartigen Vorgehen wird dem nicht zur Mängelbeseitigung aufgeforderten ausführenden Unternehmer das ihm grundsätzlich zustehende Recht

Zahn   1141

§ 650t Gesamtschuldnerische Haftung mit dem bauausführenden Unternehmer

genommen, den Ausführungsfehler selbst durch Nachbesserung zu beseitigen. Er kann, ohne dass ihm diese Möglichkeit eingeräumt worden ist, vom Architekten anschließend im Rahmen des Gesamtschuldnerausgleiches auf Geldzahlung in Anspruch genommen werden. Der Gesetzgeber hat auch mit dem Gedanken gespielt, die gesamtschuldnerische Haftung zwischen bauüberwachendem Architekten und bauausführendem Unternehmen aufzuheben, dies aber wieder verworfen.

B. Die Gesamtschuld

I. Grundlagen zum Gesamtschuldnerausgleich

3   Gesamtschuldverhältnisse sind bei der Abwicklung von Bauvorhaben häufig anzutreffen (vgl. die ausführliche Darstellung von Langen in NZBau 2015, 1 ff. (Teil 1) und NZBau 215, 71 ff. (Teil 2). Die allgemeinen Grundlagen zum Gesamtschuldnerausgleich wurden in der Kommentierung zu § 634 BGB dargestellt, auf sie wird verwiesen (vgl. → § 634 BGB Rdn. 147 ff.). Nachfolgend werden die Einzelheiten bei einer Beteiligung von Architekten und Ingenieure dargestellt. Der Gesetzgeber hat das Bestehen eines Gesamtschuldverhältnisses bei Mithaftung des bauüberwachenden Architekten/Ingenieurs aufgrund der Wortwahl in der Überschrift des §§ 650t bestätigt. Die Vorschrift setzt das Bestehen eines Gesamtschuldverhältnisses voraus.

II. Besonderheiten bei der Beteiligung von Architekten und Ingenieuren

1. Mitverschuldenseinwand

4   Bei der Beteiligung von Architekten/Ingenieuren muss zunächst der Umfang der Mängelansprüche des Bestellers gegenüber dem Architekten und gegenüber dem ausführenden Unternehmen überprüft werden. Nur, soweit diese Ansprüche deckungsgleich sind, besteht ein Gesamtschuldverhältnis (§ 421 Satz 1: „Schulden mehrere eine Leistung ..."). Soweit das ausführende Unternehmen den Mitverschuldenseinwand nach §§ 254, 278 erheben kann, reduziert sich der Anspruch des Bestellers gegenüber dem ausführenden Unternehmen um diesen Mitverschuldensanteil (OLG Köln Urt. v. 19.12.2018 – 11 U 110/16; OLG Stuttgart, Urt. v. 30.9.2019 – 10 U 107/19). Ein Gesamtschuldverhältnis kann dann nur im Hinblick auf den übrigbleibenden Teil des Anspruchs bestehen. Gleiches gilt auch im Verhältnis zweier Planer/Überwacher zueinander. Zunächst muss daher geklärt werden, in welchen Fällen der Mitverschuldenseinwand erhoben werden kann. Hierzu sind bereits einige Punkte durch die Rechtsprechung geklärt worden (weitere Einzelheiten → § 634 BGB Rdn. 101 ff.). Allerdings ist festzustellen, dass sich noch nicht alle Oberlandesgerichte dazu durchringen konnten, die Grundsätze, die der BGH in der richtungsweisenden Glasfassadenentscheidung (Urt. v. 27.11.2008 – VII ZR 206/06) aufgestellt hat, konsequent umzusetzen und diese Grundsätze auch auf andere Fallkonstellationen anzuwenden.

a) Eigenes Mitverschulden

5   Der Besteller muss sich eigenes Mitverschulden anspruchsmindernd entgegenhalten lassen (→ § 634 BGB Rdn. 102 ff.). Hat der Besteller keinen Architekten beauftragt, kommt eigenes Mitverschulden des Bestellers dann in Betracht, wenn er Planungsleistungen selbst erbringt, beispielsweise als Generalübernehmer oder als Bauträger. Gleiches gilt auch dann, wenn der Bauherr es unterlässt, einen Planer mit der Erstellung der Ausführungsplanung zu beauftragen (OLG Düsseldorf, Urt. v. 12.11.2013 – 22 U 32/13; Urt. v. 22.11.2013 – I-22 U 32/13; OLG Brandenburg, Urt. v. 11.9.2013 – 4 U 100/12; OLG Celle, Urt. v. 2.12.2015 – 7 U 75/15 allerdings sind die weitergehenden Ausführungen in dieser Entscheidung, wonach auch die Nichtbeauftragung eines Bauüberwachers im Rahmen der Koordinierungsobliegenheit zum Ansatz von Mitverschulden kommen kann, nicht zutreffend. Zwar kann auch ein Koordinierungsfehler den Mitverschuldenseinwand berechtigen. Dies gilt aber dann nicht, wenn es um die fehlende Bauüberwachung geht. Da auch Fehler der Bauüberwachung den Mitverschuldenseinwand nicht begründen können, gilt dies auch dann, wenn gar kein Überwacher vom Bauherrn beauftragt wird). Nach a. A. soll der Mitverschuldenseinwand dann nicht in Betracht kommen, wenn der Unternehmer (im konkret entschiedenen Fall: Folgeplaner) gar

keine Planunterlagen (Genehmigung) erhalten hat (KG, Urt. v. 1.2.2019 – 21 U 70/18). Übernimmt das ausführende Unternehmen jedoch die Erstellung der Ausführungsplanung, kann es sich dann nicht auf eigenes Mitverschulden des Bestellers im Hinblick auf die ursprünglich fehlende Planung berufen (OLG Düsseldorf, Urt. v. 8.4.2016 – 22 U 164/15).

Der Auftraggeber muss sich auch eigenes Mitverschulden anrechnen lassen, wenn von ihm **6** erbrachte Eigenleistungen für den eingetretenen Schaden mitursächlich sind (OLG Celle, Urt. v. 26.9.2013 – 13 U 94/11: Einwand des auf Schadensersatz in Anspruch genommenen Tragwerksplaners aufgrund falscher Fundamentherstellung durch den Bauherrn selbst). Gleiches gilt dann, wenn der Bauherr selbst auf dem Gewerk des von ihm beauftragten Unternehmers aufbaut und weitere Bauleistungen erbringt, ohne die Vorleistung auf Geeignetheit hin zu überprüfen (BGH, Urt. v. 8.5.2003 – VII ZR 205/02; OLG Düsseldorf, Urt. v. 23.10.2014 – 5 U 84/10: 20 %tiges Mitverschulden des Bestellers).

Eigenes Mitverschulden des Bauträgers soll bei Inanspruchnahme des Architekten aufgrund **7** eines Fehlers der Baubeschreibung (fehlerhafte Angabe zum Jahresheizwärmebedarf), die der Architekt zu prüfen hatte, dann in Betracht kommen, wenn der Bauträger diesen Fehler aufgrund seiner Fachkenntnisse hätte erkennen müssen (OLG Stuttgart, Urt. v. 17.10.2013 – 13 U 86/13). Hat ein Bauherr die Verlegung einer Leitung durch sein Grundstück gestattet, ist er im eigenen Interesse gehalten, dieses aktenmäßig zu dokumentieren und bei einer späteren Bebauung offenzulegen. Ein diesbezügliches Versäumnis kann die Haftung des Architekten wegen weit überwiegenden Mitverschuldens ausschließen (OLG Frankfurt, Urt. v. 30.9.2019 – 29 U 93/18).

Aufgrund eigenen Mitverschuldens können Ansprüche des Bauherrn bei nicht genehmi- **8** gungsfähiger Planung ganz ausgeschlossen sein (OLG Celle, Urt. v. 21.4.2015 – 14 U 180/14). Voraussetzung hierfür ist allerdings positive Kenntnis des Bauherrn von der mangelnden Genehmigungsfähigkeit. In diesen Fällen ist allerdings zunächst zu prüfen, ob nicht die Grundsätze zur rechtsgeschäftlichen Risikoübernahme eingreifen (zur Risikoübernahme→ § 633 BGB Rdn. 77 ff. und → § 650p BGB Rdn. 66 ff.), d. h. umfassende Kenntnis des Bauherrn von den Risiken reicht nichts aus. Hinzutreten muss eine rechtsgeschäftliche Übernahme dieses Risikos. Sind diese (strengen) Voraussetzungen erfüllt, sind Ansprüche des Bauherrn damit ausgeschlossen. Sind diese Voraussetzungen nicht erfüllt, führt die positive Kenntnis des Bauherrn von der mangelnden Genehmigungsfähigkeit, ohne dass eine rechtsgeschäftliche Risikoübernahme gegeben ist, zum Mitverschuldenseinwand, der regelmäßig nur zu einer Beschränkung von Ansprüchen des Bauherrn führt. Noch nicht abschließend geklärt ist, ob und inwieweit der Mitverschuldenseinwand erfolgreich erhoben werden kann, wenn dem Bauherrn nicht positive Kenntnis des Mangels (z. B. der mangelnden Genehmigungsfähigkeit) nachgewiesen werden kann. Im Fall eines offenkundigen Mangels und eines fachkundigen Bauherrn wurde der Mitverschuldenseinwand zugelassen (BGH, Urt. v. 20.12.2012 – VII ZR 209/11). Gleiches gilt dann, wenn beim Bauherrn Umstände bekannt sind, aufgrund derer sich die Mangelhaftigkeit aufdrängt (BGH, Urt. v. 10.2.2011 – VII ZR 8/10).

Die vorstehenden Ausführungen gelten entsprechend bei anderen Mängeln außerhalb der **9** Nicht-Genehmigungsfähigkeit, z. B. wenn ausdrücklich eine nicht erprobte Sonderkonstruktion oder eine Ausführungsart verlangt wird, die gegen die allgemein anerkannten Regeln der Technik verstößt. Wünscht der Bauherr eine Ausführung, die zu einem Mangel führt, kann der Anspruch gegen den diese Ausführungsart planenden Architekten ganz ausgeschlossen sein, wenn eine Risikoübernahmevereinbarung zwischen den Beteiligten geschlossen wurde. Diese Vereinbarung kann zwar auch konkludent geschlossen werden, z. B. dadurch, dass der Architekt eine Planung vorlegt und der Bauherr diese billigt. Grundvoraussetzung hierfür ist aber immer, dass der Bauherr (1) die Tatsachen kennt, die die Mangelhaftigkeit begründen, also z. B. ein Abweichen von den allgemein anerkannten Regeln der Technik und (2) ihm die Tragweite der Mangelhaftigkeit bekannt ist, ihm also z. B. klar ist, dass mit einer bestimmten Ausführungsart das erhöhte Risiko eines Wasserzutritts verbunden ist. Ist dies der Fall, können Ansprüche gegen den Architekten ganz ausgeschlossen sein (OLG Karlsruhe Urt. v. 10.12.2018 – 19 U 83/16). Sind Ansprüche nicht vollständig ausgeschlossen, kann dann aber immer noch der Mitverschuldenseinwand in Betracht kommen.

Im Ergebnis muss deshalb zunächst untersucht werden, welchen Inhalt die vertragliche **10** Vereinbarung hat und ob die vereinbarte Funktion das in Rede stehende Risiko einschließt. Voraussetzung hierfür ist die Kenntnis des Bestellers vom Risiko. Ist dies zu bejahen und verwirklicht sich das Risiko, liegt kein Mangel vor. Ein Anspruch besteht nicht. Ist eine entsprechende vertragliche Vereinbarung nicht vorhanden, müssen die Voraussetzungen für das

§ 650t Gesamtschuldnerische Haftung mit dem bauausführenden Unternehmer

Eingreifen des Mitverschuldenseinwandes geprüft werden. Der Besteller muss die Werkleistung der von ihm beauftragten Unternehmer einschließlich der Planer nicht kontrollieren. Der Mitverschuldenseinwand ist deshalb nur dann eröffnet, wenn er positive Kenntnis vom Mangel und dessen tatsächlicher Auswirkungen hat, was aber voraussetzt, dass er über entsprechende Fachkunde verfügt oder aufgeklärt wurde. Kann nicht nachgewiesen werden, dass er Kenntnis von dem Mangel oder dessen Auswirkungen hatte, wird der Mitverschuldenseinwand regelmäßig ausgeschlossen sein. Eine Ausnahme hiervon ist nur in den oben dargestellten Sonderfällen dann zu machen, wenn sich ein fachkundiger Besteller offenkundigen Mängeln verschließt.

b) Planender Architekt/Ingenieur

11 Der planende Architekt ist nach § 278 BGB Erfüllungsgehilfe des Bestellers im Verhältnis zum ausführenden Unternehmen. Die Einzelheiten hierzu sind bereits seit einiger Zeit geklärt (vgl. z. B. Jurgeleit in Kniffka/Koeble/Jurgeleit/Sacher, Kompendium des Baurechts, 5. Aufl. 5. Teil, Rdn. 95 ff.; Koeble in Locher/Koeble/Frik, HOAI, Einleitung Rdn. 218 – jeweils m. w. N.; weitere Einzelheiten → § 634 BGB Rdn. 115 ff. und → § 634 BGB Rdn. 196 ff.). Es besteht unter Geltung der VOB/B nach § 3 Abs. 1 die Pflicht und ansonsten die Obliegenheit des Bestellers, dem Unternehmer mangelfreie Planunterlagen zur Ausführung zur Verfügung zu stellen.

12 Es erscheint allerdings überdenkenswert, ob die grundsätzliche und pauschale Annahme des Mitverschuldenseinwandes tatsächlich in jedem Fall berechtigt ist. In der Gerichtspraxis ist davon nichts zu spüren. Hat der Sachverständige einen Planungsfehler diagnostiziert, ist damit im Regelfall automatisch auch die Kürzung des bauherrenseitigen Anspruchs aufgrund des Mitverschuldenseinwandes besiegelt. Dieser Automatismus muss hinterfragt werden Es erscheint nämlich zutreffend, im Einzelfall zu überprüfen, ob der ausführende Unternehmer nicht weitergehende Leistungspflichten übernommen hat, die über das bloße Abarbeiten von Fremdplänen hinausgehen und die gerade im Hinblick auf das Aufdecken eventueller Planungsfehler vorgesehen sind. Konkret geht es um die Übernahme zusätzlicher Planüberprüfungspflichten. Wenn derartige Pflichten übernommen werden und Planungsfehler bei ordnungsgemäßer Erfüllung dieser zusätzlichen Pflicht aufgedeckt worden wären, kommt ein Mitverschuldenseinwand des ausführenden Unternehmers nicht in Betracht. Der Mitverschuldenseinwand scheidet aus, wenn es um den eigenen Leistungsbereich geht (OLG Saarbrücken Urt. v. 27.1 2021 –2 U 39/20). Stellt der Besteller einem von ihm beauftragten Architekten fehlerhafte Pläne zur Verfügung, hat aber der beauftragte Architekt gerade die Pflicht übernommen, Architektenpläne selbst zu erstellen, kommt der Mitverschuldenseinwand nicht in Betracht (BGH, Urt. v. 14.7.2016 – VII ZR 193/14; OLG Karlsruhe Urt. v. 9.3.2010 – 19 U 160/09). Auch wenn der Unternehmer sich vertraglich zur Anforderung von Plänen verpflichtet hat, kommt der Mitverschuldenseinwand bei Mängeln, die aufgrund des Fehlens der Pläne entstanden sind, nicht in Betracht (OLG Hamburg, Urt. v. 15.8.2019 – 3 U 155/16). Wird zudem noch die Kontrollüberlegung angestellt, ob ein Dritter, der vom Besteller mit der Überprüfung von vom Architekten erstellten Pläne beauftragt wird, bei Planungsfehlern einen Planungs- Mitverschuldenseinwand erheben könnte und diese Frage sogleich verneint, wird der Blick auf die Situation beim ausführenden Unternehmer klarer: wenn der Unternehmer über die immer vorhandene Obliegenheit zur Überprüfung von Plänen hinausgehend ausdrücklich weitergehende Planprüfungspflichten übernimmt, kann er den Einwand des Planungsmitverschuldens dann nicht erheben, wenn es gerade um Planungsfehler geht, deren Aufdeckung Gegenstand der von ihm zusätzlich übernommenen Planprüfungspflicht war. Entscheidend ist demnach, ob der Unternehmer mit seinem Fachwissen bei ordnungsgemäßer Planprüfung den Fehler hätte erkennen können. Wird diese Frage bejaht, kommt der Mitverschuldenseinwand nicht in Betracht. In welchen Fällen übernimmt der Unternehmer nun weitergehende Planprüfungspflicht? Einerseits kann dies der Fall sein, wenn hierzu eine ausdrückliche vertragliche Regelung vereinbart wurde. Andererseits ist zu berücksichtigen, dass bei Einbeziehung der VOB/B in § 3 S. 2 VOB/B ausdrücklich eine Prüfungspflicht enthalten ist. Bei dieser Pflicht handelt es sich nicht um eine vertragliche Nebenpflicht, deren Verletzung Schadensersatzansprüche auslösen kann (Kapellmann/Messerschmidt/Havers VOB/B § 3 Rn. 44). Zwar wird diesem Umstand in Literatur und Rechtsprechung regelmäßig keine besondere Bedeutung zugemessen und der Mitverschuldenseinwand im Ergebnis uneingeschränkt zugelassen. Aufgrund der vorstehenden Ausführungen erscheint diese Auffassung überdenkenswert. Nach hier vertretener Auffassung sollte der Mitverschuldenseinwand dann ausgeschlossen sein, wenn der Unternehmer zusätzliche Planprüfungspflichten übernimmt und es um Planungsfehler geht, die bei ordnungsgemäßer Erfüllung dieser Pflicht aufgedeckt worden wären, also bei Anwendung des

Gesamtschuldnerische Haftung mit dem bauausführenden Unternehmer **§ 650t**

beim Unternehmer zu erwartenden Fachwissen erkennbar sind. Durch den Schadensersatzanspruch des Bauherrn aufgrund der Verletzung der Nebenpflicht durch den Unternehmer wird der Mitverschuldenseinwand ausgeschlossen.

Der Einwand des Planungsmitverschuldens kann immer dann erhoben werden, wenn übergebene Planunterlagen Fehler aufweisen. Ob Gleiches gilt, wenn gar nicht geplant wurde, ist noch nicht abschließend geklärt. Das Kammergericht vertritt die Auffassung, dass der Mitverschuldenseinwand deshalb ausscheide, da keine fehlerhaften Planunterlagen übergeben worden seien (KG, Urt. v. 1.2.2019 – 21 U 70/18; genauso auch OLG Celle Urt. v. 21.10.2004 – 14 U 26/04). In der Literatur (Jurgeleit in Kniffka/Koeble/Jurgeleit/Sacher 5. Aufl. 5. Teil Rd.95) wird beim Nichtplanen von Teilbereichen unter Hinweis auf die Rechtsprechung des BGH hierzu (Urt. v. 23.10.1986 – VII ZR 267/85) der Mitverschuldenseinwand zugelassen. Das OLG München lässt den Mitverschuldenseinwand auch dann zu, wenn keine Planunterlagen übergeben werden (OLG München, Urt. v. 24.10.2018 – 20 U 966/18 Bau). Richtig erscheint hier, danach zu differenzieren, ob das Fehlen/die Lückenhaftigkeit der Planung erkennbar ist. Ist dies der Fall, kommt der Planungsmitverschuldenseinwand nicht in Betracht. So liegt die Sache dann, wenn gar keine Planunterlagen übergeben werden. Werden Planunterlagen übergeben, die Lücken aufweisen und deshalb mangelhaft sind, kommt es darauf an, ob diese Lückenhaftigkeit vom Unternehmer mit seinem Fachwissen hätte erkannt werden können. 13

Der Mitverschuldenseinwand kommt auch dann zum Tragen, wenn dem ausführenden Unternehmen fehlerhafte Planunterlagen von Fachplanern über den Besteller zur Verfügung gestellt werden, welche zu Ausführungsfehlern führen. Der Tragwerksplaner ist deshalb auch Erfüllungsgehilfe des Bauherrn im Verhältnis zum ausführenden Unternehmen, wenn er erforderliche Planunterlagen zur Verfügung stellt (OLG Brandenburg, Urt. v. 26.2.2014 – 4 U 99/11). 14

Der Architekt bleibt bei Fehlern einer geänderten Planung auch Erfüllungsgehilfe des Bauherrn im Verhältnis zum ausführenden Unternehmen, wenn die Fehler auf seine Änderungsplanung zurückzuführen sind (BGH, Urt. v. 24.2.2005 – VII ZR 328/03). Er bleibt auch dann Erfüllungsgehilfe des Bauherrn, wenn die Planänderung auf einen Vorschlag des Unternehmers zurückzuführen ist, der Architekt jedoch hinsichtlich dieser Planänderung die Planungsverantwortung übernimmt (BGH, Urt. v. 16.10.2014 – VII ZR 152/12). Anders liegt der Fall jedoch dann, wenn der Unternehmer selbst die Änderung plant und damit die Planungsverantwortung übernimmt (zu einem derartigen Fall: OLG Naumburg, Urt. v. 6.3.2014 – 1 U 95/13). In diesem Fall ist der Mitverschuldenseinwand ausgeschlossen. 15

Liegen Ausführungsfehler vor und bedient sich der Bauherr eines Planers, der Vorgaben zur Beseitigung des Ausführungsfehlers macht, ist auch dieser im Hinblick auf die Vorgaben zur Beseitigung der Mängel Erfüllungsgehilfe im Verhältnis zum ausführenden Unternehmer (a.A. OLG Naumburg, Urt. v. 6.3.2014 – 1 U 95/13). Stellt der Bauherr dem ausführenden Unternehmer Planungsgrundlagen zur Beseitigung des Ausführungsfehlers zur Verfügung, besteht die Obliegenheit des Bauherrn, fehlerfreie Unterlagen zur Verfügung zu stellen. 16

Dem Besteller obliegt es auch, dem Freianlagenplaner ordnungsgemäße Pläne des Objektplaners Gebäude zur Verfügung zu stellen. Enthalten diese Pläne Fehler, die letztlich zu einem Mangel der Werkleistung des Freianlagenplaners führen, kann sich dieser auf den Mitverschuldenseinwand berufen (BGH, Urt. v. 14.07.2016 – VII ZR 193/14; OLG Celle Urt. v. 22.12.2016 – 16 U 59/13: 2/3 Einwand zu Lasten des Bestellers – der BGH-Entscheidung nachgängige OLG-Entscheidung). 17

Hat der Generalunternehmer Planungsunterlagen von seinem Auftraggeber erhalten und an seinen Nachunternehmer weitergegeben, kann dieser den Planungsmitverschuldenseinwand gegenüber dem Generalunternehmer erheben (OLG Brandenburg, Urt. v. 20.5.2020 – 11 U 74/18). 18

Gleiches gilt auch für den Planer, der nach Beendigung der Leistungen eines früheren Architekten dessen Planungsleistungen übernehmen und darauf aufbauen soll. Wird beispielsweise ein Architekt mit der Erbringung der Ausführungsplanung (Leistungsphase 5) beauftragt und soll diese auf Grundlage der Genehmigungsplanung eines anderen Architekten erbringen, kann sich der zweite Architekt bei Mängeln der Erstplanung auf den Mitverschuldenseinwand stützen (OLG Hamm Urt. v. 28.1.2021 21 U 54/19). 19

Hat der Besteller zwei planende Architekten eingesetzt, entweder weil er von vorne herein die Leistungen aufgeteilt hat oder weil eine Kündigung des Vertragsverhältnisses des zuerst tätigen Architekten erfolgt ist, und bauen die weiteren Planungsleistungen des zweiten Archi- 20

§ 650t Gesamtschuldnerische Haftung mit dem bauausführenden Unternehmer

tekten auf den Planungsleistungen des ersten Architekten auf, ist im Verhältnis zwischen dem Besteller und dem Nachfolge-Architekten der zuerst tätige Architekt ebenfalls als Erfüllungsgehilfe anzusehen und dem zweiten Architekten der Mitverschuldenseinwand zuzusprechen (Langen, NZBau 2015, 2, 7; OLG Hamm Urt. v. 28.1.2021 – 21 U 54/19).

21 Der bauüberwachende Architekt kann sich nach dem richtungsweisenden Glasfassadenurteil des Bundesgerichtshofes ebenfalls auf den Mitverschuldenseinwand gegenüber Ansprüchen des Bestellers dann stützen, wenn die ihm zur Verfügung gestellten Planunterlagen mangelhaft sind (BGH, Urt. v. 27.11.2008 – VII ZR 206/06; OLG München, Urt. v. 9.8.2016 – 9 U 4338/15 Bau; OLG Düsseldorf Urt. v. 19.4.2016 – 21 U 102/15). Gleiches gilt dann, wenn das ausführende Unternehmen vertraglich die Erbringung von Planungsleistungen übernommen hat und die dem überwachenden Architekten übergebenen Ausführungspläne Fehler aufweisen (OLG Karlsruhe, Urt. v. 2.3.2017 – 8 U 152/15).

22 Ist der Architekt nur mit der Erbringung der Leistungen der LP 6 und 7 beauftragt (Vorbereitung der und Mitwirkung bei der Vergabe) und weisen die ihm als Grundlage für die Ausschreibung überlassenen Ausführungspläne Fehler auf, die er hätte erkennen können, gelten die gleichen Erwägungen, die dem Glasfassadenurteil zugrunde liegen (zutreffend Langen NZBau 2015, 2, 7). Der ausschreibende Architekt kann sich gegenüber dem Bauherrn auf den Mitverschuldenseinwand stützen.

c) Koordinierender Architekt/Ingenieur

23 Der Mitverschuldenseinwand soll auch dann zum Tragen kommen, wenn es sich um Koordinierungsfehler des vom Besteller beauftragten Architekten handelt. Es soll dabei nicht darauf ankommen, ob die Koordination als Mitwirkungsobliegenheit oder als Leistungsverpflichtung anzusehen ist und zur Koordinierung soll auch die Abstimmung der Leistungen der einzelnen Unternehmer während der Bauausführung gehören (Jurgeleit in Kniffka/Koeble/Jurgeleit/Sacher, Kompendium des Baurechts, 5. Aufl., 5. Teil, Rdn. 98).

24 Im Hinblick auf die Koordinationstätigkeit ist zunächst zu untersuchen, welche konkrete Tätigkeit im Hinblick auf die Koordination vom Architekten zu erbringen ist. Hierzu ist zunächst der Vertrag heranzuziehen und daraus abzuleiten, welche konkrete Pflichten dem Architekten im Hinblick auf die Koordination obliegen. Anschließend ist dann zu klären, ob die Verletzung dieser Pflichten zum Mitverschuldenseinwand führen können. Wurden die vertraglichen Leistungspflichten durch Inbezugnahme der Leistungskataloge in den Anlagen zur HOAI begründet, ergeben sich Pflichten zur Planungskoordination in den Leistungsphasen 1 bis 5 aus den Grundleistungen, die sich mit der Heranziehung und Beteiligung anderer fachlich Beteiligter (Planer) befassen. In der Leistungsphase 6 ist das Abstimmen und Koordinieren der Schnittstellen zu den Leistungsbeschreibungen der an der Planung fachlich Beteiligten genannt. Bei all diesen Leistungen handelt es sich um Planungskoordinationstätigkeiten. Hierzu gehört auch die Integration der Planungsergebnisse der anderen Beteiligten in die Objektplanung (OLG München, Urt. v. 13.12.2017 – 27 U 4877/16 Bau). Weist das Leistungsverzeichnis Lücken oder Fehler an den Schnittstellen der Leistungsbereiche auf, wird der planende Sonderfachmann in der Regelfall gar nicht in Anspruch genommen werden können, da seine Leistung dann regelmäßig mangelfrei ist. Ist dies ausnahmsweise nicht Fall, wird er dem Bauherrn dann aber jedenfalls das Planungskoordinationsverschulden des objektplanenden Architekten einwenden können. Im Hinblick auf den ausführenden Unternehmer erübrigt sich eine Differenzierung. Aus seiner Sicht ist nur maßgeblich, dass die planerischen Vorgaben fehlerhaft (lückenhaft) waren, was den Mitverschuldenseinwand gegenüber dem Bauherrn rechtfertigt. In wessen Verantwortungsbereich die Ursache für die Fehlerhaftigkeit fällt (Architekt/Sonderfachmann/Schnittstellenüberprüfung) spielt aus Sicht des ausführenden Unternehmers keine Rolle.

25 Mit Beginn der Ausführung und parallel laufenden Tätigkeit der Bauüberwachung (Leistungsphase 8) des Architekten beginnt die Koordination in zeitlicher Hinsicht im engeren Sinn, nachdem zuvor in der Leistungsphase 2 als Grundleistung h) ein erster Terminplan zu erstellen und als Grundleistung f) in der Leistungsphase 3 (Entwurfsplanung) fortzuschreiben war. In der Leistungsphase 8 ist als zentrale Leistung hierfür die Grundleistung d) zu nennen, die das Aufstellen, Fortschreiben und insbesondere das Überwachen des Terminplanes zum Inhalt hat. Das sind eindeutig koordinierende Tätigkeiten in zeitlicher Hinsicht, die der Architekt zunächst dem Bauherrn gegenüber schuldet. Dabei handelt es sich aber auch um Leistungen, die der Architekt dem Unternehmer gegenüber schuldet oder die zur Annahme einer Obliegenheitsverletzung führen können und damit Grundlage für den Mitverschuldenseinwand sein können.

Punktuell sind entsprechende Leistungen in der VOB/B ausdrücklich als Pflicht ausgestaltet. So hat der Auftraggeber dem Auftragnehmer nach § 5 Abs. 2 S. 1 VOB/B auf Verlangen Auskunft über den voraussichtlichen Beginn zu erteilen, wenn für den Beginn der Ausführung keine Frist vereinbart wurde. Aber auch im Übrigen obliegt es dem Bauherrn den Ablauf der verschiedenen Gewerke zeitlich so aufeinander abzustimmen, dass die jeweiligen Leistungen auch zum vorgesehenen Zeitpunkt erbracht werden können. Bedient er sich dabei eines Architekten führen dessen Fehler zum Mitverschuldenseinwand des ausführenden Unternehmers.

Neben der Abstimmung der Gewerke in zeitlicher Hinsicht gibt es auch eine qualitativ-koordinierende Tätigkeit des Architekten. Dabei geht es darum, die Leistungen aus den einzelnen Gewerken in technischer, qualitativer Hinsicht so aufeinander abzustimmen, dass die einzelnen Leistungsbereiche zueinander passen, sich also nicht gegenseitig negativ beeinflussen. Beispielsweise müssen die Art des Estrichs und der konkrete Oberbelag aufeinander abgestimmt werden. Darüber hinaus kann auch das Ineinandergreifen verschiedener Gewerke eine gewerkeübergreifende Detailplanung erfordern (OLG Oldenburg Urt. v. 24.11.2016 – 8 U 70/15). Erstaunlicherweise findet sich im Leistungskatalog der Leistungsphase 8 hierzu keine eigene Grundleistung. Dies lässt sich damit erklären, dass diese Tätigkeit an sich originäre Planungstätigkeit darstellt und sich bereits bei der Erstellung der Ausführungspläne in Leistungsphase 5 zu erbringen ist. Da es sich im Kern um Planungsleistungen handelt, führen Fehler des Architekten nach den bekannten Grundsätzen zum Mitverschuldenseinwand des ausführenden Unternehmers. 26

Mit den vorstehend beschriebenen Fällen vergleichbar, sind die Fälle, bei denen es um das ergreifen zusätzlich erforderlicher Maßnahmen geht, um Schäden zu vermeiden. Dies kann beispielsweise der Fall sein, wenn zusätzliche Winterbaumaßnahmen ergriffen werden müssen, z. B. eine Einhausung hergestellt werden muss, um das Zufrieren von Leitungen zu vermeiden. Auch dabei handelt es sich grundsätzlich um Planungsleistungen, die häufig pauschal in den Bereich der Koordinierung verfrachtet werden (z. B. OLG München Urt. v. 27.11.2013 -13 U 835/13 Bau). 27

Eine weitere koordinierende Tätigkeit des Architekten in der Leistungsphase 8 besteht in der Planungskoordination. Die Grundleistung c) sieht das Koordinieren der an der Objektüberwachung fachlich Beteiligten vor (zur Haftung gegenüber dem Bauherrn: BGH, Urt. v. 31.7.2013 – VII ZR 59/12). Dabei geht es um die Überwachungstätigkeit der Sonderfachleute. Der Architekt hat im Rahmen dieser Tätigkeit zu überprüfen, ob der Fachplaner seiner Überwachungstätigkeit überhaupt nachkommt (OLG Hamm Beschl. v. 16.3.2021 – 24 U 101/204. Ein Mitverschuldenseinwand des Fachplaners ist insoweit nicht denkbar, da es weder eine Pflicht des Bauherrn zur Überwachung des Sonderfachmanns gibt, noch eine entsprechende Obliegenheit hierzu anzunehmen ist. Ferner beinhaltet die koordinierende Tätigkeit des Architekten im Hinblick auf die Fachplaner auch die Mitteilung der Ausführungszeitpunkt und – räume an den Fachplaner, damit dieser seine Überwachungspflicht erfüllen kann. Verletzt der Architekt diese Pflicht und entsteht dadurch ein Mangel im Überwachungsbereich des Fachplaners, kann der Fachplaner den Mitverschuldenseinwand erheben. 28

d) Bauüberwachender Architekt/Ingenieur

Nach gefestigter Rechtsprechung besteht zwischen dem bauüberwachenden Architekten und dem ausführenden Unternehmen ein Gesamtschuldverhältnis, da den Besteller dem ausführenden Unternehmen gegenüber weder die Pflicht noch die Obliegenheit trifft, eine ordnungsgemäße Bauüberwachung durchzuführen (BGH, Urt. v. 18.04.2002 – VII ZR 70/01; Urt. v. 26.07.2007 – VII ZR 5/06; OLG München Urt. v. 13.4.2021 – 9 U 2715/20 Bau). Der Mitverschuldenseinwand ist damit ausgeschlossen. Daran hat sich auch durch die Glasfassadenentscheidung des BGH nichts geändert und wird auch in aktuellen Entscheidungen von Oberlandesgerichten so vertreten (OLG Brandenburg, Urt. v. 17.01.2017 – 6 U 40/15). Vereinzelte Versuche in der Literatur, den Mitverschuldenseinwand in dieser Konstellation auszuschließen (Anm. Hammacher zu OLG Brandenburg a. a. O., IBR 2017, 3624) gehen fehl. Zwar handelt es sich auch bei der Bauüberwachung um eine Obliegenheit im Sinne des § 254 Abs. 1 und um eine Hilfsperson nach dem in Bezug genommenen Urteil des BGH (v. 3.7.1951 – I ZR 44/50). Allerdings mangelt es am erforderlichen Schutzzweck dieser Obliegenheit, den Unternehmer vor einer schädigenden Handlung durch mangelhafte Bauausführung zu schützen (Leupertz, BauR 2010, 1999, 2007; Kniffka in Kniffka/Koeble, Kompendium des Baurechts 4. Aufl., 6. Teil Rdn. 76). Voraussetzung für ein Gesamtschuldverhältnis ist selbstverständlich, dass Ansprüche des Bestellers nicht nur gegen den ausführenden Unternehmer, sondern auch gegenüber dem 29

Architekten bestehen. Dies ist dann nicht der Fall, wenn der Mangel des Unternehmers auf Gefahren der verwendeten Materialien, die einem Fachbetrieb bekannt sein müssen, zurückzuführen ist (OLG Celle, Urt. v. 13.7.2017 – 5 U 1/17).

30 Nach Auffassung des OLG Düsseldorf (Urt. v. 19.04.2016 – 21 U 102/15) soll der Mitverschuldenseinwand des bauüberwachenden Architekten dann ausgeschlossen sein, wenn es nicht um Fehler in der Ausführungsplanung geht, sondern der bauüberwachende Architekt es unterlassen hat, die vom ausführenden Unternehmer geschuldete Ausführungsplanung anzufordern und auf eine statische Überprüfung derselben gedrungen zu haben.

e) Ausschreibender Architekt

31 Bedient sich der Besteller eines Dritten, der die Ausschreibung anfertigt, wird es sich häufig um Planungsfehler handeln, wenn Fehler der Ausschreibungen zu Mängeln im Bauwerk führen. Der ausführende Unternehmer kann dann den Mitverschuldenseinwand erheben (OLG Köln Urt. v. 28.11.2019 – 7 U 166/18 – Straßenbauarbeiten). Es gelten die obigen Ausführungen zu Planungsfehlern. Gleiches gilt auch, wenn der vom Bauherrn hinzugezogene Dritte eine unmögliche Leistung ausschreibt. Auch dann kann der Mitverschuldenseinwand vom ausführenden Unternehmer erhoben werden, wenn dieser aufgrund der Unmöglichkeit nach § 280 i. V. m. § 311a haftet (in BGH, Urt. v. 8.5.2014 – VII ZR 203/11 Rd. erwogen).

f) Planprüfender Architekt/Ingenieur

32 Das Prüfen und Freigeben von Werkstatt- und Montageplänen des ausführenden Unternehmens durch den Architekten/Ingenieur wird in der Rechtsprechung der Oberlandesgerichte der Bauüberwachung zugeordnet (OLG Hamm, Urt. v. 12.4.2013 – 12 U 75/12) und der Mitverschuldenseinwand mit dem Argument, es handele sich um den Einwand, bei der eigenen Leistungserbringung nicht überwacht worden zu sein, nicht zugelassen. Hierzu scheint eine Entscheidung des OLG Karlsruhe in Widerspruch zu stehen (Urt. v. 12.4.2016 – 8 U 174/14), wonach den Auftraggeber bei der Planprüfung Planungsmitverantwortung treffe, wenn der Unternehmer nur nach freigegebenen Plänen ausführen darf und deshalb der Mitverschuldenseinwand zu beachten sei (kritisch hierzu Rodemann, NZBau 2016, 25). In dieser Entscheidung ging es im Kern um die Prüfung der Ausführungsplanung, auch wenn in der Entscheidung und im zugrundeliegenden Vertrag verschiedentlich von Montageplanung die Rede ist. Da die Werkstatt- und Montageplanung auf der Ausführungs- oder Werkplanung basiert und im Regelfall deshalb erstellt wird, um dem Unternehmer die Montage vor Ort zu ermöglichen, handelt es sich insoweit um eine Leistung, die der Unternehmer in erster Linie im eigenen Interesse erbringt. Es besteht daher weder eine Verpflichtung, noch eine Obliegenheit des Bauherrn zur Überprüfung, auch wenn er sich die Freigabe der Pläne ausdrücklich vorbehält. Wird ein Fehler vom Bauherrn oder dessen Architekten übersehen, führt dies nicht zum Mitverschuldenseinwand. Anders liegt die Sache jedoch dann, wenn es um die Überprüfung der vom ausführenden Unternehmer erstellten Ausführungsplanung geht und nach dem Vertrag diese Überprüfung vorgesehen ist. In diesem Fall obliegt es dem Bauherrn aus eigenem Interesse, die Planunterlagen des ausführenden Unternehmers zu überprüfen, was den Mitverschuldenseinwand ermöglicht. Ist nach der vertraglichen Regelung keine Überprüfung der Planung durch den Bauherrn vorgesehen, trägt das ausführende Unternehmen die Planungsverantwortung damit vollständig allein, was dann wiederum zum Ausschluss des Mitverschuldenseinwandes führt.

g) Tragwerksplaner

33 Weist die Werkleistung des Tragwerksplaners einen Mangel auf, der auf fehlerhafte Planunterlagen zurückzuführen ist, die der Architekt dem Tragwerksplaner zur Verfügung gestellt hat, so kann der Tragwerksplaner den Mitverschuldenseinwand gegenüber Ansprüchen des Bestellers erheben (BGH, Urt. v. 15.05.2013 – VII ZR 257/11). Allerdings muss der Tragwerksplaner Planunterlagen, die ihm übergeben werden, nur im Hinblick auf die tragwerksplanerischen Belange prüfen und nicht, ob Bauteile im Hinblick auf die spätere Nutzung richtig angeordnet sind (OLG Karlsruhe, Urt. v. 2.3.2017 – 8 U 152/15 im Hinblick auf die Anordnung von Fundamenten im Hinblick auf den späteren Produktionsablauf).

34 Anderes gilt, wenn es nicht um die Übergabe mangelhafter Unterlagen durch den Objektplaner an den Tragwerksplaner geht, sondern der Objektplaner Fehler in den Unterlagen des Tragwerksplaners übersieht (OLG Köln, Urt. v. 24.2.2016 – 16 U 50/15). Der Besteller schuldet dem Tragwerksplaner keine Überwachung und es obliegt ihm auch nicht zugunsten des Tragwerksplaners, dessen Planunterlagen zu überprüfen. Diese Konstellation ist mit dem Zusammentreffen eines Ausführungs- und Überwachungsfehlers vergleichbar.

Ein Mitverschuldenseinwand des Tragwerksplaners kommt dann nicht in Betracht, wenn 35 es um Fehler aus dem eigenen Leistungsbereich des Tragwerksplaners geht. Teilt der Objektplaner dem Tragwerksplaner die Lasten von Bauteilen nicht mit, kann der Tragwerksplaner deshalb den Mitverschuldenseinwand nicht erheben. Er ist verpflichtet, sich die erforderlichen Informationen selbst zu beschaffen (OLG Stuttgart Urt. v. 26.11.2019 – 12 U 24/19).

Nach älteren Entscheidungen des Bundesgerichtshofes soll der Tragwerksplaner kein Er- 36 füllungsgehilfe des Bestellers im Verhältnis zum planenden Architekten sein (BGH, Urt. v. 04.07.2002 - VII ZR 66/01; Urt. v. 04.03.1971 - VII ZR 204/69; a. A. OLG Oldenburg, Urt. v. 20.06.1979 – 2 U 31/79). Diese Auffassung ist nach dem Glasfassadenurteil jedoch überholt (a. A. OLG Düsseldorf, Urt. v. 15.1.2016 – 22 U 92/15 und Urt. v. 23.10.2014 – 5 U 84/10; ebenfalls a. A. OLG Hamm, Urt. v. 9.7.2010 – 19 U 43/10). Ist die Leistung des Tragwerksplaners Grundlage für die Leistungserbringung durch den Objektplaner Gebäude und ist ein Mangel der tragwerksplanerischen Leistung Ursache für den Mangel der Werkleistung des Objektplaners Gebäude, hat der Besteller die Obliegenheit verletzt, dem Architekten ordnungsgemäße tragwerksplanerische Grundlagen zur Verfügung zu stellen. Das in der Rechtsprechung (OLG Düsseldorf, Urt. v. 15.1.2016 – 22 U 92/15 Rz. 239) hiergegen vorgebrachte Argument, dass die Obliegenheit des Bauherrn, dem Architekten eine mangelfreie Statik zur Verfügung zu stellen, es nicht umfasse, den Architekten von seiner Pflicht zum „Mitdenken" zu entbinden bzw. zu entlasten, ist nicht stichhaltig. Der Architekt soll bei Zulassung des Mitverschuldenseinwandes gerade nicht von ihm obliegenden Pflichten entbunden werden. Wäre dies der Fall, würde der Architekt gar nicht haften. Quotal bleibt die Haftung des Architekten aber gerade bestehen. Der Besteller muss sich das Verschulden des von ihm eingesetzten Tragwerksplaners im Hinblick auf den Objektplaner dann nicht zurechnen lassen, wenn es um einen Sachverhalt geht, der jeweils Gegenstand der vertraglichen Leistungsverpflichtung geht, also beispielsweise dem Objektplaner, unabhängig von Angaben des Tragwerksplaners, die Auswahl der Expositionsklasse des Beton obliegt (OLG Hamm, Urt. v. 14.12.2017 – 24 U 179/16).

Der Verstoß gegen Verpflichtung, den Bau durch einen Statiker überwachen zu lassen, führt 37 nicht zu einem Mitverschulden des Bauherrn im Verhältnis zum planenden Statiker. Dieser kann nicht verlangen, dass seine Statik durch eine Ausführungsplanung oder Bauleitung in der Bauphase überprüft wird (OLG Schleswig, Urt. v. 12.04.2019 - 1 U 147/14).

h) Bauunternehmer

Der Bauunternehmer ist nicht Erfüllungsgehilfe des Bestellers im Verhältnis zum planenden, 38 aber auch nicht im Verhältnis zum bauüberwachenden Architekten (OLG Oldenburg, Urt. v. 17.1.2017 – 2 U 68/16 ohne weitergehende Begründung unter Hinweis auf eine BGH-Entscheidung, die vor dem Glasfassadenurteil des BGH ergangen ist). Dass dem Bauherrn keine Pflichten gegenüber Planer und Überwacher bestehen, zu deren Erfüllung er sich des Bauunternehmers bedient, ist klar. Allerdings hätte sich das OLG angesichts der Glasfassadenentscheidung durchaus mit der Frage einer Obliegenheitsverletzung auseinandersetzen können. Im Ergebnis ist die Entscheidung aber zutreffend, da bei einer Obliegenheit auch die Schutzrichtung dieser Obliegenheit beachtet werden muss (zu dieser Argumentation → Rdn. 29 m. w. N.). In der vorliegenden Konstellation gibt es eine entsprechende Schutzrichtung zugunsten des Architekten nicht.

Allerdings kann der Bauherr ein ausführendes Unternehmen einsetzen, um eigene Leis- 39 tungspflichten gegenüber einem anderen Unternehmer zu erfüllen. Dies kann der Fall sein, wenn es um das Ineinandergreifen verschiedener Ausführungsleistungen geht. Möglich sind dann auch Obliegenheitsverletzungen im Hinblick auf die Schnittstellenproblematik (OLG Oldenburg Urt. v. 14.05.2021–2 U 122/20).

i) Baugrundgutachter

Zum Verhältnis Baugrundgrundachter und Architekt hat der BGH in einer älteren Entschei- 40 dung die Auffassung vertreten, dass der in Anspruch genommene Architekt den Mitverschuldenseinwand wegen eines Mangels des Baugrundgutachtens nicht erheben könne (BGH, Urt. v. 10.07.2003 – VII ZR 329/02). Auch diese Entscheidung ist aufgrund des Glasfassadenurteils zwischenzeitlich überholt. Werden dem Objektplaner Gebäude vom Besteller Unterlagen vom Baugrundgutachter zur Verfügung gestellt und führen Fehler in diesen Unterlagen dazu, dass ein Mangel der Werkleistung des Objektplaners Gebäude entsteht, kann der Architekt den

§ 650t Gesamtschuldnerische Haftung mit dem bauausführenden Unternehmer

Mitverschuldenseinwand gegenüber Ansprüchen des Bestellers erheben (OLG Hamm, Urt. v. 24.5.2016 – 24 U 10/14; a. A. OLG Jena, Urt. v. 17.9.2015 – 1 U 531/14 und ebenfalls a.A. OLG Jena, Urt. v. 13.5.2016 – 1 U 605/15: hier Gesamtschuldverhältnis).

41 Die Ausführungen im vorangegangenen Spiegelstrich gelten entsprechend zugunsten des Tragwerksplaners, dem ein fehlerhaftes Baugrundgutachten zur Verfügung gestellt wird. Führt der Fehler im Baugrundgutachten zur mangelhaften Werkleistung des Tragwerksplaners, kann sich der Tragwerksplaner gegenüber Ansprüchen des Bestellers auf den Mitverschuldenseinwand berufen.

j) Projektsteuerer

42 Der wegen Planungsfehlern in Anspruch genommene Architekt/Ingenieur kann sich auf den Mitverschuldenseinwand stützen, wenn der vom Bauherrn beauftragte Projektsteuerer vom ausführenden Unternehmen auf den Planungsfehler vor der Ausführung hingewiesen wurde. Der Projektsteuerer ist dann Erfüllungsgehilfe des Bauherrn im Verhältnis zum planenden Architekten/Ingenieur (BGH, Urt. v. 12.3.2015 – VII ZR 173/13; zum Verhältnis des Architekten zum Projektsteuerer im Vergabeverfahren bei Beantragung von Fördermitteln: OLG Koblenz, Urt. v. 28.6.2017 –10 U 1116/16: Verantwortlichkeit des Architekten tritt vollständig zurück).

43 Geht es demgegenüber um die Überwachung der Befolgung von Hinweisen zur Ausführung, die der Projektsteuerer erteilt hat, kann ein Mitverschuldenseinwand damit nicht begründet werden, da der Projektsteuerer gerade keine Bauüberwachungstätigkeit schuldet und der ausführende Unternehmer auch im Hinblick auf den Projektsteuerer, genauso wie beim bauüberwachenden Architekten, nicht vorbringen kann, nicht ausreichend überwacht worden zu sein (OLG Naumburg Urt. v. 30.5.2013 – 2 U 2/11).

k) Prüfstatiker

44 Zwischen dem Tragwerksplaner und dem Prüfingenieur zur Ermittlung der Standsicherheit besteht ein Gesamtschuldverhältnis, wenn mit letzterem ein privatrechtlicher Vertrag abgeschlossen wird (zur Haftung des Prüfingenieurs in derartigen Fällen: BGH, Urt. v. 31.03.2016 – III ZR 70/15).

45 Das ausführende Unternehmen, dem Fehler bei der Erstellung von Planunterlagen unterlaufen, kann den Mitverschuldenseinwand nicht erfolgreich gegen Ansprüche des Bauherrn erheben, wenn der von diesem eingeschaltete Prüfingenieur aufgrund eines eigenen Versäumnisses den Planungsfehler nicht bemerkt (OLG Hamm, Urt. v. 12.4.2013 – 12 U 75/12; OLG Köln, Urt. v. 14.5.2013 – 15 U 214/11). Beide Oberlandesgerichte weisen zurecht darauf hin, dass es dem Bauherrn im Verhältnis zum ausführenden Unternehmen nicht obliegt, die Planunterlagen vom Prüfstatiker untersuchen zu lassen. Diese Pflicht, dient dem Schutz der Allgemeinheit bei öffentlich-rechtlicher Tätigkeit und auch dem Schutz des Bauherrn bei Abschluss eines privatrechtlichen Vertrages, nicht aber dem Schutz des Unternehmers, dessen Pläne geprüft werden.

l) Fachplaner

46 Gerichtliche Entscheidungen zum Verhältnis des Fachplaners für Technische Ausrüstung zum Objektplaner Gebäude sind nur vereinzelt ergangen. In einem Fall wurde ein Gesamtschuldverhältnis zwischen Fachplaner und Objektplaner Gebäude angenommen (OLG Oldenburg, Urt. v. 24.04.2008 – 8 U 4/08). Im Regelfall wird in der Tat ein Gesamtschuldverhältnis vorliegen, wenn Fehler der Fachplanung vom objektplanenden Architekten vorwerfbar übersehen werden. Es sind allerdings auch Fälle vorstellbar, in denen der Mitverschuldenseinwand erhoben werden kann. Dies dürfte beispielsweise dann der Fall sein, wenn dem Fachplaner für Technische Ausrüstung Planunterlagen vom Objektplaner zur Verfügung gestellt werden sollen und werden, die den Leistungsbereich des Fachplaners aufgrund gestalterischer Vorgaben des Objektplaners berühren.

47 Der Mitverschuldenseinwand gegenüber Ansprüchen des Bestellers kann vom Objektplaner Gebäude erfolgreich erhoben werden, wenn der vom Besteller beauftragte Vermessungsingenieur einen Fehler begangen hat und dies zu einem Mangel der Werkleistung des Objektplaners Gebäude geführt hat. Den Besteller trifft in diesen Fällen auch die Obliegenheit, die von ihm beizubringende vermessungstechnische Leistung so zu erbringen, dass das Werk des Objektplaners Gebäude nicht mangelhaft wird.

m) Brandschutzgutachter

Der Architekt kann aufgrund von Fehlern des vom Bauherrn einem Dritten in Auftrag gegebenen Brandschutzgutachtens den Mitverschuldenseinwand vom Grundsatz her erfolgreich erheben, wenn es aufgrund der Fehler im Brandschutzgutachten zu Mängeln der Werkleistung des Architekten kommt. Vorfrage ist aber, ob eine mangelhafte Werkleistung vorliegt. Der Architekt haftet zunächst grundsätzlich dann nicht, wenn es sich um Fehler aus dem Bereich des Sonderfachmanns handelt, die er mit seinem Fachwissen nicht erkennen kann. In diesem Fall käme es auf den Mitverschuldenseinwand gar nicht erst an. Handelt es sich aber um Fehler, die der Architekt erkennen kann, zum Beispiel um nicht ordnungsgemäße Angaben zu den Örtlichkeiten, konkret um die Längen und Breiten von Rettungswegen, kommt eine Haftung des Architekten grundsätzlich in Betracht. In diesem Fall liegt aber eine Verletzung von Pflichten aus dem eigenen Leistungsbereich des Architekten vor, nämlich die Planunterlagen der Fachplaner mit seinem eigenen Fachwissen zu prüfen, wenn er die darin dargestellten Fachplanungsleistungen in seine Objektplanungsleistungen integriert. Wenn es sich um die Verletzung eigener Leistungspflichten geht, die gerade dazu dienen, Schäden der entstandenen Art zu vermeiden, kann der Mitverschuldenseinwand nicht erfolgreich erhoben werden. Es ist dann keine Pflicht des Bauherrn gegenüber dem Architekten verletzt worden. Ferner wäre dies auch nicht vom Schutzzweck der Obliegenheit erfasst (wie hier: OLG Saarbrücken Urt. v. 27.1 2021 –2 U 39/20). Handelt es sich demgegenüber um Planungsdetails, die der Architekt nicht selbst planen und von vorneherein bei seiner Planung berücksichtigen muss, sondern um dem Brandschutzgutachter vorbehaltene Spezialfragen, ist der Mitverschuldenseinwand des Architekten zuzulassen, wenn die Mangelhaftigkeit zuvor bejaht wurde.

2. Sonderproblem Überzahlung und rechnungsprüfender Architekt/Ingenieur

Ob ein Gesamtschuldverhältnis zwischen dem ausführenden Unternehmen und dem rechnungsprüfenden Architekten/Ingenieur dann vorliegt, wenn es aufgrund einer falschen Rechnungsprüfung zu einer Überzahlung des Bauunternehmens kommt, ist noch nicht abschließend geklärt. Dem Besteller stehen in diesem Fall vertragliche Rückforderungsansprüche gegenüber dem ausführenden Unternehmen zu. Gleichzeitig soll bereits ein Schadenersatzanspruch gegen den rechnungsprüfenden Architekten/Ingenieur mit Entstehen der Überzahlung eintreten und nicht erst dann, wenn die Nichtrealisierbarkeit des Rückforderungsanspruch gegenüber dem ausführenden Unternehmer feststeht (OLG Hamm, Urt. v. 07.08.2008 – 21 U 78/07; OLG Frankfurt a. M.; Urt. v. 31.03.2016 – 6 U 36/15; OLG Frankfurt, Urt. v. 17.08.2018 – 21 U 78/17 Rz.37; Berding, BauR 2007, 473–475). Nach anderer Ansicht (OLG Dresden, Urt. v. 12.12.2019 – 10 U 35/18 Rz.116; Koeble in Kniffka/Koeble/Jurgeleit/Sacher, Kompendium des Baurechts, 5.Aufl., 11. Teil, Rdn. 817) entsteht der Schaden erst, wenn der Rückforderungsanspruch scheitert, verjährt ist oder nicht durchgesetzt werden kann. Noch nicht abschließend geklärt ist, ob beide Ansprüche (wenn das Entstehen des Schadenersatzanspruches gegen den Architekten begehrt wird) gleichstufig nebeneinander stehen und deshalb ein Gesamtschuldverhältnis anzunehmen ist. Wird das Bestehen eines Gesamtschuldverhältnisses abgelehnt, hat der Architekt/Ingenieur nur einen Anspruch auf Abtretung des Rückforderungsanspruchs nach §255 BGB. Dies setzt allerdings voraus, dass der Architekt/Ingenieur den Schadenersatzanspruch des Bauherrn erfüllt. Erst dadurch entsteht der Anspruch auf Abtretung des Überzahlungsanspruchs gegenüber dem ausführenden Unternehmer und erst in diesem Moment wird der Architekt dann in die Lage versetzt, selbst verjährungshemmende Maßnahmen im Hinblick auf diesen Anspruch zu ergreifen. Dem Besteller obliegt nicht, verjährungshemmende Maßnahmen zugunsten des Architekten zu ergreifen. Tritt Verjährung ein, führt dies nicht etwa zum Ausschluss von Ansprüchen des Bestellers gegenüber den Architekten (vgl. §255 hierzu BGH, Urt. v. 15.04.2010 – IX ZR 223/07).

Stehen dem Besteller sowohl fällige Ansprüche gegenüber dem ausführenden Unternehmern auf Rückzahlung des überzahlten Betrages als auch gegenüber dem Architekten auf Schadenersatz zu, ist es richtig, von einem Gesamtschuldverhältnis auszugehen und nicht §255 BGB anzuwenden. Beide Ansprüche stehen nicht in einem Subsidiaritätsverhältnis zueinander, sondern stehen gleichstufig nebeneinander (für Gesamtschuld auch: KG Urt. v. 06.01.2005 – 27 U 267/03). Der Anspruch gegen den Architekten entsteht auch mit der Auszahlung des Betrages, der die Überzahlung auslöst, wenn sichergestellt ist, dass keine nachfolgende Kompensation durch weitere Leistungserbringung mehr erfolgen wird. Bei der Schadensermittlung ist der dem Besteller zustehende Rückforderungsanspruch nur dann im Rahmen des Vorteilsausgleichs zu berücksichtigen, wenn die Voraussetzungen hierfür vorliegen. Ein adäquater Kausal-

§ 650t Gesamtschuldnerische Haftung mit dem bauausführenden Unternehmer

zusammenhang wird regelmäßig zu bejahen sein. Allerdings muss die Anrechnung des Vorteils dem Zweck des Schadenersatzes entsprechen, d. h. sie darf den Geschädigten nicht unzumutbar belasten und den Schädiger nicht unbillig begünstigen. Eine unzumutbare Belastung des Bestellers liegt dann vor, wenn ihm das gesamte Prozess- und Liquiditätsrisiko im Hinblick auf die Durchsetzung des Rückforderungsanspruchs aufgebürdet wird (BGH, Urt. v. 10.07.2008 – VII ZR 16/07). Eine Berücksichtigung kommt daher nur dann in Betracht, wenn und soweit der Rückforderungsanspruch bereits realisiert wurde. Der Schadensersatzanspruch und damit das Gesamtschuldverhältnis entsteht daher in dem Moment, in dem die die Überzahlung auslösende Auszahlung vorgenommen wird und sichergestellt ist, dass keine Kompensation durch eine weitere nachfolgende Leistungserbringung eintreten wird.

3. Mitverschuldensquote

a) Entfallen des Planungsmitverschuldens

51 Das Planungsmitverschulden entfällt, wenn das ausführende Unternehmen den Planungsfehler erkannt hat und die als mangelhaft erkannte Planung dennoch ausführt (BGH, Urt. v. 11.10.1990 – VII ZR 228/89; BGH, Urt. v. 18.1.1973 – VII ZR 88/70; OLG Stuttgart, Urt. v. 15.4.2014 – 10 U 127/13; Kniffka, BauR 2005, 274, 277).

b) Mitverschuldensquote

52 Häufiger als das vollständige Entfallen des Planungsmitverschuldens aufgrund des bewussten Ausführens eines als fehlerhaft erkannten Architektenplanes sind die Fälle, dass ein Planungsfehler vom ausführenden Unternehmen nur fahrlässig nicht erkannt wird und das ausführende Unternehmen seine Prüfungs- und Bedenkenhinweispflicht fahrlässig verletzt. In der Rechtsprechung herrschte hier zunächst die Auffassung, dass dem planenden Architekten – und damit dem Auftraggeber – die alleinige Verantwortung für Ausführungsfehler, die auf diese Planungsfehler zurückzuführen sind, zufällt. Diese Auffassung wurde vom BGH in weiteren Entscheidungen korrigiert und darauf hingewiesen, dass der Unternehmer eine gewichtige Ursache für Schäden infolge fehlerhafter Planung setzt, wenn er dieselben bei der gebotenen Prüfung und Mitteilung der Bedenken hätte verhindern können (BGH, Urt. v. 24.2.2005 – VII ZR 328/03). Auch in der Glasfassadenentscheidung wurde die Bedeutung der Überwachung und auch der Überprüfung und Hinweisobliegenheit betont und darauf hingewiesen, dass dies nicht bagatellisiert werden dürfe (BGH, Urt. v. 27.11.2008 – VII ZR 206/06 Rd. 39) Die Quote wird deshalb nicht alleine mit dem Argument zu Lasten des Architekten und damit zu Lasten des Auftraggebers verschoben werden können, dass der planende Architekt die „erste" Ursache für den später aufgetretenen Baumangel durch seinen Planungsfehler gesetzt hat. In der Rechtsprechung werden unterschiedliche Quoten ausgeurteilt, wobei in einigen oberlandesgerichtlichen Entscheidungen noch nicht die vom BGH betonte Bedeutung der Prüfungs- und Hinweispflicht/-obliegenheit berücksichtigt wird:

53 Der BGH (Urt. v. 16.10.2014 – VII ZR 152/12) hat bei einem Zusammentreffen von Planungsfehler und Ausführungsfehler bei Nichterteilung eines gebotenen Bedenkenhinweises eine Quote von 2/3 zu Lasten des ausführenden Unternehmens revisionsrechtlich nicht beanstandet.

54 Demgegenüber wird in einigen Entscheidungen von Oberlandesgerichten bei einem Zusammentreffen von Planungs- mit Ausführungsfehlern eine Quote von 1/3 zu Lasten des ausführenden Unternehmers und 2/3 zu Lasten des Planers angesetzt: OLG München, Urt. v. 20.12.2016 – 9 U 1430/16; OLG Karlsruhe, Urt. v. 17.3.2011 – 13 U 86/10; OLG Naumburg, Urt. v. 7.8.2007 – 9 U 59/07, BGH, Beschl. v. 24.3.2009 – VII ZR 166/07 Nichtzulassungsbeschwerde zurückgewiesen; OLG Saarbrücken, Urt. v. 10.5.2011 – 4 U 319/10; OLG Celle, Urt. v. 3.7.2002 – 7 U 123/02; OLG Düsseldorf, Urt. v. 29.11.2012 – 5 U 129/07, BGH Beschl. v. 6.6.2013 – VII ZR 361/12 – Nichtzulassungsbeschwerde zurückgewiesen). Teilweise werden auch andere Quoten angesetzt (OLG Celle, Urt. v. 18.5.2017 – 7 U 168/16: 70% Anteil zu Lasten des Planers; OLG Bamberg, Urt. v. 16.5.2017 – 5 U 69/16: ebenfalls 70% zu Lasten des Planers; OLG Köln, Urt. v. 28.11.2019 – 7 U 166/18: 75% zu Lasten des Planers).

55 Einige Oberlandesgerichte gehen zunächst von einer grundsätzlichen hälftigen Teilung der Verantwortlichkeit zwischen Planer und ausführenden Unternehmer aus, um dann aufgrund der Besonderheiten des Einzelfalls eine Korrektur vorzunehmen (OLG Braunschweig, Urt. v. 17.1.2013 – 8 U 203/10; OLG München, Urt. v. 9.6.2011 – 9 U 502/11). Ebenfalls eine Quote von ½ wurde bei Ausführungsfehlern, die auf mangelhafte LV-Vorgaben zurückzu-

führen waren, vom OLG Brandenburg (Urt. v. 22.12.2015 – 4 U 26/12), vom OLG Hamm (Urt. v. 8.6.2000 – 24 U 127/99) und vom OLG Düsseldorf, Urt. v. 19.3.2019 – I-21 U 118/16) angenommen.

Nach dem OLG Karlsruhe (Urt. v. 19.10.2004 – 17 U 107/04) soll auf den Planer/Auftraggeber ein Drittel und auf das ausführende Unternehmen zwei Drittel dann entfallen, wenn der planende Architekt Planungsdetails (Wanddurchdringungen) nicht vorgegeben hat und das ausführende Unternehmen dies hätte erkennen können. Das ausführende Unternehmen habe die eigentliche Ursache gesetzt und hafte deshalb überwiegend. Zur gleichen Quote kommt das OLG Dresden (Urt. v. 29.11.1999 – 17 U 1606/99), wenn das ausführende Unternehmen auf das erkennbar mangelhafte Leistungsverzeichnis nicht hinweist. Das ausführende Unternehmen setze durch sein Verhalten die eigentliche Ursache. Das OLG Köln setzt ebenfalls eine relativ niedrige Quote zu Lasten des Planers an (25 %: Urt. v. 19.12.2018 – 11 U 110/16). 56

Nach einer weiteren Entscheidung des OLG Karlsruhe (Urt. v. 13.6.2002 – 9 U 153/01) entfällt auf den Planer/Auftraggeber ein Viertel und auf das ausführende Unternehmen drei Viertel dann, wenn das ausführende Unternehmen die Mangelerscheinung, die auf den Planungsfehler zurückzuführen ist, während der Bauausführung bemerkt und ohne weiteres durch Information des Auftraggebers oder des Planers hätte Abhilfe schaffen können und dies nicht tut. Diese Entscheidung steht in Widerspruch zu der oben dargestellten Rechtsprechung (→ Rdn. 51), wonach das Planungsmitverschulden vollständig entfällt, wenn der Unternehmer den Planungsfehler erkennt. 57

Haften ein Planer, der mit der Erbringung der Leistungen der Leistungsphasen 1–5 und ein Planer, der mit den Leistungen ab LP 6 beauftragt ist, soll eine Mitverschuldensquote von 2/3 zu Lasten des zunächst tätigen Planers anzusetzen sein (OLG München, Urt. v. 9.8.2016 – 9 U 4338/15 Bau). 58

Nach einer Entscheidung des Kammergerichtes (Urt. v. 9.1.2015 – 7 U 227/03, BGH Beschl. v. 2.11.2016 – VII ZR 30/15 – Nichtzulassungsbeschwerde zurückgewiesen) muss sich der Besteller einen offenkundigen Planungsfehler vom ausführenden Unternehmer nicht mindernd entgegenhalten lassen (ebenso OLG Bamberg, Urt. v. 10.6.2002 – 4 U 179/01). Diese Entscheidungen gehen über die oben dargestellten Urteile (→ Rdn. 51) hinaus, da nicht nur positive Kenntnis zum Entfall des Mitverschuldenseinwandes führte, sondern Offenkundigkeit und ein diesbezügliches „Sich-Verschließen" als ausreichend erachtet wurde. 59

Aus der Varianz ergibt sich, dass es feste „Regelquoten" nicht geben kann. Vielmehr muss die Quote unter Berücksichtigung der jeweiligen Umstände des Einzelfalles ermittelt werden (Jurgeleit in Kniffka/Koeble/Jurgeleit/Sacher, Kompendium 5. Aufl., 5. Teil Rdn. 108 m. w. N.). 60

4. Klagantrag bei Mitverschulden

Da der Bauherr, will er Ansprüche gegen mehrere am Bau Beteiligte geltend machen, die ihm gegenüber nicht vollständig als Gesamtschuldner, sondern teilweise aufgrund des Mitverschuldenseinwandes quotal haften, muss er die Entscheidung treffen, wie hoch er den Mitverschuldensanteil festlegt. Leitet er gegen beide als Gesamtschuldner ein Klageverfahren im Hinblick auf den Gesamtbetrag ein, wird er eines der Verfahren in jedem Fall teilweise verlieren und insoweit dann die Kosten zu tragen haben. Die Festlegung der Quote bereitet in der Praxis erhebliche Schwierigkeiten. In der Literatur (Kniffka, BauR 2017, 1447, 1879; Zahn, BauR 2021, 1709) wird deshalb erwogen, dem Besteller in diesen Fällen die Möglichkeit einzuräumen, einen unbezifferten Klagantrag unter Angabe eines Mindestbetrages gegenüber dem Schädiger, der sich auf den Mitverschuldenseinwand stützen kann, geltend zu machen, verbunden mit dem Verlangen nach einer Schätzung durch das Gericht. Da der unbezifferte Klagantrag dann zulässig ist, wenn es um eine Schätzung nach § 287 ZPO geht (Zöller, 33. Aufl., § 253 Rdn. 14) und es sich bei der Bestimmung, inwieweit sich das Mitverschulden ausgewirkt hat, um eine derartige Schätzung handelt (BGH, Urt. v. 14.1.1993 – VII ZR 185/91), ist ein derartiges Vorgehen im Hinblick auf die Quote zulässig. 61

III. Freie Wahl des Bestellers bei Inanspruchnahme der Gesamtschuldner

Grundsätzlich steht es dem Besteller frei, welchen der Gesamtschuldner er in Anspruch nimmt (§ 421: „nach seinem Belieben"). Eine ausdrückliche gesetzliche Einschränkung ergibt sich nur aufgrund der Regelung des § 650t bei gesamtschuldnerischer Haftung des bauüberwachenden Architekten mit dem ausführenden Unternehmen. Eine weitergehende Beschränkung 62

§ 650t Gesamtschuldnerische Haftung mit dem bauausführenden Unternehmer

des Wahlrechts des Bestellers (auch im Hinblick auf andere Gesamtschuldverhältnisse) gibt es bislang nur in besonders gelagerten Ausnahmefällen (Beck HOAI/Klein BGB § 650q Rn. 262; kritisch zu dieser engen Sichtweise: BeckOK BauvertrR/Preussner, 13. Ed. 31.1.2021, BGB § 650t Rn. 23 und Rn. 61.1 ff.; ders. BauR 2018, 1321) unter Anwendung des § 242 BGB. Der Besteller ist daher grundsätzlich bis zur Grenze der Treuwidrigkeit in der Entscheidung frei, welchen der Gesamtschuldner er in Anspruch nimmt.

63 Treuwidrig ist die Inanspruchnahme eines Gesamtschuldners jedenfalls dann nicht, wenn der andere Gesamtschuldner eine (Mit-)Verantwortlichkeit bestreitet (BGH, Urt. v. 2.5.1963 – VII ZR 171/61; OLG Stuttgart, Urt. v. 8.12.2015 – 10 U 132/13 zur Inanspruchnahme des Bauüberwachers bei Bestreiten der Einstandspflicht durch das ausführende Unternehmen; OLG Dresden, Urt. v. 19.10.2016 – 13 U 74/16).

64 Der von der Rechtsprechung entschiedene Fall, bei dem eine Einschränkung des Wahlrechts deshalb angenommen wird, da der Gläubiger einen der Gesamtschuldner in Anspruch nimmt, um aus missbilligenswerten Motiven diesen zu belasten (BGH, Urt. v. 22.1.1991 – XI ZR 342/89; BGH, Urt. v. 26.7.2007 – VII ZR 5/06; hierzu Glöckner, BauR 1997, 529, 533) liegt nur selten vor und dessen Voraussetzungen werden noch seltener nachgewiesen werden können.

65 Treuwidrig kann sich die Inanspruchnahme des Architekten/Ingenieur jedoch dann darstellen, wenn der Besteller ohne weiteres und risikolos und auf billigere Weise vom ausführenden Unternehmer die Beseitigung eines Mangels erlangen kann (BGH, Urt. v. 22.12.2011 – VII ZR 136/11; Urt. v. 26.7.2007 – VII ZR 5/06; Urt. v. 2.5.1963 – VII ZR 171/61). Nach Auffassung des OLG Dresden (Urt. v. 19.10.2016 – 13 U 74/16) ist dies dann der Fall, wenn der Besteller dem ausführenden Unternehmer den Auftrag unberechtigt entzieht und dadurch eine Mangelbeseitigung durch den nachbesserungsbereiten Unternehmer unterbindet. Unklar ist allerdings, warum durch eine Auftragsentziehung eine Mangelbeseitigung nicht mehr in Betracht kommen soll.

66 Zutreffend ist jedenfalls, dass der Besteller jedenfalls dann gehindert ist, den Architekten/ Ingenieur in Anspruch zu nehmen, wenn das ausführende Unternehmen von sich aus anbietet, Mängel zu beseitigen und es keine weiteren Umstände gibt, die es dem Besteller erlauben, von einer Zulassung des Unternehmers zur Nachbesserung abzusehen (Langen, NZBau 2015, 71, 75).

67 In der Literatur (Preussner, BauR 2014, 345, 354 ff.) werden seit längerem verschiedene Lösungsmöglichkeiten diskutiert, u. a. auch diejenige, dass der Besteller vor der Inanspruchnahme des Architekten dem ausführenden Unternehmer gegenüber eine Frist zur Nachbesserung gesetzt haben muss (Preussner, BauR 2014, 345, 357; ders. in Fuchs/Berger/Seifert, HOAI 2016 B, Rn. 296).

68 Diese Diskussion wird für den außerhalb des Anwendungsbereiches des § 650t BGB liegenden Bereich des Planungsfehlers des Architekten fortgeführt (BeckOK BauvertrR/Preussner BGB § 650t Rn. 24a f.; ders. BauR 2018, 1321 ff.) und gefordert, dass der Besteller zumindest den Unternehmer zur Erklärung seiner Nachbesserungsbereitschaft auffordert. Erklärt der Unternehmer seine Nachbesserungsbereitschaft, soll der Besteller dann sein Wahlrecht über die Inanspruchnahme nicht ausüben können, nicht zuletzt auch deshalb, um dem Unternehmer sein Rechts auf zweite Andienung nicht zu nehmen (BeckOK BauvertrR/Preussner BGB § 650t Rn. 24b). Das mit dieser Auffassung berechtigterweise verfolgte Ziel lässt sich mit einer zweckentsprechenden Anwendung des § 242 BGB erreichen, wenn nicht das Ergebnis in Widerspruch zur Intention des Gesetzgebers steht, der die Aufforderung des ausführenden Unternehmers zur Nachbesserung vor der Inanspruchnahme des Architekten gezielt auf den überwachenden Architekten beschränkt, was aber eine Anwendung des § 242 BGB nicht ausschließt.

69 Da § 650t genau dies vorsieht, nämlich dass der bauüberwachende Architekt vom Besteller auf Zahlung erst dann erfolgreich in Anspruch genommen werden kann, wenn er dem ausführenden Unternehmer gegenüber eine Frist zur Nachbesserung gesetzt hat, ist im Anwendungsbereich des § 650t insoweit ein Rückgriff auf § 242 BGB nicht mehr nötig.

70 Eine über die vorherige Aufforderung des ausführenden Unternehmer zur Nachbesserung hinausgehende Beschränkung der Inanspruchnahme des planenden und bauüberwachenden Architekten wird nur in den seltenen Fällen der Schädigungsabsicht (→ Rdn. 64) möglich sein.

IV. Ausgleich unter den Gesamtschuldnern; Quote

1. Grundsatz

Im Hinblick auf den Ausgleich der Gesamtschuldner untereinander wird auf die Ausführungen bei §634 (→ §634 BGB Rdn. 154ff.) und im Hinblick auf Quotierung ebenfalls auf die Ausführungen bei §634 (→ §634 BGB Rdn. 157ff.) verwiesen. Nachfolgend wird auf die baurechtlichen Besonderheiten und typischen Sachverhalte eingegangen.

2. Quote

Bei Vorliegen eines Ausführungsfehlers, kombiniert mit einem Überwachungsfehler geht die Tendenz in Rechtsprechung und Literatur dahin, den ausführenden Unternehmer weit überwiegend oder sogar vollständig alleine haften zu lassen (OLG Hamm Urt. v. 8.7.2020 – I-12 U 74/19; OLG Stuttgart Urt. v. 19.11.2015 – 2 U 56/15 – NZB vom BGH verworfen; OLG Düsseldorf, Hinweisbeschluss vom 21.11.2014 – I-22 U 141/14); OLG Rostock Urt. v. 3.3.2010 -2 U 68/07; OLG Koblenz Urt. v. 25.6.2007 – 12 U 1435/05; OLG Koblenz Urt. v. 19.3.2004 – 8 U 397/03, NZB vom BGH zurückgewiesen; BeckOK BauvertrR/Preussner BGB §650t Rn. 30; a. A. OLG Stuttgart Urt. v. 30.9.2019 – 10 U 107/19: Frage des Einzelfalls; a. A. auch OLG Stuttgart Urt. v. 7.12.2010 – 10 U 140/09: Überwachungsfehler im Hinblick auf besonders fehlerträchtige Ausführungsarbeiten).

Es erscheint nicht gerechtfertigt, eine derartige Grundregel aufzustellen. Zunächst kommt die gesetzliche Regelung in §426 Abs. 1 S. 1 BGB zum Tragen, die eine Verpflichtung der Gesamtschuldner im Innenverhältnis zu gleichen Anteilen vorsieht und nur beim Vorliegen besonderer, zusätzlicher Umstände ein Abweichen hiervon zulässt. Lassen sich in der konkreten Situation keine derartigen Umstände ermitteln, hat es bei der Grundregel zu bleiben. Derjenige Gesamtschuldner, der eine Veränderung der Quote verlangt, hat die hierfür relevanten Umstände darzulegen und zu beweisen (OLG Stuttgart, Urt. v. 31.7.2018 – 10 U 150/17; OLG Celle, Urt. v. 27.2.2019 – 14 U 54/18). Zwar hat der Unternehmer den Mangel produziert und er kann im Innenverhältnis dem Architekten nicht vorwerfen, ihn nicht ausreichend überwacht zu haben. Allerdings hat der Architekt durch sein Verhalten gleichermaßen eine Mitursache gesetzt. Er hätte durch sein (Bauüberwachungs-)Verhalten das Entstehen oder zumindest die Vertiefung des Mangels verhindern können (wäre dies anders, läge bereits kein Mangel der Überwachungsleistung oder jedenfalls keine Kausalität vor). Es erscheint daher eher zutreffend, grundsätzlich von einer hälftigen Mitverantwortung entsprechend der gesetzlichen Grundregel auszugehen und hiervon nur beim Vorliegen besonderer Umstände abzuweichen, wobei den Gesamtschuldner, der Ausgleich beansprucht, die Beweislast für das Vorliegen derartiger Umstände trifft (OLG Düsseldorf, Hinweisbeschluss vom 21.11.2014 – I-22 U 141/14).

Derartige besondere Umstände sollen beispielsweise bei einem Bedenkenhinweis des ausführenden Unternehmers anzunehmen sein (OLG Rostock Urt. v. 30.1.2018 – 4 U 147/14 – NZB vom BGH zurückgewiesen). Auch kann im Einzelfall der Planungsfehler so schwer wiegen, dass der Ausführungsfehler vollständig zurücktritt (OLG Celle, Urt. v. 27.2.2019 – 14 U 54/18). Beseitigt der Unternehmer den Mangel ohne sich gegenüber dem Besteller auf den Mitverschuldenseinwand zu berufen und wird dadurch der Architekt von seiner Haftung gegenüber dem Besteller frei, kann dem Unternehmer ein Ausgleichsanspruch aus ungerechtfertigter Bereicherung zustehen (OLG Köln, Urt. v. 19.12.2018 – 11 U 110/16). Die Einzelheiten hierzu sind allerdings noch nicht abschließend geklärt, insbesondere, ob nicht einer Leistungskondiktion, gerichtet gegen den Bauherrn, nicht Vorrang zukommt.

C. §650t

I. Überwachungsfehler und Ausführungsfehler

1. Grundsatz

Der Anwendungsbereich von §650t ist nur eröffnet, wenn ein Ausführungsfehler mit einem Überwachungsfehler des Architekten/Ingenieurs zusammentrifft, was zur gesamtschuldnerischen Haftung führt. Bei Planungsfehlern, die zu Ausführungsfehlern führen, ist die Vorschrift nicht anwendbar (Orlowski ZfBR 2016, 419, 437). Dabei kommt es auf die objektive Rechtslage

§ 650t Gesamtschuldnerische Haftung mit dem bauausführenden Unternehmer

und das Begehren des Bestellers an und nicht nur darauf, welche Ansprüche vom Besteller behauptet werden (a. A: offensichtlich BeckOK BauvertrR/Preussner BGB § 650t Rn. 44). Treffen Planungsfehler und Überwachungsfehler derart zusammen, dass ein Planungsfehler auch bei der Überwachung der Ausführung nicht bemerkt wird, steht § 650t einer Inanspruchnahme des Architekten auf der Grundlage des Planungsfehlers nicht entgegen (BeckOK BGB/Voit BGB § 650t Rn. 3; BeckOGK/Kober Rn. 57). Bei Koordinationsfehlern des Architekten ist § 650t BGB ebenfalls nicht anwendbar (Motzke, NZBau 2017, 251, 257; BeckOK BauvertragsR/Preussner, § 650t Rn. 50; MüKoBGB/Busche BGB § 650t Rn. 2). Dies gilt jedenfalls dann, wenn es um die planerische Koordination und damit um die Koordinierungsleistung im Hinblick auf andere an der Planung fachlich Beteiligter in den Leistungsphasen 2 bis 6 der jeweiligen Anlage zur HOAI geht. Aber auch im Hinblick auf die Koordinierungsleistungen in der Leistungsphase 8 (Bauüberwachung) sowohl in zeitlicher als auch in qualitativer Hinsicht gilt Gleiches (a. A. BeckOK BGB/Voit BGB § 650t Rn. 6. Nach der Intention des Gesetzgebers sind von der Vorschrift die Fälle erfasst, in denen ein Ausführungsfehler des Unternehmers mit der Überwachungspflicht des Architekten/Ingenieur im Hinblick auf diesen Ausführungsfehler zusammentrifft. Da es dann um einen Überwachungsfehler gehen muss, der zu einem Mangel an dem Bauwerk oder der Außenanlage geführt hat, kann es nur um Überwachungsfehler im engeren Sinn gehen, d. h. z. B. um die Grundleistungen a) in Leistungsphase 8 der Anlage 10 zur HOAI 2021 und nicht um Fehler bei sonstigen Grundleistungen der Leistungsphase 8. Im Hinblick auf die zeitliche Koordination der Abfolge der einzelnen Gewerke ist eine gesamtschuldnerische Haftung nur für einen Ausführungsfehler nur in Ausnahmefällen (z. B. Belegreife des Estrichs) vorstellbar. Allerdings liegt in diesen Fällen, wie auch in der Abstimmung der Qualitäten der aufeinander aufbauenden Gewerken im Kern eine Planungsleistung vor und nicht eine Überwachungsleistung.

2. Sonderfall: Verstoß gegen SchwarzArbG

76 Liegt aufgrund der Abrede zwischen dem Besteller und dem Unternehmer ein Verstoß gegen das SchwarzArbG vor und ist der Vertrag mit dem ausführenden Unternehmen unwirksam, liegt kein Gesamtschuldverhältnis vor, da der Besteller gegen den ausführenden Unternehmer keine Ansprüche geltend machen kann (BGH, Urt. 10.04.2014 – VII ZR 241/13). Da bereits kein Gesamtschuldverhältnis vorliegt, sind auch die Voraussetzungen für die Anwendung der Grundsätze zur gestörten Gesamtschuld nicht gegeben (LG Bonn Urt. v. 8.3.2018 – 18 O 250/13; Christiansen ZfBR 2019, 523 ff.; dazu auch LG Erfurt, Urt. v. 11.3.2019 – 10 O 1069/12). Damit liegen auch eine der Voraussetzungen für § 650t BGB (Gesamtschuldverhältnis) nicht vor. Würden dem Besteller uneingeschränkt Ansprüche gegen den Architekten/Ingenieur zugebilligt, könnte dieser aufgrund des Verhaltens des Bestellers im Hinblick auf den ausführenden Unternehmer an sich keinen Regress nehmen, würde also letztlich unbeschränkt haften, obwohl er bei ordnungsgemäßem Verhalten des Bestellers Regress beim Unternehmer nehmen könnte. Um dieses Problem aus der Welt zu räumen, werden verschiedene Möglichkeiten diskutiert. Nach einer Auffassung sind Ansprüche des Bestellers gegen den Architekten komplett ausgeschlossen. Dies wird mit einer Anwendung des § 242 BGB begründet (LG Bonn Urt. v. 8.3.2018 – 18 O 250/13; ähnlich auch OLG Schleswig Urt. v. 22.3.2018 – 7 U 48/16). Nach anderer Auffassung, mit der das gleiche Ergebnis erreicht wird, ist § 162 BGB analog anzuwenden (Schwenker AnwZert BauR 17/2018 Anm. 1). Nach einer dritten – vorzugswürdigen – Auffassung wird der Anspruch des Bestellers gegen den Architekten über § 242 BGB um den Teil des Anspruchs gekürzt, in dessen Höhe dem Architekten bei Fehlen von Verstößen gegen das SchwarzArbG ein Regressanspruch gegen den Unternehmer zustünde (Christiansen, ZfBR 2019, 523, 532).

II. Mangel am Bauwerk oder der Außenanlage

77 Da die Anwendbarkeit von § 650t davon abhängt, dass es sich um einen Architekten-/Ingenieurvertrag nach § 650p handelt, kommt die Regelung bei Verträgen, die Architekten-/Ingenieurleistungen zum Gegenstand haben, die nichts mit einem Bauwerk oder einer Außenanlage zu tun haben, nicht zur Anwendung.

III. Erfolglose angemessene Frist zur Nacherfüllung

78 Der Besteller muss dem ausführenden Unternehmen gegenüber eine Frist zur Beseitigung des Mangels setzen. Eine einfache Mangelbeseitigungsaufforderung ohne Setzen einer Frist reicht

Gesamtschuldnerische Haftung mit dem bauausführenden Unternehmer **§ 650t**

nicht aus (Kniffka, BauR 2017, 1747, 1880). Nach dem Zweck der Vorschrift, sowohl dem Architekten als auch dem Unternehmer die Möglichkeit zur Beseitigung des Mangels durch den Unternehmer zu schaffen, muss es sich bei der Nacherfüllungsaufforderung um eine den Anforderungen der Symptomrechtsprechung genügenden Aufforderung handeln. Nur dann, wenn der Unternehmer anhand der Beschreibung der Mängel erkennen und entscheiden kann, ob sein Leistungsbereich betroffen ist, liegt eine ausreichende Aufforderung zur Nachbesserung vor. Ist dies nicht der Fall oder ist die angemessene Frist noch nicht abgelaufen, steht dem Architekten weiterhin das Leistungsverweigerungsrecht zu.

Liegt neben dem Überwachungsfehler im Hinblick auf den gleichen Mangel auch noch zusätzlich ein Planungsfehler vor, steht dem Architekten/Ingenieur ein Leistungsverweigerungsrecht bei Inanspruchnahme durch den Besteller im Hinblick auf Ansprüche wegen des Planungsfehlers nicht zu → Rdn. 75). Effektiv wirkt das Leistungsverweigerungsrecht in derartigen Kombinationsfällen von Planungs- und Überwachungsfehlern nicht. 79

Allerdings kann der Besteller ein besonderes Interesse daran haben, dass der ursprünglich beauftragte Unternehmer nachbessert. Liegt neben dem Ausführungs-/Überwachungsfehler ein Planungsfehler vor, der zum gleichen Mangel geführt hat, kann der Besteller auch wie folgt vorgehen. Wendet der Unternehmer gegen den Nachbesserungsanspruch ein, ihm stünde ein Anspruch auf Sicherheit aufgrund einer Beteiligungspflicht des Bestellers wegen des Planungsmitverschuldens zu, kann der Besteller den Architekten in diesen Fällen aufgrund des Planungsfehlers auffordern, die Sicherheit, die der Unternehmer begehrt, zu stellen. Wird die Sicherheit vom Architekten/Ingenieur gestellt, ist dem Architekten ebenfalls ein Leistungsverweigerungsrecht gegenüber Zahlungsansprüchen des Bestellers solange einzuräumen, bis die Frist abgelaufen ist. 80

Hat der Bauunternehmer die Nachbesserung ernsthaft und endgültig abgelehnt, ist eine vorherige Fristsetzung entbehrlich. Der Besteller kann auch ohne Fristsetzung gegenüber dem Bauunternehmer den Architekten/Ingenieur in Anspruch nehmen (Kniffka, BauR 2017, 1747, 1880; so wohl auch Orlowski, ZfBR 2016, 416, 437; BeckOK BauvertragsR/Preussner, § 650t Rn. 66). Gleiches gilt, wenn beim Fixgeschäft der Vertragstermin nicht mehr eingehalten werden kann oder die Voraussetzungen für Unzumutbarkeit nach §§ 323 Abs. 2 Nr. 3 und 637 Abs. 2 S. 2 und § 636 S. 2 BGB vorliegen (Kniffka, BauR 2017, 1747, 1880). In allen anderen Fällen ist eine Fristsetzung erforderlich. 81

Eine Fristsetzung gegenüber dem ausführenden Unternehmer ist auch dann nicht erforderlich, wenn dies für den Besteller ausnahmsweise unzumutbar ist, §§ 637, 323 Abs. 2 Nr. 3 BGB). Er ist dann nicht gehalten, eine Frist zur Nacherfüllung nur deshalb zu setzen, um die Einrede des Architekten/Ingenieurs aus § 650t BGB aus der Welt zu räumen. 82

Die Fristsetzung ist auch dann erfolglos, was zum Wegfallen der Einrede des Architekten/Ingenieurs führt, wenn die Nacherfüllung durch den Unternehmer gescheitert ist und eine weitere Nacherfüllung vom Besteller nicht mehr hinzunehmen ist (BeckOK BauvertrR/Preussner BGB § 650t Rn. 105; zu den Voraussetzungen für die Annahme eines derartigen Scheiterns: Moufang/Koos in Messerschmidt/Voit § 636 Rn. 47). 83

Kann der Unternehmer den Einwand der unverhältnismäßigen Mangelbeseitigungskosten nach § 635 Abs. 3 BGB erheben, ist dennoch zu verlangen, dass eine Frist gesetzt wird, da sich der Unternehmer auf diesen Einwand nicht stützen muss. Gleiches gilt dann, wenn sich der Unternehmer auf die vorbehaltlose Abnahme berufen kann. Auch hier entfällt das Leistungsverweigerungsrecht des Architekten/Ingenieurs erst dann, wenn der Unternehmer zur Nacherfüllung aufgefordert wurde und dieselbe abgelehnt oder nichts veranlasst hat (MüKoBGB/Busche BGB § 650t Rn. 3). 84

Ist die Nacherfüllung demgegenüber unmöglich, ist auch eine Fristsetzung entbehrlich. Die Einrede des Architekten/Ingenieurs entfällt dann. 85

Verweigert der Besteller eine dem Unternehmer gegenüber zur Mangelbeseitigung erforderliche Mitwirkung, kann sich der Besteller nach einer Auffassung in der Literatur aufgrund einer analogen Anwendung des § 162 BGB nicht auf die Fristsetzung berufen (Deckers ZfBR 2017, 523, 544; BeckOK BauvertrR/Preussner BGB § 650t Rn. 25). Da die Aufforderung zur Nacherfüllung nach der Rechtsprechung des BGH wirkungslos ist, wenn eine erforderliche Mitwirkungshandlung des Bestellers nicht vorgenommen oder zumindest gleichzeitig angeboten wird (BGH, Urt. v. 8.11.2007 – VII ZR 183/05), ist ein Rückgriff auf § 162 BGB nicht erforderlich. Es liegt dann keine ordnungsgemäße Fristsetzung zur Nacherfüllung. Diese Voraussetzung des § 650t BGB ist dann nicht erfüllt. 86

§ 650t Gesamtschuldnerische Haftung mit dem bauausführenden Unternehmer

87 Hat der Besteller den Mangel ohne Fristsetzung gegenüber dem Unternehmer selbst beseitigt, besteht das Leistungsverweigerungsrecht des Architekten fort. Andernfalls hätte es der Besteller in der Hand, die Voraussetzungen für die Inanspruchnahme des Architekten selbst herbeizuführen (BeckOK BGB/Voit BGB § 650t Rn. 16; BeckOGK/Kober Rn. 88).

88 Soweit ausnahmsweise auch bei einem Planungsfehler vom Architekten/Ingenieur gegenüber einem Schadensersatzanspruch des Bestellers eingewandt werden kann, dass zunächst der ausführende Unternehmer in Anspruch genommen werden müsse→ Rdn. 68, stellt sich die Frage, welche Auswirkungen mit dem vom Unternehmer möglichen Mitverschuldenseinwand aufgrund des Planungsfehlers verbunden sind. Verlangt der Unternehmer vom Besteller Zuschuss aufgrund des Mitverschuldenseinwandes und macht die Mangelbeseitigung hiervon abhängig, stellt dies eine Weigerung des Unternehmers zur Mangelbeseitigung dar (BeckOK BauvertrR/Preussner BGB § 650t Rn. 25a). Der Unternehmer hat keinen Anspruch auf Zahlung eines Zuschusses vor der Mangelbeseitigung und verweigert die Nacherfüllung dann unberechtigt (a. A. BeckOK BauvertrR/Preussner BGB § 650t Rn. 25a.1: Unternehmer soll in Vorleistung gehen müssen). In dieser Konstellation kann der Besteller den Architekten/Ingenieur in Anspruch nehmen. Anders könnte die Sache dann liegen, wenn der Unternehmer nur eine Sicherheit für den Zuschuss verlangt. Hierauf hat der Unternehmer einen Anspruch (BGH, Urt. v. 22.3.1984 – VII ZR 50/82). In dieser Situation könnte die Auffassung vertreten werden, dass der Architekt/Ingenieur vom Besteller nicht in Anspruch genommen werden kann, da der Besteller die ihm obliegende Mitwirkungshandlung (Sicherheitsleistung stellen) nicht vorgenommen hat, um die Nacherfüllung zu erreichen. Allerdings ist das Erfordernis der Sicherheitsleistung auf den Planungsfehler des Architekten/Ingenieurs zurückzuführen. Es erscheint daher gerechtfertigt, den Schadensersatzanspruch des Bestellers gegen den Architekten/Ingenieur auf einen Freistellungsanspruch im Hinblick auf den Zuschussanspruch des Unternehmers zu erweitern. Kommt der Architekt/Ingenieur der Aufforderung des Bestellers nicht nach, ihn vom Zuschussanspruch freizustellen, also für eine Sicherheitsleistung an den Unternehmer zu sorgen, kann der Besteller dann den Architekten/Ingenieur unmittelbar in Anspruch nehmen.

89 Wird vom Unternehmer auf die Mangelbeseitigungsaufforderung hin die Verjährungseinrede erhoben, nachdem sich der Besteller zunächst erfolglos an den Architekten gewandt, dieser von seinem Leistungsverweigerungsrecht Gebrauch gemacht hat und ist daraufhin dann Verjährung von Ansprüchen des Bestellers eingetreten, wird in der Literatur (Kniffka, BauR 2017, 1747, 1889) die Möglichkeit erwogen, dem Architekten das Leistungsverweigerungsrecht unter der Voraussetzung zu erhalten, dass der Architekt im Rahmen der Bauüberwachung keinen Beitrag für den Eintritt der Verjährung geleistet hat. Gegen diese Auffassung spricht der eindeutige Wortlaut, nachdem nur eine angemessene Frist gegenüber dem ausführenden Unternehmer gesetzt werden muss. Anhaltspunkte dafür, dass der Gesetzgeber in besonderen Konstellationen weitergehende Sanktionen zu Lasten des Bestellers einführen wollte, sind auch bei Heranziehung der Gesetzesbegründung nicht ersichtlich. Es erscheint auch nicht sachgerecht, den Architekten, der durch seine mangelhafte Werkleistung Nachteile beim Besteller hervorgerufen hat, von einem formalen Versäumnis des Bestellers in einem anderen Rechtsverhältnis profitieren zu lassen. Ferner erscheint es auch nicht sachgerecht, den ausführenden Unternehmer, der die Verjährungseinrede erhoben hat, auch noch von Gesamtschuldnerausgleichansprüchen des bauüberwachenden Architekten zu befreien. Sein Recht, die Beseitigung der Mängel selbst kostengünstig durchzuführen, wird nicht beeinträchtigt, da der Besteller ihm gegenüber in jedem Fall eine Frist setzen muss. Sind Ansprüche des Bestellers verjährt, muss sich der Unternehmer in diesem Fall eben die Frage stellen, ob er die Verjährungseinrede tatsächlich erhebt oder ob er die Mängel trotz eingetretener Verjährung nicht doch beseitigt, um zu verhindern, dass er aufgrund des Gesamtschuldnerinnenregresses eine Zahlung des auf ihn entfallenden Anteils leisten muss.

90 Sind Ansprüche gegen den ausführenden Unternehmer in dem Zeitpunkt, zu dem der Besteller von den Mängeln Kenntnis erlangt, bereits verjährt, muss er dem Unternehmer dennoch eine angemessene Frist zur Mangelbeseitigung setzen. Nach Ablauf der Frist entfällt dann das Leistungsverweigerungsrecht des Architekten/Ingenieurs (Kniffka, BauR 2017, 1747, 1880; BeckOK BauvertragsR/Preussner, § 650t Rn. 69). Auch im Fall der Insolvenz des ausführenden Unternehmers muss eine Fristsetzung vorgenommen werden, jedenfalls solange bis der Insolvenzverwalter die Erfüllung nach § 103 InsO ablehnt (BeckOK BauvertragsR/Preussner, § 650t Rn. 72 ff.).

IV. Auskunftsanspruch des Architekten über die Fristsetzung; Darlegungs- und Beweislast

Der Architekt wird den Besteller häufig bei der Geltendmachung von Mängelrechten gegenüber den ausführenden Unternehmern unterstützen und deshalb darüber informiert sein, ob zur Mangelbeseitigung bereits aufgefordert worden ist. Dies muss aber nicht immer der Fall sein. Es kann durchaus der Fall eintreten, dass der Architekt/Ingenieur keine Kenntnis darüber hat, ob die Voraussetzungen für die erfolgreiche Geltendmachung des Leistungsverweigerungsrechtes vorliegen, d. h. noch keine Frist gesetzt wurde, die Frist abgelaufen ist oder Umstände vorliegen, die eine Fristsetzung entbehrlich machen. Da der Architekt/Ingenieur bei Weigerung der anderen Beteiligten keine Möglichkeit hat, an die Informationen zu gelangen, der Besteller sie demgegenüber problemlos liefern kann, ist dem Architekten/Ingenieur ein Auskunftsanspruch gegen den Besteller zuzubilligen. Auf diesen Auskunftsanspruch kann der Architekt/Ingenieur ein Zurückbehaltungsrecht gegen den Schadensersatzanspruch des Bestellers stützen. Im Prozess trifft den Besteller im Hinblick auf die seiner Sphäre entspringenden Umstände, wie insbesondere den Zeitpunkt der Fristsetzung und Reaktion des ausführenden Unternehmers hierauf die Erstdarlegungslast. Die grundsätzliche Darlegungs- und die Beweislast für die Voraussetzungen des Leistungsverweigerungsrechtes trägt jedoch der Architekt/Ingenieur (Kniffka in Kniffka/Retzlaff, BauR 2017, 1747, 1880; BeckOK BauvertragsR/Preussner, § 650t Rn. 110).

91

V. Inanspruchnahme

Der Besteller muss den Architekten in Anspruch nehmen. Es reicht also nicht aus, dass er ihm die Mangelerscheinungen schildert und ihn zu einer Stellungnahme zu den Mängeln auffordert. Vielmehr muss der Besteller eine Zahlung oder die Abgabe einer Anerkenntniserklärung von ihm fordern. Anderenfalls könnte die „Leistung" auch nicht verweigert werden.

92

VI. Leistungsverweigerungsrecht

Nach dem Wortlaut handelt es sich um ein Leistungsverweigerungsrecht. Hierbei handelt sich um eine Einrede. Diese wird bei einem gerichtlichen Verfahren nicht von Amts wegen berücksichtigt. Vielmehr muss sich der Architekt/Ingenieur ausdrücklich oder stillschweigend hierauf berufen. Soweit dem Architekten die Einrede tatsächlich zusteht, können keine Verzugsschäden des Bestellers entstehen (BeckOK BauvertrR/Preussner BGB § 650t Rn. 34). Wird die Einrede erstmalig im Prozess des Bestellers gegen den Architekten erhoben, stellt dies ein erledigendes Ereignis dar (BGH, Urt. v. 17.7.2003 – IX ZR 268/02 zur Aufrechnungserklärung; BGH, Urt. v. 27.1.2010 – VIII ZR 58/09 zur Verjährungseinrede). Der Besteller muss bei Erhebung der Einrede dem ausführenden Unternehmer schnellstmöglich eine angemessen Frist zur Nachbesserung setzen, um dies im laufenden Prozess mit dem Architekten noch berücksichtigen zu können. Steht nicht ausreichend Zeit zur Verfügung, da aufgrund des konkreten Mangels eine längere Mangelbeseitigungsfrist angemessen ist, muss er eine Erledigungserklärung abgeben.

93

Aus dem Vertragsverhältnis zu seiner Haftpflichtversicherung obliegt es dem Architekten/Ingenieur derselben gegenüber, die Einrede zu erheben (BeckOK BauvertrR/Preussner BGB § 650t Rn. 37f.).

94

Nach dem Wortlaut muss der Architekt, um sich auf das Leistungsverweigerungsrecht stützen zu können, den Besteller weder darauf hinweisen, dass dieser zunächst dem ausführenden Unternehmer gegenüber eine angemessene Frist setzen muss, noch muss er den Besteller darüber aufklären, welchem Unternehmer gegenüber eine Frist gesetzt werden muss, d. h. welcher Unternehmer für den Mangel verantwortlich und zur Mangelbeseitigung aufzufordern ist. Auf den ersten Blick erscheint dies aufgrund des Umstandes unbillig, da der bauüberwachende Architekt den Ablauf der Baumaßnahme und die eingesetzten Handwerker besser kennt als der Besteller. Allerdings stehen dem Besteller je nach Ausgestaltung des Architekten-/Ingenieurvertrages bestimmte Rechte zu, mit denen Leistungspflichten korrespondieren. Der vertraglichen Vereinbarung ist deshalb zu entnehmen, ob und in welchem Umfang der Besteller Unterstützung bei der Zuordnung von Mängeln beanspruchen kann. Diese Vereinbarung, die von Vertrag zu Vertrag variieren kann, kann nicht durch Einführung zusätzlicher Hinweispflichten bei der Leistungsverweigerung konterkariert werden (a. A. BeckOK Bau-

95

§ 650t Gesamtschuldnerische Haftung mit dem bauausführenden Unternehmer

vertragsR/Preussner, § 650t Rn. 83 ff.: weitergehende Informationsobliegenheiten/-pflichten des Architekten/Ingenieurs, die bei Verletzung derselben bis hin zum Verlust des Leistungsverweigerungsrechtes führen können). Es handelt sich zwar um ein zugunsten des Architekten bestehendes Recht zur Verweigerung der Leistung. Der Architekt kann die Einrede erheben, muss dies aber nicht tun. Allerdings trifft den Architekten aufgrund des Gesamtschuldverhältnisses auch die Obliegenheit, den Zahlbetrag an den Gläubiger zu reduzieren, soweit dies möglich ist. Dem ausführenden Unternehmer steht deshalb der Mitverschuldenseinwand für den Fall der Befriedigung des Bestellers durch den Architekten ohne Geltendmachung seines Leistungsverweigerungsrechtes mit der Begründung zu, bei einer Beseitigung der Mängel durch den ausführenden Unternehmer wären geringere Kosten entstanden (in diese Richtung Kniffka in Kniffka/Retzlaff, BauR 2017, 1747, 1881; BeckOK BauvertragsR/Preussner, BGB § 650t Rn. 39). Ungeklärt ist, ob der Architekt darüber hinaus auch verpflichtet ist, die Verjährungseinrede gegenüber Ansprüchen des Bestellers zu erheben. Nach einer Entscheidung des BGH soll eine derartige Pflicht/Obliegenheit im Gesamtschuldverhältnis grundsätzlich nicht bestehen (Urt. v. 25.11.2009 – IV ZR 70/05). Die Entscheidung, sich auf die Einrede der Verjährung zu berufen, liege alleine beim Schuldner. Allerdings steht diese Entscheidung in Widerspruch zu zwei Entscheidungen des VII. Zivilsenats, der im Fall der Leistungskette das mittlere Kettenglied regelmäßig als verpflichtet ansieht, die Einrede der Verjährung gegen Ansprüche des Auftraggebers zu erheben (Urt. v. 28.1.2016 – VII ZR 266/14; Urt. v. 28.6.2007 – VII ZR 81/06; für diese Pflicht im Gesamtschuldverhältnis auch MüKoBGB/Heinemeyer, § 426 Rn. 29). Im Hinblick auf das Vertragsverhältnis mit dem Besteller muss berücksichtigt werden, dass dem Architekten, der umfassend, auch mit Leistungen der Bauüberwachung der Leistungsphase 8 der Anlage 10 zur HOAI, beauftragt ist, eine Sachwalterstellung mit zusätzlichen Pflichten zugunsten des Bestellers zukommt (vgl. zum Begriff des Sachwalters im Zusammenhang mit der Sekundärhaftung des Architekten → § 634a BGB Rdn. 331). Aufgrund dieser Besonderheiten der vertraglichen Beziehung erscheint es daher nicht sachgerecht, die Interessen des zweiten Gesamtschuldners (ausführendes Unternehmen) grundsätzlich höher als die Interessen des Architekten zu gewichten und auch den umfassend beauftragten Architekten regelmäßig als verpflichtet anzusehen, die Einrede der Verjährung zu erheben. Eine andere Beurteilung kann allenfalls in Ausnahmefällen denkbar sein. Demgegenüber erscheint es durchaus überlegenswert, den nicht umfassend beauftragten Architekten, bei dem auch die Grundsätze zur Sekundärhaftung nicht eingreifen (→ § 634a BGB Rdn. 331 ff.) regelmäßig als verpflichtet anzusehen, die Einrede der Verjährung zu erheben, wenn nicht besondere Umstände vorliegen.

VII. Auswirkung auf Honoraransprüche des Architekten/Ingenieurs

96 Beansprucht der Architekt/Ingenieur Vergütung vom Besteller, kann und muss dieser die Aufrechnung erklären, soweit er Ansprüche aufgrund von Mängeln der Werkleistung des Architekten/Ingenieurs geltend macht, bei denen sich der Planungs-/Überwachungsfehler bereits im Bauwerk verkörpert hat. Dem Besteller steht in diesem Fall ein Anspruch auf Ersatz des Mangelfolgeschadens zu, der zur Aufrechnung gestellt werden muss. Dies setzt allerdings voraus, dass der Anspruch des Bestellers gegen den Architekten durchsetzbar ist. Sind die Voraussetzungen für ein Leistungsverweigerungsrecht des Architekten nach § 650t BGB gegeben, kann eine Aufrechnung nicht erklärt werden. Die zur Aufrechnung gestellte Forderung des Bestellers muss formwirksam und fällig sein (§ 387 BGB). Mit einer einredebehafteten Forderung kann nicht aufgerechnet werden (§ 390 BGB).

97 Die Anwendung des § 320 BGB scheitert daran, dass es sich bei einem Mangelfolgeschaden – ein solcher liegt bei Verkörperung eines Überwachungsfehlers im Bauwerk vor – um einen Schaden handelt, der zu einem Anspruch führt, welcher mit dem Werklohnanspruch nicht in synallagmatischer Verbindung steht (BGH, Urt. v. 27.09.2007 – VII ZR 80/05). Mangels eines Gegenseitigkeitsverhältnisses zwischen Werklohnanspruch und gegenläufigem Mangelfolgeschaden scheitert eine Anwendung des § 320 BGB.

98 § 273 BGB setzt einen voll wirksamen und fälligen Gegenanspruchs des Bestellers voraus. Das Zurückbehaltungsrecht nach § 273 BGB entsteht nicht, wenn dem Anspruch, auf den das Zurückbehaltungsrecht gestützt werden soll, eine Einrede entgegensteht (vgl. Palandt/Grüneberg, § 273 Rdn. 7). Ein Zurückbehaltungsrecht kommt daher nicht in Betracht (a. A. BeckOK BauvertrR/Preussner BGB § 650t Rn. 39a).

99 Dieses – unbefriedigende – Ergebnis kann der Besteller selbst vermeiden, indem er dem ausführenden Unternehmer gegenüber die erforderliche Frist zur Nachbesserung setzt.

VIII. Verjährungsfragen

1. Grundlagen zur Verjährung des Gesamtschuldnerausgleichsanspruch

Bei einem Ausgleichsanspruch nach § 426 Abs. 1 S. 1 BGB spielt zunächst das subjektive Element des § 199 Abs. 1 Nr. 2 BGB für den Verjährungsbeginn regelmäßig eine wichtige Rolle (→ § 634a BGB Rdn. 271 ff.; Einzelheiten zur Verjährung des Gesamtschuldnerausgleichsanspruchs → § 634a BGB Rdn. 258 ff.). Voraussetzung hierfür ist, dass der Ausgleichsberechtigte Kenntnis oder grob fahrlässige Unkenntnis von den Umständen hat, die einen Anspruch des Gläubigers (Bauherr) gegen den Ausgleichsverpflichteten (gegen den anderen Gesamtschuldner) begründen, von denjenigen, die einen Anspruch des Gläubigers gegen ihn selbst begründen, sowie von denjenigen, die das Gesamtschuldverhältnis begründen, und schließlich von den Umständen, die im Innenverhältnis eine Ausgleichspflicht begründen (BGH, Urteil vom 18.6.2009 – VII ZR 167/08). Diese Voraussetzungen dürften bei Baumängeln üblicherweise erst dann vorliegen, wenn die Ursachen einer Mangelerscheinung bekannt sind. Dies wird regelmäßig nach Vorlage eines Gutachtens der Fall sein. Allerdings sind Ausnahmen hiervon gerade aufgrund der beim Architekten vorhandenen bzw. zu erwartenden Kenntnisse vom Bauablauf bei Beauftragung mit Überwachungsleistungen denkbar. 100

Für den Beginn der Verjährungsfrist muss hinzukommen, dass, der Anspruch im Sinne des § 199 Abs. 1 Nr. 1 BGB entstanden ist (Einzelheiten → § 634a BGB Rdn. 263 ff.). Bei dem Gesamtschuldnerausgleichsanspruch handelt es sich zunächst um einen Freistellungsanspruch. Es kommt deshalb darauf an, wann die Drittforderung (Anspruch des Bauherrn gegen den Architekten) fällig wird, von der freizustellen ist (Einzelheiten → § 634a BGB Rdn. 265; Zahn, BauR 2017, 1264 ff.). Da die Fälligkeit dieses Anspruchs im Regelfall aber mit der Verkörperung des Planungs- oder Überwachungsfehlers im Bauwerk eintritt, entsteht der Gesamtschuldnerausgleichsanspruch i. S. d. § 199 Abs. 1 Nr. 1 BGB auch in diesem Zeitpunkt. Etwas anderes kann in Ausnahmefällen dann gelten, wenn im Architektenvertrag wirksame Subsidiaritätsklauseln vereinbart werden, die die Fälligkeit des Anspruchs des Bestellers unabhängig vom Verhalten des Architekten von einer vorherigen Inanspruchnahme des Bauunternehmers abhängig machen (hierzu Zahn, BauR 2017, 1264). Dann tritt die Fälligkeit der Drittforderung auch erst dann ein, wenn die vertraglich vereinbarten Voraussetzungen vorliegen und der Gesamtschuldnerausgleichsanspruch entsteht auch erst zu diesem Zeitpunkt. 101

2. Gesamtschuldnerische Ausgleichsansprüche des Architekten/Ingenieurs gegen ausführendes Unternehmen bei Leistungsverweigerungsrecht

Ändert sich an den vorstehenden Ausführungen in 1. etwas aufgrund der Einführung des § 650t BGB? Macht der bauüberwachende Architekt von seinem Leistungsverweigerungsrecht gegenüber Schadensersatzansprüchen des Bestellers Gebrauch, hindert dies die Fälligkeit des Schadensersatzanspruchs und damit den Beginn der Verjährungsfrist betreffend den Gesamtschuldnerausgleichsanspruch nicht (Einzelheiten bei Zahn, BauR 2017, 1262 ff.). Im Unterschied zu Subsidiaritätsklauseln, die die Fälligkeit des Anspruchs des Bestellers unabhängig vom Verhalten des Schuldners von einer vorherigen Inanspruchnahme des Bauunternehmers abhängig machen, was sich dann auch auf den Beginn der Verjährungsfrist des Gesamtschuldnerausgleichsanspruchs auswirkt, handelt es sich im vorliegenden Fall um die Geltendmachung eines Leistungsverweigerungsrechts. In diesem Fall muss die Einrede erhoben werden und wirkt sich dann auch erst in diesem Moment dahingehend aus, dass der Ablauf der Verjährungsfrist von Ansprüchen des Bestellers gegen den Architekten gehemmt ist (Locher in Locher/Koeble/Frik, HOAI 13. Aufl., Einl. Rdn. 234; OLG Köln, Beschl. v. 21.03.2011 – 11 U 214/10;für Hemmung ebenfalls BeckOK BGB/Voit BGB § 650t Rn. 24; anders → § 634a BGB Rdn. 109). Dies führt dann wiederum dazu, dass – da der Anspruch des Bestellers mit Verkörperung des Mangels im Bauwerk fällig wird – der Gesamtschuldnerausgleichsanspruch ebenfalls zu diesem frühen Zeitpunkt zu verjähren beginnt und nicht erst mit Ablauf der vom Besteller gegenüber dem Unternehmer gesetzten Nachbesserungsfrist. 102

IX. Abweichende vertragliche Vereinbarungen

Mittels einer Individualvereinbarung kann § 650t BGB ausgeschlossen werden. Wird die Einrede des Architekten/Ingenieurs nach § 650t BGB in AGB des Bestellers ausgeschlossen, 103

§ 650u Bauträgervertrag; anwendbare Vorschriften

stellt dies einen Verstoß gegen § 307 Abs. 1 BGB dar, der zur Unwirksamkeit führt (BeckOK BauvertrR/Preussner BGB § 650t Rn. 108; Beck HOAI/Rodemann BGB § 650t Rn. 32).

104 Wird die Einredemöglichkeit in AGB des Architekten und Ingenieurs demgegenüber generell ausgeweitet und beispielsweise auch auf Planungsfehler erstreckt, geht dies über die oben angesprochenen Fälle der Anwendung des § 242 BGB hinaus (→ Rdn. 62 ff.) und widerspricht auch der Wertung des Gesetzgebers (→ Rdn. 2). Eine derartige Vertragsklausel ist unwirksam.

105 Die vorstehenden Ausführungen geltend entsprechend für Regelungen in allgemeinen Geschäftsbedingungen, mit denen die Einredevoraussetzungen modifiziert, d. h. z. B. vom Bauherrn über die bloße Fristsetzung hinausgehend weitere Maßnahmen zur Durchsetzung des Nacherfüllungsanspruchs verlangt werden (AGB des Architekten/Ingenieurs) oder Erleichterungen im Hinblick auf die Fristsetzung gegenüber dem ausführenden Unternehmen enthalten sind, wie z. B. eine feste Vorgabe für die zu setzende Frist (AGB des Bestellers).

X. Beweislast

106 Die Beweislast für das Vorliegen der Voraussetzungen der Einrede, trägt derjenige, der sich auf sie beruft, also der Architekt/Ingenieur (BeckOK BauvertrR/Preussner BGB § 650t Rn. 110). Das gilt auch für die Fristsetzung gegenüber dem ausführenden Unternehmer. Da er aber nicht in jedem Fall über ausreichende Kenntnisse zu der vom Besteller vorgenommenen Fristsetzung und Aufforderung zur Nacherfüllung gegenüber dem ausführenden Unternehmer hat und es aus seiner Sicht auch um den Nachweis einer negativen Tatsache geht, liegt die sekundäre Darlegungslast hierfür beim Besteller (Kniffka Sonderheft zum neuen Bauvertragsrecht BauR 2017, 1880; BeckOK BauvertrR/Preussner BGB § 650t Rn. 112; Beck HOAI/Rodemann BGB § 650t Rn. 29). Er muss darlegen, wann und mit welchem Inhalt er dem Unternehmer gegenüber eine Frist gesetzt hat. Die Beweislast dafür, dass gegenüber dem Unternehmen keine (durchsetzbaren) Mängelrechte bestehen, trägt der Besteller (MüKoBGB/Busche BGB § 650t Rn. 4).

§ 650u BGB Bauträgervertrag; anwendbare Vorschriften

(1) Ein Bauträgervertrag ist ein Vertrag, der die Errichtung oder den Umbau eines Hauses oder eines vergleichbaren Bauwerks zum Gegenstand hat und der zugleich die Verpflichtung des Unternehmers enthält, dem Besteller das Eigentum an dem Grundstück zu übertragen oder ein Erbbaurecht zu bestellen oder zu übertragen. Hinsichtlich der Errichtung oder des Umbaus finden die Vorschriften des Untertitels 1 Anwendung, soweit sich aus den nachfolgenden Vorschriften nichts anderes ergibt. Hinsichtlich des Anspruchs auf Übertragung des Eigentums an dem Grundstück oder auf Übertragung oder Bestellung des Erbbaurechts finden die Vorschriften über den Kauf Anwendung.

(2) Keine Anwendung finden die §§ 648, 648a, 650b bis 650e, 650k Absatz 1 sowie die §§ 650l und 650m Absatz 1.

Übersicht

	Seite
A. Einleitung	1164
B. Legaldefinition des Bauträgervertrages, § 650u Abs. 1 BGB	1166
I. Tatbestandliche Bauträgerleistungen	1166
1. Errichtung eines Hauses oder eines vergleichbaren Bauwerks	1166
2. Kaufvertragsrecht für Verträge ohne Herstellungsverpflichtung?	1166
3. Umbau eines Hauses oder eines vergleichbaren Bauwerks	1167
4. Abgrenzung zur Bauträgertätigkeit i. S. v. § 34c GewO	1168
II. Verweis auf Werk- und Kaufvertragsrecht	1169
III. Übersicht der anzuwendenden Vorschriften des Untertitels 1	1170
1. Vorschriften des Werkvertragsrechts	1170
2. Vorschriften des Bauvertrages	1170
3. Vorschriften des Verbraucherbauvertrages	1170
C. Abschluss des Bauträgervertrages	1170
I. Beurkundungspflicht	1170

Bauträgervertrag; anwendbare Vorschriften §650u

II. Wirksamkeitshindernisse	1171
1. Unangemessen lange Bindungsfrist	1171
2. Verstoß gegen das Koppelungsverbot, Art. 10 §3 MRVerbG?	1172
III. Einbeziehung der VOB/B	1172
1. Grundsatz	1172
2. Einbeziehung in den Bauträgervertrag	1172
IV. Anfechtung wegen arglistiger Täuschung	1173
V. Wucher	1173
D. Anwendung des Werkvertragsrechts	1174
I. Vergütung, Abschlagszahlungen, §§ 632, 632a BGB	1174
1. Die vertragliche Preisvereinbarung	1174
2. Abschlagszahlungen, § 632a BGB	1174
II. Sach- und Rechtsmängelhaftung, §§ 633 ff. BGB	1175
1. Werkvertragliche Mängelhaftung mit und ohne Herstellungsverpflichtung	1175
2. Beschaffenheitsvereinbarung im Bauträgervertrag	1175
3. Durchsetzung der Mängelrechte beim Erwerb von Wohnungseigentum	1180
a) Ausübungsbefugnis der Gemeinschaft der Wohnungseigentümer nach § 9a Abs. 2 WEG	1180
b) Rechtsinhaberschaft der Erwerber	1183
c) Durchsetzungsbefugnis der Erwerber	1183
d) Gemeinschaftliche Durchsetzung nach Gemeinschaftsbeschluss	1184
aa) Abgestufte Ausübungsbefugnisse der Gemeinschaft	1184
bb) Keine Beschlusskompetenz für nicht der Herstellung des ordnungsgemäßen Gemeinschaftseigentums dienende Ansprüche	1185
cc) Beschlusskompetenz für die Durchsetzung der auf die ordnungsgemäße Herstellung des Gemeinschaftseigentums gerichteten Ansprüche	1186
dd) Die Durchsetzung der Ansprüche	1189
e) Beschlussfassung	1190
f) Rechtsfolgen	1192
g) Rechtsgeschäftliche Ermächtigungen zur Durchsetzung anderer Rechte	1194
4. Haftungsbeschränkungen	1194
III. Verjährung der Mängelansprüche, § 634a BGB	1195
IV. Abnahme, § 640 BGB	1195
1. Abnahmefähigkeit	1195
2. Fiktive Abnahme	1196
3. Teilabnahme – Abnahme des Gemeinschaftseigentums	1197
a) Zulässigkeit von Teilabnahmen	1197
b) Vertretungsregelungen bei der Abnahme des Gemeinschaftseigentums	1197
c) Abnahme durch die Wohnungseigentümergemeinschaft	1198
d) Rechtsfolgen unwirksamer Abnahmen	1199
e) Abnahme durch Nachzüglererwerber	1200
f) Individuelle Abnahme	1201
g) Überlegungen de lege ferenda	1202
4. Besitzeinräumung, vorläufiger Rechtsschutz	1202
V. Fälligkeit der Vergütung, § 641 BGB	1204
VI. Freies Kündigungsrecht (§ 648 BGB)	1205
VII. Kündigung aus wichtigem Grund (§ 648a BGB)	1205
E. Anwendung des Bauvertragsrechts	1206
I. Zustandsfeststellung bei Verweigerung der Abnahme (§ 650g Abs. 1 bis 3 BGB)	1206
II. Schlussrechnung (§ 650g Abs. 4 Satz 1 Nr. 2 BGB)	1207
III. Abnahme (§ 650g Abs. 4 Satz 1 Nr. 1 BGB)	1208
IV. Kein Anordnungsrecht des Erwerbers nach den §§ 650b, 650c und 650d BGB – Sonderwunschvereinbarungen	1208
1. Änderung des Vertrages	1208
2. Sonderwunschvereinbarungen	1209
a) Sonderwunschvertrag Bauträger – Erwerber	1209
aa) Inhalt	1209
bb) Rechtliche Grundlage	1209
cc) Form	1210
dd) Vergütung	1210
b) Sonderwunschvertrag Erwerber – Unternehmer/Handwerker	1210
aa) Inhalt	1210
bb) Rechtliche Grundlage	1211
cc) Form	1211
dd) Vergütung	1211

§ 650u   Bauträgervertrag; anwendbare Vorschriften

V. Keine Bauhandwerkersicherungshypothek gem. § 650e BGB	1211
VI. Keine Bauhandwerkersicherheit nach § 650f Abs. 6 Nr. 2 BGB	1211
F. Anwendung des Verbraucherbauvertragsrechts	1212
I. Baubeschreibungspflicht (§§ 650j, 650k Abs. 2 und 3 BGB)	1213
1. Vorvertragliche Baubeschreibungspflicht – Mindestinhalt des Prospekts	1213
2. Klare und verständliche Darstellung	1214
3. Funktionale Baubeschreibung	1215
4. Baubeschreibung als Inhalt des Vertrages	1216
5. Rechtsfolgen unzureichender Baubeschreibung	1216
6. Fertigstellungszeitpunkt	1217
II. Kein Widerrufsrecht gem. § 650l BGB	1218
III. Sicherung von Abschlagszahlungen (§ 650m Abs. 2, 3 BGB)	1219
1. Zweck	1219
2. Gesetzlicher Anspruch und Abdingbarkeit	1219
3. Verhältnis zur Sicherung nach §§ 3 und 7 MaBV	1220
4. Gesicherte Ansprüche	1220
5. Keine Begrenzung der Höhe nach	1221
6. Abweichende Individualvereinbarungen	1221
IV. Herausgabe von Unterlagen (§ 650n BGB)	1221
1. Nur Eingeschränkte Anwendung der Dokumentationspflicht	1221
2. Darüberhinausgehende (vertragliche) Dokumentationspflichten	1223
3. Rechtsfolgen	1224
V. Unabdingbare Vorschriften (§ 650o BGB)	1224
G. Kaufrechtliche Vorschriften	1224
I. Erfasste Ansprüche: Übereignung und Leistungsstörungen	1224
II. Besitzverschaffungs- und Übereignungsanspruch	1225
III. Sach- und Rechtsmängelhaftung	1225
IV. Haftungsausschluss, Haftungsbeschränkung	1226
V. Ausübungsbefugnisse der Wohnungseigentümergemeinschaft für kaufrechtliche Ansprüche	1227
1. Zuständigkeit der Gemeinschaft für kaufrechtliche Ansprüche	1227
2. Inhalt und Umfang der Mängelrechte	1228
VI. Verjährung des Anspruchs auf Übereignung	1228

A. Einleitung

1 Mit der Reform des Bauvertragsrechts wird der Bauträgervertrag gesetzlich geregelt. Auch wenn für das Bauträgerrecht zunächst umfassende Änderungen beabsichtigt waren, führt die Reform für diesen Regelungsbereich im Wesentlichen zu zwei Neuregelungen, nämlich zur Transformation der Baubeschreibungspflicht aus dem Verbraucherbauvertrag in den Bauträgervertrag und zur Übernahme der Dokumentationspflicht aus dem Verbraucherbauvertrag. Bei einem Vergleich mit der beim Verbraucherbauvertrag erreichten Regelungstiefe wird erkennbar, dass der Bauträgervertrag eher am Rande der Reform stand (vgl. Glöckner, VuR 2016, 123).

2 Die gesetzgeberische Zurückhaltung überrascht umso mehr, als auch in diesem Bereich erheblicher Reformbedarf besteht. Die Regelungen zum Bauträgerrecht beschränkten sich im alten Recht auf die privatrechtlichen und die öffentlich-rechtlichen Normen zur Vereinbarung von Abschlagszahlungen in § 632a Abs. 2 BGB a. F. bzw. in §§ 3 und 7 MaBV. Das bislang kodifizierte Recht hat sich als unzulänglich erwiesen. Für wichtige Fragen der Vertragsabwicklung gab und gibt es keine ausgewogenen gesetzlichen Regelungen. Das gilt für den Inhalt der üblicherweise verwendeten Leistungsbeschreibungen, die Dokumentation der Bauleistung und die Abwicklung der Abnahme des Gemeinschaftseigentums im Geschoßwohnungsbau. Als unbefriedigend erwies sich aber vor allem, dass die gesetzliche Regelung zu den Abschlagszahlungen – eine an sich privatrechtliche Rechtsmaterie (vgl. §§ 641, 632a, 650m BGB) – in das Gewerbepolizeirecht (§ 34 c GewO, §§ 3 und 7 MaBV) ausgelagert ist. Nicht zuletzt war zu bemängeln, dass der Schutz bei der Zahlungsabwicklung im sog. Vormerkungsmodell nach § 3 MaBV überdies lückenhaft ist (vgl. die kritischen Bestandsaufnahme auf dem 5. Deutschen Baugerichtstag, Arbeitskreis V, Glöckner, BauR 2015, 1619 ff.; Pause/Vogel, BauR 2014, 1628 ff.).

Bauträgervertrag; anwendbare Vorschriften § 650u

Der Reform ging eine längere Diskussion über den Inhalt eines gesetzlich geregelten Bauträgervertrages voraus. Vor allem die Empfehlungen des Arbeitskreises V des 3. und 5. Deutschen Baugerichtstages haben die Regelungsdefizite beschrieben und Lösungen vorgeschlagen (Empfehlungen des 3. und 5. Deutschen Baugerichtstages, Arbeitskreis V, Bauträgerrecht, BauR 2010, 1392ff. und BauR 2014, 1617ff.). So war an erster Stelle empfohlen worden, die Entgegennahme von Abschlagszahlungen von der Übergabe einer Rückzahlungsbürgschaft abhängig zu machen oder alternativ die Zahlung der Vergütung frühestens bei Übergabe der bezugsfertigen Übergabe des Vertragsobjekts zuzulassen (Empfehlungen des 5. Deutschen Baugerichtstages, Arbeitskreis V, Bauträgerrecht, BauR 2014, 1617, 1632f.). Neben der Forderung, für den Bauträgervertrag eine Baubeschreibungs- und eine Dokumentationspflicht einzuführen, war eine Regelung zur Abnahme des Gemeinschaftseigentums vorgeschlagen worden. Für sie war eine Zuständigkeit der Wohnungseigentümergemeinschaft erwogen worden, deren Beschlüsse sich auch auf Nachzüglererwerber erstreckt hätten (Empfehlungen des 5. Deutschen Baugerichtstages, Arbeitskreis V, Bauträgerrecht, BauR 2014, 1617, 1632f.). 3

Der Inhalt der neuen gesetzlichen Regelungen besteht nun in einer Legaldefinition des Bauträgervertrages (§ 650u Abs. 1 Satz 1 BGB), im Übrigen in der Bestimmung des für den Bauträgervertrag maßgeblichen Rechts durch eine Verweisung auf das übrige Werk-, Bau- und Verbraucherbauvertragsrecht (§ 650u Abs. 1 Satz 2 BGB) und das Kaufvertragsrecht (§ 650u Abs. 1 Satz 3 BGB) sowie in einer Reihe von Ausnahmen von der Verweisung auf das Werkvertragsrecht (§ 650u Abs. 2 BGB). Durch § 650v BGB wird – wie schon bisher in § 632a Abs. 2 BGB a. F. – die Möglichkeit zur Vereinbarung von Abschlagszahlungen eröffnet. Die gewerberechtlichen Vorschriften (§ 34 c GewO und §§ 3, 4 und 7 MaBV) bleiben von der Reform unberührt. Unter Berücksichtigung der Verweisung auf die allgemeinen Vorschriften und den umfangreichen Ausnahmen hiervon (§ 650u Abs. 2 BGB) führt das neue gesetzliche Bauträgervertragsrecht im Ergebnis zu einem im Wesentlichen unveränderten Recht: Vom Verbraucherbauvertrag werden lediglich die Baubeschreibungspflicht (§§ 650j, 650k Abs. 2 und 3 BGB) und die Dokumentationspflicht (§ 650n BGB) auf den Bauträgervertrag durchgestellt. Abgesehen von geringfügigen Änderungen – z.B. dem Ausschluss des Kündigungsrechts aus wichtigem Grund und der Anwendbarkeit des Schlussrechnungserfordernisses (§ 650g Abs. 4 BGB) – bleibt es für den Bauträgervertrag im Wesentlichen beim bekannten Recht. Das entspricht der gesetzgeberischen Absicht, nämlich den Bauträgervertrag nicht neu zu ordnen, sondern nur notwendige Klarstellungen und Anpassungen anlässlich der Einführung des Bauvertrages und des Verbraucherbauvertrages vorzunehmen (Begründung des Gesetzesentwurfs der Bundesregierung, BT-Drs. 18/8486, S. 27). 4

Das hat vor allem zur Folge, dass an sich privatrechtliche Regelungen (Abschlagszahlungen) im Gewerberecht geregelt bleiben, die Sicherungslücke beim Vormerkungsmodell des § 3 MaBV fortbesteht und die Probleme bei der Abnahme der Bausubstanz des Gemeinschaftseigentums nicht gelöst sind. Das ist dem Bundesministerium für Justiz und Verbraucherschutz bewusst. In dem vom Ministerium initiierten Arbeitskreis zum Bauträgerrecht wurden denkbare Gesetzesregelungen erörtert. Die Vorlage des Berichts dieses Arbeitskreises steht unmittelbar bevor. Insbesondere eine Änderung des Sicherungsmodells bei Abschlagszahlungen erweist sich aber als schwierig und wurde zuletzt im Rahmen der Entwicklung einer Fertigstellungsgarantie bzw. einer Multi-Risk-Versicherung gesucht. Die damit zusammenhängen Fragen waren im Zuge des Zeitplans für die Reform des Bauvertragsrechts nicht mehr zu lösen. Deshalb ist gerade für den Bauträgervertrag absehbar, dass das jetzt in Kraft getretene Gesetz ergänzt und überarbeitet werden muss (vgl. Billen, BauR 2016, 1537, 1545). Tatsächlich sind die im Gesetz für den Bauträgervertrag nun vorhandenen Vorschriften nur ein Platzhalter für die noch ausstehende eigentliche Reform des Bauträgervertragsrechts. 5

Nicht bedacht hat der Gesetzgeber, dass er durch den Ausschluss des außerordentlichen Kündigungsrechts entgegen der höchstrichterlichen Rechtsprechung (BGH, Urt. v. 21.11.1985 – VII ZR 366/83) dem Erwerber die Möglichkeit genommen hat, während der Bauausführung ohne Verlust des Schutzes der Auflassungsvormerkung isoliert nur den Bauerrichtungsteil für die Zukunft im Falle von wesentlichen Vertragspflichtverletzungen des Bauträgers zu beenden (zutreffend Pause, BauR 2017, 430, 441). Auch ein Teilrücktritt wird auf Grund der Wertung des Gesetzgebers (Einheitlichkeit des Vertrags) nicht möglich sein (Messerschmidt/Voit-Thode, § 650u BGB Rdn. 37; Vogel, NZM 2017, 681, 687). Dieses gesetzgeberische Missgeschick wirft die (ungewollte) Folgefrage auf, ob das baustandsabhängige Zahlungsmodell des § 3 MaBV einer Missbrauchskontrolle nach § 310 Abs. 3 BGB aus europarechtlichen Gründen unterliegt und dieser standhält (hierzu Vogel, BauR 2018, 717 ff.). 6

§ 650u   Bauträgervertrag; anwendbare Vorschriften

7 Die gesetzliche Neuregelung ist nach Art. 229 § 39 EGBGB nicht anwendbar auf Bauträgerverträge, die vor dem 1.1.2018 abgeschlossen worden sind. Der Gesetzgeber (BT-Drs. 18/8486, 73) hat insoweit auf Art. 170 EGBGB abgestellt. Dies dürfte bedeuten, dass auch für nach dem 1.1.2018 geänderte Verträge das „neue" Recht erst dann gilt, wenn die Änderungen qualitativ einem Neuabschluss gleichzusetzen sind (so zutreffend Pfennig, RNotZ 2018, 585, 589).

B. Legaldefinition des Bauträgervertrages, § 650u Abs. 1 BGB

I. Tatbestandliche Bauträgerleistungen

8 Ein Vertrag, der die Errichtung oder den Umbau eines Hauses oder eines vergleichbaren Bauwerks zum Gegenstand hat und zugleich die Verpflichtung des Unternehmers enthält, dem Besteller das Eigentum an dem Grundstück zu übertragen oder ein Erbbaurecht zu bestellen oder zu übertragen, ist gemäß § 650u Abs. 1 Satz 1 BGB ein Bauträgervertrag. Die Formulierung in § 650u Abs. 1 Satz 1 BGB entspricht dem früheren § 632a Abs. 2 BGB, der seinerseits auf § 1 der Verordnung über Abschlagszahlungen bei Bauträgerverträgen (Verordnung v. 23.5.2001, BGBl. I S. 981), zurückgeht. Der Bauträgervertrag ist danach durch die Herstellungsverpflichtung einerseits und die Grundstücksverschaffungspflicht andererseits gekennzeichnet.

1. Errichtung eines Hauses oder eines vergleichbaren Bauwerks

9 § 650u Abs. 1 Satz 1 BGB erfasst zunächst die Errichtung eines Hauses oder eines vergleichbaren Bauwerks. Die vom Gesetz verwendete Beschreibung entspricht der des § 632a Abs. 2 BGB a. F. (und damit der Verordnung über Abschlagszahlungen bei Bauträgerverträgen v. 23. 5. 2001, BGBl. I S. 981). Danach fällt nach allgemeinem Sprachgebrauch unter „Haus" jedes Gebäude, das für den ständigen Aufenthalt von Menschen bestimmt ist; dazu gehört selbstverständlich auch eine Nutzung durch Wohnen. Bauwerke sind unbewegliche, mit dem Erdboden fest verbundene Sachen, die unter Einsatz von Arbeit und Material hergestellt werden. Bauwerke sind jedoch nur tatbestandlich, wenn sie Häusern vergleichbar sind, also ebenfalls eine Nutzung durch Menschen ermöglichen; sie müssen nach Art und Umfang einem Haus gleichen (Palandt/Sprau, § 632a BGB, Rdn. 15).

10 Da das Gesetz für die neu zu errichtenden Häuser keine Beschränkung auf bestimmte Nutzungen enthält, sind alle Arten von Wohngebäuden (Mehrfamilienhäuser, Einfamilienhäuser, Reihenhäuser), aber auch Häuser mit anderen Nutzungen tatbestandlich erfasst, insbesondere Häuser, die gewerblichen Zwecken dienen. Zu den vergleichbaren Bauwerken dürften z. B. Garagen und Tiefgaragen gehören, möglicherweise aber auch andere oberirdische Bauwerke wie z. B. SB-Märkte.

2. Kaufvertragsrecht für Verträge ohne Herstellungsverpflichtung?

11 Ob § 650u BGB auch gilt, wenn der Vertragsgegenstand bereits fertiggestellt ist, also von einer Herstellungsverpflichtung nicht mehr die Rede ist, lässt sich dem Gesetz nicht unmittelbar entnehmen. Für das Recht vor der Schuldrechtsmodernisierung, also vor dem 1.1.2002, war in ständiger Rechtsprechung vertreten worden, dass für neu hergestellte Wohnungen und Häuser auch dann Werkvertragsrecht und nicht Kaufvertragsrecht anzuwenden ist, wenn das Bauwerk noch als neu anzusehen ist (BGH, Urt. v. 21.2.1985 – VII ZR 72/84, zu einer Wohnung, die bis zur Veräußerung zwei Jahre leer gestanden ist). Vor allem wegen des werkvertraglichen Nachbesserungsanspruchs und der kürzeren Gewährleistungsfrist beim Kauf war die Anwendung des Werkvertragsrechts in diesen Fällen interessengerecht (BGH, Urt. v. 21.2.1985 – VII ZR 72/84). Es war sodann lange ungeklärt, ob diese Grundsätze auch unter der Geltung des modernisierten Schuldrechts anzuwenden sind (BGH, Urt. v. 25.2.2016 – VII ZR 49/15, Rdn. 28; BGH, Urt. v. 26. 4.2007 – VII ZR 210/05, Rdn. 19). Zu berücksichtigen war immerhin, dass die kaufvertragliche Mängelhaftung und die Verjährungsfrist für die kaufvertraglichen Mängelrechte der des Werkvertragsrechts weitgehend angepasst worden ist, also nicht von vornherein einem interessengerechten Ausgleich widerspricht; es war deshalb für diese Fälle die Anwendung der kaufvertraglichen Vorschriften gefordert worden (Brambring, DNotZ 2001, 904, 906); Hertel, DNotZ 2002, 6 (18); Ott, NZBau, 2003, 233, 238 f.; Riemenschneider in Grziwotz/Koeble, 3. Teil, Rdn. 779 f.; Teichmann ZfBR 2002, 13, 19). Der

Bauträgervertrag; anwendbare Vorschriften §650u

BGH hat nunmehr dahin entschieden (BGH, Urt. v. 12.5.2016 – VII ZR 171/15, Rdn. 23), dass auch nach der Reform des Schuldrechts für bereits fertiggestellte, aber noch neue Bauwerke wegen Mängeln an der Bausubstanz Werkvertragsrecht anzuwenden ist (Basty, Rdn. 14; Blank FS Thode, S. 233 f.; Derleder, NZBau 2004, 237; Kniffka/Koeble/Jurgeleit/Sacher, 10. Teil, Rdn. 172; Thode, NZBau 2002, 297, 298; Pause, NZBau 2002, 648, 649). Ferner hat der Bundesgerichtshof dahin entschieden, dass eine vom Bauträger vermietete und erst drei Jahre nach Fertigstellung veräußerte Wohnung nach der Verkehrsanschauung nicht mehr als „neu" gilt und sich in diesem Fall die Rechte des Erwerbers ausschließlich nach Kaufvertragsrecht richten (BGH, Urt. v. 25.2.2016 – VII ZR 156/13, Rdn. 25). Offen bleibt, ob nach der maßgeblichen Verkehrsanschauung auch Wohnungen, die weniger als drei Jahre vermietet waren, als gebraucht und damit nicht mehr als „neu" anzusehen sein können (vgl. Pause, NZBau 2017, 22).

Es ist davon auszugehen, dass diese noch zum alten Recht entwickelten Rechtsgrundsätze **12** auch für das neue Bauträgerrecht gelten (ebenso Pfennig, RNotZ 2018, 585, 588 mit dem Argument, dass die heutige Legaldefinition § 632a Abs. 2 BGB a. F. entspricht). Das Gesetz beschreibt den Bauträgervertrag, wie er typischerweise abgeschlossen wird, als einen Vertrag mit Herstellungsverpflichtung. Dass die Regelungen der §§ 650u, 650v BGB auf bereits hergestellte Objekte nicht angewendet werden dürften, kann dem Gesetz und der Gesetzesbegründung (Begründung des Gesetzesentwurfs der Bundesregierung, BT-Drs. 18/8486, S. 71 f.) – nicht entnommen werden. Immerhin hätte der Gesetzgeber Gelegenheit gehabt, dies ggf. im Zuge der Reform des Bauvertragsrechts anders zu regeln. Im Gegenteil: Dem „beredten" Schweigen des Gesetzes ist zu entnehmen, dass die Vorschriften der §§ 650u und 650v BGB im Sinne der bekannten Rechtsprechung des Bundesgerichtshofs (BGH, Urt. v. 12.5.2016 – VII ZR 171/15, Rdn. 23) auszulegen sein sollen, also auf den Erwerb bereits fertiggestellter, aber noch neuer Wohnungen und Häuser entsprechend anzuwenden sind.

3. Umbau eines Hauses oder eines vergleichbaren Bauwerks

Mit „dem Umbau eines Hauses oder eines vergleichbaren Bauwerks" werden Sanierungs- **13** vorhaben beschrieben. Der von § 650u Abs. 1 Satz 1 BGB verwendete Umbaubegriff ist in zwei Richtungen abzugrenzen: Er ist weiter, als der beim Verbraucherbauvertrag (§ 650i Abs. 1 BGB), erfasst aber andererseits nicht jede Instandsetzungsmaßnahme und Renovierung.

Das Gesetz übernimmt die Formulierung „Umbau eines Hauses" aus § 632a Abs. 2 BGB a. F. **14** und orientiert sich damit – wie schon die frühere Gesetzesfassung – am honorarrechtlichen Umbaubegriff der HOAI. Die Gesetzesbegründung zu § 632a Abs. 2 BGB verwies auf die Begriffsbestimmung in § 3 Nr. 5 HOAI a. F. (BT-Drucks. 16/511 S. 15). Nach § 3 Nr. 5 HOAI a. F. sind Umbauten „Umgestaltungen eines vorhandenen Objekts mit wesentlichen Eingriffen in Konstruktion oder Bestand" (ebenso § 2 Abs. 5 HOAI n. F.). Das entscheidende Abgrenzungskriterium ist dabei der wesentliche Eingriff in die Konstruktion oder den Bestand. Unter Berücksichtigung dieser Definition werden von § 650u Abs. 1 BGB umfassende Entkernungen, also Baumaßnahmen, die einem Neubau gleichkommen, erfasst, darüber hinaus aber auch Vorhaben, bei denen nur partielle Bauleistungen erbracht werden, sofern sie ebenfalls mit wesentlichen Eingriffen in die Konstruktion oder den Bestand verbunden sind. Das können z. B. der Einbau einer Aufzugsanlage, der Dachgeschoßausbau oder die Erneuerung der Heizanlage sein. Da § 650u Abs. 1 BGB – im Unterschied zum Verbraucherbauvertrag – keine *erheblichen* Umbauten (vgl. § 650i Abs. 1 BGB) voraussetzt (mit den erheblichen Baumaßnahmen werden tatsächlich nur Umbauten erfasst, die dem Bau eines neuen Gebäudes vergleichbar sind, vgl. LG Stuttgart Urt. v. 2.6.2016 – 23 O 47/16, zu § 312 Abs. 2 Nr. 3 BGB), werden die beiden von der Rechtsprechung des Bundesgerichtshofs unterschiedenen Fallgruppen erfasst, nämlich die (Kern-) Sanierungen, die einem Neubau gleichkommen (BGH, Urt. v. 26.4.2007 – VII ZR 210/05; BGH, Urt. v. 6.10.2005 – VII ZR 117/04; BGH, Urt. v. 16.12.2004 – VII ZR 257/03), aber auch die Vorhaben unter der Schwelle einer Kernsanierung, also punktuelle Sanierungen (BGH, Urt. v. 6.10.2005 – VII ZR 117/04, Rdn. 16; OLG Nürnberg, Urt. v. 15.12.2005 – 13 U 1911/05; OLG Jena, Urt. v. 30.4.2020 –8 U 674/19; vgl. auch Pause, BauR 2000, 234, 237; Basty, Rdn. 913; Blank, Rdn. 1077). Ein Bedürfnis, den Anwendungsbereich von § 650u BGB auf den europarechtlichen Begriff der „erheblichen" Umbaumaßnahme i. S. v. § 650i BGB, also auf Kernsanierungen zu begrenzen, besteht nicht (anders und unzutreffend noch Pause/Vogel, NZBau 2015, 667, 672). Für die Einordnung als Bauträgervertrag ist es irrelevant, dass die Parteien den Vertrag als „Kaufvertrag" bezeichnet haben (BGH, Urt. v. 16.12.2004 – VII ZR 257/03). Entscheidend für die Abgrenzung ist der geschuldete Umfang der Herstellungsarbeiten, die sich aus den Umständen (z. B. Prospekte, Anpreisungen, vorvertragliche Angaben, tatsächlich erbrachte Arbeiten) ergeben können, die zum Vertragsschluss geführt haben (BGH, Urt. v. 16.12.2004 – VII ZR 257/03).

15 Vorhaben, die nicht mit wesentlichen Eingriffen in die Konstruktion oder den Bestand verbunden sind, sind jedoch keine „Bauvorhaben" i. S. v. § 650u Abs. 1 BGB, mögen sie auch aufwendig und finanziell bedeutsam sein. Modernisierungs-, Renovierungs-, Instandhaltungs- und Instandsetzungsmaßnahmen, die nicht zugleich mit einem wesentlichen Eingriff in die Konstruktion oder den Bestand verbunden sind, werden danach nicht von § 650u Abs. 1 BGB erfasst. Bei Verträgen, in denen sich der Unternehmer neben der Grundstücksverschaffung nur zur Ausführung einer begrenzten Renovierung (z. B. einem Neuanstrich der Fassade) verpflichtet, handelt es sich um einen typengemischten Vertrag. Hinsichtlich der (begrenzten) Herstellungspflicht ist deshalb Werkvertragsrecht und hinsichtlich der Grundstücksverschaffungspflicht Kaufrecht anzuwenden (vgl. OLG Jena, Urt. v. 30.4.2020 – 8 U 674/19). Die besonderen Vorschriften der §§ 650u und 650v BGB über den Bauträgervertrag sind nicht anzuwenden, auch nicht im Wege einer Analogie. Unter der Schwelle der „wesentlichen Eingriffe in Konstruktion oder Bestand", also bei Renovierungen, soll der Erwerber nach dem klaren Gesetzeswortlaut auf den Schutz, wie er sich aus dem Kauf- und Werkvertrags- und dem AGB-Recht ergibt, beschränkt sein. Das ist durchaus sachgerecht. Bei Renovierungen besteht, obwohl ein gesetzlicher Zahlungsplan und eine gesicherte Lastenfreistellung nicht vorgeschrieben sind (die Auflassungsvormerkung muss auch hier zur Sicherung des Eigentumserwerbs als Fälligkeitsvoraussetzung eingetragen sein), wegen des regelmäßig weit geringeren Werts der auf die Renovierung entfallenden Leistungen im Falle einer Nichtvollendung ein ungleich geringeres Schadensrisiko. Das korrespondiert mit dem gemäß § 34c Abs. 1 Nr. 3 a) GewO beschränkten Anwendungsbereich der gewerberechtlichen Vorschriften der MaBV auf die Durchführung von „Bauvorhaben" (Marcks, § 3 MaBV Rdn. 45).

4. Abgrenzung zur Bauträgertätigkeit i. S. v. § 34c GewO

16 Die gewerberechtliche Sicht auf die Bauträgertätigkeit unterscheidet sich insofern von den zivilrechtlichen Vorschriften, als sie nicht auf die typischen Vertragspflichten (Herstellungs- und Eigentumsverschaffungspflicht) abstellt, sondern allein auf die gewerberechtlich relevante Berufsausübung. Die Erlaubnispflicht in § 34c GewO (und damit die Anwendung der MaBV) hebt auf die Verwendung von Erwerbermitteln (Abschlagszahlungen) durch den Gewerbetreibenden für ein von ihm als Bauherr durchgeführtes Bauvorhaben ab. Diese Definition ist insofern enger, als sie allein auf eine (gewerbliche) Tätigkeit abstellt, nämlich die Entgegennahme von Zahlungen vor Fertigstellung (§ 34c Abs. 1 Nr. 3 a) GewO; vgl. Pause, Rdn. 43). Vor allem unterscheiden sich die Tatbestandsmerkmale für die maßgeblichen Bauleistungen mit der Folge, dass für die zivilrechtlich geregelte Bauträgertätigkeit ein engerer Anwendungsbereich besteht als für die gewerberechtliche.

17 Schon der Begriff des Bauvorhabens i. S. v. § 34c Abs. 1 Nr. 3 a) GewO unterscheidet sich inhaltlich von dem des § 650u Abs. 1 Satz 1 BGB. Für die Anwendung der §§ 650u, 650v BGB ist die Errichtung neuer Häuser und vergleichbarer Bauwerke tatbestandlich (§ 650u Abs. 1 Satz 1 BGB). Nach § 34c Abs. 1 Nr. 3 a) GewO werden Gewerbetreibende erfasst und dem Anwendungsbereich der MaBV unterstellt, die „Bauvorhaben" als Bauherr durchführen. Von diesem weiteren Begriff werden nicht nur Häuser und vergleichbare Bauwerke (§ 650u Abs. 1 Satz 1 BGB) erfasst, sondern jedes Vorhaben (Grziwotz/Everts, MaBV, § 1 Rdn. 11 f.), z. B. auch Teilleistungen, die als Bauvorhaben gelten, etwa die Errichtung eines Rohbaus (als sog. Ausbauhaus) (Pause, Rdn. 49). Das hat zur Folge, dass auf Verträge, die zwar ein Bauvorhaben, nicht aber die Errichtung eines neuen Hauses oder eines vergleichbaren Bauwerks zum Gegenstand haben, die gewerberechtlichen Vorschriften der §§ 3 und 7 MaBV anzuwenden sind, nicht jedoch die Vorschriften über den Bauträgervertrag (§§ 650u, 650v BGB). Dem könnte dadurch begegnet werden, dass durch eine weite Auslegung der Formulierung „vergleichbarer Bauwerke" in § 650u Abs. 1 Satz 1 BGB sämtliche Bauvorhaben i. S. v. § 34c GewO miterfasst werden.

18 Bei Altbausanierungen besteht ebenfalls ein terminologischer Unterschied. Zu den Bauvorhaben i. S. v. § 34c GewO gehören auch Altbausanierungen. Es besteht zwar Uneinigkeit darüber, welche Anforderungen an eine Sanierungsmaßnahme im Einzelnen zustellen sind, um gewerberechtlich als Bauvorhaben zu gelten (Grziwotz/Everts, MaBV, § 1 Rdn. 11 f.; Pause, Rdn. 51). Die Einbeziehung von Maßnahmen mit bautechnisch geringen Anforderungen scheint dabei nicht ausgeschlossen zu sein. Die Ausführung von Renovierungsarbeiten mit dem Ziel, einen zeitgemäßen Wohnkomfort herzustellen, könnte dafür ausreichen (Grziwotz/Everts, MaBV, § 1 Rdn. 11). Zur Vermeidung von Wertungswidersprüchen zwischen § 650u

Bauträgervertrag; anwendbare Vorschriften **§ 650u**

Abs. 1 BGB und § 34c GewO wird der relativ enge Umbaubegriff des § 650u Abs. 1 BGB, der nur wesentliche Eingriffe in die Konstruktion oder den Bestand erfasst (und damit einfache Modernisierungen ausschließt), auch für die Auslegung des § 34c GewO heranzuziehen sein. Dabei ist in Kauf zu nehmen, dass ein Teil der Renovierungs- und Modernisierungsmaßnahmen erlaubnisfrei und vom Anwendungsbereich der strafbewehrten, also wortlautgetreu auszulegenden MaBV freigestellt bleibt (Pause, Rdn. 51).

II. Verweis auf Werk- und Kaufvertragsrecht

§ 650u Abs. 1 Satz 2 und 3 BGB bestimmt, dass für die Herstellungsverpflichtung (Errichtung oder Umbau eines Hauses) die Vorschriften des Untertitels 1, also das Werk-, Bau- und Verbraucherbauvertragsrecht, und hinsichtlich des Anspruchs auf Übertragung des Eigentums an dem Grundstück oder auf Übertragung oder Bestellung des Erbbaurechts die Vorschriften über den Kauf Anwendung finden. **19**

Diese Verweisung auf das Werk- und Kaufvertragsrecht entspricht der bekannten Rechtsprechung des Bundesgerichtshofs zum Bauträgervertrag. Der Bundesgerichtshof hat den Bauträgervertrag verstanden als „einen einheitlichen Vertrag, der neben werk- und werklieferungsvertraglichen auch (soweit der Grundstückserwerb in Rede steht) kaufvertragliche Elemente sowie – je nach den Umständen des Einzelfalls – Bestandteile aus dem Auftrags- und Geschäftsbesorgungsrecht enthält (BGHZ 92, 123 (126) = NJW 1984, 2573)" (BGH, Urt. v. 21.11.1985 – VII ZR 366/83). Frühere Vorstellungen, die den Vertrag für einen reinen Kaufvertrag hielten (vgl. Köhler NJW 1984, 1321), waren damit überwunden. Das Kaufvertragsrecht wurde und wird den Besonderheiten der übernommenen Herstellungspflicht nur unzureichend gerecht. Das war auch nach der Schuldrechtsmodernisierung allenfalls für den Erwerb von Objekten ungeklärt, die bei Vertragsschluss bereits fertiggestellt waren (BGH, Urt. v. 12.5.2016 – VII ZR 171/15, Rdn. 23 f.; oben → Rdn. 10). Im Übrigen wurde auch nach der Schuldrechtsreform davon ausgegangen, dass diese zwar eine gewisse Annäherung der kaufvertragsrechtlichen Mängelhaftung an die des Werkvertragsrechts gebracht hat; die verbliebenen Unterschiede waren aber immer noch so bedeutsam, dass die Anwendung der werkvertraglichen Vorschriften für die Herstellungspflicht weiterhin gerechtfertigt ist (Pause, Rdn. 68). Dieser Vorstellung hat sich der Gesetzgeber mit der beschränkten Anwendung des Kaufvertragsrechts auf das Grundstück bzw. das Erbbaurecht angeschlossen (Begründung des Gesetzesentwurfs der Bundesregierung, BT-Drs. 18/8486, S. 72). **20**

§ 650u Abs. 1 Satz 2 BGB verweist für die Herstellungsverpflichtung auf das Werkvertragsrecht (Untertitel 1), nicht aber auf die Vorschriften des Untertitels 2, also die Regeln zum Architekten- und Ingenieurvertrag. Das bedarf der Erwähnung, weil für das bislang geltende Recht zum Teil vertreten wurde, dass der Bauträgervertrag auch eine Planungsverpflichtung enthält, an die allerdings keine übertriebene Anforderung zu stellen sei (vgl. Koeble/Grziwotz, 4. Teil, Rdn. 161 f.). Tatsächlich ist schon nach früherem, jedenfalls aber nach nun geltendem Recht davon auszugehen, dass neben der werkvertraglichen Herstellungspflicht keine gesonderte Planungspflicht besteht, sondern letztere in ersterer notwendigerweise enthalten ist, und zwar in dem Sinne, dass der Unternehmer sämtliche für eine mangelfreie Bauerrichtung nötige Planungsleistungen (eigentliche Planung, aber auch Bauüberwachung) ebenfalls zu erbringen hat, diese aber nicht selbständig einforderbar bzw. einklagbar sind (Pause, Rdn. 447). Die Planung ist letztlich Mittel zum Zweck. Die in § 650p BGB genannten Planungs- und Überwachungsziele sind für den Bauträgervertrag nicht typisch, weil er regelmäßig keine Planungsziele oder Bauüberwachungsziele formuliert, sondern eine so weit abgeschlossene Planung voraussetzt, dass eine vertragliche Beschreibung der geschuldeten Bauleistung möglich und auch ausreichend ist. Das schließt es nicht aus, den Bauträgervertrag in Bezug auf die erforderliche Dokumentation der Bauleistung – soweit sich das nicht bereits aus § 650n BGB ergibt – dahin auszulegen, dass die für spätere Instandsetzungen, Instandhaltungen und bauliche Änderungen benötigten Planungsunterlagen herauszugeben sind (→ Rdn. 224 f.). **21**

Im Übrigen verweist § 650u Abs. 1 Satz 2 BGB nicht einfach auf das Werkvertragsrecht. Angesichts der heute bestehenden komplexen werk- und bauvertragsrechtlichen Bestimmungen wäre das nicht ausreichend. Auf den Bauträgervertrag sind vielmehr die Vorschriften des Untertitels 1 anzuwenden, also das Werk-, Bau- und Verbraucherbauvertragsrecht. Diese umfassende Verweisung wird dann durch § 650u Abs. 2 BGB wiederum deutlich relativiert. Praktisch wird die Mehrzahl der Vorschriften des Untertitels 1 auf diese Weise von der An- **22**

§ 650u
Bauträgervertrag; anwendbare Vorschriften

wendung ausgeschlossen. Das in § 650u BGB organisierte Regel-Ausnahme-Prinzip ist relativ unübersichtlich (→ Rdn. 23).

III. Übersicht der anzuwendenden Vorschriften des Untertitels 1

1. Vorschriften des Werkvertragsrechts

23 Auf den Bauträgervertrag kommen zunächst die gesetzlichen Vorschriften über den Werkvertrag zur Anwendung, nämlich
- die Vorschriften über die vertragstypischen Pflichten und die Vergütung (§§ 631, 632 BGB),
- § 632a BGB über Abschlagszahlungen, diese aber ergänzt um die Vorschriften zur Höhe und Absicherung von Abschlagszahlungen beim Verbraucherbauvertrag in § 632m BGB und modifiziert durch § 650v BGB für die Vereinbarung von Abschlagzahlungen für den Bauträgervertrag,
- die Sach- und Rechtsmängelhaftung (§§ 633 ff. BGB),
- die Verjährungsvorschriften (§ 634a BGB) und
- die Vorschriften über die Abnahme (§§ 640, 641 BGB),

nicht aber (vgl. § 650u Abs. 2 BGB)
- das freie Kündigungsrecht (§ 648 BGB) und
- die Kündigung aus wichtigem Grund (§ 648 a BGB).

2. Vorschriften des Bauvertrages

24 Von den Vorschriften des Bauvertrages sind anwendbar
- § 650g Abs. 1 bis 3 BGB zur Zustandsfeststellung nach verweigerter Abnahme und Gefahrtragung,
- § 650g Abs. 4 BGB zur Schlussrechnung,

nicht aber (vgl. § 650u Abs. 2 BGB)
- das Anordnungsrecht des Bestellers (§ 650b, § 650c und § 650d BGB),
- die Bauhandwerkersicherungshypothek (§ 650e BGB) und
- die Bauhandwerkersicherheit (Ausschluss nach § 650f Abs. 6 Nr. 2 BGB).

3. Vorschriften des Verbraucherbauvertrages

25 Von den Vorschriften über den Verbraucherbauvertrag sind anwendbar die Regeln zur
- Baubeschreibungspflicht (§§ 650j, 650k Abs. 2 und 3 BGB),
- Sicherung von Abschlagszahlzungen (§ 650m Abs. 2 BGB) und
- Herausgabe von Unterlagen (§ 650n BGB),

nicht aber (vgl. § 650u Abs. 2 BGB) die Vorschriften zur
- Einbeziehung vorvertraglicher Baubeschreibungen (§ 650k Abs. 1 BGB),
- zum Widerrufsrecht gem. § 650l BGB und zur
- Obergrenze für Abschlagszahlungen (90 % der vereinbarten Gesamtvergütung nach § 650m Abs. 1 BGB).

C. Abschluss des Bauträgervertrages

I. Beurkundungspflicht

26 Der Bauträgervertrag ist gemäß § 311b Abs. 1 BGB insgesamt zu beurkunden. Das gilt nicht nur für das Grundstücksgeschäft, sondern auch für die übernommene Herstellungsverpflichtung und alle sonstigen Abreden, insbesondere die Baubeschreibung und die Pläne (Pause, Rdn. 75, 87 ff.; Kleine-Möller/Merl-Glöckner § 4 Rdn. 26, 38 ff.; Kniffka/Koeble/Jurgeleit/

Sacher, 10. Teil, Rdn. 341 ff.), zudem alle sonstigen Beschaffenheitsvereinbarungen (BGH, Urt. v. 6.11.2015 – V ZR 78/14). Aber auch aus anderen Unterlagen können sich Pflichten für die Erstellung des Bauvorhabens herleiten lassen. Diese ist dann ebenfalls beurkundungspflichtig. Die Rechtsprechung des Bundesgerichtshofs dazu ist widersprüchlich und für den Notar schwer kalkulierbar. So hat der Bundesgerichtshof einerseits mit fragwürdigen Erwägungen die Notwendigkeit der Beurkundung eines Bodengutachtens verneint, da es nach den vertraglichen Vereinbarungen nur „zu beachten" gewesen sei (BGH, Urt. v. 14.3.2003 – V ZR 278/01 und Urt. v. 30.10.2003 – III ZR 32/00). Derselbe V. Senat des Bundesgerichtshofs hat dann aber andererseits erklärt, dass durch vorvertragliche Angaben des Verkäufers (zur Größe der Wohnfläche in einem Exposé) mit dem Vertragsschluss konkludent eine entsprechende Beschaffenheitsvereinbarung nach § 434 Abs. 1 Satz 1 BGB zustande komme. Von dieser Rechtsprechung ist er aber dann wieder abgerückt (BGH, Urt. v. 6.11.2015 – V ZR 78/14) und hat festgestellt, dass eine Beschreibung von Eigenschaften eines Grundstücks oder Gebäudes vor Vertragsschluss durch den Verkäufer, die in der notariellen Urkunde keinen Niederschlag finde, in aller Regel nicht zu einer Beschaffenheitsvereinbarung nach § 434 Abs. 1 Satz 1 BGB führe. Diese Rechtsprechung ist in sich inkonsistent (Vogel, PiG 104 [2017], 1, 10f.) und übersieht auch die einschlägige Rechtsprechung des VII. Zivilsenats des Bundesgerichtshofs (BGH, Urt. v. vom 25.10.2007 – VII ZR 205/06, Rdn. 16ff.). Angesichts dieser widersprüchlichen Rechtsprechung kann nur zu einer möglichst umfassenden Beurkundung geraten werden.

Ein formunwirksamer Bauträgervertrag wird aber durch die Auflassung und die Grundbucheintragung gem. § 311b Abs. 1 Satz 2 BGB geheilt. Das gilt auch für Beschaffenheitsangaben in Prospekten (Pause, Rdn. 133 m. w. N.). **27**

II. Wirksamkeitshindernisse

Zu weiteren Gründen, die zur Unwirksamkeit des Bauträgervertrages oder einzelner Vertragsbestimmungen des Vertrages führen können (unwirksame Vertragsbedingungen, Anfechtung wegen arglistiger Täuschung, Wucher) → Rdn. 37, 39, 100). **28**

1. Unangemessen lange Bindungsfrist

Der Bauträgervertrag setzt – wie jeder andere Vertrag – eine übereinstimmende Willenserklärung der Vertragsparteien, nämlich ein Angebot und eine Annahme voraus. Probleme **29** können die Fälle bereiten, in denen der Bauträger sich in der von ihm vorformulierten Angebotserklärung des Erwerbers eine übermäßig lange Annahmefrist vorbehalten hat. Eine Fristbestimmung in AGB kann nämlich unwirksam sein, wenn sie den zukünftigen Vertragspartner unangemessen benachteiligt. Es gilt auch insoweit das Klauselverbot des § 308 Nr. 1 BGB. Danach ist die Klausel in dem Formular eines Bauträgers, nach der er berechtigt ist, den Antrag des Erwerbers auf Abschluss des Bauträgervertrages binnen einer Frist von 10 Wochen anzunehmen, für unwirksam gehalten worden (OLG Dresden, Urt. v. 26.6.2003 – 19 U 512/03, Revision nicht zugelassen; BGH Beschl. v. 13.5.2004 – VII ZR 370/03; dazu Weber NJW 2007, 125, 127), weil die Bindung unangemessen lang sei. Wirksam sei hingegen eine Klausel in einem Vertrag über die Erstellung eines Ausbauhauses, nach der der Besteller vier Wochen an sein Angebot gebunden sollte. Dem Unternehmer müsse nämlich ein angemessener Zeitraum zur Prüfung eingeräumt werden, ob in dem vorgesehenen Zeitraum der Hausbau für ihn möglich sei. Überdies müsse er in aller Regel auch eine Bonitätsprüfung vornehmen. Eine Bindefrist von einem Monat sei daher auch unter Berücksichtigung der Interessen des Bestellers an möglichst schneller Klärung, ob der Vertrag durchgeführt wird, nicht unangemessen lang (BGH, Urt. v. 5.5.2011 – VII ZR 181/10; Urt. v. 11.6.2010 – V ZR 85/09). Zeitlich darüber hinaus gehende Annahmefristen, die der Bauträger in dem von ihm vorformulierten Angebot des Erwerbers vorgesehen hat, begegnen aber durchgreifenden Bedenken. Der V. Senat des BGH hat dazu erklärt, auch bei finanzierten und beurkundungsbedürftigen Bauträgerverträgen könne der Eingang der Annahmeerklärung regelmäßig innerhalb eines Zeitraums von vier Wochen erwartet werden (§ 147 Abs. 2 BGB, Fortführung von Senat, Urt. v. 11.6.2010 – V ZR 85/09). Klauseln in Geschäftsbedingungen, nach denen der den Abschluss eines Bauträgervertrages Antragende an sein Angebot länger als drei Monate gebunden sein, seien mit § 308 Nr. 1 BGB unvereinbar (BGH, Urt. v. 27.9.2013 – V ZR 52/12). Eine vom Bauträger vorformulierte Bindefrist, nach der der Erwerber an sein Angebot auf Abschluss eines Bauträgervertrages für 6 Wochen oder länger gebunden sei, überschreite die regelmäßige gesetzliche Frist des § 147 Abs. 2 BGB von vier Wochen wesentlich; sie sei nur dann nicht unangemessen lang im Sine von § 308 Nr. 1 BGB, wenn der Verwender hierfür ein schutzwürdiges Interesse geltend machen könne, hinter dem das Interesse des Kunden am baldigen Wegfall der Bindung zurückstehen müsse (BGH, Urt. v. 17.1.2014 – V ZR 5/12). Klauseln in Allgemeinen Geschäftsbedingungen, nach denen der den Abschluss eines Bauträgervertrags Antragende an sein Angebot länger als drei Monate gebunden ist, sind auch dann mit § 308 Nr. 1 BGB unvereinbar, wenn dem Antragenden ein (inhaltlich beschränktes) Lösungsrecht eingeräumt wird. In Allgemeinen Geschäftsbedingungen ist eine Klausel unwirksam, wonach das Angebot zum Abschluss eines Bauträgervertrags durch die Erklärung des Antragenden aufschiebend bedingt ist, dass die Finanzierung gesichert ist (BGH, Urt. v. 26.2.2016 – V ZR 208/14). Eine andere Frage ist, ob sich ein Bauträger als Verwender auf die Folge der zu langen Bindefrist, nämlich der materiell-rechtlich unwirksamen Einigung, nach Treu und Glauben (§ 242 BGB) berufen kann. Dies dürfte zu verneinen sein (näher Basty, Rdn. 139).

30 An dieser Rechtsprechung wird sich die Praxis zu orientieren haben, auch wenn die Erwägungen, mit denen die Missbräuchlichkeit des von dem Erwerber nach sieben, acht oder zehn Jahren zufriedenen Wohnens geltend gemachten Rückabwicklungsverlangens verneint wird, nicht überzeugen (zu den Belehrungspflichten des Notars und zu seiner Haftung bei der Verwendung von befristeten Fortgeltungsklauseln BGH, Urt. v. 21.1.2016 – III ZR 159/15; BGH, Urt. v. 24.8.2017 – III ZR 558/16).

2. Verstoß gegen das Koppelungsverbot, Art. 10 § 3 MRVerbG?

31 Auch wenn der Erwerber bei Abschluss eines Bauträgervertrages keine Möglichkeit hat, einen Architekten oder Ingenieur seiner Wahl zu beauftragen, liegt kein Verstoß gegen das Koppelungsverbot vor, der zu einer zumindest teilweisen Unwirksamkeit des Vertrages führen würde. Art. 10 § 3 MRVerbG enthält nämlich kein leistungsbezogenes, sondern ein berufsbezogenes Verbot, richtet sich also nur an Architekten und Ingenieure, nicht an Bauträger (BGH, Urt. v. 22.12.1983 – VII ZR 59/82 und Urt. v. 29.9.1988 – VII ZR 94/88). Das gilt jedenfalls dann, wenn ein Bauträger sich zur Erbringung der notwendigen Planungsleistungen verpflichtet. Noch nicht endgültig entschieden ist aber die Frage, ob das Koppelungsverbot nicht doch eingreift, wenn ein Architekt sich als Bauträger betätigt (BGH, Urt. v. 29.9.1988 – VII ZR 94/88 und Urt. v. 27.9.1990 – VII ZR 324/89). Danach könnte es darauf ankommen, ob der Architekt mit einer Erlaubnis nach § 34c GewO als Bauträger gehandelt hat und deshalb vom Verbot des MRVerbG befreit war oder ob er ohne eine solche Erlaubnis wie ein Bauträger aufgetreten ist (so jedenfalls Pause, Rdn. 139).

III. Einbeziehung der VOB/B

1. Grundsatz

32 Die VOB/B enthält ein für zusätzliche Regelungen offenes Vertragsmuster für den Bauvertrag. Sie ist keine Rechtsnorm, sondern Allgemeine Geschäftsbedingung und gilt nur kraft Vereinbarung der Parteien (§ 310 Abs. 1 Satz 3 BGB) → Vor § 631 BGB Rdn. 47. Sie ist als Allgemeine Geschäftsbedingung anzusehen und wird daher nur dann zum Vertragsbestandteil, wenn sie wirksam in den Vertrag einbezogen wird, § 305 Abs. 2 BGB. Ihre Einzelregelungen unterliegen der Inhaltskontrolle, wenn sie nicht – was selten der Fall ist – in Verträgen mit Unternehmern und ohne inhaltliche Abweichung vereinbart ist, also insbesondere bei einer Verwendung gegenüber Verbrauchern, was aus § 310 Abs. 1 Satz 3 BGB folgt (vgl. BGH, Urt. v. 24.7.2008 – VII ZR 55/07) → Vor § 631 BGB Rdn. 60.

2. Einbeziehung in den Bauträgervertrag

33 Ob die VOB/B überhaupt in einen Bauträgervertrag einbezogen werden kann, ist sehr zweifelhaft. Der Bundesgerichtshof hat die Frage offengelassen, aber doch starke Zweifel an der Zulässigkeit einer solchen Einbeziehung geäußert (BGH, Urt. v. 4.11.1982 – VII ZR 53/81; Urt. v. 10.11.1983 – VII ZR 373/82; Urt. v. 17.9.1987 – VII ZR 166/86).

34 Pause (Rdn. 162ff., unter Hinweis auf Basty, Rdn. 1113; Schulze-Hagen, BauR 1992, 320, 328 und IBR 2004, 270) verneint das, da die VOB/B von der Übertragung von Bauleistungen ausgehe, beim Bauträgervertrag aber die Ausführung von Bauleistungen im Sinne der VOB/B nicht beauftragt werde. Der Natur des Bauträgervertrages widersprächen die Befugnisse des Bauherrn, den Bauentwurf einseitig ändern und zusätzliche Leistungen in Auftrag geben zu können, § 1 Abs. 3 und 4 VOB/B, die umfassenden Anordnungsrechte nach § 4 Abs. 1 VOB/B, seine Überwachungsrechte und die Auskunftspflichten des Unternehmers nach § 4 Abs. 1 Nr. 2 VOB/B, das freie Kündigungsrecht des Bestellers nach § 8 Abs. 1 VOB/B und das Recht des Bauherrn zur unmittelbaren Vergütung der Gläubiger des Unternehmers gemäß § 16 Abs. 6 VOB/B. Letztlich könne und solle der Erwerber beim Erwerb vom Bauträger – vertragsgemäß – keine Bauherrenstellung haben. Auf die geschuldeten weiteren Leistungen – etwa die Planungsleistungen – könne die VOB/B ohnehin nicht angewandt werden. Sie lasse sich daher insgesamt nicht wirksam in einen Bauträgervertrag einbeziehen. Auch Glöckner (in Kleine-Möller/Merl, § 4 Rdn. 68 ff.) äußert erhebliche Bedenken gegen die Einbeziehung der VOB/B in den „Bauerrichtungsteil" des Vertrages.

Das ist zutreffend. Zwar ist es den Parteien unbenommen, ungeeignete Regelwerke, die **35** von Dritten – hier dem DVA – vorgegeben werden und für ganz andere Fälle vorgesehen sind, zum Gegenstand ihres Vertrages zu machen. Sie müssen dann mit den sich daraus ergebenden nachteiligen Folgen leben. Anders verhält es sich aber, wenn das in den Vertrag einbezogene Regelwerk für diesen Verwendungszweck völlig ungeeignet ist, etwa weil es von gänzlich anderen Voraussetzungen ausgeht und ganz andere Problemstellungen regeln will. In diesen Fällen geht ihre Einbeziehung „ins Leere".

Im Übrigen kann man jedem Bauträger nur davon abraten, die VOB/B als Vertragsmuster **36** zu stellen und in den Vertrag einzubeziehen. Das würde – die Möglichkeit einer Einbeziehung unterstellt – dazu führen, dass jedenfalls in Verbraucherverträgen sämtliche Einzelregelungen der Inhaltskontrolle nach §§ 307 ff. BGB unterlägen. Fast alle Klauseln, die den Bauträger begünstigen, würden daran scheitern, während alle Klauseln, die ihn selbst unangemessen benachteiligen, Bestand hätten.

IV. Anfechtung wegen arglistiger Täuschung

Der Bauträgervertrag unterliegt den allgemeinen gesetzlichen Regeln über die Anfechtbar- **37** keit von Verträgen. Er kann daher auch wegen arglistiger Täuschung gemäß § 123 Abs. 1 BGB angefochten werden. Die objektive Seite einer arglistigen Täuschung ist gegeben, wenn Kellerräume als Wohnraum angepriesen werden, obwohl die für eine solche Nutzung erforderliche baurechtliche Genehmigung fehlt; nichts anderes gilt, wenn die Wohnraumnutzung zwar nicht genehmigungsbedürftig, aber anzeigepflichtig ist, damit die Baubehörde prüfen kann, ob sie ein Genehmigungsverfahren einleitet. Behauptet der Verkäufer, den Käufer bei Vertragsschluss über einen offenbarungspflichtigen Umstand aufgeklärt zu haben, muss der Käufer beweisen, dass die Aufklärung nicht erfolgt ist. Das gilt auch dann, wenn der Verkäufer behauptet, einen durch vorheriges aktives Tun bei dem Käufer hervorgerufenen Irrtum durch spätere Aufklärung beseitigt zu haben (BGH, Urt. v. 22.10.1976 – V ZR 247/75 und Urt. v. 27.6.2014 – V ZR 55/13). Der Getäuschte muss daher sämtliche Voraussetzungen der Anfechtung beweisen, insbesondere die Ursächlichkeit der Täuschung für den Vertragsschluss. Die Beweislast kehrt sich nach Auffassung des BGH auch nicht um, wenn feststeht, dass zunächst eine Täuschung erfolgt ist, der Verkäufer diese aber vor Vertragsschluss korrigiert haben will. Der dem Erwerber danach obliegende Negativbeweis ist schwer zu führen. Das Gericht wird aber alle Umstände des Einzelfalles zu würdigen haben und dabei ggf. auch davon ausgehen dürfen, dass nach der Lebenserfahrung der Verkäufer eine einmal begangene Täuschungshandlung, durch die er den Erwerber zum Vertragsschluss veranlassen will, nicht von sich aus korrigiert.

Eine Rückabwicklung des Erwerbsvertrages kommt aber nicht mehr in Betracht, wenn der **38** Erwerber das anfechtbare Rechtsgeschäft wirksam bestätigt hat (§ 144 Abs. 1 BGB). Zwar schließt die Bestätigung eines anfechtbaren Rechtsgeschäfts als solche etwaige Schadensersatzansprüche des Anfechtungsberechtigten nicht aus. In der Bestätigungserklärung liegt aber in aller Regel ein konkludentes – von dem Anfechtungsgegner anzunehmendes – Angebot des Bestätigenden auf Abschluss eines Erlassvertrages bezogen auf solche Schadensersatzansprüche, die darauf zielen, ihn wegen des die Anfechtung begründenden Umstandes so zu stellen, wie er stünde, wenn der Vertrag nicht zustande gekommen wäre (BGH, Urt. v. 4.12.2015 – V ZR 142/14).

V. Wucher

Ein Immobilienkaufvertrag ist nach § 138 Abs. 1 BGB nichtig, wenn ein besonders grobes **39** Missverhältnis zwischen Leistung und Gegenleistung besteht und mindestens ein weiterer

§ 650u

Umstand hinzukommt, der den Vertrag bei Zusammenfassung der objektiven und subjektiven Merkmale als sittenwidrig erscheinen lässt. Das Letztere ist insbesondere dann gegeben, wenn eine verwerfliche Gesinnung des Begünstigten hervorgetreten ist. Ausgehend von dem für die Annahme eines besonders groben Äquivalenzmissverhältnisses bestehenden Erfordernis, dass der Wert der Leistung knapp doppelt so hoch ist wie der Wert der Gegenleistung, ist diese Voraussetzung grundsätzlich erst bei einer Verkehrswertüber- oder -unterschreitung von 90 % erfüllt (BGH, Urt. v. 24.1.2014 – V ZR 249/12). Bei der Berechnung sind aber die von dem Verkäufer übernommenen, üblicherweise aber von dem Käufer zu tragenden Nebenkosten – etwa die Grunderwerbssteuer – anzurechnen. Das kann dazu führen, dass nicht mehr von einem besonders groben Missverhältnis ausgegangen werden kann (BGH, Urt. v. 15.1.2016 – V ZR 278/14).

D. Anwendung des Werkvertragsrechts

I. Vergütung, Abschlagszahlungen, §§ 632, 632a BGB

1. Die vertragliche Preisvereinbarung

40 In der Regel vereinbaren die Parteien für sämtliche von dem Bauträger geschuldeten Leistungen eine Gesamtvergütung. Davon geht auch die Zahlungsregelung in der MaBV aus. Sie legt lediglich fest, bis zu welcher Höhe Abschlagszahlungen vereinbart werden dürfen (Pause, Rdn. 177).

41 Üblicherweise vereinbaren die Parteien einen Pauschalpreis, mit dem sämtliche Leistungen des Bauträgers abgegolten sind (Basty, Rdn. 169). In aller Regel wird dieser Pauschalpreis nicht aufgegliedert in die auf den Grundstücksanteil, die Planungsleistungen und die Bauleistungen entfallenden Beträge. Es wird vielmehr nur der zu zahlende Gesamtbetrag genannt.

42 Mit diesem Gesamtbetrag sind auch die geschuldeten Bauleistungen abgegolten. Diese werden in der Baubeschreibung und den Plänen vielfach nur ungenau oder unvollständig beschrieben. Das führt immer wieder zu Auseinandersetzungen darüber, welche Teilleistungen von der Vergütungsvereinbarung umfasst sind und welche zusätzlich bezahlt verlangt werden können. Da die geschuldeten Teilleistungen in den Vertragsunterlagen üblicherweise nur sehr ungenau beschrieben sind, handelt es sich beim Bauträgervertrag in der Regel um einen Globalpauschalvertrag, bei dem das geschuldete Leistungssoll durch das Leistungsziel und die funktionale Beschreibung bestimmt wird (Kniffka/Koeble/Jurgeleit/Sacher, 4. Teil, Rdn. 138 b). Der Bauträger muss daher alle Leistungen erbringen, die zur Herstellung eines den vertraglichen Vereinbarungen entsprechenden und für den vorgesehenen Vertragszweck geeigneten Bauwerks erforderlich sind, ohne dafür eine zusätzliche Vergütung beanspruchen zu können. Das gilt insbesondere dann, wenn ausdrücklich oder konkludent ein schlüsselfertiges Objekt versprochen worden ist. Entgegenstehende Vertragsklauseln sind unangemessen im Sinne von § 307 Abs. 1 BGB (OLG Stuttgart, Urt. v. 21.7.1998 – 12 U 50/98) bzw. überraschend im Sinne von § 305c BGB (BGH, Urt. v. 29.9.1983 – VII ZR 225/82).

43 Von der vereinbarten Gesamtvergütung nicht umfasst sind aber in der Regel die Kaufnebenkosten, also die in § 448 Abs. 2 BGB geregelten Kosten der Beurkundung, die Kosten der Grundbucheintragung und die den Erwerber treffende Grunderwerbsteuer.

44 Der vereinbarte Vertragspreis ist – wie grundsätzlich jede Preisvereinbarung – ein Festpreis. Der Bauträger kann daher keine Nachforderungen geltend machen, wenn die Herstellung unerwarteten Aufwand (komplizierte Wasserhaltung) oder aus anderen Gründen höhere Kosten verursacht, als er kalkuliert hat. Nur in Ausnahmefällen ist eine Störung der Geschäftsgrundlage gemäß § 313 BGB zu bejahen (BGH, Urt. v. 25.5.1977 – VIII ZR 196/75). Preisanpassungsklauseln sind nicht generell unzulässig, müssen sich aber an § 309 Nr. 1 BGB i. V. m. Anhang Nr. 1 lit.1 RiL 93/13/EWG messen lassen.

2. Abschlagszahlungen, § 632a BGB

45 Sofern der Bauträger während der Bauausführung Abschlagszahlungen nach Baufortschritt erhalten möchte, genügt ein einfaches „Verlangen" nicht; der gesetzliche Anspruch auf Abschlagszahlungen auf der Grundlage von § 632a Abs. 1 Satz 1 BGB wird für den Bauträgervertrag durch § 650v BGB als *lex specialis* insofern verdrängt, als nach dieser Vorschrift Abschläge

Bauträgervertrag; anwendbare Vorschriften §650u

nur in Betracht kommen, wenn sie „vereinbart" worden sind. Das entspricht der bisherigen Rechtslage: Auch nach früherem Recht war die Grundregel des § 632a Abs. 1 Satz 1 BGB durch die Spezialnorm des § 632a Abs. 2 BGB ausgeschlossen (→ § 632a BGB, Rdn. 127). § 632a Abs. 1 Satz 1 BGB ist deshalb trotz des allgemeinen Verweise in § 650u Abs. 2 BGB auf den Bauträgervertrag nicht anzuwenden.

Nach § 632a Abs. 1 Satz 2 BGB kann die Zahlung eines angemessenen Teils der Vergütung 46
verweigert werden, wenn die Leistung nicht vertragsgemäß ist. § 641 Abs. 3 BGB, also das Leistungsverweigerungsrecht wegen Mängeln, gilt für Abschlagszahlungen entsprechend. Deshalb stellt in der Regel das Doppelte der für die Mängelbeseitigung erforderlichen (Fremdbeseitigungs-)Kosten den angemessenen Einbehalt dar (vgl. Basty, Rdn. 542). Das entspricht der früheren Rechtslage und gilt auch weiterhin für den Bauträgervertrag. Durch die Gesetzesreform ist aber der bisherige Satz 2 des § 632a Abs. 1 BGB, nach dem bei wesentlichen Mängeln die gesamte Abschlagszahlung verweigert werden konnte (→ § 632a BGB, Rdn. 61; Pause, Rdn. 200), entfallen. Deshalb ist auch der Erwerber bei wesentlichen Mängeln nach neuem Recht auf das Leistungsverweigerungsrecht (mit Druckzuschlag) beschränkt.

II. Sach- und Rechtsmängelhaftung, §§ 633 ff. BGB

1. Werkvertragliche Mängelhaftung mit und ohne Herstellungsverpflichtung

Die Sach- und Rechtsmängelhaftung richtet sich für die Herstellungsverpflichtung (Er- 47
richtung bzw. den Umbau eines Hauses) nach Werkvertragsrecht (§ 650u Abs. 1 Satz 2 BGB), also nach den Vorschriften der §§ 633 ff. BGB (Basty, Rdn. 1061; Blank, Rdn. 409; Pause, Rdn. 626.). Die Rechtslage hat sich durch die Bauvertragsreform insoweit nicht geändert.

Aus den bereits oben erläuterten Gründen (→ Rdn. 10 f.) ist die werkvertragsrechtliche Män- 48
gelhaftung nicht nur bei einer übernommenen Herstellungsverpflichtung einschlägig, sondern ebenso bei schon fertiggestellten, aber noch „neuen" Häusern und Wohnungen (BGH, Urt. v. 12.5.2016 – VII ZR 171/15, Rdn. 23). Von einer neuen Wohnung wird jedenfalls bis zwei Jahre nach Bezugsfertigkeit ausgegangen (BGH, Urt. v. 25.2.2016 – VII ZR 156/13, Rdn. 22; BGH, Urt. v. 9.1.2003 – VII ZR 408/01). Eine drei Jahre alte und vermietete Wohnung ist nach der Verkehrsanschauung nicht mehr „neu", beurteilt sich also in Bezug auf die Mängelhaftung nach Kaufvertragsrecht (BGH, Urt. v. 25.2.2016 – VII ZR 156/13, Rdn. 25). Welche Verkehrsanschauung für vermietete Wohnungen, die zwischen zwei und drei Jahre alt sind, maßgeblich ist, ist ungeklärt. Das gilt nicht nur für neu errichtete Häuser, sondern auch für erhebliche Sanierungsleistungen. Auch hier gilt für die Mängelhaftung für bereits fertiggestellte, aber noch neue Sanierungsobjekte Werkvertragsrecht (BGH, Urt. v. 8.3.2007 – VII ZR 130/05; OLG Düsseldorf, Urt. v. 5.5.2015 – 24 U 92/14). Soweit im Hinblick auf das Grundstück keine Herstellungspflichten übernommen werden, ist für das Grundstück Kaufrecht anwendbar (Pause, Rdn. 630 m. w. N.). Die Verpflichtung, eine ordnungsgemäße Gründung vorzunehmen, die Außenanlage herzustellen, eventuell einen Lärmschutzwall zu errichten usw. betrifft jedoch die Herstellungspflicht. Insoweit gilt Werkvertragsrecht.

2. Beschaffenheitsvereinbarung im Bauträgervertrag

Die Bauträgerleistung ist mangelhaft, wenn sie nicht die vereinbarte Beschaffenheit aufweist 49
(§ 633 Abs. 2 Satz 1 BGB). Die Beschaffenheitsvereinbarung ergibt sich aus dem Bauträgervertrag und der mit ihm vereinbarten Baubeschreibung (näher Pause, Rdn. 442 ff.). Ansonsten gilt der Rückgriff auf die nach dem Vertrag vorausgesetzte Verwendung, die Eignung für die gewöhnliche Verwendung und die übliche Beschaffenheit (§ 633 Abs. 2 Satz 2 Nr. 1 und 2 BGB). Maßgeblich ist die Beschaffenheitsvereinbarung, die sich aus der Auslegung des Vertrages bzw. der Baubeschreibung nach § 633 Abs. 2 Satz 1 BGB ergibt (→ § 633 BGB Rdn. 19). Dabei müssen die berechtigten Erwartungen des Erwerbers aufgrund der Vertragserklärungen bzw. der vorvertraglichen Erklärungen, die die Qualität der Leistung betreffen, berücksichtigt werden (BGH, Urt. v. 7.5.1987 – VII ZR 366/85; OLG München, Urt. v. 15.3.2011 – 9 U 4665/10; OLG Düsseldorf, Urt. v. 23.10.2012 – I-23 U 112/11, allgemein → § 633 BGB Rdn. 20). Es können deshalb auch einseitige Vorstellungen einer Vertragspartei für die Auslegung von Bedeutung sein, wenn sie der anderen Vertragspartei bekannt bzw. zurechenbar sind und diese in ihrer Kenntnis den Vertrag abschließt (BGH, Urt. v. 25.10.2007 – VII ZR 205/06, Rdn. 16; BGH, Urt. v. 8.1.2004 – VII ZR 181/02; Urt. v. 28.2.1997 – V ZR 27/96). Soweit diese Vorstellungen im beurkundeten Vertrag jedoch keinen Anhaltspunkt finden, sind sie

nicht zwingend unmaßgeblich. So wird eine Wohnflächenangabe in einem Exposé u. U. auch dann Vertragsinhalt, wenn der Vertrag keine Angaben zur Wohnfläche macht, weil bei einem Werkvertrag die Baubeschreibung immanent unvollständig ist (Jurgeleit, NJW 2019, 2649, 2654). Vorsätzlich falsche Angaben im Exposé können jedoch eine Haftung aus Verschulden bei Vertragsschluss begründen (BGH, Urt. v. 6.11.2015 – V ZR 78/14). Maßgeblich ist der gesamte Vertragsinhalt, vor allem die Leistungsbeschreibung (zur Bedeutung eines Modells vgl. OLG Frankfurt, Urt. v. 30.11.2011 – 12 U 136/10). Verspricht der Bauträger Bodenuntersuchungen, so muss er diese durchführen, sonst ist seine Leistung mangelhaft (BGH, Urt. v. 8.3.2012 – VII ZR 116/10; OLG Dresden, Urt. v. 24.6.2014 – 14 U 381/13). Ein solches Versprechen kann schon darin liegen, dass der Bauträger die Einhaltung der anerkannten Regeln der Technik vereinbart, die z. B. bei Flachgründungen eine Bodenuntersuchung fordern, wenn die örtlichen Erfahrungen keinen Aufschluss geben, DIN 1054. Zur Leistungsbeschreibung gehören in aller Regel auch die dem Vertrag zugrunde gelegten Pläne. Diese Pläne sind vom Bauträger einzuhalten, wenn sie zum Vertragsinhalt erhoben worden sind (zu einem Fall, in dem der Plan für Entwässerungsleitungen den Vertragsinhalt nicht definiert, sondern nur erläuternden Charakter für eine Grunddienstbarkeit und für Lage von Garagen hat vgl. OLG Düsseldorf, Urt. v. 26.4.2010 – 21 U 130/09; zur in einer notariellen Begleiturkunde als Anlage enthaltenen Beschreiung der Ausführung eines Aufzugsschachts: OLG Hamburg, Urt. v. 23.4.2012). Das gilt, soweit die Pläne die vom Bauträger zu erbringenden Leistungen beschreiben, muss sich also nicht allein auf das zu errichtende Bauwerk beziehen, sondern kann auch das Umfeld betreffen, wenn es planerisch erfasst ist. Das spielt z. B. bei Plänen für Wohnanlagen eine Rolle, in denen die gesamte Anlage zeichnerisch erfasst wird (z. B. der Standort von Kinderspielplätzen, Müllcontainern, Technikgebäuden oder Lagerschuppen; die Anordnung der übrigen Gebäude und deren Nutzung, z. B. als Dienstleistungsgewerbe für Seniorenwohnungen, vgl. OLG Düsseldorf, Urt. v. 15.12.2009 – 23 U 11/08). Der Bauträger ist deshalb davor zu warnen, Sonderwünschen von einzelnen Erwerbern einer Wohnanlage nachzugeben, wenn sie Ausführungen betreffen, die Vereinbarung mit anderen Erwerbern abändern. Diesen gegenüber wird die Leistung unter Umständen mangelhaft. Das trifft auch dann zu, wenn die im Plan oder im Vertrag ausgewiesene Nutzung nachträglich geändert wird. Im Vertrag in der Wohnanlage ausgewiesene Wohneinheiten dürfen nicht ohne Genehmigung des Vertragspartners in Gewerbeeinheiten umfunktioniert werden; Gewerbeeinheiten mit bestimmten Nutzungen dürfen nicht in andere Nutzungen geändert werden. Vertragsinhalt werden auch die Maße aus den Plänen, wobei deren Bedeutung auslegungsfähig ist. Bauträgerverträgen wird regelmäßig eine bestimmte Teilungserklärung zugrunde gelegt. Wird diese nachträglich geändert, ohne dass der Vertragspartner zugestimmt hat, so stellt sich die vom Vertrag abweichende Teilungserklärung auch als Abweichung von der Beschaffenheitsvereinbarung dar. Eine Abweichung von der dem Vertrag zugrunde gelegten Teilungserklärung ist nur dann kein Mangel, wenn die Rechte und Ansprüche des Erwerbers nicht berührt werden oder andernfalls eine Einwilligung in die Änderung vorliegt oder der Vertrag geändert worden ist (Zur Frage, inwieweit der Erwerber, der mit dem Bauträger eine vom Teilungsplan abweichende Ausführung vereinbart, als Störer den anderen Wohnungseigentümer haftet und aufgrund eines Mehrheitsbeschlusses verpflichtet werden kann, die Abweichung zu beseitigen: BGH, Urt. v. 14.11.2014 – V ZR 118/13). Viele Bauträgerverträge enthalten Änderungsvorbehalte, die es dem Bauträger erlauben, eine Änderung der Teilungserklärung unter bestimmten Bedingungen herbeizuführen. Allerdings ist zu prüfen, ob diese Klauseln der Inhaltskontrolle gemäß § 308 Nr. 4 BGB standhalten. Angesichts der Kriterien der Rechtsprechung (BGH, Urt. v. 23.6.2005 – VII ZR 200/04) unterliegen viele der in der Praxis verwendeten Änderungsvorbehalte dem Unwirksamkeitsverdikt (→ Rdn. 57).

50 Die vereinbarten Leistungen, die anerkannten Regeln der Technik (→ § 633 BGB Rdn. 23, zum Schallschutz → § 633 BGB Rdn. 32) und die maßgeblichen öffentlich-rechtlichen Auflagen und Beschränkungen bestimmen die Beschaffenheitsanforderungen. Zur Auslegung des Vertrages vgl. insbesondere → § 631 BGB Rdn. 796 ff. Bei Zweifeln können allgemeine Anpreisungen, wie sie häufig in Verkaufsprospekten der Bauträger zu finden sind, eine Rolle spielen (BGH, Urt. v. 7.5.1987 – VII ZR 366/85; Urt. v. 11.7.1997 – V ZR 246/96; Urt. v. 25.10.2007 – VII ZR 205/06). Das gilt insbesondere in den Fällen, in denen nicht klar ist, wie die bestimmten Einzelleistungen inhaltlich auszufüllen sind und ob über die Einzelleistungen hinaus allgemein Maßnahmen versprochen sind, die eine bestimmte Qualität des Gebäudes zu sichern (vgl. OLG Brandenburg, Urt. v. 26.9.2013 – 12 U 115/12). Allerdings sollen Prospektangaben nur dann zur Bestimmung des Leistungsinhalts herangezogen werden, wenn sich in dem notariellen Vertrag ein Anhaltspunkt dafür findet, dass diese Angaben Vertragsinhalt werden sollen (Andeutungstheorie, vgl. BGH, Urt. v. 17.2.2000 – IX

Bauträgervertrag; anwendbare Vorschriften **§ 650u**

ZR 32/99; Urt. v. 6.11.2015 – V ZR 78/14 für Angaben in einem Exposé; a. A. zutreffend weitergehend Jurgeleit, NJW 2019, 2649, 2654). Allgemeine Anpreisungen, die im Vertrag keinen Niederschlag gefunden haben, können der Werbung zugeordnet werden (vgl. BGH, Urt. v. 20.1.2009 – XI ZR 487/07). Jedoch können auch werbende Aussagen Einfluss darauf haben, wie eine (unvollständige) Leistungsbeschreibung nach der Verkehrssitte zu verstehen ist (vgl. § 650k Abs. 2 BGB). So kann eine im Exposé textlich und visuell dargestellte „elegante Treppe aus Sichtbeton" zu einer vertraglich geschuldeten Beschaffenheit werden (KG, Urt. v. 11.6.2019 – 21 U 116/18).

Bei der Bestimmung des Vertragsinhalts kommt es nicht so sehr auf die Verwendung einzelner Begriffe an, wie Sanierung, Kernsanierung, Modernisierung, Instandsetzung, Renovierung. Denn diese haben bei dem maßgeblichen Empfängerkreis in der Regel keine verlässlichen Inhalte und können nur allgemeine Vorstellungen wecken. Solche Inhalte werden vor allem nicht dadurch vermittelt, dass die HOAI die Begriffe der Umbauten, Instandsetzungen, Wiederaufbauten benutzt und definiert. Denn durch die Gebührenordnung werden nicht zwingend die Inhalte von privatrechtlichen Vereinbarungen berührt. Freilich können diese Begriffe, sofern sie in den Kreisen der Empfänger solcher Erklärungen inhaltliche Konturen gewonnen haben, bei der Auslegung behilflich sein (vgl. z. B. zum Begriff der Kernsanierung, Klaft, BauR 2006, 563). Nach Treu und Glauben unter Berücksichtigung der Verkehrssitte sind auch allgemeine Beschreibungen und deren Wirkungen auf die geschuldete Bauausführung auszulegen, wie z. B. das Versprechen „seniorengerecht „oder „behindertengerecht" zu bauen. Zu beachten ist, dass die DIN 18025 Qualitätsrichtlinien für alten- und behindertengerechtes Wohnen enthält. Diese Qualitätsrichtlinien stellen auch dann maßgebliche Auslegungskriterien dar, wenn sie nicht als anerkannte Regeln der Technik für die Ausführung von Bauwerken dienen (vgl. OLG Düsseldorf, Urt. v. 15.12.2009 – 23 U 11/08). Demgegenüber ist nach der Rechtsprechung des OLG Koblenz (Urt. v. 25.2.2011 – 10 U 1504/09) die Angabe in einem Verkaufsprospekt, die Wohnung werde seniorengerecht errichtet, konturlos, so dass sie nicht zur Beschaffenheitsvereinbarung dahin führen kann, dass barrierefrei (begehbar mit Rollator oder befahrbar mit Rollstuhl) gebaut wird. Es sei nicht gerechtfertigt, die Anforderungen, die nach § 554a BGB oder DIN 18025-2 an ein barrierefreies behindertengerechtes Wohnen zu stellen sind, auch zur Konkretisierung des Begriffs „seniorengerecht" heranzuziehen. Prospektangaben, wonach das großzügige Treppenhaus mit Personenaufzug die barrierefreie Erschließung der Wohnungen ermöglicht, geben nach OLG Stuttgart (Urt. v. 14.12.2010 – 10 U 52/10) nichts dafür her, dass die Terrasse ohne für Behinderte störende Schwelle errichtet wird. **51**

Der Bauträger schuldet die Einhaltung des öffentlichen Bauordnungs- und Bauplanungsrechts und anderer öffentlich-rechtlichen Vorschriften (zur EnEV vgl. Pause, Rdn. 662). Er schuldet deshalb ein mit diesem Recht übereinstimmendes Bauwerk. Auflagen der Baugenehmigung muss er beachten. Eine nicht genehmigte Bauausführung ist mangelhaft. Gleiches gilt für eine genehmigte Bauausführung, wenn die Genehmigung durch Nachbarwiderspruch zu Fall gebracht werden kann. Insoweit gelten keine anderen Maßstäbe wie für die Pflichten des Architekten → § 650p BGB Rdn. 181. Ein Mangel liegt auch vor, wenn die vertraglich vereinbarte Nutzung nicht genehmigt ist. Das gilt insbesondere auch in den Fällen, in denen Räume unter dem Dach (vgl. BGH, Urt. v. 26.4.1991 – V ZR 73/90) oder im Keller (BGH, Urt. v. 20.3.1987 – V ZR 27/86) als Nutzräume im Vertrag ausgewiesen sind, jedoch eine solch eine Nutzung ordnungsrechtlich nicht möglich ist. **52**

Zweifel können auch durch Unklarheiten oder Widersprüche geweckt werden. Unklarheiten entstehen dadurch, dass die Baubeschreibungen nicht vollständig sind. Unvollständigkeiten und Lücken sind unter Berücksichtigung der Umstände, dass der Bauträger in der Regel eine schlüsselfertige Erstellung verspricht, nach § 650k Abs. 2 BGB und nach den allgemeinen Grundsätzen über die Auslegung zu klären. Dabei spielt vor allem der Qualitäts- und Komfortstandard eine Rolle, wie er sich allgemein aus dem Vertrag ergibt (Vertragsniveau, vgl. BGH, Urt. v. 21.11.2013 – VII ZR 275/12). Das gilt nicht nur für das häufig erörterte Beispiel des Schallschutzes (→ § 633 BGB Rdn. 32), sondern allgemein. Das gilt auch für den von der Rechtsprechung entwickelten Rechtssatz, dass der Unternehmer bei nicht näher beschriebenen Bauweisen, die mit ungefähr gleichen Kosten realisiert werden können, diejenige schuldet, die den Besteller weniger beeinträchtigt (BGH, Urt. v. 14.6.2007 – VII ZR 45/06). Insoweit kommt es aber auf Beeinträchtigungen an, die nach der Verkehrsanschauung für den Wohnwert von erheblicher Bedeutung sind. **53**

Bei Widersprüchen gibt es keine feste Auslegungsregel, es kommt auf die Umstände des Einzelfalles an. Allgemein spielt dabei eine Rolle, worin der Widerspruch begründet ist und wie er sich im Vertragswerk darstellt. Bei Auflösung des Widerspruchs kann die allgemeine Regel gelten, dass detaillierte Beschreibungen im Zweifel allgemeinen vorgehen (BGH, Urt. v. 11.3.1999 – VII ZR 179/98). Dieser Grundsatz kann im Einzelfall auch bei der Auflösung von Widersprüchen zwischen der Baubeschreibung und den zum Vertragsinhalt gemachten Plänen behilflich sein. Er kann sogar zu einem Vorrang der Leistungsbeschreibung vor dem Vertrag beigefügten Plänen führe. Denn dem Wortlaut der Leistungsbeschreibung kommt gegenüber Plänen jedenfalls dann vergleichsweise große Bedeutung zu, wenn damit die Leistung im Einzelnen genau beschrieben wird, während die Pläne sich nicht im Detail an dem angebotenen Bauvorhaben orientieren (BGH, Urt. v. 5.12.2002 – VII ZR 342/01). Widersprüchlich können auch die Vertragsinhalte verschiedener Erwerber von Wohneigentum in einer Wohnanlage bezüglich des Gemeinschaftseigentums sein, weil es vorkommt, dass Bauträger ihre Baubeschreibungen und Pläne noch in der Akquisitionsphase ändern. In diesem Fall kann eine ordnungsgemäße Leistung gegenüber einem Erwerber ein Mangel gegenüber einem anderen Erwerber darstellen (zur Durchsetzung der Ansprüche vgl. Pause, Rdn. 653).

54   Es gelten die Erwägungen zum funktionalen Herstellungsbegriff (→ § 633 BGB Rdn. 45 ff.). Die Leistung des Bauträgers muss ungeachtet etwaiger Unvollständigkeiten der Leistungsbeschreibung funktionstauglich und zwecksprechend sein. Sofern ein schlüsselfertiges Bauwerk geschuldet ist, kommt es darauf an, wie sich dieser Begriff anhand der Leistungsbeschreibung und der Verkehrssitte konkretisiert. Die schlüsselfertige Herstellung kann im Wohnungsbau nach der Verkehrssitte als Regelfall angesehen werden, so dass sie keiner ausdrücklichen Vereinbarung bedarf (vgl. Pause, Rdn. 443). Allerdings können Teilleistungen, die zur schlüsselfertigen Herstellung notwendig sind, abbedungen werden. Beispiele aus der Rechtsprechung müssen unter Berücksichtigung der besonderen Umstände des Einzelfalles gewürdigt werden. Eine Liste derjenigen Leistungen, die nach der Rechtsprechung der Schlüsselfertigkeit zugeordnet wurden, findet sich bei Pause, Rdn. 445.

55   Welche Sanierungs- und Renovierungsleistungen bei Verträgen über die Veräußerung sanierter Altbauten geschuldet sind, muss durch Auslegung ermittelt werden. Das ist angesichts lückenhafter und unvollständiger Vertragsunterlagen schwierig. Es kommt ganz auf den Einzelfall an. Verspricht der Veräußerer eine Sanierung bis auf die Grundmauern, ist das grundsätzlich dahin zu verstehen, dass er zu diesem Zweck im Rahmen des technisch Möglichen die Maßnahmen angewandt hat, um den Stand der anerkannten Regeln der Technik zu gewährleisten. Er muss deshalb grundsätzlich gewährleisten, dass die horizontale Abdichtung zwischen Keller und Erdgeschoss und die Schalldämmung zwischen den Trennwänden dem Stand der anerkannten Regeln der Technik entsprechen, soweit das technisch möglich ist (so für einen „trockenen" Keller, wenn in der Baubeschreibung der Altbaukeller „ebenfalls neu saniert" wird KG, Urt. v. 19.2.2019 – 21 U 40/18; weitergehend OLG Düsseldorf, Urt. v. 11.10.2016 – 21 U 120/15 ohne Angaben in der Baubeschreibung zum Keller, da heute üblicherweise im Keller feuchtigkeitsempfindliche Gegenstände gelagert werden; entsprechend ist der erhöhte Schallschutz als der heute übliche Schallschutz herzustellen, OLG Köln, Urt. v. 2.3.2018 – 19 U 166/15; OLG Brandenburg, Urt. v. 13.6.2013 – 12 U 162/12; OLG Braunschweig, Urt. v. 30.11.2015 – 8 U 78/14). Etwas anderes kann gelten, wenn die berechtigte Erwartung der Erwerbers unter Berücksichtigung der gesamten Vertragsumstände, insbesondere des konkreten Vertragsgegenstand und der jeweiligen Gegebenheiten des Bauwerks, darauf nicht gerichtet ist (BGH, Urt. v. 16.12.2004 – VII ZR 257/03).

56   Die detaillierte Schilderung von vorzunehmenden Leistungen bedeutet nicht zwingend, dass damit die Beschaffenheitsvereinbarung abschließend geregelt ist. Z.B. kann das Fehlen von bestimmten Maßnahmen in Leistungsbeschreibungen von Altbausanierungen dahin zu verstehen sein, dass diese deshalb nicht aufgenommen werden, weil der nach dem Gesamtbild des Vertrages geschuldete Standard auch ohne neue Maßnahmen erreicht wird. Insoweit kann auch von Bedeutung sein, dass der Veräußerer erklärt, Bauuntersuchungen vorgenommen und keine schwerwiegenden Mängel festgestellt zu haben (vgl. instruktiv OLG Frankfurt, Urt. v. 7.3.2007 – 15 U 36/06). Erweist sich die vertragliche Suggestion, die Bausubstanz habe keine Mängel, als falsch, ist auch die Leistung des Bauträgers mangelhaft. Deshalb ist es wichtig, dass die Verträge über die Veräußerung von Altbauten genau die Standards beschreiben, die einzuhalten sind. Ein Veräußerer muss darüber aufklären, welche veralteten Standards er beibehalten hat, sonst läuft er Gefahr, dass er an sonstigen Anpreisungen gemessen wird, die allgemein einen hohen Standard versprechen (vgl. OLG Brandenburg, Urt. v. 13.6.2013 – 12 U 162/12 zum Schallschutz einer komplett sanierten Altbauwohnung). So kann sich aus einem Vertrag über ein kurz nach 1900 erbautes Haus ergeben, dass der Keller nicht mehr feucht sein darf, obwohl einzelne Maßnahmen nicht beschrieben sind oder auch nur solche Maßnahmen, die

Bauträgervertrag; anwendbare Vorschriften **§ 650u**

die Trockenlegung nicht zwingend erreichen (vgl. OLG Nürnberg, Urt. v. 15.12.2005 – 13 U 1911/05). Bauträger sind gut beraten, im Wege der negativen Baubeschreibung darüber aufzuklären (Pause, Rdn. 633), wenn sie Keller wegen des hohen Kostenaufwandes nicht sanieren wollen. Im Übrigen gilt auch in Verträgen über den Erwerb sanierter Altbauten der funktionale Mangelbegriff, so dass der Bauträger in der Mängelhaftung ist, wenn das Bauwerk die vereinbarte Funktionsbeschaffenheit nicht erreicht, unabhängig davon, ob die versprochenen Einzelleistungen geeignet sind, diese herbeizuführen.

Die vereinbarten Wohnflächen gehören zu den zentralen Beschaffenheitsmerkmalen des **57** vom Bauträger geschuldeten Objekts. Werden sie nicht eingehalten, liegt ein Mangel der Bauleistung vor, der nach Werkvertragsrecht zu beurteilen ist (BGH, Urt. v. 21.1.1999 – VII ZR 398/97). Maßgeblich sind die Vereinbarungen zu den Wohnflächen. Diese sind häufig leider nicht eindeutig und müssen dann unter Berücksichtigung aller Umstände ausgelegt werden. Enthält der Vertrag genaue Maße, müssen diese eingehalten werden. Gleiches gilt für Quadratmeterangaben. Sind diese mit den Maßen nicht in Übereinstimmung zu bringen, kommt es auf die Ursache an. Bei einem Rechenfehler gilt regelmäßig das Produkt aus den Längenmaßen, es sei denn die Quadratmeterangabe ist aus anderen Gründen vorzuziehen, die sich aus dem Vertrag oder den vertragsbegleitenden Umständen ergeben müssen. Auch sonst kann den Planvorgaben oder der Leistungsbeschreibung der Vorzug vor Zahlenangaben zu geben sein. Das hat der Bundesgerichtshof für den Mietvertrag entschieden (BGH, Urt. v. 22.2.2006 – VIII ZR 219/04), gilt aber gleichermaßen auch für den Bauvertrag. Ansonsten gibt es große Unsicherheit bei den Berechnungsgrundlagen, wie der DIN 283, der II. Berechnungsverordnung, der DIN 277 und der Wohnflächenverordnung (vgl. dazu ausführlich Kniffka/Koeble/Jurgeleit/Sacher, 10. Teil, Rdn. 424 ff.; Pause, Rdn. 675). Auf welcher Grundlage die im Vertrag bezeichneten Wohnflächen berechnet sind, muss durch Auslegung ermittelt werden (BGH, Urt. v. 30.11.1990 – V ZR 91/89). Von Bedeutung ist die Art der Flächenbezeichnung, wie Wohnfläche, Gesamtfläche, Nutzfläche, Nettogrundrissfläche, Grundfläche, Rohbaufläche (Kniffka/Koeble/Jurgeleit/Sacher, 10. Teil, Rdn. 424). Fehlen in einem Erwerbervertrag Angaben zu den Wohnflächen, kommt es regelmäßig auf die Pläne an. Maßgeblich können aber auch Angaben aus vorvertraglichen oder begleitenden Erklärungen, wie etwa dem Teilungsplan sein, wenn sie Vorstellungen bei dem Erwerber von der Wohnfläche bilden konnten und im Vertrag nicht korrigiert worden sind oder sogar durch Vermittler, dessen Angaben sich der Veräußerer je nach Sachlage zurechnen lassen muss (instruktiv dazu Vogel, PiG 78, S. 109, 112), bestätigt worden sind (BGH, Urt. v. 8.1.2004 – VII ZR 181/02). Zur Geringfügigkeitsklausel vgl. BGH, Urt. v. 22.10.1999 – V ZR 398/98. Auch bei Circa-Angaben zur Wohnfläche kann ein Mangel vorliegen, wenn die tatsächliche Wohnfläche deutlich geringer ist (hier 8%: OLG München, Urt. v. 4.11.2010 – 13 U 4074/09).

Vertragsbestimmungen, die es dem Bauträger gestatten, die vereinbarten Beschaffenheiten **58** einseitig abzuändern oder von ihnen abzuweichen, müssen den Anforderungen des § 308 Nr. 4 BGB entsprechen. Danach ist die vorbehaltene Änderung nur wirksam, wenn sie unter Berücksichtigung der Interessen des Bauträgers für den Erwerber zumutbar ist (§ 308 Nr. 4 BGB). Darüber hinaus muss für die Änderung ein triftiger Grund vorliegen (BGH, Urt. v. 23.6.2005 – VII ZR 200/04). Dieses weitere Erfordernis ergibt sich aus der zusätzlich zu beachtenden Klauselrichtlinie (EG-Richtlinie 93/13, Ziff. 1 k im Anhang zu Art. 3 Abs. 3; vgl. BGH, Urt. v. 23.6.2005 – VII ZR 200/04). Ein Änderungsvorbehalt hinsichtlich der geschuldeten Bauleistungen ist also nur zulässig, wenn die Änderung dem Erwerber zumutbar ist und ein triftiger Grund vorliegt (BGH, Urt. v. 23.6.2005 – VII ZR 200/04; OLG Frankfurt, Urt. v. 30.7.1998 – 15 U 191/97). Die obergerichtliche Rechtsprechung ist im Übrigen sehr uneinheitlich. Eine Klausel, nach der der Unternehmer Änderungen der Leistungen vornehmen darf, sofern sie mit der vereinbarten Leistung gleichwertig sind, ist unwirksam, weder die Zumutbarkeit für den Erwerber noch der triftige Grund für die Änderung beschrieben wird (BGH, Urt. v. 23.6.2005 – VII ZR 200/04; OLG Karlsruhe, Urt. v. 29.5.2009 – 4 U 160/08). Im Übrigen werden von den Obergerichten unterschiedlich strenge Anforderungen an die Ausführlichkeit und Klarheit, mit der die triftigen Gründe und die Zumutbarkeit in den Vertragsklauseln gestaltet sein müssen, gestellt. Zu Teil werden hohe Anforderungen an die Beschreibung der Voraussetzungen gestellt (vgl. OLG Koblenz, Urt. v. 2.3.2017 – 2 U 296/16; OLG Stuttgart, Urt. v. 17. 10. 2002 – 2 U 37/02; OLG Brandenburg, Urt. v. 30.10.2019 – 7 U 25/18; vgl. aber OLG Köln, Urt. vom 23.11.2016 – 11 U 173/15; Nichtzulassungsbeschwerde zurückgewiesen, BGH, Beschl. v. 31.05.2017 – VII ZR 302/16; OLG Frankfurt, Urt. v. 30.7.1998 – 15 U 191/97; zu Änderungsvorbehalten bezüglich nachträglicher Änderungen der Teilungserklärung

§ 650u

→ Rdn. 48). Dies dürfte zutreffend sein, weil vorab in der Änderungsklausel die Zumutbarkeitskriterien definiert sein müssen (BGH, Urt. v. 20.1.1983 – VII ZR 105/81).

59 Zur Einräumung von Leistungsbestimmungsrechten → § 631 BGB Rdn. 816. Zu Vollständigkeits-, Schlüsselfertigkeits- und Pauschalierungsklauseln → § 631 BGB Rdn. 609 ff.

3. Durchsetzung der Mängelrechte beim Erwerb von Wohnungseigentum

a) Ausübungsbefugnis der Gemeinschaft der Wohnungseigentümer nach § 9a Abs. 2 WEG

60 Bisherige Grundlage für die Verfolgung von Mängeln an der Bausubstanz des Gemeinschaftseigentums durch die Wohnungseigentümergemeinschaft war § 10 Abs. 6 Satz 3 WEG a. F. Der mit dem Wohnungseigentumsmodernisierungsgesetz (WEMoG) vom 16.10.2020 (BGBl. I S. 2187) in das Wohnungseigentumsgesetz neu eingeführte § 9a WEG ersetzt die früheren Regelungen des § 10 Abs. 6 Satz 3 WEG a. F. Nach § 9a Abs. 2 WEG übt die Gemeinschaft der Wohnungseigentümer die sich aus dem gemeinschaftlichen Eigentum ergebenden Rechte sowie solche Rechte der Wohnungseigentümer aus, die eine einheitliche Rechtsverfolgung erfordern. In § 9a Abs. 1 Satz 1 WEG ist außerdem bestimmt, dass die Gemeinschaft der Wohnungseigentümer Rechte erwerben und Verbindlichkeiten eingehen kann und vor Gericht klagen und verklagt werden kann (vgl. zur früheren Rechtslage § 10 Abs. 6 Satz 1, Abs. 5 WEG a. F.).

61 Die Gemeinschaft der Wohnungseigentümer ist nach der zweiten Alternative des § 9a Abs. 2 BGB für solche Rechte, die eine einheitliche Rechtsverfolgung erfordern, ausschließlich zuständig. Durch das Gesetz wird eine alleinige Ausübungsbefugnis der Gemeinschaft im Sinne einer Ermächtigung bzw. einer gesetzlichen Prozessstandschaft geschaffen. Sie entspricht inhaltlich § 10 Abs. 6 Satz 3 Halbsatz 2 WEG a. F., also der aus dieser Vorschrift bekannten „geborenen" Ausübungsbefugnis für gemeinschaftsbezogene Rechte (BT-Drs. 19/18791, S. 46).

62 Für „sonstige Rechte" der Wohnungseigentümer, „soweit diese gemeinschaftlich geltend gemacht werden können", die von § 10 Abs. 6 Satz 3 Halbsatz 2 WEG a. F. erfasst worden waren, besteht nach dem Wortlaut von § 9a Abs. 2 WEG keine (gekorene) Ausübungsbefugnis mehr. Dem liegt nach der Gesetzesbegründung die Erwägung zugrunde, dass durch eine Ausübungsbefugnis für solche Rechte, die gemeinschaftlich geltend gemacht werden können, aber nicht müssen, übergebührlich in die grundrechtlich geschützte Privatautonomie des Einzelnen eingegriffen würde (BT-Drs. 19/18791, S. 47; ebenso bereits BGH, Urt. v. 24.7.2015 – V ZR 167/14, Rdn. 14). Nach der Vorstellung des Gesetzgebers bliebe es den Beteiligten im Übrigen unbenommen, solche Rechte, für die nun keine (gekorene) Ausübungsbefugnis mehr besteht, im Wege der (gewillkürten) Prozessstandschaft geltend zu machen (BT-Drs. 19/18791, S. 47).

63 Die tatbestandlichen Voraussetzungen für die (geborene) Ausübungsbefugnis nach § 9a Abs. 2 WEG unterscheiden sich vom früheren § 10 Abs. 6 Satz 3 Halbsatz 1 WEG a. F. nur scheinbar. Während die frühere Regelung die (geborene) Ausübungsbefugnis für „gemeinschaftsbezogene Rechte" vorsah, wird in § 9a Abs. 2 WEG auf das Erfordernis einer „einheitlichen Rechtsverfolgung" abgestellt. Bei der Formulierung in § 9a Abs. 2 WEG hatte der Gesetzgeber die Interpretation der „gemeinschaftsbezogenen Rechte" durch die Rechtsprechung vor Augen, denn der Bundesgerichtshof war von gemeinschaftsbezogenen Rechten dann ausgegangen, wenn schutzwürdige Belange der Wohnungseigentümer eine „einheitliche Rechtsverfolgung" erfordern (BGH, Urt. v. 24.7.2015 – V ZR 167/14, Rdn. 13, 18). Die Gesetzesbegründung weist ausdrücklich darauf hin (BT-Drs. 19/18791, S. 46), dass mit dieser neuen tatbestandlichen Umschreibung die Definition der Rechtsprechung (BGH, Urt. v. 24.7.2015 – V ZR 167/14, Rn. 12 ff.) aufgegriffen werden soll.

64 Bei der Verfolgung von Ansprüchen aus dem Bauträgervertrag wegen Mängeln am Gemeinschaftseigentum hat sich die auf der Rechtsprechung des Bundesgerichtshofs (BGH, Urt. v. 12.4.2007 – VII ZR 236/05, Rdn. 22 ff.) fußende Auffassung durchgesetzt (vgl. Palandt/Wicke, 79. Aufl. 2020, § 10 WEG Rdn. 33 ff.; Hügel/Elzer, 3. Aufl. 2021, § 9a WEG Rn. 116 ff.; Pause, Bauträgerkauf und Baumodelle, 6. Aufl. 2018, Rn. 885 ff., → Rdn. 69 ff.), dass für den Nacherfüllungsanspruch und den Kostenvorschussanspruch eine gekorene Ausübungsbefugnis im Sinne von § 10 Abs. 6 Satz 3 Halbsatz 2 WEG a. F. besteht, diese Rechte der Wohnungseigentümergemeinschaft also erst aufgrund eines Beschlusses, mit dem die Gemeinschaft die Verfolgung dieser Ansprüche an sich zieht („vergemeinschaftet"), geltend gemacht werden können. Dagegen war für die Minderung und den „kleinen" Schadensersatz eine geborene Zu-

Bauträgervertrag; anwendbare Vorschriften § 650u

ständigkeit angenommen worden, weil sie gemeinschaftsbezogen i. S. v. § 10 Abs. 6 Satz 3 Var. 1 WEG a. F. und damit einer individuellen Verfolgung von vornherein nicht zugänglich sind.

Da nach der Vorstellung des Gesetzgebers nur noch eine Ausübungsbefugnis für Rechte **65** besteht, die eine einheitliche Verfolgung erfordern, und die betroffenen Rechte sich durch die Neuformulierung (Rechte, die eine „einheitliche Rechtsverfolgung erfordern" statt „gemeinschaftsbezogene Rechte") nicht geändert haben sollen, würde nach § 9a Abs. 2 WEG nur noch eine (geborene) Ausübungsbefugnis für die Minderung und den kleinen Schadensersatz bestehen (Palandt/Wicke, 80. Aufl. 2021, § 9a WEG Rdn. 8.; krit. Pause, NZBau 2021, 230; Vogel, BauR 2021, 420). Die Gesetzesbegründung enthält allerdings den Hinweis (BT-Drs. 19/18791, S. 47), dass die Rechtsprechung des BGH (Urt. v. 12.4.2007 – VII ZR 236/05), wonach die Gemeinschaft bestimmte Rechte (gemeint sind die Nacherfüllung und der Kostenvorschuss) nach einer entsprechenden Beschlussfassung ausüben kann, unberührt bleiben soll (BT-Drs. 19/18791, S. 47), denn diese Rechtsprechung beruhe nicht auf § 10 Abs. 6 Satz 3 WEG, sondern sei noch vor der WEG-Novelle 2007 ergangen, mit der § 10 WEG überhaupt erst ins WEG eingefügt worden sei. Die Streichung der gekorenen Ausübungsbefugnis i. S. v. § 10 Abs. 6 Satz 3 Halbsatz 2 WEG a. F. hätte deshalb keine Auswirkung (BT-Drs. 19/18791, S. 47). Die dem neuen Gesetz vom Gesetzgeber beigegebene Auslegung ist wenig überzeugend. Einerseits soll das Gesetz der Gemeinschaft eine Ausübungsbefugnis nur noch für Rechte, die eine einheitliche Rechtsverfolgung erfordern, zubilligen. Andererseits soll für die Mängelrechte – dem Hauptanwendungsbereich dieser Norm – eine Ausnahme in der Weise gemacht werden, dass die Gemeinschaft auch und insbesondere solche Rechte an sich ziehen kann, für die diese Voraussetzung gerade nicht zutrifft. Die Gesetzesbegründung unterliegt nämlich insofern einem Irrtum, als sie meint, die Rechtsprechung des Bundesgerichtshofs müsse weiterhin maßgeblich bleiben, weil sie sich ja nicht auf den erst später ins Gesetz eingefügten (und nun aufgehobenen) § 10 Abs. 6 Satz 3 WEG a. F. stütze (BT-Drs. 19/18791, S. 47; dem folgen Hügel/Elzer, 3. Aufl. 2021, § 9a WEG Rdn. 124). Die Gesetzesbegründung übersieht, dass das Gesetz nicht nur den § 10 Abs. 6 WEG a. F. aufheben, sondern auch eine von der früheren Rechtsprechung abweichende Regelung schaffen kann, was es mit der Neuregelung in § 9a Abs. 2 WEG wohl auch getan hat (vgl. Pause, NZBau 2021, 230; Vogel, BauR 2021, 420). Die vom Gesetzgeber selbst gegebene Begründung ist kaum geeignet, den Fortbestand der aus dem früheren Recht bekannten Ausübungsbefugnisse der Gemeinschaft auch unter der neuen Gesetzeslage zu rechtfertigen. Für das vom Gesetzgeber Gewollte müsste auf andere gesetzliche Regelungen, die der Gemeinschaft Ausübungsbefugnisse verleihen könnten, zurückgegriffen werden: So wie die erwähnte Rechtsprechung des Bundesgerichtshofs früher Ausübungsbefugnisse mit der Instandhaltungspflicht nach § 21 Abs. 1 und 5 Nr. 2 WEG a. F. begründet hat (Urt. v. 12.4.2007 – VII ZR 236/05, Rdn. 15 ff., 16), könnte für die Ansprüche auf Nacherfüllung, Kostenvorschuss und Erstattung der Selbstvornahmekosten unabhängig von § 9a Abs. 2 WEG eine (fakultative) Ausübungsbefugnis der Gemeinschaft aus der Erhaltungspflicht nach § 19 Abs. 2 Nr. 2 WEG abgeleitet werden (Pause, NZBau 2021, 230). Zur Erhaltung i. S. v. § 19 Abs. 2 Nr. 2 WEG gehört auch die erstmalige ordnungsgemäße, also mängelfreie Herstellung des Gemeinschaftseigentums (Hügel/Elzer, 3. Aufl. 2021, § 19 WEG Rdn. 58). Dann würde für die Minderung und den kleinen Schadensersatz, also die Rechte, die nach dem Verständnis der bekannten Rechtsprechung (BGH, Urt. v. 12.4.2007 – VII ZR 236/05, Rdn. 15 ff., 19) eine einheitliche Rechtsausübung erfordern, eine (geborene) Ausübungsbefugnis nach § 9a Abs. 2 WEG angenommen werden können, während neben und unabhängig von § 9a Abs. 2 WEG eine gekorene Ausübungsbefugnis nach § 19 Abs. 2 Nr. 2 WEG bestünde, die es der Gemeinschaft gestattet, die primären Mängelrechte zum Zwecke der Geltendmachung als gesetzliche Prozessstandschafterin an sich zu ziehen (zu vergemeinschaften). Zum Teil wurde die Möglichkeit einer Vergemeinschaftung der Nacherfüllung auch darin gesehen, diese als „ungeschriebene Ausnahme (von § 9a Abs. 2 WEG) aus der „Natur des Bauträgervertrages" zu erklären (Dötsch/Schultzky/Zschieschack, WEG-Recht 2021, Kap. 3 Rdn. 140; i. E. Vogel, BauR 2021, 420, 421 f.; vgl. auch Häublein, ZWE 2020, 401, 408 f.). Diese Versuche, den bekannten Rechtsprechungsgrundsätzen weiterhin Geltung zu verschaffen, haben allerdings eine Schwäche: Die Herleitung einer zusätzlichen Prozessführungsbefugnis aus der Erhaltungsverpflichtung in § 19 Abs. 2 Nr. 2 WEG dürfte dem Gesetz insofern widersprechen, als es die Ausübungsbefugnis der Gemeinschaft in § 9a Abs. 2 WEG wohl eher abschließend geregelt haben dürfte.

Die mit dem WEMoG erfolgten Änderungen sind zum 1.12.2020 in Kraft getreten (Art. 18 **66** WEMoG). Für die Anwendung von § 9a Abs. 2 WEG enthält das WEMoG keine Übergangsvorschrift. Das bedeutet, in den noch nicht rechtskräftig abgeschlossenen Verfahren ist grundsätzlich § 9a Abs. 2 WEG anzuwenden – und nicht länger § 10 Abs. 6 Satz 3 WEG a. F.

Soweit derzeit Ansprüche auf der Grundlage von Beschlüssen verfolgt werden, durch die die Gemeinschaft Ansprüche der Erwerber an sich gezogen hat, sollen diese Beschlüsse nach der Vorstellung des Gesetzgebers wohl für die Zukunft entsprechend § 134 BGB ihre Wirkung verlieren (BT-Drs. 19/18791, S. 47; vgl. zu allem Zschieschack, IBR 2020, 3373). Ob das zutrifft, ist zweifelhaft (Zschieschack, IBR 2020, 3373). § 9a WEG beschränkt zwar die Befugnis der Gemeinschaft, auf die Rechte der Miteigentümer zuzugreifen; das Gesetz dürfte also für zukünftige Beschlüsse eine Verbotsnorm i. S. v. § 134 BGB sein (vgl. MüKoBGB/Armbrüster, 8. Aufl. 2018, § 134 Rdn. 41). Es enthält aber – entgegen der gesetzgeberischen Vorstellung (BT-Drs. 19/18791, S. 47) – keine Rückwirkung auf früher wirksam zustande gekommene Beschlüsse (Vogel, BauR 2021, 420). Eine (echte) Rückwirkung, um eine solche würde es sich handeln, weil die Beschlüsse bereits gefasst worden sind (BVerfG, Urt. v. 23.11.1999 – 1 BvF 1/94; BVerfG, Beschl. v. 20.9.2016 – 1 BvR 1387/15), würde gegen das Rechtsstaatsprinzip verstoßen, weil die Beteiligten darauf vertrauen dürfen, dass einmal rechtmäßig gefasste Beschlüsse nicht nachträglich beseitigt werden. Es ist davon auszugehen, dass das Gesetz eine solche verfassungsrechtlich angreifbare Rückwirkung nicht bezwecken wollte. Wird die Ausübungsbefugnis der Gemeinschaft im Sinne der Gesetzesbegründung unter Verweis auf die Rechtsprechung des Bundesgerichtshofs (BGH, Urt. v. 12.4.2007 – VII ZR 236/05, Rdn. 15 ff.) verstanden (→ Rdn. 60/1), also eine unveränderte Zuständigkeit für die primären und die sekundären Mängelrechte angenommen, ändert sich an der Zuständigkeit der Gemeinschaft für die Beschlussfassung über Mängelrechte (z. B. Vergemeinschaftung des Nacherfüllungsanspruchs oder des Vorschussanspruchs) und an der Befugnis, sie im Wege der (gesetzlichen) Prozessstandschaft weiterhin durchsetzen zu können, ohnehin nichts. Nur dann, wenn man der Gemeinschaft die Befugnis, die primären Mängelrechte zu vergemeinschaften, absprechen wollte, würde sich die Frage stellen, ob auf der Grundlage entsprechender Beschlüsse geklagt werden kann. Die klagende Wohnungseigentümergemeinschaft wird sich aber vorsichtshalber von wenigstens einem Erwerber ermächtigen lassen, dessen (unverjährten) Anspruch im Wege der gewillkürten Prozessstandschaft geltend zu machen (Pause, NZBau 2021, 230; Vogel, BauR 2021, 420).

67 Statt an den etablierten Rechtsgrundsätzen festzuhalten, könnte auch erwogen werden, durch eine am Gesetz orientierte Auslegung von § 9a Abs. 2 WEG die WEG-Novelle 2020 zum Anlass einer Neuorientierung zu nehmen: Je nachdem, wie weit oder eng der Begriff der Erforderlichkeit einer einheitlichen Rechtsverfolgung i. S. v. § 9a Abs. 2 WEG verstanden wird, kommt etwa eine umfassende Ausübungsbefugnis der Gemeinschaft für sämtliche Mängelrechte in Betracht (so wohl Lafontaine in: Herberger/Martinek/Rüßmann/Weth/Würdinger, jurisPK-BGB, 9. Aufl. [Stand: 6.9.2021], § 9a WEG Rn. 188) oder eine abgestufte Kompetenz, etwa in der Weise, dass die Gemeinschaft die Nacherfüllung (und damit auch die Ersatzvornahme nebst Aufwendungsersatz und der Kostenvorschuss) als geborene Befugnis ausübt, während die sekundären Rechte den Erwerbern (nach Verzicht der Gemeinschaft auf die Nacherfüllung) überlassen bleiben. Denkbar wäre auch, die Befugnis der Gemeinschaft allein darauf zu beschränken, über den Verzicht auf die Nacherfüllung zu entscheiden, um unübersichtliche Haftungslagen zu vermeiden. Bei Abwägung der beteiligten Interessen unter Berücksichtigung der Privatautonomie (Art. 2 Abs. 1 GG) und des Eigentumsschutzes (Art. 14 Abs. 1 GG) auf Seiten der einzelnen Wohnungseigentümer sowie des verfassungsrechtlich verbürgten Justizgewährungsanspruchs (Art. 20 GG) auf Seiten der Gemeinschaft wäre eine kollektive Zuständigkeit der Gemeinschaft für die Erfüllung und Nacherfüllung (nebst sonstiger primärer Mängelrechte) und die individuelle Durchsetzungsbefugnis für die sekundären Mängelrechte in Betracht zu ziehen, wobei letztere die Entscheidung der Gemeinschaft voraussetzte, keine Nacherfüllung (oder sonstige primäre Mängelrechte) mehr geltend machen zu wollen.

68 Da ungewiss ist, welche Rechtsauffassung sich in der Rechtsprechung durchsetzen wird, empfiehlt es sich, eine etwaige Klage der Gemeinschaft auch und zusätzlich auf den Anspruch eines einzelnen Erwerbers zu stützen, sei es auf der Grundlage einer Abtretung (an die Gemeinschaft) oder auf der Basis einer Ermächtigung für eine Klage der Gemeinschaft als (gewillkürte) Prozessstandschafterin. In der Zustimmung zu einem Vergemeinschaftungsbeschluss kann im Wege der Umdeutung (§ 140 BGB) eine rechtsgeschäftliche Ermächtigung der einzelnen Wohnungseigentümer bzw. Erwerber gesehen werden.

69 Bei Zugrundelegung der Gesetzesbegründung, nach der die Rechtsprechung des Bundesgerichtshofs zur Verfolgung der Rechte wegen Mängeln am Gemeinschaftseigentum unverändert Beachtung finden soll, bleibt die gesamte Kasuistik zu diesem Problemkreis wahrscheinlich beachtlich; davon geht die folgende Kommentierung aus.

Bauträgervertrag; anwendbare Vorschriften §650u

Nach Kaufrecht zu behandelnde Mängelansprüche werden hier nicht erörtert (→ Rdn. 241 ff.). 70

b) Rechtsinhaberschaft der Erwerber

Der Erwerber von Wohnungseigentum hat einen individuellen Anspruch auf vertragsgemäße und damit mangelfreie Herstellung des erworbenen Objekts. Dieser Anspruch ergibt sich aus seinem Vertrag mit dem Veräußerer. Wegen Mängeln hat der Erwerber die Rechte, wie sie sich aus §634 BGB ergeben. Allein der jeweilige Erwerber ist Inhaber der Rechte. Der Umstand, dass andere Erwerber gleichartige Rechte erwerben, berührt die Rechtsinhaberschaft nicht. Daraus folgt, dass der einzelne Erwerber auch Inhaber der Rechte ist, die auf eine vertragsgemäße, nicht auf einen Miteigentumsanteil beschränkte Herstellung der Bausubstanz des gemeinschaftlichen Eigentums gerichtet sind (BGH, Urt. v. 27.7.2006 – VII ZR 276/05; Urt. v. 12.4.2007 – VII ZR 236/05; Urt. v. 25.2.1999 – VII ZR 208/97); dies gilt auch für den Nachzügler (Staudinger/Peters, Bearb. 2019, §650u BGB Rdn. 4). Auch der Umstand, dass die Wohnungseigentümergemeinschaft nunmehr fähig ist, diese Rechte durchzusetzen, ändert daran nichts (BGH, Urt. v. 12.4.2007 – VII ZR 236/05; Wenzel, ZWE 2006, 463, 466; Pause/Vogel, NJW 2006, 3670f.). 71

Die Forderungen wegen Mängeln des Gemeinschaftseigentums sind abtretbar. Abtretungsbefugt ist nur der Rechtsinhaber. Das ist der Erwerber, nicht die Wohnungseigentümergemeinschaft, selbst wenn sie die Ausübung der Rechte an sich gezogen hat (OLG Stuttgart, Urt. v. 3.7.2012 – 10 U 33/12). Der Erwerber kann allerdings den Mängelanspruch an die Wohnungseigentümergemeinschaft abtreten (BGH, Urt. v. 25.2. 2016 – VII ZR 49/15). Rechtsinhaber wird durch die Abtretung der Zessionar. In der Praxis spielt die Abtretung bei der Veräußerung von Wohnungseigentum eine Rolle. Die Forderungen müssen bei der Veräußerung von Wohnungseigentum abgetreten werden, wenn sie auf den Zweiterwerber übergehen sollen. Die Rechtsprechung nimmt allerdings in den Fällen, in denen eine Abtretung nicht erfolgt ist, eine stillschweigende Ermächtigung des Erwerbers an, die es dem Zweiterwerber erlaubt, die beim Ersterwerber verbliebenen Rechte wegen Mängeln des Objekts für diesen geltend zu machen (BGH, Urt. v. 19.12.1996 – VII ZR 233/95). Das gilt allerdings nur dann, wenn sich aus den Umständen nichts anderes ergibt. 72

c) Durchsetzungsbefugnis der Erwerber

Seit seiner grundlegenden Entscheidung vom 10.5.1979 – VII ZR 30/78 unterscheidet der Bundesgerichtshof zwischen der Rechtsinhaberschaft und der Fähigkeit, die Rechte wegen Mängeln des Objekts durchzusetzen. Die Besonderheiten des Erwerbs von Wohnungseigentum zwingen zu dieser Differenzierung. Die Rechtsprechung hat nach Möglichkeiten gesucht, in den Fällen, in denen die Interessen der am Erwerb von Wohnungseigentum Beteiligten ein gemeinschaftliches Vorgehen erfordert, praktisch akzeptable und brauchbare Lösungen aus dem geltenden Recht zu entwickeln. Diese Entwicklung hat durch das Urt. v. 12.4.2007 – VII ZR 236/05 und durch §10 Abs. 6 WEG a. F. einen Abschluss gefunden. 73

Mit dem WEMoG 2020 und der Einfügung von §9a Abs. 2 WEG in das Gesetz soll bewusst weniger stark in Rechte des Wohnungseigentümers eingegriffen und damit die Privatautonomie gestärkt werden; gleichzeitig wird aber in der Gesetzesbegründung klargestellt, dass es jedenfalls für die Mängelrechte aus den Erwerbsverträgen bei der Verteilung der Ausübungsbefugnisse, wie sie von der Rechtsprechung schon bis 2007 entwickelt worden waren, verbleiben soll. 74

Für den Bundesgerichtshof steht die grundsätzliche Identität von Rechtsinhaberschaft und Durchsetzungsbefugnis im Vordergrund. Das ist das Leitbild des Gesetzes, das durch den in das Gesetz neu eingefügten §9a Abs. 2 WEG auch nochmals betont wurde. Nur in dem Maße, in dem es die gemeinschaftsbezogenen Interessen der Wohnungseigentümer oder die schützenswerten Interessen des Veräußerers gebieten, kann dieser Rechtsgrundsatz durchbrochen werden. Das führt zu dem ständig wiederholten Grundsatz, dass die einzelnen Erwerber die auf mangelfreie Herstellung des Gemeinschaftseigentums gerichteten Ansprüche selbständig geltend machen können (BGH, Urt. v. 12.4.2007 – VII ZR 236/05; Urt. v. 27.7.2006 – VII ZR 276/05; Urt. v. 15.4.2004 – VII ZR 130/03; Urt. v. 25.2.1999 – VII ZR 208/97; Urt. v. 15.2.1990 – VII ZR 269/88). Dem liegt der Gedanke zugrunde, dass die mangelfreie Herstellung des Gemeinschaftseigentums Interessen der Gemeinschaft und anderer Erwerber nicht beeinträchtigen kann (Koeble, in: Hdb. BauträgerR, 4. Teil, Rdn. 303). Auch deren Interesse muss auf die mangelfreie Herstellung des Gemeinschaftseigentums gerichtet sein. Dieses Leitbild galt auch unter Anwendung des §10 Abs. 6 Satz 3 WEG a.F. und erst Recht unter §9a 75

Pause/Vogel

§ 650u

Abs. 2 WEG. Die Befugnis der einzelnen Erwerber, ihre Rechte selbständig geltend zu machen, bleibt grundsätzlich bestehen. Sie endet aber dann, wenn die Wohnungseigentümergemeinschaft die Ausübung der Rechte an sich gezogen hat.

76 Solange dies nicht der Fall ist, bestehen keine Bedenken, dem einzelnen Erwerber die Durchsetzung des Anspruchs auf Erstattung der Aufwendungen zuzubilligen, die dieser selbst für die Selbstvornahme hatte (BGH, Urt. v. 15.4.2004 – VII ZR 130/03). Die grundlegende, die Gemeinschaft berührende Frage, wie die Mängel beseitigt werden, ist bereits erledigt, wenn ein Erwerber mit eigenem Aufwand die Mängel hat beseitigen lassen.

77 Der Bundesgerichtshof hat auch keine Bedenken gesehen, dem einzelnen Erwerber die selbständige Durchsetzung eines auf Vorschuss gerichteten Anspruchs zu gestatten (BGH, Urt. v. 12.4.2007 – VII ZR 236/05; Beschl. v. 26.9.1991 – VII ZR 291/90; Urt. v. 5.5.1977 – VII ZR 36/76). Dem liegt die Überlegung zugrunde, dass der Vorschussanspruch auf die voraussichtlichen Kosten der Mängelbeseitigung gerichtet und zweckgebunden ist. Das aus diesem Anspruch erlangte Geld muss zur Mängelbeseitigung verwendet werden, sonst ist es zurückzuzahlen. Die aus der Durchsetzung eines Vorschussanspruchs erlangten Mittel fließen also der Gemeinschaft in gleicher Weise zu wie die Mängelbeseitigung selbst.

78 Während der Bundesgerichtshof in einer früheren Entscheidung (BGH, Urt. v. 5.5.1977 – VII ZR 36/76) gemeint hat, der Erwerber könne Zahlung an sich verlangen, hat er nunmehr die Zweckbindung in den Vordergrund gestellt und klargestellt, dass der einzelne Erwerber Zahlung nur an die Gemeinschaft fordern kann (vgl. auch Kniffka/Koeble/Jurgeleit/Sacher, 10. Teil, Rdn. 489; Wenzel, ZWE 2006, 109, 114; BGH, Beschl. v. 26.9.1991 – VII ZR 291/90). In diesem Zusammenhang hat er darauf hingewiesen, dass das selbst dann gilt, wenn der einzelne Erwerber einen Titel auf Mängelbeseitigung erwirkt hat. Will er diesen Titel vollstrecken, kann er sich gemäß § 887 ZPO ermächtigen lassen, die Mängelbeseitigung selbst vorzunehmen. Den dafür erforderlichen Betrag kann er sich als Vorschuss ausurteilen lassen. Will er so vorgehen, muss die Zahlung des Vorschusses auch zu Händen der Gemeinschaft, also an den Verwalter, verlangt werden. Sobald der Veräußerer Zahlungen leistet, sind diese zweckgebunden so auszukehren, dass die Mängelbeseitigung durch die Gemeinschaft sichergestellt ist (BGH, Urt. v. 12.4.2007 – VII ZR 236/05).

d) Gemeinschaftliche Durchsetzung nach Gemeinschaftsbeschluss
aa) Abgestufte Ausübungsbefugnisse der Gemeinschaft

79 Auch wenn § 9a Abs. 2 WEG der Gemeinschaft der Wohnungseigentümer nur noch eine Ausübungsbefugnis für solche Rechte einräumt, die eine einheitliche Rechtsverfolgung erfordern und sie damit scheinbar von der Verfolgung des Erfüllungs- und Nacherfüllungsanspruchs aus den Erwerberverträgen ausschließt, soll das nach dem Willen des Gesetzgebers so nicht gelten. Aus der Gesetzesbegründung zu § 9a Abs. 2 WEG ist zu entnehmen, dass die Rechtsprechung des Bundesgerichtshofs zur Verfolgung der Mängelrechte aus den Erwerbsverträgen, die vor der WEG-Novelle von 2007 ergangen war, fortgelten soll. Das sind insbesondere die in der Entscheidung des BGH v. 12.4.2007 – VII ZR 236/05 zusammengefassten Grundsätze. Auch wenn die dazu in der Gesetzesbegründung angegebene Begründung nicht recht überzeugend ist, wird die Zuständigkeit der Gemeinschaft im Sinne der zitierten Rechtsprechung des Bundesgerichtshofs einerseits mit § 9a Abs. 2 WEG, andererseits mit der Erhaltungspflicht gemäß § 19 Abs. 2 Nr. 2 WEG begründet werden können (→ Rdn. 60/1).

Auf der Grundlage früherer Entscheidungen (vgl. BGH, Urt. v. 10.5.1979 – VII ZR 30/78; BGH, Urt. v. 4.6.1981 – VII ZR 9/80; Urt. v. 19.12.1996 – VII ZR 233/95) hat der Bundesgerichtshof das Recht der Wohnungseigentümergemeinschaft entwickelt, die Durchsetzung der auf eine ordnungsgemäße Herstellung des Gemeinschaftseigentums gerichteten Ansprüche an sich zu ziehen (BGH, Urt. v. 12.4.2007 – VII ZR 236/05, Rdn. 20). Wenn der einzelne Erwerber die Möglichkeit hat, zunächst die Durchsetzung dieser Ansprüche selbständig zu bewirken, so muss die Wohnungseigentümergemeinschaft die Möglichkeit haben, ihre Interessen zu wahren. Durch das Recht des Ansichziehens wird dies gewährleistet. Dieses Einschreiten der Wohnungseigentümergemeinschaft bewirkt, dass der einzelne Erwerber seine Befugnis verliert, seine Ansprüche selbständig durchzusetzen. Die Durchsetzung ist nach einer entsprechenden Beschlussfassung nur noch gemeinschaftlich möglich.

Die Rechtsgrundlage für die Befugnis der Gemeinschaft, die auf die ordnungsgemäße Herstellung des Gemeinschaftseigentums gerichteten Ansprüche aus den Erwerbsverträgen an sich zu ziehen und dann als Prozessstandschafterin geltend machen zu können, ergibt sich wie ehe-

Bauträgervertrag; anwendbare Vorschriften **§ 650u**

dem aus der Verpflichtung zur Erhaltung des Gemeinschaftseigentums (→ Rdn. 60/1), wobei der heutige Gesetzesbegriff der „Erhaltung" den Begriff der Instandsetzung aus dem früheren § 21 Abs. 5 Nr. 2 WEG umfasst. Zu einer ordnungsgemäßen, dem Interesse der Gesamtheit der Wohnungseigentümer entsprechenden Verwaltung gehört insbesondere die ordnungsgemäße Erhaltung des gemeinschaftlichen Eigentums (§ 19 Abs. 2 Nr. 2 WEG). Der Bundesgerichtshof hat auch die Durchsetzung der den einzelnen Erwerbern zustehenden Ansprüche, die auf die erstmalige, vertragsgemäße Herstellung des gemeinschaftlichen Eigentums gerichtet sind, dieser Verwaltungskompetenz zugeordnet (BGH, Urt. v. 12.4.2007 – VII ZR 236/05; Urt. v. 14.11.2014 – V ZR 118/13; Urt. v. 25.2.2016 – VII ZR 156/13). Hervorzuheben ist, dass der Bundesgerichtshof die bereits in der Entscheidung vom 10.5.1979 – VII ZR 30/78 entwickelten Grundsätze wiederholt. Danach ist die Beschränkung der Durchsetzungsbefugnis in jedem Vertrag über den Erwerb von Wohnungseigentum angelegt. Die sich aus dem Wohnungseigentumsgesetz ergebende Verwaltungsbefugnis überlagert die Befugnis der einzelnen Erwerber selbständig vorzugehen (vgl. auch BGH, Urt. v. 6.3.2014 – VII ZR 266/13; Wenzel, ZWE 2006, 109, 111).

Die früher in § 10 Abs. 6 Satz 3 WEG enthaltenen unterschiedlich starken Formen der Ausübungsbefugnisse wurden in die mit der WEG-Reform neu geschaffenen Vorschrift des § 9a Abs. 2 WEG nicht übernommen. § 10 Abs. 6 Satz 3 WEG a. F. war dahin verstanden worden, dass in der Formulierung „sie übt ... aus" eine Befugnis der Gemeinschaft zur Wahrnehmung von Rechten der Wohnungseigentümer durch die Gemeinschaft, und zwar zunächst als außergerichtliche Ermächtigung und im Falle der gerichtlichen Geltendmachung als gesetzliche Prozessstandschaft liegt. Der Gegenstand der Ermächtigung waren die gemeinschaftsbezogenen Rechte und die sonstigen Rechte, soweit diese gemeinschaftlich geltend gemacht werden können. § 9a Abs. 2 WEG kennt neben den Rechten die sich aus dem Eigentum ergeben, nur noch Rechte, die eine einheitliche Rechtsverfolgung erfordern, was den gemeinschaftsbezogenen Rechten des § 10 Abs. 6 Satz 3 WEG entspricht. Für sie besteht eine geborene Ausübungsbefugnis im Sinne einer Ermächtigung bzw. einer gesetzlichen Prozessstandschaft; der Wohnungseigentümer kann diese Rechte nicht individuell geltend machen, obwohl er Rechtsinhaber ist. Der Erfüllungs- und der Nacherfüllungsanspruch, sind Rechte, die nicht nur einheitlich verfolgt werden können, für die die Gemeinschaft also nicht von vornherein zuständig ist. Die Grundlage für die Vergemeinschaftung dieser Ansprüche ist an die frühere Rechtsprechung anknüpfend die Pflicht zur Erhaltung des gemeinschaftlichen Eigentums (→ Rdn. 69). § 19 Abs. 2 Nr. 2 WEG verschafft der Gemeinschaft nun die Rechtsmacht, die individuellen Ansprüche zum Zwecke der Geltendmachung an sich zu ziehen.

Nach der Rechtsprechung des Bundesgerichtshofs (BGH, Urt. v. 19.8.2010 – VII ZR 113/09, Rdn. 22) sind die Minderung und der kleine Schadensersatz gemeinschaftsbezogen, weil nur so die Verwendung für die Mängelbeseitigung sichergestellt ist. Für sie besteht danach das Erfordernis der einheitlichen Verfolgung i. S. v. § 9a Abs 2 WEG und folglich eine geborene Zuständigkeit der Gemeinschaft (Wenzel, ZWE 2006, 462, 467 Palandt/Wicke, § 9a WEG Rdn. 8). Die Nacherfüllung, der Vorschussanspruch und der Aufwendungsersatz werden von § 9a Abs. 2 WEG nicht erfasst mit der Folge, dass die Gemeinschaft auf diese Ansprüche eigens zugreifen und diese an sich ziehen muss (BGH, Urt. v. 25.2.2016 – VII ZR 156/13, Rdn. 17; Urt. v. 15.1.2010 – V ZR 80/09, Rdn. 7, m. abl. Anm. Schmid; Urt. v. 19.8.2010 – VII ZR 113/09, Rdn. 22); für sie besteht also nur eine gekorene Zuständigkeit (Wenzel, ZWE 2006, 462, 467). Keine Ausübungsbefugnis besteht für die Rechte, die auf die Rückabwicklung des Bauträgervertrages gerichtet sind, also der Rücktritt und der große Schadensersatz (BGH, Urt. v. 12.4.2007 – VII ZR 236/05, Rdn. 19 f.; BGH, Urt. v. 15.1.2010 – V ZR 80/09, Rdn. 22).

bb) Keine Beschlusskompetenz für nicht der Herstellung des ordnungsgemäßen Gemeinschaftseigentums dienende Ansprüche

§ 9a Abs. 2 und § 19 Abs. 2 Nr. 2 WEG verleihen der Wohnungseigentümergemeinschaft nur beschränkte Befugnisse, die Rechte der Erwerber durchzusetzen (→ Rdn. 71). Fehlt es an der Beschlusskompetenz, sind Beschlüsse der Wohnungseigentümergemeinschaft nichtig (BGH, Beschl. v. 20.9.2000 – V ZB 58/99; Urt. v. 12.5.2016 – VII ZR 171/15). Man wird allerdings „Vergemeinschaftungsbeschlüsse" bzw. „Ansichziehensbeschlüsse" dahin auslegen dürfen, dass sie im Zweifel solche Rechte der Erwerber nicht erfassen sollen (Vogel, NJW 2019, 1309).

Der Beschlusskompetenz sind von vornherein diejenigen Rechte der Erwerber entzogen, die darauf gerichtet sind, den Vertrag rückabzuwickeln. Das sind der Anspruch auf großen Schadensersatz statt der Leistung und das Recht auf Rücktritt (Wandelung nach altem Recht).

§ 650u

Denn mit der Geltendmachung dieser Rechte werden die Interessen der Gemeinschaft an einer ordnungsgemäßen Herstellung des Gemeinschaftseigentums nicht berührt (BGH, Urt. v. 19.8.2010 – VII ZR 113/09; Urt. v. 12.4.2007 – VII ZR 236/05; Urt. v. 27.7.2006 – VII ZR 276/05; Urt. v. 23.2.2006 – VII ZR 84/05). Die mittelbare Wirkung, dass der Veräußerer die Wohnung insgesamt zurückerhält, er den Erwerbspreis zurückzahlen muss und ihm damit Mittel entzogen werden, den Mangel zu beseitigen, vermag die Beschlusskompetenz nicht zu begründen. Der Bundesgerichtshof hat vielmehr deutlich zum Ausdruck gebracht, dass er jeglichem Gemeinschaftsbeschluss kritisch gegenübersteht, der das Recht des einzelnen Erwerbers, den Vertrag rückabzuwickeln, erschwert (vgl. auch Wenzel, ZWE 2006, 109, 114; ders. NJW 2007, 1905, 1906; Koeble, in: Hdb. BauträgerR, 4. Teil., Rdn. 320). Das bedeutet allerdings nicht, dass das Recht vom Vertrag zurückzutreten oder den großen Schadensersatzanspruch geltend zu machen, nicht dadurch untergehen kann, dass der Nacherfüllungsanspruch erfüllt wird oder eine Selbstvornahme betrieben wird. Die Erfüllung des Anspruchs kann auch durch einen Vergleich der Wohnungseigentümergemeinschaft bewirkt werden, mit dem die Mängelansprüche abgegolten sind (Wenzel, NJW 2007, 1905, 1906). Allerdings können in diesem Vergleich nicht bereits auf Rückabwicklung gerichtete und entstandene Ansprüche der einzelnen Erwerber geregelt werden (BGH, Urt. v. 27.7.2006 – VII ZR 276/05).

84   Ohne Rücksicht auf die Wohnungseigentümergemeinschaft kann der Erwerbe die Minderung der Vergütung wegen solcher Mängel am Gemeinschaftseigentum geltend machen, die sich nur an seinem Sondereigentum auswirken und deren Beseitigung nicht möglich ist (BGH, Urt. v. 15.2.1990 – VII ZR 269/88). Das kann z.B. der Fall sein bei unzureichend breiten Tiefgaragenstellplätzen (OLG Braunschweig, Urt. v. 20.6.2019 – 8 U 62/18 m. Anm. Pause, NZBau 2019, 3658). Der Beschlusskompetenz der Gemeinschaft unterfallen auch keine Ansprüche der Erwerber auf Ersatz des Schadens, der am Vermögen des Erwerbers infolge eines Mangels des Gemeinschaftseigentums entstanden ist, wie z.B. Finanzierungsschäden oder Mietausfälle. Auch die Durchsetzung dieser Ansprüche kann die Gemeinschaft nicht durch Mehrheitsbeschluss an sich ziehen. Etwas anderes gilt für den Anspruch auf Ersatz von Schäden infolge des Mangels des Gemeinschaftseigentums, der sich auch in diesem auswirkt, wie z.B. Feuchtigkeitsschäden im Beton und Putz infolge des Mangels der Abdichtung. Denn die Beseitigung dieser Schäden fällt in die allgemeine Verwaltungskompetenz der Gemeinschaft.

85   Die Wohnungseigentümergemeinschaft kann kaufvertragliche Nacherfüllungsansprüche der Erwerber gegen den Bauträger gemäß § 437 Nr. 1, § 439 BGB an sich ziehen und deren gemeinschaftliche gerichtliche Durchsetzung beschließen, wenn diese Ansprüche jeweils in vollem Umfang auf Beseitigung der Mängel am Gemeinschaftseigentum und damit auf das gleiche Ziel gerichtet sind (BGH, Urt. v. 25.2.2016 – VII ZR 156/13). Allein nach Kaufrecht zu beurteilende Ansprüche auf Minderung und sog. kleinen Schadensersatz fallen jedoch dann nicht in den Anwendungsbereich des § 9a Abs. 2 WEG, wenn eine gebrauchte Eigentumswohnung unter Ausschluss der Haftung für Sachmängel verkauft und eine Beschaffenheitsgarantie nicht vereinbart worden ist (BGH, Urt. v. 24.7.2015 – V ZR 167/14); → Rdn. 242f.

86   Die Beschlusskompetenz kann durch die Teilungserklärung beschränkt sein. Enthält eine Teilungserklärung die Bestimmung, dass jeder Wohnungseigentümer auf eigene Rechnung für die Instandhaltung von im Gemeinschaftseigentum stehenden Gegenständen (z.B. Wohnungseingangstüren) zu sorgen hat, darf die Eigentümergemeinschaft nach einer Entscheidung des OLG München (Beschl. v. 23.5.2007 – 32 Wx 30/07) gegen den Willen des betroffenen Wohnungseigentümers die Mangelbeseitigung nicht an sich ziehen. Die Wohnungseigentümergemeinschaft kann in diesem Fall keinen Vergleich mit Wirkung für einzelne Wohnungseigentümer abschließen. Ein diesbezüglicher Beschluss ist anfechtbar, jedenfalls nicht nichtig (näher und kritisch hierzu Vogel, ZMR 2010, 653, 654f.). Die Teilungserklärung kann aber auch keine Beschlusskompetenz für Angelegenheiten schaffen, die nicht das Verhältnis der Wohnungseigentümer untereinander betreffen. Eine Teilungserklärung, die die Möglichkeit einer Abnahme für noch nicht vorhandene Erwerber vorsieht (Nachzügler), ist diesem gegenüber unwirksam (BGH, Urt. v. 12.5.2016 – VII ZR 171/15).

cc) Beschlusskompetenz für die Durchsetzung der auf die ordnungsgemäße Herstellung des Gemeinschaftseigentums gerichteten Ansprüche

87   Die Wohnungseigentümergemeinschaft kann im Rahmen des ihr einzuräumenden Zugriffsermessens (Wenzel, ZWE 2006, 462, 467; Pause/Vogel, BauR 2007, 1298, 1307) durch Beschluss die Durchsetzung der auf die ordnungsgemäße Herstellung des Gemeinschaftseigentums gerichteten Ansprüche an sich ziehen (BGH, Urt. v. 19.8.2010 – VII ZR 113/09;

Urt. v. 15.1.2010 – V ZR 80/09; Urt. v. 12.4.2007 – VII ZR 236/05). Insoweit besteht eine Beschlusskompetenz. Eine originäre Berechtigung der Wohnungseigentümergemeinschaft zur Durchsetzung der Ansprüche besteht nicht (Wenzel, NJW 2007, 1905, 1908). Im Rahmen dieser Beschlusskompetenz ergangene Beschlüsse sind grundsätzlich wirksam. Mit Beschlussfassung ist die Wohnungseigentümergemeinschaft für die Durchsetzung der auf die Beseitigung von Mängeln des Gemeinschaftseigentums gerichteten Ansprüche grundsätzlich allein zuständig (BGH, Urt. v. 19.8.2010 – VII ZR 113/09). Der Beschluss bindet alle im Zeitpunkt der Beschlussfassung vorhandenen Mitglieder der Wohnungseigentümergemeinschaft, also auch die überstimmten oder abwesenden Eigentümer (Wenzel, ZWE 2006, 109, 113). Der Beschluss kann angefochten werden mit der Begründung, die Mehrheitsentscheidung entspreche nicht den Grundsätzen ordnungsgemäßer Verwaltung. Die Wohnungseigentümergemeinschaft hat bei ihrer Entscheidung nicht nur die Gemeinschaftsinteressen, sondern auch die individuellen Interessen des einzelnen Eigentümers zu berücksichtigen und diese, wenn sie widerstreiten, gegeneinander abzuwägen. Allerdings ist ihr ein Ausübungsermessen einzuräumen (Wenzel, ZWE 2006, 109, 112; Pause/Vogel, BauR 2007, 1298, 1307), womit die Verwaltungsentscheidung, welche Rechte in welcher Weise geltend gemacht werden, nur beschränkt auf Ermessensüberschreitung oder Ermessensfehlgebrauch überprüfbar ist.

Die Wohnungseigentümergemeinschaft kann die Durchsetzung des Erfüllungs- und Nacherfüllungsanspruch an sich ziehen sowie die Durchsetzung der Ansprüche, die an ihre Stelle treten, also der Anspruch auf Vorschuss oder auf Ersatz der erforderlichen Aufwendungen. Sie kann auch den kaufvertraglichen Nacherfüllungsanspruch auf Beseitigung von Mängeln des Gemeinschaftseigentums an sich ziehen (BGH, Urt. v. 25.2.2016 – VII ZR 156/13). Der BGH hat allerdings offen gelassen, ob der kaufrechtliche Anspruch grundsätzlich dahin gehe, die volle Nacherfüllung zu verlangen oder nur Befreiung von der Verbindlichkeit gegenüber der Wohnungseigentümergemeinschaft in Höhe der Quote, die der Erwerber zu tragen habe (vgl. BGH, Urt. v. 24.7.2015 – V ZR 167/14), → Rdn. 241 f. **88**

Die Wohnungseigentümergemeinschaft ist für die auf Kompensation gerichteten Ansprüche, soweit sie auf die ordnungsgemäße Herstellung des Gemeinschaftseigentums gerichtet sind, originär ausübungsbefugt (→ Rdn. 70). Die Wohnungseigentümergemeinschaft kann deshalb auch beschließen, einen Anspruch auf Schadensersatz statt der Leistung oder auf Minderung geltend zu machen. Soweit der Bundesgerichtshof insoweit eine originäre Zuständigkeit der Wohnungseigentümergemeinschaft nach altem Recht angenommen hat (BGH, Urt. v. 10.5.1979 – VII ZR 30/78), ist dies bisweilen missverstanden worden. Mit dieser Entscheidung ist zum Ausdruck gebracht, dass es auch im Interesse des Veräußerers nur eine einheitliche Lösung geben kann, soweit es um Mängel des Gemeinschaftseigentums geht. Die Wohnungseigentümergemeinschaft muss entscheiden, ob sie die Mängel beseitigen lassen will. Entscheidet sie sich dafür, muss ihr das Geld dazu aus den Ansprüchen der Erwerber zur Verfügung gestellt werden. Dabei ist es in aller Regel gleich, ob sie Minderung oder Schadensersatz wählt. Die wesentliche Entscheidung ist vielmehr, ob sie es unter Verzicht auf eine Mängelbeseitigung den Erwerbern überlassen will, den Minderwert ihrer Wohnung geltend zu machen oder einen Schadensersatzanspruch, der nicht nach den gesamten Mängelbeseitigungskosten berechnet wird. Diese Entscheidung muss die Gemeinschaft fällen (vgl. BGH, Urt. v. 4.11.1982 – VII ZR 53/82). Insoweit besteht eine originäre Entscheidungskompetenz (BGH, Urt. v. 12.4.2007 – VII ZR 236/05). Wählt sie die Möglichkeit der Wertminderung für jede einzelne Wohnung fließt ihr das Geld zur Mängelbeseitigung nicht zu. Ob und inwieweit eine solche Entscheidung den Grundsätzen der ordnungsgemäßen Verwaltung entspricht, hängt vom Einzelfall ab. In aller Regel wird es geboten sein, eine Entscheidung zu fällen, die die Voraussetzungen dafür schafft, dass der Mangel des Gemeinschaftseigentums beseitigt wird. An sich ziehen kann die Gemeinschaft nur die Durchsetzung der Ansprüche, die darauf gerichtet sind, ihr die Mittel zur ordnungsgemäßen Herstellung des Gemeinschaftseigentums zufließen zu lassen. Entscheidet sie sich dafür, dass die einzelnen Erwerber Minderung oder einen individuell berechneten kleinen Schadensersatz geltend machen können, so entfällt die Gemeinschaftsbezogenheit (Koeble, in: Hdb. BauträgerR, 4. Teil, Rdn. 315, 318). Solche Ansprüche können von der Gemeinschaft nicht auf der Grundlage der gesetzlichen Prozessstandschaft geltend gemacht werden. Daraus folgt auch, dass die Gemeinschaft keine Beschlusskompetenz in den Fällen hat, in denen eine Mängelbeseitigung von vornherein nicht durchsetzbar ist. Das sind zunächst die Fälle, in denen die Mängelbeseitigung unmöglich ist. Der Schadensersatz wird dann nach dem Minderwert berechnet. Dieser hängt von dem Wert jeder Wohnung ab. Es muss den Erwerbern überlassen bleiben, diesen durchzusetzen. Sie können allerdings die Wohnungseigentümergemeinschaft ermächtigen, diesen Anspruch gemeinsam mit anderen, auf Nacherfüllung gerichteten An- **89** sprüchen durchzusetzen. Verweigert der Unternehmer die Mängelbeseitigung zu Recht wegen unverhältnismäßiger Kosten, gilt Gleiches (Wenzel, NJW 2007, 1905, 1907).

90 Problematisch ist, inwieweit ein Erwerber trotz des Beschlusses, mit dem die Gemeinschaft die Durchsetzung der Ansprüche an sich gezogen hat, selbständig mit dem Ziel gegen den Veräußerer vorgehen kann, sich vom Vertrag durch Rücktritt oder der Wahl des großen Schadensersatzes zu lösen. Der Erwerber kann zunächst selbständig die Voraussetzungen für einen solchen Anspruch schaffen, solange ein Beschluss der Gemeinschaft nicht vorliegt. Er kann also zunächst selbständig eine Frist zur Mängelbeseitigung setzen. Ist die Frist abgelaufen, kann er sich vom Vertrag lösen. Diese Fristsetzung wird nicht dadurch wirkungslos, dass die Gemeinschaft die Durchsetzung der Rechte an sich zieht. Mit dem Beschluss, die Durchsetzung der Rechte an sich zu ziehen, fällt der Wohnungseigentümergemeinschaft auch das Recht zu, eine Mängelbeseitigung zu fordern und dafür eine Frist zu setzen. Es ist vertreten worden, dass damit dem einzelnen Wohnungseigentümer das Recht genommen worden ist, durch Forderung der Mängelbeseitigung und Fristsetzung (mit Ablehnungsandrohung nach altem Recht) die Voraussetzungen für den Anspruch auf Rücktritt oder großen Schadensersatz zu schaffen (Bärmann/Wenzel, WEG, 10. Aufl., nach § 10 Rdn. 39 f.). Dem ist der Bundesgerichtshof entgegengetreten. Derart weit reichende Folgen sind damit, dass die Wohnungseigentümergemeinschaft die Durchsetzung der auf die ordnungsgemäße Herstellung des Gemeinschaftseigentums gerichteten Rechte an sich zieht, nicht in jedem Fall verbunden. Der Erwerber von Wohnungseigentum ist vielmehr berechtigt, seine individuellen Ansprüche aus dem Vertrag mit dem Veräußerer selbständig zu verfolgen, solange durch sein Vorgehen gemeinschaftsbezogene Interessen der Wohnungseigentümer oder schützenswerte Interessen des Veräußerers nicht beeinträchtigt sind. Der einzelne Erwerber kann deshalb von dem Veräußerer Mängelbeseitigung fordern und eine Frist zur Nachbesserung (mit Ablehnungsandrohung nach altem Recht) setzen, solange die Wohnungseigentümergemeinschaft von dem Veräußerer ebenfalls Mängelbeseitigung fordert und noch keine weiteren Maßnahmen beschlossen hat, sondern noch verhandelt. In diesem Fall ist die Interessenlage grundsätzlich identisch (BGH, Urt. v. 19.08.2010 – VII ZR 113/09). Gleiches gilt, wenn die Wohnungseigentümergemeinschaft bereits beschlossen hat, Vorschuss zu verlangen und die Mängelbeseitigung gleichwohl noch zulässt (BGH, a. a. O.; Urt. v. 23.2.2006 – VII ZR 84/05). Denn die Forderung nach Mängelbeseitigung wird dem vorrangigen Interesse der Gemeinschaft gerecht, ein ordnungsgemäßes Wohnungseigentum zu erhalten. Es ist nochmals darauf hinzuweisen, dass das Recht des einzelnen Wohnungseigentümers den großen Schadensersatz zu verlangen, nicht den beiderseits schützenswerten Interessen der Wohnungseigentümergemeinschaft und des Veräußerers entgegenstehen. Insbesondere kann dieser nicht geltend machen, er bliebe den verbleibenden Wohnungseigentümern zur Nacherfüllung oder gegebenenfalls zur Zahlung eines Vorschusses oder des kleinen Schadensersatzes verpflichtet. Das mag für ihn wirtschaftlich nachteilig sein, weil er eine Wohnung zurücknehmen muss, die er nicht mehr mit dem ursprünglichen Gewinn veräußern kann. Ansonsten fließt die weiterhin geschuldete Mängelbeseitigung auch dem Wert der zurückgenommen Wohnung zu.

91 Nach einer Entscheidung des OLG Hamm (Urt. v. 13.2.2007 – 21 U 69/06) kann der Erwerber Rückabwicklung nicht mehr verlangen, wenn in dem Zeitpunkt, in dem die Voraussetzungen für den Anspruch geschaffen werden sollen, also eine Nachbesserung unter Fristsetzung verlangt wird, die Wohnungseigentümergemeinschaft bereits auf Grund eines rechtskräftigen Urteils von dem Veräußerer den Vorschuss für die Mängelbeseitigung erhalten hatte. Denn mit diesem Verlangen würden die Interessen und Rechte der Gemeinschaft beeinträchtigt. Allerdings stellt sich die Frage, inwieweit die Interessen der Gemeinschaft beeinträchtigt sein können, wenn dieser der Vorschuss verbleibt und ein Eigentümer ausscheidet. In solchen Fällen wird allerdings die Eigentümergemeinschaft in der Regel die Mängelbeseitigung nicht mehr zulassen. In diesem Fall hat der einzelne Wohnungseigentümer keine Möglichkeit, dem Bauträger eine Frist zur Mängelbeseitigung zu setzen, denn er würde Unmögliches verlangen. Das gilt auch dann, wenn die Wohnungseigentümergemeinschaft beschlossen hat, die Mängelbeseitigung solange nicht zuzulassen, bis geklärt ist, welche von verschiedenen möglichen Maßnahmen gewählt wird (BGH, Urt. v. 6.3.2014 – VII ZR 266/13; ferner OLG Frankfurt, Urt. v. 28.5.2019 – 14 U 253/10). Da die Fristsetzung dem Bauträger die Gelegenheit geben soll, den Mangel zu beseitigen, ist in diesem Fall das Recht des einzelnen Erwerbers blockiert, sich vom Vertrag zu lösen. Das muss er als Ausfluss des Umstandes hinnehmen, dass er gemeinschaftsgebundenes Eigentum erworben hat (BGH, a. a. O.).

dd) Die Durchsetzung der Ansprüche

Zieht die Wohnungseigentümergemeinschaft die Durchsetzung der Ansprüche wegen Mängeln des Gemeinschaftseigentums an sich, bevor die Erwerber wegen der Mängel etwas unternommen haben, muss die Wohnungseigentümergemeinschaft über das weitere Vorgehen wegen der Mängel entscheiden. Sie kann beschließen, dem Veräußerer eine Frist zur Mängelbeseitigung zu setzen. Sie kann z. B. auch beschließen, von ihm ein Sanierungskonzept zu verlangen und die Mängelbeseitigung erst nach Vorlage des Sanierungskonzepts zuzulassen. Sie kann nach Ablauf der Frist beschließen, Vorschuss zu verlangen und diesem Verlangen eine bestimmte, nach dem Vertrag geschuldete Sanierung zugrunde legen. Sie kann ebenso beschließen, zunächst die Mängel zu beseitigen und danach Aufwendungsersatz zu fordern. Schließlich kann sie beschließen, den kleinen Schadensersatzanspruch in Höhe der Mängelbeseitigungskosten geltend zu machen. 92

Zur gesetzlichen Ermächtigung gehört auch die Befugnis, eine abschließende Regelung über die Mängelrechte einzuleiten. Die Wohnungseigentümergemeinschaft kann also auf Grundlage des Erstbeschlusses Vergleichsgespräche mit dem Veräußerer führen und einen Vergleich aushandeln (Wenzel, ZWE 2006, 109, 119; Pause/Vogel, BauR 2007, 1298, 1304; OLG München, Beschl. v. 23.5.2007 – 32 Wx 30/07; OLG Köln, Urt. v. 23.10.2013 – 11 U 109/13). Gerade dieser Punkt ist für die Praxis besonders wichtig. Denn in der Vergangenheit hat sich immer wieder gezeigt, dass eine sinnvolle Lösung mit dem Veräußerer an dem Widerspruch einzelner Erwerber scheiterte. Diese müssen die Mehrheitsentscheidung der Wohnungseigentümergemeinschaft hinnehmen, solange sie den Grundsätzen ordnungsgemäßer Verwaltung entspricht. Es dürfte allerdings den Grundsätzen der ordnungsgemäßen Verwaltung entsprechen, einen gesonderten Mehrheitsbeschluss über den Vergleich herbeizuführen (zu den Fallstricken Vogel, ZWE 2016, 442, 450). 93

Die Wohnungseigentümergemeinschaft kann beschließen, nur die Rechte einzelner Wohnungseigentümer geltend zu machen (BGH, Urt. v. 15.1.2010 – V ZR 80/09). Das ist insbesondere dann sinnvoll und sachlich geboten, wenn andere Wohnungseigentümer ihre Rechte verloren haben oder sie nicht mehr geltend machen können (BGH, a. a. O.). So kann der Anspruch einzelner Erwerber auf Nacherfüllung daran scheitern, dass sie sich ihre Rechte trotz Kenntnis von den Mängeln bei der Abnahme nicht vorbehalten haben. Insbesondere kann der Anspruch eines Erwerbers verjährt sein, während die Ansprüche anderer Erwerber noch nicht verjährt sind. Auch wenn nur noch ein Wohnungseigentümer ein Recht wegen der Mängel hat, bleibt die Möglichkeit, die Durchsetzung der Mängel an sich zu ziehen bestehen, denn auch dann ist es Sache der Wohnungseigentümergemeinschaft darüber zu entscheiden, wie der Mangel beseitigt wird und welche Rechte insoweit geltend gemacht werden (BGH, a. a. O.; Urt. v. 25.2.2016 – VII ZR 156/13). Aus allem folgt, dass nicht die Rede davon sein kann, dass die Gemeinschaftskompetenz auf diejenigen Ansprüche beschränkt ist, die allen Erwerbern zustehen (zutreffend: OLG Hamm, Urt. v. 7.5.2010 – 19 U 68/09). Beschließt die Wohnungseigentümergemeinschaft, nur die Ansprüche einzelner Erwerber geltend zu machen, besteht gleichwohl eine Durchsetzungssperre für die anderen Erwerber. Denn der Durchsetzung steht nach wie vor § 18 Abs. 1 WEG entgegen. Diese kann nur aufgrund Gemeinschaftsbeschlusses erfolgen. 94

Etwas komplexer ist die Lage, wenn die Wohnungseigentümergemeinschaft die Durchsetzung der Ansprüche erst beschließt, nachdem einzelne Erwerber bereits aktiv geworden sind. Die Wohnungseigentümer können die Rechte nur insoweit durchsetzen, soweit sie bestehen. Hat ein einzelner Wohnungseigentümer bereits eine Frist gesetzt, ist das nicht schädlich. Denn auch nach Fristsetzung kann noch Nacherfüllung verlangt werden. Die Wohnungseigentümergemeinschaft kann alle sich aus § 634 BGB ergebenden Rechte geltend machen. Anders ist das, wenn ein Erwerber bereits eine verbindliche Wahl getroffen hat. Hat er Rücktritt oder den großen Schadensersatz statt der Leistung gewählt, so bestehen keine Erfüllungsansprüche dieses Wohnungseigentümers mehr (vgl. BGH, Urt. v. 27.7.2006 – VII ZR 276/05). Die Wohnungseigentümergemeinschaft kann deshalb diese Rechte auch nicht mehr geltend machen. Sie ist jedoch nicht gehindert, die Erfüllungsansprüche anderer Wohnungseigentümer geltend zu machen. Durch das Ausscheiden eines oder mehrerer Erwerber wird der Anspruch der anderen Erwerber auf Herstellung eines ordnungsgemäßen Gemeinschaftseigentums grundsätzlich nicht berührt. Dementsprechend kann die Wohnungseigentümergemeinschaft auch weiter den Vorschussanspruch anderer Erwerber in voller Höhe geltend machen. Das gilt selbst dann, wenn sie sich in einem vorhergehenden Beschluss bereits für Schadensersatz entschieden hat, denn der Vorschussanspruch geht erst unter, wenn gegenüber dem Veräußerer Schadens- 95 ersatz gewählt worden ist (OLG Stuttgart, Urt. v. 3.7.2012 – 10 U 33/12). Gleiches gilt für den Anspruch auf kleinen Schadensersatz (unzutreffend Baer, BTR 2006, 113, 117, der verkennt, dass der Bauträger dem einzelnen Erwerber keine Quote schuldet, sondern den gesamten zur Mängelbeseitigung notwendigen Betrag). Der Bundesgerichtshof ist ausdrücklich dem Argument entgegengetreten, der Veräußerer würde unbillig benachteiligt, wenn einzelne Erwerber wegen eines Mangels des Gemeinschaftseigentums Rückabwicklung forderten, während andere auf Nacherfüllung bestünden (BGH, Urt. v. 27.7.2006 – VII ZR 276/05). Letztlich fließt die Nacherfüllungsleistung dem Veräußerer zu, denn er steigert damit den Wert der Wohnungen, die er zurückerhalten hat und erneut verkaufen will.

96 Schwierigkeiten bereitet die Lösung der Fälle, in denen die Erwerber inhaltlich verschiedenartige Vereinbarungen über die Beschaffenheit des Gemeinschaftseigentums getroffen haben. Zieht die Wohnungseigentümergemeinschaft die Ansprüche an sich, muss sie sich entscheiden, welchen der verschiedenartigen Ansprüche sie geltend macht (Pause, Rdn. 962; zur Frage, inwieweit in diesen Fällen Einstimmigkeit erforderlich sein könnte vgl. Baer, BTR 2006, 113, 116). Hat z.B. der Erwerber A einen Vertrag, nach dem ein Wärmedämmputz geschuldet ist und haben die übrigen Erwerber einen Vertrag, nachdem ein einfacher Kunststoffputz geschuldet ist, so kann die Gemeinschaft beschließen, den Anspruch des A geltend zu machen. Sie kann allerdings auch beschließen, nur einen Kunststoffputz aufbringen zu lassen. In diesem Fall ist die Durchsetzung des vertraglichen Anspruchs des A blockiert. Die Entscheidung der Wohnungseigentümergemeinschaft kann allerdings nicht dazu führen, dass jeglicher Anspruch des A untergeht. Vielmehr kann er lediglich keine Erfüllung mehr verlangen und auch keine Ansprüche geltend machen, die auf Erfüllung gerichtet sind. So kann er keinen Anspruch auf Vorschuss in Höhe der Kosten für die Anbringung eines Wärmedämmputzes geltend machen. A ist auf Kompensation zu verweisen. Dieser individuelle Anspruch ist nicht gemeinschaftsbezogen. A kann deshalb Minderung verlangen, weil entgegen der vertraglichen Vereinbarung kein Wärmedämmputz aufgebracht worden ist.

e) Beschlussfassung

97 Die Wohnungseigentümergemeinschaft entscheidet über die Durchsetzung der den Erwerbern wegen Mängeln des Gemeinschaftseigentums zustehenden Ansprüche durch Mehrheitsbeschluss. Entscheidungsbefugt sind grundsätzlich die Wohnungseigentümer. Es kommt nicht darauf an, inwieweit den einzelnen Wohnungseigentümer selbst Ansprüche zustehen (vgl. auch BGH, Urt. v. 27.7.2006 – VII ZR 276/05). Die Wohnungseigentümergemeinschaft kann einen entsprechenden Beschluss sogar dann fassen, wenn nur noch einem Wohnungseigentümer ein Mängelanspruch zusteht (BGH, Urt. v. 15.1.2010 – V ZR 80/09). Stimmberechtigt sind auch diejenigen Wohnungseigentümer, die den großen Schadensersatz verlangen, die Wohnung jedoch noch nicht zurückgegeben haben (BGH, a.a.O.). Beschlüsse der Wohnungseigentümergemeinschaft begründen im Zweifel deren Ausübungsbefugnis (OLG München, Urt. v. 19.4.2016 – 9 U 3566/15 Bau; OLG Frankfurt, Urt. v. 10.12.2018 – 29 U 123/17, Rdn. 29; weitergehend OLG Karlsruhe, Urt. v. 10.4.2018 – 8 U 19/14, Rdn. 40 ff., für die gemeinschaftliche Beauftragung eines Sachverständigen).

98 Die Wohnungseigentümergemeinschaft entsteht mit der Anlegung der Wohnungsgrundbücher, und zwar auch im Fall der Teilung durch den Alleineigentümer (§ 9a Abs. 1 Satz 2 WEG). Die Erwerber gelten als Wohnungseigentümer, treten also der zunächst aus dem Bauträger bestehenden Gemeinschaft hinzu, sobald die Voraussetzungen des § 8 Abs. 3 WEG gegeben sind, nämlich ein durch Vormerkung gesicherter Auflassungsanspruch eingetragen und Besitz am Sondereigentum verschafft wurde (Palandt/Wicke, § 8 WEG Rdn. 8; Hügel/Elzer, § 8 WEG Rdn. 68 f.).

99 Die von der Rechtsprechung zur Rechtsfigur des werdenden Wohnungseigentümers entwickelten Grundsätze dürften auch im Anwendungsbereich von § 8 Abs. 3 WEG beachtlich bleiben. In den Fällen, in denen die Wohnungseigentümergemeinschaft besteht, diese jedoch noch nicht vollständig ist, weil einige Erwerber noch als werdende Wohnungseigentümer i.S.v. § 8 Abs. 3 WEG einzuordnen sind, muss der werdende Eigentümer an den Beschlüssen über die gemeinschaftliche Durchsetzung der Ansprüche wegen Mängeln des Gemeinschaftseigentums beteiligt werden (vgl. BGH, Beschl. v. 5.6.2008 – V ZB 85/07; OLG Hamm, Urt. v. 10.5.2007 – 15 W 428/06). Ein Erwerber von Wohnungseigentum, der den Erwerbsvertrag vor Entstehen der Wohnungseigentümergemeinschaft abschließt und zu dessen Gunsten eine Auflassungsvormerkung eingetragen wird, ist auch dann als werdender Wohnungseigentümer anzusehen, wenn er den Besitz an der Wohnung erst nach dem Entstehen der Wohnungseigen-

Bauträgervertrag; anwendbare Vorschriften § 650u

tümergemeinschaft erlangt (BGH, Urt. v. 11.5.2012 – V ZR 196/11) oder der Erwerbsvertrag hiernach abgeschlossen wird (BGH, Urt. v. 14.2.2020 – V ZR 159/19). Ein werdender Wohnungseigentümer bleibt auch dann Mitglied des Verbands, wenn er die Einheit unter Abtretung des vorgemerkten Übereignungsanspruchs und Besitzübertragung veräußert; der Erwerber ist nicht als werdender Wohnungseigentümer anzusehen (BGH, Urt. v. 24.7.2015 – V ZR 275/14). Als werdender Wohnungseigentümer ist allerdings nur anzusehen, wer (neben einem durch Vormerkung gesicherten Eigentumserwerbsanspruch) den Besitz an der erworbenen Wohnung durch Übergabe erlangt hat. Ein gegen den Willen des Bauträgers erlangter Besitz (Auswechseln der vom Bauträger installierten provisorischen Türen) reicht danach nicht (BGH, Urteil vom 11.12.2015 – V ZR 80/15). Ob der Erwerbsvertrag eine Errichtungs-, Herstellungs- oder Sanierungsverpflichtung enthält, ist irrelevant; die Grundsätze über den werdenden Wohnungseigentümer geltend für jeden Ersterwerb vom teilenden Eigentümer (BGH, Urt. v. 14.2.2020 – V ZR 159/19).

Sind Wohnungen noch nicht veräußert, gehört der Veräußerer der Gemeinschaft an (Wenzel, ZWE 2006, 109, 112). Insoweit stellt sich die Frage, ob der Veräußerer (Bauträger) trotz der Regelung des § 25 Abs. 4 WEG ein Stimmrecht hat. Nach der Rechtsprechung des Bundesgerichtshofs werden von dem Stimmrechtsverbot nach § 25 Abs. 4 Alt. 2 WEG nur Abstimmungen über Beschlussgegenstände erfasst, die verfahrensrechtliche Maßnahmen betreffen, worunter insbesondere Beschlüsse über die Einleitung des Rechtsstreits, die Art und Weise der Prozessführung und die Frage der verfahrensrechtlichen Beendigung fallen. Dass eine Beschlussfassung Auswirkungen auf den Rechtsstreit in materiell-rechtlicher Hinsicht hat oder haben kann, genügt nicht (BGH, Urt. v. 14.10.2011 – V ZR 56/11). Daraus folgt, dass der Bauträger kein Stimmrecht hat, wenn es um die Einleitung eines Rechtsstreits mit ihm geht. Dass das Gesetz den Rechtsstreit zwischen der Wohnungseigentümergemeinschaft und dem Wohnungseigentümer nicht erwähnt, ist unschädlich. § 25 Abs. 4 WEG wird entsprechend angewandt (BGH, Urt. v. 6.12.2013 – V ZR 85/13). Ob das auch für den Beschluss über das Ansichziehen der Rechte der einzelnen Eigentümer geht, ist noch offen, wird jedoch in der Rechtsprechung (schon nach altem Recht) bejaht (OLG Köln, Beschl. v. 10.12.1990 – 16 Wx 134/90; BayObLG, Urt. v. 31.1.1992 – BReg. 2 Z 143/91; Pause, Rdn. 974; Pause/Vogel, BauR 2007, 1298, 1307 m. w. N.). Dafür dürfte sprechen, dass durch das Ansichziehen der Rechte die Grundlage für die gesetzliche Prozessstandschaft geschaffen wird, deren Verhinderung der Bauträger trotz der Interessenkollision sonst bewirken könnte. Allerdings muss dem Veräußerer Gelegenheit gegeben werden, seine Vorstellungen in die Willensbildung der Wohnungseigentümergemeinschaft einzubringen. Ist er noch Eigentümer von Wohnungen, kann er von der Versammlung deshalb nicht ausgeschlossen werden (a. A. OLG Hamm, Urt. v. 10.5.2007 – 15 W 428/06 für den Fall, dass ein Wohnungseigentümer noch nicht eingetragen war, weil er Mängel gerügt hat).

Problematisch ist, ob die Wohnungseigentümergemeinschaft auch die Durchsetzung der Rechte derjenigen Erwerber an sich ziehen kann, die nicht oder nicht mehr Wohnungseigentümer sind (vgl. dazu eingehend Wagner, ZNotP 2007, 288 ff.; Pause, Rdn. 964). Der Bundesgerichtshof hat zu diesem Problemkreis ausgeführt (BGH, Urt. v. 15.1.2010 – V ZR 80/09): „Sowohl vor dem Eintritt von „Nachzüglern" als auch nach dem Ausscheiden von Erwerbern ist die Gemeinschaft für die ordnungsgemäße Errichtung verantwortlich. Zwar bleiben auch die der Gemeinschaft noch nicht angehörenden oder wieder ausgeschiedenen Erwerber Inhaber ihrer vertraglichen Rechte. Es fehlt ihnen jedoch die Ausübungsbefugnis, soweit sie ihre Ansprüche auch in der Wohnungseigentümergemeinschaft nicht allein hätten durchsetzen können. Die Befugnis der Wohnungseigentümergemeinschaft überlagert auch in derartigen Konstellationen die individuelle Rechtsverfolgungskompetenz des Einzelnen. Die mit der Ausübungsbefugnis der Gemeinschaft korrespondierende Einschränkung des einzelnen Wohnungseigentümers in der Ausübung seiner vertraglichen Rechte ist dem jeweiligen Vertrag immanent. Das Vertragsverhältnis wird bereits mit dieser Beschränkung begründet. Dann aber liegt es auf der Hand, dass die Befugnis der Wohnungseigentümer, Rechte auf den Verband zur Ausübung zu übertragen, nicht davon abhängen kann, ob der Veräußerer noch weiteren Erwerbern gleichgerichtete Ansprüche eingeräumt hat." Die Entscheidung ist eine konsequente Fortentwicklung des Rechtsgedankens, mit dem Erwerb eines Wohnungseigentums seien die Rechte des einzelnen Erwerbers immanent beschränkt.

Der Beschluss der Wohnungseigentümergemeinschaft sollte zum Ausdruck bringen, welche Ansprüche die Wohnungseigentümergemeinschaft zur Durchsetzung an sich zieht. Durch Beschluss kann die Durchsetzung einzelner Ansprüche an sich gezogen werden, wie z. B. die Durchsetzung des Vorschussanspruches. Der Bundesgerichtshof hat angenommen, dass die Durchsetzung der auf Mängelbeseitigung gerichteten Ansprüche nicht zwingend an sich

100

101

102

gezogen wird, wenn die Gemeinschaft beschließt, den Bauträger auf Vorschuss zu verklagen (BGH, Urt. v. 27.7.2006 – VII ZR 276/05). Diese Entscheidung ist in der Sache allerdings beschränkt auf die Fälle, in denen der Mängelbeseitigungsanspruch mit dem Ziel geltend gemacht wird, nach dessen Nichterfüllung den großen Schadensersatz oder einen Rücktritt geltend zu machen. Dagegen wird man grundsätzlich davon ausgehen müssen, dass eine Wohnungseigentümergemeinschaft, die sich für Vorschuss entscheidet, auch die Möglichkeiten der Erfüllung und Nacherfüllung nicht mehr in die Hand des einzelnen Erwerbers legen will (ebenso jetzt OLG Frankfurt, Urt. v. 10.12.2018 – 29 U 123/17, Rdn. 33). Insbesondere muss sie darüber entscheiden, ob überhaupt noch Nacherfüllung zugelassen wird. Es empfiehlt sich jedoch, in dem Beschluss klar zu stellen, dass die Wohnungseigentümergemeinschaft auch den Nacherfüllungsanspruch an sich zieht. Zulässig ist aber auch ein Beschluss, in dem die Wohnungseigentümergemeinschaft die Ausübung sämtlicher Mängelrechte an sich zieht, die der Instandsetzung des Gemeinschaftseigentums dienen. Einzelne Rechte müssen nicht genannt werden. Es obliegt dann der Gemeinschaft, welche Rechte sie geltend macht. Als ausreichend wurde ein Beschluss angesehen, mit der die Wohnungseigentümergemeinschaft die Hausverwaltung bevollmächtigt, ihre Gewährleistungsansprüche betreffend die Mängel am Gemeinschaftseigentum gegenüber dem Veräußerer gerichtlich geltend zu machen, damit der Gemeinschaft die Ansprüche gesichert werden (BGH, Urt. v. 19.8.2010 – VII ZR 113/09). Wirksam ist auch ein Beschluss, mit dem die Wohnungseigentümer zur Durchsetzung der auf die ordnungsgemäße Herstellung des Gemeinschaftseigentums gerichteten Rechte der Erwerber von Wohnungseigentum beschließen, dass die Wohnungseigentümergemeinschaft die Sachmängelgewährleistungsansprüche der Miteigentümer an sich zieht. Unschädlich ist es bei einem solchen Beschluss, wenn die Wohnungseigentümer die Gemeinschaft ausdrücklich ermächtigen, die Rechte der Wohnungseigentümer geltend zu machen. Diese Ermächtigung folgt nach dem Ansichziehen der Wohnungseigentümergemeinschaft zwar schon aus dem Gesetz. Dass ein Beschluss die gesetzliche Folge nochmals klar stellt, macht ihn nicht unwirksam (BGH, Urt. v. 15.1.2010 – V ZR 80/09). Unschädlich ist es auch, wenn mit dem Beschluss die Mängelansprüche an einzelne Erwerber abgetreten werden, was nicht möglich ist, jedoch die Wirksamkeit des Beschlusses über die Durchsetzung der Mängelansprüche nicht tangiert (OLG Stuttgart, Urt. v. 3.7.2012 – 10 U 33/12). Auch eine unwirksame Ermächtigung zur Aufrechnung berührt die Wirksamkeit des Beschlusses nicht (OLG Stuttgart, a.a.O.). Wirksam ist auch ein Beschluss, in dem „die Verwaltung beauftragt und bevollmächtigt wird, Ansprüche wegen aller bisher festgestellten Mängel am Gemeinschaftseigentum ... gerichtlich geltend zu machen" (OLG München, Urt. v. 16.11.2010 – 9 U 2342/10). Solch ein Beschluss kann nicht dahin ausgelegt werden, dass damit auch Ansprüche geltend gemacht werden sollen, die nicht gemeinschaftlich verfolgt werden dürfen. Insgesamt neigt die Rechtsprechung dazu, auch misslungene Beschlussformulierungen zu Gunsten einer effektiven Verfolgung der Mängelrechte gegen den Bauträger auszulegen (Riecke/Schmid-Riecke/Vogel, Anhang zu § 8 WEG Rdn. 57e m. w. N.).

f) Rechtsfolgen

103 Hat die Wohnungseigentümergemeinschaft die Durchsetzung der auf Erfüllung gerichteten Ansprüche an sich gezogen, so ist sie befugt, diese geltend zu machen. Sie handelt mit gesetzlicher Durchsetzungsbefugnis, im Prozess als gesetzliche Prozessstandschafterin (Wenzel, ZWE 2006, 109, 113, 118; ders., ZWE 2006, 462, 466; Briesemeister, ZWE 2006, 15, 16). Insoweit ist sie rechts- und auch parteifähig gem. § 9a Abs. 1 Satz 1 WEG (vgl. BGH, Urt. v. 12.4.2007 – VII ZR 236/05). Außergerichtlich wird die Wohnungseigentümergemeinschaft durch ihren Verwalter vertreten (Wenzel, ZWE 2006, 2, 9). Ist der Bauträger noch Verwalter, so stellt es nach OLG Stuttgart, Urt. v. 31.3.2015 – 10 U 46/14 keinen unzulässigen In-sich-Prozess dar, wenn er als Verwalter der Wohnungseigentümergemeinschaft gegen sich selbst als Bauträger Klage erhebt. Hat die Wohnungseigentümergemeinschaft einen Beschluss über die außergerichtliche und gerichtliche Durchsetzung von Mängelrechten bezüglich des Gemeinschaftseigentums gefasst, werden die individuellen Klagen einzelner Erwerber mangels Prozessführungsbefugnis unzulässig (BGH, Urt. v. 10.7.2015 – V ZR 169/14, Rdn. 4ff.; OLG Frankfurt, Urt. v. 28.5.2019 – 14 U 253/10). Die Gemeinschaft kann aber im Wege des Parteiwechsels, der u.U. sogar noch in der Revisionsinstanz sachdienlich ist, den Rechtsstreit übernehmen (BGH, Urt. v. 10.7.2015 – V ZR 169/14, Rdn. 7ff.).

Soweit es bei der Durchsetzung der Rechte auf Kenntnis oder Kennen-müssen das Recht begründender Umstände ankommt (z.B. Verjährung), muss sich die Wohnungseigentümergemeinschaft die Kenntnis des Verwalters ab dem Zeitpunkt zurechnen lassen, zu dem sie die

Bauträgervertrag; anwendbare Vorschriften **§ 650u**

Durchsetzung der Rechte an sich gezogen hat (BGH, Urt. v. 4.7.2014 – V ZR 183/13). Im Prozess ist die Wohnungseigentümergemeinschaft klagende Partei. Sie ist als Wohnungseigentümergemeinschaft zu benennen und durch die Angabe des Objekts (Ort, Straße, Nummer) zu individualisieren (Sauren, ZWE 2006, 258, 261; Briesemeister, ZWE 2006, 15, 18). Die Bezeichnung der Wohnungseigentümer ist entbehrlich. Der rechtsfähige Verband handelt ohne Rücksicht auf seinen jeweiligen Mitgliederbestand und dessen Veränderungen. Allerdings müssen die geltend gemachten Ansprüche den Anforderungen des § 253 Abs. 1 Nr. 2 ZPO entsprechend bezeichnet sein. Dazu ist es notwendig, den Erwerber zu bezeichnen, deren Ansprüche geltend gemacht werden. Die Erwerber sind nicht Partei, sie können als Zeugen benannt werden (Pause/Vogel, BauR 2007, 1298, 1299). Fehlerhaft wäre es, Ansprüche der Wohnungseigentümergemeinschaft geltend zu machen, denn Inhaber der Ansprüche bleibt der Erwerber oder dessen Rechtsnachfolger (Wenzel, NJW 2007, 1905; Pause/Vogel, BauR 2007, 1298, 1299).

In Altfällen klagen in aller Regel die Wohnungseigentümer (vgl. BGH, Urt. v. 20.6.2013 – **104** VII ZR 71/11). Hat die Wohnungseigentümergemeinschaft die Durchsetzung der Rechte nicht an sich gezogen und machen die Wohnungseigentümer Rechte geltend, die nicht in die Durchsetzungszuständigkeit der Gemeinschaft fallen, kann es bei der Klage der einzelnen Wohnungseigentümer bleiben (vgl. OLG Bremen, Urt. v. 9.12.2011 – 2 U 62/11). In den Fällen, in denen die Wohnungseigentümergemeinschaft die Durchsetzung der Rechte an sich gezogen hat, wird das Rubrum dahin berichtigt, dass die Wohnungseigentümergemeinschaft klagt (BGH, Urt. v. 12.4.2007 – VII ZR 236/05, anders als in dem Fall, dass zunächst die Wohnungseigentümer verklagt wurden und nach der Änderung der Rechtsprechung die Klage gegen die Wohnungseigentümergemeinschaft gerichtet wird; dann ist ein Parteiwechsel notwendig, BGH, Urt. v. 10.3.2011 – VII ZR 54/10). Bei der Klage der Wohnungseigentümer bleibt es trotz Änderung der Rechtsprechung zur Teilrechtsfähigkeit der Wohnungseigentümergemeinschaft, wenn diese beschließt, die Wohnungseigentümer zu ermächtigen, die Klage zu führen. Dazu ist sie in der Lage. Die Wohnungseigentümergemeinschaft kann zudem auch einzelne Wohnungseigentümer ermächtigen (BGH, Urt. v. 24.6.2005 – V ZR 350/03; Urt. v. 15.1.2010 – V ZR 80/09; Urt. v. 12.4.2007 – VII ZR 236/05; Briesemeister, ZWE 2006, 15, 18). Allerdings ist zu beachten, dass für eine gewillkürte Prozessstandschaft ein schützenswertes Interesse bestehen muss und die beklagte Partei nicht unbillig benachteiligt wird. Im Hinblick darauf, dass der klagende Wohnungseigentümer in aller Regel auch seine eigenen rechtlichen Interessen verfolgt, dürften keine allzu strengen Maßstäbe anzusetzen sein (vgl. auch OLG Hamm, Urt. v. 7.5.2010 – 19 U 68/09, vgl. aber auch Elzer, DNotZ 2011, 486 ff.). In Altfällen kann auch die Mehrfachvertretungsgebühr geltend gemacht werden (BGH, Beschl. v. 8.2.2007 – VII ZB 89/06). In Neufällen wird zu beachten sein, dass beim Auftreten des Verbandes eine Mehrfachvertretungsgebühr nicht anfällt (Briesemeister, ZWE 2006, 15, 20) und deshalb es auch zweifelhaft sein kann, ob eine Mehrfachvertretungsgebühr noch zu den notwendigen Kosten einer Rechtsverfolgung gehören kann (vgl. dazu auch BGH, Beschl. v. 8.2.2007 – VII ZB 89/06).

Bedenklich ist es, wenn die Wohnungseigentümergemeinschaft die Rechte der einzelnen **105** Erwerber zur Ausübung an sich zieht und sodann den Verwalter mit Durchsetzung der Rechte beauftragt und ihn zur Prozessführung ermächtigt. Eine solche Ermächtigung war üblich, als die einzelnen Wohnungseigentümer noch klagen mussten und eine Bündelung über den Verwalter erfolgte. Jetzt besteht die Notwendigkeit einer solchen Ermächtigung nicht mehr, die Wohnungseigentümergemeinschaft kann als rechtsfähiger und parteifähiger Verband selbst den Prozess führen. Es ist fraglich, ob der Verwalter ein eigenes schützenswertes Interesse daran hat, den Prozess zu führen. Ein solches Interesse ist jedoch Voraussetzung für die Prozessführungsbefugnis des Verwalters. Der Bundesgerichtshof hat in einem ähnlich gelagerten Fall die Zulässigkeit der Prozessstandschaft des Verwalters verneint und dessen Klage abgewiesen (BGH, Urt. v. 28.1.2011 – V ZR 145/10).

Problematisch ist die rechtsgeschäftliche „Weitergabe" der gewillkürten Prozessstandschaft, **106** wie sie in manchen Hausverwaltungsverträgen vorgesehen ist. Nach der Rechtsprechung des Bundesgerichtshofs ist der gewillkürte Prozessstandschafter grundsätzlich nicht berechtigt, das Prozessführungsrecht ohne besondere Ermächtigung auf einen Dritten weiter zu übertragen (BGH, Urt. v. 12.2.1998 – I ZR 5/96). Ungeklärt ist, inwieweit ein rechtsgeschäftlich Bevollmächtigter befugt ist, eine gewillkürte Prozessstandschaft an einen Dritten auszusprechen. Insoweit ist die Vollmacht auszulegen. In der Ermächtigung an einen Generalbevollmächtigten aller Investoren, „alle im gesetzlich zulässigen Rahmen mit dem Grundbesitz zusammenhängenden Rechtshandlungen vorzunehmen, insbesondere ... zur Belastung und zum Verkauf" wurde die Befugnis gesehen, einen Generalmieter/Verwalter zur Führung des Prozesses zu ermächtigen, in dem Gewährleistungsansprüche der Investoren geltend gemacht wurden (OLG Dresden, Urt. v. 7.7.2010 – 1 U 1570/09).

107 Die Wohnungseigentümergemeinschaft wird nicht Inhaberin der Rechte der einzelnen Wohnungseigentümer, wenn sie deren Durchsetzung an sich gezogen hat. Sie kann deshalb über diese Rechte auch nicht verfügen, indem sie sie abtritt (OLG Stuttgart, Urt. v. 3.7.2012 – 10 U 33/12). Klagt die Wohnungseigentümergemeinschaft aufgrund ihrer gesetzlichen Prozessstandschaft, so kommt es darauf an, wessen Rechte sie geltend macht. Macht sie die Rechte aller Erwerber geltend, liegt eine Klagehäufung vor. Das Gericht muss prüfen, ob den Erwerbern die Rechte zustehen. Soweit einzelne Erwerber keine Rechte haben oder diese, etwa wegen Verjährung, nicht mehr durchgesetzt werden können, muss die Klage abgewiesen werden. Die Wohnungseigentümergemeinschaft ist also gut beraten, wenn sie sich auf die Durchsetzung der Rechte derjenigen Erwerber beschränkt, bei denen kein Prozessrisiko besteht. Der „Ansichziehensbeschluss" bzw. „Vergemeinschaftungsbeschluss" kann notfalls bis zur letzten mündlichen Verhandlung gefasst werden, damit die Klage nicht mangels Prozessführungsbefugnis als unzulässig abgewiesen wird (OLG Frankfurt, Urt. v. 10.12.2018 – 29 U 123/17, Rdn. 32). Verjährungsrechtlich wirkt der Beschluss indes nur *ex tunc*, da bis zu der Fassung des Beschlusses die Gemeinschaft nicht als Berechtigte verjährungshemmende Maßnahmen eingeleitet hatte (BGH, Urt. v. 20.6.2013 – VII ZR 71/11, Rdn. 12; OLG Frankfurt, Urt. v. 10.12.2018 – 29 U 123/17, Rdn. 33).

g) Rechtsgeschäftliche Ermächtigungen zur Durchsetzung anderer Rechte

108 Die Rechtsfähigkeit der Wohnungseigentümergemeinschaft ist auf die Teilbereiche des Rechtslebens beschränkt, bei denen die Wohnungseigentümer im Rahmen der Verwaltung des gemeinschaftlichen Eigentums als Gemeinschaft am Rechtsverkehr teilnehmen (BGH, Beschl. v. 2.6.2005 – V ZB 32/05). Die gesetzliche Ermächtigung, Ansprüche von Erwerbern geltend zu machen, kann nur solche Ansprüche betreffen, die Mängel des Gemeinschaftseigentums oder solche Mängel des Sondereigentums betreffen, die sich auf das Gemeinschaftseigentum nachteilig auswirken. Der Bundesgerichtshof hat es jedoch zugelassen, dass die insoweit rechtsfähige Wohnungseigentümergemeinschaft rechtsgeschäftlich ermächtigt wird, solche Ansprüche in gewillkürter Prozessstandschaft zu verfolgen, die in einem engen rechtlichen und wirtschaftlichen Zusammenhang mit der Verwaltung des gemeinschaftlichen Eigentums stehen und für die ein schutzwürdiges Interesse besteht, sie durchzusetzen. Auf dieser Grundlage hat er eine Ermächtigung der einzelnen Erwerber als zulässig angesehen, neben den Ansprüchen wegen Mängeln des Gemeinschaftseigentums auch Ansprüche wegen Mängeln des Sondereigentums geltend zu machen (BGH, Urt. v. 12.4.2007 – VII ZR 236/05). Darüber hinaus hat er eine Ermächtigung für wirksam gehalten, die Ansprüche der einzelnen Erwerber gegen ihre Bürgen geltend zu machen, soweit die Bürgschaften wegen Mängeln des Gemeinschaftseigentums in Anspruch genommen wurden (BGH, Urt. v. 12.4.2007 – VII ZR 50/06). Auch können die Erwerber die Wohnungseigentümergemeinschaft ermächtigen, gleichzeitig die Freistellungsansprüche der einzelnen Erwerber zu verfolgen (BGH, Urt. v. 12.4.2007 – VII ZR 50/06). Diese Beispiele zeigen, dass die Möglichkeit, die Wohnungseigentümergemeinschaft zur Ausübung der Rechte der Erwerber zu ermächtigen, nicht zu eng zu sehen ist. Die gewillkürte Prozessstandschaft entspricht in aller Regel in diesen Fällen den beiderseitigen Interessen, denn auch der Veräußerer hat kein Interesse daran, mit einer Vielzahl von Rechtsstreitigkeiten wegen derselben Fragen überzogen zu werden.

4. Haftungsbeschränkungen

109 Im Prinzip sind die Parteien nicht gehindert, die Mängelhaftung individualvertraglich zu regeln und dabei von der gesetzlichen Regelung abzuweichen. Gelingt es dem Bauträger, maßgebliche Veränderungen in der Mängelhaftung durchzusetzen, ist nicht allein deshalb von einer Allgemeinen Geschäftsbedingung auszugehen, weil der Bauträger über mehrere Häuser verfügt, die er verkaufen könnte. Ist in einem notariellen Vertrag über den Erwerb neu errichteter oder so zu behandelnder Häuser individualvertraglich ein Ausschluss der werkvertraglichen Gewährleistung vereinbart worden, ist diese Vereinbarung aber nach § 242 BGB unwirksam, wenn die Freizeichnung nicht mit dem Erwerber unter ausführlicher Belehrung über die einschneidenden Rechtsfolgen eingehend erörtert worden ist (OLG Köln, Urt. v. 23.2.2011 – 11 U 70/10).

Bauträgervertrag; anwendbare Vorschriften **§ 650u**

In Allgemeinen Geschäftsbedingungen darf die Haftung für Mängel weder generell, noch **110** durch Verweisung auf Dritte ausgeschlossen werden (§ 309 Nr. 8. b) aa) BGB). Das Recht zur Beseitigung eines Mangels auf Kosten des Bauträgers im Wege der Selbstvornahme (§ 637 Abs. 1 BGB) soll nach einer neueren Rechtsprechung des OLG Koblenz (Urt. v. 11.4.2018 – 10 U 1167/16) wirksam ausgeschlossen werden können. Das ist zweifelhaft. Auch wenn eine solchen Haftungsbeschränkung nicht gegen § 309 Nr. 8 b) BGB verstößt, dürfte sie doch den wesentlichen Grundgedanken des gesetzlichen Mängelhaftungsrechts widersprechen und nach § 307 Abs. 2 Nr. 1 BGB unwirksam sein (Basty, Kap. 13 Rdn. 67; BeckOGK/Matkovic, Stand: 01.07.2020, § 650v BGB Rdn. 27; Staudinger/Peters, Bearb. 2019, § 639 BGB Rdn. 64; Ulmer/Brandner/Hensen-Christensen, (12) Bauverträge, Rdn. 12; vgl. auch die Leseanmerkungen von Jahn, Sienz und Vogel in IBR, 2020, 20 – nur online abrufbar). Die Verweisung des Erwerbers wegen eines Sachmangels auf die Nachunternehmer des Bauträgers (Subsidiaritätsklausel) verstößt gegen § 307 Abs. 2 Nr. 2 BGB (BGH, Urt. v. 21.3.2002 – VII ZR 493/00). Die Erklärung der Auflassung darf nicht von der vollständigen Bezahlung des gesamten Kaufpreises abhängig gemacht werden, da der Erwerber dadurch um sein gesetzliches Leistungsverweigerungsrecht gebracht würde (BGH, Urt. v. 7.6.2001 – VII ZR 420/00). Durch die Vereinbarung über die notarielle Hinterlegung der Kaufpreisraten darf die Ausübung des gesetzlichen Leistungsverweigerungsrechts aus § 320 BGB nicht ausgeschlossen werden (BGH, Urt. v. 11.10.1984 – VII ZR 248/83 und Urt. v. 14.5.1992 – VII ZR 204/90; KG, Urt. v. 20.8.2019 – 21 W 17/19; KG, Urt. v. 7.5.2019 – 21 U 139/18 sieht sogar einen Verstoß gegen § 3 Abs. 2 MaBV). Eine vom Bauträger gestellte Klausel benachteiligt den Erwerber unangemessen und ist daher unwirksam: *„Der Termin für die bezugsfertige Herstellung der Wohneinheit verschiebt sich immer dann, wenn der Käufer eine Kaufpreisrate zum Fälligkeitszeitpunkt nicht gezahlt hat, und zwar um denjenigen Zeitraum, der zwischen dem Tag der Fälligkeit der Kaufpreisrate und ihrer Zahlung liegt."* (KG, Urt. v. 27.6.2019 – 21 U 144/18).

III. Verjährung der Mängelansprüche, § 634a BGB

Die Mängelansprüche des Erwerbers wegen Baumängeln im Sinne von § 633 BGB verjähren **111** unverändert nach § 634a Abs. 1 Nr. 2 BGB, beginnend mit der Abnahme (§ 634a Abs. 2 BGB; Pause, Rdn. 797). In vorformulierten Vertragsklauseln ist eine Differenzierung der Länge der Verjährungsfrist auf Grund der Einheitlichkeit des Vertrags nicht möglich (Vogel, NZM 2017, 681, 685).

IV. Abnahme, § 640 BGB

Der Erwerber ist aufgrund insoweit ebenfalls unveränderter Rechtslage gemäß § 640 Abs. 1 **112** BGB verpflichtet, das vom Bauträger vertragsgemäß hergestellte Werk abzunehmen (Basty, Kap. 12 Rdn. 7). Verweigert der Erwerber ernsthaft und endgültig die Abnahme, kann der Bauträger vom Vertrag ausnahmsweise zurücktreten (OLG Hamm, Beschl. v. 1.12.2020 – 24 U 143/19). Für den Bauträgervertrag ist allerdings zu beachten, dass die Voraussetzungen für eine fiktive Abnahme (§ 640 Abs. 2 BGB) geändert worden sind. Außerdem ist von Bedeutung, dass mit der Reform des Bauvertrages zunächst keine Regelung zur Abnahme des Gemeinschaftseigentums erfolgt ist.

1. Abnahmefähigkeit

Die Abnahme von Wohnungseigentum erfordert neben der Billigung als im Wesentlichen **113** vertragsgemäß die Übergabe der Wohnanlage an den Erwerber (BGH, Urt. v. 30.6.1983 – VII ZR 185/81). Die Fassung, die § 633 Abs. 1 BGB durch die Schuldrechtsreform erhalten hat, verpflichtet den Bauträger dazu, dem Erwerber als Besteller das Werk frei von Sach- und Rechtsmängeln zu verschaffen. Ungeklärt ist, ob dies Auswirkung auf die Beurteilung der Abnahmereife hat. Nach Thode (NZBau 2002, 297, 301 f., ebenso Messerschmidt/Voit-Wagner, Syst. Teil E Rdn. 165) folgt hieraus, dass der Bauträger erst dann die Abnahme verlangen kann, wenn dem Erwerber auch lastenfreies Eigentum verschafft wurde. Hiergegen spricht indes, dass es sich beim Bauträgervertrag nach § 650u Abs. 1 BGB um einen einheitlichen typengemischten Vertrag handelt, der u. a. aus kauf- und werkvertraglichen Elementen besteht (so bereits BGH, Urt. v. 12.7.1984 – VII ZR 268/83 – vor der Schuldrechtsreform; Urt. v. 26.4.2007 – VII ZR 210/05). Nur soweit hinsichtlich einzelner Pflichten das Werkvertragsrecht prägend ist, verdrängt es die anderen rechtlichen Elemente. Die Verpflichtung, lastenfreies Eigentum zu verschaffen, ist nach wie vor dem Kaufrecht zuzuordnen (vgl. § 650u Abs. 1 Satz 3 BGB).

2. Fiktive Abnahme

114 Die nunmehr in § 640 Abs. 2 BGB neu geregelte fiktive Abnahme gilt auch für den Bauträgervertrag. Nach § 640 Abs. 2 BGB gilt ein Werk als abgenommen, wenn der Unternehmer dem Besteller nach Fertigstellung des Werks eine angemessene Frist zur Abnahme des Werks gesetzt und der Besteller die Abnahme nicht innerhalb der Frist unter Angabe wenigstens eines Mangels verweigert hat (→ § 640 BGB Rdn. 73 f.).

115 Neu ist die Voraussetzung, dass das Werk fertiggestellt sein muss (§ 640 Abs. 2 Satz 1 BGB), während die frühere Voraussetzung, nach der der Besteller zur Abnahme verpflichtet, das Werk also abnahmefähig sein muss (vgl. § 640 Abs. 1 Satz 3 BGB a. F.), fallen gelassen wurde. Durch diese Änderung soll verhindert werden, dass der Unternehmer, also auch der Bauträger, noch vor Fertigstellung des Bauwerks durch ein vorzeitiges Abnahmeverlangen missbräuchlich eine fiktive Abnahme herbeiführt. Beim Bauträgererwerb stellt sich die Frage, ob sich die von § 640 Abs. 2 Satz 1 BGB vorausgesetzte Fertigstellung des Werks von der für die Fälligkeit der letzten Rate nach § 3 Abs. 2 MaBV verlangten „vollständigen Fertigstellung" unterscheidet. Bei der Anwendung von § 3 Abs. 2 MaBV wird davon ausgegangen, dass zur Fertigstellung des Bauwerks zusätzlich auch die Beseitigung sämtlicher (vgl. BGH, Urt. v. 27.10.2011 – VII ZR 84/09; OLG Celle, Urt. v. 30.10.2014 – 16 U 90/14) oder doch wenigstens der wesentlichen Mängel gehört, denn nur dann kann von einer fertigen Bauleistung gesprochen werden (OLG Schleswig, Urt. v. 2.10.2019 – 12 U 10/18; Pause, Rdn. 334). Im Übrigen wird angenommen, dass die Abnahmefähigkeit i. S. v. § 640 Abs. 1 BGB und die vollständige Fertigstellung i. S. v. § 3 Abs. 2 MaBV identisch sind (Pause, Rdn. 334; a. A. Basty, Rdn. 532; Blank, Rdn. 272, fordert nicht nur die Abnahmefähigkeit, sondern sogar die erklärte Abnahme). Der Gesetzesbegründung ist zu entnehmen, dass das für § 640 Abs. 2 Satz 1 BGB nicht gelten soll, also wesentliche Mängel der fiktiven Abnahme im Grundsatz nicht entgegenstehen; es genügt, wenn das Bauwerk rein quantitativ fertiggestellt ist (Begründung des Gesetzesentwurfs der Bundesregierung, BT-Drs. 18/8486, S. 49). Für die frühere gesetzliche Regelung zur Abnahmefiktion in § 640 Abs. 1 Satz 3 BGB a. F. war davon ausgegangen worden, dass eine abnahmefähige Leistung erbracht sein muss, es bei der Beurteilung der Abnahmefähigkeit aber auf das äußere Erscheinungsbild ankommt (→ Kommentierung der Vorauflage zu § 640 Rdn. 67, Stand 21.8.2017.). Mit der neuen Regelung wäre auch bei Vorliegen eines augenscheinlich wesentlichen Mangels eine fiktive Abnahme möglich, und es ist am Erwerber, auch und gerade in diesem Fall, die Abnahmewirkung durch eine ausdrückliche Erklärung zu verhindern. Danach würde im Falle eines beispielsweise erkennbar undichten Dachs, das als wesentlicher Mangel anzusehen wäre, eine fiktive Abnahme möglich sein, während die letzte Rate i. S. v. § 3 Abs. 2 MaBV wegen der fehlenden „vollständigen Fertigstellung" nicht fällig würde. Zur Vermeidung dieses Widerspruchs könnte daran gedacht werden, für den Bauträgervertrag bei der Abnahmefiktion eine fertiggestellte *und* abnahmereife Leistung vorauszusetzen (so noch Dammert/Lenkeit/Oberhauser/Pause/Stretz-Pause, Das neue Bauvertragsrecht, 2017, § 6 Rdn. 32). Vorzugswürdig dürfte es aber sein, einen unterschiedlichen Fertigstellungsbegriff in § 640 Abs. 2 BGB und in § 3 Abs. 2 MaBV hinzunehmen, zumal der Gesetzgeber für § 640 Abs. 2 BGB bewusst von dem Fertigstellungsbegriff des § 3 Abs. 2 MaBV abgewichen ist (vgl. die Begründung des Gesetzesentwurfs der Bundesregierung, BT-Drs. 18/8486, S. 49). Erklärbar ist der Unterschied immerhin mit der zusätzlichen Anforderung in § 3 Abs. 2 MaBV, nach der die Fertigstellung „vollständig" sein muss. Deshalb gilt auch im Anwendungsbereich des Bauträgervertrags, dass für die Abnahmefiktion die Fertigstellung als Voraussetzung für eine Andienung des Werks genügt – und etwaige wesentliche Mängel dem nur dann entgegenstehen, wenn der Bauträger von ihnen bei seiner Aufforderung zur Abnahme positiv Kenntnis hat (→ § 640 BGB Rdn. 74).

116 Sofern der Erwerber zugleich Verbraucher ist, treten die Wirkungen einer fiktiven Abnahme nur ein, wenn der Erwerber vom Bauträger zusammen mit der Aufforderung zur Abnahme auf die Folgen einer unterlassenen Abnahmeweigerung oder einer Abnahmeweigerung ohne Angabe von Mängeln (richtigerweise: eines Mangels) in Textform hingewiesen wurde (§ 640 Abs. 2 Satz 2 BGB; → § 640 BGB Rdn. 83).

3. Teilabnahme – Abnahme des Gemeinschaftseigentums

Die mit der Reform des Bauvertrages geänderten Vorschriften enthalten keine Regelungen, 117
die den Besonderheiten des Erwerbs vom Bauträger bei der Abnahme des Gemeinschaftseigentums Rechnung tragen würden (→ Rdn. 3, 5).

a) Zulässigkeit von Teilabnahmen

Der Bauträger kann Abnahme grundsätzlich erst dann verlangen, wenn das gesamte, dem 118
einzelnen Erwerber geschuldete Werk fertig gestellt ist. Das bedeutet, dass er von dem einzelnen Erwerber von Wohnungseigentum eine Abnahme erst dann verlangen kann, wenn das Sonder- und das Gemeinschaftseigentum im Wesentlichen vertragsgemäß fertig gestellt sind. Für den Bauträger gelten ohne spezielle Vereinbarungen keine Besonderheiten.

In der Praxis werden jedoch verschiedene Vereinbarungen getroffen, die Besonderheiten 119
ergeben.

In aller Regel wird eine Teilabnahme des Sondereigentums und des Gemeinschaftseigentums 120
vereinbart. Von der Abnahme des Sondereigentums kann dann nicht auf die Abnahme des Gemeinschaftseigentums geschlossen werden (BGH, Urt. v. 4.6.1981 – VII ZR 9/80). Häufig wird auch noch eine gesonderte Abnahme von Teilen des Gemeinschaftseigentums, etwa der Außenanlagen oder eventueller Garagen oder Tiefgaragen vereinbart. Diese Vereinbarung ist sowohl individualvertraglich, aber grundsätzlich auch in Allgemeinen Geschäftsbedingungen des Bauträgers zulässig (vgl. BGH, Urt. v. 12.5.2016 – VII ZR 171/15, Rdn. 29; BGH, Urt. v. 30.6.1983 – VII ZR 185/81; a. A. Sterner, BauR 2012, 1160, 1162). Insoweit wird meist auch eine förmliche Abnahme vereinbart. Diese ist sehr zu empfehlen.

Teilabnahmen können auch hinsichtlich anderer Teile vereinbart werden, soweit gleich- 121
zeitig damit die Besitzübergabe verbunden ist und es sich um selbständig bewertbare Teile der Gesamtleistung handelt. Möglich ist danach auch die Vereinbarung einer Teilabnahme des bezugsfertigen Objekts, sofern die noch nicht fertigen Teile abgrenzbar sind. Sofern eine Teilabnahme des Gemeinschaftseigentums vereinbart ist, bezieht sich diese auf alle Teile des Bauwerks, die sachenrechtlich dem Gemeinschaftseigentum zuzuordnen sind. Denkbar ist auch eine getrennte Abnahme von abgrenzbaren Bereichen des Gemeinschaftseigentums (z.B. der Außenanlagen und des übrigen Gemeinschaftseigentums) oder des Gemeinschaftseigentums von mehreren Gebäuden einer Mehrhausanlage. Wird lediglich die gesonderte (Teil-)Abnahme des Gemeinschaftseigentums vereinbart und wird das Gemeinschaftseigentum sodann in mehreren Schritten abgenommen, ohne dass insoweit weitere Teilabnahmen vereinbart worden sind, ist das Gemeinschaftseigentum erst mit der letzten Abnahmehandlung abgenommen; die Mängelverjährungsfrist beginnt dann erst mit der letzten Abnahmehandlung zu laufen (OLG Nürnberg, Urt. v. 12.12.2006 – 9 U 429/06). Sollen diejenigen Teile, die räumlich mit den Bauwerksteilen verbunden sind, die dem Sondereigentum zuzuordnen sind, mit abgenommen werden, muss das in der Formulierung der Verpflichtung zur Teilabnahme zum Ausdruck kommen. So kann z.B. vereinbart werden, dass die genau bezeichnete Wohnung gesondert abzunehmen ist, der übrige Teil hingegen erst nach vollständiger Fertigstellung.

Regelungen zur Teilabnahmen setzen voraus, dass dem Erwerber zumindest zeitgleich mit 122
der Abnahme der abzunehmende Bereich übergeben wird; denn eine Abnahme erfordert von Seiten des Unternehmers jedenfalls bei körperlich abnehmbaren Werken die Übergabe in dem Sinne, dass der Unternehmer das Werk ausdrücklich oder stillschweigend als im Wesentlichen fertig gestellt dem Erwerber überlässt (BGH, Urt. v. 30.6.1983 – VII ZR 185/81; ebenso Urt. v. 20.1.2000 – VII ZR 224/98). Vom Bauträger vorformulierte Klauseln, die die Abnahme von Teilen des Erwerbsobjekts ohne gleichzeitige Übergabe vorsehen, sind AGB-rechtlich bedenklich (ebenso LG München I, Urt. v. 23.4.2015 – 8 O 6509/15). Denn hierdurch treten die Rechtswirkungen der Abnahme ein, ohne dass der Bauträger die Sachherrschaft verliert und der Erwerber sie erhält. So trüge der Erwerber das Risiko des zufälligen Untergangs und die Beweislast, ohne selbst auf das abgenommen Teilwerk einwirken bzw. Einwirkungen verhindern zu können. Unwirksam ist auch eine Klausel, die die Übergabe der Wohnung von einer vollständigen Zahlung des Erwerbers einschließlich der diesem nach § 632a Abs. 3 BGB a. F. zustehenden Sicherheit abhängig macht (OLG Schleswig, Urt. v. 2.10.2019 – 12 U 10/18).

b) Vertretungsregelungen bei der Abnahme des Gemeinschaftseigentums

Die Abnahme muss durch den Erwerber erfolgen. Vertretungsregelungen, die den Erwerber 123
unangemessen benachteiligen, sind unwirksam. Die verbreitete Gestaltung für die Abnahme

des Gemeinschaftseigentums sah die Beauftragung eines Abnahmevertreters (Sachverständiger oder Wohnungseigentumsverwalter) durch den Bauträger vor, wobei dieser Abnahmevertreter durch die Erwerber für die Erklärung der Abnahme – unwiderruflich – im Erwerbsvertrag bevollmächtigt wurde. Derartige Vertragsklauseln lassen eine parteiische und nur unzureichende Prüfung des Werks durch den vom Bauträger beauftragten Abnahmevertreter befürchten und benachteiligen den Erwerber deshalb unangemessen (OLG München, Urt. v. 15.12.2008 – 9 U 4149/08; OLG Karlsruhe, Urt. v. 27.9.2011 – 8 U 106/10; OLG Düsseldorf, Urt. v. 23.10.2012 – 23 U 112/11; LG Hamburg, Urt. v. 11.3.2010 – 328 O 179/09; weitere Beispiele bei Ott, ZWE 2013, 253, 255 f. und Krick, MittBayNot 2014, 401, 404 f.). Das gilt auch für die mittelbare Bestimmung des Abnahmevertreters in der Weise, dass der Erstverwalter als Abnahmevertreter festgelegt wird und dieser durch den Bauträger in der Teilungserklärung bestimmt wurde bzw. bestimmt werden (OLG Düsseldorf, Urt. v. 23.10.2012 – 23 U 112/11, bestätigt durch BGH, Beschl. v. 12.9.2013 – VII ZR 308/12; OLG München, Urt. v. 6.12.2016 – 28 U 2388/16 Bau; OLG München, Urt. v. 24.4.2018 – 28 U 3042/17 Bau; OLG München, Beschl. v. 9.4.2018 – 13 U 4710/16) oder der Erstverwalter einen Sachverständigen bestimmen, beauftragen und bevollmächtigen kann (OLG Karlsruhe, Urt. v. 10.4.2018 – 8 U 19/14, Rdn. 94 ff.; ebenso OLG Brandenburg, Beschl. v. 17.4.2018 – 12 U 197/16). Gleiches gilt für eine Klausel, die die Abnahme durch einen von der Wohnungseigentümerversammlung gewählten „Abnahmeausschuss" (OLG Hamburg, Urt. v. 11.9.2019 – 5 U 128/16) oder eine Sachverständigenvereinigung oder Prüforganisation (z. B. den TÜV) als Sachverständigen ohne Benennung einer konkreten Person (OLG Frankfurt, Urt. v. 2.10.2018 – 29 U 163/17; a. A. OLG Dresden, Urt. 8.1.2010 – 1 U 1371/09, hierzu Leseranmerkung von Vogel, IBR 2013, 82 zur Rücknahme der vom BGH zugelassen Nichtzulassungsbeschwerde) vorsieht. Noch gravierender ist die Benachteiligung des Erwerbers, wenn sich der Bauträger selbst zum Erstverwalter bestellt und vom Erwerber mit der Abnahme bevollmächtigen lässt (BGH, Urt. v. 30.6.2016 – VII ZR 188/13; vgl. dazu die Vorinstanz OLG Brandenburg, Urt. v. 13.6.2013 – 12 U 162/12, MittBayNot 2014, 434 m. Anm. Pause). Da die Entscheidung über die Abnahme jedem Erwerber individuell zusteht, benachteiligen ihn auch Klauseln unangemessen, wonach von der Eigentümerversammlung gewählte Vertreter die Abnahme verbindlich erklären dürfen (OLG Nürnberg, Urt. v. 26.4.2018 – 13 U 1908/16). Offen gelassen hat der Bundesgerichtshof (Beschl. v. 12.9.2013 – VII ZR 308/12, Rdn. 12), ob Abnahmeklauseln bereits dann am Transparenzgebot scheitern, weil übliche Klauselgestaltungen keinen Hinweis auf die Widerruflichkeit der Vollmacht enthalten. Eine „gemeinsame" Abnahme, vermittelt durch einen für sämtliche Erwerber bestellten Vertreter, ist deshalb nicht möglich.

c) Abnahme durch die Wohnungseigentümergemeinschaft

124 Ob die Wohnungseigentümergemeinschaft die Abnahme erklären kann, wenn sie durch Beschluss die Verfolgung der Mängelrechte an sich gezogen hat, war streitig (für eine Beschlusskompetenz LG München I, Urt. v. 16.1.2013 – 18 O 1668/11; AG München, Urt. v. 7.7.2010 – 482 C 287/10; AG Tettnang, Urt. v. 21.4.2011 – 4 C 1132/10; Bärmann/Klein, nach § 10 WEG Rdn. 55; Rapp, MittBayNot 2012, 169, 173: Schuldnerschutz des Bauträgers; gegen eine entsprechende Beschlusskompetenz aus § 10 Abs. 6 Satz 3 WEG a. F.; AG München, Urt. v. 4.9.2015 – 481 C 8691/15 WEG; OLG München, Urt. v. 26.1.2015 – 9 U 1995/14 Bau; OLG München, Urt. v. 6.12.2016 – 28 U 2388/16 Bau; grundlegend Baer, Mängelrechte beim Wohnungseigentumserwerb vom Bauträger, 2010, S. 118 ff.; Bamberger/Roth-Voit, § 631 BGB Rdn. 102; Jenißen/Heinemann, § 21 WEG Rdn. 15; Kümmel, ZfIR 2014, 464, 473; Pause, Rdn. 596; Schmid, NZM 2010, 683, 686; Suilmann, ZWE 2013, 302, 305; Vogel, 2. FS Merle [2010], 375, 382 m. w. N.; zweifelnd Krick, MittBayNot 2014, 401, 409; tendenziell wohl für die Möglichkeit der „Vergemeinschaftung" aber BGH, Urt. v. 15.1.2010 – V ZR 80/09, ohne auf die Abnahme einzugehen). Der Bundesgerichtshof (BGH, Urt. v. 12.5.2016 – VII ZR 171/15, Rdn. 33) hat nunmehr entschieden, dass eine Regelung in der Gemeinschaftsordnung jedenfalls insoweit nichtig ist, als eine auf der Grundlage eines Beschlusses der Eigentümerversammlung erklärte Abnahme auch auf Nachzüglererwerber erstreckt werden soll. Der Begründung dazu geht allerdings über den entschiedenen Sachverhalt hinaus, weil sie die Zulässigkeit einer Regelung der Abnahme in der Gemeinschaftsordnung grundsätzlich in Zweifel zieht: Inhalt von Vereinbarungen nach § 10 Abs. 1 Satz 2 WEG können nur Regelungen über das Verhältnis der Wohnungseigentümer untereinander betreffen. Die Abnahme bezieht sich aber auf das Verhältnis des Erwerbers zum Bauträger; Regelungsort hierfür ist aber der Erwerbsvertrag. Auch fehlt es der Abnahme am Bezug zur gemeinschaftlichen Verwaltung, der eine Zuständigkeit der Wohnungseigentümergemeinschaft begründen könnte (BGH, Urt. v. 12.5.2016 – VII ZR 171/15, Rdn. 33 f.).

Entsprechendes galt für Beschlüsse der Wohnungseigentümergemeinschaft zur Abnahme des Gemeinschaftseigentums (BGH, Urt. v. 12.5.2016 – VII ZR 171/15, Rdn. 37; ebenso OLG Düsseldorf, Urt. v. 2.7.2019 – 23 U 205/18; OLG München, Urt. v. 6.12.2016 – 28 U 2388/16; OLG München, Beschl. v. 26.1.2015 – 9 U 1995/14; LG München I, Urt. v. 7.4.2016 – 36 S 17586/15 WEG: generell fehlende Beschlusskompetenz; für die Bestimmung eines sog. Abnahmeausschusses OLG Hamburg, Urt. v. 11.9.2019 – 5 U 128/16; krit.: Elzer, ZWE 2017, 113, 116; ausführlich Vogel, FS Riecke [2019], 455 ff.). Unter Geltung des WEMoG 2020 ist eine Beschlusskompetenz im Hinblick auf die bewusst enge Fassung von § 9a Abs. 2 WEG nicht mehr begründbar (Hügel/Elzer, § 9a WEG Rdn. 136). Auf dem Hintergrund dieser Rechtsprechung müssen deshalb Regelungen in Bauträgerverträgen und Gemeinschaftsordnungen, die eine gemeinschaftliche Abnahme des Gemeinschaftseigentums z.B. durch einen gemeinsamen Abnahmevertreter bezwecken, erheblichen Bedenken begegnen. Anderes mag für die wechselseitige Bevollmächtigung des sondernutzungsgebundenen Gemeinschaftseigentums für in Wohnungseigentum aufgeteilte Reihenhausanlagen gelten, die einer Realteilung rechtlich soweit wie möglich angenähert sind (OLG Stuttgart, Urt. v. 12.5.2015 – 10 U 114/14). 125

d) Rechtsfolgen unwirksamer Abnahmen

Eine auf Grundlage einer AGB-rechtlich unwirksamen Abnahmeklausel tatsächlich oder vermeintlich erklärte Abnahme bindet die Erwerber nicht. Dasjenige, was der Bundesgerichtshof (BGH, Urt. v. 12.5.2016 – VII ZR 171/15, Rdn. 37) für den Nachzüglerfall entschieden hat, kann auch auf die anderen Fälle AGB-rechtlich unwirksamer Abnahmen übertragen werden: Wird durch eine vertragliche Regelung der Eindruck erweckt, eine Abnahme des Gemeinschaftseigentums durch den Erwerber (Nachzügler) bedürfe es wegen der bereits erfolgten Abnahme nicht (mehr), kann die Ingebrauchnahme und anschließende Nutzung des Gemeinschaftseigentums keinen Abnahmewillen zum Ausdruck bringen (BGH, Urt. v. 25.2.2016 – VII ZR 49/15, Rdn. 40; BGH, Urt. v. 12.5.2016 – VII ZR 171/15, Rdn. 56; OLG Hamburg, Urt. v. 11.9.2019 – 5 U 128/16; OLG Düsseldorf, Urt. v. 2.7.2019 – 23 U 205/18). Das stimmt mit der bereits zuvor ergangenen Rechtsprechung der Obergerichte überein, nach der eine Abnahme durch schlüssiges Verhalten regelmäßig am fehlenden Erklärungsbewusstsein der Erwerber scheitert (OLG Karlsruhe, Urt. v. 27.9.2011 – 8 U 106/10; LG Hamburg, Urt. v. 11.3.2010 – 328 O 179/09; LG München I, Urt. v. 2.7.2008 – 18 O 21458/07; OLG München, Beschl. v. 15.12.2008 – 9 U 4149/08; dazu Sturmberg, BauR 2010, 163, 167; Pioch, JA 2015, 650, 652; a.A. Pauly, ZfBR 2014, 523, 526). Aus Sicht eines redlichen Bauträgers, der von der Wirksamkeit seiner Abnahmeklausel und der auf ihrer Basis erklärten Abnahme ausgeht, erklären die Erwerber mit der rügelosen Nutzung nicht nochmals die Abnahme (Hogenschurz, MDR 2012, 386, 389 und Vogel, jurisPR-PrivBauR 12/2011 Anm. 1 unter C., beide unter zutreffendem Hinweis auf BGH, Urt. v. 11.6.2010 – V ZR 85/09, Rdn. 17 f.). Die Erwerbsverträge befinden sich dann noch im Erfüllungsstadium. Ob im Erfüllungsstadium Mängelrechte, insbesondere der Kostenvorschussanspruch geltend gemacht werden können, ist im Allgemeinen umstritten (§ 634 Rdn. 10 f.), hat der Bundesgerichtshof für die Fälle unwirksamer Abnahmeklauseln aber nicht entscheiden müssen, weil im Falle einer unwirksamen Abnahmeklausel – in den konkret entschiedenen Fällen jeweils eine sog. Fristenangleichungsklausel beim Erwerb durch Nachzügler – es dem Verwender einer unwirksamen Abnahmeklausel wenigstens nach § 242 BGB verwehrt sei, sich auf die Unwirksamkeit der Klausel zu berufen, um sodann zu behaupten, der Vertrag befinde sich noch im Erfüllungsstadium (BGH, Urt. v. 12.5.2016 – VII ZR 171/15, Rdn. 59; BGH, Urt. v. 25.2.2016 – VII ZR 49/15, Rdn. 41). Jedenfalls bewirkt die Geltendmachung von Vorschussansprüchen nicht, dass die Mängelverjährungsfrist unter dem Gesichtspunkt des Abrechnungsverhältnisses zu laufen beginnt (zutreffend OLG München, Urt. v. 24.4.2018 – 28 U 3042/17, Rdn. 104 ff./109 ff. = ZWE 2018, 29 m. Anm. Pause; LG München I, Urt. v. 20.2.2020 8 O 16867/16). Der Erfüllungsanspruch selbst unterliegt im Übrigen der regelmäßigen Verjährung des § 195 BGB (abweichend z.T. OLG Köln, Urt. v. 21.8.2020 – 19 U 5/20, Rdn. 35, weil auf den Vertragsschluss abgestellt wird). Dabei ist allerdings zu berücksichtigen, dass die Verjährung für den Erfüllungsanspruch wegen Schlechtleistung erst ab Kenntnis von den diesen Erfüllungsanspruch begründenden Umständen zu laufen beginnt, was regelmäßig nicht der Zeitpunkt der Fertigstellung sein wird, ganz abgesehen davon, dass dann, wenn Schadensersatz statt der Leistung nach § 281 BGB geltend gemacht wird, dieser erst mit dem Schadensersatzverlangen, frühestens aber mit dem Ablauf der Nachfrist gemäß § 281 Abs. 4 BGB entsteht und 126 die Verjährungsfrist anlaufen lässt (vgl. Pause/Vogel, BauR 2014, 764, 768). Jedenfalls wäre es dem Erwerber nicht verwehrt, auch nach Jahren noch die Abnahme zu erklären, dadurch das Erfüllungsstadium zu beenden und sich die Möglichkeit der Mängelhaftung zu eröffnen, wenn er zunächst berechtigt vorläufig die Abnahme verweigert hat (vgl. BeckOGK/Kober, Stand: 01.07.2021, § 634 BGB Rdn. 542; Pause, ZfIR 2021, 388, 389; Pause/Vogel, BauR 2014, 764, 769; wie hier Thode, jurisPR-BGHZivilR 3/2021 Anm. 4 Ziff. C, der darauf hinweist, dass eine Verwirkung die Grenze für eine nachträgliche Abnahme ist; a. A. Werner, NZBau 2014, 80, 84; im Anschluss hieran unzutreffend OLG Rostock, Urt. v. 2.2.2021 – 4 U 70/19 mit dem Argument, der „Unternehmer" müsse sich nicht voreilig die Abnahme aufdrängen lassen; zutreffend hiergegen zutreffend Voit/Manteufel-Kandel, Kap. 2 Rdn. 120). Es ist schließlich nicht anzunehmen, dass sich der Erwerber die unwirksame Abnahmeerklärung des Vertreters nach Rechtsscheingrundsätzen gemäß §§ 171, 172 BGB zurechnen lassen muss. Der Gutglaubensschutz der §§ 171, 172 BGB greift nur dann ein, wenn die Vollmacht gegenüber einem gutgläubigen Dritten benutzt wird, woran es in der vorliegend gegebenen Konstellation fehlt (Pause/Vogel, BauR 2014, 764, 767; a. A. Scheffelt, BauR 2014, 163, 176).

127 Die Geltendmachung von Erfüllungsansprüchen oder Mängelrechten bezüglich des Gemeinschaftseigentums ist nach einem Vergemeinschaftungsbeschluss auch dann möglich, wenn nur einem Erwerber noch unverjährte Ansprüche zustehen (BGH, Urt. v. 15.1.2010 – V ZR 80/09, Rdn. 10). Jeder einzelne Erwerber besitzt einen nicht durch seinen Miteigentumsanteil oder auf sonstige Weise beschränkten Anspruch auf ordnungsgemäße Herstellung bzw. Nacherfüllung (zuletzt BGH, Urt. v. 12.5.2016 – VII ZR 171/15, Rdn. 33 m. w. N.). Der Geltendmachung steht im Falle einer AGB-rechtlich gescheiterten Abnahme der Einwand der Verwirkung gem. § 242 BGB nicht allein deshalb entgegen, weil der Erwerber schon längere Zeit Kenntnis vom Mangel hatte (OLG München, Urt. v. 24.4.2018 – 28 U 3042/17, Rdn. 117 = ZWE 2018, 29 m. Anm. Pause; OLG München, Beschl. v. 6.5.2014 – 9 U 3544/1 Bau, n.v. zur abweichenden Auffassung von LG München, Urt. v. 30.7.2013 – 8 O 27875/12). Ist die in den Erwerbsverträgen enthaltene Abnahmeklausel unwirksam, wurde für den Erwerber erkennbar nicht auf ihrer Grundlage gehandelt und vermeintlich die Abnahme erklärt, kommt u. U. eine konkludente Abnahme (z. B. durch Zahlung und fehlende Mängelrügen) in Betracht (im Ansatz zutreffend, aber zu weit LG Schweinfurt, Urt. v. 23.1.2015 – 22 O 135/13; bestätigt durch OLG Bamberg v. 9.12.2015 – 8 U 23/15).

128 Im Falle einer aus AGB-rechtlichen Gründen gescheiterten Abnahme muss der Bauträger regelmäßig nicht die laufenden Kosten der Verwaltung, Instandhaltung und Instandsetzung zu Gunsten der Erwerber tragen (OLG München, Urt. v. 9.5.2017 – 9 U 2687/16 Bau). Zweifelhaft ist, ob entgegen § 644 BGB die Gefahr auf die Erwerber übergeht, wenn es an der Abnahme des übergebenen Gemeinschaftseigentums fehlt und der Vertrag die Klausel „*Besitz, Nutzungen, Lasten und Gefahr des Kaufgegenstands sowie der Verkehrssicherungspflicht vorbehaltlich nachstehender Regelung mit dem Tage der Übergabe auf den Käufer übergehen. Die Übergabe erfolgt, wenn die Abnahme anlässlich Bezugsfertigkeit durchgeführt ist ...*" enthält (so aber OLG Köln, Urt. v. 11.7.2018 – 17 U 44/16). Er kann sich aber u. U. dann, wenn erstmals nach 13 Jahren bestimmte Mängel geltend gemacht werden, auf einen Abzug „neu für alt" berufen (OLG München, Urt. v. 24.4.2018 – 28 U 3042/17, Rdn. 88 ff. = ZWE 2018, 29 m. zustimmender Anm. Pause; ablehnend OLG Hamburg, Urt. v. 11.9.2019 – 5 U 128/16).

e) Abnahme durch Nachzüglererwerber

129 In den Bauträgerverträgen haben sich verschiedene Modelle entwickelt, mit denen der Erwerber bestimmte Personen oder Personengruppen bevollmächtigt, die Abnahme des Gemeinschaftseigentums zu erklären (vgl. dazu z. B. Pause, Rdn. 597 ff.; Basty, BTR 2003, 12, 13). Auch auf Bauträgerverträge über Eigentumswohnungen, die bei Vertragsschluss bereits fertiggestellt sind, findet Werkvertragsrecht Anwendung, und zwar auch – was vom Bundesgerichtshof (BGH, Urt. v. 12.5.2016 – VII ZR 171/15, Rdn. 23) nunmehr entschieden wurde – im Anwendungsbereich des modernisierten Schuldrechts. Für den Beginn der Verjährungsfrist für die Mängelansprüche kommt es folglich auf den Zeitpunkt der Abnahme an. Ein späterer Erwerber (sog. Nachzüglererwerber) muss die von den früheren Erwerbern bereits erklärte Abnahme jedoch nicht gegen sich gelten lassen (BGH, Urt. v. 21.2.1985 – VII ZR 72/84; OLG Frankfurt, Urt. v. 30.9.2013 – 1 U 18/12; LG Hamburg, Urt. v. 11.3.2010 – 328 O 179/09; OLG Schleswig, Urt. v. 5.6.2009 – 14 U 10/09; Basty, BauR 2012, 316, 323; Vogel, 2. FS Merle [2010], 375, 380; ausführlich jetzt ders., PiG 87 [2010], 73, 78 f. = BauR 2010, 1992 ff.; Krick, MittBayNot 2014, 401, 406; a. A. OLG Koblenz, Beschl. v. 8.4.2013 – 2 U 1123/12, hiergegen die zutreffende Kritik von Abramenko, ZMR 2013, 914). Das führt dazu, dass der Nachzügler, der eine Eigentumswohnung längere Zeit nach Fertigstellung erwirbt, die Abnahme erst viel später als die übrigen Erwerber erklärt und dementsprechend die Gewährleistungsfrist aus seinem Vertrag auch erst viel später beginnt (BGH, Urt. v. 21.2.1985 – VII ZR 72/84). Da der Erwerber Anspruch auf mangelfreie Herstellung des gesamten Gemeinschaftseigentums erwirbt, führt das zu einer faktisch verlängerten Haftung des Bauträgers.

In der Beurkundungspraxis wird versucht, dem mit Vertragsgestaltungen entgegenzuwirken, die auf die von den anderen Erwerbern früher erklärten Abnahmen verweisen (Pause, Rdn. 608). Vertragsklauseln, die auf diese Weise eine Fristenangleichung bezwecken, sind nach der Rechtsprechung des Bundesgerichtshofs schon gemäß § 307 Abs. 1 Satz 1, Abs. 2 Nr. 1 BGB deshalb unwirksam, weil sie dem wesentlichen Grundgedanken des § 640 Abs. 1 BGB widersprechen: Nach § 640 Abs. 1 BGB ist die Abnahme eine Hauptpflicht des Erwerbers; damit korrespondiert aber das Recht auf Seiten des Erwerbers, die Leistung prüfen und über die Abnahme selbst oder durch eine von ihm beauftragte Vertrauensperson entscheiden zu können. Durch den Verweis auf die bereits früher erklärte Abnahme als die auch für den Nachzügler maßgebliche Abnahme wird ihm diese Möglichkeit aber genommen (BGH, Urt. v. 12.5.2016 – VII ZR 171/15, Rdn. 43 f.). Die durch die Regelung angestrebte Angleichung der Verjährungsfrist des Nachzügler an die bereits laufenden Fristen der Vorerwerber verstößt außerdem gegen § 309 Nr. 8 b) ff) BGB. Dem vom Bundesgerichtshof (BGH, Urt. v. 25.2.2016 – VII ZR 49/15) entschiedenen Fall lag eine Klausel zugrunde, in der zunächst auf die bereits durchgeführte Abnahme hingewiesen und sodann vereinbart wurde, dass der Verkauf nach Maßgabe dieser Abnahme erfolgt. Mit der Anknüpfung der Verjährungsfrist an die Abnahme der anderen Erwerber wird der Beginn der Verjährungsfrist des § 634 a Abs. 1 Nr. 2 BGB für das Gemeinschaftseigentum auf einen Zeitpunkt vorverlagert, zu dem der Nachzüglererwerber den Vertragsgegenstand weder erworben noch den Besitz an ihm erhalten hat. Dies stellt eine unzulässige Verkürzung der Verjährungsfrist i. S. v. § 309 Nr. 8 b9 ff9 BGB dar (BGH, Urt. v. 25.2.2016 – VII ZR 49/15, Rdn. 32 f.; BGH, Urt. v. 12.5.2016 – VII ZR 171/15, Rdn. 48 ff.). Für eine gebrauchte Eigentumswohnung, die nicht (mehr) der werkvertragsrechtlichen Haftung unterliegt, kann sich eine andere Beurteilung ergeben: Auf den Erwerb einer Eigentumswohnung ist dann Kaufvertragsrecht anzuwenden, wenn sie erst drei Jahre nach Fertigstellung veräußert wird, zuvor war vermietet war, also nach der Verkehrsanschauung nicht mehr „neu" ist (BGH, Urt. v. 25.2.2016 – VII ZR 156/13, Rdn. 25). Eine Abkürzung der Verjährungsfrist ist unter dieser Voraussetzung nicht ausgeschlossen. Sie muss aber transparent gestaltet sein. Daran hat es im entschiedenen Fall gefehlt (BGH, Urt. v. 25.2.2016 – VII ZR 156/13, Rdn. 30 f.).

Schließlich kann der Nachzüglererwerber nicht durch eine Regelung in der Gemeinschaftsordnung bzw. einen entsprechenden Beschluss der Gemeinschaft an die von den früheren Erwerbern erklärte Abnahme gebunden werden. Eine Regelung in der Teilungserklärung (bzw. der Gemeinschaftsordnung), die das bezweckt, ist – was offen bleiben kann – nach §§ 307 ff. BGB oder nach § 242 BGB nichtig (BGH, Urt. v. 12.5.2016 – VII ZR 171/15): In der Gemeinschaftsordnung können nur Regelungen über das Verhältnis der Wohnungseigentümer untereinander getroffen werden. Die Abnahme bezieht sich aber auf das Verhältnis des Erwerbers zum Bauträger; Regelungsort hierfür ist aber der Erwerbsvertrag (Vogel, NZM 2010, 377, 382). Auch fehlt es der Abnahme am Gemeinschaftsbezug, der eine Zuständigkeit der Wohnungseigentümergemeinschaft begründen könnte (BGH, Urt. v. 12.5.2016 – VII ZR 171/15, Rdn. 33 f.; ebenso bereits LG München I, Urt. v. 7.4.2016 – 36 S 17586/15 WEG: generell fehlende Beschlusskompetenz). Auch ein Beschluss der Wohnungseigentümergemeinschaft, der vor Erwerb durch den Nachzügler gefasst wurde und der auf dessen Grundlage die Abnahme für die zu diesem Zeitpunkt vorhandenen Erwerber erklärt wurde, bindet den Nachzügler nicht an die bereits erklärte Abnahme, denn ein entsprechender Beschluss ist schon mangels Wahrnehmungsbefugnis nichtig (BGH, Urt. v. 12.5.2016 – VII ZR 171/15, Rdn. 34; OLG München, Urt. v. 6.12.2016 – 28 U 2388/16; OLG München, Beschl. v. 26.1.2015 – 9 U 1995/14; LG München I, Urt. v. 7.4.2016 – 36 S 17586/15 WEG).

f) Individuelle Abnahme

In Reaktion auf die dargestellte Rechtsprechung wird häufig keine gesonderte Abnahme des Gemeinschaftseigentums vereinbart und durchgeführt; der Bauträger lässt die gesamte Bausubstanz vom Erwerber abnehmen. Das entspricht der gesetzlichen Verpflichtung eines jeden Erwerbers. Die Abnahme beruht auf dem Vertrag und ist individuell zu erklären.

g) Überlegungen de lege ferenda

133 Auf dem Hintergrund der ergangenen Rechtsprechung hätte es nahe gelegen, im Zuge der Bauvertragsreform eine gesetzliche Lösung für die Abnahme des Gemeinschaftseigentums zu finden, und zwar mit dem Ziel, eine gemeinschaftliche Abnahme mit einem durch die Erwerber legitimierten Vertreter herbeizuführen, die dann aber auch für etwaige Nachzüglererwerber bindend ist. Entsprechende Vorschläge wurden vom 5. Deutschen Baugerichtstag erarbeitet (Empfehlung des Arbeitskreises V – Bauträgerrecht, BauR 2014, 1617) und in der Arbeitsgruppe „Bauträgervertragsrecht" des BMJV weiterentwickelt (vgl. den Abschlussbericht unter https://www.bmjv.de/SharedDocs/Downloads/DE/Ministerium/ForschungUndWissenschaft/Abschlussbericht_AG_BautraegervertragsR.html). Die Abnahme könnte donach durch einen von der Wohnungseigentümergemeinschaft ausgewählten und beauftragten Vertreter durchgeführt werden (Empfehlung des Arbeitskreises V – Bauträgerrecht, BauR 2014, 1617; eine Ausübungsbefugnis, die nach geltendem Recht nicht besteht, vgl. BGH, Urt. v. 12.5.2016 – VII ZR 171/15; OLG München, Urt. v. 6.12.2016 – 28 U 2388/16 Bau; OLG München, Beschl. v. 26.1.2015 – 9 U 1995/14). Eine solche Lösung hätte den Vorteil, dass eine fachkundige Begleitung der Abnahme durch qualifizierte Fachleute (Architekten, Ingenieure und Sachverständige) gewährleistet werden kann. Der Nachteil bestünde allerdings darin, dass zwischen Fertigstellung (und Bezug) der Wohnanlage und Beauftragung eines entsprechenden Abnahmevertreters (Sachverständigen) durch die Wohnungseigentümerversammlung geraume Zeit verstreichen, also ebenfalls eine erhebliche anfängliche Nutzung ohne Abnahme ermöglicht würde. Aber auch bei einer gesetzlich begründeten Zuständigkeit der Wohnungseigentümergemeinschaft sollte es dem Bauträger vorbehalten bleiben, die Abnahme von jedem einzelnen Erwerber verlangen zu können, was gerade bei kleineren Wohnanlagen zweckmäßig sein kann. Alternativ dazu wurde in der Arbeitsgruppe „Bauträgervertragsrecht" des BMJV auf Vorschlag von Leupertz die Möglichkeit erörtert, auf die Abnahme des Gemeinschaftseigentums vollständig zu verzichten und die Abnahmewirkungen an die Übergabe der Wohnung, die Fertigstellung des Gemeinschaftseigentums und die Mitteilung der Fertigstellung des Gemeinschaftseigentums zu knüpfen. Außerdem könnte eine Zustandsfeststellung vorgesehen werden, um die behauptete Fertigstellung des Gemeinschaftseigentums überprüfen zu können. Die damit in Lauf gesetzte Verjährungsfrist für Mängelansprüche wäre nicht nur für die zu diesem Zeitpunkt bereits vorhandenen Erwerber, sondern auch für etwaige Nachzüglererwerber maßgeblich (vgl. dazu eingehend Leupertz, BauR 2020, 380; ders., BauR 2020, 57, 59; Karczewski, NZBau 2020, 349).

4. Besitzeinräumung, vorläufiger Rechtsschutz

134 Die Pflicht zur Besitzverschaffung folgt zum einen aus der werkvertraglichen Herstellungspflicht und ist insoweit Bestandteil der Abnahme. Sie folgt aber auch aus der kaufvertraglichen Komponente des Vertrages, und zwar trotz der Beschränkung auf die Übereignungspflicht in § 650u Abs. 1 Satz 3 BGB (→ Rdn. 223) aus § 433 Abs. 1 Satz 1 BGB. Der Bauträger ist demnach nicht nur zur Herstellung des Bauwerks und zur Übereignung des Grundstücks, sondern auch zur Besitzverschaffung verpflichtet (vgl. KG, Urt. v. 15.5.2018 – 21 U 90/17).

135 Sofern sich der Bauträger weigert, den fälligen Anspruch auf Besitzverschaffung zu befriedigen, kann der Erwerber den Anspruch auf Einräumung des Besitzes im Wege einer einstweiligen Verfügung nach §§ 935, 940 ZPO durchsetzen (KG, Urt. v. 4.10.2017 – 21 U 79/17; KG, Urt. v. 20.8.2019 – 21 W 17/19; vgl. Engbers NZBau 2018, 340; Haumer, PiG (2018) 106, 109, 121 f.; Pause, FS Müller (2019), S. 195 f.). Die gerichtliche Anordnung, den Besitz einzuräumen, ist nicht vorläufig, sondern stellt bereits die Befriedigung des Gläubigers dar. Es handelt sich der Sache nach um eine Leistungsverfügung. Sie wird als ein Unterfall der Regelungsverfügung im Sinne des § 940 ZPO angesehen (Zöller/Vollkommer, 32. Aufl. 2018, § 940 ZPO Rdn. 1). Sie ist dann zulässig, wenn die Erfüllung des strittigen Anspruchs zur Abwendung einer dringlichen Notlage unumgänglich ist (OLG Hamm, Urt. v. 9.3.2000 – 6 U (H) 28/00; OLG Jena, Urt. v. 8.3.2012 – 4 W 101/12; Zöller/Vollkommer, 32. Aufl. 2018, § 940 ZPO Rdn. 1; Thomas/Putzo/Seiler, 38. Aufl. 2017, § 940 ZPO Rdn. 5). Das für die einstweilige Verfügung geltende Vorwegnahmeverbot, wird bei der Leistungsverfügung zur Wahrung des verfassungsrechtlichen Rechtsstaatsprinzips aufgegeben (KG, Urt. v. 4.10.2017 – 21 U 79/17, Rdn. 21; KG, Urt. v. 5.12.2017 – 21 U 109/17, Rdn. 29; KG, Urt. v. 20.8.2019 – 21 W 17/19). Der Erlass einer Leistungsverfügung setzt ebenso wie die einstweilige Verfügung einen Verfügungsanspruch und einen Verfügungsgrund voraus. Wegen der bereits auf die Erfüllung gerichteten Leistungsverfügung gelten für den Verfügungsanspruch strenge Maßstäbe (OLG Jena, Urt. v. 8.3.2012 – 4 W 101/12, Rdn. 14; Zöller/Vollkommer, 32. Aufl. 2018, § 940 ZPO Rdn. 6).

Bauträgervertrag; anwendbare Vorschriften **§ 650u**

Der Verfügungsanspruch ist der vertragliche Anspruch des Erwerbers auf Übergabe des Vertragsgegenstandes (→ Rdn. 124). Die Verpflichtung zur Übergabe der Wohnung wird mit dem vereinbarten Zeitpunkt fällig (§ 271 BGB). Außerdem ist die Bezugsfertigkeit Voraussetzung für die Verpflichtung zur Übergabe, denn der Besitz ist an dem hergestellten Vertragsgegenstand zu verschaffen und nicht an einem Grundstück mit einem noch im Bau befindliche Gebäude. Das ergibt sich auch aus der Verknüpfung von Besitzübergabe und Bezugsfertigkeit in § 3 Abs. 2 Satz 2 Nr. 2 MaBV. Daraus folgt, die (alleinige) Erreichung der Bezugsfertigkeit vor dem vereinbarten Bezugstermin führt nicht zu einem fälligen (Verfügungs-)Anspruch. Und umgekehrt: die Überschreitung des vereinbarten Übergabetermins begründet bei fehlender Bezugsfertigkeit ebenfalls keinen Herausgabeanspruch. Eine hiervon zugunsten des Erwerbers abweichende Beurteilung, die geringere Anforderungen stellt, wird auch im Zusammenhang mit dem vorläufigen Rechtsschutz nicht möglich sein, weil die Bezugsfertigkeit zugleich Voraussetzung für die Fälligkeit des in Rede stehenden Abschlages ist und die Voraussetzungen für dessen Fälligkeit schon aus Gründen des gewerberechtlichen Schutzes nach § 3 Abs. 2 MaBV nicht aufgeweicht (verringert) werden können (vgl. Drasdo, ZfIR 2019, 14). **136**

Gemäß § 3 Abs. 2 Satz 2 Nr. 2 MaBV ist dem Erwerber der Besitz Zug um Zug gegen Zahlung der Bezugsfertigkeitsrate zu verschaffen. Die Zahlung der Bezugsfertigkeitsrate muss der Erwerber im Verfügungsverfahren nicht nachweisen (glaubhaft machen), da der Bauträger die Zahlung nur im Gegenzug zur Besitzeinräumung entgegennehmen darf; eine abweichende Handhabung (Vorauszahlung dieses Abschlages) wäre MaBV-widrig. Für eine Leistungsverfügung ist es also ausreichend, aber auch erforderlich, dass der Erwerber die Zahlung der Bezugsfertigkeitsrate anbietet. Die Verfügung geht dann dahin, dass der Besitz Zug um Zug gegen Zahlung dieses Abschlages einzuräumen ist (KG, Urt. v. 5.12.2017 – 21 U 109/17). Eine Zug-um-Zug-Verurteilung entfällt dann, wenn der Erwerber die Bezugsfertigkeitsrate bereits bezahlt hat und der Bauträger die Übergabe von der Zahlung der noch nicht fälligen Fertigstellungsrate abhängig macht (KG, Urt. v. 20.8.2019 – 21 W 17/19). **137**

In den Bauträgerverträgen werden die Prozentsätze für die Bezugsfertigkeit, die vollständige Fertigstellung und möglicherweise weitere Gewerke (z. B. Fassadenarbeiten) bisweilen zu einer Rate (Schlusszahlung) zusammengefasst. Ob in diesen Fällen die Übergabe von der Erreichung dieses Baufortschritts und der korrespondierenden Zahlung abhängig ist oder schon bei Erreichung der Bezugsfertigkeit verlangt werden kann, ist ungeklärt. Das LG München I ist der Auffassung, dass die Zusammenfassung der Prozentsätze für die Bezugsfertigkeit und die vollständige Fertigstellung unwirksam ist. Durch diese Gestaltung würde der Erwerber unangemessen benachteiligt, denn er dürfe davon ausgehen, dass ihm der Besitz schon bei Bezugsfertigkeit und vor vollständiger Fertigstellung überlassen wird (LG München I, Beschl. v. 23.6.2016 – 11 O 10314/16). Das LG München I ist ferner der Meinung, dass der Erwerber unangemessen benachteiligt wird, wenn es dem Bauträger überlassen wird, während der Vertragsabwicklung aus den 13 Prozentsätzen des § 3 Abs. 2 Satz 2 Nr. 2 MaBV die sieben Raten zusammenzustellen (Leistungsbestimmungsrecht i. S. v. § 315 BGB), denn er kann auch hier die Prozentsätze für die Bezugsfertigkeit und die vollständige Fertigstellung zu einer Zahlung zusammenfassen (LG München I, Urt. v. 23.4.2015 – 8 O 6509/15). Diese Gestaltung (variabler Zahlungsplan) wird überwiegend für zulässig gehalten, denn § 3 Abs. 2 MaBV lässt sich ein Verbot eines Leistungsbestimmungsrechts nach § 315 BGB nicht entnehmen, und der Zweck der MaBV, ungesicherte Vorleistungen des Erwerbers zu unterbinden, wird nicht gefährdet (vgl. Pause, Rdn. 299; Basty, Rdn. 477; Blank, Rdn. 219; ablehnend Bischoff in Grziwotz, 3. Aufl. 2017, § 3 MaBV, Rdn. 126; Marcks, § 3 Rdn. 23a). Die anders lautende Begründung des Verordnungsgebers (BR-Drs. 1004/96, 6 f.) hat sich nämlich nicht im Verordnungstext niedergeschlagen. Auch daraus, dass § 650v BGB „vereinbarte" Abschlagszahlungen voraussetzt, lässt sich nichts Gegenteiliges herleiten, weil die vertragliche Einräumung eines Leistungsbestimmungsrechts ja ebenfalls eine Vereinbarung darstellt (vgl. Pause, FS Müller (2019), S. 195, 202). **138**

Häufig wird die Bezugsfertigkeitsrate vom Erwerber nicht oder nicht in voller Höhe gezahlt sein, weil er sich wegen behaupteter, aber bestrittener Mängel auf sein Leistungsverweigerungsrecht beruft. Da die Bauleistung regelmäßig noch nicht abgenommen ist, bleibt der Bauträger für die von ihm behauptete Mängelfreiheit beweisbelastet, müsste also das Nichtvorliegen der vom Bauträger behaupteten Mängel im Verfügungsverfahren glaubhaft machen. Wegen der im Verfahren nach §§ 935, 940 ZPO nur eingeschränkten Erkenntnismöglichkeiten wird es dem Bauträger kaum möglich sein, die Mangelfreiheit zur Überzeugung des Gerichts glaubhaft zu machen. Das müsste er aber, um dem vom Erwerber geltend gemachten Leistungsverweigerungsrecht entgegenzutreten. Das KG sieht dann, wenn der Erwerber die Bezugsfertigkeitsrate wegen Mängeln einbehält, also die Zahlung der Bezugsfertigkeitsrate nicht anbietet, grund- **139** sätzlich keine Grundlage für eine Übergabeverfügung (KG, Urt. v. 4.10.2017 – 21 U 79/17, Rdn. 34). Der Erwerber muss also entweder die Zahlung der offenen Forderung (ohne Rücksicht auf das von ihm behauptete Leistungsverweigerungsrecht) anbieten oder den Übergabeanspruch im ordentlichen Rechtsweg verfolgen. Das LG München I löst diesen Konflikt praktikabel dahin, dass dem Bauträger die Glaubhaftmachung der Mangelfreiheit zwar ebenfalls nicht zugemutet wird, der Erwerber aber deshalb nicht auf die Besitzeinräumung verzichten muss, ihm jedoch der Übergabe einer Sicherheit für die Vergütungsforderung des Bauträgers aufgebürdet wird (LG München I, Beschl. v. 23.6.2016 – 11 O 10314/16).

140 Nach den gesetzlichen Vorschriften hat der Bauträger keinen Anspruch auf eine (Teil-) Abnahme bei Besitzeinräumung, sofern die Übergabe vor vollständiger Fertigstellung erfolgt. Auch das neue gesetzliche Werkvertragsrecht kennt keine gesetzlich geregelte Teilabnahme. Allerdings sehen die Verträge häufig eine Teilabnahme des bezugsfertigen Vertragsgegenstandes vor. Sofern eine solche Teilabnahme – wirksam – vereinbart worden ist, kann der Bauträger bei der Übergabe der Wohnung bzw. des Hauses deren (Teil-)Abnahme verlangen (KG, Urt. v. 20.8.2019 – 21 W 17/19, Rdn. 24).

141 Als Verfügungsgrund für eine Leistungsverfügung wird im Allgemeinen ein „dringendes Bedürfnis" für die Eilmaßnahme vorausgesetzt. Es muss eine Not- bzw. Zwangslage oder eine Existenzbedrohung bestehen, die bei einer Verweisung auf das Hauptsacheverfahren praktisch einer Rechtswegverweigerung gleichkäme (OLG Jena, Urt. v. 8.3. 2012 – 4 W 101/12, Rdn. 14; Zöller/Vollkommer, 32. Aufl. 2018, §940 ZPO Rdn. 6 m. w. Nachw.). Das Kammergericht meint, ein Verfügungsgrund bestünde dann, wenn beträchtliche und möglicherweise uneinbringliche Kosten drohen, die dem Erwerber entstehen, wenn er eine andere Wohnung oder ein Hotel bezieht (KG, Urt. v. 4.10.2017 – 21 U 79/17, Rdn. 22). In der Konsequenz besteht deshalb auch dann ein Verfügungsgrund, wenn nicht der Erwerber, sondern der Mieter an der Nutzungsaufnahme gehindert wird (KG, Urt. v. 20.8.2019 – 21 W 17/19). Das Gericht argumentiert vor allem mit den objektiven Folgen einer jeden verzögerten bzw. verweigerten Wohnungsübergabe, nämlich mit dem abstrakten und stets vorhandenen Risiko, den Verzugsschaden beim Schuldner möglicherweise nicht realisieren zu können. Ob allein darin ein Verfügungsgrund liegt, dürfte zweifelhaft sein (vgl. Haumer, PiG (2018) 106, 109, 121 f.). Für das dringendes Bedürfnis, eine (teilweise) Erfüllung des Vertrages im Eilverfahren anzuordnen, werden konkrete und ebenso dringende Gründe in der Person des Gläubigers glaubhaft gemacht sein müssen (OLG, Urt. Jena v. 8.3.2012 – 4 W 101/12, Rdn. 14f.). Davon geht die Rechtsprechung des LG München I zutreffend aus: Der Verfügungsgrund wurde in einer konkreten Notlage gesehen, nämlich darin, dass die Familie des Erwerbers z.B. nach der Kündigung der bislang bewohnten Wohnung mit schulpflichtigen Kindern in äußerst beengten Räumlichkeiten mit nur eingeschränkten Wasch- und Kochmöglichkeiten „campieren" musste (LG München I, Urt. v. 23.4.2015 – 8 O 6509/15). Ähnlich angespannt sind die Wohnverhältnisse, wenn der Gläubiger nur befristet in einem (unzumutbaren) Provisorium „haust"; auch hier besteht eine konkrete Notlage, die den Erlass einer Leistungsverfügung rechtfertigt (LG München I, Beschl. v. 23.6.2016 – 11 O 10314/16).

V. Fälligkeit der Vergütung, §641 BGB

142 Sieht der Bauträgervertrag keine Abschlagszahlungen vor, wird die Vergütung des Bauträgers mit der Abnahme fällig. Sofern beim Bauträgervertrag Abschlagszahlungen nach einem Zahlungsplan gemäß §3 Abs. 2 MaBV vereinbart sind, wird für die Fälligkeit der Abschlagsforderungen keine Abnahme vorausgesetzt (→ §641 BGB Rdn. 1). Mit dem nun auch für den Bauträgervertrag geltenden Schlussrechnungserfordernis und dem besonderen Hinweis auf die Abnahme in §650g Abs. 4 BGB als weitere Fälligkeitsvoraussetzung wird die sog. Fertigstellungsrate beim Bauträgervertrag zur Schlusszahlung und ebenfalls erst mit Vorlage einer Schlussrechnung und mit Abnahme des Werks fällig (→ Rdn. 138).

143 Verstoßen die Zahlungsbedingungen gegen §12 MaBV oder die §§307 ff. BGB, wird die Vergütung des Bauträgers mit der Abnahme fällig. Verstößt der mit dem Erwerber vereinbarte Zahlungsplan gegen §3 Abs. 2 MaBV, weil z. B. zehn statt der höchstens zulässigen sieben Raten vereinbart wurden, ist diese Zahlungsvereinbarung unwirksam (§12 MaBV i. V.m. §134 BGB). Die gesamte Vergütung wird erst mit der Abnahme fällig (BGH, Urt. v. 22.12.2000 – VII ZR 310/99; OLG Celle, Urt. v. 6.8.2003 – 7 U 36/03). Die Vergütung wird auch dann erst mit vollständiger Fertigstellung und Abnahme fällig, wenn der Vertrag – insofern MaBV-widrig – vorsieht, dass der gesamte Erwerbspreis bei Besitzübergabe gegen Stellung einer Bürgschaft von

3,5 % des Gesamterwerbspreises zu zahlen ist, weil hierin eine unzulässige Vermischung der beiden Sicherungssysteme liegt (OLG Schleswig, Urt. v. 7.5.2010 – 4 U 126/08). Sofern der Bauträger dem Erwerber noch kein Eigentum übertragen hat, müssen aber in allen diesen Fällen zusätzlich zur Abnahme die Voraussetzungen von § 3 MaBV vorliegen (vgl. Basty, Rdn. 63). Anders als der Unternehmer beim Bauvertrag steht dem Bauträger kein gesetzlicher Anspruch auf Abschläge nach § 632v BGB zu; er kann Abschlagszahlungen nur auf der Grundlage eines wirksam vereinbarten Zahlungsplans beanspruchen (§ 632a Abs. 2 BGB). Fehlt es daran oder erweist sich dieser als unwirksam, kommt es auf die Abnahme an (BGH, Urt. v. 22.3.2007 – VII ZR 268/05). Daneben müssen aber bei einer Verletzung der Vorschriften des § 3 Abs. 1 MaBV auch die allgemeinen Fälligkeitsvoraussetzungen des § 3 Abs. 1 MaBV vorliegen oder eine Bürgschaft nach § 7 MaBV übergeben worden sein (vgl. Basty, BTR 2005, 149, 151; Pause, Rdn. 376). Sofern der Erwerber bereits Zahlungen geleistet hat, kann er diese nach § 817 Satz 1 BGB zurückfordern. In dem Umfang, in dem Bauträger die Entgegennahme der Zahlungen bei Vereinbarung eines wirksamen Zahlungsplans nach § 3 Abs. 1 MaBV und unter Berücksichtigung des tatsächlichen Baufortschritts gestattet gewesen wäre, darf er sich auf § 813 BGB berufen und die geleisteten Beträge behalten (BGH, Urt. v. 22.3.2007 – VII ZR 268/05).

VI. Freies Kündigungsrecht (§ 648 BGB)

§ 650u Abs. 2 BGB schließt die Anwendung des freien Kündigungsrechts (§ 648 BGB) für den Bauträgervertrag aus. Nach der Gesetzesbegründung liefe ein freies Kündigungsrecht des Erwerbers dem wirtschaftlichen Ziel eines Bauträgervertrages zuwider; außerdem würde es beim Geschoßwohnungsbau wegen der Gesamtherstellungspflicht des Bauträgers zu erheblichen Problemen bei der Vollendung des Bauvorhabens führen (Begründung des Gesetzesentwurfs der Bundesregierung, BT-Drs. 18/8486, S. 72). **144**

Das entspricht der Rechtsprechung zum früheren Recht (BGH, Urt. v. 21.11.1985 – VII ZR 366/83; KG Urt. v. 22.12.1998 – 27 U 429/98; OLG Karlsruhe, Urt. v. 24.10.2016 – 19 U 108/14). Danach konnte der Bauträgervertrag schon bislang nicht frei gekündigt werden. Das wurde mit den Rechtsfolgen der Kündigung und den Besonderheiten des Bauträgervertrages begründet (Pause, Rdn. 753; Basty, Kap. 13 Rdn. 111). Wäre eine Beendigung des Bauträgervertrages durch eine willkürliche Kündigung des Erwerbers möglich, würde sie dazu führen, dass der Erwerber das Grundstück bzw. den Grundstücksanteil samt der bis zum Kündigungszeitpunkt erbrachten Bauleistungen bei entsprechender Vergütung beanspruchen könnte. Eine solche Möglichkeit der Vertragsbeendigung würde dem kaufvertraglichen Element des Bauträgervertrages widersprechen. Wollte man sie zulassen, würde dies dazu führen, dass der Erwerber noch vor Beginn der Bauarbeiten dem Bauträger das Grundstück nehmen und die Arbeiten anderweit ausführen lassen könnte. Da die freie Kündigung den Besonderheiten des Bauträgererwerbs nicht gerecht wird, hat die Rechtsprechung ihre Anwendung auf den Bauträgervertrag schon bislang abgelehnt (BGH, Urt. v. 21.11.1985 – VII ZR 366/83; KG Urt. v. 22.12.1998 – 27 U 429/98; OLG Karlsruhe, Urt. v. 24.10.2016 – 19 U 108/14.). **145**

VII. Kündigung aus wichtigem Grund (§ 648a BGB)

Nach § 650u Abs. 2 BGB ist beim Bauträgervertrag auch das Recht zur Kündigung aus wichtigem Grund (§ 648 a BGB) ausgeschlossen, welches es für Verträge, die vor dem 1.1.2018 abgeschlossen wurden, nach der Rechtsprechung (BGH, Urt. v. 21.11.1985 – VII ZR 366/83; OLG Düsseldorf, Urt. v. 26.11.2019 – 21 U 4/19) für den Bauerrichtungsteil noch gab. Nach den Vorstellungen des Gesetzgebers soll es „mit Blick auf die Einheitlichkeit des Vertrages und die Ausübung der Rechte daraus" überhaupt nicht mehr möglich sein, sich aus einem Bauträgervertrag durch eine Kündigung zu lösen (Begründung des Gesetzesentwurfs der Bundesregierung, BT-Drs. 18/8486, S. 72). Selbst bei gravierenden Pflichtverletzungen sei es nicht nötig, dem Erwerber einen Anspruch auf das Grundstück (mit der teilweise ausgeführten Bauleistung) zu verschaffen, da seinem Interesse mit der gesicherten Rückzahlung bereits geleisteter Zahlungen genüge sein. Auch dann, wenn der Bauträger vertragsuntreu ist und die weitere Vertragsdurchführung unzumutbar ist, werde dem Interesse des Erwerbers an einer Lösung durch das Rücktrittsrecht hinreichend Rechnung getragen: Bei wesentlichen Mängeln könne das Rücktrittsrecht nach §§ 636, 323, 326 Abs. 5 BGB und bei gravierenden nichtleistungsbezogenen (Schutz-) Pflichten das Rücktrittsrecht nach §§ 241 Abs. 2, 324 BGB ausgeübt werden (vgl. Begründung des Gesetzesentwurfs der Bundesregierung, BT-Drs. 18/8486, S. 72). **146**

§ 650u
Bauträgervertrag; anwendbare Vorschriften

Vor der Abnahme kommt ein verzugsbedingter Rücktritt (§§ 286 Abs. 1, 323 Abs. 1 BGB) und auch der Prognoserücktritt (§ 323 Abs. 4 BGB) in Betracht. Ein Teilrücktritt (§ 323 Abs. 5 BGB) ist allerdings nicht möglich, weil die Leistung nach dem Willen der Parteien unteilbar ist (BGH, Urt. v. 30.4.1976 – V ZR 143/74; Vogel, BauR 2018, 717, 718; a. A. Popescu, BauR 2012, 1314, 1315). Anders als bei der Errichtung eines Bauwerks auf dem Grundstück des Bauherrn, bei dem die zum Teil erbrachte Leistung zum Eigentum des Bauherrn wird, kann das teilweise errichtete Bauwerk bei einem Rücktritt durch den Erwerber problemlos dem Bauträger verbleiben. Für den Bauherrn besteht im Unterschied dazu ein Interesse daran, den Vertrag ggf. auch aus wichtigem Grund mit Wirkung *ex nunc* beenden zu können, während beim Bauträgererwerb eine vollständige Rückabwicklung des Vertrages den wechselseitigen Interessen hinlänglich gerecht wird.

147 Auch wenn der generelle Ausschluss des Kündigungsrechts beim Bauträgervertrag im Grundsatz eine richtige Lösung ist, muss die Beschränkung auf das Rücktrittsrecht bei ansonsten unveränderten rechtlichen Rahmenbedingungen ganz erheblichen Bedenken begegnen. Der Gesetzgeber hat mit der Reform des Bauvertrages die Voraussetzungen für die Vereinbarung von Abschlagszahlungen nicht geändert. Der Verweis auf die Bestimmungen der §§ 3 und 7 MaBV findet sich zwar nunmehr in § 650v BGB; eine inhaltlich Änderung ist damit aber nicht verbunden (vgl. zum früheren Recht § 632a Abs. 2 BGB). Die Schutzlücke im Vormerkungsmodell des § 3 MaBV wurde nicht beseitigt (→ § 650v BGB Rdn. 4), sondern massiv verstärkt (Vogel, BauR 2018, 717, 718 f. zu den möglichen Konsequenzen). Unverändert besteht die Gefahr, dass der Erwerber, wenn er vom Vertrag zurücktritt, bei einer Insolvenz des Bauträgers die Auflassungsvormerkung und damit die Sicherung der bereits geleisteten Zahlungen verliert, weil ihm gegenüber dem Berichtigungsanspruch des Insolvenzverwalters kein Zurückbehaltungsrecht an der Auflassungsvormerkung zur Seite steht (BGH, Urt. v. 20.12.2001 – IX ZR 401/99; BGH, Urt. v. 07.03.2002 – IX ZR 457/99; BGH, Urt. v. 22.01.2009 – IX ZR 66/07). Wenigstens beim Erwerb von Einfamilienhäusern oder Reihenhäusern war bei entsprechenden Pflichtverletzungen des Bauträgers die Kündigung aus wichtigem Grund eine Alternative für den Erwerber, denn hier erwarb er zwar ein nur mehr oder weniger fertiggestelltes Bauwerk, riskierte aber nicht den Verlust der bereits geleisteten Zahlungen. Da der Gesetzgeber dies offenbar nicht bedacht bzw. übersehen hat (Pause, BauR 2017, 430, 441), könnte daran gedacht werden, bis zu einer Änderung des Zahlungsmodells durch den Gesetzgeber ggf. ein außerordentliches Kündigungsrecht in analoger Anwendung von § 648 a BGB (und entgegen § 650u Abs. 2 BGB) anzuerkennen, um dem Erwerber so bei schwerwiegenden Vertragsverletzungen ein (zumutbares) Lösungsrecht zu verschaffen (so Koeble, Editorial, BauR 9/2017, II). Angesichts der eindeutigen gesetzlichen Regelung in § 650u Abs. 2 BGB, der die Anwendung von § 648 a BGB ausdrücklich ausschließt, dürfte dies kein gangbarer Weg sein (vgl. vgl. Basty, Kap. 13 Rdn. 114; Karczewski, NZBau 2018, 328, 337; Vogel, BauR 2018, 717, 718; a. A. Kesseler, ZfIR 2018, 511, 514, der § 314 BGB anwenden will). Auch ein Teilrücktritt, der sich auf die noch nicht ausgeführte Bauleistung beschränkt (§ 323 Abs. 5 BGB), ist nicht möglich, weil der Vertrag auf eine einheitliche, nicht teilbare Bauträgerleistung gerichtet ist (Palandt/Grüneberg, § 323 Rdn. 24; MünchKomm/Ernst, § 323 Rdn. 201). Die Leistung des Bauträgers ist nach dem im Vertrag zum Ausdruck gebrachten Parteiwillen unteilbar (Pause BauR 2017, 430, 441). Mit anderen Worten: Der Erwerber kann sich, sofern er nach § 3 MaBV gesicherte Abschlagszahlungen geleistet hat, nach neuem Recht vom Bauträgervertrag praktisch nicht lösen.

E. Anwendung des Bauvertragsrechts

148 Der allgemeine Verweis auf den 1. Untertitel gilt dem Werkvertragsrecht einschließlich Bauvertragsrecht. Praktisch kommt dem Bauvertragsrecht beim Bauträgervertrag kaum eine Bedeutung zu.

I. Zustandsfeststellung bei Verweigerung der Abnahme (§ 650g Abs. 1 bis 3 BGB)

149 Im Falle der verweigerten Abnahme hat der Erwerber auf Verlangen des Bauträgers an einer Feststellung des Zustands des Bauwerks mitzuwirken. Wegen der Einzelheiten wird auf die Darstellung zu § 650g BGB beim Bauvertrag Bezug genommen (→ § 650g BGB Rdn. 4 ff.).

Bauträgervertrag; anwendbare Vorschriften **§ 650u**

Nach § 650g Abs. 1 BGB hat der Besteller auf Verlangen des Unternehmers an einer gemein- 150
samen Feststellung des Zustandes des Werkes mitzuwirken, wenn der Besteller die Abnahme
wegen Mängeln verweigert hat. Durch die Zustandsfeststellung soll, wenn der Besteller das
Werk in Benutzung nimmt, späterer Streit darüber vermieden werden, wer erst später festgestellte Mängel und Schäden verursacht hat (Begründung des Gesetzesentwurfs der Bundesregierung, BT-Drs. 18/8486, S. 59). An einer solchen Zustandsfeststellung kann insbesondere
dann ein Bedürfnis bestehen, wenn die Abnahme des vom Bauträger errichteten Objekts wegen
wesentlicher Mängel verweigert wird und der Bauträger die Wohnung bzw. das Haus an den
Erwerber zur Nutzung übergibt, etwa um Verzugsfolgen zu vermeiden (Pause, Rdn. 440). Auch
wenn der Wortlaut von § 650g Abs. 1 BGB lediglich die Verweigerung der Abnahme wegen
Mängeln erwähnt, dürfte eine Zustandsfeststellung auch dann verlangt werden können, wenn
der Abnahme die fehlende Fertigstellung des Objekts entgegensteht und dennoch eine Übergabe des Vertragsgegenstandes erfolgt.

Bleibt der Erwerber einem vereinbarten Termin zur Zustandsfeststellung fern oder nimmt 151
er einen innerhalb angemessener Frist bestimmten Termin nicht wahr, ist der Bauträger nach
§ 650g Abs. 2 BGB berechtigt, den Zustand ohne den Erwerber einseitig festzustellen, es sei
denn, der Erwerber konnte wegen eines von ihm nicht zu vertretenden Umstandes den Termin nicht wahrnehmen und hat dies unverzüglich mitgeteilt. Der Bauträger hat die einseitige
Zustandsfeststellung gem. § 650g Abs. 2 Satz 3 BGB zu datieren, zu unterschreiben und dem
Erwerber eine Abschrift auszuhändigen. Wegen der Einzelheiten → § 650g BGB Rdn. 9 f.

Sofern offenkundige Mängel in der Zustandsfeststellung nicht enthalten sind und der Ver- 152
tragsgegenstand übergeben worden ist, wird gem. § 650g Abs. 3 BGB vermutet, dass der Mangel
nach der Übergabe entstanden und vom Erwerber zu vertreten ist, es sei denn, der Mangel
kann seiner Art nach nicht vom Erwerber verursacht worden sein. Gedacht sei etwa an den
offensichtlich vorhandenen (wasserführenden) Riss in der Betonkonstruktion der Tiefgarage,
der bei der Zustandsfeststellung übersehen wurde, aber vom Erwerber nicht verursacht worden sein kann. Zweifelhaft ist, ob dem einzelnen Erwerber das Gemeinschaftseigentum beim
Geschoßwohnungsbau „verschafft" wurde, weil nach der *ratio legis* die Vermutungswirkung
wohl die exklusive Besitzverschaffung voraussetzt (so wohl BT-Drs. 18/8486, S. 60). An dieser
könnte es aber fehlen, wenn das Gemeinschaftseigentum auch anderen Erwerbern übergeben
wurde (ohne Bedenken indes Karczewski, NZBau 2018, 328, 335); allerdings erwirbt der
Erwerber das Gemeinschaftseigentum mit der Belastung, dass der Besitz auch den anderen
Erwerbern verschafft wird.

II. Schlussrechnung (§ 650g Abs. 4 Satz 1 Nr. 2 BGB)

Nach neuem Recht gilt das Schlussrechnungserfordernis auch beim Bauträgervertrag. § 650g 153
Abs. 4 Satz 1 Nr. 2 BGB ist auf den Bauträgervertrag anzuwenden (§ 650u Abs. 1 Satz 2 BGB);
die Vorschrift gehört nicht zu den von der Anwendung ausgeschlossenen Regelungen i. S. v.
§ 650u Abs. 2 BGB.

Die Regelung zur Schlussrechnung ist erst in der letzten Gesetzgebungsphase vom Rechts- 154
ausschuss des Bundestages in das Gesetz eingefügt worden. Besondere Erwägungen dazu, warum diese zusätzliche Fälligkeitsvoraussetzung auch für den Bauträgervertrag gelten soll, finden
sich in den Gesetzesmaterialien nicht (Beschlussempfehlung des Ausschusses für Recht und
Verbraucherschutz v. 8.3.2017, BT-Drs. 18/11437, S. 49). Ihre Anwendung ist einfache Folge
der bereits vorher für den Bauträgervertrag formulierten gesetzestechnischen Verweisung auf
das gesamte Werkvertragsrecht (Untertitel 1). Die Anwendung der Schlussrechnungsregelung
bei der Abwicklung des Bauträgervertrages ist zwar rechtspolitisch keineswegs notwendig
gewesen, stellt die Praxis aber auch vor keine unüberwindbaren Schwierigkeiten: Eine abschließende Rechnung, die den neuen gesetzlichen Anforderungen genügt, ist im Normalfall
einfach zu erstellen und bei Sonderwünschen oder abzurechnenden Leistungen (als Schlüssigkeitsvoraussetzung) auch schon früher notwendig gewesen. Durch die nunmehr erforderliche
Schlussrechnung wird die bisher als „Fertigstellungsrate" bezeichnete Zahlung zur „Schlusszahlung" (→ § 650v BGB Rdn. 65). Angesichts des eindeutigen Willens des Gesetzgebers und
des klaren Verweises auf § 650g Abs. 4 BGB in § 650u Abs. 2 BGB ist die Auffassung, die das
Schlussrechnungserfordernis nur bei Vereinbarung von Sonderwünschen anwenden will (Basty,
MittBayNot 2017, 445, 448; Weber, notar 2017, 379, 388; wie hier Karczewski, NZBau 2018,
328, 332), abzulehnen, zumal auch bei einem Pauschalvertrag mit vereinbarten Abschlagszahlungen Schlussrechnung gelegt werden muss.

Pause/Vogel

III. Abnahme (§ 650g Abs. 4 Satz 1 Nr. 1 BGB)

155 Nach bisherigem Recht wurde die letzte Rate nach § 3 Abs. 2 MaBV auch unabhängig von der Abnahme fällig. Das ergab sich aus dem generellen Verweis in § 632a Abs. 2 BGB auf den Zahlungsplan des § 3 Abs. 2 MaBV, der als Spezialvorschrift so verstanden wurde, dass für die Fälligkeit der Raten nur die sich aus § 3 MaBV ergebenden Voraussetzungen erfüllt sein mussten (Pause, Rdn. 335; Basty, Rdn. 539; a. A. Blank, Rdn. 272).

156 Wegen des nun in § 650u Abs. 1 Satz 2 BGB enthaltenen ausdrücklichen Verweises auf das Werkvertragsrecht (mit den ebenso klaren und begrenzten Ausnahmen in § 650u Abs. 2 BGB) sind für den Bauträgervertrag ab 1.1.2018 parallel neben den Vorschriften der MaBV sämtliche Regeln des Werk- und Bauvertragsrechts anzuwenden. Deshalb müssen für die Fälligkeit der Vergütung auch die §§ 641, 650g Abs. 4 Satz 1 Nr. 1 BGB über die Abnahme beachtet werden. Die (Schluss-)Vergütung wird deshalb mit der Abnahme fällig (ebenso Karczewski, NZBau 2018, 328, 332). Neben der Abarbeitung des vertraglichen Leistungsprogramms ist damit die abnahmereife Herstellung erforderlich. Daraus folgt, dass bei vereinbarten Abschlagszahlungen die Abschläge bei Erreichung des vorausgesetzten Baufortschritts, die letzte Zahlung (Schlusszahlung) bei Abnahme fällig werden (→ § 650v BGB Rdn. 68 f.).

IV. Kein Anordnungsrecht des Erwerbers nach den §§ 650b, 650c und 650d BGB – Sonderwunschvereinbarungen

1. Änderung des Vertrages

157 Eine der wesentlichen Neuerungen des Bauvertragsrechts ist die Einführung eines Anordnungsrechts für den Besteller mit korrespondierenden Vergütungsregelungen. Diese Regelungen sollen ähnlich den Klauseln der VOB/B (§ 1 Abs. 3, 4 und § 2 Abs. 5, 6 VOB/B) den Besonderheiten des komplexen Baugeschehens Rechnung tragen, insbesondere dem Bedürfnis nachträglicher Änderungen der nach dem Vertrag geschuldeten Arbeiten (→ § 650b BGB Rdn. 3 f.).

158 Die Anwendung der §§ 650b, 650c, 650d BGB ist für den Bauträgervertrag jedoch nach § 650u Abs. 2 BGB ausgeschlossen. Die Gesetzesbegründung erklärt das damit, dass mit einem Anordnungsrecht des Erwerbers beim Geschosswohnungsbau erhebliche Probleme auftreten könnten, weil dem einzelnen Erwerber nicht gestattet werden könne, das Gemeinschaftseigentum zu ändern; ähnliche Probleme könnten bei Änderungen des Sondereigentums entstehen, weil sie sich auf das Gemeinschaftseigentum oder auf andere Wohnungen auswirken könnten (Begründung des Gesetzesentwurfs der Bundesregierung, BT-Drs. 18/8486, S. 72).

159 Die Regelung und ihre Begründung überzeugen nicht. Auch und insbesondere bei der Abwicklung des Bauträgervertrages werden ständig nachträgliche Änderungen verwirklicht (sog. Sonderwunschverträge). Das trifft für den Einfamilienhausbau, aber auch für den Geschosswohnungsbau zu. Naturgemäß sind die Möglichkeiten für nachträgliche Änderungen beim Erwerb einer Eigentumswohnung aus technischen und rechtlichen Gründen deutlich beschränkt. Das hindert Bauträger und Erwerber aber nicht, in der Praxis auch hier z. B. im Bereich des Innenausbaus häufig Änderungen zu vereinbaren und zu realisieren. Grundlage für diese Änderungen sind Vertragsbestimmungen, die vom Erwerber nachträglich gewünschte Änderungen zulassen, sofern sie technisch (noch) umsetzbar sind, den Bauablauf nicht stören und – natürlich – nicht zu Mängeln im Verhältnis zu anderen Erwerbern führen (Basty, Rdn. 922 ff.; Pause, Rdn. 511 ff.; zu der besonderen Koordinierungspflicht des Bauträgers vgl. OLG Karlsruhe, Urt. v. 15.1.2016 – 19 U 133/14).

160 Die §§ 650b, 650c, 650d BGB könnten (de lege ferenda) auf den Bauträgervertrag angewendet werden. Dem Interesse des Bauträgers, Änderungen dann nicht umsetzen zu müssen, wenn das Gemeinschaftseigentum, also die Leistungspflicht gegenüber anderen Erwerbern berührt wird, würde § 650 b Abs. 1 Satz 2, Abs. 2 Satz 2 BGB Rechnung tragen. Eine vom Erwerber geforderte Änderung i. S. v. § 650b Abs. 1 Satz 1 Nr. 1 BGB, die zu einer Abweichung von der den anderen Erwerbern geschuldeten Bauausführung führen würde, wäre dem Bauträger unzumutbar und würde ihn zur Verweigerung berechtigen (Pause, BauR 2017, 430, 441). Eine Änderung i. S. v. § 650b Abs. 1 Satz 1 Nr. 2 BGB, also einer Änderung, die zur Erreichung des vereinbarten Werkerfolges notwendig ist, bei der es nach der Vorstellung des Gesetzgebers um die Änderung der Rechtslage, behördliche Vorgaben oder die Beseitigung von Lücken und Fehlern in der Baubeschreibung geht (Begründung des Gesetzesentwurfs der Bundesregierung,

Bauträgervertrag; anwendbare Vorschriften §650u

BT-Drs. 18/8486, S. 53), dürfte der Bauträger bei einer etwaig dahingehenden Anordnung eines einzelnen Erwerbers wohl auch gegenüber den anderen Erwerbern erbringen dürfen und müssen.

§ 650u Abs. 2 BGB, der die Geltung der §§ 650b, 650c und 650d BGB ausschließt, enthält in Bezug auf diese Vorschriften nachgiebiges Recht, weil die Norm insofern nicht der Durchsetzung einer vertragstypischen Richtigkeitsgewähr (Palandt/Ellenberger, vor § 145 BGB, Rdn. 13) dient. § 650u Abs. 2 BGB verbietet es nicht, dass die Parteien – wie bisher – Sonderwunschvereinbarungen treffen und dazu im Bauträgervertrag die generellen, abstrakten Bedingungen, unter denen nachträgliche Änderungen der vereinbarten Bauleistung möglich sein sollen, festlegen (zum geltenden Recht: Basty, Rdn. 933 f.; Blank, Rdn. 155 f.; Pause, Rdn. 511 ff.). Mit anderen Worten: In Bezug auf die Sonderwunschvereinbarungen sind infolge der Bauvertragsreform keine Änderungen in der praktischen Handhabung zu gewärtigen. Zu denken wäre auch daran, dass die Parteien des Bauträgervertrages die Geltung der §§ 650b, 650c und 650d BGB vertraglich vereinbaren. Das dürfte aus den genannten Gründen zulässig sein. Fraglich ist allerdings, ob die gesetzlichen Regelungen der §§ 650b, 650c und 650d BGB für Bauträger und Erwerber verglichen mit der heutigen Praxis zu einer verbesserten Abwicklung führen würden. **161**

Es ist jedenfalls davon auszugehen, dass Sonderwünsche wie nach altem Recht vereinbart und abgewickelt werden können (→ 147 ff.). Im Regelfall gilt auch für den auf Grund der Sonderwunschvereinbarung geänderten Bauträgervertrag, der vor dem 1.1.2018 geschlossen wurde, noch „altes" Recht (→ Rdn. 7). **162**

2. Sonderwunschvereinbarungen

Sonderwünsche des Erwerbers – also alle Abweichungen von der ursprünglichen Planung des Bauträgers – können schon bei den Vertragsverhandlungen geäußert und bei der Beschreibung der geschuldeten Leistungen berücksichtigt werden. Sie werden dann Bestandteil der vertraglich geschuldeten Leistung und sind damit keine Sonderwünsche im eigentlichen Sinne mehr (Pause, Rdn. 513). Das gilt auch, wenn schon im Bauträgervertrag bestimmte Ausstattungsvarianten vorgesehen sind und dem Bauträger eine Wahlmöglichkeit oder dem Erwerber ein Leistungsbestimmungsrecht im Sinne von § 315 BGB eingeräumt ist (Basty, Rdn. 928). **163**

Vielfach werden Sonderwünsche aber auch erst nach Vertragsschluss geäußert, nicht selten noch während der Ausführung des Vorhabens (dazu Kleine-Möller/Merl-Glöckner, § 4 Rdn. 76 ff.; Pause, Rdn. 470 ff.; zur Abwicklung von Sonderwünschen mit zahlreichen Nachweisen aus der Aufsatz- und Kommentarliteratur: Bueren, NJW 2011, 2245). Die Begriffe „Sonderwunsch" und „Sonderwunschvereinbarung" haben sich für das nachträgliche Begehren einer Änderung bzw. für die entsprechende Änderungsvereinbarung eingebürgert, wenngleich auch hier – wie in § 650b BGB – besser von einer Änderung des Vertrages gesprochen würde. **164**

a) Sonderwunschvertrag Bauträger – Erwerber
aa) Inhalt

In der Regel wird der gegenüber dem Bauträger geäußerte Sonderwunsch des Erwerbers in der Weise umgesetzt, dass es zwischen Erwerber und Bauträger zu einer den ursprünglichen Bauträgervertrag abändernden Vereinbarung kommt, die der Bauträger dann durch entsprechende Anordnungen bzw. abändernde Vereinbarungen an die jeweiligen Handwerker und Unternehmer weiterreicht. Nur in Ausnahmefällen wird ein neues selbständiges Vertragsverhältnis zwischen dem Bauträger und dem Erwerber begründet, etwa wenn eine zusätzliche Leistung in Auftrag gegeben wird, die ohne Änderung der vertraglichen Vereinbarungen auch von einem Dritten ausgeführt werden könnte (Pause, Rdn. 474 nennt zutreffend als Beispiel die zusätzliche Errichtung einer Fertigteilgarage). **165**

bb) Rechtliche Grundlage

Die Parteien haben mit Abschluss des Bauträgervertrages den geschuldeten Leistungsumfang abschließend festgelegt. Ein einseitiges Änderungsrecht steht dem Erwerber nur zu, wenn das im Vertrag vorgesehen ist. **166**

Sehen die vertraglichen Vereinbarungen ein Änderungsrecht des Erwerbers vor, muss der Bauträger Änderungswünsche, die sich in dem vorgegebenen Rahmen halten, ausführen. Sieht der Vertrag diese Möglichkeit nicht vor, muss der Bauträger sich gleichwohl nach Treu und **167**

Glauben § 242 BGB auf Änderungswünsche einlassen, wenn ihm die Erfüllung unter Berücksichtigung der berechtigten Belange beider Parteien zuzumuten ist (Palandt/Grüneberg, BGB § 311 Rdn. 5; Basty, Rdn. 982; Pause, Rdn. 480 m. w. N.).

168 Ist das nicht der Fall, kann er die Ausführung ablehnen.

cc) Form

169 Die den Bauträgervertrag abändernde Sonderwunschvereinbarung zwischen dem Bauträger und dem Erwerber ist gemäß § 311b BGB notariell zu beurkunden (OLG München, Urt. v. 14.8.2018 – 9 U 3345/17; Basty, Rdn. 958; Pause Rdn. 483 m. w. N). Nach der Rechtsprechung des Bundesgerichtshofs sind abändernde Vereinbarungen aber formfrei möglich, sobald die Auflassung erklärt wurde (BGH, Urt. v. 28.9.1984 – V ZR 43/83; bestätigt durch BGH, Urt. v. 14.9.2018 – V ZR 213/17, Rdn. 10 ff.). In aller Regel wird die Auflassung bereits im Bauträgervertrag beurkundet. Ansonsten ist die ergänzende Vereinbarung formunwirksam. Die Formnichtigkeit führt jedoch regelmäßig nicht zur Nichtigkeit des ursprünglich abgeschlossenen Bauträgervertrages (OLG München, Urt. v. 14.8.2018 – 9 U 3345/17; näher hierzu Vogel, ZfIR 2005, 139, 140). Der Formmangel wird erst durch die Auflassung geheilt, § 311 b Abs. 1 Satz 2 BGB.

dd) Vergütung

170 Die Höhe der Vergütung haben die Parteien zu vereinbaren. Für entfallene Leistungen kann der Erwerber eine Gutschrift verlangen (Pause, Rdn. 489).

171 Auf der Grundlage dieser Vergütungsvereinbarung und etwa erteilter Gutschriften ist sodann gemäß § 3 Abs. 2 MaBV ein neuer Vertragspreis zu bilden (KG, Urt. v. 27.6.2019 – 21 U 144/18). Sämtliche Raten müssen neu berechnet werden. Mit der Erteilung einer gesonderten Rechnung über den Sonderwunsch würde gegen die Vorschriften der MaBV verstoßen. Zulässig ist jedoch die gesonderte Abrechnung des Sonderwunsches zusammen mit der letzten Rate (Pause, Rdn. 492 m. w. N.).

b) Sonderwunschvertrag Erwerber – Unternehmer/Handwerker

aa) Inhalt

172 Gelegentlich kommt es aber auch zu direkten vertraglichen Vereinbarungen zwischen dem Erwerber und dem ausführenden Handwerker/Unternehmer (Basty, Rdn. 629; Pause, Rdn. 499) über die Ausführung der Sonderwünsche des Erwerbers.

173 Diese sind unbedenklich, wenn sie auf die Ausführung zusätzlicher Leistungen gerichtet sind, die den nach dem Bauträgervertrag geschuldeten Leistungsumfang unberührt lassen. Es bedarf dann keiner abändernden Vereinbarung mit dem Bauträger. Dieser muss lediglich seine Zustimmung zur Ausführung der zusätzlichen Leistungen erklären.

174 Anders liegt es, wenn die Ausführung des Sonderwunsches zu Änderungen im Leistungsumfang des Bauträgers führt, gleichwohl aber allein im Verhältnis Erwerber – Unternehmer/Handwerker in Auftrag gegeben wird und abgerechnet werden soll. Hier kann es zu Abrechnungsproblemen kommen, aber auch zu Unklarheiten über die Mängelhaftung. Die Ausführung des Sonderwunsches kann zusätzliche Bauträgerleistungen erforderlich machen, etwa im Anschlussbereich zwischen den Bauträgerleistungen und den Arbeiten zur Ausführung des Sonderwunsches. Im Einzelfall kann es auch erforderlich sein, den vorgesehenen Bauablauf zu ändern, um die fachgerechte Ausführung der zusätzlich in Auftrag gegebenen Arbeiten überhaupt möglich zu machen. Soweit in diesem Zusammenhang Änderungen des Bauträgervertrages selbst vereinbart werden (müssen), stellt sich auch die Frage der Beurkundungsbedürftigkeit (→ Rdn. 153).

bb) Rechtliche Grundlage

175 Die Parteien haben – wie oben dargelegt – mit Abschluss des Bauträgervertrages den geschuldeten Leistungsumfang verbindlich festgelegt. Der Erwerber ist daher zu nachträglichen Änderungen nur berechtigt, wenn der Bauträgervertrag ein solches Änderungsrecht vorsieht, wenn der Bauträger sich mit der verlangten Änderung nachträglich einverstanden erklärt oder wenn er der begehrten Änderung nach Treu und Glauben § 242 BGB zustimmen muss, weil ihm das unter Berücksichtigung der berechtigten Belange beider Parteien zumutbar ist.

Bauträgervertrag; anwendbare Vorschriften **§ 650u**

Die Bauträgerverträge sehen häufig vor, dass Änderungs- und Sonderwünsche mit den 176
beauftragten Unternehmern/Handwerkern abgewickelt und abgerechnet werden sollen, die
Änderung aber die Zustimmung des Bauträgers voraussetzt, die dieser unter ganz bestimmten Umständen aber verweigern darf, etwa weil Behinderungen oder Verzögerungen bei
der Abwicklung des Bauvorhabens zu befürchten sind. Diese Vertragsgestaltung ist für beide
Parteien nicht ohne Risiko. Der Bauträger hat zwar mit der Ausführung und Abrechnung des
Sonderwunsches nichts mehr zu tun. Er muss aber prüfen, ob die Ausführung in Einklang
steht mit der Planung und dem Ablauf des Vorhabens und ob es sich in die ansonsten geplante
Ausführungsart nahtlos einfügt. Das wird oft übersehen. Der Erwerber geht das Risiko ein,
dass die seinem Schutz dienenden Vorschriften der MaBV nicht eingreifen und er – da er auf
fremdem Grund baut – bei einer Rückabwicklung seine Aufwendungen möglicherweise nicht
ersetzt bekommt (Pause, Rdn. 482).

cc) Form

Alle Vereinbarungen zwischen dem Erwerber und Unternehmern/Handwerkern sind form- 177
frei möglich, § 311b BGB findet keine Anwendung (Basty, Rdn. 956; Pause, Rdn. 500). Anders
verhält es sich aber, wenn zusätzlich Vereinbarungen mit dem Bauträger erforderlich werden.

dd) Vergütung

Der Bauträger kann für seine Mitwirkung von dem Erwerber nur dann eine zusätzliche 178
Vergütung verlangen, wenn er das mit dem Erwerber vereinbart hat (Kapellmann/Schiffers,
Bd. 2, Rdn. 1024, 1247ff.).

Dem Unternehmer/Handwerker steht gegen den Erwerber der vereinbarte Werklohn- 179
anspruch aus § 631 BGB zu, der nicht den Beschränkungen der MaBV unterliegt. Haben die
Parteien keine Vergütungsabrede getroffen, gilt eigentlich § 632 Abs. 2 BGB. Dabei muss aber
berücksichtigt werden, dass die Baustelle bereits eingerichtet und der Unternehmer/Handwerker schon auf der Baustelle tätig ist und vergleichbare Leistungen erbringt. Fallen durch
den Sonderwunsch des Erwerbers Leistungen weg, die der Bauträger in Auftrag gegeben hatte,
soll das bei dieser Fallgestaltung allein im Verhältnis zwischen Erwerber und Unternehmer/
Handwerker ausgeglichen werden, das Verhältnis Erwerber – Bauträger soll davon unberührt
bleiben (so jedenfalls Virneburg, BauR 2004, 1681, 1682).

V. Keine Bauhandwerkersicherungshypothek gem. § 650e BGB

Die nunmehr in § 650e BGB enthaltene Regelung (früher § 648 BGB) gewährt dem Unter- 180
nehmer für seine Vergütungsforderung einen gesetzlichen Anspruch auf Einräumung einer
Sicherungshypothek. Diese Vorschrift ist nach § 650u Abs. 2 BGB auf den Bauträgervertrag
nicht anwendbar. Nach der Gesetzesbegründung kann die Sicherungshypothek schon deshalb
keine Anwendung finden, weil der Bauträger nicht auf dem Grundstück des Bestellers baut
(Begründung des Gesetzesentwurfs der Bundesregierung, BT-Drs. 18/8486, S. 72).

Das entspricht der bisherigen Rechtslage. Einer Bauhandwerkersicherungshypothek stand 181
auch nach früherem Verständnis entgegen, dass der Bauträger bis zur vollständigen Bezahlung
der Vergütung zunächst Eigentümer des Grundstücks bleibt, also weder ein Sicherungsbedürfnis noch eine Sicherungsmöglichkeit bestand (Pause, Rdn. 413).

VI. Keine Bauhandwerkersicherheit nach § 650f Abs. 6 Nr. 2 BGB

Die bisherige Vorschrift über die Bauhandwerkersicherheit (§ 648 a BGB a. F.) wurde nun- 182
mehr zu § 650f BGB. Absatz 6 Satz 1 Nr. 2 dieser Vorschrift enthält das neu gestaltete Verbraucherprivileg. Danach sind vom Anwendungsbereich des § 650f BGB Verbraucherbauverträge
(i. S. v. § 650i BGB) und Bauträgerverträge (i. S. v. § 650u BGB) mit einem Verbraucher generell
ausgenommen. Die Ausnahme für den Bauträgervertrag mit einem Verbraucher ergibt sich also
nicht aus § 650u Abs. 2 BGB, sondern unmittelbar aus § 650f Abs. 6 Nr. 2 BGB (vgl. BT-Drs.
18/8486, S. 58). Rechtspolitisch ist es zweifelhaft, die Bereichsausnahme in § 650f Abs. 6 Nr. 2
BGB – so dürfte die Ausnahmeregelung nach dem Wortlaut auszulegen sein – auf einen Bauträgervertrag mit einem Verbraucher zu beschränken, weil der Bauträger durch den regelmäßig
vereinbarten späten Eigentumsübergang und die eingetragenen Globalgrundpfandrechte der

ihn finanzierenden Bank auch dann hinreichend abgesichert ist, wenn der Erwerber kein Verbraucher ist (dies hat der Gesetzgeber in BT-Drs. 18/8486, S. 72 auch erkannt).

183 Eine andere Frage ist allerdings, ob eine Bauhandwerkersicherung vertraglich vereinbart werden kann. § 650f Abs. 1 bis 5 BGB ist unabdingbar, nicht aber § 650f Abs. 6 BGB (vgl. § 650f Abs. 7 BGB). Es ist also möglich, unter Abweichung von § 650f Abs. 6 BGB eine Bauhandwerkersicherung zu vereinbaren. Jedoch wäre eine Geschäftsbedingung in einem Bauträgervertrag, die dem Erwerber eine Sicherheit nach § 650f BGB abverlangt, unwirksam, weil sie den Erwerber unangemessen benachteiligt (§ 307 Abs. 1 BGB). Die unangemessene Benachteiligung ergibt sich daraus, dass der Bauträger, der auf seinem Grund baut, nicht wie ein Unternehmer, der auf dem Baugrund seines Auftraggebers baut, nach der gesetzlichen Wertung des Gesetzes (§ 650f Abs. 6 BGB) den Schutz der Bauhandwerkersicherung nicht verdient. Möglich wäre eine solche Vereinbarung also nur in einer Individualvereinbarung, wobei sie den Anforderungen von § 310 Abs. 3 BGB genügen müsste. Zulässig wäre sie indes, wenn dem Erwerber in Abweichung von der typischen Vertragsabwicklung das Eigentum am Grundstück frühzeitig verschafft würde.

184 Das neue Recht enthält für den Bauträgervertrag eine Neuerung, weil er in der früheren Fassung des § 648a Abs. 6 BGB a. F. überhaupt nicht erwähnt worden ist. Allerdings war § 648a Abs. 6 BGB a. F. dahin ausgelegt worden, dass der Bauträger vom Erwerber keine Bauhandwerkersicherheit verlangen kann (Riemenschneider in: Koeble/Grziwotz, 3. Teil, Rdn. 685; Pause, Rdn. 415 f.; Vogel in: Koeble/Grziwotz, 4. Teil, Rdn. 151; → a. A. die Kommentierung der Vorauflage zu § 648a BGB, Rdn. 216 f., Stand 21.8.2017).

185 Bei der ursprünglichen Einfügung der Regelungen über die Bauhandwerkersicherheit (§ 648a BGB a. F.) in das Gesetz war zugleich in § 651 BGB damaliger Fassung die Klarstellung aufgenommen worden, dass die Verpflichtung zur Sicherheitsleistung beim Werklieferungsvertrag entfällt (§ 651 Abs. 1 Satz 2 BGB a. F.). Der Bauträgervertrag war insoweit als Werklieferungsvertrag verstanden worden mit der Folge, dass vom Erwerber eine Bauhandwerkersicherung nicht verlangt werden konnte. Bei der Neugestaltung des Werklieferungsvertrages im Zuge der Schuldrechtsmodernisierung ist die zitierte Regelung in § 651 BGB ersatzlos entfallen – offensichtlich ohne die möglichen Konsequenzen (Anwendbarkeit von § 648a BGB a. F. auf den Bauträgererwerb) – zu bedenken. Trotz dieser Gesetzesänderung konnte der Bauträger auch nach bisherigem Recht keine Bauhandwerkersicherheit nach § 648a BGB a. F. beanspruchen. Für die Errichtung von Einfamilienhäusern folgt dies bereits aus § 648a Abs. 6 Satz 1 Nr. 2 BGB, im Übrigen, also bei Verträgen über Eigentumswohnungen, aus einer einschränkenden Auslegung von § 648a BGB (OLG München, Urt. v. 15.1.2008 – 13 U 4378/07; OLG Celle, Urt. v. 6.8.2003 – 7 U 36/03; Pause, Rdn. 416; Vogel in Koeble/Grziwotz, Teil 4, Rdn. 150; Glöckner, in Kleine-Möller/Merl, § 4, Rdn. 282; a. A. → Kommentierung der Vorauflage zu § 648a BGB, Rdn. 216 f., Stand 21.8.2017). Nach Sinn und Zweck der Vorschrift sollte der Bauträgererwerb von § 648a BGB a. F. ebenfalls nicht erfasst werden, denn von § 648a BGB a. F. sollten Verträge, bei denen der Unternehmer auf *seinem* Grundstück baut und sich zur Übereignung der Gesamtleistung verpflichtet, nicht erfasst werden, weil der Bauträger den Wert der erbrachten Bauleistungen zunächst nicht verliert (Pause, Rdn. 416).

F. Anwendung des Verbraucherbauvertragsrechts

186 In § 650u Abs. 1 Satz 2 BGB wird für den Bauträgervertrag auf den Untertitel 1 mit den Regelungen des Verbraucherbauvertrages verwiesen. Es gelten deshalb auch die Vorschriften über den Verbraucherbauvertrag. Voraussetzung dafür ist allerdings, dass der Erwerber Verbraucher i. S. v. § 13 BGB ist. Das folgt schon daraus, dass § 650i BGB Verträge mit Verbrauchern vor Augen hat, und im Übrigen auch daraus, dass in den Vorschriften, die für den Bauträgervertrag gelten, jeweils ausdrücklich auf die Verbrauchereigenschaft abgestellt wird (vgl. z. B. §§ 650j, 650m Abs. 2, 650n BGB). Für Verträge mit Unternehmern gelten deshalb z. B. die Vorschriften über die Baubeschreibungspflicht nicht. Ungeklärt ist allerdings die Frage, ob die Verweisung in § 650u Abs. 1 Satz 2 BGB bei Altbausanierungen nur – wie von § 650i BGB dem Wortlaut naheliegend sein könnte – für Bauträgerverträge mit „erheblichen" Umbaumaßnahmen gilt (vgl. Karczewski, in: BeckOK Bauvertragsrecht, Leupertz/Preussner/Sienz, § 650u Rdn. 108). Wäre das richtig, würden Bauträgerverträge über nur „punktuellen" Sanierungen, also alle Maßnahmen unter der Schwelle einer Kernsanierung, von der Verweisung auf den Verbraucherbauvertrag ausgenommen sein (vgl. zum Begriff der „erheblichen" Umbaumaßnahme

Bauträgervertrag; anwendbare Vorschriften **§ 650u**

Stretz, in: Dammert/Lenkeit/Oberhauser/Pause/Stretz, Das neue Bauvertragsrecht, 2017, § 5 Rdn. 31 f.). Es ist jedoch nicht anzunehmen, dass eine solche Verringerung des Verbraucherschutzes mit der Gesetzesreform beabsichtigt war. Es ist vielmehr davon auszugehen, dass durch die Verweisung in § 650u Abs. 1 Satz 2 BGB nicht nur „erhebliche" Umbaumaßnahmen i. S. v. § 650i Abs. 1 BGB erfasst werden, sondern sämtliche Umbaumaßnahmen, wie sie durch § 650u Abs. 1 Satz 1 BGB beschrieben werden, es sich also um eine Rechtsfolgenverweisung handelt. Das sind nämlich sämtliche Umbauten, die mit wesentlichen Eingriffen in die Konstruktion oder den Bestand verbunden sind (→ Rdn. 14). Bautechnisch gehören danach Kernsanierungen ebenso wie punktuelle Sanierungen dazu, nicht aber Renovierungen, die nicht mit Eingriffen in die Konstruktion und den Bestand verbunden sind, also reine Renovierungen, denn sie sind schon kein Bauträgervertrag i. S. v. § 650u Abs. 1 Satz 1 BGB (→ Rdn. 14).

I. Baubeschreibungspflicht (§§ 650j, 650k Abs. 2 und 3 BGB)

Dadurch, dass in § 650u Abs. 1 Satz 2 BGB auf das gesamte Werkvertragsrecht (Untertitel 1) **187** mit den Regelungen des Verbraucherbauvertrages verwiesen wird, gilt die Baubeschreibungspflicht gem. §§ 650j, 650k BGB i. V. m. Art. 249 § 2 EGBGB auch für den Bauträgervertrag. Durch die Baubeschreibungspflicht soll dem Verbraucher Gelegenheit gegeben werden, die angebotene Leistung prüfen und verlässlich planen zu können. Dem Verbraucher soll es insbesondere erleichtert werden, verschiedene Angebote besser vergleichen zu können; außerdem soll der Wettbewerb dadurch gestärkt werden (Begründung des Gesetzesentwurfs der Bundesregierung, BT-Drs. 18/8486, S. 62).

Die bei Verbraucherverträgen bestehenden (Informations-) Pflichten der §§ 312 ff. BGB **188** sind auf den Bauträgervertrag in nur sehr eingeschränktem Umfang anzuwenden – und von nur geringer praktischer Bedeutung. Nach § 312 Abs. 2 Nr. 2 BGB gelten für den Bauträgervertrag zwar die Allgemeinen Pflichten nach § 312a Abs. 1, 3 und 4 BGB, also die Pflicht zur Offenbarung der Identität bei telefonischer Kontaktaufnahme, insoweit eine Informationspflicht, und darüber hinaus das Verbot von Entgelten für Nebenleistungen und das Verbot zusätzlicher Entgelte für vom Verbraucher gewählte Zahlungsmittel. Die weitergehenden und von der Vertriebsform abhängigen Informationspflichten der §§ 312d, 312i BGB sind auf den Bauträgervertrag aber nicht anwendbar (vgl. Glöckner in: Kleine-Möller/Merl/Glöckner, § 4 Rdn. 74 a). Die dem Bauträgervertrag bislang unbekannte zivilrechtliche Informations- und Baubeschreibungspflicht wurde mit dem Verweis auf die auf Bauleistungen zugeschnittenen gesetzlichen Informationspflichten der §§ 650j, 650k BGB auch für ihn eingeführt. Durch diese zivilrechtliche Informations- und Baubeschreibungspflicht entsteht sogar eine gewisse Verdoppelung von Informationspflichten, als neben den Regelungen der §§ 650j, 650k BGB auch die öffentlich-rechtlichen Informationspflichten nach den §§ 10, 11 MaBV zu beachten sind. Nach § 11 MaBV hat der Gewerbetreibende dem Auftraggeber bis zur Annahme des Auftrages die in § 10 Abs. 2 und 4 MaBV genannten Informationen zu erteilen, darunter gem. § 10 Abs. 4 Nr. 1 MaBV die Angaben zur Lage und Größe des Baugrundstücks, zum Bauvorhaben, zu den von der Bauaufsicht genehmigten Plänen nebst Baubeschreibung, zum Fertigstellungszeitpunkt und zur Kaufpreisforderung (Grziwotz/Bischoff, MaBV, § 10 Rdn. 22 ff.; Marcks, MaBV, § 10 Rdn. 17 f.). Vor Annahme des Auftrages ist über diejenigen Angaben zu informieren, die für die Beurteilung des jeweiligen Verhandlungsstandes erforderlich sind. Diese öffentlichen-rechtlichen Vorschriften nach § 11 MaBV gelten weiterhin. Der Gesetzgeber sollte wegen der inhaltlichen Überschneidungen gelegentlich etwaiger zukünftiger Änderungen des Gewerberechts prüfen, ob die öffentlich-rechtlich begründeten Informationspflichten angesichts der neuen privatrechtlichen Vorschriften tatsächlich noch zeitgemäß sind.

1. Vorvertragliche Baubeschreibungspflicht – Mindestinhalt des Prospekts

Nach § 650j BGB i. V. m. Art. 249 § 1 EGBGB hat der Bauträger den Erwerber über die Ein- **189** zelheiten der zu erbringenden Bauleistung zu informieren, und zwar im Umfang der Vorgaben des Art. 249 § 2 und § 3 EGBGB. Die Information hat in Textform zu erfolgen; dazu hat der Bauträger dem Erwerber vor Beurkundung des Vertrages eine Baubeschreibung zur Verfügung zu stellen (Art. 249 § 1 EGBGB). Dabei handelt es sich um eine vorvertragliche Informationspflicht. Geregelt werden damit die Baubeschreibung, die typischerweise im Vertriebsprospekt des Bauträgers enthalten ist. Er muss in dem Umfang informieren, wie in Art. 249 § 2 EGBGB bestimmt. Insoweit gilt nichts anderes als beim Verbraucherbauvertrag (→ § 650j BGB Rdn. 6).

Die Textform erfordert es nicht zwingend, dass alle erforderlichen Informationen in einem Dokument zusammengefasst werden (Pfennig, RNotZ 2018, 585, 590).

190 Nach Art. 249 §2 Abs. 1 Satz 1 EGBGB sind in der Baubeschreibung die wesentlichen Eigenschaften des angebotenen Werks in klarer Weise darzustellen. Mit dieser Generalklausel wird der Bauträger verpflichtet, die für das jeweilige Bauvorhaben wesentlichen Merkmale zu beschreiben, und zwar erforderlichenfalls auch die Eigenschaften, die nicht ausdrücklich in der Aufzählung des Satzes 2 dieser Vorschrift genannt sind (ebenso Karczewski, NZBau 2018, 328, 329). Dadurch soll sichergestellt werden, dass heute möglicherweise noch nicht übliche Beschaffenheiten, Bauweisen und Technologien, die für das Bauwerk wesentlich sind, ebenfalls der Baubeschreibungspflicht unterliegen (Begründung des Gesetzesentwurfs der Bundesregierung, BT-Drs. 18/8486, S. 72). Art. 249 §2 Abs. 1 Satz 2 EGBGB bestimmt sodann den Mindestinhalt der Baubeschreibung. Die Beschreibungspflicht für die Merkmale, zu denen „gegebenenfalls" Angaben erforderlich sind, hängt davon ab, dass die jeweils genannten Eigenschaften überhaupt einschlägig sind (so können beispielsweise die Angaben zu Ziff. 4, 6, 7 und 9 bei einer Garage ganz oder zum Teil entfallen).

191 Die in Art. 249 §2 Abs. 1 EGBGB abgeforderten Eigenschaften entsprechen den Beschaffenheiten, die für die Beurteilung der Vertragsgemäßheit i. S. v. §633 Abs. 2 Satz 1 BGB maßgeblich sind; der terminologische Unterschied geht auf die in den Art. 246 EGBGB verwendeten Begriffe zurück, ohne dass damit ein inhaltlicher Unterschied bezweckt würde.

192 Nach Art. 249 §2 Abs. 1 Satz 2 EGBGB muss die Baubeschreibung mindestens die in den Nummern 1 bis 9 genannten Informationen enthalten.

193 Außerdem hat schon die vorvertragliche Baubeschreibung gem. Art. 249 §2 Abs. 2 EGBGB über den Fertigstellungszeitpunkt zu unterrichten. Sofern der Beginn der Bauausführung noch nicht feststeht, ist ihre Dauer anzugeben.

2. Klare und verständliche Darstellung

194 Fraglich ist, welche Anforderungen an die Verständlichkeit der Darstellung in der Baubeschreibung zu stellen sind.

195 Nach Art. 249 §2 Abs. 1 Satz 1 EGBGB sind die wesentlichen Eigenschaften des angebotenen Werks in „klarer Weise" darzustellen. Der Wortlaut und die Begründung zum Gesetz machen deutlich, dass die im Katalog des Art. 249 §2 Abs. 1 Satz 2 EGBGB genannten Eigenschaften zunächst nur technisch präzise beschrieben werden müssen. Im Gesetz wird bewusst darauf verzichtet, für die Leistungsbeschreibung eine dem Verbraucher verständliche Darstellung zu fordern. Im Unterschied zu Art. 246 Abs. 1 EGBGB, der – in Übereinstimmung mit der Verbraucherrechterichtlinie (Erwägungsgrund 34 und Art. 6 Abs. 7 VRRL, ABl. L 304 v. 22.11.2011.) – ausdrücklich die Erteilung der Informationen in „klarer und verständlicher Weise" verlangt, wird in Art. 249 §2 Abs. 1 Satz 1 EGBGB auf die Verständlichkeit als formale Anforderung verzichtet. Darin unterscheidet sich das Gesetz auch vom ursprünglichen Referentenentwurf (dazu Pause/Vogel, NZBau 2015, 667), der ebenfalls noch eine klare und verständliche Beschreibung forderte. Dabei handelt es sich um eine bewusste Entscheidung des Gesetzgebers: Die Gesetzesbegründung erläutert dazu, dass für die zum Teil komplexen technischen Informationen etwa in Bezug auf die Eigenschaften einer Wärmedämmung oder anderer technischer Ausstattungen nicht die Kenntnisse eines Verbrauchers zum Maßstab der Verständlichkeit gemacht werden könnten. Es sei lediglich notwendig, klare Informationen zu erteilen. Bei etwaigen Verständnisproblemen könne der Verbraucher Experten hinzuziehen (Begründung des Gesetzesentwurfs der Bundesregierung, BT-Drs. 18/8486, S. 73 f.).

196 Nach Art. 249 §2 Abs. 1 EGBGB wäre eine detaillierte, differenzierte und technische Termini verwende Baubeschreibung zulässig, sofern sie nur dem Klarheitsgebot genügt. Es wäre also möglich, die Bauleistung unter Angabe der einzelnen technischen Merkmale sämtlicher Baustoffe und Bauweisen zu beschreiben, etwa in der Art, wie sie beispielsweise in der Musterbaubeschreibung der Verbraucherzentrale NRW aufgelistet sind (z. B. Wärmedurchgangskoeffizienten für sämtliche Bauteile, vgl. Musterbaubeschreibung der Verbraucherzentrale NRW, 4. Aufl. 2016, S. F 17), Angabe der technischen Merkmale des Innenputzes (Musterbaubeschreibung der Verbraucherzentrale NRW, 4. Aufl. 2016, S. F 30) usw. Die für das Mauerwerk verwendeten Ziegel würden durch präzise technische Angaben zur Rohdichte (in kg/m^3) und der Wärmeleitfähigkeit (in W/mK) usw. beschrieben werden können. Angaben zum Schallschutz können durch technische Werte (dB) erfolgen. Auf technische Regelwerke (einschlägige DIN-Vorschriften etwa in Bezug auf Abdichtungsarbeiten) kann verwiesen

Bauträgervertrag; anwendbare Vorschriften **§ 650u**

werden. Eine Baubeschreibung dieser Art ist unter der Geltung neuen Rechts trotz ihrer Unverständlichkeit (Glöckner, FS Koeble, S. 271, 284, 295). nicht zu beanstanden. Angesichts des Umstandes, dass mit der erstmaligen gesetzlichen Gestaltung eines Verbraucherbauvertrages ja vor allem der Verbraucherschutz verbessert werden soll, ist das ein überraschendes Ergebnis.

Sofern aber der Vertrag bzw. die maßgebliche Baubeschreibung dem Anwendungsbereich **197** der §§ 305 ff. BGB – sei es auch über § 310 Abs. 3 Nr. 2 BGB – unterliegt, ist zusätzlich das Transparenzgebot des § 307 Abs. 1 Satz 2, Abs. 3 Satz 2 BGB zu beachten (näher Dammert/Lenkeit/Oberhauser/Pause/Stretz-Stretz, Das neue Bauvertragsrecht, 2017, § 5 Rdn. 90 ff. zum Verbraucherbauvertrag; Karczewski, NZBau 2018, 328, 329; a. A. Pfennig, RNotZ 2018, 585, 593). Die Art der Darstellung in der Baubeschreibung, wie sie durch Art. 249 § 2 Abs. 1 EGBGB definiert wird, enthält keine Vorgaben für „Formularverträge", senkt also das für sie geltende Schutzniveau nicht ab. Dies folgt schon daraus, dass eine einschränkende Auslegung des Transparenzgebots europarechtlich jedenfalls für Verbraucherverträge unzulässig wäre (vgl. Art. 4 Satz 1 RiL 93/13/EWG). Deshalb muss bei vorformulierten und vom Bauträger gestellten Baubeschreibungen nach § 307 Abs. 1 Satz 2, Abs. 3 Satz 2 BGB auch die Leistungsbeschreibung dem Transparenzgebot genügen, also klar und *verständlich* sein. Hier genügen z. B. schlichte Verweise auf DIN-Normen nicht; sie sind für den Laien nicht verständlich (vgl. zum Schallschutz BGH, Urt. v. 4.6.2009 – VII ZR 54/07). Insbesondere Wartungshinweise und Anleitungen zum „richtigen Heizen" müssen nicht nur technisch richtig, sondern auch verständlich sein (vgl. Grziwotz, NZBau 2019, 218, 222).

Darüber hinaus ist für den Verbrauchervertrag § 310 Abs. 3 Nr. 2 BGB zu beachten. Danach **198** besteht der Schutz nach den §§ 307 bis 309 BGB auch bei dem Verbraucher gestellte Einmalbedingungen. Zu diesem Schutz gehört insbesondere auch das Transparenzgebot des § 307 Abs. 1 Satz 2 BGB (MünchKomm/Basedow, § 310 BGB Rdn. 75; Palandt/Grüneberg, § 310 Rdn. 18). Gleiches folgt aus Art. 4 Abs. 2 Richtlinie 93/13/EWG (Klauselrichtlinie) (Richtlinie 93/13/EWG v. 5.4.1993, ABlEG Nr. L 95 v. 21.4.1993, S. 29). Danach ist eine Klausel, selbst wenn sie nur den Hauptgegenstand des Vertrages und den Preis zum Gegenstand hat, missbräuchlich, wenn sie nicht klar und verständlich ist (vgl. auch Art. 5 Richtlinie 93/13/EWG). Die Vorgaben der Klauselrichtlinie sind nicht nur von Amts wegen zu beachten; ein Gericht muss im Wege der Amtsermittlung prüfen, ob Regelung für den Verbraucher missbräuchlich sind (vgl. von Westphalen, EuZW 2019, 121 ff. m. w. N.).

Damit gilt die auf das „Klarheitsgebot" reduzierte Anforderung des Art. 249 § 2 Abs. 1 Satz 1 **199** EGBGB nur für Individualabreden, während das umfassende Transparenzgebot, zu dem auch das „Verständlichkeitsgebot" des Art. 4 Abs. 2 Richtlinie 93/13/EWG bzw. des § 307 Abs. 1 Satz 2 BGB gehört, sowohl bei Geschäftsbedingungen wie auch bei Einmalbedingungen zu beachten ist. Beim Bauträgervertrag handelt es sich regelmäßig beim gesamten Vertragswerk einschließlich Baubeschreibung um Geschäftsbedingungen, höchst selten um Einmalbedingungen i. S. v. § 310 Abs. 3 Nr. 2 BGB. Individuell vereinbarte Baubeschreibungen, für die dann lediglich das Klarheitsgebot des Art. 249 § 2 Abs. 1 Satz 1 EGBGB maßgeblich wäre, sind ohne praktische Bedeutung. Da die Beschränkung des Art. 249 § 2 Abs. 1 Satz 1 EGBGB auf eine klare Darstellung nur für Individualabreden gilt, bedarf es auch keiner an Art. 4 Abs. 2 Richtlinie 93/13/EWG orientierten richtlinienkonformen Auslegung von Art. 249 § 2 Abs. 1 Satz 1 EGBGB.

3. Funktionale Baubeschreibung

Außerdem stellt sich die Frage, mit welcher technischen Detaillierung die durch Art. 249 **200** § 2 Abs. 1 Satz 2 EGBGB geforderten Informationen zu erteilen sind, ob also eine funktionale Baubeschreibung, wie sie bei Bauträgerverträgen verbreitet ist, noch möglich ist.

Auch bei Anlegung des von Art. 249 § 2 Abs. 1 Satz 1 EGBGB vorgegebenen und um das **201** Verständlichkeitsgebot des Art. 4 Abs. 2 Richtlinie 93/13/EWG erweiterten Maßstabs („klare und verständliche Leistungsbeschreibung") ist eine funktionale Baubeschreibung nach wie vor zulässig.

Eine funktionale Leistungsbeschreibung beschreibt die wesentlichen Beschaffenheiten des **202** Bauwerks und verzichtet auf eine (vollständige) Detaillierung der geschuldeten Leistung (Kniffka/Koeble/Jurgeleit/Sacher, 10. Teil, Rdn. 138 f.); sie ist systembedingt lückenhaft (vgl. BGH, Urt. v. 21.11.2013 – VII ZR 275/12, Rdn. 11). Die Anforderungen des Art. 249 § 2 Abs. 1 EGBGB verbieten eine funktionale Beschreibung der Leistung jedoch nicht. Es müssen nach Art. 249 § 2 Abs. 1 EGBGB die wesentlichen Eigenschaften unter Beachtung

Pause/Vogel

§ 650u

der Mindestangaben klar erfasst sein. Diese Anforderung und der Katalog des Satzes 2 legen den Schluss nahe, dass es weniger um eine erschöpfende Beschreibung sämtlicher technischer Merkmale des Bauwerks geht, als mehr um die Informationen, die für die Nutzung und den Gebrauch maßgeblich sind oder den Marktwert bestimmen. Das sind aber die die Funktion bestimmenden Eigenschaften. Deshalb ist über die technischen Merkmale, die die Funktion der Leistung beschreiben, klar zu informieren, nicht aber notwendig über sämtliche für die Erreichung dieser Funktion erforderlichen Eigenschaften sämtlicher Baustoffe und Bauweisen. Über diese für die Funktion wesentlichen Eigenschaften muss allerdings in Erfüllung von Art. 4 Abs. 2 Richtlinie 93/13/EWG überdies verständlich informiert werden.

203 So würde beispielsweise in Bezug auf den Schallschutz die Angabe eines dB-Wertes oder der Hinweis auf die Einhaltung einer bestimmten einschlägigen technischen Norm zunächst zur Erfüllung des Kriteriums „Klarheit" ausreichen, während die hierfür erforderliche Bauweise (Verwendung eines bestimmten Ziegels mit definierter Rohdichte, Herstellung einer Betontrennwand mit bestimmten Abmessungen, schallentkoppelte Lagerung des Treppenlaufs unter Verwendung bestimmter Bauprodukte auf Konsolen) nicht erforderlich sind. Der sich daraus ergebende Schallschutz muss aber außerdem verständlich beschrieben werden (BGH, Urt. v. 4.6.2009 – VII ZR 54/07, Rdn. 15); die Bedeutung der technischen Angabe muss so erläutert werden, dass sie für den technischen Laien verständlich wird (Pause FS Thode, 275, 181 f.). Danach ist auch unter Anwendung der sich aus Art. 249 § 2 Abs. 1 Satz 1 EGBGB ergebenden Anforderungen eine funktionale Baubeschreibung zulässig (Pause, BauR 2017, 430, 434).

204 Das würde auch bei individuell vereinbarten Baubeschreibungen gelten, wenn also die weitere Anforderung des Transparenzgebots, nämlich die Verständlichkeit i. S. v. § 307 Abs. 1 Satz 2 BGB, Art. 4 Abs. 2 Klauselrichtlinie, nicht maßgeblich ist. In diesem Fall genügt es, die wesentlichen Eigenschaften des Bauwerks technisch klar zu definieren, ohne sämtliche Baustoffe und alle Bauweisen im Sinne eines Detailvertrages vollständig darzustellen. Gemeint ist damit, dass z. B. eine technische Angabe zur Wärmedämmung als eine Gebäudeeigenschaft (Funktion) ausreichend ist, ohne sämtliche Merkmale der dazu verwendeten Baustoffe zu benennen.

205 Nach Art. 249 § 2 Abs. 2 EGBGB hat die Baubeschreibung ferner verbindliche Angaben zum Fertigstellungszeitpunkt des Werks zu enthalten; sofern der Beginn der Bauausführung noch nicht feststeht, ist ihre Dauer anzugeben. Insoweit gilt nichts anderes als beim Verbraucherbauvertrag; → § 650k BGB, Rdn. 13.

206 Die Informationspflicht entfällt, wenn die Planungsvorgaben vom Erwerber kommen (§ 650j BGB). Das ist beim Bauträgervertrag zwar theoretisch denkbar, kommt aber praktisch kaum vor.

4. Baubeschreibung als Inhalt des Vertrages

207 Für den Verbraucherbauvertrag bestimmt § 650k Abs. 1 BGB, dass die Baubeschreibung, die Gegenstand der vorvertraglichen Information war, vorbehaltlich einer anderen, ausdrücklichen Vereinbarung zum Vertragsinhalt wird. Dadurch soll erreicht werden, dass vorvertragliche Angaben zuverlässig zum Vertragsinhalt werden. Diese Regelung gilt für den Bauträgervertrag jedoch nicht, weil der Vertrag nach § 311b Abs. 1 Satz 1 BGB zu beurkunden ist und damit auch die Einbeziehung der (maßgeblichen) Baubeschreibung in den Vertrag gewährleistet wird (Begründung des Gesetzesentwurfs der Bundesregierung, BT-Drs. 18/8486, S. 72).

208 Abweichungen zwischen vorvertraglicher Baubeschreibung (z. B. im Prospekt) und der in der Bezugsurkunde enthaltenen maßgeblichen (Vertrags-) Baubeschreibung (ohne dass auf sie ausdrücklich hingewiesen worden ist, → § 650k BGB, Rdn. 8) können natürlich auch beim Bauträgervertrag auftreten. Davor, dass die dem Vertrag letztlich zugrunde gelegte Baubeschreibung von früheren Beschreibungen abweicht, kann sich der Erwerber auch nach dem neuen Recht nur durch eine genaue Kontrolle der Vertragsbaubeschreibung sicher schützen. Vorvertragliche (werbende) Angaben, die über den Inhalt der beurkundeten Baubeschreibung hinausgehen, werden nicht automatisch Vertragsinhalt, können aber bei der Auslegung des Vertrages berücksichtigt werden (→ Rdn. 194).

5. Rechtsfolgen unzureichender Baubeschreibung

209 Für den Fall, dass die Baubeschreibung unvollständig oder unklar ist, wird in § 650k Abs. 2 Satz 1 BGB bestimmt, dass die Unvollständigkeit bzw. Unklarheit der Baubeschreibung im Wege der Auslegung unter Berücksichtigung sämtlicher vertragsbegleitender Umstände, insbesondere nach den Komfort- und Leistungsstandards des übrigen Vertrages zu beseitigen

ist; dabei gehen etwaige Zweifel zu Lasten des Unternehmers. Das entspricht den Rechtsprechungsgrundsätzen, die der Bundesgerichtshof (BGH, Urt. v. 21.11.2013 – VII ZR 275/12, Rdn. 12; BGH, Urt. v. 14.6.2007 – VII ZR 45/06, Rdn. 25) schon früher zu unklaren und ergänzungsbedürftigen, weil lückenhaften Baubeschreibungen für den Bauträgervertrag entwickelt hat.

Zur Bestimmung des Komfort- und Leistungsstandards kommt neben dem übrigen Inhalt 210 des Vertrages und der Baubeschreibung den vertragsbegleitenden Umständen eine herausragende Bedeutung zu, da ihnen häufig nicht nur Leistungsmerkmale (wie zusätzliche Eigenschaftsangaben), sondern auch wertende Einschätzung des Bauvorhabens durch den Anbieter entnommen werden können. Als vertragsbegleitende Umstände kommen Prospektangaben, Exposés, Werbetafeln oder Aussagen von Vertriebsvertretern des Unternehmers in Betracht. Inhaltlich sind das über den Vertragsinhalt hinausgehende eigentliche Beschaffenheitsmerkmale sowie anpreisende Ankündigungen zum Qualitätsniveau des Vertragsgegenstandes („hochpreisige Komfortvilla mit unverbaubarem Blick", vgl. BGH, Urt. v. 17.9.1971 – V ZR 143/68). Auch wenn diese nicht ausdrücklich in den Vertrag einbezogen worden sind – das ist den vertragsbegleitenden Umständen wesensimmanent –, sollen sie bei der Schließung der lückenhaften Baubeschreibung berücksichtigt werden. Der Vertrag ist unter Berücksichtigung dieser vertragsbegleitenden Umstände auszulegen, obwohl die auf diesem Weg zu berücksichtigenden vorvertraglichen Werbeangaben gerade nicht beurkundet worden sind. Damit ist die relativ strenge Rechtsprechung des V. Zivilsenats des Bundesgerichtshofs (BGH, Urt. v. 6.11.2015 – V ZR 78/14 für den Grundstückskauf; ebenso für den Bauträgervertrag OLG Köln, Urt. v. 23.11.2016 – 11 U 173/15), wonach vorvertragliche Angaben, die nicht beurkundet worden sind, als Inhalt der geschuldeten Leistung außer Betracht zu bleiben haben, jedenfalls im Anwendungsbereich des Bauträgervertrages von Gesetzes wegen nicht länger maßgeblich (Pause, BauR 2017, 430, 435; Vogel, PiG 104 [2017], 1, 10 f.; Vogel, NZM 2017, 681, 686; im Ergebnis Messerschmidt/Voit-Thode, § 650u BGB Rdn. 27; wohl auch Basty, MittBayNot 2017, 445, 448 f.; Pfennig, RNotZ 2018, 585, 603; übersehen von Krüger, ZfIR 2018, 753, 757).

Sofern es bei der Beurteilung der Baubeschreibung auf den Maßstab der Verständlichkeit 211 i.S.v. § 307 Abs. 1 Satz 2 BGB ankommt ergibt sich nichts Abweichendes: Im Falle der Verletzung des Transparenzgebots ist die betreffende Beschreibung unwirksam; eine Ergänzung der Baubeschreibung nach § 306 Abs. 2 BGB kommt mangels entsprechender gesetzlicher Regelungen nicht in Betracht. Deshalb ist die durch die Unwirksamkeit entstandene Lücke im Wege der (ergänzenden) Vertragsauslegung zu schließen (Palandt/Grüneberg, § 306 Rdn. 6; Sienz, BauR 2009, 361, 368). In Bezug auf die Qualität und die Quantität der zu erbringenden Bauleistung ist bei der Auslegung nicht auf den üblichen Standard, sondern auch hier auf das durch die übrige Beschreibung vorgegebene Leistungsniveau abzustellen (Basty, Rdn. 834; Grziwotz, FS Thode, S. 243, 254; Pause, NZBau 2002, 648, 650).

Nur dann, wenn bei einer unvollständigen oder intransparenten Baubeschreibung die ele- 212 mentaren Beschaffenheitsmerkmale, die *essentialia negotii*, ausnahmsweise nicht im Wege einer ergänzenden Auslegung ermittelt werden könnte, wäre der Vertrag mangels Einigung materiell-rechtlich unwirksam (Karczewski, NZBau 2018, 328, 330; grundlegend Thode, ZNotP 2004, 131, 137). Praktisch relevant ist dies nicht, da anhand auch einer sehr unvollkommenen Baubeschreibung das sachverständig beratene Gericht nach den dargestellten Auslegungsregeln regelmäßig die elementaren Beschaffenheitsmerkmale herausarbeiten können wird, zumal nach § 650k Abs. 2 Satz 2 BGB analog entsprechende Zweifel zu Lasten des Bauträgers gehen dürften.

Die Baubeschreibungspflicht ist hier wie beim Verbraucherbauvertrag eine (vor-)vertragliche 213 Nebenpflicht i.S.v. § 311 Abs. 2 BGB. Als nichtleistungsbezogene Nebenpflicht i.S.v. § 241 Abs. 2 BGB führt eine Verletzung der Baubeschreibungspflicht zur Schadensersatzpflicht nach §§ 311 Abs. 2, 241 Abs. 2, 280 BGB (Glöckner, BauR 2014, 411, 426 f.). Ob bei einer unvollständigen Baubeschreibung Schadensersatzansprüche praktisch durchsetzbar sind, darf bezweifelt werden; der Nachweis eines Schadens dürfte schwer zu führen sein.

6. Fertigstellungszeitpunkt

Auch die Regelung des § 651 k Abs. 3 BGB zum Fertigstellungszeitpunkt ist auf den Bauträ- 214 gervertrag anzuwenden. Danach muss der Vertrag einen verbindlichen Fertigstellungszeitpunkt enthalten, hilfsweise die Dauer der Bauausführung angeben (vgl. Art. 249 § 2 Abs. 2 EGBGB). Enthält der Vertrag keinen Fertigstellungszeitpunkt, sind die entsprechenden Angaben in der (vorvertraglichen) Baubeschreibung maßgeblich. Anders als für die eigentliche Baubeschreibung verweist § 650u Abs. 1 BGB für den Fertigstellungszeitpunkt auf (etwaige) vorvertragliche Angaben. Ansonsten (überhaupt keine vertraglichen oder vorvertraglichen Angaben zum Fertigstellungszeitpunkt) ist § 271 BGB anwendbar. Danach ist die Bauzeit und damit der Fertigstellungstermin den Umständen zu entnehmen. Der Bauträger hat im Zweifel alsbald nach Vertragsschluss mit den Arbeiten zu beginnen und sie in angemessener Zeit zügig zu Ende zu führen. Dabei ist die für die Herstellung notwendige Zeit in Rechnung zu stellen. Mit Ablauf dieser angemessenen Fertigstellungsfrist wird die Leistung fällig (BGH, Urt. v. 8.3.2001 – VII ZR 470/99). Die Beweislast dafür, dass die angemessene Herstellungsfrist noch nicht abgelaufen ist, trägt der Bauträger (BGH, Urt. v. 21.10.2003 – X ZR 281/01).

II. Kein Widerrufsrecht gem. § 650l BGB

215   Das Widerrufsrecht nach § 650l BGB gilt beim Erwerb vom Bauträger nicht (§ 650u Abs. 2 BGB).

216   Beim Verbraucherbauvertrag besteht gem. § 650l BGB ein generelles, also ein von der Vertriebsform unabhängiges Widerrufsrecht gemäß § 355 BGB (vgl. Lenkeit, BauR 2017, 454 ff.). Durch das Widerrufsrecht soll der Verbraucher wegen der wirtschaftlichen Bedeutung von Verträgen über die Errichtung bzw. den erheblichen Umbau von Eigenheimen vor übereilten Abschlüssen geschützt werden (Begründung des Gesetzesentwurfs der Bundesregierung, BT-Drs. 18/8486, S. 63). Von einer Ausdehnung des Widerrufsrechts auf den Bauträgervertrag hat der Gesetzgeber abgesehen, weil der Bauträgervertrag nach § 311 b BGB notariell zu beurkunden ist. Durch die Übermittlung des Vertrags mindestens zwei Wochen vor der Beurkundung (§ 17 Abs. 2a BeurkG) und die notarielle Belehrung ist der Verbraucher vor unbedachten und übereilten Abschlüssen hinreichend geschützt (Begründung des Gesetzesentwurfs der Bundesregierung, BT-Drs. 18/8486, S. 72). Es gilt nach der Reform des Bauvertragsrechts nichts anderes als bereits zuvor; schon früher (wie heute) war das von der Vertriebsform abhängige Widerrufsrecht für Verbraucherverträge (§ 312 g Abs. 1 BGB) beim Bauträgervertrag nicht anzuwenden (§ 312 Abs. 3 Nr. 1 BGB) (Glöckner in: Kleine-Möller/Merl/Glöckner, § 4 Rdn. 74 f.).

217   Beim Verbraucherbauvertrag besteht gem. § 650l BGB dann kein Widerrufsrecht, wenn der Vertrag – tatsächlich – beurkundet wurde (Lenkeit, BauR 2017, 454, 466). Erfolgt aber keine Beurkundung, verbleibt es beim Widerrufsrecht. Der Bauträgervertrag ist wegen der in ihm enthaltenen Grundstücksübereignungspflicht stets zu beurkunden, § 311b Abs. 1 Satz 1 BGB. Unterbleibt die Beurkundung, besteht bei ihm dennoch kein Widerrufsrecht, weil es durch § 650u Abs. 2 BGB für diesen Vertrag generell ausgeschlossen ist (Pause BauR 2017, 430, 435; a. A. Lenkeit, BauR 2017, 454, 466). Der Erwerber kann sich allerdings – mit anderen Rechtsfolgen – auf die Formnichtigkeit des Vertrages berufen.

218   Ausnahmsweise kann das Widerrufsrecht nach § 650l BGB bei einer Aufspaltung des Bauträgervertrages in einen (beurkundeten) Grundstückskaufvertrag und einen privatschriftlich abgeschlossenen (Verbraucher-) Bauvertrag (Generalunternehmermodell) (Pause, Rdn. 1460 f.) bestehen, und zwar auch dann, wenn der Kauf- und Bauvertrag mit verschiedenen Personen abgeschlossen wurde. Zwar ist bei einem einheitlichen Rechtsgeschäft, bei dem das eine mit dem anderen Geschäft stehen und fallen soll, das gesamte Geschäft zu beurkunden (BGH, Urt. v. 22.7.2010 – VII ZR 246/08; BGH, Urt. v. 12.2.2009 – VII ZR 230/07, Rdn. 13; BGH, Urt. v. 26.11.1999 – V ZR 251/98). Der Bauvertrag wird in dieser Konstellation aber häufig und planmäßig nicht beurkundet, ist also formnichtig. Unter dieser Voraussetzung sind die §§ 650l, 355 BGB für den Verbraucherbauvertrag einschlägig (Lenkeit, BauR 2017, 615, 626). Das Widerrufsrecht kann vor allem dann weiter gehen als die Möglichkeit, sich auf die Formnichtigkeit zu berufen, weil dem Käufer die Berufung auf die Nichtigkeit des Vertrages nach der Eigentumsumschreibung verwehrt ist (§ 311b Abs. 1 Satz 2 BGB). Der Widerruf dürfte analog § 360 BGB auch den beurkundeten Kaufvertrag erfassen, unabhängig davon, ob sich der Verbraucher auf die Nichtigkeit des Vertrages berufen hat bzw. der zunächst nichtige Kaufvertrag durch Eintragung der Auflassung nach § 311b Abs. 1 Satz 2 BGB geheilt wurde.

219   Fraglich ist, ob auf nachträgliche nicht beurkundete Sonderwunschverträge das Widerrufsrecht anzuwenden ist. Durch sog. Sonderwunschverträge werden nach Abschluss der Bauträgervertrages mit dem Bauträger selbst oder auf direktem Weg mit dem Handwerker geänderte bzw. zusätzliche Bauleistungen vereinbart. Dies ist auch im einem Fall – bei bereits erklärter Auflassung – formfrei, also ohne notarielle Beurkundung wirksam möglich. Für diese Vereinbarungen ist das Widerrufsrecht nach § 650l BGB nicht gegeben, weil die vereinbarten Bauleistungen regelmäßig unter der Schwelle für den Anwendungsbereich der §§ 650i ff. BGB

Bauträgervertrag; anwendbare Vorschriften **§ 650u**

bleiben, also kein neues Gebäude bzw. kein erheblicher Umbau beauftragt wird (vgl. im Übrigen Lenkeit, BauR 2017, 615, 628).

III. Sicherung von Abschlagszahlungen (§ 650m Abs. 2, 3 BGB)

Sofern der Bauträger mit dem Erwerber die Zahlung der Vergütung in Raten (Abschlägen) 220
vereinbart – was meistens der Fall ist –, gilt von den Vorschriften des Verbraucherbauvertrages auch § 650m Abs. 2 und 3 BGB, also die Vorschriften zur Vertragserfüllungssicherheit, nicht aber die Begrenzung der Abschläge auf 90 % der Vergütung gem. § 650m Abs. 1 BGB.

1. Zweck

§ 650m Abs. 2 und 3 BGB entspricht im Wesentlichen den früheren Regelungen in 221
§ 632a Abs. 3 und 4 BGB a. F. Bereits mit dem Forderungssicherungsgesetz (FoSiG) (Gesetz v. 23.10.2008, BGBl. I S. 2022) wurde für Verbraucherverträge, sofern Abschlagszahlungen gefordert werden, in § 632a Abs. 3 BGB a. F. ein gesetzlicher Anspruch auf Stellung einer Sicherheit für die rechtzeitige Herstellung des Objekts ohne wesentliche Mängel, also eine Sicherheit für die Vertragserfüllung, eingeführt. Durch die Absicherung der Vertragserfüllungsansprüche soll dem Umstand Rechnung getragen werden, dass der Verbraucher in aller Regel nicht in der Lage ist, eine Sicherung seiner Erfüllungsansprüche bei Vertragsschluss durchzusetzen (vgl. Pause NZBau 2006, 342, 343; ders. ZfIR 2006, 356, 358 zur Notwendigkeit entsprechender Regelungen). Danach ist dem Besteller, wenn von ihm Abschläge verlangt werden und es sich bei ihm um einen Verbraucher (§ 13 BGB) handelt, eine Sicherheit für die Vertragserfüllung zu gewähren. Die Sicherheit schafft einen Ausgleich dafür, dass mit den Abschlagszahlungen die Vorleistungspflicht des Unternehmers, die im Grundsatz bis zur Abnahme besteht, abgeschwächt wird. Schon § 632a Abs. 3 BGB galt auch für den Bauträgervertrag, sofern der Erwerber Verbraucher war. Das wurde durch § 1 Satz 3 der Verordnung über Abschlagszahlungen bei Bauträgerverträgen klargestellt (BT-Drs. 15/3594, S. 24f. und BT-Drs. 16/511, S. 24).

Da für den Bauträgervertrag für die Abschlagszahlungen durch § 650v BGB und Art. 244 222
EGBGB über § 1 Satz 3 der Verordnung über Abschlagszahlungen bei Bauträgerverträgen auf die §§ 3 und 7 MaBV verwiesen wurde, wurde für den Gleichlauf in § 1 Satz 3 dieser Verordnung klargestellt, dass bei Vereinbarungen über Abschläge der Anspruch auf die Sicherheit nach § 650m Abs. 2 und 3 BGB auch beim Bauträgererwerb gilt (Art. 4 des Gesetzes zur Reform des Bauvertragsrechts v. 28.4.2017, BGBl. I S. 969).

2. Gesetzlicher Anspruch und Abdingbarkeit

Auf die Sicherheit hat der Erwerber einen gesetzlichen Anspruch. Zur Begründung einer 223
dahingehenden Verpflichtung des Bauträgers ist deshalb keine vertragliche Vereinbarung erforderlich. Der Anspruch entsteht mit der Vereinbarung von Abschlagszahlungen und wird fällig mit der Anforderung einer Abschlagszahlung durch den Bauträger. Trotzdem erstreckt sich die Belehrungspflicht des Notars auch und insbesondere auf die Risiken ungesicherter Vorleistungen und deren Vermeidung durch geeignete Vertragsgestaltungen (BGH, Urt. v. 17.1.2008 – III ZR 136/07, Rdn. 10; BGH, Urt. v. 24.1.2008 – III ZR 156/07; BGH, Urt. v. 12.2.2004 – III ZR 77/03; BGH, Urt. v. 27.10.1994 – IX ZR 12/94). Die Vertragserfüllungssicherheit dient neben den §§ 3, 7 MaBV der Sicherstellung einer vertragsgerechten Erfüllung und nicht nur der Absicherung einer sekundären Vertragspflicht (vgl. BGH, Urt. v. 24.1.2008 – III ZR 156/07, Rdn. 9; Pause, Rdn. 201a.); deshalb ist bei der Beurkundung über diese zusätzliche Sicherungsmöglichkeit zu belehren und eine entsprechende Vertragsgestaltung vorzusehen (Basty DNotZ 2008, 891, 897). Die Vereinbarung von Abschlagszahlungen ohne zugleich die gesetzlich geregelte Sicherheitsleistung nach § 650m Abs. 2 BGB vertraglich vorzusehen, ist auch deshalb unwirksam, weil bei einem nicht vorgebildeten Durchschnittskunden der Eindruck entstehen könnte, dass die Regelung des § 650m Abs. 2 BGB abbedungen sein soll (BGH, Urt. v. 8.11.2012 – VII ZR 191/12). Die sich hieraus ergebende Unwirksamkeit des gesamten Zahlungsplans hätte zur Folge, dass die Vergütung (erst) mit der Abnahme fällig wird (§ 641 Abs. 1 Satz 1 BGB; vgl. BGH, Urt. v. 22.12.2000 – VII ZR 310/99; BGH, Urt. v. 22.3.2007 – VII ZR 268/05, Rdn. 25). Der Anspruch auf die Sicherheit ist klagbar. Solange der Erwerber (fällige) Zahlungen an den Bauträger schuldet, fehlt für eine Klage das Rechtsschutzbedürfnis, denn der Erwerber kann die Sicherheit durch einen Einbehalt von der Ver-

gütung verwirklichen. Dem Bauträger bleibt es vorbehalten, den Einbehalt etwa durch eine Bürgschaft abzulösen (§ 650 Abs. 3 BGB). Kann der Erwerber die Sicherheit nicht durch einen Einbehalt erlangen, kann die Sicherheit eingeklagt werden, jedoch wegen des auf Seiten des Bauträgers bestehenden Wahlrechts (zwischen Barsicherheit und Bürgschaft, vgl. § 650 Abs. 3 BGB) nur als Verpflichtung zur Gestellung der Sicherheit (OLG Schleswig, Urt. v. 2.10.2019 – 12 U 10/18), eine nach § 887 ZPO zu vollstreckende vertretbare Handlung.

3. Verhältnis zur Sicherung nach §§ 3 und 7 MaBV

224   Da der gesetzliche Sicherungszweck der Sicherheit nach § 650m Abs. 2 BGB über die Sicherungen nach § 3 MaBV hinausgehen, kann der Erwerber die Vertragserfüllungssicherheit nach § 650m Abs. 2 BGB neben den Absicherungen des § 3 Abs. 1 MaBV verlangen (Basty, Rdn. 45). Gleiches gilt für eine Abwicklung von Abschlagszahlungen nach § 7 MaBV (Kutter in: Beck'sches Notar-Handbuch, Kap. A II Rdn. 78 a [7]). Zwar umfasst eine Bürgschaft nach § 7 MaBV auch Erfüllungsansprüche (BGH, Urt. v. 14.1.1999 – IX ZR 140/98; BGH, Urt. v. 18.6.2002 – XI ZR 359/01; vgl. Pause, BauR 1999, 1270), nicht aber Ansprüche wegen verspäteter Herstellung (BGH, Urt. v. 21.1.2003 – XI ZR 145/02, noch zu § 632a Abs. 2 BGB). Wegen des nur eingeschränkten Sicherungszwecks der Bürgschaft nach § 7 MaBV kann der Erwerber auch dann, wenn Abschlagszahlungen durch eine Bürgschaft nach § 7 MaBV gesichert werden, zusätzlich eine Sicherheit nach § 650m Abs. 2 BGB beanspruchen (Pause, Rdn. 201).

4. Gesicherte Ansprüche

225   Die Absicherung nach § 650m Abs. 2 BGB dient als Sicherheit für die rechtzeitige Herstellung des Werks ohne wesentliche Mängel.

226   Danach kann der Erwerber auf die Sicherheit zurückgreifen, wenn das Objekt nicht rechtzeitig hergestellt wurde. Das ist der Fall, wenn sich der Unternehmer mit seiner Leistung in Verzug befindet (§ 286 BGB). Gesichert sind Schadensersatzansprüche, aber auch Ansprüche auf eine etwaige Vertragsstrafe (BGH, Urt. v. 7.6.1982 – VIII ZR 154/81; BGH, Urt. v. 15.3.1990 – IX ZR 44/89) und auf pauschalierten Schadensersatz.

227   Durch die Absicherung nach § 650m Abs. 2 BGB werden vor allem die Mängelansprüche bis zur Abnahme gesichert. Gesichert sind auch die bei der Abnahme vorbehaltenen Restarbeiten, denn insoweit ist die Leistung noch gar nicht vollständig hergestellt worden. Eine Änderung der Rechtslage ist mit der Reform des Bauvertragsrechts also nicht verbunden.

228   Bemerkenswert ist allerdings, dass trotz entsprechender Kritik (Pause/Vogel, NZBau 2015, 667, 670) an der bereits in § 632a Abs. 3 BGB verwendeten Formulierung, nach der eine Sicherheit für die „Herstellung des Werks ohne wesentliche Mängel" zu leisten ist, festgehalten wird. Es war darauf hingewiesen worden, dass der Wortlaut dahin verstanden werden muss, dass unwesentliche Mängel durch die Sicherheit nicht erfasst werden (Pause/Vogel, NZBau 2015, 667, 670; Pause, Rdn. 201 d; MünchKomm/Busche, § 632a BGB, Rdn. 23), es sei denn, man sieht in der Gesetzesfassung lediglich ein Redaktionsversehen (Basty, Rdn. 41). Da der Wortlaut mit der Reform des Bauvertragsrechts nicht geändert wurde, sondern trotz der Diskussion unverändert übernommen wurde, muss angenommen werden, dass die Ausklammerung der unwesentlichen Mängel nicht nur auf einem Redaktionsversehen, sondern auf einer bewussten gesetzgeberischen Entscheidung beruht (Pause, BauR 2017, 430, 437). Die geltende Gesetzesfassung ist nicht befriedigend. Richtigerweise sollten sämtliche Ansprüche wegen nicht ordnungsgemäßer Erfüllung, also auch Ansprüche wegen unwesentlicher Mängeln gesichert werden (Pause/Vogel, NZBau 2015, 667, 670). Andernfalls entstünde die widersprüchliche Situation, dass der Verbraucher die Abnahme wegen einer Vielzahl kleinerer Mängel, die in der Summe die Wesentlichkeitsschwelle des § 640 Abs. 1 Satz 2 BGB übersteigen (OLG München, Urt. v. 15.01.2008 – 13 U 4378/07), verweigern kann, die entsprechenden Erfüllungsansprüche durch die Sicherheit aber nicht gesichert wären (Pause, BauR 2017, 430, 437).

229   Die Sicherheit ist dann zurückzugewähren, wenn keine von ihr gesicherten Ansprüche mehr bestehen (KG, Urt. v. 15.5.2018 – 21 U 90/17). Ggf. besteht nach allgemeinen Grundsätzen des Sicherheitenrechts ein Anspruch auf Teilenthaftung, wenn die gesicherten Ansprüche nur noch geringfügig sind.

5. Keine Begrenzung der Höhe nach

Die Begrenzung der Abschläge auf 90% der vereinbarten Gesamtvergütung (vgl. §650m Abs. 1 BGB) gilt für den Bauträgervertrag nicht. Durch die mit §650m Abs. 1 BGB für den Verbraucherbauvertrag eingeführte pauschale Begrenzung der Abschläge soll vermieden werden, dass der Unternehmer überhöhte Abschläge fordert und es dadurch zu einer Vorleistung des Verbrauchers kommt (Begründung des Gesetzesentwurfs der Bundesregierung, BT-Drs. 18/8486, S. 64). Die Gesetzesbegründung erklärt die Ausnahme des Bauträgervertrages von dieser Regelung damit, dass eine Begrenzung der Abschläge mit den Regelungen in §3 Abs. 2 MaBV nicht vereinbar sei (Begründung des Gesetzesentwurfs der Bundesregierung, BT-Drs. 18/8486, S. 73). Die Begründung ist nicht stichhaltig, weil die durch §3 Abs. 2 MaBV definierten Raten bzw. Abschläge in der Summe durchaus zusätzlich auf 90% der Gesamtvergütung begrenzt werden könnten, und zwar mit der Begründung, dass es sich bei den Abschlägen nach §3 Abs. 2 MaBV ja jeweils auch nur um Höchstsätze handelt (Pause, Rdn. 293). Im Ergebnis ist die gesetzgeberische Entscheidung jedenfalls im Anwendungsbereich des §3 Abs. 2 BGB vertretbar, weil infolge der auf 30% der Vergütung begrenzten ersten Rate (Grundstücksrate) und des im Allgemeinen weit höheren Grundstücksanteils regelmäßig keine Vorleistung des Erwerbers zu befürchten ist. Bei einer Sicherung des Erwerbers nach §7 MaBV, bei der ein Zahlungsplan abweichend von §3 Abs. 2 MaBV möglich ist, überzeugt die gesetzgeberische Entscheidung nicht. Nach der Regelung in §650v Abs. 2 BGB ist die Begrenzung der Abschläge auf 90% aber auch bei einer Vertragsabwicklung nach §7 MaBV nicht anwendbar.

Vorauszahlungen können im Übrigen auch bei einer Sicherung nach §7 MaBV nicht wirksam vereinbart werden. Das wurde schon nach früherem Recht angenommen (Pause, Rdn. 348) und gilt nun zusätzlich für Formularverträge gemäß §309 Nr. 12 a) BGB bei Abschlägen, die wesentlich höher sind, als sie nach §632a Abs. 1 BGB zulässig wären, also damit auch für Vorauszahlungen.

6. Abweichende Individualvereinbarungen

§650m Abs. 2 BGB enthält wie schon die Vorgängervorschrift kein zwingendes Recht (§650o BGB). Die Vorschriften des §650m über die Abschlagszahlungen und die Vertragserfüllungssicherheit sind beim Verbraucherbauvertrag abdingbar. Das beruht auf einer bewussten Entscheidung des Gesetzgebers bei der Einführung des damaligen §632a Abs. 2 BGB a. F. (BT-Drs. 16/511, S. 15). Danach kommen auch beim Bauträgervertrag abweichende Vereinbarungen in Bezug auf die Vertragserfüllungssicherheit gemäß §650m Abs. 2 und 3 BGB in Betracht. Sie wären jedoch nur in Individualvereinbarungen gestattet; in Formularverträgen oder Allgemeinen Geschäftsbedingungen würde eine Klausel, die die Sicherheit ausschließt oder verringert, gegen §309 Nr. 15 b) BGB verstoßen.

IV. Herausgabe von Unterlagen (§650n BGB)

Nach §650u Abs. 1 Satz 2 BGB ist der Bauträger ebenso wie der Unternehmer beim Verbraucherbauvertrag verpflichtet, Unterlagen gem. §650n BGB zu erstellen und herauszugeben.

1. Nur Eingeschränkte Anwendung der Dokumentationspflicht

Mit der Erweiterung des Anwendungsbereichs von §650n BGB auf den Bauträgervertrag soll erreicht werden, dass der Erwerber die nötigen Bauunterlagen, die er beispielsweise für spätere Unterhaltungsmaßnahmen benötigt, ausgehändigt erhält (Begründung des Gesetzesentwurfs der Bundesregierung, BT-Drs. 18/8486, S. 65). Angesichts der Tatsache, dass hierzu bislang keine gesetzliche Regelung bestand und in kaum einem Bauträgervertrag Vereinbarungen zur Herausgabe von Unterlagen anzutreffen sind, bestand auch und insbesondere in diesem Bereich ein dringendes Bedürfnis an einer gesetzlichen Regelung der Dokumentationspflicht. Es muss allerdings bezweifelt werden, dass der verfolgte Zweck mit dem Verweis auf den Herausgabeanspruch nach §650n BGB erreicht wird (vgl. Glöckner, VuR 2016, 163, 167).

Der Inhalt des Anspruchs auf die Erstellung und die Herausgabe von Unterlagen ist in §650n BGB genau beschrieben: Nach §650n BGB soll der Unternehmer rechtzeitig vor Beginn der Ausführung die Unterlagen erstellen und herausgeben, die der Verbraucher benötigt, um gegenüber den Behörden (und ggf. auch gegenüber Dritten, z. B. der finanzierenden Bank, Abs. 3) nachweisen zu können, dass das Bauvorhaben unter Einhaltung der öffentlich-recht-

§ 650u Bauträgervertrag; anwendbare Vorschriften

lichen Vorschriften ausgeführt wird (Abs. 1) bzw. dass es im Zeitpunkt der Fertigstellung nach den öffentlich-rechtlichen Vorschriften ausgeführt wurde (Abs. 2). Dazu muss der Unternehmer nach § 650n Abs. 1 BGB die Planungsunterlagen erstellen, die der Verbraucher für Nachweise gegenüber der Baubehörde benötigt. Nach dem Wortlaut des Gesetzes handelt es sich dabei um Unterlagen, die der Unternehmer objektbezogen zu erstellen hat und die die Baubehörde verlangt. In Abhängigkeit vom einschlägigen Landesrecht können dies beispielsweise die Baugenehmigung, der Brandschutz-, Standsicherheits-, Schallschutz- und Wärmeschutznachweis sein. Nach § 650n Abs. 2 BGB sind bei Fertigstellung des Bauvorhabens diejenigen Unterlagen zu erstellen und herauszugeben, die der Verbraucher gegenüber der Baubehörde für den Nachweis einer mit den öffentlich-rechtlichen Vorschriften übereinstimmenden Bauausführung benötigt (Pause, BauR 2017, 430, 438). Das können etwa Nachweise nach § 10 Erneuerbare-Energien-Wärmegesetz sein (Begründung des Gesetzesentwurfs der Bundesregierung, BT-Drs. 18/8486, S. 65). Die Ausführungsplanung, Fachplanung und Bestandsunterlagen gehören nach dem Wortlaut von § 650n Abs. 1 und 2 BGB grundsätzlich nicht zu den geforderten Bauunterlagen, denn sie werden als Nachweise gegenüber der Baubehörde nicht benötigt (Glöckner, VuR 2016, 163, 167; Pause, BauR 2017, 430, 438). Zu klären ist, in welchem Umfang die für den Verbraucherbauvertrag konzipierten Bestimmungen des § 650n BGB auf den Bauträgervertrag angewendet werden können (Pause, BauR 2017, 430, 440).

236   Nach § 650n Abs. 1 BGB sind rechtzeitig vor Beginn der Bauausführung die Unterlagen herauszugeben, die der Verbraucher benötigt, um gegenüber der Baubehörde den Nachweis führen zu können, dass mit der Bauausführung die öffentlich-rechtlichen Vorschriften eingehalten werden. Diese Verpflichtung ist auf einen Verbraucher zugeschnitten, der selbst Bauherr ist, denn der Bauherr hat gegenüber der Baubehörde und anderen Behörden ggf. die Nachweise über die Einhaltung der maßgeblichen öffentlich-rechtlichen Vorschriften zu führen. In dieser Rolle befindet sich der Erwerber beim Bauträgervertrag nicht. Bauherr ist hier der Bauträger. Nur er hat vor und bei Bauerrichtung die nötigen Nachweise zu führen. Aus § 650n Abs. 1 BGB ergibt sich für den maßgeblichen Zeitpunkt (rechtzeitig vor Beginn der Bauausführung) somit keine Verpflichtung des Bauträgers, bestimmte Unterlagen für den Erwerber zu erstellen und an ihn herauszugeben (Pause, BauR 2017, 430, 440).

237   Spätestens mit der Fertigstellung des Bauwerks soll der Unternehmer gem. § 650n Abs. 2 BGB die Unterlagen erstellen und herausgeben, die der Verbraucher für den Nachweis gegenüber der Behörde benötigt, dass das Bauvorhaben in Übereinstimmung mit den öffentlich-rechtlichen Vorschriften errichtet worden ist. Auch aus dieser Norm ergibt sich für den Bauträgervertrag ein nur sehr schmaler Anwendungsbereich: Nachweise gegenüber der Baubehörde sind von ihm auch mit der Fertigstellung regelmäßig nicht zu führen. Der Erwerber als Vertragspartner des Bauträgers und als späterer Eigentümer des Bauwerks ist nicht Baubeteiligter im Sinne des Bauordnungsrechts, nämlich Bauherr, Entwurfsverfasser, Unternehmer (vgl. §§ 52 ff. MBO und z.B. Art. 49 ff. BayBO), also schon deshalb nicht Adressat von etwaigen Aufforderungen der Baubehörde. Sofern allerdings nicht nur der Bauherr, sondern auch der spätere Eigentümer des Baugrundstücks, also der Rechtsnachfolger, nach den einschlägigen Landesbauordnungen, den dazu erlassenen Ausführungsvorschriften zur Vorhaltung und ggf. Vorlage bestimmter Bauunterlagen verpflichtet ist, leitet sich daraus auch ein Erstellungs- und Herausgabeanspruch des Erwerbers gegen den Bauträger ab. Er ist aber beschränkt auf die der Behörde ggf. vorzulegenden Unterlagen, z.B. die Baugenehmigung, die Bauvorlagen und die bautechnischen Nachweise sowie Nachweise der Verwendbarkeit (vgl. § 15 Abs. 1 BauVerfO Berlin). Eine Vorlagepflicht des Rechtsnachfolgers ist in den Ländern unterschiedlich geregelt (vgl. Karczewski, NZBau 2018, 328, 336). Sie existiert etwa im Land Berlin (vgl. z.B. § 15 Abs. 1 BauVerfO Berlin – Verordnung über Bauvorlagen, bautechnische Nachweise und das Verfahren im Einzelnen, Bauverfahrensverordnung v. 19.10.2006, Berliner GVBl. S. 1035), aber nicht in Bayern (vgl. Bayerische Bauvorlagenverordnung – BayBauVorlV v. 10.11.2007, Bayerisches GVBl. S. 792). Durch die mittelbare Abhängigkeit des Herausgabeanspruchs vom jeweiligen Bauordnungsrecht der Länder ist die Rechtslage für die Beteiligten denkbar unübersichtlich. Soweit der Erwerber und spätere Eigentümer des Bauwerks als denkbarer Störer für den Zustand des Bauvorhabens haftet (§ 80 Satz 2 MBO; vgl. etwa Art. 76 Satz 2 BayBO), ist diese Möglichkeit von § 650n BGB offensichtlich nicht erfasst, denn der Eigentümer ist bei einer etwaigen Zustandsstörung nicht zur Nachweisführung, sondern zur Beseitigung des bauordnungswidrigen Zustandes verpflichtet (vgl. Simon/Busse/Dimberger, Art. 76 BayBO Rdn. 182 ff.).

238   Außerhalb des Bauordnungsrechts kommen jedoch Nachweise in Betracht, die der Erwerber in anderem Zusammenhang führen muss, z.B. nach den Vorschriften des Erneuerbare-

Energien-Wärmegesetzes (Begründung des Gesetzesentwurfs der Bundesregierung, BT-Drs. 18/8486, S. 65). Diese Nachweise sind vom Bauträger zu erstellen und auszuhändigen.

Die Unterlagenerstellungs- und Herausgabepflicht ist aber nicht auf die von den Behörden geforderten Unterlagen beschränkt. Nach § 650n Abs. 3 BGB ist der Bauträger auch dann zur Erstellung und Herausgabe von Unterlagen verpflichtet, wenn Dritte, etwa Darlehensgeber, Nachweise für die Einhaltung bestimmter Bedingungen verlangen und der Bauträger die berechtigte Erwartung des Erwerbers geweckt hat, diese Bedingungen einzuhalten. Das kann auf bestimmte Eigenschaften des Bauwerks zutreffen, von deren Erfüllung die finanzierende Bank – etwa die Förderbank KfW – ihre Förderung abhängig macht (Begründung des Gesetzesentwurfs der Bundesregierung, BT-Drs. 18/8486, S. 66). Die Pflicht zur Herausgabe der entsprechenden Unterlagen besteht jedoch nur dann, wenn eine dahingehende Erwartungshaltung durch entsprechende Vertrags- oder Werbeangaben geweckt wurde. 239

Es zeigt sich, dass für § 650n BGB beim Bauträgervertrag kein wesentlicher Anwendungsbereich besteht. Die bei Baubeginn gegenüber der Baubehörde zu führenden Nachweise betreffen den Erwerber mangels Bauherrenstellung nicht; ähnlich ist es mit den bei der Baufertigstellung geforderten Nachweisen. Der Nachteil des Gesetzes besteht darin, dass der Gesetzgeber wohl angenommen hatte, dass sich die Unterlagen, die für die Behörden benötigt werden, mit den Unterlagen decken, die für die Instandhaltung, Instandsetzung und spätere Umbauten benötigt werden. Das ist aber nicht der Fall; der von der Gesetzesbegründung (BT-Drs. 18/8486, S. 65) erhobene Anspruch wird nicht erfüllt (Glöckner, VuR 2016, 163, 167; Pause, BauR 2017, 430, 440). 240

2. Darüberhinausgehende (vertragliche) Dokumentationspflichten

§ 650n BGB ist keine abschließende Regelung in dem Sinne, dass keine darüberhinausgehenden Dokumentationspflichten bestehen oder begründet werden könnten. Nach § 650o BGB darf von § 650n BGB nicht zum Nachteil der Verbrauchers abgewichen werden; die Erweiterung der in § 650n BGB begründeten Pflichten gereicht dem Erwerber nicht zum Nachteil. Deshalb können die Parteien im Vertrag Dokumentationspflichten vereinbaren, die über den Mindestinhalt des § 650n BGB hinausgehen. Insbesondere können sich erweiterte Pflichten zur Herausgabe von Unterlagen im Wege der interessengerechten Auslegung des Bauträgervertrages ergeben, und zwar in dem Umfang, wie sie schon nach bisherigem Recht angenommen worden sind (Pause, Rdn. 470; Basty, Rdn. 447 f.; zurückhaltend Blank, Rdn. 373; Fuchs BauR 2007, 264, 269). 241

In der Literatur (Pause, Rdn. 470; Basty, Rdn. 447 f.) hat sich unter Hinweis auf die Rechtsprechung des BGH zum Architektenvertrag (BGH, Urt. v. 24.6.2004 – VII ZR 259/02, Rdn. 28) die Auffassung durchgesetzt, dass beim Bauträgervertrag – wie beim Architektenvertrag – eine Herausgabepflicht besteht, die mit einer entsprechenden Auslegung des Vertrages – orientiert an den wechselseitigen Interessen – begründet wird. Danach hat der Bauträger die für das Bauvorhaben erstellten Bauunterlagen herauszugeben, weil der Erwerber diese Unterlagen für die Unterhaltung, die Instandhaltung und Instandsetzung benötigt (vgl. auch OLG Köln, Urt. v. 13.05.2015 – 11 U 96/14; noch weiter OLG München, Beschl. v. 18.11.2019 – 27 U 2703/19). Bei Anlegung dieses Maßstabs ist der Bauträger verpflichtet, die Ausführungsplanung, die Statik, die für das Bauwerk erstellten Haustechnikpläne für Heizung, Wasserversorgung und Entsorgung, Be- und Entlüftung usw. herauszugeben. Einige Unterlagen sind aufgrund entsprechender gesetzlicher Vorschriften ohnehin herauszugeben, so z.B. der Energieausweis nach § 16 Abs. 2 EnEV (2014). Ob der Bauträger verpflichtet ist, für sämtliche Gewerke Pläne herzustellen bzw. herstellen zu lassen, um sie aushändigen zu können, auch wenn sie für die Bauausführung gar nicht erforderlich waren, dürfte von der Größe des Bauvorhaben und der Komplexität des jeweiligen Gewerks abhängen (OLG Zweibrücken, Urt. 21.9.2016 – 7 U 51/14; Pause, ZfIR 2014, 127, 130). In gleicher Weise ist die Frage nach der Erstellung von Bestandsplänen zu beantworten. Zweifelhaft ist, ob auch Druckprüfungsprotokolle für die Ver- und Entsorgungsleitungen und die Heizleitungen (z.B. Druckprüfung nach Ziffer 11.1.2.1 der DIN 1988 Teil 2), der Nachweis der Luftdichtigkeit der Gebäudehülle, Prüfzeugnisse für Bauprodukte usw. herauszugeben sind. Für diese Unterlagen besteht keine Herausgabepflicht (Glöckner, BauR 2014, 1619, 1627). Der Bauträger ist nicht – auch nicht im Rahmen der Abnahme – verpflichtet, die Mangelfreiheit seiner Leistung durch Vorlage von Prüfzeugnissen usw. nachzuweisen (Lotz, BauR 2012, 157, 165). 242

3. Rechtsfolgen

243 Die Verpflichtung zur Herausgabe der Bauunterlagen ist eine leistungsbezogene Nebenpflicht i. S. v. § 241 Abs. 2 BGB (Palandt/Sprau, § 631 BGB Rdn. 13, 17; MünchKomm/Roth, § 241 BGB Rdn. 71; Glöckner in: Kleine-Möller/Merl/Glöckner, § 4 Rdn. 125). Der Herausgabeanspruch kann klageweise durchgesetzt werden (Pause, BauR 2017, 430, 439). Daneben besteht ein Leistungsverweigerungsrecht (OLG Brandenburg, Urt. v. 4.7.2012 – 13 U 63/08; zum Druckzuschlag vgl. OLG Frankfurt, Urt. v. 24.02.2015 – 16 U 135/14; OLG Köln, Urt. v. 7.8.2015 – 19 U 104/14). Sofern es sich um eine für die Unterhaltung und die Funktion des Objekts wesentliche Unterlage handelt, ist auch die Verweigerung der Abnahme gerechtfertigt (BGH, Urt. v. 3.11.1992 – X ZR 83/90, zur Herausgabe der Dokumentation bei einer EDV-Anlage; OLG Bamberg, Urt. v. 08.12.2010 – 3 U 93/09, zur gesetzlichen Dokumentationspflicht bei einer Röntgenanlage; Schlie, BauR 2014, 905, 907). Beim Erwerb von Wohnungseigentum ist davon auszugehen, dass der Anspruch nach § 650n BGB und aus dem Vertrag originär jedem Erwerber zusteht, die Wohnungseigentümergemeinschaft diesen aber an sich ziehen und in gekorener Zuständigkeit nach § 19 Abs. 2 Nr. 2 WEG geltend machen kann (offen gelassen von OLG Stuttgart, Urt. v. 16.11.2016 – 3 U 98/16). Anderes soll für den Schließplan und die Schließkarte der Wohnanlage gelten: Für die Herausgabe soll die Gemeinschaft in geborener Zuständigkeit wahrnehmungsbefugt sein und diese Unterlagen an sich herausverlangen können (OLG Stuttgart, Urt. v. 16.11.2016 – 3 U 98/16). Vertretbar dürfte es sein, im Bauträgervertrag bzgl. der das Gemeinschaftseigentum betreffenden Unterlagen den Anspruch in der Weise zu regeln, dass diese an Gemeinschaft zu Händen des Wohnungseigentumsverwalters herauszugeben sind. Der Energieausweis ist aber nach der zugrundeliegenden gesetzlichen Vorschrift (§ 16 Abs. 2 Satz 3 EnEV 2014) an den einzelnen Erwerber herauszugeben; er kann von der Wohnungseigentümergemeinschaft ggf. in gewillkürter Prozessstandschaft geltend gemacht werden (OLG Stuttgart, Urt. v. 16.11.2016 – 3 U 98/16).

V. Unabdingbare Vorschriften (§ 650o BGB)

244 Durch den insoweit einschränkungslosen Verweis auf den Verbraucherbauvertrag gilt für den Bauträgervertrag auch § 650o BGB. Danach kann von den Vorschriften der §§ 640 Abs. 2 Satz 2, 650i bis 650l und 650n BGB – soweit diese für den Bauträgervertrag überhaupt einschlägig sind – nicht zum Nachteil des Erwerbers abgewichen werden, sofern es sich bei ihm um einen Verbraucher handelt.

245 Einschlägig ist danach für den Bauträgervertrag zunächst die Hinweispflicht zu den Wirkungen der fiktiven Abnahme nach § 640 Abs. 2 Satz 2 BGB. Unabdingbar sind auch die Vorschriften zum Verbraucherbauvertrag selbst (§ 650i BGB), zur Baubeschreibungspflicht (§§ 650j und 650k BGB), zur Erstellung und Herausgabe von Unterlagen (§ 650n BGB). Die Unabdingbarkeit des Widerrufsrechts (§ 650l BGB) ist für den Bauträgervertrag rechtlich ohne Bedeutung, weil das Widerrufsrecht für ihn nicht gilt (§ 650u Abs. 2 BGB).

246 § 650o BGB gestattet abweichende Vereinbarungen von den Vorschriften des § 650m BGB (Vertragserfüllungssicherheit). Soweit Abweichungen von § 650m Abs. 1 BGB eröffnet werden, betrifft dies den Bauträgervertrag nicht, weil die Begrenzung der Abschlagszahlungen auf 90 % der vereinbarten Gesamtvergütung für ihn ohnehin nicht gilt (§ 650u Abs. 2 BGB). Abweichende Vereinbarungen zur Vertragserfüllungssicherheit sind in Individualvereinbarungen jedoch grundsätzlich zulässig (→ Rdn. 214).

G. Kaufrechtliche Vorschriften

I. Erfasste Ansprüche: Übereignung und Leistungsstörungen

247 Hinsichtlich des Anspruchs auf Übertragung des Eigentums an dem Grundstück oder auf Übertragung oder Bestellung des Erbbaurechts sind nach § 650u Abs. 1 BGB die Vorschriften über den Kauf anwendbar.

248 Das Gesetz könnte so verstanden werden, dass sich der Verweis auf das Kaufvertragsrecht auf den Übereignungsanspruch beschränkt und dabei die kaufvertragsrechtliche Sach- und Rechtsmängelhaftung ausschließt. Davon ist nicht auszugehen: § 650u Abs. 1 Satz 3 BGB ist dahin auszulegen, dass für das Grundstück die Mängelhaftung des Kaufrechts anzuwenden

ist (Pause, BauR 2017, 430, 440). Die kaufvertragsrechtliche Sachmängelhaftung wurde nach früherem Recht z. B. bei (punktuellen) Altbausanierungen für die nicht zu sanierenden Bauteile und das Grundstück (BGH, Urt. v. 6.10.2005 – VII ZR 117/04, Rdn. 16; Pause, BauR 2000, 234, 237) sowie beim Neubau in Bezug auf das Grundstück (z. B. bei Grundstücksgrößenabweichungen; vgl. BGH, Urt. v. 27.4.1984 – V ZR 137/83) angewendet. Nach Kaufrecht beurteilen sich auch andere Mängel, die nicht aus einer Abweichung der Bauleistung von den vereinbarten Beschaffenheiten herrühren, sondern einen Bezug zum Grundstück haben. Das kann etwa auf die Grundstückslage (unverbaubare Aussicht auf das Wattenmeer (BGH, Urt. v. 17.9.1971 – V ZR 143/68), keine oder nur eingeschränkte Nachbarbebauung, Lärmimmission durch Einflugschneise (OLG Köln, Urt. v. 14.11.1994 – 2 U 76/93) usw.) zutreffen. Es ist nicht erkennbar, weshalb das nach neuem Recht anders sein sollte, zumal der Untertitel 1 nur für die Bauleistungen anwendbar sein soll (vgl. § 650u Abs. 1 Satz 2 BGB), also für das Grundstück gerade nicht auf die werkvertragsrechtlichen Vorschriften verwiesen wird, und der Gesetzgeber eine grundlegende Neuordnung des Bauträgervertrages nicht beabsichtigte (Begründung des Gesetzentwurfs der Bundesregierung, BT-Drs. 18/8486, S. 27).

Das hat im Übrigen nichts damit zu tun, dass für die vom Bauträger erbrachten Planungs- und Bauleistungen, die einen Bezug zum Grundstück, nämlich zum Baugrund haben, auch die werkvertragsrechtliche Mängelhaftung einschlägig sein kann. Hier geht es nicht um einen Mangel am Grundstück (z. B. Bodenkontamination), sondern um die Berücksichtigung der angetroffenen Bodenverhältnisse bei der Bauausführung, also um diese selbst (z. B. fehlerhafte Gründung usw., vgl. Pause, Rdn. 630 f.; 768 f.; Basty, Rdn. 1058). 249

II. Besitzverschaffungs- und Übereignungsanspruch

Die vertragliche Verpflichtung, ein Grundstück zu übertragen oder ein Erbbaurecht zu übertragen oder zu bestellen richtet sich nach Kaufvertragsrecht (§ 650u Abs. 1 Satz 3 BGB). Der Bauträger ist deshalb gem. § 433 Abs. 1 Satz 1 BGB verpflichtet, das Eigentum am Vertragsgegenstand zu verschaffen (Basty, Rdn. 749). 250

Die Besitzverschaffungsverpflichtung, wie sie sich ebenfalls aus § 433 Abs. 1 Satz 1 BGB ergibt (Pause, Rdn. 440), wird in § 650u Abs. 1 Satz 3 BGB nicht ausdrücklich erwähnt. § 650u Abs. 1 Satz 3 BGB ist aber dahin zu verstehen, dass er sich nicht nur auf die Übereignungsverpflichtung, sondern auch auf die anderen kaufvertragsrechtlichen Regelungen bezieht, also auch auf die Verpflichtung zur Übergabe des Vertragsgegenstands gem. § 433 Abs. 1 Satz 1 BGB. Im Übrigen würde das auch aus § 631 Abs. 1 BGB folgen (Palandt/Sprau, § 631 BGB, Rdn. 12; BGH, Urt. v. 21.12.2010 – X ZR 122/07) und wäre außerdem Bestandteil der Abnahme (§ 640 BGB), denn nach dem herrschenden zweigliedrigen Abnahmebegriff beinhaltet die Abnahme neben der Abnahmeerklärung auch die Besitzverschaffung (zur Besitzverschaffung im Wege der einstweiligen Rechtsschutzes → Rdn. 124). 251

III. Sach- und Rechtsmängelhaftung

Das modernisierte Kaufvertragsrechts geht – wie das Werkvertragsrecht – vom subjektiven Mangelbegriff aus. Danach ist das Grundstück frei von Mängeln, wenn es die vereinbarte Beschaffenheit aufweist (§ 434 Abs. 1 BGB). Zur Beschaffenheitsvereinbarung können die das Grundstück beschreibenden Angaben im Erwerbsvertrag und in der Baubeschreibung gehören (vgl. Palandt/Weidenkaff, § 434 Rdn. 13 f.). In Bezug auf das Grundstück (bzw. Altbausubstanz bei einer Altbausanierung) ist dabei die Rechtsprechung des BGH (BGH, Urt. v. 6.11.2015 – V ZR 78/14) zur Formbedürftigkeit einer jeglichen Beschaffenheitsvereinbarung nach § 311b Abs. 1 Satz 1 BGB zu beachten; auch wenn sie für die Bauleistung (Baubeschreibung) durch die Auslegungsregel in § 650k Abs. 2 Satz 1 BGB (Auslegung unter Berücksichtigung „sämtlicher vertragsbegleitender Umstände") relativiert wurde, gilt sie für das Grundstück uneingeschränkt. Im Übrigen kommt es auf die vertraglich vorausgesetzte und ansonsten auf die gewöhnliche Verwendungseignung an (§ 434 Abs. 1 Nr. 1 und 2 BGB). Das Grundstück ist beispielsweise mangelhaft, wenn es mit umweltgefährdenden Schadstoffen belastet ist (OLG Düsseldorf, Urt. v. 21.8.1996 – 9 U 99/95; OLG München, Urt. v. 21.4.1994 – 32 U 2088/94; Knoche NJW 1995, 1985). Davon ist selbst dann auszugehen, wenn nicht der Boden unmittelbar, sondern das Grundwasser z. B. mit Cyaniden, die vom früheren Betrieb einer Gasanstalt auf einem Nachbargrundstück herrühren, verunreinigt ist (BGH, Urt. v. 30.11.2012 – V ZR 25/12, Rdn. 10). Eine Haftung des Bauträgers wegen Mängeln am Grundstück kommt wegen 252 des insoweit regelmäßig vereinbarten Haftungsausschlusses vor allem bei arglistig verschwiegenen Mängeln in Betracht (§ 444 BGB).

253   Die Mängelrechte sind mit der Schuldrechtmodernisierung weitgehend denjenigen des Werkvertragsrechts angepasst. Das Kaufrecht kennt ebenfalls den Nacherfüllungsanspruch. Der Käufer kann als Nacherfüllung entweder die Beseitigung des Mangels (Nachbesserung) oder die Neulieferung verlangen; das Recht zur Wahl zwischen diesen Möglichkeiten steht dabei – anders als beim Werkvertrag – dem Käufer zu, §§ 437, 439 Abs. 1 BGB. Ist die gewählte Art der Nacherfüllung unmöglich, unverhältnismäßig teuer oder unzumutbar, richtet sich der Anspruch des Käufers auf die andere Art (§ 439 Abs. 4 BGB). Ist auch die andere Art der Nacherfüllung unmöglich, unverhältnismäßig teuer oder unzumutbar, so ist der Käufer auf Rücktritt, Minderung und ggf. auf Schadensersatz beschränkt. Das gilt im Grundsatz auch für den Bauträgervertrag. Die Ersatzlieferung dürfte aber bei einem mangelhaften Grundstück regelmäßig unmöglich sein, weil es sich um eine nachhaltig gebrauchte Sache handelt (PWW/Schmidt, § 439 BGB, Rdn. 26); die Nachbesserung wird deshalb der Regelfall sein (Palandt/Weidenkaff, § 439 BGB, Rdn. 15; MünchKomm/Westermann, § 439 BGB Rdn. 12).

254   Der Erwerber kann im Übrigen nach Ablauf einer angemessenen Frist zur Nacherfüllung statt der Nacherfüllung vom Vertrag zurücktreten (§ 437 i. V. m. §§ 440, 323, 326 BGB). Bei unwesentlichen Mängeln kann er jedoch nicht zurücktreten (§ 323 Abs. 5 Satz 2 BGB). Der Erwerber kann ferner die Minderung der Vergütung (§ 441 BGB) oder Schadensersatz wegen des Mangel- und des Mangelfolgeschadens verlangen (§§ 440, 280, 281 BGB; Pause, Rdn. 791 ff.).

IV. Haftungsausschluss, Haftungsbeschränkung

255   Durch die Bezugnahme auf die kaufvertragsrechtlichen Vorschriften wird auch auf die Verpflichtung verwiesen, den Vertragsgegenstand frei von Sach- und Rechtsmängeln zu verschaffen (§ 433 Abs. 1 Satz 1 BGB). Mit der Reform des Bauvertragsrechts wurde die spezifisch kaufvertragsrechtliche Frage, ob und in welchem Umfang die Sach- und Rechtsmängelhaftung für das Grundstück (und für die Altbausubstanz bei punktuellen Altbausanierungen) auf den Hintergrund dieser Bestimmung ausgeschlossen oder beschränkt werden darf, nicht beantwortet.

256   In der Literatur wird hierzu zum Teil vertreten, dass Haftungsbeschränkungen nach § 307 Abs. 2 BGB generell unwirksam sind, weil durch die Neufassung des § 433 Abs. 1 Satz 2 BGB die Verpflichtung des Verkäufers zur Verschaffung einer mangelfreien Sache eine vertragliche Hauptpflicht und damit eine Kardinalpflicht geworden und eine Haftungsbeschränkung deshalb unwirksam sei (von Westphalen NJW 2002, 12, 22; Heinemann ZfIR 2002, 167, 169; Vogel ZWE 2016, 442, 446). Dagegen wird geltend gemacht, dass § 309 Nr. 8 b) BGB eine entgegengesetzte gesetzliche Wertung enthält; nach ihr werden Haftungsbeschränkungen für gebrauchte Sachen gestattet (Basty, Kap. 13 Rdn. 36).

257   Ob und in welchem Umfang eine Haftungsbeschränkung zulässig ist, hängt davon ab, welchen Inhalt das Leitbild des § 433 Abs. 1 Satz 2 BGB aufweist – und durch die Ausgestaltung in den weiteren kaufvertragsrechtlichen Normen erhalten hat (MünchKomm/Wurmnest, § 307 BGB Rdn. 64 f., 66). Die heute geltende Fassung des § 433 Abs. 1 Satz 2 BGB ist mit der Schuldrechtsmodernisierung eingeführt worden; durch sie wurde die Verbrauchsgüterkaufrichtlinie 1999/44/EG – VerbrGKRL (vom 25.5.1999, ABl. EG Nr. L 171 S. 12) umgesetzt. Weitere Regelungen zum Verbrauchsgüterkauf finden sich in den ebenfalls mit der Schuldrechtsmodernisierung neu geschaffenen Vorschriften der §§ 474 ff. BGB.

258   § 476 BGB – die Vorschrift entspricht dem früheren § 475 BGB – lässt selbst für den Kauf gebrauchter beweglicher Sachen in Übereinstimmung mit der VerbrGKRL – im Verbrauchsgüterkauf (§§ 474 ff. BGB) von der gesetzlichen Mängelhaftung der §§ 434 ff. BGB abweichende Vereinbarungen zu und enthält damit eine gesetzliche Wertung, die bei der Bestimmung des Leitbildes von § 433 Abs. 1 Satz 2 BGB für den Verkauf gebrauchter Immobilien zu berücksichtigen ist. § 476 Abs. 2 und 3 BGB gestatten beim Verkauf gebrauchter beweglicher Sachen die Erleichterung der Verjährung (MünchKomm/S. Lorenz, § 475 BGB Rdn. 22; Palandt/Weidenkaff, § 475 Rdn. 11; zum Erfordernis der transparenten Gestaltung einer Verkürzung der Verjährungsfrist BGH, Urt. v. 29.4.2015 – VIII ZR 104/14) bzw. die Beschränkung der Schadensersatzansprüche (MünchKomm/S. Lorenz, § 475 BGB Rdn. 15; Palandt/Weidenkaff, § 475 Rdn. 14). Wenn das Gesetz schon für den Verbrauchsgüterkauf das in § 433 Abs. 1 Satz 2 BGB begründete Leitbild beim Kauf gebrauchter beweglicher Sachen relativiert, wird beim

Bauträgervertrag; anwendbare Vorschriften §650u

Kauf (gebrauchter) Immobilien zwar kein genereller Haftungsausschluss, aber eben doch auch eine Einschränkung der Haftung zulässig sein. In Anlehnung an §476 Abs. 2 und 3 BGB ist deshalb eine Abkürzung der Verjährungsfrist und eine Beschränkung der Schadensersatzpflicht zulässig (Pause NZBau 2017, 22, 23f.; a.A. Greiner, PiG 104 [2017], 43, 53f.). Das ist insbesondere in den Fällen des Nachzüglererwerbs von Bedeutung, also dem Erwerb von Wohnungen vom Bauträger, die nach der Verkehrsanschauung nicht mehr neu, also gebraucht sind und auf die deshalb Kaufvertragsrecht anzuwenden ist (BGH, Urt. v. 25.2.2016 – VII ZR 156/13, Rdn. 25). Die Beschränkung des Schadensersatzanspruchs ist aber auch hier nur in den Grenzen des §309 Nr. 7 BGB möglich. Schadensersatzansprüche können deshalb auch beim Kauf gebrauchter Immobilien nicht für die Verletzung von Leben, Körper und Gesundheit (§309 Nr. 7 a) BGB), und auch nicht für grobes Verschulden (§309 Nr. 7 b BGB), also im Ergebnis nur für einfache Fahrlässigkeit (Litzenburger, NJW 2002, 1244, 1245; Palandt/Grüneberg, §307 Rdn. 101; Pause, Rdn. 833; a.A. von Westphalen NJW 2002, 12, 22) ausgeschlossen werden.

Im Fall einer übernommenen Teilsanierung wird man auch ungeschrieben eine Pflicht **259** des Bauträgers annehmen dürfen, die Altbausubstanz auf ihre Sanierungsbedürftigkeit hin zu überprüfen (Basty, Kap. 11 Rdn. 152; Fuchs, BauR 2007, 264, 274f.; Pause, BTR 2004, 142, 143). Ob der Bauträger diese Pflicht gänzlich ausschließen kann, ist ungeklärt (für diese Möglichkeit bei hinreichend klarer und verständlicher Regelung Basty, Kap. 11 Rdn. 152). Die Regelung, wonach der Bauträger nicht für grob fahrlässiges oder vorsätzliches Unterlassen von notwendigen Maßnahmen an der Altbausubstanz haftet, ist so zu verstehen, dass er die unberührt bleibende Bausubstanz untersuchen muss (BGH, Urt. v. 6.10.2005 – VII ZR 117/04, Rdn. 26). Ob dann AGB-rechtlich eine Haftungsbegrenzung auf grobe Fahrlässigkeit oder Vorsatz wirksam ist, ist ungeklärt (offen gelassen von BGH, Urt. v. 6.10.2005 – VII ZR 117/04, Rdn. 38) und nicht zweifelsfrei (vgl. Blank, DNotZ 2006, 284, 287).

V. Ausübungsbefugnisse der Wohnungseigentümergemeinschaft für kaufrechtliche Ansprüche

Die Ausübungsbefugnis der Wohnungseigentümergemeinschaft (i. S. d. §§9a Abs. 2, 19 Abs. 2 **260** Nr. 2 WEG) für kaufvertragsrechtliche Ansprüche bleibt ebenfalls ungeklärt. Dabei handelt es sich um eine Frage, die an der Schnittstelle zwischen Bauvertragsrecht und Wohnungseigentumsrecht angesiedelt ist, nämlich die Frage, ob die Gemeinschaft überhaupt auf sie zugreifen kann und welchen Inhalt die Ansprüche haben. Möglicherweise wird der Gesetzgeber die damit zusammenhängenden Fragen ebenfalls im Zuge eines weiteren Gesetzesvorhabens regeln.

1. Zuständigkeit der Gemeinschaft für kaufrechtliche Ansprüche

Der VII. Zivilsenat des Bundesgerichtshofs hat festgestellt, dass die Ausübungsbefugnis i. S. v. **261** §10 Abs. 6 Satz 3 WEG a. F. nicht nur für werkvertragliche Nacherfüllungsansprüche, sondern auch für kaufvertragliche Nacherfüllungsansprüche gilt, wenn diese in vollem Umfang auf die Beseitigung der Mängel am Gemeinschaftseigentum gerichtet sind (BGH, Urt. v. 25.2.2016 – VII ZR 156/13, Rdn. 18; vgl. dazu Pause, Rdn. 914ff.). Unter dieser Voraussetzung ist die Wohnungseigentümergemeinschaft für die Verfolgung der Mängelrechte zuständig wie bei Mängeln an der Bauleistung. Davon wird beim Erwerb vom Bauträger auszugehen sein (Pause, Rdn. 914ff.).

Der V. Zivilsenat des Bundesgerichtshofs (BGH, Urt. v. 24.7.2015 – V ZR 167/14) hat al- **262** lerdings entschieden, dass die Wohnungseigentümergemeinschaft für die Mängelverfolgung nicht zuständig ist, wenn nicht vom Bauträger, sondern von einem Verkäufer – ohne jede Herstellungsverpflichtung und unter Ausschluss der Haftung – erworben wird und sich der gesamte Vertrag ausschließlich nach Kaufvertragsrecht beurteilt. Da keine gleichgerichteten Ansprüche mehrerer Erwerber in Betracht kommen, sind die Minderung und der kleine Schadensersatz von vornherein auf die Quote des Miteigentumsanteils des jeweiligen Käufers beschränkt, können also Konflikte zwischen den von den Erwerbern verfolgten Rechten nicht entstehen (BGH, Urt. v. 24.7.2015 – V ZR 167/14). Offen bleibt, ob bei der Veräußerung mehrerer gebrauchter Wohnungen durch einen (ggf. gewerblichen) Veräußerer wegen der dann bestehenden „gleichgerichteten" Ansprüche mehrerer Käufer doch eine Ausübungsbefugnis der Gemeinschaft in Betracht kommt. Das wäre zu verneinen, wenn darauf abgestellt wird, dass beim Verkauf gebrauchter Wohnungen typischerweise keine gleichgerichteten Ansprüche mehrerer Käufer bestehen. Wenn aber auf den jeweiligen Einzelfall abgestellt würde, entstehen erhebliche Ungereimtheiten, weil dann zwar der gewerbliche Aufteiler erfasst würde

Pause/Vogel 1227

(so Vogel, ZWE 2016, 442, 447 mit eingehender Begründung). Aber auch mehrere private Veräußerungen gebrauchter Eigentumswohnungen durch einen (privaten) Verkäufer würden zur Zuständigkeit der Gemeinschaft führen (ein Eigentümer veräußert – nicht gewerblich – z. B. seine Wohnung an A und sein Teileigentum am Tiefgargen-Stellplatz an B; vgl. Pause, NZBau 2017, 22).

2. Inhalt und Umfang der Mängelrechte

263 Unabhängig von der Frage der Ausübungsbefugnis i. S. d. §§ 9a Abs. 2, 19 Abs. 2 Nr. 2 WEG (→ Rdn. 59 ff.) ist die Frage nach dem Inhalt und Umfang der kaufvertragsrechtlichen Mängelansprüche zu untersuchen.

264 Gleich ob Nacherfüllung oder Minderung bzw. Schadensersatz verlangt wird, die kaufvertragsrechtlichen Ansprüche sind beim Erwerb vom Bauträger nicht anders als die werkvertragsrechtlichen Ansprüche zu beurteilen. Auch für das Grundstück bzw. die Altbausubstanz ist der Bauträger sämtlichen Erwerbern in gleicher Weise verpflichtet; jeder Erwerber hat einen Anspruch auf ein insgesamt mangelfreies Grundstück. Eine Begrenzung der Mängelansprüche ist nicht erforderlich (Vogel, ZWE 2016, 442, 446). Der Bauträger ist sämtlichen Erwerbern zur Nacherfüllung gemäß §§ 437 Nr. 1, 439 BGB verpflichtet. Diese im Ausgangspunkt individuellen kaufvertraglichen Nacherfüllungsansprüche des Erwerbers kann die Wohnungseigentümergemeinschaft an sich ziehen und geltend machen; Grund dafür ist, dass sie auf die Beseitigung der Mängel am Gemeinschaftseigentum gerichtet und damit gleichgerichtet sind (BGH, Urt. v. 25.2.2016 – VII ZR 156/13). Der Bundesgerichtshof hat allerdings den Inhalt des Nacherfüllungsanspruchs beim Erwerb gebrauchter Immobilien offen gelassen (BGH, Urt. v. 24.7.2015 – V ZR 167/14, Rdn. 22 f.; BGH, Urt. v. 25.2.2016 – VII ZR 156/13, Rdn. 39); für den Fall eines Erwerbs vom Bauträger, bei dem eine Nacherfüllungsverpflichtung aus dem Vertrag folgt, hat der Bundesgerichtshof jedoch angenommen, dass die Nacherfüllung in Natur verlangt werden kann (BGH, Urt. v. 25.2.2016 – VII ZR 156/13, Rdn. 40). Solange die Gemeinschaft nicht tätig wird, kann der einzelne Erwerber – wie bei Mängeln an der Bauleistung – dann auch selbst Nacherfüllung bzw. Aufwendungsersatz (an die Gemeinschaft) verlangen (Pause, Rdn. 996). Der Bauträger ist auch zur Minderung bzw. zum Schadensersatz in der Weise verpflichtet, dass sich die Forderung für jeden Erwerber aus dem gesamten Minderwert bzw. den Mängelbeseitigungskosten berechnet, aber nur an die Gemeinschaft verlangt werden kann (a. A. BGH, v. 23.6.1989 – V ZR 40/88, allerdings noch zum früheren Kaufrecht (§ 463 BGB a. F.), das noch keinen Nacherfüllungsanspruch kannte).

265 Auch beim Kauf einer gebrauchten Eigentumswohnung steht das Gemeinschaftseigentum wie beim Erwerb vom Bauträger im Vordergrund, und zwar schon deshalb, weil vor allem die Bausubstanz des Gemeinschaftseigentums wertbestimmend ist. Gleichwohl sind die Minderung und der sog. kleine Schadensersatz – wie es der V. Zivilsenat des Bundesgerichtshofs (BGH, Urt. v. 24.7.2015 – V ZR 167/14, Rdn. 15 f.) dargelegt hat – auf den Miteigentumsanteil der erworbenen Wohnung beschränkt. Dies gilt für den Nacherfüllungsanspruch (BGH, Urt. v. 14.2.2020 – V ZR 11/18, Rdn. 45 ff./51 f.). Der schon seiner Natur nach aufs Ganze gerichteten Nacherfüllungsanspruch des Käufers ist insofern aber nicht ganz unproblematisch, als der Verkäufer einer Eigentumswohnung den anderen Eigentümern gegenüber nicht ohne weiteres auch zur Nacherfüllung verpflichtet, aber vor allem auch nicht berechtigt ist. Diskutabel und ungeklärt ist, ob der Anspruch auf Nacherfüllung wegen dieses Konflikts nach § 275 Abs. 1 BGB ausgeschlossen und der Käufer von vornherein auf Schadensersatz bzw. auf Freistellung von etwaigen Inanspruchnahmen durch die Gemeinschaft beschränkt sein könnte (vgl. BGH, Urt. v. 24.7.2015 – V ZR 167/14, Rdn. 22 f.; Pause, NZBau 2017, 22; vgl. dazu Dötsch, ZWE 2016, 315, 317; a. A. Vogel, ZWE 2016, 442, 446, mit eingehender Begründung). Dies dürfte in Konsequenz der neueren Entscheidung des V. Zivilsenats des Bundesgerichtshofs (BGH, Urt. v. 14.2.2020 – V ZR 11/18) zu verneinen sein (Weise/Hänsel, NJW-Spezial 2020, 332; bereits Vogel, ZWE 2016, 442, 446). U. U. kann die Nacherfüllung am Unvermögen des Käufers scheitern, diese Mangelbeseitigung zu ermöglichen (BGH, Urt. v. 14.2.2020 – V ZR 11/18, Rn. 61 ff.).

VI. Verjährung des Anspruchs auf Übereignung

266 Ansprüche auf Übertragung des Eigentums an dem bebauten Grundstück, wie sie in einem Bauträgervertrag ebenfalls begründet werden, verjähren gemäß § 196 BGB in zehn Jahren. Diese Verjährungsfrist wird allgemein als zu kurz empfunden. Eine Initiative des Bundesrates, eine

Abschlagszahlungen §650v

dreißigjährige Verjährung festzuschreiben (BR-Stellungnahme Nr. 2), blieb jedoch erfolglos (Gegenäußerung Nr. 2). Ob der Anspruch auf Eigentumsübertragung aus einem Bauträgervertrag der Regelung des § 196 BGB unterfällt, ist umstritten. Es wird vertreten, der Schwerpunkt des Vertrages liege auf der Verschaffung des Werkes, so dass die für den Erfüllungsanspruch geltende dreijährige Frist zu gelten habe (Wagner, ZfIR 2002, 257, 262). Dem wird unter Hinweis darauf, dass bisher in dem typengemischten Bauträgervertrag hinsichtlich der Ansprüche auf Erwerb des Grundstücks das Kaufrecht dominierte und kein Grund bestehe, das zu ändern, entgegengetreten (Amann, DNotZ 2002, 94, 114). Der Anspruch auf Eigentumsverschaffung verjähre nach zehn Jahren nach Fälligkeit, der Anspruch auf Herstellung des Gebäudes dagegen in drei Jahren (Pause, NZBau 2002, 648, 651).

Unklar und höchstrichterlich ungeklärt ist, ob auch der Anspruch des Bauträgers auf Zahlung des Erwerbspreises in zehn Jahren verjährt (→ § 650v Rdn. 66; Vogel, NZM 2017, 681, 684 m. w. N.). **267**

§ 650v BGB Abschlagszahlungen

Der Unternehmer kann vom dem Besteller Abschlagszahlungen nur verlangen, soweit sie gemäß einer Verordnung auf Grund von Artikel 244 des Einführungsgesetzes zum Bürgerlichen Gesetzbuche vereinbart sind.

Übersicht

	Seite
A. Einleitung	1230
B. Zahlungsabwicklung nach §§ 3 und 7 MaBV	1230
I. Unzulänglichkeiten des Vormerkungsmodells	1230
II. Inhalt und Anwendungsbereich der MaBV	1232
III. Zahlungsregelung des § 3 MaBV	1232
1. Allgemeine Fälligkeitsvoraussetzungen	1232
a) Wirksamer Vertrag, Bestätigung des Notars	1232
b) Auflassungsvormerkung	1233
c) Sicherung der Lastenfreistellung	1233
d) Baugenehmigung	1233
2. Der Zahlungsplan des § 3 Abs. 2 MaBV	1234
a) Festlegung von Höchstsätzen	1234
b) Festsetzung der Raten	1234
c) Die 13 Bauabschnitte – welcher Leistungsstand muss erreicht sein?	1235
aa) Beginn der Erdarbeiten (30%)	1235
bb) Rohbaufertigstellung einschl. Zimmererarbeiten (28%)	1235
cc) Herstellung der Dachflächen und Dachrinnen (5,6%)	1235
dd) Rohinstallation der Heizungsanlagen (2,1%)	1236
ee) Rohinstallation der Sanitäranlagen (2,1%)	1236
ff) Rohinstallation für Elektroanlagen (2,1%)	1236
gg) Fenstereinbau einschl. Verglasung (7%)	1236
hh) Innenputz, ausgenommen Beiputzarbeiten (4,2%)	1236
ii) Estrich (2,1%)	1236
jj) Fliesenarbeiten im Sanitärbereich (2,8%)	1236
kk) Bezugsfertigkeit und Besitzübergabe (8,4%)	1236
ll) Fassadenarbeiten (2,1%)	1237
mm) Vollständige Fertigstellung (3,5%)	1237
3. Rechtsfolgen MaBV-widriger Klauseln und MaBV-widriger Entgegennahme von Zahlungen	1238
a) Vertragliche Abweichungen von den Vorgaben des § 3 MaBV	1238
b) Rückzahlungsanspruch bei MaBV-widriger Zahlungsentgegennahme	1239
c) Schutzgesetz	1239
IV. Sicherheitsleistung nach § 7 MaBV	1240
1. Sinn und Zweck der Regelung	1240
2. Art und Form der Sicherheitsleistung	1240
3. Umfang der Sicherung	1240
C. Leistungsverweigerungsrecht bei Abschlagszahlungen wegen Mängeln	1241
D. Vertragserfüllungssicherheit (§ 650m Abs. 2 und 3 BGB)	1241
E. Fälligkeit mit Abnahme und Schlussrechnung (§ 650g Abs. 4 BGB)	1242

§ 650v   Abschlagszahlungen

I. Schlussrechnungserfordernis beim Bauträgervertrag 1242
   1. Vorbemerkung 1242
   2. Rechtslage beim Bauträgererwerb nach früherem Recht 1242
   3. Übertragung des Schlussrechnungserfordernisses auf den Bauträgervertrag 1242
   4. Inhalt der Schlussrechnung beim Bauträgervertrag 1242
   5. Verhältnis zu § 3 MaBV 1243
   6. Auswirkung auf die Verjährung der Vergütung 1243
II. Abnahme (§§ 641, 650g Abs. 4 BGB) 1244

A. Einleitung

1   Obwohl der Bauträgervertrag nun im BGB geregelt ist, sind die Vorschriften zum Schutz des Erwerbers bei der Vereinbarung von Abschlagszahlung nach wie vor auf Vorschriften in verschiedenen Regelungsbereichen verstreut: Die Grundregel zur Vereinbarung von Abschlägen findet sich in § 650v BGB (mit mittelbarem Verweis auf die gewerberechtlichen Vorschriften der MaBV). Die so auch dem Zivilrecht zuzurechnenden Vorschriften über die Voraussetzungen von Abschlägen sind nach wie vor im Gewerberecht angesiedelt. Daneben gilt aber auch § 632a Abs. 1 Satz 2 BGB zum Leistungsverweigerungsrecht bei Mängeln und § 650m Abs. 2 und 3 BGB zur Vertragserfüllungssicherheit (mit § 650o BGB und § 309 Nr. 15 BGB).

2   Außerdem ist zu berücksichtigen, dass die in § 3 Abs. 2 MaBV öffentlich-rechtlich definierte Fertigstellungsrate durch § 650g Abs. 4 BGB wohl zugleich als Schlusszahlung zu verstehen ist. Auch hier zeigt sich die missliche Überlagerung der privatrechtlichen Regelungen durch das Gewerberecht.

B. Zahlungsabwicklung nach §§ 3 und 7 MaBV

I. Unzulänglichkeiten des Vormerkungsmodells

3   Abschlagszahlungen dürfen nach § 650v BGB mit Art. 244 EGBGB in Verbindung mit der Verordnung über Abschlagszahlungen bei Bauträgerverträgen (Verordnung v. 23.5.2001, BGBl. I S. 981) unverändert nach Maßgabe der §§ 3 und 7 MaBV vereinbart werden. Diese Verweisung ist formal misslungen; sie ist auch ausgesprochen unübersichtlich. Sie ist aber vor allem inhaltlich unbefriedigend: Die privatrechtlichen Regelungen zur Fälligkeit der Vergütung und zu den Voraussetzungen von Abschlägen werden durch eine Verweisung auf gewerberechtliche Vorschriften ersetzt. Hinzu kommt, dass die im Gesetz verwendete Bezeichnung (Abschlagszahlung) mit der in § 3 Abs. 2 MaBV verwendeten Terminologie (Teilbeträge bzw. Raten) nicht in Einklang steht. Ersteres steht für vorläufige Zahlungen auf eine später noch abzurechnende Gesamtforderung, letzteres für Teilzahlungen auf einen der Höhe nach endgültigen Preis (→ § 632a BGB, Rdn. 17 f.). Das mag darauf beruhen, dass der MaBV die Vorstellung eines unveränderlichen Pauschalfestpreises zugrunde liegt, während sich die Vorgabe eines Pauschalfestpreises tatsächlich weder aus der MaBV noch aus § 650v BGB ergibt. Dass es sich bei den nach § 3 Abs. 2 MaBV vereinbarten bautenstandsabhängigen Zahlungen inhaltlich um Abschlagszahlungen handelt, ergibt sich aus dem Gesetz; § 650v BGB bezeichnet sie ausdrücklich als „Abschlagzahlungen" (Basty, Rdn. 449; vgl. aber BGH, Urt. v. 22.7.2010 – III ZR 293/09, Rdn. 18, der die Zahlungen i. S. v. § 3 MaBV als Vorauszahlungen qualifiziert).

4   Außerdem besteht eine Sicherungslücke, die bei der Zahlungsabwicklung nach § 3 MaBV und im Falle einer Vertragsrückabwicklung aufgrund eines Rücktritts oder des großen Schadensersatzes systembedingt gegeben ist (Pause, Rdn. 231), fort: Die Sicherung der vom Erwerber vor Übereignung des Grundstücks geleisteten Abschläge erfolgt mittelbar nach § 3 Abs. 1 MaBV unter anderem durch eine Auflassungsvormerkung am Vertragsgrundstück. Die Auflassungsvormerkung ist streng akzessorisch. Die durch sie vermittelte Sicherheit ist daher von der Wirksamkeit und dem Bestand des mit dem Bauträgervertrag begründeten Übereignungsanspruchs abhängig. Tritt der Erwerber etwa wegen Verzuges vom Vertrag zurück oder macht er wegen wesentlichen Mängeln den großen Schadensersatz geltend, verliert er den Anspruch auf Eigentumsübertragung und beseitigt damit zugleich die Grundlage für die Auflassungsvormerkung (BGH, Urt. v. 5.4.2001 – VII ZR 498/99). Das Grundbuch wird falsch; der Bauträger kann nach § 894 BGB die Berichtigung des Grundbuchs verlangen. Dem Erwerber wird wegen seines Rückzahlungs- bzw. Schadensersatzanspruchs, der zum großen Teil aus den von ihm bereits geleisteten Zahlungen besteht, allerdings ein Zurückbehaltungsrecht gegenüber dem Berichtigungsanspruch nach § 273 BGB zugebilligt (BGH, Urt. v. 5.10.1979 – V ZR 71/78; Urt. v. 21.11.1985 – VII ZR 366/83; Urt. v. 28.10.1988 – V ZR 94/87), da der Rückzahlungsanspruch des Erwerbers in einem natürlichen und wirtschaftlichen Zusammenhang und damit in einem rechtlichen Verhältnis zu dem auf Berichtigung bzw. Erteilung einer Löschungsbewilligung gerichteten Anspruch des Bauträgers steht (BGH, Urt. v. 28.10.1988 – V ZR 94/87). Dieses Zurückbehaltungsrecht kann durch eine Feststellungsklage umgangen werden (näher Vogel, BauR 2018, 717, 718). In der Insolvenz des Bauträgers ist die Rechtslage für den Erwerber allerdings prekär: Der Insolvenzverwalter ist ebenfalls berechtigt, ggf. die Berichtigung des Grundbuchs zu verlangen. Die Rechtslage ist für den Erwerber im Falle der Insolvenz allerdings insofern ungünstiger, weil das erwähnte Zurückbehaltungsrecht nach § 273 BGB gegenüber dem Berichtigungsanspruch des Insolvenzverwalters nicht insolvenzfest ist (BGH, Urt. v. 20.12.2001 – IX ZR 401/99; BGH, Urt. v. 7.3.2002 – IX ZR 457/99; BGH, Urt. v. 22.1.2009 – IX ZR 66/07). Die Einräumung eines Zurückbehaltungsrechts gegenüber dem Insolvenzverwalter als Druckmittel zur Durchsetzung einer rein persönlichen Forderung (auf Rückzahlung der geleisteten Abschläge) ist mit dem Grundsatz der gleichmäßigen Befriedigung der Gläubiger nicht vereinbar (BGH, Urt. v. 22.1.2009 – IX ZR 66/07, Rdn. 8). Dem Erwerber stehen gegenüber dem Insolvenzverwalter auch kein Besitzrecht und auch kein Recht zur Aufrechnung mit Ansprüchen zu, die vor der Insolvenz des Bauträgers entstanden sind (BGH, Urt. v. 20.12.2001 – IX ZR 401/99). Auch im Falle eines nichtigen Vertrages etwa aufgrund einer fehlerhaften Beurkundung kann vom Insolvenzverwalter die Zustimmung zur Grundbuchberichtigung verlangt werden, weil wegen der Vertragsnichtigkeit kein zu sichernder Übereignungsanspruch besteht (BGH, Urt. v. 7.3.2002 – IX ZR 457/99; Urt. v. 22.1.2009 – IX ZR 66/07).

Zum Teil wurde vertreten, durch das mit § 3 MaBV eröffnete Zahlungsmodell würde Gemeinschaftsrecht verletzt. Die durch § 3 Abs. 1 und 2 MaBV zugelassenen Zahlungen seien keine Abschläge, sondern Vorauszahlungen: Das Bauvorhaben würde auf dem Grundstück des Bauträgers verwirklicht; der Erwerber sei dem Risiko der Zahlungsunfähigkeit bzw. der Insolvenz des Bauträgers schutzlos ausgesetzt. Dadurch würde massiv gegen die Klauselrichtlinie verstoßen (Wagner in Messerschmidt/Voit, Teil E Rdn. 31 f., 40 f., 69 f.; Karczewski/Vogel BauR 2001, 859, 862, 866). Es war jedoch eher nicht anzunehmen, dass die Vormerkungslösung und ihre Auswirkung auf die Rechte des Erwerbers aus §§ 286, 323 BGB bzw. § 634 Nr. 3 und 4 BGB zu einer nach der Klauselrichtlinie zu missbilligenden Vorleistung des Erwerbers führt. Missbräuchlichkeit im Sinne von Art. 3 Abs. 1 Klauselrichtlinie liegt nur dann vor, wenn die Gestaltung entgegen Treu und Glauben zum Nachteil des Verbrauchers zu einem Missverhältnis der vertraglichen Rechte und Pflichten des Vertragspartners führt; Missbräuchlichkeit besteht dabei nur bei einem erheblichen und ungerechtfertigten Missverhältnis (EuGH Urt. v. 1.4.2004 – C-237/02, Rdn. 18). Die Vertragsabwicklung nach § 3 MaBV stellte eher keine unausgewogene Gestaltung im Sinne des von Art. 3 Abs. 1 Klauselrichtlinie und in Nr. 1 o des Beispielkatalogs postulierten Äquivalenzprinzips dar. Da die vom Erwerber geleisteten Abschläge durch eine Auflassungsvormerkung gesichert sind, konnte die Vertragsgestaltung nicht rundweg als unausgewogen angesehen werden (Basty, Rdn. 279; Blank, Rdn. 204; Staudinger DNotZ 2002, 166 (181 f.); Kanzleiter FS Wenzel, S. 309, 322 f.). Bei einem Vergleich mit dem Primärrecht, also den nationalen Vorschriften des Kauf- und des übrigen Werkvertragsrechts, ergibt sich nichts anderes (Staudinger DNotZ 2002, 166, 182): Die Sicherung der Kaufpreiszahlung des Käufers erfolgt auch sonst durch eine Auflassungsvormerkung (kritisch zur möglichen Kompensation der Risiken hierdurch Thode, DNotP 2005, 210 ff.), wobei bei einem einfachen Grundstückskauf im Falle des Rücktritts die gleichen Risiken wie beim Bauträgervertrag bestehen (vgl. BGH, Urt. v. 22.1.2009 – IX ZR 66/07). Auch trägt der Bauherr, der auf eigenem Grund baut, das Risiko der Insolvenz des Unternehmers und das Risiko der sich daraus ergebenden Mehraufwendungen (Pause, Rdn. 203). Eine Korrektur der Rechtslage im Wege der richtlinienkonformen Auslegung – Unwirksamkeit von Abschlagszahlungen auf der Grundlage von § 650v BGB (Wagner in Messerschmidt/Voit, Teil E Rdn. 31 f., 69 f.) – kommt daher wohl nicht in Betracht.

Die beschriebenen Unzulänglichkeiten des Zahlungsmodells nach § 3 MaBV sind dennoch vorhanden (BGH, Urt. v. 22.7.2010 – III ZR 293/09, Rdn. 18). Die Reform des Bauvertragsrechts hat dieses Problem nicht gelöst, sondern durch den Ausschluss des Kündigungsrechts aus wichtigem Grund (§ 650u Abs. 2 BGB) sogar noch verschärft. Es kann nicht ausgeschlossen werden, dass das Zahlungsmodell nunmehr deshalb einer europarechtlichen Überprüfung nicht mehr standhält (näher Vogel, BauR 2018, 717). Eine Überarbeitung des Gesetzes im Bereich des Bauträgervertrages, die dann auch die Abschlagszahlungen einer Revision unterzieht, ist im Rahmen einer heute schon erwogenen Novelle des Bauvertragsrechts beabsichtigt.

7 Eine Lösung könnte in zwei vom Gesetz wahlweise angebotenen Modellen bestehen, nämlich der Vorleistungspflicht des Bauträgers bis zur Besitzübergabe und alternativ – bei Vereinbarung von bautenstandsabhängigen Abschlagszahlungen – einer Absicherung etwaiger Rückzahlungsansprüche des Erwerbers im Falle der Insolvenz des Bauträgers durch eine Sicherheit. Dahingehende Vorschläge wurden bereits vom 3. und 5. Deutschen Baugerichtstag erörtert (vgl. hierzu die Empfehlungen des 3. und 5. Deutschen Baugerichtstages, Arbeitskreis V – Bauträgerrecht, BauR 2010, 1392ff. und BauR 2014, 1617ff.). Sie waren vor allem Gegenstand der Beratungen und der Empfehlungen der Arbeitsgruppe Bauträgervertragsrecht im BMJV (vgl. den Abschlussbericht vom 19.6.2019, abrufbar unter https://www.bmjv.de/SharedDocs/Downloads/DE/Ministerium/ForschungUndWissenschaft/Abschlussbericht_AG_BauträgervertragsR.html; dazu Fuchs, BauR 2020, 371ff.; Leupertz, BauR 2020, 57ff.). Der eigentlich für das Frühjahr 2020 angekündigte Referentenentwurf für ein neues Bauträgervertragsrecht liegt bis heute nicht vor. Vermutlich sollte zunächst die Reform des Wohnungseigentumsrechts abgewartet.

II. Inhalt und Anwendungsbereich der MaBV

8 Der Inhalt und die Voraussetzungen der §§ 3 und 7 MaBV haben sich durch die Reform des Bauvertrages nicht geändert. Die MaBV wurde erstmals am 11.6.1975 bekanntgemacht (BGBl. I S. 1352) und seitdem wiederholt den veränderten Bedürfnissen angepasst. Sie gilt jetzt in der zum 1.6.1997 in Kraft getretenen Fassung für alle nach diesem Zeitpunkt abgeschlossenen Bauträgerverträge (dazu Pause, Rdn. 208 und Marcks, vor § 1 MaBV Rdn. 1). Sie enthält kein für die Parteien unmittelbar verbindliches Vertragsrecht, sondern hat gewerberechtlichen Charakter. Sie verbietet dem Bauträger öffentlich-rechtlich die Entgegennahme von Zahlungen, die nicht den Vorgaben der §§ 3, 4, 7 MaBV entsprechen. Von den Regelungen der MaBV abweichende Vereinbarungen sind nichtig (§ 12 MaBV i.V.m. § 134 BGB). Der Vertrag bleibt im Übrigen wirksam (BGH, Urt. v. 22.12.2000 – VII ZR 310/99). Der Abschlagszahlungsplan tritt auch nicht als Ersatzregelung an die Stelle der nichtigen Abschlagszahlungsvereinbarung (BGH, Urt. v. 22.12.2000 – VII ZR 310/99). § 3 MaBV sieht Zahlungen im Prinzip unter der Voraussetzung vor, dass die Ratenhöhe dem Baufortschritt entspricht und der Wertzuwachs in der Hand des Erwerbers gesichert ist. Der Bauträger kann sich von dieser recht starren Regelung aber dadurch gewerberechtlich befreien, dass er eine Sicherheit nach § 7 MaBV stellt.

9 Die Verordnung ist gemäß § 1 MaBV anwendbar auf Gewerbetreibende, die einer Erlaubnis nach § 34c Abs. 1 GewO bedürfen, also dann, wenn der Gewerbetreibende das Objekt als Bauherr errichtet und dabei Vermögenswerte der Erwerber verwendet, § 34c Abs. 1 Nr. 2 a GewO (Kleine-Möller/Merl-Glöckner, § 4 Rdn. 51ff.). Dem persönlichen folgt der sachliche Anwendungsbereich. Die MaBV ist daher nicht anwendbar auf andere Erwerbsformen, also insbesondere nicht auf den Generalübernehmervertrag, namentlich dann, wenn Verkäufer und Unternehmer nicht personenidentisch sind (Pause, Rdn. 210; a.A. OLG München, Urt. v. 17.3.2015 – 9 U 1662/11 Bau; Grziwotz, MittBayNot 2017, 44f.). Als strafbewehrtes Gewerberecht ist die MaBV eng am Wortlaut auszulegen.

III. Zahlungsregelung des § 3 MaBV

1. Allgemeine Fälligkeitsvoraussetzungen

a) Wirksamer Vertrag, Bestätigung des Notars

10 Nach § 3 Abs. 1 Satz 1 Nr. 1 MaBV darf der Bauträger Vermögenswerte des Erwerbers erst entgegennehmen, wenn ein wirksamer Vertrag vorliegt, ein Vorvertrag oder ein bindendes Angebot reichen nicht aus. Ob ein wirksamer Vertag vorliegt, beurteilt sich nach allgemeinen Grundsätzen→ § 631 BGB Rdn. 40ff. Die Parteien müssen sich abschließend über alle wesentlichen Punkte geeinigt haben, der Vertrag muss gemäß § 311b Abs. 1 Satz 1 BGB notariell beurkundet sein, es müssen alle erforderlichen Genehmigungen vorliegen (dazu im Einzelnen Pause, Rdn. 215). Dazu gehört auch die Zustimmung des Wohnungseigentumsverwalters nach § 12 WEG, wenn das in der Gemeinschaftsordnung so vorgesehen ist (BGH, Beschl. v. 21.2.1991 – V ZB 13/90).

Abschlagszahlungen **§ 650v**

Weitere Voraussetzung für die Entgegennahme der Vermögenswerte des Erwerbers ist die 11
schriftliche Bestätigung des Notars, dass der Vertrag wirksam zustande gekommen ist und alle
erforderlichen Genehmigungen vorliegen, § 3 Abs. 1 Satz 1 Nr. 1 MaBV.

b) Auflassungsvormerkung

Die Entgegennahme der Vermögenswerte des Erwerbers ist nach § 3 Abs. 1 Satz 1 Nr. 2 12
MaBV weiter davon abhängig, dass zu dessen Gunsten eine Auflassungsvormerkung an der vereinbarten Rangstelle im Grundbuch eingetragen ist. Diese Vormerkung ist nach der Änderung
des früheren § 24 KO, jetzt § 106 InsO, insolvenzfest (dazu Pause, Rdn. 230).

Die Auflassungsvormerkung muss an der vereinbarten Rangstelle eingetragen sein. Das 13
muss nicht die erste Rangstelle sein. Gehen Grundpfandrechte vor, erfolgt die Sicherung des
Erwerbers durch die Freistellungserklärung des Grundpfandgläubigers.

c) Sicherung der Lastenfreistellung

Nach § 3 Abs. 1 Satz 1 Nr. 3, Satz 2–5 MaBV muss darüber hinaus auch die Lastenfreistellung 14
gesichert sein, da allein durch die Auflassungsvormerkung nur der Anspruch auf Übertragung
des Eigentums gesichert wird, nicht aber auf Übertragung eines lastenfreien Grundstücks.
Der Bauträger genügt seiner Verpflichtung, eine Lastenfreistellungserklärung nach § 3 Abs. 1
Satz 4 MaBV auszuhändigen, wenn diese dem Notar übergeben und von diesem ausschließlich
treuhänderisch für den Erwerber verwahrt wird (OLG Düsseldorf, Urt. v. 14.10.2008 – 23 U
36/08, NZB zurückgewiesen durch BGH, Beschl. v. 25.11.2010 – VII ZR 263/08). Das setzt
aber voraus, dass der Notar die Erklärung auf Grund einer entsprechenden Verwahrungsabrede
treuhänderisch ausschließlich für den Erwerber verwahrt, der jederzeit die Herausgabe an sich
verlangen kann, dafür aber auch eine gesonderte Gebühr schuldet (Vogel IBR 2011, 89). Die
Verwahrung durch den Notar reicht nicht, wenn es an einer solchen Verwahrungsabrede fehlt
(OLG Celle, Urt. v. 6.8.2003 – 7 U 36/03). Leistet der Erwerber aufgrund MaBV-widriger
Fälligkeitsmitteilungen – der Notar hatte übersehen, dass die Freistellungserklärung nicht
MaBV-konform war – steht dem Erwerber ein Schadensersatzanspruch zu, wenn der Bauträger
gleichwohl Zahlungen entgegennimmt. Er ist auch zur Erstattung des Zinsschadens verpflichtet
(OLG Karlsruhe IBR 2011, 25; LG Mannheim, Urt. v. 9.11.2010 – 6 O 85/10).

Die in der Rechtsprechung streitige Frage, ob eine Pfandfreistellungsverpflichtungserklä- 15
rung der kreditgebenden Bank trotz einzelner unwirksamer Klauseln – hier eine so genannte
„Zug-um-Zug-Klausel" bzw. eine „Vertreten-müssen-Klausel" – wirksam oder ob sie insgesamt unwirksam ist mit der Folge, dass die Voraussetzungen des § 3 Abs. 1 MaBV, unter
denen der Bauträger Vermögenswerte des Auftraggebers entgegennehmen dürfe, nicht erfüllt
sind und dem Auftraggeber wegen der von ihm erbrachten Zahlungen ein Nutzungsersatzanspruch zusteht, hat der BGH durch Urteil vom 7.11.2013 – VII ZR 155/11 geklärt. Er hat dazu
ausgeführt, es sei mit § 3 Abs. 1 Satz 1 Nr. 3, Satz 3 MaBV unvereinbar, die Verpflichtung der
kreditgebenden Bank zur Pfandfreistellung an die Bedingung zu knüpfen, den Auftraggeber
dürfe hinsichtlich der Nichtvollendung des Bauvorhabens kein Verschulden treffen. Enthalte
die Pfandfreistellungverpflichtungserklärung eine solche Bedingung, müsse dies aber nicht
zwingend zu ihrer Unwirksamkeit führen. Vielmehr sei es mit dem Schutzzweck des § 3 MaBV
unvereinbar, die Freistellungsverpflichtungserklärung insgesamt als unwirksam anzusehen und
dem Auftraggeber damit den Anspruch auf Freistellung zu nehmen. Nehme ein Bauträgervertrag entgegen § 3 Abs. 1 Satz 5 Halbs. 1 MaBV nicht auf die zu diesem Zeitpunkt bereits
vorliegenden, zur Sicherung der Freistellung erforderlichen Erklärungen Bezug, beeinträchtige
dies nicht die Wirksamkeit des Bauträgervertrages.

Pfandfreistellungsverpflichtungserklärung von Kreditinstituten sind regelmäßig vorformu- 16
liert und unterliegen damit darüber hinaus zu Gunsten des Erwerbers den AGB-rechtlichen
Grundsätzen zur Auslegung und Inhaltskontrolle (vgl. Vogel, NZM 2009, 71 ff.; ebenso OLG
Nürnberg, Urt. v. 22.2.2006 – 4 U 2591/05 mit zweifelhaftem Ergebnis).

d) Baugenehmigung

Letztlich darf der Bauträger die Vermögenswerte des Erwerbers nur entgegennehmen, wenn 17
die erforderliche Baugenehmigung erteilt worden ist bzw. als erteilt gilt (§ 3 Abs. 1 Satz 1 Nr. 4
MaBV)

§ 650v

2. Der Zahlungsplan des § 3 Abs. 2 MaBV

a) Festlegung von Höchstsätzen

18 In § 3 Abs. 2 MaBV ist im Einzelnen geregelt, bis zu welcher Höhe Abschlagszahlungen vereinbart oder entgegen genommen werden dürfen. Es handelt sich dabei um Höchstsätze, die auch dann nicht angehoben werden dürfen, wenn die tatsächlich erbrachten Leistungen wertmäßig die Höhe der Rate deutlich übersteigen.

19 Der Gesamtkaufpreis darf in bis zu sieben Teilbeträge aufgeteilt werden, die aus den in § 3 Abs. 2 MaBV genannten Gewerken zusammengestellt werden können. Pause (Rdn. 295) spricht von der Regel „7 aus 13", weist aber gleichzeitig zu Recht darauf hin, dass die Gestaltungsmöglichkeiten nicht überschätzt werden sollten. Zum variablen bzw. flexiblen Zahlungsplan → Rdn. 46.

20 Im Einzelnen geht es um folgende Bauabschnitte, die mit den jeweils angegebenen Prozentsätzen zu maximal sieben Abschlagszahlungen zusammengestellt werden dürfen (in Klammern die Prozentsätze beim Erwerb von Erbbaurechten):

30,0 (20,0) % nach Beginn der Erdarbeiten

28,0 (32,0) % nach Rohbaufertigstellung einschl. Zimmererarbeiten

5,6 (6,4) % für die Herstellung der Dachflächen und Dachrinnen

2,1 (2,4) % für die Rohinstallation der Heizungsanlagen

2,1 (2,4) % für die Rohinstallation der Sanitäranlagen

2,1 (2,4) % für die Rohinstallation der Elektroanlagen

7,0 (8,0) % für den Fenstereinbau einschl. der Verglasung

4,2 (4,8) % für den Innenputz, ausgenommen Beiputzarbeiten

2,1 (2,4) % für den Estrich

2,8 (3,2) % für die Fliesenarbeiten im Sanitärbereich

8,4 (9,6) % nach Bezugsfertigkeit und Zug-um-Zug gegen Besitzübergabe

2,1 (2,4) % für die Fassadenarbeiten

3,5 (4,0) % nach vollständiger Fertigstellung

21 Bemessungsgrundlage für die Prozentsätze ist die im Vertrag ausgewiesene Gesamtvergütung bzw. der „Kaufpreis" oder der Erwerbspreis.

22 Macht der Erwerber nachträglich Sonderwünsche geltend, ist die Vertragssumme anzupassen, die einzelnen Raten sind sämtlich neu zu berechnen (KG, Urt. v. 27.6.2019 – 21 U 144/18). Ggf. sind Zahlungen nachzufordern oder zurück zu zahlen (näher Pause, Rdn. 296). Unzulässig ist es, die Vergütung für den Sonderwunsch isoliert geltend zu machen, es sei denn dies geschieht zusammen mit der letzten Rate (Basty, Rdn. 479; Pause, Rdn. 296).

b) Festsetzung der Raten

23 Die Festsetzung der sieben Raten aus den oben genannten 13 Gewerken ist Sache der Parteien und erfolgt im Bauträgervertrag. Pause (Rdn. 298) führt als Beispiel an:

1. Rate: 30%; nach Beginn der Erdarbeiten

2. Rate: 33,6%; davon 28% für die Rohbaufertigstellung, 5,6% für die Herstellung der Dachflächen und Dachrinnen

3. Rate: 6,3%; jeweils 2,1% für die Rohinstallation der Heizungs-, Sanitär- und Elektroanlagen

4. Rate: 7,0%; Fenstereinbau einschl. Verglasung

5. Rate: 9,1%; davon 4,2% für den Innenputz, 2,1% für den Estrich, und 2,8% für die Fliesenarbeiten im Sanitärbereich

6. Rate: 10,5%; davon 2,1% für die Fassadenarbeiten, 8, 4% nach Bezugsfertigkeit Zug um Zug gegen Besitzübergabe

7. Rate: 3,5% nach vollständiger Fertigstellung.

Wird die ursprünglich im Vertrag vereinbarte Gesamtvergütung nachträglich durch Änderungen der vereinbarten Bauausführung (sog. Sonderwünsche) verändert, sind sämtliche Raten

Abschlagszahlungen §650v

unter Zugrundelegung des neuen Gesamtpreises neu zu berechnen (KG, Urt. v. 27.6.2019 – 21 U 144/18); auf bereits fällig gewordene Raten bzw. Abschläge kann sich daraus eine Nachzahlung ergeben. Eine gesonderte (zusätzliche) Berechnung der Vergütung für Sonderwünsche neben den Raten nach § 3 Abs. 2 MaBV verstößt gegen die MaBV, es sei denn, die Sonderwunschvergütung wird erst mit der Fertigstellungsrate bzw. Schlusszahlung berechnet.

Abschlagszahlungen können – wie schon unter früherem Recht – nur für erbrachte Leistungen verlangt werden. Das bedeutet indes nicht, dass die jeweilige Leistung gänzlich mangelfrei erbracht sein muss (BGH, Urt. v. 14.5.1992 – VII ZR 204/90). Das Vorliegen eines Mangels führt aber dazu, dass dem Erwerber ein entsprechendes Leistungsverweigerungsrecht zusteht (§§ 650u Abs. 1, 632a Abs. 1 Satz 2 BGB); § 641 Abs. 3 BGB gilt entsprechend. Die zum „alten" Recht ergangene Grundsatzentscheidung gilt fort (BGH, Urteil vom 27.10.2011 – VII ZR 84/09, Rdn. 13 ff.). 24

Die Fälligkeit der einzelnen Abschlagszahlungen hängt grundsätzlich nicht von einem Nachweis der erbrachten Leistungen ab (vgl. dazu Grziwotz, NZBau 2019, 2018, 223). In der Regel teilt der Bauträger lediglich den erreichten Bautenstand mit und fordert die nächste Rate an. Die Parteien können aber auch bestimmte Nachweise und Dokumentationen vertraglich vereinbaren. Kann der Erwerber den Umfang der erbrachten Leistungen nicht prüfen, um die Fälligkeit zu verifizieren, steht ihm ein Leistungsverweigerungsrecht zu (Basty, Rdn. 572 m. w. N.). Ein genereller Ausschluss des Besichtigungs- und Prüfungsrechts dürfte zur Unwirksamkeit des gesamten Zahlungsplans führen (Pause, ZfIR 2014, 127, 129f.). 25

Zu Unrecht eingeforderte Zahlungen sind nach § 812 BGB vom Bauträger zurückzuzahlen (OLG Koblenz, Urt. v. 18.12.1998 – 10 U 362/98; OLG München, Urt. v. 17.6.1999 – 19 U 6498/98; Kniffka, NZBau 2000, 552; Pause, Rdn. 311; zum Rückzahlungsanspruch bei Nichtigkeit des vereinbarten Zahlungsplans BGH, Urt. v. 22.3.2007 – VII ZR 268/05 und Urt. v. 29.1.2008 – XI ZR 160/07). Er muss auf Grund von § 813 Abs. 2 BGB nur die Teile der Zahlungen zurückzahlen, der über die nach § 3 Abs. 2 MaBV zulässigen Höchstbeträge hinausgehen (BGH, Urt. v. 22.3.2007 – VII ZR 268/05). 26

c) Die 13 Bauabschnitte – welcher Leistungsstand muss erreicht sein?

In der Praxis wird immer wieder darüber gestritten, welche Teilleistungen zu den 13 Bauabschnitten gehören und welche Arbeiten deshalb durch den Bauträger erbracht sein müssen, damit die jeweilige Rate fällig werden können. 27

aa) Beginn der Erdarbeiten (30%)

Mit dieser Rate – immerhin fast ein Drittel der Gesamtvergütung – sollen die Kosten der Grundstücksbeschaffung, der Planung, der Erschließung und des Genehmigungsverfahrens abgegolten werden. Eine Anhebung des Prozentsatzes nach oben ist auch dann nicht möglich, wenn insbesondere die Kosten für die Beschaffung des Grundstücks von dieser Quote nicht gedeckt werden. 28

Streitig ist, ob auch Vorbereitungsarbeiten (Baustelleneinrichtung, Fällen von Bäumen, Abbrucharbeiten) dazu zu zählen sind. Pause (Rdn. 318) hält derartige „allgemeine Vorbereitungsarbeiten" für nicht ausreichend. Basty (Rdn. 501) geht davon aus, dass auch sie vom Begriff „Beginn der Erdarbeiten" umfasst sein können. Derartige Arbeiten gehören dann nicht zum „Beginn der Erdarbeiten", wenn sie isoliert durchgeführt bzw. in Auftrag gegeben worden sind. Anders liegt es aber dann, wenn sie den anschließenden Erdarbeiten unmittelbar vorausgehen. 29

Von dieser Rate ist auch die Verpflichtung des Bauträgers zur Freistellung des Erwerbers von den Erschließungskosten umfasst. Ist dieser Freistellungsanspruch noch nicht fällig, muss eine entsprechende Sicherheit gestellt werden (BGH, Urt. v. 17.1.2008 – III ZR 136/07; Pause Rdn. 318). 30

bb) Rohbaufertigstellung einschl. Zimmererarbeiten (28%)

Die Fälligkeit der Rate setzt den Abschluss der Erd- und Baumeisterarbeiten voraus, nicht aber die bauaufsichtliche Rohbauabnahme (Basty, Rdn. 507, Pause, Rdn. 319). Die Herstellung der Dacheindeckung gehört nicht zu diesem Bauabschnitt, auch nicht die Anbringung der Dachhaut. 31

cc) Herstellung der Dachflächen und Dachrinnen (5,6%)

Hiermit wird die Dacheindeckung einschließlich Isolier- und Klempnerarbeiten abgegolten. 32

dd) Rohinstallation der Heizungsanlagen (2,1 %)

33 Die Rohinstallation umfasst die erforderlichen und mit dem Bauwerk fest verbundenen Anlagenteile, also sämtliche Leitungen und den Heizkessel, auch den Einbau der Heizschlangen der geschuldeten Fußbodenheizung. Zur Endinstallation gehören hingegen die Heizkörper und die Thermostatventile.

ee) Rohinstallation der Sanitäranlagen (2,1 %)

34 Dazu gehören sämtliche Leitungen und Anschlüsse für Wasser und Abwasser nebst Anschluss an die öffentliche Ver- und Entsorgung, nicht aber die Armaturen und Duschen (Pause Rdn. 322).

ff) Rohinstallation für Elektroanlagen (2,1 %)

35 Dazu gehören sämtliche Versorgungsleitungen bis zu den Wand- und Deckenauslässen, nicht aber Steckdosen und Schalter.

gg) Fenstereinbau einschl. Verglasung (7 %)

36 Dazu gehören auch Terrassen- und Balkontüren, die das Gebäude nach außen abschließen (Pause Rdn. 324).

hh) Innenputz, ausgenommen Beiputzarbeiten (4,2 %)

37 Unklar ist, ob auch die Ausführung von Trockenbauarbeiten – Gipskartonplatten sollen Deckenputz ersetzen – dazu zu rechnen sind (zweifelnd Pause, Rdn. 325).

ii) Estrich (2,1 %)

38 Die Estricharbeiten müssen in allen Bereichen erbracht worden sein, da anders als beim Innenputz kein Vorbehalt für Restleistungen gemacht ist.

jj) Fliesenarbeiten im Sanitärbereich (2,8 %)

39 Hier geht es nur um die Fliesenarbeiten in den Sanitärräumen. In den anderen Räumen – Küche – müssen die Fliesenarbeiten erst mit Bezugsfertigkeit abgeschlossen sein (Pause, Rdn. 327).

kk) Bezugsfertigkeit und Besitzübergabe (8,4 %)

40 Die Arbeiten müssen soweit abgeschlossen sein, dass das Objekt zumutbar bewohnt werden kann. Das setzt voraus, dass Haus- und Wohnungstüren, Licht, Wasser, Heizungs- und Kochmöglichkeiten und sämtliche Sanitäreinrichtungen vorhanden und nutzbar sind. Es muss ein sicherer Zugang vorhanden sein; auch der Putz muss angebracht sein (OLG Hamm, Urt. v. 31.5.2007 – 24 U 150/04 für Wärmedämmputz). Auch die Fertigstellung der (Tief-)Garage gehört u. U. zur Bezugsfertigkeit (Pause, Rdn. 330; str.). Die Fälligkeit dieser Abschlagszahlungsrate soll nicht von der vorherigen Abnahme des Sondereigentums abhängig gemacht werden dürfen mit der Folge, dass die gesamte Ratenregelung unwirksam ist (so OLG München, Urt. v. 25.10.2016 – 9 U 34/16; kritisch Sagmeister, MittBayNot 2019, 140, 141; ebenso Basty, MittBayNot 2019, 241).

41 Der Bezugsfertigkeit steht es aber nicht entgegen, wenn die Außenanlagen noch nicht vollständig fertiggestellt sind, wenn noch geringfügige Restarbeiten ausgeführt werden müssen (OLG Hamm, Urt. v. 23.10.2003 – 21 U 58/03), wenn noch Mängel beseitigt werden müssen, ohne dass der Bezug der Wohnung wesentlich erschwert wird (KG, Urt. v. 5.12.2017 – 21 U 109/17), oder wenn noch Arbeiten am Sondereigentum anderer Erwerber auszuführen sind, die nicht zu erheblichen Belästigungen führen (OLG Hamm, Urt. v. 31.5.2007 – 24 U 150/04; Pause, Rdn. 328; BGH, Beschl. v. 10.10.2013 – VII ZR 269/12 dürfte dem nicht entgegenstehen, da es um die Auslegung des Begriffs der „Bezugsfertigstellung" unter besonderen Bedingungen ging).

42 Die Bezugsfertigkeitsrate bereitet in der praktischen Abwicklung vor allem deshalb Schwierigkeiten, weil diese Zahlung Zug um Zug gegen Übergabe des Besitzes zu leisten ist und der Bauträger für die bis dahin hergestellten Leistungen regelmäßig die (Teil-) Abnahme vereinbart haben wird. Die Übergabe des Vertragsgegenstandes Zug um Zug gegen Zahlung der Bezugsfertigstellungsrate kann regelmäßig nur durch eine Überweisung erfolgen, weil der

Abschlagszahlungen §650v

Vergütungsanspruch an die den Bauträger finanzierende Bank abgetreten sein wird, also nur an diese schuldbefreiend gezahlt werden kann, und die den Erwerber finanzierende Bank den entsprechenden Betrag überdies nur an die Bank des Bauträgers leisten und nicht dem Erwerber als Barbetrag aushändigen wird. Die vom Bauträger vor Übergabe ausbedungene Zahlung der Bezugsfertigkeitsrate und die sich erst dann anschließende Übergabe an den Erwerber verstößt gegen § 3 Abs. 2 MaBV, weil der Erwerber vorleistet und die Ausübung des Leistungsverweigerungsrechts ausgeschlossen ist (Pause, Rdn. 331). Eine Hinterlegung der Rate auf Notaranderkonto vor der Übergabe ist dann MaBV-konform, wenn das Leistungsverweigerungsrecht des Erwerbers wegen etwaiger bei der Übergabe des Objekts erkannter Mängel gewahrt bleibt, also die Rückzahlung der geleisteten Zahlung in Höhe der Mängelbeseitigungskosten samt Druckzuschlag gesichert ist (vgl. BGH, Urt. v. 11.10.1984 – VII ZR 248/83). Denkbar erscheint heute auch eine elektronische Überweisung vom Konto der den Erwerber finanzierenden Bank auf das Konto der Globalgrundpfandgläubigerin.

Befindet sich der Erwerber mit der Zahlung der zur Übergabe fälligen Zahlungen in Verzug, kann der Bauträger mit der Übergabe des Vertragsgegenstandes seinerseits nicht in Verzug geraten. Das kann etwa dann der Fall sein, wenn der Bauträger die Wohneinheit bezugsfertig hergestellt hat und diese vom Erwerber auch abgenommen wurde, der Erwerber aber gleichwohl den nun zu zahlenden Betrag nicht zu zahlen bereit ist bzw. ihn nicht in einer den Annahmeverzug begründenden Weise anbietet (KG, Urt. v. 15.5.2018 – 21 U 90/17). Das soll auch dann gelten, wenn der Bauträger den Fertigstellungstermin überschritten hat, also sich selbst in Verzug befindet (KG, Urt. v. 27.6.2019 – 21 U 144/18). 43

Vom OLG München wird angenommen, ein Zahlungsabwicklung nach § 3 Abs. 2 MaBV und die gleichzeitige Vereinbarung einer (Teil-)Abnahme sei deshalb unwirksam, weil die Besitzeinräumung zusätzlich von der Abnahme abhängig gemacht werde (OLG München, Urt. v. 25.10.2016 – 9 U 34/16; OLG München, Urt. v. 28.1.2019 – 28 U 3555/18). Das ist wohl unzutreffend (Cramer, BauR 2020, 187, 196f.). Die Vereinbarung einer Teilabnahme bei Übergabe des Vertragsgegenstandes führt zu keiner Verminderung des mit § 3 Abs. 2 MaBV bezweckten Erwerberschutzes, da die Teilabnahme als weitere Voraussetzung für die Fälligkeit dieser Zahlung verstanden werden muss und damit sogar eine zusätzliche Hürde für die Fälligkeit dieser Zahlung schafft, ganz abgesehen davon, dass der Bauträger ein schutzwürdiges Interesse an einer (Teil-) Abnahme bei Besitzeinräumung hat. Entgegen der Vorstellung des OLG München sichert § 3 MaBV nicht die Besitzübergabe, sondern eine vorfällige Zahlung, nämlich eine Zahlung vor Bezugsfertigkeit und vor Besitzeinräumung. Davon zu unterscheiden ist die vom OLG München in diesem Zusammenhang ebenfalls thematisierte Frage, ob die Übergabe erst nach erklärter Abnahme erfolgen soll. Diese Regelung ist AGB-rechtlich unwirksam, weil die Abnahme neben der rechtsgeschäftlichen Abnahmeerklärung auch die tatsächliche Übergabe beinhaltet; diese Unwirksamkeit kann jedoch nicht den Zahlungsplan erfassen („infizieren"), weil es sich um eine selbständige Klausel ohne Auswirkung auf die Zahlungsabwicklung nach § 3 MaBV handelt. Die AGB-rechtliche Unwirksamkeit ergibt sich daraus, dass der Erwerber die mit der Abnahme verbundenen Gefahren tragen soll, ohne die Sachherrschaft über das Erwerbsobjekt zu erlangen. 44

ll) Fassadenarbeiten (2,1%)

Dazu gehören der Außenputz, das Wärmedämmsystem, die vorgehängte Fassade, aber auch die Regenfallrohre samt Anschluss. 45

mm) Vollständige Fertigstellung (3,5%)

Zur vollständigen Herstellung gehören regelmäßig die Außenanlagen mit Wegen und Zäunen und die Abarbeitung von sonstigen Restarbeiten. Streitig ist, ob für die vollständige Fertigstellung vorhandene Mängel beseitigt sein müssen. Zum Teil wird vertreten, dass schon unwesentliche Mängel der vollständigen Fertigstellung entgegenstehen (OLG Celle, Urt. v. 30.10.2014 – 16 U 90/14). Das überzeugt nicht. Der mit § 3 Abs. 2 MaBV definierte Grad des Baufortschritts (Fertigstellung) besagt zunächst nichts über die gegebene Bauqualität. Auch die geforderte „Vollständigkeit" der Fertigstellung ist quantitativ zu verstehen (in Abgrenzung zur nur unvollständigen Fertigstellung bei Bezugsfertigkeit). Es ist deshalb anzunehmen, dass unwesentliche Mängel und geringe Restarbeiten der Fälligkeit nicht entgegenstehen. Dadurch wird vor allem eine widersprüchliche Wertung zu der für die Fälligkeit der Fertigstellungsrate (als Schlusszahlung) ebenfalls vorausgesetzten Abnahme vermieden. Liegen wesentliche Mängel vor, darf der Besteller die Abnahme der Werkleistung verweigern (vgl. OLG Köln, 46

Urt. v. 4.5.1982 – 15 U 128/81). Wegen unwesentlicher Mängel darf die Abnahme aber nicht verweigert werden (§ 640 Abs. 1 Satz 2 BGB). Es spricht deshalb viel dafür, diese gesetzliche Wertung auch bei der Beurteilung dieser Frage zugrunde zu legen und die vollständige Fertigstellung selbst dann zu bejahen, wenn noch unerhebliche Mängel vorhanden sind (BGH, Urt. v. 30.4.1998 – VII ZR 47/97; Basty, Rdn. 544). Sie aber zu verneinen, wenn wesentliche Mängel vorliegen (OLG Schleswig, Urt. v. 2.10.2019 – 12 U 10/18). Im ersten Fall kann der Erwerber natürlich das ihm zustehende Leistungsverweigerungsrecht einschließlich Druckzuschlag geltend machen. Dadurch sind seine Interessen hinreichend gewahrt. Folgt man dem, wird die Schlusszahlung bzw. -rate auch dann fällig, wenn nur noch unwesentliche Mängel vorliegen (Pause, Rdn. 335). Die vom OLG Celle (Urt. v. 30.10.2014 – 16 U 90/14) herangezogene Entscheidung des BGH (Urt. v. 27.10.2011 – VII ZR 84/09) belegt seine Auffassung nicht, denn der BGH hat in seinem Urteil den Unterschied zwischen wesentlichen und unwesentlichen Mängeln nicht thematisiert. Bestehen wesentliche Mängel und ist das Bauvorhaben deshalb nicht als vollständig fertiggestellt, kann der Erwerber auf die Fertigstellungsrate bereits geleistete Zahlungen zurückverlangen (OLG Schleswig, Urt. v. 2.10.2019 – 12 U 10/18).

47 Etwas anderes gilt allerdings für sogenannte Protokollmängel. Haben die Parteien diese übereinstimmend in einem Protokoll festgestellt, liegt darin in aller Regel die zumindest konkludente Einigung darüber, dass das Objekt nicht vor Beseitigung dieser Mängel vollständig fertiggestellt ist, auch wenn sie ihrer Art nach eigentlich nur unwesentlich sind (OLG Hamm, Urt. v. 3.7.2007 – 21 U 14/07; Pause Rdn. 336; in diesem Sinne wohl auch BGH, Urt. v. 27.10.2011 – VII ZR 84/09, Rdn. 23).

48 Eine Vertragsbestimmung, nach der die letzte Rate gegen Stellung einer Sicherheit nach § 7 MaBV in Höhe der letzten Rate bei Besitzübergabe gestellt werden darf, verstößt gegen §§ 3 Abs. 2, 12 MaBV (OLG Schleswig, Urt. v. 7.5.2010 – 4 U 126/08); eine Sicherheitentausch ist zwar nach § 7 Abs. Abs. 1 Satz 4 MaBV möglich, erfordert aber die Gestellung einer Sicherheit in Höhe der gesamten vereinbarten Vergütung, also in Höhe des gesamten denkbaren Rückforderungsanspruchs des Erwerbers. Ebenso ist eine Klausel unwirksam, die die Zahlung der Fertigstellungsrate bzw. Schlusszahlung bei Besitzübergabe auf ein Notaranderkonto vorsieht, weil das Leistungsverweigerungsrecht nach § 320 MaBV nicht gewährleistet ist (OLG Schleswig, Urt. v. 21.2.2020 – 1 U 19/19 m. Anm. Pause NZBau 2020, 374; Koeble NJW 2020, 2308; ebenso KG, Urt. v. 20.8.2019 – 21 W 17/19 unter Aufgabe von KG, Urt. v. 7.5.2019 – 21 U 139/18).

3. Rechtsfolgen MaBV-widriger Klauseln und MaBV-widriger Entgegennahme von Zahlungen

a) Vertragliche Abweichungen von den Vorgaben des § 3 MaBV

49 Wirksam ist eine vertragliche Vereinbarung nur im Rahmen der Vorgaben der MaBV möglich. Die Regelung des Abs. 2 mit ihrer Verweisungskette ist zwingendes Recht. Im Bauträgervertrag können nur die der MaBV enumerativ zugelassenen Zahlungen (als „Teilbeträgen entsprechend dem Bauablauf" bezeichnet) in der dort festgelegten Höhe wirksam vereinbart werden. Der Bauträger darf auch nicht andere als sieben Raten anfordern oder entgegennehmen; dies folgt aus § 3 Abs. 2 Satz 1 Var. 1 MaBV. Die MaBV selbst lässt abweichende Vereinbarungen in § 7 Abs. 2 nur ausnahmsweise zu, nämlich nur gegenüber Kaufleuten und juristischen Personen des öffentlichen Rechts zu, und das auch nur, wenn sie individualvertraglich in besonderer Urkunde erfolgen. Ein Zahlungsplan, der die Vorgaben der MaBV nicht einhält, ist gemäß § 3 Abs. 2, § 12 MaBV i. V. m. 134 BGB nichtig (BGH, Urt. v. 22.3.2007 – VII ZR 268/05; OLG Zweibrücken, Urt. v. 4.4.2014 – 8 U 53/12). Verstößt ein vertraglicher Abschlags- oder Ratenzahlungsplan gegen die MaBV und ist er deshalb nichtig, so ist ein subsidiärer Rückgriff auf den Zahlungsplan der MaBV nicht möglich. Denn § 1 Satz 1 HausbauVO enthält keine (Auffang-)Regelung für den Fall, dass eine vertragliche Zahlungsbestimmung den Anforderungen des § 3 Abs. 2 MaBV nicht entspricht. § 3 Abs. 2 MaBV gibt lediglich einen Rahmen vor, der verschiedene vertragliche Gestaltungsmöglichkeiten offen lässt. Die Vergütung wird bei Vorliegen der Sicherheiten nach § 3 Abs. 1 MaBV und bei Abnahme der Leistung fällig (§ 641 BGB). Fraglich ist, ob ein „variabler" bzw. „flexibler" Zahlungsplan zulässig ist, der Bauträger sich also im Vertrag vorbehalten kann, bis zu sieben Raten erst während des Bauablaufes „entsprechend den Bauabschnitten" des § 3 Abs. 2 MaBV zusammenzustellen und anzufordern (für zulässig halten dies: Basty, Rdn. 482 f.; Blank, Rdn. 267; Grziwotz/Bischoff, § 3 MaBV Rdn. 129; Pause, Rdn. 299, jeweils m. w. N.). Zum Teil wird vertreten, dass der Bauträger aus den 13 Bauabschnitten des § 3 Abs. 2 MaBV bereits im Erwerbsvertrag maximal sieben Raten wählen und vereinbaren muss, andernfalls ein Verstoß gegen §3 Abs. 2 MaBV vorliegt (LG Karlsruhe v. 12.2.2016 – 10 O 477/15; ebenso LG München I, Urt. v. 23.4.2015 – 8 O 6509/15; Marcks, §3 MaBV Rdn. 23a; Vogel, PiG 102, 107, 110f.; → §650u BGB Rdn. 138).

Zu beachten ist, dass die Prozentsätze der MaBV keine Festsätze, sondern Höchstsätze sind. Diese dürfen also auch bei einer von den Wertverhältnissen der MaBV abweichenden Kostenaufteilung des konkreten Projekts nicht überschritten werden; deshalb könnte z. B. die erste Rate nicht wegen eines hohen Grundstückwerts erhöht werden. Andererseits dürfen die Höchstsätze formularmäßig nicht voll in Ansatz gebracht werden, falls der Wert der Teilleistungen des konkreten Projekts tatsächlich hinter den Höchstsätzen der MaBV zurückbleibt. Sie wären dann insoweit Vorauszahlungen, was wegen §§650v, 641 BGB i. V. m. §307 Abs. 2 BGB unangemessen und unwirksam wäre. (Basty, Rdn. 473; Pause, Rdn. 293).

Ist der vertragliche Zahlungsplan wegen Verstoßes gegen die MaBV nichtig (§134 BGB, §§3, 12 MaBV), kann der Bauträger eine Abschlagsforderung auch nicht auf §650v BGB stützen. Diese Vorschrift setzt eine wirksame Abschlagszahlungsvereinbarung voraus, ersetzt sie aber nicht kraft Gesetzes. Es gilt dann §641 BGB mit der Folge, dass der Bauträger die gesamte Vergütung erst mit Abnahme erhält (BGH, Urt. v. 22.3.2007 – VII ZR 268/05; Urt. v. 22.12.2000 – VII ZR 310/99 zur alten Rechtslage).

Der Zahlungsplan kann aber auch AGB-rechtlich unwirksam sein, etwa wenn entgegen §309 Nr. 2a) BGB die letzte Rate i. S. v. §3 Abs. 2 Satz 2 MaBV „nach vollständiger Fertigstellung" zusammen mit der vorletzten Rate „nach Bezugsfertigkeit und Zug um Zug gegen Besitzübergabe" auf ein Notaranderkonto vorfällig gezahlt werden muss und dort bis zur Auskehrung an den Bauträger verbleiben soll (BGH, 11.10.1984 – VII ZR 248/83; a. A. und unzutreffend KG, Urt. v. 7.5.2019 – 21 U 139/18; eingehend Pause, Rdn. 331, 422).

b) Rückzahlungsanspruch bei MaBV-widriger Zahlungsentgegennahme

Hinsichtlich etwaiger Überzahlungen (→ Rdn. 26) gilt, dass Abschlagszahlungen bei Unwirksamkeit des Zahlungsplans (→ Rdn. 46) wegen §813 Abs. 2 BGB nicht ohne weiteres zurückgefordert werden können. Insoweit muss aber differenziert werden. Die Regelung des §813 Abs. 2 BGB ist unanwendbar, solange die Fälligkeitsvoraussetzungen nach der MaBV überhaupt noch nicht vorliegen, da ansonsten den vom Verbotsgesetz bezweckten Schutz des Erwerbers ausschalten würde (BGH, Urt. v. 22.3.2007 – VII ZR 268/05). Liegen die Fälligkeitsvoraussetzungen nicht vor oder ist der Leistungsstand der MaBV nicht erreicht, können also vorfällige Abschlagszahlungen zurückgefordert werden. In diesem Fall kann der Besteller auch die Nutzungsvorteile zurückverlangen, und zwar wenn die Voraussetzungen des §817 BGB oder eines Schadenersatzanspruchs gegeben sind (OLG Karlsruhe, Urt. v. 20.5.2010 – 12 U 232/09; OLG Düsseldorf, Urt. v. 15.7.2011 – 23 U 87/09; OLG Schleswig, Urt. v. 2.10.2019 – 12 U 10/18).

Wenn und soweit der Erwerber aber Zahlungen geleistet hat, die bei wirksamer Vereinbarung eines Zahlungsplans im Rahmen des §3 Abs. 1, Abs. 2 MaBV nicht zu beanstanden wären, scheitert eine Rückforderung aber an §813 Abs. 2 BGB. Denn der Schutz des Erwerbers durch die MaBV gebietet nicht die Rückzahlung von Abschlagszahlungen, soweit sie der MaBV entsprechen; insoweit verbleibt es bei dem gesetzlichen Ausschluss des Kondiktionsanspruchs durch §813 Abs. 2 BGB (BGH, Urt. v. 22.3.2007 – VII ZR 268/05; OLG Naumburg, Urt. v. 13.11.2009 – 10 U 20/09).

c) Schutzgesetz

Die Vorschriften über die Sicherheiten zugunsten des Erwerbers (§§3, 7 MaBV) sind Schutzgesetze i. S. d. §823 Abs. 2 BGB (BGH, Urt. v. 5. 12. 2008 – V ZR 144/07); dies gilt auch für die Pflicht zur objektgebundenen Mittelverwendung gem. §4 MaBV (OLG Celle, Urt. v. 12. 2. 2001 – 4 U 289/99). Nimmt die GmbH unter Verletzung der Vorschriften der MaBV Zahlungen entgegen, kommt auch die persönliche Haftung des Geschäftsführers in Betracht (BGH, Urt. v. 5. 12. 2008 – V ZR 144/07, Rdn. 12; OLG Frankfurt, Urt. v. 23. 12. 2004 – 24 U 85/03; OLG München, Urt. v. 23. 2. 2010 – 9 U 3113/09; OLG Düsseldorf, Urt. v. 15.7.2011 – 23 U 87/09). Der Umfang der Haftung nach §823 Abs. 2 BGB ist begrenzt durch den Schutzzweck der jeweils verletzten Vorschrift der MaBV (näher Vogel, FS Kainz [2019], 641, 648f.).

IV. Sicherheitsleistung nach §7 MaBV

1. Sinn und Zweck der Regelung

56 Können die Sicherheiten nach §3 Abs. 1 und 2 MaBV aus rechtlichen Gründen nicht erbracht werden oder ist die Einhaltung der starren Regelungen der MaBV aus kaufmännischen Gründen – Ballungsgebiet, hohe Grunderwerbskosten, die von der ersten Rate nicht gedeckt werden – unzweckmäßig, kann der Bauträger sich nach §7 MaBV von diesen Verpflichtungen befreien, indem er eine Sicherheit für alle etwaigen Ansprüche des Bestellers auf Rückgewähr oder Auszahlung seiner Vermögenswerte leistet. Der Bauträger ist dann auch von der Verpflichtung zur Aufstellung eines Zahlungsplanes nach §3 Abs. 2 MaBV befreit. Die Abschlagszahlungen müssen am tatsächlichen Wert der zu erbringenden Leistungen orientiert werden (Pause, Rdn. 348). Es können auch Raten für nicht in der MaBV vorgesehene Gewerke vereinbart werden (Pause, Rdn. 347).

2. Art und Form der Sicherheitsleistung

57 Die Sicherheit kann nur durch Bürgschaft erbracht werden (§7 Abs. 1 Satz 2 i. V.m §2 Abs. 2 MaBV). Danach kommen als taugliche Bürgen nur Körperschaften des öffentlichen Rechts mit Sitz im Geltungsbereich der MaBV, im Inland tätige Kreditinstitute und zum Betrieb der Bürgschaftsversicherung befugte Versicherungsunternehmen in Betracht. Die Bürgschaft muss in Schriftform und selbstschuldnerisch erklärt werden. Sie muss dem Erwerber ausgehändigt werden. Die Hinterlegung beim Notar reicht nicht, es sei denn, dass dieser die Urkunde auf Grund eines Treuhandauftrages des Erwerbers für diesen entgegen nimmt und verwahrt sie (BGH, Urt. v. 11.1.2007 – VII ZR 229/05; Basty, Rdn. 648).

3. Umfang der Sicherung

58 Der Sicherungsumfang wird bestimmt durch Sinn und Zweck der Regelung des §7 Abs. 1 MaBV, daneben aber auch durch den Inhalt der jeweiligen Bürgschaftserklärung, der häufig identisch ist mit dem der Anlage 7 der Musterverwaltungsvorschriften zum Vollzug des §34 c GewO und der MaBV (MaBVwV; abgedruckt bei Marcks, MaBV).

59 Die Bürgschaft soll nach §7 Abs. 1 Satz 1 MaBV alle Ansprüche des Erwerbers auf „Rückgewähr oder Auszahlung seiner Vermögenswerte im Sinne des §2 Abs. 1 Satz 1" absichern. Die Bürgschaft nach §7 MaBV sichert daher sowohl Ansprüche auf Ersatz von Aufwendungen für die Mängelbeseitigung als auch Ansprüche auf Rückgewähr der Vorauszahlung, die aus einer auf Mängel gestützten Wandelung oder Minderung oder aus einem Schadensersatzanspruch wegen Nichterfüllung resultieren; sie dient aber nicht darüber hinaus der Absicherung von erwarteten Steuervorteilen und Nutzungen (BGH, Urt. v. 18.6.2002 – XI ZR 359/01 und Urt. v. 27.7.2006 – VII ZR 276/05). Eine Bürgschaft gemäß §7 MaBV sichert den Rückgewähranspruch nach einem Rücktritt vom Vertrag gemäß §326 BGB. Ebenso ist ein entsprechender Rückzahlungsanspruch aus einer Vereinbarung zwischen den Parteien des Erwerbervertrags gesichert, die zu einem Zeitpunkt geschlossen wird, zu dem die Voraussetzungen des §326 BGB vorliegen (BGH, Urt. v. 30.9.2004 – VII ZR 458/02). Das gilt auch dann, wenn die Gründe für die Nichtdurchführung des Bauvorhabens in der Sphäre des Erwerbers liegen (BGH, Urt. v. 5.4.2005 – XI ZR 294/03). Gesichert sind auch bereicherungsrechtliche Rückgewähransprüche ohne Rücksicht darauf, ob der Erwerber die Formunwirksamkeit erkennen konnte und (mit-) zu vertreten hat (BGH, Urt. v. 29.1.2008 – XI ZR 160/07). Gesichert sind auch Rückgewähransprüche aus Minderung, etwa weil die vereinbarte Nutz- oder Wohnfläche nicht erreicht wurde (BGH, Urt. v. 19.7.2001 – IX ZR 149/00). Soweit Rückgewähransprüche ihren Grund in Mängeln haben, sind auch Ansprüche wegen Mängeln am Gemeinschaftseigentum geschützt. Vom Schutzzweck des §7 MaBV sind grundsätzlich alle auf Mängel gestützten Ansprüche des Erwerbers gegen den Bauträger umfasst (BGH, Urt. v. 9.12.2010 – VII ZR 206/09). Die Bürgschaft nach §7 MaBV sichert aber keine späteren Ansprüche des Erwerbers auf Ersatz von Aufwendungen für die Mängelbeseitigung, wenn er das Werk als mangelfrei abgenommen hat; es besteht dann kein Bedürfnis für eine Sicherung der Mängelansprüche mehr, weil der Erwerber auch nach Abnahme auch nach der gesetzlichen Regelung des §3 MaBV zur Zahlung des gesamten Erwerbspreises verpflichtet ist (BGH, Urt. v. 22.10.2002 – XI ZR 393/01). Der Bundesgerichtshof hat Bürgschaften nach §7 Abs. 1 MaBV allgemein als Vorauszahlungsbürgschaften angesehen, die sicherstellen sollen, dass der Erwerber bei einem Scheitern oder einer nicht vollständigen oder nicht ordnungsgemäßen Vertragsdurchführung seine nicht durch entsprechende Leistungen verbrauchten Vorauszahlungen zurückerhält (BGH, Urt. v. 9.12.2010 – VII ZR 206/09). An dieser Rechtsauffassung hat der Bundesgerichtshof auch trotz kritischer Stimmen in der Literatur (Basty, DNotZ 2002, 567; Kanzleiter, DNotZ 2002, 819) ausdrücklich festgehalten (BGH, Urt. v. 9.12.2010 – VII ZR 206/09).

Auch bei einer am Sinn und Zweck des § 7 MaBV orientierten Auslegung der Bürgschafts- **60** verpflichtung kann sich aber im Einzelfall ergeben, dass die vom Bauträger gestellte Vorauszahlungsbürgschaft keineswegs alle oben dargestellten Ansprüche und Risiken abdeckt. So hatte der Bundesgerichtshof (BGH, Urt. v. 9.12.2010 – VII ZR 206/09) einen Fall zu entscheiden, in dem die Erwerber die vertragliche Vergütung in Übereinstimmung mit den Vorgaben des § 3 Abs. 2 MaBV nach Baufortschritt zu entrichten hatten und zwar 96,5 % des Erwerbspreises bei sachverständig attestierter Bezugsfertigkeit und 3,5 % nach vollständiger Fertigstellung. Die Zahlung der ersten Rate sollte weiter von verschiedenen anderen Voraussetzungen abhängig sein, die denen in § 3 Abs. 1 Satz 1 Nr. 2–4 MaBV entsprachen. Die Bürgschaft nach § 7 MaBV war nur für den Fall vorgesehen, dass der Baufortschritt für die erste Rate erreicht, die weiteren Fälligkeitsvoraussetzungen aber noch nicht vorliegen sollten. Sie sollte mit Eintritt dieser Voraussetzungen sogleich zurückgegeben werden. In der Erklärung des Bürgen wurde auf diese vertragliche Regelung ausdrücklich Bezug genommen. Der Notar nahm die vom Bauträger gestellte Bürgschaftserklärung in Verwahrung. Bei dem Abnahmetermin wurden Mängel festgestellt und protokolliert. Der Sachverständige bestätigte gleichwohl die Bezugsfertigkeit des Objektes. Der Notar reichte daraufhin die Bürgschaftserklärung dem Bürgen wieder zurück. Nachdem über das Vermögen des Bauträgers das Insolvenzverfahren eröffnet worden war, nahm der Erwerber den Notar wegen der seiner Ansicht nach pflichtwidrigen Rückgabe der Bürgschaftserklärung in Anspruch. Für die Entscheidung dieses Rechtsstreits kam es damit entscheidend auf die Frage an, ob Mängelansprüche des Erwerbers auch dann durch eine Bürgschaft nach § 7 MaBV gesichert sind wenn der Hingabe der Bürgschaft – wie hier – eine Vorauszahlungsabrede zugrunde liegt. Das hat der Bundesgerichtshof verneint. Entscheidender Gesichtspunkt für die Einbeziehung von Mängelansprüchen in den Haftungsumfang einer Bürgschaft nach § 7 MaBV sei das berechtigte Interesse des Erwerbers, von den Risiken freigestellt zu werden, die sich aus seiner vertraglich übernommenen Verpflichtung ergäben, unter Abweichung von § 3 Abs. 2 MaBV Zahlungen leisten zu müssen, denen ein entsprechender Gegenwert nicht gegenüberstehe. Solche Vorleistungen dürften ihm gemäß § 7 Abs. 1 MaBV nur abverlangt werden, wenn der Bauträger eine Sicherheit stelle, die das Vorleistungsrisiko ausgleiche. Dieses Sicherungsinteresse bestehe aber nicht, wenn der Erwerber – wie hier – die Vergütung nach § 3 Abs. 2 MaBV nach Baufortschritt zu entrichten habe. In einem solchen Fall könne er, wenn die Leistung mangelhaft erbracht werde, sein gesetzliches Leistungsverweigerungsrecht gemäß § 320 BGB geltend machen und einen Teil der Vergütung einbehalten, ggf. mit Schadensersatzansprüchen aufrechnen. Die Bereitstellung einer zusätzlichen, die Mängelrisiken betreffenden Gewährleistungssicherheit sei in dem sich aus §§ 3 Abs. 2, 7 Abs. 1 MaBV ergebenden Regelungssystem nicht vorgesehen. Eine solche weitergehende Sicherheit werde auch nicht dadurch geschaffen, dass der Erwerber eine Bürgschaft nach § 7 MaBV erhalte, mit der bestimmungsgemäß nur die noch nicht fehlenden Fälligkeitsvoraussetzungen ersetzt werden sollten. Der Sicherungszweck einer solchen Bürgschaft reiche nicht weiter als derjenige, der sich aus § 3 Abs. 1 Satz 1 Nr. 2–4 MaBV ergebe. Nur diese Risiken sollten ausgeglichen werden. Es bestehe kein Zusammenhang mit eventuellen Ansprüchen der Erwerber wegen mangelhafter Ausführung.

C. Leistungsverweigerungsrecht bei Abschlagszahlungen wegen Mängeln

Bei Abschlagszahlungen kann der Erwerber bei etwaigen Mängeln die Zahlung in Höhe **61** eines angemessenen Teils des Abschlags verweigern, § 632a Abs. 1 Satz 2 BGB. Durch den Verweis in § 650u Abs. 1 BGB auf das Werkvertragsrecht gelten für die nach § 650v BGB i. V. m. §§ 3 oder 7 MaBV vereinbarten Abschlagszahlungen auch die allgemeinen Regeln des Werkvertragsrechts über Abschlagszahlungen (im Einzelnen → § 650u BGB Rdn. 45 f.).

D. Vertragserfüllungssicherheit (§ 650m Abs. 2 und 3 BGB)

Außerdem hat der Erwerber, sofern es sich bei ihm um einen Verbraucher handelt, einen **62** gesetzlichen Anspruch auf eine Vertragserfüllungssicherheit; das folgt aus der Anwendbarkeit

§ 650v   Abschlagszahlungen

der Vorschriften über den Verbraucherbauvertrag auf den Bauträgervertrag, § 650u Abs. 1 BGB (zur Vertragserfüllungssicherheit → § 650u BGB Rdn. 220 ff.).

E. Fälligkeit mit Abnahme und Schlussrechnung (§ 650g Abs. 4 BGB)

I. Schlussrechnungserfordernis beim Bauträgervertrag

1. Vorbemerkung

63   Nach § 650g Abs. 4 BGB wird bei Bauverträgen für die Fälligkeit der Vergütung neben der Abnahme die Vorlage einer prüfbaren Schlussrechnung vorausgesetzt. Die Vorlage einer prüfbaren Schlussrechnung durch den Unternehmer war beim BGB-Bauvertrag nach früherem Recht zwar keine Fälligkeitsvoraussetzung, aber doch Voraussetzung für die gerichtliche Durchsetzung des Vergütungsanspruchs, weil ihre Vorlage zur schlüssigen Darlegung der Forderung gehört (Schlüssigkeitsvoraussetzung, → § 641 BGB Rdn. 31). Insoweit wird die schon bislang prozessrechtlich geforderte „Prüfbarkeit" nunmehr auch zu einer materiell-rechtlichen Voraussetzung für den Vergütungsanspruch. Das entspricht der Rechtslage beim VOB/B-Vertrag (→ § 641 BGB Rdn. 95).

2. Rechtslage beim Bauträgererwerb nach früherem Recht

64   Für den Bauträgervertrag war nach früherem Recht für die Fälligkeit der Vergütung im Regelfall keine Schlussrechnung nötig. Eine materiell-rechtliche Anforderung ergab sich weder aus den Vorschriften der MaBV noch aus den privatrechtlichen Regelungen der §§ 632 f. BGB. Es gilt insoweit das gleiche wie beim BGB-Bauvertrag. Eine Schlussrechnung war im Falle der gerichtlichen Durchsetzung für die schlüssige Darlegung des Anspruchs ebenfalls nicht erforderlich. Die Höhe der Forderung für den vereinbarten Pauschalfestpreis ergibt sich unmittelbar aus dem Vertrag; eine rechnerische Herleitung ist für die schlüssige Darstellung der Forderung nicht erforderlich (OLG Frankfurt, Urt. v. 27.1.2005 – 12 U 132/04; OLG Koblenz, Urt. v. 5.5.2003 – 12 U 40/02; Basty, Rdn. 540; a. A. Grziwotz/Koeble-Vogel, 4. Teil Rn. 116). Anderes gilt dann, wenn infolge einer nachträglichen Änderung der Gesamtvergütung, was häufig bei der Vereinbarung von geänderten Bauleistungen (Sonderwünschen) der Fall ist, für die schlüssige Darstellung der Forderung nicht einfach auf den Vertrag verwiesen werden kann, weil sich die maßgebliche Forderung aus dem Vertragspreis und der oder den nachträglichen Änderungen (Erhöhungen und Abzügen) ergibt. In diesem Fall sind in der letzten Rechnung zunächst der ursprünglich vereinbarte Preis, die Änderungen des Preises und die geleisteten Abschläge (Raten) aufzuführen und sodann der Restbetrag (Schlusszahlungsforderung) auszuweisen. Auch dann, wenn der Vertrag (teilweise) als Abrechnungsvertrag gestaltet worden ist oder Sonderwünsche auf der Grundlage von Einheitspreisen abzurechnen sind, war bereits nach geltendem Recht eine Schlussrechnung vorzulegen, um die Forderung im prozessrechtlichen Sinne schlüssig zu machen (Basty, Rdn. 540).

3. Übertragung des Schlussrechnungserfordernisses auf den Bauträgervertrag

65   § 650g Abs. 4 BGB ist auf den Bauträgervertrag anzuwenden (§ 650u Abs. 1 Satz 2 BGB); die Vorschrift gehört nicht zu den Vorschriften, die nach § 650u Abs. 2 BGB von der Anwendung ausgeschlossenen sind. Deshalb ist Voraussetzung für die Fälligkeit der Bauträgervergütung die Vorlage einer prüfbaren Schlussrechnung (vgl. § 640 BGB Rdn. 57 ff.). Die gegenteilige Argumentation in der notarrechtlichen Literatur (Basty, MittBayNot 2017, 445, 448; DNotI-Report 2018, 65 ff.; Weber, notar 2017, 379, 388; a. A. und wie hier Karczewski, NZBau 2018, 328, 332; Weise, NJW-Spezial 2018, 44) ignoriert den Gesetzeswortlaut sowie den Willen des Gesetzgebers, der nämlich ausdrücklich begründet hat (BT-Drs. 18/8486, 71 f.), warum und welche bauvertraglichen Normen auf den Bauträgervertrag unanwendbar sein sollen. Ob das Schlussrechnungserfordernis formularmäßig abbedungen werden kann (so Esbjörnsson, notar 2019, 91, 92), ist zweifelhaft.

4. Inhalt der Schlussrechnung beim Bauträgervertrag

66   Der gesetzliche Verweis in § 650v Abs. 1 BGB auf das Schlussrechnungserfordernis des § 650g Abs. 4 BGB bedeutet, dass auch die Vergütung des Bauträgers erst mit Vorlage der Schluss-

rechnung fällig wird. Unberührt davon bleibt die Möglichkeit, nach §650v BGB Abschlagszahlungen zu vereinbaren.

Die Schlussrechnung hat auch beim Bauträgervertrag zum Zwecke ihrer Prüfbarkeit die übersichtliche Aufstellung der Leistungen zu enthalten, die für den Erwerber nachvollziehbar sein muss (§ 650g Abs. 4 Satz 2 BGB). Im Normalfall handelt es sich bei der Bauträgervergütung um einen Pauschalpreis. Eine rechnerische Herleitung der Gesamtvergütung erübrigt sich; das ist hier nicht anders als bei einem gewöhnlichen Bauvertrag mit Pauschalvergütung (OLG Düsseldorf, Urt. v. 11.4.2013 – 5 U 127/12; KG Urt. v. 14.6.2013 – 7 U 124/12). Darzustellen sind die vereinbarte Gesamtvergütung (Pauschalfestpreis) und die auf die Gesamtvergütung bereits geleisteten Zahlungen (Abschläge bzw. Raten). Daraus leitet sich sodann der Schlussrechnungsbetrag in Höhe der letzten Zahlung ab. Sofern Sonderwünsche, also nachträgliche Änderungen von Leistung und Vergütung vereinbart worden sind, sind sie in der Schlussrechnung nachvollziehbar darzustellen. Aus der ursprünglich vereinbarten Pauschale und den Preisänderungen infolge der Sonderwunschvereinbarung(en), ergibt sich der neue Gesamtpreis. Von ihm sind wiederum die geleisteten Zahlungen in Abzug zu bringen, um die Schlussrechnungsforderung darzustellen. Soweit nach dem Vertrag Leistungen auf der Grundlage eines Einheitspreises abzurechnen sind, ist auch diese Abrechnung für die in Betracht kommenden Positionen in der Schlussrechnung vorzunehmen und u. U. Leistungsnachweise vorzulegen (z. B. Aufmaß o. Ä.). Das kann z. B. für den erst nach endgültiger Vermessung zu berechnende Grundstückspreis gelten oder für Einzelpositionen, die nach tatsächlich ausgeführter Menge abgerechnet werden sollen. 67

5. Verhältnis zu §3 MaBV

Neben der Schlussrechnung müssen für die Fälligkeit der letzten Zahlung die Voraussetzungen des §3 MaBV vorliegen. Für die Fälligkeit der letzten Rate nach §3 Abs. 2 MaBV muss der Vertragsgegenstand vollständig fertiggestellt sein. Dazu müssen die geschuldeten Außenanlagen einschließlich Wege und Zäune sowie etwaige Restarbeiten der übrigen Gewerke abgeschlossen sein. Außerdem muss die Leistung frei von wesentlichen Mängeln sein, denn nur dann kann von einer fertiggestellten und funktionstauglichen Leistung gesprochen werden (Pause, Rdn. 334). 68

Das Erfordernis der Schlussrechnung tritt neben den von §3 Abs. 2 Satz 2 MaBV vorausgesetzten Baufortschritt. Die letzte Rate (Fertigstellungsrate) i. S. d. §3 Abs. 2 Satz 2 MaBV wird damit zugleich zur Schlusszahlung. Wegen der strikten Beschränkung des Zahlungsplans auf höchstens sieben Zahlungen kann eine weitere Zahlung (zusätzlich) nicht als Schlusszahlung festgelegt werden; ein solcher Zahlungsplan wäre unwirksam (§ 12 MaBV i. V. m. § 134 BGB). 69

6. Auswirkung auf die Verjährung der Vergütung

Jede der Abschlagszahlungen nach dem Zahlungsplan des §3 Abs. 2 MaBV unterliegt der selbständigen Verjährung (Pause, Rdn. 396). Da die Vorlage einer Schlussrechnung regelmäßig nicht erforderlich war (vgl. OLG Frankfurt, Urt. v. 27.1.2005 – 12 U 132/04), sind etwaige offene Teilbeträge aus vorangegangenen Abschlagsrechnungen auch nicht in eine Schlussrechnung aufgegangen und als Bestandteil dieser – wie etwa beim Architektenvertrag (BGH, Urt. v. 5.11.1998 – VII ZR 191/97) – (neuerlich) fällig geworden (Pause, Rdn. 396; Vogel, NZM 2017, 681, 685). Sie konnten deshalb unabhängig von den später gestellten Rechnungen über weitere Abschläge verjähren (OLG Frankfurt, Urt. v. 27.1.2005 – 12 U 132/04). Weil der Bauträger nunmehr die Schlussrechnung vorzulegen hat, in der mindestens die Pauschalvergütung und die bereits geleisteten Zahlungen darzustellen sind, werden etwaige Rückstände aus vorangegangenen Abschlagszahlungen mit der Schlussrechnung (und Abnahme) fällig (BGH, Urt. v. 5.11.1998 – VII ZR 191/97). Diese Fälligkeit ist dann auch für den Beginn der Verjährungsfrist maßgeblich (→ § 631 BGB Rdn. 878). Bei der Ausübung des Zurückbehaltungsrechts nach § 215 BGB kommt es deshalb bei der Beurteilung der Frage, ob sich die Ansprüche auf Zahlung und Übereignung fällig gegenüberstanden, auch nicht auf die Fälligkeit der einzelnen zuvor berechneten Abschlagsrechnung(en), sondern allein auf die Schlussrechnung an (anders noch zum früheren Recht OLG Frankfurt, Urt. v. 27.1.2005 – 12 U 132/04). 70

Über die maßgebliche Verjährungsfrist ist damit allerdings nichts gesagt. Die Frage, ob der Vergütungsanspruch des Bauträgers nach § 195 BGB in drei Jahren oder gem. § 196 BGB in zehn Jahren verjährt, ist durch eine Entscheidung des OLG München (OLG München, Beschl. v. 16.2.2015 – 9 U 3997/14 Bau) in die Diskussion geraten, aber keineswegs geklärt. Das OLG 71

§ 650v

München ist der Auffassung, der Vergütungsanspruch, also auch jede der einzelnen Raten nach § 3 Abs. 2 MaBV unterliegt der Regelverjährung nach § 195 BGB. Das folge daraus, dass beim Bauträgervertrag eine Teilung in einen kaufrechtlichen und einen werkvertraglichen Teil des Vertrages vorzunehmen sei, was auch für die Vergütung gelten müsse. Und so sei für den werkvertraglichen Teil der Vergütung, zu dem die Besitzübergaberate gehört, die kurze Verjährungsfrist des § 195 BGB maßgeblich (OLG München, Beschl. v. 16.2.2015 – 9 U 3997/14 Bau; Blank, Rdn. 6; Kniffka/Koeble/Jurgeleit/Sacher, 10. Teil, Rdn. 669; Ott NZBau 2003, 233). Das ist nicht zwingend (vgl. Vogel, NZM 2017, 681, 684): Mit der früheren Rechtsprechung des BGH, (BGH, Urt. v. 12.10.1978 – VII ZR 288/77; Urt. v. 12.7.1979 – VII ZR 159/78) ist eher davon auszugehen, dass es sich bei der Vergütung um einen einheitlichen, nicht teilbaren Entgeltanspruch handelt. Auf diesen einheitlichen Anspruch kann aber nicht wie früher (vor der der Schuldrechtsreform) die kurze Verjährungsfrist für werkvertragliche Leistungen (damals noch § 196 Abs. 1 Nr. 1 BGB a. F.) angewendet werden, weil dem Umstand Rechnung getragen werden muss, dass für den Vergütungsanspruch bei Grundstückskaufverträgen mit § 196 BGB eine Spezialnorm geschaffen wurde. Aus Gründen der Spezialität kann deshalb nur § 196 BGB einheitlich gelten, da dessen Regelung die Verjährungsfrist für die Vergütung zwingend als Reflex auf die Länge der Frist für den Übereignungsanspruch bestimmt. Der Vergütungsanspruch des Bauträgers verjährt folglich nach § 196 BGB einheitlich in zehn Jahren (LG München I, Beschl. v. 2.11.2016 – 5 O 1618/16; Palandt/Ellenberger, § 196 BGB Rdn. 4; Brambring DNotZ 2001, 904, 905; Basty, Rdn. 234; Hertel DNotZ 2002, 6, 10/22; Kutter in: Beck'sches Notar-Handbuch, 6. Aufl. 2015, Kap. A II Rdn. 61; Pause NZBau 2002, 648, 650; Vogel, NZM 2017, 681, 684; a. A. LG Berlin, Urt. v. 21.9.2021 – 19 O 55/20). Das gilt für die Ansprüche aus den einzelnen Abschlagsrechnungen ebenso wie für die Forderung aus der Schlussrechnung.

II. Abnahme (§§ 641, 650g Abs. 4 BGB)

72 Nach bisherigem Recht wurde die letzte Rate nach § 3 Abs. 2 MaBV auch unabhängig von der Abnahme fällig. Das ergab sich aus dem generellen Verweis in § 632a Abs. 2 BGB auf den Zahlungsplan des § 3 Abs. 2 MaBV, der als Spezialvorschrift so verstanden wurde, dass für die Fälligkeit der Raten nur die sich aus § 3 MaBV ergebenden Voraussetzungen erfüllt sein mussten (Pause, Rdn. 335; Basty, Kap. 5 Rdn. 122; a. A. Blank, Rdn. 272).

73 Wegen des nun in § 650u Abs. 1 Satz 2 BGB enthaltenen ausdrücklichen Verweises auf das Werkvertragsrecht (mit den ebenso klaren und begrenzten Ausnahmen in § 650u Abs. 2 BGB) sind für den Bauträgervertrag ab 1.1.2018 neben den Vorschriften der MaBV zusätzlich nahezu sämtliche Regeln des Werk- und Bauvertragsrechts anzuwenden. Deshalb müssen für die Fälligkeit der Vergütung (Schlusszahlung) auch die §§ 641, 650g Abs. 4 Satz 1 Nr. 1 BGB über die Abnahme beachtet werden (a. A. Basty, Kap. 5 Rdn. 122). Die Vergütung wird deshalb frühestens mit der Abnahme fällig. Daraus folgt, dass bei vereinbarten Abschlagszahlzungen die Abschläge bei Erreichung des vorausgesetzten Baufortschritts, die letzte Zahlung (Schlusszahlung) bei Abnahme fällig werden.

74 Die nach dem Zahlungsplan des § 3 abs. 2 MaBV vorgeschriebenen ersten sechs Raten sind folglich Abschlagszahlungen und bei Erreichung des in § 3 Abs. 2 MaBV beschriebenen Leistungsstands fällig; die letzte, siebte Rate ist dann aber keine Abschlags-, sondern eine Schlusszahlung, die – anders als die Abschläge – für die Fälligkeit die Abnahme nach §§ 641, 650g Abs. 4 Satz 1 Nr. 1 BGB erfordert (und zusätzlich – gewerberechtlich – den in § 3 Abs. 2 MaBV vorausgesetzten Baufortschritt). Wurde nach bisherigem Recht für die Fälligkeit der sog. Fertigstellungsrate i. S. v. § 3 Abs. 2 MaBV (nur) die vollständige Fertigstellung des Bauwerks verlangt, die zwar eine abnahmefähige Leistung, aber eben keine Abnahme voraussetzte (Pause, Rdn. 334), ist nunmehr auch die Abnahme selbst (neben einer prüfbaren Schlussrechnung) weitere Voraussetzung.

Zitatübersicht

	Seite		Seite
EuGH	1245	LG Düsseldorf	1401
		LG Frankfurt/Main	1401
BVerfG	1246	LG Frankfurt/Oder	1401
		LG Hagen	1401
BGH	1246	LG Hamburg	1401
		LG Hannover	1401
RG	1343	LG Hildesheim	1401
		LG Karlsruhe	1401
BAG	1343	LG Kiel	1401
		LG Koblenz	1401
BFH	1343	LG Köln	1402
		LG Krefeld	1402
BayObLG	1344	LG Leipzig	1402
		LG Lüneburg	1402
KG	1344	LG Mainz	1402
		LG Mannheim	1402
OLG Bamberg	1347	LG München I	1402
OLG Brandenburg	1348	LG Nürnberg-Fürth	1402
OLG Braunschweig	1351	LG Osnabrück	1403
OLG Bremen	1352	LG Potsdam	1403
OLG Celle	1352	LG Rottweil	1403
OLG Dresden	1356	LG Saarbrücken	1403
OLG Düsseldorf	1358	LG Schweinfurt	1403
OLG Frankfurt	1367	LG Stralsund	1403
OLG Hamburg	1370	LG Stuttgart	1403
OLG Hamm	1371	LG Tübingen	1403
OLG Jena	1377	LG Weiden/Oberpfalz	1403
OLG Karlsruhe	1378	LG Wiesbaden	1403
OLG Koblenz	1380		
OLG Köln	1382	AG Düsseldorf	1403
OLG München	1386	AG Essen	1404
OLG Naumburg	1390	AG Gengenbach	1404
OLG Nürnberg	1392	AG Hannover	1404
OLG Oldenburg	1393	AG Lingen	1404
OLG Rostock	1394	AG Minden	1404
OLG Saarbrücken	1395	AG München	1404
OLG Schleswig	1395	AG Stadthagen	1404
OLG Stuttgart	1397	AG Tettnang	1404
OLG Zweibrücken	1399		
		OVG Thüringen	1404
LG Aurich	1400		
LG Berlin	1400	FG Berlin-Brandenburg	1404
LG Bielefeld	1400	FG Hamburg	1404
LG Bonn	1400	FG Münster	1404
LG Darmstadt	1400		
LG Detmold	1401	OGH (Österreich)	1404

Die fett gedruckte Zahl in der mittleren Spalte bezeichnet den Paragraphen, die magere die Randnummer

EuGH

| 18.01.2022 | C-261/20 | **650p** 252; **650q** 15 | IBR 2022, 74; NZBau 2022, 103; NJW 2022, 927; MDR 2022, 154 |
| 04.07.2019 | C-377/17 | **650f** 100 | IBR 2019, 436; BauR 2019, 1624; NZBau 2019, 511; ZfBR 2019, 713; NJW 2019, 2529; MDR 2019, 1124 |

Zitatübersicht

04.10.2018	C-571/16	**650q** 15		
16.06.2011	C-65/09	**650** 44, 59	IBR 2011, 400, 401; BauR 2011, 1490; NZBau 2011, 547; NJW 2011, 2269	
17.04.2008	C-404/06	**634** 97; **635** 75	IBR 2008, 317; NJW 2008, 1433; MDR 2008, 733; Slg. 2008, I-2685	
03.04.2008	C-306/06	**641** 75	IBR 2008, 254; NJW 2008, 1935; Slg. 2008, I-1923	
18.11.2004	C-126/03	**631** 192	IBR 2005, 35, 36; BauR 2005, 607 (Ls.); VergabeR 2005, 57; NZBau 2005, 49; ZfBR 2005, 205; Slg. 2004, I-11197	
01.04.2004	C-237/02	**650v** 5	IBR 2004, 252; BauR 2004, 1139; NZBau 2004, 321; NZBau 2005, 488 (Ls.); NJW 2004, 1647; NJW 2005, 2032 (Ls.); MDR 2006, 1150 (Ls.); Slg. 2004, I-3403	
22.11.2001	C-541/99	**650i** 10	NJW 2002, 205; Slg. 2001, I-9049	
19.11.1991	C-6/90	**650q** 15	NJW 1992, 165; NJW 2017, 3059; Slg. 1991, I-5357	

BVerfG

17.06.2020	1 BvR 1380/20	**650d** 48	IBR 2020, 498
20.09.2016	1 BvR 1387/15	**650u** 66	
16.06.2011	1 BvR 2394/10	**650p** 21	IBR 2011, 591; BauR 2011, 1837; NZBau 2011, 563; NJW 2011, 2782; BVerfGK 18, 492
23.11.1999	1 BvF 1/94	**650u** 66	NJW 2000, 413; BVerfGE 101, 239
13.12.1983	2 BvL 13/82	**650f** 20	NJW 1984, 2401; BVerfGE 66, 1
11.06.1980	1 PBvU 1/79	**648a** 38	NJW 1981, 39; MDR 1981, 202; BVerfGE 54, 277

BGH

20.05.2021	VII ZR 14/20	**650d** 25; **650f** 37, 38, 72, 99, 100, 235, 240	IBR 2021, 443; NZBau 2021, 675; NJW 2021, 2438; MDR 2021, 1002, 1049
25.03.2021	VII ZR 94/20	**650f** 7, 10, 47, 48, 51	IBR 2021, 296; NZBau 2021, 376; NJW 2021, 2112; MDR 2021, 740
12.03.2021	V ZR 33/19	**636** 94	IBR 2021, 266; IMR 2021, 209; NZBau 2021, 320; NJW 2021, 1532; MDR 2021, 547
11.02.2021	I ZR 227/19	**650p** 196	IBR 2021, 251; NZBau 2021, 259; NJW-RR 2021, 1288; MDR 2021, 570
17.12.2020	IX ZB 4/18	**650f** 20	NJW-RR 2021, 769; MDR 2021, 389; BGHZ 228, 84
26.11.2020	I ZR 169/19	**650l** 9	IBR 2021, 101; MDR 2021, 152
19.11.2020	VII ZR 193/19	**634a** 92, 94, 187, 190, 191	IBR 2021, 70; MDR 2021, 94
04.11.2020	VII ZR 261/18	**634a** 89; **637** 14	IBR 2021, 52; NZBau 2021, 178
22.10.2020	VII ZR 10/17	**631** 63; **650b** 90; **650c** 47	IBR 2021, 3; NZBau 2021, 24; MDR 2021, 95
08.10.2020	VII ARZ 1/20	**636** 82, 92, 93	IBR 2020, 636, 644; NZBau 2021, 29; MDR 2021, 90
24.09.2020	VII ZR 91/18	**636** 82, 147	IBR 2021, 25; NZBau 2021, 39; NJW-RR 2020, 1471

Zitatübersicht

Datum	Aktenzeichen	§§	Fundstellen
03.07.2020	VII ZR 144/19	**631** 29, 45, 53	IBR **2020, 447**; NZBau 2020, 570; MDR 2020, 1054
17.06.2020	VII ZR 111/19	**634a** 98, 126	IBR **2020, 499**; NZBau 2020, 573; NJW 2020, 3653
28.05.2020	VII ZR 108/19	**634a** 195; **641** 9, 50; **642** 12, 166; **643** 28	IBR **2020, 387**; NZBau 2020, 502; ZfBR 2020, 661; NJW 2020, 2270; MDR 2020, 983
14.05.2020	VII ZR 174/19	**650q** 14	IBR **2020, 352, 353, 410**; NZBau 2020, 447; ZfBR 2020, 652; NJW 2020, 2328; MDR 2020, 851
13.03.2020	V ZR 33/19	**636** 92	IBR **2020, 372**; NZBau 2021, 40; ZfBR 2020, 552; MDR 2020, 718
14.02.2020	V ZR 159/19	**650u** 99	IMR 2020, 242, 244; ZfBR 2020, 550; NJW-RR 2020, 840; MDR 2020, 719
14.02.2020	V ZR 11/18	**650u** 265	IBR **2020, 318**; IMR 2020, 253; NJW 2020, 2104; MDR 2020, 599
30.01.2020	VII ZR 33/19	**642** 12, 14, 65, 74, 75, 76, 79, 85, 100, 104, 116, 117, 118, 134, 137, 138, 139, 140, 144, 148, 179, 180, 183, 189, 191, 192, 217; **650c** 81; **650f** 59	IBR **2020, 229, 230, 231**; NZBau 2020, 362; ZfBR 2020, 483; NJW 2020, 1293; MDR 2020, 557
21.11.2019	VII ZR 10/19	**642** 136, 147; **650c** 66, 179	IBR **2020, 59**; NZBau 2020, 84; ZfBR 2020, 158; NJW 2020, 468; MDR 2020, 90
10.10.2019	VII ZR 1/19	**634a** 45, 243, 266; **648a** 63	IBR **2019, 677**; ZfBR 2019, 43; NJW 2020, 605; MDR 2019, 1496
08.08.2019	VII ZR 34/18	**vor 631** 31, 36; **631** 95, 135; **642** 134, 136; **650b** 237; **650c** 9, 179, 195, 196, 198, 204	IBR **2019, 535, 536**; NZBau 2019, 706; ZfBR 2019, 777; NJW 2020, 337; MDR 2019, 1186
11.07.2019	VII ZR 266/17	**631** 98; **650p** 112; **650q** 94	IBR **2019, 500**; NZBau 2019, 632; ZfBR 2019, 774; NJW 2019, 2997; MDR 2019, 1125
10.07.2019	VII ZR 75/17	**640** 26, 54	IBR **2020, 11**
05.07.2019	V ZR 278/17	**650f** 22	IMR 2020, 65, 66, 67, 68; NJW 2020, 988; MDR 2020, 217
09.05.2019	VII ZR 154/18	**640** 35	IBR **2019, 528**; IBR **2021, 1044**; NZBau 2019, 572; ZfBR 2019, 665; MDR 2019, 1056
20.03.2019	VIII ZR 213/18	**633** 7	IBR **2019, 348**; NJW 2019, 1937; MDR 2019, 597
07.02.2019	VII ZR 274/17	**640** 13, 16, 60, 103; **650s** 45	IBR **2019, 250, 252, 354**; NZBau 2019, 295; ZfBR 2019, 359; NJW 2019, 2169; MDR 2019, 628, 977
06.02.2019	VII ZR 122/18	**640** 52	IBR **2020, 10**
10.01.2019	VII ZR 6/18	**631** 492; **641** 49	IBR **2019, 179**; NZBau 2019, 242; ZfBR 2019, 353; NJW 2019, 1145; MDR 2019, 346

Zitatübersicht

Datum	Az.	Fundstelle	Zitate
10.01.2019	VII ZR 184/17	**634a** 19, 24, 25, 26; **650s** 14	**IBR 2019, 203**; NZBau 2019, 442; ZfBR 2019, 355; NJW 2019, 1593; MDR 2019, 412
05.12.2018	VII ZR 299/16	**641** 83	**IBR 2019, 364, 373**
21.11.2018	VII ZR 267/17	**650s** 11, 19, 52	**IBR 2019, 264, 506**
27.09.2018	VII ZR 45/17	**vor 631** 62; **634** 94, 115; **634a** 231	**IBR 2019, 11, 23, 62**; BauR 2019, 246; NZBau 2019, 235; ZfBR 2019, 136; NJW 2019, 421; MDR 2019, 156
14.09.2018	V ZR 213/17	**650u** 169	IMR 2018, 475; NJW 2018, 3523; MDR 2018, 1308
30.08.2018	VII ZR 243/17	**vor 631** 99; **650** 16; **650i** 18	**IBR 2018, 609, 610, 611**; NZBau 2018, 666; ZfBR 2018, 777; NJW 2018, 3380; MDR 2018, 1484
19.07.2018	VII ZR 19/18	**650** 16	**IBR 2018, 512**; ZfBR 2018, 775; MDR 2018, 1109
17.05.2018	VII ZR 157/17	**631** 492; **641** 49	**IBR 2018, 372**; NZBau 2018, 524; ZfBR 2018, 578; NJW 2018, 2469; MDR 2018, 862
26.04.2018	VII ZR 82/17	**648** 16	**IBR 2018, 371, 380**; NZBau 2018, 461; ZfBR 2018, 561; NJW 2018, 2564; MDR 2018, 734
26.04.2018	VII ZR 81/17	**631** 63; **642** 65	**IBR 2018, 379**; NZBau 2018, 459; ZfBR 2018, 563; NJW 2018, 2561; MDR 2018, 733
25.04.2018	VII ZR 39/16	**650p** 111, 118	**IBR 2018, 632**
22.02.2018	VII ZR 46/17	**633** 16; **634** 18; **636** 74, 82, 85, 86, 89, 91, 92, 94, 95, 139, 140, 141, 142, 146	**IBR 2018, 196, 197, 208, 300**; BauR 2018, 815; NZBau 2018, 201; ZfBR 2018, 352; NJW 2018, 1463; MDR 2018, 465; BGHZ 218, 1
22.02.2018	VII ZR 253/16	**634a** 186	**IBR 2018, 362**; NZBau 2018, 347; ZfBR 2018, 359; NJW 2018, 2056; MDR 2018, 594
09.02.2018	V ZR 274/16	**633** 7, 8	**IBR 2018, 356**; IMR 2018, 257; NJW 2018, 1954; MDR 2018, 663
18.01.2018	I ZR 150/15	**631** 150	NJW 2018, 2412; MDR 2018, 392
14.12.2017	VII ZR 217/15	**635** 16	**IBR 2018, 134**
07.12.2017	VII ZR 101/14	**vor 631** 100; **634a** 33, 34, 35; **650a** 6, 7, 8, 12	**IBR 2018, 133**; ZfBR 2018, 236; MDR 2018, 200
23.11.2017	VII ZR 34/15	**650f** 10, 103, 151, 152	**IBR 2018, 74, 75**; NZBau 2018, 96; ZfBR 2018, 156; NJW 2018, 549; MDR 2018, 84
21.11.2017	X ZR 111/16	**636** 89	NJW 2018, 789; MDR 2018, 262
14.11.2017	VII ZR 65/14	**633** 30, 42, 44, 46, 47, 50; **648a** 82	**IBR 2018, 67, 68**; NZBau 2018, 207; ZfBR 2018, 152; NJW 2018, 391; MDR 2018, 140
09.11.2017	VII ZR 116/15	**634** 17; **650s** 25	**IBR 2018, 79**; NZBau 2018, 143; ZfBR 2018, 148; NJW 2018, 697; MDR 2018, 136
08.11.2017	VII ZR 91/15	**650p** 112	**IBR 2018, 276**

Zitatübersicht

26.10.2017	VII ZR 16/17	**631** 565, 743; **642** 20, 27, 52, 68, 69, 74, 75, 76, 109, 113, 115, 116, 125, 133, 134, 137, 144, 160, 175, 183, 184, 185, 219; **643** 31, 33; **650f** 59	IBR **2017, 664, 665, 666**; BauR 2018, 242; NZBau 2018, 25; ZfBR 2018, 141; NJW 2018, 544; MDR 2018, 85
24.10.2017	XI ZR 600/16	**vor 631** 79; **641** 145	IBR **2018, 76, 77**; NZBau 2018, 145; NJW 2018, 857; MDR 2018, 141
11.10.2017	XII ZR 8/17	**642** 136	IBR **2017, 663**; NZBau 2018, 148; NJW 2018, 296; MDR 2017, 1414
11.10.2017	VII ZR 46/15	**648a** 29, 33; **650r** 21	IBR **2017, 667**; NZBau 2018, 32; ZfBR 2018, 51; MDR 2017, 1419
27.09.2017	VIII ZR 271/16	**633** 7, 8	IBR **2017, 707**; NJW 2018, 146; MDR 2017, 1411
14.09.2017	VII ZR 3/17	**641** 111; **650f** 229	IBR **2017, 618**; NZBau 2017, 655; ZfBR 2017, 783; NJW 2017, 3437; MDR 2017, 1295
14.09.2017	IX ZR 261/15	**648** 2, 10, 163; **648a** 7, 11, 12	IBR **2017, 620**; NZBau 2018, 214; ZfBR 2017, 779; NJW 2017, 3369; MDR 2017, 1326
31.08.2017	VII ZR 5/17	**633** 24, 34	IBR **2017, 613**; NZBau 2017, 718; ZfBR 2018, 47; NJW 2017, 3590; MDR 2017, 1419
24.08.2017	III ZR 558/16	**650u** 30	NJW 2017, 3161; MDR 2017, 1422
25.07.2017	X ZR 71/16	**632a** 140	IBR **2017, 682**; NJW 2017, 3297; MDR 2017, 1231
20.07.2017	VII ZR 259/16	**vor 631** 52; **631** 946	IBR **2017, 481**; NZBau 2018, 29; ZfBR 2017, 672; NJW 2017, 2762; MDR 2017, 1118
01.06.2017	VII ZR 49/16	**631** 859	IBR **2017, 419, 438**; BauR 2017, 1531; NZBau 2017, 559; ZfBR 2017, 668; NJW-RR 2017, 917; MDR 2017, 935
31.05.2017	VII ZR 302/16	**650u** 58	IBR **2018, 264**
20.04.2017	VII ZR 194/13	**631** 20, 564; **642** 24, 26, 27, 31, 50, 52, 55, 155	IBR **2017, 302**; BauR 2017, 1361; NZBau 2017, 596; ZfBR 2017, 461; NJW 2017, 2025; MDR 2017, 698
07.04.2017	V ZR 52/16	**647** 4; **650** 9	IMR 2017, 1117; NJW 2017, 2099; MDR 2017, 758
30.03.2017	VII ZR 269/15	**631** 74; **650f** 23; **650i** 10	IBR **2017, 346**; NZBau 2017, 422; ZfBR 2017, 458; NJW 2017, 2752; MDR 2017, 634
30.03.2017	VII ZR 170/16	**641** 146	IBR **2017, 316**; NZBau 2017, 275; ZfBR 2017, 456; NJW 2017, 1941; MDR 2017, 568
29.03.2017	VII ZR 70/15	**650q** 51	IBR **2017, 543**
29.03.2017	VII ZR 136/16	**650s** 11	IBR **2017, 628**
16.03.2017	VII ZR 35/14	**650p** 5, 6	IBR **2017, 260**; NZBau 2017, 482; ZfBR 2017, 452; NJW 2017, 2344; MDR 2017, 512

Zitatübersicht

Datum	Az.	Fundstellen	Besprechungen
16.03.2017	VII ZR 197/16	**631** 114; **650p** 26	IBR **2017, 246**; NZBau 2017, 350; ZfBR 2017, 453; NJW 2017, 1808; MDR 2017, 564
16.02.2017	VII ZR 242/13	**636** 139, 140; **639** 46; **650p** 217	IBR **2017, 204**; NZBau 2017, 555; ZfBR 2017, 350; NJW 2017, 1669; MDR 2017, 570
25.01.2017	XII ZR 69/16	**631** 632	IBR **2017, 224**; IMR 2017, 142; NJW 2017, 1017; MDR 2017, 386
19.01.2017	VII ZR 301/13	**633** 10, 22; **634** 10, 14, 15; **634a** 8, 336; **641** 9; **648a** 92, 94; **650s** 29, 30	IBR **2017, 186**; NZBau 2017, 216; NJW 2017, 1604; MDR 2017, 328
19.01.2017	VII ZR 235/15	**633** 22; **634** 10, 14, 15; **634a** 336; **641** 9; **650s** 29, 40	IBR **2017, 187, 188**; NZBau 2017, 211; ZfBR 2017, 340; NJW 2017, 1607; MDR 2017, 513
19.01.2017	VII ZR 193/15	**633** 22; **634** 10, 11, 12, 14, 15; **634a** 8, 336; **641** 9; **650s** 29	IBR **2017, 1014**; BauR 2017, 879; MDR 2017, 390
18.01.2017	VII ZR 181/16	**631** 237	IBR **2017, 232**; BauR 2017, 884; ZfBR 2017, 259
05.01.2017	VII ZR 184/14	**631** 455, 456, 472; **640** 103	IBR **2017, 121**
20.12.2016	VI ZR 612/15	**650c** 30, 71, 74	NZBau 2017, 494; ZfBR 2017, 293; NJW-RR 2017, 918; MDR 2017, 397
15.12.2016	IX ZR 58/16	**634a** 98, 108	IBR **2017, 284**; ZfBR 2017, 253; MDR 2017, 199
15.12.2016	IX ZR 117/16	**631** 877	IBR **2017, 63**; NZBau 2017, 144; NJW-RR 2017, 173; MDR 2017, 240
18.11.2016	V ZR 266/14	**631** 859	NJW 2017, 2412; MDR 2017, 265
16.11.2016	VII ZR 314/13	**648** 87	IBR **2017, 25**; BauR 2017, 306; ZfBR 2017, 140; MDR 2017, 146
08.11.2016	VI ZR 200/15	**634a** 277	IBR **2017, 104**; MDR 2017, 149
02.11.2016	VII ZR 30/15	**650t** 59	IBR **2017, 194, 233**
13.10.2016	IX ZR 149/15	**650d** 57	IMR 2017, 49; NZBau 2017, 40; NJW 2017, 1600
06.10.2016	VII ZR 185/13	**633** 88; **650p** 111, 119	IBR **2017, 702**; NZBau 2017, 46; ZfBR 2017, 56; NJW 2017, 386; MDR 2016, 1443
05.10.2016	VIII ZR 222/15	**641** 75	IBR **2017, 102**; IMR 2017, 46; NJW 2017, 1596; MDR 2017, 142
22.09.2016	VII ZR 298/14	**643** 15, 20, 32; **648a** 30	IBR **2016, 688**; NZBau 2017, 35; ZfBR 2017, 51; NJW 2017, 71; MDR 2016, 1444
08.09.2016	VII ZR 168/15	**634a** 221, 225, 333, 362; **650s** 9, 43, 44, 48	IBR **2016, 703, 740, 1130**; NZBau 2016, 759; ZfBR 2017, 47; NJW 2017, 265; MDR 2016, 1377
25.08.2016	VII ZR 193/13	**631** 482, 555; **648** 45; **648a** 10, 67	IBR **2016, 677**; NZBau 2016, 690; ZfBR 2016, 785; NJW-RR 2016, 1357; MDR 2016, 1260
24.08.2016	VII ZR 41/14	**634a** 90; **635** 16, 20; **650g** 45	IBR **2016, 627, 633**; NZBau 2016, 746; NJW-RR 2016, 1423
10.08.2016	VII ZR 280/15	**650p** 119	IBR **2017, 562, 563**
15.07.2016	V ZR 168/15	**650p** 127, 196	MDR 2017, 23

Zitatübersicht

Datum	Az.	Fundstelle	Zitate
14.07.2016	VII ZR 193/14	**634** 115, 197; **642** 29; **650p** 158; **650t** 12, 17	**IBR 2016, 527**; NZBau 2017, 164; ZfBR 2016, 781; NJW 2016, 3022; MDR 2016, 1260
13.07.2016	VIII ZR 49/15	**637** 16	**IBR 2016, 550**; NJW 2016, 3654; MDR 2016, 1075
13.07.2016	VII ZR 305/13	**631** 237	**IBR 2016, 504**
30.06.2016	VII ZR 188/13	**631** 93; **634a** 374; **650u** 123	**IBR 2016, 521**; NZBau 2016, 629; ZfBR 2016, 772; NJW 2016, 3097; NJW-RR 2016, 1143; MDR 2016, 1013
29.06.2016	VII ZR 201/14	**650p** 117	**IBR 2016, 651**
16.06.2016	VII ZR 29/13	**632a** 147; **641** 129, 145; **648a** 10; **650f** 214	**IBR 2016, 454, 455**; NZBau 2016, 556; ZfBR 2016, 676; NJW 2016, 2802; MDR 2016, 1014
15.06.2016	VII ZR 2/14	**650q** 45	**IBR 2016, 589**
02.06.2016	VII ZR 348/13	**vor 631** 97; **631** 4; **634a** 19, 26, 27, 33, 35, 385; **650** 16; **650a** 7, 8, 12, 28	**IBR 2016, 447**; BauR 2016, 1478; NZBau 2016, 558; ZfBR 2016, 673; NJW 2016, 2876; MDR 2016, 878
12.05.2016	VII ZR 171/15	**634a** 221, 374; **640** 6, 49, 54; **650u** 11, 12, 20, 48, 82, 86, 120, 124, 125, 126, 127, 129, 130, 131, 133	**IBR 2016, 398, 399, 456**; IMR 2016, 298, 299; NZBau 2016, 551; ZfBR 2016, 664; NJW 2016, 2878; MDR 2016, 762
22.04.2016	V ZR 23/15	**633** 7, 8	IMR 2016, 478; NJW 2017, 150; MDR 2016, 1258
07.04.2016	VII ZR 56/15	**632a** 149; **634** 17; **641** 129; **648a** 3, 10, 12, 72	**IBR 2016, 342, 346**; ZfBR 2016, 575; NJW 2016, 1945; MDR 2016, 705
06.04.2016	VII ZR 81/14	**650p** 112	**IBR 2016, 403**
31.03.2016	III ZR 70/15	**650t** 44	**IBR 2016, 350**; NZBau 2016, 561; ZfBR 2016, 468; NJW 2016, 2656; MDR 2016, 879
24.03.2016	VII ZR 201/15	**vor 631** 60, 86; **642** 145; **648** 93, 100, 104, 105; **650c** 90; **650g** 79, 82, 83, 84, 85	**IBR 2016, 328, 332**; NZBau 2016, 548; ZfBR 2016, 465; NJW 2016, 2944; MDR 2016, 645
10.03.2016	VII ZR 214/15	**650f** 235	**IBR 2016, 343**; NZBau 2016, 356; ZfBR 2016, 462; NJW-RR 2016, 592; MDR 2016, 514
26.02.2016	V ZR 208/14	**650u** 29	**IBR 2016, 286, 287, 311**; ZfBR 2016, 459; NJW 2016, 2173; MDR 2016, 581
25.02.2016	VII ZR 49/15	**634** 10; **634a** 221, 374; **648** 133; **650u** 11, 72, 126, 130	**IBR 2016, 275, 290**; IMR 2016, 211; BauR 2016, 1013; NZBau 2016, 351; ZfBR 2016, 452; NJW 2016, 1572; MDR 2016, 515
25.02.2016	VII ZR 210/13	**vor 631** 117; **633** 66; **640** 16	**IBR 2016, 274**; NZBau 2016, 488; NJW 2016, 2183; MDR 2016, 646

Zitatübersicht

25.02.2016	VII ZR 156/13	**650u** 11, 48, 79, 81, 85, 88, 94, 130, 258, 261, 264	**IBR 2016, 288, 289**; IMR 2016, 210, 212; NZBau 2016, 353; ZfBR 2016, 455; NJW 2016, 1575; MDR 2016, 706
24.02.2016	VIII ZR 38/15	**vor 631** 98, 100; **634a** 16, 20, 212, 381, 382, 383, 387; **650** 83; **650a** 6, 14	**IBR 2016, 312, 313**; ZfBR 2016, 564; NJW 2016, 2645; MDR 2016, 534
16.02.2016	X ZR 98/14	**632a** 140	
28.01.2016	VII ZR 266/14	**650p** 216; **650q** 24; **650s** 31; **650t** 95	**IBR 2016, 221, 222, 488**; NZBau 2016, 301; ZfBR 2016, 356; NJW 2016, 2032; MDR 2016, 324; BGHZ 208, 372
28.01.2016	I ZR 60/14	**vor 631** 50, 109; **645** 9, 17, 22	**IBR 2016, 325**; NZBau 2016, 283; ZfBR 2016, 360; NJW-RR 2016, 498; MDR 2016, 384
21.01.2016	III ZR 159/15	**650u** 30	NJW 2016, 1324; MDR 2016, 459; BGHZ 208, 302
20.01.2016	VIII ZR 26/15	**631** 376	**IBR 2016, 244**; NJW 2016, 1230; MDR 2016, 314
15.01.2016	V ZR 278/14	**650u** 39	NJW-RR 2016, 692; MDR 2016, 455
14.01.2016	VII ZR 271/14	**636** 79	**IBR 2016, 152**; BauR 2016, 852; NZBau 2016, 304; ZfBR 2016, 257; NJW 2016, 1089; MDR 2016, 325
17.12.2015	IX ZR 287/14	**631** 868; **650f** 230	**IBR 2016, 347**; NJW 2016, 1012; MDR 2016, 1293; BGHZ 208, 243
11.12.2015	V ZR 80/15	**650u** 99	IMR 2016, 114; ZfBR 2016, 253; NJW-RR 2016, 461; MDR 2016, 264
04.12.2015	V ZR 142/14	**631** 211; **650u** 38	IMR 2016, 251; MDR 2016, 315
02.12.2015	VII ZR 50/15	**650p** 65	**IBR 2016, 225, 226**
19.11.2015	VII ZR 151/13	**650q** 56	**IBR 2016, 18**; NZBau 2016, 107; ZfBR 2016, 145; NJW-RR 2016, 213; MDR 2016, 81
06.11.2015	V ZR 78/14	**631** 163, 165; **650u** 26, 49, 50, 210, 252	IMR 2016, 120, 121; NJW 2016, 1815; MDR 2016, 323; BGHZ 207, 349
05.11.2015	VII ZR 43/15	**631** 397, 398; **640** 54, 99	**IBR 2016, 74, 75, 78**; NZBau 2016, 93; ZfBR 2016, 137; NJW 2016, 634; MDR 2016, 151; BGHZ 207, 296
05.11.2015	VII ZR 144/14	**634a** 197, 198, 199; **641** 62	**IBR 2016, 4**; NZBau 2016, 28; ZfBR 2016, 140; NJW 2016, 52; MDR 2016, 18
05.11.2015	III ZR 41/15	**650c** 23, 48	MDR 2016, 142; BGHZ 207, 316
04.11.2015	VII ZR 282/14	**631** 946	**IBR 2016, 3**; NZBau 2016, 96; NJW-RR 2016, 29
30.07.2015	VII ZR 70/14	**633** 13, 16	**IBR 2015, 539, 644**; BauR 2015, 1842; MDR 2015, 1359
30.07.2015	VII ZR 244/14	**650p** 11	**IBR 2015, 608**
24.07.2015	V ZR 275/14	**650u** 99	IMR 2015, 412; BauR 2015, 1834; NJW 2015, 2877; MDR 2015, 1171; BGHZ 206, 281
24.07.2015	V ZR 167/14	**650u** 62, 63, 85, 88, 262, 264, 265	**IBR 2015, 576**; IMR 2015, 421; BauR 2015, 1837; NJW 2015, 2874; MDR 2015, 1055

Zitatübersicht

16.07.2015	III ZR 238/14	**634a** 125, 127	BauR 2015, 1874; NJW 2015, 3162; MDR 2015, 969
10.07.2015	V ZR 169/14	**650u** 103	IMR 2015, 414, 415, 429; NJW 2016, 53; MDR 2015, 1057
09.07.2015	VII ZR 5/15	**634a** 304; **641** 147	**IBR 2015, 485**; BauR 2015, 1652; NJW 2015, 2961; MDR 2015, 1060; BGHZ 206, 203
01.07.2015	VIII ZR 226/14	**636** 1	**IBR 2015, 516, 525**; NJW 2015, 3455; MDR 2015, 1199
25.06.2015	VII ZR 220/14	**633** 11, 58, 91; **634a** 63, 212	**IBR 2015, 478, 526**; BauR 2015, 1664; MDR 2015, 999
25.06.2015	III ZR 292/14	**631** 154	IMR 2015, 376; BauR 2015, 1657; NJW 2015, 2646; MDR 2015, 1003; BGHZ 206, 112
23.06.2015	XI ZR 536/14	**634a** 125	**IBR 2016, 62**; BauR 2015, 1661; NJW 2015, 3160; MDR 2015, 969
11.06.2015	VII ZR 216/14	**631** 113; **635** 3; **650b** 296	**IBR 2015, 405**; BauR 2015, 1655; NJW 2015, 2406; MDR 2015, 823; BGHZ 206, 69
21.05.2015	VII ZR 190/14	**650p** 106, 118, 119, 128	**IBR 2015, 433**; BauR 2015, 1515; NZBau 2015, 477; MDR 2015, 824
07.05.2015	VII ZR 155/15	**631** 224	**IBR 2015, 655**
07.05.2015	VII ZR 145/12	**632a** 118	**IBR 2015, 527**; BauR 2015, 1517; NZBau 2015, 416; NJW 2015, 2812; MDR 2015, 909
07.05.2015	VII ZR 104/14	**634a** 141, 142, 144, 145, 277	**IBR 2015, 400**; BauR 2015, 1360; MDR 2015, 667
30.04.2015	IX ZR 301/13	**650e** 12	NJW-RR 2015, 850; MDR 2015, 798
29.04.2015	VIII ZR 104/14	**634** 12; **650u** 258	**IBR 2015, 454**; NJW 2015, 2244; MDR 2015, 645
23.04.2015	VII ZR 163/14	**631** 66	**IBR 2015, 401**; BauR 2015, 1325, 1352
23.04.2015	VII ZR 131/13	**633** 25; **650p** 16, 51, 52, 53, 54, 61; **650r** 3	**IBR 2015, 367**; BauR 2015, 1352; NZBau 2015, 429; MDR 2015, 643; BGHZ 205, 107
21.04.2015	XI ZR 200/14	**634a** 296; **641** 147	**IBR 2015, 423**; BauR 2015, 1485; NJW 2015, 2571; MDR 2015, 781; BGHZ 205, 83
26.03.2015	VII ZR 92/14	**641** 146; **650f** 227	**IBR 2015, 307, 308**; BauR 2015, 1154; NZBau 2015, 359; ZfBR 2015, 473; NJW 2015, 1952; MDR 2015, 582; BGHZ 204, 346
26.03.2015	VII ZR 347/12	**634a** 123, 166	**IBR 2015, 328**; BauR 2015, 1161; NZBau 2015, 363; ZfBR 2015, 471; NJW 2015, 1588; MDR 2015, 496
25.03.2015	VIII ZR 243/13	**634a** 126, 127; **650f** 22; **650i** 11	IMR 2015, 236; NJW 2015, 3228; MDR 2015, 575; BGHZ 204, 325
18.03.2015	VIII ZR 176/14	**637** 16	**IBR 2015, 330**; NJW 2015, 2564; MDR 2015, 576
12.03.2015	VII ZR 173/13	**634** 115; **650t** 42	**IBR 2015, 369**; BauR 2015, 1202; NZBau 2015, 368; ZfBR 2015, 464; NJW 2015, 1685; MDR 2015, 534
11.03.2015	VII ZR 270/14	**636** 85	**IBR 2015, 299**; BauR 2015, 1321; NZBau 2015, 419; NJW 2015, 1875

Zitatübersicht

27.02.2015	V ZR 73/14	**633** 54		IMR 2015, 237; BauR 2015, 1163; ZfBR 2015, 462; NJW 2015, 1442; MDR 2015, 499
19.02.2015	VII ZR 60/13	**650s** 47		**IBR 2015, 551**
18.02.2015	XII ZR 199/13	**648a** 61, 98		**IBR 2015, 283, 288**; NJW-RR 2015, 690; MDR 2015, 651
04.02.2015	VIII ZR 26/14	**639** 14		**IBR 2015, 282**; NJW-RR 2015, 738; MDR 2015, 389
22.01.2015	VII ZR 353/12	**650c** 210, 215		**IBR 2015, 113**; BauR 2015, 818; NZBau 2015, 229; ZfBR 2015, 257; NJW-RR 2015, 398; MDR 2015, 270
22.01.2015	VII ZR 120/14	**641** 146		**IBR 2015, 133**; BauR 2015, 832; NZBau 2015, 223; ZfBR 2015, 260; NJW 2015, 856; MDR 2015, 270
08.01.2015	VII ZR 6/14	**631** 552; **632a** 9, 10, 94; **648** 31, 81, 83, 90, 98, 107; **650d** 29		**IBR 2015, 200, 201**; BauR 2015, 660; NZBau 2015, 226; ZfBR 2015, 254; NJW-RR 2015, 469; MDR 2015, 325
08.01.2015	IX ZR 300/13	**636** 8		IMR 2015, 245; NJW-RR 2015, 565; MDR 2015, 363
18.12.2014	VII ZR 350/13	**650p** 29; **650q** 6; **650s** 47		**IBR 2015, 144**; BauR 2015, 689; NZBau 2015, 170; ZfBR 2015, 251; NJW 2015, 616; MDR 2015, 206; BGHZ 204, 19
18.12.2014	VII ZR 139/13	**650e** 15		**IBR 2015, 134**; BauR 2015, 659; NZBau 2015, 152; ZfBR 2015, 248; NJW 2015, 552; MDR 2015, 206
18.12.2014	VII ZR 102/14	**634a** 149		**IBR 2015, 174**; BauR 2015, 705; NZBau 2015, 283; ZfBR 2015, 249; NJW 2015, 559; MDR 2015, 350; BGHZ 204, 12
09.12.2014	VI ZR 138/14	**632** 45, 47		NJW 2015, 1298; MDR 2015, 335
20.11.2014	IX ZR 13/14	**631** 868		BauR 2015, 483; NJW-RR 2015, 302; MDR 2015, 180
19.11.2014	VIII ZR 79/14	**632a** 9		NJW 2015, 873; MDR 2015, 352
14.11.2014	V ZR 118/13	**650u** 49, 79		IMR 2015, 158; BauR 2015, 822; NJW 2015, 2027; MDR 2015, 452
11.11.2014	X ZR 32/14	**631** 25, 38, 578, 579, 580		**IBR 2015, 84**; BauR 2015, 479; NZBau 2015, 248; NJW 2015, 1513; MDR 2015, 111
07.11.2014	V ZR 309/12	**641** 89		**IBR 2015, 198**; BauR 2015, 825; NJW 2015, 1007; MDR 2015, 418
16.10.2014	VII ZR 176/12	**648** 55, 57		**IBR 2014, 728**; BauR 2015, 109; NZBau 2015, 27; ZfBR 2015, 52; NJW 2014, 3778; MDR 2014, 1439
16.10.2014	VII ZR 152/12	**634** 115, 117; **650t** 15, 53		**IBR 2014, 740**; **IBR 2015, 14**; BauR 2015, 523; NZBau 2014, 776; ZfBR 2015, 53; NJW 2014, 3645; MDR 2014, 1438
01.10.2014	VII ZR 344/13	**631** 91		**IBR 2014, 717**; BauR 2015, 111; NZBau 2014, 757; ZfBR 2015, 48; NJW 2015, 49; MDR 2014, 1440; BGHZ 202, 309
01.10.2014	VII ZR 164/12	**641** 146		**IBR 2014, 735**; BauR 2015, 114; NZBau 2014, 759; ZfBR 2015, 45; NJW 2014, 3642; MDR 2015, 21
17.09.2014	VIII ZR 258/13	**631** 624		**IBR 2015, 42**; NJW 2014, 3508

Zitatübersicht

Datum	Aktenzeichen	Seite	Fundstellen
17.07.2014	IX ZR 240/13	**631** 868	IBR 2014, 606; BauR 2014, 1945; ZfBR 2014, 681; NJW 2014, 2956; MDR 2014, 1174
10.07.2014	VII ZR 55/13	**633** 42; **650p** 100	IBR 2014, 552, 553; BauR 2014, 1801; NZBau 2014, 568; ZfBR 2014, 679; NJW 2014, 3511; MDR 2014, 1020
10.07.2014	VII ZR 322/13	**640** 26	IBR 2014, 595
09.07.2014	VII ZR 161/13	**631** 119, 221, 284, 288; **634a** 176	IBR 2014, 538; BauR 2014, 1775; NZBau 2014, 621; NJW 2014, 3368
04.07.2014	V ZR 183/13	**634a** 249; **650u** 103	IMR 2014, 427; NJW 2014, 2861; MDR 2014, 1134
27.06.2014	V ZR 55/13	**650u** 37	IMR 2014, 482; NJW 2014, 3296; MDR 2014, 1073
26.06.2014	VII ZR 289/12	**631** 817	IBR 2014, 543; BauR 2014, 1773; NZBau 2014, 555; ZfBR 2014, 676; NJW-RR 2014, 1172; MDR 2014, 1021
26.06.2014	VII ZR 247/13	**641** 48	IBR 2014, 578; NJW-RR 2014, 1520; MDR 2014, 1064
17.06.2014	VI ZR 281/13	**634** 102	IBR 2014, 1334; NJW 2014, 2493; MDR 2014, 957
05.06.2014	VII ZR 285/12	**631** 893, 895; **634a** 98; **648** 28	IBR 2014, 470; BauR 2014, 1771; ZfBR 2014, 670; NJW 2014, 2716; NJW-RR 2014, 981; MDR 2014, 891
05.06.2014	VII ZR 276/13	**640** 3, 54	IBR 2014, 484, 550; ZfBR 2014, 674; NJW-RR 2014, 1204; MDR 2014, 1131
28.05.2014	VIII ZR 94/13	**636** 12	IBR 2014, 696; NJW 2014, 3229; MDR 2014, 883; BGHZ 201, 290
23.05.2014	V ZR 208/12	**631** 145	ZfBR 2014, 667; NJW 2014, 3439; MDR 2014, 954
20.05.2014	VII ZR 286/13	**640** 41	IBR 2014, 596, 601
14.05.2014	VIII ZR 114/13	**631** 547	NJW 2014, 2708; MDR 2014, 885; BGHZ 201, 230
14.05.2014	VII ZR 334/12	**631** 30, 46, 48	IBR 2014, 391; BauR 2014, 1303; NZBau 2014, 494; ZfBR 2014, 563; NJW 2014, 2100; MDR 2014, 763
08.05.2014	VII ZR 203/11	**631** 119, 221, 284, 286, 288; **633** 32, 61, 91, 96, 109; **634** 31; **635** 43, 45; **642** 70; **650p** 64, 65, 118; **650t** 31	IBR 2014, 405; BauR 2014, 1291; NZBau 2014, 492; ZfBR 2014, 560; NJW 2014, 3365; MDR 2014, 891; BGHZ 201, 148
08.05.2014	VII ZR 199/13	**631** 315	IBR 2014, 404, 583; BauR 2014, 1300; NZBau 2014, 556; ZfBR 2014, 558; NJW-RR 2014, 979; MDR 2014, 769
08.05.2014	VII ZR 159/12	**631** 18	IBR 2015, 235, 237
06.05.2014	II ZR 217/13	**634a** 122	IBR 2014, 582; BauR 2014, 1971; NJW 2014, 3298; MDR 2014, 1104
24.04.2014	VII ZR 164/13	**650p** 111	IBR 2014, 352, 353; BauR 2014, 1332; NZBau 2014, 501; ZfBR 2014, 474; NJW 2014, 2354; MDR 2014, 649; BGHZ 201, 32

Zitatübersicht

10.04.2014	VII ZR 254/13	**633** 90		IBR **2014, 473**; NZBau 2014, 496; ZfBR 2014, 554; NJW-RR 2014, 1115; MDR 2014, 899
10.04.2014	VII ZR 241/13	**631** 113; **650b** 296; **650p** 26; **650t** 76		IBR **2014, 327**; BauR 2014, 1141; NZBau 2014, 425; ZfBR 2014, 470; NJW 2014, 1805; MDR 2014, 650; BGHZ 201, 1
10.04.2014	VII ZR 144/12	**vor 631** 35; **631** 15, 815, 823, 840, 844; **633** 102		IBR **2014, 328**; BauR 2014, 1150; NZBau 2014, 427; NJW-RR 2014, 714
10.04.2014	VII ZR 124/13	**648** 59		IBR **2014, 329**; BauR 2014, 1152; NZBau 2014, 351; ZfBR 2014, 473; NJW 2014, 1804; MDR 2014, 770
04.04.2014	V ZR 275/12	**650** 102		IBR **2014, 506, 507, 516, 634, 635**; IMR 2014, 349; BauR 2014, 1938; NJW 2015, 468; MDR 2014, 825; BGHZ 200, 350
02.04.2014	VIII ZR 46/13	**vor 631** 16, 95; **634a** 32; **650** 15, 22, 27, 44, 61, 77		IBR **2014, 438, 508, 1064**; BauR 2014, 1295; NZBau 2014, 623; NJW 2014, 2183; MDR 2014, 702; BGHZ 200, 337
20.03.2014	VII ZR 248/13	**vor 631** 49, 54, 58; **631** 72, 77, 79, 94; **632a** 149, 150		IBR **2014, 325, 346**; BauR 2014, 1145; NZBau 2014, 348; NJW 2014, 1725; MDR 2014, 584; BGHZ 200, 326
20.03.2014	VII ZR 225/12	**640** 54		IBR **2014, 338, 452, 1107**; IMR 2014, 256
20.03.2014	IX ZR 80/13	**650e** 12		NJW-RR 2014, 935; MDR 2014, 803
06.03.2014	VII ZR 349/12	**648** 69; **650d** 25; **650e** 30; **650f** 4, 6, 18, 33, 35, 54, 55, 63, 70, 72, 73, 76, 77, 99, 194, 237, 238		IBR **2014, 344, 345**; BauR 2014, 992; NZBau 2014, 343; NJW 2014, 2186; MDR 2014, 586; BGHZ 200, 274
06.03.2014	VII ZR 266/13	**650u** 79, 91		IBR **2014, 274**; IMR 2014, 217; BauR 2014, 997; NZBau 2014, 346; NJW 2014, 1377; MDR 2014, 519; BGHZ 200, 263
21.02.2014	V ZR 176/12	**633** 49		NJW 2014, 2177
20.02.2014	VII ZR 26/12	**640** 54; **650s** 7, 10, 48, 52		IBR **2014, 216**; BauR 2014, 1023; ZfBR 2014, 362; MDR 2014, 458
20.02.2014	VII ZR 172/13	**631** 315; **636** 59, 60, 61, 62, 64, 65		IBR **2014, 275**; IMR 2014, 216; BauR 2014, 989; NZBau 2014, 280; ZfBR 2014, 365; NJW 2014, 1374; MDR 2014, 521; BGHZ 200, 203
11.02.2014	VI ZR 225/13	**650c** 30		NJW-Spezial 2014, 169; NJW 2014, 1947; MDR 2014, 401
06.02.2014	VII ZR 160/12	**633** 89; **640** 21		IBR **2014, 261, 314**; NZBau 2014, 221; NJW-RR 2014, 456
24.01.2014	V ZR 249/12	**650u** 39		IMR 2014, 218; NJW 2014, 1652; MDR 2014, 456
23.01.2014	VII ZR 177/13	**634a** 263		IBR **2014, 217**; BauR 2014, 839; NZBau 2014, 237; ZfBR 2014, 356; NJW 2014, 1230; MDR 2014, 449
23.01.2014	VII ZB 49/13	**650g** 65, 72		IBR **2014, 246**; BauR 2014, 873; NZBau 2014, 224; ZfBR 2014, 355; NJW 2014, 1306; MDR 2014, 337

Zitatübersicht

17.01.2014	V ZR 5/12	**631** 41; **650u** 29	**IBR 2014, 212**; NZBau 2014, 357; NJW 2014, 857; MDR 2014, 338
19.12.2013	IX ZR 120/11	**631** 894; **634a** 98	**IBR 2014, 1381**; BauR 2014, 699; MDR 2014, 202
06.12.2013	V ZR 85/13	**650u** 100	IMR 2014, 164; MDR 2014, 399
27.11.2013	VII ZR 371/12	**631** 107, 370	**IBR 2014, 70, 1194**; BauR 2014, 550; NZBau 2014, 100; ZfBR 2014, 235; NJW 2014, 456; MDR 2014, 147
21.11.2013	VII ZR 48/12	**631** 908	**IBR 2014, 1185, 1187**; BauR 2014, 578; NZBau 2014, 102; ZfBR 2014, 145; NJW 2014, 394; MDR 2014, 241
21.11.2013	VII ZR 275/12	**631** 219, 222, 826; **633** 11, 27, 31, 41, 58, 75; **650j** 25; **650k** 9; **650p** 65; **650u** 53, 202, 209	**IBR 2014, 73, 74**; BauR 2014, 547; NZBau 2014, 160; ZfBR 2014, 143; NJW 2014, 620; MDR 2014, 210
07.11.2013	VII ZR 167/11	**631** 107; **650v** 14	**IBR 2014, 149**; BauR 2014, 262; NZBau 2014, 218; ZfBR 2014, 246; NJW 2014, 1728; MDR 2014, 210; BGHZ 199, 19
06.11.2013	KZR 61/11	**631** 714	
30.10.2013	VII ZR 339/12	**634a** 68	NZBau 2014, 31
16.10.2013	VIII ZR 273/12	**635** 52	**IBR 2014, 177**; MDR 2014, 26
15.10.2013	VI ZR 124/12	**631** 343	NJW 2014, 1380; MDR 2014, 88
10.10.2013	VII ZR 269/12	**650v** 40	**IBR 2014, 48**; BauR 2014, 141
10.10.2013	VII ZR 19/12	**vor 631** 68; **631** 105; **634a** 224, 225, 333, 350; **650s** 9, 43, 48	**IBR 2013, 751, 752**; BauR 2014, 127; NZBau 2014, 47; ZfBR 2014, 50; MDR 2013, 1453
10.10.2013	VII ZR 155/11	**634a** 126, 128, 130	**IBR 2013, 786**; BauR 2014, 104; NZBau 2013, 758; ZfBR 2014, 48; NJW 2013, 3509; MDR 2013, 1421
09.10.2013	VIII ZR 318/12	**vor 631** 95; **631** 4; **634a** 385; **650** 16	**IBR 2014, 110**; NZBau 2014, 558; ZfBR 2014, 137; NJW 2014, 845; MDR 2014, 74
01.10.2013	VI ZR 409/12	**633** 90; **634** 105	**IBR 2014, 87**; BauR 2014, 694; NZBau 2014, 162; ZfBR 2014, 241; NJW-RR 2014, 270; MDR 2014, 155
27.09.2013	V ZR 52/12	**631** 41; **650u** 29	**IBR 2014, 24**; NZBau 2014, 282; ZfBR 2014, 130, 254; NJW 2014, 854; MDR 2014, 148
26.09.2013	VII ZR 220/12	**634a** 331; **640** 54; **650s** 9, 10, 12, 20, 52	**IBR 2013, 749, 750**; BauR 2013, 2031; NZBau 2013, 779; ZfBR 2014, 42; NJW 2013, 3513; MDR 2013, 1394
26.09.2013	VII ZR 2/13	**631** 497, 512, 514, 518	**IBR 2013, 725**; BauR 2014, 99; NZBau 2013, 760; ZfBR 2014, 44; NJW 2014, 55; MDR 2013, 1453
12.09.2013	VII ZR 308/12	**650u** 123	**IBR 2013, 686**; IMR 2013, 471; ZfBR 2014, 39; NJW 2013, 3360; MDR 2013, 1336
12.09.2013	VII ZR 227/11	**631** 19, 220, 815, 817, 840; **633** 102, 103	**IBR 2013, 663, 664**; NZBau 2013, 695; ZfBR 2014, 37; NJW 2013, 3511; MDR 2013, 1395

Zitatübersicht

01.08.2013	VII ZR 75/11	**633** 16, 91; **634** 77, 78, 79, 81; **636** 85; **641** 21, 23	IBR **2013, 610**; BauR 2013, 1855; NZBau 2013, 693; ZfBR 2013, 775; NJW 2013, 3297; MDR 2013, 1274; BGHZ 198, 150
01.08.2013	VII ZR 6/13	**631** 112; **635** 3; **650p** 26	IBR **2013, 609**; BauR 2013, 1852; NZBau 2013, 627; ZfBR 2013, 778; NJW 2013, 3167; NJW 2017, 3093; MDR 2013, 1216; BGHZ 198, 141
31.07.2013	VII ZR 59/12	**650t** 28	IBR **2013, 624**; NZBau 2013, 632; NJW 2013, 3180
18.07.2013	VII ZR 231/11	**635** 47	IBR **2013, 528**; BauR 2013, 1729
04.07.2013	VII ZR 249/12	**vor 631** 54, 58; **631** 94; **639** 28	IBR **2013, 575, 1256**; NJW 2013, 2502; MDR 2013, 956; BGHZ 198, 23
20.06.2013	VII ZR 82/12	**631** 352	IBR **2013, 462**; BauR 2013, 1673; NZBau 2013, 567; ZfBR 2013, 659; NJW 2013, 2583; MDR 2013, 957
20.06.2013	VII ZR 71/11	**650u** 104, 107	IBR **2013, 583**; NZBau 2013, 629; ZfBR 2013, 660; NJW-RR 2013, 1169; MDR 2013, 1155
20.06.2013	VII ZR 4/12	**634** 103; **650p** 99	IBR **2013, 544, 545, 546**; BauR 2013, 1472; NZBau 2013, 515; ZfBR 2013, 662; NJW 2013, 3442; MDR 2013, 1158
20.06.2013	VII ZR 103/12	**631** 838	IBR **2013, 582**; BauR 2013, 1718; NZBau 2013, 565; ZfBR 2013, 666; NJW-RR 2014, 23; MDR 2013, 1116
19.06.2013	IV ZR 228/12	**650c** 29	NJW-RR 2013, 1252; MDR 2013, 1036
06.06.2013	VII ZR 361/12	**650t** 54	IBR **2013, 614, 680**
06.06.2013	VII ZR 355/12	**633** 22; **634** 10; **646** 1	IBR **2013, 646**; ZfBR 2013, 657; NJW 2013, 3022; MDR 2013, 960
06.06.2013	VII ZR 116/11	**631** 211	IBR **2013, 505**
24.05.2013	V ZR 182/12	**633** 35, 39, 55	IMR 2013, 332; NZBau 2013, 697; ZfBR 2013, 561; NJW 2013, 2271; MDR 2013, 961
16.05.2013	VII ZR 63/11	**634a** 107, 309	IBR **2013, 466**; NZBau 2013, 491; NJW-RR 2013, 969
15.05.2013	VII ZR 257/11	**634** 104, 197; **642** 29; **650p** 131, 145, 158; **650t** 33	IBR **2013, 474, 475, 476**; BauR 2013, 1468; NZBau 2013, 519; ZfBR 2013, 654; NJW 2013, 2268; MDR 2013, 902; BGHZ 197, 252
08.05.2013	IV ZR 84/12	**631** 103	NJW 2013, 2739; MDR 2013, 787
29.04.2013	VII ZR 32/11	**650p** 10	IBR **2013, 688**
16.04.2013	VIII ZR 375/11	**vor 631** 16; **631** 4; **650** 16, 18, 29	IBR **2013, 593**
11.04.2013	VII ZR 201/12	**vor 631** 102; **631** 938; **642** 136	IBR **2013, 338, 339**; NZBau 2013, 431; ZfBR 2013, 468; NJW 2013, 1670; MDR 2013, 704
21.03.2013	VII ZR 58/12	**648** 50; **650g** 38	IBR **2013, 386**; BauR 2013, 1146; NZBau 2013, 433; NJW-RR 2013, 655
21.03.2013	VII ZR 230/11	**650p** 61, 104, 108, 112; **650q** 33	IBR **2013, 284**; BauR 2013, 1143; NZBau 2013, 386; NJW 2013, 1593; MDR 2013, 583; BGHZ 197, 93
21.03.2013	VII ZR 122/11	**vor 631** 35; **631** 19, 445, 816; **633** 107	IBR **2013, 328**; NZBau 2013, 428; NJW 2013, 1957; MDR 2013, 771

Zitatübersicht

14.03.2013	VII ZR 142/12	**650c** 195, 197, 198, 202	**IBR 2013, 261**; NZBau 2013, 364; NJW 2013, 2423; MDR 2013, 904; BGHZ 197, 52
14.03.2013	VII ZR 116/12	**631** 19, 138, 143; **632** 65; **650c** 13, 215	**IBR 2013, 329, 331**; NZBau 2013, 369; NJW 2013, 1953; MDR 2013, 705; BGHZ 196, 355
07.03.2013	VII ZR 68/10	**631** 19, 136, 137, 138, 140, 143, 145, 148; **650c** 13	**IBR 2013, 330, 332, 333**; NZBau 2013, 366; NJW 2013, 1950; MDR 2013, 706; BGHZ 196, 299
07.03.2013	VII ZR 162/12	**vor 631** 99; **631** 101, 341, 353, 405; **634a** 221; **641** 85	**IBR 2013, 312, 379, 1186, 1188**; BauR 2013, 946; NZBau 2013, 297; NJW 2013, 1431; MDR 2013, 508
07.03.2013	VII ZR 134/12	**631** 222; **633** 39, 50	**IBR 2013, 269**; BauR 2013, 952; NZBau 2013, 295; NJW 2013, 1226; MDR 2013, 514
05.03.2013	VIII ZR 137/12	**639** 14	IMR 2013, 397; NJW 2013, 1668
07.02.2013	VII ZR 3/12	**650p** 118	**IBR 2013, 285**; BauR 2013, 982
07.02.2013	VII ZR 263/11	**634a** 167	**IBR 2013, 250**; NJW 2013, 1666; MDR 2013, 615
07.02.2013	VII ZB 60/11	**636** 55	**IBR 2013, 252**; BauR 2013, 990; ZfBR 2013, 351; NJW 2013, 1820; MDR 2013, 494
06.02.2013	VIII ZR 374/11	**636** 12	NJW 2013, 1365; MDR 2013, 400
05.02.2013	VI ZR 290/11	**636** 65	NJW 2013, 1149; MDR 2013, 516
24.01.2013	III ZR 98/12	**636** 60, 62, 64	NJW 2013, 1072; MDR 2013, 319; BGHZ 196, 101
10.01.2013	VII ZR 37/11	**631** 62	**IBR 2013, 135**; NZBau 2013, 190; ZfBR 2013, 300
20.12.2012	VII ZR 209/11	**633** 91; **634** 29, 103, 193, 200; **650p** 65, 131, 133, 140, 141; **650t** 8	**IBR 2013, 154**; BauR 2013, 624; NZBau 2013, 244; ZfBR 2013, 245; NJW 2013, 684; MDR 2013, 585
20.12.2012	VII ZR 182/10	**634a** 16, 36, 323; **650a** 6, 8, 13	**IBR 2013, 141**; BauR 2013, 596; NZBau 2013, 161; ZfBR 2013, 243; NJW 2013, 601; MDR 2013, 276
19.12.2012	VIII ZR 96/12	**636** 3, 116	**IBR 2013, 177, 178**; NJW 2013, 1074; MDR 2013, 258
13.12.2012	III ZR 298/11	**631** 890; **650s** 56	**IBR 2013, 1175**; NJW 2013, 448; MDR 2013, 404
06.12.2012	VII ZR 84/10	**636** 68	**IBR 2013, 70**; NZBau 2013, 159; ZfBR 2013, 232; NJW 2013, 525; MDR 2013, 212
06.12.2012	VII ZR 15/12	**634a** 225; **641** 89	**IBR 2013, 65**; BauR 2014, 581; NZBau 2013, 104; ZfBR 2013, 161; NJW 2013, 525; MDR 2013, 147
06.12.2012	VII ZR 133/11	**631** 365	**IBR 2013, 69**; NZBau 2013, 222; ZfBR 2013, 230; NJW 2013, 1362; MDR 2013, 213
30.11.2012	V ZR 25/12	**633** 24; **650u** 252	IMR 2013, 117; BauR 2013, 603; NJW 2013, 1671; MDR 2013, 270

Zitatübersicht

22.11.2012	VII ZR 200/10	**650p** 107		IBR 2013, **84**; BauR 2013, 485; NZBau 2013, 172; ZfBR 2013, 157; NJW 2013, 930; MDR 2013, 148
20.11.2012	VIII ZR 137/12	**639** 14		
15.11.2012	IX ZR 169/11	**648a** 72		IBR 2013, **278**; BauR 2013, 769; NJW 2013, 1159; MDR 2013, 372; BGHZ 195, 348
09.11.2012	V ZR 182/11	**631** 11		BauR 2013, 601; NJW 2013, 928; MDR 2013, 271
08.11.2012	VII ZR 191/12	**631** 99; **632a** 45, 126; **650m** 15, 21; **650u** 223		IBR 2013, **29**; BauR 2013, 228; NZBau 2013, 102; ZfBR 2013, 149; NJW 2013, 219; MDR 2013, 26
17.10.2012	VIII ZR 226/11	vor **631** 16; **634** 12; **650** 44, 60, 77		IBR 2013, **176**; BauR 2013, 239; NZBau 2013, 104; ZfBR 2013, 141; NJW 2013, 220; MDR 2013, 18; BGHZ 195, 135
11.10.2012	VII ZR 180/11	**634** 10		
11.10.2012	VII ZR 179/11	**634** 10; **635** 47, 48, 54; **636** 3, 77, 116		IBR 2012, **699, 700**; BauR 2013, 81; NZBau 2013, 99; NJW 2013, 370
11.10.2012	VII ZR 10/11	**634a** 254		IBR 2012, **714**; BauR 2013, 117; NZBau 2012, 783; ZfBR 2013, 39; NJW 2012, 3569
11.09.2012	XI ZR 56/11	**634** 5; **634a** 252, 295, 297; **637** 22		IBR 2013, **23, 24, 77**; BauR 2013, 230; NZBau 2013, 30; ZfBR 2013, 28; NJW 2013, 1228; MDR 2012, 1459
06.09.2012	VII ZR 193/10	**631** 45, 52, 53, 617		IBR 2012, **630**; BauR 2012, 1941; NZBau 2012, 694; ZfBR 2012, 761; NJW 2012, 3505; MDR 2012, 1280; BGHZ 194, 301
23.08.2012	VII ZR 242/11	**635** 13		IBR 2012, **638, 643, 698**; BauR 2012, 1791; NZBau 2012, 764; ZfBR 2012, 756; NJW 2012, 3426; MDR 2012, 1272
23.08.2012	VII ZR 155/10	**634a** 104		IBR 2012, **637**; BauR 2012, 1789; NZBau 2012, 697; ZfBR 2012, 758; NJW 2012, 3229; MDR 2012, 1282
26.07.2012	VII ZR 262/11	**631** 91		IBR 2012, **672**; BauR 2012, 1647; NJW 2012, 3427; NJW-RR 2012, 1261; MDR 2012, 1147
12.07.2012	VII ZR 134/11	**637** 71		IBR 2013, **1060**; NZBau 2012, 566; NJW-RR 2012, 1107
14.06.2012	VII ZR 148/10	**631** 317, 323, 324, 325; **634** 18; **636** 7, 9, 10; **648a** 100		IBR 2012, **447**; BauR 2012, 1386; NZBau 2012, 638; ZfBR 2012, 653; NJW 2012, 3714; MDR 2012, 953; BGHZ 193, 315
01.06.2012	V ZR 195/11	**633** 54		IMR 2012, 327; BauR 2012, 1641; NJW 2012, 2725; MDR 2012, 898
24.05.2012	VII ZR 34/11	**632a** 91; **650c** 210, 229; **650f** 53		IBR 2012, **441**; BauR 2012, 1395; NZBau 2012, 493; ZfBR 2012, 651; NJW-RR 2012, 981; MDR 2012, 903
11.05.2012	V ZR 196/11	**650u** 99		IMR 2012, 325; NJW 2012, 2650; MDR 2012, 958; BGHZ 193, 219
08.05.2012	XI ZR 262/10	**650j** 42		NJW 2012, 2427; MDR 2012, 1033; BGHZ 193, 159

Zitatübersicht

Datum	Az	Fundstellen	Weitere Fundstellen
08.05.2012	VI ZR 37/11	**642** 192	**IBR 2012, 393**; NZBau 2012, 494; NJW 2012, 2267; MDR 2012, 839
19.04.2012	IX ZB 303/11	**650c** 139	NJW 2012, 2117; MDR 2012, 798
12.04.2012	VII ZR 13/11	**631** 866	**IBR 2012, 313**; BauR 2012, 1102; NZBau 2012, 362; ZfBR 2012, 457; NJW-RR 2012, 741; MDR 2012, 627
08.03.2012	VII ZR 51/10	**631** 473	**IBR 2012, 270**
08.03.2012	VII ZR 202/09	**631** 59, 63	**IBR 2012, 247**; BauR 2012, 929, 939; VergabeR 2012, 611; NZBau 2012, 287; ZfBR 2012, 441; NJW 2012, 1436; MDR 2012, 577
08.03.2012	VII ZR 195/09	**650p** 252; **650q** 116	**IBR 2012, 268, 269**; BauR 2012, 975; NZBau 2012, 370; ZfBR 2012, 448; NJW-RR 2012, 653; MDR 2012, 518; BGHZ 192, 360
08.03.2012	VII ZR 177/11	**631** 217; **644** 5; **650b** 318, 323, 324	**IBR 2012, 248**; **IBR 2013, 1034**; BauR 2012, 946; NZBau 2012, 432; ZfBR 2012, 446; NJW 2012, 2105; MDR 2012, 578
08.03.2012	VII ZR 118/10	**648a** 2, 3	**IBR 2012, 320**; BauR 2012, 949; NZBau 2012, 357; NJW-RR 2012, 596
08.03.2012	VII ZR 116/10	**634a** 60, 63, 65; **650u** 49	**IBR 2012, 256**; BauR 2012, 942; NZBau 2012, 359; ZfBR 2012, 444; NJW 2012, 1653; MDR 2012, 517
09.02.2012	VII ZR 31/11	**631** 718; **634** 195, 199; **639** 37; **650p** 71	**IBR 2012, 206, 207**; BauR 2012, 829; NZBau 2012, 298; ZfBR 2012, 361; NJW 2012, 1792; MDR 2012, 457; BGHZ 192, 305
09.02.2012	VII ZR 135/11	**631** 909; **634a** 153	**IBR 2012, 237**; BauR 2012, 803; NZBau 2012, 228; ZfBR 2012, 365; NJW 2012, 1140; MDR 2012, 458
26.01.2012	VII ZR 19/11	**631** 943	**IBR 2012, 188**; BauR 2012, 640; NZBau 2012, 226; ZfBR 2012, 353; NJW 2012, 1348; MDR 2012, 340; BGHZ 192, 252
26.01.2012	VII ZR 154/10	**636** 102, 131	**IBR 2012, 204**; BauR 2012, 648; ZfBR 2012, 356; NJW 2012, 1573; MDR 2012, 397
19.01.2012	V ZR 141/11	**631** 165	**IBR 2012, 1373**
12.01.2012	VII ZR 76/11	**634a** 240, 308	**IBR 2012, 140**; BauR 2012, 643; NZBau 2012, 157; ZfBR 2012, 243; NJW 2012, 1137; MDR 2012, 341; BGHZ 192, 190
22.12.2011	VII ZR 7/11	**631** 614; **634** 189	**IBR 2012, 178**; NJW 2012, 1071; MDR 2012, 214; BGHZ 192, 182
22.12.2011	VII ZR 67/11	**vor 631** 35; **631** 19, 445, 816; **633** 107	**IBR 2012, 65**; BauR 2012, 490; NZBau 2012, 102; ZfBR 2012, 241; NJW 2012, 518; MDR 2012, 143; BGHZ 192, 172
22.12.2011	VII ZR 136/11	**650t** 65	NJW 2012, 1070; MDR 2012, 216
21.12.2011	VIII ZR 70/08	**650** 44, 59	**IBR 2012, 201, 262**; BauR 2012, 793; ZfBR 2012, 341; NJW 2012, 1073; MDR 2012, 333; BGHZ 192, 148
20.12.2011	VI ZB 17/11	**636** 55	**IBR 2012, 431**; BauR 2012, 985; NJW 2012, 1370; MDR 2012, 464; BGHZ 192, 140
08.12.2011	VII ZR 198/10	**636** 47	**IBR 2012, 81**; BauR 2012, 494; NZBau 2012, 104; ZfBR 2012, 230; NJW-RR 2012, 268; MDR 2012, 143

Zitatübersicht

Datum	Az	Fundstellen §	Anmerkungen
08.12.2011	VII ZR 111/11	**631** 101	ZfBR 2012, 232; NJW-RR 2012, 626; MDR 2012, 136
08.12.2011	IX ZR 204/09	**634a** 141, 147	**IBR 2012, 238**; BauR 2012, 675; NZBau 2012, 159; ZfBR 2012, 235; NJW 2012, 674; MDR 2012, 211
11.11.2011	V ZR 245/10	**vor 631** 112, 119, 120	BauR 2012, 646; NJW 2012, 846; MDR 2012, 141
10.11.2011	VII ZR 177/09	**631** 444	**IBR 2012, 66**
27.10.2011	VII ZR 84/09	**632a** 55; **641** 70; **650u** 115; **650v** 23, 45, 46	**IBR 2012, 25**; BauR 2012, 241; NZBau 2012, 34; ZfBR 2012, 143; NJW 2012, 56; MDR 2011, 1469
14.10.2011	V ZR 56/11	**650u** 100	IMR 2012, 27; NJW 2012, 72; MDR 2011, 1465; BGHZ 191, 198
13.10.2011	VII ZR 222/10	**631** 17	**IBR 2012, 7**; ZfBR 2012, 138
12.10.2011	VIII ZR 3/11	**648a** 13	**IBR 2012, 1012**; NJW 2012, 53; MDR 2011, 1462
30.09.2011	V ZR 17/11	**650b** 109	IMR 2012, 35; NJW 2012, 373; MDR 2011, 1468; BGHZ 191, 139
29.09.2011	VII ZR 87/11	**633** 96; **634** 31; **650p** 131	**IBR 2011, 694**; BauR 2012, 115; NZBau 2011, 746; ZfBR 2012, 30; NJW 2011, 3780; MDR 2012, 89
29.09.2011	VII ZR 64/10	**631** 202	**IBR 2011, 686**
08.09.2011	VII ZR 180/09	**631** 294	**IBR 2011, 685, 691**; **IBR 2012, 13**
28.07.2011	VII ZR 65/10	**650p** 214	**IBR 2011, 587, 588**; BauR 2011, 1677; NZBau 2011, 622; ZfBR 2011, 757; NJW-RR 2011, 1463
28.07.2011	VII ZR 45/11	**648** 70, 75	**IBR 2011, 570**; BauR 2011, 1811; NZBau 2011, 669; ZfBR 2011, 756; NJW-RR 2011, 1588
28.07.2011	VII ZR 4/10	**634a** 350	**IBR 2011, 589**; BauR 2011, 1840; NZBau 2011, 691; ZfBR 2012, 23; NJW 2011, 3086
28.07.2011	VII ZR 207/09	**631** 107, 108; **641** 142	**IBR 2011, 580**; BauR 2011, 1809; NZBau 2011, 610; ZfBR 2011, 754; NJW-RR 2011, 1526
28.07.2011	VII ZR 140/09	**631** 59	**IBR 2012, 11**
14.07.2011	VII ZR 74/11	**631** 187	**IBR 2011, 568**
14.07.2011	VII ZR 215/10	**631** 31, 66	**IBR 2011, 564**; BauR 2011, 1864
14.07.2011	VII ZR 113/10	**634a** 206; **650l** 35, 37	**IBR 2011, 569**; BauR 2011, 1654; NZBau 2011, 613; ZfBR 2011, 751; NJW 2011, 3085
30.06.2011	VII ZR 13/10	**631** 447, 817	**IBR 2011, 503**; BauR 2011, 1646; NZBau 2011, 553; ZfBR 2011, 747; NJW 2011, 3287; BGHZ 190, 212
15.06.2011	VIII ZR 139/09	**636** 12	**IBR 2011, 1395**; NJW 2011, 3708; MDR 2011, 1159
27.05.2011	V ZR 122/10	**633** 6	IMR 2011, 373, 374; NJW 2011, 2953
19.05.2011	VII ZR 94/09	**634a** 50, 331	**IBR 2011, 590, 1212**
19.05.2011	VII ZR 24/08	**631** 255, 775; **633** 84, 92, 95; **634** 74, 103; **634a** 54; **641** 32	**IBR 2011, 508**; BauR 2011, 1494; NZBau 2011, 483; ZfBR 2011, 666; NJW 2011, 3291

Zitatübersicht

05.05.2011	VII ZR 28/10	**635** 30	**IBR 2011, 398**; BauR 2011, 1336; NZBau 2011, 413; ZfBR 2011, 550; NJW 2011, 1872
05.05.2011	VII ZR 181/10	**631** 40, 41, 94, 106; **639** 27; **648** 84, 134, 135; **650u** 29	**IBR 2011, 391, 397, 449, 450, 631**; BauR 2011, 1331; NZBau 2011, 407; ZfBR 2011, 551; NJW 2011, 1954
05.05.2011	VII ZR 179/10	**632a** 149, 150, 152; **641** 129	**IBR 2011, 409, 1127, 1182**; BauR 2011, 1324; NZBau 2011, 410; ZfBR 2011, 555; NJW 2011, 2195
05.05.2011	VII ZR 161/10	**639** 27; **648** 134, 135	**IBR 2011, 571, 630**; BauR 2011, 1328; NZBau 2011, 481; ZfBR 2011, 664; NJW 2011, 3030
21.04.2011	VII ZR 130/10	**633** 55	**IBR 2011, 399**; NZBau 2011, 415; NJW-RR 2011, 1240
13.04.2011	VIII ZR 220/10	**635** 12; **650** 71	**IBR 2011, 731**; NJW 2011, 2278; BGHZ 189, 196
07.04.2011	VII ZR 209/07	**631** 666, 674; **639** 28, 37, 45	**IBR 2011, 340**; BauR 2011, 1185; NZBau 2011, 428; ZfBR 2011, 472; NJW 2011, 1729
23.03.2011	X ZR 92/09	**631** 805	**IBR 2011, 419**; VergabeR 2011, 709; NZBau 2011, 438
23.03.2011	VII ZR 216/08	**631** 19, 145, 569, 570, 939	**IBR 2011, 315, 1067**; BauR 2011, 1162; NZBau 2011, 353; NJW-RR 2011, 886; MDR 2011, 653
10.03.2011	VII ZR 54/10	**631** 206; **634a** 119, 120; **650u** 104	**IBR 2011, 249**; IMR 2011, 213; BauR 2011, 1041; NZBau 2011, 416; ZfBR 2011, 467; NJW 2011, 1453
24.02.2011	VII ZR 61/10	**634** 10; **634a** 46, 47, 50, 240, 331; **640** 22; **650s** 25	**IBR 2011, 202**; BauR 2011, 1032; NZBau 2011, 310; ZfBR 2011, 461; NJW 2011, 1224
23.02.2011	XII ZR 101/09	**631** 103	**IBR 2011, 1115**; NJW-RR 2011, 1144
10.02.2011	VII ZR 8/10	**633** 96; **634** 31, 103, 124, 193, 194, 200, 201; **650p** 60, 65, 70, 133, 136, 140, 141; **650t** 8	**IBR 2011, 280, 281, 282**; BauR 2011, 869; NZBau 2011, 360; ZfBR 2011, 454; NJW 2011, 1442
10.02.2011	VII ZR 53/10	**631** 698; **650e** 54	**IBR 2011, 210, 264**; **IBR 2015, 1035**; BauR 2011, 828; NZBau 2011, 286; ZfBR 2011, 452; NJW 2011, 2120; MDR 2011, 436
10.02.2011	IX ZR 73/10	**641** 106, 114	**IBR 2011, 266, 270, 271, 333**; BauR 2011, 997; NZBau 2011, 288; ZfBR 2011, 459; NJW 2011, 1282
08.02.2011	VI ZB 31/09	**634a** 148	**IBR 2011, 1473**; NJW 2011, 1078; BGHZ 188, 193
03.02.2011	IX ZR 105/10	**634a** 101	**IBR 2011, 203, 1472**; NJW 2011, 1594; MDR 2011, 515
28.01.2011	V ZR 145/10	**650u** 105	IMR 2011, 168; BauR 2011, 1048; ZfBR 2011, 362; NJW 2011, 1361; BGHZ 188, 157

Zitatübersicht

Datum	Az.	Fundstelle	Zitiert in
27.01.2011	VII ZR 41/10	**631** 435, 436, 877, 878, 883; **641** 34; **650g** 56, 59, 61, 65, 71, 73; **650p** 184	**IBR 2011, 188, 1045**; BauR 2011, 831; NZBau 2011, 227; ZfBR 2011, 349; NJW 2011, 918
27.01.2011	VII ZR 240/08	**631** 366	
27.01.2011	VII ZR 239/08	**631** 476, 477	**IBR 2011, 318, 1181, 1340, 1341**
27.01.2011	VII ZR 186/09	**631** 67, 194, 202, 908; **634a** 140, 151, 159, 368; **650b** 128; **650s** 43	**IBR 2011, 189, 190, 263**; BauR 2011, 669; NZBau 2011, 303; ZfBR 2011, 354; NJW 2011, 1965; BGHZ 188, 128
27.01.2011	VII ZR 175/09	**640** 54, 55, 89, 94; **650s** 9	**IBR 2011, 218**; BauR 2011, 876; ZfBR 2011, 360
27.01.2011	VII ZR 133/10	**648** 2, 3, 36, 63, 66, 162	**IBR 2011, 195, 255, 256**; NZBau 2011, 225; ZfBR 2011, 352; NJW 2011, 915; BGHZ 188, 149
13.01.2011	VII ZR 114/09	**631** 444	**IBR 2011, 504**
12.01.2011	VIII ZR 296/09	**631** 599	IMR 2011, 88; NJW 2011, 843
21.12.2010	X ZR 122/07	**649** 31, 33; **650u** 251	**IBR 2011, 192**; BauR 2011, 1034; NZBau 2011, 290; ZfBR 2011, 343; NJW 2011, 989
20.12.2010	VII ZR 95/10	**631** 647; **634** 99, 202; **638** 14; **641** 23	**IBR 2011, 127, 129**; BauR 2011, 683
20.12.2010	VII ZR 77/10	**631** 445, 807, 815	**IBR 2011, 126, 250**; NZBau 2011, 160; ZfBR 2011, 254; NJW-RR 2011, 378
20.12.2010	VII ZR 22/09	**650f** 101, 151, 152, 156, 180	**IBR 2011, 81, 462**; BauR 2011, 514; NZBau 2011, 93; ZfBR 2011, 251; NJW-RR 2011, 235
20.12.2010	VII ZR 100/10	**634** 79	NZBau 2011, 232; NJW-RR 2011, 377
09.12.2010	VII ZR 7/10	**631** 101, 407; **632a** 141, 147, 150, 152	**IBR 2011, 138, 139**; BauR 2011, 677; NZBau 2011, 229; ZfBR 2011, 241; NJW 2011, 2125
09.12.2010	VII ZR 206/09	**650v** 58, 59	**IBR 2011, 88**; BauR 2011, 510; NZBau 2011, 233; ZfBR 2011, 243; NJW 2011, 1347; MDR 2011, 154; BGHZ 188, 8
09.12.2010	VII ZR 189/08	**631** 544	**IBR 2011, 125**; BauR 2011, 680; NZBau 2011, 158; ZfBR 2011, 248; NJW-RR 2011, 309
07.12.2010	XI ZR 3/10	**631** 99	NJW 2011, 1801; BGHZ 187, 360
01.12.2010	VIII ZR 82/10	**650l** 13	NJW 2011, 1061
25.11.2010	Xa ZR 48/09	**648a** 22	NJW 2011, 1438
25.11.2010	VII ZR 263/08	**650v** 13	**IBR 2011, 89**
25.11.2010	VII ZR 201/08	**631** 19, 52	**IBR 2011, 65**; BauR 2011, 503; VergabeR 2011, 448; NZBau 2011, 97; ZfBR 2011, 235
25.11.2010	VII ZR 16/10	**641** 111, 114, 128	**IBR 2011, 82, 86, 180**; BauR 2011, 507; NZBau 2011, 94; ZfBR 2011, 233; NJW 2011, 443
12.11.2010	V ZR 181/09	**634a** 69; **639** 11	IMR 2011, 71; BauR 2011, 520; NJW 2011, 1279; BGHZ 188, 43

Zitatübersicht

11.11.2010	III ZR 57/10	**649** 33	NJW-RR 2011, 916
28.10.2010	VII ZR 82/09	**631** 895; **634a** 108	**IBR 2011, 136**; BauR 2011, 263; ZfBR 2011, 137; NJW-RR 2011, 98
28.10.2010	VII ZR 172/09	**634a** 155, 158, 159	**IBR 2011, 11, 58**; BauR 2011, 287; NZBau 2011, 156; ZfBR 2011, 134; NJW 2011, 594
21.10.2010	V ZB 210/09	**650d** 44, 45	**IBR 2011, 1119**; NJW-RR 2011, 136
05.10.2010	IV ZR 30/10	**642** 66	NJW 2011, 224
23.09.2010	VII ZR 6/10	**650l** 5	**IBR 2010, 689**; BauR 2011, 107; ZfBR 2011, 35; NJW 2010, 3503; BGHZ 187, 97
16.09.2010	IX ZR 121/09	**650f** 220	
02.09.2010	VII ZR 110/09	**634** 111, 112; **635** 9, 18; **637** 51	**IBR 2010, 611, 612**; NZBau 2011, 27; ZfBR 2011, 33; NJW 2010, 3649
19.08.2010	VII ZR 113/09	**634a** 375; **636** 5; **650u** 81, 83, 87, 90, 102	**IBR 2010, 631, 632, 728, 1407; IBR 2011, 198**; IMR 2010, 483, 484; BauR 2010, 2100; NZBau 2010, 691; ZfBR 2010, 763; NJW 2010, 3089
05.08.2010	VII ZR 46/09	**634a** 61, 63, 339	**IBR 2010, 575**; BauR 2010, 1966; NZBau 2010, 771; ZfBR 2010, 780; NJW-RR 2010, 1604
05.08.2010	VII ZR 14/09	**650q** 116	**IBR 2010, 634**; BauR 2010, 1957; NZBau 2010, 706; ZfBR 2010, 820; NJW-RR 2010, 1668
04.08.2010	VII ZR 207/08	**634** 105	**IBR 2010, 613**; BauR 2010, 1967; NZBau 2010, 749; ZfBR 2011, 28; NJW 2010, 3299
22.07.2010	VII ZR 77/08	**634a** 62, 71, 73, 75, 78, 339, 342, 345	**IBR 2010, 574, 576, 615**; BauR 2010, 1959; NZBau 2010, 763; ZfBR 2010, 781; NJW-RR 2010, 1604
22.07.2010	VII ZR 246/08	**631** 157; **633** 109; **650u** 218	**IBR 2010, 570**; BauR 2010, 1754; NZBau 2011, 154; ZfBR 2010, 776; BGHZ 186, 345
22.07.2010	VII ZR 213/08	**631** 52	**IBR 2010, 549, 551, 606**; BauR 2010, 1921; VergabeR 2010, 945; NZBau 2010, 622; ZfBR 2010, 814; BGHZ 186, 295
22.07.2010	VII ZR 176/09	**636** 73, 85; **637** 54, 95; **638** 19	**IBR 2010, 554**; BauR 2010, 1752; NZBau 2010, 690; ZfBR 2010, 668, 767; NJW 2010, 3085; MDR 2010, 1251; BGHZ 186, 330
22.07.2010	VII ZR 144/09	**650p** 21	**IBR 2010, 572, 573**; BauR 2010, 1772; NZBau 2010, 633; ZfBR 2010, 698, 769; NJW 2010, 3154; BGHZ 186, 314
22.07.2010	VII ZR 129/09	**631** 46, 48, 52; **650c** 41	**IBR 2010, 550**; BauR 2010, 1929; NZBau 2010, 628; ZfBR 2010, 810; NJW 2010, 3436
22.07.2010	VII ZR 117/08	**635** 32; **636** 16; **641** 67; **650f** 177	**IBR 2010, 558**; BauR 2010, 1935; NZBau 2010, 748; ZfBR 2011, 27; NJW-RR 2011, 21
22.07.2010	III ZR 293/09	**650v** 3, 6	IMR 2010, 445; BauR 2011, 110; NZBau 2010, 695; ZfBR 2011, 30; NJW 2010, 3243; BGHZ 186, 335
21.07.2010	XII ZR 189/08	**631** 91	IMR 2010, 424, 425; NJW 2010, 3152
15.07.2010	III ZR 336/08	**636** 102	BauR 2010, 2111; BGHZ 186, 205

Zitatübersicht

Datum	Az.	Fundstelle	Weitere Fundstellen
14.07.2010	VIII ZR 229/09	**634a** 126	**IBR 2010, 1303**; NJW-RR 2010, 1455
13.07.2010	VIII ZR 129/09	**641** 75	IMR 2010, 363; NJW 2010, 2879
08.07.2010	VII ZR 195/08	**634a** 118	BauR 2010, 1792; ZfBR 2011, 26
08.07.2010	VII ZR 171/08	**634** 10; **634a** 46, 47, 48, 50, 51, 239, 240, 331; **640** 22, 45, 61; **650p** 216; **650s** 25	**IBR 2010, 577**; BauR 2010, 1778; NZBau 2010, 768; ZfBR 2010, 773; NJW 2010, 3573
07.07.2010	VIII ZR 85/09	**633** 54	IMR 2010, 367; BauR 2010, 1756; NZBau 2010, 701; NJW 2010, 3088
29.06.2010	XI ZR 104/08	**634a** 62	IMR 2010, 440; NZBau 2011, 99; NJW-RR 2011, 270; BGHZ 186, 96
15.06.2010	XI ZR 309/09	**634a** 251, 252	**IBR 2010, 564**; NJW-RR 2010, 1574
11.06.2010	V ZR 85/09	**631** 41; **650u** 29, 126	**IBR 2010, 1278**; **IBR 2011, 310**; IMR 2010, 342, 485, 486; BauR 2010, 1585; NZBau 2010, 697; NJW 2010, 2873
10.06.2010	Xa ZR 3/07	**634** 40, 41	**IBR 2010, 556, 616**; NZBau 2010, 558
09.06.2010	VIII ZR 294/09	**631** 820	IMR 2010, 317; NJW 2010, 2877
27.05.2010	VII ZR 182/09	**634** 128; **636** 57; **650f** 200	**IBR 2010, 441**; BauR 2010, 1583; NZBau 2010, 556; ZfBR 2010, 664; NJW 2010, 2571
27.05.2010	VII ZR 165/09	**631** 407; **650e** 7; **650f** 6, 209; **650m** 26	**IBR 2010, 451, 452, 499, 500, 501**; BauR 2010, 1219; NZBau 2010, 495; ZfBR 2010, 661; NJW 2010, 2272
25.05.2010	VI ZR 205/09	**641** 105, 115	**IBR 2010, 498**; BauR 2010, 1579; NZBau 2010, 559; ZfBR 2010, 658; NJW 2010, 2948; BGHZ 185, 378
18.05.2010	VII ZR 214/08	**634** 46	**IBR 2010, 557**
18.05.2010	VII ZR 158/09	**640** 26; **641** 8; **650s** 23	**IBR 2010, 489**; NZBau 2010, 557; ZfBR 2010, 658
05.05.2010	III ZR 209/09	**634a** 279	NJW 2010, 2197; BGHZ 185, 310
22.04.2010	VII ZR 48/07	**631** 435, 616; **632a** 133; **648** 160; **650g** 38, 62, 64; **650p** 104; **650q** 49, 50, 51, 52, 56	**IBR 2010, 395, 396, 397, 398**; BauR 2010, 1249; NZBau 2010, 443; ZfBR 2010, 568; NJW-RR 2010, 1176
21.04.2010	XII ZR 10/08	**631** 714	**IBR 2010, 436**; NJW 2010, 1872
15.04.2010	IX ZR 223/07	**650t** 49	NJW 2010, 1961
14.04.2010	VIII ZR 145/09	**636** 18	**IBR 2010, 1277**; NJW 2010, 2426
14.04.2010	VIII ZR 123/09	**648** 135	**IBR 2010, 442**; NJW 2010, 2122; BGHZ 185, 178
25.03.2010	VII ZR 224/08	**631** 321	**IBR 2010, 320**; BauR 2010, 909; NZBau 2010, 497; ZfBR 2010, 572; NJW 2010, 2200
25.03.2010	VII ZR 160/09	**631** 141	**IBR 2010, 256**; NZBau 2010, 367
24.03.2010	VIII ZR 304/08	**631** 99	NJW 2010, 2793

Zitatübersicht

12.03.2010	V ZR 147/09	**634a** 55; **636** 12, 17	IMR 2010, 246, 247, 1042; BauR 2010, 955, 1074; NJW 2010, 8, 1805
10.03.2010	VIII ZR 144/09	**650j** 29	IMR 2010, 213; NJW 2010, 1745
04.03.2010	VII ZR 21/09	**631** 312, 335, 383	**IBR 2010, 254, 255, 259**
04.03.2010	III ZR 79/09	**632a** 140	NJW 2010, 1449; BGHZ 184, 345
25.02.2010	VII ZR 64/09	**640** 89, 94; **650s** 17, 20	**IBR 2010, 279, 280**; BauR 2010, 275, 795; NZBau 2010, 318; ZfBR 2010, 458; NJW-RR 2010, 748
25.02.2010	VII ZR 187/08	**634a** 121	**IBR 2010, 305**; BauR 2010, 812; NZBau 2010, 365; ZfBR 2010, 460; NJW-RR 2010, 750
17.02.2010	VIII ZR 67/09	**631** 81	**IBR 2010, 253**; ZfBR 2010, 453; NJW 2010, 8, 10, 1131; BGHZ 184, 259
11.02.2010	VII ZR 218/08	**633** 112	**IBR 2010, 276**; BauR 2010, 793; NZBau 2010, 320; ZfBR 2010, 450; NJW 2010, 8; NJW-RR 2010, 821
09.02.2010	X ZR 82/07	**633** 88; **650** 7, 81	**IBR 2010, 261**
04.02.2010	IX ZR 18/09	**631** 473	**IBR 2010, 1256**; NJW 2010, 1364; BGHZ 184, 209
28.01.2010	VII ZR 174/08	**634a** 165	**IBR 2010, 306**; BauR 2010, 776; NZBau 2010, 366; ZfBR 2010, 366; NJW 2010, 8, 1662
27.01.2010	VIII ZR 58/09	**634a** 210; **650t** 93	**IBR 2010, 730**; NJW 2010, 8, 2422; BGHZ 184, 128
27.01.2010	VII ZR 97/08	**648** 65	**IBR 2010, 308**; BauR 2010, 931; ZfBR 2010, 367
26.01.2010	XI ZR 12/09	**634a** 300	**IBR 2010, 207**
15.01.2010	V ZR 80/09	**631** 206; **650u** 81, 87, 94, 97, 101, 102, 104, 124, 127	IMR 2010, 147; BauR 2010, 774; NZBau 2010, 432; ZfBR 2010, 363; NJW 2010, 933
14.01.2010	VII ZR 213/07	**634a** 254, 288, 293; **637** 89, 93	**IBR 2010, 137, 138**; BauR 2010, 618; NZBau 2010, 236; ZfBR 2010, 353; NJW 2010, 1195
14.01.2010	VII ZR 108/08	**634a** 288, 289, 291, 292; **637** 86, 87, 89, 90, 95	**IBR 2010, 134, 135, 136**; BauR 2010, 614; NZBau 2010, 233; ZfBR 2010, 350; NJW 2010, 1192; BGHZ 183, 366
14.01.2010	VII ZR 106/08	**631** 287, 865; **644** 13; **648** 4, 5; **650h** 4	**IBR 2010, 203**; BauR 2010, 629; NZBau 2010, 307; ZfBR 2010, 355; NJW 2010, 8, 1282
17.12.2009	VII ZR 172/08	**634** 189; **639** 41	**IBR 2010, 146**; BauR 2010, 622; NZBau 2010, 309; ZfBR 2010, 259; NJW 2010, 1592
17.12.2009	IX ZR 4/08	**634a** 140	**IBR 2010, 187**; NJW 2010, 856
15.12.2009	XI ZR 110/09	**634a** 121	NJW-RR 2010, 640
15.12.2009	XI ZR 107/08	**632a** 166; **650f** 128	**IBR 2010, 81**; BauR 2010, 508, 609; NZBau 2010, 167; ZfBR 2010, 255; NJW 2010, 1668; BGHZ 183, 341
11.12.2009	V ZR 217/08	**650f** 231, 233	**IBR 2010, 1140**; IMR 2010, 1083; NJW 2010, 1272

Zitatübersicht

Datum	Aktenzeichen	Fundstelle	Quellen
10.12.2009	VII ZR 42/08	**634a** 347	**IBR 2010, 93**; NJW 2010, 1808; BGHZ 183, 323
08.12.2009	XI ZR 181/08	**648a** 107	**IBR 2010, 144, 147, 148, 149**; BauR 2010, 507, 765; NZBau 2010, 426; ZfBR 2010, 249; NJW 2010, 1284
26.11.2009	VII ZR 133/08	**637** 80	**IBR 2010, 189, 190**; BauR 2010, 494; ZfBR 2010, 246
26.11.2009	VII ZR 131/08	**631** 58	**IBR 2010, 128**; BauR 2010, 455; NZBau 2010, 102; ZfBR 2010, 245, 303
25.11.2009	VIII ZR 318/08	**650l** 4	NJW 2010, 610; BGHZ 183, 235
25.11.2009	IV ZR 70/05	**634a** 274, 275; **650t** 95	**IBR 2010, 79**; NJW 2010, 435
12.11.2009	VII ZR 39/07	**640** 22, 62; **648a** 35	**IBR 2010, 98**
12.11.2009	VII ZR 233/08	**636** 106	**IBR 2010, 88**; BauR 2010, 225; NZBau 2010, 165; ZfBR 2010, 131; NJW 2010, 675
12.11.2009	IX ZR 152/08	**631** 910; **634a** 141, 145, 146, 147	**IBR 2010, 119, 1102**; BauR 2010, 460
30.10.2009	V ZR 42/09	**631** 936	IMR 2010, 1079; NJW 2010, 1074
29.10.2009	I ZR 191/07	**631** 904; **634a** 117, 118	**IBR 2010, 1144**; NJW 2010, 2270
09.10.2009	V ZR 178/08	**650c** 139	IMR 2010, 28; BauR 2010, 219; NJW 2010, 363
22.09.2009	XI ZR 230/08	**634a** 134	**IBR 2010, 22**; NJW 2010, 222; MDR 2009, 1350; BGHZ 182, 284
16.09.2009	VIII ZR 243/08	**634** 97; **636** 33	**IBR 2009, 699**; NJW 2010, 148; MDR 2009, 1378; BGHZ 182, 241
10.09.2009	VII ZR 82/08	**631** 63	**IBR 2009, 625, 626**; BauR 2009, 1897; BauR 2010, 264; VergabeR 2010, 70; NZBau 2009, 777; ZfBR 2010, 85; NJW 2010, 519; MDR 2009, 1334; BGHZ 182, 218
10.09.2009	VII ZR 255/08	**631** 54, 617	**IBR 2009, 629**; BauR 2009, 1908; NZBau 2009, 781; ZfBR 2010, 94; NJW 2010, 527
10.09.2009	VII ZR 152/08	**631** 55, 59, 63; **650c** 23, 40, 42, 43, 46	**IBR 2009, 627, 628**; BauR 2009, 1901; BauR 2010, 264; VergabeR 2010, 75; NZBau 2009, 771; ZfBR 2010, 89, 292; NJW 2010, 522
27.08.2009	VII ZR 20/07	**631** 198	**IBR 2009, 692**
20.08.2009	VII ZR 212/07	**vor 631** 60; **631** 72, 341, 354, 798; **632a** 131; **634** 206; **640** 4, 106; **641** 148; **648** 4, 14; **648a** 3, 83; **650f** 59; **650h** 6	**IBR 2009, 566, 570, 640, 641, 643**; BauR 2009, 1736; NZBau 2010, 47; ZfBR 2010, 48; NJW 2009, 3717; MDR 2009, 1270

Zitatübersicht

20.08.2009	VII ZR 205/07	**631** 444, 838; **632a** 14, 81, 83, 101, 109, 116, 117, 118, 119, 121; **640** 26, 103; **641** 90; **645** 9; **648** 30; **650d** 30; **650g** 43	IBR 2009, 630, 631, 632, 636, 637, 638, **1252, 1352**; BauR 2009, 1724; NZBau 2009, 707; ZfBR 2010, 53; NJW 2010, 227; MDR 2009, 1271; BGHZ 182, 158
12.08.2009	VIII ZR 254/08	**640** 76	IBR 2009, 644; VergabeR 2010, 46; ZfBR 2010, 46; NJW 2009, 3153; MDR 2009, 1329
23.07.2009	VII ZR 164/08	**vor 631** 104; **633** 55, 56	IBR 2009, 511; BauR 2009, 1589; NZBau 2009, 647; ZfBR 2009, 777; NJW-RR 2009, 1467; MDR 2009, 1095
23.07.2009	VII ZR 151/08	**vor 631** 96, 98; **631** 3; **634a** 32; **648** 164; **650** 3, 13, 14, 81	IBR 2009, 575; BauR 2009, 1581; NZBau 2009, 644; ZfBR 2009, 778; NJW 2009, 2877; MDR 2009, 1155; BGHZ 182, 140
23.07.2009	VII ZR 134/08	**634a** 347, 348	IBR 2009, 589; BauR 2009, 1607; NZBau 2009, 789; ZfBR 2009, 781; NJW 2009, 3360
14.07.2009	XI ZR 18/08	**631** 893; **634a** 300, 301	IBR 2009, 582, 710; BauR 2009, 1747; ZfBR 2009, 774; NJW-RR 2010, 975; MDR 2009, 1231; BGHZ 182, 76
09.07.2009	VII ZR 130/07	**650p** 109	IBR 2009, 521; BauR 2009, 1611; NZBau 2009, 722; ZfBR 2009, 769; NJW 2009, 2947; MDR 2009, 1100
09.07.2009	VII ZR 109/08	**634a** 274	IBR 2009, 592; BauR 2009, 1609; NZBau 2010, 45; ZfBR 2009, 770; NJW 2010, 62; MDR 2009, 1275
02.07.2009	III ZR 333/08	**650c** 72	NJW-RR 2009, 1666
23.06.2009	XI ZR 156/08	**650l** 13	NJW 2009, 3020; MDR 2009, 1178
23.06.2009	EnZR 49/08	**631** 915	
19.06.2009	V ZR 93/08	**636** 45, 46, 125	IMR 2009, 321, 397; BauR 2009, 1585, 1637; NZBau 2009, 715; NJW 2009, 2674; MDR 2009, 1030; BGHZ 181, 317
18.06.2009	VII ZR 167/08	**634a** 108, 245, 277, 278, 279, 286; **650t** 100	IBR 2009, **590, 591, 1294**; BauR 2009, 1458; NZBau 2010, 43; ZfBR 2009, 671; NJW 2010, 60; MDR 2009, 1276; BGHZ 181, 310
16.06.2009	XI ZR 145/08	**vor 631** 54; **641** 142, 145	IBR 2009, **514, 515**; BauR 2009, 1742; NZBau 2009, 784; ZfBR 2009, 765; NJW 2009, 3422; MDR 2009, 1217; BGHZ 181, 278
04.06.2009	VII ZR 54/07	**631** 119, 241, 826; **633** 27, 29, 31, 50, 51, 52, 58, 61; **634** 30; **650k** 9; **650u** 197, 203	IBR 2009, **447, 448, 449**; BauR 2009, 1288; NZBau 2009, 648; ZfBR 2009, 669; NJW 2009, 2439; MDR 2009, 978; BGHZ 181, 225
28.05.2009	VII ZR 74/06	**631** 455, 460, 467, 472, 473, 475	IBR 2011, **316**; BauR 2009, 1291; NZBau 2009, 504; ZfBR 2009, 666; NJW 2009, 3426; MDR 2009, 922
27.05.2009	VIII ZR 302/07	**631** 853; **650b** 273	IMR 2009, 296; MDR 2009, 916; BGHZ 181, 188

Zitatübersicht

12.05.2009	VI ZR 294/08	**631** 890; **634a** 248	IBR 2009, 512; NJW-RR 2009, 1471; MDR 2009, 926	
11.05.2009	VII ZR 11/08	**631** 50, 58	IBR 2009, 310, 311, 312; BauR 2009, 1131, 1343; VergabeR 2009, 595; NZBau 2009, 370; ZfBR 2009, 574; NJW 2009, 2443; MDR 2009, 797; BGHZ 181, 47	
07.05.2009	VII ZR 15/08	**637** 8	IBR 2009, 376; BauR 2009, 1295; NZBau 2009, 507; ZfBR 2009, 572; NJW-RR 2009, 1175; MDR 2009, 862	
17.04.2009	VII ZR 164/07	**631** 457, 471, 473, 474; **649** 62; **650c** 73; **650q** 5	IBR 2009, 334, 335, 336, 337; BauR 2009, 1162; NZBau 2009, 450; ZfBR 2009, 566; NJW 2009, 2199; MDR 2009, 863; BGHZ 180, 235	
16.04.2009	VII ZR 9/08	**650f** 146, 166, 234	IBR 2009, 381, 1102; BauR 2009, 1152; NZBau 2009, 439; ZfBR 2009, 563; NJW-RR 2009, 892; MDR 2009, 797	
16.04.2009	VII ZR 177/07	**635** 47	IBR 2009, 319; BauR 2009, 1151; NZBau 2009, 441; ZfBR 2009, 562; NJW 2009, 2123; MDR 2009, 798	
27.03.2009	V ZR 30/08	**vor 631** 112; **634a** 265	IBR 2009, 320; IMR 2009, 216; BauR 2009, 1015; NZBau 2009, 510; ZfBR 2009, 460; NJW 2009, 2120; MDR 2009, 742; BGHZ 180, 205	
24.03.2009	VII ZR 200/08	**631** 914; **634a** 157, 159	IBR 2009, 363; BauR 2009, 979; NZBau 2009, 598; ZfBR 2009, 459; NJW-RR 2009, 1243	
24.03.2009	VII ZR 166/07	**650t** 54		
20.03.2009	V ZR 208/07	**631** 912; **634a** 139	IBR 2009, 488; NJW-RR 2009, 1169; MDR 2009, 793	
16.03.2009	II ZR 32/08	**634a** 165	IBR 2009, 1210; NJW 2009, 1598; MDR 2009, 761	
12.03.2009	VII ZR 26/06	**636** 103, 104, 105	IBR 2009, 272; BauR 2009, 1140; NZBau 2009, 376; ZfBR 2009, 453; MDR 2009, 624	
11.03.2009	IV ZR 224/07	**631** 901; **634a** 123	NJW 2009, 1950; MDR 2009, 750	
10.03.2009	VII ZR 164/06	**634a** 332; **640** 22, 28, 45, 82; **650s** 21	IBR 2009, 277	
26.02.2009	VII ZR 73/08	**631** 693	IBR 2009, 315; BauR 2009, 974; ZfBR 2009, 450; NJW-RR 2009, 809	
26.02.2009	VII ZR 121/08	**631** 378	IBR 2009, 1166	
12.02.2009	VII ZR 39/08	**641** 142	IBR 2009, 199; BauR 2009, 308, 809; NZBau 2009, 307; ZfBR 2009, 446; NJW 2009, 1664; MDR 2009, 500; BGHZ 179, 374	
12.02.2009	VII ZR 230/07	**631** 156, 159; **650u** 218	IBR 2009, 333; BauR 2009, 1138; NZBau 2009, 442; ZfBR 2009, 559; NJW-RR 2009, 953; MDR 2009, 742	
12.02.2009	VII ZR 148/08	**631** 187	IBR 2009, 194, 257, 258, 1108; BauR 2009, 1015	
12.02.2009	VII ZR 145/08	**631** 443	IBR 2009, 313; BauR 2009, 1015	
11.02.2009	XII ZR 114/06	**631** 911	IMR 2009, 158; NJW 2009, 1488; MDR 2009, 739; BGHZ 179, 361	

Zitatübersicht

11.02.2009	VIII ZR 176/06	**634** 97; **635** 75	IBR 2009, 1065
22.01.2009	IX ZR 66/07	**650u** 147; **650v** 4, 5	IBR 2009, 387; BauR 2009, 817; NJW 2009, 1414; MDR 2009, 527
21.01.2009	XII ZR 79/07	**631** 479	IMR 2009, 120; NJW-RR 2009, 593; MDR 2009, 440
20.01.2009	XI ZR 487/07	**650u** 50	MDR 2009, 517
20.01.2009	X ZR 113/07	**631** 839	IBR 2009, 223; BauR 2009, 971, 1020; VergabeR 2009, 448; NZBau 2009, 262; ZfBR 2009, 388; MDR 2009, 560
16.01.2009	V ZR 133/08	**631** 689, 796; **636** 43	IBR 2009, 206; BauR 2009, 1147; NZBau 2009, 237; ZfBR 2009, 350; NJW 2009, 1262; MDR 2009, 438; BGHZ 179, 238
13.01.2009	XI ZR 118/08	**650l** 11	NJW-RR 2009, 709; MDR 2009, 1232
18.12.2008	VII ZR 201/06	**631** 132, 135, 137, 139, 140, 142, 143; **632** 65; **650c** 13, 21, 203, 210, 215	IBR 2009, 127, 128; BauR 2009, 491; NZBau 2009, 232; ZfBR 2009, 341; NJW 2009, 835; MDR 2009, 256; BGHZ 179, 213
18.12.2008	VII ZR 189/06	**650p** 13	IBR 2009, 213, 214; BauR 2009, 523; NZBau 2009, 255; ZfBR 2009, 346; NJW-RR 2009, 598
18.12.2008	IX ZR 12/05	**vor 631** 127	NJW 2009, 1141; MDR 2009, 495
12.12.2008	V ZR 49/08	**631** 936	BauR 2009, 703; NJW 2009, 847; MDR 2009, 442; BGHZ 179, 146
05.12.2008	V ZR 144/07	**650v** 54	IBR 2009, 86; BauR 2009, 644; NZBau 2009, 240; NJW 2009, 673; MDR 2009, 256
27.11.2008	VII ZR 211/07	**650q** 6	IBR 2009, 144, 145; BauR 2009, 264; NZBau 2009, 257; NJW-RR 2009, 447; MDR 2009, 257
27.11.2008	VII ZR 206/06	**vor 631** 4; **631** 739, 740, 744; **634** 102, 103, 114, 123, 129, 150, 160, 196, 197, 198; **634a** 70, 73, 78, 82, 143, 341, 342, 344; **642** 20, 29; **650p** 188; **650t** 4, 21, 52	IBR 2009, 90, 91, 92, 93; BauR 2009, 515; NZBau 2009, 185; NJW 2009, 582; MDR 2009, 197; BGHZ 179, 55
26.11.2008	VIII ZR 200/05	**634** 97; **635** 75	IBR 2009, 1015; NJW 2009, 427; MDR 2009, 248; BGHZ 179, 27
19.11.2008	VIII ZR 311/07	**650l** 35, 37	NJW 2009, 1068; MDR 2009, 249; BGHZ 178, 355
19.11.2008	IV ZR 277/05	**631** 674; **635** 79	IBR 2009, 116; BauR 2009, 290, 527; NZBau 2009, 261; NJW-RR 2009, 381; MDR 2009, 261
11.11.2008	VIII ZR 265/07	**631** 599	IBR 2009, 65; NJW 2009, 580; MDR 2009, 192
06.11.2008	IX ZR 158/07	**631** 895; **634a** 108	IBR 2009, 66; BauR 2009, 551; NJW 2009, 1806; MDR 2009, 275

Zitatübersicht

23.10.2008	VII ZR 64/07	**633** 89; **634a** 365; **637** 61; **640** 16, 17, 18, 20, 88; **648** 146	**IBR 2009, 15, 16**; BauR 2009, 237; NZBau 2009, 117; ZfBR 2009, 143; MDR 2009, 80
23.10.2008	VII ZR 105/07	**631** 616; **650q** 55, 56	**IBR 2009, 35**; BauR 2009, 262; NZBau 2009, 33; ZfBR 2009, 146; MDR 2009, 137
21.10.2008	XI ZR 466/07	**631** 901; **634a** 126, 131	**IBR 2009, 58**; NJW 2009, 56
16.10.2008	IX ZR 2/05	**631** 868	**IBR 2009, 27**; BauR 2009, 250; NZBau 2009, 115; ZfBR 2009, 142; NJW-RR 2009, 232; MDR 2009, 227
16.10.2008	IX ZR 135/07	**634a** 211	BauR 2009, 281; MDR 2009, 143
10.10.2008	V ZR 131/07	**636** 24, 27	IMR 2009, 1018; BauR 2009, 246; MDR 2009, 77; BGHZ 178, 182
09.10.2008	VII ZR 80/07	**vor 631** 48; **635** 15; **637** 14, 104; **648a** 82	**IBR 2009, 14, 17**; BauR 2009, 99; NZBau 2009, 173; ZfBR 2009, 141; MDR 2009, 81
25.09.2008	VII ZR 35/07	**650p** 186	**IBR 2008, 743**; BauR 2008, 2058; NZBau 2009, 126; MDR 2009, 23
25.09.2008	VII ZR 32/07	**634a** 107, 174, 309	**IBR 2008, 719, 720**; BauR 2008, 2039; NZBau 2008, 764; MDR 2008, 1389; BGHZ 178, 123
25.09.2008	VII ZR 204/07	**634a** 124; **637** 77, 78, 79	**IBR 2008, 721**; BauR 2008, 2041; NZBau 2009, 120; MDR 2008, 1387
25.09.2008	VII ZR 174/07	**650p** 23	**IBR 2008, 741**; BauR 2008, 2059; NZBau 2008, 772; NJW 2008, 3633; MDR 2008, 1388; BGHZ 178, 130
23.09.2008	XI ZR 395/07	**634a** 295	BauR 2008, 2092; NJW 2009, 587; MDR 2009, 40
23.09.2008	XI ZR 262/07	**634a** 251	IMR 2009, 1000; BauR 2009, 137; NJW-RR 2009, 547; MDR 2008, 1405
23.09.2008	XI ZR 253/07	**634a** 125, 127	**IBR 2009, 59**; NJW-RR 2009, 544; MDR 2009, 14
24.07.2008	VII ZR 55/07	**vor 631** 39, 40, 69, 73, 74, 77; **631** 75; **634a** 305, 319; **650u** 32	**IBR 2008, 557, 558**; BauR 2008, 1603; NZBau 2008, 640; ZfBR 2008, 670; MDR 2008, 1151; BGHZ 178, 1
17.07.2008	I ZR 168/05	**631** 347, 348, 376	BauR 2009, 501; NJW 2009, 1882; MDR 2009, 251
15.07.2008	VIII ZR 211/07	**650** 59	**IBR 2008, 505, 506**; BauR 2008, 1609; NJW 2008, 2837; MDR 2008, 1146; BGHZ 177, 224
10.07.2008	VII ZR 16/07	**636** 85; **637** 59; **650t** 50	**IBR 2008, 640**; BauR 2008, 1877; NZBau 2009, 34; ZfBR 2008, 787; NJW 2008, 3359; MDR 2008, 1332
08.07.2008	XI ZR 230/07	**634a** 295; **641** 147	**IBR 2008, 575**; BauR 2008, 1885; NZBau 2009, 171; ZfBR 2008, 785; NJW-RR 2009, 378; MDR 2008, 1287
03.07.2008	III ZR 189/07	**631** 163	**IBR 2008, 579**; BauR 2008, 1881; NZBau 2009, 312 (Ls.); NJW-RR 2008, 1506; MDR 2008, 1270

Zitatübersicht

26.06.2008	I ZR 221/05	**631** 930; **634a** 213		IBR 2008, 655; BauR 2008, 1879; NZBau 2008, 765; NJW 2008, 2995; MDR 2008, 1349
23.06.2008	GSZ 1/08	**634a** 211		IBR 2008, 775; BauR 2008, 2094; BauR 2009, 131; NJW 2008, 3434; MDR 2008, 1414; BGHZ 177, 212
19.06.2008	VII ZR 215/06	**636** 102, 106, 131		IBR 2008, 516; BauR 2008, 1450; ZfBR 2008, 669; NJW 2008, 2773; MDR 2008, 1098
19.06.2008	VII ZR 172/07	**650p** 119		**IBR 2008, 524, 586**
10.06.2008	VI ZR 248/07	**636** 62		NJW-RR 2008, 1198; MDR 2008, 969
05.06.2008	V ZB 85/07	**650u** 99		IMR 2008, 307; BauR 2008, 1614; NJW 2008, 2639; MDR 2008, 1088; BGHZ 177, 53
03.06.2008	XI ZR 319/06	**650s** 56		IMR 2008, 319; NJW 2008, 2576; MDR 2008, 1053
27.05.2008	XI ZR 132/07	**631** 888		IMR 2008, 1026; NJW-RR 2008, 1495; MDR 2008, 929
08.05.2008	VII ZR 201/07	**636** 9; **648a** 100		IBR 2008, 566; NZBau 2008, 576; NJW-RR 2008, 1052
08.05.2008	VII ZR 106/07	**631** 888; **634a** 251, 252		IBR 2008, 373; BauR 2008, 1303; NZBau 2008, 501; NJW 2008, 2427; MDR 2008, 854
08.05.2008	I ZR 88/06	**631** 368		IBR 2008, 504; BauR 2008, 1620; NJW 2008, 2849; MDR 2008, 1172
24.04.2008	VII ZR 42/07	**631** 111; **635** 3		IBR 2008, 431; BauR 2008, 1301; NZBau 2008, 434; ZfBR 2008, 570; NJW-RR 2008, 1050; MDR 2008, 910; BGHZ 176, 198
24.04.2008	VII ZR 140/07	**631** 111; **635** 3		IBR 2008, 397; BauR 2008, 1330; NZBau 2008, 436; ZfBR 2008, 572; NJW-RR 2008, 1051
24.04.2008	III ZR 252/06	**650p** 141		IBR 2008, 477; BauR 2008, 1193, 1577; NZBau 2008, 500; ZfBR 2008, 676; NJW 2008, 2502; MDR 2008, 854
10.04.2008	VII ZR 58/07	**634a** 139		IBR 2008, 1259, 1260; BauR 2008, 1305; NZBau 2008, 503; ZfBR 2008, 568; NJW 2008, 2429; MDR 2008, 875; BGHZ 176, 128
10.04.2008	VII ZR 214/06	**635** 47, 49		IBR 2008, 316; BauR 2008, 1140; NZBau 2008, 575; ZfBR 2008, 476; NJW-RR 2008, 971; MDR 2008, 738
10.04.2008	I ZB 14/07	**650e** 53		NJW 2008, 3220; MDR 2008, 1364
20.03.2008	IX ZR 68/06	**650e** 12		NJW-RR 2008, 1074; MDR 2008, 824
19.03.2008	III ZR 220/07	**634a** 251		IBR 2008, 318; NJW-RR 2008, 1237; MDR 2008, 615
13.03.2008	VII ZR 194/06	**631** 19, 220, 357, 362, 443, 685, 817, 834, 837, 839, 840; **633** 60, 102, 122; **650b** 174; **650p** 145		IBR 2008, 311, 312, 372, 376; BauR 2008, 1131; NZBau 2008, 437; ZfBR 2008, 464; NJW 2008, 2106; MDR 2008, 739; BGHZ 176, 23
12.03.2008	XII ZR 147/05	**639** 16		IMR 2008, 234; NJW 2008, 2254; MDR 2008, 909

Zitatübersicht

Datum	Aktenzeichen	Fundstellen	Weitere Fundstellen
28.02.2008	VII ZR 51/07	**641** 122	**IBR 2008, 267**; BauR 2008, 995; NZBau 2008, 377; ZfBR 2008, 464; NJW-RR 2008, 830; MDR 2008, 682
29.01.2008	XI ZR 160/07	**631** 945; **634a** 251, 279, 295; **641** 147; **650v** 25, 58	**IBR 2008, 266, 272, 367**; BauR 2008, 986; NZBau 2008, 377; ZfBR 2008, 469; NJW 2008, 1729; MDR 2008, 636; BGHZ 175, 161
24.01.2008	VII ZR 43/07	**631** 901; **641** 90	**IBR 2008, 243**; BauR 2008, 871; NZBau 2008, 319; NJW 2008, 1741; MDR 2008, 521
24.01.2008	VII ZR 280/05	**631** 791; **642** 149, 151, 165; **650f** 59	**IBR 2008, 202**; BauR 2008, 821; NZBau 2008, 318; NJW 2008, 1523; MDR 2008, 499; BGHZ 175, 118
24.01.2008	III ZR 156/07	**650u** 223	IMR 2008, 136; NJW 2008, 1319; MDR 2008, 475
23.01.2008	VIII ZR 246/06	**631** 689	**IBR 2008, 144**; BauR 2008, 671, 722; NJW 2008, 1147; MDR 2008, 373
18.01.2008	V ZR 174/06	**633** 113	IMR 2008, 134; BauR 2008, 725; NJW 2008, 1658; MDR 2008, 498
17.01.2008	III ZR 136/07	**650u** 223; **650v** 29	**IBR 2008, 219**; BauR 2008, 825; NJW 2008, 1321; MDR 2008, 473; BGHZ 175, 111
09.01.2008	XII ZR 33/06	**631** 901; **634a** 121, 123	NJW-RR 2008, 521; MDR 2008, 509
08.01.2008	X ZR 97/05	**635** 12, 42	**IBR 2008, 380**; BauR 2008, 723; NJW-RR 2008, 724; MDR 2008, 552
06.12.2007	VII ZR 28/07	**631** 355, 358, 367	**IBR 2008, 143**; BauR 2008, 508; NZBau 2008, 376; NJW-RR 2008, 615; MDR 2008, 381
06.12.2007	VII ZR 157/06	**650p** 134	**IBR 2008, 161, 164**; BauR 2008, 543; NZBau 2008, 260; NJW 2008, 1880; MDR 2008, 380
06.12.2007	VII ZR 125/06	**632a** 56; **641** 64, 92, 101; **648** 138	**IBR 2008, 80**; BauR 2008, 510; NZBau 2008, 174; ZfBR 2008, 268; NJW-RR 2008, 401; MDR 2008, 199
06.12.2007	IX ZR 143/06	**631** 899, 910; **634a** 116, 141, 145, 146, 148	**IBR 2008, 87, 88**; BauR 2008, 711; NJW 2008, 519; MDR 2008, 281; BGHZ 175, 1
30.11.2007	V ZR 284/06	**636** 102	IMR 2008, 107; BauR 2008, 569, 823; NJW 2008, 649; MDR 2008, 257
22.11.2007	VII ZR 83/05	**641** 41; **648** 127; **650f** 66	**IBR 2008, 70**; BauR 2008, 506; NZBau 2008, 247; ZfBR 2008, 264; NJW 2008, 1522; MDR 2008, 259; BGHZ 174, 267
22.11.2007	VII ZR 130/06	**632a** 93, 95	**IBR 2008, 98**; BauR 2008, 540; NZBau 2008, 256; ZfBR 2008, 266; NJW-RR 2008, 328; MDR 2008, 200
16.11.2007	V ZR 45/07	**636** 77, 81	IMR 2008, 63; BauR 2008, 408; NJW 2008, 436; MDR 2008, 188
09.11.2007	V ZR 25/07	**634a** 133	**IBR 2008, 194**; NJW 2008, 506; MDR 2008, 191

Zitatübersicht

08.11.2007	VII ZR 183/05	**633** 63, 66, 74, 84; **634** 34, 35, 36, 38, 40, 41, 46, 51, 59, 69, 71, 123, 150, 152, 194; **640** 79; **641** 8; **643** 31; **645** 15; **650p** 65, 70; **650t** 86	**IBR 2008, 77, 78, 79**; BauR 2008, 284, 344; NZBau 2008, 109; ZfBR 2008, 168; NJW 2008, 511; MDR 2008, 200; BGHZ 174, 110
30.10.2007	X ZR 101/06	**634a** 89, 98, 104, 105, 106, 107, 108, 110	**IBR 2008, 86**; BauR 2008, 514; NZBau 2008, 177; ZfBR 2008, 261; NJW 2008, 576; MDR 2008, 192
25.10.2007	VII ZR 27/06	**634** 57	**IBR 2008, 122**; BauR 2008, 396; NZBau 2008, 175; ZfBR 2008, 164; NJW-RR 2008, 262; MDR 2008, 158
25.10.2007	VII ZR 205/06	**633** 58; **634a** 61, 401; **650u** 26, 49, 50	**IBR 2008, 21, 30**; BauR 2008, 351; NZBau 2008, 113; ZfBR 2008, 163; NJW-RR 2008, 258; MDR 2008, 138
19.10.2007	V ZR 211/06	**631** 283	IMR 2008, 17, 26; NJW 2007, 3777; MDR 2008, 71; BGHZ 174, 61
15.10.2007	II ZR 136/06	**634** 156; **634a** 278	**IBR 2008, 35**; BauR 2008, 142, 381; NZBau 2008, 121; NJW-RR 2008, 256; MDR 2008, 92
11.10.2007	VII ZR 99/06	**634a** 68, 70, 71, 73, 74, 75, 78	**IBR 2008, 17, 18**; BauR 2008, 87; NZBau 2008, 60; ZfBR 2008, 158; NJW 2008, 145; MDR 2008, 78; BGHZ 174, 32
11.10.2007	VII ZR 65/06	**635** 78; **650p** 150	**IBR 2008, 102**; BauR 2007, 2083; NZBau 2008, 187; ZfBR 2008, 160; NJW-RR 2008, 260; MDR 2008, 79
11.10.2007	VII ZR 25/06	**650q** 9	**IBR 2007, 685**; BauR 2007, 2081; NZBau 2008, 65; ZfBR 2008, 47; NJW 2008, 55; MDR 2007, 1418
11.10.2007	VII ZR 143/06	**650p** 7	**IBR 2008, 191**; NZBau 2008, 66; ZfBR 2008, 161; NJW-RR 2008, 110
27.09.2007	VII ZR 80/05	**636** 47, 51, 52, 53; **650f** 101, 146, 163, 166; **650t** 97	**IBR 2007, 675, 715**; **IBR 2008, 27, 84, 85**; BauR 2007, 2052; NZBau 2008, 55; ZfBR 2008, 39; NJW-RR 2008, 31; MDR 2007, 1418
27.09.2007	VII ZR 198/06	**631** 535	**IBR 2008, 1004**; BauR 2007, 2106; NZBau 2008, 57; ZfBR 2008, 157; NJW-RR 2008, 112
19.09.2007	VIII ZR 141/06	**vor 631** 68; **631** 105; **639** 12, 14	**IBR 2008, 22**; NJW 2007, 3774; MDR 2008, 16; BGHZ 174, 1
18.09.2007	XI ZR 447/06	**634a** 300; **641** 147	**IBR 2008, 25**; BauR 2008, 138; NZBau 2008, 62 (Ls.); ZfBR 2008, 152; MDR 2008, 94
18.09.2007	XI ZR 211/06	**641** 91	**IBR 2008, 121**; BauR 2008, 392; NZBau 2008, 52; ZfBR 2008, 154; NJW 2008, 523; MDR 2008, 160; BGHZ 173, 366
26.07.2007	VII ZR 5/06	**634** 57, 156, 185; **650t** 29, 64, 65	**IBR 2007, 571, 590**; BauR 2007, 1875; NZBau 2007, 721; ZfBR 2007, 784; NJW-RR 2008, 176; MDR 2007, 1419

Zitatübersicht

Datum	Aktenzeichen	Fundstelle	Weitere Fundstellen
26.07.2007	VII ZR 42/05	vor 631 35; 631 622; 650p 79, 94, 145; 650q 116	IBR 2007, 563, 564, 565; BauR 2007, 1761; NZBau 2007, 653; ZfBR 2007, 778; NJW 2008, 285; MDR 2007, 1366; BGHZ 173, 314
26.07.2007	VII ZR 262/05	641 51, 61	IBR 2007, 606; IBR 2008, 123; BauR 2007, 1727; NZBau 2007, 639; ZfBR 2007, 782; NJW-RR 2007, 1612; MDR 2007, 1365
17.07.2007	X ZR 31/06	631 287, 865; 644 13	IBR 2007, 672; BauR 2007, 2061; NZBau 2007, 703; ZfBR 2008, 35; NJW 2007, 3488; NJW-RR 2008, 108; MDR 2007, 1409
12.07.2007	VII ZR 186/06	vor 631 60, 86; 650g 80, 85	IBR 2007, 486; BauR 2007, 1618, 1726; NZBau 2007, 644; ZfBR 2007, 681; NJW-RR 2007, 1467; MDR 2007, 1306
12.07.2007	VII ZR 154/06	648 129	IBR 2007, 541; BauR 2007, 1724; NZBau 2007, 634; ZfBR 2007, 777; NJW 2007, 3423; MDR 2007, 1366
29.06.2007	V ZR 1/06	631 137	IMR 2007, 297; NJW 2007, 2841; MDR 2007, 1121
28.06.2007	VII ZR 81/06	634 78, 99; 636 85, 95, 96; 637 59; 641 23; 650t 95	IBR 2007, 472; BauR 2007, 1564; NZBau 2007, 578; NJW 2007, 2695; MDR 2007, 1251; BGHZ 173, 83
28.06.2007	VII ZR 8/06	634 78; 636 81, 85, 96	IBR 2007, 607; BauR 2007, 1567; NZBau 2007, 580; ZfBR 2007, 677; NJW 2007, 2697
28.06.2007	VII ZR 202/06	650p 112	IBR 2006, 626
28.06.2007	VII ZR 199/06	650g 56	IBR 2007, 481, 552; BauR 2007, 1722; NZBau 2007, 635; ZfBR 2007, 680; NJW-RR 2007, 1392; MDR 2007, 1122
14.06.2007	VII ZR 45/06	631 241, 826; 633 40, 51, 52, 53, 58, 59; 635 47; 650k 9; 650u 53, 209	IBR 2007, 473, 474, 475; BauR 2007, 1570; NZBau 2007, 574; ZfBR 2007, 671; NJW 2007, 2983; MDR 2007, 1252; BGHZ 172, 346
14.06.2007	VII ZR 230/06	641 32, 34; 650g 30, 36, 38, 68; 650q 49	IBR 2007, 531; BauR 2007, 1577; NZBau 2007, 637; ZfBR 2007, 676; NJW-RR 2007, 1393; MDR 2007, 1188
24.05.2007	VII ZR 210/06	641 120	IBR 2007, 422; BauR 2007, 1575; NZBau 2007, 583; ZfBR 2007, 671; NJW-RR 2007, 1319; MDR 2007, 1127
10.05.2007	VII ZR 288/05	631 641; 642 160, 162, 193	IBR 2007, 492, 493, 494; BauR 2007, 1592; NZBau 2007, 587; ZfBR 2007, 667; NJW 2007, 3712; MDR 2007, 1068; BGHZ 172, 237
10.05.2007	VII ZR 226/05	vor 631 60, 76, 86; 650c 232; 650g 85	IBR 2007, 412, 465, 469; BauR 2007, 1404; NZBau 2007, 581; ZfBR 2007, 665; NJW-RR 2007, 1317; MDR 2007, 1068
09.05.2007	VIII ZR 347/06	634a 173	IBR 2007, 1311; NJW 2007, 2843; MDR 2007, 1063
26.04.2007	VII ZR 210/05	650u 11, 14, 113	IBR 2007, 429; IMR 2007, 266; BauR 2007, 1407; NZBau 2007, 507; ZfBR 2007, 662; NJW 2007, 3275; MDR 2007, 1012

Zitatübersicht

12.04.2007	VII ZR 50/06	**650u** 108	**IBR 2007, 369, 370, 371, 372**; IMR 2007, 233; BauR 2007, 1227; NZBau 2007, 441; ZfBR 2007, 553; NJW 2007, 1957; MDR 2007, 830; BGHZ 172, 63
12.04.2007	VII ZR 236/05	**631** 206; **634a** 87, 91, 93, 116, 126, 127, 129, 375; **639** 17; **648a** 110; **650u** 64, 65, 66, 71, 73, 75, 77, 78, 79, 81, 83, 87, 89, 103, 104, 108	**IBR 2007, 302, 318, 373, 374**; IMR 2007, 195, 232; BauR 2007, 1221; NZBau 2007, 445 (Ls.); ZfBR 2007, 548; NJW 2007, 1952; MDR 2007, 1006; BGHZ 172, 42
22.03.2007	VII ZR 268/05	**vor 631** 97; **631** 171; **650u** 143, 223; **650v** 25, 48, 50, 52, 53	**IBR 2007, 355, 427, 428**; BauR 2007, 1235; NZBau 2007, 437; ZfBR 2007, 544; NJW 2007, 1947; MDR 2007, 882; BGHZ 171, 364
16.03.2007	V ZR 190/06	**650r** 19	IMR 2007, 196; NZBau 2007, 509; NJW 2007, 2183; MDR 2007, 945
08.03.2007	VII ZR 130/05	**639** 48; **650i** 22; **650u** 48	**IBR 2007, 319**; BauR 2007, 1036; NZBau 2007, 371; ZfBR 2007, 460; NJW-RR 2007, 895; MDR 2007, 771
07.03.2007	VIII ZR 218/06	**631** 933; **634a** 394, 401	**IBR 2007, 1161**; BauR 2007, 1044; NJW 2007, 2034; MDR 2007, 825
28.02.2007	V ZB 154/06	**634a** 55	IMR 2007, 338; NZBau 2007, 375 (Ls.); NJW 2007, 1534; MDR 2007, 903
08.02.2007	VII ZR 280/05	**631** 610	
08.02.2007	VII ZB 89/06	**650u** 104	IMR 2007, 168; BauR 2007, 913; NZBau 2007, 305; NJW 2007, 1464; MDR 2007, 683
01.02.2007	IX ZR 180/04	**634a** 98, 358	NJW-RR 2007, 1358; MDR 2007, 835
25.01.2007	VII ZR 41/06	**633** 62; **634** 82, 85; **635** 11; **650c** 104; **650p** 65	**IBR 2007, 188, 189**; BauR 2007, 700; NZBau 2007, 243; ZfBR 2007, 340; NJW-RR 2007, 597
25.01.2007	VII ZR 112/06	**vor 631** 91; **648** 63	**IBR 2007, 207**; BauR 2007, 724; NZBau 2007, 315; ZfBR 2007, 338; NJW-RR 2007, 596; MDR 2007, 711
23.01.2007	XI ZR 44/06	**631** 933; **634a** 401; **650s** 56	**IBR 2007, 1160**; BauR 2007, 871; NJW 2007, 1584; MDR 2007, 730; BGHZ 171, 1
11.01.2007	VII ZR 229/05	**650v** 56	**IBR 2007, 208**; BauR 2007, 697; NZBau 2007, 297; ZfBR 2007, 334; NJW 2007, 1360; MDR 2007, 772
11.01.2007	VII ZR 165/05	**631** 595, 599; **632a** 12	**IBR 2007, 120**; BauR 2007, 700; NZBau 2007, 242; ZfBR 2007, 334; NJW-RR 2007, 530; MDR 2007, 712
10.01.2007	VIII ZR 380/04	**631** 67, 202	NJW 2007, 987
21.12.2006	VII ZR 275/05	**631** 366, 583, 585	**IBR 2007, 186**; BauR 2007, 536; NZBau 2007, 172; ZfBR 2007, 261; NJW 2007, 838; MDR 2007, 649
21.12.2006	III ZR 117/06	**631** 698; **632a** 118	NJW-RR 2007, 494; MDR 2007, 433; BGHZ 170, 252
29.11.2006	VIII ZR 92/06	**639** 2	NJW 2007, 1346; MDR 2007, 642; BGHZ 170, 86

Zitatübersicht

Datum	Az.	Fundstelle	Zitate
23.11.2006	VII ZR 249/05	**650q** 45, 47	**IBR 2007, 81**; BauR 2007, 586; NZBau 2007, 252; ZfBR 2007, 255
23.11.2006	VII ZR 110/05	**650p** 101	**IBR 2007, 139, 143**; BauR 2007, 571; NZBau 2007, 180; ZfBR 2007, 253; NJW-RR 2007, 378; MDR 2007, 396
22.11.2006	VIII ZR 72/06	**639** 14	NJW 2007, 759; MDR 2007, 458; BGHZ 170, 67
15.11.2006	VIII ZR 3/06	**634a** 203, 267	**IBR 2008, 20, 145**; NJW 2007, 674; MDR 2007, 450; BGHZ 170, 31
09.11.2006	VII ZR 151/05	**641** 90	**IBR 2007, 66, 106**; BauR 2007, 429; NZBau 2007, 167; ZfBR 2007, 252; NJW-RR 2007, 305; MDR 2007, 602
26.10.2006	VII ZR 51/06	**631** 900	**IBR 2007, 123**
26.10.2006	VII ZR 194/05	**634a** 98, 100, 110	**IBR 2007, 32**; BauR 2007, 380; NZBau 2007, 184; ZfBR 2007, 142; NJW 2007, 587; MDR 2007, 331
26.10.2006	VII ZR 133/04	**634a** 347, 354, 357	**IBR 2007, 85**; BauR 2007, 423; NZBau 2007, 108; ZfBR 2007, 250; NJW 2007, 365; MDR 2007, 397
12.10.2006	VII ZR 272/05	**634a** 62, 66, 68, 75, 86	**IBR 2006, 667**; BauR 2007, 114; NZBau 2007, 96; ZfBR 2007, 47; NJW 2007, 366; MDR 2007, 267; BGHZ 169, 255
11.10.2006	IV ZR 329/05	**634a** 101, 178	**IBR 2007, 224**; NJW 2007, 69; MDR 2007, 464; BGHZ 169, 232
28.09.2006	VII ZR 303/04	**639** 32	**IBR 2006, 676**; BauR 2007, 111; NZBau 2006, 781; ZfBR 2007, 44; NJW-RR 2007, 59; MDR 2007, 199
28.09.2006	VII ZR 103/05	**641** 37; **650g** 38, 69	**IBR 2006, 707**; BauR 2007, 110; NZBau 2006, 782; NJW-RR 2007, 17
26.09.2006	X ZR 181/03	**632** 48	NJW-RR 2007, 103; MDR 2007, 350
16.08.2006	VIII ZR 200/05	**634** 97; **635** 75	**IBR 2006, 488**; BauR 2006, 2047; NJW 2006, 3200
10.08.2006	IX ZR 28/05	**637** 33; **638** 22	**IBR 2006, 559**; BauR 2006, 1884, 1796 (Ls.); NZBau 2006, 635; ZfBR 2006, 776; NJW 2006, 2919; MDR 2007, 83; BGHZ 169, 43
01.08.2006	X ZR 146/03	**631** 805, 806	**IBR 2006, 693**; BauR 2007, 120; VergabeR 2007, 194; NZBau 2007, 58; ZfBR 2007, 93; MDR 2007, 405
27.07.2006	VII ZR 276/05	**vor 631** 60; **636** 5; **639** 49; **640** 114; **648a** 107; **650u** 71, 75, 83, 95, 97, 102; **650v** 58	**IBR 2006, 560, 561, 621**; IMR 2006, 126, 127, 165; BauR 2006, 1747; NZBau 2006, 706; ZfBR 2006, 770; NJW 2006, 3275; MDR 2007, 207; BGHZ 169, 1
27.07.2006	VII ZR 202/04	**vor 631** 35; **631** 15, 425, 428, 431, 597, 809, 823, 839, 841, 844; **643** 20, 32	**IBR 2006, 605, 606, 660, 661, 662, 663**; BauR 2006, 2040; NZBau 2006, 777; ZfBR 2007, 36; NJW 2006, 3413; NJW-RR 2006, 1679 (Ls.); MDR 2007, 208; BGHZ 168, 368
20.07.2006	IX ZR 94/03	**650d** 57	NJW 2006, 2767; MDR 2007, 148; BGHZ 168, 352
12.07.2006	X ZR 157/05	**631** 698, 700, 702, 703; **641** 33	NZBau 2006, 651 (Ls.); NJW 2006, 3271; MDR 2007, 200

Zitatübersicht

30.06.2006	V ZR 148/05	**631** 162, 164		IMR 2006, 95; NJW-RR 2006, 1292; MDR 2006, 1340
29.06.2006	VII ZR 86/05	**635** 54; **636** 100, 101, 103		**IBR 2006, 545, 546**; BauR 2006, 1736; NZBau 2006, 642; ZfBR 2006, 668; NJW 2006, 2912; MDR 2007, 146
29.06.2006	VII ZR 274/04	**635** 31		**IBR 2006, 487**; BauR 2006, 1468; NZBau 2006, 641; ZfBR 2006, 667; NJW-RR 2006, 1311; MDR 2007, 26
29.06.2006	VII ZR 270/05	**632** 17		**IBR 2006, 504**
23.06.2006	V ZR 147/05	**631** 131, 137		NJW 2006, 3054; MDR 2007, 23
13.06.2006	X ZR 167/04	**648** 147; **650p** 146		**IBR 2006, 507**; BauR 2006, 1488; NZBau 2006, 638; ZfBR 2007, 33; NJW-RR 2006, 1309; MDR 2007, 20
08.06.2006	VII ZR 13/05	**631** 108, 547, 548		**IBR 2006, 433, 607**; BauR 2006, 1461; NZBau 2006, 571; ZfBR 2006, 665; NJW 2006, 2978; MDR 2006, 1342; BGHZ 168, 96
07.06.2006	VIII ZR 209/05	**634a** 203		NJW 2006, 2839; MDR 2007, 146; BGHZ 168, 64
23.05.2006	VI ZB 7/05	**636** 55		**IBR 2006, 527**; BauR 2006, 1505; NZBau 2006, 647; NJW 2006, 2415; MDR 2007, 54
19.05.2006	V ZR 40/05	**634a** 197		**IBR 2006, 447**; BauR 2006, 1464; NZBau 2006, 645; NJW 2006, 2773; MDR 2006, 1272
18.05.2006	III ZR 396/04	**631** 10		**IBR 2006, 470**; BauR 2006, 1876; ZfBR 2006, 671, 779
11.05.2006	VII ZR 309/04	**631** 98, 99, 622, 624		**IBR 2006, 434**; BauR 2006, 1301
11.05.2006	VII ZR 300/04	**634a** 368; **650s** 9, 43, 45, 48, 54		**IBR 2006, 450**; BauR 2006, 1332; NZBau 2006, 519; ZfBR 2006, 560; NJW-RR 2006, 1248; MDR 2006, 1221
11.05.2006	VII ZR 146/04	**632a** 107; **634** 14; **640** 22, 27, 28, 29, 31, 33, 61, 82; **641** 12; **643** 26; **648** 24, 27, 137; **650f** 186, 208, 209; **650s** 21, 32		**IBR 2006, 432, 440, 441**; BauR 2006, 1294; NZBau 2006, 569; ZfBR 2006, 561; NJW 2006, 2475; MDR 2006, 1401; BGHZ 167, 345
27.04.2006	VII ZR 175/05	**vor 631** 97; **639** 26, 27; **648** 133, 134		**IBR 2006, 382**; BauR 2006, 1131; NZBau 2006, 435; ZfBR 2006, 557; NJW 2006, 2551; MDR 2006, 1101
13.04.2006	IX ZR 208/02	**634a** 354		NJW 2006, 2635; MDR 2006, 1138
04.04.2006	X ZR 122/05	**632** 6, 46, 48; **650c** 20, 22		**IBR 2006, 1398**; BauR 2006, 1341; NJW 2006, 2472; MDR 2007, 75; BGHZ 167, 139
31.03.2006	V ZR 51/05	**636** 30		**IBR 2006, 335**; BauR 2006, 983; NJW 2006, 1582; MDR 2006, 1159; BGHZ 167, 108
30.03.2006	VII ZR 44/05	**631** 42, 101, 349, 351, 356, 366, 384		**IBR 2006, 385, 386, 387**; BauR 2006, 1128; NZBau 2006, 504; ZfBR 2006, 465; NJW 2006, 2555; MDR 2006, 1278; BGHZ 167, 75

Zitatübersicht

Datum	Aktenzeichen	Paragraphen	Fundstellen
24.03.2006	V ZR 173/05	**636** 12	IMR 2006, 25; BauR 2006, 1137; NJW 2006, 1960; MDR 2006, 1155; BGHZ 167, 19
23.03.2006	IX ZR 134/04	**650d** 57	NJW 2006, 2557; MDR 2006, 1225
14.03.2006	X ZR 46/04	**636** 50	NJW-RR 2006, 965
09.03.2006	VII ZR 268/04	**vor 631** 57; **631** 82, 93	**IBR 2006, 271**; BauR 2006, 1012; NZBau 2006, 383; ZfBR 2006, 461; NJW-RR 2006, 740; MDR 2006, 1034
23.02.2006	VII ZR 84/05	**637** 19; **650u** 83, 90	**IBR 2006, 265, 266, 322**; IMR 2006, 24; BauR 2006, 979; NZBau 2006, 371; ZfBR 2006, 457; NJW 2006, 2254
23.02.2006	VII ZR 168/04	**650p** 158	**IBR 2006, 273**; BauR 2006, 1010; NZBau 2006, 384; ZfBR 2006, 260, 460; NJW-RR 2006, 741
22.02.2006	VIII ZR 219/04	**650u** 57	IMR 2010, 1000; BauR 2006, 991; NJW-RR 2006, 801; MDR 2006, 861
09.02.2006	VII ZR 228/04	**636** 30, 105	**IBR 2006, 264**; BauR 2006, 828; NZBau 2006, 312, 371; ZfBR 2006, 456; NJW 2006, 3062 (Ls.); NJW-RR 2006, 890; MDR 2006, 926
02.02.2006	III ZR 61/05	**634a** 98, 101	
20.01.2006	V ZR 124/05	**634** 25; **634a** 375; **636** 4, 7; **650f** 160, 169	**IBR 2006, 230**; BauR 2006, 1134; NJW 2006, 1198; MDR 2006, 735
12.01.2006	VII ZR 73/04	**637** 80	**IBR 2006, 1447**; BauR 2006, 717; ZfBR 2006, 347; NJW-RR 2006, 669; MDR 2006, 586
12.01.2006	VII ZR 2/04	**650g** 53; **650p** 158	**IBR 2006, 208, 211, 272**; BauR 2006, 693; NZBau 2006, 248; ZfBR 2006, 345; NJW-RR 2006, 667; MDR 2006, 869; BGHZ 165, 382
10.01.2006	X ZR 58/03	**634** 49	BauR 2006, 1469; NJW-RR 2006, 851
10.01.2006	VIII ZB 82/05	**631** 910	**IBR 2007, 1043**; NJW 2006, 773; MDR 2006, 826; BGHZ 165, 358
22.12.2005	VII ZR 71/04	**631** 723, 762	**IBR 2006, 195**; BauR 2006, 522; NZBau 2006, 234; ZfBR 2006, 336; NJW 2006, 995; MDR 2006, 747
22.12.2005	VII ZR 316/03	**631** 430, 431, 433, 435; **641** 35; **650g** 51, 52, 56, 63, 64, 75, 77	**IBR 2006, 128**; BauR 2006, 678; NZBau 2006, 231; ZfBR 2006, 335; NJW-RR 2006, 455; MDR 2006, 685
22.12.2005	VII ZR 183/04	**vor 631** 97; **648** 133	**IBR 2006, 126**; BauR 2006, 510; NZBau 2006, 237; ZfBR 2006, 240; NJW 2006, 904; MDR 2006, 683; BGHZ 165, 325
22.12.2005	VII ZB 84/05	**632a** 84, 85, 141, 142	**IBR 2006, 212**; BauR 2006, 674; NZBau 2006, 245; ZfBR 2006, 338; NJW-RR 2006, 597; MDR 2006, 746; BGHZ 165, 332
21.12.2005	VIII ZR 49/05	**637** 24, 25, 28	NJW 2006, 1195; MDR 2006, 677
08.12.2005	VII ZR 50/04	**631** 431, 435; **641** 35; **650g** 56, 59, 60, 77; **650q** 51	**IBR 2006, 129**; BauR 2006, 517; NZBau 2006, 179; ZfBR 2006, 239; NJW-RR 2006, 454; MDR 2006, 628

Zitatübersicht

08.12.2005	VII ZR 191/04	**632a** 19, 20, 117, 118	**IBR 2006, 119**; BauR 2006, 414; NZBau 2006, 175; ZfBR 2006, 237; NJW-RR 2006, 390; MDR 2006, 646
08.12.2005	VII ZR 138/04	**639** 2, 38	**IBR 2006, 214, 1357**; BauR 2006, 701; NZBau 2006, 254; ZfBR 2006, 333; MDR 2006, 565
24.11.2005	VII ZR 87/04	**631** 25, 71, 72, 210	**IBR 2006, 76, 78**; BauR 2006, 514; NZBau 2006, 390; ZfBR 2006, 232; MDR 2006, 510
24.11.2005	VII ZR 304/04	**631** 672, 674	**IBR 2006, 117**; BauR 2006, 411; NZBau 2006, 169; ZfBR 2006, 231; NJW 2006, 698; MDR 2006, 509; BGHZ 165, 134
23.11.2005	VIII ZR 43/05	**640** 19	NJW 2006, 434; MDR 2006, 510
17.11.2005	IX ZR 8/04	**631** 906	NJW-RR 2006, 275; MDR 2006, 689
10.11.2005	VII ZR 64/04	**635** 47, 54	**IBR 2006, 85**; BauR 2006, 377; NZBau 2006, 110; ZfBR 2006, 154; NJW-RR 2006, 304; MDR 2006, 387
10.11.2005	VII ZR 147/04	**633** 55; **634** 4; **635** 4; **636** 129; **650f** 168	**IBR 2006, 16, 91**; BauR 2006, 375, 153 (Ls.); NZBau 2006, 112; ZfBR 2006, 153; NJW-RR 2006, 240; MDR 2006, 260
10.11.2005	VII ZR 137/04	**635** 47, 49	**IBR 2006, 131**; BauR 2006, 382; NZBau 2006, 177; ZfBR 2006, 229; NJW-RR 2006, 453; MDR 2006, 566
10.11.2005	VII ZR 11/04	**641** 115, 130, 132	**IBR 2006, 23, 24**; BauR 2006, 379, 154 (Ls.); NZBau 2006, 106; ZfBR 2006, 156; NJW 2006, 442; MDR 2006, 327
10.11.2005	VII ZR 105/05	**650p** 111	**IBR 2006, 104**; BauR 2006, 155 (Ls.), 419 (Ls.)
26.10.2005	VIII ZR 48/05	**631** 103	**IBR 2006, 1177**; NJW 2006, 996; BGHZ 165, 12
26.10.2005	VIII ZR 359/04	**634a** 402	**IBR 2006, 11**; NJW 2006, 44; MDR 2006, 558
20.10.2005	VII ZR 190/02	**642** 50, 181; **643** 35	**IBR 2006, 84**; BauR 2006, 371; NZBau 2006, 108; ZfBR 2006, 145; NJW-RR 2006, 306; MDR 2006, 328
20.10.2005	VII ZR 155/04	**640** 103; **650s** 9, 43, 48, 55	**IBR 2006, 99**; BauR 2006, 396; NZBau 2006, 122; ZfBR 2006, 148; NJW-RR 2006, 303; MDR 2006, 441
20.10.2005	VII ZR 153/04	**641** 122	**IBR 2006, 92**; BauR 2006, 374; NZBau 2006, 107; ZfBR 2006, 145; NJW-RR 2006, 389; MDR 2006, 388
19.10.2005	VIII ZR 392/03	**631** 786	**IBR 2006, 248**; NZBau 2006, 118; NJW 2006, 843 (Ls.); NJW-RR 2006, 243; MDR 2006, 501
06.10.2005	VII ZR 325/03	**636** 30, 105	**IBR 2006, 32**; BauR 2006, 103; NZBau 2006, 42 (Ls.); ZfBR 2006, 140; NJW 2006, 53; MDR 2006, 261; BGHZ 164, 235
06.10.2005	VII ZR 229/03	**631** 676; **632a** 118; **650g** 71	**IBR 2005, 717**; BauR 2005, 1959; NZBau 2005, 692; ZfBR 2006, 34; NJW-RR 2005, 1687; MDR 2006, 201
06.10.2005	VII ZR 117/04	**639** 48; **650i** 22; **650u** 14, 248, 259	**IBR 2006, 29, 30, 31**; BauR 2006, 99; NZBau 2006, 113; ZfBR 2006, 141; NJW 2006, 214; MDR 2006, 260; BGHZ 164, 225

Zitatübersicht

Datum	Aktenzeichen		Fundstellen
05.10.2005	X ZR 276/02	**631** 303, 703; **637** 15	IBR 2006, 17; BauR 2006, 524, 418 (Ls.); NZBau 2006, 116; ZfBR 2006, 226; NJW 2006, 769; MDR 2006, 435
05.10.2005	VIII ZR 16/05	**634a** 180	IBR 2006, 204, 446; BauR 2006, 158 (Ls.); NZBau 2006, 41 (Ls.); ZfBR 2006, 35; NJW 2006, 47; MDR 2006, 378; BGHZ 164, 196
22.09.2005	VII ZR 63/04	**641** 74; **648** 87, 91, 106; **650c** 52	IBR 2005, 662; BauR 2005, 1916; NZBau 2005, 683; ZfBR 2006, 31; NJW-RR 2006, 29; MDR 2006, 87
22.09.2005	VII ZR 34/04	**631** 173, 189, 190	IBR 2006, 10, 59; BauR 2005, 1918; NZBau 2006, 171; ZfBR 2006, 27; NJW 2006, 60; MDR 2006, 411, 1152 (Ls.); BGHZ 164, 166
22.09.2005	VII ZR 152/05	**650f** 130	IBR 2005, 681; BauR 2005, 1926; NZBau 2006, 40; ZfBR 2006, 30; NJW-RR 2006, 28; MDR 2006, 147
22.09.2005	VII ZR 117/03	**631** 664, 692, 726	IBR 2005, 663; IBR 2006, 27; NZBau 2005, 685; ZfBR 2006, 32; NJW 2005, 3574; MDR 2006, 293; BGHZ 164, 159
21.09.2005	XII ZR 312/02	**631** 632, 633	IBR 2006, 52; NJW 2006, 138; MDR 2006, 508; BGHZ 164, 133
15.09.2005	I ZR 58/03	**639** 16	NJW-RR 2006, 267; MDR 2006, 459
26.07.2005	X ZR 134/04	**631** 790	BauR 2005, 1922; NJW 2005, 3348; MDR 2006, 320
21.07.2005	VII ZR 240/03	**634a** 62	IBR 2005, 526; BauR 2005, 1624; NZBau 2005, 684; ZfBR 2005, 787; NJW-RR 2005, 1473; MDR 2005, 1402
21.07.2005	I ZR 312/02	vor **631** 129	NJW-RR 2006, 117; MDR 2006, 407
20.07.2005	VIII ZR 275/04	**636** 42, 130, 131, 137	NJW 2005, 2848 (Ls.); MDR 2005, 1335; BGHZ 163, 381
07.07.2005	VII ZR 59/04	**633** 91; **634a** 89; **635** 16, 18	IBR 2005, 528; BauR 2005, 1626; NZBau 2005, 638; ZfBR 2005, 785; NJW-RR 2005, 1474; MDR 2005, 1403
07.07.2005	VII ZR 430/02	**631** 501	IBR 2005, 549; BauR 2005, 1658; NZBau 2005, 591; ZfBR 2005, 680; MDR 2005, 1161
05.07.2005	X ZR 60/04	**632a** 123	IBR 2005, 1293; NZBau 2005, 578; NJW 2005, 2919; MDR 2006, 14; BGHZ 163, 321
05.07.2005	VII ZB 14/05	**650f** 224	IBR 2005, 1271; MDR 2005, 1433
24.06.2005	V ZR 350/03	**650u** 104	NJW 2005, 3146; MDR 2006, 85
23.06.2005	VII ZR 277/04	**631** 72; **641** 121	IBR 2005, 479; BauR 2006, 106; NZBau 2005, 590 (Ls.); ZfBR 2005, 678
23.06.2005	VII ZR 200/04	**631** 831; **633** 75; **635** 25, 27; **650b** 262; **650p** 65; **650u** 49, 58	IBR 2005, 491; BauR 2005, 1473; NZBau 2005, 511; ZfBR 2005, 676; NJW 2005, 3420; MDR 2005, 1284
23.06.2005	VII ZR 197/03	**631** 657, 659, 663, 667, 671, 677; **634a** 197; **641** 10; **648a** 29, 63	IBR 2005, 465, 466, 469, 485; BauR 2005, 1477; NZBau 2005, 582; ZfBR 2005, 673; NJW 2005, 2771; MDR 2005, 1344; BGHZ 163, 274
20.06.2005	II ZR 18/03	**650f** 182	NJW 2005, 3069; MDR 2005, 1422

Zitatübersicht

17.06.2005	V ZR 220/04	**631** 131	**IBR 2005, 713**; NJW-RR 2005, 1418; MDR 2005, 1341	
09.06.2005	VII ZR 132/04	**632a** 93	**IBR 2006, 12**	
09.06.2005	III ZR 436/04	**vor 631** 93	**IBR 2005, 499**; BauR 2005, 1772, 1525 (Ls.); NZBau 2005, 509; MDR 2005, 1285	
07.06.2005	X ZR 19/02	**631** 805	**IBR 2005, 507**; BauR 2005, 1618, 1521 (Ls.), 1823 (Ls.); VergabeR 2005, 617; NZBau 2005, 709; NZBau 2006, 57 (Ls.); ZfBR 2005, 704; MDR 2005, 1362	
02.06.2005	V ZB 32/05	**631** 206; **650f** 22; **650u** 108	**IBR 2005, 517, 1225**; BauR 2005, 1462; NJW 2005, 2061; MDR 2005, 1156; BGHZ 163, 154	
24.05.2005	X ZR 243/02	**631** 805	**IBR 2005, 562, 563**; BauR 2005, 1620; BauR 2006, 159 (Ls.); VergabeR 2005, 754; NZBau 2005, 594, 703; ZfBR 2005, 703; MDR 2005, 1403	
12.05.2005	VII ZR 97/04	**631** 507, 513, 514, 516, 523	**IBR 2005, 411**; BauR 2005, 1311; NZBau 2005, 458; ZfBR 2005, 670; NJW-RR 2005, 1261; MDR 2005, 1162; BGHZ 163, 103	
12.05.2005	VII ZR 45/04	**633** 96; **634** 30, 31, 38, 39, 41, 46	**IBR 2005, 418**; BauR 2005, 1314; NZBau 2005, 456; ZfBR 2005, 667; MDR 2005, 1222	
04.05.2005	VIII ZR 93/04	**634a** 98, 117	NJW 2005, 2004; MDR 2005, 1153	
26.04.2005	X ZR 166/04	**631** 217; **644** 5; **650b** 318, 324	**IBR 2005, 357, 358**; BauR 2005, 1317, 1218 (Ls.); NZBau 2005, 453; NJW-RR 2005, 1179; MDR 2005, 1276; MDR 2006, 1153 (Ls.)	
19.04.2005	X ZR 191/02	**648** 59	**IBR 2005, 412**; BauR 2005, 1218 (Ls.); BauR 2006, 519; NZBau 2005, 639; ZfBR 2005, 666; NJW-RR 2005, 1103	
14.04.2005	VII ZR 56/04	**631** 77; **641** 125	**IBR 2005, 423, 460**; BauR 2005, 1154; NZBau 2005, 460; ZfBR 2005, 557; NJW-RR 2005, 1040; MDR 2005, 1103	
14.04.2005	VII ZR 14/04	**631** 425, 597, 598, 944, 945; **641** 91	**IBR 2005, 359**; BauR 2005, 1152; NZBau 2005, 455; ZfBR 2005, 555; NJW-RR 2005, 1041; MDR 2005, 1104; MDR 2006, 1153 (Ls.)	
05.04.2005	XI ZR 294/03	**650v** 58	**IBR 2005, 375**; BauR 2005, 1156, 1220 (Ls.); NZBau 2005, 394; ZfBR 2005, 467; NJW-RR 2005, 1101; MDR 2005, 1064; BGHZ 162, 378	
31.03.2005	VII ZR 369/02	**635** 15; **641** 62	**IBR 2005, 308**; BauR 2005, 1012; NZBau 2005, 391; ZfBR 2005, 555; NJW-RR 2005, 969; MDR 2005, 1045	
31.03.2005	VII ZR 346/03	**650f** 151, 157	**IBR 2005, 369**; BauR 2005, 1009; NZBau 2005, 393; ZfBR 2005, 462; NJW 2005, 1939; MDR 2005, 860	
31.03.2005	VII ZR 180/04	**640** 16; **641** 71, 85	**IBR 2005, 310**; BauR 2005, 1010; NZBau 2005, 392; ZfBR 2005, 463; NJW-RR 2005, 919; MDR 2005, 983; MDR 2006, 1150 (Ls.)	
31.03.2005	VII ZR 157/04	**636** 47	**IBR 2005, 1217**	
16.03.2005	XII ZR 269/01	**650q** 18, 20	**IBR 2005, 689**; BauR 2005, 1951	

Zitatübersicht

10.03.2005	VII ZR 321/03	**635** 54; **636** 81	IBR 2005, 307; BauR 2005, 1014; NZBau 2005, 390; ZfBR 2005, 461; NJW-RR 2005, 1039; MDR 2005, 983
10.03.2005	VII ZR 220/03	**650p** 186	IBR 2005, 333; BauR 2005, 1052; NZBau 2005, 397; ZfBR 2005, 460; NJW-RR 2005, 928; MDR 2005, 921
01.03.2005	VI ZR 101/04	**634a** 98	NJW-RR 2005, 1044
24.02.2005	VII ZR 86/04	**634a** 38; **650a** 17; **650f** 14, 208; **650p** 37, 38	IBR 2005, 253; BauR 2005, 1019, 908 (Ls.); NZBau 2005, 281; ZfBR 2005, 453; NJW-RR 2005, 750; MDR 2005, 745
24.02.2005	VII ZR 340/03	**631** 355	IBR 2005, 248; BauR 2005, 1015, 908 (Ls.)
24.02.2005	VII ZR 328/03	**634** 39, 126, 159; **650t** 15, 52	IBR 2005, 306; BauR 2005, 1016; NZBau 2005, 400; ZfBR 2005, 458; NJW-RR 2005, 891
24.02.2005	VII ZR 225/03	**631** 612, 769, 778, 781, 783; **635** 15; **642** 184, 192, 193; **643** 20, 32; **648** 4	IBR 2005, 243, 247, 254; BauR 2005, 861; NZBau 2005, 335; ZfBR 2005, 454; NJW 2005, 1650; MDR 2005, 922 (Ls.); MDR 2006, 1153 (Ls.)
24.02.2005	VII ZR 141/03	**631** 45, 612, 617, 760, 769, 770, 773, 775; **642** 184, 192, 193	IBR 2005, 246, 299; BauR 2005, 857; NZBau 2005, 387; ZfBR 2005, 450; NJW 2005, 1653; MDR 2005, 922; MDR 2006, 1152 (Ls.), 1153 (Ls.); BGHZ 162, 259
23.02.2005	VIII ZR 100/04	**637** 7	IBR 2005, 249, 309; BauR 2005, 1021; NJW 2005, 1348; MDR 2005, 673; BGHZ 162, 219
15.02.2005	X ZR 43/02	**633** 16; **640** 51	IBR 2005, 471; BauR 2005, 871, 908 (Ls.); NJW-RR 2005, 607; MDR 2005, 1096
10.02.2005	VII ZR 184/04	**631** 163; **648a** 107	IBR 2005, 207, 208; BauR 2005, 866; NZBau 2005, 278; ZfBR 2005, 370; NJW 2005, 1356; MDR 2005, 802; BGHZ 162, 157
01.02.2005	X ZR 112/02	**637** 78	IBR 2005, 364; BauR 2005, 1070 (Ls.); NZBau 2005, 514; ZfBR 2005, 551; NJW-RR 2005, 1037; MDR 2005, 1096
27.01.2005	VII ZR 238/03	**634a** 167	IBR 2005, 1210; BauR 2005, 868, 770 (Ls.); NZBau 2005, 283; ZfBR 2005, 365; NJW-RR 2005, 606; MDR 2005, 766
27.01.2005	VII ZR 158/03	**634a** 101, 269, 354, 399	IBR 2005, 220; BauR 2005, 705, 908 (Ls.); NZBau 2005, 287; ZfBR 2005, 366; NJW 2005, 1423; MDR 2005, 747; BGHZ 162, 86
26.01.2005	VIII ZR 79/04	**631** 209	NJW 2005, 976; MDR 2005, 674
26.01.2005	VIII ZR 66/04	**631** 853, 854; **650b** 273, 275, 285	NJW-RR 2005, 639
14.01.2005	V ZR 260/03	**631** 131	
13.01.2005	VII ZR 353/03	**648** 63; **650g** 50, 75	IBR 2005, 262, 331; BauR 2005, 739, 909 (Ls.); NZBau 2005, 349; ZfBR 2005, 359; NJW-RR 2005, 749; MDR 2005, 803

Zitatübersicht

13.01.2005	VII ZR 28/04	**650f** 172		IBR **2005, 198**; BauR 2005, 749, 764 (Ls.); NZBau 2005, 280; ZfBR 2005, 360; NJW-RR 2005, 609; MDR 2005, 748
13.01.2005	VII ZR 15/04	**634a** 172, 173, 174, 179, 312		IBR **2005, 193**; BauR 2005, 710; NZBau 2005, 282; ZfBR 2005, 363; NJW-RR 2005, 605; MDR 2005, 682
16.12.2004	VII ZR 270/03	**634a** 217; **635** 18		IBR **2005, 294**; BauR 2005, 590, 769 (Ls.); NZBau 2005, 224; ZfBR 2005, 358; MDR 2005, 645
16.12.2004	VII ZR 257/03	**631** 163; **633** 58; **639** 48; **650i** 22; **650u** 14, 55		IBR **2005, 153, 154, 155, 206**; BauR 2005, 542; NZBau 2005, 216; ZfBR 2005, 263; NJW 2005, 1115; MDR 2005, 622
16.12.2004	VII ZR 174/03	**648** 159		IBR **2005, 159, 1118**; BauR 2005, 588; NZBau 2005, 163; ZfBR 2005, 260; NJW-RR 2005, 672 (Ls.); MDR 2005, 645
16.12.2004	VII ZR 167/02	**650f** 172, 177, 196		IBR **2005, 146**; BauR 2005, 548; NZBau 2005, 221; ZfBR 2005, 261; NJW-RR 2005, 457; MDR 2005, 565
16.12.2004	VII ZR 16/03	**644** 8; **645** 5, 6, 7; **650q** 5, 60		IBR **2005, 213, 214, 215, 271, 1194**; BauR 2005, 735; NZBau 2005, 285; ZfBR 2005, 355; NJW-RR 2005, 669; MDR 2005, 706
09.12.2004	VII ZR 265/03	**641** 122, 124, 125, 137		IBR **2005, 147, 148**; BauR 2005, 539; NZBau 2005, 219; ZfBR 2005, 255; NJW-RR 2005, 458; MDR 2005, 566
09.12.2004	VII ZR 199/03	**650f** 172		IBR **2005, 85**; BauR 2005, 555, 438 (Ls.); NZBau 2005, 146; ZfBR 2005, 257; NJW-RR 2005, 389; MDR 2005, 501
30.11.2004	X ZR 43/03	**634a** 66, 70, 78		IBR **2005, 80**; BauR 2005, 550, 438 (Ls.); NJW 2005, 893; MDR 2005, 799
25.11.2004	VII ZR 394/02	**648** 125		IBR **2005, 75**; BauR 2005, 385; NZBau 2005, 147; ZfBR 2005, 252; NJW-RR 2005, 325; MDR 2005, 501
11.11.2004	VII ZR 128/03	**631** 651, 652; **632a** 20, 117; **650p** 104, 105, 106, 108, 118, 119, 120, 215		IBR **2005, 96, 100**; BauR 2005, 400; NZBau 2005, 158; ZfBR 2005, 178; NJW-RR 2005, 318; MDR 2005, 502
28.10.2004	VII ZR 385/02	**vor 631** 68; **631** 105; **634a** 221, 224		IBR **2005, 142**; BauR 2005, 383; NZBau 2005, 149; ZfBR 2005, 246; NJW-RR 2005, 247; MDR 2005, 441; MDR 2006, 1151 (Ls.)
28.10.2004	VII ZR 18/03	**648a** 27		IBR **2005, 78**; BauR 2005, 425; NZBau 2005, 150; ZfBR 2005, 248; MDR 2005, 410
18.10.2004	II ZR 352/02	**650l** 13		NJW-RR 2005, 180; MDR 2005, 157
15.10.2004	V ZR 223/03	**vor 631** 118		NJW 2005, 983; MDR 2005, 326
14.10.2004	VII ZR 190/03	**631** 91, 424, 425, 597, 598, 628, 634; **641** 91		IBR **2005, 1, 74**; BauR 2005, 94; NZBau 2005, 148; ZfBR 2005, 172; NJW-RR 2005, 246; MDR 2005, 442; MDR 2006, 1150 (Ls.)
13.10.2004	I ZR 249/01	**634** 189		NJW-RR 2005, 34; MDR 2005, 617
30.09.2004	VII ZR 458/02	**648a** 106; **650v** 58		IBR **2005, 19, 90**; BauR 2005, 91; NZBau 2005, 38; ZfBR 2005, 167; MDR 2005, 267; BGHZ 160, 277

Zitatübersicht

Datum	Aktenzeichen	Fundstellen	Weitere Fundstellen
30.09.2004	VII ZR 456/01	**632** 76; **642** 162; **650q** 7	IBR 2005, 94, 95, 158; BauR 2005, 118, 156 (Ls.); NZBau 2005, 46; ZfBR 2005, 169; NJW-RR 2005, 322; MDR 2005, 267; BGHZ 160, 267
30.09.2004	VII ZR 187/03	**632a** 93	IBR 2004, 676; BauR 2004, 1940; NZBau 2005, 41; ZfBR 2005, 63; NJW-RR 2005, 129; MDR 2005, 140
28.09.2004	IX ZR 155/03	**631** 899, 912; **634a** 116	NJW 2004, 3772; MDR 2005, 235; BGHZ 160, 259
23.09.2004	VII ZR 301/03	**634** 64	IBR 2004, 614
23.09.2004	VII ZR 289/03	**634** 185	IBR 2004, 706
23.09.2004	VII ZR 173/03	**631** 435, 883; **632a** 103; **650g** 52, 56, 63	IBR 2004, 675; IBR 2005, 5, 63; BauR 2004, 1937; NZBau 2005, 40; ZfBR 2005, 56; NJW-RR 2005, 167; MDR 2005, 206
22.09.2004	VIII ZR 203/03	**650f** 56	IBR 2005, 77; NJW-RR 2005, 357; MDR 2005, 202
21.09.2004	X ZR 244/01	**633** 16, 72	IBR 2004, 611; BauR 2004, 1941; NZBau 2004, 672; ZfBR 2005, 166
26.08.2004	VII ZR 5/04	**631** 642	IBR 2004, 560
26.08.2004	VII ZR 42/04	**640** 41	IBR 2005, 420
28.07.2004	XII ZR 292/02	**631** 479	IBR 2004, 600; NJW-RR 2004, 1452; MDR 2004, 1406
22.07.2004	VII ZR 232/01	**636** 152	IBR 2004, 491; BauR 2004, 1653; NZBau 2004, 614; ZfBR 2005, 50; NJW-RR 2005, 22; MDR 2005, 46
22.07.2004	VII ZR 148/03	**631** 29	IBR 2004, 479
16.07.2004	V ZR 222/03	**631** 170	NJW 2004, 3330; MDR 2004, 1231
08.07.2004	VII ZR 317/02	**631** 719; **635** 11, 25, 32, 40; **641** 52, 86; **648** 138, 141; **648a** 88	IBR 2004, 494; BauR 2004, 1616, 1500 (Ls.); NZBau 2004, 611; ZfBR 2005, 49; NJW-RR 2004, 1461; MDR 2004, 1410
08.07.2004	VII ZR 24/03	**631** 107, 362, 366	IBR 2004, 561; BauR 2004, 1609; NZBau 2004, 609; ZfBR 2005, 47; NJW-RR 2004, 1463; MDR 2005, 29
08.07.2004	VII ZR 231/03	**631** 366	IBR 2004, 490; BauR 2004, 1611, 1500 (Ls.); NZBau 2004, 613; ZfBR 2004, 790; NJW-RR 2004, 1537; MDR 2004, 1371
02.07.2004	V ZR 213/03	**631** 131	IBR 2004, 654; NJW 2004, 2671; MDR 2005, 27; BGHZ 160, 8
24.06.2004	VII ZR 271/01	**631** 214; **650b** 132, 174	IBR 2004, 486; BauR 2004, 1613; NZBau 2004, 612; ZfBR 2004, 786; NJW-RR 2004, 1539; MDR 2004, 1234 (Ls.)
24.06.2004	VII ZR 259/02	**631** 650, 651; **632** 31, 77; **650n** 2; **650p** 84, 87; **650u** 242	IBR 2004, 512, 513, 626; BauR 2004, 1640; NZBau 2004, 509; ZfBR 2004, 781; NJW 2004, 2588; MDR 2004, 1293; BGHZ 159, 376
17.06.2004	VII ZR 91/03	**650f** 172	IBR 2004, 617; BauR 2004, 1453; ZfBR 2004, 780
17.06.2004	VII ZR 75/03	**vor 631** 54, 56; **631** 76, 94, 96, 417, 810, 821; **633** 41	IBR 2004, 487, 550; BauR 2004, 1438; NZBau 2004, 500; ZfBR 2004, 778; NJW-RR 2004, 1248; MDR 2004, 1180
17.06.2004	VII ZR 345/03	**634a** 339	IBR 2004, 563; BauR 2004, 1476

Zitatübersicht

17.06.2004	VII ZR 337/02	**631** 431; **641** 35; **650g** 38	IBR 2004, 488; BauR 2004, 1443; NZBau 2004, 503; ZfBR 2004, 688; NJW-RR 2004, 1384; MDR 2004, 1181
16.06.2004	VIII ZR 303/03	**vor 631** 118	NJW 2004, 2301; MDR 2004, 1173
16.06.2004	VIII ZR 258/03	**vor 631** 118	MDR 2004, 1174
08.06.2004	X ZR 211/02	**632** 34, 39, 72; **650p** 5	IBR 2004, 480; NZBau 2004, 498; ZfBR 2005, 243; NJW-RR 2005, 19; MDR 2004, 1105
08.06.2004	X ZR 173/01	**632** 47	IBR 2004, 1127; NJW 2004, 3484; MDR 2004, 1287
26.05.2004	VIII ZR 77/03	**631** 828	NJW 2004, 3042; MDR 2004, 1108
18.05.2004	X ZB 7/04	**650c** 9, 203	IBR 2004, 448, 591; BauR 2004, 1433, 1503 (Ls.); VergabeR 2004, 473; NZBau 2004, 457; ZfBR 2004, 710, 621 (Ls.); NJW-RR 2004, 1626; MDR 2004, 1351 (Ls.); BGHZ 159, 186
13.05.2004	VII ZR 424/02	**641** 35; **648** 47	IBR 2004, 489; BauR 2004, 1441; NZBau 2004, 549; ZfBR 2004, 687; NJW-RR 2004, 1385
13.05.2004	VII ZR 370/03	**631** 41; **650u** 29	IBR 2004, 372
13.05.2004	VII ZR 363/02	**642** 22, 181; **643** 33, 35, 37	IBR 2004, 413; BauR 2004, 1285; NZBau 2004, 432; ZfBR 2004, 684; NJW 2004, 2373; MDR 2004, 1111; BGHZ 159, 161
13.05.2004	VII ZR 301/02	**631** 195, 469; **640** 59	IBR 2004, 492; BauR 2004, 1291; NZBau 2004, 548; ZfBR 2004, 683; NJW-RR 2004, 1265; MDR 2004, 1067
07.05.2004	V ZR 77/03	**631** 769	IBR 2004, 648; BauR 2004, 1772; NZBau 2004, 508 (Ls.); NJW 2004, 2526; MDR 2004, 1051
20.04.2004	X ZR 141/01	**634a** 63	IBR 2004, 612; BauR 2004, 1776; NJW-RR 2004, 1350
15.04.2004	VII ZR 471/01	**631** 712; **632a** 9, 10, 17, 101, 113	IBR 2004, 361; BauR 2004, 1146; NZBau 2004, 386; ZfBR 2004, 552; NJW-RR 2004, 957; MDR 2004, 993
15.04.2004	VII ZR 397/02	**634a** 221, 347, 352, 367	IBR 2004, 376; BauR 2004, 1171; NZBau 2004, 396; ZfBR 2004, 559; NJW-RR 2004, 954; MDR 2004, 1112
15.04.2004	VII ZR 212/03	**631** 866; **650b** 274	IBR 2004, 355; BauR 2004, 1151; NZBau 2004, 387; ZfBR 2004, 554; NJW-RR 2004, 956; MDR 2004, 928; MDR 2006, 1154 (Ls.)
15.04.2004	VII ZR 130/03	**vor 631** 60; **634a** 124, 221; **640** 49; **650u** 75, 76	IBR 2004, 371; BauR 2004, 1148; NZBau 2004, 435; ZfBR 2004, 557; NJW-RR 2004, 949; MDR 2004, 933
15.04.2004	VII ZR 129/02	**vor 631** 60, 76; **634a** 319	IBR 2004, 367, 370; BauR 2004, 1142; NZBau 2004, 385; ZfBR 2004, 555; NJW-RR 2004, 957; MDR 2004, 1053; MDR 2006, 1151 (Ls.)
25.03.2004	VII ZR 453/02	**632a** 152; **641** 122	IBR 2004, 311, 312; BauR 2004, 1143; NZBau 2004, 322; ZfBR 2004, 550; NJW-RR 2004, 880; MDR 2004, 933
25.03.2004	VII ZR 254/03	**636** 120	IBR 2004, 321

Zitatübersicht

Datum	Az.	Fundstellen	Weitere Fundstellen
24.03.2004	VIII ZR 133/03	**650j** 29	
23.03.2004	XI ZR 14/03	**631** 94; **650f** 114	IBR 2004, 1071; BauR 2004, 1292; NJW-RR 2004, 1347; MDR 2004, 866
11.03.2004	VII ZR 351/02	**631** 900	IBR 2004, 304; BauR 2004, 1002; NZBau 2004, 388; ZfBR 2004, 451; MDR 2004, 959
09.03.2004	X ZR 67/01	**634a** 20, 38; **650a** 10, 14; **650p** 31	IBR 2004, 562; BauR 2004, 1798; NZBau 2004, 434; ZfBR 2004, 549; NJW-RR 2004, 1163
03.03.2004	VIII ZR 76/03	**634a** 35; **650** 18	IBR 2004, 306; BauR 2004, 995, 882 (Ls.); NZBau 2004, 326; NJW-RR 2004, 850; MDR 2004, 737
26.02.2004	VII ZR 96/03	**631** 599, 621, 622, 623; **650b** 300, 313, 317	IBR 2004, 300; BauR 2004, 994; NZBau 2004, 324; ZfBR 2004, 450; NJW-RR 2004, 880; MDR 2004, 872
26.02.2004	VII ZR 247/02	**641** 106, 135, 141	IBR 2004, 245; BauR 2004, 841; NZBau 2004, 323; ZfBR 2004, 372; NJW-RR 2004, 814; MDR 2004, 805
17.02.2004	X ZR 108/02	**631** 801; **648** 13	BauR 2004, 882 (Ls.); NJW-RR 2004, 989; MDR 2004, 898
17.02.2004	VI ZR 429/02	**634a** 98, 101	IBR 2004, 240; NJW 2004, 1654; MDR 2004, 809
12.02.2004	III ZR 77/03	**650u** 223	NJW-RR 2004, 1071; MDR 2004, 810 (Ls.)
22.01.2004	VII ZR 68/03	**631** 678; **641** 68	IBR 2004, 201; BauR 2004, 830; NZBau 2004, 261
22.01.2004	VII ZR 426/02	**634** 109; **637** 53	IBR 2004, 195; BauR 2004, 869; NZBau 2004, 336; ZfBR 2004, 363; NJW-RR 2004, 739; MDR 2004, 626
22.01.2004	VII ZR 419/02	**vor 631** 60, 76, 86; **634a** 319; **650c** 232	IBR 2004, 179; BauR 2004, 668; NZBau 2004, 267; ZfBR 2004, 362; NJW 2004, 1597; BGHZ 157, 346
22.01.2004	VII ZR 267/02	**vor 631** 77; **631** 678; **634a** 305; **648** 139; **650f** 172, 194	IBR 2004, 246; BauR 2004, 834; NZBau 2004, 264; NJW-RR 2004, 740
22.01.2004	VII ZR 183/02	**631** 678; **641** 68; **643** 1; **650f** 171, 172, 188	IBR 2004, 201; BauR 2004, 487, 826; NZBau 2004, 259; ZfBR 2004, 365; NJW 2004, 1525; MDR 2004, 627; BGHZ 157, 335
22.01.2004	IX ZR 39/03	**650e** 10	NJW 2004, 1444; MDR 2004, 775 (Ls.); BGHZ 157, 350
13.01.2004	XI ZR 355/02	**634** 201	IBR 2004, 227; BauR 2004, 1154; NJW 2004, 1868; MDR 2004, 520
08.01.2004	VII ZR 198/02	**634a** 49; **641** 6	IBR 2004, 128; BauR 2004, 670; NZBau 2004, 210; ZfBR 2004, 269; NJW-RR 2004, 591; MDR 2004, 441
08.01.2004	VII ZR 181/02	**636** 77; **650u** 49, 57	IBR 2004, 255, 256; BauR 2004, 847; NZBau 2004, 269; ZfBR 2004, 359; NJW 2004, 2156; MDR 2004, 683
08.01.2004	VII ZR 12/03	**631** 206	IBR 2004, 235; BauR 2004, 843; NZBau 2004, 268; ZfBR 2004, 361; NJW-RR 2004, 1017; MDR 2004, 743

Zitatübersicht

18.12.2003	VII ZR 315/02	**631** 662, 664	BauR 2004, 676; NZBau 2004, 272 (Ls.); ZfBR 2004, 357; NJW-RR 2004, 525; MDR 2004, 567
18.12.2003	VII ZR 124/02	**641** 38; **650g** 70	IBR **2004, 170**; BauR 2004, 695; NZBau 2004, 272; ZfBR 2004, 358; NJW-RR 2004, 526; MDR 2004, 587
16.12.2003	X ZR 282/02	**631** 805	IBR **2004, 262**; BauR 2004, 1503 (Ls.), 883 (Ls.); VergabeR 2004, 480; NZBau 2004, 283; ZfBR 2004, 404; NJW 2004, 2165
16.12.2003	X ZR 129/01	**631** 273; **640** 16, 42, 56, 58; **650s** 7	NJW-RR 2004, 782
11.12.2003	VII ZR 31/03	**631** 70, 71, 72; **639** 39	IBR **2004, 153**; BauR 2004, 674, 552 (Ls.); NZBau 2004, 215; ZfBR 2004, 267; NJW 2004, 1454; MDR 2004, 385
04.12.2003	III ZR 30/02	**631** 178, 188, 190, 864; **650p** 19	IBR **2005, 1132**; BGHZ 157, 168
27.11.2003	VII ZR 93/01	**634** 25; **637** 20, 26	IBR **2004, 64**; BauR 2004, 501, 380 (Ls.); NZBau 2004, 153; ZfBR 2004, 252; NJW 2004, 1525 (Ls.); NJW-RR 2004, 303
27.11.2003	VII ZR 53/03	**631** 72, 197, 572, 634, 638, 641; **632** 35; **641** 81; **650b** 142, 271, 282, 300; **650c** 191, 211	IBR **2004, 119, 125, 126, 239**; BauR 2004, 488; NZBau 2004, 146; ZfBR 2004, 258; NJW 2004, 502; MDR 2004, 442; BGHZ 157, 102
27.11.2003	VII ZR 346/01	**631** 177, 180, 938; **650b** 158, 192, 242, 279, 281, 300, 310; **650c** 182, 191, 210, 229; **650f** 53	IBR **2004, 121, 122, 123, 124**; BauR 2004, 495; NZBau 2004, 207; ZfBR 2004, 254; NJW-RR 2004, 449; MDR 2004, 390
27.11.2003	VII ZR 288/02	**631** 433, 435, 881, 882, 884, 886, 887, 950; **632a** 133; **641** 41; **650g** 30, 34, 56, 64; **650q** 48, 49, 50, 51, 53	IBR **2004, 79, 80, 148**; BauR 2004, 316, 384 (Ls.); NZBau 2004, 216; ZfBR 2004, 262; NJW-RR 2004, 445; MDR 2004, 443 (Ls.); BGHZ 157, 118
13.11.2003	VII ZR 57/02	**641** 127	IBR **2004, 67, 68**; BauR 2004, 325; NZBau 2004, 145; ZfBR 2004, 250; NJW 2004, 443; MDR 2004, 273; BGHZ 157, 29
13.11.2003	VII ZR 362/02	**650q** 5	IBR **2004, 78**; BauR 2004, 354, 553 (Ls.); NZBau 2004, 159; ZfBR 2004, 251; NJW-RR 2004, 233; MDR 2004, 327
06.11.2003	III ZR 376/02	**631** 584	MDR 2004, 441
30.10.2003	III ZR 32/00	**650u** 26	IBR **2004, 19**; BauR 2004, 672; NJW-RR 2004, 284
28.10.2003	X ZR 248/02	**631** 805	IBR **2004, 213**; BauR 2004, 723 (Ls.), 888 (Ls.); VergabeR 2004, 190; NZBau 2004, 166; ZfBR 2004, 290; MDR 2004, 568

Zitatübersicht

21.10.2003	X ZR 66/01	**631** 206, 859, 861; **650b** 274	**IBR 2004, 299**; BauR 2004, 333, 134 (Ls.); NZBau 2004, 34; ZfBR 2004, 154; NJW 2004, 777 (Ls.); NJW-RR 2004, 81; MDR 2004, 386 (Ls.)
21.10.2003	X ZR 218/01	**631** 295; **650j** 45; **650u** 214	**IBR 2004, 62**; BauR 2004, 331; NZBau 2004, 155; ZfBR 2004, 157; NJW-RR 2004, 209; MDR 2004, 497
17.10.2003	V ZR 84/02	**650p** 119	**IBR 2004, 167**; NZBau 2004, 48; NJW-RR 2004, 79
09.10.2003	VII ZR 335/02	**632a** 118; **641** 38; **650g** 70, 71	**IBR 2003, 705**; BauR 2003, 1943 (Ls.); BauR 2004, 115; NZBau 2004, 98; ZfBR 2004, 58; NJW-RR 2004, 167; MDR 2004, 148
25.09.2003	VII ZR 13/02	**631** 130	**IBR 2004, 23**; BauR 2004, 356, 137 (Ls.); NZBau 2004, 102; ZfBR 2004, 150; NJW-RR 2004, 166; MDR 2004, 208
23.09.2003	XI ZR 380/00	**640** 19	NJW 2004, 222; MDR 2004, 290
11.09.2003	VII ZR 116/02	**631** 438, 448, 572, 573, 647; **634** 63, 202	**IBR 2004, 59, 60**; BauR 2003, 1939 (Ls.); BauR 2004, 78; NZBau 2004, 150; ZfBR 2004, 44; NJW 2004, 1593 (Ls.); NJW-RR 2004, 305; MDR 2004, 327
24.07.2003	VII ZR 79/02	**631** 428, 452, 469; **641** 52, 78; **648** 138; **650b** 129, 192; **650c** 205	**IBR 2003, 591, 592, 597, 665, 666**; BauR 2003, 1892; NZBau 2004, 31; ZfBR 2004, 37; NJW-RR 2004, 92; MDR 2003, 1413
24.07.2003	VII ZR 241/02	**650s** 91	**IBR 2004, 24**
24.07.2003	VII ZR 218/02	**648** 2, 10; **649** 41; **650r** 12	**IBR 2003, 595**; BauR 2003, 1889; NZBau 2003, 665; ZfBR 2004, 41; NJW 2003, 3474; MDR 2004, 90; BGHZ 156, 82
17.07.2003	IX ZR 268/02	**650t** 93	NJW 2003, 3134; MDR 2003, 1433 (Ls.); BGHZ 155, 392
10.07.2003	VII ZR 329/02	**634** 198; **650p** 158, 177; **650t** 40	**IBR 2003, 552, 553**; BauR 2003, 1613, 1918; NZBau 2003, 567; ZfBR 2003, 760; NJW-RR 2003, 1454; MDR 2003, 1349
26.06.2003	VII ZR 281/02	**vor 631** 42, 43; **631** 88; **641** 40, 104	**IBR 2003, 534, 581, 1142**; BauR 2003, 1559; NZBau 2003, 560; ZfBR 2003, 686; NJW-RR 2003, 1321; MDR 2003, 1286
26.06.2003	VII ZR 246/02	**631** 378	
26.06.2003	VII ZR 126/02	**634** 152, 170, 173, 176, 189	**IBR 2003, 468**; BauR 2003, 1379; NZBau 2003, 557; ZfBR 2003, 684; NJW 2003, 2980; MDR 2003, 1287; BGHZ 155, 265
25.06.2003	VIII ZR 335/02	**631** 584	**IBR 2003, 642**; NJW 2003, 3192; MDR 2003, 1349
10.06.2003	X ZR 86/01	**636** 122	**IBR 2003, 600**
05.06.2003	VII ZR 186/01	**640** 16	**IBR 2003, 467**; BauR 2003, 1382; NZBau 2003, 433; ZfBR 2003, 681
23.05.2003	V ZR 190/02	**631** 692, 726	**IBR 2003, 464**; BauR 2003, 1561; NZBau 2003, 564 (Ls.); NJW-RR 2003, 1318; MDR 2003, 1103
22.05.2003	VII ZR 469/01	**631** 294; **642** 65; **650j** 45	**IBR 2003, 348**; BauR 2003, 1215; NZBau 2003, 498; ZfBR 2003, 566; NJW-RR 2003, 1238; MDR 2003, 1107 (Ls.)

Zitatübersicht

Datum	Az.	Fundstelle	Weitere Fundstellen
22.05.2003	VII ZR 143/02	**631** 420, 428; **648** 26; **648a** 46, 54; **650g** 74	IBR 2003, 347; BauR 2003, 1207; NZBau 2003, 497; ZfBR 2003, 567; NJW 2003, 2678; MDR 2003, 1174
20.05.2003	X ZR 57/02	**634a** 20, 26, 33, 34, 212; **650a** 7, 12, 14	IBR 2003, 473; BauR 2003, 1391; NZBau 2003, 559; ZfBR 2003, 674; NJW-RR 2003, 1320; MDR 2003, 1045
20.05.2003	X ZR 128/01	**641** 10	BauR 2003, 1564; NJW-RR 2003, 1421
08.05.2003	VII ZR 407/01	**634a** 360; **635** 18; **637** 69	IBR 2003, 365; BauR 2003, 1247; NZBau 2003, 501; ZfBR 2003, 559; NJW-RR 2003, 1239; MDR 2003, 984
08.05.2003	VII ZR 205/02	**634** 106; **650t** 6	IBR 2003, 351; BauR 2003, 1213; NZBau 2003, 495; ZfBR 2003, 560; NJW-RR 2003, 1238; MDR 2003, 1107
05.05.2003	II ZR 50/01	**631** 604, 605, 610	NJW-RR 2003, 1196; MDR 2003, 1188 (Ls.)
10.04.2003	VII ZR 314/01	**641** 100, 129, 136, 139; **650f** 211	IBR 2003, 413, 476; BauR 2003, 1385; NZBau 2003, 493; ZfBR 2003, 672; NJW 2003, 2605; MDR 2003, 1046, 1388; BGHZ 154, 378
10.04.2003	VII ZR 251/02	**634** 152; **636** 47, 81; **637** 38, 71	IBR 2003, 294; BauR 2003, 1211; NZBau 2003, 375; ZfBR 2003, 462; NJW-RR 2003, 878; MDR 2003, 926
27.03.2003	VII ZR 443/01	**635** 25, 31, 54; **637** 36, 44, 51	IBR 2003, 349, 350; BauR 2003, 1209; NZBau 2003, 433; ZfBR 2003, 555; NJW-RR 2003, 1021; MDR 2003, 867 (Ls.); BGHZ 154, 301
14.03.2003	V ZR 278/01	**631** 165; **650u** 26	IBR 2003, 307; BauR 2003, 1032; NZBau 2003, 434; ZfBR 2003, 457; NJW 2003, 3130 (Ls.); NJW-RR 2003, 1136; MDR 2003, 735
12.03.2003	XII ZR 18/00	**631** 345, 362, 363	IBR 2003, 1112; BauR 2003, 1267 (Ls.); NJW 2003, 2158; MDR 2003, 865; BGHZ 154, 171
12.03.2003	VIII ZR 197/02	**648** 14	NJW 2003, 2677 (Ls.); NJW-RR 2003, 981; MDR 2003, 943 (Ls.)
27.02.2003	VII ZR 338/01	**634** 5, 22; **636** 54; **637** 22, 65; **648** 145; **650f** 101	IBR 2003, 185; BauR 2003, 693; NZBau 2003, 267; ZfBR 2003, 363; NJW 2003, 1526; MDR 2003, 623; BGHZ 154, 119
27.02.2003	VII ZR 169/02	**650q** 6	IBR 2003, 253, 254; BauR 2003, 748; NZBau 2003, 386; ZfBR 2003, 367; NJW 2003, 2020; MDR 2003, 683; BGHZ 154, 110
18.02.2003	X ZR 245/00	**631** 271; **640** 42, 55, 56; **650s** 10, 52	IBR 2003, 596; BauR 2004, 337
13.02.2003	VII ZR 89/02	**650p** 117, 118	IBR 2003, 260, 1047
13.02.2003	VII ZR 395/01	**631** 607; **649** 54; **650p** 111, 117, 119; **650q** 94	IBR 2003, 315; BauR 2003, 1061, 935 (Ls.); NZBau 2003, 388; ZfBR 2003, 452; NJW-RR 2003, 877; MDR 2003, 738
12.02.2003	X ZR 62/01	**641** 35; **648** 35; **650g** 77	IBR 2003, 1136; BauR 2003, 880
07.02.2003	V ZR 25/02	**631** 686	IBR 2003, 277; BauR 2003, 1267 (Ls.); NZBau 2003, 377 (Ls.); NJW-RR 2003, 772; MDR 2003, 620

Zitatübersicht

Datum	Az.	Fundstellen	Weitere Fundstellen
06.02.2003	III ZR 223/02	**631** 915	BauR 2003, 863; MDR 2003, 628
28.01.2003	XI ZR 243/02	**634a** 301	**IBR 2003, 193**; BauR 2003, 697; NZBau 2003, 268; NJW 2003, 1250; MDR 2003, 583; BGHZ 153, 337
28.01.2003	X ZR 151/00	**631** 325; **636** 7; **637** 102; **648a** 25, 79	NZBau 2003, 274; NJW 2003, 1600; MDR 2003, 617
24.01.2003	V ZR 248/02	**633** 6	**IBR 2003, 165**; BauR 2003, 936 (Ls.); NZBau 2003, 273; NJW 2003, 1316; MDR 2003, 498
23.01.2003	VII ZR 210/01	**631** 77, 101, 106, 107, 353, 362, 364, 369, 371, 389; **640** 101	**IBR 2003, 287, 291, 292, 293, 299, 355**; BauR 2003, 870; NZBau 2003, 321; ZfBR 2003, 447; NJW 2003, 1805; MDR 2003, 804; BGHZ 153, 311
23.01.2003	VII ZR 10/01	**631** 901; **641** 90; **642** 135; **650b** 20	**IBR 2003, 118**; BauR 2003, 536; NZBau 2003, 376; ZfBR 2003, 360
21.01.2003	XI ZR 145/02	**650u** 224	**IBR 2003, 198**; BauR 2003, 700; NZBau 2003, 270; ZfBR 2003, 357; NJW 2003, 1862 (Ls.); NJW-RR 2003, 592; MDR 2003, 465
21.01.2003	X ZR 30/01	**635** 42	NJW-RR 2003, 737
21.01.2003	X ZR 261/01	**vor 631** 106, 107	**IBR 2003, 227**; NZBau 2003, 275; NJW-RR 2003, 773
16.01.2003	IX ZR 171/00	**641** 145	**IBR 2003, 244**; NZBau 2003, 377 (Ls.); NJW 2003, 1521; MDR 2003, 585; BGHZ 153, 293
09.01.2003	VII ZR 408/01	**650u** 48	**IBR 2003, 125**; BauR 2003, 535, 430 (Ls.); NZBau 2003, 213; ZfBR 2003, 258; NJW-RR 2003, 519; MDR 2003, 386
09.01.2003	VII ZR 181/00	**633** 16, 91; **636** 68, 89; **641** 117	**IBR 2003, 186, 187**; BauR 2003, 533; NZBau 2003, 214; ZfBR 2003, 356; NJW 2003, 1188; MDR 2003, 564; BGHZ 153, 279
07.01.2003	X ZR 16/01	**632a** 29; **648** 37	**IBR 2003, 192**; BauR 2003, 877; NZBau 2003, 327; NJW-RR 2003, 738
19.12.2002	VII ZR 440/01	**642** 32, 67, 154	**IBR 2003, 182**; BauR 2003, 531, 431 (Ls.); NZBau 2003, 325; ZfBR 2003, 254; NJW 2003, 1601; MDR 2003, 502
19.12.2002	VII ZR 176/02	**631** 534	**IBR 2003, 175**; BauR 2003, 753; NZBau 2003, 278; ZfBR 2003, 354; NJW-RR 2003, 1002; MDR 2003, 467
19.12.2002	VII ZR 103/00	**631** 422; **634** 73; **634a** 45, 332; **640** 22, 28, 29, 33, 82, 113; **643** 13; **648** 23, 24, 27, 151; **648a** 43, 45; **650s** 21	**IBR 2003, 184, 190, 191**; BauR 2003, 689; NZBau 2003, 265; ZfBR 2003, 352; NJW 2003, 1450; MDR 2003, 503; BGHZ 153, 244
17.12.2002	XI ZR 90/02	**650g** 67	NJW 2003, 1044; MDR 2003, 468; BGHZ 153, 239
06.12.2002	V ZR 220/02	**631** 77	**IBR 2003, 179**; NJW 2003, 1313; MDR 2003, 500; BGHZ 153, 148

Zitatübersicht

05.12.2002	VII ZR 360/01	**637** 24	**IBR 2003, 70**; BauR 2003, 386, 297 (Ls.); NZBau 2003, 149; ZfBR 2003, 253; NJW 2003, 580; MDR 2003, 262
05.12.2002	VII ZR 342/01	**631** 814, 820; **650u** 53	**IBR 2003, 117**; BauR 2003, 388; NZBau 2003, 149; ZfBR 2003, 253; NJW 2003, 743; MDR 2003, 326
28.11.2002	VII ZR 4/00	**vor 631** 60; **634a** 318	**IBR 2003, 69**; BauR 2003, 380, 296 (Ls.); NZBau 2003, 150; ZfBR 2003, 248; NJW 2003, 1321; MDR 2003, 327
28.11.2002	VII ZR 270/01	**631** 181; **643** 6; **650f** 181	**IBR 2003, 72**; BauR 2003, 381, 299 (Ls.); NZBau 2003, 153; ZfBR 2003, 250; NJW-RR 2003, 303; MDR 2003, 263
28.11.2002	VII ZR 136/00	**637** 69	**IBR 2003, 126**; BauR 2003, 385, 297 (Ls.); NZBau 2003, 152; ZfBR 2003, 249; NJW 2003, 1038; MDR 2003, 327 (Ls.)
14.11.2002	VII ZR 23/02	**631** 936; **641** 52	**IBR 2003, 61**; BauR 2003, 379, 296 (Ls.); NZBau 2003, 213; ZfBR 2003, 147; NJW 2003, 824; MDR 2003, 207
14.11.2002	VII ZR 224/01	**632a** 39; **648** 44, 54, 55; **650g** 75	**IBR 2003, 60**; BauR 2003, 377, 296 (Ls.); NZBau 2003, 151; ZfBR 2003, 146; NJW 2003, 581; MDR 2003, 213
14.11.2002	III ZR 87/02	**vor 631** 129; **639** 25	NJW 2003, 578; MDR 2003, 216; BGHZ 152, 391
22.10.2002	XI ZR 393/01	**650v** 58	**IBR 2003, 23, 79**; BauR 2003, 243, 144 (Ls.); NZBau 2003, 98; ZfBR 2003, 141; NJW 2003, 285; MDR 2003, 282
15.10.2002	X ZR 69/01	**633** 43, 62; **640** 79	**IBR 2003, 7**; BauR 2003, 236; NZBau 2003, 33; ZfBR 2003, 34; NJW 2003, 200; MDR 2003, 408
10.10.2002	VII ZR 315/01	**634** 14; **641** 9, 10; **650s** 25	**IBR 2003, 4**; BauR 2003, 88; NZBau 2003, 35; ZfBR 2003, 140; NJW 2003, 288; MDR 2003, 151
26.09.2002	VII ZR 290/01	**633** 74, 96; **634** 193; **650p** 63, 65, 136, 140	**IBR 2002, 671**; BauR 2002, 1872; NZBau 2003, 38; ZfBR 2003, 31; NJW 2003, 287; MDR 2003, 24
20.09.2002	V ZR 170/01	**631** 613	NJW-RR 2003, 69; MDR 2003, 45
12.09.2002	VII ZR 81/01	**631** 442; **650c** 211	**IBR 2002, 655**; BauR 2002, 1847; NZBau 2002, 669; ZfBR 2003, 31; NJW-RR 2003, 14; MDR 2003, 83
12.09.2002	VII ZR 344/01	**636** 9; **637** 21, 29, 102; **648a** 25, 79	**IBR 2002, 601**; BauR 2002, 1847; NZBau 2002, 668; ZfBR 2003, 30; NJW-RR 2003, 13; MDR 2003, 24
25.07.2002	VII ZR 263/01	**648** 46; **650g** 74	**IBR 2002, 595**; BauR 2002, 1695; NZBau 2002, 613; ZfBR 2002, 789; NJW-RR 2002, 1432, 1532; MDR 2002, 1244
25.07.2002	VII ZR 143/01	**632** 32	**IBR 2002, 548**; BauR 2002, 1720; NZBau 2002, 618 (Ls.); ZfBR 2002, 790 (Ls.); ZfBR 2003, 28; NJW-RR 2002, 1597; MDR 2003, 83
18.07.2002	III ZR 248/01	**649** 55	**IBR 2002, 641**
09.07.2002	X ZR 242/99	**633** 43, 68; **636** 129	**IBR 2002, 536**; NZBau 2002, 611; ZfBR 2003, 22; NJW-RR 2002, 1533
04.07.2002	VII ZR 66/01	**634** 198; **650t** 36	**IBR 2002, 553**; BauR 2002, 1719, 1752 (Ls.); NZBau 2002, 616; ZfBR 2002, 786; NJW-RR 2002, 1531; MDR 2002, 1432

Zitatübersicht

Datum	Aktenzeichen	Fundstellen	Weitere Fundstellen
04.07.2002	VII ZR 502/99	**641** 123, 126, 127, 137	**IBR 2002, 543**; BauR 2002, 1533, 1752 (Ls.); NZBau 2002, 559; ZfBR 2002, 784; NJW 2002, 3098; MDR 2002, 1365; BGHZ 151, 229
04.07.2002	VII ZR 103/01	**641** 38; **648** 51, 53; **650g** 70, 74	**IBR 2002, 581**; BauR 2002, 1588; NZBau 2002, 614; ZfBR 2002, 787; NJW-RR 2002, 1596; MDR 2002, 1390
04.07.2002	I ZR 55/00	**650l** 13, 18	NJW 2002, 3396; MDR 2003, 40 (Ls.)
27.06.2002	VII ZR 272/01	**631** 91, 196	**IBR 2002, 462**; BauR 2002, 1544, 1446 (Ls.); NZBau 2002, 561; ZfBR 2002, 782; NJW 2002, 3704 (Ls.); NJW-RR 2002, 1312; MDR 2002, 1116
25.06.2002	X ZR 83/00	**vor 631** 106, 107	**IBR 2002, 647**; ZfBR 2002, 778; NJW 2002, 3317; MDR 2002, 1183 (Ls.)
18.06.2002	XI ZR 359/01	**650u** 224; **650v** 58	**IBR 2002, 485**; BauR 2002, 1547, 1447 (Ls.), 1607 (Ls.); NZBau 2002, 497; ZfBR 2003, 134; NJW 2002, 2563; MDR 2002, 1299; BGHZ 151, 147
14.06.2002	V ZR 79/01	**636** 37	NZBau 2002, 567; NJW 2002, 3478; MDR 2002, 1302
13.06.2002	VII ZR 321/00	**631** 156, 157	**IBR 2002, 461**; BauR 2002, 1541, 1449 (Ls.); NZBau 2002, 502; ZfBR 2002, 777; NJW 2002, 2559; MDR 2002, 1187
12.06.2002	VIII ZR 187/01	**631** 900	NJW 2002, 3110; MDR 2002, 1240
10.06.2002	II ZR 68/00	**631** 66; **632** 16	**IBR 2002, 670**; NJW 2002, 2862; MDR 2002, 1050
06.06.2002	IX ZR 425/99	**631** 868	**IBR 2002, 483**; BauR 2002, 1408
23.05.2002	VII ZR 219/01	**634a** 63, 65, 339	**IBR 2002, 468**; BauR 2002, 1401, 1295 (Ls.); NZBau 2002, 503; ZfBR 2002, 680; NJW 2002, 2776; MDR 2002, 1117
16.05.2002	VII ZR 81/00	**650p** 188	**IBR 2002, 494**; BauR 2002, 1423, 1296 (Ls.); NZBau 2002, 574; ZfBR 2002, 675; NJW 2002, 2708; MDR 2002, 1367
16.05.2002	VII ZR 494/00	**641** 130	**IBR 2002, 475**; BauR 2002, 1392, 1295 (Ls.); NZBau 2002, 493; ZfBR 2002, 677; NJW-RR 2002, 1311; MDR 2002, 1366
16.05.2002	VII ZR 479/00	**634** 14; **641** 9; **650q** 58	**IBR 2002, 465**; BauR 2002, 1399, 1295 (Ls.); ZfBR 2002, 676; NJW 2002, 3019; MDR 2002, 1188 (Ls.)
02.05.2002	III ZR 135/01	**634a** 121, 123	**IBR 2002, 360**; NJW 2002, 2167; MDR 2002, 1062; BGHZ 151, 1
26.04.2002	BLw 29/01	**631** 618	
18.04.2002	VII ZR 70/01	**634** 120; **636** 47; **650t** 29	**IBR 2002, 368**; NZBau 2002, 514; NJW 2002, 3326 (Ls.); NJW-RR 2002, 1175
18.04.2002	VII ZR 38/01	**631** 834	**IBR 2002, 535**; BauR 2002, 1394; NZBau 2002, 500; ZfBR 2002, 666; NJW-RR 2002, 1096
18.04.2002	VII ZR 260/01	**648a** 86; **650g** 82	**IBR 2002, 349, 353**; BauR 2002, 1253; NZBau 2002, 435; ZfBR 2002, 567, 427 (Ls.); NJW 2002, 2952; MDR 2002, 1188
18.04.2002	VII ZR 192/01	**632a** 152	**IBR 2002, 414**; BauR 2002, 935, 1239; NZBau 2002, 494; ZfBR 2002, 669; NJW 2002, 2388; MDR 2002, 1058; BGHZ 150, 299

Zitatübersicht

18.04.2002	VII ZR 164/01	**650g** 74, 75		IBR 2002, 594; BauR 2002, 1403; NZBau 2002, 507; ZfBR 2002, 667; NJW 2002, 2780; MDR 2002, 1307
04.04.2002	VII ZR 295/00	**650p** 184		IBR 2002, 369; BauR 2002, 1112; NZBau 2002, 456, 513; ZfBR 2002, 564, 665, 427 (Ls.); NJW-RR 2002, 1174; MDR 2002, 1005
04.04.2002	VII ZR 26/01	**631** 185, 857; **650b** 292		IBR 2002, 463; BauR 2002, 1245; NZBau 2002, 562; ZfBR 2002, 565, 427 (Ls.); NJW-RR 2002, 1176; MDR 2002, 1308
04.04.2002	VII ZR 252/01	**641** 67; **650f** 177		IBR 2002, 361; BauR 2002, 1403; NZBau 2002, 383; NJW 2002, 2565 (Ls.); NJW-RR 2002, 1025
04.04.2002	VII ZR 143/99	**634a** 347, 351, 353, 354		IBR 2002, 554; BauR 2002, 1718; NZBau 2002, 617; ZfBR 2002, 769; NJW-RR 2002, 1531
21.03.2002	VII ZR 493/00	**639** 17; **650u** 110		IBR 2002, 418; IBR 2003, 78; BauR 2002, 1385, 1296 (Ls.); NZBau 2002, 495; ZfBR 2002, 661; NJW 2002, 2470; MDR 2002, 1060; BGHZ 150, 226
21.03.2002	VII ZR 224/00	**631** 748, 754, 770, 773, 779; **642** 184		IBR 2002, 354, 356, 389; BauR 2002, 1249; NZBau 2002, 381; ZfBR 2002, 562, 427 (Ls.); NJW 2002, 2716; MDR 2002, 1118
19.03.2002	X ZR 49/00	**634a** 31, 33; **650a** 12; **650p** 32		IBR 2002, 304; BauR 2002, 1260; NZBau 2002, 389; ZfBR 2002, 557, 427 (Ls.); NJW 2002, 2100; MDR 2002, 1061
19.03.2002	X ZR 157/99	**631** 197		NJW-RR 2002, 967
19.03.2002	X ZR 125/00	**632a** 97, 99		IBR 2002, 350; BauR 2002, 1257; NZBau 2002, 390; ZfBR 2002, 558, 427 (Ls.); NJW 2002, 2640; MDR 2002, 997
07.03.2002	VII ZR 41/01	**631** 361; **636** 51, 97		IBR 2002, 357, 358; BauR 2002, 1086; NZBau 2002, 383; ZfBR 2002, 555, 427 (Ls.); NJW 2002, 2322; MDR 2002, 1005 (Ls.)
07.03.2002	VII ZR 182/01	**641** 114		IBR 2002, 476; BauR 2002, 1543
07.03.2002	VII ZR 1/00	**631** 199; **634** 150; **642** 29; **650b** 129; **650p** 60		IBR 2002, 549, 552; BauR 2002, 1536, 1446 (Ls.); NZBau 2002, 571; ZfBR 2002, 767; NJW 2002, 3543; MDR 2002, 1119
07.03.2002	IX ZR 457/99	**650u** 147; **650v** 4		IBR 2002, 313; BauR 2002, 1088; NJW 2002, 2313; MDR 2002, 907; BGHZ 150, 138
07.03.2002	III ZR 12/01	**637** 24, 32		IBR 2002, 302; BauR 2002, 1135 (Ls.); NZBau 2002, 327; NJW 2002, 1571; MDR 2002, 1051
28.02.2002	VII ZR 455/00	**634a** 111, 117		IBR 2002, 236; BauR 2002, 979; NZBau 2002, 269; ZfBR 2002, 480, 315 (Ls.); NJW 2002, 1488; MDR 2002, 940
28.02.2002	VII ZR 434/99	**631** 161		IBR 2002, 295; BauR 2002, 937, 835 (Ls.); NZBau 2002, 332; ZfBR 2002, 481; NJW 2002, 1792; MDR 2002, 876
28.02.2002	VII ZR 376/00	**631** 15, 809, 811, 816, 823, 844		IBR 2002, 231; BauR 2002, 935, 1247; NZBau 2002, 324; ZfBR 2002, 482, 315 (Ls.); NJW 2002, 1954; MDR 2002, 941
28.02.2002	I ZR 318/99	**631** 478, 533		NJW 2002, 2312; MDR 2002, 935

Zitatübersicht

Datum	Aktenzeichen	Seite	Fundstellen
21.02.2002	IX ZR 127/00	**634a** 147, 245	NJW 2002, 1414; NJW-RR 2002, 1285 (Ls.); MDR 2002, 879
20.02.2002	VIII ZR 228/00	**634a** 157	**IBR 2002, 340**; BauR 2002, 1115; NZBau 2002, 445 (Ls.); NJW 2002, 1640; MDR 2002, 774; BGHZ 150, 55
18.02.2002	II ZR 355/00	**631** 723	NJW 2002, 2553; MDR 2002, 820
07.02.2002	III ZR 1/01	**650p** 184, 186	**IBR 2002, 199**; BauR 2002, 814; NZBau 2002, 229; ZfBR 2002, 485; NJW 2002, 1196; MDR 2002, 945
29.01.2002	VI ZR 230/01	**631** 920; **634a** 171	NJW 2002, 1878; MDR 2002, 514
24.01.2002	VII ZR 206/00	**631** 605, 610	**IBR 2002, 180**; BauR 2002, 786, 817; ZfBR 2002, 479, 315 (Ls.); NJW 2002, 1340
24.01.2002	VII ZR 196/00	**632a** 93, 94; **648** 31	**IBR 2002, 235**; BauR 2002, 938; NZBau 2002, 329; ZfBR 2002, 473, 315 (Ls.); NJW 2002, 1567; MDR 2002, 812
23.01.2002	X ZR 184/99	**634a** 33, 224; **650a** 12	**IBR 2002, 303, 359**; NZBau 2002, 387; NJW 2002, 664; NJW-RR 2002, 664
17.01.2002	VII ZR 495/00	**641** 121	**IBR 2002, 663**; BauR 2002, 1110
17.01.2002	VII ZR 490/00	**631** 335; **642** 32, 44	**IBR 2002, 243**; BauR 2002, 792; NZBau 2002, 331; ZfBR 2002, 472, 315 (Ls.); NJW 2002, 1568; MDR 2002, 755
17.01.2002	VII ZR 488/00	**635** 20	**IBR 2002, 187**; BauR 2002, 784; NZBau 2002, 335; ZfBR 2002, 357; NJW-RR 2002, 743; MDR 2002, 633
17.01.2002	VII ZR 198/00	**631** 101, 102, 361	**IBR 2002, 241**; BauR 2002, 790; NZBau 2002, 385; ZfBR 2002, 471, 315 (Ls.); NJW 2002, 2388 (Ls.); NJW-RR 2002, 806; MDR 2002, 693
15.01.2002	X ZR 91/00	**631** 614	NJW 2002, 1044; MDR 2002, 749
15.01.2002	X ZR 233/00	**637** 32	**IBR 2002, 189**; BauR 2002, 940; NZBau 2002, 332; ZfBR 2002, 468, 315 (Ls.); NJW-RR 2002, 666; MDR 2002, 813
08.01.2002	X ZR 6/00	**631** 197; **650b** 288	**IBR 2002, 178**; BauR 2002, 787; NZBau 2002, 325; ZfBR 2002, 465; NJW-RR 2002, 740; MDR 2002, 687
20.12.2001	IX ZR 401/99	**631** 163; **650u** 147; **650v** 4	**IBR 2002, 139**; BauR 2002, 837 (Ls.); NJW 2002, 1050; MDR 2002, 540; BGHZ 149, 326
19.12.2001	XII ZR 281/99	**631** 837	ZfBR 2002, 351; NJW 2002, 1260; MDR 2002, 573
13.12.2001	VII ZR 432/00	**631** 306, 366; **637** 16	**IBR 2002, 183, 184, 242**; BauR 2002, 782; NZBau 2002, 265; ZfBR 2002, 464, 315 (Ls.); NJW 2002, 1274; MDR 2002, 575; BGHZ 149, 283
13.12.2001	VII ZR 27/00	**635** 32, 40; **641** 53; **642** 12, 166, 180; **643** 28; **650h** 5	**IBR 2002, 179**; BauR 2002, 794; NZBau 2002, 266; ZfBR 2002, 463, 315 (Ls.); NJW 2002, 1262; MDR 2002, 512; BGHZ 149, 289
12.12.2001	X ZR 192/00	**634** 41, 49, 62, 122	**IBR 2002, 301, 305**; BauR 2002, 945; NJW 2002, 1565; MDR 2002, 687
06.12.2001	VII ZR 452/00	**650b** 303	**IBR 2002, 125**; BauR 2002, 456, 465; NZBau 2002, 153; ZfBR 2002, 254, 107 (Ls.); NJW 2002, 895

Zitatübersicht

06.12.2001	VII ZR 440/00	**637** 83		BauR 2002, 471; ZfBR 2002, 253, 107 (Ls.); NJW 2002, 681; MDR 2002, 391
06.12.2001	VII ZR 241/00	**631** 425, 437, 597, 598; **632** 32, 64; **635** 47; **640** 41		**IBR 2002, 124, 128**; BauR 2002, 613; NZBau 2002, 338, 345; ZfBR 2002, 345; NJW-RR 2002, 661; MDR 2002, 450
06.12.2001	VII ZR 19/00	**635** 39; **650b** 324		**IBR 2002, 188**; BauR 2002, 472; NZBau 2002, 149; ZfBR 2002, 251, 107 (Ls.); NJW 2002, 748; MDR 2002, 392
06.12.2001	VII ZR 183/00	**631** 906		**IBR 2002, 65**; BauR 2002, 469, 366 (Ls.); NZBau 2002, 155; ZfBR 2002, 252, 107 (Ls.); NJW 2002, 520; MDR 2002, 286
06.12.2001	III ZR 296/00	**632** 42		**IBR 2002, 110**; NJW 2002, 817; MDR 2002, 447
22.11.2001	VII ZR 208/00	**631** 108; **641** 121, 123		**IBR 2002, 73**; BauR 2002, 463; NZBau 2002, 151; ZfBR 2002, 249, 107 (Ls.); NJW 2002, 894; MDR 2002, 332
22.11.2001	VII ZR 168/00	**650g** 36, 49, 51		**IBR 2002, 68**; BauR 2002, 468, 361 (Ls.); NZBau 2002, 90; ZfBR 2002, 248, 107 (Ls.); NJW 2002, 676; MDR 2002, 272
22.11.2001	VII ZR 150/01	**vor 631** 54; **631** 94, 548, 551		**IBR 2002, 126**; BauR 2002, 467, 361 (Ls.); NZBau 2002, 89; ZfBR 2002, 247, 107 (Ls.); NJW 2002, 441; MDR 2002, 333
08.11.2001	VII ZR 480/00	**631** 878, 887; **650g** 51, 78		**IBR 2002, 63, 64**; BauR 2002, 313; NZBau 2002, 91; ZfBR 2002, 245, 107 (Ls.); NJW 2002, 676; MDR 2002, 273
08.11.2001	VII ZR 450/00	**631** 841		**IBR 2002, 2, 7**
08.11.2001	VII ZR 373/99	**639** 32, 49; **648a** 107		**IBR 2002, 18**; BauR 2002, 310; NZBau 2002, 89; ZfBR 2002, 244, 107 (Ls.); NJW 2002, 511; MDR 2002, 149
08.11.2001	VII ZR 111/00	**650c** 189, 192		**IBR 2002, 59**; BauR 2002, 312; NZBau 2002, 152; ZfBR 2002, 149; NJW 2002, 750; MDR 2002, 213
24.10.2001	VIII ARZ 1/01	**639** 16		**IBR 2002, 387**; NJW 2002, 673; MDR 2002, 330; BGHZ 149, 89
23.10.2001	XI ZR 63/01	**650i** 10, 14		NJW 2002, 368; MDR 2002, 222; BGHZ 149, 80
11.10.2001	VII ZR 475/00	**634a** 325; **639** 39; **650s** 51		**IBR 2002, 87, 88**; BauR 2002, 315; NZBau 2002, 150; ZfBR 2002, 243, 107 (Ls.); NJW 2002, 749; MDR 2002, 214; BGHZ 149, 57
09.10.2001	X ZR 153/99	**vor 631** 60, 86		**IBR 2002, 1, 60**; BauR 2002, 775
27.09.2001	VII ZR 391/99	**650p** 137, 157		**IBR 2001, 678**; BauR 2002, 114; NZBau 2002, 41; ZfBR 2002, 148, 3 (Ls.); NJW 2002, 129; NJW-RR 2002, 952 (Ls.); MDR 2002, 87
27.09.2001	VII ZR 388/00	**631** 71, 83		**IBR 2002, 19, 20**; BauR 2002, 83; NZBau 2002, 25; ZfBR 2002, 63; NJW 2002, 138; MDR 2002, 27
27.09.2001	VII ZR 320/00	**634a** 100, 103, 347, 348, 361; **650p** 192, 194; **650s** 11		**IBR 2002, 28, 29**; BauR 2002, 108; NZBau 2002, 42; ZfBR 2002, 61; NJW 2002, 288; MDR 2002, 86
27.09.2001	IX ZR 281/00	**640** 19		NJW 2002, 825; MDR 2002, 169

Zitatübersicht

Datum	Az.	Fundstelle	Weitere Fundstellen
13.09.2001	VII ZR 467/00	**637** 55; **641** 106, 128	**IBR 2001, 612**; BauR 2001, 1893; NZBau 2001, 679; ZfBR 2002, 48; NJW 2001, 3629; MDR 2001, 1347; BGHZ 148, 151
13.09.2001	VII ZR 415/99	**631** 213; **650b** 322	**IBR 2001, 657**; BauR 2002, 89; NZBau 2002, 32; ZfBR 2002, 139, 3 (Ls.); NJW 2001, 3779; MDR 2002, 31
13.09.2001	VII ZR 392/00	**634** 82, 83, 91, 92, 94, 98; **636** 54; **637** 42, 57, 58, 59	**IBR 2002, 466**; BauR 2002, 86; NZBau 2002, 31; ZfBR 2002, 57; NJW 2002, 141
13.09.2001	VII ZR 170/00	**634** 118	**IBR 2001, 682**
13.09.2001	VII ZR 113/00	**635** 16, 20; **641** 9	**IBR 2001, 659**; BauR 2001, 1897; NZBau 2002, 28; ZfBR 2001, 507 (Ls.); ZfBR 2002, 49; NJW-RR 2002, 160
27.07.2001	V ZR 221/00	**631** 716, 722	
26.07.2001	X ZR 162/99	**648** 10	**IBR 2002, 300**; NZBau 2001, 621
26.07.2001	VII ZR 203/00	**632a** 163; **650e** 27	**IBR 2001, 538**; BauR 2001, 1783; NZBau 2001, 549; ZfBR 2001, 538, 435 (Ls.); NJW 2001, 3701; MDR 2001, 1164
19.07.2001	IX ZR 149/00	**650v** 58	**IBR 2001, 545, 619**; BauR 2001, 1727, 1804 (Ls.); NZBau 2001, 549; ZfBR 2001, 536, 435 (Ls.); NJW 2001, 3329
17.07.2001	X ZR 71/99	**648** 13	**IBR 2001, 604, 605**; BauR 2001, 1903; ZfBR 2001, 534; NJW 2001, 3535
17.07.2001	X ZR 29/99	**631** 801; **648** 13	**IBR 2001, 603**; NJW 2002, 57
17.07.2001	X ZR 13/99	**631** 514	BauR 2001, 1906; NZBau 2001, 625; ZfBR 2001, 531; NJW-RR 2002, 591; MDR 2001, 1342 (Ls.)
05.07.2001	VII ZR 399/99	**633** 121, 122	**IBR 2001, 544**; BauR 2001, 1731; NZBau 2001, 551; ZfBR 2001, 530, 435 (Ls.); NJW 2001, 3476; MDR 2001, 1109
05.07.2001	VII ZR 202/99	**637** 105	
05.07.2001	VII ZR 201/99	**637** 104, 105; **648a** 82	**IBR 2001, 601**; BauR 2001, 1577; NZBau 2001, 623; ZfBR 2001, 468
21.06.2001	VII ZR 423/99	**631** 881	**IBR 2001, 494**; BauR 2001, 1610; NZBau 2001, 574; ZfBR 2001, 461, 363 (Ls.); NJW-RR 2001, 1383; MDR 2001, 1050
21.06.2001	III ZR 313/99	**650p** 102, 138	**IBR 2001, 497, 511**; BauR 2001, 1566, 1798 (Ls.); NZBau 2001, 556; ZfBR 2001, 552; NJW 2001, 3054; MDR 2001, 1293
12.06.2001	X ZR 150/99	**631** 805	**IBR 2001, 504, 505**; BauR 2001, 1633 (Ls.); VergabeR 2001, 293; NZBau 2001, 637; ZfBR 2001, 458, 363 (Ls.); ZfBR 2002, 84; NJW 2001, 3698
07.06.2001	VII ZR 471/99	**634** 46, 50, 153; **644** 29	**IBR 2001, 415**; BauR 2001, 1414; NZBau 2001, 495; ZfBR 2001, 457, 363 (Ls.); NJW-RR 2001, 1102; MDR 2001, 985
07.06.2001	VII ZR 420/00	**650u** 110	**IBR 2001, 669, 670**; BauR 2002, 81; NZBau 2002, 26; ZfBR 2002, 146, 147, 3 (Ls.); NJW 2002, 140; MDR 2002, 28; BGHZ 148, 85
07.06.2001	I ZR 49/99	**634a** 118	NJW-RR 2002, 20; MDR 2002, 216 (Ls.)
11.05.2001	V ZR 492/99	**631** 478	NJW 2001, 2464; MDR 2001, 1043

Zitatübersicht

11.05.2001	V ZR 14/00	**634a** 61	**IBR 2001, 645**; BauR 2001, 1431; NZBau 2001, 494; NJW 2001, 2326; MDR 2001, 982
10.05.2001	XII ZR 60/99	**631** 615	**IBR 2001, 474**; BauR 2001, 1439; NJW 2001, 2324; MDR 2001, 1044
10.05.2001	VII ZR 356/00	**631** 614	**IBR 2001, 408**; BauR 2001, 1259; NZBau 2001, 501; ZfBR 2001, 409; NJW 2001, 2325; MDR 2001, 859
10.05.2001	VII ZR 248/00	**631** 311, 379, 389; **650b** 137	**IBR 2001, 349, 412**; BauR 2001, 1254; NZBau 2001, 446; ZfBR 2001, 408; NJW 2001, 2167; MDR 2001, 864
10.05.2001	III ZR 111/99	**631** 181, 182, 184, 186, 188, 190, 632, 859, 860	**IBR 2001, 522**; BauR 2001, 1415; NJW 2001, 2626; MDR 2001, 1053; BGHZ 147, 381
09.05.2001	IV ZR 138/99	**631** 103	NJW 2001, 2012; MDR 2001, 1057; BGHZ 147, 373
09.05.2001	IV ZR 121/00	**631** 103	NJW 2001, 2014; MDR 2001, 1055; BGHZ 147, 354
08.05.2001	VI ZR 208/00	**631** 893, 895, 896; **634a** 98, 109	**IBR 2002, 78**; NJW-RR 2001, 1168; MDR 2001, 936
26.04.2001	VII ZR 222/99	**631** 857, 862; **650b** 292	**IBR 2001, 490**; BauR 2001, 1412; NZBau 2001, 571; ZfBR 2001, 455, 363 (Ls.); NJW 2001, 3184
26.04.2001	IX ZR 317/98	**650f** 208, 219	**IBR 2001, 366**; BauR 2001, 1426; NZBau 2001, 680; ZfBR 2001, 406; NJW 2001, 3616; MDR 2001, 1181
06.04.2001	V ZR 402/99	**631** 211	**IBR 2001, 371**; BauR 2001, 1428; BauR 2002, 138 (Ls.); NJW 2001, 2021; MDR 2001, 800
05.04.2001	VII ZR 498/99	**648a** 106; **650v** 4	**IBR 2001, 314**; BauR 2001, 1097; NZBau 2001, 388; ZfBR 2001, 404; NJW 2001, 2249; MDR 2001, 932
05.04.2001	VII ZR 161/00	**631** 656, 657, 661, 671; **634a** 368; **650s** 43, 93	**IBR 2001, 625, 677, 679**
05.04.2001	VII ZR 119/99	**631** 168	**IBR 2001, 315**; BauR 2001, 1099; NZBau 2001, 390; ZfBR 2001, 402; NJW 2001, 1932; MDR 2001, 800
20.03.2001	X ZR 180/98	**631** 327; **637** 102	**IBR 2001, 354, 355**; BauR 2001, 1256, 1149 (Ls.); NZBau 2001, 391; ZfBR 2001, 401; NJW 2001, 2024; MDR 2001, 1101
13.03.2001	VI ZR 142/00	**633** 37	NJW 2001, 2019; MDR 2001, 808
08.03.2001	VII ZR 470/99	**631** 294, 335; **634a** 233; **650j** 45; **650p** 190; **650u** 214	**IBR 2001, 251**; BauR 2001, 946; NZBau 2001, 389; ZfBR 2001, 322, 219 (Ls.); NJW 2001, 2084 (Ls.); NJW-RR 2001, 806; MDR 2001, 864
08.03.2001	IX ZR 236/00	**641** 116, 123, 143	**IBR 2001, 306, 307, 308**; BauR 2001, 1093, 1476 (Ls.); NZBau 2001, 311; ZfBR 2001, 319; NJW 2001, 1857; MDR 2001, 1003; BGHZ 147, 99
07.03.2001	X ZR 160/99	**631** 787	NJW-RR 2001, 887
06.03.2001	VI ZR 30/00	**631** 888, 890	**IBR 2002, 9**; NJW 2001, 1721; MDR 2001, 810

Zitatübersicht

Datum	Az.	Fundstelle	Zitate
22.02.2001	VII ZR 115/99	**637** 69	IBR 2001, 254; BauR 2001, 789; NZBau 2001, 313; ZfBR 2001, 319, 219 (Ls.); NJW-RR 2001, 739
20.02.2001	VI ZR 179/00	**631** 893	NJW 2001, 1723; MDR 2001, 688
14.02.2001	VII ZR 176/99	**650p** 131, 134, 158	IBR 2001, 319; BauR 2001, 823; NZBau 2001, 270; ZfBR 2001, 317, 219 (Ls.); NJW 2001, 1276; MDR 2001, 561; BGHZ 147, 1
08.02.2001	VII ZR 427/98	**631** 378	IBR 2001, 252; BauR 2001, 945; NZBau 2001, 257; ZfBR 2001, 316, 219 (Ls.); NJW 2001, 1346; MDR 2001, 805
08.02.2001	VII ZR 152/00	**vor 631** 130	IBR 2001, 265; BauR 2001, 983; NZBau 2001, 332; ZfBR 2001, 316; NJW-RR 2001, 737; MDR 2001, 629
29.01.2001	II ZR 331/00	**650i** 10	IBR 2001, 258; BauR 2001, 693, 775, 689 (Ls.); ZfBR 2001, 392, 399; NJW 2001, 1056; NJW 2017, 3089; MDR 2001, 459; BGHZ 146, 341
25.01.2001	VII ZR 446/99	**636** 97	IBR 2001, 173; BauR 2001, 793; NZBau 2001, 263; ZfBR 2001, 267, 147 (Ls.); NJW-RR 2001, 663; MDR 2001, 746
19.01.2001	V ZR 437/99	**631** 137	BauR 2001, 1153 (Ls.); NJW 2001, 1127; NJW-RR 2001, 878 (Ls.); MDR 2001, 683; BGHZ 146, 298
18.01.2001	VII ZR 457/98	**634** 45, 63	IBR 2001, 177; BauR 2001, 622; NZBau 2001, 200; ZfBR 2001, 265, 147 (Ls.); NJW 2001, 1856 (Ls.); NJW-RR 2001, 520; MDR 2001, 502
18.01.2001	VII ZR 416/99	**631** 437	IBR 2001, 246; BauR 2001, 784; NZBau 2001, 314; ZfBR 2001, 313, 219 (Ls.); NJW 2001, 1649; NJW-RR 2001, 805; MDR 2001, 746
18.01.2001	VII ZR 247/98	**634a** 229; **640** 48; **650a** 7, 8	IBR 2001, 168; BauR 2001, 621; NZBau 2001, 201; ZfBR 2001, 267, 147 (Ls.); NJW-RR 2001, 519; MDR 2001, 503
18.01.2001	VII ZR 238/00	**631** 107, 361, 370	IBR 2001, 165; BauR 2001, 791; NZBau 2001, 257; ZfBR 2001, 266; NJW 2001, 2330 (Ls.); NJW-RR 2001, 738; MDR 2001, 562
16.01.2001	XI ZR 113/00	**631** 150	IBR 2001, 278; NJW 2001, 1065; MDR 2001, 496
22.12.2000	VII ZR 310/99	**640** 54, 55, 63, 66; **650u** 143, 223; **650v** 8, 50	IBR 2001, 118, 119; BauR 2001, 391, 296 (Ls.); NZBau 2001, 132; ZfBR 2001, 183, 75 (Ls.); NJW 2001, 818; NJW-RR 2001, 520 (Ls.); MDR 2001, 503; BGHZ 146, 250
21.12.2000	VII ZR 488/99	**635** 77; **637** 99; **648** 141, 143, 145; **648a** 88	IBR 2001, 126; BauR 2001, 667; NZBau 2001, 211; ZfBR 2001, 177; NJW-RR 2001, 383; MDR 2001, 385
21.12.2000	VII ZR 467/99	**643** 23; **648** 80	IBR 2001, 125; BauR 2001, 666; NZBau 2001, 202; ZfBR 2001, 176; NJW-RR 2001, 385; MDR 2001, 447
21.12.2000	VII ZR 407/99	**634a** 156	IBR 2001, 109; BauR 2001, 674; NZBau 2001, 201; ZfBR 2001, 183; NJW-RR 2001, 385; MDR 2001, 447
21.12.2000	VII ZR 192/98	**635** 16, 20	IBR 2001, 120, 128; BauR 2001, 630; NZBau 2001, 195; ZfBR 2001, 175; NJW-RR 2001, 380; MDR 2001, 385

Zitatübersicht

Datum	Aktenzeichen	Fundstelle	Weitere Fundstellen
21.12.2000	VII ZR 17/99	**631** 118, 281; **633** 74, 96, 128; **650p** 63, 64, 65, 115, 140	**IBR 2001, 261**; BauR 2001, 785; NZBau 2001, 261; ZfBR 2001, 310, 219 (Ls.); NJW 2001, 1642; MDR 2001, 563
14.12.2000	I ZR 213/98	**631** 67, 614	NJW-RR 2001, 1044; MDR 2001, 981
07.12.2000	VII ZR 360/98	**631** 10	**IBR 2001, 101**; BauR 2001, 623; NZBau 2001, 198; ZfBR 2001, 173; NJW-RR 2001, 381; MDR 2001, 327
28.11.2000	X ZR 194/97	**648a** 32	
23.11.2000	VII ZR 277/99	**650s** 93	**IBR 2001, 70**
23.11.2000	VII ZR 242/99	**631** 119, 285; **635** 43; **637** 99	**IBR 2001, 68**; BauR 2001, 425; NZBau 2001, 97; ZfBR 2001, 106; NJW 2001, 435; MDR 2001, 267
15.11.2000	VIII ZR 324/99	**649** 18	NJW 2001, 1204
09.11.2000	VII ZR 82/99	**632a** 167; **650f** 4, 81, 82, 86, 87, 89, 90, 93, 97, 98, 101, 113, 135, 148, 163, 209, 210	**IBR 2001, 15, 16, 17, 18**; BauR 2001, 386; NZBau 2001, 129; ZfBR 2001, 166, 75 (Ls.); NJW 2001, 822; MDR 2001, 327; BGHZ 146, 24
09.11.2000	VII ZR 409/99	**633** 10; **640** 90	**IBR 2001, 56**; BauR 2001, 258; NZBau 2001, 264; ZfBR 2001, 105; NJW-RR 2001, 309
09.11.2000	VII ZR 362/99	**650p** 179, 180, 181	**IBR 2001, 69**; BauR 2001, 273; NZBau 2001, 213; ZfBR 2001, 106; NJW 2001, 965; MDR 2001, 268
26.10.2000	VII ZR 99/99	**650g** 34, 74	**IBR 2001, 55**; BauR 2001, 68, 251; NZBau 2001, 85; ZfBR 2001, 102; NJW 2001, 521; MDR 2001, 212
26.10.2000	VII ZR 3/99	**648** 55; **650g** 76	NZBau 2001, 138; NJW-RR 2001, 311
26.10.2000	VII ZR 239/98	**631** 854; **632** 45; **633** 60; **650b** 285	**IBR 2001, 5**; BauR 2001, 249; NZBau 2001, 17; ZfBR 2001, 104, 3 (Ls.); NJW 2001, 151; MDR 2001, 212
26.10.2000	VII ZR 117/99	**631** 863	**IBR 2001, 4**; BauR 2001, 626
18.10.2000	XII ZR 85/98	**634a** 166	NJW 2001, 218; MDR 2001, 229
28.09.2000	VII ZR 57/00	**650g** 71	**IBR 2000, 624**; BauR 2001, 124; NZBau 2001, 146; ZfBR 2001, 34; NJW-RR 2001, 310; MDR 2001, 83
28.09.2000	VII ZR 460/97	**641** 107	**IBR 2000, 542**; BauR 2001, 109; NZBau 2001, 136; ZfBR 2001, 31; NJW-RR 2001, 307; MDR 2001, 84
28.09.2000	VII ZR 42/98	**648** 153	**IBR 2000, 591**; BauR 2001, 106; NZBau 2001, 19; ZfBR 2001, 33; NJW 2000, 3716; MDR 2000, 1429
28.09.2000	VII ZR 372/99	**648a** 64, 85	**IBR 2001, 6, 21**; BauR 2001, 245; NZBau 2001, 86; ZfBR 2001, 95, 3 (Ls.); NJW 2001, 367; MDR 2001, 152; BGHZ 145, 245
27.09.2000	VIII ZR 155/99	**631** 632; **634a** 176, 179	NJW 2001, 292; MDR 2001, 144 (Ls.); BGHZ 145, 203
20.09.2000	V ZB 58/99	**650u** 82	**IBR 2001, 49**; NZBau 2001, 19; NJW 2000, 3500; NJW-RR 2001, 298 (Ls.); MDR 2000, 1367; BGHZ 145, 158

Zitatübersicht

Datum	Az.	Fundstelle	Weitere Fundstellen
13.07.2000	VII ZR 249/99	**631** 369	IBR 2000, 428; BauR 2000, 1758; NZBau 2000, 509; ZfBR 2000, 551; NJW-RR 2000, 1468
13.07.2000	VII ZR 139/99	**vor 631** 93; **650p** 195	IBR 2001, 34; BauR 2000, 1762; NZBau 2000, 523; ZfBR 2000, 548; NJW-RR 2000, 1547
06.07.2000	VII ZR 82/98	**650p** 175, 179, 180	IBR 2000, 506, 507; BauR 2000, 1513; NZBau 2000, 525; ZfBR 2000, 544; NJW-RR 2000, 1468
06.07.2000	VII ZR 73/00	**631** 99	IBR 2000, 483, 484; BauR 2000, 1756; NZBau 2000, 466; ZfBR 2000, 546; NJW 2000, 3348; MDR 2000, 1312
06.07.2000	VII ZR 22/98	**650g** 45, 46	BauR 2000, 1485; NZBau 2000, 508; ZfBR 2000, 545; NJW-RR 2000, 1469
06.07.2000	IX ZR 198/99	**634** 77	NJW 2001, 673; MDR 2000, 1279
29.06.2000	VII ZR 186/99	**631** 622; **641** 73	IBR 2000, 480, 481; BauR 2000, 1754; NZBau 2000, 467; ZfBR 2000, 538; NJW 2000, 3277; MDR 2000, 1313
16.06.2000	LwZR 13/99	**634a** 148	MDR 2000, 1271
16.06.2000	BLw 19/99	**631** 619	
15.06.2000	VII ZR 30/99	**631** 645; **632a** 104; **640** 11, 41, 42; **648** 30	IBR 2000, 479; BauR 2000, 1482; NZBau 2000, 507; ZfBR 2000, 537, 435 (Ls.); NJW 2000, 2818; MDR 2000, 1187
15.06.2000	VII ZR 218/99	**631** 344	**IBR 2000, 488, 534**
15.06.2000	VII ZR 212/99	**650p** 147, 157	IBR 2000, 446; BauR 2000, 1330, 1770; NZBau 2000, 433; ZfBR 2000, 484; NJW 2000, 2991; MDR 2000, 1243
18.05.2000	VII ZR 69/99	**650q** 48	IBR 2000, 436; BauR 2000, 1511; NZBau 2000, 388; ZfBR 2000, 480; NJW 2000, 2587
18.05.2000	VII ZR 436/98	**650p** 180	IBR 2000, 444, 445; BauR 2000, 1217; NZBau 2000, 386; ZfBR 2000, 475; NJW 2000, 2500; MDR 2000, 948
18.05.2000	VII ZR 125/99	**632** 75	IBR 2000, 437; BauR 2000, 1512; NZBau 2000, 473; ZfBR 2000, 481; NJW-RR 2000, 1333; MDR 2000, 1127
04.05.2000	VII ZR 53/99	**631** 297, 301, 325; **648** 44, 55, 64, 130, 144; **650g** 73	IBR 2000, 414, 426, 466; BauR 2000, 1182; NZBau 2000, 375; ZfBR 2000, 472; NJW 2000, 2988; MDR 2000, 966; BGHZ 144, 242
04.05.2000	VII ZR 394/97	**650g** 37	BauR 2000, 1191; ZfBR 2000, 471
03.05.2000	X ZR 49/98	**631** 256	IBR 2000, 490; NZBau 2000, 328; ZfBR 2000, 411; NJW 2000, 2102; MDR 2001, 21
20.04.2000	VII ZR 458/97	**641** 127; **648** 50	IBR 2000, 499; BauR 2000, 1498; NZBau 2000, 424; ZfBR 2000, 477; NJW-RR 2000, 1331; MDR 2000, 1007
20.04.2000	VII ZR 164/99	**634** 22; **637** 65, 104; **641** 10; **648a** 82	IBR 2000, 491; BauR 2000, 1479, 1863; NZBau 2000, 421; ZfBR 2000, 479; NJW 2000, 2997; MDR 2000, 1127
20.04.2000	VII ZR 13/00	**631** 677	
06.04.2000	VII ZR 199/97	**636** 126	IBR 2000, 371; BauR 2000, 1189; NZBau 2000, 422; ZfBR 2000, 465; NJW-RR 2000, 1260; MDR 2000, 949

Zitatübersicht

30.03.2000	VII ZR 299/96	**650e** 3, 4, 23, 25, 35	**IBR 2000, 321, 322**; BauR 2000, 1083, 1244; NZBau 2000, 286; ZfBR 2000, 329; NJW 2000, 1861; MDR 2000, 879; BGHZ 144, 138
30.03.2000	VII ZR 167/99	**648** 133, 134	**IBR 2000, 360, 482**; BauR 2000, 1194; ZfBR 2000, 413; NJW 2000, 3498; MDR 2000, 872; BGHZ 144, 133
29.03.2000	VIII ZR 81/99	**631** 201	NJW 2000, 2272; MDR 2000, 817
21.03.2000	IX ZR 39/99	**634** 188, 189, 190	NJW 2000, 1942; MDR 2000, 943
16.03.2000	VII ZR 461/98	**636** 47	**IBR 2000, 316**; BauR 2000, 1190; NZBau 2000, 329; ZfBR 2000, 403, 291 (Ls.); NJW 2000, 2020; MDR 2000, 880
02.03.2000	VII ZR 475/98	**641** 116, 121, 138	**IBR 2000, 324**; BauR 2000, 1052; NZBau 2000, 285; ZfBR 2000, 332; NJW 2000, 1863; MDR 2000, 826
17.02.2000	IX ZR 32/99	**650u** 50	**IBR 2000, 325**; NJW 2000, 1569; MDR 2000, 714
17.02.2000	III ZR 78/99	**vor 631** 107	**IBR 2000, 261**; NZBau 2000, 290; ZfBR 2000, 263; NJW 2000, 1557
01.02.2000	X ZR 198/97	**631** 474; **632** 30; **649** 62; **650c** 73	**IBR 2000, 307**; BauR 2000, 1196; NJW 2000, 1107; MDR 2000, 1001
20.01.2000	VII ZR 97/99	**648** 63	**IBR 2000, 219**; BauR 2000, 726; ZfBR 2000, 255, 147 (Ls.); NJW 2000, 1257; MDR 2000, 635
20.01.2000	VII ZR 46/98	**631** 101, 102, 361	**IBR 2000, 369**; BauR 2000, 1049; NZBau 2000, 327; ZfBR 2000, 331; NJW 2000, 2106; MDR 2000, 827
20.01.2000	VII ZR 224/98	**637** 66; **650u** 122	**IBR 2000, 274**; BauR 2000, 881; NZBau 2000, 243; ZfBR 2000, 256; NJW 2000, 1403
12.01.2000	VIII ZR 19/99	**650c** 141	NJW 2000, 1413; MDR 2000, 592
16.12.1999	VII ZR 392/96	**631** 726	**IBR 2000, 177**; BauR 2000, 592; NZBau 2000, 139; ZfBR 2000, 176; NJW 2000, 1114; MDR 2000, 387
30.11.1999	VI ZR 207/98	**634a** 122	NJW 2000, 1420; MDR 2000, 348
26.11.1999	V ZR 251/98	**631** 155; **650u** 218	BauR 2000, 451 (Ls.); NJW 2000, 951; MDR 2000, 260
25.11.1999	VII ZR 95/99	**631** 385; **650e** 29	**IBR 2000, 66**; BauR 2000, 919; NZBau 2000, 198; NJW 2000, 1639 (Ls.); NJW-RR 2000, 387
25.11.1999	VII ZR 468/98	**648a** 65	**IBR 2000, 162, 163**; BauR 2000, 571; NZBau 2000, 131; ZfBR 2000, 174; NJW 2000, 1116; MDR 2000, 387
16.11.1999	VI ZR 37/99	**634a** 245	NJW 2000, 861; MDR 2000, 270
11.11.1999	VII ZR 73/99	**631** 886; **650q** 46, 53	**IBR 2000, 125**; BauR 2000, 589; NZBau 2000, 202; ZfBR 2000, 172; NJW-RR 2000, 386; MDR 2000, 206
11.11.1999	VII ZR 403/98	**631** 119; **633** 58, 62, 91; **634** 31, 33; **637** 14, 64	**IBR 2000, 65**; BauR 2000, 411; NZBau 2000, 74, 198 (Ls.); ZfBR 2000, 121; NJW-RR 2000, 465; MDR 2000, 449
04.11.1999	IX ZR 320/98	**631** 150; **632a** 158	**IBR 2000, 72**; BauR 2000, 413; NZBau 2000, 76; ZfBR 2000, 405; NJW 2000, 511; MDR 2000, 207 (Ls.)

Zitatübersicht

28.10.1999	VII ZR 393/98	**631** 235, 680, 798; **650b** 105, 108, 110, 151, 175, 176, 245, 246; **650c** 182, 210; **650f** 82		**IBR 2000, 110**; BauR 2000, 409, 777; NZBau 2000, 130; ZfBR 2000, 170; NJW 2000, 807; MDR 2000, 388; BGHZ 143, 89
28.10.1999	VII ZR 326/98	**648** 83, 85, 87, 90, 94, 97, 98, 107, 119, 161		**IBR 2000, 126, 127**; BauR 2000, 430; NZBau 2000, 82; ZfBR 2000, 118; NJW 2000, 653; MDR 2000, 207; BGHZ 143, 79
28.10.1999	VII ZR 115/97	**635** 17, 18, 20		**IBR 2000, 164**; BauR 2000, 261; NZBau 2000, 73; ZfBR 2000, 116, 3 (Ls.); NJW-RR 2000, 309
26.10.1999	X ZR 30/98	**631** 805		**IBR 2000, 52, 53, 54**; BauR 2000, 254, 777, 1383 (Ls.); NZBau 2000, 35; ZfBR 2000, 113, 3 (Ls.); NJW 2000, 661; MDR 2000, 1008
22.10.1999	V ZR 401/98	**636** 132; **643** 1; **648** 165		NJW 2000, 506; MDR 2000, 215 (Ls.); BGHZ 143, 41
22.10.1999	V ZR 398/98	**650u** 57		**IBR 2000, 74**; BauR 2000, 1098 (Ls.), 618 (Ls.); NJW-RR 2000, 202; MDR 2000, 144
21.10.1999	VII ZR 185/98	**631** 739, 740, 741, 743, 744, 745; **634** 123; **642** 20, 22, 32, 64, 68, 154, 185; **643** 22, 31, 32		**IBR 2000, 216, 217, 218**; BauR 2000, 722; NZBau 2000, 187; ZfBR 2000, 248; NJW 2000, 1336; NJW-RR 2000, 825 (Ls.); MDR 2000, 578; BGHZ 143, 32
21.10.1999	III ZR 319/98	**650b** 290		NJW 2000, 422; MDR 2000, 76; BGHZ 143, 9
19.10.1999	X ZR 26/97	**639** 9, 10		ZfBR 2000, 98
12.10.1999	VI ZR 19/99	**634a** 166, 167		NJW 2000, 132; MDR 2000, 104
30.09.1999	VII ZR 206/98	**648** 97, 107		**IBR 2000, 28**; BauR 2000, 126; NZBau 2000, 140; ZfBR 2000, 47; NJW 2000, 205; MDR 2000, 27
30.09.1999	VII ZR 162/97	**634a** 47, 331; **635** 78; **640** 22, 44; **650s** 24, 49		**IBR 2000, 30**; BauR 2000, 128; NZBau 2000, 22; ZfBR 2000, 97, 3 (Ls.); NJW 2000, 133; NJW-RR 2000, 466 (Ls.); MDR 1999, 1499
28.09.1999	VI ZR 195/98	**634a** 166		NJW 1999, 3774; MDR 1999, 1439
16.09.1999	VII ZR 456/98	**634** 22; **637** 20; **641** 9		**IBR 2000, 6, 12**; BauR 2000, 98; NZBau 2000, 23; ZfBR 2000, 44; NJW 1999, 3710; MDR 1999, 1500; BGHZ 142, 278
16.09.1999	VII ZR 419/98	**637** 60		NZBau 2000, 24; NJW-RR 2000, 19
16.09.1999	VII ZR 385/98	**634a** 118		BauR 1999, 1489; NZBau 2000, 24; ZfBR 2000, 39; NJW 1999, 3707; MDR 1999, 1437
14.09.1999	X ZR 89/97	**634** 41, 51		**IBR 2000, 113**; BauR 2000, 262; NZBau 2000, 196; ZfBR 2000, 42; NJW 2000, 280; MDR 2000, 259
15.07.1999	IX ZR 239/98	**650e** 9		**IBR 1999, 472**; BauR 1999, 1326; NJW 1999, 3122; MDR 1999, 1283; BGHZ 142, 208
08.07.1999	VII ZR 381/97	**631** 453		**IBR 1999, 516**

Zitatübersicht

08.07.1999	VII ZR 237/98	**vor 631** 42, 47; **641** 41; **648** 2, 3, 11, 87, 127, 131, 133; **650g** 62, 74	IBR **1999, 402, 403, 413, 454**; BauR 1999, 1294; ZfBR 1999, 291 (Ls.); ZfBR 2000, 30; NJW 1999, 3261; MDR 1999, 1378
01.07.1999	VII ZR 202/98	**631** 613	BauR 1999, 1329; ZfBR 1999, 340; NJW-RR 2000, 208
25.06.1999	V ZR 190/98	**631** 703; **650f** 81	NJW 1999, 3115; MDR 1999, 1128
24.06.1999	X ZR 195/97	**631** 472, 475	NJW-RR 1999, 1586
24.06.1999	VII ZR 342/98	**648** 90, 101, 117; **650b** 169; **650g** 74	IBR **1999, 455**; BauR 1999, 1292; ZfBR 1999, 339, 236 (Ls.); NJW-RR 1999, 1464; MDR 1999, 1318
24.06.1999	VII ZR 196/98	**631** 16; **632** 13, 14, 23, 40; **648** 11, 146; **650p** 7, 104, 111, 112; **650r** 41	IBR **1999, 478, 482, 486**; BauR 1999, 1319; ZfBR 1999, 291 (Ls.); ZfBR 2000, 28; NJW 1999, 3554; MDR 1999, 1438
24.06.1999	VII ZR 120/98	**631** 202	IBR **1999, 477, 512**; BauR 1999, 1300; ZfBR 1999, 337, 236 (Ls.); NJW 1999, 2889; MDR 1999, 1191
17.06.1999	IX ZR 176/98	**631** 868	IBR **1999, 404**; BauR 1999, 1189; ZfBR 1999, 328; NJW 1999, 2969; MDR 1999, 1153; BGHZ 142, 72
10.06.1999	VII ZR 365/98	**vor 631** 58; **631** 98, 99, 624, 643	IBR **2000, 5**; BauR 1999, 1290; ZfBR 1999, 291 (Ls.); ZfBR 2000, 27; NJW 1999, 3260; NJW-RR 1999, 1692 (Ls.); MDR 1999, 1379; BGHZ 142, 46
10.06.1999	VII ZR 215/98	**vor 631** 90; **648** 63	IBR **1999, 423**; BauR 1999, 1317; ZfBR 1999, 336, 236 (Ls.); NJW 1999, 3118; MDR 1999, 1260
10.06.1999	VII ZR 170/98	**vor 631** 43, 45; **631** 88, 89; **640** 54, 58; **641** 6; **650s** 10, 52	IBR **1999, 405**; BauR 1999, 1186; ZfBR 1999, 327, 236 (Ls.); NJW-RR 1999, 1246; MDR 1999, 1061
10.06.1999	VII ZR 157/98	**650e** 51	BauR 1999, 1218; ZfBR 1999, 327, 236 (Ls.); NJW 1999, 3494; MDR 1999, 1083
10.06.1999	IX ZR 409/97	**631** 190, 864	NJW 1999, 3335; MDR 1999, 1280; BGHZ 142, 51
02.06.1999	VIII ZR 322/98	**634a** 174, 179, 317	IBR **1999, 519**; BauR 1999, 1331 (Ls.); NJW 1999, 2961; MDR 1999, 1186
06.05.1999	VII ZR 180/98	**631** 692, 749; **641** 62; **650f** 7	IBR **1999, 299**; BauR 1999, 1025; ZfBR 1999, 313, 235 (Ls.); NJW 1999, 2110; MDR 1999, 922
06.05.1999	VII ZR 132/97	**631** 150; **648** 18	IBR **1999, 375**; BauR 1999, 1047, 786 (Ls.); ZfBR 1999, 310, 235 (Ls.); NJW 1999, 2266; NJW-RR 1999, 1323 (Ls.); BGHZ 141, 357
06.05.1999	IX ZR 430/97	**632a** 19, 156, 158, 159	IBR **1999, 369**; BauR 1999, 1023; ZfBR 1999, 313; NJW 1999, 2113; MDR 1999, 1192
29.04.1999	VII ZR 248/98	**631** 595; **648** 15	IBR **1999, 355, 356**; BauR 1999, 1021; ZfBR 1999, 310, 235 (Ls.); NJW 1999, 2661; MDR 1999, 992

Zitatübersicht

29.04.1999	VII ZR 127/98	**631** 421; **650g** 34, 45	**IBR 1999, 510, 511**; BauR 1999, 1185; ZfBR 1999, 319, 235 (Ls.); NJW-RR 1999, 1180; MDR 1999, 1133
26.04.1999	VII ZR 198/98	**632** 71; **650p** 4	
15.04.1999	VII ZR 415/97	**634a** 100	**IBR 1999, 306, 307**; BauR 1999, 1019; ZfBR 1999, 269; NJW-RR 1999, 1174, 1181; MDR 1999, 993
26.03.1999	V ZR 364/97	**636** 132	**IBR 1999, 386**; NJW 1999, 2269; MDR 1999, 861
25.03.1999	VII ZR 397/97	**634** 193; **650p** 65, 136, 139, 140	**IBR 1999, 376**; BauR 1999, 1195; ZfBR 1999, 315; NJW 1999, 3556 (Ls.); NJW-RR 1999, 1105; MDR 1999, 1062 (Ls.)
23.03.1999	VI ZR 101/98	**631** 905	NJW 1999, 2110; MDR 1999, 884
17.03.1999	IV ZR 137/98	**631** 98, 625	NJW 1999, 3411; MDR 1999, 1065
11.03.1999	VII ZR 465/97	**634** 108; **650p** 178, 181	**IBR 1999, 377**; BauR 1999, 680; ZfBR 1999, 212; NJW-RR 1999, 893
11.03.1999	VII ZR 371/97	**648** 123	**IBR 1999, 357**; BauR 1999, 644; ZfBR 1999, 211; NJW-RR 1999, 960
11.03.1999	VII ZR 179/98	**631** 814, 815, 843; **650b** 131; **650u** 53	**IBR 1999, 300**; BauR 1999, 897; ZfBR 1999, 256, 179 (Ls.); NJW 1999, 2432; MDR 1999, 862
25.02.1999	VII ZR 208/97	**650u** 71, 75	**IBR 1999, 219**; BauR 1999, 657; ZfBR 1999, 207, 115 (Ls.); NJW 1999, 1705; NJW-RR 1999, 960 (Ls.); MDR 1999, 608; BGHZ 141, 63
25.02.1999	VII ZR 190/97	**633** 96; **634** 193; **650p** 65, 136, 140, 141	**IBR 1999, 326**; BauR 1999, 934, 786 (Ls.); ZfBR 1999, 202; NJW 1999, 2112; MDR 1999, 800
17.02.1999	X ZR 40/96	**637** 42	**IBR 1999, 365**; BauR 1999, 1056 (Ls.); NJW-RR 1999, 813
17.02.1999	X ZR 101/97	**631** 805, 806	**IBR 1999, 194, 195**; BauR 1999, 736; NJW 2000, 137; MDR 1999, 1379
11.02.1999	VII ZR 91/98	**648** 54, 81; **650g** 50	**IBR 1999, 202**; BauR 1999, 632; ZfBR 1999, 194; ZfBR 2000, 107 (Ls.); NJW 1999, 2036; MDR 1999, 801
11.02.1999	VII ZR 399/97	**631** 433; **632a** 9, 19, 93, 94, 123; **641** 37; **648** 31, 79, 80, 88, 99, 121; **650c** 108; **650g** 50, 62, 65, 69	**IBR 1999, 199, 200, 201, 207**; BauR 1999, 635, 516 (Ls.); ZfBR 1999, 196, 115 (Ls.); ZfBR 2000, 107 (Ls.), 109 (Ls.); NJW 1999, 1867; MDR 1999, 671; BGHZ 140, 365
03.02.1999	VIII ZB 35/98	**631** 889	NJW 1999, 1871; MDR 1999, 759
27.01.1999	XII ZR 113/97	**634a** 166	NJW 1999, 1101; MDR 1999, 421
21.01.1999	VII ZR 398/97	**641** 32; **650u** 57	**IBR 1999, 255**; BauR 1999, 648, 516 (Ls.); ZfBR 1999, 194; NJW 1999, 1859; MDR 1999, 735 (Ls.)
21.01.1999	VII ZR 269/97	**641** 37; **650g** 69	BauR 1999, 510; ZfBR 1999, 151, 59 (Ls.); NJW 1999, 1264; MDR 1999, 495
14.01.1999	VII ZR 73/98	**631** 304, 367, 370, 379, 381, 383, 389, 393; **642** 68	**IBR 1999, 155, 156, 157**; BauR 1999, 645; ZfBR 1999, 188; NJW 1999, 1108; MDR 1999, 540

Zitatübersicht

14.01.1999	VII ZR 277/97	**648** 81, 100, 103; **650g** 61, 62	**IBR 1999, 148**; BauR 1999, 642; ZfBR 1999, 191, 115 (Ls.); NJW 1999, 1253; NJW-RR 1999, 745 (Ls.); MDR 1999, 672; BGHZ 140, 263
14.01.1999	VII ZR 19/98	**637** 64, 69	**IBR 1999, 206, 236**; BauR 1999, 631, 515 (Ls.); ZfBR 1999, 193, 115 (Ls.); NJW-RR 1999, 813; MDR 1999, 609
14.01.1999	VII ZR 185/97	**635** 17, 18	**IBR 1999, 460**; BauR 1999, 899; ZfBR 1999, 55, 255, 179 (Ls.)
14.01.1999	IX ZR 140/98	**650u** 224	**IBR 1999, 163**; BauR 1999, 659; ZfBR 1999, 147; NJW 1999, 1105; MDR 1999, 602
17.12.1998	VII ZR 37/98	**650g** 46, 74, 80, 81	**IBR 1999, 104**; BauR 1999, 396; ZfBR 1999, 139, 59 (Ls.); NJW 1999, 944; MDR 1999, 416; BGHZ 140, 248
03.12.1998	VII ZR 405/97	**637** 14, 105	**IBR 1999, 115**; BauR 1999, 391; ZfBR 1999, 135, 59 (Ls.); NJW 1999, 1330; MDR 1999, 417
03.12.1998	VII ZR 109/97	**634a** 16, 17, 26, 31, 33; **650a** 6, 7, 8, 12	**IBR 1999, 273**; BauR 1999, 670; ZfBR 1999, 187; NJW 1999, 2434; MDR 1999, 737
24.11.1998	X ZR 21/96	**640** 17	NJW-RR 1999, 347
19.11.1998	VII ZR 371/96	**637** 105	**IBR 1999, 116**; BauR 1999, 254; ZfBR 1999, 153; NJW-RR 1999, 381; MDR 1999, 221
19.11.1998	VII ZR 361/97	**650b** 139	
19.11.1998	VII ZR 355/97	**631** 798	
05.11.1998	VII ZR 191/97	**631** 922; **632a** 19, 20, 100, 115, 117; **650q** 18, 20; **650v** 69	**IBR 1999, 68, 90**; BauR 1999, 267; ZfBR 1999, 98; NJW 1999, 713; MDR 1999, 221
27.10.1998	X ZR 116/97	**vor 631** 103; **631** 817; **641** 37; **648** 133; **648a** 59	**IBR 1999, 20, 21**; BauR 1999, 167; ZfBR 1999, 95, 3 (Ls.); NJW 1999, 418; MDR 1999, 792
22.10.1998	VII ZR 167/97	**632a** 162; **641** 90	**IBR 1999, 102**; BauR 1999, 251; ZfBR 1999, 94; NJW 1999, 417; MDR 1999, 292
08.10.1998	VII ZR 296/97	**650g** 51	**IBR 1998, 537**; BauR 1999, 63; ZfBR 1999, 37; NJW-RR 1999, 95; MDR 1999, 33
07.10.1998	VIII ZR 100/97	**641** 66	BauR 1999, 69; ZfBR 1999, 35; NJW 1999, 53; MDR 1999, 26
17.09.1998	VII ZR 160/96	**641** 41; **650q** 50	BauR 1999, 265; ZfBR 1999, 88; NJW-RR 1999, 312; MDR 1999, 156
08.09.1998	X ZR 99/96	**631** 806	**IBR 1998, 459, 460**; BauR 1998, 1238; ZfBR 1998, 271 (Ls.); ZfBR 1999, 24, 31; NJW 1998, 3640; MDR 1998, 1408 (Ls.); BGHZ 139, 280
08.09.1998	X ZR 85/97	**631** 627	**IBR 1998, 462**; **IBR 98, 462**; BauR 1998, 1249; ZfBR 1998, 271 (Ls.); ZfBR 1999, 17; NJW 1998, 3634; MDR 1998, 1407 (Ls.)
08.09.1998	X ZR 48/97	**631** 806	**IBR 1998, 461**; BauR 1998, 1232; ZfBR 1998, 271 (Ls.); ZfBR 1999, 20; NJW 1998, 3636; MDR 1998, 1408; BGHZ 139, 259

Zitatübersicht

Datum	Az	Fundstelle	Zitate
08.09.1998	X ZR 109/96	**631** 806	**IBR 1998, 463**; BauR 1998, 1246; ZfBR 1998, 271 (Ls.); ZfBR 1999, 16; NJW 1998, 3644; NJW-RR 1999, 526 (Ls.); MDR 1998, 1407; BGHZ 139, 273
20.08.1998	VII ZR 452/97	**631** 353	**IBR 1999, 5**
16.07.1998	VII ZR 9/97	**631** 352, 353	**IBR 1998, 474**; BauR 1998, 1094; ZfBR 1998, 308; NJW 1998, 3488; MDR 1998, 1339
16.07.1998	VII ZR 350/96	**631** 241; **633** 62; **634** 30, 33; **650p** 65	**IBR 1998, 527, 528**; BauR 1999, 37; ZfBR 1999, 14; NJW 1998, 3707; MDR 1998, 1475; BGHZ 139, 244
16.07.1998	I ZR 32/96	**631** 534	NJW 1999, 363; MDR 1999, 699
10.07.1998	V ZR 360/96	**631** 331; **636** 19	ZfBR 1998, 305; NJW 1998, 3268; MDR 1998, 1153
07.07.1998	X ZR 17/97	**631** 209, 576, 577, 578	**IBR 1998, 419**; BauR 1998, 1089; ZfBR 1998, 302; NJW 1998, 3192; MDR 1999, 216; BGHZ 139, 177
30.06.1998	VI ZR 260/97	**631** 895	NJW 1998, 2819; MDR 1998, 1101
18.06.1998	VII ZR 189/97	**650q** 48	**IBR 1998, 440, 441**; BauR 1998, 1108; ZfBR 1998, 299; NJW 1998, 3123; MDR 1998, 1219; BGHZ 139, 111
27.05.1998	VIII ZR 362/96	**650p** 118	NJW 1998, 2901; MDR 1998, 954
14.05.1998	VII ZR 320/96	**632a** 99; **650p** 184, 185	**IBR 1998, 350**; BauR 1998, 869; ZfBR 1998, 248; NJW-RR 1998, 1548; MDR 1998, 1025
14.05.1998	VII ZR 184/97	**631** 812; **633** 42, 44, 59	**IBR 1998, 376, 377**; BauR 1998, 872; ZfBR 1998, 247; NJW 1998, 2814; MDR 1998, 1026; BGHZ 139, 16
30.04.1998	VII ZR 47/97	**641** 61; **650v** 45	**IBR 1998, 333**; BauR 1998, 783; ZfBR 1998, 245; NJW 1998, 2967; MDR 1998, 1023
23.04.1998	III ZR 7/97	**634a** 166	NJW 1998, 2274; MDR 1998, 856
15.04.1998	VIII ZR 129/97	**631** 181	NJW 1998, 3058
03.04.1998	V ZR 6/97	**631** 79	NJW 1998, 2600; MDR 1998, 825
02.04.1998	VII ZR 230/96	**635** 20	**IBR 1998, 378**; BauR 1998, 632
02.04.1998	III ZR 251/96	**650b** 278	BGHZ 138, 281
19.03.1998	VII ZR 116/97	**vor 631** 60, 86; **650g** 85	**IBR 1998, 235**; BauR 1998, 614; ZfBR 1998, 193; NJW 1998, 2053; MDR 1998, 710; BGHZ 138, 176
03.03.1998	X ZR 4/95	**640** 45	NJW-RR 1998, 1027
19.02.1998	VII ZR 354/96	**631** 385	**IBR 1998, 198, 199**
19.02.1998	VII ZR 236/96	**631** 595; **632** 72; **633** 74; **650p** 5, 65; **650q** 56	**IBR 1998, 210, 211, 212, 303**; BauR 1998, 579; ZfBR 1998, 186; NJW 1998, 3716 (Ls.); NJW-RR 1998, 952; MDR 1998, 711
19.02.1998	VII ZR 207/96	**648** 133	**IBR 1998, 389**; BauR 1998, 866; ZfBR 1998, 236, 163 (Ls.); NJW-RR 1998, 1391; MDR 1998, 1093
12.02.1998	I ZR 5/96	**650u** 106	NJW 1998, 3205; MDR 1998, 1497
11.02.1998	VIII ZR 287/97	**641** 73, 75	**IBR 1998, 141**; BauR 1998, 398; NJW 1998, 1302; MDR 1998, 728

Zitatübersicht

05.02.1998	VII ZR 279/96	**650g** 83	**IBR 1998, 327, 411**; BauR 1998, 613; ZfBR 1998, 185; NJW-RR 1998, 954
05.02.1998	VII ZR 170/96	**633** 57	**IBR 1998, 147**; BauR 1998, 397; NJW-RR 1998, 738; MDR 1998, 530
22.01.1998	VII ZR 259/96	**650p** 59, 109, 112; **650q** 33	**IBR 1998, 156, 157**; BauR 1998, 354; ZfBR 1998, 149; NJW 1998, 1064; MDR 1998, 645; BGHZ 138, 87
22.01.1998	VII ZR 204/96	**634a** 116, 313	**IBR 1998, 148**; BauR 1998, 390; ZfBR 1998, 153; NJW 1998, 1305; MDR 1998, 530
08.01.1998	VII ZR 141/97	**650p** 61, 131, 144	**IBR 1998, 158**; BauR 1998, 356; ZfBR 1998, 148; NJW-RR 1998, 668; MDR 1998, 590
18.12.1997	VII ZR 155/96	**650q** 59	**IBR 1998, 351**; BauR 1998, 576; ZfBR 1998, 147
04.12.1997	VII ZR 6/97	**639** 17	**IBR 1998, 104**; BauR 1998, 335; ZfBR 1998, 143; NJW 1998, 904; MDR 1998, 276
04.12.1997	VII ZR 187/96	**631** 106; **648** 136	**IBR 1998, 155**; BauR 1998, 357; ZfBR 1998, 142; NJW 1998, 2279 (Ls.); NJW-RR 1998, 594; MDR 1998, 522
04.12.1997	VII ZR 177/96	**632** 75	**IBR 1998, 64**; BauR 1998, 193; ZfBR 1998, 94; NJW 1998, 1228; MDR 1998, 342
20.11.1997	IX ZR 136/97	**631** 926	NJW 1998, 1058; MDR 1998, 490; BGHZ 137, 193
19.11.1997	IV ZR 357/96	**631** 893	NJW 1998, 1142; MDR 1998, 347
13.11.1997	VII ZR 100/97	**637** 85	**IBR 1998, 59**; BauR 1998, 369; ZfBR 1998, 89; NJW-RR 1998, 1006; MDR 1998, 557
30.10.1997	VII ZR 222/96	**650c** 109; **650g** 66	**IBR 1998, 50, 52**; BauR 1998, 185; ZfBR 1998, 79; ZfBR 2000, 109 (Ls.); NJW-RR 1998, 451; MDR 1998, 151
16.10.1997	VII ZR 82/96	**648** 63	BauR 1998, 125; NJW-RR 1998, 236
16.10.1997	VII ZR 64/96	**640** 15; **642** 46, 179; **644** 8, 34; **645** 1, 17, 27, 28, 29, 32	**IBR 1998, 3, 4, 5**; BauR 1997, 1021; ZfBR 1998, 33; NJW 1998, 456; MDR 1998, 100; BGHZ 137, 35
16.10.1997	VII ZR 249/96	**636** 57	**IBR 1998, 58**; BauR 1998, 123; ZfBR 1998, 77; NJW 1998, 2051 (Ls.); NJW-RR 1998, 233; MDR 1998, 40
10.10.1997	V ZR 74/96	**631** 618	NJW-RR 1998, 590
02.10.1997	VII ZR 44/97	**vor 631** 40; **637** 104; **648a** 80	**IBR 1998, 12**; BauR 1997, 1027; ZfBR 1998, 31; NJW-RR 1998, 235; MDR 1998, 40
02.10.1997	VII ZR 219/96	**631** 839	**IBR 1997, 496**
18.09.1997	VII ZR 300/96	**631** 778; **634a** 360; **635** 18; **650g** 50; **650q** 52	**IBR 1998, 26, 27, 28, 65**; BauR 1997, 1065; ZfBR 1998, 25; NJW 1998, 135; MDR 1997, 1117; BGHZ 136, 342
21.08.1997	VII ZR 17/96	**642** 46; **644** 3, 34; **645** 16, 17, 32	**IBR 1997, 446**; BauR 1997, 1019; ZfBR 1997, 300; NJW 1997, 3018; NJW-RR 1997, 1450 (Ls.); BGHZ 136, 303

Zitatübersicht

Datum	Az.	Fundstelle	Zitate
11.07.1997	V ZR 246/96	**633** 68; **650u** 50	IBR **1997, 409, 410**; BauR 1997, 1030; ZfBR 1998, 23; NJW 1997, 2874; MDR 1997, 1012
03.07.1997	VII ZR 210/96	**634a** 90	IBR **1998, 14**; BauR 1997, 1029; ZfBR 1997, 297; NJW-RR 1997, 1376
17.06.1997	X ZR 95/94	**635** 47; **639** 6	IBR **1998, 15, 16**; BauR 1997, 1032; ZfBR 1997, 295
17.06.1997	X ZR 119/94	**640** 19	NJW 1998, 79; NJW-RR 1998, 713 (Ls.); MDR 1998, 122
06.06.1997	V ZR 115/96	**650p** 118	NJW 1997, 2378; MDR 1997, 924; BGHZ 136, 52
05.06.1997	VII ZR 54/96	**631** 626, 627; **641** 44; **650b** 184	IBR **1998, 98, 99**; BauR 1997, 1036; NJW-RR 1997, 1513
05.06.1997	VII ZR 324/95	**641** 119, 121, 124, 125, 142	IBR **1997, 366**; BauR 1997, 829; BauR 1998, 179 A; ZfBR 1997, 292; NJW 1997, 2598; MDR 1997, 929; BGHZ 136, 27
05.06.1997	VII ZR 124/96	**632** 14, 16, 39, 40, 68, 76, 77; **640** 17; **648** 145; **648a** 57, 58; **650r** 41	IBR **1997, 462, 463, 464**; BauR 1997, 1060; ZfBR 1997, 293, 600; NJW 1997, 3017; BGHZ 136, 33
22.05.1997	VII ZR 290/95	**650p** 41, 46; **650q** 56	IBR **1997, 286, 287, 288**; BauR 1997, 677; BauR 1998, 815; ZfBR 1997, 250; NJW 1997, 2329; MDR 1997, 729; BGHZ 136, 1
13.05.1997	VI ZR 181/96	**631** 893	NJW 1997, 3447
07.05.1997	VIII ZR 349/96	**631** 363	NJW 1997, 3233
24.04.1997	VII ZR 110/96	**635** 29, 30, 47; **637** 36	IBR **1997, 371, 372**; BauR 1997, 638; ZfBR 1997, 249; NJW-RR 1997, 1106
24.04.1997	VII ZR 106/95	**631** 805, 806	IBR **1997, 397, 398**; BauR 1997, 636; ZfBR 1997, 244; NJW-RR 1997, 1106
10.04.1997	VII ZR 211/95	**631** 16	IBR **1997, 320**; BauR 1997, 644; ZfBR 1997, 243; NJW 1997, 1982; MDR 1997, 731
20.03.1997	IX ZR 83/96	**650** 79	NJW 1997, 1779; NJW-RR 1997, 1067 (Ls.); MDR 1997, 757
06.03.1997	VII ZR 47/96	**648** 43, 79	IBR **1997, 401**; BauR 1997, 643; ZfBR 1997, 242
04.03.1997	X ZR 141/95	**631** 82	NJW 1997, 2043; MDR 1997, 913
28.02.1997	V ZR 27/96	**650u** 49	IBR **1997, 346**; NJW 1997, 1778; MDR 1997, 538
20.02.1997	VII ZR 288/94	**634a** 26, 34; **640** 102	IBR **1997, 278**; BauR 1997, 640; ZfBR 1997, 198; NJW 1997, 1982
20.02.1997	VII ZR 227/96	**634a** 165	IBR **1997, 393**; BauR 1997, 641; ZfBR 1997, 199; NJW 1997, 1777; BGHZ 134, 387
23.01.1997	VII ZR 65/96	**631** 443, 835	IBR **1997, 181**; BauR 1997, 464; NJW 1997, 1772; MDR 1997, 544
23.01.1997	VII ZR 171/95	**649** 54; **650p** 104, 105, 112, 117, 119, 121, 127; **650q** 94	IBR **1997, 375**; BauR 1997, 494; ZfBR 1997, 195; NJW-RR 1997, 850; MDR 1997, 636

Zitatübersicht

09.01.1997	VII ZR 69/96	**632a** 17, 19, 85, 132; **641** 90	IBR **1997, 182**; BauR 1997, 468; ZfBR 1997, 186; NJW 1997, 1444; MDR 1997, 455
09.01.1997	VII ZR 259/95	**631** 821, 843; **633** 103	IBR **1997, 180**; BauR 1997, 466; ZfBR 1997, 188; NJW 1997, 1577; MDR 1997, 636; BGHZ 134, 245
19.12.1996	VII ZR 309/95	**634** 63; **650e** 51	IBR **1997, 277**; BauR 1997, 301; ZfBR 1997, 150; ZfBR 1998, 296 (Ls.)
19.12.1996	VII ZR 233/95	**650p** 158; **650u** 72, 79	IBR **1997, 231, 244**; BauR 1997, 488; ZfBR 1997, 185; NJW 1997, 2173
05.12.1996	VII ZR 108/95	**631** 910; **634a** 149	IBR **1997, 172**; BauR 1997, 347; ZfBR 1997, 148; NJW 1997, 859; NJW-RR 1997, 828 (Ls.); BGHZ 134, 190
21.11.1996	VII ZR 101/95	**650b** 52	IBR **1997, 190**; BauR 1997, 300; ZfBR 1997, 146; NJW-RR 1997, 403; MDR 1997, 345
21.11.1996	IX ZR 159/95	**634a** 179	NJW 1997, 516; MDR 1997, 294
07.11.1996	VII ZR 82/95	**648** 79, 123; **650c** 107	IBR **1997, 95**; BauR 1997, 304; ZfBR 1997, 78; NJW 1997, 733
07.11.1996	VII ZR 23/95	**650p** 118, 121, 126, 128	IBR **1997, 156**; BauR 1997, 335; ZfBR 1997, 145; NJW-RR 1997, 402; MDR 1997, 346
24.10.1996	VII ZR 98/94	**632a** 56; **637** 48; **640** 16, 17, 88; **650s** 40	IBR **1997, 53, 55**; BauR 1997, 129; ZfBR 1997, 75; NJW-RR 1997, 339; MDR 1997, 238
10.10.1996	VII ZR 250/94	**648** 11, 133	IBR **1997, 21**; BauR 1997, 156; ZfBR 1997, 36; NJW 1997, 259
26.09.1996	X ZR 33/94	**634a** 12	IBR **1997, 103**; ZfBR 1997, 35; NJW 1997, 50
26.09.1996	VII ZR 318/95	**631** 71, 366, 643	IBR **1997, 46, 54**; BauR 1997, 123; ZfBR 1997, 33, 78; NJW 1997, 135; MDR 1997, 140
04.07.1996	VII ZR 24/95	**635** 47	IBR **1997, 12, 13**; BauR 1996, 858; ZfBR 1996, 313; NJW 1996, 3269; MDR 1996, 1237
04.07.1996	VII ZR 227/93	**648** 50, 51, 62, 63, 123, 127; **650e** 35	IBR **1996, 443, 445**; BauR 1996, 846; ZfBR 1996, 310; NJW 1996, 3270; MDR 1997, 35
04.07.1996	VII ZR 125/93	**632a** 56; **641** 64; **648** 138	IBR **1997, 14**; BauR 1997, 133; ZfBR 1997, 31; NJW 1997, 734 (Ls.); NJW-RR 1997, 18; MDR 1997, 35
03.07.1996	VIII ZR 221/95	**631** 71	NJW 1996, 2574; MDR 1996, 995; BGHZ 133, 184
02.07.1996	X ZR 2/95	**631** 254; **633** 68	IBR **1997, 191**; NJW-RR 1996, 1396; MDR 1996, 1228
27.06.1996	VII ZR 59/95	**631** 443, 685, 834; **650c** 186	IBR **1996, 487, 488, 489**; BauR 1997, 126; ZfBR 1997, 29; NJW 1997, 61
26.06.1996	XII ZR 38/95	**631** 899	NJW 1997, 316 (Ls.); NJW-RR 1996, 1409
23.05.1996	VII ZR 245/94	**vor 631** 62; **650c** 189, 237	IBR **1996, 313, 314**; BauR 1996, 542; ZfBR 1996, 269; NJW 1996, 2158; MDR 1996, 902; BGHZ 133, 44
23.05.1996	VII ZR 140/95	**631** 798; **648a** 2	IBR **1996, 401**; BauR 1996, 704; ZfBR 1996, 267; NJW-RR 1996, 1108; MDR 1996, 901

Zitatübersicht

Datum	Aktenzeichen	Fundstellen	Weitere Fundstellen
09.05.1996	VII ZR 259/94	**634a** 228; **640** 48	**IBR 1996, 315**; BauR 1996, 707; ZfBR 1996, 265; NJW 1996, 2155; MDR 1996, 791; BGHZ 132, 383
09.05.1996	VII ZR 181/93	**631** 241; **634** 156, 193; **650p** 65, 104, 140	**IBR 1996, 373, 374**; BauR 1996, 732; ZfBR 1996, 264; NJW 1996, 2370; MDR 1996, 1009
07.05.1996	VI ZR 138/95	**650c** 30	NJW 1996, 1958; MDR 1996, 793; BGHZ 132, 373
25.04.1996	X ZR 59/94	**640** 44	**IBR 1997, 183**; NJW-RR 1996, 883; MDR 1996, 1108
25.04.1996	X ZR 139/94	**650l** 13	NJW 1996, 1964; MDR 1996, 892
25.04.1996	VII ZR 157/94	**635** 78	**IBR 1996, 333**; BauR 1996, 735; ZfBR 1996, 258; NJW-RR 1996, 1044; MDR 1996, 1117
03.04.1996	VIII ZR 315/94	**634a** 122	NJW-RR 1996, 885
03.04.1996	VIII ZR 3/95	**631** 931	NJW 1996, 2097; MDR 1996, 801
28.03.1996	VII ZR 228/94	**631** 726; **648** 7	**IBR 1997, 52**; BauR 1996, 544; ZfBR 1996, 256; NJW-RR 1996, 853
26.03.1996	X ZR 100/94	**vor 631** 109	NJW-RR 1996, 1203
15.03.1996	V ZR 316/94	**636** 7	**IBR 1996, 304**; NJW 1996, 1814; MDR 1996, 892
14.03.1996	VII ZR 75/95	**632** 72; **650p** 5	**IBR 1996, 246**; BauR 1996, 414; ZfBR 1996, 211; NJW 1996, 728, 2298 (Ls.); NJW-RR 1996, 728; MDR 1996, 685
14.03.1996	VII ZR 34/95	**634** 35, 72; **645** 10	**IBR 1996, 317**; BauR 1996, 702; ZfBR 1996, 255; NJW 1996, 2372; MDR 1996, 1117; BGHZ 132, 189
29.02.1996	VII ZR 90/94	**650p** 104	**IBR 1996, 247**; BauR 1996, 570; ZfBR 1996, 208; NJW 1996, 1889
27.02.1996	X ZR 3/94	**640** 5, 34, 35, 61, 62	**IBR 1996, 316**; BauR 1996, 386; NJW 1996, 1749; MDR 1996, 893; BGHZ 132, 96
08.02.1996	VII ZR 219/94	**648** 11; **648a** 27; **650p** 16	**IBR 1996, 294**; BauR 1996, 412; ZfBR 1996, 200; NJW 1996, 1751; MDR 1996, 686
31.01.1996	VIII ZR 243/94	**634a** 211	BauR 1996, 424; NJW 1996, 2310 (Ls.); NJW-RR 1996, 700; MDR 1996, 846
25.01.1996	VII ZR 26/95	**631** 402; **640** 41; **641** 7	**IBR 1996, 226**; BauR 1996, 390; ZfBR 1996, 156; NJW 1996, 1280; MDR 1996, 469
25.01.1996	VII ZR 233/94	**vor 631** 62; **631** 849; **640** 48; **641** 73; **650b** 2, 39, 70, 240, 263; **650c** 201, 237	**IBR 1996, 182, 183, 184, 185**; **IBR 1997, 57**; BauR 1996, 378; ZfBR 1996, 196; NJW 1996, 1346; NJW-RR 1996, 792 (Ls.); BGHZ 131, 392
23.01.1996	X ZR 63/94	**631** 532; **632** 4, 32	NJW-RR 1996, 952
11.01.1996	VII ZR 85/95	**vor 631** 130; **634a** 347, 348	**IBR 1996, 201, 202**; BauR 1996, 418; ZfBR 1996, 155; NJW 1996, 1278
10.01.1996	VIII ZR 327/94	**631** 10	MDR 1996, 538

Zitatübersicht

22.12.1995	V ZR 52/95	**631** 662	**IBR 1996, 269**; BauR 1996, 401; ZfBR 1996, 144; NJW 1996, 1056; MDR 1996, 1004
22.12.1995	V ZR 334/94	**647** 4	NJW 1996, 916; MDR 1996, 678; BGHZ 131, 368
21.12.1995	VII ZR 286/94	**639** 26	**IBR 1996, 135**; BauR 1996, 384; ZfBR 1996, 141; NJW 1996, 1209; MDR 1996, 792; BGHZ 131, 356
21.12.1995	VII ZR 198/94	**643** 23; **648** 33, 42, 80, 87, 98, 107, 110, 114, 119	**IBR 1996, 181**; BauR 1996, 382; ZfBR 1996, 143; NJW 1996, 1282; MDR 1996, 581; BGHZ 131, 362
05.12.1995	X ZR 14/93	**639** 6	**IBR 1996, 491, 492**; NJW-RR 1996, 783; MDR 1996, 675
24.11.1995	V ZR 88/95	**631** 787; **636** 38	NJW 1996, 921; BGHZ 131, 220
02.11.1995	X ZR 81/93	**vor 631** 119; **633** 68	NJW-RR 1996, 789
02.11.1995	VII ZR 29/95	**631** 572	**IBR 1996, 48**; BauR 1996, 250; ZfBR 1996, 82; NJW-RR 1996, 401; MDR 1996, 145
17.10.1995	VI ZR 246/94	**634a** 250	NJW 1996, 117; MDR 1996, 151
12.10.1995	VII ZR 195/94	**650q** 42, 45, 47	**IBR 1996, 25**; BauR 1996, 138; ZfBR 1996, 37; NJW-RR 1996, 145; MDR 1996, 44
14.07.1995	V ZR 45/94	**634** 98	NJW 1995, 2627
13.07.1995	VII ZR 142/94	**631** 565, 575, 614	**IBR 1995, 499**; BauR 1995, 842; ZfBR 1995, 302; NJW-RR 1995, 1360
11.07.1995	X ZR 42/93	**631** 599	**IBR 1996, 94**; NJW 1995, 3311
29.06.1995	VII ZR 184/94	**648** 43, 62	**IBR 1995, 455**; BauR 1995, 691; ZfBR 1995, 297; NJW 1995, 2712
22.06.1995	VII ZR 118/94	**631** 614, 837	**IBR 1995, 411**; BauR 1995, 701; ZfBR 1995, 264; NJW-RR 1996, 237; MDR 1995, 1011
06.04.1995	VII ZR 73/94	**639** 17	BauR 1995, 542; ZfBR 1995, 202; NJW 1995, 1675; MDR 1995, 690
06.04.1995	VII ZR 36/94	**vor 631** 90	**IBR 1995, 523**; BauR 1995, 731; ZfBR 1995, 255; NJW 1995, 2629; MDR 1995, 1219
23.03.1995	VII ZR 228/93	**635** 47; **639** 26	**IBR 1995, 413**; BauR 1995, 546; ZfBR 1995, 199; NJW-RR 1995, 749
22.03.1995	VIII ZR 20/94	**631** 47; **650c** 213	NJW 1995, 1671; MDR 1996, 36
09.03.1995	VII ZR 23/93	**632a** 29; **648** 37	**IBR 1995, 326**; BauR 1995, 545; ZfBR 1995, 198; ZfBR 2000, 107 (Ls.); NJW 1995, 1837; MDR 1995, 572
03.03.1995	V ZR 43/94	**634a** 61	**IBR 1995, 539**; NJW 1995, 1549; NJW-RR 1995, 655 (Ls.)
23.02.1995	VII ZR 235/93	**635** 47, 54	**IBR 1995, 328**; BauR 1995, 540; ZfBR 1995, 197; NJW 1995, 1836
15.02.1995	VIII ZR 93/94	**631** 632	NJW 1995, 1488; MDR 1995, 1109
15.02.1995	VIII ZR 18/94	**636** 9	NJW 1995, 2101; MDR 1995, 562
09.02.1995	VII ZR 143/93	**631** 822; **645** 9	**IBR 1995, 325**; BauR 1995, 538; ZfBR 1995, 191; NJW-RR 1995, 914

Zitatübersicht

Datum	Aktenzeichen	Fundstelle	Weitere Fundstellen
26.01.1995	VII ZR 49/94	**vor 631** 90	IBR **1995, 327**; BauR 1995, 572; ZfBR 1995, 189; NJW-RR 1995, 855; MDR 1995, 573
15.12.1994	VII ZR 246/93	**636** 68	IBR **1995, 303**; BauR 1995, 388, 591; ZfBR 1995, 129, 388; NJW-RR 1995, 591
15.12.1994	VII ZR 140/93	**650b** 319	IBR **1995, 367**; BauR 1995, 237; ZfBR 1995, 129; NJW-RR 1995, 722
30.11.1994	XII ZR 59/93	**634** 156, 171	NJW 1995, 652; MDR 1995, 1036
29.11.1994	XI ZR 175/93	**650r** 38	NJW 1995, 953; MDR 1995, 502
17.11.1994	VII ZR 245/93	**vor 631** 81	IBR **1995, 93, 94, 95**; BauR 1995, 234; ZfBR 1995, 77; NJW 1995, 526; MDR 1995, 254
10.11.1994	III ZR 50/94	**634a** 40, 330	IBR **1995, 66, 116**; ZfBR 1995, 75; NJW 1995, 392; BGHZ 127, 378
27.10.1994	VII ZR 217/93	**632** 78; **650g** 37, 71	IBR **1995, 64, 65**; BauR 1995, 126; ZfBR 1995, 73; NJW 1995, 399; BGHZ 127, 254
27.10.1994	IX ZR 12/94	**650u** 223	NJW 1995, 330; NJW-RR 1995, 505 (Ls.); MDR 1995, 205
13.10.1994	VII ZR 139/93	**631** 526; **640** 17; **648** 146	BauR 1995, 91
11.10.1994	X ZR 30/93	**631** 536; **640** 16; **650p** 59	IBR **1995, 148**; BauR 1995, 92; ZfBR 1995, 27; NJW 1995, 49; MDR 1995, 348
10.10.1994	VIII ZR 295/93	**641** 51	NJW 1995, 187
31.08.1994	2 StR 256/94	**631** 580	IBR **1995, 185**; NJW 1995, 737
14.07.1994	VII ZR 53/92	**632** 30	IBR **1995, 147**; BauR 1995, 88; ZfBR 1995, 16
14.07.1994	VII ZR 186/93	**631** 200, 452, 469, 639, 640; **650b** 192	IBR **1994, 447**; IBR **1995, 1**; BauR 1994, 760; ZfBR 1995, 15; NJW-RR 1995, 80; MDR 1995, 147
30.06.1994	VII ZR 116/93	**vor 631** 93; **631** 70; **634** 85; **650c** 104	IBR **1995, 2, 3, 48**; BauR 1994, 776; ZfBR 1994, 273; NJW 1994, 2825; BGHZ 126, 326
23.06.1994	VII ZR 163/93	**631** 821; **650b** 310	IBR **1994, 491**; BauR 1994, 625; ZfBR 1994, 222; NJW 1994, 3357 (Ls.); NJW-RR 1994, 1108; MDR 1994, 1119
09.06.1994	VII ZR 87/93	**650q** 53	IBR **1994, 511**; BauR 1994, 655; ZfBR 1994, 219; NJW-RR 1994, 1238
20.05.1994	V ZR 64/93	**650p** 118	IBR **1995, 36**; NJW 1994, 2480; MDR 1994, 1182; BGHZ 126, 131
19.05.1994	VII ZR 124/93	**631** 863	IBR **1994, 405**; BauR 1994, 624; ZfBR 1994, 210; NJW-RR 1994, 1044; MDR 1994, 799
27.04.1994	VIII ZR 223/93	**650l** 13	NJW 1994, 1800; BGHZ 126, 56
21.04.1994	VII ZR 244/92	**650p** 141	IBR **1995, 343**; BauR 1994, 533; ZfBR 1994, 207; NJW-RR 1994, 916
10.03.1994	VII ZR 139/93	**631** 677	BauR 1994, 540; NJW-RR 1994, 827
10.02.1994	VII ZR 20/93	**632a** 142; **650p** 175, 179; **650q** 59; **650s** 9, 43, 48, 50, 54	IBR **1994, 192, 193**; BauR 1994, 392; ZfBR 1994, 131; NJW 1994, 1276; MDR 1994, 480; BGHZ 125, 111
02.02.1994	VIII ZR 262/92	**637** 29; **639** 21	NJW 1994, 1004

Zitatübersicht

20.01.1994	VII ZR 174/92	**631** 182, 186; **650p** 19	**IBR 1994, 183**; BauR 1994, 363; ZfBR 1994, 123; NJW 1994, 1528
16.12.1993	VII ZR 25/93	**631** 156	**IBR 1994, 225**; BauR 1994, 239; ZfBR 1994, 122; NJW 1994, 721; MDR 1994, 378
16.12.1993	VII ZR 115/92	**650p** 118, 128, 130	**IBR 1994, 237, 238**; BauR 1994, 268; ZfBR 1994, 119; NJW 1994, 856; NJW-RR 1994, 661 (Ls.)
09.12.1993	III ZR 94/92	**639** 9	
01.12.1993	VIII ZR 129/92	**631** 798	NJW 1994, 443; MDR 1994, 135
16.11.1993	X ZR 7/92	**631** 537; **637** 13; **640** 56, 61	**IBR 1994, 181**; BauR 1994, 242; ZfBR 1994, 81; NJW 1994, 942
11.11.1993	VII ZR 47/93	**631** 804, 805, 838, 844; **633** 103	**IBR 1994, 223, 224**; BauR 1994, 236; ZfBR 1994, 115; NJW 1994, 850; BGHZ 124, 64
03.11.1993	VIII ZR 106/93	**631** 71	NJW 1994, 188; NJW-RR 1994, 686 (Ls.); MDR 1994, 136; BGHZ 124, 39
28.10.1993	VII ZR 192/92	**631** 863	**IBR 1994, 67, 111**; BauR 1994, 131; ZfBR 1994, 73; NJW-RR 1994, 280; MDR 1994, 275
15.10.1993	V ZR 19/92	**631** 171	NJW 1994, 586; MDR 1994, 1242
14.10.1993	VII ZR 96/92	**631** 805, 806	**IBR 1994, 51**; BauR 1994, 98; ZfBR 1994, 69; NJW-RR 1994, 284; MDR 1994, 168
30.09.1993	VII ZR 47/92	**634a** 103	
30.09.1993	VII ZR 178/91	**631** 853, 854; **650b** 273, 287, 288, 315	**IBR 1994, 1**; BauR 1994, 110; ZfBR 1994, 15; NJW 1993, 3196
30.09.1993	VII ZR 136/92	**631** 894, 920; **634a** 108, 173, 212; **640** 59	**IBR 1994, 138, 139**; BauR 1994, 103; ZfBR 1994, 17; NJW-RR 1994, 373
16.09.1993	VII ZR 206/92	**641** 144	**IBR 1994, 45**; BauR 1994, 108; ZfBR 1994, 13; NJW 1993, 3264; MDR 1993, 1206
16.09.1993	VII ZR 180/92	**634a** 27, 39	**IBR 1994, 47**; BauR 1994, 101; ZfBR 1994, 14; NJW 1993, 3195; MDR 1994, 63
16.09.1993	IX ZR 255/92	**636** 96	NJW 1994, 49; NJW-RR 1994, 293 (Ls.); MDR 1994, 55
08.07.1993	VII ZR 79/92	**631** 566, 569, 946	**IBR 1993, 453**; BauR 1993, 723; ZfBR 1993, 277; NJW 1993, 2738; NJW-RR 1994, 211 (Ls.); MDR 1993, 1083
08.07.1993	VII ZR 176/91	**634** 82, 86; **637** 54	**IBR 1994, 18**; BauR 1993, 722; ZfBR 1994, 12; NJW-RR 1994, 148; MDR 1993, 1207
29.06.1993	X ZR 60/92	**631** 271; **633** 57; **640** 5, 11, 24, 42, 51, 54, 56	**IBR 1994, 91**; NJW-RR 1993, 1461
06.05.1993	III ZR 2/92	**634a** 278	**IBR 1993, 475**; BauR 1994, 94; ZfBR 1994, 45; NJW 1993, 2303; MDR 1993, 738; BGHZ 122, 317
29.04.1993	III ZR 115/91	**631** 919, 926	NJW 1993, 1847; MDR 1994, 943; BGHZ 122, 287
22.04.1993	VII ZR 118/92	**631** 811; **633** 58; **650b** 18	**IBR 1993, 410, 411**; BauR 1993, 595; ZfBR 1993, 219; NJW-RR 1993, 1109

Zitatübersicht

Datum	Az	Fundstelle	Weitere Fundstellen
25.03.1993	X ZR 17/92	**640** 17; **643** 13; **648** 23, 24, 35; **648a** 29, 43, 57, 58	**IBR 1993, 369**; BauR 1993, 469; ZfBR 1993, 189; NJW 1993, 1972; NJW-RR 1993, 986 (Ls.); MDR 1994, 35
18.03.1993	VII ZR 176/92	**631** 161	**IBR 1993, 386**; BauR 1993, 490; ZfBR 1993, 186; NJW 1993, 2240; MDR 1993, 760
05.03.1993	V ZR 87/91	**636** 63, 66	**IBR 1993, 269**; ZfBR 1993, 183; NJW 1993, 1793; MDR 1993, 537
05.03.1993	V ZR 140/91	**634a** 61	**IBR 1993, 228**; ZfBR 1993, 185; NJW 1993, 1703; MDR 1993, 1178
04.03.1993	VII ZR 282/91	**647** 7, 8	**IBR 1994, 317**
04.03.1993	VII ZR 148/92	**631** 904; **634a** 117; **640** 115	**IBR 1993, 270**; BauR 1993, 473; ZfBR 1993, 182; NJW 1993, 1916; MDR 1993, 868
25.02.1993	VII ZR 24/92	**631** 558	BauR 1993, 458; NJW 1993, 1856; BGHZ 121, 378
26.01.1993	X ZR 90/91	**639** 30	NJW-RR 1993, 560; MDR 1993, 1058
21.01.1993	VII ZR 221/91	**641** 147	**IBR 1993, 189**; BauR 1993, 337; ZfBR 1993, 120; NJW 1993, 1132; NJW-RR 1993, 714 (Ls.); MDR 1993, 448; BGHZ 121, 173
21.01.1993	VII ZR 127/91	**641** 147	**IBR 1993, 139**; BauR 1993, 335; ZfBR 1993, 125; NJW 1993, 1131; NJW-RR 1993, 714 (Ls.); MDR 1993, 448; BGHZ 121, 168
14.01.1993	VII ZR 185/91	**631** 382, 692, 749, 772; **650t** 61	**IBR 1993, 365, 366, 367, 368**; BauR 1993, 600; ZfBR 1993, 214; NJW 1993, 2674; MDR 1993, 978; BGHZ 121, 210
12.01.1993	X ZR 63/91	**637** 24	NJW-RR 1993, 882
17.12.1992	VII ZR 84/92	**631** 906	**IBR 1993, 141**; BauR 1993, 225; ZfBR 1993, 47, 117; ZfBR 1995, 262; NJW 1993, 862
17.12.1992	VII ZR 45/92	**634a** 326, 327	**IBR 1993, 159**; BauR 1993, 219; ZfBR 1993, 118; NJW 1993, 723; MDR 1993, 538; BGHZ 121, 94
08.12.1992	X ZR 85/91	**636** 47	**IBR 1993, 229**; NJW 1993, 923; MDR 1993, 426
03.12.1992	VII ZR 86/92	**634a** 87, 91, 154, 160, 188	**IBR 1993, 142**; BauR 1993, 221; ZfBR 1993, 114; NJW 1993, 851; NJW-RR 1993, 666 (Ls.); BGHZ 120, 329
02.12.1992	VIII ZR 50/92	**641** 30	NJW 1993, 536; BGHZ 120, 315
25.11.1992	VIII ZR 170/91	**631** 805	**IBR 1993, 91**; BauR 1993, 214; ZfBR 1993, 59, 77; NJW 1993, 520; BGHZ 120, 281
20.11.1992	V ZR 122/91	**633** 113	NJW-RR 1993, 373
17.11.1992	X ZR 12/91	**631** 643	NJW-RR 1993, 430
12.11.1992	VII ZR 29/92	**650a** 8	**IBR 1993, 144**; BauR 1993, 217; ZfBR 1993, 76; NJW-RR 1993, 592
11.11.1992	VIII ZR 238/91	**639** 16	**IBR 1993, 92**; NJW 1993, 335; NJW-RR 1993, 564 (Ls.); MDR 1993, 212
05.11.1992	VII ZR 52/91	**650q** 55, 56	**IBR 1993, 157**; BauR 1993, 236, 492; ZfBR 1993, 66; NJW 1993, 659; NJW-RR 1993, 533 (Ls.); MDR 1993, 237; BGHZ 120, 133

Zitatübersicht

05.11.1992	VII ZR 50/92	**650q** 55, 56	**IBR 1993, 158**; BauR 1993, 239; ZfBR 1993, 68; NJW 1993, 661; MDR 1993, 238
03.11.1992	X ZR 83/90	**640** 42, 53, 63, 66; **650u** 243	**IBR 1993, 145**; NJW 1993, 1063; MDR 1993, 421
08.10.1992	VII ZR 272/90	**635** 15	**IBR 1993, 3**; BauR 1993, 111; ZfBR 1993, 61; NJW 1993, 1394
30.09.1992	VIII ZR 196/91	**632** 11	NJW 1993, 64; MDR 1992, 1123; BGHZ 119, 283
30.09.1992	VIII ZR 193/91	**637** 66	**IBR 1993, 2**; BauR 1993, 96; ZfBR 1993, 25; NJW 1992, 3297; MDR 1993, 24
24.09.1992	VII ZR 213/91	**vor 631** 118; **631** 257; **633** 96, 97; **634** 33; **650p** 143	**IBR 1992, 485**; BauR 1993, 79; ZfBR 1993, 20; ZfBR 1998, 295 (Ls.); NJW-RR 1993, 26
09.07.1992	VII ZR 138/91	**650p** 23	**IBR 1992, 451**; BauR 1993, 104; ZfBR 1993, 19; NJW-RR 1992, 1372; MDR 1993, 235
23.06.1992	XI ZR 247/91	**650p** 119	NJW-RR 1992, 1397
11.06.1992	VII ZR 110/91	**631** 190, 854; **650b** 285	**IBR 1992, 393**; BauR 1992, 761; ZfBR 1992, 269; NJW-RR 1992, 1435; MDR 1993, 145
04.06.1992	IX ZR 149/91	**634** 77	NJW 1992, 3096; NJW-RR 1993, 152 (Ls.); MDR 1992, 1181; BGHZ 118, 312
14.05.1992	VII ZR 204/90	**631** 83; **632a** 55; **641** 61, 63, 71; **650u** 110; **650v** 23	**IBR 1992, 353, 354, 394**; BauR 1992, 622; ZfBR 1992, 195, 219; NJW 1992, 2160; NJW-RR 1992, 1172 (Ls.); MDR 1992, 902; BGHZ 118, 229
05.05.1992	X ZR 133/90	**648** 82; **650f** 78	NJW-RR 1992, 1077
05.05.1992	X ZR 115/90	**631** 326	**IBR 1993, 316**; NJW-RR 1992, 1141; MDR 1993, 318
30.04.1992	VII ZR 185/90	**635** 47; **640** 41	**IBR 1992, 351**; BauR 1992, 627; ZfBR 1992, 216; NJW 1992, 2481; MDR 1992, 875
30.04.1992	VII ZR 159/91	**631** 9	**IBR 1992, 366**; BauR 1992, 531; ZfBR 1992, 215; NJW-RR 1992, 977; MDR 1992, 1059
29.04.1992	XII ZR 105/91	**631** 702	NJW 1992, 1956
28.04.1992	X ZR 27/91	**vor 631** 88; **640** 54; **650s** 12	**IBR 1993, 190**; ZfBR 1992, 264; NJW-RR 1992, 1078
09.04.1992	VII ZR 129/91	**631** 840	**IBR 1992, 349**; BauR 1992, 759; ZfBR 1992, 211; NJW 1992, 2823 (Ls.); NJW-RR 1992, 1046; MDR 1992, 1153
26.03.1992	VII ZR 258/90	**vor 631** 43; **631** 88; **635** 16, 20	**IBR 1992, 224**; BauR 1992, 503; ZfBR 1992, 206; NJW-RR 1992, 913
26.03.1992	VII ZR 180/91	**631** 530; **632** 32	**IBR 1992, 265**; BauR 1992, 505; ZfBR 1992, 173; NJW-RR 1992, 848; MDR 1992, 1028
19.03.1992	III ZR 117/90	**650p** 136, 137	**IBR 1992, 192**; NJW 1992, 3034 (Ls.); NJW-RR 1992, 1301 (Ls.)
12.03.1992	VII ZR 5/91	**634a** 66, 70, 71, 83, 85	**IBR 1992, 131, 264**; BauR 1992, 500; ZfBR 1992, 168; ZfBR 1993, 255; NJW 1992, 1754; MDR 1992, 675; BGHZ 117, 318
12.03.1992	VII ZR 334/90	**650a** 8	**IBR 1992, 225**; BauR 1992, 502; ZfBR 1992, 161; NJW-RR 1992, 849

Zitatübersicht

Datum	Az.	Fundstelle	Weitere Fundstellen
12.03.1992	VII ZR 266/90	**636** 47, 152	**IBR 1992, 307**; BauR 1992, 504; ZfBR 1992, 167, 197; NJW-RR 1992, 788
21.02.1992	V ZR 268/90	**636** 60, 62	**IBR 1992, 226**; NJW 1992, 1500; NJW-RR 1992, 842 (Ls.); BGHZ 117, 260
13.02.1992	III ZR 28/90	**vor 631** 127, 128; **641** 90	NJW 1992, 2080; MDR 1992, 708
30.01.1992	VII ZR 86/90	**634a** 17, 26, 36; **650a** 6, 7, 8, 13	**IBR 1992, 175**; BauR 1992, 369; ZfBR 1993, 178, 281; NJW 1992, 1445; MDR 1992, 486; BGHZ 117, 121
30.01.1992	VII ZR 237/90	**631** 426	**IBR 1992, 176, 350**; BauR 1992, 371; ZfBR 1992, 161; NJW-RR 1992, 727; MDR 1992, 875
16.01.1992	VII ZR 85/90	**641** 64	**IBR 1992, 177**; BauR 1992, 401; ZfBR 1992, 129; NJW 1992, 1632
19.12.1991	IX ZR 96/91	**641** 62	NJW 1992, 1172; MDR 1992, 293; BGHZ 117, 1
05.12.1991	VII ZR 106/91	**631** 906	**IBR 1992, 145**; BauR 1992, 229; ZfBR 1992, 125; NJW 1992, 1111; MDR 1992, 554
21.11.1991	VII ZR 203/90	**631** 42, 351	**IBR 1992, 87, 132**; BauR 1992, 221; ZfBR 1992, 67; NJW 1992, 827; MDR 1992, 262; BGHZ 116, 149
21.11.1991	I ZR 87/90	**631** 371	NJW 1992, 1096; MDR 1992, 951
19.11.1991	X ZR 63/90	**631** 99, 643	**IBR 1992, 178**; ZfBR 1992, 124; NJW 1992, 688; MDR 1992, 341; BGHZ 116, 117
19.11.1991	X ZR 28/90	**643** 11	NJW 1992, 1628; MDR 1992, 747
14.11.1991	I ZR 236/89	**631** 911; **634a** 145	**IBR 1992, 258**; NJW 1992, 1698; MDR 1992, 516; BGHZ 116, 95
08.11.1991	V ZR 260/90	**631** 131	**IBR 1992, 121, 126**; NJW 1992, 899; MDR 1992, 343
24.10.1991	VII ZR 81/90	**650f** 64; **650q** 47	**IBR 1992, 191**; BauR 1992, 265; ZfBR 1992, 66; NJW-RR 1992, 278
10.10.1991	VII ZR 289/90	**631** 77	**IBR 1992, 45, 46**; BauR 1992, 226; ZfBR 1992, 63; NJW 1992, 1107
10.10.1991	VII ZR 2/91	**640** 42	**IBR 1992, 88**; BauR 1992, 223; ZfBR 1992, 61; NJW 1992, 433; MDR 1992, 230; BGHZ 115, 329
10.10.1991	III ZR 141/90	**631** 669	**IBR 1992, 89**; NJW 1992, 575; BGHZ 115, 324
01.10.1991	X ZR 128/89	**631** 745	**IBR 1992, 90**; ZfBR 1992, 31
26.09.1991	VII ZR 291/90	**637** 66; **650u** 77, 78	**IBR 1992, 2**; BauR 1992, 88; ZfBR 1992, 30; NJW 1992, 435; MDR 1992, 158
11.07.1991	VII ZR 301/90	**636** 68	**IBR 1992, 1**; BauR 1991, 744; ZfBR 1991, 265; NJW-RR 1991, 1429
26.06.1991	VIII ZR 231/90	**639** 14, 20, 21	**IBR 1992, 35**; ZfBR 1991, 262; NJW 1991, 2630; MDR 1992, 25
25.06.1991	X ZR 4/90	**636** 47	**IBR 1991, 475**; ZfBR 1991, 260; NJW 1991, 2418; MDR 1991, 1036; BGHZ 115, 32
20.06.1991	VII ZR 305/90	**634a** 17, 29; **650a** 7	**IBR 1991, 474**; BauR 1991, 741; ZfBR 1991, 259; NJW-RR 1991, 1367; MDR 1992, 54

Zitatübersicht

19.06.1991	VIII ZR 149/90	**650** 86	NJW 1991, 2633
07.06.1991	V ZR 175/90	**631** 817	**IBR 1991, 557**; NJW 1991, 2488; MDR 1991, 964; BGHZ 115, 1
06.06.1991	VII ZR 372/89	**634a** 150; **650p** 193	**IBR 1991, 421**; BauR 1991, 606; ZfBR 1991, 207, 212; NJW 1991, 2480; MDR 1991, 1061; BGHZ 114, 383
29.05.1991	VIII ZR 214/90	**650f** 181	NJW 1991, 2552; MDR 1991, 941; BGHZ 114, 360
16.05.1991	VII ZR 296/90	**634a** 27	**IBR 1991, 358**; BauR 1991, 603; BauR 91, 603; ZfBR 1991, 210; NJW 1991, 2486; NJW-RR 1991, 1369 (Ls.); MDR 1991, 869
14.05.1991	X ZR 2/90	**634a** 64	NJW-RR 1991, 1269
07.05.1991	XII ZR 44/90	**632a** 162	NJW 1991, 2629; MDR 1992, 26
07.05.1991	XII ZR 146/90	**631** 900	NJW-RR 1991, 1033
26.04.1991	V ZR 73/90	**650u** 52	**IBR 1991, 466**; NJW 1991, 2138; NJW-RR 1991, 1353 (Ls.); MDR 1991, 967; BGHZ 114, 260
23.04.1991	X ZR 77/89	**631** 613	NJW 1991, 2707
19.04.1991	V ZR 349/89	**633** 90	**IBR 1991, 311**; ZfBR 1991, 252; NJW 1991, 2021; NJW-RR 1991, 1175 (Ls.); MDR 1991, 763; BGHZ 114, 273
17.04.1991	IV ZR 112/90	**vor 631** 93	**IBR 1991, 348**; BauR 1991, 475; ZfBR 1991, 161; NJW 1991, 2418 (Ls.); NJW-RR 1991, 914; MDR 1991, 1136
21.03.1991	IX ZR 286/90	**634** 168; **634a** 277	NJW 1991, 1733; MDR 1991, 963; BGHZ 114, 117
14.03.1991	VII ZR 342/89	**631** 150	**IBR 1991, 261**; BauR 1991, 478; ZfBR 1991, 152; NJW 1991, 1819; NJW-RR 1991, 1044 (Ls.); MDR 1991, 764; BGHZ 114, 87
21.02.1991	V ZB 13/90	**650v** 10	NJW 1991, 1613; MDR 1991, 631; BGHZ 113, 374
14.02.1991	VII ZR 132/90	**vor 631** 43; **631** 88	**IBR 1991, 157**; BauR 1991, 328; ZfBR 1991, 151; NJW-RR 1991, 727
31.01.1991	VII ZR 63/90	**634** 96; **637** 35, 43, 44; **650** 102	**IBR 1991, 215**; BauR 1991, 329, 651; ZfBR 1991, 104; NJW-RR 1991, 789; MDR 1991, 970
31.01.1991	VII ZR 291/88	**vor 631** 60; **644** 34; **650b** 300, 316	**IBR 1991, 359, 361**; BauR 1991, 331; ZfBR 1991, 146; NJW 1991, 1812; NJW-RR 1991, 916 (Ls.); BGHZ 113, 315
23.01.1991	VIII ZR 122/90	**637** 42	NJW 1991, 1604; MDR 1991, 596; BGHZ 113, 251
22.01.1991	XI ZR 342/89	**650t** 64	NJW 1991, 1289; NJW-RR 1991, 760 (Ls.)
17.01.1991	VII ZR 47/90	**650p** 104, 108	**IBR 1991, 231**; BauR 1991, 366; ZfBR 1991, 104; NJW-RR 1991, 664; MDR 1991, 636
20.12.1990	VII ZR 248/89	**650c** 188	**IBR 1991, 161**; BauR 1991, 210; ZfBR 1991, 101; NJW-RR 1991, 534; MDR 1991, 598
20.12.1990	IX ZR 268/89	**634a** 277	NJW-RR 1991, 499; MDR 1991, 849

Zitatübersicht

Datum	Az.	Fundstelle	Zitate
19.12.1990	VIII ARZ 5/90	**631** 876	**IBR 1991, 146**; NJW 1991, 836; NJW-RR 1991, 589 (Ls.); MDR 1991, 524; BGHZ 113, 188
06.12.1990	VII ZR 98/89	**631** 477	**IBR 1991, 220**; BauR 1991, 223; ZfBR 1991, 97; NJW-RR 1991, 574
30.11.1990	V ZR 91/89	**650u** 57	**IBR 1991, 141**; BauR 1991, 230; NJW 1991, 912
13.11.1990	XI ZR 217/89	**631** 703; **650f** 81	NJW 1991, 1286; NJW-RR 1991, 866 (Ls.); MDR 1991, 756
25.10.1990	VII ZR 284/88	**634a** 265	**IBR 1991, 195**; BauR 1991, 91; ZfBR 1991, 24, 133; NJW-RR 1991, 217
25.10.1990	VII ZR 201/89	**632a** 19	**IBR 1991, 113**; BauR 1991, 81; ZfBR 1991, 67; NJW 1991, 565; NJW-RR 1991, 468 (Ls.); MDR 1991, 430
24.10.1990	VIII ZR 305/89	**631** 299; **637** 24	**IBR 1992, 3**; NJW-RR 1991, 822
11.10.1990	VII ZR 228/89	**634** 126, 159, 161; **650t** 51	**IBR 1991, 56**; BauR 1991, 79; ZfBR 1991, 61; ZfBR 1998, 298 (Ls.); NJW-RR 1991, 276; MDR 1991, 429
02.10.1990	VI ZR 14/90	**634** 102, 107, 108	**IBR 1991, 21**; ZfBR 1991, 160, 257; NJW 1991, 165; MDR 1991, 325
27.09.1990	VII ZR 324/89	**650p** 22; **650u** 31	**IBR 1991, 32**; BauR 1991, 114; ZfBR 1991, 14; NJW-RR 1991, 143; MDR 1991, 328
11.07.1990	VIII ZR 219/89	**634a** 139	**IBR 1990, 586, 623**; BauR 1990, 747; NJW 1990, 2680
05.07.1990	VII ZR 164/89	**634a** 313	**IBR 1990, 500**; BauR 1990, 723; ZfBR 1990, 274; NJW-RR 1990, 1240; MDR 1991, 141
21.06.1990	VII ZR 308/89	**631** 87	**IBR 1990, 588**; BauR 1990, 718; ZfBR 1990, 289; NJW 1990, 3197; NJW-RR 1991, 372 (Ls.); MDR 1991, 40; BGHZ 111, 388
21.06.1990	VII ZR 109/89	**vor 631** 60; **631** 869	**IBR 1990, 505**; BauR 1990, 727; ZfBR 1990, 272; NJW 1990, 2384; NJW-RR 1990, 1301 (Ls.); MDR 1991, 142; BGHZ 111, 394
11.06.1990	II ZR 159/89	**650c** 141	NJW 1990, 3151; MDR 1991, 226
31.05.1990	VII ZR 336/89	**631** 111; **650b** 286, 294, 296	**IBR 1990, 508**; BauR 1990, 721; ZfBR 1990, 271; NJW 1990, 2542; NJW-RR 1990, 1271 (Ls.); MDR 1990, 1100; BGHZ 111, 308
31.05.1990	I ZR 285/88	**631** 345	NJW-RR 1990, 1390; MDR 1991, 215
16.05.1990	VIII ZR 245/89	**639** 20	**IBR 1990, 510**; NJW-RR 1990, 1141; MDR 1991, 44
15.05.1990	X ZR 128/88	**641** 4, 7	ZfBR 1990, 228; NJW 1990, 3008
10.05.1990	VII ZR 45/89	**648** 35	**IBR 1990, 420**; BauR 1990, 632; ZfBR 1990, 227; NJW-RR 1990, 1109; MDR 1991, 40
10.05.1990	VII ZR 257/89	**631** 430, 876; **641** 89	**IBR 1990, 422**; BauR 1990, 605; ZfBR 1990, 226; NJW-RR 1990, 1170
10.05.1990	I ZR 175/88	**631** 931	NJW-RR 1991, 35; MDR 1991, 215
26.04.1990	VII ZR 345/88	**634a** 31	**IBR 1990, 423**; BauR 1990, 603; ZfBR 1990, 222; NJW-RR 1990, 1108; MDR 1991, 39

Zitatübersicht

15.03.1990	VII ZR 61/89	**639** 31	**IBR 1990, 365**; BauR 1990, 488; ZfBR 1990, 192; NJW-RR 1990, 856; MDR 1990, 1102
15.03.1990	VII ZR 311/88	**636** 47; **639** 48	**IBR 1990, 515**; BauR 1990, 466; ZfBR 1990, 276; NJW-RR 1990, 786
15.03.1990	IX ZR 44/89	**650u** 226	**IBR 1990, 514**; NJW-RR 1990, 811
15.02.1990	VII ZR 269/88	**650u** 75, 84	**IBR 1990, 273**; BauR 1990, 353; ZfBR 1990, 159, 180; NJW 1990, 1663; NJW-RR 1990, 972 (Ls.); MDR 1990, 617; BGHZ 110, 258
15.02.1990	VII ZR 175/89	**634a** 26, 27, 34; **650** 34, 40	**IBR 1990, 271**; BauR 1990, 351; ZfBR 1990, 182; NJW-RR 1990, 787; MDR 1990, 1101
01.02.1990	VII ZR 150/89	**634a** 292; **637** 86, 89, 94	**IBR 1990, 205**; BauR 1990, 358; ZfBR 1990, 175; NJW 1990, 1475; NJW-RR 1990, 789 (Ls.); MDR 1990, 616; BGHZ 110, 205
01.02.1990	IX ZR 188/89	**631** 907	NJW 1990, 1368
18.01.1990	VII ZR 260/88	**634a** 89, 92, 104, 174; **635** 16	**IBR 1990, 209**; BauR 1990, 356; ZfBR 1990, 172; NJW 1990, 1472; NJW-RR 1990, 1046 (Ls.); MDR 1990, 615; BGHZ 110, 99
18.01.1990	VII ZR 171/88	**634** 82	**IBR 1990, 429**; BauR 1990, 84, 360; ZfBR 1990, 171; NJW-RR 1990, 728
17.01.1990	VIII ZR 292/88	**631** 931	**IBR 1990, 349**; NJW 1990, 2065; NJW-RR 1991, 310 (Ls.); MDR 1990, 537; BGHZ 110, 88
21.12.1989	X ZR 30/89	**637** 90	NJW 1990, 1289; NJW-RR 1990, 692 (Ls.); MDR 1990, 541; BGHZ 110, 30
20.12.1989	VIII ZR 203/88	**632** 10	**IBR 1990, 241**; NJW-RR 1990, 270; MDR 1990, 536
24.11.1989	V ZR 16/88	**631** 377	NJW 1990, 832; MDR 1990, 326; BGHZ 109, 230
23.11.1989	VII ZR 313/88	**634a** 179, 317	**IBR 1990, 218**; BauR 1990, 212; ZfBR 1990, 71; NJW 1990, 826; NJW-RR 1990, 444 (Ls.); MDR 1990, 328; BGHZ 109, 220
14.11.1989	X ZR 116/88	**644** 18	NJW-RR 1990, 446; MDR 1990, 542
09.11.1989	VII ZR 16/89	**vor 631** 43; **631** 88	**IBR 1990, 134**; BauR 1990, 205; ZfBR 1990, 69; NJW 1990, 715; MDR 1990, 427; BGHZ 109, 192
09.11.1989	IX ZR 269/87	**vor 631** 45	NJW 1990, 761; NJW-RR 1990, 488 (Ls.)
31.10.1989	VI ZR 84/89	**631** 890	NJW-RR 1990, 222; MDR 1990, 532
12.10.1989	VII ZR 140/88	**634** 82, 86	**IBR 1990, 60**; BauR 1990, 84; ZfBR 1990, 16; NJW-RR 1990, 89
09.10.1989	II ZR 16/89	**631** 860	NJW 1990, 387; NJW-RR 1990, 233 (Ls.); MDR 1990, 222
28.09.1989	VII ZR 167/88	**635** 16; **648** 129	**IBR 1990, 70**; BauR 1990, 81; ZfBR 1990, 18; ZfBR 2000, 110 (Ls.); NJW-RR 1990, 156
13.07.1989	VII ZR 82/88	**640** 64	**IBR 1990, 12**; BauR 1989, 727; ZfBR 1989, 251; NJW 1990, 43; NJW-RR 1990, 90 (Ls.); MDR 1989, 1094
29.06.1989	VII ZR 151/88	**639** 48	BauR 1989, 597; NJW 1989, 2748; NJW-RR 1989, 1364 (Ls.); MDR 1989, 1092; BGHZ 108, 164

Zitatübersicht

23.06.1989	V ZR 40/88	**650u** 264		BauR 1990, 221; NJW 1989, 2534; NJW-RR 1989, 1160 (Ls.); MDR 1989, 1088; BGHZ 108, 156
15.06.1989	VII ZR 14/88	**634** 94, 98; **634a** 310, 311; **637** 83		BauR 1989, 606; NJW 1989, 2753; NJW-RR 1989, 1364 (Ls.); BGHZ 108, 65
08.06.1989	X ZR 50/88	**631** 600; **634a** 173		NJW 1989, 2469; NJW-RR 1989, 1272 (Ls.); MDR 1989, 1098; BGHZ 107, 395
16.05.1989	VI ZR 251/88	**634a** 248		NJW 1989, 2323; NJW-RR 1989, 1110 (Ls.); MDR 1989, 901
20.04.1989	VII ZR 80/88	**631** 118; **633** 75; **635** 27; **650p** 65		BauR 1989, 462; NJW-RR 1989, 849; MDR 1989, 904
20.04.1989	VII ZR 334/87	**634a** 89, 106; **635** 16; **640** 115		BauR 1989, 603; ZfBR 1989, 202; NJW-RR 1989, 979
18.04.1989	X ZR 31/88	**631** 669		NJW 1989, 3215; NJW-RR 1990, 59 (Ls.); MDR 1989, 810; BGHZ 107, 185
07.03.1989	XI ZR 25/88	**631** 861		NJW-RR 1989, 970
23.02.1989	VII ZR 89/87	**vor 631** 77; **634a** 228, 231, 305; **640** 48		BauR 1989, 322; NJW 1989, 1602; NJW-RR 1989, 852 (Ls.); MDR 1989, 627; BGHZ 107, 75
22.02.1989	VIII ZR 4/88	**631** 10		NJW-RR 1989, 627; MDR 1989, 731
19.01.1989	VII ZR 87/88	**634** 41, 44, 46, 63		BauR 1989, 467; ZfBR 1989, 164; ZfBR 1998, 296 (Ls.); NJW-RR 1989, 721; MDR 1989, 730
19.01.1989	VII ZR 348/87	**631** 362		BauR 1989, 245, 327; NJW-RR 1989, 527
15.12.1988	IX ZR 33/88	**634a** 211		NJW 1990, 326
14.12.1988	I ZR 235/86	**631** 669		NJW-RR 1989, 481; MDR 1989, 424
08.12.1988	VII ZR 139/87	**637** 67, 69		BauR 1989, 199; ZfBR 1989, 98; NJW-RR 1989, 406; MDR 1989, 442
24.11.1988	VII ZR 222/87	**631** 281; **633** 74, 128; **650p** 64, 65		BauR 1989, 219; NJW-RR 1989, 775; MDR 1989, 441
24.11.1988	VII ZR 112/87	**637** 88, 95		BauR 1989, 201; NJW-RR 1989, 405
10.11.1988	VII ZR 140/87	**634a** 124; **635** 16; **637** 77		BauR 1989, 81; ZfBR 1989, 54; NJW-RR 1989, 208; MDR 1989, 346
28.10.1988	V ZR 94/87	**650v** 4		NJW-RR 1989, 201; MDR 1989, 341
20.10.1988	VII ZR 302/87	**641** 33; **650g** 57		BauR 1989, 87; NJW 1989, 836; NJW-RR 1989, 407 (Ls.); BGHZ 105, 290
10.10.1988	II ZR 92/88	**650e** 38		NJW 1989, 220; NJW-RR 1989, 265 (Ls.); MDR 1989, 142; BGHZ 105, 259
06.10.1988	VII ZR 367/87	**vor 631** 102; **641** 29		BauR 1989, 90; NJW-RR 1989, 148
06.10.1988	VII ZR 227/87	**634a** 90		BauR 1989, 79; ZfBR 1989, 27; NJW-RR 1989, 148; MDR 1989, 153
29.09.1988	VII ZR 94/88	**650u** 31		BauR 1989, 95; ZfBR 1989, 29; NJW-RR 1989, 147; MDR 1989, 154
29.09.1988	VII ZR 186/87	**631** 205; **640** 5		BauR 1989, 77; ZfBR 1989, 28; NJW-RR 1989, 85; MDR 1989, 154
29.09.1988	VII ZR 182/87	**634** 149, 199; **637** 35, 45, 50		BauR 1989, 97; ZfBR 1989, 24; NJW-RR 1989, 86; MDR 1989, 153
20.09.1988	VI ZR 37/88	**637** 47		NJW 1989, 767; NJW-RR 1989, 412 (Ls.); MDR 1989, 150

Zitatübersicht

07.07.1988	VII ZR 72/87	**650p** 104, 109, 121	BauR 1988, 734; NJW-RR 1988, 1361; MDR 1989, 56
07.07.1988	VII ZR 320/87	**637** 86, 87, 95	BauR 1988, 592; NJW 1988, 2728; NJW-RR 1988, 1363 (Ls.); MDR 1988, 1049; BGHZ 105, 103
07.07.1988	VII ZR 179/87	**642** 158; **648** 89	BauR 1988, 739; ZfBR 1988, 269; NJW-RR 1988, 1295
06.07.1988	VIII ARZ 1/88	**631** 828	NJW 1988, 2790; NJW-RR 1988, 1480 (Ls.); BGHZ 105, 71
19.05.1988	VII ZR 111/87	**637** 81	BauR 1988, 468; NJW-RR 1988, 1044
17.05.1988	VI ZR 233/87	**631** 150	NJW 1989, 26; NJW-RR 1989, 230 (Ls.); MDR 1988, 947
21.04.1988	VII ZR 65/87	**632a** 55; **635** 17	BauR 1988, 474; ZfBR 1988, 215; ZfBR 1998, 295 (Ls.); NJW-RR 1988, 1043
29.03.1988	VI ZR 311/87	**634** 107	NJW-RR 1988, 985; MDR 1988, 767
24.03.1988	III ZR 21/87	**vor 631** 45	NJW 1988, 2106; NJW-RR 1988, 1074 (Ls.); MDR 1988, 649
03.03.1988	X ZR 54/86	**vor 631** 68; **631** 105	NJW 1988, 1785; NJW-RR 1988, 943 (Ls.); MDR 1988, 579; BGHZ 103, 316
25.02.1988	VII ZR 310/86	**631** 19	BauR 1988, 338; NJW-RR 1988, 785; MDR 1988, 666
24.02.1988	VIII ZR 64/87	**641** 30	NJW 1988, 2042; NJW-RR 1988, 1012 (Ls.); MDR 1988, 574; BGHZ 103, 284
17.12.1987	VII ZR 307/86	**650q** 6	BauR 1988, 234; NJW 1988, 1261; NJW-RR 1988, 654 (Ls.); MDR 1988, 401; BGHZ 102, 384
17.12.1987	VII ZR 16/87	**641** 44; **650g** 79	BauR 1988, 217; NJW 1988, 910; NJW-RR 1988, 466 (Ls.); BGHZ 102, 392
03.12.1987	VII ZR 363/86	**634a** 172, 174	BauR 1988, 465; ZfBR 1988, 212; NJW 1988, 1259; NJW-RR 1988, 684, 761 (Ls.)
26.11.1987	IX ZR 162/86	**634a** 278	NJW 1988, 1146; NJW-RR 1988, 658 (Ls.); MDR 1988, 405; BGHZ 102, 246
05.11.1987	VII ZR 326/86	**650p** 147	NJW-RR 1988, 275
22.10.1987	VII ZR 12/87	**650e** 14, 17, 18, 19, 20, 35	BauR 1988, 88; NJW 1988, 255; NJW-RR 1988, 266 (Ls.); MDR 1988, 220; BGHZ 102, 95
08.10.1987	VII ZR 45/87	**637** 4; **648** 89, 142; **648a** 67, 88	BauR 1988, 82; ZfBR 1988, 38; NJW-RR 1988, 208; MDR 1988, 309
02.10.1987	V ZR 42/86	**631** 168	NJW 1988, 1734 (Ls.); NJW-RR 1988, 185
28.09.1987	II ZR 35/87	**631** 604	NJW-RR 1988, 881
24.09.1987	VII ZR 306/86	**631** 156; **650p** 18	BauR 1987, 699; NJW 1988, 132; NJW-RR 1988, 266 (Ls.); MDR 1988, 134; BGHZ 101, 393
24.09.1987	VII ZR 187/86	**634a** 166	BauR 1988, 119; NJW 1988, 128; MDR 1988, 223
21.09.1987	II ZR 265/86	**650p** 119	NJW-RR 1988, 161
17.09.1987	VII ZR 166/86	**vor 631** 35, 41; **650u** 33	BauR 1987, 702; NJW 1988, 142; NJW-RR 1988, 210 (Ls.); MDR 1988, 222; BGHZ 101, 369
17.09.1987	VII ZR 155/86	**vor 631** 60, 86; **632a** 3; **650g** 85	BauR 1987, 694; NJW 1988, 55; NJW-RR 1988, 86 (Ls.); MDR 1988, 135; BGHZ 101, 357

Zitatübersicht

17.09.1987	VII ZR 153/86	**639** 48	BauR 1987, 686; NJW 1988, 135; NJW-RR 1988, 86 (Ls.); MDR 1988, 219; BGHZ 101, 350
09.07.1987	VII ZR 208/86	**vor 631** 118, 119; **631** 257; **633** 97; **634** 33, 43; **650p** 144	BauR 1987, 681; NJW-RR 1987, 1305; MDR 1988, 134
08.07.1987	VIII ZR 274/86	**634a** 176	NJW 1988, 254; NJW-RR 1988, 176 (Ls.); MDR 1988, 138
25.06.1987	VII ZR 251/86	**635** 77; **637** 4, 5; **648** 141, 142; **648a** 88; **650f** 194	BauR 1987, 689; ZfBR 1987, 238, 271; NJW 1988, 140; NJW-RR 1988, 210 (Ls.); MDR 1988, 44
25.06.1987	VII ZR 214/86	**634a** 184, 216	BauR 1987, 692; NJW-RR 1987, 1426; MDR 1988, 134
25.06.1987	VII ZR 107/86	**631** 840; **633** 58	BauR 1987, 683; ZfBR 1987, 237; NJW-RR 1987, 1306; MDR 1988, 43
02.06.1987	X ZR 39/86	**648** 127	NJW 1987, 3123; NJW-RR 1987, 1500 (Ls.); MDR 1987, 843; BGHZ 101, 130
07.05.1987	VII ZR 366/85	**634a** 221; **650u** 49, 50	BauR 1987, 439; NJW 1987, 2374 (Ls.); NJW 1988, 490; NJW-RR 1987, 1046; MDR 1987, 834; BGHZ 100, 391
07.05.1987	VII ZR 129/86	**vor 631** 41; **634a** 221	BauR 1987, 438; ZfBR 1987, 199; NJW 1987, 2373; NJW-RR 1987, 1166 (Ls.)
09.04.1987	VII ZR 266/86	**631** 531; **632** 13, 34, 35, 40, 73; **650p** 6	BauR 1987, 454; ZfBR 1987, 202; NJW 1987, 2742; NJW-RR 1987, 1306 (Ls.)
26.03.1987	VII ZR 196/86	**634a** 305	BauR 1987, 445; ZfBR 1987, 191; NJW 1987, 2080 (Ls.); NJW-RR 1987, 851
25.03.1987	VIII ZR 71/86	**648a** 89	NJW 1987, 2506; NJW-RR 1987, 1228 (Ls.)
20.03.1987	V ZR 27/86	**650u** 52	ZfBR 1989, 58; NJW 1987, 2511; NJW-RR 1987, 1228 (Ls.)
12.03.1987	VII ZR 80/86	**vor 631** 103	BauR 1987, 456; NJW 1987, 2431 (Ls.); NJW-RR 1987, 853; MDR 1987, 833
12.03.1987	VII ZR 37/86	**631** 625, 828	NJW 1987, 1931; NJW-RR 1987, 1000 (Ls.); MDR 1987, 661; BGHZ 100, 157
26.02.1987	VII ZR 64/86	**634a** 89; **635** 16	BauR 1987, 443; ZfBR 1987, 71, 188; NJW-RR 1987, 798
26.02.1987	VII ZR 217/85	**632a** 107, 117	BauR 1987, 453; ZfBR 1987, 200; NJW-RR 1987, 724
26.02.1987	I ZR 110/85	**631** 666, 669	NJW-RR 1987, 883; MDR 1987, 816
25.02.1987	VIII ZR 341/86	**631** 67	NJW 1987, 1940; NJW-RR 1987, 990 (Ls.); MDR 1987, 754
10.02.1987	VI ZR 17/86	**650p** 119	NJW 1987, 1814; NJW-RR 1987, 983 (Ls.); MDR 1987, 571
28.01.1987	IVa ZR 173/85	**631** 78	BauR 1987, 308; NJW 1987, 1634; NJW-RR 1987, 885 (Ls.); MDR 1987, 563; BGHZ 99, 374
22.01.1987	VII ZR 96/85	**650g** 80, 85	BauR 1987, 329; ZfBR 1987, 146; NJW 1987, 2582; NJW-RR 1987, 1234 (Ls.); MDR 1987, 663
22.01.1987	VII ZR 88/85	**634a** 112, 352; **639** 45	BauR 1987, 343; NJW 1987, 2743; NJW-RR 1987, 1311 (Ls.); MDR 1987, 660

Zitatübersicht

18.12.1986	VII ZR 39/86	**631** 942	BauR 1987, 217; NJW 1987, 1820; NJW-RR 1987, 853 (Ls.); MDR 1987, 662
04.12.1986	VII ZR 354/85	**631** 93; **634a** 34; **650** 34, 40	BauR 1987, 205; ZfBR 1987, 83; NJW 1987, 837; NJW-RR 1987, 468 (Ls.); MDR 1987, 397; BGHZ 99, 160
25.11.1986	X ZR 38/85	**631** 255, 256, 685; **650p** 144	NJW-RR 1987, 664
20.11.1986	VII ZR 360/85	**633** 43; **634** 96; **637** 43	BauR 1987, 207; NJW-RR 1987, 336
06.11.1986	VII ZR 97/85	**634** 128; **636** 75, 81	BauR 1987, 89; NJW 1987, 645; NJW-RR 1987, 337 (Ls.); BGHZ 99, 81
31.10.1986	V ZR 140/85	**636** 60, 62	BauR 1987, 318; NJW 1987, 771; NJW-RR 1987, 603 (Ls.)
23.10.1986	VII ZR 48/85	**634** 35, 38, 40, 43, 49	BauR 1987, 79; ZfBR 1987, 32; ZfBR 1998, (Ls.), 297 (Ls.); NJW 1987, 643; NJW-RR 1987, 338 (Ls.); MDR 1987, 308
23.10.1986	VII ZR 267/85	**634** 35, 43, 115, 123; **650t** 13	BauR 1987, 86; NJW 1987, 644; NJW-RR 1987, 338 (Ls.)
23.10.1986	IX ZR 203/85	**634** 156, 171	NJW 1987, 374; NJW-RR 1987, 309 (Ls.)
09.10.1986	VII ZR 249/85	**632a** 107; **640** 31; **641** 12; **648** 27, 137, 153	BauR 1987, 95; ZfBR 1987, 38; ZfBR 2000, 109 (Ls.); NJW 1987, 382; NJW-RR 1987, 208 (Ls.); MDR 1987, 310
09.10.1986	VII ZR 245/85	**634a** 367	NJW-RR 1987, 144; MDR 1987, 311
09.10.1986	VII ZR 184/85	**634a** 90, 312, 313; **635** 16	BauR 1987, 84; ZfBR 1987, 37; NJW 1987, 381; NJW-RR 1987, 208 (Ls.); MDR 1987, 310
01.10.1986	VIII ZR 132/85	**648** 165	NJW 1987, 251; NJW-RR 1987, 148 (Ls.); MDR 1987, 227
25.09.1986	VII ZR 276/84	**631** 362, 366, 399; **640** 94, 98, 101	BauR 1987, 92; ZfBR 1987, 35; NJW 1987, 380; NJW-RR 1987, 208 (Ls.); MDR 1987, 309
09.07.1986	GSZ 1/86	**636** 59, 64, 67	BauR 1987, 312; NJW 1987, 50; NJW-RR 1987, 14 (Ls.); MDR 1987, 109; BGHZ 98, 212
01.07.1986	VI ZR 120/85	**634a** 166	NJW 1987, 371; NJW-RR 1987, 251 (Ls.); MDR 1987, 42
24.06.1986	X ZR 16/85	**637** 18, 21	
19.06.1986	VII ZR 221/85	**650g** 39; **650q** 53, 59	BauR 1986, 596; ZfBR 1986, 232; NJW-RR 1986, 1279
27.05.1986	III ZR 239/84	**631** 771	NJW 1986, 2827; NJW-RR 1986, 1294 (Ls.); MDR 1986, 827; BGHZ 98, 77
15.05.1986	VII ZR 176/85	**637** 101, 103; **648a** 80	BauR 1986, 494, 573; ZfBR 1986, 226; NJW-RR 1986, 1148; MDR 1987, 48
25.04.1986	VII ZR 262/85	**634a** 139; **637** 77	BauR 1986, 576
24.04.1986	VII ZR 262/85	**634a** 139	NJW-RR 1986, 1079
24.04.1986	VII ZR 248/85	**631** 867, 868	BauR 1986, 454; NJW 1986, 2761; NJW-RR 1986, 1280 (Ls.); MDR 1986, 1015
24.04.1986	VII ZR 139/84	**648** 127	BauR 1986, 577; ZfBR 1986, 220; NJW-RR 1986, 1026
26.03.1986	VIII ZR 85/85	**631** 632, 633, 640	NJW 1986, 1809; MDR 1986, 928
21.03.1986	V ZR 23/85	**650b** 78	NJW 1986, 2245; NJW-RR 1986, 1203 (Ls.); MDR 1986, 835; BGHZ 97, 264

Zitatübersicht

Datum	Az.	Fundstelle	Nachweise
06.03.1986	VII ZR 235/84	**640** 5, 8, 51, 98	BauR 1986, 444; NJW 1986, 1758; NJW-RR 1986, 764 (Ls.); MDR 1986, 840; BGHZ 97, 224
20.02.1986	VII ZR 318/84	**637** 77, 79, 83, 86	BauR 1986, 345; ZfBR 1986, 120, 210; NJW-RR 1986, 1026; MDR 1986, 839
20.02.1986	VII ZR 286/84	**631** 760, 769, 773, 779, 786; **642** 193	BauR 1986, 347; NJW 1986, 1684; NJW-RR 1986, 763 (Ls.); MDR 1986, 747; BGHZ 97, 163
23.01.1986	IX ZR 46/85	**632a** 72, 156, 158	BauR 1986, 361; NJW 1986, 1681; NJW-RR 1986, 763 (Ls.); MDR 1986, 845
16.01.1986	VII ZR 138/85	**648** 55	BauR 1986, 339; NJW 1986, 1176; NJW-RR 1986, 570 (Ls.); MDR 1986, 575; BGHZ 96, 392
19.12.1985	VII ZR 188/84	**631** 565, 576	BauR 1986, 334; ZfBR 1986, 128; NJW-RR 1986, 569; MDR 1986, 575
19.12.1985	III ZR 90/84	**634** 164	NJW 1986, 1097; NJW-RR 1986, 458 (Ls.); MDR 1986, 385
18.12.1985	IVa ZR 103/84	**631** 590	NJW-RR 1986, 649
05.12.1985	VII ZR 5/85	**634a** 63, 65	BauR 1986, 215; ZfBR 1986, 69; NJW 1986, 980; MDR 1986, 490
21.11.1985	VII ZR 366/83	**648** 162; **648a** 106, 108, 110, 111; **650u** 6, 20, 145, 146; **650v** 4	BauR 1986, 208; NJW 1986, 925; NJW-RR 1986, 383 (Ls.); MDR 1986, 399; BGHZ 96, 275
08.11.1985	V ZR 113/84	**633** 111	BauR 1986, 234; NJW 1986, 845; NJW-RR 1986, 381 (Ls.); MDR 1986, 303
07.11.1985	VII ZR 270/83	**634** 152; **635** 42; **637** 38	BauR 1986, 211; NJW 1986, 922; BGHZ 96, 221
07.11.1985	III ZR 142/84	**634a** 281	NJW 1986, 978; MDR 1986, 385
29.10.1985	VI ZR 56/84	**631** 599	NJW 1986, 2943 (Ls.); NJW-RR 1986, 324; MDR 1986, 304
18.10.1985	V ZR 82/84	**650b** 171, 241	BauR 1986, 232; NJW-RR 1986, 543
10.10.1985	VII ZR 325/84	**vor 631** 60; **634a** 219	BauR 1986, 89; NJW 1986, 315; NJW-RR 1986, 99 (Ls.); MDR 1986, 224; BGHZ 96, 129
10.10.1985	VII ZR 303/84	**635** 22, 24; **639** 6	BauR 1986, 93; NJW 1986, 711; NJW-RR 1986, 319 (Ls.); MDR 1986, 400; BGHZ 96, 111
10.10.1985	VII ZR 292/84	**636** 60, 62, 66, 67	BauR 1986, 105; NJW 1986, 427; NJW-RR 1986, 319 (Ls.); MDR 1986, 223; BGHZ 96, 124
26.09.1985	VII ZR 50/84	**634a** 347; **650p** 193	BauR 1986, 112; ZfBR 1986, 17; NJW-RR 1986, 182
26.09.1985	VII ZR 19/85	**648a** 72	BauR 1986, 91, 336; NJW 1986, 255; MDR 1986, 224; BGHZ 96, 34
26.09.1985	III ZR 61/84	**634a** 148	NJW 1986, 848; NJW-RR 1986, 515 (Ls.); MDR 1986, 563; BGHZ 96, 50
19.09.1985	VII ZR 158/84	**636** 68	BauR 1986, 103; ZfBR 1986, 27; NJW 1986, 428; NJW-RR 1986, 319 (Ls.); MDR 1986, 311
19.09.1985	IX ZR 16/85	**634a** 92	NJW 1986, 310; NJW-RR 1986, 211 (Ls.); MDR 1986, 229; BGHZ 95, 375

Zitatübersicht

19.09.1985	III ZR 214/83	**641** 144	NJW 1986, 43; NJW-RR 1986, 55 (Ls.); BGHZ 95, 350
18.09.1985	IVa ZR 199/83	**vor 631** 127, 128	
18.09.1985	IVa ZR 139/83	**632** 41, 42	NJW-RR 1986, 50
11.07.1985	IX ZR 11/85	**639** 9	NJW 1985, 2941; MDR 1986, 50
02.07.1985	VI ZR 68/84	**634** 107	
27.06.1985	VII ZR 265/84	**650f** 232	BauR 1985, 565; NJW 1985, 2696; MDR 1986, 45
27.06.1985	VII ZR 23/84	**631** 740, 741, 743, 744, 747; **634** 115, 123; **650b** 131, 136, 139, 206; **650c** 185	BauR 1985, 561; ZfBR 1985, 282; ZfBR 2000, 110 (Ls.); NJW 1985, 2475; MDR 1985, 1016; BGHZ 95, 128
20.05.1985	VII ZR 266/84	**637** 62, 81, 86, 87	BauR 1985, 569; NJW 1985, 2325; BGHZ 94, 330
20.05.1985	VII ZR 198/84	**631** 550	BauR 1985, 573; NJW 1985, 2270; BGHZ 94, 335
06.05.1985	VII ZR 320/84	**632** 74; **650p** 9; **650q** 47	BauR 1985, 582; ZfBR 1985, 222; NJW 1986, 845 (Ls.); NJW-RR 1986, 18, 383 (Ls.); MDR 1985, 925
24.04.1985	VIII ZR 95/84	**650p** 119	NJW 1985, 1539; BGHZ 94, 195
18.04.1985	VII ZR 25/84	**650p** 147	BauR 1985, 584; MDR 1985, 925
28.03.1985	VII ZR 180/84	**632** 72; **650p** 5	BauR 1985, 467; NJW 1985, 2830; MDR 1985, 836
21.03.1985	VII ZR 148/83	**634a** 118	BauR 1985, 445; NJW 1985, 1826; MDR 1985, 750; BGHZ 94, 117
13.03.1985	IVa ZR 211/82	**632** 46	NJW 1985, 1895; MDR 1985, 652; BGHZ 94, 98
07.03.1985	VII ZR 60/83	**635** 16, 17; **637** 69	BauR 1985, 355; ZfBR 1985, 171
21.02.1985	VII ZR 72/84	**650u** 11, 129	BauR 1985, 314; BauR 1986, 448; ZfBR 1985, 132; NJW 1985, 1551; MDR 1986, 45
21.02.1985	VII ZR 160/83	**632a** 117	BauR 1985, 456; ZfBR 1985, 174; NJW 1985, 1840
18.01.1985	V ZR 233/83	**631** 926	NJW 1985, 1711; MDR 1985, 562; BGHZ 93, 287
20.12.1984	VII ZR 340/83	**639** 15	BauR 1985, 317; NJW-RR 1986, 271; MDR 1985, 569
20.12.1984	VII ZR 13/83	**634a** 357	**IBR 2010, 464**; BauR 1985, 232; ZfBR 1985, 119
06.12.1984	VII ZR 227/83	**631** 106; **632a** 3	BauR 1985, 192; NJW 1985, 855; MDR 1985, 398
28.11.1984	VIII ZR 240/83	**631** 893	NJW 1985, 798; MDR 1985, 573; BGHZ 93, 64
26.11.1984	VIII ZR 214/83	**631** 631; **639** 14, 20	NJW 1985, 623; MDR 1985, 837; BGHZ 93, 29
22.11.1984	VII ZR 115/83	**634a** 101, 103	BauR 1985, 202
08.11.1984	VII ZR 256/83	**vor 631** 97; **648** 134	BauR 1985, 79; ZfBR 1985, 81; NJW 1985, 632
08.11.1984	III ZR 132/83	**631** 159	BauR 1985, 85; NJW 1985, 730; MDR 1985, 298

Zitatübersicht

25.10.1984	III ZR 80/83	**650p** 141	NJW 1985, 1692; MDR 1986, 30
17.10.1984	VIII ZR 181/83	**631** 528; **632** 16; **650p** 14	NJW 1985, 497; MDR 1985, 667
16.10.1984	X ZR 97/83	**631** 669	NJW 1985, 319; BGHZ 92, 312
16.10.1984	X ZR 86/83	**637** 30	BauR 1985, 83; NJW 1985, 381; MDR 1985, 228; BGHZ 92, 308
11.10.1984	VII ZR 248/83	**650u** 110; **650v** 41, 51	BauR 1985, 93; ZfBR 1985, 40; NJW 1985, 852; MDR 1985, 663
04.10.1984	VII ZR 65/83	**634** 68; **648** 129	BauR 1985, 77; NJW 1985, 631; MDR 1985, 222; BGHZ 92, 244
04.10.1984	VII ZR 342/83	**634a** 347	BauR 1985, 97; NJW 1985, 328; MDR 1985, 222; BGHZ 92, 251
28.09.1984	V ZR 43/83	**631** 169; **650u** 169	NJW 1985, 266
20.09.1984	VII ZR 377/83	**640** 54, 55; **650s** 12	BauR 1985, 200; NJW 1985, 731; MDR 1985, 662
20.09.1984	III ZR 47/83	**631** 185, 188	NJW 1985, 1778; MDR 1985, 298; BGHZ 92, 164
19.09.1984	IVa ZR 67/83	**631** 716, 722	MDR 1985, 301
12.07.1984	VII ZR 268/83	**650u** 20, 113	BauR 1984, 634; NJW 1984, 2573; MDR 1985, 45; BGHZ 92, 123
26.06.1984	VI ZR 232/82	**634a** 123	NJW 1985, 3027 (Ls.)
07.06.1984	IX ZR 66/83	**650b** 232	NJW 1984, 2279; MDR 1984, 838; BGHZ 91, 324
22.05.1984	VI ZR 228/82	**634a** 122	NJW 1984, 2346; MDR 1985, 132
22.05.1984	III ZR 18/83	**642** 192	NJW 1984, 2216; MDR 1984, 740; BGHZ 91, 243
17.05.1984	VII ZR 169/82	**631** 119, 241; **633** 43, 62, 74, 96; **634** 30, 31, 38, 82, 84, 85, 87, 91, 94, 98; **635** 72; **650c** 105; **650p** 65	BauR 1984, 510; ZfBR 1984, 222; NJW 1984, 2457; MDR 1984, 833; BGHZ 91, 206
03.05.1984	VII ZR 80/82	**650e** 4, 42	BauR 1984, 413; NJW 1984, 2100; MDR 1984, 833; BGHZ 91, 139
27.04.1984	V ZR 137/83	**650u** 248	
05.04.1984	VII ZR 167/83	**634a** 289; **637** 64, 87, 89	BauR 1984, 406; ZfBR 1984, 185; NJW 1984, 2456; MDR 1985, 45
22.03.1984	VII ZR 50/82	**631** 440; **633** 122; **634** 34, 82, 87, 101, 104, 110, 115, 118, 126, 131, 133, 135, 136, 138; **650t** 88	BauR 1984, 395; ZfBR 2000, 110 (Ls.); NJW 1984, 1676; MDR 1984, 748; BGHZ 90, 344
22.03.1984	VII ZR 286/82	**634** 34, 48, 140	BauR 1984, 401; NJW 1984, 1679; MDR 1984, 748; BGHZ 90, 354
08.03.1984	VII ZR 349/82	**vor 631** 60, 68; **631** 105; **634a** 224, 228; **650** 105	BauR 1984, 310, 390; NJW 1984, 1750; MDR 1984, 749; BGHZ 90, 273
29.02.1984	VIII ZR 350/82	**631** 368	NJW 1985, 53

… **Zitatübersicht**

19.01.1984	VII ZR 220/82	**650** 105	NJW 1984, 1350; MDR 1984, 482; BGHZ 89, 363
10.01.1984	VI ZR 64/82	**631** 592, 594, 604, 605, 610	NJW 1984, 799; MDR 1984, 567
22.12.1983	VII ZR 59/82	**650p** 22; **650u** 31	BauR 1984, 192; NJW 1984, 732; MDR 1984, 481; BGHZ 89, 240
22.12.1983	VII ZR 213/82	**650g** 78	BauR 1984, 182; ZfBR 1984, 74; NJW 1984, 1757
21.12.1983	VIII ZR 256/82	**650e** 10	
10.11.1983	VII ZR 373/82	**632a** 65; **640** 63, 109, 111; **641** 61, 70; **650u** 33	BauR 1984, 166; ZfBR 1984, 35; NJW 1984, 725
12.10.1983	VIII ZR 19/82	**631** 666	NJW 1984, 357; MDR 1984, 482
29.09.1983	VII ZR 225/82	**631** 77; **650u** 42	BauR 1984, 61; NJW 1984, 171; MDR 1984, 222
22.09.1983	VII ZR 360/82	**634a** 26, 27, 321; **650a** 15	BauR 1984, 64; ZfBR 1984, 38; NJW 1984, 168; MDR 1984, 221
14.07.1983	VII ZR 365/82	**634a** 69	NJW 1983, 2699; MDR 1983, 1015; BGHZ 88, 174
30.06.1983	VII ZR 293/82	**631** 797; **643** 32; **648** 142; **648a** 2	BauR 1983, 459; NJW 1983, 2439; MDR 1984, 136
30.06.1983	VII ZR 185/81	**634** 172; **634a** 41; **640** 3, 106; **650s** 90; **650u** 113, 120, 122	BauR 1983, 573; ZfBR 1983, 260
15.06.1983	VIII ZR 131/82	**636** 60	NJW 1983, 2139; MDR 1983, 927; BGHZ 88, 11
09.06.1983	III ZR 105/82	**632a** 78	NJW 1983, 2701
18.05.1983	VIII ZR 86/82	**647** 5	NJW 1983, 2140; MDR 1983, 929; BGHZ 87, 274
28.04.1983	VII ZR 259/82	**631** 579	BauR 1983, 368; NJW 1983, 1671; MDR 1984, 42
28.04.1983	VII ZR 246/82	**631** 632	BauR 1983, 363; NJW 1983, 1853; MDR 1983, 1016
14.04.1983	VII ZR 258/82	**637** 62, 73	BauR 1983, 365; BauR 1984, 177; ZfBR 1983, 185; ZfBR 1989, 60; NJW 1983, 2191; MDR 1983, 1015
14.04.1983	VII ZR 198/82	**631** 529	BauR 1983, 366; NJW 1983, 1782; MDR 1983, 745
10.03.1983	VII ZR 302/82	**vor 631** 97; **639** 26	BauR 1983, 266; NJW 1983, 1489; BGHZ 87, 112
10.03.1983	VII ZR 301/82	**vor 631** 95	BauR 1983, 261; ZfBR 1983, 125; NJW 1983, 1491; MDR 1983, 837
24.02.1983	I ZR 14/81	**632** 11	NJW 1983, 1727; MDR 1983, 727
21.02.1983	VIII ZR 4/82	**634a** 166, 167	NJW 1983, 2496; MDR 1983, 747
20.01.1983	VII ZR 210/81	**634a** 150	BauR 1983, 255; NJW 1983, 1901; MDR 1983, 745
20.01.1983	VII ZR 105/81	**650u** 58	NJW 1983, 1322; BGHZ 86, 284
16.12.1982	VII ZR 92/82	**vor 631** 40, 43, 70, 83; **631** 89	BauR 1983, 161, 362; NJW 1983, 816; MDR 1983, 393; BGHZ 86, 135

Zitatübersicht

Datum	Az.	Fundstelle	Weitere Fundstellen
02.12.1982	VII ZR 63/82	**631** 202	BauR 1983, 165; NJW 1983, 816; MDR 1983, 572
02.12.1982	VII ZR 330/81	**650p** 153, 196; **650s** 9	BauR 1983, 168; NJW 1983, 871; MDR 1983, 480
18.11.1982	VII ZR 305/81	**631** 361, 369, 371, 396; **640** 101	BauR 1983, 80; ZfBR 1983, 78; NJW 1983, 385; MDR 1983, 302; BGHZ 85, 305
18.11.1982	VII ZR 223/80	**631** 50	BauR 1983, 252
04.11.1982	VII ZR 65/82	**650a** 8	BauR 1983, 64; ZfBR 1983, 82; NJW 1983, 567; MDR 1983, 391
04.11.1982	VII ZR 53/82	**650u** 33, 89	BauR 1983, 84; ZfBR 1983, 17; NJW 1983, 453; MDR 1983, 391
04.11.1982	VII ZR 11/82	**631** 397; **640** 7, 99	BauR 1983, 77; NJW 1983, 384; MDR 1983, 302; BGHZ 85, 240
21.10.1982	VII ZR 51/82	**631** 296, 322; **636** 10	BauR 1983, 73; NJW 1983, 989; MDR 1983, 392
07.10.1982	VII ZR 334/80	**634a** 98, 101	BauR 1983, 87; ZfBR 1982, 254; NJW 1983, 162; MDR 1983, 222
07.10.1982	VII ZR 24/82	**650p** 23	BauR 1983, 93; NJW 1983, 227; MDR 1983, 304
08.07.1982	VII ZR 96/81	**641** 57, 70	BauR 1982, 579; ZfBR 1982, 253; NJW 1982, 2494
08.07.1982	VII ZR 314/81	**634** 40	BauR 1983, 70; ZfBR 1998, 296 (Ls.); NJW 1983, 875; MDR 1983, 392
08.07.1982	VII ZR 301/80	**637** 19, 32	BauR 1982, 496; ZfBR 1982, 211
16.06.1982	VIII ZR 89/81	**639** 27	NJW 1982, 2316; MDR 1983, 223
07.06.1982	VIII ZR 154/81	**650u** 226	BauR 1982, 506; NJW 1982, 2305; MDR 1983, 50
17.05.1982	VII ZR 199/81	**636** 47	BauR 1982, 489; NJW 1982, 2244; MDR 1983, 48
06.05.1982	VII ZR 74/81	**637** 30; **639** 17	BauR 1982, 493; ZfBR 1982, 152; NJW 1982, 2243; MDR 1982, 1010
06.05.1982	VII ZR 172/81	**634** 120	BauR 1982, 514
22.04.1982	VII ZR 191/81	**641** 28; **650g** 40	BauR 1982, 377; NJW 1982, 1815; MDR 1982, 842; BGHZ 83, 382
25.03.1982	VII ZR 175/81	**636** 120	NJW 1982, 1521; MDR 1982, 921
11.03.1982	VII ZR 357/80	**635** 43; **644** 14; **645** 14, 17	BauR 1982, 273; NJW 1982, 1458; MDR 1982, 660; BGHZ 83, 197
11.03.1982	VII ZR 128/81	**631** 649, 656; **648** 145	BauR 1982, 290; NJW 1982, 1387; MDR 1982, 572; BGHZ 83, 181
25.02.1982	VII ZR 161/80	**634** 202; **636** 90	BauR 1982, 277; ZfBR 1982, 122; NJW 1982, 1524; MDR 1982, 746
19.02.1982	V ZR 251/80	**634a** 123	BauR 1982, 398; NJW 1982, 1809
10.02.1982	VIII ZR 27/81	**640** 76	NJW 1982, 1279; MDR 1982, 843
29.01.1982	V ZR 82/81	**631** 79	NJW 1982, 1035; MDR 1982, 474; BGHZ 83, 56
14.01.1982	VII ZR 296/80	**631** 602	BauR 1982, 283
04.12.1981	V ZR 241/80	**631** 181	NJW 1982, 1036; MDR 1982, 474
03.12.1981	VII ZR 368/80	**632** 54, 57	NJW 1982, 765; MDR 1982, 572
05.11.1981	VII ZR 365/80	**650p** 187, 196	BauR 1982, 185
05.11.1981	VII ZR 216/80	**650b** 286, 294	BauR 1982, 83; NJW 1982, 879; MDR 1982, 480

Zitatübersicht

22.10.1981	VII ZR 310/79	**648a** 30	BauR 1982, 79; ZfBR 1982, 15; NJW 1982, 438; MDR 1982, 313; BGHZ 82, 100
22.10.1981	VII ZR 142/80	**637** 64	BauR 1982, 66; ZfBR 1982, 19
08.10.1981	VII ZR 99/80	**639** 17; **641** 61	BauR 1982, 61; NJW 1982, 169; MDR 1982, 313
08.10.1981	VII ZR 341/80	**634a** 148	NJW 1982, 281; MDR 1982, 314
14.07.1981	VI ZR 304/79	**631** 592	NJW 1982, 996; MDR 1982, 219
09.07.1981	VII ZR 40/80	**632a** 55; **637** 55; **641** 57	BauR 1981, 577; ZfBR 1981, 265; NJW 1981, 2801; MDR 1982, 133
09.07.1981	VII ZR 139/80	**632a** 137	BauR 1981, 582; NJW 1981, 2351; MDR 1981, 1005; BGHZ 81, 229
29.06.1981	VII ZR 299/80	**640** 16	BauR 1981, 575; ZfBR 1981, 218; NJW 1981, 2403; MDR 1982, 49
29.06.1981	VII ZR 284/80	**639** 42	BauR 1981, 479; NJW 1981, 2243; MDR 1982, 48
04.06.1981	VII ZR 9/80	**650u** 79, 120	BauR 1981, 467; NJW 1981, 1841; MDR 1982, 50; BGHZ 81, 35
04.06.1981	VII ZR 212/80	**634a** 112; **639** 45	BauR 1981, 469; NJW 1981, 2343; MDR 1982, 48
21.05.1981	VII ZR 128/80	**650b** 318, 320; **650p** 104, 150	BauR 1981, 482; NJW 1981, 2182; MDR 1982, 48
05.05.1981	VI ZR 280/79	**631** 77	BauR 1981, 495; NJW 1981, 2250; MDR 1981, 1003
23.04.1981	VII ZR 196/80	**650b** 318, 320, 323	BauR 1981, 383; NJW 1981, 1779; MDR 1981, 1004
09.04.1981	VII ZR 263/79	**635** 78, 81	BauR 1981, 395; MDR 1981, 836
09.04.1981	VII ZR 262/80	**631** 529; **632** 32, 64	BauR 1981, 388; NJW 1981, 1442; MDR 1981, 663; BGHZ 80, 257
09.04.1981	VII ZR 194/80	**639** 22	BauR 1981, 378; NJW 1981, 1510; MDR 1981, 837
09.04.1981	VII ZR 192/80	**631** 400; **640** 102	BauR 1981, 373; NJW 1981, 1839; MDR 1981, 838; BGHZ 80, 252
05.03.1981	III ZR 115/80	**634a** 277	NJW 1981, 1666; MDR 1981, 913
26.02.1981	VII ZR 287/79	**631** 733; **635** 25; **636** 110; **640** 34, 41	BauR 1981, 284; NJW 1981, 1448; MDR 1981, 747
12.02.1981	VII ZR 230/80	**631** 159	BauR 1981, 282
23.01.1981	V ZR 200/79	**636** 75	NJW 1981, 2065; MDR 1981, 482; BGHZ 79, 249
19.12.1980	V ZR 185/79	**634a** 61	NJW 1981, 864; MDR 1981, 659; BGHZ 79, 183
18.12.1980	VII ZR 43/80	**634** 46; **641** 94	BauR 1981, 201; NJW 1981, 822; MDR 1981, 487; BGHZ 79, 180
18.12.1980	VII ZR 41/80	**641** 28, 31, 89	BauR 1981, 199, 288; NJW 1981, 814; MDR 1981, 487; BGHZ 79, 176
10.12.1980	VIII ZR 295/79	**639** 21	NJW 1981, 867; MDR 1981, 491; BGHZ 79, 117
12.11.1980	VII ZR 338/79	**vor 631** 96	
06.11.1980	VII ZR 47/80	**644** 8, 16, 22, 34; **645** 16, 17	BauR 1981, 71; NJW 1981, 391; MDR 1981, 309; BGHZ 78, 352
06.11.1980	VII ZR 12/80	**631** 156	BauR 1981, 67; NJW 1981, 274; MDR 1981, 308; BGHZ 78, 346

Zitatübersicht

Datum	Az.	Fundstelle	Zitierung
31.10.1980	V ZR 140/79	**634a** 246	BauR 1981, 206; NJW 1981, 573; MDR 1981, 395
23.10.1980	VII ZR 324/79	**648** 127	BauR 1981, 198; ZfBR 1981, 80
19.09.1980	V ZR 51/78	**636** 79	NJW 1981, 45; MDR 1981, 128
03.07.1980	IVa ZR 38/80	**634a** 118	NJW 1980, 2461; BGHZ 78, 1
26.06.1980	VII ZR 257/79	**638** 19	NJW 1980, 2189; BGHZ 77, 320
20.06.1980	V ZR 84/79	**631** 162	NJW 1981, 222
12.05.1980	VII ZR 228/79	**640** 89, 91	BauR 1980, 460; NJW 1980, 1952; BGHZ 77, 134
27.03.1980	VII ZR 44/79	**634a** 31; **650** 3, 13, 81	BauR 1980, 355; NJW 1980, 2081
27.03.1980	VII ZR 214/79	**631** 659, 702	BauR 1980, 359; NJW 1980, 1955; BGHZ 77, 60
28.02.1980	VII ZR 183/79	**636** 60, 66	BauR 1980, 271; NJW 1980, 1386; BGHZ 76, 179
30.01.1980	VIII ZR 237/78	**634a** 212	NJW 1981, 274 (Ls.)
17.01.1980	VII ZR 42/78	**vor 631** 93	BauR 1980, 262; NJW 1980, 992; BGHZ 76, 86
06.12.1979	VII ZR 313/78	**631** 156, 158, 161	BauR 1980, 167; NJW 1980, 829; BGHZ 76, 43
08.11.1979	VII ZR 215/78	**632** 54	BauR 1980, 172; NJW 1980, 447
11.10.1979	VII ZR 247/78	**634a** 150	BauR 1980, 69; ZfBR 1980, 36
05.10.1979	V ZR 71/78	**650v** 4	NJW 1980, 833; BGHZ 75, 288
04.10.1979	VII ZR 319/78	**632** 78; **650p** 12, 76, 119	BauR 1980, 84; NJW 1980, 122
04.10.1979	VII ZR 11/79	**631** 578	BauR 1980, 63; NJW 1980, 180
12.07.1979	VII ZR 174/78	**641** 101	BauR 1979, 525
12.07.1979	VII ZR 159/78	**650v** 70	BauR 1979, 523; NJW 1979, 2193
12.07.1979	VII ZR 154/78	**632** 13, 21, 51, 54	BauR 1979, 509; NJW 1979, 2202
18.06.1979	II ZR 65/78	**639** 15	BauR 1980, 73
01.06.1979	V ZR 80/77	**649** 33	NJW 1979, 1818; BGHZ 74, 370
10.05.1979	VII ZR 30/78	**650** 111; **650u** 73, 79, 89	BauR 1979, 420; BauR 1980, 119, 267; NJW 1979, 2207; NJW 1980, 400 (Ls.); MDR 1, 979; BGHZ 74, 258
26.04.1979	VII ZR 190/78	**640** 5; **650p** 153, 187, 196	BauR 1979, 345; NJW 1979, 1499, 2513 (Ls.); BGHZ 74, 235
06.04.1979	V ZR 72/74	**631** 163	NJW 1979, 1496; BGHZ 74, 346
05.04.1979	VII ZR 308/77	**631** 81	BauR 1979, 337; NJW 1979, 1406, 1820 (Ls.); BGHZ 74, 204
22.03.1979	VII ZR 259/77	**650p** 118, 119	NJW 1979, 1449; MDR 1979, 748; BGHZ 74, 103
22.03.1979	VII ZR 142/78	**637** 38, 39	BauR 1979, 333; ZfBR 1979, 150; NJW 1979, 2095
22.03.1979	VII ZR 133/78	**636** 47	BauR 1979, 321; NJW 1979, 1651
08.03.1979	VII ZR 35/78	**631** 599, 602	BauR 1979, 249; ZfBR 1979, 109; NJW 1979, 1306 (Ls.)
07.02.1979	VIII ZR 305/77	**639** 2	NJW 1979, 2148

Zitatübersicht

21.12.1978	VII ZR 269/77	**632a** 59, 120, 135; **640** 106, 112	BauR 1979, 159; NJW 1979, 650; BGHZ 73, 140
07.12.1978	VII ZR 278/77	**634a** 166	BauR 1979, 155; NJW 1979, 810
23.11.1978	VII ZR 29/78	**640** 111; **641** 10	BauR 1979, 152; NJW 1979, 549
03.11.1978	V ZR 30/77	**631** 160	NJW 1979, 307
26.10.1978	VII ZR 249/77	**vor 631** 88; **634a** 40, 100, 330; **650s** 11	BauR 1979, 76; NJW 1979, 214; BGHZ 72, 257
12.10.1978	VII ZR 288/77	**631** 875; **650v** 70	BauR 1979, 59; NJW 1979, 156; BGHZ 72, 229
12.10.1978	VII ZR 220/77	**634a** 31	BauR 1979, 54; BGHZ 72, 206
12.10.1978	VII ZR 139/75	**631** 369	BauR 1979, 56; NJW 1979, 212; BGHZ 72, 222
06.07.1978	III ZR 65/77	**631** 666	NJW 1978, 2244
15.06.1978	VII ZR 15/78	**635** 80	BauR 1978, 498; ZfBR 1978, 17; NJW 1978, 1853, 2593 (Ls.)
08.06.1978	VII ZR 161/77	**636** 47	BauR 1978, 402; NJW 1978, 1626; BGHZ 72, 31
11.05.1978	VII ZR 313/75	**634a** 100, 361	BauR 1978, 405; NJW 1978, 2393
27.04.1978	VII ZR 219/77	**634a** 113	BauR 1978, 486; NJW 1978, 1914; MDR 1978, 743
20.04.1978	VII ZR 94/77	**637** 4	ZfBR 1978, 77
20.04.1978	VII ZR 67/77	**631** 198; **634** 62; **650c** 186, 193	BauR 1978, 314; NJW 1978, 1631
20.04.1978	VII ZR 166/76	**648a** 80	BauR 1978, 306
20.04.1978	VII ZR 143/77	**637** 4	
30.03.1978	VII ZR 48/77	**634a** 27	BauR 1978, 303; NJW 1978, 1522
16.03.1978	VII ZR 145/76	**634** 180; **634a** 347, 357; **639** 44	BauR 1978, 235; NJW 1978, 1311; BGHZ 71, 144
23.02.1978	VII ZR 11/76	**637** 4	BauR 1978, 308; NJW 1978, 1375; BGHZ 70, 389
09.02.1978	VII ZR 84/77	**634** 122	BauR 1978, 304; NJW 1978, 1157
19.01.1978	VII ZR 175/75	**631** 656, 657, 658, 659, 661; **636** 100	BauR 1978, 224; NJW 1978, 814; BGHZ 70, 240
22.12.1977	VII ZR 94/76	**vor 631** 93	BauR 1978, 149; NJW 1978, 643, 1165 (Ls.); BGHZ 70, 187
08.12.1977	VII ZR 60/76	**632a** 19	BauR 1979, 158
11.11.1977	I ZR 80/75	**631** 905	NJW 1978, 698
10.11.1977	VII ZR 252/75	**634** 55, 62, 63, 69, 71, 126	BauR 1978, 139; ZfBR 1998, 298 (Ls.); NJW 1978, 995
27.10.1977	VII ZR 298/75	**631** 304	
19.10.1977	VIII ZR 42/76	**650p** 196	NJW 1978, 260
10.10.1977	VIII ZR 76/76	**631** 592, 604, 605	NJW 1978, 44; BGHZ 69, 328
29.09.1977	VII ZR 134/75	**634** 63	BauR 1978, 54
23.09.1977	V ZR 90/75	**631** 163	NJW 1978, 102; BGHZ 69, 266
30.06.1977	VII ZR 325/74	**634** 44, 46; **640** 13	BauR 1977, 420; NJW 1977, 1966

Zitatübersicht

30.06.1977	VII ZR 205/75	**648** 8; **648a** 26, 77, 80	BauR 1977, 422; NJW 1977, 1922
16.06.1977	VII ZR 2/76	**650p** 118, 128	BauR 1979, 74
25.05.1977	VIII ZR 196/75	**650u** 44	NJW 1977, 2262
05.05.1977	VII ZR 36/76	**637** 62; **650u** 77, 78	BauR 1977, 271; NJW 1977, 1336; BGHZ 68, 372
21.04.1977	VII ZR 135/76	**634a** 104, 212	BauR 1977, 348
21.04.1977	VII ZR 108/76	**640** 63, 64	BauR 1977, 344
24.03.1977	VII ZR 319/75	**634a** 269; **636** 96	BauR 1977, 277; NJW 1977, 1819
24.03.1977	VII ZR 220/75	**634a** 26; **650a** 10	BauR 1977, 203; NJW 1977, 1146; BGHZ 68, 208
24.03.1977	III ZR 198/74	**631** 686	NJW 1978, 41; MDR 1977, 734
10.03.1977	VII ZR 77/76	**650e** 4, 31, 32, 33	BauR 1977, 208; NJW 1977, 947; BGHZ 68, 180
10.03.1977	VII ZR 278/75	**650p** 179, 180, 181	BauR 1977, 428; NJW 1977, 898; BGHZ 68, 169
10.02.1977	VII ZR 17/75	**640** 99	BauR 1977, 280; NJW 1977, 897
20.12.1976	VII ZR 105/74	**634a** 65	
18.11.1976	VII ZR 150/75	**vor 631** 93	BauR 1977, 58; NJW 1977, 294; BGHZ 67, 334
10.11.1976	VIII ZR 115/75	**639** 28	NJW 1977, 381; BGHZ 67, 312
04.11.1976	VII ZR 74/75	**631** 595; **641** 91	BauR 1977, 138
22.10.1976	V ZR 247/75	**650u** 37	
06.10.1976	VIII ZR 66/75	**636** 10	NJW 1977, 35
23.09.1976	VII ZR 14/75	**634** 82, 134	BauR 1976, 430; ZfBR 1998, 298 (Ls.); MDR 1977, 133
11.06.1976	I ZR 55/75	**vor 631** 93	BauR 1976, 367; NJW 1976, 1635
10.06.1976	VII ZR 129/74	**vor 631** 103; **634a** 40, 330; **636** 47	BauR 1976, 354; NJW 1976, 1502; BGHZ 67, 1
31.05.1976	VII ZR 190/75	**634a** 104	BauR 1976, 361; NJW 1976, 1447; BGHZ 66, 367
14.05.1976	V ZR 157/74	**636** 65	NJW 1976, 1630; BGHZ 66, 277
05.05.1976	IV ZR 63/75	**631** 167	NJW 1976, 1842; BGHZ 66, 270
30.04.1976	V ZR 143/74	**650u** 146	
01.04.1976	VII ZR 122/74	**631** 361	BauR 1976, 279; NJW 1976, 2259 (Ls.)
25.03.1976	VII ZR 259/75	**631** 361; **637** 26; **650b** 245	
24.03.1976	IV ZR 222/74	**631** 592, 595, 596, 604, 610	NJW 1976, 1259; BGHZ 66, 250
23.03.1976	VII ZR 104/74	**637** 26	
18.03.1976	VII ZR 41/74	**634a** 124; **637** 78, 79, 82	BauR 1976, 205; NJW 1976, 956; BGHZ 66, 138
18.03.1976	VII ZR 35/75	**634a** 91, 121, 313; **637** 78, 82	BauR 1976, 202; NJW 1976, 960; BGHZ 66, 142
15.01.1976	VII ZR 96/74	**634a** 64, 66, 68, 75, 78; **639** 3	BauR 1976, 131; NJW 1976, 516; BGHZ 66, 43
18.12.1975	VII ZR 75/75	**648** 15; **648a** 29	BauR 1976, 139; NJW 1976, 518; BGHZ 65, 391

Zitatübersicht

15.12.1975	II ZR 54/74	**650b** 290	NJW 1976, 748; BGHZ 65, 384
10.12.1975	VIII ZR 147/74	**636** 10	NJW 1976, 326 (Ls.)
27.11.1975	VII ZR 241/73	**650b** 245	
06.11.1975	VII ZR 222/73	**635** 41	BauR 1976, 57; NJW 1976, 143
30.10.1975	VII ZR 309/74	**vor 631** 121; **650p** 143, 174, 195	BauR 1976, 66
30.10.1975	VII ZR 239/73	**634** 46; **650p** 134	
09.10.1975	VII ZR 130/73	**634a** 148	NJW 1976, 39; BGHZ 65, 127
25.09.1975	VII ZR 179/73	**639** 9	BauR 1976, 56; NJW 1976, 43; BGHZ 65, 107
10.07.1975	VII ZR 64/73	**640** 103; **650s** 90	BauR 1975, 423
10.07.1975	VII ZR 243/73	**vor 631** 112; **634** 36, 46, 194; **650p** 70	BauR 1975, 420
03.07.1975	VII ZR 224/73	**634** 65	
03.07.1975	VII ZR 190/74	**634** 44	
20.06.1975	V ZR 206/74	**636** 38	NJW 1975, 1553; BGHZ 64, 333
12.06.1975	VII ZR 55/73	**640** 55, 110, 111, 117	BauR 1975, 344; NJW 1975, 1701
12.06.1975	VII ZR 195/73	**631** 195, 198; **634** 62; **650b** 311	BauR 1975, 358
12.06.1975	VII ZR 168/73	**650p** 104	BauR 1975, 434; NJW 1975, 1657
12.06.1975	III ZR 34/73	**634** 200; **650p** 141	NJW 1975, 1968
04.06.1975	VIII ZR 243/72	**650c** 219, 236	NJW 1975, 1557
22.05.1975	VII ZR 204/74	**634** 38; **645** 12	BauR 1975, 421
15.05.1975	VII ZR 43/73	**650b** 220	
15.05.1975	VII ZR 179/74	**633** 90	BauR 1975, 346
10.04.1975	VII ZR 254/73	**650p** 23	BauR 1975, 288; NJW 1975, 1218; BGHZ 64, 173
10.04.1975	VII ZR 183/74	**634** 55, 58, 63, 126	BauR 1975, 278; ZfBR 1998, 296 (Ls.); NJW 1975, 1217
20.03.1975	VII ZR 65/74	**648** 145	BauR 1976, 285
20.03.1975	VII ZR 221/72	**634** 74	BauR 1975, 341; ZfBR 1998, 298 (Ls.)
06.03.1975	III ZR 137/72	**631** 666	
27.02.1975	VII ZR 138/74	**vor 631** 112	BauR 1976, 59
13.02.1975	VII ZR 78/73	**vor 631** 93	BauR 1975, 203; NJW 1975, 869
06.02.1975	VII ZR 244/73	**648** 19; **648a** 29, 33	BauR 1975, 280; NJW 1975, 825
06.02.1975	VII ZR 209/72	**634a** 69	BauR 1975, 419
30.01.1975	VII ZR 206/73	**631** 427	BauR 1975, 211
12.12.1974	II ZR 113/73	**634a** 183	NJW 1975, 1320
02.12.1974	II ZR 132/73	**631** 666	NJW 1975, 442
19.11.1974	VI ZR 197/73	**650c** 30, 51	NJW 1975, 255, 684 (Ls.)
04.07.1974	III ZR 61/72	**650** 79	NJW 1974, 1764; BGHZ 63, 35

Zitatübersicht

Datum	Aktenzeichen	Fundstelle	Weitere Fundstellen
10.06.1974	VII ZR 4/73	**637** 28, 29	BauR 1975, 137
10.06.1974	VII ZR 30/73	**631** 708; **643** 11	BauR 1975, 136; ZfBR 2000, 109 (Ls.); NJW 1974, 1467
24.05.1974	V ZR 193/72	**631** 395, 397; **640** 99	BauR 1975, 55; NJW 1974, 1324; BGHZ 62, 328
17.05.1974	V ZR 187/72	**650e** 27, 35	BauR 1974, 419; NJW 1974, 1761
16.05.1974	VII ZR 35/72	**633** 90; **634** 151; **636** 47	BauR 1975, 130
16.05.1974	VII ZR 214/72	**634** 123	BauR 1974, 276; NJW 1974, 1322; BGHZ 62, 323
13.05.1974	VIII ZR 38/73	**650c** 219, 236	NJW 1974, 1235; BGHZ 62, 314
13.05.1974	III ZR 35/72	**637** 78	NJW 1974, 1551
29.04.1974	VII ZR 29/73	**634a** 92	BauR 1974, 280; NJW 1974, 1188; BGHZ 62, 293
24.04.1974	VIII ZR 211/72	**641** 91	NJW 1974, 1199, 1513 (Ls.); BGHZ 62, 286
04.04.1974	VII ZR 222/72	**650b** 279	BauR 1974, 273; NJW 1974, 1241 (Ls.); MDR 1974, 749
04.04.1974	VII ZR 102/73	**634a** 265	NJW 1974, 1187
21.03.1974	VII ZR 139/71	**631** 296	BauR 1974, 274; NJW 1974, 1080
13.03.1974	VII ZR 65/72	**631** 592, 604, 605, 606, 610	BauR 1974, 356
07.03.1974	VII ZR 35/73	**648** 15; **650q** 55; **650r** 10	BauR 1974, 213; NJW 1974, 945; BGHZ 62, 208
28.02.1974	VII ZR 127/71	**637** 43	
28.02.1974	VII ZR 120/72	**vor 631** 103	
21.02.1974	VII ZR 52/72	**vor 631** 101	
24.01.1974	VII ZR 73/73	**631** 427; **640** 59	BauR 1974, 210; NJW 1974, 646
20.12.1973	VII ZR 184/72	**634a** 66	BauR 1974, 130; NJW 1974, 553; BGHZ 62, 63
20.12.1973	VII ZR 153/71	**636** 53	BauR 1974, 205
13.12.1973	VII ZR 89/71	**633** 58; **634** 107	BauR 1974, 125
06.12.1973	VII ZR 37/73	**650g** 84	BauR 1974, 132; NJW 1974, 236; BGHZ 62, 15
29.11.1973	VII ZR 205/71	**631** 382; **640** 53, 100	BauR 1974, 206
29.11.1973	VII ZR 179/71	**634** 51	BauR 1974, 128; NJW 1974, 188
22.11.1973	VII ZR 217/71	**634a** 27, 34	BauR 1974, 57; NJW 1974, 136
15.11.1973	VII ZR 110/71	**634a** 212; **640** 3, 5; **650s** 17	BauR 1974, 67; NJW 1974, 95, 987 (Ls.)
08.11.1973	VII ZR 86/73	**640** 91	BauR 1974, 59; NJW 1974, 143; BGHZ 61, 369
26.10.1973	V ZR 194/72	**631** 168	NJW 1974, 271
11.10.1973	VII ZR 96/72	**631** 67	
12.07.1973	VII ZR 196/72	**644** 34, 35	BauR 1973, 317; NJW 1973, 1698; BGHZ 61, 144
04.07.1973	IV ZR 185/72	**631** 929	NJW 1973, 1690, 2061 (Ls.)
04.06.1973	VII ZR 113/71	**637** 102; **648** 15, 17, 129; **648a** 24, 78; **650q** 60	BauR 1973, 319; ZfBR 2000, 109 (Ls.); NJW 1973, 1463

Zitatübersicht

04.06.1973	VII ZR 112/71	**634** 71, 120, 126, 194; **640** 12; **641** 62, 86; **650p** 70	BauR 1973, 313; ZfBR 2000, 110 (Ls.); NJW 1973, 1792; BGHZ 61, 42
24.05.1973	VII ZR 92/71	**635** 82; **650p** 187	BauR 1973, 321; NJW 1973, 1457; BGHZ 61, 28
26.04.1973	VII ZR 85/71	**650p** 188	BauR 1973, 255
25.04.1973	IV ZR 80/72	**631** 160	
15.03.1973	VII ZR 175/72	**640** 16; **644** 29	
08.03.1973	VII ZR 43/71	**634a** 34, 39	BauR 1973, 246
01.03.1973	VII ZR 82/71	**645** 12	BauR 1973, 188; NJW 1973, 754
08.02.1973	VII ZR 209/70	**639** 9	
25.01.1973	VII ZR 149/72	**640** 51, 100, 112; **650s** 10, 52	BauR 1973, 192
18.01.1973	VII ZR 88/70	**634** 63, 126; **650t** 51	BauR 1973, 190; ZfBR 2000, 110 (Ls.); NJW 1973, 518
30.11.1972	VII ZR 239/71	**645** 1, 5, 6	NJW 1973, 318; BGHZ 60, 14
23.11.1972	VII ZR 197/71	**650p** 104, 196	BauR 1973, 120; NJW 1973, 237; BGHZ 60, 1
23.11.1972	II ZR 126/70	**631** 9	
27.10.1972	V ZR 37/71	**631** 168	NJW 1973, 37
26.10.1972	VII ZR 181/71	**635** 54; **636** 53	BauR 1973, 112; NJW 1973, 138; BGHZ 59, 365
23.10.1972	VII ZR 50/72	**649** 2, 18, 21, 30, 67	BauR 1973, 119; NJW 1973, 140; BGHZ 59, 339
12.10.1972	VII ZR 51/72	**637** 50; **650c** 59	BauR 1973, 52; NJW 1973, 46; BGHZ 59, 328
12.10.1972	VII ZR 21/72	**634a** 153	BauR 1973, 46; NJW 1973, 38; BGHZ 59, 323
05.10.1972	VII ZR 187/71	**650g** 82	BauR 1972, 382; NJW 1972, 2267
28.09.1972	VII ZR 121/71	**633** 90	BauR 1973, 51
29.06.1972	VII ZR 190/71	**634** 155	NJW 1972, 1802; BGHZ 59, 97
15.06.1972	VII ZR 64/71	**634a** 92	BauR 1972, 308; NJW 1972, 1753; BGHZ 59, 202
30.05.1972	I ZR 75/71	**634a** 118	NJW 1972, 1580
25.05.1972	VII ZR 165/70	**vor 631** 112; **634a** 265	BauR 1972, 379
27.04.1972	VII ZR 144/70	**634a** 215, 307; **635** 84; **636** 152	BauR 1972, 311; NJW 1972, 1280; BGHZ 58, 332
27.04.1972	II ZR 122/70	**631** 662	NJW 1972, 1193; BGHZ 58, 327
13.04.1972	VII ZR 4/71	**636** 47	BauR 1972, 309; NJW 1972, 1195; BGHZ 58, 305
22.03.1972	VIII ZR 119/70	**631** 485	NJW 1972, 874, 1321 (Ls.); BGHZ 58, 292
09.03.1972	VII ZR 178/70	**634** 176, 178, 188; **634a** 272, 274	BauR 1972, 246; NJW 1972, 942; BGHZ 58, 216
02.03.1972	VII ZR 146/70	**650s** 6, 9, 19	BauR 1972, 251
24.02.1972	VII ZR 177/70	**636** 89; **638** 15, 16	BauR 1972, 242; NJW 1972, 821; BGHZ 58, 181
10.02.1972	VII ZR 133/70	**634** 44	
25.01.1972	VI ZR 10/71	**631** 925	

Zitatübersicht

Datum	Aktenzeichen	Fundstelle 1	Fundstelle 2
24.01.1972	VII ZR 171/70	**631** 600, 920; **634a** 173	BauR 1972, 179; NJW 1972, 525; BGHZ 58, 103
20.01.1972	VII ZR 148/70	**634a** 323	BauR 1972, 182; NJW 1972, 625; BGHZ 58, 85
13.01.1972	VII ZR 46/70	**650a** 8	BauR 1972, 172; MDR 1972, 410
09.12.1971	VII ZR 211/69	**648** 145	BauR 1972, 185; NJW 1972, 526 (Ls.)
29.11.1971	VII ZR 101/70	**631** 740; **634** 46, 114, 118, 120, 123	BauR 1972, 112; ZfBR 2000, 110 (Ls.); NJW 1972, 447
11.11.1971	VII ZR 57/70	**636** 47	BauR 1972, 127; NJW 1972, 450; BGHZ 57, 242
28.10.1971	VII ZR 139/70	**634** 41, 46	
28.10.1971	III ZR 142/69	**631** 382	BauR 1972, 48; NJW 1972, 149; BGHZ 57, 178
30.09.1971	VII ZR 20/70	**631** 740	NJW 1972, 99
17.09.1971	V ZR 143/68	**650u** 210, 248	
16.09.1971	VII ZR 5/70	**650a** 8	BauR 1971, 259; NJW 1971, 2219; BGHZ 57, 60
12.07.1971	VII ZR 239/69	**635** 80	BauR 1972, 62
01.07.1971	VII ZR 224/69	**634** 123, 124	BauR 1971, 260; NJW 1971, 1800; BGHZ 56, 312
24.06.1971	VII ZR 254/69	**634a** 45, 332; **639** 42	BauR 1971, 270; NJW 1971, 1840
17.05.1971	VII ZR 146/69	**vor 631** 129	NJW 1971, 1404; BGHZ 56, 204
15.03.1971	VII ZR 153/69	**633** 91; **634** 38, 120	
11.03.1971	VII ZR 132/69	**639** 42	BauR 1971, 131; NJW 1971, 1130
11.03.1971	VII ZR 112/69	**631** 344, 395	BauR 1971, 122; NJW 1971, 883
04.03.1971	VII ZR 40/70	**634a** 269	NJW 1971, 1131, 1804 (Ls.); BGHZ 55, 392
04.03.1971	VII ZR 204/69	**634** 43, 46, 198; **650p** 158; **650t** 36	BauR 1971, 265; ZfBR 2000, 110 (Ls.)
22.02.1971	VII ZR 243/69	**640** 12, 29; **641** 1, 51, 54	BauR 1971, 126; NJW 1971, 838; BGHZ 55, 354
22.02.1971	VII ZR 110/69	**634** 164	NJW 1971, 888, 1457 (Ls.); BGHZ 55, 344
16.02.1971	VI ZR 150/69	**634** 169	NJW 1971, 884
28.01.1971	VII ZR 173/69	**634a** 29, 212; **640** 59	BauR 1971, 128
18.01.1971	VII ZR 82/69	**632** 21, 34	
14.01.1971	VII ZR 3/69	**631** 719; **641** 86	BauR 1971, 124; NJW 1971, 615; BGHZ 55, 198
21.12.1970	VII ZR 184/69	**650b** 206	BauR 1971, 202
19.11.1970	VII ZR 238/68	**631** 378, 817	
19.11.1970	VII ZR 230/68	**650a** 8	
30.10.1970	IV ZR 1176/68	**631** 160	NJW 1971, 93
29.10.1970	VII ZR 14/69	**634** 179, 184; **634a** 331; **650p** 141; **650s** 6, 9	BauR 1971, 60
22.10.1970	VII ZR 71/69	**634a** 44; **636** 54; **640** 58, 112	BauR 1971, 51; NJW 1971, 99; BGHZ 54, 352
15.10.1970	VII ZR 2/70	**634a** 105	BauR 1971, 54

Zitatübersicht

14.10.1970	VIII ZR 156/68	**650** 83	
01.10.1970	VII ZR 224/68	**637** 18	BauR 1971, 53
28.09.1970	VII ZR 228/68	**631** 468	BauR 1970, 239; NJW 1970, 2295 (Ls.)
14.07.1970	VI ZR 203/68	**vor 631** 130	
13.07.1970	VII ZR 189/68	**631** 702; **650p** 118	BauR 1970, 246; NJW 1970, 2018
13.07.1970	VII ZR 176/68	**631** 659; **637** 62, 66	BauR 1970, 237; NJW 1970, 2019; BGHZ 54, 244
09.07.1970	VII ZR 70/68	**631** 118	NJW 1970, 2021; BGHZ 54, 236
01.07.1970	IV ZR 1178/68	**631** 160	NJW 1970, 1915
04.05.1970	VII ZR 134/68	**634a** 63; **639** 42	BauR 1970, 244
23.03.1970	VII ZR 87/68	**vor 631** 121; **650p** 143	BauR 1970, 177
19.03.1970	VII ZR 121/68	**650p** 197	BauR 1970, 179
17.03.1970	VI ZR 108/68	**636** 65	NJW 1970, 1120
05.03.1970	VII ZR 80/68	**639** 9	BauR 1970, 107
12.02.1970	VII ZR 168/67	**631** 882; **641** 45	BauR 1970, 113; NJW 1970, 938; BGHZ 53, 222
08.01.1970	VII ZR 35/68	**634a** 26, 27	BauR 1970, 47
15.12.1969	VII ZR 8/68	**634** 114	BauR 1970, 57; ZfBR 2000, 110 (Ls.)
24.11.1969	VII ZR 177/67	**634a** 47, 49; **640** 3, 55, 58	BauR 1970, 48; NJW 1970, 421
23.10.1969	VII ZR 149/67	**650b** 18, 19	
22.10.1969	VIII ZR 196/67	**640** 90	NJW 1970, 383
02.10.1969	VII ZR 100/67	**634** 114, 115, 118	
30.09.1969	VI ZR 254/67	**644** 23	NJW 1970, 38
29.09.1969	VII ZR 108/67	**632** 43	NJW 1970, 699
10.07.1969	VII ZR 87/67	**vor 631** 93	NJW 1969, 1847 (Ls.); NJW 1970, 94 (Ls.)
03.07.1969	VII ZR 132/67	**634a** 265	NJW 1969, 1710
26.06.1969	VII ZR 91/67	**637** 20	
29.05.1969	VII ZR 55/67	**634a** 216	
05.05.1969	VII ZR 26/69	**635** 30, 32; **637** 30; **640** 58	
31.03.1969	VII ZR 37/67	**632** 16	
20.03.1969	VII ZR 29/67	**631** 834	MDR 1969, 655
28.02.1969	VI ZR 250/67	**631** 925	
27.02.1969	VII ZR 38/67	**631** 878	
27.02.1969	VII ZR 18/67	**631** 924	NJW 1969, 1108; BGHZ 51, 181
24.02.1969	VII ZR 173/66	**650p** 179	
19.12.1968	VII ZR 23/66	**634** 126, 148, 150, 158, 159	NJW 1969, 653; BGHZ 51, 275
16.12.1968	VII ZR 141/66	**650g** 40	
05.12.1968	VII ZR 127/66	**648** 10, 14; **650e** 34, 61	BGHZ 51, 190
21.11.1968	VII ZR 89/66	**631** 559, 560, 798; **650b** 174	NJW 1969, 233
26.09.1968	VII ZR 126/66	**631** 610	
08.07.1968	VII ZR 65/66	**631** 878	NJW 1968, 1962

Zitatübersicht

02.07.1968	VI ZR 135/67	**vor 631** 129	NJW 1968, 1874; MDR 1968, 832
24.06.1968	VII ZR 43/66	**644** 34	
22.05.1968	VIII ZR 21/66	**vor 631** 109	
16.05.1968	VII ZR 40/66	**631** 800; **640** 44; **641** 4; **650b** 174	NJW 1968, 1873; BGHZ 50, 175
06.05.1968	VII ZR 33/66	**636** 100; **637** 32; **640** 103, 104, 106; **648a** 80, 83, 88, 90	NJW 1968, 1524; BGHZ 50, 160
18.04.1968	VII ZR 15/66	**634a** 265	
21.03.1968	VII ZR 84/67	**650b** 206; **650c** 185, 215	NJW 1968, 1234; BGHZ 50, 25
21.03.1968	VII ZR 4/66	**633** 91	
18.03.1968	VII ZR 142/66	**634a** 31	NJW 1968, 1087
15.01.1968	VII ZR 84/65	**634** 71; **640** 63	
09.11.1967	VII ZR 5/66	**635** 80	
23.10.1967	VII ZR 41/65	**634a** 100	
28.09.1967	VII ZR 81/65	**637** 4	NJW 1968, 43
25.09.1967	VII ZR 46/65	**631** 431; **635** 15	NJW 1967, 2353
18.09.1967	VII ZR 88/65	**634a** 331; **640** 2, 3; **650s** 6, 9, 17, 18	NJW 1967, 2259; BGHZ 48, 257
30.06.1967	V ZR 104/64	**631** 837	
29.06.1967	VII ZR 54/65	**641** 1, 10	
15.06.1967	VII ZR 46/66	**634a** 104	NJW 1967, 2005; BGHZ 48, 108
22.05.1967	VII ZR 294/64	**639** 44	NJW 1967, 2010
20.04.1967	VII ZR 326/64	**634** 176; **650b** 277	NJW 1967, 1959; BGHZ 47, 370
20.04.1967	VII ZR 10/65	**640** 58	
02.03.1967	VII ZR 215/64	**637** 55, 62	NJW 1967, 1366; BGHZ 47, 272
27.02.1967	VII ZR 221/64	**632a** 162	NJW 1967, 1223; BGHZ 47, 168
02.02.1967	III ZR 193/64	**650b** 162	NJW 1967, 1128
27.01.1967	Ib ZR 164/64	**639** 34	
13.01.1967	VI ZR 86/65	**634** 107	
09.12.1966	V ZR 12/64	**637** 4	NJW 1967, 567; BGHZ 46, 246
08.12.1966	VII ZR 144/64	**637** 32	NJW 1967, 388; BGHZ 46, 242
08.12.1966	VII ZR 114/64	**vor 631** 103	NJW 1967, 719
02.12.1966	VI ZR 72/65	**636** 65	NJW 1967, 552
28.11.1966	VII ZR 79/65	**636** 47, 152	NJW 1967, 340; BGHZ 46, 238
14.11.1966	VII ZR 112/64	**631** 798	NJW 1967, 248; MDR 1967, 122
09.11.1966	V ZR 176/63	**631** 904	NJW 1967, 568; BGHZ 46, 221
24.10.1966	VII ZR 92/64	**631** 424, 465, 466, 470	
10.10.1966	VII ZR 30/65	**637** 55	NJW 1967, 34
20.06.1966	VII ZR 40/64	**631** 649	NJW 1966, 1713; BGHZ 45, 372
25.04.1966	VII ZR 120/65	**650p** 192	NJW 1966, 1452; BGHZ 45, 223
15.04.1966	Ib ZR 39/64	**650p** 14	NJW 1966, 1403
07.02.1966	VII ZR 12/64	**631** 834; **634** 57	
24.01.1966	VII ZR 8/64	**650p** 179	

Zitatübersicht

13.01.1966	VII ZR 262/63	**631** 382	NJW 1966, 971
20.12.1965	VII ZR 271/63	**650b** 318, 320, 323	
29.11.1965	VII ZR 265/63	**632** 48	NJW 1966, 539
04.11.1965	VII ZR 239/63	**634** 46	
11.10.1965	VII ZR 124/63	**637** 4	NJW 1966, 39
07.10.1965	VII ZR 156/64	**634a** 216	
17.05.1965	VII ZR 66/63	**631** 578, 579	
29.04.1965	VII ZR 121/63	**648** 10	
22.04.1965	VII ZR 237/62	**634** 176, 189	
06.04.1965	V ZR 272/62	**631** 920	NJW 1965, 1430
01.04.1965	VII ZR 230/65	**633** 91	
18.03.1965	VII ZR 87/63	**634a** 62	
11.03.1965	VII ZR 174/63	**645** 14	
18.02.1965	VII ZR 40/63	**640** 7, 58	
11.02.1965	VII ZR 78/63	**631** 598	
01.02.1965	GSZ 1/64	**634** 129, 149, 158, 160; **635** 80; **636** 141	NJW 1965, 1175; BGHZ 43, 227
18.01.1965	VII ZR 155/63	**640** 91	
07.01.1965	VII ZR 110/63	**634a** 29	
21.12.1964	II ZR 15/63	**650b** 78	
12.11.1964	VII ZR 143/63	**631** 67	
29.10.1964	VII ZR 52/63	**634** 203; **636** 148	NJW 1965, 152; BGHZ 42, 232
20.10.1964	VI ZR 101/63	**vor 631** 103	NJW 1965, 106
28.09.1964	VII ZR 47/63	**631** 565	
22.06.1964	VII ZR 44/63	**650a** 8	
11.06.1964	VII ZR 216/62	**637** 17	
21.05.1964	VII ZR 218/62	**648** 8	
02.04.1964	KZR 10/62	**650b** 46	NJW 1964, 1617; BGHZ 41, 271
19.03.1964	VII ZR 137/62	**635** 30	
19.02.1964	Ib ZR 203/62	**641** 148	NJW 1964, 1223
06.02.1964	VII ZR 99/62	**634a** 100; **650s** 9, 17	NJW 1964, 1022
30.12.1963	VII ZR 88/62	**634a** 361; **646** 1; **650s** 9, 43	NJW 1964, 647
30.12.1963	VII ZR 53/62	**640** 5	
11.11.1963	VII ZR 54/62	**631** 304	
19.09.1963	VII ZR 130/62	**634** 46	
11.07.1963	VII ZR 43/62	**640** 14; **644** 22; **645** 16, 17	NJW 1963, 1824; BGHZ 40, 71
24.06.1963	VII ZR 10/62	**634** 39	
12.06.1963	VII ZR 272/61	**648a** 30, 31	NJW 1963, 2068; MDR 1963, 755; BGHZ 40, 13
02.05.1963	VII ZR 233/61	**634a** 45, 47, 150, 324, 332; **640** 22	
02.05.1963	VII ZR 221/61	**633** 91; **650a** 15; **650p** 143	NJW 1963, 1451; BGHZ 39, 189

Zitatübersicht

Datum	Aktenzeichen	Fundstelle	Weitere Fundstelle
02.05.1963	VII ZR 171/61	**634** 184; **650t** 63, 65	NJW 1963, 1401; BGHZ 39, 261
14.03.1963	VII ZR 215/61	**637** 35, 43	
13.12.1962	VII ZR 196/60	**636** 47	
13.12.1962	VII ZR 193/61	**637** 4; **640** 59	NJW 1963, 806
15.11.1962	VII ZR 113/61	**643** 32; **648a** 2	
25.10.1962	VII ZR 68/61	**634a** 105, 215, 312, 313	NJW 1963, 810
24.09.1962	VII ZR 52/61	**634** 55	
09.07.1962	VII ZR 98/61	**634a** 331; **640** 2; **650s** 6	NJW 1962, 1764; BGHZ 37, 341
25.06.1962	VII ZR 120/61	**631** 853; **650b** 273	NJW 1962, 2010; BGHZ 37, 258
20.06.1962	VIII ZR 249/61	**650b** 322	
18.05.1962	I ZR 91/60	**631** 394	NJW 1962, 1340
07.05.1962	VII ZR 7/61	**634** 184; **635** 78, 80	NJW 1962, 1499
22.03.1962	VII ZR 255/60	**634** 55	MDR 1962, 472
22.02.1962	VII ZR 205/60	**634** 122; **636** 47	
15.02.1962	VII ZR 187/60	**631** 666	
29.01.1962	VII ZR 195/60	**631** 426	
18.12.1961	III ZR 181/60	**634a** 148	NJW 1962, 387; BGHZ 36, 212
23.11.1961	VII ZR 251/60	**635** 78	NJW 1962, 390, 735 (Ls.)
23.11.1961	VII ZR 141/60	**644** 34	
07.06.1961	VIII ZR 69/60	**631** 584	NJW 1961, 1460
27.04.1961	VII ZR 9/60	**634a** 7	NJW 1961, 1256; BGHZ 35, 130
13.04.1961	VII ZR 109/60	**637** 17	
28.02.1961	VII ZR 197/59	**637** 4; **645** 15	
21.12.1960	VIII ZR 89/59	**647** 5	NJW 1961, 499; BGHZ 34, 122
21.12.1960	VIII ZR 204/59	**650e** 10	NJW 1961, 456; BGHZ 34, 254
10.11.1960	VII ZR 203/59	**631** 823	
03.11.1960	VII ZR 150/59	**631** 398; **640** 110	NJW 1961, 115; BGHZ 33, 236
20.10.1960	VII ZR 126/59	**631** 566, 572; **650b** 18	
04.07.1960	VII ZR 107/59	**631** 198	NJW 1960, 1805
20.06.1960	II ZR 117/59	**631** 800	
15.02.1960	VII ZR 10/59	**631** 198, 424	NJW 1960, 859
26.11.1959	VII ZR 120/58	**634a** 361; **648** 8, 35; **648a** 29	NJW 1960, 431; BGHZ 31, 224
11.06.1959	VII ZR 53/58	**632a** 161	NJW 1959, 1681; BGHZ 30, 176
09.04.1959	VII ZR 99/58	**634** 46	
24.03.1959	VI ZR 90/58	**634** 77	NJW 1959, 1078; BGHZ 30, 29
30.10.1958	VII ZR 24/58	**635** 11, 84	NJW 1959, 142, 483 (Ls.)
23.06.1958	VII ZR 84/57	**631** 465	NJW 1958, 1535
05.05.1958	VII ZR 130/57	**636** 100, 107	NJW 1958, 1284; BGHZ 27, 215
17.03.1958	VII ZR 62/57	**631** 396; **640** 94	

Zitatübersicht

06.02.1958	VII ZR 39/57	**631** 645, 678; **640** 12	NJW 1958, 706; BGHZ 26, 337
27.06.1957	VII ZR 293/56	**631** 566	
11.04.1957	VII ZR 308/56	**634** 33, 38	
21.02.1957	VII ZR 216/56	**634** 156, 171	NJW 1957, 747; BGHZ 23, 361
29.11.1956	III ZR 121/55	**631** 929	NJW 1957, 383 (Ls.); BGHZ 22, 267
29.10.1956	VII ZR 6/56	**634a** 174	NJW 1957, 344
29.10.1956	II ZR 64/56	**650k** 8	NJW 1956, 1915; BGHZ 22, 109
28.02.1956	VI ZR 354/54	**634** 33, 41	NJW 1956, 787
21.12.1955	VI ZR 246/54	**634a** 20, 27; **650a** 14	NJW 1956, 1195; BGHZ 19, 319
12.01.1955	VI ZR 273/53	**650b** 278	NJW 1955, 747 (Ls.)
03.02.1954	VI ZR 153/52	**634** 176	NJW 1954, 875, 1641 (Ls.); BGHZ 12, 213
20.01.1954	II ZR 1/53	**632** 11	
21.11.1953	VI ZR 82/52	**634a** 277	NJW 1954, 595; BGHZ 11, 170
13.11.1953	I ZR 140/52	**631** 800	NJW 1954, 229; BGHZ 11, 80
23.09.1953	VI ZR 68/53	**650f** 41	NJW 1953, 1707
21.05.1953	IV ZR 192/52	**637** 90	NJW 1953, 1099; BGHZ 10, 69
03.07.1951	I ZR 44/50	**650t** 29	BGHZ 3, 46

RG

14.11.1938	V 37/38	**647** 4	RGZ 158, 362
17.12.1937	III 3/37	**631** 936	RGZ 158, 100
04.06.1937	VII 321/36	**631** 936	RGZ 155, 148
10.12.1935	VII 135/35	**640** 90	RGZ 149, 401
08.04.1929	VI 701/28	**632** 10; **649** 16	RGZ 124, 81
03.02.1922	II 640/21	**650b** 105, 110, 151	RGZ 103, 328
28.06.1918	II 86/18	**636** 7	RGZ 93, 180
02.06.1915	V 19/15	**647** 4; **650** 7	RGZ 87, 43
01.03.1911	III 79/10	**637** 16	RGZ 75, 354
11.10.1910	IV 644/10	**633** 38	RGSt 44, 75, 79
12.11.1909	VII 29/09	**640** 99	RGZ 72, 168
23.02.1904	II 298/03	**648** 165	RGZ 57, 105
19.09.1903	V 106/03	**647** 4; **650** 7	RGZ 55, 281
28.04.1903	VII 32/03	**650e** 52	RGZ 55, 140
11.04.1902	II 407/01	**643** 8	RGZ 50, 255
11.04.1901	VI 443/00	**631** 343	RGZ 48, 114

BAG

19.08.2015	5 AZR 975/13	**642** 9	NJW 2015, 3678; MDR 2016, 97; BAGE 152, 213
20.05.2008	9 AZR 382/07	**631** 632	MDR 2008, 1344
06.08.2003	7 AZR 180/03	**vor 631** 105, 106	**IBR 2004, 1018**

BFH

27.09.2018	V R 49/17	**641** 49	**IBR 2020, 1018**; BFHE 262, 571

Zitatübersicht

22.08.2013	V R 37/10	**631** 492; **641** 49	**IBR 2014, 49**; BFHE 243, 20	
13.11.2002	I B 147/02	**631** 517	**IBR 2003, 178**; NZBau 2003, 156; NJW 2003, 1552 (Ls.); BFHE 201, 80	

BayObLG

15.06.2000	2Z BR 46/00	**650e** 50	NJW-RR 2001, 47
31.01.1992	BReg. 2 Z 143/91	**650u** 100	NJW 1993, 603

KG

16.11.2021	21 U 41/21	**650i** 19, 22, 24; **650l** 33	**IBR 2022, 128, 129**; MDR 2022, 305
07.09.2021	21 U 86/21	**650d** 8, 29, 39	**IBR 2021, 564, 667**; NZBau 2021, 782; NJW 2021, 3198; MDR 2021, 1387
30.03.2021	21 W 4/21	**650f** 90	**IBR 2021, 353**; NZBau 2021, 456; NJW-RR 2021, 949
02.03.2021	21 U 1098/20	**642** 163, 165, 218; **650c** 136, 147, 151, 167, 168; **650d** 8, 29, 30, 33, 39, 51	**IBR 2021, 227, 229, 230, 231**; NZBau 2021, 523; NJW 2021, 1766
05.01.2021	27 W 1054/20	**650e** 34, 60; **650f** 156; **650q** 35	**IBR 2021, 181, 187, 188**; NZBau 2021, 620; MDR 2021, 481
18.08.2020	21 U 1036/20	**641** 1	**IBR 2020, 597**; NZBau 2020, 780; MDR 2020, 1314
12.05.2020	21 U 125/19	**650q** 13	**IBR 2020, 296, 297**; NZBau 2020, 649; NJW 2020, 3656; MDR 2020, 816
28.04.2020	21 U 76/19	**642** 76, 119, 120, 121, 135, 165, 177	**IBR 2020, 337, 338**; NZBau 2020, 579; NJW-RR 2020, 1030
06.04.2020	7 W 32/19	**650d** 32, 56	**IBR 2020, 514**; NZBau 2020, 783
27.08.2019	21 U 160/18	**642** 137; **650c** 195	**IBR 2019, 599, 600**; NZBau 2019, 771; ZfBR 2019, 788; NJW 2020, 343
20.08.2019	21 W 17/19	**632a** 140; **650u** 110, 135, 137, 140, 141; **650v** 47	**IBR 2019, 614, 675**; NZBau 2019, 723; NJW-RR 2019, 1231
19.08.2019	21 U 20/19	**650q** 13	**IBR 2019, 564**; MDR 2019, 1245
26.07.2019	21 U 3/19	**650f** 77	**IBR 2020, 57**
27.06.2019	21 U 144/18	**650u** 110, 171; **650v** 21, 22, 42	**IBR 2019, 498**; MDR 2019, 1308
13.06.2019	27 U 31/19	**648** 125	**IBR 2020, 583**
11.06.2019	21 U 142/18	**648** 16, 160	**IBR 2019, 505, 508**; NZBau 2020, 24
11.06.2019	21 U 116/18	**650u** 50	**IBR 2019, 496, 616**; **IBR 2020, 21**
07.05.2019	21 U 139/18	**650u** 110; **650v** 47, 51	**IBR 2019, 499**; MDR 2019, 931
19.03.2019	21 U 80/18	**642** 43; **650q** 33	**IBR 2019, 261**
19.02.2019	21 U 40/18	**650u** 55	**IBR 2019, 259, 295**; NZBau 2019, 507; NJW 2019, 2333
01.02.2019	21 U 70/18	**642** 29; **650t** 5, 13	**IBR 2019, 268**; NZBau 2019, 593; NJW-RR 2019, 917

Zitatübersicht

29.01.2019	21 U 122/18	**642** 7, 9, 14, 20, 32, 45, 65, 77, 79, 97, 100, 104, 105, 109, 118, 124, 134, 146, 154, 173, 174, 176, 177, 185, 191; **650q** 91	**IBR 2019, 122, 123, 124**; NZBau 2019, 637; ZfBR 2019, 365; NJW 2019, 2413; NJW 2020, 1320; MDR 2019, 413
26.10.2018	21 U 67/17	**641** 107	**IBR 2021, 126**
28.08.2018	21 U 24/16	**650p** 111	**IBR 2018, 633, 636, 687**
24.07.2018	7 U 134/17	**650e** 34	**IBR 2018, 627**; NZBau 2018, 755; NJW 2019, 314
10.07.2018	21 U 30/17	**642** 137, 148, 219; **650b** 237; **650c** 9, 179, 195, 196, 198, 204, 236, 237	**IBR 2018, 490, 491**; ZfBR 2018, 670
10.07.2018	21 U 152/17	**650p** 65, 136; **650s** 28	**IBR 2018, 569**; NZBau 2018, 681; NJW 2018, 3258
22.06.2018	7 U 111/17	**650f** 59	**IBR 2020, 226, 237**
15.06.2018	21 U 140/17	**648** 87, 92, 107; **650f** 77	**IBR 2018, 495, 505**; NZBau 2018, 749; NJW 2019, 683; MDR 2018, 987
15.05.2018	21 U 90/17	**650u** 134, 229; **650v** 42	**IBR 2018, 509, 510**; MDR 2018, 928
20.02.2018	7 U 40/17	**648** 149	**IBR 2019, 369, 377**
16.02.2018	21 U 66/16	**642** 47, 77, 78, 97, 120, 123, 180, 186, 193; **648** 57; **648a** 17; **650f** 81, 150, 158, 182, 187	**IBR 2018, 206, 313, 314, 315, 317, 548**; NZBau 2018, 533; NJW 2018, 3721; MDR 2018, 521
05.12.2017	21 U 109/17	**650u** 135, 137; **650v** 40	**IBR 2018, 147**; NZBau 2018, 350; MDR 2018, 270
07.11.2017	7 U 180/16	**650p** 112	**IBR 2018, 82**
04.10.2017	21 U 79/17	**650u** 135, 139, 141	**IBR 2017, 681**; NZBau 2018, 43; NJW 2018, 311
29.09.2017	21 U 7/17	**648a** 65	**IBR 2019, 1163**; NZBau 2018, 151; NJW-RR 2018, 203
05.09.2017	7 U 136/16	**631** 115	**IBR 2018, 307**; NJW-RR 2018, 890
13.06.2017	21 U 24/15	**642** 124; **648** 95; **648a** 42	**IBR 2017, 421, 425**; NZBau 2017, 659; NJW 2017, 3726
16.05.2017	27 U 132/16	**634** 14	**IBR 2020, 462**
09.05.2017	21 U 97/15	**642** 50	**IBR 2017, 485, 539**; NZBau 2017, 719; ZfBR 2018, 248; NJW 2017, 3530
10.01.2017	21 U 14/16	**vor 631** 78; **640** 107, 109; **642** 109, 134, 137, 144, 147, 166, 173, 180, 181, 193, 202; **643** 21, 22, 28, 29, 31, 35, 36; **650c** 232	**IBR 2017, 120, 128, 129, 131**; ZfBR 2018, 52; MDR 2017, 392
20.12.2016	7 U 123/15	**650f** 93	**IBR 2017, 556**
25.11.2016	21 U 31/14	**640** 95	**IBR 2019, 309, 362**

Zitatübersicht

Datum	Az.	§	Fundstelle
20.10.2016	27 U 84/15	641 90	IBR 2018, 140, 241
19.05.2016	8 U 207/15	631 632	IMR 2016, 285; MDR 2016, 819
28.04.2016	21 U 172/14	650s 11	IBR 2017, 628
03.12.2015	27 U 105/15	650f 70	IBR 2016, 284; NZBau 2016, 568
06.11.2015	7 U 166/14	641 78	IBR 2019, 245, 247
08.07.2015	29 U 43/14	650c 57	
30.04.2015	22 U 31/14	632 47	MDR 2015, 825
28.04.2015	7 U 141/14	650c 197	IBR 2016, 443
09.01.2015	7 U 227/03	650t 59	IBR 2017, 194, 233
08.05.2014	27 U 50/13	650p 108, 117	IBR 2016, 651
08.04.2014	27 U 105/13	641 83	IBR 2014, 458, 463, 468, 1166; NZBau 2014, 629; NJW-RR 2014, 1236
07.04.2014	22 U 86/13	648 84	IBR 2014, 551, 579
25.03.2014	27 U 99/13	631 352	IBR 2014, 469; BauR 2014, 1489
17.12.2013	7 U 203/12	650c 66	IBR 2016, 505, 568, 569
10.12.2013	7 U 7/13	634a 75	IBR 2014, 419
08.11.2013	7 U 103/13	640 109	IBR 2014, 336
23.08.2013	9 U 115/12	650s 20	
13.08.2013	7 U 166/12	650f 129, 156, 162, 166	IBR 2015, 296, 340, 357
06.08.2013	7 U 210/11	641 145	IBR 2013, 682, 740
14.06.2013	7 U 124/12	648 57; 650v 66	IBR 2014, 461, 534
23.05.2013	27 U 155/11	650p 111, 113, 117	IBR 2016, 465
25.01.2013	21 U 206/11	650q 56	IBR 2014, 218; BauR 2014, 1166
27.11.2012	27 U 25/09	650p 179	IBR 2016, 22
19.04.2011	21 U 55/07	631 751, 774	IBR 2012, 75, 76; BauR 2012, 951
11.03.2011	6 U 128/08	640 41	IBR 2013, 139
28.12.2010	21 U 97/09	650p 10	IBR 2013, 688
26.11.2010	21 U 57/09	631 443; 645 9	IBR 2012, 10
05.10.2010	21 U 38/09	634 88	IBR 2012, 335
30.04.2010	6 W 1/10	641 90	IBR 2010, 481; BauR 2010, 1113
13.04.2010	21 U 191/08	648 159	IBR 2012, 461, 523, 586
09.04.2010	7 U 144/09	650p 147	IBR 2010, 402; BauR 2010, 1112
16.02.2010	7 U 112/09	634a 40, 325, 330	IBR 2010, 364; BauR 2010, 1277
09.02.2010	6 U 204/08	634a 375	IBR 2011, 208
11.01.2010	27 U 70/09	641 100	IBR 2010, 492, 622; BauR 2010, 1233
15.09.2009	7 U 120/08	638 6, 19	IBR 2009, 649, 1390; BauR 2009, 1940; BauR 2010, 634; NJW-RR 2010, 65
16.06.2009	27 U 157/08	632a 96	IBR 2009, 508; BauR 2009, 1483; NZBau 2009, 660
28.05.2009	27 U 27/08	634a 85	IBR 2010, 332; BauR 2010, 952
29.07.2008	7 U 230/07	650e 53, 56	IBR 2010, 335; MDR 2009, 139
23.11.2007	7 U 114/07	634a 108	IBR 2008, 649
12.10.2007	7 W 60/07	650e 64	IBR 2008, 739
01.06.2007	7 U 190/06	631 378	IBR 2007, 415; BauR 2007, 1456, 1752
29.03.2007	27 U 133/06	636 12	IBR 2007, 363; BauR 2007, 1108; MDR 2007, 1412
01.02.2007	27 U 56/04	650f 188	IBR 2007, 247; BauR 2007, 929, 1746

Zitatübersicht

24.10.2006	7 U 6/06	**634a** 298	IBR **2007, 76**; BauR 2007, 547, 1058, 157 (Ls.); ZfBR 2007, 49 (Ls.)
10.10.2006	21 U 75/04	**631** 198, 202	IBR **2007, 599**; BauR 2008, 97
17.07.2006	24 U 374/02	**631** 211; **650b** 286, 294	IBR **2007, 181, 182**; BauR 2007, 762, 1419
02.06.2006	21 U 56/03	**650b** 129	IBR **2007, 1295**; BauR 2007, 1620; BauR 2008, 357
19.05.2006	6 U 97/05	**636** 138	IBR **2007, 383**; BauR 2007, 1287
04.04.2006	7 U 247/05	**640** 63	IBR **2006, 324**; BauR 2006, 1475; NZBau 2006, 436
15.02.2006	24 U 29/05	**650p** 179	IBR **2007, 631**; BauR 2007, 932
26.01.2006	27 U 55/04	**631** 900	IBR **2007, 123**; BauR 2007, 161
13.12.2005	7 U 80/05	**631** 610	
13.12.2005	6 U 140/01	**650p** 145	IBR **2006, 509**
22.11.2005	27 U 53/04	**631** 610	
06.01.2005	27 U 267/03	**650t** 50	IBR **2006, 153, 156, 215, 1435, 1438**; BauR 2006, 400
17.12.2004	7 U 168/03	**650f** 17	IBR **2005, 89**; BauR 2005, 1035, 440 (Ls.); NZBau 2007, 252 (Ls.)
04.11.2004	10 U 300/03	**650b** 322	IBR **2005, 71**; BauR 2005, 723, 601 (Ls.)
29.03.2004	24 W 242/02	**631** 584	
22.03.2004	24 U 57/01	**632** 77	IBR **2004, 377, 1062**; NZBau 2005, 522
18.03.2004	27 U 207/03	**634a** 108	IBR **2005, 603, 1285**; BauR 2005, 1683 (Ls.)
12.02.2004	4 U 162/02	**650s** 93	IBR **2004, 436**; NZBau 2004, 337
09.08.2002	7 U 203/01	**631** 465, 656; **640** 18	BauR 2003, 726; NZBau 2003, 36; MDR 2003, 319
28.05.2002	15 U 4/01	**631** 378	BauR 2003, 1568; BauR 2004, 551 (Ls.)
19.02.2002	4 U 18/01	**631** 672	IBR **2002, 288**; BauR 2002, 1127
22.02.2001	4 U 492/99	**650p** 179	IBR **2001, 436**; BauR 2001, 1151 (Ls.); NJW-RR 2001, 1167
26.05.2000	4 U 4025/99	**631** 615	IBR **2000, 486**; BauR 2000, 1531 (Ls.); BauR 2001, 108; NZBau 2000, 511 (Ls.)
29.02.2000	4 U 1926/99	**631** 471	IBR **2001, 351**; BauR 2001, 460 (Ls.); NZBau 2001, 26; NJW-RR 2000, 1690
23.03.1999	4 U 1635/97	**631** 369; **650g** 81	IBR **2000, 318**; BauR 2000, 575
22.12.1998	27 U 429/98	**648a** 109; **650u** 145	IBR **2000, 76**; BauR 2000, 114
29.12.1995	21 W 8224/95	**650e** 14	IBR **1996, 281, 282**
31.10.1995	7 U 5519/95	**634a** 27	IBR **1996, 463**; NJW-RR 1996, 1010
28.03.1995	7 U 6252/94	**631** 132	IBR **1995, 458**; NJW-RR 1995, 1422
28.07.1982	23 W 3810/82	**632** 58	
16.09.1970	4 U 1800/70	**650e** 29	BauR 1971, 265
29.01.1965	7 U 2312/63	**vor 631** 109	NJW 1965, 976

OLG Bamberg

30.10.2019	3 U 22/19	**650f** 76	IBR **2021, 16**
16.05.2017	5 U 69/16	**650p** 179; **650t** 54	IBR **2017, 568**
09.12.2015	8 U 23/15	**650u** 127	IBR **2016, 151**; BauR 2016, 688

Zitatübersicht

08.07.2015	3 U 189/14	**632a** 139	**IBR 2016, 135**
03.03.2015	8 U 31/14	**640** 27, 61; **641** 18	**IBR 2015, 410**; NZBau 2015, 364; NJW 2015, 1533
18.06.2014	3 U 72/12	**650p** 142	**IBR 2016, 652**
17.04.2013	3 U 127/12	**650p** 125	**IBR 2016, 208, 227**
12.01.2012	6 W 38/11	**vor 631** 97	**IBR 2012, 390**; MDR 2012, 904
02.11.2011	3 U 100/11	**650p** 119	
01.06.2011	8 U 127/10	**648** 50	**IBR 2013, 521, 600**
08.12.2010	3 U 93/09	**631** 271; **640** 42; **650u** 243	**IBR 2011, 575**
26.08.2009	3 U 290/05	**641** 38; **648** 159; **650q** 54	**IBR 2011, 597, 738**
14.08.2009	6 U 39/03	**634** 31, 44, 47	**IBR 2011, 76**
05.08.2009	3 U 169/07	**641** 101	**IBR 2011, 628**
18.09.2008	8 W 60/08	**636** 12, 108	**IBR 2009, 452**; BauR 2009, 284
27.03.2008	1 U 164/07	**641** 21, 84	**IBR 2008, 728**; BauR 2009, 113, 136; NZBau 2009, 41; NJW-RR 2008, 1471
26.07.2007	1 U 18/07	**650f** 60	**IBR 2011, 21**
23.07.2007	3 U 31/07	**648a** 99	**IBR 2007, 547**; BauR 2007, 1780, 1941, 2116
07.11.2005	4 U 59/05	**631** 211	**IBR 2007, 1150**; BauR 2007, 538
04.04.2005	4 U 95/04	**635** 50	BauR 2006, 2061; NJW-RR 2006, 742
01.09.2003	4 U 87/03	**632a** 101	**IBR 2004, 4**; BauR 2004, 1168
16.04.2003	8 U 90/02	**650p** 147	**IBR 2003, 555**; NZBau 2004, 160
10.06.2002	4 U 179/01	**634** 126; **650t** 59	**IBR 2003, 13**; BauR 2002, 1708
24.01.2000	4 U 174/99	**634a** 75	**IBR 2000, 374**
20.11.1998	6 U 19/98	**633** 38	**IBR 1999, 131**; BauR 1999, 650, 518 (Ls.); NJW-RR 1999, 962
08.07.1991	4 U 24/91	**650p** 177	**IBR 1991, 503**; BauR 1991, 791; NJW-RR 1992, 91
19.04.1989	3 U 124/88	**631** 366	**IBR 1990, 521**; BauR 1990, 475

OLG Brandenburg

27.01.2021	4 U 86/19	**650p** 133	**IBR 2021, 247**; NZBau 2021, 681; NJW-RR 2021, 807
13.11.2020	7 U 93/20	**639** 37, 45	**IBR 2021, 324**
27.08.2020	12 U 28/20	**640** 50	**IBR 2020, 585**; NZBau 2021, 111; NJW-RR 2020, 1472
20.08.2020	12 U 34/20	**640** 115	**IBR 2020, 575**; NZBau 2021, 186; NJW-RR 2021, 92
10.06.2020	11 U 120/17	**641** 18	**IBR 2020, 452**
20.05.2020	11 U 74/18	**650t** 18	**IBR 2020, 455**; NZBau 2020, 776
22.04.2020	11 U 153/18	**650c** 179	**IBR 2020, 335**; NZBau 2020, 639
02.04.2020	12 U 77/19	**650p** 189	
23.01.2020	12 U 195/17	**650f** 152	**IBR 2020, 239**; NZBau 2020, 453; NJW-RR 2020, 715
30.10.2019	7 U 25/18	**650u** 58	**IBR 2020, 3**; NZBau 2020, 169; ZfBR 2020, 160; NJW-RR 2020, 16
24.10.2019	12 U 47/19	**650p** 179	**IBR 2019, 685**

Zitatübersicht

Datum	Aktenzeichen	Norm	Fundstelle
07.03.2019	12 U 157/17	**650p** 158	**IBR 2019, 333**
23.01.2019	7 U 251/14	**632** 32	**IBR 2019, 320**
23.01.2019	4 U 59/15	**650p** 179	**IBR 2019, 206**; NZBau 2019, 445; NJW 2019, 2784
17.01.2019	12 U 116/18	**650g** 44	**IBR 2019, 182**
06.12.2018	12 U 24/17	**650p** 7, 10	**IBR 2019, 142**; NZBau 2019, 186; NJW-RR 2019, 276
08.11.2018	12 U 25/16	**650s** 25	**IBR 2019, 183**
28.06.2018	12 U 68/17	**643** 35	**IBR 2018, 556**
27.06.2018	4 U 203/16	**650p** 179, 180, 188	**IBR 2019, 266**
17.04.2018	12 U 197/16	**640** 49; **650u** 123	**IBR 2021, 130**
15.03.2018	12 U 82/17	**641** 9	**IBR 2018, 311, 435**; NZBau 2018, 463; NJW-RR 2018, 919
05.04.2017	4 U 112/14	**650p** 142	**IBR 2017, 381**; NZBau 2017, 425; NJW-RR 2017, 850
30.03.2017	12 U 71/16	**650p** 179, 188	**IBR 2017, 384, 432**; NZBau 2017, 612; NJW-RR 2017, 1489
17.01.2017	6 U 40/15	**650t** 29	**IBR 2018, 72**
21.12.2016	4 U 30/15	**650p** 193	**IBR 2017, 207**; NZBau 2017, 290
08.12.2016	12 U 192/15	**631** 198; **650b** 303; **650f** 76	**IBR 2017, 64, 65**; NZBau 2017, 417; NJW-RR 2017, 721
03.06.2016	11 U 183/14	**634a** 331, 339, 343; **650s** 11, 12	**IBR 2016, 467**; NZBau 2016, 699; NJW-RR 2016, 1115
17.03.2016	12 U 76/15	**631** 577, 579	**IBR 2016, 379**; MDR 2016, 763
16.03.2016	4 U 19/15	**634a** 335; **650s** 15, 24, 47	**IBR 2016, 707**; NZBau 2017, 102
18.02.2016	12 U 222/14	**642** 172	**IBR 2016, 330**; NZBau 2016, 493; NJW-RR 2016, 653
22.12.2015	4 U 26/12	**650t** 55	**IBR 2016, 143, 158, 210**
22.12.2015	12 U 152/14	**642** 180; **643** 31	**IBR 2016, 335**
02.12.2015	11 U 102/12	**632** 67; **650c** 47	**IBR 2016, 71, 76**; NZBau 2016, 358; NJW-RR 2016, 466
25.11.2015	4 U 7/14	**631** 38, 579, 580	**IBR 2016, 70, 134**; NZBau 2016, 217
14.01.2015	4 U 27/13	**650p** 109	**IBR 2015, 148, 209**; BauR 2015, 2015; NJW 2015, 1611
03.12.2014	4 U 40/14	**634a** 331; **650s** 9, 12, 25	**IBR 2015, 82**; BauR 2015, 699; NZBau 2015, 433; NJW 2015, 1888
26.11.2014	4 U 20/09	**650f** 53	**IBR 2015, 210**
02.09.2014	6 U 86/13	**640** 58	**IBR 2016, 582**
29.08.2014	11 U 170/11	**650p** 147, 150	**IBR 2015, 81**; BauR 2015, 288
30.04.2014	4 U 183/10	**641** 101	**IBR 2014, 416, 546**; BauR 2015, 127; NZBau 2014, 763; NJW 2014, 3793
13.03.2014	12 U 136/13	**650p** 214; **650q** 48	**IBR 2014, 280, 358, 422, 423**; BauR 2014, 1804
26.02.2014	4 U 99/11	**650t** 14	**IBR 2014, 289**; BauR 2014, 1343
13.02.2014	12 U 133/13	**633** 62	**IBR 2014, 264**; BauR 2014, 1155; NZBau 2014, 767; NJW-RR 2014, 1047
05.02.2014	4 U 167/08	**640** 58	**IBR 2014, 206, 207**; NZBau 2014, 429; NJW-RR 2014, 797

Zitatübersicht

Datum	Az.	§§	Fundstellen
26.09.2013	12 U 115/12	**631** 222, 826; **633** 40; **650u** 50	IBR 2013, 733; IBR 2014, 1017; BauR 2014, 1005
11.09.2013	4 U 100/12	**650t** 5	IBR 2013, 731; NZBau 2014, 32; NJW-RR 2014, 199
13.06.2013	12 U 162/12	**640** 6; **650u** 55, 56, 123	IBR 2013, 543, 622, 623, 687; IMR 2013, 426, 427
28.03.2013	12 U 96/12	**650p** 177	IBR 2013, 355; BauR 2013, 1478; NZBau 2013, 438
10.10.2012	4 U 54/11	**641** 9	IBR 2013, 9; BauR 2013, 246; NZBau 2013, 166; NJW-RR 2013, 81
05.07.2012	12 U 231/11	**640** 54, 63	IBR 2014, 338, 452, 1107; IMR 2014, 256
04.07.2012	13 U 63/08	**631** 269, 271; **641** 77; **650u** 243	IBR 2012, 507, 513; BauR 2013, 105; NZBau 2012, 570; NJW-RR 2012, 982
07.06.2012	12 U 234/11	**641** 9, 10	IBR 2012, 445; NZBau 2013, 42; NJW-RR 2013, 23
22.02.2012	4 W 34/11	**650f** 46	IBR 2012, 1265; BauR 2012, 997
22.02.2012	4 U 69/11	**vor 631** 98; **650** 84	IBR 2012, 263, 264; BauR 2012, 1416; NZBau 2012, 434; NJW 2012, 2124
25.01.2012	4 U 7/10	**640** 47, 66, 109; **650g** 62	IBR 2012, 252; BauR 2012, 841; NZBau 2012, 292; NJW-RR 2012, 655
10.01.2012	11 U 50/10	**634a** 50; **635** 78, 79, 80; **650s** 26, 52	IBR 2012, 276; BauR 2012, 983; NZBau 2012, 507; NJW 2012, 2594
25.08.2011	12 U 69/10	**650b** 281, 295	IBR 2011, 627; BauR 2012, 1649; NZBau 2011, 680; NJW-RR 2011, 1470
13.07.2011	13 U 69/10	**650p** 107, 111	IBR 2011, 648; BauR 2011, 1709, 1999; NZBau 2011, 623; NJW-RR 2011, 1315
23.06.2011	12 U 22/11	**650p** 3, 7	IBR 2011, 702; BauR 2011, 1707; NZBau 2011, 627; NJW-RR 2011, 1393
15.06.2011	4 U 144/10	**633** 55, 56	IBR 2011, 455; BauR 2011, 1705
30.03.2011	13 U 16/10	**633** 61	IBR 2011, 325; BauR 2011, 1214
26.08.2010	12 U 36/10	**645** 32	IBR 2010, 1364; BauR 2010, 1981
17.06.2010	12 U 21/10	**643** 7, 11	IBR 2010, 553; IBR 2011, 72; BauR 2010, 1638; NJW-RR 2010, 1670
10.06.2010	12 U 198/09	**650f** 166	IBR 2010, 621, 1295; BauR 2010, 1969
10.06.2010	12 U 135/06	**636** 23	IBR 2010, 496; BauR 2010, 1639
26.11.2009	12 U 2/09	**631** 710	
18.08.2009	11 W 25/08	**642** 172	IBR 2011, 394, 395
26.11.2008	4 U 58/08	**632a** 60	IBR 2009, 73; NZBau 2009, 381; NJW-RR 2009, 233
02.10.2008	12 U 92/08	**633** 57	IBR 2008, 724
09.04.2008	4 U 102/07	**636** 55	IBR 2008, 1192; BauR 2008, 1191
15.01.2008	11 U 98/07	**631** 798	IBR 2008, 207
08.11.2007	12 U 30/07	**vor 631** 77; **634a** 305; **650c** 232	IBR 2008, 320
04.04.2007	13 U 105/06	**640** 66	IBR 2007, 362; BauR 2007, 1106
06.03.2007	11 U 166/05	**631** 620, 835	IBR 2007, 357; BauR 2007, 1107
24.01.2007	4 U 123/06	**632a** 93	IBR 2007, 200; BauR 2008, 127
08.11.2006	4 U 54/06	**631** 362, 372	IBR 2007, 7; BauR 2007, 897, 158 (Ls.)
06.09.2006	7 U 235/97	**631** 563	IBR 2007, 1106; BauR 2007, 404

Zitatübersicht

30.08.2006	3 U 210/05	**631** 535	
19.10.2005	4 U 151/04	**650b** 174, 243	IBR 2005, 668; BauR 2006, 529
27.04.2005	4 U 64/02	**632a** 120	IBR 2006, 1079; BauR 2005, 1971 (Ls.)
22.12.2004	4 U 163/01	**649** 37	BauR 2005, 601 (Ls.)
05.05.2004	4 U 118/03	**650s** 90	IBR 2005, 1131; BauR 2005, 152 (Ls.)
20.04.2004	6 U 116/03	**631** 685	IBR 2004, 673; BauR 2005, 575; ZfBR 2005, 65 (Ls.); NJW-RR 2005, 1106; MDR 2006, 1152 (Ls.)
20.03.2003	12 U 14/02	**634** 46, 126; **634a** 44	IBR 2003, 472, 1086; BauR 2003, 1054
08.01.2003	4 U 82/02	**650s** 35	IBR 2003, 470
26.09.2002	12 U 63/02	**650p** 153, 154	IBR 2003, 426; **IBR 2004, 1080**; BauR 2003, 1751, 1266 (Ls.); NZBau 2003, 684; ZfBR 2003, 769 (Ls.); NJW-RR 2003, 1323
27.08.2002	11 U 15/99	**631** 424	BauR 2003, 542
09.07.2002	11 U 187/01	**631** 626; **641** 90	IBR 2003, 57, **1034**; BauR 2003, 716
24.04.2002	13 U 245/01	**650e** 29, 31, 33, 34, 58	IBR 2002, 666; BauR 2003, 578
30.01.2002	4 U 104/01	**634** 46	IBR 2003, 1113; BauR 2002, 1709
17.01.2002	12 U 126/01	**650b** 18	IBR 2002, 348
22.11.2001	12 U 65/01	**631** 202, 860	BauR 2002, 476, 1606 (Ls.); NJW-RR 2002, 1099
11.01.2001	12 W 58/00	**641** 132, 134	IBR 2001, 542; BauR 2001, 1115; NZBau 2001, 396; NJW-RR 2001, 955
09.11.2000	8 U 43/00	**637** 85	BauR 2001, 1938, 1155 (Ls.), 848 (Ls.); NZBau 2001, 325; NJW-RR 2001, 386; NJW-RR 2002, 1368 (Ls.)
05.07.2000	7 U 276/99	**634** 46, 116	IBR 2001, 112; BauR 2001, 102; NZBau 2001, 322; NJW-RR 2000, 1620
11.01.2000	11 U 197/98	**634** 98	IBR 2001, **129, 214**; BauR 2001, 283; ZfBR 2001, 111, 538
30.06.1999	13 U 141/98	**634a** 69	IBR 1999, 414, 462; BauR 1999, 1191
16.03.1999	11 U 107/98	**631** 430	BauR 2001, 1450
01.12.1994	4 U 83/94	**648** 134	

OLG Braunschweig

20.06.2019	8 U 62/18	**650u** 84	IBR 2019, 559; NZBau 2020, 390; NJW 2019, 3655
18.08.2017	8 U 14/17	**641** 28	
29.12.2016	8 U 2/16	**650p** 189	IBR 2017, 327; MDR 2017, 271
30.11.2015	8 U 78/14	**650u** 55	IBR 2017, 491
17.01.2013	8 U 203/10	**650t** 55	IBR 2015, 414
16.08.2012	8 U 23/11	**650p** 99, 158	IBR 2015, 560; BauR 2015, 2000
28.11.2011	8 W 62/11	**650f** 53	IBR 2012, 239; BauR 2012, 545
10.11.2011	8 U 199/10	**631** 868	IBR 2012, 713; BauR 2012, 1951
16.12.2010	8 U 123/08	**634** 198	IBR 2012, **462, 522**
11.12.2008	8 U 102/07	**650p** 158	IBR 2009, 400, **461**; NZBau 2009, 393 (Ls.)
08.11.2007	8 U 158/05	**639** 25	IBR 2009, 98; BauR 2009, 122

Zitatübersicht

18.11.1999	8 U 136/99	**631** 423	**IBR 2001, 9**; BauR 2000, 1912 (Ls.); BauR 2001, 412; NJW-RR 2000, 1334
07.10.1999	8 U 91/99	**634a** 69, 85	**IBR 2000, 117**; BauR 2000, 109
18.03.1994	4 U 51/93	**631** 787	**IBR 1994, 413**
14.10.1993	1 U 11/93	**641** 127	**IBR 1995, 108, 160**; NJW-RR 1995, 81
25.05.1990	2 U 52/90	**634** 126	**IBR 1991, 331**; BauR 1991, 355

OLG Bremen

18.12.2020	2 U 107/19	**648a** 99, 100	**IBR 2021, 404**
27.03.2015	2 U 12/15	**636** 1	**IBR 2015, 331**
16.01.2014	3 U 44/13	**632a** 98	**IBR 2014, 133**; NZBau 2014, 229; NJW 2014, 944; MDR 2014, 332
06.12.2012	3 U 16/11	**650p** 187	**IBR 2013, 89**; MDR 2013, 86
09.12.2011	2 U 62/11	**650u** 104	IMR 2012, 345
19.03.2010	2 U 110/09	**631** 3; **650** 14, 15, 29	**IBR 2011, 406**
29.10.2008	1 U 47/08	**632** 9, 10, 11, 12	**IBR 2009, 253**; BauR 2009, 700; NJW-RR 2009, 668; MDR 2009, 443
26.11.2003	1 U 42/03	**650c** 206	**IBR 2004, 188**; BauR 2004, 862, 885 (Ls.)
07.10.1986	1 U 151/85	**631** 364	NJW-RR 1987, 468; NJW-RR 1988, 192 (Ls.)
24.05.1978	3 U 74/77	**650c** 71	

OLG Celle

25.11.2021	11 U 43/21	**648a** 9, 10, 73	**IBR 2022, 73**; MDR 2022, 124
09.12.2020	14 U 92/20	**650q** 13	**IBR 2021, 82, 83**
14.05.2020	5 U 131/19	**631** 492	**IBR 2021, 7**
13.05.2020	14 U 71/19	**640** 29; **648** 126; **650q** 13	**IBR 2020, 355, 382, 411, 467**; NZBau 2020, 657; NJW 2020, 3663
04.03.2020	7 U 334/18	**642** 142, 184	**IBR 2021, 173, 174**
06.02.2020	14 U 160/19	**650e** 60; **650q** 35	**IBR 2020, 181**; NZBau 2020, 306; ZfBR 2020, 367; NJW 2020, 1075
02.10.2019	14 U 94/19	**631** 98	**IBR 2019, 659**; NZBau 2020, 164; NJW-RR 2020, 79; MDR 2019, 1438
19.09.2019	6 U 37/19	**640** 5	**IBR 2021, 290, 293**
23.07.2019	14 U 182/18	**650q** 13	**IBR 2019, 502**; NZBau 2020, 33; NJW 2019, 3596
17.07.2019	14 U 188/18	**650q** 13	**IBR 2019, 1147**; NZBau 2020, 35; NJW 2019, 3593
07.03.2019	6 U 71/18	**650f** 150, 159, 162	**IBR 2020, 347**
27.02.2019	14 U 54/18	**650t** 73, 74	**IBR 2020, 186**
13.12.2018	5 U 194/14	**635** 50	**IBR 2020, 14**
04.09.2018	14 U 18/18	**650e** 20	**IBR 2020, 456**
19.07.2018	13 U 39/18	**632** 32	**IBR 2019, 321**
20.07.2017	16 U 124/16	**650p** 140	**IBR 2017, 689**
13.07.2017	5 U 1/17	**650t** 29	**IBR 2018, 213**
18.05.2017	7 U 168/16	**650t** 54	**IBR 2017, 443**; NZBau 2017, 724; ZfBR 2019, 35; NJW-RR 2017, 1363; MDR 2017, 1119

Zitatübersicht

15.02.2017	7 U 72/16	**650p** 65	**IBR 2017, 444**; NZBau 2017, 609; NJW 2017, 3010; NJW-RR 2017, 1102
22.12.2016	16 U 59/13	**650t** 17	**IBR 2017, 687**
26.10.2016	7 U 27/16	**631** 369; **650g** 78	**IBR 2017, 12, 16**
28.09.2016	7 U 77/16	**650p** 179	**IBR 2017, 206**
04.08.2016	13 U 104/12	**634** 63	**IBR 2019, 306, 311**
17.12.2015	16 U 111/15	**650p** 2	**IBR 2019, 80**
02.12.2015	7 U 75/15	**634** 124; **650t** 5	**IBR 2016, 513, 514**
30.07.2015	5 U 24/15	**631** 132	**IBR 2017, 5**
10.06.2015	14 U 180/14	**650p** 70; **650t** 8	**IBR 2015, 499**; NZBau 2016, 39; MDR 2015, 1360
10.06.2015	14 U 164/14	**650p** 109, 176	**IBR 2015, 553, 554**
05.03.2015	6 U 101/14	**634a** 349; **650p** 193	**IBR 2015, 612**; MDR 2015, 1291
05.03.2015	13 U 12/15	**650e** 45	**IBR 2015, 309**; BauR 2015, 1195; MDR 2015, 453
23.12.2014	14 U 78/14	**634a** 331; **650s** 14	**IBR 2015, 550**
30.10.2014	16 U 90/14	**650u** 115; **650v** 45	**IBR 2018, 146**
08.10.2014	14 U 10/14	**650p** 109	**IBR 2015, 370**; BauR 2015, 2021
24.09.2014	14 U 169/13	**648** 161	**IBR 2015, 204, 205**; BauR 2015, 1356
24.09.2014	14 U 114/13	**650p** 11, 81, 108, 199, 203	**IBR 2015, 608**
28.05.2014	14 U 171/13	**641** 18	**IBR 2015, 476**
03.04.2014	5 U 168/13	**639** 25	**IBR 2014, 734**; MDR 2014, 775
27.02.2014	16 U 187/13	**vor 631** 126	**IBR 2014, 361**; BauR 2014, 1153
20.02.2014	5 U 109/13	**631** 38	BauR 2015, 258
12.02.2014	14 U 103/13	**650p** 84	**IBR 2014, 219, 220, 250, 279, 1073**; BauR 2014, 1029; NZBau 2014, 637; NJW-RR 2014, 1363
04.12.2013	14 U 74/13	**634** 77, 80	**IBR 2014, 80**; BauR 2014, 728
26.09.2013	13 U 94/11	**650t** 6	**IBR 2016, 461**
25.09.2013	7 U 86/12	**636** 66	**IBR 2014, 664**; BauR 2015, 521
16.05.2013	16 U 160/12	**633** 62	**IBR 2014, 337**; BauR 2014, 1326
16.05.2013	13 U 11/09	**631** 224; **633** 61	**IBR 2015, 655**
17.01.2013	16 U 94/11	**634a** 123; **639** 25	**IBR 2013, 629, 1345**; **IBR 2014, 32**; BauR 2014, 134
29.11.2012	5 U 70/12	**650p** 158	**IBR 2013, 161**
04.10.2012	13 U 234/11	**650p** 147, 148	**IBR 2013, 354, 356, 357, 388, 421**; BauR 2013, 1289
30.08.2012	5 W 42/12	**650e** 45	**IBR 2012, 690**; **IBR 2013, 1083**; BauR 2013, 128; MDR 2013, 116
05.07.2012	6 U 22/12	**631** 866	**IBR 2013, 1078**; BauR 2013, 243
14.06.2012	13 U 11/12	**641** 129	**IBR 2012, 453**
09.05.2012	14 U 147/10	**631** 18	**IBR 2015, 235, 237**
25.04.2012	7 U 234/11	**650f** 55	**IBR 2012, 391**; BauR 2012, 1808; BauR 2014, 1801; NZBau 2012, 702; MDR 2012, 964

Zitatübersicht

Datum	Az.	Fundstelle	Anmerkung
04.01.2012	14 U 126/11	**634a** 338, 339; **650p** 158	**IBR 2013, 627**; BauR 2013, 2036
26.10.2011	14 U 54/11	**632** 73; **650p** 3, 6, 101	**IBR 2012, 210**; BauR 2012, 139, 527; NZBau 2012, 118; NJW-RR 2012, 21
25.05.2011	14 U 62/08	**631** 59; **650c** 40	**IBR 2011, 393**; BauR 2011, 1544; VergabeR 2011, 788; NZBau 2011, 614; NJW 2011, 3307
07.03.2011	14 U 7/11	**632** 68, 70; **650p** 3	**IBR 2011, 341**; BauR 2011, 1190
06.01.2011	6 U 122/10	**650b** 324	**IBR 2012, 129**; BauR 2012, 655
06.01.2011	16 U 37/10	**650p** 190	**IBR 2011, 152**; BauR 2011, 881; NZBau 2011, 237; NJW-RR 2011, 455
15.09.2010	7 U 53/10	**634a** 179, 219, 305	**IBR 2010, 680**; **IBR 2011, 17**; BauR 2010, 2165
05.08.2010	16 U 11/10	**631** 257	**IBR 2010, 609**; **IBR 2011, 120, 461**; BauR 2010, 1981
02.06.2010	14 U 205/03	**634a** 360; **650p** 179, 188	**IBR 2010, 678, 1246, 1368**; **IBR 2011, 33, 77**; BauR 2010, 1276, 1613
18.03.2010	6 U 108/09	**644** 22; **645** 22	**IBR 2010, 438**; BauR 2010, 829, 1081
10.03.2010	14 U 128/09	**632a** 95, 124; **650q** 20	**IBR 2010, 400**; BauR 2010, 831
17.02.2010	14 U 138/09	**632** 70; **650p** 3	**IBR 2010, 214**; BauR 2010, 926
28.01.2010	6 U 132/09	**634** 199	**IBR 2012, 525**
19.08.2009	7 U 257/08	**650p** 145, 158	**IBR 2009, 1245, 1246**; BauR 2010, 487; NZBau 2010, 114; NJW-RR 2010, 238
19.08.2009	13 U 48/09	**631** 407	**IBR 2009, 711**; BauR 2010, 91
29.07.2009	14 U 67/09	**641** 84	**IBR 2009, 1339, 1400**; BauR 2009, 1754; NZBau 2010, 118; NJW-RR 2009, 1529; MDR 2009, 1158
22.07.2009	14 U 166/08	**642** 173; **650b** 204, 230	**IBR 2009, 505, 1111**; BauR 2009, 1591
22.05.2009	14 U 45/09	**648a** 22	**IBR 2010, 76, 77**
07.01.2009	14 U 115/08	**650p** 112	**IBR 2009, 217**; BauR 2009, 549, 997; NZBau 2009, 663; NJW-RR 2009, 1177
18.12.2008	6 U 65/08	**641** 83	**IBR 2010, 490**; BauR 2010, 1764
10.09.2008	14 U 79/08	**648** 125	**IBR 2008, 1290**; NZBau 2009, 245
03.04.2007	16 U 267/06	**vor 631** 102	**IBR 2007, 298**; BauR 2007, 1583; MDR 2007, 1127
29.03.2007	5 U 171/04	**631** 882	**IBR 2008, 1261**; BauR 2008, 1191, 1471
07.12.2006	14 U 61/06	**631** 602; **641** 91	**IBR 2007, 170**
09.11.2006	13 U 120/06	**631** 714	NJW-RR 2007, 393
28.09.2006	14 U 201/05	**650p** 112	**IBR 2006, 626**; BauR 2006, 1949 (Ls.); BauR 2008, 122
01.03.2006	7 U 79/05	**639** 38	**IBR 2006, 403**; NZBau 2006, 651
07.02.2006	14 U 108/05	**648** 61	**IBR 2006, 194**; BauR 2006, 2069
06.10.2005	6 U 58/05	**639** 2, 3	**IBR 2007, 19**
13.07.2005	7 U 17/05	**631** 361, 382, 385	**IBR 2005, 1244**; BauR 2005, 1780, 1521 (Ls.)
13.01.2005	14 U 75/04	**650b** 132	**IBR 2006, 79**; BauR 2006, 845
13.01.2005	14 U 129/03	**641** 67	**IBR 2005, 143**; BauR 2005, 600 (Ls.); BauR 2006, 1316

Zitatübersicht

17.12.2004	6 W 136/04	**650e** 20	IBR **2005, 87**; BauR 2005, 1050, 443 (Ls.); NJW-RR 2005, 460; MDR 2005, 567
04.11.2004	6 U 87/04	**648a** 65	IBR **2005, 664**; BauR 2006, 117, 535
21.10.2004	14 U 26/04	**634** 63, 108; **650t** 13	IBR **2004, 685**; IBR **2005, 14**; BauR 2005, 397, 152 (Ls.); MDR 2005, 502
14.10.2004	5 U 148/03	**650b** 318	IBR **2004, 671**; BauR 2004, 1993 (Ls.); BauR 2005, 106
13.10.2004	7 U 114/02	**vor 631** 47	IBR **2005, 68, 83**; BauR 2005, 1176, 443 (Ls.)
07.07.2004	7 U 216/03	**631** 829, 830	IBR **2004, 521**; BauR 2004, 1971, 1501 (Ls.)
01.07.2004	14 U 233/03	**637** 54	IBR **2004, 564**
15.06.2004	16 U 133/03	**631** 747	IBR **2005, 417**; BauR 2005, 1483
04.03.2004	14 U 226/03	**650c** 206	IBR **2004, 187**; BauR 2004, 860, 884 (Ls.); NJW-RR 2004, 1165
11.12.2003	6 U 105/03	**637** 51	IBR **2004, 129**; BauR 2004, 1018; NZBau 2004, 445; NJW-RR 2004, 526; MDR 2004, 806 (Ls.)
11.12.2003	14 U 126/03	**650p** 196	IBR **2004, 260**; BauR 2004, 1973, 1350 (Ls.)
27.08.2003	7 U 52/03	**vor 631** 106	IBR **2004, 168**; BauR 2004, 1010
06.08.2003	7 U 36/03	**650u** 143, 185; **650v** 13	IBR **2004, 145, 146**; BauR 2004, 1007; NJW-RR 2004, 592
10.07.2003	16 W 33/03	**650e** 50	IBR **2003, 519**; BauR 2004, 696; NJW-RR 2003, 1529; MDR 2004, 111
09.07.2003	3 U 39/03	**631** 924	MDR 2003, 1384
05.06.2003	14 U 184/02	**631** 386	IBR **2004, 236**; BauR 2004, 1307, 884 (Ls.)
04.06.2003	5 U 14/03	**634** 64	
03.04.2003	22 U 179/01	**649** 47, 53	IBR **2003, 290, 1093**; BauR 2003, 1224; NZBau 2004, 41; NJW-RR 2003, 1243
07.11.2002	6 U 12/02	**635** 51	IBR **2003, 411**; BauR 2003, 915
31.10.2002	6 U 159/02	**650e** 18	BauR 2003, 576; NZBau 2003, 332; NJW-RR 2003, 236; MDR 2003, 504
26.09.2002	22 U 109/01	**640** 15	IBR **2003, 121**; BauR 2003, 550; NJW-RR 2003, 15
28.08.2002	22 U 159/01	**631** 428, 467	IBR **2003, 64**; BauR 2002, 1863; NZBau 2002, 675; NJW-RR 2002, 1675
07.08.2002	7 U 60/02	**650e** 31	BauR 2003, 133
03.07.2002	7 U 123/02	**634** 46; **650t** 54	BauR 2003, 730
30.01.2002	7 U 89/97	**639** 40; **650p** 117, 118	IBR **2003, 260, 1047**
12.12.2001	7 U 217/00	**634** 44	IBR **2002, 246**; BauR 2002, 812; NJW-RR 2002, 594
25.10.2001	14 U 74/00	**650b** 174, 175, 246	IBR **2003, 231**; BauR 2003, 890
13.09.2001	13 U 68/01	**650p** 102	IBR **2001, 624**; BauR 2002, 116
19.06.2001	16 U 260/00	**vor 631** 129, 130	IBR **2002, 318**; BauR 2002, 1427
22.05.2001	16 U 70/01	**650e** 33	IBR **2001, 665**; BauR 2001, 1623
22.03.2001	13 U 213/00	**631** 342	IBR **2001, 253**; BauR 2001, 1108
12.02.2001	4 U 289/99	**650v** 54	IBR **2001, 259**; BauR 2001, 1278

Zitatübersicht

29.12.2000	7 U 249/96	**645** 9	**IBR 2002, 656**
26.10.2000	13 W 75/00	**650e** 18	**IBR 2004, 1105**; BauR 2001, 834
20.07.2000	13 U 271/99	**634a** 229	**IBR 2000, 600**; **IBR 2001, 169**; BauR 2001, 259
06.07.2000	22 U 108/99	**649** 21, 49, 55, 57	BauR 2000, 1493
07.04.2000	7 U 17/99	**631** 936	**IBR 2001, 599**
23.12.1999	22 U 15/99	**634** 59	**IBR 2000, 68**; BauR 2000, 1073
24.02.1999	14a (6) U 4/98	**631** 688, 726	**IBR 1999, 515, 563**; BauR 2000, 416, 1096 (Ls.); NJW-RR 2000, 234
17.12.1998	14 U 282/97	**631** 397	**IBR 2000, 168**; BauR 2000, 278
25.11.1998	14a (6) U 205/97	**635** 79	**IBR 1999, 331**; BauR 1999, 676
04.11.1998	14a (6) U 195/97	**650b** 176, 246	**IBR 1999, 203**; BauR 1999, 262
26.08.1998	13 U 17/98	**631** 643	
08.10.1997	6 U 85/96	**638** 18	**IBR 1998, 299**; BauR 1998, 401
06.03.1997	14 U 93/96	**641** 32	BauR 1997, 1052
27.06.1996	14 U 198/95	**639** 40	**IBR 1998, 352, 353**; BauR 1998, 1030
22.05.1996	20 U 15/95	**vor 631** 109	NJW-RR 1997, 469
09.05.1996	14 U 21/95	**631** 805	**IBR 1996, 451**; BauR 1996, 860; ZfBR 1997, 40; NJW-RR 1997, 662
24.11.1995	4 U 218/94	**650e** 62	**IBR 1996, 432**; NJW-RR 1996, 854
13.09.1995	13 U 30/95	**631** 436; **650g** 47	**IBR 1996, 234**; BauR 1996, 264
29.06.1995	14 U 132/94	**634** 44	BauR 1996, 259
01.06.1995	7 U 182/91	**631** 838	**IBR 1998, 468**
29.03.1995	6 U 94/94	**634** 122	**IBR 1996, 110**; BauR 1996, 263
05.01.1995	22 U 7/94	**631** 627	**IBR 1995, 330**
14.12.1994	11 U 12/94	**637** 32	**IBR 1996, 152**; BauR 1995, 856
09.11.1994	13 U 223/93	**631** 271	**IBR 1995, 332**; BauR 1995, 261
22.06.1994	6 U 212/93	**648** 42	**IBR 1994, 497**; BauR 1995, 558
14.03.1994	14 U 57/93	**631** 805	**IBR 1994, 500**; BauR 1994, 627
26.05.1993	6 U 139/92	**650b** 173, 243	**IBR 1995, 414, 415**
15.10.1992	22 U 191/91	**631** 745	**IBR 1994, 319**; BauR 1994, 629
09.07.1985	16 U 216/84	**632a** 4	BauR 1986, 356; NJW 1986, 327; NJW-RR 1986, 103 (Ls.), 20 (Ls.); MDR 1986, 56

OLG Dresden

12.12.2019	10 U 35/18	**650p** 184, 185; **650t** 49	**IBR 2020, 81, 83**; NZBau 2020, 518
04.07.2019	10 U 1402/17	**650q** 13	**IBR 2019, 565**; **IBR 2020, 131, 1005**
19.06.2018	6 U 1233/17	**650f** 166	**IBR 2020, 627**; **IBR 2021, 66**
25.01.2018	10 U 780/17	**650p** 180	**IBR 2018, 212**
05.09.2017	22 U 379/17	**640** 44; **648** 61	**IBR 2020, 290, 451**
02.02.2017	10 U 672/12	**635** 23	**IBR 2020, 13**
19.10.2016	13 U 74/16	**650t** 63, 65	**IBR 2016, 712**; NZBau 2017, 168; NJW 2017, 1555

Zitatübersicht

26.05.2015	13 U 66/15	**650b** 18, 19, 134	**IBR 2016, 1067**
12.03.2015	10 U 1598/14	**650f** 108	**IBR 2015, 424, 425**; NJW 2015, 2817
15.01.2015	9 U 764/14	**632** 65	**IBR 2015, 118**
16.07.2014	1 U 600/12	**634** 91	**IBR 2015, 479**
24.06.2014	14 U 381/13	**634a** 63; **650u** 49	**IBR 2014, 549**; BauR 2015, 131
13.05.2014	9 U 1800/13	**634** 123; **650f** 102	**IBR 2016, 634, 638**
23.04.2014	12 U 97/14	**641** 146	**IBR 2014, 417**; NZBau 2014, 701; NJW-RR 2015, 16
23.12.2013	9 U 1820/10	**vor 631** 129; **639** 25	**IBR 2016, 650, 705, 708, 711**
01.08.2013	10 U 1030/11	**650p** 151	**IBR 2014, 29**; BauR 2013, 1861; NZBau 2014, 179; NJW-RR 2014, 338
06.03.2013	13 U 545/12	**631** 500	**IBR 2013, 398**
09.01.2013	1 U 1554/09	**642** 173	**IBR 2015, 593, 652**; BauR 2015, 1488
17.04.2012	5 U 842/11	**631** 820	**IBR 2013, 8**
13.02.2012	9 U 1050/11	**640** 63	**IBR 2014, 335**
25.11.2011	1 U 571/10	**631** 146	**IBR 2013, 397**
17.11.2011	10 U 469/11	**634** 85	**IBR 2012, 337**
16.02.2011	1 U 261/10	**650p** 3	**IBR 2013, 86, 157**
22.09.2010	6 U 61/05	**631** 202; **650b** 129	**IBR 2012, 130**
07.07.2010	1 U 1570/09	**650u** 106	**IBR 2012, 87**
17.06.2010	10 U 1648/08	**634a** 335; **650s** 47	**IBR 2011, 475, 531**
23.02.2010	9 U 2043/08	**631** 895; **634a** 108	**IBR 2011, 18**
28.01.2010	10 U 1414/08	**650p** 179	**IBR 2011, 283**; BauR 2012, 126
08.01.2010	1 U 1371/09	**650u** 123	
11.12.2009	4 U 1070/09	**631** 140, 141	**IBR 2010, 199**; BauR 2010, 665; NZBau 2010, 373; NJW-RR 2010, 1108
22.09.2009	10 U 980/08	**631** 444	**IBR 2012, 66**
10.09.2008	9 U 2048/07	**641** 100	**IBR 2008, 651**; BauR 2010, 638
25.07.2008	12 U 137/08	**632a** 20, 117	**IBR 2008, 716**; BauR 2008, 1938
22.05.2008	9 U 2062/05	**650p** 13	**IBR 2009, 1038**; BauR 2008, 1654
13.12.2007	12 U 1498/07	**vor 631** 77; **634a** 305; **641** 147	**IBR 2008, 94**; BauR 2008, 567
21.03.2007	6 U 219/03	**634** 94	**IBR 2008, 147**; BauR 2008, 140
14.06.2006	6 U 2321/05	**631** 547	**IBR 2006, 485**; **IBR 2007, 67**; BauR 2007, 400
14.06.2006	6 U 195/06	**631** 547	
27.04.2006	9 U 1816/05	**634a** 334	**IBR 2007, 316**; BauR 2007, 1599
01.03.2006	12 U 2379/04	**650f** 16, 147, 152, 153	**IBR 2006, 617**; BauR 2006, 1318, 1796 (Ls.)
27.01.2006	20 U 1873/05	**631** 805	**IBR 2006, 348**; BauR 2006, 1302; VergabeR 2006, 578; ZfBR 2006, 381
27.01.2006	12 U 2705/99	**648** 65	**IBR 2007, 678**; **IBR 2008, 13, 14, 29, 56, 74**; BauR 2008, 139

Zitatübersicht

Datum	Aktenzeichen	Fundstelle	Zitiert in
06.12.2005	14 U 1523/05	**631** 452	IBR 2007, 413, 466, 467; BauR 2008, 364
14.10.2005	18 U 2297/04	**641** 28	IBR 2007, 16; BauR 2007, 598
20.09.2005	14 U 878/04	**631** 852	IBR 2005, 675; BauR 2006, 154 (Ls.)
20.01.2005	9 U 1121/04	**650p** 145	IBR 2006, 628
22.04.2004	4 U 1947/03	**632a** 106	IBR 2004, 559; BauR 2004, 1832 (Ls.)
26.06.2003	19 U 512/03	**631** 41; **650u** 29	IBR 2004, 372; BauR 2004, 1345 (Ls.); BauR 2005, 559
16.04.2003	11 U 1633/02	**650p** 110	IBR 2003, 556
05.06.2002	11 U 1719/01	**650s** 91	IBR 2004, 24; BauR 2003, 1614 (Ls.); BauR 2004, 553 (Ls.)
23.04.2002	15 U 77/01	**634** 44, 46	IBR 2002, 407, 707; BauR 2003, 262
28.02.2002	4 U 2123/01	**640** 95	IBR 2002, 480; BauR 2002, 1274
24.10.2001	11 W 1608/01	**641** 127	IBR 2002, 251; BauR 2002, 807; NZBau 2002, 226
08.02.2001	16 U 2057/00	**631** 361, 378	IBR 2001, 413, 417; BauR 2001, 949
14.06.2000	2 W 986/00	**650e** 21	BauR 2000, 1526; NZBau 2000, 572; NJW-RR 2000, 1412
01.03.2000	11 U 2968/98	**648** 145	BauR 2001, 809
29.11.1999	17 U 1606/99	**650t** 56	BauR 2000, 1341; NZBau 2000, 333
28.10.1999	14 W 1786/98	**632** 43	IBR 2000, 468; BauR 2000, 1537 (Ls.); NZBau 2000, 88; NJW-RR 2000, 1042
26.05.1999	8 U 327/99	**631** 344	IBR 2000, 488, 534
21.11.1997	7 U 1905/97	**650b** 174	IBR 1998, 369; BauR 1998, 565; BauR 98, 565; NJW-RR 1998, 672

OLG Düsseldorf

Datum	Aktenzeichen	Fundstelle	Zitiert in
24.06.2021	5 U 222/19	**650q** 13	IBR 2021, 524, 634; NZBau 2021, 677; NJW-RR 2021, 1178; MDR 2021, 1126
25.02.2021	5 W 3/21	**650q** 13	IBR 2021, 277
27.11.2020	22 U 73/20	**650q** 13	IBR 2021, 134, 135; NZBau 2021, 265
13.03.2020	22 U 222/19	**648** 37	IBR 2020, 286; ZfBR 2020, 663; MDR 2020, 852
28.01.2020	21 U 21/19	**650q** 13	IBR 2020, 184; NZBau 2020, 393; MDR 2020, 558
22.01.2020	22 U 244/19	**650p** 107	IBR 2020, 345
21.01.2020	21 U 34/19	**631** 116	IBR 2020, 165; NZBau 2020, 576; ZfBR 2020, 370; NJW 2020, 1746
19.12.2019	5 U 52/19	**642** 20, 104, 109, 146, 173; **650c** 179	IBR 2020, 334, 395; NZBau 2020, 509
26.11.2019	21 U 4/19	**650u** 146	IBR 2021, 415
17.09.2019	23 U 155/18	**650q** 13	IBR 2019, 622; BauR 2019, 1963; NZBau 2020, 398; NJW 2020, 1450
02.07.2019	23 U 205/18	**650u** 125, 126	IBR 2020, 23; IMR 2020, 27
14.06.2019	22 U 248/18	**648** 59; **650g** 36, 49	IBR 2019, 481; NZBau 2020, 95; NJW 2020, 71
12.04.2019	22 U 62/18	**648** 109; **648a** 17; **650f** 156	IBR 2019, 417, 418; MDR 2019, 985, 986
19.03.2019	21 U 118/16	**650t** 55	IBR 2019, 489; NZBau 2019, 720; NJW-RR 2019, 1109
18.12.2018	22 U 93/18	**640** 63	IBR 2019, 547

Zitatübersicht

Datum	Az	Norm	Fundstelle
09.11.2018	22 U 91/14	635 35	IBR 2019, 423
03.07.2018	22 U 83/17	650f 149, 156	IBR 2019, 426, 427, 428, 653
20.06.2018	24 U 159/17	650p 19	IBR 2019, 20
05.06.2018	21 U 108/17	648 161	IBR 2018, 568; NZBau 2018, 759; NJW 2018, 3319; MDR 2018, 1372
01.02.2018	5 U 113/13	650s 43	IBR 2018, 383
23.01.2018	21 U 11/17	648a 67	IBR 2020, 631, 633
16.06.2017	22 U 14/17	650p 65, 147	IBR 2017, 670, 671, 672, 678, 684; NZBau 2018, 34; NJW 2018, 627
17.02.2017	22 U 187/13	650p 99	IBR 2017, 326
11.10.2016	21 U 120/15	650u 55	IBR 2019, 258
07.10.2016	22 U 60/16	631 15; 633 62, 95	
29.07.2016	22 U 24/16	631 15	IBR 2017, 248
01.07.2016	22 U 11/16	650p 127	IBR 2017, 324
10.05.2016	21 U 180/15	637 11, 64	IBR 2017, 669, 676, 677; IBR 2018, 70, 71
19.04.2016	21 U 102/15	650t 21, 30	IBR 2017, 267
08.04.2016	22 U 165/15	640 54; 650s 12	IBR 2017, 245; BauR 2017, 1540
08.04.2016	22 U 164/15	650t 5	IBR 2017, 311, 314
07.04.2016	5 U 81/15	631 382, 385	IBR 2017, 17
07.04.2016	5 U 135/14	650p 179, 180	IBR 2016, 709
01.03.2016	23 U 110/15	631 115	IBR 2016, 265
09.02.2016	21 U 183/15	640 22	IBR 2017, 193, 201, 202
09.02.2016	21 U 100/15	631 578, 580	IBR 2017, 483
15.01.2016	22 U 92/15	650p 158, 188; 650t 36	IBR 2016, 157
01.10.2015	22 U 48/15	650p 179, 194	IBR 2016, 13, 23; MDR 2015, 1222
25.08.2015	23 U 13/13	650p 196; 650s 7	IBR 2018, 211, 274, 332; ZfBR 2018, 414
23.07.2015	5 U 53/14	650g 79	IBR 2015, 536, 538
12.06.2015	22 U 32/15	631 935; 650g 78	IBR 2015, 653; NJW-RR 2016, 85; MDR 2015, 1322
26.05.2015	23 U 80/14	650p 81, 196, 203	IBR 2016, 587, 588
05.05.2015	24 U 92/14	650u 48	IBR 2015, 604; NJW-RR 2016, 438
14.04.2015	21 U 178/14	631 67, 68	IBR 2016, 373
24.03.2015	23 U 66/14	631 77; 641 146	IBR 2016, 367, 396
24.03.2015	21 U 62/14	633 95	IBR 2016, 271, 276, 279
24.03.2015	21 U 136/14	631 19	IBR 2015, 294; BauR 2015, 1987; NJW 2015, 3663
10.03.2015	21 U 93/14	636 12	IMR 2015, 515; MDR 2015, 876
18.02.2015	21 U 220/13	638 3	IBR 2015, 411, 418, 419
27.01.2015	22 U 154/14	631 223	IBR 2015, 129; BauR 2015, 982
27.01.2015	21 U 42/12	650p 145	IBR 2015, 267
16.12.2014	20 U 136/14	632a 14, 96	
25.11.2014	21 U 172/12	632a 141	IBR 2015, 245, 295; BauR 2015, 1868
21.11.2014	22 U 37/14	632 65; 650c 195	IBR 2015, 119, 179, 238, 239; BauR 2015, 494
21.11.2014	22 U 141/14	650t 72, 73	IBR 2015, 130; BauR 2015, 864

Zitatübersicht

Datum	Az	Norm	Fundstelle
18.11.2014	23 U 44/14	**650p** 131, 145	**IBR 2015, 211**
07.11.2014	22 U 94/14	**650p** 111, 112	**IBR 2015, 139**
04.11.2014	23 U 33/14	**631** 598, 599, 945	**IBR 2015, 241, 242, 243**; BauR 2015, 668; NZBau 2015, 286; NJW-RR 2015, 587
04.11.2014	21 U 23/14	**635** 50, 54; **650** 102	**IBR 2015, 420**; NZBau 2015, 485; ZfBR 2015, 479; NJW-RR 2015, 789
23.10.2014	5 U 84/10	**650p** 134, 147; **650t** 6, 36	**IBR 2015, 150, 151**; BauR 2015, 856; NZBau 2015, 98; NJW 2015, 882
23.10.2014	5 U 51/13	**631** 674; **650q** 58	**IBR 2015, 80**; BauR 2015, 538; NZBau 2015, 373; NJW-RR 2015, 400
14.10.2014	22 U 104/14	**632** 70; **650p** 3, 7	**IBR 2015, 146**; BauR 2015, 2003; NZBau 2015, 105; NJW-RR 2015, 213; MDR 2015, 299
30.09.2014	23 U 7/14	**650e** 45	**IBR 2014, 736**
28.08.2014	5 U 139/13	**648** 57	**IBR 2014, 660, 661**; BauR 2015, 517; NZBau 2015, 28; NJW 2015, 355
22.08.2014	22 U 7/14	**631** 586	**IBR 2015, 116, 117**; BauR 2015, 1339; NZBau 2015, 288
30.07.2014	21 U 43/14	**631** 319, 332	**IBR 2015, 365**; BauR 2015, 1856
22.07.2014	21 U 193/13	**641** 10	**IBR 2014, 593**
27.06.2014	17 U 5/14	**vor 631** 92; **650p** 155	**IBR 2014, 557**; BauR 2015, 154; NZBau 2014, 644; ZfBR 2014, 723
27.05.2014	23 U 162/13	**631** 620, 625, 626	**IBR 2015, 3**; BauR 2014, 1960; NZBau 2015, 30
16.05.2014	22 U 171/13	**634a** 292; **637** 90	**IBR 2015, 70**; BauR 2015, 271
11.04.2014	22 U 156/13	**631** 463	**IBR 2018, 492**
25.03.2014	23 U 166/12	**650p** 108, 127	**IBR 2016, 403**
06.03.2014	5 U 84/11	**650p** 99, 158	**IBR 2014, 355**; BauR 2014, 1509; NZBau 2014, 506; NJW-RR 2014, 908
28.02.2014	22 U 112/13	**631** 299	**IBR 2015, 298**; BauR 2015, 1168
24.02.2014	23 U 102/13	**631** 132, 216; **650l** 1	**IBR 2014, 531**; BauR 2014, 1473
18.02.2014	23 U 62/13	**635** 47	**IBR 2014, 476**; BauR 2014, 1158; NZBau 2014, 633; NJW 2014, 2802
14.02.2014	22 U 101/13	**631** 254	**IBR 2015, 131**
13.12.2013	22 U 67/13	**vor 631** 119	**IBR 2014, 77, 183**; BauR 2014, 713
22.11.2013	22 U 57/13	**vor 631** 126; **650p** 12	**IBR 2014, 93**; BauR 2014, 569; NZBau 2014, 298; NJW-RR 2014, 530
22.11.2013	22 U 32/13	**650t** 5	**IBR 2014, 78, 142, 184**; BauR 2014, 851
19.11.2013	23 U 32/13	**650p** 65	**IBR 2015, 498, 501**
19.11.2013	23 U 15/13	**640** 63	**IBR 2014, 71, 83**; BauR 2014, 848
25.10.2013	22 U 27/13	**vor 631** 127, 128	BauR 2014, 551; NZBau 2014, 168
09.08.2013	22 U 4/13	**636** 54, 55, 56, 57, 58	**IBR 2014, 91, 1030**
09.08.2013	22 U 161/12	**631** 460, 461, 463	**IBR 2014, 14**; BauR 2014, 709
19.07.2013	22 U 211/12	**650f** 216	**IBR 2014, 134, 147**; BauR 2014, 841
07.05.2013	21 U 3/12	**634a** 119	**IBR 2014, 114**; BauR 2014, 283
11.04.2013	5 U 127/12	**640** 63; **650v** 66	**IBR 2013, 525, 526, 608**

Zitatübersicht

19.02.2013	21 U 24/12	**641** 9; **642** 67	**IBR 2013, 523, 537**
05.02.2013	21 U 123/12	**650e** 45	**IBR 2013, 415**; BauR 2013, 805; NZBau 2013, 507; NJW-RR 2013, 798
29.11.2012	5 U 129/07	**650t** 54	**IBR 2013, 614, 680**; BauR 2013, 2043
06.11.2012	21 U 75/11	**631** 3; **650** 13, 84, 85	**IBR 2013, 376**; BauR 2013, 259; NZBau 2013, 230; NJW-RR 2013, 460
25.10.2012	5 U 162/11	**650p** 158	**IBR 2013, 420**; BauR 2013, 1480
23.10.2012	23 U 112/11	**650u** 49, 123	**IBR 2013, 280, 473**; BauR 2013, 470
23.10.2012	21 U 155/11	**650p** 107	**IBR 2013, 350**; BauR 2013, 632
30.08.2012	23 U 162/11	**650b** 131	**IBR 2012, 632**; BauR 2013, 84
05.06.2012	23 W 30/12	**650f** 46	**IBR 2013, 1045**
15.05.2012	23 U 118/11	**634a** 38, 39	**IBR 2013, 1219**; BauR 2012, 1429
08.05.2012	23 W 27/12	**650e** 18	**IBR 2013, 538**; BauR 2012, 1240
19.04.2012	23 U 150/11	**631** 391	**IBR 2013, 13**; BauR 2012, 1421
28.02.2012	23 U 59/11	**631** 450; **632** 49	**IBR 2012, 377, 511, 1181**; BauR 2012, 995, 1427
23.02.2012	5 U 65/11	**634a** 34, 40	**IBR 2012, 299**; BauR 2012, 1113; NJW-RR 2012, 914
31.01.2012	23 U 20/11	**648a** 22	**IBR 2012, 396**; BauR 2012, 970
23.11.2011	U (Kart) 12/11	**631** 60; **650c** 41	**IBR 2012, 316, 317, 382**; BauR 2012, 651; NZBau 2012, 366
17.11.2011	5 U 8/11	**650p** 83, 179	**IBR 2012, 402**; BauR 2012, 1274; NZBau 2012, 372; NJW-RR 2012, 794
11.10.2011	21 U 60/09	**650q** 51	**IBR 2013, 551**
20.07.2011	U (Kart) 11/11	**631** 59	**IBR 2011, 505, 619**; BauR 2011, 1862; NZBau 2011, 674; NJW 2012, 85
19.07.2011	21 U 76/09	**631** 444; **650p** 179	**IBR 2011, 565, 693**; BauR 2011, 1864; BauR 2012, 244; NZBau 2011, 692; NJW-RR 2011, 1530
15.07.2011	23 U 87/09	**632a** 99; **650v** 52, 54	**IBR 2011, 586, 1444**; **IBR 2012, 28**
21.06.2011	21 U 129/10	**632** 70; **650p** 3, 8	**IBR 2011, 529**; BauR 2011, 1708; BauR 2012, 119
21.06.2011	21 U 119/10	**641** 29	**IBR 2011, 1248**; BauR 2011, 1706; NZBau 2011, 686; NJW 2011, 2593
17.05.2011	23 U 106/10	**634a** 75, 76	**IBR 2011, 635**; NZBau 2011, 492; NJW 2011, 2817
22.02.2011	23 U 218/09	**650p** 157, 158	**IBR 2011, 633, 649, 703**
04.02.2011	22 U 161/10	**634a** 77	**IBR 2014, 262**; BauR 2014, 722
04.02.2011	22 U 123/10	**631** 751, 774	**IBR 2011, 651**
14.01.2011	22 U 198/07	**643** 4	**IBR 2011, 452, 1085**; NJW 2011, 1081
26.10.2010	21 U 159/09	**vor 631** 42; **634** 206	**IBR 2012, 187, 193**; BauR 2012, 1662
12.10.2010	21 U 194/09	**636** 54	**IBR 2011, 518**; BauR 2011, 1183
15.07.2010	5 U 25/09	**650p** 59	**IBR 2010, 675**; BauR 2010, 2142; BauR 2011, 568; NJW-RR 2011, 170
24.06.2010	5 U 135/09	**636** 4; **648a** 27	**IBR 2010, 677, 1287**
22.06.2010	21 U 54/09	**650p** 150	**IBR 2011, 415, 1172**; BauR 2011, 1679
27.04.2010	21 U 122/09	**636** 58	**IBR 2010, 330**; IMR 2010, 308; BauR 2010, 1110; NZBau 2010, 501; NJW-RR 2010, 1244
26.04.2010	21 U 130/09	**635** 42; **650u** 49	**IBR 2012, 509, 519**; BauR 2012, 1956

Zitatübersicht

02.03.2010	21 W 8/10	**641** 61, 66	**IBR 2010, 429**; IMR 2010, 295; BauR 2010, 1111, 1236
17.12.2009	5 U 57/09	**637** 26	**IBR 2010, 618, 674, 1385**
15.12.2009	23 U 11/08	**633** 58; **650u** 49, 51	**IBR 2010, 274**; BauR 2010, 953, 1594
06.10.2009	21 U 130/08	**650f** 82	**IBR 2010, 24, 25**; BauR 2009, 1940
02.07.2009	5 U 170/08	**634a** 101; **640** 45; **650s** 28	**IBR 2010, 156, 240**; BauR 2010, 799; NZBau 2010, 177; NJW-RR 2010, 528
23.06.2009	23 U 140/08	**631** 652	**IBR 2009, 530, 594, 595, 750**; BauR 2009, 1483
19.05.2009	23 U 118/08	**634a** 288	**IBR 2009, 1293**; BauR 2010, 110
08.05.2009	22 U 184/08	**650p** 179, 181	**IBR 2010, 32, 446**; BauR 2010, 646; BauR 2011, 1192
23.04.2009	5 U 142/08	**650s** 35	**IBR 2010, 670**
27.03.2009	23 U 83/08	**634** 31	
09.02.2009	Verg 66/08	**650c** 203	**IBR 2009, 531, 600**; BauR 2009, 1946; VergabeR 2009, 956
19.12.2008	22 U 86/08	**631** 527; **641** 91, 115	**IBR 2009, 518, 553**; BauR 2010, 819
14.11.2008	22 U 69/08	**648a** 84; **650c** 118	**IBR 2009, 696, 1376**; BauR 2010, 88
14.10.2008	23 U 36/08	**650v** 13	**IBR 2011, 89**
22.08.2008	23 U 57/08	**631** 180, 185	BauR 2009, 986
17.06.2008	21 U 96/07	**vor 631** 102	**IBR 2009, 323**; BauR 2008, 2043
30.05.2008	22 U 16/08	**650f** 232	**IBR 2010, 487**; BauR 2010, 1638, 1767
09.05.2008	22 U 191/07	**631** 298, 318, 378	**IBR 2009, 261, 316, 373, 1142, 1166**; BauR 2009, 1188, 1445
29.02.2008	23 U 85/07	**632** 23, 71; **650p** 4	**IBR 2008, 333**; NZBau 2009, 457
08.02.2008	23 U 58/07	**634** 109	**IBR 2008, 665, 1224**; BauR 2009, 277
22.01.2008	23 U 88/07	**632** 70, 71; **650p** 3, 4	**IBR 2008, 334, 392, 1246**
19.06.2007	21 U 164/06	**650b** 324	**IBR 2007, 479**; BauR 2007, 1902; NJW-RR 2008, 331
19.04.2007	5 U 113/06	**632** 73; **650p** 6	**IBR 2008, 31**; BauR 2008, 142
13.02.2007	21 U 109/06	**634a** 82	**IBR 2008, 525**; BauR 2008, 1497, 1917
08.02.2007	5 U 95/06	**634a** 48, 331; **640** 45	**IBR 2010, 98**; BauR 2010, 260, 480
20.10.2006	23 U 76/06	**634a** 83	**IBR 2006, 668**; BauR 2007, 157 (Ls.)
12.09.2006	21 U 49/06	**650e** 20	**IBR 2008, 153**; BauR 2007, 1590; NJW-RR 2007, 1663
15.08.2006	21 U 143/05	**631** 893	**IBR 2006, 672, 1570**; BauR 2006, 1946 (Ls.)
06.07.2006	5 U 89/05	**631** 813, 834	**IBR 2007, 65**; BauR 2006, 1887; BauR 2007, 156 (Ls.)
23.12.2005	22 U 32/04	**634a** 397	**IBR 2006, 549**; BauR 2006, 996
10.11.2005	21 U 1783/03	**650b** 173, 243	**IBR 2005, 667**; BauR 2005, 1971 (Ls.)
28.10.2005	22 U 70/05	**632** 17	**IBR 2006, 504**
14.06.2005	23 U 223/04	**648** 133, 134	**IBR 2005, 1277, 1279**; BauR 2005, 1636, 1522 (Ls.)
08.06.2005	3 U 12/04	**636** 12	NJW 2005, 2235; MDR 2006, 442

Zitatübersicht

24.05.2005	5 W 37/04	**631** 677	**IBR 2005, 525**; BauR 2005, 1962, 1520 (Ls.); MDR 2006, 88
17.03.2005	5 U 75/04	**650p** 111	**IBR 2006, 104**; BauR 2006, 547, 419 (Ls.)
11.03.2005	22 U 99/04	**641** 83	**IBR 2006, 192, 1515**; BauR 2006, 120
25.02.2005	22 U 79/04	**634a** 397	**IBR 2006, 130**
15.10.2004	22 U 108/03	**650f** 166, 170	**IBR 2005, 255**; BauR 2005, 572, 1068 (Ls.); NZBau 2006, 717
20.07.2004	21 U 178/03	**650f** 53	**IBR 2005, 321**; BauR 2005, 1220 (Ls.); BauR 2006, 531
18.11.2003	23 U 27/03	**631** 835, 839	**IBR 2004, 1033**; BauR 2004, 504
30.09.2003	23 U 204/02	**631** 564, 620, 625	**IBR 2004, 61, 137**; BauR 2004, 506; MDR 2006, 1150 (Ls.), 1151 (Ls.)
14.08.2003	5 W 17/03	**650e** 34, 39	**IBR 2004, 139**; BauR 2004, 549 (Ls.); NZBau 2003, 615; NJW-RR 2004, 18
10.07.2003	12 U 4/03	**631** 678	**IBR 2003, 537**; BauR 2003, 1723
13.03.2003	5 U 71/01	**634** 68	**IBR 2003, 408, 1077**; BauR 2004, 99; ZfBR 2003, 569 (Ls.)
25.02.2003	21 U 80/02	**631** 789; **650b** 222	**IBR 2003, 232, 238**; BauR 2003, 892, 1265 (Ls.), 770 (Ls.)
25.02.2003	21 U 44/02	**650b** 18	**IBR 2003, 345**; BauR 2003, 1572; ZfBR 2003, 687 (Ls.); NJW-RR 2003, 1324
30.01.2003	5 U 13/02	**632** 22, 26, 67	**IBR 2003, 1060**; BauR 2003, 1046; VergabeR 2003, 704; NZBau 2003, 459; ZfBR 2003, 514 (Ls.)
20.12.2002	22 U 95/02	**650p** 134	**IBR 2003, 129**; BauR 2003, 913; NJW-RR 2003, 379
10.12.2002	21 U 106/02	**631** 474	**IBR 2003, 236**; BauR 2003, 887, 772 (Ls.); NZBau 2004, 44 (Ls.); ZfBR 2003, 258 (Ls.); NJW-RR 2003, 455
06.12.2002	5 U 28/02	**649** 66; **650p** 111	**IBR 2003, 613, 1122**; BauR 2003, 1604
30.09.2002	21 U 47/02	**631** 839	**IBR 2003, 56**; BauR 2002, 1853
23.08.2002	22 U 25/02	**650c** 189	**IBR 2005, 2**; BauR 2005, 438 (Ls.)
12.07.2002	5 U 238/00	**631** 386, 394; **648** 152	**IBR 2002, 600**; BauR 2003, 259, 772 (Ls.)
28.06.2002	5 U 61/01	**631** 655	**IBR 2002, 660, 661**; BauR 2002, 1860; NZBau 2002, 674; NJW-RR 2002, 1535
22.03.2002	5 U 85/01	**631** 368, 371	**IBR 2002, 473**; BauR 2002, 1606 (Ls.); BauR 2003, 94
19.03.2002	23 U 140/01	**649** 22	NJW-RR 2003, 136
11.12.2001	21 U 92/01	**634** 31, 94, 98	**IBR 2002, 245**; BauR 2002, 802
14.09.2001	22 U 38/01	**648** 8	**IBR 2002, 27**; BauR 2001, 1962 (Ls.); BauR 2002, 336; NZBau 2002, 514
14.09.2001	22 U 37/01	**631** 214; **650b** 174	**IBR 2002, 5**; BauR 2002, 484; NZBau 2002, 276; NJW-RR 2002, 165
20.08.2001	23 U 191/00	**650p** 134, 135, 195	**IBR 2002, 319**; BauR 2002, 652
29.06.2001	22 U 221/00	**650b** 184	BauR 2001, 1737, 1628 (Ls.); NZBau 2002, 226; NJW-RR 2001, 1597
27.04.2001	22 U 173/00	**631** 906	BauR 2001, 1911
20.02.2001	21 U 118/00	**631** 572	BauR 2001, 803
16.01.2001	21 U 87/00	**631** 205	**IBR 2001, 523**; BauR 2001, 956

Zitatübersicht

Datum	Az.	Fundstelle	Zitat
05.12.2000	21 U 68/00	**631** 204, 205	BauR 2001, 954; NJW-RR 2001, 1084
15.11.2000	5 U 156/99	**650a** 10	BauR 2003, 127; NJW-RR 2003, 14
10.11.2000	22 U 78/00	**634** 44, 57	**IBR 2001, 179**; BauR 2001, 638; NZBau 2001, 401
08.09.2000	22 U 47/00	**631** 202; **650b** 307, 311, 316	**IBR 2000, 594**; **IBR 2001, 54, 157**; BauR 2000, 1878; BauR 2001, 845 (Ls.); NZBau 2001, 334; NJW-RR 2001, 14
08.09.2000	22 U 34/00	**631** 397	**IBR 2001, 166**; BauR 2001, 112; NZBau 2001, 91; NJW-RR 2000, 1688
08.09.2000	22 U 25/00	**631** 533	**IBR 2001, 8**; BauR 2001, 1268, 453 (Ls.), 454 (Ls.); NZBau 2000, 561; NJW-RR 2000, 1691
30.06.2000	22 U 209/99	**637** 103	**IBR 2001, 414, 477**; BauR 2001, 1461; BauR 2002, 137 (Ls.); NZBau 2001, 562; NJW-RR 2001, 1387
21.06.2000	5 U 177/99	**631** 530	BauR 2001, 406, 423
20.06.2000	21 U 162/99	**650p** 102	**IBR 2001, 211**; BauR 2000, 1515; NZBau 2001, 35
30.05.2000	22 U 214/99	**631** 390	**IBR 2000, 427**; BauR 2000, 1336; NZBau 2000, 430
16.05.2000	21 U 145/99	**631** 450; **632** 49	BauR 2000, 1334
12.05.2000	22 U 194/99	**634a** 17, 39	**IBR 2000, 430**; BauR 2000, 1532 (Ls.), 1912 (Ls.); BauR 2001, 648, 131 (Ls.); NZBau 2000, 573; NJW-RR 2000, 1336
12.05.2000	22 U 191/99	**650p** 158	**IBR 2000, 450**; BauR 2000, 1533 (Ls.); BauR 2001, 277; NZBau 2000, 526; NJW-RR 2000, 1262
12.04.2000	5 U 28/99	**648** 148	BauR 2001, 262
24.03.2000	22 U 180/99	**634** 118	**IBR 2001, 682**; BauR 2002, 506
17.03.2000	22 U 142/99	**650p** 134	**IBR 2000, 451**; BauR 2000, 1358, 1384 (Ls.); NZBau 2000, 474
15.03.2000	5 U 92/99	**637** 20	BauR 2001, 645
29.02.2000	5 U 10/99	**631** 198, 202	**IBR 2000, 365**; BauR 2000, 891, 1240 (Ls.)
16.12.1999	23 U 75/99	**631** 385	**IBR 2000, 120**; BauR 2000, 921
09.12.1999	12 U 195/98	**631** 198; **650b** 281	BauR 2000, 1198
19.11.1999	22 U 229/98	**631** 530	BauR 2000, 269
03.09.1999	12 U 118/99	**648** 3; **650e** 62	**IBR 2000, 87**; BauR 1999, 1482; NZBau 2000, 577; NJW-RR 2000, 166; MDR 1999, 1439
28.05.1999	22 U 228/98	**634** 46	NZBau 2000, 431
16.04.1999	22 U 218/98	**631** 929	NJW-RR 2000, 836
26.03.1999	22 U 210/98	**634a** 38	**IBR 1999, 463**; BauR 1999, 1058 (Ls.), 1334 (Ls.); BauR 2000, 734; NJW-RR 1999, 1182
19.03.1999	22 U 199/98	**634a** 29, 38	**IBR 1999, 463**; BauR 1999, 1058 (Ls.); BauR 2000, 732; NJW-RR 1999, 1212
05.02.1999	22 U 172/98	**650p** 113	**IBR 1999, 225**; BauR 1999, 789 (Ls.); BauR 2000, 778 (Ls.); NJW-RR 1999, 1696
18.12.1998	22 U 148/98	**631** 689	**IBR 1999, 111**; BauR 1999, 919, 519 (Ls.); NJW-RR 1999, 746

Zitatübersicht

01.10.1998	5 U 182/98	**vor 631** 91	IBR **1999, 332**; BauR 1999, 508
28.04.1998	23 U 150/97	**650f** 82, 90	IBR **1998, 470, 471**; BauR 1999, 47
29.01.1998	5 U 78/97	**649** 53	
19.12.1997	22 U 68/97	**650p** 177	IBR **1998, 72**; BauR 1998, 582, 200 (Ls.); NJW-RR 1998, 741
12.12.1997	22 U 18/97	**634** 152	IBR **1998, 253**; BauR 1998, 199 (Ls.); NJW-RR 1998, 527
06.11.1997	5 U 89/96	**631** 198	IBR **1999, 76**; BauR 1998, 1023, 409 (Ls.)
01.07.1997	21 U 245/96	**631** 436	IBR **1997, 404**; BauR 1997, 1052; BauR 1998, 384 A; NJW-RR 1998, 376
10.06.1997	21 U 188/96	**635** 50	IBR **1997, 415**; BauR 1998, 126; NJW-RR 1997, 1450
27.02.1997	5 U 65/96	**643** 38	BauR 1998, 880, 408 (Ls.)
17.01.1997	22 U 145/96	**631** 458	IBR **1997, 142**; BauR 1997, 660; NJW-RR 1997, 784
09.01.1997	5 U 104/96	**631** 198	IBR **1997, 339**
21.08.1996	9 U 99/95	**650u** 252	IBR **1997, 256**; NJW 1996, 3284
13.08.1996	22 U 212/95	**650q** 67	IBR **1998, 159, 160, 161**; NJW-RR 1998, 1317
10.11.1995	22 U 82/95	**650p** 103	IBR **1996, 203**; BauR 1996, 292; NJW-RR 1996, 470
07.11.1995	21 U 12/95	**631** 566	IBR **1996, 107**; NJW-RR 1996, 1419
24.10.1995	21 U 8/95	**631** 938; **650b** 136, 138, 184; **650c** 212	IBR **1996, 52**; BauR 1996, 267
30.08.1995	22 U 11/95	**634** 55	IBR **1996, 199**; BauR 1996, 260; NJW-RR 1996, 401
24.08.1995	5 U 178/94	**637** 52	IBR **1996, 150**
16.08.1995	22 U 256/93	**631** 625; **637** 54	IBR **1995, 503, 519**; BauR 1996, 396; NJW-RR 1996, 532
27.06.1995	21 U 219/94	**650b** 174	IBR **1995, 505**; BauR 1996, 115; NJW-RR 1996, 730
23.05.1995	23 U 133/94	**639** 34	IBR **1996, 106**; BauR 1996, 112
25.04.1995	21 U 192/94	**631** 214; **650b** 174	IBR **1995, 378**; BauR 1995, 706; BauR 1996, 119; NJW 1995, 3323
15.11.1994	21 U 98/94	**639** 40; **650p** 107	IBR **1995, 393**; BauR 1995, 411; NJW-RR 1995, 1361
18.10.1994	21 U 92/94	**631** 863	IBR **1995, 102**; BauR 1995, 257; NJW-RR 1995, 592
29.07.1994	23 U 46/94	**650e** 51	BauR 1995, 424
20.07.1994	22 U 249/93	**650b** 323, 324	IBR **1994, 502**; BauR 1995, 254; NJW-RR 1995, 402
20.07.1994	22 U 15/94	**634** 63; **650a** 10	IBR **1994, 504**; BauR 1995, 244; NJW-RR 1995, 214
20.07.1994	21 U 47/94	**631** 468	IBR **1994, 501**; BauR 1994, 762
07.06.1994	21 U 90/92	**634a** 228	IBR **1994, 503**; BauR 1995, 111; NJW-RR 1994, 1298
26.05.1994	5 U 196/93	**650n** 1	IBR **1995, 456**
26.05.1994	5 U 160/93	**634** 46	IBR **1995, 110**
14.04.1994	5 U 139/93	**631** 423	
22.03.1994	21 U 172/93	**650q** 67	IBR **1994, 380, 384**; BauR 1994, 534; NJW-RR 1994, 858

Zitatübersicht

Datum	Az.	§§	Fundstelle
23.11.1993	21 U 78/93	**634** 126	**IBR 1994, 366**; BauR 1995, 131; NJW-RR 1994, 1240
12.11.1993	22 U 91/93	**631** 398; **640** 71, 112	**IBR 1994, 154**; NJW-RR 1994, 408
29.10.1993	22 U 83/93	**vor 631** 109	**IBR 1994, 449**; NJW-RR 1995, 160
22.10.1993	22 U 59/93	**648a** 91	**IBR 1994, 99, 151, 152**; NJW-RR 1994, 342
22.10.1993	22 U 103/93	**636** 89	NJW-RR 1994, 341
18.06.1993	22 U 298/92	**634** 46	**IBR 1993, 457**; NJW-RR 1993, 1433
04.06.1993	22 U 13/93	**637** 47	**IBR 1994, 63**; BauR 1993, 739
05.03.1993	22 U 221/92	**vor 631** 43; **631** 89	
25.02.1993	5 U 72/92	**637** 97	**IBR 1993, 466**
25.02.1993	5 U 162/92	**650e** 18, 20	**IBR 1993, 327**; NJW-RR 1993, 851
04.12.1992	22 U 154/92	**637** 32	**IBR 1993, 377**; NJW-RR 1993, 1110
16.10.1992	22 U 230/91	**631** 111	**IBR 1993, 278**; BauR 1993, 487; NJW-RR 1993, 884
22.09.1992	23 U 224/91	**632** 66; **641** 78; **650c** 205	BauR 1993, 479
04.08.1992	23 U 236/91	**635** 47	**IBR 1993, 149**; BauR 1993, 82
11.06.1992	5 U 231/91	**649** 48, 53	**IBR 1992, 440, 443**
27.03.1992	22 U 198/91	**634a** 152	**IBR 1992, 453**; **IBR 1993, 10**; NJW-RR 1992, 1174
14.02.1992	22 U 155/91	**631** 367	**IBR 1992, 315, 356**
28.06.1991	22 U 1/91	**641** 67	**IBR 1991, 445**; BauR 1992, 72; NJW 1991, 3040; NJW-RR 1992, 22 (Ls.)
14.06.1991	22 U 293/90	**636** 63	**IBR 1991, 447, 448**; BauR 1992, 96
19.03.1991	23 U 141/90	**631** 625	**IBR 1991, 270**; BauR 1991, 747; NJW-RR 1992, 23
13.03.1991	19 U 47/90	**632** 22, 27, 63	**IBR 1991, 275**; BauR 1991, 613
05.02.1991	24 U 121/90	**634a** 210	NJW 1991, 2089
19.09.1990	19 U 68/88	**633** 97	**IBR 1991, 123**; NJW-RR 1991, 223; MDR 1991, 250
30.01.1990	23 U 136/89	**631** 436	**IBR 1990, 207**; BauR 1990, 609; ZfBR 1990, 123; NJW-RR 1991, 278
15.12.1988	5 U 103/88	**631** 634	BauR 1989, 335
07.10.1987	19 U 13/87	**631** 798	BauR 1988, 478; NJW-RR 1988, 211
28.04.1987	23 U 151/86	**631** 788, 789	BauR 1988, 487
24.02.1987	23 U 183/86	**635** 47	BauR 1987, 572; NJW-RR 1987, 1167
05.11.1985	23 U 159/85	**650e** 50	BauR 1986, 609; NJW-RR 1986, 322
18.12.1984	23 U 142/84	**640** 94	BauR 1986, 457
25.10.1983	23 U 61/83	**631** 366	BauR 1985, 327
07.10.1980	21 U 30/80	**650p** 27	BauR 1982, 86
15.10.1979	5 U 64/79	**634** 202	BauR 1980, 276
12.12.1978	4 U 77/78	**vor 631** 110	
13.03.1978	5 U 97/77	**631** 385	BauR 1979, 153
09.12.1977	16 U 48/77	**631** 902	NJW 1978, 1752
20.09.1976	5 U 55/76	**648** 27	BauR 1978, 404
23.12.1975	21 U 235/75	**631** 572	BauR 1976, 363
05.03.1975	19 U 71/74	**637** 55	BauR 1975, 348

Zitatübersicht

28.03.1972	21 U 100/71	**635** 83	BauR 1972, 385
07.09.1971	21 U 96/70	**641** 86	NJW 1971, 2310

OLG Frankfurt

05.07.2021	29 U 110/20	**650p** 179	**IBR 2021, 529, 587**; NZBau 2021, 739; NJW-RR 2021, 1384
28.10.2020	29 U 146/19	**640** 87; **650b** 254, 260, 261; **650j** 42	**IBR 2021, 19, 20, 21, 75, 76**; NZBau 2021, 328; MDR 2021, 164
28.02.2020	24 U 36/19	**650p** 45	**IBR 2021, 250**
15.01.2020	13 U 198/18	**640** 63	
28.10.2019	21 U 47/19	**641** 146	**IBR 2020, 126**; NZBau 2020, 438
30.09.2019	29 U 93/18	**650p** 99; **650t** 7	**IBR 2019, 684**
19.08.2019	21 U 11/19	**650e** 45	**IBR 2020, 19**; NZBau 2020, 237; NJW 2020, 935
29.07.2019	29 U 201/17	**640** 59	**IBR 2021, 418**
28.05.2019	14 U 253/10	**650u** 91, 103	**IBR 2022, 53**
26.03.2019	21 U 17/18	**631** 817	**IBR 2019, 303**
25.02.2019	29 U 81/18	**640** 59; **650f** 219, 222, 226	**IBR 2019, 372**; NZBau 2019, 584; NJW 2019, 2332
10.12.2018	29 U 123/17	**650u** 97, 102, 107	**IBR 2019, 195**; NZBau 2019, 307; NJW 2019, 1304
02.10.2018	29 U 163/17	**650u** 123	**IBR 2020, 593**; IMR 2020, 431
17.08.2018	21 U 78/17	**650t** 49	**IBR 2020, 82**
29.03.2018	22 U 104/16	**631** 837, 838	**IBR 2021, 115**
15.01.2018	21 U 22/17	**634** 46	**IBR 2020, 586**
24.05.2017	4 U 269/15	**631** 115	**IBR 2018, 306**
21.04.2017	29 U 180/16	**650g** 65	**IBR 2017, 418**; NZBau 2017, 602; NJW 2017, 2773
03.04.2017	29 U 169/16	**643** 11	**IBR 2017, 366, 417, 420**; NZBau 2017, 480; NJW-RR 2017, 982
13.10.2016	12 U 174/14	**641** 83	**IBR 2019, 364, 373**
15.04.2016	10 U 80/14	**648** 107	**IBR 2018, 677**
31.03.2016	6 U 36/15	**650p** 185; **650t** 49	**IBR 2016, 351**; NZBau 2016, 498
21.01.2016	11 U 71/14	**650p** 65, 111, 118	**IBR 2018, 632**
18.08.2015	22 U 147/13	**641** 72	**IBR 2015, 535**; NZBau 2016, 103; NJW 2016, 647; MDR 2016, 145
08.06.2015	4 U 3/15	**650p** 118	
24.02.2015	16 U 135/14	**631** 267, 271; **650u** 243	**IBR 2016, 206, 259**
19.12.2014	5 U 9/14	**648** 77	**IBR 2016, 392**
12.12.2014	24 U 184/13	**641** 28	**IBR 2016, 382**
20.11.2014	15 U 19/10	**650p** 112	**IBR 2018, 276**
29.09.2014	1 U 283/12	**641** 2, 12, 50	**IBR 2014, 722**
20.05.2014	6 U 124/13	**641** 89	**IBR 2014, 465**
25.03.2014	14 U 202/12	**634** 108	**IBR 2014, 407, 491**; BauR 2014, 1503
27.11.2013	23 U 203/12	**650p** 179, 180	**IBR 2015, 263, 312**

Zitatübersicht

30.09.2013	1 U 18/12	**650u** 129	**IBR 2013, 746**; IMR 2013, 513; BauR 2014, 1009; NJW-RR 2013, 1487
17.09.2013	14 U 129/12	**632a** 20, 117; **640** 41	**IBR 2014, 596, 601**
13.08.2013	16 U 49/13	**648** 77; **650f** 71	**IBR 2013, 683**; BauR 2014, 562; NZBau 2014, 42; NJW 2014, 319
08.05.2013	5 U 47/12	**640** 2; **646** 1	**IBR 2016, 337**
12.04.2013	14 U 30/13	**650g** 50	**IBR 2017, 7, 10**
18.03.2013	2 U 179/12	**631** 632	IMR 2013, 330
21.12.2012	16 U 128/12	**634a** 397	**IBR 2013, 185**; NZBau 2013, 304; NJW 2013, 1685; MDR 2013, 393
12.12.2012	9 U 141/11	**632a** 119; **650g** 43	BauR 2013, 795
07.12.2012	10 U 183/11	**632** 70; **650p** 3	**IBR 2013, 216**; NZBau 2013, 311; MDR 2013, 516
05.11.2012	9 U 141/11	**632a** 145	**IBR 2013, 459**
30.10.2012	6 U 181/11	**634a** 340	**IBR 2014, 555**
27.09.2012	5 U 7/12	**641** 145	**IBR 2013, 26**
06.09.2012	22 U 119/10	**634a** 342	**IBR 2014, 598**
15.06.2012	2 U 205/11	**633** 56; **648a** 27	**IBR 2014, 535, 540**
30.04.2012	4 U 269/11	**634a** 315	**IBR 2012, 386**; NZBau 2012, 503; NJW 2012, 2206; MDR 2012, 1225
15.02.2012	4 U 148/11	**632** 14; **650b** 324	**IBR 2012, 501**; BauR 2012, 993; BauR 2013, 974; NJW-RR 2012, 1200
22.12.2011	10 U 78/06	**649** 36	**IBR 2014, 8, 15**
30.11.2011	12 U 136/10	**650u** 49	**IBR 2012, 150**
21.09.2011	1 U 154/10	**631** 235	**IBR 2011, 690**; BauR 2012, 262; NZBau 2012, 110; NJW-RR 2011, 1655
17.08.2011	12 U 125/08	**636** 3, 117	**IBR 2013, 182, 208**
22.03.2011	14 U 29/07	**650p** 158	**IBR 2013, 690**
08.03.2011	5 U 48/10	**631** 187	**IBR 2011, 568**
24.01.2011	25 U 108/09	**634a** 277	**IBR 2011, 205**; BauR 2011, 895
20.01.2011	12 U 196/08	**650q** 45	**IBR 2012, 1154**; BauR 2012, 123
04.01.2011	8 U 47/10	**634a** 298	**IBR 2011, 83**; BauR 2011, 728
12.11.2010	10 U 74/10	**631** 31, 66	**IBR 2011, 564**
29.09.2010	15 U 63/08	**vor 631** 129; **639** 25	**IBR 2011, 149, 1102**; BauR 2011, 729; NJW-RR 2011, 459; NJW-RR 2015, 64
07.07.2010	7 U 76/09	**634** 46	**IBR 2010, 560**; BauR 2010, 1639
16.03.2010	14 U 31/04	**650p** 157, 158	**IBR 2012, 701, 717**
05.05.2009	8 U 10/09	**650e** 45	**IBR 2009, 492**
09.02.2009	17 U 247/07	**631** 150	**IBR 2009, 639**; BauR 2009, 1940
27.08.2008	3 U 125/07	**632** 71, 72; **650p** 4, 5	**IBR 2009, 215**; BauR 2009, 701
02.07.2008	1 U 28/07	**650p** 109, 147	**IBR 2011, 346**; BauR 2011, 1527
24.06.2008	22 U 135/07	**650p** 134	**IBR 2008, 659**; NJW-Spezial 2008, 622; NZBau 2008, 721
30.04.2008	15 U 91/07	**vor 631** 129	
11.03.2008	10 U 118/07	**650p** 143	**IBR 2008, 279**; NZBau 2008, 516; NJW-RR 2008, 1194
07.08.2007	7 U 228/01	**634a** 230	**IBR 2008, 447, 647**
09.05.2007	15 U 11/07	**650f** 79	**IBR 2008, 214**; BauR 2007, 1430

Zitatübersicht

02.05.2007	3 U 211/06	**650p** 112	IBR **2008, 663**; BauR 2008, 1939
07.03.2007	15 U 36/06	**650u** 56	IBR **2007, 1367**; BauR 2008, 90
14.12.2006	16 U 43/06	**650p** 112	IBR **2007, 573**; BauR 2007, 1941; BauR 2008, 555; 555/556
26.10.2006	26 U 2/06	**650n** 1	IBR **2007, 9**; BauR 2007, 895; NJW-RR 2007, 817
23.10.2006	16 U 91/06	**631** 15	IBR **2007, 233**; BauR 2007, 1245
17.08.2006	26 U 20/05	**631** 652	IBR **2007, 430, 430, 431, 496, 497, 567**; BauR 2007, 1458, 1906
20.12.2005	11 U 30/05	**631** 866	
20.09.2005	22 U 210/02	**632** 70; **650p** 3	IBR **2006, 453**; BauR 2006, 1922
27.01.2005	12 U 132/04	**650v** 63, 69	IBR **2005, 595**; BauR 2005, 1491, 1818 (Ls.)
23.12.2004	24 U 85/03	**650v** 54	IBR **2005, 327, 1177**; BauR 2005, 1040
12.08.2004	26 U 77/03	**641** 29	IBR **2004, 677**; BauR 2004, 1831 (Ls.); NJW-RR 2005, 169
04.02.2004	1 U 52/03	**634** 129, 160	IBR **2004, 330**; BauR 2004, 1329, 885 (Ls.); NZBau 2004, 397
04.04.2003	24 U 188/00	**650b** 281	IBR **2003, 463**; BauR 2003, 1045; NZBau 2003, 378; NJW-RR 2003, 964; MDR 2003, 1413
03.06.2002	1 U 26/01	**631** 627	BauR 2003, 269
15.05.2002	23 U 6/02	**650e** 50	IBR **2002, 456**; BauR 2002, 1435; NZBau 2002, 456; MDR 2003, 23
15.12.2000	24 U 240/98	**643** 11	
14.06.2000	23 U 78/99	**631** 468, 471	IBR **2001, 163**; BauR 2001, 297 (Ls.); NZBau 2001, 27; NJW-RR 2000, 1470
25.05.2000	16 U 103/98	**650e** 20	
13.12.1999	22 U 7/98	**631** 366	IBR **2000, 119**
22.04.1999	12 U 38/98	**650p** 135	IBR **2000, 508, 556**
21.04.1999	9 U 48/98	**641** 39	IBR **1999, 278**; BauR 2000, 435
31.03.1999	7 U 113/90	**641** 28, 86	IBR **2000, 367**; NJW-RR 2000, 755; MDR 2000, 154
21.12.1998	18 U 65/97	**631** 366	IBR **1999, 208**; BauR 1999, 789 (Ls.)
30.07.1998	15 U 191/97	**650u** 58	BauR 2000, 1204
10.06.1998	15 U 67/97	**634a** 85	IBR **1998, 532**; BauR 1999, 283 (Ls.); NJW-RR 1999, 24; MDR 1999, 90
25.11.1997	14 (27) U 137/96	**631** 353	IBR **1998, 428**; IBR **1999, 5**; BauR 1999, 51
03.07.1997	1 U 157/95	**631** 578	IBR **1998, 144**
11.04.1997	7 U 273/93	**641** 33	BauR 1997, 856
29.02.1996	1 U 283/94	**631** 602	IBR **1997, 58**; BauR 1997, 323; NJW-RR 1997, 526
06.07.1995	1 U 85/94	**644** 34	IBR **1996, 16**; BauR 1996, 394
10.05.1995	20 W 79/95	**650e** 24, 43	IBR **1995, 426, 429**; BauR 1995, 737; ZfBR 1995, 206; NJW-RR 1995, 1359
17.03.1995	10 U 64/94	**650e** 62	IBR **1995, 377**
20.01.1995	24 U 267/93	**631** 632	
24.11.1993	21 U 164/93	**650e** 22	IBR **1994, 146**; BauR 1994, 253; NJW-RR 1994, 1432
04.11.1992	21 U 103/91	**632** 31	IBR **1993, 205**; NJW-RR 1993, 1305

Zitatübersicht

28.12.1990	24 U 32/89	**637** 44	NJW-RR 1992, 602
28.03.1990	17 U 159/88	**650p** 176	**IBR 1990, 607**; **IBR 1991, 329**; BauR 1991, 370
01.02.1989	7 U 175/86	**634** 98	
18.10.1988	14 U 80/87	**649** 18, 52, 53, 55, 58	NJW-RR 1989, 209
26.01.1988	7 U 284/86	**634** 152	
09.11.1984	10 U 195/83	**631** 399	BauR 1986, 584
19.09.1984	17 U 32/84	**650e** 24	
11.01.1984	17 U 255/82	**649** 22, 47, 49, 52, 53, 54, 56, 57	BauR 1985, 207
23.02.1983	17 U 179/82	**650e** 50	BauR 1984, 535; NJW 1983, 1129; MDR 1983, 588
27.05.1981	17 U 82/80	**637** 90	BauR 1983, 156; NJW 1983, 456
08.11.1976	5 W 18/76	**631** 889, 900	

OLG Hamburg

16.07.2020	8 U 61/19	**640** 94	**IBR 2020, 525, 526**; NZBau 2021, 109; NJW-RR 2021, 90
11.09.2019	5 U 128/16	**650u** 123, 125, 126, 128	**IBR 2020, 128**
15.08.2019	3 U 155/16	**650t** 12	**IBR 2019, 669**; **IBR 2020, 124**; NZBau 2020, 302; NJW 2020, 1890
07.02.2019	4 U 103/18	**650f** 33	**IBR 2019, 376**
20.12.2018	4 U 80/18	**641** 89; **650g** 41, 78	**IBR 2019, 248**; MDR 2019, 734
27.12.2016	8 U 62/13	**640** 94, 95	**IBR 2020, 12**
23.10.2015	9 U 91/15	**650f** 42	**IBR 2016, 87**
21.10.2015	1 U 206/14	**648** 108	**IBR 2018, 381**
04.04.2014	1 U 123/13	**640** 53	**IBR 2017, 73**
06.03.2014	1 U 123/13	**640** 79	
19.12.2013	6 U 34/11	**650p** 81, 203	**IBR 2017, 82, 83**
04.07.2012	11 U 178/11	**634a** 326	
23.04.2012	11 U 173/10	**635** 47	**IBR 2014, 667**; BauR 2015, 264
10.02.2011	3 U 81/06	**632** 71, 77; **650p** 4	**IBR 2011, 413, 414, 1171**; BauR 2011, 1380
23.12.2010	5 U 248/08	**631** 111	**IBR 2011, 67**
17.12.2010	6 U 79/09	**634** 21	**IBR 2012, 451**
26.11.2010	1 U 163/09	**634a** 84	**IBR 2011, 634, 701**; BauR 2011, 1017; NZBau 2011, 621; NJW 2011, 2663
30.10.2009	9 U 144/00	**640** 53	**IBR 2012, 79**
29.10.2009	6 U 253/08	**631** 294; **650j** 45	**IBR 2011, 685, 691**; **IBR 2012, 13**
12.12.2008	1 U 143/07	**631** 77, 312, 335, 383	**IBR 2010, 254, 255, 259**; BauR 2010, 1227
21.12.2007	10 U 1/07	**650p** 7	**IBR 2009, 719, 1407**
28.12.2005	14 U 124/05	**631** 567	**IBR 2006, 80, 1106**; BauR 2006, 680; BauR 2007, 537
07.11.2003	1 U 108/02	**642** 135	**IBR 2004, 182, 211**; BauR 2004, 687; MDR 2006, 1153 (Ls.)

Zitatübersicht

10.06.2003	9 U 121/00	**640** 41	IBR 2004, 6; BauR 2003, 1590; BauR 2004, 137 (Ls.), 383 (Ls.)
03.09.2002	9 U 8/02	**vor 631** 91	IBR 2003, 487; NZBau 2003, 686; NJW-RR 2003, 1670
26.06.2002	4 U 217/98	**650b** 281	BauR 2003, 253
25.04.2001	13 U 38/00	**631** 198	IBR 2001, 491, 540
05.12.1997	14 U 21/96	**637** 61	IBR 1998, 292
29.01.1997	4 U 166/96	**650p** 114	
06.12.1995	5 U 215/94	**631** 621; **650b** 184	IBR 1998, 98, 99
29.09.1995	6 U 105/95	**631** 202; **650b** 227	IBR 1996, 335; BauR 1996, 256
11.05.1994	12 U 35/93	**634a** 27	IBR 1996, 419; BauR 1995, 242
20.08.1993	11 U 82/92	**vor 631** 102	IBR 1994, 231; BauR 1994, 123

OLG Hamm

27.04.2021	24 U 198/20	**650f** 24; **650i** 14, 17, 19, 24	IBR 2021, 351; NZBau 2021, 664
16.03.2021	24 U 101/20	**650p** 194	IBR 2021, 303, 307; NZBau 2021, 613; NJW-RR 2021, 1528; MDR 2021, 1004
28.01.2021	21 U 54/19	**650t** 19, 20	IBR 2021, 305, 306; NZBau 2021, 462; NJW-RR 2021, 675; MDR 2021, 558
10.12.2020	4 U 81/20	**650** 16	IBR 2021, 357
03.12.2020	24 U 14/20	**650p** 147	IBR 2021, 136; NZBau 2021, 383; NJW-RR 2021, 268
01.12.2020	24 U 143/19	**650u** 112	IBR 2022, 71
08.07.2020	12 U 74/19	**650t** 72	IBR 2020, 536; NZBau 2021, 120
23.07.2019	21 U 24/18	**650q** 13	IBR 2019, 503; NZBau 2020, 102; ZfBR 2020, 48; NJW 2020, 247, 2360
25.06.2019	21 U 21/17	**632a** 138	IBR 2020, 534
30.04.2019	24 U 14/18	**634** 18; **640** 53, 63, 109, 111	IBR 2019, 371, 374, 425; NZBau 2019, 709; ZfBR 2019, 570; NJW 2019, 3240; NJW 2020, 2296
18.01.2019	12 U 54/18	**640** 10, 79; **650b** 168	IBR 2019, 302; NZBau 2019, 298; ZfBR 2019, 459; NJW-RR 2019, 651
09.01.2019	12 U 123/18	**650f** 42	IBR 2019, 135; NZBau 2019, 176; NJW 2019, 1755; MDR 2019, 219
09.05.2018	12 U 88/17	**650c** 195, 196	IBR 2018, 552; NZBau 2019, 439; NJW-RR 2019, 14
31.01.2018	12 U 23/17	**650p** 158	IBR 2018, 275; MDR 2018, 467
14.12.2017	24 U 179/16	**650t** 36	IBR 2019, 509
12.07.2017	12 U 156/16	**631** 361	IBR 2017, 612; **IBR 2018, 1081**; NZBau 2018, 408; NJW 2018, 1026
30.06.2017	12 U 175/15	**650p** 179	
09.03.2017	24 U 32/13	**642** 37	IBR 2019, 370
16.01.2017	17 U 111/16	**632** 36; **650f** 76, 77	IBR 2017, 240, 372
03.06.2016	12 U 99/15	**650f** 76, 79, 95, 129	IBR 2016, 517, 518, 519
24.05.2016	24 U 10/14	**634** 197; **650p** 134; **650t** 40	IBR 2016, 466; NZBau 2016, 763; NJW 2017, 268

Zitatübersicht

Datum	Az.	§§	Fundstelle
21.04.2016	18 U 17/14	**631** 632	
19.04.2016	24 U 48/15	**633** 92, 93	**IBR 2016, 387, 450**; NZBau 2016, 634; NJW 2016, 3038; MDR 2016, 880
14.04.2016	21 U 40/16	**650e** 52, 53, 56	NZBau 2016, 638; NJW-RR 2016, 1237
08.10.2015	21 U 71/15	**650f** 102	**IBR 2016, 216**
26.02.2015	24 U 56/10	**648** 52	**IBR 2015, 350, 356**; NZBau 2015, 480; NJW 2015, 2970
24.02.2015	24 U 94/13	**634a** 21, 50, 108; **650a** 11	**IBR 2015, 422, 457**; BauR 2015, 1676
19.11.2014	12 U 58/14	**650p** 176	**IBR 2015, 147**; BauR 2015, 854; NZBau 2015, 103; NJW-RR 2015, 271; MDR 2015, 272
25.09.2014	24 U 65/13	**650g** 78	**IBR 2016, 73**
01.09.2014	17 U 30/12	**650p** 65, 143, 174	**IBR 2015, 373**; BauR 2015, 1872
23.06.2014	17 U 114/13	**632** 75	**IBR 2014, 547**; BauR 2015, 693
17.06.2014	24 U 20/13	**650p** 176	**IBR 2015, 438**; BauR 2015, 1005
10.06.2014	24 U 1/13	**650p** 143	**IBR 2015, 439**; BauR 2015, 1001
07.05.2014	12 U 184/12	**650p** 132	**IBR 2014, 558**; BauR 2015, 285; NZBau 2014, 642; NJW-RR 2014, 1116
10.04.2014	17 U 38/12	**634a** 62, 75, 177	**IBR 2014, 413**
27.02.2014	21 U 159/12	**650p** 179	**IBR 2014, 287, 317, 1072**; BauR 2014, 1338
21.02.2014	12 U 88/13	**650p** 22	**IBR 2014, 282**; BauR 2014, 1027
20.12.2013	12 U 79/13	**650p** 179	**IBR 2014, 154, 155, 291**; BauR 2014, 1176; MDR 2014, 203
02.10.2013	12 U 5/13	**640** 88	**IBR 2014, 72**
16.07.2013	26 U 116/12	**634a** 357, 358; **650p** 193	**IBR 2016, 405, 406**
12.04.2013	12 U 75/12	**633** 36; **634** 117; **650p** 148; **650t** 32, 45	**IBR 2013, 412**; **IBR 2014, 1021**; BauR 2013, 1688
15.03.2013	12 U 152/12	**650p** 107, 127	**IBR 2013, 286**; BauR 2013, 1301; NZBau 2013, 388; NJW-RR 2013, 795
06.03.2013	12 U 122/12	**650p** 179	**IBR 2013, 353**; BauR 2013, 1714; NZBau 2013, 313; NJW-RR 2013, 591
25.02.2013	17 U 90/12	**650s** 47	**IBR 2015, 551**
27.09.2012	17 U 170/11	**633** 62	**IBR 2013, 19**; NZBau 2013, 110; NJW 2013, 545; MDR 2013, 277
31.08.2012	12 U 49/12	**634a** 86	**IBR 2014, 548**
19.06.2012	21 U 85/11	**631** 451	**IBR 2014, 724, 725**; **IBR 2015, 4, 7, 1027**
08.05.2012	21 U 89/11	**631** 256	**IBR 2012, 510**; NZBau 2012, 642; NJW 2013, 621
10.04.2012	26 W 6/12	**650f** 46	**IBR 2012, 1162**
30.03.2012	19 U 186/11	**631** 895, 896	**IBR 2013, 55**
14.03.2012	12 U 118/10	**634a** 68, 75	**IBR 2013, 468**
21.02.2012	21 U 93/11	**631** 882; **641** 45	**IBR 2012, 253**; BauR 2012, 992, 1948
21.07.2011	24 U 151/04	**650p** 121	**IBR 2011, 592, 593**; BauR 2012, 530, 1981
05.05.2011	24 U 147/08	**631** 198	**IBR 2011, 687**

Zitatübersicht

29.04.2011	12 U 144/10	**634a** 315	IBR **2012**, **741**
12.04.2011	24 U 29/09	**642** 173; **650b** 165, 216	IBR **2013**, **136**; BauR 2013, 956
16.02.2011	12 U 82/10	**650b** 116	IBR **2011**, **260**; BauR 2011, 1214
08.02.2011	21 U 88/10	**631** 450	IBR **2011**, **252**; BauR 2011, 1057, 1168; NJW-RR 2011, 672
28.01.2011	19 W 2/11	**650f** 42	IBR **2011**, **141**
22.12.2010	19 U 155/10	**650f** 210, 213, 215	
18.11.2010	24 U 19/10	**634a** 146	IBR **2011**, **147**, **183**
25.08.2010	12 U 138/09	**631** 936; **650q** 46	IBR **2012**, **403**
09.07.2010	19 U 43/10	**650p** 158; **650t** 36	IBR **2010**, **1363**; BauR 2010, 1981; BauR 2011, 1687; NZBau 2011, 48; NJW 2011, 316
25.06.2010	19 U 154/09	**650** 84	IBR **2010**, **568**; BauR 2010, 1812
21.05.2010	19 U 2/10	**634a** 86	IBR **2011**, **207**; BauR 2010, 1638
07.05.2010	19 U 68/09	**650u** 94, 104	IBR **2012**, **151**
23.04.2010	19 U 12/08	**632** 71; **650p** 4, 7, 9	IBR **2011**, **93**; BauR 2010, 1782; NZBau 2010, 569; NJW-RR 2010, 1319
22.02.2010	17 U 67/09	**636** 96	IBR **2012**, **443**, **449**
10.11.2009	19 U 34/09	**648** 41, 134	IBR **2010**, **133**; BauR 2010, 664, 785
20.10.2009	19 U 143/05	**634** 31	IBR **2011**, **259**; BauR 2010, 259, 636
22.09.2009	24 U 137/08	**650p** 147, 179	
25.03.2009	12 U 40/09	**634a** 331	IBR **2011**, **1212**
16.12.2008	21 U 117/08	**634a** 160	IBR **2009**, **188**; BauR 2009, 703
25.11.2008	19 U 89/08	**650f** 156	IBR **2009**, **202**; BauR 2009, 699, 833
18.09.2008	24 U 48/07	**634** 46	IBR **2010**, **557**
09.09.2008	19 U 23/08	**632** 70, 71, 73; **650p** 3, 4, 6	IBR **2009**, **278**; BauR 2009, 1189
07.08.2008	21 U 78/07	**650p** 184; **650t** 49	IBR **2008**, **744**, **1300**, **1331**; **IBR 2009**, **42**; BauR 2008, 1940; BauR 2009, 123; BauR 2010, 1090; NZBau 2009, 45
17.07.2008	21 U 145/05	**vor 631** 77, 78; **634a** 305; **650c** 232	IBR **2008**, **731**, **732**; **IBR 2009**, **556**, **1265**; BauR 2009, 137, 1913
17.06.2008	19 U 152/04	**631** 271	IBR **2009**, **510**, **700**; BauR 2009, 1600, 1634
08.05.2008	12 U 124/06	**635** 77	IBR **2009**, **216**; BauR 2009, 862
13.03.2008	21 U 15/06	**648** 87, 88	IBR **2010**, **610**, **671**
28.02.2008	24 U 81/07	**650f** 152	IBR **2010**, **83**
20.12.2007	24 U 53/06	**639** 48	IBR **2009**, **141**, **275**; BauR 2009, 1320
03.07.2007	21 U 14/07	**650v** 46	IBR **2008**, **273**
06.06.2007	12 U 33/07	**650a** 8	IBR **2008**, **23**; BauR 2008, 140
31.05.2007	24 U 150/04	**650v** 39, 40	IBR **2007**, **470**, **561**, **1371**; **IBR 2008**, **430**; BauR 2007, 1737; NZBau 2007, 709; ZfBR 2007, 568 (Ls.)
10.05.2007	15 W 428/06	**650u** 99, 100	IMR **2007**, **393**; BauR 2008, 377
16.04.2007	15 W 308/06	**650f** 66	
07.03.2007	25 U 105/06	**650f** 156, 162	IBR **2010**, **140**
27.02.2007	21 W 8/07	**631** 32	BauR 2007, 1048, 1618

Zitatübersicht

Datum	Az.	Fundstelle	Weitere Fundstellen
13.02.2007	21 U 69/06	**650u** 91	IBR **2007, 209, 1203**; IMR 2007, 129; BauR 2007, 761, 1422; NZBau 2007, 783; ZfBR 2007, 344 (Ls.); NJW-RR 2007, 897
05.12.2006	24 U 58/05	**631** 617	IBR **2007, 179**; BauR 2007, 378, 878; VergabeR 2007, 557; NZBau 2007, 312; ZfBR 2007, 375; NJW-RR 2007, 819
19.09.2006	21 U 44/06	**634** 118	IBR **2006, 677**; BauR 2006, 1916, 2110 (Ls.); NZBau 2007, 41; ZfBR 2006, 778 (Ls.); NJW-RR 2006, 1680
12.05.2006	12 U 44/05	**631** 652	IBR **2007, 384**; BauR 2007, 1773; NZBau 2007, 726 (Ls.)
10.01.2006	24 U 94/05	**650e** 16	IBR **2006, 383**; NZBau 2006, 576; NJW-RR 2006, 1392
06.12.2005	21 U 66/05	**634a** 349	IBR **2006, 1437**; BauR 2006, 704; NZBau 2006, 324; ZfBR 2006, 242 (Ls.)
01.12.2005	24 U 89/05	**650p** 65	IBR **2007, 375**; ZfBR 2006, 567 (Ls.)
30.11.2005	17 W 42/05	**631** 677	IBR **2006, 426**; NZBau 2006, 787 (Ls.); NJW-RR 2006, 456
08.11.2005	21 U 84/05	**635** 25	IBR **2006, 330**; BauR 2006, 851; NZBau 2006, 314; ZfBR 2006, 242 (Ls.); NJW-RR 2006, 671
18.10.2005	24 U 59/05	**631** 537; **641** 50	IBR **2006, 326**; BauR 2006, 1151; NZBau 2006, 580; ZfBR 2006, 158 (Ls.); NJW-RR 2006, 391
20.09.2005	24 U 152/04	**631** 572, 813, 834	IBR **2006, 538**; BauR 2006, 1899
07.06.2005	19 U 100/04	**631** 677	IBR **2006, 1001**; BauR 2005, 1803; NZBau 2005, 642; ZfBR 2005, 681 (Ls.); MDR 2005, 1223
25.05.2005	25 U 117/04	**637** 24	IBR **2005, 474**; BauR 2006, 850; NJW-RR 2006, 166
14.04.2005	21 U 133/04	**650b** 204, 210	IBR **2005, 522**; BauR 2005, 1480; NZBau 2006, 180; ZfBR 2005, 681 (Ls.); MDR 2006, 1154 (Ls.)
10.02.2005	21 U 94/04	**631** 831	IBR **2005, 250**; BauR 2005, 1324, 909 (Ls.); ZfBR 2005, 372 (Ls.); MDR 2006, 1151 (Ls.)
08.02.2005	24 W 20/04	**631** 460, 463, 471	IBR **2005, 581**; BauR 2005, 1330, 1971 (Ls.); ZfBR 2005, 372 (Ls.); NJW-RR 2005, 893
03.12.2004	19 U 93/04	**634** 23	IBR **2005, 1161**; BauR 2005, 1190, 765 (Ls.); ZfBR 2005, 267 (Ls.); MDR 2005, 682
12.02.2004	17 U 56/00	**632a** 24	IBR **2004, 237**; BauR 2004, 1304; NZBau 2004, 439; ZfBR 2004, 455 (Ls.)
04.12.2003	24 U 34/03	**631** 655, 671	IBR **2005, 1281**; BauR 2005, 1344
26.11.2003	12 U 112/02	**640** 41	IBR **2005, 420**; BauR 2005, 731
20.11.2003	24 U 195/01	**648** 87, 107	IBR **2006, 435, 486**; BauR 2006, 1310; ZfBR 2006, 158 (Ls.)
23.10.2003	21 U 58/03	**650v** 40	IBR **2004, 113**; BauR 2004, 690, 552 (Ls.); ZfBR 2004, 271 (Ls.)
25.09.2003	21 U 8/03	**634** 85; **650f** 83	IBR **2004, 315, 554**; BauR 2004, 868; NZBau 2004, 445; NJW-RR 2004, 377
28.01.2003	34 U 37/02	**634** 44, 46	IBR **2003, 1057**; BauR 2003, 1052

Zitatübersicht

11.09.2002	25 U 66/01	**634** 46	**IBR 2002, 659**; BauR 2003, 406; NJW-RR 2003, 82
18.07.2002	21 U 82/01	**634** 46	**IBR 2003, 12**; BauR 2003, 101; ZfBR 2003, 37 (Ls.)
20.06.2002	24 U 45/01	**634a** 64, 85	**IBR 2003, 11**; BauR 2002, 1706
21.02.2002	21 U 23/01	**643** 25	BauR 2003, 1042
25.09.2001	21 U 108/00	**644** 23	**IBR 2002, 411**; BauR 2002, 635
29.05.2001	24 U 9/01	**648** 37	**IBR 2001, 536**; BauR 2001, 1607
15.05.2001	21 U 4/00	**650b** 46, 49	BauR 2001, 1594
08.03.2001	21 U 24/00	**635** 29, 47	**IBR 2001, 316**; BauR 2001, 1262, 1757; NJW-RR 2001, 1460
25.10.2000	12 U 32/00	**632** 45	BauR 2002, 319
08.06.2000	24 U 127/99	**634** 116; **650t** 55	**IBR 2000, 615**; BauR 2001, 828; ZfBR 2000, 551
09.03.2000	6 U (H) 28/00	**650u** 135	MDR 2000, 847
10.02.2000	21 U 85/98	**631** 361, 364	**IBR 2000, 489**; BauR 2000, 1202; MDR 2000, 881
20.10.1999	12 U 107/99	**650e** 51, 62	**IBR 2000, 443**; BauR 2000, 900, 1087; NZBau 2000, 338; ZfBR 2000, 338; NJW-RR 2000, 971
11.10.1999	12 U 142/99	**641** 132	**IBR 2000, 21**
11.08.1999	12 U 100/98	**649** 46, 66, 73; **650p** 196	**IBR 1999, 587**; BauR 1999, 1479; NZBau 2000, 389 (Ls.)
22.06.1999	21 U 155/98	**vor 631** 126	**IBR 1999, 488**; BauR 1999, 1323
19.05.1999	31 U 207/98	**631** 931	MDR 1999, 1013
25.02.1999	28 U 177/98	**650b** 113	
28.10.1998	12 U 99/97	**634a** 29, 38	**IBR 1999, 120**; BauR 1999, 766; NJW-RR 1999, 462
09.10.1998	12 U 112/98	**634a** 86	**IBR 2000, 166**; BauR 1999, 767
07.10.1998	12 U 19/98	**650e** 14, 21, 24	**IBR 1999, 63**; BauR 1999, 407; NJW-RR 1999, 383
03.12.1997	12 U 125/97	**vor 631** 43; **631** 89; **637** 66	**IBR 1998, 340**; NJW-RR 1998, 885; MDR 1998, 833
04.11.1997	21 U 45/97	**634a** 69	**IBR 1999, 53**; BauR 1999, 517 (Ls.); NJW-RR 1999, 171
19.08.1997	24 U 62/97	**650e** 29	BauR 1998, 885
12.06.1997	24 U 183/96	**650b** 280	**IBR 1998, 200**; NJW-RR 1998, 163
05.06.1997	2 U 123/96	**634** 189	**IBR 1997, 423**; BauR 1997, 1056
18.12.1996	12 U 46/96	**vor 631** 77; **634a** 305	**IBR 1997, 131**
21.11.1996	17 U 49/95	**631** 156	**IBR 1998, 237**; BauR 1998, 545
11.11.1996	17 U 162/95	**631** 798	
05.07.1996	12 U 140/95	**650p** 103	**IBR 1997, 340**; BauR 1997, 507
29.05.1996	25 U 154/95	**632a** 116	**IBR 1996, 505, 509**
22.05.1996	12 U 93/95	**650e** 33	
18.04.1996	17 U 136/95	**632** 57	
18.04.1996	17 U 132/95	**631** 366, 367	**IBR 1996, 415**; BauR 1997, 663
25.03.1996	17 U 117/94	**641** 32	**IBR 1996, 230**; BauR 1997, 656
21.03.1996	17 U 93/95	**631** 367	**IBR 1996, 412, 414**; BauR 1997, 661; NJW-RR 1997, 1042

Zitatübersicht

12.03.1996	21 U 147/95	**631** 423	**IBR 1996, 323**; BauR 1996, 739; MDR 1996, 1011
06.12.1995	25 U 66/94	**631** 805	**IBR 1996, 53**; BauR 1996, 243
11.10.1995	25 U 70/95	**631** 385, 393	**IBR 1996, 19**; BauR 1996, 392; NJW-RR 1996, 1364
23.06.1995	12 U 25/95	**631** 530	**IBR 1996, 116**; BauR 1996, 123; NJW-RR 1996, 86
14.06.1995	12 U 142/94	**vor 631** 43; **631** 89	**IBR 1996, 13, 14**; NJW-RR 1996, 593
30.03.1995	17 U 205/93	**634** 55, 126	**IBR 1995, 251**; BauR 1995, 852; NJW-RR 1996, 273
22.03.1995	12 U 97/94	**634a** 27	**IBR 1995, 521**; NJW-RR 1996, 919
10.03.1995	25 U 73/94	**631** 156	**IBR 1995, 292**; BauR 1995, 705; NJW-RR 1995, 1045
02.02.1995	17 U 162/92	**635** 77; **648** 143	**IBR 1995, 485**; BauR 1995, 413; ZfBR 1995, 142; NJW-RR 1995, 724; MDR 1995, 901
13.01.1995	12 U 84/94	**641** 78; **650c** 205	**IBR 1995, 157, 162**; BauR 1995, 564; NJW-RR 1995, 593; MDR 1995, 356
09.12.1994	12 U 41/94	**vor 631** 77; **634a** 305	**IBR 1995, 293**
08.11.1994	21 U 61/94	**650e** 51	
23.09.1994	12 U 117/93	**640** 114	**IBR 1995, 25**; BauR 1995, 269
23.08.1994	26 U 60/94	**640** 58	**IBR 1995, 513**; NJW-RR 1995, 1233; MDR 1995, 902
17.08.1994	12 U 8/94	**649** 21, 22	
21.06.1994	24 U 15/94	**637** 40	BauR 1995, 109
16.05.1994	17 U 32/93	**634** 44, 46	BauR 1994, 632; NJW-RR 1994, 1111
13.04.1994	12 U 171/93	**633** 39, 55	**IBR 1994, 367**; BauR 1994, 767; NJW-RR 1995, 17
17.03.1994	27 U 227/93	**637** 51	**IBR 1994, 325**; BauR 1994, 783; NJW-RR 1995, 17; MDR 1995, 51
01.07.1993	17 U 65/93	**641** 7	**IBR 1994, 58**; BauR 1993, 741; ZfBR 1993, 289; NJW-RR 1994, 474
22.04.1993	21 U 39/92	**650p** 118	**IBR 1994, 194**; BauR 1993, 626, 628; NJW-RR 1994, 211
26.03.1993	12 U 203/92	**631** 530	**IBR 1994, 2**; NJW-RR 1993, 1490
10.02.1993	12 U 167/92	**631** 863	**IBR 1993, 197**; NJW 1993, 2625
20.01.1993	26 U 6/92	**634** 94, 98	**IBR 1993, 380**; NJW-RR 1993, 1236
29.10.1992	23 U 3/92	**640** 55	**IBR 1993, 196**; NJW-RR 1993, 340
27.10.1992	26 U 132/92	**650e** 53	**IBR 1993, 57**; BauR 1993, 115
23.06.1992	26 U 132/91	**634a** 316	**IBR 1993, 14**; BauR 1993, 86; NJW-RR 1993, 287; MDR 1993, 239
17.06.1992	26 U 69/91	**634** 126	**IBR 1992, 442**; NJW-RR 1993, 27
20.03.1992	26 U 155/91	**649** 62	NJW-RR 1992, 1329
14.02.1992	26 U 118/92	**631** 29	**IBR 1992, 180**; BauR 1992, 779
28.11.1991	21 U 33/91	**634** 118	**IBR 1992, 153**
27.11.1991	25 U 51/91	**635** 81	**IBR 1992, 15**; BauR 1992, 800; NJW-RR 1992, 467
14.10.1991	17 U 15/90	**631** 656	**IBR 1993, 325**; NJW-RR 1992, 448
20.09.1991	12 U 202/90	**634a** 27	**IBR 1992, 147**

Zitatübersicht

12.07.1991	26 U 146/89	**631** 423	IBR **1991, 430**; BauR 1992, 242; NJW-RR 1991, 1496
05.02.1991	21 U 111/90	**634** 126	IBR **1992, 151**; BauR 1992, 78
21.12.1990	30 U 128/90	**vor 631** 102	IBR **1991, 70**
10.12.1990	23 U 41/90	**vor 631** 45; **631** 88	IBR **1991, 64, 65**
17.08.1990	26 U 180/89	**633** 38; **650p** 143	IBR **1991, 36**; BauR 1991, 247; BauR 1992, 262; NJW-RR 1991, 731
04.04.1990	12 W 18/89	**640** 41	IBR **1990, 512**; NJW-RR 1990, 917
17.01.1990	26 U 112/89	**vor 631** 43; **631** 89	IBR **1991, 22**; NJW-RR 1991, 277; MDR 1991, 253
26.09.1989	26 U 183/88	**632** 73; **650p** 6	IBR **1990, 155**; BauR 1990, 636; NJW-RR 1990, 91
21.04.1989	26 U 194/88	**650e** 36	IBR **1990, 435**; BauR 1990, 365; NJW-RR 1989, 1105
08.11.1988	26 U 113/88	**632a** 140	BauR 1989, 751; NJW-RR 1989, 274
24.06.1987	25 U 127/86	**640** 41	NJW-RR 1988, 147
16.10.1986	24 U 24/86	**650p** 13	BauR 1987, 582
17.09.1981	6 U 51/81	**640** 29	BauR 1982, 280; MDR 1982, 52
15.12.1977	2 U 212/77	**641** 66	
04.11.1977	6 U 66/77	**vor 631** 110	
11.11.1975	21 U 42/75	**634a** 29	BauR 1977, 62; NJW 1976, 1269

OLG Jena

30.04.2020	8 U 674/19	**650u** 14, 15	IBR **2021, 77**
10.01.2020	4 U 812/15	**642** 136	IBR **2020, 628**
27.06.2019	8 U 874/18	**643** 35	IBR **2020, 283**
13.05.2016	1 U 605/15	**650p** 158; **650t** 40	IBR **2017, 29**
17.09.2015	1 U 531/14	**650t** 40	IBR **2018, 86**
08.01.2014	2 U 156/13	**632** 72; **650p** 5	IBR **2014, 278**; BauR 2014, 1962; NJW 2014, 2510; NJW 2017, 2368
20.06.2013	1 U 1032/12	**650p** 119	
06.03.2013	2 U 105/12	**vor 631** 97; **634a** 35; **641** 83; **650f** 102, 177	IBR **2014, 384, 412, 415, 462**
19.12.2012	2 U 34/12	**650f** 164	IBR **2014, 145, 146**
28.11.2012	7 U 348/12	**650g** 51, 78	IBR **2013, 265**
08.03.2012	4 W 101/12	**650u** 135, 141	NJW-RR 2012, 862; MDR 2012, 488
17.03.2010	7 U 289/09	**650f** 80	IBR **2011, 379**
17.11.2009	4 W 485/09	**641** 145	IBR **2010, 82**
28.10.2009	4 U 141/07	**650p** 158	IBR **2011, 636**
11.08.2009	5 U 899/05	**631** 141	IBR **2009, 634, 635**; BauR 2009, 1787; NZBau 2010, 376; ZfBR 2009, 820
14.07.2009	5 U 736/06	**640** 54	IBR **2012, 324**
09.04.2008	4 U 1100/06	**634a** 176	IBR **2010, 23**
09.10.2007	5 U 684/06	**631** 202	IBR **2008, 632**; BauR 2008, 1899
19.09.2007	7 U 35/07	**650b** 315; **650s** 90	IBR **2007, 669**; BauR 2007, 2114

Zitatübersicht

19.07.2007	1 U 669/05	**650s** 45	**IBR 2008, 146, 166, 225**; BauR 2008, 1927
18.04.2007	7 U 946/06	**648** 11	**IBR 2008, 83**; BauR 2008, 534
17.01.2007	4 U 1041/05	**641** 90	**IBR 2007, 1113**; BauR 2007, 600
22.11.2006	7 U 253/06	**650f** 20	**IBR 2007, 676**; BauR 2008, 140, 536
01.11.2006	7 U 50/06	**648a** 59	**IBR 2007, 382**; BauR 2007, 1109
27.07.2006	1 U 897/04	**633** 56	**IBR 2009, 134**; BauR 2009, 669
12.01.2006	1 U 921/04	**650c** 213	**IBR 2006, 484**; BauR 2006, 1897
22.03.2005	8 U 318/04	**650b** 174	**IBR 2005, 462**; BauR 2005, 1161, 1367 (Ls.); NZBau 2005, 341; ZfBR 2005, 725 (Ls.); MDR 2006, 1154 (Ls.)
10.04.2002	7 U 938/01	**631** 359	**IBR 2002, 542**; BauR 2003, 1416; NJW-RR 2002, 1178; MDR 2002, 1245
01.11.2001	1 U 479/01	**631** 678	**IBR 2002, 12**
27.02.2001	5 U 766/00	**634a** 85	BauR 2001, 1124
22.04.1998	2 U 1747/97	**650e** 3, 34, 35	**IBR 1998, 521, 522**; BauR 1999, 179; NJW-RR 1999, 384
04.11.1997	3 U 257/97	**648** 124	
22.10.1996	8 U 474/96	**631** 349, 385	**IBR 1998, 198, 199**; BauR 2001, 1446
14.08.1996	7 U 1253/95	**632a** 122	**IBR 1997, 85**

OLG Karlsruhe

27.08.2020	8 U 49/19	**642** 79, 118, 119, 123, 124, 142	**IBR 2020, 512, 513**
30.04.2020	8 U 92/18	**650p** 121	**IBR 2021, 364**
21.12.2018	8 U 55/17	**640** 112; **650f** 150, 166, 205	**IBR 2019, 185, 187, 316**; NZBau 2019, 370; NJW 2019, 2098
10.12.2018	19 U 83/16	**650p** 65; **650t** 9	**IBR 2020, 188**
12.06.2018	8 U 102/16	**650f** 76	**IBR 2018, 612, 683**; NJW-RR 2018, 1292
10.04.2018	8 U 19/14	**650u** 97, 123	**IBR 2018, 564**
04.04.2017	19 U 17/15	**650p** 179	**IBR 2017, 630**
02.03.2017	8 U 152/15	**650t** 21, 33	**IBR 2017, 385**; NZBau 2017, 483; NJW-RR 2017, 788
24.10.2016	19 U 108/14	**650u** 145	**IBR 2017, 1032**
11.10.2016	8 U 102/16	**650f** 42	**IBR 2017, 200**
12.04.2016	8 U 174/14	**633** 36; **634** 117; **650t** 32	**IBR 2016, 389**; NZBau 2016, 749; NJW 2016, 2961
22.03.2016	8 U 138/14	**632a** 140	**IBR 2016, 507, 509, 547, 549**; NZBau 2016, 691; NJW 2016, 2670
05.02.2016	8 U 16/14	**634a** 331, 355; **650s** 12, 13	**IBR 2016, 295, 298**; NZBau 2016, 643; NJW 2016, 2755
15.01.2016	19 U 133/14	**650u** 159	**IBR 2016, 219**; NZBau 2016, 492; NJW 2016, 1829
28.04.2015	8 U 143/13	**631** 529; **632** 32	**IBR 2015, 407**
24.02.2015	8 U 117/12	**635** 24; **641** 67	**IBR 2015, 240, 251**; BauR 2015, 1335; MDR 2015, 497
17.02.2015	19 U 32/13	**650p** 65, 140	**IBR 2016, 225, 226**
02.12.2014	19 U 122/13	**648** 55; **650g** 78	**IBR 2017, 362, 414, 423**
28.10.2014	14 U 64/14	**650q** 51	**IBR 2015, 261**
09.04.2014	7 U 177/13	**641** 75	**IBR 2014, 1214**

Zitatübersicht

Datum	Az.	§§	Fundstellen
24.01.2014	4 U 149/13	**634a** 55	**IBR 2014, 210**; NZBau 2014, 290; NJW 2014, 1308
30.10.2013	7 U 36/09	**650p** 99	**IBR 2016, 404**
19.02.2013	4 U 96/12	**641** 76	**IBR 2013, 337**; NZBau 2013, 437; NJW-RR 2013, 855
13.11.2012	8 U 106/09	**650g** 57, 62	**IBR 2015, 413**
24.04.2012	8 U 6/10	**634a** 281	**IBR 2013, 635**; **IBR 2014, 1350**
24.01.2012	8 U 172/10	**634a** 315	**IBR 2012, 199**; NZBau 2012, 495; NJW 2012, 2204
27.09.2011	8 U 106/10	**640** 6; **650u** 123, 126	**IBR 2011, 641, 642**; IMR 2011, 460; BauR 2012, 138; NJW 2012, 237
17.03.2011	13 U 86/10	**650t** 54	**IBR 2011, 513**; **IBR 2012, 18**
26.10.2010	8 U 170/09	**650v** 13	**IBR 2011, 25**; BauR 2011, 567
14.07.2010	6 U 145/08	**648** 129, 163	**IBR 2011, 1040**
13.07.2010	19 U 109/09	**632** 18, 66; **650b** 238; **650c** 183	**IBR 2012, 189**
20.05.2010	12 U 232/09	**632a** 99; **650v** 52	**IBR 2010, 392**; BauR 2010, 1111
06.04.2010	4 U 129/08	**645** 20; **650p** 134	**IBR 2011, 74, 1080**; NZBau 2011, 31; NJW-RR 2010, 1609
23.03.2010	8 U 43/09	**631** 202	**IBR 2011, 686**
17.02.2010	8 U 143/09	**632** 70, 73; **650p** 3, 6	**IBR 2010, 275**; BauR 2010, 1279
23.12.2009	15 U 243/08	**vor 631** 129	**IBR 2010, 155**
03.12.2009	13 U 106/09	**634a** 298	**IBR 2010, 84**; BauR 2010, 664
04.08.2009	4 W 36/09	**650e** 29	**IBR 2010, 567**
29.05.2009	4 U 160/08	**633** 58; **640** 90; **650u** 58	**IBR 2012, 195, 265**; IMR 2012, 163
29.09.2008	1 U 51/08	**634a** 173	**IBR 2009, 520, 1112, 1314**
27.07.2007	8 U 243/06	**650p** 10	BauR 2009, 1170
24.07.2007	8 U 93/06	**650p** 119	**IBR 2008, 524, 586**
24.05.2007	19 U 119/06	**650p** 158	**IBR 2007, 378**; BauR 2007, 1911
22.03.2007	4 U 25/06	**641** 115	**IBR 2007, 484**; BauR 2008, 114; NZBau 2007, 645
13.03.2007	17 U 304/05	**634** 184	**IBR 2007, 418**
21.12.2006	12 U 198/06	**634a** 401	**IBR 2007, 309**
29.12.2005	19 U 57/05	**632** 57	BauR 2006, 683; NJW 2006, 1744 (Ls.); NJW-RR 2006, 419; MDR 2006, 1035
10.05.2005	8 U 238/04	**636** 138	**IBR 2006, 101, 102**
19.04.2005	17 U 217/04	**648a** 59	**IBR 2005, 385**; BauR 2005, 1661; NZBau 2006, 50
28.10.2004	17 U 19/01	**637** 73	**IBR 2006, 88, 135**; BauR 2004, 1813; BauR 2006, 540
19.10.2004	17 U 67/04	**650p** 192	**IBR 2004, 687**; BauR 2005, 893
19.10.2004	17 U 107/04	**637** 44, 51, 52; **650t** 56	**IBR 2005, 81, 197**; BauR 2005, 879, 440 (Ls.); NJW-RR 2005, 248; MDR 2005, 861
20.07.2004	17 U 262/01	**634** 65, 67	**IBR 2004, 684**; **IBR 2005, 315**; BauR 2005, 729, 153 (Ls.)
23.09.2003	17 U 234/02	**634a** 313; **640** 63, 109	**IBR 2004, 65, 66**; BauR 2004, 518; NZBau 2004, 331; NJW-RR 2004, 745

Zitatübersicht

12.08.2003	17 U 188/02	**650p** 177	**IBR 2003, 612**; BauR 2003, 1921; BauR 2004, 363; NZBau 2004, 617; NJW-RR 2004, 815
22.01.2003	12 U 141/02	**643** 9	
23.10.2002	7 U 104/02	**649** 32, 53	BauR 2003, 1589
15.10.2002	17 U 96/01	**631** 474	**IBR 2003, 404**; BauR 2003, 737
13.06.2002	9 U 153/01	**650t** 57	**IBR 2002, 540**; BauR 2002, 1136 (Ls.); BauR 2003, 917; NZBau 2003, 102
30.12.1999	17 U 168/95	**650f** 103	**IBR 2000, 170**
05.09.1997	8 U 136/96	**631** 378	**IBR 1997, 507**
29.10.1996	8 U 18/96	**650e** 42	BauR 1997, 486; NJW-RR 1997, 658
12.03.1996	8 U 207/95	**650f** 82	**IBR 1996, 406**; BauR 1996, 556; NJW 1997, 263
21.10.1993	8 U 40/93	**643** 36	**IBR 1995, 379**
06.07.1993	3 U 57/92	**631** 632	**IBR 1994, 142**; NJW-RR 1993, 1435; MDR 1993, 841
19.02.1992	7 U 98/90	**642** 135	**IBR 1993, 230**
16.01.1992	9 U 209/90	**648** 15	
15.12.1983	4 U 129/82	**649** 66; **650p** 196	BauR 1994, 116; NJW-RR 1993, 1368 BauR 1984, 538
22.07.1982	9 U 27/81	**631** 621	
19.05.1971	5 U 107/70	**vor 631** 110	
01.02.1939	1 U 178/38	**631** 920	

OLG Koblenz

08.10.2020	6 U 1945/19	**634** 55	**IBR 2020, 649**; **IBR 2021, 9, 10**
28.07.2020	4 U 1282/17	**648a** 99	**IBR 2021, 342, 343**
15.06.2018	6 U 467/17	**650p** 179	**IBR 2021, 366**
12.04.2018	1 U 108/17	**650p** 189	**IBR 2018, 336**; MDR 2018, 665
11.04.2018	10 U 1167/16	**637** 9; **639** 50; **650u** 110	**IBR 2020, 20**
01.03.2018	1 U 1011/17	**640** 42	**IBR 2018, 382**; NZBau 2018, 416; NJW-RR 2018, 725; MDR 2018, 929
26.07.2017	5 U 400/17	**650p** 3	
28.06.2017	10 U 1116/16	**650t** 42	**IBR 2017, 633**; NZBau 2017, 739; NJW-RR 2017, 1299
06.04.2017	5 U 176/17	**632** 31; **650b** 141	**IBR 2017, 361**; NZBau 2017, 602; NJW-RR 2017, 1170
02.03.2017	2 U 296/16	**632a** 60; **640** 49; **650u** 58	**IBR 2017, 320, 321, 322, 435, 436, 1033**
19.10.2016	5 U 458/16	**640** 49; **650s** 13	**IBR 2016, 700**; MDR 2016, 1440
20.07.2016	5 U 363/16	**632a** 149	**IBR 2016, 632**; NZBau 2016, 752; NJW 2016, 3729; MDR 2016, 1377
07.06.2016	4 U 66/16	**650f** 76	**IBR 2016, 694**
19.05.2016	1 U 204/14	**650p** 179	**IBR 2016, 497, 592**
11.05.2016	5 U 1270/15	**640** 54	**IBR 2019, 64**
23.09.2015	5 U 212/15	**632** 32	**IBR 2016, 133**
06.11.2014	6 U 245/14	**631** 300; **650b** 174, 176, 246	**IBR 2015, 9**; BauR 2015, 975; NZBau 2015, 88; NJW 2015, 635
30.09.2014	3 U 413/14	**650p** 147	**IBR 2015, 21**; BauR 2015, 293; MDR 2014, 1441

Zitatübersicht

27.03.2014	3 U 944/13	**634** 22, 25; **637** 64	IBR 2014, 265
25.03.2014	3 U 1080/13	**631** 157	**IBR 2014, 418**; NZBau 2014, 635; NJW-RR 2014, 982
03.01.2014	5 U 1310/13	**631** 402	**IBR 2014, 266**; NZBau 2014, 293; NJW 2014, 1186
29.08.2013	6 U 965/12	**648a** 83	**IBR 2015, 594**
24.06.2013	3 U 202/13	**650g** 72	NZBau 2013, 641; NJW 2013, 3380; MDR 2013, 1187
13.05.2013	12 U 1297/12	**650e** 45	**IBR 2013, 414**
08.04.2013	2 U 1123/12	**650u** 129	**IBR 2014, 150**
28.03.2013	1 U 295/12	**634a** 62	**IBR 2013, 756**
26.02.2013	3 U 916/12	**634a** 62	**IBR 2013, 348**; NZBau 2013, 434
18.02.2013	3 U 775/12	**640** 55	NZBau 2013, 436; NJW-RR 2013, 796
20.12.2012	1 U 926/11	**650p** 176	**IBR 2015, 264**
18.12.2012	2 U 1001/11	**650g** 63	**IBR 2013, 203**
17.12.2012	2 U 1320/11	**632a** 119	**IBR 2013, 254**
14.12.2012	8 U 185/12	**636** 12	**IBR 2014, 482**
13.12.2012	10 U 1282/11	**650g** 78, 85	**IBR 2013, 202, 204**
09.11.2012	5 U 1228/11	**650p** 107, 121	**IBR 2015, 202**
25.09.2012	5 U 577/12	**650p** 143	**IBR 2012, 749**; **IBR 2013, 34**; NZBau 2013, 53; NJW-RR 2013, 20; MDR 2012, 1460
01.06.2012	10 U 1376/11	**650p** 186	**IBR 2013, 290**
19.01.2012	1 U 1287/10	**631** 599; **632** 69, 75; **650p** 143	**IBR 2013, 548, 549, 628, 1218**
11.08.2011	2 U 22/10	**650p** 20	
30.05.2011	5 U 297/11	vor **631** 119; **634a** 323; **650p** 144	**IBR 2011, 472, 1373**; BauR 2011, 1545; NZBau 2011, 495; NJW-RR 2011, 1037
28.02.2011	12 U 1543/07	**650g** 51	**IBR 2013, 334, 335, 336**
25.02.2011	10 U 1504/09	**650u** 51	**IBR 2011, 584**
10.01.2011	5 U 1353/10	**650i** 14	IMR 2011, 146; NJW-RR 2011, 1203
21.10.2010	5 U 91/09	**640** 58	**IBR 2012, 80**
14.04.2010	12 W 178/10	**650e** 41	**IBR 2010, 623**; NZBau 2011, 34; NJW-RR 2010, 1682 (Ls.)
12.04.2010	12 U 171/09	**631** 445, 817	**IBR 2011, 250**
26.03.2010	8 U 1325/05	**631** 72	**IBR 2012, 19**
16.03.2010	14 W 138/10	**636** 57	**IBR 2010, 311**; BauR 2010, 831; NZBau 2010, 503; NJW-RR 2010, 1036
19.02.2010	2 U 704/09	**634a** 47	**IBR 2010, 439**; BauR 2010, 1278
04.11.2009	1 U 633/09	**650p** 138	**IBR 2010, 697**; BauR 2011, 139
04.08.2009	5 U 333/09	**650a** 8	**IBR 2009, 577**; BauR 2009, 1633; NJW-RR 2010, 164; MDR 2009, 1157
06.04.2009	12 U 1495/07	**634a** 62	**IBR 2010, 511**; BauR 2010, 1092
30.05.2008	10 U 652/07	**632** 18	**IBR 2009, 8**; BauR 2008, 2092; NZBau 2009, 382; NJW-RR 2009, 163
25.06.2007	12 U 1435/05	**650t** 72	**IBR 2008, 282**; MDR 2008, 20
25.01.2007	6 U 326/06	**634** 109	**IBR 2009, 650**; IMR 2009, 447; BauR 2010, 102

Zitatübersicht

26.06.2006	12 U 685/05	**631** 67	**IBR 2007, 1196**; BauR 2007, 1109; NZBau 2007, 727 (Ls.); NJW-RR 2007, 813
20.10.2005	6 U 1303/04	**631** 537	**IBR 2006, 1488**; BauR 2006, 1315
14.07.2005	5 U 267/05	**650f** 127, 137, 226	**IBR 2005, 534**; BauR 2005, 1681 (Ls.); ZfBR 2005, 791 (Ls.)
02.03.2005	6 W 124/05	**650e** 62	**IBR 2005, 264**; BauR 2005, 909 (Ls.); NZBau 2006, 188
27.04.2004	3 U 625/03	**634** 126; **637** 24	**IBR 2005, 12**; BauR 2005, 154 (Ls.)
19.03.2004	8 U 397/03	**650t** 72	**IBR 2005, 221**; BauR 2005, 767 (Ls.)
16.01.2004	8 U 889/03	**637** 5	**IBR 2005, 16**; NJW-RR 2004, 1670
05.12.2003	8 U 1016/03	**631** 642	**IBR 2004, 560**; BauR 2004, 1832 (Ls.)
27.11.2003	5 U 1880/01	**650f** 165	NZBau 2004, 444; ZfBR 2004, 374 (Ls.); NJW-RR 2004, 667
20.10.2003	12 U 418/02	**631** 866	BauR 2004, 520; NZBau 2004, 333; MDR 2006, 1152 (Ls.)
04.06.2003	1 U 1504/02	**650f** 127	
05.05.2003	12 U 40/02	**650v** 63	**IBR 2003, 607**; BauR 2003, 1410, 1780 (Ls.); NJW-RR 2003, 1173
14.02.2002	5 U 1640/99	**634** 46; **637** 102; **640** 58	BauR 2002, 833 (Ls.); BauR 2003, 96; NJW-RR 2002, 807
10.01.2002	2 U 825/01	**631** 655, 671	**IBR 2002, 227**; BauR 2002, 1124; NZBau 2002, 453; ZfBR 2002, 791 (Ls.); MDR 2002, 715
23.03.2000	2 U 792/99	**631** 364	**IBR 2000, 535**; BauR 2000, 1338, 1530 (Ls.); NZBau 2000, 330; NJW-RR 2000, 1042
14.12.1999	3 U 431/99	**649** 32	NZBau 2001, 636 (Ls.)
14.09.1999	3 U 225/99	**650f** 149	
01.09.1999	9 U 106/97	**637** 82	
27.05.1999	5 U 1273/98	**650q** 67	BauR 2000, 151 (Ls.), 933 (Ls.); NZBau 2000, 256
18.12.1998	10 U 362/98	**650v** 25	**IBR 1999, 363**; BauR 1999, 1057 (Ls.), 1333 (Ls.); NJW-RR 1999, 671
31.07.1997	5 U 90/97	**632** 22	**IBR 1998, 194**; BauR 1998, 542, 409 (Ls.); NJW-RR 1998, 813; MDR 1998, 343
23.04.1997	9 U 760/96	**vor 631** 77; **634a** 305	**IBR 1997, 498**
17.03.1994	5 U 1436/93	**634a** 27	NJW-RR 1995, 655
29.07.1993	5 U 921/93	**650e** 27	**IBR 1995, 104**; NJW-RR 1994, 786
24.09.1992	5 U 1304/92	**650e** 14	**IBR 1994, 57**; BauR 1993, 750
03.11.1988	5 U 787/88	**631** 924	NJW-RR 1990, 61; MDR 1990, 50
22.01.1988	2 U 1655/86	**631** 99	

OLG Köln

17.03.2021	11 U 281/19	**648** 37	**IBR 2021, 232**; NZBau 2021, 602; NJW-RR 2021, 877
03.02.2021	11 U 136/18	**642** 170, 171, 173, 176, 178, 208; **650c** 51, 179	**IBR 2021, 170, 171**
21.08.2020	19 U 5/20	**650u** 126	**IBR 2021, 131**
06.08.2020	24 U 29/16	**640** 88	**IBR 2021, 405, 453**

Zitatübersicht

Datum	Az.	§	Fundstelle
01.07.2020	7 U 163/19	650s 7	IBR 2020, 598
17.06.2020	11 U 186/19	650f 35, 48	IBR 2020, 402; MDR 2020, 1243
18.12.2019	16 U 114/19	650f 76	IBR 2021, 116
03.12.2019	14 U 25/19	650p 19	IBR 2020, 320
28.11.2019	7 U 166/18	650t 31, 54	IBR 2020, 70
17.04.2019	16 U 20/19	650e 41	IBR 2019, 490
21.02.2019	16 U 140/18	650s 11, 15	IBR 2019, 507; NZBau 2019, 453; NJW 2019, 1886
19.12.2018	11 U 110/16	650t 4, 56, 74	IBR 2019, 204; NZBau 2019, 514; NJW 2019, 1686
14.12.2018	19 U 27/18	648 69	IBR 2019, 126, 249
05.12.2018	11 U 21/16	648a 65	IBR 2019, 312
11.07.2018	17 U 44/16	650u 128	IBR 2021, 1044
02.03.2018	19 U 166/15	650u 55	IBR 2018, 267, 1034
17.01.2018	16 U 60/17	632a 94	IBR 2018, 376, 378; NZBau 2018, 465; ZfBR 2019, 148; NJW 2018, 2336
21.12.2017	7 U 49/13	640 88	IBR 2018, 436
05.07.2017	16 U 138/15	648a 65	IBR 2017, 542, 547
23.03.2017	16 U 153/16	650f 24; 650i 19, 20; 650p 27	IBR 2017, 501
29.12.2016	7 U 131/15	631 198	IBR 2017, 185, 299, 304, 1007
23.11.2016	11 U 173/15	650u 58, 210	IBR 2018, 145, 264
10.11.2016	7 U 97/15	640 93	IBR 2017, 74, 77; NZBau 2017, 157; NJW-RR 2017, 217
28.07.2016	7 U 179/15	634a 228	IBR 2016, 639; NZBau 2017, 82
24.02.2016	16 U 50/15	650t 34	IBR 2016, 352; NZBau 2016, 646; NJW 2016, 2430
10.02.2016	11 U 136/15	640 48	IBR 2016, 338, 394
18.11.2015	11 U 33/15	640 41	IBR 2017, 244
04.11.2015	11 U 48/14	650p 119	IBR 2017, 562, 563
26.10.2015	19 U 42/15	650c 197	IBR 2016, 385
07.08.2015	19 U 104/14	640 42; 650u 243	IBR 2016, 207; NZBau 2016, 224; NJW-RR 2016, 343
24.07.2015	19 U 129/14	640 54	IBR 2016, 574
13.05.2015	11 U 96/14	641 61; 650n 1; 650u 242	IBR 2015, 491
23.04.2015	3 U 124/14	650f 149	IBR 2015, 358
13.04.2015	11 U 183/14	631 4; 650 15, 18, 30	IBR 2015, 394; NZBau 2015, 492; NJW-RR 2015, 859
08.04.2015	17 U 35/14	642 193	IBR 2015, 297
02.04.2015	24 U 175/14	650q 51	IBR 2017, 543
24.03.2015	22 U 162/13	650c 196	IBR 2018, 551, 555
30.12.2014	17 U 83/13	631 939	IBR 2015, 349
07.11.2014	19 U 55/14	631 946	IBR 2015, 178
30.10.2014	24 U 76/14	650p 127	IBR 2015, 494, 496
27.10.2014	11 U 70/13	631 774; 642 172, 193	IBR 2015, 121; BauR 2015, 850
29.08.2014	19 U 200/13	631 529, 530; 632 32	IBR 2015, 115, 250
30.07.2014	11 U 133/13	650p 24	IBR 2014, 680; BauR 2015, 144

Zitatübersicht

Datum	Az.	Norm	Fundstelle
08.07.2014	24 U 175/13	**631** 866	IBR 2015, 469
10.06.2014	11 U 74/14	**641** 91	IBR 2014, 584; BauR 2014, 2132; MDR 2014, 1022
28.05.2014	2 U 107/13	**650a** 12	IBR 2015, 15, 43
06.02.2014	19 U 150/13	**631** 530	
28.01.2014	24 U 199/12	**631** 774; **642** 193	IBR 2014, 257, 258; BauR 2014, 1309; NZBau 2014, 626; NJW 2014, 3039
20.01.2014	11 U 116/13	**650p** 188	IBR 2014, 285; NZBau 2014, 302; NJW-RR 2014, 660
12.12.2013	7 U 60/13	**650q** 45	IBR 2016, 589
23.10.2013	11 U 109/13	**650u** 93	IMR 2014, 257
14.05.2013	15 U 214/11	**650p** 65; **650t** 45	IBR 2016, 294
13.03.2013	16 U 123/12	**650p** 179	IBR 2013, 322, 352; BauR 2013, 2054; NZBau 2013, 375
21.12.2012	19 U 181/11	**650p** 111	IBR 2013, 220; BauR 2013, 1708
07.11.2012	17 U 128/11	**631** 195	IBR 2013, 137; BauR 2013, 954; NZBau 2013, 169; NJW-RR 2013, 265
29.08.2012	16 U 30/11	**634a** 62, 76, 339, 343	IBR 2013, 270, 271; BauR 2013, 1303
14.08.2012	3 U 109/09	**631** 256	IBR 2012, 645; NZBau 2013, 45; NJW-RR 2012, 1369
25.06.2012	19 U 35/12	**633** 56	IBR 2012, 577; BauR 2013, 257; NZBau 2012, 781; NJW-RR 2012, 1398
16.05.2012	11 U 154/11	**650b** 280, 295	IBR 2014, 651, 723; IBR 2015, 8
05.04.2012	7 U 195/11	**641** 129	IBR 2012, 454; BauR 2012, 1655; NZBau 2012, 499; NJW-RR 2012, 1047
14.02.2012	22 U 184/10	**631** 358	
23.12.2011	19 U 24/11	**631** 361	IBR 2013, 14
19.12.2011	5 U 2/11	**649** 12	
03.11.2011	19 U 104/11	**631** 479	
27.06.2011	19 U 45/11	**632** 57	
31.05.2011	24 U 164/10	**650p** 158	IBR 2011, 650; BauR 2011, 2004; NZBau 2011, 697; NJW 2011, 2739
21.03.2011	11 U 214/10	**631** 895; **634a** 112; **650t** 102	IBR 2011, 1173; BauR 2011, 1380, 1844; NZBau 2011, 430; NJW-RR 2011, 958
23.02.2011	11 U 70/10	**631** 71; **650u** 109	IBR 2011, 525; BauR 2011, 1010
03.11.2010	11 U 54/10	**637** 48	IBR 2011, 15; BauR 2011, 304
06.10.2010	11 U 39/10	**631** 536	IBR 2012, 571; BauR 2013, 244
16.09.2010	7 U 158/08	**635** 47	IBR 2010, 617; BauR 2010, 1980
17.08.2010	3 U 69/09	**631** 353, 361	IBR 2011, 692; IBR 2012, 137
23.02.2010	3 U 33/09	**632** 31, 66	IBR 2010, 257; BauR 2010, 829
20.01.2010	11 U 3/10	**634a** 327	IBR 2010, 216; BauR 2010, 1089
14.11.2008	19 U 54/08	**648a** 27; **650b** 319	IBR 2010, 314
30.04.2008	17 U 51/07	**639** 40	IBR 2009, 38, 40; BauR 2008, 1655; NZBau 2009, 189
07.02.2008	15 U 106/07	**650a** 10	IBR 2009, 645, 708; IBR 2010, 19
22.08.2007	17 U 57/06	**641** 90	IBR 2008, 1023; NZBau 2007, 788
23.03.2007	19 U 162/06	**634a** 55	IBR 2008, 1009; BauR 2008, 526

Zitatübersicht

16.01.2007	3 U 214/05	**634** 30, 31, 64, 70	**IBR 2007, 242**; BauR 2007, 931; NJW-RR 2007, 821
10.11.2006	20 U 18/06	**631** 305; **641** 91; **650j** 29	**IBR 2007, 658**; BauR 2007, 2116; BauR 2008, 129
19.07.2006	11 U 139/05	**634** 46; **645** 9	**IBR 2007, 420**; BauR 2007, 887, 901; MDR 2007, 583
11.04.2006	22 U 204/05	**631** 599	**IBR 2006, 609**; MDR 2007, 27 (Ls.)
14.12.2005	11 U 109/05	**634a** 298	**IBR 2006, 93**; BauR 2006, 719, 418 (Ls.)
28.10.2005	9 U 146/04	**650f** 222	
28.09.2005	11 U 16/05	**vor 631** 129, 130	**IBR 2006, 38**; BauR 2006, 156 (Ls.); NZBau 2006, 183
18.08.2005	7 U 129/04	**632a** 116; **650b** 69, 214	**IBR 2005, 583**; BauR 2006, 1143; NZBau 2006, 45, 272 (Ls.)
20.07.2005	11 U 96/04	**633** 56	**IBR 2005, 530**; BauR 2005, 1681 (Ls.); MDR 2006, 147
05.07.2005	24 U 44/05	**650f** 166	**IBR 2005, 480**; BauR 2005, 1680 (Ls.)
23.02.2005	11 U 76/04	**650n** 20, 23, 24	
01.10.2004	20 U 85/03	**648** 34	**IBR 2004, 691**; **IBR 2005, 7**; BauR 2005, 151 (Ls.)
22.09.2004	11 U 93/01	**633** 56	**IBR 2004, 682**; BauR 2005, 389, 151 (Ls.); NJW-RR 2005, 1042
29.07.2003	24 U 129/02	**636** 138	**IBR 2004, 378**; BauR 2004, 1344 (Ls.)
09.05.2003	19 U 170/96	**634** 25; **635** 15	**IBR 2005, 15**; BauR 2005, 439 (Ls.)
26.02.2003	12 U 254/99	**631** 200	
08.10.2002	24 U 67/02	**650c** 205	**IBR 2003, 119**; BauR 2003, 1779 (Ls.), 431 (Ls.), 771 (Ls.); NJW-RR 2003, 667
30.01.2002	27 U 4/01	**640** 41	**IBR 2002, 529, 539**; BauR 2002, 1294 (Ls.); MDR 2002, 877
22.01.2002	22 U 201/01	**634** 46	
30.04.2001	19 W 12/01	**632** 18	NJW-RR 2002, 1425
31.10.2000	24 U 53/94	**631** 841	**IBR 2002, 2, 7**
30.08.2000	11 U 25/99	**631** 384	**IBR 2001, 102**; BauR 2001, 1105, 454 (Ls.)
29.06.2000	12 U 254/99	**631** 156	**IBR 2001, 52**; BauR 2001, 136 (Ls.); ZfBR 2001, 42
17.05.2000	26 U 50/99	**637** 42	
29.02.2000	3 U 81/99	**634a** 29	**IBR 2001, 59**; BauR 2000, 1531 (Ls.); ZfBR 2000, 554
06.08.1999	19 U 176/98	**650n** 1, 20, 23, 24	**IBR 2000, 13**; BauR 2000, 298 (Ls.), 935 (Ls.); NZBau 2000, 78; NJW 2000, 1877 (Ls.)
26.03.1999	4 U 47/98	**650f** 15	**IBR 2001, 62**; BauR 2000, 1874
08.01.1999	19 U 223/96	**631** 83	
16.01.1998	20 U 43/97	**634a** 73	
16.01.1998	19 U 98/97	**649** 53, 61	NJW-RR 1998, 1429
19.11.1997	27 U 56/97	**650e** 29	**IBR 1998, 243**; BauR 1998, 794
05.09.1997	19 U 238/94	**649** 58, 59	NJW-RR 1998, 549, 548 (Ls.)
25.06.1997	17 W 135/97	**636** 54	
29.04.1997	20 U 124/96	**631** 805	**IBR 1998, 191**; BauR 1998, 118; NJW-RR 1999, 316
10.06.1996	18 U 213/95	**631** 158	NJW-RR 1996, 1484
08.11.1995	11 U 75/95	**634** 55	BauR 1996, 548

Zitatübersicht

15.09.1995	20 U 259/90	**650b** 18	IBR **1999, 1**; BauR 1998, 1096
11.09.1995	18 W 20/95	**648** 37	IBR **1996, 229**; BauR 1996, 257; NJW-RR 1996, 402
14.06.1995	13 U 2/93	**634** 126	IBR **1995, 468**
19.05.1995	20 U 199/94	**650e** 39, 42	IBR **1995, 457, 459**; BauR 1996, 272
14.11.1994	2 U 76/93	**650u** 248	IBR **1995, 271**; NJW-RR 1995, 531
26.08.1994	19 U 292/93	**634a** 29, 38	IBR **1994, 506**; IBR **1995, 161**; NJW-RR 1995, 337
01.07.1994	11 U 29/94	**634a** 85	IBR **1994, 419**; BauR 1995, 107; NJW-RR 1995, 180
24.06.1994	3 U 185/93	**650p** 119	IBR **1994, 512**
25.03.1994	19 U 212/93	**632** 37	IBR **1994, 414**; NJW-RR 1994, 1239
16.03.1994	27 U 3/94	**634** 44	IBR **1994, 290**; NJW-RR 1994, 1110; 1110 L
04.03.1994	19 U 204/93	**631** 47	IBR **1995, 164**; BauR 1995, 100; NJW-RR 1994, 1430
18.02.1994	19 U 216/93	**631** 947	IBR **1994, 273**; BauR 1995, 112; NJW-RR 1994, 1109
24.11.1993	11 U 106/93	**649** 66; **650p** 196	IBR **1994, 239**; BauR 1994, 271; ZfBR 1994, 88; NJW-RR 1994, 340
28.04.1993	13 U 201/92	**631** 805	IBR **1994, 100**; NJW-RR 1994, 602
07.04.1993	11 U 277/92	**634** 189	BauR 1993, 744
18.09.1992	19 U 106/91	**631** 798	NJW 1993, 73
11.08.1992	3 U 213/91	**632a** 110	IBR **1993, 17**; NJW-RR 1992, 1438
03.04.1992	19 U 191/91	**631** 202	IBR **1992, 368**; IBR **1993, 245**; BauR 1993, 243; NJW-RR 1992, 915; NJW-RR 1993, 915
18.03.1992	19 W 7/92	**631** 656	
10.12.1990	16 Wx 134/90	**650u** 100	IBR **1991, 375**; NJW-RR 1991, 850
04.04.1990	17 U 34/89	**631** 625	IBR **1990, 592**; BauR 1991, 615
13.09.1989	13 U 69/89	**634a** 29	
08.03.1985	6 U 182/84	**634a** 27	BauR 1986, 441
04.05.1982	15 U 128/81	**650v** 45	BauR 1983, 380
21.09.1981	12 U 7/81	**650b** 42	
27.11.1974	16 U 124/74	**650e** 53	NJW 1975, 454, 1172 (Ls.)

OLG München

13.04.2021	9 U 2715/20	**650t** 29	IBR **2021, 363**
20.01.2021	20 U 2534/20	**637** 53; **650p** 179	IBR **2021, 137**; NZBau 2021, 395; NJW-RR 2021, 530
01.09.2020	28 U 1686/20	**634** 91	IBR **2020, 589**; NZBau 2021, 251
07.07.2020	9 U 2001/19	**650q** 13	IBR **2020, 465**
26.05.2020	28 U 6762/19	**650p** 179	IBR **2021, 420**; BauR 2021, 1835
15.01.2020	20 U 1051/19	**640** 26, 58; **650s** 13	IBR **2020, 171**; NZBau 2020, 436; NJW-RR 2020, 594
25.11.2019	28 U 3648/19	**650f** 33	
18.11.2019	27 U 2703/19	**650u** 242	
05.11.2019	9 U 3774/18	**640** 88	IBR **2021, 22**
16.10.2019	28 U 1733/19	**640** 54	IBR **2021, 69**

Zitatübersicht

08.10.2019	20 U 94/19	**650f** 77; **650q** 13	**IBR 2019, 680**; NZBau 2020, 38; NJW 2019, 3652
08.05.2019	20 U 124/19	640 54	**IBR 2019, 546**
18.03.2019	28 U 3311/18	640 53	**IBR 2021, 68**
11.03.2019	28 U 95/19	634 94	**IBR 2019, 553**
28.01.2019	28 U 3555/18	**650v** 43	**IBR 2020, 293**
20.12.2018	27 U 1515/18	634 91	**IBR 2020, 401**
20.11.2018	28 U 705/15	**650p** 121	**IBR 2020, 645, 646**
24.10.2018	20 U 966/18	**650t** 13	**IBR 2019, 27**
14.08.2018	9 U 3345/17	**650u** 169	**IBR 2019, 497, 558**
27.04.2018	28 U 2471/17	640 52, 53	**IBR 2020, 10**
24.04.2018	28 U 3042/17	640 22; **650u** 123, 126, 127, 128	**IBR 2018, 392, 393, 452, 565**
09.04.2018	13 U 4710/16	**650u** 123	**IBR 2018, 628**
13.12.2017	27 U 4877/16	**650t** 24	**IBR 2020, 647**
25.09.2017	9 U 1847/17	640 109	**IBR 2020, 67**
30.08.2017	13 U 4374/15	**650p** 99, 195; **650s** 31	**IBR 2017, 631, 1069**; BauR 2018, 544
22.05.2017	28 U 4449/16	**650f** 155	**IBR 2021, 73**
09.05.2017	9 U 2687/16	**650u** 128	**IBR 2017, 498**; BauR 2018, 278
23.02.2017	27 U 3351/16	640 26, 54	**IBR 2020, 11**
20.12.2016	9 U 1430/16	**650s** 27; **650t** 54	**IBR 2017, 615**
06.12.2016	28 U 2388/16	**650u** 123, 124, 125, 131, 133	**IBR 2017, 81, 113**; IMR 2017, 70, 71, 1079; BauR 2017, 1041
25.10.2016	9 U 34/16	640 41; **650v** 39, 43	**IBR 2018, 265, 266, 318**
23.08.2016	9 U 4327/15	633 74	**IBR 2016, 701**; IMR 2016, 524; BauR 2017, 574
09.08.2016	9 U 4338/15	**650t** 21, 58	**IBR 2017, 266**; NZBau 2017, 295
12.07.2016	13 U 2466/15	648a 27	**IBR 2019, 9**
19.05.2016	27 U 4880/15	**650b** 323, 324	
02.05.2016	28 U 3932/15	**650b** 126	**IBR 2019, 246**
27.04.2016	28 U 4738/13	631 451	**IBR 2017, 486, 488, 489, 541**
19.04.2016	9 U 3566/15	**650u** 97	**IBR 2018, 563**
12.01.2016	9 U 1621/15	640 54	**IBR 2019, 63**
10.11.2015	9 U 4218/14	640 54	**IBR 2016, 11**; BauR 2016, 846; NZBau 2016, 161
26.08.2015	27 U 520/15	640 22; **650s** 25	**IBR 2017, 48, 134**
23.07.2015	9 U 4888/14	**650p** 99, 134	**IBR 2016, 156**
17.03.2015	9 U 1662/11	**650v** 9	**IBR 2015, 603**
10.03.2015	9 U 2902/14	631 121; 635 43, 44	**IBR 2015, 597**; BauR 2015, 1346; NZBau 2015, 778; NJW-RR 2015, 1430
16.02.2015	9 U 3997/14	**650v** 70	**IBR 2016, 16**
10.02.2015	9 U 2225/14	**650s** 43	**IBR 2015, 611**; BauR 2015, 1697
26.01.2015	9 U 1995/14	**650u** 124, 125, 131, 133	**IBR 2017, 255**
16.12.2014	9 U 491/14	**650p** 156	**IBR 2015, 265**; BauR 2015, 1703; NZBau 2015, 305; NJW 2015, 1185
11.09.2014	9 U 1314/14	**650p** 3, 10	**IBR 2016, 704**

Zitatübersicht

Datum	Az.	Fundstelle	Veröffentlichung
18.08.2014	9 U 1314/14	**650p** 3	
05.08.2014	9 U 3291/13	**650p** 182	**IBR 2014, 747**; BauR 2015, 526
03.06.2014	9 U 3404/13	**641** 144	**IBR 2017, 23**
21.05.2014	13 U 4423/13	**641** 60	**IBR 2015, 651**
01.04.2014	9 U 1862/11	**634a** 331	**IBR 2016, 463**
18.02.2014	9 U 4833/12	**641** 146	**IBR 2017, 555**
11.02.2014	9 U 5582/10	**645** 9	**IBR 2015, 114**
28.01.2014	9 U 2296/13	**648** 68	**IBR 2014, 260**; BauR 2014, 1003
17.12.2013	9 U 960/13	**636** 68	**IBR 2014, 483**; IMR 2014, 344; BauR 2014, 1018
10.12.2013	9 U 543/12	**vor 631** 97; **634a** 35; **650a** 12	**IBR 2014, 208, 1110**; BauR 2014, 720; NZBau 2014, 177; NJW 2014, 867; NJW 2016, 2912
10.12.2013	9 U 1317/13	**634a** 175	**IBR 2015, 71**; BauR 2014, 2099
10.12.2013	28 U 732/11	**645** 9	**IBR 2015, 345**
27.11.2013	13 U 835/13	**650t** 27	**IBR 2014, 678**
29.10.2013	9 U 773/13	**640** 26	**IBR 2014, 595**
09.07.2013	28 U 4652/12	**650p** 179	**IBR 2013, 691**
14.05.2013	9 U 3038/12	**650p** 65, 145, 158	**IBR 2016, 97**
26.03.2013	28 U 2645/10	**650p** 143	**IBR 2015, 557**
26.02.2013	9 U 2340/11	**648** 90, 96, 99	**IBR 2013, 410**; NZBau 2013, 495; NJW-RR 2013, 726
20.02.2013	13 U 3128/12	**650p** 143, 174	**IBR 2015, 206**
15.01.2013	9 U 3704/11	**650p** 60	**IBR 2014, 613**
11.12.2012	13 U 2013/12	**631** 518	
23.10.2012	9 U 733/12	**640** 58	**IBR 2014, 16**; BauR 2014, 280
17.07.2012	3 U 658/11	**634** 127	**IBR 2012, 512**
17.07.2012	13 U 4106/11	**634a** 50; **650s** 26, 52	**IBR 2012, 590**; NZBau 2012, 711; NJW 2012, 3188
29.06.2012	9 U 1410/12	**650q** 56	**IBR 2013, 91**
23.05.2012	27 U 3427/11	**640** 112	**IBR 2013, 672**
13.03.2012	9 U 2658/11	**637** 16, 24, 31	**IBR 2014, 205**
29.02.2012	27 U 3945/11	**641** 12; **650f** 187	**IBR 2013, 207**
24.01.2012	9 U 3012/11	**635** 44, 47; **650p** 115	**IBR 2012, 452**; BauR 2012, 1256; NZBau 2012, 364; NJW-RR 2012, 826
20.12.2011	13 U 877/11	**634a** 62, 66	**IBR 2014, 139, 140**
13.12.2011	9 U 2533/11	**640** 7, 26; **650s** 67	**IBR 2012, 138**; BauR 2012, 813; NZBau 2012, 238; NJW 2012, 397
06.12.2011	9 U 424/11	**634a** 197	**IBR 2012, 520**; BauR 2012, 663; NZBau 2012, 241; NJW 2012, 1518
16.08.2011	9 U 1027/11	**644** 23	**IBR 2011, 576, 1326**; BauR 2011, 1865; BauR 2012, 91; NZBau 2012, 38; NJW 2011, 3375
09.06.2011	9 U 502/11	**650t** 55	**IBR 2011, 460, 511, 513**; BauR 2011, 1541; NZBau 2011, 683; NJW-RR 2011, 1312
15.03.2011	9 U 4665/10	**650u** 49	**IBR 2011, 338**
22.02.2011	13 U 4056/10	**650p** 143, 174	**IBR 2011, 595**; BauR 2011, 1197

Zitatübersicht

08.02.2011	9 U 1758/10	**634a** 60, 64	**IBR 2011, 328**; BauR 2011, 1177, 1214; NJW 2011, 2524
25.01.2011	9 U 1953/10	**641** 84	**IBR 2011, 148**; BauR 2011, 895; NZBau 2011, 365; NJW-RR 2011, 887
16.11.2010	9 U 2342/10	**650u** 102	IMR 2011, 1083
04.11.2010	13 U 4074/09	**638** 23; **650u** 57	**IBR 2012, 457**
20.07.2010	13 U 4489/08	**632a** 113	**IBR 2010, 608, 668**; BauR 2010, 2164
16.07.2010	9 U 1501/09	**650p** 144	**IBR 2011, 34**; BauR 2011, 542
14.04.2010	27 U 31/09	**634** 193; **650p** 65	**IBR 2012, 524**
09.03.2010	9 U 3488/07	**632** 66	**IBR 2011, 447**
23.02.2010	9 U 3113/09	**650v** 54	**IBR 2011, 26**
22.12.2009	9 U 1937/09	**632a** 149; **641** 129	**IBR 2010, 502**; BauR 2010, 1230
10.11.2009	9 U 5150/07	**641** 9	**IBR 2012, 139**
14.07.2009	28 U 3805/08	**631** 59; **650b** 140	**IBR 2012, 11**
23.06.2009	13 U 5313/08	**634** 120	**IBR 2012, 1014**
07.05.2009	8 U 4374/08	**632** 9, 32	**IBR 2010, 1272**; NJW-RR 2010, 64
15.12.2008	9 U 4149/08	**650u** 123, 126	IMR 2009, 1033; BauR 2009, 701
25.09.2008	32 Wx 118/08	**650i** 11	IMR 2008, 379; NJW 2008, 3574
10.06.2008	9 U 2192/07	**631** 443; **645** 9	**IBR 2009, 313**; BauR 2009, 1156
15.04.2008	9 U 4609/07	**632** 68, 70; **650p** 3	**IBR 2009, 394**; BauR 2009, 1461
15.01.2008	13 U 4378/07	**640** 39, 41, 47; **650u** 185, 228	**IBR 2008, 576**; **IBR 2009, 78**; BauR 2008, 1163
13.11.2007	9 U 2947/07	**631** 798	**IBR 2008, 638**; BauR 2008, 1474; NZBau 2009, 122
23.05.2007	32 Wx 30/07	**650u** 86, 93	IMR 2007, 267; BauR 2007, 1461; NZBau 2007, 516; NJW 2007, 2418
22.05.2007	9 U 3081/06	**633** 58	**IBR 2007, 488**; BauR 2008, 373
27.02.2007	9 U 3566/06	**632a** 20, 122	IMR 2007, 1113; BauR 2007, 1442; NZBau 2007, 797; NJW 2007, 2862
13.02.2007	9 U 4100/06	**634a** 160	**IBR 2007, 1127**; BauR 2007, 1095; NZBau 2007, 375; NJW-RR 2007, 675
08.11.2006	34 Wx 45/06	**631** 931	IMR 2007, 54; BauR 2007, 442 (Ls.); NJW 2007, 227; MDR 2007, 581
21.03.2006	13 U 5102/05	**631** 378	**IBR 2007, 187**; BauR 2007, 763, 1055
23.02.2006	2 Ws 22/06	**641** 105	**IBR 2006, 394**; BauR 2007, 130; NZBau 2006, 313; NJW 2006, 2278
22.12.2005	9 U 4071/05	**636** 54	**IBR 2006, 1428**; BauR 2006, 1356
19.01.2005	13 W 3007/04	**631** 500, 523	**IBR 2005, 137**; BauR 2005, 1188, 765 (Ls.)
03.09.2002	13 U 3140/02	**650p** 135	**IBR 2003, 9**
19.06.2002	27 U 951/01	**634** 44	**IBR 2003, 367**; BauR 2003, 278; NZBau 2002, 575
19.02.2002	9 U 3318/01	**631** 111	BauR 2002, 1097, 1294 (Ls.), 1757 (Ls.); VergabeR 2002, 546; NZBau 2002, 509; NJW-RR 2002, 886
30.05.2001	27 U 700/00	**641** 67	**IBR 2002, 361**
15.02.2000	9 U 4855/99	**634a** 85	**IBR 2002, 10**
17.06.1999	19 U 6498/98	**650v** 25	**IBR 2001, 24**; NZBau 2000, 565; NJW-RR 2001, 13

Zitatübersicht

17.10.1997	15 W 1806/97	**650b** 113	NJW-RR 1998, 379
26.03.1996	9 U 1819/95	**631** 839	**IBR 1997, 496**; BauR 1998, 561, 197 (Ls.); NJW-RR 1998, 883
31.01.1996	27 U 502/95	**631** 805	**IBR 1998, 1**; NJW-RR 1997, 1514
17.01.1996	27 U 193/95	**637** 73	**IBR 1997, 64**; BauR 1996, 547
07.11.1995	9 U 3153/95	**vor 631** 91	**IBR 1997, 377**
11.10.1995	27 U 12/95	**650p** 119	**IBR 1996, 248, 295, 296**; BauR 1996, 417; NJW-RR 1996, 341
21.04.1994	32 U 2088/94	**650u** 252	NJW 1995, 2566
26.01.1994	27 U 513/93	**637** 82	**IBR 1994, 374**; BauR 1994, 516; NJW-RR 1994, 785; MDR 1994, 585
25.01.1994	13 U 5798/93	**vor 631** 77; **634a** 305	**IBR 1994, 361**; **IBR 1996, 4**; NJW-RR 1995, 1301
09.11.1993	13 U 1716/93	**631** 805	**IBR 1995, 197**; NJW-RR 1995, 1235
03.02.1993	27 U 232/92	**650g** 47	BauR 1993, 346
04.12.1992	23 U 7144/91	**631** 929	NJW-RR 1994, 356
11.03.1992	15 U 4188/91	**634a** 29	**IBR 1993, 202**; BauR 1992, 631
15.10.1991	9 U 2958/91	**650n** 1	**IBR 1992, 51**; BauR 1992, 95
09.11.1990	23 U 4090/90	**645** 17	**IBR 1992, 92**; BauR 1992, 74; ZfBR 1992, 33; NJW-RR 1992, 348
22.05.1990	9 U 6108/89	**631** 626	**IBR 1990, 677**
13.02.1990	25 U 4926/89	**634a** 27	**IBR 1990, 596**; NJW-RR 1990, 917; MDR 1990, 629
07.11.1989	9 U 3675/89	**639** 30	**IBR 1990, 25, 597, 598, 682**; BauR 1990, 471; ZfBR 1990, 117; NJW-RR 1990, 1358
24.11.1988	29 U 2858/88	**632a** 4	NJW-RR 1989, 276
25.09.1987	7 W 2791/87	**650g** 78	NJW 1988, 270; NJW-RR 1988, 381 (Ls.)
26.01.1987	28 W 3010/86	**631** 656	BauR 1987, 600
15.01.1987	29 U 4348/86	**631** 627	BauR 1987, 554; NJW-RR 1987, 661; NJW-RR 1989, 832 (Ls.)
30.01.1986	29 U 3832/85	**631** 621, 627	BauR 1986, 579; NJW-RR 1986, 382; MDR 1986, 408
24.09.1984	28 U 4569/83	**637** 85	BauR 1986, 729
04.11.1976	1 U 2238/76	**631** 925	

OLG Naumburg

19.02.2020	2 U 177/12	**631** 430	**IBR 2020, 449**; NZBau 2020, 714; NJW-RR 2020, 904
28.02.2018	3 U 36/17	**650p** 121	**IBR 2020, 185**
13.04.2017	1 U 48/11	**650q** 13	**IBR 2017, 378, 442, 1018**; NZBau 2017, 667; NJW-RR 2017, 1231
18.02.2016	2 U 17/13	**650b** 134	**IBR 2016, 266**
16.04.2015	9 U 18/11	**650f** 9, 166	**IBR 2018, 447**
09.04.2015	2 U 127/13	**636** 1	**IBR 2015, 517**
25.09.2014	9 U 139/10	**640** 5	**IBR 2018, 194**
30.07.2014	1 U 15/14	**645** 9	**IBR 2014, 738**
30.04.2014	1 U 103/13	**634a** 102	**IBR 2014, 600, 1261**; NZBau 2015, 32; NJW 2015, 255
06.03.2014	1 U 95/13	**650p** 147; **650t** 15, 16	**IBR 2014, 357**; BauR 2014, 1813; NZBau 2014, 708; NJW-RR 2014, 1299

Zitatübersicht

20.02.2014	1 U 86/13	vor 631 97; 650a 12	IBR 2014, 441, 453; NZBau 2014, 560; NJW-RR 2014, 842
29.01.2014	12 U 149/13	650p 143	IBR 2014, 283, 284; NZBau 2014, 364
24.01.2014	10 U 7/13	631 500	IBR 2014, 653
10.10.2013	1 U 9/13	631 674	IBR 2014, 281; BauR 2014, 2115; NZBau 2014, 439; NJW 2014, 1673
30.05.2013	2 U 2/11	650t 43	IBR 2016, 635, 636, 637
16.05.2013	2 U 161/12	650b 204	IBR 2013, 671; NZBau 2013, 635
12.03.2013	1 U 134/12	650e 29	BauR 2013, 2034
22.02.2013	12 U 120/12	631 816, 844	IBR 2013, 197
08.02.2013	1 U 76/12	640 89, 94; 641 18	IBR 2013, 281, 399; NZBau 2013, 380; NJW 2013, 2367
09.02.2012	2 U 125/11	650p 132, 144	IBR 2012, 275; BauR 2012, 996; NZBau 2012, 442; NJW-RR 2012, 788
12.01.2012	9 U 165/11	641 83	IBR 2012, 131, 196; BauR 2012, 688
15.11.2011	1 U 51/11	631 361	IBR 2012, 136, 144; NZBau 2012, 237; NJW-RR 2012, 463
30.09.2011	12 U 12/11	631 198; 642 135	IBR 2012, 21, 68
23.06.2011	2 U 113/09	650b 132, 134, 230	IBR 2011, 626; BauR 2012, 255; NZBau 2011, 750; NJW-RR 2011, 1389
29.03.2011	9 U 108/10	634 44	IBR 2012, 383
21.03.2011	10 U 31/10	vor 631 45; 634a 176, 213, 220	IBR 2011, 515; NZBau 2011, 489; NJW-RR 2011, 1101
19.11.2010	6 U 115/10	632a 103	IBR 2011, 69; BauR 2011, 729
12.11.2010	6 U 69/10	631 99	IBR 2011, 3; BauR 2011, 565
02.06.2010	5 U 23/10	632a 162	
21.04.2010	5 U 54/09	632 71; 650p 4	IBR 2011, 524, 528, 1275
03.12.2009	1 U 43/09	650b 318	IBR 2010, 201; NZBau 2010, 436; NJW-RR 2010, 595
13.11.2009	10 U 20/09	650v 53	BauR 2010, 1277; NJW-RR 2010, 1323
25.06.2009	1 U 14/06	650 14, 84	IBR 2010, 204
26.05.2009	9 U 132/08	649 53, 54, 57, 72	IBR 2011, 6, 1077
13.11.2008	6 U 31/08	650p 134	IBR 2011, 1174; BauR 2011, 1841
04.09.2008	6 U 179/01	648a 65, 67	IBR 2009, 573, 702; BauR 2009, 1595
14.03.2008	10 U 64/07	631 652; 646 1	IBR 2009, 43, 44, 45, 131; BauR 2009, 1171; NZBau 2009, 318
07.08.2007	9 U 59/07	650t 54	IBR 2009, 451; BauR 2009, 1453, 1787
17.07.2007	9 U 164/06	635 77; 639 40; 650p 111	IBR 2010, 640, 698; IBR 2011, 151; BauR 2010, 1641
15.03.2007	2 U 5/07	650f 222	IBR 2007, 423
12.05.2006	10 U 8/06	634a 73	IBR 2007, 146; BauR 2007, 159 (Ls.); NZBau 2007, 522; NJW-RR 2007, 815
15.12.2005	1 U 5/05	631 686	BauR 2006, 1305; VergabeR 2006, 278; NZBau 2006, 267 (Ls.); ZfBR 2006, 198 (Ls.)
23.03.2005	6 U 155/00	650p 27	IBR 2006, 457
28.10.2004	4 U 138/04	vor 631 106	IBR 2005, 118; BauR 2005, 447 (Ls.)
25.03.2004	2 U 77/03	641 129	IBR 2004, 498; ZfBR 2004, 791 (Ls.)

Zitatübersicht

18.03.2004	4 U 127/03	**645** 6, 9	IBR 2004, 481; NZBau 2005, 107; ZfBR 2004, 791 (Ls.)
30.10.2003	4 U 135/03	**650f** 106, 113	NZBau 2004, 447; NJW-RR 2004, 743
30.04.2003	7 U 93/02	**634a** 314	
16.08.2001	2 U 17/01	**650f** 152	IBR 2003, 74; BauR 2003, 556
30.11.2000	2 U 104/00	**644** 9	**IBR 2002, 186**
10.05.2000	1 Verg 3/99	**636** 56	BauR 2001, 132 (Ls.)
01.03.2000	12 U 63/98	**631** 656; **650s** 93	IBR **2001, 625, 677, 679**; BauR 2001, 1615
25.11.1999	12 U 197/99	**631** 378	NZBau 2001, 139
22.06.1999	11 U 234/98	**641** 38	NJW-RR 2000, 391
14.04.1999	12 U 8/99	**650e** 18	**IBR 2000, 273**; BauR 2000, 1382 (Ls.); NZBau 2000, 79; ZfBR 2000, 553; NJW-RR 2000, 311
21.12.1998	2 U 21/98	**631** 385	**IBR 2000, 66**
02.12.1997	9 U 325/96	**631** 649	**IBR 1999, 220**
12.02.1997	6 U 305/96	**641** 67	MDR 1997, 1119
25.09.1996	5 U 109/96	**641** 148	**IBR 1997, 50**; NJW-RR 1997, 404
22.07.1994	6 U 57/94	**631** 397	**IBR 1995, 202**; NJW-RR 1995, 154
07.01.1994	3 U 84/93	**650l** 13	NJW-RR 1994, 377

OLG Nürnberg

16.06.2021	2 U 2751/19	**650p** 65	**IBR 2021, 472**; NZBau 2022, 39; NJW-RR 2021, 1105
17.05.2021	13 U 365/21	**640** 79	**IBR 2021, 458**; NZBau 2021, 539; NJW-RR 2021, 948; MDR 2021, 1060
26.04.2018	13 U 1908/16	**650u** 123	**IBR 2019, 319**; BauR 2020, 1010
03.11.2015	13 U 1988/15	**650e** 45	**IBR 2016, 148**
26.02.2015	13 U 2061/14	**650e** 45	**IBR 2016, 217**
23.10.2014	13 U 1907/12	**650c** 195	**IBR 2015, 5**; BauR 2015, 509
20.08.2014	12 U 2119/13	**631** 666	**IBR 2014, 654**; BauR 2014, 2104
27.11.2013	6 U 2521/09	**vor 631** 44; **634a** 46	**IBR 2015, 649, 656**
24.07.2013	13 U 594/12	**650g** 78	**IBR 2016, 72**
13.09.2012	6 U 781/12	**641** 145	**IBR 2015, 135**
20.06.2012	6 U 1643/09	**650p** 180	**IBR 2014, 614**; BauR 2015, 146
17.06.2011	2 U 1369/10	**vor 631** 119; **631** 256	**IBR 2013, 16**; BauR 2013, 1454
24.03.2010	13 U 201/10	**631** 361, 375	**IBR 2010, 383**; BauR 2010, 1591; NZBau 2010, 566; NJW-RR 2010, 1242
25.11.2009	12 U 715/09	**650** 84	**IBR 2010, 263, 264**
13.11.2009	2 U 1566/06	**650p** 153	**IBR 2010, 39**; BauR 2010, 259, 649
12.12.2006	9 U 429/06	**650u** 121	**IBR 2009, 585**; IMR 2009, 358; BauR 2009, 1634
24.11.2006	2 U 1723/06	**631** 571	**IBR 2007, 11**; BauR 2007, 882, 440 (Ls.)
22.02.2006	4 U 2591/05	**650v** 15	**IBR 2009, 390**; BauR 2009, 1340
15.12.2005	13 U 1911/05	**650u** 14, 56	IMR 2007, 24; BauR 2007, 413
11.10.2005	9 U 804/05	**650** 15, 115	**IBR 2007, 22**; BauR 2007, 122, 441 (Ls.)
23.08.2005	3 U 991/05	**634** 97; **635** 75; **636** 33	NJW 2005, 3000; NJW 2006, 3232 (Ls.)

Zitatübersicht

28.07.2005	13 U 896/05	**637** 92	**IBR 2006, 87**; BauR 2005, 1970 (Ls.); NZBau 2006, 514; NJW-RR 2006, 165
10.07.2003	13 U 1322/03	**640** 57; **641** 21	**IBR 2003, 531**; BauR 2004, 516; NZBau 2004, 47; NJW-RR 2003, 1526; MDR 2003, 1282
27.06.2003	6 U 3219/01	**637** 64	**IBR 2003, 529**; NZBau 2003, 614; NJW-RR 2003, 1601; MDR 2003, 1222
18.04.2002	13 U 3981/01	**631** 532	**IBR 2002, 401**; BauR 2002, 1606 (Ls.), 1753 (Ls.), 1898 (Ls.); NZBau 2002, 669; NJW-RR 2002, 1099
14.12.2001	6 U 2285/01	**635** 77; **650p** 115	**IBR 2002, 145**; BauR 2002, 976, 1296 (Ls.); NZBau 2003, 39; NJW-RR 2002, 670
04.10.2000	4 U 1049/00	**637** 52; **648a** 65	**IBR 2001, 361**; BauR 2001, 415
08.06.2000	13 U 77/00	**632a** 101	**IBR 2000, 418**; NZBau 2000, 509; NZBau 2001, 408 (Ls.)
13.10.1999	4 U 1683/99	**650b** 257	**IBR 2001, 10**; BauR 2001, 409; NZBau 2000, 518; NZBau 2001, 168 (Ls.); MDR 2000, 227
23.04.1998	2 U 37/98	**650p** 102	**IBR 2000, 35**
08.08.1997	6 U 351/96	**631** 453	**IBR 1999, 516**
15.01.1997	4 U 2299/96	**631** 805	**IBR 1997, 317, 318**; BauR 1997, 825; NJW-RR 1997, 854
18.02.1993	12 U 1663/92	**632** 22, 24	NJW-RR 1993, 760
30.12.1992	4 U 1396/92	**650b** 139	**IBR 1994, 320**; BauR 1994, 517

OLG Oldenburg

14.05.2021	2 U 122/20	**637** 18; **650t** 39	**IBR 2021, 461**; **IBR 2022, 59**; NZBau 2021, 594; NJW 2022, 73
29.09.2020	13 U 89/18	**640** 54	**IBR 2021, 406**
27.08.2019	2 U 102/19	**650s** 9, 56	**IBR 2019, 711**; NZBau 2020, 296
04.09.2018	2 U 58/18	**633** 57	**IBR 2018, 622**; NZBau 2019, 302; NJW 2019, 863
07.08.2018	2 U 30/18	**650p** 112, 119	**IBR 2018, 634**; **IBR 2019, 25**; NZBau 2019, 108; NJW 2019, 1377
17.01.2017	2 U 68/16	**650p** 158; **650t** 38	**IBR 2017, 504, 509**; NZBau 2017, 675; NJW-RR 2017, 1429
24.11.2016	8 U 70/15	**650t** 26	**IBR 2018, 258**
23.08.2016	2 U 27/16	**640** 42	**IBR 2019, 251**
10.03.2015	13 U 73/14	**636** 12	**IBR 2015, 1092**; MDR 2015, 584
11.12.2014	8 U 140/09	**635** 47, 54; **636** 68; **640** 42, 44	**IBR 2015, 186, 187, 188**
21.05.2014	3 U 71/13	**650p** 27	**IBR 2014, 487**; BauR 2014, 2108; MDR 2014, 1139
14.05.2014	3 U 83/13	**650g** 81, 82	**IBR 2014, 398, 399**; BauR 2014, 1789; NZBau 2014, 769; NJW 2014, 3252
09.10.2013	3 U 5/13	vor **631** 116, 119; **631** 237	**IBR 2016, 504**
22.01.2013	2 U 47/12	vor **631** 95; **634a** 35	**IBR 2013, 777, 1307**; **IBR 2014, 111**
06.09.2012	8 U 96/12	**648** 107; **650p** 214	**IBR 2012, 653, 748**; **IBR 2013, 124, 125**; BauR 2013, 119; NJW-RR 2013, 463

Zitatübersicht

22.06.2010	2 U 15/10	**631** 203	IBR 2011, 191
20.01.2009	12 U 101/08	**634a** 106	IBR 2010, 157, 460, 1053; BauR 2010, 665, 810
03.07.2008	8 U 64/08	**640** 35	IBR 2008, 552
24.04.2008	8 U 4/08	**650t** 46	NZBau 2008, 655; MDR 2008, 1207
12.02.2008	12 U 42/07	**634a** 105	IBR 2008, 571; BauR 2008, 1495; BauR 2009, 260
18.01.2007	8 U 181/06	**631** 198	IBR 2009, 692; BauR 2009, 1917
23.08.2006	5 U 31/06	**631** 895	IBR 2007, 674; MDR 2008, 311
28.02.2006	12 U 85/05	**634a** 397	IBR 2007, 1085; BauR 2007, 1428; ZfBR 2007, 343
24.11.2005	8 U 129/05	**631** 934	IBR 2006, 1039; BauR 2006, 1314, 418 (Ls.)
30.09.2004	8 U 86/01	**631** 378	IBR 2005, 305; BauR 2005, 887, 766 (Ls.)
31.08.2004	12 U 63/04	**634a** 85, 86	IBR 2006, 20
09.09.2003	2 U 270/00	**634** 185	IBR 2004, 706
25.02.2003	2 U 232/02	**631** 671	IBR 2003, 515; BauR 2003, 1079, 1266 (Ls.); NZBau 2003, 439; ZfBR 2003, 463 (Ls.); NJW-RR 2003, 879
20.03.2002	2 U 4/02	**650c** 206	BauR 2004, 863, 885 (Ls.)
20.02.2002	2 U 277/01	**vor 631** 106	IBR 2003, 111
07.11.2001	2 U 135/01	**634a** 85	
21.07.2000	2 U 124/00	**641** 101	BauR 2002, 328; ZfBR 2002, 152
23.02.2000	2 U 296/99	**631** 366	IBR 2000, 319; BauR 2000, 1533 (Ls.); BauR 2001, 812; MDR 2000, 763
23.02.2000	2 U 295/99	**641** 91	IBR 2000, 242; BauR 2001, 831; NZBau 2000, 522 (Ls.); ZfBR 2001, 269
24.09.1997	3 U 68/97	**631** 923	NJW-RR 1998, 1283
21.03.1996	8 U 248/95	**631** 805	IBR 1997, 399; ZfBR 1997, 152; NJW-RR 1997, 661
02.02.1994	2 U 216/93	**631** 656	IBR 1994, 370; BauR 1994, 371; NJW-RR 1994, 529
15.12.1993	2 U 147/93	**634a** 85	IBR 1995, 151; BauR 1995, 105
11.01.1984	3 U 176/83	**650p** 196	BauR 1984, 541
20.06.1979	2 U 31/79	**650t** 36	BauR 1981, 399

OLG Rostock

02.02.2021	4 U 70/19	**650u** 126	IBR 2021, 234; NZBau 2021, 540; MDR 2021, 611
30.01.2018	4 U 147/14	**650t** 74	IBR 2020, 30
03.03.2010	2 U 68/07	**650t** 72	IBR 2012, 273, 365
16.02.2010	4 U 99/09	**650** 115	IBR 2010, 624; BauR 2010, 1223
19.05.2009	4 U 84/05	**631** 444, 626	IBR 2011, 504
19.06.2008	3 U 12/08	**631** 187, 939	IBR 2009, 194, 257, 258, 1108
11.07.2006	4 U 128/04	**650s** 24	IBR 2007, 144; BauR 2006, 2092; BauR 2007, 601
27.03.2006	3 U 21/04	**637** 24	IBR 2007, 1149; BauR 2006, 1481
18.10.2004	3 U 40/04	**641** 121	IBR 2005, 149, 1145; BauR 2005, 1037, 602 (Ls.)
16.07.2002	4 U 246/01	**650e** 51	IBR 2002, 665; BauR 2003, 582

Zitatübersicht

24.09.1997	5 U 20/96	**650b** 139	**IBR 1999, 253**; BauR 1999, 402
21.06.1995	2 U 74/94	**631** 863	**IBR 1996, 12**
15.02.1995	2 U 59/94	**631** 269; **650n** 1, 20, 23, 24	**IBR 1995, 333**; NJW-RR 1995, 1422

OLG Saarbrücken

13.10.2016	4 U 136/14	**650p** 65	**IBR 2017, 86**; NZBau 2017, 159; NJW-RR 2017, 267; MDR 2017, 211
18.02.2016	4 U 60/15	**634** 42	**IBR 2016, 459**
15.04.2015	5 W 24/15	**650f** 42	**IBR 2016, 369**
03.12.2014	1 U 49/14	**640** 15; **644** 5, 22; **650s** 90	**IBR 2015, 65**; BauR 2015, 998; NZBau 2015, 159; NJW-RR 2015, 649; MDR 2015, 271
19.11.2014	2 U 172/13	**649** 2, 18, 47, 48, 49, 59	**IBR 2015, 60, 64**; BauR 2015, 838; NZBau 2015, 161; NJW 2015, 879
13.10.2011	8 U 298/07	**vor 631** 44; **631** 89	**IBR 2011, 695**; BauR 2012, 299; NZBau 2012, 113; NJW-RR 2011, 1659
06.07.2011	1 U 408/09	**648** 15; **650p** 112	**IBR 2011, 706, 1303**; NZBau 2012, 120; NJW-RR 2011, 1465
10.05.2011	4 U 319/10	**650t** 54	**IBR 2011, 512, 513**; BauR 2011, 1378; NJW-RR 2011, 1041
29.03.2011	4 U 242/10	**631** 466	**IBR 2011, 317, 448**; BauR 2011, 1215; NZBau 2011, 422; NJW-RR 2011, 745
29.06.2010	4 U 250/05	**634** 99	**IBR 2010, 497**; BauR 2010, 1639; NZBau 2010, 752; NJW 2010, 3662
14.01.2010	8 U 570/08	**650s** 11	**IBR 2012, 716**
03.03.2009	4 U 143/08	**650p** 152	**IBR 2009, 529**; BauR 2009, 1482
26.09.2006	4 U 525/05	**636** 66	**IBR 2006, 670**; BauR 2007, 738; NJW-RR 2006, 1528; MDR 2007, 517
22.11.2005	4 U 501/04	**641** 61	BauR 2006, 1321
31.05.2005	4 U 216/04	**648** 107	**IBR 2005, 468**; BauR 2006, 854; NZBau 2005, 693
25.05.2004	4 U 589/03	**650p** 119	**IBR 2005, 691**; BauR 2005, 1957; BauR 2006, 155 (Ls.)
25.05.2004	4 U 417/03	**632** 71; **650p** 4	BauR 2005, 776, 768 (Ls.)
13.08.2003	1 U 757/00	**650p** 180	**IBR 2004, 329**
27.06.2000	7 U 326/99	**631** 418, 419	**IBR 2000, 527**; BauR 2000, 1332
10.02.1999	1 U 379/98	**650p** 196	**IBR 1999, 424**; **IBR 2000, 331**; BauR 1999, 1334 (Ls.); BauR 2000, 753; NJW-RR 1999, 1035
17.05.1990	7 W 7/90	**650e** 53	BauR 1993, 348

OLG Schleswig

07.04.2021	12 U 147/20	**650m** 15, 21	**IBR 2021, 399**
25.03.2020	12 U 162/19	**650p** 188	**IBR 2020, 299**; ZfBR 2020, 669
21.02.2020	1 U 19/19	**650v** 47	**IBR 2020, 292**; NZBau 2020, 371; ZfBR 2020, 569; NJW 2020, 2343
20.11.2019	1 W 12/19	**650e** 45	**IBR 2020, 72**; NZBau 2020, 727; NJW 2020, 1682
25.10.2019	1 U 74/18	**650q** 13	**IBR 2020, 26**; NZBau 2020, 171; NJW-RR 2020, 208

Zitatübersicht

Datum	Az.	Norm	Fundstelle
02.10.2019	12 U 10/18	**650u** 115, 122, 223; **650v** 45, 52	IBR 2019, 1186, 1188; IBR 2020, 22; NZBau 2020, 376
12.04.2019	1 U 147/14	**650t** 37	IBR 2019, 568
27.04.2018	1 U 90/15	**641** 60	IBR 2021, 354
22.03.2018	7 U 48/16	**631** 117; **650t** 76	IBR 2018, 335, 337; NZBau 2019, 182; NJW 2018, 3036
02.01.2018	7 U 90/17	**650s** 12	IBR 2018, 397
24.11.2017	1 U 49/15	**650s** 46	IBR 2018, 302, 319; ZfBR 2018, 364
18.08.2017	1 U 11/16	**640** 90	IBR 2018, 557, 618
28.04.2017	1 U 165/13	**650p** 153; **650s** 26	IBR 2017, 383
20.12.2016	7 U 49/16	**631** 116; **649** 6	IBR 2017, 181
09.12.2016	1 U 17/13	**640** 106	IBR 2017, 198; NZBau 2017, 283; NJW-RR 2017, 591
14.04.2016	7 U 85/15	**632a** 93	IBR 2017, 71
16.02.2016	1 U 43/12	**650g** 51	IBR 2017, 67
18.12.2015	1 U 125/14	**640** 91	IBR 2016, 212; NZBau 2016, 298; NJW 2016, 1744; MDR 2016, 327
14.04.2015	1 U 187/13	**634a** 331; **650s** 52	IBR 2016, 590
27.03.2015	1 U 87/10	**633** 52; **650p** 100, 143, 144, 180	IBR 2016, 154
27.02.2015	17 U 91/14	**631** 9; **650b** 158	
15.11.2013	1 U 59/12	**631** 473	IBR 2016, 381
30.08.2013	1 U 11/13	**641** 91	IBR 2013, 722; NZBau 2013, 764; NJW 2014, 945
22.11.2012	1 U 8/12	**650p** 117	IBR 2015, 372
23.10.2012	1 U 8/12	**650p** 111, 112, 117	
01.03.2012	5 U 47/11	**639** 28	IBR 2016, 1009
22.08.2011	3 U 101/10	**634** 96; **634a** 102, 109; **635** 38	IBR 2012, 388; BauR 2012, 815
11.03.2011	5 U 123/08	**643** 4	IBR 2012, 569, 574, 673, 696
29.06.2010	3 U 92/09	**650b** 303	IBR 2010, 669, 1423; IBR 2011, 71, 1048; BauR 2010, 1937
07.05.2010	4 U 126/08	**650u** 143; **650v** 47	IBR 2012, 86
09.03.2010	3 U 55/09	**648a** 100	IBR 2011, 9, 12
31.07.2009	3 U 80/08	**633** 56	IBR 2010, 321
12.06.2009	17 U 15/09	**640** 44; **650s** 35	IBR 2010, 561; BauR 2010, 1640
05.06.2009	14 U 10/09	**650u** 129	IBR 2009, 655; BauR 2010, 122
24.10.2008	1 U 6/07	**631** 476, 477	IBR 2011, 318, 1181, 1340, 1341
10.10.2008	17 U 6/08	**631** 146, 570	IBR 2011, 1067
25.04.2008	1 U 77/07	**650p** 109	IBR 2009, 283; BauR 2008, 2066; BauR 2009, 863; BauR 2010, 805
27.04.2007	14 U 113/06	**631** 546, 547	IBR 2008, 1106; IBR 2009, 70, 71, 1046, 1047; BauR 2009, 503
30.03.2007	17 U 21/07	**632a** 60	IBR 2007, 299; BauR 2007, 1579; NZBau 2008, 324 (Ls.); MDR 2007, 947

Zitatübersicht

31.01.2007	9 U 43/06	**639** 44	IBR **2007, 203**; BauR 2007, 932; BauR 2009, 1770
31.10.2006	3 U 28/05	**631** 835	IBR **2007, 358, 359**; BauR 2007, 1284, 1879
31.03.2006	1 U 162/03	**631** 572	IBR **2007, 69, 121**; BauR 2007, 598
10.03.2006	14 U 47/05	**640** 51	IBR **2007, 191**; BauR 2007, 930; BauR 2008, 360
22.12.2005	5 U 55/05	**631** 599	IBR **2007, 62**; BauR 2007, 391
02.06.2005	11 U 90/04	**631** 451	IBR **2005, 414, 1186**
21.04.2005	5 U 154/04	**631** 361	IBR **2005, 1184, 1189**; BauR 2005, 1641; BauR 2006, 119
12.08.2004	7 U 23/99	**633** 56	IBR **2004, 683**; BauR 2004, 1946, 1993 (Ls.); MDR 2006, 1152 (Ls.)
18.03.2004	11 U 137/02	**631** 68	IBR **2004, 408**
12.03.2004	14 U 9/03	**634a** 69, 85, 86	IBR **2004, 308**; BauR 2004, 1349 (Ls.); NZBau 2004, 442
25.10.2002	1 U 8/02	**650s** 91	IBR **2003, 484**; BauR 2003, 1425
23.12.1999	7 U 99/99	**650e** 14	IBR **2000, 379**; BauR 2000, 1377
06.07.1999	6 U 69/97	**650s** 93	IBR **2001, 70, 131**; BauR 2001, 1286
24.08.1995	11 U 110/92	**631** 942	BauR 1996, 265

OLG Stuttgart

28.04.2020	10 U 294/19	**650f** 9, 120, 131	IBR **2020, 523, 634**; NZBau 2020, 720; MDR 2020, 1055
26.11.2019	12 U 24/19	**650p** 99; **650t** 35	IBR **2021, 248**
30.09.2019	10 U 107/19	**650t** 4, 72	IBR **2020, 174, 177**; NZBau 2020, 384
12.02.2019	10 U 152/18	**632a** 101, 107, 110, 113, 114, 115	IBR **2019, 366, 480**; NZBau 2019, 578; NJW 2019, 2708; MDR 2019, 932
31.07.2018	10 U 150/17	**650t** 73	IBR **2019, 265**
17.07.2018	10 U 143/17	**650i** 20; **650p** 27	IBR **2018, 516**; NZBau 2018, 766; NJW 2018, 3394; MDR 2018, 1176
06.02.2018	10 U 118/17	**650s** 11	IBR **2019, 506**
09.01.2018	10 U 93/17	**640** 16	IBR **2018, 139**; NZBau 2018, 411
28.11.2017	10 U 68/17	**650p** 113, 115, 118	IBR **2018, 150**; NZBau 2018, 360; NJW 2018, 1263
26.06.2017	10 U 122/16	**650b** 306; **650f** 57, 76	IBR **2017, 557**; NZBau 2018, 101; NJW 2018, 472; MDR 2017, 1296
14.02.2017	10 U 107/16	**650g** 51, 78	IBR **2017, 355**; NZBau 2017, 412
16.11.2016	3 U 98/16	**650u** 243	IBR **2017, 139, 256, 257**; IMR 2017, 114, 115
11.03.2016	10 U 132/13	**650t** 63	IBR **2016, 299**; MDR 2016, 457
01.03.2016	10 U 105/15	**632** 75	IBR **2017, 27**; MDR 2016, 659
09.02.2016	10 U 137/15	**631** 174	IBR **2016, 293**; BauR 2016, 1315; MDR 2016, 698
19.11.2015	2 U 56/15	**650t** 72	IBR **2016, 464**
12.05.2015	10 U 114/14	**650u** 125	IBR **2015, 549**; NJW-RR 2016, 56
31.03.2015	10 U 93/14	**632** 40	IBR **2015, 348, 352**; MDR 2015, 584
31.03.2015	10 U 46/14	**633** 57; **650u** 103	IBR **2015, 364, 482, 492**; BauR 2015, 1688

Zitatübersicht

Datum	Az.	Normen	Fundstellen
14.10.2014	10 U 15/14	**636** 95, 96, 98	**IBR 2015, 315**; BauR 2015, 1705
06.05.2014	10 U 1/13	**650f** 143	**IBR 2015, 556, 600, 637**
15.04.2014	10 U 127/13	**650p** 147; **650t** 51	**IBR 2014, 475**; BauR 2014, 1792; NZBau 2014, 570; NJW 2014, 2658
08.04.2014	10 U 126/13	**650g** 81	**IBR 2014, 532**; NZBau 2014, 772; NJW 2014, 3249
17.10.2013	13 U 86/13	**650t** 7	**IBR 2016, 591**
08.07.2013	5 U 7/13	**636** 65	
26.03.2013	10 W 14/13	**650f** 46	**IBR 2014, 1365**; MDR 2013, 741
26.03.2013	10 U 146/12	**640** 26	**IBR 2013, 461, 673**
06.09.2012	2 U 3/12	vor **631** 129; **650p** 147, 150	**IBR 2014, 615**
03.07.2012	10 U 33/12	**634** 15; **641** 61; **650u** 72, 95, 102, 107	**IBR 2012, 648, 709**; **IBR 2013, 1008**; BauR 2012, 1961; NZBau 2012, 771; NJW 2013, 699
24.04.2012	10 U 7/12	**650p** 179	**IBR 2014, 286, 290, 360**; BauR 2014, 865
06.03.2012	10 U 102/11	**641** 73, 75, 76	**IBR 2012, 1106**; BauR 2012, 1104; NZBau 2012, 437; NJW 2012, 2360
13.02.2012	10 W 5/12	**650f** 46	**IBR 2012, 1266**; BauR 2012, 1989; NJW-RR 2012, 1418
24.01.2012	10 U 90/11	vor **631** 121; **650p** 131	**IBR 2014, 27**
19.10.2011	10 U 87/11	**650q** 55, 56	**IBR 2013, 1132**
14.09.2011	10 W 9/11	**634** 96	**IBR 2011, 697**; BauR 2012, 138; NZBau 2012, 42; NJW-RR 2011, 1589
14.07.2011	10 U 59/10	**648** 46, 56	**IBR 2012, 15, 1155**; BauR 2011, 1862; BauR 2012, 1130
25.05.2011	9 U 122/10	**636** 58	**IBR 2011, 457, 1177**; NZBau 2011, 617; NJW-RR 2011, 1242
24.05.2011	10 U 147/10	**640** 35	**IBR 2011, 1393**; NZBau 2011, 619; NJW 2011, 3172
19.04.2011	10 U 116/10	**640** 55	**IBR 2011, 453**; BauR 2011, 1378
14.12.2010	10 U 52/10	**650u** 51	**IBR 2012, 395**
08.12.2010	4 U 67/10	**640** 3, 5	**IBR 2011, 130**; BauR 2011, 1056; NZBau 2011, 297; NJW-RR 2011, 669
07.12.2010	10 U 140/09	**650t** 72	**IBR 2011, 150, 178, 182, 1087**; BauR 2011, 555
30.11.2010	10 U 67/10	**650p** 147	**IBR 2012, 588**; BauR 2012, 1987
17.11.2010	3 U 101/10	**634** 31	**IBR 2012, 508, 557**
05.05.2010	3 U 79/09	**632** 11	**IBR 2010, 1273**; NJW-RR 2011, 202
30.03.2010	10 U 87/09	**634** 109; **636** 63	**IBR 2010, 283, 393**; BauR 2010, 953
25.01.2010	10 U 119/09	**631** 269, 271; **640** 41; **650n** 1, 20, 23, 24	**IBR 2010, 443**; BauR 2010, 1642
30.12.2009	9 U 18/09	**635** 31	**IBR 2012, 251, 258**
30.03.2009	10 U 6/09	**650p** 119	**IBR 2010, 1439**; BauR 2010, 666
12.02.2009	10 U 147/08	**634a** 179	**IBR 2011, 517**
17.09.2008	14 U 10/08	**631** 9	
10.09.2008	3 U 48/08	**650p** 132	**IBR 2010, 447**; BauR 2009, 1941; BauR 2010, 98

Zitatübersicht

21.04.2008	5 U 22/08	**650p** 179	IBR **2008, 398**; BauR 2008, 1658; NZBau 2008, 513; NJW-RR 2008, 1192; MDR 2008, 1092
03.05.2007	19 U 13/05	**650q** 45	IBR **2008, 657, 742, 1263, 1292, 1330**; IBR **2009, 36**; BauR 2009, 842
06.03.2007	12 U 74/06	**650q** 47, 55	IBR **2010, 96, 459**
14.11.2006	12 U 52/06	**634a** 86	IBR **2007, 243**; NZBau 2007, 720 (Ls.)
13.02.2006	5 U 136/05	**634** 160	IBR **2006, 283**; BauR 2006, 1772; NZBau 2006, 446
10.02.2005	13 U 147/04	**650p** 10	IBR **2005, 217**; BauR 2005, 1202, 769 (Ls.); NZBau 2005, 350
25.01.2005	6 U 175/04	**650e** 33, 34	IBR **2005, 150**; BauR 2005, 1047, 605 (Ls.)
17.06.2004	7 U 148/03	**636** 47	IBR **2005, 1217**
18.08.2003	5 U 62/03	**636** 120	IBR **2004, 321**; BauR 2004, 1349 (Ls.); BauR 2005, 111
17.10.2002	2 U 37/02	**650u** 58	BauR 2003, 1394
20.06.2002	2 U 209/01	**650p** 187	IBR **2002, 428**; BauR 2003, 1062; NZBau 2003, 446; ZfBR 2003, 569 (Ls.)
26.04.2001	19 U 217/00	**637** 17	BauR 2003, 108
21.07.1998	12 U 50/98	**650u** 42	IBR **1999, 12**; BauR 1999, 283 (Ls.); NJW-RR 1998, 1715
25.07.1997	2 U 4/97	**631** 643	IBR **1997, 363, 413**; BauR 1998, 409, 408 (Ls.); NJW-RR 1998, 312
18.12.1996	1 U 118/96	**631** 578, 686	IBR **1997, 322**; BauR 1997, 855; NJW-RR 1997, 1241
17.12.1996	10 U 130/96	**650p** 103	IBR **1998, 66, 67, 68**; BauR 1997, 681
09.10.1996	1 U 32/95	**634a** 78, 85	IBR **1997, 234**; BauR 1997, 317
14.10.1994	2 U 263/93	**634** 44	IBR **1996, 147, 148**; BauR 1995, 850; NJW-RR 1995, 892
13.04.1994	9 U 320/93	**631** 202	IBR **1995, 7**; BauR 1994, 789
15.09.1993	9 U 90/93	**641** 31	IBR **1994, 229**; BauR 1994, 121; NJW-RR 1994, 17
26.05.1993	9 U 12/93	**650b** 308	IBR **1994, 412**; BauR 1993, 743
26.02.1992	3 U 82/91	**634** 126	BauR 1992, 806
10.10.1991	13 U 190/90	**639** 25	IBR **1992, 280**
17.03.1989	2 U 147/88	**650p** 196	BauR 1989, 630; NJW 1989, 2402; NJW-RR 1989, 1183 (Ls.)
26.08.1976	10 U 35/76	**633** 39, 55	BauR 1977, 129

OLG Zweibrücken

20.11.2018	1 U 86/17	**650f** 131	IBR **2020, 642**
14.11.2017	5 U 42/17	**640** 5	IBR **2020, 288, 346**
21.09.2016	7 U 51/14	**650u** 242	IBR **2019, 72, 194**
31.07.2015	2 U 10/15	**631** 115	IBR **2019, 57**
15.06.2015	7 U 155/13	**634a** 331, 348	IBR **2016, 401**
21.05.2015	4 U 101/13	**631** 445	IBR **2015, 533**
12.02.2015	6 U 40/13	**631** 397	IBR **2015, 475**; BauR 2015, 1681
03.09.2014	1 U 162/13	**650c** 57	
04.04.2014	8 U 53/12	**650v** 48	IBR **2016, 698, 699**
13.02.2013	1 U 46/12	**634a** 340	IBR **2014, 28**

Zitatübersicht

20.06.2012	1 U 105/11	**632a** 93	IBR 2013, 321; BauR 2013, 1453
25.11.2011	2 U 11/11	**vor 631** 45; **631** 88	IBR 2014, 393, 400
02.05.2011	7 U 77/09	**634** 41	IBR 2012, 448
20.01.2009	8 U 43/07	**650p** 135	IBR 2010, 639; BauR 2010, 1085
20.06.2007	1 U 50/07	**631** 385	BauR 2008, 996
24.05.2007	4 U 104/06	**634a** 108	IBR 2007, 548
25.04.2005	7 U 53/04	**635** 51; **638** 18	IBR 2006, 1102; BauR 2006, 690
20.09.1994	8 U 214/93	**631** 798; **650b** 247	IBR 1995, 49; BauR 1995, 251
10.03.1994	4 U 143/93	**631** 451, 621	IBR 1994, 373; BauR 1994, 509; NJW-RR 1994, 1363
01.02.1994	8 U 96/93	**631** 805	IBR 1995, 150; BauR 1995, 95
30.03.1993	4 U 22/93	**634** 180	IBR 1993, 469; BauR 1993, 625; ZfBR 1993, 222; NJW-RR 1993, 1237
28.03.1984	2 U 27/82	**631** 830	

LG Aurich

25.01.1991	4 O 1391/88	**650f** 50	IBR 1992, 10; NJW-RR 1991, 1240

LG Berlin

21.09.2021	19 O 55/20	**650v** 70	IBR 2022, 17
16.10.2020	8 O 126/20	**650c** 147, 152; **650d** 33, 39	IBR 2021, 118
20.04.2020	19 O 34/20	**650c** 150; **650d** 13, 26, 37	IBR 2020, 339; NZBau 2020, 786; NJW 2020, 2898
04.12.2019	32 O 244/19	**650d** 8, 12, 13, 26, 37	IBR 2020, 448
07.11.2019	32 O 244/19	**650d** 20; **650f** 59	
04.10.2019	28 O 209/19	**650d** 8, 12, 14, 32	
19.01.2017	86 O 142/16	**650f** 59, 76	IBR 2017, 251
04.06.2015	35 O 80/15	**650e** 39	IBR 2015, 1076
16.10.2013	99 O 67/12	**648** 67	IBR 2014, 1307
23.02.2005	18 O 456/03	**631** 610	

LG Bielefeld

25.09.2007	15 O 127/07	**631** 911	IBR 2008, 132

LG Bonn

08.03.2018	18 O 250/13	**650t** 76	IBR 2018, 573
20.05.2014	7 O 351/13	**641** 61	
31.03.2004	5 S 6/04	**641** 105	BauR 2004, 1471

LG Darmstadt

15.02.2012	12 O 12/11	**650f** 120	IBR 2012, 1301
17.10.2008	23 O 48/04	**650f** 123	

Zitatübersicht

LG Detmold

08.07.2015	10 S 27/15	**648** 85		NJW 2015, 3176

LG Düsseldorf

03.06.2016	22 S 469/15	**648** 85	**IBR 2016, 526**
03.05.2012	21 S 206/11	**632** 47	

LG Frankfurt/Main

28.06.2019	33 O 248/18	**650m** 22	**IBR 2020, 1058, 1059**
06.05.2011	9 S 52/10	**634a** 27	NJW-RR 2011, 1244

LG Frankfurt/Oder

14.03.2011	14 O 69/10	**631** 356	**IBR 2011, 323**

LG Hagen

30.11.2010	21 O 83/10	**650f** 42	**IBR 2011, 20, 141**; BauR 2011, 569, 728

LG Hamburg

20.02.2019	325a O 16/18	**641** 89	**IBR 2019, 1140**
04.12.2012	321 O 87/12	**634a** 325	**IBR 2014, 1361**; NJW-RR 2013, 594
11.03.2010	328 O 179/09	**650u** 123, 126, 129	**IBR 2010, 458**; BauR 2010, 1638
23.12.2009	325 O 160/09	**650e** 54	**IBR 2010, 454, 1057**
23.09.1981	13 O 261/81	**632a** 162	

LG Hannover

02.03.2015	14 O 62/14	**650e** 30	**IBR 2015, 1043**
10.01.2007	6 O 190/06	**641** 91	**IBR 2007, 171**; BauR 2007, 1449

LG Hildesheim

04.09.2009	7 S 107/09	**632** 58	

LG Karlsruhe

17.04.2019	6 O 125/18	**641** 92
12.02.2016	10 O 477/15	**650v** 48

LG Kiel

05.04.2012	9 O 180/11	**641** 119	**IBR 2012, 1178**; NZBau 2012, 504; NJW-RR 2012, 919

LG Koblenz

25.07.2016	4 O 283/15	**650g** 45	**IBR 2017, 13**
31.07.2003	9 O 477/01	**631** 642	

Zitatübersicht

LG Köln

21.12.2010	27 O 157/10	**641** 145	**IBR 2011, 332**; BauR 2011, 1008
18.09.2009	13 S 195/09	**650e** 23	**IBR 2009, 653**; NJW-RR 2010, 447
22.02.1990	29 O 139/89	**649** 53	**IBR 1991, 227**; NJW-RR 1990, 1498

LG Krefeld

03.08.2016	2 O 346/15	**633** 92	**IBR 2017, 191**
11.12.2008	2 O 56/08	**650n** 1	**IBR 2009, 276**; BauR 2009, 860

LG Leipzig

LG Lüneburg

12.09.2000	5 O 86/00	**631** 349	**IBR 2001, 106**

LG Mainz

06.06.2000	10 HKO 116/99	**650f** 222	**IBR 2000, 502**; BauR 2000, 1357

LG Mannheim

08.10.2012	24 O 33/12	**650f** 139, 140	**IBR 2013, 146**
09.11.2010	6 O 85/10	**650v** 13	**IBR 2011, 145**; BauR 2011, 567
07.06.1991	5 O 473/90	**631** 399	**IBR 1992, 239**; BauR 1992, 233

LG München I

28.10.2021	5 O 2441/21	**650i** 19, 22	**IBR 2022, 183**
30.10.2018	2 O 1169/18	**650f** 13	**IBR 2019, 134**
02.11.2016	5 O 1618/16	**650v** 70	**IBR 2017, 1065**
23.06.2016	11 O 10314/16	**650u** 138, 139, 141	**IBR 2017, 437**
07.04.2016	36 S 17586/15	**650u** 125, 131	IMR 2016, 336
04.03.2016	2 O 8641/14	**650f** 13	**IBR 2016, 397**; NZBau 2016, 641; NJW-RR 2016, 1036
23.04.2015	8 O 6509/15	**650u** 122, 138, 141; **650v** 48	**IBR 2015, 669**
14.05.2014	24 O 24859/13	**641** 104, 115	**IBR 2015, 16**; BauR 2014, 1486
16.01.2013	18 O 1668/11	**650u** 124	IMR 2013, 253
16.07.2010	8 O 10000/09	**640** 37	**IBR 2010, 691**; BauR 2011, 566
04.11.2009	8 O 10671/09	**640** 37	
02.07.2008	18 O 21458/07	**650u** 126	IMR 2009, 1033; BauR 2009, 1444
02.03.2007	2 O 23839/06	**650n** 1, 20, 23, 24	**IBR 2007, 323**; BauR 2007, 1431
22.12.2004	8 O 23/04	**631** 387	**IBR 2005, 1149**
09.12.1993	7 O 9529/93	**631** 627	

LG Nürnberg-Fürth

16.07.2015	8 O 7943/13	**632** 47	NJW-RR 2016, 105

Zitatübersicht

12.03.2012	6 O 3415/07	**632** 11	**IBR 2012, 564**; NZBau 2012, 577; NJW-RR 2012, 985
12.04.2010	17 O 11183/09	**650f** 35	**IBR 2010, 336**; BauR 2010, 952

LG Osnabrück

19.07.2016	5 O 2742/15	**650f** 42	NZBau 2016, 641; NJW-RR 2016, 1168
31.03.2011	4 O 122/11	**631** 358	**IBR 2011, 629, 1446**

LG Potsdam

21.05.2014	3 O 86/13	**650** 95	BauR 2014, 2101

LG Rottweil

28.07.1982	1 S 74/82	**634a** 29

LG Saarbrücken

07.11.2011	3 O 201/11	**641** 84	**IBR 2012, 132**; BauR 2012, 300; NZBau 2012, 242; NJW-RR 2012, 226

LG Schweinfurt

23.01.2015	22 O 135/13	**650u** 127	**IBR 2015, 1139**; IMR 2015, 199

LG Stralsund

14.09.2011	1 S 41/11	**650f** 73	**IBR 2011, 1414**

LG Stuttgart

02.06.2016	23 O 47/16	**650i** 23; **650l** 1	
24.10.2011	34 O 50/11	**650f** 61	**IBR 2012, 1352**

LG Tübingen

03.12.1990	1 S 227/90	**632a** 162	MDR 1991, 248

LG Weiden/Oberpfalz

13.05.1997	2 S 330/97	**650a** 8	**IBR 1998, 22**; NJW-RR 1997, 1108

LG Wiesbaden

19.04.2021	2 O 72/21	**650q** 35	**IBR 2021, 1026**
07.02.2014	1 O 139/13	**632a** 126	**IBR 2014, 1058**; BauR 2014, 1321
22.02.2012	10 O 92/11	**641** 145	**IBR 2012, 1207**; BauR 2012, 994
25.01.2012	5 O 72/10	**641** 129	**IBR 2012, 392**; NZBau 2012, 367; NJW-RR 2012, 917

AG Düsseldorf

03.11.2015	11c C 43/15	**648** 85

Zitatübersicht

AG Essen

11.01.2017 14 C 189/16 **632** 47 IBR 2017, 259

AG Gengenbach

20.12.2016 1 C 71/15 **632a** 65

AG Hannover

05.09.2016 520 C 3278/16 **650f** 116 IBR 2016, 695

AG Lingen

12.01.2017 4 C 839/16 **632** 47

AG Minden

05.02.2013 26 C 143/12 **634a** 29 NZBau 2013, 385; NJW-RR 2013, 856

AG München

04.09.2015 481 C 8691/15 **650u** 124 IMR 2015, 504
07.07.2010 482 C 287/10 **650u** 124 IMR 2010, 1139; BauR 2010, 1813; NJW 2011, 2222

AG Stadthagen

15.06.2011 41 C 414/10 **631** 450 **IBR 2012, 192**; NJW-RR 2011, 1171

AG Tettnang

21.04.2011 4 C 1132/10 **650u** 124 IMR 2011, 510

OVG Thüringen

19.12.2007 1 KO 1205/04 **632** 43 ZfBR 2008, 701 (Ls.)

FG Berlin-Brandenburg

23.03.2009 7 V 7278/08 **631** 493

FG Hamburg

03.02.2011 6 V 251/10 **631** 495 IBR 2011, 527
09.03.2007 6 K 181/05 **631** 512

FG Münster

01.09.2010 5 K 3000/08 **631** 493

OGH (Österreich)

21.10.1998 9 Ob 201/98v **649** 46
18.03.1982 7 Ob 514/82 **649** 37
18.03.1975 5 Ob 34/75 **649** 37
19.04.1961 1 Ob 190/61 **632** 55

Stichwortverzeichnis

(Die fett gedruckte Ziffer bezeichnet den Paragraphen, die magere die Randnummer)

30-Tage-Frist
- Änderungsanordnung vor Fristablauf **650b** 151
- Änderungsvereinbarung **650b** 9, 32, 146, 157
- Anordnungsrecht **650b** 9, 32, 141, 249 ff.
- Berechnung **650b** 148
- Fristbeginn **650b** 143, 145 f.
- Fristberechnung **650b** 145 f.
- Fristende **650b** 148
- Streitbeilegung, alternative **650b** 156

30-Tage-Regelung
- Verzugseintritt **631** 711

80%-Regelung
- Abbedingung **650c** 188 ff.
- Abschlagszahlungen **650b** 76; **650c** 7, 115 ff., 124 ff.
- Pauschalierung, vorläufige **650c** 145

Abänderungsverbot
- Bauhandwerkersicherung **650f** 186 ff.

Abbrucharbeiten **Einf vor 631** 21; **650a** 24
- Bauhandwerkersicherung **650f** 11
- Bauvertrag **650f** 11
- Frachtvertrag **Einf vor 631** 131

Abbruchvertrag
- Rechtsnatur **Einf vor 631** 123

Abdichtung
- Beweislast **650p** 133
- Planung **650p** 132 f., 155

Ablehnungsandrohung **634** 5

Abnahme
- Allgemeine Geschäftsbedingungen **640** 47 f., 97
- Anfechtung **640** 7
- Anspruch auf – **640** 1 f., 24 ff.
- Anspruchsverjährung **634a** 229
- Anspruchsverlust **640** 85 ff.
- Architekten- und Ingenieurvertrag **650q** 16, 17, 32 f.; **650s** 1 ff.
- Architekten- und Ingenieurvertrag, gekündigter **650s** 18
- Aufforderung zur – **640** 1
- aufgedrängte – **640** 26
- ausdrückliche – **650s** 7
- Ausschluss **646** 1 f.
- Ausschluss nach Beschaffenheit des Werks **640** 2
- Bauträgervertrag **640** 6; **650u** 22, 102 ff., 139 f.; **650v** 68 ff.
- Begriff **640** 3 ff.
- Bevollmächtigung **640** 5 f.
- Beweislast **640** 16 ff., 45 f., 91 f.
- Billigung als Vertragsgerecht **640** 3
- Darlegungslast **640** 45 f., 91 f.
- Entbehrlichkeit **650g** 31; **650p** 190, 193
- Erfüllungswirkung **640** 10
- Erklärungsverhalten **640** 49
- Fälligkeit der Vergütung **631** 879, 881; **640** 11 f.; **641** 90, 93; **650g** 31; **650q** 33
- fiktive –; *s. Abnahme, fiktive*
- förmliche – **Einf vor 631** 100; **640** 50, 60 ff., 96, 104; **641** 93
- Gefahrtragung **640** 13 f.
- Gemeinschaftseigentum **650u** 3, 5, 107 ff., 113, 122 f.
- Gläubigerverzug **640** 37
- Klage auf – **640** 33 f., 46
- konkludente – **640** 51 ff.; **650s** 8 ff., 45 ff.; **650u** 117
- nach Kündigung **640** 22, 28 ff.; **648** 26 ff.
- Mängel vor Abnahme **Einf vor 631** 4; **634** 9 ff.
- Mängelrechte **641** 9; **650p** 190 ff.
- Mängelrechte, Vorbehalt **650s** 56 f.
- öffentliche **Einf vor 631** 26
- Prüffrist **640** 48
- Rechtsnatur **640** 5
- Schlussrechnung **650q** 50
- Schuldnerverzug **640** 35 f.
- Schutzpflicht **640** 15
- nach Selbstvornahme **637** 100 ff.; **640** 27
- stillschweigende – **640** 48
- technische – **640** 100; **641** 93
- Teilabnahme; *s. dort*
- Übernahme des Werks **640** 3
- unförmliche – **641** 93
- unterlassene – **640** 60 ff.
- Verjährungsbeginn **634a** 38 ff.; **640** 22
- Vertragsstrafe **640** 93 ff.
- Vertretung **640** 5 f., 8
- verzögerte – **631** 735 ff.; **640** 35 f., 37
- VOB/B **648** 145
- VOB-Vertrag **640** 101 ff.; **641** 93 f.
- Vorbehalte **640** 84 ff.
- vorbehaltlose – **640** 85, 91 f.
- Vorbehaltserklärung **640** 89 f., 94 ff.
- Wirkungen **640** 9 ff., 85 ff., 93 ff.
- durch Wohnungseigentümergemeinschaft **650u** 114 f.
- Zeitpunkt **640** 25 ff.
- Zustandsfeststellung **650q** 38

Abnahme, fiktive **Einf vor 631** 21, 31; **640** 1, 64 ff., 67 ff.
- AGB-Klauseln **640** 48

1405

Stichwortverzeichnis

- Architekten- und Ingenieurvertrag **634a** 317 ff.; **650q** 16, 33; **650s** 59
- Bauträgervertrag **650u** 102, 104 ff.
- Benutzung der Leistung **640** 111 f.
- Fälligkeit **641** 93
- Fertigstellung des Werks **640** 73 ff.; **650g** 24
- Fristablauf **640** 70 ff.
- Hinweispflicht **640** 83 ff.
- nach Kündigung **640** 82
- Leitbildcharakter **640** 87
- Teilabnahme **650s** 84
- Verbraucherschutz **640** 83 ff.
- Verjährungsbeginn **634a** 40
- VOB/B **648** 154
- VOB-Vertrag **640** 105 ff.

Abnahmebegehung **640** 53
Abnahmebescheinigungen **631** 272
Abnahmefähigkeit **640** 73, 81
- Architekten- und Ingenieurvertrag **650s** 6
- Beweislast **640** 46

Abnahmeformen **640** 51
Abnahmefrist **640** 55
Abnahmeklausel
- Bauträgervertrag **650u** 124 ff.

Abnahmeprotokoll **640** 50; **641** 91
Abnahmereife **650s** 63
- Bauträgervertrag **650u** 113

Abnahmeverweigerung
- Bauträgervertrag **650u** 149 ff.
- berechtigte –**650s** 66
- endgültige – **634a** 47 f.; **640** 44 f.; **650s** 66
- Gefahrübergang **650s** 42
- Mangel, Angabe **640** 80 f.
- Mängel, unwesentliche **640** 39 ff.
- Rechtsmangel **640** 40
- unberechtigte – **634a** 47; **641** 7 f.; **650s** 65
- Verjährungsbeginn **634a** 43 ff.; **650s** 48 ff.
- vorläufige – **634a** 49
- Werklohnanspruch, Fälligkeit **650s** 22, 34, 37
- Zustandsfeststellung **Einf vor 631** 21, 32

Abnahmezinsen **641** 86
Abrechnung **631** 654 ff.
Abrechnungsfähigkeit **632a** 33 ff.
Abrechnungsverhältnis **641** 9 ff.
Abschlagszahlungen **632a** 79 ff.
- 80%-Regelung **650b** 79; **650c** 7, 115 ff., 124 ff.
- Abdingbarkeit **632a** 136 f.; **650u** 232
- AGB-Kontrolle **650m** 9
- Allgemeine Geschäftsbedingungen **632a** 137, 140 ff.
- Angebot, maßgebliches **650c** 158 f.
- Anspruch, fiktiver **650c** 167
- Anspruch, verhaltener **632a** 87
- Architekten- und Ingenieurvertrag **632a** 128
- Architektenvertrag **632a** 144
- Aufstellung, prüfbare **632a** 81 ff., 88 f.

- Baufortschritt **650m** 1
- Bauhandwerkersicherung **632a** 165 ff.; **650f** 85 ff.
- Baustoffe/Bauteile **632a** 67 ff., 155
- Bauträgervertrag **632a** 127; **650u** 2, 4 f., 24, 44 f., 126, 140, 203 ff.; **650v** 1
- Bauvertrag **632a** 1 ff.
- Begriff **632a** 9 ff.
- Bemessungsgrundlage **650c** 158
- Berechnung **632a** 79 ff.
- Beweislast **632a** 123
- Durchsetzungssperre **632a** 109 ff.
- Eigentumsvorbehalt, verlängerter **632a** 161 f.
- Einheitspreisvertrag **632a** 36 ff.
- einstweilige Verfügung **650c** 163
- Fälligkeit **632a** 87 ff., 130 f.;
- Fälligkeit, vorläufige **650c** 146
- Häufigkeit **632a** 86
- Höchstsätze **650v** 18
- Individualvereinbarung **632a** 136
- Kaufrecht **650** 49
- Klagbarkeit **632a** 115 f.
- Klageumstellung **632a** 117 ff.
- nach Kündigung **648** 32
- Leistungen, erbrachte **632a** 22, 25 ff., 81 ff.
- Leistungsverweigerungsrecht **650b** 174; **650v** 25, 61
- Makler- und Bauträgerverordnung **650v** 18 ff.
- Mängel, wesentliche **632a** 61 ff.
- Mangelfreiheit **632a** 60
- bei Mängeln **632a** 54 ff., 134 f.
- Obergrenze **650u** 25
- Pauschalpreisvertrag **632a** 36, 39 f.
- Prozess **632a** 89, 115 ff.
- Prüfbarkeit **632a** 132 f.
- Rechtskraft **632a** 121 f.
- Rechtsmissbrauch **650c** 171 ff.
- Rechtsnatur **632a** 16 ff.
- Reduktion **650c** 105, 166
- Rückzahlungsanspruch **650v** 26
- Schlussrechnungsreife **632a** 101 ff.
- Sicherheiten **632a** 67 ff.; **650u** 24
- Sicherheitsleistung **632a** 72 ff.
- Sicherungshypothek **632a** 163 f.
- Überzahlungen **632a** 92 ff.; **650c** 160; **650m** 4; **650v** 26
- Verbraucherbauvertrag **Einf vor 631** 24; **632a** 90, 126; **650i** 4 ff.;
- Verbraucherschutz **632a** 7
- Verjährung **632a** 100; **650v** 70 f.
- Vertragsleistungen **632a** 23
- Vertragswerte **632a** 35 ff.
- Verzinsungspflicht **650c** 174 ff.
- Verzug **632a** 91; **650b** 179, 250
- VOB-Vertrag **632a** 129 f.
- Wahlrecht **650c** 148, 164 ff.
- Werkvertrag **Einf vor 631** 25
- Wertzuwachs **632a** 41 ff.

Stichwortverzeichnis

– Zahlungsplan **632a** 136, 138 f.
Abtretungserklärung
– Bauhandwerkersicherung **650f** 114 f.
Akquisitionsleistungen **632** 70 ff.; **650p** 3 ff.;
aliud
– Mängelhaftung **633** 21
Allgemeine Geschäftsbedingungen **631** 77 ff.
Allgemeine Geschäftskosten **642** 102 ff.
– AGK-Unterdeckung **642** 98 ff.
– AGK-Zuschlag **642** 101
– Deckungsbeitrag **642** 102
Altbauten
– Beurkundungspflicht **631** 165
Altlasten
– Beseitigung **650a** 24
– Mitwirkungsverzug **642** 30, 53 ff.
Änderungsanordnung **650b** 1 ff.
– Abgrenzung **650b** 169
– Architekten- und Ingenieurvertrag **650q** 66, 80
– Bauzeit **650b** 182 ff.
– bedingte – **650b** 75 ff.
– Erklärungsbewusstsein **650b** 159
– Form **650b** 162 ff.
– Formunwirksamkeit **650b** 166 f.
– vor Fristablauf **650b** 151 ff.
– Gestaltungserklärung **650b** 159
– Inhalt **650b** 159
– Mehrkosten, Hinweispflicht **650c** 84 ff.
– Modifikationen des Änderungsbegehrens **650b** 161
– Putativänderung **650b** 74
– Stellvertretung **650b** 172
– Textform **650b** 162 ff.
– Unzumutbarkeit **650q** 79 ff.
– Vergütungsanpassung **Einf vor 631** 61; **650a** 1 f.; **650c** 18;
– Werkerfolg, Änderung **650b** 35 ff.
Anerkannte Regeln der Technik **650p** 143
Anerkenntnis
– Schuldanerkenntnis; *s. dort*
– Verjährungsneubeginn **631** 922 ff.; **634a** 171 ff.
Anfechtung **631** 207 ff.
– Drohung, widerrechtliche **631** 2213 ff.
– Erklärungsirrtum **631** 209 f.
– Täuschung, arglistige **631** 211
Anfechtungserklärung **631** 209 ff.
Angebot **649** 8 ff.
– Bauvertragsschluss **631** 13 ff., 69 ff.
– Bindefrist **631** 42 f.
– Bindung an das Angebot **631** 23 ff.
– Erlöschen des Antrags **631** 26
– konkludentes – **631** 16
– Kostenanschlag **649** 9
– Leistungsbeschreibung **631** 15
– Modifikationen **631** 45, 69 ff.
– untergeschobenes modifiziertes – **631** 30, 46, 70 f.
– unterkalkuliertes – **631** 38

– Werkvertragsschluss **631** 6
Angebotspflicht; *s. Anordnungsrecht*
Angebotspreis; *s. Anordnungsrecht*
Anlagen, bauliche
– Baurecht, öffentliches **650a** 13
– Bauwerksbegriff **634a** 33; **650a** 13
– Begriff **650a** 13
Anlagen, technische
– Bauwerksbegriff **650a** 7, 12
Annahmeverzug
– Abnahme **640** 37
– Abnahme, unterlassene **644** 30
– Kündigungsrecht des Unternehmers **643** 1 ff.
– Leistungsverweigerungsrecht **641** 54 f., 68
– Mitwirkung des Bestellers **642** 30 ff.
– Nacherfüllung **635** 41
– Nachteile, entschädigungsfähige **642** 75 ff.
– Rücktritt **636** 16
– Vergütung, Klagbarkeit **642** 161
– Vergütungsgefahr **644** 27 ff.
– Vergütungsklage **643** 28
– Vertragsaufhebung **643** 4 ff., 13 ff.
Anordnungen, andere **650b** 228 ff.
Anordnungsrecht **Einf vor 631** 25; **631** 1; **650a** 1 f., 6; **650b** 1, 9
– 30-Tage-Frist **650b** 9, 32, 141, 143, 145 ff., 249 ff.
– Angebotspflicht **650b** 80 ff.; **650q** 97 ff.
– Angebotspreis **650b** 98 ff.
– Architekten- und Ingenieurvertrag **650p** 61 f.
– Ausübung **650b** 159 ff.
– Bauträgervertrag **650u** 23, 141 ff.
– Befolgungspflicht **650b** 171 ff.
– Einigungsfrist **650b** 257
– einstweilige Verfügung **650b** 11; **650d** 1, 5 ff.
– Gestaltungsrecht **650b** 159
– Inhaltskontrolle **650b** 262 ff.
– Nichteinigung **650b** 114
– Streitigkeiten **650b** 11
– Subsidiarität **650b** 144
– Verbraucherbauvertrag **Einf vor 631** 24
– Vergütungsanpassung **650c** 1 ff.
– Vergütungsanspruch **Einf vor 631** 31; **631** 1
– Verhandlungspflicht **650b** 108 ff.
– VOB/B **Einf vor 631** 73, 84 ff.
Anscheinsvollmacht **631** 202
– Leistungsänderung **650b** 126
Antrag; *s. Angebot*
Anzeigepflicht
– Annahme, Verspätung **631** 44
– Kostenüberschreitung **649** 43 ff.
Arbeitnehmerüberlassung **Einf vor 631** 105 ff.
Arbeitssicherheit **650p** 44
Architekt

Stichwortverzeichnis

- Bedenkenhinweispflicht **650p** 67 ff.
- Beratungspflichten **650p** 187 f.
- Berufsbezeichnung **650p** 27, 41
- Betreuungspflicht **634a** 348 ff.
- Fürsorgepflichten **650p** 189
- Koordinierungspflichten **650p** 186
- Obhutspflichten **650p** 189
- Sachwalterstellung **650p** 182 ff.
- Sekundärhaftung **650p** 185
- Vergabe, Mitwirkung bei **650p** 150
- Vergabe, Vorbereitung der **650p** 148 f.
- Vertragsformulierung **650p** 151
- Vertragsgestaltung **650p** 151 f.

Architekten- und Ingenieurvertrag **Einf vor 631** 2; **650a** 2; **650p** 1 ff., 100 f.
- Abnahme **650q** 22 f.; **650s** 1 ff.
- Abnahme, ausdrückliche **650s** 7
- Abnahme, fiktive **650q** 16; **650s** 63
- Abnahme, konkludente **650s** 9 ff., 45 ff.
- Abnahmefähigkeit **650s** 6
- Abrechnungsverhältnis **650s** 63
- Abschlagsrechnungen **650q** 18
- Abschlagszahlungen **632a** 128; **650q** 16 ff.
- Akquisitionsleistungen **650p** 3 ff.; **650q** 4
- Änderung des Objekts **650q** 66, 67
- Änderungen, notwendige **650q** 73, 75
- Änderungen, Unzumutbarkeit **650q** 89 ff.
- Änderungsanordnung **650q** 66, 80, 81 ff.
- Änderungsrecht **650q** 33
- Änderungsvereinbarung, konkludente **650q** 75
- Anordnungsrecht **650p** 61 f.; **650q** 77
- Aufhebung **650p** 206;
- Auftragserteilung **650p** 2
- Ausführungsplanung **650p** 129 ff.
- Auskunftseinholung **650p** 165
- Auslegung **650p** 55, 71, 74, 81 f.
- Auslegungsregeln **650p** 96
- Außenanlagen **650p** 30, 35 ff.
- Bauhandwerkersicherung **650q** 36
- Bauüberwachung **650p** 166 ff.
- Bauwerk **650p** 30
- Beauftragung, bedingte **650p** 13 f., 78
- Beauftragung, konkludente **650p** 7 ff., 17
- Beauftragung, stufenweise **650p** 29, 213
- Beratungsleistungen **650p** 34, 40, 45
- Beschaffenheitsvereinbarung **650p** 50 f., 70, 102
- Beschaffenheitsvereinbarung, Abänderung **650p** 59 f.
- Bestimmbarkeit der Leistung **650p** 16
- Definition **650p** 28
- einstweilige Verfügung **650q** 125 ff.
- Entwurfsplanung **650p** 129 ff.
- Fälligkeit **641** 85
- Fälligkeit der Vergütung **631** 877; **650q** 23 ff.
- Fördermittel **650p** 102, 107, 153
- Formfreiheit **650p** 19
- Genehmigungsplanung **650p** 99 ff.
- Gesamtschuldnerausgleich **634** 147 f.; **650t** 3 ff.
- Grundlagenermittlung **650p** 97 f., 106
- Grundleistungen **650p** 71, 75, 77 ff., 235 ff.
- Grundleistungen, Nichtbeauftragung **650p** 92
- Haftung; **650p** 104 ff.
- Haftungsbefreiung **634** 194 f.
- Haftungsbegrenzung **639** 30 ff.
- HOAI; *s. dort*
- Honoraranpassung **650q** 7
- Honorarvereinbarung **650p** 2, 17, 19
- Inhaltskontrolle **650p** 94 f.
- Kostenanschlag **649** 65 f.; **650q** 31
- Kostenberatung **650p** 118 ff., 126 ff.
- Kosteneinschätzung **650p** 15, 54, 102, 111, 118 ff., 211, 214, 227, 241 f.
- Kostenermittlungen **650p** 111
- Kostenkontrolle **650p** 103, 154
- Kostensteigerungen **650p** 104, 106, 107, 114, 122
- Kündigung **650p** 206; **650q** 27
- Kündigung aus wichtigem Grund **648a** 97; **650q** 28 ff.
- Kündigung bei unterlassener Mitwirkung **643** 31
- Kündigung des Bestellers **648** 138 ff.
- Kündigung, Schriftform **650h** 8; **650q** 60; **650r** 9
- Kündigungsrecht des Unternehmers **650r** 1
- Leistungen außerhalb der HOAI **650q** 120
- Leistungen, erforderliche **650p** 83 f.
- Leistungen, geschuldete **650p** 71 ff.
- Leistungen, vereinbarte **650p** 74
- Leistungsänderungen **650q** 89 ff.
- Leistungsbestimmungsrecht **650p** 52 ff., 78; **650q** 63 f.
- Leistungskatalog **650p** 74
- Leistungspflichten **650p** 71 ff.
- Leistungsphasen **650p** 76 ff.
- Leistungssoll **650p** 56
- Leistungsstörungsrecht **650p** 206 f.
- Leistungsverweigerungsrecht des Bestellers **650p** 191
- Mangelbeseitigung **650p** 209
- Mängelrechte **650p** 208
- mehrere Planer **650p** 155 ff., 160 ff.
- Ohne-Rechnung-Abrede **650p** 26
- Organisationsobliegenheitsverletzung **634a** 74 ff.
- Pauschalleistungsvertrag **650p** 80 ff.
- Pflichtverletzungen **650p** 104
- Planung **650p** 97 f.
- Planungsgrundlage **650p** 15, 54, 210 ff., 227, 230 ff., 242
- Planungsleistungen **650p** 16
- Planungsziele **650p** 47 ff., 59, 70, 75, 90, 93, 192

Stichwortverzeichnis

- Rechtsmängelhaftung **650p** 70
- Rücktritt **636** 128
- Sachmängelhaftung **650p** 70;
- Schadensersatz **636** 128; **650p** 104
- Schlussrechnung **650q** 55 ff.
- Schriftform **650q** 8 f.
- Schriftform, vereinbarte **650p** 17
- Schwarzarbeit **650p** 26
- Sicherheitsstellung **650f** 214 ff.
- Sicherungshypothek **650e** 43 ff.; **650q** 34
- Sonderkündigungsrecht **650r** 1 ff.
- Stichtagsregelung **650p** 29
- Teilabnahme **Einf vor 631** 28; **650q** 22; **650s** 43 ff., 58 ff.
- Teilkündigung **650q** 28, 60
- Teilschlussrechnung **650q** 42 ff.
- Überwachungsziele **650p** 47 ff., 59, 70, 75, 90, 93, 192
- Verbraucherbeteiligung **650p** 219
- Vergütung **631** 401 ff.; **650q** 4 ff.
- Verjährung **634a** 87 ff.; **641** 89; **650q** 41
- Verjährungshemmung **634a** 87, 96 ff.
- Verjährungsneubeginn **634a** 87, 171 ff.
- Verschweigen von Mängeln, arglistiges **634a** 338 ff.
- Vertrag, typengemischter **650p** 46
- Vertragspflichten **650p** 71 ff.
- Vollarchitektur **650p** 213, 219
- Werkerfolg, Änderung **650q** 67 ff.
- Werkvertragsrecht **650p** 1, 70; **650q** 1 ff.
- Zielfindungsphase **650p** 15, 54, 58, 230 ff.
- Zustandsfeststellung **650q** 30 ff.

Architektenpauschalleistungsvertrag **650p** 80 ff.
Architektenvertrag **650i** 20
- Abänderungsrecht **650p** 63 ff.
- Abschlagszahlungen **632a** 144
- Anfechtung **650p** 27
- Außer-Geschäftsraumvertrag **650p** 27
- Beurkundungspflicht **631** 153 ff.
- Definition **650p** 28
- Form **650p** 18 ff.
- Koppelungsverbot **650p** 18, 21 ff.
- Mängelhaftung **650p** 64 f.

Architektenwettbewerb **648a** 161
Arrest **631** 897
Aufmaß
- BGB-Vertrag **631** 418
- einseitiges – **631** 421
- Einwendungen **631** 436 f.
- gemeinsames – **631** 428 ff.
- Prüfbarkeit **631** 430 ff.
- Verwirkung **631** 437

Aufrechnung
- Ansprüche, beiderseitige **631** 655 ff.
- Hilfsaufrechnung **631** 677
- Mängeleinrede, Erhaltung **634a** 194
- Steuerabzug **631** 501
- Streitwerterhöhung **631** 677
- Verjährungshemmung **631** 891, 913

- Vorbehaltsurteil **631** 671 f.
- Zurückweisung in der Berufung **631** 676

Aufrechnungsverbote **631** 666 ff.
Auftragsbestätigung **631** 33, 74
Aufwendungsersatz
- Beweislast **637** 61
- Geschäftsführung ohne Auftrag **631** 853 f.
- Mehraufwendungen **650b** 282 f.
- Rücktritt **636** 37 ff.
- Schadensersatz statt der Leistung **636** 116 ff.
- Selbstvornahme **637** 1 ff.
- Vergütungsanspruch **631** 653
- Verjährung **634a** 387

Aufmaß **631** 416 ff.
Außenanlage **650f** 14, **650p** 30
- Außenanlagen **634a** 37;
- Begriff **650a** 17
- Leistungen **650a** 19

Ausführungsplanung **650b** 118
- Änderung **650b** 115
- Architekten- und Ingenieurvertrag **650p** 129 ff.
- Leistungsbilder **650p** 146 f.
- Leistungsphasen **650p** 145

Ausschreibung **631** 842 ff.; **650p** 148
- Angebot, Bindung an das **631** 22
- Angebotsabgabe **649** 24
- Bieter, frivoler **631** 19, 840
- funktionale – **631** 827
- öffentliche – **633** 105
- Planungsfehler **650t** 31
- Preisanfrage **649** 24
- private – **633** 105
- Unklarheit **631** 19 f.

B2B-Geschäft
- Bauliefervertrag **650** 77 ff.
Bau Soll-Änderung **650b** 121
Bauablaufstörung **631** 772
Bauabzugssteuer **631** 497 ff.
Bauantrag **650p** 134
- Kostengrenzen **650p** 113
Bauaufsicht
- Architektenhaftung **631** 117
Bauaufsichtspflichtverletzung
- Anscheinsbeweis **650p** 179
Bauausführung
- Konstruktionsmerkmale **650p** 141
Baubeschreibung **650k** 14 f.; **650u** 187 ff.
- Abweichungen **650u** 163
- Aufklärungspflichtverletzung **Einf vor 631** 117
- Beschaffenheitsbeschreibung **650u** 252
- Fertigstellungszeitpunkt **650k** 16 ff.; **650u** 214
- funktionale – **650u** 200 ff.
- Herstellungsbegriff, funktionaler **631** 219
- Mindestinhalt **650u** 189
- Unvollständigkeit **650k** 14 f.; **650u** 209 ff.

Stichwortverzeichnis

- Verbraucherbauvertrag **631** 225
- Verständlichkeit **650u** 194 ff.
- Vertragsinhalt **631** 355
- vorvertragliche – **650k** 1 ff.; **650u** 189 ff.
- Zusatzvereinbarung **650k** 9

Bauentwurf
- Änderungsrecht **650b** 194 ff.

Baugenehmigung
- Aufhebung **650p** 134
- Auflagen **650b** 19
- Bauträgervertrag **650v** 17
- Genehmigungsfähigkeit **650p** 134
- Nachbarwiderspruch **650u** 52
- Nichterteilung **650p** 134, 138
- Vorbehalt **631** 66
- Widerruf **650p** 138

Baugrund
- Mangel **645** 9

Bauhandwerkersicherung **Einf vor 631** 21; **633** 165 f.; **650a** 1, 6

Bauhandwerkersicherungshypothek; s. *Sicherungshypothek*

Baukostenobergrenze; s. *Kostengrenzen*

Bauleiter
- Aufsichtsverschulden **634** 147
- Empfangsvollmacht **634** 61
- Haftung **634** 129
- Vertretungsmacht **631** 859 ff.

Bauliefervertrag **647a** 13; **648** 163 ff.; **649** 113 f.;
- AGB-Recht **650** 105
- B2B-Geschäft **650** 77 ff.
- Besonderheiten **647a** 13
- Erzeugung **650** 20 ff.
- Gestaltungsmöglichkeiten, abweichende **650** 108 ff.
- Haftungsbefreiung **650** 35 ff.
- Herstellung **650** 20 ff.
- Kaufrecht **650** 42 ff., 47 ff.
- Kündigung aus wichtigem Grund **648a** 69 f.
- Kündigung des Bestellers **648** 149 ff.
- Leistung, gegenständliche **650** 6 ff.
- Lieferung **650** 17 ff.
- Nachbesserungskosten, Unverhältnismäßigkeit **650** 101 ff.
- Nacherfüllungsanspruch **650** 55 ff.
- Prüfungsobliegenheit **650** 83
- Regressanspruch gegen Lieferanten **650** 99
- Rückgriffsansprüche **650** 45 f.
- Rügeobliegenheit **650** 78 ff., 83
- Sachen, bewegliche **650** 6 ff., 32 ff.
- Sachen, nicht vertretbare **650** 38 f.
- Sachen, vertretbare **650** 40 f.
- Sicherungshypothek **650e** 64
- Stoffe, fehlerhaft gestellte **650** 35 ff.
- Unternehmergeschäfte **650** 47
- Unternehmerpfandrecht **647** 10
- Verbrauchsgüterkauf **650** 47
- Verjährung **634a** 10

- VOB/B **650** 108
- Werkvertragsrecht, ergänzende Anwendung **650** 38 ff.
- Werkvertragsrecht, Vereinbarung **650** 108 ff.

Baumangel **650p** 159

Bauprozess
- Planungsunterlagen **650n** 5 ff.

Baustellengemeinkosten **650c** 66
- BGK-Zuschlag **642** 143, 146
- Deckungsbeitrag **642** 109
- Mitwirkungsverzug **642** 79 f., 87

Baustellenpersonal
- Vertretungsmacht **631** 197

Baustellenprotokoll
- Vertragsänderung **650b** 128

Baustellenverbot **650h** 4 f.
- Zustandsfeststellung **650g** 26

Baustoffe

Bautagebuch **650p** 174

Bauträgervertrag **Einf vor 631** 2, 29, 31, 116; **650a** 2; **650u** 1
- Abnahme **650u** 23, 112 ff., **650v** 68 ff.
- Abnahme, fiktive **650u** 112, 114 ff.
- Abnahmeklausel **650u** 122 ff.
- Abnahmereife **650u** 113
- Abnahmeverweigerung **650u** 148 ff.
- Abschlagszahlungen **632a** 127; **650u** 2 ff.; 23, 40 ff., 142 ff.; **650v** 1
- Allgemeine Geschäftsbedingungen **650u** 32
- anerkannte Regeln der Technik **650u** 51
- Anordnungsrecht **650u** 24, 157 ff.
- Auflagen, öffentlich-rechtliche **650u** 50
- Auflassungsvormerkung **650v** 4, 12 f.
- Auslegung **650u** 51 ff.
- Außenanlagen **650v** 41, 43, 64
- Baugenehmigung **650v** 17
- Bauhandwerkersicherung **650u** 180 ff.
- Bauvertragsrecht **650u** 26 ff.
- Bauvorhaben **650u** 12 ff., 26
- Besitzübergabe **650v** 20, 23, 40 f.
- Besitzverschaffungsanspruch **650u** 240 ff.
- Bestätigung, notarielle **650v** 11
- Beurkundungspflicht **650u** 26 ff.; **650v** 10
- Bezugsfertigkeitsrate **650u** 136
- Bindungsfrist **650u** 29 f.
- Eigentumsübertragung **634a** 376
- Eigentumsverschaffung **Einf vor 631** 26; **634a** 376
- Erbbaurecht **650u** 247
- Fälligkeit **641** 89
- Fertigstellung, vollständige **650v** 20, 23, 43 ff., 64
- Fertigstellungszeitpunkt **650u** 214
- Formnichtigkeit **650u** 217 f.
- Gemeinschaftseigentum, Abnahme **650u** 117
- Genehmigungen, erforderliche **650v** 10 f.
- Gesamtvergütung **650u** 40 ff.

Stichwortverzeichnis

- Gewerberecht **650v** 1
- Haftungsbegrenzung **639** 24 f.
- Haftungsbeschränkung **650u** 109 f.
- Herstellungsfrist **650u** 197
- Herstellungsverpflichtung **650u** 7, 11, 18 ff., 46 f.
- Informationspflichten **650u** 172
- Inhaltskontrolle **650u** 35
- Kaufnebenkosten **650u** 42
- Kaufvertragsrecht **650u** 4, 10, 18 f., 229 ff.
- Komfortstandards **650u** 193 f.
- Koppelungsverbot **650u** 30
- Kostenanschlag **649** 67
- Kündigung **650h** 9
- Kündigung aus wichtigem Grund **648a** 63 ff.
- Kündigung des Bestellers **648**a 18
- Kündigungsrecht aus wichtigem Grund, Ausschluss **650u** 4, 6
- Kündigungsrecht, freies **650u** 144 f.
- Lastenfreistellung **650v** 14
- Leistungsverweigerungsrecht **650v** 1, 24, 57
- Makler- und Bauträgerverordnung; *s. dort*
- Mangel **650v** 24
- Mängelbeseitigung **650v** 44
- Mangelfreiheit **650v** 64
- Mängelhaftung, kaufvertragsrechtliche **650u** 11
- Mängelhaftung, werkvertragsrechtliche **650u** 249
- Minderung **638** 23
- öffentliches Recht **650u** 50
- Pauschalpreis **650u** 41 f.
- Planungsverpflichtung **650u** 21
- Preisvereinbarung **650u** 40 ff.
- Prospektangaben **650u** 50, 189 ff.
- Rückabwicklung **650v** 4
- Rücktritt **650u** 253
- Rückzahlungsanspruch **650v** 49 f.
- Sachmängelhaftung **650u** 248
- Schlussrechnung **650u** 24, 142 f.; **650v** 60 ff.
- Schlusszahlung **650u** 138
- Sicherheitenstellung **650f** 214 f.
- Sicherungshypothek **650e** 63
- Sonderwunschvereinbarungen **650u** 163
- Störung der Geschäftsgrundlage **650u** 44
- Teilabnahme **650u** 117 ff.
- Teilrücktritt **650u** 6
- Umbauten **650u** 14 ff.
- Unabdingbarkeit **650u** 245 ff.
- Verbraucherbauvertragsrecht **650u** 4, 19, 23, 25, 182 ff.
- Vergütung **650u** 23, 40 f
- Vergütung, Fälligkeit **650u** 142 f.; **650v** 60
- Verjährung **634a** 370 ff.; **650u** 23, 266 f.; **650v** 66 f.
- Vertragserfüllungssicherheit **650u** 220 ff.; **650v** 1, 62
- Vertragsinhalt **650u** 50, 189 f.
- Vertragspflichten **650u** 23
- Vertragsschluss **650u** 26
- VOB/B **650u** 32 ff.
- Vormerkungsmodell **650u** 2, 5; **650v** 3 ff.
- Werkvertragsrecht **650u** 15 ff.
- Widerrufsrecht **650u** 215 ff.
- Wucher **650u** 28
- Zahlungsabwicklung **650v** 4
- Zahlungsmodell **650v** 5 ff.
- Zustandsfeststellung **650u** 24, 133 ff.

Bauüberwachung **650p** 166 ff.
- Beweislast **650p** 179
- Darlegungslast **650p** 179
- Dokumentation **650p** 174
- Gesamtschuldverhältnis **650t** 29
- Hinweispflicht **650p** 140
- Interessenwahrnehmung **650p** 178
- Kontrollen **650p** 170
- Mitverschulden des Bauherrn **650p** 172
- Mitverschuldenseinwand **650t** 24
- Mitwirkung des Bestellers **642** 30
- Planprüfung **650t** 32
- Rechnungsprüfung **650p** 175 ff.
- Rechtskenntnisse **650p** 178
- Überwachungspflicht **650p** 170 ff.

Bauunternehmer
- Gesamtschuldnerausgleich **650t** 3
- Sicherungshypothek; *s. dort*

Bauverfügung **650b** 11; **650d** 1, 35
- Vergütungsanpassung **650c** 8

Bauvertrag **Einf vor 631** 1 ff., 21 ff.
- Abschlagszahlungen **632a** 1 ff.
- Änderung des Vertrags **650a** 1
- Änderungsrecht **631** 847
- Anfechtung **631** 209 ff.
- Baumaßnahmen, wesentliche **650a** 25
- Begriff **650a** 25
- Definition **650a** 4 f.
- einstweilige Verfügung **650a** 1
- Fälligkeit **641** 97
- Instandhaltung **650a** 19
- Komplexität **Einf vor 631** 14; **650a** 29
- Kündigung, freie **648** 1
- Kündigung, Schriftform **650h** 1, 3 ff.
- Langzeit-Systemvertrag **Einf vor 631** 34
- Leistungen **650a** 4 ff., 19
- Rechtsnatur **Einf vor 631** 2; **631** 2 ff.
- Schlussrechnung **641** 28, 95; **650v** 59
- Sicherung des Unternehmers **647** 1
- Sittenwidrigkeit **631** 133
- Verjährung **641** 89
- Vertragstyp **Einf vor 631** 23
- Werkvertrag **631** 2
- Widerruf **631** 215 ff.

Bauvertragsrecht, Reform
- Abnahmefiktion **640** 1 ff., 67 ff.
- Abnahmeverweigerung **650g** 1 ff.
- Bauwerk, Definition **634a** 16 ff.
- Kosteninanspruchnahme **650** 77 ff.
- Leistungsverweigerung **641** 60, 68 ff.

1411

Stichwortverzeichnis

- Mängelhaftung **650** 43
- Rechtslage für Verträge ab 1.1.2018 **650** 62
- Rechtslage für Verträge bis 31.12.2017 **650** 59 ff.
- Reformüberlegungen **649** 68 ff.
- Regressanspruch des Verkäufers gegen Lieferanten **650** 106
- Schlussrechnung **641** 96, **650g** 1 ff.
- Verbrauchsgüterkauf **650** 53 ff.
- Zuständigkeit, Gericht **650d** 41

Bauwerk **650a** 4 f.
- Abdichtung **634a** 27; 348; **650p** 132 f., 155
- Anlagen, bauliche **650a** 13
- Arbeiten an einem Bauwerk **650a** 5
- Architekten- und Ingenieurvertrag **650p** 30
- Begriff **634a** 15 ff.; **650a** 5 ff.; **650p** 30
- Beseitigung **Einf vor 631** 28
- Bestandteil, wesentlicher **650a** 7
- Einheit, funktionelle **650a** 7, 9
- Erdboden, Verbindung mit **650a** 6 f., 12
- Erneuerungsarbeiten **650p** 32
- Grundstücksverbindung, feste **634a** 17 f.
- Herstellung **Einf vor 631** 21; **650p** 31
- Ingenieurbauwerk **650p** 30
- Innenräume **650p** 33
- Leistungen für ein – **650p** 31 f.
- Musterbauverordnung **650a** 13
- Neubauten **Einf vor 631** 24
- Sachen, unbewegliche **650** 8
- Scheinbestandteil **650** 9
- Teile; *s. Bauwerksteile*
- Umbau **Einf vor 631** 22; *s. dort*
- Verbindung mit dem Grundstück, feste **650b** 291; **650p** 30
- Verkehrsanlagen **650p** 30
- Wiederherstellung **Einf vor 631** 22; *s. dort*

Bauzeit **Einf vor 631** 39
- Änderungsanordnung **650b** 179 ff.
- Änderungsrecht **650b** 246
- Anordnungsrecht **650b** 64, 197 ff.
- Anpassungsanspruch **650b** 66 ff.
- Beschleunigungsanordnung **650b** 64 f.
- Vertragsänderung **650b** 176 ff.
- Vertragsschluss **631** 29

Bauzeitenänderung **650b** 62 ff.
- Vergabeverfahren, verzögertes **631** 47 ff.
- Vergütungsanpassung **631** 52 ff.

Bauzeitenplan **631** 750
- Angebot, neues **631** 45

Bauzeitnachtrag **642** 139 ff.
Bauzeitnachträge **Einf vor 631** 39
Bauzeitüberschreitung **631** 240
Bauzeitvereinbarungen **631** 240
Bauzeitverzögerung **Einf vor 631** 4
Bedenkenhinweis **634** 52 ff.
Behinderungsanzeige **642** 68
Bereicherungsansprüche **631** 856

Besteller
- Verbrauchereigenschaft **650i** 8 ff.

Beurkundung, notarielle
- Architektenvertrag **631** 158
- Bauträgervertrag **631** 159; **650v** 10
- Bauvertrag **631** 153 ff.
- Bauvertrag, Änderungen **631** 166 ff.
- Bebauungspflicht **631** 163
- Bezugnahmen **631** 164
- Einheit, rechtliche **631** 155 ff.
- Fertighausvertrag **631** 158
- Umfang **631** 162 ff.
- Zwang zum Grundstückserwerb, mittelbarer **631** 160 f.

Beweislast
- Leistungsänderung, Unzumutbarkeit **650b** 53 ff.

Beweisverfahren, selbständiges **631** 908 ff.
- Streitverkündung **634a** 140
- Verjährungshemmung **634a** 140 ff.

Bezugsfertigkeit **650v** 20, 23, 40 f.
- Teilabnahme **640** 49
- Vertragsstrafe **631** 340

Bietergespräche **650p** 206
Bindungsfristen
- Angebot **631** 42 f.

Bodengutachten **650p** 133
- Beurkundungserfordernis **631** 167

Bodenrisiko
- Mitwirkung des Bestellers **642** 20, 35 f.

Bodenuntersuchungsvertrag
- Rechtsnatur **Einf vor 631** 110

Bodenverhältnisse **Einf vor 631** 36; **650p** 132, 143
- Aufklärungspflichtverletzung **Einf vor 631** 147
- Planungsfehler **650p** 141

Brandschutz
- Planung **650p** 155

Bürgschaft **650e** 52 ff.
- Austauschbürgschaft **641** 110 ff.
- Bauhandwerkersicherung **650f** 92 ff.
- Befristung **650f** 127 f., 191
- Einredeverzicht **641** 143 ff.
- auf erstes Anfordern **641** 120 ff.
- kombinierte – **641** 146
- Konzernbürge **650f** 126
- Makler- und Bauträgerverordnung **650v** 53 ff.
- Nachtragsforderungen **650f** 128
- selbstschuldnerische – **641** 127 ff., 141
- Sicherheit des Unternehmers **650f** 136 f.
- Tauglichkeit des Bürgen **650f** 115
- Verjährung des Anspruchs gegen den Bürgen **634a** 295 ff.
- Vorauszahlungsbürgschaft **650v** 56

Bürgschaft auf erstes Anfordern
- Ablösungsbefugnis **641** 120 ff.
- Bauhandwerkersicherung **650f** 219

Stichwortverzeichnis

cardinal change **650b** 43
contra-proferentem-Regel **631** 378, 817
Corona-Pandemie **642** 53 ff.; **650f** 156
cost plus fee
– Vergütungsanpassung **650c** 25
Culpa in contrahendo
– Schutzpflichten **631** 229 f.

Deliktsansprüche
– Verjährung **634a** 269
Detailpauschalvertrag
– Mehrvergütung **650c** 105
DIN 276 **650p** 241
DIN-Normen **631** 76, 222; **633** 35
Dokumentationspflicht **650u** 234 ff.
Druckzuschlag **632a** 104; **641** 67 ff.; **650m** 17
Duldungsvollmacht **631** 202

Ehegatten
– Mitverpflichtung **631** 204 f.
– Vollmacht **631** 204
Eigenschaften, zugesicherte **633** 19.
Eigentumsverschaffung
– Bauträgervertrag **Einf vor 631** 28
Eigentumsvorbehalt
– Baustoffe/Bauteile **632a** 71
– verlängerter – **632a** 161 f.
Einbaukosten; s. Ausbau-/Einbaukosten
Einheitspreis **631** 415
Einheitspreisangebot **649** 9
Einheitspreisvertrag
– nach Kündigung **648** 65 ff.
– Aufmaß **631** 416 ff.
– Bauhandwerkersicherung **631** 407
– Leistungsänderungen **631** 142 ff.
– Mehrmengen **631** 133 ff.
– Nachbesserungsaufwand **650c** 104
– Preisbildung, Sittenwidrigkeit **631** 133
– Rechtsmissbrauch **631** 134, 138, 409, 547 ff.
– Schlussrechnung **650g** 78
– Schlussrechnung, prüfbare **631** 429
– Vergütung **631** 415 ff.
Einigung
– Bedingter Vertragsabschluss **631** 66
– Preisveränderungen **631** 539
– Teileinigung **641** 587 ff.
– Vergleich **631** 582 ff.
Einigungsmangel **650b** 268 ff.
Einstweilige Verfügung
– Abschlagszahlungen **650c** 23
– Anordnungsrecht **650b** 11; **650d** 7 ff.
– Anträge **650d** 29 ff.
– Architekten- und Ingenieurvertrag **650d** 9 ff.
– Aufhebung **650e** 49 ff.
– Bauverfügung **650b** 11; **650c** 8
– Bauvertrag **650a** 11
– Beweisaufnahme **650d** 43
– Dringlichkeit, besondere **650d** 46

– Feststellungsanträge **650d** 31
– Glaubhaftmachung **650e** 30, 45
– Glaubhaftmachung, Absehen von **650d** 1 ff.
– Hauptsacheverfahren **650d** 34
– Hilfsanträge **650d** 20
– Klageerhebung in der Hauptsache **650e** 50
– Kosten **650e** 36
– Leistungsverfügung **650d** 24
– Nachtragsstreitigkeiten **650b** 189 f.
– Schadensersatz **650d** 35
– Schutzschrift, Hinterlegung **650d** 49
– Sicherheitsleistung **650d** 25
– Sicherungshypothek **650e** 30, 42, 44 ff.
– Verbraucherbauvertrag **650a** 11
– Verfahren **650d** 23
– Verfahren, gerichtliches **650d** 25
– Verfügungsanspruch **650d** 5, 14
– Verfügungsgrund **650d** 11
– Vergütungsanpassung **650d** 8 ff.
– Verhandlung, mündliche **650d** 46
– Vollziehung **650d** 55
– Vollziehungsfrist, Versäumung **650e** 50
– Widerspruch **650e** 48
– Zahlungsanträge **650d** 29 ff.
– Zuständigkeit, gerichtliche **650d** 41 f.
– Zustellung **650d** 55 **650e** 50,
Energieausweis **650j** 15
Entgeltlichkeit **632** 35 ff.
Entsorgungspflichten **631** 99
Entwässerung **650a** 17
Entwurfsplanung **650p** 129 ff.
– Leistungsphase 3 **650p** 235
Erbbaurecht
– Bauträgervertrag **Einf vor 631** 26
Erfolg; s. Werkerfolg
Erfolgshaftung **631** 219
Erfüllungsbürgschaft **641** 142, 146
Erfüllungsgehilfen
– Verschuldenszurechnung **634** 112 ff.
Erklärungsirrtum **631** 209 f.
Erwerb, anderweitiger **648** 107
EuGH-Urteil **605q** 13 ff.

Fälligkeit
– mit Abnahme **641** 1 f.
– ohne Abnahme **641** 3 ff.
– Abschlagszahlungen **632a** 130 f.
– Durchgriffsfälligkeit **641** 13 ff.
– Gewährleistungssicherheit **641** 79 ff., 97 ff.
– Kaufrecht **650** 42
– nach Kündigung **641** 27
– Leistungsverweigerungsrecht **641** 71
– Nachunternehmervergütung **641** 13 ff., 18, 95
– Schlusswerklohn **Einf vor 631** 21
– Vergütung **631** 401 ff., 620, 853 ff.; **641** 1 ff.; **650g** 1, 30 ff.
– Verjährung **631** 870 ff.

1413

Stichwortverzeichnis

– VOB-Vertrag **631** 948 ff.
Fälligkeitsabreden **641** 79 ff.
Fertigstellungsfrist **634** 18
– Vertragsstrafe **631** 340
Fertigstellungsmehrkosten **648a** 64 ff.
– Beweislast **648a** 68
Fertigstellungsmitteilung **640** 115
Festpreisklausel **Einf vor 631** 52; **631** 946
FIDIC-Muster
– Leistungsänderungsrecht **650b** 3
Final-Offer-Arbitration **650b** 156
Fördermittel **650p** 153
– Planungsmangel **650p** 102, 107
Formmangel **631** 170 f.; **650h** 4
– Ausnahme **631** 178
– Heilung **631** 171
– Verträge mit der öffentlichen Hand **631** 172
Frachtvertrag **Einf vor 631** 109
Freianlagen
– Leistungsbild **650p** 42
– Planungsziele **650p** 216
Freiflächen, s. *Außenanlage*
Fristsetzung
– keine Ablehnungsandrohung **634** 5
– Nacherfüllungsanspruch **635** 15
– Nachfristsetzung **632a** 130
– Verzug **631** 320
Fristüberschreitung **631** 378
Funktionstauglichkeit **631** 224 ff.; **633** 32 f.
Funktionsvereinbarung **Einf vor 631** 112

Garantie
– Anlagenbau **639** 8
– Bauhandwerkersicherung **650f** 112 ff.
– Haftung **639** 4 ff.
– selbständige – **639** 9 f.
– Verbrauchsgüterkauf **650** 70
Gebäude
– Bauwerksbegriff **634a** 19
Gefahrtragung **Einf vor 631** 4; **642** 26; **644** 1 ff.
– Beeinträchtigungen vor Abnahme **645** 2 ff.
– Leistungsgefahr **644** 5 ff.
– Sachgefahr **644** 18 ff.
– Verantwortlichkeit Dritter **644** 22 ff.
– Vergütungsgefahr **645** 1 ff.
– Versendung **644** 31
– VOB-Vertrag **644** 32 ff.
– Werkleistung **642** 24
Gemeinkostenzuschlag **650c** 87
Gemeinschaftseigentum **650u** 82, 87, 177
Genehmigungsplanung **650p** 99 ff.
Generalklausel **650j** 21
Geotechnik **650p** 45
– Bauwerksbegriff **650p** 34
Gerüstbau
– Bauhandwerkersicherung **650f** 15
– Bauwerksleistung **631** 501; **650a** 9
Gerüstklauseln **631** 627

Gesamtschuldnerausgleich **634** 147 ff.
– Allgemeine Grundsätze **634** 155
– Architekten- und Ingenieurvertrag **650t** 4 ff.
– Aufrechnung **634** 185
– Ausführungsfehler **650t** 75
– Ausgleichsanspruch **634** 154 ff.
– Beweislast **634** 71
– Fristsetzung **650t** 81 ff.
– gestörter **634** 170 ff.
– Inanspruchnahme der Gesamtschuldner, Wahlrecht **650t** 64
– Klagantrag **650t** 61
– Leistungsverweigerungsrecht **650t** 93
– Mitverschuldenseinwand **650t** 4 ff.
– Planungsfehler **650t** 51 f.
– Prozesskostenerstattungsanspruch **634** 169 ff.
– Quotierung **634** 157 ff.; **650t** 71
– Rückgriff **634** 192
– Überwachungsfehler **650t** 34
– Verjährung **634a** 270 ff.; **650t** 89 ff.
Gesamtschuldverhältnis **634** 149 ff.
– Architekten- und Ingenieurvertrag **634** 193 f.
– Bauvorhaben **650t** 3
– Mehrheit von Unternehmern **634** 151 ff.
Geschäftsführung ohne Auftrag **631** 853
Geschäftskosten, allgemeine **642** 101 ff.
Gesundheitsschutz **650p** 44
Gewährleistungsbürgschaft **641** 25, 81, 116, 127, 139, 142, 146
Gewinn **648** 104
Gläubigerverzug **640** 38
– Mitwirkung des Bestellers **642** 1 ff., 16
Grundlagenermittlung **650p** 97 f.
– Haftung **650p** 106
– Leistungsphase 1 **650p** 98, 230
Grundschuld **650f** 120 f.

Haftungsausschluss **634** 28
Haftungsbegrenzung **634** 29 ff.
Handwerkervertrag **650a** 20
Heilung
– Formmangel **631** 171
Herstellerrichtlinien **633** 55 f.
Herstellungsprozess **Einf vor 631** 3, 34
Hinterlegung **632a** 74
– Sicherheit des Unternehmers **650f** 118 f.
HOAI
– Änderung des Objekts **650q** 66 ff.
– Auslegungshilfe **650p** 77 f.
– Basishonorarsätze **632** 74 ff.
– Beratungsleistungen **650p** 40
– Besondere Leistungen **650q** 120
– Beweislast **632a** 78
– EuGH-Urteil **650q** 13 ff.
– Grundleistungen **650p** 76 f.
– Höchstsätze **650q** 5 ff.
– Leistungsbezug **650p** 41
– Leistungsbilder **650p** 33, 39, 71

Stichwortverzeichnis

- Leistungskatalog **650p** 71, 74
- Leistungsphasen **650p** 71, 74
- als Taxe **632** 69

Hochwassergebiet
- Planungsmangel **650p** 107, 136

Immobilien, gebrauchte
- Mängelhaftung **650u** 262

Ingenieur
- Berufsbezeichnung **650p** 41

Ingenieurleistungen **650p** 42
- Mangelhaftigkeit **650p** 190 ff.
- verfrühte – **650p** 92, 228

Ingenieurvermessung
- Bauwerksbegriff **650p** 34

Ingenieurvertrag; s. auch Architekten- und Ingenieurvertrag
- Leistungen, geschuldete **650p** 143
- Produktentwicklung **650p** 144

Inhaltskontrolle **Einf v 631** 53 ff.; **631** 93 ff., **641** 89

Insolvenzanfechtung
- Sicherungshypothek **650e** 10

Insolvenzunfähigkeit
- juristische Person des öffentlichen Rechts **650e** 41;

Insolvenzverfahren
- Anspruchsanmeldung **631** 897
- Direktzahlung **631** 869 f.
- Kündigung aus wichtigem Grund **648a** 7 ff.
- Sicherungshypothek **650e** 9 f.
- Zahlungsabwicklung **631** 867

Instandhaltung **650a** 26 ff.
Instandsetzung **650a** 21, 26 ff.

Jalousien **650a** 16
Juristische Person des öffentlichen Rechts
- Insolvenzunfähigkeit **650e** 41; **650f** 20

Kalkulationsirrtum **631** 25, 577 ff.
- Unterkalkulation **631** 38

Kaufmännisches Bestätigungsschreiben **631** 67 f.
- Baustellenprotokoll **650b** 128

Kaufmannseigenschaft **650** 79

Klageerhebung
- Verjährungshemmung **631** 899 ff.; **634a** 119 ff.

Klagerücknahme
- Verjährungshemmung **634a** 169 f.

Konstruktionsmerkmale
- Planung **650p** 141

Kontaminationen
- Entfernung **650a** 24

Kooperation **Einf vor 631** 32; **650b** 174
- Mitwirkung des Bestellers **642** 16
- Nachträge **Einf vor 631** 32
- Vertragsgestaltung **Einf vor 631** 34

Koppelungsverbot
- Architektenvertrag **650p** 18, 21 ff.

- Bauträgervertrag **650u** 31

Körperschaften, öffentliche; s. Öffentliche Hand

Kostenanschlag
- Abgrenzung **632** 60 ff.; **649** 8 ff.
- Allgemeine Geschäftsbedingungen **632** 56 ff.
- Angebot **649** 9
- Architekten- und Ingenieurvertrag **649** 65 f.
- Auskunft **649** 11
- Bauträgervertrag **649** 67
- Begriff **649** 6 f.
- Beweislast **649** 58
- Darlegungslast **649** 58
- Detaillierung **649** 7
- Form **649** 7
- Leistungsphase 7 **650p** 154
- Nichtübergabe **650p** 121
- ohne Vertragsgrundlage **649** 25 f.
- Pflichtverletzungen **649** 57 ff.
- Preisangabe **649** 12
- Preisgarantie **649** 12
- Reformüberlegungen **649** 68 ff.
- Überschreitung, wesentliche **649** 1 f.
- Unrichtigkeit **649** 57 ff.
- unverbindlicher – **649** 7, 17 ff.
- Urheber **649** 13, 23
- verbindlicher – **649** 7, 14 ff.
- Vergütung **649** 5
- VOB-Vertrag **649** 62 ff.

Kostenschätzung **650p** 15, 54, 102, 111, 211, 214, 241
- Haftung **650p** 118 ff.
- Vertragspflicht **650p** 227 ff.
- Zustimmungserfordernis **650p** 242
- Zustimmungsfrist **650r** 38

Kostengrenzen **650p** 108 f., 116

Kostenkontrolle
- Architekten- und Ingenieurvertrag **650p** 103
- Erkundigungspflicht **650p** 154

Kostenschätzung **650p** 241
- Vorschussanspruch **637** 67 ff.

Kostensteigerungen **642** 110; **649** 30
Kostenüberschreitung **649** 30, 61

Kündigung
- Abrechnung **648** 35 ff.
- AGB-Klauseln **648** 3
- Architekten- und Ingenieurvertrag **650h** 9
- Aufwendungen, ersparte **648** 4
- Ausschluss **648** 3
- Bauvertrag **650h** 1, 3 ff.
- des Bestellers **648a** 18 ff.
- Darlegungslast **648** 5
- elektronische Form **650h** 3
- Formmangel **650h** 4 f.
- freie – **631** 230; **648** 1 f.; **650h** 1
- Leistungsstandsfeststellung **Einf vor 631** 19

1415

Stichwortverzeichnis

- Schriftform **650h** 1, 3 ff.
- Vergütung nach – **648** 4
- Vergütungsanspruch **650f** 161 ff.
- VOB-Vertrag **650h** 7
- vorzeitige Vertragsbeendigung **650f** 69 ff.
- Werkvertrag **650h** 2

Kündigung aus wichtigem Grund **648** 1 ff.; **650u** 146
- Abhilfe **648a** 13 ff.
- Abmahnung **648a** 13
- Architekten- und Ingenieurvertrag **648a** 104
- Ausübungsfrist **648a** 22 ff.
- Begründung **648a** 29 f.
- des Bestellers **648a** 63 ff.
- Form **648a** 28
- Insolvenz **648a** 8 ff.
- Kooperationspflicht, Verletzung **631** 235
- Kündigungserklärung **648a** 21 ff.
- Leistungsstandsfeststellung **Einf vor 631** 19; **648a** 46 ff.
- Schadensersatz **648a** 59 ff.
- Schriftform **648a** 17
- Teilkündigung **648a** 34 ff.
- Umdeutung **648a** 18 f.
- des Unternehmers **648a** 56
- verfrühte – **648a** 24 ff.
- Vermögensverfall **648a** 71
- VOB/B **648a** 2, 69
- VOB-Vertrag **648a** 62 ff.
- Wirkungen **648a** 43 ff.
- Zahlungsverzug **631** 723 ff.
- Zeitpunkt **648a** 25 ff.

Kündigung, außerordentliche **649** 1
- des Bestellers **648** 9 ff.
- Kostenüberschreitung **649** 1 f., 27 ff.
- Umdeutung **648** 9 ff.
- unberechtigte – **648** 9 ff.
- des Unternehmers **648** 14

Kündigung des Bestellers
- Abnahme **648** 24, 27
- Abnahmeverweigerung **648** 25
- Abschlagszahlungen **648** 30 f.
- Aufmaß, gemeinsames **648** 26
- Begründung **648** 21
- Beweislast **648** 70 ff., 146
- Darlegungslast **648** 70 ff., 146
- Fälligkeit des Werklohns **648** 27 ff.
- Form **648** 20
- freie – **648** 149
- Kostenüberschreitung, wesentliche **649** 27 ff.
- Kündigungserklärung **649** 39 ff.
- Leistung im Einheitspreisvertrag **648** 42
- Leistung im Pauschalvertrag **648** 43 ff.
- Mängelhaftung **648** 137 ff.
- Mängelrechte **648** 141 ff.
- Teilkündigung **648** 22
- Umsatzsteuerrechtliche Fragen **648** 127
- Vertragsklauseln **648** 129 ff.
- VOB-Vertrag **648** 149 ff.

- Zeitpunkt **648** 18 f.
Kündigungserklärung **650h** 3;
Kündigungsvergütung **642** 180; **643** 33
- Beweislast **643** 23
- große – **643** 20 f., 31
- kleine – **643** 19 ff., 30 ff.
- Mitwirkungsverzug **643** 31 ff.
- VOB-Vertrag **643** 37 ff.

Lastenfreistellungserklärung **650v** 14
Leistung, auftragslose **650b** 129
Leistungsänderung **Einf vor 631** 4; **642** 18, 139 ff.; **650b** 21
- Änderungsvereinbarung **650b** 27 ff.
- Anscheinsvollmacht **650b** 129
- Bauumstände, veränderte **650b** 137 ff.
- Bauzeit, Auswirkung **650b** 185 ff.
- Befolgungspflicht **650b** 171, 242
- bedingte – **650b** 75 ff.
- Beweislast **650b** 53 ff.
- cardinal change **650b** 43
- durch Dritte **650b** 134 ff.
- Einigungsbemühungen **650b** 108 ff.
- einseitiges – **631** 849 f., **650b** 146 f.
- Fertigstellungstermin, Auswirkung **650b** 180
- Fristberechnung **650b** 149
- Gesamtleistung **650b** 47
- konkludente – **650b** 137
- Leistungsverweigerungsrecht **650b** 240 ff.
- Mangel.
- Mehraufwand **650b** 60
- mitbestellte Änderungen **650b** 19
- Mitwirkung des Bestellers **642** 165 ff.
- durch Planer **650b** 129 ff.
- Putativänderung **650b** 74
- zur Unzeit **650b** 52
- Vergütungsanspruch **650b** 166 ff.
- Vertragsänderungen **631** 846 ff.
- Vertragsleistungen **650b** 75 ff.
- Vielzahl **650b** 52
- VOB/B **631** 948; **650b** 185 ff., 191 ff.
- Zumutbarkeit **650b** 53 ff.

Leistungsänderungsrecht
- Gestaltungserklärung **650c** 1
- Vergütungsanpassung **650c** 1 ff.
- VOB/B **650b** 3, 12 ff., 119

Leistungsbeschreibung **633** 86 ff.
- Angebot, wirksames **631** 15
- funktionale – **650u** 202 f.
- Verständlichkeit **650u** 194

Leistungsbestimmungsrecht **631** 827 ff., 846
Leistungsgefahr **640** 13; **644** 5 ff.
Leistungsinhalt **631** 809
Leistungsphasen **650p** 71, 74, 76 ff., 99
- Ausführungsplanung **650p** 145
- Leistungsphase 1 **650p** 98, 230, 237
- Leistungsphase 2 **650p** 235
- Leistungsphase 3 **650p** 235
- Leistungsphase 7 **650p** 154, 206

Stichwortverzeichnis

Leistungssoll **631** 218f., 808, 829
– Architekten- und Ingenieurvertrag **650p** 56
– Auslegung **650k** 6ff.
Leistungsstandsfeststellung **648** 26
– Kündigung aus wichtigem Grund **648a** 40ff.
– Pflicht der Vertragsparteien zur – **648a** 46
Leistungsstörungen **631** 275ff.
– des Bestellers **631** 690ff.
– Zufall **644** 1
Leistungsverweigerungsrecht
– vor Abnahme **641** 50ff.
– nach Abnahme **641** 54ff.
– Abschlagszahlungen, Verzug **650b** 179
– Ankündigung der Verweigerung **650b** 177
– Bedenkenhinweispflicht **634** 194f.
– Besteller **631** 749
– Doppeltes der Mängelbeseitigungskosten **641** 21, 57ff., 62, 81
– Kündigung des Bestellers **648** 137ff.
– Leistungsänderung **650b** 167, 171
– Leistungserbringung, persönliche **635** 69
– Mängelbeseitigung, Sicherheit **648** 139ff.
– Missverhältnis, grobes **635** 56ff.
– Nacherfüllung **635** 46ff., 56ff.
– Nacherfüllung, unverhältnismäßige Kosten **635** 46ff.
– Planungsänderung **650b** 212f.
– Rücktritt, Unwirksamkeit **634a** 204f.
– Unmöglichkeit **635** 57ff.
– Vereinbarungen, vertragliche **650b** 228
– Vergütungsanpassung **650b** 228f.
– Verurteilung zur Zahlung Zug-um-Zug **641** 67
– Verweigerung Nacherfüllung **650** 102f.
Leistungsverzeichnis **650p** 148
– Herstellungsbegriff, funktionaler **631** 219
– Nichtübergabe **650p** 121
Lohngleitklauseln **631** 546

MaBV, s. Makler- und Bauträgerverordnung
Mahnbescheid **631** 704ff., 906ff.
– Verjährungshemmung **634a** 125ff.
Mahnung
– Entbehrlichkeit **631** 754
– Fristsetzung **636** 116
– Verzug **631** 307ff., 697ff.; **636** 123
Makler- und Bauträgerverordnung **650v** 1ff.
Mangel
– Anscheinsbeweis **633** 92
– Bagatellmängel **636** 12
– Beweislast **633** 90
– Erheblichkeit **636** 108
– Kenntnis **634a** 61ff.
– Leistungsverweigerungsrecht **632a** 54ff.
– Schadensersatz **636** 44ff.
– Symptomtheorie **634a** 89; **635** 16
– Unerheblichkeit **636** 12ff.
– Verschweigen, arglistiges **634a** 60ff., 338ff.; **639** 3
Mängelansprüche
– Beweislast **650s** 40
– Verjährungsbeginn **650s** 22ff.
Mängelbeseitigung
– AGB-Kontrolle **650p** 209
– Ausbau-/Einbaukosten **Einf vor 631** 16
– Fristsetzung **636** 116f.
– Kosten, unverhältnismäßige **635** 47ff.
– nach Kündigung **648** 138ff.
– Leistungsverweigerungsrecht **650f** 161ff.
– Mitverantwortung des Bestellers **637** 58
– Sicherheitenstellung **650f** 166ff.
– Unmöglichkeit **635** 43ff.; **650s** 27
– Vorschussanspruch **634a** 197ff.; **650s** 30
– Vorteilsausgleichung **637** 59
– Zug-um-Zug-Verurteilung **634** 142ff.
Mängelbeseitigungsverlangen **635** 20
Mängelbürgschaft **641** 146
Mängeleinrede
– Erhaltung der – **634a** 194ff.
Mangelfolgeschaden
– Aufrechnung **650t** 96
– enger – **631** 275
– entfernter – **631** 275
– Feststellungsantrag **637** 83
– Minderwert, merkantiler **636** 68
– Minderwert, technischer **636** 68
– Nutzungsausfall **636** 59ff.
– Privatgutachterkosten **636** 54ff.
– Schadensersatz **636** 47ff., 114f.
– Überwachungsfehler **650t** 75f.
Mangelfreiheit **631** 269
– Beweislast **633** 91; **640** 146
Mängelhaftung
– Anspruchskonkurrenz **Einf vor 631** 112
– Anspruchsverlust mit Abnahme **635** 40ff.
– Aufklärungspflichtverletzung **634** 33
– Auskunfts- und Beratungsvertrag **Einf vor 631** 112
– Beschränkung der Mängelrechte **639** 19ff.
– Beteiligung des Bestellers **634** 82ff.
– Haftungsbefreiung **634** 194ff.
– Kaufrecht **650** 54
– nach Kündigung **648a** 48ff.
– Kündigung des Bestellers **648a** 18ff.
– Leistungsketten **634** 95ff.
– Mitverantwortlichkeit der Baubeteiligten **634** 82ff.
– Mitverschulden des Bestellers **634** 101ff.
– Nacherfüllungsrecht des Unternehmers **634** 18ff.
– Risikoübernahme, rechtsgeschäftliche **634** 29ff., 193
– Sicherheit, prozessuale **634** 140ff.
– Sicherheit, vorprozessuale **634** 130ff.
– Sowieso-Kosten **634** 820ff.
– Systematik **634** 1ff.

Stichwortverzeichnis

- Vergütungskürzung **631** 644 ff.
- Vergütung und – **631** 644 ff.
- Verjährung **634a** 1 ff.
- VOB-Vertrag **633** 134 ff.; **634** 206 ff.
- Vorteilsausgleichung **634** 90 ff.

Mängelrechte **634** 9 ff.
- nach Abnahme **634** 9 f.; **648a** 88 ff.
- ohne Abnahme **650s** 22 ff.
- vor Abnahme **634** 9 ff.
- Durchsetzungsbefugnis **634a** 375; **650u** 73 ff.
- Geltendmachung **650u** 65 f.
- Kostenerstattung **637** 1
- nach Kündigung **648a** 89 ff.
- Rechtsinhaberschaft **650u** 71

Mehrfamilienhaus **Einf v. 631** 25; **631** 503; **650p** 63, **650u** 10

Mehrkosten
- Beweislast **650c** 72
- Vergütungsanpassung **650c** 37 ff.

Mehrmengen
- Preisbildung, Sittenwidrigkeit **631** 133 ff.

Mindermengen
- Vergütungskürzung **631** 647
- Minderung **631** 647; **634** 9
- Architekten- und Ingenieurvertrag **638** 21
- Bauträgervertrag **638** 23
- Berechnung **638** 15 ff.
- Gestaltungsrecht **638** 1 ff.
- Mängel, unerhebliche **638** 6
- Mängeleinrede, Erhaltung **634a** 194
- mehrere Beteiligte **638** 12 ff.
- Mitverschulden des Bestellers **638** 9 ff.
- Nacherfüllungsanspruch, Verjährung **634a** 4, 197 ff.
- Rückerstattung des Mehrbetrags **638** 20
- statt Rücktritt **638** 5 ff.
- Teilleistungen **638** 8
- VOB-Vertrag **638** 22
- vorfällige – **638** 7

Mindervergütung
- Angebotspflicht **650b** 88 f.
- Leistungsänderungen **650b** 52
- Minderwert, merkantiler **636** 68
- Minderwert, technischer **636** 68

Mitteilungspflicht
- Bedenkenhinweispflicht **634** 52 ff.

Mitwirkungsaufforderung **642** 68
Mitwirkungshandlung **642** 58 ff.
Mitwirkungsverzug **642** 30
- Allgemeine Geschäftskosten **642** 101 ff.
- Arbeitskosten **642** 112
- Arbeitskraft, unproduktive **642** 79
- Baustelleneinrichtung, unproduktive **642** 201

Modernisierung **650a** 21; **650u** 51
Motivirrtum **631** 209

Nachbesserung
- Art der – **635** 19 ff.

- fehlgeschlagene – **637** 28 ff.
- Kosten **635** 47 ff.
- Nacherfüllung **635** 24 ff.
- Unzumutbarkeit **637** 32 f.

Nacherfüllung **635** 1 f.
- Annahmeverzubesserg **635** 40
- Anspruch **635** 1 ff.
- Architekten- und Ingenieurvertrag **635** 77 ff.
- Art der – **635** 30 ff.
- Aufforderung zur – **650t** 78 ff.
- Aufwendungen **635** 42
- Auslegung, gespaltene **650** 61
- Erfüllungsort **635** 12
- Kosten, unverhältnismäßige **635** 46 ff.
- Leistungsverweigerungsrecht **635** 46 ff., 69 ff.
- Nachbesserung **635** 24 ff.
- Nacherfüllungsanspruch, Untergang **635** 41
- Neuherstellung **635** 23 ff.
- Rückgabeverlangen des Unternehmers **635** 70 ff.
- Rücktrittsrecht, Erlöschen **636** 17
- Unmöglichkeit **635** 43 ff.
- Unmöglichkeit, faktische **635** 66 f.
- Verbrauchsgüterkauf **650** 67 f.
- Vereinbarungen über die – **635** 38 f.
- VOB-Vertrag **635** 84 ff.
- Wahlrecht des Unternehmers **635** 24 ff.

Nacherfüllungsfrist **639** 35
Nachträge **Einf vor 631** 21; **650b** 318 ff.; **650c** 153; **650d** 12 ff.; **650f** 67 ff.
Nachtragsangebot **650c** 212
Nachtragsleistungen **650c** 4
Nachtragsvergütung; *s. auch Vergütungsanpassung*
- Abschlagsforderung **650c** 7
- Berechnungsmethode **650c** 4
- Beweislast **650c** 72
- Darlegungslast **650c** 72
- Final-Offer-Arbitration **650b** 156
- Geschäftskosten, allgemeine **650c** 4 f., 76
- Gewinn **650c** 4 f., 58, 76
- Mehrkosten **650c** 4
- Minderkosten **650c** 4
- Nachlässe **650c** 205 f.
- Rechnungsposten **650c** 157
- Überzahlungen **650c** 174 ff.
- übliche Vergütung **650c** 21, 22
- Urkalkulation **650c** 33, 78, 92
- Vertragspreisniveaufaktor **650c** 4, 100
- VOB-Vertrag **650c** 14
- Wagnis **650c** 4 f., 76, 89 ff.
- Wahlrecht **650c** 6, 91 ff.
- Wahlrecht, Abbedingung **650c** 226 f.

Nachunternehmervergütung
- Fälligkeit **641** 13 ff., 19, 97

Nebenabreden
- Inhaltskontrolle **631** 98 ff.

Neubauten **650a** 20

Stichwortverzeichnis

- Leistungen, unwesentliche **650a** 34
- Werkvertragsrecht **Einf vor 631** 19
Novation **631** 591; **634a** 184
Nutzungsausfallentschädigung **631** 315; **636** 65 ff.

Obhutspflichten **631** 689
Objektbetreuung **650p** 180
Objektplanung Gebäude **650s** 74 ff.
Öffentliche Hand **Einf vor 631** 5

pactum de non petendo **631** 915
- Parkettstäbe-Entscheidung **650** 59
Pauschalierungsklauseln **631** 620 ff.
Pauschalpreisangebot **649** 10
Pauschalvertrag
- Abrechnung nach Kündigung **648** 32 ff.
- Abschlagsrechnungen **632a** 85
- Beweislast **631** 471 f.
- Darlegungslast, qualifizierte **631** 530
- Leistungserweiterung **649** 4; **650b** 142
- Restarbeiten **648** 55 ff.
- Schlussrechnung **650g** 78
- Vergütung **631** 439 ff.
- Zusatzleistungen **650b** 282 f.
Pfandfreistellungsverpflichtungserklärung **650v** 15 f.
Pfennigklausel **631** 541
Photovoltaikanlage **Einf. vor 631** 95 ff.; **634a** 385
Planer
- Sicherungshypothek **650e** 60 ff.
Planervertrag; s. *Architekten- und Ingenieurvertrag*
Planlieferungsfristen **631** 748
Planung **650p** 47 ff.
- Aufgabenbereiche, Abgrenzung **650p** 160 ff.
- Aufklärungspflicht **650p** 139
- Detaillierungsgrad **650p** 145
- Funktionstauglichkeit **650p** 129, 143
- Genehmigungsfähigkeit **650p** 66, 134 ff.
- Ingenieurvertrag **650p** 143
- Koordinationsverantwortung **650p** 157
- Leistungszeitraum **650p** 181
- Mitwirkung des Bestellers **642** 23
- Überprüfungspflicht **650p** 157
- Zuordnung **650p** 155
Planungsänderung **650p** 63 ff.
Planungsauftrag **650p** 71, 73
Planungsermessen **650p** 107, 142
Planungsfehler **650p** 107, 123
Planungsgrundlage **650p** 15, 54, 210 ff., 214, 230 ff.
Planungskosten
Planungsleistungen
Planungsmangel **650p** 102
Planungsobjekt
Planungsprozess **650b** 2; **650p** 50, 57 f., 92
Planungsunterlagen
Planungsverantwortung **650p** 163

Planungsverschulden
Planungsvorbereitung **650p** 235
Planungsziele **Einf vor 631** 30
Preisänderungen **631** 540 ff.
- Anpassung wegen Störung der Geschäftsgrundlage **631** 559 ff.
- Mengenänderungen **631** 553
- VOB-Vertrag **631** 938 ff.
Preisfortschreibung **642** 137; **650c** 124 ff.
Preisgleitklauseln **631** 540 ff.
Projektsteuerer **650t** 42 f.
Prozessurteil
- Verjährungshemmung **634a** 169 f.
Prozesszinsen **631** 717 ff.
Prüfbarkeit
- Abschlagszahlungen **632a** 132 f.
- Fälligkeitsvoraussetzung **641** 40
- fehlende –, Berufung auf **650g** 47 ff.
- kein Selbstzweck **650g** 47
- Schlussrechnung **650g** 40 ff.
- Teilprüfbarkeit **650g** 64
Prüfbarkeitsrüge **650g** 35 ff.
Prüffähigkeit
- Fälligkeitsvoraussetzung **650g** 31.
- Schlussrechnung **650g** 32 ff.
Prüfungsobliegenheit **650** 83
Putativänderung **650b** 171
- Änderungsanordnung **650b** 321

Qualität, geschuldete **631** 827 ff.
Qualitätsstandards **631** 219.; **633** 40; **650k** 9

Rabattklauseln
- Inhaltskontrolle **631** 99
Rechnungsprüfung
- Bauüberwachung **650p** 175 ff.
- Gesamtschuldverhältnis **650t** 49 f.
- Überzahlungen **650t** 49 f.
Rechnungsstellung
- Fälligkeit der Vergütung **631** 878 ff.
- Frist **641** 46
- gegenüber Dritten **631** 866
- steuerliche Anforderungen **641** 46 ff.
- VOB-Vertrag **631** 887
Rechtsgutachten **Einf vor 631** 103
Rechtsmangel **633** 1 ff., 126 f.
Rechtsmissbrauch **631** 126
Regeln der Technik, allgemein anerkannte **631** 222
Rentabilitätsvermutung **631** 784 ff.
Reparaturarbeiten **650a** 27
Restarbeiten
- Abrechnung nach Kündigung **648** 69 ff.
Rodungsarbeiten **650a** 14; **650p** 38
Rohbaufertigstellung **650v** 31
Rohstoffe
- Lieferungsvertrag **631** 5
Rücktritt **631** 317; **636** 1 f.
- Annahmeverzug **636** 16
- Anspruchsverjährung **634a** 201 ff.

1419

Stichwortverzeichnis

- Architekten- und Ingenieurvertrag **636** 138
- Aufwendungsersatzanspruch **636** 35 ff.
- Ausschluss **631** 326; **636** 13, 16
- Bauleistungen, nicht trennbare **636** 20 ff.
- Bauleistungen, trennbare **636** 27 f.
- vor Fälligkeit **641** 325 ff.
- Fristsetzung **636** 1
- –Mängel, unerhebliche **636** 12
- Mitverschulden des Bestellers, überwiegendes **636** 13 ff.
- Nacherfüllung **636** 17
- Nutzungen, nicht gezogene **636** 35 f.
- Nutzungsherausgabe **636** 29 ff.
- Rechtsfolgen **636** 19 ff.
- Rückabwicklungsverhältnis **636** 1, 19
- Rückgewährschuldverhältnis **631** 331; **636** 19 ff.
- Rücknahmepflicht **636** 43
- Verwendungsersatz **636** 37 f., 41
- VOB-Vertrag **636** 128
- vorfälliger – **636** 9 f.
- Wahlrecht des Bestellers **636** 4
- Wertersatz **636** 22 ff.
- Zahlungsverzug **631** 690 ff.

Rücktrittserklärung **631** 319
Rücktrittsrecht
- Ausübung, einheitliche **631** 332
- Beurkundungserfordernis **631** 168
- Leistungspflichten, Verletzung **631** 792 ff.
- Unternehmer **634a** 266
- Verschuldensunabhängigkeit **636** 2

Rügefrist **650** 85
Rügeobliegenheit **650** 83 ff.

Sachen, unbewegliche **650a** 6, 13
Sachgefahr **644** 18 ff.
Sachmangel **633** 4 ff.
Sachmängelhaftung **633** 4
Sachwalterstellung
- Architekt **650p** 182 ff.

Sanierung **650u** 51, 55
Sanierung, energetische
- Beratungsvertrag **Einf vor 631** 126

Sanierungsobjekte
- Beurkundungspflicht **631** 163

Schadensersatz **634** 9
- Anfechtung **631** 212
- Anspruchsverhältnis Verzug/Mängel **636** 123 ff.
- formunwirksame Verträge **631** 172 ff.
- Fristsetzung **636** 116 f.
- großer **636** 99
- kleiner **636** 72
- Kostenüberschreitung, unterlassene Anzeige **649** 47 ff.
- Kündigung aus wichtigem Grund **648a** 59 ff.
- Leistungsketten **636** 95 f.
- Leistung, statt der **636** 69 f.
- Leistungsverzögerung **631** 291 ff.
- Mangel als Schaden **636** 87 ff.
- Mängelbeseitigungskosten, fiktive **636** 94
- Nutzungsausfall **636** 59 ff.
- Pflichtverletzung **631** 236
- Privatgutachterkosten **636** 54 ff.
- Rücktritt **636** 11 f., 16 f., 19
- Rücktrittsrecht des Unternehmers **634a** 206
- Schmiergeldabrede **631** 150
- Streitgegenstand **637** 85
- Teilleistungen **631** 370; **636** 111 ff.
- Unmöglichkeit, anfängliche **631** 280 ff.
- Varianten des großen – **636** 100
- Vergabeverfahren, fehlerhafte Aufhebung **631** 38
- Verhandlungsabbruch **631** 9 ff.
- Verjährung **634a** 3, 227, 244 ff.
- Verschulden **636** 128
- Verzug, Abgrenzung **636** 114 ff.
- VOB-Vertrag **636** 149 ff.

Schadensfeststellung
- Vertrag über die – **Einf vor 631** 103

Schalpläne **631** 750, 795; **650p** 147
Schiedsrichterliches Verfahren **631** 897
- Verjährungshemmung **634a** 163

Schlechterfüllung
- Schadensersatzanspruch, Verjährung **634a** 239

Schlitzklausel **631** 627
Schlüsselfertigkeit
- Leistungsbestimmung **631** 21

Schlüsselfertigkeitsklauseln **631** 625
Schlussrechnung **650a** 1; **650g** 70
- Abnahme **650q** 58
- Änderung **650q** 33
- Bauhandwerkersicherung **650f** 73
- Bauträgervertrag **641** 28; **650u** 23, 137 f.; **650v** 60 ff.
- Bauvertrag **641** 28, 89; **650g** 30
- Beweislast **650g** 75
- BGB-Vertrag **632a** 101
- Bindung an die – **641** 44 f.
- Bindungswirkung **650q** 56 ff.
- Einwendungen **641** 42
- Entbehrlichkeit **650g** 35 f.
- Fälligkeitsvoraussetzung **631** 433, 707; **641** 28 ff., 92; **650g** 31
- Frist zur Einreichung **650g** 76
- Fristsetzung **650g** 39
- Hinweispflicht, gerichtliche **641** 37
- Klageerweiterung **650q** 54
- Leistungserbringung, vertragsgemäße **650q** 58 f.
- Nachlass **641** 72 ff.
- Prüfbarkeit **650g** 42 ff.
- Prüfbarkeitsrüge **650g** 35 ff.; 62
- Prüffähigkeit **650g** 34 ff.; **650q** 52
- Rechnungsprüfung **650p** 175 ff.
- Sachprüfung **641** 43; **650g** 74 ff.; **650q** 49
- Schlüssigkeit, teilweise **641** 41

Stichwortverzeichnis

- Schlüssigkeitsvoraussetzung **641** 32; **650g** 30;
- Skonto **641** 72 ff.
- steuerliche Anforderungen **641** 46 ff.
- Teilklage **641** 90
- Teilurteil **641** 90
- Urkundenverfahren **641** 91
- Verbraucherbauvertrag **641** 28
- Verjährung des Vergütungsanspruchs **650g** 39, 76
- VOB-Vertrag **632a** 101; **641** 94; **650g** 40 ff.
- Vorbehaltsurteil **650q** 58
- Vorlage einer neuen – **641** 38 ff.
- Werkvertrag **641** 28 f.

Schlussrechnungsreife **632a** 101

Schlussvergütung
- Abnahme **650g** 31
- Abnahme, Entbehrlichkeit **650g** 31
- Fälligkeit **650g** 1, 30 ff.

Schlusswerklohn
- Fälligkeit **Einf vor 631** 21

Schlusszahlung
- Annahme, vorbehaltlose **Einf vor 631** 60; **650g** 79 ff.
- Ausschlusswirkung **650g** 79 ff.
- Fälligkeit **641** 1 ff.

Schmiergeldabrede **631** 150
Schönheitsreparaturen **Einf vor 631** 23
Schriftform **631** 175 ff.
Schriftformklauseln **631** 152 ff., 629 ff.
- deklaratorische Schriftform **631** 631
- doppelte – **631** 632
- konstitutive Schriftform **631** 632
- Verbrauchervertrag **631** 633

Schuldanerkenntnis
- abstraktes – **631** 589 ff.
- beweiserleichterndes – **631** 588 ff.
- kausales – **631** 581 ff.
- Vergütung **631** 581 ff.

Schuldbeitritt **631** 863 f.

Schutzschrift
- Zentrales Schutzschriftenregister **650d** 49

Schwarzarbeit **631** 110; **650b** 296
Schwarzarbeiterregelung **631** 340
Selbstbeteiligungsklausel **631** 551
Selbstkostenerstattungsvertrag **650c** 23

Selbstvornahme
- Ablauf angemessener Frist **637** 12 ff.
- vor der Abnahme **637** 101 ff.
- nach Abnahme **637** 106
- Abrechnung erstattungsfähiger Kosten **637** 60
- Aufwendungen, erforderliche **637** 34 ff., 48 ff.
- Aufwendungsersatzanspruch **637** 35
- Entbehrlichkeit der Fristsetzung **637** 23 ff.
- Kostenbeteiligung des Bestellers **637** 57 ff.
- Kostenvorschussanspruch **637** 64 ff.
- Rückforderung des Vorschusses **637** 86 ff.
- Sowiesokosten **637** 57
- VOB-Vertrag **637** 100 ff.

Selbstvornahmerecht **634** 206; **637** 1 ff.

Service Contracts
- Leistungsänderungsrecht **650b** 26

Sicherheitenklage **650f** 73
Sicherheitseinbehalt **637** 55 f.; **641** 70, **650e** 29
Sicherheitsleistung **631** 496; **632a** 72 ff.; **642** 47; **650d** 36; **650f** 98 ff., 106 ff.; **650v** 57
Sicherungsanforderung; *s. Sicherungsverlangen*
Sicherungshypothek **Einf vor 631** 13; **647** 1; **650a** 1; **650e** 43
- Abbedingung **650e** 42
- Abschlagszahlungen **632a** 163 f.
- Abtretung **650e** 40
- Akzessorietät **650e** 40
- Ansprüche, gesicherte **650e** 27 ff.
- Anwendungsbereich **650e** 7 ff.
- Architekten- und Ingenieurvertrag **650e** 58 ff.;
- Auflassungsvormerkung **650e** 11
- Bauhandwerkersicherung, Vorrang **650e** 39;
- Bauliefervertrag **650e** 64
- Baumaßnahmen, wesentliche **650a** 28
- Bauträgervertrag **650e** 63
- Bauvertrag **650e** 5
- Bestellung **650e** 43
- einstweilige Verfügung **650e** 30, 42, 44 ff.
- Eintragung **650e** 1
- Eintragungsbewilligung **650e** 1, 43
- Erlöschen der Forderung **650e** 37
- Gesamthypothek **650e** 24 f.
- Grundbuchsperre **650e** 7
- Grundstück **650e** 22 ff.
- Identität Besteller/Eigentümer **650e** 7, 14 ff.
- Insolvenzanfechtung **650e** 10
- Insolvenzunfähigkeit des Bestellers **650e** 41
- Insolvenzverfahren **650e** 9 f.
- Mangel der Werkleistung **650e** 31 ff.
- Mehrheit von Grundstücken **650e** 23 f.
- Mehrwertprinzip **650e** 4
- Nachrang **650e** 11 f.
- Schadensersatzanspruch **650e** 35
- Verjährung **650e** 38
- Verzugsschadensersatz **650e** 36
- Vormerkung **650e** 11 f.
- Vormerkungseintragung **650e** 44 ff., 47 ff.
- Werklohnanspruch **650e** 2, 28 ff.
- Werterhöhung **650e** 3 f.
- Werthaltigkeit **650e** 7 f., 11

Sicherungsverlangen **650f** 145
SiGeKo-Leistungen **650p** 44
Sittenwidrigkeit **631** 123 f., 150
- Einheitspreis **650c** 195

Stichwortverzeichnis

- Grenze des Doppelten **631** 131
- Vergütungsvereinbarung **631** 128 ff.

Skonto **641** 73 ff.; **648** 106
- Rechtzeitigkeit der Zahlung **641** 77

Sonderfachleute **650p** 97
- Architektenhaftung **650p** 163
- Verschuldenszurechnung **634** 113 ff.

Sonderkündigungsrecht **650r** 1 ff.
- Architekten- und Ingenieurvertrag **650p** 211
- Kostenanschlag **649** 18

Sonderwunschvereinbarungen **650u** 157 ff.
Sowiesokosten **634** 82 ff.; **637** 57
Spannungsklauseln **631** 545
Spekulationspreise **650p** 148
Sphären
- Bauvertrag **642** 24

Standard-Bauvertrag
- Leistungsänderungsrecht **650b** 3

Stellplatz **650a** 13
Stellvertretung **631** 172
Stoff, vom Besteller gelieferter
- Verantwortlichkeit des Bestellers **645** 6 ff.

Stoffpreisgleitklausel **631** 99
- AGB-Kontrolle **631** 552

Störung der Geschäftsgrundlage **635** 61 ff.
- Anpassungsanspruch **650b** 111
- Bauträgervertrag **650u** 44
- Vergütungsanpassung **631** 143 ff., 552 ff.

Streitverkündung **631** 897.
- Beweisverfahren, selbständiges **634a** 150 ff.
- Verjährungshemmung **634a** 140 ff.

Stundenlohnangebot **649** 9
Stundenlohnvertrag **650f** 62
Stundenzettel **631** 453 ff.
- Unterzeichnung **631** 464 ff.

Stundungsabrede
- Verjährungshemmung **634a** 113

Symptomtheorie **634a** 360 ff.

Technische Abnahme **640** 104
Technische Anlagen
- Bauwerksbegriff **634a** 33 ff.
- Verjährung **634a** 24 f.

Teilabnahme **Einf vor 631** 28; **640** 103, **650s** 1 ff.
Teilklage
- Schlussrechnung **641** 90
- Verjährungshemmung **634a** 121 ff.

Teilkündigung
- Abgrenzung **650b** 169
- Bestellerkündigung **643** 29
- Kündigung aus wichtigem Grund **648a** 34 ff.
- Minderverütung **650b** 169
- Schriftform **650b** 169

Teilleistungen
- Einheitspreisvertrag **631** 411 ff.
- mangelhafte Leistung, Abgrenzung **636** 114 f.

- Minderung **638** 8
- Rücktritt **631** 317 ff., 325 ff., 724
- Schadensersatz **631** 334; **636** 113 ff.
- Umsatzsteuer **631** 478; **648** 121

Teilrücktritt **631** 333, 724
- Mitwirkung des Bestellers **631** 794

Teilschlussrechnung **640** 103
Textform
- Änderungsanordnung **650b** 162
- Baubeschreibung **650j** 3
- Verbraucherbauvertrag **631** 151, 225; **650i** 25 f.

Tiefbau
- Bauwerksleistungen **650a** 9

Tragwerksplaner
- Erfüllungsgehilfeneigenschaft **650t** 36
- Mitverschuldenseinwand **650t** 14, 33

Trainingsplatz **650a** 8, 13
Transparenzgebot **631** 103 f.
Transportleistungen
- Verjährung **634a** 40

Transport- und Entsorgungspflichten **631** 99

Treu und Glauben
- Vertragsanpassung **631** 849

Überschwemmung
- Planungsfehler **650p** 107, 136

Überstunden
- Leistungsänderungen **650b** 51

Überwachungsfehler
- Beweislast **634a** 340
- Gesamtschuldnerausgleich **650t** 100 ff.

Überwachungsleistungen
- Mängelansprüche, Verjährung **634a** 15, 40, 220 ff.

Überwachungsziele
- Architekten- und Ingenieurvertrag **650p** 47 ff., 59, 75, 90, 93
- Begriff **650p** 47
- Nichterreichung **650p** 70, 192
- Vereinbarung **650p** 212
- Vereinbarung, fehlende **650p** 217 ff., 223
- Wesentlichkeit **650p** 223 ff.
- Zustimmungserfordernis **650r** 25 ff.

Umbaumaßnahmen **Einf v. 631** 25; **650a** 23

Umbaubegriff **650u** 13 ff.
Umkehrsteuer **641** 490
Umsatzsteuer
- Anwendungserlass **631** 493
- Bauhandwerkersicherung **650f** 66
- Bauleistungen **631** 493 ff.
- Bauträger **631** 492
- Entschädigung **642** 149
- Kündigungsrecht **648** 127
- Höhe **431** 480 ff.
- Minderung **638** 19
- Rechnung, steuerliche Anforderung **641** 46 ff.
- Schadensersatz **631** 791; **637** 95

Stichwortverzeichnis

– Verzugsschaden **631** 793
Umsatzsteuererhöhung
– Ausgleichsanspruch **631** 554
– Preisanpassung **631** 483 ff.
Umsatzsteuergleitklausel **631** 554 ff.
Umweltverträglichkeitsprüfung **Einf vor 631** 103
Umweltverträglichkeitsstudie **650p** 40
UN-Kaufrecht **Einf vor 631** 10
Unausführbarkeit des Werkes
– Auslagenerstattung **645** 27 ff.
– Vergütungsanspruch **645** 2 ff., 23, 26
Unentgeltlichkeit
– Beweislast **631** 533; **632** 39
– Herstellungsverpflichtung **632** 33
Unentgeltlichkeitsabrede **632** 39
Untergang des Werkes
– Auslagenerstattung **645** 27 ff.
– Vergütungsanspruch **645** 2 ff., 23, 26
Unterkalkulation **631** 38; **650c** 100
Unterlassungsklagengesetz (UKlaG) **650k** 46
Unternehmerwagnis **650c** 89 f.
Urheberrechte
– Rechtsmangel **633** 128 f.
Urkalkulation
– Hinterlegung, vereinbarte **650c** 130 ff.
– Nachtragsvergütung **650c** 5 f., 11 ff., 24 ff., 100 ff.
– Offenbarung **650c** 131
– Preisfortschreibung **650c** 124
– Richtigkeitsvermutung **650c** 134 ff.
– Richtigkeitsvermutung, Widerlegung **650c** 138 ff.
– Vermutungswirkung **650c** 124 ff.
Urkundenprozess
– Schlussrechnung **641** 91
– Vergütungsklage **643** 28

Verantwortlichkeit des Bestellers
– Beeinträchtigung des Werkes **645** 2 ff., 16 f.
– Beweislast **645** 23 f.
– Kausalität **645** 18, 23 f.
– Verschulden **645** 22, 31
– VOB-Vertrag **645** 32 f.
Verbote, gesetzliche **650p** 21
Verbraucher **Einf vor 631** 27
Verbraucherbauvertrag **Einf vor 631** 24
– Abnahmeverweigerung **650a** 1
– Abschlagszahlungen **631** 403; **632a** 90, 126; **650m** 2 ff.
– Anordnungsrecht **Einf vor 631** 25
– Anwendungsbereiche **650i** 6 ff., 16 ff.
– Ausnahme **631** 151
– Auslegung **631** 809; **633** 89 ff.
– Baubeschreibung **631** 225; **650j** 1, 25 ff.; **650k** 44 ff.; **650u** 4
– Bauhandwerkersicherung **Einf vor 631** 25; **650a** 1 ff.,; **650f** 1 ff.; **650n** 27, **650q** 36

– Bauvertragsrecht **Einf vor 631** 25; **650u** 1
– Beschreibung **650j** 11
– Besteller als Vertragspartei **650f** 21 ff.
– Beurkundung, tatsächliche **650u** 218
– Definition **650i** 4 f.
– Einfamilienhaus **650i** 22
– einstweilige Verfügung **650a** 1
– Dokumentationspflicht **650u** 4
– Energiestandard **650j** 15
– Erfüllungssicherheit **650m** 7 ff.
– Fälligkeit **631** 878; **650g** 30
– Fertigstellungszeitpunkt, Angaben **650k** 16, 44
– Formnichtigkeit **650i** 28
– Herausgabepflicht baubezogener Unterlagen **650n** 3
– Individualvereinbarungen **650u** 232
– Informationsplficht **650j** 23
– Kündigung, Schriftform **650a** 1
– Leistungsverweigerungsrecht **650m** 15
– Mängelrechte **650l** 37
– notarielle Belehrung, keine **650j** 32
– Neubau **650i** 16 f.
– Nichtigkeit **650l** 4
– Ohne-Rechnung-Abrede **631** 115
– Planungsunterlagen **650n** 21 ff.
– Prospekt, Mindestinhalt **650u** 189
– Rückgewährsschuldverhältnis **650l** 27 ff.
– Schlussrechnung **641** 28; **650a** 1
– Sicherungshypothek **650a** 1
– Sonderregelungen **631** 225
– Textform **650i** 25 f.
– Umbaumaßnahmen **650i** 21 ff.
– Umbaubegriff **650u** 13 ff.
– Unterrichtungspflicht **633** 110
– Urkundenherausgabe **Einf vor 631** 24
– Verbraucher-Besteller **650f** 24
– Verbrauchereigenschaft **650u** 186
– Verjährung **641** 89
– Verbraucherschutz **650u** 196
– Vertragserfüllungssicherheit **632a** 7; **650m** 9 f
– Verzug **631** 299
– Werklohn, Rückzahlung **650l** 30
– Wertersatz nach Widerruf **650l** 33 ff.
– Widerrufsrecht **631** 216 ff.; **650l** 2, 22 ff.;
– Wirksamkeit **650j** 38
– Zustandsfeststellung **Einf vor 631** 25
Verbrauchsgüterkauf **650** 64 ff.
Vergabe, öffentliche **631** 16
Vergabenachprüfungsverfahren **631** 49 ff.
Vergaberecht
– Kollusion **650p** 26
Vergabeverfahren **631** 12
Vergleich
– Teileinigung **631** 587
– Vergütung **631** 581 ff.
Vergnügungspark **650a** 13
Vergütung; *s. auch Werklohn*
– Abänderungsvereinbarung **631** 581

1423

Stichwortverzeichnis

- AGB-Klauseln **631** 632 ff.
- Anerkenntnis **631** 599 ff.
- Anpassungsanspruch **631** 849 ff.
- Bauabzugssteuer **631** 497 ff.
- Bedingung **631** 528 ff.
- Beeinträchtigungen vor Abnahme **645** 2 ff.
- Beweislast **631** 526 ff.
- Bindung an den vereinbarten Preis **631** 539
- Darlegungslast **631** 611
- Dissens **632** 8 ff.
- Einheitspreisvertrag **631** 415 ff.
- Entgeltlichkeit der Leistung **632** 3, 35 ff.
- Erlass **631** 614 ff.
- Fälligkeit **631** 431, 519, 645, 691; **641** 1 ff.; **650g** 1 ff.
- Fälligkeit nach Kündigung **642** 12 ff.
- bei Kündigung des Architekten/Ingenieur **650r** 39
- bei Kündigung des Bestellers **650f** 84
- Kündigung des Vertrages **650f** 178 ff.
- Kündigung, vorzeitige **650f** 69
- Kürzung bei Mängeln **631** 649 ff.
- Leistung nur gegen – zu erwarten **632** 33 ff.
- ohne Vereinbarung **632** 1 ff., 20 ff., 30 ff.
- Pauschalvertrag **631** 439 ff.
- Schätzung **641** 393
- Schlüssigkeit **641** 463
- Sicherung, prozessuale **634** 140 ff.
- Stundenlohn **631** 449 ff.
- Stundenlohnvereinbarung **631** 455 ff.
- taxmäßige – **632** 42 f.
- überhöhte – **631** 132 ff.
- übliche – **631** 528; **632** 44 ff.
- Umsatzsteuer **631** 478 ff.
- Unausführbarkeit des Werkes **645** 2 ff., 23, 26
- Untergang des Werkes **645** 3 ff.
- Vereinbarung **632** 1 ff.; s. *Vergütungsvereinbarung*
- Vergleich **631** 582 ff.
- Verjährung **631** 870 ff.; **641** 89
- Verschlechterung des Werkes **645** 2 ff., 23, 26
- Vertragsänderung, konkludente **650b** 124 f.
- Verwirkung **631** 935 f.
- Verzicht **631** 614 ff.
- Verzinsung **637** 73, **641** 86 ff.
- VOB-Vertrag **632** 63 ff.
- Vorleistungspflicht **631** 405 ff.
- Zielfindungsphase **650p** 243 f.
- zu geringe – **631** 149

Vergütungsänderung **631** 557 ff.

Vergütungsanpassung
- AGB-Kontrolle **650c** 233
- Allgemeine Geschäftsbedingungen **650c** 191
- Ansatzfähigkeit der Kosten **650c** 46 ff.
- Baustellengemeinkosten **650c** 66
- Bauverfügung **650c** 8
- Beweislast **650c** 72 ff.
- Darlegungslast **650c** 72 ff.
- Differenzberechnung **650c** 39 ff.
- Eigenleistungen des Unternehmers **650c** 54
- einstweilige Verfügung **650d** 9 ff.
- Erforderlichkeit **650c** 67
- Gemeinkostenzuschlag **650c** 66
- Gerätekosten **650c** 60
- Individualvertrag **650c** 216
- Ist-Kosten **650c** 35
- Kausalität **650c** 47 f.
- Leistungsbestimmungsrecht **650c** 12 ff.
- Lohnkosten **650c** 55 ff.
- Materialkosten **650c** 63 ff.
- Mehrarbeitszuschläge **650c** 58
- Mehrkosten **650c** 37 ff.
- Minderkosten **650c** 40 ff.
- Nachtragsvergütung **650c** 5 ff.; *s. auch dort*
- Nachunternehmer **650c** 42
- Planungskosten **650c** 102
- Preisfortschreibung **650c** 125 ff.
- Selbstkosten **650c** 53
- Skonti **650c** 63
- Urkalkulation **650c** 113 ff.
- Vertragsänderung, konkludente **650c** 19
- Vertragsauslegung, ergänzende **650b** 199
- VOB-Regelungen, Einzelprivilegierung **650c** 231 f.
- Zusatzleistungen **650c** 20
- Zuschläge, Angemessenheit **650c** 76
- Zuschlagssätze **650c** 77 f.

Vergütungsgefahr **644** 14 ff.

Vergütungsklage **650g** 71
- Annahmeverzug **643** 28
- Urkundenprozess **643** 28

Vergütungsvereinbarung **632** 30 ff.
- ausdrückliche – **632** 31
- Beweislast **632** 32
- konkludente – **632** 31
- stillschweigende – **632** 1 ff., 39

Verjährung **Einf vor 631** 60
- Abschlagsforderungen **632a** 100
- Anspruchsentstehung **634a** 245 f.
- deliktische Ansprüche **634a** 269
- dreißigjährige – **634a** 183 ff.
- Eigentumsübertragung, Anspruch auf **634a** 376
- einheitliche – **634a** 188
- Erfüllungsanspruch **634a** 192 ff.
- Erleichterungen **634a** 219, 340
- Erschwerung **634a** 227 ff.
- Fälligkeit **634a** 293 ff.
- fünfjährige – **634a** 15 ff.
- Gesamtschuldnerausgleich **634a** 270 ff.
- Gestaltungsrechte **634a** 201 ff.
- Höchstfristen **634a** 244 ff.
- Individualvereinbarungen **634a** 213
- kürzere – nach altem Recht **634a** 396 ff.

Stichwortverzeichnis

- Mangel, arglistig verschwiegener **634a** 53 ff.
- Mängelansprüche **634a** 1 ff.
- Mängeleinrede, Erhaltung **634a** 194 ff.
- bei Mängeln am Bauwerk **634a** 15 ff.
- bei Mängeln an einer für ein Bauwerk verwendeten Sache **634a** 378 ff.
- bei Mängeln an sachbezogenen Werken **634a** 38
- bei Mängeln an sonstigen Werken **634a** 40
- bei Mängeln an speziellen Werken **634a** 326 ff.
- bei Mängeln der Planungs- und Überwachungsleistungen **634a** 321 ff.
- Organisationsobliegenheitsverletzung **634a** 70 ff.
- Regelverjährung **634a** 12 f, 184, 239, 255, 273
- Rückgewährschuldverhältnis **634a** 203
- Rückwirkungsregel **634a** 407 f.
- Rückzahlung des Mängelbeseitigungsvorschusses **634a** 288 ff.
- Schadensersatzansprüche **634a** 260 ff.
- Schuldrechtsmodernisierung **634a** 389 ff.
- Sekundärhaftung **634a** 346 ff.
- Symptomtheorie **634a** 89 f., 360
- Teilabnahme **634a** 362 ff.
- Übergangsrecht **634a** 389 ff.
- Ultimo-Verjährung **634a** 255
- Vereinbarungen über die – **634a** 213
- Vergütung **631** 871 ff.
- Verschweigen von Mängeln, arglistiges **634a** 53 ff.
- VOB/B **634a** 302 ff.

Verjährungsbeginn
- Abnahme **634a** 46 ff.; **640** 49; **650f** 48
- Kenntnis **634a** 244 ff.
- ohne Abnahme **634a** 46 ff.
- Übergangsrecht **634a** 389

Verjährungseinrede
- Beweislast **634a** 212
- Einredeerhebung **634a** 210 f.

Verjährungsfrist **634a** 2 ff.
- Planungsfehler **650p** 151

Verjährungshemmung **631** 912 ff., 915 f.; **634a** 98, 121 ff.
- Vollstreckungshandlung **631** 926 f.

Verkehrsanlagen **650s** 74
- Bauwerksbegriff **650p** 30
- Leistungsbild **650p** 42
- Planungsziele **650p** 214

Vermessungsleistungen **650p** 45

Verschulden
- Mitverschulden **634** 101 ff.
- Schadensersatz **636** 118
- Zurechnung **634** 112 ff.

Vertragsänderung **631** 846 ff.; **650b** 161
- Änderungsvertrag **650b** 1 f., 27, 34
- Äquivalenzverhältnis **650b** 32
- ausdrückliche – **650b** 124

- Ausführungsfrist **650b** 180 ff.
- Baustellenprotokoll **650b** 128
- Bauvertragsrecht **650b** 22 ff.
- Einvernehmen **650b** 27 ff.
- konkludente – **650b** 124, 141; **650c** 19

Vertragsauslegung **Einf vor 631** 51; **631** 825 ff.
- Konkretisierung **631** 825 ff.
- Wortlaut **631** 818 ff.
- Zweifelsregelung **Einf vor 631** 51

Vertragsbruch **650b** 175

Vertragserfüllung
- Aufforderung zur – **650b** 75

Vertragserfüllungsbürgschaft **641** 123 ff.; **650c** 161

Vertragsfristen
- Vertragsstrafe **631** 340 ff.

Vertragsstrafe **631** 340 ff.

Vertragsstrafeversprechen **631** 340 ff.

Vertragsverhandlungen
- Abbruch **631** 9 ff.
- Schuldverhältnis durch Verhandlung **631** 7
- Werkvertrag **631** 7 f.
- Vertretergeschäfte **631** 194 ff.

Vertretungsregeln **631** 172

Vertretungsmacht **631** 194
- Baustellenpersonal **631** 197

Verzögerungsschaden; s. *Verzugsschaden*

Verzug
- 30-Tage-Regelung **631** 709
- Abschlagszahlungen **632a** 87 f.
- Beendigung **631** 712
- Besteller **631** 750 ff.
- nach Empfang der Gegenleistung **631** 710 f.
- Ereignis, ungewisses **631** 706
- Erfüllungsverweigerung **631** 708
- Interessenwegfall **631** 309
- Kalenderzeit **631** 305
- Klage **631** 704
- Leistungsverpflichtung **631** 292 ff.
- Mahnbescheid **631** 704
- Mahnung **631** 751 ff.
- Rücktrittsrecht **631** 792 ff.
- Vertragsstrafe **631** 340 ff.
- Zeit, berechenbare **631** 307

Verzugspauschale **631** 721

Verzugsschaden **631** 713 ff., 759 ff.
- Prozesszinsen **631** 717 ff.
- Rentabilitätsvermutung **631** 784 ff.
- Schadensumfang **631** 784 ff.
- Umsatzsteuer **631** 791

Verzugszinsen **631** 716

VOB/A
- Ausschreibung **631** 842 ff.; *s. auch dort*

VOB/B **Einf vor 631** 5, 35
- Abnahme **640** 103 ff.; **641** 94 f.; **648** 151
- Abnahme, fiktive **640** 108 ff.; **648** 151
- Abnahme, förmliche **Einf vor 631** 78; **640** 53, 63, 107; **641** 94

Stichwortverzeichnis

- Abnahme, unförmliche **641** 94
- Abschlagszahlungen **632a** 129 ff.
- Allgemeine Geschäftsbedingungen **Einf vor 631** 40 ff., 53 ff.
- Änderungsleistungen **Einf vor 631** 53 ff., 81
- Änderungsvorbehalte **650b** 12 ff.
- Anerkenntnis der Leistung **650b** 300 ff.
- Anordnungen, andere **650b** 228 ff.
- Anordnungsrecht **Einf vor 631** 638 ff.; **650b** 13 ff.
- Anrufung der vorgesetzten Stelle **631** 916
- Ausführungsfrist **650b** 180 ff.
- Auslegung **Einf vor 631** 53 ff.
- Einbeziehung **Einf vor 631** 42 ff.; **650u** 34 ff.
- Fristsetzung **648a** 70 ff.
- Gefahrtragung **644** 33 ff.
- Geschäftsführung ohne Auftrag **650b** 297 f.
- Gutachteneinholung **631** 916
- Inhaltskontrolle **Einf vor 631** 53 ff.
- Kenntnisnahme **631** 88
- Kostenanschlag **649** 62 ff.
- Kostenüberschreitung **649** 62 ff.
- Leistung, auftragslose **650b** 313 ff.
- Leistungsänderung **650b** 180 ff.; **631** 948
- Mängelhaftung **633** 64 ff.; **634** 36, 97 ff.
- Mängelhaftung vor Fertigstellungstermin **634** 206 f.
- Mitwirkung des Bestellers **642** 153 ff.
- Nacherfüllung **635** 84 ff.
- Nachrangigkeitsklausel **Einf vor 631** 52
- Nachträge **632** 65
- Nachtragsvereinbarung **650c** 177 ff.
- Nachunternehmer **Einf vor 631** 59
- Pauschalpreisvertrag **632** 64
- Planänderung **Einf vor 631** 51
- Preisänderungen **631** 553 ff., 938 ff.
- Preisanpassung **631** 938 ff.
- Preisfortschreibung **650c** 9 ff., 12 f., 179 ff.
- Rücktritt **636** 148
- Schadensersatz **636** 149 ff.
- Schlussrechnung, prüfbare **650g** 40 ff.
- Schlusszahlung **Einf vor 631** 60
- Selbstvornahme **637** 100 ff.
- Streitbeilegungsverfahren **631** 917
- überraschende Klauseln **Einf vor 631** 91
- Verbrauchervertrag **Einf vor 631** 27
- Vergütung **Einf vor 631** 58 ff., 128 ff.
- Verjährung **631** 871 ff.
- Verzinsung **Einf vor 631** 60
- Zahlungsfrist **641** 73
- Zusatzvergütung **650c** 186 ff.
- VOB/C **631** 75; **633** 35
- Auslegung **631** 96
- Einbeziehung **631** 88
- Unterlagenvorlage **631** 267
- Vertragsauslegung **631** 809 f.
- VOB-Vertrag
- Auslegung **631** 937

Vollendung statt Abnahme **646** 1 f.
Vollmachten **631** 197 f.
Vollständigkeitsklauseln **631** 620, 631
Vorauszahlungen **632a** 25
- Sicherheiten **632a** 155 ff.
Vorauszahlungsbürgschaft **650v** 60
Vorleistungspflicht **631** 405
Vorleitungsrisiko **631** 406
Vormerkung
- einstweilige Verfügung auf V. **650e** 44
- Rechtsbehelfe gegen einstweilige Verfügung auf V. **650e** 48 ff.
- Sicherungshypothek **650e** 43
- Umschreibung in Sicherungshypothek **650e** 57
Vorschussklage
- erneute – **637** 82
- Planungs- und Überwachungsfehler **637** 99
- Streitgegenstand **637** 77
- Verjährungshemmung **634a** 124; **637** 78 ff.
Vorteilsausgleichung **631** 242 ff.; **634** 90 ff.
Vorunternehmer
- Verschuldenszurechnung **634** 123
Vorvertragliche Pflichten
- keine Pflicht zur Baubeschreibung **650j** 34 ff.

Währungssicherungsklausel **631** 544
Wagnis und Gewinn **650c** 76
Werkerfolg **631** 219 ff.
- Änderungsanordnungen **633** 67 ff.
- Teilwerkerfolge **632a** 27
Werklieferungsvertrag
- Bauliefervertrag; *s. dort*
- Rechtsnatur **Einf vor 631** 19
Werklohn; *s. auch Vergütung*
- Beweislast **631** 526 ff.
- Darlegungslast **631** 526
- Fälligkeit **631** 691, 748 ff.
- Leistungsverweigerungsrecht **650s** 37 ff.
- Sicherungshypothek **650e** 2, 28 ff.
- Stundung **631** 600
- überhöhter – **631** 122 ff.
- Verjährung **631** 870
- Verzinsung **640** 23; **641** 86 ff.
- Vollstreckungsgegenklage **641** 63
- Zahlungsverzögerung **631** 734
- zu geringer – **631** 149
Werkvertrag **Einf vor 631** 19; **631** 1, **642**, 4, **648a** 1 ff., **650h** 1 ff., **650a** 3, **650i** 4 ff., **641** 1 ff.
Werkvertragsrecht **Einf vor 631** 14 ff.
Wichtiger Grund
- Kündigung **648a** 1 ff.
Widerruf
- Bauvertrag **631** 215 ff.
Widerrufsbelehrung **650l** 8 ff.
Widerrufsfrist **650l** 5 ff.
Widerrufsrecht **650l** 10 ff.

Stichwortverzeichnis

Widerrufsvorbehalt des Sicherungsgebers **650f** 132 ff.
Wiederherstellung **650a** 21 ff.
– Bauwerksleistung **650a** 4 ff., 19
– Bedeutung, wesentliche **650a** 31
– Begriff **650a** 19 ff., 32
– Beseitigung **650a** 24
Wohnungseigentümergemeinschaft
– Ausübungsbefugnisse **650u** 260 ff.
– Besteller **650f** 22
– Durchsetzungsbefugnis **634a** 375 ff.
– Leistungsempfänger **641** 503
– Teilrechts- und Parteifähigkeit **634a** 120
– Verjährungsbeginn **634a** 247 ff.
– Vollmacht des Hausverwalters **631** 206
Wucher
– Bauträgervertrag **650u** 28

Zahlungsbürgschaft **650f** 148
– Rückzahlungsbürgschaft **650u** 3
– Vorauszahlungsbürgschaft **650f** 90
Zahlungsplan **641** 81; **648** 63
– Abschlagszahlungen **632a** 136, 138 ff.
Zahlungsverzögerung **631** 734
Zahlungsverzug
– Mitwirkung des Bestellers **642** 47
Zertifizierungsstelle **650n** 18
Zurückbehaltungsrecht **631** 662, 693; **634a** 199
Zusatzleistungen **631** 627; **650b** 220 ff.; 282; **650c** 39, 177 ff.
Zusatzvergütung **650b** 142 ff., 225
Zuschläge
– für allgemeine Geschäftskosten **650c** 76 ff.
– Änderungen **631** 37
– Angemessenheit **650c** 76 ff.
– Annahmeerklärung **631** 44 f.
– Baustellengemeinkosten **650c** 66
– Einschränkungen **631** 37
– Erweiterungen **631** 37

– Kleingeräte **650c** 62
– Mehrarbeitszuschläge **650c** 58
– Rechtsmissbrauch **631** 38
– Unterkalkulation **631** 38
– Vergabeverfahren **631** 34 ff.
– Vergütungsanpassung **650c** 1, 41 ff.
– für Wagnis und Gewinn **650c** 76 ff.
Zuschlagsfrist
– Fristablauf **631** 37, 42
Zuschlagssätze **650c** 57 ff.
Zustandsfeststellung **650g** 2 ff.
– Abnahmeverweigerung **Einf vor 631** 21, 32; **648** 25; **650a** 1; **650g** 23; **650q** 30, 38 ff., **650u** 148 ff.
– Abweichungen, individuelle **650g** 27 ff.
– Allgemeine Geschäftsbedingungen **650g** 27 f.
– Anfertigung **650g** 10
– Baustellenverbot **650g** 26
– Bauträgervertrag **650u** 24, 133 ff.
– einseitige – **650g** 13 ff.
– Form **650g** 9, 18
– gemeinsame – **650g** 4 ff.
– Inhalt **650g** 18
– Kosten **650g** 12, 19
– Rechtsfolgen **650g** 2, 20 ff.
– Unterzeichnungsfunktionen, elektronische **650g** 9
– Verlangen nach – **650g** 8
– Vermutungswirkung **650g** 21 ff.
– wechselseitige – **650g** 16
– Zugangsverweigerung **650g** 25
Zustimmung
– Angemessene Frist **650r** 32
– des Bestellers **650p** 242
– zur Planungsgrundlage **650p** 230 ff.
Zweitbeauftragung **631** 865
Zwischenfristen
– schuldhafte Überschreitung **631** 365
– Vertragsstrafe **631** 378, 364
– VOB-Vertrag **641** 318